Tabs Wetteksten Hoger Onderwijs

Aan de voorzijde van dit vel vindt u de handige **tabs** voor uw *Wetteksten Hoger Onderwijs*. Dit zijn praktische, zelf aan te brengen tabs waarmee u de belangrijkste wet- en regelgeving kunt markeren. Zo bespaart u kostbare tijd bij het zoeken.

De tabs zijn **voorbedrukt** met de afkortingen van de belangrijkste wet- en regelgeving alsmede het register.

Wij hopen dat u veel gemak heeft van deze tabs.

Wetteksten Hoger Onderwijs

1 GW	Grondwet	16 WMCO	Wet melding collectief ontslag
2 ATW	Algemene termijnenwet	17 WAZO	Wet arbeid en zorg
3 Provw	Provinciewet	18 WvK	Wetboek van Koophandel
4 Gemw	Gemeentewet	19 CGC	Code Corporate Governance
5 Awb	Algemene wet bestuursrecht	20 Wcr	Wet controle op rechtspersonen
6 Wet AB	Wet algemene bepalingen	21 Hregw	Handelsregisterwet
7 Wet RvS	Wet op de Raad van State	22 Hrb	Handelsregisterbesluit 2008
8 Wet RO	Wet op de rechterlijke organisatie	23 WOR	Wet op de ondernemingsraden
		24 Wft	Wet financieel toezicht
9 WvSr	Wetboek van Strafrecht	25 FW	Faillissementswet
10 WvSv	Wetboek van Strafvordering	26 Hnw	Handelsnaamwet
11 WED	Wet op de economische delicten	27 Aw	Auteurswet
		28 ROW	Rijksoctrooiwet
12 Rv	Wetboek van Burgerlijke Rechtsvordering	29 BVIE	Benelux-Verdrag inzake de intellectuele eigendom
13 BW 1	Burgerlijk Wetboek 1	30 WVW	Wegenverkeerswet
13 BW 2	Burgerlijk Wetboek 2	31 Mw	Mededingingswet
13 BW 3	Burgerlijk Wetboek 3	32 EU-Verdrag	Verdrag betreffende de Europese Unie
13 BW 4	Burgerlijk Wetboek 4		
13 BW 5	Burgerlijk Wetboek 5	33 VwEU	EU-werkingsverdrag
13 BW 6	Burgerlijk Wetboek 6	34 Rome I	Verordening Rome I
13 BW 7	Burgerlijk Wetboek 7	35 Rome II	Verordening Rome II
13 BW 7A	Burgerlijk Wetboek 7A	36 Brussel I-bis	Verordening Brussel I bis
13 BW 8	Burgerlijk Wetboek 8	37 CISG	Weens Koopverdrag
13 BW 10	Burgerlijk Wetboek 10	38 CMR	Verdrag goederenvervoer over de weg
14 Wet CAO	Wet op de collectieve arbeidsovereenkomst		
		Reg	Register
15 Wet AVV	Wet op het verbindend en het onverbindend verklaren van collectieve arbeidsovereenkomsten		

WETTEKSTEN HOGER ONDERWIJS

WETTEKSTEN HOGER ONDERWIJS
EDITIE 2019/2020

Onder redactie van

Mw. mr. A.M.M.M. van Zeijl
Oud-docent aan de HvA, HES te Amsterdam

Mr. J. Keizer
Docent aan de Saxion Hogescholen te Enschede

Mr. M.P.L. Adriaansen
Docent aan Avans Hogeschool te Breda

Mw. mr. A.M. de Ruiter
Docent aan de Haagse Hogeschool te Den Haag

Mr. G.W. de Ruiter
Docent aan de Hogeschool van Arnhem en Nijmegen te Arnhem

Mw. mr. C. Scheepstra
Docent aan de Hogeschool Inholland te Rotterdam

Mr. J.A.M. Lemans
Docent aan de Hogeschool Rotterdam te Rotterdam

Mr. M.W. Mosselman
Docent aan de Hogeschool Inholland te Haarlem

Mr. R. Westra
Docent aan de Hogeschool van Arnhem en Nijmegen te Arnhem

Noordhoff Uitgevers Groningen | Utrecht

35e editie 2019/2020 (april 2019)

Omslagontwerp: G2K (Designers, Groningen-Amsterdam)

Eventuele op- en aanmerkingen over deze of andere uitgaven kunt u richten aan: Noordhoff Uitgevers bv, Afdeling Hoger Onderwijs, Antwoordnummer 13, 9700 VB Groningen of via het contactformulier op www.mijnnoordhoff.nl.

De informatie in deze uitgave is uitsluitend bedoeld als algemene informatie. Aan deze informatie kunt u geen rechten of aansprakelijkheid van de auteur(s), redactie of uitgever ontlenen.

0 / 19

© 2019 Noordhoff Uitgevers bv Groningen/Utrecht, Nederland

Deze uitgave is beschermd op grond van het auteursrecht. Wanneer u (her)gebruik wilt maken van de informatie in deze uitgave, dient u vooraf schriftelijke toestemming te verkrijgen van Noordhoff Uitgevers bv. Meer informatie over collectieve regelingen voor het onderwijs is te vinden op www.onderwijsenauteursrecht.nl.

This publication is protected by copyright. Prior written permission of Noordhoff Uitgevers bv is required to (re)use the information in this publication.

ISBN 978-90-01-89982-0
NUR 820

Woord vooraf

Voor u ligt alweer de 35ste editie van de bundel Wetteksten Hoger Onderwijs. Dit succes is vooral toe te schrijven aan het feit dat de bundel een perfecte ondersteuning van het onderwijs in de juridische vakken binnen het hoger onderwijs blijkt te zijn.

Bij de samenstelling van de bundel zijn de redactieleden er steeds van uitgegaan dat de bundel een actuele verzameling wetteksten moet bevatten. De geselecteerde wetboeken en wetten zijn – op een enkele uitzondering na – integraal opgenomen om de studenten een zo volledig mogelijk beeld te geven van de inhoud van wetten en wetteksten en de systematiek van de wetgeving. Accentverschillen binnen de diverse opleidingen vormen vanwege de volledigheid van de opgenomen teksten zo geen probleem. Vanwege de toenemende internationalisering binnen het hoger onderwijs zijn ook internationale verdragen, in het bijzonder met betrekking tot het recht van de Europese Unie, in de bundel opgenomen.

Om het zoeken in de wetteksten te vergemakkelijken, zijn trefwoorden in de marge geplaatst. Bovendien zijn de wetteksten genummerd. De inhoudsopgave staat op de achterkant van de omslag, zodat studenten snel kunnen vinden onder welk nummer de wettekst in de bundel is weergegeven. De opgenomen wetteksten zijn naar rechtsgebied gerubriceerd. Kijk hiervoor ook naar onderstaand overzicht.

De wettenstenbundel die zich aanvankelijk richtte op de studenten van de commerciële en bedrijfseconomische studierichtingen van het hoger economisch en administratief onderwijs (heao), is in de loop der jaren uitgegroeid tot een bundel die zich richt op het hoger onderwijs in ruime zin, op de meer juridische richtingen daarbinnen en op economische praktijkopleidingen.

Uitgever en redactieraad hopen dat deze bundel, die met de grootste zorg is samengesteld, aan uw wensen zal voldoen. Wij houden ons steeds aanbevolen voor suggesties tot verbetering.

De uitgave wordt jaarlijks geactualiseerd. De in deze bundel opgenomen wetteksten zijn bijgewerkt tot 12 april 2019.

Groningen, 1 juni 2019
De redactieraad en uitgever

Regeling	Deel van het Recht	Bijzonderheden
1 t/m 11	Publiekrecht	Staats- en bestuurs (proces) recht, strafrecht en strafprocesrecht, economische delicten.
12 t/m 31	Privaatrecht	Vermogensrecht en ondernemingsrecht (Burgerlijk Wetboek en aantal verwante wetten).
32 t/m 38	Internationaal recht	Internationale verdragen

Studiewijzer Wetteksten Hoger Onderwijs

De bundel *Wetteksten Hoger Onderwijs* bevat een verzameling wetboeken, wetten en verdragen die van belang zijn voor studenten in het hoger beroepsonderwijs of die een praktijkopleiding volgen. *Wetteksten Hoger Onderwijs* bevat slechts een fractie van alle wetten in Nederland.
Nederlandse (formele) wetten zijn geschreven regels die door de regering in samenwerking met de Eerste Kamer en Tweede Kamer zijn vastgesteld. Deze wetten zijn van toepassing in heel Nederland en handelen over talrijke onderwerpen. Regels staan echter niet alleen in wetten maar ook in verdragen. Nederland heeft verdragen gesloten met andere landen en met internationale organisaties, bijvoorbeeld de Europese Unie.

Hoe zit een wet of wetboek in elkaar
In elke wet of ieder wetboek is een bepaald samenhangend onderwerp geregeld. Zo staan onderwerpen die over het faillissement gaan in de Faillissementswet, staat het auteursrecht in de Auteurswet en is het burgerlijk recht in het Burgerlijk Wetboek te vinden.
Wetten en wetboeken kennen een systematische opbouw. Zij zijn onderverdeeld in titels, hoofdstukken en afdelingen, die op hun beurt weer verdeeld worden in artikelen, leden en subleden. De hoofdindeling kan per wet verschillen.

Wijze van opzoeken
Er zijn drie methoden om iets systematisch op te zoeken in *Wetteksten Hoger Onderwijs*:
a. Op de achterkant van de omslag staan alle opgenomen wetten en verdragen. Zo kunt u in één oogopslag zien of een bepaalde wet is opgenomen.
b. Vóór in de wettenbundel staat een heel uitgebreide inhoudsopgave. Van de meeste wettelijke regelingen is aangegeven welke onderverdeling door de wetgever binnen de wetten is aangebracht. Dit geeft tevens een goed beeld van de onderwerpen die in de verschillende wettelijke regelingen aan de orde komen.
c. Achterin is een alfabetisch juridisch register van trefwoorden opgenomen. Achter elk trefwoord staat allereerst een cijfer. Dit cijfer verwijst naar de betreffende wet in de wettenbundel. Achter het cijfer is het artikel vermeld waarnaar het door u gezochte trefwoord verwijst. Staat achter het artikel de aanduiding e.v., dan zijn er meer artikelen voor u van belang.

Het kan voorkomen dat bij verschillende artikelen en leden verwijzingen naar relevante regelgeving zijn opgenomen die zowel binnen als buiten deze bundel is te vinden. Deze verwijzingen zijn tussen haakjes geplaatst en te herkennen aan de cursivering van het lettertype. Zo wordt bijvoorbeeld in art. 240 van Boek 2 BW (art. 2:240 BW) na lid 4 ook verwezen naar art. 42 AWR (Algemene wet inzake Rijksbelastingen) die niet in deze bundel is opgenomen.

Op elke bladzijde staan margekoppen. Deze margekoppen geven een korte samenvatting van de inhoud van een artikel. Om snel wegwijs te raken op een bladzijde zijn de margekoppen handig.
Bovendien kunt u met de zelfklevende tabs de voor u belangrijke wetten of regelingen markeren.

Citeerwijze
Het is gebruikelijk om alleen de artikelen (eventueel gevolgd door leden en/of subleden) te citeren gevolgd door de wet of een afkorting daarvan. Daarom is het - om begripsverwarring te voorkomen - van belang dat u zich houdt aan de gewoonte om een wetsbepaling op de navolgende wijze aan te halen:
art. 64 Grondwet of art. 64 GW
art. 40 lid 1 Faillissementswet of art. 40 lid 1 FW.

Wetsartikelen van het Burgerlijk Wetboek worden echter aldus geciteerd: art. 7:623 lid 1 BW. Bij het citeren van een wetsartikel uit het BW wordt namelijk ook het betreffende boek vermeld, omdat het BW uit de boeken 1 tot en met 8 en 10 bestaat.

Bij het aanhalen van een wetsbepaling noemt u dus NIET het nummer dat de uitgever van deze bundel aan de betreffende wet heeft gegeven. Dus niet art. 13, 7:623 lid 1 BW of art. 25, 138 FW. U kunt volstaan met het noemen van het betreffende wetsartikel, dus in dit geval art. 7:623 lid 1 BW of art. 138 FW. De nummers 13 en 25 dienen slechts voor het gebruiksgemak.

Bij het aanhalen van een wetsbepaling noemt u dus NIET het nummer dat de uitgever van deze bundel aan de betreffende wet heeft gegeven. Dus niet art. 13, 7:623 lid 1 BW of art. 25, 138 FW. U kunt volstaan met het noemen van het betreffende wetsartikel, dus in dit geval art. 7:623 lid 1 BW of art. 138 FW. De nummers 13 en 25 dienen slechts voor het gebruiksgemak.

Inhoud

Afkortingenlijst *XXXV*

Publiekrecht

1 **Grondwet** *1*
   Hoofdstuk 1   Grondrechten *1*
   Hoofdstuk 2   Regering *4*
   Hoofdstuk 3   Staten-Generaal *7*
   Hoofdstuk 4   Raad van State, Algemene Rekenkamer, Nationale ombudsman
                 en vaste colleges van advies *9*
   Hoofdstuk 5   Wetgeving en bestuur *10*
   Hoofdstuk 6   Rechtspraak *13*
   Hoofdstuk 7   Provincies, gemeenten, waterschappen en andere openbare
                 lichamen *14*
   Hoofdstuk 8   Herziening van de Grondwet *16*
   Additionele artikelen *17*

2 **Algemene termijnenwet** *19*

3 **Provinciewet (uittreksel)** *21*
   Art. 6-9, 13, 15, 19, 20, 34, 35, 53, 61-61b, 62, 80-82, 105, 122, 143, 145, 150, 151,
   158, 166, 167, 175, 176, 190, 193, 201, 220

4 **Gemeentewet** *29*
   Titel I   Begripsbepalingen *29*
   Titel II   De inrichting en samenstelling van het gemeentebestuur *29*
   Hoofdstuk I   Algemene bepaling *29*
   Hoofdstuk II   De raad *29*
   Hoofdstuk III   Het college van burgemeester en wethouders *34*
   Hoofdstuk IV   De burgemeester *38*
   Hoofdstuk IVa   De rekenkamer *42*
   Hoofdstuk IVb   De rekenkamerfunctie *45*
   Hoofdstuk IVc   De ombudsman *45*
   Hoofdstuk V   De commissies *47*
   Hoofdstuk VI   Geldelijke voorzieningen ten behoeve van de leden van de raad
                     en de commissies *48*
   Hoofdstuk VII   De secretaris en de griffier *49*
   Titel III   De bevoegdheid van het gemeentebestuur *50*
   Hoofdstuk VIII   Algemene bepalingen *50*
   Hoofdstuk IX   De bevoegdheid van de raad *55*
   Hoofdstuk X   De bevoegdheid van het college van burgemeester en
                     wethouders *62*
   Hoofdstuk XI   De bevoegdheid van de burgemeester *63*
   Hoofdstuk XIa   De bevoegdheid van de rekenkamer *66*
   Titel IV   De financiën van de gemeente *67*
   Hoofdstuk XII   Algemene bepalingen *67*
   Hoofdstuk XIII   De begroting en de jaarrekening *68*
   Hoofdstuk XIV   De administratie en de controle *70*
   Hoofdstuk XV   De gemeentelijke belastingen *71*
   Titel V   Aanvullende bepalingen inzake het toezicht op het
                     gemeentebestuur *82*

Inhoud

        Hoofdstuk XVI   Goedkeuring *82*
        Hoofdstuk XVII Schorsing en vernietiging *82*
        Titel VI   [Vervallen] *84*
        Titel VII   Overgangs- en slotbepalingen *84*

5   **Algemene wet bestuursrecht** *85*
        Hoofdstuk 1   Inleidende bepalingen *87*
        Hoofdstuk 2   Verkeer tussen burgers en bestuursorganen *89*
        Hoofdstuk 3   Algemene bepalingen over besluiten *91*
        Hoofdstuk 4   Bijzondere bepalingen over besluiten *97*
        Hoofdstuk 5   Handhaving *114*
        Hoofdstuk 6   Algemene bepalingen over bezwaar en beroep *121*
        Hoofdstuk 7   Bijzondere bepalingen over bezwaar en administratief beroep *124*
        Hoofdstuk 8   Bijzondere bepalingen over de wijze van procederen bij de bestuursrechter *130*
        Hoofdstuk 9   Klachtbehandeling *154*
        Hoofdstuk 10   Bepalingen over bestuursorganen *159*
        Hoofdstuk 11   Slotbepalingen *163*

6   **Wet algemene bepalingen** *165*
        Art. 1-14

7   **Wet op de Raad van State** *167*
        Hoofdstuk I   De Raad van State in het algemeen *167*
        Hoofdstuk II   De Afdeling advisering *170*
        Hoofdstuk III   De Afdeling bestuursrechtspraak *173*
        Hoofdstuk IV   Slotbepalingen *174*

8   **Wet op de rechterlijke organisatie (uittreksel)** *175*
        Art. 2, 4, 42, 43, 45, 47-48, 59-60, 72, 78-81, 84, 91-93, 124-129

9   **Wetboek van Strafrecht (uittreksel)** *181*
        Art. 1, 2, 5, 9, 10, 14a, 18, 23, 36e, 37, 37a, 39-52, 54, 68-70, 74, 74a, 77a, 96, 131, 138, 139, 142-144, 179, 180, 194, 225, 287-289, 300-308, 310, 321, 326, 340-348, 350, 350a, 370, 424, 453, 461

10   **Wetboek van Strafvordering (uittreksel)** *197*
        Art. 1, 2, 9, 27, 52-58, 63, 67, 67a, 97, 128, 141, 148, 152, 160-163, 167, 171, 172, 181, 185, 186, 227, 237, 242, 258, 261, 265, 288, 300, 311, 338, 339, 348-352, 359, 553, 557, 585-588

11   **Wet op de economische delicten** *213*
        Titel I   Van de economische delicten *213*
        Titel II   Van de straffen en maatregelen *221*
        Titel III   Van de opsporing *223*
        Titel IV   Van voorlopige maatregelen *224*
        Titel V   Van handelingen in strijd met straffen en maatregelen *226*
        Titel VI   Van de afdoening buiten geding *226*
        Titel VII   De berechting in eerste aanleg *224*
        Titel VIII   *227*
        Titel IX   Van het hoger beroep *227*
        Titel X   [Vervallen] *228*
        Titel XI   Van de contactambtenaren *228*

Inhoud

Titel XII Overgangsbepalingen 228
Titel XIII Slotbepalingen 229

Privaatrecht

12 Wetboek van Burgerlijke Rechtsvordering (uittreksel) 231
Art. 1-3, 6-9, 12-13, 15-17, 19-28, 31, 45-52, 69, 78-81, 87, 93, 99-112, 123, 139, 142, 143, 149-207, 254-258, 262, 332, 339, 398, 419, 430-436, 447, 475-475e, 502-558, 611a-611i, 612, 613, 700-704, 718-723, 725-727, 999-1002, 1019-1019i, 1020-1027, 1062

13 Burgerlijk Wetboek 275

Boek 1	Personen- en familierecht 275
Titel 1	Algemene bepalingen 278
Titel 2	Het recht op de naam 278
Titel 3	Woonplaats 281
Titel 4	Burgerlijke stand 282
Afdeling 1	De ambtenaar van de burgerlijke stand 282
Afdeling 2	De registers van de burgerlijke stand en de bewaring daarvan 283
Afdeling 3	Akten van de burgerlijke stand en partijen bij deze akten 283
Afdeling 4	De akten van geboorte, van overlijden en de akten houdende attestaties de vita 284
Afdeling 5	Latere vermeldingen 287
Afdeling 6	Akten van inschrijving van bepaalde rechterlijke uitspraken 288
Afdeling 7	De bewijskracht van akten van de burgerlijke stand alsmede van afschriften en uittreksels 289
Afdeling 8	De openbaarheid van de akten van de burgerlijke stand 289
Afdeling 9	De aanvulling van de registers van de burgerlijke stand en de verbetering van de daarin voorkomende akten en latere vermeldingen 290
Afdeling 10	Inschrijving van buitenlandse akten en de rechterlijke last tot het opmaken van een vervangende akte van geboorte 290
Afdeling 11	De verklaring voor recht omtrent de rechtsgeldigheid in Nederland van een buitenlandse akte of uitspraak 292
Afdeling 12	Voorziening tegen de weigering tot het opmaken van een akte van de burgerlijke stand of tot een andere verrichting 293
Afdeling 13	Wijziging van de vermelding van het geslacht in de akte van geboorte 294
Afdeling 14	De Commissie van advies voor de zaken betreffende de burgerlijke staat en de nationaliteit 294
Titel 5	Het huwelijk 295
Algemene bepaling 295	
Afdeling 1	Vereisten tot het aangaan van een huwelijk 295
Afdeling 2	Formaliteiten die aan de voltrekking van het huwelijk moeten voorafgaan 296
Afdeling 3	Stuiting van het huwelijk 297
Afdeling 4	De voltrekking van het huwelijk 298
Afdeling 5	Nietigverklaring van een huwelijk 299
Afdeling 5A	[Vervallen] 300
Afdeling 6	Bewijs van het bestaan van het huwelijk 300
Titel 5A	Het geregistreerd partnerschap 301

XI

Inhoud

Titel 6	Rechten en verplichtingen van echtgenoten *302*
Titel 7	De wettelijke gemeenschap van goederen *305*
Afdeling 1	Algemene bepalingen *305*
Afdeling 2	Het bestuur van de gemeenschap *307*
Afdeling 3	Ontbinding van de gemeenschap *307*
Afdeling 4	Opheffing van de gemeenschap bij beschikking *310*
Titel 8	Huwelijkse voorwaarden *310*
Afdeling 1	Huwelijkse voorwaarden in het algemeen *310*
Afdeling 2	Verrekenbedingen *311*
Afdeling 3	[Vervallen] *314*
Titel 9	Ontbinding van het huwelijk *314*
Afdeling 1	Ontbinding van het huwelijk in het algemeen *314*
Afdeling 2	Echtscheiding *314*
Titel 10	Scheiding van tafel en bed en ontbinding van het huwelijk na scheiding van tafel en bed *316*
Afdeling 1	Scheiding van tafel en bed *316*
Afdeling 2	Ontbinding van het huwelijk na scheiding van tafel en bed *317*
Titel 11	Afstamming *318*
Afdeling 1	Algemeen *318*
Afdeling 2	Ontkenning van het door huwelijk of geregistreerd partnerschap ontstane vaderschap *319*
Afdeling 2a	Ontkenning van het door huwelijk of geregistreerd partnerschap ontstane moederschap *320*
Afdeling 3	Erkenning *320*
Afdeling 4	Gerechtelijke vaststelling van het ouderschap *321*
Afdeling 5	Inroeping of betwisting van staat *322*
Afdeling 6	De bijzondere curator *322*
Titel 12	Adoptie *323*
Titel 13	Minderjarigheid *324*
Afdeling 1	Algemene bepalingen *324*
Afdeling 2	Handlichting *325*
Afdeling 3	De raad voor de kinderbescherming *325*
Afdeling 4	Registers betreffende het over minderjarigen uitgeoefende gezag *327*
Titel 14	Het gezag over minderjarige kinderen *327*
Afdeling 1	Algemeen *327*
Afdeling 2	Ouderlijk gezag *328*
Afdeling 3	Gemeenschappelijke bepalingen betreffende de gezagsuitoefening door de ouders en de gezagsuitoefening door één van hen *332*
Afdeling 3A	Gezamenlijk gezag van een ouder tezamen met een ander dan een ouder *333*
Afdeling 3B	[Treedt in werking op een nader te bepalen tijdstip] *335*
Afdeling 4	Ondertoezichtstelling van minderjarigen *335*
Afdeling 5	Beëindiging van het ouderlijk gezag *340*
Afdeling 6	Voogdij *342*
Titel 15	Omgang en informatie *354*
Titel 16	Curatele *355*
Titel 17	Levensonderhoud *359*
Afdeling 1	Algemene bepalingen *359*
Afdeling 2	Voorziening in de kosten van verzorging en opvoeding van minderjarige kinderen en stiefkinderen *362*
Titel 18	Afwezigheid, vermissing en vaststelling van overlijden in bepaalde gevallen *363*

Afdeling 1	Onderbewindstelling in geval van afwezigheid 363
Afdeling 2	Personen wier bestaan onzeker is 364
Afdeling 3	Vaststelling van overlijden in bepaalde gevallen 366
Titel 19	Onderbewindstelling ter bescherming van meerderjarigen 367
Titel 20	Mentorschap ten behoeve van meerderjarigen 373
Boek 2	**Rechtspersonen** 377
Titel 1	Algemene bepalingen 379
Titel 2	Verenigingen 388
Titel 3	Coöperaties en onderlinge waarborgmaatschappijen 394
Afdeling 1	Algemene bepalingen 394
Afdeling 2	De raad van commissarissen bij de grote coöperatie en bij de grote onderlinge waarborgmaatschappij 397
Afdeling 3	[Vervallen] 401
Titel 4	Naamloze vennootschappen 401
Afdeling 1	Algemene bepalingen 401
Afdeling 2	De aandelen 404
Afdeling 3	Het vermogen van de naamloze vennootschap 411
Afdeling 4	De algemene vergadering 421
Afdeling 5	Het bestuur van de naamloze vennootschap en het toezicht op het bestuur 429
Afdeling 6	De raad van commissarissen bij de grote naamloze vennootschap 435
Afdeling 7	Evenwichtige verdeling van de zetels over vrouwen en mannen 441
Afdeling 8	[Vervallen] 441
Titel 5	Besloten vennootschappen met beperkte aansprakelijkheid 441
Afdeling 1	Algemene bepalingen 441
Afdeling 2	De aandelen 444
Afdeling 3	Het vermogen van de vennootschap 450
Afdeling 4	De algemene vergadering 455
Afdeling 5	Het bestuur van de vennootschap en het toezicht op het bestuur 460
Afdeling 6	De raad van commissarissen bij de grote besloten vennootschap met beperkte aansprakelijkheid 465
Afdeling 7	Evenwichtige verdeling van de zetels over vrouwen en mannen 471
Afdeling 8	[Vervallen] 471
Titel 6	Stichtingen 471
Titel 7	Fusie en splitsing 476
Afdeling 1	Algemene bepaling 476
Afdeling 2	Algemene bepalingen omtrent fusies 476
Afdeling 3	Bijzondere bepalingen voor fusies van naamloze en besloten vennootschappen 481
Afdeling 3A	Bijzondere bepalingen voor grensoverschrijdende fusies 483
Afdeling 4	Algemene bepalingen omtrent splitsingen 487
Afdeling 5	Bijzondere bepalingen voor splitsingen waarbij een naamloze of besloten vennootschap wordt gesplitst of wordt opgericht 493
Titel 8	Geschillenregeling en het recht van enquête 496
Afdeling 1	Geschillenregeling 496
Afdeling 2	Het recht van enquête 501
Afdeling 3	Het openbaar bod 506
Titel 9	De jaarrekening en het jaarverslag 508

Inhoud

Afdeling 1	Algemene bepaling 508
Afdeling 2	Algemene bepalingen omtrent de jaarrekening 508
Afdeling 3	Voorschriften omtrent de balans en de toelichting daarop 510
Afdeling 4	Voorschriften omtrent de winst- en verliesrekening en de toelichting daarop 513
Afdeling 5	Bijzondere voorschriften omtrent de toelichting 514
Afdeling 6	Voorschriften omtrent de grondslagen van waardering en van bepaling van het resultaat 518
Afdeling 7	Jaarverslag 522
Afdeling 8	Overige gegevens 523
Afdeling 8A	Verslag over betalingen aan overheden 523
Afdeling 9	Deskundigenonderzoek 523
Afdeling 10	Openbaarmaking 525
Afdeling 11	Vrijstellingen op grond van de omvang van het bedrijf van de rechtspersoon 526
Afdeling 12	Bepalingen omtrent rechtspersonen van onderscheiden aard 528
Afdeling 13	Geconsolideerde jaarrekening 530
Afdeling 14	Bepalingen voor banken 533
Afdeling 15	Bepalingen voor verzekeringsmaatschappijen 535
Afdeling 16	Rechtspleging 543
Boek 3	**Vermogensrecht in het algemeen 547**
Titel 1	Algemene bepalingen 548
Afdeling 1	Begripsbepalingen 548
Afdeling 1A	Elektronisch vermogensrechtelijk rechtsverkeer 549
Afdeling 1B	Het voeren van een administratie 551
Afdeling 2	Inschrijvingen betreffende registergoederen 551
Titel 2	Rechtshandelingen 555
Titel 3	Volmacht 560
Titel 4	Verkrijging en verlies van goederen 562
Afdeling 1	Algemene bepalingen 562
Afdeling 2	Overdracht van goederen en afstand van beperkte rechten 563
Afdeling 3	Verkrijging en verlies door verjaring 567
Titel 5	Bezit en houderschap 568
Titel 6	Bewind 570
Titel 7	Gemeenschap 570
Afdeling 1	Algemene bepalingen 570
Afdeling 2	Enige bijzondere gemeenschappen 574
Afdeling 3	Nietige en vernietigbare verdelingen 575
Titel 8	Vruchtgebruik 575
Titel 9	Rechten van pand en hypotheek 580
Afdeling 1	Algemene bepalingen 580
Afdeling 2	Pandrecht 581
Afdeling 3	Pandrecht van certificaathouders 584
Afdeling 4	Recht van hypotheek 585
Titel 10	Verhaalsrecht op goederen 589
Afdeling 1	Algemene bepalingen 589
Afdeling 2	Bevoorrechte vorderingen op bepaalde goederen 590
Afdeling 3	Bevoorrechte vorderingen op alle goederen 591
Afdeling 4	Retentierecht 591
Titel 11	Rechtsvorderingen 592

Inhoud

Boek 4	**Erfrecht** 599	
Titel 1	Algemene bepalingen 600	
Titel 2	Erfopvolging bij versterf 602	
Titel 3	Het erfrecht bij versterf van de niet van tafel en bed gescheiden echtgenoot en van de kinderen alsmede andere wettelijke rechten 602	
Afdeling 1	Het erfrecht bij versterf van de niet van tafel en bed gescheiden echtgenoot en van de kinderen 602	
Afdeling 2	Andere wettelijke rechten 606	
Titel 4	Uiterste willen 610	
Afdeling 1	Uiterste wilsbeschikkingen in het algemeen 610	
Afdeling 2	Wie uiterste wilsbeschikkingen kunnen maken en wie daaruit voordeel kunnen genieten 612	
Afdeling 3	Legitieme portie 613	
Afdeling 4	Vorm van uiterste willen 618	
Afdeling 5	Herroeping van uiterste wilsbeschikkingen 621	
Titel 5	Onderscheiden soorten van uiterste wilsbeschikkingen 621	
Afdeling 1	Erfstellingen 621	
Afdeling 2	Legaten 621	
Afdeling 3	Testamentaire lasten 623	
Afdeling 4	Stichtingen 624	
Afdeling 5	Makingen onder tijdsbepaling en onder voorwaarde 625	
Afdeling 6	Executeurs 625	
Afdeling 7	Testamentair bewind 627	
Titel 6	Gevolgen van de erfopvolging 633	
Afdeling 1	Algemene bepalingen 633	
Afdeling 2	Aanvaarding en verwerping van nalatenschappen en van legaten 634	
Afdeling 3	Vereffening van de nalatenschap 637	
Afdeling 4	Verdeling van de nalatenschap 641	
Boek 5	**Zakelijke rechten** 643	
Titel 1	Eigendom in het algemeen 644	
Titel 2	Eigendom van roerende zaken 644	
Titel 3	Eigendom van onroerende zaken 646	
Titel 4	Bevoegdheden en verplichtingen van eigenaars van naburige erven 649	
Titel 5	Mandeligheid 652	
Titel 6	Erfdienstbaarheden 653	
Titel 7	Erfpacht 655	
Titel 8	Opstal 658	
Titel 9	Appartementsrechten 659	
Afdeling 1	Algemene bepalingen 659	
Afdeling 2	De vereniging van eigenaars 664	
Afdeling 3	Rechten uit verzekeringsovereenkomsten 667	
Afdeling 4	Wijziging van de akte van splitsing en opheffing van de splitsing 667	
Boek 6	**Algemeen gedeelte van het verbintenissenrecht** 670	
Titel 1	Verbintenissen in het algemeen 671	
Afdeling 1	Algemene bepalingen 671	
Afdeling 2	Pluraliteit van schuldenaren en hoofdelijke verbondenheid 671	
Afdeling 3	Pluraliteit van schuldeisers 673	

Inhoud

Afdeling 4	Alternatieve verbintenissen 673
Afdeling 5	Voorwaardelijke verbintenissen 674
Afdeling 6	Nakoming van verbintenissen 675
Afdeling 7	Opschortingsrechten 678
Afdeling 8	Schuldeisersverzuim 678
Afdeling 9	De gevolgen van het niet nakomen van een verbintenis 680
Afdeling 10	Wettelijke verplichtingen tot schadevergoeding 680
Afdeling 11	Verbintenissen tot betaling van een geldsom 686
Afdeling 12	Verrekening 689
Titel 2	Overgang van vorderingen en schulden en afstand van vorderingen 692
Afdeling 1	Gevolgen van overgang van vorderingen 692
Afdeling 2	Subrogatie 693
Afdeling 3	Schuld- en contractsoverneming 694
Afdeling 4	Afstand en vermenging 694
Titel 3	Onrechtmatige daad 695
Afdeling 1	Algemene bepalingen 695
Afdeling 2	Aansprakelijkheid voor personen en zaken 696
Afdeling 3	Produktenaansprakelijkheid 700
Afdeling 3A	Oneerlijke handelspraktijken 702
Afdeling 3B	Schending van mededingingsrecht 706
Afdeling 4	Misleidende en vergelijkende reclame 708
Afdeling 4A	Aansprakelijkheid bij elektronisch rechtsverkeer 709
Afdeling 5	Tijdelijke regeling verhaalsrechten 710
Titel 4	Verbintenissen uit andere bron dan onrechtmatige daad of overeenkomst 711
Afdeling 1	Zaakwaarneming 711
Afdeling 2	Onverschuldigde betaling 711
Afdeling 3	Ongerechtvaardigde verrijking 712
Titel 5	Overeenkomsten in het algemeen 713
Afdeling 1	Algemene bepalingen 713
Afdeling 2	Het tot stand komen van overeenkomsten 713
Afdeling 2a	Informatie over dienstverrichters en hun diensten naar aanleiding van de dienstenrichtlijn 716
Afdeling 2b	Bepalingen voor overeenkomsten tussen handelaren en consumenten 718
Afdeling 3	Algemene voorwaarden 727
Afdeling 4	Rechtsgevolgen van overeenkomsten 733
Afdeling 5	Wederkerige overeenkomsten 735
Boek 7	**Bijzondere overeenkomsten** 738
Titel 1	Koop en ruil 741
Afdeling 1	Koop: Algemene bepalingen 741
Afdeling 2	Verplichtingen van de verkoper 743
Afdeling 3	Bijzondere gevolgen van niet-nakoming van de verplichtingen van de verkoper 745
Afdeling 4	Verplichtingen van de koper 747
Afdeling 5	Bijzondere gevolgen van verzuim van de koper 748
Afdeling 6	Bijzondere gevallen van ontbinding 748
Afdeling 7	Schadevergoeding 749
Afdeling 8	Recht van reclame 749
Afdeling 9	Koop op proef 750
Afdeling 9A	[Vervallen] 750

Inhoud

Afdeling 10	Koop van vermogensrechten 750
Afdeling 10A	[Vervallen] 750
Afdeling 12	Ruil 750
Titel 1a	Overeenkomsten betreffende het gebruik in deeltijd, vakantieproducten van lange duur, bijstand en uitwisseling 750
Titel 2	Financiëlezekerheidsovereenkomsten 753
Titel 2a	Consumentenkredietovereenkomsten 755
Afdeling 1	Bepalingen ter uitvoering van richtlijn nr. 2008/48/EG van 23 april 2008 inzake kredietovereenkomsten voor consumenten 755
Onderafdeling 1	Algemene bepalingen 755
Onderafdeling 2	Informatieverstrekking en handelingen voorafgaand aan het sluiten van de kredietovereenkomst 757
Onderafdeling 3	Informatie en rechten betreffende kredietovereenkomsten 758
Onderafdeling 4	Jaarlijks kostenpercentage 762
Onderafdeling 5	Kredietgevers en kredietbemiddelaars 762
Onderafdeling 6	Slotbepalingen 762
Afdeling 2	Overige bepalingen betreffende consumentenkredietovereenkomsten 763
Titel 2b	Goederenkrediet 765
Afdeling 1	Goederenkrediet betreffende roerende zaken, niet-registergoederen 765
Afdeling 2	Huurkoop onroerende zaken 768
Onderafdeling 1	Algemene bepalingen 768
Onderafdeling 2	Huurkoop van woonruimte 770
Afdeling 3	Consumentenkredietovereenkomsten betreffende voor bewoning bestemde onroerende zaken 771
Onderafdeling 1	Algemene bepalingen 771
Onderafdeling 2	Informatieverstrekking en handelingen voorafgaand aan het sluiten van de kredietovereenkomst 773
Onderafdeling 3	Jaarlijks kostenpercentage 774
Onderafdeling 4	Informatie en rechten betreffende kredietovereenkomsten 774
Onderafdeling 5	Slotbepalingen 776
Titel 2c	Geldlening 776
Titel 2d	Overeenkomst van pandbelening 777
Titel 3	Schenking 778
Titel 4	Huur 780
Afdeling 1	Algemene bepalingen 780
Afdeling 2	Verplichtingen van de verhuurder 781
Afdeling 3	De verplichtingen van de huurder 782
Afdeling 4	De overgang van de huur bij overdracht van de verhuurde zaken en het eindigen van de huur 784
Afdeling 5	Huur van woonruimte 785
Onderafdeling 1	Algemeen 785
Onderafdeling 2	Huurprijzen en andere vergoedingen 787
Onderafdeling 3	Medehuur en voortzetting van de huur 792
Onderafdeling 4	Het eindigen van de huur 794
Afdeling 6	Huur van bedrijfsruimte 799
Titel 5	Pacht 803
Afdeling 1	Algemene bepalingen 803
Afdeling 2	Vorm van de pachtovereenkomst 804
Afdeling 3	Goedkeuring van de pachtovereenkomst 804
Afdeling 4	Duur van de pachtovereenkomst 806
Afdeling 5	Pachtprijs 806

XVII

Inhoud

Afdeling 6	Verplichtingen van de verpachter 808
Afdeling 7	Verplichtingen van de pachter 809
Afdeling 8	Overgang van de pacht bij overdracht van de verpachte zaken 811
Afdeling 9	Pachtoverneming 812
Afdeling 10	Het eindigen van de pachtovereenkomst 813
Afdeling 11	Het voorkeursrecht van de pachter 815
Afdeling 12	Bijzondere pachtovereenkomsten 817
Afdeling 13	Dwingend recht 820
Afdeling 14	Slotbepalingen 821
Titel 7	Opdracht 821
Afdeling 1	Opdracht in het algemeen 821
Afdeling 2	Lastgeving 823
Afdeling 3	Bemiddelingsovereenkomst 825
Afdeling 4	Agentuurovereenkomst 825
Afdeling 5	De overeenkomst inzake geneeskundige behandeling 829
Titel 7A	Reisovereenkomst 833
Titel 7b	Betalingstransactie 842
Afdeling 1	Algemene bepalingen 842
Afdeling 2	Instemming met de betaalopdracht 846
Afdeling 3	Uitvoering van de betalingstransactie 849
Afdeling 4	Slotbepalingen 853
Titel 9	Bewaarneming 854
Titel 10	Arbeidsovereenkomst 855
Afdeling 1	Algemene bepalingen 855
Afdeling 2	Loon 856
Afdeling 3	Vakantie en verlof 864
Afdeling 4	Gelijke behandeling 866
Afdeling 5	Enkele bijzondere bedingen in de arbeidsovereenkomst 867
Afdeling 6	Enkele bijzondere verplichtingen van de werkgever 869
Afdeling 7	Enkele bijzondere verplichtingen van de werknemer 872
Afdeling 8	Rechten van de werknemer bij overgang van een onderneming 872
Afdeling 9	Einde van de arbeidsovereenkomst 874
Afdeling 10	Bijzondere bepalingen voor handelsvertegenwoordigers 890
Afdeling 11	Bijzondere bepalingen ter zake van de uitzendovereenkomst 890
Afdeling 12	Bijzondere bepalingen terzake van de zee-arbeidsovereenkomst 891
Afdeling 12A	De zeevarende in de visserij 902
Titel 12	Aanneming van werk 903
Afdeling 1	Aanneming van werk in het algemeen 903
Afdeling 2	Bijzondere bepalingen voor de bouw van een woning in opdracht van een natuurlijk persoon die niet handelt in de uitoefening van een beroep of bedrijf 905
Titel 14	Borgtocht 906
Afdeling 1	Algemene bepalingen 906
Afdeling 2	Borgtocht, aangegaan buiten beroep of bedrijf 907
Afdeling 3	De gevolgen van de borgtocht tussen de hoofdschuldenaar en de borg en tussen borgen en voor de verbintenis aansprakelijke niet-schuldenaren onderling 908
Titel 15	Vaststellingsovereenkomst 908
Titel 17	Verzekering 911
Afdeling 1	Algemene bepalingen 911
Afdeling 2	Schadeverzekering 915
Afdeling 3	Sommenverzekering 918
Titel 18	Lijfrente 922

Inhoud

Boek 7A	Bijzondere overeenkomsten (vervolg) *923*
Vijfde titel A	[Vervallen] *924*
Afdeling 1	[Vervallen] *924*
Afdeling 2	[Vervallen] *924*
Zevende titel	Van huur en verhuur *924*
Eerste afdeeling	[Vervallen] *924*
Tweede afdeeling	[Vervallen] *924*
Derde afdeeling	[Vervallen] *924*
Vierde afdeling	[Vervallen] *924*
Vijfde afdeling	[Vervallen] *924*
Zevende titel A	*925*
Eerste afdeeling	Algemeene bepalingen *925*
Tweede afdeeling	Van de arbeidsovereenkomst in het algemeen *925*
Derde afdeeling	Van de verplichtingen des werkgevers *925*
Vierde afdeeling	Van de verplichtingen des arbeiders *925*
Vijfde afdeeling	Van de verschillende wijzen waarop de dienstbetrekking, door arbeidsovereenkomst ontstaan, eindigt *925*
Vijfde afdeling A	*925*
Zesde afdeeling	[Vervallen] *925*
Negende titel	Van maatschap *925*
Eerste afdeeling	Algemeene bepalingen *925*
Tweede afdeeling	Van de verbindtenissen der vennooten onderling *926*
Derde afdeeling	Van de verbindtenissen der vennooten ten aanzien van derden *927*
Vierde afdeeling	Van de verschillende wijzen waarop de maatschap eindigt *928*
Elfde titel	[Vervallen] *928*
Eerste afdeeling	[Vervallen] *928*
Tweede afdeeling	[Vervallen] *928*
Derde afdeeling	[Vervallen] *929*
Vierde afdeeling	[Vervallen] *929*
Dertiende titel	Van bruikleening *929*
Eerste afdeeling	Algemeene bepalingen *929*
Tweede afdeeling	Van de verpligtingen van dengenen die iets ter bruikleening ontvangt *929*
Derde afdeeling	Van de verpligtingen van den uitleener *930*
Veertiende titel	[Vervallen] *930*
Eerste afdeeling	[Vervallen] *930*
Tweede afdeeling	[Vervallen] *930*
Derde afdeeling	[Vervallen[*930*
Vierde afdeeling	[Vervallen] *930*
Vijftiende titel	Van gevestigde of altijddurende renten *931*
Zestiende titel	Van kans-overeenkomsten *931*
Eerste afdeeling	[Vervallen] *931*
Tweede afdeeling	[Vervallen] *931*
Derde afdeeling	Van spel en weddingschap *931*
Zeventiende titel	Van lastgeving *932*
Negentiende titel	Van dading *932*
Algemene slotbepaling *932*	
Boek 8	**Verkeersmiddelen en vervoer *933***
I	*Algemene bepalingen 935*
Titel 1	Algemene bepalingen *935*
Titel 2	Algemene bepalingen betreffende vervoer *937*

Inhoud

	Afdeling 1	Overeenkomst van goederenvervoer *937*
	Afdeling 2	Overeenkomst van gecombineerd goederenvervoer *938*
	Afdeling 3	Overeenkomst tot het doen vervoeren van goederen *940*
	Afdeling 4	Overeenkomst van personenvervoer *942*
	Afdeling 5	Overeenkomst tot binnenlands openbaar personenvervoer *944*
	Afdeling 6	Overeenkomst van gecombineerd vervoer van personen *947*
II		*Zeerecht 947*
Titel 3		Het zeeschip en de zaken aan boord daarvan *947*
	Afdeling 1	Rederij van het zeeschip *947*
	Afdeling 2	Rechten op zeeschepen *950*
	Afdeling 3	Voorrechten op zeeschepen *953*
	Afdeling 4	Voorrechten op zaken aan boord van zeeschepen *955*
	Afdeling 5	Slotbepalingen *956*
Titel 4		Bemanning van een zeeschip *956*
	Afdeling 2	Kapitein *956*
Titel 5		Exploitatie *957*
	Afdeling 1	Algemene bepalingen *957*
	Afdeling 2	Overeenkomst van goederenvervoer over zee *958*
	Afdeling 3	Overeenkomst van personenvervoer over zee *972*
	Afdeling 4	Enige bijzondere overeenkomsten *980*
Titel 6		Ongevallen *980*
	Afdeling 1	Aanvaring *980*
	Afdeling 2	Hulpverlening *981*
	Afdeling 3	Avarij-grosse *986*
	Afdeling 4	Gevaarlijke stoffen aan boord van een zeeschip *987*
	Afdeling 5	Aansprakelijkheid voor schade door verontreiniging door bunkerolie *989*
	Afdeling 6	Aansprakelijkheid voor de kosten van het lokaliseren, markeren en opruimen van een wrak *992*
Titel 7		Beperking van aansprakelijkheid voor maritieme vorderingen *994*
III		*Binnenvaartrecht 997*
Titel 8		Het binnenschip en de zaken aan boord daarvan *997*
	Afdeling 1	Rederij van het binnenschip *997*
	Afdeling 2	Rechten op binnenschepen *997*
	Afdeling 3	Huurkoop van teboekstaande binnenschepen *1000*
	Afdeling 4	Voorrechten op binnenschepen *1002*
	Afdeling 5	Voorrechten op zaken aan boord van binnenschepen *1004*
	Afdeling 6	Slotbepalingen *1005*
Titel 9		Bemanning van een binnenschip *1006*
	Afdeling 2	Schipper *1006*
Titel 10		Exploitatie *1006*
	Afdeling 1	Algemene bepaling *1006*
	Afdeling 2	Overeenkomst van goederenvervoer over binnenwateren *1006*
	Afdeling 3	Overeenkomst van personenvervoer over binnenwateren *1021*
	Afdeling 4	Enige bijzondere overeenkomsten *1023*
Titel 11		Ongevallen *1025*
	Afdeling 1	Aanvaring *1025*
	Afdeling 2	Hulpverlening *1026*
	Afdeling 3	Avarij-grosse *1026*
	Afdeling 4	Gevaarlijke stoffen aan boord van een binnenschip *1026*
Titel 12		Beperking van aansprakelijkheid van eigenaren van binnenschepen *1029*

Inhoud

IV	*Wegvervoersrecht 1031*
Titel 13	Wegvervoer 1031
Afdeling 1	Algemene bepalingen 1031
Afdeling 2	Overeenkomst van goederenvervoer over de weg 1031
Afdeling 3	Overeenkomst van personenvervoer over de weg 1040
Afdeling 4	Verhuisovereenkomst 1044
Titel 14	Ongevallen 1049
Afdeling 1	Gevaarlijke stoffen aan boord van een voertuig 1049
V	*Luchtrecht 1052*
Titel 15	Het luchtvaartuig 1052
Afdeling 1	Rechten op luchtvaartuigen 1052
Afdeling 2	Voorrechten op luchtvaartuigen 1054
Afdeling 3	Slotbepaling 1055
Titel 16	Exploitatie 1055
Afdeling 1	Algemene bepalingen 1055
Afdeling 2	Overeenkomst van goederenvervoer door de lucht 1056
Afdeling 3	Overeenkomst van personenvervoer door de lucht 1061
Afdeling 4	Opvolgend vervoer 1065
VI	*Vervoer langs spoorstaven 1065*
Titel 18	Overeenkomst van goederenvervoer over spoorwegen 1065
Afdeling 1	Algemene bepalingen 1065
Afdeling 2	Sluiting en uitvoering van de vervoerovereenkomst 1066
Afdeling 3	Aansprakelijkheid 1071
Afdeling 4	Uitoefening van rechten 1074
Afdeling 5	Onderlinge betrekkingen tussen de vervoerders 1076
Titel 19	Ongevallen 1077
Afdeling 1	Aansprakelijkheid voor spoorvoertuigen en spoorweginfrastructuur 1077
Afdeling 2	Gevaarlijke stoffen aan boord van een spoorrijtuig 1077
VII	*Slotbepalingen 1080*
Titel 20	Verjaring en verval 1080
Afdeling 1	Algemene bepalingen 1080
Afdeling 2	Goederenvervoer 1081
Afdeling 3	Bijzondere exploitatie-overeenkomsten 1083
Afdeling 4	Overeenkomst tot het doen vervoeren van goederen 1083
Afdeling 5	Vervoer van personen 1084
Afdeling 7	Rederij 1085
Afdeling 8	Rechtsvorderingen jegens kapitein of schipper 1086
Afdeling 9	Aanvaring 1086
Afdeling 10	Hulpverlening 1087
Afdeling 11	Avarij-grosse 1087
Afdeling 12	Gevaarlijke stoffen aan boord van een zeeschip, een binnenschip, een voertuig en een spoorvoertuig 1087
Afdeling 12a	Vorderingen ter zake van kosten van het lokaliseren, markeren en opruimen van een wrak 1088
Afdeling 13	Luchtrecht 1088
Algemene Slotbepaling 1088	
Boek 10	**Internationaal privaatrecht** 1089
Titel 1	Algemene bepalingen 1090
Titel 2	De naam 1092
Titel 3	Het huwelijk 1093
Afdeling 1	Voltrekking en erkenning van de geldigheid van huwelijken 1093

XXI

Inhoud

Afdeling 2	Rechtsbetrekkingen tussen de echtgenoten	1095
Afdeling 3	Het huwelijksvermogensregime	1095
Afdeling 4	Ontbinding van het huwelijk en scheiding van tafel en bed	1096
Titel 4	Het geregistreerd partnerschap	1097
Afdeling 1	Het aangaan van een geregistreerd partnerschap in Nederland	1097
Afdeling 2	De erkenning van een buiten Nederland aangegaan geregistreerd partnerschap	1097
Afdeling 3	Rechtsbetrekkingen tussen de geregistreerde partners	1098
Afdeling 4	Het partnerschapsvermogensregime	1098
Afdeling 5	Beëindiging in Nederland van een geregistreerd partnerschap	1099
Afdeling 6	Erkenning van een buiten Nederland tot stand gekomen beëindiging van een geregistreerd partnerschap	1099
Afdeling 7	Levensonderhoud	1100
Afdeling 8	Overgangsrecht	1100
Titel 5	Afstamming	1100
Afdeling 1	Familierechtelijke betrekkingen door geboorte	1100
Afdeling 2	Familierechtelijke betrekkingen door erkenning of gerechtelijke vaststelling van het vaderschap	1101
Afdeling 3	Familierechtelijke betrekkingen door wettiging	1102
Afdeling 4	De inhoud van familierechtelijke betrekkingen uit hoofde van afstamming	1102
Afdeling 5	Erkenning van buitenslands tot stand gekomen rechterlijke beslissingen en rechtsfeiten	1102
Afdeling 6	Overgangsrecht	1103
Titel 6	Adoptie	1103
Afdeling 1	Algemene bepalingen	1103
Afdeling 2	De in Nederland uit te spreken adoptie	1103
Afdeling 3	Erkenning van een buitenlandse adoptie	1104
Afdeling 4	Overgangsrecht	1105
Titel 7	Overige onderwerpen van familierecht	1105
Afdeling 1	Ouderlijke verantwoordelijkheid en bescherming van kinderen	1105
Afdeling 2	Internationale ontvoering van kinderen	1105
Afdeling 3	(gereserveerd)	1105
Afdeling 4	Levensonderhoud	1105
Titel 8	Corporaties	1105
Titel 9	Vertegenwoordiging	1107
Titel 10	Goederenrecht	1107
Afdeling 1	Algemene bepalingen	1107
Afdeling 2	Het goederenrechtelijke regime met betrekking tot zaken	1107
Afdeling 3	Het goederenrechtelijke regime met betrekking tot vorderingsrechten	1108
Afdeling 4	Het goederenrechtelijke regime met betrekking tot aandelen	1109
Afdeling 5	Het goederenrechtelijke regime met betrekking tot giraal overdraagbare effecten	1110
Titel 11	Trustrecht	1110
Titel 12	Erfrecht	1110
Titel 13	Verbintenissen uit overeenkomst	1111
Titel 14	Verbintenissen uit andere bron dan overeenkomst	1112
Titel 15	Enkele bepalingen met betrekking tot het zeerecht, het binnenvaartrecht en het luchtrecht	1112
Titel 16	Arbitrage	1113

Inhoud

14	Wet op de collectieve arbeidsovereenkomst *1115*
15	Wet op verbindend en onverbindend verklaren van de CAO *1119*
16	Wet melding collectief ontslag *1125*

17 Wet arbeid en zorg *1129*
Hoofdstuk 1	Algemene bepalingen *1129*
Hoofdstuk 3	Zwangerschap, bevalling, adoptie en pleegzorg *1130*
Afdeling 1	Het recht op verlof in verband met zwangerschap, bevalling, adoptie en pleegzorg *1130*
Afdeling 2	Uitkering in verband met zwangerschap, bevalling, adoptie en pleegzorg *1132*
Hoofdstuk 4	Calamiteiten- en ander kort verzuimverlof *1142*
Hoofdstuk 5	Kort- en langdurend zorgverlof *1144*
Afdeling 1	Kortdurend zorgverlof *1144*
Afdeling 2	Langdurend zorgverlof *1146*
Afdeling 3	Nadere voorschriften *1147*
Hoofdstuk 6	Ouderschapsverlof *1147*
Hoofdstuk 7	Levensloopregeling *1149*
Hoofdstuk 8	Slotbepalingen *1150*

18 Wetboek van Koophandel *1151*
Algemeene bepaling *1151*	
Eerste Boek	*Van den koophandel in het algemeen* *1151*
Eerste titel	Van kooplieden en van daden van koophandel *1151*
Tweede titel	[Vervallen] *1151*
Derde titel	Van de vennootschap onder ene firma en van die bij wijze van geldschieting of "en commandite" genaamd *1151*
Vierde titel	Van beurzen van koophandel en tussenpersonen *1152*
Vijfde titel	Van commissionairs *1154*
Zesde titel	Van wisselbrieven en orderbriefjes *1154*
Zevende titel	Van chèques, en van promessen en quitantiën aan toonder *1167*
Achtste titel	Van reclame of terugvordering in geval van faillissement *1177*
Negende titel	[Vervallen] *1177*
Tiende titel	[Vervallen] *1177*
Tweede Boek	*Van de regten en verpligtingen uit scheepvaart voortspruitende* *1178*
Algemeene Bepaling *1178*	
Eerste titel	Van zeeschepen *1178*
Tweede titel	*1179*
Derde titel	Van den kapitein *1179*
Vierde titel	Van de schepelingen *1182*
Vijfde titel	Van vervrachting en bevrachting van schepen *1183*
Vijfde titel A	Van het vervoer van goederen *1184*
Vijfde titel B	Van het vervoer van personen *1184*
Zesde titel	Van aanvaring *1185*
Zevende titel	Van hulp en berging *1185*
Achtste titel	Van bodemerij *1185*
Negende titel	[Vervallen] *1185*
Tiende titel	[Vervallen] *1186*
Elfde titel	[Vervallen] *1186*

Elfde titel A	Van de beperking der aansprakelijkheid 1186
Twaalfde titel	[Vervallen] 1186
Dertiende titel	Van de binnenvaart 1186
Algemene slotbepaling 1186

19 Nederlandse corporate governance code 1189
Preambule 1189
Naleving van de code 1190
Hoofdstuk 1	Lange termijn waardecreatie 1191
Hoofdstuk 2	Effectief bestuur en toezicht 1196
Hoofdstuk 3	Beloningen 1207
Hoofdstuk 4	Algemene vergadering 1209
Hoofdstuk 5	One-tier bestuursstructuur 1214
Inwerkingtreding 1214
Toelichting op enkele principes en best practice bepalingen 1215

20 Wet controle op rechtspersonen 1221
Paragraaf 1	Algemene bepalingen 1221
Paragraaf 2	Bronnen van de registratie 1222
Paragraaf 3	De inhoud van de registratie 1222
Paragraaf 4	Het verstrekken van gegevens uit de registratie 1222
Paragraaf 5	Het verwijderen van gegevens uit de registratie 1224
Paragraaf 6	Wijzigingen in andere regelingen 1224
Paragraaf 7	Slotbepalingen 1224

21 Handelsregisterwet 2007 1225
Hoofdstuk 1	Begripsbepalingen 1225
Hoofdstuk 2	Het handelsregister 1225
§ 2.1	Instellen handelsregister 1225
§ 2.2	Inhoud handelsregister 1226
Hoofdstuk 3	De inschrijving in het handelsregister 1228
Hoofdstuk 4	De verstrekking en het gebruik van gegevens 1229
§ 4.1	De verstrekking van gegevens, algemeen 1229
§ 4.2	Publicatie inschrijvingen 1230
§ 4.3	Derdenwerking 1230
§ 4.4	Verplichte vermelding nummer 1230
Hoofdstuk 5	Verstrekking van gegevens aan bestuursorganen en gebruik van gegevens door bestuursorganen 1231
§ 5.1	Verstrekking aan bestuursorganen 1231
§ 5.2	Gebruik door bestuursorganen 1231
§ 5.3	Eenmalige gegevensverstrekking 1232
Hoofdstuk 6	Wijziging van de in het handelsregister opgenomen gegevens 1232
Hoofdstuk 7	Kwaliteitscontrole van het handelsregister 1233
Hoofdstuk 8	Toezicht en handhaving 1233
§ 8.1	[Vervallen] 1233
§ 8.2	Handhaving 1233
§ 8.3	Klachtenbehandeling 1233
Hoofdstuk 9	Financiën 1234
Hoofdstuk 10	Overige bepalingen 1234
Hoofdstuk 11	Wijziging andere wetten 1234
Hoofdstuk 12	Overgangs- en slotbepalingen 1235

Inhoud

22 Handelsregisterbesluit 2008 *1237*
Hoofdstuk 1 Begripsbepalingen *1237*
Hoofdstuk 2 Opgave ter inschrijving *1238*
Hoofdstuk 3 In te schrijven rechtspersonen *1239*
Hoofdstuk 4 Op te nemen gegevens *1239*
Hoofdstuk 5 Gegevens uit andere basisregisters afkomstig *1246*
Hoofdstuk 6 Wijzigen van opgenomen gegevens *1246*
Hoofdstuk 7 Uitzondering derdenwerking *1247*
Hoofdstuk 8 Verstrekking van gegevens *1247*
Hoofdstuk 9 Slotartikelen *1248*

23 Wet op de ondernemingsraden *1249*
Hoofdstuk I Algemene bepalingen *1249*
Hoofdstuk II De instelling van ondernemingsraden *1249*
Hoofdstuk III Samenstelling en werkwijze van de ondernemingsraden *1251*
Hoofdstuk IV Het overleg met de ondernemingsraad *1255*
Hoofdstuk IVA Bijzondere bevoegdheden van de ondernemingsraad *1257*
Hoofdstuk IVB Het verstrekken van gegevens aan de ondernemingsraad *1260*
Hoofdstuk IVC Verdere bevoegdheden van de ondernemingsraad *1262*
Hoofdstuk V De centrale ondernemingsraden en de groepsondernemingsraden *1262*
Hoofdstuk VA De medezeggenschap in kleine ondernemingen *1263*
Hoofdstuk VI De algemene geschillenregeling *1265*
Hoofdstuk VII De bedrijfscommissies *1266*
Hoofdstuk VIIA Bijzondere taak Sociaal-Economische Raad *1267*
Hoofdstuk VII B Bijzondere bepalingen voor ondernemingsraden bij de overheid *1267*
Hoofdstuk VIII Overgangs- en slotbepalingen *1268*

24 Wet op het financieel toezicht (uittreksel) *1271*
1 *Algemeen deel 1271*
Hoofdstuk 1.1 Inleidende bepalingen *1271*
Afdeling 1.1.1 Definities *1271*
Afdeling 1.1.2 Reikwijdte met betrekking tot financiële ondernemingen *1290*
Afdeling 1.1.3 Reikwijdte met betrekking tot financiële diensten *1296*
Afdeling 1.1.4 Aantastbaarheid van rechtshandelingen *1299*
Hoofdstuk 1.2 Toezichthouders *1300*
Afdeling 1.2.1 Algemene bepalingen *1300*
Afdeling 1.2.2 Informatievoorziening, sturing en toezicht *1303*
Hoofdstuk 1.3 Samenwerking toezichthouders *1304*
Afdeling 1.3.1 Samenwerking toezichthouders nationaal *1304*
Afdeling 1.3.2 Samenwerking met andere lidstaten algemeen *1307*
Afdeling 1.3.3 Samenwerking met toezichthoudende instanties van staten die geen lidstaat zijn *1317*
Afdeling 1.3.4 Samenwerking en uitwisseling van gegevens en inlichtingen met Europese instanties *1318*
Hoofdstuk 1.4 Toezicht en handhaving *1319*
Afdeling 1.4.1 Toezicht op de naleving *1319*
Afdeling 1.4.2 Handhaving *1320*
Hoofdstuk 1.5 Geheimhoudingsplicht, uitzonderingen dienaangaande en publicatiemogelijkheden *1327*
Afdeling 1.5.1 Geheimhoudingsplicht en uitzonderingen dienaangaande *1327*
Afdeling 1.5.2 Publicatiemogelijkheden van de toezichthouders *1331*

XXV

Inhoud

Hoofdstuk 1.6	Procedures *1333*
Afdeling 1.6.1	Vergunningen *1333*
Afdeling 1.6.1a	Verklaringen van geen bezwaar als bedoeld in artikel 3:95 en 3:96 *1336*
Afdeling 1.6.2	Registratie *1337*
Afdeling 1.6.3	[Vervallen] *1339*
Hoofdstuk 1.7	Beloningsbeleid *1339*
Afdeling 1.7.1	Definities en reikwijdte *1339*
5	*Deel Gedragstoezicht financiële markten 1340*
Hoofdstuk 5.1	Regels voor het aanbieden van effecten *1340*
Afdeling 5.1.1	Inleidende bepaling *1340*
Afdeling 5.1.2	Verbod en uitzonderingen *1341*
Afdeling 5.1.3	Aanbieden van effecten aan het publiek en het toelaten van effecten op een gereglementeerde markt *1343*
Hoofdstuk 5.1a	Regels voor informatievoorziening door uitgevende instellingen *1351*
Afdeling 5.1a.1	Informatieverplichtingen voor uitgevende instellingen waarvan effecten zijn toegelaten tot de handel op een gereglementeerde markt en waarvan Nederland lidstaat van herkomst is *1351*
Afdeling 5.1a.2	Regels voor uitgevende instellingen met Nederland als lidstaat van herkomst *1352*
Afdeling 5.1a.3	Algemeenverkrijgbaarstelling informatie bij andere lidstaat van herkomst *1354*
Afdeling 5.1a.4	Toezicht op de naleving, vrijstellingen, ontheffingen en nadere regels *1358*
Hoofdstuk 5.2	Regels voor toegang tot de Nederlandse financiële markten voor marktexploitanten en voor het exploiteren of beheren van een gereglementeerde markt *1359*
Afdeling 5.2.1	Toegang tot de Nederlandse financiële markten voor marktexploitanten *1359*
Afdeling 5.2.2	Het exploiteren of beheren van een gereglementeerde markt *1360*
Hoofdstuk 5.3	Regels voor het melden van stemmen, kapitaal, zeggenschap en kapitaalbelang in uitgevende instellingen *1366*
Afdeling 5.3.1	Inleidende bepaling *1366*
Afdeling 5.3.2	Meldingen door uitgevende instellingen betreffende het kapitaal en de stemmen *1367*
Afdeling 5.3.3	Meldingen door aandeelhouders en andere stemgerechtigden betreffende wijzigingen in zeggenschap en kapitaalbelang *1368*
Afdeling 5.3.4	Bijzondere bepalingen en uitzonderingen op de meldingsplicht betreffende wijzigingen in zeggenschap en kapitaalbelang *1369*
Afdeling 5.3.5	Meldingen door bestuurders en commissarissen betreffende zeggenschap en kapitaalbelang *1372*
Afdeling 5.3.6	Registratie van meldingen *1372*
Afdeling 5.3.7	Overige regels *1373*
Hoofdstuk 5.4	Regels ter voorkoming van marktmisbruik en voor het optreden op markten in financiële instrumenten *1374*
Afdeling 5.4.1	[Vervallen] *1374*
Afdeling 5.4.2	[Vervallen] *1374*
Hoofdstuk 5.5	Openbaar bod op effecten *1375*
Afdeling 5.5.1	Regels omtrent verplichte biedingen *1375*
Afdeling 5.5.2	Uitbrengen van een openbaar bod en de bevoegdheid tot goedkeuren van een biedingsbericht *1377*

Afdeling 5.5.3	Voorschriften indien de Autoriteit Financiële Markten bevoegd is het biedingsbericht goed te keuren *1377*
Afdeling 5.5.4	Aanvullende voorschriften, vrijstelling en ontheffing *1378*
Hoofdstuk 5.6	Regels over het toepassen van een gedragscode door institutionele beleggers *1379*
Hoofdstuk 5.7	Regels voor de toegang tot betalingssystemen *1380*
Hoofdstuk 5.8	Toezicht op ratingbureaus *1380*

25 Faillissementswet *1381*

Titel I	Van faillissement *1381*
Eerste afdeling	Van de faillietverklaring *1381*
Tweede afdeling	Van de gevolgen der faillietverklaring *1387*
Derde afdeling	Van het bestuur over de failliete boedel *1397*
Vierde afdeling	Van de voorzieningen na de faillietverklaring en van het beheer des curators *1401*
Vijfde afdeling	Van de verificatie der schuldvorderingen *1405*
Vijfde afdeling A	Vereenvoudigde afwikkeling van faillissement *1409*
Zesde afdeling	Van het akkoord *1410*
Zevende afdeling	Van de vereffening des boedels *1415*
Achtste afdeling	Van de rechtstoestand des schuldenaars na afloop van de vereffening *1418*
Negende afdeling	[Vervallen] *1418*
Tiende afdeling	Bepalingen van internationaal recht *1419*
Elfde afdeling	Van rehabilitatie *1419*
Afdeling 11A	Van het definitieve karakter van de afwikkeling van betalingen en effectentransacties in betalings- en afwikkelingssystemen *1419*
Afdeling 11AA	Van het faillissement van een bank *1422*
Afdeling 11AB	Van het faillissement van een beleggingsonderneming als bedoeld in artikel 3a:2, onderdeel b, van de Wet op het financieel toezicht *1430*
Afdeling 11B	Van het faillissement van een verzekeraar *1430*
Titel II	Van surseance van betaling *1442*
Eerste afdeling	Van de verlening van surseance van betaling en haar gevolgen *1442*
Tweede afdeling	Van het akkoord *1452*
Tweede afdeling A	Bijzondere bepalingen *1456*
Tweede afdeling B	Van de verlening van surseance van betaling aan een beleggingsonderneming en een financiële instelling die een verklaring van ondertoezichtstelling heeft of een andere instelling *1457*
Derde afdeling	Slotbepalingen *1457*
Titel III	Schuldsaneringsregeling natuurlijke personen *1458*
Eerste afdeling	Het uitspreken van de toepassing van de schuldsaneringsregeling *1458*
Tweede afdeling	De gevolgen van de toepassing van de schuldsaneringsregeling *1462*
Derde afdeling	Het bestuur over de boedel *1466*
Vierde afdeling	De voorzieningen na de uitspraak tot de toepassing van de schuldsaneringsregeling en de taak van de bewindvoerder *1468*
Vijfde afdeling	Verificatie van vorderingen *1468*
Zesde afdeling	Het akkoord *1469*
Zevende afdeling	De vereffening van de boedel *1471*
Achtste afdeling	Termijn en beëindiging van de toepassing van de schuldsaneringsregeling *1472*
Negende afdeling	Bijzondere bepalingen *1475*

Tiende afdeling Slotbepalingen 1476
Algemene slotbepaling 1476

26 Handelsnaamwet 1477

27 Auteurswet 1912 1481
Hoofdstuk I   Algemeene bepalingen 1481
Hoofdstuk Ia De exploitatieovereenkomst 1493
Hoofdstuk II De uitoefening en de handhaving van het auteursrecht en bepalingen van strafrecht 1495
Hoofdstuk III De duur van het auteursrecht 1499
Hoofdstuk IV Bijzondere bepalingen betreffende het volgrecht 1500
Hoofdstuk V   Bijzondere bepalingen betreffende filmwerken 1501
Hoofdstuk VI Bijzondere bepalingen betreffende computerprogramma's 1502
Hoofdstuk VII Bescherming van na het verstrijken van de beschermingsduur openbaar gemaakte werken 1503
Hoofdstuk VIII Overgangs- en slotbepalingen 1503

28 Rijksoctrooiwet 1995 1507
Hoofdstuk 1 Algemene bepalingen 1507
Hoofdstuk 2 Behandeling van octrooiaanvragen 1511
Hoofdstuk 3 Bepalingen betreffende Europese octrooien 1524
Hoofdstuk 4 Rechtsgevolgen van het octrooi 1525
Hoofdstuk 5 Vernietiging en opeising 1534
Hoofdstuk 6 Octrooirechtelijke geschillen 1536
Hoofdstuk 7 Aanvullende beschermingscertificaten 1537
Hoofdstuk 8 Bijzondere bepalingen voor Curaçao en Sint Maarten 1538
Hoofdstuk 9 Overgangs- en slotbepalingen 1538

29 Benelux-Verdrag inzake de intellectuele eigendom 1541
Titel I   Algemene en institutionele bepalingen 1541
Titel II   Merken 1544
Hoofdstuk 1   Individuele merken 1544
Hoofdstuk 2   Depot, inschrijving en vernieuwing 1546
Hoofdstuk 3   Toetsing op absolute gronden 1547
Hoofdstuk 4   Oppositie 1548
Hoofdstuk 5   Rechten van de houder 1549
Hoofdstuk 6   Doorhaling, verval en nietigheid 1553
Hoofdstuk 7   Overgang, licentie en andere rechten 1556
Hoofdstuk 8   Collectieve merken 1557
Titel III   Tekeningen of modellen 1560
Hoofdstuk 1   Tekeningen of modellen 1560
Hoofdstuk 2   Depot, inschrijving en vernieuwing 1562
Hoofdstuk 3   Rechten van de houder 1563
Hoofdstuk 4   Doorhaling, verval en nietigheid 1565
Hoofdstuk 5   Overgang, licentie en andere rechten 1566
Hoofdstuk 6   Samenloop met het auteursrecht 1567
Titel IV   Overige bepalingen 1567
Hoofdstuk 1   [Vervallen] 1567
Hoofdstuk 2   Overige taken van het bureau 1567
Hoofdstuk 3   Rechterlijke bevoegdheid 1568
Hoofdstuk 4   Overige bepalingen 1568

Titel V	Overgangsbepalingen 1569
Titel VI	Slotbepalingen 1569

30 Wegenverkeerswet 1994 (uittreksel) 1571
Hoofdstuk XII	Civiele aansprakelijkheid 1571

31 Mededingingswet 1573
Hoofdstuk 1	Begripsbepalingen 1573
Hoofdstuk 2	De Autoriteit Consument en Markt 1573
Hoofdstuk 3	Mededingingsafspraken 1574
Hoofdstuk 4	Economische machtsposities 1577
Hoofdstuk 4a	Financiële transparantie binnen bepaalde ondernemingen 1577
Hoofdstuk 4b	Overheden en overheidsbedrijven 1578
Hoofdstuk 5	Concentraties 1580
Hoofdstuk 5a	[Vervallen] 1585
Hoofdstuk 6	Bevoegdheid tot doorzoeken in het kader van toezicht 1585
Hoofdstuk 7	Overtredingen verbod van mededingingsafspraken en verbod van misbruik van een economische machtspositie 1586
Hoofdstuk 8	Overige overtredingen 1587
Hoofdstuk 9	[Vervallen] 1589
Hoofdstuk 10	Toepassing van de EG-mededingingsregels 1589
Hoofdstuk 11	[Vervallen] 1591
Hoofdstuk 12	Rechtsbescherming 1591
Hoofdstuk 12a	[Vervallen] 1591
Hoofdstuk 13	Wijzigingen in andere wetten 1591
Hoofdstuk 14	Overgangsbepalingen 1591
Hoofdstuk 15	Slotbepalingen 1592

Internationaal recht

32 EU-Verdrag 1593
Titel I	Gemeenschappelijke bepalingen 1594
Titel II	Bepalingen inzake de democratische beginselen 1596
Titel III	Bepalingen betreffende de instellingen 1597
Titel IV	Bepalingen inzake de nauwere samenwerking 1600
Titel V	Algemene bepalingen inzake het extern optreden van de Unie en specifieke bepalingen betreffende het gemeenschappelijk buitenlands en veiligheidsbeleid 1600
Hoofdstuk 1	Algemene bepalingen betreffende het extern optreden van de Unie 1600
Hoofdstuk 2	Specifieke bepalingen betreffende het gemeenschappelijk buitenlands en veiligheidsbeleid 1601
Afdeling 1	Gemeenschappelijke bepalingen 1601
Afdeling 2	Bepalingen inzake het gemeenschappelijk veiligheids- en defensiebeleid 1606
Titel VI	Slotbepalingen 1608

33 Verdrag betreffende de werking van de Europese Unie 1611
Eerste deel	De beginselen 1611
Titel I	Categorieën en gebieden van bevoegdheden van de Unie 1611
Titel II	Algemeen toepasselijke bepalingen 1613
Tweede deel	Non-discriminatie en burgerschap van de Unie 1614
Derde deel	Het beleid en intern optreden van de Unie 1616

Inhoud

Titel I	De interne markt	*1616*
Titel II	Het vrije verkeer van goederen	*1616*
Hoofdstuk 1	De douane-unie	*1616*
Hoofdstuk 2	De douanesamenwerking	*1617*
Hoofdstuk 3	Verbod op kwantitatieve beperkingen tussen de lidstaten	*1617*
Titel III	Landbouw en visserij	*1617*
Titel IV	Het vrije verkeer van personen, diensten en kapitaal	*1619*
Hoofdstuk 1	De werknemers	*1619*
Hoofdstuk 2	Het recht van vestiging	*1620*
Hoofdstuk 3	De diensten	*1621*
Hoofdstuk 4	Kapitaal en betalingsverkeer	*1622*
Titel V	De ruimte van vrijheid, veiligheid en recht	*1623*
Hoofdstuk 1	Algemene bepalingen	*1623*
Hoofdstuk 2	Beleid inzake grenscontroles, asiel en immigratie	*1624*
Hoofdstuk 3	Justitiële samenwerking in burgerlijke zaken	*1626*
Hoofdstuk 4	Justitiële samenwerking in strafzaken	*1626*
Hoofdstuk 5	Politiële samenwerking	*1628*
Titel VI	Vervoer	*1629*
Titel VII	Gemeenschappelijke regels betreffende de mededinging, de belastingen en de onderlinge aanpassing van de wetgevingen	*1631*
Hoofdstuk 1	Regels betreffende de mededinging	*1631*
Eerste afdeling	Regels voor de ondernemingen	*1631*
Tweede afdeling	Steunmaatregelen van de staten	*1632*
Hoofdstuk 2	Bepalingen betreffende belastingen	*1633*
Hoofdstuk 3	De aanpassing van de wetgevingen	*1634*
Titel VIII	Economisch en monetair beleid	*1635*
Hoofdstuk 1	Economisch beleid	*1635*
Hoofdstuk 2	Monetair beleid	*1638*
Hoofdstuk 3	Institutionele bepalingen	*1640*
Hoofdstuk 4	Specifieke bepalingen voor de lidstaten die de euro als munt hebben	*1640*
Hoofdstuk 5	Overgangsbepalingen	*1641*
Titel IX	Werkgelegenheid	*1643*
Titel X	Sociale politiek	*1644*
Titel XI	Het Europees Sociaal Fonds	*1647*
Titel XII	Onderwijs, beroepsopleiding, jeugd en sport	*1647*
Titel XIII	Cultuur	*1648*
Titel XIV	Volksgezondheid	*1649*
Titel XV	Consumentenbescherming	*1649*
Titel XVI	Transeuropese netwerken	*1650*
Titel XVII	Industrie	*1650*
Titel XVIII	Economische, sociale en territoriale samenhang	*1651*
Titel XIX	Onderzoek en technologische ontwikkeling en ruimte	*1652*
Titel XX	Milieu	*1654*
Titel XXI	Energie	*1655*
Titel XXII	Toerisme	*1655*
Titel XXIII	Civiele bescherming	*1656*
Titel XXIV	Administratieve samenwerking	*1656*
Vierde deel	De associatie van de landen en gebieden overzee	*1656*
Vijfde deel	Extern optreden van de Unie	*1657*
Titel I	Algemene bepalingen inzake het extern optreden van de Unie	*1657*

Titel II	De gemeenschappelijke handelspolitiek 1658
Titel III	Samenwerking met derde landen en humanitaire hulp 1658
Hoofdstuk 1	Ontwikkelingssamenwerking 1658
Hoofdstuk 2	Economische, financiële en technische samenwerking met derde landen 1659
Hoofdstuk 3	Humanitaire hulp 1659
Titel IV	Beperkende maatregelen 1660
Titel V	Internationale overeenkomsten 1660
Titel VI	Betrekkingen van de Unie met internationale organisaties, met derde landen en delegaties van de Unie 1662
Titel VII	Solidariteitsclausule 1662
Zesde deel	Institutionele en financiële bepalingen 1663
Titel I	Institutionele bepalingen 1663
Hoofdstuk 1	De instellingen 1663
Eerste afdeling	Het Europees Parlement 1663
Tweede afdeling	De Europese Raad 1665
Derde afdeling	De Raad 1665
Vierde afdeling	De Commissie 1666
Vijfde afdeling	Het Hof van Justitie van de Europese Unie 1667
Zesde afdeling	De Europese Centrale Bank 1672
Zevende afdeling	De Rekenkamer 1673
Hoofdstuk 2	Rechtshandelingen van de Unie, vaststellingsprocedures en overige bepalingen 1674
Eerste afdeling	Rechtshandelingen van de Unie 1674
Tweede afdeling	Vaststellingsprocedures en overige bepalingen 1676
Hoofdstuk 3	De adviesorganen van de Europese Unie 1678
Eerste afdeling	Het Economisch en Sociaal Comité 1678
Tweede afdeling	Het Comité van de Regio's 1679
Hoofdstuk 4	De Europese Investeringsbank 1679
Titel II	Financiële bepalingen 1680
Hoofdstuk 1	De eigen middelen van de Unie 1680
Hoofdstuk 2	Meerjarig financieel kader 1680
Hoofdstuk 3	De jaarlijkse begroting van de Unie 1681
Hoofdstuk 4	Uitvoering van de begroting en kwijtingverlening 1682
Hoofdstuk 5	Gemeenschappelijke bepalingen 1683
Hoofdstuk 6	Fraudebestrijding 1684
Titel III	Nauwere samenwerking 1684
Zevende deel	Algemene en slotbepalingen 1686

34 Verordening (EG) nr. 593/2008 van het Europees Parlement en de Raad van 17 juni 2008 inzake het recht dat van toepassing is op verbintenissen uit overeenkomst (Rome I) 1691

Hoofdstuk I	Werkingssfeer 1696
Hoofdstuk II	Eenvormige regels 1696
Hoofdstuk III	Overige bepalingen 1701
Hoofdstuk IV	Slotbepalingen 1702

35 Verordening (EG) nr. 864/2007 van het Europees Parlement en de Raad van 11 juli 2007 betreffende het recht dat van toepassing is op niet-contractuele verbintenissen (Rome II) 1703

Hoofdstuk I	Toepassingsgebied 1706
Hoofdstuk II	Onrechtmatige daad 1707
Hoofdstuk III	Ongerechtvaardigde verrijking, zaakwaarneming en precontractuele aansprakelijkheid 1708

XXXI

Hoofdstuk IV Rechtskeuze door de partijen *1709*
Hoofdstuk V Gemeenschappelijke regels *1710*
Hoofdstuk VI Overige bepalingen *1711*
Hoofdstuk VII Slotbepalingen *1711*

36 **Verordening (EU) nr. 1215/2012 betreffende de rechterlijke bevoegdheid, de erkenning en de tenuitvoerlegging van beslissingen in burgerlijke en handelszaken (herschikking)** *1713*
Hoofdstuk I Toepassingsgebied en definities *1718*
Hoofdstuk II Bevoegdheid *1719*
Afdeling 1 Algemene bepalingen *1719*
Afdeling 2 Bijzondere bevoegdheid *1719*
Afdeling 3 Bevoegdheid in verzekeringszaken *1720*
Afdeling 4 Bevoegdheid voor door consumenten gesloten overeenkomsten *1721*
Afdeling 5 Bevoegdheid voor individuele verbintenissen uit arbeidsovereenkomst *1722*
Afdeling 6 Exclusieve bevoegdheid *1723*
Afdeling 7 Door partijen aangewezen bevoegd gerecht *1723*
Afdeling 8 Toetsing van de bevoegdheid en de ontvankelijkheid *1724*
Afdeling 9 Aanhangigheid en samenhang *1724*
Afdeling 10 Voorlopige maatregelen bewarende maatregelen *1726*
Hoofdstuk III Erkenning en tenuitvoerlegging *1726*
Afdeling 1 Erkenning *1726*
Afdeling 2 Tenuitvoerlegging *1726*
Afdeling 3 Weigering van erkenning en tenuitvoerlegging *1728*
Afdeling 4 Gemeenschappelijke bepalingen *1729*
Hoofdstuk IV Authentieke akten en gerechtelijke schikkingen *1730*
Hoofdstuk V Algemene bepalingen *1730*
Hoofdstuk VI Overgangsbepalingen *1731*
Hoofdstuk VII Verhouding tot andere regelgeving *1731*
Hoofdstuk VIII Slotbepalingen *1733*

37 **Weens Koopverdrag** *1735*
Deel I Toepassingsgebied en algemene bepalingen *1735*
Hoofdstuk I Toepassingsgebied *1735*
Hoofdstuk II Algemene bepalingen *1736*
Deel II Totstandkoming van de overeenkomst *1737*
Deel III Koop van roerende zaken *1738*
Hoofdstuk I Algemene bepalingen *1738*
Hoofdstuk II Verplichtingen van de verkoper *1739*
Afdeling I Aflevering van de roerende zaken en afgifte van documenten *1739*
Afdeling II Het beantwoorden van de zaken aan de overeenkomst en rechten van derden *1739*
Afdeling III Gevolgen van niet-nakoming van de verplichtingen van de verkoper *1741*
Hoofdstuk III Verplichtingen van de koper *1742*
Afdeling I Betaling van de koopprijs *1743*
Afdeling II Inontvangstneming van de zaken *1743*
Afdeling III Gevolgen van niet-nakoming van de verplichtingen van de koper *1743*
Hoofdstuk IV Overgang van het risico *1744*

Hoofdstuk V	Bepalingen die zowel verplichtingen van de verkoper als die van de koper betreffen *1745*	
Afdeling I	Toekomstige tekortkoming en overeenkomsten strekkende tot opeenvolgende afleveringen *1745*	
Afdeling II	Schadevergoeding *1746*	
Afdeling III	Rente *1746*	
Afdeling IV	Bevrijdende omstandigheden *1746*	
Afdeling V	Gevolgen van de ontbinding *1747*	
Afdeling VI	Zorg voor behoud van de zaken *1747*	
Deel IV	Slotbepalingen *1748*	
Bijlage	Landen Weens Koopverdrag *1751*	

38 CMR-verdrag (vertaling) *1755*
  Hoofdstuk I   Toepasselijkheid *1755*
  Hoofdstuk II   Personen voor wie de vervoerder aansprakelijk is *1756*
  Hoofdstuk III   Sluiting en uitvoering van de vervoerovereenkomst *1756*
  Hoofdstuk IV   Aansprakelijkheid van de vervoerder *1759*
  Hoofdstuk V   Vorderingen in en buiten rechte *1762*
  Hoofdstuk VI   Bepalingen nopens vervoer verricht door opvolgende vervoerders *1763*
  Hoofdstuk VII   Nietigheid van bedingen in strijd met het Verdrag *1764*
  Hoofdstuk VIII   Slotbepalingen *1764*

Alfabetisch trefwoordenregister *1767*

Afkortingenlijst

ATW	Algemene termijnenwet
Aw	Auteurswet
Awb	Algemene wet bestuursrecht
Brussel I-bis	Verordening Brussel I bis
BVIE	Benelux-Verdrag inzake de intellectuele eigendom
BW	Burgerlijk Wetboek
CGC	Corporate Governance Code
CISG	United Convention on contracts for the international sale of goods (Weens Koopverdrag)
CMR	Convention Relative au contrat de Transport International de Merchandises par Route
EU-Verdrag	Verdrag betreffende de Europese Unie
EGV 593/2008	Verordening Rome I
EGV 864/2007	Verordening Rome II
FW	Faillissementswet
Gemw	Gemeentewet
GW	Grondwet
Hnw	Handelsnaamwet
Hregw	Handelsregisterwet
Hrb 2008	Handelsregisterbesluit
LWK	Bijlage Landen Weens Koopverdrag
Mw	Mededingingswet
Provw	Provinciewet
ROW 1995	Rijksoctrooiwet 1995
Rv	Wetboek van Burgerlijke Rechtsvordering
VwEU	Verdrag betreffende de werking van de EU
WAZO	Wet arbeid en zorg
Wcr	Wet controle op rechtspersonen
WED	Wet op de economische delicten
Wet AB	Wet algemene bepalingen
Wet AVV	Wet op het algemeen verbindend en het onverbindend verklaren van CAO's
Wet CAO	Wet op de collectieve arbeidsovereenkomst
Wet RO	Wet op de rechterlijke organisatie
Wet RvS	Wet op de Raad van State
Wft	Wet op het financieel toezicht
WMCO	Wet melding collectief ontslag
WOR	Wet op de Ondernemingsraden
WvK	Wetboek van Koophandel
WvSr	Wetboek van Strafrecht
WvSv	Wetboek van Strafvordering
WVW 1994	Wegenverkeerswet

Grondwet[1]

Grondwet voor het Koninkrijk der Nederlanden van 24 augustus 1815

Hoofdstuk 1
Grondrechten

Art. 1
Allen die zich in Nederland bevinden, worden in gelijke gevallen gelijk behandeld. Discriminatie wegens godsdienst, levensovertuiging, politieke gezindheid, ras, geslacht of op welke grond dan ook, is niet toegestaan.
(Zie ook: artt. 2, 3, 4, 20, 26, 27 BUPO; art. 14 EVRM; artt. 90quater, 137c, 429quater WvSr; art. 1 AWGB)

Gelijke behandeling/discriminatieverbod

Art. 2
1. De wet regelt wie Nederlander is.

Vaststelling Nederlanderschap

2. De wet regelt de toelating en de uitzetting van vreemdelingen.

Toelating/uitzetting vreemdeling

3. Uitlevering kan slechts geschieden krachtens verdrag. Verdere voorschriften omtrent uitlevering worden bij de wet gegeven.

Uitlevering

4. Ieder heeft het recht het land te verlaten, behoudens in de gevallen, bij de wet bepaald.
(Zie ook: artt. 12, 13 BUPO; artt. 2, 4 EVRM 4e prot.)

Land verlaten, paspoortrecht

Art. 3
Alle Nederlanders zijn op gelijke voet in openbare dienst benoembaar.
(Zie ook: art. 109 GW; art. 25 BUPO)

Gelijke benoembaarheid

Art. 4
Iedere Nederlander heeft gelijkelijk recht de leden van algemeen vertegenwoordigende organen te verkiezen alsmede tot lid van deze organen te worden verkozen, behoudens bij de wet gestelde beperkingen en uitzonderingen.
(Zie ook: artt. 54, 129 GW; art. 25 BUPO; art. 5 VURd; artt. B1, P1 KW; art. 10 PW; art. 10 Gemw; art. 3 EVRM 1e prot.)

Kiesrecht

Art. 5
Ieder heeft het recht verzoeken schriftelijk bij het bevoegd gezag in te dienen.

Petitierecht

Art. 6
1. Ieder heeft het recht zijn godsdienst of levensovertuiging, individueel of in gemeenschap met anderen, vrij te belijden, behoudens ieders verantwoordelijkheid volgens de wet.
2. De wet kan ter zake van de uitoefening van dit recht buiten gebouwen en besloten plaatsen regels stellen ter bescherming van de gezondheid, in het belang van het verkeer en ter bestrijding of voorkoming van wanordelijkheden.
(Zie ook: artt. 23, 103 GW; art. 18 BUPO; art. 9 EVRM; art. 145 WvSr)

Vrijheid van godsdienst en levensovertuiging

Art. 7
1. Niemand heeft voorafgaand verlof nodig om door de drukpers gedachten of gevoelens te openbaren, behoudens ieders verantwoordelijkheid volgens de wet.
2. De wet stelt regels omtrent radio en televisie. Er is geen voorafgaand toezicht op de inhoud van een radio- of televisieuitzending.
3. Voor het openbaren van gedachten of gevoelens door andere dan in de voorgaande leden genoemde middelen heeft niemand voorafgaand verlof nodig wegens de inhoud daarvan, behoudens ieders verantwoordelijkheid volgens de wet. De wet kan het geven van vertoningen toegankelijk voor personen jonger dan zestien jaar regelen ter bescherming van de goede zeden.
4. De voorgaande leden zijn niet van toepassing op het maken van handelsreclame.
(Zie ook: art. 103 GW; art. 19 BUPO; art. 10 EVRM; artt. 53, 98, 111, 118, 131, 137c, 147, 240, 261, 418, 429bis, 430, 435a WvSr; art. 95 t/m 109 BW Boek 5)

Vrijheid van meningsuiting

Art. 8
Het recht tot vereniging wordt erkend. Bij de wet kan dit recht worden beperkt in het belang van de openbare orde.
(Zie ook: art. 103 GW; art. 22 BUPO; art. 8 IVESCR; art. 11 EVRM; art. 5 ESH; art. 140 WvSr; artt. 20, 26, 50 BW Boek 2)

Vrijheid van vereniging

---

1 Inwerkingtredingsdatum: 12-09-1840; zoals laatstelijk gewijzigd bij: Stb. 2019, 33.

art. 9   1 Grondwet

Art. 9

Vrijheid van vergadering en betoging

1. Het recht tot vergadering en betoging wordt erkend, behoudens ieders verantwoordelijkheid volgens de wet.
2. De wet kan regels stellen ter bescherming van de gezondheid, in het belang van het verkeer en ter bestrijding of voorkoming van wanordelijkheden.

(Zie ook: art. 103 GW; art. 21 BUPO; art. 11 EVRM; art. 143 WvSr)

Art. 10

Persoonlijke levenssfeer, eerbiediging en bescherming

1. Ieder heeft, behoudens bij of krachtens de wet te stellen beperkingen, recht op eerbiediging van zijn persoonlijke levenssfeer.
2. De wet stelt regels ter bescherming van de persoonlijke levenssfeer in verband met het vastleggen en verstrekken van persoonsgegevens.
3. De wet stelt regels inzake de aanspraken van personen op kennisneming van over hen vastgelegde gegevens en van het gebruik dat daarvan wordt gemaakt, alsmede op verbetering van zodanige gegevens.

(Zie ook: art. 17 BUPO; art. 8 EVRM; artt. 139a, 261, 441 WvSr; Wbp; WWvpg)

Art. 11

Onaantastbaarheid menselijk lichaam

Ieder heeft, behoudens bij of krachtens de wet te stellen beperkingen, recht op onaantastbaarheid van zijn lichaam.

(Zie ook: art. 114 GW; artt. 6, 7 BUPO; artt. 37, 242, 287, 300 WvSr; artt. 56, 195 WvSv; art. 3 EVRM 6e prot.)

Art. 12

Huisrecht

1. Het binnentreden in een woning zonder toestemming van de bewoner is alleen geoorloofd in de gevallen bij of krachtens de wet bepaald, door hen die daartoe bij of krachtens de wet zijn aangewezen.
2. Voor het binnentreden overeenkomstig het eerste lid zijn voorafgaande legitimatie en mededeling van het doel van het binnentreden vereist, behoudens bij de wet gestelde uitzonderingen.

(Zie ook: art. 103 GW; art. 17 BUPO; art. 8 EVRM; art. 116 PW; artt. 183, 370 WvSr; artt. 96, 151, 192, 318 WvSv; art. 20 WED; artt. 444, 600 Rv)

3. Aan de bewoner wordt zo spoedig mogelijk een schriftelijk verslag van het binnentreden verstrekt. Indien het binnentreden in het belang van de nationale veiligheid of dat van de strafvordering heeft plaatsgevonden, kan volgens bij de wet te stellen regels de verstrekking van het verslag worden uitgesteld. In de bij de wet te bepalen gevallen kan de verstrekking achterwege worden gelaten, indien het belang van de nationale veiligheid zich tegen verstrekking blijvend verzet.

Art. 13

Briefgeheim

Telefoon- en telegraafgeheim

1. Het briefgeheim is onschendbaar, behalve, in de gevallen bij de wet bepaald, op last van de rechter.
2. Het telefoon- en telegraafgeheim is onschendbaar, behalve, in de gevallen bij de wet bepaald, door of met machtiging van hen die daartoe bij de wet zijn aangewezen.

(Zie ook: art. 103 GW; art. 17 BUPO; art. 8 EVRM; artt. 139c, 201, 371, 441 WvSr; artt. 100, 114 WvSv)

Art. 14

Onteigening, schadeloosstelling bij

1. Onteigening kan alleen geschieden in het algemeen belang en tegen vooraf verzekerde schadeloosstelling, een en ander naar bij of krachtens de wet te stellen voorschriften.
2. De schadeloosstelling behoeft niet vooraf verzekerd te zijn, wanneer in geval van nood onverwijld onteigening geboden is.
3. In de gevallen bij of krachtens de wet bepaald bestaat recht op schadeloosstelling of tegemoetkoming in de schade, indien in het algemeen belang eigendom door het bevoegd gezag wordt vernietigd of onbruikbaar gemaakt of de uitoefening van het eigendomsrecht wordt beperkt.

(Zie ook: artt. 1, 37 BW Boek 5; artt. 72a, 77 OW; art. 1 EVRM 1e prot.)

Art. 15

Waarborgen bij vrijheidsontneming

1. Buiten de gevallen bij of krachtens de wet bepaald mag niemand zijn vrijheid worden ontnomen.
2. Hij aan wie anders dan op rechterlijk bevel zijn vrijheid is ontnomen, kan aan de rechter zijn invrijheidstelling verzoeken. Hij wordt in dat geval door de rechter gehoord binnen een bij de wet te bepalen termijn. De rechter gelast de onmiddellijke invrijheidstelling, indien hij de vrijheidsontneming onrechtmatig oordeelt.
3. De berechting van hem aan wie met het oog daarop zijn vrijheid is ontnomen, vindt binnen een redelijke termijn plaats.

1 Grondwet art. 23

4. Hij aan wie rechtmatig zijn vrijheid is ontnomen, kan worden beperkt in de uitoefening van grondrechten voor zover deze zich niet met de vrijheidsontneming verdraagt.
(Zie ook: art. 113 GW; art. 9 BUPO; artt. 5, 6 EVRM; artt. 50, 56 VW 2000; artt. 53, 57, 63, 180, 206, 214 WvSv; art. 12 Uitlw)

Art. 16
Geen feit is strafbaar dan uit kracht van een daaraan voorafgegane wettelijke strafbepaling.
(Zie ook: art. 88 GW; artt. 3, 4 Wet AB; art. 15 BUPO; art. 7 EVRM; art. 1 WvSr)

Nulla poena, geen straf zonder wettelijke bepaling/legaliteitsbeginsel

Art. 17
Niemand kan tegen zijn wil worden afgehouden van de rechter die de wet hem toekent.
(Zie ook: artt. 2, 14 BUPO; artt. 6, 13 EVRM)

Wettelijk toegekende rechter

Art. 18
1. Ieder kan zich in rechte en in administratief beroep doen bijstaan.
2. De wet stelt regels omtrent het verlenen van rechtsbijstand aan minder draagkrachtigen.
(Zie ook: art. 14 BUPO; art. 6 EVRM; art. 38 WvSr)

Rechtsbijstand

Art. 19
1. Bevordering van voldoende werkgelegenheid is voorwerp van zorg der overheid.
2. De wet stelt regels omtrent de rechtspositie van hen die arbeid verrichten en omtrent hun bescherming daarbij, alsmede omtrent medezeggenschap.
3. Het recht van iedere Nederlander op vrije keuze van arbeid wordt erkend, behoudens de beperkingen bij of krachtens de wet gesteld.
(Zie ook: artt. 2, 109 GW; art. 6 IVESCR; art. 1 ESH)

Werkgelegenheid
Arbeidsbescherming/medezeggenschap
Vrije keuze van arbeid

Art. 20
1. De bestaanszekerheid der bevolking en spreiding van welvaart zijn voorwerp van zorg der overheid.
2. De wet stelt regels omtrent de aanspraken op sociale zekerheid.
3. Nederlanders hier te lande, die niet in het bestaan kunnen voorzien, hebben een bij de wet te regelen recht op bijstand van overheidswege.
(Zie ook: art. 2 GW; art. 11 IVESCR; art. 13 ESH)

Sociale zekerheid

Art. 21
De zorg van de overheid is gericht op de bewoonbaarheid van het land en de bescherming en verbetering van het leefmilieu.
(Zie ook: art. 12 IVESCR)

Bewoonbaarheid/milieuhygiëne

Art. 22
1. De overheid treft maatregelen ter bevordering van de volksgezondheid.
2. Bevordering van voldoende woongelegenheid is voorwerp van zorg der overheid.
3. Zij schept voorwaarden voor maatschappelijke en culturele ontplooiing en voor vrijetijdsbesteding.
(Zie ook: artt. 11, 12, 15 IVESCR; artt. 11, 14, 16 ESH)

Volksgezondheid
Woongelegenheid
Ontplooiing en vrijetijdsbesteding

Art. 23
1. Het onderwijs is een voorwerp van de aanhoudende zorg der regering.
2. Het geven van onderwijs is vrij, behoudens het toezicht van de overheid en, voor wat bij de wet aangewezen vormen van onderwijs betreft, het onderzoek naar de bekwaamheid en de zedelijkheid van hen die onderwijs geven, een en ander bij de wet te regelen.
3. Het openbaar onderwijs wordt, met eerbiediging van ieders godsdienst of levensovertuiging, bij de wet geregeld.
4. In elke gemeente en in elk van de openbare lichamen, bedoeld in artikel 132a, wordt van overheidswege voldoend openbaar algemeen vormend lager onderwijs gegeven in een genoegzaam aantal openbare scholen. Volgens bij de wet te stellen regels kan afwijking van deze bepaling worden toegelaten, mits tot het ontvangen van zodanig onderwijs gelegenheid wordt gegeven, al dan niet in een openbare school.
5. De eisen van deugdelijkheid, aan het geheel of ten dele uit de openbare kas te bekostigen onderwijs te stellen, worden bij de wet geregeld, met inachtneming, voor zover het bijzonder onderwijs betreft, van de vrijheid van richting.
6. Deze eisen worden voor het algemeen vormend lager onderwijs zodanig geregeld, dat de deugdelijkheid van het geheel uit de openbare kas bekostigd bijzonder onderwijs en van het openbaar onderwijs even afdoende wordt gewaarborgd. Bij die regeling wordt met name de vrijheid van het bijzonder onderwijs betreffende de keuze der leermiddelen en de aanstelling der onderwijzers geëerbiedigd.
7. Het bijzonder algemeen vormend lager onderwijs, dat aan de bij de wet te stellen voorwaarden voldoet, wordt naar dezelfde maatstaf als het openbaar onderwijs uit de openbare kas bekostigd. De wet stelt de voorwaarden vast, waarop voor het bijzonder algemeen vormend middelbaar en voorbereidend hoger onderwijs bijdragen uit de openbare kas worden verleend.

Onderwijs

8. De regering doet jaarlijks van de staat van het onderwijs verslag aan de Staten-Generaal.
(Zie ook: art. 6 GW; art. 13 IVESCR; art. 2 EVRM 1e prot.; art. 8 Wpo; art. 6 Wvo)

Hoofdstuk 2
Regering

§ 1
Koning

Art. 24

Koning, vervulling koningschap	Het koningschap wordt erfelijk vervuld door de wettige opvolgers van Koning Willem I, Prins van Oranje-Nassau. *(Zie ook: art. 1 Statuut)*
	Art. 25
Koning, troonopvolging	Het koningschap gaat bij overlijden van de Koning krachtens erfopvolging over op zijn wettige nakomelingen, waarbij het oudste kind voorrang heeft, met plaatsvervulling volgens dezelfde regel. Bij gebreke van eigen nakomelingen gaat het koningschap op gelijke wijze over op de wettige nakomelingen eerst van zijn ouder, dan van zijn grootouder, in de lijn van erfopvolging, voor zover de overleden Koning niet verder bestaand dan in de derde graad van bloedverwantschap.
	Art. 26
Koning, status ongeboren kind	Het kind, waarvan een vrouw zwanger is op het ogenblik van het overlijden van de Koning, wordt voor de erfopvolging als reeds geboren aangemerkt. Komt het dood ter wereld, dan wordt het geacht nooit te hebben bestaan. *(Zie ook: art. 37 GW; art. 2 BW Boek 1)*
	Art. 27
Koning, afstand koningschap	Afstand van het koningschap leidt tot erfopvolging overeenkomstig de regels in de voorgaande artikelen gesteld. Na de afstand geboren kinderen en hun nakomelingen zijn van de erfopvolging uitgesloten. *(Zie ook: art. 30 GW)*
	Art. 28
Koning, afstand koningschap door huwelijk	1. De Koning, een huwelijk aangaande buiten bij de wet verleende toestemming, doet daardoor afstand van het koningschap. 2. Gaat iemand die het koningschap van de Koning kan beërven een zodanig huwelijk aan, dan is hij met de uit dit huwelijk geboren kinderen en hun nakomelingen van de erfopvolging uitgesloten. 3. De Staten-Generaal beraadslagen en besluiten ter zake van een voorstel van wet, strekkende tot het verlenen van toestemming, in verenigde vergadering. *(Zie ook: artt. 51, 82 GW; BIMAZ)*
	Art. 29
Koning, uitsluiting troonopvolging	1. Wanneer uitzonderlijke omstandigheden daartoe nopen, kunnen bij een wet een of meer personen van de erfopvolging worden uitgesloten. 2. Het voorstel daartoe wordt door of vanwege de Koning ingediend. De Staten-Generaal beraadslagen en besluiten ter zake in verenigde vergadering. Zij kunnen het voorstel alleen aannemen met ten minste twee derden van het aantal uitgebrachte stemmen.
	Art. 30
Koning, benoeming bij ontbreken troonopvolger	1. Wanneer vooruitzicht bestaat dat een opvolger zal ontbreken, kan deze worden benoemd bij een wet. Het voorstel wordt door of vanwege de Koning ingediend. Na de indiening van het voorstel worden de kamers ontbonden. De nieuwe kamers beraadslagen en besluiten ter zake in verenigde vergadering. Zij kunnen het voorstel alleen aannemen met ten minste twee derden van het aantal uitgebrachte stemmen. 2. Indien bij overlijden van de Koning of bij afstand van het koningschap een opvolger ontbreekt, worden de kamers ontbonden. De nieuwe kamers komen binnen vier maanden na het overlijden of de afstand in verenigde vergadering bijeen ten einde te besluiten omtrent de benoeming van een Koning. Zij kunnen een opvolger alleen benoemen met ten minste twee derden van het aantal uitgebrachte stemmen. *(Zie ook: artt. 37, 51, 64 GW)*
	Art. 31
Koning, erfopvolging benoemde koning	1. Een benoemde Koning kan krachtens erfopvolging alleen worden opgevolgd door zijn wettige nakomelingen. 2. De bepalingen omtrent de erfopvolging en het eerste lid van dit artikel zijn van overeenkomstige toepassing op een benoemde opvolger, zolang deze nog geen Koning is. *(Zie ook: art. 25 GW)*

Art. 32
Nadat de Koning de uitoefening van het koninklijk gezag heeft aangevangen, wordt hij zodra mogelijk beëdigd en ingehuldigd in de hoofdstad Amsterdam in een openbare verenigde vergadering van de Staten-Generaal. Hij zweert of belooft trouw aan de Grondwet en een getrouwe vervulling van zijn ambt. De wet stelt nadere regels vast.
(Zie ook: artt. 37, 49, 51, 60 GW)

Koning, beëdiging

Art. 33
De Koning oefent het koninklijk gezag eerst uit, nadat hij de leeftijd van achttien jaar heeft bereikt.
(Zie ook: art. 37 GW; art. 233 BW Boek 1)

Koning, minimumleeftijd uitoefening koninklijk gezag

Art. 34
De wet regelt het ouderlijk gezag en de voogdij over de minderjarige Koning en het toezicht daarop. De Staten-Generaal beraadslagen en besluiten ter zake in verenigde vergadering.
(Zie ook: art. 51 GW)

Koning, ouderlijk gezag en voogdij over minderjarige Koning

Art. 35
1. Wanneer de ministerraad van oordeel is dat de Koning buiten staat is het koninklijk gezag uit te oefenen, bericht hij dit onder overlegging van het daartoe gevraagde advies van de Raad van State aan de Staten-Generaal, die daarop in verenigde vergadering bijeenkomen.
2. Delen de Staten-Generaal dit oordeel, dan verklaren zij dat de Koning buiten staat is het koninklijk gezag uit te oefenen. Deze verklaring wordt bekend gemaakt op last van de voorzitter der vergadering en treedt terstond in werking.
3. Zodra de Koning weer in staat is het koninklijk gezag uit te oefenen, wordt dit bij de wet verklaard. De Staten-Generaal beraadslagen en besluiten ter zake in verenigde vergadering. Terstond na de bekendmaking van deze wet hervat de Koning de uitoefening van het koninklijk gezag.
(Zie ook: art. 82 GW)
4. De wet regelt zo nodig het toezicht over de persoon van de Koning indien hij buiten staat is verklaard het koninklijk gezag uit te oefenen. De Staten-Generaal beraadslagen en besluiten ter zake in verenigde vergadering.
(Zie ook: artt. 37, 51 GW)

Koning, niet in staat koninklijk gezag uit te oefenen

Art. 36
De Koning kan de uitoefening van het koninklijk gezag tijdelijk neerleggen en die uitoefening hervatten krachtens een wet, waarvan het voorstel door of vanwege hem wordt ingediend. De Staten-Generaal beraadslagen en besluiten ter zake in verenigde vergadering.
(Zie ook: artt. 37, 51 GW)

Koning, tijdelijke neerlegging koninklijk gezag

Art. 37
1. Het koninklijk gezag wordt uitgeoefend door een regent:
a. zolang de Koning de leeftijd van achttien jaar niet heeft bereikt;
b. indien een nog niet geboren kind tot het koningschap geroepen kan zijn;
c. indien de Koning buiten staat is verklaard het koninklijk gezag uit te oefenen;
d. indien de Koning de uitoefening van het koninklijk gezag tijdelijk heeft neergelegd;
e. zolang na het overlijden van de Koning of na diens afstand van het koningschap een opvolger ontbreekt.
2. De regent wordt benoemd bij de wet. De Staten-Generaal beraadslagen en besluiten ter zake in verenigde vergadering.
3. In de gevallen, genoemd in het eerste lid onder c en d, is de nakomeling van de Koning die zijn vermoedelijke opvolger is, van rechtswege regent indien hij de leeftijd van achttien jaar heeft bereikt.
4. De regent zweert of belooft trouw aan de Grondwet en een getrouwe vervulling van zijn ambt, in een verenigde vergadering van de Staten-Generaal. De wet geeft nadere regels omtrent het regentschap en kan voorzien in de opvolging en de vervanging daarin. De Staten-Generaal beraadslagen en besluiten ter zake in verenigde vergadering.
5. Op de regent zijn de artikelen 35 en 36 van overeenkomstige toepassing.
(Zie ook: artt. 32, 49, 51, 60 GW)

Koning, uitoefening koninklijk gezag door regent

Schakelbepaling

Art. 38
Zolang niet in de uitoefening van het koninklijk gezag is voorzien, wordt dit uitgeoefend door de Raad van State.
(Zie ook: art. 14 Wet RvS)

Koning, uitoefening koninklijk gezag door RvS

Art. 39
De wet regelt, wie lid is van het koninklijk huis.
(Zie ook: art. 74 GW)

Koning, lidmaatschap koninklijk huis

Art. 40
1. De Koning ontvangt jaarlijks ten laste van het Rijk uitkeringen naar regels bij de wet te stellen. Deze wet bepaalt aan welke andere leden van het koninklijk huis uitkeringen ten laste van het Rijk worden toegekend en regelt deze uitkeringen.

Koning, uitkeringen aan leden koninklijk huis

art. 41

2. De door hen ontvangen uitkeringen ten laste van het Rijk, alsmede de vermogensbestanddelen welke dienstbaar zijn aan de uitoefening van hun functie, zijn vrij van persoonlijke belastingen. Voorts is hetgeen de Koning of zijn vermoedelijke opvolger krachtens erfrecht of door schenking verkrijgt van een lid van het koninklijk huis vrij van de rechten van successie, overgang en schenking. Verdere vrijdom van belasting kan bij de wet worden verleend.
3. De kamers der Staten-Generaal kunnen voorstellen van in de vorige leden bedoelde wetten alleen aannemen met ten minste twee derden van het aantal uitgebrachte stemmen.

Art. 41

Koning, inrichting Huis van de Koning

De Koning richt, met inachtneming van het openbaar belang, zijn Huis in.

§ 2
Koning en ministers

Art. 42

Regering, ministeriële verantwoordelijkheid

1. De regering wordt gevormd door de Koning en de ministers.

2. De Koning is onschendbaar; de ministers zijn verantwoordelijk.
(Zie ook: art. 2 Statuut; BbKK)

Art. 43

Regering, ministers

De minister-president en de overige ministers worden bij koninklijk besluit benoemd en ontslagen.
(Zie ook: art. 57 GW)

Art. 44

Regering, ministeries

1. Bij koninklijk besluit worden ministeries ingesteld. Zij staan onder leiding van een minister.
2. Ook kunnen ministers worden benoemd die niet belast zijn met de leiding van een ministerie.
(Zie ook: Bhwbtb; Bhmt; Bhpr; Bhva; BhECD; Bhtc; Bhcim; Bhvg; Bhko; Bhrwk; Bhibk; Bhoa; Bhdt; Hbesl. Tpb; IR BZK 1994; NwLNV; Obesl. Cralb; Bobio; BKNAAZ; Bokfs; BraMVM; BnwBZ; BoKEW; Boquv; BoWKS; Biokwa; BoWw; BoSPW; Bodb; Bobsw; Bofsb; BoBBU; Bogrb; Obesl. Vbt; Obesl. Zck; Obesl. WKS; Obesl. WRA WAA; Obesl. KEW; Obesl. VWA; Vreg.min; Wvreg.min)

Art. 45

Regering, ministerraad

1. De ministers vormen te zamen de ministerraad.
2. De minister-president is voorzitter van de ministerraad.
3. De ministerraad beraadslaagt en besluit over het algemeen regeringsbeleid en bevordert de eenheid van dat beleid.
(Zie ook: Wvreg.min; Vreg.min; RvO Min)

Art. 46

Regering, staatssecretarissen

1. Bij koninklijk besluit kunnen staatssecretarissen worden benoemd en ontslagen.

2. Een staatssecretaris treedt in de gevallen waarin de minister het nodig acht en met inachtneming van diens aanwijzingen, in zijn plaats als minister op. De staatssecretaris is uit dien hoofde verantwoordelijk, onverminderd de verantwoordelijkheid van de minister.
(Zie ook: art. 57 GW; TSSD; TSSJ; TvVWS; Vbesl.tsHoof; Wvreg.min; EZ-ireg. 2005)

Art. 47

Regering, ondertekening wetten en koninklijke besluiten

Alle wetten en koninklijke besluiten worden door de Koning en door een of meer ministers of staatssecretarissen ondertekend.
(Zie ook: art. 87 GW; art. 2 Min. verantw.)

Art. 48

Regering, ondertekening koninklijk besluit benoeming/ontslag ministers en staatssecretarissen

Het koninklijk besluit waarbij de minister-president wordt benoemd, wordt mede door hem ondertekend. De koninklijke besluiten waarbij de overige ministers en de staatssecretarissen worden benoemd of ontslagen, worden mede door de minister-president ondertekend.

Art. 49

Regering, ambtsaanvaarding ministers en staatssecretarissen

Op de wijze bij de wet voorgeschreven leggen de ministers en de staatssecretarissen bij de aanvaarding van hun ambt ten overstaan van de Koning een eed, dan wel verklaring en belofte, van zuivering af en zweren of beloven zij trouw aan de Grondwet en een getrouwe vervulling van hun ambt.
(Zie ook: artt. 32, 37, 60 GW)

Hoofdstuk 3
Staten-Generaal

§ 1
Inrichting en samenstelling

Art. 50
De Staten-Generaal vertegenwoordigen het gehele Nederlandse volk. *Staten-Generaal, taak*
(Zie ook: art. 67 GW)

Art. 51
1. De Staten-Generaal bestaan uit de Tweede Kamer en de Eerste Kamer. *Staten-Generaal, Eerste en Tweede Kamer*
2. De Tweede Kamer bestaat uit honderdvijftig leden.
3. De Eerste Kamer bestaat uit vijfenzeventig leden.
4. Bij een verenigde vergadering worden de kamers als één beschouwd.

(Zie ook: artt. 28 t/m 32, 34 t/m 37, 62, 65, 82, 96, 103 GW)

Art. 52
1. De zittingsduur van beide kamers is vier jaren. *Staten-Generaal, zittingsduur*
2. Indien voor de provinciale staten bij de wet een andere zittingsduur dan vier jaren wordt vastgesteld, wordt daarbij de zittingsduur van de Eerste Kamer in overeenkomstige zin gewijzigd.

(Zie ook: art. 129 GW; art. P2 KW)

Art. 53
1. De leden van beide kamers worden gekozen op de grondslag van evenredige vertegenwoordiging binnen door de wet te stellen grenzen. *Staten-Generaal, evenredige vertegenwoordiging*
2. De verkiezingen worden gehouden bij geheime stemming. *Staten-Generaal, geheime stemming*

(Zie ook: art. 129 GW; art. 25 BUPO; art. 3 EVRM 1e prot.)

Art. 54
1. De leden van de Tweede Kamer worden rechtstreeks gekozen door de Nederlanders die de leeftijd van achttien jaar hebben bereikt, behoudens bij de wet te bepalen uitzonderingen ten aanzien van Nederlanders die geen ingezetenen zijn. *Staten-Generaal, verkiezing Tweede Kamer*
2. Van het kiesrecht is uitgesloten hij die wegens het begaan van een daartoe bij de wet aangewezen delict bij onherroepelijke rechterlijke uitspraak is veroordeeld tot een vrijheidsstraf van ten minste een jaar en hierbij tevens is ontzet van het kiesrecht.

(Zie ook: artt. 2, 4 GW; artt. B1, B2, B3, B6 KW; art. 28 WvSr; art. 381 BW Boek 1)

Art. 55
De leden van de Eerste Kamer worden gekozen door de leden van provinciale staten en de leden van een kiescollege als bedoeld in artikel 132a, derde lid. De verkiezing wordt, behoudens in geval van ontbinding der kamer, gehouden binnen drie maanden na de verkiezing van de leden van provinciale staten. *Staten-Generaal, verkiezing Eerste Kamer*

(Zie ook: artt. 64, 129 GW; art. P1 KW)

Art. 56
Om lid van de Staten-Generaal te kunnen zijn is vereist dat men Nederlander is, de leeftijd van achttien jaar heeft bereikt en niet is uitgesloten van het kiesrecht. *Staten-Generaal, vereisten voor lidmaatschap*

(Zie ook: artt. 2, 4, 129 GW)

Art. 57
1. Niemand kan lid van beide kamers zijn. *Staten-Generaal, incompatibiliteiten*
2. Een lid van de Staten-Generaal kan niet tevens zijn minister, staatssecretaris, lid van de Raad van State, lid van de Algemene Rekenkamer, Nationale ombudsman of substituut-ombudsman, of lid van of procureur-generaal of advocaat-generaal bij de Hoge Raad.
3. Niettemin kan een minister of staatssecretaris, die zijn ambt ter beschikking heeft gesteld, dit ambt verenigen met het lidmaatschap van de Staten-Generaal, totdat omtrent die beschikbaarstelling is beslist.
4. De wet kan ten aanzien van andere openbare betrekkingen bepalen dat zij niet gelijktijdig met het lidmaatschap van de Staten-Generaal of van een der kamers kunnen worden uitgeoefend.

(Zie ook: artt. 4, 129 GW; art. 7 Wet RvS; art. 47 CW; Ivbesl.m; Bkdow)

Art. 57a
De wet regelt de tijdelijke vervanging van een lid van de Staten-Generaal wegens zwangerschap en bevalling, alsmede wegens ziekte. *Staten-Generaal, vervanging wegens zwangerschap/ziekte*
(Zie ook: art. 129 GW)

Art. 58

Staten-Generaal, geloofsbrieven

Elke kamer onderzoekt de geloofsbrieven van haar nieuwbenoemde leden en beslist met inachtneming van bij de wet te stellen regels de geschillen welke met betrekking tot de geloofsbrieven of de verkiezing zelf rijzen.
(Zie ook: artt. V4, V5 KW; art. 2 RvO II; Btu art.99a RBD; Bkdow; Rrkdow; Ureg. BD 1966; Wgbesl. BD)

Art. 59

Staten-Generaal, kiesrecht/verkiezingen

Alles, wat verder het kiesrecht en de verkiezingen betreft, wordt bij de wet geregeld.
(Zie ook: art. 129 GW)

Art. 60

Staten-Generaal, ambtsaanvaarding Kamerleden

Op de wijze bij de wet voorgeschreven leggen de leden van de kamers bij de aanvaarding van hun ambt in de vergadering een eed, dan wel verklaring en belofte, van zuivering af en zweren of beloven zij trouw aan de Grondwet en een getrouwe vervulling van hun ambt.
(Zie ook: artt. 32, 37, 49 GW)

Art. 61

Staten-Generaal, voorzitters en ambtenaren van de kamers

1. Elk der kamers benoemt uit de leden een voorzitter.

2. Elk der kamers benoemt een griffier. Deze en de overige ambtenaren van de kamers kunnen niet tevens lid van de Staten-Generaal zijn.
(Zie ook: art. 13 RvO I; art. 6 RvO II)

Art. 62

Staten-Generaal, voorzitter verenigde vergadering

De voorzitter van de Eerste Kamer heeft de leiding van de verenigde vergadering.
(Zie ook: art. 51 GW)

Art. 63

Staten-Generaal, geldelijke voorzieningen

Geldelijke voorzieningen ten behoeve van leden en gewezen leden van de Staten-Generaal en van hun nabestaanden worden bij de wet geregeld. De kamers kunnen een voorstel van wet ter zake alleen aannemen met ten minste twee derden van het aantal uitgebrachte stemmen.
(Zie ook: WIDB 1930)

Art. 64

Staten-Generaal, ontbinding kamers

1. Elk der kamers kan bij koninklijk besluit worden ontbonden.

2. Het besluit tot ontbinding houdt tevens de last in tot een nieuwe verkiezing voor de ontbonden kamer en tot het samenkomen van de nieuw gekozen kamer binnen drie maanden.
3. De ontbinding gaat in op de dag waarop de nieuw gekozen kamer samenkomt.
4. De wet stelt de zittingsduur van een na ontbinding optredende Tweede Kamer vast; de termijn mag niet langer zijn dan vijf jaren. De zittingsduur van een na ontbinding optredende Eerste Kamer eindigt op het tijdstip waarop de zittingsduur van de ontbonden kamer zou zijn geëindigd.
(Zie ook: artt. 30, 55, 137 t/m 361 GW; BoTKSG; BoTKSG1; BoTKSG2; BoEKSG)

§ 2
Werkwijze

Art. 65

Staten-Generaal, troonrede

Jaarlijks op de derde dinsdag van september of op een bij de wet te bepalen eerder tijdstip wordt door of namens de Koning in een verenigde vergadering van de Staten-Generaal een uiteenzetting van het door de regering te voeren beleid gegeven.
(Zie ook: artt. 42, 51, 105 GW)

Art. 66

Staten-Generaal, openbaarheid vergaderingen

1. De vergaderingen van de Staten-Generaal zijn openbaar.

2. De deuren worden gesloten, wanneer een tiende deel van het aantal aanwezige leden het vordert of de voorzitter het nodig oordeelt.
3. Door de kamer, onderscheidenlijk de kamers in verenigde vergadering, wordt vervolgens beslist of over het gesloten deuren zal worden beraadslaagd en besloten.
(Zie ook: art. 125 GW; artt. 85, 134 RvO I; artt. 52, 39 RvO II; Wet OON)

Art. 67

Staten-Generaal, quorum

1. De kamers mogen elk afzonderlijk en in verenigde vergadering alleen beraadslagen of besluiten, indien meer dan de helft van het aantal zitting hebbende leden ter vergadering aanwezig is.

Staten-Generaal, stemming

2. Besluiten worden genomen bij meerderheid van stemmen.

3. De leden stemmen zonder last.

1 Grondwet

4. Over zaken wordt mondeling en bij hoofdelijke oproeping gestemd, wanneer één lid dit verlangt.
(Zie ook: artt. 29, 30, 40, 91, 129, 137 GW; artt. 82, 115, 119 RvO I; artt. 53, 81, 84 RvO II)

Art. 68
De ministers en de staatssecretarissen geven de kamers elk afzonderlijk en in verenigde vergadering mondeling of schriftelijk de door een of meer leden verlangde inlichtingen waarvan het verstrekken niet in strijd is met het belang van de staat.
(Zie ook: art. 133 RvO II; Amareg.; BhKra)

Interpellatierecht

Art. 69
1. De ministers en de staatssecretarissen hebben toegang tot de vergaderingen en kunnen aan de beraadslaging deelnemen.

Staten-Generaal, aanwezigheid ministers en staatssecretarissen

2. Zij kunnen door de kamers elk afzonderlijk en in verenigde vergadering worden uitgenodigd om ter vergadering aanwezig te zijn.
3. Zij kunnen zich in de vergaderingen doen bijstaan door de personen, daartoe door hen aangewezen.
(Zie ook: artt. 84, 99, 151 RvO I; artt. 57, 73, 120 RvO II)

Art. 70
Beide kamers hebben, zowel ieder afzonderlijk als in verenigde vergadering, het recht van onderzoek (enquête), te regelen bij de wet.
(Zie ook: art. 137 RvO I; art. 147 RvO II)

Enquêterecht

Art. 71
De leden van de Staten-Generaal, de ministers, de staatssecretarissen en andere personen die deelnemen aan de beraadslaging, kunnen niet in rechte worden vervolgd of aangesproken voor hetgeen zij in de vergaderingen van de Staten-Generaal of van commissies daaruit hebben gezegd of aan deze schriftelijk hebben overgelegd.

Staten-Generaal, parlementaire onschendbaarheid

Art. 72
De kamers stellen elk afzonderlijk en in verenigde vergadering een reglement van orde vast.
(Zie ook: Ureg. BD 1966; Wgbesl. BD; Rrkdow; Btu art.99a RBD)

Staten-Generaal, reglement van orde

Hoofdstuk 4
Raad van State, Algemene Rekenkamer, Nationale ombudsman en vaste colleges van advies

Art. 73
1. De Raad van State of een afdeling van de Raad wordt gehoord over voorstellen van wet en ontwerpen van algemene maatregelen van bestuur, alsmede over voorstellen tot goedkeuring van verdragen door de Staten-Generaal. In bij de wet te bepalen gevallen kan het horen achterwege blijven.

Raad van State, taak

2. De Raad of een afdeling van de Raad is belast met het onderzoek van de geschillen van bestuur die bij koninklijk besluit worden beslist en draagt de uitspraak voor.
3. De wet kan aan de Raad of een afdeling van de Raad de uitspraak in geschillen van bestuur opdragen.
(Zie ook: artt. 82, 89, 91, 112 GW; artt. 15, 26 Wet RvS)

Art. 74
1. De Koning is voorzitter van de Raad van State. De vermoedelijke opvolger van de Koning heeft na het bereiken van de leeftijd van achttien jaar van rechtswege zitting in de Raad. Bij of krachtens de wet kan aan andere leden van het koninklijk huis zitting in de Raad worden verleend.

Raad van State, rechtspositie leden

2. De leden van de Raad worden bij koninklijk besluit voor het leven benoemd.
3. Op eigen verzoek en wegens het bereiken van een bij de wet te bepalen leeftijd worden zij ontslagen.
4. In de gevallen bij de wet aangewezen kunnen zij door de Raad worden geschorst of ontslagen.
5. De wet regelt overigens hun rechtspositie.
(Zie ook: artt. 39, 57, 117 GW; art. 1 Wet RvS; Bvta)

Art. 75
1. De wet regelt de inrichting, samenstelling en bevoegdheid van de Raad van State.

Raad van State, inrichting/samenstelling/bevoegdheid

2. Bij de wet kunnen aan de Raad of een afdeling van de Raad ook andere taken worden opgedragen.
(Zie ook: artt. 35, 38 GW)

Art. 76

Algemene Rekenkamer, taak

De Algemene Rekenkamer is belast met het onderzoek van de ontvangsten en uitgaven van het Rijk.
(Zie ook: art. 105 GW; art. 65 CW)

Art. 77

Algemene Rekenkamer, rechtspositie leden

1. De leden van de Algemene Rekenkamer worden bij koninklijk besluit voor het leven benoemd uit een voordracht van drie personen, opgemaakt door de Tweede Kamer der Staten-Generaal.
2. Op eigen verzoek en wegens het bereiken van een bij de wet te bepalen leeftijd worden zij ontslagen.
3. In de gevallen bij de wet aangewezen kunnen zij door de Hoge Raad worden geschorst of ontslagen.
4. De wet regelt overigens hun rechtspositie.

(Zie ook: art. 57 GW; art. 45 CW)

Art. 78

Algemene Rekenkamer, inrichting/samenstelling/bevoegdheid

1. De wet regelt de inrichting, samenstelling en bevoegdheid van de Algemene Rekenkamer.

2. Bij de wet kunnen aan de Algemene Rekenkamer ook andere taken worden opgedragen.

Art. 78a

Nationale ombudsman, taak/rechtspositie/bevoegdheid

1. De Nationale ombudsman verricht op verzoek of uit eigen beweging onderzoek naar gedragingen van bestuursorganen van het Rijk en van andere bij of krachtens de wet aangewezen bestuursorganen.
2. De Nationale ombudsman en een substituut-ombudsman worden voor een bij de wet te bepalen termijn benoemd door de Tweede Kamer der Staten-Generaal. Op eigen verzoek en wegens het bereiken van een bij de wet te bepalen leeftijd worden zij ontslagen. In de gevallen bij de wet aangewezen kunnen zij door de Tweede Kamer der Staten-Generaal worden geschorst of ontslagen. De wet regelt overigens hun rechtspositie.
3. De wet regelt de bevoegdheid en werkwijze van de Nationale ombudsman.
4. Bij of krachtens de wet kunnen aan de Nationale ombudsman ook andere taken worden opgedragen.

Art. 79

Vaste colleges van advies, inrichting/samenstelling/bevoegdheid

1. Vaste colleges van advies in zaken van wetgeving en bestuur van het Rijk worden ingesteld bij of krachtens de wet.

2. De wet regelt de inrichting, samenstelling en bevoegdheid van deze colleges.
3. Bij of krachtens de wet kunnen aan deze colleges ook andere dan adviserende taken worden opgedragen.

(Zie ook: art. 54 Wet RO; BtaakEZBZ; BnaamUZOR; BIMAZ)

Art. 80

Adviescolleges, openbaarmaking advies

1. De adviezen van de in dit hoofdstuk bedoelde colleges worden openbaar gemaakt volgens regels bij de wet te stellen.
2. Adviezen, uitgebracht ter zake van voorstellen van wet die door of vanwege de Koning worden ingediend, worden, behoudens bij de wet te bepalen uitzonderingen, aan de Staten-Generaal overgelegd.

(Zie ook: art. 110 GW; art. 25a Wet RvS)

Hoofdstuk 5
Wetgeving en bestuur

§ 1
Wetten en andere voorschriften

Art. 81

Wetgeving, vaststelling wet

De vaststelling van wetten geschiedt door de regering en de Staten-Generaal gezamenlijk.

Art. 82

Wetgeving, indiening wetsvoorstel

1. Voorstellen van wet kunnen worden ingediend door of vanwege de Koning en door de Tweede Kamer der Staten-Generaal.
2. Voorstellen van wet waarvoor behandeling door de Staten-Generaal in verenigde vergadering is voorgeschreven, kunnen worden ingediend door of vanwege de Koning en, voor zover de betreffende artikelen van hoofdstuk 2 dit toelaten, door de verenigde vergadering.
3. Voorstellen van wet, in te dienen door de Tweede Kamer onderscheidenlijk de verenigde vergadering, worden bij haar door een of meer leden aanhangig gemaakt.

(Zie ook: artt. 34 t/m 37, 51, 73, 96, 103 GW; art. 100 RvO II)

1 Grondwet

Art. 83
Voorstellen van wet, ingediend door of vanwege de Koning, worden gezonden aan de Tweede Kamer of, indien daarvoor behandeling door de Staten-Generaal in verenigde vergadering is voorgeschreven, aan deze vergadering.
(Zie ook: artt. 28 t/m 30, 34 t/m 37, 96, 103 GW)

Wetgeving, toezending wetsvoorstel aan Tweede Kamer/verenigde vergadering

Art. 84
1. Zolang een voorstel van wet, ingediend door of vanwege de Koning, niet door de Tweede Kamer onderscheidenlijk de verenigde vergadering is aangenomen, kan het door haar, op voorstel van een of meer leden, en vanwege de regering worden gewijzigd.
2. Zolang de Tweede Kamer onderscheidenlijk de verenigde vergadering een door haar in te dienen voorstel van wet niet heeft aangenomen, kan het door haar, op voorstel van een of meer leden, en door het lid of de leden door wie het aanhangig is gemaakt, worden gewijzigd.
(Zie ook: artt. 37, 88, 91, 98 RvO II)

Wetgeving, wijziging wetsvoorstel/amendement

Art. 85
Zodra de Tweede Kamer een voorstel van wet heeft aangenomen of tot indiening van een voorstel heeft besloten, zendt zij het aan de Eerste Kamer, die het voorstel overweegt zoals het door de Tweede Kamer aan haar is gezonden. De Tweede Kamer kan een of meer van haar leden opdragen een door haar ingediend voorstel in de Eerste Kamer te verdedigen.
(Zie ook: art. 100 RvO II)

Wetgeving, toezending wetsvoorstel aan Eerste Kamer

Art. 86
1. Zolang een voorstel van wet niet door de Staten-Generaal is aangenomen, kan het door of vanwege de indiener worden ingetrokken.
2. Zolang de Tweede Kamer onderscheidenlijk de verenigde vergadering een door haar in te dienen voorstel van wet niet heeft aangenomen, kan het door het lid of de leden door wie het aanhangig is gemaakt, worden ingetrokken.
(Zie ook: BtaakVBVW; BtaakDAZ; Btaakdep.; Btaakdep.1; Btsndep.; Babpbo; Bccvtv; BtaakCRM-WVRO; Bhdep.; BDZO; Boado; Boaei; Boaip; Bhtd; BwBI; BCRMW; BiVMSZ; BoKad; BoDGRlw; Bozrw; Btbos; Bhdp; Boaws; BomWa; Bozhwb; BoWbpz; Botno; BoCRMW; Bcvtd; Bhor)

Wetgeving, intrekking wetsvoorstel

Art. 87
1. Een voorstel wordt wet, zodra het door de Staten-Generaal is aangenomen en door de Koning is bekrachtigd.

2. De Koning en de Staten-Generaal geven elkaar kennis van hun besluit omtrent enig voorstel van wet.
(Zie ook: art. 47 GW)

Wetgeving, aanneming en bekrachtiging wetsvoorstel

Art. 88
De wet regelt de bekendmaking en de inwerkingtreding van de wetten. Zij treden niet in werking voordat zij zijn bekendgemaakt.
(Zie ook: art. 16 GW)

Wetgeving, bekendmaking/inwerkingtreding wet

Art. 89
1. Algemene maatregelen van bestuur worden bij koninklijk besluit vastgesteld.

2. Voorschriften, door straffen te handhaven, worden daarin alleen gegeven krachtens de wet. De wet bepaalt de op te leggen straffen.
3. De wet regelt de bekendmaking en de inwerkingtreding van de algemene maatregelen van bestuur. Zij treden niet in werking voordat zij zijn bekendgemaakt.
4. Het tweede en derde lid zijn van overeenkomstige toepassing op andere vanwege het Rijk vastgestelde algemene verbindende voorschriften.
(Zie ook: artt. 16, 73 GW; BbaNAA; Btrsjh; BuSS; Bvvmrbo; BWUW; RVTG; Sbbob; PM; Vgbesl. 1998; Wbesl.art. 16d Aw; Wbesl. Svijk ; Wbesl. AWW en Anw; Wbesl. Bbra 1984; Wbesl. Tfvz)

Wetgeving, algemene maatregel van bestuur

§ 2
Overige bepalingen

Art. 90
De regering bevordert de ontwikkeling van de internationale rechtsorde.

Bestuur, bevordering internationale rechtsorde

Art. 91
1. Het Koninkrijk wordt niet aan verdragen gebonden en deze worden niet opgezegd zonder voorafgaande goedkeuring van de Staten-Generaal. De wet bepaalt de gevallen waarin geen goedkeuring is vereist.
2. De wet bepaalt de wijze waarop de goedkeuring wordt verleend en kan voorzien in stilzwijgende goedkeuring.

Bestuur, goedkeuring verdrag

Art. 92

Bestuur, bevoegdheden volkenrechtelijke organisaties

3. Indien een verdrag bepalingen bevat welke afwijken van de Grondwet dan wel tot zodanig afwijken noodzaken, kunnen de kamers de goedkeuring alleen verlenen met ten minste twee derden van het aantal uitgebrachte stemmen.
(Zie ook: artt. 73, 120 GW; art. 163 RvO I; Gwvvp)

Art. 92

Met inachtneming, zo nodig, van het bepaalde in artikel 91, derde lid, kunnen bij of krachtens verdrag aan volkenrechtelijke organisaties bevoegdheden tot wetgeving, bestuur en rechtspraak worden opgedragen.
(Zie ook: art. 113 RvO II)

Art. 93

Bestuur, verbindende kracht verdrag

Bepalingen van verdragen en van besluiten van volkenrechtelijke organisaties, die naar haar inhoud een ieder kunnen verbinden, hebben verbindende kracht nadat zij zijn bekendgemaakt.
(Zie ook: artt. 88, 120 GW)

Art. 94

Bestuur, verdrag boven wet

Binnen het Koninkrijk geldende wettelijke voorschriften vinden geen toepassing, indien deze toepassing niet verenigbaar is met een ieder verbindende bepalingen van verdragen en van besluiten van volkenrechtelijke organisaties.
(Zie ook: art. 120 GW; art. 8 WvSr)

Art. 95

Bestuur, bekendmaking verdrag/besluit volkenrechtelijke organisatie

De wet geeft regels omtrent de bekendmaking van verdragen en besluiten van volkenrechtelijke organisaties.

Art. 96

Bestuur, in-oorlogverklaring

1. Het Koninkrijk wordt niet in oorlog verklaard dan na voorafgaande toestemming van de Staten-Generaal.
2. De toestemming is niet vereist, wanneer het overleg met de Staten-Generaal ten gevolge van een feitelijk bestaande oorlogstoestand niet mogelijk is gebleken.
3. De Staten-Generaal beraadslagen en besluiten ter zake in verenigde vergadering.
4. Het bepaalde in het eerste en het derde lid is van overeenkomstige toepassing voor een verklaring dat een oorlog beëindigd is.
(Zie ook: art. 51 GW)

Art. 97

Bestuur, krijgsmacht

1. Ten behoeve van de verdediging en ter bescherming van de belangen van het Koninkrijk, alsmede ten behoeve van de handhaving en de bevordering van de internationale rechtsorde, is er een krijgsmacht.
2. De regering heeft het oppergezag over de krijgsmacht.
(Zie ook: art. 2 GW)

Art. 98

Bestuur, samenstelling krijgsmacht

1. De krijgsmacht bestaat uit vrijwillig dienenden en kan mede bestaan uit dienstplichtigen.

Bestuur, dienstplicht

2. De wet regelt de verplichte militaire dienst en de bevoegdheid tot opschorting van de oproeping in werkelijke dienst.

Art. 99

Grondrecht, gewetensbezwaren tegen militaire dienst

De wet regelt vrijstelling van militaire dienst wegens ernstige gewetensbezwaren.

Art. 99a

Bestuur, civiele verdediging

Volgens bij de wet te stellen regels kunnen plichten worden opgelegd ten behoeve van de civiele verdediging.

Art. 100

Bestuur, inlichtingenplicht bij inzet krijgsmacht

1. De regering verstrekt de Staten-Generaal vooraf inlichtingen over de inzet of het ter beschikking stellen van de krijgsmacht ter handhaving of bevordering van de internationale rechtsorde. Daaronder is begrepen het vooraf verstrekken van inlichtingen over de inzet of het ter beschikking stellen van de krijgsmacht voor humanitaire hulpverlening in geval van gewapend conflict.
2. Het eerste lid geldt niet, indien dwingende redenen het vooraf verstrekken van inlichtingen verhinderen. In dat geval worden inlichtingen zo spoedig mogelijk verstrekt.

Art. 101-102

[Vervallen]

Art. 103

Bestuur, afkondigen uitzonderingstoestand

1. De wet bepaalt in welke gevallen ter handhaving van de uit- of inwendige veiligheid bij koninklijk besluit een door de wet als zodanig aan te wijzen uitzonderingstoestand kan worden afgekondigd; zij regelt de gevolgen.
2. Daarbij kan worden afgeweken van de grondwetsbepalingen inzake de bevoegdheden van de besturen van provincies, gemeenten, openbare lichamen als bedoeld in artikel 132a en waterschappen, van de grondrechten geregeld in de artikelen 6, voor zover dit de uitoefening

buiten gebouwen en besloten plaatsen van het in dit artikel omschreven recht betreft, 7, 8, 9, 12, tweede en derde lid, en 13, alsmede van artikel 113, eerste en derde lid.
3. Terstond na de afkondiging van een uitzonderingstoestand en voorts, zolang deze niet bij koninklijk besluit is opgeheven, telkens wanneer zij zulks nodig oordelen beslissen de Staten-Generaal omtrent het voortduren daarvan; zij beraadslagen en besluiten ter zake in verenigde vergadering.
(Zie ook: artt. 24, 51, 133 GW)

Art. 104
Belastingen van het Rijk worden geheven uit kracht van een wet. Andere heffingen van het Rijk worden bij de wet geregeld. — Bestuur, belastingheffing
(Zie ook: art. 132 GW)

Art. 105
1. De begroting van de ontvangsten en de uitgaven van het Rijk wordt bij de wet vastgesteld. — Bestuur, begroting
2. Jaarlijks worden voorstellen van algemene begrotingswetten door of vanwege de Koning ingediend op het in artikel 65 bedoelde tijdstip.
3. De verantwoording van de ontvangsten en de uitgaven van het Rijk wordt aan de Staten-Generaal gedaan overeenkomstig de bepalingen van de wet. De door de Algemene Rekenkamer goedgekeurde rekening wordt aan de Staten-Generaal overgelegd.
4. De wet stelt regels omtrent het beheer van de financiën van het Rijk. — Bestuur, verantwoording ontvangsten/uitgaven
(Zie ook: artt. 76 GW; artt. 45, 46 RvO II; art. 1 CW)

Art. 106
De wet regelt het geldstelsel. — Bestuur, geldstelsel

Art. 107
1. De wet regelt het burgerlijk recht, het strafrecht en het burgerlijk en strafprocesrecht in algemene wetboeken, behoudens de bevoegdheid tot regeling van bepaalde onderwerpen in afzonderlijke wetten. — Codificatie, bestuur
2. De wet stelt algemene regels van bestuursrecht vast.

Art. 108
[Vervallen]

Art. 109
De wet regelt de rechtspositie van de ambtenaren. Zij stelt tevens regels omtrent hun bescherming bij de arbeid en omtrent medezeggenschap. — Bestuur, rechtspositie ambtenaren
(Zie ook: artt. 3, 19 GW)

Art. 110
De overheid betracht bij de uitvoering van haar taak openbaarheid volgens regels bij de wet te stellen. — Bestuur, openbaarheid
(Zie ook: art. 80 GW)

Art. 111
Ridderorden worden bij de wet ingesteld. — Bestuur, ridderorden

Hoofdstuk 6
Rechtspraak

Art. 112
1. Aan de rechterlijke macht is opgedragen de berechting van geschillen over burgerlijke rechten en over schuldvorderingen. — Rechtspraak, civiele rechtspraak
2. De wet kan de berechting van geschillen die niet uit burgerlijke rechtsbetrekkingen zijn ontstaan, opdragen hetzij aan de rechterlijke macht, hetzij aan gerechten die niet tot de rechterlijke macht behoren. De wet regelt de wijze van behandeling en de gevolgen van de beslissingen. — Rechtspraak, administratieve rechtspraak
(Zie ook: artt. 73, 115, 136 GW)

Art. 113
1. Aan de rechterlijke macht is voorts opgedragen de berechting van strafbare feiten. — Rechtspraak, strafrechtspraak
2. Tuchtrechtspraak door de overheid ingesteld wordt bij de wet geregeld. — Rechtspraak, tuchtrechtspraak
3. Een straf van vrijheidsontneming kan uitsluitend door de rechterlijke macht worden opgelegd.
4. Voor berechting buiten Nederland en voor het oorlogsstrafrecht kan de wet afwijkende regels stellen. — Rechtspraak, berechting buiten Nederland/oorlogsstrafrecht
(Zie ook: artt. 15, 103 GW; art. 9 BUPO; art. 5 EVRM)

Art. 114
De doodstraf kan niet worden opgelegd. — Rechtspraak, doodstraf
(Zie ook: art. 11 GW; art. 6 BUPO; art. 2 EVRM 6e prot.)

Art. 115

Rechtspraak, administratief beroep

Ten aanzien van de in artikel 112, tweede lid, bedoelde geschillen kan administratief beroep worden opengesteld.
(Zie ook: art. 136 GW)

Art. 116

Rechtspraak, rechterlijke macht

1. De wet wijst de gerechten aan die behoren tot de rechterlijke macht.

2. De wet regelt de inrichting, samenstelling en bevoegdheid van de rechterlijke macht.
3. De wet kan bepalen, dat aan rechtspraak door de rechterlijke macht mede wordt deelgenomen door personen die niet daartoe behoren.
4. De wet regelt het toezicht door leden van de rechterlijke macht met rechtspraak belast uit te oefenen op de ambtsvervulling door zodanige leden en door de personen bedoeld in het vorige lid.
(Zie ook: artt. 38, 52 WED)

Art. 117

Rechtspraak, rechtspositie leden rechterlijke macht

1. De leden van de rechterlijke macht met rechtspraak belast en de procureur-generaal bij de Hoge Raad worden bij koninklijk besluit voor het leven benoemd.

2. Op eigen verzoek en wegens het bereiken van een bij de wet te bepalen leeftijd worden zij ontslagen.
3. In de gevallen bij de wet bepaald kunnen zij door een bij de wet aangewezen, tot de rechterlijke macht behorend gerecht worden geschorst of ontslagen.
4. De wet regelt overigens hun rechtspositie.
(Zie ook: artt. 57, 74, 77 GW; artt. 11, 36, 51, 62, 84 Wet RO)

Art. 118

Rechtspraak, Hoge Raad

1. De leden van de Hoge Raad der Nederlanden worden benoemd uit een voordracht van drie personen, opgemaakt door de Tweede Kamer der Staten-Generaal.

Rechtspraak, cassatie

2. De Hoge Raad is in de gevallen en binnen de grenzen bij de wet bepaald, belast met de cassatie van rechterlijke uitspraken wegens schending van het recht.
3. Bij de wet kunnen aan de Hoge Raad ook andere taken worden opgedragen.
(Zie ook: artt. 57, 77 GW; art. 427 WvSv; artt. 11, 22, 84, 88, 95 Wet RO; art. 407 Rv)

Art. 119

Rechtspraak, ambtsmisdrijven

De leden van de Staten-Generaal, de ministers en de staatssecretarissen staan wegens ambtsmisdrijven in die betrekkingen gepleegd, ook na hun aftreden terecht voor de Hoge Raad. De opdracht tot vervolging wordt gegeven bij koninklijk besluit of bij een besluit van de Tweede Kamer.
(Zie ook: art. 71 GW; art. 4 Min. verantw.; art. 355 WvSr; art. 483 WvSv; art. 92 Wet RO)

Art. 120

Rechtspraak, toetsingsverbod

De rechter treedt niet in de beoordeling van de grondwettigheid van wetten en verdragen.
(Zie ook: artt. 91, 94 GW; art. 11 Wet AB)

Art. 121

Rechtspraak, openbaarheid terechtzitting/motivering vonnis

Met uitzondering van de gevallen bij de wet bepaald vinden de terechtzittingen in het openbaar plaats en houden de vonnissen de gronden in waarop zij rusten. De uitspraak geschiedt in het openbaar.
(Zie ook: art. 14 BUPO; art. 6 EVRM; art. 20 Wet RO; artt. 18, 59 Rv)

Art. 122

Rechtspraak, gratie

1. Gratie wordt verleend bij koninklijk besluit na advies van een bij de wet aangewezen gerecht en met inachtneming van bij of krachtens de wet te stellen voorschriften.

Rechtspraak, amnestie

2. Amnestie wordt bij of krachtens de wet verleend.

Hoofdstuk 7
Provincies, gemeenten, Caribische openbare lichamen, waterschappen en andere openbare lichamen

Art. 123

Provincie en gemeente, instelling/opheffing

1. Bij de wet kunnen provincies en gemeenten worden opgeheven en nieuwe ingesteld.

2. De wet regelt de wijziging van provinciale en gemeentelijke grenzen.

Art. 124

Provincie en gemeente, autonomie

1. Voor provincies en gemeenten wordt de bevoegdheid tot regeling en bestuur inzake hun huishouding aan hun besturen overgelaten.

Provincie en gemeente, medebewind

2. Regeling en bestuur kunnen van de besturen van provincies en gemeenten worden gevorderd bij of krachtens de wet.
(Zie ook: art. 132 GW; art. 108 PW; art. 108 Gemw)

1 Grondwet

Art. 125
1. Aan het hoofd van de provincie en de gemeente staan provinciale staten onderscheidenlijk de gemeenteraad. Hun vergaderingen zijn openbaar, behoudens bij de wet te regelen uitzonderingen.
2. Van het bestuur van de provincie maken ook deel uit gedeputeerde staten en de commissaris van de Koning, van het bestuur van de gemeente het college van burgemeester en wethouders en de burgemeester.

Provincie en gemeente, bestuursinrichting

Art. 126
Bij de wet kan worden bepaald, dat de commissaris van de Koning wordt belast met de uitvoering van een door de regering te geven ambtsinstructie.

Provincie en gemeente, ambtsinstructie commissaris van de Koning

Art. 127
Provinciale staten en de gemeenteraad stellen, behoudens bij de wet of door hen krachtens de wet te bepalen uitzonderingen, de provinciale onderscheidenlijk de gemeentelijke verordeningen vast.
(Zie ook: artt. 105, 107 PW; art. 108 Gemw)

Provincie en gemeente, vaststelling verordening

Art. 128
Behoudens in de gevallen bedoeld in artikel 123, kan de toekenning van bevoegdheden, als bedoeld in artikel 124, eerste lid, aan andere organen dan die, genoemd in artikel 125, alleen door provinciale staten onderscheidenlijk de gemeenteraad geschieden.
(Zie ook: art. 93 PW; art. 82 Gemw)

Provincie en gemeente, toekennen bevoegdheden aan andere organen

Art. 129
1. De leden van provinciale staten en van de gemeenteraad worden rechtstreeks gekozen door de Nederlanders, tevens ingezetenen van de provincie onderscheidenlijk de gemeente, die voldoen aan de vereisten die gelden voor de verkiezing van de Tweede Kamer der Staten-Generaal. Voor het lidmaatschap gelden dezelfde vereisten.
2. De leden worden gekozen op de grondslag van evenredige vertegenwoordiging binnen door de wet te stellen grenzen.
3. De artikelen 53, tweede lid, en 59 zijn van toepassing. Artikel 57a is van overeenkomstige toepassing.
4. De zittingsduur van provinciale staten en de gemeenteraad is vier jaren, behoudens bij de wet te bepalen uitzonderingen.
5. De wet bepaalt welke betrekkingen niet gelijktijdig met het lidmaatschap kunnen worden uitgeoefend. De wet kan bepalen, dat beletselen voor het lidmaatschap voortvloeien uit verwantschap of huwelijk en dat het verrichten van bij de wet aangewezen handelingen tot het verlies van het lidmaatschap kan leiden.
6. De leden stemmen zonder last.
(Zie ook: artt. 2, 4, 54, 56, 67 GW; art. B1 KW; artt. 10, 13 PW; artt. 10, 13 Gemw)

Provincie en gemeente, verkiezing bestuur

Provincie en gemeente, evenredige vertegenwoordiging
Schakelbepaling

Provincie en gemeente, zittingsduur bestuur
Provincie en gemeente, incompatibiliteiten

Provincie en gemeente, stemmen zonder last

Art. 130
De wet kan het recht de leden van de gemeenteraad te kiezen en het recht lid van de gemeenteraad te zijn toekennen aan ingezetenen, die geen Nederlander zijn, mits zij tenminste voldoen aan de vereisten die gelden voor ingezetenen die tevens Nederlander zijn.
(Zie ook: art. 2 GW)

Provincie en gemeente, kiesrecht niet-Nederlander

Art. 131
De commissaris van de Koning en de burgemeester worden aangesteld, geschorst en ontslagen op een bij de wet te bepalen wijze. Krachtens de wet kunnen nadere regels worden gesteld over de daarbij te volgen procedures.
(Zie ook: art. 61 PW; art. 61 Gemw)

Provincie en gemeente, benoeming commissaris van de Koning/burgemeester

Art. 132
1. De wet regelt de inrichting van provincies en gemeenten, alsmede de samenstelling en bevoegdheid van hun besturen.
2. De wet regelt het toezicht op deze besturen.
3. Besluiten van deze besturen kunnen slechts aan voorafgaand toezicht worden onderworpen in bij of krachtens de wet te bepalen gevallen.
4. Vernietiging van besluiten van deze besturen kan alleen geschieden bij koninklijk besluit wegens strijd met het recht of het algemeen belang.
5. De wet regelt de voorzieningen bij in gebreke blijven ten aanzien van regeling en bestuur, gevorderd krachtens artikel 124, tweede lid. Bij de wet kunnen met afwijking van de artikelen 125 en 127 voorzieningen worden getroffen voor het geval het bestuur van een provincie of van een gemeente zijn taken grovelijk verwaarloost.
6. De wet bepaalt welke belastingen door de besturen van provincies en gemeenten kunnen worden geheven en regelt hun financiële verhouding tot het Rijk.
(Zie ook: artt. 104, 124 GW; artt. 107, 201, 207, 220, 261 PW; artt. 110, 124, 155, 203, 218 Gemw)

Provincie en gemeente, inrichting/samenstelling/bevoegdheid

15

Art. 132a

Provincie en gemeente, inrichting/samenstelling/bevoegdheid Caribisch deel Nederland

1. Bij de wet kunnen in het Caribische deel van Nederland andere territoriale openbare lichamen dan provincies en gemeenten worden ingesteld en opgeheven.

2. De artikelen 124, 125 en 127 tot en met 132 zijn ten aanzien van deze openbare lichamen van overeenkomstige toepassing.
3. In deze openbare lichamen worden verkiezingen gehouden voor een kiescollege voor de Eerste Kamer. Artikel 129 is van overeenkomstige toepassing.
4. Voor deze openbare lichamen kunnen regels worden gesteld en andere specifieke maatregelen worden getroffen met het oog op bijzondere omstandigheden waardoor deze openbare lichamen zich wezenlijk onderscheiden van het Europese deel van Nederland.

Art. 133

Waterschap, inrichting/samenstelling/bevoegdheid

1. De opheffing en instelling van waterschappen, de regeling van hun taken en inrichting, alsmede de samenstelling van hun besturen, geschieden volgens bij de wet te stellen regels bij provinciale verordening, voor zover bij of krachtens de wet niet anders is bepaald.
2. De wet regelt de verordenende en andere bevoegdheden van de besturen van de waterschappen, alsmede de openbaarheid van hun vergaderingen.
3. De wet regelt het provinciale en overige toezicht op deze besturen. Vernietiging van besluiten van deze besturen kan alleen geschieden wegens strijd met het recht of het algemeen belang.
(Zie ook: art. 98 PW)

Art. 134

Openbare lichamen, inrichting/samenstelling/bevoegdheid

1. Bij of krachtens de wet kunnen openbare lichamen voor beroep en bedrijf en andere openbare lichamen worden ingesteld en opgeheven.

2. De wet regelt de taken en de inrichting van deze openbare lichamen, de samenstelling en bevoegdheid van hun besturen, alsmede de openbaarheid van hun vergaderingen. Bij of krachtens de wet kan aan hun besturen verordenende bevoegdheid worden verleend.
3. De wet regelt het toezicht op deze besturen. Vernietiging van besluiten van deze besturen kan alleen geschieden wegens strijd met het recht of het algemeen belang.
(Zie ook: artt. 1, 56, 128 Wet BO)

Art. 135

Openbare lichamen, gemeenschappelijke regelingen

De wet geeft regels ter voorziening in zaken waarbij twee of meer openbare lichamen zijn betrokken. Daarbij kan in de instelling van een nieuw openbaar lichaam worden voorzien, in welk geval artikel 134, tweede en derde lid, van toepassing is.

Art. 136

Openbare lichamen, geschillen

De geschillen tussen openbare lichamen worden bij koninklijk besluit beslist, tenzij deze behoren tot de kennisneming van de rechterlijke macht of hun beslissing bij de wet aan anderen is opgedragen.
(Zie ook: artt. 112, 115 GW; art. 26 Wet RvS)

Hoofdstuk 8
Herziening van de Grondwet

Art. 137

Grondwetsherziening, procedure

1. De wet verklaart, dat een verandering in de Grondwet, zoals zij die voorstelt, in overweging zal worden genomen.
2. De Tweede Kamer kan, al dan niet op een daartoe door of vanwege de Koning ingediend voorstel, een voorstel voor zodanige wet splitsen.
3. Na de bekendmaking van de wet, bedoeld in het eerste lid, wordt de Tweede Kamer ontbonden.
4. Nadat de nieuwe Tweede Kamer is samengekomen, overwegen beide kamers in tweede lezing het voorstel tot verandering, bedoeld in het eerste lid. Zij kunnen dit alleen aannemen met ten minste twee derden van het aantal uitgebrachte stemmen.
5. De Tweede Kamer kan, al dan niet op een daartoe door of vanwege de Koning ingediend voorstel, met ten minste twee derden van het aantal uitgebrachte stemmen een voorstel tot verandering splitsen.
(Zie ook: art. 64 GW; BoTKSG; BoTKSG1; BoEKSG)

Art. 138

Grondwetsherziening, aanpassing niet-gewijzigde bepalingen

1. Voordat de in tweede lezing aangenomen voorstellen tot verandering in de Grondwet door de Koning worden bekrachtigd, kunnen bij de wet:
a. de aangenomen voorstellen en de ongewijzigd gebleven bepalingen van de Grondwet voor zoveel nodig aan elkaar worden aangepast;
b. de indeling in en de plaats van hoofdstukken, paragrafen en artikelen, alsmede de opschriften worden gewijzigd.

1 Grondwet — art. XIX

2. Een voorstel van wet, houdende voorzieningen als bedoeld in het eerste lid onder a, kunnen de kamers alleen aannemen met ten minste twee derden van het aantal uitgebrachte stemmen.

Art. 139
De veranderingen in de Grondwet, door de Staten-Generaal aangenomen en door de Koning bekrachtigd, treden terstond in werking, nadat zij zijn bekendgemaakt.

Grondwetsherziening, bekendmaking/inwerkingtreding

Art. 140
Bestaande wetten en andere regelingen en besluiten die in strijd zijn met een verandering in de Grondwet, blijven gehandhaafd, totdat daarvoor overeenkomstig de Grondwet een voorziening is getroffen.

Grondwetsherziening, handhaving bestaande regelgeving

Art. 141
De tekst van de herziene Grondwet wordt bij koninklijk besluit bekendgemaakt, waarbij hoofdstukken, paragrafen en artikelen kunnen worden vernummerd en verwijzingen dienovereenkomstig kunnen worden veranderd.

Grondwetsherziening, bekendmaking herziene Grondwet

Art. 142
De Grondwet kan bij de wet met het Statuut voor het Koninkrijk der Nederlanden in overeenstemming worden gebracht. De artikelen 139, 140 en 141 zijn van overeenkomstige toepassing.

Grondwetsherziening, aanpassing Grondwet aan Statuut

Additionele artikelen

Art. I
De artikelen 57a en 129, derde lid, tweede volzin treden eerst na vier jaar of op een bij of krachtens de wet te bepalen eerder tijdstip in werking.

Inwerkingtreding art. 57a en 129 lid 3

Art. II
Artikel 54, tweede lid, naar de tekst van 1983 blijft gedurende vijf jaren of een bij of krachtens de wet te bepalen kortere termijn van kracht. Deze termijn kan bij de wet voor ten hoogste vijf jaren worden verlengd.

Geldigheid art. 54 lid 2

Artikel 54, tweede lid
Van het kiesrecht is uitgesloten:
a. hij die wegens het begaan van een daartoe bij de wet aangewezen delict bij onherroepelijke rechterlijke uitspraak is veroordeeld tot een vrijheidsstraf van ten minste een jaar en hierbij tevens is ontzet van het kiesrecht;
b. hij die krachtens onherroepelijke rechterlijke uitspraak wegens een geestelijke stoornis onbekwaam is rechtshandelingen te verrichten.

Art. III
[Vervallen]

Art. IV
[Wijzigt het Statuut voor het Koninkrijk der Nederlanden.]

Art. V-VIII
[Vervallen]

Art. IX
Artikel 16 is niet van toepassing ten aanzien van feiten, strafbaar gesteld krachtens het Besluit Buitengewoon Strafrecht.

Legaliteitsbeginsel, toepasselijkheid Besluit Buitengewoon Strafrecht

Art. X-XVIII
[Vervallen]

Art. XIX
Het formulier van afkondiging, vastgesteld bij artikel 81 en de formulieren van verzending en kennisgeving, vastgesteld bij de artikelen 123, 124, 127, 128 en 130 van de Grondwet naar de tekst van 1972, blijven van kracht totdat daarvoor een regeling is getroffen.

Bestuur, formulier van afkondiging der wetten

Artikel 81
Het formulier van afkondiging der wetten is het volgende:
"Wij" enz. "Koning der Nederlanden", enz.
"Allen, die deze zullen zien of horen lezen, saluut! doen te weten:
"Alzo Wij in overweging genomen hebben, dat" enz.
(De beweegredenen der wet).
"Zo is het, dat Wij, de Raad van State gehoord, en met gemeen overleg der Staten-Generaal, hebben goedgevonden en verstaan, gelijk Wij goedvinden en verstaan bij deze" enz.
(De inhoud der wet).
"Gegeven". enz.
Ingeval een Koningin regeert of het Koninklijk gezag door een Regent of door de Raad van State wordt waargenomen, wordt de daardoor nodige wijziging in dit formulier gebracht.
Artikel 130

De Koning doet de Staten-Generaal zo spoedig mogelijk kennis dragen, of hij een voorstel van wet, door hen aangenomen, al dan niet goedkeurt. Die kennisgeving geschiedt met een der volgende formulieren:
"De Koning bewilligt in het voorstel."
of:
"De Koning houdt het voorstel in overweging."

Art. XX-XXX
[Vervallen]

Algemene termijnenwet[1]

Wet van 25 juli 1964, houdende berekening van termijnen in verband met de zaterdag, de zondag en algemeen erkende feestdagen

Wij JULIANA, bij de gratie Gods, Koningin der Nederlanden, Prinses van Oranje-Nassau, enz., enz., enz.

Allen, die deze zullen zien of horen lezen, saluut! doen te weten:

Alzo Wij in overweging genomen hebben, dat het wenselijk is regelen te stellen inzake berekening van termijnen in verband met de zaterdag, de zondag en algemeen erkende feestdagen;

Zo is het, dat Wij, de Raad van State gehoord, en met gemeen overleg der Staten-Generaal, hebben goedgevonden en verstaan, gelijk Wij goedvinden en verstaan bij deze:

Art. 1
1. Een in een wet gestelde termijn die op een zaterdag, zondag of algemeen erkende feestdag eindigt, wordt verlengd tot en met de eerstvolgende dag die niet een zaterdag, zondag of algemeen erkende feestdag is.   *Termijn eindigt niet op zaterdag of zon- en feestdagen*
2. Het vorige lid geldt niet voor termijnen, bepaald door terugrekening vanaf een tijdstip of een gebeurtenis.

Art. 2
Een in een wet gestelde termijn van ten minste drie dagen wordt, zo nodig, zoveel verlengd, dat daarin ten minste twee dagen voorkomen die niet een zaterdag, zondag of algemeen erkende feestdag zijn.   *Termijn waarin zaterdagen enz. voorkomen*

Art. 3
1. Algemeen erkende feestdagen in de zin van deze wet zijn: de Nieuwjaarsdag, de Christelijke tweede Paas- en Pinksterdag, de beide Kerstdagen, de Hemelvaartsdag, de dag waarop de verjaardag van de Koning wordt gevierd en de vijfde mei.   *Algemeen erkende feestdagen*
2. Voor de toepassing van deze wet wordt de Goede Vrijdag met de in het vorige lid genoemde dagen gelijkgesteld.
3. Wij kunnen bepaalde dagen voor de toepassing van deze wet met de in het eerste lid genoemde gelijkstellen. Ons besluit wordt in de *Nederlandse Staatscourant* openbaar gemaakt.

Art. 4
Deze wet geldt niet voor termijnen: *Uitgezonderde termijnen*
a. omschreven in uren, in meer dan 90 dagen, in meer dan twaalf weken, in meer dan drie maanden, of in een of meer jaren;
b. betreffende de bekendmaking, inwerkingtreding of buitenwerkingtreding van wettelijke voorschriften;
c. van vrijheidsbeneming.

Art. 5
Op in een algemene maatregel van bestuur gestelde termijnen zijn de artikelen 1-4 van overeenkomstige toepassing, tenzij bij algemene maatregel van bestuur iets anders is bepaald.   *Termijnen in een AMvB gesteld*

Art. 5a
Deze wet is mede van toepassing in de openbare lichamen Bonaire, Sint Eustatius en Saba.   *BES-eilanden*

Art. 6
Deze wet kan worden aangehaald als: Algemene termijnenwet.   *Citeertitel*

Art. 7
1. Deze wet treedt in werking met ingang van 1 april 1965.   *Inwerkingtreding*
2. Zij kan voor termijnen, gesteld in door Ons, door plaatsing op een daartoe door Ons aangehouden lijst, aangewezen wetten en algemene maatregelen van bestuur, op door Ons te bepalen eerdere tijdstippen in werking treden.

---

1   Inwerkingtredingsdatum: 01-04-1965; zoals laatstelijk gewijzigd bij: Stb. 2010, 350.

Provinciewet[1]

Wet van 10 september 1992, houdende nieuwe bepalingen met betrekking tot provincies

Wij Beatrix, bij de gratie Gods, Koningin der Nederlanden, Prinses van Oranje-Nassau, enz. enz. enz.
Allen, die deze zullen zien of horen lezen, saluut! doen te weten:
Alzo Wij in overweging genomen hebben, dat het wenselijk is de Provinciewet aan te passen aan de herziene Grondwet en aan de Gemeentewet en in verband daarmee nieuwe bepalingen vast te stellen met betrekking tot de inrichting van provincies, alsmede de samenstelling en bevoegdheid van hun besturen;
Zo is het, dat Wij, de Raad van State gehoord, en met gemeen overleg der Staten-Generaal, hebben goedgevonden en verstaan, gelijk Wij goedvinden en verstaan bij deze:

Titel II
De inrichting en samenstelling van het provinciebestuur

Hoofdstuk I
Algemene bepaling

Art. 6
In elke provincie zijn er provinciale staten, gedeputeerde staten en een commissaris van de Koning. — *Provinciebestuur*

Hoofdstuk II
Provinciale staten

Art. 7
Provinciale staten vertegenwoordigen de gehele bevolking van de provincie. — *Vertegenwoordiging*

Art. 8
1. Provinciale staten bestaan uit: — *Aantal leden PS*
39 leden in een provincie beneden de 400 001 inwoners;
41 leden in een provincie van 400 001 – 500 000 inwoners;
43 leden in een provincie van 500 001 – 750 000 inwoners;
45 leden in een provincie van 750 001 – 1 000 000 inwoners;
47 leden in een provincie van 1 000 001 – 1 250 000 inwoners;
49 leden in een provincie van 1 250 001 – 1 500 000 inwoners;
51 leden in een provincie van 1 500 001 – 1 750 000 inwoners;
53 leden in een provincie van 1 750 001 – 2 000 000 inwoners;
55 leden in een provincie boven de 2 000 000 inwoners.
2. Vermeerdering of vermindering van het aantal leden van provinciale staten, voortvloeiende uit wijziging van het aantal inwoners van de provincie, treedt eerst in bij de eerstvolgende periodieke verkiezing van de leden van provinciale staten.

Art. 9
De commissaris van de Koning is voorzitter van provinciale staten. — *Voorzitter*

Art. 13
1. Een lid van provinciale staten is niet tevens: — *Onverenigbare betrekkingen*
a. minister;
b. staatssecretaris;
c. lid van de Raad van State;
d. lid van de Algemene Rekenkamer;
e. Nationale ombudsman;
f. substituut-ombudsman als bedoeld in artikel 9, eerste lid, van de Wet Nationale ombudsman;
g. commissaris van de Koning;
h. gedeputeerde;
i. lid van de rekenkamer;
j. ombudsman of lid van de ombudscommissie als bedoeld in artikel 79q, eerste lid;
k. ambtenaar, door of vanwege het provinciebestuur aangesteld of daaraan ondergeschikt.

---

1 Inwerkingtredingsdatum: 01-01-1993; zoals laatstelijk gewijzigd bij: Stcrt. 2018, 69512.

art. 15   3 Provinciewet (uittreksel)

2. In afwijking van het eerste lid, aanhef en onder h, kan een lid van provinciale staten tevens gedeputeerde zijn gedurende het tijdvak dat:
a. aanvangt op de dag van de stemming voor de verkiezing van de leden van provinciale staten en eindigt op het tijdstip waarop de gedeputeerden ingevolge artikel 41, eerste lid, aftreden, of
b. aanvangt op het tijdstip van zijn benoeming tot gedeputeerde en eindigt op het tijdstip waarop de goedkeuring van de geloofsbrief van zijn opvolger als lid van provinciale staten onherroepelijk is geworden of waarop het centraal stembureau heeft beslist dat geen opvolger kan worden benoemd. Hij wordt geacht ontslag te nemen als lid van provinciale staten met ingang van het tijdstip waarop hij zijn benoeming tot gedeputeerde aanvaardt. Artikel X 6 van de Kieswet is van overeenkomstige toepassing.
3. In afwijking van het eerste lid, aanhef en onder k, kan een lid van provinciale staten tevens zijn vrijwilliger of ander persoon die uit hoofde van een wettelijke verplichting niet bij wijze van beroep hulpdiensten verricht.

Art. 15

Verboden handelingen

1. Een lid van provinciale staten mag niet:
a. als advocaat of adviseur in geschillen werkzaam zijn ten behoeve van de provincie of het provinciebestuur dan wel ten behoeve van de wederpartij van de provincie of het provinciebestuur;
b. als gemachtigde in geschillen werkzaam zijn ten behoeve van de wederpartij van de provincie of het provinciebestuur;
c. als vertegenwoordiger of adviseur werkzaam zijn ten behoeve van derden tot het met de provincie aangaan van:
1e. overeenkomsten als bedoeld in onderdeel d;
2e. overeenkomsten tot het leveren van onroerende zaken aan de provincie;
d. rechtstreeks of middellijk een overeenkomst aangaan betreffende:
1e. het aannemen van werk ten behoeve van de provincie;
2e. het buiten dienstbetrekking tegen beloning verrichten van werkzaamheden ten behoeve van de provincie;
3e. het leveren van roerende zaken anders dan om niet aan de provincie;
4e. het verhuren van roerende zaken aan de provincie;
5e. het verwerven van betwiste vorderingen ten laste van de provincie;
6e. het van de provincie onderhands verwerven van onroerende zaken of beperkte rechten waaraan deze zijn onderworpen;
7e. het onderhands huren of pachten van de provincie.
2. Van het eerste lid, aanhef en onder *d*, kan Onze Minister ontheffing verlenen.
3. Provinciale staten stellen voor hun leden een gedragscode vast.

Art. 19

Schriftelijke oproeping

1. De commissaris roept de leden schriftelijk tot de vergadering op.
2. Tegelijkertijd met de oproeping brengt de commissaris dag, tijdstip en plaats van de vergadering ter openbare kennis. De agenda en de daarbij behorende voorstellen met uitzondering van de in artikel 25, tweede lid, bedoelde stukken worden tegelijkertijd met de oproeping en op een bij de openbare kennisgeving aan te geven wijze ter inzage gelegd.

Art. 20

Vergaderquorum

1. De vergadering van provinciale staten wordt niet geopend voordat blijkens de presentielijst meer dan de helft van het aantal zitting hebbende leden tegenwoordig is.
2. Indien ingevolge het eerste lid de vergadering niet kan worden geopend, belegt de commissaris van de Koning, onder verwijzing naar dit artikel, opnieuw een vergadering tegen een tijdstip dat ten minste vierentwintig uur na het bezorgen van de oproeping is gelegen.
3. Op de vergadering, bedoeld in het tweede lid, is het eerste lid niet van toepassing. Provinciale staten kunnen echter over andere aangelegenheden dan die waarvoor de ingevolge het eerste lid niet geopende vergadering was belegd alleen beraadslagen of besluiten, indien blijkens de presentielijst meer dan de helft van het aantal zitting hebbende leden tegenwoordig is.

Hoofdstuk III
Gedeputeerde staten

Art. 34

Gedeputeerde staten
Voorzitter

1. De commissaris van de Koning en de gedeputeerden vormen te zamen gedeputeerde staten.
2. De commissaris is voorzitter van gedeputeerde staten.

Art. 35

Benoeming gedeputeerden

1. Provinciale staten benoemen de gedeputeerden. Artikel 31 is van toepassing op de stemming inzake de benoeming.

Overbrenging onderhandelingsresultaat college aan commissaris

2. De commissaris van de Koning wordt geïnformeerd over de uitkomsten van de college-onderhandelingen. Hij wordt alsdan in de gelegenheid gesteld zijn opvattingen over voorstellen ten behoeve van het collegeprogramma kenbaar te maken.

Art. 53

1. De commissaris van de Koning stelt, met inachtneming van hetgeen gedeputeerde staten hebben bepaald, dag en plaats van de vergadering van gedeputeerde staten en het tijdstip van de opening vast.
2. De commissaris maakt dag en plaats van te houden openbare vergaderingen en het tijdstip van de opening bekend.

Dag, plaats, tijdstip vergadering

Hoofdstuk IV
De commissaris van de Koning

Art. 61

1. De commissaris van de Koning wordt bij koninklijk besluit op voordracht van Onze Minister benoemd voor de tijd van zes jaar.
2. Onze Minister overlegt met provinciale staten over de eisen die aan de te benoemen commissaris worden gesteld met betrekking tot de vervulling van het ambt. Voorafgaand aan het overleg met Onze Minister stellen provinciale staten gedeputeerde staten in de gelegenheid hun wensen en bedenkingen ten aanzien van deze eisen kenbaar te maken.
3. Na het overleg met Onze Minister stellen provinciale staten uit hun midden een vertrouwenscommissie in, belast met de beoordeling van de kandidaten. Provinciale staten kunnen bepalen dat één of meer gedeputeerden als adviseur aan de vertrouwenscommissie worden toegevoegd. Onze Minister verschaft de vertrouwenscommissie een opgave van degenen die naar het ambt van commissaris hebben gesolliciteerd, vergezeld van zijn oordeel over kandidaten die hij in beginsel geschikt acht voor benoeming. Als de vertrouwenscommissie besluit naast deze kandidaten ook andere kandidaten die gesolliciteerd hebben, bij haar beoordeling te betrekken, doet zij daarvan onverwijld mededeling aan Onze Minister. Deze brengt zijn oordeel over laatstgenoemde kandidaten ter kennis van de vertrouwenscommissie.
4. De vertrouwenscommissie verschaft zich de door haar nodig geachte informatie over de kandidaten. Bestuursorganen zijn verplicht de gevraagde informatie te verstrekken. De vertrouwenscommissie brengt verslag uit van haar bevindingen aan de staten en aan Onze Minister.
5. Provinciale staten zenden Onze Minister binnen vier maanden nadat de gelegenheid tot sollicitatie voor de functie is gegeven een aanbeveling inzake de benoeming. Deze aanbeveling omvat twee personen.
6. In een bijzonder, door provinciale staten te motiveren geval, kan worden volstaan met een aanbeveling waarop één persoon vermeld staat. Onze Minister slaat geen acht op een enkelvoudige aanbeveling, indien naar zijn oordeel geen sprake is van een bijzonder geval.
7. Onze Minister volgt in zijn voordracht in beginsel de aanbeveling, met inbegrip van de daarop gehanteerde volgorde, tenzij zwaarwegende gronden aanleiding tot afwijking geven. Een afwijking wordt gemotiveerd.
8. De rijksbelastingdienst verstrekt Onze Minister de benodigde gegevens inzake bestuurlijke boeten als bedoeld in hoofdstuk VIIIA van de Algemene wet inzake rijksbelastingen en inzake strafbeschikkingen als bedoeld in artikel 76 van die wet, voor zover deze boeten en beschikkingen zijn opgelegd dan wel hadden kunnen worden opgelegd ter zake van feiten die zijn gebleken na de termijn om deze op te leggen.

Benoeming commissaris

Art. 61a

1. De commissaris van de Koning kan bij koninklijk besluit op voordracht van Onze Minister worden herbenoemd voor de tijd van zes jaar.
2. Provinciale staten zenden een aanbeveling inzake de herbenoeming van de commissaris tenminste vier maanden voor de eerste dag van de maand waarin de herbenoeming dient in te gaan, aan Onze Minister.
3. Voordat provinciale staten een aanbeveling opstellen, overleggen zij met Onze Minister over het functioneren van de commissaris.
4. Na het overleg met Onze Minister stellen provinciale staten uit hun midden een vertrouwenscommissie in, belast met de voorbereiding van de aanbeveling inzake de herbenoeming. Provinciale staten kunnen bepalen dat één of meer gedeputeerden als adviseur aan de vertrouwenscommissie worden toegevoegd.
5. Onze Minister wijkt in zijn voordracht slechts op zwaarwegende gronden af van de aanbeveling.

Herbenoeming commissaris

Art. 61b

1. De commissaris van de Koning kan te allen tijde bij koninklijk besluit op voordracht van Onze Minister worden ontslagen.
2. Indien sprake is van een verstoorde verhouding tussen de commissaris en provinciale staten, kunnen de staten een aanbeveling tot ontslag zenden aan Onze Minister.
3. Voordat de staten verklaren dat van een verstoorde verhouding tussen de commissaris en de staten sprake is, overleggen zij met Onze Minister over de aanleiding tot die verklaring.

Ontslag commissaris

art. 62

3 Provinciewet (uittreksel)

4. Een aanbeveling vormt geen onderwerp van beraadslagingen en wordt niet vastgesteld dan nadat provinciale staten tenminste twee weken en ten hoogste drie maanden tevoren hebben verklaard, dat tussen de commissaris en de staten sprake is van een verstoorde verhouding.
5. De oproeping tot de vergadering waarin over de aanbeveling wordt beraadslaagd of besloten, wordt tenminste achtenveertig uur voor de aanvang of zoveel eerder als provinciale staten hebben bepaald, bij de leden van de staten bezorgd. Zij vermeldt het voorstel tot de aanbeveling.
6. Onze Minister wijkt in zijn voordracht slechts af van de aanbeveling op zwaarwegende gronden.

Art. 62

Schorsing

1. De commissaris kan bij koninklijk besluit worden geschorst.
2. Onze Minister kan, in afwachting van een besluit omtrent schorsing, bepalen dat de commissaris zijn functie niet uitoefent.
3. Een besluit als bedoeld in het tweede lid vervalt, indien niet binnen een maand een besluit omtrent de schorsing is genomen.

Hoofdstuk V
De commissies

Art. 80

Statencommissies

1. Provinciale staten kunnen statencommissies instellen die besluitvorming van provinciale staten kunnen voorbereiden en met gedeputeerde staten of de commissaris kunnen overleggen. Zij regelen daarbij de taken, de bevoegdheden, de samenstelling en de werkwijze, daaronder begrepen de wijze waarop de leden van provinciale staten inzage hebben in stukken waaromtrent door de commissie geheimhouding is opgelegd. Deze inzage kan slechts worden geweigerd voor zover zij in strijd is met het openbaar belang.
2. De commissaris en de gedeputeerden zijn geen lid van een statencommissie.
3. Bij de samenstelling van een statencommissie zorgen provinciale staten, voor zover het de benoeming betreft van leden van provinciale staten, voor een evenwichtige vertegenwoordiging van de in provinciale staten vertegenwoordigde groeperingen.
4. Een lid van provinciale staten is voorzitter van een statencommissie.
5. De artikelen 19 en 21 tot en met 23 zijn van overeenkomstige toepassing op een vergadering van een statencommissie, met dien verstande dat in artikel 19 voor «commissaris» wordt gelezen «voorzitter van de statencommissie» en in artikel 23, vijfde lid, voor «artikel 25» wordt gelezen «artikel 91».

Art. 81

Bestuurscommissies

1. Provinciale staten, onderscheidenlijk gedeputeerde staten, kunnen bestuurscommissies instellen die bevoegdheden uitoefenen die hun door provinciale staten, onderscheidenlijk gedeputeerde staten, zijn overgedragen. Zij regelen daarbij de taken, de bevoegdheden, de samenstelling en de werkwijze, daaronder begrepen de wijze waarop zij inzage hebben in de stukken waaromtrent door een bestuurscommissie geheimhouding is opgelegd. Deze inzage kan slechts worden geweigerd voor zover zij in strijd is met het openbaar belang.
2. De commissaris en de gedeputeerden zijn geen lid van een door provinciale staten ingestelde bestuurscommissie. Leden van provinciale staten zijn geen lid van een door gedeputeerde staten ingestelde bestuurscommissie.
3. De artikelen 136, tweede lid, 137 en 138 zijn van overeenkomstige toepassing op een besluit tot instelling van een bestuurscommissie.
4. De artikelen 19, tweede lid, 22 en 23, eerste tot en met vierde lid, zijn van overeenkomstige toepassing ten aanzien van de vergadering van een door provinciale staten ingestelde bestuurscommissie, met dien verstande dat in artikel 19, tweede lid, voor «de commissaris» wordt gelezen: de voorzitter van een bestuurscommissie.
5. Voor zover zulks in verband met de aard en omvang van de overgedragen bevoegdheden nodig is, regelen gedeputeerde staten de openbaarheid van vergaderingen van een door hen ingestelde bestuurscommissie.

Art. 82

Andere commissies

1. Provinciale staten of gedeputeerde staten kunnen andere commissies dan bedoeld in de artikelen 80, eerste lid, en 81, eerste lid, instellen.
2. Artikel 81, tweede lid, is van overeenkomstige toepassing.
3. Provinciale staten of gedeputeerde staten regelen ten aanzien van een door hen ingestelde andere commissie de openbaarheid van de vergaderingen.
4. De artikelen 136, tweede lid, 137 en 138 zijn van overeenkomstige toepassing op een besluit tot instelling van een andere commissie.

3 Provinciewet (uittreksel)   art. 151

Titel III
De bevoegdheid van het provinciebestuur

Hoofdstuk VIII
Algemene bepalingen

§ 1
Inleidende bepalingen

Art. 105
1. De bevoegdheid tot regeling en bestuur inzake de huishouding van de provincie wordt aan het provinciebestuur overgelaten.   Autonomie; medebewind
2. Regeling en bestuur kunnen van het provinciebestuur worden gevorderd bij of krachtens een andere dan deze wet ter verzekering van de uitvoering daarvan, met dien verstande dat het geven van aanwijzingen aan het provinciebestuur en het aan het provinciebestuur opleggen of in zijn plaats vaststellen van beslissingen, slechts kan geschieden indien de bevoegdheid daartoe bij de wet is toegekend.
3. Onverminderd het bepaalde in de artikelen 108, vijfde lid, en 117, vierde lid, worden de kosten verbonden aan de uitvoering van het tweede lid voor zover zij ten laste van de betrokken provincies blijven, door het Rijk aan hen vergoed.

§ 4
Bestuursdwang

Art. 122
1. Het provinciebestuur is bevoegd tot oplegging van een last onder bestuursdwang.   Bevoegdheid toepassing bestuursdwang
2. De bevoegdheid tot oplegging van een last onder bestuursdwang wordt uitgeoefend door gedeputeerde staten, indien de last dient tot handhaving van regels welke het provinciebestuur uitvoert.
3. De bevoegdheid tot oplegging van een last onder bestuursdwang wordt uitgeoefend door de commissaris van de Koning, indien de last dient tot handhaving van regels welke hij uitvoert.
4. Een bestuurscommissie waaraan bevoegdheden van provinciale staten of gedeputeerde staten zijn overgedragen, bezit de bevoegdheid tot oplegging van een last onder bestuursdwang en de bevoegdheid tot het geven van een machtiging tot binnentreden van een woning slechts indien ook die bevoegdheid uitdrukkelijk is overgedragen.

Hoofdstuk IX
De bevoegdheid van provinciale staten

Art. 143
1. Provinciale verordeningen worden door provinciale staten vastgesteld voor zover de bevoegdheid daartoe niet bij de wet of door provinciale staten krachtens de wet aan gedeputeerde staten of de commissaris van de Koning is toegekend.   Verordenende bevoegdheid
2. De overige bevoegdheden, bedoeld in artikel 105, eerste lid, berusten bij provinciale staten.   Bestuursbevoegdheden
3. De overige bevoegdheden, bedoeld in artikel 105, tweede lid, berusten bij gedeputeerde staten, voor zover deze niet bij of krachtens de wet aan provinciale staten of de commissaris van de Koning zijn toegekend.

Art. 145
Provinciale staten maken de verordeningen die zij in het belang van de provincie nodig oordelen.   Provinciebelang

Art. 150
1. Provinciale staten kunnen op overtreding van hun verordeningen en van die van organen waaraan ingevolge artikel 152 verordenende bevoegdheid is gedelegeerd, straf stellen maar geen andere of zwaardere dan hechtenis van ten hoogste drie maanden of geldboete van de tweede categorie, al dan niet met openbaarmaking van de rechterlijke uitspraak.   Strafverordeningen
2. De in het eerste lid bedoelde strafbare feiten zijn overtredingen.

Art. 151
1. Een lid van provinciale staten kan gedeputeerde staten of de commissaris van de Koning mondeling of schriftelijk vragen stellen.   Recht van interpellatie
2. Een lid van provinciale staten kan provinciale staten verlof vragen tot het houden van een interpellatie over een onderwerp dat niet staat vermeld op de agenda, bedoeld in artikel 19, tweede lid, om gedeputeerde staten of de commissaris van de Koning hierover inlichtingen te vragen. Provinciale staten stellen hierover nadere regels.

Hoofdstuk X
De bevoegdheid van gedeputeerde staten

Art. 158

Bevoegdheid GS

1. Gedeputeerde staten zijn in ieder geval bevoegd:
   a. het dagelijks bestuur van de provincie te voeren, voor zover niet bij of krachtens de wet provinciale staten of de commissaris van de Koning hiermee zijn belast;
   b. beslissingen van provinciale staten voor te bereiden en uit te voeren, tenzij bij of krachtens de wet de commissaris hiermee is belast;
   c. regels vast te stellen over de ambtelijke organisatie van de provincie, met uitzondering van de organisatie van de griffie;
   d. ambtenaren, niet zijnde de griffier en de op de griffie werkzame ambtenaren, te benoemen, te schorsen en te ontslaan;
   e. tot privaatrechtelijke rechtshandelingen van de provincie te besluiten;
   f. te besluiten namens de provincie, provinciale staten of gedeputeerde staten rechtsgedingen, bezwaarprocedures of administratief beroepsprocedures te voeren of handelingen ter voorbereiding daarop te verrichten, tenzij provinciale staten, voor zover het provinciale staten aangaat, in voorkomende gevallen anders beslissen.
   g. toezicht te houden op waterstaatswerken, voor zover niet bij de wet het toezicht aan anderen is opgedragen of de waterstaatswerken in beheer zijn bij het Rijk;
   h. ten aanzien van de voorbereiding van de civiele verdediging.
2. Gedeputeerde staten besluiten slechts tot de oprichting van en de deelneming in stichtingen, maatschappen, vennootschappen, verenigingen, coöperaties en onderlinge waarborgmaatschappijen, indien dat in het bijzonder aangewezen moet worden geacht voor de behartiging van het daarmee te dienen openbaar belang. Het besluit wordt niet genomen dan nadat provinciale staten een ontwerp-besluit is toegezonden en in de gelegenheid zijn gesteld hun wensen en bedenkingen ter kennis van gedeputeerde staten te brengen.
3. Gedeputeerde staten nemen, ook alvorens is besloten tot het voeren van een rechtsgeding, alle conservatoire maatregelen en doen wat nodig is ter voorkoming van verjaring of verlies van recht of bezit.

Art. 166

Mandaat

1. Gedeputeerde staten kunnen een of meer van hun leden machtigen tot uitoefening van een of meer van hun bevoegdheden, tenzij de regeling waarop de bevoegdheid steunt zich daartegen verzet.
2. Een krachtens machtiging uitgeoefende bevoegdheid wordt uit naam en onder verantwoordelijkheid van gedeputeerde staten uitgeoefend.
3. Gedeputeerde staten kunnen te dien aanzien alle aanwijzingen geven die zij nodig achten.

Art. 167

Verantwoordingsplicht aan PS

1. Gedeputeerde staten en elk van hun leden afzonderlijk zijn aan provinciale staten verantwoording schuldig over het door hen gevoerde bestuur.
2. Zij geven provinciale staten alle inlichtingen die provinciale staten voor de uitoefening van hun taak nodig hebben.
3. Zij geven provinciale staten mondeling of schriftelijk de door een of meer leden gevraagde inlichtingen, tenzij het verstrekken ervan in strijd is met het openbaar belang.
4. Zij geven provinciale staten vooraf inlichtingen over de uitoefening van de bevoegdheden, bedoeld in artikel 158, eerste lid, onder e, f en h, indien provinciale staten daarom verzoeken of indien de uitoefening ingrijpende gevolgen kan hebben voor de provincie. In het laatste geval nemen gedeputeerde staten geen besluit dan nadat provinciale staten hun wensen en bedenkingen terzake ter kennis van gedeputeerde staten hebben kunnen brengen.
5. Indien de uitoefening van de bevoegdheid, bedoeld in artikel 158, eerste lid, onder f, geen uitstel kan lijden, geven zij in afwijking van het vierde lid provinciale staten zo spoedig mogelijk inlichtingen over de uitoefening van deze bevoegdheid en het terzake genomen besluit.

Hoofdstuk XI
De bevoegdheid van de commissaris van de Koning

Art. 175

Taakomschrijving

1. De commissaris ziet toe op:
   a. een tijdige voorbereiding, vaststelling en uitvoering van het provinciaal beleid en van de daaruit voortvloeiende besluiten, alsmede op een goede afstemming tussen degenen die bij de voorbereiding, vaststelling en uitvoering zijn betrokken;
   b. een goede samenwerking van de provincie met andere provincies en andere overheden;
   c. de kwaliteit van procedures op het vlak van burgerparticipatie;
   d. een zorgvuldige behandeling van bezwaarschriften;
   e. een zorgvuldige behandeling van klachten door het provinciebestuur.

3 Provinciewet (uittreksel)

art. 193

2. De commissaris bevordert de bestuurlijke integriteit van de provincie.
3. De commissaris bevordert overigens een goede behartiging van de provinciale aangelegenheden.

Burgerjaarverslag
Belangenbehartiging

Art. 176
1. De commissaris vertegenwoordigt de provincie in en buiten rechte.
2. De commissaris kan de in het eerste lid bedoelde vertegenwoordiging opdragen aan een door hem aan te wijzen persoon.

Vertegenwoordiging

Titel IV
De financiën van de provincie

Hoofdstuk XII
Algemene bepalingen

Art. 190
1. De begroting, de begrotingswijzigingen, de meerjarenraming, de jaarrekening en het jaarverslag worden ingericht overeenkomstig bij of krachtens algemene maatregel van bestuur te geven regels.
2. Bij of krachtens de algemene maatregel van bestuur, bedoeld in het eerste lid, worden tevens regels gesteld ten aanzien van:
a. door gedeputeerde staten vast te stellen documenten ten behoeve van de uitvoering van de begroting en de jaarrekening;
b. door gedeputeerde staten aan derden te verstrekken informatie op basis van de begroting en de jaarrekening en de controle van deze informatie.
3. Bij of krachtens de algemene maatregel van bestuur, bedoeld in het eerste lid, kunnen nadere regels worden gesteld ten aanzien van het periodiek verstrekken van informatie voor derden. In overeenstemming met Onze Minister van Economische Zaken kan worden bepaald dat de informatie voor derden wordt gezonden aan het Centraal Bureau voor de Statistiek.
4. De informatie voor derden, bedoeld in het tweede lid, onderdeel b, wordt gezonden aan Onze Minister binnen de termijnen, bedoeld in de artikelen 195, tweede lid, en 204. Artikel 17a, vierde lid, van de Financiële-verhoudingswet is van overeenkomstige toepassing.
5. Indien Onze Minister vaststelt dat de informatie, bedoeld in het tweede lid, onder b, of de informatie, bedoeld in het derde lid, voor zover die verstrekt moet worden aan Onze Minister, niet of niet tijdig wordt verstrekt, dan wel de kwaliteit van die informatie tekort schiet, doet hij daarvan mededeling aan gedeputeerde staten.
6. Gedeputeerde staten kunnen tot twee weken voor het verstrijken van de termijnen, bedoeld in het vierde lid, schriftelijk en met redenen omkleed, aan Onze Minister verzoeken om uitstel voor de toezending van de informatie, tot uiterlijk een in dat verzoek te noemen datum. Onze Minister beslist binnen twee weken op dat verzoek.
7. Indien de informatie, bedoeld in het tweede lid, onder b, of de informatie, bedoeld in het derde lid, voor zover die verstrekt moet worden aan Onze Minister, niet of niet tijdig wordt verstrekt, dan wel de kwaliteit van die informatie tekort schiet, geeft Onze Minister een aanwijzing aan gedeputeerde staten om binnen tien werkdagen alsnog informatie van voldoende kwaliteit te leveren.
8. Indien gedeputeerde staten nalaten de aanwijzing, bedoeld in het zevende lid, op te volgen, kunnen Onze Ministers van Binnenlandse Zaken en Koninkrijksrelaties en van Financiën besluiten de betalingen op grond van artikel 15, eerste lid, van de Financiële-verhoudingswet aan de betreffende provincie geheel of gedeeltelijk op te schorten gedurende ten hoogste zesentwintig weken. Artikel 17b, vierde, vijfde en zesde lid, van de Financiële-verhoudingswet is van overeenkomstige toepassing.

Inrichting financiële verslaglegging

Hoofdstuk XIII
De begroting en de jaarrekening

§ 1
De begroting

Art. 193
1. Voor alle taken en activiteiten brengen provinciale staten jaarlijks op de begroting de bedragen die zij daarvoor beschikbaar stellen, alsmede de financiële middelen die zij naar verwachting kunnen aanwenden.
2. Provinciale staten zien erop toe dat de begroting structureel en reëel in evenwicht is. Hiervan kunnen zij afwijken indien aannemelijk is dat het structureel en reëel evenwicht in de begroting in de eerstvolgende jaren tot stand zal worden gebracht.

Begroting

art. 201

3 Provinciewet (uittreksel)

3. Behoudens het bepaalde in de artikelen 212 en 213 kunnen ten laste van de provincie slechts lasten en daarmee overeenstemmende balansmutaties worden genomen tot de bedragen die hiervoor op de begroting zijn gebracht.
4. Het begrotingsjaar is het kalenderjaar.

§ 2
De jaarrekening

Art. 201

Jaarrekening, jaarverslag

1. Gedeputeerde staten leggen aan provinciale staten over elk begrotingsjaar verantwoording af over het door hen gevoerde bestuur, onder overlegging van de jaarrekening en het jaarverslag.
2. Gedeputeerde staten voegen daarbij de verslagen, bedoeld in artikel 217a, tweede lid.

Openbaarheid stukken

3. Provinciale staten leggen de in het eerste en tweede lid, alsmede de in artikel 217, derde en vierde lid, bedoelde stukken, wanneer de bespreking daarvan geagendeerd is op de in artikel 19, tweede lid bedoelde wijze, voor een ieder ter inzage en stellen ze algemeen verkrijgbaar. Van de terinzagelegging en de verkrijgbaarstelling wordt openbaar kennis gegeven. Provinciale staten beraadslagen over de jaarrekening en het jaarverslag niet eerder dan twee weken na de openbare kennisgeving.

Hoofdstuk XV
De provinciale belastingen

§ 1
Algemene bepalingen

Art. 220

Provinciale belasting

Provinciale staten besluiten tot het invoeren, wijzigen of afschaffen van een provinciale belasting door het vaststellen van een belastingverordening.

Gemeentewet[1]

Wet van 14 februari 1992, houdende nieuwe bepalingen met betrekking tot gemeenten

Wij Beatrix, bij de gratie Gods, Koningin der Nederlanden, Prinses van Oranje-Nassau, enz. enz. enz.
Allen, die deze zullen zien of horen lezen, saluut! doen te weten:
Alzo Wij in overweging genomen hebben, dat het wenselijk is nieuwe bepalingen vast te stellen met betrekking tot de inrichting van gemeenten, alsmede de samenstelling en bevoegdheid van hun besturen;
Zo is het, dat Wij, de Raad van State gehoord, en met gemeen overleg der Staten-Generaal, hebben goedgevonden en verstaan, gelijk Wij goedvinden en verstaan bij deze:

Titel I
Begripsbepalingen

Art. 1
1. In deze wet wordt verstaan onder het aantal inwoners van een gemeente: het aantal inwoners volgens de door het Centraal Bureau voor de Statistiek openbaar gemaakte bevolkingscijfers per 1 januari.
2. Voor de vaststelling van het inwonertal, bedoeld in artikel 8, geldt als peildatum 1 januari van het jaar voorafgaand aan het jaar van de verkiezing van de raad. Het Centraal Bureau voor de Statistiek kan op schriftelijk verzoek van de raad het inwonertal per de eerste dag van de vierde maand voorafgaande aan de maand van de kandidaatstelling vaststellen, indien aannemelijk is dat een in dat artikel genoemd inwonertal op genoemde datum is overschreden. In dat geval geldt dit tijdstip als peildatum.

Begripsbepalingen

Art. 2
In deze wet wordt verstaan onder ingezetenen: zij die hun werkelijke woonplaats in de gemeente hebben.

Ingezetenen

Art. 3
Zij die als ingezetene met een adres in een gemeente zijn ingeschreven in de basisregistratie personen, worden voor de toepassing van deze wet, behoudens bewijs van het tegendeel, geacht werkelijke woonplaats te hebben in die gemeente.

Woonplaats

Art. 4
In deze wet wordt onder ambtenaar mede verstaan: degene die op arbeidsovereenkomst naar burgerlijk recht werkzaam is.

Ambtenaar

Art. 5
In deze wet wordt verstaan onder:
a. gemeentebestuur: ieder bevoegd orgaan van de gemeente;
b. Onze Minister: Onze Minister van Binnenlandse Zaken en Koninkrijksrelaties;
c. college: college van burgemeester en wethouders.

Bestuursorganen

Titel II
De inrichting en samenstelling van het gemeentebestuur

Hoofdstuk I
Algemene bepaling

Art. 6
In elke gemeente is een raad, een college en een burgemeester.

Gemeentebestuur

Hoofdstuk II
De raad

Art. 7
De raad vertegenwoordigt de gehele bevolking van de gemeente.

Volksvertegenwoordiging

Art. 8
1. De raad bestaat uit:
9 leden in een gemeente beneden de 3 001 inwoners;

Aantal leden

---
1 Inwerkingtredingsdatum: 01-03-1993; zoals laatstelijk gewijzigd bij: Stb. 2018, 504.

11 leden in een gemeente van 3 001- 6 000 inwoners;
13 leden in een gemeente van 6 001- 10 000 inwoners;
15 leden in een gemeente van 10 001- 15 000 inwoners;
17 leden in een gemeente van 15 001- 20 000 inwoners;
19 leden in een gemeente van 20 001- 25 000 inwoners;
21 leden in een gemeente van 25 001- 30 000 inwoners;
23 leden in een gemeente van 30 001- 35 000 inwoners;
25 leden in een gemeente van 35 001- 40 000 inwoners;
27 leden in een gemeente van 40 001- 45 000 inwoners;
29 leden in een gemeente van 45 001- 50 000 inwoners;
31 leden in een gemeente van 50 001- 60 000 inwoners;
33 leden in een gemeente van 60 001- 70 000 inwoners;
35 leden in een gemeente van 70 001- 80 000 inwoners;
37 leden in een gemeente van 80 001-100 000 inwoners;
39 leden in een gemeente van 100 001-200 000 inwoners;
45 leden in een gemeente boven de 200 000 inwoners.

2. Vermeerdering of vermindering van het aantal leden van de raad, voortvloeiende uit wijziging van het aantal inwoners van de gemeente, treedt eerst in bij de eerstvolgende periodieke verkiezing van de raad.

Art. 9

Voorzitter De burgemeester is voorzitter van de raad.

Art. 10

Vereisten lidmaatschap 1. Voor het lidmaatschap van de raad is vereist dat men ingezetene van de gemeente is, de leeftijd van achttien jaar heeft bereikt en niet is uitgesloten van het kiesrecht.

2. Zij die geen onderdaan van een lidstaat van de Europese Unie zijn, dienen tevens te voldoen aan de vereisten dat:

a. zij rechtmatig in Nederland verblijven op grond van artikel 8, onder a, b, c, d, e of l, van de Vreemdelingenwet 2000 of op grond van een verdrag tussen een internationale organisatie en de Staat der Nederlanden inzake de zetel van deze organisatie in Nederland, en

b. zij onmiddellijk voorafgaand aan de dag waarop de gemeenteraad beslist over de toelating als lid tot de gemeenteraad gedurende een onafgebroken periode van ten minste vijf jaren ingezetene van Nederland waren en beschikten over een verblijfsrecht als bedoeld onder a, dan wel rechtmatig in Nederland verbleven op grond van artikel 3 of artikel 6 van de Wet toelating en uitzetting BES.

3. Geen lid van de raad kunnen zijn zij die geen Nederlander zijn, en als door andere staten uitgezonden leden van diplomatieke of consulaire vertegenwoordigingen, in Nederland werkzaam zijn, alsmede hun niet-Nederlandse echtgenoten, geregistreerde partners of levensgezellen en kinderen, voor zover dezen met hen een gemeenschappelijke huishouding voeren.

Art. 11

Vervulling opengevallen plaats Ter vervulling van een tussentijds opengevallen plaats is niet benoembaar tot lid van de raad hij die na de laatstgehouden periodieke verkiezing van de leden van de raad wegens handelen in strijd met artikel 15 van het lidmaatschap van de raad is vervallen verklaard.

Art. 12

Openbaarmaking functies 1. De leden van de raad maken openbaar welke andere functies dan het lidmaatschap van de raad zij vervullen.

Register 2. Openbaarmaking geschiedt door terinzagelegging van een opgave van de in het eerste lid bedoelde functies op het gemeentehuis.

Art. 13

Onverenigbare betrekkingen 1. Een lid van de raad is niet tevens:
a. minister;
b. staatssecretaris;
c. lid van de Raad van State;
d. lid van de Algemene Rekenkamer;
e. Nationale ombudsman;
f. substituut-ombudsman als bedoeld in artikel 9, eerste lid, van de Wet Nationale ombudsman;
g. commissaris van de Koning;
h. gedeputeerde;
i. secretaris van de provincie;
j. griffier van de provincie;
k. burgemeester;
l. wethouder;
m. lid van de rekenkamer;
n. ombudsman of lid van de ombudscommissie als bedoeld in artikel 81p, eerste lid;
o. ambtenaar, door of vanwege het gemeentebestuur aangesteld of daaraan ondergeschikt.

4 Gemeentewet

2. In afwijking van het eerste lid, aanhef en onder l, kan een lid van de raad tevens wethouder zijn van de gemeente waar hij lid van de raad is gedurende het tijdvak dat:
a. aanvangt op de dag van de stemming voor de verkiezing van de leden van de raad en eindigt op het tijdstip waarop de wethouders ingevolge artikel 42, eerste lid, aftreden, of
b. aanvangt op het tijdstip van zijn benoeming tot wethouder en eindigt op het tijdstip waarop de goedkeuring van de geloofsbrief van zijn opvolger als lid van de raad onherroepelijk is geworden of waarop het centraal stembureau heeft beslist dat geen opvolger kan worden benoemd. Hij wordt geacht ontslag te nemen als lid van de raad met ingang van het tijdstip waarop hij zijn benoeming tot wethouder aanvaardt. Artikel X 6 van de Kieswet is van overeenkomstige toepassing.
3. In afwijking van het eerste lid, aanhef en onder o, kan een lid van de raad tevens zijn:
a. ambtenaar van de burgerlijke stand;
b. vrijwilliger of ander persoon die uit hoofde van een wettelijke verplichting niet bij wijze van beroep hulpdiensten verricht;
c. ambtenaar werkzaam voor een school voor openbaar onderwijs.

Art. 14

1. Alvorens hun functie te kunnen uitoefenen, leggen de leden van de raad in de vergadering, in handen van de voorzitter, de volgende eed (verklaring en belofte) af:
"Ik zweer (verklaar) dat ik, om tot lid van de raad benoemd te worden, rechtstreeks noch middellijk, onder welke naam of welk voorwendsel ook, enige gift of gunst heb gegeven of beloofd.
Ik zweer (verklaar en beloof) dat ik, om iets in dit ambt te doen of te laten, rechtstreeks noch middellijk enig geschenk of enige belofte heb aangenomen of zal aannemen.
Ik zweer (beloof) dat ik getrouw zal zijn aan de Grondwet, dat ik de wetten zal nakomen en dat ik mijn plichten als lid van de raad naar eer en geweten zal vervullen.
Zo waarlijk helpe mij God Almachtig!"
(Dat verklaar en beloof ik!")

2. Wanneer de eed (verklaring en belofte), bedoeld in het eerste lid, in de Friese taal wordt afgelegd, luidt de tekst van de eed (verklaring en belofte) als volgt:
«Ik swar (ferklearje) dat ik, om ta lid fan 'e rie beneamd te wurden, streekrjocht noch midlik, ûnder wat namme of wat ferlechje ek, hokker jefte of geunst dan ek jûn of ûnthjitten haw.
Ik swar (ferklearje en ûnthjit) dat ik, om eat yn dit amt te dwaan of te litten, streekrjocht noch midlik hokker geskink of hokker ûnthjit dan ek oannommen haw of oannimme sil.
Ik swar (ûnthjit) dat ik trou wêze sil oan 'e Grûnwet, dat ik de wetten neikomme sil en dat ik myn plichten as lid fan 'e rie yn alle oprjochtens ferfolje sil.
Sa wier helpe my God Almachtich!»
(«Dat ferklearje en ûnthjit ik!»).

Art. 15

1. Een lid van de raad mag niet:
a. als advocaat of adviseur in geschillen werkzaam zijn ten behoeve van de gemeente of het gemeentebestuur dan wel ten behoeve van de wederpartij van de gemeente of het gemeentebestuur;
b. als gemachtigde in geschillen werkzaam zijn ten behoeve van de wederpartij van de gemeente of het gemeentebestuur;
c. als vertegenwoordiger of adviseur werkzaam zijn ten behoeve van derden tot het met de gemeente aangaan van:
1e. overeenkomsten als bedoeld in onderdeel d;
2e. overeenkomsten tot het leveren van onroerende zaken aan de gemeente;
d. rechtstreeks of middellijk een overeenkomst aangaan betreffende:
1e. het aannemen van werk ten behoeve van de gemeente;
2e. het buiten dienstbetrekking tegen beloning verrichten van werkzaamheden ten behoeve van de gemeente;
3e. het leveren van roerende zaken anders dan om niet aan de gemeente;
4e. het verhuren van roerende zaken aan de gemeente;
5e. het verwerven van betwiste vorderingen ten laste van de gemeente;
6e. het van de gemeente onderhands verwerven van onroerende zaken of beperkte rechten waaraan deze zijn onderworpen;
7e. het onderhands huren of pachten van de gemeente.
2. Van het eerste lid, aanhef en onder *d*, kunnen gedeputeerde staten ontheffing verlenen.
3. De raad stelt voor zijn leden een gedragscode vast.

Art. 16

De raad stelt een reglement van orde voor zijn vergaderingen en andere werkzaamheden vast.

Art. 17

1. De raad vergadert zo vaak als hij daartoe heeft besloten.

art. 17

Eed en belofte

Eed en belofte in de Friese taal

Verboden handelingen

Reglement van orde

Vergaderfrequentie

art. 18 — 4 Gemeentewet

2. Voorts vergadert de raad indien de burgemeester het nodig oordeelt of indien ten minste een vijfde van het aantal leden waaruit de raad bestaat schriftelijk, met opgave van redenen, daarom verzoekt.

Art. 18

Eerste vergadering na verkiezing

De raad vergadert na de periodieke verkiezing van zijn leden voor de eerste maal in nieuwe samenstelling op de dag met ingang waarvan de leden van de raad in oude samenstelling aftreden.

Art. 19

Schriftelijke oproeping

1. De burgemeester roept de leden schriftelijk tot de vergadering op.
2. Tegelijkertijd met de oproeping brengt de burgemeester dag, tijdstip en plaats van de vergadering ter openbare kennis. De agenda en de daarbij behorende voorstellen met uitzondering van de in artikel 25, tweede lid, bedoelde stukken worden tegelijkertijd met de oproeping en op een bij de openbare kennisgeving aan te geven wijze ter inzage gelegd.

Art. 20

Vergaderquorum

1. De vergadering van de raad wordt niet geopend voordat blijkens de presentielijst meer dan de helft van het aantal zitting hebbende leden tegenwoordig is.
2. Indien ingevolge het eerste lid de vergadering niet kan worden geopend, belegt de burgemeester, onder verwijzing naar dit artikel, opnieuw een vergadering tegen een tijdstip dat ten minste vierentwintig uur na het bezorgen van de oproeping is gelegen.
3. Op de vergadering, bedoeld in het tweede lid, is het eerste lid niet van toepassing. De raad kan echter over andere aangelegenheden dan die waarvoor de ingevolge het eerste lid niet geopende vergadering was belegd alleen beraadslagen of besluiten, indien blijkens de presentielijst meer dan de helft van het aantal zitting hebbende leden tegenwoordig is.

Art. 21

Deelname burgemeester en wethouder aan beraadslaging

1. De burgemeester heeft het recht in de vergadering aan de beraadslaging deel te nemen.
2. Een wethouder heeft toegang tot de vergaderingen en kan aan de beraadslaging deelnemen.
3. Een wethouder kan door de raad worden uitgenodigd om ter vergadering aanwezig te zijn.

Art. 22

Onschendbaarheid

De leden van het gemeentebestuur en andere personen die deelnemen aan de beraadslaging kunnen niet in rechte worden vervolgd of aangesproken voor dan wel worden verplicht getuigenis af te leggen als bedoeld in artikel 165, eerste lid, van het Wetboek van Burgerlijke Rechtsvordering over hetgeen zij in de vergadering van de raad hebben gezegd of aan de raad schriftelijk hebben overgelegd.

Art. 23

Openbare en besloten vergadering

1. De vergadering van de raad wordt in het openbaar gehouden.
2. De deuren worden gesloten, wanneer ten minste een vijfde van het aantal leden dat de presentielijst heeft getekend daarom verzoekt of de voorzitter het nodig oordeelt.
3. De raad beslist vervolgens of met gesloten deuren zal worden vergaderd.
4. Van een vergadering met gesloten deuren wordt een afzonderlijk verslag opgemaakt, dat niet openbaar wordt gemaakt tenzij de raad anders beslist.

Openbaarmaking besluitenlijst

5. De raad maakt de besluitenlijst van zijn vergaderingen op de in de gemeente gebruikelijke wijze openbaar. De raad laat de openbaarmaking achterwege voor zover het aangelegenheden betreft ten aanzien waarvan op grond van artikel 25 geheimhouding is opgelegd of ten aanzien waarvan openbaarmaking in strijd is met het openbaar belang.

Art. 24

Beperking besloten vergadering

In een besloten vergadering kan niet worden beraadslaagd of besloten over:
a. de toelating van nieuw benoemde leden;
b. de vaststelling en wijziging van de begroting en de vaststelling van de jaarrekening;
c. de invoering, wijziging en afschaffing van gemeentelijke belastingen, en
d. de benoeming en het ontslag van wethouders.

Art. 25

Geheimhouding

1. De raad kan op grond van een belang, genoemd in artikel 10 van de Wet openbaarheid van bestuur, omtrent het in een besloten vergadering behandelde en omtrent de inhoud van de stukken die aan de raad worden overgelegd, geheimhouding opleggen. Geheimhouding omtrent het in een besloten vergadering behandelde wordt tijdens die vergadering opgelegd. De geheimhouding wordt door hen die bij de behandeling aanwezig waren en allen die van het behandelde of de stukken kennis dragen, in acht genomen totdat de raad haar opheft.
2. Op grond van een belang, genoemd in artikel 10 van de Wet openbaarheid van bestuur, kan de geheimhouding eveneens worden opgelegd door het college, de burgemeester en een commissie, ieder ten aanzien van de stukken die zij aan de raad of aan leden van de raad overleggen. Daarvan wordt op de stukken melding gemaakt.

4 Gemeentewet   **art. 32**

3. De krachtens het tweede lid opgelegde verplichting tot geheimhouding met betrekking tot aan de raad overgelegde stukken vervalt, indien de oplegging niet door de raad in zijn eerstvolgende vergadering die blijkens de presentielijst door meer dan de helft van het aantal zitting hebbende leden is bezocht, wordt bekrachtigd.
4. De krachtens het tweede lid opgelegde verplichting tot geheimhouding met betrekking tot aan leden van de raad overgelegde stukken wordt in acht genomen totdat het orgaan dat de verplichting heeft opgelegd, dan wel, indien het stuk waaromtrent geheimhouding is opgelegd aan de raad is voorgelegd, totdat de raad haar opheft. De raad kan deze beslissing alleen nemen in een vergadering die blijkens de presentielijst door meer dan de helft van het aantal zitting hebbende leden is bezocht.

Art. 26
1. De voorzitter zorgt voor de handhaving van de orde in de vergadering en is bevoegd, wanneer die orde op enigerlei wijze door toehoorders wordt verstoord, deze en zo nodig andere toehoorders te doen vertrekken.   **Handhaving vergaderorde**
2. Hij is bevoegd toehoorders die bij herhaling de orde in de vergadering verstoren voor ten hoogste drie maanden de toegang tot de vergadering te ontzeggen.
3. Hij kan de raad voorstellen aan een lid dat door zijn gedragingen de geregelde gang van zaken belemmert, het verdere verblijf in de vergadering te ontzeggen. Over het voorstel wordt niet beraadslaagd. Na aanneming daarvan verlaat het lid de vergadering onmiddellijk. Zo nodig doet de voorzitter hem verwijderen. Bij herhaling van zijn gedrag kan het lid bovendien voor ten hoogste drie maanden de toegang tot de vergadering worden ontzegd.

Art. 27
De leden van de raad stemmen zonder last.   **Stemmen zonder last**

Art. 28
1. Een lid van de raad neemt niet deel aan de stemming over: **Stemverbod**
a. een aangelegenheid die hem rechtstreeks of middellijk persoonlijk aangaat of waarbij hij als vertegenwoordiger is betrokken;
b. de vaststelling of goedkeuring der rekening van een lichaam waaraan hij rekenplichtig is of tot welks bestuur hij behoort.
2. Bij een schriftelijke stemming wordt onder het deelnemen aan de stemming verstaan het inleveren van een stembriefje.
3. Een benoeming gaat iemand persoonlijk aan, wanneer hij behoort tot de personen tot wie de keuze door een voordracht of bij een herstemming is beperkt.
4. Het eerste lid is niet van toepassing bij het besluit betreffende de toelating van de na periodieke verkiezing benoemde leden.

Art. 29
1. Een stemming is alleen geldig, indien meer dan de helft van het aantal leden dat zitting heeft en zich niet van deelneming aan de stemming moet onthouden, daaraan heeft deelgenomen.   **Stemmingsquorum**
2. Het eerste lid is niet van toepassing:
a. ingeval opnieuw wordt gestemd over een voorstel of over een benoeming, voordracht of aanbeveling van een of meer personen ten aanzien van wie in een vorige vergadering een stemming op grond van dat lid niet geldig was;
b. in een vergadering als bedoeld in artikel 20, tweede lid, voor zover het betreft onderwerpen die in de daaraan voorafgaande, ingevolge artikel 20, eerste lid, niet geopende vergadering aan de orde waren gesteld.

Art. 30
1. Voor het tot stand komen van een beslissing bij stemming wordt de volstrekte meerderheid vereist van hen die een stem hebben uitgebracht.   **Besluitquorum**
2. Bij een schriftelijke stemming wordt onder het uitbrengen van een stem verstaan het inleveren van een behoorlijk ingevuld stembriefje.

Art. 31
1. De stemming over personen voor het doen van benoemingen, voordrachten of aanbevelingen is geheim.   **Schriftelijke stemming**
2. Indien de stemmen staken over personen tot wie de keuze door een voordracht of bij een herstemming is beperkt, wordt in dezelfde vergadering een herstemming gehouden.
3. Staken bij deze stemming de stemmen opnieuw, dan beslist terstond het lot.

Art. 32
1. De overige stemmingen geschieden bij hoofdelijke oproeping, indien de voorzitter of een van de leden dat verlangt. In dat geval geschieden zij mondeling.   **Mondelinge stemming bij hoofdelijke oproeping**
2. Bij hoofdelijke oproeping is ieder ter vergadering aanwezig lid dat zich niet van deelneming aan de stemming moet onthouden verplicht zijn stem voor of tegen uit te brengen.
3. Indien over een voorstel geen stemming wordt gevraagd, is het aangenomen.
4. Tenzij de vergadering voltallig is, wordt bij staking van stemmen het nemen van een beslissing uitgesteld tot een volgende vergadering, waarin de beraadslagingen kunnen worden heropend.

art. 32a

5. Indien de stemmen staken in een voltallige vergadering of in een ingevolge het vierde lid opnieuw belegde vergadering, is het voorstel niet aangenomen.
6. Onder een voltallige vergadering wordt verstaan een vergadering waarin alle leden waaruit de raad bestaat, voor zover zij zich niet van deelneming aan de stemming moesten onthouden, een stem hebben uitgebracht.

Art. 32a

Ondertekening raadsstukken

1. De stukken die van de raad uitgaan, worden door de burgemeester ondertekend en door de griffier medeondertekend. Bij verhindering of ontstentenis van de burgemeester worden de stukken die van de raad uitgaan ondertekend door degene die krachtens artikel 77 de burgemeester als voorzitter van de raad vervangt.
2. De raad kan de burgemeester toestaan de ondertekening op te dragen aan de griffier of aan een of meer andere bij de griffie werkzame ambtenaren. In dat geval blijft medeondertekening achterwege.

Art. 33

Ambtelijke bijstand en ondersteuning
Fractieondersteuning
Verordening

1. De raad en elk van zijn leden hebben recht op ambtelijke bijstand.
2. De in de raad vertegenwoordigde groeperingen hebben recht op ondersteuning.
3. De raad stelt met betrekking tot de ambtelijke bijstand en de ondersteuning van de in de raad vertegenwoordigde groeperingen een verordening vast. De verordening bevat ten aanzien van de ondersteuning regels over de besteding en de verantwoording.

Hoofdstuk III
Het college van burgemeester en wethouders

Art. 34

College van B&W
Voorzitter

1. De burgemeester en de wethouders vormen te zamen het college van burgemeester en wethouders.
2. De burgemeester is voorzitter van het college.

Art. 35

Wethouders

1. De raad benoemt de wethouders. Artikel 31 is van toepassing op de stemming inzake de benoeming.
2. De burgemeester wordt geïnformeerd over de uitkomsten van de college-onderhandelingen. Hij wordt alsdan in de gelegenheid gesteld zijn opvattingen over voorstellen ten behoeve van het collegeprogramma kenbaar te maken.

Art. 36

Aantal

1. Het aantal wethouders bedraagt ten hoogste twintig procent van het aantal raadsleden, met dien verstande dat er niet minder dan twee wethouders zullen zijn.
2. De raad kan besluiten dat het wethouderschap in deeltijd wordt uitgeoefend.
3. Indien het tweede lid toepassing vindt bedraagt, in afwijking van het eerste lid, het aantal wethouders ten hoogste vijfentwintig procent van het aantal raadsleden, met dien verstande dat de tijdsbestedingsnorm van de wethouders gezamenlijk ten hoogste tien procent meer bedraagt dan de tijdsbestedingsnorm van de wethouders gezamenlijk zou hebben bedragen indien het tweede lid geen toepassing had gevonden.
4. De raad stelt bij de benoeming van de wethouders de tijdsbestedingsnorm van elke wethouder vast.
5. Bij de berekening van het maximale aantal wethouders, bedoeld in het eerste en het derde lid, wordt afgerond tot het dichtstbijgelegen gehele getal.

Art. 36a

Vereisten wethouderschap

1. Voor het wethouderschap gelden de vereisten voor het lidmaatschap van de raad, bedoeld in artikel 10, met dien verstande dat in artikel 10, tweede lid, onder b, voor «de dag waarop de gemeenteraad beslist over de toelating als lid tot de gemeenteraad» gelezen wordt: de dag waarop zij tot wethouder worden benoemd.
2. De raad kan voor de duur van een jaar ontheffing verlenen van het vereiste van ingezetenschap. De ontheffing kan in bijzondere gevallen, telkens met een periode van maximaal een jaar, worden verlengd.
3. Dezelfde persoon kan niet in meer dan één gemeente wethouder zijn.

Art. 36b

Onverenigbare betrekkingen

1. Een wethouder is niet tevens:
   a. minister;
   b. staatssecretaris;
   c. lid van de Raad van State;
   d. lid van de Algemene Rekenkamer;
   e. Nationale ombudsman;
   f. substituut-ombudsman als bedoeld in artikel 9, eerste lid, van de Wet Nationale ombudsman;
   g. commissaris van de Koning;

h. gedeputeerde;
i. secretaris van de provincie;
j. griffier van de provincie;
k. lid van de rekenkamer van de provincie waarin de gemeente waar hij wethouder is, is gelegen;
l. lid van de raad van een gemeente;
m. burgemeester;
n. lid van de rekenkamer;
o. ombudsman of lid van de ombudscommissie als bedoeld in artikel 81p, eerste lid;
p. ambtenaar, door of vanwege het gemeentebestuur aangesteld of daaraan ondergeschikt;
q. ambtenaar, door of vanwege het Rijk of de provincie aangesteld, tot wiens taak behoort het verrichten van werkzaamheden in het kader van het toezicht op de gemeente;
r. functionaris die krachtens de wet of een algemene maatregel van bestuur het gemeentebestuur van advies dient.
2. In afwijking van het eerste lid, aanhef en onder l, kan een wethouder tevens lid zijn van de raad van de gemeente waar hij wethouder is gedurende het tijdvak dat:
a. aanvangt op de dag van de stemming voor de verkiezing van de leden van de raad en eindigt op het tijdstip waarop de wethouders ingevolge artikel 42, eerste lid, aftreden, of
b. aanvangt op het tijdstip van zijn benoeming tot wethouder en eindigt op het tijdstip waarop de goedkeuring van de geloofsbrief van zijn opvolger als lid van de raad onherroepelijk is geworden of waarop het centraal stembureau heeft beslist dat geen opvolger kan worden benoemd. Hij wordt geacht ontslag te nemen als lid van de raad met ingang van het tijdstip waarop hij zijn benoeming tot wethouder aanvaardt. Artikel X 6 van de Kieswet is van overeenkomstige toepassing.
3. In afwijking van het eerste lid, aanhef en onder p, kan een wethouder tevens zijn:
a. ambtenaar van de burgerlijke stand;
b. vrijwilliger of ander persoon die uit hoofde van een wettelijke verplichting niet bij wijze van beroep hulpdiensten verricht;
c. ambtenaar werkzaam voor een school voor openbaar onderwijs.

Art. 37
De benoeming van wethouders na de verkiezing van de leden van de raad vindt plaats in een vergadering van de raad in nieuwe samenstelling.   **Tijdstip benoeming**

Art. 38
In het geval van artikel 37 gaat de benoeming van degene die zijn benoeming tot wethouder heeft aangenomen, in op het tijdstip waarop ten minste de helft van het met inachtneming van artikel 36 bepaalde aantal wethouders zijn benoeming heeft aangenomen of, indien de aanneming van de benoeming op een later tijdstip plaatsvindt, op dat tijdstip.   **Aanvang benoeming**

Art. 39
De benoeming ter vervulling van een plaats die tussentijds openvalt, geschiedt zo spoedig mogelijk, tenzij de raad besluit het aantal wethouders te verminderen.   **Tussentijdse benoeming**

Art. 40
De benoemde wethouder deelt de raad uiterlijk op de tiende dag na de kennisgeving van zijn benoeming mee of hij de benoeming aanneemt. Indien deze termijn verstrijkt zonder mededeling, wordt de benoemde wethouder geacht de benoeming niet aan te nemen.   **Weigering benoeming**

Art. 41
Wanneer de benoeming niet is aangenomen, geschiedt zo spoedig mogelijk een nieuwe benoeming.   **Benoeming na weigering**

Art. 41a
1. Alvorens hun functie te kunnen uitoefenen leggen de wethouders, in de vergadering van de raad, in handen van de voorzitter, de volgende eed (verklaring en belofte) af: **Eed en belofte**
«Ik zweer (verklaar) dat ik, om tot wethouder benoemd te worden, rechtstreeks noch middellijk, onder welke naam of welk voorwendsel ook, enige gift of gunst heb gegeven of beloofd.
Ik zweer (verklaar en beloof) dat ik, om iets in dit ambt te doen of te laten, rechtstreeks noch middellijk enig geschenk of enige belofte heb aangenomen of zal aannemen.
Ik zweer (beloof) dat ik getrouw zal zijn aan de Grondwet, dat ik de wetten zal nakomen en dat ik mijn plichten als wethouder naar eer en geweten zal vervullen.
Zo waarlijk helpe mij God Almachtig!»
(«Dat verklaar en beloof ik!»)
2. Wanneer de eed (verklaring en belofte), bedoeld in het eerste lid, in de Friese taal wordt afgelegd, luidt de tekst van de eed (verklaring en belofte) als volgt: **Eed en belofte in de Friese taal**
«Ik swar (ferklearje) dat ik, om ta wethâlder beneamd te wurden, streekrjocht noch midlik, ûnder wat namme of wat ferlechje ek, hokker jefte of geunst dan ek jûn of ûnthjitten haw.
Ik swar (ferklearje en ûnthjit) dat ik, om eat yn dit amt te dwaan of te litten, streekrjocht noch midlik hokker geskink of hokker ûnthjit dan ek oannommen haw of oannimme sil.
Ik swar (ûnthjit) dat ik trou wêze sil oan 'e Grûnwet, dat ik de wetten neikomme sil en dat ik myn plichten as wethâlder yn alle oprjochtens ferfolje sil.

Sa wier helpe my God Almachtich!»
(«Dat ferklearje en ûnthjit ik!»).

Art. 41b

Nevenfuncties
1. Een wethouder vervult geen nevenfuncties waarvan de uitoefening ongewenst is met het oog op een goede vervulling van zijn wethouderschap.
2. Een wethouder meldt zijn voornemen tot aanvaarding van een nevenfunctie aan de raad.
3. Een wethouder maakt zijn nevenfuncties openbaar. Openbaarmaking geschiedt door terinzagelegging op het gemeentehuis.

Openbaarmaking
4. Een wethouder die zijn ambt niet in deeltijd vervult, maakt tevens de inkomsten uit nevenfuncties openbaar. Openbaarmaking geschiedt door terinzagelegging op het gemeentehuis uiterlijk op 1 april na het kalenderjaar waarin de inkomsten zijn genoten.
5. Onder inkomsten wordt verstaan: loon in de zin van artikel 9 van de Wet op de loonbelasting 1964, verminderd met de eindheffingsbestanddelen bedoeld in artikel 31 van die wet.

Art. 41c

Verboden handelingen
1. Artikel 15, eerste en tweede lid, is van overeenkomstige toepassing op de wethouders.
2. De raad stelt voor de wethouders een gedragscode vast.

Art. 42

Aftreden
1. Na de verkiezing van de leden van de raad treden de wethouders af op het moment dat de raad ten minste de helft van het met inachtneming van artikel 36 bepaalde aantal wethouders heeft benoemd en deze benoemingen zijn aangenomen.
2. Indien zoveel wethouders hun ontslag indienen of worden ontslagen dat niet ten minste de helft van het met inachtneming van artikel 36 bepaalde aantal wethouders in functie is, treedt de burgemeester in de plaats van het college totdat dit wel het geval is.

Art. 43

Vrijwillig ontslag
1. Een wethouder kan te allen tijde ontslag nemen. Hij doet daarvan schriftelijk mededeling aan de raad.
2. Behoudens het geval dat de wethouder onmiddellijk ontslag neemt, gaat het ontslag in met ingang van de dag, gelegen een maand na de dag waarop hij zijn ontslag heeft genomen of zoveel eerder als zijn opvolger de benoeming heeft aangenomen.

Art. 44

Bezoldiging
1. De wethouders genieten ten laste van de gemeente een bezoldiging, die bij of krachtens algemene maatregel van bestuur wordt geregeld.
2. Daarbij kunnen tevens regels worden gesteld betreffende tegemoetkoming in of vergoeding van bijzondere kosten en betreffende andere voorzieningen die verband houden met de vervulling van het wethoudersambt.
3. Buiten hetgeen hun bij of krachtens de wet is toegekend genieten de wethouders als zodanig geen inkomsten, in welke vorm ook, ten laste van de gemeente.
4. De wethouders genieten geen vergoedingen, in welke vorm ook, voor werkzaamheden, verricht in nevenfuncties die zij vervullen uit hoofde van het wethoudersambt ongeacht of die vergoedingen ten laste van de gemeente komen of niet. Indien deze vergoedingen worden uitgekeerd, worden zij gestort in de gemeentekas.
5. Tot vergoedingen als bedoeld in het vierde lid, behoren inkomsten, onder welke benaming ook, uit nevenfuncties die de wethouder neerlegt bij beëindiging van het ambt.
6. Andere inkomsten dan de bedoeld in het vierde lid worden met de bezoldiging verrekend overeenkomstig artikel 3 van de Wet schadeloosstelling leden Tweede Kamer. De rijksbelastingdienst verstrekt Onze Minister ten behoeve van de verrekening de benodigde gegevens.
7. Ten aanzien van de wethouders die hun ambt in deeltijd vervullen, vindt onverminderd het vierde lid geen verrekening plaats van de inkomsten, bedoeld in het zesde lid.
8. Bij algemene maatregel van bestuur worden regels gesteld over de wijze waarop de wethouder gegevens over de inkomsten, bedoeld in het zesde lid, verstrekt, en de gevolgen van het niet verstrekken van deze gegevens.

Art. 45

Verlof aan wethouder
1. Het college verleent aan een wethouder op diens verzoek verlof wegens zwangerschap en bevalling. Het verlof gaat in op de in het verzoek vermelde dag die ligt tussen ten hoogste zes en ten minste vier weken voor de vermoedelijke datum van de bevalling die blijkt uit een bij het verzoek gevoegde verklaring van een arts of verloskundige.
2. Het college verleent aan een wethouder op diens verzoek verlof wegens ziekte, indien uit een bij het verzoek gevoegde verklaring van een arts blijkt dat niet aannemelijk is dat hij de uitoefening van zijn functie binnen acht weken zal kunnen hervatten.
3. In het geval een wethouder vanwege zijn ziekte niet in staat is zelf het verzoek te doen, kan de burgemeester namens hem het verzoek doen indien de continuïteit van het gemeentelijk bestuur dringend vereist dat in vervanging van de wethouder wordt voorzien.
4. Het verlof eindigt op de dag waarop zestien weken zijn verstreken sinds de dag waarop het verlof is ingegaan.

4 Gemeentewet — art. 55

5. Aan een wethouder wordt gedurende de zittingsperiode van de raad ten hoogste drie maal verlof verleend.

Art. 45a
1. Het college beslist zo spoedig mogelijk op een verzoek tot verlof, doch uiterlijk op de veertiende dag na indiening van het verzoek. — *Beslissing*
2. De beslissing geschiedt in overeenstemming met de verklaring van de arts of verloskundige en bevat de dag waarop het verlof ingaat.

Art. 45b
1. De raad kan een vervanger benoemen voor de wethouder die met verlof is gegaan. Artikel 36, eerste en derde lid, is niet van toepassing. — *Vervanging*
2. De vervanger is van rechtswege ontslagen met ingang van de dag waarop zestien weken zijn verstreken sinds de dag waarop het verlof is ingegaan.
3. Indien de vervanger voor het einde van het verlof ontslag neemt of door de raad wordt ontslagen, kan de raad voor de resterende duur van het verlof een vervanger benoemen.

Art. 46
1. Indien degene wiens benoeming tot wethouder is ingegaan, een functie bekleedt als bedoeld in artikel 36a, eerste lid, en het tweede of derde lid van dat artikel niet van toepassing zijn, draagt hij er onverwijld zorg voor dat hij uit die functie wordt ontheven. — *Gevolgen incompatibiliteiten*
2. De raad verleent hem ontslag indien hij dit nalaat.
3. Het ontslag gaat in terstond na de bekendmaking van het ontslagbesluit.
4. In het geval, bedoeld in het tweede lid, is artikel 4:8 van de Algemene wet bestuursrecht niet van toepassing.

Art. 47
1. Indien een wethouder niet langer voldoet aan de vereisten voor het wethouderschap, bedoeld in artikel 36a, eerste en tweede lid, of een functie gaat bekleden als bedoeld in artikel 36b, eerste lid, en het tweede of derde lid van dat artikel niet van toepassing zijn, neemt hij onmiddellijk ontslag. Hij doet hiervan schriftelijk mededeling aan de raad. — *Onmiddellijk ontslag wethouder*
2. Artikel 46, tweede, derde en vierde lid, is van overeenkomstige toepassing.

Art. 48
[Vervallen]

Art. 49
Indien een uitspraak van de raad inhoudende de opzegging van zijn vertrouwen in een wethouder er niet toe leidt dat de betrokken wethouder onmiddellijk ontslag neemt, kan de raad besluiten tot ontslag. Artikel 31 is van toepassing op de stemming inzake het ontslag. Op het ontslagbesluit is artikel 4:8 van de Algemene wet bestuursrecht niet van toepassing. — *Onvrijwillig ontslag*

Art. 50
De rechter treedt niet in de beoordeling van de gronden waarop de raad tot ontslag van een wethouder heeft besloten. — *Geen rechterlijke toetsing gronden ontslag*

Art. 51
[Vervallen]

Art. 52
Het college stelt een reglement van orde voor zijn vergaderingen en andere werkzaamheden vast, dat aan de raad wordt toegezonden. — *Reglement van orde*

Art. 53
1. De burgemeester stelt, met inachtneming van hetgeen het college heeft bepaald, dag en plaats van de vergadering van het college en het tijdstip van de opening vast. — *Dag, plaats, tijdstip vergadering*
2. De burgemeester maakt dag en plaats van te houden openbare vergaderingen en het tijdstip van de opening bekend.

Art. 53a
1. De burgemeester bevordert de eenheid van het collegebeleid. — *Agenda*
2. De burgemeester kan onderwerpen aan de agenda voor een vergadering van het college toevoegen.
3. De burgemeester kan ten aanzien van geagendeerde onderwerpen een eigen voorstel aan het college voorleggen.

Art. 54
1. De vergaderingen van het college worden met gesloten deuren gehouden, voor zover het college niet anders heeft bepaald. — *Besloten vergadering*
2. Het reglement van orde voor de vergaderingen kan regels geven omtrent de openbaarheid van de vergaderingen van het college.

Art. 55
1. Het college kan op grond van een belang, genoemd in artikel 10 van de Wet openbaarheid van bestuur, omtrent het in een besloten vergadering behandelde en omtrent de inhoud van de stukken die aan het college worden overgelegd, geheimhouding opleggen. Geheimhouding omtrent het in een besloten vergadering behandelde wordt tijdens die vergadering opgelegd. — *Geheimhouding*

art. 56   4 Gemeentewet

De geheimhouding wordt door hen die bij de behandeling aanwezig waren en allen die van het behandelde of de stukken kennis dragen, in acht genomen totdat het college haar opheft.
2. Op grond van een belang, genoemd in artikel 10 van de Wet openbaarheid van bestuur, kan de geheimhouding eveneens worden opgelegd door de burgemeester of een commissie, ten aanzien van de stukken die zij aan het college overleggen. Daarvan wordt op de stukken melding gemaakt. De geheimhouding wordt in acht genomen totdat het orgaan dat de verplichting heeft opgelegd, dan wel de raad haar opheft.
3. Indien het college zich ter zake van het behandelde waarvoor een verplichting tot geheimhouding geldt tot de raad heeft gericht, wordt de geheimhouding in acht genomen totdat de raad haar opheft.

Art. 56

Vergaderquorum
1. In de vergadering van het college kan slechts worden beraadslaagd of besloten, indien ten minste de helft van het aantal zitting hebbende leden tegenwoordig is.
2. Indien het vereiste aantal leden niet tegenwoordig is, belegt de burgemeester, onder verwijzing naar dit artikel, opnieuw een vergadering.
3. Op de vergadering, bedoeld in het tweede lid, is het eerste lid niet van toepassing. Het college kan echter over andere aangelegenheden dan die waarvoor de eerdere vergadering was belegd alleen beraadslagen of besluiten, indien ten minste de helft van het aantal zitting hebbende leden tegenwoordig is.

Art. 57

Onschendbaarheid
De leden van het college en andere personen die deelnemen aan de beraadslaging kunnen niet in rechte worden vervolgd of aangesproken voor hetgeen zij in de vergadering van het college hebben gezegd of aan het college schriftelijk hebben overgelegd.

Art. 58

Stemverbod en quora
De artikelen 28, eerste tot en met derde lid, 29 en 30 zijn ten aanzien van de vergaderingen van het college van overeenkomstige toepassing.

Art. 59

Staken stemmen
1. Indien bij een stemming, anders dan over personen voor het doen van benoemingen, voordrachten of aanbevelingen, de stemmen staken, wordt opnieuw gestemd.
Beslissende stem voorzitter
2. Staken de stemmen andermaal over hetzelfde voorstel, dan beslist de stem van de voorzitter.

Art. 59a

Ondertekening stukken college
1. De stukken die van het college uitgaan, worden door de burgemeester ondertekend en door de secretaris medeondertekend.
2. Het college van burgemeester en wethouders kan hem toestaan de ondertekening op te dragen aan een ander lid van het college, aan de secretaris of aan een of meer andere gemeenteambtenaren.
3. De medeondertekening door de secretaris is niet van toepassing indien de ondertekening van stukken die van het college uitgaan ingevolge het tweede lid is opgedragen aan de secretaris of een of meer andere gemeenteambtenaren.

Art. 60

Actieve informatieplicht
1. De raad kan regelen van welke beslissingen van het college aan de leden van de raad kennisgeving wordt gedaan. Daarbij kan de raad de gevallen bepalen waarin met terinzagelegging kan worden volstaan.
2. Het college laat de kennisgeving of terinzagelegging achterwege voor zover deze in strijd is met het openbaar belang.
Openbaarmaking besluitenlijst
3. Het college maakt de besluitenlijst van zijn vergaderingen op de in de gemeente gebruikelijke wijze openbaar. Het college laat de openbaarmaking achterwege voor zover het aangelegenheden betreft ten aanzien waarvan op grond van artikel 55 geheimhouding is opgelegd of ten aanzien waarvan openbaarmaking in strijd is met het openbaar belang.

Hoofdstuk IV
De burgemeester

Art. 61

Benoeming
1. De burgemeester wordt bij koninklijk besluit op voordracht van Onze Minister benoemd voor de tijd van zes jaar.
2. De commissaris van de Koning overlegt met de raad over de eisen die aan de te benoemen burgemeester worden gesteld met betrekking tot de vervulling van het ambt. Voorafgaand aan het overleg met de commissaris stelt de raad het college in de gelegenheid zijn wensen en bedenkingen ten aanzien van deze eisen kenbaar te maken.
3. Na het overleg met de commissaris stelt de raad uit zijn midden een vertrouwenscommissie in, belast met de beoordeling van de kandidaten. De raad kan bepalen dat één of meer wethouders als adviseur aan de vertrouwenscommissie worden toegevoegd. De commissaris verschaft de vertrouwenscommissie een opgave van degenen die naar het ambt van burgemeester hebben

gesolliciteerd, vergezeld van zijn oordeel over kandidaten die hij in beginsel geschikt acht voor benoeming. Als de vertrouwenscommissie besluit naast deze kandidaten ook andere kandidaten die gesolliciteerd hebben, bij haar beoordeling te betrekken, doet zij daarvan onverwijld mededeling aan de commissaris. Deze brengt zijn oordeel over laatstgenoemde kandidaten ter kennis van de vertrouwenscommissie.
4. De vertrouwenscommissie verschaft zich door tussenkomst van de commissaris de door haar nodig geachte informatie over de kandidaten. Bestuursorganen zijn verplicht de gevraagde informatie te verstrekken. De vertrouwenscommissie brengt verslag uit van haar bevindingen aan de raad en aan de commissaris.
5. De raad zendt Onze Minister binnen vier maanden nadat de gelegenheid tot sollicitatie voor de functie is gegeven een aanbeveling inzake de benoeming. Deze aanbeveling omvat twee personen.
6. In een bijzonder, door de raad te motiveren geval, kan worden volstaan met een aanbeveling waarop één persoon vermeld staat. Onze Minister slaat geen acht op een enkelvoudige aanbeveling, indien naar zijn oordeel geen sprake is van een bijzonder geval.
7. Onze Minister volgt in zijn voordracht in beginsel de aanbeveling, met inbegrip van de daarop gehanteerde volgorde, tenzij zwaarwegende gronden aanleiding tot afwijking geven. Een afwijking wordt gemotiveerd.
8. De rijksbelastingdienst verstrekt Onze Minister de benodigde gegevens inzake bestuurlijke boeten als bedoeld in hoofdstuk VIIIA van de Algemene wet inzake rijksbelastingen en inzake strafbeschikkingen als bedoeld in artikel 76 van die wet, voor zover deze boeten en beschikkingen zijn opgelegd dan wel hadden kunnen worden opgelegd ter zake van feiten die zijn gebleken na de termijn om deze op te leggen.

Art. 61a
1. De burgemeester kan bij koninklijk besluit op voordracht van Onze Minister worden herbenoemd voor de tijd van zes jaar.
2. De raad zendt een aanbeveling inzake herbenoeming van de burgemeester tenminste vier maanden voor de eerste dag van de maand waarin de herbenoeming dient in te gaan, aan Onze Minister door tussenkomst van de commissaris van de Koning.
3. Voordat de raad een aanbeveling opstelt, overlegt hij met de commissaris over het functioneren van de burgemeester.
4. Na het overleg met de commissaris stelt de raad uit zijn midden een vertrouwenscommissie in, belast met de voorbereiding van de aanbeveling inzake de herbenoeming. De raad kan bepalen dat één of meer wethouders als adviseur aan de vertrouwenscommissie worden toegevoegd.
5. De commissaris brengt advies uit aan Onze Minister over de aanbeveling van de raad.
6. Onze Minister wijkt in zijn voordracht slechts af van de aanbeveling op gronden ontleend aan het advies van de commissaris dan wel op andere zwaarwegende gronden.

Herbenoeming

Art. 61b
1. De burgemeester kan te allen tijde bij koninklijk besluit op voordracht van Onze Minister worden ontslagen.
2. Indien sprake is van een verstoorde verhouding tussen de burgemeester en de raad, kan de raad, door tussenkomst van de commissaris van de Koning, een aanbeveling tot ontslag zenden aan Onze Minister.
3. Voordat de raad verklaart dat van een verstoorde verhouding tussen de burgemeester en de raad sprake is, overlegt hij met de commissaris over de aanleiding tot die verklaring.
4. Een aanbeveling vormt geen onderwerp van beraadslagingen en wordt niet vastgesteld dan nadat de raad tenminste twee weken en ten hoogste drie maanden tevoren heeft verklaard, dat tussen de burgemeester en de raad sprake is van een verstoorde verhouding.
5. De oproeping tot de vergadering waarin over een aanbeveling wordt beraadslaagd of besloten, wordt tenminste achtenveertig uur voor de aanvang of zoveel eerder als de raad heeft bepaald, bij de leden van de raad bezorgd. Zij vermeldt het voorstel tot de aanbeveling.
6. De commissaris brengt advies uit aan Onze Minister over de aanbeveling.
7. Onze Minister wijkt in zijn voordracht slechts af van de aanbeveling op gronden ontleend aan het advies van de commissaris dan wel op andere zwaarwegende gronden.

Ontslag

Art. 61c
1. De beraadslagingen, bedoeld in de artikelen 61, derde en vierde lid, 61a, derde en vierde lid, en 61b, derde lid, vinden plaats met gesloten deuren. Van deze beraadslagingen wordt een afzonderlijk verslag opgemaakt dat niet openbaar wordt gemaakt.
2. Ten aanzien van de beraadslagingen en de stukken die aan de raad worden gezonden dan wel die door de raad aan Onze Minister worden gezonden geldt een geheimhoudingsplicht.
3. De aanbevelingen van de raad, bedoeld in artikel 61, vijfde lid, zesde lid, 61a, tweede lid, en 61b, tweede lid, zijn openbaar met dien verstande dat ten aanzien van de aanbeveling inzake de benoeming, bedoeld in artikel 61, vijfde lid, de openbaarheid uitsluitend de als eerste aanbevolen persoon geldt. Artikel 31 is van toepassing op de stemmingen inzake de aanbevelingen.

Beraadslaging

art. 62 4 Gemeentewet

Art. 61d-61e
[Vervallen]

Art. 62

Schorsing
1. De burgemeester kan bij koninklijk besluit worden geschorst.
2. Onze Minister kan, in afwachting van een besluit omtrent schorsing, bepalen dat de burgemeester zijn functie niet uitoefent.
3. Een besluit als bedoeld in het tweede lid vervalt, indien niet binnen een maand een besluit omtrent de schorsing is genomen.

Art. 63

Nederlanderschap
Voor de benoembaarheid tot burgemeester is het Nederlanderschap vereist.

Art. 64

Burgemeester van meer dan een gemeente
Dezelfde persoon kan in meer dan een gemeente tot burgemeester worden benoemd, mits op het tijdstip van benoeming het gezamenlijk aantal inwoners het getal van 10 000 niet te boven gaat.

Art. 65

Eed en belofte
1. De burgemeester legt ten overstaan van de raad in handen van de commissaris van de Koning de volgende eed (verklaring en belofte) af:
"Ik zweer (verklaar) dat ik, om tot burgemeester benoemd te worden, rechtstreeks noch middellijk, onder welke naam of welk voorwendsel ook, enige gift of gunst heb gegeven of beloofd.
Ik zweer (verklaar en beloof) dat ik, om iets in dit ambt te doen of te laten, rechtstreeks noch middellijk enig geschenk of enige belofte heb aangenomen of zal aannemen.
Ik zweer (beloof) dat ik getrouw zal zijn aan de Grondwet, dat ik de wetten zal nakomen en dat ik mijn plichten als burgemeester naar eer en geweten zal vervullen.
Zo waarlijk helpe mij God Almachtig!"
(Dat verklaar en beloof ik!")

Eed en belofte in de Friese taal
2. Wanneer de eed (verklaring en belofte), bedoeld in het eerste lid, in de Friese taal wordt afgelegd, luidt de tekst van de eed (verklaring en belofte) als volgt:
«Ik swar (ferklearje) dat ik, om ta boargemaster beneamd te wurden, streekrjocht noch midlik, ûnder wat namme of wat ferlechje ek, hokker jefte of geunst dan ek jûn of ûnthjitten haw.
Ik swar (ferklearje en ûnthjit) dat ik, om eat yn dit amt te dwaan of te litten, streekrjocht noch midlik hokker geskink of hokker ûnthjit dan ek oannommen haw of oannimme sil.
Ik swar (ûnthjit) dat ik trou wêze sil oan 'e Grûnwet, dat ik de wetten neikomme sil en dat ik myn plichten as boargemaster yn alle oprjochtens ferfolje sil.
Sa wier helpe my God Almachtich!»
(«Dat ferklearje en ûnthjit ik!»).

Art. 66

Bezoldiging
1. De burgemeester geniet ten laste van de gemeente een bezoldiging, die bij of krachtens algemene maatregel van bestuur wordt geregeld.
2. Daarbij kunnen tevens regels worden gesteld betreffende tegemoetkoming in of vergoeding van bijzondere kosten en betreffende andere voorzieningen die verband houden met de vervulling van het burgemeestersambt.
3. Buiten hetgeen hem bij of krachtens de wet is toegekend, geniet de burgemeester als zodanig geen inkomsten, in welke vorm ook, ten laste van de gemeente.
4. De burgemeester geniet geen vergoedingen, in welke vorm ook, voor werkzaamheden, verricht in nevenfuncties welke hij vervult uit hoofde van het burgemeestersambt, ongeacht of die vergoedingen ten laste van de gemeente komen of niet. Indien deze vergoedingen worden uitgekeerd, worden zij gestort in de gemeentekas.
5. Tot vergoedingen als bedoeld in het vierde lid, behoren inkomsten, onder welke benaming ook, uit nevenfuncties die de burgemeester neerlegt bij beëindiging van het ambt.
6. Andere inkomsten dan die bedoeld in het vierde lid worden met de bezoldiging verrekend overeenkomstig artikel 3 van de Wet schadeloosstelling leden Tweede Kamer. De rijksbelastingdienst verstrekt Onze Minister ten behoeve van de verrekening de benodigde gegevens.
7. Bij algemene maatregel van bestuur worden regels gesteld over de wijze waarop de burgemeester gegevens over de inkomsten, bedoeld in het zesde lid, verstrekt, en de gevolgen van het niet verstrekken van deze gegevens.

Art. 67

Nevenfuncties
1. De burgemeester vervult geen nevenfuncties waarvan de uitoefening ongewenst is met het oog op de goede vervulling van zijn burgemeestersambt of op de handhaving van zijn onpartijdigheid en onafhankelijkheid of van het vertrouwen daarin.

Melding
2. De burgemeester meldt zijn voornemen tot aanvaarding van een nevenfunctie, anders dan uit hoofde van zijn burgemeestersambt, aan de raad.

Openbaarmaking
3. De burgemeester maakt nevenfuncties, anders dan uit hoofde van zijn burgemeestersambt, en de inkomsten uit die functies openbaar. Openbaarmaking geschiedt door terinzagelegging op het gemeentehuis uiterlijk op 1 april na het kalenderjaar waarin de inkomsten zijn genoten.

4. Onder inkomsten wordt verstaan: loon in de zin van artikel 9 van de Wet op de loonbelasting 1964, verminderd met de eindheffingsbestanddelen bedoeld in artikel 31 van die wet.

Art. 68

1. De burgemeester is niet tevens: — Onverenigbare betrekkingen
a. minister;
b. staatssecretaris;
c. lid van de Raad van State;
d. lid van de Algemene Rekenkamer;
e. Nationale ombudsman;
f. substituut-ombudsman als bedoeld in artikel 9, eerste lid, van de Wet Nationale ombudsman;
g. commissaris van de Koning;
h. gedeputeerde;
i. secretaris van de provincie;
j. griffier van de provincie;
k. lid van de rekenkamer van de provincie waarin de gemeente waar hij burgemeester is, is gelegen;
l. lid van een raad;
m. wethouder;
n. lid van de rekenkamer;
o. ombudsman of lid van de ombudscommissie als bedoeld in artikel 81p, eerste lid;
p. ambtenaar, door of vanwege het gemeentebestuur aangesteld of daaraan ondergeschikt;
q. ambtenaar, door of vanwege het Rijk of de provincie aangesteld, tot wiens taak behoort het verrichten van werkzaamheden in het kader van het toezicht op de gemeente;
r. functionaris die krachtens de wet of een algemene maatregel van bestuur het gemeentebestuur van advies dient.

2. In afwijking van het eerste lid, aanhef en onder p, kan een burgemeester tevens ambtenaar van de burgerlijke stand zijn.

Art. 69

1. Artikel 15, eerste en tweede lid, is van overeenkomstige toepassing op de burgemeester met — Verboden handelingen
dien verstande dat de ontheffing, bedoeld in het tweede lid van dat artikel, wordt verleend door
de commissaris van de Koning.

2. De raad stelt voor de burgemeester een gedragscode vast.

Art. 70

Het ambt van burgemeester ontheft van alle bij of krachtens de wet opgelegde verplichtingen — Vrijstelling verrichting
tot het verrichten van persoonlijke diensten. — persoonlijke diensten

Art. 71

1. De burgemeester heeft zijn werkelijke woonplaats in de gemeente of, indien hij burgemeester — Woonplaats
is van meer dan een gemeente, in een van die gemeenten.

2. De raad kan voor ten hoogste een jaar ontheffing verlenen van de verplichting om de werkelijke woonplaats in de gemeente te hebben.

3. De commissaris van de Koning kan de ontheffing in bijzondere gevallen tweemaal, telkens voor de duur van maximaal een jaar, verlengen. Alvorens daartoe over te gaan, hoort hij de raad.

Art. 72

1. Indien de burgemeester langer dan zes weken buiten de gemeente wenst te verblijven, behoeft — Verblijf buiten de
hij daartoe de toestemming van de commissaris. De toestemming mag alleen worden verleend, — gemeente
indien het belang van de gemeente zich daartegen niet verzet.

2. De Algemene termijnenwet is niet van toepassing op de termijn genoemd in het eerste lid.

Art. 73

1. Voor zover dit niet bij de wet is geschied, worden bij of krachtens algemene maatregel van — Rechtspositie
bestuur ten aanzien van de burgemeester regels vastgesteld betreffende:
a. benoeming, herbenoeming, schorsing, tijdelijk niet uitoefenen van zijn functie en ontslag;
b. het onderzoek naar de geschiktheid en de bekwaamheid;
c. aanspraken in geval van ziekte;
d. bescherming bij de arbeid;
e. georganiseerd overleg over aangelegenheden zijn rechtspositie betreffende;
f. andere aangelegenheden, zijn rechtspositie betreffende, die regeling behoeven.

2. Bij de regels betreffende de in het eerste lid bedoelde aangelegenheden kunnen financiële voorzieningen worden getroffen die ten laste van de gemeente komen.

Art. 74

1. Alle aan de raad of aan het college gerichte stukken worden door of namens de burgemeester — Openen van stukken
geopend.

2. Van de ontvangst van aan de raad gerichte stukken die niet terstond in de vergadering van
de raad aan de orde worden gesteld, doet hij in de eerstvolgende vergadering van de raad mededeling.

art. 76

Art. 75
[Vervallen]

Art. 76
Ambtsketen
Bij koninklijk besluit wordt bepaald, welke de onderscheidingstekens van de burgemeester zijn en bij welke gelegenheden hij deze zal dragen.

Art. 77
Waarneming
1. Bij verhindering of ontstentenis van de burgemeester wordt zijn ambt waargenomen door een door het college aan te wijzen wethouder. Het voorzitterschap van de raad wordt in dat geval waargenomen door het langstzittende lid van de raad. Indien meer leden van de raad even lang zitting hebben, vindt de waarneming plaats door het oudste lid in jaren van hen. De raad kan een ander lid van de raad met de waarneming belasten.
2. Bij verhindering of ontstentenis van alle wethouders wordt het ambt waargenomen door het langstzittende lid van de raad. Indien meer leden van de raad even lang zitting hebben, vindt de waarneming plaats door het oudste lid in jaren van hen. De raad kan een ander lid van de raad met de waarneming belasten.

Art. 78
Voorziening waarneming door commissaris
1. Indien de commissaris van de Koning het in het belang van de gemeente nodig oordeelt, voorziet hij in afwijking van artikel 77 in de waarneming. Alvorens daartoe over te gaan hoort hij de raad, tenzij gewichtige redenen zich daartegen verzetten.
2. Hij die door de commissaris met de waarneming van het ambt van burgemeester is belast, legt in handen van de commissaris een overeenkomstig artikel 65 luidende eed (verklaring en belofte) af.

Art. 79
Waarnemingsvergoeding
De toekenning van een vergoeding ten laste van de gemeente aan degene die met de waarneming van het ambt van burgemeester is belast, wordt geregeld bij of krachtens algemene maatregel van bestuur.

Art. 80
Verboden handelingen bij waarneming
Ten aanzien van degene die met de waarneming van het ambt van burgemeester is belast, zijn de artikelen 63, 67, 68 en 69 van overeenkomstige toepassing.

Art. 81
Kennisgeving en terinzagelegging van beslissingen van de burgemeester
1. De raad kan regelen van welke beslissingen van de burgemeester aan de leden van de raad kennisgeving wordt gedaan. Daarbij kan de raad de gevallen bepalen waarin met terinzagelegging kan worden volstaan.
2. De burgemeester laat de kennisgeving of terinzagelegging achterwege voor zover deze in strijd is met het openbaar belang.

Art. 81bis
Ambtsinstructie CdK
De commissaris verricht de werkzaamheden, genoemd in de artikelen 61, 61a, 61b, 65, 69, 71, 72 en 78, volgens een door de regering gegeven ambtsinstructie.

Hoofdstuk IVa
De rekenkamer

Paragraaf 1
De gemeentelijke rekenkamer

Art. 81a
Instelling rekenkamer
1. De raad kan een rekenkamer instellen.
2. Indien de raad een rekenkamer instelt, zijn de navolgende artikelen van dit hoofdstuk alsmede hoofdstuk XIa van toepassing.
3. Indien de raad geen rekenkamer instelt, is hoofdstuk IVb van toepassing.

Art. 81b
Aantal leden
De raad stelt het aantal leden van de rekenkamer vast.

Art. 81c
Benoeming en ontslag leden door raad
1. De raad benoemt de leden van de rekenkamer voor de duur van zes jaar.
2. Indien de rekenkamer uit twee of meer leden bestaat, benoemt de raad uit de leden de voorzitter.
3. De raad kan plaatsvervangende leden benoemen. Indien de rekenkamer uit één lid bestaat, benoemt de raad in ieder geval een plaatsvervangend lid. Deze paragraaf is op plaatsvervangende leden van overeenkomstige toepassing.
4. De raad kan een lid herbenoemen.
5. Voorafgaand aan de benoemingen, bedoeld in het eerste tot en met het vierde lid, pleegt de raad overleg met de rekenkamer.
6. Een lid van de rekenkamer wordt door de raad ontslagen:
a. op eigen verzoek;

b. bij de aanvaarding van een functie die onverenigbaar is met het lidmaatschap;
c. indien hij bij onherroepelijk geworden rechterlijke uitspraak wegens misdrijf is veroordeeld, dan wel hem bij zulk een uitspraak een maatregel is opgelegd die vrijheidsbeneming tot gevolg heeft;
d. indien hij bij onherroepelijk geworden rechterlijke uitspraak onder curatele is gesteld, in staat van faillissement is verklaard, surséance van betaling heeft verkregen of wegens schulden is gegijzeld;
e. indien hij naar het oordeel van de raad ernstig nadeel toebrengt aan het in hem gestelde vertrouwen.
7. Een lid van de rekenkamer kan door de raad worden ontslagen:
a. indien hij door ziekte of gebreken blijvend ongeschikt is zijn functie te vervullen;
b. indien hij handelt in strijd met artikel 81h.

Art. 81d
1. De raad stelt een lid van de rekenkamer op non-activiteit indien:
a. hij zich in voorlopige hechtenis bevindt;
b. hij bij een nog niet onherroepelijk geworden rechterlijke uitspraak wegens misdrijf is veroordeeld, dan wel hem bij zulk een uitspraak een maatregel is opgelegd die vrijheidsbeneming tot gevolg heeft;
c. hij onder curatele is gesteld, in staat van faillissement is verklaard, surséance van betaling heeft verkregen of wegens schulden is gegijzeld ingevolge een nog niet onherroepelijk geworden rechterlijke uitspraak.
2. De raad kan een lid van de rekenkamer op non-activiteit stellen, indien tegen hem een gerechtelijk onderzoek ter zake van een misdrijf wordt ingesteld of indien er een ander ernstig vermoeden is van het bestaan van feiten en omstandigheden die tot ontslag, anders dan op gronden vermeld in artikel 81c, zesde lid, onder a, en zevende lid, onder a, zouden kunnen leiden.
3. De raad beëindigt de non-activiteit zodra de grond voor de maatregel is vervallen, met dien verstande dat in een geval als bedoeld in het tweede lid de non-activiteit in ieder geval eindigt na zes maanden. In dat geval kan de raad de maatregel telkens voor ten hoogste drie maanden verlengen.

Non-actiefstelling lid door raad

Beëindiging non-actiefstelling

Art. 81e
Artikel 12 is van overeenkomstige toepassing op de leden van de rekenkamer.

Openbaarmaking functies

Art. 81f
1. Een lid van de rekenkamer is niet tevens:
a. minister;
b. staatssecretaris;
c. lid van de Raad van State;
d. lid van de Algemene Rekenkamer;
e. Nationale ombudsman;
f. substituut-ombudsman als bedoeld in artikel 9, eerste lid, van de Wet Nationale ombudsman;
g. commissaris van de Koning van de provincie waarin de gemeente waar hij lid van de rekenkamer is, is gelegen;
h. gedeputeerde van de provincie waarin de gemeente waar hij lid van de rekenkamer is, is gelegen;
i. secretaris van de provincie waarin de gemeente waar hij lid van de rekenkamer is, is gelegen;
j. griffier van de provincie waarin de gemeente waar hij lid van de rekenkamer is, is gelegen;
k. lid van de raad;
l. burgemeester van de betrokken gemeente;
m. wethouder van de betrokken gemeente;
n. ombudsman of lid van de ombudscommissie als bedoeld in artikel 81p, eerste lid;
o. lid van een commissie van de betrokken gemeente;
p. ambtenaar, door of vanwege het gemeentebestuur aangesteld of daaraan ondergeschikt;
q. ambtenaar, door of vanwege het Rijk of de provincie aangesteld, tot wiens taak behoort het verrichten van werkzaamheden in het kader van het toezicht op de gemeente;
r. functionaris die krachtens de wet of een algemene maatregel van bestuur het gemeentebestuur van advies dient.
2. In afwijking van het eerste lid, aanhef en onder p, kan een lid van de rekenkamer tevens zijn:
a. ambtenaar van de burgerlijke stand;
b. vrijwilliger of ander persoon die uit hoofde van een wettelijke verplichting niet bij wijze van beroep hulpdiensten verricht;
c. ambtenaar werkzaam voor een school voor openbaar onderwijs.

Onverenigbare betrekkingen

Art. 81g
1. Alvorens hun functie te kunnen uitoefenen, leggen de leden van de rekenkamer in de vergadering van de raad, in handen van de voorzitter, de volgende eed (verklaring en belofte) af:

Eed en belofte

art. 81h   4 Gemeentewet

«Ik zweer (verklaar) dat ik, om tot lid van de rekenkamer benoemd te worden, rechtstreeks noch middellijk, onder welke naam of welk voorwendsel ook, enige gift of gunst heb gegeven of beloofd.
Ik zweer (verklaar en beloof) dat ik, om iets in dit ambt te doen of te laten, rechtstreeks noch middellijk enig geschenk of enige belofte heb aangenomen of zal aannemen.
Ik zweer (beloof) dat ik getrouw zal zijn aan de Grondwet, dat ik de wetten zal nakomen en dat ik mijn plichten als lid van de rekenkamer naar eer en geweten zal vervullen.
Zo waarlijk helpe mij God Almachtig!»
(«Dat verklaar en beloof ik!»)

Eed en belofte in de Friese taal

2. Wanneer de eed (verklaring en belofte), bedoeld in het eerste lid, in de Friese taal wordt afgelegd, luidt de tekst van de eed (verklaring en belofte) als volgt:
«Ik swar (ferklearje) dat ik, om ta lid fan 'e rekkenkeamer beneamd te wurden, streekrjocht noch midlik, ûnder wat namme of wat ferlechje ek, hokker jefte of geunst dan ek jûn of ûnthjitten haw.
Ik swar (ferklearje en ûnthjit) dat ik, om ea yn dit amt te dwaan of te litten, streekrjocht noch midlik hokker geskink of hokker ûnthjit dan ek oannommen haw of oannimme sil.
Ik swar (ûnthjit) dat ik trou wêze sil oan 'e Grûnwet, dat ik de wetten neikomme sil en dat ik myn plichten as lid fan 'e rekkenkeamer yn alle oprjochtens ferfolje sil.
Sa wier helpe my God Almachtich!»
(«Dat ferklearje en ûnthjit ik!»).

Art. 81h

Verboden handelingen

Artikel 15, eerste en tweede lid, is van overeenkomstige toepassing op de leden van de rekenkamer.

Art. 81i

Reglement van orde

1. De rekenkamer stelt een reglement van orde voor haar werkzaamheden vast en, indien zij uit twee of meer personen bestaat, tevens voor haar vergaderingen.

Toezending en bekendmaking

2. De rekenkamer zendt het reglement ter kennisneming aan de raad en maakt het bekend op de in artikel 139, tweede lid, bedoelde wijze.

Art. 81j

Terbeschikkingstelling middelen

1. De raad stelt, na overleg met de rekenkamer, de rekenkamer de nodige middelen ter beschikking voor een goede uitoefening van haar werkzaamheden.

Benoeming ambtenaren

2. Op voordracht van de voorzitter of het enige lid van de rekenkamer benoemt het college zoveel ambtenaren van de rekenkamer als nodig zijn voor een goede uitoefening van haar werkzaamheden.

Incompatibiliteit ambtenaren

3. De ambtenaren die werkzaamheden verrichten voor de rekenkamer, verrichten niet tevens werkzaamheden voor een ander orgaan van de gemeente.

Verantwoording aan rekenkamer

4. De ambtenaren die werkzaamheden verrichten voor de rekenkamer, zijn ter zake van die werkzaamheden uitsluitend verantwoording schuldig aan de rekenkamer.

Art. 81k

Vergoeding voor werkzaamheden

De leden van de rekenkamer ontvangen een bij verordening van de raad vastgestelde vergoeding voor hun werkzaamheden en een tegemoetkoming in de kosten.

Paragraaf 2
De gemeenschappelijke rekenkamer

Art. 81l

Instelling gemeenschappelijke rekenkamer

In afwijking van artikel 81a kan de raad met de raad of de raden van een of meer andere gemeenten met toepassing van de artikelen 1, en 8, tweede lid, van de Wet gemeenschappelijke regelingen of met provinciale staten van één of meer provincies, al dan niet met de raad of de raden van een of meer andere gemeenten tezamen, met toepassing van artikel 51 en 52, eerste lid, juncto artikel 8, tweede lid, van de Wet gemeenschappelijke regelingen, een gemeenschappelijke rekenkamer instellen. De artikelen 10, tweede en derde lid, 10a, 11, 15, 16, 17, 20, derde lid, 21, 22, 23, 30 en 54 van die wet zijn niet van toepassing.

Art. 81m

Toepasselijkheid artt. 81b t/m 81j

1. De artikelen 81b tot en met 81f, 81h, 81i en 81j, eerste, derde en vierde lid, zijn van overeenkomstige toepassing op de gemeenschappelijke rekenkamer, met dien verstande dat in de artikelen 81b tot en met 81d, 81i, tweede lid, en 81j, eerste lid, voor «de raad» telkens wordt gelezen «de raden van de deelnemende gemeenten gezamenlijk» of, indien de rekenkamer mede is ingesteld door provincies, «provinciale staten en de raden van de deelnemende provincies en gemeenten gezamenlijk».

2. Artikel 81g is op de gemeenschappelijke rekenkamer van toepassing, met dien verstande dat voor «de raad» wordt gelezen «de raad van de gemeente die daartoe in de regeling waarbij de gemeenschappelijke rekenkamer is ingesteld, is aangewezen» of, indien de rekenkamer mede is ingesteld door provincies, «provinciale staten van de provincie of de raad van de gemeente

4 Gemeentewet   art. 81q

die daartoe in de regeling waarbij de gemeenschappelijke regeling is ingesteld zijn of is aangewezen».

Art. 81n
Indien de raad of de raden van een of meer gemeenten met provinciale staten van een of meer provincies een gemeenschappelijke rekenkamer instellen, is, onverminderd artikel 81m, eerste lid, juncto artikel 81f, een lid van de rekenkamer niet tevens: *Onverenigbare betrekkingen*
a. lid van provinciale staten van een deelnemende provincie;
b. ambtenaar, door of vanwege het provinciebestuur van een deelnemende provincie aangesteld of daaraan ondergeschikt;
c. ambtenaar, door of vanwege het Rijk aangesteld, tot wiens taak het behoort het verrichten van werkzaamheden in het kader van het toezicht op de provincie;
d. functionaris, krachtens de wet of algemene maatregel van bestuur geroepen om het provinciebestuur van advies te dienen.

Art. 81o
In de regeling waarbij de gemeenschappelijke rekenkamer wordt ingesteld, worden ten minste regels gesteld over: *Verordening rekenkamercommissie*
a. de benoeming, op voordracht van de voorzitter of het enige lid van de rekenkamer, van de ambtenaren die nodig zijn voor een goede uitoefening van de werkzaamheden van de rekenkamer;
b. de vergoeding die de leden van de rekenkamer voor hun werkzaamheden ontvangen en de tegemoetkoming in de kosten.

Hoofdstuk IVb
De rekenkamerfunctie

Art. 81oa
1. Als geen rekenkamer is ingesteld als bedoeld in hoofdstuk IVa, stelt de raad bij verordening regels vast voor de uitoefening van de rekenkamerfunctie.   *Verordening rekenkamerfunctie*
2. De artikelen 182, 184, 184a en 185 zijn voor de uitoefening van de rekenkamerfunctie van overeenkomstige toepassing.
3. Op personen die de rekenkamerfunctie uitoefenen, is artikel 81f, behoudens het eerste lid, onder k en o, van overeenkomstige toepassing.

Hoofdstuk IVc
De ombudsman

Paragraaf 1
Algemene bepaling

Art. 81p
1. Met inachtneming van het bepaalde in dit hoofdstuk kan de raad de behandeling van verzoekschriften als bedoeld in artikel 9:18, eerste lid, van de Algemene wet bestuursrecht, opdragen aan een gemeentelijke ombudsman of ombudscommissie, dan wel een gezamenlijke ombudsman of ombudscommissie.   *Gemeentelijke ombudsman*
2. Een ombudsman of ombudscommissie als bedoeld in het eerste lid kan slechts per 1 januari van enig jaar worden ingesteld. Indien de raad hiertoe besluit, zendt hij het besluit tot instelling aan de Nationale ombudsman voor 1 juli van het jaar voorafgaand aan het jaar waarin de instelling ingaat.
3. De instelling van een ombudsman of ombudscommissie als bedoeld in het eerste lid kan slechts per 1 januari van enig jaar worden beëindigd. Indien de raad hiertoe besluit, zendt hij het besluit tot beëindiging van de instelling aan de Nationale ombudsman voor 1 juli van het jaar voorafgaand aan het jaar waarin de instelling eindigt.

Paragraaf 2
De gemeentelijke ombudsman

Art. 81q
1. Indien de raad de behandeling van verzoekschriften opdraagt aan een gemeentelijke ombudsman, benoemt hij deze voor de duur van zes jaar.   *Benoeming*
2. De raad benoemt een plaatsvervangend ombudsman. Deze paragraaf is op de plaatsvervangend ombudsman van overeenkomstige toepassing.
3. De ombudsman wordt door de raad ontslagen: *Ontslag*
a. op eigen verzoek;
b. wanneer hij door ziekte of gebreken blijvend ongeschikt is zijn functie te vervullen;
c. bij de aanvaarding van een betrekking als bedoeld in artikel 81r, eerste lid;

art. 81r

4 Gemeentewet

d. wanneer hij bij onherroepelijk geworden rechterlijke uitspraak wegens misdrijf is veroordeeld, dan wel hem bij zulk een uitspraak een maatregel is opgelegd die vrijheidsbeneming tot gevolg heeft;
e. indien hij bij onherroepelijk geworden rechterlijke uitspraak onder curatele is gesteld, in staat van faillissement is verklaard, ten aanzien van hem de schuldsaneringsregeling natuurlijke personen van toepassing is verklaard, hij surseance van betaling heeft verkregen of wegens schulden is gegijzeld;
f. indien hij naar het oordeel van de raad ernstig nadeel toebrengt aan het in hem gestelde vertrouwen.
4. De raad stelt de ombudsman op non-activiteit indien hij:
a. zich in voorlopige hechtenis bevindt;
b. bij een nog niet onherroepelijk geworden rechterlijke uitspraak wegens misdrijf is veroordeeld, dan wel hem bij zulk een uitspraak een maatregel is opgelegd die vrijheidsbeneming tot gevolg heeft;
c. onder curatele is gesteld, in staat van faillissement is verklaard, ten aanzien van hem de schuldsaneringsregeling natuurlijke personen van toepassing is verklaard, hij surseance van betaling heeft verkregen of wegens schulden is gegijzeld ingevolge een nog niet onherroepelijk geworden rechterlijke uitspraak.

Art. 81r

Uitoefening functie

1. De ombudsman vervult geen betrekkingen waarvan de uitoefening ongewenst is met het oog op een goede vervulling van zijn ambt of op de handhaving van zijn onpartijdigheid en onafhankelijkheid of van het vertrouwen daarin.
2. Artikel 12 is van overeenkomstige toepassing op de ombudsman.

Art. 81s

Eed

1. Alvorens zijn functie te kunnen uitoefenen, legt de ombudsman in de vergadering van de raad, in handen van de voorzitter, de volgende eed (verklaring en belofte) af: «Ik zweer (verklaar) dat ik, om tot ombudsman benoemd te worden, rechtstreeks noch middellijk, onder welke naam of welk voorwendsel ook, enige gift of gunst heb gegeven of beloofd.
Ik zweer (verklaar en beloof) dat ik, om iets in dit ambt te doen of te laten, rechtstreeks noch middellijk enig geschenk of enige belofte heb aangenomen of zal aannemen.
Ik zweer (verklaar en beloof) dat ik getrouw zal zijn aan de Grondwet, dat ik de wetten zal nakomen en dat ik mijn plichten als ombudsman naar eer en geweten zal vervullen.
Zo waarlijk helpe mij God almachtig!»
(«Dat verklaar en beloof ik!»)

Eed in het Fries

2. Wanneer de eed (verklaring en belofte), bedoeld in het eerste lid, in de Friese taal wordt afgelegd, luidt de tekst van de eed (verklaring en belofte) als volgt: «Ik swar (ferklearje) dat ik, om ta ombudsman beneamd te wurden, streekrjocht noch midlik, ûnder wat namme of wat ferlechje ek, hokker jefte of geunst dan ek jûn of ûnthjitten haw. Ik swar (ferklearje en ûnthjit) dat ik, om eat yn dit amt te dwaan of te litten, streekrjocht noch midlik hokker geskink of hokker ûnthjit dan ek oannommen haw of oannimme sil. Ik swar (ûnthjit) dat ik trou wêze sil oan 'e Grûnwet, dat ik de wetten neikomme sil en dat ik myn plichten as ombudsman yn alle oprjochtens ferfolje sil. Sa wier helpe my God Almachtich!» («Dat ferklearje en ûnthjit ik!»).

Art. 81t

Personeel

1. Op voordracht van de ombudsman benoemt het college het personeel van de ombudsman dat nodig is voor een goede uitoefening van zijn werkzaamheden.

Geen last

2. De ombudsman ontvangt ter zake van de uitoefening van zijn werkzaamheden geen instructies, noch in het algemeen, noch voor een enkel geval.
3. Het personeel van de ombudsman verricht geen werkzaamheden voor een bestuursorgaan naar wiens gedraging de ombudsman een onderzoek kan instellen.
4. Het personeel van de ombudsman is ter zake van de werkzaamheden die het voor de ombudsman verricht, uitsluitend aan hem verantwoording schuldig.

Art. 81u

Verslag

De ombudsman zendt jaarlijks een verslag van zijn werkzaamheden aan de raad.

Art. 81v

Vergoeding

De ombudsman ontvangt een bij verordening van de raad vastgestelde vergoeding voor zijn werkzaamheden en een tegemoetkoming in de kosten.

Paragraaf 3
De gemeentelijke ombudscommissie

Art. 81w

Gemeentelijke ombudscommissie

1. Indien de raad de behandeling van verzoekschriften opdraagt aan een gemeentelijke ombudscommissie, stelt de raad het aantal leden van de ombudscommissie vast.
2. De raad benoemt de leden van de ombudscommissie voor de duur van zes jaar.

3. De raad benoemt uit de leden de voorzitter en de plaatsvervangend voorzitter van de ombudscommissie.

Art. 81x
1. De ombudscommissie zendt jaarlijks een verslag van zijn werkzaamheden aan de raad.   *Verslag*
2. Op de ombudscommissie en op ieder lid afzonderlijk zijn de artikelen 81q, derde en vierde lid, 81r, 81s, 81t en 81v van overeenkomstige toepassing.

Paragraaf 4
De gezamenlijke ombudsman en de gezamenlijke ombudscommissie

Art. 81y
1. De raad kan voor de behandeling van verzoekschriften een gezamenlijke ombudsman of een gezamenlijke ombudscommissie instellen met de raad of raden van een of meer andere gemeenten, dan wel met provinciale staten van een of meer provincies, dan wel met het algemeen bestuur van een of meer waterschappen, dan wel met het algemeen bestuur van een of meer openbare lichamen of gemeenschappelijke organen ingesteld bij gemeenschappelijke regeling.   *Gezamenlijke ombudsman en gezamenlijke ombudscommissie*
2. De ombudsman of de ombudscommissie zendt jaarlijks een verslag van zijn werkzaamheden aan de vertegenwoordigende organen van de deelnemende rechtspersonen.
3. Op de ombudsman en op ieder afzonderlijk lid van de ombudscommissie zijn de artikelen 81q tot en met 81t, 81v en 81w van overeenkomstige toepassing.

Art. 81z
Indien de raad een ombudsman of een ombudscommissie instelt met toepassing van de Wet gemeenschappelijke regelingen, zijn de in die wet ten aanzien van gemeenschappelijke organen opgenomen bepalingen slechts van toepassing voor zover de aard van de aan de ombudsman of de ombudscommissie opgedragen taken zich daartegen niet verzet.   *Wet gemeenschappelijke regelingen*

Hoofdstuk V
De commissies

Art. 82
1. De raad kan raadscommissies instellen die besluitvorming van de raad kunnen voorbereiden en met het college van de burgemeester kunnen overleggen. Hij regelt daarbij de taken, de bevoegdheden, de samenstelling en de werkwijze, daaronder begrepen de wijze waarop de leden van de raad inzage hebben in stukken waaromtrent door een raadscommissie geheimhouding is opgelegd. Deze inzage kan slechts worden geweigerd voor zover zij in strijd is met het openbaar belang.   *Raadscommissies*
2. De burgemeester en de wethouders zijn geen lid van een raadscommissie.
3. Bij de samenstelling van een raadscommissie zorgt de raad, voor zover het de benoeming betreft van leden van de raad, voor een evenwichtige vertegenwoordiging van de in de raad vertegenwoordigde groeperingen.
4. Een lid van de raad is voorzitter van een raadscommissie.
5. De artikelen 19 en 21 tot en met 23 zijn van overeenkomstige toepassing op een vergadering van een raadscommissie, met dien verstande dat in artikel 19 voor «burgemeester» wordt gelezen «voorzitter van de raadscommissie» en in artikel 23, vijfde lid, voor «artikel 25» wordt gelezen «artikel 86».

Art. 83
1. De raad, het college of de burgemeester kan bestuurscommissies instellen die bevoegdheden uitoefenen die hun door de raad, het college, onderscheidenlijk de burgemeester zijn overgedragen. Hij regelt daarbij de taken, de bevoegdheden, de samenstelling en de werkwijze, daaronder begrepen de wijze waarop hij inzage heeft in de stukken waaromtrent door een bestuurscommissie geheimhouding is opgelegd. Deze inzage kan slechts worden geweigerd voor zover zij in strijd is met het openbaar belang.   *Bestuurscommissies*
2. De burgemeester en de wethouders zijn geen lid van een door de raad ingestelde bestuurscommissie. Leden van de raad zijn geen lid van een door het college of de burgemeester ingestelde bestuurscommissie.
3. De artikelen 139, tweede lid, 140 en 141 zijn van overeenkomstige toepassing op een besluit tot instelling van een bestuurscommissie.
4. De artikelen 19, tweede lid, 22 en 23, eerste tot en met vierde lid zijn van overeenkomstige toepassing ten aanzien van de vergadering van een door de raad ingestelde bestuurscommissie, met dien verstande dat in artikel 19, tweede lid, voor «de burgemeester» wordt gelezen: de voorzitter van de bestuurscommissie.
5. Voor zover zulks in verband met de aard en omvang van de overgedragen bevoegdheden nodig is, regelt het college of de burgemeester de openbaarheid van vergaderingen van een door hem ingestelde bestuurscommissie.

art. 84

Art. 84

Instellen andere commissies

1. De raad, het college of de burgemeester kan andere commissies dan bedoeld in de artikelen 82, eerste lid, en 83, eerste lid, instellen.
2. Artikel 83, tweede lid, is van overeenkomstige toepassing.
3. De raad, het college onderscheidenlijk de burgemeester regelt ten aanzien van een door hem ingestelde andere commissie de openbaarheid van de vergaderingen.
4. De artikelen 139, tweede lid, 140 en 141 zijn van overeenkomstige toepassing op een besluit tot instelling van een andere commissie.

Art. 85

Verantwoording en toezicht bestuurscommissie

1. De raad, het college of de burgemeester regelt ten aanzien van een door hem ingestelde bestuurscommissie de verantwoording aan de raad, het college, onderscheidenlijk de burgemeester.
2. De raad, het college of de burgemeester kan besluiten en andere, niet-schriftelijke beslissingen gericht op enig rechtsgevolg van een door hem ingestelde bestuurscommissie vernietigen. De raad kan zijn bevoegdheid tot schorsing overdragen aan het college. Ten aanzien van de vernietiging van niet-schriftelijke beslissingen gericht op enig rechtsgevolg zijn de afdelingen 10.2.2. en 10.2.3. van de Algemene wet bestuursrecht van overeenkomstige toepassing.
3. Voor zover zulks in verband met de aard en de omvang van de overgedragen bevoegdheden nodig is, regelt de raad, het college of de burgemeester het overige toezicht op de uitoefening van de bevoegdheden door een door hem ingestelde bestuurscommissie. Dit overige toezicht kan mede de goedkeuring omvatten van de beslissingen van een bestuurscommissie. De goedkeuring kan slechts worden onthouden wegens strijd met het recht of het algemeen belang. Ten aanzien van de goedkeuring van andere beslissingen dan besluiten is afdeling 10.2.1 van de Algemene wet bestuursrecht van overeenkomstige toepassing.

Art. 86

Geheimhouding

1. Een commissie kan in een besloten vergadering, op grond van een belang, genoemd in artikel 10 van de Wet openbaarheid van bestuur, omtrent het in die vergadering met gesloten deuren behandelde en omtrent de inhoud van de stukken die aan de commissie worden overgelegd, geheimhouding opleggen. Geheimhouding omtrent het in een besloten vergadering behandelde wordt tijdens die vergadering opgelegd. De geheimhouding wordt door hen die bij de behandeling aanwezig waren en allen die van het behandelde of de stukken kennis dragen, in acht genomen totdat de commissie haar opheft.
2. Op grond van een belang, genoemd in artikel 10 van de Wet openbaarheid van bestuur, kan de geheimhouding eveneens worden opgelegd door de voorzitter van een commissie, het college en de burgemeester, ieder ten aanzien van stukken die hij aan een commissie overlegt. Daarvan wordt op de stukken melding gemaakt. De geheimhouding wordt in acht genomen totdat het orgaan dat de verplichting heeft opgelegd, dan wel de raad haar opheft.
3. Indien een commissie zich ter zake van het behandelde waarvoor een verplichting tot geheimhouding geldt tot de raad heeft gericht, wordt de geheimhouding in acht genomen totdat de raad haar opheft.

Art. 87-94
[Vervallen]

Hoofdstuk VI
Geldelijke voorzieningen ten behoeve van de leden van de raad en de commissies

Art. 95

Vergoedingen raadsleden

1. De leden van de raad en de leden van de raad aan wie ingevolge artikel X 10 van de Kieswet ontslag is verleend wegens zwangerschap en bevalling of ziekte ontvangen een bij verordening van de raad vast te stellen vergoeding voor hun werkzaamheden en een tegemoetkoming in de kosten.
2. De raad kan bij verordening regels stellen over de tegemoetkoming in of vergoeding van bijzondere kosten en over andere voorzieningen die verband houden met de vervulling van het lidmaatschap van de raad.
3. Het eerste en tweede lid zijn niet van toepassing op een lid van de raad dat met inachtneming van artikel 13, tweede lid, tevens wethouder is.
4. De verordeningen, bedoeld in het eerste en tweede lid, worden vastgesteld overeenkomstig bij of krachtens algemene maatregel van bestuur te stellen regels.

Art. 96

Vergoedingen leden van commissies

1. De leden van een door de raad, het college of de burgemeester ingestelde commissie ontvangen, voor zover zij geen lid zijn van de raad of het college, een bij verordening van de raad vastgestelde vergoeding:
   a. voor het bijwonen van vergaderingen van een commissie en
   b. van reis- en verblijfkosten in verband met reizen binnen de gemeente.

4 Gemeentewet art. 107

2. In bijzondere gevallen kan de raad bij verordening bepalen dat de leden van het dagelijks bestuur van een bestuurscommissie of een andere commissie als bedoeld in artikel 84 een vaste vergoeding voor hun werkzaamheden en een tegemoetkoming in de kosten ontvangen.
3. Ten aanzien van de vergoeding, bedoeld in het eerste lid, onderdeel a, wordt bij of krachtens algemene maatregel van bestuur nadere regels gesteld. Ten aanzien van de overige vergoedingen bedoeld in dit artikel kunnen bij of krachtens algemene maatregel van bestuur nadere regels worden gesteld.

Art. 97
Aan de leden van de raad en de personen genoemd in artikel 96, eerste lid, vindt vergoeding van reis- en verblijfkosten, gemaakt in verband met reizen buiten het grondgebied van de gemeente ter uitvoering van een beslissing van het gemeentebestuur, slechts plaats overeenkomstig door de raad bij verordening vastgestelde regels.

Reis- en verblijfkosten

Art. 98
De verordeningen bedoeld in de artikelen 95 tot en met 97 worden aan gedeputeerde staten gezonden.

Toezending verordening aan GS

Art. 99
1. Buiten hetgeen hun bij of krachtens de wet is toegekend, ontvangen de leden van de raad, van een door de raad, het college of de burgemeester ingestelde commissie als zodanig geen andere vergoedingen en tegemoetkomingen ten laste van de gemeente.
2. Voordelen ten laste van de gemeente, anders dan in de vorm van vergoedingen en tegemoetkomingen, genieten zij slechts voor zover dat is bepaald bij of krachtens de wet dan wel bij verordening van de raad. De verordening behoeft de goedkeuring van gedeputeerde staten.

Beperking vergoedingen

Hoofdstuk VII
De secretaris en de griffier

Paragraaf 1
Algemene bepalingen

Art. 100
1. In iedere gemeente is een secretaris en een griffier.
2. Een secretaris is niet tevens griffier.

Secretaris en griffier

Art. 101
Artikel 15, eerste en tweede lid, is van overeenkomstige toepassing op de secretaris en de griffier.

Verboden handelingen

Paragraaf 2
De secretaris

Art. 102
Het college benoemt de secretaris. Hij is tevens bevoegd de secretaris te schorsen en te ontslaan.

Benoeming, schorsing, ontslag

Art. 103
1. De secretaris staat het college, de burgemeester en de door hen ingestelde commissies bij de uitoefening van hun taak terzijde.
2. Het college stelt in een instructie nadere regels over de taak en de bevoegdheden van de secretaris.

Taakomschrijving

Art. 104
De secretaris is in de vergadering van het college aanwezig.

Aanwezigheid bij collegevergaderingen

Art. 105
[Vervallen]

Art. 106
1. Het college regelt de vervanging van de secretaris.
2. De artikelen 100, tweede lid, tot en met 104 zijn van overeenkomstige toepassing op degene die de secretaris vervangt.

Vervanging
Artt. 100 t/m 105 van overeenkomstige toepassing

Paragraaf 3
De griffier

Art. 107
De raad benoemt de griffier. Hij is tevens bevoegd de griffier te schorsen en te ontslaan.

Benoeming, schorsing, ontslag

49

Art. 107a

Taakomschrijving
1. De griffier staat de raad en de door de raad ingestelde commissies bij de uitoefening van hun taak terzijde.
2. De raad stelt in een instructie nadere regels over de taak en de bevoegdheden van de griffier.

Art. 107b

Aanwezigheid bij raadsvergadering
De griffier is in de vergadering van de raad aanwezig.

Art. 107c

[Vervallen]

Art. 107d

Vervanging
1. De raad regelt de vervanging van de griffier.
2. De artikelen 100, tweede lid, 101 en 107 tot en met 107b zijn van overeenkomstige toepassing op degene die de griffier vervangt.

Art. 107e

Regels organisatie griffie
Benoeming, schorsing, ontslag ambtenaren
1. De raad kan regels stellen over de organisatie van de griffie.
2. De raad is bevoegd de op de griffie werkzame ambtenaren te benoemen, te schorsen en te ontslaan.

Titel III
De bevoegdheid van het gemeentebestuur

Hoofdstuk VIII
Algemene bepalingen

§ 1
Inleidende bepalingen

Art. 108

Autonomie
1. De bevoegdheid tot regeling en bestuur inzake de huishouding van de gemeente wordt aan het gemeentebestuur overgelaten.

Medebewind
2. Regeling en bestuur kunnen van het gemeentebestuur worden gevorderd bij of krachtens een andere dan deze wet ter verzekering van de uitvoering daarvan, met dien verstande dat het geven van aanwijzingen aan het gemeentebestuur en het aan het gemeentebestuur opleggen of in zijn plaats vaststellen van beslissingen, slechts kan geschieden indien de bevoegdheid daartoe bij de wet of krachtens de wet bij provinciale verordening is toegekend.
3. Onverminderd het bepaalde in de artikelen 110, vijfde lid, 119, vierde lid en 120, tweede lid, worden de kosten, verbonden aan de uitvoering van het tweede lid, voor zover zij ten laste van de betrokken gemeenten blijven, door het Rijk aan hen vergoed.

Art. 109

Differentiatie
Bij of krachtens de wet kan zo nodig onderscheid worden gemaakt tussen gemeenten.

Art. 110

Plannen; beleidsverslagen
1. In dit artikel wordt verstaan onder:
a. plan: een beslissing die een samenhangend geheel van op elkaar afgestemde keuzes bevat omtrent door het gemeentebestuur te nemen besluiten of te verrichten andere handelingen, ten einde een of meer doelstellingen te bereiken;
b. beleidsverslag: een schriftelijke rapportage betreffende het door het gemeentebestuur gevoerde beleid op een of meer beleidsterreinen dan wel op onderdelen daarvan en de samenhang daarbinnen of daartussen.
2. Het vaststellen van een plan of een beleidsverslag en het ter voorbereiding daarvan volgen van een voorgeschreven procedure kan vanwege het Rijk van het gemeentebestuur slechts worden gevorderd in bij de wet te bepalen gevallen.
3. Een verplichting als bedoeld in het tweede lid geldt voor ten hoogste vier jaren, tenzij de wet anders bepaalt.
4. Het vaststellen van een plan of een beleidsverslag en het ter voorbereiding daarvan volgen van een voorgeschreven procedure kan vanwege het Rijk in andere dan bij de wet bepaalde gevallen voor een termijn van ten hoogste vier jaar van het gemeentebestuur worden gevraagd als onderdeel van de regeling van een tijdelijke specifieke uitkering als bedoeld in artikel 17 van de Financiële-verhoudingswet.
5. Het vaststellen van een plan of een beleidsverslag en het ter voorbereiding daarvan volgen van de voorgeschreven procedure wordt van een gemeentebestuur niet gevorderd of gevraagd, dan nadat is aangegeven hoe de financiële gevolgen ervan voor de gemeente worden gecompenseerd.
6. Dit artikel is niet van toepassing op de begroting, bedoeld in artikel 190, en op de jaarrekening en het jaarverslag, bedoeld in artikel 197.

Art. 111

1. Het vaststellen van een plan of een beleidsverslag als bedoeld in artikel 110 en het ter voorbereiding daarvan volgen van een voorgeschreven procedure wordt alleen gevorderd, indien:
a. dit noodzakelijk is uit een oogpunt van afstemming tussen gemeentelijk beleid en het beleid van de betrokken provincie of het Rijk, of
b. de ontwikkeling van beleid op een nieuw beleidsterrein dit noodzakelijk maakt.
2. Het vaststellen van een plan of een beleidsverslag als bedoeld in artikel 110 en het ter voorbereiding daarvan volgen van een voorgeschreven procedure wordt niet gevorderd, indien:
a. het gemeentebestuur daardoor ontoelaatbaar beperkt wordt in zijn inhoudelijke of financiële beleidsruimte;
b. de bestuurslasten in redelijke verhouding staan tot de te verwachten baten of een aanzienlijk beslag leggen op de voor het betrokken beleidsterrein beschikbare middelen;
c. integratie met een bestaand plan of een bestaand beleidsverslag dan wel met de begroting, bedoeld in artikel 190, of de jaarrekening en het jaarverslag, bedoeld in artikel 197, mogelijk is;
d. het bevorderen van de samenhang in het gemeentelijk beleid door onderlinge afstemming van onderdelen daarvan onmogelijk wordt;
e. het uitsluitend dient tot het verkrijgen van informatie.
3. Indien in een voorstel van wet tot invoering of wijziging van bepalingen waarbij het vaststellen van een plan of een beleidsverslag als bedoeld in artikel 110 en het ter voorbereiding daarvan volgen van een voorgeschreven procedure wordt gevorderd, wordt afgeweken van het bepaalde bij of krachtens artikel 110 en dit artikel, wordt die afwijking gemotiveerd in de bij het voorstel behorende toelichting.

Verplichting

§ 2
Verhouding tot de provincie en het Rijk

Art. 112
Onze Minister wie het aangaat en het provinciebestuur doen het college desgevraagd mededeling van hun standpunten en voornemens met betrekking tot aangelegenheden die voor de gemeente van belang zijn, tenzij het openbaar belang zich daartegen verzet.

Mededelingsplicht minister en provinciebestuur

Art. 113
Onze Minister wie het aangaat en het provinciebestuur bieden het college desgevraagd de gelegenheid tot het plegen van overleg met betrekking tot aangelegenheden die voor de gemeente van belang zijn, tenzij het openbaar belang zich daartegen verzet.

Overleg met minister en provinciebestuur

Art. 114
1. Onze Minister wie het aangaat, onderscheidenlijk het provinciebestuur, stelt de betrokken colleges of een instantie die voor deze representatief kan worden geacht, zo nodig binnen een te stellen termijn, in de gelegenheid hun oordeel te geven omtrent voorstellen van wet, ontwerpen van algemene maatregel van bestuur, ontwerpen van ministeriële regeling, of ontwerpen van provinciale verordening waarbij:
a. van de gemeentebesturen regeling of bestuur wordt gevorderd, of
b. in betekenende mate wijziging wordt gebracht in de taken en bevoegdheden van de gemeentebesturen.
2. Voorstellen als bedoeld in het eerste lid bevatten in de bijbehorende toelichting een weergave van de gevolgen voor de inrichting en werking van de gemeenten en een weergave van het in het eerste lid bedoelde oordeel van de betrokken colleges of representatieve instantie.
3. Onze Minister wie het aangaat, onderscheidenlijk het provinciebestuur, is niet verplicht vooraf het in het eerste lid bedoelde oordeel in te winnen indien zulks ten gevolge van dringende omstandigheden niet mogelijk is. In dat geval wordt het oordeel zo spoedig mogelijk ingewonnen en openbaar gemaakt.

Oordeel colleges

Art. 115
1. Een wet waarbij van gemeentebesturen regeling of bestuur wordt gevorderd of waarbij in betekenende mate wijziging wordt gebracht in taken en bevoegdheden van gemeentebesturen, wijkt van het bepaalde in deze wet niet af dan wanneer dat bijzonder aangewezen moet worden geacht voor de behartiging van het daarmee te dienen openbaar belang.
2. Het voorstel voor een wet als bedoeld in het eerste lid bevat in de bijbehorende toelichting de gronden voor de voorgestelde afwijking.

Bijzondere omstandigheden bij behartiging openbaar belang

Art. 116
1. Onze Minister is belast met de coördinatie van het rijksbeleid dat de gemeenten raakt. Hij bevordert voorts de beleidsvrijheid van het gemeentebestuur.
2. Over maatregelen en voornemens die van betekenis zijn voor het rijksbeleid inzake de gemeenten treden Onze Ministers onder wier verantwoordelijkheid die maatregelen en voornemens tot stand komen in een vroegtijdig stadium in overleg met Onze Minister.

Coördinatie van rijksbeleid

3. Onze Minister maakt bedenkingen kenbaar tegen een maatregel of een voornemen voor zover hem die maatregel of dat voornemen met het oog op het door de regering gevoerde decentralisatiebeleid niet toelaatbaar voorkomt.

Art. 117

Decentralisatie
1. Onze Minister bevordert de decentralisatie ten behoeve van de gemeenten.
2. Voorstellen van maatregelen waarbij bepaalde aangelegenheden tot rijks- of provinciaal beleid worden gerekend, worden slechts gedaan indien het onderwerp van zorg niet op doelmatige en doeltreffende wijze door de gemeentebesturen kan worden behartigd.

Art. 118

Informatieplicht college
Over al hetgeen de gemeente betreft dient het college Onze Ministers en het provinciebestuur desgevraagd van bericht en raad, tenzij dit uitdrukkelijk van de burgemeester wordt verlangd.

Art. 119

Systematische informatieverstrekking aan ministers
1. Bij de wet of krachtens de wet bij algemene maatregel van bestuur worden de gevallen geregeld waarin het college verplicht is tot het verstrekken van systematische informatie aan Onze Ministers wie het aangaat. Daarbij kan worden bepaald dat bij ministeriële regeling nadere voorschriften worden gegeven ten behoeve van de toepassing van de wet of de algemene maatregel van bestuur.
2. Bij algemene maatregel van bestuur op voordracht van Onze Minister van Economische Zaken, na overleg met Onze Minister, kan worden bepaald dat in die maatregel te omschrijven gegevens ten behoeve van statistische doeleinden aan het Centraal Bureau voor de Statistiek worden verstrekt.
3. Omtrent de in het eerste en tweede lid bedoelde verstrekking van informatie en de inwinning daarvan worden bij algemene maatregel van bestuur nadere algemene regels gesteld.
4. Omtrent de in het eerste en tweede lid bedoelde verstrekking van informatie en de inwinning daarvan, alsmede omtrent de verstrekking en inwinning van incidentele informatie, wordt, voorzover dat niet bij wet geschiedt, bij algemene maatregel van bestuur aangegeven hoe de financiële gevolgen van de verplichting tot informatieverstrekking worden gecompenseerd.
5. De voordrachten voor de algemene maatregelen van bestuur, bedoeld in het derde en het vierde lid, worden gedaan door Onze Minister.

Art. 120

Systematische informatieverstrekking aan provinciaal bestuur
1. Bij de wet of krachtens de wet bij algemene maatregel van bestuur of bij provinciale verordening worden de gevallen geregeld waarin het college verplicht is tot het verstrekken van systematische informatie aan het provinciaal bestuur. Daarbij kan worden bepaald dat bij ministeriële regeling of bij besluit van gedeputeerde staten nadere voorschriften worden gegeven ten behoeve van de toepassing van de wet, de algemene maatregel van bestuur of de provinciale verordening.
2. In de regelingen, bedoeld in de eerste volzin van het eerste lid, wordt tevens aangegeven hoe de financiële gevolgen van de informatieverstrekking voor de gemeente worden gecompenseerd.
3. Het provinciebestuur doet mededeling aan Onze Minister van de inwinning van systematische informatie ingevolge een provinciale verordening.

Art. 121

Aanvullingsbevoegdheid
De bevoegdheid tot het maken van gemeentelijke verordeningen blijft ten aanzien van het onderwerp waarin door wetten, algemene maatregelen van bestuur of provinciale verordeningen is voorzien, gehandhaafd, voor zover de verordeningen met die wetten, algemene maatregelen van bestuur en provinciale verordeningen niet in strijd zijn.

Art. 122

Vervallen van gemeentelijke verordeningen
De bepalingen van gemeentelijke verordeningen in wier onderwerp door een wet, een algemene maatregel van bestuur of een provinciale verordening wordt voorzien, zijn van rechtswege vervallen.

§ 3
Bijzondere voorzieningen

Art. 123

Taakverwaarlozing door bestuurscommissie
1. Wanneer aan een bestuurscommissie bevoegdheden van de raad zijn overgedragen en deze commissie een bij of krachtens een andere dan deze wet gevorderde beslissing niet of niet naar behoren neemt, voorziet de raad daarin.
2. Wanneer aan een bestuurscommissie bevoegdheden van het college zijn overgedragen en deze commissie een bij of krachtens een andere dan deze wet gevorderde beslissing niet of niet naar behoren neemt, voorziet het college daarin.
3. Wanneer aan een bestuurscommissie bevoegdheden van de burgemeester zijn overgedragen en die commissie bij of krachtens een andere dan deze wet gevorderde beslissingen niet of niet naar behoren neemt, voorziet de burgemeester daarin.

Art. 124

1. Wanneer de raad, het college of de burgemeester een bij of krachtens een andere dan deze wet gevorderde beslissing niet of niet naar behoren neemt dan wel bij of krachtens een andere dan deze wet gevorderde handeling niet of niet naar behoren verricht, of anderszins een bij of krachtens een andere dan deze wet gevorderd resultaat niet, niet tijdig of niet naar behoren tot stand brengt, besluiten gedeputeerde staten onderscheidenlijk de commissaris van de Koning als het de burgemeester betreft daarin namens de raad, het college of de burgemeester te voorzien ten laste van de gemeente.

Taakverwaarlozing door raad, college of burgemeester

2. Spoedeisende gevallen uitgezonderd, voeren gedeputeerde staten of de commissaris van de Koning het besluit tot indeplaatsstelling niet uit dan nadat een in het besluit genoemde termijn is verstreken, waarbinnen de raad, het college of de burgemeester de gelegenheid heeft alsnog te voorzien in hetgeen het besluit vordert. Indien de situatie dermate spoedeisend is dat gedeputeerde staten of de commissaris van de Koning de beslissing om over te gaan tot indeplaatsstelling niet tevoren op schrift kan stellen, zorgen zij alsnog zo spoedig mogelijk voor de opschriftstelling en voor de bekendmaking.

3. Indien het besluit tot indeplaatsstelling een bij of krachtens een andere dan deze wet gevorderd resultaat betreft dat niet tijdig tot stand zal worden gebracht, geven gedeputeerde staten of de commissaris van de Koning in het besluit tot indeplaatsstelling aan welke beslissingen, handelingen of resultaten moeten zijn uitgevoerd binnen de in het tweede lid bedoelde termijn. Gedeputeerde staten of de commissaris van de Koning kunnen voor verschillende beslissingen, handelingen of resultaten een verschillende termijn stellen. Indien de raad, het college onderscheidenlijk de burgemeester niet binnen die termijn heeft voorzien in hetgeen het besluit van hem vordert, voorzien gedeputeerde staten of de commissaris van de Koning verder in het tot stand brengen van het gevorderde resultaat.

4. Van een besluit tot indeplaatsstelling, alsmede van het voornemen tot het nemen van een dergelijk besluit, wordt mededeling gedaan in een dag-, nieuws- of huis-aan-huisblad, dan wel op een andere geschikte wijze. Een afschrift van het besluit en van het voornemen wordt gezonden aan de raad.

Art. 124a

1. In overeenstemming met Onze Minister, kan Onze Minister wie het aangaat, indien hij van oordeel is dat toepassing van artikel 124, eerste lid, uit oogpunt van een zwaarwegend algemeen belang gewenst is, gedeputeerde staten onderscheidenlijk de commissaris van de Koning verzoeken toepassing te geven aan artikel 124, eerste lid. Een afschrift van het verzoek wordt gezonden aan de raad en provinciale staten. Indien gedeputeerde staten onderscheidenlijk de commissaris van de Koning niet binnen een door Onze Minister wie het aangaat gestelde termijn toepassing hebben gegeven aan artikel 124, eerste lid, gaat de bevoegdheid van artikel 124, eerste lid, over op Onze Minister wie het aangaat.

Verzoek tot toepassing art. 124

2. De artikelen 124, tweede tot en met vierde lid, 124c, 124d, en 124f zijn van overeenkomstige toepassing bij toepassing van artikel 124, eerste lid, door Onze Minister wie het aangaat.

Art. 124b

1. Ter zake van de in de bijlage bij deze wet opgenomen wetten worden de bevoegdheden die in de artikelen 124, 124c, 124d en artikel 124f aan gedeputeerde staten onderscheidenlijk de commissaris van de Koning zijn toegekend, in zoverre in afwijking van die artikelen uitgeoefend door Onze Minister wie het aangaat.

Bevoegdheden door Minister voor aangewezen wetten

2. Voorafgaand aan het nemen van een besluit tot indeplaatsstelling, informeert Onze Minister wie het aangaat gedeputeerde staten.

Art. 124c

1. Bij de uitvoering van het besluit tot indeplaatsstelling beschikken gedeputeerde staten onderscheidenlijk de commissaris van de Koning over de bevoegdheden waarover de raad, het college of de burgemeester bij of krachtens deze wet of de andere wet, bedoeld in artikel 124, eerste lid, beschikt. In afwijking van artikel 171, eerste lid, vertegenwoordigt de commissaris van de Koning de gemeente zonodig in en buiten rechte.

Bevoegdheden indeplaatsstelling

2. Voor zover het gemeentebestuur, had hij de bevoegdheden, bedoeld in het eerste lid, zelf uitgeoefend, de kosten van de uitvoering in rekening kan brengen bij derden, heeft hij bij die derden verhaal voor de door gedeputeerde staten onderscheidenlijk de commissaris van de Koning ten laste van de gemeente gebrachte kosten. Het gemeentebestuur kan het bedrag invorderen bij dwangbevel.

Art. 124d

Gedeputeerde staten onderscheidenlijk de commissaris van de Koning, kunnen een besluit tot indeplaatsstelling intrekken, indien de raad, het college of de burgemeester voldoende aannemelijk maakt dat hij zonder voorbehoud zal voorzien in hetgeen het besluit van hem vordert.

Intrekking besluit indeplaatsstelling

Art. 124e

Gedeputeerde staten, de commissaris van de Koning onderscheidenlijk Onze Minister wie het aangaat, bedoeld in artikel 124b, eerste lid, kunnen ambtenaren aanwijzen ten behoeve van het toezicht op de uitvoering van de aan het gemeentebestuur bij of krachtens andere wet dan deze

Aangewezen ambtenaren

opgedragen taken. Deze ambtenaren beschikken over de bevoegdheden van de artikelen 5:15 tot en met 5:17 van de Algemene wet bestuursrecht. De artikelen 5:12, 5:13 en 5:20 van de Algemene wet bestuursrecht zijn van overeenkomstige toepassing.

Art. 124f

Bezwaar tegen besluit tot indeplaatsstelling

1. Indien gedeputeerde staten onderscheidenlijk de commissaris van de Koning bij de uitvoering van het besluit tot indeplaatsstelling namens de raad, het college of de burgemeester een besluit kan voor de toepassing van artikel 7:1 van de Algemene wet bestuursrecht bezwaar worden gemaakt bij gedeputeerde staten onderscheidenlijk de commissaris van de Koning. Gedeputeerde staten beslissen onderscheidenlijk de commissaris van de Koning beslist op het bezwaar.
2. Gedeputeerde staten zijn onderscheidenlijk de commissaris van de Koning is de verwerende partij inzake een beroep tegen een namens de raad, het college of de burgemeester genomen besluit als bedoeld in het eerste lid.
3. Het gemeentebestuur kan geen beroep instellen tegen een besluit als bedoeld in het eerste lid.

Art. 124g

Medewerking gemeentebestuur

1. Het gemeentebestuur werkt mee met de uitvoering van een besluit tot indeplaatsstelling. Gedeputeerde staten, de commissaris van de Koning onderscheidenlijk Onze Minister wie het aangaat kunnen ter zake van de uitvoering van het besluit aanwijzingen geven. Het gemeentebestuur stelt op eerste vordering van gedeputeerde staten onderscheidenlijk de commissaris van de Koning, de voor de uitvoering van het besluit benodigde gemeenteambtenaren ter beschikking en verschaft op eerste vordering van gedeputeerde staten onderscheidenlijk de commissaris van de Koning, alle informatie die nodig is voor de uitvoering van het besluit tot indeplaatsstelling.
2. Gedeputeerde staten, de commissaris van de Koning onderscheidenlijk Onze Minister wie het aangaat kunnen ambtenaren aanwijzen die ten behoeve van de uitvoering van een besluit tot indeplaatsstelling beschikken over de bevoegdheden van de artikelen 5:15 tot en met 5:17 van de Algemene wet bestuursrecht. De artikelen 5:12, 5:13 en 5:20 van de Algemene wet bestuursrecht zijn van overeenkomstige toepassing. Het gemeentebestuur verschaft de aangewezen ambtenaren desgevraagd de faciliteiten die zij nodig hebben.

Art. 124h

Nadere regels bij AMvB

Bij algemene maatregel van bestuur, op voordracht van Onze Minister, kunnen regels worden gesteld over de verstrekking van systematische informatie aan het provinciebestuur of, in het geval artikel 124b, eerste lid, van toepassing is, Onze Minister wie het aangaat, betreffende de uitvoering door het gemeentebestuur van de andere wet, bedoeld in artikel 124, eerste lid. Bij ministeriële regeling of bij provinciale verordening kunnen nadere regels worden gesteld omtrent de toepassing.

Art. 124i

[Vervallen]

§ 4
Bestuursdwang

Art. 125

Bestuursdwang

1. Het gemeentebestuur is bevoegd tot oplegging van een last onder bestuursdwang.
2. De bevoegdheid tot oplegging van een last onder bestuursdwang wordt uitgeoefend door het college, indien de last dient tot handhaving van regels welke het gemeentebestuur uitvoert.
3. De bevoegdheid tot oplegging van een last onder bestuursdwang wordt uitgeoefend door de burgemeester, indien de last dient tot handhaving van regels welke hij uitvoert.
4. Een bestuurscommissie bezit de bevoegdheid tot oplegging van een last onder bestuursdwang en de bevoegdheid tot het geven van een machtiging tot binnentreden van een woning slechts indien ook die bevoegdheid uitdrukkelijk is overgedragen.

Art. 126-138

[Vervallen]

§ 5
Bekendmaking en inwerkingtreding van besluiten die algemeen verbindende voorschriften inhouden

Art. 139

Elektronische bekendmaking

1. Besluiten van het gemeentebestuur die algemeen verbindende voorschriften inhouden, verbinden niet dan wanneer zij zijn bekendgemaakt in het gemeenteblad.
2. De uitgifte van het gemeenteblad geschiedt elektronisch op een algemeen toegankelijke wijze. Na de uitgifte blijft het gemeenteblad elektronisch op een algemeen toegankelijke wijze beschikbaar. Indien elektronische uitgifte geheel of gedeeltelijk onmogelijk is, voorziet het ge-

meentebestuur in een vervangende uitgave. Bij of krachtens algemene maatregel van bestuur worden omtrent het bepaalde in de eerste en tweede volzin nadere regels gesteld.
3. In afwijking van het eerste lid kan een besluit als bedoeld in dat lid bepalen dat een bij het besluit behorende bijlage wordt bekendgemaakt door terinzagelegging.
4. Voor het inzien van een overeenkomstig het eerste lid bekendgemaakt besluit worden geen kosten in rekening gebracht.
5. Bij de bekendmaking van een besluit dat aan goedkeuring is onderworpen, wordt de dagtekening vermeld van het besluit waarbij die goedkeuring is verleend of wordt de mededeling gedaan van de omstandigheid dat ingevolge artikel 10:31, vierde lid, van de Algemene wet bestuursrecht een besluit tot goedkeuring wordt geacht te zijn genomen.

Art. 140
1. De teksten van besluiten van het gemeentebestuur die algemeen verbindende voorschriften inhouden, zijn in geconsolideerde vorm voor een ieder beschikbaar door middel van een bij algemene maatregel van bestuur aangewezen algemeen toegankelijk elektronisch medium.   *Geconsolideerde teksten*
2. Een geconsolideerde tekst van een besluit die op grond van het eerste lid beschikbaar is gesteld, blijft beschikbaar indien het besluit na de beschikbaarstelling is gewijzigd of ingetrokken.
3. Onze Minister kan regels stellen over de wijze waarop de in het eerste lid bedoelde teksten beschikbaar worden gesteld.
4. Bij of krachtens algemene maatregel van bestuur kunnen categorieën van besluiten worden aangewezen, waarop het eerste lid niet van toepassing is.

Art. 141
Een ieder kan op verzoek een papieren afschrift verkrijgen van de besluiten van het gemeentebestuur die algemeen verbindende voorschriften inhouden. Het afschrift wordt verstrekt tegen ten hoogste de kosten van het maken van het afschrift.   *Papieren afschrift*

Art. 142
De bekendgemaakte besluiten treden in werking met ingang van de achtste dag na die van de bekendmaking, tenzij in deze besluiten daarvoor een ander tijdstip is aangewezen.   *Inwerkingtreding*

Art. 143
Een besluit als bedoeld in artikel 139 op overtreding waarvan straf is gesteld, wordt na de bekendmaking medegedeeld aan het parket van het arrondissement waarin de gemeente is gelegen.   *Mededeling strafverordeningen aan arrondissementsparket*

Art. 144
Met betrekking tot de intrekking van besluiten die algemeen verbindende voorschriften inhouden, is het bepaalde in de artikelen 139, 142 en 143 van overeenkomstige toepassing, met dien verstande dat de mededeling aan het arrondissementsparket geschiedt binnen een week.   *Melding ingetrokken AVV*

§ 6
Termijnen

Art. 145
Op termijnen gesteld in een gemeentelijke verordening zijn de artikelen 1 tot en met 4 van de Algemene Termijnenwet van overeenkomstige toepassing, tenzij in de verordening anders is bepaald.   *Algemene termijnenwet*

Art. 146
[Vervallen]

Hoofdstuk IX
De bevoegdheid van de raad

Art. 147
1. Gemeentelijke verordeningen worden door de raad vastgesteld voor zover de bevoegdheid daartoe niet bij de wet of door de raad krachtens de wet aan het college of de burgemeester is toegekend.   *Regelgevende bevoegdheid*
2. De overige bevoegdheden, bedoeld in artikel 108, eerste lid, berusten bij de raad.   *Bestuursbevoegdheid*
3. De overige bevoegdheden, bedoeld in artikel 108, tweede lid, berusten bij het college, voor zover deze niet bij of krachtens de wet aan de raad of de burgemeester zijn toegekend.   *Medebewind*

Art. 147a
1. Een lid van de raad kan een voorstel voor een verordening of een ander voorstel ter behandeling in de raad indienen.   *Initiatiefrecht*
2. De raad regelt op welke wijze een voorstel voor een verordening wordt ingediend en behandeld.
3. De raad regelt op welke wijze en onder welke voorwaarden een ander voorstel wordt ingediend en behandeld.
4. De raad neemt geen besluit over een voorstel dan nadat het college in de gelegenheid is gesteld zijn wensen en bedenkingen ter kennis van de raad te brengen.

art. 147b

Art. 147b

Recht van amendement
1. Een lid van de raad kan een voorstel tot wijziging van een voor de vergadering van de raad geagendeerde ontwerp-verordening of ontwerp-beslissing indienen.
2. Het tweede lid van artikel 147a is van overeenkomstige toepassing.

Art. 148
[Vervallen]

Art. 149

Gemeentebelang
De raad maakt de verordeningen die hij in het belang van de gemeente nodig oordeelt.

Art. 149a

Raad verleent bevoegdheid tot binnentreden woning zonder toestemming van bewoner
Indien het toezicht op de naleving of de opsporing van een overtreding van een voorschrift van een verordening, dat strekt tot handhaving van de openbare orde of veiligheid of tot bescherming van het leven of de gezondheid van personen vereist dat de met het toezicht op de naleving of de opsporing belaste personen bevoegd zijn binnen te treden in een woning zonder toestemming van de bewoner, kan de raad deze bevoegdheid bij verordening verlenen.

Art. 150

Inspraakverordening
1. De raad stelt een verordening vast waarin regels worden gesteld met betrekking tot de wijze waarop ingezetenen en belanghebbenden bij de voorbereiding van gemeentelijk beleid worden betrokken.
2. De in het eerste lid bedoelde inspraak wordt verleend door toepassing van afdeling 3.4 van de Algemene wet bestuursrecht, voorzover in de verordening niet anders is bepaald.

Art. 151
[Vervallen]

Art. 151a

Regelingen ter zake van prostitutie
1. De raad kan een verordening vaststellen waarin voorschriften worden gesteld met betrekking tot het bedrijfsmatig geven van gelegenheid tot het verrichten van seksuele handelingen met of voor een derde tegen betaling.
2. Bij de uitoefening van het toezicht op de naleving van de in het eerste lid bedoelde voorschriften geldt de in artikel 2 van de Wet op de identificatieplicht bedoelde verplichting ook voor een persoon die de leeftijd van veertien jaar nog niet heeft bereikt. Deze toonplicht betreft een identiteitsbewijs als bedoeld in artikel 1, onderdelen 1° tot en met 3°, van die wet.
3. Het tweede lid is van overeenkomstige toepassing op de uitoefening van het toezicht op de naleving van gemeentelijke voorschriften met betrekking tot het, door handelingen, houding, woord, gebaar of op andere wijze, passanten tot prostitutie bewegen, uitnodigen dan wel aanlokken.

Art. 151b

Aanwijzingen veiligheidsrisicogebied
1. De raad kan bij verordening de burgemeester de bevoegdheid verlenen om bij verstoring van de openbare orde door de aanwezigheid van wapens, dan wel bij ernstige vrees voor het ontstaan daarvan, een gebied, met inbegrip van de daarin gelegen voor het publiek openstaande gebouwen en daarbij behorende erven, aan te wijzen als veiligheidsrisicogebied. In een veiligheidsrisicogebied kan de officier van justitie de bevoegdheden, bedoeld in de artikelen 50, derde lid, 51, derde lid, en 52, derde lid, van de Wet wapens en munitie toepassen.
2. De burgemeester gaat niet over tot aanwijzing als veiligheidsrisicogebied dan na overleg met de officier van justitie in het overleg, bedoeld in artikel 13, eerste lid, van de Politiewet 2012.
3. De aanwijzing als veiligheidsrisicogebied wordt gegeven voor een bepaalde duur die niet langer is en voor een gebied dat niet groter is dan strikt noodzakelijk voor de handhaving van de openbare orde.
4. De beslissing tot gebiedsaanwijzing wordt op schrift gesteld en bevat een omschrijving van het gebied waarop deze van toepassing is alsmede de geldigheidsduur.
5. De burgemeester brengt de gebiedsaanwijzing zo spoedig mogelijk ter kennis van de raad en van de officier van justitie, bedoeld in het tweede lid.
6. Zodra de verstoring van de openbare orde door de aanwezigheid van wapens, dan wel de ernstige vrees voor het ontstaan daarvan, bedoeld in het eerste lid, is geweken, trekt de burgemeester de gebiedsaanwijzing in. Het vijfde lid is van overeenkomstige toepassing.

Art. 151c

Aanwijzingen plaatsing en gebruik camera's op openbare plaats
1. De raad kan bij verordening de burgemeester de bevoegdheid verlenen om, indien dat in het belang van de handhaving van de openbare orde noodzakelijk is, te besluiten om voor een bepaalde duur camera's in te zetten ten behoeve van het toezicht op een openbare plaats als bedoeld in artikel 1 van de Wet openbare manifestaties en andere bij verordening aan te wijzen plaatsen die voor een ieder toegankelijk zijn.
2. De burgemeester besluit met inachtneming van het in de verordening van de raad bepaalde:
   a. binnen welk gebied, bestaande uit openbare plaatsen of andere voor een ieder toegankelijke plaatsen als bedoeld in het eerste lid, camera's worden ingezet;
   b. voor welke duur de gebiedsaanwijzing plaatsvindt.

3. De burgemeester stelt, na overleg met de officier van justitie in het overleg, bedoeld in artikel 13, eerste lid, van de Politiewet 2012, de periode vast waarin in het belang van de handhaving van de openbare orde daadwerkelijk gebruik van de camera's plaatsvindt en de met de camera's gemaakte beelden in elk geval rechtstreeks worden bekeken.
4. De burgemeester bedient zich bij de uitvoering van het in het eerste lid bedoelde besluit van de onder zijn gezag staande politie.
5. De burgemeester trekt het besluit, bedoeld in het eerste lid, in zodra de inzet van camera's niet langer noodzakelijk is in het belang van de handhaving van de openbare orde.
6. De aanwezigheid van camera's als bedoeld in het eerste lid is op duidelijke wijze kenbaar voor een ieder die het gebied, bedoeld in het tweede lid, onder a, betreedt.
7. Met de camera's worden uitsluitend beelden gemaakt van een openbare plaats als bedoeld in artikel 1 van de Wet openbare manifestaties en andere bij verordening aan te wijzen plaatsen die voor een ieder toegankelijk zijn.
8. Ten behoeve van de handhaving van de openbare orde worden in het kader van het toezicht, bedoeld in het eerste lid, gegevens verwerkt.
9. De verwerking van de gegevens, bedoeld in het achtste lid, is een verwerking als bedoeld in de Wet politiegegevens, met dien verstande dat, in afwijking van het bepaalde in artikel 8 van die wet, de vastgelegde beelden na ten hoogste vier weken worden vernietigd en de gegevens, bedoeld in het achtste lid, indien er concrete aanleiding bestaat te vermoeden dat die gegevens noodzakelijk zijn voor de opsporing van een strafbaar feit, ten behoeve van de opsporing van dat strafbare feit kunnen worden verwerkt. *Vernietiging beelden*
10. Bij of krachtens algemene maatregel van bestuur kunnen met het oog op de goede uitvoering van het toezicht, bedoeld in het eerste lid, regels worden gesteld omtrent: *AMvB*
a. de camera's en andere technische hulpmiddelen benodigd voor het toezicht, bedoeld in het eerste lid, en de wijze waarop deze hulpmiddelen worden aangebracht;
b. de personen belast met of anderszins direct betrokken bij de uitvoering van het toezicht; en
c. de ruimten waarin de waarneming of verwerking van door het toezicht vastgelegde beelden plaatsvindt.

Art. 151d
1. De raad kan bij verordening bepalen dat degene die een woning of een bij die woning behorend erf gebruikt of tegen betaling in gebruik geeft aan een persoon die niet als ingezetene met een adres in de gemeente in de basisregistratie personen is ingeschreven, er zorg voor draagt dat door gedragingen in of vanuit die woning of dat erf of in de onmiddellijke nabijheid van die woning of dat erf geen ernstige en herhaaldelijke hinder voor omwonenden wordt veroorzaakt. *Overlast door niet-ingezetene/huurder*
2. De in artikel 125, eerste lid, bedoelde bevoegdheid tot oplegging van een last onder bestuursdwang wegens overtreding van het in het eerste lid bedoelde voorschrift wordt uitgeoefend door de burgemeester. De burgemeester oefent de bevoegdheid uit met inachtneming van hetgeen daaromtrent door de raad in de verordening is bepaald en slechts indien de ernstige en herhaaldelijke hinder redelijkerwijs niet op een andere geschikte wijze kan worden tegengegaan.
3. Onverminderd de laatste volzin van het tweede lid kan de last, bedoeld in de eerste volzin van dat lid, een verbod inhouden om aanwezig te zijn in of bij de woning of op of bij het erf. Het verbod geldt voor een periode van ten hoogste tien dagen. De artikelen 2, tweede lid, en vierde lid, aanhef en onder a en b, 5, 6, 8, eerste lid, aanhef en onder a en b, 9 en 13 van de Wet tijdelijk huisverbod zijn van overeenkomstige toepassing, met dien verstande dat de burgemeester bij ernstige vrees voor verdere overtreding de looptijd van het verbod kan verlengen tot ten hoogste vier weken.

Art. 152-153
[Vervallen]

Art. 154
1. De raad kan op overtreding van zijn verordeningen en van die van organen waaraan ingevolge artikel 156 verordenende bevoegdheid is gedelegeerd, straf stellen maar geen andere of zwaardere dan hechtenis van ten hoogste drie maanden of geldboete van de tweede categorie, al dan niet met openbaarmaking van de rechterlijke uitspraak. *Strafverordeningen*
2. Op de krachtens het eerste lid strafbaar gestelde overtreding van voorschriften met betrekking tot het plaatsen van laten staan van motorrijtuigen op parkeerterreinen of weggedeelten bedoeld in artikel 225 zijn de artikelen 181 en 182 van de Wegenverkeerswet 1994 van overeenkomstige toepassing.
3. De in het eerste lid bedoelde strafbare feiten zijn overtredingen.

Art. 154a
1. De raad kan bij verordening de burgemeester de bevoegdheid verlenen om door de burgemeester aangewezen groepen van personen, op een door de burgemeester aangegeven plaats tijdelijk te doen ophouden. De ophouding kan mede omvatten, indien nodig, het overbrengen naar die plaats.

art. 154b

Ophouden van door burgemeester aangewezen groepen van personen

2. De burgemeester oefent de bevoegdheid, bedoeld in het eerste lid, slechts uit:
   a. jegens personen die een door de raad bij verordening vastgesteld en daartoe aangewezen specifiek voorschrift dat strekt tot handhaving van de openbare orde of beperking van gevaar in omstandigheden als bedoeld in artikel 175, groepsgewijs niet naleven, en
   b. indien het ophouden noodzakelijk is ter voorkoming van voortzetting of herhaling van de niet-naleving en de naleving redelijkerwijs niet op andere geschikte wijze kan worden verzekerd.
3. De beslissing tot ophouding wordt op schrift gesteld. De schriftelijke beslissing is een beschikking. Indien de situatie dermate spoedeisend is dat de burgemeester de beslissing tot ophouding niet tevoren op schrift kan stellen, zorgt hij alsnog zo spoedig mogelijk voor de opschriftstelling en voor de bekendmaking.
4. De beschikking vermeldt welk voorschrift niet wordt nageleefd.
5. De burgemeester laat tot ophouding als bedoeld in het eerste lid niet overgaan dan nadat de personen uit de in het eerste lid bedoelde groep in de gelegenheid zijn gesteld de tenuitvoerlegging van de beschikking tot ophouding te voorkomen, door alsnog het voorschrift, bedoeld in het vierde lid, na te leven.
6. De burgemeester draagt er zorg voor dat zo spoedig mogelijk een verslag van de bevindingen inzake de tenuitvoerlegging van de ophouding wordt opgesteld.

Duur ophouding

7. De ophouding mag niet langer duren dan de tijd die nodig is ter voorkoming van voortzetting of herhaling van de niet-naleving, met een maximum van twaalf uren.

Plaats ophouding

8. De plaats van ophouding dient geschikt te zijn voor de opvang van de op te houden personen. Bij algemene maatregel van bestuur kunnen nadere regels hieromtrent worden gesteld.
9. De burgemeester draagt er voor zover mogelijk zorg voor dat de opgehouden personen in de gelegenheid worden gesteld door een daartoe door hem aangewezen ambtenaar hun gegevens te laten vastleggen ten bewijze dat zij zijn opgehouden.
10. Indien tegen de beschikking tot ophouding een verzoek om een voorlopige voorziening als bedoeld in artikel 8:81 van de Algemene wet bestuursrecht wordt gedaan:
    a. wordt, in afwijking van artikel 8:83, eerste lid, van de Algemene wet bestuursrecht, de verzoeker die is opgehouden zo mogelijk nog tijdens zijn ophouding door de voorzieningenrechter gehoord;
    b. doet de voorzieningenrechter in afwijking van artikel 8:84, eerste lid, van de Algemene wet bestuursrecht onmiddellijk na het horen van partijen uitspraak, en
    c. wordt, in afwijking van artikel 8:82, eerste lid, van de Algemene wet bestuursrecht, geen griffierecht geheven.
11. Bij de beoordeling van het verzoek betrekt de voorzieningenrechter tevens de rechtmatigheid van de tenuitvoerlegging van de beschikking tot ophouding jegens verzoeker.
12. Indien de voorzieningenrechter een of meer verzoeken toewijst op de grond dat de beschikking tot ophouding naar zijn voorlopig oordeel onrechtmatig is, kan hij bepalen dat alle personen die op basis van de betrokken beschikking zijn opgehouden, onverwijld in vrijheid worden gesteld.
13. Het elfde lid is van overeenkomstige toepassing op de beoordeling van een beroep tegen de beschikking tot ophouding als bedoeld in artikel 8:1 van de Algemene wet bestuursrecht.

Art. 154b

Bestuurlijke boete

1. De raad kan bij verordening bepalen dat een bestuurlijke boete kan worden opgelegd voor overtreding van:
   a. voorschriften uit zijn verordeningen betreffende gedragingen die kunnen leiden tot overlast in de openbare ruimte en die tevens krachtens artikel 154 strafbaar zijn gesteld, met uitzondering van de bij algemene maatregel van bestuur bepaalde voorschriften, en
   b. de bij algemene maatregel van bestuur bepaalde voorschriften die op grond van artikel 10.23 van de Wet milieubeheer zijn vastgesteld in een verordening en die strafbaar zijn gesteld.
De voordracht voor een krachtens dit lid vast te stellen algemene maatregel van bestuur wordt niet eerder gedaan dan vier weken nadat het ontwerp aan beide kamers der Staten-Generaal is overgelegd.
2. De verordening, bedoeld in het eerste lid, is van toepassing op alle overtredingen, genoemd in het eerste lid.
3. Een besluit van de raad tot intrekking van de verordening, bedoeld in het eerste lid, treedt niet eerder in werking dan na twaalf maanden na de bekendmaking van het besluit.
4. De bevoegdheid tot het opleggen van een bestuurlijke boete wordt uitgeoefend door het college. Deze bevoegdheid wordt uitgeoefend door de burgemeester, indien de toepassing van dit middel dient tot handhaving van regels welke hij uitvoert.
5. In het overleg, bedoeld in artikel 13, eerste lid, van de Politiewet 2012, vindt afstemming plaats over de inzet en werkwijze met betrekking tot de aanpak van overlast in de openbare ruimte door de politie en de ondergeschikten, bedoeld in artikel 154c, tweede lid.
6. Bij algemene maatregel van bestuur worden de verschillende boetecategorieën en de hoogte van de bestuurlijke boete bepaald. Voor zover voor een voorschrift de boetecategorie en de hoogte van de boete niet bij algemene maatregel van bestuur zijn bepaald, stelt de raad deze

vast in de verordening, bedoeld in het eerste lid. De bestuurlijke boete kan voor natuurlijke personen per gedraging niet hoger zijn dan het bedrag van de geldboete van de eerste categorie en voor rechtspersonen per gedraging niet hoger zijn dan € 2250.
7. Een bestuurlijke boete kan slechts worden opgelegd aan personen die ten tijde van de overtreding 12 jaar of ouder waren. De bestuurlijke boete wordt voor personen die ten tijde van de overtreding nog geen zestien jaar oud waren, gehalveerd.

Art. 154c

1. Zo mogelijk maakt het bestuursorgaan of de ondergeschikte, bedoeld in het tweede lid, terstond na constatering van de overtreding daarvan een rapport op en reikt een afschrift van dat rapport uit aan de overtreder.   *Rapport*
2. Tot het opmaken van een rapport kan slechts worden gemachtigd een ondergeschikte van het bestuursorgaan, die tevens buitengewoon opsporingsambtenaar is. Bij of krachtens algemene maatregel van bestuur kunnen nadere eisen gesteld worden aan de ondergeschikte.
3. Onverminderd artikel 5:48, tweede lid, van de Algemene wet bestuursrecht, vermeldt het rapport het bestuursorgaan dat de bestuurlijke boete zal opleggen.

Art. 154d

Artikel 5:53 van de Algemene wet bestuursrecht is niet van toepassing op een bestuurlijke boete als bedoeld in artikel 154b, eerste lid.   *Art. 5:53 Awb niet van toepassing*

Art. 154e

De beschikking tot oplegging van de bestuurlijke boete wordt gezonden naar het adres dat de overtreder heeft opgegeven. Indien de beschikking onbestelbaar blijkt te zijn, wordt deze gezonden naar het adres waarop betrokkene in de basisregistratie personen is ingeschreven, tenzij dit hetzelfde is als het opgegeven adres. Indien de beschikking op het in de basisregistratie personen vermelde adres onbestelbaar blijkt te zijn, wordt de beschikking geacht aan de overtreder bekend te zijn.   *Verzenden aan overtreder*

Art. 154f-154j

[Vervallen]

Art. 154k

1. Tegen een beschikking tot oplegging van een bestuurlijke boete als bedoeld in artikel 154b, eerste lid, kan een belanghebbende beroep instellen bij de rechtbank. Het beroep wordt behandeld en beslist door de kantonrechter. Hoofdstuk 8 van de Algemene wet bestuursrecht is niet van toepassing.   *Bestuurlijke boete, beroep*
2. De artikelen 6, tweede lid, 10, 12 tot en met 17 en 19 tot en met 20d van de Wet administratiefrechtelijke handhaving verkeersvoorschriften zijn van overeenkomstige toepassing, met dien verstande dat telkens voor «officier van justitie» wordt gelezen: het bestuursorgaan.

Art. 154l

De bestuurlijke boete wordt betaald aan het bestuursorgaan binnen zes weken nadat deze onherroepelijk is geworden.   *Bestuurlijke boete, termijn betaling*

Art. 154m

1. De invordering vindt plaats met overeenkomstige toepassing van de wettelijke bepalingen inzake invordering van gemeentelijke belastingen.   *Bestuurlijke boete, invordering*
2. In afwijking van het eerste lid:
a. vindt kwijtschelding wegens onvermogen tot betalen niet plaats; en
b. verjaart de bevoegdheid tot invordering van de geldsom twee jaren nadat de bestuurlijke boete onherroepelijk is geworden.

Art. 154n

1. De behandeling van het beroep vindt plaats binnen zes weken nadat de indiener zekerheid heeft gesteld voor de betaling van de sanctie, ter hoogte van het bedrag van de opgelegde bestuurlijke boete, dan wel nadat de termijn daarvoor is verstreken.   *Bestuurlijke boete, behandeling beroep*
2. Indien het bestuursorgaan geheel of gedeeltelijk aan de indiener van het beroepschrift is tegemoet gekomen, kan de in het eerste lid bedoelde termijn zonodig met vier weken worden verlengd.
3. De zekerheid wordt door de indiener gesteld bij het bestuursorgaan dat de bestuurlijke boete heeft opgelegd, hetzij door middel van een aan betrokkene toegezonden acceptgiro, hetzij anderszins door storting op de rekening van het bestuursorgaan. De griffie van de rechtbank wijst de indiener van het beroepschrift na de ontvangst ervan op de verplichting tot zekerheidsstelling en deelt hem mede dat de zekerheidstelling dient te geschieden binnen twee weken na de dag van zijn mededeling. Indien de zekerheidsstelling niet binnen deze termijn is geschied, wordt het beroep door de kantonrechter niet-ontvankelijk verklaard, tenzij redelijkerwijs niet kan worden geoordeeld dat de indiener in verzuim is geweest.
4. De verplichting tot zekerheidsstelling vervalt nadat ten aanzien van de opgelegde bestuurlijke boete een onherroepelijke beslissing is genomen.
5. Indien de in het vierde lid bedoelde beslissing inhoudt dat de opgelegde bestuurlijke boete geheel of gedeeltelijk blijft gehandhaafd, wordt de verschuldigde bestuurlijke boete op de zekerheidsstelling verhaald.

Art. 155

Vragenrecht
1. Een lid van de raad kan het college of de burgemeester mondeling of schriftelijk vragen stellen.

Recht van interpellatie
2. Een lid van de raad kan de raad verlof vragen tot het houden van een interpellatie over een onderwerp dat niet staat vermeld op de agenda, bedoeld in artikel 19, tweede lid, om het college of de burgemeester hierover inlichtingen te vragen. De raad stelt hierover nadere regels.

Art. 155a

Recht van onderzoek
1. De raad kan op voorstel van een of meer van zijn leden een onderzoek naar het door het college of de burgemeester gevoerde bestuur instellen.
2. Het besluit tot het instellen van een onderzoek omvat een omschrijving van het onderwerp van onderzoek alsmede een toelichting. Deze omschrijving kan hangende het onderzoek door de raad worden gewijzigd.
3. Het onderzoek wordt uitgevoerd door een door de raad in te stellen onderzoekscommissie. De commissie heeft ten minste drie leden en bestaat uitsluitend uit leden van de raad.
4. De artikelen 22, 82, derde lid, en 86, eerste lid, zijn van overeenkomstige toepassing op de onderzoekscommissie.
5. De onderzoekscommissie kan de bij deze wet verleende bevoegdheden uitsluitend uitoefenen, indien ten minste drie van haar leden aanwezig zijn.
6. De bevoegdheden en werkzaamheden van een onderzoekscommissie worden niet geschorst door het aftreden van de raad.
7. Op het besluit tot instelling van een onderzoek en tot instelling van een onderzoekscommissie, alsmede het besluit tot wijziging van de omschrijving van het onderwerp van een onderzoek zijn de artikelen 139, tweede lid, 140 en 141 van overeenkomstige toepassing.
8. Alvorens de raad besluit tot een onderzoek, stelt hij bij verordening nadere regels met betrekking tot deze onderzoeken. In elk geval worden daarin regels opgenomen over de wijze waarop ambtelijke bijstand wordt verleend aan de commissie.

Art. 155b

Informatieplicht
1. Leden en gewezen leden van de raad, de burgemeester en gewezen burgemeesters, wethouders en gewezen wethouders, leden en gewezen leden van de door de raad ingestelde rekenkamer, personen die de rekenkamerfunctie uitoefenen, leden en gewezen leden van een door de raad, het college of de burgemeester ingestelde commissie, ambtenaren en gewezen ambtenaren, door of vanwege het gemeentebestuur aangesteld of daaraan ondergeschikt, zijn verplicht te voldoen aan een vordering van de onderzoekscommissie tot het verschaffen van inzage in, het nemen van afschrift van of het anderszins laten kennisnemen van alle bescheiden waarover zij beschikken en waarvan naar het redelijk oordeel van de onderzoekscommissie inzage, afschrift of kennisneming anderszins voor het doen van een onderzoek als bedoeld in artikel 155a nodig is.
2. Indien een vordering als bedoeld in het eerste lid betrekking heeft op bescheiden die afkomstig zijn van een instelling van de Europese Unie of van het Rijk en kennisneming van die bescheiden door de onderzoekscommissie het belang van de Europese Unie of de Staat kan schaden, wordt niet dan met toestemming van Onze Minister aan de vordering voldaan.
3. Ambtenaren, door of vanwege het gemeentebestuur aangesteld of daaraan ondergeschikt, zijn gehouden om aan een onderzoek als bedoeld in artikel 155a alle door de onderzoekscommissie gevorderde medewerking te verlenen.

Art. 155c

Getuigen en deskundigen
1. Personen als bedoeld in artikel 155b, eerste lid, zijn verplicht te voldoen aan een oproep van de onderzoekscommissie om als getuige of deskundige te worden gehoord.
2. Een getuige of deskundige die door de onderzoekscommissie wordt gehoord, is niet tevens lid van de onderzoekscommissie.
3. De getuigen zijn verplicht getuigenis af te leggen.
4. De deskundigen zijn verplicht hun diensten onpartijdig en naar beste weten als zodanig te verlenen.
5. De onderzoekscommissie kan besluiten dat getuigen uitsluitend worden verhoord na het afleggen van een eed of belofte. Zij leggen dan in de vergadering van de onderzoekscommissie, in handen van de voorzitter, de eed of belofte af dat zij de gehele waarheid en niets dan de waarheid zullen zeggen.
6. De getuigen en deskundigen worden in een openbare zitting van de onderzoekscommissie gehoord. Plaats en tijd van de openbare zitting worden door de voorzitter tijdig ter openbare kennis gebracht.
7. De onderzoekscommissie kan om gewichtige redenen besluiten een verhoor of een gedeelte daarvan niet in het openbaar af te nemen. De leden en plaatsvervangende leden van de commissie bewaren geheimhouding over hetgeen hun tijdens een besloten zitting ter kennis komt.
8. Een getuige is gerechtigd zich tijdens het verhoor te laten bijstaan. Om gewichtige redenen kan de commissie besluiten, dat een getuige zonder bijstand wordt gehoord.

9. Verklaringen die zijn afgelegd voor de onderzoekscommissie kunnen, behalve in het geval van artikel 207, eerste lid, van het Wetboek van Strafrecht, niet als bewijs in rechte gelden.

Art. 155d
1. Getuigen en deskundigen worden schriftelijk opgeroepen. De brief, houdende de oproep, wordt aangetekend verzonden of tegen gedagtekend ontvangstbewijs uitgereikt. **Oproeping**
2. De onderzoekscommissie kan bevelen dat getuigen en deskundigen die, hoewel opgeroepen in overeenstemming met het eerste lid, niet zijn verschenen, door de openbare macht voor hen worden gebracht om aan hun verplichting te voldoen. De onderzoekscommissie stelt de getuige of deskundige hiervan schriftelijk in kennis op de wijze, bedoeld in het eerste lid. In de beschikking wordt een termijn gesteld waarbinnen de belanghebbende de tenuitvoerlegging kan voorkomen door alsnog aan zijn verplichting te voldoen.

Art. 155e
1. Niemand kan genoodzaakt worden aan de onderzoekscommissie geheimen te openbaren, voor zover daardoor onevenredige schade zou worden toegebracht aan het belang van de uitoefening van zijn beroep, dan wel aan het belang van zijn onderneming of de onderneming waarbij hij werkzaam is of is geweest. **Verschoningsrecht**
2. Zij die uit hoofde van hun ambt, beroep of betrekking tot geheimhouding verplicht zijn, kunnen zich verschonen getuigenis af te leggen, doch uitsluitend met betrekking tot hetgeen waarvan de wetenschap aan hen als zodanig is toevertrouwd. Zij kunnen inzage, afschrift of kennisneming anderszins weigeren van bescheiden of gedeelten daarvan tot welke hun plicht tot geheimhouding zich uitstrekt.
3. De burgemeester en gewezen burgemeesters, wethouders en gewezen wethouders, leden en gewezen leden van een door het college of de burgemeester ingestelde commissie, ambtenaren en gewezen ambtenaren, door of vanwege het college aangesteld of daaraan ondergeschikt, zijn niet verplicht aan artikel 155b, eerste en derde lid, en artikel 155c, derde lid, te voldoen, indien het verstrekken van de inlichtingen in strijd is met het openbaar belang.
4. De onderzoekscommissie kan verlangen dat een beroep als bedoeld in het derde lid op strijd met het openbaar belang wordt bevestigd door het college, of, voor zover de inlichtingen betrekking hebben op het door de burgemeester gevoerde bestuur, door de burgemeester.

Art. 155f
Het college neemt de door de raad geraamde kosten voor een onderzoek in een bepaald jaar op in de ontwerp-begroting. **Kosten**

Art. 156
1. De raad kan aan het college en aan een door hem ingestelde bestuurscommissie bevoegdheden overdragen, tenzij de aard van de bevoegdheid zich daartegen verzet. **Delegatie van bevoegdheden**
2. De raad kan in ieder geval niet overdragen de bevoegdheid tot:
a. de instelling van een rekenkamer, bedoeld in artikel 81a, of het bij verordening stellen van regels voor de uitoefening van de rekenkamerfunctie, bedoeld in artikel 81oa;
b. de instelling van een onderzoek, bedoeld in artikel 155a, eerste lid;
c. de vaststelling of wijziging van de begroting, bedoeld in artikel 189;
d. de vaststelling van de jaarrekening, bedoeld in artikel 198;
e. het stellen van straf op overtreding van de gemeentelijke verordeningen;
f. de vaststelling van de verordeningen, bedoeld in de artikelen 212, eerste lid, 213, eerste lid, en 213a, eerste lid;
g. de aanwijzing van een of meer accountants, bedoeld in artikel 213, tweede lid;
h. de heffing van andere belastingen dan de belastingen, genoemd in artikel 225, de precariobelasting, de rioolheffing, bedoeld in artikel 228a, de rechten, genoemd in artikel 229, de rechten waarvan de heffing geschiedt krachtens andere wetten dan deze wet en de heffing, bedoeld in artikel 15.33 van de Wet milieubeheer.
3. De bevoegdheid tot het vaststellen van verordeningen, door strafbepaling of bestuursdwang te handhaven, kan de raad slechts overdragen voor zover het betreft de vaststelling van nadere regels met betrekking tot bepaalde door hem in zijn verordeningen aangewezen onderwerpen.
4. De artikelen 139, tweede lid, 140 en 141 zijn van overeenkomstige toepassing op een besluit dat wordt genomen op grond van het eerste lid.

Art. 157
1. De voorschriften met betrekking tot de bevoegdheid van de raad, de uitoefening daarvan en het toezicht daarop zijn ten aanzien van de ingevolge artikel 156 overgedragen bevoegdheden van overeenkomstige toepassing. **Overeenkomstige toepassing voorschriften**
2. Onder de in het eerste lid bedoelde voorschriften zijn niet begrepen die betreffende vergaderingen.

Art. 158
1. De raad kan de naam van de gemeente wijzigen. **Gemeentenaam**
2. Het besluit van de raad wordt ter kennis gebracht van Onze Minister en het provinciebestuur.
3. Het besluit vermeldt de datum van ingang, die is gelegen ten minste een jaar na de datum van het besluit.

art. 160

4 Gemeentewet

Art. 159
[Vervallen]

Hoofdstuk X
De bevoegdheid van het college van burgemeester en wethouders

Art. 160

Bevoegdheden

1. Het college is in ieder geval bevoegd:
   a. het dagelijks bestuur van de gemeente te voeren, voor zover niet bij of krachtens de wet de raad of de burgemeester hiermee is belast;
   b. beslissingen van de raad voor te bereiden en uit te voeren, tenzij bij of krachtens de wet de burgemeester hiermee is belast;
   c. regels vast te stellen over de ambtelijke organisatie van de gemeente, met uitzondering van de organisatie van de griffie;
   d. ambtenaren, niet zijnde de griffier en de op de griffie werkzame ambtenaren, te benoemen, te schorsen en te ontslaan;
   e. tot privaatrechtelijke rechtshandelingen van de gemeente te besluiten;
   f. te besluiten namens de gemeente, het college of de raad rechtsgedingen, bezwaarprocedures of administratief beroepsprocedures te voeren of handelingen ter voorbereiding daarop te verrichten, tenzij de raad, voor zover het de raad aangaat, in voorkomende gevallen anders beslist;
   g. ten aanzien van de voorbereiding van de civiele verdediging;
   h. jaarmarkten of gewone marktdagen in te stellen, af te schaffen of te veranderen.

Oprichting, deelname in stichtingen, vennootschappen enz.

2. Het college besluit slechts tot de oprichting van en de deelneming in stichtingen, maatschappen, vennootschappen, verenigingen, coöperaties en onderlinge waarborgmaatschappijen, indien dat in het bijzonder aangewezen moet worden geacht voor de behartiging van het daarmee te dienen openbaar belang. Het besluit wordt niet genomen dan nadat de raad een ontwerp-besluit is toegezonden en in de gelegenheid is gesteld zijn wensen en bedenkingen ter kennis van het college te brengen.
3. Het college neemt, ook alvorens is besloten tot het voeren van een rechtsgeding, alle conservatoire maatregelen en doet wat nodig is ter voorkoming van verjaring of verlies van recht of bezit.

Art. 161-164
[Vervallen]

Art. 165

Delegatie aan bestuurscommissie

1. Het college kan aan een door hem ingestelde bestuurscommissie bevoegdheden overdragen, tenzij de aard van de bevoegdheid zich daartegen verzet.
2. De artikelen 139, tweede lid, 140 en 141 zijn van overeenkomstige toepassing op een besluit dat wordt genomen op grond van het eerste lid.
3. Het college neemt geen besluit op grond van het eerste lid dan nadat de raad een ontwerpbesluit is toegezonden en in de gelegenheid is gesteld zijn wensen en bedenkingen ter kennis van het college te brengen.

Art. 166

Machtiging politieambtenaar

Het college kan een in de gemeente dienstdoende ambtenaar van politie machtigen in zijn naam besluiten te nemen of andere handelingen te verrichten.

Art. 167

Overeenkomstige toepassing voorschriften

1. De voorschriften met betrekking tot de bevoegdheid van het college, de uitoefening daarvan en het toezicht daarop, zijn ten aanzien van de ingevolge artikel 165 overgedragen bevoegdheden van overeenkomstige toepassing.
2. Onder de in het eerste lid bedoelde voorschriften zijn niet begrepen die betreffende vergaderingen.

Art. 168

Mandaat

1. Het college kan een of meer leden van het college machtigen tot uitoefening van een of meer van zijn bevoegdheden, tenzij de regeling waarop de bevoegdheid steunt zich daartegen verzet.
2. Een krachtens machtiging uitgeoefende bevoegdheid wordt uit naam en onder verantwoordelijkheid van het college uitgeoefend.
3. Het college kan te dien aanzien alle aanwijzingen geven die het nodig acht.

Art. 169

Verantwoordingsplicht college(leden)

1. Het college en elk van zijn leden afzonderlijk zijn aan de raad verantwoording schuldig over het door het college gevoerde bestuur.
2. Zij geven de raad alle inlichtingen die de raad voor de uitoefening van zijn taak nodig heeft.
3. Zij geven de raad mondeling of schriftelijk de door een of meer leden gevraagde inlichtingen, tenzij het verstrekken ervan in strijd is met het openbaar belang.
4. Zij geven de raad vooraf inlichtingen over de uitoefening van de bevoegdheden, bedoeld in artikel 160, eerste lid, onder e, f, g en h, indien de raad daarom verzoekt of indien de uitoefening

ingrijpende gevolgen kan hebben voor de gemeente. In het laatste geval neemt het college geen besluit dan nadat de raad in de gelegenheid is gesteld zijn wensen en bedenkingen ter kennis van het college te brengen.
5. Indien de uitoefening van de bevoegdheid, bedoeld in artikel 160, eerste lid, onder f, geen uitstel kan lijden, geven zij in afwijking van het vierde lid de raad zo spoedig mogelijk inlichtingen over de uitoefening van deze bevoegdheid en het terzake genomen besluit.

Hoofdstuk XI
De bevoegdheid van de burgemeester

Art. 170
1. De burgemeester ziet toe op: *Taken burgemeester*
a. een tijdige voorbereiding, vaststelling en uitvoering van het gemeentelijk beleid en van de daaruit voortvloeiende besluiten, alsmede op een goede afstemming tussen degenen die bij die voorbereiding, vaststelling en uitvoering zijn betrokken;
b. een goede samenwerking van de gemeente met andere gemeenten en andere overheden;
c. de kwaliteit van procedures op het vlak van burgerparticipatie;
d. een zorgvuldige behandeling van bezwaarschriften;
e. een zorgvuldige behandeling van klachten door het gemeentebestuur.
2. De burgemeester bevordert de bestuurlijke integriteit van de gemeente. *Bestuurlijke integriteit*
3. De burgemeester bevordert overigens een goede behartiging van de gemeentelijke aangelegenheden.

Art. 171
1. De burgemeester vertegenwoordigt de gemeente in en buiten rechte. *Vertegenwoordiging in en buiten rechte*
2. De burgemeester kan de in het eerste lid bedoelde vertegenwoordiging opdragen aan een door hem aan te wijzen persoon.

Art. 172
1. De burgemeester is belast met de handhaving van de openbare orde. *Handhaving openbare orde*
2. De burgemeester is bevoegd overtredingen van wettelijke voorschriften die betrekking hebben op de openbare orde, te beletten of te beëindigen. Hij bedient zich daarbij van de onder zijn gezag staande politie.
3. De burgemeester is bevoegd bij verstoring van de openbare orde of bij ernstige vrees voor het ontstaan daarvan, de bevelen te geven die noodzakelijk te achten zijn voor de handhaving van de openbare orde.
4. De commissaris van de Koning geeft, indien een ordeverstoring van meer dan plaatselijke betekenis dan wel ernstige vrees voor het ontstaan van zodanige ordeverstoring zulks noodzakelijk maakt, de burgemeesters in de provincie zoveel mogelijk na overleg met hen, de nodige aanwijzingen met betrekking tot het door hen ter handhaving van de openbare orde te voeren beleid. De aanwijzingen worden zo enigszins mogelijk schriftelijk gegeven.

Art. 172a
1. Onverminderd artikel 172, derde lid, en hetgeen bij gemeentelijke verordening is bepaald omtrent de bevoegdheid van de burgemeester om bevelen te geven ter handhaving van de openbare orde, kan de burgemeester aan een persoon die individueel of in groepsverband de openbare orde ernstig heeft verstoord of bij groepsgewijze ernstige verstoring van de openbare orde een leidende rol heeft gehad, dan wel herhaaldelijk individueel of in groepsverband de openbare orde heeft verstoord of bij groepsgewijze verstoring van de openbare orde een leidende rol heeft gehad, bij ernstige vrees voor verdere verstoring van de openbare orde een bevel geven: *Gebiedsverbod*
a. zich niet te bevinden in of in de omgeving van een of meer bepaalde objecten binnen de gemeente, dan wel in een of meer bepaalde delen van de gemeente;
b. zich niet in een of meer bepaalde delen van de gemeente op een voor het publiek toegankelijke plaats zonder redelijk doel met meer dan drie andere personen in groepsverband op te houden, of
c. zich op bepaalde tijdstippen te melden op of vanaf bepaalde plaatsen, al dan niet in een andere gemeente.
2. De burgemeester kan tevens een bevel geven aan een persoon aan wie door een private organisatie een sanctie is opgelegd, wegens gedrag dat bij de burgemeester de ernstige vrees doet ontstaan dat die persoon de openbare orde zal verstoren.
3. De burgemeester van een andere gemeente kan een burgemeester verzoeken om een persoon tevens namens hem in overeenkomstig bevel te geven, indien de burgemeester die het bevel geeft, de ernstige vrees heeft dat die persoon ook in de andere gemeente de openbare orde zal verstoren. Het verzoek bevat een aanduiding van de objecten of gebieden waar de aanwezigheid van die persoon niet gewenst is en van de tijdstippen of perioden waarvoor het bevel geldt. De

art. 172b

burgemeester zendt een afschrift van het bevel dat hij namens een andere burgemeester heeft gegeven, aan die burgemeester.
4. Van een bevel zich te melden in een andere gemeente, wordt tijdig mededeling gedaan aan de burgemeester van die gemeente.
5. Indien de officier van justitie een persoon als bedoeld in het eerste lid een gedragsaanwijzing heeft gegeven als bedoeld in artikel 509hh, tweede lid, onderdeel a, van het Wetboek van Strafvordering, geeft de burgemeester aan deze persoon niet een bevel als bedoeld in het eerste lid, onder a of b, voor hetzelfde gebied.
6. Het bevel geldt voor:
a. een door de burgemeester vast te stellen periode van ten hoogste drie maanden, in welk geval het bevel ten hoogste driemaal kan worden verlengd met een door de burgemeester vast te stellen periode van telkens ten hoogste drie maanden, of
b. door de burgemeester vast te stellen tijdstippen of perioden, verspreid over ten hoogste negentig dagen binnen een tijdvak van ten hoogste vierentwintig maanden.
7. Op grond van nieuwe feiten of omstandigheden kan de burgemeester het bevel wijzigen ten nadele van betrokkene.
8. De burgemeester kan op aanvraag tijdelijk ontheffing verlenen van de verboden of geboden die voortvloeien uit het bevel, dan wel van een of meer onderdelen daarvan. Aan de ontheffing kunnen voorschriften worden verbonden.
9. Indien nieuwe feiten of omstandigheden daartoe aanleiding geven, wijzigt de burgemeester het bevel ten gunste van betrokkene. Het bevel wordt ingetrokken zodra het niet langer nodig is ter voorkoming van verdere verstoringen van de openbare orde.

Art. 172b

Ouderlijke zorg

1. De burgemeester kan aan een persoon die het gezag uitoefent over een minderjarige die herhaaldelijk in groepsverband de openbare orde heeft verstoord en de leeftijd van twaalf jaren nog niet heeft bereikt, bij ernstige vrees voor verdere verstoring van de openbare orde een bevel geven zorg te dragen:
a. dat de minderjarige zich niet bevindt in of in de omgeving van een of meer bepaalde objecten binnen de gemeente, dan wel in een of meer bepaalde delen van de gemeente, tenzij de minderjarige wordt begeleid door een persoon die het gezag over hem uitoefent of door een andere meerderjarige als bedoeld in het derde lid; of
b. dat de minderjarige zich op bepaalde dagen gedurende een aangegeven tijdvak tussen 8 uur 's avonds en 6 uur 's ochtends niet bevindt op voor het publiek toegankelijke plaatsen, tenzij de minderjarige wordt begeleid door een persoon die het gezag over hem uitoefent of door een andere meerderjarige als bedoeld in het derde lid.
2. Het bevel geldt voor een door de burgemeester vast te stellen periode van ten hoogste drie maanden.
3. De burgemeester kan voor de toepassing van het eerste lid ten hoogste twee andere meerderjarigen naast de persoon of personen die het gezag uitoefenen over een minderjarige aanwijzen ter begeleiding van de minderjarige.
4. Artikel 172a, zevende, achtste en negende lid, is van overeenkomstige toepassing.

Art. 173

[Vervallen]

Art. 174

Toezicht openbare bijeenkomsten

1. De burgemeester is belast met het toezicht op de openbare samenkomsten en vermakelijkheden alsmede op de voor het publiek openstaande gebouwen en daarbij behorende erven.
2. De burgemeester is bevoegd bij de uitoefening van het toezicht, bedoeld in het eerste lid, de bevelen te geven die met het oog op de bescherming van veiligheid en gezondheid nodig zijn.
3. De burgemeester is belast met de uitvoering van verordeningen voor zover deze betrekking hebben op het in het eerste lid bedoelde toezicht.

Art. 174a

Sluiten van woningen, niet voor publiek toegankelijke lokalen of erven

1. De burgemeester kan besluiten een woning, een niet voor het publiek toegankelijk lokaal of een bij die woning of dat lokaal behorend erf te sluiten, indien door gedragingen in de woning of het lokaal of op het erf de openbare orde rond de woning, het lokaal of het erf wordt verstoord.
2. De in het eerste lid genoemde bevoegdheid komt de burgemeester eveneens toe in geval van ernstige vrees voor verstoring van de openbare orde op de grond dat de rechthebbende op de woning, het lokaal of het erf eerder een woning, een niet voor het publiek toegankelijk lokaal of een bij die woning of dat lokaal behorend erf op een zodanige wijze heeft gebruikt of doen gebruiken dat die woning, dat lokaal of dat erf op grond van het eerste lid is gesloten, en er aanwijzingen zijn dat betrokkene de woning, het lokaal of het erf ten aanzien waarvan hij rechthebbende is eveneens op een zodanige wijze zal gebruiken of doen gebruiken.
3. De burgemeester bepaalt in het besluit de duur van de sluiting. In geval van ernstige vrees voor herhaling van de verstoring van de openbare orde kan hij besluiten de duur van de sluiting tot een door hem te bepalen tijdstip te verlengen.

4 Gemeentewet

4. Bij de bekendmaking van het besluit worden belanghebbenden in de gelegenheid gesteld binnen een te stellen termijn maatregelen te treffen waardoor de verstoring van de openbare orde wordt beëindigd. De eerste volzin is niet van toepassing, indien voorafgaande bekendmaking in spoedeisende gevallen niet mogelijk is.
5. De artikelen 5:25 tot en met 5:28 van de Algemene wet bestuursrecht zijn van overeenkomstige toepassing. De burgemeester kan van de overtreder de ingevolge artikel 5:25 van de Algemene wet bestuursrecht verschuldigde kosten invorderen bij dwangbevel.

Art. 174b
1. Bij verstoring van de openbare orde door de aanwezigheid van wapens, dan wel bij ernstige vrees voor het ontstaan daarvan, kan de burgemeester in een onvoorziene, spoedeisende situatie een gebied, met inbegrip van de daarin gelegen voor het publiek openstaande gebouwen en daarbij behorende erven, voor ten hoogste twaalf uur aanwijzen als veiligheidsrisicogebied. In een veiligheidsrisicogebied kan de officier van justitie de bevoegdheden, bedoeld in de artikelen 50, derde lid, 51, derde lid, en 52, derde lid, van de Wet wapens en munitie toepassen.
2. Voordat de burgemeester het gebied aanwijst, overlegt hij met de officier van justitie.
3. De aanwijzing kan mondeling worden gegeven. In dat geval wordt de aanwijzing zo spoedig mogelijk op schrift gesteld en bekendgemaakt.
4. De burgemeester brengt de gebiedsaanwijzing zo spoedig mogelijk ter kennis van de raad.
5. Artikel 151b, derde en zesde lid, zijn van overeenkomstige toepassing.

Verstoring openbare orde en aanwezigheid wapens

Art. 175
1. In geval van oproerige beweging, van andere ernstige wanordelijkheden of van rampen, dan wel van ernstige vrees voor het ontstaan daarvan, is de burgemeester bevoegd alle bevelen te geven die hij ter handhaving van de openbare orde of ter beperking van gevaar nodig acht. Daarbij kan van andere dan bij de Grondwet gestelde voorschriften worden afgeweken.
2. De burgemeester laat tot maatregelen van geweld niet overgaan dan na het doen van de nodige waarschuwing.

Noodbevelen

Art. 176
1. Wanneer een omstandigheid als bedoeld in artikel 175, eerste lid, zich voordoet, kan de burgemeester algemeen verbindende voorschriften geven die ter handhaving van de openbare orde of ter beperking van gevaar nodig zijn. Daarbij kan van andere dan bij de Grondwet gestelde voorschriften worden afgeweken. Hij maakt deze voorschriften bekend op een door hem te bepalen wijze.
2. De burgemeester brengt de voorschriften zo spoedig mogelijk ter kennis van de raad, van de commissaris van de Koning en van het hoofd van het arrondissementsparket.
3. De voorschriften vervallen, indien zij niet door de raad in zijn eerstvolgende vergadering die blijkens de presentielijst door meer dan de helft van het aantal zitting hebbende leden is bezocht, worden bekrachtigd.
4. Indien de raad de voorschriften niet bekrachtigt, kan de burgemeester binnen vierentwintig uren administratief beroep instellen bij de commissaris van de Koning. Deze beslist binnen twee dagen. Gedurende de beroepstermijn en de behandeling van het administratief beroep blijven de voorschriften van kracht.
5. Hoofdstuk 6 en afdeling 7.3 van de Algemene wet bestuursrecht zijn niet van toepassing op het administratief beroep, bedoeld in het vierde lid.
6. De commissaris kan de werking van de voorschriften opschorten zolang zij niet bekrachtigd zijn. Het opschorten stuit onmiddellijk de werking van de voorschriften.
7. Zodra een omstandigheid als bedoeld in artikel 175, eerste lid, zich niet langer voordoet, trekt de burgemeester de voorschriften in. Het tweede lid is van overeenkomstige toepassing.

Noodverordeningen

Schorsing

Art. 176a
1. De burgemeester is bevoegd door hem aangewezen groepen van personen op een door hem aangegeven plaats tijdelijk te doen ophouden. De ophouding kan mede omvatten, indien nodig, het overbrengen naar die plaats.
2. De burgemeester oefent de bevoegdheid, bedoeld in het eerste lid, slechts uit:
a. jegens personen die door hem daartoe aangewezen specifieke onderdelen van een bevel als bedoeld in artikel 175 of van een algemeen verbindend voorschrift als bedoeld in artikel 176, groepsgewijs niet naleven, en
b. indien het ophouden noodzakelijk is ter voorkoming van voortzetting of herhaling van de niet-naleving en de naleving redelijkerwijs niet op andere geschikte wijze kan worden verzekerd.
3. Artikel 154a, derde lid tot en met veertiende lid, is van overeenkomstige toepassing.

Bestuurlijke ophouding

Art. 177
1. De burgemeester kan een in de gemeente dienstdoende ambtenaar van politie machtigen in zijn naam besluiten te nemen of andere handelingen te verrichten.
2. Geen machtiging wordt verleend tot het nemen van besluiten ingevolge de artikelen 151b, 154a, 172, 172a, 172b, 174, tweede lid, en 174a tot en met 176a.

Machtiging politieambtenaar

Art. 178

Delegatie commissie
1. De burgemeester kan aan een door hem ingestelde bestuurscommissie bevoegdheden overdragen, tenzij de aard van de bevoegdheid zich tegen overdracht verzet.
2. De bevoegdheden, bedoeld in de artikelen 151b, 154a en 172 tot en met 176a, kunnen in ieder geval niet worden overgedragen.
3. Ten aanzien van een besluit dat wordt genomen op grond van het eerste lid zijn de artikelen 139, tweede lid, 140 en 141 van overeenkomstige toepassing.
4. De burgemeester neemt geen besluit op grond van het eerste lid dan nadat de raad een ontwerp-besluit is toegezonden en in de gelegenheid is gesteld zijn wensen en bedenkingen ter kennis van de burgemeester te brengen.

Art. 179

Overeenkomstige toepassing voorschriften
De voorschriften met betrekking tot de bevoegdheid van de burgemeester, de uitoefening daarvan en het toezicht daarop zijn ten aanzien van de ingevolge artikel 178 overgedragen bevoegdheden van overeenkomstige toepassing.

Art. 180

Verantwoordingsplicht
1. De burgemeester is aan de raad verantwoording schuldig over het door hem gevoerde bestuur.
2. Hij geeft de raad alle inlichtingen die de raad voor de uitoefening van zijn taak nodig heeft.
3. Hij geeft de raad mondeling of schriftelijk de door een of meer leden gevraagde inlichtingen, tenzij het verstrekken ervan in strijd is met het openbaar belang.

Art. 181

[Vervallen]

Hoofdstuk XIa
De bevoegdheid van de rekenkamer

Art. 182

Taak
1. De rekenkamer onderzoekt de doelmatigheid, de doeltreffendheid en de rechtmatigheid van het door het gemeentebestuur gevoerde bestuur. Een door de rekenkamer ingesteld onderzoek naar de rechtmatigheid van het door het gemeentebestuur gevoerde bestuur bevat geen controle van de jaarrekening als bedoeld in artikel 213, tweede lid.

Onderzoek op verzoek raad
2. Op verzoek van de raad kan de rekenkamer een onderzoek instellen.

Art. 183

Onderzoeksbevoegdheid
1. De rekenkamer is bevoegd alle documenten die berusten bij het gemeentebestuur te onderzoeken voor zover zij dat ter vervulling van haar taak nodig acht.
2. Het gemeentebestuur verstrekt desgevraagd alle inlichtingen die de rekenkamer ter vervulling van haar taak nodig acht.
3. Indien de zorg voor een administratie aan een derde is uitbesteed, is het eerste lid van overeenkomstige toepassing op de administratie van de betrokken derde dan wel van degene die de administratie in opdracht van die derde voert.

Art. 184

Onderzoek bij andere instellingen
1. De rekenkamer heeft de in de volgende leden vermelde bevoegdheden ten aanzien van de volgende instellingen en over de volgende periode:
a. openbare lichamen, bedrijfsvoeringsorganisaties en gemeenschappelijke organen ingesteld krachtens de Wet gemeenschappelijke regelingen, waaraan de gemeente deelneemt, over de jaren dat de gemeente deelneemt in de regeling;
b. naamloze vennootschappen en besloten vennootschappen met beperkte aansprakelijkheid waarvan de gemeente, alleen of samen met andere gemeenten, meer dan vijftig procent van het geplaatste aandelenkapitaal houdt, over de jaren dat de gemeente, alleen of samen met andere gemeenten, meer dan vijftig procent van het geplaatste aandelenkapitaal houdt;
c. andere privaatrechtelijke rechtspersonen waaraan de gemeente, alleen of samen met andere gemeenten, of een of meer derden voor rekening en risico van de gemeente of de gemeenten rechtstreeks of middellijk een subsidie, lening of garantie heeft verstrekt ten bedrage van ten minste vijftig procent van de baten van deze instelling, over de jaren waarop deze subsidie, lening of garantie betrekking heeft.
2. De rekenkamer is bevoegd bij de betrokken instelling nadere inlichtingen in te winnen over de jaarrekeningen, daarop betrekking hebbende rapporten van hen die deze jaarrekeningen hebben gecontroleerd en overige documenten met betrekking tot die instelling die bij het gemeentebestuur berusten. Indien een of meer documenten ontbreken, kan de rekenkamer van de betrokken instelling de overlegging daarvan vorderen.
3. De rekenkamer kan, indien de documenten, bedoeld in het tweede lid, daartoe aanleiding geven, bij de betrokken instelling dan wel bij de derde die de administratie in opdracht van de instelling voert, een onderzoek instellen. De rekenkamer stelt de raad en het college van haar voornemen een dergelijk onderzoek in te stellen in kennis.

Art. 184a
De rekenkamer is belast met het toezicht op de naleving van artikel 213, achtste lid.

Toezicht handelingen accountant

Art. 185
1. De rekenkamer legt haar bevindingen en haar oordeel vast in rapporten, met dien verstande dat hierin niet worden opgenomen gegevens en bevindingen die naar hun aard vertrouwelijk zijn.
2. De rekenkamer deelt aan de raad, het college en, indien van toepassing, aan de betrokken instelling, de opmerkingen en bedenkingen mee die zij naar aanleiding van haar bevindingen van belang acht. Aan de raad of het college kan zij ter zake voorstellen doen.
3. De rekenkamer stelt elk jaar voor 1 april een verslag op van haar werkzaamheden over het voorgaande jaar.
4. De rekenkamer zendt een afschrift van haar rapporten en haar verslag aan de raad en het college. Indien zij met toepassing van artikel 184 een onderzoek heeft ingesteld, zendt de rekenkamer tevens een afschrift van het rapport aan de betrokken instelling.
5. De rapporten en de verslagen van de rekenkamer zijn openbaar.

Rapportering

Titel IV
De financiën van de gemeente

Hoofdstuk XII
Algemene bepalingen

Art. 186
1. De begroting, de begrotingswijzigingen, de meerjarenraming, de jaarrekening en het jaarverslag worden ingericht overeenkomstig bij of krachtens algemene maatregel van bestuur te geven regels.
2. Bij of krachtens de algemene maatregel van bestuur, bedoeld in het eerste lid, kunnen tevens regels gesteld worden ten aanzien van:
a. door het college vast te stellen documenten ten behoeve van de uitvoering van de begroting en de jaarrekening;
b. door het college aan derden te verstrekken informatie op basis van de begroting en de jaarrekening en de controle van deze informatie.
3. Bij of krachtens de algemene maatregel van bestuur, bedoeld in het eerste lid, kunnen nadere regels worden gesteld ten aanzien van het periodiek verstrekken van informatie voor derden. In overeenstemming met Onze Minister van Economische Zaken kan worden bepaald dat de informatie voor derden wordt gezonden aan het Centraal Bureau voor de Statistiek.
4. De informatie voor derden, bedoeld in het tweede lid, onderdeel b, wordt gezonden aan Onze Minister binnen de termijnen, bedoeld in de artikelen 191, tweede lid, en 200. Artikel 17a, vierde lid, van de Financiële-verhoudingswet is van overeenkomstige toepassing.
5. Indien Onze Minister vaststelt dat de informatie, bedoeld in het tweede lid, onder b, of de informatie, bedoeld in het derde lid, voor zover die verstrekt moet worden aan Onze Minister, niet of niet tijdig wordt verstrekt, dan wel de kwaliteit van die informatie tekort schiet, doet hij daarvan mededeling aan het betrokken college.
6. Het college kan tot twee weken voor het verstrijken van de termijnen, bedoeld in het vierde lid, schriftelijk en met redenen omkleed, aan Onze Minister verzoeken om uitstel voor de toezending van de informatie. Onze Minister beslist binnen twee weken op dat verzoek.
7. Indien de informatie, bedoeld in het tweede lid, onder b, of de informatie, bedoeld in het derde lid, voor zover die verstrekt moet worden aan Onze Minister, niet of niet tijdig wordt verstrekt, dan wel de kwaliteit van die informatie tekort schiet, geeft Onze Minister een aanwijzing aan het college om binnen tien werkdagen alsnog informatie van voldoende kwaliteit te leveren.
8. Indien het college nalaat de aanwijzing, bedoeld in het zevende lid, op te volgen, kunnen Onze Ministers van Binnenlandse Zaken en Koninkrijksrelaties en van Financiën besluiten de betalingen op grond van artikel 15, eerste lid, van de Financiële-verhoudingswet aan de betreffende gemeente geheel of gedeeltelijk op te schorten gedurende ten hoogste zesentwintig weken. Artikel 17b, vierde, vijfde en zesde lid, van de Financiële-verhoudingswet is van overeenkomstige toepassing.

Inrichting jaarstukken nader geregeld bij AMvB (Bbv)

Art. 187
Aan de gemeenten kunnen slechts bij of krachtens de wet uitgaven worden opgelegd.

Verplichte uitgaven

Art. 188
[Vervallen]

Hoofdstuk XIII
De begroting en de jaarrekening

§ 1
De begroting

Art. 189

Begroting

1. Voor alle taken en activiteiten brengt de raad jaarlijks op de begroting de bedragen die hij daarvoor beschikbaar stelt, alsmede de financiële middelen die hij naar verwachting kan aanwenden.
2. De raad ziet erop toe dat de begroting structureel en reëel in evenwicht is. Hiervan kan hij afwijken indien aannemelijk is dat het structureel en reëel evenwicht in de begroting in de eerstvolgende jaren tot stand zal worden gebracht.
3. Behoudens het bepaalde in de artikelen 208 en 209 kunnen ten laste van de gemeente slechts lasten en daarmee overeenstemmende balansmutaties worden genomen tot de bedragen die hiervoor op de begroting zijn gebracht.
4. Het begrotingsjaar is het kalenderjaar.

Art. 190

Ontwerpbegroting

1. Het college biedt jaarlijks, tijdig voor de in artikel 191, eerste lid, bedoelde vaststelling, de raad een ontwerp aan voor de begroting met toelichting van de gemeente en een meerjarenraming met toelichting voor ten minste drie op het begrotingsjaar volgende jaren.
2. De ontwerp-begroting en de overige in het eerste lid bedoelde stukken liggen, zodra zij aan de raad zijn aangeboden, voor een ieder ter inzage en zijn algemeen verkrijgbaar. Van de terinzagelegging en de verkrijgbaarstelling wordt openbaar kennis gegeven.
3. De raad beraadslaagt over de ontwerp-begroting niet eerder dan twee weken na de openbare kennisgeving.

Art. 191

Vaststelling begroting
Toezending begroting aan GS

1. De raad stelt de begroting vast in het jaar voorafgaande aan dat waarvoor zij dient.
2. Het college zendt de door de raad vastgestelde begroting vergezeld van de in artikel 190, eerste lid, bedoelde stukken, binnen twee weken na de vaststelling, doch in ieder geval vóór 15 november van het jaar voorafgaande aan dat waarvoor de begroting dient, aan gedeputeerde staten.

Art. 192

Wijziging begroting

1. Besluiten tot wijziging van de begroting kunnen tot uiterlijk het eind van het desbetreffende begrotingsjaar worden genomen.
2. De artikelen 190, tweede lid, en 191, tweede lid, alsmede, behoudens in gevallen van dringende spoed, het bepaalde in artikel 190, derde lid, zijn van overeenkomstige toepassing.

Art. 193

Verplichte uitgaven

Verplichte uitgaven van de gemeente zijn:
a. de renten en aflossingen van de door de gemeente aangegane geldleningen en alle overige opeisbare schulden;
b. de uitgaven die bij of krachtens de wet aan de gemeente zijn opgelegd;
c. de uitgaven die voortvloeien uit de van het gemeentebestuur gevorderde medewerking tot uitvoering van wetten en algemene maatregelen van bestuur, voor zover die uitgaven niet ten laste van anderen zijn gebracht.

Art. 194

GS voorzien bij weigering raad

1. Indien de raad weigert verplichte uitgaven op de begroting te brengen, doen gedeputeerde staten dit.
2. Indien de raad bovendien weigert in voldoende dekking van in het eerste lid bedoelde uitgaven te voorzien, verminderen gedeputeerde staten daartoe hetzij het bedrag voor onvoorziene uitgaven, hetzij indien dit bedrag niet toereikend is, overige niet-verplichte uitgaven.

Art. 195

GS verplichten tot betaling

Gedeputeerde staten dragen zo nodig aan de bevoegde gemeenteambtenaar de betaling op ten laste van de gemeente van hetgeen als verplichte uitgaaf op de begroting is gebracht.

Art. 196

[Vervallen]

Paragraaf 2
De jaarrekening

Art. 197

Jaarrekening, jaarverslag

1. Het college legt aan de raad over elk begrotingsjaar verantwoording af over het door hem gevoerde bestuur, onder overlegging van de jaarrekening en het jaarverslag.
2. Het college voegt daarbij de verslagen, bedoeld in artikel 213a, tweede lid.

3. De raad legt de in het eerste en tweede lid, alsmede de in artikel 213, derde en vierde lid, bedoelde stukken, wanneer de bespreking daarvan geagendeerd is op de in artikel 19, tweede lid, bedoelde wijze, voor een ieder ter inzage en stelt ze algemeen verkrijgbaar. Van de terinzagelegging en de verkrijgbaarstelling wordt openbaar kennis gegeven. De raad beraadslaagt over de jaarrekening en het jaarverslag niet eerder dan twee weken na de openbare kennisgeving.

Art. 198
1. De raad stelt de jaarrekening en het jaarverslag vast in het jaar volgend op het begrotingsjaar. De jaarrekening betreft alle baten en lasten van de gemeente.   *Indemniteitsbesluit*
2. Indien de raad tot het standpunt komt dat in de jaarrekening opgenomen baten, lasten of balansmutaties, die niet rechtmatig tot stand zijn gekomen, aan de vaststelling van de jaarrekening in de weg staan, brengt hij dit terstond ter kennis van het college met vermelding van de gerezen bedenkingen.
3. Het college zendt de raad binnen twee maanden na ontvangst van het standpunt, bedoeld in het tweede lid, een voorstel voor een indemniteitsbesluit, vergezeld van een reactie op de bij de raad gerezen bedenkingen.
4. Indien het college een voorstel voor een indemniteitsbesluit heeft gedaan, stelt de raad de jaarrekening niet vast dan nadat hij heeft besloten over het voorstel.

Art. 199
Behoudens later in rechte gebleken onregelmatigheden, ontlast de vaststelling van de jaarrekening de leden van het college ten aanzien van het daarin verantwoorde financieel beheer.   *Decharge*

Art. 200
Het college zendt de vastgestelde jaarrekening en het jaarverslag, vergezeld van de overige in artikel 197 bedoelde stukken binnen twee weken na vaststelling, maar in ieder geval vóór 15 juli van het jaar, volgend op het begrotingsjaar, aan gedeputeerde staten. Het college voegt daarbij, indien van toepassing, het besluit van de raad over een voorstel voor een indemniteitsbesluit met de reactie, bedoeld in artikel 198, derde lid.   *Jaarrekening naar GS*

Art. 201
Indien de raad de jaarrekening dan wel een indemniteitsbesluit niet of niet naar behoren vaststelt, zendt het college de jaarrekening, vergezeld van de overige in artikel 197 bedoelde stukken, respectievelijk het indemniteitsbesluit ter vaststelling aan gedeputeerde staten.   *Vaststelling rekening door GS*

Art. 202
[Vervallen]

§ 3
Goedkeuring van de begroting

Art. 203
1. De begroting, bedoeld in artikel 189, van het eerstvolgende begrotingsjaar alsmede de daarop betrekking hebbende begrotingswijzigingen behoeven de goedkeuring van gedeputeerde staten, indien naar hun oordeel de begroting, bedoeld in artikel 189, niet structureel en reëel in evenwicht is en blijkens de meerjarenraming, bedoeld in artikel 190, niet aannemelijk is dat in de eerstvolgende jaren een structureel en reëel evenwicht tot stand zal worden gebracht. Gedeputeerde staten doen hiervan vóór de aanvang van het begrotingsjaar mededeling aan het gemeentebestuur.   *Goedkeuring begroting*
2. Gedeputeerde staten kunnen bepalen dat de begroting, bedoeld in artikel 189, van het eerstvolgende begrotingsjaar alsmede de daarop betrekking hebbende begrotingswijzigingen hun goedkeuring behoeven, indien: *Preventief toezicht*
a. de begroting, bedoeld in artikel 189, niet tijdig is ingezonden aan gedeputeerde staten overeenkomstig het bepaalde in artikel 191, of
b. de jaarrekening, bedoeld in artikel 197, eerste lid, van het tweede aan het begrotingsjaar voorafgaande jaar niet tijdig is ingezonden aan gedeputeerde staten overeenkomstig het bepaalde in artikel 200, eerste lid.
3. Gedeputeerde staten maken een besluit als bedoeld in het tweede lid vóór de aanvang van het begrotingsjaar aan het gemeentebestuur bekend.
4. De begroting behoeft geen goedkeuring indien gedeputeerde staten geen mededeling doen als bedoeld in het eerste lid of geen besluit bekend maken als bedoeld in het tweede lid binnen de in het eerste respectievelijk derde lid genoemde termijn.
5. Gedeputeerde staten kunnen het besluit, bedoeld in het eerste lid, gedurende het lopende begrotingsjaar intrekken.

Art. 204
[Vervallen]

Art. 205
1. Gedeputeerde staten stellen Onze Minister uiterlijk een maand na de aanvang van het begrotingsjaar schriftelijk en gemotiveerd in kennis van de mededelingen en besluiten, bedoeld in artikel 203, eerste en tweede lid.   *Publicatie preventief toezicht*

2. Gedeputeerde staten maken bij de aanvang van het desbetreffende begrotingsjaar door publicatie in de *Staatscourant* bekend van welke gemeenten de begrotingen en begrotingswijzigingen hun goedkeuring behoeven.

Art. 206

Gronden onthouding goedkeuring

De goedkeuring kan slechts worden onthouden wegens strijd met het recht of met het algemeen financiële belang.

Art. 207

Goedkeuringstermijn

1. Indien op de dag waarop een besluit tot wijziging van de begroting aan gedeputeerde staten wordt aangeboden, de begroting nog niet is goedgekeurd, vangt de in artikel 10:31, eerste lid, van de Algemene wet bestuursrecht bedoelde termijn aan op de dag van de goedkeuring van de begroting.
2. Gedeputeerde staten kunnen bij hun besluit omtrent goedkeuring van de begroting ten aanzien van door hen aan te geven soorten van wijzigingen daarvan bepalen dat die hun goedkeuring niet behoeven.

Art. 208

Toestemming tot het doen van niet door GS goedgekeurde uitgaven

1. Indien de begroting of een besluit tot wijziging daarvan niet is goedgekeurd, behoeft het gemeentebestuur tot het aangaan van verplichtingen de toestemming van gedeputeerde staten.
2. Een aanvraag van het gemeentebestuur om toepassing van het eerste lid kan door gedeputeerde staten slechts worden afgewezen wegens strijd met het recht of met het algemeen financiële belang.
3. Gedeputeerde staten beslissen op de aanvraag binnen twee maanden na de verzending van de aanvraag, bedoeld in het tweede lid. De toestemming wordt geacht te zijn verleend indien binnen deze termijn geen besluit aan het gemeentebestuur is verzonden.
4. Gedeputeerde staten kunnen aan de toestemming voorschriften verbinden.
5. Gedeputeerde staten kunnen bepalen voor welke posten en tot welk bedrag het gemeentebestuur de toestemming, bedoeld in het eerste lid, niet behoeft.

Art. 209

Uitgaven in geval van dringende spoed

1. In gevallen van dringende spoed kan, indien de raad daartoe besluit, verplichting worden aangegaan voordat de desbetreffende begroting of begrotingswijziging is goedgekeurd. Het besluit wordt gedeputeerde staten terstond toegezonden. Is de aangegane verplichting geraamd bij een begrotingswijziging welke nog niet ter goedkeuring is ingezonden, dan wordt deze begrotingswijziging te zamen met het besluit toegezonden.
2. Over het in het eerste lid bedoelde besluit stemt de raad bij hoofdelijke oproeping.

Art. 210

Aansprakelijkheid bij spoedeisende uitgaven

1. Indien de raad artikel 209 heeft toegepast en gedeputeerde staten hun goedkeuring aan de desbetreffende begroting of begrotingswijziging onthouden, kunnen zij binnen een maand nadat hun besluit onherroepelijk is geworden, de leden van de raad die hun stem vóór het in artikel 209 bedoelde besluit hebben uitgebracht, ieder voor een gelijk deel, persoonlijk voor deze verplichting aansprakelijk stellen tegenover de gemeente.
2. De werking van het besluit tot aansprakelijkstelling wordt opgeschort totdat de beroepstermijn is verstreken of, indien beroep is ingesteld, op het beroep is beslist.
3. De commissaris van de Koning stelt zo nodig namens en ten laste van de gemeente een rechtsvordering in tot betaling van de krachtens het besluit tot aansprakelijkstelling verschuldigde gelden.

Art. 211

Toezending specifieke besluiten

Indien de begroting van een gemeente ingevolge artikel 203, eerste of tweede lid, is onderworpen aan goedkeuring, kunnen gedeputeerde staten bepalen dat door hen aan te wijzen beslissingen van het gemeentebestuur die financiële gevolgen voor de gemeente hebben of kunnen hebben, door het college binnen twee weken aan gedeputeerde staten worden toegezonden.

Hoofdstuk XIV
De administratie en de controle

Art. 212

Organisatie administratie en beheer

1. De raad stelt bij verordening de uitgangspunten voor het financiële beleid, alsmede voor het financiële beheer en voor de inrichting van de financiële organisatie vast. Deze verordening waarborgt dat aan de eisen van rechtmatigheid, verantwoording en controle wordt voldaan.
2. De verordening bevat in ieder geval:
   a. regels voor waardering en afschrijving van activa;
   b. grondslagen voor de berekening van de door het gemeentebestuur in rekening te brengen prijzen en van tarieven voor rechten als bedoeld in artikel 229b, alsmede, voor zover deze wordt geheven, voor de heffing bedoeld in artikel 15.33 van de Wet milieubeheer;
   c. regels inzake de algemene doelstellingen en de te hanteren richtlijnen en limieten van de financieringsfunctie.

Art. 213

1. De raad stelt bij verordening regels vast voor de controle op het financiële beheer en op de inrichting van de financiële organisatie. Deze verordening waarborgt dat de rechtmatigheid van het financiële beheer en van de inrichting van de financiële organisatie wordt getoetst. *Controle*

2. De raad wijst een of meer accountants aan als bedoeld in artikel 393, eerste lid, van Boek 2 van het Burgerlijk Wetboek, belast met de controle van de in artikel 197 bedoelde jaarrekening en het daarbij verstrekken van een accountantsverklaring en het uitbrengen van een verslag van bevindingen.

3. De accountantsverklaring geeft op grond van de uitgevoerde controle aan of:
a. de jaarrekening een getrouw beeld geeft van zowel de baten en lasten als de grootte en samenstelling van het vermogen;
b. de baten en lasten, alsmede de balansmutaties rechtmatig tot stand zijn gekomen;
c. de jaarrekening is opgesteld in overeenstemming met de bij of krachtens algemene maatregel van bestuur te stellen regels, bedoeld in artikel 186 en
d. het jaarverslag met de jaarrekening verenigbaar is.

4. Het verslag van bevindingen bevat in ieder geval bevindingen over:
a. de vraag of de inrichting van het financiële beheer en van de financiële organisatie een getrouwe en rechtmatige verantwoording mogelijk maken en
b. onrechtmatigheden in de jaarrekening.

5. De accountant zendt de accountantsverklaring en het verslag van bevindingen aan de raad en een afschrift daarvan aan het college.

6. Bij algemene maatregel van bestuur kunnen nadere regels worden gesteld met betrekking tot de reikwijdte van en de verslaglegging omtrent de accountantscontrole, bedoeld in het tweede lid.

7. Accountants als bedoeld in het tweede lid kunnen in gemeentelijke dienst worden aangesteld en worden in dat geval door de raad benoemd, geschorst en ontslagen.

8. Indien de raad op grond van het tweede lid accountants heeft aangewezen die in gemeentelijke dienst zijn aangesteld, is:
a. het bepaalde bij en krachtens de artikelen 25, 25a en 27 van de Wet toezicht accountantsorganisaties van overeenkomstige toepassing op deze accountants;
b. het bepaalde bij en krachtens de artikelen 14, 18, 19, 20 en 21 van de Wet toezicht accountantsorganisaties van overeenkomstige toepassing op de gemeente; en
c. het bepaalde bij en krachtens de artikelen 15 en 16 van de Wet toezicht accountantsorganisaties van overeenkomstige toepassing op de personen die de dagelijkse leiding hebben over het onderdeel van de gemeente waarbij de in de aanhef bedoelde accountants werkzaam zijn.

9. Indien een gemeente wordt aangewezen als organisatie van openbaar belang als bedoeld in artikel 1, eerste lid, onderdeel l, van de Wet toezicht accountantsorganisaties, zijn de artikelen 22 tot en met 24 van die wet van overeenkomstige toepassing op deze gemeente.

Art. 213a

1. Het college verricht periodiek onderzoek naar de doelmatigheid en de doeltreffendheid van het door hem gevoerde bestuur. De raad stelt bij verordening regels hierover. *Periodiek onderzoek*

2. Het college brengt schriftelijk verslag uit aan de raad van de resultaten van de onderzoeken.

3. Het college stelt de rekenkamer of, indien geen rekenkamer is ingesteld, personen die de rekenkamerfunctie uitoefenen, tijdig op de hoogte van de onderzoeken die hij doet instellen en zendt haar, onderscheidenlijk hen, een afschrift van een verslag als bedoeld in het tweede lid.

Art. 214

Het college zendt de verordeningen, bedoeld in de artikelen 212, 213 en 213a, binnen twee weken na vaststelling door de raad aan gedeputeerde staten. *Mededeling aan GS*

Art. 215

Gedeputeerde staten kunnen te allen tijde een onderzoek instellen naar het beheer en de inrichting van de financiële organisatie, bedoeld in artikel 212, eerste lid. *Onderzoeksbevoegdheid GS*

Hoofdstuk XV
De gemeentelijke belastingen

§ 1
Algemene bepalingen

Art. 216

De raad besluit tot het invoeren, wijzigen of afschaffen van een gemeentelijke belasting door het vaststellen van een belastingverordening. *Gemeentelijke belastingen*

Art. 217

Een belastingverordening vermeldt, in de daartoe leidende gevallen, de belastingplichtige, het voorwerp van de belasting, het belastbare feit, de heffingsmaatstaf, het tarief, het tijdstip van *Inhoud belastingverordening* ingang van de heffing, het tijdstip van beëindiging van de heffing en hetgeen overigens voor de heffing en de invordering van belang is.

Art. 218-218b
[Vervallen]

Art. 219

Geen andere belastingen

1. Behalve de gemeentelijke belastingen waarvan de heffing krachtens andere wetten dan deze geschiedt, worden geen andere belastingen geheven dan die bedoeld in de tweede en derde paragraaf van dit hoofdstuk.
2. Behoudens het bepaalde in andere wetten dan deze en in de tweede en derde paragraaf van dit hoofdstuk kunnen de gemeentelijke belastingen worden geheven naar in de belastingverordening te bepalen heffingsmaatstaven, met dien verstande dat het bedrag van een gemeentelijke belasting niet afhankelijk mag worden gesteld van het inkomen, de winst of het vermogen.

§ 2
Bijzondere bepalingen omtrent de onroerende-zaakbelastingen

Art. 220

Onroerendezaakbelastingen

Ter zake van binnen de gemeente gelegen onroerende zaken kunnen onder de naam onroerendezaakbelastingen worden geheven:
a. een belasting van degenen die bij het begin van het kalenderjaar onroerende zaken die niet in hoofdzaak tot woning dienen, al dan niet krachtens eigendom, bezit, beperkt recht of persoonlijk recht, gebruiken;
b. een belasting van degenen die bij het begin van het kalenderjaar van onroerende zaken het genot hebben krachtens eigendom, bezit of beperkt recht.

Art. 220a

Aanmerking als onroerende zaak

1. Met betrekking tot de onroerende-zaakbelastingen wordt als onroerende zaak aangemerkt de onroerende zaak, bedoeld in hoofdstuk III van de Wet waardering onroerende zaken.
2. Een onroerende zaak dient in hoofdzaak tot woning indien de waarde die op grond van hoofdstuk IV van de Wet waardering onroerende zaken is vastgesteld voor die onroerende zaak in hoofdzaak kan worden toegerekend aan delen van de onroerende zaak die dienen tot woning dan wel volledig dienstbaar zijn aan woondoeleinden.

Art. 220b

Toepassingsregels

1. Voor de toepassing van artikel 220, onderdeel a, wordt:
a. gebruik door degene aan wie een deel van een onroerende zaak in gebruik is gegeven, aangemerkt als gebruik door degene die dat deel in gebruik heeft gegeven; degene die het deel in gebruik heeft gegeven is bevoegd de belasting als zodanig te verhalen op degene aan wie dat deel in gebruik is gegeven;

Volgtijdig gebruik

b. het ter beschikking stellen van een onroerende zaak voor volgtijdig gebruik aangemerkt als gebruik door degene die die onroerende zaak ter beschikking heeft gesteld; degene die de onroerende zaak ter beschikking heeft gesteld is bevoegd de belasting als zodanig te verhalen op degene aan wie die zaak ter beschikking is gesteld.

Zakelijk gerechtigde: belastingplichtige

2. Voor de toepassing van artikel 220, onderdeel b, wordt als genothebbende krachtens eigendom, bezit of beperkt recht aangemerkt degene die bij het begin van het kalenderjaar als zodanig in de basisregistratie kadaster is vermeld, tenzij blijkt dat hij op dat tijdstip geen genothebbende krachtens eigendom, bezit of beperkt recht is.

Art. 220c

Heffingsmaatstaf

De heffingsmaatstaf voor de onroerende-zaakbelastingen is de op de voet van hoofdstuk IV van de Wet waardering onroerende zaken voor de onroerende zaak vastgestelde waarde voor het kalenderjaar, bedoeld in artikel 220.

Art. 220d

Vrijstellingen

1. In afwijking in zoverre van artikel 220c wordt bij de bepaling van de heffingsmaatstaf voor de onroerende-zaakbelastingen buiten aanmerking gelaten, voor zover dit niet reeds is geschied bij de bepaling van de in dat artikel bedoelde waarde, de waarde van:
a. ten behoeve van de land- of bosbouw bedrijfsmatig geëxploiteerde cultuurgrond, daaronder mede begrepen de open grond, alsmede de ondergrond van glasopstanden, die bedrijfsmatig aangewend wordt voor de kweek of teelt van gewassen, zonder daarbij de ondergrond als voedingsbodem te gebruiken;
b. glasopstanden, die bedrijfsmatig worden aangewend voor de kweek of teelt van gewassen, voor zover de ondergrond daarvan bestaat uit de in onderdeel a bedoelde grond;
c. onroerende zaken die in hoofdzaak zijn bestemd voor de openbare eredienst of voor het houden van openbare bezinningssamenkomsten van levensbeschouwelijke aard, een en ander met uitzondering van delen van zodanige onroerende zaken die dienen als woning;
d. één of meer onroerende zaken die deel uitmaken van een op de voet van de Natuurschoonwet 1928 aangewezen landgoed dat voldoet aan bij of krachtens algemene maatregel van bestuur te stellen voorwaarden, met uitzondering van de daarop voorkomende gebouwde eigendommen;

e. natuurterreinen, waaronder mede worden verstaan duinen, heidevelden, zandverstuivingen, moerassen en plassen, die door rechtspersonen met volledige rechtsbevoegdheid welke zich uitsluitend of nagenoeg uitsluitend het behoud van natuurschoon ten doel stellen, beheerd worden;
f. openbare land- en waterwegen en banen voor openbaar vervoer per rail, een en ander met inbegrip van kunstwerken;
g. waterverdedigings- en waterbeheersingswerken die worden beheerd door organen, instellingen of diensten van publiekrechtelijke rechtspersonen, met uitzondering van de delen van zodanige werken die dienen als woning;
h. werken die zijn bestemd voor de zuivering van riool- en ander afvalwater en die worden beheerd door organen, instellingen of diensten van publiekrechtelijke rechtspersonen, met uitzondering van de delen van zodanige werken die dienen als woning;
i. een onroerende zaak of een deel daarvan waarvan de waarde ingevolge de gemeentelijke belastingverordening bij de bepaling van de heffingsmaatstaf buiten aanmerking blijft;
j. werktuigen die van een onroerende zaak kunnen worden afgescheiden zonder dat beschadiging van betekenis aan die werktuigen wordt toegebracht en die niet op zichzelf als gebouwde eigendommen zijn aan te merken.
2. Voor de toepassing van het eerste lid, onderdelen a en b, wordt het begrip landbouw opgevat als in artikel 312 van Boek 7 van het Burgerlijk Wetboek.   Landbouw
3. Bij de toepassing van het eerste lid is het bepaalde bij of krachtens de artikelen 17, 18 en 20, tweede lid, van de Wet waardering onroerende zaken van overeenkomstige toepassing.
4. Indien met betrekking tot een onroerende zaak geen waarde is vastgesteld op de voet van hoofdstuk IV van de Wet waardering onroerende zaken wordt de heffingsmaatstaf voor die onroerende zaak bepaald met toepassing van het eerste en het tweede lid, alsmede met overeenkomstige toepassing van het bepaalde bij of krachtens de artikelen 17, 18 en 20, tweede lid, van de Wet waardering onroerende zaken.

Art. 220e
In afwijking van artikel 220c wordt bij de bepaling van de heffingsmaatstaf voor de onroerendezaakbelasting bedoeld in artikel 220, onderdeel a, buiten aanmerking gelaten de waarde van gedeelten van de onroerende zaak die in hoofdzaak tot woning dienen dan wel in hoofdzaak dienstbaar zijn aan woondoeleinden.   Heffingsmaatstaf OZB

Art. 220f
1. De belasting bedraagt een percentage van de heffingsmaatstaf. Het percentage wordt gelijkelijk vastgesteld voor onderscheidenlijk: Belastingtarief
a. de belasting, bedoeld in artikel 220, onderdeel a;
b. de belasting, bedoeld in artikel 220, onderdeel b, voor zover het onroerende zaken betreft die in hoofdzaak tot woning dienen;
c. de belasting, bedoeld in artikel 220, onderdeel b, voor zover het onroerende zaken betreft die niet in hoofdzaak tot woning dienen.
2. In plaats van de percentages, bedoeld in het eerste lid, onderdeel c, kan het percentage, bedoeld in het eerste lid, onderdeel b, worden toegepast voor sportaccommodaties of dorpshuizen, dan wel voor de onroerende zaken die in eigendom of bezit zijn van overige sociaal belang behartigende instellingen als bedoeld in artikel 2, derde lid, onderdeel o, van de Algemene wet inzake rijksbelastingen of algemeen nut beogende instellingen als bedoeld in artikel 2, derde lid, onderdeel m, van die wet.   Sport/dorpshuis/SBBI/ANBI

Art. 220g
[Vervallen]

Art. 220h
1. In de belastingverordening kan worden bepaald dat geen belasting wordt geheven indien de heffingsmaatstaf blijft beneden € 12 000 dan wel een in de belastingverordening te bepalen lager bedrag.   Geen belasting
2. In de belastingverordening kunnen belastingbedragen tot maximaal € 10 worden opgenomen waarvoor geen invordering zal plaatsvinden. Voor de toepassing van de vorige volzin kan in de belastingverordening worden bepaald dat het totaal van op één aanslagbiljet of kennisgeving verenigde verschuldigde bedragen wordt aangemerkt als één belastingbedrag.   Invordering

Art. 220i
[Vervallen]

§ 3
Bijzondere bepalingen omtrent de andere belastingen dan de onroerende-zaakbelastingen

Art. 221

Roerenderuimtebelasting
1. Ter zake van binnen de gemeente gelegen woon- en bedrijfsruimten, welke duurzaam aan een plaats gebonden zijn en dienen tot permanente bewoning of permanent gebruik, doch niet onroerend zijn, kunnen de volgende belastingen worden geheven, te weten:
a. een belasting van degenen die bij het begin van het kalenderjaar de ruimten die niet in hoofdzaak tot woning dienen, al dan niet krachtens eigendom, bezit, beperkt recht of persoonlijk recht, gebruiken;
b. een belasting van degenen die bij het begin van het kalenderjaar van de ruimten het genot hebben krachtens eigendom, bezit of beperkt recht.
2. Bij de toepassing van het eerste lid zijn de artikelen 220a, tweede lid, 220b, 220d tot en met 220f en 220h alsmede het bepaalde bij of krachtens de artikelen 17 en 18 van de Wet waardering onroerende zaken van overeenkomstige toepassing.

Tarief
3. Het tarief van de in het eerste lid bedoelde belastingen is gelijk aan het binnen de gemeente geldende tarief voor de onroerendezaakbelastingen.

Art. 222

Baatbelasting
1. Ter zake van de in een bepaald gedeelte van de gemeente gelegen onroerende zaak die gebaat is door voorzieningen die tot stand worden of zijn gebracht door of met medewerking van het gemeentebestuur, kan van degenen die van die onroerende zaak het genot hebben krachtens eigendom, bezit of beperkt recht, een baatbelasting worden geheven, waarbij de aan de voorzieningen verbonden lasten geheel of gedeeltelijk worden omgeslagen. Indien de aan de voorzieningen verbonden lasten ter zake van een onroerende zaak krachtens overeenkomst zijn of worden voldaan, of met toepassing van artikel 6.17, eerste lid, van de Wet ruimtelijke ordening zijn of behoren te worden voldaan, wordt de baatbelasting ter zake van die onroerende zaak niet geheven.
2. Voordat met het treffen van voorzieningen wordt aangevangen, wordt door de raad besloten in welke mate de aan die voorzieningen verbonden lasten door middel van een baatbelasting zullen worden verhaald. Een besluit als bedoeld in de eerste volzin bevat een aanduiding van het gebied waarbinnen de gebate onroerende zaak is gelegen. Het besluit wordt bekend gemaakt overeenkomstig artikel 139.
3. Of een onroerende zaak is gebaat wordt beoordeeld naar de toestand op een in de belastingverordening te bepalen tijdstip, dat is gelegen uiterlijk een jaar nadat de voorzieningen geheel zijn voltooid.
4. Tot invoering van de belasting wordt besloten uiterlijk twee jaren nadat de voorzieningen geheel zijn voltooid.

Heffing ineens
5. De belasting wordt ineens geheven, met dien verstande dat de belasting op verzoek van de belastingplichtige in de vorm van een jaarlijkse belasting wordt geheven gedurende ten hoogste dertig jaren, een en ander volgens in de verordening vast te stellen regelen.

Art. 223

Forensenbelasting
1. Er kan een forensenbelasting worden geheven van de natuurlijke personen, die, zonder in de gemeente hoofdverblijf te hebben, er gedurende het belastingjaar meer dan negentig malen nachtverblijf houden, anders dan als verpleegde of verzorgde in een inrichting tot verpleging of verzorging van zieken, van gebrekkigen, van hulpbehoevenden of bejaarden, of er op meer dan negentig dagen van dat jaar voor zich of hun gezin een gemeubileerde woning beschikbaar houden.
2. Degene die ter tijdelijke waarneming van een openbare betrekking of ter bijwoning van de vergaderingen van een algemeen vertegenwoordigend orgaan, waarvan hij het lidmaatschap bekleedt, dan wel ingevolge last of bevel van de overheid, buiten de gemeente van zijn hoofdverblijf vertoeft, is op die grond niet belastingplichtig.
3. Of iemand in de gemeente hoofdverblijf heeft, wordt naar de omstandigheden beoordeeld.

Art. 224

Toeristenbelasting
1. Ter zake van het houden van verblijf binnen de gemeente door personen die niet als ingezetene met een adres in de gemeente in de basisregistratie personen zijn ingeschreven, kan een toeristenbelasting worden geheven.
2. Voor zover de belasting wordt geheven van degene die gelegenheid tot verblijf biedt, is deze bevoegd de belasting als zodanig te verhalen op degene ter zake van wiens verblijf de belasting verschuldigd wordt.

Art. 225

Parkeerbelasting
1. In het kader van de parkeerregulering kunnen de volgende belastingen worden geheven:
a. een belasting ter zake van het parkeren van een voertuig op een bij de belastingverordening dan wel krachtens de belastingverordening in de daarin aangewezen gevallen door het college te bepalen plaats, tijdstip en wijze;

b. een belasting ter zake van een van gemeentewege verleende vergunning voor het parkeren van een voertuig op de in die vergunning aangegeven plaats en wijze.

2. Voor de toepassing van het eerste lid wordt onder parkeren verstaan het gedurende een aaneengesloten periode doen of laten staan van een voertuig, anders dan gedurende de tijd die nodig is voor en gebruikt wordt tot het onmiddellijk in- en uitstappen van personen dan wel het onmiddellijk laden of lossen van zaken, op de binnen de gemeente gelegen voor het openbaar verkeer openstaande terreinen of weggedeelten, waarop dit doen of laten staan niet ingevolge een wettelijk voorschrift is verboden. — Parkeren

3. De belasting, bedoeld in het eerste lid, onderdeel *a*, wordt geheven van degene die het voertuig heeft geparkeerd.

4. Als degene die het voertuig heeft geparkeerd wordt mede aangemerkt degene die de belasting voldoet dan wel te kennen geeft of heeft gegeven de belasting te willen voldoen.

5. Zolang geen voldoening van de in het eerste lid, onderdeel *a*, bedoelde belasting heeft plaatsgevonden wordt de houder van het voertuig aangemerkt als degene die het voertuig heeft geparkeerd. Met betrekking tot een motorrijtuig dat is ingeschreven in het kentekenregister, bedoeld in de Wegenverkeerswet 1994, wordt als houder aangemerkt degene op wiens naam het motorrijtuig ten tijde van het parkeren in het register was ingeschreven. De tweede volzin vindt geen toepassing indien: — Kentekenregistratie

a. blijkt dat het motorrijtuig ten tijde van het parkeren op de naam van een ander in het kentekenregister had moeten staan ingeschreven, in welk geval die ander wordt aangemerkt als degene die het motorrijtuig heeft geparkeerd;

b. een voor ten hoogste drie maanden aangegane huurovereenkomst wordt overgelegd waaruit blijkt wie ten tijde van het parkeren ingevolge deze overeenkomst de huurder van het motorrijtuig was, in welk geval de huurder wordt aangemerkt als degene die het motorrijtuig heeft geparkeerd.

6. De belasting wordt niet geheven van degene die ingevolge het vijfde lid is aangemerkt als degene die het voertuig heeft geparkeerd, indien deze aannemelijk maakt dat ten tijde van het parkeren een ander tegen zijn wil van het voertuig gebruik heeft gemaakt en dat hij dit gebruik redelijkerwijs niet heeft kunnen voorkomen.

7. De belasting, bedoeld in het eerste lid, onderdeel *b*, wordt geheven van degene die de vergunning heeft aangevraagd.

8. Het tarief van de in het eerste lid bedoelde belastingen kan afhankelijk worden gesteld van de parkeerduur, van de parkeertijd, van de ingenomen oppervlakte en van de ligging van de terreinen of weggedeelten. — Tarief parkeervergunning

Art. 226
1. Ter zake van het houden van een hond kan van de houder een hondenbelasting worden geheven. — Hondenbelasting
2. De belasting wordt geheven naar het aantal honden dat wordt gehouden.
3. Voor de toepassing van het eerste lid wordt het houden van een hond door een lid van een huishouden aangemerkt als het houden van een hond door een door de in artikel 231, tweede lid, onderdeel b, bedoelde gemeenteambtenaar aan te wijzen lid van dat huishouden.

Art. 227
Ter zake van openbare aankondigingen zichtbaar vanaf de openbare weg kan een reclamebelasting worden geheven. — Reclamebelasting

Art. 227a
[Vervallen]

Art. 228
1. Ter zake van het hebben van voorwerpen onder, op of boven voor de openbare dienst bestemde gemeentegrond, kan een precariobelasting worden geheven. — Precariobelasting
2. Geen belasting wordt geheven ter zake van:
a. de infrastructuur, bedoeld in artikel 7, derde lid, van de Drinkwaterwet;
b. een net als bedoeld in artikel 20, eerste lid, van de Elektriciteitswet 1998;
c. een gastransportnet als bedoeld in artikel 39a van de Gaswet, of
d. werken als bedoeld in artikel 38 van de Warmtewet.

Art. 228a
1. Onder de naam rioolheffing kan een belasting worden geheven ter bestrijding van de kosten die voor de gemeente verbonden zijn aan: — Rioolheffing
a. de inzameling en het transport van huishoudelijk afvalwater en bedrijfsafvalwater, alsmede de zuivering van huishoudelijk afvalwater en
b. de inzameling van afvloeiend hemelwater en de verwerking van het ingezamelde hemelwater, alsmede het treffen van maatregelen teneinde structureel nadelige gevolgen van de grondwaterstand voor de aan de grond gegeven bestemming zoveel mogelijk te voorkomen of te beperken.
2. Ter zake van de kosten, bedoeld in het eerste lid, onderdelen a en b, kunnen twee afzonderlijke belastingen worden geheven.

art. 229

3. Onder de kosten, bedoeld in het eerste lid, wordt mede verstaan de omzetbelasting die als gevolg van de Wet op het BTW-compensatiefonds recht geeft op een bijdrage uit dat fonds.

Art. 229

Rechten

1. Rechten kunnen worden geheven ter zake van:
   a. het gebruik overeenkomstig de bestemming van voor de openbare dienst bestemde gemeentebezittingen of van voor de openbare dienst bestemde werken of inrichtingen die bij de gemeente in beheer of in onderhoud zijn;
   b. het genot van door of vanwege het gemeentebestuur verstrekte diensten;
   c. het geven van vermakelijkheden waarbij gebruik wordt gemaakt van door of met medewerking van het gemeentebestuur tot stand gebrachte of in stand gehouden voorzieningen of waarbij een bijzondere voorziening in de vorm van toezicht of anderszins van de zijde van het gemeentebestuur getroffen wordt.

2. Geen rechten kunnen worden geheven ter zake van het gebruik van voorzieningen en het genot van diensten waarvan de kosten kunnen worden bestreden door het heffen van een belasting als bedoeld in artikel 228a, zulks met uitzondering van het aanbrengen van een aansluiting op een voorziening voor de inzameling en het transport van afvalwater als bedoeld in artikel 10.31 van de Wet milieubeheer of op een systeem als bedoeld in artikel 10.33, tweede lid, van die wet.

3. Voor de toepassing van deze paragraaf en de eerste en vierde paragraaf van dit hoofdstuk worden de in het eerste lid bedoelde rechten aangemerkt als gemeentelijke belastingen.

Art. 229a

Rechten buiten grondgebied gemeente

De rechten, bedoeld in artikel 229, eerste lid, onder a en b, kunnen worden geheven door de gemeente die het gebruik van de bezittingen, werken of inrichtingen toestaat of de diensten verleent, ongeacht of het belastbare feit zich binnen of buiten het grondgebied van de gemeente voordoet.

Art. 229b

Baten mogen lasten niet overtreffen

1. In verordeningen op grond waarvan rechten als bedoeld in artikel 229, eerste lid, onder a en b, worden geheven, worden de tarieven zodanig vastgesteld dat de geraamde baten van de rechten niet uitgaan boven de geraamde lasten ter zake.

2. Onder de in het eerste lid bedoelde lasten worden mede verstaan:
   a. bijdragen aan bestemmingsreserves en voorzieningen voor noodzakelijke vervanging van de betrokken activa;
   b. de omzetbelasting die ingevolge de Wet op het BTW-compensatiefonds recht geeft op een bijdrage uit het fonds.

Art. 229c

Nadere regels

Bij of krachtens algemene maatregel van bestuur kunnen inzake de belastingen, bedoeld in de tweede en derde paragraaf van dit hoofdstuk, nadere regels worden gegeven.

Art. 229d

[Vervallen]

§ 4
Heffing en invordering

Art. 230

Begripsbepaling

In deze paragraaf wordt verstaan onder:
a. Algemene wet: Algemene wet inzake rijksbelastingen;
b. heffing op andere wijze: heffing op andere wijze dan bij wege van aanslag of bij wege van voldoening op aangifte.

Art. 231

Heffing en invordering

1. Onverminderd het overigens in deze paragraaf bepaalde geschieden de heffing en de invordering van gemeentelijke belastingen met toepassing van de Algemene wet, de Invorderingswet 1990 en de Kostenwet invordering rijksbelastingen als waren die belastingen rijksbelastingen.

2. Onverminderd het overigens in deze paragraaf bepaalde gelden de bevoegdheden en de verplichtingen van de hierna vermelde, in de Algemene wet, de Invorderingswet 1990 en de Kostenwet invordering rijksbelastingen genoemde functionarissen, met betrekking tot de gemeentelijke belastingen voor de daarachter genoemde colleges of functionarissen:
   a. Onze Minister van Financiën, het bestuur van 's Rijksbelastingen en de directeur: het college;
   b. de inspecteur: de gemeenteambtenaar, belast met de heffing van gemeentelijke belastingen;
   c. de ontvanger of een inzake rijksbelastingen bevoegde ontvanger: de gemeenteambtenaar belast met de invordering van gemeentelijke belastingen;
   d. de ambtenaren van de rijksbelastingdienst: de gemeenteambtenaren belast met de heffing of de invordering van gemeentelijke belastingen;
   e. de belastingdeurwaarder: de daartoe aangewezen gemeenteambtenaar;
   f. de Tweede Kamer der Staten-Generaal of de Tweede Kamer: de raad.

4 Gemeentewet art. 233a

3. Onverminderd het overigens in deze paragraaf bepaalde wordt met betrekking tot gemeentelijke belastingen in de Algemene wet en in de Invorderingswet 1990 voor «algemene maatregel van bestuur» en voor «ministeriële regeling» gelezen: besluit van het college.
4. Met betrekking tot gemeentelijke belastingen wordt in artikel 24 van de Invorderingswet 1990 voor «de Staat» gelezen: de gemeente.
5. Indien een Commissiebesluit als bedoeld in artikel 1 van de Wet terugvordering staatssteun verplicht tot terugvordering van staatssteun en die staatssteun voortvloeit uit een gemeentelijke belasting als bedoeld in dit hoofdstuk, wordt deze staatssteun op dezelfde wijze teruggevorderd als staatssteun die voortvloeit uit de toepassing van een belastingwet als bedoeld in artikel 20a van de Algemene wet.   *Terugvordering staatssteun*

Art. 232
1. Het college kan bepalen dat voor de toezending of uitreiking van aanslagbiljetten ingevolge artikel 8, eerste lid, van de Invorderingswet 1990 voor de in artikel 231, tweede lid, onderdeel c, bedoelde ambtenaar een andere gemeenteambtenaar in de plaats treedt.   *Delegatie aan ambtenaren*
2. De colleges van twee of meer gemeenten kunnen met betrekking tot een of meer gemeentelijke belastingen bepalen dat ambtenaren van een van die gemeenten worden aangewezen als: *Heffing en invordering door twee of meer gemeenten*
a. de in artikel 231, tweede lid, onderdeel b, bedoelde ambtenaar van die gemeenten voor de uitvoering van enige wettelijke bepaling betreffende de heffing van gemeentelijke belastingen;
b. de in artikel 231, tweede lid, onderdeel c, bedoelde ambtenaar van die gemeenten voor de uitvoering van enige wettelijke bepaling betreffende de invordering van gemeentelijke belastingen;
c. de in artikel 231, tweede lid, onderdeel d, bedoelde ambtenaren van die gemeenten voor de uitvoering van enige wettelijke bepaling betreffende de heffing of de invordering van gemeentelijke belastingen;
d. de in artikel 231, tweede lid, onderdeel e, bedoelde ambtenaar van die gemeenten, voor de uitvoering van enige wettelijke bepaling betreffende de invordering van gemeentelijke belastingen.
3. Het eerste lid is van overeenkomstige toepassing ten aanzien van het college van de gemeente waarvan de ambtenaar, belast met de invordering van gemeentelijke belastingen op grond van het tweede lid, onderdeel b, wordt aangewezen.
4. Indien voor de heffing of de invordering van gemeentelijke belastingen een gemeenschappelijke regeling is getroffen en bij die regeling een openbaar lichaam of een bedrijfsvoeringsorganisatie is ingesteld, kan bij of krachtens die regeling worden bepaald dat een daartoe aangewezen ambtenaar van dat openbare lichaam of die bedrijfsvoeringsorganisatie wordt aangewezen als: *Heffing en vordering bij gemeenschappelijke regeling*
a. de in artikel 231, tweede lid, onderdeel b, bedoelde ambtenaar van de gemeente voor de uitvoering van enige wettelijke bepaling betreffende de heffing van gemeentelijke belastingen;
b. de in artikel 231, tweede lid, onderdeel c, bedoelde ambtenaar van de gemeente voor de uitvoering van enige wettelijke bepaling betreffende de invordering van gemeentelijke belastingen;
c. de in artikel 231, tweede lid, onderdeel d, bedoelde ambtenaren van de gemeente voor de uitvoering van enige wettelijke bepaling betreffende de heffing of de invordering van gemeentelijke belastingen;
d. de in artikel 231, tweede lid, onderdeel e, bedoelde ambtenaar van de gemeente voor de uitvoering van enige wettelijke bepaling betreffende de invordering van gemeentelijke belastingen.
5. Het eerste lid is van overeenkomstige toepassing ten aanzien van het dagelijks bestuur van het openbaar lichaam of het bestuur van de bedrijfsvoeringsorganisatie waarvan een ambtenaar op grond van het vierde lid, onderdeel b, wordt aangewezen.

Art. 233
Gemeentelijke belastingen kunnen worden geheven bij wege van aanslag, bij wege van voldoening op aangifte of op andere wijze, doch niet bij wege van afdracht op aangifte.   *Wijzen van belastingheffing*

Art. 233a
1. Indien de gemeentelijke belastingen op andere wijze worden geheven, bepaalt de belastingverordening op welke wijze deze worden geheven en de wijze waarop de belastingschuld aan de belastingplichtige wordt bekendgemaakt. De belastingverordening kan daarnaast bepalen dat het college omtrent de uitvoering van een en ander nadere regels geeft.   *Andere wijze van heffing*
2. De op andere wijze geheven belastingen worden voor de toepassing van de Algemene wet en de Invorderingswet 1990 aangemerkt als bij wege van aanslag geheven belastingen, met dien verstande dat wordt verstaan onder:
a. de aanslag, de voorlopige aanslag, de navorderingsaanslag: het gevorderde, onderscheidenlijk het voorlopig gevorderde, het nagevorderde bedrag;
b. het aanslagbiljet: de kennisgeving van het in onderdeel *a* bedoelde bedrag;

art. 234 4 Gemeentewet

c. de dagtekening van het aanslagbiljet: de dagtekening van de schriftelijke kennisgeving van het in onderdeel a bedoelde bedrag, of bij gebreke van een schriftelijke kennisgeving, de datum waarop het bedrag op andere wijze ter kennis van de belastingplichtige is gebracht.

Art. 234

Wijze van heffen parkeerbelasting

1. De belasting, bedoeld in artikel 225, eerste lid, onder a, wordt geheven bij wege van voldoening op aangifte dan wel op andere wijze.
2. Als voldoening op aangifte wordt uitsluitend aangemerkt:
   a. het bij de aanvang van het parkeren in werking stellen van een parkeermeter of een parkeerautomaat op de daartoe bestemde wijze en met inachtneming van de door het college gestelde voorschriften;
   b. indien ingevolge artikel 235, eerste lid, een wielklem is aangebracht, de voldoening op aangifte op de door het college bepaalde wijze.

Geen beroep mogelijk

3. Ingeval een naheffingsaanslag wordt opgelegd, wordt deze berekend over een parkeerduur van een uur, tenzij aannemelijk is dat het voertuig langer dan een uur zonder betaling geparkeerd heeft gestaan.
4. De artikelen 67b, 67c en 67f van de Algemene wet blijven buiten toepassing.

Kosten opleggen naheffingsaanslag

5. Ter zake van het opleggen van een naheffingsaanslag worden kosten in rekening gebracht. Deze kosten maken onderdeel uit van de naheffingsaanslag en worden afzonderlijk op het aanslagbiljet vermeld. Ten aanzien van hetzelfde voertuig worden per aaneengesloten periode de kosten niet vaker dan eenmaal per kalenderdag in rekening gebracht.
6. Bij algemene maatregel van bestuur worden regels gesteld met betrekking tot de wijze van berekening en de maximale hoogte van de in het vijfde lid bedoelde kosten. In de belastingverordening wordt het bedrag van de in rekening te brengen kosten bepaald.
7. Overeenkomstig artikel 8, eerste lid, van de Invorderingswet 1990 wordt het aanslagbiljet bekend gemaakt door toezending of uitreiking. In afwijking daarvan kan het aanslagbiljet ook worden aangebracht op of aan het voertuig. Alsdan vermeldt het aanslagbiljet niet de naam van de belastingschuldige maar het kenteken van het voertuig. Bij gebreke van een kenteken vermeldt het aanslagbiljet een of meer gegevens die kenmerkend zijn voor het geparkeerde voertuig.
8. De naheffingsaanslag is dadelijk en ineens invorderbaar.

Art. 234a-234b
[Vervallen]

Art. 235

Wielklem

1. Bij de belastingverordening, bedoeld in artikel 225, eerste lid, onder a, kan worden bepaald dat terstond nadat het aanslagbiljet aan de belastingschuldige is uitgereikt dan wel terstond nadat het aanslagbiljet, overeenkomstig artikel 234, zevende lid, aan het voertuig is aangebracht, de in artikel 231, tweede lid, onderdeel b, bedoelde gemeenteambtenaar bevoegd is tot zekerheid van de betaling van de naheffingsaanslag, bedoeld in artikel 234, derde lid, aan het voertuig een mechanisch hulpmiddel, hierna te noemen: wielklem, te doen aanbrengen, waardoor wordt verhinderd dat het voertuig wordt weggereden.

Aanwijzing gebieden

2. Bij de belastingverordening dan wel krachtens de belastingverordening in de daarin aangewezen gevallen door het college worden de terreinen of weggedeelten aangewezen waar de wielklem wordt toegepast.
3. Ter zake van het aanbrengen alsmede van het verwijderen van de wielklem worden kosten in rekening gebracht.

Verwijderen wielklem

4. De wielklem wordt niet verwijderd dan nadat de naheffingsaanslag alsmede de kosten van het aanbrengen en van het verwijderen van de wielklem zijn voldaan. Na deze voldoening vindt de verwijdering van de wielklem zo spoedig mogelijk plaats.

Wegslepen

5. Na afloop van een in de belastingverordening te bepalen termijn, die ten minste 24 uren bedraagt na aanbrenging van de wielklem, is de in artikel 231, tweede lid, onderdeel b, bedoelde gemeenteambtenaar bevoegd het voertuig naar een door hem aangewezen plaats te doen overbrengen en in bewaring te doen stellen. Ter zake van de in de eerste volzin bedoelde overbrenging en bewaring wordt procesverbaal opgemaakt en worden kosten in rekening gebracht.

Bewaarregister

6. De in artikel 231, tweede lid, onderdeel b, bedoelde gemeenteambtenaar draagt er zorg voor dat in een daartoe aangelegd register aantekening wordt gemaakt van de gevallen waarin de in het vijfde lid bedoelde bevoegdheid wordt uitgeoefend.

Zorgplicht

7. De in artikel 231, tweede lid, onderdeel b, bedoelde gemeenteambtenaar draagt zorg voor de bewaring van de ingevolge het vijfde lid in bewaring gestelde voertuigen.
8. De in artikel 231, tweede lid, onderdeel b, bedoelde gemeenteambtenaar geeft het voertuig terug aan de rechthebbende, nadat de naheffingsaanslag, de kosten van het aanbrengen en verwijderen van de wielklem en de kosten van overbrenging en bewaring zijn voldaan.

Niet afgehaalde voertuigen

9. Wanneer het voertuig binnen 48 uren na het in bewaring stellen niet is afgehaald, geeft de in artikel 231, tweede lid, onderdeel b, bedoelde gemeenteambtenaar zo mogelijk binnen zeven dagen van de overbrenging en bewaring kennis:

a. indien het voertuig een motorrijtuig is, dat een kenteken voert als bedoeld in artikel 36, eerste lid, van de Wegenverkeerswet 1994, aan degene aan wie dat kenteken is opgegeven;
b. indien blijkt dat ter zake van het voertuig aangifte van vermissing is gedaan, aan degene die aangifte heeft gedaan;
c. in nader door Onze Minister te bepalen gevallen op de daarbij aangegeven wijze.
10. De kosten van opsporing van degene aan wie de kennisgeving wordt gezonden en die van het doen van de kennisgeving worden voor de toepassing van dit artikel gerekend tot de kosten van overbrenging en bewaring.
11. Wanneer het voertuig binnen drie maanden na het in bewaring stellen niet is afgehaald, is de in artikel 231, tweede lid, onderdeel b, bedoelde gemeenteambtenaar bevoegd het te verkopen of, indien verkoop naar hun oordeel niet mogelijk is, het voertuig om niet aan een derde in eigendom over te dragen of te laten vernietigen. Gelijke bevoegdheid heeft de in artikel 231, tweede lid, onderdeel b, bedoelde gemeenteambtenaar ook binnen die termijn, zodra het gezamenlijke bedrag van de naheffingsaanslag, de kosten van het aanbrengen en verwijderen van de wielklem en de kosten van overbrenging en bewaring, vermeerderd met de voor de verkoop, de eigendomsoverdracht om niet of de vernietiging geraamde kosten, in verhouding tot de waarde van het voertuig naar zijn mening onevenredig hoog zou worden. Verkoop, eigendomsoverdracht om niet of vernietiging vindt niet plaats binnen twee weken nadat de kennisgeving als bedoeld in het negende lid is uitgegaan. Voor de toepassing van de volgende leden worden de kosten van verkoop, eigendomsoverdracht om niet of vernietiging gerekend tot de kosten van overbrenging en bewaring.
12. Gedurende drie jaren na het tijdstip van de verkoop heeft degene, die op dat tijdstip eigenaar was, recht op de opbrengst van het voertuig, met dien verstande dat eerst de kosten van het aanbrengen en verwijderen van de wielklem en van het overbrengen en bewaren van het voertuig en vervolgens de naheffingsaanslag met die opbrengst worden verrekend. Na het verstrijken van die termijn vervalt het eventueel batige saldo aan de gemeente.
13. Bij algemene maatregel van bestuur worden regels gesteld met betrekking tot de wijze van berekening van de kosten van het aanbrengen en verwijderen van de wielklem en van het overbrengen en bewaren van het voertuig. In de belastingverordening wordt bepaald tot welke bedragen de kosten in rekening worden gebracht.   *Regels kostenberekening*
14. De in artikel 231, tweede lid, onderdeel b, bedoelde gemeenteambtenaar stelt het bedrag van de in rekening te brengen kosten vast bij voor bezwaar vatbare beschikking.
15. Bij of krachtens algemene maatregel van bestuur worden regels gesteld omtrent de overbrenging, bewaring, verkoop, eigendomsoverdracht om niet en vernietiging, het inrichten en aanhouden van het in het zesde lid bedoelde register, alsmede omtrent hetgeen verder voor de uitvoering van dit artikel noodzakelijk is.
16. Indien aantoonbaar is dat door het aanbrengen of het verwijderen van de wielklem dan wel tijdens de overbrenging en bewaring schade aan het voertuig is toegebracht, is de gemeente gehouden deze schade te vergoeden.   *Schade aan voertuig*

Art. 236
1. Bij de heffing van gemeentelijke belastingen blijven de artikelen 2, vierde lid, 3, 3a, 37 tot en met 39, 47a, 48, 52, 53, 54, 55, 62, 71, 76, 80, tweede, derde en vierde lid, 82, 84, 86, 87 en 90 tot en met 95 van de Algemene wet buiten toepassing. Bij de heffing van gemeentelijke belastingen die op andere wijze worden geheven, blijven bovendien de artikelen 5, 6 tot en met 9, 11, twaalfde lid, en 12 van die wet buiten toepassing.   *Buiten toepassing blijvende bepalingen van de Algemene wet*
2. Op een bezwaarschrift dat niet is ingediend in de laatste zes weken van een kalenderjaar, doet de in artikel 231, tweede lid, onderdeel b, bedoelde gemeenteambtenaar, in afwijking van artikel 7:10, eerste lid, van de Algemene wet bestuursrecht, uitspraak in het kalenderjaar waarin het bezwaarschrift is ontvangen.   *Belastingtarief*

Art. 237
1. Het uitnodigen tot het doen van aangifte, bedoeld in artikel 6 van de Algemene wet, geschiedt door het uitreiken van een aangiftebiljet.   *Aangiftebiljet*
2. Het doen van aangifte, bedoeld in artikel 8 van de Algemene wet, geschiedt door het inleveren of toezenden van het uitgereikte aangiftebiljet met de daarbij gevraagde bescheiden.
3. In afwijking in zoverre van de vorige leden kan de in artikel 231, tweede lid, onderdeel b, bedoelde gemeenteambtenaar vorderen dat een verplichting tot het doen van aangifte of tot het indienen van een verzoek om uitreiking van een aangiftebiljet wordt nagekomen door het mondeling doen van aangifte. Daarbij: *Mondeling doen van aangifte*
a. worden de door de in artikel 231, tweede lid, onderdeel b, bedoelde gemeenteambtenaar gevraagde bescheiden overgelegd;
b. kan de in artikel 231, tweede lid, onderdeel b, bedoelde gemeenteambtenaar vorderen dat een van de mondelinge aangifte opgemaakt relaas door de aangever wordt ondertekend, bij gebreke waarvan de aangifte geacht wordt niet te zijn gedaan.
4. Indien het derde lid toepassing vindt, kan de in artikel 231, tweede lid, onderdeel b, bedoelde gemeenteambtenaar voor de termijnen, genoemd in artikel 9, eerste lid en derde lid, eerste

volzin, artikel 10, tweede lid, en artikel 19, eerste, derde en vierde lid, van de Algemene wet of voor de kortere termijn, bedoeld in artikel 238, eerste of tweede lid, kortere termijnen in de plaats stellen en is artikel 12 van de Algemene wet niet van toepassing.
5. Bij de belastingverordening kan van het eerste en tweede lid worden afgeweken.

Art. 238

Kortere aangiftetermijn

1. Met betrekking tot de bij wege van aanslag geheven gemeentelijke belastingen kan in de belastingverordening voor de in artikel 9, eerste en derde lid, van de Algemene wet genoemde termijn van ten minste een maand een kortere termijn in de plaats worden gesteld.
2. Met betrekking tot de bij wege van voldoening op aangifte geheven gemeentelijke belastingen kan in de belastingverordening voor de termijn van een maand, genoemd in artikel 10, tweede lid, en artikel 19, eerste, derde en vierde lid, van de Algemene wet, een kortere termijn in de plaats worden gesteld.

Art. 239

Samenvoeging aanslagen op één biljet

1. De in artikel 231, tweede lid, onderdeel b, bedoelde gemeenteambtenaar is bevoegd voor eenzelfde belastingplichtige bestemde belastingaanslagen van dezelfde soort die betrekking kunnen hebben op verschillende belastingen, op één aanslagbiljet te verenigen.
2. Het eerste lid vindt overeenkomstige toepassing ingeval de belasting op andere wijze wordt geheven.

Art. 240-241
[Vervallen]

Art. 242

Termijn voor verzoekschriften voor vrijstelling, vermindering, ontheffing of teruggaaf

1. Degene die ingevolge de belastingverordening aanspraak kan maken op een gehele of gedeeltelijke vrijstelling, vermindering, ontheffing of teruggaaf, kan binnen zes weken nadat de omstandigheid welke die aanspraak deed ontstaan, zich heeft voorgedaan, of, voor zover het een belasting betreft die bij wege van aanslag wordt geheven en op dat tijdstip nog geen aanslagbiljet is uitgereikt of is toegezonden, binnen zes weken na de dagtekening van het aanslagbiljet, een aanvraag tot het verkrijgen van vrijstelling, vermindering, ontheffing of teruggaaf indienen bij de in artikel 231, tweede lid, onderdeel b, bedoelde gemeenteambtenaar.
2. Het eerste lid vindt overeenkomstige toepassing ingeval de belasting op andere wijze wordt geheven.
3. De in artikel 231, tweede lid, onderdeel b, bedoelde gemeenteambtenaar beslist op de aanvraag bij voor bezwaar vatbare beschikking.

Art. 243

Toepassing internationaal recht

In de gevallen waarin het volkenrecht dan wel, naar het oordeel van Onze Minister en Onze Minister van Financiën, het internationale gebruik daartoe noodzaakt, wordt vrijstelling van gemeentelijke belastingen verleend. Onze genoemde Ministers kunnen gezamenlijk ter zake nadere regels stellen.

Art. 244

Ambtshalve verlening van vrijstelling

Naast een in de belastingverordening voorziene vermindering, ontheffing of teruggaaf kan de in artikel 231, tweede lid, onderdeel b, bedoelde gemeenteambtenaar ook een in de belastingverordening voorziene vrijstelling ambtshalve verlenen.

Art. 245-246
[Vervallen]

Art. 246a

Regels gemeentelijke belastingen

1. Met betrekking tot gemeentelijke belastingen kunnen bij algemene maatregel van bestuur:
a. regels worden gesteld waarbij de artikelen 48, 52, 53, eerste en vierde lid, 54 of 55 van de Algemene wet inzake rijksbelastingen, alsmede de artikelen 59 of 62 van de Invorderingswet 1990 geheel of gedeeltelijk van toepassing worden verklaard, dan wel
b. regels worden gesteld die overeenkomen met die in de in onderdeel a genoemde artikelen.
2. De in het eerste lid bedoelde regels bevatten in elk geval een omschrijving van degene op wie de verplichting rust, alsmede van de belasting ten behoeve waarvan de verplichting geldt. Voorts vermelden deze regels naar gelang de aard van de verplichting een omschrijving van de aard van de te verstrekken gegevens en inlichtingen, van de aard van de gegevens welke uit de administratie dienen te blijken of van het doel waarvoor het voor raadpleging beschikbaar stellen van gegevensdragers kan geschieden.

Art. 247-248
[Vervallen]

Art. 249

Invorderingswet

Bij de invordering van gemeentelijke belastingen blijven van de Invorderingswet 1990 buiten toepassing de artikelen 5, 7c, 20, 21 59, 62 en 69. Bij de invordering van gemeentelijke belastingen die op andere wijze worden geheven, blijft bovendien artikel 8, eerste lid, van die wet buiten toepassing.

Art. 250

Invorderingstermijnen

1. De belastingverordening kan van artikel 9 van de Invorderingswet 1990 afwijkende voorschriften inhouden.

2. De belastingverordening kan bepalen dat het verschuldigde bedrag moet worden betaald gelijktijdig met en op dezelfde wijze als de voldoening van een andere vordering aan de schuldeiser van die andere vordering.

Art. 250a
[Vervallen]

Art. 251
Met betrekking tot het doen van een vordering als bedoeld in artikel 19, vierde lid, van de Invorderingswet 1990 zijn de krachtens het tiende lid van dat artikel door Onze minister van Financiën gestelde regels van overeenkomstige toepassing.

Vordering ex art. 19 IW 1990

Art. 251a
[Vervallen]

Art. 252
De verrekening van aan de belastingschuldige uit te betalen en van hem te innen bedragen ter zake van gemeentelijke belastingen op de voet van artikel 24 van de Invorderingswet 1990 is ook mogelijk ingeval de in artikel 9 van de Invorderingswet 1990 gestelde termijn, dan wel de krachtens artikel 250, eerste lid, gestelde termijn nog niet is verstreken.

Verrekening

Art. 253
1. Indien ter zake van hetzelfde voorwerp van de belasting of hetzelfde belastbare feit twee of meer personen belastingplichtig zijn, kan de belastingaanslag ten name van een van hen worden gesteld.
2. Indien de belastingplicht, bedoeld in het eerste lid, voortvloeit uit het genot van een onroerende zaak krachtens eigendom, bezit of beperkt recht en de aanslag ten name van één van de belastingplichtigen is gesteld, kan de met de invordering van gemeentelijke belastingen belaste gemeenteambtenaar de belastingaanslag op de gehele onroerende zaak verhalen ten name van degene te wiens name de aanslag is gesteld, zonder rekening te houden met de rechten van de overige belastingplichtigen.
3. De belastingschuldige die de belastingaanslag heeft voldaan kan hetgeen hij meer heeft voldaan dan overeenkomt met zijn belastingplicht verhalen op de overige belastingplichtigen naar evenredigheid van ieders belastingplicht.
4. Tegen een met toepassing van het eerste lid vastgestelde belastingaanslag kan mede beroep bij de rechtbank worden ingesteld door de belastingplichtige wiens naam niet op het aanslagbiljet staat vermeld. Artikel 26a, derde lid, van de Algemene wet is van overeenkomstige toepassing.
5. Van het derde lid kan bij overeenkomst worden afgeweken.

Samenvoeging belastingaanslagen

Art. 254
Voor de toepassing van artikel 66 van de Invorderingswet 1990 met betrekking tot gemeentelijke belastingen blijven de artikelen 76, 80, tweede, derde en vierde lid, 82, 84, 86 en 87 van de Algemene wet buiten toepassing.

Buiten toepassing blijvende artikelen Awb

Art. 255
1. De in artikel 26 van de Invorderingswet 1990 bedoelde kwijtschelding wordt met betrekking tot gemeentelijke belastingen verleend door de in artikel 231, tweede lid, onderdeel c, bedoelde gemeenteambtenaar.
2. Met betrekking tot het verlenen van gehele of gedeeltelijke kwijtschelding zijn de krachtens artikel 26 van de Invorderingswet 1990 door Onze Minister van Financiën bij ministeriële regeling gestelde regels van toepassing.
3. De raad kan bepalen dat, in afwijking van de in het tweede lid bedoelde regels, in het geheel geen dan wel gedeeltelijk kwijtschelding wordt verleend.
4. Met inachtneming van door Onze Minister, in overeenstemming met Onze Minister van Financiën, te stellen regels kan de raad met betrekking tot de wijze waarop de kosten van bestaan en de wijze waarop het vermogen in aanmerking worden genomen afwijkende regels stellen die er toe leiden dat in ruimere mate kwijtschelding wordt verleend.
5. Het college kan de belasting geheel of gedeeltelijk oninbaar verklaren. Het daartoe strekkende besluit ontheft de gemeenteambtenaar belast met de invordering van gemeentelijke belastingen van de verplichting verdere pogingen tot invordering te doen.

Kwijtschelding en oninbaarverklaring

Art. 255a
[Vervallen]

Art. 256
Indien ter zake van een gemeentelijke belasting exploot moet worden gedaan, een akte van vervolging betekend of een dwangbevel ten uitvoer gelegd in een van de openbare lichamen Bonaire, Sint Eustatius en Saba, dan wel in een andere gemeente dan die waaraan belasting verschuldigd is, is daartoe naast de belastingdeurwaarder van laatstbedoelde gemeente mede de belastingdeurwaarder van eerstbedoelde gemeente respectievelijk van het desbetreffende openbaar lichaam bevoegd en desgevraagd verplicht.

Bevoegdheid deurwaarder buiten de gemeente

Art. 257

Nadere regels bij of krachtens AMvB

Bij of krachtens algemene maatregel van bestuur kunnen inzake de belastingen, bedoeld in artikel 220, nadere regels worden gegeven inzake de heffing en de invordering, alsmede inzake alle gemeentelijke belastingen andere in het kader van deze paragraaf passende nadere regels ter aanvulling van de in deze paragraaf geregelde onderwerpen.

Art. 258
[Vervallen]

Titel V
Aanvullende bepalingen inzake het toezicht op het gemeentebestuur

Hoofdstuk XVI
Goedkeuring

Art. 259

Preventief toezicht

1. Beslissingen van gemeentebesturen kunnen slechts aan goedkeuring worden onderworpen in bij de wet of krachtens de wet bij provinciale verordening bepaalde gevallen.
2. Ten aanzien van de goedkeuring van andere beslissingen dan besluiten zijn artikel 266 alsmede afdeling 10.2.1 van de Algemene wet bestuursrecht van overeenkomstige toepassing.

Art. 260-265
[Vervallen]

Art. 266

Goedkeuring bij KB

1. Een beslissing die aan goedkeuring bij koninklijk besluit is onderworpen, wordt toegezonden aan Onze Minister wie het aangaat.

Onthoudingsgoedkeuring

2. Een voordracht tot onthouding van goedkeuring wordt gedaan door of mede door Onze Minister.

Horen RvS

3. Onthouding van goedkeuring geschiedt niet, dan nadat de Raad van State is gehoord. De toepassing van artikel 10:30, eerste lid, van de Algemene wet bestuursrecht vindt in dat geval plaats voordat het ontwerp-besluit bij de Raad van State ter overweging wordt gebracht. Artikel 27d van de Wet op de Raad van State is van overeenkomstige toepassing.

Art. 267
[Vervallen]

Hoofdstuk XVII
Schorsing en vernietiging

Art. 268

Repressief toezicht; vernietiging en schorsing

1. Een besluit dan wel een niet-schriftelijke beslissing gericht op enig rechtsgevolg van het gemeentebestuur kan bij koninklijk besluit worden vernietigd.
2. Ten aanzien van de vernietiging van een niet-schriftelijke beslissing gericht op enig rechtsgevolg zijn de artikelen 273 tot en met 281a alsmede de afdelingen 10.2.2 en 10.2.3 van de Algemene wet bestuursrecht van overeenkomstige toepassing.

Art. 269-272
[Vervallen]

Art. 273

Repressief toezicht burgemeester

1. Indien een besluit naar het oordeel van de burgemeester voor vernietiging in aanmerking komt, doet hij daarvan binnen twee dagen nadat het te zijner kennis is gekomen, door tussenkomst van gedeputeerde staten, mededeling aan Onze Minister wie het aangaat. Hij geeft hiervan tegelijkertijd kennis aan het orgaan dat het besluit nam, en zo nodig aan het orgaan dat met de uitvoering van het besluit is belast.
2. Gedeputeerde staten zenden de stukken, vergezeld van hun advies, binnen een week na de dagtekening van de mededeling van de burgemeester toe aan Onze Minister wie het aangaat.
3. Het besluit ten aanzien waarvan het eerste lid toepassing heeft gevonden, wordt niet of niet verder uitgevoerd, voordat van Onze Minister wie het aangaat de mededeling is ontvangen, dat voor schorsing of vernietiging geen redenen bestaan. Indien het besluit niet binnen vier weken na de dagtekening van de mededeling van de burgemeester is geschorst of vernietigd, wordt het uitgevoerd.

Art. 273a

Besluit tot vernietiging

1. Indien een besluit van de raad of het college naar het oordeel van gedeputeerde staten of indien een besluit van de burgemeester naar het oordeel van de commissaris van de Koning voor vernietiging in aanmerking komt, doen zij daarvan binnen tien dagen nadat het te hunner kennis is gekomen, mededeling aan Onze Minister wie het aangaat. Zij geven hiervan tegelijkertijd kennis aan het orgaan dat het besluit nam, en zo nodig aan het orgaan dat met de uitvoering van het besluit is belast en aan de geadresseerde van het besluit.

2. Het besluit ten aanzien waarvan het eerste lid toepassing heeft gevonden, wordt niet of niet verder uitgevoerd, voordat van Onze Minister wie het aangaat de mededeling is ontvangen, dat voor schorsing of vernietiging geen redenen bestaan. Indien het besluit niet binnen vier weken na de dagtekening van de mededeling van gedeputeerde staten of de commissaris van de Koning is geschorst of vernietigd, wordt het uitgevoerd.
3. In geval de bevoegdheid tot het nemen van een besluit aan de raad, het college of de burgemeester is verleend bij andere wet dan deze en het besluit in aanmerking komt voor vernietiging wegens strijd met het recht, kunnen gedeputeerde staten onderscheidenlijk de commissaris van de Koning mededeling doen dat zij overwegen toepassing te geven aan het eerste lid. De mededeling wordt gedaan aan het orgaan dat het besluit heeft genomen, het orgaan dat met de uitvoering van het besluit is belast en de geadresseerde van het besluit. Nadat gedeputeerde staten onderscheidenlijk de commissaris van de Koning, mededeling hebben gedaan, wordt het besluit niet of niet verder uitgevoerd. Indien niet binnen tien dagen toepassing is gegeven aan het eerste lid, dan wel indien gedeputeerde staten onderscheidenlijk de commissaris van de Koning mededelen dat geen toepassing wordt gegeven aan het eerste lid, wordt het besluit uitgevoerd.

Art. 274
1. Een voordracht tot schorsing wordt gedaan door Onze Minister wie het aangaat.   Schorsing van besluiten
2. Over de voordracht pleegt Onze Minister wie het aangaat overleg met Onze Minister, tenzij schorsing onverwijld plaats dient te vinden. In de voordracht wordt het achterwege blijven van overleg gemotiveerd.

Art. 275
In het koninklijk besluit kan voor de duur van de schorsing een voorziening worden getroffen.   Voorziening tijdens schorsing

Art. 276
[Vervallen]

Art. 277
Indien een bekend gemaakt besluit niet is vernietigd binnen de tijd waarvoor het is geschorst, wordt hiervan door het gemeentebestuur openbaar kennis gegeven.   Vernietiging van besluiten, nadere regels

Art. 278
1. De voordracht tot vernietiging wordt gedaan door of mede door Onze Minister.   Vernietiging van besluiten
2. Artikel 17, derde lid, van de Wet op de Raad van State is niet van toepassing.

Art. 278a
1. In het koninklijk besluit kan een voorziening worden getroffen voor de periode tussen de inwerkingtreding en het tijdstip dat het op grond van artikel 281 genomen besluit in werking is getreden.   Inhoud KB
2. Indien, gelet op het koninklijk besluit, het gemeentebestuur bij de toepassing van artikel 281 niet over beleidsvrijheid beschikt, kan het koninklijk besluit bepalen dat het in de plaats treedt van het vernietigde besluit.
3. In het koninklijk besluit kan worden bepaald dat ter zake van het vernietigde besluit geen nieuw besluit wordt genomen.
4. In het koninklijk besluit kan het gemeentebestuur een aanwijzing worden gegeven over de uitvoering van het koninklijk besluit. De artikelen 124 tot en met 124h zijn van overeenkomstige toepassing ingeval de aanwijzing niet wordt opgevolgd.
5. Indien het koninklijk besluit betrekking heeft op de vernietiging van een algemeen verbindend voorschrift of een ander besluit van algemene strekking, kan worden bepaald dat de vernietiging tevens betrekking heeft op besluiten die zijn genomen op grond van of ter uitvoering van het algemeen verbindend voorschrift of het andere besluit van algemene strekking.

Art. 279
Het koninklijk besluit tot schorsing, opheffing of verlenging van de schorsing of tot vernietiging wordt in het *Staatsblad* geplaatst.   Bekendmaking in Staatsblad

Art. 280
[Vervallen]

Art. 281
1. Het gemeentebestuur neemt opnieuw een besluit omtrent het onderwerp van het vernietigde besluit, waarbij met het koninklijk besluit wordt rekening gehouden, tenzij in het koninklijk besluit toepassing is gegeven aan artikel 278a, tweede of derde lid.   Nieuw besluit
2. In het koninklijk besluit kan een termijn worden gesteld waarbinnen toepassing wordt gegeven aan het eerste lid. De artikelen 124 tot en met 124h zijn van overeenkomstige toepassing ingeval niet binnen de termijn toepassing is gegeven aan het eerste lid.

Art. 281a
In afwijking van artikel 8:4, eerste lid, onderdeel d, van de Algemene wet bestuursrecht kan een belanghebbende tegen een koninklijk besluit als bedoeld in artikel 268, eerste lid, dan wel tegen een vernietigingsbesluit als bedoeld in artikel 85, tweede lid, beroep instellen.   Beroep

art. 290 | 4 Gemeentewet

Titel VI
Art. 282-288a
[Vervallen]

Titel VII
Overgangs- en slotbepalingen

Art. 289
[Vervallen]

Art. 290

Gevolgen intrekken oude Gemeentewet

1. De intrekking van de gemeentewet heeft geen gevolgen voor de geldigheid van de op de dag voor de inwerkingtreding van deze wet geldende besluiten.
2. Besluiten als bedoeld in het eerste lid die algemeen verbindende voorschriften bevatten waarvan de inhoud in strijd is met deze wet, worden binnen twee jaar na de datum van inwerkingtreding van deze wet daarmee in overeenstemming gebracht of ingetrokken. De besluiten, of onderdelen daarvan, die bij het verstrijken van de in de vorige volzin genoemde termijn niet met deze wet in overeenstemming zijn gebracht of zijn ingetrokken, zijn van rechtswege vervallen.
3. Besluiten van gedeputeerde staten, bedoeld in artikel 100, eerste lid van de gemeentewet vervallen van rechtswege op de dag waarop deze wet in werking treedt.
4. Niettemin blijven gedeputeerde staten na de inwerkingtreding van deze wet bevoegd de jaarwedde van wethouders over de periode voorafgaand aan de inwerkingtreding van deze wet vast te stellen overeenkomstig artikel 100, eerste lid, van de gemeentewet.
5. Het derde en het vierde lid zijn van overeenkomstige toepassing op jaarwedden van gemeentesecretarissen, bedoeld in artikel 111, eerste lid, van de gemeentewet.

Art. 291

Zittende wethouder/burgemeester

Artikel 44, vijfde tot en met achtste lid, onderscheidenlijk artikel 66, vijfde tot en met zevende lid, is niet van toepassing op de bij inwerkingtreding van die bepalingen zittende wethouder onderscheidenlijk burgemeester, zolang deze zonder onderbreking zijn ambt vervult in dezelfde gemeente.

Art. 292-309
[Vervallen]

Art. 310

Citeertitel

Deze wet kan worden aangehaald als: Gemeentewet.

5 Algemene wet bestuursrecht

Inhoudsopgave

Hoofdstuk 1	Inleidende bepalingen	Art. 1:1
Titel 1.1	Definities en reikwijdte	Art. 1:1
Titel 1.2	Uitvoering van bindende besluiten van organen van de Europese Unie	Art. 1:7
Hoofdstuk 2	Verkeer tussen burgers en bestuursorganen	Art. 2:1
Afdeling 2.1	Algemene bepalingen	Art. 2:1
Afdeling 2.2	Gebruik van de taal in het bestuurlijk verkeer	Art. 2:6
Afdeling 2.3	Verkeer langs elektronische weg	Art. 2:13
Hoofdstuk 3	Algemene bepalingen over besluiten	Art. 3:1
Afdeling 3.1	Inleidende bepalingen	Art. 3:1
Afdeling 3.2	Zorgvuldigheid en belangenafweging	Art. 3:2
Afdeling 3.3	Advisering	Art. 3:5
Afdeling 3.4	Uniforme openbare voorbereidingsprocedure	Art. 3:10
Afdeling 3.5	Samenhangende besluiten	Art. 3:19
Paragraaf 3.5.1	Algemeen	Art. 3:19
Paragraaf 3.5.2	Informatie	Art. 3:20
Paragraaf 3.5.3	Coördinatie van besluitvorming en rechtsbescherming	Art. 3:21
Afdeling 3.6	Bekendmaking en mededeling	Art. 3:40
Afdeling 3.7	Motivering	Art. 3:46
Hoofdstuk 4	Bijzondere bepalingen over besluiten	Art. 4:1
Titel 4.1	Beschikkingen	Art. 4:1
Afdeling 4.1.1	De aanvraag	Art. 4:1
Afdeling 4.1.2	De voorbereiding	Art. 4:7
Afdeling 4.1.3	Beslistermijn	Art. 4:13
§ 4.1.3.1	Beslistermijn	Art. 4:13
§ 4.1.3.2	Dwangsom bij niet tijdig beslissen	Art. 4:16
§ 4.1.3.3	Positieve fictieve beschikking bij niet tijdig beslissen	Art. 4:20a
Titel 4.2	Subsidies	Art. 4:21
Afdeling 4.2.1	Inleidende bepalingen	Art. 4:21
Afdeling 4.2.2	Het subsidieplafond	Art. 4:25
Afdeling 4.2.3	De subsidieverlening	Art. 4:29
Afdeling 4.2.4	Verplichtingen van de subsidie-ontvanger	Art. 4:37
Afdeling 4.2.5	De subsidievaststelling	Art. 4:42
Afdeling 4.2.6	Intrekking en wijziging	Art. 4:48
Afdeling 4.2.7	Betaling en terugvordering	Art. 4:52
Afdeling 4.2.8	Per boekjaar verstrekte subsidies aan rechtspersonen	Art. 4:58
Paragraaf 4.2.8.1	Inleidende bepalingen	Art. 4:58
Paragraaf 4.2.8.2	De aanvraag	Art. 4:60
Paragraaf 4.2.8.3	De subsidieverlening	Art. 4:66
Paragraaf 4.2.8.4	Verplichtingen van de subsidie-ontvanger	Art. 4:68
Paragraaf 4.2.8.5	De subsidievaststelling	Art. 4:73
Titel 4.3	Beleidsregels	Art. 4:81
Titel 4.4	Bestuursrechtelijke geldschulden	Art. 4:85
Afdeling 4.4.1	Vaststelling en inhoud van de verplichting tot betaling	Art. 4:85
Afdeling 4.4.2	Verzuim en wettelijke rente	Art. 4:97
Afdeling 4.4.3	Verjaring	Art. 4:104
Afdeling 4.4.4	Aanmaning en invordering bij dwangbevel	Art. 4:112
Paragraaf 4.4.4.1	De aanmaning	Art. 4:112
Paragraaf 4.4.4.2	Invordering bij dwangbevel	Art. 4:114
Afdeling 4.4.5	Bezwaar en beroep	Art. 4:125
Titel 4.5	[Treedt in werking op nader te bepalen tijdstip]	Art. 4:126-4:131
Hoofdstuk 5	Handhaving	Art. 5:1
Titel 5.1	Algemene bepalingen	Art. 5:1
Titel 5.2	Toezicht op de naleving	Art. 5:11
Titel 5.3	Herstelsancties	Art. 5:21
Afdeling 5.3.1	Last onder bestuursdwang	Art. 5:21
Afdeling 5.3.2	Last onder dwangsom	Art. 5:31d
Titel 5.4	Bestuurlijke boete	Art. 5:40
Afdeling 5.4.1	Algemene bepalingen	Art. 5:40
Afdeling 5.4.2	De procedure	Art. 5:48
Hoofdstuk 6	Algemene bepalingen over bezwaar en beroep	Art. 6:1
Afdeling 6.1	Inleidende bepalingen	Art. 6:1

5 Algemene wet bestuursrecht

Afdeling 6.2	Overige algemene bepalingen	Art. 6:4
Hoofdstuk 7	Bijzondere bepalingen over bezwaar en administratief beroep	Art. 7:1
Afdeling 7.1	Bezwaarschrift voorafgaand aan beroep bij de bestuursrechter	Art. 7:1
Afdeling 7.2	Bijzondere bepalingen over bezwaar	Art. 7:2
Afdeling 7.3	Bijzondere bepalingen over administratief beroep	Art. 7:16
Hoofdstuk 8	Bijzondere bepalingen over de wijze van procederen bij de bestuursrechter	Art. 8:1
Titel 8.1	Algemene bepalingen over het beroep in eerste aanleg	Art. 8:1
Afdeling 8.1.1	Bevoegdheid	Art. 8:1
Afdeling 8.1.2	Behandeling door een enkelvoudige, meervoudige of grote kamer	Art. 8:10
Afdeling 8.1.2a	Conclusie	Art. 8:12a
Afdeling 8.1.3	Verwijzing, voeging en splitsing	Art. 8:13
Afdeling 8.1.4	Wraking en verschoning van rechters	Art. 8:15
Afdeling 8.1.5	Partijen	Art. 8:21
Afdeling 8.1.6	Getuigen, deskundigen en tolken	Art. 8:33
Afdeling 8.1.6a	Verkeer langs elektronische weg met de bestuursrechter	Art. 8:36a
Afdeling 8.1.7	Verzending van stukken	Art. 8:36g
Titel 8.2	Behandeling van het beroep in eerste aanleg	Art. 8:41
Afdeling 8.2.1	Griffierecht	Art. 8:41
Afdeling 8.2.1a	Algemene bepaling	Art. 8:41a
Afdeling 8.2.2	Vooronderzoek	Art. 8:42
Afdeling 8.2.2a	Bestuurlijke lus	Art. 8:51a
Afdeling 8.2.3	Versnelde behandeling	Art. 8:52
Afdeling 8.2.4	Vereenvoudigde behandeling	Art. 8:54
Afdeling 8.2.4a	Beroep bij niet tijdig handelen	Art. 8:55a
Afdeling 8.2.5	Onderzoek ter zitting	Art. 8:56
Afdeling 8.2.6	Uitspraak	Art. 8:66
Afdeling 8.2.7	Tussenuitspraak	Art. 8:80a
Titel 8.3	Voorlopige voorziening en onmiddellijke uitspraak in de hoofdzaak	Art. 8:81
Titel 8.4	Schadevergoeding	Art. 8:88
Titel 8.5	Hoger beroep	Art. 8:104
Titel 8.6	Herziening	Art. 8:119
Hoofdstuk 9	Klachtbehandeling	Art. 9:1
Titel 9.1	Klachtbehandeling door een bestuursorgaan	Art. 9:1
Afdeling 9.1.1	Algemene bepalingen	Art. 9:1
Afdeling 9.1.2	De behandeling van klaagschriften	Art. 9:4
Afdeling 9.1.3	Aanvullende bepalingen voor een klachtadviesprocedure	Art. 9:13
Titel 9.2	Klachtbehandeling door een ombudsman	Art. 9:17
Afdeling 9.2.1	Algemene bepalingen	Art. 9:17
Afdeling 9.2.2	Bevoegdheid	Art. 9:22
Afdeling 9.2.3	Procedure	Art. 9:28
Hoofdstuk 10	Bepalingen over bestuursorganen	Art. 10:1
Titel 10.1	Mandaat, delegatie en attributie	Art. 10:1
Afdeling 10.1.1	Mandaat	Art. 10:1
Afdeling 10.1.2	Delegatie	Art. 10:13
Afdeling 10.1.3	Attributie	Art. 10:22
Titel 10.2	Toezicht op bestuursorganen	Art. 10:25
Afdeling 10.2.1	Goedkeuring	Art. 10:25
Afdeling 10.2.2	Vernietiging	Art. 10:33
Afdeling 10.2.3	Schorsing	Art. 10:43
Hoofdstuk 11	Slotbepalingen	Art. 11:1

Algemene wet bestuursrecht[1]

Wet van 4 juni 1992, houdende algemene regels van bestuursrecht (Algemene wet bestuursrecht)

Wij Beatrix, bij de gratie Gods, Koningin der Nederlanden, Prinses van Oranje-Nassau, enz. enz. enz.
Allen, die deze zullen zien of horen lezen, saluut! doen te weten:
Alzo Wij in overweging genomen hebben, dat ingevolge artikel 107, tweede lid, van de Grondwet de wet algemene regels van bestuursrecht dient vast te stellen;
Zo is het, dat Wij, de Raad van State gehoord, en met gemeen overleg der Staten-Generaal, hebben goedgevonden en verstaan, gelijk Wij goedvinden en verstaan bij deze:

Hoofdstuk 1
Inleidende bepalingen

Titel 1.1
Definities en reikwijdte

Art. 1:1
1. Onder bestuursorgaan wordt verstaan: **Bestuursorgaan**
a. een orgaan van een rechtspersoon die krachtens publiekrecht is ingesteld, of
b. een ander persoon of college, met enig openbaar gezag bekleed.
2. De volgende organen, personen en colleges worden niet als bestuursorgaan aangemerkt: **Geen bestuursorgaan**
a. de wetgevende macht;
b. de kamers en de verenigde vergadering der Staten-Generaal;
c. onafhankelijke, bij de wet ingestelde organen die met rechtspraak zijn belast, alsmede de Raad voor de rechtspraak en het College van afgevaardigden;
d. de Raad van State en zijn afdelingen;
e. de Algemene Rekenkamer;
f. de Nationale ombudsman en de substituut-ombudsmannen als bedoeld in artikel 9, eerste lid, van de Wet Nationale ombudsman, en ombudsmannen en ombudscommissies als bedoeld in artikel 9:17, onderdeel b;
g. de voorzitters, leden, griffiers en secretarissen van de in de onderdelen b tot en met f bedoelde organen, de procureur-generaal, de plaatsvervangend procureur-generaal en de advocaten-generaal bij de Hoge Raad, de besturen van de in onderdeel c bedoelde organen alsmede de voorzitters van die besturen, alsmede de commissies uit het midden van de in de onderdelen b tot en met f bedoelde organen;
h. de commissie van toezicht op de inlichtingen- en veiligheidsdiensten en haar afdelingen, bedoeld in artikel 97 van de Wet op de inlichtingen- en veiligheidsdiensten 2017;
i. de toetsingscommissie inzet bevoegdheden, bedoeld in artikel 32 van de Wet op de inlichtingen- en veiligheidsdiensten 2017.
3. Een ingevolge het tweede lid uitgezonderd orgaan, persoon of college wordt wel als bestuursorgaan aangemerkt voor zover het orgaan, de persoon of het college besluiten neemt of handelingen verricht ten aanzien van een ambtenaar als bedoeld in artikel 1 van de Ambtenarenwet als zodanig, zijn nagelaten betrekkingen of zijn rechtverkrijgenden, met uitzondering van een voor het leven benoemde ambtenaar werkzaam bij de Raad van State en zijn afdelingen en de Algemene Rekenkamer.
(Zie ook: art. 6 Gemw; art. 1 BW Boek 2; art. 6 EVRM; art. 1 AW; art. 6 PW; art. 8:1 Awb; art. 84 Wet RO)
4. De vermogensrechtelijke gevolgen van een handeling van een bestuursorgaan treffen de rechtspersoon waartoe het bestuursorgaan behoort.

Art. 1:2
1. Onder belanghebbende wordt verstaan: degene wiens belang rechtstreeks bij een besluit is   **Belanghebbende**
betrokken.
2. Ten aanzien van bestuursorganen worden de hun toevertrouwde belangen als hun belangen beschouwd.

---

1   Inwerkingtredingsdatum: 01-01-1994; zoals laatstelijk gewijzigd bij: Stb. 2019, 52.

3. Ten aanzien van rechtspersonen worden als hun belangen mede beschouwd de algemene en collectieve belangen die zij krachtens hun doelstellingen en blijkens hun feitelijke werkzaamheden in het bijzonder behartigen.
(Zie ook: artt. 4:8, 3:10 t/m 3:13, 3:42 Awb; art. 26 BW Boek 2; artt. 3:41, 4:7, 305a BW Boek 3)

Art. 1:3

Besluit 1. Onder besluit wordt verstaan: een schriftelijke beslissing van een bestuursorgaan, inhoudende een publiekrechtelijke rechtshandeling.

Beschikking 2. Onder beschikking wordt verstaan: een besluit dat niet van algemene strekking is, met inbegrip van de afwijzing van een aanvraag daarvan.

Aanvraag 3. Onder aanvraag wordt verstaan: een verzoek van een belanghebbende, een besluit te nemen.

Beleidsregel 4. Onder beleidsregel wordt verstaan: een bij besluit vastgestelde algemene regel, niet zijnde een algemeen verbindend voorschrift, omtrent de afweging van belangen, de vaststelling van feiten of de uitleg van wettelijke voorschriften bij het gebruik van een bevoegdheid van een bestuursorgaan.
(Zie ook: art. 3:1 Awb; artt. 1:1, 4:1, 4:81, 6:2, 8:1 t/m 8:6, 33, 59 BW Boek 3; art. 30a AWR)

Art. 1:4

Bestuursrechter 1. Onder bestuursrechter wordt verstaan: een onafhankelijk, bij de wet ingesteld orgaan dat met bestuursrechtspraak is belast.
(Zie ook: art. 1:1 Awb)

Hogerberoepsrechter 2. Onder hogerberoepsrechter wordt verstaan: een bestuursrechter die in hoger beroep oordeelt.
3. Een tot de rechterlijke macht behorend gerecht wordt als bestuursrechter aangemerkt voor zover hoofdstuk 8 of de Wet administratiefrechtelijke handhaving verkeersvoorschriften - met uitzondering van hoofdstuk VIII - van toepassing of van overeenkomstige toepassing is.

Art. 1:5

Bezwaar 1. Onder het maken van bezwaar wordt verstaan: het gebruik maken van de ingevolge een wettelijk voorschrift bestaande bevoegdheid, voorziening tegen een besluit te vragen bij het bestuursorgaan dat het besluit heeft genomen.
(Zie ook: art. 7:1 Awb)

Administratief beroep 2. Onder het instellen van administratief beroep wordt verstaan: het gebruik maken van de ingevolge een wettelijk voorschrift bestaande bevoegdheid, voorziening tegen een besluit te vragen bij een ander bestuursorgaan dan hetwelk het besluit heeft genomen.
(Zie ook: art. 7:16 Awb)

Beroep in het bestuursrecht 3. Onder het instellen van beroep wordt verstaan: het instellen van administratief beroep, dan wel van beroep bij een bestuursrechter.
(Zie ook: art. 8:1 Awb; art. 17 Berw; art. 36 Wet RvS; art. 18 Wbbo; art. 26 AWR)

Art. 1:6

Reikwijdte hoofdstukken 2 tot en met 8 en 10 Algemene wet bestuursrecht De hoofdstukken 2 tot en met 8 en 10 van deze wet zijn niet van toepassing op:
a. de opsporing en vervolging van strafbare feiten, alsmede de tenuitvoerlegging van strafrechtelijke beslissingen;
b. de tenuitvoerlegging van vrijheidsbenemende maatregelen op grond van de Vreemdelingenwet 2000;
c. de tenuitvoerlegging van andere vrijheidsbenemende maatregelen in een inrichting die in hoofdzaak bestemd is voor de tenuitvoerlegging van strafrechtelijke beslissingen;
d. besluiten en handelingen ter uitvoering van de Wet militair tuchtrecht;
e. besluiten en handelingen ter uitvoering van de Wet toetsing levensbeëindiging op verzoek en hulp bij zelfdoding.
(Zie ook: artt. 17, 67 PBW)

Titel 1.2
Uitvoering van bindende besluiten van organen van de Europese Unie

Art. 1:7

Advies en extern overleg bestuursorgaan 1. Indien door een bestuursorgaan ingevolge enig wettelijk voorschrift advies moet worden gevraagd of extern overleg moet worden gevoerd inzake een besluit alvorens een zodanig besluit kan worden genomen, geldt dat voorschrift niet indien het voorgenomen besluit uitsluitend strekt tot uitvoering van een bindend besluit van de Raad van de Europese Unie, van het Europees Parlement en de Raad gezamenlijk of van de Europese Commissie.
(Zie ook: art. 288 VWEU)
2. Het eerste lid is niet van toepassing op het horen van de Raad van State.

Art. 1:8

Voorpublicatie door bestuursorgaan bij uitvoering van Europese besluiten 1. Indien door een bestuursorgaan ingevolge enig wettelijk voorschrift van het ontwerp van een besluit kennis moet worden gegeven alvorens een zodanig besluit kan worden genomen, geldt dat voorschrift niet indien het voorgenomen besluit uitsluitend strekt tot uitvoering van een bindend besluit van de Raad van de Europese Unie, van het Europees Parlement en de Raad gezamenlijk of van de Europese Commissie.

2. Het eerste lid is niet van toepassing op de overlegging van het ontwerp van een algemene maatregel van bestuur of ministeriële regeling aan de Staten-Generaal, indien:
a. bij de wet is bepaald dat door of namens een der Kamers der Staten-Generaal of door een aantal leden daarvan de wens te kennen kan worden gegeven dat het onderwerp of de inwerkingtreding van die algemene maatregel van bestuur of ministeriële regeling bij de wet wordt geregeld, of
b. artikel 21.6, zesde lid, van de Wet milieubeheer van toepassing is.

Art. 1:9
Deze titel is van overeenkomstige toepassing op voorstellen van wet.

Wetsvoorstellen en Europese besluiten

Hoofdstuk 2
Verkeer tussen burgers en bestuursorganen

Afdeling 2.1
Algemene bepalingen

Art. 2:1
1. Een ieder kan zich ter behartiging van zijn belangen in het verkeer met bestuursorganen laten bijstaan of door een gemachtigde laten vertegenwoordigen.
(Zie ook: art. 79 BW Boek 3)
2. Het bestuursorgaan kan van een gemachtigde een schriftelijke machtiging verlangen.
(Zie ook: art. 8:24 Awb; art. 41 AWR; art. 18 GW; art. 70 VW 2000)

Vertegenwoordiging in verkeer met bestuursorganen

Art. 2:2
1. Het bestuursorgaan kan bijstand of vertegenwoordiging door een persoon tegen wie ernstige bezwaren bestaan, weigeren.
2. De belanghebbende en de in het eerste lid bedoelde persoon worden van de weigering onverwijld schriftelijk in kennis gesteld.
3. Het eerste lid is niet van toepassing ten aanzien van advocaten.
(Zie ook: art. 8:25 Awb; § 9BFB)

Weigering vertegenwoordiging door bestuursorgaan

Art. 2:3
1. Het bestuursorgaan zendt geschriften tot behandeling waarvan kennelijk een ander bestuursorgaan bevoegd is, onverwijld door naar dat orgaan, onder gelijktijdige mededeling daarvan aan de afzender.
2. Het bestuursorgaan zendt geschriften die niet voor hem bestemd zijn en die ook niet worden doorgezonden, zo spoedig mogelijk terug aan de afzender.
(Zie ook: art. 6:15 Awb)

Doorzending door bestuursorgaan

Art. 2:4
1. Het bestuursorgaan vervult zijn taak zonder vooringenomenheid.
2. Het bestuursorgaan waakt ertegen dat tot het bestuursorgaan behorende of daarvoor werkzame personen die een persoonlijk belang bij een besluit hebben, de besluitvorming beïnvloeden.
(Zie ook: art. 1:1 Awb; art. 52 Gemw)

Onpartijdigheid bestuursorgaan

Art. 2:5
1. Een ieder die is betrokken bij de uitvoering van de taak van een bestuursorgaan en daarbij de beschikking krijgt over gegevens waarvan hij het vertrouwelijke karakter kent of redelijkerwijs moet vermoeden, en voor wie niet reeds uit hoofde van ambt, beroep of wettelijk voorschrift ter zake van die gegevens een geheimhoudingsplicht geldt, is verplicht tot geheimhouding van die gegevens, behoudens voor zover enig wettelijk voorschrift hem tot mededeling verplicht of uit zijn taak de noodzaak tot mededeling voortvloeit.
2. Het eerste lid is mede van toepassing op instellingen en daartoe behorende of daarvoor werkzame personen die door een bestuursorgaan worden betrokken bij de uitvoering van zijn taak, en op instellingen en daartoe behorende of daarvoor werkzame personen die een bij of krachtens de wet toegekende taak uitoefenen.
(Zie ook: art. 272 WvSr; art. 26 RvO Min; art. 55 Gemw; art. 55 PW)

Geheimhouding betrokkenen bij bestuursorgaan

Afdeling 2.2
Gebruik van de taal in het bestuurlijk verkeer

Art. 2:6
1. Bestuursorganen en onder hun verantwoordelijkheid werkzame personen gebruiken de Nederlandse taal, tenzij bij wettelijk voorschrift anders is bepaald.

Taalgebruik bestuursorganen

2. In afwijking van het eerste lid kan een andere taal worden gebruikt indien het gebruik daarvan doelmatiger is en de belangen van derden daardoor niet onevenredig worden geschaad.

Art. 2:7-2:12
[Vervallen]

Afdeling 2.3
Verkeer langs elektronische weg

Art. 2:13

Elektronische verzending tussen burgers en bestuursorganen

1. In het verkeer tussen burgers en bestuursorganen kan een bericht elektronisch worden verzonden, mits de bepalingen van deze afdeling in acht worden genomen.

2. Het eerste lid geldt niet, indien:
a. dit bij of krachtens wettelijk voorschrift is bepaald, of
b. een vormvoorschrift zich tegen elektronische verzending verzet.

Art. 2:14

Elektronische verzending door bestuursorgaan

1. Een bestuursorgaan kan een bericht dat tot een of meer geadresseerden is gericht, elektronisch verzenden voor zover de geadresseerde kenbaar heeft gemaakt dat hij langs deze weg voldoende bereikbaar is.
2. Tenzij bij wettelijk voorschrift anders is bepaald, geschiedt de verzending van berichten die niet tot een of meer geadresseerden zijn gericht, niet uitsluitend elektronisch.
3. Indien een bestuursorgaan een bericht elektronisch verzendt, geschiedt dit op een voldoende betrouwbare en vertrouwelijke manier, gelet op de aard en de inhoud van het bericht en het doel waarvoor het wordt gebruikt.

Art. 2:15

Elektronische verzending naar bestuursorgaan

1. Een bericht kan elektronisch naar een bestuursorgaan worden verzonden voor zover het bestuursorgaan kenbaar heeft gemaakt dat deze weg is geopend. Het bestuursorgaan kan nadere eisen stellen aan het gebruik van de elektronische weg.
2. Een bestuursorgaan kan elektronisch verschafte gegevens en bescheiden weigeren voor zover de aanvaarding daarvan tot een onevenredige belasting voor het bestuursorgaan zou leiden.
3. Een bestuursorgaan kan een elektronisch verzonden bericht weigeren voor zover de betrouwbaarheid of vertrouwelijkheid van dit bericht onvoldoende is gewaarborgd, gelet op de aard en de inhoud van het bericht en het doel waarvoor het wordt gebruikt.
4. Het bestuursorgaan deelt een weigering op grond van dit artikel zo spoedig mogelijk aan de afzender mede.

Art. 2:16

Elektronische ondertekening

1. Aan het vereiste van ondertekening is voldaan door een elektronische handtekening, indien de methode die daarbij voor ondertekening is gebruikt, voldoende betrouwbaar is, gelet op de aard en inhoud van het elektronische bericht en het doel waarvoor het is gebruikt.
2. Indien de veiligheid en de betrouwbaarheid van het elektronische bericht en het doel waarvoor het wordt gebruikt dit noodzakelijk maken, kan bij wettelijk voorschrift het gebruik worden voorgeschreven van een bepaald type elektronische handtekening als bedoeld in artikel 3, onderdeel 10, van Verordening (EU) nr. 910/2014 van het Europees Parlement en de Raad van 23 juli 2014 (PbEU 2014, L257). Daarbij kunnen aanvullende eisen worden gesteld, tenzij het gaat om een geavanceerde elektronische handtekening als bedoeld in artikel 3, onderdeel 11 of een gekwalificeerde elektronische handtekening als bedoeld in artikel 3, onderdeel 12 van die verordening.

Art. 2:17

Tijdstip van verzending elektronisch bericht door bestuursorgaan

1. Als tijdstip waarop een bericht door een bestuursorgaan elektronisch is verzonden, geldt het tijdstip waarop het bericht een systeem voor gegevensverwerking bereikt waarvoor het bestuursorgaan geen verantwoordelijkheid draagt of, indien het bestuursorgaan en de geadresseerde gebruik maken van hetzelfde systeem voor gegevensverwerking, het tijdstip waarop het bericht toegankelijk wordt voor de geadresseerde.
2. Als tijdstip waarop een bericht door een bestuursorgaan elektronisch is ontvangen, geldt het tijdstip waarop het bericht zijn systeem voor gegevensverwerking heeft bereikt.

Hoofdstuk 3
Algemene bepalingen over besluiten

Afdeling 3.1
Inleidende bepalingen

Art. 3:1
1. Op besluiten, inhoudende algemeen verbindende voorschriften: *Toepassingsbereik*
a. is afdeling 3.2 slechts van toepassing, voor zover de aard van de besluiten zich daartegen   *algemeen verbindende*
niet verzet;   *voorschriften*
b. zijn de afdelingen 3.6 en 3.7 niet van toepassing.
2. Op andere handelingen van bestuursorganen dan besluiten zijn de afdelingen 3.2 tot en   *Schakelbepaling*
met 3.4 van overeenkomstige toepassing, voor zover de aard van de handelingen zich daartegen
niet verzet.
(Zie ook: art. 14 BW Boek 3)

Afdeling 3.2
Zorgvuldigheid en belangenafweging

Art. 3:2
Bij de voorbereiding van een besluit vergaart het bestuursorgaan de nodige kennis omtrent de   *Zorgvuldige voorbereiding*
relevante feiten en de af te wegen belangen.   *besluit*
(Zie ook: artt. 4:2, 4:5, 4:7 Awb)

Art. 3:3
Het bestuursorgaan gebruikt de bevoegdheid tot het nemen van een besluit niet voor een ander   *Détournement de pouvoir*
doel dan waarvoor die bevoegdheid is verleend.
(Zie ook: art. 13 BW Boek 3)

Art. 3:4
1. Het bestuursorgaan weegt de rechtstreeks bij het besluit betrokken belangen af, voor zover   *Belangenafweging door*
niet uit een wettelijk voorschrift of uit de aard van de uit te oefenen bevoegdheid een beperking   *bestuursorgaan*
voortvloeit.
2. De voor een of meer belanghebbenden nadelige gevolgen van een besluit mogen niet one-   *Evenredigheid nadelige*
venredig zijn in verhouding tot de met het besluit te dienen doelen.   *gevolgen besluit*

Afdeling 3.3
Advisering

Art. 3:5
1. In deze afdeling wordt verstaan onder adviseur: een persoon of college, bij of krachtens   *Adviseur bij besluiten*
wettelijk voorschrift belast met het adviseren inzake door een bestuursorgaan te nemen besluiten
en niet werkzaam onder verantwoordelijkheid van dat bestuursorgaan.
2. Deze afdeling is niet van toepassing op het horen van de Raad van State.
(Zie ook: artt. 7:13, 7:19 Awb; art. 2.17 WMB)

Art. 3:6
1. Indien aan de adviseur niet reeds bij wettelijk voorschrift een termijn is gesteld, kan het   *Adviestermijn bij*
bestuursorgaan aangeven binnen welke termijn een advies wordt verwacht. Deze termijn mag   *besluiten*
niet zodanig kort zijn, dat de adviseur zijn taak niet naar behoren kan vervullen.
2. Indien het advies niet tijdig wordt uitgebracht staat het enkele ontbreken daarvan niet in
de weg aan het nemen van het besluit.

Art. 3:7
1. Het bestuursorgaan waaraan advies wordt uitgebracht, stelt aan de adviseur, al dan niet op   *Gegevensverstrekking*
verzoek, de gegevens ter beschikking die nodig zijn voor een goede vervulling van diens taak.   *aan adviseur door*
    bestuursorgaan
2. Artikel 10 van de Wet openbaarheid van bestuur is van overeenkomstige toepassing.
(Zie ook: artt. 1a, 10 WOB)

Art. 3:8
In of bij het besluit wordt de adviseur vermeld die advies heeft uitgebracht.   *Vermelding adviseur in*
    besluit

Art. 3:9
Indien een besluit berust op een onderzoek naar feiten en gedragingen dat door een adviseur   *Integriteit adviseur bij*
is verricht, dient het bestuursorgaan zich ervan te vergewissen dat dit onderzoek op zorgvuldige   *besluit*
wijze heeft plaatsgevonden.

Art. 3:9a
Deze afdeling is van overeenkomstige toepassing op voorstellen van wet.   *Advisering bij wetsvoor-*
    stellen

Afdeling 3.4
Uniforme openbare voorbereidingsprocedure

Art. 3:10

Procedure voorbereiding besluit

1. Deze afdeling is van toepassing op de voorbereiding van besluiten indien dat bij wettelijk voorschrift of bij besluit van het bestuursorgaan is bepaald.
2. Tenzij bij wettelijk voorschrift of bij besluit van het bestuursorgaan anders is bepaald, is deze afdeling niet van toepassing op de voorbereiding van een besluit inhoudende de afwijzing van een aanvraag tot intrekking of wijziging van een besluit.
3. Afdeling 4.1.1 is mede van toepassing op andere besluiten dan beschikkingen, indien deze op aanvraag worden genomen en voorbereid overeenkomstig deze afdeling.
4. Indien deze afdeling van toepassing is op de voorbereiding van een besluit is paragraaf 4.1.3.3. niet van toepassing.

Art. 3:11

Terinzagelegging ontwerp besluit

1. Het bestuursorgaan legt het ontwerp van het te nemen besluit, met de daarop betrekking hebbende stukken die redelijkerwijs nodig zijn voor een beoordeling van het ontwerp, ter inzage.
(Zie ook: artt. 4:2, 4:5 Awb; art. 2 WOB)
2. Artikel 10 van de Wet openbaarheid van bestuur is van overeenkomstige toepassing. Indien op grond daarvan bepaalde stukken niet ter inzage worden gelegd, wordt daarvan mededeling gedaan.
(Zie ook: artt. 6:3, 7:4, 7:18 Awb)
3. Tegen vergoeding van ten hoogste de kosten verstrekt het bestuursorgaan afschrift van de ter inzage gelegde stukken.
(Zie ook: art. 3:22 Awb)
4. De stukken liggen ter inzage gedurende de in artikel 3:16, eerste lid, bedoelde termijn.

Art. 3:12

Bekendmaking ontwerp besluit

1. Voorafgaand aan de terinzagelegging geeft het bestuursorgaan in een of meer dag-, nieuws-, of huis-aan-huisbladen of op een andere geschikte wijze kennis van het ontwerp. Volstaan kan worden met het vermelden van de zakelijke inhoud.
2. Indien het een besluit van een tot de centrale overheid behorend bestuursorgaan betreft, wordt de kennisgeving in ieder geval in de Staatscourant geplaatst, tenzij bij wettelijk voorschrift anders is bepaald.
3. In de kennisgeving wordt vermeld:
a. waar en wanneer de stukken ter inzage zullen liggen;
b. wie in de gelegenheid worden gesteld om zienswijzen naar voren te brengen;
c. op welke wijze dit kan geschieden;
d. indien toepassing is gegeven aan artikel 3:18, tweede lid: de termijn waarbinnen het besluit zal worden genomen.

Art. 3:13

Toezending besluit aan belanghebbenden

1. Indien het besluit tot een of meer belanghebbenden zal zijn gericht, zendt het bestuursorgaan voorafgaand aan de terinzagelegging het ontwerp toe aan hen, onder wie begrepen de aanvrager.
2. Artikel 3:12, derde lid, is van overeenkomstige toepassing.

Art. 3:14

Aanvulling stukken door bestuursorgaan

1. Het bestuursorgaan vult de ter inzage gelegde stukken aan met nieuwe relevante stukken en gegevens.
2. Artikel 3:11, tweede tot en met vierde lid, is van toepassing.

Art. 3:15

Inspraak/zienswijzen belanghebbenden

1. Belanghebbenden kunnen bij het bestuursorgaan naar keuze schriftelijk of mondeling hun zienswijze over het ontwerp naar voren brengen.
2. Bij wettelijk voorschrift of door het bestuursorgaan kan worden bepaald dat ook aan anderen de gelegenheid moet worden geboden hun zienswijze naar voren te brengen.
3. Indien het een besluit op aanvraag betreft, stelt het bestuursorgaan de aanvrager zo nodig in de gelegenheid te reageren op de naar voren gebrachte zienswijzen.
4. Indien het een besluit tot wijziging of intrekking van een besluit betreft, stelt het bestuursorgaan degene tot wie het te wijzigen of in te trekken besluit is gericht zo nodig in de gelegenheid te reageren op de naar voren gebrachte zienswijzen.

Art. 3:16

Termijn voor zienswijzen belanghebbenden en advisering

1. De termijn voor het naar voren brengen van zienswijzen en het uitbrengen van adviezen als bedoeld in afdeling 3.3, bedraagt zes weken, tenzij bij wettelijk voorschrift een langere termijn is bepaald.
2. De termijn vangt aan met ingang van de dag waarop het ontwerp ter inzage is gelegd.
3. Op schriftelijk naar voren gebrachte zienswijzen zijn de artikelen 6:9, 6:10 en 6:15 van overeenkomstige toepassing.

Art. 3:17
Van hetgeen overeenkomstig artikel 3:15 mondeling naar voren is gebracht, wordt een verslag gemaakt.

Verslag mondelinge zienswijzen

Art. 3:18
1. Indien het een besluit op aanvraag betreft, neemt het bestuursorgaan het besluit zo spoedig mogelijk, doch uiterlijk zes maanden na ontvangst van de aanvraag.
2. Indien de aanvraag een zeer ingewikkeld of omstreden onderwerp betreft, kan het bestuursorgaan, alvorens een ontwerp ter inzage te leggen, binnen acht weken na ontvangst van de aanvraag de in het eerste lid bedoelde termijn met een redelijke termijn verlengen. Voordat het bestuursorgaan een besluit tot verlenging neemt, stelt het de aanvrager in de gelegenheid zijn zienswijze daarover naar voren te brengen.
3. In afwijking van het eerste lid neemt het bestuursorgaan het besluit uiterlijk twaalf weken na de terinzagelegging van het ontwerp, indien het een besluit betreft:
a. inzake intrekking van een besluit;
b. inzake wijziging van een besluit en de aanvraag is gedaan door een ander dan degene tot wie het te wijzigen besluit is gericht.
4. Indien geen zienswijzen naar voren zijn gebracht, doet het bestuursorgaan daarvan zo spoedig mogelijk nadat de termijn voor het naar voren brengen van zienswijzen is verstreken, mededeling op de wijze, bedoeld in artikel 3:12, eerste en tweede lid. In afwijking van het eerste of derde lid neemt het bestuursorgaan het besluit in dat geval binnen vier weken nadat de termijn voor het naar voren brengen van zienswijzen is verstreken.

Termijn besluit op aanvraag

Afdeling 3.5
Samenhangende besluiten

Paragraaf 3.5.1
Algemeen

Art. 3:19
Deze afdeling is van toepassing op besluiten die nodig zijn om een bepaalde activiteit te mogen verrichten en op besluiten die strekken tot het vaststellen van een financiële aanspraak met het oog op die activiteit.

Reikwijdte

Paragraaf 3.5.2
Informatie

Art. 3:20
1. Het bestuursorgaan bevordert dat een aanvrager in kennis wordt gesteld van andere op aanvraag te nemen besluiten waarvan het bestuursorgaan redelijkerwijs kan aannemen dat deze nodig zijn voor de door de aanvrager te verrichten activiteit.
2. Bij de kennisgeving wordt per besluit in ieder geval vermeld:
a. naam en adres van het bestuursorgaan, bevoegd tot het nemen van het besluit;
b. krachtens welk wettelijk voorschrift het besluit wordt genomen.

Informatieverschaffing door bestuursorgaan

Paragraaf 3.5.3
Coördinatie van besluitvorming en rechtsbescherming

Art. 3:21
1. Deze paragraaf is van toepassing op besluiten ten aanzien waarvan dit is bepaald:
a. bij wettelijk voorschrift, of
b. bij besluit van de tot het nemen van die besluiten bevoegde bestuursorganen.
2. Deze paragraaf is niet van toepassing op besluiten als bedoeld in artikel 4:21, tweede lid, of ten aanzien waarvan bij of krachtens wettelijk voorschrift een periode is vastgesteld, na afloop waarvan wordt beslist op aanvragen die in die periode zijn ingediend.

Toepasselijkheid

Art. 3:22
Bij of krachtens het in artikel 3:21, eerste lid, onderdeel a, bedoelde wettelijk voorschrift of bij het in artikel 3:21, eerste lid, onderdeel b, bedoelde besluit wordt een van de betrokken bestuursorganen aangewezen als coördinerend bestuursorgaan.

Coördinerend bestuursorgaan

Art. 3:23
1. Het coördinerend bestuursorgaan bevordert een doelmatige en samenhangende besluitvorming, waarbij de bestuursorganen bij de beoordeling van de aanvragen in ieder geval rekening houden met de onderlinge samenhang daartussen en tevens letten op de samenhang tussen de te nemen besluiten.
2. De andere betrokken bestuursorganen verlenen de medewerking die voor het welslagen van een doelmatige en samenhangende besluitvorming nodig is.

Taken coördinerend bestuursorgaan

Art. 3:24

Aanvragen bij coördinerend bestuursorgaan

1. De besluiten worden zoveel mogelijk gelijktijdig aangevraagd, met dien verstande dat de laatste aanvraag niet later wordt ingediend dan zes weken na ontvangst van de eerste aanvraag.
2. De aanvragen worden ingediend bij het coördinerend bestuursorgaan. Het coördinerend bestuursorgaan zendt terstond na ontvangst van de aanvragen een afschrift daarvan aan de bevoegde bestuursorganen.
3. Indien een aanvraag voor een van de besluiten ontbreekt, stelt het coördinerend bestuursorgaan de aanvrager in de gelegenheid de ontbrekende aanvraag binnen een door het coördinerend bestuursorgaan te bepalen termijn in te dienen. Indien de ontbrekende aanvraag niet tijdig wordt ingediend, is het coördinerend bestuursorgaan bevoegd om deze paragraaf ten aanzien van bepaalde besluiten buiten toepassing te laten. In dat geval wordt voor de toepassing van bij wettelijk voorschrift geregelde termijnen het tijdstip waarop tot het buiten toepassing laten wordt beslist, gelijkgesteld met het tijdstip van ontvangst van de aanvraag.
4. Bij het in artikel 3:21, eerste lid, onderdeel a, bedoelde wettelijk voorschrift kan worden bepaald dat de aanvraag voor een besluit niet wordt behandeld indien niet tevens de aanvraag voor een ander besluit is ingediend.

Art. 3:25

Aanvang beslistermijn coördinerend bestuursorgaan

Onverminderd artikel 3:24, derde en vierde lid, vangt de termijn voor het nemen van de besluiten aan met ingang van de dag waarop de laatste aanvraag is ontvangen.

Art. 3:26

Voorbereiding besluiten coördinerend bestuursorgaan

1. Indien op de voorbereiding van een van de besluiten afdeling 3.4 van toepassing is, is die afdeling van toepassing op de voorbereiding van alle besluiten, met inachtneming van het volgende:
   a. de ingevolge de artikelen 3:11 en 3:44, eerste lid, onderdeel a, vereiste terinzagelegging geschiedt in ieder geval ten kantore van het coördinerend bestuursorgaan;
   b. het coördinerend bestuursorgaan draagt er zorg voor dat de gelegenheid tot het mondeling naar voren brengen van zienswijzen wordt gegeven met betrekking tot de ontwerpen van alle besluiten gezamenlijk;
   c. zienswijzen kunnen in ieder geval bij het coördinerend bestuursorgaan naar voren worden gebracht;
   d. indien over het ontwerp van een van de besluiten zienswijzen naar voren kunnen worden gebracht door een ieder, geldt dit eveneens met betrekking tot de ontwerpen van de andere besluiten;
   e. de ingevolge die afdeling en afdeling 3.6 vereiste mededelingen, kennisgevingen en toezendingen geschieden door het coördinerend bestuursorgaan;
   f. alle besluiten worden genomen binnen de termijn die geldt voor het besluit met de langste beslistermijn;
   g. de dag van terinzagelegging bij het coördinerend bestuursorgaan is bepalend voor de aanvang van de beroepstermijn ingevolge artikel 6:8, vierde lid.
2. Indien afdeling 3.4 niet van toepassing is, geschiedt de voorbereiding met toepassing of overeenkomstige toepassing van afdeling 4.1.2 en de onderdelen b tot en met f van het eerste lid van dit artikel.

Art. 3:27

Toezending besluiten aan coördinerend bestuursorgaan

1. De bevoegde bestuursorganen zenden de door hen genomen besluiten toe aan het coördinerend bestuursorgaan.

2. Het coördinerend bestuursorgaan maakt de besluiten gelijktijdig bekend en legt deze gelijktijdig ter inzage.

Art. 3:28

Bezwaar en administratief beroep bij coördinerend bestuursorgaan

1. Indien tegen een van de besluiten bezwaar kan worden gemaakt of administratief beroep kan worden ingesteld, geschiedt dit door het indienen van het bezwaar- of beroepschrift bij het coördinerend bestuursorgaan. Het coördinerend bestuursorgaan zendt terstond na ontvangst van het bezwaar- of beroepschrift een afschrift daarvan aan het bevoegde bestuursorgaan.
2. De bevoegde bestuursorganen zenden de door hen genomen beslissingen op bezwaar of beroep toe aan het coördinerend bestuursorgaan. Het coördinerend bestuursorgaan maakt de beslissingen gelijktijdig bekend en doet de ingevolge artikel 7:12, derde lid, of 7:26, vierde lid, vereiste mededelingen.
3. Een beslissing op een verzoek in te stemmen met rechtstreeks beroep bij de bestuursrechter als bedoeld in artikel 7:1a, vierde lid, wordt genomen door het coördinerend bestuursorgaan. Onverminderd artikel 7:1a, tweede lid, wijst het coördinerend bestuursorgaan het verzoek in ieder geval af, indien tegen een van de andere besluiten een bezwaarschrift is ingediend waarin eenzelfde verzoek ontbreekt.

Art. 3:29
1. Indien tegen een of meer van de besluiten beroep kan worden ingesteld bij de rechtbank, staat tegen alle besluiten beroep open bij de rechtbank binnen het rechtsgebied waarvan het coördinerend bestuursorgaan zijn zetel heeft.

Beroep tegen besluit bekendgemaakt door coördinerend bestuursorgaan

2. Indien tegen alle besluiten beroep kan worden ingesteld bij een andere bestuursrechter dan de rechtbank, staat tegen alle besluiten beroep open bij:
a. de Afdeling bestuursrechtspraak van de Raad van State, indien tegen een of meer van de besluiten bij de Afdeling beroep kan worden ingesteld;
b. het College van Beroep voor het bedrijfsleven, indien tegen een of meer van de besluiten beroep kan worden ingesteld bij het College en onderdeel a niet van toepassing is;
c. de Centrale Raad van Beroep, indien tegen een of meer van de besluiten beroep kan worden ingesteld bij Centrale Raad van Beroep en de onderdelen a en b niet van toepassing zijn.
3. Indien tegen de uitspraak van de rechtbank inzake een of meer besluiten hoger beroep kan worden ingesteld bij:
a. de Afdeling bestuursrechtspraak van de Raad van State, staat inzake alle besluiten hoger beroep open bij de Afdeling;
b. het College van Beroep voor het bedrijfsleven en onderdeel a niet van toepassing is, staat inzake alle besluiten hoger beroep open bij het College;
c. de Centrale Raad van Beroep en de onderdelen a en b niet van toepassing zijn, staat inzake alle besluiten hoger beroep open bij de Centrale Raad van Beroep.
4. De ingevolge het eerste lid bevoegde rechtbank of de ingevolge het tweede of derde lid bevoegde bestuursrechter kan de behandeling van de beroepen in eerste aanleg dan wel de hoger beroepen verwijzen naar een andere rechtbank onderscheidenlijk een andere bestuursrechter die voor de behandeling ervan meer geschikt wordt geacht. Artikel 8:13, tweede en derde lid, is van overeenkomstige toepassing.

Art. 3:30-3:33
[Vervallen]

Afdeling 3.6
Bekendmaking en mededeling

Art. 3:40
Een besluit treedt niet in werking voordat het is bekendgemaakt.
(Zie ook: artt. 88, 89 GW; artt. 139, 140 Gemw; art. 136 PW)

Inwerkingtreding besluit

Art. 3:41
1. De bekendmaking van besluiten die tot een of meer belanghebbenden zijn gericht, geschiedt door toezending of uitreiking aan hen, onder wie begrepen de aanvrager.
2. Indien de bekendmaking van het besluit niet kan geschieden op de wijze als voorzien in het eerste lid, geschiedt zij op een andere geschikte wijze.

Bekendmaking besluit aan belanghebbende(n)

Art. 3:42
1. De bekendmaking van besluiten van een tot de centrale overheid behorend bestuursorgaan die niet tot een of meer belanghebbenden zijn gericht, geschiedt door kennisgeving van het besluit of van de zakelijke inhoud ervan in de Staatscourant, tenzij bij wettelijk voorschrift anders is bepaald.
2. De bekendmaking van besluiten van een niet tot de centrale overheid behorend bestuursorgaan die niet tot een of meer belanghebbenden zijn gericht, geschiedt door kennisgeving van het besluit of van de zakelijke inhoud ervan in een van overheidswege uitgegeven blad of een dag-, nieuws- of huis-aan-huisblad, dan wel op een andere geschikte wijze. Elektronische bekendmaking vindt uitsluitend plaats in een van overheidswege uitgegeven blad, tenzij bij wettelijk voorschrift anders is bepaald.
3. Indien alleen van de zakelijke inhoud wordt kennisgegeven, wordt het besluit tegelijkertijd ter inzage gelegd. In de kennisgeving wordt vermeld waar en wanneer het besluit ter inzage ligt.
(Zie ook: art. 3:12 Awb)

Bekendmaking andere besluiten

Terinzagelegging

Art. 3:43
1. Tegelijkertijd met of zo spoedig mogelijk na de bekendmaking wordt van het besluit mededeling gedaan aan degenen die bij de voorbereiding ervan hun zienswijze naar voren hebben gebracht. Aan een adviseur als bedoeld in artikel 3:5 wordt in ieder geval mededeling gedaan indien van het advies wordt afgeweken.
2. Bij de mededeling van een besluit wordt tevens vermeld wanneer en hoe de bekendmaking ervan heeft plaatsgevonden.

Mededeling besluit

Art. 3:44

Mededeling besluit na uniforme openbare voorbereidingsprocedure

1. Indien bij de voorbereiding van het besluit toepassing is gegeven aan afdeling 3.4, geschiedt de mededeling, bedoeld in artikel 3:43, eerste lid:
   a. met overeenkomstige toepassing van de artikelen 3:11 en 3:12, eerste of tweede lid, en derde lid, onderdeel a, met dien verstande dat de stukken ter inzage liggen totdat de beroepstermijn is verstreken, en
   b. door toezending van een exemplaar van het besluit aan degenen die over het ontwerp van het besluit zienswijzen naar voren hebben gebracht.
2. In afwijking van het eerste lid, onderdeel b, kan het bestuursorgaan:
   a. indien de omvang van het besluit daartoe aanleiding geeft, volstaan met een ieder van de daar bedoelde personen de strekking van het besluit mee te delen;
   b. indien een zienswijze door meer dan vijf personen naar voren is gebracht bij hetzelfde geschrift, volstaan met toezending van een exemplaar aan de vijf personen wier namen en adressen als eerste in dat geschrift zijn vermeld;
   c. indien een zienswijze naar voren is gebracht door meer dan vijf personen bij hetzelfde geschrift en de omvang van het besluit daartoe aanleiding geeft, volstaan met het meedelen aan de vijf personen wier namen en adressen als eerste in dat geschrift zijn vermeld, van de strekking van het besluit;
   d. indien toezending zou moeten geschieden aan meer dan 250 personen, die toezending achterwege laten.

Art. 3:45

Melding bezwaar- of beroepsmogelijkheden bij besluit

1. Indien tegen een besluit bezwaar kan worden gemaakt of beroep kan worden ingesteld, wordt daarvan bij de bekendmaking en bij de mededeling van het besluit melding gemaakt.

2. Hierbij wordt vermeld door wie, binnen welke termijn en bij welk orgaan bezwaar kan worden gemaakt of beroep kan worden ingesteld.
(Zie ook: artt. 6:7, 6:15, 6:23 Awb)

Afdeling 3.7
Motivering

Art. 3:46

Deugdelijke motivering van besluit

Een besluit dient te berusten op een deugdelijke motivering.

Art. 3:47

Vermelding motivering bij besluit

1. De motivering wordt vermeld bij de bekendmaking van het besluit.
(Zie ook: art. 3:27 Awb)
2. Daarbij wordt zo mogelijk vermeld krachtens welk wettelijk voorschrift het besluit wordt genomen.
3. Indien de motivering in verband met de vereiste spoed niet aanstonds bij de bekendmaking van het besluit kan worden vermeld, verstrekt het bestuursorgaan deze binnen een week na de bekendmaking.
4. In dat geval zijn de artikelen 3:41 tot en met 3:43 van overeenkomstige toepassing.

Art. 3:48

Geen motivering van besluit

1. De vermelding van de motivering kan achterwege blijven indien redelijkerwijs kan worden aangenomen dat daaraan geen behoefte bestaat.
2. Verzoekt een belanghebbende binnen een redelijke termijn om de motivering, dan wordt deze zo spoedig mogelijk verstrekt.

Art. 3:49

Advies als motivering besluit

Ter motivering van een besluit of een onderdeel daarvan kan worden volstaan met een verwijzing naar een met het oog daarop uitgebracht advies, indien het advies zelf de motivering bevat en van het advies kennis is of wordt gegeven.

Art. 3:50

Afwijking van advies over besluit

Indien het bestuursorgaan een besluit neemt dat afwijkt van een met het oog daarop krachtens wettelijk voorschrift uitgebracht advies, wordt zulks met de redenen voor de afwijking in de motivering vermeld.

Hoofdstuk 4
Bijzondere bepalingen over besluiten

Titel 4.1
Beschikkingen

Afdeling 4.1.1
De aanvraag

Art. 4:1
Tenzij bij wettelijk voorschrift anders is bepaald, wordt de aanvraag tot het geven van een beschikking schriftelijk ingediend bij het bestuursorgaan dat bevoegd is op de aanvraag te beslissen. *Aanvraag beschikking*

Art. 4:2
1. De aanvraag wordt ondertekend en bevat ten minste: *Vereisten aanvraag beschikking*
a. de naam en het adres van de aanvrager;
b. de dagtekening;
c. een aanduiding van de beschikking die wordt gevraagd.
2. De aanvrager verschaft voorts de gegevens en bescheiden die voor de beslissing op de aanvraag nodig zijn en waarover hij redelijkerwijs de beschikking kan krijgen.

Art. 4:3
1. De aanvrager kan weigeren gegevens en bescheiden te verschaffen voor zover het belang daarvan voor de beslissing van het bestuursorgaan niet opweegt tegen het belang van de eerbiediging van de persoonlijke levenssfeer, met inbegrip van de bescherming van medische en psychologische onderzoeksresultaten, of tegen het belang van de bescherming van bedrijfs- en fabricagegegevens. *Gegevensverschaffing aanvrager beschikking*
2. Het eerste lid is niet van toepassing op bij wettelijk voorschrift aangewezen gegevens en bescheiden waarvan is bepaald dat deze dienen te worden overgelegd.
(Zie ook: art. 2:5 Awb; art. 10 GW)

Art. 4:3a
Het bestuursorgaan bevestigt de ontvangst van een elektronisch ingediende aanvraag. *Elektronische aanvraag beschikking*

Art. 4:4
Het bestuursorgaan dat bevoegd is op de aanvraag te beslissen, kan voor het indienen van aanvragen en het verstrekken van gegevens een formulier vaststellen, voor zover daarin niet is voorzien bij wettelijk voorschrift. *Formulier voor aanvraag beschikking*

Art. 4:5
1. Het bestuursorgaan kan besluiten de aanvraag niet te behandelen, indien: *Afwijzing behandeling beschikking*
a. de aanvrager niet heeft voldaan aan enig wettelijk voorschrift voor het in behandeling nemen van de aanvraag, of
b. de aanvraag geheel of gedeeltelijk is geweigerd op grond van artikel 2:15, of
c. de verstrekte gegevens en bescheiden onvoldoende zijn voor de beoordeling van de aanvraag of voor de voorbereiding van de beschikking,
mits de aanvrager de gelegenheid heeft gehad de aanvraag binnen een door het bestuursorgaan gestelde termijn aan te vullen.
2. Indien de aanvraag of een van de daarbij behorende gegevens of bescheiden in een vreemde taal is gesteld en een vertaling daarvan voor de beoordeling van de aanvraag of voor de voorbereiding van de beschikking noodzakelijk is, kan het bestuursorgaan besluiten de aanvraag niet te behandelen, mits de aanvrager de gelegenheid heeft gehad binnen een door het bestuursorgaan gestelde termijn de aanvraag met een vertaling aan te vullen.
3. Indien de aanvraag of een van de daarbij behorende gegevens of bescheiden omvangrijk of ingewikkeld is en een samenvatting voor de beoordeling van de aanvraag of voor de voorbereiding van de beschikking noodzakelijk is, kan het bestuursorgaan besluiten de aanvraag niet te behandelen, mits de aanvrager de gelegenheid heeft gehad binnen een door het bestuursorgaan gestelde termijn de aanvraag met een samenvatting aan te vullen.
4. Een besluit om de aanvraag niet te behandelen wordt aan de aanvrager bekendgemaakt binnen vier weken nadat de aanvraag is aangevuld of nadat de daarvoor gestelde termijn ongebruikt is verstreken.
(Zie ook: artt. 4:15, 6:2, 6:3, 6:20 Awb)

Art. 4:6
1. Indien na een geheel of gedeeltelijk afwijzende beschikking een nieuwe aanvraag wordt gedaan, is de aanvrager gehouden nieuw gebleken feiten of veranderde omstandigheden te vermelden. *Hernieuwde aanvraag beschikking*

art. 4:7

2. Wanneer geen nieuw gebleken feiten of veranderde omstandigheden worden vermeld, kan het bestuursorgaan zonder toepassing te geven aan artikel 4:5 de aanvraag afwijzen onder verwijzing naar zijn eerdere afwijzende beschikking.
(Zie ook: art. 68 WvSr; art. 4 EVRM)

Afdeling 4.1.2
De voorbereiding

Art. 4:7

Horen/zienswijze aanvrager beschikking

1. Voordat een bestuursorgaan een aanvraag tot het geven van een beschikking geheel of gedeeltelijk afwijst, stelt het de aanvrager in de gelegenheid zijn zienswijze naar voren te brengen indien:
a. de afwijzing zou steunen op gegevens over feiten en belangen die de aanvrager betreffen, en
b. die gegevens afwijken van gegevens die de aanvrager ter zake zelf heeft verstrekt.
2. Het eerste lid geldt niet indien sprake is van een afwijking van de aanvraag die slechts van geringe betekenis voor de aanvrager kan zijn.
(Zie ook: artt. 7:2, 7:3, 7:16, 7:17 Awb)

Art. 4:8

Horen/zienswijze

1. Voordat een bestuursorgaan een beschikking geeft waartegen een belanghebbende die de beschikking niet heeft aangevraagd naar verwachting bedenkingen zal hebben, stelt het die belanghebbende in de gelegenheid zijn zienswijze naar voren te brengen indien:
a. de beschikking zou steunen op gegevens over feiten en belangen die de belanghebbende betreffen, en
b. die gegevens niet door de belanghebbende zelf ter zake zijn verstrekt.
2. Het eerste lid geldt niet indien de belanghebbende niet heeft voldaan aan een wettelijke verplichting gegevens te verstrekken.
(Zie ook: art. 49 Gemw)

Art. 4:9

Vorm van zienswijze op beschikking

Bij toepassing van de artikelen 4:7 en 4:8 kan de belanghebbende naar keuze schriftelijk of mondeling zijn zienswijze naar voren brengen.

Art. 4:10

[Vervallen]

Art. 4:11

Uitzonderingen hoorplicht

Het bestuursorgaan kan toepassing van de artikelen 4:7 en 4:8 achterwege laten voor zover:
a. de vereiste spoed zich daartegen verzet;
b. de belanghebbende reeds eerder in de gelegenheid is gesteld zijn zienswijze naar voren te brengen en zich sindsdien geen nieuwe feiten of omstandigheden hebben voorgedaan, of
c. het met de beschikking beoogde doel slechts kan worden bereikt indien de belanghebbende daarvan niet reeds tevoren in kennis is gesteld.
(Zie ook: artt. 4:7, 4:8 Awb)

Art. 4:12

Uitzonderingen hoorplicht

1. Het bestuursorgaan kan toepassing van de artikelen 4:7 en 4:8 voorts achterwege laten bij een beschikking die strekt tot het vaststellen van een financiële verplichting of aanspraak indien:
a. tegen die beschikking bezwaar kan worden gemaakt of administratief beroep kan worden ingesteld, en
b. de nadelige gevolgen na bezwaar of administratief beroep volledig ongedaan kunnen worden gemaakt.
2. Het eerste lid geldt niet bij een beschikking die strekt tot:
a. het op grond van artikel 4:35 of met toepassing van artikel 4:51 weigeren van een subsidie;
b. het op grond van artikel 4:46, tweede lid, lager vaststellen van een subsidie, of
c. het intrekken of ten nadele van de ontvanger wijzigen van een subsidieverlening of een subsidievaststelling.
(Zie ook: § 10BFB)

Afdeling 4.1.3
Beslistermijn

§ *4.1.3.1*
Beslistermijn

Art. 4:13

Beslistermijn beschikking

1. Een beschikking dient te worden gegeven binnen de bij wettelijk voorschrift bepaalde termijn of, bij het ontbreken van zulk een termijn, binnen een redelijke termijn na ontvangst van de aanvraag.

2. De in het eerste lid bedoelde redelijke termijn is in ieder geval verstreken wanneer het bestuursorgaan binnen acht weken na ontvangst van de aanvraag geen beschikking heeft gegeven, noch een mededeling als bedoeld in artikel 4:14, derde lid, heeft gedaan.
(Zie ook: artt. 1:3, 6:2, 6:3 Awb; artt. 25, 42 VW 2000)

Art. 4:14
1. Indien een beschikking niet binnen de bij wettelijk voorschrift bepaalde termijn kan worden gegeven, deelt het bestuursorgaan dit aan de aanvrager mede en noemt het daarbij een zo kort mogelijke termijn waarbinnen de beschikking wel tegemoet kan worden gezien.   *Verlenging beslistermijn beschikking*
(Zie ook: art. 6:2 Awb)
2. Het eerste lid is niet van toepassing indien het bestuursorgaan na het verstrijken van de bij wettelijk voorschrift bepaalde termijn niet langer bevoegd is.
3. Indien, bij het ontbreken van een bij wettelijk voorschrift bepaalde termijn, een beschikking niet binnen acht weken kan worden gegeven, deelt het bestuursorgaan dit binnen deze termijn aan de aanvrager mede en noemt het daarbij een redelijke termijn binnen welke de beschikking wel tegemoet kan worden gezien.

Art. 4:15
1. De termijn voor het geven van een beschikking wordt opgeschort met ingang van de dag na die waarop het bestuursorgaan: *Opschorting termijn beschikking*
a. de aanvrager krachtens artikel 4:5 uitnodigt de aanvraag aan te vullen, tot de dag waarop de aanvraag is aangevuld of de daarvoor gestelde termijn ongebruikt is verstreken, of
b. de aanvrager mededeelt dat voor de beschikking op de aanvraag redelijkerwijs noodzakelijke informatie aan een buitenlandse instantie is gevraagd, tot de dag waarop deze informatie is ontvangen of verder uitstel niet meer redelijk is.
2. De termijn voor het geven van een beschikking wordt voorts opgeschort:
a. gedurende de termijn waarvoor de aanvrager schriftelijk met uitstel heeft ingestemd,
b. zolang de vertraging aan de aanvrager kan worden toegerekend, of
c. zolang het bestuursorgaan door overmacht niet in staat is een beschikking te geven.
3. In geval van overmacht deelt het bestuursorgaan zo spoedig mogelijk aan de aanvrager mede dat de beslistermijn is opgeschort, alsmede binnen welke termijn de beschikking wel tegemoet kan worden gezien.
4. Indien de opschorting eindigt, doet het bestuursorgaan daarvan in de gevallen, bedoeld in het eerste lid, onderdeel b, of het tweede lid, onderdelen b en c, zo spoedig mogelijk mededeling aan de aanvrager, onder vermelding van de termijn binnen welke de beschikking alsnog moet worden gegeven.

§ 4.1.3.2
Dwangsom bij niet tijdig beslissen

Art. 4:16
[Vervallen]

Art. 4:17
1. Indien een beschikking op aanvraag niet tijdig wordt gegeven, verbeurt het bestuursorgaan aan de aanvrager een dwangsom voor elke dag dat het in gebreke is, doch voor ten hoogste 42 dagen. De Algemene termijnenwet is op laatstgenoemde termijn niet van toepassing.   *Dwangsom bestuursorgaan*
2. De dwangsom bedraagt de eerste veertien dagen € 23 per dag, de daaropvolgende veertien dagen € 35 per dag en de overige dagen € 45 per dag.
3. De eerste dag waarover de dwangsom verschuldigd is, is de dag waarop twee weken zijn verstreken na de dag waarop de termijn voor het geven van de beschikking is verstreken en het bestuursorgaan van de aanvrager een schriftelijke ingebrekestelling heeft ontvangen.
4. Indien de aanvraag elektronisch kon worden gedaan, is artikel 4:3a van overeenkomstige toepassing op de ingebrekestelling.
5. Beroep tegen het niet tijdig geven van de beschikking schort de dwangsom niet op.
6. Geen dwangsom is verschuldigd indien:
a. het bestuursorgaan onredelijk laat in gebreke is gesteld,
b. de aanvrager geen belanghebbende is, of
c. de aanvraag kennelijk niet-ontvankelijk of kennelijk ongegrond is.
7. Indien er meer dan één aanvrager is, is de dwangsom aan ieder van de aanvragers voor een gelijk deel verschuldigd.

Art. 4:18
Het bestuursorgaan stelt de verschuldigdheid en de hoogte van de dwangsom bij beschikking vast binnen twee weken na de laatste dag waarover de dwangsom verschuldigd was.   *Vaststelling dwangsom bestuursorgaan*

Art. 4:19
1. Het bezwaar, beroep of hoger beroep tegen de beschikking op de aanvraag heeft mede betrekking op een beschikking tot vaststelling van de hoogte van de dwangsom, voorzover de belanghebbende deze beschikking betwist.   *Bezwaar en beroep bij dwangsom bestuursorgaan*

art. 4:20

5 Algemene wet bestuursrecht

2. De bestuursrechter kan de beslissing op het beroep of hoger beroep inzake de beschikking tot vaststelling van de hoogte van de dwangsom echter verwijzen naar een ander orgaan, indien behandeling door dit orgaan gewenst is.
3. In beroep of hoger beroep legt de belanghebbende zo mogelijk een afschrift over van de beschikking die hij betwist.
4. Het eerste tot en met het derde lid zijn van overeenkomstige toepassing op een verzoek om voorlopige voorziening.

Art. 4:20

Terugvordering dwangsom bestuursorgaan

Het bestuursorgaan kan onverschuldigd betaalde dwangsommen terugvorderen voor zover na de dag waarop de beschikking, bedoeld in artikel 4:18 is vastgesteld, nog geen vijf jaren zijn verstreken.

§ 4.1.3.3
Positieve fictieve beschikking bij niet tijdig beslissen

Art. 4:20a

Reikwijdte

1. Deze paragraaf is van toepassing indien dit bij wettelijk voorschrift is bepaald.
2. Paragraaf 4.1.3.2 is niet van toepassing indien deze paragraaf van toepassing is.

Art. 4:20b

Beschikking van rechtswege

1. Indien niet tijdig op de aanvraag tot het geven van een beschikking is beslist, is de gevraagde beschikking van rechtswege gegeven.
2. De verlening van rechtswege geldt als een beschikking.
3. In afwijking van artikel 3:40 treedt de beschikking in werking op de derde dag na afloop van de beslistermijn.

Art. 4:20c

Bekendmaking beschikking van rechtswege

1. Het bestuursorgaan maakt de beschikking bekend binnen twee weken nadat zij van rechtswege is gegeven.
2. Bij de bekendmaking en mededeling van de beschikking wordt vermeld dat de beschikking van rechtswege is gegeven.

Art. 4:20d

Dwangsom bij beschikking van rechtswege

1. Indien het bestuursorgaan de beschikking niet overeenkomstig artikel 4:20c binnen twee weken heeft bekendgemaakt, verbeurt het na een daarop volgende ingebrekestelling door de aanvrager een dwangsom vanaf de dag dat twee weken zijn verstreken sinds die ingebrekestelling.
2. De dwangsom wordt berekend overeenkomstig artikel 4:17, eerste en tweede lid.
3. De artikelen 4:17, vierde lid, en zesde lid, onder a en b, en 4:18 tot en met 4:20 zijn van overeenkomstige toepassing.

Art. 4:20e

Voorschriften in beschikking van rechtswege

Indien in een wettelijk voorschrift of een beleidsregel is bepaald dat in een beschikking steeds bepaalde voorschriften worden opgenomen, dan maken deze ook deel uit van de beschikking van rechtswege.

Art. 4:20f

Voorwaarden en intrekking beschikking van rechtswege

1. Het bestuursorgaan kan aan de beschikking van rechtswege alsnog voorschriften verbinden of de beschikking intrekken voor zover dit nodig is om ernstige gevolgen voor het algemeen belang te voorkomen.
2. Een beschikking als bedoeld in het eerste lid kan slechts worden genomen binnen zes weken na de bekendmaking van de beschikking van rechtswege.
3. Het bestuursorgaan vergoedt de schade die door de wijziging of intrekking bedoeld in het eerste lid wordt veroorzaakt.

Titel 4.2
Subsidies

Afdeling 4.2.1
Inleidende bepalingen

Art. 4:21

Subsidie

1. Onder subsidie wordt verstaan: de aanspraak op financiële middelen, door een bestuursorgaan verstrekt met het oog op bepaalde activiteiten van de aanvrager, anders dan als betaling voor aan het bestuursorgaan geleverde goederen of diensten.

Uitzonderingen

2. Deze titel is niet van toepassing op aanspraken of verplichtingen die voortvloeien uit een wettelijk voorschrift inzake:
   a. belastingen,
   b. de heffing van een premie dan wel een premievervangende belasting ingevolge de Wet financiering sociale verzekeringen, of

5 Algemene wet bestuursrecht art. 4:28

c. de heffing van een inkomensafhankelijke bijdrage dan wel een bijdragevervangende belasting ingevolge de Zorgverzekeringswet.
3. Deze titel is niet van toepassing op de aanspraak op financiële middelen die wordt verstrekt op grond van een wettelijk voorschrift dat uitsluitend voorziet in verstrekking aan rechtspersonen die krachtens publiekrecht zijn ingesteld.
4. Deze titel is van overeenkomstige toepassing op de bekostiging van het onderwijs en onderzoek.

Art. 4:22
Onder subsidieplafond wordt verstaan: het bedrag dat gedurende een bepaald tijdvak ten hoogste beschikbaar is voor de verstrekking van subsidies krachtens een bepaald wettelijk voorschrift.

Subsidieplafond

Art. 4:23
1. Een bestuursorgaan verstrekt slechts subsidie op grond van een wettelijk voorschrift dat regelt voor welke activiteiten subsidie kan worden verstrekt.
2. Indien een zodanig wettelijk voorschrift is opgenomen in een niet op een wet berustende algemene maatregel van bestuur, vervalt dat voorschrift vier jaren nadat het in werking is getreden, tenzij voor dat tijdstip een voorstel van wet bij de Staten-Generaal is ingediend waarin de subsidie wordt geregeld.
3. Het eerste lid is niet van toepassing:
a. in afwachting van de totstandkoming van een wettelijk voorschrift gedurende ten hoogste een jaar of totdat een binnen dat jaar bij de Staten-Generaal ingediend wetsvoorstel is verworpen of tot wet is verheven en in werking is getreden;
b. indien de subsidie rechtstreeks op grond van een door de Raad van de Europese Unie, het Europees Parlement en de Raad gezamenlijk of de Europese Commissie vastgesteld programma wordt verstrekt;
c. indien de begroting de subsidie-ontvanger en het bedrag waarop de subsidie ten hoogste kan worden vastgesteld, vermeldt, of
d. in incidentele gevallen, mits de subsidie voor ten hoogste vier jaren wordt verstrekt.
4. Het bestuursorgaan publiceert jaarlijks een verslag van de verstrekking van subsidies met toepassing van het derde lid, onderdelen *a* en *d*.

Subsidieverstrekking

Art. 4:24
Indien een subsidie op een wettelijk voorschrift berust, wordt ten minste eenmaal in de vijf jaren een verslag gepubliceerd over de doeltreffendheid en de effecten van de subsidie in de praktijk, tenzij bij wettelijk voorschrift anders is bepaald.

Verslag over subsidies

Afdeling 4.2.2
Het subsidieplafond

Art. 4:25
1. Een subsidieplafond kan slechts bij of krachtens wettelijk voorschrift worden vastgesteld.
2. Een subsidie wordt geweigerd voor zover door verstrekking van de subsidie het subsidieplafond zou worden overschreden.
3. Indien niet tijdig, dan wel in bezwaar of beroep of ter uitvoering van een rechterlijke uitspraak omtrent verstrekking wordt beslist, geldt de verplichting van het tweede lid slechts voor zover zij ook gold op het tijdstip, waarop de beslissing in eerste aanleg werd genomen of had moeten worden genomen.

Vaststelling subsidieplafond

Art. 4:26
1. Bij of krachtens wettelijk voorschrift wordt bepaald hoe het beschikbare bedrag wordt verdeeld.
2. Bij de bekendmaking van het subsidieplafond wordt de wijze van verdeling vermeld.

Verdeling subsidie

Art. 4:27
1. Het subsidieplafond wordt bekendgemaakt voor de aanvang van het tijdvak waarvoor het is vastgesteld.
2. Indien het subsidieplafond of een verlaging daarvan later wordt bekendgemaakt, heeft deze bekendmaking geen gevolgen voor voordien ingediende aanvragen.

Bekendmaking subsidieplafond

Art. 4:28
Artikel 4:27, tweede lid, is niet van toepassing, indien:
a. de aanvragen voor het tijdvak waarvoor het subsidieplafond is vastgesteld ingevolge wettelijk voorschrift moeten worden ingediend op een tijdstip waarop de begroting nog niet is vastgesteld of goedgekeurd;
b. het een verlaging betreft die voortvloeit uit de vaststelling of goedkeuring van de begroting, en
c. bij de bekendmaking van het subsidieplafond is gewezen op de mogelijkheid van verlaging en de gevolgen daarvan voor reeds ingediende aanvragen.

Uitzondering gevolgen verlaging subsidieplafond

Afdeling 4.2.3
De subsidieverlening

Art. 4:29

Subsidieverlening vóór vaststelling

Tenzij bij wettelijk voorschrift anders is bepaald kan voorafgaand aan een subsidievaststelling een beschikking omtrent subsidieverlening worden gegeven, indien een aanvraag daartoe is ingediend voor de afloop van de activiteit of het tijdvak waarvoor de subsidie wordt gevraagd.

Art. 4:30

Activiteiten in beschikking tot subsidieverlening

1. De beschikking tot subsidieverlening bevat een omschrijving van de activiteiten waarvoor subsidie wordt verleend.
2. De omschrijving kan later worden uitgewerkt, voor zover de beschikking tot subsidieverlening dit vermeldt.

Art. 4:31

Bedrag in beschikking tot subsidieverlening

1. De beschikking tot subsidieverlening vermeldt het bedrag van de subsidie, dan wel de wijze waarop dit bedrag wordt bepaald.
2. Indien de beschikking tot subsidieverlening het bedrag van de subsidie niet vermeldt, vermeldt zij het bedrag waarop de subsidie ten hoogste kan worden vastgesteld, tenzij bij wettelijk voorschrift anders is bepaald.

Art. 4:32

Periodieke aanspraak op subsidie

Een subsidie in de vorm van een periodieke aanspraak op financiële middelen wordt verleend voor een bepaald tijdvak, dat in de beschikking tot subsidieverlening wordt vermeld.

Art. 4:33

Voorwaarden voor subsidieverlening

Een subsidie kan niet worden verleend onder de voorwaarde dat uitsluitend het bestuursorgaan of uitsluitend de subsidie-ontvanger een bepaalde handeling verricht, tenzij het betreft de voorwaarde dat:
a. de subsidie-ontvanger medewerkt aan de totstandkoming van een overeenkomst ter uitvoering van de beschikking tot subsidieverlening, of
b. de subsidie-ontvanger aantoont dat een gebeurtenis, niet zijnde een handeling van het bestuursorgaan of van de subsidie-ontvanger, heeft plaatsgevonden.

Art. 4:34

Subsidie bij niet vastgestelde begroting

1. Voor zover een subsidie wordt verleend ten laste van een begroting die nog niet is vastgesteld of goedgekeurd, kan zij worden verleend onder de voorwaarde dat voldoende gelden ter beschikking worden gesteld.
2. De voorwaarde kan niet worden gesteld, voor zover zulks voortvloeit uit het wettelijk voorschrift waarop de subsidie berust.
3. De voorwaarde vervalt, indien het bestuursorgaan daarop niet binnen vier weken na de vaststelling of goedkeuring van de begroting een beroep heeft gedaan.
4. Het beroep op de voorwaarde geschiedt bij een subsidie voor een activiteit die door het bestuursorgaan ook in het voorafgaande begrotingsjaar werd gesubsidieerd door een intrekking wegens veranderde omstandigheden overeenkomstig artikel 4:50.
5. In andere gevallen geschiedt het beroep op de voorwaarde door een intrekking overeenkomstig artikel 4:48, eerste lid.

Art. 4:35

Weigering subsidie

1. De subsidieverlening kan in ieder geval worden geweigerd indien een gegronde reden bestaat om aan te nemen dat:
a. de activiteiten niet of niet geheel zullen plaatsvinden;
b. de aanvrager niet zal voldoen aan de aan de subsidie verbonden verplichtingen;
c. de aanvrager niet op een behoorlijke wijze rekening en verantwoording zal afleggen omtrent de verrichte activiteiten en de daaraan verbonden uitgaven en inkomsten, voor zover deze voor de vaststelling van de subsidie van belang zijn.
2. De subsidieverlening kan voorts in ieder geval worden geweigerd indien de aanvrager:
a. in het kader van de aanvraag onjuiste of onvolledige gegevens heeft verstrekt en de verstrekking van deze gegevens tot een onjuiste beschikking op de aanvraag zou hebben geleid, of
b. failliet is verklaard of aan hem surséance van betaling is verleend of ten aanzien van hem de schuldsaneringsregeling natuurlijke personen van toepassing is verklaard, dan wel een verzoek daartoe bij de rechtbank is ingediend.
3. De subsidieverlening wordt voorts geweigerd indien de verstrekking van subsidie naar het oordeel van het bestuursorgaan niet verenigbaar is met het bepaalde in de artikelen 107 en 108 van het Verdrag betreffende de werking van de Europese Unie.

Art. 4:36

Subsidieovereenkomst

1. Ter uitvoering van de beschikking tot subsidieverlening kan een overeenkomst worden gesloten.
2. Tenzij bij wettelijk voorschrift anders is bepaald of de aard van de subsidie zich daartegen verzet, kan in de overeenkomst worden bepaald dat de subsidie-ontvanger verplicht is de activiteiten te verrichten waarvoor de subsidie is verleend.

Afdeling 4.2.4
Verplichtingen van de subsidie-ontvanger

Art. 4:37
1. Het bestuursorgaan kan de subsidie-ontvanger verplichtingen opleggen met betrekking tot: *Verplichtingen aan subsidie*
a. aard en omvang van de activiteiten waarvoor subsidie wordt verleend;
b. de administratie van aan de activiteiten verbonden uitgaven en inkomsten;
c. het vóór de subsidievaststelling verstrekken van gegevens en bescheiden die nodig zijn voor een beslissing omtrent de subsidie;
d. de te verzekeren risico's;
e. het stellen van zekerheid voor verleende voorschotten;
f. het afleggen van rekening en verantwoording omtrent de verrichte activiteiten en de daaraan verbonden uitgaven en inkomsten, voor zover deze voor de vaststelling van de subsidie van belang zijn;
g. het beperken of wegnemen van de nadelige gevolgen van de subsidie voor derden;
h. het uitoefenen van controle door een accountant als bedoeld in artikel 393, eerste lid, van Boek 2 van het Burgerlijk Wetboek op het door het bestuursorgaan gevoerde financiële beheer en de financiële verantwoording daarover.
2. Indien een verplichting als bedoeld in het eerste lid, onderdeel c, wordt opgelegd, zijn de artikelen 4:3 en 4:4 van overeenkomstige toepassing.

Art. 4:38
1. Het bestuursorgaan kan de subsidie-ontvanger ook andere verplichtingen opleggen die strekken tot verwezenlijking van het doel van de subsidie. *Andere verplichtingen aan subsidie*
2. Indien de subsidie op een wettelijk voorschrift berust, worden de verplichtingen opgelegd bij wettelijk voorschrift of krachtens wettelijk voorschrift bij de subsidieverlening.
3. Indien de subsidie niet op een wettelijk voorschrift berust, kunnen de verplichtingen worden opgelegd bij de subsidieverlening.

Art. 4:39
1. Verplichtingen die niet strekken tot verwezenlijking van het doel van de subsidie kunnen slechts aan de subsidie worden verbonden voor zover dit bij wettelijk voorschrift is bepaald. *Niet-doelgebonden verplichtingen aan subsidie*
2. Verplichtingen als bedoeld in het eerste lid kunnen slechts betrekking hebben op de wijze waarop of de middelen waarmee de gesubsidieerde activiteit wordt verricht.

Art. 4:40
De verplichtingen kunnen na de subsidieverlening worden uitgewerkt, voor zover de beschikking tot subsidieverlening dit vermeldt. *Uitwerking verplichtingen aan subsidie*

Art. 4:41
1. In de gevallen, genoemd in het tweede lid, is de subsidie-ontvanger, voor zover het verstrekken van de subsidie heeft geleid tot vermogensvorming, daarvoor een vergoeding verschuldigd aan het bestuursorgaan, mits: *Vergoeding door subsidie-ontvanger*
a. dit bij wettelijk voorschrift of, indien de subsidie niet op een wettelijk voorschrift berust, bij de subsidieverlening is bepaald, en
b. daarbij is aangegeven hoe de hoogte van de vergoeding wordt bepaald.
2. De vergoeding is slechts verschuldigd indien:
a. de subsidie-ontvanger voor de gesubsidieerde activiteiten gebruikte of bestemde goederen vervreemdt of bezwaart of de bestemming daarvan wijzigt;
b. de subsidie-ontvanger een schadevergoeding ontvangt voor verlies of beschadiging van voor de gesubsidieerde activiteiten gebruikte of bestemde goederen;
c. de gesubsidieerde activiteiten geheel of gedeeltelijk worden beëindigd;
d. de subsidieverlening of de subsidievaststelling wordt ingetrokken of de subsidie wordt beëindigd, of
e. de rechtspersoon die de subsidie ontving wordt ontbonden.
3. De vergoeding wordt vastgesteld binnen een jaar nadat het bestuursorgaan op de hoogte is gekomen of kon zijn van de gebeurtenis die het recht op vergoeding deed ontstaan, doch in ieder geval binnen vijf jaren na de bekendmaking van de laatste beschikking tot subsidievaststelling. *Vaststelling vergoeding subsidieontvanger*

Afdeling 4.2.5
De subsidievaststelling

Art. 4:42
De beschikking tot subsidievaststelling stelt het bedrag van de subsidie vast en geeft aanspraak op betaling van het vastgestelde bedrag overeenkomstig afdeling 4.2.7. *Subsidievaststelling*

Art. 4:43
1. Indien geen beschikking tot subsidieverlening is gegeven, bevat de beschikking tot subsidievaststelling een aanduiding van de activiteiten waarvoor subsidie wordt verstrekt. *Activiteiten in subsidievaststelling*

2. De artikelen 4:32, 4:35, tweede en derde lid, 4:38 en 4:39 zijn van overeenkomstige toepassing.

Art. 4:44

Aanvraag tot vaststelling subsidie

1. Indien een beschikking tot subsidieverlening is gegeven, dient de subsidie-ontvanger na afloop van de activiteiten of het tijdvak waarvoor de subsidie is verleend een aanvraag tot vaststelling van de subsidie in, tenzij:
   a. de subsidie met toepassing van artikel 4:47, onderdeel a , ambtshalve wordt vastgesteld;
   b. bij wettelijk voorschrift of bij de subsidieverlening is bepaald dat de aanvraag wordt ingediend telkens na afloop van een gedeelte van het tijdvak waarvoor de subsidie is verleend, of
   c. de vaststelling van de subsidie bij een overeenkomst als bedoeld in artikel 4:36, eerste lid, anders is geregeld.
2. Indien bij wettelijk voorschrift geen termijn is bepaald, wordt de aanvraag tot vaststelling ingediend binnen een bij de subsidieverlening te bepalen termijn.
3. Indien voor de indiening van de aanvraag tot vaststelling geen termijn is bepaald of de aanvraag na afloop van de daarvoor bepaalde termijn niet is ingediend kan het bestuursorgaan de subsidie-ontvanger een termijn stellen binnen welke de aanvraag moet zijn ingediend.

Ambtshalve vaststelling subsidie

4. Indien na afloop van deze termijn geen aanvraag is ingediend, kan de subsidie ambtshalve worden vastgesteld.

Art. 4:45

Aantonen activiteiten bij subsidievaststelling

1. Bij de aanvraag tot subsidievaststelling toont de aanvrager aan dat de activiteiten hebben plaatsgevonden overeenkomstig de aan de subsidie verbonden verplichtingen, tenzij de subsidie voor de aanvang van de activiteiten wordt vastgesteld.
2. Bij de aanvraag tot subsidievaststelling legt de aanvrager rekening en verantwoording af omtrent de aan de activiteiten verbonden uitgaven en inkomsten, voor zover deze voor de vaststelling van de subsidie van belang zijn.

Art. 4:46

Subsidievaststelling

1. Indien een beschikking tot subsidieverlening is gegeven, stelt het bestuursorgaan de subsidie overeenkomstig de subsidieverlening vast.
2. De subsidie kan lager worden vastgesteld indien:
   a. de activiteiten waarvoor subsidie is verleend niet of niet geheel hebben plaatsgevonden;
   b. de subsidie-ontvanger niet heeft voldaan aan de aan de subsidie verbonden verplichtingen;
   c. de subsidie-ontvanger onjuiste of onvolledige gegevens heeft verstrekt en de verstrekking van juiste of volledige gegevens tot een andere beschikking op de aanvraag tot subsidieverlening zou hebben geleid, of
   d. de subsidieverlening anderszins onjuist was en de subsidie-ontvanger dit wist of behoorde te weten.
3. Voor zover het bedrag van de subsidie afhankelijk is van de werkelijke kosten van de activiteiten waarvoor subsidie is verleend, worden kosten die in redelijkheid niet als noodzakelijk kunnen worden beschouwd bij de vaststelling van de subsidie niet in aanmerking genomen.

Art. 4:47

Ambtshalve subsidievaststelling

Het bestuursorgaan kan de subsidie geheel of gedeeltelijk ambtshalve vaststellen, indien:
a. bij wettelijk voorschrift of bij de subsidieverlening een termijn is bepaald binnen welke de subsidie ambtshalve wordt vastgesteld;
b. toepassing wordt gegeven aan artikel 4:44, vierde lid, of
c. de beschikking tot subsidieverlening of de beschikking tot subsidievaststelling wordt ingetrokken of ten nadele van de ontvanger wordt gewijzigd.

Afdeling 4.2.6
Intrekking en wijziging

Art. 4:48

Intrekking of wijziging subsidieverlening

1. Zolang de subsidie niet is vastgesteld kan het bestuursorgaan de subsidieverlening intrekken of ten nadele van de subsidie-ontvanger wijzigen, indien:
   a. de activiteiten waarvoor subsidie is verleend niet of niet geheel hebben plaatsgevonden of zullen plaatsvinden;
   b. de subsidie-ontvanger niet heeft voldaan aan de aan de subsidie verbonden verplichtingen;
   c. de subsidie-ontvanger onjuiste of onvolledige gegevens heeft verstrekt en de verstrekking van juiste of volledige gegevens tot een andere beschikking op de aanvraag tot subsidieverlening zou hebben geleid;
   d. de subsidieverlening anderszins onjuist was en de subsidie-ontvanger dit wist of behoorde te weten, of
   e. met toepassing van artikel 4:34, vijfde lid, een beroep wordt gedaan op de voorwaarde dat voldoende gelden ter beschikking worden gesteld.
2. De intrekking of wijziging werkt terug tot en met het tijdstip waarop de subsidie is verleend, tenzij bij de intrekking of wijziging anders is bepaald.

Art. 4:49
1. Het bestuursorgaan kan de subsidievaststelling intrekken of ten nadele van de ontvanger wijzigen:

    a. op grond van feiten of omstandigheden waarvan het bij de subsidievaststelling redelijkerwijs niet op de hoogte kon zijn en op grond waarvan de subsidie lager dan overeenkomstig de subsidieverlening zou zijn vastgesteld;

    b. indien de subsidievaststelling onjuist was en de subsidie-ontvanger dit wist of behoorde te weten, of

    c. indien de subsidie-ontvanger na de subsidievaststelling niet heeft voldaan aan aan de subsidie verbonden verplichtingen.

2. De intrekking of wijziging werkt terug tot en met het tijdstip waarop de subsidie is vastgesteld, tenzij bij de intrekking of wijziging anders is bepaald.

3. De subsidievaststelling kan niet meer worden ingetrokken of ten nadele van de ontvanger worden gewijzigd indien vijf jaren zijn verstreken sedert de dag waarop zij is bekendgemaakt dan wel, in het geval, bedoeld in het eerste lid, onderdeel *c*, sedert de dag waarop de handeling in strijd met de verplichting is verricht of de dag waarop aan de verplichting had moeten zijn voldaan.

Intrekking of wijziging subsidievaststelling

Art. 4:50
1. Zolang de subsidie niet is vastgesteld kan het bestuursorgaan de subsidieverlening met inachtneming van een redelijke termijn intrekken of ten nadele van de subsidie-ontvanger wijzigen:

    a. voor zover de subsidieverlening onjuist is;

    b. voor zover veranderde omstandigheden of gewijzigde inzichten zich in overwegende mate tegen voortzetting of ongewijzigde voortzetting van de subsidie verzetten, of

    c. in andere bij wettelijk voorschrift geregelde gevallen.

2. Bij intrekking of wijziging op grond van het eerste lid, onderdeel *a* of *b*, vergoedt het bestuursorgaan de schade die de subsidie-ontvanger lijdt doordat hij in vertrouwen op de subsidie anders heeft gehandeld dan hij zonder subsidie zou hebben gedaan.

Termijn intrekking subsidieverlening

Vergoeding schade bij intrekking subsidieverlening

Art. 4:51
1. Indien aan een subsidie-ontvanger voor drie of meer achtereenvolgende jaren subsidie is verstrekt voor dezelfde of in hoofdzaak dezelfde voortdurende activiteiten, geschiedt gehele of gedeeltelijke weigering van de subsidie voor een daarop aansluitend tijdvak op de grond, dat veranderde omstandigheden of gewijzigde inzichten zich tegen voortzetting of ongewijzigde voortzetting van de subsidie verzetten, slechts met inachtneming van een redelijke termijn.

2. Voor zover aan het einde van het tijdvak waarvoor subsidie is verleend sedert de bekendmaking van het voornemen tot weigering voor een daarop aansluitend tijdvak nog geen redelijke termijn is verstreken, wordt de subsidie voor het resterende deel van die termijn verleend, zo nodig in afwijking van artikel 4:25, tweede lid.

Weigering voortzetting subsidie

Afdeling 4.2.7
Betaling en terugvordering

Art. 4:52
1. Het subsidiebedrag wordt overeenkomstig de subsidievaststelling betaald.

2. Indien de subsidie niet op een wettelijk voorschrift berust, kan bij de subsidieverlening, of, indien geen beschikking tot subsidieverlening is gegeven, bij de subsidievaststelling een van artikel 4:87, eerste lid, afwijkende termijn voor de betaling van het subsidiebedrag worden vastgesteld.

Betaling subsidie

Art. 4:53
1. Het subsidiebedrag kan in gedeelten worden betaald, mits bij wettelijk voorschrift is bepaald hoe de gedeelten worden berekend en op welke tijdstippen zij worden betaald.

2. Indien de subsidie niet op een wettelijk voorschrift berust, kan het subsidiebedrag in gedeelten worden betaald, mits bij subsidieverlening, of indien geen beschikking tot subsidieverlening is gegeven, bij de subsidievaststelling, is bepaald hoe de gedeelten worden berekend en op welke tijdstippen zij worden betaald.

Betaling van subsidie in gedeelten

Art. 4:54-4:55
[Vervallen]

Art. 4:56
De verplichting tot betaling van een subsidiebedrag of een voorschot wordt opgeschort met ingang van de dag waarop het bestuursorgaan aan de subsidie-ontvanger schriftelijk kennis geeft van het ernstige vermoeden dat er grond bestaat om toepassing te geven aan artikel 4:48 of 4:49, tot en met de dag waarop de beschikking omtrent de intrekking of wijziging is bekendgemaakt of de dag waarop sedert de kennisgeving van het ernstige vermoeden dertien weken zijn verstreken.

Opschorting betaling van subsidie

Art. 4:57

Terugvordering onverschuldigde subsidiebedragen

1. Het bestuursorgaan kan onverschuldigd betaalde subsidiebedragen terugvorderen.

2. Het bestuursorgaan kan het terug te vorderen bedrag bij dwangbevel invorderen.
3. Het bestuursorgaan kan het terug te vorderen bedrag verrekenen met een aan dezelfde subsidie-ontvanger voor dezelfde activiteiten verstrekte subsidie voor een ander tijdvak.
4. Terugvordering van een subsidiebedrag of een voorschot vindt niet plaats voor zover na de dag waarop de subsidie is vastgesteld, dan wel de handeling, bedoeld in artikel 4:49, eerste lid, onderdeel c, heeft plaatsgevonden, vijf jaren zijn verstreken.

Afdeling 4.2.8
Per boekjaar verstrekte subsidies aan rechtspersonen

Paragraaf 4.2.8.1
Inleidende bepalingen

Art. 4:58

Subsidie per boekjaar

1. Deze afdeling is van toepassing op per boekjaar verstrekte subsidies, indien dat bij wettelijk voorschrift of bij besluit van het bestuursorgaan is bepaald.
2. Bij algemene maatregel van bestuur kan worden bepaald dat deze afdeling van toepassing is op daarbij aangewezen subsidies.

Art. 4:59

Toezichthouders bij subsidie

1. Het bestuursorgaan dat met toepassing van deze afdeling een subsidie verleent kan een of meer toezichthouders aanwijzen die zijn belast met het toezicht op de naleving van de aan de ontvanger van die subsidie opgelegde verplichtingen.
2. De toezichthouder beschikt niet over de bevoegdheden, vermeld in de artikelen 5:18 en 5:19.

Paragraaf 4.2.8.2
De aanvraag

Art. 4:60

Subsidieaanvraag

Tenzij bij wettelijk voorschrift anders is bepaald, wordt de aanvraag van de subsidie uiterlijk dertien weken voor de aanvang van het boekjaar ingediend.

Art. 4:61

Vereisten subsidieaanvraag

1. De aanvraag van de subsidie gaat in ieder geval vergezeld van:
a. een activiteitenplan, tenzij redelijkerwijs kan worden aangenomen dat daaraan geen behoefte is, en
b. een begroting, tenzij deze voor de berekening van het bedrag van de subsidie niet van belang is.
2. Indien de aanvrager beschikt over een egalisatiereserve als bedoeld in artikel 4:72, vermeldt de aanvraag de omvang daarvan.

Art. 4:62

Activiteitenplan subsidieaanvraag

Het activiteitenplan behelst een overzicht van de activiteiten waarvoor subsidie wordt gevraagd en de daarmee nagestreefde doelstellingen en vermeldt per activiteit de daarvoor benodigde personele en materiële middelen.

Art. 4:63

Begroting subsidieaanvraag

1. De begroting behelst een overzicht van de voor het boekjaar geraamde inkomsten en uitgaven van de aanvrager, voor zover deze betrekking hebben op de activiteiten waarvoor subsidie wordt gevraagd.
2. De begrotingsposten worden ieder afzonderlijk van een toelichting voorzien.
3. Tenzij voor de activiteiten waarop de aanvraag betrekking heeft nog niet eerder subsidie werd verstrekt, behelst de begroting een vergelijking met de begroting van het lopende boekjaar en de gerealiseerde inkomsten en uitgaven van het jaar, voorafgaand aan het lopende boekjaar.

Art. 4:64

Overige vereisten begroting subsidieaanvraag

1. Tenzij de aanvraag wordt ingediend door een krachtens publiekrecht ingestelde rechtspersoon, gaat deze, indien voor het jaar voorafgaand aan het subsidiejaar geen subsidie werd aangevraagd, voorts vergezeld van:
a. een afschrift van de oprichtingsakte van de rechtspersoon dan wel van de statuten zoals deze laatstelijk zijn gewijzigd, en
b. de laatst opgemaakte jaarrekening als bedoeld in artikel 361 van Boek 2 van het Burgerlijk Wetboek dan wel de balans en de staat van baten en lasten en de toelichting daarop of, indien deze bescheiden ontbreken, een verslag over de financiële positie van de aanvrager op het moment van de aanvraag.

2. De in het eerste lid, onderdeel b, bedoelde bescheiden dan wel het verslag over de financiële positie zijn voorzien van een van een accountant als bedoeld in artikel 393, eerste lid, van Boek 2 van het Burgerlijk Wetboek afkomstige schriftelijke verklaring omtrent de getrouwheid onderscheidenlijk een mededeling, inhoudende dat van onjuistheden niet is gebleken.
3. Bij wettelijk voorschrift of bij besluit van het bestuursorgaan kan vrijstelling of ontheffing worden verleend van het in het tweede lid bepaalde.

Art. 4:65
Voor zover de aanvrager voor dezelfde begrote uitgaven tevens subsidie heeft aangevraagd bij een of meer andere bestuursorganen, doet hij daarvan mededeling in de aanvraag, onder vermelding van de stand van zaken met betrekking tot de beoordeling van die aanvraag of aanvragen. Verschillende subsidieaanvragen -->

Paragraaf 4.2.8.3
De subsidieverlening

Art. 4:66
De subsidie wordt slechts verleend aan een rechtspersoon met volledige rechtsbevoegdheid. <!-- margin: Subsidieverlening aan rechtspersonen -->

Art. 4:67
1. De subsidie wordt voor een boekjaar of voor een bepaald aantal boekjaren verleend. <!-- margin: Periode subsidieverlening aan rechtspersonen -->

2. Indien de subsidie voor twee of meer boekjaren wordt verleend, wordt aan de subsidie de verplichting verbonden tot het periodiek aan het bestuursorgaan verstrekken van de gegevens die voor de vaststelling van de subsidie van belang zijn.
3. De beschikking tot subsidieverlening vermeldt welke gegevens de subsidie-ontvanger krachtens het tweede lid moet verstrekken, alsmede op welke tijdstippen de gegevens moeten worden verstrekt.

Paragraaf 4.2.8.4
Verplichtingen van de subsidie-ontvanger

Art. 4:68
Tenzij bij wettelijk voorschrift of bij de subsidieverlening anders is bepaald, stelt de subsidie-ontvanger het boekjaar gelijk aan het kalenderjaar. Boekjaar subsidie-ontvangende rechtspersoon -->

Art. 4:69
1. De subsidie-ontvanger voert een zodanig ingerichte administratie, dat daaruit te allen tijde de voor de vaststelling van de subsidie van belang zijnde rechten en verplichtingen alsmede de betalingen en de ontvangsten kunnen worden nagegaan. <!-- margin: Administratie subsidie-ontvangende rechtspersoon -->

2. De administratie en de daartoe behorende bescheiden worden gedurende zeven jaren bewaard.

Art. 4:70
Indien gedurende het boekjaar aanmerkelijke verschillen ontstaan of dreigen te ontstaan tussen de werkelijke uitgaven en inkomsten en de begrote uitgaven en inkomsten doet de subsidie-ontvanger daarvan onverwijld mededeling aan het bestuursorgaan onder vermelding van de oorzaak van de verschillen. <!-- margin: Afwijken van begroting door subsidie-ontvangende rechtspersoon -->

Art. 4:71
1. Indien dit bij wettelijk voorschrift of bij de subsidieverlening is bepaald, behoeft de subsidie-ontvanger de toestemming van het bestuursorgaan voor: <!-- margin: Toestemming van bestuursorgaan handelingen subsidieontvanger -->
a. het oprichten van dan wel deelnemen in een rechtspersoon;
b. het wijzigen van de statuten;
c. het in eigendom verwerven, het vervreemden of het bezwaren van registergoederen, indien zij mede zijn verworven door middel van de subsidiegelden, dan wel de lasten daarvoor mede worden bekostigd uit de subsidiegelden;
d. het aangaan en beëindigen van overeenkomsten tot verkrijging, vervreemding of bezwaring van registergoederen of tot huur, verhuur of pacht daarvan, indien deze goederen geheel of gedeeltelijk zijn verworven door middel van de subsidie dan wel de uitgaven daarvoor mede zijn bekostigd uit de subsidie;
e. het aangaan van kredietovereenkomsten en van overeenkomsten van geldlening;
f. het aangaan van overeenkomsten waarbij de subsidie-ontvanger zich verbindt tot zekerheidsstelling met inbegrip van zekerheidsstelling voor schulden van derden of waarbij hij zich als borg of hoofdelijk medeschuldenaar verbindt of zich voor een derde sterk maakt;
g. het vormen van fondsen en reserveringen;
h. het vaststellen of wijzigen van tarieven voor door de subsidie-ontvanger in de gewone uitoefening van zijn gesubsidieerde activiteiten te verrichten prestaties;
i. het ontbinden van de rechtspersoon;

j. het doen van aangifte tot zijn faillissement of het aanvragen van zijn surséance van betaling.
2. Het bestuursorgaan beslist binnen vier weken omtrent de toestemming.
3. De beslissing kan eenmaal voor ten hoogste vier weken worden verdaagd.
4. Paragraaf 4.1.3.3 is van toepassing.

Art. 4:72

Egalisatiereserve subsidie-ontvangende rechtspersoon

1. Indien dit bij wettelijk voorschrift of bij de subsidieverlening is bepaald, vormt de ontvanger een egalisatiereserve.

2. Het verschil tussen de vastgestelde subsidie en de werkelijke kosten van de activiteiten waarvoor subsidie werd verleend komt ten gunste onderscheidenlijk ten laste van de egalisatiereserve.
3. De egalisatiereserve wordt zo hoog rentend en zo veilig als redelijkerwijs mogelijk is belegd.
4. De van de egalisatiereserve genoten rente wordt aan de egalisatiereserve toegevoegd.
5. In de gevallen bedoeld in artikel 4:41, tweede lid, onderdelen c, d en e, is de subsidie-ontvanger ter zake van de egalisatiereserve vergoedingsplichtig naar evenredigheid van de mate waarin de subsidie aan de egalisatiereserve heeft bijgedragen.

Paragraaf 4.2.8.5
De subsidievaststelling

Art. 4:73

Vaststelling subsidie rechtspersoon

De subsidie wordt per boekjaar vastgesteld.

Art. 4:74

Aanvraag tot vaststelling subsidie rechtspersoon

De subsidie-ontvanger dient binnen zes maanden na afloop van het boekjaar een aanvraag tot vaststelling van de subsidie in, tenzij bij wettelijk voorschrift anders is bepaald of de subsidie met toepassing van artikel 4:67, tweede lid, voor twee of meer boekjaren is verleend.

Art. 4:75

Gegevens aanvraag subsidie rechtspersoon

1. De aanvraag tot vaststelling gaat in ieder geval vergezeld van een financieel verslag en een activiteitenverslag.
2. Indien de subsidie-ontvanger ingevolge wettelijk voorschrift verplicht is tot het opstellen van een jaarrekening als bedoeld in artikel 361 van Boek 2 van het Burgerlijk Wetboek, of indien dit bij de subsidieverlening is bepaald, legt hij in plaats van het financieel verslag de jaarrekening over, onverminderd artikel 4:45, tweede lid.

Art. 4:76

Jaarstukken bij subsidie rechtspersoon

1. Indien de subsidie-ontvanger zijn inkomsten geheel ontleent aan de subsidie omvat het financiële verslag de balans en de exploitatierekening met de toelichting en zijn het tweede tot en met vijfde lid van toepassing.
2. Het financiële verslag geeft volgens normen die in het maatschappelijk verkeer als aanvaardbaar worden beschouwd, een zodanig inzicht dat een verantwoord oordeel kan worden gevormd omtrent:
a. het vermogen en het exploitatiesaldo, en
b. voor zover de aard van het financiële verslag dat toelaat, omtrent de solvabiliteit en de liquiditeit van de subsidie-ontvanger.
3. De balans met de toelichting geeft getrouw, duidelijk en stelselmatig de grootte en de samenstelling in actief- en passiefposten van het vermogen op het einde van het boekjaar weer.
4. De exploitatierekening met de toelichting geeft getrouw, duidelijk en stelselmatig de grootte van het exploitatiesaldo van het boekjaar weer.
5. Het financiële verslag sluit aan op de begroting waarvoor subsidie is verleend en behelst een vergelijking met de gerealiseerde inkomsten en uitgaven van het jaar, voorafgaand aan het boekjaar.

Art. 4:77

Inkomen rechtspersoon overwegend uit subsidies

Indien de subsidie-ontvanger zijn inkomsten in overwegende mate ontleent aan de subsidie kan bij wettelijk voorschrift of bij de subsidieverlening worden bepaald dat artikel 4:76 van overeenkomstige toepassing is.

Art. 4:78

Accountantsonderzoek bij subsidie rechtspersoon

1. De subsidie-ontvanger geeft opdracht tot onderzoek van het financiële verslag aan een accountant als bedoeld in artikel 393, eerste lid, van Boek 2 van het Burgerlijk Wetboek.
2. De accountant onderzoekt of het financiële verslag voldoet aan de bij of krachtens de wet gestelde voorschriften en of het activiteitenverslag, voor zover hij dat verslag kan beoordelen, met het financiële verslag verenigbaar is.
3. De accountant geeft de uitslag van zijn onderzoek weer in een schriftelijke verklaring omtrent de getrouwheid van het financiële verslag.
4. De aanvraag tot vaststelling van de subsidie gaat vergezeld van de in het derde lid bedoelde verklaring.

5 Algemene wet bestuursrecht art. 4:87

5. Bij wettelijk voorschrift of bij de subsidieverlening kan vrijstelling of ontheffing worden verleend van het eerste tot en met het vierde lid.

Art. 4:79
1. Bij wettelijk voorschrift of bij de subsidieverlening kan worden bepaald dat de in artikel 4:78, eerste lid, bedoelde opdracht tevens strekt tot onderzoek van de naleving van aan de subsidie verbonden verplichtingen.
2. Bij toepassing van het eerste lid gaat de opdracht vergezeld van een bij of krachtens wettelijk voorschrift of bij de subsidieverlening vast te stellen aanwijzing over de reikwijdte en de intensiteit van de controle.
3. Bij toepassing van het eerste lid, gaat het financiële verslag tevens vergezeld van een schriftelijke verklaring van de accountant over de naleving door de subsidie-ontvanger van de aan de subsidie verbonden verplichtingen.

Nakoming verplichtingen bij subsidie rechtspersoon

Art. 4:80
Het activiteitenverslag beschrijft de aard en omvang van de activiteiten waarvoor subsidie werd verleend en bevat een vergelijking tussen de nagestreefde en de gerealiseerde doelstellingen en een toelichting op de verschillen.

Activiteitenverslag bij subsidie rechtspersoon

Titel 4.3
Beleidsregels

Art. 4:81
1. Een bestuursorgaan kan beleidsregels vaststellen met betrekking tot een hem toekomende of onder zijn verantwoordelijkheid uitgeoefende, dan wel door hem gedelegeerde bevoegdheid.
2. In andere gevallen kan een bestuursorgaan slechts beleidsregels vaststellen, voor zover dit bij wettelijk voorschrift is bepaald.
(Zie ook: art. 1:3 Awb)

Beleidsregels

Art. 4:82
Ter motivering van een besluit kan slechts worden volstaan met een verwijzing naar een vaste gedragslijn voor zover deze is neergelegd in een beleidsregel.
(Zie ook: art. 3:46 Awb)

Beleidsregel als motivering besluit

Art. 4:83
Bij de bekendmaking van het besluit, inhoudende een beleidsregel, wordt zo mogelijk het wettelijk voorschrift vermeld waaruit de bevoegdheid waarop het besluit, inhoudende een beleidsregel, betrekking heeft voortvloeit.

Vermelding wettelijk voorschrift bij bekendmaking beleidsregel

Art. 4:84
Het bestuursorgaan handelt overeenkomstig de beleidsregel, tenzij dat voor een of meer belanghebbenden gevolgen zou hebben die wegens bijzondere omstandigheden onevenredig zijn in verhouding tot de met de beleidsregel te dienen doelen.

Handelen conform beleidsregel

Titel 4.4
Bestuursrechtelijke geldschulden

Afdeling 4.4.1
Vaststelling en inhoud van de verplichting tot betaling

Art. 4:85
1. Deze titel is van toepassing op geldschulden die voortvloeien uit:
a. een wettelijk voorschrift dat een verplichting tot betaling uitsluitend aan of door een bestuursorgaan regelt, of
b. een besluit dat vatbaar is voor bezwaar of beroep.
2. Deze titel is niet van toepassing op verplichtingen tot betaling van een geldsom voor het in behandeling nemen van een aanvraag.
3. Deze titel is niet van toepassing op verplichtingen tot betaling die bij uitspraak van de bestuursrechter zijn opgelegd.

Bestuursrechtelijke geldschulden

Art. 4:86
1. De verplichting tot betaling van een geldsom wordt bij beschikking vastgesteld.
2. De beschikking vermeldt in ieder geval:
a. de te betalen geldsom;
b. de termijn waarbinnen de betaling moet plaatsvinden.

Vaststelling bestuursrechtelijke geldschulden

Art. 4:87
1. De betaling geschiedt binnen zes weken nadat de beschikking op de voorgeschreven wijze is bekendgemaakt, tenzij de beschikking een later tijdstip vermeldt.

Betalingstermijn bestuursrechtelijke geldschulden

2. Bij of krachtens wettelijk voorschrift kan een andere termijn voor de betaling worden vastgesteld.

Art. 4:88

Betaling bestuursrechtelijke geldschulden zonder beschikking

1. Bij wettelijk voorschrift kan worden bepaald dat een geldsom moet worden betaald zonder dat dit bij beschikking is vastgesteld.

2. In dat geval wordt tevens bepaald binnen welke termijn de betaling moet plaatsvinden.

3. Indien de belanghebbende binnen redelijke termijn daarom verzoekt wordt de op het bestuursorgaan rustende verplichting tot betaling zo spoedig mogelijk alsnog bij beschikking vastgesteld.

Art. 4:89

Girale betaling bestuursrechtelijke geldschulden

1. Tenzij bij wettelijk voorschrift anders is bepaald, geschiedt betaling door bijschrijving op een daartoe door de schuldeiser bestemde bankrekening.

2. Betaling geschiedt in euro, tenzij bij wettelijk voorschrift of bij besluit van het bestuursorgaan anders is bepaald.

3. Betaling door bijschrijving op een bankrekening geschiedt op het tijdstip waarop de rekening van de schuldeiser wordt gecrediteerd.

4. Bij wettelijk voorschrift kan worden bepaald dat betaling aan een ander dan de schuldeiser geschiedt.

Art. 4:90

Girale betaling bestuursrechtelijke geldschulden

1. Indien girale betaling naar het oordeel van het bestuursorgaan bezwaarlijk is, kan het betaling in andere vorm ontvangen of verrichten.

2. De schuldeiser is verplicht voor iedere contante betaling een kwitantie af te geven, tenzij bij wettelijk voorschrift anders is bepaald.

Art. 4:91

Kosten betaling bestuursrechtelijke geldschulden

1. De kosten van betaling komen ten laste van de schuldenaar.

2. Indien een bestuursorgaan betaalt aan een schuldeiser buiten de Europese Unie, kunnen de daaraan verbonden kosten op het te betalen bedrag in mindering worden gebracht, tenzij bij wettelijk voorschrift anders is bepaald.

Art. 4:92

Besteding van betaalde bestuursrechtelijke geldschulden

1. Betaling ter voldoening van een bepaalde geldschuld strekt in de eerste plaats tot mindering van de kosten, vervolgens tot mindering van de verschenen rente en ten slotte tot mindering van de hoofdsom en de lopende rente.

2. Indien een schuldenaar verschillende geldschulden heeft bij dezelfde schuldeiser, kan de schuldenaar bij de betaling de geldschuld aanwijzen waaraan de betaling moet worden toegerekend.

Art. 4:93

Verrekening bestuursrechtelijke geldschulden

1. Verrekening van een geldschuld met een bestaande vordering geschiedt slechts voor zover in de bevoegdheid daartoe bij wettelijk voorschrift is voorzien.

2. Verrekening geschiedt onder vermelding van de vordering waarmee de geldschuld is verrekend alsmede de hoogte van het bedrag van de verrekening.

3. De verrekening werkt terug overeenkomstig artikel 129, eerste en tweede lid, van Boek 6 van het Burgerlijk Wetboek.

4. De schuldenaar is niet bevoegd tot verrekening voor zover beslag op de vordering van de schuldeiser nietig zou zijn.

5. Uitstel van betaling staat aan verrekening niet in de weg.

Art. 4:94

Uitstel van betaling bestuursrechtelijk geldschulden

1. Het bestuursorgaan kan de wederpartij uitstel van betaling verlenen.

2. Gedurende het uitstel kan het bestuursorgaan niet aanmanen of invorderen.

3. De beschikking tot uitstel van betaling vermeldt de termijn waarvoor het uitstel geldt.

4. Het bestuursorgaan kan aan de beschikking tot uitstel van betaling voorschriften verbinden.

Art. 4:95

Voorschot op bestuursrechtelijke geldschulden

1. Het bestuursorgaan kan vooruitlopend op de vaststelling van een verplichting tot betaling van een geldsom een voorschot verlenen indien redelijkerwijs kan worden aangenomen dat een verplichting tot betaling zal worden vastgesteld, tenzij bij wettelijk voorschrift anders is bepaald.

2. In de beschikking tot verlening van een voorschot kan, in afwijking van artikel 4:86, tweede lid, onderdeel a, worden volstaan met de vermelding van de wijze waarop het bedrag van het voorschot wordt bepaald.

3. Bij de beschikking tot verlening van een voorschot kan een van artikel 4:87, eerste lid, afwijkende termijn voor de betaling van het voorschot worden vastgesteld.

4. Betaalde voorschotten worden verrekend met de te betalen geldsom. Onverschuldigd betaalde voorschotten kunnen worden teruggevorderd.
5. Het bestuursorgaan kan het terug te vorderen voorschot bij dwangbevel invorderen voor zover deze bevoegdheid ook ten aanzien van de terugvordering van de hoofdsom is toegekend.
6. Het bestuursorgaan kan aan de beschikking tot verlening van een voorschot voorschriften verbinden.

Art. 4:96
Het bestuursorgaan kan de beschikking tot uitstel van betaling onderscheidenlijk tot verlening van een voorschot intrekken of wijzigen:
a. indien de voorschriften niet worden nageleefd;
b. indien de wederpartij onjuiste of onvolledige gegevens heeft verstrekt en de verstrekking van juiste of volledige gegevens tot een andere beschikking zou hebben geleid, of
c. voor zover veranderde omstandigheden zich verzetten tegen voortduring van het uitstel onderscheidenlijk tegen de verlening van het voorschot.

Wijziging uitstel van betaling bestuursrechtelijke geldschuld

Afdeling 4.4.2
Verzuim en wettelijke rente

Art. 4:97
De schuldenaar is in verzuim indien hij niet binnen de voorgeschreven termijn heeft betaald.

Verzuim betaling bestuursrechtelijke geldschuld

Art. 4:98
1. Het verzuim heeft de verschuldigdheid van wettelijke rente tot gevolg overeenkomstig de artikelen 119, eerste en tweede lid, en 120, eerste lid, van Boek 6 van het Burgerlijk Wetboek.
2. Wettelijke rente is niet verschuldigd indien het bedrag ervan bij enige of laatste betaling minder bedraagt dan € 20, dan wel, indien het bestuursorgaan de schuldenaar is, € 10.
3. Indien na het intreden van het verzuim de koers van het geld waarin de geldschuld moet worden betaald zich heeft gewijzigd, is artikel 125 van Boek 6 van het Burgerlijk Wetboek van overeenkomstige toepassing.

Wettelijke rente verzuim bestuursrechtelijke geldschuld

Art. 4:99
Het bestuursorgaan stelt het bedrag van de verschuldigde wettelijke rente bij beschikking vast.

Vaststelling wettelijke rente bestuursrechtelijke geldschuld

Art. 4:100
Indien het bestuursorgaan de beschikking tot betaling van een door hem verschuldigde geldsom niet tijdig geeft, is het wettelijke rente verschuldigd vanaf het tijdstip waarop het in verzuim zou zijn geweest indien de beschikking op de laatste dag van de daarvoor gestelde termijn zou zijn gegeven.

Verzuim van rechtswege van betaling bestuursrechtelijke geldschuld

Art. 4:101
Voor zover het bestuursorgaan uitstel van betaling heeft verleend of de rechter de verplichting tot betaling heeft geschorst, is de schuldenaar over de termijn van uitstel of schorsing wettelijke rente verschuldigd, tenzij bij het uitstel of de schorsing anders is bepaald.

Wettelijke rente bij uitstel betaling bestuursrechtelijke geldschuld

Art. 4:102
1. Indien een betaling aan het bestuursorgaan is geschied op grond van een beschikking die in bezwaar of in beroep is gewijzigd of vernietigd, is het bestuursorgaan over de termijn tussen de betaling en de terugbetaling wettelijke rente verschuldigd over het te veel betaalde bedrag.
2. Indien een afwijzende beschikking tot betaling door het bestuursorgaan als gevolg van bezwaar of beroep wordt vervangen door een beschikking tot betaling, is het bestuursorgaan wettelijke rente verschuldigd vanaf het tijdstip waarop het in verzuim zou zijn geweest indien de beschikking op de laatste dag van de daarvoor gestelde termijn zou zijn gegeven.
3. Wettelijke rente is niet verschuldigd voor zover de belanghebbende onjuiste of onvolledige gegevens heeft verstrekt, dan wel aan de belanghebbende is toe te rekenen dat onjuiste of onvolledige gegevens zijn verstrekt.
4. Dit artikel is van overeenkomstige toepassing indien het bestuursorgaan de beschikking tot betaling met terugwerkende kracht wijzigt of intrekt.

Rente bij wijziging bestuursrechtelijke geldschuld

Art. 4:103
Deze afdeling is niet van toepassing indien bij de wet een andere regeling omtrent verzuim en de gevolgen daarvan is getroffen.

Toepassingsbereik

Afdeling 4.4.3
Verjaring

Art. 4:104

Verjaringstermijn bij bestuursrechtelijke geldschuld

1. De rechtsvordering tot betaling van een geldsom verjaart vijf jaren nadat de voorgeschreven betalingstermijn is verstreken.

2. Na voltooiing van de verjaring kan het bestuursorgaan zijn bevoegdheden tot aanmaning en verrekening en tot uitvaardiging en tenuitvoerlegging van een dwangbevel niet meer uitoefenen.

Art. 4:105

Stuiting bij bestuursrechtelijke geldschuld

1. De verjaring wordt gestuit door een daad van rechtsvervolging overeenkomstig artikel 316, eerste lid, van Boek 3 van het Burgerlijk Wetboek. Artikel 316, tweede lid, van Boek 3 van het Burgerlijk Wetboek is van overeenkomstige toepassing.

2. Erkenning van het recht op betaling stuit de verjaring van de rechtsvordering tegen hem die het recht erkent.

Art. 4:106

Stuiting door aanmaning bij bestuursrechtelijke geldschuld

Het bestuursorgaan kan de verjaring ook stuiten door een aanmaning als bedoeld in artikel 4:112, een beschikking tot verrekening of een dwangbevel dan wel door een daad van tenuitvoerlegging van een dwangbevel.

Art. 4:107

Stuiting door voorbehoud bij bestuursrechtelijke geldschuld

De schuldeiser van het bestuursorgaan kan de verjaring ook stuiten door een schriftelijke aanmaning of een schriftelijke mededeling waarin hij zich ondubbelzinnig zijn recht op betaling voorbehoudt.

Art. 4:108

Recht tot verrekening bij verjaring bestuursrechtelijke geldschuld

Indien de schuldeiser van het bestuursorgaan een recht tot verrekening als bedoeld in artikel 4:93 heeft, eindigt dit recht niet door verjaring van de rechtsvordering.

Art. 4:109

Bestuursrechtelijke geldschuld van bestuursorgaan

Indien de schuldeiser van het bestuursorgaan zelf een bestuursorgaan is, zijn de artikelen 4:107 en 4:108 niet van toepassing.

Art. 4:110

Nieuwe termijn na stuiting bestuursrechtelijke geldschuld

1. Door stuiting van de verjaring begint een nieuwe verjaringstermijn te lopen met de aanvang van de volgende dag.

2. De nieuwe termijn is gelijk aan de oorspronkelijke, doch niet langer dan vijf jaren.
3. Wordt de verjaring echter gestuit door het instellen van een eis die door toewijzing wordt gevolgd, dan is artikel 324 van Boek 3 van het Burgerlijk Wetboek van overeenkomstige toepassing.

Art. 4:111

Verlenging verjaring bestuursrechtelijke geldschuld

1. De verjaringstermijn van de rechtsvordering tot betaling aan een bestuursorgaan wordt verlengd met de tijd gedurende welke de schuldenaar na de aanvang van die termijn uitstel van betaling heeft.

2. Het eerste lid is van overeenkomstige toepassing indien:
a. de schuldenaar in surseance van betaling verkeert;
b. de schuldenaar in staat van faillissement verkeert;
c. ten aanzien van de schuldenaar de schuldsaneringsregeling natuurlijke personen van toepassing is;
d. de tenuitvoerlegging van een dwangbevel is geschorst ingevolge een lopend rechtsgeding, met dien verstande dat de termijn waarmee de verjaringstermijn wordt verlengd een aanvang neemt op de dag waarop het rechtsgeding door het instellen van een vordering bij de burgerlijke rechter aanhangig wordt gemaakt.

Afdeling 4.4.4
Aanmaning en invordering bij dwangbevel

Paragraaf 4.4.4.1
De aanmaning

Art. 4:112

Aanmaning bij bestuursrechtelijke geldschuld

1. Het bestuursorgaan maant de schuldenaar die in verzuim is schriftelijk aan tot betaling binnen twee weken, gerekend vanaf de dag na die waarop de aanmaning is toegezonden.
2. Bij wettelijk voorschrift kan een andere termijn worden vastgesteld.

5 Algemene wet bestuursrecht art. 4:122

3. De aanmaning vermeldt dat bij niet tijdige betaling deze kan worden afgedwongen door op kosten van de schuldenaar uit te voeren invorderingsmaatregelen.

Art. 4:113
1. Het bestuursorgaan kan voor de aanmaning een vergoeding in rekening brengen. De vergoeding bedraagt € 6 [Per 1 januari 2014: € 7] indien de schuld minder dan € 454 [Per 1 januari 2015: € 500] bedraagt en € 16 indien de schuld € 454 [Per 1 januari 2015: € 500] of meer bedraagt. — *Aanmaningskosten bestuursrechtelijke geldschuld*

2. De aanmaning vermeldt de vergoeding die in rekening wordt gebracht.

Paragraaf 4.4.4.2
Invordering bij dwangbevel

Art. 4:114
Onder dwangbevel wordt verstaan: een schriftelijk bevel van een bestuursorgaan dat ertoe strekt de betaling van een geldsom als bedoeld in artikel 4:85 af te dwingen. — *Dwangbevel tot betaling bestuursrechtelijke geldschuld*

Art. 4:115
De bevoegdheid tot uitvaardiging van een dwangbevel bestaat slechts indien zij bij de wet is toegekend. — *Wettelijke grondslag dwangbevel bestuursrechtelijke geldschuld*

Art. 4:116
Een dwangbevel levert een executoriale titel op, die met toepassing van de voorschriften van het Wetboek van Burgerlijke Rechtsvordering kan worden tenuitvoergelegd. — *Executoriale titel dwangbevel bestuursrechtelijke geldschuld*

Art. 4:117
1. Een dwangbevel wordt slechts uitgevaardigd wanneer binnen de overeenkomstig artikel 4:112 gestelde aanmaningstermijn niet volledig is betaald. — *Uitvaardiging dwangbevel bestuursrechtelijke geldschuld*

2. Bij de wet kan evenwel worden bepaald dat het dwangbevel zo nodig zonder aanmaning en voor het verstrijken van bij wettelijk voorschrift gestelde of eerder gegunde betalings- of aanmaningstermijnen kan worden uitgevaardigd of tenuitvoergelegd.

Art. 4:118
Artikel 4:8 is niet van toepassing op de aanmaning en het dwangbevel. — *Hoorplicht bij aanmaning en dwangbevel bestuursrechtelijke geldschuld*

Art. 4:119
1. Bij het dwangbevel kunnen tevens de aanmaningsvergoeding, de wettelijke rente en de kosten van het dwangbevel worden ingevorderd. — *Omvang dwangbevel bestuursrechtelijke geldschuld*

2. Het dwangbevel kan betrekking hebben op verschillende verplichtingen tot betaling van een geldsom door de schuldenaar aan het bestuursorgaan.

Art. 4:120
1. De betekening en de tenuitvoerlegging van het dwangbevel geschieden op kosten van degene tegen wie het is uitgevaardigd. — *Kosten dwangbevel bestuursrechtelijke geldschuld*

2. De gerechtelijke kosten worden berekend met toepassing van de op grond van artikel 434a van het Wetboek van Burgerlijke Rechtsvordering vastgestelde tarieven. De buitengerechtelijke kosten worden berekend met toepassing van bij algemene maatregel van bestuur vast te stellen tarieven.

3. De kosten zijn ook verschuldigd indien het dwangbevel door betaling van verschuldigde bedragen niet of niet volledig ten uitvoer is gelegd.

Art. 4:121
Indien een dwangbevel dat is uitgevaardigd voor een gedeelte van een verplichting tot betaling van een geldsom ten uitvoer wordt gelegd door beslaglegging, kunnen bij datzelfde dwangbevel alle tot het tijdstip van beslaglegging vervallen termijnen van die verplichting worden ingevorderd, mits het op dat tijdstip invorderbare bedrag uit het dwangbevel is op te maken. — *Dwangbevel bij in termijnen betaalbare bestuursrechtelijke geldschuld*

Art. 4:122
1. Het dwangbevel vermeldt in ieder geval: — *Vormvereisten dwangbevel bestuursrechtelijke geldschuld*
a. aan het hoofd het woord «dwangbevel»;
b. het bedrag van de invorderbare hoofdsom;
c. de beschikking of het wettelijk voorschrift waaruit de geldschuld voortvloeit;
d. de kosten van het dwangbevel, en
e. dat het op kosten van de schuldenaar ten uitvoer kan worden gelegd.

2. Het dwangbevel vermeldt, indien van toepassing:
a. het bedrag van de aanmaningsvergoeding, en

b. de ingangsdatum van de wettelijke rente.

Art. 4:123
Bekendmaking dwangbevel bestuursrechtelijke geldschuld

1. De bekendmaking van een dwangbevel geschiedt door middel van de betekening van een exploot als bedoeld in het Wetboek van Burgerlijke Rechtsvordering. De artikelen 3:41 tot en met 3:45 zijn niet van toepassing.
2. Het exploot vermeldt in ieder geval de rechtbank waarbij tegen het dwangbevel en de tenuitvoerlegging ervan overeenkomstig de artikelen 438 en 438a van het Wetboek van Burgerlijke Rechtsvordering kan worden opgekomen.

Art. 4:124
Privaatrechtelijke bevoegdheden bij bestuursrechtelijke geldschuld

Het bestuursorgaan beschikt ten aanzien van de invordering ook over de bevoegdheden die een schuldeiser op grond van het privaatrecht heeft.

Afdeling 4.4.5
Bezwaar en beroep

Art. 4:125
Bezwaar en beroep tegen bestuursrechtelijke geldschuld

1. Het bezwaar, beroep of hoger beroep tegen de beschikking waarbij de verplichting tot betaling van een geldsom is vastgesteld, heeft mede betrekking op een bijkomende beschikking van hetzelfde bestuursorgaan omtrent verrekening, uitstel van betaling, verlening van een voorschot, vaststelling van de rente of gehele of gedeeltelijke kwijtschelding, voor zover de belanghebbende deze beschikking betwist.
2. Het bezwaar, beroep of hoger beroep tegen een bijkomende beschikking heeft mede betrekking op een latere bijkomende beschikking met betrekking tot dezelfde geldschuld, voor zover de belanghebbende deze beschikking betwist.
3. De bestuursrechter kan de beslissing op het beroep of hoger beroep inzake de bijkomende beschikking echter verwijzen naar een ander orgaan, indien behandeling door dit orgaan gewenst is.
4. In beroep of hoger beroep legt de belanghebbende zo mogelijk een afschrift over van de bijkomende beschikking die hij betwist.
5. Het eerste tot en met het vierde lid zijn van overeenkomstige toepassing op een verzoek om voorlopige voorziening.

Titel 4.5
[Treedt in werking op nader te bepalen tijdstip]

Art. 4:126-4:131
[Treedt in werking op nader te bepalen tijdstip]

Hoofdstuk 5
Handhaving

Titel 5.1
Algemene bepalingen

Art. 5:1
Overtreding
Overtreder

1. In deze wet wordt verstaan onder overtreding: een gedraging die in strijd is met het bepaalde bij of krachtens enig wettelijk voorschrift.
2. Onder overtreder wordt verstaan: degene die de overtreding pleegt of medepleegt.
(Zie ook: § 2BBBB)
3. Overtredingen kunnen worden begaan door natuurlijke personen en rechtspersonen. Artikel 51, tweede en derde lid, van het Wetboek van Strafrecht is van overeenkomstige toepassing.

Art. 5:2
Sancties in bestuursrecht

1. In deze wet wordt verstaan onder:
a. bestuurlijke sanctie: een door een bestuursorgaan wegens een overtreding opgelegde verplichting of onthouden aanspraak;
b. herstelsanctie: een bestuurlijke sanctie die strekt tot het geheel of gedeeltelijk ongedaan maken of beëindigen van een overtreding, tot het voorkomen van herhaling van een overtreding, dan wel tot het wegnemen of beperken van de gevolgen van een overtreding;
c. bestraffende sanctie: een bestuurlijke sanctie voor zover deze beoogt de overtreder leed toe te voegen.
2. Geen bestuurlijke sanctie is de enkele last tot het verrichten van bepaalde handelingen.

Art. 5:3
Reikwijdte

De artikelen 5:4 tot en met 5:10 zijn van toepassing op:

5 Algemene wet bestuursrecht — art. 5:15

a. in dit hoofdstuk geregelde bestuurlijke sancties, en
b. bij wettelijk voorschrift aangewezen andere bestuurlijke sancties.

Art. 5:4
1. De bevoegdheid tot het opleggen van een bestuurlijke sanctie bestaat slechts voor zover zij bij of krachtens de wet is verleend. — *Legaliteit bestuurlijke sanctie*
2. Een bestuurlijke sanctie wordt slechts opgelegd indien de overtreding en de sanctie bij of krachtens een aan de gedraging voorafgaand wettelijk voorschrift zijn omschreven.

Art. 5:5
Het bestuursorgaan legt geen bestuurlijke sanctie op voor zover voor de overtreding een rechtvaardigingsgrond bestond. — *Rechtvaardigingsgrond bestuurlijke sanctie*

Art. 5:6
Het bestuursorgaan legt geen herstelsanctie op zolang een andere wegens dezelfde overtreding opgelegde herstelsanctie van kracht is. — *Herstelsanctie door bestuursorgaan*

Art. 5:7
Een herstelsanctie kan worden opgelegd zodra het gevaar voor de overtreding klaarblijkelijk dreigt. — *Preventieve herstelsanctie*

Art. 5:8
Indien twee of meer voorschriften zijn overtreden, kan voor de overtreding van elk afzonderlijk voorschrift een bestuurlijke sanctie worden opgelegd. — *Samenloop bestuurlijke sancties*

Art. 5:9
De beschikking tot oplegging van een bestuurlijke sanctie vermeldt: — *Vormvereisten bestuurlijke sanctie*
a. de overtreding alsmede het overtreden voorschrift;
b. zo nodig een aanduiding van de plaats waar en het tijdstip waarop de overtreding is geconstateerd.

Art. 5:10
1. Voor zover een bestuurlijke sanctie verplicht tot betaling van een geldsom, komt deze geldsom toe aan het bestuursorgaan dat de sanctie heeft opgelegd, tenzij bij wettelijk voorschrift anders is bepaald. — *Bestuurlijke sanctie tot betaling van een geldsom*
2. Het bestuursorgaan kan de geldsom invorderen bij dwangbevel.

Art. 5:10a
1. Degene die wordt verhoord met het oog op het aan hem opleggen van een bestraffende sanctie, is niet verplicht ten behoeve daarvan verklaringen omtrent de overtreding af te leggen. — *Nemo tenetur bij bestuurlijke sanctie*
2. Voor het verhoor wordt aan de betrokkene medegedeeld dat hij niet verplicht is tot antwoorden. — *Cautie bij bestuurlijke sanctie*

(Zie ook: art. par. 14 BBBB)

Titel 5.2
Toezicht op de naleving

Art. 5:11
Onder toezichthouder wordt verstaan: een persoon, bij of krachtens wettelijk voorschrift belast met het houden van toezicht op de naleving van het bepaalde bij of krachtens enig wettelijk voorschrift. — *Toezichthouder in het bestuursrecht*

Art. 5:12
1. Bij de uitoefening van zijn taak draagt een toezichthouder een legitimatiebewijs bij zich, dat is uitgegeven door het bestuursorgaan onder verantwoordelijkheid waarvan de toezichthouder werkzaam is. — *Legitimatiebewijs bestuursrechtelijke toezichthouder*
2. Een toezichthouder toont zijn legitimatiebewijs desgevraagd aanstonds.
3. Het legitimatiebewijs bevat een foto van de toezichthouder en vermeldt in ieder geval diens naam en hoedanigheid. Het model van het legitimatiebewijs wordt vastgesteld bij regeling van Onze Minister van Veiligheid en Justitie.

Art. 5:13
Een toezichthouder maakt van zijn bevoegdheden slechts gebruik voor zover dat redelijkerwijs voor de vervulling van zijn taak nodig is. — *Redelijke taakvervulling bestuursrechtelijke toezichthouder*
(Zie ook: art. 119 Wonw)

Art. 5:14
Bij wettelijk voorschrift of bij besluit van het bestuursorgaan dat de toezichthouder als zodanig aanwijst, kunnen de aan de toezichthouder toekomende bevoegdheden worden beperkt. — *Beperking bevoegdheden bestuursrechtelijke toezichthouder*

Art. 5:15
1. Een toezichthouder is bevoegd, met medeneming van de benodigde apparatuur, elke plaats te betreden met uitzondering van een woning zonder toestemming van de bewoner. — *Binnentreden door bestuursrechtelijke toezichthouder*
2. Zo nodig verschaft hij zich toegang met behulp van de sterke arm.

art. 5:16

Vordering inlichtingen door bestuursrechtelijke toezichthouder

Inzage identiteitsbewijs door bestuursrechtelijke toezichthouder

Inzage zakelijke gegevens door bestuursrechtelijke toezichthouder

Onderzoek zaken door bestuursrechtelijke toezichthouder

Onderzoek vervoermiddelen door bestuursrechtelijke toezichthouder

Medewerking aan onderzoek bestuursrechtelijke toezichthouder
Verschoning bij bestuursrechtelijke toezichthouder

Herstelsanctie
Last onder bestuursdwang

3. Hij is bevoegd zich te doen vergezellen door personen die daartoe door hem zijn aangewezen.
(Zie ook: art. 119 Wonw)

Art. 5:16
Een toezichthouder is bevoegd inlichtingen te vorderen.
(Zie ook: art. 119 Wonw)

Art. 5:16a
Een toezichthouder is bevoegd van personen inzage te vorderen van een identiteitsbewijs als bedoeld in artikel 1 van de Wet op de identificatieplicht.

Art. 5:17
1. Een toezichthouder is bevoegd inzage te vorderen van zakelijke gegevens en bescheiden.

2. Hij is bevoegd van de gegevens en bescheiden kopieën te maken.
3. Indien het maken van kopieën niet ter plaatse kan geschieden, is hij bevoegd de gegevens en bescheiden voor dat doel voor korte tijd mee te nemen tegen een door hem af te geven schriftelijk bewijs.
(Zie ook: art. 119 Wonw)

Art. 5:18
1. Een toezichthouder is bevoegd zaken te onderzoeken, aan opneming te onderwerpen en daarvan monsters te nemen.

2. Hij is bevoegd daartoe verpakkingen te openen.
3. De toezichthouder neemt op verzoek van de belanghebbende indien mogelijk een tweede monster, tenzij bij of krachtens wettelijk voorschrift anders is bepaald.
4. Indien het onderzoek, de opneming of de monsterneming niet ter plaatse kan geschieden, is hij bevoegd de zaken voor dat doel voor korte tijd mee te nemen tegen een door hem af te geven schriftelijk bewijs.
5. De genomen monsters worden voor zover mogelijk teruggegeven.
6. De belanghebbende wordt op zijn verzoek zo spoedig mogelijk in kennis gesteld van de resultaten van het onderzoek, de opneming of de monsterneming.

Art. 5:19
1. Een toezichthouder is bevoegd vervoermiddelen te onderzoeken met betrekking waartoe hij een toezichthoudende taak heeft.

2. Hij is bevoegd vervoermiddelen waarmee naar zijn redelijk oordeel zaken worden vervoerd met betrekking waartoe hij een toezichthoudende taak heeft, op hun lading te onderzoeken.
3. Hij is bevoegd van de bestuurder van een vervoermiddel inzage te vorderen van de wettelijk voorgeschreven bescheiden met betrekking waartoe hij een toezichthoudende taak heeft.
4. Hij is bevoegd met het oog op de uitoefening van deze bevoegdheden van de bestuurder van een voertuig of van de schipper van een vaartuig te vorderen dat deze zijn vervoermiddel stilhoudt en naar een door hem aangewezen plaats overbrengt.
5. Bij regeling van Onze Minister van Veiligheid en Justitie wordt bepaald op welke wijze de vordering tot stilhouden wordt gedaan.

Art. 5:20
1. Een ieder is verplicht aan een toezichthouder binnen de door hem gestelde redelijke termijn alle medewerking te verlenen die deze redelijkerwijs kan vorderen bij de uitoefening van zijn bevoegdheden.

2. Zij die uit hoofde van ambt, beroep of wettelijk voorschrift verplicht zijn tot geheimhouding, kunnen het verlenen van medewerking weigeren, voor zover dit uit hun geheimhoudingsplicht voortvloeit.
(Zie ook: art. 119 Wonw; artt. 45, 53a WPR)

Titel 5.3
Herstelsancties

Afdeling 5.3.1
Last onder bestuursdwang

Art. 5:21
Onder last onder bestuursdwang wordt verstaan: de herstelsanctie, inhoudende:
a. een last tot geheel of gedeeltelijk herstel van de overtreding, en
b. de bevoegdheid van het bestuursorgaan om de last door feitelijk handelen ten uitvoer te leggen, indien de last niet of niet tijdig wordt uitgevoerd.

5 Algemene wet bestuursrecht

art. 5:30

Art. 5:22
[Vervallen]

Art. 5:23
Deze afdeling is niet van toepassing op optreden ter onmiddellijke handhaving van de openbare orde.

Last onder bestuursdwang bij handhaving openbare orde

Art. 5:24
1. De last onder bestuursdwang omschrijft de te nemen herstelmaatregelen.
2. De last onder bestuursdwang vermeldt de termijn waarbinnen zij moet worden uitgevoerd.
3. De last onder bestuursdwang wordt bekendgemaakt aan de overtreder, aan de rechthebbenden op het gebruik van de zaak waarop de last betrekking heeft en aan de aanvrager.

Inhoud last onder bestuursdwang

Art. 5:25
1. De toepassing van bestuursdwang geschiedt op kosten van de overtreder, tenzij deze kosten redelijkerwijze niet of niet geheel te zijnen laste behoren te komen.
2. De last vermeldt in hoeverre de kosten van bestuursdwang ten laste van de overtreder zullen worden gebracht.
3. Tot de kosten van bestuursdwang behoren de kosten van voorbereiding van bestuursdwang, voor zover deze zijn gemaakt na het verstrijken van de termijn waarbinnen de last had moeten worden uitgevoerd.
4. De kosten van voorbereiding van bestuursdwang zijn ook verschuldigd, voor zover als gevolg van het alsnog uitvoeren van de last geen bestuursdwang is toegepast.
5. Tot de kosten van bestuursdwang behoren tevens de kosten van vergoeding van schade ingevolge artikel 5:27, zesde lid.
6. Het bestuursorgaan stelt de hoogte van de verschuldigde kosten vast.

Kosten bestuursdwang

Art. 5:26
[Vervallen]

Art. 5:27
1. Om bestuursdwang toe te passen, hebben door het bestuursorgaan aangewezen personen toegang tot elke plaats, voor zover dat redelijkerwijs voor de vervulling van hun taak nodig is.
2. Voor het binnentreden in een woning zonder toestemming van de bewoner is het bestuursorgaan dat bestuursdwang toepast bevoegd tot het geven van een machtiging als bedoeld in artikel 2 van de Algemene wet op het binnentreden.
3. Een plaats die niet bij de overtreding is betrokken, wordt niet betreden dan nadat het bestuursorgaan dit de rechthebbende ten minste achtenveertig uren tevoren schriftelijk heeft aangezegd.
4. Het derde lid geldt niet, indien tijdige aanzegging wegens de vereiste spoed niet mogelijk is. De aanzegging geschiedt dan zo spoedig mogelijk.
5. De aanzegging omschrijft de wijze waarop het betreden zal plaatsvinden.
6. Het bestuursorgaan vergoedt de schade die door het betreden van een plaats als bedoeld in het derde lid wordt veroorzaakt, voor zover deze redelijkerwijs niet ten laste van de rechthebbende behoort te komen, onverminderd het recht tot verhaal van deze schade op de overtreder ingevolge artikel 5:25, vijfde lid.

Binnentreden bij bestuursdwang

Art. 5:28
Het bestuursorgaan dat bestuursdwang toepast, is bevoegd tot het verzegelen van gebouwen, terreinen en hetgeen zich daarin of daarop bevindt.

Verzegeling bij bestuursdwang

Art. 5:29
1. Voor zover de toepassing van bestuursdwang dit vergt, kan het bestuursorgaan zaken meevoeren en opslaan.
2. Het bestuursorgaan doet van het meevoeren en opslaan proces-verbaal opmaken. Een afschrift van het proces-verbaal wordt verstrekt aan degene die de zaken onder zijn beheer had.
3. Het bestuursorgaan draagt zorg voor de bewaring van de opgeslagen zaken en geeft deze zaken terug aan de rechthebbende.
4. Het bestuursorgaan kan de teruggave opschorten totdat de ingevolge artikel 5:25 verschuldigde kosten zijn voldaan.
5. Indien de rechthebbende niet tevens de overtreder is, kan het bestuursorgaan de teruggave opschorten totdat de kosten van bewaring zijn voldaan.

Meevoeren en opslaan bij bestuursdwang

Art. 5:30
1. Indien een meegevoerde en opgeslagen zaak niet binnen dertien weken nadat zij is meegevoerd, kan worden teruggegeven, kan het bestuursorgaan de zaak verkopen.
2. Het bestuursorgaan kan de zaak eerder verkopen, zodra de ingevolge artikel 5:25 verschuldigde kosten, vermeerderd met de voor de verkoop geraamde kosten, in verhouding tot de waarde van de zaak onevenredig hoog worden.

Verkoop van meegevoerde zaken bij bestuursdwang

art. 5:31

3. Verkoop vindt evenwel niet plaats binnen twee weken na de verstrekking van het afschrift van het proces-verbaal van meevoeren en opslaan, tenzij het gevaarlijke stoffen of eerder aan bederf onderhevige stoffen betreft.
4. Gedurende drie jaren na het tijdstip van verkoop heeft degene die op dat tijdstip eigenaar was, recht op de opbrengst van de zaak onder aftrek van de ingevolge artikel 5:25 verschuldigde kosten en de kosten van de verkoop. Na het verstrijken van deze termijn vervalt een batig saldo aan het bestuursorgaan.
5. Indien naar het oordeel van het bestuursorgaan verkoop niet mogelijk is, kan het de zaak om niet aan een derde in eigendom overdragen of laten vernietigen. Het eerste tot en met het derde lid zijn van overeenkomstige toepassing.

Art. 5:31

Bestuursdwang in spoedeisende situaties

1. Een bestuursorgaan dat bevoegd is om een last onder bestuursdwang op te leggen, kan in spoedeisende gevallen besluiten dat bestuursdwang zal worden toegepast zonder voorafgaande last. Artikel 5:24, eerste en derde lid, is op dit besluit van overeenkomstige toepassing.
2. Indien de situatie zo spoedeisend is, dat een besluit niet kan worden afgewacht, kan terstond bestuursdwang worden toegepast, maar wordt zo spoedig mogelijk nadien alsnog een besluit als bedoeld in het eerste lid bekendgemaakt.

Art. 5:31a

Toepassingsbeschikking bij last onder bestuursdwang

1. De aanvrager van een last onder bestuursdwang, dan wel een andere belanghebbende die door de overtreding wordt benadeeld, kan het bestuursorgaan verzoeken bestuursdwang toe te passen.
2. Het verzoek kan worden gedaan na afloop van de termijn, bedoeld in artikel 5:24, tweede lid.
3. Het bestuursorgaan beslist binnen vier weken op het verzoek. De beslissing is een beschikking.

Art. 5:31b

Tijdsduur toepassingsbeschikking bestuursdwang

De beschikking omtrent de toepassing vervalt, voor zover de last onder bestuursdwang wordt ingetrokken of vernietigd.

Art. 5:31c

Procedures over bijkomende beschikkingen bij bestuursdwang

1. Het bezwaar, beroep of hoger beroep tegen de last onder bestuursdwang heeft mede betrekking op een beschikking die strekt tot toepassing van bestuursdwang of op een beschikking tot vaststelling van de kosten van de bestuursdwang, voor zover de belanghebbende deze beschikking betwist.
2. De bestuursrechter kan de beslissing op het beroep of hoger beroep inzake de beschikking tot toepassing van bestuursdwang of de beschikking tot vaststelling van de kosten echter verwijzen naar een ander orgaan, indien behandeling door dit orgaan gewenst is.
3. In beroep of hoger beroep legt de belanghebbende zo mogelijk een afschrift over van de beschikking die hij betwist.
4. Het eerste tot en met het derde lid zijn van overeenkomstige toepassing op een verzoek om voorlopige voorziening.

Afdeling 5.3.2
Last onder dwangsom

Art. 5:31d

Last onder dwangsom

Onder last onder dwangsom wordt verstaan: de herstelsanctie, inhoudende:
a. een last tot geheel of gedeeltelijk herstel van de overtreding, en
b. de verplichting tot betaling van een geldsom indien de last niet of niet tijdig wordt uitgevoerd.

Art. 5:32

Afgeleide dwangsombevoegdheid

1. Een bestuursorgaan dat bevoegd is een last onder bestuursdwang op te leggen, kan in plaats daarvan aan de overtreder een last onder dwangsom opleggen.
2. Voor een last onder dwangsom wordt niet gekozen, indien het belang dat het betrokken voorschrift beoogt te beschermen, zich daartegen verzet.

Art. 5:32a

Herstelmaatregelen in last onder dwangsom

1. De last onder dwangsom omschrijft de te nemen herstelmaatregelen.
2. Bij een last onder dwangsom die strekt tot het ongedaan maken van een overtreding of het voorkomen van verdere overtreding, wordt een termijn gesteld gedurende welke de overtreder de last kan uitvoeren zonder dat een dwangsom wordt verbeurd.

Art. 5:32b

Bedrag last onder dwangsom

1. Het bestuursorgaan stelt de dwangsom vast hetzij op een bedrag ineens, hetzij op een bedrag per tijdseenheid waarin de last niet is uitgevoerd, dan wel per overtreding van de last.
2. Het bestuursorgaan stelt tevens een bedrag vast waarboven geen dwangsom meer wordt verbeurd.
3. De bedragen staan in redelijke verhouding tot de zwaarte van het geschonden belang en tot de beoogde werking van de dwangsom.

5 Algemene wet bestuursrecht

art. 5:43

Art. 5:33
Een verbeurde dwangsom wordt betaald binnen zes weken nadat zij van rechtswege is verbeurd.

Verbeuren bij last onder dwangsom

Art. 5:34
1. Het bestuursorgaan dat een last onder dwangsom heeft opgelegd, kan op verzoek van de overtreder de last opheffen, de looptijd ervan opschorten voor een bepaalde termijn of de dwangsom verminderen ingeval van blijvende of tijdelijke gehele of gedeeltelijk onmogelijkheid voor de overtreder om aan zijn verplichtingen te voldoen.
2. Het bestuursorgaan dat een last onder dwangsom heeft opgelegd, kan op verzoek van de overtreder de last opheffen indien de beschikking een jaar van kracht is geweest zonder dat de dwangsom is verbeurd.

Opheffen, opschorten of verminderen bij last onder dwangsom

Art. 5:35
In afwijking van artikel 4:104 verjaart de bevoegdheid tot invordering van een verbeurde dwangsom door verloop van een jaar na de dag waarop zij is verbeurd.

Verjaring bij last onder dwangsom

Art. 5:36
[Vervallen]

Art. 5:37
1. Alvorens aan te manen tot betaling van de dwangsom, beslist het bestuursorgaan bij beschikking omtrent de invordering van een dwangsom.
2. Het bestuursorgaan geeft voorts een beschikking omtrent de invordering van de dwangsom, indien een belanghebbende daarom verzoekt.
3. Het bestuursorgaan beslist binnen vier weken op het verzoek.

Invorderingsbeschikking bij last onder dwangsom

Art. 5:38
1. Indien uit een beschikking tot intrekking of wijziging van de last onder dwangsom voortvloeit dat een reeds gegeven beschikking tot invordering van die dwangsom niet in stand kan blijven, vervalt die beschikking.
2. Het bestuursorgaan kan een nieuwe beschikking tot invordering geven die in overeenstemming is met de gewijzigde last onder dwangsom.

Vervallen invorderingsbeschikking last onder dwangsom

Art. 5:39
1. Het bezwaar, beroep of hoger beroep tegen de last onder dwangsom heeft mede betrekking op een beschikking die strekt tot invordering van de dwangsom, voor zover de belanghebbende deze beschikking betwist.
2. De bestuursrechter kan de beslissing op het beroep of hoger beroep tegen de beschikking tot invordering echter verwijzen naar een ander orgaan, indien behandeling door dit orgaan gewenst is.
3. In beroep of hoger beroep legt de belanghebbende zo mogelijk een afschrift over van de beschikking die hij betwist.
4. Het eerste tot en met het derde lid zijn van overeenkomstige toepassing op een verzoek om voorlopige voorziening.

Procedures over bijkomende beschikkingen bij last onder dwangsom

Titel 5.4
Bestuurlijke boete

Afdeling 5.4.1
Algemene bepalingen

Art. 5:40
1. Onder bestuurlijke boete wordt verstaan: de bestraffende sanctie, inhoudende een onvoorwaardelijke verplichting tot betaling van een geldsom.
2. Deze titel is niet van toepassing op de intrekking of wijziging van een aanspraak op financiële middelen.

Bestuurlijke boete

Art. 5:41
Het bestuursorgaan legt geen bestuurlijke boete op voor zover de overtreding niet aan de overtreder kan worden verweten.

Verwijtbaarheid bij bestuurlijke boete

Art. 5:42
1. Het bestuursorgaan legt geen bestuurlijke boete op indien de overtreder is overleden.
2. Een bestuurlijke boete vervalt indien zij op het tijdstip van het overlijden van de overtreder niet onherroepelijk is. Een onherroepelijke bestuurlijke boete vervalt voorzover zij op dat tijdstip nog niet is betaald.

Bestuurlijke boete en overlijden

Art. 5:43
Het bestuursorgaan legt geen bestuurlijke boete op indien aan de overtreder wegens dezelfde overtreding reeds eerder een bestuurlijke boete is opgelegd, dan wel een kennisgeving als bedoeld in artikel 5:50, tweede lid, aanhef en onderdeel a, is bekendgemaakt.
(Zie ook: art. 67q AWR; art. par. 15 BBBB)

Ne bis in idem bestuurlijke boete

119

Art. 5:44

Una via bestuurlijke boete

1. Het bestuursorgaan legt geen bestuurlijke boete op indien tegen de overtreder wegens dezelfde gedraging een strafvervolging is ingesteld en het onderzoek ter terechtzitting is begonnen, dan wel een strafbeschikking is uitgevaardigd.
2. Indien de gedraging tevens een strafbaar feit is, wordt zij aan de officier van justitie voorgelegd, tenzij bij wettelijk voorschrift is bepaald, dan wel met het openbaar ministerie is overeengekomen, dat daarvan kan worden afgezien.
3. Voor een gedraging die aan de officier van justitie moet worden voorgelegd, legt het bestuursorgaan slechts een bestuurlijke boete op indien:
   a. de officier van justitie aan het bestuursorgaan heeft medegedeeld ten aanzien van de overtreder van strafvervolging af te zien, of
   b. het bestuursorgaan niet binnen dertien weken een reactie van de officier van justitie heeft ontvangen.

Art. 5:45

Vervallen bevoegdheid opleggen bestuurlijke boete

1. Indien artikel 5:53 van toepassing is, vervalt de bevoegdheid tot het opleggen van een bestuurlijke boete vijf jaren nadat de overtreding heeft plaatsgevonden.
2. In de overige gevallen vervalt de bevoegdheid tot het opleggen van een bestuurlijke boete drie jaren nadat de overtreding heeft plaatsgevonden.
3. Indien tegen de bestuurlijke boete bezwaar wordt gemaakt of beroep wordt ingesteld, wordt de vervaltermijn opgeschort tot onherroepelijk op het bezwaar of beroep is beslist.

(Zie ook: art. 67pa AWR)

Art. 5:46

Hoogte bestuurlijke boete

1. De wet bepaalt de bestuurlijke boete die wegens een bepaalde overtreding ten hoogste kan worden opgelegd.

Evenredigheidsbeginsel bij bestuurlijke boete

2. Tenzij de hoogte van de bestuurlijke boete bij wettelijk voorschrift is vastgesteld, stemt het bestuursorgaan de bestuurlijke boete af op de ernst van de overtreding en de mate waarin deze aan de overtreder kan worden verweten. Het bestuursorgaan houdt daarbij zo nodig rekening met de omstandigheden waaronder de overtreding is gepleegd.
3. Indien de hoogte van de bestuurlijke boete bij wettelijk voorschrift is vastgesteld, legt het bestuursorgaan niettemin een lagere bestuurlijke boete op indien de overtreder aannemelijk maakt dat de vastgestelde bestuurlijke boete wegens bijzondere omstandigheden te hoog is.
4. Artikel 1, tweede lid, van het Wetboek van Strafrecht is van overeenkomstige toepassing.

Art. 5:47

Strafrechtelijke vervolging bij bestuurlijke boete

Een bestuurlijke boete die is opgelegd wegens een gedraging die tevens een strafbaar feit is, vervalt indien het gerechtshof met toepassing van artikel 12i van het Wetboek van Strafvordering de vervolging van de overtreder voor dat feit beveelt.

Afdeling 5.4.2
De procedure

Art. 5:48

Rapport van overtreding bij bestuurlijke boete

1. Het bestuursorgaan en de voor de overtreding bevoegde toezichthouder kunnen van de overtreding een rapport opmaken.
2. Het rapport is gedagtekend en vermeldt:
   a. de naam van de overtreder;
   b. de overtreding alsmede het overtreden voorschrift;
   c. zo nodig een aanduiding van de plaats waar en het tijdstip waarop de overtreding is geconstateerd.
3. Een afschrift van het rapport wordt uiterlijk bij de bekendmaking van de beschikking tot oplegging van de bestuurlijke boete aan de overtreder toegezonden of uitgereikt.
4. Indien van de overtreding een proces-verbaal als bedoeld in artikel 152 van het Wetboek van Strafvordering is opgemaakt, treedt dit voor de toepassing van deze afdeling in de plaats van het rapport.

(Zie ook: artt. par. 11, par. 12 BBBB)

Art. 5:49

Inzagerecht bij bestuurlijke boete

1. Het bestuursorgaan stelt de overtreder desgevraagd in de gelegenheid de gegevens waarop het opleggen van de bestuurlijke boete, dan wel het voornemen daartoe, berust, in te zien en daarvan afschriften te vervaardigen.
2. Voor zover blijkt dat de verdediging van de overtreder dit redelijkerwijs vergt, draagt het bestuursorgaan er zoveel mogelijk zorg voor dat deze gegevens aan de overtreder worden medegedeeld in een voor deze begrijpelijke taal.

(Zie ook: art. par. 13 BBBB)

5 Algemene wet bestuursrecht

Art. 5:50
1. Indien de overtreder in de gelegenheid wordt gesteld over het voornemen tot het opleggen van een bestuurlijke boete zijn zienswijze naar voren te brengen,
a. wordt het rapport reeds bij de uitnodiging daartoe aan de overtreder toegezonden of uitgereikt;
b. zorgt het bestuursorgaan voor bijstand door een tolk, indien blijkt dat de verdediging van de overtreder dit redelijkerwijs vergt.
2. Indien het bestuursorgaan nadat de overtreder zijn zienswijze naar voren heeft gebracht, beslist dat:
a. voor de overtreding geen bestuurlijke boete zal worden opgelegd, of
b. de overtreding alsnog aan de officier van justitie zal worden voorgelegd,
wordt dit schriftelijk aan de overtreder medegedeeld.

Horen/zienswijzen bij bestuurlijke boete

Art. 5:51
1. Indien van de overtreding een rapport is opgemaakt, beslist het bestuursorgaan omtrent het opleggen van de bestuurlijke boete binnen dertien weken na de dagtekening van het rapport.
2. De beslistermijn wordt opgeschort met ingang van de dag waarop de gedraging aan het openbaar ministerie is voorgelegd, tot de dag waarop het bestuursorgaan weer bevoegd wordt een bestuurlijke boete op te leggen.
(Zie ook: art. par. 12 BBBB)

Beslistermijn bestuurlijke boete

Art. 5:52
De beschikking tot oplegging van de bestuurlijke boete vermeldt:
a. de naam van de overtreder;
b. het bedrag van de boete.

Eisen aan beschikking bestuurlijke boete

Art. 5:53
1. Dit artikel is van toepassing indien voor de overtreding een bestuurlijke boete van meer dan € 340 kan worden opgelegd, tenzij bij wettelijk voorschrift anders is bepaald.
2. In afwijking van artikel 5:48 wordt van de overtreding steeds een rapport of proces-verbaal opgemaakt.
3. In afwijking van afdeling 4.1.2 wordt de overtreder steeds in de gelegenheid gesteld zijn zienswijze naar voren te brengen.
(Zie ook: art. 67pa AWR)

Zware bestuurlijke boete

Art. 5:54
Deze titel is van overeenkomstige toepassing op andere bestraffende sancties, voor zover dit bij wettelijk voorschrift is bepaald.

Overeenkomstige toepassing

Hoofdstuk 6
Algemene bepalingen over bezwaar en beroep

Afdeling 6.1
Inleidende bepalingen

Art. 6:1
De hoofdstukken 6 en 7 zijn van overeenkomstige toepassing indien is voorzien in de mogelijkheid van bezwaar of beroep tegen andere handelingen van bestuursorganen dan besluiten.
(Zie ook: artt. 1:5, 6:24, 8:1 Awb; art. 18 WBB)

Toepasselijkheid hoofdstukken 6 en 7 Awb

Art. 6:2
Voor de toepassing van wettelijke voorschriften over bezwaar en beroep worden met een besluit gelijkgesteld:
a. de schriftelijke weigering een besluit te nemen, en
b. het niet tijdig nemen van een besluit.
(Zie ook: artt. 1:3, 8:1 Awb; art. 18 WBB)

Gelijkstelling met besluit bij bezwaar en beroep

Art. 6:3
Een beslissing inzake de procedure ter voorbereiding van een besluit is niet vatbaar voor bezwaar of beroep, tenzij deze beslissing de belanghebbende los van het voor te bereiden besluit rechtstreeks in zijn belang treft.
(Zie ook: art. 4:11 Awb)

Bezwaar en beroep tegen voorbereiding besluit

Afdeling 6.2
Overige algemene bepalingen

Art. 6:4
1. Het maken van bezwaar geschiedt door het indienen van een bezwaarschrift bij het bestuursorgaan dat het besluit heeft genomen.

Bezwaarschrift

art. 6:5

5 Algemene wet bestuursrecht

Beroepschrift	2. Het instellen van administratief beroep geschiedt door het indienen van een beroepschrift bij het beroepsorgaan. *(Zie ook: art. 6:24 Awb)* 3. Het instellen van beroep bij een bestuursrechter geschiedt door het indienen van een beroepschrift bij die rechter.

Art. 6:5

Formele vereisten bezwaar- of beroepschrift	1. Het bezwaar- of beroepschrift wordt ondertekend en bevat ten minste: a. de naam en het adres van de indiener; b. de dagtekening; c. een omschrijving van het besluit waartegen het bezwaar of beroep is gericht; d. de gronden van het bezwaar of beroep. 2. Bij het beroepschrift wordt zo mogelijk een afschrift van het besluit waarop het geschil betrekking heeft, overgelegd. 3. Indien het bezwaar- of beroepschrift in een vreemde taal is gesteld en een vertaling voor een goede behandeling van het bezwaar of beroep noodzakelijk is, dient de indiener zorg te dragen voor een vertaling. *(Zie ook: artt. 4:5, 6:6 Awb; § 11BFB)*

Art. 6:6

Niet-ontvankelijkheid bezwaar of beroep	Het bezwaar of beroep kan niet-ontvankelijk worden verklaard, indien: a. niet is voldaan aan artikel 6:5 of aan enig ander bij de wet gesteld vereiste voor het in behandeling nemen van het bezwaar of beroep, of b. het bezwaar- of beroepschrift geheel of gedeeltelijk is geweigerd op grond van artikel 2:15, mits de indiener de gelegenheid heeft gehad het verzuim te herstellen binnen een hem daartoe gestelde termijn.

Art. 6:7

Indieningstermijn bezwaar en beroep	De termijn voor het indienen van een bezwaar- of beroepschrift bedraagt zes weken. *(Zie ook: art. 69 VW 2000; art. 26 Wonw)*

Art. 6:8

Aanvang indieningstermijn bezwaar en beroep	1. De termijn vangt aan met ingang van de dag na die waarop het besluit op de voorgeschreven wijze is bekendgemaakt. 2. De termijn voor het indienen van een bezwaarschrift tegen een besluit waartegen alleen door een of meer bepaalde belanghebbenden administratief beroep kon worden ingesteld, vangt aan met ingang van de dag na die waarop de beroepstermijn ongebruikt is verstreken. 3. De termijn voor het indienen van een beroepschrift tegen een besluit dat aan goedkeuring is onderworpen, vangt aan met ingang van de dag na die waarop het besluit, inhoudende de goedkeuring van dat besluit, op de voorgeschreven wijze is bekendgemaakt. *(Zie ook: artt. 3:35, 3:41 t/m 3:44, 6:11 Awb; art. 22j AWR)* 4. De termijn voor het indienen van een beroepschrift tegen een besluit dat is voorbereid met toepassing van afdeling 3.4 vangt aan met ingang van de dag na waarop het besluit overeenkomstig artikel 3:44, eerste lid, onderdeel a, ter inzage is gelegd.

Art. 6:9

Ontvangsttheorie bij bezwaar en beroep	1. Een bezwaar- of beroepschrift is tijdig ingediend indien het voor het einde van de termijn is ontvangen. 2. Bij verzending per post is een bezwaar- of beroepschrift tijdig ingediend indien het voor het einde van de termijn ter post is bezorgd, mits het niet later dan een week na afloop van de termijn is ontvangen.

Art. 6:10

Ontvankelijkheid te vroeg ingediend bezwaar of beroep	1. Ten aanzien van een voor het begin van de termijn ingediend bezwaar- of beroepschrift blijft niet-ontvankelijkverklaring op grond daarvan achterwege indien het besluit ten tijde van de indiening: a. wel reeds tot stand was gekomen, of b. nog niet tot stand was gekomen, maar de indiener redelijkerwijs kon menen dat dit wel reeds het geval was. 2. De behandeling van het bezwaar of beroep kan worden aangehouden tot het begin van de termijn. *(Zie ook: art. 6:7 Awb)*

Art. 6:11

Verschoonbare termijnoverschrijding bezwaar of beroep	Ten aanzien van een na afloop van de termijn ingediend bezwaar- of beroepschrift blijft niet-ontvankelijkverklaring op grond daarvan achterwege indien redelijkerwijs niet kan worden geoordeeld dat de indiener in verzuim is geweest. *(Zie ook: artt. 3:45, 6:23, 7:12 Awb; art. 6 EVRM)*

Art. 6:12

Beroep tegen niet tijdig nemen besluit	1. Indien het beroep is gericht tegen het niet tijdig nemen van een besluit dan wel het niet tijdig bekendmaken van een van rechtswege verleende beschikking, is het niet aan een termijn gebonden.

2. Het beroepschrift kan worden ingediend zodra:
a. het bestuursorgaan in gebreke is tijdig een besluit te nemen of een van rechtswege verleende beschikking bekend te maken, en
b. twee weken zijn verstreken na de dag waarop belanghebbende het bestuursorgaan schriftelijk heeft medegedeeld dat het in gebreke is.
3. Indien redelijkerwijs niet van de belanghebbende kan worden gevergd dat hij het bestuursorgaan in gebreke stelt, kan het beroepschrift worden ingediend zodra het bestuursorgaan in gebreke is tijdig een besluit te nemen.
4. Het beroep is niet-ontvankelijk indien het beroepschrift onredelijk laat is ingediend.

Art. 6:13
Geen beroep bij de bestuursrechter kan worden ingesteld door een belanghebbende aan wie redelijkerwijs kan worden verweten dat hij geen zienswijzen als bedoeld in artikel 3:15 naar voren heeft gebracht, geen bezwaar heeft gemaakt of geen administratief beroep heeft ingesteld.
(Zie ook: artt. 6:24, 8:6 Awb)

Uitsluiting beroepsmogelijkheid

Art. 6:14
1. Het orgaan waarbij het bezwaar- of beroepschrift is ingediend, bevestigt de ontvangst daarvan schriftelijk.
2. Het orgaan waarbij het beroepschrift is ingediend, geeft daarvan zo spoedig mogelijk kennis aan het bestuursorgaan dat het bestreden besluit heeft genomen.
(Zie ook: artt. 6:18, 8:42 Awb)

Ontvangstbevestiging van bezwaar of beroep

Art. 6:15
1. Indien het bezwaar- of beroepschrift wordt ingediend bij een onbevoegd bestuursorgaan of bij een onbevoegde bestuursrechter, wordt het, onder vermelding van de datum van ontvangst, zo spoedig mogelijk doorgezonden aan het bevoegde orgaan, onder gelijktijdige mededeling hiervan aan de afzender.
2. Het eerste lid is van overeenkomstige toepassing indien in plaats van een bezwaarschrift een beroepschrift is ingediend of omgekeerd.
3. Het tijdstip van indiening bij het onbevoegde orgaan is bepalend voor de vraag of het bezwaar- of beroepschrift tijdig is ingediend, behoudens in geval van kennelijk onredelijk gebruik van procesrecht.
(Zie ook: artt. 2:3, 8:71 Awb; art. 96a Rv)

Doorzending bij bezwaar of beroep

Art. 6:16
Het bezwaar of beroep schorst niet de werking van het besluit waartegen het is gericht, tenzij bij of krachtens wettelijk voorschrift anders is bepaald.

Schorsende werking bezwaar of beroep

Art. 6:17
Indien iemand zich laat vertegenwoordigen, stelt het orgaan dat bevoegd is op het bezwaar of beroep te beslissen, de op de zaak betrekking hebbende stukken in ieder geval ter beschikking aan de gemachtigde.
(Zie ook: artt. 2:1, 8:24 Awb)

Doorzending aan gemachtigde bij bezwaar en beroep

Art. 6:18
[Vervallen]

Art. 6:19
1. Het bezwaar of beroep heeft van rechtswege mede betrekking op een besluit tot intrekking, wijziging of vervanging van het bestreden besluit, tenzij partijen daarbij onvoldoende belang hebben.
2. Het eerste lid geldt ook indien het bezwaar is gemaakt of het beroep is ingesteld nadat het bestuursorgaan het bestreden besluit heeft ingetrokken, gewijzigd of vervangen.
3. Het bestuursorgaan stelt het nieuwe besluit onverwijld ter beschikking aan het orgaan waarbij het beroep aanhangig is.
4. Indien een ander orgaan een bezwaar- of beroepschrift tegen het nieuwe besluit ontvangt, zendt het dit met toepassing van artikel 6:15, eerste en tweede lid, door.
5. De bestuursrechter kan het beroep tegen het nieuwe besluit echter verwijzen naar een ander orgaan, indien behandeling door dit orgaan gewenst is.
6. Intrekking of vervanging van het bestreden besluit staat niet in de weg aan vernietiging van dat besluit indien de indiener van het bezwaar- of beroepschrift daarbij belang heeft.

Vervangende besluiten hangende bezwaar en beroep

Art. 6:20
1. Indien het beroep zich richt tegen het niet tijdig nemen van een besluit, blijft het bestuursorgaan verplicht dit besluit te nemen, tenzij de belanghebbende daarbij als gevolg van de beslissing op het beroep geen belang meer heeft.
2. Het bestuursorgaan stelt een besluit als bedoeld in het eerste lid onverwijld ter beschikking aan het orgaan waarbij het beroep aanhangig is.
3. Het beroep tegen het niet tijdig nemen van een besluit heeft mede betrekking op het alsnog genomen besluit, tenzij dit geheel aan het beroep tegemoet komt.

Alsnog nemen van besluit hangende bezwaar of beroep

4. De beslissing op het beroep kan echter worden verwezen naar een ander orgaan waarbij bezwaar of beroep tegen het alsnog genomen besluit aanhangig is, dan wel kan of kon worden gemaakt of ingesteld.
5. Het beroep tegen het niet tijdig nemen van een besluit kan alsnog gegrond worden verklaard, indien de indiener van het beroepschrift daarbij belang heeft.

Art. 6:21

Intrekken bezwaar of beroep

1. Het bezwaar of beroep kan schriftelijk worden ingetrokken.

2. Tijdens het horen kan de intrekking ook mondeling geschieden.
(Zie ook: artt. 7:7, 7:21 Awb)

Art. 6:22

Passeren schending vormvoorschrift bij bezwaar of beroep

Een besluit waartegen bezwaar is gemaakt of beroep is ingesteld, kan, ondanks schending van een geschreven of ongeschreven rechtsregel of algemeen rechtsbeginsel, door het orgaan dat op het bezwaar of beroep beslist in stand worden gelaten indien aannemelijk is dat de belanghebbenden daardoor niet zijn benadeeld.

Art. 6:23

Melding beroepsmogelijkheid bij beslissing op bezwaar of beroep

1. Indien beroep kan worden ingesteld tegen de beslissing op het bezwaar of beroep, wordt daarvan bij de bekendmaking van de beslissing melding gemaakt.

2. Hierbij wordt vermeld door wie, binnen welke termijn en bij welk orgaan beroep kan worden ingesteld.
(Zie ook: artt. 3:45, 6:15, 7:12, 7:26 Awb)

Art. 6:24

Overeenkomstige toepassing

Deze afdeling is met uitzondering van artikel 6:12 van overeenkomstige toepassing indien hoger beroep, incidenteel hoger beroep, beroep in cassatie of incidenteel beroep in cassatie kan worden ingesteld.

Hoofdstuk 7
Bijzondere bepalingen over bezwaar en administratief beroep

Afdeling 7.1
Bezwaarschrift voorafgaand aan beroep bij de bestuursrechter

Art. 7:1

Beroep bij bestuursrechter na bezwaar

1. Degene aan wie het recht is toegekend beroep bij een bestuursrechter in te stellen, dient alvorens beroep in te stellen bezwaar te maken, tenzij:
a. het besluit in bezwaar of in administratief beroep is genomen,
b. het besluit aan goedkeuring is onderworpen,
c. het besluit een goedkeuring of een weigering daarvan inhoudt,
d. het besluit is voorbereid met toepassing van afdeling 3.4,
e. het besluit is genomen op basis van een uitspraak waarin de bestuursrechter met toepassing van artikel 8:72, vierde lid, onderdeel a, heeft bepaald dat afdeling 3.4 geheel of gedeeltelijk buiten toepassing blijft,
f. het beroep zich richt tegen het niet tijdig nemen van een besluit,
g. het besluit is genomen op grond van een voorschrift als genoemd in de bij deze wet behorende Regeling rechtstreeks beroep dan wel het besluit anderszins in die regeling is omschreven.
2. Tegen de beslissing op het bezwaar kan beroep worden ingesteld met toepassing van de voorschriften die gelden voor het instellen van beroep tegen het besluit waartegen bezwaar is gemaakt.
(Zie ook: artt. 1:2, 1:5, 7:11, 8:1 t/m 8:6 Awb; art. 44 Huisvw; art. 49 Gemw; artt. 75, 77 VW 2000)

Art. 7:1a

Rechtstreeks beroep bij bestuursrechter

1. In het bezwaarschrift kan de indiener het bestuursorgaan verzoeken in te stemmen met rechtstreeks beroep bij de bestuursrechter, zulks in afwijking van artikel 7:1.
2. Het bestuursorgaan wijst het verzoek in ieder geval af, indien tegen het besluit een ander bezwaarschrift is ingediend waarin eenzelfde verzoek ontbreekt, tenzij dat andere bezwaarschrift kennelijk niet-ontvankelijk is.
3. Het bestuursorgaan kan instemmen met het verzoek indien de zaak daarvoor geschikt is.
4. Het bestuursorgaan beslist zo spoedig mogelijk op het verzoek. Een beslissing tot instemming wordt genomen zodra redelijkerwijs kan worden aangenomen dat geen nieuwe bezwaarschriften zullen worden ingediend. De artikelen 4:7 en 4:8 zijn niet van toepassing.
5. Indien het bestuursorgaan instemt met het verzoek zendt het het bezwaarschrift, onder vermelding van de datum van ontvangst, onverwijld door aan de bevoegde rechter.

6. Een na de instemming ontvangen bezwaarschrift wordt eveneens onverwijld doorgezonden aan de bevoegde rechter. Indien dit bezwaarschrift geen verzoek als bedoeld in het eerste lid bevat, wordt, in afwijking van artikel 8:41, eerste lid, geen griffierecht geheven.

Afdeling 7.2
Bijzondere bepalingen over bezwaar

Art. 7:2
1. Voordat een bestuursorgaan op het bezwaar beslist, stelt het belanghebbenden in de gelegenheid te worden gehoord.
2. Het bestuursorgaan stelt daarvan in ieder geval de indiener van het bezwaarschrift op de hoogte alsmede de belanghebbenden die bij de voorbereiding van het besluit hun zienswijze naar voren hebben gebracht.
(Zie ook: artt. 44, 163 Rv; art. 25 AWR; § 12BFB)

Horen van belanghebbenden bij bezwaar

Art. 7:3
Van het horen van een belanghebbende kan worden afgezien indien:
a. het bezwaar kennelijk niet-ontvankelijk is,
b. het bezwaar kennelijk ongegrond is,
c. de belanghebbende heeft verklaard geen gebruik te willen maken van het recht te worden gehoord,
d. de belanghebbende niet binnen een door het bestuursorgaan gestelde redelijke termijn verklaart dat hij gebruik wil maken van het recht te worden gehoord, of
e. aan het bezwaar volledig tegemoet wordt gekomen en andere belanghebbenden daardoor niet in hun belangen kunnen worden geschaad.
(Zie ook: artt. 4:8, 7:12, 8:54 Awb)

Afzien van horen bij bezwaar

Art. 7:4
1. Tot tien dagen voor het horen kunnen belanghebbenden nadere stukken indienen.

Indienen nadere stukken bij bezwaar

2. Het bestuursorgaan legt het bezwaarschrift en alle verder op de zaak betrekking hebbende stukken voorafgaand aan het horen gedurende ten minste een week voor belanghebbenden ter inzage.
3. Bij de oproeping voor het horen worden belanghebbenden gewezen op het eerste lid en wordt vermeld waar en wanneer de stukken ter inzage zullen liggen.
4. Belanghebbenden kunnen van deze stukken tegen vergoeding van ten hoogste de kosten afschriften verkrijgen.
5. Voor zover de belanghebbenden daarmee instemmen, kan toepassing van het tweede lid achterwege worden gelaten.
6. Het bestuursorgaan kan, al dan niet op verzoek van een belanghebbende, toepassing van het tweede lid voorts achterwege laten, voor zover geheimhouding om gewichtige redenen is geboden. Van de toepassing van deze bepaling wordt mededeling gedaan.
7. Gewichtige redenen zijn in ieder geval niet aanwezig, voor zover ingevolge de Wet openbaarheid van bestuur de verplichting bestaat een verzoek om informatie, vervat in deze stukken, in te willigen.
8. Indien een gewichtige reden is gelegen in de vrees voor schade aan de lichamelijke of geestelijke gezondheid van een belanghebbende, kan inzage van de desbetreffende stukken worden voorbehouden aan een gemachtigde die hetzij advocaat hetzij arts is.
(Zie ook: artt. 2:5, 3:11, 4:3, 8:29, 8:32 Awb)

Art. 7:5
1. Tenzij het horen geschiedt door of mede door het bestuursorgaan zelf dan wel de voorzitter of een lid ervan, geschiedt het horen door:
a. een persoon die niet bij de voorbereiding van het bestreden besluit betrokken is geweest, of
b. meer dan een persoon van wie de meerderheid, onder wie degene die het horen leidt, niet bij de voorbereiding van het besluit betrokken is geweest.
2. Voor zover niet bij wettelijk voorschrift anders is bepaald, besluit het bestuursorgaan of het horen in het openbaar plaatsvindt.
(Zie ook: art. 25 AWR)

Betrokkenen bij horen tijdens bezwaar

Openbaarheid horen tijdens bezwaar

Art. 7:6
1. Belanghebbenden worden in elkaars aanwezigheid gehoord.

Gezamenlijk horen belanghebbenden bij bezwaar

2. Ambtshalve of op verzoek kunnen belanghebbenden afzonderlijk worden gehoord, indien aannemelijk is dat gezamenlijk horen een zorgvuldige behandeling zal belemmeren of dat tijdens het horen feiten of omstandigheden bekend zullen worden waarvan geheimhouding om gewichtige redenen is geboden.

art. 7:7

3. Wanneer belanghebbenden afzonderlijk zijn gehoord, wordt ieder van hen op de hoogte gesteld van het verhandelde tijdens het horen buiten zijn aanwezigheid.
4. Het bestuursorgaan kan, al dan niet op verzoek van een belanghebbende, toepassing van het derde lid achterwege laten, voor zover geheimhouding om gewichtige redenen is geboden. Artikel 7:4, zesde lid, tweede volzin, zevende en achtste lid, is van overeenkomstige toepassing.
(Zie ook: artt. 7:18, 7:20 Awb)

Art. 7:7

Verslag van horen bij bezwaar

Van het horen wordt een verslag gemaakt.
(Zie ook: art. 7:21 Awb; § 12BFB)

Art. 7:8

Horen van getuigen en deskundigen bij bezwaar

Op verzoek van de belanghebbende kunnen door hem meegebrachte getuigen en deskundigen worden gehoord.
(Zie ook: artt. 7:22, 8:60 Awb; artt. 163, 194 Rv)

Art. 7:9

Nieuwe feiten of omstandigheden na horen bij bezwaar

Wanneer na het horen aan het bestuursorgaan feiten of omstandigheden bekend worden die voor de op het bezwaar te nemen beslissing van aanmerkelijk belang kunnen zijn, wordt dit aan belanghebbenden meegedeeld en worden zij in de gelegenheid gesteld daarover te worden gehoord.
(Zie ook: artt. 7:16, 7:23 Awb)

Art. 7:10

Termijn beslissing op bezwaar

1. Het bestuursorgaan beslist binnen zes weken of – indien een commissie als bedoeld in artikel 7:13 is ingesteld – binnen twaalf weken, gerekend vanaf de dag na die waarop de termijn voor het indienen van het bezwaarschrift is verstreken.
2. De termijn wordt opgeschort gerekend vanaf de dag na die waarop de indiener is verzocht een verzuim als bedoeld in artikel 6:6 te herstellen, tot de dag waarop het verzuim is hersteld of de daarvoor gestelde termijn ongebruikt is verstreken.
3. Het bestuursorgaan kan de beslissing voor ten hoogste zes weken verdagen.
4. Verder uitstel is mogelijk voor zover:
a. alle belanghebbenden daarmee instemmen,
b. de indiener van het bezwaarschrift daarmee instemt en andere belanghebbenden daardoor niet in hun belangen kunnen worden geschaad, of
c. dit nodig is in verband met de naleving van wettelijke procedurevoorschriften.
(Zie ook: § 13BFB)
5. Indien toepassing is gegeven aan het tweede, derde of vierde lid, doet het bestuursorgaan hiervan schriftelijk mededeling aan belanghebbenden.

Art. 7:11

Heroverweging besluit na bezwaar

1. Indien het bezwaar ontvankelijk is, vindt op grondslag daarvan een heroverweging van het bestreden besluit plaats.
2. Voor zover de heroverweging daartoe aanleiding geeft, herroept het bestuursorgaan het bestreden besluit en neemt het voor zover nodig in de plaats daarvan een nieuw besluit.
(Zie ook: artt. 8:69, 8:70, 8:72 Awb)

Art. 7:12

Motivering beslissing op bezwaar

1. De beslissing op het bezwaar dient te berusten op een deugdelijke motivering, die bij de bekendmaking van de beslissing wordt vermeld. Daarbij wordt, indien ingevolge artikel 7:3 van het horen is afgezien, tevens aangegeven op welke grond dat is geschied.
(Zie ook: artt. 3:46, 7:26 Awb)

Bekendmaking van beslissing op bezwaar

2. De beslissing wordt bekendgemaakt door toezending of uitreiking aan degenen tot wie zij is gericht. Betreft het een besluit dat niet tot een of meer belanghebbenden is gericht, dan wordt de beslissing tevens bekendgemaakt op dezelfde wijze als waarop dat besluit bekendgemaakt is, tenzij het bestreden besluit in stand wordt gelaten.
3. Zo spoedig mogelijk na de bekendmaking van de beslissing wordt hiervan mededeling gedaan aan de belanghebbenden die in bezwaar of bij de voorbereiding van het bestreden besluit hun zienswijze naar voren hebben gebracht.
4. Bij de mededeling, bedoeld in het derde lid, is artikel 6:23 van overeenkomstige toepassing en wordt met het oog op de aanvang van de beroepstermijn zo duidelijk mogelijk aangegeven wanneer de bekendmaking van de beslissing overeenkomstig het tweede lid heeft plaatsgevonden.
(Zie ook: artt. 3:42, 7:3 Awb)

Art. 7:13

Adviescommissie bij bezwaar

1. Dit artikel is van toepassing indien ten behoeve van de beslissing op het bezwaar een adviescommissie is ingesteld:
a. die bestaat uit een voorzitter en ten minste twee leden,
b. waarvan de voorzitter geen deel uitmaakt van en niet werkzaam is onder verantwoordelijkheid van het bestuursorgaan en
c. die voldoet aan eventueel bij wettelijk voorschrift gestelde andere eisen.

2. Indien een commissie over het bezwaar zal adviseren, deelt het bestuursorgaan dit zo spoedig mogelijk mede aan de indiener van het bezwaarschrift.
3. Het horen geschiedt door de commissie. De commissie kan het horen opdragen aan de voorzitter of een lid dat geen deel uitmaakt van en niet werkzaam is onder verantwoordelijkheid van het bestuursorgaan.
4. De commissie beslist over de toepassing van artikel 7:4, zesde lid, van artikel 7:5, tweede lid, en, voor zover bij wettelijk voorschrift niet anders is bepaald, van artikel 7:3.
5. Een vertegenwoordiger van het bestuursorgaan wordt voor het horen uitgenodigd en wordt in de gelegenheid gesteld een toelichting op het standpunt van het bestuursorgaan te geven.
6. Het advies van de commissie wordt schriftelijk uitgebracht en bevat een verslag van het horen.
7. Indien de beslissing op het bezwaar afwijkt van het advies van de commissie, wordt in de beslissing de reden voor die afwijking vermeld en wordt het advies met de beslissing meegezonden.
(Zie ook: artt. 3:50, 7:5 Awb)

Art. 7:14
Artikel 3:6, tweede lid, afdeling 3.4, de artikelen 3:41 tot en met 3:45, afdeling 3.7, met uitzondering van artikel 3:49 en titel 4.1, met uitzondering van de artikelen 4:14, eerste lid, en 4:15, eerste lid, onderdeel b, tweede lid, onderdelen b en c, derde lid en vierde lid en paragraaf 4.1.3.2, zijn niet van toepassing op besluiten op grond van deze afdeling.

Niet van toepassing op bezwaar

Art. 7:14a
Indien door een ander dan de aanvrager bezwaar is gemaakt tegen een besluit op aanvraag, wordt de aanvrager voor de toepassing van paragraaf 4.1.3.2 gelijkgesteld met de indiener van het bezwaarschrift.

Bezwaar door ander dan aanvrager van besluit

Art. 7:15
1. Voor de behandeling van het bezwaar is geen recht verschuldigd.

Kosten behandeling bezwaar

2. De kosten, die de belanghebbende in verband met de behandeling van het bezwaar redelijkerwijs heeft moeten maken, worden door het bestuursorgaan uitsluitend vergoed op verzoek van de belanghebbende voorzover het bestreden besluit wordt herroepen wegens aan het bestuursorgaan te wijten onrechtmatigheid.
3. Het verzoek wordt gedaan voordat het bestuursorgaan op het bezwaar heeft beslist. Het bestuursorgaan beslist op het verzoek bij de beslissing op het bezwaar.
4. Bij algemene maatregel van bestuur worden nadere regels gesteld over de kosten waarop de vergoeding uitsluitend betrekking kan hebben en over de wijze waarop het bedrag van de kosten wordt vastgesteld.
(Zie ook: artt. 7:8, 7:28, 8:75 Awb)
5. Indien aan de belanghebbende in verband met het bezwaar een toevoeging is verleend op grond van de Wet op de rechtsbijstand, betaalt het bestuursorgaan de toe te kennen vergoeding aan de rechtsbijstandverlener. De rechtsbijstandverlener stelt de belanghebbende zoveel mogelijk schadeloos voor de door deze voldane eigen bijdrage. De rechtsbijstandverlener doet aan de Raad voor rechtsbijstand opgave van een kostenvergoeding door het bestuursorgaan.

Afdeling 7.3
Bijzondere bepalingen over administratief beroep

Art. 7:16
1. Voordat een beroepsorgaan op het beroep beslist, stelt het belanghebbenden in de gelegenheid te worden gehoord.

Hoor en wederhoor bij administratief beroep

2. Het beroepsorgaan stelt daarvan in ieder geval de indiener van het beroepschrift op de hoogte, alsmede het bestuursorgaan dat het besluit heeft genomen en de belanghebbenden die bij de voorbereiding van het besluit of bij de behandeling van het bezwaarschrift hun zienswijze naar voren hebben gebracht.
(Zie ook: artt. 4:7, 4:8, 7:2 Awb)

Art. 7:17
Van het horen van een belanghebbende kan worden afgezien indien:
a. het beroep kennelijk niet-ontvankelijk is,
b. het beroep kennelijk ongegrond is,
c. de belanghebbende heeft verklaard geen gebruik te willen maken van het recht te worden gehoord, of
d. de belanghebbende niet binnen een door het bestuursorgaan gestelde redelijke termijn verklaart dat hij gebruik wil maken van het recht te worden gehoord.
(Zie ook: artt. 7:26, 7:27 Awb)

Afzien van horen bij administratief beroep

Art. 7:18

Indienen nadere stukken bij administratief beroep

1. Tot tien dagen voor het horen kunnen belanghebbenden nadere stukken indienen.
2. Het beroepsorgaan legt het beroepschrift en alle verder op de zaak betrekking hebbende stukken voorafgaand aan het horen gedurende ten minste een week voor belanghebbenden ter inzage.
3. Bij de oproeping voor het horen worden belanghebbenden gewezen op het eerste lid en wordt vermeld waar en wanneer de stukken ter inzage zullen liggen.
4. Belanghebbenden kunnen van deze stukken tegen vergoeding van ten hoogste de kosten afschriften verkrijgen.
5. Voor zover de belanghebbenden daarmee instemmen, kan toepassing van het tweede lid achterwege worden gelaten.
6. Het beroepsorgaan kan, al dan niet op verzoek van een belanghebbende, toepassing van het tweede lid voorts achterwege laten, voor zover geheimhouding om gewichtige redenen is geboden. Van de toepassing van deze bepaling wordt mededeling gedaan.
7. Gewichtige redenen zijn in ieder geval niet aanwezig, voor zover ingevolge de Wet openbaarheid van bestuur de verplichting bestaat een verzoek om informatie, vervat in deze stukken, in te willigen.
8. Indien een gewichtige reden is gelegen in de vrees voor schade aan de lichamelijke of geestelijke gezondheid van een belanghebbende, kan inzage van de desbetreffende stukken worden voorbehouden aan een gemachtigde die hetzij advocaat hetzij arts is.

(Zie ook: art. 7:4 Awb)

Art. 7:19

Betrokkenen bij horen bij administratief beroep

1. Het horen geschiedt door het beroepsorgaan.

2. Bij of krachtens de wet kan het horen worden opgedragen aan een adviescommissie waarin een of meer leden zitting hebben die geen deel uitmaken van en niet werkzaam zijn onder verantwoordelijkheid van het beroepsorgaan.

Openbaarheid van horen bij administratief beroep

3. Het horen geschiedt in het openbaar, tenzij het beroepsorgaan op verzoek van een belanghebbende of om gewichtige redenen ambtshalve anders beslist.

(Zie ook: artt. 7:2, 7:3, 7:26 Awb; art. 153 Gemw; art. 149 PW)

Art. 7:20

Gezamenlijk horen belanghebbenden bij administratief beroep

1. Belanghebbenden worden in elkaars aanwezigheid gehoord.

2. Ambtshalve of op verzoek kunnen belanghebbenden afzonderlijk worden gehoord, indien aannemelijk is dat gezamenlijk horen een zorgvuldige behandeling zal belemmeren of dat tijdens het horen feiten of omstandigheden bekend zullen worden waarvan geheimhouding om gewichtige redenen is geboden.
3. Wanneer belanghebbenden afzonderlijk zijn gehoord, wordt ieder van hen op de hoogte gesteld van het verhandelde tijdens het horen buiten zijn aanwezigheid.
4. Het beroepsorgaan kan, al dan niet op verzoek van een belanghebbende, toepassing van het derde lid achterwege laten, voor zover geheimhouding om gewichtige redenen is geboden. Artikel 7:18, zesde lid, tweede volzin, zevende en achtste lid, is van overeenkomstige toepassing.

(Zie ook: art. 7:6 Awb)

Art. 7:21

Verslag van horen bij administratief beroep

Van het horen wordt een verslag gemaakt.

(Zie ook: art. 7:7 Awb)

Art. 7:22

Horen getuigen en deskundigen bij administratief beroep

Op verzoek van de belanghebbende kunnen door hem meegebrachte getuigen en deskundigen worden gehoord.

(Zie ook: artt. 7:8, 7:28 Awb)

Art. 7:23

Nieuwe feiten of omstandigheden na horen bij administratief beroep

Wanneer na het horen aan het beroepsorgaan feiten of omstandigheden bekend worden die voor de op het beroep te nemen beslissing van aanmerkelijk belang kunnen zijn, wordt dit aan belanghebbenden meegedeeld en worden zij in de gelegenheid gesteld daarover te worden gehoord.

(Zie ook: artt. 7:9, 7:16 Awb)

Art. 7:24

Beslistermijn administratief beroep

1. Het beroepsorgaan beslist binnen zestien weken, gerekend vanaf de dag na die waarop de termijn voor het indienen van het beroepschrift is verstreken.
2. Indien het beroepsorgaan evenwel behoort tot dezelfde rechtspersoon als het bestuursorgaan tegen welks besluit het beroep is gericht, beslist het binnen zes weken of – indien een commissie als bedoeld in artikel 7:19, tweede lid, is ingesteld – binnen twaalf weken, gerekend vanaf de dag na die waarop de termijn voor het indienen van het beroepschrift is verstreken.

5 Algemene wet bestuursrecht

art. 7:28

3. De termijn wordt opgeschort gerekend vanaf de dag na die waarop de indiener is verzocht een verzuim als bedoeld in artikel 6:6 te herstellen, tot de dag waarop het verzuim is hersteld of de daarvoor gestelde termijn ongebruikt is verstreken.
4. Het beroepsorgaan kan de beslissing voor ten hoogste tien weken verdagen.
5. In het geval, bedoeld in het tweede lid, kan het beroepsorgaan de beslissing echter voor ten hoogste zes weken verdagen.
6. Verder uitstel is mogelijk voor zover:
a. alle belanghebbenden daarmee instemmen,
b. de indiener van het beroepschrift daarmee instemt en andere belanghebbenden daardoor niet in hun belangen kunnen worden geschaad, of
c. dit nodig is in verband met de naleving van wettelijke procedurevoorschriften.
7. Indien toepassing is gegeven aan het derde, vierde, vijfde of zesde lid, doet het beroepsorgaan hiervan schriftelijk mededeling aan belanghebbenden.

Art. 7:25
Voor zover het beroepsorgaan het beroep ontvankelijk en gegrond acht, vernietigt het het bestreden besluit en neemt het voor zover nodig in de plaats daarvan een nieuw besluit.
(Zie ook: art. 7:11 Awb)

Vernietiging besluit na administratief beroep

Art. 7:26
1. De beslissing op het beroep dient te berusten op een deugdelijke motivering, die bij de bekendmaking van de beslissing wordt vermeld. Daarbij wordt, indien ingevolge artikel 7:17 van het horen is afgezien, tevens aangegeven op welke grond dat is geschied.
2. Indien de beslissing afwijkt van het advies van een commissie als bedoeld in artikel 7:19, tweede lid, worden in de beslissing de redenen voor die afwijking vermeld en wordt het advies met de beslissing meegezonden.
3. De beslissing wordt bekendgemaakt door toezending of uitreiking aan degenen tot wie zij is gericht. Betreft het een besluit dat niet tot een of meer belanghebbenden was gericht, dan wordt de beslissing bekendgemaakt op dezelfde wijze als waarop dat besluit bekendgemaakt is.
4. Zo spoedig mogelijk na de bekendmaking van de beslissing wordt hiervan mededeling gedaan aan het bestuursorgaan tegen welks besluit het beroep was gericht, aan degenen tot wie het bestreden besluit was gericht en aan de belanghebbenden die in beroep hun zienswijze naar voren hebben gebracht.
5. Bij de mededeling, bedoeld in het vierde lid, is artikel 6:23 van overeenkomstige toepassing en wordt met het oog op de aanvang van de beroepstermijn zo duidelijk mogelijk aangegeven wanneer de bekendmaking van de beslissing overeenkomstig het derde lid heeft plaatsgevonden.
(Zie ook: artt. 6:23, 7:12, 7:17, 7:19 Awb)

Motivering beslissing administratief beroep

Art. 7:27
Artikel 3:6, tweede lid, afdeling 3.4, de artikelen 3:41 tot en met 3:45, afdeling 3.7, met uitzondering van artikel 3:49 en titel 4.1, met uitzondering van de artikelen 4:14, eerste lid, en 4:15, eerste lid, onderdeel b, tweede lid, onderdelen b en c, derde lid en vierde lid en paragraaf 4.1.3.2, zijn niet van toepassing op besluiten op grond van deze afdeling.

Niet van toepassing op administratief beroep

Art. 7:27a
Indien het beroep tegen een besluit op aanvraag is ingesteld door een ander dan de aanvrager, wordt de aanvrager voor de toepassing van paragraaf 4.1.3.2 gelijkgesteld met degene die het beroep heeft ingesteld.

Administratief beroep ingesteld door ander dan aanvrager besluit

Art. 7:28
1. Voor de behandeling van het beroep is geen recht verschuldigd.

Kosten administratief beroep

2. De kosten, die de belanghebbende in verband met de behandeling van het beroep redelijkerwijs heeft moeten maken, worden door het bestuursorgaan uitsluitend vergoed op verzoek van de belanghebbende voorzover het bestreden besluit wordt herroepen wegens aan het bestuursorgaan te wijten onrechtmatigheid. In dat geval stelt het beroepsorgaan de vergoeding vast die het bestuursorgaan verschuldigd is.
3. Indien aan de belanghebbende in verband met het beroep een toevoeging is verleend op grond van de Wet op de rechtsbijstand, betaalt het bestuursorgaan de toe te kennen vergoeding aan de rechtsbijstandverlener. De rechtsbijstandverlener stelt de belanghebbende zoveel mogelijk schadeloos voor de door deze voldane eigen bijdrage. De rechtsbijstandverlener doet aan de Raad voor rechtsbijstand opgave van een kostenvergoeding door het bestuursorgaan.
4. Het verzoek wordt gedaan voordat het beroepsorgaan op het beroep heeft beslist. Het beroepsorgaan beslist op het verzoek bij de beslissing op het beroep.
5. Bij algemene maatregel van bestuur worden nadere regels gesteld over de kosten waarop de vergoeding uitsluitend betrekking kan hebben en over de wijze waarop het bedrag van de kosten wordt vastgesteld.
(Zie ook: artt. 7:15, 7:22, 8:75 Awb)

Art. 7:29
[Vervallen]

Hoofdstuk 8
Bijzondere bepalingen over de wijze van procederen bij de bestuursrechter

Titel 8.1
Algemene bepalingen over het beroep in eerste aanleg

Afdeling 8.1.1
Bevoegdheid

Art. 8:1

Beroep bij de bestuursrechter

Een belanghebbende kan tegen een besluit beroep instellen bij de bestuursrechter.
(Zie ook: artt. 1:2, 1:3, 7:1 Awb)

Art. 8:2

Gelijkstelling met besluit bij beroep

1. Met een besluit wordt gelijkgesteld:
a. een andere handeling van een bestuursorgaan waarbij de volgende personen, hun nagelaten betrekkingen of hun rechtverkrijgenden belanghebbende zijn:
1°. een ambtenaar als bedoeld in artikel 1 van de Ambtenarenwet als zodanig,
2°. een militair ambtenaar als bedoeld in artikel 1 van de Militaire Ambtenarenwet 1931 als zodanig,
3°. een lid van het personeel van een zelfstandig bestuursorgaan waarop ingevolge artikel 15 van de Kaderwet zelfstandige bestuursorganen de ambtelijke rechtspositieregels van overeenkomstige toepassing zijn als zodanig,
4°. een dienstplichtige als bedoeld in hoofdstuk 2 van de Kaderwet dienstplicht als zodanig,
b. een andere publiekrechtelijke handeling van de Sociaal-Economische Raad.
(Zie ook: art. 1:3 Awb)
2. Met een besluit wordt gelijkgesteld de schriftelijke beslissing, inhoudende de weigering van de goedkeuring van:
a. een besluit, inhoudende een algemeen verbindend voorschrift of een beleidsregel of de intrekking of de vaststelling van de inwerkingtreding van een algemeen verbindend voorschrift of een beleidsregel,
b. een besluit ter voorbereiding van een privaatrechtelijke rechtshandeling.

Art. 8:3

Beroepsmogelijkheid algemeen verbindende voorschriften en beleidsregels

1. Geen beroep kan worden ingesteld tegen een besluit:
a. inhoudende een algemeen verbindend voorschrift of een beleidsregel,
b. inhoudende de intrekking of de vaststelling van de inwerkingtreding van een algemeen verbindend voorschrift of een beleidsregel,
c. inhoudende de goedkeuring van een besluit, inhoudende een algemeen verbindend voorschrift of een beleidsregel of de intrekking of de vaststelling van de inwerkingtreding van een algemeen verbindend voorschrift of een beleidsregel.
(Zie ook: art. 1:3 Awb; artt. 32, 33 BW Boek 3; art. 44 Huisvw)
2. Geen beroep kan worden ingesteld tegen een besluit ter voorbereiding van een privaatrechtelijke rechtshandeling.

Art. 8:4

Beroepsmogelijkheid overige besluiten

1. Geen beroep kan worden ingesteld tegen een besluit:
a. inhoudende een weigering op grond van artikel 2:15,
b. inhoudende een aanmaning als bedoeld in artikel 4:112 of een dwangbevel,
c. als bedoeld in artikel 7:1a, vierde lid, 7:10, tweede, derde of vierde lid, of 7:24, derde tot en met zesde lid,
d. inhoudende schorsing of vernietiging van een besluit van een ander bestuursorgaan,
e. als bedoeld in artikel 3:21, eerste lid, onderdeel b,
f. inzake vergoeding van schade wegens onrechtmatig bestuurshandelen.
2. Onverminderd hoofdstuk 2 van de bij deze wet behorende Bevoegdheidsregeling bestuursrechtspraak kan geen beroep worden ingesteld tegen een besluit:
a. op grond van een wettelijk voorschrift voor het geval van buitengewone omstandigheden toegekende bevoegdheid of opgelegde verplichting in deze omstandigheden genomen,
b. genomen op grond van een wettelijk voorschrift ter beveiliging van de militaire belangen van het Koninkrijk of zijn bondgenoten,
c. genomen op grond van een wettelijk voorschrift inzake de verplichte krijgsdienst, voor zover het keuring, herkeuring, werkelijke dienst, groot verlof of diensteindiging betreft, tenzij het besluit betrekking heeft op verlenging van werkelijke dienst of kostwinnersvergoeding.
3. Geen beroep kan worden ingesteld tegen een besluit:

a. tot benoeming of aanstelling, tenzij beroep wordt ingesteld door een ambtenaar als bedoeld in artikel 1 van de Ambtenarenwet als zodanig, een militair ambtenaar als bedoeld in artikel 1 van de Militaire Ambtenarenwet 1931 als zodanig, een lid van het personeel van een zelfstandig bestuursorgaan waarop ingevolge artikel 15 van de Kaderwet zelfstandige bestuursorganen de ambtelijke rechtspositieregels van overeenkomstige toepassing zijn als zodanig, een dienstplichtige als bedoeld in hoofdstuk 2 van de Kaderwet dienstplicht als zodanig, hun nagelaten betrekkingen of hun rechtverkrijgenden,
b. inhoudende een beoordeling van het kennen of kunnen van een kandidaat of leerling die ter zake is geëxamineerd of op enigerlei andere wijze is getoetst, dan wel inhoudende de vaststelling van opgaven, beoordelingsnormen of nadere regels voor die examinering of toetsing,
c. inhoudende een technische beoordeling van een voertuig of een luchtvaartuig, dan wel een meetmiddel, een onderdeel daarvan of een hulpinrichting daarvoor.
4. Geen beroep kan worden ingesteld tegen een besluit:
a. inzake de nummering van kandidatenlijsten, het verloop van de stemming, de stemopneming, de vaststelling van de stemwaarden en de vaststelling van de uitslag bij verkiezingen van de leden van vertegenwoordigende organen, de benoemdverklaring in opengevallen plaatsen, alsmede de toelating van nieuwe leden van provinciale staten, van de gemeenteraad en van het algemeen bestuur van een waterschap, alsmede de verlening van tijdelijk ontslag wegens zwangerschap en bevalling of ziekte,
b. houdende een ambtshandeling van een gerechtsdeurwaarder of notaris.

Art. 8:5
1. Geen beroep kan worden ingesteld tegen een besluit als bedoeld in artikel 1 van de bij deze wet behorende Bevoegdheidsregeling bestuursrechtspraak.   *Beroepsmogelijkheid negatieve lijst*
2. Geen beroep kan worden ingesteld tegen een besluit waartegen administratief beroep kan worden ingesteld of door de belanghebbende kon worden ingesteld.

Art. 8:6
1. Het beroep kan worden ingesteld bij de rechtbank, tenzij een andere bestuursrechter bevoegd is ingevolge hoofdstuk 2 van de bij deze wet behorende Bevoegdheidsregeling bestuursrechtspraak dan wel ingevolge een ander wettelijk voorschrift.   *Absolute bevoegdheid bestuursrechter*
2. Bij elk van de bestuursrechters, genoemd in hoofdstuk 2 van de bij deze wet behorende Bevoegdheidsregeling bestuursrechtspraak, kan beroep worden ingesteld tegen een besluit waarover de rechter in hoger beroep oordeelt, indien hij toepassing heeft gegeven aan artikel 8:113, tweede lid.   *Sprongberoep bij bestuursrechter*

Art. 8:7
1. Indien beroep wordt ingesteld tegen een besluit van een bestuursorgaan van een provincie, een gemeente of van een waterschap dan wel tegen een besluit van een gemeenschappelijk orgaan, een bestuur van een bedrijfsvoeringsorganisatie of een bestuursorgaan van een openbaar lichaam dat is ingesteld met toepassing van de Wet gemeenschappelijke regelingen, is bevoegd de rechtbank binnen het rechtsgebied waarvan het bestuursorgaan zijn zetel heeft.   *Relatieve competentie bestuursrechter*
2. Indien beroep wordt ingesteld tegen een besluit van een ander bestuursorgaan, is bevoegd de rechtbank binnen het rechtsgebied waarvan de indiener van het beroepschrift zijn woonplaats in Nederland heeft. Indien de indiener van het beroepschrift geen woonplaats in Nederland heeft, is bevoegd de rechtbank binnen het rechtsgebied waarvan het bestuursorgaan zijn zetel heeft.
3. Indien beroep wordt ingesteld tegen een besluit als bedoeld in hoofdstuk 3 van de bij deze wet behorende Bevoegdheidsregeling bestuursrechtspraak, is in afwijking van het eerste en tweede lid slechts de door dat hoofdstuk aangewezen rechtbank bevoegd.
4. Het eerste en tweede lid zijn van overeenkomstige toepassing indien beroep in eerste aanleg kan worden ingesteld bij een gerechtshof.

Art. 8:8
1. Indien tegen hetzelfde besluit bij meer dan één bevoegde rechtbank beroep is ingesteld, worden de zaken verder behandeld door de bevoegde rechtbank waarbij als eerste beroep is ingesteld. Indien gelijktijdig bij meer dan één bevoegde rechtbank als eerste beroep is ingesteld, worden de zaken verder behandeld door de bevoegde rechtbank die als eerste wordt genoemd in artikel 1 van de Wet op de rechterlijke indeling.   *Bevoegde rechtbank bij dubbel beroep*
2. De andere rechtbank verwijst, onderscheidenlijk de andere rechtbanken verwijzen de daar aanhangig gemaakte zaak of zaken naar de rechtbank die de zaken verder behandelt. De op de zaak of zaken betrekking hebbende stukken worden toegezonden aan de rechtbank die de zaken verder behandelt.
3. Indien tegen hetzelfde besluit bij meer dan één rechtbank beroep is ingesteld, doet het bestuursorgaan daarvan onverwijld mededeling aan die rechtbanken.
4. Indien het bestuursorgaan ingevolge artikel 7:1a, vijfde of zesde lid, twee of meer bezwaarschriften doorzendt, zendt het bestuursorgaan deze door aan de rechtbank die ingevolge de tweede volzin van het eerste lid de zaak zal behandelen.

art. 8:9

Geschillen over competentie bestuursrechter

Art. 8:9

5. Het eerste tot en met het vierde lid zijn van overeenkomstige toepassing indien beroep in eerste aanleg kan worden ingesteld bij een gerechtshof.

De Afdeling bestuursrechtspraak van de Raad van State, de Centrale Raad van Beroep, onderscheidenlijk het College van Beroep voor het bedrijfsleven, oordelen in hoogste ressort over geschillen tussen de rechtbanken over de toepassing van artikel 8:7 in zaken tot de kennisneming waarvan zij in hoger beroep bevoegd zijn.
(Zie ook: art. 61 Wet RO)

Afdeling 8.1.2
Behandeling door een enkelvoudige, meervoudige of grote kamer

Art. 8:10

Enkelvoudige kamer bestuursrechter
Meervoudige kamer bestuursrechter
Verwijzing naar enkelvoudige kamer bestuursrechter

1. De zaken die bij de rechtbank aanhangig worden gemaakt, worden in behandeling genomen door een enkelvoudige kamer.
2. Indien een zaak naar het oordeel van de enkelvoudige kamer ongeschikt is voor behandeling door één rechter, verwijst zij deze naar een meervoudige kamer. De enkelvoudige kamer kan ook in andere gevallen een zaak naar een meervoudige kamer verwijzen.
3. Indien een zaak naar het oordeel van de meervoudige kamer geschikt is voor verdere behandeling door één rechter, kan zij deze verwijzen naar een enkelvoudige kamer.
4. Verwijzing kan geschieden in elke stand van het geding. Een verwezen zaak wordt voortgezet in de stand waarin zij zich bevindt.
(Zie ook: art. 6 Wet RO; art. 36 Wet RvS; art. 17 Berw; art. 19 Wbbo)

Art. 8:10a

Meervoudige kamer bij andere bestuursrechter dan rechtbank

1. De zaken die bij een andere bestuursrechter dan de rechtbank aanhangig worden gemaakt, worden in behandeling genomen door een meervoudige kamer.
2. Indien een zaak naar het oordeel van de meervoudige kamer geschikt is voor verdere behandeling door één rechter, kan zij deze verwijzen naar een enkelvoudige kamer.
3. Indien een zaak naar het oordeel van de enkelvoudige kamer ongeschikt is voor behandeling door één rechter, verwijst zij deze naar een meervoudige kamer.

Verwijzen naar grote kamer bestuursrechter

4. De meervoudige kamer kan een zaak voorts verwijzen naar een grote kamer, indien haar dit met het oog op de rechtseenheid of de rechtsontwikkeling geraden voorkomt. De eerste volzin geldt niet, indien de zaak aanhangig is bij een gerechtshof.
5. Verwijzing kan geschieden in elke stand van het geding. Een verwezen zaak wordt voortgezet in de stand waarin zij zich bevindt.

Art. 8:11

Voorschriften bestuursrechter bij beroep

1. De voorschriften omtrent de behandeling van het beroep zijn van toepassing op de behandeling door elk van de kamers, bedoeld in de artikelen 8:10 en 8:10a.
2. Degene die zitting heeft in een enkelvoudige kamer heeft tevens de bevoegdheden en de verplichtingen van de voorzitter.

Art. 8:12

Rechter-commissaris in bestuursrecht

De bestuursrechter kan aan een rechter-commissaris opdragen het vooronderzoek of een gedeelte daarvan te verrichten.
(Zie ook: artt. 8:15, 8:19 Awb)

Afdeling 8.1.2a
Conclusie

Art. 8:12a

Conclusies bij hoogste bestuursrechter

1. De voorzitter van de Afdeling bestuursrechtspraak van de Raad van State, de president van de Centrale Raad van Beroep en de president van het College van Beroep voor het bedrijfsleven kunnen in zaken die in hun college in behandeling zijn bij een meervoudige of grote kamer, een lid van het desbetreffende college verzoeken een conclusie te nemen.
2. Een dergelijk verzoek kan ook worden gericht aan een lid van een van de andere colleges in overeenstemming met de voorzitter onderscheidenlijk de president van dat college.
3. De conclusie wordt schriftelijk genomen, is met redenen omkleed en vermeldt:
a. de naam van degene die haar heeft genomen en
b. de dag waarop zij is genomen.
4. De conclusie wordt uiterlijk zes weken na sluiting van het onderzoek ter zitting ter kennis van het college gebracht en in afschrift aan partijen toegezonden. Aan artikel 8:64 behoeft daarbij geen toepassing te worden gegeven.
5. Partijen kunnen binnen twee weken na verzending van het afschrift van de conclusie hun schriftelijk commentaar daarop aan het college doen toekomen.

5 Algemene wet bestuursrecht art. 8:18

6. Artikel 8:79, tweede lid, is van overeenkomstige toepassing.
7. Degene die de conclusie heeft genomen, neemt geen deel aan de beraadslagingen over de zaak.
8. De conclusie bindt het college niet.

Afdeling 8.1.3
Verwijzing, voeging en splitsing

Art. 8:13
1. De rechtbank kan een bij haar aanhangig gemaakte zaak ter verdere behandeling verwijzen naar de rechtbank waar een andere zaak aanhangig is gemaakt, indien naar haar oordeel behandeling van die zaken door één rechtbank gewenst is. — Verwijzen door bestuursrechter
2. Een verzoek tot verwijzing kan worden gedaan tot de aanvang van het onderzoek ter zitting.
3. Indien de rechtbank waarnaar een zaak is verwezen, instemt met de verwijzing, worden de op de zaak betrekking hebbende stukken aan haar ter beschikking gesteld.
(Zie ook: art. 8:8 Awb)
4. Het eerste tot en met derde lid zijn van overeenkomstige toepassing indien beroep in eerste aanleg kan worden ingesteld bij een gerechtshof.

Art. 8:13a
[Vervallen]

Art. 8:14
1. De bestuursrechter kan zaken over hetzelfde of een verwant onderwerp ter behandeling voegen en de behandeling van gevoegde zaken splitsen. — Voeging of splitsing door bestuursrechter
2. Een verzoek daartoe kan worden gedaan tot de sluiting van het onderzoek ter zitting.
(Zie ook: art. 8:8 Awb)

Afdeling 8.1.4
Wraking en verschoning van rechters

Art. 8:15
Op verzoek van een partij kan elk van de rechters die een zaak behandelen, worden gewraakt op grond van feiten of omstandigheden waardoor de rechterlijke onpartijdigheid schade zou kunnen lijden. — Wraking van bestuursrechter
(Zie ook: art. 36 Rv)

Art. 8:16
1. Het verzoek wordt gedaan zodra de feiten of omstandigheden aan de verzoeker bekend zijn geworden. — Verzoek tot wraking van bestuursrechter
2. Het verzoek geschiedt schriftelijk en is gemotiveerd. Na de aanvang van het onderzoek ter zitting onderscheidenlijk na de aanvang van het horen van partijen of getuigen in het vooronderzoek kan het ook mondeling geschieden.
3. Alle feiten of omstandigheden moeten tegelijk worden voorgedragen.
4. Een volgend verzoek om wraking van dezelfde rechter wordt niet in behandeling genomen, tenzij feiten of omstandigheden worden voorgedragen die pas na het eerdere verzoek aan de verzoeker bekend zijn geworden.
5. Geschiedt het verzoek ter zitting, dan wordt het onderzoek ter zitting geschorst.
(Zie ook: art. 37 Rv)

Art. 8:17
Een rechter wiens wraking is verzocht, kan in de wraking berusten. — Berusting in wraking van bestuursrechter
(Zie ook: art. 38 Rv)

Art. 8:18
1. Het verzoek om wraking wordt zo spoedig mogelijk ter zitting behandeld door een meervoudige kamer waarin de rechter wiens wraking is verzocht, geen zitting heeft. — Procedure wraking bestuursrechter
2. De verzoeker en de rechter wiens wraking is verzocht, worden in de gelegenheid gesteld te worden gehoord. De bestuursrechter kan ambtshalve of op verzoek van de verzoeker of de rechter wiens wraking is verzocht, bepalen dat zij niet in elkaars aanwezigheid zullen worden gehoord.
3. De bestuursrechter beslist zo spoedig mogelijk. De beslissing is gemotiveerd en wordt onverwijld aan de verzoeker, de andere partijen en de rechter wiens wraking was verzocht medegedeeld.
4. In geval van misbruik kan de bestuursrechter bepalen dat een volgend verzoek niet in behandeling wordt genomen. Hiervan wordt in de beslissing melding gemaakt.
5. Tegen de beslissing staat geen rechtsmiddel open.
(Zie ook: art. 14a Wet RO; art. 39 Rv; art. 90 VW 2000)

Art. 8:19

Verschoning door bestuursrechter

1. Op grond van feiten of omstandigheden als bedoeld in artikel 8:15 kan elk van de rechters die een zaak behandelen, verzoeken zich te mogen verschonen.
2. Het verzoek geschiedt schriftelijk en is gemotiveerd. Na de aanvang van het onderzoek ter zitting, onderscheidenlijk na de aanvang van het horen van partijen of getuigen in het vooronderzoek kan het ook mondeling geschieden.
3. Geschiedt het verzoek ter zitting, dan wordt het onderzoek ter zitting geschorst.

(Zie ook: art. 40 Rv)

Art. 8:20

Procedure verschoning bestuursrechter

1. Het verzoek om verschoning wordt zo spoedig mogelijk behandeld door een meervoudige kamer waarin de rechter die om verschoning heeft verzocht, geen zitting heeft.
2. De bestuursrechter beslist zo spoedig mogelijk. De beslissing is gemotiveerd en wordt onverwijld aan partijen en de rechter die om verschoning had verzocht medegedeeld.
3. Tegen de beslissing staat geen rechtsmiddel open.

(Zie ook: art. 41 Rv)

Afdeling 8.1.5
Partijen

Art. 8:21

Vertegenwoordiging bij bestuursrechter

1. Natuurlijke personen, onbekwaam om in rechte te staan, worden in het geding vertegenwoordigd door hun vertegenwoordigers naar burgerlijk recht. De wettelijke vertegenwoordiger behoeft niet de machtiging van de kantonrechter, bedoeld in artikel 349 van Boek 1 van het Burgerlijk Wetboek.
2. De in het eerste lid bedoelde personen kunnen zelf in het geding optreden, indien zij tot redelijke waardering van hun belangen in staat kunnen worden geacht.
3. Indien geen wettelijke vertegenwoordiger aanwezig is, of deze niet beschikbaar is en de zaak spoedeisend is, kan de bestuursrechter een voorlopige vertegenwoordiger benoemen. De benoeming vervalt zodra een wettelijke vertegenwoordiger aanwezig is of de wettelijke vertegenwoordiger weer beschikbaar is.

Art. 8:22

Failliete partij bij bestuursrechter

1. In geval van faillissement of surséance van betaling of toepassing van de schuldsaneringsregeling natuurlijke personen zijn de artikelen 25, 27 en 31 van de Faillissementswet van overeenkomstige toepassing.
2. De artikelen 25, tweede lid, en 27 vinden geen toepassing, indien partijen vóór de faillietverklaring zijn uitgenodigd om op een zitting van de bestuursrechter te verschijnen.

(Zie ook: artt. 25, 27, 31 FW)

Art. 8:23

Vertegenwoordiging bestuursorgaan bij bestuursrechter

1. Een bestuursorgaan dat een college is, wordt in het geding vertegenwoordigd door een of meer door het bestuursorgaan aangewezen leden.
2. De Kroon wordt in het geding vertegenwoordigd door Onze Minister wie het aangaat onderscheidenlijk door een of meer van Onze Ministers wie het aangaat.

(Zie ook: art. 1:1 Awb)

Art. 8:24

Machtiging tot bijstand of vertegenwoordiging bij bestuursrechter

1. Partijen kunnen zich laten bijstaan of door een gemachtigde laten vertegenwoordigen.
2. De bestuursrechter kan van een gemachtigde een schriftelijke machtiging verlangen.
3. Het tweede lid is niet van toepassing ten aanzien van advocaten.

(Zie ook: art. 2:1 Awb; art. 70 VW 2000)

Art. 8:25

Weigering van bijstand of vertegenwoordiging door bestuursrechter

1. De bestuursrechter kan bijstand of vertegenwoordiging door een persoon tegen wie ernstige bezwaren bestaan, weigeren.
2. De betrokken partij en de in het eerste lid bedoelde persoon worden onverwijld in kennis gesteld van de weigering en de reden daarvoor.
3. Het eerste lid is niet van toepassing ten aanzien van advocaten.

(Zie ook: art. 2:2 Awb)

Art. 8:26

Belanghebbenden als partij bij bestuursrechter

1. De bestuursrechter kan tot de sluiting van het onderzoek ter zitting ambtshalve, op verzoek van een partij of op hun eigen verzoek, belanghebbenden in de gelegenheid stellen als partij aan het geding deel te nemen.

5 Algemene wet bestuursrecht

art. 8:32a

2. Indien de bestuursrechter vermoedt dat er onbekende belanghebbenden zijn, kan hij in de *Staatscourant* doen aankondigen dat een zaak bij hem aanhangig is. Naast de aankondiging in de *Staatscourant* kan ook een ander middel voor de aankondiging worden gebruikt.

Art. 8:27
1. Partijen die door de bestuursrechter zijn opgeroepen om in persoon dan wel in persoon of bij gemachtigde te verschijnen, al dan niet voor het geven van inlichtingen, zijn verplicht te verschijnen en de verlangde inlichtingen te geven. Partijen worden hierop gewezen, alsmede op artikel 8:31.
2. Indien het een rechtspersoon betreft of een bestuursorgaan dat een college is, kan de bestuursrechter een of meer bepaalde bestuurders onderscheidenlijk een of meer bepaalde leden oproepen.
(Zie ook: artt. 8:44, 8:59 Awb)

_{*Verschijningsplicht bij bestuursrechter*}

Art. 8:28
Partijen aan wie door de bestuursrechter is verzocht schriftelijk inlichtingen te geven, zijn verplicht de verlangde inlichtingen te geven. Partijen worden hierop gewezen, alsmede op artikel 8:31.
(Zie ook: artt. 8:27, 8:45 Awb)

_{*Inlichtingenplicht bij bestuursrechter*}

Art. 8:28a
1. Indien het beroep is ingesteld tegen een bestuurlijke boete is, in afwijking van de artikelen 8:27 en 8:28, de partij aan wie de bestuurlijke boete is opgelegd, niet verplicht omtrent de overtreding verklaringen af te leggen.
2. Voor de bestuursrechter deze partij verhoort, deelt hij haar mede dat zij niet verplicht is tot antwoorden.

_{*Nemo tenetur in bestuursrecht*}

_{*Cautie*}

Art. 8:29
1. Partijen die verplicht zijn inlichtingen te geven dan wel stukken over te leggen, kunnen, indien daarvoor gewichtige redenen zijn, het geven van inlichtingen dan wel het overleggen van stukken weigeren of de bestuursrechter mededelen dat uitsluitend hij kennis zal mogen nemen van de inlichtingen onderscheidenlijk de stukken.
2. Gewichtige redenen zijn voor een bestuursorgaan in ieder geval niet aanwezig, voor zover ingevolge de Wet openbaarheid van bestuur de verplichting zou bestaan een verzoek om informatie, vervat in de over te leggen stukken, in te willigen.
3. De bestuursrechter beslist of de in het eerste lid bedoelde weigering onderscheidenlijk de beperking van de kennisneming gerechtvaardigd is.
4. Indien de bestuursrechter heeft beslist dat de weigering gerechtvaardigd is, vervalt de verplichting.
5. Indien de bestuursrechter heeft beslist dat de beperking van de kennisneming gerechtvaardigd is, kan hij slechts met toestemming van de andere partijen mede op de grondslag van die inlichtingen onderscheidenlijk die stukken uitspraak doen. Indien de toestemming wordt geweigerd, wordt de zaak verwezen naar een andere kamer.
(Zie ook: artt. 7:4, 7:18 Awb)

_{*Geheimhouding bij bestuursrechter*}

Art. 8:30
Partijen zijn verplicht mee te werken aan een onderzoek als bedoeld in artikel 8:47, eerste lid. Partijen worden hierop gewezen, alsmede op artikel 8:31.
(Zie ook: artt. 8:47, 8:48 Awb)

_{*Verplichte medewerking bij bestuursrechter*}

Art. 8:31
Indien een partij niet voldoet aan de verplichting te verschijnen, inlichtingen te geven, stukken over te leggen of mee te werken aan een onderzoek als bedoeld in artikel 8:47, eerste lid, kan de bestuursrechter daaruit de gevolgtrekkingen maken die hem geraden voorkomen.

_{*Verplichtingen bij bestuursrechter niet nakomen*}

Art. 8:32
1. De bestuursrechter kan, indien de vrees bestaat dat kennisneming van stukken door een partij haar lichamelijke of geestelijke gezondheid zou schaden, bepalen dat deze kennisneming is voorbehouden aan een gemachtigde die advocaat of arts is dan wel daarvoor van de bestuursrechter bijzondere toestemming heeft gekregen.
2. De bestuursrechter kan, indien kennisneming van stukken door een partij de persoonlijke levenssfeer van een ander onevenredig zou schaden, bepalen dat deze kennisneming is voorbehouden aan een gemachtigde die advocaat of arts is dan wel daarvoor van de bestuursrechter bijzondere toestemming heeft gekregen.
(Zie ook: artt. 7:4, 7:18, 8:29 Awb)

_{*Kennisgeving schadelijke stukken in bestuursrecht*}

Art. 8:32a
De bestuursrechter kan door partijen verschafte gegevens en bescheiden buiten beschouwing laten indien zij op zijn verzoek niet aangeven ter toelichting of staving van welke stelling de gegevens en bescheiden zijn bedoeld en welk onderdeel daartoe van belang is.

_{*Weigeringsgrond gegevens en bescheiden*}

5 Algemene wet bestuursrecht

Afdeling 8.1.6
Getuigen, deskundigen en tolken

Art. 8:33

Verplichtingen getuige bij bestuursrechter

1. Ieder die door de bestuursrechter als getuige wordt opgeroepen, is verplicht aan de oproeping gevolg te geven en getuigenis af te leggen.
2. In de oproeping worden vermeld de plaats en het tijdstip waarop de getuige zal worden gehoord, de feiten waarop het horen betrekking zal hebben en de gevolgen die zijn verbonden aan het niet verschijnen.
3. De artikelen 165, tweede en derde lid, 172, 173, eerste lid, eerste volzin, tweede en derde lid, 174, eerste lid, 175, 176, eerste en derde lid, 177, eerste lid en 178 van het Wetboek van Burgerlijke Rechtsvordering zijn van overeenkomstige toepassing.

Eed of belofte

4. De bestuursrechter kan bepalen dat getuigen niet zullen worden gehoord dan na het afleggen van de eed of de belofte. Zij leggen in dat geval de eed of de belofte af dat zij zullen zeggen de gehele waarheid en niets dan de waarheid.

Art. 8:34

Verplichtingen deskundige bij bestuursrechter

1. De deskundige die zijn benoeming heeft aanvaard, is verplicht zijn opdracht onpartijdig en naar beste weten te vervullen.

2. Artikel 165, tweede lid, onderdeel b, en derde lid, van het Wetboek van Burgerlijke Rechtsvordering is van overeenkomstige toepassing.
(Zie ook: artt. 8:47, 8:60, 8:63 Awb)

Art. 8:35

Verplichtingen tolk bij bestuursrechter

1. De tolk die zijn benoeming heeft aanvaard en die door de bestuursrechter wordt opgeroepen, is verplicht aan de oproeping gevolg te geven en zijn opdracht onpartijdig en naar beste weten te vervullen. De artikelen 172 en 178 van het Wetboek van Burgerlijke Rechtsvordering zijn van overeenkomstige toepassing.
2. In de oproeping worden vermeld de plaats en het tijdstip waarop de opdracht moet worden vervuld en de gevolgen die zijn verbonden aan het niet verschijnen.
(Zie ook: artt. 8:60, 8:63 Awb)

Art. 8:36

Vergoedingen bij bestuursrechter

1. Aan de door de bestuursrechter opgeroepen getuigen, deskundigen en tolken en de deskundigen die een onderzoek als bedoeld in artikel 8:47, eerste lid, hebben ingesteld, wordt ten laste van het Rijk een vergoeding toegekend. Het bij en krachtens de Wet tarieven in strafzaken bepaalde is van overeenkomstige toepassing.
2. De partij die een getuige of deskundige heeft meegebracht of opgeroepen, dan wel aan wie een verslag van een deskundige is uitgebracht, is aan deze een vergoeding verschuldigd. Het bij en krachtens de Wet tarieven in strafzaken bepaalde is van overeenkomstige toepassing.

Afdeling 8.1.6a
Verkeer langs elektronische weg met de bestuursrechter

Art. 8:36a

Beroep langs elektronische weg

[Dit artikel is in werking getreden in verband met de invoering van digitaal procederen. Zie voor de procedures en gerechten waarvoor digitaal procederen geldt het Overzicht gefaseerde inwerkingtreding op www.rijksoverheid.nl/KEI.]
1. Beroep wordt langs elektronische weg ingesteld.
2. Partijen en andere betrokkenen dienen ook de overige stukken langs elektronische weg in, tenzij de bestuursrechter anders bepaalt. Artikel 6:9 is van overeenkomstige toepassing.
3. Het eerste en het tweede lid zijn van overeenkomstige toepassing op het indienen van verzoeken en het doen van verzet.
4. Het eerste lid is van overeenkomstige toepassing indien een bestuursorgaan een bezwaarschrift doorzendt op grond van artikel 7:1a, vijfde of zesde lid.
5. Indien niet is voldaan aan de verplichtingen die voortvloeien uit het eerste tot en met derde lid of de algemene maatregel van bestuur, bedoeld in artikel 8:36f, eerste lid, stelt de bestuursrechter de desbetreffende partij of andere betrokkene in de gelegenheid dit verzuim te herstellen binnen een door hem te bepalen termijn. Maakt de partij of andere betrokkene van deze gelegenheid geen gebruik, dan kan het beroep niet-ontvankelijk worden verklaard dan wel kan de bestuursrechter het stuk buiten beschouwing laten.

Rechter kan afwijken

6. In afwijking van het vijfde lid kan de bestuursrechter bepalen dat de procedure wordt voortgezet volgens de regels die gelden voor stukkenwisseling op papier.
7. De bestuursrechter betrekt na afloop van de termijn ingediende stukken als bedoeld in het tweede lid bij zijn beslissing indien redelijkerwijs niet kan worden geoordeeld dat de indiener in verzuim is geweest.

5 Algemene wet bestuursrecht

Art. 8:36b
[Dit artikel is in werking getreden in verband met de invoering van digitaal procederen. Zie voor de procedures en gerechten waarvoor digitaal procederen geldt het Overzicht gefaseerde inwerkingtreding op www.rijksoverheid.nl/KEI.]

Niet voor natuurlijke personen

1. De verplichting tot procederen langs elektronische weg geldt niet voor natuurlijke personen en voor verenigingen waarvan de statuten niet zijn opgenomen in een notariële akte, tenzij zij worden vertegenwoordigd door een derde die beroepsmatig rechtsbijstand verleent.
2. Bij algemene maatregel van bestuur kunnen andere uitzonderingen worden gemaakt op de verplichting tot stukkenwisseling langs elektronische weg bedoeld in artikel 8:36a.
3. Indien een partij niet verplicht is langs elektronische weg te procederen en niet langs elektronische weg procedeert, dient zij de stukken in op papier. De griffier stelt stukken en mededelingen op papier, of indien deze partij dit wenst langs elektronische weg, aan hem ter beschikking en stelt de door deze partij ingediende stukken ter beschikking van de overige partijen.

Art. 8:36c
[Dit artikel is gewijzigd in verband met de invoering van digitaal procederen. Zie voor de procedures en gerechten waarvoor digitaal procederen geldt het Overzicht gefaseerde inwerkingtreding op www.rijksoverheid.nl/KEI.]

Tijdstip indiening, ontvangstbevestiging

1. Als tijdstip waarop een bericht door de bestuursrechter langs elektronische weg is ontvangen, geldt het tijdstip waarop het bericht het digitale systeem voor gegevensverwerking van de bestuursrechter heeft bereikt. Na elke indiening langs elektronische weg ontvangt de indiener een ontvangstbevestiging in het digitale systeem voor gegevensverwerking.
2. Als tijdstip waarop een bericht dat door de bestuursrechter is geplaatst in het in het eerste lid genoemde digitale systeem voor gegevensverwerking door de geadresseerde is ontvangen, geldt het tijdstip waarop de bestuursrechter de geadresseerde hierover een kennisgeving heeft verzonden buiten het digitale systeem voor gegevensverwerking.
3. Als tijdstip waarop een bericht dat door een partij of een andere betrokkene bij de procedure is geplaatst in het in het eerste lid genoemde digitale systeem voor gegevensverwerking door de andere partijen en betrokkenen bij de procedure is ontvangen, geldt het tijdstip waarop de bestuursrechter de betrokkenen hierover een kennisgeving heeft verzonden buiten het digitale systeem voor gegevensverwerking.
4. Indien een partij of andere betrokkene bij de procedure afziet van digitale bereikbaarheid buiten het digitale systeem voor gegevensverwerking als bedoeld in het eerste lid, zodat de kennisgeving bedoeld in het tweede en derde lid niet kan worden gezonden, geldt als tijdstip waarop een bericht als bedoeld in deze leden door hem is ontvangen, het tijdstip waarop het bericht voor hem toegankelijk is geworden in het digitale systeem voor gegevensverwerking.

[Voor overige gevallen luidt het artikel als volgt:]

Artikel 8:36c.
1. Als tijdstip waarop een bericht door de bestuursrechter langs elektronische weg is ontvangen, geldt het tijdstip waarop het bericht het digitale systeem voor gegevensverwerking van de bestuursrechter heeft bereikt.
2. Als tijdstip waarop een bericht dat door de bestuursrechter is geplaatst in het in het eerste lid genoemde digitale systeem voor gegevensverwerking door de geadresseerde is ontvangen, geldt het tijdstip waarop de bestuursrechter de geadresseerde hierover een kennisgeving heeft verzonden buiten het digitale systeem voor gegevensverwerking.
3. Als tijdstip waarop een bericht dat door een partij of een andere betrokkene bij de procedure is geplaatst in het in het eerste lid genoemde digitale systeem voor gegevensverwerking door de andere partijen en betrokkenen bij de procedure is ontvangen, geldt het tijdstip waarop de bestuursrechter de betrokkenen hierover een kennisgeving heeft verzonden buiten het digitale systeem voor gegevensverwerking.
4. Indien een partij of andere betrokkene bij de procedure afziet van digitale bereikbaarheid buiten het digitale systeem voor gegevensverwerking als bedoeld in het eerste lid, zodat de kennisgeving bedoeld in het tweede en derde lid niet kan worden gezonden, geldt als tijdstip waarop een bericht als bedoeld in deze leden door hem is ontvangen, het tijdstip waarop het bericht voor hem toegankelijk is geworden in het digitale systeem voor gegevensverwerking.

Art. 8:36d
1. Waar in de hoofdstukken 6 en 8 voor een bericht of verkeer met de bestuursrechter ondertekening is voorgeschreven is aan dit vereiste voldaan indien het stuk is ondertekend met een elektronische handtekening die voldoet aan bij of krachtens algemene maatregel van bestuur te stellen eisen.
2. Een beroepschrift of verzoekschrift dat langs elektronische weg is ingediend in het digitale systeem voor gegevensverwerking van de bestuursrechter, geldt als ondertekend.

Elektronische handtekening

Art. 8:36e
De bestuursrechter kan bepalen dat een door of namens hem gemaakte beeld- of geluidsopname van een zakelijke samenvatting van:
a. het geven van inlichtingen bedoeld in artikel 8:44,

Beeld- of geluidsopname als PV

art. 8:36f

5 Algemene wet bestuursrecht

  b. het maken van mondelinge opmerkingen bedoeld in artikel 8:45a, tweede lid,
  c. het onderzoek ter plaatse bedoeld in de artikelen 8:50 en 8:51, en
  d. de zitting bedoeld in artikel 8:61,
het proces-verbaal bedoeld in deze artikelen, dan wel de aantekening van het verhandelde ter zitting bedoeld in artikel 8:61, tweede lid, vervangt.

Art. 8:36f

Delegatie

1. Bij of krachtens algemene maatregel van bestuur kunnen nadere regels worden gesteld over het elektronisch verkeer met de bestuursrechter, het digitale systeem voor gegevensverwerking en de verschoonbaarheid van termijnoverschrijdingen wegens verstoring van het digitale systeem voor gegevensverwerking van de rechterlijke instanties of van de toegang tot dit systeem.
2. Bij of krachtens algemene maatregel van bestuur kunnen regels worden gesteld over de toepassing van beeld- en geluidsopnamen.
(Zie ook: Besluit digitalisering burgerlijk procesrecht en bestuursprocesrecht)

Afdeling 8.1.7
Verzending van stukken

Art. 8:36g

Verzending door griffier langs elektronische weg

[Dit artikel is in werking getreden in verband met de invoering van digitaal procederen. Zie voor de procedures en gerechten waarvoor digitaal procederen geldt het Overzicht gefaseerde inwerkingtreding op www.rijksoverheid.nl/KEI.]
De verzending van berichten door de griffier geschiedt langs elektronische weg, met uitzondering van de berichtgeving aan een partij als bedoeld in artikel 8:36b, die te kennen heeft gegeven deze op papier te willen ontvangen.

Art. 8:37

Verzending van stukken bestuursrechter

1. Oproepingen, de uitnodiging om op een zitting van de bestuursrechter te verschijnen, de uitnodiging om te verklaren of van het recht ter zitting te worden gehoord gebruik wordt gemaakt, alsmede de verzending van een afschrift van de uitspraak en van het proces-verbaal van de mondelinge uitspraak aan een geadresseerde voor wie de verplichting tot digitaal procederen als bedoeld in artikel 8:36a niet geldt en die niet digitaal procedeert, geschieden door de griffier bij aangetekende brief, tenzij de bestuursrechter anders bepaalt.
2. Voor het overige geschiedt de verzending van stukken aan geadresseerden als bedoeld in het eerste lid door de griffier bij gewone brief, tenzij de bestuursrechter anders bepaalt.
3. In een brief wordt de datum van verzending vermeld.
(Zie ook: artt. 8:56, 8:79 Awb)

Art. 8:38

Terugzending stukken door griffier bestuursrechter

1. Indien de griffier een bij aangetekende brief verzonden stuk terug ontvangt en hem blijkt dat de geadresseerde op de dag van verzending of uiterlijk een week daarna in de basisregistratie personen stond ingeschreven op het op het stuk vermelde adres, dan verzendt hij het stuk zo spoedig mogelijk bij gewone brief.
2. In de overige gevallen waarin de griffier een bij aangetekende brief verzonden stuk terug ontvangt, verbetert hij, indien mogelijk, het op het stuk vermelde adres en verzendt hij het stuk opnieuw bij aangetekende brief.

Art. 8:39

Toezending stukken door griffier bestuursrechter

1. De griffier zendt de op de zaak betrekking hebbende stukken zo spoedig mogelijk aan partijen, voor zover de bestuursrechter niet op grond van de artikelen 8:29 of 8:32 anders heeft beslist.
2. De griffier kan de toezending van zeer omvangrijke stukken of van stukken die bezwaarlijk kunnen worden vermenigvuldigd, achterwege laten. Hij stelt partijen daarvan in kennis en vermeldt daarbij dat deze stukken gedurende een door hem te bepalen termijn van ten minste een week ter griffie ter inzage worden gelegd.
3. Partijen kunnen afschriften van of uittreksels uit de in het tweede lid bedoelde stukken verkrijgen. Met betrekking tot de kosten is het bij en krachtens de Wet tarieven in strafzaken bepaalde van overeenkomstige toepassing.

Art. 8:40

Oproeping bij beroepschrift meerdere personen

Indien het beroepschrift is ingediend door twee of meer personen, kan worden volstaan met verzending van de oproeping, de uitnodiging om op een zitting van de bestuursrechter te verschijnen, de op de zaak betrekking hebbende stukken en van een afschrift van de uitspraak of van het proces-verbaal van de mondelinge uitspraak aan de persoon die als eerste in het beroepschrift is vermeld.

Art. 8:40a

Elektronisch verkeer bij bestuursrechter

[Dit artikel is gewijzigd in verband met de invoering van digitaal procederen. Zie voor de procedures en gerechten waarvoor digitaal procederen geldt het Overzicht gefaseerde inwerkingtreding op www.rijksoverheid.nl/KEI.]
[Vervallen per 12 juni 2017.]
[Voor overige gevallen luidt het artikel als volgt:]

Artikel 8:40a
1. Afdeling 2.3 is van overeenkomstige toepassing op het verkeer met de bestuursrechter.
2. Bij of krachtens algemene maatregel van bestuur kunnen nadere regels worden gesteld over het elektronisch verkeer met de bestuursrechter.
3. Bij of krachtens algemene maatregel van bestuur kunnen nadere regels worden gesteld over de toepassing van videoconferentie.

Titel 8.2
Behandeling van het beroep in eerste aanleg

Afdeling 8.2.1
Griffierecht

Art. 8:41
1. Van de indiener van het beroepschrift wordt door de griffier een griffierecht geheven.

Griffierechten bij bestuursrechter

2. Het griffierecht bedraagt:
a. € 47 indien door een natuurlijke persoon beroep is ingesteld tegen een besluit als omschreven in de bij deze wet behorende Regeling verlaagd griffierecht,
b. € 174 indien door een natuurlijke persoon beroep is ingesteld tegen een ander besluit,
c. € 345 indien anders dan door een natuurlijke persoon beroep is ingesteld.
3. Indien het een beroepschrift tegen twee of meer samenhangende besluiten dan wel van twee of meer indieners tegen hetzelfde besluit betreft, is eenmaal griffierecht verschuldigd. Dit griffierecht is gelijk aan het hoogste van de bedragen die bij toepassing van het tweede lid verschuldigd zouden zijn geweest.
4. De griffier deelt de indiener van het beroepschrift mede welk griffierecht is verschuldigd en wijst hem daarbij op het bepaalde in het vijfde en zesde lid.
5. Het griffierecht dient binnen vier weken na verzending van de mededeling van de griffier te zijn bijgeschreven op de rekening van het gerecht dan wel ter griffie te zijn gestort.
6. Indien het bedrag niet tijdig is bijgeschreven of gestort, is het beroep niet-ontvankelijk, tenzij redelijkerwijs niet kan worden geoordeeld dat de indiener in verzuim is geweest.
7. Indien het beroep wordt ingetrokken omdat het bestuursorgaan geheel of gedeeltelijk aan de indiener van het beroepschrift is tegemoetgekomen, vergoedt het bestuursorgaan aan de indiener het door deze betaalde griffierecht.
8. In andere gevallen kan het bestuursorgaan, indien het beroep wordt ingetrokken, het betaalde griffierecht geheel of gedeeltelijk vergoeden.

Afdeling 8.2.1a
Algemene bepaling

Art. 8:41a
De bestuursrechter beslecht het hem voorgelegde geschil zoveel mogelijk definitief.

Definitieve afdoening door bestuursrechter

Afdeling 8.2.2
Vooronderzoek

Art. 8:42
1. Binnen vier weken na de dag van verzending van de gronden van het beroepschrift aan het bestuursorgaan zendt dit de op de zaak betrekking hebbende stukken aan de bestuursrechter en kan het een verweerschrift indienen. Indien de bestuursrechter om een verweerschrift heeft verzocht, dient het bestuursorgaan binnen vier weken een verweerschrift in.
2. De bestuursrechter kan de in het eerste lid bedoelde termijnen verlengen.
(Zie ook: artt. 6:4, 6:14 Awb; art. 34a VW; art. 29b AWR)

Termijn verweerschrift bestuursorgaan

Art. 8:43
1. De bestuursrechter kan de indiener van het beroepschrift in de gelegenheid stellen schriftelijk te repliceren. In dat geval wordt het bestuursorgaan in de gelegenheid gesteld schriftelijk te dupliceren. De bestuursrechter stelt de termijnen voor repliek en dupliek vast.
2. De bestuursrechter stelt andere partijen dan de in het eerste lid bedoelde in de gelegenheid om ten minste eenmaal een schriftelijke uiteenzetting over de zaak te geven. Hij stelt hiervoor een termijn vast.
(Zie ook: artt. 8:26, 8:31 Awb)

Repliek en dupliek op beroepschrift

Art. 8:44
1. De bestuursrechter kan partijen oproepen om in persoon dan wel in persoon of bij gemachtigde te verschijnen om te worden gehoord, al dan niet voor het geven van inlichtingen. Indien

Horen van partijen bij bestuursrechter

niet alle partijen worden opgeroepen, worden de niet opgeroepen partijen in de gelegenheid gesteld het horen bij te wonen en een uiteenzetting over de zaak te geven.
2. Van het geven van inlichtingen wordt door de griffier een proces-verbaal opgemaakt.
3. Het wordt door de voorzitter en de griffier ondertekend. Bij verhindering van de voorzitter of de griffier wordt dit in het proces-verbaal vermeld.

Art. 8:45

Schriftelijke inlichtingen aan bestuursrechter

1. De bestuursrechter kan partijen en anderen verzoeken binnen een door hem te bepalen termijn schriftelijk inlichtingen te geven en onder hen berustende stukken in te zenden.
2. Bestuursorganen zijn, ook als zij geen partij zijn, verplicht aan het verzoek, bedoeld in het eerste lid, te voldoen. Artikel 8:29 is van overeenkomstige toepassing.
3. Werkgevers van partijen zijn, ook als zij geen partij zijn, verplicht aan het verzoek, bedoeld in het eerste lid, te voldoen. Artikel 8:29 is van overeenkomstige toepassing.
(Zie ook: art. 8:28 Awb)
4. Van het voornemen van de bestuursrechter tot het vragen van inlichtingen of advies aan de Europese Commissie krachtens artikel 15, eerste lid, van Verordening (EG) nr. 1/2003 van de Raad van 16 december 2002 betreffende de uitvoering van de mededingingsregels van de artikelen 81 en 82 van het Verdrag (PbEG 2003, L 1) wordt aan partijen mededeling gedaan. De bestuursrechter kan partijen in de gelegenheid stellen om hun wensen omtrent de te vragen inlichtingen of het te vragen advies binnen een door hem te bepalen termijn schriftelijk aan hem kenbaar te maken.
5. Op het verstrekken van inlichtingen of advies door de Europese Commissie is artikel 8:29 van overeenkomstige toepassing.
6. Partijen kunnen binnen vier weken na de dag van verzending aan hen van de inlichtingen of het advies van de Europese Commissie schriftelijk hun zienswijze met betrekking tot de inlichtingen of het advies naar voren brengen. De bestuursrechter kan deze termijn verlengen.

Art. 8:45a

Opmerkingen externe autoriteiten bij bestuursrechter

1. De Europese Commissie en de Autoriteit Consument en Markt kunnen, niet optredende als partij, schriftelijke opmerkingen maken krachtens artikel 15, derde lid, eerste alinea, van de in artikel 8:45, vierde lid, genoemde verordening indien zij de wens daartoe te kennen hebben gegeven. De bestuursrechter kan daarvoor een termijn vaststellen.
2. Met toestemming van de bestuursrechter kunnen de Europese Commissie en de Autoriteit Consument en Markt ook mondelinge opmerkingen maken. De bestuursrechter kan de Europese Commissie en de Autoriteit Consument en Markt voor het maken van mondelinge opmerkingen uitnodigen. Partijen worden in de gelegenheid gesteld daarbij aanwezig te zijn. Artikel 8:44, tweede en derde lid, is van overeenkomstige toepassing.
3. De bestuursrechter doet partijen schriftelijk mededeling van de stukken die hij krachtens artikel 15, tweede lid, derde alinea, van de verordening aan de Europese Commissie of de Autoriteit Consument en Markt verstrekt met het oog op de door hen te maken opmerkingen.
4. Partijen kunnen binnen vier weken na de dag van verzending aan hen van de opmerkingen dan wel van het proces-verbaal van de opmerkingen van de Europese Commissie of de Autoriteit Consument en Markt schriftelijk hun zienswijze met betrekking tot de opmerkingen naar voren brengen. De bestuursrechter kan deze termijn verlengen.

Art. 8:46

Getuigen bij bestuursrechter

1. De bestuursrechter kan getuigen oproepen.

2. De bestuursrechter deelt de namen en woonplaatsen van de getuigen, de plaats en het tijdstip waarop dezen zullen worden gehoord en de feiten waarop het horen betrekking zal hebben, ten minste een week tevoren aan partijen mee.
3. De artikelen 179, eerste, tweede en derde lid, eerste volzin, en 180, eerste tot en met derde en vijfde lid, van het Wetboek van Burgerlijke Rechtsvordering zijn van overeenkomstige toepassing.

Art. 8:47

Deskundigen bij bestuursrechter

1. De bestuursrechter kan een deskundige benoemen voor het instellen van een onderzoek.

2. Bij de benoeming worden vermeld de opdracht die moet worden vervuld en de termijn, bedoeld in het vierde lid.
3. Van het voornemen tot het benoemen van een deskundige als bedoeld in het eerste lid wordt aan partijen mededeling gedaan. De bestuursrechter kan partijen in de gelegenheid stellen om hun wensen omtrent het onderzoek binnen een door hem te bepalen termijn schriftelijk aan hem kenbaar te maken.
4. De bestuursrechter stelt een termijn binnen welke de deskundige aan hem een schriftelijk verslag van het onderzoek uitbrengt.
5. Partijen kunnen binnen vier weken na de dag van verzending van het verslag aan hen schriftelijk hun zienswijze met betrekking tot het verslag naar voren brengen.

6. De bestuursrechter kan de in het vijfde lid bedoelde termijn verlengen.
(Zie ook: art. 8:36 Awb; art. 194 Rv)

Art. 8:48
1. De arts die voor het instellen van een onderzoek als bedoeld in artikel 8:47, eerste lid, een persoon moet onderzoeken, kan de voor het onderzoek van belang zijnde inlichtingen over deze persoon inwinnen bij de behandelend arts of de behandelende artsen, de verzekeringsarts en de adviserend arts van het bestuursorgaan.   *Inlichtingen bij arts in bestuursrecht*
2. Zij verstrekken de gevraagde inlichtingen voor zover daardoor de persoonlijke levenssfeer van de betrokken persoon niet onevenredig wordt geschaad.

Art. 8:49
De bestuursrechter kan tolken benoemen.   *Tolken bij bestuursrechter*
(Zie ook: art. 8:35 Awb)

Art. 8:50
1. De bestuursrechter kan een onderzoek ter plaatse instellen. Hij heeft daarbij toegang tot elke plaats voor zover dat redelijkerwijs voor de vervulling van zijn taak nodig is.   *Descente door bestuursrechter*
2. Bestuursorganen verlenen de medewerking die in het belang van het onderzoek is vereist.
3. Van plaats en tijdstip van het onderzoek wordt aan partijen mededeling gedaan. Zij kunnen bij het onderzoek aanwezig zijn.
4. Van het onderzoek wordt door de griffier een proces-verbaal opgemaakt.
5. Het wordt door de voorzitter en de griffier ondertekend. Bij verhindering van de voorzitter of de griffier wordt dit in het proces-verbaal vermeld.
(Zie ook: art. 201 Rv)

Art. 8:51
1. De bestuursrechter kan aan de griffier opdragen een onderzoek ter plaatse in te stellen. Deze heeft daarbij toegang tot elke plaats voor zover dat redelijkerwijs voor de vervulling van de hem opgedragen taak nodig is. De bestuursrechter is bevoegd tot het geven van een machtiging tot binnentreden.   *Descente door ambtenaar bestuursrechter*
2. Artikel 8:50, tweede en derde lid, is van overeenkomstige toepassing.
3. Van het onderzoek wordt door de griffier een proces-verbaal opgemaakt, dat door hem wordt ondertekend.

Afdeling 8.2.2a
Bestuurlijke lus

Art. 8:51a
1. De bestuursrechter kan het bestuursorgaan in de gelegenheid stellen een gebrek in het bestreden besluit te herstellen of te laten herstellen. De vorige volzin vindt geen toepassing, indien belanghebbenden die niet als partij aan het geding deelnemen daardoor onevenredig kunnen worden benadeeld.   *Bestuurlijke lus*
2. De bestuursrechter bepaalt de termijn waarbinnen het bestuursorgaan het gebrek kan herstellen. Hij kan deze termijn verlengen.

Art. 8:51b
1. Het bestuursorgaan deelt de bestuursrechter zo spoedig mogelijk mede of het gebruik maakt van de gelegenheid om het gebrek te herstellen of te laten herstellen.   *Mededeling gebruik bestuurlijke lus*
2. Indien het bestuursorgaan overgaat tot herstel van het gebrek, deelt het de bestuursrechter zo spoedig mogelijk schriftelijk mede op welke wijze het gebrek is hersteld.
3. Partijen kunnen binnen vier weken na verzending van de mededeling bedoeld in het tweede lid, schriftelijk hun zienswijze over de wijze waarop het gebrek is hersteld, naar voren brengen. De bestuursrechter kan deze termijn verlengen.

Art. 8:51c
De bestuursrechter deelt partijen mede op welke wijze het beroep verder wordt behandeld binnen vier weken na: *Behandeling na mededeling over bestuurlijke lus*
a. ontvangst van de mededeling van het bestuursorgaan dat het geen gebruik maakt van de gelegenheid om het gebrek te herstellen of te laten herstellen;
b. het ongebruikt verstrijken van de termijn bedoeld in artikel 8:51a, tweede lid;
c. ontvangst van de zienswijzen; of
d. het ongebruikt verstrijken van de termijn bedoeld in artikel 8:51b, derde lid.

Art. 8:51d
Indien de bestuursrechter in hoogste aanleg uitspraak doet, kan hij het bestuursorgaan opdragen een gebrek in het bestreden besluit te herstellen of te laten herstellen. De artikelen 8:51a, eerste lid, tweede volzin, en tweede lid, 8:51b, tweede en derde lid, en 8:51c, aanhef en onderdelen b tot en met d, zijn van toepassing.   *Bestuurlijke lus in hoogste aanleg*

Afdeling 8.2.3
Versnelde behandeling

Art. 8:52

Versnelde behandeling door bestuursrechter

1. De bestuursrechter kan, indien de zaak spoedeisend is, bepalen dat deze versneld wordt behandeld.
2. In dat geval kan de bestuursrechter:
   a. de in artikel 8:41, vijfde lid, bedoelde termijn verkorten,
   b. de in artikel 8:42, eerste lid, bedoelde termijnen verkorten,
   c. artikel 8:43, tweede lid, geheel of gedeeltelijk buiten toepassing laten,
   d. artikel 8:47, derde lid, geheel of gedeeltelijk buiten toepassing laten,
   e. de in artikel 8:47, vijfde lid, bedoelde termijn verkorten, en
   f. de in artikel 8:58, eerste lid, bedoelde termijn verkorten.
3. Indien de bestuursrechter bepaalt dat de zaak versneld wordt behandeld, bepaalt hij tevens zo spoedig mogelijk het tijdstip waarop de zitting zal plaatsvinden en doet hij daarvan onverwijld mededeling aan partijen. Artikel 8:56 is niet van toepassing.

(Zie ook: artt. 8:41 t/m 8:43, 8:47 Awb)

Art. 8:53

Versnelde behandeling bestuursrechter niet noodzakelijk

Blijkt aan de bestuursrechter bij de behandeling dat de zaak niet voldoende spoedeisend is om een versnelde behandeling te rechtvaardigen of dat de zaak een gewone behandeling vordert, dan bepaalt hij dat de zaak verder op de gewone wijze wordt behandeld.

Afdeling 8.2.4
Vereenvoudigde behandeling

Art. 8:54

Vereenvoudigde behandeling door bestuursrechter

1. Totdat partijen zijn uitgenodigd om op een zitting van de bestuursrechter te verschijnen, kan de bestuursrechter het onderzoek sluiten, indien voortzetting van het onderzoek niet nodig is, omdat:
   a. de bestuursrechter kennelijk onbevoegd is,
   b. het beroep kennelijk niet-ontvankelijk is,
   c. het beroep kennelijk ongegrond is, of
   d. het beroep kennelijk gegrond is.
2. In de uitspraak na toepassing van het eerste lid worden partijen gewezen op artikel 8:55, eerste lid.

(Zie ook: art. 37 Wet RvS; art. 18 Berw)

Art. 8:54a

Vereenvoudigde behandeling van rechtstreeks beroep bestuursrechter

1. Totdat partijen zijn uitgenodigd om op een zitting van de bestuursrechter te verschijnen, kan de bestuursrechter het onderzoek sluiten, indien voortzetting van het onderzoek niet nodig is, omdat het bestuursorgaan kennelijk ten onrechte heeft ingestemd met rechtstreeks beroep bij de bestuursrechter.
2. In dat geval strekt de uitspraak ertoe dat het bestuursorgaan het beroepschrift als bezwaarschrift behandelt. Artikel 7:10 is van overeenkomstige toepassing.

Art. 8:55

Verzet tegen vereenvoudigde behandeling bestuursrechter

1. Tegen de uitspraak, bedoeld in artikel 8:54, tweede lid, kunnen een belanghebbende en het bestuursorgaan verzet doen bij de bestuursrechter.
2. De artikelen 6:4, derde lid, 6:5 tot en met 6:9, 6:11, 6:14, 6:15, 6:17 en 6:21 zijn van overeenkomstige toepassing.

Opschorting termijnen bij vereenvoudigde behandeling

3. Indien bij wet de werking van een uitspraak wordt opgeschort totdat de termijn voor het instellen van hoger beroep is verstreken of, indien hoger beroep is ingesteld, op het hoger beroep is beslist, wordt de werking van de uitspraak, bedoeld in artikel 8:54, tweede lid, op overeenkomstige wijze opgeschort.
4. Alvorens uitspraak te doen op het verzet, stelt de bestuursrechter de indiener van het verzetschrift die daarom heeft gevraagd, in de gelegenheid op een zitting te worden gehoord, tenzij hij van oordeel is dat het verzet gegrond is. In andere gevallen kan de bestuursrechter de indiener in de gelegenheid stellen op een zitting te worden gehoord.
5. De bestuursrechter kan ook de andere partijen in de gelegenheid stellen op de zitting, bedoeld in het vierde lid, te worden gehoord.
6. Indien de uitspraak waartegen verzet is gedaan, is gedaan door een meervoudige kamer, wordt uitspraak op het verzet gedaan door een meervoudige kamer. Van de kamer die uitspraak doet op het verzet maakt geen deel uit degene die zitting heeft gehad in de kamer die de uitspraak heeft gedaan waartegen verzet is gedaan.
7. De uitspraak strekt tot:
   a. niet-ontvankelijkverklaring van het verzet,

5 Algemene wet bestuursrecht art. 8:57

b. ongegrondverklaring van het verzet, of
c. gegrondverklaring van het verzet.
8. Indien de bestuursrechter het verzet niet-ontvankelijk of ongegrond verklaart, blijft de uitspraak waartegen verzet was gedaan in stand.
9. Indien de bestuursrechter het verzet gegrond verklaart, vervalt de uitspraak waartegen verzet was gedaan en wordt het onderzoek voortgezet in de stand waarin het zich bevond.
10. Indien de bestuursrechter het verzet gegrond verklaart, kan hij tevens uitspraak doen op het beroep, mits:
a. nader onderzoek redelijkerwijs niet kan bijdragen aan de beoordeling van de zaak, en
b. de partijen in de gelegenheid zijn gesteld op een zitting te worden gehoord en daarbij zijn gewezen op de bevoegdheid om tevens uitspraak te doen op het beroep.

Afdeling 8.2.4a
Beroep bij niet tijdig handelen

Art. 8:55a
[Vervallen]

Art. 8:55b
1. Indien het beroep is gericht tegen het niet tijdig nemen van een besluit, doet de bestuursrechter binnen acht weken nadat het beroepschrift is ontvangen en aan de vereisten van artikel 6:5 is voldaan, uitspraak met toepassing van artikel 8:54, tenzij de bestuursrechter een onderzoek ter zitting nodig acht.
2. Indien de bestuursrechter een onderzoek ter zitting nodig acht, deelt hij dit zo spoedig mogelijk aan partijen mede.
3. Indien de bestuursrechter een onderzoek ter zitting nodig acht, behandelt hij het beroep zo mogelijk met toepassing van artikel 8:52. In dat geval doet de bestuursrechter zo mogelijk binnen dertien weken uitspraak.

Beslistermijn bij beroep tegen niet tijdig genomen besluit

Art. 8:55c
Indien het beroep gegrond is, stelt de bestuursrechter desgevraagd tevens de hoogte van de ingevolge afdeling 4.1.3 verbeurde dwangsom vast. De artikelen 611c en 611g van het Wetboek van Burgerlijke Rechtsvordering zijn van overeenkomstige toepassing.

Dwangsom bij niet tijdig genomen besluit

Art. 8:55d
1. Indien het beroep gegrond is en nog geen besluit is bekendgemaakt, bepaalt de bestuursrechter dat het bestuursorgaan binnen twee weken na de dag waarop de uitspraak wordt verzonden alsnog een besluit bekendmaakt.
2. De bestuursrechter verbindt aan zijn uitspraak een nadere dwangsom voor iedere dag dat het bestuursorgaan in gebreke blijft de uitspraak na te leven. De artikelen 611c en 611g van het Wetboek van Burgerlijke Rechtsvordering zijn van overeenkomstige toepassing.
3. In bijzondere gevallen of indien de naleving van andere wettelijke voorschriften daartoe noopt, kan de bestuursrechter een andere termijn bepalen of een andere voorziening treffen.

Alsnog nemen besluit

Art. 8:55e
1. Indien tegen de met toepassing van artikel 8:54 gedane uitspraak verzet wordt gedaan, beslist de bestuursrechter daarover binnen zes weken.

Beslistermijn bij verzet tegen vereenvoudigde behandeling

2. Artikel 8:55, derde lid, is niet van toepassing.
3. Indien het verzet gegrond is, beslist de bestuursrechter zo spoedig mogelijk op het beroep.

Art. 8:55f
1. Tegen het niet tijdig bekendmaken van een beschikking van rechtswege kan de belanghebbende beroep bij de bestuursrechter instellen.

Beroep tegen niet tijdig bekendmaken beschikking van rechtswege

2. Deze afdeling is van overeenkomstige toepassing.

Afdeling 8.2.5
Onderzoek ter zitting

Art. 8:56
Na afloop van het vooronderzoek worden partijen ten minste drie weken tevoren uitgenodigd om in de uitnodiging te vermelden plaats en tijdstip op een zitting van de bestuursrechter te verschijnen.

Uitnodiging zitting bestuursrechter

Art. 8:57
1. De bestuursrechter kan bepalen dat het onderzoek ter zitting achterwege blijft indien geen van de partijen, nadat zij zijn gewezen op hun recht ter zitting te worden gehoord, binnen een door hem gestelde redelijke termijn heeft verklaard dat zij gebruik wil maken van dit recht.

Geen onderzoek ter zitting door bestuursrechter

143

2. Is het beroep reeds ter zitting behandeld, dan kan de bestuursrechter na toepassing van artikel 8:51a bepalen dat een nader onderzoek ter zitting achterwege blijft indien:
a. het bestuursorgaan heeft medegedeeld dat het geen gebruik maakt van de gelegenheid om het gebrek te herstellen of te laten herstellen;
b. de termijn als bedoeld in artikel 8:51a, tweede lid, ongebruikt is verstreken;
c. partijen hun zienswijzen over de wijze waarop het gebrek is hersteld, naar voren hebben gebracht; of
d. de termijn als bedoeld in artikel 8:51b, derde lid, ongebruikt is verstreken, tenzij partijen daardoor kunnen worden benadeeld.
3. Als de bestuursrechter bepaalt dat het onderzoek of het nadere onderzoek ter zitting achterwege blijft, sluit hij het onderzoek.

Art. 8:58

Termijn indiening nadere stukken bij bestuursrechter

1. Tot tien dagen voor de zitting kunnen partijen nadere stukken indienen.

2. Op deze bevoegdheid worden partijen in de uitnodiging, bedoeld in artikel 8:56, gewezen.
(Zie ook: artt. 6:22, 8:43 Awb)

Art. 8:59

Oproeping partij door bestuursrechter

De bestuursrechter kan een partij oproepen om in persoon dan wel in persoon of bij gemachtigde te verschijnen, al dan niet voor het geven van inlichtingen.
(Zie ook: artt. 8:27, 8:43 Awb)

Art. 8:60

Getuigen, deskundigen en tolken ter zitting bestuursrechter

1. De bestuursrechter kan getuigen oproepen en deskundigen en tolken benoemen.

2. De opgeroepen getuige en de deskundige of de tolk die zijn benoeming heeft aanvaard en door de bestuursrechter wordt opgeroepen, zijn verplicht aan de oproeping gevolg te geven. De artikelen 172 en 178 van het Wetboek van Burgerlijke Rechtsvordering zijn van overeenkomstige toepassing. In de oproeping van de deskundige worden vermeld de opdracht die moet worden vervuld, de plaats en het tijdstip waarop de opdracht moet worden vervuld en de gevolgen die zijn verbonden aan het niet verschijnen.
3. Namen en woonplaatsen van de opgeroepen getuigen en deskundigen en de feiten waarop het horen betrekking zal hebben onderscheidenlijk de opdracht die moet worden vervuld, worden bij de uitnodiging, bedoeld in artikel 8:56, aan partijen zoveel mogelijk medegedeeld.
4. Partijen kunnen getuigen en deskundigen meebrengen of bij aangetekende brief of deurwaardersexploit oproepen, mits daarvan uiterlijk tien dagen voor de dag van de zitting aan de bestuursrechter en aan de andere partijen mededeling is gedaan, met vermelding van namen en woonplaatsen. Op deze bevoegdheid worden partijen in de uitnodiging, bedoeld in artikel 8:56, gewezen.
(Zie ook: artt. 8:36, 8:46 t/m 8:49 Awb; artt. 163, 194 Rv)

Art. 8:60a

Termijn voor opmerkingen externe autoriteiten bij bestuursrechter

1. De schriftelijke opmerkingen van de Europese Commissie of de Autoriteit Consument en Markt, bedoeld in artikel 8:45a, eerste lid, kunnen tot tien dagen voor de zitting worden ingediend.
2. Indien de Europese Commissie of de Autoriteit Consument en Markt ter zitting verschijnt voor het maken van mondelinge opmerkingen, wordt dit zoveel mogelijk aan partijen meegedeeld bij de uitnodiging voor de zitting. Artikel 8:45a, derde lid, is van overeenkomstige toepassing.

Art. 8:61

Taken voorzitter en griffier bij bestuursrechter

1. De voorzitter heeft de leiding van de zitting.

2. De griffier houdt aantekening van het verhandelde ter zitting.
3. De griffier maakt van de zitting een proces-verbaal op:
a. indien de bestuursrechter dit ambtshalve of op verzoek van een partij die daarbij belang heeft, bepaalt, of
b. op verzoek van de hogerberoepsrechter of de Hoge Raad.
4. Het bevat de namen van de rechter of de rechters die de zaak behandelt onderscheidenlijk behandelen, die van partijen en van hun vertegenwoordigers of gemachtigden die op de zitting zijn verschenen en van degenen die hen hebben bijgestaan, en die van de getuigen, deskundigen en tolken die op de zitting zijn verschenen.
5. Het houdt een vermelding in van hetgeen op de zitting met betrekking tot de zaak is voorgevallen.
6. Het wordt door de voorzitter en de griffier ondertekend. Bij verhindering van de voorzitter of de griffier wordt dit in het proces-verbaal vermeld.
7. Aan het proces-verbaal kunnen overgelegde pleitnotities worden gehecht.

8. De bestuursrechter kan bepalen dat de verklaring van een partij, getuige of deskundige geheel in het proces-verbaal zal worden opgenomen. In dat geval wordt de verklaring onverwijld op schrift gesteld en aan de partij, getuige of deskundige voorgelezen. Deze mag daarin wijzigingen aanbrengen, die op schrift worden gesteld en aan de partij, getuige of deskundige worden voorgelezen. De verklaring wordt door de partij, getuige of deskundige ondertekend. Heeft ondertekening niet plaats, dan wordt de reden daarvan in het proces-verbaal vermeld.
(Zie ook: artt. 8:10, 8:11 Awb)

9. Nadat de bestuursrechter toepassing heeft gegeven aan artikel 8:36e, kan de hogerberoepsrechter of de Hoge Raad verzoeken een schriftelijke weergave van de gesproken tekst van de beeld- of geluidsopname op te stellen.

10. De griffier die een proces-verbaal opmaakt stelt dit ter beschikking aan partijen, indien het derde lid, aanhef en onder a, van toepassing is.

Art. 8:62
1. De zitting is openbaar.

Openbare zitting bestuursrechter

2. De bestuursrechter kan bepalen dat het onderzoek ter zitting geheel of gedeeltelijk zal plaatshebben met gesloten deuren:
a. in het belang van de openbare orde of de goede zeden,
b. in het belang van de veiligheid van de Staat,
c. indien de belangen van minderjarigen of de eerbiediging van de persoonlijke levenssfeer van partijen dit eisen, of
d. indien openbaarheid het belang van een goede rechtspleging ernstig zou schaden.
(Zie ook: art. 8:61 Awb; artt. 10, 121 GW; art. 6 EVRM)

Art. 8:63
1. Op het horen van getuigen en deskundigen is artikel 179, tweede en derde lid, eerste volzin, van het Wetboek van Burgerlijke Rechtsvordering van overeenkomstige toepassing. Op het horen van getuigen is artikel 179, eerste lid, van het Wetboek van Burgerlijke Rechtsvordering van overeenkomstige toepassing.

Horen van getuigen en deskundigen ter zitting bestuursrechter

2. De bestuursrechter kan afzien van het horen van door een partij meegebrachte of opgeroepen getuigen en deskundigen indien hij van oordeel is dat dit redelijkerwijs niet kan bijdragen aan de beoordeling van de zaak.
3. Indien een door een partij opgeroepen getuige of deskundige niet is verschenen, kan de bestuursrechter deze oproepen. In dat geval schorst de bestuursrechter het onderzoek ter zitting.
(Zie ook: artt. 8:33, 8:34, 8:36, 8:60 Awb)

Art. 8:64
1. De bestuursrechter kan het onderzoek ter zitting schorsen. Hij kan daarbij bepalen dat het vooronderzoek wordt hervat.

Schorsing onderzoek ter zitting bestuursrechter

2. Indien bij de schorsing geen tijdstip van de nadere zitting is bepaald, bepaalt de bestuursrechter dit zo spoedig mogelijk. De griffier doet zo spoedig mogelijk mededeling aan partijen van het tijdstip van de nadere zitting.
3. In de gevallen waarin schorsing van het onderzoek ter zitting heeft plaatsgevonden, wordt de zaak op de nadere zitting hervat in de stand waarin zij zich bevond.
4. De bestuursrechter kan bepalen dat het onderzoek ter zitting opnieuw wordt aangevangen.
5. De bestuursrechter kan bepalen dat de nadere zitting achterwege blijft indien geen van de partijen, nadat zij zijn gewezen op hun recht ter zitting te worden gehoord, binnen een door hem gestelde redelijke termijn heeft verklaard dat zij gebruik wil maken van dit recht. Artikel 8:57, tweede en derde lid, is van toepassing.
(Zie ook: art. 8:68 Awb)

Art. 8:65
1. De bestuursrechter sluit het onderzoek ter zitting, wanneer hij van oordeel is dat het is voltooid.

Sluiting onderzoek ter zitting bestuursrechter

2. Voordat het onderzoek ter zitting wordt gesloten, hebben partijen het recht voor het laatst het woord te voeren.
3. Zodra het onderzoek ter zitting is gesloten, deelt de voorzitter mee wanneer uitspraak zal worden gedaan.

Afdeling 8.2.6
Uitspraak

Art. 8:66
1. Tenzij mondeling uitspraak wordt gedaan, doet de bestuursrechter binnen zes weken na de sluiting van het onderzoek schriftelijk uitspraak.

Termijn uitspraak bestuursrechter

2. In bijzondere omstandigheden kan de bestuursrechter deze termijn met ten hoogste zes weken verlengen.

Mondelinge uitspraak bestuursrechter

3. Van deze verlenging wordt aan partijen mededeling gedaan.
(Zie ook: art. 8:77 Awb)

Art. 8:67
1. De bestuursrechter kan na de sluiting van het onderzoek ter zitting onmiddellijk mondeling uitspraak doen. De uitspraak kan voor ten hoogste een week worden verdaagd onder aanzegging aan partijen van het tijdstip van de uitspraak.
2. De mondelinge uitspraak bestaat uit de beslissing en de gronden van de beslissing.
3. Van de mondelinge uitspraak wordt door de griffier een proces-verbaal opgemaakt.
4. Het wordt door de voorzitter en de griffier ondertekend. Bij verhindering van de voorzitter of de griffier wordt dit in het proces-verbaal vermeld.
5. De bestuursrechter spreekt de beslissing, bedoeld in het tweede lid, in het openbaar uit, in tegenwoordigheid van de griffier. Daarbij wordt vermeld door wie, binnen welke termijn en bij welke bestuursrechter welk rechtsmiddel kan worden aangewend.
6. De mededeling, bedoeld in het vijfde lid, tweede volzin, wordt in het proces-verbaal vermeld.
(Zie ook: art. 8:79 Awb)

Heropening onderzoek bestuursrechter

Art. 8:68
1. Indien de bestuursrechter van oordeel is dat het onderzoek niet volledig is geweest, kan hij het heropenen. De bestuursrechter bepaalt daarbij op welke wijze het onderzoek wordt voortgezet.
2. De griffier doet zo spoedig mogelijk mededeling daarvan aan partijen.

Grondslag uitspraak van bestuursrechter Ambtshalve aanvulling

Art. 8:69
1. De bestuursrechter doet uitspraak op de grondslag van het beroepschrift, de overgelegde stukken, het verhandelde tijdens het vooronderzoek en het onderzoek ter zitting.
2. De bestuursrechter vult ambtshalve de rechtsgronden aan.
3. De bestuursrechter kan ambtshalve de feiten aanvullen.
(Zie ook: art. 7:11 Awb)

Relativiteitsregel bestuursrecht

Art. 8:69a
De bestuursrechter vernietigt een besluit niet op de grond dat het in strijd is met een geschreven of ongeschreven rechtsregel of een algemeen rechtsbeginsel, indien deze regel of dit beginsel kennelijk niet strekt tot bescherming van de belangen van degene die zich daarop beroept.

Strekking uitspraak bestuursrechter

Art. 8:70
De uitspraak strekt tot:
a. onbevoegdverklaring van de bestuursrechter,
b. niet-ontvankelijkverklaring van het beroep,
c. ongegrondverklaring van het beroep, of
d. gegrondverklaring van het beroep.
(Zie ook: art. 6:15 Awb)

Verwijzing naar civiele rechter door bestuursrechter

Art. 8:71
Voor zover uitsluitend een vordering bij de burgerlijke rechter kan worden ingesteld, wordt dit in de uitspraak vermeld. De burgerlijke rechter is aan die beslissing gebonden.
(Zie ook: art. 6:15 Awb)

Vernietiging besluit door bestuursrechter

Art. 8:72
1. Indien de bestuursrechter het beroep gegrond verklaart, vernietigt hij het bestreden besluit geheel of gedeeltelijk.
2. De vernietiging van een besluit of een gedeelte van een besluit brengt vernietiging van de rechtsgevolgen van dat besluit of van het vernietigde gedeelte daarvan mee.
3. De bestuursrechter kan bepalen dat:
a. de rechtsgevolgen van het vernietigde besluit of het vernietigde gedeelte daarvan geheel of gedeeltelijk in stand blijven, of
b. zijn uitspraak in de plaats treedt van het vernietigde besluit of het vernietigde gedeelte daarvan.
4. De bestuursrechter kan, indien toepassing van het derde lid niet mogelijk is, het bestuursorgaan opdragen een nieuw besluit te nemen of een andere handeling te verrichten met inachtneming van zijn aanwijzingen. Daarbij kan hij:
a. bepalen dat wettelijke voorschriften over de voorbereiding van het nieuwe besluit of de andere handeling geheel of gedeeltelijk buiten toepassing blijven;
b. het bestuursorgaan een termijn stellen voor het nemen van het nieuwe besluit of het verrichten van de andere handeling.
5. De bestuursrechter kan zo nodig een voorlopige voorziening treffen. Daarbij bepaalt hij het tijdstip waarop de voorlopige voorziening vervalt.
6. De bestuursrechter kan bepalen dat, indien of zolang het bestuursorgaan niet voldoet aan een uitspraak, het bestuursorgaan aan een door hem aangewezen partij een in de uitspraak vast te stellen dwangsom verbeurt. De artikelen 611a, vierde lid, 611b tot en met 611d en 611g van het Wetboek van Burgerlijke Rechtsvordering zijn van overeenkomstige toepassing.

5 Algemene wet bestuursrecht

art. 8:77

Art. 8:72a
Indien de bestuursrechter een beschikking tot het opleggen van een bestuurlijke boete vernietigt, neemt hij een beslissing omtrent het opleggen van de boete en bepaalt hij dat zijn uitspraak in zoverre in de plaats treedt van de vernietigde beschikking.

Afdoen door bestuursrechter

Art. 8:73-8:73a
[Vervallen]

Art. 8:74
1. Indien de bestuursrechter het beroep gegrond verklaart, houdt de uitspraak tevens in dat aan de indiener van het beroepschrift het door hem betaalde griffierecht wordt vergoed door het bestuursorgaan.
2. In de overige gevallen kan de uitspraak inhouden dat het betaalde griffierecht door het bestuursorgaan geheel of gedeeltelijk wordt vergoed.

Griffierecht in uitspraak bestuursrechter

Art. 8:75
1. De bestuursrechter is bij uitsluiting bevoegd een partij te veroordelen in de kosten die een andere partij in verband met de behandeling van het beroep bij de bestuursrechter, en van het bezwaar of van het administratief beroep redelijkerwijs heeft moeten maken. De artikelen 7:15, tweede tot en met vierde lid, en 7:28, tweede, vierde en vijfde lid, zijn van toepassing. Een natuurlijke persoon kan slechts in de kosten worden veroordeeld in geval van kennelijk onredelijk gebruik van procesrecht. Bij algemene maatregel van bestuur worden nadere regels gesteld over de kosten waarop een veroordeling als bedoeld in de eerste volzin uitsluitend betrekking kan hebben en over de wijze waarop bij de uitspraak het bedrag van de kosten wordt vastgesteld.
(Zie ook: art. 6:22 Awb)
2. In geval van een veroordeling in de kosten ten behoeve van een partij aan wie ter zake van het beroep bij de bestuursrechter, het bezwaar of het administratief beroep een toevoeging is verleend krachtens de Wet op de rechtsbijstand, wordt het bedrag van de kosten betaald aan de rechtsbijstandverlener. De rechtsbijstandverlener stelt de belanghebbende zoveel mogelijk schadeloos voor de door deze voldane eigen bijdrage. De rechtsbijstandverlener doet aan de Raad voor rechtsbijstand opgave van een kostenvergoeding door het bestuursorgaan.
(Zie ook: art. 6:19 Awb)

Kostenveroordeling door bestuursrechter

Art. 8:75a
1. In geval van intrekking van het beroep omdat het bestuursorgaan geheel of gedeeltelijk aan de indiener van het beroepschrift is tegemoetgekomen, kan het bestuursorgaan op verzoek van de indiener bij afzonderlijke uitspraak met toepassing van artikel 8:75 in de kosten worden veroordeeld. Het verzoek wordt gedaan tegelijk met de intrekking van het beroep. Indien aan dit vereiste niet is voldaan, wordt het verzoek niet-ontvankelijk verklaard.
2. De bestuursrechter stelt de verzoeker zo nodig in de gelegenheid het verzoek schriftelijk toe te lichten en stelt het bestuursorgaan in de gelegenheid een verweerschrift in te dienen. Hij stelt hiervoor termijnen vast. Indien het verzoek mondeling wordt gedaan, kan de bestuursrechter bepalen dat het toelichten van het verzoek en het voeren van verweer onmiddellijk mondeling geschieden.
(Zie ook: art. 37 Wet RvS; art. 20 Wbbo; art. 18 Berw)
3. Indien het toelichten van het verzoek en het voeren van verweer mondeling zijn geschied, sluit de bestuursrechter het onderzoek. In de overige gevallen zijn de afdelingen 8.2.4 en 8.2.5 van overeenkomstige toepassing.

Kostenveroordeling bestuursorgaan door bestuursrechter

Art. 8:76
Voor zover een uitspraak strekt tot vergoeding van griffierecht, proceskosten of schade als bedoeld in artikel 8:74, 8:75, 8:75a, 8:82, vierde lid, 8:87, derde lid, of 8:95 levert zij een executoriale titel op, die met toepassing van de voorschriften van het Wetboek van Burgerlijke Rechtsvordering kan worden tenuitvoergelegd.

Executoriale titel door uitspraak bestuursrechter

Art. 8:77
1. De schriftelijke uitspraak vermeldt:
a. de namen van partijen en van hun vertegenwoordigers of gemachtigden,
b. de gronden van de beslissing,
c. de beslissing,
d. de naam van de rechter of de namen van de rechters die de zaak heeft onderscheidenlijk hebben behandeld,
e. de dag waarop de beslissing is uitgesproken, en
f. door wie, binnen welke termijn en bij welke bestuursrechter welk rechtsmiddel kan worden aangewend.
2. Indien de uitspraak strekt tot gegrondverklaring van het beroep, wordt in de uitspraak vermeld welke geschreven of ongeschreven rechtsregel of welk algemeen rechtsbeginsel geschonden wordt geoordeeld.
3. De uitspraak wordt ondertekend door de voorzitter en de griffier. Bij verhindering van de voorzitter of de griffier wordt dit in de uitspraak vermeld.
(Zie ook: artt. 3:45, 6:8, 6:24, 8:67 Awb)

Inhoud schriftelijke uitspraak bestuursrechter

Art. 8:78

Openbare uitspraak bestuursrechter

De uitspraak geschiedt in het openbaar.
(Zie ook: art. 8:77 Awb; art. 6 EVRM)

Art. 8:79

Afschrift uitspraak bestuursrechter

1. Binnen twee weken na de dagtekening van de uitspraak stelt de griffier kosteloos een afschrift van de uitspraak of van het proces-verbaal van de mondelinge uitspraak ter beschikking van partijen.
2. Anderen dan partijen kunnen afschriften of uittreksels van de uitspraak of van het proces-verbaal van de mondelinge uitspraak verkrijgen. Met betrekking tot de kosten is het bij en krachtens de Wet tarieven in strafzaken bepaalde van overeenkomstige toepassing.
3. In afwijking van het tweede lid verstrekt de griffier, indien de uitspraak betrekking heeft op de toepassing van de artikelen 101 of 102 van het Verdrag betreffende de werking van de Europese Unie, overeenkomstig artikel 15, tweede lid, van de in artikel 8:45, vierde lid, genoemde verordening onverwijld en kosteloos een afschrift van de uitspraak of van het proces-verbaal van de mondelinge uitspraak aan de Europese Commissie. De verstrekking geschiedt door tussenkomst van de Raad voor de rechtspraak, tenzij het een uitspraak van de Hoge Raad of van de Afdeling bestuursrechtspraak van de Raad van State betreft.

Art. 8:80

Bekendmaking uitspraak door bestuursorgaan

Indien de bestuursrechter bepaalt dat zijn uitspraak in de plaats treedt van het vernietigde besluit, wordt de uitspraak bovendien overeenkomstig de voor dat besluit voorgeschreven wijze bekendgemaakt door het bevoegde bestuursorgaan.
(Zie ook: artt. 3:40, 8:72 Awb)

Afdeling 8.2.7
Tussenuitspraak

Art. 8:80a

Tussenuitspraak bij bestuurlijke lus

1. Als de bestuursrechter artikel 8:51a toepast, doet hij een tussenuitspraak.
2. De tussenuitspraak vermeldt zoveel mogelijk op welke wijze het gebrek kan worden hersteld.
3. De artikelen 8:72, vierde lid, tweede volzin, aanhef en onder a, 8:77, 8:78, 8:79 en 8:119 zijn van overeenkomstige toepassing.

Art. 8:80b

Formaliteiten tussenuitspraak bij bestuurlijke lus

1. De bestuursrechter kan de tussenuitspraak ook doen voordat partijen zijn uitgenodigd om op een zitting van de bestuursrechter te verschijnen.
2. De bestuursrechter kan de tussenuitspraak ook mondeling doen. Artikel 8:67, tweede tot en met vijfde lid, is van overeenkomstige toepassing.
3. De bestuursrechter kan zo nodig een voorlopige voorziening treffen. In dat geval bepaalt hij wanneer de voorlopige voorziening vervalt.
4. De voorlopige voorziening als bedoeld in het derde lid, vervalt in ieder geval zodra:
   a. het beroep is ingetrokken; of
   b. de bestuursrechter uitspraak als bedoeld in artikel 8:66, eerste lid, heeft gedaan, tenzij bij die uitspraak een ander tijdstip is bepaald.

Titel 8.3
Voorlopige voorziening en onmiddellijke uitspraak in de hoofdzaak

Art. 8:81

Voorlopige voorziening door bestuursrechter

1. Indien tegen een besluit bij de bestuursrechter beroep is ingesteld dan wel, voorafgaand aan een mogelijk beroep bij de bestuursrechter, bezwaar is gemaakt of administratief beroep is ingesteld, kan de voorzieningenrechter van de bestuursrechter die bevoegd is of kan worden in de hoofdzaak, op verzoek een voorlopige voorziening treffen indien onverwijlde spoed, gelet op de betrokken belangen, dat vereist.
2. Indien bij de bestuursrechter beroep is ingesteld, kan een verzoek om voorlopige voorziening worden gedaan door een partij in de hoofdzaak.
3. Indien voorafgaand aan een mogelijk beroep bij de bestuursrechter bezwaar is gemaakt of administratief beroep is ingesteld, kan een verzoek om voorlopige voorziening worden gedaan door de indiener van het bezwaarschrift, onderscheidenlijk door de indiener van het beroepschrift of door de belanghebbende die geen recht heeft tot het instellen van administratief beroep.
4. De artikelen 6:4, derde lid, 6:5, 6:6, 6:14, 6:15, 6:17, 6:19 en 6:21 zijn van overeenkomstige toepassing. De indiener van het verzoekschrift die bezwaar heeft gemaakt dan wel beroep heeft ingesteld, legt daarbij een afschrift van het bezwaar- of beroepschrift over.
(Zie ook: artt. 36, 39 Wet RvS; art. 254 Rv; artt. 17, 21 Berw)
5. Indien een verzoek om voorlopige voorziening is gedaan nadat bezwaar is gemaakt of administratief beroep is ingesteld en op dit bezwaar of beroep wordt beslist voordat de zitting

5 Algemene wet bestuursrecht   art. 8:85

heeft plaatsgevonden, wordt de verzoeker in de gelegenheid gesteld beroep bij de bestuursrechter in te stellen. Het verzoek om voorlopige voorziening wordt gelijkgesteld met een verzoek dat wordt gedaan hangende het beroep bij de bestuursrechter.

Art. 8:82
1. Van de verzoeker wordt door de griffier een griffierecht geheven.

Griffierecht bij voorlopige voorziening door bestuursrechter

2. Het griffierecht is gelijk aan het griffierecht dat de verzoeker ten tijde van de indiening van het verzoek voor de hoofdzaak verschuldigd is of zou zijn.
3. Artikel 8:41, derde tot en met zesde lid, is van overeenkomstige toepassing, met dien verstande dat de termijn voor de bijschrijving of storting van het griffierecht twee weken bedraagt. De voorzieningenrechter kan een kortere termijn stellen.
4. De griffier betaalt het griffierecht terug indien het verzoek wordt ingetrokken:
    a. omdat het bestuursorgaan aan de voorzieningenrechter schriftelijk heeft medegedeeld de uitvoering van het bestreden besluit tijdens de procedure over de hoofdzaak op te schorten, of
    b. omdat de belanghebbende tot wie het bestreden besluit is gericht, aan de voorzieningenrechter schriftelijk heeft medegedeeld de gevraagde voorlopige maatregelen te zullen nemen.
5. De uitspraak kan inhouden dat het betaalde griffierecht door het bestuursorgaan geheel of gedeeltelijk wordt vergoed.
6. In andere gevallen kan het bestuursorgaan het betaalde griffierecht geheel of gedeeltelijk vergoeden.

Art. 8:83
1. Partijen worden zo spoedig mogelijk uitgenodigd om op een in de uitnodiging te vermelden plaats en tijdstip op een zitting te verschijnen. Binnen een door de voorzieningenrechter te bepalen termijn zendt het bestuursorgaan de op de zaak betrekking hebbende stukken aan hem. De artikelen 8:45, vierde tot en met zesde lid, en 8:45a zijn van overeenkomstige toepassing, met dien verstande dat de voorzieningenrechter kan bepalen dat de in deze artikelen bedoelde zienswijzen mondeling ter zitting naar voren worden gebracht. Artikel 8:58 is van overeenkomstige toepassing, met dien verstande dat zij één dag voor de zitting nadere stukken kunnen worden ingediend. De artikelen 8:59, 8:60, 8:60a, tweede lid, en 8:61 tot en met 8:65 zijn van overeenkomstige toepassing, met dien verstande dat getuigen en deskundigen kunnen worden meegebracht of opgeroepen zonder dat de in artikel 8:60, vierde lid, eerste volzin, bedoelde mededeling is gedaan.

Uitnodiging bij bestuursrechter voor voorlopige voorziening

2. Indien administratief beroep is ingesteld, wordt het beroepsorgaan eveneens uitgenodigd om op de zitting te verschijnen. Het beroepsorgaan wordt in de gelegenheid gesteld ter zitting een uiteenzetting over de zaak te geven.
3. Indien de voorzieningenrechter kennelijk onbevoegd is of het verzoek kennelijk niet-ontvankelijk, kennelijk ongegrond of kennelijk gegrond is, kan de voorzieningenrechter uitspraak doen zonder toepassing van het eerste lid.
4. Indien onverwijlde spoed dat vereist en partijen daardoor niet in hun belangen worden geschaad, kan de voorzieningenrechter ook in andere gevallen uitspraak doen zonder toepassing van het eerste lid.
(Zie ook: artt. 8:56, 8:58 Awb)

Art. 8:84
1. De voorzieningenrechter doet zo spoedig mogelijk schriftelijk of mondeling uitspraak.

Strekking uitspraak voorlopige voorziening bestuursrechter

2. De uitspraak strekt tot:
    a. onbevoegdverklaring van de voorzieningenrechter,
    b. niet-ontvankelijkverklaring van het verzoek,
    c. afwijzing van het verzoek, of
    d. gehele of gedeeltelijke toewijzing van het verzoek.
3. De voorzieningenrechter kan aan de gehele of gedeeltelijke toewijzing van het verzoek de voorwaarde verbinden dat de indiener van het verzoekschrift financiële zekerheid stelt ten behoeve van de rechtspersoon waartoe het bestuursorgaan behoort.
4. De griffier zendt onverwijld een afschrift van de uitspraak of van het proces-verbaal van de mondelinge uitspraak kosteloos aan partijen.
5. De artikelen 8:67, tweede tot en met het vijfde lid, 8:68, 8:69, 8:72, vierde lid, tweede volzin, aanhef en onder b, en zesde lid, 8:75, 8:75a , 8:76, 8:77, eerste en derde lid, 8:78, artikel 8:79, tweede en derde lid, en 8:80 zijn van overeenkomstige toepassing.
(Zie ook: art. 8:72 Awb; art. 37 Wet RvS; art. 20 Wbbo; art. 18 Berw)

Art. 8:85
1. De voorzieningenrechter kan in zijn uitspraak bepalen wanneer de voorlopige voorziening vervalt.

Vervallen voorlopige voorziening bestuursrechter

2. De voorlopige voorziening vervalt in ieder geval zodra:
a. de termijn voor het instellen van beroep bij de bestuursrechter tegen het besluit dat op bezwaar of in administratief beroep is genomen, ongebruikt is verstreken,
b. het bezwaar of het beroep is ingetrokken, of
c. de bestuursrechter uitspraak heeft gedaan.
(Zie ook: art. 8:72 Awb)

Art. 8:86

Kortsluiting bij bestuursrechter

1. Indien het verzoek wordt gedaan indien beroep bij de bestuursrechter is ingesteld en de voorzieningenrechter van oordeel is dat na de zitting, bedoeld in artikel 8:83, eerste lid, nader onderzoek redelijkerwijs niet kan bijdragen aan de beoordeling van de zaak, kan hij onmiddellijk uitspraak doen in de hoofdzaak.
2. Indien de bestuursrechter in eerste en hoogste aanleg uitspraak doet, kan het eerste lid slechts worden toegepast indien partijen daarvoor toestemming hebben gegeven.
(Zie ook: artt. 36, 39 Wet RvS; artt. 17, 21 Berw; artt. 19, 22 Wbbo; art. 78 VW 2000)
3. Partijen worden in de uitnodiging, bedoeld in artikel 8:83, eerste lid, gewezen op de bevoegdheid, bedoeld in het eerste lid, en indien de bestuursrechter in eerste en hoogste aanleg uitspraak doet, tevens op de voorwaarde, bedoeld in het tweede lid.

Art. 8:87

Wijziging voorlopige voorziening bestuursrechter

1. De voorzieningenrechter kan, ook ambtshalve, een voorlopige voorziening opheffen of wijzigen, ook als zij is getroffen met toepassing van artikel 8:72, vijfde lid.

2. De artikelen 8:81, tweede, derde en vierde lid, en 8:82 tot en met 8:86 zijn van overeenkomstige toepassing. Indien voorafgaand aan een mogelijk beroep bij de bestuursrechter bezwaar is gemaakt of administratief beroep is ingesteld, kan een verzoek om opheffing of wijziging eveneens worden gedaan door een belanghebbende die door de voorlopige voorziening rechtstreeks in zijn belang wordt getroffen, door het bestuursorgaan of door het beroepsorgaan.
3. Indien een verzoek om opheffing of wijziging is gedaan door het bestuursorgaan of het beroepsorgaan en het verzoek geheel of gedeeltelijk wordt toegewezen, kan de uitspraak inhouden dat het betaalde griffierecht door de griffier aan het bestuursorgaan wordt terugbetaald.

Titel 8.4
Schadevergoeding

Art. 8:88

Schadevergoeding bij bestuursorgaan

1. De bestuursrechter is bevoegd op verzoek van een belanghebbende een bestuursorgaan te veroordelen tot vergoeding van schade die de belanghebbende lijdt of zal lijden als gevolg van:
a. een onrechtmatig besluit;
b. een andere onrechtmatige handeling ter voorbereiding van een onrechtmatig besluit;
c. het niet tijdig nemen van een besluit;
d. een andere onrechtmatige handeling van een bestuursorgaan waarbij een persoon als bedoeld in artikel 8:2, eerste lid, onder a, zijn nagelaten betrekkingen of zijn rechtverkrijgenden belanghebbende zijn.
2. Het eerste lid is niet van toepassing indien het besluit van beroep bij de bestuursrechter is uitgezonderd.

Art. 8:89

Bevoegdheid bestuursrechter voor schadevergoedingen

1. Indien de schade wordt veroorzaakt door een besluit waarover de Centrale Raad van Beroep of de Hoge Raad in enige of hoogste aanleg oordeelt, is de bestuursrechter bij uitsluiting bevoegd.

2. In de overige gevallen is de bestuursrechter bevoegd voor zover de gevraagde vergoeding ten hoogste € 25 000 bedraagt met inbegrip van de tot aan de dag van het verzoek verschenen rente, en onverminderd het recht van de belanghebbende om op grond van andere wettelijke bepalingen schadevergoeding te vragen.
3. De bestuursrechter is in de gevallen, bedoeld in het tweede lid, niet bevoegd indien de belanghebbende het verzoek heeft ingediend nadat hij terzake van de schade een geding bij de burgerlijke rechter aanhangig heeft gemaakt.
4. Zolang het verzoek van de belanghebbende bij de bestuursrechter aanhangig is, verklaart de burgerlijke rechter een vordering tot vergoeding van de schade niet ontvankelijk.

Art. 8:90

Schriftelijk verzoek tot schadevergoeding bij bestuursrechter

1. Het verzoek wordt schriftelijk ingediend bij de bestuursrechter die bevoegd is kennis te nemen van het beroep tegen het besluit.

2. Ten minste acht weken voor het indienen van het in het eerste lid bedoelde verzoekschrift vraagt de belanghebbende het betrokken bestuursorgaan schriftelijk om vergoeding van de schade, tenzij dit redelijkerwijs niet van hem kan worden gevergd.

Art. 8:91

1. Indien het verzoek wordt gedaan gedurende het beroep tegen of het hoger beroep omtrent het schadeveroorzakende besluit, wordt het ingediend bij de bestuursrechter waarbij het beroep of het hoger beroep aanhangig is.
2. In dat geval is artikel 8:90, tweede lid, niet van toepassing.
3. Indien het verzoek wordt gedaan in hoger beroep beslist de hogerberoepsrechter op het verzoek, tenzij hij het verzoek naar de rechtbank verwijst omdat het naar zijn oordeel behandeling door de rechtbank behoeft.

Samenloop schadevergoeding en beroep bij bestuursrechter

Art. 8:92

1. Het verzoekschrift wordt ondertekend en bevat ten minste:
   a. de naam en het adres van de verzoeker;
   b. de dagtekening;
   c. een aanduiding van de oorzaak van de schade;
   d. een opgave van de aard van de geleden of de te lijden schade en, voor zover redelijkerwijs mogelijk, het bedrag van de schade en een specificatie daarvan;
   e. de gronden van het verzoek.
2. Bij het verzoekschrift worden zo mogelijk een afschrift van het schadeveroorzakende besluit waarop het verzoekschrift betrekking heeft, en van het verzoek, bedoeld in artikel 8:90, tweede lid, overgelegd.
3. Artikel 6:5, derde lid, is van overeenkomstige toepassing.

Inhoud verzoekschrift schadevergoeding bij bestuursrechter

Art. 8:93

Artikel 310 van Boek 3 van het Burgerlijk Wetboek is van overeenkomstige toepassing op verzoeken om schadevergoeding op grond van deze titel. De verjaringstermijn vangt evenwel niet eerder aan dan de dag na die waarop:
a. de vernietiging van het schadeveroorzakende besluit onherroepelijk is geworden, of
b. het bestuursorgaan de onrechtmatigheid van het besluit heeft erkend.

Verjaringstermijn schadevergoeding bij bestuursrechter

Art. 8:94

1. Op het verzoek en de behandeling daarvan zijn de artikelen 6:6, 6:14, 6:15, 6:17, 6:21, 6:24, 8:8 tot en met 8:28, 8:29 tot en met 8:51, 8:52 tot en met 8:55, 8:56 tot en met 8:69, 8:71, 8:74 tot en met 8:80 en 8:81 tot en met 8:87 van overeenkomstige toepassing, met dien verstande dat hoofdstuk V van de Algemene wet inzake rijksbelastingen van overeenkomstige toepassing is indien de schade is veroorzaakt door een besluit als bedoeld in artikel 26 van die wet.
2. In afwijking het eerste lid is bij indiening van het verzoek overeenkomstig artikel 8:91 geen griffierecht verschuldigd.

Schakelbepaling

Art. 8:95

Indien de bestuursrechter het verzoek geheel of gedeeltelijk toewijst, veroordeelt hij het bestuursorgaan tot vergoeding van schade.

Veroordeling tot schadevergoeding bestuursorgaan

Titel 8.5
Hoger beroep

Art. 8:104

1. Een belanghebbende en het bestuursorgaan kunnen hoger beroep instellen tegen:
   a. een uitspraak als bedoeld in artikel 8:66, eerste lid, of artikel 8:67, eerste lid, van de rechtbank,
   b. een uitspraak als bedoeld in artikel 8:86, eerste lid, van de voorzieningenrechter van de rechtbank,
   c. een uitspraak van de rechtbank op een verzoek als bedoeld in artikel 8:88, eerste lid.
2. Geen hoger beroep kan worden ingesteld tegen:
   a. een uitspraak van de rechtbank na toepassing van artikel 8:54, eerste lid,
   b. een uitspraak van de rechtbank als bedoeld in artikel 8:54a, tweede lid,
   c. een uitspraak van de rechtbank als bedoeld in artikel 8:55, zevende lid,
   d. een uitspraak van de voorzieningenrechter als bedoeld in artikel 8:84, eerste lid,
   e. een uitspraak van de voorzieningenrechter als bedoeld in artikel 8:75a, eerste lid, in verband met artikel 8:84, vijfde lid, en
   f. een uitspraak van de voorzieningenrechter als bedoeld in artikel 8:87.
3. Tegelijkertijd met het hoger beroep tegen de in het eerste lid bedoelde uitspraak kan hoger beroep worden ingesteld tegen:
   a. een tussenuitspraak als bedoeld in artikel 8:80a, of
   b. een andere beslissing van de rechtbank.
4. Geen hoger beroep kan worden ingesteld tegen de voorlopige voorziening, bedoeld in artikel 8:72, vijfde lid.

Hoger beroep bij bestuursrechter

Art. 8:105

1. Het hoger beroep wordt ingesteld bij de Afdeling bestuursrechtspraak van de Raad van State, tenzij een andere hogerberoepsrechter bevoegd is ingevolge hoofdstuk 4 van de bij deze

Bevoegde bestuursrechter in hoger beroep

wet behorende Bevoegdheidsregeling bestuursrechtspraak dan wel ingevolge een ander wettelijk voorschrift.
2. Het hoger beroep, bedoeld in artikel 8:104, eerste lid, aanhef en onder c, wordt ingesteld bij de hogerberoepsrechter die ingevolge het eerste lid bevoegd is of zou zijn te oordelen over een uitspraak van de rechtbank omtrent het schadeveroorzakende besluit.

Art. 8:106

Schorsende werking hoger beroep bij bestuursrechter

1. De werking van een uitspraak van de rechtbank of van de voorzieningenrechter wordt opgeschort totdat de termijn voor het instellen van hoger beroep is verstreken of, indien hoger beroep is ingesteld, op het hoger beroep is beslist, indien:
a. de uitspraak betreft een besluit als bedoeld in artikel 9 van de bij deze wet behorende Bevoegdheidsregeling bestuursrechtspraak, of
b. tegen de uitspraak hoger beroep kan worden ingesteld bij een gerechtshof.
2. Het eerste lid geldt niet indien de uitspraak een beroep tegen het niet tijdig nemen van een besluit betreft.

Art. 8:107

Melding van hoger beroep bij bestuursrechter

1. De griffier van de hogerberoepsrechter doet van het ingestelde hoger beroep zo spoedig mogelijk mededeling aan de griffier van de rechtbank die de uitspraak heeft gedaan.
2. De griffier van de rechtbank stelt de gedingstukken met de aantekeningen van de zitting, voor zover deze op de zaak betrekking hebben, en een afschrift van de uitspraak binnen een week na ontvangst van de in het eerste lid bedoelde mededeling ter beschikking aan de griffier van de hogerberoepsrechter.

Verzending proces-verbaal aan hogerberoepsrechter

3. Op verzoek van de hogerberoepsrechter stelt de griffier van de rechtbank het proces-verbaal van de zitting of de schriftelijke weergave van een in artikel 8:36e bedoelde beeld- of geluidsopname die het proces-verbaal vervangt, ter beschikking aan de griffier van de hogerberoepsrechter binnen een door de hogerberoepsrechter te bepalen termijn. De griffier van de hogerberoepsrechter stelt dit proces-verbaal of deze schriftelijke weergave ter beschikking aan partijen.

Art. 8:108

Schakelbepaling

1. Voor zover in deze titel niet anders is bepaald, zijn op het hoger beroep de titels 8.1 tot en met 8.3 van overeenkomstige toepassing, met uitzondering van de artikelen 8:1 tot en met 8:10, 8:41, tweede lid, en 8:74.
2. Op het hoger beroep, bedoeld in artikel 8:104, eerste lid, aanhef en onder c, zijn voorts de afdelingen 8.2.2a, 8.2.4a en 8.2.7 en de artikelen 8:28a, 8:70 en 8:72 niet van toepassing.
3. Indien hoger beroep kan worden ingesteld bij een gerechtshof, is voorts hoofdstuk V van de Algemene wet inzake rijksbelastingen van toepassing.

Art. 8:109

Griffierecht hoger beroep bij bestuursrechter

1. Het griffierecht voor het hoger beroep bedraagt:
a. € 128 indien door een natuurlijke persoon hoger beroep is ingesteld tegen een uitspraak omtrent een besluit als omschreven in de bij deze wet behorende Regeling verlaagd griffierecht,
b. € 259 indien door een natuurlijke persoon hoger beroep is ingesteld tegen een uitspraak omtrent een ander besluit, of
c. € 519 als anders dan door een natuurlijke persoon hoger beroep is ingesteld.
2. Indien het bestuursorgaan hoger beroep heeft ingesteld en de aangevallen uitspraak in stand blijft, wordt van het bestuursorgaan een griffierecht geheven dat gelijk is aan het in het eerste lid, onderdeel c, genoemde bedrag.

Art. 8:110

Incidenteel hoger beroep bij bestuursrechter

1. Indien hoger beroep is ingesteld, kan degene die ook hoger beroep had kunnen instellen, incidenteel hoger beroep instellen. De voorschriften omtrent het hoger beroep zijn van toepassing, tenzij in deze titel anders is bepaald.
2. Het incidenteel hoger beroep wordt ingesteld binnen zes weken nadat de hogerberoepsrechter de gronden van het hoger beroep aan de desbetreffende partij heeft verzonden.
3. Binnen vier weken nadat de hogerberoepsrechter de gronden van het incidenteel hoger beroep aan partijen heeft verzonden, kunnen deze partijen schriftelijk hun zienswijze omtrent het incidenteel hoger beroep naar voren brengen.
4. De hogerberoepsrechter kan de in het tweede en derde lid genoemde termijnen verlengen of, indien hij het hoger beroep behandelt met overeenkomstige toepassing van afdeling 8.2.3, verkorten.
5. Voor het incidenteel hoger beroep is geen griffierecht verschuldigd.

Art. 8:111

Ontvankelijkheid incidenteel hoger beroep bij bestuursrechter

1. Niet-ontvankelijkheid van het hoger beroep heeft geen gevolgen voor de ontvankelijkheid van het incidenteel hoger beroep, tenzij die niet-ontvankelijkheid het gevolg is van:
a. overschrijding van de termijn voor het instellen van hoger beroep,
b. overschrijding van de termijn voor betaling van het griffierecht, of
c. de omstandigheid dat degene die het hoger beroep heeft ingesteld daartoe niet gerechtigd was.

5 Algemene wet bestuursrecht   art. 8:119

2. Intrekking van het hoger beroep na aanvang van de termijn voor het instellen van incidenteel hoger beroep heeft geen gevolgen voor de ontvankelijkheid van het incidenteel hoger beroep.

Art. 8:112
1. Incidenteel hoger beroep kan worden ingesteld onder de voorwaarde dat het hoger beroep gegrond is.   *Voorwaardelijk incidenteel hoger beroep bij bestuursrechter*

2. Een voorwaardelijk incidenteel hoger beroep vervalt als het hoger beroep niet-ontvankelijk of ongegrond is, dan wel wordt ingetrokken. In het laatste geval deelt de griffier de indiener mee dat zijn hoger beroep is vervallen.

Art. 8:113
1. De hogerberoepsrechter bevestigt de uitspraak van de rechtbank, hetzij met overneming, hetzij met verbetering van de gronden, of doet, met gehele of gedeeltelijke vernietiging van de uitspraak, hetgeen de rechtbank zou behoren te doen.   *Bevestiging uitspraak door bestuursrechter in hoger beroep*

2. Indien de uitspraak van de hogerberoepsrechter ertoe strekt dat het bestuursorgaan een nieuw besluit neemt, kan de uitspraak tevens inhouden dat beroep tegen dat besluit slechts kan worden ingesteld bij de hogerberoepsrechter.   *Judiciële lus*

Art. 8:114
1. Indien de hogerberoepsrechter de uitspraak van de rechtbank geheel of gedeeltelijk vernietigt, houdt de uitspraak tevens in dat het bestuursorgaan aan de indiener van het beroepschrift het door hem betaalde griffierecht vergoedt, tenzij de hogerberoepsrechter bepaalt dat het griffierecht door de griffier aan de indiener wordt terugbetaald.   *Terugbetaling griffierecht na hoger beroep bij bestuursrechter*

2. In andere gevallen kan de uitspraak inhouden dat het bestuursorgaan of de griffier het betaalde griffierecht geheel of gedeeltelijk vergoedt.

Art. 8:115
1. De hogerberoepsrechter wijst de zaak terug naar de rechtbank die deze in eerste aanleg heeft behandeld, indien: *Terugwijzing in hoger beroep bij bestuursrechter*
a. de rechtbank haar onbevoegdheid of de niet-ontvankelijkheid van het beroep heeft uitgesproken en de hogerberoepsrechter deze uitspraak vernietigt met bevoegdverklaring van de rechtbank, onderscheidenlijk ontvankelijkverklaring van het beroep, of
b. de hogerberoepsrechter om andere redenen van oordeel is dat de zaak opnieuw door de rechtbank moet worden behandeld.

2. De griffier zendt de gedingstukken en een afschrift van de uitspraak zo spoedig mogelijk aan de griffier van de rechtbank.

Art. 8:116
In de gevallen, bedoeld in artikel 8:115, eerste lid, onderdeel a, kan de hogerberoepsrechter de zaak zonder terugwijzing afdoen, indien deze naar zijn oordeel geen nadere behandeling door de rechtbank behoeft.   *Afdoen door bestuursrechter in hoger beroep*

Art. 8:117
Indien de uitspraak is gedaan door een andere rechtbank dan de bevoegde, kan de hogerberoepsrechter de uitspraak als bevoegdelijk gedaan aanmerken.   *Dekking onbevoegdheid in hoger beroep bij bestuursrechter*

Art. 8:118
1. In geval van intrekking van het hoger beroep door het bestuursorgaan kan het bestuursorgaan op verzoek van een partij bij afzonderlijke uitspraak met overeenkomstige toepassing van artikel 8:75 in de kosten worden veroordeeld.   *Proceskostenvergoeding in hoger beroep bij bestuursrechter*

2. Indien het hoger beroep mondeling wordt ingetrokken, wordt het verzoek door de partij die daarbij aanwezig is mondeling gedaan, tegelijk met de intrekking van het hoger beroep. Indien aan dit vereiste niet is voldaan, is het verzoek niet-ontvankelijk.

3. Indien het hoger beroep schriftelijk wordt ingetrokken, wordt het verzoek schriftelijk gedaan. In dat geval zijn de artikelen 6:5 tot en met 6:9, 6:11, 6:14, 6:15, 6:17 en 6:21 van overeenkomstige toepassing.

4. Artikel 8:75a, tweede en derde lid, is van overeenkomstige toepassing.

Titel 8.6
Herziening

Art. 8:119
1. De bestuursrechter kan op verzoek van een partij een onherroepelijk geworden uitspraak herzien op grond van feiten of omstandigheden die: *Herziening onherroepelijke uitspraak door bestuursrechter*
a. hebben plaatsgevonden vóór de uitspraak,
b. bij de indiener van het verzoekschrift vóór de uitspraak niet bekend waren en redelijkerwijs niet bekend konden zijn, en
c. waren zij bij de bestuursrechter eerder bekend geweest, tot een andere uitspraak zouden hebben kunnen leiden.

art. 9:1   5 Algemene wet bestuursrecht

2. Hoofdstuk 6, titel 8.1, met uitzondering van afdeling 8.1.1 en artikel 8:13, titel 8.2, met uitzondering van artikel 8:41, tweede lid, titel 8.3 en titel 8.5, met uitzondering van artikel 8:109, zijn voor zover nodig van overeenkomstige toepassing.
3. Het griffierecht is gelijk aan het griffierecht dat ten tijde van de indiening van het verzoek verschuldigd zou zijn geweest voor het beroep of hoger beroep dat heeft geleid tot de uitspraak waarvan herziening wordt gevraagd.
4. Indien de uitspraak wordt herzien, betaalt de griffier het griffierecht terug.

Hoofdstuk 9
Klachtbehandeling

Titel 9.1
Klachtbehandeling door een bestuursorgaan

Afdeling 9.1.1
Algemene bepalingen

Art. 9:1

Klachtbehandeling door bestuursorgaan

1. Een ieder heeft het recht om over de wijze waarop een bestuursorgaan zich in een bepaalde aangelegenheid jegens hem of een ander heeft gedragen, een klacht in te dienen bij dat bestuursorgaan.
2. Een gedraging van een persoon, werkzaam onder de verantwoordelijkheid van een bestuursorgaan, wordt aangemerkt als een gedraging van dat bestuursorgaan.

Art. 9:2

Zorgvuldige behandeling van klacht door bestuursorgaan

Het bestuursorgaan draagt zorg voor een behoorlijke behandeling van mondelinge en schriftelijke klachten over zijn gedragingen en over gedragingen van bestuursorganen die onder zijn verantwoordelijkheid werkzaam zijn.

Art. 9:3

Beroepsmogelijkheid na klacht over bestuursorgaan

Tegen een besluit inzake de behandeling van een klacht over een gedraging van een bestuursorgaan kan geen beroep worden ingesteld.

Afdeling 9.1.2
De behandeling van klaagschriften

Art. 9:4

Klaagschrift over bestuursorgaan

1. Indien een schriftelijke klacht betrekking heeft op een gedraging jegens de klager en voldoet aan de vereisten van het tweede lid, zijn de artikelen 9:5 tot en met 9:12 van toepassing.
2. Het klaagschrift wordt ondertekend en bevat ten minste:
a. de naam en het adres van de indiener;
b. de dagtekening;
c. een omschrijving van de gedraging waartegen de klacht is gericht.
3. Artikel 6:5, derde lid, is van overeenkomstige toepassing.
(Zie ook: art. 26 Wet RO)

Art. 9:5

Tegemoetkoming klacht door bestuursorgaan

Zodra het bestuursorgaan naar tevredenheid van de klager aan diens klacht tegemoet is gekomen, vervalt de verplichting tot het verder toepassen van deze titel.

Art. 9:6

Ontvangstbevestiging klaagschrift door bestuursorgaan

Het bestuursorgaan bevestigt de ontvangst van het klaagschrift schriftelijk.

Art. 9:7

Behandeling van klacht door bestuursorgaan

1. De behandeling van de klacht geschiedt door een persoon die niet bij de gedraging waarop de klacht betrekking heeft, betrokken is geweest.
2. Het eerste lid is niet van toepassing indien de klacht betrekking heeft op een gedraging van het bestuursorgaan zelf dan wel de voorzitter of een lid ervan.
(Zie ook: art. 10:3 Awb)

Art. 9:8

Exoneratie bestuursorgaan bij klacht

1. Het bestuursorgaan is niet verplicht de klacht te behandelen indien zij betrekking heeft op een gedraging:
a. waarover reeds eerder een klacht is ingediend die met inachtneming van de artikelen 9:4 en volgende is behandeld;
b. die langer dan een jaar voor indiening van de klacht heeft plaatsgevonden;
c. waartegen door de klager bezwaar gemaakt had kunnen worden,

5 Algemene wet bestuursrecht — art. 9:15

d. waartegen door de klager beroep kan worden ingesteld, tenzij die gedraging bestaat uit het niet tijdig nemen van een besluit, of beroep kon worden ingesteld;
e. die door het instellen van een procedure aan het oordeel van een andere rechterlijke instantie dan een bestuursrechter onderworpen is, dan wel onderworpen is geweest of,
f. zolang terzake daarvan een opsporingsonderzoek op bevel van de officier van justitie of een vervolging gaande is, dan wel indien de gedraging deel uitmaakt van de opsporing of vervolging van een strafbaar feit en terzake van dat feit een opsporingsonderzoek op bevel van de officier van justitie of een vervolging gaande is.
2. Het bestuursorgaan is niet verplicht de klacht te behandelen indien het belang van de klager dan wel het gewicht van de gedraging kennelijk onvoldoende is.
3. Van het niet in behandeling nemen van de klacht wordt de klager zo spoedig mogelijk doch uiterlijk binnen vier weken na ontvangst van het klaagschrift schriftelijk in kennis gesteld. Artikel 9:12, tweede lid, is van overeenkomstige toepassing. — *Overeenkomstige toepassing*
(Zie ook: artt. 7:1, 8:1 Awb)

Art. 9:9
Aan degene op wiens gedraging de klacht betrekking heeft, wordt een afschrift van het klaagschrift alsmede van de daarbij meegezonden stukken toegezonden. — *Stukken naar beklaagde bestuursorgaan*

Art. 9:10
1. Het bestuursorgaan stelt de klager en degene op wiens gedraging de klacht betrekking heeft, in de gelegenheid te worden gehoord. — *Hoor en wederhoor klacht bij bestuursorgaan*
2. Van het horen van de klager kan worden afgezien indien:
a. de klacht kennelijk ongegrond is,
b. de klager heeft verklaard geen gebruik te willen maken van het recht te worden gehoord, of
c. de klager niet binnen een door het bestuursorgaan gestelde redelijke termijn verklaart dat hij gebruik wil maken van het recht te worden gehoord.
3. Van het horen wordt een verslag gemaakt.
(Zie ook: artt. 4:7, 4:8, 7:2, 7:3 Awb)

Art. 9:11
1. Het bestuursorgaan handelt de klacht af binnen zes weken of – indien afdeling 9.1.3 van toepassing is – binnen tien weken na ontvangst van het klaagschrift. — *Termijn behandeling klacht door bestuursorgaan*
2. Het bestuursorgaan kan de afhandeling voor ten hoogste vier weken verdagen. Van de verdaging wordt schriftelijk mededeling gedaan aan de klager en aan degene op wiens gedraging de klacht betrekking heeft.
(Zie ook: artt. 4:13, 4:14 Awb)
3. Verder uitstel is mogelijk voor zover de klager daarmee schriftelijk instemt.

Art. 9:12
1. Het bestuursorgaan stelt de klager schriftelijk en gemotiveerd in kennis van de bevindingen van het onderzoek naar de klacht, zijn oordeel daarover alsmede van de eventuele conclusies die het daaraan verbindt. — *Motivering van behandeling klacht door bestuursorgaan*
2. Bij de kennisgeving wordt vermeld bij welke ombudsman en binnen welke termijn de klager vervolgens een verzoekschrift kan indienen.

Art. 9:12a
Het bestuursorgaan draagt zorg voor registratie van de bij hem ingediende schriftelijke klachten. De geregistreerde klachten worden jaarlijks gepubliceerd. — *Registratie van klacht door bestuursorgaan*

Afdeling 9.1.3
Aanvullende bepalingen voor een klachtadviesprocedure

Art. 9:13
De in deze afdeling geregelde procedure voor de behandeling van klachten wordt in aanvulling op afdeling 9.1.2 gevolgd indien dat bij wettelijk voorschrift of bij besluit van het bestuursorgaan is bepaald. — *Aanvullende klachtbehandeling door bestuursorgaan*

Art. 9:14
1. Bij wettelijk voorschrift of bij besluit van het bestuursorgaan wordt een persoon of commissie belast met de behandeling van en de advisering over klachten. — *Klachtencommissie bij bestuursorgaan*
2. Het bestuursorgaan kan de persoon of commissie slechts in het algemeen instructies geven.

Art. 9:15
1. Bij het bericht van ontvangst, bedoeld in artikel 9:6, wordt vermeld dat een persoon of commissie over de klacht zal adviseren. — *Behandeling van klacht door bestuursorgaan*
2. Het horen geschiedt door de in artikel 9:14 bedoelde persoon of commissie. Indien een commissie is ingesteld, kan deze het horen opdragen aan de voorzitter of een lid van de commissie.
3. De persoon of commissie beslist over de toepassing van artikel 9:10, tweede lid.

art. 9:16   5 **Algemene wet bestuursrecht**

4. De persoon of commissie zendt een rapport van bevindingen, vergezeld van het advies en eventuele aanbevelingen, aan het bestuursorgaan. Het rapport bevat het verslag van het horen.

Art. 9:16

Afwijken van advies bij klacht over bestuursorgaan

Indien de conclusies van het bestuursorgaan afwijken van het advies, wordt in de conclusies de reden voor die afwijking vermeld en wordt het advies meegezonden met de kennisgeving, bedoeld in artikel 9:12.
(Zie ook: art. 3:49 Awb)

Titel 9.2
Klachtbehandeling door een ombudsman

Afdeling 9.2.1
Algemene bepalingen

Art. 9:17

Ombudsman

Onder ombudsman wordt verstaan:
a. de Nationale ombudsman, of
b. een ombudsman of ombudscommissie ingesteld krachtens de Gemeentewet, de Provinciewet, de Waterschapswet of de Wet gemeenschappelijke regelingen.

Art. 9:18

Taken van de ombudsman

1. Een ieder heeft het recht de ombudsman schriftelijk te verzoeken een onderzoek in te stellen naar de wijze waarop een bestuursorgaan zich in een bepaalde aangelegenheid jegens hem of een ander heeft gedragen.
2. Indien het verzoekschrift bij een onbevoegde ombudsman wordt ingediend, wordt het, nadat daarop de datum van ontvangst is aangetekend, zo spoedig mogelijk doorgezonden aan de bevoegde ombudsman, onder gelijktijdige mededeling hiervan aan de verzoeker.
3. De ombudsman is verplicht aan een verzoek als bedoeld in het eerste lid gevolg te geven, tenzij artikel 9:22, 9:23 of 9:24 van toepassing is.

Art. 9:19

Advies door ombudsman

1. Indien naar het oordeel van de ombudsman ten aanzien van de in het verzoekschrift bedoelde gedraging voor de verzoeker de mogelijkheid van bezwaar, beroep of beklag openstaat, wijst hij de verzoeker zo spoedig mogelijk op deze mogelijkheid en draagt hij het verzoekschrift, nadat daarop de datum van ontvangst is aangetekend, over aan de bevoegde instantie over, tenzij de verzoeker kenbaar heeft gemaakt dat het verzoekschrift aan hem moet worden teruggezonden.
2. Artikel 6:15, derde lid, is van overeenkomstige toepassing.

Art. 9:20

Ombudsman na klachtenprocedure

1. Alvorens het verzoek aan een ombudsman te doen, dient de verzoeker over de gedraging een klacht in bij het betrokken bestuursorgaan, tenzij dit redelijkerwijs niet van hem kan worden gevergd.
2. Het eerste lid geldt niet indien het verzoek betrekking heeft op de wijze van klachtbehandeling door het betrokken bestuursorgaan.

Art. 9:21

Overeenkomstige toepassing

Op het verkeer met de ombudsman is hoofdstuk 2 van overeenkomstige toepassing, met uitzondering van artikel 2:3, eerste lid.

Afdeling 9.2.2
Bevoegdheid

Art. 9:22

Onbevoegdheid ombudsman

De ombudsman is niet bevoegd een onderzoek in te stellen of voort te zetten indien het verzoek betrekking heeft op:
a. een aangelegenheid die behoort tot het algemeen regeringsbeleid, daaronder begrepen het algemeen beleid ter handhaving van de rechtsorde, of tot het algemeen beleid van het betrokken bestuursorgaan;
b. een algemeen verbindend voorschrift;
c. een gedraging waartegen beklag kan worden gedaan of beroep kan worden ingesteld, tenzij die gedraging bestaat uit het niet tijdig nemen van een besluit, of waartegen een beklag- of beroepsprocedure aanhangig is;
d. een gedraging ten aanzien waarvan door een bestuursrechter uitspraak is gedaan;
e. een gedraging ten aanzien waarvan een procedure bij een andere rechterlijke instantie dan een bestuursrechter aanhangig is, dan wel beroep openstaat tegen een uitspraak die in een zodanige procedure is gedaan;
f. een gedraging waarop de rechterlijke macht toeziet.

Art. 9:23
De ombudsman is niet verplicht een onderzoek in te stellen of voort te zetten indien:
a. het verzoekschrift niet voldoet aan de vereisten, bedoeld in artikel 9:28, eerste en tweede lid;
b. het verzoek kennelijk ongegrond is;
c. het belang van de verzoeker bij een onderzoek door de ombudsman dan wel het gewicht van de gedraging kennelijk onvoldoende is;
d. de verzoeker een ander is dan degene jegens wie de gedraging heeft plaatsgevonden;
e. het verzoek betrekking heeft op een gedraging waartegen bezwaar kan worden gemaakt, tenzij die gedraging bestaat uit het niet tijdig nemen van een besluit, of waartegen een bezwaarprocedure aanhangig is;
f. het verzoek betrekking heeft op een gedraging waartegen door de verzoeker bezwaar had kunnen worden gemaakt, beroep had kunnen worden ingesteld of beklag had kunnen worden gedaan;
g. het verzoek betrekking heeft op een gedraging ten aanzien waarvan door een andere rechterlijke instantie dan een bestuursrechter uitspraak is gedaan;
h. niet is voldaan aan het vereiste van artikel 9:20, eerste lid;
i. een verzoek, dezelfde gedraging betreffende, bij hem in behandeling is of – behoudens indien een nieuw feit of een nieuwe omstandigheid bekend is geworden en zulks tot een ander oordeel over de bedoelde gedraging zou hebben kunnen leiden – door hem is afgedaan;
j. ten aanzien van een gedraging van het bestuursorgaan die nauw samenhangt met het onderwerp van het verzoekschrift een procedure aanhangig is bij een rechterlijke instantie, dan wel ingevolge bezwaar, administratief beroep of beklag bij een andere instantie;
k. het verzoek betrekking heeft op een gedraging die nauw samenhangt met een onderwerp, dat door het instellen van een procedure aan het oordeel van een andere rechterlijke instantie dan een bestuursrechter onderworpen is;
l. na tussenkomst van de ombudsman naar diens oordeel alsnog naar behoren aan de grieven van de verzoeker tegemoet is gekomen;
m. het verzoek, dezelfde gedraging betreffende, ingevolge een wettelijk geregelde klachtvoorziening bij een onafhankelijke klachtinstantie niet zijnde een ombudsman in behandeling is of daardoor is afgedaan.

Onderzoek door ombudsman

Art. 9:24
1. Voorts is de ombudsman niet verplicht een onderzoek in te stellen of voort te zetten, indien het verzoek wordt ingediend later dan een jaar:
a. na de kennisgeving door het bestuursorgaan van de bevindingen van het onderzoek, of
b. nadat de klachtbehandeling door het bestuursorgaan op andere wijze is geëindigd, dan wel ingevolge wettelijk voorschrift beëindigd had moeten zijn.
2. In afwijking van het eerste lid eindigt de termijn een jaar nadat de gedraging heeft plaatsgevonden, indien redelijkerwijs niet van verzoeker kan worden gevergd dat hij eerst een klacht bij het bestuursorgaan indient. Is de gedraging binnen een jaar nadat zij plaatsvond, aan het oordeel van een andere rechterlijke instantie dan een bestuursrechter onderworpen, of is daartegen bezwaar gemaakt, administratief beroep ingesteld dan wel beklag gedaan, dan eindigt de termijn een jaar na de datum waarop:
a. in die procedure een uitspraak is gedaan waartegen geen beroep meer openstaat, of
b. de procedure op een andere wijze is geëindigd.

Termijn indienen klacht bij ombudsman

Art. 9:25
1. Indien de ombudsman op grond van artikel 9:22, 9:23 of 9:24 geen onderzoek instelt of dit niet voortzet, deelt hij dit onder vermelding van de redenen zo spoedig mogelijk schriftelijk aan de verzoeker mede.
2. In het geval dat hij een onderzoek niet voortzet, doet hij de in het eerste lid bedoelde mededeling tevens aan het bestuursorgaan en, in voorkomend geval, aan degene op wiens gedraging het onderzoek betrekking heeft.

Motivering van afwijzing door ombudsman

Art. 9:26
Tenzij artikel 9:22 van toepassing is, is de ombudsman bevoegd uit eigen beweging een onderzoek in te stellen naar de wijze waarop een bestuursorgaan zich in een bepaalde aangelegenheid heeft gedragen.

Onderzoek uit eigen beweging door ombudsman

Art. 9:27
1. De ombudsman beoordeelt of het bestuursorgaan zich in de door hem onderzochte aangelegenheid al dan niet behoorlijk heeft gedragen.
2. Indien ten aanzien van de gedraging waarop het onderzoek van de ombudsman betrekking heeft door een rechterlijke instantie uitspraak is gedaan, neemt de ombudsman de rechtsgronden in acht waarop die uitspraak steunt of mede steunt.
3. De ombudsman kan naar aanleiding van het door hem verrichte onderzoek aan het bestuursorgaan aanbevelingen doen.

Beoordeling bestuursorgaan door ombudsman

Afdeling 9.2.3
Procedure

Art. 9:28

Inhoud verzoekschrift aan ombudsman

1. Het verzoekschrift wordt ondertekend en bevat ten minste:
    a. de naam en het adres van de verzoeker;
    b. de dagtekening;
    c. een omschrijving van de gedraging waartegen het verzoek is gericht, een aanduiding van degene die zich aldus heeft gedragen en een aanduiding van degene jegens wie de gedraging heeft plaatsgevonden, indien deze niet de verzoeker is;
    d. de gronden van het verzoek;
    e. de wijze waarop een klacht bij het bestuursorgaan is ingediend, en zo mogelijk de bevindingen van het onderzoek naar de klacht door het bestuursorgaan, zijn oordeel daarover alsmede de eventuele conclusies die het bestuursorgaan hieraan verbonden heeft.
2. Indien het verzoekschrift in een vreemde taal is gesteld en een vertaling voor een goede behandeling van het verzoek noodzakelijk is, draagt de verzoeker zorg voor een vertaling.
3. Indien niet is voldaan aan de in dit artikel gestelde vereisten of indien het verzoekschrift geheel of gedeeltelijk is geweigerd op grond van artikel 2:15, stelt de ombudsman de verzoeker in de gelegenheid het verzuim binnen een door hem daartoe gestelde termijn te herstellen.

Art. 9:29

Uitsluiting betrokken persoon bij onderzoek ombudsman

Aan de behandeling van het verzoek wordt niet meegewerkt door een persoon die betrokken is geweest bij de gedraging waarop het verzoek betrekking heeft.

Art. 9:30

Toelichting standpunten door ombudsman

1. De ombudsman stelt het bestuursorgaan, degene op wiens gedraging het verzoek betrekking heeft, en de verzoeker in de gelegenheid hun standpunt toe te lichten.
2. De ombudsman beslist of de toelichting schriftelijk of mondeling en al dan niet in elkaars tegenwoordigheid wordt gegeven.

Art. 9:31

Inlichtingen aan ombudsman

1. Het bestuursorgaan, onder zijn verantwoordelijkheid werkzame personen – ook na het beëindigen van de werkzaamheden –, getuigen alsmede de verzoeker verstrekken de ombudsman de benodigde inlichtingen en verschijnen op een daartoe strekkende uitnodiging voor hem. Gelijke verplichtingen rusten op ieder college, met dien verstande dat het college bepaalt wie van zijn leden aan de verplichtingen zal voldoen, tenzij de ombudsman één of meer bepaalde leden aanwijst. De ombudsman kan betrokkenen die zijn opgeroepen gelasten om in persoon te verschijnen.
2. Inlichtingen die betrekking hebben op het beleid, gevoerd onder de verantwoordelijkheid van een minister of een ander bestuursorgaan, kan de ombudsman bij de daarbij betrokken personen en colleges slechts inwinnen door tussenkomst van de minister onderscheidenlijk dat bestuursorgaan. Het orgaan door tussenkomst waarvan de inlichtingen worden ingewonnen, kan zich bij het horen van de ambtenaren doen vertegenwoordigen.
3. Binnen een door de ombudsman te bepalen termijn worden ten behoeve van een onderzoek de onder het bestuursorgaan, degene op wiens gedraging het verzoek betrekking heeft, en bij anderen berustende stukken aan hem overgelegd nadat hij hierom schriftelijk heeft verzocht.
4. De ingevolge het eerste lid opgeroepen personen onderscheidenlijk degenen die ingevolge het derde lid verplicht zijn stukken over te leggen kunnen, indien daarvoor gewichtige redenen zijn, het geven van inlichtingen onderscheidenlijk het overleggen van stukken weigeren of de ombudsman mededelen dat uitsluitend hij kennis zal mogen nemen van de inlichtingen onderscheidenlijk de stukken.
5. De ombudsman beslist of de in het vierde lid bedoelde weigering onderscheidenlijk de beperking van de kennisneming gerechtvaardigd is.
6. Indien de ombudsman heeft beslist dat de weigering gerechtvaardigd is, vervalt de verplichting.

Art. 9:32

Deskundigen en tolken in onderzoek ombudsman

1. De ombudsman kan ten dienste van het onderzoek deskundigen werkzaamheden opdragen. Hij kan voorts in het belang van het onderzoek deskundigen en tolken oproepen.
2. Door de ombudsman opgeroepen deskundigen of tolken verschijnen voor hem, en verlenen onpartijdig en naar beste weten hun diensten als zodanig. Op deskundigen, tevens ambtenaren, is artikel 9:31, tweede tot en met zesde lid, van overeenkomstige toepassing.
3. De ombudsman kan bepalen dat getuigen niet zullen worden gehoord en tolken niet tot de uitoefening van hun taak zullen worden toegelaten dan na het afleggen van de eed of de belofte. Getuigen leggen in dat geval de eed of de belofte af dat zij de gehele waarheid en niets dan de waarheid zullen zeggen en tolken dat zij hun plichten als tolk met nauwgezetheid zullen vervullen.

Art. 9:33
1. Aan de door de ombudsman opgeroepen verzoekers, getuigen, deskundigen en tolken wordt een vergoeding toegekend. Deze vergoeding vindt plaats ten laste van de rechtspersoon waartoe het bestuursorgaan behoort op wiens gedraging het verzoek betrekking heeft, indien het een gemeente, provincie, waterschap of gemeenschappelijke regeling betreft. In overige gevallen vindt de vergoeding plaats ten laste van het Rijk. Het bij en krachtens de Wet tarieven in strafzaken bepaalde is van overeenkomstige toepassing. *Vergoedingen in onderzoek ombudsman*
2. De in het eerste lid bedoelde personen die in openbare dienst zijn, ontvangen geen vergoeding indien zij zijn opgeroepen in verband met hun taak als zodanig.

Art. 9:34
1. De ombudsman kan een onderzoek ter plaatse instellen. Hij heeft daarbij toegang tot elke plaats, met uitzondering van een woning zonder toestemming van de bewoner, voor zover dat redelijkerwijs voor de vervulling van zijn taak nodig is. *Onderzoek ter plaatse door ombudsman*
2. Bestuursorganen verlenen de medewerking die in het belang van het onderzoek, bedoeld in het eerste lid, is vereist.
3. Van het onderzoek wordt een proces-verbaal gemaakt.

Art. 9:35
1. De ombudsman deelt, alvorens het onderzoek te beëindigen, zijn bevindingen schriftelijk mee aan: *Mededeling van bevindingen ombudsman*
a. het betrokken bestuursorgaan;
b. degene op wiens gedraging het verzoek betrekking heeft;
c. de verzoeker.
2. De ombudsman geeft hun de gelegenheid zich binnen een door hem te stellen termijn omtrent de bevindingen te uiten.

Art. 9:36
1. Wanneer een onderzoek is afgesloten, stelt de ombudsman een rapport op, waarin hij zijn bevindingen en zijn oordeel weergeeft. Hij neemt daarbij artikel 10 van de Wet openbaarheid van bestuur in acht. *Rapport van onderzoek ombudsman*
2. Indien naar het oordeel van de ombudsman de gedraging niet behoorlijk is, vermeldt hij in het rapport welk vereiste van behoorlijkheid geschonden is.
3. De ombudsman zendt zijn rapport aan het betrokken bestuursorgaan, alsmede aan de verzoeker en aan degene op wiens gedraging het verzoek betrekking heeft.
4. Indien de ombudsman aan het bestuursorgaan een aanbeveling doet als bedoeld in artikel 9:27, derde lid, deelt het bestuursorgaan binnen een redelijke termijn aan de ombudsman mee op welke wijze aan de aanbeveling gevolg zal worden gegeven. Indien het bestuursorgaan overweegt de aanbeveling niet op te volgen, deelt het dat met redenen omkleed aan de ombudsman mee.
5. De ombudsman geeft aan een ieder die daarom verzoekt, afschrift of uittreksel van een rapport als bedoeld in het eerste lid. Met betrekking tot de daarvoor in rekening te brengen vergoedingen en met betrekking tot kosteloze verstrekking is het bepaalde bij en krachtens de Wet griffierechten burgerlijke zaken van overeenkomstige toepassing. Tevens legt hij een zodanig rapport ter inzage op een door hem aan te wijzen plaats.

Hoofdstuk 10
Bepalingen over bestuursorganen

Titel 10.1
Mandaat, delegatie en attributie

Afdeling 10.1.1
Mandaat

Art. 10:1
Onder mandaat wordt verstaan: de bevoegdheid om in naam van een bestuursorgaan besluiten te nemen. *Mandaat*

Art. 10:2
Een door de gemandateerde binnen de grenzen van zijn bevoegdheid genomen besluit geldt als een besluit van de mandaatgever. *Toerekening besluit aan mandaatgever*

Art. 10:3
1. Een bestuursorgaan kan mandaat verlenen, tenzij bij wettelijk voorschrift anders is bepaald of de aard van de bevoegdheid zich tegen de mandaatverlening verzet. *Mandaatverlening*
2. Mandaat wordt in ieder geval niet verleend indien het betreft een bevoegdheid: *Geen mandaat*
a. tot het vaststellen van algemeen verbindende voorschriften, tenzij bij de verlening van die bevoegdheid in mandaatverlening is voorzien;

art. 10:4

5 Algemene wet bestuursrecht

b. tot het nemen van een besluit ten aanzien waarvan is bepaald dat het met versterkte meerderheid moet worden genomen of waarvan de aard van de voorgeschreven besluitvormingsprocedure zich anderszins tegen de mandaatverlening verzet;
c. tot het vernietigen van of tot het onthouden van goedkeuring aan een besluit van een ander bestuursorgaan.
(Zie ook: art. 77 VW 2000)
3. Mandaat tot het beslissen op een bezwaarschrift of op een verzoek als bedoeld in artikel 7:1a, eerste lid, wordt niet verleend aan degene die het besluit waartegen het bezwaar zich richt, krachtens mandaat heeft genomen.
4. Indien artikel 5:53 van toepassing is, wordt mandaat tot het opleggen van een bestuurlijke boete niet verleend aan degene die van de overtreding een rapport of proces-verbaal heeft opgemaakt.
(Zie ook: art. 67pb AWR)

Art. 10:4

Instemming gemandateerde
1. Indien de gemandateerde niet werkzaam is onder verantwoordelijkheid van de mandaatgever, behoeft de mandaatverlening de instemming van de gemandateerde en in het voorkomende geval van degene onder wiens verantwoordelijkheid hij werkt.
2. Het eerste lid is niet van toepassing indien bij wettelijk voorschrift in de bevoegdheid tot de mandaatverlening is voorzien.

Art. 10:5

Algemeen of bijzonder mandaat
1. Een bestuursorgaan kan hetzij een algemeen mandaat hetzij een mandaat voor een bepaald geval verlenen.
2. Een algemeen mandaat wordt schriftelijk verleend. Een mandaat voor een bepaald geval wordt in ieder geval schriftelijk verleend indien de gemandateerde niet werkzaam is onder verantwoordelijkheid van de mandaatgever.

Art. 10:6

Instructie bij mandaat
1. De mandaatgever kan de gemandateerde per geval of in het algemeen instructies geven ter zake van de uitoefening van de gemandateerde bevoegdheid.
(Zie ook: art. 4:81 Awb)

Inlichtingen bij mandaat
2. De gemandateerde verschaft de mandaatgever op diens verzoek inlichtingen over de uitoefening van de bevoegdheid.

Art. 10:7

Bevoegdheid mandaatgever
De mandaatgever blijft bevoegd de gemandateerde bevoegdheid uit te oefenen.

Art. 10:8

Intrekken mandaat
1. De mandaatgever kan het mandaat te allen tijde intrekken.
2. Een algemeen mandaat wordt schriftelijk ingetrokken.

Art. 10:9

Ondermandaat
1. De mandaatgever kan toestaan dat ondermandaat wordt verleend.
2. Op ondermandaat zijn de overige artikelen van deze afdeling van overeenkomstige toepassing.

Art. 10:10

Vermelding van mandaat
Een krachtens mandaat genomen besluit vermeldt namens welk bestuursorgaan het besluit is genomen.

Art. 10:11

Ondertekening namens bestuursorgaan
1. Een bestuursorgaan kan bepalen dat door hem genomen besluiten namens hem kunnen worden ondertekend, tenzij bij wettelijk voorschrift anders is bepaald of de aard van de bevoegdheid zich hiertegen verzet.
2. In dat geval moet uit het besluit blijken, dat het door het bestuursorgaan zelf is genomen.

Art. 10:12

Overeenkomstige toepassing
Deze afdeling is van overeenkomstige toepassing indien een bestuursorgaan aan een ander, werkzaam onder zijn verantwoordelijkheid, volmacht verleent tot het verrichten van privaatrechtelijke rechtshandelingen, of machtiging verleent tot het verrichten van handelingen die noch een besluit, noch een privaatrechtelijke rechtshandeling zijn.
(Zie ook: art. 60 BW Boek 3)

Afdeling 10.1.2
Delegatie

Art. 10:13

Delegatie
Onder delegatie wordt verstaan: het overdragen door een bestuursorgaan van zijn bevoegdheid tot het nemen van besluiten aan een ander die deze onder eigen verantwoordelijkheid uitoefent.

Art. 10:14

Geen delegatie aan ondergeschikten
Delegatie geschiedt niet aan ondergeschikten.

Art. 10:15
Delegatie geschiedt slechts indien in de bevoegdheid daartoe bij wettelijk voorschrift is voorzien.

Wettelijke basis bij delegatie

Art. 10:16
1. Het bestuursorgaan kan ter zake van de uitoefening van de gedelegeerde bevoegdheid uitsluitend beleidsregels geven.
(Zie ook: art. 4:81 Awb)
2. Degene aan wie de bevoegdheid is gedelegeerd, verschaft het bestuursorgaan op diens verzoek inlichtingen over de uitoefening van de bevoegdheid.

Beleidsregels bij delegatie

Inlichtingen bij delegatie

Art. 10:17
Het bestuursorgaan kan de gedelegeerde bevoegdheid niet meer zelf uitoefenen.

Gevolg delegatie

Art. 10:18
Het bestuursorgaan kan het delegatiebesluit te allen tijde intrekken.

Intrekking delegatie

Art. 10:19
Een besluit dat op grond van een gedelegeerde bevoegdheid wordt genomen, vermeldt het delegatiebesluit en de vindplaats daarvan.

Vermelding delegatie bij besluit

Art. 10:20
1. Op de overdracht door een bestuursorgaan van een bevoegdheid van een ander bestuursorgaan tot het nemen van besluiten aan een derde is deze afdeling, met uitzondering van artikel 10:16, van overeenkomstige toepassing.
2. Bij wettelijk voorschrift of bij het besluit tot overdracht kan worden bepaald dat het bestuursorgaan wiens bevoegdheid is overgedragen beleidsregels over de uitoefening van die bevoegdheid kan geven.
3. Degene aan wie de bevoegdheid is overgedragen, verschaft het overdragende en het oorspronkelijk bevoegde bestuursorgaan op hun verzoek inlichtingen over de uitoefening van de bevoegdheid.

Overeenkomstige toepassing

Art. 10:21
Deze afdeling is van overeenkomstige toepassing indien een bestuursorgaan zijn bevoegdheid tot het verrichten van andere handelingen dan besluiten overdraagt aan een ander die deze onder eigen verantwoordelijkheid uitoefent, met dien verstande dat artikel 10:19 van overeenkomstige toepassing is voor zover de aard van de handeling zich daartegen niet verzet.

Schakelbepaling

Afdeling 10.1.3
Attributie

Art. 10:22
1. Indien een bevoegdheid tot het nemen van besluiten bij wettelijk voorschrift is toegedeeld aan een persoon of college, werkzaam onder de verantwoordelijkheid van een bestuursorgaan, kan dit bestuursorgaan per geval of in het algemeen instructies geven ter zake van de uitoefening van de toegedeelde bevoegdheid.
2. Degene aan wie de bevoegdheid is toegedeeld, verschaft het bestuursorgaan op diens verzoek inlichtingen over de uitoefening van de bevoegdheid.

Attributie

Art. 10:23
Artikel 10:22 is van overeenkomstige toepassing indien bij wettelijk voorschrift een bevoegdheid tot het verrichten van andere handelingen dan besluiten is toegedeeld aan een persoon of college, werkzaam onder de verantwoordelijkheid van een bestuursorgaan.

Overeenkomstige toepassing

Titel 10.2
Toezicht op bestuursorganen

Afdeling 10.2.1
Goedkeuring

Art. 10:25
In deze wet wordt verstaan onder goedkeuring: de voor de inwerkingtreding van een besluit van een bestuursorgaan vereiste toestemming van een ander bestuursorgaan.

Goedkeuring van besluit

Art. 10:26
Besluiten kunnen slechts aan goedkeuring worden onderworpen in bij of krachtens de wet bepaalde gevallen.
(Zie ook: art. 132 GW)

Goedkeuring door bestuursorgaan bij of krachtens de wet

Art. 10:27
De goedkeuring kan slechts worden onthouden wegens strijd met het recht of op een grond, neergelegd in de wet waarin of krachtens welke de goedkeuring is voorgeschreven.

Onthouden goedkeuring door bestuursorgaan

5 Algemene wet bestuursrecht

Goedkeuring door bestuursorgaan na rechterlijke uitspraak

Art. 10:28
Aan een besluit waarover een rechter uitspraak heeft gedaan of waarbij een in kracht van gewijsde gegane uitspraak van de rechter wordt uitgevoerd, kan geen goedkeuring worden onthouden op rechtsgronden welke in strijd zijn met die waarop de uitspraak steunt of mede steunt.

Onthouden goedkeuring door bestuursorgaan

Art. 10:29
1. Een besluit kan alleen dan gedeeltelijk worden goedgekeurd, indien gedeeltelijke inwerkingtreding strookt met aard en inhoud van het besluit.
2. De goedkeuring kan noch voor bepaalde tijd of onder voorwaarden worden verleend, noch worden ingetrokken.

Overleg over gedeeltelijke goedkeuring door bestuursorgaan

Art. 10:30
1. Gedeeltelijke goedkeuring of onthouding van goedkeuring vindt niet plaats dan nadat aan het bestuursorgaan dat het besluit heeft genomen, gelegenheid tot overleg is geboden.

2. De motivering van het goedkeuringsbesluit verwijst naar hetgeen in het overleg aan de orde is gekomen.

Termijn voor goedkeuring door bestuursorgaan

Art. 10:31
1. Tenzij bij wettelijk voorschrift anders is bepaald, wordt het besluit omtrent goedkeuring binnen dertien weken na de verzending ter goedkeuring bekend gemaakt aan het bestuursorgaan dat het aan goedkeuring onderworpen besluit heeft genomen.
2. Het nemen van het besluit omtrent goedkeuring kan eenmaal voor ten hoogste dertien weken worden verdaagd.
3. In afwijking van het tweede lid kan het nemen van het besluit omtrent goedkeuring eenmaal voor ten hoogste zes maanden worden verdaagd indien inzake dat besluit advies van een adviseur als bedoeld in artikel 3:5 is vereist.
4. Tenzij bij wettelijk voorschrift anders is bepaald, is paragraaf 4.1.3.3 van overeenkomstige toepassing.
(Zie ook: artt. 259, 266 Gemw; artt. 253, 259 PW; art. 28 WRO)

Overeenkomstige toepassing

Art. 10:32
1. Deze afdeling is van overeenkomstige toepassing indien voor het nemen van een besluit door een bestuursorgaan de toestemming van een ander bestuursorgaan is vereist.
2. Bij de toestemming kan een termijn worden gesteld waarbinnen het besluit dient te worden genomen.

Afdeling 10.2.2
Vernietiging

Spontane vernietiging door bestuursorgaan

Art. 10:33
Deze afdeling is van toepassing indien een bestuursorgaan bevoegd is buiten administratief beroep een besluit van een ander bestuursorgaan te vernietigen.

Wettelijke basis bij vernietiging door bestuursorgaan

Art. 10:34
De vernietigingsbevoegdheid kan slechts worden verleend bij de wet.
(Zie ook: art. 132 GW)

Gronden vernietiging door bestuursorgaan

Art. 10:35
Vernietiging kan alleen geschieden wegens strijd met het recht of het algemeen belang.
(Zie ook: art. 132 GW)

Gedeeltelijke vernietiging door bestuursorgaan

Art. 10:36
Een besluit kan alleen dan gedeeltelijk worden vernietigd, indien gedeeltelijke instandhouding strookt met aard en inhoud van het besluit.

Vernietiging door bestuursorgaan na rechterlijke uitspraak

Art. 10:37
Een besluit waarover de rechter uitspraak heeft gedaan of waarbij een in kracht van gewijsde gegane uitspraak van de rechter wordt uitgevoerd, kan niet worden vernietigd op rechtsgronden welke in strijd zijn met die waarop de uitspraak steunt of mede steunt.

Geen vernietiging door bestuursorgaan

Art. 10:38
1. Een besluit dat nog goedkeuring behoeft, kan niet worden vernietigd.

2. Een besluit waartegen bezwaar of beroep openstaat of aanhangig is, kan niet worden vernietigd.

Vernietiging van Privaatrechtelijke handeling door bestuursorgaan

Art. 10:39
1. Een besluit tot het verrichten van een privaatrechtelijke rechtshandeling kan niet worden vernietigd, indien dertien weken zijn verstreken nadat het is bekendgemaakt.

2. Indien binnen de termijn genoemd in het eerste lid overeenkomstig artikel 10:43 schorsing heeft plaatsgevonden, blijft vernietiging binnen de duur van de schorsing mogelijk.

3. Indien een besluit als bedoeld in het eerste lid aan goedkeuring is onderworpen, vangt de in het eerste lid genoemde termijn aan nadat het goedkeuringsbesluit is bekendgemaakt. Op het goedkeuringsbesluit zijn het eerste en tweede lid van overeenkomstige toepassing.
4. Dit artikel is niet van toepassing indien vernietiging geschiedt wegens strijd met de bij of krachtens het Verdrag betreffende de werking van de Europese Unie, het Verdrag tot oprichting van de Europese Gemeenschap voor Atoomenergie of het Verdrag betreffende de Europese Unie op Nederland rustende verplichtingen.

Art. 10:40
Een besluit dat overeenkomstig artikel 10:43 is geschorst, kan, nadat de schorsing is geëindigd, niet meer worden vernietigd.

Vernietiging door bestuursorgaan na schorsing besluit

Art. 10:41
1. Vernietiging vindt niet plaats dan nadat aan het bestuursorgaan dat het besluit heeft genomen, gelegenheid tot overleg is geboden.
2. De motivering van het vernietigingsbesluit verwijst naar hetgeen in het overleg aan de orde is gekomen.

Overleg vóór vernietiging door bestuursorgaan

Art. 10:42
1. Vernietiging van een besluit strekt zich uit tot alle rechtsgevolgen waarop het was gericht.
2. In het vernietigingsbesluit kan worden bepaald dat de rechtsgevolgen van het vernietigde besluit geheel of ten dele in stand blijven.
3. Indien een besluit tot het aangaan van een overeenkomst wordt vernietigd, wordt de overeenkomst, zo zij reeds is aangegaan en voor zover bij het vernietigingsbesluit niet anders is bepaald, niet of niet verder uitgevoerd, onverminderd het recht van de wederpartij op schadevergoeding.

Gevolgen vernietiging door bestuursorgaan

Afdeling 10.2.3
Schorsing

Art. 10:43
Hangende het onderzoek of er reden is tot vernietiging over te gaan, kan een besluit door het tot vernietiging bevoegde bestuursorgaan worden geschorst.

Schorsing door bestuursorgaan

Art. 10:44
1. Het besluit tot schorsing bepaalt de duur hiervan.
2. De schorsing van een besluit kan eenmaal worden verlengd.
3. De schorsing kan ook na verlenging niet langer duren dan een jaar.
4. Indien bezwaar is gemaakt of beroep is ingesteld tegen het geschorste besluit, duurt de schorsing evenwel voort tot dertien weken nadat op het bezwaar of beroep onherroepelijk is beslist.
5. De schorsing kan worden opgeheven.

Duur van schorsing door bestuursorgaan

Art. 10:45
Op het besluit inzake schorsing zijn de artikelen 10:36, 10:37, 10:38, eerste lid, 10:39, eerste en derde lid, en 10:42, derde lid, van overeenkomstige toepassing.

Overeenkomstige toepassing

Hoofdstuk 11
Slotbepalingen

Art. 11:1
[Vervallen]

Art. 11:2
1. Het bedrag van de vergoeding, bedoeld in artikel 4:113, eerste lid, en de bedragen, vastgesteld in de artikelen 8:41, tweede lid, en 8:109, eerste lid, en krachtens de artikelen 7:15, vierde lid, 7:28, vijfde lid, en 8:75, eerste lid, worden jaarlijks met ingang van 1 januari bij regeling van Onze Minister van Veiligheid en Justitie gewijzigd voor zover de consumentenprijsindex daartoe aanleiding geeft. Daarbij worden de bedragen rekenkundig afgerond op gehele euro's.
2. De overige bij of krachtens deze wet vastgestelde bedragen kunnen bij regeling van Onze Minister van Veiligheid en Justitie worden gewijzigd voor zover de consumentenprijsindex daartoe aanleiding geeft.

Indexering in bestuursrecht

Art. 11:3
Bij een wijziging van een bijlage bij deze wet blijft de bijlage zoals deze luidde voor het tijdstip van inwerkingtreding van de wijziging van toepassing op het beroep of hoger beroep tegen een besluit dat, onderscheidenlijk een uitspraak die voor dat tijdstip is bekendgemaakt.

Wijziging van bijlage bij Awb

Art. 11:4
Deze wet wordt aangehaald als: Algemene wet bestuursrecht.

Citeertitel Awb

Wet algemene bepalingen [1]

Wet van 15 mei 1829, houdende algemeene bepalingen der wetgeving van het Koningrijk

Wij WILLEM, bij de gratie Gods, Koning der Nederlanden, Prins van Oranje-Nassau, Groot-Hertog van Luxemburg, enz., enz., enz.
Allen den genen, die deze zullen zien of hooren lezen, salut! doen te weten:
Alzoo Wij hebben in overweging genomen, dat *de algemeene bepalingen*, vervat bij de wet van den 14den Juni 1822 (*staatsblad* n°. 10), niet *bij uitsluiting* toepasselijk zijn op het burgerlijk wetboek;
Dat daarenboven art. 1 over eene stoffe handelt, welke hare plaats zal behooren te vinden in eene afzonderlijke wet;
Zoo is het, dat Wij, den Raad van State gehoord, en met gemeen overleg der Staten-Generaal, Hebben goedgevonden en verstaan, gelijk Wij goedvinden en verstaan te bepalen hetgeen volgt:

Art. 1-3
[Vervallen]

Art. 4
De wet verbindt alleen voor het toekomende en heeft geene terugwerkende kracht. — Geen terugwerkende kracht
(*Zie ook: art. 77 BW Boek 1; art. 1 WvSr*)

Art. 5
Eene wet kan alleen door eene latere wet, voor het geheel of gedeeltelijk, hare kracht verliezen. — Uitschakelbepaling
(*Zie ook: art. 1 WvSr*)

Art. 6-7
[Vervallen]

Art. 8
De strafwetten en de verordeningen van policie, zijn verbindende voor allen die zich op het grondgebied van het Koningrijk bevinden. — Strafrecht, werkingssfeer

Art. 9
Het burgerlijk regt van het Koningrijk is hetzelfde voor vreemdelingen als voor de Nederlanders, zoo lange de wet niet bepaaldelijk het tegendeel vaststelt. — Burgerlijk recht, werkingssfeer
(*Zie ook: art. 1 BW Boek 1; artt. 1, 4 GW; art. 152 Rv*)

Art. 10
[Vervallen]

Art. 11
De regter moet volgens de wet regt spreken: hij mag in geen geval de innerlijke waarde of billijkheid der wet beoordeelen. — Rechtsmacht, rechterlijke bevoegdheid
(*Zie ook: artt. 91, 94, 120 GW; art. 99 Wet RO*)

Art. 12
Geen regter mag bij wege van algemeene verordening, dispositie of reglement, uitspraak doen in zaken welke aan zijne beslissing onderworpen zijn.

Art. 13
De regter die weigert regt te spreken, onder voorwendsel van het stilzwijgen, de duisterheid of de onvolledigheid der wet, kan uit hoofde van *regtsweigering* vervolgd worden. — Rechtsmacht, rechtsweigering
(*Zie ook: artt. 360, 844 Rv*)

Art. 13a
De regtsmagt van den regter en de uitvoerbaarheid van regterlijke vonnissen en van authentieke akten worden beperkt door de uitzonderingen in het volkenregt erkend. — Rechtsmacht, volkenrechtelijke uitzonderingen
(*Zie ook: art. 8 WvSr; artt. 92, 156 Rv; BadIt*)

Art. 14
[Vervallen]

---

1 Inwerkingtredingsdatum: 01-10-1838; zoals laatstelijk gewijzigd bij: Stb. 2011, 272.

Wet op de Raad van State[1]

Wet van 9 maart 1962, op de Raad van State

Wij JULIANA, bij de gratie Gods, Koningin der Nederlanden, Prinses van Oranje-Nassau, enz., enz., enz.
Allen, die deze zullen zien of horen lezen, saluut! doen te weten:
Alzo Wij in overweging genomen hebben, dat het wenselijk is de wet van 21 December 1861, Stb. 129, houdende regeling van de samenstelling en de bevoegdheid van de Raad van State, door een nieuwe wet te vervangen;
Zo is het, dat Wij, de Raad van State gehoord, en met gemeen overleg der Staten-Generaal, hebben goedgevonden en verstaan, gelijk Wij goedvinden en verstaan bij deze:

Hoofdstuk I
De Raad van State in het algemeen

Afdeling 1
Samenstelling en taak

Art. 1
1. De Raad van State bestaat, buiten de Koning als voorzitter, uit een vice-president en ten hoogste tien leden.
2. De vermoedelijke opvolger van de Koning heeft, nadat zijn achttiende jaar is vervuld, van rechtswege zitting in de Raad.
3. Bij koninklijk besluit kan ook andere leden van het koninklijk huis wanneer zij meerderjarig zijn, zitting in de Raad worden verleend.
4. De leden van het koninklijk huis die zitting in de Raad hebben, kunnen aan de beraadslagingen deelnemen, doch onthouden zich van stemmen.

Art. 2
1. De vice-president en de leden worden bij koninklijk besluit op voordracht van Onze Minister van Binnenlandse Zaken en Koninkrijksrelaties in overeenstemming met Onze Minister van Justitie voor het leven benoemd. Vacatures worden in de Staatscourant gepubliceerd onder opgave van het profiel van de gezochte kandidaat of kandidaten. De Tweede Kamer der Staten-Generaal voert ten minste eenmaal per jaar overleg met de vice-president over de vacatures.
2. Voor de benoeming van de vice-president wordt de Raad gehoord. Voor de benoeming van de leden doet de Raad een aanbeveling. De aanbeveling wordt gedaan gehoord de afdeling of afdelingen van de Raad waarvan het te benoemen lid deel zal uitmaken.
3. De leden worden bij koninklijk besluit benoemd in de Afdeling advisering of de Afdeling bestuursrechtspraak, dan wel in beide afdelingen. Het aantal leden dat in beide afdelingen wordt benoemd, bedraagt ten hoogste 10. De benoeming kan worden gewijzigd, met dien verstande dat een benoeming in de Afdeling bestuursrechtspraak slechts op verzoek van het lid kan worden beëindigd.
4. Een lid kan slechts deelnemen aan de rechtsprekende taak indien:
a. hem op grond van het afleggen van een afsluitend examen van een opleiding in het wetenschappelijk onderwijs door een universiteit dan wel de Open Universiteit waarop de Wet op het hoger onderwijs en wetenschappelijk onderzoek betrekking heeft, de graad Bachelor op het gebied van het recht en tevens de graad Master op het gebied van het recht is verleend, of
b. hij op grond van het met goed gevolg afleggen van het afsluitend examen van een opleiding op het gebied van het recht aan een universiteit dan wel de Open Universiteit waarop de Wet op het hoger onderwijs en wetenschappelijk onderzoek betrekking heeft, het recht om de titel meester te voeren heeft verkregen. Bij algemene maatregel van bestuur kunnen nadere regels worden gesteld met betrekking tot de beroepsvereisten.
5. Bij algemene maatregel van bestuur kunnen graden, verleend door een universiteit, de Open Universiteit of een hogeschool als bedoeld in de Wet op het hoger onderwijs en wetenschappelijk onderzoek, of daaraan gelijkwaardige getuigschriften worden aangewezen die voor de toepasselijkheid van het vierde lid, onderdeel a, gelijk worden gesteld aan de in dat onderdeel bedoelde graad Bachelor op het gebied van het recht.
6. In bijzondere gevallen kan van het vierde lid worden afgeweken.

---

1 Inwerkingtredingsdatum: 16-04-1962; zoals laatstelijk gewijzigd bij: Stb. 2018, 298.

Art. 3

Raad van State, ontslag vice-president en leden

1. De vice-president en de leden worden bij koninklijk besluit ontslagen:
   a. op eigen verzoek, en
   b. met ingang van de eerste dag van de maand, volgend op die, waarin zij de leeftijd van zeventig jaren hebben bereikt.
2. De vice-president en de leden worden voorts door de Raad, bij met redenen omkleed besluit, ontslagen, geschorst, of bij ongeschiktheid wegens ziekte met een andere taak belast, en de leden worden door de vice-president, bij met redenen omkleed besluit, berispt overeenkomstig hoofdstuk 6A van de Wet rechtspositie rechterlijke ambtenaren, met dien verstande dat:
   – in plaats van «procureur-generaal» wordt gelezen: vice-president;
   – in plaats van «plaatsvervangend procureur-generaal» wordt gelezen: het oudste aanwezige lid, naar rang van benoeming;
   – in plaats van «bij een gerecht dan wel binnen het gezagsbereik van Onze Minister» wordt gelezen: binnen de Raad dan wel binnen het gezagsbereik van Onze Minister van Binnenlandse Zaken en Koninkrijksrelaties;
   – in plaats van «functionele autoriteit» wordt gelezen: vice-president;
   – de Raad de mededeling van een beslissing als bedoeld in artikel 46p, vijfde lid, van de Wet rechtspositie rechterlijke ambtenaren, doet aan Onze Minister van Binnenlandse Zaken en Koninkrijksrelaties.
3. De artikelen 46i, vijfde lid, 46k, vijfde lid, en 46l, tweede lid, van de Wet rechtspositie rechterlijke ambtenaren zijn van overeenkomstige toepassing, met dien verstande dat wordt gelezen:
   – in plaats van «de rechterlijke ambtenaar»: de vice-president of het lid;
   – in plaats van «op voordracht van Onze Minister»: op voordracht van Onze Minister van Binnenlandse Zaken en Koninkrijksrelaties;
   – in plaats van «de Hoge Raad»: de Raad.

Nadere regels

4. Bij of krachtens algemene maatregel van bestuur kunnen nadere regels worden gesteld met betrekking tot voorzieningen in verband met ziekte, arbeidsongeschiktheid en werkloosheid.

Art. 4

Raad van State, Nederlanderschap vice-president en leden

Slechts Nederlanders kunnen worden benoemd tot vice-president of tot lid.

Art. 5

Raad van State, onverenigbare betrekkingen

1. Onverenigbaar met het ambt van vice-president of lid zijn:
   a. de openbare betrekkingen, aan welke een vaste beloning of toelage is verbonden;
   b. het lidmaatschap van publiekrechtelijke colleges, waarvoor de keuze geschiedt bij krachtens wettelijk voorschrift uitgeschreven verkiezingen;
   c. het ambt of beroep van advocaat, notaris, accountant, belastingconsulent of zaakwaarnemer;
   d. betrekkingen waarvan de uitoefening ongewenst is met het oog op een goede vervulling van hun ambt of op de handhaving van hun onpartijdigheid en onafhankelijkheid of van het vertrouwen daarin.
2. Behoudens indien de onverenigbaarheid ook uit een ander wettelijk voorschrift voortvloeit, kan ten aanzien van een lid op diens verzoek van het eerste lid, onderdeel a, bij koninklijk besluit, de Raad van State gehoord, voor een bepaalde tijd ontheffing worden verleend.
3. Gedurende de ontheffing, bedoeld in het tweede lid, is het lid ontheven van de waarneming van zijn ambt.
4. De bezoldiging wordt gedurende de periode van de ontheffing van de waarneming van zijn ambt ingehouden.
5. De betrekkingen die de vice-president en de leden buiten hun ambt vervullen worden door de vice-president openbaar gemaakt. De artikelen 44, vijfde tot en met achtste en tiende lid, en 44a, eerste tot en met achtste en tiende lid, van de Wet rechtspositie rechterlijke ambtenaren zijn van overeenkomstige toepassing.

Art. 6

Raad van State, eed of belofte

1. Alvorens hun ambt te aanvaarden leggen de vice-president en de leden in handen van de Koning de volgende eed (verklaring en belofte) af:
«Ik zweer (verklaar) dat ik, tot het verkrijgen van mijn aanstelling, middellijk noch onmiddellijk, onder welke naam of welk voorwendsel ook, aan iemand iets heb gegeven of beloofd.
Ik zweer (verklaar en beloof) dat ik, om iets in dit ambt te doen of te laten, van niemand enig geschenk of enige belofte heb aangenomen of zal aannemen, middellijk of onmiddellijk.
Ik zweer (beloof) trouw aan de Koning, dat ik het Statuut voor het Koninkrijk en de Grondwet steeds zal helpen onderhouden en mijn ambt met eerlijkheid, nauwgezetheid en onpartijdigheid zal vervullen.
Zo waarlijk helpe mij God almachtig!»
(Dat verklaar en beloof ik»).

7 Wet op de Raad van State — art. 12

2. Deze eed (verklaring en belofte) kan door de leden ook worden afgelegd in een vergadering van de Raad in handen van de vice-president, daartoe door de Koning gemachtigd.

Art. 7
De vice-president wordt bij verhindering of ontstentenis vervangen door het oudste aanwezige lid, naar rang van benoeming.

Raad van State, vervanging vice-president

Art. 7a
De Raad is belast met de taken, bij de artikelen 35 en 38 van de Grondwet aan hem opgedragen.

Raad van State, taken

Afdeling 2
Staatsraden en staatsraden in buitengewone dienst

Art. 8
1. Er kunnen staatsraden worden benoemd.

Raad van State, benoeming staatsraden

2. Zij worden gekozen uit hen, die bekwaamheid of deskundigheid hebben bewezen op het gebied van wetgeving, bestuur of rechtspraak dan wel in aangelegenheden die daaraan raken.

3. De staatsraden worden bij koninklijk besluit op voordracht van Onze Minister van Binnenlandse Zaken en Koninkrijksrelaties in overeenstemming met Onze Minister van Justitie voor het leven benoemd. Voor zover zij niet met rechtspraak worden belast, kunnen zij voor een bepaalde tijd van ten minste drie jaren worden benoemd. Vacatures worden in de Staatscourant gepubliceerd onder opgave van het profiel van de gezochte kandidaat of kandidaten. De Tweede Kamer der Staten-Generaal voert ten minste eenmaal per jaar overleg met de vice-president over de vacatures. Voor de benoeming doet de Raad een aanbeveling. De aanbeveling wordt gedaan gehoord de afdeling of afdelingen van de Raad waarvan de te benoemen staatsraad deel zal uitmaken.

4. De artikelen 2, derde tot en met vijfde lid, 3, 4, 5, eerste lid, aanhef en onder d, en vijfde lid, en 6 zijn op hen van overeenkomstige toepassing.

Art. 9
De staatsraden hebben bij de vervulling van hun taak de bevoegdheden van een lid van de Raad.

Raad van State, bevoegdheden staatsraden

Art. 10
1. Er kunnen staatsraden in buitengewone dienst worden benoemd.

Raad van State, benoeming staatsraden in buitengewone dienst

2. Een staatsraad in buitengewone dienst neemt slechts deel aan de werkzaamheden van de Raad of van een van zijn afdelingen, voorzover hij daartoe door de vice-president is opgeroepen.

3. De artikelen 2, derde tot en met vijfde lid, 3, 4, 5, eerste lid, aanhef en onder d, en vijfde lid, 6, 8, tweede en derde lid, en 9 zijn van overeenkomstige toepassing.

Afdeling 3
De secretaris en de ambtenaren van staat

Art. 11
1. Aan de Raad worden toegevoegd een secretaris en het nodige aantal ambtenaren van staat.

Raad van State, benoeming secretaris en ambtenaren

2. Zij worden bij koninklijk besluit op voordracht van de Raad benoemd en bij koninklijk besluit, de Raad gehoord, ontslagen.

Art. 12
1. Voor benoeming tot secretaris of ambtenaar van staat komt in aanmerking degene:

Raad van State, benoembaarheidseisen secretaris/ambtenaar

a. aan wie op grond van het met goed gevolg afleggen van een afsluitend examen van een opleiding in het wetenschappelijk onderwijs door een universiteit dan wel de Open Universiteit waarop de Wet op het hoger onderwijs en wetenschappelijk onderzoek betrekking heeft, de graad Bachelor op het gebied van het recht en tevens de graad Master op het gebied van het recht is verleend, of

b. die op grond van het met goed gevolg afleggen van het afsluitend examen van een opleiding op het gebied van het recht aan een universiteit dan wel de Open Universiteit waarop de Wet op het hoger onderwijs en wetenschappelijk onderzoek betrekking heeft, het recht om de titel meester te voeren heeft verkregen.

Artikel 5, vierde lid, van de Wet rechtspositie rechterlijke ambtenaren is van overeenkomstige toepassing.

2. Bij algemene maatregel van bestuur kunnen graden, verleend door een universiteit, de Open Universiteit of een hogeschool als bedoeld in de Wet op het hoger onderwijs en wetenschappelijk onderzoek, of daaraan gelijkwaardige getuigschriften worden aangewezen die voor de toepas-

selijkheid van het eerste lid, onderdeel a, gelijk worden gesteld aan de in dat onderdeel bedoelde graad Bachelor op het gebied van het recht.
3. In bijzondere gevallen kan van het eerste lid worden afgeweken.

Art. 13

Raad van State, eed of belofte

De secretaris en de ambtenaren van staat leggen alvorens hun ambt te aanvaarden in een vergadering van de Raad in handen van de voorzitter, de volgende eed (verklaring en belofte) af:
«Ik zweer (verklaar) dat ik, tot het verkrijgen van mijn aanstelling, middellijk noch onmiddellijk, onder welke naam of welk voorwendsel ook, aan iemand iets heb gegeven of beloofd.
Ik zweer (verklaar en beloof) dat ik, om iets in dit ambt te doen of te laten, van niemand enig geschenk of enige belofte heb aangenomen of zal aannemen, middellijk of onmiddellijk.
Ik zweer (beloof) dat ik al de plichten, aan mijn ambt verbonden, eerlijk en vlijtig zal vervullen. Zo waarlijk helpe mij God almachtig!»
(Dat verklaar en beloof ik»).

Afdeling 4
Overige bepalingen

Art. 14

Raad van State, regeling werkzaamheden

1. Op voorstel van de vice-president regelt de Raad zijn werkzaamheden alsmede voor zover nodig de overige aangelegenheden welke op het college betrekking hebben en niet uitsluitend de Afdeling advisering of de Afdeling bestuursrechtspraak aangaan.
2. De regeling wordt in de Staatscourant bekendgemaakt.

Art. 15

Raad van State, beslissing bij meerderheid van stemmen

1. De Raad beslist bij meerderheid van stemmen.

2. Indien de stemmen staken, beslist de stem van de voorzitter der vergadering.
3. De Raad beslist niet, indien minder dan de helft van het aantal leden aanwezig is, waaruit de Raad, de vice-president inbegrepen, op dat moment bestaat.

Art. 16

Raad van State, geheimhouding

De vice-president, de leden, de staatsraden en de staatsraden in buitengewone dienst nemen geheimhouding in acht, voorzover:
a. de aard van de aangelegenheid daartoe noopt;
b. Onze Minister wie het aangaat dit nodig acht, of
c. de meerderheid van degenen die aan de beraadslaging deelnemen daartoe besluit.

Hoofdstuk II
De Afdeling advisering

Afdeling 1
Samenstelling en taak

Art. 16a

Raad van State, Afdeling advisering

1. De Raad kent een Afdeling advisering.

2. De Afdeling advisering bestaat uit:
a. de vice-president en
b. de leden, de staatsraden en de staatsraden in buitengewone dienst die in de Afdeling advisering zijn benoemd.
3. De leden van het koninklijk huis, bedoeld in artikel 1, tweede en derde lid, hebben zitting in de Afdeling advisering. Artikel 1, vierde lid, is van overeenkomstige toepassing.
4. De vice-president is voorzitter van de Afdeling advisering. Artikel 7 is van overeenkomstige toepassing.

Art. 17

Afdeling advisering, taken

1. Wij horen de Afdeling advisering over:
a. de voorstellen van wet door Ons aan de Staten-Generaal te doen;
b. de ontwerpen van algemene maatregelen van bestuur;
c. de voorstellen tot goedkeuring van een verdrag of van het voornemen tot opzegging van een verdrag.
2. Wij horen de Afdeling advisering voorts in de gevallen waarin een wet dit voorschrijft en over alle aangelegenheden waaromtrent Wij het nodig oordelen.
3. Wij brengen bij de Afdeling advisering ter overweging de ontwerpen van krachtens enige wet te nemen koninklijke besluiten tot vernietiging.
4. De voorstellen, ontwerpen en besluiten vermelden dat de Afdeling advisering van de Raad van State is gehoord.

7 Wet op de Raad van State

Art. 18
1. De Tweede Kamer der Staten-Generaal hoort de Afdeling advisering over de bij haar door een of meer leden aanhangig gemaakte voorstellen van wet, voordat zij deze in behandeling neemt.
2. In de gevallen waarin de Tweede Kamer der Staten-Generaal zulks nodig oordeelt, hoort zij de Afdeling advisering voorts omtrent de in het eerste lid bedoelde voorstellen, nadat deze in behandeling zijn genomen.
3. Wij horen de Afdeling advisering niet over de bij de Tweede Kamer der Staten-Generaal door een of meer leden aanhangig gemaakte voorstellen van wet, voordat zij door de Staten-Generaal zijn aangenomen.
4. Het eerste, het tweede en het derde lid zijn van overeenkomstige toepassing ten aanzien van de Staten-Generaal in verenigde vergadering.

Art. 19
Het horen van de Afdeling advisering kan achterwege blijven over:
a. voorstellen van wet tot wijziging van de begroting van het Rijk;
b. voorstellen van wet tot goedkeuring van een verdrag of van het voornemen tot opzegging van een verdrag, indien dit verdrag of dit voornemen eerder ter stilzwijgende goedkeuring aan de Staten-Generaal was voorgelegd.

Art. 20
1. De Afdeling advisering stelt het ontwerp op van een koninklijk besluit als bedoeld in artikel 136 van de Grondwet.
2. Binnen zes maanden nadat het ontwerp is opgesteld kan Onze Minister wie het aangaat, de Afdeling advisering gemotiveerd verzoeken haar ontwerp in nadere overweging te nemen. Indien het koninklijk besluit afwijkt van het ontwerp of het nader ontwerp wordt het in het Staatsblad geplaatst met het ontwerp, bedoeld in het eerste lid en indien daarvan sprake is, het nader ontwerp. Indien niet binnen zes maanden een verzoek als bedoeld in de eerste volzin is gedaan luidt het koninklijk besluit overeenkomstig het ontwerp.

Art. 21
De Afdeling advisering adviseert Ons voorts indien zij dit nodig acht.

Art. 21a
1. De Afdeling advisering dient op verzoek Onze Ministers dan wel een van beide kamers der Staten-Generaal van voorlichting in aangelegenheden van wetgeving en bestuur.
2. Indien voorlichting wordt gegeven aan een van beide kamers der Staten-Generaal, draagt deze kamer zorg voor de openbaarmaking, bedoeld in artikel 26, eerste lid, onderdeel c.

Art. 22
In de gevallen, bedoeld in artikel 17, wordt de aangelegenheid hetzij door Ons, op voordracht van Onze Minister wie het aangaat, hetzij door Onze Minister krachtens koninklijke machtiging, ter overweging aanhangig gemaakt.

Art. 23
1. Onze Ministers geven aan de Afdeling advisering de inlichtingen, die in verband met de uitoefening van haar taak vereist worden.
2. Het inwinnen door de Afdeling advisering van inlichtingen bij anderen dan Onze Minister, wie het aangaat, geschiedt door tussenkomst van deze.
3. De vice-president kan personen oproepen om aan de Afdeling advisering voorlichting en advies te geven.

Art. 24
De Afdeling advisering beraadslaagt met Onze Minister, wie het aangaat, indien de Afdeling advisering of de Minister zulks mocht verlangen.

Art. 25
Van de koninklijke besluiten in aangelegenheden, waarover de Afdeling advisering is gehoord, wordt aan deze mededeling gedaan.

Art. 26
1. Onze Minister wie het rechtstreeks aangaat draagt zorg voor het openbaar maken in de Staatscourant van
a. adviezen van de Afdeling advisering, door Ons gevraagd;
b. adviezen als bedoeld in artikel 21;
c. voorlichting in aangelegenheden van wetgeving en bestuur als bedoeld in artikel 21a.
2. Openbaarmaking van de adviezen, bedoeld in het eerste lid onder a, geschiedt tezamen met openbaarmaking van de aan de Afdeling advisering voorgelegde tekst en van het nader rapport aan Ons. Zij heeft plaats voor wat betreft
a. adviezen over door Ons ingezonden voorstellen van wet: gelijktijdig met de inzending daarvan aan de Tweede Kamer der Staten-Generaal;

Afdeling advisering, advies aan Tweede Kamer

Afdeling advisering, geen hoorplicht

Afdeling advisering, opstelling ontwerp-KB

Afdeling advisering, ongevraagde advisering

Afdeling advisering, voorlichting

Afdeling advisering, adviesaanvraag

Afdeling advisering, informatieverstrekking door minister

Afdeling advisering, overleg met minister

Afdeling advisering, mededeling KB's

Afdeling advisering, openbaarmaking adviezen

b. adviezen over voorstellen van wet door de Staten-Generaal aan Ons gedaan: gelijktijdig met de bekendmaking van de wet;
c. adviezen over verdragen met andere mogendheden en volkenrechtelijke organisaties, aan de Staten-Generaal ter stilzwijgende goedkeuring over te leggen: gelijktijdig met de overlegging daarvan aan de Staten-Generaal;
d. adviezen over algemene maatregelen van bestuur en andere koninklijke besluiten: gelijktijdig met de bekendmaking.
3. Openbaarmaking van adviezen als bedoeld in het eerste lid, onder a, welke niet kan geschieden zoals voorzien in het tweede lid, alsmede openbaarmaking van adviezen als bedoeld in het eerste lid, onder b en van voorlichting in aangelegenheden van wetgeving en bestuur als bedoeld in het eerste lid, onder c, geschiedt uiterlijk binnen dertig dagen nadat is beslist op het advies, de voordracht of een ander voorstel van de Afdeling advisering onderscheidenlijk op de voorlichting in aangelegenheden van wetgeving en bestuur van die Afdeling. Daarbij worden, in voorkomend geval, mede openbaar gemaakt het nader rapport en de aan de Afdeling advisering voorgelegde tekst alsmede het koninklijk besluit, indien de openbaarmaking niet elders is geregeld. De openbaarmaking heeft plaats op de wijze, voorgeschreven in artikel 9, eerste en tweede lid, van de Wet openbaarheid van bestuur.
4. Openbaarmaking blijft achterwege in de gevallen, bedoeld in artikel 10 van de Wet openbaarheid van bestuur.
5. Actieve openbaarmaking kan achterwege blijven indien een advies als bedoeld in het eerste lid, onder a, zonder meer instemmend luidt, dan wel uitsluitend opmerkingen van redactionele aard bevat.
6. De Afdeling advisering doet in haar adviezen, bedoeld in het eerste lid, voorstellen omtrent de toepassing van de bepalingen van het vierde of vijfde lid.

Art. 27

1. De Tweede Kamer der Staten-Generaal en de Staten-Generaal in verenigde vergadering dragen zorg voor het openbaar maken van de adviezen van de Afdeling advisering, bedoeld in artikel 18, eerste en tweede lid, onderscheidenlijk vierde lid, alsmede voor een schriftelijke reactie op deze adviezen.
2. Openbaarmaking van de adviezen geschiedt tezamen met openbaarmaking van de schriftelijke reactie.
3. Openbaarmaking blijft achterwege in de gevallen, bedoeld in artikel 10 van de Wet openbaarheid van bestuur.
4. Actieve openbaarmaking kan achterwege blijven indien het advies zonder meer instemmend luidt, dan wel uitsluitend opmerkingen van redactionele aard bevat.
5. De Afdeling advisering doet in de adviezen voorstellen omtrent de toepassing van de bepalingen van het derde of vierde lid.

Afdeling 2
Overige bepalingen

Art. 27a

Raad van State, Afdeling bestuursrechtspraak

1. Bij de voorbereiding van adviezen en ontwerp-besluiten beraadslaagt de Afdeling advisering met gesloten deuren.
2. De Afdeling advisering beslist bij meerderheid van stemmen.
3. Indien de stemmen staken, beslist de stem van de voorzitter der vergadering. Van die omstandigheid wordt in het advies melding gemaakt.
4. De Afdeling advisering beslist niet, indien minder dan de helft van de leden van de Afdeling advisering aanwezig is.

Art. 27b

Afdeling bestuursrechtspraak, adviezen

1. De adviezen zijn met redenen omkleed.

2. Degene die in de vergadering van de Afdeling advisering een van de meerderheid afwijkende mening heeft kenbaar gemaakt, kan een afzonderlijk advies uitbrengen.
3. Dit advies wordt bij het advies van de Afdeling advisering gevoegd.

Art. 27c

Afdeling bestuursrechtspraak, regeling werkzaamheden

1. De voorzitter regelt de werkzaamheden van de Afdeling advisering.

2. De regeling wordt in de Staatscourant bekendgemaakt.

Art. 27d

Afdeling bestuursrechtspraak, voorbereiding besluiten

1. Bij de voorbereiding van:
a. een advies omtrent de vernietiging van een besluit, of

7 Wet op de Raad van State art. 41

b. een ontwerp-besluit omtrent een geschil als bedoeld in artikel 136 van de Grondwet, kan de Afdeling advisering belanghebbenden, getuigen, deskundigen en tolken oproepen om te worden gehoord.
2. Artikel 45 en de artikelen 8:24, 8:25, 8:27 tot en met 8:29, 8:31 tot en met 8:36, eerste lid, 8:39, 8:50 en 8:61 van de Algemene wet bestuursrecht zijn van overeenkomstige toepassing.
3. Een door Onze Minister wie het aangaat aangewezen ambtenaar kan bij de beraadslaging aanwezig zijn om inlichtingen te geven.
4. Ambtsberichten en andere door Onze Minister aangewezen stukken zijn niet openbaar.
5. Het ontwerp van een koninklijk besluit tot vernietiging is niet openbaar.

Art. 27e
De vice-president, de leden, de staatsraden en de staatsraden in buitengewone dienst nemen geen deel aan de beraadslagingen en stemmen niet mee, indien daardoor hun onpartijdigheid schade zou kunnen lijden.

Afdeling bestuursrechtspraak, deelneming aan beraadslaging

Art. 28-29
[Vervallen]

Hoofdstuk III
De Afdeling bestuursrechtspraak

Afdeling 1
Samenstelling en taak

Art. 30
1. De Raad kent een Afdeling bestuursrechtspraak.
2. De Afdeling bestuursrechtspraak bestaat uit de leden, de staatsraden en de staatsraden in buitengewone dienst die in de Afdeling bestuursrechtspraak zijn benoemd.

Afdeling bestuursrechtspraak, samenstelling

Art. 30a
1. Bij koninklijk besluit op voordracht van Onze Minister van Justitie in overeenstemming met Onze Minister van Binnenlandse Zaken en Koninkrijksrelaties wordt uit de leden van de afdeling bestuursrechtspraak die voldoen aan het vereiste, gesteld in artikel 2, vierde lid, een voorzitter van de afdeling bestuursrechtspraak benoemd. Voor de benoeming doet de Raad een aanbeveling, de afdeling bestuursrechtspraak gehoord.
2. De benoeming geldt voor het leven. Zij kan slechts op verzoek van de voorzitter worden ingetrokken en vervalt in geval van ontslag als lid van de Raad.
3. De voorzitter kan worden vervangen door een ander lid van de Afdeling bestuursrechtspraak dat voldoet aan het vereiste, gesteld in artikel 2, vierde lid.
4. De voorzitter is lid van de Raad van State, zo nodig in afwijking van artikel 1, eerste lid.
5. De voorzitter regelt de werkzaamheden van de Afdeling bestuursrechtspraak.
6. De daartoe door de voorzitter schriftelijk aangewezen ambtenaren verrichten de werkzaamheden die bij of krachtens de wet aan de griffier zijn opgedragen.

Afdeling bestuursrechtspraak, benoeming voorzitter

Art. 30b
De Afdeling bestuursrechtspraak is belast met de berechting van de bij de wet aan haar opgedragen geschillen.

Afdeling bestuursrechtspraak, taken

Art. 31-35
[Vervallen]

Art. 36
[Vervallen door vernummering.]

Art. 37
[Vervallen door vernummering.]

Art. 38
[Vervallen door vernummering.]

Art. 39
[Vervallen door vernummering.]

Art. 40
[Vervallen door vernummering.]

Art. 41
[Vervallen door vernummering.]

Afdeling 2
Overige bepalingen

Art. 42

Afdeling bestuursrechtspraak, enkel- en meervoudige kamers

1. De Afdeling bestuursrechtspraak vormt en bezet op voorstel van de voorzitter enkelvoudige, meervoudige en grote kamers.

2. De meervoudige kamers en grote kamers bestaan uit drie onderscheidenlijk vijf leden, van wie een als voorzitter optreedt.
3. Leden van de Afdeling bestuursrechtspraak die niet voldoen aan het vereiste, gesteld in artikel 2, vierde lid, kunnen:
a. geen zitting hebben in een enkelvoudige kamer en
b. niet de meerderheid vormen van de leden van een meervoudige of grote kamer.
4. Een lid van de Afdeling bestuursrechtspraak dat betrokken is geweest bij de totstandkoming van een advies van de Raad, neemt geen deel aan de behandeling van een geschil over een rechtsvraag waarop dat advies betrekking had.

Art. 43

Afdeling bestuursrechtspraak, besluitvorming meervoudige kamer

1. De voorzitter van een meervoudige of grote kamer doet in raadkamer hoofdelijk omvraag. De voorzitter maakt zelf als laatste zijn oordeel kenbaar.

2. Ieder lid is verplicht aan de besluitvorming deel te nemen.
3. Een afwezig lid kan zijn oordeel niet door een van de aanwezige leden doen voordragen of het schriftelijk uitbrengen.

Art. 44

Afdeling bestuursrechtspraak, geheimhouding

Het is de leden van de Afdeling bestuursrechtspraak en de ten behoeve van deze afdeling werkzame ambtenaren verboden:
a. hetgeen zij als zodanig te weten zijn gekomen verder bekend te maken dan voor de uitoefening van hun functie wordt gevorderd,
b. de gevoelens te openbaren die in raadkamer zijn geuit, en
c. over een voor hen aanhangige zaak of over een zaak die naar zij weten of redelijkerwijs kunnen vermoeden, voor hen aanhangig zal worden, op enigerlei bijzondere wijze in contact te treden met partijen, gemachtigden of degene die een partij bijstaat.

Art. 45

Afdeling bestuursrechtspraak, regeling klachtbehandeling

1. De voorzitter van de Afdeling bestuursrechtspraak stelt een regeling vast voor de behandeling van klachten.

2. Klachten kunnen niet een rechterlijke uitspraak betreffen.
3. Titel 9.1 van de Algemene wet bestuursrecht, met uitzondering van de zinsnede «of een ander» in artikel 9:1, eerste lid, is van overeenkomstige toepassing, met dien verstande dat onder bestuursorgaan wordt verstaan: de Afdeling bestuursrechtspraak.
4. De regeling, bedoeld in het eerste lid, wordt gepubliceerd in de Staatscourant.

Afdeling 3
[Vervallen]

Art. 46-57
[Vervallen]

Hoofdstuk IV
Slotbepalingen

Art. 58

Raad van State, immuniteit leden

1. Tegen de vice-president, de staatsraden en de staatsraden in buitengewone dienst kan noch een rechtsvervolging, noch een rechtsvordering worden ingesteld wegens hetgeen zij tijdens de beraadslaging in de Raad, de Afdeling advisering, de Afdeling bestuursrechtspraak of een kamer van die Afdeling bestuursrechtspraak hebben gezegd, dan wel daaraan schriftelijk hebben overgelegd.

2. Artikel 42 van de Wet rechtspositie rechterlijke ambtenaren is van overeenkomstige toepassing op de leden van de Afdeling bestuursrechtspraak, met dien verstande dat in plaats van «Onze Minister» steeds wordt gelezen: de Minister van Binnenlandse Zaken en Koninkrijksrelaties.

Art. 59

Citeertitel

Deze wet wordt aangehaald als: Wet op de Raad van State.

Art. 60-125
[Vervallen]

Wet op de rechterlijke organisatie[1]

Wet van den 18den April 1827, op de zamenstelling der Regterlijke magt en het beleid der Justitie

Wij WILLEM, bij de gratie Gods, Koning der Nederlanden, Prins van Oranje-Nassau, Groot-Hertog van Luxemburg, enz., enz., enz.
Allen die deze zullen zien of hooren lezen, salut! doen te weten:
Alzoo Wij in overweging genomen hebben, dat, volgens art. 163 van de grondwet, moet worden ingevoerd "een algemeen wetboek van burgerlijk regt, van koophandel, van lijfstraffelijk regt, van de zamenstelling der regterlijke magt en van de manier van procederen;"
Zoo is het, dat Wij, den Raad van State gehoord, en met gemeen overleg der Staten-Generaal, Hebben goedgevonden en verstaan, gelijk Wij goedvinden en verstaan bij deze, te arresteren de navolgende Wet op de zamenstelling der Regterlijke Magt en het beleid der Justitie voor het Koninkrijk der Nederlanden.

Hoofdstuk 2
Rechtspraak

Afdeling 1
Algemene bepalingen

Art. 2
De tot de rechterlijke macht behorende gerechten zijn:
a. de rechtbanken;
b. de gerechtshoven; en
c. de Hoge Raad.

Rechtspraak, gerechten

Art. 4
1. Tenzij bij de wet anders is bepaald, zijn, op straffe van nietigheid, de zittingen openbaar.

Gerechten, openbaarheid zittingen

2. Om gewichtige redenen kan het onderzoek ter zitting geheel of gedeeltelijk plaatsvinden met gesloten deuren. In het proces-verbaal van de zitting worden de redenen vermeld.
3. Indien in zaken betreffende het personen- en familierecht of waarop artikel 803 van het Wetboek van Burgerlijke Rechtsvordering van overeenkomstige toepassing is de zitting geheel of gedeeltelijk openbaar is, worden in het proces-verbaal van de zitting de redenen daarvoor vermeld.

Afdeling 3
De rechtbanken

Paragraaf 1
Algemene bepalingen

Art. 42
De rechtbanken nemen in eerste aanleg kennis van alle burgerlijke zaken, behoudens bij de wet bepaalde uitzonderingen.

Rechtbank, bevoegdheid in burgerlijke zaken

Art. 43
De rechtbanken nemen in eerste aanleg kennis van de bestuursrechtelijke zaken waarvan de kennisneming bij de wet aan hen is opgedragen.

Rechtbank, bevoegdheid in bestuursrechtelijke zaken

Art. 45
1. De rechtbanken nemen in eerste aanleg kennis van alle strafzaken, behoudens bij de wet bepaalde uitzonderingen.
2. De rechtbanken nemen ook kennis van de vordering tot vergoeding van kosten en schaden ten behoeve van de benadeelde partij in strafzaken.

Rechtbank, bevoegdheid in strafzaken

---

1   Inwerkingtredingsdatum: 17-05-1827; zoals laatstelijk gewijzigd bij: Stb. 2018, 298.

art. 47

Paragraaf 2
Vorming en bezetting van kamers

Art. 47

Rechtbank, vorming en bezetting enkelvoudige kamers

1. Het bestuur vormt voor het behandelen en beslissen van kantonzaken enkelvoudige kamers en bepaalt de bezetting daarvan.

2. Degene die zitting heeft in de enkelvoudige kamer draagt de titel van kantonrechter dan wel kantonrechter-plaatsvervanger.

Art. 47a
[Vervallen]

Art. 48

Rechtbank, vorming en bezetting pachtkamers

1. Het bestuur vormt voor het behandelen en beslissen van kantonzaken als bedoeld in artikel 1019j van het Wetboek van Burgerlijke Rechtsvordering meervoudige kamers onder de benaming van pachtkamers. Het bestuur bepaalt de bezetting van deze kamers.
2. Een pachtkamer wordt bezet door twee personen, niet zijnde rechterlijk ambtenaar, als deskundige leden en een kantonrechter. Op de deskundige leden zijn de artikelen 7, derde lid, 12 en 13 tot en met 13g van overeenkomstige toepassing.

Vierde afdeling
De gerechtshoven

Paragraaf 1
Algemene bepalingen

Art. 59-59h
[Vervallen]

Art. 59i
[Door vernummering vervallen]

Art. 60

Gerechtshof, bevoegdheid in burgerlijke zaken/strafzaken/belastingzaken

1. De gerechtshoven oordelen in hoger beroep over de daarvoor vatbare vonnissen, beschikkingen en uitspraken in burgerlijke zaken, strafzaken en belastingzaken van de rechtbanken in hun ressort.
2. Het eerste lid is van overeenkomstige toepassing op het aan hoger beroep onderworpen deel van het vonnis van een rechtbank in een strafzaak dat betrekking heeft op de vordering van de benadeelde partij indien de vordering meer dan € 1 750 bedraagt.
(Zie ook: art. 404 e.v. Sv; artt. 16, 332 e.v., 343 e.v. Rv)
3. Het bestuur van het gerechtshof kan uit de bij het gerecht werkzame rechterlijke ambtenaren met rechtspraak belast raadsheren-commissarissen aanwijzen, belast met de behandeling van strafzaken.

Afdeling 5
De Hoge Raad

Art. 72

Hoge Raad, samenstelling

1. De Hoge Raad bestaat uit een president, ten hoogste zeven vice-presidenten, ten hoogste dertig raadsheren en ten hoogste vijftien raadsheren in buitengewone dienst.
2. De raadsheren in buitengewone dienst verrichten, als raadsheer, werkzaamheden voorzover zij daartoe door de president worden opgeroepen.
3. Bij de Hoge Raad is een griffier werkzaam.
4. Bij de Hoge Raad kunnen gerechtsauditeurs en een substituut-griffier werkzaam zijn.
5. Voor de toepassing van het eerste lid worden de president van, de vice-presidenten van en de raadsheren in de Hoge Raad aan wie buitengewoon verlof zonder behoud van bezoldiging is verleend, voor de duur van dat verlof en gedurende ten hoogste een jaar daarna buiten beschouwing gelaten.
6. Voor de toepassing van het eerste lid worden rechterlijke ambtenaren die zijn aangesteld voor een minder dan volledige arbeidsduur, geteld overeenkomstig de breuk die hun arbeidsduur aangeeft.
(Zie ook: Wbesl. Reg. I)

Art. 78

Beroep in cassatie

1. De Hoge Raad neemt kennis van het beroep in cassatie tegen de handelingen, arresten, vonnissen en beschikkingen van de gerechtshoven en de rechtbanken, ingesteld hetzij door een partij, hetzij «in het belang der wet» door de procureur-generaal bij de Hoge Raad.
2. Het eerste lid is niet van toepassing op de handelingen en uitspraken van de rechtbanken in zaken waarvan zij als bestuursrechter kennis nemen.

8 Wet op de rechterlijke organisatie (uittreksel) — art. 81

3. Het eerste lid is voorts niet van toepassing ten aanzien van de handelingen en beslissingen van de rechtbanken en van het gerechtshof Arnhem-Leeuwarden in zaken met betrekking tot de Wet administratiefrechtelijke handhaving verkeersvoorschriften ten en in zaken betreffende bestuurlijke boeten opgelegd op grond van artikel 154b van de Gemeentewet, met dien verstande dat de Hoge Raad wel kennis neemt van de eis tot «cassatie in het belang der wet» door de procureur-generaal.
4. De Hoge Raad neemt kennis van het beroep in cassatie tegen uitspraken van de bestuursrechter voorzover dit bij wet is bepaald.
5. De Hoge Raad neemt kennis van het beroep in cassatie ingesteld «in het belang der wet» tegen uitspraken van de Raad voor strafrechtstoepassing en jeugdbescherming, bedoeld in artikel 32 van de Instellingswet Raad voor strafrechtstoepassing en jeugdbescherming.
6. Een partij kan geen beroep in cassatie instellen indien voor haar een ander gewoon rechtsmiddel openstaat of heeft opengestaan.
7. Cassatie «in het belang der wet» kan niet worden ingesteld indien voor partijen een gewoon rechtsmiddel openstaat en brengt geen nadeel toe aan de rechten door partijen verkregen

Art. 79
1. De Hoge Raad vernietigt handelingen, arresten, vonnissen en beschikkingen: *Cassatiegronden*
  a. wegens verzuim van vormen voorzover de niet-inachtneming daarvan uitdrukkelijk met nietigheid is bedreigd of zodanige nietigheid voortvloeit uit de aard van de niet in acht genomen vorm;
  b. wegens schending van het recht met uitzondering van het recht van vreemde staten.
2. Feiten waaruit het gelden of niet gelden van een regel van gewoonterecht wordt afgeleid, worden voorzover zij bewijs behoeven, alleen op grond van de bestreden beslissing als vaststaande aangenomen.

Art. 80
1. Tegen een vonnis of een beschikking van een kantonrechter in een burgerlijke zaak waartegen   *Gronden voor instelling beroep in cassatie*
geen hoger beroep kan of kon worden ingesteld, kan een partij slechts beroep in cassatie instellen wegens:
  a. het niet inhouden van de gronden waarop het vonnis of de beschikking berust;
  b. het niet in het openbaar gedaan zijn van het vonnis of, voorzover rechtens vereist, de beschikking;
  c. onbevoegdheid; of
  d. overschrijding van rechtsmacht.
2. Een vonnis van een kantonrechter in een strafzaak kan, afgezien van het geval van cassatie «in het belang der wet», wegens geen ander verzuim van vormen worden vernietigd dan wegens:
  a. het niet inhouden van het ten laste gelegde dan wel, in geval van een bewezenverklaring, het ten laste gelegde alsmede de gronden waarop het vonnis berust;
  b. het niet beslissen op de grondslag van de tenlastelegging;
  c. het niet geven van de beslissing, bedoeld in artikel 358, derde lid, van het Wetboek van Strafvordering, dan wel het niet geven van de redenen voor deze beslissing; of
  d. het niet in het openbaar gewezen zijn van het vonnis.

Art. 80a
1. De Hoge Raad kan, gehoord de procureur-generaal, het beroep in cassatie niet-ontvankelijk   *Niet-ontvankelijkverklaring wegens onvoldoende belang*
verklaren wanneer de aangevoerde klachten geen behandeling in cassatie rechtvaardigen, omdat de partij die het cassatieberoep instelt klaarblijkelijk onvoldoende belang heeft bij het cassatieberoep of omdat de klachten klaarblijkelijk niet tot cassatie kunnen leiden.
2. De Hoge Raad neemt een beslissing als bedoeld in het eerste lid niet dan nadat de Hoge Raad kennis heeft genomen van:
  a. de procesinleiding, bedoeld in artikel 407 onderscheidenlijk artikel 426a van het Wetboek van Burgerlijke Rechtsvordering, en het verweerschrift, bedoeld in artikel 411, eerste lid, onderscheidenlijk artikel 426b van dat Wetboek, voor zover ingediend;
  b. de schriftuur, houdende de middelen van cassatie, bedoeld in artikel 437 van het Wetboek van Strafvordering; dan wel
  c. het beroepschrift waarbij beroep in cassatie wordt ingesteld, bedoeld in artikel 28 van de Algemene wet inzake rijksbelastingen, en het verweerschrift, bedoeld in artikel 29b, van die wet, voor zover ingediend.
3. Het beroep in cassatie wordt behandeld en beslist door drie leden van een meervoudige kamer, van wie een als voorzitter optreedt.
4. Indien de Hoge Raad toepassing geeft aan het eerste lid, kan hij zich bij de vermelding van de gronden van zijn beslissing beperken tot dit oordeel.

Art. 81
1. Indien de Hoge Raad oordeelt dat een aangevoerde klacht niet tot cassatie kan leiden of   *Verkorte vermelding gronden bij ongegrondverklaring*
niet noopt tot beantwoording van rechtsvragen in het belang van de rechtseenheid of de rechtsontwikkeling, kan hij zich bij de vermelding van de gronden van zijn beslissing beperken tot dit oordeel.

2. Het beroep in cassatie wordt behandeld en beslist door drie leden van een meervoudige kamer, van wie een als voorzitter optreedt.

AFDELING 6
RAAD VOOR DE RECHTSPRAAK

Paragraaf 1
Inrichting

Art. 84

Raad voor de rechtspraak, inrichting

1. Er is een Raad voor de rechtspraak.
2. De Raad bestaat uit ten minste drie en ten hoogste vijf leden.
3. De leden van de Raad worden bij koninklijk besluit op voordracht van Onze Minister benoemd voor een periode van zes jaar. Zij kunnen eenmaal worden herbenoemd voor een periode van drie jaar. Voorafgaand aan een benoeming als lid van de Raad wordt van betrokkene een verklaring omtrent het gedrag, niet ouder dan drie maanden en afgegeven volgens de Wet justitiële en strafvorderlijke gegevens, verlangd.
4. Indien de Raad bestaat uit drie of vier leden onderscheidenlijk uit vijf leden, zijn twee leden onderscheidenlijk drie leden rechterlijke ambtenaren met rechtspraak belast dan wel met rechtspraak belaste leden van de Centrale Raad van Beroep of het College van Beroep voor het bedrijfsleven, die hun rechtsprekend ambt op basis van een aanstelling als bedoeld in artikel 5f, eerste lid, van de Wet rechtspositie rechterlijke ambtenaren vervullen. De overige leden van de Raad zijn geen rechterlijke ambtenaren met rechtspraak belast, dan wel met rechtspraak belaste leden van de Centrale Raad van Beroep of het College van Beroep voor het bedrijfsleven.
5. Een van de rechterlijke leden wordt bij koninklijk besluit op voordracht van Onze Minister tot voorzitter van de Raad benoemd.
6. De leden kunnen niet tevens zijn:
a. lid van het bestuur van een gerecht;
b. lid van de Staten-Generaal;
c. minister of staatssecretaris;
d. vice-president of lid van de Raad van State;
e. president of lid van de Algemene Rekenkamer;
f. Nationale ombudsman of substituut-ombudsman;
g. ambtenaar bij een ministerie, alsmede de daaronder ressorterende instellingen, diensten en bedrijven;
h. rechterlijk ambtenaar, als bedoeld in artikel 1, onderdeel b, onder 1° en 4° tot en met 9°;
i. lid van het College van Afgevaardigden, bedoeld in artikel 90.

Paragraaf 2
Taken en bevoegdheden

Art. 91

Raad voor de rechtspraak, taken

1. De Raad is belast met:
a. de voorbereiding van de begroting voor de Raad en de gerechten gezamenlijk;
b. de toekenning van budgetten ten laste van de rijksbegroting aan de gerechten;
c. de ondersteuning van de bedrijfsvoering bij de gerechten;
d. het toezicht op de uitvoering van de begroting door de gerechten;
e. het toezicht op de bedrijfsvoering bij de gerechten;
f. landelijke activiteiten op het gebied van werving, selectie, aanstelling, benoeming en opleiding van het personeel bij de gerechten.
2. Ter uitvoering van de in het eerste lid, onder c en e, genoemde taken is de zorg van de Raad in het bijzonder gericht op:
a. automatisering en bestuurlijke informatievoorziening;
b. huisvesting en beveiliging;
c. de kwaliteit van de bestuurlijke en organisatorische werkwijze van de gerechten;
d. personeelsaangelegenheden;
e. overige materiële voorzieningen.

Art. 92

Raad voor de rechtspraak, bevoegdheden

1. De Raad kan ter uitvoering van de in artikel 91 genoemde taken algemene aanwijzingen geven aan de besturen van de gerechten voorzover dit noodzakelijk is met het oog op een goede bedrijfsvoering van de gerechten.
2. Alvorens een aanwijzing te geven stelt de Raad het College van afgevaardigden in de gelegenheid zijn zienswijze kenbaar te maken. In de motivering van de aanwijzing geeft de Raad aan op welke wijze hij de zienswijze van het College in zijn beoordeling heeft betrokken.

3. Een aanwijzing wordt gepubliceerd in de Staatscourant.

Art. 93
1. Onze Minister kan algemene aanwijzingen geven betreffende de uitvoering van de in artikel 91 genoemde taken door de Raad voorzover dit noodzakelijk is met het oog op een goede bedrijfsvoering van de rechterlijke organisatie.
2. Alvorens een aanwijzing te geven als bedoeld in het eerste lid, stelt Onze Minister de Raad in de gelegenheid schriftelijk zijn zienswijze kenbaar te maken.
3. Onze Minister deelt de Raad de voorgenomen aanwijzing en de motivering daarvan schriftelijk mede. Onze Minister kan de Raad voor het kenbaar maken van zijn zienswijze een termijn stellen. De zienswijze van de Raad wordt schriftelijk en gemotiveerd gegeven.
4. Indien de zienswijze van de Raad luidt dat de aanwijzing in strijd zal zijn met artikel 109, wordt de aanwijzing niet gegeven.
5. De aanwijzing wordt gepubliceerd in de Staatscourant.
6. Artikel 8:2, onderdelen a en b, van de Algemene wet bestuursrecht is van overeenkomstige toepassing.

Raad voor de rechtspraak, aanwijzing door minister van Justitie

Hoofdstuk 4
Het openbaar ministerie

Afdeling 1
Taken en bevoegdheden

Art. 124
Het openbaar ministerie is belast met de strafrechtelijke handhaving van de rechtsorde en met andere bij de wet vastgestelde taken.

Openbaar Ministerie, taken

Art. 125
De taken en bevoegdheden van het openbaar ministerie worden, op de wijze bij of krachtens de wet bepaald, uitgeoefend door:
a. het College van procureurs-generaal; en
b. rechterlijke ambtenaren, bedoeld in artikel 1, onderdeel b, onder 6° en 7°.

Openbaar Ministerie, uitoefening taken en bevoegdheden

Art. 125a
1. Indien bij of krachtens een wet een bevoegdheid wordt toegekend aan de officier van justitie, kan deze bevoegdheid worden uitgeoefend door de rechterlijke ambtenaren, bedoeld in artikel 1, onderdeel b, onder 7°, van de wet, tenzij de regeling waarop de bevoegdheid steunt of de aard van de bevoegdheid zich daartegen verzet.
2. Indien bij of krachtens een wet een bevoegdheid wordt toegekend aan de advocaat-generaal, kan deze bevoegdheid worden uitgeoefend door de rechterlijke ambtenaren, bedoeld in artikel 1, onderdeel b, onder 6°, tenzij de regeling waarop de bevoegdheid steunt of de aard van de bevoegdheid zich daartegen verzet.

Openbaar Ministerie, uitoefening bevoegdheden

Art. 126
1. De uitoefening van een of meer bevoegdheden van de hoofdofficier van justitie, de plaatsvervangend hoofdofficier van justitie, de senior officier van justitie A, de senior officier van justitie, de officier van justitie, de substituut-officier van justitie, de officier enkelvoudige zittingen, de landelijk hoofdadvocaat-generaal, de hoofdadvocaat-generaal, de senior advocaat-generaal en de advocaat-generaal kan worden opgedragen aan een andere bij het parket werkzame ambtenaar voor zover het hoofd van het parket daarmee heeft ingestemd.
2. De opgedragen bevoegdheid wordt in naam en onder verantwoordelijkheid van de rechterlijk ambtenaar, bedoeld in het eerste lid, uitgeoefend.
3. De uitoefening van een bevoegdheid als bedoeld in het eerste lid, kan niet aan een andere bij het parket werkzame ambtenaar worden opgedragen indien de regeling waarop de bevoegdheid steunt of de aard van de bevoegdheid zich daartegen verzet. Daarvan is in elk geval sprake voor zover het gaat om het optreden ter terechtzitting in strafzaken en de toepassing van de dwangmiddelen als bedoeld in Titel IV van het Eerste Boek van het Wetboek van Strafvordering.
4. Bij algemene maatregel van bestuur worden omtrent de toepassing van dit artikel nadere regels gesteld.
(Zie ook: Bromlp)

Openbaar Ministerie, overdracht uitoefening bevoegdheden

Art. 127
Onze Minister kan algemene en bijzondere aanwijzingen geven betreffende de uitoefening van de taken en bevoegdheden van het openbaar ministerie.

Openbaar Ministerie

Art. 128
1. Onze Minister stelt het College van procureurs-generaal in de gelegenheid zijn zienswijze kenbaar te maken voordat hij in een concreet geval een aanwijzing geeft inzake de opsporing of vervolging van strafbare feiten.

Openbaar Ministerie, horen College van procureurs-generaal

art. 129 8 Wet op de rechterlijke organisatie (uittreksel)

2. Onze Minister deelt het College de voorgenomen aanwijzing en de motivering daarvan schriftelijk mede. Onze Minister kan het College voor het kenbaar maken van zijn zienswijze een termijn stellen. De zienswijze van het College wordt schriftelijk en gemotiveerd gegeven.
3. Een aanwijzing als bedoeld in het eerste lid, wordt schriftelijk en gemotiveerd gegeven.
4. Slechts indien de aanwijzing in verband met de vereiste spoed niet schriftelijk kan worden gegeven, kan zij mondeling worden gegeven. In dat geval wordt zij zo spoedig mogelijk doch in elk geval binnen een week daarna op schrift gesteld. Het voorgaande is van overeenkomstige toepassing op het mededelen van een voorgenomen aanwijzing door Onze Minister en voor het geven van de zienswijze door het College.
5. De in het eerste lid bedoelde aanwijzing wordt, tezamen met de voorgenomen aanwijzing en de zienswijze van het College, door de officier van justitie of de advocaat-generaal bij de processtukken gevoegd. Voor zover het belang van de staat zich naar het oordeel van Onze Minister daartegen verzet, blijft voeging bij de processtukken achterwege, met dien verstande dat in dat geval bij de processtukken een verklaring wordt gevoegd waaruit blijkt dat een aanwijzing is gegeven.
6. Indien het betreft een aanwijzing tot het niet of niet verder opsporen of vervolgen, stelt Onze Minister de beide Kamers der Staten-Generaal zo spoedig mogelijk in kennis van de aanwijzing, de voorgenomen aanwijzing en de zienswijze van het College, voor zover het verstrekken van de desbetreffende stukken niet in strijd is met het belang van de staat.

Openbaar Ministerie, informatieplicht College

Art. 129
1. Het College verstrekt Onze Minister de inlichtingen die deze nodig heeft.

2. De leden van het openbaar ministerie verstrekken het College de inlichtingen die het College nodig heeft.

Wetboek van Strafrecht[1]

Wet van 3 maart 1881

Wij WILLEM III, bij de gratie Gods, Koning der Nederlanden, Prins van Oranje-Nassau, Groot-Hertog van Luxemburg, enz., enz., enz.
Allen, die deze zullen zien of hooren lezen, salut! doen te weten:
Alzoo Wij in overweging genomen hebben, dat het noodzakelijk is een nieuw Wetboek van Strafrecht vast te stellen;
Zoo is het, dat Wij, den Raad van State gehoord en met gemeen overleg der Staten-Generaal, hebben goedgevonden en verstaan, gelijk Wij goedvinden en verstaan bij deze, vast te stellen de navolgende bepalingen, welke zullen uitmaken het Wetboek van Strafrecht.

Eerste Boek
Algemene bepalingen

Titel I
Omvang van de werking van de strafwet

Art. 1
1. Geen feit is strafbaar dan uit kracht van een daaraan voorafgegane wettelijke strafbepaling. — Legaliteitsbeginsel
(Zie ook: art. 16 GW; art. 1 WvSv)
2. Bij verandering in de wetgeving na het tijdstip waarop het feit begaan is, worden de voor de verdachte gunstigste bepalingen toegepast.
(Zie ook: art. 5 Wet AB)

Art. 2
De Nederlandse strafwet is toepasselijk op ieder die zich in Nederland aan enig strafbaar feit schuldig maakt. — Toepasselijkheid strafwet
(Zie ook: art. 8 WvSr; art. 8 Wet AB)

Art. 5
1. De Nederlandse strafwet is toepasselijk op een ieder die zich buiten Nederland schuldig maakt aan een misdrijf tegen een Nederlander, een Nederlandse ambtenaar, een Nederlands voertuig, vaartuig of luchtvaartuig, voor zover op dit feit naar de wettelijke omschrijving een gevangenisstraf van ten minste acht jaren is gesteld en daarop door de wet van het land waar het begaan is, straf is gesteld. — Toepasselijkheid Nederlandse strafwet op misdrijven buiten Nederland begaan jegens Nederlander
(Zie ook: art. 8 WvSr)
2. Met een Nederlander wordt voor de toepassing van het eerste lid gelijkgesteld de vreemdeling die in Nederland een vaste woon- of verblijfplaats heeft.

Titel II
Straffen

Art. 9
1. De straffen zijn: — Hoofd- en bijkomende straffen
a. hoofdstraffen:
1°. gevangenisstraf;
(Zie ook: artt. 10, 26, 35 WvSr; art. 10 PBW)
2°. hechtenis;
(Zie ook: artt. 18, 26, 35 WvSr; art. 10 PBW)
3°. taakstraf;
(Zie ook: artt. 14g, 22c, 77h WvSr)
4°. geldboete;
(Zie ook: artt. 23, 77h, 77l WvSr; art. 561 WvSv)
b. bijkomende straffen:
1°. ontzetting van bepaalde rechten;
(Zie ook: artt. 28, 29, 31, 77h WvSr; art. 7 WED)
2°. verbeurdverklaring;
(Zie ook: artt. 33, 77h WvSr; art. 7 WED; art. 552b WvSv)

---

1 Inwerkingtredingsdatum: 30-01-1886; zoals laatstelijk gewijzigd bij: Stb. 2018, 260.

art. 10

3°. openbaarmaking van de rechterlijke uitspraak.
(Zie ook: art. 36 WvSr; art. 7 WED)
2. Ten aanzien van misdrijven die worden bedreigd met een vrijheidsstraf of een geldboete of ten aanzien van overtredingen die worden bedreigd met een vrijheidsstraf kan, behoudens in bij de wet bepaalde gevallen, in plaats daarvan een taakstraf worden opgelegd.
(Zie ook: art. 257a WvSv)
3. In het geval gevangenisstraf, hechtenis, vervangende hechtenis daaronder niet begrepen, of een taakstraf wordt opgelegd, kan tevens een geldboete worden opgelegd.
4. In geval van veroordeling tot gevangenisstraf of tot hechtenis, vervangende hechtenis daaronder niet begrepen, waarvan het onvoorwaardelijk ten uitvoer te leggen deel ten hoogste zes maanden bedraagt, kan de rechter tevens een taakstraf opleggen.
5. Een bijkomende straf kan, in de gevallen waarin de wet haar oplegging toelaat, zowel afzonderlijk als te zamen met hoofdstraffen en met andere bijkomende straffen worden opgelegd.

Art. 10

Gevangenisstraf

1. De gevangenisstraf is levenslang of tijdelijk.
(Zie ook: art. 59 WvSr)
2. De duur van de tijdelijke gevangenisstraf is ten minste een dag en ten hoogste achttien jaren.
3. Zij kan voor ten hoogste dertig achtereenvolgende jaren worden opgelegd in de gevallen waarin op het misdrijf levenslange of tijdelijke gevangenisstraf ter keuze van de rechter zijn gesteld, en in die waarin wegens strafverhoging ter zake van samenloop van misdrijven, terroristische misdrijven, herhaling van misdrijf of het bepaalde bij artikel 44, de tijd van achttien jaren wordt overschreden.
(Zie ook: artt. 57, 421 WvSr)
4. Zij kan in geen geval de tijd van dertig jaren te boven gaan.

Art. 14a

Voorwaardelijke straf

1. In geval van veroordeling tot gevangenisstraf van ten hoogste twee jaren, tot hechtenis, vervangende hechtenis daaronder niet begrepen, tot taakstraf of tot geldboete, kan de rechter bepalen dat de straf of een gedeelte daarvan niet zal worden tenuitvoergelegd.
2. Ingeval van veroordeling tot gevangenisstraf van meer dan twee jaren en ten hoogste vier jaren kan de rechter bepalen dat een gedeelte van de straf, tot ten hoogste twee jaren, niet zal worden tenuitvoergelegd.
3. De rechter kan voorts bepalen dat opgelegde bijkomende straffen geheel of gedeeltelijk niet zullen worden tenuitvoergelegd.
(Zie ook: art. 77x WvSr; art. 366a WvSv)

Art. 18

Duur hechtenis

1. De duur van de hechtenis is ten minste een dag en ten hoogste een jaar.
2. Zij kan voor ten hoogste een jaar en vier maanden worden opgelegd in de gevallen waarin wegens strafverhoging ter zake van samenloop, herhaling van misdrijf of het bepaalde bij artikel 44, de tijd van een jaar wordt overschreden.
(Zie ook: artt. 57, 421 WvSr)
3. Zij kan in geen geval de tijd van een jaar en vier maanden te boven gaan.
(Zie ook: art. 88 WvSr)

Art. 23

Geldboete

1. Hij die tot een geldboete is veroordeeld is verplicht tot betaling van het vastgestelde bedrag aan de staat binnen de termijn door het openbaar ministerie dat met de tenuitvoerlegging van de strafbeschikking of het vonnis of arrest is belast, te stellen.
(Zie ook: art. 257a WvSv)
2. Het bedrag van de geldboete is ten minste € 3.
3. De geldboete die voor een strafbaar feit ten hoogste kan worden opgelegd, is gelijk aan het bedrag van de categorie die voor dat feit is bepaald.
4. Er zijn zes categorieën:
de eerste categorie, € 335   [Per 1 januari 2018: € 415.];
de tweede categorie, € 3 350   [Per 1 januari 2018: € 4.150.];
de derde categorie, € 6 700   [Per 1 januari 2018: € 8.300.];
de vierde categorie, € 16 750   [Per 1 januari 2018: € 20.750.];
de vijfde categorie, € 67 000   [Per 1 januari 2018: € 83.000.];
de zesde categorie, € 670 000   [Per 1 januari 2018: € 830.000.].
5. Voor een overtreding, onderscheidenlijk een misdrijf, waarop geen geldboete is gesteld, kan een geldboete worden opgelegd tot ten hoogste het bedrag van de eerste, onderscheidenlijk de derde categorie.
6. Voor een overtreding, onderscheidenlijk een misdrijf, waarop een geldboete is gesteld, maar waarvoor geen boetecategorie is bepaald, kan een geldboete worden opgelegd tot ten hoogste het bedrag van de eerste, onderscheidenlijk de derde categorie, indien dit bedrag hoger is dan het bedrag van de op het betrokken strafbare feit gestelde geldboete.

7. Bij veroordeling van een rechtspersoon kan, indien de voor het feit bepaalde boetecategorie geen passende bestraffing toelaat, een geldboete worden opgelegd tot ten hoogste het bedrag van de naast hogere categorie. Indien voor het feit een geldboete van de zesde categorie kan worden opgelegd en die boetecategorie geen passende bestraffing toelaat, kan een geldboete worden opgelegd tot ten hoogste tien procent van de jaaromzet van de rechtspersoon in het boekjaar voorafgaande aan de uitspraak of strafbeschikking.
(Zie ook: art. 51 WvSr)
8. Het voorgaande lid is van overeenkomstige toepassing bij veroordeling van een vennootschap zonder rechtspersoonlijkheid, maatschap, rederij of doelvermogen.
(Zie ook: artt. 77h, 77l WvSr; artt. 561, 572 WvSv)
9. De in het vierde lid genoemde bedragen worden elke twee jaar, met ingang van 1 januari van een jaar, bij algemene maatregel van bestuur aangepast aan de ontwikkeling van de consumentenprijsindex sinds de vorige aanpassing van deze bedragen. Bij deze aanpassing wordt het geldbedrag van de eerste categorie op een veelvoud van € 5 naar beneden afgerond en worden, uitgaande van het geldbedrag van deze eerste categorie en onder instandhouding van de onderlinge verhouding tussen de bedragen van de geldboetecategorieën, de bedragen van de tweede tot en met de zesde geldboetecategorie bepaald.

Titel IIA
Maatregelen

Eerste afdeling
Onttrekking aan het verkeer, ontneming van het wederrechtelijk verkregen voordeel en schadevergoeding

Art. 36e
1. Op vordering van het openbaar ministerie kan bij een afzonderlijke rechterlijke beslissing aan degene die is veroordeeld wegens een strafbaar feit de verplichting worden opgelegd tot betaling van een geldbedrag aan de staat ter ontneming van wederrechtelijk verkregen voordeel. *Betaling wederrechtelijk verkregen voordeel door veroordeelde*
2. De verplichting kan worden opgelegd aan de in het eerste lid bedoelde persoon die voordeel heeft verkregen door middel van of uit de baten van het daar bedoelde feit of andere strafbare feiten, waaromtrent voldoende aanwijzingen bestaan dat zij door de veroordeelde zijn begaan.
3. Op vordering van het openbaar ministerie kan bij een afzonderlijke rechterlijke beslissing aan degene die is veroordeeld wegens een misdrijf dat naar de wettelijke omschrijving wordt bedreigd met een geldboete van de vijfde categorie, de verplichting worden opgelegd tot betaling van een geldbedrag aan de staat ter ontneming van wederrechtelijk verkregen voordeel, indien aannemelijk is dat of dat misdrijf of andere strafbare feiten op enigerlei wijze ertoe hebben geleid dat de veroordeelde wederrechtelijk voordeel heeft verkregen. In dat geval kan ook worden vermoed dat:
a. uitgaven die de veroordeelde heeft gedaan in een periode van zes jaren voorafgaand aan het plegen van dat misdrijf, wederrechtelijk verkregen voordeel belichamen, tenzij aannemelijk is dat deze uitgaven zijn gedaan uit een legale bron van inkomsten, of;
b. voorwerpen die in een periode van zes jaren voorafgaand aan het plegen van dat misdrijf aan de veroordeelde zijn gaan toebehoren voordeel belichamen als bedoeld in het eerste lid, tenzij aannemelijk is dat aan de verkrijging van die voorwerpen een legale bron van herkomst ten grondslag ligt.
4. De rechter kan ambtshalve, op vordering van het openbaar ministerie of op het verzoek van de veroordeelde afwijken van de in het derde lid genoemde periode van zes jaren en een kortere periode in aanmerking nemen.
5. De rechter stelt het bedrag vast waarop het wederrechtelijk verkregen voordeel wordt geschat. *Draagkracht*
Onder voordeel is de besparing van kosten begrepen. De waarde van voorwerpen die door de rechter tot het wederrechtelijk verkregen voordeel worden gerekend, kan worden geschat op de marktwaarde op het tijdstip van de beslissing of door verwijzing naar de bij openbare verkoop te behalen opbrengst, indien verhaal moet worden genomen. De rechter kan het te betalen bedrag lager vaststellen dan het geschatte voordeel. Op het gemotiveerde verzoek van de verdachte of veroordeelde kan de rechter, indien de huidige en de redelijkerwijs te verwachten toekomstige draagkracht van de verdachte of veroordeelde niet toereikend zullen zijn om het te betalen bedrag te voldoen, bij de vaststelling van het te betalen bedrag daarmee rekening houden. Bij het ontbreken van zodanig verzoek kan de rechter ambtshalve of op vordering van de officier van justitie deze bevoegdheid toepassen.
6. Onder voorwerpen worden verstaan alle zaken en alle vermogensrechten.
7. Bij het vaststellen van het bedrag van het wederrechtelijk verkregen voordeel op grond van het eerste en tweede lid ter zake van strafbare feiten die door twee of meer personen zijn gepleegd, kan de rechter bepalen dat deze hoofdelijk dan wel voor een door hem te bepalen deel aansprakelijk zijn voor de gezamenlijke betalingsverplichting.

art. 37

8. De rechter kan bij de bepaling van de hoogte van het voordeel kosten in mindering brengen die rechtstreeks in verband staan met het begaan van strafbare feiten, bedoeld in het eerste tot en met derde lid, en die redelijkerwijs voor aftrek in aanmerking komen.
9. Bij de bepaling van de omvang van het bedrag waarop het wederrechtelijk verkregen voordeel wordt geschat, worden aan benadeelde derden in rechte toegekende vorderingen alsmede de verplichting tot betaling aan de staat van een som gelds ten behoeve van het slachtoffer als bedoeld in artikel 36f voor zover die zijn voldaan, in mindering gebracht.
10. Bij de oplegging van de maatregel wordt rekening gehouden met uit hoofde van eerdere beslissingen opgelegde verplichtingen tot betaling van een geldbedrag ter ontneming van wederrechtelijk verkregen voordeel.

Lijfsdwang
11. Lijfsdwang kan met toepassing van artikel 577c van het Wetboek van Strafvordering door de rechter tot maximaal drie jaar worden bevolen en geldt als maatregel.
(Zie ook: art. 77h WvSr; artt. 94, 511b, 552a, 557 WvSv; art. 8 WED; art. 1 Btosm)

Tweede afdeling
Plaatsing in een psychiatrisch ziekenhuis en terbeschikkingstelling

Art. 37

Plaatsing in psychiatrisch ziekenhuis bij ontoerekeningsvatbaarheid
1. De rechter kan gelasten dat degene aan wie een strafbaar feit wegens de gebrekkige ontwikkeling of ziekelijke stoornis van zijn geestvermogens niet kan worden toegerekend, in een psychiatrisch ziekenhuis zal worden geplaatst voor een termijn van een jaar, doch alleen indien hij gevaarlijk is voor zichzelf, voor anderen, of voor de algemene veiligheid van personen of goederen.
(Zie ook: artt. 39, 90sexies WvSr)
2. De rechter geeft een last als bedoeld in het eerste lid slechts nadat hij zich een met redenen omkleed, gedagtekend en ondertekend advies heeft doen overleggen van ten minste twee gedragsdeskundigen van verschillende disciplines - waaronder een psychiater - die de betrokkene hebben onderzocht. Zodanig advies dient door de gedragsdeskundigen gezamenlijk dan wel door ieder van hen afzonderlijk te zijn uitgebracht. Indien dit advies eerder dan een jaar voor de aanvang van de terechtzitting is gedagtekend kan de rechter hiervan slechts gebruik maken met instemming van het openbaar ministerie en de verdachte.
3. Het tweede lid blijft buiten toepassing indien de betrokkene weigert medewerking te verlenen aan het onderzoek dat ten behoeve van het advies moet worden verricht. Voor zover mogelijk maken de gedragsdeskundigen gezamenlijk dan wel ieder van hen afzonderlijk over de reden van de weigering rapport op. De rechter doet zich zoveel mogelijk een ander advies of rapport, dat hem voor de wenselijkheid of noodzakelijkheid van een last als bedoeld in het eerste lid kan voorlichten en aan de totstandkoming waarvan de betrokkene wel bereid is om medewerking te verlenen, overleggen.
(Zie ook: art. 90septies WvSr; artt. 16, 352, 481, 509f WvSv)

Art. 37a

Terbeschikkingstelling bij ontoerekeningsvatbaarheid
1. De verdachte bij wie tijdens het begaan van het feit gebrekkige ontwikkeling of ziekelijke stoornis van de geestvermogens bestond, kan op last van de rechter ter beschikking worden gesteld indien:
1°. het door hem begane feit een misdrijf is waarop naar de wettelijke omschrijving een gevangenisstraf van vier jaren of meer is gesteld dan wel behoort tot een der misdrijven omschreven in de artikelen 132, 285, eerste lid, 285b, en 395 van het Wetboek van Strafrecht, 175, tweede lid, onderdeel b, of derde lid in verbinding met het eerste lid, onderdeel b, van de Wegenverkeerswet 1994, en 11, tweede lid, van de Opiumwet, en
2°. de veiligheid van anderen, dan wel de algemene veiligheid van personen of goederen het opleggen van die maatregel eist.

Verminderde toerekeningsvatbaarheid
2. Bij toepassing van het vorige lid kan de rechter afzien van het opleggen van straf, ook indien hij bevindt dat het feit wel aan de verdachte kan worden toegerekend.
3. Het tweede en derde lid van artikel 37 zijn van overeenkomstige toepassing.
4. Bij het geven van een last als bedoeld in het eerste lid neemt de rechter de inhoud van de overige adviezen en rapporten die over de persoonlijkheid van de verdachte zijn uitgebracht, alsmede de ernst van het begane feit of de veelvuldigheid van voorafgegane veroordelingen wegens misdrijf in aanmerking.
(Zie ook: art. 90quinquies WvSr; artt. 16, 352, 509f WvSv)

9 Wetboek van Strafrecht (uittreksel) art. 44a

Titel III
Uitsluiting en verhoging van strafbaarheid

Art. 39
Niet strafbaar is hij die een feit begaat, dat hem wegens de gebrekkige ontwikkeling of ziekelijke stoornis van zijn geestvermogens niet kan worden toegerekend.
(Zie ook: artt. 37, 37a WvSr)

Ontoerekeningsvatbaarheid

Art. 40
Niet strafbaar is hij die een feit begaat waartoe hij door overmacht is gedrongen.

Overmacht

Art. 41
1. Niet strafbaar is hij die een feit begaat, geboden door de noodzakelijke verdediging van eigen of eens anders lijf, eerbaarheid of goed tegen ogenblikkelijke, wederrechtelijke aanranding.
2. Niet strafbaar is de overschrijding van de grenzen van noodzakelijke verdediging, indien zij het onmiddellijk gevolg is geweest van een hevige gemoedsbeweging, door de aanranding veroorzaakt.

Noodweer

Noodweerexces

Art. 42
Niet strafbaar is hij die een feit begaat ter uitvoering van een wettelijk voorschrift.

Uitvoering wettelijk voorschrift

Art. 43
1. Niet strafbaar is hij die een feit begaat ter uitvoering van een ambtelijk bevel, gegeven door het daartoe bevoegde gezag.
2. Een onbevoegd gegeven ambtelijk bevel heft de strafbaarheid niet op, tenzij het door de ondergeschikte te goeder trouw als bevoegd gegeven werd beschouwd en de nakoming daarvan binnen de kring van zijn ondergeschiktheid was gelegen.

Uitvoering bevoegd ambtelijk bevel

Uitvoering onbevoegd ambtelijk bevel

Art. 43a
De op een misdrijf gestelde tijdelijke gevangenisstraf of hechtenis kan, onverminderd artikel 10, met een derde worden verhoogd indien tijdens het plegen van het misdrijf nog geen vijf jaren zijn verlopen sedert een vroegere veroordeling van de schuldige tot gevangenisstraf wegens een daaraan soortgelijk misdrijf in kracht van gewijsde is gegaan. De termijn van vijf jaren wordt verlengd met de tijd waarin de veroordeelde rechtens zijn vrijheid is ontnomen.

Verhoging tijdelijke gevangenisstraf of hechtenis

Art. 43b
Als misdrijven welke soortgelijk zijn aan elkaar worden in elk geval aangemerkt:
1°. de misdrijven omschreven in de artikelen 105, 174, 208 tot en met 210, 213, 214, 216 tot en met 222bis, 225 tot en met 232, 310, 311, 312, 315, 317, 318, 321 tot en met 323a, 326 tot en met 332, 341, 343, 344, 359, 361, 366, 373, laatste lid, 402, 416, 417, 420bis, 420bis.1 en 420ter;
2°. de misdrijven omschreven in de artikelen 92, 108, 109, 110, 115, 116, 117 tot en met 117b, 141, 181, 182, 287 tot en met 291, 293, eerste lid, 296, 300 tot en met 303, 381, 382, 395 en 396;
3°. de misdrijven omschreven in de artikelen 111 tot en met 113, 118, 119, 261 tot en met 271, 418 en 419;
4°. de misdrijven omschreven in de Opiumwet;
5°. de misdrijven omschreven in de Wet wapens en munitie.

Soortgelijke misdrijven

Art. 43c
[Vervallen]

Art. 44
Indien een ambtenaar door het begaan van een strafbaar feit een bijzondere ambtsplicht schendt of bij het begaan van een strafbaar feit gebruik maakt van macht, gelegenheid of middel hem door zijn ambt geschonken, kan de op het feit gestelde straf, met uitzondering van geldboete, met een derde worden verhoogd.
(Zie ook: artt. 29, 84, 355, 462 WvSr)

Strafverhoging bij schending ambtsplicht

Titel IIIa
Gronden voor vermindering van straf

Art. 44a
1. Op vordering van de officier van justitie kan de rechter na een op grond van artikel 226h, derde lid, van het Wetboek van Strafvordering gemaakte afspraak de straf verminderen die hij overwoog op te leggen op de in het tweede lid bepaalde wijze. Bij de strafvermindering houdt de rechter ermee rekening dat door het afleggen van een getuigenverklaring een belangrijke bijdrage is of kan worden geleverd aan de opsporing of vervolging van misdrijven.
2. Bij toepassing van het eerste lid kan de strafvermindering bestaan in:
a. maximaal de helft bij een onvoorwaardelijke tijdelijke vrijheidsstraf, taakstraf of geldboete, of
b. de omzetting van maximaal de helft van het onvoorwaardelijke gedeelte van een vrijheidsstraf, taakstraf of van een geldboete in een voorwaardelijk gedeelte, of

Strafverminderingsgronden

c. de vervanging van maximaal een derde gedeelte van een vrijheidsstraf door taakstraf of een onvoorwaardelijke geldboete.
3. Bij toepassing van het tweede lid, onder b, blijft artikel 14a, eerste en tweede lid, buiten toepassing.
(Zie ook: art. 192 WvSr; art. 344a WvSv)

Titel IV
Poging en voorbereiding

Art. 45

Strafbaarheid poging tot misdrijf

1. Poging tot misdrijf is strafbaar, wanneer het voornemen van de dader zich door een begin van uitvoering heeft geopenbaard.
2. Het maximum van de hoofdstraffen op het misdrijf gesteld wordt bij poging met een derde verminderd.
3. Geldt het een misdrijf waarop levenslange gevangenisstraf is gesteld, dan wordt gevangenisstraf opgelegd van ten hoogste twintig jaren.
4. De bijkomende straffen zijn voor poging dezelfde als voor het voltooide misdrijf.
(Zie ook: artt. 77gg, 78 WvSr; art. 129 WvSv; art. 4 WED)

Art. 46

Strafbaarheid voorbereiding van misdrijf

1. Voorbereiding van een misdrijf waarop naar de wettelijke omschrijving een gevangenisstraf van acht jaren of meer is gesteld is strafbaar, wanneer de dader opzettelijk voorwerpen, stoffen, informatiedragers, ruimten of vervoermiddelen bestemd tot het begaan van dat misdrijf verwerft, vervaardigt, invoert, doorvoert, uitvoert of voorhanden heeft.
2. Het maximum van de hoofdstraffen op het misdrijf gesteld wordt bij voorbereiding met de helft verminderd.
3. Geldt het een misdrijf waarop levenslange gevangenisstraf is gesteld, dan wordt gevangenisstraf opgelegd van ten hoogste vijftien jaren.
4. De bijkomende straffen zijn voor voorbereiding dezelfde als voor het voltooide misdrijf.
5. Onder voorwerpen worden verstaan alle zaken en alle vermogensrechten.
(Zie ook: artt. 77gg, 78 WvSr; art. 129 WvSv)

Art. 46a

Poging tot uitlokking

Poging om een ander door een der in artikel 47, eerste lid onder 2e, vermelde middelen te bewegen om een misdrijf te begaan, is strafbaar, met dien verstande dat geen zwaardere straf wordt uitgesproken dan ter zake van poging tot het misdrijf of, indien zodanige poging niet strafbaar is, terzake van het misdrijf zelf kan worden opgelegd.
(Zie ook: artt. 45, 77gg WvSr)

Art. 46b

Vrijwillige terugtred

Voorbereiding noch poging bestaat indien het misdrijf niet is voltooid tengevolge van omstandigheden van de wil van de dader afhankelijk.

Titel V
Deelneming aan strafbare feiten

Art. 47

Strafbaarheid daders van strafbaar feit

1. Als daders van een strafbaar feit worden gestraft:
1°. zij die het feit plegen, doen plegen of medeplegen;
2°. zij die door giften, beloften, misbruik van gezag, geweld, bedreiging, of misleiding of door het verschaffen van gelegenheid, middelen of inlichtingen het feit opzettelijk uitlokken.
(Zie ook: artt. 46a, 203, 204 WvSr; artt. 6, 485, 510 WvSv; art. 3 WED)

Uitlokken

2. Ten aanzien van de laatsten komen alleen die handelingen in aanmerking die zij opzettelijk hebben uitgelokt, benevens hun gevolgen.

Art. 48

Strafbaarheid medeplegers van strafbaar feit

Als medeplichtigen van een misdrijf worden gestraft:
1°. zij die opzettelijk behulpzaam zijn bij het plegen van het misdrijf;
2°. zij die opzettelijk gelegenheid, middelen of inlichtingen verschaffen tot het plegen van het misdrijf.
(Zie ook: artt. 52, 78, 203, 204 WvSr; art. 129 WvSv; art. 4 WED)

Art. 49

Straf bij medeplichtigheid

1. Het maximum van de hoofdstraffen op het misdrijf gesteld wordt bij medeplichtigheid met een derde verminderd.
2. Geldt het een misdrijf waarop levenslange gevangenisstraf is gesteld, dan wordt gevangenisstraf opgelegd van ten hoogste twintig jaren.
3. De bijkomende straffen zijn voor medeplichtigheid dezelfde als voor het misdrijf zelf.

9 Wetboek van Strafrecht (uittreksel) art. 70

4. Bij het bepalen van de straf komen alleen die handelingen in aanmerking die de medeplichtige opzettelijk heeft gemakkelijk gemaakt of bevorderd, benevens hun gevolgen.
(Zie ook: art. 77gg WvSr)

Art. 50
De persoonlijke omstandigheden waardoor de strafbaarheid uitgesloten, verminderd of verhoogd wordt, komen bij de toepassing van de strafwet alleen in aanmerking ten aanzien van die dader of medeplichtige wie zij persoonlijk betreffen.
(Zie ook: art. 39 WvSr)

Persoonlijke omstandigheden bij strafbaarheid

Art. 51
1. Strafbare feiten kunnen worden begaan door natuurlijke personen en rechtspersonen.

Strafbare feiten door natuurlijke personen of rechtspersonen

2. Indien een strafbaar feit wordt begaan door een rechtspersoon, kan de strafvervolging worden ingesteld en kunnen de in de wet voorziene straffen en maatregelen, indien zij daarvoor in aanmerking komen, worden uitgesproken:
1°. tegen die rechtspersoon, dan wel
2°. tegen hen die tot het feit opdracht hebben gegeven, alsmede tegen hen die feitelijke leiding hebben gegeven aan de verboden gedraging, dan wel
3°. tegen de onder 1° en 2° genoemden te zamen.
3. Voor de toepassing van de vorige leden wordt met de rechtspersoon gelijkgesteld: de vennootschap zonder rechtspersoonlijkheid, de maatschap, de rederij en het doelvermogen.
(Zie ook: artt. 1, 2, 3, 4 BW Boek 2)

Art. 52
Medeplichtigheid aan overtreding is niet strafbaar.
(Zie ook: art. 48 WvSr)

Medeplichtigheid aan overtreding

Art. 54
1. Bij misdrijven door middel van de drukpers gepleegd wordt de drukker als zodanig niet vervolgd, indien het gedrukte stuk zijn naam en woonplaats vermeldt en de persoon op wiens last het stuk is gedrukt, bekend is of op de eerste aanmaning van de rechter-commissaris, door de drukker is bekendgemaakt.

Drukpersmisdrijven en de drukker

2. Deze bepaling is niet toepasselijk, indien de persoon op wiens last het stuk is gedrukt, op het tijdstip van het drukken strafrechtelijk niet vervolgbaar of buiten het Rijk in Europa gevestigd was.
(Zie ook: art. 7 GW; artt. 131, 137c, 147, 261, 266, 419 WvSr)

Titel VIII
Verval van het recht tot strafvordering en van de straf

Art. 68
1. Behoudens de gevallen waarin rechterlijke uitspraken voor herziening vatbaar zijn, kan niemand andermaal worden vervolgd wegens een feit waarover te zijnen aanzien bij gewijsde van de rechter in Nederland, Aruba, Curaçao, Sint Maarten of de openbare lichamen Bonaire, Sint Eustatius en Saba onherroepelijk is beslist.

Ne bis in idem

2. Is het gewijsde afkomstig van een andere rechter, dan heeft tegen dezelfde persoon wegens hetzelfde feit geen vervolging plaats in geval van:
1°. vrijspraak of ontslag van rechtsvervolging;
2°. veroordeling, indien een straf is opgelegd, gevolgd door gehele uitvoering, gratie of verjaring der straf.
3. Niemand kan worden vervolgd wegens een feit dat te zijnen aanzien in een vreemde staat onherroepelijk is afgedaan door de voldoening aan een voorwaarde, door de bevoegde autoriteit gesteld ter voorkoming van strafvervolging.
(Zie ook: art. 74 WvSr; artt. 255, 313, 457, 552l WvSv)

Art. 69
Het recht tot strafvordering vervalt door de dood van de verdachte.
(Zie ook: art. 75 WvSr; artt. 477, 479 WvSv; artt. 13, 16 WED)

Vervallen van recht tot strafvordering bij overlijden verdachte

Art. 70
1. Het recht tot strafvordering vervalt door verjaring:
1°. in drie jaren voor alle overtredingen;
2°. in zes jaren voor de misdrijven waarop geldboete, hechtenis of gevangenisstraf van niet meer dan drie jaren is gesteld;
3°. in twaalf jaren voor de misdrijven waarop tijdelijke gevangenisstraf van meer dan drie jaren is gesteld;
4°. in twintig jaren voor de misdrijven waarop gevangenisstraf van acht jaren of meer is gesteld.
2. In afwijking van het eerste lid verjaart het recht tot strafvordering niet:

Verjaring van recht tot strafvordering

art. 74

9 Wetboek van Strafrecht (uittreksel)

1°. voor de misdrijven waarop gevangenisstraf van twaalf jaren of meer is gesteld;
2°. voor de misdrijven, omschreven in de artikelen 240b, tweede lid, 243, 245 en 246, voor zover het feit is gepleegd ten aanzien van een persoon die de leeftijd van achttien jaren nog niet heeft bereikt.
(Zie ook: artt. 76, 77d WvSr)

Art. 74

Voorwaarden ter voorkoming van strafvervolging

1. De officier van justitie kan voor de aanvang van de terechtzitting een of meer voorwaarden stellen ter voorkoming van de strafvervolging wegens misdrijven, met uitzondering van die waarop naar de wettelijke omschrijving gevangenisstraf is gesteld van meer dan zes jaar, en wegens overtreding. Door voldoening aan die voorwaarden vervalt het recht tot strafvordering.
2. De volgende voorwaarden kunnen worden gesteld:
a. betaling aan de staat van een geldsom, te bepalen op ten minste € 3 en ten hoogste het maximum van de geldboete die voor het feit kan worden opgelegd;
b. afstand van voorwerpen die in beslag zijn genomen en vatbaar zijn voor verbeurdverklaring of onttrekking aan het verkeer;
c. uitlevering, of voldoening aan de staat van de geschatte waarde, van voorwerpen die vatbaar zijn voor verbeurdverklaring;
d. voldoening aan de staat van een geldbedrag of overdracht van inbeslaggenomen voorwerpen ter gehele of gedeeltelijke ontneming van het ingevolge artikel 36e voor ontneming vatbare wederrechtelijk verkregen voordeel;
e. gehele of gedeeltelijke vergoeding van de door het strafbare feit veroorzaakte schade;
f. het verrichten van onbetaalde arbeid of het volgen van een leerproject gedurende ten hoogste honderdtwintig uren.
3. De officier van justitie doet in geval van misdrijf aan de rechtstreeks belanghebbende die hem bekend is, onverwijld schriftelijk mededeling van de datum waarop hij die voorwaarden heeft gesteld.
4. Op de in het tweede lid, onder f, bedoelde voorwaarde is het bepaalde bij of krachtens de artikelen 22b, 22c, eerste en vierde lid, 22e en 22k met betrekking tot taakstraffen, van overeenkomstige toepassing. De onbetaalde arbeid of het leerproject wordt binnen een termijn van zes maanden na instemming met de voorwaarde voltooid. Het openbaar ministerie kan deze termijn eenmaal met zes maanden verlengen. Het zendt hiervan zo spoedig mogelijk een kennisgeving aan de betrokkene.

Nadere regels

5. Bij of krachtens algemene maatregel van bestuur worden voorschriften gegeven omtrent de nakoming van de voorwaarde, bedoeld in het tweede lid, onderdeel a. Deze voorschriften hebben in ieder geval betrekking op de plaats en wijze van betaling van de geldsom, de termijn waarbinnen de betaling moet zijn geschied en de verantwoording van de ontvangen geldbedragen. Bij of krachtens algemene maatregel van bestuur kunnen voorschriften worden gegeven omtrent de nakoming van de overige in het tweede lid bedoelde voorwaarden.
(Zie ook: artt. 22c, 23, 77f WvSr; artt. 12k, 51a, 578 WvSv; artt. 36, 37 WED)

Art. 74a

Transactie door OvJ

Is op het strafbare feit naar de wettelijke omschrijving geen andere hoofdstraf gesteld dan geldboete en biedt de verdachte aan, binnen een door de officier van justitie te bepalen termijn, het maximum van de geldboete te betalen en aan alle overige, overeenkomstig artikel 74, tweede lid, te stellen voorwaarden te voldoen, dan mag de officier van justitie het stellen van voorwaarden, als bedoeld in artikel 74, niet weigeren.

Titel VIII A
Bijzondere bepalingen voor jeugdigen en jongvolwassenen

Art. 77a

Minderjarigheid in het strafrecht

Ten aanzien van degene die ten tijde van het begaan van een strafbaar feit de leeftijd van twaalf jaren doch nog niet die van achttien jaren heeft bereikt, zijn de artikelen 9, 10, 12 tot en met 31, 35 tot en met 38u, 43a tot en met 44 en 57 tot en met 62 niet van toepassing. In de plaats daarvan treden de bijzondere bepalingen vervat in de artikelen 77d tot en met 77hh.
(Zie ook: art. 486 WvSv)

Tweede Boek
Misdrijven

Titel I
Misdrijven tegen de veiligheid van de staat

Art. 96

Samenspanning in geval van artt. 92-95a Sr

1. De samenspanning tot een der in de artikelen 92-95a omschreven misdrijven wordt gestraft met gevangenisstraf van ten hoogste tien jaren of geldboete van de vijfde categorie.

2. Dezelfde straf is toepasselijk op hem die, met het oogmerk om een der in de artikelen 92-95a omschreven misdrijven voor te bereiden of te bevorderen: *Voorbereiding in geval van artt. 92-95a Sr*

1°. een ander tracht te bewegen om het misdrijf te plegen, te doen plegen of mede te plegen, om daarbij behulpzaam te zijn of om daartoe gelegenheid, middelen of inlichtingen te verschaffen;

2°. gelegenheid, middelen of inlichtingen tot het plegen van het misdrijf zich of anderen tracht te verschaffen;

3°. voorwerpen voorhanden heeft waarvan hij weet dat zij bestemd zijn tot het plegen van het misdrijf;

4°. plannen voor de uitvoering van het misdrijf, welke bestemd zijn om aan anderen te worden medegedeeld, in gereedheid brengt of onder zich heeft;

5°. enige maatregel van regeringswege genomen om de uitvoering van het misdrijf te voorkomen of te onderdrukken, tracht te beletten, te belemmeren of te verijdelen.

Titel V
Misdrijven tegen de openbare orde

Art. 131
1. Hij die in het openbaar, mondeling of bij geschrift of afbeelding, tot enig strafbaar feit of tot gewelddadig optreden tegen het openbaar gezag opruit, wordt gestraft met gevangenisstraf van ten hoogste vijf jaren of geldboete van de vierde categorie. *Opruiing*
(Zie ook: artt. 4, 47 WvSr)
2. Indien het strafbare feit waartoe wordt opgeruid een terroristisch misdrijf dan wel een misdrijf ter voorbereiding of vergemakkelijking van een terroristisch misdrijf inhoudt, wordt de gevangenisstraf, gesteld op het in het eerste lid omschreven feit, met een derde verhoogd.

Art. 138
1. Hij die in de woning of het besloten lokaal of erf, bij een ander in gebruik, wederrechtelijk binnendringt of, wederrechtelijk aldaar vertoevende, zich niet op de vordering van of vanwege de rechthebbende aanstonds verwijdert, wordt gestraft met gevangenisstraf van ten hoogste een jaar of geldboete van de derde categorie. *Huisvredebreuk*
2. Hij die zich de toegang heeft verschaft door middel van braak of inklimming, van valse sleutels, van een valse order of een vals kostuum, of die, zonder voorkennis van de rechthebbende en anders dan ten gevolge van vergissing binnengekomen, aldaar wordt aangetroffen in de voor de nachtrust bestemde tijd, wordt geacht te zijn binnengedrongen.
3. Indien hij bedreigingen uit of zich bedient van middelen geschikt om vrees aan te jagen, wordt hij gestraft met gevangenisstraf van ten hoogste twee jaren of geldboete van de vierde categorie.
(Zie ook: art. 12 GW; artt. 89, 90, 311 WvSr)
4. De in het eerste en derde lid bepaalde gevangenisstraffen kunnen met een derde worden verhoogd, indien twee of meer verenigde personen het misdrijf plegen.
(Zie ook: art. 370 WvSr)

Art. 139
1. Hij die in een voor de openbare dienst bestemd lokaal wederrechtelijk binnendringt, of, wederrechtelijk aldaar vertoevende, zich niet op de vordering van de bevoegde ambtenaar aanstonds verwijdert, wordt gestraft met gevangenisstraf van ten hoogste drie maanden of geldboete van de tweede categorie. *Lokaalvredebreuk*
2. Hij die zich de toegang heeft verschaft door middel van braak of inklimming, van valse sleutels, van een valse order of een vals kostuum, of die zonder voorkennis van de bevoegde ambtenaar en anders dan ten gevolge van vergissing binnengekomen, aldaar wordt aangetroffen in de voor de nachtrust bestemde tijd, wordt geacht te zijn binnengedrongen.
3. Indien hij bedreigingen uit of zich bedient van middelen geschikt om vrees aan te jagen, wordt hij gestraft met gevangenisstraf van ten hoogste een jaar of geldboete van de derde categorie.
4. De in het eerste en derde lid bepaalde gevangenisstraffen kunnen met een derde worden verhoogd, indien twee of meer verenigde personen het misdrijf plegen.
(Zie ook: artt. 89, 90, 311, 370 WvSr)

Art. 142
1. Hij die opzettelijk door valse alarmkreten of signalen de rust verstoort, wordt gestraft met gevangenisstraf van ten hoogste een jaar of geldboete van de vierde categorie. *Vals alarm*
2. Hij die opzettelijk, zonder dat daartoe de noodzaak aanwezig is, gebruik maakt van een alarmnummer voor publieke diensten wordt gestraft met gevangenisstraf van ten hoogste drie maanden of geldboete van de derde categorie.

Art. 142a
1. Hij die een voorwerp verzendt of op een al dan niet voor het publiek toegankelijke plaats achterlaat of plaatst, met het oogmerk een ander ten onrechte te doen geloven dat daardoor *Ontplofbare voorwerpen*

een ontploffing kan worden teweeggebracht, wordt gestraft met gevangenisstraf van ten hoogste vier jaren of geldboete van de vierde categorie.
2. Met dezelfde straf wordt gestraft hij die gegevens doorgeeft met het oogmerk een ander ten onrechte te doen geloven dat op een al dan niet voor het publiek toegankelijke plaats een voorwerp aanwezig is waardoor een ontploffing kan worden teweeggebracht.
(Zie ook: artt. 157, 158 WvSr)

Art. 143

Verhindering van openbare vergadering of betoging

Hij die door geweld of bedreiging met geweld een geoorloofde openbare vergadering of betoging verhindert, wordt gestraft met gevangenisstraf van ten hoogste negen maanden of geldboete van de derde categorie.
(Zie ook: art. 9 GW; artt. 81, 95, 121, 123 WvSr; art. 124 WvSv)

Art. 144

Opzettelijk verstoren van een openbare vergadering of betoging

Hij die door het verwekken van wanorde of het maken van gedruis een geoorloofde openbare vergadering opzettelijk stoort, of door het verwekken van wanorde een geoorloofde betoging opzettelijk stoort, wordt gestraft met gevangenisstraf van ten hoogste twee weken of geldboete van de tweede categorie.
(Zie ook: art. 9 GW; art. 185 WvSr; art. 124 WvSv)

Titel VIII
Misdrijven tegen het openbaar gezag

Art. 179

Ambtsdwang

Hij die door geweld of enige andere feitelijkheid of bedreiging met geweld of enige andere feitelijkheid een ambtenaar dwingt tot het volvoeren van een ambtsverrichting of het nalaten van een rechtmatige ambtsverrichting, wordt gestraft met gevangenisstraf van ten hoogste vier jaren of geldboete van de vierde categorie.
(Zie ook: artt. 81, 84, 121a, 183 WvSr)

Art. 180

Wederspannigheid

Hij die zich met geweld of bedreiging met geweld verzet tegen een ambtenaar werkzaam in de rechtmatige uitoefening van zijn bediening, of tegen personen die hem daarbij krachtens wettelijke verplichting of op zijn verzoek bijstand verlenen, wordt als schuldig aan wederspannigheid gestraft met gevangenisstraf van ten hoogste een jaar of geldboete van de derde categorie.
(Zie ook: artt. 81, 84, 183 WvSr)

Art. 194

Niet verstrekken van inlichtingen bij faillissement

1. Hij die in staat van faillissement is verklaard en wettelijk verplicht is tot het geven van inlichtingen, wordt gestraft met gevangenisstraf van ten hoogste een jaar of geldboete van de derde categorie, indien hij hetzij zonder geldige reden opzettelijk wegblijft, hetzij weigert de vereiste inlichtingen te geven, hetzij opzettelijk onjuiste of onvolledige inlichtingen geeft.

Niet verstrekken van inlichtingen bij faillissement van een ander

2. Met dezelfde straf wordt gestraft hij die in het faillissement van een ander wettelijk verplicht is tot het geven van inlichtingen en hetzij zonder geldige reden opzettelijk wegblijft, hetzij weigert de vereiste inlichtingen te geven, hetzij opzettelijk onjuiste of onvolledige inlichtingen geeft.

Niet verstrekken van inlichtingen bij schuldsaneringsregeling natuurlijke personen

3. Met dezelfde straf wordt gestraft hij ten aanzien van wie de schuldsaneringsregeling natuurlijke personen van toepassing is verklaard en wettelijk verplicht is tot het geven van inlichtingen, of die op grond van de schuldsaneringsregeling natuurlijke personen ten aanzien van een ander wettelijk verplicht is tot het geven van inlichtingen, hetzij zonder geldige reden opzettelijk wegblijft, hetzij weigert de vereiste inlichtingen te geven, hetzij opzettelijk onjuiste of onvolledige inlichtingen geeft.

Ontzetting van uitoefening beroep

4. Indien de schuldige een van de strafbare feiten, omschreven in het eerste lid, in zijn beroep begaat, kan hij van de uitoefening van dat beroep worden ontzet.

Titel XII
Valsheid met geschriften, gegevens en biometrische kenmerken

Art. 225

Valsheid in geschrifte

1. Hij die een geschrift dat bestemd is om tot bewijs van enig feit te dienen, valselijk opmaakt of vervalst, met het oogmerk om het als echt en onvervalst te gebruiken of door anderen te doen gebruiken, wordt als schuldig aan valsheid in geschrift gestraft, met gevangenisstraf van ten hoogste zes jaren of geldboete van de vijfde categorie.
2. Met dezelfde straf wordt gestraft hij die opzettelijk gebruik maakt van het valse of vervalste geschrift als ware het echt en onvervalst dan wel opzettelijk zodanig geschrift aflevert of voorhanden heeft, terwijl hij weet of redelijkerwijs moet vermoeden dat dit geschrift bestemd is voor zodanig gebruik.
(Zie ook: artt. 56, 71, 235, 360 WvSr)

9 Wetboek van Strafrecht (uittreksel) — art. 303

3. Indien een feit, omschreven in het eerste of tweede lid, wordt gepleegd met het oogmerk om een terroristisch misdrijf voor te bereiden of gemakkelijk te maken, wordt de op het feit gestelde gevangenisstraf met een derde verhoogd.
(Zie ook: art. 83a WvSr)

Titel XIX
Misdrijven tegen het leven gericht

Art. 287
Hij die opzettelijk een ander van het leven berooft, wordt, als schuldig aan doodslag, gestraft met gevangenisstraf van ten hoogste vijftien jaren of geldboete van de vijfde categorie. — Doodslag
(Zie ook: artt. 82a, 92, 108, 115, 295 WvSr; art. 160 WvSv; art. 179a WVW 1994)

Art. 288
Doodslag gevolgd, vergezeld of voorafgegaan van een strafbaar feit en gepleegd met het oogmerk om de uitvoering van dat feit voor te bereiden of gemakkelijk te maken, of om, bij betrapping op heter daad, aan zichzelf of andere deelnemers aan dat feit hetzij straffeloosheid hetzij het bezit van het wederrechtelijk verkregene te verzekeren, wordt gestraft met levenslange gevangenisstraf of tijdelijke van ten hoogste dertig jaren of geldboete van de vijfde categorie. — Doodslag met strafverzwaring
(Zie ook: art. 47 WvSr; art. 160 WvSv)

Art. 288a
Doodslag, gepleegd met een terroristisch oogmerk, wordt gestraft met levenslange gevangenisstraf of tijdelijke van ten hoogste dertig jaren of geldboete van de vijfde categorie. — Doodslag met terroristisch oogmerk
(Zie ook: artt. 83, 83a WvSr)

Art. 289
Hij die opzettelijk en met voorbedachten rade een ander van het leven berooft, wordt, als schuldig aan moord, gestraft met levenslange gevangenisstraf of tijdelijke van ten hoogste dertig jaren of geldboete van de vijfde categorie. — Moord
(Zie ook: artt. 82a, 108, 115, 295 WvSr; art. 160 WvSv; art. 179a WVW 1994)

Titel XX
Mishandeling

Art. 300
1. Mishandeling wordt gestraft met gevangenisstraf van ten hoogste drie jaren of geldboete van de vierde categorie. — Mishandeling
2. Indien het feit zwaar lichamelijk letsel ten gevolge heeft, wordt de schuldige gestraft met gevangenisstraf van ten hoogste vier jaren of geldboete van de vierde categorie.
(Zie ook: art. 82 WvSr)
3. Indien het feit de dood ten gevolge heeft, wordt hij gestraft met gevangenisstraf van ten hoogste zes jaren of geldboete van de vierde categorie.
4. Met mishandeling wordt gelijkgesteld opzettelijke benadeling van de gezondheid.
5. Poging tot dit misdrijf is niet strafbaar.
(Zie ook: artt. 45, 304 WvSr)

Art. 301
1. Mishandeling gepleegd met voorbedachten rade wordt gestraft met gevangenisstraf van ten hoogste vier jaren of geldboete van de vierde categorie. — Mishandeling met voorbedachten rade
2. Indien het feit zwaar lichamelijk letsel ten gevolge heeft, wordt de schuldige gestraft met gevangenisstraf van ten hoogste zes jaren of geldboete van de vierde categorie.
(Zie ook: art. 82 WvSr)
3. Indien het feit de dood ten gevolge heeft, wordt hij gestraft met gevangenisstraf van ten hoogste negen jaren of geldboete van de vijfde categorie.
(Zie ook: artt. 304, 305 WvSr)

Art. 302
1. Hij die aan een ander opzettelijk zwaar lichamelijk letsel toebrengt, wordt, als schuldig aan zware mishandeling, gestraft met gevangenisstraf van ten hoogste acht jaren of geldboete van de vijfde categorie. — Zware mishandeling
(Zie ook: art. 82 WvSr)
2. Indien het feit de dood ten gevolge heeft, wordt de schuldige gestraft met gevangenisstraf van ten hoogste tien jaren of geldboete van de vijfde categorie.
(Zie ook: art. 304 WvSr)

Art. 303
1. Zware mishandeling gepleegd met voorbedachten rade wordt gestraft met gevangenisstraf van ten hoogste twaalf jaren of geldboete van de vijfde categorie. — Zware mishandeling met voorbedachten rade

2. Indien het feit de dood ten gevolge heeft, wordt de schuldige gestraft met gevangenisstraf van ten hoogste vijftien jaren of geldboete van de vijfde categorie.
(Zie ook: artt. 304, 305 WvSr)

Art. 304

Verzwarende omstandigheden bij mishandeling

De in de artikelen 300-303 bepaalde gevangenisstraffen kunnen met een derde worden verhoogd:
1°. ten aanzien van de schuldige die het misdrijf begaat tegen zijn moeder, zijn vader tot wie hij in familierechtelijke betrekking staat, zijn echtgenoot, zijn levensgezel, zijn kind, een kind over wie hij het gezag uitoefent of een kind dat hij verzorgt of opvoedt als behorend tot zijn gezin;
2°. indien het misdrijf wordt gepleegd tegen een ambtenaar gedurende of ter zake van de rechtmatige uitoefening van zijn bediening;
(Zie ook: artt. 84, 179 WvSr)
3°. indien het misdrijf wordt gepleegd door toediening van voor het leven of de gezondheid schadelijke stoffen.
(Zie ook: art. 172 WvSr)

Art. 304a

Zware mishandeling met terroristisch oogmerk

Indien een misdrijf, strafbaar gesteld in artikel 302 of 303, is begaan met een terroristisch oogmerk, wordt de in dat artikel bepaalde tijdelijke gevangenisstraf met de helft verhoogd en wordt, indien op het misdrijf een tijdelijke gevangenisstraf van ten hoogste vijftien jaren is gesteld, levenslange gevangenisstraf of tijdelijke van ten hoogste dertig jaren opgelegd.
(Zie ook: artt. 83, 83a WvSr)

Art. 304b

Samenspanning tot zware mishandeling met terroristisch oogmerk
Schakelbepaling

1. De samenspanning tot het in artikel 303 omschreven misdrijf, te begaan met een terroristisch oogmerk, wordt gestraft met gevangenisstraf van ten hoogste tien jaren of geldboete van de vijfde categorie.
2. Artikel 96, tweede lid, is van overeenkomstige toepassing.
(Zie ook: artt. 80, 83a WvSr)

Art. 304c

Ontzegging stemrecht bij veroordeling o.g.v. art. 302, 303 en 304b

Bij veroordeling wegens een der misdrijven omschreven in de artikelen 302 en 303, begaan met een terroristisch oogmerk, alsmede bij veroordeling wegens het misdrijf omschreven in artikel 304b, kan ontzetting van het in artikel 28, eerste lid, onder 3°, vermelde recht worden uitgesproken.

Art. 305

Ontzetting van rechten in geval van artt. 301 en 303 Sr.

1. Bij veroordeling wegens een der in de artikelen 301 en 303 omschreven misdrijven kan ontzetting van de in artikel 28, eerste lid, onder 1°, 2° en 4°, vermelde rechten worden uitgesproken.
3. Bij veroordeling wegens een der in de artikelen 301-303 omschreven misdrijven kan de schuldige, indien hij het misdrijf in zijn beroep heeft begaan, worden ontzet van de uitoefening van dat beroep.

Art. 306

Deelneming aan aanval of vechterij

Zij die opzettelijk deelnemen aan een aanval of vechterij waarin onderscheiden personen zijn gewikkeld, worden, behoudens ieders verantwoordelijkheid voor de bijzondere door hem bedreven feiten, gestraft:
1°. met gevangenisstraf van ten hoogste twee jaren of geldboete van de vierde categorie, indien de aanval of vechterij alleen zwaar lichamelijk letsel ten gevolge heeft;
(Zie ook: art. 82 WvSr)
2°. met gevangenisstraf van ten hoogste drie jaren of geldboete van de vierde categorie, indien de aanval of vechterij iemands dood ten gevolge heeft.
(Zie ook: art. 141 WvSr)

Titel XXI
Veroorzaken van de dood of van lichamelijk letsel door schuld

Art. 307

Dood door schuld

1. Hij aan wiens schuld de dood van een ander te wijten is, wordt gestraft met gevangenisstraf van ten hoogste twee jaren of geldboete van de vierde categorie.
(Zie ook: artt. 309, 450 WvSr; art. 6 WVW 1994)
2. Indien de schuld bestaat in roekeloosheid, wordt hij gestraft met gevangenisstraf van ten hoogste vier jaren of geldboete van de vierde categorie.

Art. 308

Lichamelijk letsel door schuld

1. Hij aan wiens schuld te wijten is dat een ander zwaar lichamelijk letsel bekomt of zodanig lichamelijk letsel dat daaruit tijdelijke ziekte of verhindering in de uitoefening van zijn ambts- of beroepsbezigheden ontstaat, wordt gestraft met gevangenisstraf van ten hoogste een jaar of geldboete van de vierde categorie.
(Zie ook: artt. 82, 309 WvSr; art. 6 WVW 1994)

2. Indien de schuld bestaat in roekeloosheid, wordt hij gestraft met gevangenisstraf van ten hoogste twee jaren of geldboete van de vierde categorie.

Titel XXII
Diefstal en stroperij

Art. 310
Hij die enig goed dat geheel of ten dele aan een ander toebehoort wegneemt, met het oogmerk om het zich wederrechtelijk toe te eigenen, wordt, als schuldig aan diefstal, gestraft met gevangenisstraf van ten hoogste vier jaren of geldboete van de vierde categorie.
(Zie ook: artt. 313, 316 WvSr; artt. 86, 87, 119 BW Boek 3)

Diefstal

Titel XXIV
Verduistering

Art. 321
Hij die opzettelijk enig goed dat geheel of ten dele aan een ander toebehoort en dat hij anders dan door misdrijf onder zich heeft, wederrechtelijk zich toeëigent, wordt, als schuldig aan verduistering, gestraft met gevangenisstraf van ten hoogste drie jaren of geldboete van de vijfde categorie.
(Zie ook: artt. 324, 325 WvSr; art. 67 WvSv)

Verduistering

Titel XXV
Bedrog

Art. 326
1. Hij die, met het oogmerk om zich of een ander wederrechtelijk te bevoordelen, hetzij door het aannemen van een valse naam of van een valse hoedanigheid, hetzij door listige kunstgrepen, hetzij door een samenweefsel van verdichtsels, iemand beweegt tot de afgifte van enig goed, tot het verlenen van een dienst, tot het ter beschikking stellen van gegevens, tot het aangaan van een schuld of tot het teniet doen van een inschuld, wordt, als schuldig aan oplichting, gestraft met gevangenisstraf van ten hoogste vier jaren of geldboete van de vijfde categorie.
(Zie ook: artt. 80quinquies, 329, 338, 339 WvSr; art. 67 WvSv)
2. Indien het feit wordt gepleegd met het oogmerk om een terroristisch misdrijf voor te bereiden of gemakkelijk te maken, wordt de op het feit gestelde gevangenisstraf met een derde verhoogd.

Oplichting

Titel XXVI
Benadeling van schuldeisers of rechthebbenden

Art. 340
Hij die in staat van faillissement is verklaard wordt gestraft met gevangenisstraf van ten hoogste twee jaren of geldboete van de vijfde categorie, indien hij voor de intreding van het faillissement buitensporige uitgaven heeft gedaan, ten gevolge waarvan een of meer schuldeisers in hun verhaalsmogelijkheden zijn benadeeld.

Eenvoudige bankbreuk

Art. 341
1. Hij die in staat van faillissement is verklaard wordt gestraft met gevangenisstraf van ten hoogste zes jaren of geldboete van de vijfde categorie, indien hij, wetende dat hierdoor een of meer schuldeisers in hun verhaalsmogelijkheden worden benadeeld:
1°. voor of tijdens het faillissement enig goed aan de boedel heeft onttrokken of onttrekt;
2°. voor of tijdens het faillissement een van zijn schuldeisers op enige wijze wederrechtelijk heeft bevoordeeld of bevoordeelt.
2. Met dezelfde straf wordt gestraft hij ten aanzien van wie de schuldsaneringsregeling natuurlijke personen van toepassing is verklaard, indien hij wetende dat hierdoor een of meer schuldeisers in hun verhaalsmogelijkheden worden benadeeld:
1°. voor of tijdens de toepassing van de schuldsaneringsregeling enig goed aan de boedel heeft onttrokken of onttrekt;
2°. voor of tijdens de toepassing van de schuldsaneringsregeling een van zijn schuldeisers op enige wijze wederrechtelijk heeft bevoordeeld of bevoordeelt.

Bedrieglijke bankbreuk

Art. 342
Met gevangenisstraf van ten hoogste twee jaren of geldboete van de vijfde categorie wordt gestraft de bestuurder of commissaris van een rechtspersoon die voor de intreding van het faillissement, indien dit is gevolgd, buitensporig middelen van de rechtspersoon heeft verbruikt, uitgegeven of vervreemd, dan wel hieraan heeft meegewerkt of daarvoor zijn toestemming heeft gegeven, ten gevolge waarvan een of meer schuldeisers in hun verhaalsmogelijkheden zijn benadeeld.

Eenvoudige bankbreuk door bestuurder of commissaris van rechtspersoon

Art. 343

Bedrieglijke bankbreuk door bestuurder of commissaris van rechtspersoon

Met gevangenisstraf van ten hoogste zes jaren of geldboete van de vijfde categorie wordt gestraft de bestuurder of commissaris van een rechtspersoon die wetende dat hierdoor een of meer schuldeisers van de rechtspersoon in hun verhaalsmogelijkheden worden benadeeld:

1°. voor de intreding van het faillissement, indien dit is gevolgd, of tijdens het faillissement enig goed aan de boedel heeft onttrokken of onttrekt;

2°. voor de intreding van het faillissement, indien dit is gevolgd, buitensporig middelen van de rechtspersoon heeft verbruikt, uitgegeven of vervreemd, dan wel hieraan heeft meegewerkt of daarvoor zijn toestemming heeft gegeven;

3°. voor de intreding van het faillissement, indien dit is gevolgd, of tijdens het faillissement een van de schuldeisers van de rechtspersoon op enige wijze wederrechtelijk heeft bevoordeeld of bevoordeelt.

Art. 344

Eenvoudige bankbreuk door derden

1. Met gevangenisstraf van ten hoogste vier jaren en zes maanden of geldboete van de vijfde categorie wordt gestraft hij die in geval van een faillissement van een ander, of daaraan voorafgaand indien het faillissement is gevolgd, wetende dat hierdoor een of meer schuldeisers in hun verhaalsmogelijkheden worden benadeeld:

1°. enig goed aan de boedel onttrekt of heeft onttrokken;

2°. zich wederrechtelijk bevoordeelt of laat bevoordelen, dan wel zich wederrechtelijk heeft bevoordeeld of heeft laten bevoordelen.

2. Met dezelfde straf wordt gestraft hij die in geval de schuldsaneringsregeling natuurlijke personen op een ander van toepassing is verklaard, of daaraan voorafgaand indien de toepassing wordt uitgesproken, wetende dat hierdoor een of meer schuldeisers in hun verhaalsmogelijkheden worden benadeeld:

1°. enig goed aan de boedel onttrekt of heeft onttrokken;

2°. zich wederrechtelijk bevoordeelt of laat bevoordelen, dan wel zich wederrechtelijk heeft bevoordeeld of zich heeft laten bevoordelen.

Art. 344a

Niet verstrekken van administratie aan curator bij faillissement

1. Hij die in staat van faillissement is verklaard, wordt gestraft met gevangenisstraf van ten hoogste vier jaren of geldboete van de vijfde categorie:

1°. indien hij desgevraagd opzettelijk niet terstond, overeenkomstig de op hem rustende wettelijke verplichtingen ter zake, een ingevolge de wettelijke verplichtingen gevoerde en bewaarde administratie en de daartoe behorende boeken, bescheiden en andere gegevensdragers in ongeschonden vorm, zo nodig met de hulpmiddelen om de inhoud binnen redelijke termijn leesbaar te maken, aan de curator verstrekt;

2°. indien hij voor of tijdens het faillissement opzettelijk niet heeft voldaan aan de wettelijke verplichtingen tot het voeren van een administratie en het bewaren van de daartoe behorende boeken, bescheiden en andere gegevensdragers, ten gevolge waarvan de afhandeling wordt bemoeilijkt.

Niet verstrekken van administratie aan curator bij faillissement rechtspersoon

2. Met dezelfde straf wordt gestraft de bestuurder of commissaris van een rechtspersoon, indien:

1°. hij tijdens het faillissement van de rechtspersoon desgevraagd opzettelijk niet terstond, overeenkomstig de op hem rustende wettelijke verplichtingen ter zake, een ingevolge de wettelijke verplichtingen gevoerde en bewaarde administratie en de daartoe behorende boeken, bescheiden en andere gegevensdragers in ongeschonden vorm, zo nodig met de hulpmiddelen om de inhoud binnen redelijke termijn leesbaar te maken, aan de curator verstrekt;

2°. hij tijdens het faillissement van de rechtspersoon, of voor het faillissement indien dit is gevolgd, opzettelijk niet heeft voldaan aan of heeft bewerkstelligd dat werd voldaan aan de wettelijke verplichtingen tot het voeren van een administratie en het bewaren van de daartoe behorende boeken, bescheiden en andere gegevensdragers, ten gevolge waarvan de afhandeling wordt bemoeilijkt.

Niet verstrekken van administratie aan bewindspersoon bij schuldsaneringsregeling

3. Hij ten aanzien van wie de schuldsaneringsregeling natuurlijke personen van toepassing is verklaard wordt gestraft met gevangenisstraf van ten hoogste vier jaren of geldboete van de vijfde categorie, indien:

1°. hij desgevraagd opzettelijk niet terstond, overeenkomstig de op hem rustende wettelijke verplichtingen ter zake, een ingevolge de wettelijke verplichtingen gevoerde en bewaarde administratie en de daartoe behorende boeken, bescheiden en andere gegevensdragers in ongeschonden vorm, zo nodig met de hulpmiddelen om de inhoud binnen redelijke termijn leesbaar te maken, aan de bewindvoerder verstrekt;

2°. hij voor of tijdens de toepassing van de schuldsaneringsregeling opzettelijk niet heeft voldaan aan de wettelijke verplichtingen tot het voeren van een administratie en het bewaren van de daartoe behorende boeken, bescheiden en andere gegevensdragers, ten gevolge waarvan de schuldsanering wordt bemoeilijkt.

Art. 344b
1. Hij die in staat van faillissement is verklaard aan wiens schuld het te wijten is dat voor of tijdens het faillissement niet is voldaan aan de wettelijke verplichtingen tot het voeren van een administratie en het bewaren van de daartoe behorende boeken, bescheiden en andere gegevensdragers, ten gevolge waarvan de afhandeling wordt bemoeilijkt, wordt gestraft met gevangenisstraf van ten hoogste een jaar of geldboete van de vierde categorie.

2. De bestuurder of de commissaris van een rechtspersoon aan wiens schuld het te wijten is dat tijdens het faillissement van de rechtspersoon, of voor het faillissement indien het faillissement is gevolgd, niet is voldaan aan de wettelijke verplichtingen tot het voeren van een administratie en het bewaren van de daartoe behorende boeken, bescheiden en andere gegevensdragers, ten gevolge waarvan de afhandeling wordt bemoeilijkt, wordt gestraft met gevangenisstraf van ten hoogste een jaar of geldboete van de vierde categorie.

3. Hij ten aanzien van wie de schuldsaneringsregeling natuurlijke personen van toepassing is verklaard wordt gestraft met gevangenisstraf van ten hoogste een jaar of geldboete van de vierde categorie, indien het aan zijn schuld te wijten is dat voor of tijdens de toepassing van de schuldsaneringsregeling niet is voldaan aan de wettelijke verplichtingen tot het voeren van een administratie en het bewaren van de daartoe behorende boeken, bescheiden en andere gegevensdragers, ten gevolge waarvan de schuldsanering wordt bemoeilijkt.

Niet voldoen aan administratieplicht bij faillissement

Niet voldoen aan administratieplicht bij faillissement rechtspersoon

Niet voldoen aan administratieplicht bij schuldsaneringsregeling

Art. 345
1. De schuldeiser die tot een aangeboden gerechtelijk akkoord toetreedt ten gevolge van een overeenkomst hetzij met de schuldenaar, hetzij met een derde, waarbij hij bijzondere voordelen heeft bedongen, wordt, in geval van aanneming van het akkoord, gestraft met gevangenisstraf van ten hoogste een jaar of geldboete van de vijfde categorie.

2. Gelijke straf wordt in hetzelfde geval toegepast op de schuldenaar of, indien deze een rechtspersoon is, op de bestuurder of commissaris, die zodanige overeenkomst sluit.
(Zie ook: artt. 51, 349 WvSr)

Toetreding tot een akkoord met bijzondere voordelen

Art. 346
[Vervallen]

Art. 347
1. De bestuurder of commissaris van een rechtspersoon die, buiten het geval van de artikelen 342 en 343, buitensporig middelen van de rechtspersoon heeft verbruikt, uitgegeven of vervreemd, dan wel hieraan zijn medewerking heeft verleend of daarvoor zijn toestemming heeft gegeven, ten gevolge waarvan de rechtspersoon ernstig nadeel ondervindt en het voortbestaan in gevaar komt, wordt gestraft met gevangenisstraf van ten hoogste twee jaren of geldboete van de vijfde categorie.

2. Met gevangenisstraf van ten hoogste vier jaren of geldboete van de vijfde categorie wordt gestraft de bestuurder of commissaris van een rechtspersoon die, buiten het geval van de artikelen 342 en 343, buitensporig middelen van de rechtspersoon verbruikt, uitgeeft of vervreemdt, dan wel hieraan medewerkt of daaraan zijn toestemming geeft, met het oogmerk zichzelf of een ander te bevoordelen, ten gevolge waarvan de rechtspersoon ernstig nadeel ondervindt en het voortbestaan in gevaar komt.

Ernstig benadelen rechtspersoon door bestuurder of commissaris

Art. 348
[1.] Hij die opzettelijk zijn eigen goed of, ten behoeve van degene aan wie het toebehoort, een hem niet toebehorend goed onttrekt aan een pandrecht, een retentierecht of een recht van vruchtgebruik of gebruik van een ander, wordt gestraft met een gevangenisstraf van ten hoogste een jaar en zes maanden.

[2.] Met dezelfde straf wordt gestraft hij die opzettelijk een goed dat is onderworpen aan een pandrecht, een retentierecht of een recht van vruchtgebruik of gebruik van een ander, vernielt, beschadigt of onbruikbaar maakt.

[3.] De bepaling van artikel 316 is op deze misdrijven van toepassing.
(Zie ook: artt. 201, 227, 233, 237, 290 BW Boek 3)

Onttrekking van goed aan pandhouder enz.

Schakelbepaling

Titel XXVII
Vernieling of beschadiging

Art. 350
1. Hij die opzettelijk en wederrechtelijk enig goed dat geheel of ten dele aan een ander toebehoort, vernielt, beschadigt, onbruikbaar maakt of wegmaakt, wordt gestraft met gevangenisstraf van ten hoogste twee jaren of geldboete van de vierde categorie.

2. Met gevangenisstraf van ten hoogste drie jaren of een geldboete van de vierde categorie wordt gestraft hij die opzettelijk en wederrechtelijk een dier dat geheel of ten dele aan een ander toebehoort, doodt, beschadigt, onbruikbaar maakt of wegmaakt.
(Zie ook: art. 408 WvSr)

Vernieling of beschadiging

Beschadigen van een dier

Art. 350a

Wissen of wijzigen computergegevens

1. Hij die opzettelijk en wederrechtelijk gegevens die door middel van een geautomatiseerd werk of door middel van telecommunicatie zijn opgeslagen, worden verwerkt of overgedragen, verandert, wist, onbruikbaar of ontoegankelijk maakt, dan wel andere gegevens daaraan toevoegt, wordt gestraft met gevangenisstraf van ten hoogste twee jaren of geldboete van de vierde categorie.
2. Artikel 138b, tweede en derde lid, is van overeenkomstige toepassing.
3. Hij die opzettelijk en wederrechtelijk gegevens ter beschikking stelt of verspreidt die zijn bestemd om schade aan te richten in een geautomatiseerd werk, wordt gestraft met gevangenisstraf van ten hoogste vier jaren of geldboete van de vijfde categorie.
4. Niet strafbaar is degeen die het feit, bedoeld in het derde lid, pleegt met het oogmerk om schade als gevolg van deze gegevens te beperken.
(Zie ook: artt. 80quinquies, 80sexies, 138a, 354 WvSr)

Titel XXVIII
Ambtsmisdrijven

Art. 370

Onbevoegd betreden van woning of erf door ambtenaar

1. De ambtenaar die, met overschrijding van zijn bevoegdheid of zonder inachtneming van de bij de wet bepaalde vormen, in de woning of het besloten lokaal of erf, bij een ander in gebruik, diens ondanks binnentreedt of, wederrechtelijk aldaar vertoevende, zich niet op de vordering van of vanwege de rechthebbende aanstonds verwijdert, wordt gestraft met gevangenisstraf van ten hoogste een jaar of geldboete van de derde categorie.
2. Met gelijke straf wordt gestraft de ambtenaar die ter gelegenheid van het doorzoeken van plaatsen met overschrijding van zijn bevoegdheid of zonder inachtneming van de bij de wet bepaalde vormen, geschriften, boeken of andere papieren onderzoekt of in beslag neemt.
(Zie ook: artt. 29, 84, 138 WvSr; artt. 55, 96, 110, 150, 192, 202, 212, 318 WvSv; art. 12 GW; art. 1 Awob)

Derde Boek
Overtredingen

Titel I
Overtredingen betreffende de algemene veiligheid van personen en goederen

Art. 424

Straatschenderij

1. Hij die op of aan de openbare weg of op enige voor het publiek toegankelijke plaats tegen personen of goederen enige baldadigheid pleegt waardoor gevaar of nadeel kan worden teweeggebracht, wordt, als schuldig aan straatschenderij, gestraft met geldboete van de eerste categorie.
2. Indien tijdens het plegen van de overtreding nog geen jaar is verlopen sedert een vroegere veroordeling van de schuldige wegens gelijke overtreding onherroepelijk is geworden, kan hechtenis van ten hoogste drie dagen of geldboete van de eerste categorie worden opgelegd.

Titel VI
Overtredingen betreffende de zeden

Art. 453

Openbare dronkenschap

Hij die zich in kennelijke staat van dronkenschap op de openbare weg bevindt, wordt gestraft met hechtenis van ten hoogste twaalf dagen of geldboete van de eerste categorie.
(Zie ook: art. 431 WvSr)

Titel VII
Overtredingen betreffende de veldpolitie

Art. 461

Betreden van verboden plaats door mens of vee

Hij die, zonder daartoe gerechtigd te zijn, zich op eens anders grond waarvan de toegang op een voor hem blijkbare wijze door de rechthebbende is verboden, bevindt of daar vee laat lopen, wordt gestraft met geldboete van de eerste categorie.

Wetboek van Strafvordering[1]

Wet van 15 januari 1921

Wij WILHELMINA, bij de gratie Gods, Koningin der Nederlanden, Prinses van Oranje Nassau, enz., enz., enz..
Allen, die deze zullen zien of hooren lezen, salut! doen te weten:
Alzoo Wij in overweging genomen hebben, dat het noodzakelijk is een nieuw Wetboek van Strafvordering vast te stellen;
Zoo is het, dat Wij, den Raad van State gehoord, en met gemeen overleg der Staten Generaal, hebben goedgevonden en verstaan, gelijk Wij goedvinden en verstaan bij deze:
Artikel I
Worden vastgesteld de navolgende bepalingen welke zullen uitmaken het Wetboek van Strafvordering

Eerste Boek
Algemeene bepalingen

Titel I
Strafvordering in het algemeen

Eerste afdeeling
Inleidende bepaling

Art. 1
Strafvordering heeft alleen plaats op de wijze bij de wet voorzien. — *Legaliteitsbeginsel*
(Zie ook: art. 1 WvSr; artt. 81, 107 GW)

Tweede afdeeling
Relatieve bevoegdheid van de rechtbanken tot kennisneming van strafbare feiten

Art. 2
[1.] Van de rechtbanken zijn gelijkelijk bevoegd: — *Relatieve competentie van rechtbanken*
die binnen welker rechtsgebied het feit is begaan;
die binnen welker rechtsgebied de verdachte woon- of verblijfplaats heeft;
die binnen welker rechtsgebied de verdachte zich bevindt;
die binnen welker rechtsgebied de verdachte zijne laatst bekende woon- of verblijfplaats heeft gehad;
die bij welke tegen de verdachte een vervolging ter zake van een ander feit is aangevangen;
die welker rechtsgebied grenst aan de territoriale zee alsmede de rechtbank Amsterdam, indien het feit is begaan ter zee buiten het rechtsgebied van een rechtbank of aan boord van een vaartuig dat buitengaats wordt gebracht;
de rechtbank Amsterdam, de rechtbank Oost-Brabant, de rechtbank Overijssel en de rechtbank Rotterdam, indien de officier van justitie bij het landelijk parket met de vervolging van het strafbare feit is belast;
de rechtbank Amsterdam, de rechtbank Oost-Brabant, de rechtbank Overijssel en de rechtbank Rotterdam ten aanzien van bij algemene maatregel van bestuur aan te wijzen strafbare feiten met de vervolging waarvan de officier van justitie bij het functioneel parket is belast.
(Zie ook: art. 539a WvSv)
[2.] In geval van gelijktijdige vervolging bij meer dan ééne rechtbank blijft uitsluitend bevoegd de rechtbank die in deze rangschikking eerder is geplaatst, of, indien het rechtbanken betreft, welke in deze rangschikking dezelfde plaats innemen, de rechtbank waarbij de vervolging het eerst is ingesteld.
(Zie ook: artt. 6, 419, 510, 525 WvSv)

---

1 Inwerkingtredingsdatum: 01-01-1926; zoals laatstelijk gewijzigd bij: Stb. 2018, 322.

Derde afdeeling
Vervolging van strafbare feiten

Art. 9

Werkterrein OvJ bij arrondissementsparket
Werkterrein OvJ bij landelijk parket
Werkterrein OvJ bij functioneel parket
Werkterrein advocaat-generaal bij ressortsparket

1. De officier van justitie bij het arrondissementsparket is belast met de vervolging van strafbare feiten waarvan de rechtbank in het arrondissement kennisneemt.
2. De officier van justitie bij het landelijk parket is belast met de vervolging van de strafbare feiten ten aanzien waarvan dat bij algemene maatregel van bestuur is bepaald.
3. De officier van justitie bij het functioneel parket is belast met de vervolging van strafbare feiten waarvan de opsporing ingevolge artikel 3 van de Wet op de bijzondere opsporingsdiensten tot de taken van een bijzondere opsporingsdienst behoort.
4. De officier van justitie van het Parket Centrale Verwerking Openbaar Ministerie is belast met de vervolging van strafbare feiten ten aanzien waarvan dat bij algemene maatregel van bestuur is bepaald.
(Zie ook: artt. 167, 242 WvSv; artt. 124, 136, 137, 138 Wet RO)
5. De advocaat-generaal bij het ressortsparket is belast met de vervolging van de strafbare feiten waarvan het gerechtshof kennis neemt.

Titel II
De verdachte

Art. 27

Verdachte

[1.] Als verdachte wordt vóórdat de vervolging is aangevangen, aangemerkt degene te wiens aanzien uit feiten of omstandigheden een redelijk vermoeden van schuld aan een strafbaar feit voortvloeit.
[2.] Daarna wordt als verdachte aangemerkt degene tegen wie de vervolging is gericht.
(Zie ook: artt. 63, 167, 181 WvSv)
3. De aan de verdachte toekomende rechten komen tevens toe aan de veroordeelde tegen wie een strafrechtelijk financieel onderzoek is ingesteld of te wiens aanzien op een vordering van het openbaar ministerie als bedoeld in artikel 36e van het Wetboek van Strafrecht niet onherroepelijk is beslist.
(Zie ook: artt. 126, 511b WvSv)

Bijstand verdachte door tolk bij vervolging

4. De verdachte die de Nederlandse taal niet of onvoldoende beheerst, is bevoegd zich te laten bijstaan door een tolk.

Titel IV
Eenige bijzondere dwangmiddelen

Eerste afdeeling
Aanhouding en inverzekeringstelling

Art. 52

Staande houden

Iedere opsporingsambtenaar is bevoegd de identiteit van de verdachte vast te stellen op de wijze, bedoeld in artikel 27a, eerste lid, eerste volzin, en hem daartoe staande te houden.

Art. 53

Aanhouding bij heterdaad

1. In geval van ontdekking op heterdaad van een strafbaar feit is een ieder bevoegd de verdachte aan te houden.
2. De opsporingsambtenaar die een verdachte bij ontdekking op heterdaad aanhoudt, brengt deze ten spoedigste over naar de plaats voor verhoor ter voorgeleiding aan de hulpofficier van justitie of de officier van justitie.
3. Geschiedt de aanhouding door een ander dan een opsporingsambtenaar, dan levert deze de aangehoudene onverwijld aan een opsporingsambtenaar over, onder afgifte aan deze van bij de verdachte aangetroffen voorwerpen. De opsporingsambtenaar handelt overeenkomstig de bepaling van het tweede lid en maakt zo nodig een kennisgeving van inbeslagneming op.
4. Bij de voorgeleiding van de verdachte aan de hulpofficier van justitie of de officier van justitie beoordeelt deze de noodzaak van verdere vrijheidsbeneming op grond van artikel 56a.

Art. 54

Aanhouding buiten heterdaad

1. Buiten het geval van ontdekking op heterdaad is de opsporingsambtenaar op bevel van de officier van justitie bevoegd de verdachte van een misdrijf waarvoor voorlopige hechtenis is toegelaten, aan te houden teneinde hem ten spoedigste voor te geleiden aan de hulpofficier van justitie of de officier van justitie.
(Zie ook: art. 67 WvSv)
2. Het bevel tot aanhouding kan door de officier van justitie mondeling of schriftelijk worden gegeven. Indien het mondeling wordt gegeven, wordt het nadien in het proces-verbaal vermeld.

3. Indien het bevel van de officier van justitie niet kan worden afgewacht, komt de in het eerste lid bedoelde bevoegdheid toe aan de hulpofficier van justitie. De hulpofficier van justitie geeft van de aanhouding onverwijld schriftelijk of mondeling kennis aan de officier van justitie. Het tweede lid is van overeenkomstige toepassing.
4. Indien het bevel van de officier van justitie of de hulpofficier van justitie niet kan worden afgewacht, is de opsporingsambtenaar bevoegd de verdachte aan te houden teneinde hem ten spoedigste voor te geleiden aan de hulpofficier van justitie of de officier van justitie.
5. Een bevoegdheid tot aanhouding buiten het geval van ontdekking op heterdaad komt toe aan een persoon in de openbare dienst van een vreemde staat die op door het volkenrecht toegelaten wijze grensoverschrijdend het achtervolgingsrecht in Nederland uitoefent, onder de verplichting ten aanzien van de aangehoudene te handelen overeenkomstig artikel 53, tweede lid.

Art. 55
[**1.**] In geval van ontdekking op heeter daad van een misdrijf kan ieder, ter aanhouding van den verdachte, elke plaats betreden, met uitzondering van een woning zonder toestemming van de bewoner en van de plaatsen, genoemd in artikel 12 van de Algemene wet op het binnentreden (*Stb.* 1994, 572).
(Zie ook: art. 12 GW; artt. 53, 128 WvSv)
[**2.**] Zoowel in geval van ontdekking op heeter daad als buiten dat geval kan iedere opsporingsambtenaar, ter aanhouding van den verdachte, elke plaats betreden.
(Zie ook: artt. 53, 54, 96, 127, 128, 129 WvSv; artt. 138, 370 WvSr)

Betreden plaatsen ter aanhouding

Art. 55a
1. In geval van ontdekking op heterdaad van een strafbaar feit of in geval van verdenking van een misdrijf als omschreven in artikel 67, eerste lid, kan iedere opsporingsambtenaar ter aanhouding van de verdachte elke plaats doorzoeken. Hij behoeft daartoe de machtiging van de officier van justitie, behoudens het geval van dringende noodzakelijkheid. In het laatste geval wordt de officier van justitie onverwijld van de doorzoeking op de hoogte gesteld.
2. Indien de officier van justitie aan een opsporingsambtenaar een machtiging heeft verleend ter aanhouding van de verdachte een woning zonder toestemming van de bewoner te doorzoeken, is voor het binnentreden in die woning door de betrokken opsporingsambtenaar geen machtiging als bedoeld in artikel 2 van de Algemene wet op het binnentreden vereist.
(Zie ook: artt. 53, 54, 127, 128, 487 WvSv; art. 12 GW)

Doorzoeking ter aanhouding

Art. 55b
1. De bij of krachtens artikel 141 aangewezen ambtenaren alsmede bepaalde door Onze Minister van Veiligheid en Justitie aangewezen categorieën van andere personen, belast met de opsporing van strafbare feiten, zijn bevoegd een staande gehouden of aangehouden verdachte aan zijn kleding te onderzoeken, alsmede voorwerpen die hij bij zich draagt of met zich mee voert te onderzoeken, een en ander voor zover zulks noodzakelijk is voor de vaststelling van zijn identiteit.
(Zie ook: art. 1 Racpsf)
2. De ambtenaren, bedoeld in het eerste lid, oefenen de bevoegdheden, bedoeld in het eerste lid, alleen dan in het openbaar uit, indien dit redelijkerwijs noodzakelijk is om wegmaking of beschadiging van voorwerpen waaruit de identiteit van die verdachte zou kunnen blijken, te voorkomen.
3. Van de uitoefening van de bevoegdheden, bedoeld in het tweede lid, maken zij proces-verbaal op, dat aan de officier van justitie ter beschikking wordt gesteld.

Bevoegdheden ter vaststelling identiteit

Art. 55c
1. De ambtenaren, bedoeld in artikel 141, en de ambtenaren van politie, bedoeld in artikel 2, onder b, van de Politiewet 2012 en de ambtenaren van politie, bedoeld in artikel 2, onder c, van die wet, voor zover zij zijn aangesteld voor de uitvoering van technische, administratieve en andere taken ten dienste van de politie en zij tevens buitengewoon opsporingsambtenaar als bedoeld in artikel 142 zijn, stellen de identiteit van de aangehouden verdachte vast op de wijze, bedoeld in artikel 27a, eerste lid, eerste en tweede volzin.
2. De ambtenaren, bedoeld in het eerste lid, nemen met het oog op het vaststellen van de identiteit van een verdachte die is aangehouden wegens een misdrijf als omschreven in artikel 67, eerste lid, of die wordt verhoord wegens een misdrijf als omschreven in artikel 67, eerste lid, zonder dat hij is aangehouden, een of meer foto's en vingerafdrukken. De vingerafdrukken worden vergeleken met de van verdachten overeenkomstig dit wetboek verwerkte vingerafdrukken en, indien vermoed wordt dat de verdachte een vreemdeling is, met de overeenkomstig de Vreemdelingenwet 2000 verwerkte vingerafdrukken.
3. De officier van justitie of de hulpofficier beveelt dat van iedere andere verdachte dan de verdachte, bedoeld in het tweede lid, over wiens identiteit twijfel bestaat, een of meer foto's en vingerafdrukken worden genomen. Het tweede lid, laatste volzin, is van overeenkomstige toepassing.

Identificatie verdachte

Nadere regels

4. De foto's en vingerafdrukken, bedoeld in het tweede en derde lid, kunnen ook worden verwerkt voor het voorkomen, opsporen, vervolgen en berechten van strafbare feiten en het vaststellen van de identiteit van een lijk.
5. Bij of krachtens algemene maatregel van bestuur worden regels gesteld over de uitvoering van het nemen van de foto's en vingerafdrukken, bedoeld in het tweede en derde lid, en voor het verwerken van de resultaten daarvan.

Art. 55d

Voorlopig middelenonderzoek

1. De opsporingsambtenaren, bedoeld in artikel 141, onder a tot en met c, kunnen in het belang van het onderzoek bevelen dat een aangehouden verdachte van een geweldsmisdrijf waarvoor voorlopige hechtenis is toegelaten en dat bij algemene maatregel van bestuur is aangewezen of een aangehouden verdachte van een misdrijf als bedoeld in de artikelen 307, eerste lid, en 308, eerste en tweede lid, van het Wetboek van Strafrecht, medewerking verleent aan:
a. een voorlopig onderzoek van uitgeademde lucht of een onderzoek naar de psychomotorische functies en de oog- en spraakfuncties ter vaststelling van het gebruik van alcohol;
b. een onderzoek van speeksel of een onderzoek naar de psychomotorische functies en de oog- en spraakfuncties ter vaststelling van het gebruik van andere middelen als bedoeld in het vierde lid dan alcohol.
2. Het bevel, bedoeld in het eerste lid, wordt alleen gegeven indien uit aanwijzingen blijkt dat de verdachte het geweldsmisdrijf, bedoeld in het eerste lid, onder invloed van alcohol of andere middelen als bedoeld in het vierde lid heeft gepleegd.
3. Het bevel, bedoeld in het eerste lid, onder a, wordt niet gericht tegen de verdachte van wie aannemelijk is dat het verlenen van medewerking aan een ademonderzoek voor hem om bijzondere geneeskundige redenen onwenselijk is.
4. Bij algemene maatregel van bestuur worden de andere middelen dan alcohol aangewezen die tot gewelddadig gedrag kunnen leiden en de grenswaarden voor die middelen en alcohol vastgesteld. Bij of krachtens algemene maatregel van bestuur worden regels gesteld over de uitvoering van de onderzoeken, bedoeld in het eerste lid.

Art. 55e

Nader middelenonderzoek

1. Indien op grond van een onderzoek als bedoeld in artikel 55d, eerste lid, onder a, ten aanzien van de verdachte bij wie dat onderzoek is uitgevoerd, het vermoeden bestaat dat hij alcohol heeft gebruikt boven de grenswaarde, bedoeld in artikel 55d, vierde lid, of op andere wijze dat vermoeden ten aanzien van hem is ontstaan, kan de opsporingsambtenaar hem bevelen medewerking te verlenen aan een nader onderzoek van uitgeademde lucht.
2. Het bevel, bedoeld in het eerste lid, wordt niet ten uitvoer gelegd bij de verdachte van wie aannemelijk is dat het verlenen van medewerking aan een nader ademonderzoek voor hem om bijzondere geneeskundige redenen onwenselijk is.
3. In het geval, bedoeld in het tweede lid, of indien de medewerking van de verdachte niet heeft geleid tot een voltooid nader ademonderzoek of indien op grond van een onderzoek als bedoeld in artikel 55d, eerste lid, onder b, het vermoeden bestaat dat de verdachte onder invloed verkeert van een of meer andere middelen als bedoeld in artikel 55d, vierde lid, dan alcohol of een combinatie van die middelen met alcohol, kan de officier van justitie of, indien zijn optreden niet kan worden afgewacht, de hulpofficier van justitie de verdachte bevelen medewerking te verlenen aan een bloedonderzoek.
4. Een arts of een verpleegkundige neemt van de verdachte zoveel bloed af als voor het onderzoek, bedoeld in het derde lid, noodzakelijk is.
5. Bij of krachtens algemene maatregel van bestuur worden regels gesteld over de uitvoering van de onderzoeken, bedoeld in het eerste en derde lid, en het tegenonderzoek.

Art. 56

Onderzoek aan lichaam of kleding

Onderzoek in lichaam

1. De officier van justitie of de hulpofficier voor wie de verdachte wordt geleid of die zelf de verdachte heeft aangehouden, kan, bij het bestaan van ernstige bezwaren tegen deze, in het belang van het onderzoek bepalen dat deze aan zijn lichaam of kleding zal worden onderzocht.
2. De officier van justitie kan bij het bestaan van ernstige bezwaren tegen de verdachte, in het belang van het onderzoek bepalen dat deze in zijn lichaam wordt onderzocht. Onder onderzoek in het lichaam wordt verstaan: het uitwendig schouwen van de openingen en holten van het onderlichaam, röntgenonderzoek, echografie en het inwendig manueel onderzoek van de openingen en holten van het lichaam. Het onderzoek in het lichaam wordt verricht door een arts. Het onderzoek wordt niet ten uitvoer gelegd indien zulks om bijzondere geneeskundige redenen onwenselijk is.
3. De in het eerste en tweede lid bedoelde onderzoeken worden op een besloten plaats en voor zover mogelijk door personen van hetzelfde geslacht als de verdachte verricht.
[4.] De overige opsporingsambtenaren zijn bevoegd den aangehoudene tegen wien ernstige bezwaren bestaan, aan zijne kleeding te onderzoeken.

Art. 56a

Vervolgonderzoek

1. Nadat de aangehouden verdachte aan de hulpofficier van justitie of de officier van justitie is voorgeleid, kan deze bevelen dat de verdachte wordt opgehouden voor onderzoek dan wel

in vrijheid wordt gesteld. De hulpofficier van justitie kan voorts beslissen om de verdachte onverwijld voor te geleiden aan de officier van justitie.
2. De verdachte van een misdrijf waarvoor voorlopige hechtenis is toegelaten kan ten hoogste negen uur worden opgehouden voor onderzoek; de verdachte van een strafbaar feit waarvoor voorlopige hechtenis niet is toegelaten ten hoogste zes uur. De tijd tussen middernacht en negen uur 's morgens wordt voor de berekening van deze termijnen niet meegerekend. De ophouding vindt plaats in het belang van het onderzoek.
3. Voor het einde van de periode, bedoeld in het tweede lid, of zoveel eerder als het onderzoek dat toelaat, wordt de verdachte in vrijheid gesteld of in verzekering gesteld.
4. Het onderzoek, bedoeld in het eerste lid, omvat mede de identificatie van de verdachte, de voorbereidingen voor het verhoor, het verhoor en het uitreiken van mededelingen in persoon over het vervolg van de strafzaak.
5. Tijdens het ophouden voor onderzoek wordt de verdachte verhoord op de wijze bepaald in de artikelen 29 en 29a.

Art. 56b

1. Indien de identificatie van de aangehouden verdachte van een strafbaar feit waarvoor voorlopige hechtenis niet is toegelaten, niet binnen de in artikel 56a, tweede lid, bedoelde termijn kan worden afgerond, kan die termijn op bevel van de hulpofficier van justitie of de officier van justitie voor wie de verdachte is geleid eenmaal met ten hoogste zes uur worden verlengd. *Vervolgonderzoek, verlenging termijn*
2. Het bevel tot verlenging op grond van het eerste lid is gedagtekend en ondertekend. Het bevat een korte omschrijving van het strafbare feit ten aanzien waarvan een verdenking bestaat en de feiten of omstandigheden waarop de verdenking is gegrond.
3. De verdachte wordt in het bevel met name of, wanneer zijn naam onbekend is, zo duidelijk mogelijk aangewezen. Een afschrift van het bevel wordt hem onverwijld uitgereikt. Indien de verdachte de Nederlandse taal niet of onvoldoende beheerst, wordt hem de inhoud van het bevel mondeling in een voor hem begrijpelijke taal medegedeeld.

Art. 57

[1.] De officier van justitie of de hulpofficier voor wie de verdachte wordt geleid, of die zelf de verdachte heeft aangehouden, kan, na hem verhoord te hebben, bevelen dat hij tijdens het onderzoek ter beschikking van de justitie zal blijven en daarvoor op een in het bevel aangeduide plaats in verzekering zal worden gesteld. Inverzekeringstelling vindt plaats in het belang van het onderzoek, waaronder mede wordt verstaan het belang van het aan de verdachte in persoon uitreiken van mededelingen over de strafzaak. *Inverzekeringstelling*
(Zie ook: artt. 53, 54, 62, 206, 214 WvSv; art. 15 GW)
[2.] De verdachte is bevoegd zich bij het verhoor door een raadsman te doen bijstaan. De raadsman wordt bij het verhoor in de gelegenheid gesteld de nodige opmerkingen te maken.
(Zie ook: artt. 28, 29, 38, 40, 50 WvSv; art. 6 EVRM)
[3.] Van het verhoor wordt proces-verbaal opgemaakt door de officier of de hulpofficier die het bevel verleent. Dit proces-verbaal wordt bij de processtukken gevoegd.
[4.] De hulpofficier geeft van zijn bevel onverwijld kennis aan de officier van justitie.
[5.] Zodra het belang van het onderzoek dit toelaat, gelast de officier van justitie de invrijheidstelling van de verdachte. Indien het onderzoeksbelang nog slechts bestaat uit het uitreiken aan de verdachte in persoon van een mededeling over de strafzaak, wordt deze mededeling zo spoedig mogelijk uitgereikt en de verdachte daarna in vrijheid gesteld.
(Zie ook: artt. 61, 588 WvSv)

Art. 58

1. Het bevel tot inverzekeringstelling wordt slechts verleend in geval van een strafbaar feit waarvoor voorlopige hechtenis is toegelaten. *Bevel tot inverzekeringstelling*
(Zie ook: artt. 67, 133 WvSv)
2. Het bevel tot inverzekeringstelling is slechts gedurende ten hoogste drie dagen van kracht. Bij dringende noodzakelijkheid kan het bevel door de officier van justitie eenmaal voor ten hoogste drie dagen worden verlengd. *Geldigheid termijn bevel tot inverzekeringstelling*
(Zie ook: artt. 59a, 136 WvSv)
3. Zodra het belang van het onderzoek dit toelaat, gelast de hulpofficier de invrijheidstelling van de verdachte. In het andere geval stelt hij de officier van justitie voor de inverzekeringstelling te verlengen. De officier van justitie kan bevelen dat de verdachte ten einde te worden gehoord voor hem wordt geleid. *Invrijheidstelling of verlenging inverzekeringstelling*

Tweede afdeeling
Voorloopige hechtenis

§ 1
Bevelen tot voorloopige hechtenis

Art. 63

Bevel tot bewaring

[1.] De rechter-commissaris kan, op de vordering van den officier van justitie, een bevel tot bewaring van den verdachte verleenen. De officier van justitie geeft van de vordering onverwijld mondeling of schriftelijk kennis aan de raadsman.
[2.] Indien de rechter-commissaris reeds aanstonds van oordeel is dat voor het verleenen van zoodanig bevel geen grond bestaat, wijst hij de vordering af.
[3.] In het andere geval hoort hij, tenzij het voorafgaand verhoor van den verdachte niet kan worden afgewacht, alvorens te beslissen, dezen omtrent de vordering van den officier van justitie en kan hij te dien einde, zoo noodig onder bijvoeging van een bevel tot medebrenging, diens dagvaarding gelasten.
[4.] De verdachte is bevoegd zich bij het verhoor door een raadsman te doen bijstaan. De raadsman wordt bij het verhoor in de gelegenheid gesteld de nodige opmerkingen te maken.
(Zie ook: artt. 27, 38, 40, 50, 60, 67, 67a, 69, 73, 77, 87, 178, 445, 446 WvSv)

Schakelbepaling

5. Wanneer de verdachte ten tijde van het plegen van het misdrijf waarvan hij wordt verdacht de leeftijd van achttien wel maar nog niet de leeftijd van drieëntwintig jaar heeft bereikt, kan de officier van justitie in zijn vordering aangeven of hij voornemens is te vorderen dat recht zal worden gedaan overeenkomstig artikel 77c van het Wetboek van Strafrecht. Artikel 493 is van overeenkomstige toepassing.
6. De officier van justitie vraagt de directeur van de reclassering hierover van advies te dienen. De reclassering kan ten behoeve van het advies inlichtingen inwinnen bij de raad voor de kinderbescherming.

Art. 67

Gevallen van voorlopige hechtenis

[1.] Een bevel tot voorloopige hechtenis kan worden gegeven in geval van verdenking van:
a. een misdrijf waarop naar de wettelijke omschrijving een gevangenisstraf van vier jaren of meer is gesteld;
b. een der misdrijven omschreven in de artikelen 132, 138a, 138ab, 138b, 139c, 139d, eerste en tweede lid, 139g, 141a,137c, tweede lid, 137d, tweede lid, 137e, tweede lid, 137g, tweede lid, 151, 184a, 254a, 248d, 248e, 272, 284, eerste lid, 285, eerste lid, 285b, 285c, 300, eerste lid, 321, 323a, 326c, tweede lid, 326d, 340, 342, 344a, 344b, 347, eerste lid, 350, 350a, 350c, 350d 351, 395, 417bis, 420bis.1, 420quater en 420quater.1 van het Wetboek van Strafrecht;
c. een der misdrijven omschreven in:
artikel 86i, eerste lid, van de Elektriciteitswet 1998;
artikel 66h, eerste lid, van de Gaswet;
artikel 8.12, eerste en tweede lid, van de Wet dieren;
artikel 175, tweede lid, onderdeel b, of derde lid in verbinding met het eerste lid, onderdeel b, van de Wegenverkeerswet 1994;
artikel 30, tweede lid, van de Wet buitengewone bevoegdheden burgerlijk gezag;
de artikelen 52, 53, eerste lid en 54 van de Wet gewetensbezwaren militaire dienst;
artikel 36 van de Wet op de kansspelen;
de artikelen 11, tweede lid, en 11a van de Opiumwet;
artikel 55, tweede lid, van de Wet wapens en munitie;
artikel 11 van de Wet tijdelijk huisverbod;
artikel 8 van de Tijdelijke wet bestuurlijke maatregelen terrorismebestrijding.
(Zie ook: artt. 129, 133 WvSv)
2. Het bevel kan voorts worden gegeven indien geen vaste woon- of verblijfplaats in Nederland van de verdachte kan worden vastgesteld en hij verdacht wordt van een misdrijf waarvan de rechtbanken kennis nemen en waarop, naar de wettelijke omschrijving gevangenisstraf is gesteld.
(Zie ook: art. 45 Wet RO)

Ernstige bezwaren

[3.] De voorgaande leden van dit artikel vinden alleen toepassing wanneer uit feiten of omstandigheden blijkt van ernstige bezwaren tegen de verdachte.

Terroristisch misdrijf, ernstige bezwaren niet vereist

4. In afwijking van het derde lid zijn bij verdenking van een terroristisch misdrijf ernstige bezwaren niet vereist voor een bevel tot bewaring. Bij verdenking van een van de misdrijven omschreven in de artikelen 114b, 120b, 140a, 176b, 289a, 304b en 415b, van het Wetboek van Strafrecht kan tevens een bevel tot gevangenhouding van de verdachte worden gegeven voor een duur van telkens ten hoogste tien dagen zonder dat ten aanzien van de verdachte ernstige bezwaren bestaan, waarbij de duur van de bevelen tot gevangenhouding zonder ernstige bezwaren tezamen een periode van dertig dagen niet te boven gaat.
(Zie ook: art. 83 WvSr)

Art. 67a

[1.] Een op artikel 67 gegrond bevel kan slechts worden gegeven:
a. indien uit bepaalde gedragingen van de verdachte, of uit bepaalde, hem persoonlijk betreffende omstandigheden, blijkt van ernstig gevaar voor vlucht;
b. indien uit bepaalde omstandigheden blijkt van een gewichtige reden van maatschappelijke veiligheid, welke de onverwijlde vrijheidsbeneming vordert.

2. Een gewichtige reden van maatschappelijke veiligheid kan voor de toepassing van het vorige lid slechts in aanmerking worden genomen:
1°. indien er sprake is van verdenking van een feit waarop naar de wettelijke omschrijving een gevangenisstraf van twaalf jaren of meer is gesteld en de rechtsorde ernstig door dat feit is geschokt;
2°. indien er ernstig rekening mede moet worden gehouden, dat de verdachte een misdrijf zal begaan:
waarop naar de wettelijke omschrijving een gevangenisstraf van zes jaren of meer is gesteld of waardoor de veiligheid van de staat of de gezondheid of veiligheid van personen in gevaar kan worden gebracht, dan wel algemeen gevaar voor goederen kan ontstaan;
3°. indien er sprake is van verdenking van een der misdrijven omschreven in de artikelen 285, 300, 310, 311, 321, 322, 323a, 326, 326a, 326e, 350, 416, 417bis, 420bis of 420quater van het Wetboek van Strafrecht, terwijl nog geen vijf jaren zijn verlopen sedert de dag waarop de verdachte wegens een van deze misdrijven onherroepelijk tot een vrijheidsbenemende straf of maatregel, een vrijheidsbeperkende maatregel of een taakstraf is veroordeeld dan wel bij onherroepelijke strafbeschikking een taakstraf is opgelegd en voorts er ernstig rekening mede moet worden gehouden dat de verdachte wederom een van die misdrijven zal begaan;
4°. indien er sprake is van verdenking van een van de misdrijven omschreven in de artikelen 141, 157, 285, 300 tot en met 303 of 350 van het Wetboek van Strafrecht, begaan op een voor het publiek toegankelijke plaats, dan wel gericht tegen personen met een publieke taak, waardoor maatschappelijke onrust is ontstaan en de berechting van het misdrijf uiterlijk binnen een termijn van zeventien dagen en achttien uur na aanhouding van de verdachte zal plaatsvinden;
5°. indien de voorlopige hechtenis in redelijkheid noodzakelijk is voor het, anders dan door verklaringen van de verdachte, aan de dag brengen van de waarheid.

[3.] Een bevel tot voorlopige hechtenis blijft achterwege, wanneer ernstig rekening moet worden gehouden met de mogelijkheid dat aan de verdachte in geval van veroordeling geen onvoorwaardelijke vrijheidsstraf of tot vrijheidsbeneming strekkende maatregel zal worden opgelegd, dan wel dat hij bij tenuitvoerlegging van het bevel langere tijd van zijn vrijheid beroofd zou blijven dan de duur van de straf of maatregel.
(Zie ook: artt. 63, 470 WvSv)
4. Onder onherroepelijke veroordeling als bedoeld in het tweede lid, onder 3°, wordt mede verstaan een onherroepelijke veroordeling door een strafrechter in een andere lidstaat van de Europese Unie wegens soortgelijke feiten.
5. Onder personen met een publieke taak zijn begrepen: personen die ten behoeve van het publiek en in het algemeen belang een hulp- of dienstverlenende taak vervullen.

Gronden voor voorlopige hechtenis

Uitzonderingen bevel tot voorlopige hechtenis

Derde afdeeling
Inbeslagneming

§ 2
Inbeslagneming door opsporingsambtenaren of bijzondere personen

Art. 97

1. In geval van ontdekking op heterdaad van een strafbaar feit of in geval van verdenking van een misdrijf als omschreven in artikel 67, eerste lid, kan de officier van justitie, bij dringende noodzakelijkheid en indien het optreden van de rechter-commissaris niet kan worden afgewacht, ter inbeslagneming een woning zonder toestemming van de bewoner doorzoeken.
(Zie ook: art. 370 WvSr)
2. Voor een doorzoeking als bedoeld in het eerste lid behoeft de officier van justitie de machtiging van de rechter-commissaris. Deze machtiging is met redenen omkleed.
3. Kan ook het optreden van de officier van justitie niet worden afgewacht, dan komt de bevoegdheid tot doorzoeking toe aan de hulpofficier. Het eerste en het tweede lid zijn van overeenkomstige toepassing. De machtiging van de rechter-commissaris wordt zo mogelijk door tussenkomst van de officier van justitie gevraagd.
(Zie ook: art. 154 WvSv)
4. Indien de rechter-commissaris aan een hulpofficier van justitie machtiging heeft verleend ter inbeslagneming een woning zonder toestemming van de bewoner te doorzoeken, is voor het binnentreden in die woning door de betrokken hulpofficier van justitie geen machtiging als bedoeld in artikel 2 van de Algemene wet op het binnentreden vereist.

Bevoegdheid doorzoeken OvJ ter inbeslagneming

Machtiging van rechter-commissaris
Bevoegdheid doorzoeken hulpofficier

art. 128

10 Wetboek van Strafvordering (uittreksel)

5. Artikel 96, tweede lid, is van overeenkomstige toepassing.
(Zie ook: artt. 94, 94a, 99a, 128, 134 WvSv; art. 1 Awob; art. 12 GW; art. 8 EVRM)

Titel VI
Beteekenis van sommige in het wetboek voorkomende uitdrukkingen

Art. 128

Ontdekking op heterdaad
[1.] Ontdekking op heeter daad heeft plaats, wanneer het strafbare feit ontdekt wordt, terwijl het begaan wordt of terstond nadat het begaan is.

Geval van ontdekking op heterdaad
[2.] Het geval van ontdekking op heeter daad wordt niet langer aanwezig geacht dan kort na het feit dier ontdekking.

Tweede Boek
Strafvordering in eersten aanleg

Titel I
Het opsporingsonderzoek

Eerste afdeeling
Algemeene bepalingen

Art. 141

Algemene opsporingsambtenaren
Met de opsporing van strafbare feiten zijn belast:
a. de officieren van justitie;
(Zie ook: art. 148 WvSv)
b. de ambtenaren van politie, bedoeld in artikel 2, onder a, van de Politiewet 2012, en de ambtenaren van politie, bedoeld in artikel 2, onder c en d, van die wet, voor zover zij zijn aangesteld voor de uitvoering van de politietaak;
(Zie ook: art. 3 PolW)
c. de door Onze Minister van Veiligheid en Justitie in overeenstemming met Onze Minister van Defensie aangewezen militairen van de Koninklijke marechaussee;
(Zie ook: artt. 127, 146, 152, 177 WSv; artt. 6, 7 PolW)
d. de opsporingsambtenaren van de bijzondere opsporingsdiensten, bedoeld in artikel 2 van de Wet op de bijzondere opsporingsdiensten.

Tweede afdeeling
De officieren van justitie

Art. 148

Taak van officier van justitie bij opsporing
[1.] De officier van justitie is belast met de opsporing van de strafbare feiten waarvan de rechtbank in het arrondissement waarin hij is aangesteld, kennisneemt, alsmede met de opsporing binnen het rechtsgebied van die rechtbank van de strafbare feiten waarvan andere rechtbanken kennisnemen.
[2.] Hij geeft daartoe bevelen aan de overige personen met de opsporing belast.
[3.] Zoo de opsporing door hem persoonlijk geschiedt, doet hij van zijne bevinding blijken bij proces-verbaal opgemaakt op zijn ambtseed; daarbij moeten tevens zooveel mogelijk uitdrukkelijk worden opgegeven de redenen van wetenschap.
(Zie ook: artt. 132a, 141, 153 WvSv; art. 124 WED)

Derde afdeling
Verslaglegging door opsporingsambtenaren

Art. 152

Verbaliseringsplicht van opsporingsambtenaren
1. De ambtenaren, met de opsporing van strafbare feiten belast, maken ten spoedigste proces-verbaal op van het door hen opgespoorde strafbare feit of van hetgeen door hen tot opsporing is verricht of bevonden.
2. Het opmaken van proces-verbaal kan onder verantwoordelijkheid van het openbaar ministerie achterwege worden gelaten.

Vierde afdeeling
Aangiften en klachten

Art. 160

Aangifteplicht van misdrijven
[1.] Ieder die kennis draagt van een der misdrijven omschreven in de artikelen 92-110 van het Wetboek van Strafrecht, in Titel VII van het Tweede Boek van dat Wetboek, voor zoover

10 Wetboek van Strafvordering (uittreksel) art. 163

daardoor levensgevaar is veroorzaakt, of in de artikelen 287 tot en met 294 en 296 van dat wetboek, van menschenroof of van verkrachting, is verplicht daarvan onverwijld aangifte te doen bij een opsporingsambtenaar. Gelijke verplichting geldt ten aanzien van een ieder die kennis draagt van een terroristisch misdrijf.
(Zie ook: art. 127 WvSv; artt. 135, 136 WvSr)
[2.] De bepaling van het eerste lid is niet van toepassing op hem die door de aangifte gevaar zou doen ontstaan voor eene vervolging van zichzelven of van iemand bij wiens vervolging hij zich van het afleggen van getuigenis zou kunnen verschoonen. — Verschoning
(Zie ook: art. 162 WvSv; art. 137 WvSr)
[3.] Evenzoo is ieder die kennis draagt dat iemand gevangen gehouden wordt op eene plaats die niet wettig daarvoor bestemd is, verplicht daarvan onverwijld aangifte te doen bij een opsporingsambtenaar. — Aangifteplicht bij gevangenhouding op niet-wettige plaats
(Zie ook: art. 219 WvSv; art. 368 WvSr)

Art. 161
Ieder die kennis draagt van een begaan strafbaar feit is bevoegd daarvan aangifte of klachte te doen. — Aangiftebevoegdheid
(Zie ook: artt. 188, 268 WvSr)

Art. 162
1. Openbare colleges en ambtenaren die in de uitoefening van hun bediening kennis krijgen van een misdrijf met de opsporing waarvan zij niet zijn belast, zijn verplicht daarvan onverwijld aangifte te doen, met afgifte van de tot de zaak betrekkelijke stukken, aan de officier van justitie of aan een van zijn hulpofficieren, — Aangifteplicht van openbare colleges en ambtenaren
a. indien het misdrijf is een ambtsmisdrijf als bedoeld in titel XXVIII van het Tweede Boek van het Wetboek van Strafrecht, dan wel
(Zie ook: art. 355 WvSr)
b. indien het misdrijf is begaan door een ambtenaar die daarbij een bijzondere ambtsplicht heeft geschonden of daarbij gebruik heeft gemaakt van macht, gelegenheid of middel hem door zijn ambt geschonken, dan wel
(Zie ook: art. 44 WvSr)
c. indien door het misdrijf inbreuk op of onrechtmatig gebruik wordt gemaakt van een regeling waarvan de uitvoering of de zorg voor de naleving aan hen is opgedragen.
2. Zij verschaffen de officier van justitie of de door deze aangewezen hulpofficier desgevraagd alle inlichtingen omtrent strafbare feiten met de opsporing waarvan zij niet zijn belast en die in de uitoefening van hun bediening te hunner kennis zijn gekomen.
3. De bepalingen van het eerste en tweede lid zijn niet van toepassing op de ambtenaar die door het doen van aangifte of het verschaffen van inlichtingen gevaar zou doen ontstaan voor een vervolging van zich zelf of van iemand bij wiens vervolging hij zich van het afleggen van getuigenis zou kunnen verschonen.
(Zie ook: art. 219 WvSv)
4. Gelijke verplichtingen rusten op rechtspersonen of organen van rechtspersonen wier taken en bevoegdheden zijn omschreven bij of krachtens de wet, voor zover daartoe bij algemene maatregel van bestuur aangewezen.
5. Bij of krachtens algemene maatregel van bestuur kunnen voorschriften worden gegeven in het belang van een goede uitvoering van dit artikel.
6. De aangifte van misdrijven, bedoeld in het eerste lid onder *c*, kan in overleg met de officier van justitie en met inachtneming van de voorschriften, als bedoeld in het vorige lid, nader worden beperkt.
7. De voordracht voor een algemene maatregel van bestuur als bedoeld in het vierde of vijfde lid, wordt niet gedaan dan nadat het ontwerp in de *Nederlandse Staatscourant* is bekend gemaakt en sedert de dag waarop de bekendmaking is geschied twee maanden verstreken zijn.
(Zie ook: art. 129 WvSv; art. 84 WvSr; art. 1 Besl.art. 162 WvS)

Art. 163
[1.] De aangifte van eenig strafbaar feit geschiedt mondeling of schriftelijk bij den bevoegden ambtenaar, hetzij door den aangever in persoon, hetzij door een ander, daartoe door hem van eene bijzondere schriftelijke volmacht voorzien. — Wijze van aangifte
[2.] De mondelinge aangifte wordt door den ambtenaar die haar ontvangt, in geschrifte gesteld en na voorlezing door hem met den aangever of diens gemachtigde onderteekend. Indien deze niet kan teekenen, wordt de reden van het beletsel vermeld.
3. Indien de aangever of diens gemachtigde de Nederlandse taal niet of onvoldoende begrijpt of spreekt, wordt hij in staat gesteld aangifte te doen in een taal die hij begrijpt of spreekt of ontvangt hij de nodige taalkundige bijstand.
4. De schriftelijke aangifte wordt door de aangever of diens gemachtigde ondertekend. De aangifte kan langs elektronische weg worden overgedragen met behulp van een bij algemene maatregel van bestuur aangewezen elektronische voorziening, voor de in die voorziening toegestane feiten.

art. 167

10 Wetboek van Strafvordering (uittreksel)

5. De aangever ontvangt een kopie van de aangifte dan wel een kopie van het proces-verbaal van aangifte.
6. Indien het belang van het onderzoek dit vergt ontvangt de aangever een schriftelijke bevestiging van zijn aangifte, in afwijking van het bepaalde in het vijfde lid.
7. De aangever ontvangt, indien hij de Nederlandse taal niet of onvoldoende begrijpt of spreekt, op zijn verzoek een vertaling van een schriftelijke bevestiging van de aangifte, in een taal die hij begrijpt.
8. De schriftelijke volmacht, of, zoo zij voor een notaris in minuut is verleden, een authentiek afschrift daarvan, wordt aan de akte gehecht.

Verplichting ontvangen van aangifte

9. Tot het ontvangen van de aangiften bedoeld in de artikelen 160 en 161, zijn de opsporingsambtenaren, en tot het ontvangen van de aangiften bedoeld in artikel 162, de daarbij genoemde ambtenaren verplicht.
10. Artikel 156 is van toepassing.
(Zie ook: art. 127 WvSv)

Vijfde afdeeling
Beslissingen omtrent vervolging

Art. 167

Vervolging door openbaar ministerie

[1.] Indien naar aanleiding van het ingestelde opsporingsonderzoek het openbaar ministerie van oordeel is dat vervolging moet plaats hebben, door het uitvaardigen van een strafbeschikking of anderszins, gaat het daartoe zoo spoedig mogelijk over.
(Zie ook: art. 257a WvSv)

Opportuniteitsbeginsel

[2.] Van vervolging kan worden afgezien op gronden aan het algemeen belang ontleend. Het openbaar ministerie kan, onder het stellen van bepaalde voorwaarden, de beslissing of vervolging plaats moet hebben voor een daarbij te bepalen termijn uitstellen.

Titel II
De rechter-commissaris belast met de behandeling van strafzaken

Art. 171

Griffier

[1.] De rechter-commissaris wordt bij zijne verrichtingen bijgestaan door den griffier.
(Zie ook: art. 77 WvSv)
[2.] Bij verhindering of ontstentenis van dezen kan de rechter-commissaris in dringende gevallen een persoon aanwijzen, ten einde voor bepaald aan te wijzen verrichtingen als griffier op te treden. Deze plaatsvervangende griffier wordt vóór den aanvang zijner werkzaamheden door den rechter-commissaris beëedigd dat hij zijne taak naar behooren zal vervullen.

Art. 172

Proces-verbaal door griffier

[1.] De rechter-commissaris doet door den griffier een nauwkeurig proces-verbaal opmaken van hetgeen bij het onderzoek is verklaard, verricht en voorgevallen of door hem is waargenomen; daarbij moeten tevens zooveel mogelijk uitdrukkelijk worden opgegeven de redenen van wetenschap.
(Zie ook: artt. 31, 344 WvSv)
[2.] Indien dit tot recht verstand van eene verklaring of om andere redenen gewenscht is, of indien de verdachte, getuige of deskundige of de raadsman dit verlangt, doet hij ook de vraag naar aanleiding waarvan de verklaring is afgelegd, in het proces-verbaal opnemen.
[3.] Indien de verdachte, getuige of deskundige of de raadsman verlangt dat eenige opgave in de eigen woorden zal worden opgenomen, geschiedt dat, voor zoover de opgave redelijke grenzen niet overschrijdt, zooveel mogelijk.
(Zie ook: art. 77 WvSv)

Titel III
Onderzoek door de rechter-commissaris

Eerste afdeling
Aanleiding tot het verrichten van onderzoekshandelingen

Art. 181

Vordering van onderzoek door rechter-commissaris

1. De officier van justitie kan vorderen dat de rechter-commissaris met het oog op de opsporing van een strafbaar feit onderzoekshandelingen verricht. Hij geeft daarbij een omschrijving van het feit waarop het onderzoek betrekking dient te hebben en van de door hem gewenste onderzoekshandelingen. De vordering wijst indien deze bekend is de verdachte aan.
2. De rechter-commissaris beslist bij een met redenen omklede beschikking.

3. De rechter-commissaris doet de vordering van de officier van justitie en zijn beslissing daaromtrent, indien deze bekend is aan de verdachte toekomen, tenzij het belang van het onderzoek zich daartegen verzet.

Tweede afdeling
Het verrichten van onderzoekshandelingen door de rechter-commissaris

Art. 185
1. Indien de rechter-commissaris dit voor het goede verloop van het onderzoek noodzakelijk acht, roept hij de officier van justitie en de verdachte op voor hem te verschijnen, teneinde de stand van zaken in het onderzoek te bespreken. — Onderzoekshandelingen door rechter-commissaris
2. De rechter-commissaris kan ten behoeve van het goede verloop van het onderzoek, bij gelegenheid van of in aansluiting op de regiebijeenkomst bedoeld in het eerste lid, de officier van justitie en de verdachte een termijn stellen voor het indienen van een vordering of verzoek tot verrichten van onderzoekshandelingen, of voor de onderbouwing daarvan.

Art. 186
1. De officier van justitie is bevoegd de verhoren van de rechter-commissaris bij te wonen. — Bijwonen verhoren van rechter-commissaris door officier van justitie
(Zie ook: artt. 31, 187 WvSv)

2. De rechter-commissaris stelt de officier van justitie in de gelegenheid bij de verhoren tegenwoordig te zijn, zonder dat het onderzoek daardoor mag worden opgehouden.
3. De officier van justitie kan de vragen opgeven die hij gesteld wenst te zien.
(Zie ook: artt. 185, 226d WvSv)

Vijfde afdeeling
Deskundigen

Art. 227
1. De rechter-commissaris kan in het belang van het onderzoek ambtshalve, op vordering van de officier van justitie of op verzoek van de verdachte, een of meer deskundigen benoemen. — Deskundige benoemen door rechter-commissaris
2. Bij het verzoek van de verdachte om een deskundige te benoemen kan hij een of meer personen als deskundige aanbevelen. Tenzij het belang van het onderzoek zich hiertegen verzet, kiest de rechter-commissaris een of meer der deskundigen uit de door de verdachte aanbevolen personen. Artikel 51k, tweede lid, is van overeenkomstige toepassing.

Zesde afdeling
Beëindiging van het onderzoek

Art. 237
Indien de rechter-commissaris de onderzoekshandelingen heeft voltooid, of indien tot voortzetting van het onderzoek geen grond bestaat, beëindigt hij het onderzoek. Hij zendt de daarop betrekking hebbende stukken aan de officier van justitie en in afschrift tevens aan de verdachte. — Voltooiing onderzoekshandelingen door rechter-commissaris

Titel IV
Beslissingen omtrent verdere vervolging

Art. 242
[1.] Indien naar aanleiding van het ingestelde voorbereidende onderzoek het openbaar ministerie van oordeel is dat verdere vervolging moet plaats hebben, door het uitvaardigen van een strafbeschikking of anderszins, gaat het daartoe zoo spoedig mogelijk over. — Verdere vervolging door openbaar ministerie
(Zie ook: art. 257a WvSv)

[2.] Zoolang het onderzoek op de terechtzitting nog niet is aangevangen, kan van verdere vervolging worden afgezien, ook op gronden aan het algemeen belang ontleend. Het openbaar ministerie kan, onder het stellen van bepaalde voorwaarden, de beslissing of verdere vervolging plaats moet hebben voor een daarbij te bepalen termijn uitstellen. — Opportuniteitsbeginsel
(Zie ook: artt. 132, 167, 253, 258 WvSv)

3. Indien de rechter-commissaris voorwaarden stelt betreffende het gedrag van de verdachte, stelt hij tevens als voorwaarde dat de verdachte ten behoeve van het vaststellen van zijn identiteit medewerking verleent aan het nemen van een of meer vingerafdrukken of een identiteitsbewijs als bedoeld in artikel 1 van de Wet op de identificatieplicht ter inzage aanbiedt, voor zover dit nog niet is geschied. Ten behoeve van de naleving van de voorwaarden wordt bij de uitvoering daarvan de identiteit van de verdachte vastgesteld op de wijze, bedoeld in artikel 27a, eerste lid, eerste volzin, en tweede lid.

Titel V
Aanhangig maken der zaak ter terechtzitting

Art. 258

Dagvaarding van verdachte door officier van justitie

1. De zaak wordt ter terechtzitting aanhangig gemaakt door eene dagvaarding vanwege den officier van justitie aan den verdachte beteekend; het rechtsgeding neemt hierdoor een aanvang.
(Zie ook: artt. 33, 44, 50, 262, 585 WvSv)
2. De voorzitter der rechtbank bepaalt, op het verzoek en de voordracht van den officier van justitie, den dag der terechtzitting. Hij kan, bij het bepalen van de dag der terechtzitting of nadien, bevelen dat de verdachte in persoon zal verschijnen; hij kan daartoe tevens zijn medebrenging gelasten. De voorzitter kan ook de medebrenging gelasten van de getuige van wie op grond van feiten en omstandigheden aannemelijk is dat hij niet voornemens is gevolg te geven aan een oproep om ter terechtzitting te verschijnen. Voorts kan de voorzitter van de rechtbank de officier van justitie bevelen, nader omschreven onderzoek te verrichten of doen verrichten, alsmede gegevensdragers en stukken bij de processtukken te voegen dan wel stukken van overtuiging over te leggen.
(Zie ook: artt. 205, 213, 266, 383 WvSv)
3. De personen, bedoeld in artikel 51e, tweede lid, eerste volzin, derde, vijfde of zesde lid, kunnen de voorzitter verzoeken of het hen toegekende spreekrecht mag worden uitgeoefend door hun raadsman of een daartoe bijzondere gemachtigde. Indien meer dan drie nabestaanden bedoeld onder 51e, vierde lid, onder b, hebben meegedeeld dat zij van hun spreekrecht gebruik willen maken, en zij het onderling niet eens kunnen worden over wie van hen het woord zal voeren, beslist de voorzitter welke drie personen van het spreekrecht gebruik kunnen maken.

Art. 261

Inhoud van dagvaarding

[1.] De dagvaarding behelst een opgave van het feit dat ten laste wordt gelegd, met vermelding omstreeks welke tijd en waar ter plaatse het begaan zou zijn; verder vermeldt zij de wettelijke voorschriften waarbij het feit is strafbaar gesteld.
[2.] Zij behelst tevens de vermelding van de omstandigheden waaronder het feit zou zijn begaan.
[3.] Wanneer de verdachte zich in voorlopige hechtenis bevindt krachtens een bevel tot gevangenneming of gevangenhouding waarvan de geldigheidsduur niet meer kan worden verlengd op grond van artikel 66, derde lid, kan voor de opgave van het feit worden volstaan met de omschrijving die in dat bevel is gegeven.
(Zie ook: artt. 66, 78, 258, 312, 348, 386 WvSv; art. 6 EVRM; art. 47 WED)

Art. 265

Dagvaardingstermijn

1. Tussen de dag waarop de dagvaarding aan de verdachte is betekend en die der terechtzitting moet een termijn van ten minste tien dagen verlopen. Ingeval door de rechter-commissaris overeenkomstig de Zevende Titel van het Vierde Boek bevelen tot handhaving van de openbare orde zijn gegeven moet een termijn van ten minste vier dagen verlopen.
2. Geschiedt de betekening van de dagvaarding op de wijze als is voorzien in artikel 587, tweede lid, dan kan de verdachte in de akte van uitreiking een verklaring, houdende zijn toestemming tot verkorting van deze termijnen, doen opnemen; hij moet de verklaring tekenen; indien hij niet kan tekenen wordt de oorzaak van het beletsel in de akte vermeld.
3. Bij gebreke van het een of ander schorst de rechtbank het onderzoek, tenzij de verdachte is verschenen. Is dit laatste het geval en verzoekt de verdachte in het belang van zijn verdediging uitstel, dan schorst de rechtbank het onderzoek voor bepaalde tijd, tenzij zij bij met redenen omklede beslissing van oordeel is dat de verdachte redelijkerwijs niet in zijn verdediging kan worden geschaad wanneer het onderzoek wordt voortgezet.
(Zie ook: artt. 130, 278, 319, 320, 370, 540 WvSv)

Titel VI
Behandeling van de zaak door de rechtbank

Eerste afdeling
Onderzoek op de terechtzitting

Art. 288

Afzien van oproeping nietverschenen getuigen door rechtbank

1. De rechtbank kan van de oproeping van niet verschenen getuigen als bedoeld in artikel 287, derde lid, bij met redenen omklede beslissing afzien, indien zij van oordeel is dat:
a. het onaannemelijk is dat de getuige binnen een aanvaardbare termijn ter terechtzitting zal verschijnen;
b. het gegronde vermoeden bestaat dat de gezondheid of het welzijn van de getuige of deskundige door het afleggen van een verklaring ter terechtzitting in gevaar wordt gebracht, en het voorkomen van dit gevaar zwaarder weegt dan het belang om de getuige of deskundige ter terechtzitting te kunnen ondervragen;

c. redelijkerwijs valt aan te nemen dat daardoor het openbaar ministerie niet in zijn vervolging of de verdachte in zijn verdediging wordt geschaad.
2. Indien de officier van justitie op grond van artikel 264, tweede lid, onder b, heeft geweigerd een door de verdachte opgegeven getuige te doen oproepen of een door de rechtbank gegeven bevel tot oproeping van een getuige ten uitvoer te leggen en ten aanzien van die getuige geen beschikking op grond van artikel 226a, eerste lid, of 226n, eerste lid, is gegeven, stelt de rechtbank de stukken in handen van de rechter-commissaris teneinde de getuige te doen verhoren. In geval van een door de verdachte opgegeven getuige blijft de vorige volzin buiten toepassing, indien de rechtbank bij met redenen omklede beslissing van oordeel is dat door het achterwege blijven van het verhoor de verdachte redelijkerwijs niet in zijn verdediging is geschaad. De officier van justitie dient onmiddellijk nadat de stukken in handen van de rechter-commissaris zijn gesteld, de vordering, bedoeld in artikel 226a, eerste lid, of artikel 226m, eerste lid, in. Artikel 316 is van overeenkomstige toepassing.
3. De rechtbank kan voorts van de oproeping of hernieuwde oproeping van niet verschenen getuigen afzien, indien de officier van justitie en de verdachte daarmee uitdrukkelijk instemmen of hebben ingestemd.
4. Artikel 226 is van overeenkomstige toepassing.
(Zie ook: artt. 264, 328, 410, 418 WvSv)

Art. 300
1. De voorzitter kan ambtshalve of op vordering van de officier van justitie of op verzoek van de verdachte bepalen dat de vragen met betrekking tot de geestvermogens van de verdachte buiten diens tegenwoordigheid zullen worden gesteld en behandeld, en voorts dat de officier van justitie of de raadsman buiten de tegenwoordigheid van de verdachte betreffende diens geestvermogens het woord zal voeren. — *Vragen over geestvermogens van de verdachte*
2. Na terugkeer van de verdachte in de zittingszaal wordt hem mededeling gedaan van wat tijdens zijn afwezigheid is voorgevallen.
(Zie ook: artt. 297, 497 WvSv)

Art. 311
1. Nadat de ondervraging van de verdachte heeft plaatsgehad en de aanwezige getuigen en deskundigen zijn gehoord, kan de officier van justitie het woord voeren; hij legt zijn vordering na voorlezing aan de rechtbank over. De vordering omschrijft de straf en maatregel, indien oplegging daarvan wordt geëist; zij vermeldt in dat geval tevens welk strafbaar feit zou zijn begaan. De officier van justitie maakt, voor zover zulks aan de verdachte niet reeds eerder was gebleken, kenbaar of hij voornemens is een vordering als bedoeld in artikel 36e van het Wetboek van Strafrecht aanhangig te maken, alsmede of daartoe een strafrechtelijk financieel onderzoek, als bedoeld in artikel 126 is ingesteld. Van deze mededeling van de officier van justitie wordt in het proces-verbaal van de terechtzitting aantekening gemaakt. — *Requisitoir van officier van justitie*
2. De verdachte kan hierop antwoorden. — *Pleidooi*
3. De officier van justitie kan daarna andermaal het woord voeren.
4. Aan de verdachte wordt op straffe van nietigheid het recht gelaten om het laatst te spreken. — *Laatste woord*
5. De voorzitter kan bepalen dat aan de verdachte, getuigen en deskundigen nieuwe vragen worden gesteld en dat stukken worden voorgelezen. In dat geval kunnen de officier van justitie en de verdachte op de hiervoor vermelde voet, het woord voeren. — *Nader onderzoek*
(Zie ook: artt. 331, 334 WvSv)

Derde afdeeling
Bewijs

Art. 338
Het bewijs dat de verdachte het telastegelegde feit heeft begaan, kan door den rechter slechts worden aangenomen, indien hij daarvan uit het onderzoek op de terechtzitting door den inhoud van wettige bewijsmiddelen de overtuiging heeft bekomen. — *Wettig en overtuigend bewijs*
(Zie ook: artt. 350, 359 WvSv)

Art. 339
[1.] Als wettige bewijsmiddelen worden alleen erkend: — *Wettige bewijsmiddelen*
1°. eigen waarneming van den rechter;
2°. verklaringen van den verdachte;
3°. verklaringen van een getuige;
4°. verklaringen van een deskundige;
5°. schriftelijke bescheiden.
[2.] Feiten of omstandigheden van algemeene bekendheid behoeven geen bewijs. — *Feiten van algemene bekendheid*
(Zie ook: art. 511f WvSv)

art. 348

10 Wetboek van Strafvordering (uittreksel)

Vierde afdeeling
Beraadslaging en uitspraak

Art. 348

Formele vragen rechtbank

De rechtbank onderzoekt op den grondslag der telastlegging en naar aanleiding van het onderzoek op de terechtzitting de geldigheid der dagvaarding, hare bevoegdheid tot kennisneming van het telastegelegde feit en de ontvankelijkheid van den officier van justitie en of er redenen zijn voor schorsing der vervolging.
(Zie ook: artt. 2, 14, 257, 261, 265, 283, 350, 382, 422a, 474 WvSv; artt. 64, 68 WvSr; art. 45 Wet RO)

Art. 349

Uitspraak na onderzoek ten aanzien van formele vragen

1. Indien het onderzoek in het voorgaande artikel bedoeld, daartoe aanleiding geeft, spreekt de rechtbank uit de nietigheid der dagvaarding, hare onbevoegdheid, de niet-ontvankelijkheid van den officier van justitie of de schorsing der vervolging.
2. Indien een feit dat ingevolge artikel 382 voor de kantonrechter moet worden vervolgd, bij een andere kamer van de rechtbank aanhangig is gemaakt, kan het feit op verzoek van de verdachte of ambtshalve worden verwezen naar de kantonrechter. Zodanige verwijzing is niet mogelijk, indien primair een feit is ten laste gelegd dat ingevolge artikel 382 niet voor de kantonrechter wordt vervolgd.

Niet-ontvankelijkheid van officier van justitie

3. Ingeval de officier van justitie op grond van artikel 264, tweede lid, onder b, weigert een door de rechter gegeven bevel tot dagvaarding of oproeping van een getuige ten uitvoer te leggen, terwijl die getuige ingevolge een onherroepelijke rechterlijke beslissing geen bedreigde getuige of afgeschermde getuige is, en wiens identiteit verborgen wordt gehouden is, spreekt de rechtbank de niet-ontvankelijkheid van de officier van justitie in zijn vervolging uit.
(Zie ook: artt. 136c, 226a, 226m, 358, 366, 382 WvSv; art. 45 Wet RO)

Art. 350

Materiële vragen rechtbank

Indien het onderzoek in artikel 348 bedoeld, niet leidt tot toepassing van artikel 349, eerste lid, beraadslaagt de rechtbank op den grondslag der telastlegging en naar aanleiding van het onderzoek op de terechtzitting over de vraag of bewezen is dat het feit door den verdachte is begaan, en, zoo ja, welk strafbaar feit het bewezen verklaarde volgens de wet oplevert; indien wordt aangenomen dat het feit bewezen en strafbaar is, dan beraadslaagt de rechtbank over de strafbaarheid van den verdachte en over de oplegging van straf of maatregel, bij de wet bepaald.
(Zie ook: artt. 338, 358, 366, 382 WvSv; art. 39 WvSr; art. 45 Wet RO)

Art. 351

Oplegging straf of maatregel door rechtbank

Acht de rechtbank het telastegelegde feit bewezen, het te zijn een strafbaar feit en den verdachte deswege strafbaar, dan legt zij op de straf of den maatregel, op het feit gesteld.
(Zie ook: artt. 358, 359 WvSv; artt. 9, 36a, 37 WvSr; art. 5 WED)

Art. 352

Vrijspraak van verdachte

[1.] Acht de rechtbank niet bewezen dat de verdachte het hem telastegelegde feit heeft begaan, dan spreekt zij hem vrij.

Ontslag van alle rechtsvervolging

[2.] Acht de rechtbank het feit bewezen, doch dit niet te zijn een strafbaar feit of den verdachte deswege niet strafbaar, dan ontslaat zij hem van alle rechtsvervolging te dier zake. In het geval, bedoeld in artikel 39 van het Wetboek van Strafrecht, kan zij tevens een maatregel opleggen als voorzien in artikel 37, 37a, 37b of 77s van het Wetboek van Strafrecht, indien de wettelijke voorwaarden daarvoor zijn vervuld.
(Zie ook: artt. 72, 89, 338, 415, 591a WvSv)

Art. 359

Inhoud en motivering vonnis

1. Het vonnis bevat het ten laste gelegde alsmede de vordering van de officier van justitie.
(Zie ook: artt. 138b, 338, 365a WvSv)
2. De beslissingen vermeld in de artikelen 349, eerste lid, en 358, tweede en derde lid, zijn met redenen omkleed. Het vonnis geeft, indien de beslissing afwijkt van door de verdachte dan wel door de officier van justitie uitdrukkelijk onderbouwde standpunten, in het bijzonder de redenen op die daartoe hebben geleid.
3. De beslissing dat het feit door de verdachte is begaan, moet steunen op de inhoud van in het vonnis opgenomen bewijsmiddelen, houdende daartoe redengevende feiten en omstandigheden. Voor zover de verdachte het bewezen verklaarde heeft bekend, kan een opgave van bewijsmiddelen volstaan, tenzij hij nadien anders heeft verklaard dan wel hij of zijn raadsman vrijspraak heeft bepleit.
(Zie ook: artt. 339, 360 WvSv)
4. Bij toepassing van artikel 9a of artikel 44a van het Wetboek van Strafrecht geeft het vonnis in het bijzonder de redenen op die tot de beslissing hebben geleid.
5. Het vonnis geeft in het bijzonder de redenen op, die de straf hebben bepaald of tot de maatregel hebben geleid.
6. Bij de oplegging van een straf of maatregel die vrijheidsbeneming medebrengt, geeft het vonnis in het bijzonder de redenen op die tot de keuze van deze strafsoort, dan wel tot deze

soort maatregel hebben geleid. Het vonnis geeft voorts zoveel mogelijk de omstandigheden aan, waarop bij de vaststelling van de duur van de straf is gelet.
7. Als de maatregel van terbeschikkingstelling met verpleging is opgelegd ter zake van een misdrijf dat gericht is tegen of gevaar veroorzaakt voor de onaantastbaarheid van het lichaam van een of meer personen, geeft het vonnis dit onder opgave van redenen aan.
(Zie ook: art. 37b WvSr)
8. Alles op straffe van nietigheid.
(Zie ook: artt. 79, 80 Wet RO)

Zesde Boek
Tenuitvoerlegging en kosten

Titel I
Tenuitvoerlegging

Eerste afdeeling
Algemeene bepalingen

Art. 553
De tenuitvoerlegging van rechterlijke beslissingen geschiedt door het openbaar ministerie dan wel op voordracht van deze door Onze Minister.
(Zie ook: art. 138 WvSv; art. 124 Wet RO)

Rechterlijke beslissingen ten uitvoer leggen

Tweede afdeeling
Uitvoerbaarheid van beslissingen

Art. 557
[1.] Voor zoover niet anders is bepaald, mag geen beslissing worden ten uitvoer gelegd, zoolang daartegen nog eenig gewoon rechtsmiddel openstaat en, zoo dit is aangewend, totdat het is ingetrokken of daarop is beslist.
[2.] Is een mededeling als bedoeld in artikel 366 voorgeschreven, dan kan de tenuitvoerlegging van het vonnis of arrest geschieden na de betekening van die mededeling. Bij vonnissen of arresten bij verstek gewezen, waarbij zodanige mededeling niet behoeft te geschieden, kan de tenuitvoerlegging geschieden na de uitspraak. Door hoger beroep of beroep in cassatie wordt de tenuitvoerlegging geschorst of opgeschort.
(Zie ook: art. 280 WvSv)
[3.] De laatste volzin van het tweede lid geldt niet:
1°. voor bevelen bij het vonnis of arrest verleend, die dadelijk uitvoerbaar zijn;
2°. indien naar het oordeel van het openbaar ministerie vaststaat dat het rechtsmiddel na het verstrijken van de daarvoor gestelde termijn is aangewend, tenzij op verzoek van degene die het middel aanwendde, en na zijn verhoor, indien hij dit bij het verzoek heeft gevraagd, de voorzieningenrechter van het gerechtshof of de rechtbank anders bepaalt.
4. Een uitspraak op de vordering van het openbaar ministerie, als bedoeld in artikel 36e van het Wetboek van Strafrecht, kan eerst worden tenuitvoergelegd nadat de veroordeling, als bedoeld in artikel 36e, eerste onderscheidenlijk derde lid, van het Wetboek van Strafrecht, in kracht van gewijsde is gegaan.
(Zie ook: artt. 408, 432 WvSv)

Uitvoerbaarheid van rechterlijke beslissing

Vijfde afdeeling
Wijze van kennisgeving van gerechtelijke mededelingen aan natuurlijke personen

Art. 585
1. De kennisgeving van gerechtelijke mededelingen aan natuurlijke personen, als in dit wetboek en het Wetboek van Strafrecht voorzien, geschiedt door:
a. betekening;
b. toezending;
c. mondelinge mededeling.
2. Betekening geschiedt door uitreiking van een gerechtelijk schrijven op de bij de wet voorziene wijze.
3. Toezending geschiedt door middel van een gewone of aangetekende brief over de post dan wel op een bij of krachtens algemene maatregel van bestuur bepaalde wijze.
4. Een mondelinge mededeling wordt zo spoedig mogelijk in een proces-verbaal of anderszins schriftelijk vastgelegd.

Kennisgeving van gerechtelijke mededelingen aan natuurlijke personen

Art. 586

Kennisgeving van gerechtelijke mededelingen aan natuurlijke personen middels betekening

1. De kennisgeving van gerechtelijke mededelingen behoeft alleen door betekening te geschieden in de gevallen bij de wet bepaald. Dagvaardingen en aanzeggingen die aan het openbaar ministerie of de procureur-generaal bij de Hoge Raad zijn opgedragen, worden steeds betekend, tenzij de wet anders bepaalt of toelaat.

2. De kennisgeving van gerechtelijke mededelingen in andere gevallen geschiedt door toezending, tenzij de wet bepaalt of toelaat dat de kennisgeving mondeling wordt gedaan.

Art. 587

Uitreiking door de post van gerechtelijke mededelingen aan natuurlijke personen

1. De uitreiking van het gerechtelijk schrijven als bedoeld in artikel 585, tweede lid, geschiedt door de post.

2. De uitreiking kan in spoedeisende gevallen of, indien dit om enige andere reden wenselijk is, door het openbaar ministerie worden opgedragen aan een ambtenaar van politie, aangesteld voor de uitvoering van de politietaak, dan wel een andere ambtenaar of functionaris, voor zover die ambtenaar of functionaris door Onze Minister van Veiligheid en Justitie daartoe is aangewezen.
(Zie ook: art. 1 Raa v. pol en f. ; art. 1 Verl. Bev. aan douaneambt.)

Art. 588

Uitreiking van gerechtelijke mededelingen aan natuurlijke personen

1. De uitreiking geschiedt:
a. aan hem wie in Nederland in verband met de strafzaak waarop de uit te reiken gerechtelijke mededeling betrekking heeft rechtens zijn vrijheid is ontnomen en aan hem wie in Nederland in andere bij of krachtens algemene maatregel van bestuur bepaalde gevallen rechtens zijn vrijheid is ontnomen: in persoon;
b. aan alle anderen: in persoon of indien betekening in persoon niet is voorgeschreven en de mededeling in Nederland wordt aangeboden:
1°. aan het adres waar de geadresseerde als ingezetene is ingeschreven in de basisregistratie personen, dan wel,
2°. indien de geadresseerde niet als ingezetene is ingeschreven in de basisregistratie personen, aan de woon- of verblijfplaats van de geadresseerde, dan wel,
3°. indien de geadresseerde niet als ingezetene is ingeschreven in de basisregistratie personen noch een feitelijke woon- of verblijfplaats van hem bekend is, aan de griffier van de rechtbank van het arrondissement waar de zaak zal dienen of laatstelijk heeft gediend.

2. De uitreiking aan de geadresseerde van wie de woon- of verblijfplaats in het buitenland bekend is, geschiedt door toezending van de mededeling door het openbaar ministerie, hetzij rechtstreeks, hetzij door tussenkomst van de bevoegde buitenlandse autoriteit of instantie en, voor zover een verdrag van toepassing is, met inachtneming van dat verdrag. Dagvaardingen worden vertaald in de taal of een van de talen van het land waar de geadresseerde verblijft dan wel, voor zover aannemelijk is dat hij slechts een andere taal machtig is, in die taal. Met betrekking tot andere gerechtelijke mededelingen kan volstaan worden met een vertaling van de essentiële onderdelen daarvan. Indien de bevoegde buitenlandse autoriteit of instantie bericht dat de mededeling aan de geadresseerde is uitgereikt, geldt deze uitreiking als betekening in persoon, zonder dat hiervan nog uit een afzonderlijke akte behoeft te blijken.

3. Indien in het geval bedoeld in het eerste lid, onderdeel *b*, onder 1° of 2°,
a. de geadresseerde niet wordt aangetroffen, geschiedt de uitreiking aan degene die zich op dat adres bevindt en die zich bereid verklaart het stuk onverwijld aan de geadresseerde te doen toekomen;
b. niemand wordt aangetroffen, geschiedt de uitreiking aan de geadresseerde of aan een door deze gemachtigde op de plaats die vermeld wordt in een schriftelijk bericht dat op het in de mededeling vermelde adres wordt achtergelaten. Uitreiking aan een door de geadresseerde schriftelijk gemachtigde geldt als betekening in persoon;
c. geen uitreiking heeft kunnen geschieden, wordt de mededeling teruggezonden aan de autoriteit van welke zij is uitgegaan. Indien blijkt dat de geadresseerde op de dag van aanbieding en tenminste vijf dagen nadien als ingezetene in de basisregistratie personen was ingeschreven op het in de mededeling vermelde adres, wordt de mededeling vervolgens uitgereikt aan de griffier van de rechtbank van het arrondissement waar de zaak zal dienen of laatstelijk heeft gediend. Het openbaar ministerie zendt alsdan een afschrift van de mededeling onverwijld toe aan dat adres, van welk feit aantekening wordt gedaan op de akte van uitreiking, bedoeld in artikel 589.

4. In het belang van een goede uitvoering van dit artikel kunnen bij of krachtens algemene maatregel van bestuur nadere regels worden gesteld.
(Zie ook: art. 1 Besl. kgm.)

Wet op de economische delicten[1]

Wet van 22 juni 1950, houdende vaststelling van regelen voor de opsporing, de vervolging en de berechting van economische delicten

Wij JULIANA, bij de gratie Gods, Koningin der Nederlanden, Prinses van Oranje-Nassau, enz., enz., enz.
Allen, die deze zullen zien of horen lezen, saluut! doen te weten:
Alzo Wij in overweging genomen hebben, dat het wenselijk is, het Besluit berechting economische delicten te vervangen door een wet, die de doeltreffendheid bevordert van de opsporing, vervolging en berechting van handelingen, welke schadelijk zijn voor het economische leven, en die in het bijzonder daarin meer eenheid brengt;
Zo is het, dat Wij, de Raad van State gehoord, en met gemeen overleg der Staten-Generaal, hebben goedgevonden en verstaan, gelijk Wij goedvinden en verstaan bij deze:

Titel I
Van de economische delicten

Art. 1
Economische delicten zijn:
1°. overtredingen van voorschriften, gesteld bij of krachtens:
de Aanpassingswet Algemene douanewet, artikel XLIX, eerste lid;
de Algemene douanewet, de artikelen 1:4, eerste en tweede lid, en 3:1, voorzover betrekking hebbend op goederen die ingevolge regelingen van internationaal of nationaal recht worden aangemerkt als strategische goederen;
de Arbeidsomstandighedenwet, de artikelen 6, eerste lid, eerste volzin, 28, zesde lid, 28a, zesde lid, 32, en – voor zover aangewezen als strafbare feiten – de artikelen 6, eerste lid, tweede volzin, en 16, tiende lid;
de Arbeidstijdenwet, de artikelen 8:3, 8:3a, zesde lid, en een niet naleven als bedoeld in artikel 11:3;
de Distributiewet, de artikelen 4, 5, 6, 7, 8, 15, tweede, vierde en vijfde lid, 16 en 17;
Drinkwaterwet, de artikelen: 4, eerste lid, 21, 22, 23, 25 tot en met 35, 38, 49 en 51;
de Geneesmiddelenwet, de artikelen 18, eerste lid, 28, eerste lid, 34, 37, derde lid, 38, vierde lid, 39, eerste lid, 40, eerste en tweede lid, 61, eerste lid, 62, eerste en derde lid, 67 en 67a, eerste lid;
de Gezondheids- en welzijnswet voor dieren, de artikelen 17 tot en met 21, 25, 26, 29, 30, 31b, 81b, 81c, 98, 100 en 101a;
de Hamsterwet, de artikelen 3 en 4;
de Landbouwwet, artikel 19;
de Mijnbouwwet, de artikelen 6, 13, 22, vijfde lid, 23, 25, 29, eerste, derde en vierde lid, 31d, eerste lid, 31i, 33, 33a, 34, eerste en derde lid, 36, tweede en derde lid, 39, 40, 41, 42, 43, 44, 45, 45b, 45c, 45d, 45e, 45f, 45g, 45h, 45i, 45j, 45k, 45l, 45m, 45n, 45o, 45p, 45q, 46, 47, 48, 49, 50, 51, 52, 91, tweede lid, 102, 120, 123, 130 en 151;
de Noodwet financieel verkeer, de artikelen 3, 4, 5, 6, 11, 12, 17, 18, 26 en 28, tweede lid;
de Noodwet voedselvoorziening, de artikelen 6, 7, 9, 10, 11, tweede lid, 12, 13, 22, 23, 24, eerste lid, 25 en 29;
de Overgangswet elektriciteitsproductiesector, de artikelen 8, tweede lid, en 12;
de Prijzennoodwet, de artikelen 5, 6, tweede lid, en - voor zover aangeduid als strafbare feiten - 8 en 9;
de Sanctiewet 1977, de artikelen 2, 7 en 9, voor zover betrekking hebbend op de onderwerpen, bedoeld in artikel 3;
de Spoorwegwet, artikel 96, tweede lid;
de Telecommunicatiewet, de artikelen 3.13, eerste lid, 3.22, 10.1, 10.11, tweede lid, 10.15, eerste lid, 10.17, eerste lid, 11a.1, vijfde en zesde lid, en 18.9;
de Uitvoeringswet verdrag biologische wapens, de artikelen 2, eerste en derde lid, 3 en 4;
de Uitvoeringswet verdrag chemische wapens, de artikelen 2 en 3, eerste lid;
de Verordening (EU) nr. 596/2014 van het Europees Parlement en de Raad van 16 april 2014 betreffende marktmisbruik en inhoudende intrekking van Richtlijn 2003/6/EG van het Europees Parlement en de Raad en Richtlijnen 2003/124, 2003/125/EG en 2004/72/EG van de Commissie (PbEU 2014 L 173), de artikelen 14 en 15;

Economische delicten

---

1   Inwerkingtredingsdatum: 14-03-1951; zoals laatstelijk gewijzigd bij: Stb. 2018, 487.

de Wet allocatie arbeidskrachten door intermediairs, artikel 22, zesde lid;
de Wet arbeid vreemdelingen, artikel 17b, zesde lid;
de Wet dieren, de artikelen 2.2, vijfde lid, negende en tiende lid voor wat betreft de onderwerpen, bedoeld in het tiende lid, onderdelen a en e en onderdeel r, voor zover dat onderdeel betrekking heeft op regels als bedoeld in onderdeel e, 2.7, eerste en tweede lid voor wat betreft de onderwerpen, bedoeld in het tweede lid, onderdeel a, onder 1°, 2.8, eerste lid, onderdeel b en c, 2.10, tweede tot en met vierde lid, 2.12, 2.17, 2.18, eerste en tweede lid, 2.19, eerste lid, 2.20, eerste en tweede lid voor wat betreft de onderwerpen, bedoeld in het tweede lid, onderdelen a, onder 1°, b, c, e en f, 2.21, eerste en derde lid, 2.22, eerste en derde lid, 2.25, eerste en derde lid, 3.1, eerste en tweede lid voor wat betreft de onderwerpen, bedoeld in het tweede lid, onderdelen a, b, d, f, i, j, k, l, m en n, 3.2, 5.1, derde lid, tweede volzin, 5.4, eerste lid, 5.5, eerste lid, 5.6, eerste en vijfde lid, 5.11, eerste lid, 5.12, eerste lid, 5.15, eerste en vierde lid, 8.4, en artikel 2.8, eerste lid, onderdeel a, en derde en vierde lid voor wat betreft de onderwerpen, bedoeld in het vierde lid, onderdelen a, b en c, voor zover deze overtredingen plaatsvinden in de uitoefening van een bedrijf waar dieren van krachtens artikel 2.3, tweede lid, aangewezen soorten of categorieën, worden gehouden, artikel 5.10, eerste lid, voor zover deze overtredingen plaatsvinden in de uitoefening van een bedrijf, of een of meer van de voornoemde bepalingen in samenhang met artikel 6.2, eerste lid, artikel 6.4, eerste lid, of artikel 7.5, derde lid;
de Wet goedkeuring en uitvoering Markham-overeenkomst artikel 6;
de Wet financiële betrekkingen buitenland 1994, artikel 5, eerste lid;
de Wet lokaal spoor, artikel 49, tweede lid;
de Wet minimumloon en minimumvakantiebijslag, artikel 18i, zesde lid;
de Wet precursoren voor explosieven, artikel 3, eerste en tweede lid;
de Wet ruimtevaartactiviteiten, de artikelen 3, eerste en derde lid, 7, derde lid, en 10;
de Wet strategische diensten, de artikelen 2, eerste, tweede en vierde lid, 3, eerste lid, 4, eerste, derde, vierde en vijfde lid, 5, eerste en tweede lid, 6, eerste en tweede lid, 7, eerste, tweede en derde lid, 8, 9, eerste lid, 10, eerste lid, 11, 15 en 22;
de Wet voorkoming misbruik chemicaliën, de artikelen 2, onder a, en 4, tweede lid.
2°. overtredingen van voorschriften, gesteld bij of krachtens:
de Algemene douanewet, de artikelen 1:4, eerste en tweede lid, en 3:1, voorzover betrekking hebbend op goederen die niet ingevolge regelingen van internationaal of nationaal recht worden aangemerkt als strategische goederen;
de Bankwet 1998, artikel 9a, eerste tot en met derde lid;
de Bodemproductiewet 1939, artikel 3;
Drinkwaterwet, de artikelen 15 en 17, tweede lid;
de Erfgoedwet, de artikelen 4.2, 4.3, 4.4, 4.5, 4.6, 4.7, 4.8, 4.22 en 4.23;
de Gezondheids- en welzijnswet voor dieren, de artikelen 3 tot en met 13, 77 tot en met 80, 96, 97, 99, 101, 102 tot en met 105, 107, 111 en 120;
de Landbouwwet, de artikelen 17, 18, 20, 22, 24, 25, 26, 27, 28, 29, 47, en 51;
de Telecommunicatiewet, de artikelen 3.20, eerste tot en met derde lid, 10.8, 10.16, eerste lid, laatste volzin, 13.1, 13.2, 13.2a, 13.2b, 13.4, eerste lid, 13.5 en 13.8;
de verordening (EG) nr. 2100/94 van de Raad van de Europese Unie van 27 juli 1994 inzake het communautaire kwekersrecht (PbEG L 227), de artikelen 13, tweede lid, 17, eerste en tweede lid en 18, derde lid;
de verordening (EG) nr. 2271/96 van de Raad van de Europese Unie van 22 november 1996 tot bescherming tegen de gevolgen van de extraterritoriale toepassing van rechtsregels uitgevaardigd door een derde land en daarop gebaseerde of daaruit voortvloeiende handelingen (PbEG L 309), artikel 2, eerste en tweede alinea, en artikel 5, eerste alinea;
de verordening (EG) nr. 1338/2001 van de Raad van de Europese Unie van 28 juni 2001 tot vaststelling van maatregelen die noodzakelijk zijn voor de bescherming van de euro tegen valsemunterij (PbEG L 181), artikel 6, eerste lid;
de verordening (EU) nr. 1210/2010 van het Europees Parlement en de Raad van 15 december 2010 betreffende de echtheidscontrole van euromunten en de behandeling van euromunten die ongeschikt zijn voor de circulatie (PbEU 2010, L 339), de artikelen 3 en 4;
de Verordening (EU) nr. 596/2014 van het Europees Parlement en de Raad van 16 april 2014 betreffende marktmisbruik en inhoudende intrekking van Richtlijn 2003/6/EG van het Europees Parlement en de Raad en Richtlijnen 2003/124, 2003/125/EG en 2004/72/EG van de Commissie (PbEU 2014 L 173), de artikelen 17, 18, 19 en 20;
de Wet dieren, de artikelen 2.2, negende en tiende lid voor wat betreft de onderwerpen, bedoeld in het tiende lid, onderdelen f tot en met q en onderdeel r, voor zover dat onderdeel betrekking heeft op regels als bedoeld in de onderdelen f tot en met q, 2.3, eerste lid, 2.5, eerste en tweede lid, 2.6, eerste en tweede lid voor wat betreft de onderwerpen, bedoeld in het tweede lid, onderdeel a, onder 2° en 3°, 2.7, eerste en tweede lid voor wat betreft de onderwerpen, bedoeld in het tweede lid, met uitzondering van onderdeel a, onder 1°, 2.8, derde en vierde lid voor wat betreft de onderwerpen, bedoeld in het vierde lid, onderdeel f, 2.11, eerste en tweede lid, artikel 2.16,

11 Wet op de economische delicten **art. 1**

eerste, derde en vierde lid, 2.20, eerste en tweede lid voor wat betreft de onderwerpen, bedoeld in het tweede lid, onderdelen a, onder 2°, d, g, h, i, j, k, en l, 2.23, en artikel 2.2, negende en tiende lid voor wat betreft de onderwerpen, bedoeld in het tiende lid, onderdelen b, c en d, en onderdeel r, voor zover dat onderdeel betrekking heeft op regels als bedoeld in de onderdelen b, c en d, 2.3, derde en vierde lid, 2.4, eerste, tweede en derde lid, voor zover deze overtredingen plaatsvinden in de uitoefening van een bedrijf waar dieren van krachtens artikel 2.3, tweede lid, aangewezen soorten of categorieën, worden gehouden, of een of meer van de voornoemde bepalingen in samenhang met artikel 6.2, eerste lid, artikel 6.4, eerste lid, of artikel 7.5, derde lid;

de Wet explosieven voor civiel gebruik, de artikelen 3, 10 en 17, eerste lid;
de Wet op het financieel toezicht, de artikelen 1:74, eerste lid, 2:3a, eerste lid, 2:3e, eerste lid, 2:3f, eerste lid, 2:3g, eerste lid, 2:3.0a, eerste lid, 2:3.0c, eerste lid, 2:3.0e, eerste lid, 2:3.0f, eerste lid, 2:4, eerste lid, 2:6, eerste lid, 2:8, eerste lid, 2:10a, eerste lid, 2:10e, eerste lid, 2:10f, eerste lid, 2:11, eerste lid, 2:15, tweede lid, 2:16, eerste en derde lid, 2:18, tweede lid, 2:20, 2:25, tweede lid, 2:26, 2:27, eerste lid, 2:36, eerste en tweede lid, 2:40, eerste lid, 2:48, eerste lid, 2:50, eerste lid, 2:54i, eerste lid, 2:54l, eerste lid, 2:54n, eerste lid, 2:54o, 2:55, eerste lid, 2:60, eerste lid, 2:65, 2:69b, eerste en tweede lid, 2:75, eerste lid, 2:80, eerste lid, 2:86, eerste lid, 2:92, eerste lid, 2:96, 2:99a, 2:103c, eerste lid, 2:106a, eerste lid, 2:106.0a, eerste lid, 2:121a, eerste lid, 3:5, eerste lid, 3:6, eerste lid, artikel 3:7, eerste en vierde lid, 3;19a, 3:20a, 3:29a, eerste en tweede lid, 3:29b, 3:29c, eerste lid, 3:30, eerste lid, 3:35, eerste lid, 3:35a, eerste lid, 3:44, eerste lid, 3:51, 3:53, eerste lid, 3:54, derde lid, 3:55, tweede lid, 3:57, eerste en vierde lid 3:57a, 3:59, 3:62, tweede lid, 3:63, eerste tot en met derde lid, 3:67, eerste tot en met vijfde lid, 3:67a, 3:68, eerste en derde lid, 3:68a, eerste en tweede lid, artikel 3:69 eerste lid, 3:73a, eerste en tweede lid, 3:74b, eerste en tweede lid, 3:77, 3:88, eerste en tweede lid, 3:89, eerste lid, 3:95, eerste lid, 3:96, eerste lid, 3:97, eerste lid, 3:104, derde lid, 3:132, 3:135, eerste en derde lid, 3:136, eerste lid, 3:137, 3:143, 3:144, eerste lid, 3:155, tweede lid, 3:158, derde en vierde lid, 3:175, derde lid, 3:196, 3:267a, 3:267b, eerste tot en met het derde lid, 3:267h, eerste lid, 3:279, eerste en tweede lid, 3:281, 3:288a, eerste tot en met derde en vijfde lid, 3:288e, eerste lid, 3:288f, eerste lid, 3:288h, tweede en derde lid, 3:288i, eerste lid, 3:296, eerste, tweede, derde, vierde en achtste, 3:297, eerste, tweede en vijfde lid, 3:298, eerste en tweede lid, 4:3, eerste lid, 4:4, eerste lid, 4:4a, 4:24, derde lid, 4:26, eerste lid, 4:27, eerste en tweede lid, 4:31, eerste tot en met derde lid, 4:37l, eerste en tweede lid, 4:37o, eerste en tweede lid, 4:37s, eerste lid, 4:49, eerste tot en met vierde lid, 4:50, tweede lid, 4:52, eerste lid, 4:53, 4:59c, eerste lid, 4:60, derde lid, 4:62, eerste lid, 4:71, 4:71b, tweede en derde lid, 4:71c, eerste en tweede lid, 4:71d, 4:76a, eerste tot en met derde lid, 4:76b, eerste en tweede lid, 4:90b, vierde tot en met het zesde lid, 4:91a, negende lid, 4:91b, derde en vierde lid, 4:91da, vijfde lid, 4:100c, 5:2, 5:26, eerste lid, 5:28, tweede lid, 5:30, 5:32, eerste en vierde lid, 5:32d, eerste lid, 5:34, eerste en tweede lid, 5:35, eerste tot en met vierde lid, 5:36, 5:38, eerste, tweede en derde lid, 5:39, eerste en tweede lid, 5:40, 5:41, eerste en tweede lid, 5:42, 5:43, eerste en tweede lid, 5:48, derde tot en met achtste lid, 5:68, eerste lid, 5:79;
de Wet financiële betrekkingen buitenland 1994, de artikelen 3, 4, 6, derde lid, en 8;
de Wet kinderopvang, de artikelen 1.45 en 1.66;
de Wet laden en lossen zeeschepen, artikel 19, tweede tot en met vijfde lid;
de Wet marktordening gezondheidszorg, de artikelen 25, tweede lid, 35 35a, 35b, 36, eerste en tweede lid, 38, eerste, tweede en vierde lid, 40, eerste, tweede en derde lid, 60, 63 en 66, eerste lid, alsmede de regels, vastgesteld krachtens de artikelen 36, derde lid 37, eerste lid, 38, zevende lid, 40, vierde lid, en 45 46;
de Wet op het notarisambt, artikel 127, tweede lid;
de Wet precursoren voor explosieven, de artikelen 4, vijfde lid, en 9, eerste lid;
de Wet ter voorkoming van witwassen en financieren van terrorisme, de artikelen 2, 2a, 3, eerste lid, 4, eerste lid, 5, eerste tot en met derde lid, 8, 9, eerste lid, 16, 17, tweede lid, 23, eerste, tweede en vierde lid, 23a, 28, 33, 34 en 38;
de Wet toezicht accountantsorganisaties, de artikelen 5, eerste lid, 6, derde lid, 21a en 29a;
de Wet toezicht trustkantoren 2018, 3, 4, 5, 6, derde lid, 8, 10, 11, 12, 13, 14, 15, 16, 17, 18, 19, 20, 21, 22, 23, 25, 26, 27, 28, 29, 30, 30a, 31, 32, 33, 34, 35, 36, 37, 38, 39, 40, 67 en 68 van deze wet en artikel 5:20 van de Algemene wet bestuursrecht;
Wet voorkoming misbruik chemicaliën, artikel 2, onder b;
de Zaaizaad- en plantgoedwet 2005, de artikelen 39, 40, 41, 42, 46, 48, derde lid, 48a, 57 tot en met 60, 85 en 87;
de Zorgverzekeringswet, artikel 66d, tweede lid.
3°. overtredingen van voorschriften, gesteld bij of krachtens:
de Elektriciteitswet 1998, artikel 86i, eerste lid;
de Gaswet, artikel 66h, eerste lid;
de Prijzenwet, de artikelen 2, 3, en - voor zover aangeduid als strafbare feiten - 11;

de Verordening (EU) nr. 596/2014 van het Europees Parlement en de Raad van 16 april 2014 betreffende marktmisbruik en inhoudende intrekking van Richtlijn 2003/6/EG van het Europees Parlement en de Raad en Richtlijnen 2003/124, 2003/125/EG en 2004/72/EG van de Commissie (PbEU 2014 L 173), artikel 11;
de Warenwet, artikel 21, tweede lid, 27, tweede lid, 30, derde lid;
de Wet op het financieel toezicht, de artikelen 5:70, eerste lid, 5:72, 5:74, eerste en vierde lid, 5:76 en 5:77;
de Wet luchtvaart, artikel 6.52;
de Wet op de kansspelen, de artikelen 1, eerste lid, onder a, b en d, 7c, tweede lid, 13, 14, 27, 30b, eerste lid, 30h, eerste lid, 30m, eerste lid, en 30t, eerste, tweede en vijfde lid;
de Wet personenvervoer 2000, de artikelen 7, 76, eerste lid, en 76e, tweede en derde lid;
de Woningwet, artikel 29a.
4°. overtredingen van voorschriften, gesteld bij of krachtens:
de Binnenvaartwet, de artikelen 5, eerste lid, 6, eerste lid en zesde lid, 7, eerste lid, 8, derde lid, 10, tweede lid, 11, 12, 13, vierde lid, 17, vijfde lid, 21, eerste lid, 22, negende lid, 23, eerste lid, 25, vierde lid en vijfde lid, 28, zevende lid, 31, vierde lid, 33, tweede lid, 36, vierde lid, 37, tweede lid, 39c, derde lid, 39e, en 43, tweede lid, voor zover deze overtredingen niet strafbaar zijn op grond van artikel 32 van de op 17 oktober 1868 te Mannheim tot stand gekomen Herziene Rijnvaartakte (Trb. 1955, 161);
het Buitengewoon Besluit Arbeidsverhoudingen 1945, artikel 8;
de Drank- en Horecawet, de artikelen 2, 3, 4, 12 tot en met 19, 20, eerste tot en met zesde lid, 21, 22, 24, 25, 25a tot en met 25d, 29, derde lid, 35, tweede en vierde lid, en 38;
Drinkwaterwet, de artikelen 14, 36, 37, 42, eerste lid, 43, 44 en 47;
de Gezondheids- en welzijnswet voor dieren, de artikelen 38, 45, 55, 65 en 76;
de Handelsregisterwet 2007, de artikelen 27 en 47;
de Landbouwkwaliteitswet, de artikelen 2, eerste en tweede lid, en 3, tweede lid;
de Landbouwuitvoerwet 1938, de artikelen 2, 4 en 7;
de Luchtvaartwet, de artikelen 37ab, 37ae, eerste lid, 37f, derde lid, 37g, derde lid, of 37r;
de Metrologiewet, de artikelen 22, eerste lid, 23, eerste en tweede lid en vijfde lid, tweede volzin, 24, eerste, tweede en derde lid, en vierde lid, tweede volzin, 25, 26 en 36;
de Plantenziektenwet, de artikelen 2, 3, 3a, 6, en 13;
de Reconstructiewet concentratiegebieden, de artikelen 36, eerste en derde lid, en 47, eerste lid;
de Scheepvaartverkeerswet, artikel 4, voor zover het de melding van de met het schip vervoerde lading betreft;
de Spoorwegwet, de artikelen 13, 27, tweede lid, onderdelen a tot en met c, 36, eerste lid, 37, eerste lid, 37b, eerste en achtste lid, 39, eerste lid, 42, 46, achtste lid, 47, 48, 53 en 74a, alsmede – voor zover aangeduid als strafbare feiten – overtredingen van voorschriften krachtens de hoofdstukken 3 en 4, met uitzondering van de artikelen 64, tweede lid, en 65, eerste lid, gegeven;
de Tabaks- en rookwarenwet, de artikelen 2, 3, 3a, 3b, 3c, 3e, 4, 5, 5a, 7, 8, 9, 9a, 10, 17a en 18;
de Telecommunicatiewet, de artikelen 3.9, 5.4, eerste en tweede lid, 5.6, tweede en derde lid, 7.7, derde en vierde lid, 10.12, 10.13, 13.4, tweede, derde en vierde lid, 18.2, voor zover het bevoegdheden betreft van Onze Minister van Economische Zaken en Klimaat, 18.7, 18.12, voor zover het bevoegdheden betreft van Onze Minister van Economische Zaken en Klimaat, en 18.17, eerste en derde lid;
de Uitvoeringswet verdrag chemische wapens, de artikelen 4 tot en met 8;
de Verordening (EG) Nr. 1435/2003 van de Raad van de Europese Unie van 22 juli 2003 betreffende het statuut voor een Europese Coöperatieve Vennootschap (SCE) (PbEU L 207), artikel 11, vierde lid;
de Verordening nr. 2137/85 van de Raad van de Europese Gemeenschappen van 25 juli 1985 tot instelling van Europese economische samenwerkingsverbanden (PbEG L 199/1), artikel 7, tweede alinea, onder i, en artikel 25, eerste alinea, letters a, c, d en e, en tweede alinea;
de Verordening (EG) Nr. 2157/2001 van de Raad van de Europese Unie van 8 oktober 2001 betreffende het statuut van de Europese vennootschap (SE) (PbEG L 294), artikel 12, vierde lid;
de Waarborgwet 1986, de artikelen 7a, 12, 30, 31, 35, 36, 37, 39, 44, 46, 57, 58 en 58a;
de Warenwet, de artikelen 1a, 4 tot en met 11, 11a, 13 tot en met 20, 21, eerste lid, 21b 24, vijfde lid, 26, tweede lid, 27, eerste lid, laatste volzin, 31 en 32k;
de Wedervergeldingswet zeescheepvaart, de artikelen 2, eerste lid, 5, 9, derde lid, 10, eerste lid, 11c, eerste en tweede lid, 11d en 17;
de Wegenverkeerswet 1994, de artikelen 34, eerste tot en met vierde lid, en 35;
de Wet aansprakelijkheid olietankschepen, de artikelen 11, 12, 18, eerste lid, 20, 22 , 23, 24 en 26, tweede lid;
de Wet agrarisch grondverkeer, de artikelen 61en 64, derde lid;

de Wet capaciteitsbeheersing binnenvaartvloot, artikel 6 alsmede - voor zover aangeduid als strafbare feiten - overtredingen van voorschriften krachtens die wet gegeven;
de Wet op de sociaaleconomische Raad, - voor zover aangewezen als strafbare feiten - artikel 32;
de Wet op het consumentenkrediet, de artikelen 47 en 48, tweede lid;
de Wet dieren artikelen 2.2, zevende lid, negende en tiende lid voor wat betreft de onderwerpen, bedoeld in het tiende lid, onderdeel q, 2.6, eerste en tweede lid voor wat betreft de onderwerpen, bedoeld in het tweede lid, onderdelen a, onder 1°, b, c, d, e en f en het derde lid, 2.7, derde lid, 2.13, 3.1, eerste en tweede lid voor wat betreft de onderwerpen, bedoeld in het tweede lid, onderdelen c, e, g en h, 5.10, eerste lid, 10.2 of een of meer van de voornoemde bepalingen in samenhang met artikel 6.2, eerste lid, artikel 6.4, eerste lid, of artikel 7.5, derde lid;
de Wet energiedistributie, de artikelen 10, 11, 12, zesde lid, en 13;
de Wet explosieven voor civiel gebruik, de artikelen 7a, 7b, 14, 15, derde lid, 16, 21 en 21a;
de Wet goedkeuring en uitvoering Markham-overeenkomst, de artikelen 3, derde lid, en 4, tweede lid;
de Wet havenstaatcontrole, de artikelen 12, eerste, derde en vierde lid, en 13, eerste tot en met derde lid;
de Wet houdende vaststelling van minimumeisen voor het houden van legkippen, de artikelen 2 en 3, eerste lid;
de wet houdende wijziging van de Wet personenvervoer voor het taxivervoer (deregulering taxivervoer), artikel V;
de Wet implementatie EU-richtlijnen energie-efficiëntie, de artikelen 10, 11, tweede en derde lid, 12, 13, 16, tweede tot en met vijfde lid, en 33, tweede en derde lid;
de Wet informatie-uitwisseling bovengrondse en ondergrondse netten en netwerken, de artikelen 2, tweede en derde lid, en 15;
de Wet inrichting landelijk gebied, artikel 35, eerste en tweede lid;
de Wet kabelbaaninstallaties, artikelen 31, 32 en 33;
de Wet laden en lossen zeeschepen, de artikelen 7, 8, eerste lid, onderdelen b en c, en tweede lid, 9, derde lid, 10, 11, eerste lid, 12, 13, 14, eerste en tweede lid, 19, eerste lid, 24, zevende lid, en – voorzover aangeduid als strafbare feiten – artikel 24, eerste tot en met derde lid;
de Wet lokaal spoor, de artikelen 26, eerste lid, onderdelen a en c, 27, zevende lid, 32, eerste, vijfde en zevende lid, 33, eerste lid, 35, eerste en derde lid, 37, eerste en tweede lid, 39 en 40, eerste lid;
de Wet luchtvaart, de artikelen 4.1, eerste en derde lid, alsmede – voor zover aangeduid als strafbare feiten – overtredingen van voorschriften krachtens hoofdstuk 4 van die wet gegeven;
de Wet op de formeel buitenlandse vennootschappen, artikelen 2, 3 en 5, vierde lid;
de Wet op de loonvorming, artikel 10, vijfde lid;
de Wet op de medische hulpmiddelen, de artikelen 2, 3, eerste lid, 4, 5, 7, eerste lid, en 9, eerste en derde lid;
de Wet op de ondernemingsraden, de artikelen 26, zesde lid, en 36, vijfde lid;
de Wet particuliere beveiligingsorganisaties en recherchebureaus, de artikelen 2 en 5, tweede en vierde lid;
de Wet personenvervoer 2000, de artikelen 8, 12 en 13, 19, eerste en tweede lid, 30, vierde lid, 39, eerste lid, 43a, derde lid, 51, 76, derde lid, 76e, eerste lid, 85 alsmede – voor zover aangeduid als strafbare feiten – 8, 9, vijfde lid, 76, derde, vijfde en zesde lid, – voor zover in laatstbedoeld lid wordt verwezen naar andere bepalingen dan artikel 11, tweede en derde lid, – 77, 78, 79, 80, 82a, 82b, 83 en 104;
de Wet pleziervaartuigen 2016, artikel 12, met uitzondering van het tweede lid en het vijfde lid, onderdeel b;
de Wet precursoren voor explosieven, de artikelen 8, eerste lid, en 9, vierde lid;
de Wet ruimtevaartactiviteiten, artikelen 11, tweede en vierde lid;
de Wet schadefonds olietankschepen, de artikelen 5, eerste lid, en 8;
de Wet scheepsuitrusting 2016, artikel 22, met uitzondering van artikel 22, eerste lid en vijfde lid, onderdeel a;
de Wet inzake spaarbewijzen, de artikelen 3, tweede en derde lid, en 3a, en - voor zover aangeduid als strafbare feiten - artikel 2;
de Wet ambtelijk toezicht bij openbare verkopingen, artikel 1;
de Wet uitvoering Internationaal Energieprogramma, de artikelen 3, eerste en tweede lid, 6, derde lid, 10, eerste lid, en 11, tweede lid, alsmede artikel 9 juncto artikel 3, eerste of tweede lid, of 6, derde lid;
de Wet tot uitvoering van de Verordening No. 11 van de Raad van de Europese Economische Gemeenschap, de artikelen 2 en 3;
de Wet op bijzondere medische verrichtingen, de artikelen 2, 3, 4, 6a en 9;
de Wet grensoverschrijdend vervoer van aan bederf onderhevige levensmiddelen, de artikelen 3 juncto 8, eerste lid, 4, 5, 7, 9, tweede en vierde lid, 11 en 12;

art. 1a

11 Wet op de economische delicten

de Wet veiligheid en kwaliteit lichaamsmateriaal, de artikelen 3, 3a, 4, eerste en derde lid, 5, 7, eerste, tweede en vierde lid, 8, 8a, 8b, 9, eerste lid, 10, vierde lid, 12, eerste lid, 20, 21 en 22, tweede lid;

de Wet verbod pelsdierhouderij, de artikelen 2, 3, eerste tot en met derde lid, en 4;

de Wet vervoer over zee, de artikelen 2, eerste en tweede lid, 3, eerste en derde lid, 4, eerste, tweede en vierde lid, 7, 9, 10, derde lid, 12, eerste lid, 15, 17, 18, eerste lid, 20, eerste lid, 23, 25, 30 en 31;

de Wet verzekering zeeschepen, artikel 3, eerste lid;

de Wet voorkoming misbruik chemicaliën, artikel 2, onder c;

de Wet voorraadvorming aardolieproducten 2012, de artikelen 4, vierde lid, 7, eerste lid, onder b, 16, tweede, derde en vijfde lid, 18, 19, zesde lid, 29 en 30;

de Wet wegvervoer goederen, de artikelen 2.2, eerste, derde en vijfde lid, 2.3, eerste, derde, vijfde en zesde lid, 2.5, 2.6, 2.7 2.11 en 2.13 alsmede – voor zover aangeduid als strafbare feiten – artikel 2.3, vierde lid;

de Wet van 28 juni 1989, *Stb.* 245, tot uitvoering van de Verordening nr. 2137/85 van de Raad van de Europese Gemeenschappen van 25 juli 1985 tot instelling van Europese economische samenwerkingsverbanden (*PbEG* L 199/1), artikel 3, vierde lid;

de Wet van 19 december 1991, *Stb.* 710, tot aanpassing van de wetgeving aan de twaalfde richtlijn van de Raad van de Europese Gemeenschappen inzake het vennootschapsrecht, artikel IV, eerste en tweede lid, eerste en tweede volzin;

het Burgerlijk Wetboek, Boek 2 (Rechtspersonen), – voor zover van toepassing of van overeenkomstige toepassing op stichtingen en verenigingen als bedoeld in artikel 360, derde lid, van Boek 2 van het Burgerlijk Wetboek, coöperaties, onderlinge waarborgmaatschappijen, naamloze vennootschappen, besloten vennootschappen met beperkte aansprakelijkheid, Europese naamloze vennootschappen, Europese economische samenwerkingsverbanden, Europese coöperatieve vennootschappen of formeel buitenlandse vennootschappen als bedoeld in de Wet op de formeel buitenlandse vennootschappen – de artikelen 10, eerste lid, 19, vijfde lid, tweede volzin, 56, tweede lid, 61, onder b en d, 63b, 75, 76a, tweede lid, 85, 91a, 94b, vierde lid, 94c, vijfde lid, 96, derde en vierde lid, 96a, zevende lid, tweede volzin, 105, vierde lid, laatste zin, 120, vierde lid, 153, 154, derde lid, 186, 194, 230, vierde lid, 263, 264, derde lid, 359b, vijfde lid, 362, zesde lid, laatste zin, 392a, 393, eerste lid, 394, derde lid, 395, 451, tweede lid, 452, vierde lid en 455, tweede lid;

Boek 3 (Vermogensrecht) van het Burgerlijk Wetboek, de artikelen 15d, eerste en tweede lid, artikel 15e, eerste en tweede lid, en artikel 15i;

de Winkeltijdenwet, de artikelen 2, 3, derde lid, 6, tweede lid, en 8, tweede lid;

de Wet zeevarenden, de artikelen 56, 57, 57a, 58, 59, 59a, 60, 60a, 64, voor zover aangeduid als strafbaar feit, en 69e, eerste lid.

5°. de delicten, genoemd in de artikelen 26, 33 en 34.

Art. 1a

Economische delicten, definitie

Economische delicten zijn eveneens:

1°. overtredingen van voorschriften, gesteld bij of krachtens:

de Kernenergiewet, de artikelen 15, 15f, eerste en zesde lid, 21, 21a, 21e, eerste lid, 29, eerste lid, 31, 32, eerste lid, 34, eerste, vijfde en zesde lid, 37b, 38a, 46, eerste lid, 47, eerste lid, 49b, eerste lid, 49d, 75, tweede lid, en 76a;

de Luchtvaartwet, artikel 37x, eerste lid;

de Meststoffenwet, de artikelen 7, 14, eerste lid, 19, eerste of tweede lid, 20, eerste of derde lid, 21, eerste lid, 21b, eerste lid, 22, derde lid, 22a, derde lid, 26, zesde lid, 33a, eerste, vierde, vijfde of zevende lid, en 33d;

de Visserijwet 1963, de artikelen 3a, voor zover de overtreding van die voorschriften in de EU-verordening ter uitvoering waarvan zij strekken als ernstige inbreuk wordt aangemerkt, 5, 7, voor zover wordt gevist anders dan met de hengel of de peur, en 21, voor zover wordt gevist anders dan met de hengel of de peur, dan wel overtreding van voorschriften verbonden aan op grond van het bepaalde bij of krachtens de artikelen 7 en 21 van de Visserijwet 1963 verleende schriftelijke toestemmingen en huurovereenkomsten;

de Waterwet, de artikelen 6.2, 6.3, 6.4, 6.5, 6.6, eerste en tweede lid, 6.8, 6.10, eerste lid, 6.20, derde lid, tenzij de desbetreffende vergunning uitsluitend berust op een verordening van een waterschap, en 10.1;

de Wet algemene bepalingen omgevingsrecht, artikel 2.1, eerste lid, aanhef en onder e, al dan niet in combinatie met artikel 2.1, eerste lid, aanhef en onder j of k en artikel 2.3, aanhef en onder a;

de Wet bestrijding maritieme ongevallen, de artikelen 5, eerste, tweede en derde lid, 6, 9, eerste lid, onder a en b, 15, 17, eerste en tweede lid, 26, 32, eerste en tweede lid, en 35, tweede lid;

de Wet bodembescherming, de artikelen 6 tot en met 13, 38 en 94;

de Wet gewasbeschermingsmiddelen en biociden: de artikelen 2a, 19, 20, eerste lid, 21, 22, 28, tweede lid, 37, derde lid, 38, derde lid, 39, 43, 74, 79 tot en met 81, 87, zesde lid, en 118;

11 Wet op de economische delicten art. 1a

de Wet implementatie Nagoya Protocol, de artikelen 2, eerste lid, en 6, vierde lid;
de Wet inzake de luchtverontreiniging, de artikelen 91, 92, onder a, in verband met artikel 48, en 92 , onder b;
de Wet luchtvaart, de artikelen 6.51, eerste lid, 6.54, vierde lid, 6.55, eerste lid en 6.58, tweede lid, alsmede - voorzover aangeduid als strafbare feiten - overtredingen van voorschriften krachtens titel 6.5 van die wet gegeven;
de Wet milieubeheer, artikel 1.2, eerste lid, – voor zover aangeduid als strafbare feiten –, en de artikelen 1.3a, vierde lid, 2.5, 8.40, eerste lid, 9.2.1.2, 9.2.1.5, 9.2.2.1, 9.2.2.6, 9.2.2.6a, 9.3.1, 9.3.3, eerste lid, 9.3a.3, eerste lid, 9.7.2.3, 9.7.2.5, 9.7.4.2 tot en met 9.7.4.5, 9.7.4.10, 9.7.4.12, 9.7.4.13, 9.8.2.3, of 9.8.2.5, 10.1, 10.2, eerste lid, 10.37, eerste lid, 10.39, eerste lid, 10.45, eerste lid, onderdeel b, 10.47, eerste lid, 10.54, eerste lid, 10.54a, eerste en derde lid, 10.56, eerste en tweede lid, 10.57, 10.60, eerste, tweede, derde en vierde lid, 16.5, 16.13, 16.13 in verbinding met artikel 16.39h, 16.13a, 16.14, 16.19, 16.20c, tweede lid, 16.21, 16.21 in verbinding met artikel 16.39h, artikel 16.34, 17.1, 17.3, eerste lid, 17.4, eerste lid, 17.12, eerste lid, 17.13, eerste lid, 17.5b, 17.5c, tweede lid, en 17.5d in verbinding met 17.5b en 17.5c, tweede lid, 18.5, eerste lid, 18.6, eerste lid, en 17.19, vijfde lid, en 18.18;
de Wet natuurbescherming, artikelen 3.1, eerste lid, 3.2, eerste, vierde en zesde lid, 3.5, eerste lid, 3.6, eerste en tweede lid, 3.7, eerste lid, 3.10, eerste lid, aanhef in samenhang met onderdeel a, 3.37, eerste en tweede lid, 3.38, 4.8, eerste, tweede en vierde lid, 7.5, vierde lid, in samenhang met het eerste lid;
de Wet publieke gezondheid, artikel 47a, eerste lid, onder b;
de Wet van 2 juli 1992, Stb. 415, tot uitbreiding en wijziging van de Wet algemene bepalingen milieuhygiëne en daarmee samenhangende wijzigingen van andere wetten (milieubeleidsplanning en milieukwaliteitseisen; provinciale milieuverordening, totstandkoming algemene maatregelen van bestuur), artikel XIX, voor zover het betreft provinciale verordeningen, vastgesteld krachtens artikel 36 of artikel 41 van de Wet bodembescherming;
de Wet veiligheidsregio's, – voor zover aangeduid als strafbare feiten – de artikelen 48, eerste en zesde lid, en 50, tweede en derde lid;
de Wet vervoer gevaarlijke stoffen, de artikelen 4, 5, 10, 19, 26, eerste lid, 27, zesde lid, 28 en 29, vierde lid;
de Wet voorkoming verontreiniging door schepen, de artikelen 5, eerste lid, 12, eerste lid, tweede lid, onderdelen a en b, vierde, zesde, zevende en achtste lid, 12b, eerste lid, 12c, eerste en tweede lid, 12e, eerste lid, 13, 13a, eerste, tweede, derde en vierde lid, 23, eerste, tweede en vierde lid, 35, derde lid, 35a, derde lid en 36a, eerste lid;
de Wet windenergie op zee, de artikelen 4, 7, 9, 12 en 15;
2°. overtredingen van voorschriften, gesteld bij of krachtens:
de Crisis- en herstelwet, artikel 2.16;
de Erfgoedwet, de artikelen 5.1, eerste lid, en 5.10, eerste lid;
de Kernenergiewet, de artikelen 14, 22, eerste lid, 26, tweede lid, 28, 33, eerste lid, 37, eerste lid, 39, 67, eerste en vierde lid, 68 en 76, derde lid;
de Ontgrondingenwet, de artikelen 3, eerste en tweede lid, 3a, 7 en 12, eerste en tweede lid;
de Waterwet, artikel 6.9;
de Wet algemene bepalingen omgevingsrecht, de artikelen 2.1, eerste lid, aanhef en onder a, b, c, d, f, g, h en i, al dan niet in combinatie met artikel 2.1, eerste lid, aanhef en onder j of k, 2.3, aanhef en onder b, 2.3a, 2.24, eerste lid, en 2.25, tweede lid;
de Wet bescherming Antarctica, de artikelen 3, eerste lid, 3a, eerste en vierde lid, 5, 6, eerste en tweede lid, 7a, eerste en tweede lid, 8, 24a, 25, eerste en tweede lid, 25b, eerste lid, 25c, tweede lid, 25f, eerste lid, 29 en 30;
de Wet bodembescherming, de artikelen 20, 27, 28, 29, 30, tweede, derde en vierde lid, 31, 32, tweede lid, tweede volzin, 37, 39, eerste, tweede en vierde lid, 39a, 39b, derde lid, vierde lid, eerste volzin, en vijfde lid, eerste volzin, 39c, eerste en derde lid, 39d, eerste en vijfde lid, 39e, 43, eerste, derde en vierde lid, 45, vierde lid, 49 juncto 30, tweede, derde en vierde lid, 55ab, 55b, eerste lid, 63e, derde lid, tweede volzin, 63i, vijfde lid, tweede volzin, 63j, tweede lid, 70 en 72;
de Wet milieubeheer, de artikelen 8.41, eerste, tweede en derde lid, 8.42, eerste lid, 8.42a, eerste lid, 8.43, 9.2.1.3, 9.2.1.4, 9.2.2.2, 9.2.3.2, 9.2.3.4, 9.2.3.5, tweede lid, 9.3.3, tweede en derde lid, 9.3a.3, tweede en derde lid, 9.4.4 tot en met 9.4.7, 9.5.1, 9.5.2, 9.5.4, 9.5.6 10.29, eerste lid, 10.32, 10.38, 10.40, eerste en tweede lid, 10.40a, tweede lid, 10.41, eerste en tweede lid, 10.42, eerste lid, 10.43, eerste lid, 10.44, eerste en derde lid, 10.45, eerste lid, onderdeel a, 10.46, eerste lid, 10.48, derde lid, 10.51, eerste lid, 10.52, eerste lid, 10.55, 10.60, vijfde lid, onder a, onder b, in verbinding met onderdeel a, en onder c, 11A.2, eerste, derde en vierde lid, 11A.3, aanhef en onderdeel b, 12.20, eerste en tweede lid, 12.20a, eerste lid, in verbinding met 12.20, eerste lid, 12.29, aanhef en onder a tot en met c, 12.30, 15.32, eerste en tweede lid, 17.2, 17.11, 17.12, tweede lid, en 17.13, tweede en zesde lid, 17.5a, eerste lid, en 17.5d, in verbinding met 17.5a, eerste lid;

de Wet natuurbescherming, artikelen 2.4, vierde lid, in samenhang met het eerste en derde lid, 2.5, derde lid, 2.6, derde lid, 2.7, tweede lid, 2.9, achtste lid, 2.11, derde lid, in samenhang met artikel 2.4, 2.5 of 2.6, 3.1, tweede, derde en vierde lid, 3.4, eerste lid, 3.5, tweede, derde, vierde en vijfde lid, 3.9, eerste lid, 3.10, eerste lid, aanhef in samenhang met de onderdelen b en c, 3.24, eerste, tweede en vierde lid, 3.34, eerste en vierde lid, 3.35, 3.39, 4.2, eerste, tweede en derde lid, 4.3, eerste en tweede lid, 5.3, vierde lid, 5.5, tweede lid, in samenhang met artikel 2.9, achtste lid;
de Wet ruimtelijke ordening, artikel 7.2;
de Wet voorkoming verontreiniging door schepen, de artikelen 6, tweede lid, 10, eerste lid, 11, eerste en tweede lid, 12a, eerste tot en met vierde lid, 12d, eerste lid, en 12e, tweede lid;
de Woningwet, de artikelen 1a, 1b, 7b, 14a, 16, 103 en 120, tweede lid;
3°. overtredingen van voorschriften, gesteld bij of krachtens:
de Kernenergiewet, de artikelen 4, eerste lid, 36, eerste lid, en – voor zover aangeduid als strafbare feiten – 73;
de Meststoffenwet, de artikelen 4, 5, 6, 9, tweede en derde lid, 11, vijfde lid, 13, vierde lid, 15, 16, 34, 35, 36, 37, 38, derde lid, en 40;
de Visserijwet 1963, de artikelen 2a, 3 en 3a, voor zover de overtreding van die voorschriften in de EU- verordening ter uitvoering waarvan zij strekken niet als ernstige inbreuk wordt aangemerkt, 4, 7, voor zover wordt gevist met meer dan twee hengels of de peur, 9, 16 en 21, voor zover wordt gevist met de hengel of de peur, dan wel overtreding van voorschriften, verbonden aan op grond van het bepaalde bij of krachtens de artikelen 7 en 21 van de Visserijwet 1963 verleende schriftelijke toestemmingen en huurovereenkomsten;
de Waterwet, artikel 6.24, tweede lid, tenzij de desbetreffende vergunning uitsluitend berust op een verordening van een waterschap;
de Wet algemene bepalingen omgevingsrecht, artikel 2.2 en artikel 2.3, aanhef en onder c;
de Wet bescherming Antarctica, de artikelen 19, tweede lid, en 33;
de Wet dieren, artikelen 3.3 tot en met 3.6, al dan niet in samenhang met artikel 6.2, eerste lid, artikel 6.4, eerste lid, of artikel 7.5, derde lid;
de Wet gewasbeschermingsmiddelen en biociden: de artikelen 20, tweede lid, 28, eerste lid, onderdeel e, 29, 45, 71, 72, 73, 75, 76, 77, 78, tweede lid, en 115;
de Wet inzake de luchtverontreiniging, artikel 92, onder a tot en met c;
de Wet luchtvaart, de artikelen 6.60, eerste lid, 6.61, tweede lid, 6.61a, en 6.62, tweede lid;
de Wet milieubeheer, de artikelen 10.23 – voor zover aangeduid als strafbare feiten – , 10.60, zesde lid, onder a en onder b, in verbinding met onderdeel a, en zevende lid, onder a, onder b, in verbinding met onderdeel a, en onder c, 12.14, eerste en tweede lid en 15.53;
de Wet natuurbescherming, artikelen 3.20, derde lid, 3.21, 3.22, eerste lid, 3.23, 3.24, vijfde lid, 3.26, eerste en tweede lid, 3.27, 3.28, zevende lid, 3.30, eerste, derde en vijfde lid, 3.32, eerste lid, 3.33, eerste lid;
de Wet van 13 mei 1993, Stb. 283, tot uitbreiding en wijziging van de Wet milieubeheer (afvalstoffen), artikel VII, voor zover het betreft gemeentelijke verordeningen, vastgesteld krachtens artikel 2 van de Afvalstoffenwet;
de Wet vervoer gevaarlijke stoffen: de artikelen 47 en 48, tweede lid;
de Wet voorkoming verontreiniging door schepen, artikel 12, tweede lid, onderdeel c.

Art. 2

Economische delicten, aanwijzing delicten

1. De economische delicten, bedoeld in artikel 1, onder 1° en 2°, en artikel 1a, onder 1° en 2°, zijn misdrijven, voor zover zij opzettelijk zijn begaan; voor zover deze economische delicten geen misdrijven zijn, zijn zij overtredingen.
2. In afwijking van het eerste lid zijn overtredingen van voorschriften, gesteld krachtens artikel 15, tweede lid, van de Distributiewet, overtredingen, terwijl overtredingen van andere voorschriften, gesteld krachtens de Distributiewet, overtredingen zijn, voor zover deze wet in werking is getreden op grond van artikel 2 van de Wet uitvoering Internationaal Energieprogramma.
3. De economische delicten, bedoeld in artikel 1, onder 3°, zijn misdrijven of overtredingen, al naar gelang zij in de desbetreffende voorschriften als misdrijf dan wel als overtreding zijn gekenmerkt.
4. De economische delicten, bedoeld in artikel 1, onder 4°, en artikel 1a, onder 3°, zijn overtredingen.
5. De economische delicten, bedoeld in artikel 1, onder 5°, zijn misdrijven.

Art. 3

Economische delicten, buiten Rijk gepleegd delict

Deelneming aan een binnen het Rijk in Europa gepleegd economisch delict is strafbaar ook indien de deelnemer zich buiten het Rijk aan het feit heeft schuldig gemaakt.

Art. 4

Economische delicten, medeplichtigheid/poging

Waar in deze wet in het algemeen of in het bijzonder wordt gesproken van een economisch delict, dat een misdrijf oplevert, wordt medeplichtigheid en poging tot zodanig delict daaronder begrepen, voor zover niet uit enige bepaling het tegendeel volgt.

11 Wet op de economische delicten — art. 7a

Titel II
Van de straffen en maatregelen

Art. 5
Tenzij bij de wet anders is bepaald, kunnen ter zake van economische delicten geen andere voorzieningen met de strekking van straf of tuchtmaatregel worden getroffen dan de straffen en maatregelen, overeenkomstig deze wet op te leggen.

Economische delicten, alleen straffen en maatregelen overeenkomstig deze wet

Art. 6
1. Hij, die een economisch delict begaat, wordt gestraft:
1°. in geval van misdrijf, voor zover het betreft een economisch delict, bedoeld in artikel 1, onder 1°, of in artikel 1a, onder 1°, met gevangenisstraf van ten hoogste zes jaren, taakstraf of geldboete van de vijfde categorie;
2°. in geval van een ander misdrijf met gevangenisstraf van ten hoogste twee jaren, taakstraf of geldboete van de vierde categorie;
3°. indien hij van het plegen van het misdrijf als bedoeld onder 2° een gewoonte heeft gemaakt, met gevangenisstraf van ten hoogste vier jaren, taakstraf of geldboete van de vijfde categorie;
4°. in geval van overtreding, voor zover het betreft een economisch delict bedoeld in artikel 1, onder 1°, of in artikel 1a, onder 1°, met hechtenis van ten hoogste een jaar, taakstraf of geldboete van de vierde categorie;
5°. in geval van een andere overtreding, met hechtenis van ten hoogste zes maanden, taakstraf of geldboete van de vierde categorie.
Indien de waarde der goederen, waarmede of met betrekking tot welke het economisch delict is begaan, of die geheel of gedeeltelijk door middel van het economisch delict zijn verkregen, hoger is dan het vierde gedeelte van het maximum der geldboete welke in de gevallen onder 1° tot en met 5° kan worden opgelegd, kan, onverminderd het bepaalde in artikel 23, zevende lid, van het Wetboek van Strafrecht, een geldboete worden opgelegd van de naast hogere categorie.
2. Bovendien kunnen de bijkomende straffen, vermeld in artikel 7, en de maatregelen, vermeld in artikel 8, worden opgelegd, onverminderd de oplegging, in de daarvoor in aanmerking komende gevallen, van de maatregelen, elders in wettelijke bepalingen voorzien.
3. In afwijking van het bepaalde in het eerste en tweede lid wordt hij, die een voorschrift, gesteld krachtens artikel 15, tweede lid, van de Distributiewet, overtreedt gestraft met hechtenis van ten hoogste twee maanden of geldboete van de eerste categorie.
4. In afwijking van het bepaalde in het eerste lid wordt hij die een voorschrift overtreedt, gesteld bij of krachtens de artikelen 2 en 3, eerste lid, van de Uitvoeringswet verdrag chemische wapens, artikel 3, eerste en tweede lid, van de Wet precursoren voor explosieven, dan wel de artikelen 2, eerste en derde lid, 3 en 4 van de Uitvoeringswet verdrag biologische wapens, gestraft met gevangenisstraf van ten hoogste acht jaren of geldboete van de vijfde categorie, indien het feit opzettelijk is begaan met een terroristisch oogmerk als bedoeld in artikel 83a van het Wetboek van Strafrecht, dan wel met het oogmerk om een terroristisch misdrijf als bedoeld in artikel 83 van dat wetboek voor te bereiden of gemakkelijk te maken.

Economische delicten, straffen

Art. 7
De bijkomende straffen zijn:
a. ontzetting van de rechten, genoemd in artikel 28, eerste lid, onder 1°, 2°, 4° en 5° van het Wetboek van Strafrecht, voor een tijd die, de duur der vrijheidsstraf ten minste zes maanden en ten hoogste zes jaren te boven gaande, of, in geval van veroordeling tot geldboete als enige hoofdstraf, voor een tijd van ten minste zes maanden en ten hoogste zes jaren;
b. [vervallen;]
c. gehele of gedeeltelijke stillegging van de onderneming van de veroordeelde, waarin het economische delict is begaan, voor een tijd van ten hoogste een jaar;
d. verbeurdverklaring van de voorwerpen, genoemd in artikel 33a van het Wetboek van Strafrecht;
e. verbeurdverklaring van voorwerpen, behorende tot de onderneming van de veroordeelde, waarin het economisch delict is begaan, voor zover zij soortgelijk zijn aan en met betrekking tot het delict verband houden met die, genoemd in artikel 33a van het Wetboek van Strafrecht;
f. gehele of gedeeltelijke ontzetting van bepaalde rechten of gehele of gedeeltelijke ontzegging van bepaalde voordelen, welke rechten of voordelen de veroordeelde in verband met zijn onderneming van overheidswege zijn of zouden kunnen worden toegekend, voor een tijd van ten hoogste twee jaren;
g. openbaarmaking van de rechterlijke uitspraak.

Economische delicten, bijkomende straffen

Art. 7a
Bij veroordeling wegens een van de misdrijven omschreven in artikel 6, vierde lid, kan ontzetting van het in artikel 28, eerste lid, onder 3°, van het Wetboek van Strafrecht vermelde recht worden uitgesproken.

Ontzegging stemrecht bij overtreding art. 6 lid 4

Art. 8

Economische delicten, maatregelen

Maatregelen zijn:
a. de maatregelen voorzien in Titel IIA van het Eerste Boek van het Wetboek van Strafrecht;
b. onderbewindstelling van de onderneming van de veroordeelde, waarin het economisch delict is begaan, in geval van misdrijf voor een tijd van ten hoogste drie jaren en in geval van overtreding voor een tijd van ten hoogste twee jaren;
c. het opleggen van de verplichting tot verrichting van hetgeen wederrechtelijk is nagelaten, tenietdoening van hetgeen wederrechtelijk is verricht en verrichting van prestaties tot het goedmaken van een en ander, alles op kosten van de veroordeelde, voor zover de rechter niet anders bepaalt.

Art. 9

Economische delicten, maatregelen tezamen met straffen

De maatregelen vermeld in artikel 8, onder b en c, kunnen te zamen met straffen en met andere maatregelen worden opgelegd.

Art. 10

Economische delicten, bijzonderheden en gevolgen bijkomende straf/maatregel

1. Bij de uitspraak, waarbij een bijkomende straf of een maatregel, als vermeld in artikel 8, wordt opgelegd, worden, voor zoveel nodig, alle bijzonderheden en gevolgen naar behoefte geregeld, daaronder begrepen bij onderbewindstelling de benoeming van een of meer bewindvoerders. Bij oplegging van een bijkomende straf als vermeld in artikel 7, onder c, kan bovendien worden bevolen, dat de veroordeelde
hem van overheidswege ten behoeve van zijn onderneming verstrekte bescheiden inlevert;
in zijn onderneming aanwezige voorraden onder toezicht verkoopt;
en zijn medewerking verleent bij inventarisatie van die voorraden.
2. Onverminderd het bepaalde in artikel 577b van het Wetboek van Strafvordering kan de rechter die de bijkomende straf of maatregel heeft opgelegd, na ontvangst van een vordering van het openbaar ministerie of op verzoek van de veroordeelde bij latere beslissing alsnog een regeling geven als vorenbedoeld, dan wel in de reeds gegeven regeling wijziging brengen of terzake een aanvullende regeling geven. De behandeling van de zaak vindt plaats met gesloten deuren; de uitspraak geschiedt in het openbaar. De beslissing is met redenen omkleed; zij is niet aan enig rechtsmiddel onderworpen.
3. Wij behouden Ons voor, nadere voorschriften te geven ter uitvoering van dit artikel.

Art. 11

Economische delicten, onderbewindstelling

1. Voor zover de rechter niet anders bepaalt, heeft een bewindvoerder, krachtens het voorgaande artikel of artikel 29 benoemd, dezelfde rechten en verplichtingen als de bewindvoerder, bedoeld in artikel 409 van Boek 1 van het Burgerlijk Wetboek, en kan zonder zijn machtiging geen ander persoon enige daad van beheer in de onderneming verrichten.
2. De beschikking tot onderbewindstelling wordt door de griffier van het gerecht in feitelijke aanleg, dat de beschikking heeft gegeven, openbaar gemaakt in de *Nederlandse Staatscourant* en in één of meer door de rechter aan te wijzen nieuwsbladen. De beschikking tot onderbewindstelling wordt in het handelsregister ingeschreven met toepassing van het krachtens de Handelsregisterwet 2007 bepaalde.

Art. 12

[Vervallen]

Art. 13

Economische delicten, dood veroordeelde

1. Het recht tot uitvoering van verbeurdverklaring vervalt niet door de dood van de veroordeelde.
2. De in artikel 8 onder b vermelde maatregel vervalt door de dood van de veroordeelde.

Art. 14

Economische delicten, tenuitvoerlegging veroordeling tot betaling kosten

De tenuitvoerlegging van een veroordeling tot de betaling van kosten, andere dan die van openbaarmaking van de rechterlijke uitspraak, geschiedt op de wijze van de tenuitvoerlegging ener veroordeling tot geldboete, met dien verstande, dat geen vervangende vrijheidsstraf wordt toegepast.

Art. 15

[Vervallen]

Art. 16

Economische delicten, verbeurdverklaring

1. Indien aannemelijk is dat iemand die, alvorens in zijn zaak een onherroepelijke uitspraak is gedaan, is overleden, zich heeft schuldig gemaakt aan een economisch delict, kan de rechter bij beschikking op de vordering van het openbaar ministerie:
a. de verbeurdverklaring van reeds in beslag genomen voorwerpen uitspreken; artikel 10 vindt overeenkomstige toepassing;
b. ten laste van de boedel van de overledene de in artikel 8, onder c vermelde maatregel opleggen.
2. De beschikking wordt door de griffier openbaar gemaakt in de *Nederlandse Staatscourant* en in een of meer door de rechter aan te wijzen nieuwsbladen, terwijl bovendien een afschrift van de beschikking aan het sterfhuis wordt betekend.

11 Wet op de economische delicten   art. 23

3. Elke belanghebbende kan binnen drie maanden na de in het vorige lid bedoelde openbaarmaking of betekening een bezwaarschrift ter griffie indienen.
4. De officier van justitie wordt gehoord; de belanghebbende wordt gehoord, althans behoorlijk opgeroepen.
5. De rechter geeft een met redenen omklede beslissing; deze is niet aan enig rechtsmiddel onderworpen.
6. Het in het eerste lid, in de aanhef en onder *a*, in het derde, het vierde en in het vijfde lid, bepaalde geldt mede, indien aannemelijk is, dat een onbekende zich schuldig heeft gemaakt aan een economisch delict. De beschikking wordt door de griffier openbaar gemaakt in de *Nederlandse Staatscourant* en in één of meer door de rechter aan te wijzen nieuwsbladen.

Titel III
Van de opsporing

Art. 17
1. Met de opsporing van economische delicten zijn belast: Economische delicten,
1°. de bij of krachtens artikel 141 van het Wetboek van Strafvordering aangewezen ambtenaren;   aanwijzing opsporings-
2°. de door Onze Minister van Veiligheid en Justitie, in overeenstemming met Onze andere   ambtenaren
Ministers, wie het aangaat, aangewezen ambtenaren;
3°. de ambtenaren van de rijksbelastingdienst, bevoegd inzake douane.
2. Alle met de opsporing van economische delicten belaste ambtenaren zijn tevens belast met de opsporing van de economische delicten, genoemd in de artikelen 26, 33 en 34.
3. Artikel 142, tweede en vierde lid, van het Wetboek van Strafvordering is van overeenkomstige toepassing op de in het eerste lid, onder 2° en 3°, bedoelde opsporingsambtenaren.
4. Van een besluit als bedoeld in het eerste lid, onder 2°, wordt mededeling gedaan door plaatsing in de Staatscourant.

Art. 18
1. De opsporingsambtenaren zijn in het belang van de opsporing bevoegd tot inbeslagneming   Economische delicten,
van daarvoor vatbare voorwerpen voor zover dat redelijkerwijs voor de vervulling van hun taak   inbeslagname voorwerpen
nodig is. Zij kunnen daartoe hun uitlevering vorderen.
2. Voor inbeslagneming van voorwerpen ter verbeurdverklaring uit hoofde van artikel 7, onder e, behoeven zij evenwel de machtiging van de officier van justitie.

Art. 19
1. De opsporingsambtenaren zijn in het belang van de opsporing bevoegd inzage te vorderen   Economische delicten,
van gegevens en bescheiden, voor zover dat redelijkerwijs voor de vervulling van hun taak nodig   vordering gegevens
is.
2. Zij zijn bevoegd van de gegevens en bescheiden kopieën te maken.
3. Indien het maken van kopieën niet ter plaatse kan geschieden, zijn zij bevoegd de gegevens en bescheiden voor dat doel voor korte tijd mee te nemen tegen een door hen af te geven schriftelijk bewijs.

Art. 20
De opsporingsambtenaren hebben in het belang van de opsporing toegang tot elke plaats, voor   Economische delicten,
zover dat redelijkerwijs voor de vervulling van hun taak nodig is.   toegangverschaffing

Art. 21
1. De opsporingsambtenaren zijn bevoegd in het belang van de opsporing zaken te onderzoeken,   Economische delicten,
aan opneming te onderwerpen en daarvan monsters te nemen, voor zover dat redelijkerwijs   monsterneming
voor de vervulling van hun taak nodig is.
2. Zij zijn bevoegd daartoe verpakkingen te openen.
3. Zij nemen op verzoek van de belanghebbende indien mogelijk een tweede monster, tenzij bij of krachtens wettelijk voorschrift anders is bepaald.
4. Indien het onderzoek, de opneming of de monsterneming niet ter plaatse kan geschieden, zijn zij bevoegd de zaken voor dat doel voor korte tijd mee te nemen tegen een door hen af te geven schriftelijk bewijs.
5. De genomen monsters worden voor zover mogelijk teruggegeven.
6. De belanghebbende wordt op zijn verzoek zo spoedig mogelijk in kennis gesteld van de resultaten van het onderzoek, de opneming of de monsterneming.

Art. 22
[Vervallen]

Art. 23
1. De opsporingsambtenaren zijn bevoegd in het belang van de opsporing vervoermiddelen   Economische delicten,
te onderzoeken met het oog op de naleving van de voorschriften, bedoeld in de artikelen 1 en   onderzoek vervoermid-
1a, voor zover dat redelijkerwijs voor de vervulling van hun taak nodig is.   delen
2. Zij zijn bevoegd in het belang van de opsporing vervoermiddelen waarmee naar hun redelijk oordeel zaken worden vervoerd op hun lading te onderzoeken met het oog op de naleving van

de voorschriften, bedoeld in de artikelen 1 en 1a, voor zover dat redelijkerwijs voor de vervulling van hun taak nodig is.

3. Zij zijn bevoegd van de bestuurder van een vervoermiddel inzage te vorderen van de wettelijk voorgeschreven bescheiden met het oog op de naleving van de voorschriften, bedoeld in de artikelen 1 en 1a, voor zover dat redelijkerwijs voor de vervulling van hun taak nodig is.

4. Zij zijn bevoegd met het oog op de uitoefening van deze bevoegdheden van de bestuurder van een voertuig of van de schipper van een vaartuig te vorderen dat deze zijn vervoermiddel stilhoudt en naar een door hem aangewezen plaats overbrengt, voor zover dat redelijkerwijs voor de vervulling van hun taak nodig is.

5. De kosten van overbrenging komen ten laste van de betrokkene, indien een strafbaar feit wordt vastgesteld.

6. De in dit artikel genoemde bevoegdheden kunnen tevens worden uitgeoefend jegens personen, die zaken vervoeren.

Art. 23a

Economische delicten, uitbreiding aanwijzing opsporingsambtenaren

1. Onder de opsporingsambtenaren, bedoeld in de artikelen 18 tot en met 23, worden mede begrepen de ambtenaren, die ingevolge artikel 83 van de Kernenergiewet, artikel 28, eerste lid, van de Natuurbeschermingswet, artikel 30, onder 3°, van de Vogelwet 1936, artikel 8, eerste lid, van de Wet bedreigde uitheemse diersoorten, artikel 96 van de Wet inzake de luchtverontreiniging, artikel 11.1 van de Wet luchtvaart of artikel 44 van de Wet vervoer gevaarlijke stoffen, zijn belast met de opsporing van strafbare feiten.

2. Bij de opsporing van overtredingen van voorschriften gesteld bij of krachtens de Wet vervoer gevaarlijke stoffen of titel 6.5 van de Wet luchtvaart komen de bevoegdheden, genoemd in artikel 21, slechts toe aan de krachtens artikel 44 van de Wet vervoer gevaarlijke stoffen of krachtens artikel 11.1 van de Wet luchtvaart aangewezen ambtenaren van het Ministerie van Verkeer en Waterstaat en van het militair Korps controleurs gevaarlijke stoffen.

Art. 24

Economische delicten, aanwijzingen van de minister

1. Onze Minister van Justitie en - na overleg met deze - elk Onzer andere Ministers, wie het aangaat, zijn bevoegd regelen te stellen omtrent de wijze, waarop de vordering tot stilhouden, omschreven in artikel 23, vierde lid, wordt gedaan.

2. Onze Minister van Justitie en elk Onzer andere Ministers, wie het aangaat, zijn bevoegd te bepalen, dat ter verzekering van de richtige opsporing van economische delicten op openbare land- en waterwegen versperringen worden aangebracht.

Art. 24a

Economische delicten, verplichting tot medewerking met opsporingsambtenaren

1. Een ieder is verplicht aan de opsporingsambtenaren binnen de door hen gestelde redelijke termijn alle medewerking te verlenen die deze redelijkerwijs kunnen vorderen bij de uitoefening van de hen krachtens deze titel toekomende bevoegdheden.

2. Zij die uit hoofde van ambt, beroep of wettelijk voorschrift verplicht zijn tot geheimhouding, kunnen het verlenen van medewerking weigeren, voor zover dit uit hun geheimhoudingsplicht voortvloeit.

3. De opsporingsambtenaren zijn bevoegd op kosten van de overtreder door feitelijk handelen op te treden tegen hetgeen in strijd met de in het eerste lid bedoelde verplichting is of wordt gedaan, gehouden of nagelaten, voor zover dat redelijkerwijs voor de vervulling van hun taak nodig is.

Art. 25

Economische delicten, toepassing WvSr

Voor zover daarvan niet in deze wet of de in artikel 1 en artikel 1a genoemde wetten en besluiten is afgeweken, gelden ten aanzien van de opsporing van economische delicten de bepalingen van het Wetboek van Strafvordering.

Art. 26

Economische delicten, niet voldoen aan vordering opsporingsambtenaar

Het opzettelijk niet voldoen aan een vordering, krachtens enig voorschrift van deze wet gedaan door een opsporingsambtenaar, is een economisch delict.

Art. 27

[Vervallen]

Titel IV
Van voorlopige maatregelen

Art. 28

Economische delicten, voorlopige maatregelen

1. Indien tegen de verdachte ernstige bezwaren zijn gerezen en tevens de belangen, welke door het vermoedelijk overtreden voorschrift worden beschermd, een onmiddellijk ingrijpen vereisen, is de officier van justitie in alle zaken, economische delicten betreffende, met uitzondering van die, bedoeld in artikel 6, derde lid, bevoegd, zolang de behandeling ter terechtzitting nog niet

11 Wet op de economische delicten   **art. 30a**

is aangevangen, de verdachte bij deze te betekenen kennisgeving als voorlopige maatregel te bevelen:
a. zich te onthouden van bepaalde handelingen;
b. zorg te dragen, dat in het bevel aangeduide voorwerpen, welke vatbaar zijn voor inbeslagneming, opgeslagen en bewaard worden ter plaatse, in het bevel aangegeven.
2. Op de voorgenoemde bevelen is artikel 10, eerste lid, van overeenkomstige toepassing.
3. De voorgenoemde bevelen verliezen hun kracht door een tijdsverloop van zes maanden en blijven uiterlijk van kracht, totdat de rechterlijke einduitspraak in de zaak, waarin zij zijn gegeven, onherroepelijk is geworden. Zij kunnen tussentijds door de officier van justitie bij aan de verdachte te betekenen kennisgeving worden gewijzigd of ingetrokken of door het gerecht, waarvoor de zaak wordt vervolgd, worden gewijzigd of opgeheven. Het gerecht kan dit doen ambtshalve, of op het verzoek van de verdachte; deze wordt steeds gehoord, althans behoorlijk opgeroepen, tenzij:
1°. het gerecht reeds aanstonds tot wijziging overeenkomstig het verzoek van de verdachte dan wel tot opheffing besluit;
2°. nog geen twee maanden zijn verstreken sedert op een vorig verzoek van de verdachte van gelijke strekking is beslist.
Het gerecht beslist op een verzoek van de verdachte binnen vijf dagen, nadat het ter griffie is ingediend.

Art. 29
1. Indien tegen de verdachte ernstige bezwaren zijn gerezen en tevens de belangen, welke door het vermoedelijk overtreden voorschrift worden beschermd, een onmiddellijk ingrijpen vereisen, kan het gerecht in alle zaken, economische delicten betreffende, met uitzondering van die, bedoeld in artikel 6, derde lid, vóór de behandeling ter terechtzitting, op de vordering van het openbaar ministerie, en, indien de zaak te zijner zitting wordt behandeld, mede ambtshalve, als voorlopige maatregel bevelen:
a. gehele of gedeeltelijke stillegging van de onderneming van de verdachte, waarin het economische delict wordt vermoed te zijn begaan;
b. onderbewindstelling van de onderneming van de verdachte, waarin het economische delict wordt vermoed te zijn begaan;
c. gehele of gedeeltelijke ontzetting van bepaalde rechten of gehele of gedeeltelijke ontzegging van bepaalde voordelen, welke rechten of voordelen de verdachte in verband met zijn onderneming van overheidswege zijn of zouden kunnen worden toegekend;
d. dat de verdachte zich onthoude van bepaalde handelingen;
e. dat de verdachte zorg drage, dat in het bevel aangeduide voorwerpen, welke vatbaar zijn voor inbeslagneming, opgeslagen en bewaard worden ter plaatse, in het bevel aangegeven.
2. Op de voorgenoemde bevelen is artikel 10, eerste lid, van overeenkomstige toepassing.
3. De voorgenoemde bevelen verliezen hun kracht door een tijdsverloop van zes maanden en blijven uiterlijk van kracht totdat de rechterlijke einduitspraak in de zaak, waarin zij zijn gegeven, onherroepelijk is geworden. Zij kunnen door het gerecht, waarvoor de zaak wordt vervolgd, eenmaal ten hoogste zes maanden worden verlengd en worden gewijzigd of opgeheven. Het gerecht kan dit doen ambtshalve, op de vordering van het openbaar ministerie en, voor wat betreft wijziging of opheffing van de bevelen, tevens op het verzoek van de verdachte; deze wordt steeds gehoord, althans behoorlijk opgeroepen, tenzij:
1°. het gerecht reeds aanstonds tot wijziging overeenkomstig het verzoek van de verdachte dan wel tot opheffing besluit;
2°. nog geen twee maanden zijn verstreken sedert op een vorig verzoek van de verdachte van gelijke strekking is beslist.
Het gerecht beslist op een verzoek van de verdachte binnen vijf dagen, nadat het ter griffie is ingediend.

Economische delicten, voorlopige maatregelen

Art. 30
1. Van de in de artikelen 28 en 29 bedoelde rechterlijke bevelen en beschikkingen kan het openbaar ministerie binnen veertien dagen en de verdachte binnen veertien dagen na de betekening in beroep komen bij het gerechtshof.
2. Het hof beslist zo spoedig mogelijk. De verdachte wordt gehoord, althans behoorlijk opgeroepen.

Economische delicten, hoger beroep

Art. 30a
1. Van de beschikking van het hof kan het openbaar ministerie binnen veertien dagen en de verdachte binnen veertien dagen na de betekening beroep in cassatie instellen.
2. De verdachte is, op straffe van niet-ontvankelijkheid, verplicht binnen een maand na het instellen van het beroep bij de Hoge Raad der Nederlanden door een advocaat een schriftuur te doen indienen, houdende zijn middelen van cassatie.
3. Artikel 57 is van overeenkomstige toepassing.
4. De Hoge Raad beslist zo spoedig mogelijk.

Economische delicten, beroep in cassatie

Art. 31

Economische delicten, tenuitvoerlegging

De in de artikelen 28, 29, 30 en 30a bedoelde bevelen en beschikkingen zijn dadelijk uitvoerbaar. Zij worden onverwijld aan de verdachte betekend.

Art. 32

Economische delicten, schadevergoeding

1. Indien de zaak eindigt hetzij zonder oplegging van straf of maatregel, hetzij met oplegging van een zodanige straf of maatregel, dat de opgelegde voorlopige maatregel als onevenredig hard moet worden beschouwd, kan het gerecht, op verzoek van de gewezen verdachte of van zijn erfgenamen, hem of zijn erfgenamen een geldelijke tegemoetkoming ten laste van de Staat toekennen voor de schade, welke hij ten gevolge van de opgelegde voorlopige maatregel werkelijk heeft geleden. Tot deze toekenning is bevoegd het gerecht in feitelijke aanleg, waarvoor de zaak tijdens de beëindiging daarvan werd vervolgd of anders het laatst werd vervolgd.
2. De artikelen 89, derde en vierde lid, 90-91 en 93 van het Wetboek van Strafvordering vinden overeenkomstige toepassing.
3. Indien de gewezen verdachte na het indienen van zijn verzoek of na de instelling van hoger beroep overleden is, geschiedt de toekenning ten behoeve van zijn erfgenamen.

Art. 32a

Economische delicten, horen van personen

Waar in deze titel de bevoegdheid wordt gegeven tot het horen van personen, is artikel 131a van het Wetboek van Strafvordering van overeenkomstige toepassing.

Titel V
Van handelingen in strijd met straffen en maatregelen

Art. 33

Economische delicten, opzettelijk handelen in strijd met sancties

Het opzettelijk handelen of nalaten in strijd met een bijkomende straf, als bedoeld in artikel 7, onder a, c of f, een maatregel, als vermeld in artikel 8, een regeling, als bedoeld in artikel 10, of een voorlopige maatregel, of het ontduiken van zodanige bijkomende straf, maatregel, regeling of voorlopige maatregel is een economisch delict.

Art. 34

Economische delicten, opzettelijk onttrekken van vermogensbestanddelen

Het opzettelijk, al dan niet door middel van een ander, onttrekken van vermogensbestanddelen aan verhaal van tenuitvoerlegging van een krachtens deze wet opgelegde straf, maatregel of voorlopige maatregel is een economisch delict.

Art. 35

Economische delicten, nietige rechtshandelingen

1. Rechtshandelingen in strijd met het bepaalde in de artikelen 33 en 34 zijn nietig.
2. Op de nietigheid kan geen beroep worden gedaan ten nadele van hem, die van de oplegging van de straf, de maatregel of de voorlopige maatregel onkundig was, tenzij hij ernstige reden had het bestaan er van te vermoeden.
3. Ten aanzien van de echtgenoot of geregistreerde partner, de bloed- of aanverwanten tot in de derde graad en de personen in dienst van degene, te wiens laste de straf, de maatregel of de voorlopige maatregel is uitgesproken, wordt aangenomen, dat zij ernstige reden hebben gehad de oplegging van de straf, de maatregel of de voorlopige maatregel te vermoeden, behoudens tegenbewijs.

Titel VI
Van de afdoening buiten geding

Art. 36

Economische delicten, transactiebevoegdheid OvJ

1. Bij toepassing van artikel 257a van het Wetboek van Strafvordering kan tevens de aanwijzing worden gegeven dat wordt verricht hetgeen wederrechtelijk is nagelaten, tenietgedaan hetgeen wederrechtelijk is verricht en dat prestaties tot het goedmaken van een en ander worden verricht, alles op kosten van de verdachte, voor zover niet anders wordt bepaald.
2. Indien de verdachte een rechtspersoon is, behoeft deze, in afwijking van artikel 257c, tweede lid, van het Wetboek van Strafvordering, slechts onder bijstand van een raadsman te worden gehoord als de strafbeschikking betalingsverplichtingen uit hoofde van geldboete en schadevergoedingsmaatregel bevat welke afzonderlijk of gezamenlijk meer belopen dan € 10 000.

Art. 37
[Vervallen]

Titel VII
De berechting in eerste aanleg

Art. 38

Economische delicten, competentie

1. De kennisneming van economische delicten in eerste aanleg is bij uitsluiting opgedragen aan de rechtbank. Economische delicten worden behandeld en beslist door de economische kamers van de rechtbank, bedoeld in artikel 52 van Wet op de rechterlijke organisatie.

2. De kennisneming van economische delicten met betrekking tot de Verordening (EU) nr. 596/2014 van het Europees Parlement en de Raad van 16 april 2014 betreffende marktmisbruik en inhoudende intrekking van Richtlijn 2003/6/EG van het Europees Parlement en de Raad en Richtlijnen 2003/124, 2003/125/EG en 2004/72/EG van de Commissie (PbEU 2014 L 173) in eerste aanleg is bij uitsluiting opgedragen aan de Rechtbank Amsterdam.

Art. 39
1. De economische kamers van de rechtbank, bedoeld in artikel 52 van de Wet op de rechterlijke organisatie, behandelen en beslissen ook zaken betreffende strafbare feiten die geen economische delicten zijn, indien de rechtbank bevoegd is tot kennisneming van die strafbare feiten en die strafbare feiten zijn begaan in samenhang met een of meer economische delicten, en die strafbare feiten ten laste zijn gelegd samen met een of meer van die economische delicten.
2. Berechting door een andere dan de economische kamer is mogelijk indien economische delicten zijn begaan in samenhang met een of meer strafbare feiten, niet zijnde economische delicten waarvan de rechtbank bevoegd is kennis te nemen en die economische delicten ten laste zijn gelegd samen met een of meer van die andere strafbare feiten.

Economische delicten, competentie niet-economische delicten

Art. 40-44
[Vervallen]

Art. 45
De bepalingen van deze titel brengen geen wijziging in de bevoegdheden van de kinderrechter, behoudens het bepaalde in artikel 38.

Economische delicten, competentie kinderrechter

Titel VIII

Art. 46
De behandeling door de raadkamer vindt plaats in het openbaar.

Economische delicten, openbare behandeling

Art. 47
In afwijking van het bepaalde in artikel 261 van het Wetboek van Strafvordering kan voor de dagvaarding betreffende een economisch delict worden volstaan met een korte aanduiding van het feit, dat te laste wordt gelegd, met vermelding omstreeks welke tijd en waar ter plaatse het begaan zou zijn.

Economische delicten, dagvaarding

Art. 48
1. Op het rechtgeding voor de economische politierechter zijn de artikelen 367 tot en met 381, alsmede 398, onder 2°, van het Wetboek van Strafvordering van overeenkomstige toepassing, met dien verstande dat:
1°. in afwijking van artikel 376, eerste lid, indien de dagvaarding enkel inhoudt een korte aanduiding en vermelding als bedoeld in het vorige artikel, de officier van justitie ter terechtzitting bij de aanvang van het onderzoek mondeling of, na voorlezing, schriftelijk nadere opgave van het feit kan doen en alsdan tot die nadere opgave verplicht is, indien naar het oordeel van de rechter de verdachte door die enkele aanduiding en vermelding in zijn verdediging benadeeld zou worden;
2°. schorsing van het onderzoek eveneens geschiedt, indien de officier van justitie uitstel verzoekt voor het doen van nadere opgave van het feit.
2. Het bepaalde in het eerste lid, onder 1°-2°, vindt overeenkomstige toepassing, indien bij dagvaarding voor de meervoudige kamer is volstaan met een korte aanduiding en vermelding als bedoeld in artikel 47.

Schakelbepaling

Art. 49
Waar deze wet voorziet in de mogelijkheid van een verzoek van de verdachte, de erfgenamen van de verdachte of de veroordeelde aan de rechter of aan het gerecht, kan een schriftelijk verzoek langs elektronische weg worden gedaan met behulp van een bij algemene maatregel van bestuur aangewezen elektronische voorziening.

Economische delicten, schriftelijk verzoek langs elektronische weg

Art. 50
[Vervallen]

Titel IX
Van het hoger beroep

Art. 51
[Vervallen]

Art. 52
De economische kamers van de gerechtshoven, bedoeld in artikel 64 van de Wet op de rechterlijke organisatie, behandelen en beslissen uitsluitend zaken waarin door de economische kamers van de rechtbanken vonnis is gewezen.

Economische delicten, competentie

art. 53
11 Wet op de economische delicten

Economische delicten,
raadkamer

Art. 53
1. In zaken betreffende economische delicten treedt als raadkamer een economische kamer op.
2. De behandeling door de raadkamer vindt plaats in het openbaar.

Economische delicten,
zittingsplaats

Art. 54
De economische kamers kunnen ook zitting houden buiten de plaats, waar de zetel van het hof gevestigd is.

Schakelbepaling

Art. 55
Artikel 49 is van overeenkomstige toepassing.

Titel X

Art. 56-57
[Vervallen]

Titel XI
Van de contactambtenaren

Economische delicten,
contactambtenaren

Art. 58
In overleg met Onze Minister van Justitie kunnen lichamen met een publieke taak belast, hiertoe bevoegd verklaard door een Onzer andere Ministers, wie het aangaat, ten dienste van de opsporing, vervolging en berechting van economische delicten ambtenaren benoemen, die het contact onderhouden met het openbaar ministerie.

Titel XIa
Van de samenwerking

Economische delicten,
samenwerking opsporings-
instanties en bestuursor-
ganen

Art. 58a
1. Bij of krachtens algemene maatregel van bestuur kunnen in het belang van een doelmatige handhaving regels worden gesteld over de samenwerking van de personen en instanties die belast zijn met de opsporing van economische delicten onderling en met de bestuursorganen die belast zijn met de bestuursrechtelijke handhaving van het bepaalde bij of krachtens de in de artikelen 1 en 1a genoemde wetten.
2. De regels, bedoeld in het eerste lid, kunnen onder meer betrekking hebben op het volgens een strategie en programma uitoefenen van bevoegdheden tot opsporing van overtredingen van nader aangeduide wettelijke voorschriften en de afstemming daarvan met de uitoefening van bevoegdheden ten behoeve van de bestuursrechtelijke handhaving.
3. Over de uitoefening van de taken en bevoegdheden in het kader van de samenwerking, bedoeld in het eerste lid, overlegt Onze Minister van Veiligheid en Justitie regelmatig gezamenlijk met Onze Minister(s) die het mede aangaat, het openbaar ministerie en de bestuursorganen, bedoeld in het eerste lid.

Titel XII
Overgangsbepalingen

Economische delicten,
aanwijzen hulpofficier van
justitie

Art. 59
Van de ambtenaren van de Fiscale Inlichtingen- en Opsporingsdienst zijn degenen, die daartoe door Onze Minister van Justitie zijn aangewezen, hulpofficier van justitie ten aanzien van het voorbereidende onderzoek naar de overtredingen der voorschriften gesteld bij of krachtens de Wet financiële betrekkingen buitenland 1994.

Uitschakelbepaling

Art. 60
1. Het Besluit berechting economische delicten (*Staatsblad* No. E 135) wordt ingetrokken.
2. Zaken, betreffende overtredingen van de voorschriften, genoemd in artikel 1, op het tijdstip van inwerkingtreding van deze wet bij een kantonrechter, een arrondissements-rechtbank, een gerechtshof of de Hoge Raad der Nederlanden aanhangig, worden, onverminderd artikel 1, tweede lid, van het Wetboek van Strafrecht en het vierde lid van dit artikel, afgedaan volgens de tot op dat tijdstip geldende regelen.
3. Zaken, op het tijdstip van inwerkingtreding van deze wet bij een tuchtrechter voor de prijzen aanhangig, worden bij de arrondissements-rechtbank opnieuw aanhangig gemaakt. Is echter de behandeling door de tuchtrechter zover gevorderd, dat nog slechts een einduitspraak behoeft te worden gedaan, dan doet de tuchtrechter uitspraak met inachtneming van de regelen, geldende tot op evengenoemd tijdstip.
4. Voor zover zaken betreffende overtredingen van voorschriften, genoemd in artikel 1, op het tijdstip van inwerkingtreding van deze wet nog niet in hoger beroep aanhangig zijn, geschiedt

11 Wet op de economische delicten   art. 77

behandeling in hoger beroep bij uitsluiting door het gerechtshof binnen welks rechtsgebied de rechter bevoegd was, die in eerste aanleg uitspraak heeft gedaan.
5. Met betrekking tot de tenuitvoerlegging van uitspraken van tuchtrechters voor de prijzen treedt in de plaats van de tuchtrechter voor de prijzen het openbaar ministerie bij de rechtbank van het arrondissement, waarin de tuchtrechter bevoegd was.
6. De ingevolge het Besluit berechting economische delicten opgelegde bijkomende straffen, bedoeld in artikel 1, eerste lid, II, onder *a* en *b*, van dit besluit, worden geacht te zijn bijkomende straffen, als bedoeld in artikel 7, eerste lid, onderscheidenlijk onder c en a van deze wet; zij worden geacht te zijn opgelegd krachtens deze wet.

Art. 61
[Vervallen]

Art. 62
1. Het Besluit voorlopige tuchtmaatregelen voedselvoorziening (*Staatsblad*, No. F 284) wordt ingetrokken.   **Uitschakelbepaling**
2. De voorlopige tuchtmaatregelen, op het tijdstip van inwerkingtreding van deze wet van kracht, worden gehandhaafd. Het bepaalde in de Titels IV en V is op deze maatregelen van toepassing, met dien verstande, dat:
a. voorlopige tuchtmaatregelen, bevolen door een ambtenaar voor de tuchtrechtspraak, worden geacht te zijn bevolen door de officier van justitie bij de rechtbank van het arrondissement, waarin de ambtenaar voor de tuchtrechtspraak bevoegd was;
b. voorlopige tuchtmaatregelen, bevolen door een tuchtrechter voor de voedselvoorziening, worden geacht te zijn bevolen door de rechtbank van het arrondissement, waarin de tuchtrechter bevoegd was;
c. voorlopige tuchtmaatregelen, bevolen door het Centraal College voor de Tuchtrechtspraak, worden geacht te zijn bevolen door het gerechtshof binnen welks rechtsgebied de tuchtrechter bevoegd was, die in eerste aanleg uitspraak heeft gedaan.

Art. 63
1. De wet van 24 Mei 1947, tot opneming van de mogelijkheid van voorlopige maatregelen   **Uitschakelbepaling**
ter zake van overtreding van prijsvoorschriften (*Staatsblad* No. H 156) wordt ingetrokken.
2. De voorlopige maatregelen, op het tijdstip van inwerkingtreding van deze wet van kracht, worden, gedurende hoogstens zes maanden nadat zij zijn genomen, gehandhaafd. Het bepaalde in de Titels IV en V is overigens op deze maatregelen van toepassing.

Titel XIII
Slotbepalingen

Art. 64
[Bevat wijziging in andere regelgeving.]
Art. 65
[Bevat wijziging in andere regelgeving.]
Art. 66
[Bevat wijziging in andere regelgeving.]
Art. 67
[Bevat wijziging in andere regelgeving.]
Art. 68
[Bevat wijziging in andere regelgeving.]
Art. 69
[Bevat wijziging in andere regelgeving.]
Art. 70
[Bevat wijziging in andere regelgeving.]
Art. 71
[Bevat wijziging in andere regelgeving.]
Art. 72
[Bevat wijziging in andere regelgeving.]
Art. 73
[Bevat wijziging in andere regelgeving.]
Art. 74
[Bevat wijziging in andere regelgeving.]
Art. 75
[Bevat wijziging in andere regelgeving.]
Art. 76
[Bevat wijziging in andere regelgeving.]
Art. 77
[Bevat wijziging in andere regelgeving.]

Art. 78
[Bevat wijziging in andere regelgeving.]
Art. 79
[Bevat wijziging in andere regelgeving.]
Art. 80
[Bevat wijziging in andere regelgeving.]
Art. 81
[Bevat wijziging in andere regelgeving.]
Art. 82
[Bevat wijziging in andere regelgeving.]
Art. 83
[Bevat wijziging in andere regelgeving.]
Art. 84
[Bevat wijziging in andere regelgeving.]
Art. 85
[Bevat wijziging in andere regelgeving.]
Art. 86
[Bevat wijziging in andere regelgeving.]
Art. 87

Inwerkingtreding 1. Deze wet treedt in werking op een nader door Ons te bepalen tijdstip, dat voor onderscheidene groepen van economische delicten en voor onderscheidene voorschriften verschillend kan zijn.

Citeertitel 2. Zij kan worden aangehaald als 'Wet op de economische delicten'.

Wetboek van Burgerlijke Rechtsvordering (geldt in geval van digitaal procederen)[1]

Wetboek van Burgerlijke Rechtsvordering

Eerste Boek
De wijze van procederen voor de rechtbanken, de hoven en de Hoge Raad

Eerste titel
Algemene bepalingen

Eerste afdeling
Rechtsmacht van de Nederlandse rechter

Art. 1
Onverminderd het omtrent rechtsmacht in verdragen en EG-verordeningen bepaalde en onverminderd artikel 13a van de Wet algemene bepalingen wordt de rechtsmacht van de Nederlandse rechter beheerst door de volgende bepalingen.
(Zie ook: art. 94 GW)

Rechtsmacht

Art. 2
De Nederlandse rechter heeft rechtsmacht in zaken waarbij een vordering is ingesteld, indien de verweerder zijn woonplaats of gewone verblijfplaats heeft in Nederland.
(Zie ook: art. 10 BW Boek 1; artt. 13, 99 RV; art. 2 Uw EEX; art. 2 LUGA)

Rechtsmacht bij verweerder met woonplaats in Nederland

Art. 3
In zaken die bij verzoekschrift moeten worden ingeleid, met uitzondering van zaken als bedoeld in de artikelen 4 en 5, heeft de Nederlandse rechter rechtsmacht indien:
a. hetzij de verzoeker of, indien er meer verzoekers zijn, een van hen, hetzij een van de in het verzoekschrift genoemde belanghebbenden in Nederland zijn woonplaats of gewone verblijfplaats heeft,
b. het verzoek betrekking heeft op een bij dagvaarding ingeleid of in te leiden geding ten aanzien waarvan de Nederlandse rechter rechtsmacht heeft, of
c. de zaak anderszins voldoende met de rechtssfeer van Nederland verbonden is.
(Zie ook: artt. 6, 261 Rv)

Rechtsmacht bij verzoekschrift

Art. 6
De Nederlandse rechter heeft eveneens rechtsmacht in zaken betreffende:
a. verbintenissen uit overeenkomst, indien de verbintenis die aan de vordering of het verzoek ten grondslag ligt, in Nederland is uitgevoerd of moet worden uitgevoerd;
b. een individuele arbeidsovereenkomst of een agentuurovereenkomst, indien de arbeid gewoonlijk in Nederland of op een Nederlands zeeschip als bedoeld in artikel 695 lid 1 van Boek 7 van het Burgerlijk Wetboek wordt verricht of laatstelijk gewoonlijk werd verricht;
c. een individuele arbeidsovereenkomst, indien de arbeid tijdelijk in Nederland wordt verricht, voorzover het betreft een rechtsvordering met betrekking tot arbeidsvoorwaarden en arbeidsomstandigheden, welke is gegrond op artikel 2 van de Wet arbeidsvoorwaarden gedetacheerde werknemers in de Europese Unie, artikel 7, 7a, 13 of 15 van de Wet minimumloon en minimumvakantiebijslag, artikel 2, zesde lid, van de Wet op het algemeen verbindend en het onverbindend verklaren van bepalingen van collectieve arbeidsovereenkomsten, artikel 8 of 11 van de Wet allocatie arbeidskrachten door intermediairs, alsmede artikel 5, eerste lid, onder b, d, e, of f, van de Algemene wet gelijke behandeling;
d. een overeenkomst die wordt gesloten door een partij die handelt in de uitoefening van een beroep of bedrijf en een natuurlijke persoon die niet handelt in de uitoefening van een beroep of bedrijf, indien die natuurlijke persoon in Nederland zijn woonplaats of gewone verblijfplaats heeft en de partij die handelt in de uitoefening van een beroep of bedrijf aldaar commerciële of beroepsactiviteiten ontplooit, of dergelijke activiteiten met ongeacht welke middelen richt op Nederland en de overeenkomst onder die activiteiten valt;
e. verbintenissen uit onrechtmatige daad, indien het schadebrengende feit zich in Nederland heeft voorgedaan of zich kan voordoen;
(Zie ook: art. 1019a Rv)

Rechtsmacht andere zaken

---

1 Inwerkingtredingsdatum: 01-10-1838; zoals laatstelijk gewijzigd bij: Stb. 2018, 474.

art. 6a

12 Wetboek van Burgerlijke Rechtsvordering (uittreksel)

f. zakelijke rechten op, alsmede huur en verhuur, pacht en verpachting van in Nederland gelegen onroerende zaken;

g. nalatenschappen, indien de erflater zijn laatste woonplaats of gewone verblijfplaats in Nederland had;

h. de geldigheid, de nietigheid of de ontbinding van in Nederland gevestigde vennootschappen of rechtspersonen; de geldigheid, nietigheid of rechtsgevolgen van hun besluiten of die van hun organen, dan wel de rechten en verplichtingen van hun leden of vennoten als zodanig;

i. faillissement, surséance van betaling of schuldsaneringsregeling natuurlijke personen indien het faillissement, de surséance van betaling of de toepassing van de schuldsaneringsregeling in Nederland is uitgesproken of verleend.

(Zie ook: artt. 5, 16 Uw EEX)

Art. 6a

Plaats van uitvoering rechtsmacht in andere zaken

Voor de toepassing van artikel 6, onderdeel a, is, tenzij anders is overeengekomen, de plaats van uitvoering in Nederland gelegen:

a. voor de koop en verkoop van roerende zaken, indien de zaken volgens de overeenkomst in Nederland geleverd werden of geleverd hadden moeten worden;

b. voor de verstrekking van diensten, indien de diensten volgens de overeenkomst in Nederland verstrekt werden of verstrekt hadden moeten worden.

Art. 7

Samenhang

1. Indien in zaken waarbij een vordering is ingesteld de Nederlandse rechter ten aanzien van een van de verweerders rechtsmacht heeft, komt hem deze ook toe ten aanzien van in hetzelfde geding betrokken andere verweerders, mits tussen de vorderingen tegen de onderscheiden verweerders een zodanige samenhang bestaat, dat redenen van doelmatigheid een gezamenlijke behandeling rechtvaardigen.

2. Indien in zaken waarbij een vordering is ingesteld de Nederlandse rechter rechtsmacht heeft, komt hem deze ook toe ten aanzien van een verzoek, tegenvordering of tegenverzoek en ten aanzien van een vordering tot vrijwaring, voeging of tussenkomst, tenzij onvoldoende samenhang bestaat met de oorspronkelijke vordering.

Art. 8

Rechtsmacht bij overeenkomst bepaald

1. De Nederlandse rechter heeft rechtsmacht indien partijen met betrekking tot een bepaalde rechtsbetrekking die tot hun vrije bepaling staat, bij overeenkomst een Nederlandse rechter of de Nederlandse rechter hebben aangewezen voor de kennisneming van geschillen welke naar aanleiding van die rechtsbetrekking zijn ontstaan of zullen ontstaan, tenzij daarvoor geen redelijk belang aanwezig is.

2. De Nederlandse rechter heeft geen rechtsmacht indien partijen met betrekking tot een bepaalde rechtsbetrekking die tot hun vrije bepaling staat, bij overeenkomst een rechter of de rechter van een vreemde staat bij uitsluiting hebben aangewezen voor de kennisneming van geschillen welke naar aanleiding van die rechtsbetrekking zijn ontstaan of zullen ontstaan.

3. Een overeenkomst als bedoeld in het tweede lid laat de rechtsmacht van de Nederlandse rechter onverlet indien de zaak een individuele arbeidsovereenkomst betreft of een overeenkomst als bedoeld in artikel 6, onder d.

4. Het derde lid vindt geen toepassing indien:

a. de in het tweede lid bedoelde overeenkomst is aangegaan na het ontstaan van het geschil, of

b. de werknemer, of de partij die niet handelt in de uitoefening van een beroep of bedrijf, zich op de overeenkomst beroept om zich tot de rechter van een vreemde staat te wenden.

5. Een overeenkomst als bedoeld in het eerste of het tweede lid wordt bewezen door een geschrift. Daarvoor is voldoende een geschrift dat een dergelijk beding bevat of dat verwijst naar algemene voorwaarden die een dergelijk beding bevatten, mits dat geschrift door of namens de wederpartij uitdrukkelijk of stilzwijgend is aanvaard.

6. Een overeenkomst als bedoeld in het eerste of het tweede lid dient als een afzonderlijke overeenkomst te worden beschouwd en beoordeeld. De aangewezen rechter is bevoegd te oordelen over de rechtsgeldigheid van de hoofdovereenkomst waarvan een overeenkomst als bedoeld in het eerste of het tweede lid deel uitmaakt of waarop zij betrekking heeft.

(Zie ook: artt. 1020, 1021, 1053 Rv; art. 17 Uw EEX)

Art. 9

Rechtsmacht in bijzondere situaties

Komt de Nederlandse rechter niet op grond van de artikelen 2 tot en met 8 rechtsmacht toe, dan heeft hij niettemin rechtsmacht indien:

a. het een rechtsbetrekking betreft die ter vrije bepaling van partijen staat en de verweerder of belanghebbende in de procedure is verschenen niet uitsluitend of mede met het doel de rechtsmacht van de Nederlandse rechter te betwisten, tenzij voor rechtsmacht van de Nederlandse rechter geen redelijk belang aanwezig is,

b. een gerechtelijke procedure buiten Nederland onmogelijk blijkt, of

c. een zaak waarbij uitsluitend een vordering is ingesteld voldoende met de rechtssfeer van Nederland verbonden is en het onaanvaardbaar is van de eiser te vergen dat hij de zaak aan het oordeel van een rechter van een vreemde staat onderwerpt.
(Zie ook: art. 3 Rv; art. 18 Uw EEX; art. 6 EVRM)

Art. 12
Indien een zaak voor een rechter van een vreemde staat aanhangig is gemaakt en daarin een beslissing kan worden gegeven die voor erkenning en, in voorkomend geval, voor tenuitvoerlegging in Nederland vatbaar is, kan de Nederlandse rechter bij wie nadien een zaak tussen dezelfde partijen over hetzelfde onderwerp is aangebracht, de behandeling aanhouden totdat daarin door eerstbedoelde rechter is beslist. Indien die beslissing voor erkenning en, in voorkomend geval, voor tenuitvoerlegging in Nederland vatbaar blijkt te zijn, verklaart de Nederlandse rechter zich onbevoegd. Indien het een zaak betreft waarbij een vordering is ingesteld, is artikel 11 van overeenkomstige toepassing.
(Zie ook: art. 431 Rv; art. 21 Uw EEX; art. 21 LUGA; art. 27 EG-exV)

Aanhouden behandeling

Art. 13
De bevoegdheid van de Nederlandse rechter tot het treffen van bewarende of voorlopige maatregelen kan niet worden betwist op de enkele grond dat hij met betrekking tot de zaak ten principale geen rechtsmacht heeft.
(Zie ook: art. 24 Uw EEX; art. 24 LUGA)

Bewarende of voorlopige maatregelen

Tweede afdeling
Enkelvoudige en meervoudige kamers

Art. 15
1. Bij de rechtbank worden zaken, behoudens in de wet genoemde uitzonderingen, behandeld en beslist door een enkelvoudige kamer.
2. Indien de zaak naar het oordeel van de enkelvoudige kamer ongeschikt is voor behandeling en beslissing door één rechter, verwijst zij deze naar een meervoudige kamer, bestaande uit drie leden. De enkelvoudige kamer kan ook in andere gevallen een zaak naar een meervoudige kamer verwijzen.
3. Verwijzing kan geschieden in elke stand van de procedure. De behandeling van een verwezen zaak wordt voortgezet in de stand waarin zij zich bevindt.
4. De meervoudige kamer kan bepalen dat de behandeling geheel of gedeeltelijk zal geschieden door een zoveel als mogelijk uit haar midden aangewezen rechter-commissaris. De rechter-commissaris oefent daarbij de bevoegdheden uit, aan de rechtbank toegekend.
5. De meervoudige kamer kan na het wijzen van een tussenvonnis de zaak verwijzen naar de enkelvoudige kamer voor verdere behandeling. Het tweede lid en het derde lid, tweede volzin, zijn van overeenkomstige toepassing.
(Zie ook: art. 8:10 Awb)

Rechtbank

Art. 16
1. Bij het gerechtshof worden zaken, behoudens in de wet genoemde uitzonderingen, behandeld en beslist door een meervoudige kamer, bestaande uit drie raadsheren.
2. Tenzij de zaak in eerste aanleg door een meervoudige kamer is beslist, kan de meervoudige kamer naar een enkelvoudige kamer verwijzen de zaken die aanhangig zijn gemaakt ingevolge het bij of krachtens Boek 1 van het Burgerlijk Wetboek bepaalde en die naar haar oordeel daarvoor geschikt zijn.
3. Indien de verwezen zaak naar het oordeel van de enkelvoudige kamer ongeschikt is voor behandeling en beslissing door één raadsheer, wijst zij deze terug naar de meervoudige kamer.
4. Verwijzing of terugwijzing kan geschieden in elke stand van de procedure. De behandeling van een verwezen of teruggewezen zaak wordt voortgezet in de stand waarin zij zich bevindt.
5. De meervoudige kamer kan bepalen dat de behandeling geheel of gedeeltelijk zal geschieden door een zoveel als mogelijk uit haar midden aangewezen rechter-commissaris. De raadsheer-commissaris oefent daarbij de bevoegdheden uit, aan het gerechtshof toegekend.
(Zie ook: art. 8:10 Awb)

Gerechtshof

Art. 17
1. Bij de Hoge Raad worden zaken, behoudens in de wet genoemde uitzonderingen, behandeld en beslist door vijf leden van de meervoudige kamer.
2. De voorzitter van de meervoudige kamer kan bepalen dat een zaak die daarvoor naar zijn oordeel geschikt is, wordt behandeld en beslist door drie leden van die kamer. Indien de zaak naar het oordeel van een van deze leden ongeschikt is voor behandeling en beslissing door drie leden, wordt de behandeling voortgezet door vijf leden.
3. De leden kunnen bepalen dat de behandeling geheel of gedeeltelijk zal geschieden door een uit hun midden aangewezen raadsheer-commissaris. De raadsheer-commissaris oefent daarbij de bevoegdheden uit, aan de Hoge Raad toegekend.

Hoge Raad

Derde afdeling
Algemene beginselen voor procedures

Art. 19

Hoor en wederhoor

1. De rechter stelt partijen over en weer in de gelegenheid hun standpunten naar voren te brengen en toe te lichten en zich uit te laten over elkaars standpunten en over alle bescheiden en andere gegevens die in de procedure ter kennis van de rechter zijn gebracht, een en ander tenzij uit de wet anders voortvloeit. Bij zijn beslissing baseert de rechter zijn oordeel, ten nadele van een der partijen, niet op bescheiden of andere gegevens waarover die partij zich niet voldoende heeft kunnen uitlaten.
(Zie ook: artt. 23, 24, 30 Rv)

Goed verloop van de procedure

2. De rechter neemt ambtshalve of op verlangen van een van de partijen alle beslissingen die nodig zijn voor een goed verloop van de procedure.

Art. 20

Onredelijke vertraging

1. De rechter waakt tegen onredelijke vertraging van de procedure en treft, zo nodig, op verzoek van een partij of ambtshalve maatregelen.
2. Partijen zijn tegenover elkaar verplicht onredelijke vertraging van de procedure te voorkomen.
(Zie ook: art. 6 EVRM)

Art. 21

Waarheidsplicht

Partijen zijn verplicht de voor de beslissing van belang zijnde feiten volledig en naar waarheid aan te voeren. Wordt deze verplichting niet nageleefd, dan kan de rechter daaruit de gevolgtrekking maken die hij geraden acht.
(Zie ook: art. 24 Rv)

Art. 22

Bevel tot overleggen van bescheiden

1. De rechter kan in alle gevallen en in elke stand van de procedure partijen of een van hen bevelen bepaalde stellingen toe te lichten of bepaalde, op de zaak betrekking hebbende bescheiden over te leggen.
(Zie ook: artt. 88, 131, 162 Rv)
2. Partijen kunnen dit, indien daarvoor gewichtige redenen zijn, weigeren of de rechter mededelen dat uitsluitend hij kennis zal mogen nemen van de toelichting onderscheidenlijk de bescheiden.
3. De rechter beslist of de in het tweede lid bedoelde weigering onderscheidenlijk de beperking van de kennisneming gerechtvaardigd is.
4. Indien de rechter beslist dat de weigering onderscheidenlijk de beperking niet gerechtvaardigd is, kan hij daaruit de gevolgtrekking maken die hij geraden acht.
5. Indien de rechter heeft beslist dat de weigering gerechtvaardigd is, vervalt de verplichting.
6. Indien de rechter heeft beslist dat de beperking van de kennisneming gerechtvaardigd is, kan hij slechts met toestemming van de andere partijen mede op de grondslag van die toelichting onderscheidenlijk die bescheiden uitspraak doen. Indien de toestemming wordt geweigerd, wordt de zaak verwezen naar een andere kamer.

Art. 22a

Kennisneming voorbehouden aan gemachtigde, advocaat of arts, of met bijzondere toestemming

1. De rechter kan, indien de vrees bestaat dat kennisneming van stukken door een partij haar lichamelijke of geestelijke gezondheid zou schaden, bepalen dat deze kennisneming is voorbehouden aan een gemachtigde die advocaat of arts is dan wel daarvoor van de rechter bijzondere toestemming heeft gekregen.
2. De rechter kan, indien kennisneming van stukken door een partij de persoonlijke levenssfeer van een ander onevenredig zou schaden, bepalen dat deze kennisneming is voorbehouden aan een gemachtigde die advocaat of arts is dan wel daarvoor van de rechter bijzondere toestemming heeft gekregen.
3. De rechter kan, indien kennisneming van stukken door een partij de bescherming van een bedrijfsgeheim als bedoeld in artikel 1 van de Wet bescherming bedrijfsgeheimen onevenredig zou schaden, bepalen dat deze kennisneming is voorbehouden aan een gemachtigde die advocaat is dan wel daarvoor van de rechter bijzondere toestemming heeft gekregen. Artikel 1019ib, tweede lid, is van overeenkomstige toepassing.

Art. 22b

Gegevens en bescheiden buiten beschouwing laten

De rechter kan door partijen verschafte gegevens en bescheiden buiten beschouwing laten indien zij op zijn verzoek niet aangeven ter toelichting of staving van welke stelling de gegevens of bescheiden zijn bedoeld en welk onderdeel daartoe van belang is.

Art. 23

De rechter beslist over al hetgeen partijen hebben gevorderd of verzocht.
(Zie ook: artt. 26, 32 Rv)

Art. 24

Grondslag voor beslissing

De rechter onderzoekt en beslist de zaak op de grondslag van hetgeen partijen aan hun vordering, verzoek of verweer ten gronde hebben gelegd, tenzij uit de wet anders voortvloeit.

12 Wetboek van Burgerlijke Rechtsvordering (uittreksel) art. 45

Art. 25
De rechter vult ambtshalve de rechtsgronden aan. — Ambtshalve aanvulling

Art. 26
De rechter mag niet weigeren te beslissen. — Plicht tot beslissen
(Zie ook: art. 14a Wet RO)

Art. 27
1. De zitting is openbaar. De rechter kan evenwel gehele of gedeeltelijke behandeling met gesloten deuren of slechts met toelating van bepaalde personen bevelen: — Openbare terechtzitting
a. in het belang van de openbare orde of de goede zeden,
b. in het belang van de veiligheid van de Staat,
c. indien de belangen van minderjarigen of de eerbiediging van de persoonlijke levenssfeer van partijen dit eisen, of
d. indien openbaarheid het belang van een goede rechtspleging ernstig zou schaden.
2. Indien iemand op een zitting de orde verstoort, kan de rechter hem laten verwijderen.
(Zie ook: artt. 19, 134 Rv)

Art. 28
1. Het is aan partijen verboden aan derden mededelingen te doen omtrent: — Verbod om mededelingen te doen
a. het verhandelde op een zitting met gesloten deuren of een zitting waarbij slechts bepaalde personen zijn toegelaten;
b. andere gegevens uit een procedure, indien de rechter zulks heeft bepaald.
2. De rechter kan het verbod, bedoeld in het eerste lid, op verzoek van een der partijen geheel of gedeeltelijk opheffen.
(Zie ook: art. 272 WvSr)

Derde A afdeling
Algemene voorschriften voor procedures

Art. 31
1. De rechter verbetert te allen tijde op verzoek van een partij of ambtshalve in zijn vonnis, arrest of beschikking een kennelijke rekenfout, schrijffout of andere kennelijke fout die zich voor eenvoudig herstel leent. De rechter gaat niet tot de verbetering over dan na partijen in de gelegenheid te hebben gesteld zich daarover uit te laten. — Verbeteringen
2. De verbetering wordt op een door de rechter nader te bepalen dag uitgesproken en wordt met vermelding van deze dag en van de naleving van de tweede volzin van het eerste lid in het vonnis, het arrest of de beschikking verwerkt.
3. Van het verbeterde vonnis of arrest of de verbeterde beschikking stelt de griffier op de dag van de uitspraak aan de in de oorspronkelijke procedure verschenen partijen een afschrift ter beschikking, zo nodig opgemaakt in executoriale vorm. Een eerder verstrekt afschrift opgemaakt in executoriale vorm verliest hierdoor zijn kracht. Was de executie reeds aangevangen, dan kan deze met inachtneming van de verbetering worden voortgezet op grond van een na de verbetering afgegeven afschrift opgemaakt in executoriale vorm.
4. Tegen de verbetering of de weigering daarvan staat geen voorziening open.
(Zie ook: art. 1060 Rv)

Zesde afdeling
Exploten

Art. 45
1. Exploten worden door een daartoe bevoegde deurwaarder gedaan op de wijze in deze afdeling bepaald. — Vormvoorschriften
2. Een daartoe bevoegde deurwaarder kan, indien de wet dit bepaalt, ook elektronisch exploot doen.
3. Het exploot vermeldt ten minste:
a. de datum van de betekening;
b. de naam, en in het geval van een natuurlijke persoon tevens de voornamen, en de woonplaats van degene op wiens verzoek de betekening geschiedt;
c. de voornamen, de naam en het kantooradres van de deurwaarder;
d. de naam en de woonplaats van degene voor wie het exploot is bestemd;
e. degene aan wie afschrift van het exploot is gelaten, onder vermelding van diens hoedanigheid of, indien het exploot elektronisch is gedaan als bedoeld in het tweede lid, het elektronisch adres waaraan afschrift van het exploot is gelaten.
4. Indien het exploot een vordering tot ontruiming betreft van een gebouwde onroerende zaak of een gedeelte daarvan door anderen dan gebruikers of gewezen gebruikers krachtens een persoonlijk of zakelijk recht, van wie naam en woonplaats in redelijkheid niet kunnen worden

achterhaald, behoeft het deze naam en deze woonplaats niet te vermelden, noch de persoon aan wie afschrift van het exploot is gelaten.
(Zie ook: art. 61 Rv)
5. Het exploot en de afschriften daarvan worden door de deurwaarder ondertekend.
(Zie ook: art. 111 Rv)

Art. 46

Betekening in persoon

1. De deurwaarder laat een afschrift van het exploot aan degene voor wie het is bestemd in persoon of aan de woonplaats aan een huisgenoot van deze of aan een andere persoon die zich daar bevindt en van wie aannemelijk is dat deze zal bevorderen dat het afschrift degene voor wie het exploot is bestemd, tijdig bereikt. Is het exploot voor meer personen bestemd, dan verstrekt hij voor ieder van hen een afschrift.
2. Voor degene voor wie het exploot is bestemd, geldt het afschrift als het oorspronkelijke exploot.
3. Indien degene voor wie het exploot is bestemd, weigert het afschrift in ontvangst te nemen, vermeldt de deurwaarder die weigering op het exploot en wordt degene voor wie het exploot is bestemd, geacht het afschrift in persoon te hebben ontvangen. Voorts laat de deurwaarder een afschrift in een gesloten envelop aan de woonplaats, dan wel verzendt hij een afschrift per post. Zijn achterlating aan de woonplaats en verzending per post redelijkerwijs niet zinvol of niet mogelijk, dan kan de deurwaarder het afschrift in een gesloten envelop achterlaten in de macht van degene voor wie het exploot is bestemd. Artikel 47, eerste lid, derde zin, en tweede lid, zijn van overeenkomstige toepassing..

Art. 47

Betekening aan de woonplaats

1. Indien de deurwaarder aan geen van de in artikel 46, eerste lid, bedoelde personen afschrift kan laten, laat hij een afschrift aan de woonplaats achter in een gesloten envelop. Indien ook dat feitelijk onmogelijk is, bezorgt hij terstond een afschrift ter post. De deurwaarder maakt, zowel in het ene als het andere geval tevens onder vermelding van de reden van de feitelijke onmogelijkheid, van deze handelingen melding in het exploot.
2. Op de envelop waarin het afschrift ingevolge het eerste lid wordt achtergelaten of ter post wordt bezorgd, worden vermeld de naam en de woonplaats van degene voor wie het exploot is bestemd. De envelop vermeldt tevens de naam, de hoedanigheid, het kantooradres en het telefoonnummer van de deurwaarder, alsmede een aanduiding dat de inhoud de onmiddellijke aandacht behoeft.
(Zie ook: art. 13 IW 1990)

Art. 48

Betekening aan Koninklijk Huis of de Staat

Ten aanzien van de Koning, de vermoedelijke opvolger van de Koning, hun echtgenoten en de Regent, alsmede ten aanzien van de Staat, geschiedt de betekening aan het parket van de procureur-generaal bij de Hoge Raad. Indien afschrift van een voor de Staat bestemd exploot wordt gelaten aan een persoon ten parkette die daartoe is aangewezen, is het exploot gedaan aan de Staat in persoon. Indien mogelijk wordt in het exploot vermeld welk ministerie het betreft.

Art. 49

Publiekrechtelijke rechtspersonen

Ten aanzien van een rechtspersoon als bedoeld in artikel 1 van Boek 2 van het Burgerlijk Wetboek, met uitzondering van de Staat, geschiedt de betekening ter plaatse waar het bestuur zitting of kantoor houdt, of aan de persoon of de woonplaats van het hoofd van dat bestuur. Indien afschrift van het exploot wordt gelaten aan een bestuurder of aan een persoon die daartoe is aangewezen, is het exploot gedaan aan de rechtspersoon in persoon.

Art. 50

Andere rechtspersonen

Ten aanzien van andere rechtspersonen geschiedt de betekening aan hun kantoor of aan de persoon of de woonplaats van een van de bestuurders. Na de ontbinding geschiedt zij aan het kantoor, de persoon of de woonplaats van een van de vereffenaars. Indien afschrift van het exploot wordt gelaten aan een bestuurder, of, na de ontbinding, aan een vereffenaar, is het exploot gedaan aan de rechtspersoon in persoon.

Art. 51

V.o.f. en c.v.

1. Ten aanzien van vennootschappen onder firma en commanditaire vennootschappen geschiedt de betekening aan hun kantoor of aan de persoon of de woonplaats van een van de beherende vennoten. Na de ontbinding geschiedt zij aan het kantoor, de persoon of de woonplaats van een van de vereffenaars. Indien afschrift van het exploot wordt gelaten aan een beherende vennoot, of, na de ontbinding, aan een vereffenaar, is het exploot gedaan aan de vennootschap in persoon.
2. Ten aanzien van maatschappen die een gemeenschappelijke naam voeren, geschiedt de betekening aan hun kantoor.

Art. 52

Curatoren en bewindvoerders

Ten aanzien van curatoren in een faillissement, bewindvoerders in een surséance van betaling dan wel in een schuldsaneringsregeling natuurlijke personen geschiedt de betekening aan het kantoor, de persoon of de woonplaats van een van hen.

12 Wetboek van Burgerlijke Rechtsvordering (uittreksel) — art. 81

Achtste afdeling
Verbeteren of aanvullen van de procesinleiding en verwijzing

Art. 69
1. Indien een vordering is ingesteld volgens de regels van de verzoekprocedure of een verzoek is ingediend volgens de regels van de vorderingsprocedure, deelt de rechter, zo nodig, de eiser of verzoeker mede dat deze op eigen kosten binnen een termijn van twee weken de procesinleiding dient te verbeteren of aan te vullen en dat eiser zo nodig de verweerder dient op te roepen binnen een termijn van vier weken. De procedure is aanhangig vanaf de oorspronkelijke dag van indiening van de procesinleiding. *(Wisselbepaling; verkeerd procesinleidend stuk)*
(Zie ook: artt. 125, 278 Rv)
2. De rechter stelt partijen, zo nodig, in de gelegenheid hun stellingen aan de dan toepasselijke procesregels aan te passen.
3. Tegen een beslissing ingevolge het eerste en tweede lid staat geen hogere voorziening open.

Tweede titel
De vorderingsprocedure in eerste aanleg

Eerste afdeling
Algemene bepalingen

Art. 78
Deze titel is van toepassing op alle zaken waarop niet ingevolge artikel 261 de derde titel van toepassing is, en voor zover daarop niet een andere, bijzondere wettelijke regeling van toepassing is. *(Toepassingsgebied)*
(Zie ook: art. 261 Rv)

Art. 79
1. Partijen kunnen in zaken voor de kantonrechter in persoon procederen. *(In persoon verschijnen)*
(Zie ook: artt. 80, 81 Rv; art. 38 Wet RO)
2. In alle overige zaken kunnen partijen niet in persoon procederen, maar slechts bij advocaat. Zij worden geacht tot aan het eindvonnis bij de gestelde advocaat woonplaats te hebben gekozen, tenzij zij hebben verklaard een andere woonplaats te hebben gekozen. Zij kunnen de door hen gestelde advocaat niet herroepen zonder tevens een andere advocaat te stellen. *(Procederen bij advocaat)*
(Zie ook: artt. 82, 83, 84 Rv)

Art. 80
1. In zaken waarin partijen in persoon kunnen procederen, kunnen zij zich laten bijstaan of zich door een gemachtigde laten vertegenwoordigen. *(Gemachtigde)*
2. De kantonrechter kan van een gemachtigde overlegging van een schriftelijke volmacht verlangen.
3. Het tweede lid is niet van toepassing op advocaten en deurwaarders.
4. Partijen worden geacht tot aan het eindvonnis bij de gemachtigde woonplaats te hebben gekozen, tenzij zij hebben verklaard een andere woonplaats te hebben gekozen.
(Zie ook: art. 8:24 Awb)

Art. 81
1. De kantonrechter kan bij met redenen omklede beschikking bijstand of vertegenwoordiging door een persoon tegen wie ernstige bezwaren bestaan en die geen advocaat of deurwaarder is, weigeren. De weigering geldt voor een bepaalde zaak of voor een door kantonrechter te bepalen tijd. *(Weigeren gemachtigde)*
2. De weigering wordt aan de desbetreffende partij en aan de in het eerste lid bedoelde persoon schriftelijk meegedeeld met vermelding van de reden van de weigering. Tevens stelt de kantonrechter de partij in de gelegenheid een andere persoon aan te wijzen. Daartoe houdt hij de zaak zo nodig aan.
3. De kantonrechter kan bepalen dat een beschikking, op grond van het eerste lid gegeven, uitvoerbaar bij voorraad is.
4. De persoon die is geweigerd, kan binnen vier weken na de verzending van de beschikking in beroep komen bij het gerechtshof.
5. Het gerechtshof beslist na de betrokken kantonrechter te hebben uitgenodigd de nodige inlichtingen te verstrekken en na de appellant te hebben gehoord.

Art. 87
[Vervallen]

art. 93

Tweede afdeling
Kantonzaken

Art. 93

Competentie
Door de kantonrechter worden behandeld en beslist:
a. zaken betreffende vorderingen met een beloop van ten hoogste € 25.000, de tot aan de dag van dagvaarding verschenen rente daarbij inbegrepen, tenzij de rechtstitel dat bedrag te boven gaat en die rechtstitel wordt betwist;
b. zaken betreffende vorderingen van onbepaalde waarde, indien er duidelijke aanwijzingen bestaan dat de vordering geen hogere waarde vertegenwoordigt dan € 25.000;
c. zaken betreffende een arbeidsovereenkomst, een collectieve arbeidsovereenkomst, algemeen verbindend verklaarde bepalingen van een collectieve arbeidsovereenkomst, een vut-overeenkomst als bedoeld in de Wet kaderregeling vut overheidspersoneel, een agentuur-, huur- of consumentenkoopovereenkomst, een overeenkomst van consumentenkrediet als bedoeld in artikel 57 van Boek 7 van het Burgerlijk Wetboek of van goederenkrediet als bedoeld in artikel 84 van Boek 7 van het Burgerlijk Wetboek, telkens ongeacht het beloop of de waarde van de vordering;
d. andere zaken ten aanzien waarvan de wet dit bepaalt.
(Zie ook: art. 332 Rv; art. 27 HW)

Derde afdeling
Relatieve bevoegdheid

Art. 99

Woonplaats verweerder
1. Tenzij de wet anders bepaalt, is bevoegd de rechter van de woonplaats van de verweerder.
2. Bij gebreke van een bekende woonplaats van de verweerder in Nederland is bevoegd de rechter van zijn werkelijk verblijf.
(Zie ook: art. 2 Rv; art. 10 BW Boek 1)

Art. 100

Arbeidsovereenkomst
In zaken betreffende een individuele arbeidsovereenkomst, een agentuurovereenkomst, een collectieve arbeidsovereenkomst of algemeen verbindend verklaarde bepalingen van een collectieve arbeidsovereenkomst is mede bevoegd de rechter van de plaats waar de arbeid gewoonlijk wordt of laatstelijk gewoonlijk werd verricht. In zaken betreffende een individuele arbeidsovereenkomst is, indien de arbeid tijdelijk in Nederland wordt verricht, mede bevoegd de rechter van de plaats waar de werknemer de arbeid tijdelijk verricht, voorzover het betreft een rechtsvordering met betrekking tot arbeidsvoorwaarden en arbeidsomstandigheden, welke is gegrond op artikel 2 van de Wet arbeidsvoorwaarden gedetacheerde werknemers in de Europese Unie, artikel 7, 7a, 13 of 15 van de Wet minimumloon en minimumvakantiebijslag, artikel 2, zesde lid, van de Wet op het algemeen verbindend en het onverbindend verklaren van bepalingen van collectieve arbeidsovereenkomsten, artikel 8 of 11 van de Wet allocatie arbeidskrachten door intermediairs, alsmede artikel 5, eerste lid, onder b, d, e, of f, van de Algemene wet gelijke behandeling.
(Zie ook: art. 93 Rv)

Art. 101

Overeenkomst tussen ongelijke partijen
In zaken betreffende een overeenkomst die wordt gesloten door een partij die handelt in de uitoefening van een beroep of bedrijf en een natuurlijk persoon die niet handelt in de uitoefening van een beroep of bedrijf, is mede bevoegd de rechter van de woonplaats of, bij gebreke daarvan, van het werkelijk verblijf van die natuurlijke persoon.
(Zie ook: art. 5 BW Boek 7; art. 13 Uw EEX)

Art. 102

Verbintenissen uit onrechtmatige daad
In zaken betreffende verbintenissen uit onrechtmatige daad is mede bevoegd de rechter van de plaats waar het schadebrengende feit zich heeft voorgedaan.
(Zie ook: artt. 6, 1091a Rv; art. 5 Uw EEX; art. 5 LUGA)

Art. 103

Onroerende zaken
In zaken betreffende onroerende zaken is mede bevoegd de rechter binnen wiens rechtsgebied de zaak of het grootste gedeelte daarvan is gelegen. In zaken betreffende huur van woonruimte of huur van bedrijfsruimte in de zin van artikel 290 van Boek 7 van het Burgerlijk Wetboek is echter uitsluitend bevoegd de rechter binnen wiens rechtsgebied het gehuurde of het grootste gedeelte daarvan is gelegen.
(Zie ook: artt. 6, 518, 520 Rv; art. 22 EG-exV; art. 16 Uw EEX; art. 16 LUGA)

Art. 104

Nalatenschappen
1. In zaken betreffende nalatenschappen is mede bevoegd de rechter van de laatste woonplaats van de overledene.

12 Wetboek van Burgerlijke Rechtsvordering (uittreksel) — art. 110

2. In zaken betreffende schuldvorderingen ten laste van de overledene is de in het eerste lid aangewezen rechter eveneens bevoegd.
(Zie ook: artt. 6, 268 Rv)

Art. 105
In zaken betreffende de geldigheid, de nietigheid of de ontbinding van vennootschappen of rechtspersonen, de geldigheid, nietigheid of rechtsgevolgen van hun besluiten of die van hun organen dan wel de rechten en verplichtingen van hun leden of vennoten als zodanig, is mede bevoegd de rechter van de woonplaats of de plaats van vestiging van de rechtspersoon of de vennootschap.
(Zie ook: art. 6 Rv; art. 15 BW Boek 2)

Vennootschappen of rechtspersonen

Art. 106
In zaken betreffende de toepassing van de wettelijke bepalingen inzake faillissement, surséance van betaling en schuldsaneringsregeling natuurlijke personen is mede bevoegd de rechtbank waaruit de rechter-commissaris is benoemd of, indien in geval van surséance geen rechter-commissaris is benoemd, de rechtbank die over het verzoek tot het verlenen van surséance heeft geoordeeld.
(Zie ook: art. 6 Rv)

Faillissement, surséance van betaling en schuldsaneringsregelingen

Art. 107
Indien een rechter ten aanzien van een van de gezamenlijk in het geding betrokken verweerders bevoegd is, is die rechter ook ten aanzien van de overige verweerders bevoegd, mits tussen de vorderingen tegen de onderscheiden verweerders een zodanige samenhang bestaat, dat redenen van doelmatigheid een gezamenlijke behandeling rechtvaardigen.
(Zie ook: art. 7 Rv)

Gezamenlijke behandeling

Art. 108
1. Hebben partijen bij overeenkomst een rechter aangewezen voor de kennisneming van geschillen die zijn ontstaan of zullen ontstaan naar aanleiding van een bepaalde rechtsbetrekking die tot hun vrije bepaling staat, dan is die rechter bij uitsluiting bevoegd van de zaak kennis te nemen, voorzover niet uit de overeenkomst anders voortvloeit.
2. Beloopt de vordering evenwel ten hoogste € 25.000 of betreft het een individuele arbeidsovereenkomst dan wel een zaak als bedoeld in artikel 101 of artikel 103, tweede zin, dan heeft een overeenkomst als bedoeld in het eerste lid geen gevolg, tenzij:
   a. zij is aangegaan na het ontstaan van het geschil, of
   b. de werknemer, de partij die niet handelt in de uitoefening van beroep of bedrijf dan wel de huurder zich tot de aangewezen rechter wendt.
3. Een overeenkomst tot aanwijzing van een bevoegde rechter wordt bewezen door een geschrift. Daarvoor is voldoende een geschrift dat een dergelijk beding bevat of dat verwijst naar algemene voorwaarden die een dergelijk beding bevatten, mits dat geschrift door of namens de wederpartij uitdrukkelijk of stilzwijgend is aanvaard.
4. Een overeenkomst tot aanwijzing van een bevoegde rechter dient als een afzonderlijke overeenkomst te worden beschouwd en beoordeeld. De aangewezen rechter is bevoegd te oordelen over de rechtsgeldigheid van de hoofdovereenkomst waarvan een overeenkomst tot aanwijzing van een bevoegde rechter deel uitmaakt of waarop zij betrekking heeft.
(Zie ook: art. 8 Rv; art. 23 EG-exV; art. 17 Uw EEX; art. 17 LUGA)

Forumkeuze

Art. 108a
[Vervallen]

Art. 109
Wijzen de artikelen 99 tot en met 108 geen bevoegde rechter aan, dan is bevoegd de rechter van de woonplaats van de eiser dan wel, indien er meer eisers zijn, elk van de eisers of, bij gebreke daarvan, de rechter te 's-Gravenhage.
(Zie ook: art. 269 Rv)

Bevoegde rechter

Art. 110
1. Het verweer dat de rechter niet relatief bevoegd is, wordt op straffe van verval van het recht daartoe gevoerd vóór alle weren ten gronde. In zaken waarin de vordering ten hoogste € 25.000 beloopt, zaken betreffende een individuele arbeidsovereenkomst en zaken als bedoeld in artikel 101 en 103, tweede zin, beoordeelt de rechter ook zonder daartoe strekkend verweer of hij relatief bevoegd is.
(Zie ook: artt. 11, 270, 1052 Rv)
2. Indien de rechter beslist dat niet hij, maar een andere rechter relatief bevoegd is, verwijst hij de zaak naar deze rechter. Artikel 74 is van toepassing.
(Zie ook: art. 72 Rv)
3. Tegen het vonnis waarbij een verweer als bedoeld in het eerste lid wordt verworpen of de zaak naar een andere rechter wordt verwezen, is geen hogere voorziening toegelaten. De rechter naar wie de zaak is verwezen, is aan die verwijzing gebonden. De vorige zin mist toepassing indien de rechter zich tevens absoluut onbevoegd verklaart en de zaak verwijst naar een hogere rechter.

Exceptie relatieve onbevoegdheid

Vierde afdeling
Oproeping

Art. 111

Oproepingsbericht

1. De griffier stuurt de eiser een oproepingsbericht na ontvangst van de procesinleiding.
2. In het oproepingsbericht neemt de griffier de inhoud en de datum van indiening van de procesinleiding op en vermeldt hij ten minste:
   a. [dit onderdeel is nog niet in werking getreden;]
   b. in zaken waarin partijen niet in persoon kunnen procederen: de wijze waarop de verweerder in de procedure moet verschijnen, te weten vertegenwoordigd door een advocaat;
   c. de dag waarop de verweerder ten laatste zijn verweerschrift kan indienen, welke dag in kantonzaken vier weken en in andere zaken zes weken ligt na de dag waarop hij als verweerder in de procedure is verschenen als bedoeld in artikel 114;
   d. de in artikel 139 genoemde rechtsgevolgen die intreden indien de verweerder bij een vordering niet verschijnt in de procedure als verweerder als bedoeld in artikel 114, of, behalve in kantonzaken of zaken in kort geding, het door zijn verschijning verschuldigde griffierecht niet tijdig voldoet;
   e. indien er verschillende verweerders zijn, het in artikel 140, derde lid, genoemde rechtsgevolg dat intreedt indien niet alle verweerders op de voorgeschreven wijze in de procedure verschijnen;
   f. indien het een zaak betreft met verschillende verweerders, de mededeling dat van partijen die bij dezelfde advocaat verschijnen en gelijkluidende stukken indienen of gelijkluidend verweer voeren, op basis van artikel 15 van de Wet griffierechten burgerlijke zaken slechts eenmaal een gezamenlijk griffierecht wordt geheven;
   g. de mededeling of van verweerders bij verschijning in de procedure een griffierecht zal worden geheven en binnen welke termijn dit griffierecht betaald dient te worden met verwijzing naar een vindplaats van de meest recente bijlage behorende bij de Wet griffierechten burgerlijke zaken waarin de hoogte van de griffierechten staan vermeld. Hierbij wordt vermeld dat van een persoon die onvermogend is, een bij of krachtens de wet vastgesteld griffierecht wordt geheven, indien hij op het tijdstip waarop het griffierecht wordt geheven heeft overgelegd:
   1°. het besluit tot toevoeging, bedoeld in artikel 29 van de Wet op de rechtsbijstand, of indien dit niet mogelijk is ten gevolge van omstandigheden die redelijkerwijs niet aan hem zijn toe te rekenen, de aanvraag als bedoeld in artikel 24, tweede lid, van de Wet op de Rechtsbijstand, dan wel
   2°. een verklaring van het bestuur van de raad voor rechtsbijstand, als bedoeld in artikel 7, derde lid, onder 3, van de Wet op de rechtsbijstand, waaruit blijkt dat zijn inkomen niet meer bedraagt dan de inkomens, bedoeld in de algemene maatregel van bestuur krachtens artikel 35, tweede lid, van die wet;
   h. [dit onderdeel is nog niet in werking getreden.]

Art. 112

Oproepingsbericht bij exploot betekend of op andere wijze bezorgd

1. Het oproepingsbericht als bedoeld in artikel 111 wordt bij de verweerder bij exploot betekend of door eiser op andere wijze bezorgd, binnen twee weken na de dag van indiening van de procesinleiding, tenzij de wet anders bepaalt. Het exploot van betekening van het oproepingsbericht wordt door de eiser ingediend uiterlijk op de dag, voorafgaande aan de dag waarop de verweerder ten laatste kan verschijnen, tenzij verweerder eerder is verschenen.
2. Heeft de eiser het oproepingsbericht bezorgd op andere wijze, bedoeld in het eerste lid, en verschijnt de verweerder niet uiterlijk op de laatste dag waarop hij diende te verschijnen, dan kan eiser binnen twee weken na de dag waarop verweerder uiterlijk diende te verschijnen, het oproepingsbericht doen betekenen bij de verweerder. De termijn om te verschijnen als bedoeld in artikel 30a, derde lid, onder c, wordt in dat geval verlengd met vier weken na de laatste dag waarop de verweerder diende te verschijnen, bedoeld in de eerste volzin.
3. Indien eiser de oproeping bij exploot als bedoeld in het tweede lid achterwege laat, wordt hij niet-ontvankelijk verklaard in zijn vordering.
4. [Dit lid is nog niet in werking getreden.]
5. Indien het tweede lid van toepassing is, kunnen het oproepingsbericht en de procesinleiding door de deurwaarder worden verbeterd of aangevuld, met uitzondering van wijziging van eis. In dat geval vervangen dit gewijzigde oproepingsbericht en deze gewijzigde procesinleiding het eerdere oproepingsbericht onderscheidenlijk de eerdere procesinleiding. De termijn om te verschijnen als bedoeld in de laatste volzin van het tweede lid, wordt in het oproepingsbericht gewijzigd.

Art. 123

Ten onrechte niet stellen van advocaat

1. Indien echter de eiser ten onrechte geen advocaat heeft gesteld, biedt de rechter hem en, indien in dit geval de verweerder wel in het geding was verschenen maar eveneens ten onrechte geen advocaat had gesteld, ook deze, de gelegenheid binnen een door hem te bepalen termijn alsnog advocaat te stellen.
(Zie ook: art. 79 Rv)

12 Wetboek van Burgerlijke Rechtsvordering (uittreksel)

2. Indien de eiser van de hem ingevolge het eerste lid geboden gelegenheid geen gebruik maakt, wordt de verweerder van de instantie ontslagen, met veroordeling van de eiser in de kosten.
3. Indien alleen de verweerder van de aan partijen ingevolge het eerste lid geboden gelegenheid om alsnog advocaat te stellen, geen gebruik maakt, zijn de artikelen 139 tot en met 142 van toepassing.
4. Indien de eiser en de verweerder alsnog advocaat hebben gesteld, wordt het geding in de stand waarin het zich bevindt, voortgezet, met dien verstande dat de rechter, indien hij reeds de dag heeft bepaald waarop hij uitspraak zal doen, partijen alsnog de gelegenheid biedt zich binnen een door hem te bepalen termijn over de zaak uit te laten.
(Zie ook: art. 19 Rv)
5. Tegen een beslissing ingevolge het eerste, tweede of vierde lid staat geen hogere voorziening open.

Zevende afdeling
Verstek

Art. 139
Indien het oproepingsbericht is betekend en de verweerder niet in de procedure verschijnt of, indien verschuldigd, het griffierecht niet tijdig voldoet hoewel hem dat bij dagvaarding was aangezegd, en de voorgeschreven termijnen en formaliteiten in acht zijn genomen, verleent de rechter verstek tegen hem en wijst hij de vordering toe, tenzij deze hem onrechtmatig of ongegrond voorkomt.
(Zie ook: artt. 121, 123, 128 Rv)

Verstekverlening

Art. 142
De verweerder tegen wie verstek is verleend, heeft, zolang het eindvonnis nog niet is gewezen, de bevoegdheid om alsnog in het geding te verschijnen, of om alsnog het griffierecht te voldoen, waardoor de gevolgen van het tegen hem verleende verstek vervallen, behalve ten aanzien van de daardoor veroorzaakte kosten.

Alsnog in geding verschijnen/griffierecht voldoen

Achtste afdeling
Verzet

Art. 143
1. De verweerder die bij verstek is veroordeeld, kan daartegen verzet doen door het betekenen van een oproepingsbericht bij exploot overeenkomstig artikel 113, eerste en derde lid.
(Zie ook: artt. 139, 142 Rv)
2. Het oproepingsbericht wordt betekend bij exploot binnen vier weken na de betekening van het vonnis of van enige uit kracht daarvan opgemaakte of ter uitvoering daarvan strekkende akte aan de veroordeelde in persoon, of na het plegen door deze van enige daad waaruit noodzakelijk voortvloeit dat het vonnis of de aangevangen tenuitvoerlegging aan hem bekend is. De in de eerste volzin bedoelde termijn is acht weken indien de verweerder ten tijde van de in de eerste volzin bedoelde betekening of daad geen bekende woonplaats of bekend werkelijk verblijf in Nederland heeft, maar zijn woonplaats of werkelijk verblijf buiten Nederland bekend is.
(Zie ook: art. 55 Rv)
3. Buiten de gevallen bedoeld in het tweede lid vangt de termijn waarbinnen het verzet moet worden gedaan, aan op de dag waarop het vonnis ten uitvoer is gelegd.
4. De veroordeelde die in het vonnis heeft berust, kan daartegen niet meer in verzet komen.
(Zie ook: art. 358 Rv)

Verzet tegen veroordeling bij verstek

Negende afdeling
Bewijs

§ 1
Algemene bepalingen van bewijsrecht

Art. 149
1. Tenzij uit de wet anders voortvloeit, mag de rechter slechts die feiten of rechten aan zijn beslissing ten grondslag leggen, die in het geding aan hem ter kennis zijn gekomen of zijn gesteld en die overeenkomstig de voorschriften van deze afdeling zijn komen vast te staan. Feiten of rechten die door de ene partij zijn gesteld en door de wederpartij niet of niet voldoende zijn betwist, moet de rechter als vaststaand beschouwen, behoudens zijn bevoegdheid bewijs te verlangen, zo vaak aanvaarding van de stellingen zou leiden tot een rechtsgevolg dat niet ter vrije bepaling van partijen staat.
(Zie ook: artt. 24, 153, 1020 Rv)

Vaststaande feiten of rechten

art. 150

Bewijslast

2. Feiten of omstandigheden van algemene bekendheid, alsmede algemene ervaringsregels mogen door de rechter aan zijn beslissing ten grondslag worden gelegd, ongeacht of zij zijn gesteld, en behoeven geen bewijs.
(Zie ook: artt. 338, 339 WvSv)

Art. 150
De partij die zich beroept op rechtsgevolgen van door haar gestelde feiten of rechten, draagt de bewijslast van die feiten of rechten, tenzij uit enige bijzondere regel of uit de eisen van redelijkheid en billijkheid een andere verdeling van de bewijslast voortvloeit.

Art. 151

Dwingend bewijs

1. Dwingend bewijs houdt in dat de rechter verplicht is de inhoud van bepaalde bewijsmiddelen als waar aan te nemen dan wel verplicht is de bewijskracht te erkennen die de wet aan bepaalde gegevens verbindt.
2. Tegenbewijs, ook tegen dwingend bewijs, staat vrij, tenzij de wet het uitsluit.
(Zie ook: art. 161 Rv)

Art. 152

Bewijsmiddelen en waardering van bewijs

1. Bewijs kan worden geleverd door alle middelen, tenzij de wet anders bepaalt.

2. De waardering van het bewijs is aan het oordeel van de rechter overgelaten, tenzij de wet anders bepaalt.

Art. 153

Bewijsovereenkomst

Overeenkomsten waarbij van het wettelijke bewijsrecht wordt afgeweken, blijven buiten toepassing, wanneer zij betrekking hebben op het bewijs van feiten waaraan het recht gevolgen verbindt, die niet ter vrije bepaling van partijen staan, zulks onverminderd de gronden waarop zij krachtens het Burgerlijk Wetboek buiten toepassing blijven.
(Zie ook: art. 1020 Rv; art. 44 BW Boek 3; artt. 233, 236, 248 BW Boek 6; art. 900 BW Boek 7)

Art. 154

Gerechtelijke erkentenis

1. Een gerechtelijke erkentenis is het in een aanhangig geding door een partij uitdrukkelijk erkennen van de waarheid van een of meer stellingen van de wederpartij.
(Zie ook: artt. 88, 149 Rv)
2. Een gerechtelijke erkentenis kan slechts worden herroepen, indien aannemelijk is dat zij door een dwaling of niet in vrijheid is afgelegd.

Art. 155

Eindvonnis door zelfde rechter ten overstaan van wie bewijs in een zaak is bijgebracht

1. De rechter ten overstaan van wie in een zaak bewijs is bijgebracht, zal daarin zoveel als mogelijk het eindvonnis wijzen of medewijzen.

2. Van een afwijking van deze regel en de oorzaak daarvan wordt in het vonnis melding gemaakt. Tegen de afwijking staat geen voorziening open.
(Zie ook: art. 268 WvSv)

§ 2
Akten en vonnissen

Art. 156

Soorten akten

1. Akten zijn ondertekende geschriften, bestemd om tot bewijs te dienen.
(Zie ook: art. 48 WNA)
2. Authentieke akten zijn akten in de vereiste vorm en bevoegdelijk opgemaakt door ambtenaren, aan wie bij of krachtens de wet is opgedragen op die wijze te doen blijken van door hen gedane waarnemingen of verrichtingen. Als authentieke akten worden tevens beschouwd de akten, waarvan het opmaken aan ambtenaren is voorbehouden, doch waarvan de wet het opmaken in bepaalde gevallen aan anderen dan ambtenaren opdraagt.
(Zie ook: artt. 159, 430 Rv; ; artt. 16, 292 BW Boek 1; artt. 995, 996, 1000 BW Boek 4; artt. 143b, 218b WvK; art. 226 WvSr; art. 10 Wet AB; artt. 15, 36 BBS)
3. Onderhandse akten zijn alle akten die niet authentieke akten zijn.

Art. 156a

Elektronische onderhandse akten

1. Onderhandse akten kunnen op een andere wijze dan bij geschrift worden opgemaakt op zodanige wijze dat het degene ten behoeve van wie de akte bewijs oplevert, in staat stelt om de inhoud van de akte op te slaan op een wijze die deze inhoud toegankelijk maakt voor toekomstig gebruik gedurende een periode die is afgestemd op het doel waarvoor de akte bestemd is te dienen, en die een ongewijzigde reproductie van de inhoud van de akte mogelijk maakt.
2. Aan een wettelijke verplichting tot het verschaffen van een onderhandse akte kan alleen op een andere wijze dan bij geschrift worden voldaan met uitdrukkelijke instemming van degene aan wie de akte moet worden verschaft. Een instemming ziet, zolang zij niet is herroepen, eveneens op het verschaffen van een gewijzigde onderhandse akte. Het in de eerste zin van dit

lid bepaalde lijdt uitzondering indien de akte eveneens is ondertekend door degene aan wie de akte op grond van de wet moet worden verschaft.

Art. 157

1. Authentieke akten leveren tegen een ieder dwingend bewijs op van hetgeen de ambtenaar binnen de kring van zijn bevoegdheid omtrent zijn waarnemingen en verrichtingen heeft verklaard.
(Zie ook: art. 430 Rv; artt. 26, 130 BW Boek 1)

Bewijs authentieke akten

2. Een authentieke of onderhandse akte levert ten aanzien van de verklaring van een partij omtrent hetgeen de akte bestemd is ten behoeve van de wederpartij te bewijzen, tussen partijen dwingend bewijs op van de waarheid van die verklaring, tenzij dit zou kunnen leiden tot een rechtsgevolg dat niet ter vrije bepaling van partijen staat. Onder partij wordt begrepen de rechtverkrijgende onder algemene of bijzondere titel, voor zover het desbetreffende recht is verkregen na het opmaken van de akte.
(Zie ook: art. 151 Rv)

Art. 158

1. Op een onderhandse akte waarin verbintenissen van slechts één partij zijn aangegaan of vastgelegd, is, voor zover die verbintenissen strekken tot voldoening van een geldsom, het tweede lid van artikel 157 niet van toepassing, tenzij deze partij de akte geheel met de hand heeft geschreven of heeft voorzien van een goedkeuring die de geldsom voluit in letters vermeldt.
2. Het eerste lid is niet van toepassing op aandelen in een obligatielening en op verbintenissen door de schuldenaar in de uitoefening van zijn beroep of bedrijf aangegaan.
(Zie ook: artt. 100, 109, 174, 229e WvK)

Dwingende bewijskracht van eenzijdige onderhandse schuldbekentenissen

Art. 159

1. Een geschrift dat het uiterlijk heeft van een authentieke akte, geldt als zodanig behoudens bewijs van het tegendeel.
2. Een onderhandse akte waarvan de ondertekening door de partij, tegen welke zij dwingend bewijs zou leveren, stellig wordt ontkend, levert geen bewijs op, zolang niet bewezen is van wie de ondertekening afkomstig is. Is degene tegen wie de akte wordt ingeroepen een ander dan hij die haar ondertekend zou hebben, dan kan worden volstaan met de verklaring, dat men de echtheid van de ondertekening niet erkent.

Echtheid

Art. 160

1. De kracht van het schriftelijke bewijs is in de oorspronkelijke akte gelegen.
(Zie ook: art. 85 Rv)
2. Grossen en gehele afschriften van een authentieke akte die volgens wettelijk voorschrift moet worden bewaard, leveren, wanneer zij zijn afgegeven door een daartoe bevoegde ambtenaar, hetzelfde bewijs op als de oorspronkelijke akte.
(Zie ook: art. 166 WvK)

Oorspronkelijke akte

Art. 161

Een in kracht van gewijsde gegaan, op tegenspraak gewezen vonnis waarbij de Nederlandse strafrechter bewezen heeft verklaard dat iemand een feit heeft begaan, levert dwingend bewijs op van dat feit.
(Zie ook: art. 162 BW Boek 6)

Bewijskracht strafvonnis

Art. 161a

Een onherroepelijk besluit houdende een inbreukbeslissing van de Autoriteit Consument en Markt levert onweerlegbaar bewijs op van de vastgestelde inbreuk in een procedure waarin schadevergoeding wordt gevorderd wegens een inbreuk op het mededingingsrecht als bedoeld in artikel 193k, onderdeel a, van Boek 6 van het Burgerlijk Wetboek.

Bewijskracht inbreukbeslissing van de Autoriteit Consument en Markt

§ 3
Openlegging van boeken, bescheiden en geschriften

Art. 162

1. De rechter kan in de loop van een geding, op verzoek of ambtshalve, aan partijen of aan een van hen de openlegging bevelen van de boeken, bescheiden en geschriften, die zij ingevolge de wet moeten houden, maken of bewaren.
2. Wordt aan dit bevel niet voldaan, dan kan de rechter daaruit de gevolgtrekking maken die hij geraden acht.
3. In een geding betreffende een jaarrekening kan de rechter ook ambtshalve de openlegging bevelen op straffe van een dwangsom.
(Zie ook: art. 611a Rv)

Ambtshalve bevel tot openlegging

art. 163 12 Wetboek van Burgerlijke Rechtsvordering (uittreksel)

§ 4
Getuigen

Art. 163
Getuigenverklaring Een getuigenverklaring kan slechts als bewijs dienen, voor zover zij betrekking heeft op aan de getuige uit eigen waarneming bekende feiten.
(Zie ook: art. 342 WvSv)

Art. 164
Partij als getuige 1. Ook partijen kunnen als getuige optreden.
(Zie ook: art. 173 Rv)
2. Indien een partij als getuige is gehoord, kan haar verklaring omtrent door haar te bewijzen feiten geen bewijs in haar voordeel opleveren, tenzij de verklaring strekt ter aanvulling van onvolledig bewijs.
(Zie ook: art. 88 Rv)
3. Indien een partij die gehouden is als getuige een verklaring af te leggen, niet ter zitting verschijnt, niet antwoordt op de haar gestelde vragen of weigert haar verklaring te ondertekenen, kan de rechter daaruit de gevolgtrekking maken die hij geraden acht.
(Zie ook: art. 88 Rv)

Art. 165
Getuigplicht 1. Een ieder, daartoe op wettige wijze opgeroepen, is verplicht getuigenis af te leggen.
(Zie ook: artt. 192, 444 WvSr; art. 213 WvSv; art. 66 FW)
Verschoningsrecht 2. Van deze verplichting kunnen zich verschonen:
a. de echtgenoot en de vroegere echtgenoot dan wel de geregistreerde partner en de vroegere geregistreerde partner van een partij, de bloed- of aanverwanten van een partij of van de echtgenoot of van de geregistreerde partner van een partij, tot de tweede graad ingesloten, een en ander tenzij de partij in hoedanigheid optreedt;
(Zie ook: art. 217 WvSv)
b. zij die tot geheimhouding verplicht zijn uit hoofde van hun ambt, beroep of betrekking omtrent hetgeen hun in die hoedanigheid is toevertrouwd.
(Zie ook: artt. 284, 843b Rv; art. 218 WvSv; art. 351 BW Boek 2; art. 28 Wet RO)
3. De getuige kan zich verschonen van het beantwoorden van een hem gestelde vraag, indien hij daardoor of zichzelf, of een van zijn bloed- of aanverwanten in de rechte lijn of in de zijlijn in de tweede of derde graad, of zijn echtgenoot of vroegere echtgenoot onderscheidenlijk zijn geregistreerde partner of vroegere geregistreerde partner aan het gevaar van een strafrechtelijke veroordeling ter zake van een misdrijf zou blootstellen.
(Zie ook: artt. 162, 219 WvSv)

Art. 166
Getuigenverhoor 1. Indien bewijs door getuigen bij de wet is toegelaten, beveelt de rechter een getuigenverhoor zo vaak een van de partijen het verzoekt en de door haar te bewijzen aangeboden feiten betwist zijn en tot de beslissing van de zaak kunnen leiden. Hij kan dit ook ambtshalve doen.
(Zie ook: art. 1039 Rv)
2. Het vonnis vermeldt aan welke partij en omtrent welke feiten bewijs worden opgedragen alsmede de plaats waar, en de dag en het uur waarop de getuigen zullen worden gehoord. Plaats, dag en uur van het getuigenverhoor kunnen ook later door de rechter worden vastgesteld.
3. Het verhoor van getuigen geschiedt ter zitting.
(Zie ook: art. 4 Wet RO; art. 121 GW)

Art. 167
Gelasten persoonlijke verschijning partijen De rechter kan bepalen dat partijen bij de getuigenverhoren in persoon aanwezig moeten zijn.
(Zie ook: artt. 179, 201 Rv)

Art. 168
Getuigenverhoor tot leveren van tegenbewijs Het verhoor van getuigen tot het leveren van tegenbewijs staat van rechtswege vrij en wordt gehouden op de plaats, de dag en het uur te bepalen dadelijk na afloop van het verhoor van de voor het bewijs gehoorde getuigen of op een later tijdstip, tenzij de rechter, na overleg met partijen, dit verhoor doet plaatsvinden in aansluiting op het verhoor van de voor het bewijs gehoorde getuigen.
(Zie ook: art. 151 Rv)

Art. 169
Verzoek tot verkorting of verlenging termijnen Indien een partij verkorting of verlenging van de termijnen, bedoeld in de artikelen 166 en 168, verzoekt, wordt op dit verzoek na verhoor of behoorlijke oproeping van de wederpartij beslist. Tegen de beslissing staat geen hogere voorziening open.

Art. 170
Oproepen getuigen 1. De namen en woonplaatsen van de getuigen worden ten minste een tien dagen voor het verhoor aan de wederpartij en aan de griffier opgegeven. De belanghebbende partij roept de getuigen ten minste een tien dagen voor het verhoor bij exploot of bij aangetekende brief op. De dag van de oproeping en de dag van het verhoor worden niet meegerekend bij het bepalen

van deze termijn. Indien een partij meer getuigen heeft voorgebracht dan redelijkerwijs noodzakelijk was, kan de rechter daarmee bij de veroordeling in de kosten rekening houden.
(Zie ook: art. 237 Rv)
2. De oproeping maakt melding van dag, uur en plaats van het verhoor, van de feiten waaromtrent bewijs moet worden geleverd en van de gevolgen, verbonden aan het niet verschijnen ter zitting.
(Zie ook: artt. 172, 178 Rv; artt. 12, 444 WvSr)

Art. 171
Indien een bij aangetekende brief opgeroepen getuige niet ter zitting verschijnt, bepaalt de rechter op verzoek van de belanghebbende partij een dag waartegen de getuige bij exploot kan worden opgeroepen. Daarbij wordt de termijn, bedoeld in artikel 170, eerste lid, in acht genomen.
(Zie ook: art. 165 Rv; artt. 192, 444 WvS)

Oproepen bij exploot van niet verschenen getuige

Art. 172
De rechter kan bevelen, dat de op een oproeping bij exploot niet ter zitting verschenen getuige door de openbare macht voor hem wordt gebracht op een door hem te bepalen dag en uur om aan zijn verplichting te voldoen.
(Zie ook: art. 165 Rv; artt. 213, 287 WvSv)

Bevel medebrenging niet verschenen getuige na oproeping bij exploot

Art. 173
1. Indien een getuige weigert zijn verklaring af te leggen, kan de rechter op verzoek van de belanghebbende partij bevelen, dat hij op kosten van die partij in gijzeling zal worden gesteld totdat hij aan zijn verplichting zal hebben voldaan, met dien verstande dat de gijzeling ten hoogste een jaar kan duren. Deze bepaling is niet van toepassing als het een partij betreft die als getuige wordt gehoord.
(Zie ook: artt. 164, 178 Rv; artt. 192, 444 WvSr)
2. De rechter beveelt de gijzeling slechts indien naar zijn oordeel het belang van de waarheidsvinding toepassing van die maatregel rechtvaardigt.
3. De rechter die de gijzeling heeft bevolen, beëindigt ambtshalve of op verzoek van de gegijzelde de gijzeling indien voortzetting ervan naar zijn oordeel niet meer door het belang dat met toepassing van de dwangmaatregel werd gediend, wordt gerechtvaardigd.
(Zie ook: art. 585 Rv)

Gijzeling

Art. 174
1. Indien een getuige te ver verwijderd woont, kan de rechter het verhoor opdragen aan de rechter van gelijke rang van de woonplaats van de getuige.
(Zie ook: art. 25 Wet RO)
2. Het eerste lid is niet van toepassing indien het een partij betreft die als getuige wordt gehoord.
(Zie ook: art. 223b FW)

Rogatoire commissie binnenland

Art. 175
Indien een getuige verhinderd is uit hoofde van ziekte of anderszins om naar het gerechtsgebouw te komen, kan de rechter zich bij hem vervoegen tot het ontvangen van zijn verklaring of de rechter, in artikel 174 bedoeld, verzoeken hem te verhoren.
(Zie ook: art. 223b FW)

Verhinderde getuige

Art. 176
1. Voor zover bij verdrag of EG-verordening niet anders is bepaald, kan de rechter, indien een getuige in het buitenland woont, aan een door hem aan te wijzen autoriteit van het land waar de getuige zijn woonplaats heeft, verzoeken het verhoor, indien mogelijk onder ede, te houden, of dat verhoor opdragen aan de Nederlandse consulaire ambtenaar tot wiens ressort de woonplaats van die getuige behoort.
2. De rechter bepaalt dan tevens de termijn die in acht genomen moet worden bij het betekenen aan de wederpartij van de plaats, de dag en het uur waarop dit verhoor wordt gehouden en stelt mede de dag vast voor de volgende proceshandeling.
3. Het proces-verbaal van dit getuigenverhoor heeft gelijke kracht als dat van het door de Nederlandse rechter gehouden verhoor.

Rogatoire commissie buitenland

Art. 177
1. Op de bepaalde dag vraagt de rechter de getuigen hun naam, voornamen, leeftijd, beroep en woon- of verblijfplaats, of zij bloed- of aanverwant zijn van de partijen of van een van hen, en zo ja in welke graad, alsmede of zij in dienstverband staan tot partijen of een van hen.
2. De getuigen zweren, alvorens hun getuigenis af te leggen, op de bij de wet bepaalde wijze de eed of de gehele waarheid en niets dan de waarheid te zullen zeggen.
(Zie ook: artt. 184, 1019q Rv; art. 290 WvSv; Ew 1971)
3. Indien een getuige de betekenis van de eed niet voldoende kan beseffen of de leeftijd van zestien jaren nog niet heeft bereikt, wordt hij niet beëdigd, maar wordt hij aangemaand de gehele waarheid en niets dan de waarheid te zeggen. Indien het bewijs mede wordt aangenomen op de verklaring van een zodanige getuige, geeft het vonnis daarvan in het bijzonder reden.
(Zie ook: artt. 216, 360 WvSv)

Aanvang verhoor

Eedaflegging

art. 178

12 Wetboek van Burgerlijke Rechtsvordering (uittreksel)

4. Overigens mag de rechter aan een onbeëdigde verklaring slechts bewijs ontlenen indien hij in het vonnis vermeldt dat de eed ten onrechte niet is afgenomen en dat het niet mogelijk is de getuige opnieuw te horen.
(Zie ook: art. 184 Rv)

Art. 178

Weigering te getuigen

De opgeroepen getuige die niet ter zitting verschijnt of, verschenen zijnde, weigert de eed of zijn verklaring af te leggen, kan worden veroordeeld tot vergoeding van de vergeefs aangewende kosten, onverminderd zijn aansprakelijkheid tot schadevergoeding indien daartoe gronden zijn.
(Zie ook: art. 173 Rv; art. 162 BW Boek 2)

Art. 179

Wijze van verhoor

1. De rechter hoort ieder van de getuigen buiten tegenwoordigheid van de mede ter zitting verschenen getuigen die nog niet zijn gehoord, voor zover deze laatste getuigen niet tevens partij zijn.
2. Partijen en hun raadslieden kunnen aan de getuigen vragen stellen, behoudens de bevoegdheid van de rechter om te beletten dat aan een bepaalde vraag gevolg wordt gegeven. De rechter kan ambtshalve of op verzoek van een partij getuigen tegenover elkaar of tegenover partijen of een van hen stellen.
(Zie ook: art. 167 Rv)
3. De rechter kan naar aanleiding van de getuigenverklaringen aan partijen vragen stellen. Indien het betreft het verhoor van een getuige die niet tevens partij is, kunnen ook partijen elkaar zelf of bij monde van hun raadslieden vragen stellen, behoudens de bevoegdheid van de rechter om te beletten dat aan een bepaalde vraag gevolg wordt gegeven.
(Zie ook: art. 167 Rv; art. 288 WvSv)
4. Een verklaring omtrent door haar te bewijzen feiten kan in het voordeel van de partij die haar aflegde geen bewijs opleveren. Overigens kan de rechter uit de op de voet van het derde lid afgelegde verklaringen, uit het niet-verschijnen ter zitting of uit een weigering om te antwoorden of het proces-verbaal te ondertekenen, de gevolgtrekking maken die hij geraden acht, behoudens hetgeen in artikel 154 is bepaald.
(Zie ook: artt. 164, 184 Rv)

Art. 180

Proces-verbaal

1. Van het getuigenverhoor wordt proces-verbaal opgemaakt, waarin achtereenvolgens aantekening geschiedt van de in acht genomen vormen en van al hetgeen met betrekking tot de zaak voorvalt.
(Zie ook: art. 171 t/m 178 Rv)
2. Dit proces-verbaal wordt aan iedere getuige voorgelezen voor het gedeelte dat hem betreft. Hij mag daarin zodanige veranderingen en bijvoegingen maken als hem goeddunkt.
3. De getuige ondertekent zijn verklaring. Weigert hij te ondertekenen of verklaart hij dit niet te kunnen, dan wordt die weigering of die verklaring, inhoudende de oorzaak van verhindering, in het proces-verbaal vermeld.
4. Op de door partijen afgelegde verklaringen zijn het eerste, tweede en derde lid van overeenkomstige toepassing.
5. Het proces-verbaal wordt ondertekend door de rechter voor wie het getuigenverhoor heeft plaatsgehad en door de griffier.
(Zie ook: art. 1019q Rv)
6. De rechter kan bepalen dat het proces-verbaal, bedoeld in het eerste lid, wordt vervangen door een door of namens hem gemaakte beeld- of geluidsopname als bedoeld in artikel 30n, zevende en achtste lid. Indien naderhand een schriftelijke weergave van het proces-verbaal wordt opgesteld, wordt daarin melding gemaakt van de in acht genomen vormen en wordt het ondertekend door de rechter voor wie het getuigenverhoor heeft plaatsgehad.

Art. 181

Geen proces-verbaal

1. In afwijking van artikel 180 behoeft in zaken die niet aan hoger beroep zijn onderworpen, geen proces-verbaal van het getuigenverhoor te worden opgemaakt. Het naar aanleiding van het getuigenverhoor te wijzen vonnis houdt, behalve de vermelding van de opgave, verklaringen en eedsaflegging bij artikel 177 aangeduid, de summiere inhoud van de afgelegde getuigenverklaringen in.
2. Het eerste lid wordt niet toegepast in zaken die in eerste aanleg door een gerechtshof worden behandeld.

Art. 182

Schadeloosstelling

Indien de getuige schadeloosstelling vordert, wordt deze door de rechter begroot. Daarvan wordt melding gemaakt in het proces-verbaal. De schadeloosstelling wordt voldaan door de partij die de getuige heeft voorgebracht.
(Zie ook: art. 237 Rv; art. 57 WTBZ)

Art. 183
In geval de getuigen niet op één dag kunnen worden gehoord, stelt de rechter het verdere horen tot een nadere dag uit en geschiedt er noch aan de ter zitting verschenen getuigen noch aan de al dan niet aldaar verschenen partij enige nieuwe oproeping.

Uitstel verdere horen getuigen tot nadere dag

Art. 184
Het nalaten van een van de in deze paragraaf voorgeschreven formaliteiten heeft, met uitzondering van artikel 177 omtrent het afleggen van de eed, alleen de nietigheid van het verhoor ten gevolge indien de belanghebbende partij daardoor in haar belangen is benadeeld en het verzuim niet kan worden hersteld; in het tegenovergestelde geval kan de rechter, zo daartoe gronden zijn, herstel van begane onregelmatigheden bevelen.

Nietigheid

Art. 185
Na afloop van het getuigenverhoor of indien dit achterwege blijft, bepaalt de rechter de dag voor de volgende proceshandeling.

Bepaling verder verloop procedure

§ 5
Voorlopig getuigenverhoor

Art. 186
1. In de gevallen waarin bij de wet het bewijs door getuigen is toegelaten, kan, voordat een zaak aanhangig is, op verzoek van de belanghebbende onverwijld een voorlopig getuigenverhoor worden bevolen.
(Zie ook: art. 193 Rv)
2. Tijdens een reeds aanhangig geding kan de rechter op verzoek van een partij een voorlopig getuigenverhoor bevelen.
(Zie ook: artt. 202, 351 Rv)

Voorlopig getuigenverhoor

Art. 187
1. Het verzoek wordt gedaan aan de rechter die vermoedelijk bevoegd zal zijn van de zaak, indien deze aanhangig wordt gemaakt, kennis te nemen, of aan de rechter tot wiens absolute bevoegdheid de zaak behoort en binnen wiens rechtsgebied de personen die men als getuigen wil doen horen, of het grootste aantal van hen, woonachtig zijn of verblijven. Indien de zaak door de kantonrechter moet worden behandeld en beslist, wordt het verzoek gedaan aan de kantonrechter. De rechter beoordeelt summierlijk of hij absoluut bevoegd is en of de zaak door de kantonrechter moet worden behandeld en beslist.
2. Indien het geding reeds aanhangig is, wordt het verzoek gedaan aan de rechter waar het geding aanhangig is.
3. Het verzoekschrift houdt in:
a. de aard en het beloop van de vordering;
b. de feiten of rechten die men wil bewijzen;
c. de namen en woonplaatsen van de personen die men als getuigen wil doen horen;
d. de naam en de woonplaats van de wederpartij of de redenen waarom de wederpartij onbekend is.
4. Tenzij de wederpartij onbekend is en behoudens gevallen van onverwijlde spoed, wordt op het verzoekschrift niet eerder beschikt dan nadat een behandeling heeft plaatsgevonden, waartoe de verzoeker en de wederpartij worden opgeroepen.

Bevoegdheid van de rechter

Inhoud verzoekschrift

Art. 188
1. Indien de rechter het verzoek toestaat, bepaalt hij de plaats, de dag en het uur waarop het voorlopig getuigenverhoor zal plaatshebben en de dag waarop uiterlijk de verzoeker een afschrift van het verzoekschrift, indien dit nog niet is toegezonden, en van de beschikking aan de wederpartij, zo die bekend is, moet doen toekomen.
2. Voor zover het verzoek wordt toegewezen, is geen hogere voorziening toegelaten.

Voorlopig getuigenverhoor, plaats- en tijdbepaling door rechter

Art. 189
De bepalingen omtrent het getuigenverhoor zijn op het voorlopig getuigenverhoor van overeenkomstige toepassing.

Schakelbepaling

Art. 190
1. Met inachtneming van de termijn die krachtens artikel 188 door de rechter is bepaald, zendt de verzoeker, indien de wederpartij bekend is, haar bij aangetekende brief een afschrift van het verzoekschrift, indien dit nog niet is toegezonden, en van de beschikking van de rechter, of doet hij haar deze afschriften betekenen. Alvorens tot het houden van het voorlopig getuigenverhoor over te gaan, vergewist de rechter zich ervan dat aan dit voorschrift is voldaan.
2. Verschijnt de wederpartij bij het verhoor ter zitting, dan bepaalt de rechter na afloop daarvan op haar verzoek de plaats waar en het tijdstip waarop het voorlopig getuigenverhoor voor tegenbewijs kan plaatshebben.
(Zie ook: art. 168 Rv)

Afschrift aan wederpartij

Art. 191

Schikkings- of inlichtingencomparitie

1. De rechter kan, op verzoek van partijen of van een van hen dan wel ambtshalve, na afloop van het voorlopig getuigenverhoor of het voorlopig getuigenverhoor voor tegenbewijs een verschijning van partijen voor een mondelinge behandeling bevelen.
2. Bij een verschijning van partijen op de mondelinge behandeling kan ook de verdere wijze van behandeling van geschillen over de vordering worden besproken. Afspraken dienaangaande worden, wanneer een partij dat verlangt, met overeenkomstige toepassing van artikel 30m, eerste lid, tweede volzin, in een proces-verbaal vastgelegd. Een beroep in rechte op deze afspraken kan niet worden gedaan, voor zover zij in strijd komen met een dwingende wetsbepaling, met fundamentele beginselen van behoorlijke rechtspleging of voor zover een beroep daarop in verband met onvoorziene omstandigheden redelijkerwijs niet kan worden gedaan.

Art. 192

Bewijskracht

1. Indien alle partijen bij het verhoor aanwezig of vertegenwoordigd zijn geweest, hebben de getuigenverklaringen in een voorlopig getuigenverhoor afgelegd, dezelfde bewijskracht als die, welke op de gewone wijze in een aanhangig geding zijn afgelegd.
2. Zijn niet alle partijen bij het voorlopig getuigenverhoor aanwezig of vertegenwoordigd geweest, dan kan de rechter de daarin afgelegde verklaringen buiten beschouwing laten.

Art. 193

Partij als getuige

Indien een getuige aannemelijk maakt dat de verzoeker met het voorlopig getuigenverhoor beoogt inlichtingen van hem te verkrijgen ten behoeve van een tegen hem in te stellen vordering, houdt de rechter het verhoor met inachtneming van de bepalingen die van toepassing zijn op het verhoor van de partij als getuige. Van een en ander wordt melding gemaakt in het proces-verbaal.
(Zie ook: art. 164 Rv)

§ 6
Deskundigen

Art. 194

Verhoor van deskundigen

1. De rechter kan op verzoek van een partij of ambtshalve een bericht of een verhoor van deskundigen bevelen. Het vonnis vermeldt de punten waarover het oordeel van deskundigen wordt gevraagd.
2. De rechter benoemt bij vonnis of bij latere beslissing een of meer deskundigen na overleg met partijen, met opdracht bij hem schriftelijk bericht in te leveren of aan hem mondeling verslag uit te brengen. Tegen deze benoeming staat geen hogere voorziening open.
3. De griffier zendt afschrift van deze benoeming aan de deskundigen.
4. Indien een deskundige de benoeming niet aanneemt of zijn taak niet naar behoren zal kunnen volbrengen of weigerachtig is dit te doen, kan de rechter ambtshalve of op verzoek van de meest gerede partij, na overleg met partijen, een andere deskundige in zijn plaats benoemen.
5. De rechter kan, op verzoek van een partij of ambtshalve, aan de deskundigen het geven van nadere mondelinge of schriftelijke toelichting of aanvulling bevelen, dan wel, na overleg met partijen, een of meer andere deskundigen benoemen.
(Zie ook: art. 810a Rv; art. 339 BW Boek 2)

Art. 195

Kosten

De rechter kan ambtshalve of op verzoek van een of meer partijen deskundigen vragen hun kosten te begroten. Door de eisende partij wordt een door de rechter te bepalen voorschot en, indien dit is bepaald, een nader voorschot, ter zake van die kosten bijgeschreven op de rekening van het gerecht waar de zaak dient dan wel ter griffie gestort, voor zover niet bij het vonnis, bedoeld in artikel 194, eerste lid, in verband met de omstandigheden van het geding de wederpartij of beide partijen te zamen daartoe is of zijn aangewezen. Aan partijen aan wie ingevolge de Wet op de rechtsbijstand een toevoeging is verleend of ten aanzien van wie ingevolge artikel 16 van de Wet griffierechten burgerlijke zaken het griffierecht voor onvermogenden is geheven, wordt geen voorschot opgelegd. Evenmin wordt een voorschot opgelegd aan de partijen van wie geen griffierecht is geheven en ten aanzien van wie de griffier verklaart dat zij, indien van hen wel griffierecht zou zijn geheven, van hen het griffierecht voor onvermogenden geheven zou zijn. Weigert de griffier een verklaring als bedoeld in de vorige zin af te geven, dan staat daartegen verzet open op de wijze als voorzien in artikel 29 van de Wet griffierechten burgerlijke zaken.
(Zie ook: art. 231 Rv)

Art. 196

Voorschot

1. De rechter kan, zo nodig ambtshalve, bij de bepaling van een voorschot als bedoeld in artikel 195, of nadien, een termijn vaststellen voor de voldoening van het voorschot. Deze termijn kan een of meermalen worden verlengd. Tegen beslissingen ingevolge de eerste en tweede zin staat geen hogere voorziening open.
(Zie ook: art. 20 Rv)

12 Wetboek van Burgerlijke Rechtsvordering (uittreksel)

2. Wanneer een partij het voorschot niet binnen de daarvoor gestelde termijn voldoet, kan de rechter daaruit de gevolgtrekking maken die hij geraden acht.

Art. 197
1. Indien de deskundigen een onderzoek moeten verrichten, bepaalt de rechter bij hun benoeming of op een later tijdstip waar en wanneer zij tot het onderzoek zullen overgaan. — *Onderzoek door deskundige*
2. Bij de in het eerste lid bedoelde beslissing bepaalt de rechter tevens de termijn waarbinnen de deskundigen hun schriftelijke bericht ter griffie moeten inleveren of de zitting waarop zij mondeling verslag moeten uitbrengen. In het eerste geval wordt mede de dag bepaald voor de volgende proceshandeling. In het tweede geval wordt deze dag bepaald op de zitting waarop het verslag is uitgebracht.
3. Wanneer op die dag het bericht van deskundigen nog niet mocht zijn ingekomen, kan de rechter op verzoek van partijen of van een van hen een nadere datum bepalen. Eveneens kan een nadere zitting worden bepaald, wanneer op de daarvoor vastgestelde zitting het mondelinge verslag niet wordt uitgebracht.

Art. 198
1. De deskundige die zijn benoeming heeft aanvaard, is verplicht de opdracht onpartijdig en naar beste weten te volbrengen. — *Verplichte medewerking door partijen*
(Zie ook: art. 192 WvSr)
2. De deskundigen stellen hun onderzoek in, hetzij onder leiding van de rechter, hetzij zelfstandig. De deskundigen moeten bij hun onderzoek partijen in de gelegenheid stellen opmerkingen te maken en verzoeken te doen. Uit het schriftelijke bericht moet blijken of aan dit voorschrift is voldaan. Van de inhoud van de opmerkingen en verzoeken wordt in het schriftelijke bericht melding gemaakt. Indien een partij schriftelijke opmerkingen of verzoeken aan de deskundigen doet toekomen, verstrekt zij daarvan terstond afschrift aan de wederpartij.
3. Partijen zijn verplicht mee te werken aan een onderzoek door deskundigen. Wordt aan deze verplichting niet voldaan, dan kan de rechter daaruit de gevolgtrekking maken die hij geraden acht.
4. Het schriftelijke bericht is met redenen omkleed zonder dat het persoonlijke gevoelen van ieder van de deskundigen behoeft te blijken. Ieder van de deskundigen kan van zijn afwijkende mening doen blijken. Het schriftelijke bericht wordt door de deskundigen ondertekend. Indien een of meer deskundigen niet hebben ondertekend, wordt de oorzaak hiervan zo mogelijk op het schriftelijke bericht vermeld. Aan het niet ondertekenen van het bericht door een of meer deskundigen, kan de rechter de gevolgtrekking verbinden die hij geraden acht. De griffier zendt aan partijen afschrift van het schriftelijke bericht.
5. Het proces-verbaal van de slotsom van het mondelinge verslag wordt na voorlezing, behalve door de griffier, ondertekend door de rechter aan wie het verslag is uitgebracht en door de deskundigen. Verklaart een deskundige niet te kunnen ondertekenen, dan wordt die verklaring, inhoudende de oorzaak van verhindering, in het proces-verbaal vermeld.
6. De rechter kan bepalen dat het proces-verbaal, bedoeld in het vijfde lid, wordt vervangen door een door of namens hem gemaakte beeld- of geluidsopname als bedoeld in artikel 30n, zevende en achtste lid. Indien naderhand een schriftelijke weergave van het proces-verbaal wordt opgesteld, wordt het proces-verbaal ondertekend door de rechter aan wie het mondelinge verslag is uitgebracht.

Art. 199
1. De deskundigen hebben aanspraak op schadeloosstelling en op loon, door de rechter schriftelijk te begroten of onder het van het mondelinge verslag opgemaakte proces-verbaal. — *Schadeloosstelling*
2. De griffier betaalt het bedrag ten laste van het bijgeschreven of gestorte voorschot aan de deskundigen. Indien het vastgestelde voorschot niet toereikend is, wordt voor het resterende bedrag een bevelschrift van tenuitvoerlegging uitgegeven ten laste van de in de tweede volzin van artikel 195 genoemde partij of partijen. In geval van een mondeling verslag of van een gemaakte beeld- of geluidsopname wordt dit bevelschrift gegeven op een in executoriale vorm uitgegeven uittreksel uit het proces-verbaal van het mondelinge verslag of uit de schriftelijke weergave van het proces-verbaal als bedoeld in artikel 198, zesde lid.
3. Voor zover ten gevolge van artikel 195, derde tot en met vijfde volzin, het tweede lid niet kan worden toegepast, betaalt de griffier het bedrag waarop de deskundigen aanspraak hebben ten laste van 's Rijks kas. Hangende het geding wordt het ten laste van 's Rijks kas betaalde bedrag voorlopig in debet gesteld.

Art. 200
1. De rechter kan een partij op haar verzoek toestaan deskundigen te doen horen die niet door de rechter zijn benoemd. — *Horen van andere deskundigen*
2. De rechter ten overstaan van wie in een zaak bewijs wordt bijgebracht, kan aan partijen toestaan, bij die gelegenheid ook zodanige deskundigen te doen horen.
3. Indien de rechter een verhoor van een zodanige deskundige heeft toegestaan, is ook de wederpartij bevoegd op dezelfde voet deskundigen te doen horen.

249

4. De rechter kan, op verzoek van een partij of ambtshalve, aan een zodanige deskundige het geven van nadere, mondelinge of schriftelijke, toelichting bevelen.
5. De artikelen 166, derde lid, 167 tot en met 170, 174 tot en met 177, eerste lid, 179, tweede, derde en vierde lid, en 180 tot en met 185 omtrent het getuigenverhoor zijn van overeenkomstige toepassing op het verhoor van deze deskundigen.
(Zie ook: art. 1042 Rv)

§ 7
Plaatsopneming en bezichtiging

Art. 201

Opnemen plaatselijke gesteldheid of bezichtiging bepaalde zaken

1. De rechter kan op verzoek van een partij of ambtshalve, vergezeld van de griffier, een plaatselijke gesteldheid opnemen of zaken bezichtigen die niet of bezwaarlijk ter zitting kunnen worden overgebracht.
(Zie ook: art. 1019r Rv)
2. Het daartoe strekkende vonnis vermeldt de plaats of de zaak welke in ogenschouw moet worden genomen, bepaalt de tijd van de plaatsopneming, de tijd en de plaats van de bezichtiging, de termijn waarbinnen het van de verrichting op te maken proces-verbaal aan partijen moet zijn verstrekt, alsmede de dag voor de volgende proceshandeling.
3. De rechter heeft voor het doen van een plaatsopneming of een bezichtiging als bedoeld in het eerste lid, toegang tot elke plaats. Op het proces-verbaal als bedoeld in het tweede lid, zijn de artikelen 10 en 11, tweede lid, van de Algemene wet op het binnentreden van overeenkomstige toepassing.
4. Partijen worden in de gelegenheid gesteld opmerkingen te maken of verzoeken te doen. Uit het proces-verbaal moet blijken of aan dit voorschrift is voldaan. Van de inhoud van de opmerkingen of verzoeken wordt in het proces-verbaal melding gemaakt. Het proces-verbaal wordt door de rechter die de verrichting heeft gedaan, en door de griffier ondertekend. In geval van toepassing van artikel 30n, zevende en achtste lid, kan tevens een proces-verbaal worden opgemaakt met een zakelijke samenvatting van hetgeen is voorgevallen tijdens de plaatsopneming of bezichtiging.
5. De rechter kan ter plaatse getuigen horen. De vierde paragraaf van deze afdeling is, behoudens artikel 170, hierop van toepassing.
6. De rechter kan zich tot de uitoefening van de in dit artikel toegekende bevoegdheden buiten zijn rechtsgebied begeven.
7. De reis- en verblijfkosten van de rechter en de griffier komen ten laste van de Staat.

§ 8
Voorlopig bericht of verhoor van deskundigen, voorlopige plaatsopneming en bezichtiging

Art. 202

Voorlopig bericht of verhoor van deskundigen

1. Voordat een zaak aanhangig is, kan op verzoek van de belanghebbende een voorlopig bericht of verhoor van deskundigen of een voorlopige plaatsopneming en bezichtiging worden bevolen.
(Zie ook: artt. 1020, 1047 Rv)
2. Tijdens een reeds aanhangig geding kan dit op verzoek van een partij worden bevolen.
(Zie ook: artt. 186, 633 Rv; artt. 494, 959, 1135 BW Boek 8)

Art. 203

Eisen aan verzoek

1. Het verzoek wordt gedaan aan de rechter waar het geding aanhangig is of, indien het niet aanhangig is, aan de rechter die vermoedelijk bevoegd zal zijn daarvan kennis te nemen. Indien de zaak door de kantonrechter moet worden behandeld en beslist, wordt het verzoek gedaan aan de kantonrechter. De rechter beoordeelt summierlijk of hij absoluut bevoegd is en of de zaak door de kantonrechter moet worden behandeld en beslist.
(Zie ook: art. 187 Rv)
2. Het verzoekschrift houdt in:
a. de aard en het beloop van de vordering;
b. de punten waarover het oordeel van de deskundigen wordt gevraagd of de plaats of de zaak die in ogenschouw moet worden genomen;
c. de naam en de woonplaats van de wederpartij of de redenen waarom de wederpartij onbekend is.
3. Tenzij de wederpartij onbekend is en behoudens gevallen van onverwijlde spoed, wordt op het verzoek niet eerder beschikt dan nadat een mondelinge behandeling heeft plaatsgevonden, waartoe de verzoeker en de wederpartij worden opgeroepen.
(Zie ook: art. 187 Rv)

Art. 204
1. Indien de rechter het verzoek toestaat, bepaalt hij tevens de uiterste dag waarop de verzoeker een afschrift van het verzoekschrift, indien dit nog niet is toegezonden, en van de beschikking aan de wederpartij, zo die bekend is, moet doen toekomen. — *Toestaan verzoek*
2. Voor zover het verzoek wordt toegewezen, is geen hogere voorziening toegelaten.
(Zie ook: art. 188 Rv)

Art. 205
1. De bepalingen betreffende deskundigen en betreffende plaatsopneming en bezichtiging zijn van overeenkomstige toepassing. — *Overeenkomstige toepassing*
2. Indien ten aanzien van een partij, met toepassing van het derde lid van artikel 199, het bedrag van de schadeloosstelling en het loon van deskundigen voorlopig in debet zijn gesteld, stelt de rechter op het moment van toezending van het schriftelijke bericht aan partijen of afgifte van het proces-verbaal van de slotsom van het mondelinge verslag, dan wel zo spoedig mogelijk daarna, vast welk deel van dit bedrag elk der partijen dient te dragen en veroordeelt hen dienovereenkomstig tot voldoening aan de griffier. Bij gebreke van de betaling geschiedt de invordering krachtens een door de griffier uit te vaardigen dwangbevel. Artikel 30 van de Wet griffierechten burgerlijke zaken is van overeenkomstige toepassing, met dien verstande dat de tenuitvoerlegging wordt opgeschort indien blijkt dat de veroordeling nog niet in kracht van gewijsde is gegaan.
3. Het tweede lid blijft buiten toepassing wanneer op het moment van de toezending aan de rechter is gebleken dat tussen partijen een geding aanhangig is over de vordering waarop het bericht of verhoor van deskundigen betrekking heeft.

Art. 206
Met inachtneming van de termijn, krachtens artikel 204 bepaald, zendt de verzoeker een afschrift van het verzoekschrift, indien dit nog niet is toegezonden, en de beschikking van de rechter bij aangetekende brief aan de wederpartij, zo die bekend is, of doet hij deze afschriften bij exploot aan de wederpartij betekenen. Alvorens tot de verrichting over te gaan, vergewist de rechter zich ervan dat aan dit voorschrift is voldaan. — *Afschrift verzoek aan wederpartij*
(Zie ook: art. 190 Rv)

Art. 207
1. Indien alle partijen bij de verrichting aanwezig zijn geweest, hebben de verklaringen van de deskundigen, de plaatsopneming en de bezichtiging dezelfde bewijskracht als die, welke op de gewone wijze in een aanhangig geding hebben plaatsgehad. — *Bewijskracht*
(Zie ook: artt. 494, 495, 959, 960, 1135 BW Boek 8)
2. Zijn niet alle partijen aanwezig geweest, dan kan de rechter een en ander buiten beschouwing laten.
(Zie ook: art. 192 Rv)

Veertiende afdeling
Het kort geding

Art. 254
1. In alle spoedeisende zaken waarin, gelet op de belangen van partijen, een onmiddellijke voorziening bij voorraad wordt vereist, is de voorzieningenrechter bevoegd deze te geven. — *Spoedeisende gevallen*
2. Op aanvraag van de belanghebbende partij kan de voorzieningenrechter de dagvaarding bevelen tegen de dag en het uur, de zondag daarbij inbegrepen, voor elk geval te bepalen. Hij kan daarbij tevens bevelen dat de terechtzitting op een andere plaats dan in het gerechtsgebouw wordt gehouden. De voorzieningenrechter kan aan de dagbepaling voorwaarden verbinden, die door de eiser in acht moeten worden genomen. Deze voorwaarden moeten uit de dagvaarding blijken.
3. De zaak kan ook worden aangebracht op een terechtzitting, door de voorzieningenrechter te houden op de daartoe door hem te bepalen werkdagen.
4. De artikelen 127a en 128, tweede lid en zesde lid, zijn niet van toepassing.
5. In zaken die ten gronde door de kantonrechter worden behandeld en beslist is ook de kantonrechter bevoegd tot het geven van een voorziening als in deze afdeling bedoeld. Daarbij is op de kantonrechter van toepassing hetgeen omtrent de voorzieningenrechter is bepaald.
6. Indien de gevorderde voorziening betrekking heeft op een zaak betreffende het personen- en familierecht als bedoeld in de zesde titel van het derde boek is artikel 803 van overeenkomstige toepassing.

Art. 255
1. De gedaagde kan in de zaken, bedoeld in artikel 79, tweede lid, behalve bij advocaat ook in persoon procederen, maar niet vertegenwoordigd door een gemachtigde die geen advocaat is. — *Procederen in persoon*
2. Partijen kunnen ook vrijwillig ter terechtzitting van de voorzieningenrechter in kort geding verschijnen. Het eerste lid is van toepassing.

3. In andere korte gedingen niet ingeleid met een dagvaarding, kunnen partijen behalve bij advocaat ook in persoon procederen, maar niet vertegenwoordigd door een gemachtigde die geen advocaat is.

Art. 256

Voorziening weigeren

Indien de voorzieningenrechter oordeelt dat de zaak niet geschikt is om in kort geding te worden beslist, weigert hij de voorziening.
(Zie ook: art. 438 Rv)

Art. 257

Kortgedingvonnis

De beslissingen bij voorraad brengen geen nadeel toe aan de zaak ten principale.

Art. 258

Kortgedingvonnis, ambtshalve uitvoerbaarverklaring bij voorraad

De voorzieningenrechter kan zijn vonnis ook ambtshalve uitvoerbaar bij voorraad verklaren.
(Zie ook: art. 235 Rv)

Derde titel
De verzoekschriftprocedure in eerste aanleg

Tweede afdeling
Relatieve bevoegdheid

Art. 262

Relatieve competentie in verzoekschriftprocedures

Tenzij de wet anders bepaalt, is bevoegd:
a. de rechter van de woonplaats van hetzij de verzoeker of één van de verzoekers, hetzij één van de in het verzoekschrift genoemde belanghebbenden dan wel, als zodanige woonplaats in Nederland niet bekend is, de rechter van het werkelijk verblijf van één van hen;
(Zie ook: artt. 3, 99 Rv)
b. indien het verzoek betrekking heeft op een bij dagvaarding ingeleid of in te leiden geding, de rechter die bevoegd is van dat geding kennis te nemen, tenzij het verzoek niet behoort tot diens absolute bevoegdheid.

Zevende titel
Hoger beroep

Eerste afdeeling
Van de zaken aan hooger beroep onderworpen

Art. 332

Zaken aan hoger beroep onderworpen

1. Partijen kunnen van een in eerste aanleg gewezen vonnis in hoger beroep komen, tenzij de vordering waarover de rechter in eerste aanleg had te beslissen niet meer beloopt dan € 1750 of, in geval van een vordering van onbepaalde waarde, er duidelijke aanwijzingen bestaan dat de vordering geen hogere waarde vertegenwoordigt dan € 1750, een en ander tenzij de wet anders bepaalt. Voor de toepassing van de eerste zin wordt de tot aan de dag van dagvaarding in eerste aanleg verschenen rente bij de vordering inbegrepen.
2. Indien de zaak meer dan één vordering tussen dezelfde partijen betreft, is voor de toepassing van het eerste lid beslissend het totale beloop of de totale waarde van deze vorderingen.
3. Was in eerste aanleg een eis in reconventie ingesteld, dan is voor de toepassing van het eerste lid beslissend het totale beloop of de totale waarde van de vordering in conventie en van de vordering in reconventie, met dien verstande dat met betrekking tot de vordering in reconventie de rente wordt berekend tot aan de dag van instelling van de eis in reconventie. Indien echter de beide zaken zijn gesplitst en daarin afzonderlijk is beslist, zijn op elk van beide vonnissen de gewone regels voor de vatbaarheid voor hoger beroep van toepassing.
(Zie ook: art. 93 Rv; art. 60 Wet RO)

Tweede afdeeling
Van den termijn van beroep

Art. 339

Beroepstermijn

1. De termijn voor het instellen van hoger beroep is drie maanden, te rekenen van de dag van de uitspraak van het vonnis dan wel de dag van de mondelinge uitspraak als bedoeld in artikel 30p.
(Zie ook: art. 350 Rv)

Incidenteel beroep

2. In afwijking van het eerste lid is de termijn van beroep van een vonnis in kort geding vier weken.

12 Wetboek van Burgerlijke Rechtsvordering (uittreksel)   art. 430

3. De gedaagde in hoger beroep kan incidenteel beroep instellen, zelfs na verloop van deze termijnen en na berusting in het vonnis. Het incidenteel beroep wordt, op straffe van verval, ingesteld bij de conclusie van antwoord.
(Zie ook: art. 146 Rv)
4. De afstand van instantie laat de mogelijkheid incidenteel beroep in te stellen onverlet. De gedaagde in hoger beroep kan op de roldatum waarop de afstand van instantie is gedaan, de rechter verzoeken voor het instellen van incidenteel beroep een termijn te bepalen. De gedaagde in hoger beroep kan het incidenteel beroep ook instellen op een roldatum die binnen twee weken na de afstand van instantie bij exploot aan eiser in hoger beroep is aangezegd. Artikel 74, eerste lid, tweede tot en met vierde volzin, is van overeenkomstige toepassing.
5. Indien in eerste aanleg een vordering tot vrijwaring geheel of gedeeltelijk is afgewezen op grond van de afwijzing van de vordering in de hoofdzaak, staat het hoger beroep daartegen open tot het moment dat in de hoofdzaak in hoger beroep de conclusie van antwoord wordt genomen.
(Zie ook: art. 402 Rv)

Elfde titel
Cassatie

Eerste afdeling
Vorderingsprocedures aan cassatie onderworpen

Art. 398
Partijen kunnen beroep in cassatie instellen van: **Mogelijkheid instellen**
1°. uitspraken, die hetzij in eerste en hoogste ressort hetzij in hoger beroep zijn gewezen;   **cassatieberoep**
(Zie ook: art. 78 Wet RO)
2°. vonnissen die in eerste ressort op tegenspraak zijn gewezen, indien partijen nadien zijn overeengekomen het hoger beroep over te slaan.
(Zie ook: artt. 96, 329, 333 Rv; art. 62 Wet RO)
(Zie ook: art. 339 Rv)

Vierde afdeling
Uitspraak in cassatie in vorderingsprocedures

Art. 419
[1.] De Hoge Raad bepaalt zich bij zijn onderzoek tot de middelen waarop het beroep in cassatie steunt.   **Beperking onderzoek HR**
[2.] De feitelijke grondslag der middelen kan alleen worden gevonden in de bestreden uitspraak en in de stukken van het geding.
[3.] De Hoge Raad is gebonden aan hetgeen in de bestreden uitspraak omtrent de feiten is vastgesteld.
[4.] De Hoge Raad geeft omtrent de kosten van het geding zodanige uitspraak als hij vermeent te behoren.
(Zie ook: art. 237 Rv)

Tweede Boek
Van de gerechtelijke tenuitvoerlegging van vonnissen, beschikkingen en authentieke akten

Eerste titel
Algemene regels

Art. 430
1. De grossen van in Nederland gewezen vonnissen, van beschikkingen van de Nederlandse   **Grossen van executoriale**
rechter en van in Nederland verleden authentieke akten alsmede van andere bij de wet als   **titels**
executoriale titel aangewezen stukken kunnen in geheel Nederland worden ten uitvoer gelegd.
(Zie ook: artt. 28, 231, 290 Rv; artt. 4, 86 FW)
2. Zij moeten aan het hoofd voeren de woorden: In naam van de Koning.
(Zie ook: art. 554 WvSv)
3. Zij kunnen niet worden ten uitvoer gelegd dan na betekening aan de partij tegen wie de   **Betekening**
executie zich zal richten.
(Zie ook: artt. 434a, 479g Rv; art. 296 BW Boek 3)

art. 431

Art. 431

Beslissingen van vreemde rechters
1. Behoudens het bepaalde in de artikelen 985-994, kunnen noch beslissingen, door vreemde rechters gegeven, noch buiten Nederland verleden authentieke akten binnen Nederland ten uitvoer worden gelegd.
2. De gedingen kunnen opnieuw bij de Nederlandse rechter worden behandeld en afgedaan.

Art. 431a

Overdracht bevoegdheid tenuitvoerlegging
Indien de bevoegdheid tot tenuitvoerlegging van een executoriale titel op een ander overgaat, kan de executie eerst worden aangevangen of voortgezet na betekening van deze overgang aan de geëxecuteerde.
(Zie ook: art. 142 BW Boek 6)

Art. 432

Tijdstip tenuitvoerlegging
Geen vonnis waarvan de voorlopige tenuitvoerlegging niet is toegestaan kan tegen een derde worden ten uitvoer gelegd, noch kan daaraan door die derde worden voldaan, dan acht dagen na betekening daarvan aan de partij die in het ongelijk is gesteld, en met overlegging van een verklaring van de griffier dat er op zijn registers geen verzet, hoger beroep of cassatie daartegen is aangetekend.
(Zie ook: artt. 350, 404, 479g Rv)

Art. 433

Doen aantekenen van beroep
De partij die verzet heeft gedaan, of hoger beroep of beroep in cassatie heeft ingesteld, heeft de bevoegdheid om daarvan ter griffie van het gerecht dat het bestreden vonnis heeft uitgesproken, in een daartoe bestemd register aantekening te doen houden, met vermelding van de namen van de partijen, de dagtekening van het vonnis en die van het verzet, het hoger beroep of het beroep in cassatie.
(Zie ook: artt. 145, 350, 404 Rv; artt. 27, 29, 301 BW Boek 3; artt. 32, 35 BW Boek 5; art. 260 BW Boek 6)

Art. 434

Machtiging van deurwaarder
De overhandiging van de executoriale titel, waarvan men de uitvoering verlangt, aan de deurwaarder, machtigt hem in die zaak tot het doen van de gehele executie, uit die titel voortvloeiende, met uitzondering alleen van die bij lijfsdwang, waartoe een bijzondere volmacht vereist wordt.
(Zie ook: artt. 440, 589, 599 Rv; art. 400 BW Boek 7)

Art. 434a

Kosten van gerechtsdeurwaarders
Kosten terzake van ambtshandelingen, verricht door gerechtsdeurwaarders, worden voor de bepaling van de kosten van tenuitvoerlegging in aanmerking genomen overeenkomstig bij of krachtens algemene maatregel van bestuur vastgestelde tarieven.

Art. 435

Bevoegdheid beslaglegging
1. Het staat aan de executant vrij te gelijker tijd beslag te leggen op alle voor beslag vatbare goederen, waartoe hij bevoegd is zijn vordering te verhalen.
(Zie ook: art. 598 Rv; art. 276 BW Boek 3)

Beslag op goed van derde
2. Hij is verplicht een beslag dat strekt tot verhaal op een goed dat aan een ander dan de schuldenaar toebehoort, en dat ten laste van die ander wordt gelegd, binnen acht dagen aan de schuldenaar te betekenen.
(Zie ook: artt. 626, 708 Rv)
3. Wordt een beslag van de in het vorige lid bedoelde strekking ten laste van de schuldenaar gelegd, dan is de beslaglegger verplicht het binnen acht dagen aan die ander te betekenen of, zo hij diens recht niet kent, onverwijld nadat hij van dat recht kennis heeft gekregen. Indien de ander, voordat acht dagen na deze betekening zijn verstreken, schriftelijk aan de deurwaarder mededeelt zich tegen het verhaal op zijn goed te verzetten, geldt het beslag jegens hem slechts als conservatoir en kan de executie jegens hem slechts plaatsvinden uit hoofde van een tegen hem verkregen executoriale titel om deze executie te dulden.
(Zie ook: artt. 456, 538 Rv)

Art. 436

Goederen voor openbare dienst
Beslag mag niet worden gelegd op goederen, bestemd voor de openbare dienst of op goederen die De Nederlandsche Bank N.V. onder zich heeft ten behoeve van een systeem als bedoeld in artikel 212a, onder b, van de Faillissementswet.
(Zie ook: artt. 479, 703 Rv; art. 28 BW Boek 5)

Tweede titel
Van de gerechtelijke tenuitvoerlegging op goederen die geen registergoederen zijn

Eerste afdeling
Van executoriaal beslag op roerende zaken die geen registergoederen zijn

Art. 447
Geen beslag op roerende zaken mag, uit welken hoofde ook, gedaan worden: **Buiten beslag vallende goederen**
1°. op het nodige bed en beddegoed van de geëxecuteerde en de inwonende leden van zijn gezin en op de kleren, waarmee zij gekleed en gedekt zijn;
2°. op de gereedschappen van ambachtslieden en werklieden, tot hun persoonlijk bedrijf behorende;
3°. op de in het huis voorhanden zijnde voorraad van spijs en drank, dienende tot de behoefte van het huisgezin, gedurende een maand;
4°. op het ingevolge artikel 642c in de kas der gerechtelijke consignaties gestorte bedrag.
(Zie ook: art. 712 Rv; art. 21 FW)

Tweede afdeling
Van executoriaal beslag onder derden

Art. 475
1. Het beslag op vorderingen die de geëxecuteerde op derden mocht hebben of uit een ten tijde van het beslag reeds bestaande rechtsverhouding rechtstreeks zal verkrijgen, en op hem toebehorende roerende zaken die onder derden mochten berusten en geen registergoederen zijn, geschiedt bij een exploot van een deurwaarder dat, behalve de gewone formaliteiten, op straffe van nietigheid inhoudt: **Bevel onder zich te houden**
a. een bevel aan de derde om het verschuldigde of de zaken onder zich te houden op straffe van onwaarde van elke in weerwil van het beslag gedane betaling of afgifte;
(Zie ook: art. 475b Rv)
b. een vermelding van de naam, voornaam en woonplaats van de executant en de naam en woonplaats van de geëxecuteerde;
c. een vermelding van de titel uit hoofde waarvan het beslag wordt gelegd, en een opgave van hetgeen de geëxecuteerde krachtens deze titel aan de executant verschuldigd is;
d. een keuze van woonplaats ten kantore van de deurwaarder;
e. een vermelding dat in weerwil van het beslag de koopsom aan de notaris kan worden betaald, in geval het beslag is gelegd op de vordering tot betaling van de koopsom van een onroerende zaak, nadat de koop van de zaak is ingeschreven in de openbare registers, bedoeld in afdeling 2 van titel 1 van Boek 3 van het Burgerlijk Wetboek, op de wijze die is voorgeschreven in artikel 3 van Boek 7 van het Burgerlijk Wetboek.
(Zie ook: art. 45 Rv)
2. De deurwaarder laat aan de derde-beslagene afschrift van het beslagexploot en van de executoriale titel uit hoofde waarvan het beslag wordt gelegd, alsmede een formulier in tweevoud volgens een bij algemene maatregel van bestuur vast te stellen model, waarop de verklaring bedoeld in artikel 476b kan worden gedaan. **Afschrift exploot aan derde-beslagene]**
(Zie ook: artt. 475i, 476a, 477a Rv)
3. Het afschrift van het beslagexploot, het afschrift van de executoriale titel en het formulier, bedoeld in het tweede lid, kunnen ook elektronisch worden gelaten aan het elektronische adres van de derde-beslagene, mits deze derde aan een door Onze Minister van Veiligheid en Justitie aangewezen organisatie een elektronisch adres heeft opgegeven, waaraan kan worden betekend. Voor de derde-beslagene geldt het elektronische afschrift als het oorspronkelijke exploot.
4. Bij algemene maatregel van bestuur worden regels gegeven aangaande de registratie van de in het derde lid genoemde elektronische adressen. Deze regels kunnen betrekking hebben op de wijze van opgave, wijziging, afmelding en doorhaling van een elektronisch adres en de gevolgen ervan. Tevens worden bij algemene maatregel van bestuur regels gegevens aangaande de betrouwbaarheid en vertrouwelijkheid van, de voorwaarden waaronder en de wijze waarop een beslagexploot elektronisch kan worden gelaten. Het besluit tot aanwijzing van een organisatie als bedoeld in het derde lid wordt gepubliceerd in de Staatscourant.
5. De voordracht voor de krachtens het vierde lid vast te stellen algemene maatregelen van bestuur wordt niet eerder gedaan dan vier weken nadat de ontwerpen aan beide kamers der Staten-Generaal zijn overgelegd.

Art. 475a
1. Het beslag strekt zich niet uit tot vorderingen of zaken die volgens de wet niet voor beslag vatbaar zijn, noch tot vorderingen die recht geven op een volgens de wet of naar haar aard niet voor beslag vatbare prestatie. **Geen beslag**

art. 475ab

12 Wetboek van Burgerlijke Rechtsvordering (uittreksel)

2. Het beslag is niet geldig op het gedeelte van een vordering dat daarop wordt ingehouden krachtens de wet, uit hoofde van een ziektekostenverzekering of van een pensioenspaarregeling dan wel uit hoofde van een ondernemingsspaarregeling voor een oudedagsverzorging.

3. Vorderingen die recht geven op iets anders dan betaling van een geldsom of dan levering van roerende zaken die geen registergoederen zijn, of van rechten aan toonder of order, vallen slechts onder het beslag, voor zover zij in het beslagexploot uitdrukkelijk zijn omschreven.
(Zie ook: art. 479 Rv)

Art. 475ab
[Treedt in werking op nader te bepalen tijdstip]

Art. 475b

Beslagvrije voet

1. Beslag onder een derde op een of meer vorderingen van de schuldenaar tot periodieke betalingen waaraan een beslagvrije voet is verbonden, is slechts geldig voor zover een periodieke betaling de beslagvrije voet overtreft.

2. Ligt beslag onder verschillende derden op vorderingen van de schuldenaar tot periodieke betalingen waaraan een beslagvrije voet is verbonden, dan wordt de beslagvrije voet omgeslagen in verhouding tot de hoogte van deze periodieke betalingen.

3. Beslag op nabetalingen is niet verder geldig dan indien de betaling gedurende het beslag tijdig was geschied.
(Zie ook: artt. 479b, 720 Rv; art. 135 BW Boek 6; art. 633 BW Boek 7; art. 576 WvSv)

Art. 475c

Vorderingen met beslag-vrije voet

Een beslagvrije voet is verbonden aan vorderingen tot periodieke betaling van:
a. loon,
b. inkomstenbelasting begrepen in een voorlopige teruggaaf als bedoeld in artikel 13, tweede lid, van de Algemene wet inzake rijksbelastingen,
c. uitkeringen op grond van sociale zekerheidswetten, uitgezonderd kinderbijslag onder welke benaming ook,
d. pensioen en lijfrente, waaronder mede worden verstaan uitkeringen ten laste van een lijfrenterekening of ten laste van de waarde van een lijfrentebeleggingsrecht als bedoeld in artikel 3.126a, vierde en zesde lid, van de Wet inkomstenbelasting 2001,
e. uitkeringen uit levens-, invaliditeits-, ongevallen- of ziekengeldverzekering,
f. uitkeringen tot levensonderhoud, verschuldigd krachtens boek 1 van het Burgerlijk Wetboek, of tot vergoeding van schade door het derven van levensonderhoud,
g. uitkeringen of buitengewone pensioenen op grond van een wettelijke regeling voor oorlogsgetroffenen of voor degenen die hun vervangende dienstplicht vervullen,
i. bezoldiging als bedoeld in artikel 115 van de Ambtenarenwet met uitzondering van die bedragen waarop de ambtenaar of gewezen ambtenaar niet periodiek aanspraak heeft.

Art. 475d

Beslagvrije voet

1. De beslagvrije voet bedraagt voor schuldenaren die kunnen worden aangemerkt als:
a. echtgenoten of geregistreerde partners als bedoeld in artikel 3 van de Participatiewet die beiden 21 jaar of ouder zijn: negentig procent van de norm genoemd in artikel 21, onderdeel b, respectievelijk artikel 22, onderdeel b en c, van die wet;
b. een alleenstaande en een alleenstaande ouder als bedoeld in artikel 4, onderdeel a en b, van de Participatiewet die 21 jaar of ouder zijn, maar nog niet de pensioengerechtigde leeftijd, bedoeld in artikel 7a, eerste lid, van de Algemene Ouderdomswet, hebben bereikt: 90 procent van de norm genoemd in artikel 21, onderdeel a, van de Participatiewet;
c. een alleenstaande en een alleenstaande ouder vanaf het moment dat zij de pensioengerechtigde leeftijd, bedoeld in artikel 7a, eerste lid, van de Algemene Ouderdomswet, hebben bereikt: negentig procent van de norm genoemd in artikel 22, onderdeel a, van de Participatiewet.

2. De beslagvrije voet bedraagt voor schuldenaren die kunnen worden aangemerkt als:
a. echtgenoten of geregistreerde partners zonder ten laste komende kinderen die beiden jonger zijn dan 21 jaar: 90 procent van de norm genoemd in artikel 20, eerste lid, onderdeel b, van de Participatiewet;
b. echtgenoten of geregistreerde partners zonder ten laste komende kinderen waarvan een van hen jonger is dan 21 jaar: 90 procent van de norm genoemd in artikel 20, eerste lid, onderdeel c van de Participatiewet;
c. een alleenstaande of alleenstaande ouder jonger dan 21 jaar: 90 procent van de norm genoemd in artikel 20, eerste lid, onderdeel a, van de Participatiewet;
d. echtgenoten of geregistreerde partners die beiden jonger zijn dan 21 jaar met een of meer ten laste komende kinderen: 90 procent van de norm genoemd in artikel 20, tweede lid, onderdeel b, van de Participatiewet;
e. echtgenoten of geregistreerde partners waarvan een van hen jonger is dan 21 jaar met een of meer ten laste komende kinderen: 90 procent van de norm genoemd in artikel 20, tweede lid, onderdeel c, van de Participatiewet.

3. Indien de schuldenaar ter verzorging of verpleging in een daartoe bestemde inrichting is opgenomen bedraagt de beslagvrije voet de prijs die is verschuldigd voor verzorging dan wel

verpleging. De beslagvrije voet wordt verhoogd met twee derden van de bijstandsnorm genoemd in artikel 23 van de Participatiewet.
4. De beslagvrije voet wordt verhoogd met:
a. de premie van een door de schuldenaar gesloten ziektekostenverzekering, verminderd met de normpremie, bedoeld in artikel 2 van de Wet op de zorgtoeslag, voor zover reeds begrepen in de bijstandsnorm zoals die voor de schuldenaar geldt ingevolge het eerste, tweede en derde lid, en met de krachtens die wet ontvangen zorgtoeslag, telkens wanneer deze premie vervalt terwijl het beslag ligt;
b. de voor rekening van de schuldenaar komende woonkosten verminderd met ontvangen huurtoeslag of woonkostentoeslag, voor zover de woonkosten, na deze vermindering, meer bedragen dan het bedrag, genoemd in artikel 17, tweede lid, van de Wet op de huurtoeslag, met dien verstande dat de verhoging van de beslagvrije voet niet meer bedraagt dan het huurtoeslagbedrag waarop de schuldenaar, uitgaande van de laagste inkomenscategorie, krachtens artikel 21 van de Wet op de huurtoeslag ten hoogste aanspraak heeft;
c. het bedrag waarop de schuldenaar op basis van artikel 2, tweede tot en met zesde lid, van de Wet op het kindgebonden budget maximaal aanspraak zou kunnen maken, verminderd met het krachtens die wet ontvangen bedrag.
5. Voor zover het echtgenoten of geregistreerde partners betreft, wordt de beslagvrije voet voor ten hoogste de helft verminderd met het eigen, niet onder beslag liggende periodieke inkomen inclusief vakantie-aanspraak van degene aan wie de bijstand samen met de schuldenaar zou kunnen toekomen.
6. De beslagvrije voet wordt verminderd met de voor beslag vatbare periodieke inkomsten van de schuldenaar waarop geen beslag ligt, alsmede met het normbedrag voor de kosten van levensonderhoud en de toeslag voor een partner of eenoudergezin, begrepen in aan de schuldenaar toegekende studiefinanciering of tegemoetkoming in de studiekosten die niet vatbaar is voor beslag.
7. Met wijziging van omstandigheden die de beslagvrije voet verhogen, moet de beslaglegger onverwijld rekening houden. Hij is verplicht aan degene die de periodieke betaling moet verrichten, met het tijdstip van ingang, kennis van de verhoging te geven onmiddellijk nadat de reden daarvoor is aangetoond aan hem, zijn advocaat, zijn gemachtigde of de deurwaarder.
8. Tenzij alle betalingen wekelijks geschieden, worden zij, evenals inkomsten van degene aan wie samen met de schuldenaar gezinsbijstand zou kunnen toekomen, voor de toepassing van dit artikel berekend per maand.

Art. 475da-475dc
[Treedt in werking op nader te bepalen tijdstip]

Art. 475e
Geen beslagvrije voet geldt voor vorderingen van een schuldenaar die niet in Nederland woont of vast verblijft. Indien hij evenwel aantoont dat hij buiten deze vorderingen onvoldoende middelen van bestaan heeft, kan de kantonrechter op zijn verzoek een beslagvrije voet vaststellen voor zijn vorderingen op schuldenaren die woonplaats hebben in Nederland.
(Zie ook: art. 261 Rv)

Geen beslagvrije voet

Derde titel
Van de gerechtelijke tenuitvoerlegging op onroerende zaken

Eerste afdeling
Van executoriaal beslag op onroerende zaken

Art. 502
1. Het beslag op onroerende zaken moet worden voorafgegaan door een exploot van een deurwaarder, houdende bevel om binnen twee dagen aan de executoriale titel te voldoen. Eerst na verloop van die termijn kan het beslag worden gelegd. Indien daartoe gronden zijn, kan de voorzieningenrechter van de rechtbank, ook op mondeling verzoek van de deurwaarder, die termijn inkorten.
(Zie ook: art. 3 BW Boek 3)
2. Het bevel zal melding maken van de titel uit kracht waarvan de vervolging plaats heeft en zal uitdrukken dat bij gebreke van betaling zal worden overgegaan tot executoriale maatregelen tegen de onroerende zaken van de geëxecuteerde, zulks op straffe van nietigheid van het exploot.
3. Indien bij het betekenen van de executoriale titel tevens het voorgeschreven bevel is gedaan, wordt geen afzonderlijk bevel vereist.
4. Bij het bevel of de betekening moet de executant tot het uiteinde der executie woonplaats kiezen ten kantore van de deurwaarder, zulks op straffe van nietigheid van het exploot. Tevens kan woonplaats worden gekozen in Nederland ten kantore van een advocaat.
(Zie ook: art. 439 Rv)

Voorafgaand bevel tot betaling

Woonplaatskeuze

Art. 503

Hernieuwing van bevel na één jaar

Indien de schuldeiser een jaar na het bevel heeft laten verlopen, zal hij gehouden zijn het bevel te vernieuwen.

Art. 504

Inhoud proces-verbaal beslaglegging

1. Het beslag geschiedt bij een proces-verbaal van een deurwaarder dat, behalve de gewone formaliteiten, op straffe van nietigheid inhoudt:
   a. de vermelding van de voornaam, naam en woonplaats van de executant en de naam en woonplaats van de geëxecuteerde;
   b. de vermelding van de titel uit hoofde waarvan het beslag wordt gelegd;
   c. de aard van de in beslag genomen onroerende zaken, hun kadastrale aanduiding, en, indien zij buiten de bebouwde kom zijn gelegen, zo veel mogelijk de grootte;
   (Zie ook: art. 437 Rv)
   d. indien het beslag niet wordt gelegd door een deurwaarder ten kantore van wie woonplaats is gekozen overeenkomstig artikel 439, derde lid, een keuze van woonplaats ten kantore van de deurwaarder die het beslag legt.
   (Zie ook: art. 440 Rv)

Aanwijzing executerende notaris

2. In het proces-verbaal kan tevens een notaris worden aangewezen ten overstaan van wie de verkoop zal geschieden. In dat geval wordt in plaats van bij de deurwaarder, woonplaats bij de notaris gekozen.
(Zie ook: art. 514 Rv)

Art. 504a

Beslag alleen voor bepaalde vordering

1. Het beslag kan slechts worden gelegd voor een vordering waarvan het geldelijk beloop bepaalbaar is.
2. Zolang de vordering niet is vereffend, kan niet tot executoriale verkoop worden overgegaan.
(Zie ook: art. 441 Rv)

Art. 505

Inschrijving proces-verbaal in openbare registers

1. Het proces-verbaal van inbeslagneming zal in de in afdeling 2 van titel 1 van Boek 3 van het Burgerlijk Wetboek bedoelde openbare registers worden ingeschreven. Een afschrift van het proces-verbaal zal op straffe van nietigheid van het beslag niet later dan drie dagen na de inschrijving aan de geëxecuteerde worden betekend.
(Zie ook: art. 18 BW Boek 3)

Werking vervreemding, etc. jegens beslaglegger

2. Een vervreemding, bezwaring, onderbewindstelling, verhuring of verpachting, tot stand gekomen na de inschrijving van het proces-verbaal, kan niet tegen de beslaglegger worden ingeroepen. Dit geldt niet voor verhuur van woonruimte waarop de artikelen 271 tot en met 277 van Boek 7 van het Burgerlijk Wetboek van toepassing zijn, tenzij de verhuring plaatsvond na de bekendmaking bedoeld in artikel 516 of huurder wist dat de beslaglegger door de verhuring in zijn verhaalsmogelijkheden zou worden benadeeld.
(Zie ook: artt. 453a, 474e, 475b Rv; artt. 19, 21, 45 BW Boek 3)
3. Indien de akte betreffende de vervreemding of bezwaring vóór de inschrijving van het beslag reeds was verleden, kan de vervreemding of bezwaring nog niet tegen de beslaglegger worden ingeroepen, mits de inschrijving van deze akte uiterlijk geschiedt de eerste dag, waarop het kantoor van de Dienst voor het kadaster en de openbare registers na de dag van de inschrijving van het beslag voor het publiek opengesteld is.
(Zie ook: artt. 24, 45 BW Boek 3; art. 35 FW)

Art. 506

Gerechtelijke bewaarder

1. De geëxecuteerde is verplicht de in beslag genomen zaken in goede staat te houden.
2. De voorzieningenrechter van de rechtbank kan op verzoek van een beslaglegger een gerechtelijke bewaarder van de zaak aanstellen.
(Zie ook: artt. 709, 766 Rv)
3. Tegen een aanstelling krachtens het vorige lid is geen hogere voorziening toegelaten.
(Zie ook: artt. 446, 451 Rv)

Art. 507

Opbrengst onroerend goed na inschrijving

1. Vruchten en beplantingen, die ten tijde van de inschrijving zich nog op of in de zaak bevinden of te velde staan en vóór de verkoop worden geoogst, vallen mede onder het beslag, tenzij daarop rechten of beslagen van derden rusten, daaronder begrepen het pandrecht bedoeld in artikel 237, vierde lid, van Boek 3 van het Burgerlijk Wetboek.
2. Artikel 451 is, mede ter zake van de inoogsting, van toepassing.
3. Na de betekening van het ingeschreven beslag aan de huurder of pachter valt de aan de geëxecuteerde nog verschuldigde huur en pacht onder het beslag en moet zij worden betaald aan de notaris ten overstaan van wie de executie zal plaatsvinden, mits dit bij de betekening uitdrukkelijk aan de huurder of pachter met opgave van de plaats van betaling wordt medegedeeld en behoudens de rechten van derden, die de executant moet eerbiedigen. Hetgeen aan de notaris wordt betaald, wordt gerekend tot de in artikel 551 bedoelde opbrengst van de zaak. De artikelen 475i, 476 en 478 zijn van overeenkomstige toepassing.
(Zie ook: art. 455a Rv)

4. Het vorige lid is van overeenkomstige toepassing op hetgeen aan de geëxecuteerde verschuldigd is als canon uit hoofde van een erfpacht of als retributie uit hoofde van een opstalrecht of erfdienstbaarheid of als tegenprestatie ter zake van een kwalitatieve verplichting als bedoeld in artikel 252, vierde lid, van Boek 6 van het Burgerlijk Wetboek.
(Zie ook: artt. 455, 474b Rv)

Art. 507a
1. Eveneens vallen onder het beslag vorderingen tot vergoeding die na de inschrijving in de plaats van de zaak zijn getreden, daaronder begrepen vorderingen ter zake van waardevermindering van de zaak. — *Zaaksvervanging*

2. Zij moeten met overeenkomstige toepassing van artikel 507, derde lid, aan de notaris worden voldaan, behoudens de rechten van derden, die de executant moet eerbiedigen.
(Zie ook: art. 455a Rv)

Art. 507b
1. Een beslag gelegd op een onroerende zaak nadat de koop van de zaak is ingeschreven in de openbare registers, bedoeld in afdeling 2 van titel 1 van Boek 3 van het Burgerlijk Wetboek, op de wijze die is voorgeschreven in artikel 3 van Boek 7 van het Burgerlijk Wetboek, rust na de levering van de zaak op het deel van de koopprijs dat de notaris ten behoeve van de verkoper onder zich houdt, op voorwaarde dat de levering heeft plaatsgevonden binnen de termijn genoemd in lid 4 van artikel 3 van Boek 7. — *Beslag na levering*

2. De artikelen 475i, 476–478 zijn van overeenkomstige toepassing.

Art. 508
Rusten op de in beslag genomen zaak een of meer hypotheken, dan zal de beslaglegger het door hem gelegde beslag uiterlijk binnen vier dagen na de inschrijving in de betreffende openbare registers aan de hypotheekhouders doen betekenen; de betekening mag geschieden aan de door deze overeenkomstig artikel 260, eerste lid, derde zin, van Boek 3 van het Burgerlijk Wetboek gekozen woonplaats. — *Betekening beslag aan alle hypotheekhouders*
(Zie ook: art. 260 BW Boek 3)

Art. 509
1. Indien een hypotheekhouder die uit hoofde van zijn recht bevoegd is tot executoriale verkoop, de executie wil overnemen en dit binnen veertien dagen nadat het beslag aan hem is betekend, aanzegt de executant met inachtneming van artikel 544, tweede lid, geschiedt de executie verder door de hypotheekhouder en zijn de desbetreffende bepalingen van toepassing. — *Overnemen executie*
(Zie ook: art. 515 Rv)

2. Zijn er meer hypotheekhouders, dan komt deze bevoegdheid toe aan de hoogst gerangschikte hypotheekhouder, die de in het eerste lid bedoelde aanzegging heeft gedaan.

3. Wordt niet binnen veertien dagen een aanzegging als in het eerste lid bedoeld gedaan, dan is de beslaglegger bevoegd de executie voort te zetten.
(Zie ook: art. 461a Rv; art. 268 BW Boek 3)

Art. 510-512
[Vervallen]

Art. 513
1. Indien meer schuldeisers op dezelfde zaak beslag hebben gelegd, zal de executie plaatsvinden op de vervolging van degene die het eerst overeenkomstig artikel 505, eerste lid, het proces-verbaal van beslag heeft doen inschrijven. — *Meer schuldeisers voor dezelfde zaak*
(Zie ook: art. 458 Rv)

2. De voorzieningenrechter van de rechtbank binnen welker rechtsgebied de zaak geheel of grotendeels is gelegen, kan op verzoek van een schuldeiser wiens proces-verbaal later is ingeschreven, bepalen dat deze de executie zal overnemen: — *Overnemen executie*
a. in geval van arglist van de schuldeiser wiens proces-verbaal het eerst is ingeschreven, of samenspanning van deze met de geëxecuteerde;
(Zie ook: art. 45 BW Boek 3)
b. indien deze schuldeiser de executie niet met redelijke spoed voortzet.
(Zie ook: artt. 459, 545 Rv)

3. Tegen een beschikking krachtens het tweede lid is geen hogere voorziening toegelaten. — *Geen beroepsmogelijkheid*

4. Bij toepassing van het tweede lid wordt de overneming bij exploot aan de geëxecuteerde aangezegd.

Art. 513a
De inschrijving van het beslag kan worden doorgehaald met toepassing van de artikelen 28 en 29 van Boek 3 van het Burgerlijk Wetboek, met dien verstande dat de bewaarder mede tot doorhaling wordt gemachtigd door: — *Doorhaling inschrijving waardeloos beslag*
1°. een ingeschreven schriftelijke verklaring van de deurwaarder dat hij in opdracht van de executant het beslag opheft of dat het beslag is vervallen;
2°. een overeenkomstig artikel 17, eerste lid, onder *e*, van Boek 3 van het Burgerlijk Wetboek ingeschreven rechterlijke uitspraak die tot opheffing van het beslag strekt.

art. 514

12 Wetboek van Burgerlijke Rechtsvordering (uittreksel)

Tweede afdeling
Van executoriale verkoop van onroerende zaken

Art. 514

Executoriale verkoop ten overstaan van notaris

1. De executoriale verkoop geschiedt ten overstaan van een bevoegde notaris.
(Zie ook: art. 519 Rv; art. 268 BW Boek 3)
2. Zo de notaris niet reeds in het proces-verbaal van inbeslagneming is aangewezen, geschiedt de aanwijzing bij exploot aan de geëxecuteerde. Hetzelfde geldt voor de vervanging van een reeds aangewezen notaris.
(Zie ook: art. 504 Rv)
3. Bij een exploot als bedoeld in het tweede lid kiest de executant op straffe van nietigheid woonplaats ten kantore van de aangewezen notaris.
(Zie ook: art. 439 Rv)

Art. 515

Vaststelling datum verkoop

1. De notaris stelt binnen veertien dagen na zijn aanwijzing of, zo er hypothecaire inschrijvingen zijn, binnen veertien dagen na het ongebruikt verstrijken van de in artikel 509, eerste lid, bedoelde termijn, dag, uur en plaats van de verkoop vast.

Mededeling aan geëxecuteerde en anderen

2. Hij deelt schriftelijk dag, uur en plaats van de verkoop mede aan de geëxecuteerde en aan alle in artikel 551 bedoelde beperkt gerechtigden en schuldeisers, een en ander aan de hand van een door de bewaarder van het kadaster en de openbare registers af te geven kadastraal uittreksel inzake hypotheken en beslagen als bedoeld in artikel 100, eerste lid, van de Kadasterwet, waarin de inschrijvingen en de boekingen in de registers van voorlopige aantekeningen worden vermeld, die daartoe van belang zijn.

Art. 516

Bekendmaking verkoop

1. Geen verkoop zal kunnen plaatsvinden dan na verloop van dertig dagen, nadat zij door aankondiging op een of meer algemeen toegankelijke websites zal zijn bekend gemaakt.
2. In de bekendmakingen wordt vermeld dat het een executoriale verkoop betreft.

Art. 517

Inhoud veilcondities

1. De notaris stelt de veilingvoorwaarden vast, zulks in overleg met de executant en met inachtneming van het bepaalde in de artikelen 519, 524a en 525 lid 4. Tenminste dertig dagen voor de verkoop doet hij die in artikel 515, tweede lid, bedoelde ingeschrevenen en latere beslagleggers hiervan mededeling met toezending van een exemplaar van deze voorwaarden en plaatst hij de veilingvoorwaarden tevens op de in artikel 516, eerste lid, bedoelde website of websites.
2. Op verlangen van ieder der voormelde belanghebbenden kunnen de veilingvoorwaarden tevens inhouden dat de zaak wordt verkocht vrij van daarop rustende rechten of beperkingen, die niet tegen het recht van deze belanghebbende kunnen worden ingeroepen.
(Zie ook: artt. 458, 526 Rv)

Art. 518

Geschillen over veilcondities

1. Geschillen over de veilingvoorwaarden, over de wijze van verkoop of over dag, uur of plaats daarvan, dan wel, via welke website en gedurende welke periode er kan worden geboden, worden op verzoek van de meest gerede partij of van de notaris beslist door de voorzieningenrechter van de rechtbank in welker rechtsgebied de zaken geheel of grotendeels zijn gelegen, onverminderd de bevoegdheid van hen wier rechten bij de executie niet worden geëerbiedigd, zich daartegen overeenkomstig artikel 538 te verzetten.

Geen beroepsmogelijkheid

2. Tegen beschikkingen krachtens dit artikel is geen hogere voorziening toegelaten.
(Zie ook: art. 463a Rv)

Art. 519

Wijze van verkoop

1. De verkoop vindt in het openbaar plaats, eerst bij opbod en vervolgens bij afmijning.
(Zie ook: art. 469 Rv)
2. De openbare verkoop kan ook uitsluitend of gelijktijdig via internet plaatsvinden via een algemeen toegankelijke website.
3. De notaris bepaalt bij de verkoop via internet, in plaats van de dag, het uur en de plaats van de verkoop, bedoeld in artikel 515, via welke website en gedurende welke periode er kan worden geboden.
4. De algemeen toegankelijke website waarop de verkoop plaatsvindt is ingericht met passende technische maatregelen om de betrouwbaarheid en veiligheid te waarborgen. Bij algemene maatregel van bestuur kunnen hieromtrent nadere regels worden gesteld.

Art. 520

Onroerende zaken in verschillende arrondissementen

1. De executant kan onroerende zaken die in verschillende arrondissementen zijn gelegen, slechts gezamenlijk voor één prijs verkopen, indien zij tezamen worden geëxploiteerd of door alle belanghebbenden bij de opbrengst gezamenlijke verkoop is overeengekomen.
2. Is zulks niet overeengekomen, dan kan de voorzieningenrechter van de rechtbank binnen welker rechtsgebied de zaken grotendeels zijn gelegen op verzoek van de meest gerede partij of van de notaris bepalen dat de zaken gezamenlijk zullen worden verkocht.
3. Tegen beschikkingen krachtens het vorige lid is geen hogere voorziening toegelaten.

Art. 521
Heeft de executant voor de schuld waarvoor hij beslag heeft gelegd tevens hypotheek op andere onroerende zaken of op beperkte rechten daarop, dan mag hij de in beslag genomen zaken slechts verkopen in geval de aan hem verhypothekeerde goederen ontoereikend zijn.
Beslaglegger heeft meer hypotheken

Art. 522
Indien meer onroerende zaken in dezelfde inbeslagneming zijn vervat en de opbrengst van het verkochte toereikend is om de executant, de beperkt gerechtigden wier recht vervalt, en de andere beslagleggers op deze zaken, met de kosten, te voldoen, zal de notaris met de verkoop der overige zaken niet verder gaan, tenzij de geëxecuteerde verklaart die verkoop te verlangen.
(Zie ook: art. 470 Rv)
Niet voortgaan bij verkoop

Art. 523
De notaris is verplicht, voor zover hem dit mogelijk is, uiterlijk op de dag na de verkoop, van de verkoop schriftelijk kennis te geven aan de geëxecuteerde en aan alle in artikel 551 bedoelde beperkt gerechtigden en schuldeisers.
(Zie ook: art. 252 BW Boek 3)
Mededeling van verkoop

Art. 524
De koper is gehouden de koopprijs te voldoen in handen van de notaris. Deze voldoet daaruit de kosten van de executie.
(Zie ook: artt. 474, 551 Rv; art. 270 BW Boek 3)
Betaling koopsom

Art. 524a
1. Indien sprake is van een tot bewoning bestemde onroerende zaak worden, voor zover verschuldigd, aan de koper geen andere kosten of heffingen in rekening gebracht dan:
   a. de overdrachtsbelasting en de omzetbelasting;
   b. het honorarium van de notaris;
   c. het kadastrale recht en de kosten van kadastrale recherche;
   d. de kosten van ontruiming.
2. Aan de koper wordt voorafgaand aan de veiling naar beste weten een indicatie gegeven van de maximale hoogte van de kosten en heffingen die aan hem in rekening worden gebracht.
Kostenverdeling

Art. 525
1. De koper verkrijgt het recht op de verkochte zaken door inschrijving van het proces-verbaal van toewijzing.
2. De bewaarder van de openbare registers weigert inschrijving, indien niet tevens een verklaring van de notaris wordt overgelegd dat de koopprijs in zijn handen is gestort en, zo het om een verkoop bedoeld in artikel 477b, tweede lid, gaat, tevens een schriftelijke verklaring van de derde dat hij de zaak ter beschikking heeft gesteld van de deurwaarder die het beslag onder de derde heeft gelegd.
3. De geëxecuteerde, alsmede degene die zich op het moment van de inschrijving van het proces-verbaal van toewijzing zonder recht of titel in de verkochte zaak bevindt en als zodanig niet bekend was aan de koper, zal op grond van het proces-verbaal tot ontruiming worden genoodzaakt.
4. De tot bewoning bestemde onroerende zaak is voor risico van de koper vanaf het moment van de inschrijving van het proces-verbaal van toewijzing.
Eigendomsovergang

Ontruiming

Art. 526
1. Artikel 273 van Boek 3 van het Burgerlijk Wetboek is van toepassing.
2. Op de in dat artikel aangegeven wijze vervallen ook beperkte rechten die wel tegen de verkoper ingeroepen kunnen worden, indien de zaak vrij van deze rechten is verkocht overeenkomstig artikel 517, tweede lid.
Zuivering

Art. 527
Schiet de koper tekort in de nakoming van de koopovereenkomst, dan mag de executant ten laste van de koper de verkochte zaak met inachtneming van de artikelen 514 en volgende wederom verkopen. De executant is tot deze verkoop gehouden, indien een van de bij de opbrengst direct belanghebbenden dit verlangt.
Herveiling en toewijzing

Art. 528
De koper zal deze nieuwe verkoop kunnen voorkomen door vóór de verkoop alsnog aan de koopovereenkomst te voldoen en de met betrekking tot deze nieuwe verkoop reeds gemaakte kosten te betalen met aanbod van zekerheid voor zover deze nog niet bekend mochten zijn.
Niet doorgaan herveiling

Art. 529
De koper die in de nakoming van de koopovereenkomst tekortschiet, is aansprakelijk voor het verschil tussen de prijs waarvoor hij de zaak heeft gekocht en die van de nieuwe verkoop, zonder dat hij nochtans het meerdere dat deze laatste verkoop mocht hebben opgebracht, zal kunnen vorderen; dit meerdere zal aan de schuldeisers, of zo dezen niet meer te vorderen hebben, aan degenen tegen wie het beslag gedaan is, betaald worden.
Aansprakelijkheid gebrekige koper

Art. 530-537j
[Vervallen]

Derde afdeling
Van opvordering door derden

Art. 538

Verzet derde tegen executie
1. Treft het beslag een zaak die geheel of ten dele aan een ander toebehoort of waarop een recht van een ander rust dat de executant moet eerbiedigen, dan kan deze ander zich tegen verkoop waarbij zijn recht niet in acht wordt genomen, tot op het tijdstip van de verkoop verzetten.

Schadevergoeding
2. De eiser die in het ongelijk wordt gesteld, zal, op vordering van de executant, zo daartoe gronden zijn, tot schadevergoeding worden veroordeeld.
(Zie ook: artt. 438, 456 Rv)

Art. 539

Opschorting executie door notaris
De notaris aan wie een oproepingsbericht als bedoeld in het vorige artikel betekend wordt is bevoegd de verkoop van alle bij de executie betrokken zaken op te schorten, totdat de voorzieningenrechter van de rechtbank omtrent de schorsing van de executie zal hebben beslist op vordering van de meest gerede partij of op verlangen van de notaris, die zich daartoe bij de voorzieningenrechter kan vervoegen.
(Zie ook: art. 438 Rv; art. 234 BW Boek 3)

Art. 540

Hernieuwde bekendmaking
Indien de verkoop door het verzet is vertraagd, kan deze niet plaatsvinden dan nadat de in artikel 516 bedoelde bekendmakingen opnieuw hebben plaatsgevonden en de daar bedoelde termijn opnieuw is in acht genomen.
(Zie ook: art. 538 Rv)

Art. 541-543
[Vervallen]

Vierde afdeling
Van executie door een hypotheekhouder

Art. 544

Executie pas na aanzegging daarvan
1. De hypotheekhouder is verplicht de executie te doen inleiden door een aanzegging daarvan of van de in artikel 509 bedoelde overneming aan de hypotheekgever, de schuldenaar en hen van wier recht of beslag uit de registers blijkt en wier recht door de executoriale verkoop zal tenietgaan of vervallen.

Formaliteiten
2. De aanzegging van de executie of de overneming daarvan geschiedt bij exploot van een deurwaarder en houdt in:
a. zo nauwkeurig mogelijk het bedrag waarvoor de hypotheekhouder uit hoofde van zijn recht tot executie wil overgaan, en de ter zake tot het tijdstip van de aanzegging reeds gemaakte kosten;
b. de aanwijzing van de notaris ten overstaan van wie de verkoop zal plaatsvinden.
(Zie ook: art. 514 Rv)

Overneming executie
3. Een hypotheekhouder kan de executie ook overnemen van een andere hypotheekhouder wiens recht in rang na het zijne komt, door binnen veertien dagen nadat hem de in het eerste lid bedoelde aanzegging is gedaan, van de overneming aanzegging te doen. Artikel 509 is van overeenkomstige toepassing. De vorige leden worden opnieuw in acht genomen.
(Zie ook: artt. 249, 268 BW Boek 3)

Art. 545

Gebrekige hypotheekhouder, vaststelling termijn
1. Indien de hypotheekhouder in gebreke mocht blijven de executie met redelijke spoed voort te zetten, kan elke beslaglegger of hypotheekhouder aan de voorzieningenrechter van de rechtbank binnen welker rechtsgebied de zaken geheel of grotendeels zijn gelegen, verzoeken een termijn vast te stellen, waarbinnen de hypotheekhouder tot de verkoop of tot indiening van een verzoek tot onderhandse verkoop moet overgaan.
(Zie ook: art. 513 Rv)

Sanctie
2. Bij overschrijding van de termijn wordt de executie voortgezet door de verzoeker met de hoogst gerangschikte hypotheek of, zo onder de verzoekers geen hypotheekhouder is, door de schuldeiser wiens beslag het eerst is ingeschreven.

Geen hogere voorziening
3. Tegen een beschikking krachtens het eerste lid is geen hogere voorziening toegelaten.

Art. 546

Bepalingen van overeenkomstige toepassing
De artikelen 514, tweede lid, tweede zin, en derde lid, 515-520, 522, 523, 524a, 525, 526, tweede lid, en 527-529 zijn ook bij executie door een hypotheekhouder van toepassing met inachtneming van de volgende artikelen van deze afdeling.
(Zie ook: artt. 268, 270, 273 BW Boek 3)

Art. 547

Aanvulling op artt. 515 en 516
1. De in artikel 515 bedoelde termijn loopt vanaf de dag van de in artikel 544 bedoelde aanzegging aan de hypotheekgever.

2. In de in artikel 516 bedoelde aankondiging dient tevens te zijn opgenomen dat tot veertien dagen vóór de voor de verkoop bepaalde dag ondershands op de te executeren zaken kan worden geboden bij een aan de notaris gerichte schriftelijke verklaring.
3. De notaris geeft van de binnengekomen biedingen onverwijld afschrift aan de executant en de geëxecuteerde.
(Zie ook: art. 268 BW Boek 3)

Art. 548
1. Tot één week vóór de voor de verkoop bepaalde dag kan bij de voorzieningenrechter van de rechtbank het in artikel 268, tweede lid, van Boek 3 van het Burgerlijk Wetboek bedoelde verzoek dat de verkoop ondershands zal geschieden, worden ingediend. — Verzoek tot onderhandse verkoop
2. Dit verzoek kan uitsluitend worden gedaan, indien tevens een volledige koopakte wordt overgelegd, zij het dat, indien het verzoek niet door de executant wordt gedaan, de akte niet door of namens hem ondertekend behoeft te zijn. Tevens dienen in afschrift te worden overgelegd de biedingen die bij de notaris zijn binnengekomen dan wel een verklaring van de notaris dat hij zulke biedingen niet heeft ontvangen.
3. Bij verzoekschrift wordt voorts een lijst overgelegd van de in artikel 544 bedoelde belanghebbenden. De griffier deelt hun onverwijld mede dat het verzoek is gedaan en dat zij op hun verlangen door de voorzieningenrechter kunnen worden gehoord. — Lijst van belanghebbenden
4. Door tijdige indiening van het verzoek vervalt de voor de openbare verkoop bepaalde dag. Wordt het verzoek afgewezen, dan zal de rechter tevens de dag bepalen waarop de openbare verkoop zal plaatsvinden. Deze verkoop zal tenminste veertien dagen tevoren op de in artikel 516 bedoelde wijze worden bekendgemaakt. De voorzieningenrechter kan de verzoeker in de kosten van de bekendmaking veroordelen, onverminderd diens verplichting de door het verzoek ontstane schade te vergoeden, zo daartoe gronden zijn. — Gevolgen verzoek

Art. 549
1. Een verzoekschrift van de hypotheekhouder tot het verkrijgen van het verlof, bedoeld in artikel 264 lid 5 van Boek 3 van het Burgerlijk Wetboek kan, behalve door een advocaat, ook door een notaris worden ingediend, in welk geval diens kantoor als gekozen woonplaats van de verzoeker geldt. Bij het verzoekschrift wordt overgelegd een niet langer dan één maand tevoren aan de huurder of, als de woonruimte in zijn plaats door een onderhuurder wordt bewoond, aan de onderhuurder door een deurwaarder uitgebracht exploit waarbij: — Verzoek tot verlof door notaris
a. aan de huurder of onderhuurder wordt betekend de aanzegging of de overneming van de executie door de hypotheekhouder bedoeld in artikel 544;
b. aan de huurder of onderhuurder wordt aangezegd dat het beding jegens de huurder zal worden ingeroepen.
2. De voorzieningenrechter beslist niet dan na verhoor of behoorlijke oproeping van de huurder en de eventuele onderhuurders.
3. Indien het onderpand met overlating aan de koper van de bevoegdheid het beding in te roepen wordt verkocht, gaan ook de rechten uit de beschikking waarbij het verlof is verleend, op de koper over.
4. Onder de huurder in de zin van dit artikel wordt begrepen degene die ingevolge artikel 266 lid 1 of artikel 267 lid 1 van Boek 7 van het Burgerlijk Wetboek medehuurder is.

Art. 550
1. In het geval, bedoeld in het derde lid van artikel 267a van Boek 3 van het Burgerlijk Wetboek, vindt de bezichtiging plaats door tussenkomst van de deurwaarder, die hiertoe bevoegd is tot het binnentreden van de woning zonder toestemming van de bewoner en die hiervan proces-verbaal opmaakt.
2. De dag waarop de bezichtiging plaatsvindt, wordt bij exploot aangekondigd, ten minste drie dagen voor de bezichtiging.

Vijfde afdeling
Van de verdeling van de opbrengst van de executie

Art. 551
1. Indien er geen andere schuldeiser is, die op het geëxecuteerde of op de koopprijs beslag heeft gelegd, en evenmin door de executie een beperkt recht vervalt, draagt de notaris aan de executant uit de netto-opbrengst van de zaak af hetgeen aan deze blijkens een door hem te dien aanzien aan de notaris afgelegde verklaring krachtens zijn executoriale titel toekomt; het overschot keert de notaris uit aan de geëxecuteerde. — Voldoening koopprijs, verdeling
2. Ingeval er wel schuldeisers of beperkt gerechtigden zijn, als in het eerste lid bedoeld, dan wel de in dat lid bedoelde verklaring wordt betwist of de notaris ernstige reden heeft te vermoeden dat zij onjuist is, stort de notaris de netto-opbrengst onverwijld bij een door hem aangewezen bewaarder die aan de in artikel 445 bedoelde eisen voldoet.
3. Wanneer de schuldeisers die op de zaak of op de koopprijs beslag hebben gelegd, de beperkt gerechtigden wier recht door de executie vervalt, en de geëxecuteerde het vóór de betaaldag

art. 551a

12 Wetboek van Burgerlijke Rechtsvordering (uittreksel)

van de koopsom omtrent de verdeling van de te storten som eens zijn geworden, blijft de storting achterwege en keert de notaris aan ieder het hem toekomende uit.

Aansprakelijkheid bij verzuim notaris
4. Voor zover de verplichtingen welke ingevolge dit artikel op de notaris rusten, niet worden nagekomen, is de Staat jegens belanghebbenden voor de daaruit voor hen voortvloeiende schade met de notaris hoofdelijk aansprakelijk.

Executie door hypotheekhouder
5. In geval van executie door een hypotheekhouder is niet dit artikel, maar artikel 270 van Boek 3 van het Burgerlijk Wetboek van toepassing.

Dwingend recht
6. Van het in dit artikel bepaalde kan in de koopvoorwaarden niet worden afgeweken.
(Zie ook: artt. 480, 490c, 524 Rv; art. 270 BW Boek 3)

Art. 551a

Rangregeling
1. Na de betaling van de koopprijs is ieder der in het derde lid van het vorige artikel genoemde belanghebbenden bevoegd een gerechtelijke rangregeling te verzoeken.
2. Indien deze belanghebbenden met betrekking tot de verdeling alsnog tot overeenstemming komen en daarvan door een authentieke akte doen blijken aan de in artikel 551, tweede lid, bedoelde bewaarder, keert deze aan ieder het hem volgens deze akte toekomende uit.
(Zie ook: art. 271 BW Boek 3)

Art. 552

Benoeming rechter-commissaris
1. Een gerechtelijke rangregeling, bedoeld in het vorige artikel en in artikel 271 van Boek 3 van het Burgerlijk Wetboek, wordt verzocht door aan de voorzieningenrechter van de rechtbank binnen welker rechtsgebied zich de geëxecuteerde zaken geheel of grotendeels bevinden, de benoeming van een rechter-commissaris te verzoeken, te wiens overstaan de verdeling zal plaatsvinden. Artikel 282a is van toepassing.
2. Bij het verzoekschrift wordt gevoegd een door de bewaarder van het kadaster en de openbare registers af te geven kadastraal uittreksel inzake hypotheken en beslagen als bedoeld in artikel 100, eerste lid, van de Kadasterwet, waarin de inschrijvingen en de boekingen in het register van voorlopige aantekeningen worden vermeld, die voor de aanwijzing van de in artikel 551 bedoelde belanghebbenden van belang zijn, alsmede een door de notaris af te geven staat van de schuldeisers die beslag hebben gelegd op de opbrengst van de executie of hun vordering ontlenen aan artikel 264, lid 7 van Boek 3 van het Burgerlijk Wetboek.
(Zie ook: art. 515 Rv)

Geen beroepsmogelijkheid
3. Tegen een benoeming krachtens het eerste lid is geen hogere voorziening toegelaten.
4. Op de rangregeling zijn de artikelen 482-490a, 490c en 490d van toepassing.

Art. 553

Gezamenlijke verkoop voor één prijs, evenredige verdeling
1. Ingeval bij een executoriale verkoop meer onroerende zaken of daarop rustende rechten tezamen, dan wel een of meer onroerende zaken of daarop rustende rechten tezamen met daarbij behorende roerende zaken, zoals omschreven in artikel 254 van Boek 3 van het Burgerlijk Wetboek, voor één prijs zijn verkocht en er deelnemers aan de rangregeling zijn, wier recht of voorrang niet alle verkochte zaken of rechten betreft, deelt ieder van hen alleen mee of alleen met voorrang mee in het gedeelte van de netto-opbrengst dat naar schatting kan worden toegerekend aan de zaken of rechten waarop zijn recht of voorrang betrekking had.
2. In de in artikel 483 bedoelde staat van verdeling zal de rechter-commissaris aan de hand van de overgelegde stukken en zo nodig na verhoor van deskundigen een verdeling overeenkomstig het vorige lid voorstellen.
(Zie ook: art. 522 Rv)

Art. 554

[Vervallen]

Zesde afdeling
Van gedwongen ontruiming

Art. 555

Gedwongen ontruiming pas na deurwaardersexploot
De gedwongen ontruiming van onroerende zaken moet worden voorafgegaan door een exploot van een deurwaarder, houdende bevel om binnen drie dagen aan de executoriale titel te voldoen. De artikelen 502 en 503 zijn van overeenkomstige toepassing.
(Zie ook: art. 2 ATW)

Art. 556

Deurwaarder ontruimt
1. De gedwongen ontruiming geschiedt door een deurwaarder.

Bijstand facultatief
2. Deze kan zich doen bijstaan door een of twee getuigen, wier naam en woonplaats hij in dat geval in zijn proces-verbaal zal vermelden en die dit stuk mede zullen tekenen.
(Zie ook: artt. 440, 564 Rv)

Art. 557

Opening deuren
Indien de deuren gesloten zijn, of de opening geweigerd wordt, gelijk mede indien geweigerd wordt enige kamer te openen, is artikel 444 van overeenkomstige toepassing.

Art. 557a
1. Tenzij zulks onverenigbaar zou zijn met het belang van degene op wiens vordering het bevel wordt gedaan, kan de rechter bepalen dat een vonnis, waarbij aan anderen dan aan gebruikers of gewezen gebruikers krachtens een persoonlijk of zakelijk recht de ontruiming wordt bevolen van een gebouwde onroerende zaak of gedeelte daarvan, binnen een door hem te bepalen termijn niet ten uitvoer kan worden gelegd, onverminderd het recht van de eerstgenoemde op vergoeding van alle geleden of te lijden schade. — *Vonnis bevel tot ontruiming*

2. Tenzij zulks onverenigbaar zou zijn met het belang van degene op wiens vordering het bevel tot ontruiming wordt gedaan, bepaalt de rechter dat dit bevel niet ten uitvoer kan worden gelegd, totdat hij omtrent het al dan niet bepalen van een termijn als in het vorige lid bedoeld heeft beslist, na terzake inlichtingen te hebben ingewonnen bij burgemeester en wethouders van de gemeente waarin de onroerende zaak zich bevindt. Hiertoe beveelt hij burgemeester en wethouders binnen een door hem te bepalen termijn hun schriftelijk bericht ter griffie in te leveren of op een door hem te bepalen zitting mondeling verslag te doen of door een door hen aangewezen ambtenaar te laten doen.

3. Desgevorderd kan de rechter bepalen dat een vonnis, waarbij aan anderen dan aan gebruikers of gewezen gebruikers krachtens een persoonlijk of zakelijk recht de ontruiming wordt bevolen van een gebouwde onroerende zaak of gedeelte daarvan, tot een jaar na de dag waarop het vonnis wordt uitgesproken dan wel bekrachtigd, of, indien de rechter een termijn bepaalt als bedoeld in het eerste lid, tot een jaar na de dag waarop die datum verstrijkt, ten uitvoer kan worden gelegd tegen een ieder die ten tijde van de tenuitvoerlegging zich daar bevindt of daar binnentreedt en telkens wanneer dat zich voordoet.

Art. 558
Deze afdeling is mede van toepassing, indien een gehele of gedeeltelijke al of niet tijdelijke ontruiming nodig is, omdat: — *Geen frustratie van art. 299 bk 3 BW mogelijk*

a. de executant overeenkomstig artikel 299 van Boek 3 van het Burgerlijk Wetboek is gemachtigd ten aanzien van een onroerende zaak zelf datgene te verrichten waartoe nakoming van een jegens hem bestaande verplichting zou hebben geleid; of

b. de executant krachtens de door hem verkregen uitspraak gerechtigd is werkzaamheden op of aan een onroerende zaak te verrichten en degene tegen wie de tenuitvoerlegging zich richt, gehouden is dit te gedogen.

(Zie ook: art. 79 BW Boek 6)

Vijfde titel
Van lijfsdwang en deszelfs tenuitvoerlegging en van dwangsom

Derde afdeeling
Van dwangsom

Art. 611a
[1.] De rechter kan op vordering van een der partijen de wederpartij veroordelen tot betaling van een geldsom, dwangsom genaamd, voor het geval dat aan de hoofdveroordeling niet wordt voldaan, onverminderd het recht op schadevergoeding indien daartoe gronden zijn. Een dwangsom kan echter niet worden opgelegd in geval van een veroordeling tot betaling van een geldsom. — *Opleggen dwangsom*

(Zie ook: art. 1056 Rv)

[2.] De dwangsom kan ook voor het eerst in verzet of in hoger beroep worden gevorderd.

[3.] De dwangsom kan niet worden verbeurd vóór de betekening van de uitspraak waarbij zij is vastgesteld. — *Verbeuren dwangsom*

(Zie ook: art. 430 Rv)

[4.] De rechter kan bepalen dat de veroordeelde pas na verloop van een zekere termijn de dwangsom zal kunnen verbeuren.

(Zie ook: artt. 296, 299 BW Boek 3; artt. 27, 74 BW Boek 6)

Art. 611b
De rechter kan de dwangsom hetzij op een bedrag ineens, hetzij op een bedrag per tijdseenheid of per overtreding vaststellen. In de laatste twee gevallen kan de rechter eveneens een bedrag bepalen waarboven geen dwangsom meer verbeurd wordt. — *Vaststellen dwangsom*

Art. 611c
De dwangsom, eenmaal verbeurd, komt ten volle toe aan de partij die de veroordeling heeft verkregen. Deze partij kan de dwangsom ten uitvoer leggen krachtens de titel waarbij zij is vastgesteld. — *Tenuitvoerlegging dwangsom*

(Zie ook: art. 43 Uw EEX)

Art. 611d
[1.] De rechter die een dwangsom heeft opgelegd, kan op vordering van de veroordeelde de dwangsom opheffen, de looptijd ervan opschorten gedurende de door hem te bepalen termijn — *Opheffing, opschorting vermindering dwangsom*

art. 611e

12 Wetboek van Burgerlijke Rechtsvordering (uittreksel)

of de dwangsom verminderen in geval van blijvende of tijdelijke, gehele of gedeeltelijke onmogelijkheid voor de veroordeelde om aan de hoofdveroordeling te voldoen.
(Zie ook: art. 611e Rv; artt. 2, 74 BW Boek 6)
[2.] Voor zover de dwangsom verbeurd was voordat de onmogelijkheid intrad, kan de rechter haar niet opheffen of verminderen.
(Zie ook: art. 1056 Rv)

Art. 611e

Dwangsom en faillissement

[1.] De dwangsom kan gedurende het faillissement van de veroordeelde niet worden verbeurd.

[2.] Dwangsommen die vóór de faillietverklaring verbeurd zijn, worden in het passief van het faillissement niet toegelaten.

[3.] Het eerste en tweede lid zijn van overeenkomstige toepassing in de schuldsaneringsregeling natuurlijke personen, met dien verstande dat dwangsommen tijdens de toepassing van de schuldsaneringsregeling kunnen worden opgelegd en verbeurd ter zake van vorderingen ten aanzien waarvan de schuldsaneringsregeling niet werkt.

Art. 611f

Invloed overlijden op dwangsom

[1.] Na overlijden van de veroordeelde wordt een dwangsom die op een bepaald bedrag per tijdseenheid is vastgesteld, niet verder verbeurd, maar de vóór het overlijden verbeurde dwangsommen blijven verschuldigd. De dwangsom wordt door erfgenamen van de veroordeelde pas opnieuw verbeurd nadat de rechter die haar heeft opgelegd, aldus heeft beslist. De rechter kan het bedrag en de voorwaarden ervan wijzigen.

[2.] Andere dwangsommen kunnen, op vordering van de erfgenamen, door de rechter die ze heeft opgelegd, worden opgeheven of verminderd, hetzij blijvend hetzij tijdelijk, en, in voorkomend geval, met ingang van de dag waarop de veroordeelde overleden is.

Art. 611g

Verjaring dwangsom Schorsing verjaring

[1.] Een dwangsom verjaart door verloop van zes maanden na de dag waarop zij verbeurd is.

[2.] De verjaring wordt geschorst door faillissement, toepassing van de schuldsaneringsregeling natuurlijke personen en ieder ander wettelijk beletsel voor tenuitvoerlegging van de dwangsom.

[3.] De verjaring wordt ook geschorst zolang degene die de veroordeling verkreeg met het verbeuren van de dwangsom redelijkerwijze niet bekend kon zijn.
(Zie ook: artt. 306, 312 BW Boek 3)

Art. 611h

Geen invloed op competentie

Voor de bepaling van de rechterlijke bevoegdheid en de vatbaarheid voor hoger beroep wordt geen rekening gehouden met de dwangsom.
(Zie ook: artt. 38, 53 Wet RO)

Art. 611i

Scheidsmannen

Onder rechter in deze afdeling worden mede scheidsmannen begrepen.
(Zie ook: art. 1056 Rv; art. 305 BW Boek 3)

Zesde titel
Van het vereffenen van schadevergoeding

Art. 612

Schadevergoeding in vonnis of op de op te maken staat

De rechter die een veroordeling tot schadevergoeding uitspreekt, begroot, voor zover hem dit mogelijk is, de schade in het vonnis. Indien begroting in het vonnis hem niet mogelijk is, spreekt hij een veroordeling uit tot schadevergoeding op te maken bij staat.
(Zie ook: art. 97 BW Boek 6)

Art. 613

Aanvang schadestaatprocedure

1. De tenuitvoerlegging van een veroordeling tot schadevergoeding op te maken bij staat, vangt aan met de betekening aan de wederpartij van een staat waarin het beloop van de schade waarvan de vereffening wordt gevorderd, gespecificeerd wordt opgegeven.

Datum terechtzitting dagvaardingsregels; competente rechter

2. Het exploot vermeldt de roldatum en, indien dan een terechtzitting wordt gehouden, het uur daarvan. De bepalingen betreffende dagvaarding zijn van overeenkomstige toepassing. Bevoegd is de rechter die in eerste instantie over de hoofdzaak heeft geoordeeld.
(Zie ook: artt. 5, 75, 133, 773 Rv)

Derde Boek
Van regtspleging van onderscheiden aard

Vierde titel
Van middelen tot bewaring van zijn recht

Eerste afdeling
Algemene bepalingen

Art. 700
1. Voor het leggen van conservatoir beslag is verlof vereist van de voorzieningenrechter van de rechtbank binnen welker rechtsgebied zich een of meer van de betrokken zaken bevinden, dan wel, indien het beslag niet op zaken betrekking heeft, de schuldenaar of degene of een dergenen onder wie het beslag gelegd wordt, woonplaats heeft. *Verlof president rechtbank*
(Zie ook: artt. 711, 725, 730 Rv)
2. Het verlof wordt verzocht bij een verzoekschrift waarin de aard van het te leggen beslag en van het door de verzoeker ingeroepen recht en, zo dit recht een geldvordering is, ook het bedrag of, zo dit nog niet vaststaat, het maximum bedrag daarvan, worden vermeld, onverminderd de bijzondere eisen door de wet gesteld voor een beslag van de soort waarom het gaat. De voorzieningenrechter beslist na summier onderzoek. In geval van een geldvordering stelt hij het bedrag vast waarvoor het verlof wordt verleend, met inbegrip van de kosten waarin de schuldenaar zal kunnen worden veroordeeld. Bij het verlof kan de voorzieningenrechter, onverminderd artikel 64, derde lid, tevens verlof verlenen het beslag te leggen op alle dagen en uren. Tegen een krachtens dit lid gegeven verlof is geen hogere voorziening toegelaten. *Inhoud verzoekschrift; summier onderzoek*
3. Tenzij op het tijdstip van het verlof reeds een eis in de hoofdzaak is ingesteld, wordt het verlof verleend onder voorwaarde dat het instellen daarvan geschiedt binnen een door de voorzieningenrechter daartoe te bepalen termijn van ten minste acht dagen na het beslag. De voorzieningenrechter kan de termijn verlengen, indien de beslaglegger dit voor het verstrijken van de termijn verzoekt. Tegen de beschikking is geen hogere voorziening toegelaten. In het geval van een beslag als bedoeld in artikel 714 of artikel 718 moet de verlenging, om haar werking te hebben, binnen acht dagen na het tijdstip waarop de termijn zonder verlenging zou verstrijken, schriftelijk zijn medegedeeld aan de in artikel 715 bedoelde vennootschap, onderscheidenlijk de in artikel 718 bedoelde derde. Overschrijding van de termijn voor het instellen van een eis in de hoofdzaak doet het beslag vervallen. *Termijn voor eis in hoofdzaak*
(Zie ook: art. 710a Rv)
4. Verlof tot het leggen van beslag ten laste van een instelling als bedoeld in artikel 212a, onder a, van de Faillissementswet kan slechts worden verleend nadat de instelling in de gelegenheid is gesteld om te worden gehoord, tenzij het beslag uitsluitend op zaken betrekking heeft.

Art. 701
1. De voorzieningenrechter kan het verlof verlenen onder voorwaarde dat tot een door hem te bepalen bedrag zekerheid wordt gesteld voor schade die door het beslag kan worden veroorzaakt. *Zekerheidstelling*
2. De zekerheid moet voor of bij de betekening van het beslagexploot aan de beslagene worden aangeboden. Voor het overige is artikel 616 van toepassing.
(Zie ook: art. 51 BW Boek 6)

Art. 702
1. Tenzij de wet anders bepaalt, wordt een conservatoir beslag gelegd met overeenkomstige toepassing van de voorschriften, geldende voor het leggen van executoriaal beslag tot verhaal van een geldvordering op een goed van de soort als in beslag genomen wordt. In plaats van de executoriale titel wordt in het beslagexploot het in artikel 700 bedoelde verlof van de voorzieningenrechter vermeld. *Voorschriften executoriaal beslag van overeenkomstige toepassing*
2. Dit verlof en het verzoekschrift waarop het is gegeven worden tezamen met het beslagexploot aan de beslagene betekend.

Art. 703
Het beslag mag niet worden gelegd op goederen bestemd voor de openbare dienst of op goederen die De Nederlandsche Bank N.V. onder zich heeft ten behoeve van een systeem als bedoeld in artikel 212a, onder b, van de Faillissementswet. *Goederen voor de openbare dienst*
(Zie ook: art. 436 Rv)

Art. 704
1. Zodra de beslaglegger in de hoofdzaak een executoriale titel heeft verkregen en deze voor tenuitvoerlegging vatbaar is geworden, gaat het conservatoir beslag over in een executoriaal beslag, mits de verkregen titel aan de beslagene en, zo het beslag onder een derde is gelegd, ook aan deze is betekend. *Executoriale titel*
(Zie ook: art. 722 Rv)

art. 718 12 Wetboek van Burgerlijke Rechtsvordering (uittreksel)

Vervallen van beslag

2. Wordt de eis in de hoofdzaak afgewezen, en is deze afwijzing in kracht van gewijsde gegaan, dan vervalt daardoor tevens van rechtswege het beslag. Hetzelfde geldt, indien voor de tenuitvoerlegging van de beslissing in de hoofdzaak een rechterlijk bevelschrift of verlof nodig is, en de beslissing waarbij dit door de rechter is geweigerd in kracht van gewijsde is gegaan.

Vierde afdeling
Van conservatoir beslag onder derden

Art. 718

Goederen waarop derden-beslag mogelijk is

Een schuldeiser kan onder derden conservatoir beslag leggen op de in artikel 475 bedoelde goederen.

Art. 719

Inhoud beslagexploot

1. Onverminderd hetgeen voortvloeit uit artikel 702, moeten op straffe van nietigheid in het beslagexploot worden vermeld het bedrag waarvoor het in artikel 700 bedoelde verlof werd verleend, alsmede waar de hoofdzaak aanhangig is of binnen welke termijn zij blijkens het verlof ingesteld moet worden.
(Zie ook: art. 715 Rv)
2. Bij het beslagexploot wordt aan de derde tevens een afschrift betekend van het verlof van de voorzieningenrechter en van het verzoekschrift waarop het is gegeven.

Art. 720

Artikelen die van overeenkomstige toepassing zijn

De artikelen 475, derde lid, 475a tot en met 475i, 476a en 476b, 479 en 479a zijn van overeenkomstige toepassing. In het geval van artikel 475a, derde lid, moet de vordering waarop het beslag wordt gelegd in het verzoekschrift waarbij verlof van de voorzieningenrechter wordt gevraagd, uitdrukkelijk worden omschreven. Verlof tot het leggen van beslag op een vordering tot een in artikel 475c vermelde periodieke betaling kan slechts worden verleend, nadat de schuldenaar is gehoord of hij de gelegenheid te worden gehoord, ongebruikt heeft laten voorbijgaan.

Art. 721

Betekening aan derde van dagvaarding in hoofdzaak

De beslaglegger is op straffe van nietigheid van het beslag verplicht om, zo de eis in de hoofdzaak na het beslag wordt ingesteld, binnen acht dagen na dit instellen een afschrift van de dagvaarding of, zo de eis op andere wijze is ingesteld, van het stuk waarbij het is geschied, aan de derde te betekenen. De voorzieningenrechter kan deze termijn op verzoek van de beslaglegger verlengen, in dier voege dat de verlenging om haar werking te hebben binnen acht dagen na het verstrijken van de termijn schriftelijk aan de derde moet zijn medegedeeld. Tegen de beschikking is geen hogere voorziening toegelaten.
(Zie ook: artt. 710a, 715 Rv)

Art. 722

Betekening aan derde van executoriale titel

De betekening aan de derde, in het eerste lid van artikel 704 voorgeschreven, dient te geschieden binnen één maand nadat ter zake van de hoofdvordering een executoriale titel is verkregen en deze voor tenuitvoerlegging vatbaar is geworden; blijft betekening binnen deze termijn uit, dan zullen de betalingen door de derde gedaan, van waarde zijn.

Art. 723

Aanvang termijn

De in artikel 477 bedoelde verplichting van de derde en de in 477a bedoelde bevoegdheden van de executant gaan niet in voordat vier weken sedert de in het vorige artikel bedoelde betekening zijn verstreken.

Zesde afdeling
Van conservatoir beslag op onroerende zaken

Art. 725

Conservatoir beslag op onroerende zaken

Indien is voldaan aan de eisen die in artikel 711, eerste en tweede lid, voor het verlof worden gesteld, kan ook verlof verleend worden om beslag te leggen op een of meer bepaald aan te wijzen onroerende zaken.

Art. 726

Artikelen die van overeenkomstige toepassing zijn

1. De artikelen 504a, eerste lid, 505, 506, 507a, 507b en 513a zijn van overeenkomstige toepassing.
2. De termijn van artikel 508 begint te lopen vanaf de dag dat de schuldeiser een executoriale titel heeft verkregen en deze voor tenuitvoerlegging vatbaar is geworden en aan de schuldenaar is betekend.
(Zie ook: artt. 724, 728a Rv)

Art. 727

Doorhaling inschrijving in openbare registers

Indien de eis in de hoofdzaak niet binnen de overeenkomstig artikel 700, derde lid, bepaalde termijn is ingesteld, is de beslaglegger verplicht de inschrijving van het beslag in de openbare registers onverwijld te doen doorhalen op straffe van schadevergoeding.
(Zie ook: artt. 513a, 728b Rv)

Elfde titel
[Vervallen]

Art. 999-1002
[Vervallen]

Titel 15
Van rechtspleging in zaken betreffende rechten van intellectuele eigendom

Art. 1019
Deze titel is van toepassing op de handhaving van rechten van intellectuele eigendom ingevolge de Auteurswet, de Wet op de naburige rechten, de Databankenwet, de Rijksoctrooiwet 1995, het Benelux-verdrag inzake de intellectuele eigendom (merken en tekeningen of modellen), de Wet houdende regelen inzake de bescherming van oorspronkelijke topografieën van halfgeleiderprodukten, de Zaaizaad- en plantgoedwet 2005, op procedures krachtens de artikelen 5 en 5a Handelsnaamwet, op procedures inzake geografische benamingen krachtens artikel 14 Landbouwkwaliteitswet en op handhaving van rechten van intellectuele eigendom ingevolge verordening (EG) nr. 40/94 van de Raad van 20 december 1993 inzake het Gemeenschapsmerk (PbEG 1994, L11), verordening (EG) nr. 2100/94 van de Raad van 27 juli 1994 inzake het communautaire kwekersrecht (PbEG L 227) en verordening (EG) nr. 6/2002 van de Raad van 12 december 2001 betreffende Gemeenschapsmodellen (PbEG 2002, L3).

Toepassingsbereik

Art. 1019a
1. Een verbintenis uit onrechtmatige daad wegens inbreuk op een recht van intellectuele eigendom geldt als een rechtsbetrekking als bedoeld in artikel 843a.
2. In de procedure op de voet van artikel 843a kan ook overlegging gevorderd worden van ander bewijsmateriaal dat zich in de macht van de wederpartij bevindt.
3. De rechter wijst de vordering af voor zover de bescherming van vertrouwelijke informatie niet is gewaarborgd. Artikel 843a, vierde lid, is niet van toepassing.
(Zie ook: art. 162 BW Boek 6; artt. 6, 102 Rv)

Relatie tot art. 843a

Art. 1019b
1. De voorzieningenrechter kan verlof verlenen tot het treffen van voorlopige maatregelen ter bescherming van bewijs van de verzoeker die voldoende aannemelijk heeft gemaakt dat er inbreuk op zijn recht van intellectuele eigendom is gemaakt of dreigt te worden gemaakt. Tot deze maatregelen ter bescherming van bewijs kunnen behoren, naast de reeds in de wet geregelde maatregelen, conservatoir bewijsbeslag, gedetailleerde beschrijving en monsterneming ter zake van vermeend inbreukmakende roerende zaken, bij de productie daarvan gebruikte materialen en werktuigen en op de inbreuk betrekking hebbende documenten.
2. De rechter bepaalt zo nodig de wijze waarop beschrijving plaatsvindt of monsters worden genomen en wat met de monsters dient te gebeuren.
3. Deze maatregelen worden genomen zo nodig zonder dat de wederpartij wordt gehoord, met name indien het aannemelijk is dat uitstel de verzoeker onherstelbare schade zal berokkenen, of indien er een aantoonbaar gevaar voor verduistering of verlies van bewijs bestaat.
4. Verlof tot het treffen van de gevraagde maatregel wordt niet gegeven voor zover de bescherming van vertrouwelijke informatie niet is gewaarborgd.

Voorlopige maatregelen

Art. 1019c
1. Conservatoir beslag tot bescherming van bewijs wordt gelegd met overeenkomstige toepassing van de voorschriften betreffende middelen tot bewaring van zijn recht, met uitzondering van artikel 709, derde lid.
2. Zodra in de hoofdzaak is beslist en deze beslissing in kracht van gewijsde is gegaan, vervalt het beslag van rechtswege. Zijn de beslagen zaken in gerechtelijke bewaring gegeven, dan is de bewaarder verplicht tot afgifte daarvan aan de beslagene, tenzij de rechter op vordering van eiser anders heeft bepaald. De rechter kan op verzoek van partijen of ambtshalve nadere aanwijzingen geven.
(Zie ook: art. 700 Rv)

Bewijsbeslag

Art. 1019d
1. Beschrijving geschiedt door een deurwaarder ter plaatse waar de zaken, bedoeld in artikel 1019b, eerste lid, zich bevinden. De deurwaarder zal de zaken op het door hem daarvan onverwijld op te maken proces-verbaal nauwkeurig beschrijven met opgave van hun beweerdelijk inbreukmakende kenmerken, getal, gewicht en maat overeenkomstig hun aard. Tot deze beschrijving kan ook behoren het op enigerlei wijze vastleggen van de zaken op beeld- of geluidsmateriaal dat wordt gevoegd bij het proces-verbaal en daarvan deel uitmaakt. Het proces-verbaal vermeldt het rechterlijk verlof. De artikelen 440, tweede lid, 443, 444, 444a en 444b zijn van overeenkomstige toepassing.
2. Monsterneming geschiedt door een deurwaarder ter plaatse waar de zaken, bedoeld in artikel 1019b, eerste lid, zich bevinden. De voorschriften betreffende middelen tot bewaring van zijn

Beschrijving en monsterneming

art. 1019e

12 Wetboek van Burgerlijke Rechtsvordering (uittreksel)

recht zijn van overeenkomstige toepassing, met uitzondering van artikel 709, derde lid. Hij zal van elk soort der zaken ten hoogste drie exemplaren aan een door de voorzieningenrechter aan te wijzen bewaarder in gerechtelijke bewaring geven, tenzij de rechter anders bepaalt.

3. Zodra in de hoofdzaak is beslist en deze beslissing in kracht van gewijsde is gegaan, is de bewaarder verplicht tot afgifte van de monsters aan de beslagene, tenzij de rechter op vordering van eiser anders heeft bepaald. De rechter kan op verzoek van partijen of ambtshalve nadere aanwijzingen geven.

Art. 1019e

Onmiddellijke voorziening bij voorraad

1. In spoedeisende zaken, met name indien uitstel onherstelbare schade voor de houder van het recht van intellectuele eigendom zou veroorzaken, is de voorzieningenrechter bevoegd een onmiddellijke voorziening bij voorraad te geven op een verzoek om tegen de vermeende inbreukmaker een bevel uit te vaardigen teneinde een dreigende inbreuk op het recht van intellectuele eigendom van de houder te voorkomen, zonder de vermeende inbreukmaker op te roepen. Onder dezelfde voorwaarden kan een onmiddellijke voorziening bij voorraad worden gegeven tegen een tussenpersoon wiens diensten door een derde worden gebruikt om op een recht van intellectuele eigendom inbreuk te maken.

2. De voorzieningenrechter kan het verzoek toewijzen onder voorwaarde dat tot een door hem te bepalen bedrag zekerheid wordt gesteld.

3. De vermeende inbreukmaker en de tussenpersoon wiens diensten door een derde worden gebruikt om op een recht van intellectuele eigendom inbreuk te maken, kunnen vorderen dat de voorzieningenrechter die de beschikking inhoudende het bevel genoemd in het eerste lid heeft gegeven, de beschikking herziet, rechtdoende in kort geding.

(Zie ook: art. 254 Rv)

Art. 1019f

Verstrekken van informatie

1. Indien de eiser informatie wenst te verkrijgen van een derde die op commerciële schaal inbreukmakende goederen in zijn bezit heeft of gebruikt, die op commerciële schaal diensten verleent die bij de inbreuk worden gebruikt, of die door een van deze derden is aangewezen als zijnde betrokken bij de productie, fabricage of distributie van deze goederen of bij het verlenen van deze diensten, kan de rechter op gerechtvaardigde en redelijke vordering van de eiser een getuigenverhoor bevelen over al hetgeen de derde bekend is over de herkomst en de distributiekanalen van de inbreukmakende goederen of diensten. Dit verhoor heeft enkel betrekking op het verkrijgen van de in dit lid bedoelde informatie.

2. Naast of in plaats van verhoor van een getuige ter zitting, kan ook overlegging gevraagd worden van de in het tweede lid bedoelde informatie in schriftelijke vorm door de getuige.

(Zie ook: artt. 166, 180, 1041 Rv)

Art. 1019g

Schadevergoeding bij ten onrechte gelegd beslag

De rechter kan op vordering van degene die is getroffen door

a. een beslag dat is gelegd ingevolge artikel 28, derde lid, Auteurswet 1912, artikel 17, tweede lid, Wet op de naburige rechten, de artikelen 2.22, tweede lid, en 3.18, tweede lid, Beneluxverdrag inzake de intellectuele eigendom (merken en tekeningen of modellen), artikel 70, negende lid, Zaaizaad- en plantgoedwet 2005 en artikel 14, negende lid, Landbouwkwaliteitswet,

b. een maatregel als bedoeld in artikel 1019b, eerste lid,

c. een bevel als bedoeld in artikel 1019e, eerste lid, of

d. enige andere voorlopige maatregel die is opgelegd krachtens een in artikel 1019 bedoeld recht van intellectuele eigendom, tot voorkoming van een dreigende inbreuk of houdende een verbod op inbreukmakende handelingen of een verbod jegens een tussenpersoon,

gelasten dat degene die om deze maatregel heeft gevraagd de door deze maatregel toegebrachte schade op passende wijze vergoedt, indien het beslag ten onrechte is gelegd of het beslag is opgeheven dan wel voor zover de maatregel niet had behoren te worden getroffen of het bevel niet had behoren te worden gegeven of indien wordt vastgesteld dat er geen inbreuk was gemaakt of dreigde.

Art. 1019h

Kostenveroordeling

Voor zover nodig in afwijking van de tweede paragraaf van de twaalfde afdeling van de tweede titel van het eerste Boek en in afwijking van artikel 843a, eerste lid, wordt de in het ongelijk gestelde partij desgevorderd veroordeeld in redelijke en evenredige gerechtskosten en andere kosten die de in het gelijk gestelde partij heeft gemaakt, tenzij de billijkheid zich daartegen verzet.

Art. 1019i

Redelijke termijn voor instellen eis in hoofdzaak

1. Bij het treffen van een voorlopige voorziening bepaalt de voorzieningenrechter een redelijke termijn voor het instellen van de eis in de hoofdzaak. De voorlopige voorziening verliest haar kracht wanneer een eis in de hoofdzaak niet binnen die termijn is ingesteld en de verweerder een daartoe strekkende verklaring bij de griffie indient. Is de verklaring ingediend na het verstrijken van de gestelde termijn, dan verliest de voorlopige voorziening haar kracht met de indiening van de verklaring.

2. Heeft de voorzieningenrechter geen termijn als bedoeld in het eerste lid gesteld, dan verliest de voorlopige voorziening haar werking door een verklaring als bedoeld in het eerste lid, wanneer na ten minste 31 dagen, waarvan ten minste 20 werkdagen, geen eis in de hoofdzaak is ingesteld.
3. Bij een verklaring als bedoeld in het eerste lid wordt een afschrift overgelegd van het vonnis. Is daartegen een rechtsmiddel ingesteld, dan wordt dit in de verklaring vermeld. De verweerder zendt zo spoedig mogelijk een afschrift van zijn verklaring aan de eiser.

Vierde Boek
Arbitrage

Eerste titel
Arbitrage in Nederland

Eerste afdeling
De overeenkomst tot arbitrage

Art. 1020
1. Partijen kunnen bij overeenkomst geschillen die tussen hen uit een bepaalde, al dan niet uit een overeenkomst voortvloeiende, rechtsbetrekking zijn ontstaan dan wel zouden kunnen ontstaan, aan arbitrage onderwerpen.
(Zie ook: art. 900 BW Boek 7)
2. De overeenkomst tot arbitrage, bedoeld in het eerste lid, betreft zowel het compromis waarbij de partijen zich verbinden om een tussen hen bestaand geschil aan arbitrage te onderwerpen als het arbitraal beding waarbij de partijen zich verbinden om geschillen die tussen hen zouden kunnen ontstaan, aan arbitrage te onderwerpen.
3. De overeenkomst tot arbitrage mag niet leiden tot de vaststelling van rechtsgevolgen welke niet ter vrije bepaling van de partijen staan.
(Zie ook: artt. 96, 108, 329 Rv)
4. Bij overeenkomst kunnen tevens aan arbitrage worden onderworpen:
a. de enkele vaststelling van de hoedanigheid van of van de toestand van zaken;
b. de enkele bepaling van de hoogte van een schadevergoeding of van een verschuldigde geldsom;
c. de aanvulling of wijziging van de rechtsbetrekking als bedoeld in het eerste lid.
(Zie ook: art. 900 BW Boek 7)
5. Onder de overeenkomst tot arbitrage wordt mede begrepen een arbitraal beding dat is opgenomen in de partijen bindende statuten of reglementen.
6. Een arbitragereglement, waarnaar in een overeenkomst tot arbitrage wordt verwezen, wordt geacht deel van die overeenkomst uit te maken.

Art. 1021
De overeenkomst tot arbitrage wordt bewezen door een geschrift. Daarvoor is voldoende een geschrift dat in arbitrage voorziet of dat verwijst naar algemene voorwaarden welke in arbitrage voorzien en dat door of namens de wederpartij uitdrukkelijk of stilzwijgend is aanvaard. De overeenkomst tot arbitrage kan tevens worden bewezen door elektronische gegevens. Artikel 227a, eerste lid, van Boek 6 van het Burgerlijk Wetboek is van overeenkomstige toepassing.

Eerste A afdeling
De overeenkomst tot arbitrage en de bevoegdheid van de gewone rechter

Art. 1022
De rechter, bij wie een geschil aanhangig is gemaakt waarover een overeenkomst tot arbitrage is gesloten, verklaart zich onbevoegd, indien een partij zich voor alle weren op het bestaan van deze overeenkomst beroept, tenzij de overeenkomst ongeldig is.
(Zie ook: artt. 1065, 1074 Rv)

Art. 1022a
Een overeenkomst tot arbitrage belet niet dat een partij de gewone rechter verzoekt om een maatregel tot bewaring van recht dan wel zich wendt tot de voorzieningenrechter van de rechtbank of de kantonrechter in kort geding overeenkomstig artikel 254.

Art. 1022b
Een overeenkomst tot arbitrage belet niet dat een partij de gewone rechter verzoekt een voorlopig getuigenverhoor, een voorlopig deskundigenbericht, een voorlopige plaatsopneming en bezichtiging, of inzage, afschrift of uittreksel van bepaalde bescheiden te bevelen.

Margin notes:
- Overeenkomst tot arbitrage
- Compromis; arbitraal beding
- Begrenzing arbitragegebied
- Uitbreiding arbitragegebied
- Statuten of reglement
- Arbitragereglement
- Bewijsvoorschrift
- Bevoegdheid gewone rechter bij overeenkomst tot arbitrage
- Bevoegdheid gewone rechter bij overeenkomst tot arbitrage, maatregel tot bewaring
- Bevoegdheid gewone rechter bij overeenkomst tot arbitrage, voorlopige maatregelen

art. 1022c

12 Wetboek van Burgerlijke Rechtsvordering (uittreksel)

Art. 1022c

Bevoegdheid gewone rechter bij overeenkomst tot arbitrage, bij niet-tijdige arbitrage

Indien in de gevallen, genoemd in de artikelen 1022a en 1022b, een partij zich voor alle weren beroept op het bestaan van een overeenkomst tot arbitrage, verklaart de rechter zich uitsluitend bevoegd, indien de gevraagde beslissing niet of niet tijdig in arbitrage kan worden gekregen.

Eerste B afdeling
Het scheidsgerecht

Art. 1023

De arbiter

Iedere handelingsbekwame, natuurlijke persoon kan tot arbiter worden benoemd. Geen persoon is om reden van zijn nationaliteit van benoeming uitgesloten, tenzij de partijen met het oog op de onpartijdigheid en de onafhankelijkheid van het scheidsgerecht anders zijn overeengekomen.

Art. 1024

Compromis

1. Het compromis bevat een aanduiding van hetgeen de partijen aan arbitrage wensen te onderwerpen.
(Zie ook: art. 1027 Rv)
2. Door het sluiten van een compromis is de zaak aanhangig, tenzij de partijen een andere wijze van aanhangig maken zijn overeengekomen.
(Zie ook: art. 1027 Rv)

Art. 1025

Arbitraal beding

1. Ingeval van een arbitraal beding is een zaak aanhangig op de dag van de ontvangst van een schriftelijke mededeling, waarbij een partij aan haar wederpartij bericht, tot arbitrage over te gaan. Die mededeling bevat een aanduiding van hetgeen de partij, die de zaak aanhangig maakt, aan arbitrage wenst te onderwerpen.
(Zie ook: art. 1027 Rv)

Regelend recht

2. De partijen kunnen overeenkomen dat de zaak op een andere wijze aanhangig wordt gemaakt dan voorzien in dit artikel.
(Zie ook: art. 1027 Rv)

Art. 1026

Oneven aantal arbiters

1. Een scheidsgerecht heeft een oneven aantal arbiters. Het kan ook uit een arbiter bestaan.
2. Ingeval de partijen het aantal arbiters niet zijn overeengekomen, of indien een overeengekomen wijze van bepaling van het aantal niet wordt uitgevoerd en de partijen niet alsnog tot overeenstemming komen over het aantal, wordt dat aantal op verzoek van de meest gerede partij bepaald door de voorzieningenrechter van de rechtbank.
(Zie ook: art. 1072 Rv)
3. Indien de partijen een even aantal arbiters zijn overeengekomen, benoemen deze arbiters een aanvullend arbiter als voorzitter van het scheidsgerecht.
4. Bij gebreke van overeenstemming tussen de arbiters wordt deze aanvullend arbiter, tenzij de partijen anders zijn overeengekomen, op verzoek van de meest gerede partij benoemd door de voorzieningenrechter van de rechtbank.
(Zie ook: art. 1072 Rv)
5. Artikel 1027, vierde lid, is van overeenkomstige toepassing op het bepaalde in het tweede en het vierde lid.

Art. 1027

Benoeming van arbiters

1. De arbiter of arbiters worden benoemd op de wijze zoals de partijen zijn overeengekomen. De partijen kunnen de benoeming van de arbiter of arbiters, of van een of meer hunner, aan een derde opdragen. Indien geen wijze van benoeming is overeengekomen, worden de arbiter of arbiters door de partijen gezamenlijk benoemd.
2. De benoeming dient te geschieden binnen drie maanden nadat de zaak aanhangig is, tenzij de arbiter of arbiters reeds voordien zijn benoemd. Indien evenwel een der gevallen bedoeld in artikel 1026, tweede lid, zich voordoet, vangt de termijn van drie maanden aan op de dag dat het aantal der arbiters is bepaald. De termijnen kunnen door de partijen bij overeenkomst worden bekort of verlengd.
3. Vindt de benoeming van de arbiter of arbiters niet binnen de in het vorige lid bedoelde termijn plaats, dan worden de ontbrekende arbiter of arbiters, op verzoek van de meest gerede partij, benoemd door de voorzieningenrechter van de rechtbank. De wederpartij wordt in de gelegenheid gesteld, te worden gehoord.
(Zie ook: art. 1072 Rv)
4. De voorzieningenrechter of de derde benoemt de arbiter of arbiters ongeacht de vraag of de overeenkomst tot arbitrage geldig is. Door mede te werken aan de benoeming van de arbiter of arbiters verliezen de partijen niet het recht om een beroep te doen op de onbevoegdheid van het scheidsgerecht wegens het ontbreken van een geldige overeenkomst tot arbitrage.
(Zie ook: artt. 1065, 1073 Rv)

12 Wetboek van Burgerlijke Rechtsvordering (uittreksel) art. 1062

Vierde afdeling
De tenuitvoerlegging van het arbitraal vonnis

Art. 1062
1. De tenuitvoerlegging in Nederland van een arbitraal vonnis kan eerst plaatsvinden nadat de voorzieningenrechter van de rechtbank van het arrondissement waarin de plaats van arbitrage is gelegen daartoe op verzoek van een der partijen verlof heeft verleend.

2. Het verlof wordt aangetekend op het origineel van het vonnis of, zo geen nederlegging heeft plaatsgevonden, opgenomen in een beschikking. De griffier zendt ten spoedigste aan de partijen een gewaarmerkt afschrift van het vonnis, met het daarop aangetekend verlof tot tenuitvoerlegging of een gewaarmerkt afschrift van de beschikking waarbij het verlof tot tenuitvoerlegging is verleend.

3. Verleent de voorzieningenrechter van de rechtbank het verlof tot tenuitvoerlegging, dan staan de wederpartij van de verzoeker slechts de rechtsmiddelen genoemd in artikel 1064, open.

4. Vernietiging of herroeping van het arbitraal vonnis brengt van rechtswege die van het verlof tot tenuitvoerlegging met zich mede.

Verlof tot tenuitvoerlegging arbitraal vonnis

Inhoudsopgave

Boek 1	Personen- en familierecht	Art. 1
Titel 1	Algemene bepalingen	Art. 1
Titel 2	Het recht op de naam	Art. 4
Titel 3	Woonplaats	Art. 10
Titel 4	Burgerlijke stand	Art. 16
Afdeling 1	De ambtenaar van de burgerlijke stand	Art. 16
Afdeling 2	De registers van de burgerlijke stand en de bewaring daarvan	Art. 17
Afdeling 3	Akten van de burgerlijke stand en partijen bij deze akten	Art. 18
Afdeling 4	De akten van geboorte, van overlijden en de akten houdende attestaties de vita	Art. 19
Afdeling 5	Latere vermeldingen	Art. 20
Afdeling 6	Akten van inschrijving van bepaalde rechterlijke uitspraken	Art. 21
Afdeling 7	De bewijskracht van akten van de burgerlijke stand alsmede van afschriften en uittreksels	Art. 22
Afdeling 8	De openbaarheid van de akten van de burgerlijke stand	Art. 23
Afdeling 9	De aanvulling van de registers van de burgerlijke stand en de verbetering van de daarin voorkomende akten en latere vermeldingen	Art. 24
Afdeling 10	Inschrijving van buitenlandse akten en de rechterlijke last tot het opmaken van een vervangende akte van geboorte	Art. 25
Afdeling 11	De verklaring voor recht omtrent de rechtsgeldigheid in Nederland van een buitenlandse akte of uitspraak	Art. 26
Afdeling 12	Voorziening tegen de weigering tot het opmaken van een akte van de burgerlijke stand of tot een andere verrichting	Art. 27
Afdeling 13	Wijziging van de vermelding van het geslacht in de akte van geboorte	Art. 28
Afdeling 14	De Commissie van advies voor de zaken betreffende de burgerlijke staat en de nationaliteit	Art. 29
Titel 5	Het huwelijk	Art. 30
	Algemene bepaling	Art. 30
Afdeling 1	Vereisten tot het aangaan van een huwelijk	Art. 31
Afdeling 2	Formaliteiten die aan de voltrekking van het huwelijk moeten voorafgaan	Art. 43
Afdeling 3	Stuiting van het huwelijk	Art. 50
Afdeling 4	De voltrekking van het huwelijk	Art. 58
Afdeling 5	Nietigverklaring van een huwelijk	Art. 69
Afdeling 5A	[Vervallen]	Art. 77a
Afdeling 6	Bewijs van het bestaan van het huwelijk	Art. 78
Titel 5A	Het geregistreerd partnerschap	Art. 80a
Titel 6	Rechten en verplichtingen van echtgenoten	Art. 81
Titel 7	De wettelijke gemeenschap van goederen	Art. 93
Afdeling 1	Algemene bepalingen	Art. 93
Afdeling 2	Het bestuur van de gemeenschap	Art. 97
Afdeling 3	Ontbinding van de gemeenschap	Art. 99
Afdeling 4	Opheffing van de gemeenschap bij beschikking	Art. 109
Titel 8	Huwelijkse voorwaarden	Art. 114
Afdeling 1	Huwelijkse voorwaarden in het algemeen	Art. 114
Afdeling 2	Verrekenbedingen	Art. 132
Paragraaf 1	Algemene regels voor verrekenbedingen	Art. 132
Paragraaf 2	Periodieke verrekenbedingen	Art. 141
Paragraaf 3	Finale verrekenbedingen	Art. 142
Afdeling 3	[Vervallen]	Art. 146-148
Titel 9	Ontbinding van het huwelijk	Art. 149
Afdeling 1	Ontbinding van het huwelijk in het algemeen	Art. 149
Afdeling 2	Echtscheiding	Art. 150
Titel 10	Scheiding van tafel en bed en ontbinding van het huwelijk na scheiding van tafel en bed	Art. 168
Afdeling 1	Scheiding van tafel en bed	Art. 168
Afdeling 2	Ontbinding van het huwelijk na scheiding van tafel en bed	Art. 179
Titel 11	Afstamming	Art. 197

Afdeling 1	Algemeen	Art. 197
Afdeling 2	Ontkenning van het door huwelijk of geregistreerd partnerschap ontstane vaderschap	Art. 200
Afdeling 2a	Ontkenning van het door huwelijk of geregistreerd partnerschap ontstane moederschap	Art. 202a
Afdeling 3	Erkenning	Art. 203
Afdeling 4	Gerechtelijke vaststelling van het ouderschap	Art. 207
Afdeling 5	Inroeping of betwisting van staat	Art. 209
Afdeling 6	De bijzondere curator	Art. 212
Titel 12	Adoptie	Art. 227
Titel 13	Minderjarigheid	Art. 233
Afdeling 1	Algemene bepalingen	Art. 233
Afdeling 2	Handlichting	Art. 235
Afdeling 3	De raad voor de kinderbescherming	Art. 238
Afdeling 4	Registers betreffende het over minderjarigen uitgeoefende gezag	Art. 244
Titel 14	Het gezag over minderjarige kinderen	Art. 245
Afdeling 1	Algemeen	Art. 245
Afdeling 2	Ouderlijk gezag	Art. 251
§ 1	Het gezamenlijk gezag van ouders binnen en buiten huwelijk en het gezag van één ouder na scheiding	Art. 251
Paragraaf 1a	Het gezamenlijk gezag van ouders binnen een geregistreerd partnerschap	Art. 253aa
§ 2	Het gezag van ouders anders dan na scheiding	Art. 253b
§ 2a	Gezag na meerderjarigverklaring	Art. 253ha
§ 3	Het bewind van de ouders	Art. 253i
Afdeling 3	Gemeenschappelijke bepalingen betreffende de gezagsuitoefening door de ouders en de gezagsuitoefening door één van hen	Art. 253n
Afdeling 3A	Gezamenlijk gezag van een ouder tezamen met een ander dan een ouder	Art. 253sa
Paragraaf 1	Het gezamenlijk gezag van rechtswege van een ouder tezamen met een ander dan een ouder	Art. 253sa
Paragraaf 2	Het gezamenlijk gezag van een ouder tezamen met een ander dan een ouder krachtens rechterlijke beslissing	Art. 253t
Paragraaf 3	Gemeenschappelijke bepalingen inzake het gezamenlijk gezag van een ouder tezamen met een ander dan een ouder	Art. 253w
Afdeling 3B	[Treedt in werking op nader te bepalen tijdstip]	Art. 253z-253zd
Afdeling 4	Ondertoezichtstelling van minderjarigen	Art. 254
Afdeling 5	Beëindiging van het ouderlijk gezag	Art. 266
Afdeling 6	Voogdij	Art. 279
§ 1	Voogdij in het algemeen	Art. 279
§ 2	Voogdij door een der ouders opgedragen	Art. 292
§ 3	Voogdij door de rechter opgedragen	Art. 295
§ 4	Voogdij van rechtspersonen	Art. 302
§ 5	Ontslag van de voogdij	Art. 320-321
§ 6	Onbevoegdheid tot de voogdij	Art. 324
§ 7	Ondertoezichtstelling van onder voogdij staande minderjarigen	Art. 326
§ 8	Beëindiging van voogdij	Art. 327
§ 9	Het toezicht van de voogd over de persoon van de minderjarige	Art. 336
§ 10	Het bewind van de voogd	Art. 337
§ 11	De rekening en verantwoording bij het einde van de voogdij	Art. 372
Titel 15	Omgang en informatie	Art. 377a
Titel 16	Curatele	Art. 378
Titel 17	Levensonderhoud	Art. 392
Afdeling 1	Algemene bepalingen	Art. 392
Afdeling 2	Voorziening in de kosten van verzorging en opvoeding van minderjarige kinderen en stiefkinderen	Art. 404
Titel 18	Afwezigheid, vermissing en vaststelling van overlijden in bepaalde gevallen	Art. 409
Afdeling 1	Onderbewindstelling in geval van afwezigheid	Art. 409

Afdeling 2	Personen wier bestaan onzeker is	Art. 412
Afdeling 3	Vaststelling van overlijden in bepaalde gevallen	Art. 426
Titel 19	Onderbewindstelling ter bescherming van meerderjarigen	Art. 431
Titel 20	Mentorschap ten behoeve van meerderjarigen	Art. 450

Burgerlijk Wetboek Boek 1[1]

Burgerlijk Wetboek Boek 1, Personen- en familierecht

Boek 1
Personen- en familierecht

Titel 1
Algemene bepalingen

Art. 1

Burgerlijke rechten
1. Allen die zich in Nederland bevinden, zijn vrij en bevoegd tot het genot van de burgerlijke rechten.
2. Persoonlijke dienstbaarheden, van welke aard of onder welke benaming ook, worden niet geduld.
(Zie ook: artt. 1, 2, 3, 17 Gw)

Art. 2

Ongeboren kind
Het kind waarvan een vrouw zwanger is wordt als reeds geboren aangemerkt, zo dikwijls zijn belang dit vordert. Komt het dood ter wereld, dan wordt het geacht nooit te hebben bestaan.
(Zie ook: art. 19i BW Boek 1)

Art. 3

Bloed- en aanverwantschap
1. De graad van bloedverwantschap wordt bepaald door het getal der geboorten, die de bloedverwantschap hebben veroorzaakt. Hierbij telt een erkenning, een gerechtelijke vaststelling van het ouderschap of een adoptie als een geboorte.
2. Door huwelijk of door geregistreerd partnerschap ontstaat tussen de ene echtgenoot dan wel de ene geregistreerde partner en een bloedverwant van de andere echtgenoot dan wel de andere geregistreerde partner aanverwantschap in dezelfde graad als er bloedverwantschap bestaat tussen de andere echtgenoot dan wel de andere geregistreerde partner en diens bloedverwant.
3. Door het eindigen van het huwelijk of geregistreerd partnerschap wordt de aanverwantschap niet opgeheven.
(Zie ook: artt. 197, 229, 232, 392 BW Boek 1 ; art. 12 Wet RO)

Titel 2
Het recht op de naam

Art. 4

Voornamen
1. Een ieder heeft de voornamen die hem in zijn geboorteakte zijn gegeven.
2. De ambtenaar van de burgerlijke stand weigert in de geboorteakte voornamen op te nemen die ongepast zijn, of overeenstemmen met bestaande geslachtsnamen tenzij deze tevens gebruikelijke voornamen zijn.
3. Geeft de aangever geen voornamen op, of worden deze alle geweigerd zonder dat de aangever ze door een of meer andere vervangt, dan geeft de ambtenaar ambtshalve het kind een of meer voornamen, en vermeldt hij uitdrukkelijk in de akte dat die voornamen ambtshalve zijn gegeven.

Wijziging voornamen
4. Wijziging van de voornamen kan op verzoek van de betrokken persoon of zijn wettelijke vertegenwoordiger worden gelast door de rechtbank. De wijziging geschiedt doordat van de beschikking een latere vermelding aan de akte van geboorte wordt toegevoegd, overeenkomstig artikel 20a, eerste lid. In geval van wijziging van de voornamen van een buiten Nederland geboren persoon geeft de rechtbank die de beschikking geeft, voor zoveel nodig ambtshalve hetzij een last tot inschrijving van de akte van geboorte dan wel van de akte of de uitspraak, bedoeld in artikel 25g, eerste lid, hetzij de in artikel 25c bedoelde beschikking.
(Zie ook: artt. 17, 19 BW Boek 1)

Art. 5

Geslachtsnaam
1. Indien een kind alleen in familierechtelijke betrekking tot de moeder staat, heeft het haar geslachtsnaam. Indien een kind door adoptie alleen in familierechtelijke betrekking tot de vader staat, heeft het zijn geslachtsnaam.
2. Indien een kind door erkenning in familierechtelijke betrekking tot de vader komt te staan, houdt het de geslachtsnaam van de moeder, tenzij de moeder en de erkenner ter gelegenheid van de erkenning gezamenlijk verklaren dat het kind de geslachtsnaam van de vader zal hebben.

---

1   Inwerkingtredingsdatum: 01-01-1970; zoals laatstelijk gewijzigd bij: Stb. 2018, 332.

Van deze verklaring wordt melding gemaakt in de akte van erkenning. De eerste twee volzinnen zijn van overeenkomstige toepassing bij erkenning van een ongeboren kind. De ouders kunnen evenwel ter gelegenheid van de voltrekking van hun huwelijk of van de registratie van hun partnerschap alsnog gezamenlijk verklaren, dat hun kind voortaan de geslachtsnaam van de andere ouder zal hebben. Van deze verklaring wordt een akte van naamskeuze opgemaakt. Indien een kind door gerechtelijke vaststelling van het vaderschap in familierechtelijke betrekking tot de vader komt te staan, houdt het de geslachtsnaam van de moeder, tenzij de moeder en de man, wiens vaderschap is vastgesteld, ter gelegenheid van de vaststelling gezamenlijk verklaren dat het kind de geslachtsnaam van de vader zal hebben. De rechterlijke uitspraak inzake de vaststelling van het vaderschap vermeldt de verklaring van de ouders hieromtrent.

3. Indien een kind door adoptie in familierechtelijke betrekking komt te staan tot beide adoptanten van verschillend geslacht, die met elkaar zijn gehuwd, heeft het kind de geslachtsnaam van de vader, tenzij de adoptanten ter gelegenheid van de adoptie gezamenlijk verklaren dat het kind de geslachtsnaam van de moeder zal hebben. Indien de adoptanten niet met elkaar gehuwd zijn of indien beide adoptanten van hetzelfde geslacht zijn en niet met elkaar gehuwd zijn, houdt het kind de geslachtsnaam die het heeft, tenzij de adoptanten ter gelegenheid van de adoptie gezamenlijk verklaren dat het een van hun beider geslachtsnamen zal hebben. Indien een kind door adoptie in familierechtelijke betrekking tot de echtgenoot, geregistreerde partner of andere levensgezel van een ouder komt te staan, houdt het zijn geslachtsnaam, tenzij de ouder en diens echtgenoot, geregistreerde partner of andere levensgezel gezamenlijk verklaren dat het kind de geslachtsnaam zal hebben van de echtgenoot, geregistreerde partner of andere levensgezel, dan wel de geslachtsnaam van die ouder. De rechterlijke uitspraak inzake de adoptie vermeldt de verklaring van de adoptanten hieromtrent.

4. Indien een kind door geboorte in familierechtelijke betrekking tot beide ouders komt te staan, verklaren de ouders gezamenlijk voor of ter gelegenheid van de aangifte van de geboorte welke van hun beider geslachtsnamen het kind zal hebben. Van de verklaring van de ouders die voor de aangifte van de geboorte wordt afgelegd, wordt een akte van naamskeuze opgemaakt. Van de verklaring van de ouders die ter gelegenheid van de aangifte van de geboorte wordt afgelegd, wordt melding gemaakt in de akte van geboorte. De eerste drie volzinnen zijn van overeenkomstige toepassing indien een ouder en zijn echtgenoot of geregistreerde partner die niet de ouder is, van rechtswege gezamenlijk het gezag als bedoeld in artikel 253sa over het kind zullen uitoefenen of uitoefenen. De verklaring die niet ter gelegenheid van de aangifte van de geboorte wordt afgelegd, kan ten overstaan van iedere ambtenaar van de burgerlijke stand worden afgelegd.

Keuze geslachtsnaam

5. Wordt een verklaring houdende naamskeuze, bedoeld in het vierde lid, voor of ter gelegenheid van de aangifte van de geboorte afgelegd, dan heeft het kind de gekozen naam vanaf de geboorte. Geschiedt de naamskeuze niet uiterlijk ter gelegenheid van de aangifte van de geboorte, dan neemt de ambtenaar van de burgerlijke stand als geslachtsnaam van het kind in de geboorteakte op:
a. de geslachtsnaam van de vader in geval het kind door geboorte in familierechtelijke betrekking tot beide ouders komt te staan;
b. de geslachtsnaam van de moeder in geval een ouder en zijn echtgenoot of geregistreerde partner die niet de ouder is, van rechtswege gezamenlijk het gezag als bedoeld in artikel 253sa over het kind uitoefenen.

6. Indien de moeder na de geboorte van het kind op grond van artikel 199, onderdeel b, het vaderschap van de overleden echtgenoot of geregistreerde partner ontkent of op grond van artikel 198, tweede lid, het moederschap van de overleden echtgenote of geregistreerde parnter ontkent en zij ten tijde van de geboorte en van de ontkenning is hertrouwd of een nieuw partnerschap heeft laten registreren, kunnen de moeder en haar echtgenoot of geregistreerde partner gezamenlijk ter gelegenheid van de ontkenning verklaren welke van hun beider geslachtsnamen het kind zal hebben. Van de verklaring van de ouders wordt een akte van naamskeuze opgemaakt. Bij gebreke van een verklaring heeft het kind de geslachtsnaam van de echtgenoot of geregistreerde partner.

7. Indien een kind op het tijdstip van het ontstaan van de familierechtelijke betrekking met beide ouders zestien jaar of ouder is, verklaart het zelf ten overstaan van de ambtenaar van de burgerlijke stand of van de notaris of, in geval van adoptie of gerechtelijke vaststelling van het vaderschap, ten overstaan van de rechter of het de geslachtsnaam van de ene of de andere ouder zal hebben. Van deze verklaring wordt melding gemaakt in de akte van erkenning of in de rechterlijke uitspraak inzake adoptie of gerechtelijke vaststelling van het vaderschap.

8. Een verklaring van de ouders als bedoeld in het tweede, derde, vierde of zesde lid, kan slechts ten aanzien van de geslachtsnaam van hun eerste kind worden afgelegd. De eerste volzin is van overeenkomstige toepassing ten aanzien van het eerste kind over wie de ouder en zijn echtgenoot of geregistreerde partner die niet de ouder is, van rechtswege gezamenlijk het gezag als bedoeld in artikel 253sa zullen uitoefenen of uitoefenen. Onverminderd het zevende lid, hebben volgende kinderen van dezelfde ouders dan wel kinderen over wie dezelfde ouder en dezelfde echtgenoot

of geregistreerde partner die niet de ouder is, van rechtswege het gezag gezamenlijk zullen uitoefenen, dezelfde geslachtsnaam als het eerste kind, met dien verstande dat in het geval dat volgende kinderen blijkens de geboorteakte of krachtens toepasselijk recht een naam hebben die afwijkt van de naam van het eerste kind, de ouders kunnen verklaren dat het desbetreffende kind dezelfde geslachtsnaam zal hebben als het eerste kind. Indien voor de geboorte of ter gelegenheid van de aangifte naamskeuze is gedaan ten aanzien van een kind dat levenloos ter wereld komt of is gekomen, wordt deze keuze opgenomen in de akte, bedoeld in artikel 19i, eerste lid, en geldt zij alleen ten aanzien van dit kind.

9. Is één van de ouders voorafgaand aan het tijdstip waarop de naamskeuze uiterlijk moet zijn gedaan overleden en is de naamskeuze niet gedaan, dan legt de andere ouder een verklaring omtrent de naamskeuze af. Hetzelfde geldt indien één van de ouders wegens diens lichamelijke of geestelijke toestand onder curatele staat dan wel indien ten aanzien van hem of haar een mentorschap bestaat.

10. Zijn de vader en moeder onbekend, dan neemt de ambtenaar van de burgerlijke stand in de geboorteakte een voorlopige voornaam en geslachtsnaam op, in afwachting van het koninklijk besluit waarbij de voornamen en de geslachtsnaam van het kind worden vastgesteld.

11. Indien op grond van het tweede tot en met negende lid een kind, wiens vader van adel is, niet zijn geslachtsnaam verkrijgt, gaat de adeldom niet over op dat kind.

12. De geslachtsnaam van kinderen geboren uit een huwelijk met een lid van het koninklijk huis wordt bij koninklijk besluit bepaald.

(Zie ook: artt. 17, 19, 197, 206 BW Boek 1)

13. In het tweede, vijfde en zesde lid wordt onder «moeder» verstaan de vrouw uit wie het kind is geboren. In deze leden wordt met «de vader» van het kind en zijn «vaderschap» gelijkgesteld de moeder die niet de vrouw is uit wie het kind is geboren onderscheidenlijk haar moederschap.

Art. 6

Bewijs geslachtsnaam
De geslachtsnaam wordt ten aanzien van een ieder dwingend bewezen door de akte van geboorte.
(Zie ook: artt. 26, 205 BW Boek 1)

Art. 7

Wijziging geslachtsnaam
1. De geslachtsnaam van een persoon kan op zijn verzoek, of op verzoek van zijn wettelijke vertegenwoordiger, door de Koning worden gewijzigd.
2. Hij wiens geslachtsnaam of voornamen niet bekend zijn, kan de Koning verzoeken voor hem een geslachtsnaam of voornamen vast te stellen.
3. Een wijziging of vaststelling van de geslachtsnaam door de Koning heeft geen invloed op de geslachtsnaam van de kinderen van de betrokken persoon die voor de datum van het besluit meerderjarig zijn geworden of die niet onder zijn gezag staan.
4. Een wijziging of vaststelling van de geslachtsnaam door de Koning blijft in stand niettegenstaande een latere erkenning of een gerechtelijke vaststelling van het ouderschap.
5. Bij algemene maatregel van bestuur worden regelen gesteld betreffende de gronden waarop de geslachtsnaamswijziging kan worden verleend, de wijze van indiening en behandeling van verzoeken als in het eerste en het tweede lid bedoeld en betreffende het voor wijziging van de geslachtsnaam verschuldigde recht.
6. Indien Onze Minister van Justitie voornemens is een voordracht te doen voor een koninklijk besluit strekkende tot inwilliging van een verzoek als bedoeld in het eerste of tweede lid, deelt hij dit voornemen schriftelijk mee aan de verzoeker en degene wiens geslachtsnaam is verzocht, alsmede, indien het verzoek op de geslachtsnaam van een minderjarige betrekking heeft, zijn ouders en degene aan wie de minderjarige de geslachtsnaam, waarvan wijziging is verzocht, rechtstreeks ontleent. De schriftelijke mededeling van het voornemen geldt als een beschikking.
(Zie ook: Rvnwv; Bgnw; Wbesl. Gnw)
7. Onze Minister van Justitie doet de schriftelijke mededeling van het voornemen binnen twintig weken.

Art. 8

Onrechtmatig gebruik geslachtsnaam
Hij die de naam van een ander zonder diens toestemming voert, handelt jegens die persoon onrechtmatig, wanneer hij daardoor de schijn wekt die ander te zijn of tot diens geslacht of gezin te behoren.
(Zie ook: art. 162 t/m 166 BW Boek 6)

Art. 9

Geslachtsnaam gebruikt door ex-partner of -echtgenote
1. Een vrouw die gehuwd is of die gehuwd is geweest dan wel wier partnerschap geregistreerd is of is geweest en die niet is getrouwd na beëindiging van de registratie of is hertrouwd dan wel niet een geregistreerd partnerschap is aangegaan na beëindiging van het huwelijk of opnieuw is aangegaan, is steeds bevoegd de geslachtsnaam van haar echtgenoot of van haar geregistreerde partner te voeren of aan de hare te doen voorafgaan dan wel die te doen volgen op haar eigen geslachtsnaam.
2. Indien het huwelijk door echtscheiding is ontbonden en daaruit geen afstammelingen in leven zijn dan wel indien het geregistreerd partnerschap op de wijze bedoeld in artikel 80c,

onder c of d, is beëindigd, kan de rechtbank, wanneer daartoe gegronde redenen bestaan, op verzoek van de gewezen echtgenoot of de gewezen geregistreerde partner aan de vrouw de haar in het eerste lid toegekende bevoegdheid ontnemen.
3. Het eerste en tweede lid zijn van overeenkomstige toepassing ten aanzien van de man die gehuwd is of gehuwd is geweest dan wel wiens partnerschap geregistreerd is of is geweest en die niet is getrouwd na beëindiging van de registratie of is hertrouwd dan wel niet een geregistreerd partnerschap is aangegaan na beëindiging van het huwelijk of opnieuw is aangegaan.
(Zie ook: art. 150 BW Boek 1)

Titel 3
Woonplaats

Art. 10
1. De woonplaats van een natuurlijk persoon bevindt zich te zijner woonstede, en bij gebreke van woonstede ter plaatse van zijn werkelijk verblijf.
2. Een rechtspersoon heeft zijn woonplaats ter plaatse waar hij volgens wettelijk voorschrift of volgens zijn statuten of reglementen zijn zetel heeft.
(Zie ook: artt. 186, 287 BW Boek 2; artt. 1, 4, 126 Rv)

Woonplaats van een natuurlijk persoon
Woonplaats van een rechtspersoon

Art. 11
1. Een natuurlijk persoon verliest zijn woonstede door daden, waaruit zijn wil blijkt om haar prijs te geven.
2. Een natuurlijk persoon wordt vermoed zijn woonstede te hebben verplaatst, wanneer hij daarvan op de wettelijk voorgeschreven wijze aan de betrokken colleges van burgemeester en wethouders heeft kennis gegeven.

Verlies woonplaats

Art. 12
1. Een minderjarige volgt de woonplaats van hem die het gezag over hem uitoefent, de onder curatele gestelde die van zijn curator. Oefenen beide ouders tezamen het gezag over hun minderjarige kind uit, doch hebben zij niet dezelfde woonplaats, dan volgt het kind de woonplaats van de ouder bij wie het feitelijk verblijft dan wel laatstelijk heeft verbleven.
(Zie ook: art. 268 Rv)
2. Wanneer iemands goederen onder bewind staan, volgt hij voor alles wat de uitoefening van dit bewind betreft, de woonplaats van de bewindvoerder.
3. Wanneer ten behoeve van een persoon een mentorschap is ingesteld, volgt hij voor alles wat de uitoefening van dit mentorschap betreft, de woonplaats van de mentor.
4. Het eerste, tweede en derde lid zijn niet van toepassing voor zover het betreft de relatieve bevoegdheid van de rechter gedurende een curatele, een bewind als bedoeld in titel 19 en een mentorschap. Hetzelfde geldt indien ten aanzien van een persoon een curatele, een mentorschap of een bewind als bedoeld in titel 19 en tevens een bewind als bedoeld in afdeling 7 van titel 5 van Boek 4 of een bewind als bedoeld in artikel 182 van Boek 7 van kracht zijn en de bevoegde kantonrechter de andere kantonrechter als uitsluitend bevoegde heeft aangewezen.
5. Wanneer de persoon, van wie de woonplaats wordt afgeleid, overlijdt of zijn gezag of zijn hoedanigheid verliest, duurt de afgeleide woonplaats voort, totdat een nieuwe woonplaats is verkregen.

Woonplaats van minderjarige en onder curatele gestelde

Woonplaats van onderbewindgestelde
Woonplaats bij mentorschap

Art. 13
Het sterfhuis van een overledene is daar, waar hij zijn laatste woonplaats heeft gehad.
(Zie ook: artt. 4, 126 Rv; art. 126 FW)

Sterfhuis

Art. 14
Een persoon die een kantoor of een filiaal houdt, heeft ten aanzien van aangelegenheden die dit kantoor of dit filiaal betreffen mede aldaar woonplaats.

Woonplaats van kantoor- of filiaalhouder

Art. 15
Een persoon kan een andere woonplaats dan zijn werkelijke slechts kiezen, wanneer de wet hem daartoe verplicht, of wanneer de keuze bij schriftelijk of langs elektronische weg aangegane overeenkomst voor een of meer bepaalde rechtshandelingen of rechtsbetrekkingen geschiedt en voor de gekozen woonplaats een redelijk belang aanwezig is. Indien de keuze bij langs elektronische weg aangegane overeenkomst geschiedt, is artikel 227a lid 1 van Boek 6 van overeenkomstige toepassing.
(Zie ook: artt. 236, 260 BW Boek 6)

Keuze van woonplaats

Titel 4
Burgerlijke stand

Afdeling 1
De ambtenaar van de burgerlijke stand

Art. 16

Ambtenaar van de burgerlijke stand

1. In elke gemeente zijn twee, of, naar goedvinden van burgemeester en wethouders, meer ambtenaren van de burgerlijke stand. Daarenboven kunnen een of meer ambtenaren van de burgerlijke stand worden belast met het verrichten van bepaalde taken. Deze dragen de titel van buitengewoon ambtenaar van de burgerlijke stand. Een ambtenaar van de burgerlijke stand, die niet voldoet aan het in het tweede lid bedoelde benoembaarheidsvereiste, wordt niet in aanmerking genomen voor de berekening van het in de eerste zin genoemde aantal.

Benoeming, schorsing of ontslag

2. De in het eerste lid bedoelde ambtenaren worden door burgemeester en wethouders benoemd, geschorst of ontslagen. Een benoeming kan voor een bepaalde tijdsduur geschieden. Als ambtenaar of buitengewoon ambtenaar van de burgerlijke stand is slechts benoembaar de persoon die in de uitoefening van zijn ambt geen onderscheid maakt als bedoeld in artikel 1 van de Algemene wet gelijke behandeling, tenzij het onderscheid is gebaseerd op een wettelijk voorschrift.

3. Ambtenaar van de burgerlijke stand van een gemeente kan slechts zijn een ambtenaar in dienst van die gemeente of een andere gemeente. Buitengewoon ambtenaar van de burgerlijke stand kan mede zijn een persoon die geen ambtenaar in gemeentelijke dienst is.

Eed of belofte van ambtenaar burgerlijke stand

4. De ambtenaar of buitengewoon ambtenaar van de burgerlijke stand wordt tot zijn betrekking niet toegelaten dan na voor de rechtbank tot wier rechtsgebied de gemeente behoort waar hij voor het eerst wordt benoemd de navolgende eed dan wel belofte te hebben afgelegd:
"Ik zweer (beloof) dat ik de betrekking van ambtenaar van de burgerlijke stand met eerlijkheid en nauwkeurigheid zal vervullen en dat ik de wettelijke voorschriften, de burgerlijke stand betreffende, met de meeste nauwgezetheid zal opvolgen; dat ik voorts, tot het verkrijgen van mijn aanstelling, middellijk noch onmiddellijk, onder enige naam of voorwendsel, aan iemand iets heb gegeven of beloofd, en dat ik, om iets in deze betrekking te doen of te laten, van niemand enige beloften of geschenken zal aannemen, middellijk of onmiddellijk. Zo waarlijk helpe mij God almachtig". ("Dat verklaar en beloof ik").
(Zie ook: art. 16a BW Boek 1; art. 24 BW Boek 3; art. 20 Rv)

5. Wanneer de eed dan wel belofte, bedoeld in het vierde lid, in de Friese taal wordt afgelegd, luidt de tekst van de eed dan wel belofte als volgt:
«Ik swar (ûnthjit) dat ik de funksje fan amtner fan de boargerlike stân mei earlikheid en soarchfâldichheid útoefenje sil en dat ik de wetlike foarskriften oangeande de boargerlike stân op 'en sekuersten neikomme sil; dat ik fierders, foar it krijen fan myn oanstelling, streekrjocht noch midlik, ûnder hokker namme of útwynsel dan ek, oan immen eat jûn of tasein haw, en dat ik, om eat yn dizze funksje te dwaan of te litten, fan gjinien tasizzingen of geskinken, likefolle hokker, oannimme sil, midlik of streekrjocht. Sa wier helpe my God almachtich». («Dat ferklearje en ûnthjit ik»).

Art. 16a

Taken van ambtenaar burgerlijke stand

1. De ambtenaar van de burgerlijke stand is belast met het opnemen in de onder hem berustende registers van de burgerlijke stand van akten en de daaraan toe te voegen latere vermeldingen, alsmede al datgene wat de instandhouding van de registers en de zorg voor de toegankelijkheid van de daarin neergelegde gegevens betreft.

2. De buitengewoon ambtenaar van de burgerlijke stand kan uitsluitend worden belast met de taken omschreven in de artikelen 45, 45a, 58, 63, 64, 65, 67, 80a, derde lid, en 80g.

Art. 16b

Optreden in rechte door ambtenaar burgerlijke stand

Wanneer de ambtenaar van de burgerlijke stand in de uitoefening van zijn ambt op grond van enige bepaling van deze titel of van enige andere titel van dit boek in rechte optreedt, kan hij dit zonder advocaat doen.
(Zie ook: art. 243 lid 4 BW Boek 1)

Art. 16c

Openingstijden van bureau van de burgerlijke stand

Burgemeester en wethouders bepalen de uren, waarop elk bureau van de burgerlijke stand dagelijks voor het publiek geopend zal zijn. Daarbij wordt, ten einde de werkzaamheden van de ambtenaren van de burgerlijke stand op die dagen zoveel mogelijk te beperken, een afzonderlijke regeling getroffen voor de zaterdag, de zondag, de algemeen erkende feestdagen en de overige daarvoor door burgemeester en wethouders aan te wijzen dagen, waarop gemeentelijke diensten niet of slechts gedeeltelijk zijn geopend.

Art. 16d

Nadere regels

Bij algemene maatregel van bestuur worden regels gesteld ten aanzien van de door het college van burgemeester en wethouders te treffen voorzieningen ten behoeve van de taakuitoefening

13 Burgerlijk Wetboek Boek 1 — art. 1:18b

door de ambtenaar van de burgerlijke stand, en voorts ten aanzien van al wat verder de taak van de ambtenaar van de burgerlijke stand betreft.
(Zie ook: BBS)

Afdeling 2
De registers van de burgerlijke stand en de bewaring daarvan

Art. 17
1. Er bestaan voor iedere gemeente registers van geboorten, van huwelijken, van geregistreerde partnerschappen en van overlijden.
2. Er bestaat in de gemeente 's-Gravenhage, naast de in het eerste lid genoemde registers, een register voor de inschrijving van de in afdeling 6 bedoelde rechterlijke uitspraken.

Registers van de burgerlijke stand

Art. 17a
1. De registers van de burgerlijke stand worden in het gemeentehuis bewaard totdat zij naar een gemeentelijke archiefbewaarplaats in de zin van de Archiefwet 1995 (*Stb.* 276) worden overgebracht.
2. De overbrenging naar de gemeentelijke archiefbewaarplaats van de in het gemeentehuis berustende registers van geboorten, van huwelijken dan wel geregistreerde partnerschappen en van overlijden vindt eerst plaats onderscheidenlijk honderd jaar, vijfenzeventig jaar en vijftig jaar na de afsluiting van deze registers.

Bewaring van registers van de burgerlijke stand

Art. 17b
De beheerder van een archiefbewaarplaats als bedoeld in artikel 17a is belast met het bewaren van de onder hem berustende registers, met het toevoegen van latere vermeldingen aan de daarin opgenomen akten en met de afgifte van afschriften en uittreksels van deze akten.

Beheerder van een archiefbewaarplaats

Art. 17c
Bij algemene maatregel van bestuur wordt geregeld alles wat verder betreft de inrichting van de registers, alsmede de in artikel 17b genoemde handelingen ten aanzien van die registers.
(Zie ook: BBS)

Nadere regels

Afdeling 3
Akten van de burgerlijke stand en partijen bij deze akten

Art. 18
1. De ambtenaar van de burgerlijke stand mag in de akten alleen opnemen hetgeen ingevolge het bij of krachtens de wet bepaalde moet worden verklaard of opgenomen.
2. Alvorens tot het opmaken van een akte over te gaan, verifieert de ambtenaar van de burgerlijke stand de door partijen bij de akte verstrekte gegevens door raadpleging van de basisregistratie personen en, zonodig, andere daartoe bestemde registers of bevoegde autoriteiten, zonder daarvoor leges verschuldigd te zijn.
3. De ambtenaar van de burgerlijke stand is voorts bevoegd zich, al dan niet in persoon, alle bescheiden te doen vertonen die hij voor het opmaken van de akte of voor de vaststelling van de in de akte op te nemen gegevens noodzakelijk acht.
4. [Dit lid is nog niet in werking getreden.]
5. Bij algemene maatregel van bestuur wordt geregeld al hetgeen het opmaken van de akten betreft.
(Zie ook: BBS)

Burgerlijke stand, opmaken akten

Nadere regels

Art. 18a
1. Partijen bij een akte van de burgerlijke stand zijn degenen die aan de ambtenaar van de burgerlijke stand een aangifte doen of te zijnen overstaan een verklaring afleggen betreffende een feit, waarvan de akte bestemd is te doen blijken.
2. Belanghebbende partijen zijn partijen die met hun verklaring enig rechtsgevolg teweeg brengen voor henzelf of voor medepartijen, dan wel voor henzelf en medepartijen.
3. De belanghebbende partijen kunnen zich door een daartoe bij authentieke akte gevolmachtigde doen vertegenwoordigen.
4. Wanneer een gevolmachtigde een verklaring aflegt, geldt hij zowel als de door hem vertegenwoordigde persoon als partij bij de akte.
5. De ambtenaar van de burgerlijke stand mag geen akte verlijden waarin hijzelf als partij of belanghebbende partij voorkomt.

Partijen bij een akte van de burgerlijke stand

Art. 18b
1. Voor de betrouwbaarheid en vertrouwelijkheid van de elektronische aangifte alsmede het opmaken en de opslag van een akte in elektronische vorm wordt een systeem van gegevensverwerking gebruikt dat:
a. de ambtenaar van de burgerlijke stand in staat stelt de juistheid van de identiteit van de aangever vast te stellen;
b. de vertrouwelijkheid van de door de aangever verstrekte gegevens waarborgt;

Elektronische akte burgerlijke stand

c. waarborgt dat elektronische akten als bedoeld in artikel 18, vierde lid, zodanig blijven opgeslagen dat de inhoud toegankelijk is voor toekomstig gebruik en een ongewijzigde reproductie van de inhoud van de akten gewaarborgd is;
d. waarborgt dat een bericht, elektronisch afschrift of uittreksel volledig is en niet onbevoegdelijk is of kan worden gewijzigd.
2. Bij algemene maatregel van bestuur kunnen over het in het eerste lid bepaalde nadere regels worden gesteld.

Art. 18c

Akte burgerlijke stand, weigering opmaken

1. Blijft een partij bij een akte van de burgerlijke stand of een belanghebbende partij in gebreke de in artikel 18, derde lid, bedoelde bescheiden over te leggen, of acht de ambtenaar van de burgerlijke stand de overgelegde bescheiden ongenoegzaam, dan weigert deze tot het opmaken van de akte over te gaan.
2. De ambtenaar van de burgerlijke stand weigert eveneens tot het opmaken van de akte over te gaan, indien hij van oordeel is dat de Nederlandse openbare orde zich hiertegen verzet.
3. Van een weigering als bedoeld in het eerste of het tweede lid doet de ambtenaar van de burgerlijke stand een schriftelijke, met redenen omklede mededeling aan de partijen bij de akte en de belanghebbende partijen toekomen, onder vermelding van de tegen die weigering openstaande voorziening van afdeling 12 van deze titel. Een afschrift van deze mededeling doet hij aan de Immigratie- en Naturalisatiedienst toekomen.

Art. 18d

Akte burgerlijke stand, dubbel of afschrift
Nadere regels

1. Van alle in registers opgenomen akten van de burgerlijke stand wordt een dubbel of een afschrift gehouden, volgens regels, bij algemene maatregel van bestuur te stellen.
2. Bij algemene maatregel van bestuur wordt geregeld alles wat betreft de bewaring van de dubbelen of de afschriften alsmede van de daarop betrekking hebbende latere vermeldingen.

Akte burgerlijke stand, vervanging

3. Wanneer akten van de burgerlijke stand verloren zijn gegaan of verminkt zijn, wordt ter vervanging van deze akten van de dubbelen van de akten een afschrift gemaakt door een of meer door Onze Minister van Justitie aan te wijzen Centrale Bewaarplaatsen waar de dubbelen bewaard worden. De afschriften treden in de plaats van de verloren gegane of verminkte akten.
4. Er wordt een lijst opgesteld van de akten die vervangen worden, die in de Staatscourant wordt gepubliceerd.
5. De kosten voor de vervanging van akten van de burgerlijke stand komen ten laste van de Staat, tenzij het de vervanging van akten betreft die bewaard worden door een gemeente. In het laatstgenoemde geval komen de kosten van vervanging voor rekening van de gemeente.

Nadere regels

6. Onze Minister van Justitie kan nadere regels stellen omtrent de wijze waarop de vervanging van de akten dient te worden uitgevoerd.

(Zie ook: BBS ; Vv10)

Afdeling 4
De akten van geboorte, van overlijden en de akten houdende attestaties de vita

Art. 19

Geboorteakte

1. Een akte van geboorte wordt opgemaakt door de ambtenaar van de burgerlijke stand van de gemeente waar het kind is geboren.
2. Indien de plaats van de geboorte van het kind niet bekend is, wordt de akte opgemaakt door de ambtenaar van de burgerlijke stand van de gemeente waar het kind is aangetroffen. Die gemeente geldt als gemeente waar het kind is geboren.

(Zie ook: artt. 4, 20, 24, 26, 301 BW Boek 1)

Art. 19a

Geboorte in voertuig, schip of vliegtuig

1. In geval van geboorte op Nederlands grondgebied in een rijdend voertuig of op een varend schip of tijdens een binnenlandse luchtreis met een luchtvaartuig, wordt de akte van geboorte opgemaakt door de ambtenaar van de burgerlijke stand van de gemeente waar dat kind het voertuig, het schip of het luchtvaartuig verlaat, dan wel waar het schip ligplaats kiest. Die gemeente geldt als gemeente waar het kind is geboren.

Geboorte op in Nederland geregistreerd schip of vliegtuig

2. In geval van geboorte tijdens een zeereis met een in Nederland geregistreerd vaartuig, dan wel tijdens een internationale luchtreis met een in Nederland geregistreerd luchtvaartuig, is de gezagvoerder van het vaartuig of het luchtvaartuig verplicht een voorlopige akte van geboorte binnen vierentwintig uur in het journaal in te schrijven in tegenwoordigheid van twee getuigen en zo mogelijk van de vader. De gezagvoerder zendt een afschrift van die akte zo spoedig mogelijk aan de ambtenaar van de burgerlijke stand van de gemeente 's-Gravenhage. Deze maakt de akte van geboorte op aan de hand van het ontvangen afschrift, met dien verstande dat hij gegevens die ontbreken of hem blijken onjuist te zijn, zoveel mogelijk aanvult of verbetert. Aan de personen op wie de akte betrekking heeft, wordt een uittreksel van de akte toegezonden.

Art. 19b

Geboorteplaats of naam niet bekend

Indien de plaats of de dag van de geboorte van het kind niet bekend is dan wel indien de naam, met inbegrip van de voornamen, van de moeder uit wie het kind is geboren niet bekend is, wordt de geboorteakte ten aanzien van deze punten opgemaakt krachtens een bevel en overeenkomstig de aanwijzingen van het openbaar ministerie.

Art. 19c
Zijn krachtens artikel 5, tiende lid, van dit boek in de akte een voorlopige voornaam en geslachtsnaam opgenomen, dan zendt de ambtenaar van de burgerlijke stand onverwijld een volledig afschrift van de akte aan Onze Minister van Justitie.

Voorlopige voor- en geslachtsnaam

Art. 19d
1. Indien het geslacht van het kind twijfelachtig is, wordt een geboorteakte opgemaakt, waarin wordt vermeld dat het geslacht van het kind niet is kunnen worden vastgesteld.
2. Binnen drie maanden na de geboorte, of, bij overlijden binnen die termijn, ter gelegenheid van de aangifte van het overlijden, wordt onder doorhaling van de in het eerste lid bedoelde akte een nieuwe geboorteakte opgemaakt, waarin het geslacht, indien dit inmiddels is vastgesteld, wordt vermeld aan de hand van een ter zake overgelegde medische verklaring.
3. Is binnen de in het tweede lid genoemde termijn geen medische verklaring overgelegd, of blijkt uit de overgelegde medische verklaring dat het geslacht niet is kunnen worden vastgesteld, dan vermeldt de nieuwe geboorteakte dat het geslacht van het kind niet is kunnen worden vastgesteld.

Twijfel over geslacht kind

Art. 19e
1. Tot de aangifte van een geboorte is bevoegd de moeder uit wie het kind is geboren.
2. Tot de aangifte is verplicht de vader of de moeder uit wie het kind niet is geboren.
3. Wanneer de persoon genoemd in het tweede lid ontbreekt of verhinderd is de aangifte te doen, is tot aangifte verplicht:
   a. ieder die bij het ter wereld komen van het kind tegenwoordig is geweest;
   b. de bewoner van het huis waar de geboorte heeft plaats gehad, of indien zulks is geschied in een inrichting tot verpleging of verzorging bestemd, in een gevangenis of in een soortgelijke inrichting, het hoofd van die inrichting of een door hem bij onderhandse akte bijzonderlijk tot het doen van de aangifte aangewezen ondergeschikte.
4. Voor een in het derde lid, onder b, genoemde persoon bestaat de verplichting alleen indien een onder a genoemde persoon ontbreekt of verhinderd is.
5. Wanneer tot de aangifte bevoegde of verplichte personen ontbreken of nalaten de aangifte te doen, geschiedt deze door of vanwege de burgemeester van de gemeente alwaar de geboorteakte moet worden opgemaakt.
6. De verplichting tot aangifte moet worden vervuld binnen drie dagen na de dag der bevalling. Van een aangifte later dan de derde dag, bedoeld in de eerste zin van dit lid, wordt door de ambtenaar van de burgerlijke stand mededeling gedaan aan het openbaar ministerie.
7. De ambtenaar van de burgerlijke stand stelt de identiteit van de aangever vast aan de hand van een document als bedoeld in artikel 1 van de Wet op de identificatieplicht.
8. Bij de aangifte kan de ambtenaar van de burgerlijke stand zich doen overleggen een door de arts of de verloskundige die bij het ter wereld komen van het kind tegenwoordig was, opgemaakte verklaring dat het kind uit de als moeder opgegeven persoon is geboren. Is het kind buiten de tegenwoordigheid van een arts of verloskundige ter wereld gekomen, dan kan hij zich een door een zodanige hulpverlener nadien opgemaakte verklaring doen overleggen.
9. Wordt geen gevolg gegeven aan het verzoek van de ambtenaar van de burgerlijke stand om overlegging van een verklaring als bedoeld in het achtste lid of is in de verklaring vermeld dat de identiteit van de moeder uit wie het kind is geboren onbekend is, dan is artikel 19b van toepassing.

Geboorte, aangifte

Art. 19f
1. Een akte van overlijden wordt opgemaakt door de ambtenaar van de burgerlijke stand van de gemeente waar het overlijden heeft plaatsgevonden.
2. Indien een lijk is gevonden en de plaats of de dag van overlijden niet met voldoende nauwkeurigheid kan worden vastgesteld, wordt de akte van overlijden opgemaakt door de ambtenaar van de burgerlijke stand van de gemeente waarin het lijk is gevonden of aan land gebracht.
3. Ongeacht het in het eerste lid bepaalde is het tweede lid van overeenkomstige toepassing indien het overlijden heeft plaatsgevonden op een op zee gestationeerde installatie en het lijk in Nederland aan land wordt gebracht.

Overlijdensakte

Art. 19g
1. In geval van overlijden op Nederlands grondgebied in een rijdend voertuig of op een varend schip of tijdens een binnenlandse luchtreis met een luchtvaartuig, wordt de akte van overlijden opgemaakt door de ambtenaar van de burgerlijke stand van de gemeente waar het lijk het voertuig, het schip of het luchtvaartuig verlaat, dan wel waar het schip ligplaats kiest. Die gemeente geldt als gemeente waar het overlijden heeft plaatsgevonden.
2. In geval van overlijden tijdens een zeereis met een in Nederland geregistreerd voertuig, dan wel tijdens een internationale luchtreis met een in Nederland geregistreerd luchtvaartuig, is de gezagvoerder van het vaartuig of het luchtvaartuig verplicht een voorlopige akte van overlijden

Overlijden in voertuig, schip of vliegtuig

binnen vierentwintig uur in het journaal in te schrijven in tegenwoordigheid van twee getuigen. De gezagvoerder zendt een afschrift van die akte zo spoedig mogelijk naar de ambtenaar van de burgerlijke stand van de gemeente 's-Gravenhage . Deze maakt de akte van overlijden op aan de hand van het ontvangen afschrift, met dien verstande dat hij gegevens die ontbreken of hem blijken onjuist te zijn, zoveel mogelijk aanvult of verbetert. Aan de personen op wie de akte betrekking heeft, wordt een uittreksel van de akte toegezonden.

Art. 19h

Overlijden, aangifte

1. Tot de aangifte van een overlijden is bevoegd wie daarvan uit eigen wetenschap kennis draagt.
2. Binnen de in artikel 16 van de Wet op de lijkbezorging gestelde termijn voor de begraving of crematie, kan de persoon die in de lijkbezorging voorziet, door een in het eerste lid bedoelde persoon worden gemachtigd tot het doen van de aangifte. In dit geval kan de aangifte door de gemachtigde ook elektronisch worden gedaan, als deze weg is geopend.
3. De identiteit van de aangever wordt vastgesteld aan de hand van een document als bedoeld in artikel 1 van de Wet op de identificatieplicht, dan wel op bij algemene maatregel van bestuur te bepalen andere wijze.
4. De aangever verstrekt ten minste de volgende gegevens van de overledene:
   a. geslachtsnaam, voornamen en geslacht van de overledene;
   b. voor zover bekend, plaats en dag van geboorte;
   c. plaats, dag en, zo mogelijk, het tijdstip van overlijden en
   d. diens burgerlijke staat en
   e. diens laatst bekende woonadres of woonplaats.
5. Wanneer tot de aangifte bevoegde personen ontbreken of nalaten binnen de in de Wet op de lijkbezorging gestelde termijn voor de begraving of crematie de aangifte te doen, geschiedt deze door of vanwege de burgemeester van de gemeente alwaar de akte van overlijden moet worden opgemaakt.
6. In de gevallen bedoeld in artikel 19f, tweede en derde lid, geschiedt de aangifte door de hulpofficier van justitie.

Art. 19i

Overlijdensakte bij levenloos geboren kind
Overlijden voor aangifte van de geboorte
Aangifte van levenloos geboren of overleden kind

1. Wanneer een kind levenloos ter wereld is gekomen, wordt een akte opgemaakt, die in het register van overlijden wordt opgenomen.
2. Wanneer een kind binnen de in artikel 19e, zesde lid, bepaalde termijn is overleden voordat aangifte van de geboorte is geschied, wordt zowel een akte van geboorte als een akte van overlijden opgemaakt.
3. In de in de vorige leden bedoelde gevallen is ten aanzien van de aangifte het bepaalde in artikel 19h van overeenkomstige toepassing. In het in het tweede lid bedoelde geval blijft artikel 19e buiten toepassing.
4. In het geval, bedoeld in het eerste lid, verstrekt de ambtenaar van de burgerlijke stand aan het Centraal Bureau voor de Statistiek zo spoedig mogelijk de gegevens betreffende dat kind, die zijn vermeld in het daartoe door hem te gebruiken formulier dat door Onze Minister van Veiligheid en Justitie is vastgesteld.

Art. 19j

Nadere regels

1. Bij algemene maatregel van bestuur wordt geregeld al wat betreft de aan de ambtenaar over te leggen stukken, het opmaken van de akten, onderscheidenlijk de voorlopige akten van geboorte en van overlijden, en de inhoud daarvan.
2. Bij algemene maatregel van bestuur wordt tevens geregeld:
   a. op welke wijze en waar de akten van geboorte en van overlijden zullen worden opgemaakt en ingeschreven wanneer dit ten gevolge van een verbod van verkeer of ten gevolge van andere buitengewone omstandigheden niet op de gewone wijze kan geschieden; en
   b. op welke wijze en waar overlijdensakten zullen worden opgemaakt van militairen en van andere personen, die tot de krijgsmacht behoren en die te velde, in de slag, of in 's Rijks dienst buiten Nederland zijn overleden.

(Zie ook: Bba ; BBS)

Art. 19k

Bewijs van in leven zijn

1. Een ieder die zijn gewone verblijfplaats in Nederland heeft, kan de ambtenaar van de burgerlijke stand van zijn woonplaats verzoeken om afgifte van een attestatie de vita opgesteld overeenkomstig bijlage 1 van de op 10 september 1998 te Parijs tot stand gekomen Overeenkomst betreffende de afgifte van een attestatie de vita (Trb. 2004, 283).
2. De verzoeker verschijnt in persoon voor de ambtenaar van de burgerlijke stand van zijn woonplaats, dan wel voor de daartoe in Nederland bevoegde diplomatieke of consulaire autoriteit, tenzij hij in de onmogelijkheid hiertoe verkeert. Hij toont zijn identiteit aan aan de hand van een document als bedoeld in artikel 1 van de Wet op de identificatieplicht.
3. De attestatie de vita is gedurende zes maanden geldig, te rekenen vanaf de datum van afgifte. Zij is vrijgesteld van de vereisten van vertaling en van legalisatie dan wel van enig soortgelijk formeel vereiste.

4. De attestatie de vita wordt afgegeven in de Nederlandse taal en in de Franse taal. Op verzoek wordt daarbij tevens afgegeven:
a. de lijst van coderingen en de vertaling ervan in de officiële taal of in één van de officiële talen van het land waar de attestatie overgelegd zal worden, of
b. de vertaling in de officiële taal of in één van de officiële talen van de landen die bij de in het eerste lid genoemde Overeenkomst partij zijn. De vertaling wordt uitgevoerd overeenkomstig de in de bijlage bij de Overeenkomst vastgestelde termen.
5. Iedere belanghebbende kan met betrekking tot een attestatie de vita die is afgegeven in een ander land dat partij is bij de in het eerste lid genoemde Overeenkomst, de ambtenaar van de burgerlijke stand in zijn woonplaats dan wel de daartoe in Nederland bevoegde diplomatieke of consulaire autoriteit verzoeken om afgifte van:
a. een vertaling van de coderingen in het Nederlands, of
b. een vertaling van de attestatie de vita in het Nederlands.

Afdeling 5
Latere vermeldingen

Art. 20
1. De ambtenaar van de burgerlijke stand voegt aan de onder hem berustende akten van de burgerlijke stand latere vermeldingen toe van akten van de burgerlijke stand en andere authentieke akten houdende naamskeuze, erkenning, ontkenning van het vaderschap of moederschap door de moeder, van besluiten houdende wijziging of vaststelling van namen, van bevestigingen van opties mede houdende vaststelling van namen en naturalisatiebesluiten mede houdende wijziging of vaststelling van namen alsmede van besluiten tot intrekking van zulke bevestigingen of besluiten, van de opgave van afwijkende namen die een persoon die meer dan één nationaliteit bezit, voert in overeenstemming met het recht van het land waarvan hij mede de nationaliteit bezit, van akten houdende beëindiging van een geregistreerd partnerschap, van akten van omzetting van een geregistreerd partnerschap, wijziging van de vermelding van het geslacht na een aangifte als bedoeld in artikel 28, alsmede van rechterlijke uitspraken waarvan de dagtekening ten minste drie maanden oud is en die inhouden:
a. een last tot wijziging van de voornamen of van de geslachtsnaam, een adoptie, een herroeping van een adoptie, een vernietiging van een erkenning, een gerechtelijke vaststelling van het ouderschap, een gegrondverklaring van een ontkenning van het vaderschap of moederschap of, of een vernietiging van zulk een uitspraak;
b. de nietigverklaring van een huwelijk of van een geregistreerd partnerschap of de vernietiging van zulk een uitspraak tussen echtelieden of geregistreerde partners wier huwelijksakte onderscheidenlijk akte van een geregistreerd partnerschap, dan wel akte van omzetting van een geregistreerd partnerschap of huwelijk in de Nederlandse registers van de burgerlijke stand is opgenomen.
2. De ambtenaar van de burgerlijke stand voegt eveneens aan de onder hem berustende akten van de burgerlijke stand latere vermeldingen toe van in kracht van gewijsde gegane rechterlijke uitspraken die een echtscheiding of een ontbinding van een geregistreerd partnerschap, een ontbinding van een huwelijk na scheiding van tafel en bed of de vernietiging van zulk een uitspraak tussen echtelieden wier huwelijksakte, akte van registratie van een partnerschap of akte van omzetting van een geregistreerd partnerschap of huwelijk in de Nederlandse registers van de burgerlijke stand is opgenomen, inhouden.
(Zie ook: art. 19 BW Boek 1)

Art. 20a
1. De in artikel 20 bedoelde latere vermeldingen, met uitzondering van de vermeldingen bedoeld in het eerste lid, onder b, alsmede van de vermeldingen houdende beëindiging van een geregistreerd partnerschap en van de vermeldingen van een omzetting van een geregistreerd partnerschap, worden toegevoegd aan de geboorteakte van de betrokken persoon. Van een wijziging of vaststelling van de geslachtsnaam wordt tevens een latere vermelding toegevoegd aan de geboorteakten van de kinderen van de betrokken persoon, voor zover de wijziging of vaststelling zich tot hen uitstrekt.
2. De in artikel 20, eerste lid, onder b, en tweede lid, bedoelde latere vermeldingen alsmede de in de aanhef van artikel 20, eerste lid, bedoelde beëindiging van een geregistreerd partnerschap en de daar bedoelde omzetting, worden toegevoegd aan de huwelijksakte dan wel aan de akte van registratie van een partnerschap van de betrokken persoon.
3. Wanneer als gevolg van het huwelijk of van de echtscheiding een verandering intreedt in de geslachtsnaam van een persoon, wordt hiervan, voorzover zij niet in de huwelijksakte is vermeld, aan deze akte een latere vermelding toegevoegd. Tevens wordt daarvan een latere vermelding toegevoegd aan de geboorteakte van de betrokkene en de geboorteakten van diens kinderen, voor zover hun naam eveneens verandert.

Latere vermeldingen toevoegen aan akte van de burgerlijke stand

Latere vermelding, geboorteakte

Latere vermelding, beëindiging huwelijk/geregistreerd partnerschap

Latere vermelding, wijziging geslachtsnaam

Art. 20b

Latere vermelding van akten en uitspraken buiten Nederland opgemaakt

1. Van akten en uitspraken die buiten Nederland overeenkomstig de plaatselijke voorschriften door een bevoegde instantie zijn opgemaakt of gedaan en een overeenkomstige uitwerking hebben als de akten en rechterlijke uitspraken, bedoeld in artikel 20, wordt, tenzij de Nederlandse openbare orde zich hiertegen verzet, op verzoek van een belanghebbende dan wel ambtshalve, door de ambtenaar van de burgerlijke stand een latere vermelding toegevoegd aan de desbetreffende in de registers van de burgerlijke stand hier te lande voorkomende huwelijksakte, akte van registratie van een partnerschap, akte van omzetting van een geregistreerd partnerschap of huwelijk of geboorteakte. Van een verandering van de geslachtsnaam wordt op verzoek van een belanghebbende tevens een latere vermelding gevoegd bij de geboorteakte van de kinderen van de betrokken persoon, voor zover hun naam eveneens verandert.

Verzending van latere vermelding aan betrokkene na ambtshalve toevoeging

2. Indien een latere vermelding ambtshalve aan een akte is toegevoegd, zendt de ambtenaar van de burgerlijke stand een afschrift van de akte en de latere vermelding aan de persoon of personen op wie de akte betrekking heeft.

Art. 20c

Schakelbepaling

De artikelen 18 en 18c zijn van overeenkomstige toepassing.

Art. 20d

Nadere regels

Bij algemene maatregel van bestuur wordt geregeld al wat betreft de aan de ambtenaar over te leggen stukken, het opmaken van de latere vermeldingen en de inhoud daarvan.
(Zie ook: BBS)

Art. 20e

Verzending van afschrift rechterlijke uitspraak voor latere vermelding

1. Van de in artikel 20, eerste lid, genoemde uitspraken zendt de griffier van het college waarvoor de zaak laatstelijk aanhangig was niet eerder dan drie maanden na de dag van de beschikking een afschrift aan de ambtenaar van de burgerlijke stand.

Verzending van besluit naamswijziging of naturalisatie voor latere vermelding

2. Van besluiten houdende wijziging of vaststelling van namen en van naturalisatiebesluiten mede houdende vaststelling van namen zendt Onze Minister van Justitie onverwijld een afschrift aan de ambtenaar van de burgerlijke stand onder wie de akte van geboorte van de betrokken persoon berust.

Verzending van akte van erkenning voor latere vermelding

3. De notaris die een akte van erkenning heeft opgemaakt, zendt onverwijld een afschrift of een uittreksel daarvan aan de ambtenaar van de burgerlijke stand onder wie de akte van geboorte van het kind berust.
(Zie ook: art. 23 BW Boek 1)

Art. 20f

Verzending van de akte van naamskeuze

1. De ambtenaar van de burgerlijke stand die de gegevens van een akte van naamskeuze opneemt in de akte van geboorte van het kind, zendt een afschrift van die akte aan de ambtenaar van de burgerlijke stand die de akte van naamskeuze heeft opgemaakt. Deze akte wordt bewaard totdat achttien maanden zijn verstreken na de ontvangst van dat afschrift.

2. De ambtenaar van de burgerlijke stand die een latere vermelding van de naamskeuze, de erkenning toevoegt aan de akte van geboorte van het kind, zendt een afschrift van die akte en de latere vermelding aan de personen op wie de akte betrekking heeft. Hij zendt een afschrift aan de ambtenaar van de burgerlijke stand die de akte van naamskeuze, van erkenning heeft opgemaakt. Laatstgenoemde akte wordt bewaard totdat achttien maanden zijn verstreken na de ontvangst van laatstgenoemd afschrift dan wel, indien geen zodanig afschrift wordt ontvangen, totdat achttien maanden zijn verstreken na het opmaken van de akte.

Art. 20g

Latere vermelding toevoegen aan de geboorteakte van een minderjarige

De ambtenaar van de burgerlijke stand die aan de geboorteakte van een minderjarige een latere vermelding toevoegt, waaruit blijkt dat de minderjarige is erkend, of dat een naam van hem is gewijzigd, geeft van dit feit kennis aan de bewaarder van het in artikel 244 van dit boek bedoelde openbare register waarin rechtsfeiten omtrent die minderjarige zijn opgenomen.

Art. 20h

[Vervallen]

Afdeling 6
Akten van inschrijving van bepaalde rechterlijke uitspraken

Art. 21

Inschrijving van bepaalde rechterlijke uitspraken

1. De ambtenaar van de burgerlijke stand te 's-Gravenhage maakt akten van inschrijving op van in kracht van gewijsde gegane rechterlijke uitspraken betreffende huwelijken of registraties van een partnerschap, waarvan de akten niet in de Nederlandse registers van de burgerlijke stand zijn opgenomen, welke inhouden de nietigverklaring van een huwelijk of van een geregistreerd partnerschap, een echtscheiding, de ontbinding van een geregistreerd partnerschap, de ontbinding van een huwelijk na scheiding van tafel en bed of de vernietiging van zulk een ingeschreven uitspraak, dan wel de beëindiging van een geregistreerd partnerschap, bedoeld in artikel 80c, onder c, of de vernietiging daarvan.

2. De in het eerste lid bedoelde akten worden ingeschreven in het daartoe bestemde register van de burgerlijke stand te 's-Gravenhage.
3. Bij algemene maatregel van bestuur wordt geregeld al wat betreft de aan de ambtenaar over te leggen stukken, het opmaken van de akten van inschrijving en de inhoud daarvan.
(Zie ook: BBS)

Nadere regels

Afdeling 7
De bewijskracht van akten van de burgerlijke stand alsmede van afschriften en uittreksels

Art. 22
1. De akte van geboorte bewijst ten aanzien van een ieder dat op de in de akte vermelde plaats, dag en uur uit de daarin genoemde moeder een kind van het daarin vermelde geslacht is geboren. Vermeldt de akte dat de plaats van de geboorte van het kind niet bekend is, dan komt dezelfde bewijskracht toe aan de vermelding van de plaats waar het is aangetroffen.
2. De akte van overlijden bewijst ten aanzien van een ieder, dat op de plaats, de dag en het uur, in de akte vermeld, de daarin genoemde persoon is overleden of, indien de akte krachtens artikel 19f, tweede lid, van dit boek is opgemaakt, dat het lijk van de daarin genoemde persoon op de plaats, de dag en het uur, in de akte vermeld, is gevonden.
3. Voor het overige hebben akten van de burgerlijke stand dezelfde bewijskracht als andere authentieke akten.
(Zie ook: artt. 21, 29, 21 BW Boek 1)

Bewijskracht van akten van de burgerlijke stand

Art. 22a
Authentieke afschriften of uittreksels, in de wettige vorm opgemaakt en afgegeven door de daartoe bevoegde bewaarder van het register, hebben dezelfde bewijskracht als het origineel, tenzij bewezen wordt dat zij daarmede niet overeenstemmen.

Bewijskracht van authentieke afschriften of uittreksels

Afdeling 8
De openbaarheid van de akten van de burgerlijke stand

Art. 23
De akten van de burgerlijke stand, daaronder begrepen de dubbelen van deze akten, zijn openbaar voor zover te dien aanzien in deze afdeling geen nadere voorziening is gegeven.
(Zie ook: artt. 20c, 20d, 28, 29, 231 BW Boek 1)

Openbaarheid van akten van de burgerlijke stand

Art. 23a
Van de akten van de burgerlijke stand mogen slechts de bewaarders en het openbaar ministerie inzage nemen. Voorts kunnen de rechter en het openbaar ministerie overlegging van akten bevelen.

Inzage in akten van de burgerlijke stand

Art. 23b
1. Een ieder is bevoegd zich door de ambtenaar die met de afgifte van afschriften en uittreksels van akten van de burgerlijke stand is belast, een uittreksel van een onder deze ambtenaar berustende akte van geboorte, van huwelijk, van registratie van een partnerschap, van omzetting van een huwelijk in een registratie van een partnerschap, van omzetting van een registratie van een partnerschap in een huwelijk of van overlijden te doen afgeven. Het uittreksel bevat de bij algemene maatregel van bestuur te vermelden gegevens, waaruit de afstamming van de persoon of personen op wie de akte betrekking heeft, niet blijkt.
2. Van de in het eerste lid bedoelde akten alsmede van de akten van erkenning of ontkenning van het vaderschap of moederschap door de moeder wordt een afschrift slechts afgegeven indien de verzoeker aantoont dat hij bij de verkrijging een gerechtvaardigd belang heeft. Van andere akten die de in het eerste lid bedoelde ambtenaar onder zijn berusting heeft, wordt steeds een afschrift afgegeven. Dit afschrift bevat de bij algemene maatregel van bestuur te vermelden gegevens.
3. Een verzoek om afgifte van een uittreksel of een afschrift dient op een bepaalde persoon of bepaalde personen betrekking te hebben.
4. Bij algemene maatregel van bestuur wordt geregeld al hetgeen overigens het opmaken en het verstrekken van afschriften en uittreksels betreft. Daarbij worden tevens regels gegeven voor het opmaken van uittreksels van akten die voor de inwerkingtreding van deze wet zijn opgemaakt.
5. Weigert de in het eerste lid bedoelde ambtenaar een afschrift of een uittreksel af te geven, dan verstrekt hij aan de aanvrager een schriftelijke opgave van de gronden voor zijn weigering.

Afschrift of uittreksel van akte van de burgerlijke stand

Nadere regels

Weigering van afgifte

Art. 23c
De dubbelen van de akten van de burgerlijke stand zijn openbaar zolang zij onder de ambtenaar van de burgerlijke stand berusten.

Openbaarheid van dubbelen

Afdeling 9
De aanvulling van de registers van de burgerlijke stand en de verbetering van de daarin voorkomende akten en latere vermeldingen

Art. 24

Aanvulling of verbetering van het register van de burgerlijke stand

1. Aanvulling van een register van de burgerlijke stand met een daarin ontbrekende akte of latere vermelding, doorhaling van een daarin ten onrechte voorkomende akte of latere vermelding, of verbetering van een daarin voorkomende akte of latere vermelding die onvolledig is of een misslag bevat, kan op verzoek van belanghebbenden of van het openbaar ministerie worden gelast door de rechtbank. De rechtbank kan bij haar beschikking tot verbetering van een akte of latere vermelding die onvolledig is of een misslag bevat, eveneens dezelfde verbetering gelasten ten aanzien van een akte of latere vermelding betreffende dezelfde persoon of zijn afstammelingen, die buiten haar rechtsgebied in de registers van de burgerlijke stand is opgenomen. De in de tweede zin bedoelde bevoegdheid kan mede worden uitgeoefend ten aanzien van een akte of latere vermelding betreffende dezelfde persoon of zijn afstammelingen die in de registers van de burgerlijke stand van de openbare lichamen Bonaire, Sint Eustatius en Saba is opgenomen.

2. De griffier van het college waarvoor de zaak laatstelijk aanhangig was, zendt niet eerder dan drie maanden na de dag van de beschikking een afschrift daarvan aan de ambtenaar van de burgerlijke stand van de gemeente, in welker registers de akte of latere vermelding is of had moeten zijn opgenomen. Is deze gemeente opgeheven, dan zendt hij het afschrift aan de ambtenaar van de gemeente in wier archieven de registers van de burgerlijk stand van de opgeheven gemeente berusten.

(Zie ook: artt. 4, 16, 43, 65, 66 BW Boek 1; art. 39 BW Boek 3)

Art. 24a

Register burgerlijke stand, verbetering kennelijke misslagen

Kennelijke schrijf- of spelfouten en kennelijke misslagen kunnen ambtshalve door de ambtenaar van de burgerlijke stand worden verbeterd. Indien in een andere gemeente een akte betreffende dezelfde persoon of diens afstammelingen wordt gehouden, die eveneens verbetering behoeft, stelt de ambtenaar van de burgerlijke stand die de verbetering in de akte heeft aangebracht de ambtenaar van de burgerlijke stand in de andere gemeente daarvan op de hoogte.

Art. 24b

Aanvulling van het register van de burgerlijke stand

1. Aanvulling van een register van de burgerlijke stand op grond van artikel 24 geschiedt door het opmaken van een nieuwe akte in dat register.

Latere vermelding in het register van de burgerlijke stand

2. Van een verbetering of een doorhaling op grond van deze afdeling wordt een latere vermelding toegevoegd aan de desbetreffende akte, volgens regels, bij algemene maatregel van bestuur te stellen.

Afdeling 10
Inschrijving van buitenlandse akten en de rechterlijke last tot het opmaken van een vervangende akte van geboorte

Art. 25

Buitenlandse akte, inschrijving in Haagse registers

1. Buiten Nederland overeenkomstig de plaatselijke voorschriften door een bevoegde instantie opgemaakte akten van geboorte, huwelijksakten, akten van registratie van een partnerschap en akten van overlijden worden op bevel van het openbaar ministerie of op verzoek van een belanghebbende ingeschreven in de registers onderscheidenlijk van geboorten, van huwelijken, van geregistreerde partnerschappen en van overlijden van de gemeente 's-Gravenhage, indien:
a. de akte een persoon betreft die op het ogenblik van het verzoek Nederlander is of te eniger tijd Nederlander dan wel Nederlands onderdaan niet-Nederlander is geweest;
b. de akte een persoon betreft die rechtmatig verblijft op grond van artikel 8, onder c en d, van de Vreemdelingenwet 2000.
(Zie ook: Vfebra)

2. Buiten Nederland overeenkomstig de plaatselijke voorschriften door een bevoegde instantie opgemaakte akten van geboorte worden op bevel van het openbaar ministerie of op verzoek van een belanghebbende ingeschreven in het register van geboorten van de gemeente 's-Gravenhage , indien de akte een persoon van vreemde nationaliteit betreft en op grond van enige bepaling van dit boek een latere vermelding aan de akte van geboorte moet worden toegevoegd.

3. De ambtenaar van de burgerlijke stand van de gemeente 's-Gravenhage kan ook ambtshalve de in de vorige leden bedoelde akten inschrijven.

4. Indien de inschrijving van een huwelijksakte of van een akte van registratie van een partnerschap op grond van het eerste lid wordt verzocht door een belanghebbende en betrekking heeft op een huwelijk of een geregistreerd partnerschap tussen personen van wie er een niet de Nederlandse nationaliteit bezit of rechtmatig in Nederland verblijft als bedoeld in artikel 8, onder b, d of e, van de Vreemdelingenwet 2000, dienen de echtgenoten of geregistreerde partners ten

behoeve van de ambtenaar van de burgerlijke stand van de gemeente 's-Gravenhage een verklaring af te leggen inzake het verblijfsrecht van de echtgenoot of geregistreerde partner die niet de Nederlandse nationaliteit bezit alsmede inhoudende dat hun huwelijk of geregistreerd partnerschap niet is aangegaan met het oogmerk om verblijfsrecht in Nederland te verkrijgen. De verklaring is niet vereist indien:
a. sinds de voltrekking van het huwelijk of de registratie van het partnerschap ten minste tien jaren zijn verstreken, of
b. het huwelijk of geregistreerd partnerschap inmiddels is geëindigd.
5. In geval van adoptie gelast de rechtbank, die de adoptie uitspreekt, ambtshalve afzonderlijk de inschrijving van de in het eerste en het tweede lid bedoelde akte van geboorte.
6. De akte van inschrijving vermeldt de bij algemene maatregel van bestuur vast te stellen gegevens.

Nadere regels

7. Kennelijke misslagen of schrijf- of spelfouten, die de ambtenaar van de burgerlijke stand in de in te schrijven akte vaststelt op grond van een hier te lande in de registers van de burgerlijke stand opgenomen akte of op grond van een rechterlijke uitspraak, kunnen ambtshalve door hem worden verbeterd. De verbeteringen worden afzonderlijk in de akte vermeld.
8. Indien een akte ambtshalve is ingeschreven, wordt een afschrift van de akte van inschrijving toegezonden aan de persoon of de personen op wie de akte betrekking heeft.
(Zie ook: art. 44k BW Boek 1)

Art. 25a
1. Indien na de inschrijving kennelijke misslagen in de buiten Nederland opgemaakte akte overeenkomstig de plaatselijke voorschriften door een bevoegde instantie zijn verbeterd, wordt de verbetering in de akte van inschrijving aangebracht doordat de ambtenaar van de burgerlijke stand van de gemeente 's-Gravenhage , aan wie een afschrift van de beslissing tot verbetering en van de verbeterde akte zijn overgelegd, een latere vermelding van de verbetering aan de akte van inschrijving toevoegt.

Buitenlandse akte, verbetering kennelijke misslagen

2. Kennelijke schrijf- en spelfouten, die in de buiten Nederland opgemaakte akte overeenkomstig de plaatselijke voorschriften door een bevoegde instantie zijn verbeterd, kunnen ook zonder toestemming van de officier van justitie, ambtshalve door de ambtenaar van de burgerlijke stand van de gemeente 's-Gravenhage aan de hand van een afschrift van de verbeterde akte worden verbeterd op de in het eerste lid aangegeven wijze.

Buitenlandse akte, verbetering schrijf- of spelfouten

Art. 25b
Aan de akte van inschrijving, bedoeld in artikel 25, worden de latere vermeldingen toegevoegd die op grond van dit boek aan een in Nederland opgemaakte akte van geboorte, huwelijksakte of akte van overlijden moeten worden toegevoegd.

Toevoeging van latere vermelding in buitenlandse akten

Art. 25c
1. Indien ten aanzien van een buiten Nederland geboren persoon geen akte van geboorte overeenkomstig de plaatselijke voorschriften door een bevoegde instantie is opgemaakt of kan worden overgelegd, kan op verzoek van het openbaar ministerie, van een belanghebbende of van de ambtenaar van de burgerlijke stand van de gemeente 's-Gravenhage de rechtbank Den Haag de voor het opmaken van een geboorteakte noodzakelijke gegevens vaststellen, indien:
a. die persoon Nederlander is of te eniger tijd Nederlander dan wel Nederlands onderdaan niet-Nederlander is geweest;
b. die persoon rechtmatig verblijft op grond van artikel 8, onder c en d, van de Vreemdelingenwet 2000;
c. op grond van dit boek een latere vermelding aan de akte van geboorte moet worden toegevoegd.

Ambtshalve vaststellen van gegevens bij ontbreken van buitenlandse geboorteakte

2. De rechtbank houdt rekening met alle bewijzen en aanwijzingen omtrent de omstandigheden waaronder, en het tijdstip waarop de geboorte moet hebben plaatsgehad. De geslachtsnaam, de voornamen, alsmede de plaats en de dag van de geboorte van de vader en van de moeder worden vastgesteld, voor zover daarvoor aanwijzingen zijn verkregen.
3. In geval van adoptie geeft de rechtbank die de adoptie uitspreekt, ambtshalve afzonderlijk de in het eerste lid bedoelde beschikking.

Adoptie

Art. 25d
De rechtbank Den Haag kan op verzoek van het openbaar ministerie, van een belanghebbende of van de ambtenaar van de burgerlijke stand van de gemeente 's-Gravenhage de krachtens artikel 25c gegeven beschikking wijzigen op grond dat de vastgestelde gegevens onjuist of onvolledig zijn.

Wijziging van ambtshalve opgemaakte geboorteakte

Art. 25e
[Vervallen]

Art. 25f
1. De griffier van het college waarvoor de zaak laatstelijk aanhangig was, zendt niet eerder dan drie maanden na de dag van de beschikking een afschrift daarvan, aan de ambtenaar van de burgerlijke stand van de gemeente 's-Gravenhage .

Toezending van ambtshalve opgemaakte geboorteakte

art. 1:25g

13 Burgerlijk Wetboek Boek 1

Latere vermelding van ambtshalve opgemaakte gegevens

2. Deze ambtenaar maakt van de beschikking, bedoeld in artikel 25c een akte van inschrijving op, die geldt als een akte van geboorte in de zin van artikel 19 van dit boek. Deze akte is in overeenstemming met de beschikking en vermeldt dit uitdrukkelijk.
3. Van de beschikking, bedoeld in artikel 25d, wordt een latere vermelding toegevoegd aan de akte als bedoeld in het vorige lid.

Art. 25g

Schakelbepaling

1. Op akten en uitspraken die buiten Nederland overeenkomstig de plaatselijke voorschriften door een bevoegde instantie zijn opgemaakt of gedaan en een overeenkomstige uitwerking hebben als de in artikel 25c van dit boek bedoelde beschikkingen, zijn de artikelen 25 tot en met 25b van overeenkomstige toepassing. De inschrijving als bedoeld in artikel 25 vindt niet plaats indien de Nederlandse openbare orde zich hiertegen verzet.

Inschrijving van ambtshalve opgemaakte geboorteakte bij adoptie

2. In geval van adoptie van een buiten Nederland geboren kind ten aanzien waarvan een akte of uitspraak als bedoeld in het vorige lid is opgemaakt of gedaan, geeft de rechtbank die de adoptie uitspreekt, ambtshalve afzonderlijk last tot inschrijving van die akte of uitspraak.

Afdeling 11
De verklaring voor recht omtrent de rechtsgeldigheid in Nederland van een buitenlandse akte of uitspraak

Art. 26

Verklaring voor recht van buitenlandse akte of uitspraak

1. Een ieder die daarbij een gerechtvaardigd belang heeft, kan de rechtbank verzoeken een verklaring voor recht af te geven dat een op hem betrekking hebbende, buiten Nederland opgemaakte akte of gedane uitspraak overeenkomstig de plaatselijke voorschriften door een bevoegde instantie is opgemaakt of gedaan en naar zijn aard vatbaar is voor opneming in een Nederlands register van de burgerlijke stand.
2. De in het eerste lid bedoelde verklaring voor recht kan eveneens op verzoek van de ambtenaar van de burgerlijke stand of van het openbaar ministerie worden afgegeven.
(Zie ook: artt. 4, 6, 29a, 78, 205, 207, 417, 430 BW Boek 1; artt. 178, 183 Rv)

Art. 26a

Latere vermelding toevoegen bij verklaring voor recht

De rechtbank kan, op verzoek of ambtshalve, bij de in het eerste lid van artikel 26 bedoelde verklaring voor recht tevens de toevoeging van een latere vermelding, op grond van artikel 24, eerste lid, aan een in de Nederlandse registers van de burgerlijke stand voorkomende akte gelasten.

Art. 26b

Inschrijving van buitenlandse geboorteakte naast verklaring voor recht

Is met betrekking tot de verzoeker geen akte in de Nederlandse registers van de burgerlijke stand opgenomen, dan kan de rechtbank Den Haag, op verzoek of ambtshalve, bij haar beschikking tevens de inschrijving, overeenkomstig artikel 25, van een daarvoor in aanmerking komende in het buitenland opgemaakte akte in de registers van de burgerlijke stand te 's-Gravenhage gelasten, alsmede de verbetering van de akte van inschrijving op grond van artikel 24, eerste lid. Ook kan zij bij haar beschikking een last als bedoeld in artikel 25c geven alsmede een last tot verbetering, overeenkomstig artikel 24, eerste lid, van de door de ambtenaar van de burgerlijke stand te 's-Gravenhage op te maken akte.

Art. 26c
[Vervallen]

Art. 26d

Buitenlandse akte of uitspraak overleggen bij verklaring voor recht

De overlegging van een authentiek afschrift van de buitenlandse akte of uitspraak waarop het verzoek betrekking heeft, kan worden verlangd. Artikel 986, derde en vierde lid, van het Wetboek van Burgerlijke Rechtsvordering is van overeenkomstige toepassing.

Art. 26e

Toezending van afschrift van beschikking bij verklaring van recht

De griffier van het college, waarbij de zaak laatstelijk aanhangig was, zendt een afschrift van de beschikking aan de ambtenaar van de burgerlijke stand in wiens registers een op de belanghebbende betrekking hebbende akte is opgenomen, waaraan een latere vermelding van de beschikking moet worden toegevoegd. Is bij de beschikking een last tot inschrijving van een in het buitenland opgemaakte akte gegeven, dan zendt de griffier een afschrift van de beschikking aan de ambtenaar van de burgerlijke stand te 's-Gravenhage.

Art. 26f
[Vervallen]

Afdeling 12
Voorziening tegen de weigering tot het opmaken van een akte van de burgerlijke stand of tot een andere verrichting

Art. 27
Naar aanleiding van een besluit van een ambtenaar van de burgerlijke stand om op grond van artikel 18c of 20c te weigeren een akte van de burgerlijke stand op te maken, een latere vermelding aan een akte toe te voegen of, buiten het geval van stuiting van het huwelijk of het geregistreerd partnerschap en dat van afgifte van een afschrift of een uittreksel, aan een verrichting mee te werken, kunnen belanghebbende partijen binnen zes weken na de verzending van dat besluit een verzoek indienen bij de rechtbank binnen het rechtsgebied waar de standplaats van de ambtenaar van de burgerlijke stand is gelegen. *(Beroep tegen weigering van opmaken akte van de burgerlijke stand)*

Art. 27a
De rechtbank kan, op verzoek van een belanghebbende partij of ambtshalve, bij haar beschikking tevens een verklaring als bedoeld in artikel 26 afgeven, alsmede een last als bedoeld in artikel 26a, onderscheidenlijk artikel 26b. *(Verklaring voor recht door de rechtbank)*

Art. 27b
De griffier zendt een afschrift van de beschikking aan de belanghebbende partijen en aan de ambtenaar van de burgerlijke stand. *(Toezending van afschrift van verklaring voor recht)*

Art. 27c
[Vervallen]

Afdeling 13
Wijziging van de vermelding van het geslacht in de akte van geboorte

Art. 28
1. Iedere Nederlander van zestien jaar of ouder die de overtuiging heeft tot het andere geslacht te behoren dan is vermeld in de akte van geboorte, kan van die overtuiging aangifte doen bij de ambtenaar van de burgerlijke stand onder wie de desbetreffende akte berust. Indien de akte van geboorte niet hier te lande in de registers van de burgerlijke stand is ingeschreven, geschiedt de aangifte bij de ambtenaar van de burgerlijke stand van de gemeente 's-Gravenhage.
2. Voor de toepassing van het eerste lid en het derde lid alsmede de artikelen 28a en 28b wordt onder akte van geboorte mede verstaan een akte van inschrijving van een buiten Nederland opgemaakte akte van geboorte of van een beschikking als bedoeld in artikel 25c.
3. Degene die de Nederlandse nationaliteit niet bezit kan een aangifte als bedoeld in het eerste lid doen, indien hij gedurende een tijdvak van ten minste één jaar, onmiddellijk voorafgaande aan de aangifte, woonplaats in Nederland heeft en een rechtsgeldige verblijfstitel heeft. In dat geval wordt tevens een afschrift van de akte van geboorte overgelegd.
4. De minderjarige van zestien jaar of ouder is bekwaam tot het doen van de in het eerste lid bedoelde aangifte ten behoeve van zichzelf, alsmede om ter zake in en buiten rechte op te treden. *(Geslachtsvermelding, wijziging geboorteakte)*

Art. 28a
1. Bij de aangifte wordt overgelegd een verklaring van een bij of krachtens algemene maatregel van bestuur aangewezen deskundige, afgegeven ten hoogste zes maanden voor de datum van de aangifte.
2. De deskundigenverklaring vermeldt dat degene op wie de aangifte betrekking heeft jegens de deskundige heeft verklaard de overtuiging te hebben tot het andere geslacht te behoren dan is vermeld in zijn akte van geboorte en jegens de deskundige er blijk van heeft gegeven diens voorlichting omtrent de reikwijdte en de betekenis van deze staat te hebben begrepen en de wijziging van de vermelding van het geslacht in de akte van geboorte weloverwogen te blijven wensen. De deskundige geeft de verklaring niet af indien hij gegronde reden heeft om aan de gegrondheid van bedoelde overtuiging te twijfelen. *(Geslachtsvermelding, deskundigenverklaring)*

Art. 28b
1. Indien aan artikel 28a is voldaan voegt de ambtenaar van de burgerlijke stand aan de akte van geboorte een latere vermelding toe van wijziging van het geslacht. Artikel 27 is van overeenkomstige toepassing.
2. In het in de eerste zin van het eerste lid bedoelde geval kan de ambtenaar van de burgerlijke stand desverzocht tevens overgaan tot wijziging van de voornamen van degene op wie de aangifte betrekking heeft.
3. In het geval bedoeld in artikel 28, eerste lid, tweede zin, schrijft de ambtenaar van de burgerlijke stand van de gemeente 's-Gravenhage de akte van geboorte tevens in het register van geboorten van die gemeente in. *(Geslachtsvermelding, toevoeging latere vermelding)*

Art. 28c
1. De wijziging van de vermelding van het geslacht in de akte van geboorte heeft haar gevolgen, die uit dit boek voortvloeien, vanaf de dag waarop de ambtenaar van de burgerlijke stand aan *(Geslachtsvermelding, tijdstip ingaan rechtsgevolgen)*

de akte van geboorte een latere vermelding van wijziging van het geslacht toevoegt. Dit tijdstip geldt eveneens voor de wijziging van de voornamen, bedoeld in artikel 28b, tweede lid.
2. De wijziging van de vermelding van het geslacht laat de op het in het eerste lid genoemde tijdstip bestaande familierechtelijke betrekkingen en de daaruit voortvloeiende op dit boek gegronde rechten, bevoegdheden en verplichtingen onverlet.

Geslachtsvermelding, geboorte/adoptie van een kind

3. Indien de betrokkene na de wijziging van de vermelding van het geslacht een kind baart, wordt voor de toepassing van titel 11 en hetgeen daaruit voortvloeit uitgegaan van het geslacht dat deze voor de wijziging had. In geval van adoptie van een kind op verzoek van degene die dit na de wijziging van de vermelding van het geslacht heeft verwekt of heeft ingestemd met een daad die de verwekking van het kind met eigen zaad tot gevolg heeft gehad, en het kind is of wordt geboren binnen de relatie van de adoptant en de ouder, is de maatstaf van het vierde lid van artikel 227 van toepassing.

Afdeling 14
De Commissie van advies voor de zaken betreffende de burgerlijke staat en de nationaliteit

Commissie van advies burgerlijke staat en nationaliteit

Art. 29
Er is een Commissie van advies voor de zaken betreffende de burgerlijke staat en de nationaliteit.

Art. 29a

Samenstelling van de Commissie van advies burgerlijke staat en nationaliteit

1. De Commissie bestaat uit ten minste negen en ten hoogste vijftien leden.

2. De Commissie bestaat uit ten minste een lid van de rechterlijke macht, ten minste een lid uit de kring van het wetenschappelijk onderzoek, ten minste twee leden uit de kring van de ambtenaren van de burgerlijke stand en ten minste twee leden uit de kring van de basisregistratie personen.
3. Onze Minister van Justitie benoemt en ontslaat de in het voorgaande lid bedoelde leden in overeenstemming met Onze Minister van Binnenlandse Zaken. Voorts wijst hij een voorzitter en een secretaris aan.

Art. 29b

Taken van de Commissie van advies burgerlijke staat en nationaliteit

1. De Commissie brengt op verzoek van een ambtenaar van de burgerlijke stand of een ander bestuursorgaan advies uit over vragen betreffende de rechtstoepassing in zaken van burgerlijke staat of nationaliteit.
2. Indien een advies van algemeen belang is, wordt het openbaar gemaakt. De Commissie bepaalt de wijze van openbaarmaking.
(Zie ook: Besl.art. 29b BW Boek 1)

Art. 29c

Inwinnen van advies bij de Commissie van advies burgerlijke staat en nationaliteit

Indien een ambtenaar van de burgerlijke stand gerede twijfel heeft over de vraag of een aan een buiten Nederland opgemaakte akte van de burgerlijke stand of ander geschrift te ontlenen gegeven in aanmerking komt om in een akte van de burgerlijke stand te worden opgenomen, is hij gehouden het advies van de Commissie in te winnen.

Art. 29d

Opvolgen advies van de Commissie van advies burgerlijke staat en nationaliteit

Indien een ambtenaar van de burgerlijke stand een door de Commissie gegeven advies niet opvolgt, stelt hij de Commissie en de officier van justitie hiervan in kennis.

Art. 29e

Nadere regels

Onze Minister van Justitie kan nadere regels stellen omtrent de taak en de werkwijze van de Commissie.

Art. 29f

Verslaglegging door de Commissie van advies burgerlijke staat en nationaliteit

Telkens binnen een termijn van vier jaren brengt de Commissie een rapport uit aan Onze Minister van Justitie, waarin de taakvervulling van de Commissie aan een onderzoek wordt onderworpen en voorstellen kunnen worden gedaan voor gewenste veranderingen.

Titel 5
Het huwelijk

Algemene bepaling

Art. 30
1. Een huwelijk kan worden aangegaan door twee personen van verschillend of van gelijk geslacht.
2. De wet beschouwt het huwelijk alleen in zijn burgerlijke betrekkingen.

Huwelijk

Afdeling 1
Vereisten tot het aangaan van een huwelijk

Art. 31
Om een huwelijk te mogen aangaan moeten een man en een vrouw de leeftijd van achttien jaren hebben bereikt.

Huwelijksleeftijd

Art. 32
Een huwelijk mag niet worden aangegaan, wanneer de geestvermogens van een partij zodanig zijn gestoord, dat deze niet in staat is haar wil te bepalen of de betekenis van haar verklaring te begrijpen.
(Zie ook: artt. 37, 50, 57, 69, 73 BW Boek 1; art. 34 BW Boek 3)

Gestoorde geestesvermogens bij huwelijk

Art. 33
Een persoon kan tegelijkertijd slechts met één andere persoon door het huwelijk verbonden zijn.
(Zie ook: artt. 50, 57, 58, 69, 424 BW Boek 1)

Monogamievereiste

Art. 34-36
[Vervallen]

Art. 37
1. Hij die wegens gewoonte van drank- of drugsmisbruik onder curatele staat, mag geen huwelijk aangaan zonder de toestemming van zijn curator.

Huwelijk onder curatele gestelde middels toestemming van curator

2. Voor zover die toestemming niet wordt verkregen, kan zij op verzoek van de onder curatele gestelde door toestemming van de kantonrechter worden vervangen.
(Zie ook: artt. 51, 58, 75, 378, 382 BW Boek 1)

Huwelijk onder curatele gestelde middels toestemming kantonrechter

Art. 38
Hij die wegens een zijn lichamelijke of geestelijke toestand onder curatele staat, mag geen huwelijk aangaan zonder toestemming van de kantonrechter.
(Zie ook: artt. 51, 58, 75, 117, 378 BW Boek 1)

Huwelijk onder curatele gestelde middels toestemming kantonrechter

Art. 39
1. Heeft de rechter de toestemming verleend, dan is de termijn van beroep veertien dagen en kan gedurende die termijn de beschikking niet worden ten uitvoer gelegd.

Beroepstermijn bij huwelijk middels toestemming rechter

2. Hij die tegen een verleende toestemming opkomt, is verplicht dit binnen de termijn van beroep bij deurwaardersexploit te doen aanzeggen aan de ambtenaar of ambtenaren van de burgerlijke stand ten overstaan van wie het huwelijk kan worden voltrokken. Door dit te verzuimen verliest hij het recht om de nietigverklaring van het huwelijk op grond van het ontbreken van zijn toestemming te vragen, indien het gerechtshof de in het eerste lid bedoelde beschikking vernietigt en het huwelijk reeds is voltrokken.
(Zie ook: artt. 12, 58, 75, 117 BW Boek 1)

Art. 40
[Vervallen]

Art. 41
1. Een huwelijk mag niet worden gesloten tussen hen die elkander, hetzij na nature hetzij familierechtelijk, bestaan in de opgaande en in de nederdalende lijn of als broeders, zusters of broeder en zuster.

Huwelijksverbod bij familieverwantschap

2. Onze Minister van Justitie kan om gewichtige redenen ontheffing van het verbod verlenen aan hen die broeders, zusters of broeder en zuster door adoptie zijn.
(Zie ook: artt. 50, 57, 58, 69, 227 BW Boek 1)

Art. 41a
Een huwelijk mag niet worden gesloten tussen hen die elkander, hetzij van nature hetzij familierechtelijk, als bloedverwanten bestaan in de derde of vierde graad in de zijlinie, tenzij de aanstaande echtgenoten bij de ambtenaar van de burgerlijke stand ieder een beëdigde verklaring hebben afgelegd, inhoudende dat zij hun vrije toestemming tot het huwelijk geven.

Huwelijksverbod bloedverwanten in derde en vierde graad en uitzondering op dit verbod

Huwelijk onverenigbaar met geregistreerd partnerschap

Art. 42
Zij die met elkander een huwelijk willen aangaan, mogen niet tegelijkertijd een geregistreerd partnerschap zijn aangegaan.

Afdeling 2
Formaliteiten die aan de voltrekking van het huwelijk moeten voorafgaan

Art. 43
[Vervallen]

Art. 44

Documenten bij huwelijksaangifte

1. Ten behoeve van het kenbaar maken van hun voornemen om in het huwelijk te treden verstrekken de aanstaande echtgenoten van wie ten minste één uitsluitend of mede de Nederlandse nationaliteit bezit of in Nederland zijn gewone verblijfplaats heeft aan de ambtenaar van de burgerlijke stand:
   a. hun geslachtsnaam, voornamen, woonplaats en geboortegegevens, alsmede een verklaring dat zij elkaar niet als bloedverwanten bestaan in de derde of vierde graad in de zijlinie, dan wel een beëdigde verklaring als bedoeld in artikel 41a;
   b. indien toestemming tot het aangaan van een huwelijk is vereist, de gegevens van degenen wier toestemming noodzakelijk is, dan wel het bewijs dat deze hun toestemming hebben verleend. De toestemming kan ook ter gelegenheid van de huwelijksvoltrekking worden gegeven. Is de toestemming door de rechter verleend, dan verifieert de ambtenaar het bestaan daarvan bij de betrokken griffie;
   c. de overlijdensgegevens van allen wier toestemming voor het huwelijk was vereist, als zij in leven waren geweest;
   d. de gegevens inzake ontbinding van eventuele eerdere huwelijken of geregistreerde partnerschappen;
   e. in geval van stuiting, de gegevens inzake de opheffing daarvan;
   f. de ontheffing of de vergunning van Onze Minister van Justitie, ingeval deze is vereist;
   g. een vrijstelling krachtens artikel 62, indien deze is verkregen;
   h. de namen en adressen van de personen die als getuigen bij de voltrekking van het huwelijk aanwezig zullen zijn;
   i. ingeval een aanstaande echtgenoot niet de Nederlandse nationaliteit bezit of rechtmatig in Nederland verblijft als bedoeld in artikel 8, onder b, d of e, van de Vreemdelingenwet 2000, een verklaring dat het voornemen om in het huwelijk te treden niet wordt aangegaan met het oogmerk om verblijfsrecht in Nederland te verkrijgen, alsmede een verklaring omtrent het verblijfsrecht van de aanstaande echtgenoot die niet de Nederlandse nationaliteit bezit;
   j. de naam van de gemeente in Nederland waar het huwelijk zal worden voltrokken.
2. Wanneer de aanstaande echtgenoten, van wie ten minste één de Nederlandse nationaliteit bezit, buiten Nederland hun woonplaats hebben, kunnen zij zich ten behoeve van hun voornemen om in het huwelijk te treden uitsluitend tot de ambtenaar van de burgerlijke stand van de gemeente 's-Gravenhage wenden.

Art. 45

Ontbreken geboorteakte bij huwelijksaangifte

1. Indien de geboortegegevens van een aanstaande echtgenoot niet kunnen worden geverifieerd en deze niet in staat is om een geboorteakte over te leggen, kan de betrokkene jegens de ambtenaar van de burgerlijke stand ten overstaan van wie het huwelijk zal worden voltrokken een beëdigde verklaring afleggen inhoudende: het geslacht, de plaats, het land en, zo nauwkeurig mogelijk, de datum van geboorte alsmede de persoonsgegevens van de ouders.
2. In de huwelijksakte wordt van de afgelegde verklaring melding gemaakt.

Art. 45a

Ontbreken overlijdensakten bij huwelijksaangifte

Indien de gegevens betreffende overlijden als bedoeld in artikel 44, eerste lid, onder c, niet kunnen worden geverifieerd en de aanstaande echtgenoten niet in staat zijn om de akte of akten van overlijden over te leggen, kunnen zij terzake een beëdigde verklaring afleggen jegens de ambtenaar van de burgerlijke stand ten overstaan van wie het huwelijk zal worden voltrokken. Deze maakt daarvan melding in de huwelijksakte.
(Zie ook: art. 62 BW Boek 1)

Art. 46

Geldigheidsduur van de huwelijksaangifte

Wanneer het huwelijk binnen een jaar, te rekenen vanaf de datum waarop het voornemen daartoe is kenbaar gemaakt, niet is voltrokken, mag het niet worden voltrokken dan nadat het voornemen daartoe opnieuw kenbaar is gemaakt.

Art. 47
[Vervallen]

Art. 48
Indien hij die wil hertrouwen het gezag heeft over kinderen uit een vorig huwelijk, geeft de ambtenaar van de burgerlijke stand van dit voornemen onverwijld kennis aan de rechtbank van de woonplaats van de bedoelde ouder.
(Zie ook: art. 355 BW Boek 1)

Huwelijksaangifte van ouder met gezag over kinderen

Art. 49
1. Trouwbeloften geven geen rechtsvordering tot het aangaan van een huwelijk, noch tot schadevergoeding wegens de niet-vervulling van de beloften; alle afwijkende bedingen zijn nietig.
2. Indien het voornemen tot het aangaan van een huwelijk aan een ambtenaar van de burgerlijke stand kenbaar is gemaakt, kan dit grond opleveren tot een vordering tot vergoeding der werkelijke vermogensverliezen, zonder dat daarbij enige winstderving in aanmerking komt. De vordering vervalt door verloop van achttien maanden, te rekenen vanaf de datum waarop het voornemen kenbaar is gemaakt.
(Zie ook: artt. 43, 306 BW Boek 1; art. 40 t/m 42 BW Boek 3; artt. 81, 229 t/m 230 BW Boek 6)

Rechtsgevolgen van huwelijksaangifte

Art. 49a
1. Indien een Nederlander buiten Nederland een huwelijk wenst aan te gaan, wordt op zijn verzoek aan hem een verklaring van huwelijksbevoegdheid overeenkomstig de bijlage van de Overeenkomst van München van 5 september 1980 (Trb. 1981, 71, en 1982, 116) afgegeven.
2. Deze verklaring wordt afgegeven:
a. aan degene die binnen Nederland woonplaats heeft, door de ambtenaar van de burgerlijke stand van zijn woonplaats;
b. aan degene die binnen Nederland geen woonplaats heeft, maar wel heeft gehad, door de ambtenaar van de burgerlijke stand van de laatste woonplaats aldaar;
c. aan degene die binnen Nederland geen woonplaats heeft of heeft gehad, door het hoofd van de diplomatieke of consulaire vertegenwoordiging van het Koninkrijk der Nederlanden in het ressort waar het huwelijk wordt voltrokken.
3. De verklaring wordt door de bevoegde autoriteit niet afgegeven alvorens deze, door verificatie van de gegevens, vermeld in artikel 44, eerste lid, onder a, b, c, d en f, en zo nodig van die, vermeld in de artikelen 45 en 45a, alsmede in artikel 27b, zich ervan heeft overtuigd dat naar Nederlands recht geen beletselen tegen het huwelijk bestaan.
4. De verklaring van huwelijksbevoegdheid is, te rekenen van het tijdstip van afgifte, gedurende zes maanden geldig.

Verklaring van huwelijksbevoegdheid bij buitenlands huwelijk

Afdeling 3
Stuiting van het huwelijk

Art. 50
Een huwelijk kan worden gestuit, wanneer partijen niet de vereisten in zich verenigen om een huwelijk aan te gaan, of wanneer partijen niet beiden hun vrije toestemming tot het huwelijk zullen geven dan wel wanneer het oogmerk van de aanstaande echtgenoten, of één hunner, niet is gericht op de vervulling van de door de wet aan de huwelijkse staat verbonden plichten, doch op het verkrijgen van toelating tot Nederland.
(Zie ook: artt. 20a, 27, 69 BW Boek 1)

Stuiting van huwelijk

Art. 51
1. Bevoegd tot stuiting, wanneer partijen niet de vereisten in zich verenigen om een huwelijk aan te gaan, zijn bloedverwanten in de rechte lijn, broeders, zusters, voogden en curatoren van een der aanstaande echtgenoten.
2. De in het vorige lid genoemde personen zijn ook bevoegd een huwelijk te stuiten, wanneer de andere aanstaande echtgenoot onder curatele staat, en het huwelijk klaarblijkelijk het ongeluk zou veroorzaken van de partij, waarvan zij bloedverwant, voogd of curator zijn.
(Zie ook: artt. 37, 38, 72, 378 BW Boek 1)

Bevoegd tot stuiting van huwelijk

Art. 52
Hij die met een der partijen door huwelijk verbonden is dan wel met een der partijen een geregistreerd partnerschap is aangegaan, kan op grond van het bestaan van dat huwelijk of dat geregistreerd partnerschap een nieuw aan te gaan huwelijk stuiten.
(Zie ook: art. 33 BW Boek 1)

Stuiting van huwelijk door wettige echtgeno(o)t(e)

Art. 53
1. Het openbaar ministerie is verplicht een voorgenomen huwelijk te stuiten, indien het met een der in de artikelen 31 tot en met 33, 41 en 42 omschreven huwelijksbeletselen bekend is.
2. Het openbaar ministerie is bevoegd het huwelijk als schijnhandeling wegens strijd met de Nederlandse openbare orde te stuiten indien het oogmerk van de aanstaande echtgenoten, of één hunner, niet is gericht op de vervulling van de door de wet aan de huwelijkse staat verbonden plichten, doch op het verkrijgen van toelating tot Nederland.
(Zie ook: artt. 47, 244, 254, 271, 326, 331 BW Boek 1; art. 4 Wet RO)

Stuiting van huwelijk door OM

3. Het openbaar ministerie is voorts bevoegd het huwelijk te stuiten indien genoegzaam is gebleken dat de aanstaande echtgenoten, of één hunner, het huwelijk onder invloed van dwang zullen aangaan.
4. Voor de uitoefening van de in de leden 2 en 3 bedoelde bevoegdheid door het openbaar ministerie is voorafgaande machtiging van de rechtbank vereist.

Art. 54

Akte van stuiting bij huwelijk

1. De stuiting geschiedt door betekening van een akte aan de ambtenaar van de burgerlijke stand van de gemeente waar het huwelijk zal worden voltrokken.
2. De akte houdt de keus van een woonplaats in die gemeente en de gronden van de stuiting in en vermeldt de hoedanigheid die aan de opposant de bevoegdheid geeft om het huwelijk te stuiten; alles op straffe van nietigheid.
3. De opposant zal afschrift der akte van stuiting onverwijld doen betekenen aan de partij, tegen welke de stuiting is gericht.
(Zie ook: artt. 15, 23 BW Boek 1; art. 802 Rv)

Art. 55

Stuiting van huwelijk opheffen

Een stuiting kan worden opgeheven:
a. op dezelfde wijze als waarop zij is geschied;
b. door een verklaring, in persoon afgelegd ten overstaan van de ambtenaar van de burgerlijke stand, genoemd in het vorige artikel;
c. door een verklaring, afgelegd ten overstaan van een notaris;
d. door een in kracht van gewijsde gegane beschikking, gegeven op verzoek van een belanghebbende.
(Zie ook: art. 23 BW Boek 1; art. 802 Rv)

Art. 56

Huwelijksvoltrekking vóór opheffing van stuiting

Het huwelijk mag niet worden voltrokken, voordat de stuiting is opgeheven. Mocht het desniettemin voltrokken zijn hangende een geding tot opheffing van de stuiting, dan kan dit geding op verlangen van de opposant worden voortgezet en wordt het huwelijk nietig verklaard, indien de rechter de gegrondheid der stuiting aanvaardt.
(Zie ook: artt. 69, 78 BW Boek 1)

Art. 57

Verbod tot meewerken aan huwelijk bij kennis van huwelijksbeletselen

Een ambtenaar van de burgerlijke stand aan wie het bestaan van een der in de artikelen 31 tot en met 33, 41, 41a en 42 omschreven huwelijksbeletselen bekend is, mag geen medewerking verlenen aan een huwelijksvoltrekking of aan de vervulling van daaraan voorafgaande formaliteiten, ook al zou geen stuiting hebben plaatsgehad.

Afdeling 4
De voltrekking van het huwelijk

Art. 58

Verifiëren rechtmatig verblijf bij huwelijksvoltrekking

1. De ambtenaar van de burgerlijke stand verifieert, alvorens tot de voltrekking van het huwelijk over te gaan, opnieuw de rechtmatigheid van het verblijf in Nederland van de aanstaande echtgenoot die niet de Nederlandse nationaliteit bezit.
2. Is de ambtenaar van de burgerlijke stand, in het geval geen rechtmatig verblijf bestaat op grond van artikel 8, onder b, d of e van de Vreemdelingenwet 2000, van oordeel dat het oogmerk van de aanstaande echtgenoten, of één hunner, niet is gericht op de vervulling van de wet aan de huwelijkse staat verbonden plichten, maar op het verkrijgen van toelating tot Nederland, dan weigert hij de huwelijksakte op te maken overeenkomstig artikel 18c, tweede lid.

Art. 59-61
[Vervallen]

Art. 62

Wachttijd tot huwelijksvoltrekking na huwelijksaangifte

1. Het huwelijk mag niet worden voltrokken vóór de veertiende dag na de datum waarop het voornemen om in het huwelijk te treden aan de ambtenaar van de burgerlijke stand kenbaar is gemaakt.
2. Het openbaar ministerie bij de rechtbank, binnen wier rechtsgebied de het voornemen om in het huwelijk te treden kenbaar is gemaakt, is bevoegd uit hoofde van gewichtige redenen vrijstelling te verlenen van de voorgeschreven wachttijd.
(Zie ook: art. 43 BW Boek 1)

Art. 63

Getuigen bij huwelijksvoltrekking

1. Een huwelijk wordt in het openbaar in het gemeentehuis voltrokken ten overstaan van de ambtenaar van de burgerlijke stand van de door de aanstaande echtgenoten aangewezen gemeente in tegenwoordigheid van ten minste twee en ten hoogste vier meerderjarige getuigen.

Identificatieplicht na elektronische melding voorgenomen huwelijk

2. In het geval dat de melding van een voornemen om in het huwelijk te treden op elektronische wijze heeft plaatsgevonden, dienen de aanstaande echtgenoten uiterlijk ter gelegenheid van de huwelijksvoltrekking hun identiteit aan te tonen door overleggen van een document als bedoeld in artikel 1 van de Wet op de identificatieplicht.

Art. 64
Indien een der partijen uit hoofde van een behoorlijk bewezen wettig beletsel verhinderd wordt zich naar het gemeentehuis te begeven, kan het huwelijk worden voltrokken in een bijzonder huis binnen dezelfde gemeente, mits dit in tegenwoordigheid van zes meerderjarige getuigen geschiedt.

Huwelijksvoltrekking in bijzonder huis

Art. 65
De aanstaande echtgenoten zijn verplicht bij de voltrekking van hun huwelijk in persoon voor de ambtenaar van de burgerlijke stand te verschijnen.
(Zie ook: art. 24 BW Boek 1)

Aanwezigheid in persoon bij huwelijksvoltrekking

Art. 66
Het staat Onze Minister van Justitie vrij, uit hoofde van gewichtige redenen aan partijen te vergunnen het huwelijk door een bijzondere bij authentieke akte gevolmachtigde te voltrekken.
(Zie ook: art. 24 BW Boek 1; artt. 39, 60 BW Boek 3)

Huwelijksvoltrekking middels volmacht

Art. 67
1. De aanstaande echtgenoten moeten ten overstaan van de ambtenaar van de burgerlijke stand en in tegenwoordigheid van de getuigen verklaren, dat zij elkander aannemen tot echtgenoten en dat zij getrouw alle plichten zullen vervullen, die door de wet aan de huwelijkse staat worden verbonden.

Verklaring door aanstaande echtgenoten bij huwelijksvoltrekking

2. Terstond nadat deze verklaring is afgelegd, verklaart de ambtenaar van de burgerlijke stand, dat partijen door de echt aan elkander zijn verbonden, en maakt hij daarvan in het daartoe bestemde register een akte op.
(Zie ook: artt. 16, 32, 81 BW Boek 1)

Opmaken akte bij huwelijksvoltrekking

Art. 68
Geen godsdienstige plechtigheden zullen mogen plaats hebben, voordat de partijen aan de bedienaar van de eredienst zullen hebben doen blijken, dat het huwelijk ten overstaan van de ambtenaar van de burgerlijke stand is voltrokken.
(Zie ook: art. 30 BW Boek 1; art. 465 Sr)

Godsdienstige plechtigheden bij huwelijksvoltrekking

Afdeling 5
Nietigverklaring van een huwelijk

Art. 69
1. Voor zover hieronder niet anders is bepaald, kan op grond dat de echtgenoten niet de vereisten in zich verenigden om tezamen een huwelijk aan te gaan, de nietigverklaring van het huwelijk worden verzocht door:
a. de bloedverwanten in de rechte lijn van een der echtgenoten;
b. ieder der echtgenoten;
c. alle overige personen, die daarbij een onmiddellijk rechtsbelang hebben, echter deze alleen na de ontbinding van het huwelijk;
d. het openbaar ministerie, echter alleen zolang het huwelijk niet is ontbonden.

Nietigverklaring van een huwelijk

2. Hij die met een door een eerder huwelijk dan wel door een eerder geregistreerd partnerschap is verbonden, is eveneens bevoegd op grond van het bestaan van dat huwelijk of die registratie de nietigverklaring van het daarna gesloten huwelijk te verzoeken.
(Zie ook: artt. 31, 50, 56, 424, 425 BW Boek 1)

Art. 70
1. Op verzoek van de ouders, de echtgenoten en het openbaar ministerie kan een huwelijk worden nietig verklaard, wanneer het ten overstaan van een niet bevoegde ambtenaar van de burgerlijke stand of niet in tegenwoordigheid van het vereiste aantal getuigen is voltrokken.

Nietigverklaring van huwelijk gesloten door een onbevoegde ambtenaar

2. De bevoegdheid van een echtgenoot om uit dien hoofde de nietigverklaring van het huwelijk te verzoeken vervalt, indien er uiterlijk bezit van de huwelijkse staat en een akte van huwelijksvoltrekking ten overstaan van een ambtenaar van de burgerlijke stand verleden, aanwezig zijn.
(Zie ook: artt. 31, 50, 56, 424, 425 BW Boek 1)

Art. 71
1. Een echtgenoot kan de nietigverklaring van zijn huwelijk verzoeken, wanneer hij dit onder invloed van dwang heeft gesloten. Tevens is het openbaar ministerie, na de echtgenoten in de gelegenheid te hebben gesteld hun mening omtrent de wenselijkheid van het indienen van het verzoek tot nietigverklaring kenbaar te maken, althans nadat deze daartoe behoorlijk te hebben opgeroepen, bevoegd tot het doen van het verzoek.

Nietigverklaring huwelijk gesloten onder bedreiging of bij dwaling

2. Voorts kan de echtgenoot, die bij de huwelijksvoltrekking gedwaald heeft hetzij in de persoon van de andere echtgenoot, hetzij omtrent de betekenis van de door hem afgelegde verklaring de nietigverklaring van zijn huwelijk verzoeken.
3. De bevoegdheid de nietigverklaring wegens dwaling te verzoeken vervalt, wanneer de echtgenoten zes maanden hebben samengewoond sedert de ontdekking van de dwaling zonder dat het verzoek is gedaan. De bevoegdheid de nietigverklaring wegens dwang te verzoeken

vervalt, wanneer de echtgenoten drie jaar hebben samengewoond zonder dwang gericht op instandhouding van het huwelijk, zonder dat het verzoek is gedaan.

Art. 71a

Schijnhuwelijk

Op verzoek van het openbaar ministerie kan een huwelijk als schijnhandeling wegens strijd met de Nederlandse openbare orde worden nietig verklaard indien het oogmerk van de echtgenoten, of één hunner, niet was gericht op de vervulling van de door de wet aan de huwelijkse staat verbonden plichten, doch op het verkrijgen van toelating tot Nederland.

Art. 72

Nietigverklaring huwelijk van een onder curatele gestelde

Een huwelijk kan niet nietig worden verklaard uit hoofde dat op het tijdstip van de huwelijksvoltrekking een der echtgenoten onder curatele stond, en het huwelijk klaarblijkelijk het ongeluk van de andere echtgenoot zou veroorzaken.
(Zie ook: artt. 51, 56, 378 BW Boek 1)

Art. 73

Nietigverklaring huwelijk van een geestelijk gestoorde

De nietigverklaring van een huwelijk uit hoofde van een geestelijke stoornis kan na het ophouden van de stoornis alleen worden verzocht door de echtgenoot die geestelijk gestoord was. Het verzoek vervalt door een samenwoning van ten minste zes maanden na het ophouden van de stoornis.
(Zie ook: art. 32 BW Boek 1; art. 34 BW Boek 3)

Art. 74

Nietigverklaring huwelijk van een minderjarige

De nietigverklaring van een huwelijk, dat aangegaan is door iemand die de vereiste leeftijd miste, kan niet worden verzocht wanneer deze op de dag van het verzoek de vereiste ouderdom heeft.
(Zie ook: artt. 31, 50 BW Boek 1)

Art. 75

Nietigverklaring van een huwelijk bij het ontbreken van toestemming

1. Wegens het ontbreken van een vereiste toestemming van een derde kan de nietigverklaring van het huwelijk alleen door die derde of, in het geval van artikel 38 van dit boek, door de curator worden verzocht. Dit verzoek vervalt, wanneer hij die bevoegd is de nietigverklaring te verzoeken, het huwelijk uitdrukkelijk of stilzwijgend heeft goedgekeurd, of wanneer drie maanden verlopen zijn nadat hij met de huwelijksvoltrekking bekend is geworden.
2. Hij die bevoegd is de nietigverklaring te verzoeken, wordt vermoed met het huwelijk bekend te zijn geworden, wanneer het hier te lande is voltrokken, of wanneer het, buiten Nederland aangegaan, hier te lande in de registers van de burgerlijke stand is ingeschreven.
(Zie ook: art. 35 BW Boek 1)

Art. 76

Nietigverklaring huwelijk alleen op wettelijke gronden

Behoudens het in artikel 56 van dit boek bepaalde, verklaart de rechter een huwelijk alleen nietig op grond van een verzoek overeenkomstig de bepalingen van deze afdeling.

Art. 77

Rechtsgevolg van nietigverklaring huwelijk

1. De nietigverklaring van het huwelijk werkt, zodra de beschikking in kracht van gewijsde is gegaan; zij werkt terug tot het tijdstip van de huwelijksvoltrekking.
2. Nochtans mist de beschikking terugwerkende kracht en heeft zij hetzelfde gevolg als een echtscheiding:
a. ten aanzien van de kinderen der echtgenoten;
b. ten aanzien van de te goeder trouw zijnde echtgenoot; deze kan echter niet op een gemeenschap van goederen aanspraak maken, wanneer het huwelijk wegens het bestaan van een vroeger huwelijk of een eerder geregistreerd partnerschap is nietig verklaard;
c. ten aanzien van andere personen dan de echtgenoten en hun kinderen, voor zover zij te goeder trouw vóór de inschrijving der nietigverklaring rechten hebben verkregen.
(Zie ook: artt. 2, 18, 150, 197 BW Boek 1; artt. 11, 15, 53 BW Boek 3; art. 269 BW Boek 6)

Afdeling 5A
[Vervallen]

Art. 77a

[Vervallen]

Afdeling 6
Bewijs van het bestaan van het huwelijk

Art. 78

Bewijs van een huwelijk

Het bestaan van een in Nederland gesloten huwelijk kan niet anders worden bewezen dan door de huwelijksakte dan wel door de akte van omzetting, bedoeld in artikel 80g, behoudens in de gevallen bij de volgende artikelen voorzien.
(Zie ook: art. 27 BW Boek 1; art. 187 Rv)

Art. 79
Heeft het huwelijksregister niet bestaan of is het verloren gegaan of ontbreekt daaraan de huwelijksakte, dan wel de akte van omzetting, bedoeld in artikel 80g, dan kan het huwelijk door getuigen of bescheiden worden bewezen, mits er een uiterlijk bezit van de huwelijkse staat aanwezig is. *Bewijs van een huwelijk bij ontbreken van register*
(Zie ook: artt. 29, 205 BW Boek 1)

Art. 80
Wordt in een geding betwist dat een kind, dat uiterlijk bezit van staat heeft, uit een huwelijk is geboren, dan levert het feit dat de ouders openlijk als man en vrouw hebben geleefd, voldoende bewijs op. *Bewijs van huwelijk door openlijk samenleven*
(Zie ook: artt. 197, 205 BW Boek 1)

Titel 5A
Het geregistreerd partnerschap

Art. 80a
1. Een persoon kan tegelijkertijd slechts met één andere persoon van hetzelfde of andere geslacht een geregistreerd partnerschap aangaan. *Geregistreerd partnerschap*
2. Zij die een geregistreerd partnerschap aangaan, mogen niet tegelijkertijd gehuwd zijn.
3. Registratie van partnerschap geschiedt bij een akte van registratie van partnerschap opgemaakt door een ambtenaar van de burgerlijke stand. *Registratie partnerschap*
4. Een partnerschapsregistratie kan worden gestuit, indien partijen niet de vereisten in zich verenigen om de registratie aan te gaan, of wanneer partijen niet beiden hun toestemming tot het geregistreerd partnerschap vrijelijk zullen geven, dan wel wanneer het oogmerk van de aanstaande geregistreerde partners, of één hunner, niet is gericht op de vervulling van de door de wet aan de partnerschapsregistratie verbonden plichten, doch op het verkrijgen van toelating tot Nederland. Op een stuiting zijn de artikelen 51, 52, 53, tweede tot en met vierde lid, en 54 tot en met 56 van overeenkomstige toepassing. Het openbaar ministerie is verplicht een partnerschapsregistratie te stuiten, indien het met een van de in de artikelen 31, 32, 41 en in het eerste en tweede lid van dit artikel omschreven beletselen bekend is. Indien aan de ambtenaar van de burgerlijke stand een van de in de vorige zin genoemde beletselen bekend is, of wanneer partijen niet beiden hun toestemming tot het geregistreerd partnerschap vrijelijk zullen geven, mag hij niet meewerken aan een registratie of daaraan voorafgaande formaliteiten verrichten, ook al zou geen stuiting hebben plaatsgehad. *Stuiting partnerregistratie*
5. Ter zake van de partnerschapsregistratie zijn de artikelen 31, 32, 37 tot en met 39, 41, 41a, 44 tot en met 49, 58, en 62 tot en met 66 van overeenkomstige toepassing. *Schakelbepaling*
6. Op de nietigverklaring van een partnerschapsregistratie zijn van overeenkomstige toepassing de artikelen 69 tot en met 73, 74, 75 tot en met 77, eerste lid en tweede lid.
7. Op het bewijs van het bestaan van de partnerschapsregistratie zijn de artikelen 78, 79 en 80 van overeenkomstige toepassing.

Art. 80b
Op een geregistreerd partnerschap zijn de titels 6, 7 en 8 van overeenkomstige toepassing met uitzondering van het omtrent scheiding van tafel en bed bepaalde. *Schakelbepaling*

Art. 80c
1. Het geregistreerd partnerschap eindigt: *Einde van geregistreerd partnerschap*
   a. door de dood;
   b. indien de vermiste, die overeenkomstig de bepalingen van de tweede of derde afdeling van de achttiende titel van dit boek vermoedelijk overleden dan wel overleden is verklaard, nog in leven is op de dag waarop de achtergebleven geregistreerde partner een nieuw geregistreerd partnerschap of huwelijk is aangegaan: door de voltrekking van dit geregistreerd partnerschap of huwelijk;
   c. met wederzijds goedvinden door inschrijving door de ambtenaar van de burgerlijke stand van een door beide partners en een of meer advocaten of notarissen ondertekende en gedateerde verklaring waaruit blijkt dat en op welk tijdstip de partners omtrent de beëindiging van het geregistreerd partnerschap een overeenkomst hebben gesloten.
   d. door ontbinding op verzoek van de partners of een van hen;
   e. door omzetting van een geregistreerd partnerschap in een huwelijk.
2. Tot inschrijving van verklaringen als bedoeld in het eerste lid, onder c, is de ambtenaar van de burgerlijke stand steeds bevoegd indien het geregistreerd partnerschap in Nederland is aangegaan. Indien het partnerschap buiten Nederland is aangegaan, is de ambtenaar van de burgerlijke stand tot inschrijving van verklaringen als bedoeld in het eerste lid, onder c, bevoegd indien voldaan is aan de voorwaarden van artikel 4, vierde lid, van het Wetboek van Burgerlijke Rechtsvordering voor de bevoegdheid van de rechter in geval van de ontbinding van het geregistreerd partnerschap.

3. Een geregistreerd partnerschap kan niet met wederzijds goedvinden als bedoeld in het eerste lid, onder c, worden beëindigd indien de partners:
a. al dan niet gezamenlijk het gezag uitoefenen over een of meer van hun gezamenlijke kinderen;
b. ingevolge artikel 253sa of 253t het gezag gezamenlijk uitoefenen over een of meer kinderen.

Art. 80d

Einde van geregistreerd partnerschap met wederzijds goedvinden

1. De in artikel 80c, onder c, bedoelde overeenkomst betreft ten minste de verklaring van beide partners dat hun geregistreerd partnerschap duurzaam ontwricht is en dat zij het willen beëindigen. Voorts betreft de overeenkomst, evenwel niet op straffe van nietigheid:
a. de uitkering tot levensonderhoud ten behoeve van de geregistreerde partner die niet voldoende inkomsten tot zijn levensonderhoud heeft, noch zich in redelijkheid kan verwerven;
b. wie van de geregistreerde partners huurder van de woonruimte die hen tot hoofdverblijf dient, zal zijn of wie van de geregistreerde partners gedurende een bij de overeenkomst te bepalen termijn het gebruik zal hebben van de woning en de inboedel die een van hen of hen beiden toebehoren dan wel ten gebruike toekomen;
c. de verdeling van enige gemeenschap waarin de partners de registratie zijn aangegaan dan wel de verrekening die bij voorwaarden als bedoeld in titel 8 is overeengekomen;
d. de verevening of verrekening van pensioenrechten.

Schakelbepaling

2. Op een beëindiging van het geregistreerd partnerschap met wederzijds goedvinden zijn de artikelen 155, 157, vierde en zesde lid, 158, 159, eerste en derde lid, 159a, 160 en 164 van overeenkomstige toepassing.
3. De verklaring, bedoeld in artikel 80c, onder c, wordt slechts ingeschreven in de registers van de burgerlijke stand, indien zij de ambtenaar van de burgerlijke stand uiterlijk drie maanden na het sluiten van de overeenkomst heeft bereikt.

Art. 80e

Schakelbepaling

1. Op een ontbinding van een geregistreerd partnerschap als bedoeld in artikel 80c, onder d, zijn de artikelen 151, 153, 155, 157 tot en met 160, 164 en 165 van overeenkomstige toepassing.
2. De ontbinding komt tot stand door inschrijving van een rechterlijke uitspraak op verzoek van partijen of van één van hen in de registers van de burgerlijke stand. Artikel 163, derde lid, is van overeenkomstige toepassing.

Art. 80f

Herleving van geregistreerd partnerschap

Indien de partijen wier geregistreerd partnerschap is beëindigd, opnieuw een geregistreerd partnerschap met elkaar aangaan dan wel met elkaar in het huwelijk treden, herleven alle gevolgen van het geregistreerd partnerschap van rechtswege alsof er geen beëindiging heeft plaats gehad. Nochtans wordt de geldigheid van rechtshandelingen die tussen de inschrijving van de beëindiging en de nieuwe registratie of het huwelijk zijn verricht, beoordeeld naar het tijdstip van de handeling.

Art. 80g

Omzetting geregistreerd partnerschap in huwelijk

1. Indien twee personen aan de ambtenaar van de burgerlijke stand kenbaar maken dat zij het geregistreerd partnerschap dat zij zijn aangegaan, omgezet wensen te zien in een huwelijk, kan de ambtenaar van de burgerlijke stand ter zake een akte van omzetting opmaken. Indien de geregistreerde partners van wie ten minste één de Nederlandse nationaliteit bezit, buiten Nederland woonplaats hebben en in Nederland hun geregistreerd partnerschap in een huwelijk willen omzetten, geschiedt de omzetting bij de ambtenaar van de burgerlijke stand te 's-Gravenhage.

Schakelbepaling

2. De artikelen 65 en 66 zijn van overeenkomstige toepassing.
3. Een omzetting doet het geregistreerd partnerschap eindigen en het huwelijk aanvangen op het tijdstip dat de akte van omzetting in het register van huwelijken is opgemaakt. De omzetting brengt geen wijziging in de al dan niet bestaande familierechtelijke betrekkingen met kinderen die voor de omzetting zijn geboren.

Titel 6
Rechten en verplichtingen van echtgenoten

Art. 81

Zorgplicht van echtgenoten

Echtgenoten zijn elkander getrouwheid, hulp en bijstand verschuldigd. Zij zijn verplicht elkander het nodige te verschaffen.
(Zie ook: artt. 67, 92a, 157, 169, 182, 392, 400 BW Boek 1; art. 108 BW Boek 6)

Art. 82

Zorgplicht van echtgenoten voor minderjarige kinderen

Echtgenoten zijn jegens elkaar verplicht de tot het gezin behorende minderjarige kinderen te verzorgen en te voeden en in de kosten van die verzorging en opvoeding te dragen.
(Zie ook: artt. 92a, 392, 245, 404 BW Boek 1)

Art. 83

Inlichtingenplicht van echtgenoten

Echtgenoten verschaffen elkaar desgevraagd inlichtingen over het door hen gevoerde bestuur alsmede over de stand van hun goederen en schulden.

Art. 84
1. De kosten der huishouding, daaronder begrepen de kosten van verzorging en opvoeding van de kinderen, komen ten laste van het gemene inkomen van de echtgenoten en, voor zover dit ontoereikend is, ten laste van hun eigen inkomens in evenredigheid daarvan; voor zover de inkomens ontoereikend zijn, komen deze kosten ten laste van het gemene vermogen en, voor zover ook dit ontoereikend is, ten laste van de eigen vermogens naar evenredigheid daarvan. Een en ander geldt niet voor zover bijzondere omstandigheden zich er tegen verzetten.
2. De echtgenoten zijn jegens elkaar verplicht dienovereenkomstig tot de bestrijding van de in het eerste lid bedoelde uitgaven voldoende gelden ter beschikking te stellen uit de onder hun bestuur staande goederen, voor zover bijzondere omstandigheden zich daartegen niet verzetten.
3. Bij schriftelijke overeenkomst kan een van het eerste en tweede lid afwijkende regeling worden getroffen.
4. Geschillen tussen de echtgenoten omtrent de toepassing van het eerste tot en met derde lid worden door de rechtbank op verzoek van beiden of een van hen beslist.
5. Op verzoek van beide of van een van de echtgenoten kan de rechtbank een gegeven beschikking of een onderling getroffen regeling wijzigen op grond van veranderde omstandigheden.
(Zie ook: artt. 114, 400 BW Boek 1)

Onderhoudsplicht van echtgenoten

Art. 85
De ene echtgenoot is naast de andere voor het geheel aansprakelijk voor de door deze ten behoeve van de gewone gang van de huishouding aangegane verbintenissen, met inbegrip van die welke voortvloeien uit de door hem als werkgever ten behoeve van de huishouding aangegane arbeidsovereenkomsten.
(Zie ook: artt. 95, 102, 103 BW Boek 1)

Aansprakelijkheid van echtgenoten

Art. 86
1. De rechtbank kan, wanneer daartoe gegronde redenen bestaan, op verzoek van een echtgenoot bepalen dat deze niet aansprakelijk zal zijn voor de door de andere echtgenoot in het vervolg aangegane verbintenissen als bedoeld in het vorige artikel.
2. Een overeenkomstig dit artikel gegeven rechterlijke beschikking kan bij veranderde omstandigheden op gelijke wijze als zij is tot stand gekomen, worden gewijzigd of opgeheven.
3. De beschikking kan aan derden die van haar bestaan onkundig waren, slechts worden tegengeworpen, indien zij ingeschreven was in het huwelijksgoederenregister, aangewezen in artikel 116 van dit boek, en na de inschrijving veertien dagen waren verlopen.
4. In de beschikking kan worden bepaald dat zij bovendien moet worden bekend gemaakt in een of meer door de rechter aangewezen dagbladen. In dat geval werkt de beschikking ten nadele van derden die daarvan onkundig waren, ook niet vóór deze bekendmaking.
(Zie ook: Bhgr)

Vrijwaring van aansprakelijkheid van echtgenoten

Art. 87
1. Indien een echtgenoot ten laste van het vermogen van de andere echtgenoot een goed dat tot zijn eigen vermogen zal behoren, verkrijgt of indien ten laste van het vermogen van de andere echtgenoot een schuld ter zake van een tot zijn eigen vermogen behorend goed wordt voldaan of afgelost, ontstaat voor de eerstgenoemde echtgenoot een plicht tot vergoeding.
2. De vergoeding beloopt een gedeelte van de waarde van het goed op het tijdstip waarop de vergoeding wordt voldaan. Dit gedeelte:
a. is in het geval van een verkrijging ten laste van het vermogen van de andere echtgenoot evenredig aan het uit diens vermogen afkomstige aandeel in de tegenprestatie voor het goed;
b. komt in het geval van een voldoening of aflossing ten laste van het vermogen van de andere echtgenoot overeen met de verhouding tussen het uit diens vermogen voldane of afgeloste bedrag ten opzichte van de waarde van het goed op het tijdstip van die voldoening of aflossing.
3. Ten aanzien van de vergoeding gelden voorts de volgende regels:
a. tenzij de echtgenoot het vermogen van de andere echtgenoot met diens toestemming heeft aangewend op de wijze als bedoeld in het eerste lid, beloopt de vergoeding ten minste het nominale bedrag dat ten laste van het vermogen van de andere echtgenoot is gekomen;
b. ter zake van goederen die naar hun aard bestemd zijn om te worden verbruikt, beloopt de vergoeding steeds het nominale bedrag dat ten laste van het vermogen van de andere echtgenoot is gekomen;
c. ter zake van goederen die inmiddels zijn vervreemd zonder dat daarvoor andere goederen in de plaats zijn gekomen, wordt in plaats van de waarde, bedoeld in de aanhef van het tweede lid, uitgegaan van de waarde ten tijde van de vervreemding. Met een vervreemding wordt gelijkgesteld het onherroepelijk worden van een begunstiging bij een sommenverzekering of een andere begunstiging bij een beding ten behoeve van een derde.
4. Echtgenoten kunnen bij overeenkomst afwijken van het eerste lid tot en met het derde lid. Geen vergoeding is verschuldigd voorzover door de verkrijging, voldoening of aflossing ten laste van het vermogen van de andere echtgenoot wordt voldaan aan een op die echtgenoot rustende verbintenis.

Vergoedingsplicht van echtgenoten

5. Kan de vergoeding overeenkomstig het eerste tot en met het vierde lid niet nauwkeurig worden vastgesteld, dan wordt zij geschat.

Art. 88

Toestemming van echtgenoot voor rechtshandelingen

1. Een echtgenoot behoeft de toestemming van de andere echtgenoot voor de volgende rechtshandelingen:
   a. overeenkomsten strekkende tot vervreemding, bezwaring of ingebruikgeving en rechtshandelingen strekkende tot beëindiging van het gebruik van een door de echtgenoten tezamen of door de andere echtgenoot alleen bewoonde woning of van zaken die bij een zodanige woning of tot de inboedel daarvan behoren;
   (Zie ook: artt. 5, 20, 226, 236, 260 BW Boek 3)
   b. giften, met uitzondering van de gebruikelijke, niet bovenmatige;
   (Zie ook: art. 146 BW Boek 1; art. 1703 BW Boek 7A)
   c. overeenkomsten die ertoe strekken dat hij, anders dan in de normale uitoefening van zijn beroep of bedrijf, zich als borg of hoofdelijk medeschuldenaar verbindt, zich voor een derde sterk maakt, of zich tot zekerheidstelling voor een schuld van de derde verbindt;
   (Zie ook: art. 97 BW Boek 1; art. 1576 BW Boek 7A)
   d. overeenkomsten van goederenkrediet als bedoeld in artikel 84 van Boek 7, behalve indien zij zaken betreffen die kennelijk uitsluitend of hoofdzakelijk ten behoeve van de normale uitoefening van zijn beroep of bedrijf strekken.

2. De echtgenoot behoeft de toestemming niet, indien hij tot het verrichten der rechtshandeling is verplicht op grond van de wet of op grond van een voorafgaande rechtshandeling waarvoor die toestemming is verleend of niet was vereist.

3. De toestemming moet schriftelijk of langs elektronische weg worden verleend, indien de wet voor het verrichten van de rechtshandeling een vorm voorschrijft.
(Zie ook: artt. 37, 39, 40 BW Boek 3)

4. In afwijking van lid 1, onder b, is geen toestemming vereist voor giften welke de strekking hebben dat zij pas zullen worden uitgevoerd na het overlijden van degene die de gift doet, en niet reeds tijdens diens leven worden uitgevoerd. Bestaat de gift in de aanwijzing van een begunstigde bij een sommenverzekering die tijdens het leven van de verzekeringnemer is aanvaard of kan worden aanvaard, dan is daarvoor wel toestemming vereist.

5. Toestemming voor een rechtshandeling als bedoeld in lid 1 onder c, is niet vereist, indien zij wordt verricht door een bestuurder van een naamloze vennootschap of van een besloten vennootschap met beperkte aansprakelijkheid, die daarvan alleen of met zijn medebestuurders de meerderheid der aandelen houdt en mits zij geschiedt ten behoeve van de normale uitoefening van het bedrijf van die vennootschap.
(Zie ook: artt. 85, 194 BW Boek 2)

6. Indien de andere echtgenoot door afwezigheid of een andere oorzaak in de onmogelijkheid verkeert zijn wil te verklaren of zijn toestemming niet verleent, kan de beslissing van de rechtbank worden ingeroepen.

Dwingend recht

7. Dit artikel is van toepassing ongeacht het recht dat van toepassing is op het huwelijksvermogensstelsel van de echtgenoten, indien de andere echtgenoot zijn gewone verblijfplaats heeft in Nederland ten tijde van het verrichten van een rechtshandeling, bedoeld in het eerste lid.

Art. 89

Vernietiging van rechtshandelingen door echtgenoot

1. Een rechtshandeling die een echtgenoot in strijd met het vorige artikel heeft verricht, is vernietigbaar; slechts de andere echtgenoot kan een beroep op de vernietigingsgrond doen.

2. Het vorige lid geldt niet voor een andere handeling dan een gift, indien de wederpartij te goeder trouw was.

3. Het einde van het huwelijk en scheiding van tafel en bed hebben geen invloed op de bevoegdheid om ter vernietiging van een rechtshandeling van een echtgenoot een beroep op de vernietigingsgrond te doen, die voordien was ontstaan. Indien de andere echtgenoot dientengevolge schuldenaar uit die rechtshandeling wordt, geldt artikel 51 lid 3 van Boek 3 voor hem slechts, zolang de termijn van artikel 52 lid 1 van Boek 3 niet is verstreken.

4. De verklaring of rechtsvordering tot vernietiging behoeft in afwijking van de artikelen 50 lid 1 en 51 lid 2 van Boek 3 niet mede te worden gericht tot de echtgenoot die de handeling heeft verricht.

5. De echtgenoot die een beroep op de vernietigingsgrond heeft gedaan, kan tevens alle uit de nietigheid voortvloeiende rechtsvorderingen instellen.
(Zie ook: artt. 164, 174 BW Boek 1; artt. 23, 24, 35, 49, 84, 86, 88 BW Boek 3; art. 161 BW Boek 6)

Art. 90

Bestuursbevoegdheid van echtgenoten

1. Een echtgenoot is bevoegd tot het bestuur van zijn eigen goederen en, volgens de regels van artikel 97, tot het bestuur van goederen van een gemeenschap.

2. Het bestuur van een echtgenoot over een goed omvat de uitoefening van de daaraan verbonden bevoegdheden, daaronder begrepen de bevoegdheid tot beschikking en tot beheer en de

bevoegdheid om ten aanzien van dat goed feitelijke handelingen te verrichten en toe te laten, onverminderd de bevoegdheden tot genot en gebruik die de andere echtgenoot overeenkomstig de huwelijksverhouding toekomen.
3. Tussen de echtgenoot die het hem toekomend bestuur overlaat aan de andere echtgenoot, en deze laatste zijn de bepalingen omtrent opdracht van overeenkomstige toepassing, met inachtneming van de aard van de huwelijksverhouding en de aard der goederen.
4. De echtgenoot die een goed bestuurt, kan als partij naast de andere echtgenoot toetreden tot een rechtshandeling die deze laatste met betrekking tot dat goed heeft verricht. De verklaring van toetreding wordt gericht tot hen die partij bij de rechtshandeling zijn; artikel 56 van Boek 3 is van overeenkomstige toepassing. Is voor het verrichten van de rechtshandeling een bepaalde vorm voorgeschreven, dan geldt voor de toetreding hetzelfde vereiste. De echtgenoot kan toetreding tot bijkomstige en tot reeds opeisbare rechten en verplichtingen uitsluiten; hij wordt geacht zich slechts te hebben verbonden onder eerbiediging van tevoren aan derden verleende rechten.
(Zie ook: artt. 83, 94, 97, 98, 121 BW Boek 1; artt. 37, 39, 58, 60, 69, 78 BW Boek 3; Bhgr)

Art. 91
1. Indien een echtgenoot door afwezigheid of een andere oorzaak in de onmogelijkheid verkeert zijn goederen of de goederen der gemeenschap te besturen, of in ernstige mate tekortschiet in het bestuur van de goederen der gemeenschap, kan de rechtbank op verzoek van de andere echtgenoot aan deze het bestuur over de goederen of een deel daarvan met uitsluiting van de eerstgenoemde echtgenoot opdragen. De rechter kan bij de opdracht nadere regelen stellen omtrent het bestuur en de vertegenwoordiging in de zin van lid 4.
2. De artikelen 86 leden 2-4 en 90 lid 3 zijn van overeenkomstige toepassing.
3. De rechter gelast de oproeping van beide echtgenoten en, zo de in lid 1 eerstgenoemde echtgenoot een vertegenwoordiger heeft aangesteld, ook deze.
4. De echtgenoot aan wie het bestuur over goederen wordt opgedragen, is bevoegd tot vertegenwoordiging van de echtgenoot aan wie het wordt onttrokken, bij andere dan bestuurshandelingen met betrekking tot die goederen.

Rechterlijke uitsluiting van bestuursbevoegdheid van echtgenoten

Schakelbepaling

(Zie ook: artt. 86, 109, 133, 409, 432 BW Boek 1; artt. 78, 79 BW Boek 3; art. 258 BW Boek 6)

Art. 92
1. Is aan een derde niet kenbaar wie van de echtgenoten bevoegd is tot het bestuur over een roerende zaak die geen registergoed is, of een recht aan toonder, dan mag hij de echtgenoot die de zaak of het papier aan toonder onder zich heeft, bevoegd achten.
2. De echtgenoot die ten gevolge van een rechtshandeling van de andere echtgenoot door een derde te goeder trouw in het bestuur van een goed is gestoord, verliest het recht tot beëindiging van de stoornis, indien hij zich tegen de stoornis niet heeft verzet binnen een redelijke termijn nadat zij te zijner kennis is gekomen. De bevoegdheid van de echtgenoot tot beëindiging van de stoornis vervalt eveneens indien de derde hem een redelijke termijn heeft gesteld ter uitoefening van die bevoegdheid en hij daarvan geen gebruik heeft gemaakt.
3. Aan een derde kan niet worden tegengeworpen dat een vordering tot vergoeding welke tijdens het huwelijk is ontstaan wegens vermogensverschuiving tussen de echtgenoten onderling of tussen een der echtgenoten en een tussen hen bestaande gemeenschap, niet opeisbaar is.

Derdenbescherming tegen onbevoegd bestuur door echtgenoten

(Zie ook: artt. 3, 10, 11, 32, 86 t/m 87, 254 bk 3 BW)

Art. 92a
Deze titel is niet van toepassing op van tafel en bed gescheiden echtgenoten.
(Zie ook: art. 168 BW Boek 1)

Van tafel en bed gescheiden echtgenoten

Titel 7
De wettelijke gemeenschap van goederen

Afdeling 1
Algemene bepalingen

Art. 93
Bij huwelijkse voorwaarden kan uitdrukkelijk of door de aard der bedingen worden afgeweken van bepalingen van deze titel, behalve voor zover bepalingen zich uitdrukkelijk of naar hun aard tegen afwijking verzetten.

Huwelijkse voorwaarden

Art. 94
1. Van het ogenblik van de voltrekking van het huwelijk bestaat tussen de echtgenoten van rechtswege een gemeenschap van goederen.
2. De gemeenschap omvat, wat haar baten betreft, alle goederen die reeds vóór de aanvang van de gemeenschap aan de echtgenoten gezamenlijk toebehoorden, en alle overige goederen van de echtgenoten, door ieder van hen afzonderlijk of door hen tezamen vanaf de aanvang van de gemeenschap tot haar ontbinding verkregen, met uitzondering van:
a. krachtens erfopvolging bij versterf, making, lastbevoordeling of gift verkregen goederen;

Gemeenschap van goederen bij huwelijk

Gemeenschap van goederen bij huwelijk, omvang

b. pensioenrechten waarop de Wet verevening pensioenrechten bij scheiding van toepassing is, alsmede die pensioenrechten verband houdende rechten op nabestaandenpensioen;
c. rechten op het vestigen van vruchtgebruik als bedoeld in de artikelen 29 en 30 van Boek 4, vruchtgebruik dat op grond van die bepalingen is gevestigd, alsmede hetgeen wordt verkregen ingevolge de artikelen 34, 35, 36, 38, 63 tot en met 92 en 126, eerste lid en tweede lid, onderdelen a en c, van Boek 4.

Gemeenschap van goederen bij huwelijk, uitgezonderde goederen

3. Het tweede lid, aanhef en onderdeel a, is niet van toepassing op:
a. giften van tot de gemeenschap behorende goederen aan de andere echtgenoot;
b. goederen, alsmede de vruchten van die goederen, ten aanzien waarvan bij uiterste wilsbeschikking of bij de gift is bepaald dat zij in de gemeenschap vallen.
4. Goederen, alsmede de vruchten van die goederen, ten aanzien waarvan bij uiterste wilsbeschikking of bij de gift is bepaald dat zij buiten de gemeenschap vallen, blijven buiten de gemeenschap, ook al zijn echtgenoten bij huwelijkse voorwaarden overeengekomen dat krachtens erfopvolging bij versterf, making, lastbevoordeling of gift verkregen goederen dan wel de vruchten daarvan in de gemeenschap vallen.

Gemeenschap van goederen bij huwelijk, verknochte goederen

5. Goederen en schulden die aan een van de echtgenoten op enigerlei bijzondere wijze verknocht zijn, vallen slechts in de gemeenschap voor zover die verknochtheid zich hiertegen niet verzet.

Gemeenschap van goederen bij huwelijk, vruchten van goederen

6. Vruchten van goederen die niet in de gemeenschap vallen, vallen evenmin in de gemeenschap. Buiten de gemeenschap valt hetgeen wordt geïnd op een vordering die buiten de gemeenschap valt, alsmede een vordering tot vergoeding die in de plaats van een eigen goed van een echtgenoot treedt, waaronder begrepen een vordering ter zake van waardevermindering van zulk een goed.

Gemeenschap van goederen bij huwelijk, lasten

7. De gemeenschap omvat, wat haar lasten betreft, alle vóór het bestaan van de gemeenschap ontstane gemeenschappelijke schulden, alle schulden betreffende goederen die reeds vóór of eer aanvang van de gemeenschap aan de echtgenoten gezamenlijk toebehoorden, en alle tijdens het bestaan van de gemeenschap ontstane schulden van ieder van de echtgenoten, met uitzondering van schulden:
a. betreffende van de gemeenschap uitgezonderde goederen;
b. die behoren tot een nalatenschap waartoe een echtgenoot is gerechtigd;
c. uit door een van de echtgenoten gedane giften, gemaakte bedingen en aangegane omzettingen als bedoeld in artikel 126, eerste lid en tweede lid, onderdelen a en c, van Boek 4.

Gemeenschap van goederen bij huwelijk, vermoeden gemeenschapsgoed

8. Bestaat tussen echtgenoten een geschil aan wie van hen beiden een goed toebehoort en kan geen van beiden zijn recht op dit goed bewijzen, dan wordt dit goed als gemeenschapsgoed aangemerkt. Het vermoeden werkt niet ten nadele van de schuldeisers van de echtgenoten.

Art. 95

Vergoeding door echtgenoot aan gemeenschap van goederen bij huwelijk

1. Een goed dat een echtgenoot anders dan om niet verkrijgt, blijft buiten de gemeenschap indien de tegenprestatie bij de verkrijging van dit goed voor meer dan de helft ten laste komt van zijn eigen vermogen. Voor zover de tegenprestatie ten laste van de gemeenschap komt, is de echtgenoot gehouden tot een vergoeding aan de gemeenschap. Het beloop van de vergoeding wordt bepaald overeenkomstig artikel 87, tweede en derde lid.
2. Indien een goed tot de gemeenschap gaat behoren en een echtgenoot bij de verkrijging uit zijn eigen vermogen aan de tegenprestatie heeft bijgedragen, komt deze echtgenoot een vergoedingsvordering toe, waarvan het beloop overeenkomstig artikel 87, tweede en derde lid, wordt bepaald.

Art. 95a

Onderneming buiten gemeenschap, redelijke vergoeding

1. Indien een onderneming buiten de gemeenschap valt, komt ten bate van de gemeenschap een redelijke vergoeding voor de kennis, vaardigheden en arbeid die een echtgenoot ten behoeve van die onderneming heeft aangewend, voor zover een dergelijke vergoeding niet al op andere wijze ten bate van beide echtgenoten komt of is gekomen.
2. Ook indien een onderneming op naam en voor rekening van een personenvennootschap of een rechtspersoon wordt uitgeoefend, de gerechtigdheid tot die personenvennootschap of die rechtspersoon buiten de gemeenschap valt en de echtgenoot die daartoe is gerechtigd, in overwegende mate bij machte is te bepalen dat de winsten van die onderneming hem rechtstreeks of middellijk ten goede komen, komt ten bate van de gemeenschap een redelijke vergoeding voor de kennis, vaardigheden en arbeid die een echtgenoot ten behoeve van die onderneming heeft aangewend, voor zover een dergelijke vergoeding niet al op andere wijze ten bate van beide echtgenoten komt of is gekomen.

Art. 96

Verhaal schulden op gemeenschap van goederen bij huwelijk

1. Voor een schuld van een echtgenoot kunnen, ongeacht of deze in de gemeenschap is gevallen, zowel de goederen van de gemeenschap als zijn eigen goederen worden uitgewonnen.

2. Voor een niet in de gemeenschap gevallen schuld van een echtgenoot kunnen de goederen van de gemeenschap niet worden uitgewonnen, indien de andere echtgenoot eigen goederen van eerstgenoemde aanwijst, die voldoende verhaal bieden. Voor een in de gemeenschap gevallen schuld van een echtgenoot kunnen de eigen goederen van deze echtgenoot niet worden uitgewonnen, indien hij goederen van de gemeenschap aanwijst, die voldoende verhaal bieden. *Verhaal schulden op gemeenschap van goederen bij huwelijk, schuld buiten gemeenschap*

3. Het verhaal op de goederen van de gemeenschap voor een niet tot de gemeenschap behorende schuld van een echtgenoot is beperkt tot de helft van de opbrengst van het uitgewonnen goed. De andere helft komt de andere echtgenoot toe en valt voortaan buiten de gemeenschap. De andere echtgenoot is bevoegd, indien een schuldeiser verhaal op een goed van de gemeenschap zoekt ter zake van een niet tot de gemeenschap behorende schuld, het goed waarop de schuldeiser verhaal zoekt, over te nemen tegen betaling van de helft van de waarde van dat goed uit zijn eigen vermogen. Vanaf het tijdstip van de overneming is dit een eigen goed van deze echtgenoot, dat niet in de gemeenschap valt.

4. De echtgenoot uit wiens eigen goederen een schuld van de gemeenschap is voldaan, heeft deswege recht op vergoeding uit de goederen van de gemeenschap. Betreft het een schuld ter zake van een tot de gemeenschap behorend goed, dan wordt het beloop van de vergoeding bepaald overeenkomstig artikel 87, tweede en derde lid. *Verhaal schulden op gemeenschap van goederen bij huwelijk*

5. De echtgenoot wiens niet in de gemeenschap gevallen schuld uit goederen van de gemeenschap is voldaan, is deswege gehouden tot vergoeding aan de gemeenschap. Betreft het een schuld ter zake van een tot zijn eigen vermogen behorend goed, dan wordt het beloop van de vergoeding bepaald overeenkomstig artikel 87, tweede en derde lid.

6. De echtgenoot die een schuldeiser tegenwerpt dat een goed waarop deze verhaal zoekt niet behoort tot de gemeenschap, draagt daarvan de bewijslast.

Art. 96a
Indien een echtgenoot door een begunstiging bij een door zijn overlijden tot uitkering komende sommenverzekering een gift aan een derde heeft gedaan en ten laste van de gemeenschap premies voor die verzekering zijn gekomen, is de echtgenoot deswege gehouden tot vergoeding aan de gemeenschap. De vergoeding beloopt een gedeelte van de waarde van de uitkering, evenredig aan het uit de gemeenschap afkomstige aandeel in de premies. *Vergoeding verzekeringspremies aan gemeenschap van goederen bij overlijden*

Art. 96b
Echtgenoten kunnen bij overeenkomst het beloop van vergoedingen ingevolge de artikelen 95, 96 en 96a anders bepalen. Artikel 87, vierde lid, tweede zin, is van overeenkomstige toepassing. Kan de vergoeding niet nauwkeurig worden vastgesteld, dan wordt zij geschat. *Beloop van vergoedingen in gemeenschap van goederen bij huwelijk*

Afdeling 2
Het bestuur van de gemeenschap

Art. 97
1. Een goed dat op naam van een echtgenoot staat of dat hij krachtens erfopvolging bij versterf, making, lastbevoordeling of gift heeft verkregen, staat onder diens bestuur. Voor het overige is ieder der echtgenoten bevoegd tot het bestuur over de goederen van de gemeenschap. Artikel 170, eerste lid, van Boek 3 is van overeenkomstige toepassing. *Bestuursbevoegdheid van echtgenoten over gemeenschap van goederen*

2. Is een goed der gemeenschap met toestemming, verleend door de echtgenoot onder wiens bestuur dat goed alleen of mede stond, dienstbaar aan een beroep of bedrijf van de andere echtgenoot, dan berust het bestuur over dat goed, voor zover het handelingen betreft die als normale uitoefening van dat beroep of bedrijf zijn te beschouwen, uitsluitend bij laatstbedoelde echtgenoot en voor het overige bij de echtgenoten gezamenlijk. Een verleende toestemming geldt voor de gehele duur van het beroep of bedrijf, tenzij de echtgenoten anders overeenkomen, doch de rechtbank kan de dienstbaarheid op verzoek van een echtgenoot te allen tijde wegens gegronde redenen beëindigen.

3. Geschillen tussen de echtgenoten over het bestuur ten aanzien van tot de gemeenschap behorende goederen, kunnen op verzoek van de echtgenoten of van een van hen aan de rechtbank worden voorgelegd.

Art. 98
[Vervallen]

Afdeling 3
Ontbinding van de gemeenschap

Art. 99
1. De gemeenschap wordt van rechtswege ontbonden: *Ontbinding van gemeenschap van goederen bij huwelijk*
a. in geval het eindigen van het huwelijk of het geregistreerd partnerschap door overlijden: op het tijdstip van overlijden;
b. in geval van beëindiging van het huwelijk door echtscheiding of ontbinding van het geregistreerd partnerschap door de rechter: op het tijdstip van indiening van het verzoek tot echtschei-

art. 1:100

ding onderscheidenlijk indiening van het verzoek tot ontbinding van het geregistreerd partnerschap;
c. in geval van scheiding van tafel en bed: op het tijdstip van indiening van het verzoek tot scheiding van tafel en bed;
d. in geval van opheffing van de gemeenschap door een beschikking: op het tijdstip van indiening van het verzoek tot opheffing van de gemeenschap;
e. in geval van beëindiging van het geregistreerd partnerschap met wederzijds goedvinden: op het tijdstip waarop de overeenkomst tot beëindiging wordt gesloten;
f. in geval van vermissing en een daarop gevolgd huwelijk of geregistreerd partnerschap: op het tijdstip waarop de beschikking, bedoeld in artikel 417, eerste lid, in kracht van gewijsde is gegaan;
g. in geval van opheffing bij latere huwelijkse voorwaarden: op het tijdstip, bedoeld in artikel 120, eerste lid.

2. De ontbinding van de gemeenschap door indiening van een verzoek als bedoeld in het eerste lid, onder b, c en d, alsmede door sluiting van een overeenkomst als bedoeld onder e, kan aan derden die daarvan onkundig waren slechts worden tegengeworpen, indien het desbetreffende verzoek dan wel de overeenkomst ingeschreven was in het huwelijksgoederenregister, bedoeld in artikel 116.

3. Indien vast komt te staan dat een verzoek als bedoeld in het eerste lid, onder b, c en d, dan wel een overeenkomst als bedoeld in het eerste lid, onder e, niet meer kan leiden tot echtscheiding, ontbinding van het geregistreerd partnerschap, scheiding van tafel en bed, opheffing van de gemeenschap door een beschikking, onderscheidenlijk beëindiging van het geregistreerd partnerschap met wederzijds goedvinden, herleven van rechtswege alle gevolgen van de gemeenschap, alsof er geen verzoek was ingediend of overeenkomst was gesloten, tenzij zich inmiddels een andere grond voor ontbinding heeft voorgedaan. Nochtans wordt de geldigheid van rechtshandelingen die zijn verricht tussen het tijdstip van indiening van het verzoek of sluiting van de overeenkomst en het tijdstip waarop komt vast te staan dat het verzoek of de overeenkomst niet meer tot het in de eerste zin bedoelde gevolg kan leiden, beoordeeld naar het tijdstip van de handeling.

4. Tezamen met een verzoek als bedoeld in het eerste lid, onder b, c of d kan reeds overeenkomstig titel 7 van Boek 3 een vordering worden ingesteld tot verdeling van de gemeenschap, tot gelasten van de wijze van verdeling en tot vaststelling van de verdeling.
(Zie ook: artt. 109, 114, 134, 149 BW Boek 1; art. 178 BW Boek 3)

Art. 100

Aandeel echtgenoten in ontbonden gemeenschap van goederen

1. De echtgenoten hebben een gelijk aandeel in de ontbonden gemeenschap, tenzij anders is bepaald bij huwelijkse voorwaarden of bij een overeenkomst die tussen de echtgenoten bij geschrift is gesloten met het oog op de aanstaande ontbinding der gemeenschap anders dan door de dood of ten gevolge van opheffing bij huwelijkse voorwaarden.

Aandeel echtgenoten in ontbonden gemeenschap van goederen, dragen van schulden

2. Voor zover bij de ontbinding van de gemeenschap de goederen van de gemeenschap niet toereikend zijn om de schulden van de gemeenschap te voldoen, worden deze gedragen door beide echtgenoten ieder voor een gelijk deel, tenzij uit de eisen van redelijkheid en billijkheid, mede in verband met de aard van de schulden, een andere draagplicht voortvloeit.
(Zie ook: art. 94 BW Boek 1; artt. 166, 178, 189, 192 BW Boek 3)

3. Zij die bij de ontbinding van de gemeenschap schuldeiser zijn, behouden het hun toekomende recht van verhaal op de goederen der gemeenschap, zolang deze niet verdeeld zijn. Artikel 96, derde lid, blijft van toepassing.

Art. 101

Overneming goederen uit ontbonden gemeenschap door echtgenoten

Na de ontbinding der gemeenschap heeft ieder der echtgenoten de bevoegdheid de te zijnen gebruike strekkende kleren en kleinodiën, alsmede zijn beroeps- en bedrijfsmiddelen en de papieren en gedenkstukken tot zijn familie behorende, tegen de geschatte prijs over te nemen.

Art. 102

Aansprakelijkheid echtgenoten na ontbinding van gemeenschap

Na ontbinding van de gemeenschap blijft ieder der echtgenoten voor het geheel aansprakelijk voor de gemeenschapsschulden waarvoor hij voordien aansprakelijk was. Voor andere gemeenschapsschulden is hij hoofdelijk met de andere echtgenoot verbonden, met dien verstande evenwel dat daarvoor slechts kan worden uitgewonnen hetgeen hij uit hoofde van verdeling van de gemeenschap heeft verkregen, onverminderd de artikelen 190, eerste lid, en 191, eerste lid, van Boek 3. De rechtsvordering tot voldoening van de in de tweede volzin bedoelde schuld verjaart tegelijkertijd met de rechtsvordering tegen de echtgenoot, in wiens persoon de in die volzin bedoelde gemeenschapsschuld is ontstaan.
(Zie ook: artt. 95, 103, 122, 127 BW Boek 1; artt. 166, 178, 189, 192 BW Boek 3; art. 6 BW Boek 6; artt. 658, 677, 733 Rv)

Art. 103

Afstand van gemeenschap van goederen door echtgenoten

1. Ieder der echtgenoten heeft het recht van de gemeenschap afstand te doen; alle daarmede strijdige overeenkomsten zijn nietig.

2. Het deel der gemeenschap waarvan afstand wordt gedaan, wast aan bij het deel van de andere echtgenoot.
3. De echtgenoot die afstand heeft gedaan, kan uit de gemeenschap niets terugvorderen dan alleen zijn bed met bijbehorend beddegoed en de kleren die hij voor zijn persoonlijk gebruik nodig heeft. Hij kan de papieren en gedenkstukken, tot zijn familie behorende, tegen de geschatte prijs overnemen.
4. Door deze afstand wordt hij ontheven van de aansprakelijkheid en de draagplicht voor schulden der gemeenschap, waarvoor hij vóór de ontbinding der gemeenschap niet aansprakelijk was.
5. Hij blijft aansprakelijk voor de schulden der gemeenschap, waarvoor hij vóór de ontbinding der gemeenschap aansprakelijk was. Indien hij een schuld, waarvoor beide echtgenoten vóór de ontbinding der gemeenschap voor het geheel aansprakelijk waren, voor meer dan de helft heeft voldaan, heeft hij voor het meerdere verhaal tegen de andere echtgenoot.
6. Indien de andere echtgenoot een schuld der gemeenschap, waarvoor hij vóór de ontbinding der gemeenschap niet aansprakelijk was, geheel of ten dele heeft voldaan, heeft hij deswege verhaal tegen de echtgenoot die de afstand heeft gedaan. Heeft hij een schuld, waarvoor beide echtgenoten vóór de ontbinding der gemeenschap voor het geheel aansprakelijk waren, voor meer dan de helft voldaan, dan heeft hij voor het meerdere verhaal tegen de echtgenoot die de afstand heeft gedaan.

Art. 104
1. De echtgenoot die van het bij het vorige artikel omschreven voorrecht wil gebruik maken, is verplicht binnen drie maanden na de ontbinding der gemeenschap een akte van afstand te doen inschrijven in het huwelijksgoederenregister, aangewezen in artikel 116 van dit boek, op verbeurte van dit voorrecht.
2. Indien de gemeenschap door de dood van de andere echtgenoot wordt ontbonden, begint de termijn van drie maanden te lopen op de dag waarop de echtgenoot die van het voorrecht wil gebruik maken, van dat overlijden kennis heeft genomen. Indien de gemeenschap is ontbonden op de wijze als bedoeld in artikel 99, eerste lid, onder c en d, eindigt de termijn drie maanden nadat het verzoek tot opheffing van de gemeenschap of tot scheiding van tafel en bed bij de rechtbank is ingediend.
(Zie ook: Bhgr)

Inschrijving van afstand van gemeenschap van goederen bij huwelijk

Art. 105
1. De erfgenamen van een echtgenoot, door wiens overlijden de gemeenschap is ontbonden, of die binnen de in het vorige artikel gestelde termijn is overleden zonder afstand te hebben gedaan, zijn ieder voor hun aandeel bevoegd op de in het vorige artikel omschreven wijze afstand te doen binnen drie maanden nadat zij met het overlijden bekend zijn geworden.
2. De aanspraak van de echtgenoot tot terugvordering van zijn bed, beddegoed, en kleren uit de gemeenschap kan niet worden overgedragen en gaat ook niet over op zijn erfgenamen.
(Zie ook: art. 35 BW Boek 1; Bhgr)

Afstand van gemeenschap van goederen door erfgenamen van echtgenoot

Art. 106
De rechtbank van de plaats waar de akte van afstand moet worden ingeschreven, kan de voor de inschrijving gestelde termijn voor de afloop daarvan een of meer malen op grond van bijzondere omstandigheden verlengen.
(Zie ook: Bhgr)

Verlenging van termijn voor inschrijving van afstand door de rechtbank

Art. 107
1. De echtgenoot of zijn erfgenaam, die zich de goederen der gemeenschap heeft aangetrokken of goederen daarvan heeft weggemaakt of verduisterd, kan geen afstand meer doen. Daden van dagelijks bestuur of tot behoud van de goederen brengen dit gevolg niet teweeg.
2. Hij die na gedane afstand goederen der gemeenschap wegmaakt of verduistert, verliest de bevoegdheid artikel 103 lid 4 van dit boek in te roepen.
(Zie ook: art. 97 BW Boek 1)

Verlies recht van afstand

Art. 108
1. Afstand van de gemeenschap, door een echtgenoot of een erfgenaam van een echtgenoot gedaan nadat door de andere echtgenoot of een of meer van diens erfgenamen afstand werd gedaan, heeft niet de gevolgen, omschreven in artikel 103 leden 2 en 3 van dit boek, en verplicht hen die tot de gemeenschap gerechtigd zijn, haar te vereffenen. Afdeling 3 van titel 6 van Boek 4 betreffende de vereffening van nalatenschappen is zoveel mogelijk van overeenkomstige toepassing.
2. Indien hij die tot vereffening van de gemeenschap gehouden is, na tot het afleggen van de rekening en verantwoording te zijn aangemaand, in gebreke blijft aan deze verplichting te voldoen, verliest hij de bevoegdheid artikel 103 lid 4 van dit boek in te roepen.

Afstand van gemeenschap van goederen door beide echtgenoten

Afdeling 4
Opheffing van de gemeenschap bij beschikking

Art. 109

Opheffing van gemeenschap van goederen door echtgenoot

Een echtgenoot kan opheffing van de gemeenschap verzoeken, wanneer de andere echtgenoot op lichtvaardige wijze schulden maakt, de goederen der gemeenschap verspilt, handelingen verricht, die kennelijk indruisen tegen het bestuur van de andere echtgenoot over goederen der gemeenschap, of weigert de nodige inlichtingen te geven omtrent de stand van de goederen der gemeenschap en van de daarop verhaalbare schulden en het over die goederen gevoerde bestuur.
(Zie ook: artt. 91, 94, 135, 164, 174, 378 BW Boek 1; art. 804 Rv)

Art. 110

Maatregelen bij opheffing van gemeenschap van goederen

De echtgenoot die de opheffing van de gemeenschap verzoekt, kan tot behoud van zijn recht de maatregelen nemen, die in het Wetboek van Burgerlijke Rechtsvordering nader zijn aangegeven.
(Zie ook: art. 808 Rv; Bhgr)

Art. 111

Vergoeding aan gemeenschap van goederen bij opheffing

1. Indien de echtgenoot tegen wie het verzoek is toegewezen, de gemeenschap heeft benadeeld doordat hij na de aanvang van het geding of binnen zes maanden daarvóór lichtvaardig schulden heeft gemaakt, goederen der gemeenschap heeft verspild, of een rechtshandeling als bedoeld in artikel 88 van dit boek zonder de vereiste toestemming of beslissing van de rechtbank heeft verricht, is hij gehouden de aangerichte schade aan de gemeenschap te vergoeden.
2. Een op het vorige lid gegronde vordering kan niet later worden ingesteld dan drie jaren nadat het verzoek tot opheffing van de gemeenschap bij de rechtbank is ingediend.
(Zie ook: artt. 164, 174 BW Boek 1; art. 804 Rv)

Art. 112

[Vervallen]

Art. 113

Hernieuwde gemeenschap van goederen na opheffing door echtgenoten

Is de gemeenschap door opheffing ontbonden, dan kunnen de echtgenoten daarna, echter alleen bij huwelijkse voorwaarden, wederom een gemeenschap overeenkomen.

Titel 8
Huwelijkse voorwaarden

Afdeling 1
Huwelijkse voorwaarden in het algemeen

Art. 114

Huwelijkse voorwaarden

Huwelijkse voorwaarden kunnen zowel door aanstaande echtgenoten vóór het sluiten van het huwelijk als door echtgenoten tijdens het huwelijk worden gemaakt.
(Zie ook: art. 93 BW Boek 1; artt. 59, 79 BW Boek 3; art. 216 BW Boek 6)

Art. 115

Vormvereiste huwelijkse voorwaarden
Volmacht bij huwelijkse voorwaarden

1. Huwelijkse voorwaarden moeten op straffe van nietigheid bij notariële akte worden aangegaan.
2. Een volmacht tot het aangaan van huwelijkse voorwaarden moet schriftelijk worden verleend en moet de in de huwelijkse voorwaarden op te nemen bepalingen bevatten.
(Zie ook: artt. 39, 61 BW Boek 3)

Art. 116

Inschrijving van huwelijkse voorwaarden

1. Bepalingen in huwelijkse voorwaarden kunnen aan derden die daarvan onkundig waren, slechts worden tegengeworpen, indien die bepalingen ingeschreven waren in het openbaar huwelijksgoederenregister, gehouden ter griffie der rechtbank binnen welker rechtsgebied het huwelijk is voltrokken, of, indien het huwelijk buiten Nederland is aangegaan, ter griffie van de rechtbank Den Haag.
2. De wijze van inrichting en raadpleging van het register wordt nader bij algemene maatregel van bestuur geregeld.
(Zie ook: artt. 86, 91, 104, 105, 173, 177 BW Boek 1; artt. 11, 24 BW Boek 3; Bhgr ; Wbesl. Bhgr)

Nadere regels

3. In afwijking van het eerste lid kan bij algemene maatregel van bestuur worden bepaald dat het register elders dan ter griffie der rechtbank wordt gehouden. Bij algemene maatregel van bestuur kan eveneens worden bepaald dat de verstrekking van gegevens ter inschrijving in het register uitsluitend op een in die maatregel aan te geven wijze plaats vindt.

Art. 117
1. Huwelijkse voorwaarden vóór het huwelijk gemaakt of gewijzigd, zijn slechts geldig, indien zij wier toestemming tot het huwelijk noodzakelijk is, bij de akte hun toestemming tot de huwelijkse voorwaarden of de wijziging hebben gegeven; is de toestemming van de rechter nodig, dan kan worden volstaan met vasthechting van zijn beschikking aan de minuut van de akte. Op het verzoek tot toestemming van de rechter is artikel 39 lid 1 van dit boek van overeenkomstige toepassing.
2. Vóór het huwelijk gemaakte huwelijkse voorwaarden beginnen te werken van het tijdstip der voltrekking van het huwelijk; geen ander tijdstip kan daarvoor worden aangewezen.
(Zie ook: artt. 67, 93 BW Boek 1)

Huwelijkse voorwaarden voor het huwelijk gemaakt of gewijzigd

Art. 118
De echtgenoot die onder curatele staat, kan na de huwelijksvoltrekking slechts met toestemming van zijn curator huwelijkse voorwaarden maken of wijzigen.
(Zie ook: art. 318 BW Boek 1; art. 32 BW Boek 3)

Huwelijkse voorwaarden van een onder curatele gestelde

Art. 119
[Vervallen]

Art. 120
1. Tijdens het huwelijk gemaakte of gewijzigde huwelijkse voorwaarden beginnen te werken op de dag, volgende op die waarop de akte is verleden, tenzij in de akte een later tijdstip is aangewezen.
2. Bepalingen in deze huwelijkse voorwaarden kunnen aan derden die daarvan onkundig waren, slechts worden tegengeworpen, indien zij ten minste veertien dagen in het huwelijksgoederenregister ingeschreven waren.
(Zie ook: artt. 11, 24 BW Boek 3)

Aanvang werking van huwelijkse voorwaarden

Art. 121
1. Partijen kunnen bij huwelijkse voorwaarden afwijken van de regels der wettelijke gemeenschap, mits die voorwaarden niet met dwingende wetsbepalingen, de goede zeden, of de openbare orde strijden.
2. Zij kunnen niet bepalen dat een hunner tot een groter aandeel in de schulden zal zijn gehouden, dan zijn aandeel in de goederen der gemeenschap beloopt.
3. Zij kunnen niet afwijken van de rechten die uit het ouderlijk gezag voortspruiten, noch van de rechten die de wet aan een langstlevende echtgenoot toekent.
(Zie ook: artt. 93, 246 BW Boek 1; art. 40 BW Boek 3)

Afwijken van de regels der wettelijke gemeenschap

Art. 122-130
[Vervallen]

Art. 131
1. Bestaat tussen niet in gemeenschap van goederen gehuwde echtgenoten een geschil aan wie van hen beiden een recht aan toonder of een zaak die geen registergoed is, toebehoort en kan geen van beiden zijn recht op dit goed bewijzen, dan wordt het goed geacht aan ieder der echtgenoten voor de helft toe te behoren.
2. Het vermoeden werkt niet ten nadele van de schuldeisers der echtgenoten.

Geschil over eigendom

Afdeling 2
Verrekenbedingen

Paragraaf 1
Algemene regels voor verrekenbedingen

Art. 132
1. Deze afdeling is van toepassing op huwelijkse voorwaarden die een of meer verplichtingen inhouden tot verrekening van inkomsten of van vermogen.
2. Tenzij anders is bepaald, kan van deze afdeling bij huwelijkse voorwaarden uitdrukkelijk of door de aard der bedingen worden afgeweken.

Verrekenbedingen

Art. 133
1. De verplichting tot verrekening van inkomsten of van vermogen is wederkerig.
2. De verplichting tot verrekening heeft uitsluitend betrekking op inkomsten die of op vermogen dat de echtgenoten tijdens het bestaan van deze verplichting hebben verkregen. De verplichting tot verrekening heeft geen betrekking op vermogen dat krachtens erfopvolging bij versterf, making, lastbevoordeling of gift wordt verkregen en ook niet op de vruchten daaruit of de voor dat vermogen of voor die vruchten in de plaats getreden goederen. Evenmin heeft de verplichting tot verrekening betrekking op vermogen dat bestaat uit rechten op het vestigen van vruchtgebruik als bedoeld in de artikelen 29 en 30 van Boek 4, vruchtgebruik dat op grond van die bepalingen is gevestigd, alsmede hetgeen wordt verkregen ingevolge de artikelen 34, 35, 36, 38 en 126, tweede lid, onder a en c, van Boek 4, en afdeling 3 van titel 4 van Boek 4.

Verplichte verrekening

Art. 134

Afwijking van verrekenbeding bij testament of gift

Bij uiterste wilsbeschikking of bij de gift kan worden bepaald dat geen verrekening van krachtens erfopvolging bij versterf, making, lastbevoordeling of gift verkregen vermogen en van de vruchten daarvan plaatsvindt, indien verrekening daarvan ingevolge huwelijkse voorwaarden zou behoren plaats te vinden.

Art. 135

Wijze van verrekening Schakelbepaling

1. De verrekening van inkomsten of van vermogen geschiedt bij helfte.
2. Op de verrekening zijn de artikelen 181, 183 en 195 tot en met 200 van Boek 3 van dit wetboek van overeenkomstige toepassing, met dien verstande dat voor de beoordeling van de vraag of benadeling als bedoeld in artikel 196 van Boek 3 van dit wetboek heeft plaatsgevonden, de in artikel 142 genoemde tijdstippen bepalend zijn. De artikelen 677 tot en met 680 van het Wetboek van Burgerlijke Rechtsvordering zijn van overeenkomstige toepassing.

Vermogen verzwijgen bij verrekenbeding

3. Een echtgenoot die opzettelijk een tot het te verrekenen vermogen behorend goed verzwijgt, zoek maakt of verborgen houdt waardoor de waarde daarvan niet in de verrekening is betrokken, dient de waarde daarvan niet te verrekenen, maar geheel aan de andere echtgenoot te vergoeden.

Art. 136

Goed verkregen met te verrekenen vermogen

1. Indien een goed onder aanwending van te verrekenen vermogen is verkregen, wordt het verkregen goed tot het te verrekenen vermogen gerekend voor het aandeel dat overeenkomt met het bij de verkrijging uit het te verrekenen vermogen aangewende gedeelte van de tegenprestatie gedeeld door de totale tegenprestatie. Indien een echtgenoot in verband met de verwerving van een goed een schuld is aangegaan, wordt het goed op de voet van de eerste volzin tot het te verrekenen vermogen gerekend voor zover de schuld daartoe wordt gerekend of daaruit is afgelost of betaald.

Geschil tussen echtgenoten bij verrekenbeding

2. Bestaat tussen de echtgenoten een geschil omtrent de vraag of een goed tot het te verrekenen vermogen wordt gerekend en kan geen van beiden bewijzen dat het goed tot het niet te verrekenen vermogen wordt gerekend, dan wordt dat goed aangemerkt als te rekenen tot het te verrekenen vermogen. Het vermoeden werkt niet ten nadele van de schuldeisers der echtgenoten.

Art. 137

Verrekening in geld

1. Onverminderd het derde lid, geschiedt een verrekening in geld.
2. Indien op grond van een verrekenbeding over en weer opeisbare vorderingen ontstaan, worden beide vorderingen van rechtswege met elkaar verrekend tot aan hun gemeenschappelijk beloop.
3. Een echtgenoot is slechts gehouden een inbetalinggeving van goederen te aanvaarden dan wel kan deze slechts verlangen in plaats van een verrekening in geld, voor zover de verrekening in geld naar maatstaven van redelijkheid en billijkheid onaanvaardbaar zou zijn.

Art. 138

Bestuur bij verrekenbeding
Informatieplicht tussen echtgenoten bij verrekenbeding
Geschil bij rechtbank

1. De ene echtgenoot is aan de andere geen verantwoording over het bestuur van zijn goederen schuldig. Slecht bestuur over die goederen verplicht niet tot schadevergoeding.
2. De ene echtgenoot kan jaarlijks van de andere echtgenoot een gespecificeerde, schriftelijke en ondertekende opgave verzoeken van de te verrekenen inkomsten en van het te verrekenen vermogen. Van deze bepaling kan niet worden afgeweken.
3. Geschillen tussen de echtgenoten betreffende de opgave worden op verzoek van een van hen door de rechtbank beslist.

Art. 139

Opheffing van verrekeningsplicht

1. Een echtgenoot kan de opheffing van de wederzijdse verplichting tot verrekening verzoeken, wanneer de andere echtgenoot op lichtvaardige wijze schulden maakt, zijn goederen verspilt of weigert de in artikel 138, tweede lid, bedoelde verplichte opgave omtrent zijn te verrekenen inkomsten of vermogen te verstrekken.

Schadevergoeding bij opheffing verrekeningsplicht

2. Indien de echtgenoot tegen wie het verzoek zich richt, het te verrekenen vermogen benadeelt doordat hij na de aanvang van het geding of binnen zes maanden daarvoor lichtvaardig schulden heeft gemaakt, te verrekenen goederen heeft verspild, of een rechtshandeling als bedoeld in artikel 88 zonder de vereiste toestemming of beslissing van de rechtbank heeft verricht, is hij gehouden de aangerichte schade te vergoeden.
3. Van het eerste en tweede lid kan niet worden afgeweken.

Art. 140

Betaling in termijnen

1. Op verzoek van de verrekenplichtige echtgenoot kan de rechter wegens gewichtige redenen bepalen dat een verschuldigde geldsom, al dan niet vermeerderd met een in de beschikking te bepalen rente, in termijnen of eerst na verloop van zekere tijd, hetzij ineens, hetzij in termijnen behoeft te worden voldaan. Hierbij let de rechter op de belangen van beide partijen. De rechter kan de verrekenplichtige echtgenoot verplichten binnen een bepaalde tijd zakelijke of persoonlijke zekerheid te stellen voor de voldoening van de verschuldigde geldsom.
2. Hetgeen in het eerste lid omtrent een echtgenoot is bepaald, geldt op overeenkomstige wijze na zijn overlijden voor zijn rechtverkrijgenden onder algemene titel.
3. Van het eerste en tweede lid kan niet worden afgeweken.

Paragraaf 2
Periodieke verrekenbedingen

Art. 141
1. Indien een verrekenplicht betrekking heeft op een in de huwelijkse voorwaarden omschreven tijdvak van het huwelijk en over dat tijdvak niet is afgerekend, blijft de verplichting tot verrekening over dat tijdvak in stand en strekt deze zich uit over het saldo, ontstaan door belegging en herbelegging van hetgeen niet verrekend is, alsmede over de vruchten daarvan. — *Periodiek verrekenbeding*
2. Indien een verrekenplicht betrekking heeft op een in de huwelijkse voorwaarden omschreven tijdvak van het huwelijk, dan eindigt die verrekenplicht op het tijdstip zoals in artikel 142 bepaald, als dat tijdvak nog loopt.
3. Indien bij het einde van het huwelijk aan een bij huwelijkse voorwaarden overeengekomen periodieke verrekenplicht als bedoeld in het eerste lid niet is voldaan, wordt het alsdan aanwezige vermogen vermoed te zijn gevormd uit hetgeen verrekend had moeten worden, tenzij uit de eisen van redelijkheid en billijkheid in het licht van de aard en omvang van de verrekenplicht anders voortvloeit. Artikel 143 is van overeenkomstige toepassing.
4. Indien een echtgenoot in overwegende mate bij machte is te bepalen dat de winsten van een niet op zijn eigen naam uitgeoefende onderneming hem rechtstreeks of middellijk ten goede komen, en een verrekenbeding is overeengekomen dat ook ondernemingswinsten omvat, worden de niet uitgekeerde winsten uit zodanige onderneming, voor zover in het maatschappelijk verkeer als redelijk beschouwd, eveneens in aanmerking genomen bij de vaststelling van de verrekenplicht van die echtgenoot, onverminderd het eerste lid.
5. Het vierde lid is van overeenkomstige toepassing, indien een echtgenoot op eigen naam een onderneming uitoefent.
6. De rechtsvordering tot verrekening, bedoeld in het eerste lid, verjaart niet eerder dan drie jaren na de beëindiging van het huwelijk dan wel na de inschrijving van de beschikking tot scheiding van tafel en bed in het register, bedoeld in artikel 116. Deze termijn kan niet worden verkort.

Paragraaf 3
Finale verrekenbedingen

Art. 142
1. Als tijdstip waarop de samenstelling en de omvang van het te verrekenen vermogen worden bepaald, geldt: — *Finaal verrekenbeding*
a. in geval van het eindigen van het huwelijk of het geregistreerd partnerschap door overlijden: het tijdstip van overlijden;
b. in geval van beëindiging van het huwelijk door echtscheiding: het tijdstip van indiening van het verzoek tot echtscheiding;
c. in geval van scheiding van tafel en bed: het tijdstip van indiening van het verzoek tot scheiding van tafel en bed;
d. in geval van opheffing van de wederzijdse verplichting tot verrekening als bedoeld in artikel 139: het tijdstip van indiening van het verzoek tot opheffing van de verplichting;
e. in geval van beëindiging van het geregistreerd partnerschap met wederzijds goedvinden: het tijdstip waarop de overeenkomst tot beëindiging wordt gesloten;
f. in geval van ontbinding van het geregistreerd partnerschap op verzoek: het tijdstip van indiening van het verzoek;
g. in geval van vermissing en een daarop gevolgd huwelijk of geregistreerd partnerschap: het tijdstip waarop de beschikking, bedoeld in artikel 417, eerste lid, in kracht van gewijsde is gegaan;
h. in geval van opheffing van de wederzijdse verplichting tot verrekening bij huwelijkse voorwaarden: het tijdstip, bedoeld in artikel 120, eerste lid.
2. Van het eerste lid, aanhef en onder b tot en met f, kan bij op schrift gestelde overeenkomst worden afgeweken. — *Afwijken bij overeenkomst*

Art. 143
1. Vanaf de in het eerste lid van artikel 142 vermelde tijdstippen kan ieder der echtgenoten verzoeken dat het te verrekenen vermogen van de andere echtgenoot wordt beschreven. — *Verzoek tot vermogensbeschrijving door echtgenoot*
2. De artikelen 671 tot en met 676 en 679 van het Wetboek van Burgerlijke Rechtsvordering zijn van overeenkomstige toepassing. — *Schakelbepaling*
3. Hetgeen in de vorige leden omtrent een echtgenoot is bepaald, geldt op overeenkomstige wijze na zijn overlijden voor zijn rechtverkrijgenden onder algemene titel.
4. Van het eerste tot en met het derde lid kan niet worden afgeweken.

Art. 144-145
[Vervallen]

Afdeling 3
[Vervallen]

Art. 146-148
[Vervallen]

Titel 9
Ontbinding van het huwelijk

Afdeling 1
Ontbinding van het huwelijk in het algemeen

Art. 149

Einde van het huwelijk

Het huwelijk eindigt:
a. door de dood;
b. indien de vermiste, die overeenkomstig de bepalingen van de tweede of derde afdeling van de achttiende titel van dit boek vermoedelijk overleden dan wel overleden is verklaard, nog in leven is op de dag waarop de achtergebleven echtgenoot een nieuw huwelijk of geregistreerd partnerschap is aangegaan: door de voltrekking van dit huwelijk of geregistreerd partnerschap;
c. door echtscheiding, overeenkomstig de bepalingen van de tweede afdeling van deze titel;
d. door ontbinding van het huwelijk na scheiding van tafel en bed, overeenkomstig de bepalingen van de tweede afdeling van de tiende titel van dit boek.
(Zie ook: artt. 3, 58, 99, 134, 150, 179, 424 BW Boek 1)

Afdeling 2
Echtscheiding

Art. 150

Echtscheiding

Echtscheiding tussen echtgenoten die niet van tafel en bed gescheiden zijn, wordt uitgesproken op verzoek van één der echtgenoten of op hun gemeenschappelijk verzoek.
(Zie ook: art. 815 Rv)

Art. 151

Eenzijdig verzoek tot echtscheiding

Echtscheiding wordt op verzoek van één der echtgenoten uitgesproken, indien het huwelijk duurzaam ontwricht is.
(Zie ook: artt. 169, 179 BW Boek 1; artt. 814, 816 Rv)

Art. 152
[Vervallen]

Art. 153

Pensioenverweer bij echtscheiding

1. Indien als gevolg van de verzochte echtscheiding een bestaand vooruitzicht op uitkeringen aan de andere echtgenoot na vooroverlijden van de echtgenoot die het verzoek heeft gedaan zou teloorgaan of in ernstige mate zou verminderen, en de andere echtgenoot deswege tegen dat verzoek verweer voert, kan deze niet worden toegewezen voordat daaromtrent een voorziening is getroffen die, gelet op de omstandigheden van het geval, ten opzichte van beide echtgenoten billijk is te achten. De rechter kan daartoe een termijn stellen.
2. Het eerste lid is niet van toepassing:
a. indien redelijkerwijs te verwachten is dat de andere echtgenoot zelf voor dat geval voldoende voorzieningen kan treffen;
b. indien de duurzame ontwrichting van het huwelijk in overwegende mate te wijten is aan de andere echtgenoot.
(Zie ook: art. 180 BW Boek 1)

Art. 154

Gemeenschappelijk verzoek tot echtscheiding

1. Echtscheiding wordt op gemeenschappelijk verzoek van de echtgenoten uitgesproken indien het verzoek is gegrond op hun beider oordeel dat het huwelijk duurzaam ontwricht is.
2. Ieder der echtgenoten is tot op het tijdstip der uitspraak bevoegd het verzoek in te trekken.
(Zie ook: art. 181 BW Boek 1)

Art. 155

Pensioenverevening bij echtscheiding

In geval van echtscheiding en voor zover de ene echtgenoot na de huwelijkssluiting en voor de echtscheiding pensioenaanspraken heeft opgebouwd, heeft de andere echtgenoot overeenkomstig het bepaalde bij of krachtens de Wet verevening pensioenrechten bij scheiding recht op pensioenverevening, tenzij de echtgenoten op de wijze voorzien in deze Wet toepasselijkheid daarvan hebben uitgesloten.

Art. 156
[Vervallen]

Art. 157
1. De rechter kan bij de echtscheidingsbeschikking of bij latere uitspraak aan de echtgenoot die niet voldoende inkomsten tot zijn levensonderhoud heeft, noch zich in redelijkheid kan verwerven, op diens verzoek ten laste van de andere echtgenoot een uitkering tot levensonderhoud toekennen.
2. Bij de vaststelling van de uitkering kan de rechter rekening houden met de behoefte aan een voorziening in het levensonderhoud voor het geval van overlijden van degene die tot de uitkering is gehouden.
3. De rechter kan op verzoek van één van de echtgenoten de uitkering toekennen onder vaststelling van voorwaarden en van een termijn. Deze vaststelling kan niet ten gevolge hebben dat de uitkering later eindigt dan twaalf jaren na de datum van inschrijving van de beschikking in de registers van de burgerlijke stand.
4. Indien de rechter geen termijn heeft vastgesteld, eindigt de verplichting tot levensonderhoud van rechtswege na het verstrijken van een termijn van twaalf jaren, die aanvangt op de datum van inschrijving van de beschikking in de registers van de burgerlijke stand.
5. Indien de beëindiging van de uitkering ten gevolge van het verstrijken van de in het vierde lid bedoelde termijn van zo ingrijpende aard is dat ongewijzigde handhaving van die termijn naar maatstaven van redelijkheid en billijkheid van degene die tot de uitkering gerechtigd is niet kan worden gevergd, kan de rechter op diens verzoek alsnog een termijn vaststellen. Het verzoek daartoe dient te worden ingediend voordat drie maanden sinds de beëindiging zijn verstreken. De rechter bepaalt bij de uitspraak of verlenging van de termijn na ommekomst daarvan al dan niet mogelijk is.
6. Indien de duur van het huwelijk niet meer bedraagt dan vijf jaren en uit dit huwelijk geen kinderen zijn geboren, eindigt de verplichting tot levensonderhoud van rechtswege na het verstrijken van een termijn die gelijk is aan de duur van het huwelijk en die aanvangt op de datum van inschrijving van de beschikking in de registers van de burgerlijke stand. Indien de rechter een termijn vaststelt, kan deze vaststelling niet ten gevolge hebben dat de uitkering op een later tijdstip eindigt dan ingevolge van de vorige zin het geval zou zijn. Het vijfde lid is van overeenkomstige toepassing met dien verstande dat in de eerste zin in plaats van "de in het vierde lid bedoelde termijn" wordt gelezen: de in de eerste zin bedoelde termijn.
(Zie ook: artt. 29d, 81, 155, 169, 182, 392, 400 BW Boek 1)

Partneralimentatie

Art. 158
Vóór of na de beschikking tot echtscheiding kunnen de echtgenoten bij overeenkomst bepalen of, en zo ja tot welk bedrag, na de echtscheiding de één tegenover de ander tot een uitkering tot diens levensonderhoud zal zijn gehouden. Indien in de overeenkomst geen termijn is opgenomen, is artikel 157, vierde lid en met het zesde lid, van overeenkomstige toepassing.
(Zie ook: artt. 169, 182, 400 BW Boek 1)

Overeenkomst tot partneralimentatie

Art. 159
1. Bij de overeenkomst kan worden bedongen dat zij niet bij rechterlijke uitspraak zal kunnen worden gewijzigd op grond van een wijziging van omstandigheden. Een zodanig beding kan slechts schriftelijk worden gemaakt.
2. Het beding vervalt, indien de overeenkomst is aangegaan vóór de indiening van het verzoek tot echtscheiding, tenzij dit binnen drie maanden na de overeenkomst is ingediend. Het voorgaande is van overeenkomstige toepassing bij een gemeenschappelijk verzoek.
3. Ondanks een zodanig beding kan op verzoek van een der partijen de overeenkomst door de rechter bij de echtscheidingsbeschikking of bij latere beschikking worden gewijzigd op grond van een zo ingrijpende wijziging van omstandigheden, dat de verzoeker naar maatstaven van redelijkheid en billijkheid niet langer aan het beding mag worden gehouden.
(Zie ook: artt. 169, 182, 401 BW Boek 1; art. 37 BW Boek 3; artt. 2, 248, 258 BW Boek 6)

Wijziging van alimentatieovereenkomst

Art. 159a
Een overeenkomst als bedoeld in de artikelen 158 en 159 van dit boek staat niet in de weg aan verhaal op grond van paragraaf 6.5 van de Participatiewet en laat de vaststelling van het te verhalen bedrag onverlet.

Bijstandsverhaal bij alimentatieovereenkomst

Art. 160
Een verplichting van een gewezen echtgenoot om uit hoofde van echtscheiding levensonderhoud te verschaffen aan de wederpartij, eindigt wanneer deze opnieuw in het huwelijk treedt, een geregistreerd partnerschap aangaat dan wel is gaan samenleven met een ander als waren zij gehuwd of als hadden zij hun partnerschap laten registreren.
(Zie ook: art. 182 BW Boek 1)

Einde van alimentatieplicht

Art. 161-162a
[Vervallen]

Art. 163
1. De echtscheiding komt tot stand door de inschrijving van de beschikking in de registers van de burgerlijke stand.
2. De inschrijving geschiedt op verzoek van partijen of van één van hen.

Inschrijving echtscheiding

3. Indien het verzoek tot inschrijving niet is gedaan uiterlijk zes maanden na de dag waarop de beschikking in kracht van gewijsde is gegaan, verliest de beschikking haar kracht.
(Zie ook: artt. 17, 18, 177, 183, 280 BW Boek 1; artt. 82, 811 Rv)

Art. 164

1. Indien een tussen de echtgenoten bestaande gemeenschap van goederen door één van hen is benadeeld doordat hij na de aanvang van het geding of binnen zes maanden daarvóór lichtvaardig schulden heeft gemaakt, goederen der gemeenschap heeft verspild, of rechtshandelingen als bedoeld in artikel 88 van dit boek zonder de vereiste toestemming of beslissing van de rechtbank heeft verricht, is hij gehouden na de inschrijving van de beschikking waarbij de echtscheiding is uitgesproken, de aangerichte schade aan de gemeenschap te vergoeden.
2. Een op het vorige lid gegronde rechtsvordering kan niet later worden ingesteld dan drie jaren na de inschrijving van de beschikking.
(Zie ook: artt. 86, 88, 90, 109, 111 BW Boek 1; art. 45 BW Boek 3; artt. 95 t/m 109, 162 t/m 166 BW Boek 6)

Art. 165

1. Op verzoek van een echtgenoot kan de rechter bij de echtscheidingsbeschikking of bij latere uitspraak bepalen dat, als die echtgenoot ten tijde van de inschrijving van de beschikking een woning bewoont die aan de andere echtgenoot uitsluitend of mede toebehoort of ten gebruike toekomt, hij jegens de andere echtgenoot bevoegd is de bewoning en het gebruik van de bij de woning en tot de inboedel daarvan behorende zaken gedurende zes maanden na de inschrijving van de beschikking tegen een redelijke vergoeding voort te zetten.
2. Tegen hem kan een in dat tijdvak zonder zijn toestemming door de andere echtgenoot verrichte rechtshandeling niet worden tegengeworpen ten nadele van zijn in het vorige lid omschreven bevoegdheid.
3. Weigert hij zijn toestemming of is hij niet in staat zijn wil te verklaren, dan kan de rechtbank die in eerste aanleg over het verzoek tot echtscheiding heeft beslist, op verzoek van de andere gewezen echtgenoot, bepalen dat het vorige lid buiten toepassing blijft.
(Zie ook: artt. 88, 175 BW Boek 1)

Art. 166

Indien de gescheiden echtgenoten met elkander hertrouwen of een geregistreerd partnerschap aangaan, herleven alle gevolgen van het huwelijk van rechtswege, alsof er geen echtscheiding had plaats gehad. Nochtans wordt de geldigheid van rechtshandelingen die tussen de ontbinding van het huwelijk en het nieuwe huwelijk of het geregistreerd partnerschap zijn verricht, beoordeeld naar het tijdstip der handeling.
(Zie ook: artt. 176, 202, 281 BW Boek 1)

Art. 167

[Vervallen]

Titel 10
Scheiding van tafel en bed en ontbinding van het huwelijk na scheiding van tafel en bed

Afdeling 1
Scheiding van tafel en bed

Art. 168

[Vervallen]

Art. 169

1. Scheiding van tafel en bed kan worden verzocht op dezelfde grond en op dezelfde wijze als echtscheiding.
2. De artikelen 151, 154 tot en met 159a zijn van overeenkomstige toepassing, met dien verstande dat de termijnen, bedoeld in artikel 157, derde lid en aanvangen op de dag waarop de beschikking tot scheiding van tafel en bed is ingeschreven in het huwelijksgoederenregister, aangewezen in artikel 116, en dat de duur van het huwelijk wordt berekend tot die dag.
3. Een verplichting van een echtgenoot om uit hoofde van scheiding van tafel en bed levensonderhoud te verschaffen aan de andere echtgenoot, eindigt bij ontbinding van het huwelijk.
(Zie ook: artt. 151, 154 BW Boek 1; art. 826 Rv)

Art. 170-172

[Vervallen]

Art. 173

1. De scheiding van tafel en bed komt tot stand door de inschrijving van de beschikking in het huwelijksgoederenregister, aangewezen in artikel 116.
2. De inschrijving geschiedt op verzoek van de echtgenoten of van één van hen.

3. Indien het verzoek niet is gedaan uiterlijk zes maanden na de dag waarop de beschikking in kracht van gewijsde is gegaan, verliest de beschikking haar kracht.

Art. 174
1. Indien een tussen de echtgenoten bestaande gemeenschap van goederen door één van hen is benadeeld doordat hij na de aanvang van het geding of binnen zes maanden daarvóór lichtvaardig schulden heeft gemaakt, goederen der gemeenschap heeft verspild, of rechtshandelingen als bedoeld in artikel 88 van dit boek zonder de vereiste toestemming of beslissing van de rechtbank heeft verricht, is hij gehouden, nadat de beschikking waarbij de scheiding van tafel en bed is uitgesproken, is ingeschreven, de aangerichte schade aan de gemeenschap te vergoeden.
Schadevergoeding bij benadeling gemeenschap bij scheiding van tafel en bed

2. Een op het eerste lid gegronde rechtsvordering kan niet later worden ingesteld dan drie jaren na de inschrijving van de beschikking van scheiding van tafel en bed.
(Zie ook: artt. 86, 88, 89, 90, 109, 111, 164 BW Boek 1; artt. 95 t/m 109, 163 t/m 166 BW Boek 6; art. 827p Rv)

Art. 175
1. Op verzoek van een echtgenoot kan de rechter bij de beschikking houdende scheiding van tafel en bed of bij latere uitspraak bepalen dat, als die echtgenoot ten tijde van de inschrijving van de beschikking een woning bewoont die aan de andere echtgenoot uitsluitend of mede toebehoort of ten gebruike toekomt, hij jegens de andere echtgenoot bevoegd is de bewoning en het gebruik van de bij de woning en tot de inboedel daarvan behorende zaken gedurende zes maanden na de inschrijving van de beschikking, tegen een redelijke vergoeding voort te zetten.
Gebruik woning bij scheiding van tafel en bed

2. Tegen hem kan een in dat tijdvak zonder zijn toestemming door de andere echtgenoot verrichte rechtshandeling niet worden tegengeworpen ten nadele van zijn in het vorige lid omschreven bevoegdheid.

3. Weigert hij zijn toestemming of is hij niet in staat zijn wil te verklaren, dan kan de rechtbank die in eerste aanleg over het verzoek tot scheiding van tafel en bed heeft beslist, op verzoek van de andere echtgenoot bepalen dat het vorige lid buiten toepassing blijft.
(Zie ook: art. 88 BW Boek 1; art. 5 BW Boek 3)

Art. 176
1. Een scheiding van tafel en bed eindigt door de verzoening van de echtgenoten, op het tijdstip dat zij op hun eensluidend verzoek in het huwelijksgoederenregister, aangewezen in artikel 116, hebben doen inschrijven dat de scheiding heeft opgehouden te bestaan.
Einde van scheiding van tafel en bed

(Zie ook: art. 281 BW Boek 1)

2. De inschrijving doet alle gevolgen van het huwelijk van rechtswege herleven, alsof er geen scheiding van tafel en bed had plaatsgehad. Nochtans wordt de geldigheid van rechtshandelingen die tussen de scheiding van tafel en bed en de verzoening zijn verricht, beoordeeld naar het tijdstip van de handeling.
Rechtsgevolg van beëindiging van scheiding van tafel en bed

(Zie ook: Wbesl. Bhgr)

Art. 177-178
[Vervallen]

Afdeling 2
Ontbinding van het huwelijk na scheiding van tafel en bed

Art. 179
1. Ontbinding van het huwelijk van echtgenoten die van tafel en bed gescheiden zijn, wordt op verzoek van een der echtgenoten uitgesproken, indien de scheiding tenminste drie jaren heeft geduurd.
Eenzijdig verzoek tot ontbinding van huwelijk na scheiding van tafel en bed

2. De termijn van drie jaren kan op verzoek van een echtgenoot worden bekort tot ten minste een jaar, indien de andere echtgenoot zich gedurig schuldig maakt aan wangedrag in zodanige mate dat van de echtgenoot, die het verzoek heeft gedaan, niet kan worden gevergd het huwelijk te doen voortbestaan.
(Zie ook: art. 168 BW Boek 1; artt. 814, 827 Rv)

Art. 180
1. Indien als gevolg van de gevraagde ontbinding van het huwelijk een bestaand vooruitzicht op uitkeringen aan de andere echtgenoot na vooroverlijden van de echtgenoot die het verzoek heeft gedaan zou teloorgaan of in ernstige mate zou verminderen, en de andere echtgenoot deswege tegen het verzoek verweer voert, kan het verzoek niet worden toegewezen voordat daaromtrent een voorziening is getroffen die, gelet op de omstandigheden van het geval, ten opzichte van beide echtgenoten billijk is te achten.
Pensioenverweer bij ontbinding van huwelijk na scheiding van tafel en bed

De rechter kan daartoe een termijn stellen.

2. Het eerste lid is niet van toepassing:
a. indien redelijkerwijs te verwachten is dat de andere echtgenoot zelf voor dat geval voldoende voorzieningen kan treffen;

art. 1:181

b. indien de andere echtgenoot zich gedurig schuldig maakt aan wangedrag in zodanige mate dat van de echtgenoot die het verzoek heeft gedaan naar redelijkheid generlei verstrekking van levensonderhoud zou kunnen worden gevergd.
(Zie ook: art. 153 BW Boek 1)

Art. 181

Gemeenschappelijk verzoek tot ontbinding huwelijk na scheiding van tafel en bed

Ontbinding van het huwelijk van echtgenoten die van tafel en bed gescheiden zijn, wordt op hun gemeenschappelijk verzoek uitgesproken.
(Zie ook: artt. 150, 154 BW Boek 1)

Art. 182

Schakelbepaling

De artikelen 154, tweede lid, en 157 tot en met 160 van dit boek zijn van overeenkomstige toepassing, met dien verstande dat de in artikel 157, derde tot en met zesde lid, bedoelde termijnen worden verminderd met de tijd gedurende welke tijdens de scheiding van tafel en bed een verplichting tot levensonderhoud jegens de andere echtgenoot bestond en dat de duur van het huwelijk wordt berekend tot de dag waarop de beschikking tot scheiding van tafel en bed is ingeschreven in het huwelijksgoederenregister, aangewezen in artikel 116.

Art. 183

Inschrijving van ontbinding huwelijk na scheiding van tafel en bed

1. De ontbinding van het huwelijk komt tot stand door de inschrijving van de beschikking in de registers van de burgerlijke stand.

2. De artikelen 163, tweede en derde lid, en 166 van dit boek zijn van overeenkomstige toepassing.
(Zie ook: artt. 17, 18, 177, 280 BW Boek 1; artt. 82, 811 Rv)

Art. 184-196
[Vervallen]

Titel 11
Afstamming

Afdeling 1
Algemeen

Art. 197

Afstamming

Een kind, zijn ouders en hun bloedverwanten staan in familierechtelijke betrekking tot elkaar.
(Zie ook: artt. 5, 17, 77, 78, 149, 180, 247, 392, 409 BW Boek 1)

Art. 198

Moederschap

1. Moeder van een kind is de vrouw:
a. uit wie het kind is geboren;
b. die op het tijdstip van de geboorte van het kind is gehuwd of door een geregistreerd partnerschap is verbonden met de vrouw uit wie het kind is geboren, indien dit kind is verwekt door kunstmatige donorbevruchting als bedoeld in artikel 1, onder c, sub 1, van de Wet donorgegevens kunstmatige bevruchting en een door de stichting, bedoeld in die wet, ter bevestiging hiervan afgegeven verklaring is overgelegd, waaruit blijkt dat de identiteit van de donor aan de vrouw bij wie de kunstmatige donorbevruchting heeft plaatsgevonden onbekend is, tenzij de laatste zin van dit onderdeel of de eerste zin van artikel 199, onder b, geldt. De verklaring dient bij de aangifte van de geboorte te worden overgelegd aan de ambtenaar van de burgerlijke stand en werkt terug tot aan de geboorte van het kind. Indien het huwelijk of geregistreerd partnerschap na de kunstmatige donorbevruchting en voor de geboorte van het kind is ontbonden door de dood van de echtgenote of geregistreerde partner van de vrouw uit wie het kind is geboren, is de overleden echtgenote of geregistreerde partner eveneens moeder van het kind als de voornoemde verklaring wordt overgelegd bij de aangifte van de geboorte van het kind, zelfs indien de vrouw uit wie het kind is geboren was hertrouwd of een nieuw partnerschap had laten registreren;
c. die het kind heeft erkend;
d. wier ouderschap gerechtelijk is vastgesteld; of
e. die het kind heeft geadopteerd.
(Zie ook: artt. 21, 23, 203 BW Boek 1)

2. De vrouw uit wie het kind is geboren kan, indien zij op het tijdstip van de kunstmatige donorbevruchting was gescheiden van tafel en bed of zij en haar echtgenote of geregistreerde partner sedert dat tijdstip gescheiden hebben geleefd, binnen een jaar na de geboorte van het kind ten overstaan van de ambtenaar van de burgerlijke stand verklaren dat haar overleden echtgenote of geregistreerde partner niet de moeder is van het kind, bedoeld in het eerste lid, onder b, van welke verklaring een akte wordt opgemaakt; was de vrouw uit wie het kind is geboren op het tijdstip van de geboorte hertrouwd of had zij een nieuw partnerschap laten registreren dan is in dat geval de huidige echtgenoot of geregistreerd partner de ouder van het kind.

Art. 199
Vader van een kind is de man:
Vaderschap

a. die op het tijdstip van de geboorte van het kind met de vrouw uit wie het kind is geboren, is gehuwd of een geregistreerd partnerschap is aangegaan, tenzij onderdeel b of de slotzin van artikel 198, eerste lid, onder b, geldt;

b. wiens huwelijk of geregistreerd partnerschap met de vrouw uit wie het kind is geboren, binnen 306 dagen voor de geboorte van het kind door zijn dood is ontbonden, zelfs indien de moeder was hertrouwd of een nieuw partnerschap had laten registreren; indien echter de vrouw sedert de 306de dag voor de geboorte van het kind was gescheiden van tafel en bed of zij en haar echtgenoot of geregistreerde partner sedert dat tijdstip gescheiden hebben geleefd, kan de vrouw binnen een jaar na de geboorte van het kind ten overstaan van de ambtenaar van de burgerlijke stand verklaren dat haar overleden echtgenoot of geregistreerde partner niet de vader is van het kind, van welke verklaring een akte wordt opgemaakt; was de moeder op het tijdstip van de geboorte hertrouwd of had zij een nieuw partnerschap laten registreren dan is in dat geval de huidige echtgenoot of geregistreerde partner de vader of, in het geval, genoemd in artikel 198, eerste lid, onder b, de huidige echtgenote of geregistreerde partner de moeder van het kind;

c. die het kind heeft erkend;

d. wiens vaderschap gerechtelijk is vastgesteld; of

e. die het kind heeft geadopteerd.

(Zie ook: artt. 21, 204, 247, 250, 337, 381 BW Boek 1)

Afdeling 2
Ontkenning van het door huwelijk of geregistreerd partnerschap ontstane vaderschap

Art. 200
1. Het in artikel 199, onder a en b, bedoelde vaderschap kan, op de grond dat de man niet de biologische vader van het kind is, worden ontkend:
Ontkenning van vaderschap

a. door de vader of de moeder van het kind;

b. door het kind zelf.

2. De vader of moeder kan het in artikel 199, onder a en b, bedoelde vaderschap niet ontkennen, indien de man vóór het huwelijk of geregistreerd partnerschap heeft kennis gedragen van de zwangerschap.

3. De vader of de moeder kan het in artikel 199, onder a en b, bedoelde vaderschap evenmin ontkennen, indien de man heeft ingestemd met een daad die de verwekking van het kind tot gevolg kan hebben gehad.

4. Het tweede en derde lid zijn niet van toepassing ten aanzien van de vader, indien de moeder hem heeft bedrogen omtrent de verwekker.

5. Het verzoek tot gegrondverklaring van de ontkenning wordt door de moeder bij de rechtbank ingediend binnen een jaar na de geboorte van het kind. Een zodanig verzoek wordt door de vader ingediend binnen een jaar nadat hij bekend is geworden met het feit dat hij vermoedelijk niet de biologische vader is van het kind.

6. Het verzoek tot gegrondverklaring van de ontkenning wordt door het kind bij de rechtbank ingediend binnen drie jaren nadat het kind bekend is geworden met het feit dat de man vermoedelijk niet zijn biologische vader is. Indien het kind evenwel gedurende zijn minderjarigheid bekend is geworden met dit feit, kan het verzoek tot uiterlijk drie jaren nadat het kind meerderjarig is geworden, worden ingediend.

Art. 201
1. Overlijdt de vader of de moeder voor de afloop van de in artikel 200, vijfde lid, gestelde termijn, dan kan een afstammeling van deze echtgenoot of geregistreerde partner in de eerste graad of, bij gebreke van zodanige afstammeling, een ouder van deze echtgenoot of geregistreerde partner, de rechtbank verzoeken de ontkenning van het vaderschap gegrond te verklaren. Het verzoek wordt gedaan binnen een jaar na de dag van overlijden of nadat het overlijden ter kennis van de verzoeker is gekomen.
Ontkenning vaderschap na overlijden van ouder

2. Overlijdt het kind voor de afloop van de in artikel 200, zesde lid, gestelde termijn, dan kan een afstammeling in de eerste graad van het kind de rechtbank verzoeken de ontkenning van het vaderschap gegrond te verklaren. Indien het kind meerderjarig was ten tijde van het overlijden, wordt het verzoek gedaan binnen een jaar na de dag van overlijden of binnen een jaar nadat het overlijden ter kennis van de verzoeker is gekomen. Overleed het kind gedurende de minderjarigheid, dan dient het verzoek te worden gedaan binnen een jaar nadat het kind, in leven zijnde, zelfstandig het verzoek had kunnen doen, dan wel, indien het overlijden op een later tijdstip ter kennis is gekomen van de verzoeker binnen een jaar na die kennisneming.
Ontkenning vaderschap na overlijden kind

Art. 202

Gegrondverklaring van ontkenning van vaderschap

1. Nadat de beschikking houdende gegrondverklaring van een ontkenning van een door huwelijk of geregistreerd partnerschap ontstaan vaderschap in kracht van gewijsde is gegaan, wordt het door huwelijk of geregistreerd partnerschap ontstane vaderschap geacht nimmer gevolg te hebben gehad.
2. Te goeder trouw door derden verkregen rechten worden hierdoor nochtans niet geschaad.
3. Door de gegrondverklaring van de ontkenning ontstaat geen vordering tot teruggave van kosten van verzorging en opvoeding of van kosten van levensonderhoud en studie noch tot teruggave van het krachtens vruchtgenot genotene. Voorts ontstaat geen verplichting tot teruggave van genoten vermogensrechtelijke voordelen, voor zover degene die hen heeft genoten ten tijde van het doen van het verzoek daardoor niet was gebaat.

(Zie ook: artt. 163, 166, 183, 197 BW Boek 1)

Afdeling 2a
Ontkenning van het door huwelijk of geregistreerd partnerschap ontstane moederschap

Art. 202a

Ontkenning van moederschap

1. Het in artikel 198, eerste lid, onder b, bedoelde moederschap kan, op de grond dat de moeder niet de biologische moeder van het kind is, worden ontkend:
   a. door de moeder, bedoeld in artikel 198, eerste lid, onder a;
   b. door de moeder, bedoeld in artikel 198, eerste lid, onder b;
   c. door het kind zelf.
2. De moeder, bedoeld in artikel 198, eerste lid, onder a of onder b, kan het in artikel 198, eerste lid, onder b, bedoelde moederschap niet ontkennen, indien de moeder, bedoeld in het eerste lid, onder b, vóór het huwelijk of geregistreerd partnerschap heeft kennis gedragen van de zwangerschap of heeft ingestemd met de kunstmatige donorbevruchting, bedoeld in artikel 198, eerste lid, onder b.
3. Het verzoek tot gegrondverklaring van de ontkenning wordt door de moeder, bedoeld in artikel 198, eerste lid, onder a of onder b, bij de rechtbank ingediend binnen een jaar na de geboorte van het kind.
4. Het verzoek tot gegrondverklaring van de ontkenning wordt door het kind bij de rechtbank ingediend uiterlijk binnen drie jaren nadat het kind meerderjarig is geworden.

Art. 202b

Ontkenning van moederschap na overlijden

1. Overlijdt de moeder, bedoeld in artikel 198, eerste lid, onder a of onder b, voor de afloop van de in artikel 202a, derde lid, gestelde termijn, dan kan een afstammeling van deze moeder in de eerste graad of, bij gebreke van zodanige afstammeling, een ouder van deze moeder, de rechtbank verzoeken de ontkenning van het moederschap gegrond te verklaren. Het verzoek wordt gedaan binnen een jaar na de dag van overlijden of nadat het overlijden ter kennis van verzoeker is gekomen.
2. Op de ontkenning van het moederschap zijn de artikelen 201, tweede lid, en 202 van overeenkomstige toepassing.

Afdeling 3
Erkenning

Art. 203

Erkenning

1. Erkenning kan geschieden:
   a. bij een akte van erkenning, opgemaakt door een ambtenaar van de burgerlijke stand;
   b. bij notariële akte.
2. De erkenning heeft gevolg vanaf het tijdstip waarop zij is gedaan.

Art. 204

Nietigheid van erkenning

1. De erkenning is nietig, indien zij is gedaan:
   a. door een persoon die krachtens artikel 41 geen huwelijk met de moeder mag sluiten of krachtens artikel 80a, zesde lid, geen geregistreerd partnerschap met de moeder mag aangaan;
   b. door een minderjarige die de leeftijd van zestien jaren nog niet heeft bereikt;
   c. indien het kind de leeftijd van zestien jaar nog niet heeft bereikt, zonder voorafgaande schriftelijke toestemming van de moeder of de vader;
   d. zonder voorafgaande schriftelijke toestemming van het kind van twaalf jaren of ouder;
   e. terwijl er twee ouders zijn.
2. De in het vorige lid onder c en d vereiste toestemming kan ook geschieden ter gelegenheid van het opmaken van de akte van erkenning.
3. De toestemming van de moeder wier kind de leeftijd van zestien jaren nog niet heeft bereikt, dan wel de toestemming van het kind van twaalf jaren of ouder, kan op verzoek van de persoon die het kind wil erkennen, door de toestemming van de rechtbank worden vervangen, tenzij

dit de belangen van de moeder bij een ongestoorde verhouding met het kind schaadt of een evenwichtige sociaalpsychologische en emotionele ontwikkeling van het kind in het gedrang komt, mits deze persoon:
a. de verwekker van het kind is; of
b. de biologische vader van het kind, die niet de verwekker is en in een nauwe persoonlijke betrekking staat tot het kind.
4. De toestemming van de moeder wier kind de leeftijd van zestien jaren nog niet heeft bereikt, dan wel de toestemming van het kind van twaalf jaren of ouder, kan op verzoek van de persoon die als levensgezel van de moeder ingestemd heeft met een daad die de verwekking van het kind tot gevolg kan hebben gehad, door de toestemming van de rechtbank worden vervangen als dit in het belang is van het kind.
5. Een persoon die wegens zijn lichamelijke of geestelijke toestand onder curatele staat, mag slechts erkennen nadat daartoe toestemming is verkregen van de kantonrechter.

Art. 205
1. Een verzoek tot vernietiging van de erkenning kan, op de grond dat de erkenner niet de biologische vader van het kind is, bij de rechtbank worden ingediend: **Verzoek tot vernietiging door vader**
a. door het kind zelf, tenzij de erkenning tijdens zijn meerderjarigheid heeft plaatsgevonden;
b. door de erkenner, indien hij door bedreiging, dwaling, bedrog of, tijdens zijn minderjarigheid, door misbruik van omstandigheden daartoe is bewogen;
c. door de moeder, indien zij door bedreiging, dwaling, bedrog, of tijdens haar minderjarigheid, door misbruik van omstandigheden bewogen is toestemming tot de erkenning te geven.
2. Het openbaar ministerie kan wegens strijd met de Nederlandse openbare orde, indien de erkenner niet de biologische vader van het kind is, vernietiging van de erkenning verzoeken.
3. In geval van bedreiging of misbruik van omstandigheden, wordt het verzoek door de erkenner of door de moeder niet later ingediend dan een jaar nadat deze invloed heeft opgehouden te werken en, in geval van bedrog of dwaling, binnen een jaar nadat de verzoeker het bedrog of de dwaling heeft ontdekt.
4. Het verzoek wordt door het kind ingediend binnen drie jaren nadat het kind bekend is geworden met het feit dat de man vermoedelijk niet zijn biologische vader is. Indien het kind evenwel gedurende zijn minderjarigheid bekend is geworden met dit feit kan het verzoek tot uiterlijk drie jaren nadat het kind meerderjarig is geworden, worden ingediend.
5. Voor het geval de erkenner of de moeder overlijdt voor de afloop van de in het derde lid gestelde termijn, is artikel 201, eerste lid, van overeenkomstige toepassing. Voor het geval het kind overlijdt voor de afloop van de in het vierde lid gestelde termijn, is artikel 201, tweede lid, van overeenkomstige toepassing. **Schakelbepaling**
(Zie ook: artt. 26, 78 BW Boek 1)

Art. 205a
1. Een verzoek tot vernietiging van de door de moeder gedane erkenning kan, op de grond dat de moeder niet de biologische moeder van het kind is, bij de rechtbank worden ingediend: **Verzoek tot vernietiging erkenning door moeder**
a. door het kind zelf, tenzij de erkenning tijdens zijn meerderjarigheid heeft plaatsgevonden;
b. door de erkenner, indien hij door bedreiging, dwaling, bedrog of, tijdens zijn minderjarigheid, door misbruik van omstandigheden daartoe is bewogen;
c. door de andere moeder, indien zij door bedreiging, dwaling, bedrog of, tijdens haar minderjarigheid, door misbruik van omstandigheden bewogen is toestemming tot de erkenning te geven.
2. Op de vernietiging van de erkenning is artikel 205, tweede tot en met vijfde lid, van overeenkomstige toepassing. **Schakelbepaling**

Art. 206
1. Nadat de beschikking houdende vernietiging van de erkenning in kracht van gewijsde is gegaan, wordt de erkenning geacht nimmer gevolg te hebben gehad. **Rechtsgevolg vernietiging erkenning**
2. Te goeder trouw door derden verkregen rechten worden hierdoor nochtans niet geschaad.
3. Door de vernietiging ontstaat geen vordering tot teruggave van de kosten van verzorging en opvoeding of van levensonderhoud en studie noch tot teruggave van het krachtens vruchtgenot genotene. Voorts ontstaat geen verplichting tot teruggave van genoten vermogensrechtelijke voordelen die uit de erkenning zijn voortgevloeid, voor zover degene die hen heeft genoten ten tijde van het instellen van het verzoek daardoor niet was gebaat.
(Zie ook: art. 80 BW Boek 1)

Afdeling 4
Gerechtelijke vaststelling van het ouderschap

Art. 207
1. Het ouderschap van een persoon kan, ook indien deze is overleden, op de grond dat deze de verwekker is van het kind of op de grond dat deze als levensgezel van de moeder ingestemd **Gerechtelijke vaststelling van het ouderschap**

heeft met een daad die de verwekking van het kind tot gevolg kan hebben gehad, door de rechtbank worden vastgesteld op verzoek van:
a. de moeder, tenzij het kind de leeftijd van zestien jaar heeft bereikt;
b. het kind.
2. Vaststelling van het ouderschap kan niet geschieden, indien:
a. het kind twee ouders heeft;
b. tussen de in de aanhef van het eerste lid bedoelde persoon en de moeder van het kind krachtens artikel 41 geen huwelijk zou mogen worden gesloten of krachtens artikel 80a, zesde lid, geen partnerschap zou mogen worden geregistreerd;
c. de in de aanhef van het eerste lid bedoelde persoon een minderjarige is die de leeftijd van zestien jaren nog niet heeft bereikt, tenzij hij voordat hij deze leeftijd heeft bereikt is overleden.
3. Het verzoek wordt door de moeder ingediend binnen vijf jaren na de geboorte van het kind of, in geval van onbekendheid met de identiteit van de vermoedelijke verwekker dan wel van onbekendheid met zijn verblijfplaats, binnen vijf jaren na de dag waarop de identiteit en de verblijfplaats aan de moeder bekend zijn geworden.
4. Overlijdt het kind voordat vaststelling van het ouderschap heeft kunnen plaatsvinden, dan kan een afstammeling van het kind in de eerste graad de vaststelling van het ouderschap aan de rechtbank verzoeken, mits de in de aanhef van het eerste lid bedoelde persoon, nog in leven is. Het verzoek wordt gedaan binnen een jaar na de dag van overlijden of binnen een jaar nadat het overlijden ter kennis van de verzoeker is gekomen.
5. De vaststelling van het ouderschap, mits de beschikking daartoe in kracht van gewijsde is gegaan, werkt terug tot het moment van de geboorte van het kind. Te goeder trouw door derden verkregen rechten worden hierdoor nochtans niet geschaad. Voorts ontstaat geen verplichting tot teruggave van vermogensrechtelijke voordelen, voor zover degene die hen heeft genoten ten tijde van het doen van het verzoek daardoor niet was gebaat.
(Zie ook: art. 26 BW Boek 1)

Art. 208

Gerechtelijke vaststelling van het ouderschap

Bij de uitspraak waarbij het ouderschap wordt vastgesteld, kan de rechter op een daartoe strekkend verzoek ten behoeve van het kind een bijdrage toekennen in de kosten van verzorging en opvoeding als bedoeld in artikel 404 of in de kosten van levensonderhoud en studie als bedoeld in artikel 395a.

Afdeling 5
Inroeping of betwisting van staat

Art. 209

Betwisting van afstamming

Iemands afstamming volgens zijn geboorteakte kan door een ander niet worden betwist, indien hij een staat overeenkomstig die akte heeft.

Art. 210

Verjaring

Een verzoek tot gegrondverklaring van de inroeping of betwisting van staat is niet aan verjaring onderworpen.

Art. 211

Verzoek tot gegrondverklaring van de inroeping van staat

1. Een verzoek tot gegrondverklaring van de inroeping van staat kan worden ingediend:
a. door het kind zelf;
b. door de erfgenamen van het kind, indien het kind gedurende zijn minderjarigheid of binnen drie jaren nadien is overleden.
2. Indien het kind een verzoek als bedoeld in het eerste lid had ingediend, kunnen zijn erfgenamen de procedure voortzetten.

Afdeling 6
De bijzondere curator

Art. 212

Bijzondere curator in zaken van afstamming

In zaken van afstamming wordt het minderjarige kind, optredende als verzoeker of belanghebbende, vertegenwoordigd door een bijzondere curator daartoe benoemd door de rechtbank die over de zaak beslist.
(Zie ook: artt. 204, 233 BW Boek 1)

Art. 213-226

[Vervallen]

Titel 12
Adoptie

Art. 227
1. Adoptie geschiedt door een uitspraak van de rechtbank op verzoek van twee personen tezamen of op verzoek van één persoon alleen. Twee personen tezamen kunnen geen verzoek tot adoptie doen, indien zij krachtens artikel 41 geen huwelijk zouden mogen aangaan of krachtens artikel 80a, zesde lid, geen partnerschap zouden mogen aangaan. *Adoptie*
2. Het verzoek door twee personen tezamen kan slechts worden gedaan, indien zij ten minste drie aaneengesloten jaren onmiddellijk voorafgaande aan de indiening van het verzoek met elkaar hebben samengeleefd. Het verzoek door de adoptant die echtgenoot, geregistreerde partner of andere levensgezel van de ouder is, kan slechts worden gedaan, indien hij ten minste drie aaneengesloten jaren onmiddellijk voorafgaande aan de indiening van het verzoek met die ouder heeft samengeleefd. De in de tweede zin bedoelde voorwaarde geldt evenwel niet indien het kind is of wordt geboren binnen de relatie van de adoptant en die ouder.
3. Het verzoek kan alleen worden toegewezen, indien de adoptie in het kennelijk belang van het kind is, op het tijdstip van het verzoek tot adoptie vaststaat en voor de toekomst redelijkerwijs te voorzien is dat het kind niets meer van zijn ouder of ouders in de hoedanigheid van ouder te verwachten heeft, en aan de voorwaarden, genoemd in artikel 228, wordt voldaan.
4. Indien het kind is of wordt geboren binnen de relatie van de adoptant en de ouder, en het kind door en tengevolge van kunstmatige donorbevruchting als bedoeld in artikel 1, onder c, van de Wet donorgegevens kunstmatige bevruchting is verwekt en een door de stichting, bedoeld in die wet, ter bevestiging hiervan afgegeven verklaring wordt overgelegd waaruit blijkt dat de identiteit van de donor aan de vrouw bij wie de kunstmatige donorbevruchting heeft plaatsgevonden onbekend is, wordt het verzoek toegewezen, tenzij de adoptie kennelijk niet in het belang van het kind is of niet is voldaan aan de voorwaarden, genoemd in artikel 228.
5. Zijn de voornamen van het kind niet bekend, dan stelt de rechter, nadat hij de adoptant of adoptanten en het kind, indien dat twaalf jaren of ouder is, heeft gehoord, bij de adoptiebeschikking tevens een of meer voornamen vast.
(Zie ook: artt. 18, 20 BW Boek 1; art. 191 Rv)
6. In zaken van adoptie is de minderjarige ouder bekwaam in rechte op te treden.

Art. 228
1. Voorwaarden voor adoptie zijn: *Voorwaarden voor adoptie*
a. dat het kind op de dag van het eerste verzoek minderjarig is, en dat het kind, indien het op de dag van het verzoek twaalf jaren of ouder is, ter gelegenheid van zijn verhoor niet van bezwaren tegen toewijzing van het verzoek heeft doen blijken; hetzelfde geldt, indien de rechter is gebleken van bezwaren tegen toewijzing van het verzoek van een minderjarige die op de dag van het verzoek de leeftijd van twaalf jaren nog niet heeft bereikt, maar in staat kan worden geacht tot een redelijke waardering van zijn belangen ter zake;
b. dat het kind niet is een kleinkind van een adoptant;
c. dat de adoptant of ieder der adoptanten ten minste achttien jaren ouder dan het kind is;
d. dat geen der ouders het verzoek tegenspreekt;
e. dat de minderjarige moeder van het kind op de dag van het verzoek de leeftijd van zestien jaren heeft bereikt;
f. dat de adoptant of de adoptanten het kind gedurende ten minste een jaar heeft of hebben verzorgd en opgevoed; indien de echtgenoot, geregistreerde partner of andere levensgezel van de ouder of adoptiefouder het kind adopteert en zij gezamenlijk het kind gedurende ten minste een jaar hebben verzorgd en opgevoed wordt de periode van een jaar voor de echtgenoot, geregistreerde partner of andere levensgezel gerekend vanaf het moment van feitelijk gezamenlijk verzorgen en opvoeden;
g. dat de ouder of ouders niet of niet langer het gezag over het kind hebben. Indien evenwel de echtgenoot, geregistreerde partner of andere levensgezel van de ouder het kind adopteert, geldt dat deze ouder alleen of samen met voornoemde echtgenoot, geregistreerde partner of andere levensgezel het gezag heeft.
2. Aan de tegenspraak van een ouder als bedoeld in het eerste lid, onder d, kan worden voorbijgegaan:
a. indien het kind en de ouder niet of nauwelijks in gezinsverband hebben samengeleefd; of
b. indien de ouder het gezag over het kind heeft misbruikt of de verzorging en opvoeding van het kind op grove wijze heeft verwaarloosd; of
c. indien de ouder onherroepelijk is veroordeeld wegens het plegen tegen de minderjarige van een van de misdrijven, omschreven in de titels XIII tot en met XV en XVIII tot en met XX van het tweede boek van het Wetboek van Strafrecht.
(Zie ook: art. 197 BW Boek 1)
3. De voorwaarde, bedoeld in het eerste lid, onder f, geldt niet indien het kind wordt geboren binnen de relatie van de moeder met een levensgezel van gelijk geslacht.

Art. 229

Rechtsgevolgen van adoptie

1. Door adoptie komen de geadopteerde, de adoptiefouder en zijn bloedverwanten of de adoptiefouders en hun bloedverwanten in familierechtelijke betrekking tot elkaar te staan.
2. Tegelijkertijd houdt de familierechtelijke betrekking tussen de geadopteerde, zijn oorspronkelijke ouders en hun bloedverwanten op te bestaan.
3. In afwijking van het tweede lid blijft de familierechtelijke betrekking tussen de geadopteerde en zijn ouder en diens bloedverwanten bestaan, indien de echtgenoot, geregistreerde partner of andere levensgezel van die ouder het kind adopteert.
4. De adoptiefouders die niet met elkaar zijn gehuwd of door een geregistreerd partnerschap zijn verbonden oefenen door adoptie het gezag over de geadopteerde gezamenlijk uit.
5. Indien het kind op het tijdstip van de adoptie omgang heeft met een ouder ten aanzien van wie de familierechtelijke betrekking ophoudt te bestaan, kan de rechtbank bepalen dat zij gerechtigd blijven tot omgang met elkaar. De artikelen 377a, tweede en derde lid, 377e en 377g zijn van overeenkomstige toepassing.
(Zie ook: artt. 3, 5, 41, 197 BW Boek 1)

Art. 230

Aanvang van gevolgen van adoptie

1. De adoptie heeft haar gevolgen van de dag, waarop de uitspraak in kracht van gewijsde is gegaan.
2. Indien het kind is geboren binnen de relatie van de ouder en de adoptant en de adoptie voor de geboorte van het kind is verzocht, werkt deze terug tot het tijdstip van geboorte van het kind; indien de adoptie uiterlijk zes maanden na de geboorte van het kind is verzocht, werkt deze terug tot het tijdstip van indiening van het verzoek. Het bepaalde in de eerste volzin is niet van toepassing indien voor de adoptie familierechtelijke betrekkingen waren gevestigd tussen het kind en een andere ouder en deze door de adoptie zijn verbroken. De adoptie kan in het geval, bedoeld in de eerste volzin, ook worden uitgesproken indien de adoptant na indiening van het verzoek is overleden.
3. De adoptie blijft haar gevolgen behouden, ook al zou blijken, dat de rechter de door artikel 228 van dit boek gestelde voorwaarden ten onrechte als vervuld zou hebben aangenomen.

Art. 231

Herroeping van adoptie

1. De adoptie kan door een uitspraak van de rechtbank op verzoek van de geadopteerde worden herroepen.
2. Het verzoek kan alleen worden toegewezen, indien de herroeping in het kennelijk belang van de geadopteerde is, de rechter van de redelijkheid der herroeping in gemoede overtuigd is, en het verzoek is ingediend niet eerder dan twee jaren en niet later dan vijf jaren na de dag, waarop de geadopteerde meerderjarig is geworden.
(Zie ook: artt. 21, 23 BW Boek 1)

Art. 232

Rechtsgevolgen van herroeping van adoptie

1. Door herroeping van de adoptie houdt de familierechtelijke betrekking tussen de geadopteerde en zijn kinderen enerzijds en de adoptiefouder of adoptiefouders en zijn bloedverwanten anderzijds op te bestaan.
2. De familierechtelijke betrekking die door de adoptie opgehouden had te bestaan, herleeft door de herroeping.

Schakelbepaling

3. Artikel 230 vindt ten aanzien van de herroeping overeenkomstige toepassing.

Titel 13
Minderjarigheid

Afdeling 1
Algemene bepalingen

Art. 233

Minderjarigen

Minderjarigen zijn zij die de leeftijd van achttien jaren niet hebben bereikt en evenmin met toepassing van artikel 253ha meerderjarig zijn verklaard.
(Zie ook: art. 31 BW Boek 1)

Art. 234

Minderjarige, handelingsbekwaamheid

1. Een minderjarige is, mits hij met toestemming van zijn wettelijke vertegenwoordiger handelt, bekwaam rechtshandelingen te verrichten, voor zover de wet niet anders bepaalt.
2. De toestemming kan slechts worden verleend voor een bepaalde rechtshandeling of voor een bepaald doel.
3. De toestemming wordt aan de minderjarige verondersteld te zijn verleend, indien het een rechtshandeling betreft ten aanzien waarvan in het maatschappelijk verkeer gebruikelijk is dat minderjarigen van zijn leeftijd deze zelfstandig verrichten.
(Zie ook: artt. 31, 35, 247, 337, 381 BW Boek 1; artt. 32, 49 t/m 51, 63 BW Boek 3; art. 164 t/m 165 BW Boek 6)

Afdeling 2
Handlichting

Art. 235
1. Handlichting waarbij aan een minderjarige bepaalde bevoegdheden van een meerderjarige worden toegekend, kan wanneer de minderjarige de leeftijd van zestien jaren heeft bereikt, op zijn verzoek door de kantonrechter worden verleend.
2. Zij wordt niet verleend tegen de wil van de ouders voor zover deze het gezag over de minderjarige uitoefenen, met inachtneming nochtans van artikel 253a, eerste lid.
3. Bij het verlenen van handlichting bepaalt de kantonrechter uitdrukkelijk, welke bevoegdheden aan een meerderjarige worden toegekend. Deze bevoegdheden mogen zich niet verder uitstrekken dan tot de gedeeltelijke of de gehele ontvangst van zijn inkomsten en de beschikking daarover, het sluiten van verhuringen en verpachtingen, het in een vennootschap deelnemen en het uitoefenen van een beroep of bedrijf. De minderjarige wordt echter door handlichting niet bekwaam tot het beschikken over registergoederen, effecten, of door hypotheek gedekte vorderingen.
4. Hij kan ter zake van de handlichting zelf en van handelingen, waartoe hij krachtens de verkregen handlichting bekwaam is, eisende of verwerende in rechte optreden. Artikel 12 lid 1 van dit boek geldt voor de handelingen niet.
(Zie ook: artt. 247, 337, 381 BW Boek 1; artt. 32, 49 t/m 51 BW Boek 3)

Handlichting minderjarige

Art. 236
1. Een verleende handlichting kan door de kantonrechter worden ingetrokken, indien de minderjarige daarvan misbruik maakt of er gegronde vrees bestaat dat hij dit zal doen.
2. De intrekking geschiedt op verzoek van een van de ouders van de minderjarige, voor zover deze het gezag over hem uitoefenen en met inachtneming van artikel 253a, eerste lid, of op verzoek van de voogd.

Intrekking van handlichting minderjarige

Art. 237
1. Een beschikking waarbij handlichting is verleend of ingetrokken, moet worden bekend gemaakt in de Staatscourant en in twee in de beschikking aan te wijzen dagbladen.
2. In de bekendmaking moet nauwkeurig worden vermeld hoedanig, en tot welk einde zij is verleend. Vóór de bekendmaking werkt zomin de handlichting als haar intrekking tegen derden die hiervan onkundig waren.

Bekendmaking van handlichting minderjarige

Afdeling 3
De raad voor de kinderbescherming

Art. 238
1. Er is één raad voor de kinderbescherming.

Raad voor de kinderbescherming

2. De wet bepaalt de taken en bevoegdheden van de raad voor de kinderbescherming. Deze worden door de raad voor de kinderbescherming namens onze Minister van Justitie uitgevoerd.
3. Ten behoeve van de vervulling van zijn taak houdt de raad zich in ieder geval op de hoogte van de ontwikkeling van de kinderbescherming, bevordert hij de samenwerking met de instellingen van kinderbescherming en jeugdhulpverlening en dient hij op verzoek of uit eigen beweging autoriteiten en instellingen van advies.
4. Zijn bemoeiingen laten de godsdienstige of levensbeschouwelijke grondslag van de instellingen van kinderbescherming onverlet.
5. Bij algemene maatregel van bestuur worden de zetel, de werkwijze, voor zover het de samenwerking met de gecertificeerde instelling, bedoeld in artikel 1.1 van de Jeugdwet, betreft en de organisatie van de raad geregeld.
(Zie ook: Man.besl. Pbhpp J&R ; ORKB ; Obels. Rkb 1982 ; Ub Wjz ; Wbesl. Orkb)

Nadere regels

Art. 239
1. De raad voor de kinderbescherming kan optreden ten behoeve van minderjarigen die in Nederland hetzij hun woonplaats of laatste woonplaats, hetzij hun werkelijk verblijf hebben. Eveneens kan de raad optreden ten behoeve van Nederlandse minderjarigen die in Nederland noch woonplaats, noch laatste woonplaats, noch werkelijk verblijf hebben.
2. Ten behoeve van de minderjarige die binnen een arrondissement hetzij hun woonplaats of laatste woonplaats, hetzij hun werkelijk verblijf hebben, treden voor de raad voor de kinderbescherming de in dat arrondissement aanwezige werkeenheden van de raad op.
3. Indien op grond van het vorige lid meer werkeenheden in verschillende arrondissementen bevoegd zouden zijn ten behoeve van een en zelfde minderjarige op te treden, doet het optreden van een van deze werkeenheden de bevoegdheid van de ander eindigen.
4. Ten behoeve van Nederlandse minderjarigen, die in Nederland noch woonplaats, noch laatste woonplaats, noch werkelijk verblijf hebben, treden de werkeenheden van de raad in het arrondissement Amsterdam op voor de raad voor de kinderbescherming.

Competentie van raad voor de kinderbescherming

art. 1:240

Nadere regels

5. Bij algemene maatregel van bestuur wordt de behandeling van klachten ter zake van een bij de raad in behandeling zijnde of geweest zijnde aangelegenheid van kinderbescherming geregeld.
(Zie ook: art. 12 BW Boek 1; Bkbrkb)

Art. 240

Ontheffing van geheimhoudingsplicht tegenover raad voor de kinderbescherming

Degene die op grond van een wettelijk voorschrift of op grond van zijn ambt of beroep tot geheimhouding is verplicht kan, zonder toestemming van degene die het betreft, aan de raad voor de kinderbescherming inlichtingen verstrekken, indien dit noodzakelijk kan worden geacht voor de uitoefening van de taken van de raad.

Art. 241

Verzoek tot voorziening gezagsuitoefening

1. Indien de raad voor de kinderbescherming blijkt, dat een minderjarige niet onder het wettelijk vereiste gezag staat, of dat dit gezag niet over hem wordt uitgeoefend, verzoekt hij de rechter in de gezagsuitoefening over deze minderjarige te voorzien.

Voorlopige voogdij

2. De kinderrechter kan op verzoek van de raad voor de kinderbescherming of het openbaar ministerie een gecertificeerde instelling als bedoeld in artikel 1.1 van de Jeugdwet, belasten met de voorlopige voogdij over de minderjarige indien het dringend en onverwijld noodzakelijk is om in de gezagsuitoefening over de minderjarige te voorzien teneinde de belangen van de minderjarige te kunnen behartigen.
3. De in het tweede lid bedoelde maatregel kan eveneens worden getroffen indien een minderjarige, die de leeftijd van zes maanden nog niet bereikt heeft en niet staat onder voogdij van een rechtspersoon, zonder voorafgaande schriftelijke toestemming van de raad voor de kinderbescherming als pleegkind is opgenomen. Onder pleegkind wordt in dit verband verstaan: een minderjarige die bij anderen dan zijn ouders, voogd of bloed- en aanverwanten tot en met de derde graad wordt verzorgd en opgevoed, met dien verstande, dat daaronder niet is begrepen:
   a. een minderjarige, op wiens verzorging en opvoeding krachtens de bepalingen van een andere wet toezicht wordt uitgeoefend door anderen dan zijn ouders of voogd;
   b. een minderjarige, die verzorgd en opgevoed wordt in een inrichting, welke, wat betreft de verzorging en opvoeding van de daarin verblijvende minderjarigen, aan toezicht krachtens de bepalingen van een andere wet is onderworpen.
4. De maatregel vervalt na verloop van drie maanden na de dag van de beschikking, tenzij voor het einde van deze termijn om een voorziening in het gezag over de minderjarige is verzocht.
5. De maatregel kan worden ingetrokken of gewijzigd door de kinderrechter die haar heeft bevolen tenzij een verzoek als bedoeld in het vierde lid is ingediend. In dat geval beslist de rechter bij wie dit verzoek aanhangig is.
6. In afwijking van het tweede lid kan de kinderrechter de voorlopige voogdij over een minderjarige door of voor wie een aanvraag tot het verlenen van een verblijfsvergunning voor bepaalde tijd als bedoeld in artikel 28 van de Vreemdelingenwet 2000 is ingediend, en in verband daarmee in Nederland verblijft, alsmede over door Onze Minister van Veiligheid en Justitie aan te wijzen categorieën andere minderjarigen, opdragen aan een rechtspersoon als bedoeld in artikel 302, tweede lid.
7. De raad voor de kinderbescherming kan een onderzoek instellen naar de leefsituatie van een minderjarige die duurzaam wordt verzorgd en opgevoed bij anderen dan degenen die het ouderlijke gezag of de voogdij over hem uitoefenen, het gezin waarin hij wordt verzorgd en opgevoed of de wijze waarop het gezag of de voogdij over hem wordt uitgeoefend, indien er een redelijk vermoeden bestaat dat de minderjarige in strijd met een wettelijk voorschrift in dat gezin is opgenomen.

Art. 241a

Schakelbepaling

Op de uitoefening van de voorlopige voogdij door een gecertificeerde instelling als bedoeld in artikel 1.1 van de Jeugdwet is artikel 243 van dit Boek van overeenkomstige toepassing.

Art. 242

Gegevensvergaring door raad voor de kinderbescherming

De raad voor de kinderbescherming stelt zich op de hoogte van alle gevallen, waarin maatregelen met betrekking tot het gezag over minderjarigen overwogen dienen te worden.
(Zie ook: artt. 254, 266, 267, 269, 270, 297, 305, 324, 326, 327 BW Boek 1)

Art. 242a

Contact- of omgangsregeling bij partnerdoding

Indien de ene ouder wordt verdacht van het doden van de andere ouder, of indien de ene ouder is veroordeeld wegens het doden van de andere ouder, stelt de raad voor de kinderbescherming een onderzoek in naar de wenselijkheid van een contact- of omgangsregeling van het kind met de ouder die wordt verdacht van of is veroordeeld wegens het doden van de andere ouder, zodra hij van de verdenking of veroordeling in kennis is gesteld. Op basis van dit onderzoek verzoekt de raad voor de kinderbescherming de kinderrechter om een contact- of omgangsregeling vast te stellen of om het contact of de omgang te ontzeggen. Een verzoek om het contact of de omgang te ontzeggen vermeldt tevens de duur van de verzochte ontzegging.

Art. 243
1. De colleges van burgemeester en wethouders en ambtenaren van de burgerlijke stand verschaffen de raad voor de kinderbescherming kosteloos alle inlichtingen, en verstrekken de raad kosteloos alle afschriften en uittreksels uit hun registers, die de raad ter uitvoering van zijn taak van hen vraagt. Wanneer de raad voor de kinderbescherming een taak vervult of een bevoegdheid uitoefent op grond van een van de bepalingen van deze titel of van de titels 9, 10, 14, 15 en 17 van dit boek, alsmede op grond van de daarmee verband houdende bepalingen van het Wetboek van Burgerlijke Rechtsvordering, verschaffen de bij algemene maatregel van bestuur aan te wijzen instanties of personen de raad kosteloos die inlichtingen die voor een goede uitoefening van hun taak noodzakelijk zijn.

Raad voor de kinderbescherming, informatieplicht gemeenten

2. Alle verzoeken die de raad voor de kinderbescherming ter uitvoering van zijn taak tot de rechter richt, worden kosteloos behandeld; de grossen, afschriften en uittreksels, die hij tot dat doel aanvraagt, worden hem door de griffiers vrij van alle kosten uitgereikt.
3. Exploten door de deurwaarders ten verzoeke van de raad voor de kinderbescherming uitgebracht, worden volgens het gewone tarief vergoed. Advocaten kunnen voor hun aan de raad voor de kinderbescherming bewezen diensten salaris in rekening brengen.
4. Wanneer de raad voor de kinderbescherming op grond van een van de bepalingen van deze titel, of van de titels 9, 10, 12, 14, 15 en 17 van dit boek in rechte optreedt, kan hij dit zonder advocaat doen, behalve in zaken waarbij een vordering wordt ingesteld.
(Zie ook: artt. 28, 301 BW Boek 1; Besl.aanw.kkiv ; artt. 810, 814 Rv)

Afdeling 4
Registers betreffende het over minderjarigen uitgeoefende gezag

Art. 244
Bij de rechtbanken, dan wel op een andere bij algemene maatregel van bestuur aan te wijzen plaats of plaatsen, berusten openbare registers, waarin aantekening gehouden wordt van rechtsfeiten die op het over minderjarigen uitgeoefende gezag betrekking hebben.
Bij algemene maatregel van bestuur wordt bepaald welke rechtsfeiten aangetekend worden, op welke wijze deze aantekening geschiedt en op welke wijze verstrekking van aangetekende gegevens plaatsvindt.

Registers betreffende het over minderjarigen uitgeoefende gezag

Titel 14
Het gezag over minderjarige kinderen

Afdeling 1
Algemeen

Art. 245
1. Minderjarigen staan onder gezag.
2. Onder gezag wordt verstaan ouderlijk gezag dan wel voogdij.
3. Ouderlijk gezag wordt door de ouders gezamenlijk of door één ouder uitgeoefend. Voogdij wordt door een ander dan een ouder uitgeoefend.
4. Het gezag heeft betrekking op de persoon van de minderjarige, het bewind over zijn vermogen en zijn vertegenwoordiging in burgerlijke handelingen, zowel in als buiten rechte.
5. Het gezag van de ouder die dit krachtens artikel 253sa of krachtens een rechterlijke beslissing overeenkomstig artikel 253t samen met een ander dan een ouder uitoefent, wordt aangemerkt als ouderlijk gezag dat door ouders gezamenlijk wordt uitgeoefend, tenzij uit een wettelijke bepaling het tegendeel voortvloeit.
(Zie ook: artt. 82, 233, 336, 404 BW Boek 1; artt. 2, 9, 32 Wet BOPZ)

Gezag over minderjarige Definitie gezag

Art. 246
Onbevoegd tot het gezag zijn minderjarigen, zij die onder curatele zijn gesteld en zij wier geestvermogens zodanig zijn gestoord, dat zij in de onmogelijkheid verkeren het gezag uit te oefenen, tenzij deze stoornis van tijdelijke aard is.
(Zie ook: artt. 233, 266 BW Boek 1)

Registers betreffende het over minderjarigen uitgeoefende gezag

Art. 246a
[Vervallen]

Art. 247
1. Het ouderlijk gezag omvat de plicht en het recht van de ouder zijn minderjarig kind te verzorgen en op te voeden.
2. Onder verzorging en opvoeding worden mede verstaan de zorg en de verantwoordelijkheid voor het geestelijk en lichamelijk welzijn en de veiligheid van het kind alsmede het bevorderen van de ontwikkeling van zijn persoonlijkheid. In de verzorging en opvoeding van het kind

Omvang van ouderlijk gezag

passen de ouders geen geestelijk of lichamelijk geweld of enige andere vernederende behandeling toe.
(Zie ook: artt. 82, 233, 336, 404 BW Boek 1)
3. Het ouderlijk gezag omvat mede de verplichting van de ouder om de ontwikkeling van de banden van zijn kind met de andere ouder te bevorderen.
4. Een kind over wie de ouders gezamenlijk het gezag uitoefenen, behoudt na ontbinding van het huwelijk anders dan door de dood of na scheiding van tafel en bed, na de ontbinding van het geregistreerd partnerschap anders dan door de dood, of na het beëindigen van de samenleving indien een aantekening als bedoeld in artikel 252, eerste lid, is geplaatst, recht op een gelijkwaardige verzorging en opvoeding door beide ouders.
5. Ouders kunnen ter uitvoering van het vierde lid in een overeenkomst of ouderschapsplan rekening houden met praktische belemmeringen die ontstaan in verband met de ontbinding van het huwelijk anders dan door de dood of na scheiding van tafel en bed, de ontbinding van het geregistreerd partnerschap anders dan door de dood, of het beëindigen van de samenleving indien een aantekening als bedoeld in artikel 252, eerste lid, is geplaatst, echter uitsluitend voor zover en zolang de desbetreffende belemmeringen bestaan.

Art. 247a

Ouderschapsplan bij beëindiging samenleven

Indien een aantekening als bedoeld in artikel 252, eerste lid, is geplaatst en de ouders hun samenleving beëindigen, stellen zij een ouderschapsplan op als bedoeld in artikel 815, tweede en derde lid, van het Wetboek van Burgerlijke Rechtsvordering.

Art. 248

Schakelbepaling

Het tweede lid van artikel 247 van dit boek is van overeenkomstige toepassing op de voogd en op degene die een minderjarige verzorgt en opvoedt zonder dat hem het gezag over die minderjarige toekomt.
(Zie ook: artt. 251, 337, 444 BW Boek 1)

Art. 249

Verplichting minderjarige in het kader van het ouderlijk gezag

De minderjarige dient rekening te houden met de aan de ouder of voogd in het kader van de uitoefening van het gezag toekomende bevoegdheden, alsmede met de belangen van de overige leden van het gezin waarvan hij deel uitmaakt.
(Zie ook: artt. 82, 233, 336, 404 BW Boek 1)

Art. 250

Benoeming van bijzondere curator

1. Wanneer in aangelegenheden betreffende diens verzorging en opvoeding, dan wel het vermogen van de minderjarige, de belangen van de met het gezag belaste ouders of een van hen dan wel van de voogd of de beide voogden in strijd zijn met die van de minderjarige, benoemt de rechtbank, danwel, indien het een aangelegenheid inzake het vermogen van de minderjarige betreft, de kantonrechter, of, indien de zaak reeds aanhangig is, de desbetreffende rechter, indien hij dit in het belang van de minderjarige noodzakelijk acht, daarbij in het bijzonder de aard van deze belangenstrijd in aanmerking genomen, op verzoek van een belanghebbende of ambtshalve een bijzondere curator om de minderjarige ter zake, zowel in als buiten rechte, te vertegenwoordigen.
(Zie ook: artt. 233, 266 BW Boek 1)

Benoeming van bijzondere curator, verzoek raad voor de kinderbescherming

2. In geval van een verzoek van de raad voor de kinderbescherming als bedoeld in artikel 242a benoemt de kinderrechter bij de aanvang van het geding een bijzondere curator om de minderjarige, zowel in als buiten rechte, te vertegenwoordigen.

Afdeling 2
Ouderlijk gezag

§ 1
Het gezamenlijk gezag van ouders binnen en buiten huwelijk en het gezag van één ouder na scheiding

Art. 251

Gezamenlijke uitoefening van het ouderlijk gezag

1. Gedurende hun huwelijk oefenen de ouders het gezag gezamenlijk uit.

2. Na ontbinding van het huwelijk anders dan door de dood of na scheiding van tafel en bed blijven de ouders die gezamenlijk het gezag hebben, dit gezag gezamenlijk uitoefenen.

Art. 251a

Toewijzing gezag aan één ouder

1. De rechter kan na ontbinding van het huwelijk anders dan door de dood of na scheiding van tafel en bed op verzoek van de ouders of van één van hen bepalen dat het gezag over een kind aan één ouder toekomt indien:
a. er een onaanvaardbaar risico is dat het kind klem of verloren zou raken tussen de ouders en niet te verwachten is dat hierin binnen afzienbare tijd voldoende verbetering zou komen, of
b. wijziging van het gezag anderszins in het belang van het kind noodzakelijk is.

2. De beslissing op grond van het eerste lid wordt gegeven bij de beschikking houdende scheiding van tafel en bed, echtscheiding dan wel ontbinding van het huwelijk na scheiding van tafel en bed of bij latere beschikking.
3. Indien een beslissing op grond van het eerste lid niet alle kinderen der echtgenoten betrof, vult de rechtbank haar aan op verzoek van een van de ouders, van de raad voor de kinderbescherming of ambtshalve.
4. De rechter kan, indien hem blijkt dat de minderjarige van twaalf jaar of ouder hierop prijs stelt, ambtshalve een beslissing geven op de voet van het eerste lid. Hetzelfde geldt indien de minderjarige de leeftijd van twaalf jaren nog niet heeft bereikt, maar in staat kan worden geacht tot een redelijke waardering van zijn belangen ter zake.

Ambtshalve beslissing op verzoek van minderjarige

Art. 252
1. De ouders die niet met elkaar zijn gehuwd of een geregistreerd partnerschap zijn aangegaan oefenen het gezag over hun minderjarige kinderen gezamenlijk uit, indien dit op hun beider verzoek in het register, bedoeld in artikel 244, is aangetekend. Een verzoek als bedoeld in de eerste volzin kan niet worden gedaan ten aanzien van de kinderen over wie zij het gezag gezamenlijk hebben uitgeoefend.
2. De aantekening wordt door de griffier geweigerd, indien op het tijdstip van het verzoek:
a. één of beide ouders onbevoegd is tot het gezag; of
b. het gezag van één van beide ouders is beëindigd en de andere ouder het gezag uitoefent; of
c. een voogd met het gezag over het kind is belast; of
d. de voorziening in het gezag over het kind is komen te ontbreken; of
e. de ouder die het gezag heeft, dit gezamenlijk met een ander dan een ouder uitoefent.
3. Tegen de weigering van de aantekening is alleen beroep mogelijk, indien zij heeft plaatsgevonden op grond van onbevoegdheid van één of beide ouders tot het gezag anders dan vanwege minderjarigheid of ondercuratelestelling. Alsdan kan de rechtbank worden verzocht de aantekening te gelasten. Zij wijst het verzoek af, indien gegronde vrees bestaat dat bij inwilliging de belangen van het kind zouden worden verwaarloosd.

Ouderlijk gezag van ongehuwden of niet geregistreerde partners

Art. 253
1. Indien gewezen echtgenoten met elkaar hertrouwen dan wel een geregistreerd partnerschap aangegaan en onmiddellijk daaraan voorafgaande één der echtgenoten het gezag over de minderjarige kinderen uitoefende, herleeft van rechtswege het gezamenlijk gezag, tenzij een der echtgenoten onbevoegd is tot dit gezag of dat gezag is beëindigd dan wel het gezag gezamenlijk met een ander dan de ouder uitoefent.
2. De echtgenoot voor wie het gezag niet is herleefd, kan de rechtbank verzoeken hem daarmede te belasten. Dit verzoek wordt slechts afgewezen, indien gegronde vrees bestaat dat bij inwilliging de belangen van de kinderen zouden worden verwaarloosd.
3. Het eerste en tweede lid zijn van overeenkomstige toepassing, indien door verzoening van de echtgenoten een scheiding van tafel en bed eindigt.
4. Het eerste en tweede lid zijn van overeenkomstige toepassing indien gewezen geregistreerde partners die gezamenlijk gezag uitoefenden over het kind, opnieuw met elkaar een geregistreerd partnerschap aangaan dan wel met elkaar huwen.

Herleving van rechtswege van ouderlijk gezag

Art. 253a
1. In geval van gezamenlijke uitoefening van het gezag kunnen geschillen hieromtrent op verzoek van de ouders of van een van hen aan de rechtbank worden voorgelegd. De rechtbank neemt een zodanige beslissing als haar in het belang van het kind wenselijk voorkomt.
2. De rechtbank kan eveneens op verzoek van de ouders of een van hen een regeling vaststellen inzake de uitoefening van het ouderlijk gezag. Deze regeling kan omvatten:
a. een toedeling aan ieder der ouders van de zorg- en opvoedingstaken, alsmede met overeenkomstige toepassing van artikel 377a, derde lid, een tijdelijk verbod aan een ouder om met het kind contact te hebben;
b. de beslissing bij welke ouder het kind zijn hoofdverblijfplaats heeft;
c. de wijze waarop informatie omtrent gewichtige aangelegenheden met betrekking tot de persoon en het vermogen van het kind wordt verschaft aan de ouder bij wie het kind niet zijn hoofdverblijfplaats heeft dan wel de wijze waarop deze ouder wordt geraadpleegd;
d. de wijze waarop informatie door derden overeenkomstig artikel 377c, eerste en tweede lid, wordt verschaft.
3. Indien op de ouders de verplichting van artikel 247a rust en zij daaraan niet hebben voldaan, houdt de rechter de beslissing op een in het tweede lid bedoeld verzoek ambtshalve aan, totdat aan die verplichting is voldaan. Aanhouding blijft achterwege indien het belang van het kind dit vergt.
4. De artikelen 377e en 377g zijn van overeenkomstige toepassing. Daar waar in deze bepalingen gesproken wordt over omgang of een omgangsregeling wordt in plaats daarvan gelezen: een verdeling van de zorg- en opvoedingstaken.
5. De rechtbank beproeft alvorens te beslissen op een verzoek als in het eerste of tweede lid bedoeld, een vergelijk tussen de ouders en kan desverzocht en ook ambtshalve, zulks indien

Geschillen tussen ouders over ouderlijk gezag

geen vergelijk tot stand komt en het belang van het kind zich daartegen niet verzet, een door de wet toegelaten dwangmiddel opleggen, dan wel bepalen dat de beschikking of onderdelen daarvan met toepassing van artikel 812, tweede lid, van het Wetboek van Burgerlijke Rechtsvordering ten uitvoer kunnen worden gelegd.
6. De rechtbank behandelt het verzoek binnen zes weken.

Paragraaf 1a
Het gezamenlijk gezag van ouders binnen een geregistreerd partnerschap

Art. 253aa

Ouderlijk gezag van geregistreerd partners

1. Gedurende hun geregistreerd partnerschap oefenen de ouders het gezag gezamenlijk uit.

2. De bepalingen met betrekking tot het gezamenlijk gezag zijn hierop van toepassing, met uitzondering van de artikelen 251, tweede lid, en 251a, tweede en derde lid.

§ 2
Het gezag van ouders anders dan na scheiding

Art. 253b

Van rechtswege uitoefening van ouderlijk gezag door de moeder

1. Indien ten aanzien van een kind alleen het moederschap vaststaat van de vrouw uit wie het kind is geboren of indien de ouders van een kind niet met elkaar gehuwd zijn dan wel gehuwd zijn geweest en zij het gezag niet gezamenlijk uitoefenen, oefent de moeder uit wie het kind is geboren van rechtswege het gezag over het kind alleen uit, tenzij zij bij haar bevalling onbevoegd tot het gezag was.
2. De in het eerste lid bedoelde moeder die ten tijde van haar bevalling onbevoegd was tot het gezag, verkrijgt dit van rechtswege op het tijdstip waarop zij daartoe bevoegd wordt, tenzij op dat tijdstip een ander met het gezag is belast.
3. Indien op bedoeld tijdstip een ander het gezag heeft, kan de tot het gezag bevoegde ouder de rechtbank verzoeken hem met het gezag over het kind te belasten.
4. Wanneer de andere ouder het gezag over het kind uitoefent, wordt dit verzoek slechts ingewilligd, indien de rechter dit in het belang van het kind wenselijk oordeelt.
5. Wanneer een voogd het gezag over het kind uitoefent, wordt het verzoek slechts afgewezen, indien gegronde vrees bestaat dat bij inwilliging de belangen van het kind zouden worden verwaarloosd.

Art. 253c

Verzoek tot uitoefening van ouderlijk gezag

1. De tot het gezag bevoegde ouder van het kind, die nimmer het gezag gezamenlijk met de moeder uit wie het kind is geboren heeft uitgeoefend, kan de rechtbank verzoeken de ouders met het gezamenlijk gezag dan wel hem alleen met het gezag over het kind te belasten.
2. Indien het verzoek ertoe strekt de ouders met het gezamenlijk gezag te belasten en de andere ouder met het gezamenlijk gezag niet instemt, wordt het verzoek slechts afgewezen indien:
a. er een onaanvaardbaar risico is dat het kind klem of verloren zou raken tussen de ouders en niet te verwachten is dat hierin binnen afzienbare tijd voldoende verbetering zou komen, of
b. afwijzing anderszins in het belang van het kind noodzakelijk is.
3. Wanneer de andere ouder het gezag over het kind uitoefent, wordt het verzoek om de tot het gezag bevoegde ouder, bedoeld in het eerste lid, alleen met het gezag te belasten slechts ingewilligd, indien de rechtbank dit in het belang van het kind wenselijk oordeelt.
4. Wanneer niet in het gezag is voorzien of wanneer een voogd het gezag uitoefent, wordt het verzoek om de tot het gezag bevoegde ouder, bedoeld in het eerste lid, alleen met het gezag te belasten slechts afgewezen, indien gegronde vrees bestaat dat bij inwilliging de belangen van het kind zouden worden verwaarloosd.
5. Een verzoek om de ouders met het gezamenlijk gezag te belasten als bedoeld in het eerste lid, kan ook door de moeder uit wie het kind is geboren worden gedaan.

Art. 253d

Verzoek tot gezamenlijke uitoefening van ouderlijk gezag

1. Indien de voorziening in het gezag over een kind, bedoeld in artikel 253b, eerste lid, komt te ontbreken, kunnen beide ouders voor zover zij tot het gezag bevoegd zijn – de rechtbank verzoeken met het gezag onderscheidenlijk gezamenlijk gezag te worden belast.
2. Het in het eerste lid bedoelde verzoek wordt slechts afgewezen, indien gegronde vrees bestaat dat bij inwilliging de belangen van het kind zouden worden verwaarloosd.
3. Hebben beiden een verzoek ingediend anders dan tot gezamenlijke gezagsuitoefening, dan willigt de rechter het verzoek in van degene wiens gezag over het kind hij het meeste in het belang van het kind oordeelt.
4. Indien, voordat over het verzoek van één ouder is beslist, de andere ouder van rechtswege het gezag over het kind verkrijgt, willigt de rechter het verzoek slechts in, indien hij dit in het belang van het kind wenselijk oordeelt.

Art. 253e
Inwilliging van het verzoek van een der ouders als bedoeld in de artikelen 253b, 253c en 253d van dit boek heeft, indien de ander het gezag tot dusverre uitoefende, tot gevolg dat de laatste het gezag verliest. Dit gevolg treedt niet in indien de ouders als gevolg van de rechterlijke beslissing met het gezamenlijk gezag zijn belast.

Verlies van ouderlijk gezag

Art. 253f
Na de dood van een der ouders oefent de overlevende ouder van rechtswege het gezag over de kinderen uit, indien en voor zover hij op het tijdstip van overlijden het gezag uitoefent.
(Zie ook: artt. 233, 236, 266, 269, 271, 274 BW Boek 1)

Ouderlijk gezag bij overlijden ouder

Art. 253g
1. Indien van de ouders diegene overlijdt die het gezag over hun minderjarige kinderen alleen uitoefent, bepaalt de rechter dat de overlevende ouder of een derde met het gezag over deze kinderen wordt belast.
2. De rechter doet dit op verzoek van de raad voor de kinderbescherming, de overlevende ouder of ambtshalve.
3. Het verzoek om de overlevende ouder met het gezag te belasten wordt slechts afgewezen, indien de rechter oordeelt dat het belang van de minderjarige zich tegen inwilliging verzet.
4. De bepaling van het voorgaande lid is mede van toepassing indien de overleden ouder een voogd had aangewezen overeenkomstig artikel 292 van dit boek.

Ouderlijk gezag bij overlijden ouder die alleen gezag uitoefent

Art. 253h
1. Indien na het overlijden van één der ouders een voogd is benoemd, kan de rechter deze beslissing te allen tijde in dier voege wijzigen, dat de overlevende ouder mits deze daartoe bevoegd is, alsnog met het gezag wordt belast.
2. Hij gaat hiertoe slechts over op verzoek van de overlevende ouder, en niet dan op grond dat nadien de omstandigheden zijn gewijzigd, of dat bij het nemen van de beslissing van onjuiste of onvolledige gegevens is uitgegaan.
3. Wanneer de andere ouder een voogd had aangewezen overeenkomstig artikel 292 van dit boek en deze inmiddels is opgetreden, is dit artikel van overeenkomstige toepassing met dien verstande dat, mits het verzoek van de overlevende ouder binnen één jaar na het begin van de voogdij wordt gedaan, dit verzoek slechts wordt afgewezen indien de rechter oordeelt dat het belang van de minderjarige zich tegen inwilliging verzet.

Wijziging ouderlijk gezag bij overleden ouder

§ 2a
Gezag na meerderjarigverklaring

Art. 253ha
1. De minderjarige vrouw die als degene die het gezag heeft, haar kind wenst te verzorgen en op te voeden kan, indien zij de leeftijd van zestien jaren heeft bereikt, de kinderrechter verzoeken haar meerderjarig te verklaren.
2. Het verzoek kan ten behoeve van de vrouw ook worden gedaan door de raad voor de kinderbescherming. Deze behoeft hiertoe haar schriftelijke toestemming. Het verzoek vervalt, indien de vrouw haar toestemming intrekt.
3. Het verzoek kan ook voor de bevalling door of ten behoeve van de vrouw worden gedaan, alsmede indien de vrouw eerst omstreeks het tijdstip van haar bevalling de leeftijd van zestien jaren zal hebben bereikt. In dat geval wordt op het verzoek niet eerder dan na de bevalling of, indien de vrouw op dat tijdstip nog geen zestien jaar is, nadat zij die leeftijd heeft bereikt, beslist.
4. De kinderrechter willigt het verzoek slechts in, indien hij dit in het belang van de moeder en haar kind wenselijk oordeelt. Indien een ander met het gezag is belast, wordt de moeder daarmee belast.
5. De minderjarige vrouw is bekwaam in rechte op te treden en tegen een uitspraak beroep in te stellen.

Meerderjarigverklaring moeder

§ 3
Het bewind van de ouders

Art. 253i
1. Ingeval van gezamenlijke gezagsuitoefening voeren de ouders gezamenlijk het bewind over het vermogen van het kind en vertegenwoordigen zij gezamenlijk het kind in burgerlijke handelingen, met dien verstande dat een ouder alleen, mits niet van bezwaren van de andere ouder is gebleken, hiertoe ook bevoegd is.
2. Artikel 253a van dit boek is van overeenkomstige toepassing met dien verstande dat in plaats van "de rechtbank" wordt gelezen "de kantonrechter".
3. Oefent een ouder het gezag alleen uit, dan wordt door die ouder het bewind over het vermogen van het kind gevoerd en het kind in burgerlijke handelingen vertegenwoordigd.
4. Van het bepaalde in het eerste en derde lid kan worden afgeweken:

Bewindvoering door ouders

Schakelbepaling

art. 1:253j   13 Burgerlijk Wetboek Boek 1

a. indien de rechter bij de beschikking waarbij de uitoefening van het gezag over het kind aan een van de ouders wordt opgedragen op eensluidend verzoek van de ouders of op verzoek van één van hen, mits de ander zich daartegen niet verzet, heeft bepaald dat de ouder die niet het gezag over het kind zal uitoefenen, het bewind over het vermogen van het kind zal voeren;
b. ingevolge artikel 276, tweede lid, van dit boek, bij beëindiging van het gezag;
c. indien hij die een minderjarige goederen schenkt of vermaakt, bij de gift, onderscheidenlijk bij de uiterste wilsbeschikking, heeft bepaald dat een ander het bewind over die goederen zal voeren.
5. In het laatstbedoelde geval zijn de ouders, of - indien een ouder het gezag alleen uitoefent - die ouder, bevoegd van de bewindvoerder rekening en verantwoording te vragen.
6. Bij het vervallen van het door de schenker of erflater ingesteld bewind zijn het eerste en tweede lid, onderscheidenlijk het derde lid, van toepassing.

Art. 253j
Verplichtingen van bewindvoerende ouders
De ouders of een ouder moeten het bewind over het vermogen van hun kind als goede bewindvoerders voeren. Bij slecht bewind zijn zij voor de daaraan te wijten schade aansprakelijk, behoudens voor de vruchten van dat vermogen voor zover de wet hun het genot daarvan toekent.
(Zie ook: art. 531 BW Boek 2)

Art. 253k
Schakelbepaling
Op het bewind van de ouders of een ouder zijn de artikelen 342, tweede lid, 344 tot en met 357 en 370 van dit boek van overeenkomstige toepassing.

Art. 253l
Vruchtgenot van ouders
1. Elke ouder die het gezag over zijn kind uitoefent, heeft het vruchtgenot van diens vermogen. Indien het kind bij de ouder inwoont en anders dan incidenteel inkomen uit arbeid geniet, is het verplicht naar draagkracht bij te dragen in de kosten van de huishouding van het gezin.
2. Het eerste lid is van overeenkomstige toepassing in geval het gezag van de ouder is beëindigd, tenzij de andere ouder het gezag uitoefent.
3. Aan bedoeld vruchtgenot zijn de lasten verbonden, die op vruchtgebruikers rusten.

Art. 253m
Vruchtgenot van ouders, geen
De ouder heeft geen vruchtgenot van het vermogen, ten aanzien waarvan bij uiterste wilsbeschikking van de erflater of bij de gift is bepaald dat de ouders daarvan het vruchtgenot niet zullen hebben.

Afdeling 3
Gemeenschappelijke bepalingen betreffende de gezagsuitoefening door de ouders en de gezagsuitoefening door één van hen

Art. 253n
Beëindiging van gezamenlijk ouderlijk gezag
1. Op verzoek van de niet met elkaar gehuwde ouders of een van hen kan de rechtbank het gezamenlijk gezag, bedoeld in de artikelen 251, tweede lid, 252, eerste lid, 253q, vijfde lid, of 277, eerste lid, beëindigen, indien nadien de omstandigheden zijn gewijzigd of bij het nemen van de beslissing van onjuiste of onvolledige gegevens is uitgegaan. Alsdan bepaalt de rechtbank aan wie van de ouders voortaan het gezag over ieder der minderjarige kinderen toekomt.

Schakelbepaling
2. Het eerste en derde lid van artikel 251a zijn van overeenkomstige toepassing.

Art. 253o
Wijziging van ouderlijk gezag
1. Beslissingen waarbij een ouder alleen met het gezag is belast, gegeven ingevolge het bepaalde in de paragrafen 1, 2 en 2a van deze titel en het bepaalde in artikel 253n van dit boek kunnen op verzoek van de ouders of van een van hen door de rechtbank worden gewijzigd op grond dat nadien de omstandigheden zijn gewijzigd, of dat bij het nemen van de beslissing van onjuiste of onvolledige gegevens is uitgegaan.

Art. 253p
Aanvang van ouderlijk gezag
1. In de gevallen waarin door de rechter het gezag wordt opgedragen aan beide ouders of aan een ouder alleen, neemt dit een aanvang zodra de desbetreffende beschikking in kracht van gewijsde is gegaan, of, indien zij uitvoerbaar bij voorraad is verklaard, daags nadat de beschikking is verstrekt of verzonden.
2. Na de gerechtelijke ontbinding van het huwelijk of na scheiding van tafel en bed begint het gezag nochtans niet voordat de beschikking houdende ontbinding van het huwelijk is ingeschreven in de registers van de burgerlijke stand of voordat de beschikking houdende scheiding van tafel en bed is ingeschreven in het huwelijksgoederenregister, aangewezen in artikel 116.
3. Indien een aantekening was gedaan als bedoeld in artikel 252, eerste lid, van dit boek, begint het aan één der ouders opgedragen gezag nochtans niet, dan nadat deze aantekening door de griffier is doorgehaald. Van de doorhaling doet de griffier schriftelijk mededeling aan beide ouders.

Art. 253q
Herleving van ouderlijk gezag
1. Wanneer een van de ouders die gezamenlijk het gezag over hun minderjarige kinderen uitoefenen, op een der in artikel 246 genoemde gronden daartoe onbevoegd is, oefent de andere

ouder alleen het gezag over de kinderen uit. Wanneer de grond van de onbevoegdheid is weggevallen, herleeft van rechtswege het gezamenlijke gezag.
2. Wanneer beide ouders die gezamenlijk het gezag over hun minderjarige kinderen uitoefenen, daartoe op een der in artikel 246 genoemde gronden onbevoegd zijn, benoemt de rechtbank een voogd.
3. Wanneer een ouder die alleen het gezag uitoefent, op een der in artikel 246 genoemde gronden daartoe onbevoegd is, belast de rechtbank de andere ouder met het gezag, tenzij de rechter oordeelt dat het belang van de minderjarige zich hiertegen verzet. Alsdan benoemt zij een voogd.
4. De in het tweede en derde lid bedoelde beslissingen worden gegeven op verzoek van een ouder, bloed- of aanverwanten van de minderjarige, de raad voor de kinderbescherming, de gecertificeerde instelling, bedoeld in artikel 1.1 van de Jeugdwet, een rechtspersoon een daartoe door Onze Minister van Veiligheid en Justitie aanvaarde rechtspersoon als bedoeld in artikel 256, eerste lid, en artikel 302, tweede lid, of ambtshalve.
5. Wanneer de grond van de onbevoegdheid ten aanzien van de ouder die het gezag alleen uitoefende, is vervallen, belast de rechtbank deze ouder op zijn verzoek wederom met het gezag tenzij de rechtbank oordeelt dat het belang van de minderjarige zich hiertegen verzet. Op verzoek van de ouders of een van hen kan hij de ouders gezamenlijk met het gezag belasten.

Art. 253r
1. Artikel 253q is van overeenkomstige toepassing, indien: — Schakelbepaling
a. de ouders of de ouder die het gezag uitoefenen al dan niet tijdelijk in de onmogelijkheid verkeren het gezag uit te oefenen; of
b. het bestaan of de verblijfplaats van de ouders of van één van hen die het gezag uitoefenen, onbekend is.
2. In het geval een der ouders het gezag alleen uitoefent overeenkomstig artikel 253q, eerste lid, is gedurende de tijd waarin een van de in het eerste lid bedoelde omstandigheden zich voordoet het gezag van de andere ouder geschorst. In de overige gevallen is het gezag geschorst totdat de rechter de ouder of een ander wederom met het gezag belast. In afwijking van artikel 253q kan de rechter dit slechts doen indien aan de vereisten gesteld in artikel 277, eerste lid, is voldaan.

Art. 253s
1. Indien het kind met instemming van zijn ouders die het gezag over hem uitoefenen, gedurende ten minste een jaar door een of meer anderen als behorende tot het gezin is verzorgd en opgevoed, kunnen de ouders slechts met toestemming van degenen die de verzorging en opvoeding op zich hebben genomen, wijziging in het verblijf van het kind brengen. — Wijziging verblijfplaats kind door gezagvoerende ouder
2. Voor zover de volgens het vorige lid vereiste toestemmingen niet worden verkregen, kunnen zij op verzoek van de ouders door de rechtbank worden vervangen. Dit verzoek wordt slechts afgewezen indien de rechtbank dit in het belang van de minderjarige noodzakelijk oordeelt.
3. In geval van afwijzing van het verzoek is de beschikking van kracht gedurende een door de rechtbank te bepalen termijn, welke de duur van zes maanden niet te boven mag gaan. Is echter voor het einde van deze termijn een verzoek tot ondertoezichtstelling van het kind, dan wel tot beëindiging van het gezag van een of beide ouders aanhangig gemaakt, dan blijft de beschikking gelden, totdat op het verzoek bij gewijsde is beslist.

Afdeling 3A
Gezamenlijk gezag van een ouder tezamen met een ander dan een ouder

Paragraaf 1
Het gezamenlijk gezag van rechtswege van een ouder tezamen met een ander dan een ouder

Art. 253sa
1. Over het staande hun huwelijk of geregistreerd partnerschap geboren kind oefenen een ouder en zijn echtgenoot of geregistreerde partner die niet de ouder is, gezamenlijk het gezag uit, tenzij het kind tevens in familierechtelijke betrekking staat tot een andere ouder. — Gezamenlijk gezag van ouder met niet-ouder van rechtswege Schakelbepaling
2. De bepalingen met betrekking tot het gezamenlijk gezag zijn hierop van toepassing, met uitzondering van de artikelen 251, tweede lid, en 251a, tweede en derde lid.

Paragraaf 2
Het gezamenlijk gezag van een ouder tezamen met een ander dan een ouder krachtens rechterlijke beslissing

Art. 253t

Gezamenlijk gezag van ouder met niet-ouder krachtens rechterlijke beslissing

1. Indien het gezag over een kind bij één ouder berust, kan de rechtbank op gezamenlijk verzoek van de met het gezag belaste ouder en een ander dan de ouder die in een nauwe persoonlijke betrekking tot het kind staat, hen gezamenlijk met het gezag over het kind belasten.

2. In het geval dat het kind tevens in familierechtelijke betrekking staat tot een andere ouder wordt het verzoek slechts toegewezen, indien:
   a. de ouder en de ander op de dag van het verzoek gedurende ten minste een aaneengesloten periode van een jaar onmiddellijk voorafgaande aan het verzoek gezamenlijk de zorg voor het kind hebben gehad; en
   b. de ouder die het verzoek doet op de dag van het verzoek gedurende ten minste een aaneengesloten periode van drie jaren alleen met het gezag belast is geweest.

3. Het verzoek wordt afgewezen indien, mede in het licht van de belangen van een andere ouder, gegronde vrees bestaat dat bij inwilliging de belangen van het kind zouden worden verwaarloosd.

4. Het gezamenlijk gezag, bedoeld in het eerste lid, kan niet worden toegekend in de gevallen, bedoeld in artikel 253q, eerste lid, en artikel 253r. Het staat niet open voor rechtspersonen.

5. Een verzoek als bedoeld in het eerste lid kan vergezeld gaan van een verzoek tot wijziging van de geslachtsnaam van het kind in de geslachtsnaam van de met het gezag belaste ouder of de ander. Een zodanig verzoek wordt afgewezen, indien
   a. het kind van twaalf jaar of ouder ter gelegenheid van zijn verhoor niet heeft ingestemd met het verzoek;
   b. het verzoek, bedoeld in het eerste lid, wordt afgewezen; of
   c. het belang van het kind zich tegen toewijzing verzet.

Art. 253u

Aanvang van gezamenlijk gezag

Het gezamenlijk gezag begint op de dag waarop de beslissing die de benoeming inhoudt, in kracht van gewijsde is gegaan, of, indien zij uitvoerbaar bij voorraad is verklaard, daags nadat de beschikking is verstrekt of verzonden.

Art. 253v

Schakelbepaling

1. Op de gezamenlijke gezagsuitoefening door de ouder en de ander zijn de artikelen 246, 247, 249, 250, 253a, 253j tot en met 253m, 253q, eerste lid, 253r alsmede 253s van overeenkomstige toepassing.

2. Artikel 253i is van overeenkomstige toepassing, tenzij de met het gezag belaste ouder het bewind niet voert ingevolge artikel 253i, vierde lid, onder a of c.

3. Artikel 253n is van overeenkomstige toepassing. De rechtbank geeft geen beslissing tot beëindiging van het gezamenlijk gezag, bedoeld in artikel 253t, dan nadat zij de ouders of de niet met het gezag belaste ouder in de gelegenheid heeft gesteld te verzoeken in het belang van het kind de ouders gezamenlijk met het gezag over het kind te belasten of de niet met het gezag belaste ouder daarmee te belasten.

4. Indien de rechtbank na beëindiging van het gezamenlijk gezag van de ouder en de ander, deze ander met de voogdij heeft belast, kan zij te allen tijde wegens wijziging van omstandigheden op verzoek van de ouders of van één van hen in het belang van het kind één ouder met het gezag of de ouders met het gezamenlijk gezag belasten.

5. Artikel 253q, tweede lid, is van overeenkomstige toepassing met dien verstande dat de rechtbank geen voogd benoemt dan nadat zij de niet met het gezag belaste ouder in de gelegenheid heeft gesteld te verzoeken in het belang van het kind hem met het gezag over het kind te belasten. Het verzoek, bedoeld in artikel 253q, tweede lid, kan tevens door de ander dan de ouder worden gedaan.

6. De afdelingen 4 en 5 van deze titel zijn van overeenkomstige toepassing op het gezamenlijk gezag van de ouder en de ander, met dien verstande dat in geval van beëindiging van het gezag van de ouder die gezamenlijk met de ander het gezag uitoefent, de ander niet alleen met het gezag wordt belast dan nadat de rechtbank de niet met het gezag belaste ouder in de gelegenheid heeft gesteld te verzoeken hem met het gezag over het kind te belasten.

Paragraaf 3
Gemeenschappelijke bepalingen inzake het gezamenlijk gezag van een ouder tezamen met een ander dan een ouder

Art. 253w
De ander die met de ouder gezamenlijk het gezag uitoefent, is verplicht tot het verstrekken van levensonderhoud jegens het kind dat onder zijn gezag staat. Indien het gezamenlijk gezag door de meerderjarigheid van het kind is geëindigd, duurt de onderhoudsplicht voort totdat het kind de leeftijd van eenentwintig jaren heeft bereikt. Nadat een rechterlijke beslissing tot beëindiging van het gezamenlijk gezag in kracht van gewijsde is gegaan of na het overlijden van de ouder met wie tot het tijdstip van overlijden het gezag gezamenlijk werd uitgeoefend, blijft deze onderhoudsplicht gedurende de termijn dat het gezamenlijk gezag heeft geduurd, bestaan, tenzij de rechter in bijzondere omstandigheden op verzoek van de ouder of de ander een langere termijn bepaalt. Zij eindigt uiterlijk op het tijdstip dat het kind de leeftijd van eenentwintig jaren heeft bereikt. De artikelen 392, derde lid, 395a, eerste lid, 395b, 397, 398, 399, 400, 401, eerste, vierde en vijfde lid, 402, 402a, 403, 404, eerste lid, 406 en 408 zijn van overeenkomstige toepassing.

Verstrekken van levensonderhoud bij gezamenlijk gezag

Art. 253x
1. Na de dood van de ouder die tezamen met de ander het gezag uitoefende, oefent die ander van rechtswege de voogdij over de kinderen uit.
2. De rechtbank kan op verzoek van de overlevende ouder te allen tijde bepalen dat deze, mits daartoe bevoegd, alsnog met het gezag wordt belast.
3. De artikelen 253g en h zijn niet van toepassing.

Voogdij na overlijden ouder bij gezamenlijk gezag

Art. 253y
1. Het gezamenlijk gezag, bedoeld in de artikelen 253sa en 253t, eindigt op de dag waarop in kracht van gewijsde is gegaan de beschikking waarbij aan de ouders gezamenlijk gezag is toegekend of het gezamenlijk gezag van de ouder en de ander is beëindigd.
2. Is de beschikking, bedoeld in het eerste lid, uitvoerbaar bij voorraad verklaard, dan eindigt het gezamenlijk gezag van de ouder en de ander daags nadat de beschikking is verstrekt of verzonden.

Beëindiging van gezamenlijk gezag

Afdeling 3B
[Treedt in werking op nader te bepalen tijdstip]

Art. 253z-253zd
[Treedt in werking op nader te bepalen tijdstip]

Afdeling 4
Ondertoezichtstelling van minderjarigen

Art. 254
In deze afdeling wordt verstaan onder gecertificeerde instelling: gecertificeerde instelling als bedoeld in artikel 1.1 van de Jeugdwet.

Gecertificeerde instelling

Art. 255
1. De kinderrechter kan een minderjarige onder toezicht stellen van een gecertificeerde instelling indien een minderjarige zodanig opgroeit dat hij in zijn ontwikkeling ernstig wordt bedreigd, en:
a. de zorg die in verband met het wegnemen van de bedreiging noodzakelijk is voor de minderjarige of voor zijn ouders of de ouder die het gezag uitoefenen, door dezen niet of onvoldoende wordt geaccepteerd, en
b. de verwachting gerechtvaardigd is dat de ouders of de ouder die het gezag uitoefenen binnen een gelet op de persoon en de ontwikkeling van de minderjarige aanvaardbaar te achten termijn, de verantwoordelijkheid voor de verzorging en opvoeding, bedoeld in artikel 247, tweede lid, in staat zijn te dragen.
2. De kinderrechter kan een minderjarige onder toezicht stellen op verzoek van de raad voor de kinderbescherming of het openbaar ministerie. Tevens zijn een ouder en degene die niet de ouder is en de minderjarige als behorende tot zijn gezin verzorgt en opvoedt bevoegd tot het doen van het verzoek indien de raad voor de kinderbescherming niet tot indiening van het verzoek overgaat.
3. Indien de raad niet tot indiening van een verzoek tot ondertoezichtstelling overgaat nadat hij een verzoek tot onderzoek als bedoeld in artikel 2.4, eerste lid, van de Jeugdwet heeft ontvangen, deelt hij dit schriftelijk mee aan het college van burgemeester en wethouders dat het verzoek heeft gedaan. De burgemeester kan na ontvangst van die mededeling de raad voor de kinderbescherming verzoeken het oordeel van de kinderrechter te vragen of het noodzakelijk

Ondertoezichtstelling

is de minderjarige onder toezicht te stellen van een gecertificeerde instelling. De raad voor de kinderbescherming die van de burgemeester zodanig verzoek ontvangt, vraagt binnen twee weken na de dagtekening van dat verzoek het oordeel van de kinderrechter of een ondertoezichtstelling van de minderjarige moet volgen. In dat geval kan de kinderrechter de ondertoezichtstelling ambtshalve uitspreken.

4. De kinderrechter vermeldt in de beschikking de concrete bedreigingen in de ontwikkeling van de minderjarige alsmede de daarop afgestemde duur waarvoor de ondertoezichtstelling zal gelden.

5. Indien het verzoek, bedoeld in het tweede lid, niet alle minderjarigen betreft over wie de ouders of de ouder het gezag uitoefenen, kan de kinderrechter dit op verzoek van de raad voor de kinderbescherming of ambtshalve aanvullen, en deze minderjarigen, mits aan de grond van het eerste lid is voldaan, eveneens onder toezicht stellen.

Art. 256

Ondertoezichtstelling minderjarige met verblijfsvergunning voor bepaalde tijd

1. De kinderrechter kan een minderjarige door of voor wie een aanvraag tot het verlenen van een verblijfsvergunning voor bepaalde tijd als bedoeld in artikel 28 van de Vreemdelingenwet 2000 is ingediend en die in verband daarmee in een centrum als bedoeld in artikel 1, onder d, van de Wet Centraal Orgaan opvang asielzoekers verblijft, onder toezicht stellen van een daartoe door Onze Minister van Justitie aanvaarde rechtspersoon.

2. Onze Minister van Justitie kan voorwaarden stellen bij of voorschriften verbinden aan de aanvaarding, bedoeld in het eerste lid, en de rechtspersoon voor een bepaalde tijd aanvaarden.

3. Op de ondertoezichtstelling en een rechtspersoon als bedoeld in het eerste lid zijn de bepalingen van de afdelingen 4 en 5 alsmede artikel 326 van overeenkomstige toepassing.

4. In geval van vervanging van de rechtspersoon op grond van artikel 259, wordt een gecertificeerde instelling benoemd die een contract of een subsidierelatie heeft met de gemeente waar de minderjarige zijn woonplaats als bedoeld in de Jeugdwet heeft. Hetzelfde geldt indien de rechtspersoon niet meer voldoet aan de eisen voor benoeming, bedoeld in het eerste lid, in welk geval de kinderrechter ambtshalve tot vervanging overgaat, tenzij voortzetting van de taken door bedoelde rechtspersoon om reden van continuïteit noodzakelijk is.

Art. 257

Voorlopige ondertoezichtstelling

1. De kinderrechter kan de minderjarige voorlopig onder toezicht stellen van een gecertificeerde instelling indien een ernstig vermoeden bestaat dat de grond, bedoeld in artikel 255, eerste lid, is vervuld en de maatregel noodzakelijk is om een acute en ernstige bedreiging voor de minderjarige weg te nemen.

2. Het tweede lid van artikel 255 is van overeenkomstige toepassing. De kinderrechter bepaalt de duur van dit toezicht op ten hoogste drie maanden en kan de beslissing te allen tijde herroepen.

Art. 258

Duur ondertoezichtstelling

De duur van de ondertoezichtstelling is, behoudens verlenging als bedoeld in artikel 260, ten hoogste een jaar. De duur van de voorlopige ondertoezichtstelling komt hierop niet in mindering.

Art. 259

Vervanging gecertificeerde instelling

De kinderrechter kan de gecertificeerde instelling die het toezicht heeft, vervangen door een andere gecertificeerde instelling, op verzoek van de gecertificeerde instelling die het toezicht heeft, de raad voor de kinderbescherming, een met het gezag belaste ouder of de minderjarige van twaalf jaar of ouder.

Art. 260

Verlenging duur ondertoezichtstelling

1. De kinderrechter kan, mits aan de grond, bedoeld in artikel 255, eerste lid, is voldaan, de duur van de ondertoezichtstelling telkens verlengen met ten hoogste een jaar.

2. De kinderrechter kan de ondertoezichtstelling verlengen op verzoek van de gecertificeerde instelling die het toezicht heeft. Indien deze gecertificeerde instelling niet tot een verzoek overgaat, zijn de raad voor de kinderbescherming, een ouder, degene die niet de ouder is en de minderjarige als behorende tot zijn gezin verzorgt en opvoedt en het openbaar ministerie bevoegd tot het doen van het verzoek.

Art. 261

Opheffing ondertoezichtstelling

1. De kinderrechter kan de ondertoezichtstelling opheffen indien de grond, bedoeld in artikel 255, eerste lid, niet langer is vervuld.

2. Hij kan dit doen op verzoek van de gecertificeerde instelling die het toezicht heeft. Indien deze gecertificeerde instelling niet tot een verzoek overgaat, zijn de raad voor de kinderbescherming, een met het gezag belaste ouder of de minderjarige van twaalf jaar of ouder bevoegd tot het doen van het verzoek.

Art. 262

Inhoud ondertoezichtstelling

1. De gecertificeerde instelling houdt toezicht op de minderjarige en zorgt dat aan de minderjarige en de met het gezag belaste ouders of ouder hulp en steun worden geboden opdat de concrete bedreigingen in de ontwikkeling van de minderjarige, bedoeld in artikel 255, vijfde lid, binnen de duur van de ondertoezichtstelling worden weggenomen. De inspanningen van

de gecertificeerde instelling zijn erop gericht de ouders of de ouder zoveel mogelijk de verantwoordelijkheid voor de verzorging en opvoeding van hun kinderen te laten dragen.
2. Indien het ontwikkelingsniveau van de minderjarige en diens bekwaamheid en behoefte zelfstandig te handelen en zijn leven naar eigen inzicht in te richten daartoe aanleiding geven, zijn de inspanningen van de gecertificeerde instelling dienovereenkomstig mede gericht op het vergroten van de zelfstandigheid van de minderjarige.
3. De gecertificeerde instelling bevordert de gezinsband tussen de met het gezag belaste ouders of ouder en de minderjarige.

Art. 262a
[Dit artikel treedt niet meer in werking. Het artikel is ingetrokken door Stb. 2014/442.]   *Plan van aanpak*
1. De stichting stelt ter uitvoering van haar taak als eerste de ouder of ouders met gezag in de gelegenheid om samen met bloedverwanten, aanverwanten of anderen die tot de sociale omgeving behoren binnen zes weken een plan van aanpak op te stellen of een bestaand plan aan te passen. Slechts indien de concrete bedreigingen in de ontwikkeling van het kind hiertoe aanleiding geven of de belangen van het kind anderszins geschaad worden, kan de stichting hiervan afzien.
2. Indien het plan van aanpak geschikt is om binnen de duur van de ondertoezichtstelling de concrete bedreigingen, bedoeld in artikel 255, vijfde lid, weg te nemen, geldt het als het plan, bedoeld in artikel 13, derde lid, van de Wet op de jeugdzorg. Indien het plan van aanpak naar het oordeel van de stichting niet geschikt is om de concrete bedreigingen weg te nemen, deelt de stichting dit binnen vijf werkdagen na de aanbieding van het plan van aanpak gemotiveerd aan de ouder of ouders met gezag mede, en stelt zij hen in de gelegenheid om het plan van aanpak binnen twee weken aan te passen. Indien de stichting binnen deze termijn geen aangepast plan van aanpak ontvangt of een plan van aanpak ontvangt dat naar haar oordeel evenmin geschikt is om de concrete bedreigingen weg te nemen, stelt zij alsnog zelf een plan als bedoeld in artikel 13, derde lid, van de Wet op de jeugdzorg op.
3. Op verzoek van een met het gezag belaste ouder of de minderjarige van twaalf jaar of ouder kan de kinderrechter het plan van aanpak laten gelden als het plan, bedoeld in artikel 13, derde lid, van de Wet op de jeugdzorg. Artikel 264, tweede en derde lid, zijn van overeenkomstige toepassing.

Art. 262b
Geschillen die de uitvoering van de ondertoezichtstelling betreffen, die omtrent gedragingen   *Geschillen*
als bedoeld in artikel 4.2.1 van de Jeugdwet, uitgezonderd, kunnen aan de kinderrechter worden voorgelegd. De kinderrechter neemt op verzoek van een met het gezag belaste ouder, de minderjarige van twaalf jaar of ouder, de gecertificeerde instelling, degene die de minderjarige als behorende tot zijn gezin verzorgt en opvoedt, of de zorgaanbieder of de aanbieder van de jeugdhulp als bedoeld in artikel 1.1 van de Jeugdwet, waar de minderjarige is geplaatst, een zodanige beslissing als hem in het belang van de minderjarige wenselijk voorkomt. Hij beproeft alvorens te beslissen een vergelijk tussen de betrokkenen.

Art. 263
1. De gecertificeerde instelling kan ter uitvoering van haar taak schriftelijke aanwijzingen geven   *Schriftelijke aanwijzingen*
betreffende de verzorging en opvoeding van de minderjarige. Zij kan dit doen indien de met het gezag belaste ouder of de minderjarige niet instemmen met, dan wel niet of onvoldoende medewerking verlenen aan de uitvoering van het plan, bedoeld in artikel 4.1.3, eerste lid, van de Jeugdwet of indien dit noodzakelijk is teneinde de concrete bedreigingen in de ontwikkeling van de minderjarige weg te nemen.
2. De met het gezag belaste ouders of ouder en de minderjarige volgen een schriftelijke aanwijzing op.
3. De gecertificeerde instelling kan de kinderrechter verzoeken een schriftelijke aanwijzing te bekrachtigen. Tegelijkertijd kan een door de wet toegelaten dwangmiddel worden verzocht bij niet nakoming van deze aanwijzing tenzij het belang van het kind zich tegen oplegging daarvan verzet.

Art. 264
1. Op verzoek van een met het gezag belaste ouder of de minderjarige van twaalf jaar of ouder   *Vervallen schriftelijke aanwijzing*
kan de kinderrechter een schriftelijke aanwijzing geheel of gedeeltelijk vervallen verklaren. Het verzoek heeft geen schorsende kracht, tenzij de kinderrechter het tegendeel bepaalt.
2. Bij de indiening van het verzoek wordt de beslissing van de gecertificeerde instelling overgelegd.
3. De termijn voor het indienen van het verzoek bedraagt twee weken en vangt aan met ingang van de dag na die waarop de beslissing is verzonden of uitgereikt.
4. Ten aanzien van een na afloop van deze termijn ingediend verzoek blijft niet-ontvankelijkverklaring achterwege indien de verzoeker redelijkerwijs niet geoordeeld kan worden in verzuim te zijn geweest.

Art. 265

Intrekken schriftelijke aanwijzing

1. Op verzoek van degene aan wie de aanwijzing is gericht, kan de gecertificeerde instelling een schriftelijke aanwijzing wegens gewijzigde omstandigheden geheel of gedeeltelijk intrekken.
2. De gecertificeerde instelling geeft haar beslissing schriftelijk en binnen twee weken na ontvangst van het verzoek.

Schakelbepaling

3. Artikel 264 is van overeenkomstige toepassing.
4. Het niet of niet tijdig nemen van een beslissing door de gecertificeerde instelling staat gelijk met afwijzing van het verzoek. De termijn voor het indienen van het verzoek aan de kinderrechter loopt in dat geval door zolang de gecertificeerde instelling niet heeft beslist en eindigt, indien de gecertificeerde instelling alsnog beslist, na verloop van twee weken te rekenen met ingang van de dag waarop de beslissing is verzonden of uitgereikt.

Art. 265a

Machtiging tot uithuisplaatsing

Plaatsing van de minderjarige gedurende dag en nacht buiten het gezin geschiedt uitsluitend met een machtiging tot uithuisplaatsing.

Art. 265b

Machtiging tot uithuisplaatsing, noodzaak

1. Indien dit noodzakelijk is in het belang van de verzorging en opvoeding van de minderjarige of tot onderzoek van diens geestelijke of lichamelijke gesteldheid, kan de kinderrechter de gecertificeerde instelling, bedoeld in artikel 1.1 van de Jeugdwet, die belast is met de uitvoering van de ondertoezichtstelling op haar verzoek machtigen de minderjarige gedurende dag en nacht uit huis te plaatsen.
2. De machtiging kan eveneens worden verleend op verzoek van de raad voor de kinderbescherming of op verzoek van het openbaar ministerie. De raad voor de kinderbescherming of het openbaar ministerie legt bij het verzoek, bedoeld in het eerste lid, het besluit van het college van burgemeester en wethouders, bedoeld in artikel 2.3, eerste lid, van de Jeugdwet over.
3. De kinderrechter kan in afwijking van het tweede lid een machtiging tot uithuisplaatsing verlenen zonder dat het college van burgemeester en wethouders een daartoe strekkend besluit heeft genomen, indien het belang van het kind dit vergt.
4. Voor opnemen en verblijf als bedoeld in artikel 6.1.2, eerste lid, of 6.1.3, eerste lid, van de Jeugdwet is geen machtiging als bedoeld in het eerste lid vereist, doch een machtiging als bedoeld in genoemde artikelleden. Deze machtiging geldt voor de toepassing van artikel 265a als een machtiging als bedoeld in het eerste lid.

Art. 265c

Machtiging tot uithuisplaatsing, duur

1. De duur van de machtiging tot uithuisplaatsing is, behoudens verlenging als bedoeld in het tweede lid, ten hoogste een jaar. Indien een minderjarige voorlopig onder toezicht is gesteld en gelijktijdig een machtiging tot uithuisplaatsing is verleend, komt de duur hiervan niet in mindering op de termijn van ten hoogste een jaar.
2. Op verzoek van de gecertificeerde instelling kan de kinderrechter de duur telkens met ten hoogste een jaar verlengen. Indien de gecertificeerde instelling niet overgaat tot een verzoek, kan verlenging plaatsvinden op verzoek van de raad voor de kinderbescherming of het openbaar ministerie.
3. Een machtiging vervalt indien deze na verloop van drie maanden niet ten uitvoer is gelegd.

Art. 265d

Beëindiging uithuisplaatsing

1. Een uithuisplaatsing kan door de gecertificeerde instelling worden beëindigd indien deze niet langer noodzakelijk is in het belang van de verzorging en opvoeding van de minderjarige of tot het verrichten van het onderzoek, bedoeld in artikel 265b, eerste lid, en het belang van de minderjarige zich tegen beëindiging niet verzet.
2. De met het gezag belaste ouder, de minderjarige van twaalf jaar of ouder of een ander die de minderjarige als behorende tot zijn gezin verzorgt en opvoedt kunnen wegens gewijzigde omstandigheden de gecertificeerde instelling verzoeken:
a. de uithuisplaatsing te beëindigen;
b. de duur ervan te bekorten;
c. af te zien van een krachtens de machtiging toegestane wijziging van de verblijfplaats van de minderjarige, tenzij de toestemming reeds met toepassing van artikel 265i is verleend.
3. De gecertificeerde instelling geeft een schriftelijke beslissing binnen twee weken na ontvangst van het verzoek.
4. Op verzoek van een in het tweede lid genoemde persoon kan de kinderrechter de machtiging geheel of gedeeltelijk intrekken of de duur ervan bekorten. Artikel 264, eerste lid, tweede volzin, tweede tot en met vierde lid, alsmede artikel 265, vierde lid, zijn van toepassing.

Art. 265e

Gedeeltelijke uitvoering gezag

1. De kinderrechter kan bij de verlening van de machtiging tot uithuisplaatsing en ook nadat deze machtiging is verleend, op verzoek bepalen dat het gezag gedeeltelijk wordt uitgeoefend door de gecertificeerde instelling die het toezicht uitoefent, voor zover dit noodzakelijk is in verband met de uitvoering van de ondertoezichtstelling. Hij kan dit doen met betrekking tot:
a. de aanmelding van de minderjarige bij een onderwijsinstelling,

b. het geven van toestemming voor een medische behandeling van de minderjarige jonger dan twaalf jaar of van de minderjarige van twaalf jaar of ouder die niet in staat kan worden geacht tot een redelijke waardering van zijn belangen terzake, of
c. het doen van een aanvraag tot het verlenen van een verblijfsvergunning ten behoeve van de minderjarige als bedoeld in de artikelen 14 of 28 van de Vreemdelingenwet 2000.
2. De duur van de gedeeltelijke uitoefening van het gezag is niet langer dan die van de verleende machtiging tot uithuisplaatsing.
3. De kinderrechter kan de duur van de gedeeltelijke uitoefening van het gezag telkens met ten hoogste een jaar verlengen.
4. Op verzoek kan een beslissing als bedoeld in het eerste of derde lid wegens gewijzigde omstandigheden worden gewijzigd.
5. De verzoeken, bedoeld in het eerste, derde en vierde lid, kunnen worden gedaan door de gecertificeerde instelling die het toezicht uitoefent. Indien deze gecertificeerde instelling niet tot een verzoek overgaat, zijn de raad voor de kinderbescherming of degene die niet de ouder is en de minderjarige als behorende tot zijn gezin verzorgt en opvoedt bevoegd tot het doen van het verzoek.

Art. 265f
1. Voor zover noodzakelijk in verband met de uithuisplaatsing van de minderjarige, kan de gecertificeerde instelling voor de duur daarvan de contacten tussen een met het gezag belaste ouder en de minderjarige beperken.

Beperking contact minderjarige - ouder

2. De beslissing van de gecertificeerde instelling geldt als een schriftelijke aanwijzing. Artikel 264 en artikel 265 zijn van overeenkomstige toepassing, met dien verstande dat de kinderrechter een zodanige regeling kan vaststellen als hem in het belang van de minderjarige wenselijk voorkomt.

Art. 265g
1. Voor de duur van de ondertoezichtstelling kan de kinderrechter op verzoek van de gecertificeerde instelling een verdeling van de zorg- en opvoedingstaken of een regeling inzake de uitoefening van het recht op omgang vaststellen of wijzigen voor zover dit in het belang van de minderjarige noodzakelijk is.

Verdeling zorg- en opvoedingstaken/omgangsregeling

2. Op het verzoek van een met het gezag belaste ouder, een omgangsgerechtigde, de minderjarige van twaalf jaar of ouder en de gecertificeerde instelling kan de kinderrechter die in het eerste lid genoemde beslissing wijzigen op grond dat nadien de omstandigheden zijn gewijzigd, of dat bij het nemen van de beslissing van onjuiste of onvolledige gegevens is uitgegaan.
3. Zodra de ondertoezichtstelling is geëindigd, geldt de op grond van het eerste lid vastgestelde regeling als een regeling als bedoeld in artikel 253a, tweede lid, onder a, dan wel artikel 377a, tweede lid.

Art. 265h
1. Indien een medische behandeling van een minderjarige jonger dan twaalf jaar noodzakelijk is om ernstig gevaar voor diens gezondheid af te wenden en de ouder die het gezag uitoefent zijn toestemming daarvoor weigert, kan deze toestemming op verzoek van de gecertificeerde instelling worden vervangen door die van de kinderrechter.

Medische behandeling

2. Het eerste lid is van overeenkomstige toepassing ten aanzien van een medische behandeling van een minderjarige van twaalf jaar of ouder die niet in staat kan worden geacht tot een redelijke waardering van zijn belangen terzake.

Art. 265i
1. De gecertificeerde instelling behoeft de toestemming van de kinderrechter voor wijziging in het verblijf van een minderjarige die ten minste een jaar door een ander als de ouder is opgevoed en verzorgd als behorende tot zijn gezin.

Wijziging verblijf

2. De toestemming wordt door de kinderrechter op verzoek van de gecertificeerde instelling verleend en slechts afgewezen indien de kinderrechter dit in het belang van de minderjarige noodzakelijk oordeelt.
3. Indien de kinderrechter het verzoek, bedoeld in het tweede lid, afwijst, kan hij tevens bepalen dat de ondertoezichtstelling en de machtiging tot uithuisplaatsing van kracht blijven voor ten hoogste een jaar. De gecertificeerde instelling is gehouden de machtiging tot uithuisplaatsing ten uitvoer te leggen.

Art. 265j
1. Indien de gecertificeerde instelling oordeelt dat niet-verlenging van de ondertoezichtstelling, bedoeld in artikel 260, tweede lid, of niet-verlenging van de machtiging tot uithuisplaatsing, bedoeld in artikel 265c, tweede lid, aangewezen is, doet zij hiervan tijdig doch uiterlijk twee maanden voor het verstrijken van de duur van de ondertoezichtstelling of machtiging tot uithuisplaatsing en onder overlegging van een verslag van het verloop van de ondertoezichtstelling of de uithuisplaatsing mededeling aan de raad voor de kinderbescherming.

Niet-verlenging ondertoezichtstelling/uithuisplaatsing

2. De gecertificeerde instelling kan een uithuisplaatsing gedurende de termijn waarvoor zij is toegestaan beëindigen. De gecertificeerde instelling doet van het voornemen daartoe tijdig doch uiterlijk een maand voor het voorgenomen tijdstip van beëindiging en onder overlegging van

Beëindiging uithuisplaatsing

een verslag van het verloop van de uithuisplaatsing, mededeling aan de raad voor de kinderbescherming.
3. Indien een ondertoezichtstelling met uithuisplaatsing twee jaar of langer heeft geduurd, gaat het verzoek tot verlenging van de ondertoezichtstelling en uithuisplaatsing van de gecertificeerde instelling vergezeld van een advies van de raad voor de kinderbescherming met betrekking tot de verlenging van die ondertoezichtstelling. De gecertificeerde instelling doet van het voornemen tot een voornoemd verzoek tijdig doch uiterlijk twee maanden voor het verstrijken van de ondertoezichtstelling mededeling aan de raad voor de kinderbescherming.

Art. 265k

Schriftelijk verzoek tot ondertoezichtstelling

1. Verzoeken op grond van deze afdeling worden schriftelijk gedaan. Voor zover zij aan de kinderrechter zijn gericht, kunnen zij worden ingediend zonder advocaat met uitzondering van het verzoek bedoeld in artikel 262b.
2. De gecertificeerde instelling die een verzoek indient of ter terechtzitting wordt opgeroepen, zendt bij het verzoekschrift of onverwijld na de oproep, het plan, bedoeld in artikel 4.1.3, eerste lid, van de Jeugdwet, en een verslag van het verloop van de ondertoezichtstelling aan de kinderrechter.
3. Het plan en het verslag, bedoeld in het tweede lid, worden eveneens gezonden aan de raad voor de kinderbescherming.
4. De verzoeken die de gecertificeerde instelling ter uitvoering van haar taak tot de rechter richt, kunnen worden ingediend zonder advocaat en worden kosteloos behandeld; de grossen, afschriften en uittreksels, die zij tot dat doel aanvraagt, worden haar door de griffiers vrij van alle kosten uitgereikt.

Afdeling 5
Beëindiging van het ouderlijk gezag

Art. 266

Beëindiging ouderlijk gezag

1. De rechtbank kan het gezag van een ouder beëindigen indien:
a. een minderjarige zodanig opgroeit dat hij in zijn ontwikkeling ernstig wordt bedreigd, en de ouder niet de verantwoordelijkheid voor de verzorging en opvoeding, bedoeld in artikel 247, tweede lid, in staat is te dragen binnen een voor de persoon en de ontwikkeling van de minderjarige aanvaardbaar te achten termijn, of
b. de ouder het gezag misbruikt.
2. Het gezag van de ouder kan ook worden beëindigd indien het gezag is geschorst, mits aan het eerste lid is voldaan.

Art. 267

Verzoek tot beëindiging ouderlijk gezag

1. Beëindiging van het gezag kan worden uitgesproken op verzoek van de raad voor de kinderbescherming of het openbaar ministerie. Tevens is degene die niet de ouder is en de minderjarige gedurende ten minste een jaar als behorende tot zijn gezin verzorgt en opvoedt bevoegd tot het doen van het verzoek indien de raad voor de kinderbescherming niet tot een verzoek overgaat.
2. Indien de raad niet tot een verzoek als bedoeld in het eerste lid overgaat nadat hij een verzoek tot onderzoek hiertoe van de gecertificeerde instelling die de ondertoezichtstelling over de minderjarige uitvoert, heeft ontvangen, deelt hij dit schriftelijk mee aan de gecertificeerde instelling. De gecertificeerde instelling kan na ontvangst van die mededeling de raad voor de kinderbescherming verzoeken het oordeel van de rechtbank te vragen of beëindiging van het gezag het noodzakelijk is. De raad voor de kinderbescherming die van de gecertificeerde instelling zodanig verzoek ontvangt, vraagt binnen twee weken na de dagtekening van dat verzoek het oordeel van de rechtbank of een beëindiging van het gezag moet volgen. In dat geval kan de rechtbank de beëindiging van het gezag ambtshalve uitspreken.

Art. 267a

Afwijzing verzoek beëindiging gezag

De rechtbank die een verzoek tot beëindiging van het gezag afwijst, kan een minderjarige onder toezicht te stellen als bedoeld in artikel 255 mits aan de grond hiervoor is voldaan.

Art. 268

Schorsing ouderlijk gezag

1. De rechtbank kan een ouder geheel of gedeeltelijk in de uitoefening van het gezag schorsen indien:
a. een ernstig vermoeden bestaat dat de grond, bedoeld in artikel 266, eerste lid, aanhef en onder a of b is vervuld en de maatregel noodzakelijk is om een acute en ernstige bedreiging voor de minderjarige weg te nemen, of
b. een medische behandeling van een minderjarige jonger dan twaalf jaar of van de minderjarige van twaalf jaar of ouder die niet in staat kan worden geacht tot een redelijke waardering van zijn belangen terzake, noodzakelijk is om ernstig gevaar voor diens gezondheid af te wenden en een ouder die het gezag uitoefent toestemming daarvoor weigert.
2. Indien de ouders gezamenlijk het gezag uitoefenen, wordt gedurende de schorsing van het gezag van één van hen het gezag door de andere ouder alleen uitgeoefend, tenzij de kinderrechter

een gecertificeerde instelling als bedoeld in artikel 1.1 van de Jeugdwet, met de voorlopige voogdij over de minderjarige belast. In dat geval is ook het gezag van deze ouder geschorst.
3. Betreft de schorsing beide ouders of een ouder die alleen het gezag uitoefent, dan belast de rechtbank een gecertificeerde instelling als bedoeld in artikel 1.1 van de Jeugdwet, met de voorlopige voogdij over de minderjarige. De gecertificeerde instelling heeft de bevoegdheden van een voogd.
4. Artikel 267 is van overeenkomstige toepassing.   Schakelbepaling
5. De schorsing in de uitoefening van het gezag vervalt na verloop van drie maanden na de dag van de beschikking, tenzij voor het einde van deze termijn beëindiging van het gezag is verzocht.

Art. 269
In plaats van schorsing van beide ouders of van een ouder in de uitoefening van het gezag als bedoeld in artikel 268, kan de rechtbank een kind onder toezicht stellen als bedoeld in artikel 255 mits aan de grond hiervoor is voldaan.   *Ondertoezichtstelling in plaats van schorsing ouderlijk gezag*

Art. 270-273
[Vervallen]

Art. 274
1. Indien de ouders gezamenlijk het gezag uitoefenen, wordt na de beëindiging van het gezag van een van hen voortaan het gezag door de andere ouder alleen uitgeoefend.   *Ouderlijk gezag, gevolgen beëindiging gezamenlijk gezag*

2. In geval van beëindiging van het gezag van een ouder, die het gezag alleen uitoefent, kan de andere ouder de rechtbank te allen tijde verzoeken met de uitoefening van het gezag te worden belast. Dit verzoek wordt ingewilligd indien de rechtbank dit in het belang van de minderjarige noodzakelijk oordeelt.
3. De rechtbank die het verzoek bedoeld bij het vorige lid heeft afgewezen, kan deze beschikking steeds wijzigen. Zij doet dit echter slechts op verzoek van de betrokken ouder, en niet dan op grond van omstandigheden, waarmede de rechter bij het geven van de beschikking geen rekening heeft kunnen houden.
(Zie ook: artt. 246, 247, 334 BW Boek 1)

Art. 275
1. Indien de andere ouder het gezag niet voortaan alleen uitoefent, benoemt de rechtbank een voogd over de minderjarigen.   *Ouderlijk gezag, benoeming voogd na beëindiging gezamenlijk gezag*

2. Ieder die tot uitoefening van de voogdij bevoegd is, kan tijdens het onderzoek schriftelijk aan de rechtbank verzoeken met de uitoefening van de voogdij te worden belast.
3. In geval van beëindiging van het gezag op verzoek van de pleegouders benoemt de rechtbank bij voorkeur tot voogd degenen, dan wel degene, die op het tijdstip van het verzoek de minderjarige ten minste een jaar als behorende tot hun gezin hebben verzorgd en opgevoed, mits dezen bevoegd zijn tot de voogdij.
(Zie ook: artt. 324, 334 BW Boek 1)

Art. 276
1. Indien de ouder wiens gezag is beëindigd het bewind over het vermogen van zijn kinderen voerde, wordt hij tevens veroordeeld tot het afleggen van rekening en verantwoording aan zijn opvolger in dit bewind.   *Ouderlijk gezag, bewindvoering na ontzetting/ontheffing*

2. Hebben de kinderen goederen gemeen, maar komen zij onder het gezag van verschillende personen, dan kan de rechtbank een van dezen of een derde aanwijzen om over deze goederen tot de verdeling het bewind te voeren. De aangewezen bewindvoerder stelt de waarborgen die de rechtbank van hem verlangt.
3. Op het bewind krachtens het vorige lid is artikel 253k van toepassing, indien een der ouders als bewindvoerder is aangewezen, en anders paragraaf 10 van afdeling 6 van deze titel. De bewindvoerder is bij uitsluiting bevoegd tot vernietiging van rechtshandelingen van minderjarige deelgenoten, strekkend tot beheer of beschikking met betrekking tot de onder bewind staande goederen.
(Zie ook: art. 370 BW Boek 1)

Art. 277
1. De rechtbank kan de ouder wiens gezag is beëindigd, op zijn verzoek in het gezag herstellen indien: *Herstel ouderlijk gezag*
a. herstel in het gezag in het belang van de minderjarige is, en
b. de ouder duurzaam de verantwoordelijkheid voor de verzorging en opvoeding van de minderjarige, bedoeld in artikel 247, tweede lid, in staat is te dragen.
2. Indien ter gelegenheid van de beëindiging van het gezag het gezag aan de andere ouder is opgedragen, belast de rechtbank de ouder wiens gezag was beëindigd en deze alleen het in het eerste lid bedoelde verzoek doet, niet met het gezag, tenzij de omstandigheden na het nemen van de beschikking waarbij het gezag aan de andere ouder werd opgedragen, zijn gewijzigd of

art. 1:278   13 Burgerlijk Wetboek Boek 1

bij het nemen van de beschikking van onjuiste of onvolledige gegevens is uitgegaan. Artikel 253e is van overeenkomstige toepassing.

Art. 278

Verzoek tot herstel door de raad voor de kinderbescherming

1. Een verzoek als bedoeld in artikel 277 van dit boek kan ook worden gedaan door de raad voor de kinderbescherming.

2. Hangende het onderzoek kan zowel de raad voor de kinderbescherming als de te herstellen ouder de rechtbank verzoeken de beslissing aan te houden tot het einde van een door haar te bepalen proeftijd van ten hoogste zes maanden; gedurende die tijd zal het kind bij de in het gezag te herstellen ouder verblijven. De rechtbank is te allen tijde bevoegd de proeftijd te beëindigen.
(Zie ook: art. 335 BW Boek 1)

Afdeling 6
Voogdij

§ 1
Voogdij in het algemeen

Art. 279
[Vervallen]

Art. 280

Voogdij

De voogdij begint:
a. voor de voogd die door een ouder is benoemd: op het tijdstip waarop hij zich na het overlijden van deze ouder bereid verklaart de voogdij te aanvaarden. De verklaring moet door de betrokkene in persoon of bij bijzondere gevolmachtigde worden afgelegd ter griffie van de rechtbank die overeenkomstig de tweede afdeling van de derde titel van het eerste boek van het Wetboek van Burgerlijke Rechtsvordering in zaken betreffende minderjarigen bevoegd is. De verklaring moet worden afgelegd binnen veertien dagen, of - indien de persoon, die de verklaring moet afleggen, zich buiten Nederland bevindt - binnen twee maanden, nadat de benoeming is betekend. Tot betekening kan iedere belanghebbende, alsmede de raad voor de kinderbescherming opdracht geven.
b. voor de voogd die - nadat hij zich bereid heeft verklaard de voogdij te aanvaarden - door de rechter is benoemd: op de dag, waarop de beslissing die de benoeming inhoudt, in kracht van gewijsde is gegaan, of - zo deze uitvoerbaar bij voorraad is verklaard - daags nadat de beslissing die de benoeming inhoudt, is verstrekt of verzonden. Een mondelinge bereidverklaring geschiedt ten overstaan de rechter die benoemt; een schriftelijke bereidverklaring wordt ingediend ter griffie waar de benoeming zal geschieden.
(Zie ook: artt. 381, 383 BW Boek 1; art. 824 Rv)

Art. 281

Einde van voogdij

1. De voogdij eindigt op de dag, waarop in kracht van gewijsde is gegaan de beschikking waarbij:
a. de voogd is ontslagen of de voogdij is beëindigd;
b. het gezag over de onder zijn voogdij staande minderjarige aan een of beide ouders is opgedragen; of
c. de voogdij overeenkomstig artikel 299a van dit boek aan een andere voogd is opgedragen.
2. Is een beschikking als in het eerste lid bedoeld, uitvoerbaar verklaard bij voorraad, dan eindigt de voogdij daags nadat de beschikking is verstrekt of verzonden.
(Zie ook: artt. 166, 183, 218, 277, 322, 327, 385 BW Boek 1)

Art. 282

Gezamenlijke uitoefening van voogdij

1. Op eensluidend verzoek van de voogd en een ander die in een nauwe persoonlijke betrekking tot het kind staat, kan de rechter bepalen dat de voogdij door hen gezamenlijk wordt uitgeoefend.
2. Voor de duur van de gezamenlijke uitoefening van de voogdij worden beide in het eerste lid bedoelde personen als voogd aangemerkt.
3. Het verzoek wordt afgewezen indien gegronde vrees bestaat dat bij inwilliging de belangen van het kind zouden worden verwaarloosd.
4. Gezamenlijke uitoefening van de voogdij is niet mogelijk ten aanzien van tijdelijke voogdij als bedoeld in de artikelen 296 en 297. Zij staat niet open voor rechtspersonen.

Schakelbepaling

5. Artikel 253a is van overeenkomstige toepassing.
6. In afwijking van artikel 336 hebben twee voogden die gezamenlijk de voogdij uitoefenen, de plicht en het recht het minderjarige kind te verzorgen en op te voeden. Artikel 253w is, zolang de gezamenlijke voogdij voortduurt, ten aanzien van hen beiden van overeenkomstige toepassing, tenzij het betreft pleegouders die zijn belast met de gezamenlijke voogdij en die met een zorgaanbieder een pleegcontract hebben gesloten als bedoeld in artikel 5.2 van de Jeugdwet.

13 Burgerlijk Wetboek Boek 1 — art. 1:296

7. Een verzoek als bedoeld in het eerste lid kan vergezeld gaan van een verzoek tot wijziging van de geslachtsnaam van het kind in de geslachtsnaam van een van de voogden. Een zodanig verzoek wordt afgewezen, indien:
a. het kind van twaalf jaar of ouder ter gelegenheid van zijn verhoor niet heeft ingestemd met het verzoek;
b. het verzoek tot gezamenlijke voogdij wordt afgewezen; of
c. het belang van het kind zich tegen toewijzing verzet.

Art. 282a
De gezamenlijke uitoefening van de voogdij eindigt op de dag waarop in kracht van gewijsde is gegaan de beschikking waarbij de gezamenlijke uitoefening van de voogdij is beëindigd of waarbij de voogdij is geëindigd ingevolge artikel 281, alsmede na het overlijden van een van de voogden.

Einde gezamenlijke uitoefening van voogdij

Art. 282b
Na de dood van een voogd die de voogdij samen met een ander uitoefende, oefent de andere voogd voortaan alleen de voogdij over de kinderen uit.

Overlijden voogd bij gezamenlijke uitoefening van voogdij

Art. 283
De verzoeken die de gecertificeerde instelling, bedoeld in artikel 1.1 van de Jeugdwet, dan wel de rechtspersoon, bedoeld in artikel 302, tweede lid, in verband met de uitoefening van de voogdij tot de rechter richt, kunnen worden ingediend zonder advocaat en worden kosteloos behandeld. De grossen, afschriften, en uittreksels, die zij tot dit doel aanvragen, worden hun door de griffiers vrij van alle kosten uitgereikt.

Kosteloze behandeling

Art. 284-291a
[Vervallen]

§ 2
Voogdij door een der ouders opgedragen

Art. 292
1. Een ouder kan bij uiterste wilsbeschikking of door hiervan aantekening te laten opnemen in het register, bedoeld in artikel 244, bepalen welke persoon dan wel welke twee personen na zijn dood voortaan als voogd onderscheidenlijk als gezamenlijke voogden het gezag over zijn kinderen zullen uitoefenen.
2. Hij kan geen rechtspersoon als voogd aanwijzen.
3. Hebben beide ouders van deze bevoegdheid gebruik gemaakt, en sterven zij, zonder dat men kan weten wie het eerst overleden is, dan bepaalt de rechtbank ambtshalve wiens beschikking of aantekening gevolg heeft.
(Zie ook: artt. 280, 302, 358 BW Boek 1; art. 922 BW Boek 4)
4. Heeft een ouder bij beschikking en bij aantekening verschillende voogden aangewezen, dan heeft de laatst gedane aanwijzing gevolg.

Aanwijzing van voogd bij testament

Art. 293
De door de ouder getroffen regeling heeft geen gevolg of vervalt:
a. indien na zijn overlijden de andere ouder van rechtswege of krachtens rechterlijke beschikking het gezag over zijn kinderen uitoefent;
b. indien en voor zover hij op het tijdstip van zijn overlijden het gezag over zijn kinderen niet heeft;
c. indien de ander die met de ouder gezamenlijk het gezag uitoefent van rechtswege de voogd over de kinderen wordt.

Geen gevolg of vervallen van aanwijzing bij testament

Art. 294
[Vervallen]

§ 3
Voogdij door de rechter opgedragen

Art. 295
De rechtbank benoemt een voogd over alle minderjarigen, die niet onder ouderlijk gezag staan en in wier voogdij niet op wettige wijze is voorzien.
(Zie ook: artt. 275, 280, 334 BW Boek 1)

Benoeming voogd door rechtbank

Art. 296
1. Is voorziening nodig in afwachting van het begin der voogdij overeenkomstig artikel 280 van dit boek, dan benoemt de rechtbank een voogd voor de duur van deze omstandigheden.
2. Zodra bedoelde omstandigheden zijn vervallen, wordt deze voogd op verzoek van hem die hij vervangt, door de rechtbank ontslagen.

Tijdelijke voorziening bij voogdij

Art. 297

Gronden voor benoeming van voogd door de rechtbank

1. De rechtbank benoemt insgelijks een voogd, wanneer voorziening nodig is wegens:
   a. tijdelijke onmogelijkheid, waarin een voogd zich bevindt, het gezag uit te oefenen; of
   b. onbekendheid van bestaan of verblijfplaats van de voogd; of
   c. in gebreke blijven van de voogd, het gezag uit te oefenen.
2. Is de benoeming op het eerste lid onder c gegrond, dan kan de rechtbank de benoemde voogd een beloning toekennen en is de in gebreke gebleven voogd jegens de minderjarige aansprakelijk voor de kosten die de vervanging veroorzaakt, alsmede, behoudens zijn verhaal op de benoemde voogd, voor diens verrichtingen.
3. Indien de in het eerste lid genoemde omstandigheden zijn vervallen, kan de voogd op eigen verzoek of op verzoek van degene die hij vervangt, door de rechtbank worden ontslagen tenzij de rechtbank dit niet in het belang van het kind noodzakelijk oordeelt.
4. Indien in geval van gezamenlijke uitoefening van de voogdij een van de in het eerste lid bedoelde omstandigheden zich voordoet ten aanzien van een van beide voogden, oefent de andere voogd het gezag over de kinderen alleen uit. Zodra deze omstandigheid is vervallen, herleeft de gezamenlijke voogdij. Het tweede lid is niet van toepassing.
(Zie ook: art. 385 BW Boek 1)

Art. 298

Schorsing voogd

Gedurende de in de beide voorgaande artikelen bedoelde voogdij is de uitoefening van de voogdij geschorst ten aanzien van de voogd die het betreft.
(Zie ook: artt. 271, 331, 385 BW Boek 1; art. 823 Rv)

Art. 299

Gerechtigden tot indienen verzoek tot benoeming voogd

De rechtbank benoemt de voogd op verzoek van bloed- of aanverwanten van de minderjarige, de raad voor de kinderbescherming, schuldeisers of andere belanghebbenden, of ambtshalve, behoudens artikel 282a.
(Zie ook: art. 385 BW Boek 1)

Art. 299a

Benoeming van verzorger tot voogd

1. Degene die met instemming van de voogd een minderjarige in zijn gezin - anders dan uit hoofde van een ondertoezichtstelling of een plaatsing onder voorlopige voogdij - ten minste een jaar heeft verzorgd en opgevoed, kan de kinderrechter verzoeken hem, dan wel een rechtspersoon als bedoeld in artikel 302 van dit boek, tot voogd te benoemen.
2. Indien de minderjarige door meer dan een persoon als behorende tot het gezin wordt verzorgd en opgevoed, kan het verzoek slechts door dezen gemeenschappelijk worden gedaan.
3. Het verzoek kan ook worden gedaan door de raad voor de kinderbescherming.
4. De kinderrechter willigt het verzoek slechts in, indien hij dit in het belang van de minderjarige acht en hem genoegzaam is gebleken, dat de voogd niet bereid is of van zijn bediening te doen ontslaan. Alsdan benoemt hij bij voorkeur degene wiens benoeming wordt verzocht tot voogd, mits deze bevoegd is tot uitoefening van de voogdij.
5. Is het bij het eerste lid bedoelde verzoek gedaan, dan blijft het tweede lid van artikel 336a, van dit boek buiten toepassing, totdat op het verzoek bij gewijsde is beslist.
6. In geval van gezamenlijke uitoefening van de voogdij wordt de in het eerste lid bedoelde instemming door beide voogden gegeven.
(Zie ook: artt. 271, 336a BW Boek 1)

Art. 300

[Vervallen]

Art. 301

Kennisgeving rechtbank door ambtenaar burgerlijke stand

1. De ambtenaar van de burgerlijke stand geeft de rechtbank onverwijld kennis:
   a. van het overlijden van ieder die minderjarige kinderen achterlaat;
   b. van de aangifte van geboorte van ieder kind, over wie de moeder uit wie het kind is geboren niet van rechtswege het gezag uitoefent.
2. Indien het huwelijk van de overledene die minderjarige kinderen nalaat, gerechtelijk was ontbonden, of de overledene van tafel en bed gescheiden was, bericht de ambtenaar van de burgerlijke stand - zo de andere ouder nog leeft - deze omstandigheden tevens aan de rechtbank. De rechtbank zendt, indien deze een andere is, de door haar ontvangen kennisgeving door aan de rechtbank die over het verzoek tot ontbinding van het huwelijk of tot scheiding van tafel en bed heeft beslist.
(Zie ook: Abesl. Cam. BW Boek 1)

§ 4
Voogdij van rechtspersonen

Art. 302

Aanwijzing Bureau Jeugdzorg als voogd

1. De rechter kan de voogdij opdragen aan een gecertificeerde instelling als bedoeld in artikel 1.1 van de Jeugdwet.

2. Onverminderd diens bevoegdheid een natuurlijke persoon tot voogd te benoemen, kan de rechter de voogdij over een minderjarige door of voor wie een aanvraag tot het verlenen van een verblijfsvergunning voor bepaalde tijd als bedoeld in artikel 28 van de Vreemdelingenwet 2000 is ingediend, en in verband daarmee in Nederland verblijft, alsmede over door Onze Minister van Justitie aan te wijzen categorieën andere minderjarigen, uitsluitend opdragen aan een daartoe door Onze Minister van Justitie aanvaarde rechtspersoon.
(Zie ook: Bar. BW Boek 1 ; art. 283 BW Boek 1)
3. Onze Minister van Justitie kan voorwaarden stellen bij of voorschriften verbinden aan de aanvaarding, bedoeld in het tweede lid, en de rechtspersoon voor een bepaalde tijd aanvaarden.
4. Op een rechtspersoon als bedoeld in het tweede lid, zijn de artikelen 303, 304, 305 en 328 van overeenkomstige toepassing.   *Schakelbepaling*

Art. 303
Voor zover de wet niet anders bepaalt, heeft de gecertificeerde instelling, bedoeld in artikel 1.1 van de Jeugdwet, die met de voogdij is belast, dezelfde bevoegdheden en verplichtingen als andere voogden.   *Voogdij, rechten/verplichtingen gecertificeerde instelling*

Art. 304
1. Met de gecertificeerde instelling, bedoeld in artikel 1.1 van de Jeugdwet zijn de bestuurders hoofdelijk en persoonlijk aansprakelijk voor iedere schade, die te wijten is aan een niet-behoorlijke uitoefening van de voogdij.   *Voogdij, aansprakelijkheid gecertificeerde instelling*
2. Iedere bestuurder zal zich echter van zijn aansprakelijkheid kunnen bevrijden door te bewijzen, dat hij geen schuld heeft aan de schade.

Art. 305
[Vervallen]

Art. 306
1. Zonder toestemming van de rechtbank mag een gecertificeerde instelling als bedoeld in artikel 1.1 van de Jeugdwet een hem toevertrouwde minderjarige niet buiten Nederland plaatsen.   *Uithuisplaatsing buiten Nederland*
2. De rechter verleent deze toestemming slechts, indien hij de plaatsing voor de minderjarige wenselijk acht.

Art. 306a
De zesde afdeling van deze titel is niet van toepassing op de uitoefening van de voorlopige voogdij als bedoeld in de artikelen 241, 268 en 331.   *Werkingssfeer*

Art. 307-319
[Vervallen]

§ 5
Ontslag van de voogdij

Art. 320-321
[Vervallen]

Art. 322
1. Iedere voogd kan zich van zijn bediening doen ontslaan, indien: *Ontslag van voogd*
a. hij aantoont, dat hij tengevolge van een sedert de aanvang van zijn bediening opgekomen geestelijk of lichamelijk gebrek niet meer in staat is deze waar te nemen;
b. hij de pensioengerechtigde leeftijd, bedoeld in artikel 7a, eerste lid, van de Algemene Ouderdomswet, heeft bereikt;
c. een daartoe bevoegd persoon zich schriftelijk heeft bereid verklaard van voogdij over te nemen, en de rechtbank deze overneming in het belang van de minderjarigen acht.
2. Bij gezamenlijke uitoefening van de voogdij is het eerste lid slechts van toepassing indien beide voogden zich van hun bediening willen doen ontslaan.
(Zie ook: art. 385 BW Boek 1)

Art. 323
Op verzoek van de voogden gezamenlijk of van een van hen beëindigt de rechter de gezamenlijke uitoefening van de voogdij. Alsdan bepaalt de rechter aan wie van beide voortaan het gezag over ieder der minderjarige kinderen alleen zal toekomen.   *Beëindiging van gezamenlijke uitoefening voogdij*

§ 6
Onbevoegdheid tot de voogdij

Art. 324
1. Wanneer een voogd op een der in artikel 246 van dit boek genoemde gronden onbevoegd is tot de voogdij, ontslaat de rechtbank hem en vervangt hem door een andere voogd.   *Ontslag van onbevoegde voogd*
2. Zij doet dit op verzoek van de voogd, bloed- of aanverwanten van de minderjarige, de raad voor de kinderbescherming, schuldeisers of andere belanghebbenden, of ambtshalve.

3. Indien in geval van gezamenlijke uitoefening van de voogdij een van de in het eerste lid genoemde gronden zich voordoet ten aanzien van een van beide voogden, oefent de andere voogd het gezag over de kinderen alleen uit.
4. Zodra de grond van de onbevoegdheid is vervallen, herleeft de gezamenlijke voogdij.
(Zie ook: artt. 233, 242, 378, 385, 435 BW Boek 1)

Art. 325
[Vervallen]

§ 7
Ondertoezichtstelling van onder voogdij staande minderjarigen

Art. 326

Ondertoezichtstelling van kinderen onder voogdij
Schakelbepaling

1. Kinderen die onder voogdij staan van natuurlijke personen, kunnen onder toezicht worden gesteld.
2. Op deze ondertoezichtstelling is afdeling 4 van titel 14 van overeenkomstige toepassing, met dien verstande nochtans, dat de ondertoezichtstelling en de verlenging daarvan ook door de voogd kunnen worden verzocht.
(Zie ook: artt. 47, 53, 242 BW Boek 1)

§ 8
Beëindiging van voogdij

Art. 327

Beëindiging voogdij natuurlijk persoon

De rechtbank kan de voogdij van een natuurlijk persoon beëindigen indien:
a. een minderjarige zodanig opgroeit dat hij in zijn ontwikkeling ernstig wordt bedreigd, en de voogd niet de verantwoordelijkheid voor de verzorging en opvoeding, bedoeld in artikel 247, tweede lid, in staat is te dragen binnen een voor de persoon en de ontwikkeling van de minderjarige aanvaardbaar te achten termijn, of
b. de voogd het gezag misbruikt , of
c. niet beschikt over de ingevolge artikel 2 van de Wet opneming buitenlandse kinderen ter adoptie vereiste beginseltoestemming.

Art. 328

Beëindiging voogdij gecertificeerde instelling

De rechtbank kan de voogdij van een gecertificeerde instelling als bedoeld in artikel 1.1 van de Jeugdwet of van een rechtspersoon als bedoeld in artikel 302, tweede lid, beëindigen indien een minderjarige zodanig opgroeit dat hij in zijn ontwikkeling ernstig wordt bedreigd, en:
a. zij haar taken op een niet verantwoorde wijze uitoefent als bedoeld in artikel 4.1.1, tweede lid, van de Jeugdwet, of
b. zij nalaat overeenkomstig artikel 305 de raad voor de kinderbescherming op de hoogte te houden.

Art. 329

Ambtshalve beëindiging voogdij

1. Beëindiging van de voogdij kan worden uitgesproken op verzoek van de raad voor de kinderbescherming, het openbaar ministerie of een der bloed- of aanverwanten van de minderjarige tot en met de vierde graad.
2. Ingeval artikel 336a toepassing heeft gevonden, kan de beëindiging bovendien worden verzocht door degene of degenen die de minderjarige als behorende tot hun gezin verzorgen en opvoeden.
3. In het geval, bedoeld in artikel 367, kan de rechtbank de voogdij ambtshalve beëindigen.

Art. 330
[Vervallen]

Art. 331

Schorsing voogdij

1. De rechtbank kan een met de voogdij belaste natuurlijke persoon geheel of gedeeltelijk in de uitoefening van het gezag schorsen indien:
a. een ernstig vermoeden bestaat dat de grond, bedoeld in artikel 266, eerste lid, aanhef en onder a of b is vervuld en de maatregel noodzakelijk is om een acute en ernstige bedreiging voor de minderjarige weg te nemen, of
b. een medische behandeling van een minderjarige jonger dan twaalf jaar of van de minderjarige van twaalf jaar of ouder die niet in staat kan worden geacht tot een redelijke waardering van zijn belangen terzake, noodzakelijk is om ernstig gevaar voor diens gezondheid af te wenden en de voogd toestemming daarvoor weigert.
2. Indien de voogdij gezamenlijk wordt uitgeoefend, wordt na schorsing van de voogdij van één van hen de voogdij door de andere voogd alleen uitgeoefend, tenzij de kinderrechter een gecertificeerde instelling als bedoeld in artikel 1.1 van de Jeugdwet, met de voorlopige voogdij over het kind belast. In dat geval is ook het gezag van deze andere voogd geschorst.
3. Artikel 329, eerste en tweede lid, is van overeenkomstige toepassing.

4. De schorsing in de uitoefening van het gezag vervalt na verloop van drie maanden na de dag van de beschikking, tenzij voor het einde van deze termijn om een beëindiging van de voogdij is verzocht.

Art. 331a
In plaats van schorsing van de voogd in de uitoefening van de voogdij en voorziening in de voorlopige voogdij als bedoeld in artikel 331, kan de rechtbank de minderjarige onder toezicht stellen als bedoeld in artikel 255.

Voogdij, ondertoezichtstelling in plaats van voorlopige voogdij

Art. 332
[Vervallen]

Art. 332a
De rechtbank die een verzoek tot beëindiging van de voogdij afwijst, is bevoegd een minderjarige onder toezicht te stellen als bedoeld in artikel 255.

Voogdij, ondertoezichtstelling na afwijzing verzoek tot beëindiging van de voogdij

Art. 333
[Vervallen]

Art. 334
1. Indien de rechtbank de beëindiging van de voogdij uitspreekt, voorziet zij tevens in het gezag, behoudens het bepaalde in het derde lid.
2. Ieder die tot de uitoefening van het gezag bevoegd is, kan tijdens het onderzoek schriftelijk aan de rechtbank verzoeken daarmede te worden belast.
3. Indien sprake is van gezamenlijke uitoefening van de voogdij en de beëindiging van de voogdij slechts een van de voogden betreft, wordt de voogdij voortaan door de andere voogd alleen uitgeoefend.

Voorziening na ontzetting voogdij

Art. 335
Degene van wie de voogdij is beëindigd op grond van artikel 327, eerste lid, aanhef en onder a, b of c kan niet wederom tot voogd over die minderjarige worden benoemd.

Geen hernieuwde benoeming na schorsing voogdij

§ 9
Het toezicht van de voogd over de persoon van de minderjarige

Art. 336
De voogd draagt zorg, dat de minderjarige overeenkomstig diens vermogen wordt verzorgd en opgevoed.
(Zie ook: artt. 245, 247, 249 BW Boek 1)

Zorgplicht van voogd

Art. 336a
1. Indien de minderjarige door een ander of anderen dan zijn voogd, als behorende tot het gezin met instemming van de voogd ten minste een jaar is verzorgd en opgevoed geworden, kan de voogd niet dan met toestemming van degenen die de verzorging en opvoeding op zich hebben genomen, wijziging in het verblijf van de minderjarige brengen.
2. Voor zover de volgens het vorige lid vereiste toestemmingen niet worden verkregen, kunnen zij op verzoek van de voogd door die van de rechtbank worden vervangen. Dit verzoek wordt slechts ingewilligd indien de rechtbank dit in het belang van de minderjarige noodzakelijk oordeelt.
3. In geval van afwijzing van het verzoek is de beschikking van kracht gedurende een door de rechtbank te bepalen termijn, welke de duur van zes maanden niet te boven mag gaan. Is echter voor het einde van deze termijn een verzoek tot ondertoezichtstelling van het kind, tot beëindiging van de voogdij, dan wel een verzoek als bedoeld in artikel 299a, van dit boek aanhangig gemaakt, dan blijft de beschikking gelden, totdat op het verzoek bij gewijsde is beslist.
4. In geval van gezamenlijke uitoefening van de voogdij, wordt de in het eerste lid bedoelde instemming door beide voogden gegeven.
(Zie ook: artt. 326, 327 BW Boek 1)

Wijziging verblijf minderjarige door voogd

§ 10
Het bewind van de voogd

Art. 337
1. De voogd vertegenwoordigt de minderjarige in burgerlijke handelingen.

2. De voogd moet het bewind over het vermogen van de minderjarige als een goed voogd voeren. Bij slecht bewind is hij voor de daardoor veroorzaakte schade aansprakelijk.

Bewindvoering door voogd

3. Indien goederen die de minderjarige geschonken of vermaakt zijn, onder bewind zijn gesteld, is de voogd bevoegd van de bewindvoerder rekening en verantwoording te vorderen. Vervalt dit bewind, dan komen de goederen onder het bewind van de voogd.
(Zie ook: artt. 199, 234, 304, 338, 343, 360, 362, 369, 386 BW Boek 1; art. 32 BW Boek 3; art. 771 Rv)

Art. 337a

Uitoefening bevoegdheden bij gezamenlijke voogdij

1. In geval van gezamenlijke uitoefening van de voogdij worden de bevoegdheden die de voogd ingevolge de paragrafen 10 en 11 heeft, gezamenlijk door de voogden uitgeoefend, met dien verstande dat de bevoegdheden ook aan een voogd alleen toekomen tenzij van bezwaren van de andere voogd is gebleken.
2. De in bedoelde paragrafen genoemde verplichtingen rusten op ieder van de voogden.

Art. 338

Inventarisatie vermogen minderjarige door voogd

1. De voogd zorgt dat het vermogen van de minderjarige, zoals dit bij het begin van zijn voogdij is samengesteld, zo spoedig mogelijk wordt geïnventariseerd.
2. Binnen acht weken na het begin van zijn voogdij doet de voogd ter griffie van de rechtbank van het arrondissement waarin de woonplaats van de minderjarige is gelegen schriftelijk opgave van de bij dat begin aanwezige gerede gelden, effecten aan toonder en spaarbankboekjes.
3. Binnen acht maanden na het begin van zijn voogdij levert de voogd een ter bevestiging van haar deugdelijkheid door hem ondertekende boedelbeschrijving in ter griffie van de rechtbank van het arrondissement waarin de woonplaats van de minderjarige is gelegen.
4. In de boedelbeschrijving is begrepen een opgave van de wijzigingen in de samenstelling van het vermogen tot het ogenblik dat zij wordt opgemaakt.
(Zie ook: artt. 350, 355, 365, 386 BW Boek 1; art. 671 Rv)

Art. 339

Verklaring in plaats van inventarisatie door voogd

1. Wanneer de goederen van de minderjarigen een waarde van € 11 250 niet te boven gaan, kan de voogd een door hem ondertekende, volgens een door Onze Minister van Justitie vastgestelde model opgemaakte, verklaring daaromtrent in plaats van de boedelbeschrijving inleveren. De voogd van twee of meer kinderen van dezelfde ouders kan met een zodanige verklaring slechts volstaan, wanneer bovendien de goederen der minderjarigen tezamen een waarde van € 22 500 niet te boven gaan.
2. De kantonrechter kan te allen tijde bepalen dat alsnog een beschrijving van het vermogen van de minderjarige, zoals dit op de datum van zijn beschikking is samengesteld, met overeenkomstige toepassing van het vorige artikel moet worden opgemaakt en ingeleverd.
(Zie ook: artt. 365, 386 BW Boek 1; Vgm)

Art. 340

Verlenging termijn inventarisatie of verklaring

1. De kantonrechter kan bij gebleken noodzakelijkheid een langere termijn voor de inlevering van een boedelbeschrijving of een verklaring, als bedoeld in het vorige artikel, stellen.
2. Indien binnen de daarvoor gestelde termijn geen boedelbeschrijving, noch een verklaring als bedoeld in het vorige artikel is ingeleverd, doet de kantonrechter binnen tien dagen na het einde van die termijn de voogd ten verhore oproepen.
(Zie ook: artt. 365, 386 BW Boek 1)

Art. 341

Inhoud van inventarisering of verklaring

1. In de boedelbeschrijving of in de verklaring, bedoeld in artikel 339 van dit boek, moet de voogd opgeven wat hij van de minderjarige heeft te vorderen. Bij gebreke hiervan zal hij zijn vorderingsrecht niet voor diens meerderjarigheid kunnen uitoefenen.
2. Zolang de voogd zijn vorderingsrecht niet kan uitoefenen, draagt de hoofdsom van zijn vordering geen rente.
(Zie ook: artt. 386, 320 t/m 321 BW Boek 1)

Art. 342

Verplichtingen bij schenking of erfenis tijdens voogdij

1. De vier vorige artikelen zijn van overeenkomstige toepassing, wanneer de minderjarige gedurende de voogdij door schenking, erfopvolging of making vermogen krijgt.
2. De inspecteur bij wie de aangifte voor het recht van successie, van overgang of van schenking moet worden ingediend, en aan wie ambtshalve bekend is dat de minderjarige vermogen heeft verkregen, is verplicht de kantonrechter van diens woonplaats hiervan te verwittigen.
(Zie ook: artt. 386, 410, 420 BW Boek 1)

Art. 343

Handelingsbevoegdheid van voogd

De voogd kan, onverminderd zijn aansprakelijkheid voor de door zijn slecht bewind veroorzaakte schade, voor de minderjarige alle handelingen verrichten, die hij in diens belang noodzakelijk, nuttig of wenselijk acht, behoudens het bepaalde bij de volgende artikelen.
(Zie ook: artt. 386, 410, 420 BW Boek 1)

Art. 344

Bewaring van effecten door voogd

1. Voorzover de kantonrechter niet anders bepaalt, geeft de voogd de effecten aan toonder van de minderjarige in bewaring bij:
a. de Nederlandsche Bank N.V.;

b. een financiële onderneming die ingevolge de Wet op het financieel toezicht in Nederland het bedrijf van bank mag uitoefenen;
2. De kantonrechter kan aanwijzingen geven omtrent de wijze, waarop spaarbankboekjes en gelden van de minderjarige moeten worden bewaard. De kantonrechter onder wiens goedkeuring een verdeling tot stand komt, kan ter gelegenheid daarvan aanwijzingen als hier bedoeld geven. Overigens is de kantonrechter, aangewezen in de tweede afdeling van de derde titel van het eerste boek van het Wetboek van Burgerlijke Rechtsvordering bevoegd.
3. Voor effecten aan toonder, spaarbankboekjes en gelden, die de minderjarige tezamen met een of meer andere personen toekomen, geldt het bepaalde in de vorige leden, wanneer de voogd die onder zijn berusting heeft.
(Zie ook: art. 253t BW Boek 1)

Art. 345
[Dit artikel is gewijzigd in verband met de invoering van digitaal procederen. Zie voor de procedures en gerechten waarvoor digitaal procederen geldt het Overzicht gefaseerde inwerkingtreding op www.rijksoverheid.nl/KEI.]
1. De voogd behoeft machtiging van de kantonrechter om de navolgende handelingen voor rekening van de minderjarige te verrichten:
a. aangaan van overeenkomsten strekkende tot beschikking over goederen van de minderjarige, tenzij de handeling geld betreft, als een gewone beheersdaad kan worden beschouwd, of krachtens rechterlijk bevel geschiedt;
b. giften doen, andere dan gebruikelijke, niet bovenmatige;
c. een making of gift, waaraan lasten of voorwaarden zijn verbonden, aannemen;
d. geld lenen of de minderjarige als borg of hoofdelijke medeschuldenaar verbinden;
e. overeenkomen dat een boedel, waartoe de minderjarige gerechtigd is, voor een bepaalde tijd onverdeeld wordt gelaten.
2. De kantonrechter kan bepalen dat de voogd zijn machtiging behoeft voor het innen van vorderingen van de minderjarige, het disponeren over saldi bij een bank als bedoeld in artikel 1:1 van de Wet op het financieel toezicht daaronder begrepen.
3. Voor het aangaan van een overeenkomst tot beëindiging van een geschil waarbij de minderjarige is betrokken, behoeft de voogd geen machtiging in het geval van artikel 30k, lid 1, onder c, van het Wetboek van Burgerlijke Rechtsvordering of indien het voorwerp van de onzekerheid of het geschil een waarde van € 700 niet te boven gaat, noch indien de overeenkomst als een beheersdaad is te beschouwen.
(Zie ook: artt. 253t, 386 BW Boek 1; art. 178 BW Boek 3)
[Voor overige gevallen luidt het artikel als volgt:]

Machtiging kantonrechter voor rechtshandelingen van voogd

Artikel 345
1. De voogd behoeft machtiging van de kantonrechter om de navolgende handelingen voor rekening van de minderjarige te verrichten:
a. aangaan van overeenkomsten strekkende tot beschikking over goederen van de minderjarige, tenzij de handeling geld betreft, als een gewone beheersdaad kan worden beschouwd, of krachtens rechterlijk bevel geschiedt;
b. giften doen, andere dan gebruikelijke, niet bovenmatige;
c. een making of gift, waaraan lasten of voorwaarden zijn verbonden, aannemen;
d. geld lenen of de minderjarige als borg of hoofdelijke medeschuldenaar verbinden;
e. overeenkomen dat een boedel, waartoe de minderjarige gerechtigd is, voor een bepaalde tijd onverdeeld wordt gelaten.
2. De kantonrechter kan bepalen dat de voogd zijn machtiging behoeft voor het innen van vorderingen van de minderjarige, het disponeren over saldi bij een bank als bedoeld in artikel 1:1 van de Wet op het financieel toezicht daaronder begrepen.
3. Voor het aangaan van een overeenkomst tot beëindiging van een geschil waarbij de minderjarige is betrokken, behoeft de voogd geen machtiging in het geval van artikel 87 van het Wetboek van Burgerlijke Rechtsvordering of indien het voorwerp van de onzekerheid of het geschil een waarde van € 700 niet te boven gaat, noch indien de overeenkomst als een beheersdaad is te beschouwen.
(Zie ook: artt. 253t, 386 BW Boek 1; art. 178 BW Boek 3)

Machtiging kantonrechter voor rechtshandelingen van voogd

Art. 346
1. De voogd kan geen goederen van de minderjarige kopen, huren of pachten, zonder dat de kantonrechter de te sluiten overeenkomst goedkeurt.
2. In geval van openbare verkoop, verhuur of verpachting moet de goedkeuring binnen een maand daarna zijn aangevraagd.
(Zie ook: art. 386 BW Boek 1)

Goedkeuring bij overeenkomsten tussen voogd en minderjarige

Art. 347

Vernietigbare rechtshandelingen van voogd

1. Een in strijd met artikel 345 of 346 verrichte rechtshandeling ten name van de minderjarige is vernietigbaar; op de vernietigingsgrond kan slechts een beroep worden gedaan van de zijde van de minderjarige.
2. Het vorige lid geldt niet voor een rechtshandeling anders dan om niet indien de wederpartij te goeder trouw was en voor een rechtshandeling die de minderjarige geen nadeel heeft berokkend.
(Zie ook: art. 386 BW Boek 1)

Art. 348

Nietige rechtshandelingen van voogd

1. De voogd kan, zonder dat de kantonrechter de te sluiten overeenkomst goedkeurt, geen inschuld ten laste van de minderjarige, noch enig beperkt recht op diens goederen van een derde verkrijgen.
2. Ontbreekt deze goedkeuring, dan is de overeenkomst nietig.
(Zie ook: art. 386 BW Boek 1)

Art. 349

Onbevoegdheid voogd in rechtsbeding

1. Een voogd die zonder machtiging van de kantonrechter voor de minderjarige als eiser in rechte optreedt of tegen een uitspraak beroep instelt, wordt niet-ontvankelijk verklaard.
2. De voogd mag niet zonder machtiging van de kantonrechter in een tegen de minderjarige ingestelde eis of in een gedane uitspraak berusten.
3. Hij kan, alvorens voor de minderjarige in rechte verweer te voeren of tegen een bij verstek gedane uitspraak verzet te doen, zich te zijner verantwoording doen machtigen door de kantonrechter.
(Zie ook: artt. 327, 381, 406 BW Boek 1; artt. 280, 383, 385 Rv)

Art. 350

Beleggen van vermogen minderjarige door voogd

1. De voogd draagt zorg voor een doelmatige belegging van het vermogen van de minderjarige.
2. Hij behoeft voor elke belegging van gelden van de minderjarige machtiging van de kantonrechter. Nochtans mag hij, voor zover de kantonrechter niet anders bepaalt, onder diens machtiging gelden ten name van de minderjarige beleggen bij een financiële onderneming als bedoeld in artikel 344, eerste lid, onderdeel b op rekeningen bestemd voor de belegging van gelden van minderjarigen, met het beding dat de gelden alleen worden terugbetaald met machtiging van de kantonrechter.
(Zie ook: art. 386 BW Boek 1)

Art. 351

Belegging van vermogen minderjarige in onderneming

1. Wanneer het vermogen van de minderjarige of een gedeelte daarvan in een onderneming van handel, landbouw of nijverheid is geplaatst, mag de voogd de zaken voor rekening, hetzij van de minderjarige alleen, hetzij van deze met anderen, niet voortzetten dan met machtiging van de kantonrechter.

Onverdeelde boedel

2. Zonder machtiging van de kantonrechter mag de voogd een boedel, waartoe de minderjarige gerechtigd is, niet onverdeeld laten.
(Zie ook: art. 386 BW Boek 1)

Art. 352

Geldigheid onrechtmatige rechtshandelingen door voogd

Ondanks het ontbreken der vereiste machtiging zijn handelingen, door de voogd verricht in strijd met artikel 350 of artikel 351, geldig.
(Zie ook: art. 386 BW Boek 1)

Art. 353

Afstand aandeel in ontbonden huwelijksgemeenschap door voogd

De voogd kan niet zonder machtiging van de kantonrechter van een de minderjarige toekomend aandeel in een ontbonden huwelijksgemeenschap afstand doen.
(Zie ook: art. 386 BW Boek 1)

Art. 354

Inlichtingenplicht voogd

De kantonrechter kan te allen tijde de voogd ten verhore doen oproepen. Deze is verplicht alle door de kantonrechter gewenste inlichtingen te verstrekken.
(Zie ook: art. 386 BW Boek 1)

Art. 355

Boedelbeschrijving bij huwelijk voogd

1. Aan een met het gezag belaste ouder of aan een ouder die alleen het bewind over het vermogen heeft en die aangifte heeft gedaan van zijn voornemen een huwelijk of een geregistreerd partnerschap aan te gaan, kan de kantonrechter opdragen binnen een bepaalde termijn een beschrijving van het vermogen van de kinderen op te maken en deze beschrijving of een afschrift daarvan ter griffie van de rechtbank in te leveren.

Schakelbepaling

2. De artikelen 339, 340 en 341 van dit boek zijn van overeenkomstige toepassing.
(Zie ook: art. 48 BW Boek 1)

Art. 356
1. Aanwijzingen en machtigingen, als in deze paragraaf bedoeld, geeft de kantonrechter slechts, indien dit hem in het belang van de minderjarige noodzakelijk, nuttig of wenselijk blijkt te zijn. Hij kan een bijzondere of een algemene machtiging geven en daaraan zodanige voorwaarden verbinden, als hij dienstig oordeelt.
2. Hij kan een gegeven aanwijzing of machtiging te allen tijde intrekken of de daaraan verbonden voorwaarden wijzigen.
(Zie ook: art. 386 BW Boek 1)

Gronden voor aanwijzingen en machtigingen door kantonrechter bij voogdij

Art. 357
Indien de kosten van een ten behoeve van een minderjarige bevolen maatregel bij rechterlijke beschikking te diens laste zijn gebracht, treedt - ingeval dientengevolge het vermogen van de minderjarige moet worden aangesproken - in de plaats van de bij artikel 345 van het boek bedoelde machtiging van de kantonrechter, diens aanwijzing van de goederen die verkocht of bezwaard zullen worden.
(Zie ook: art. 386 BW Boek 1)

Aanwijzingen goederen voor kostenverhaal bij voogdij

Art. 358
1. De voogd mag alle noodzakelijke, betamelijke en behoorlijk gerechtvaardigde uitgaven aan de minderjarige in rekening brengen.
2. Indien de kantonrechter een bedrag bepaalt, hetwelk jaarlijks mag worden besteed voor de verzorging en opvoeding van de minderjarige of voor het beheer van diens vermogen, behoeft de voogd de besteding van dat bedrag niet gespecificeerd te verantwoorden.
3. De kantonrechter kan de voogd een beloning ten laste van de minderjarige toekennen, indien hij dit gezien de zwaarte van de last van het bewind redelijk acht. Buiten dit geval mag de voogd voor zichzelf geen loon berekenen, tenzij hem dat is toegekend bij de akte, waarbij hij door een ouder benoemd is.
(Zie ook: artt. 283, 292, 336, 386 BW Boek 1)

Verrekening van kosten van bewind bij voogdij

Art. 359
1. De kantonrechter kan te allen tijde op verzoek van de andere voogd of ambtshalve de voogd de verplichting opleggen jaarlijks of eens in de twee of drie jaren ter griffie van de rechtbank een rekening in te dienen van zijn bewind over de goederen van de minderjarige.
2. De datum voor de indiening van de rekening wordt door de kantonrechter bepaald.
3. Indien in het geval van gezamenlijke uitoefening van de voogdij een van de voogden de rekening alleen heeft ingediend, moet hij gelijktijdig een afschrift van de rekening aan de andere voogd doen toekomen. Deze kan binnen twee maanden bezwaren tegen de rekening bij de rechter indienen.
(Zie ook: art. 386 BW Boek 1)

Indienen rekening van bewind bij voogdij

Art. 360
1. Bij verschil van mening omtrent de rekening kan de kantonrechter verbetering daarvan gelasten.
2. Hij kan een of meer deskundigen benoemen, ten einde de ingediende rekening te onderzoeken.
3. De kantonrechter kan de kosten van dit onderzoek, indien slecht bewind aan het licht is gekomen, geheel of ten dele ten laste van de voogd brengen.
4. De voogd ontvangt een afschrift van het door de deskundigen in te dienen schriftelijk bericht.
5. In geval van gezamenlijke uitoefening van de voogdij ontvangen beide voogden het in het vierde lid bedoelde afschrift en kan de rechter de in het derde lid bedoelde kosten ook ten laste van de voogden gezamenlijk brengen.
(Zie ook: artt. 337, 374, 386 BW Boek 1)

Verbetering van rekening van bewind bij voogdij

Art. 361
De periodiek door de voogd gedane rekening of een eensluidend afschrift daarvan blijft berusten ter griffie van de rechtbank.
(Zie ook: art. 386 BW Boek 1)

Bewaring van rekening van bewind bij voogdij

Art. 362
De kantonrechter kan op verzoek van de andere voogd of ambtshalve de schade vaststellen, die blijkens de rekening de minderjarige door slecht bewind van de voogd geleden heeft, en deze laatste tot vergoeding daarvan veroordelen.
(Zie ook: artt. 337, 386 BW Boek 1)

Schadevergoeding bij slecht bewind door voogd

Art. 363
1. De kantonrechter kan te allen tijde bevelen dat de voogd voor zijn bewind zekerheid stelt. Hij stelt het bedrag en de aard van de zekerheid vast. Inpandgeving van effecten aan toonder van de voogd geschiedt door hun inbewaargeving bij de Nederlandsche Bank.
2. De kantonrechter bepaalt een redelijke termijn, binnen welke de voogd hem te zijnen genoegen moet aantonen dat hij de van hem verlangde zekerheid gesteld heeft.
3. De kantonrechter kan de voogd toestaan een gestelde zekerheid door een andere te vervangen. Indien het belang van de voogd het vervallen van een gestelde zekerheid volstrekt eist of

Zekerheidsstelling voor bewind bij voogdij

handhaving daarvan niet nodig is, kan de kantonrechter hem machtigen daarvan namens de minderjarige afstand te doen.
(Zie ook: art. 386 BW Boek 1; art. 260 BW Boek 3)

Art. 364

Einde zekerheidsstelling bij voogdij

1. De door de voogd gestelde zekerheid houdt op, zodra zijn rekening en verantwoording is goedgekeurd, of zodra de rechtsvorderingen die zijn bewind betreffen overeenkomstig artikel 377 van dit boek verjaard zijn.
2. Alsdan worden op kosten van de minderjarige hypothecaire inschrijvingen doorgehaald en pandrechten op inschrijvingen in de schuldregisters voor geldleningen ten laste van het Rijk opgeheven.
(Zie ook: art. 386 BW Boek 1; artt. 28 t/m 29, 274 t/m 275 BW Boek 3)

Art. 365

In gebreke blijven van voogd

Indien de voogd in gebreke blijft:
a. gehoor te geven aan een oproeping van de kantonrechter om voor hem te verschijnen;
b. een boedelbeschrijving of een verklaring als bedoeld in artikel 339 van dit boek in te leveren;
c. op de door de kantonrechter bepaalde datum zijn periodieke rekening in te dienen;
d. aan de minderjarige toebehorende spaarbankboekjes, gelden, of toondereffecten die hij niet te diens name heeft doen stellen, op de voorgeschreven wijze te bewaren;
e. de kantonrechter het bewijs te leveren, dat hij een van hem verlangde zekerheid gesteld heeft; of
f. de schadevergoeding te betalen, waartoe de kantonrechter hem ingevolge artikel 362 van dit boek veroordeeld heeft,
kan de kantonrechter de raad voor de kinderbescherming hiermede in kennis stellen.
(Zie ook: artt. 338, 386 BW Boek 1)

Art. 366

Inkennisstelling raad voor de kinderbescherming door kantonrechter

Insgelijks kan de kantonrechter de raad voor de kinderbescherming ermede in kennis stellen, dat:
a. de voogd in gevallen, waarin hij machtiging van de kantonrechter behoeft, zijn bewind eigenmachtig voert;
b. hij zich in zijn bewind aan ontrouw, plichtsverzuim of misbruik van bevoegdheid blijkt te hebben schuldig gemaakt.
(Zie ook: art. 13 BW Boek 3)
(Zie ook: artt. 327, 386 BW Boek 1)

Art. 367

Mogelijkheid tot ontzetting van voogd

De raad voor de kinderbescherming die van de kantonrechter zodanige mededeling ontvangt, onderwerpt, na onderzoek van de overige gedragingen van de voogd jegens de minderjarige, binnen zes weken na de dagtekening van die mededeling aan het oordeel van de rechtbank de vraag, of beëindiging van de voogdij op grond van artikel 327 van dit boek moet volgen.
(Zie ook: artt. 242, 329, 368, 386 BW Boek 1)

Art. 368

[Vervallen]

Art. 369

Bewind over gemeenschappelijke goederen van minderjarigen

1. Indien minderjarigen die onder voogdij van verschillende voogden staan, goederen gemeen hebben, kan de kantonrechter van de woonplaats van een der minderjarigen een van de voogden of een derde aanwijzen om over deze goederen tot de verdeling het bewind te voeren. De aangewezen bewindvoerder stelt de door de rechter van hem verlangde waarborgen.
2. Komt de in het eerste lid omschreven bevoegdheid aan verschillende rechters toe, dan vervalt deze, nadat een van hen daarvan heeft gebruik gemaakt.

Schakelbepaling

3. Op het bewind zijn de bepalingen omtrent het bewind van een voogd van overeenkomstige toepassing. De bewindvoerder is bij uitsluiting bevoegd tot vernietiging van rechtshandelingen van de minderjarige, strekkend tot beheer of beschikking met betrekking tot de onder bewind staande goederen.
(Zie ook: artt. 276, 386 BW Boek 1; art. 178 BW Boek 3)

Art. 370

Onderbewindstelling van vermogen van minderjarige door kantonrechter

1. De kantonrechter kan op verzoek van de voogd of ambtshalve, het vermogen van de minderjarige of een deel daarvan, met inbegrip van de vruchten, voor de duur van diens minderjarigheid onder bewind stellen, indien hij dit in het belang van de minderjarige nodig oordeelt. In geval van gezamenlijke uitoefening van de voogdij wordt tot onderbewindstelling slechts beslist indien het verzoek door beide voogden gezamenlijk wordt gedaan.
2. De kantonrechter benoemt de bewindvoerder en bepaalt het aan deze toekomende loon. Hij kan bij de instelling van het bewind bepalen dat de voogd de door de onderbewindstelling veroorzaakte kosten, met inbegrip van het loon, geheel of gedeeltelijk aan de minderjarige moet vergoeden, alsmede dat de voogd, behoudens zijn verhaal op de bewindvoerder, voor diens verrichtingen aansprakelijk is jegens de minderjarige. In geval van gezamenlijke uitoefening van de voogdij worden deze verplichtingen opgelegd aan beide voogden.

3. Op het bewind zijn de bepalingen omtrent het bewind van een voogd van overeenkomstige toepassing. De bewindvoerder is bij uitsluiting bevoegd tot vernietiging van rechtshandelingen van de minderjarige, strekkend tot beheer of beschikking met betrekking tot de onder bewind staande goederen. — *Schakelbepaling*
4. De kantonrechter bepaalt welke uitkeringen de bewindvoerder uit de onder het bewind gestelde goederen en de vruchten daarvan aan de voogd en bij gezamenlijke uitoefening van de voogdij aan de voogden, moet doen ten behoeve van de verzorging en opvoeding van de minderjarige of ten behoeve van het beheer van diens niet onder het bewind gestelde goederen. Hij kan deze beschikkingen te allen tijde op verzoek van een voogd of de bewindvoerder, of ambtshalve wijzigen.
5. De bewindvoerder is verplicht aan de kantonrechter te allen tijde alle door deze gewenste inlichtingen te verstrekken.
6. Hij is voorts verplicht jaarlijks en aan het einde van zijn bewind aan de voogd, en bij gezamenlijke uitoefening van de voogdij aan de voogden, de meerderjarig gewordene of de erfgenamen van de minderjarige, wanneer deze overleden is, ten overstaan van de kantonrechter rekening en verantwoording af te leggen.
7. Geschillen die bij de rekening en verantwoording rijzen, beslist de kantonrechter.
8. Blijft een der partijen in gebreke tot deze aflegging van rekening en verantwoording mede te werken, dan zijn de artikelen 771 en volgende van het Wetboek van Burgerlijke Rechtsvordering van toepassing.
9. De kantonrechter kan te allen tijde op verzoek van de bewindvoerder, een voogd of ambtshalve het bewind opheffen of de bewindvoerder ontslaan en door een ander vervangen.
(Zie ook: artt. 337, 343, 386 BW Boek 1)

Art. 371
De voogd is verplicht ter griffie van de rechtbank kennis te geven van elke verandering in zijn woonplaats. — *Verandering van woonplaats van voogd*
(Zie ook: artt. 10, 386 BW Boek 1)

Art. 371a
1. De griffier van het gerecht dat een voogd benoemt, doet daarvan onverwijld mededeling aan de kantonrechter van de rechtbank van het arrondissement waarin de woonplaats van de voogd is gelegen. — *Mededeling van benoeming van voogd aan kantonrechter*
2. Woont de voogd niet meer in het arrondissement of is hij opgevolgd door een voogd in een ander arrondissement, dan zendt de griffier onverwijld de voogdijbescheiden naar de griffier van het arrondissement waar de voogd of opvolgende voogd woonplaats heeft, onder opgave van diens adres.

§ 11
De rekening en verantwoording bij het einde van de voogdij

Art. 372
Na het einde van zijn bewind doet de voogd daarvan onverwijld rekening en verantwoording. De kosten worden door de voogd betaald. Zij komen echter ten laste van de minderjarige. Voor zover de kosten niet op de minderjarige kunnen worden verhaald, komen zij ten laste van de ouders, en, zo zij ook op hen niet kunnen worden verhaald, ten laste van de Staat. — *Rekening en verantwoording bij einde van voogdij*
(Zie ook: artt. 276, 386 BW Boek 1)

Art. 373
1. Deze rekening en verantwoording doet de voogd hetzij aan de meerderjarig gewordene, hetzij aan de erfgenamen van de minderjarige, wanneer deze overleden is, hetzij aan zijn opvolger in het bewind. — *Rekening en verantwoording aan pupil, erfgenaam of opvolger*
2. Indien de gezamenlijke uitoefening van de voogdij is geëindigd en als gevolg daarvan het gezag wordt uitgeoefend door een van de voogden alleen, doet degene wiens voogdij geëindigd is rekening en verantwoording aan degene die de voogdij alleen uitoefent.
(Zie ook: artt. 233, 386 BW Boek 1)

Art. 374
1. Bedoelde rekening en verantwoording wordt afgelegd ten overstaan van de kantonrechter, binnen wiens rechtsgebied de voogd wiens bewind eindigt woonplaats heeft. — *Rekening en verantwoording ten overstaan van kantonrechter*
2. Geschillen, die bij de aflegging van de rekening en verantwoording mochten rijzen, beslist de kantonrechter.
3. Blijft een der partijen in gebreke tot deze aflegging van rekening en verantwoording mede te werken, dan zijn de artikelen 771 en volgende van het Wetboek van Burgerlijke Rechtsvordering van toepassing.
(Zie ook: artt. 360, 386 BW Boek 1)

Art. 375
Nietigheid van rechtshandelingen vóór rekening en verantwoording

Een rechtshandeling die de meerderjarig gewordene betreffende de voogdij of de voogdijrekening richt tot of verricht met de voogd, is vernietigbaar, indien zij geschiedt vóór het afleggen van de rekening en verantwoording; alleen van de zijde van de meerderjarig gewordene kan een beroep op de vernietigingsgrond worden gedaan.
(Zie ook: art. 386 BW Boek 1)

Art. 376
Geen rente op schuld van minderjarige aan voogd

Wat de minderjarige aan de voogd schuldig blijft, draagt geen rente, zolang hij niet - na het sluiten der rekening - met de voldoening van het verschuldigde in verzuim is.
(Zie ook: artt. 385, 386 BW Boek 1; artt. 82, 119, 120 BW Boek 6)

Art. 377
Verjaring van rechtsvorderingen bij voogdij

Elke rechtsvordering op grond van het gevoerde voogdijbewind - zowel van de zijde van de minderjarige als van die van de voogd - verjaart door verloop van vijf jaren na de dag, waarop de voogdij van laatstgenoemde is geëindigd.
(Zie ook: artt. 306, 386 BW Boek 1)

Titel 15
Omgang en informatie

Art. 377a
Omgangsrecht

1. Het kind heeft het recht op omgang met zijn ouders en met degene die in een nauwe persoonlijke betrekking tot hem staat. De niet met het gezag belaste ouder heeft het recht op en de verplichting tot omgang met zijn kind.
2. De rechter stelt op verzoek van de ouders of van een van hen of degene die in een nauwe persoonlijke betrekking staat tot het kind, al dan niet voor bepaalde tijd, een regeling inzake de uitoefening van het omgangsrecht vast dan wel ontzegt, al dan niet voor bepaalde tijd, het recht op omgang.
3. De rechter ontzegt het recht op omgang slechts, indien:
a. omgang ernstig nadeel zou opleveren voor de geestelijke of lichamelijke ontwikkeling van het kind, of
b. de ouder of degene die in een nauwe persoonlijke betrekking staat tot het kind kennelijk ongeschikt of kennelijk niet in staat moet worden geacht tot omgang, of
c. het kind dat twaalf jaren of ouder is, bij zijn verhoor van ernstige bezwaren tegen omgang met zijn ouder of met degene met wie hij in een nauwe persoonlijke betrekking staat heeft doen blijken, of
d. omgang anderszins in strijd is met zwaarwegende belangen van het kind.

Art. 377b
Informatieplicht bij omgangsrecht

1. De ouder die met het gezag is belast, is gehouden de niet met het gezag belaste ouder op de hoogte te stellen omtrent gewichtige aangelegenheden met betrekking tot de persoon en het vermogen van het kind en deze te raadplegen - zo nodig door tussenkomst van derden - over daaromtrent te nemen beslissingen. Op verzoek van een ouder kan de rechter ter zake een regeling vaststellen.
2. Indien het belang van het kind zulks vereist kan de rechter zowel op verzoek van de met het gezag belaste ouder als ambtshalve bepalen dat het eerste lid van dit artikel buiten toepassing blijft.

Schakelbepaling

3. Artikel 377e is van overeenkomstige toepassing.

Art. 377c
Informatieplicht van derden bij omgangsrecht

1. Onverminderd het bepaalde in artikel 377b van dit boek wordt de niet met het gezag belaste ouder desgevraagd door derden die beroepshalve beschikken over informatie inzake belangrijke feiten en omstandigheden die de persoon van het kind of diens verzorging en opvoeding betreffen, daarvan op de hoogte gesteld, tenzij die derde de informatie niet op gelijke wijze zou verschaffen aan degene die met het gezag over het kind is belast dan wel bij wie het kind zijn gewone verblijfplaats heeft, of het belang van het kind zich tegen het verschaffen van informatie verzet.
2. Indien de informatie is geweigerd, kan de rechter op verzoek van de in het eerste lid van dit artikel bedoelde ouder bepalen dat de informatie op de door hem aan te geven wijze moet worden verstrekt. De rechter wijst het verzoek in ieder geval af, indien het belang van het kind zich tegen het verschaffen van de informatie verzet.

Art. 377d
Aanvang van recht op omgang

1. Onverminderd het bepaalde in het tweede lid van dit artikel, begint de uitoefening van het recht op omgang zodra de desbetreffende beschikking in kracht van gewijsde is gegaan of, indien zij uitvoerbaar bij voorraad is verklaard, daags nadat de beschikking is verstrekt of verzonden.
2. De uitoefening van het recht op omgang begint, indien tevens een beschikking inzake het gezag is of wordt gegeven, niet eerder dan op het tijdstip waarop voor de andere ouder of voor de voogd het gezag is begonnen.

Art. 377e
1. De rechtbank kan op verzoek van de ouders of van een van hen of van degene die in een nauwe persoonlijke betrekking staat tot het kind een beslissing inzake de omgang alsmede een door de ouders onderling getroffen omgangsregeling wijzigen op grond dat nadien de omstandigheden zijn gewijzigd, of dat bij het nemen van de beslissing van onjuiste of onvolledige gegevens is uitgegaan. *Wijziging van omgangsregeling*
2. De rechtbank kan op verzoek van een ouder, of van een biologische ouder die in een nauwe persoonlijke betrekking staat tot het kind, een beslissing waarbij de omgang is ontzegd tevens wijzigen na verloop van een periode van een jaar nadat de eerdere beschikking in kracht van gewijsde is gegaan. *Wijziging van omgangsregeling, één jaar na ontzegging omgang*
3. Indien de ene ouder wordt verdacht van het doden van de andere ouder, of indien de ene ouder is veroordeeld wegens het doden van de andere ouder, en de rechter heeft de omgang ontzegd voor een duur van twee jaar of meer, dan kan de rechter, in afwijking van het tweede lid, de beslissing waarbij de omgang is ontzegd, onverminderd het eerste lid, niet eerder wijzigen op verzoek van de ouder dan na verloop van een periode van twee jaar nadat de eerdere beschikking in kracht van gewijsde is gegaan. *Wijziging van omgangsregeling, twee jaar na ontzegging omgang bij partnerdoding*

Art. 377f
[Vervallen]

Art. 377g
De rechter kan, indien haar blijkt dat de minderjarige van twaalf jaar of ouder hierop prijs stelt, ambtshalve een beslissing geven op de voet van de artikelen 377a of 377b, dan wel zodanige beslissing op de voet van artikel 377e van dit boek wijzigen. Hetzelfde geldt indien de minderjarige de leeftijd van twaalf jaren nog niet heeft bereikt, maar in staat kan worden geacht tot een redelijke waardering van zijn belangen ter zake. *Ambtshalve wijziging van omgangsregeling*

Art. 377h
[Vervallen]

Titel 16
Curatele

Art. 378
1. Een meerderjarige kan door de kantonrechter onder curatele worden gesteld, wanneer hij tijdelijk of duurzaam zijn belangen niet behoorlijk waarneemt of zijn veiligheid of die van anderen in gevaar brengt, als gevolg van *Gronden voor ondercuratelestelling van meerderjarige*
a. zijn lichamelijke of geestelijke toestand, dan wel
b. gewoonte van drank- of drugsmisbruik,
en een voldoende behartiging van die belangen niet met een meer passende en minder verstrekkende voorziening kan worden bewerkstelligd.
2. Indien te verwachten is dat ten aanzien van een minderjarige op het tijdstip waarop hij meerderjarig zal worden, van een der in het vorige lid genoemde gronden voor curatele sprake zal zijn, kan de curatele reeds voor de meerderjarigheid worden uitgesproken.
(Zie ook: artt. 32, 35, 109, 135, 268, 324, 332 BW Boek 1)
3. De rechter bij wie een verzoek tot het verlenen van een voorlopige of voorwaardelijke machtiging, een observatiemachtiging of een machtiging tot voortgezet verblijf als bedoeld in de Wet bijzondere opnemingen in psychiatrische ziekenhuizen, dan wel een machtiging als bedoeld in artikel 33, eerste lid van die wet aanhangig is, is tevens bevoegd tot de kennisneming van een verzoek tot ondercuratelestelling.

Art. 379
1. De curatele kan worden verzocht door de betrokken persoon, zijn echtgenoot, zijn geregistreerde partner dan wel andere levensgezel, zijn bloedverwanten in de rechte lijn en in de zijlijn tot en met de vierde graad, degene die ingevolge artikel 253sa of 253t het gezag over de betrokken persoon uitoefent, zijn voogd, zijn bewindvoerder als bedoeld in titel 19 en zijn mentor als bedoeld in titel 20. *Verzoek tot ondercuratelestelling*
(Zie ook: artt. 432, 435 BW Boek 1)
2. De curatele kan voorts worden verzocht door het openbaar ministerie en door de instelling waar de betrokkene wordt verzorgd of die aan de betrokkene begeleiding biedt. In het laatste geval wordt in het verzoekschrift tevens vermeld waarom de in het eerste lid genoemde personen – bloedverwanten in de zijlijn in de derde en vierde graad daaronder niet begrepen – niet tot indiening van een verzoek zijn overgegaan.

Art. 380
1. De rechter voor wie het verzoek tot ondercuratelestelling aanhangig is of laatstelijk aanhangig was, kan, desverzocht of ambtshalve, een provisionele bewindvoerder benoemen; de beschikking vermeldt het tijdstip waarop zij in werking treedt. *Benoeming van provisionele bewindvoerder*
2. Hij regelt in deze beschikking de bevoegdheden van de bewindvoerder. Hij kan de bewindvoerder het bewind over bepaalde of alle goederen opdragen. Aan de bewindvoerder kan de

rechter ook andere bevoegdheden toekennen, doch niet die welke een curator niet heeft. Voor zover de rechter niet anders bepaalt, kan degene wiens curatele is verzocht, met betrekking tot die goederen niet zonder medewerking van de bewindvoerder daden van beheer en van beschikking verrichten, noch overeenkomsten aangaan strekkende tot beschikking over die goederen.
3. In de beschikking kan tevens worden bepaald dat schulden die degene wiens curatele is verzocht, na de bekendmaking van de benoeming maakt, op de onder bewind gestelde goederen gedurende dit bewind en de curatele, indien deze volgt, niet kunnen worden verhaald.
4. De beschikking kan te allen tijde worden gewijzigd of ingetrokken door de rechter voor wie het verzoek tot ondercuratelestelling aanhangig is of laatstelijk aanhangig was.
5. De bewindvoerder heeft aanspraak op beloning overeenkomstig de regels die daaromtrent bij regeling van Onze Minister van Veiligheid en Justitie zijn vastgesteld.

Art. 381

Aanvang en rechtsgevolg van ondercuratelestelling

1. De curatele werkt met ingang van de dag waarop zij is uitgesproken. In het geval, bedoeld in artikel 378, tweede lid, werkt de curatele met ingang van het tijdstip waarop de onder curatele gestelde meerderjarig wordt.
2. Van deze tijdstippen is de onder curatele gestelde onbekwaam rechtshandelingen te verrichten voor zover de wet niet anders bepaalt.
3. Een onder curatele gestelde is bekwaam rechtshandelingen te verrichten met toestemming van zijn curator, voor zover deze bevoegd is die rechtshandelingen voor de onder curatele gestelde te verrichten. De toestemming kan slechts worden verleend voor een bepaalde rechtshandeling of voor een bepaald doel. De toestemming voor een bepaald doel moet schriftelijk worden verleend.

Schakelbepaling

4. Met betrekking tot aangelegenheden betreffende verzorging, verpleging, behandeling en begeleiding van een onder curatele gestelde zijn de artikelen 453 en 454 van dit boek van overeenkomstige toepassing.
5. Hij is bekwaam over gelden die zijn curator voor levensonderhoud te zijner beschikking heeft gesteld, overeenkomstig deze bestemming te beschikken.
6. In zaken van curatele is degene wiens curatele het betreft bekwaam in rechte op te treden en tegen een uitspraak beroep in te stellen.
(Zie ook: artt. 12, 37, 51, 72, 117, 118, 234, 324 BW Boek 1; artt. 32, 49 t/m 51, 63, 112, 113 BW Boek 3; art. 164 t/m 165 BW Boek 6)

Art. 382

Uitzonderingen van handelingsonbekwaamheid van onder curatele gestelde

Hij die uit hoofde van gewoonte van drank- of drugsmisbruik onder curatele is gesteld, blijft bekwaam tot het verrichten van familierechtelijke handelingen voor zover de wet niet anders bepaalt.
(Zie ook: art. 37 BW Boek 1)

Art. 383

Benoeming van curator

1. De rechter die de curatele instelt, benoemt daarbij of zo spoedig mogelijk daarna een curator. Hij vergewist zich van de bereidheid en vormt zich een oordeel omtrent de geschiktheid van de te benoemen persoon.
2. De rechter volgt bij de benoeming van de curator de uitdrukkelijke voorkeur van de betrokkene, tenzij gegronde redenen zich tegen zodanige benoeming verzetten.
3. Tenzij het vorige lid is toegepast, wordt, indien de onder curatele gestelde persoon gehuwd is, een geregistreerd partnerschap is aangegaan of anderszins een levensgezel heeft, bij voorkeur de echtgenoot, de geregistreerde partner dan wel andere levensgezel tot curator benoemd. Is de vorige zin niet van toepassing dan wordt bij voorkeur een van zijn ouders, kinderen, broers of zusters tot curator benoemd. Huwt de onder curatele gestelde, gaat hij een geregistreerd partnerschap aan of verkrijgt hij een andere levensgezel, dan kan ieder van hen verzoeken, dat de niet onder curatele staande echtgenoot, de geregistreerde partner dan wel de andere levensgezel in de plaats van de tegenwoordige curator wordt benoemd.
4. Rechtspersonen met volledige rechtsbevoegdheid kunnen tot curator worden benoemd.
5. De volgende personen kunnen niet tot curator worden benoemd:
   a. handelingsonbekwamen;
   b. zij ten behoeve van wie een mentorschap is ingesteld;
   c. de bewindvoerder van de onder curatele gestelde in de zin artikel 287, derde lid, van de Faillissementswet;
   d. een direct betrokken of behandelend hulpverlener;
   e. personen behorende tot de leiding of tot het personeel van de instelling waar de onder curatele gestelde wordt verzorgd of die aan de onder curatele gestelde begeleiding biedt;
   f. personen verbonden met de instelling waar de onder curatele gestelde wordt verzorgd of die aan de onder curatele gestelde begeleiding biedt, doordat:
   1° de instelling of personen behorende tot de leiding van de instelling, alleen of samen meer dan de helft van de stemrechten in de algemene vergadering van de rechtspersoon kunnen uitoefenen, dan wel meer dan de helft van de bestuurders of van de commissarissen van de rechtspersoon kunnen benoemen of ontslaan,

2° de persoon en de instelling deel uitmaken van een groep in de zin van artikel 24b van boek 2, of
3° de bestuurder van de rechtspersoon tevens behoort tot de leiding of het personeel van de instelling.
6. Zij van wie één of meer goederen onder een bewind als bedoeld in titel 19 staan, zij die in staat van faillissement verkeren en zij ten aanzien van wie de schuldsaneringsregeling natuurlijke personen van toepassing is, kunnen niet tot curator worden benoemd, tenzij het gaat om een persoon als bedoeld in het derde lid en het bewind over het vermogen van de onder curatele gestelde door de medecurator wordt gevoerd.
7. Een andere persoon dan in het derde lid bedoeld, die ten behoeve van drie of meer personen curator, bewindvoerder of mentor is, komt alleen dan voor benoeming in aanmerking indien deze wat zijn bedrijfsvoering en scholing betreft, alsmede, voor zover van toepassing, de werving, de scholing en begeleiding van en het toezicht op de personen door wie hij de taken van een curator uitoefent, voldoet aan bij algemene maatregel van bestuur te stellen kwaliteitseisen, alsmede aan de verplichtingen bedoeld in artikel 386, derde lid, en in artikel 15i van boek 3.
8. De persoon, bedoeld in het zevende lid, legt aan de rechter die hem benoemt, over:
a. zijn verklaring dat hij aan de in het zevende lid bedoelde kwaliteitseisen en verplichtingen voldoet,
b. een verslag van een accountant als bedoeld in artikel 393, eerste lid, van boek 2, van diens bevindingen over de wijze waarop aan de eisen en verplichtingen wordt voldaan, en
c. een verklaring van de accountant omtrent de balans en staat van baten en lasten, bedoeld in artikel 10 van boek 2, dan wel, voor zover van toepassing, omtrent de jaarrekening overeenkomstig titel 9 van boek 2. Artikel 396, zevende lid, van boek 2 is ten aanzien van artikel 393 lid 1 niet van toepassing.
Bij algemene maatregel van bestuur kunnen nadere regels worden gesteld omtrent de vorm en de inhoud van de verklaringen en het verslag, alsmede de wijze van overlegging. Toont de persoon aan dat hij in de twaalf maanden voorafgaande aan zijn benoeming de verklaringen en het verslag reeds aan de rechter heeft overgelegd, dan is hij van de overlegging vrijgesteld.
9. Van de overlegging van de in het achtste lid bedoelde verklaring van de accountant zijn vrijgesteld:
a. zij die een financiële onderneming zijn die ingevolge de Wet op het financieel toezicht het bedrijf van bank mogen uitoefenen,
b. notarissen,
c. gerechtsdeurwaarders,
d. accountants.
Bij algemene maatregel van bestuur kunnen de in de vorige zin bedoelde ondernemingen en beroepsbeoefenaren geheel of gedeeltelijk worden vrijgesteld van de in het zevende lid bedoelde eisen inzake de werving, scholing en bedrijfsvoering.
10. De rechter kan twee curatoren benoemen, tenzij gegronde redenen zich tegen zodanige benoeming verzetten. Zijn er twee curatoren, dan kan ieder van hen de taken die aan een curator toekomen, alleen verrichten. De rechter kan zo nodig een taakverdeling tussen de curatoren vaststellen. Bij verschil van mening tussen de curatoren beslist op verzoek van een van hen of op verzoek van een instelling als bedoeld in artikel 379, tweede lid, de kantonrechter. Deze kan ook een verdeling van de beloning vaststellen.
11. De taak van de curator vangt aan daags nadat de beslissing, houdende de benoeming, is verstrekt of verzonden. Met die dag eindigt het provisioneel bewind. De provisionele bewindvoerder is verplicht ten overstaan van de kantonrechter aan de curator rekening en verantwoording van zijn bemoeienissen af te leggen; wordt hij zelf tot curator benoemd, dan wordt de rekening en verantwoording aan de kantonrechter afgelegd. Indien de curator vóór de meerderjarigheid van de onder curatele gestelde is benoemd, vangt zijn taak aan op het tijdstip waarop de curatele in werking treedt.

Aanvang taak van curator

12. Indien het verzoek tot ondercuratelestelling wordt afgewezen, eindigt het bewind van de provisionele bewindvoerder daags na die uitspraak, tenzij de rechter anders bepaalt, en in ieder geval uiterlijk daags nadat de afwijzing in kracht van gewijsde is gegaan.
(Zie ook: artt. 280, 435 BW Boek 1; artt. 53, 585, 771 Rv)

Einde taak van provisionele bewindvoerder

Art. 384
Indien een beschikking, waarbij curatele is uitgesproken, in hoger beroep of cassatie wordt vernietigd en het verzoek tot ondercuratelestelling alsnog wordt afgewezen, neemt de taak van de curator daags na deze uitspraak een einde. De inmiddels door de curator of met zijn toestemming verrichte handelingen blijven voor de onder curatele gestelde verbindend.
(Zie ook: art. 13 Fw)

Curatele, einde taak curator

Art. 385
1. Behoudens het in de artikelen 383 en 384 bepaalde vinden de artikelen 250 en 280, onder b, 281 lid 1 onder a en lid 2, 322, eerste lid, onder a en c, 324, 336 en 372-377 bij curatele overeenkomstige toepassing, met dien verstande dat

Schakelbepaling

a. in geval van benoeming van een ouder tot curator een bereidverklaring als bedoeld in artikel 280 onder b niet is vereist;
b. voor rechtbank of rechter wordt gelezen kantonrechter;
c. aan de raad voor de kinderbescherming terzake geen bevoegdheden toekomen;
d. de curator te allen tijde hetzij op eigen verzoek, hetzij wegens gewichtige redenen of omdat hij niet meer voldoet aan de eisen om curator te kunnen worden, door de kantonrechter kan worden ontslagen, zulks op verzoek van de medecurator of degene die gerechtigd is de curatele te verzoeken als bedoeld in artikel 379, dan wel ambtshalve. Artikel 448, tweede lid, derde lid en vijfde lid, is van overeenkomstige toepassing;
e. de curator de rekening en verantwoording, bedoeld in artikel 374, aflegt ten overstaan van de bij het einde van zijn bewind ter zake bevoegde kantonrechter.
2. De curator doet telkens na verloop van vijf jaren, of zoveel eerder als de kantonrechter bepaalt, aan deze verslag van het verloop van de curatele. Hij laat zich daarbij met name uit over de vraag of de curatele dient voort te duren of door een minder ver strekkende voorziening kan worden vervangen. Feiten die voor de curatele en het voortduren daarvan van betekenis zijn deelt hij terstond aan de kantonrechter mede.
(Zie ook: artt. 297, 324 BW Boek 1)

Art. 386

Toepasselijke bepalingen bij curatele

1. Op het bewind van de curator zijn de omtrent het bewind van de voogd gegeven voorschriften van overeenkomstige toepassing. De rekening en verantwoording van zijn bewind gedurende de curatele wordt evenwel door de curator jaarlijks ingediend, behoudens indien de kantonrechter heeft bepaald dat dit op een ander tijdstip kan geschieden. Onze Minister van Veiligheid en Justitie kan een model vaststellen volgens hetwelk de rekening en verantwoording moet worden opgemaakt. De curator, bedoeld in artikel 383, zevende lid, legt jaarlijks de verklaringen en het verslag over, bedoeld in artikel 383, achtste lid. De curator doet desgevraagd van zijn werkzaamheden verslag aan de kantonrechter. De curator heeft aanspraak op beloning overeenkomstig de regels die daaromtrent bij regeling van Onze Minister van Veiligheid en Justitie zijn vastgesteld.
2. De curator draagt zorg voor een doelmatige belegging van het vermogen van de onder curatele gestelde, voor zover dit niet besteed behoort te worden voor een voldoende verzorging van de onder curatele gestelde.
3. Tenzij de kantonrechter anders bepaalt, is de curator verplicht zo spoedig mogelijk een rekening te openen bij een financiële onderneming die ingevolge de Wet op het financieel toezicht in Nederland het bedrijf van bank mag uitoefenen; de curator is voorts verplicht om uitsluitend voor de betalingen die hij bij de vervulling van zijn taak verricht of ontvangt, zoveel mogelijk van deze rekening gebruik te maken.
4. Voor de toepassing van de artikelen 365 tot en met 367 treedt de officier van justitie in de plaats van de raad voor de kinderbescherming en het ontslag bedoeld in artikel 385, lid 1 onder d in de plaats van de ontzetting van de voogd op grond van artikel 327 lid 1 onder b. Mededelingen en zendingen als bedoeld in artikel 371a, geschieden alleen dan indien artikel 12, vierde lid, op de desbetreffende curatele niet van toepassing is.
5. Indien een gehuwde of een geregistreerde partner onder curatele wordt gesteld, en tussen de echtgenoten of de geregistreerde partners het bestuur over hun goederen en de goederen der gemeenschap anders is verdeeld dan volgens de regels van de wet en van huwelijkse voorwaarden, bepaalt de rechter bij het uitspreken van de curatele, of en in hoeverre die verdeling ook voor de curator zal gelden.
(Zie ook: art. 337 BW Boek 1)
6. De kantonrechter kan van de curator verlangen dat hij inzage geeft van zijn boeken, bescheiden en andere gegevensdragers. Hij kan voorts een afschrift daarvan verlangen.

Art. 387-388

[Vervallen]

Art. 389

Einde van curatele

1. De curatele eindigt:
a. door het verstrijken van de tijdsduur waarvoor zij is ingesteld,
b. door de dood van de betrokken persoon, of
c. indien ten behoeve van hem bij in kracht van gewijsde gegane rechterlijke uitspraak ter vervanging van curatele een bewind als bedoeld in titel 19 dan wel een mentorschap als bedoeld in titel 20 is ingesteld.
2. De kantonrechter kan, indien de noodzaak daartoe niet meer bestaat of voortzetting van de curatele niet zinvol is gebleken, de curatele opheffen, zulks op verzoek van de curator of degene die gerechtigd is de curatele te verzoeken als bedoeld in artikel 379, alsmede ambtshalve. De beschikking treedt in werking zodra zij in kracht van gewijsde is gegaan, tenzij zij een eerder tijdstip van ingang aanwijst.
3. Degene die gerechtigd is de curatele te verzoeken als bedoeld in artikel 379, alsmede de curator, kan verzoeken om verlenging van een curatele die voor een bepaalde tijdsduur is ingesteld.

De kantonrechter beslist binnen twee maanden na het indienen van het verzoekschrift. Artikel 384 is van overeenkomstige toepassing. Tegen de afwijzing van een verzoek tot verlenging staat geen hogere voorziening open.

Art. 390
Alle uitspraken waarbij een curatele wordt verleend of opgeheven of waarbij een uitspraak tot ondercuratelestelling wordt vernietigd, alsmede beschikkingen als in artikel 380 bedoeld, worden binnen tien dagen nadat zij kunnen worden ten uitvoer gelegd, vanwege de griffier in de Staatscourant bekendgemaakt.

Bekendmaking van ondercuratelestelling

Art. 391
1. Door een bij algemene maatregel van bestuur aan te wijzen orgaan wordt een openbaar register gehouden, waarin rechtsfeiten worden aangetekend die betrekking hebben op curatele en op bewind als bedoeld in titel 19. In het register worden, voor iedere curatele en ieder in te schrijven bewind afzonderlijk, met vermelding van de dagtekening, ingeschreven:
1° de naam en geboortedatum van de onder curatele gestelde en de rechthebbende;
2° een uittreksel van de rechterlijke beslissingen, waarbij de curatele of het bewind wegens verkwisting dan wel het hebben van problematische schulden wordt ingesteld, verlengd of opgeheven;
3° een uittreksel van de rechterlijke beslissingen, waarbij, voor zover de rechter zulks overeenkomstig artikel 436, derde lid, derde volzin, heeft bepaald, het bewind wegens een lichamelijke of geestelijke toestand wordt ingesteld, verlengd of opgeheven;
4° de grond waarop de curatele is ingesteld;
5° voor zover van toepassing, de datum waarop de curatele of het bewind eindigt;
6° een uittreksel van de rechterlijke beslissingen, waarbij een curator of bewindvoerder wordt benoemd, geschorst of ontslagen;
7° de naam en woonplaats van de curator of curatoren en de bewindvoerder of bewindvoerders en de taakverdeling, voor zover de rechter deze heeft vastgesteld.
2. Een ieder heeft kosteloze inzage in het register en kan tegen betaling een uittreksel daaruit verkrijgen, met inachtneming van het bij of krachtens de Wet griffierechten burgerlijke zaken bepaalde.
3. De griffier van de rechtbank geeft de in het eerste lid, onder 1° tot en met 7° genoemde gegevens, alsmede het bericht van het overlijden van de onder curatele gestelde dan wel rechthebbende, door aan het in het eerste lid bedoelde orgaan ten behoeve van het in het eerste lid genoemde register.
4. Het einde van de curatele en het bewind door het verstrijken van de tijdsduur waarvoor de maatregel is ingesteld, leidt tot doorhaling van de inschrijving in het openbaar register op de dag na het verstrijken van de tijdsduur. Een beschikking tot opheffing van de curatele of van het bewind leidt tot doorhaling van de inschrijving in het openbaar register op het tijdstip waarop de beschikking in kracht van gewijsde is gegaan. Het overlijden van de onder curatele gestelde of de rechthebbende leidt tot doorhaling van de inschrijving in het openbaar register, nadat de griffie van de rechtbank het bericht van het overlijden heeft ontvangen.

Curateleregister

Titel 17
Levensonderhoud

Afdeling 1
Algemene bepalingen

Art. 392
1. Tot het verstrekken van levensonderhoud zijn op grond van bloed- of aanverwantschap gehouden:
a. de ouders;
b. de kinderen;
c. behuwdkinderen, schoonouders en stiefouders.
2. Deze verplichting bestaat, behalve wat betreft ouders en stiefouders jegens hun minderjarige kinderen en stiefkinderen en jegens hun kinderen bedoeld in artikel 395a van dit boek, slechts in geval van behoeftigheid van de tot levensonderhoud gerechtigde.
3. De in het eerste lid genoemde personen zijn niet verplicht levensonderhoud te verstrekken, voor zover dit van de echtgenoot of een vroegere echtgenoot dan wel de geregistreerde partner of vroegere geregistreerde partner overeenkomstig het in de vijfde titel a, zesde, negende of tiende titel van dit boek bepaalde kan worden verkregen.
(Zie ook: artt. 3, 82, 157, 241, 245, 264, 326, 336, 404 BW Boek 1; art. 479b Rv; artt. 21, 232 Fw)

Levensonderhoud

Art. 393
[Vervallen]

Art. 394

Onderhoudsverplichting van verwekker

De verwekker van een kind dat alleen een moeder heeft, alsmede de persoon die als levensgezel van de moeder ingestemd heeft met een daad die de verwekking van het kind tot gevolg kan hebben gehad, is als ware hij ouder verplicht tot het voorzien in de kosten van verzorging en opvoeding van het kind dan wel, na het bereiken van de meerderjarigheid van het kind, tot het voorzien in de kosten van levensonderhoud en studie overeenkomstig de artikelen 395a en 395b. Nadien bestaat deze verplichting slechts in geval van behoeftigheid van het kind.
(Zie ook: artt. 233, 245, 404 BW Boek 1; artt. 18, 479b Rv; art. 55 Abw)

Art. 395

Onderhoudsverplichting van stiefouder

Een stiefouder is, onverminderd het bepaalde in artikel 395a van dit boek, alleen verplicht gedurende zijn huwelijk of zijn geregistreerd partnerschap levensonderhoud te verstrekken aan de tot zijn gezin behorende minderjarige kinderen van zijn echtgenoot of geregistreerde partner.
(Zie ook: art. 404 BW Boek 1)

Art. 395a

Onderhoudsverplichting voor meerderjarige studerende kinderen

1. Ouders zijn verplicht te voorzien in de kosten van levensonderhoud en studie van hun meerderjarige kinderen die de leeftijd van een en twintig jaren niet hebben bereikt.

2. Een stiefouder is gedurende zijn huwelijk of zijn geregistreerd partnerschap jegens de tot zijn gezin behorende meerderjarige kinderen van zijn echtgenoot of geregistreerde partner die de leeftijd van een en twintig jaren niet hebben bereikt, verplicht te voorzien in de bij het vorige lid bedoelde kosten.
(Zie ook: artt. 233, 392, 404 BW Boek 1; art. 108 BW Boek 6)

Art. 395b

Aanvang van onderhoudsverplichting

Heeft de rechter het bedrag bepaald, dat een ouder of stiefouder dan wel, overeenkomstig artikel 394, de verwekker of de persoon die in artikel 394 daarmee gelijk is gesteld ter zake van de verzorging en opvoeding van zijn minderjarig kind of stiefkind moet betalen en is deze verplichting tot aan het meerderjarig worden van het kind van kracht geweest, dan geldt met ingang van dit tijdstip de rechterlijke beslissing als een tot bepaling van het bedrag ter zake van levensonderhoud en studie als in artikel 395a van dit boek bedoeld.

Art. 396

Vervallen van onderhoudsverplichting

1. De verplichting van behuwdkinderen en van schoonouders tot het verstrekken van onderhoud vervalt, wanneer het huwelijk van het behuwdkind is ontbonden.
2. De verplichting bestaat niet jegens het behuwdkind, dat is gescheiden van tafel en bed en jegens een schoonouder, nadat deze is hertrouwd.
(Zie ook: artt. 3, 149, 392 BW Boek 1)

Art. 397

Vaststelling bedrag van onderhoudsverplichting

1. Bij de bepaling van het volgens de wet door bloed- en aanverwanten verschuldigde bedrag voor levensonderhoud wordt enerzijds rekening gehouden met de behoeften van de tot onderhoud gerechtigde en anderzijds met de draagkracht van de tot uitkering verplichte persoon.
2. Zijn meerdere bloed- of aanverwanten tot het verstrekken van levensonderhoud aan dezelfde persoon verplicht, dan is ieder van hen gehouden een deel van het bedrag te voldoen, dat de tot onderhoud gerechtigde behoeft. Bij de bepaling van dit deel wordt rekening gehouden met ieders draagkracht en de verhouding, waarin een ieder tot de gerechtigde staat.
(Zie ook: artt. 36, 82, 245, 404 BW Boek 1; art. 55 Abw)

Art. 398

Onderhoudsplicht voldoen door in huis nemen

1. Wanneer hij die tot levensonderhoud verplicht is, buiten staat is het daartoe vereiste geld op te brengen, kan de rechtbank bevelen, dat hij de bloed- of aanverwant, aan wie hij levensonderhoud verschuldigd is, bij zich in huis zal nemen en aldaar van het nodige voorzien.
2. Ouders zijn steeds bevoegd de rechter te verzoeken hun toe te staan zich van hun onderhoudsplicht jegens hun behoeftig meerderjarig kind op de in het eerste lid omschreven wijze te kwijten.

Art. 399

Matiging van onderhoudsverplichting

De rechter kan de verplichting van bloed- en aanverwanten tot levensonderhoud matigen op grond van zodanige gedragingen van de tot onderhoud gerechtigde, dat verstrekking van levensonderhoud naar redelijkheid niet of niet ten volle kan worden gevergd; onverminderd hetgeen in de volgende afdeling is bepaald omtrent de voorziening in de kosten van de verzorging en opvoeding van minderjarige kinderen en stiefkinderen.
(Zie ook: art. 404 BW Boek 1; art. 2 BW Boek 6)

Art. 400

Voorrangsregeling bij meerdere onderhoudsverplichtingen

1. Indien een persoon verplicht is levensonderhoud te verstrekken aan twee of meer personen en zijn draagkracht onvoldoende is om dit volledig aan allen te verschaffen, hebben zijn kinderen en stiefkinderen die de leeftijd van een en twintig jaren nog niet hebben bereikt voorrang boven alle andere onderhoudsgerechtigden en hebben zijn echtgenoot, zijn vroegere echtgenoot, zijn geregistreerde partner, zijn vroegere geregistreerde partner, zijn ouders en zijn kinderen en

stiefkinderen die de leeftijd van een en twintig jaren hebben bereikt voorrang boven zijn behuwdkinderen en zijn schoonouders.
2. Overeenkomsten waarbij van het volgens de wet verschuldigde levensonderhoud wordt afgezien, zijn nietig.
(Zie ook: art. 404 BW Boek 1; art. 40 t/m 42 BW Boek 3)

Nietigheid overeenkomst tot afzien van onderhoudsverplichting

Art. 401
1. Een rechterlijke uitspraak of een overeenkomst betreffende levensonderhoud kan bij latere rechterlijke uitspraak worden gewijzigd of ingetrokken, wanneer zij nadien door wijziging van omstandigheden ophoudt aan de wettelijke maatstaven te voldoen. De voorafgaande zin is niet van toepassing op een verzoek tot wijziging van een termijn die de rechter heeft vastgesteld op grond van artikel 157 of die is opgenomen in een overeenkomst als bedoeld in artikel 158.
2. De termijn die de rechter heeft vastgesteld op grond van het derde of vijfde lid dan wel zesde lid, tweede zin van artikel 157 of die is opgenomen in een overeenkomst als bedoeld in artikel 158, kan op verzoek van een van de gewezen echtgenoten worden gewijzigd in geval van zo ingrijpende wijziging van omstandigheden dat ongewijzigde handhaving van de termijn naar maatstaven van redelijkheid en billijkheid niet van de verzoeker kan worden gevergd.
Verlenging is niet mogelijk indien de rechter zulks ingevolge artikel 157, vijfde lid, heeft bepaald.
Op een verzoek tot verlenging is het vijfde lid, tweede en derde zin, van artikel 157 van overeenkomstige toepassing.
3. Partijen kunnen schriftelijk overeenkomen dat het eerste lid, eerste zin, van toepassing is op een verzoek tot wijziging van een termijn die is opgenomen in een overeenkomst als bedoeld in artikel 158.
4. Een rechterlijke uitspraak betreffende levensonderhoud kan ook worden gewijzigd of ingetrokken, indien zij van de aanvang af niet aan de wettelijke maatstaven heeft beantwoord doordat bij die uitspraak van onjuiste of onvolledige gegevens is uitgegaan.
5. Een overeenkomst betreffende levensonderhoud kan ook worden gewijzigd of ingetrokken, indien zij is aangegaan met grove miskenning van de wettelijke maatstaven.
(Zie ook: artt. 157, 169, 182 BW Boek 1; art. 55 Abw)

Wijziging of intrekking van onderhoudsverplichting

Art. 402
1. De rechter, die het bedrag van een uitkering tot levensonderhoud bepaalt, wijzigt of intrekt, stelt tevens de dag vast, van welke dit bedrag verschuldigd is of ophoudt verschuldigd te zijn.
2. Bij de vaststelling van een bedrag bepaalt de rechter tevens of dit wekelijks, maandelijks of driemaandelijks moet worden voldaan.
3. Zouden op de dag, dat de uitspraak ten uitvoer kan worden gelegd, reeds meer dan één termijn verschenen zijn of meer dan één termijn terugbetaald moeten worden, dan kan de rechter ook daarvoor een betaling in termijnen toestaan.

Vaststelling einde van onderhoudsverplichting
Vaststelling betaaltermijnen

Art. 402a
1. De bij rechterlijke uitspraak of bij overeenkomst vastgestelde bedragen voor levensonderhoud worden jaarlijks van rechtswege gewijzigd met een door Onze Minister van Justitie vast te stellen percentage, dat, behoudens het bepaalde in het derde en vierde lid, overeenkomt met het procentuele verschil tussen het indexcijfer der lonen per 30 september van enig jaar en het overeenkomstige indexcijfer in het voorafgaande jaar.
2. De wijziging gaat in op 1 januari volgende op de in het eerste lid genoemde datum. De beschikking waarin het percentage is vastgesteld, wordt bekend gemaakt in de Staatscourant.
3. Bij algemene maatregel van bestuur wordt bepaald wat onder indexcijfer der lonen wordt verstaan.
4. Het percentage van de wijziging van de bedragen voor levensonderhoud kan worden afgerond op tienden van een procent. Daarbij vindt, indien van het in het eerste lid bedoelde procentuele verschil het tweede of een volgend cijfer achter de komma vijf bedraagt, voor wat betreft die cijfers afronding naar beneden plaats.
5. De wijziging van rechtswege kan bij rechterlijke uitspraak of bij overeenkomst geheel of voor een bepaalde tijdsduur worden uitgesloten. Daarbij kan tevens worden bepaald dat en op welke wijze het bedrag voor levensonderhoud anders dan van rechtswege periodiek zal worden gewijzigd.
6. Bij de uitspraak, waarbij de tweede zin van het vorige lid toepassing heeft gevonden, en ook nadien, kan de rechter een regeling geven omtrent de wijze en de tijdstippen waarop de tot uitkering verplichte persoon aan de tot uitkering gerechtigde persoon gegevens dient te verschaffen ten behoeve van de vaststelling van de wijziging van het bedrag voor levensonderhoud. Deze beslissingen kunnen worden gegeven en nadien worden gewijzigd op verzoek van de tot uitkering verplichte of gerechtigde persoon.
7. De uitsluiting van de wijziging van rechtswege kan bij rechterlijke uitspraak worden ingetrokken. Voor zover die uitsluiting betreft waarbij de tweede zin van het vijfde lid niet is toegepast, kan de intrekking alleen geschieden in de gevallen bedoeld in artikel 401 van dit boek.

Indexering bedrag onderhoudsverplichting

Nadere regels

8. De tenuitvoerlegging van een executoriale titel betreffende de betaling van levensonderhoud geschiedt met inachtneming van de op het tijdstip van de tenuitvoerlegging ingegane wijzigingen van rechtswege dan wel met inachtneming van de wijzigingen overeenkomstig de tweede zin van het vijfde lid van dit artikel.
(Zie ook: art. 149 BW Boek 1; art. 10 WOBP; Bwpl 1975; Bwlp 1979; Bwlp 1980; Bwlp 1982; Bwlp 1985; Bwlp 1986; Bwlp 1989; Bwlp 1976; Bwlp 1977; Bwlp 1978; Bwlp 1983; Bwlp 1994; Bwlp 1995; Bwlp 1998; Bwlp 1974; Bwlp 1988; Bwlp 1990; Bwlp 1991; Bwlp 1993; Bwlp 1996; Bwlp 1987; Bwlp 1981; Bwlp 1992; Bwlp 1997; Bwlp 2000; Bwlp 2001; Bwpl 2003; Bwpl 2004; Besl.uit.art. 34 BW Boek 1; Bbil)

Art. 403

Terugwerkende kracht onderhoudsverplichting

Geen uitkering is verschuldigd over de tijd, die op het tijdstip van het indienen van het verzoek reeds meer dan vijf jaren is verstreken.

Afdeling 2
Voorziening in de kosten van verzorging en opvoeding van minderjarige kinderen en stiefkinderen

Art. 404

Levensonderhoud van kinderen

1. Ouders zijn verplicht naar draagkracht te voorzien in de kosten van verzorging en opvoeding van hun minderjarige kinderen.
2. Gelijke verplichting bestaat voor een stiefouder in het geval van artikel 395 van dit boek.
(Zie ook: artt. 82, 155, 247, 336, 392, 394, 400 BW Boek 1; art. 135 BW Boek 6)

Art. 405

[Vervallen]

Art. 406

Niet-nakoming onderhoudsverplichting door (stief)ouders

1. Komt een ouder of stiefouder zijn verplichting tot voorziening in de kosten van verzorging en opvoeding niet of niet behoorlijk na, dan kan de andere ouder of voogd de rechtbank verzoeken het bedrag te bepalen dat deze ouder of stiefouder ten behoeve van het kind zal moeten uitkeren.
2. De rechtbank kan het in het vorige lid bedoelde bedrag reeds bepalen gelijktijdig met een door haar te geven beslissing omtrent het gezag.
(Zie ook: artt. 157, 241, 266, 269, 273, 327 BW Boek 1; artt. 271, 281, 288 BW Boek 3; art. 135 BW Boek 6; artt. 18, 479b Rv)

Art. 406a

Onderhoudsverplichting verwekker

Een op artikel 394 gegrond verzoek kan ten behoeve van een minderjarig kind door hem die het gezag over het kind heeft, worden gedaan. De ouder of voogd van het kind behoeft de in artikel 349, eerste en tweede lid, bedoelde machtiging niet.

Art. 406b-406d

[Vervallen]

Art. 407

Onderhoudsverplichting na scheiding van tafel en bed

Gelijktijdig met een door de rechtbank te geven uitspraak betreffende het over de kinderen uit te oefenen gezag na ontbinding van het huwelijk na scheiding van tafel en bed kan de rechtbank op verzoek van een ouder het bedrag wijzigen van een, in verband met de voorafgegane gezagsvoorziening, bepaalde periodieke uitkering tot voorziening in de kosten van verzorging en opvoeding.
(Zie ook: art. 401 BW Boek 1)

Art. 408

Uitbetaling van onderhoudsgelden aan ouder of voogd

1. Een uitkering tot voorziening in de kosten van verzorging en opvoeding of tot voorziening in de kosten van levensonderhoud en studie, waarvan het bedrag in een rechterlijke beslissing, daaronder begrepen de beslissing op grond van artikel 822, eerste lid, onder c, van het Wetboek van Burgerlijke Rechtsvordering, is vastgelegd, wordt ten behoeve van de minderjarige aan de ouder of die het kind verzorgt en opvoedt of aan de voogd onderscheidenlijk aan de meerderjarige betaald.

Invordering van onderhoudsgelden door Landelijk Bureau Inning Onderhoudsbijdragen

2. Op verzoek van een gerechtigde als bedoeld in het eerste lid, van een onderhoudsplichtige dan wel op gezamenlijk verzoek van een gerechtigde en onderhoudsplichtige neemt het Landelijk Bureau Inning Onderhoudsbijdragen de invordering van de onderhoudsgelden op zich. De executoriale titel wordt daartoe door de onderhoudsgerechtigde in handen gesteld van dit Bureau. De overhandiging daarvan machtigt het Bureau tot het doen van de invordering, zo nodig door middel van executie.
3. Kosten van invordering door het Landelijk Bureau Inning Onderhoudsbijdragen worden verhaald op de onderhoudsplichtige, onverminderd de kosten van gerechtelijke vervolging en executie. Het verhaal van kosten vindt plaats door wijziging van het bedrag, bedoeld in het eerste lid, volgens bij algemene maatregel van bestuur te stellen regels.
4. Tot invordering op verzoek van een onderhoudsgerechtigde wordt slechts overgegaan, indien de gerechtigde ter gelegenheid van de indiening van het verzoek aannemelijk heeft gemaakt

dat binnen ten hoogste zes maanden voorafgaande aan de indiening van het verzoek de onderhoudsplichtige ten aanzien van ten minste één periodieke betaling tekort is geschoten in zijn verplichtingen. In deze gevallen geschiedt de invordering van bedragen die verschuldigd zijn vanaf een tijdstip van ten hoogste zes maanden voorafgaande aan de indiening van het verzoek.
5. Alvorens tot invordering met verhaal van kosten over te gaan wordt de onderhoudsplichtige bij brief met bericht van ontvangst in kennis gesteld van het voornemen daartoe en de reden daarvoor, alsmede van het bedrag inclusief de kosten van invordering. Het Landelijk Bureau Inning Onderhoudsbijdragen wordt bevoegd tot invordering over te gaan op de veertiende dag na de verzending van de brief.
6. De invordering die op verzoek van de onderhoudsgerechtigde geschiedt, eindigt slechts, indien gedurende ten minste een half jaar regelmatig is betaald aan het Landelijk Bureau Inning Onderhoudsbijdragen en er geen bedragen meer verschuldigd zijn als bedoeld in het vierde lid, tweede volzin. De termijn van een half jaar wordt telkens verdubbeld, indien een voorgaande termijn van invordering ook op verzoek van de onderhoudsgerechtigde was aangevangen.
7. Een invordering die geldt op het tijdstip van het meerderjarig worden van het kind, wordt ten behoeve van de meerderjarige voortgezet, tenzij deze op zijn verzoek wordt beëindigd.
8. De tenuitvoerlegging van een executoriale titel betreffende de betaling van de kosten van verzorging en opvoeding of levensonderhoud en studie geschiedt met inachtneming van de wijziging, bedoeld in het derde lid.
9. Invorderingen die tien jaren nadat de minderjarige de leeftijd van een en twintig jaren heeft bereikt, nog niet door het Landelijk Bureau Inning Onderhoudsbijdragen zijn verwezenlijkt, mogen worden beëindigd. De onderhoudsgerechtigde wordt hiervan schriftelijk op de hoogte gesteld.
10. Een betaling door de onderhoudsplichtige strekt in de eerste plaats in mindering van de kosten, bedoeld in het derde lid, vervolgens in mindering van eventueel verschenen rente en ten slotte in mindering van de verschuldigde onderhoudsgelden en de eventueel lopende rente.
11. Het Landelijk Bureau Inning Onderhoudsbijdragen draagt zorg, dat de gelden die ten behoeve van het onderhoud van minderjarigen worden uitgekeerd, aan de daarop rechthebbenden worden uitbetaald.
12. Artikel 243, tweede tot en met vierde lid, is van overeenkomstige toepassing.   *Schakelbepaling*
(Zie ook: art. 135 BW Boek 6; art. 479b Rv; Bkik)
13. Met uitzondering van de leden 1, 7 en 11, is dit artikel van overeenkomstige toepassing op de ten behoeve van een echtgenoot of geregistreerd partner bij rechterlijke uitspraak vastgestelde uitkering tot levensonderhoud, daaronder begrepen de beschikking inzake een voorlopige voorziening betreffende een uitkering tot levensonderhoud, met dien verstande dat invorderingen die tien jaar na de indiening van het verzoek om invordering nog niet zijn verwezenlijkt door het Landelijk Bureau Inning Onderhoudsbijdragen, mogen worden beëindigd.

Titel 18
Afwezigheid, vermissing en vaststelling van overlijden in bepaalde gevallen

Afdeling 1
Onderbewindstelling in geval van afwezigheid

Art. 409
1. Indien iemand die zijn woonplaats heeft verlaten niet voldoende orde op het bestuur van zijn goederen heeft gesteld, en er noodzakelijkheid bestaat om daarin geheel of gedeeltelijk te voorzien of de afwezige te doen vertegenwoordigen, benoemt de kantonrechter, op verzoek van belanghebbenden of het openbaar ministerie, een bewindvoerder, ten einde het bewind over het geheel of een gedeelte van de goederen van de afwezige te voeren en diens overige belangen waar te nemen.   *Onderbewindstelling in geval van afwezigheid*
2. Voor de toepassing van deze afdeling wordt met iemand die zijn woonplaats heeft verlaten, gelijk gesteld hij wiens bestaan onzeker is geworden of die onbereikbaar is, ook al staat niet vast dat hij zijn woonplaats heeft verlaten.
(Zie ook: artt. 10, 90 bk 1 BW; art. 53 Rv)

Art. 410
1. Voor zover de kantonrechter niet anders bepaalt, vinden op het bewind en de bewindvoerder de artikelen 338, 339,340, 342-357, 358 lid 1 en 359-363 van dit boek overeenkomstige toepassing, met dien verstande dat de bewindvoerder verplicht is jaarlijks bij de griffie van de rechtbank, een rekening in te dienen van zijn bewind.   *Schakelbepaling*
2. De bewindvoerder heeft aanspraak op beloning overeenkomstig de regels die daaromtrent bij regeling van Onze Minister van Veiligheid en Justitie zijn vastgesteld.   *Beloning van bewindvoerder bij afwezigheid*
3. Goedkeuring van een ingediende rekening door de kantonrechter brengt geen nadeel toe aan de bevoegdheid van de rechthebbenden om na het einde van het bewind over dezelfde tijdruimte rekening en verantwoording te vragen, voor zover dit niet onredelijk is.

Ontslag en vervanging van bewindvoerder bij afwezigheid	4. De bewindvoerder kan ook voor andere dan vermogensbelangen van de afwezige opkomen, behoudens voor zover de kantonrechter zulks heeft uitgesloten. 5. De kantonrechter kan te allen tijde de bewindvoerder ontslaan en door een ander vervangen. *(Zie ook: artt. 53, 771 Rv)*

Art. 411

Einde bewind bij afwezigheid	Het bewind eindigt: a. door een gezamenlijk besluit van de rechthebbende en de bewindvoerder; b. door opzegging door de rechthebbende aan de bewindvoerder met inachtneming van een termijn van een maand; c. wanneer de dood van de rechthebbende komt vast te staan.

Afdeling 2
Personen wier bestaan onzeker is

Art. 412

Machtiging tot uitoefening recht erfgenaam of legataris	1. Wanneer aan een persoon wiens bestaan onzeker is een erfdeel of een legaat opkomt, waartoe, indien hij niet in leven mocht zijn, anderen zouden gerechtigd zijn, verleent de rechtbank aan de anderen op hun verzoek machtiging tot de uitoefening van het recht van erfgenaam of legataris. 2. De rechtbank kan zo nodig, openbare oproepingen bevelen en behoedmiddelen ten behoeve van de belanghebbenden voorschrijven. 3. Indien na het verlenen van de machtiging mocht blijken, dat de vermiste op de dag van het openvallen der nalatenschap heeft bestaan, kan de teruggave van de in bezit gekomen goederen en van de vruchten worden gevorderd, op de voet en onder de beperkingen als hierna bij de verklaring van vermoedelijk overlijden is aangegeven.
Schakelbepaling	4. Het eerste tot en met derde lid is van overeenkomstige toepassing op een uitkering uit levensverzekering, waartoe de persoon wiens bestaan onzeker is de eerstgeroepen begunstigde is.

Art. 413

Verzoek tot verklaring rechtsvermoeden van overlijden bij vermissing	1. Is het bestaan van een persoon onzeker en is de in het volgende lid aangegeven tijdruimte verlopen, dan kunnen belanghebbenden de rechtbank verzoeken dat zij hun zal gelasten de vermiste op te roepen ten einde van zijn in leven zijn te doen blijken, en dat zij, zo hiervan niet blijkt, zal verklaren dat er rechtsvermoeden van overlijden van de vermiste bestaat. 2. a. De in het vorige lid bedoelde tijdruimte beloopt vijf jaren, te rekenen van het vertrek van de vermiste of de laatste tijding van zijn leven. b. De termijn wordt verkort tot een jaar, indien de betrokkene gedurende die periode wordt vermist en de omstandigheden zijn dood waarschijnlijk maken. 3. Het gelasten van de oproeping van de vermiste en de verklaring van rechtsvermoeden van overlijden, bedoeld in het eerste lid, kunnen ook worden verzocht door het openbaar ministerie.

Art. 414

Oproeping van vermiste	1. De rechtbank stelt dag en uur vast, waartegen de vermiste moet worden opgeroepen. De oproep loopt op een termijn van een maand of zoveel langer als de rechtbank mocht bevelen. De oproeping geschiedt overeenkomstig de derde afdeling van de derde titel van het eerste boek van het Wetboek van Burgerlijke Rechtsvordering.
Rechtsvermoeden van overlijden van vermiste	2. Indien de vermiste niet verschijnt, noch iemand voor hem opkomt die behoorlijk van het in leven zijn van de vermiste doet blijken, verklaart de rechtbank dat er rechtsvermoeden van overlijden bestaat, onverminderd haar bevoegdheid de beschikking, bedoeld in het eerste lid, eerst nog eenmaal te herhalen alsmede het horen van getuigen en de overlegging van bewijsstukken te gelasten, ten bewijze dat is voldaan aan de vereisten die artikel 413 stelt. 3. De beschikking, houdende verklaring dat er rechtsvermoeden van overlijden bestaat, noemt de dag waarop de vermiste wordt vermoed te zijn overleden; als zodanig geldt de dag volgende op die van de laatste tijding van zijn leven, tenzij voldoende vermoedens bestaan, dat hij daarna nog enige tijd in leven was. 4. De rechtbank kan tevens bepalen, dat de kosten die een verzoeker als bedoeld in artikel 413 lid 1 heeft gemaakt, ten laste van het vermogen van de vermiste worden gebracht.

Art. 415
[Vervallen]

Art. 416

Geen hogere voorziening tegen oproeping vermiste	Geen hogere voorziening is toegelaten tegen beschikkingen, houdende bevel tot oproeping van de vermiste. *(Zie ook: art. 426 Rv)*

Art. 417
1. Zodra de beschikking, houdende verklaring dat er rechtsvermoeden van overlijden bestaat, in kracht van gewijsde is gegaan, zendt de griffier van het college waarvoor de zaak laatstelijk aanhangig was, een afschrift van de beschikking aan de ambtenaar van de burgerlijke stand van de verlaten woonplaats of, bij gebreke van verlaten woonplaats in Nederland, van de gemeente 's-Gravenhage . Deze ambtenaar maakt van de beschikking een akte van inschrijving op, welke in overeenstemming is met de beschikking en dit uitdrukkelijk vermeldt.
2. Deze akte van overlijden bewijst ten aanzien van een ieder dwingend, dat de vermiste op de in de akte vermelde dag is overleden.
(Zie ook: art. 19f BW Boek 1; art. 178 Rv)

Overlijdensakte bij vermissing

Bewijskracht van overlijdensakte bij vermissing

Art. 418
1. Erfgenamen en legatarissen van hem, die vermoedelijk overleden is verklaard, zijn verplicht alvorens zij de goederen der nalatenschap in bezit nemen, ten genoegen van de kantonrechter zekerheid te stellen voor hetgeen zij aan de vermoedelijk overleden verklaarde, mocht deze terugkeren, of aan erfgenamen of legatarissen die een beter recht mochten hebben, moeten afdragen.
2. De erfgenamen zijn verplicht na de inbezitneming een behoorlijke boedelbeschrijving op te maken.
3. Registergoederen mogen niet vervreemd of bezwaard worden, tenzij om gewichtige redenen en met verlof van de kantonrechter. Kunnen zij bij een boedelscheiding niet zonder verkoop worden verdeeld, dan worden zij onder bewind van een derde gesteld, die de inkomsten van die goederen overeenkomstig hetgeen dienaangaande bij de verdeling is vastgesteld zal uitkeren.
4. De verdeling geschiedt bij authentieke akte, waaruit tevens moet blijken wat aan legatarissen of andere gerechtigden is uitgekeerd.
5. De goederen der nalatenschap mogen niet worden verkwist en daaruit mogen niet bovenmatige giften worden gedaan.
6. Erfgenamen en legatarissen zijn verplicht desgevraagd aan de kantonrechter de nodige inlichtingen te geven.
7. De in dit artikel genoemde verplichtingen vervallen op het door de kantonrechter bepaalde tijdstip, en uiterlijk na verloop van vijf jaren na de dag waarop de akte van overlijden overeenkomstig artikel 417 is opgemaakt. De rechtbank die de beschikking, houdende verklaring dat er rechtsvermoeden van overlijden bestaat, geeft kan, gelet op de omstandigheden van het geval, daarbij tevens bepalen dat een of meer der in dit artikel genoemde verplichtingen niet zullen bestaan.
(Zie ook: art. 178 BW Boek 3; art. 53 Rv)

Nalatenschap van vermiste

Art. 419
De akte waarbij zekerheid is gesteld, de boedelbeschrijving en de akte van verdeling moeten in origineel of in authentiek afschrift worden neergelegd ter griffie van de rechtbank.

Neerlegging van aktes en boedelbeschrijving

Art. 420
1. Wanneer het aan de kantonrechter blijkt, dat een erfgenaam of legataris de hem in de twee voorgaande artikelen opgelegde verplichtingen niet is nagekomen, kan hij voor de goederen die aan die erfgenaam of legataris uit de nalatenschap toekomen, een bewindvoerder benoemen, wiens bewind eindigt, wanneer de kantonrechter beslist dat de betrokkene alsnog zijn wettelijke verplichtingen heeft nageleefd.
2. Voor zover de kantonrechter niet anders bepaalt, vinden op het bewind van de bewindvoerder de artikelen 338, 339, 340, 342-357, 358 lid 1 en 359-363 van dit boek overeenkomstige toepassing, met dien verstande dat de bewindvoerder verplicht is jaarlijks ter griffie van de rechtbank een rekening in te dienen van zijn bewind.
3. De bewindvoerder heeft aanspraak op beloning overeenkomstig de regels die daaromtrent bij regeling van Onze Minister van Veiligheid en Justitie zijn vastgesteld.
4. De kantonrechter kan te allen tijde de bewindvoerder ontslaan en door een ander vervangen.
(Zie ook: art. 53 Rv)

Benoeming bewindvoerder bij vermissing

Schakelbepaling

Beloning bewindvoerder bij vermissing
Ontslag en vervanging van bewindvoerder bij vermissing

Art. 421
Hetgeen in de vorige drie artikelen is bepaald omtrent erfgenamen, die goederen uit de nalatenschap ontvangen, is van overeenkomstige toepassing op de echtgenoot of geregistreerde partner, die goederen ontvangt ten gevolge van de ontbinding van enige gemeenschap van goederen of de afrekening uit hoofde van een verrekenbeding. Voor het uit dezen hoofde ontvangene behoeft echter geen zekerheid te worden gesteld.
(Zie ook: artt. 99, 134, 149 BW Boek 1)

Schakelbepaling

Art. 422
1. Wanneer de vermiste terugkeert, of wanneer blijkt dat de dag van overlijden in de akte van overlijden onjuist is vermeld, is ieder die enige goederen van de vermiste ingevolge de vorige artikelen in zijn bezit of onder zijn bewind heeft, aan de teruggekeerde of aan hen die alsdan blijken tot de goederen gerechtigd te zijn, rekening, verantwoording en afgifte schuldig.

Terugkeer van vermiste of onjuiste overlijdensdatum

2. Rechten door derden te goeder trouw verkregen worden geëerbiedigd. In geval echter goederen om niet zijn vervreemd, kan de rechter aan de rechthebbenden, en ten laste van hem die daardoor voordeel heeft genoten, een naar billijkheid te bepalen vergoeding toekennen.
3. Is het leven van de vermiste ten behoeve van derden verzekerd geweest, dan behouden dezen hun recht op hetgeen aan hen op het tijdstip van de terugkeer van de verzekerde is uitbetaald of als reeds opeisbaar was verschuldigd; in dat geval kunnen aan de verzekering geen andere rechten op de uitkering worden ontleend.
(Zie ook: art. 771 Rv; art. 302 WvK)

Art. 423

Onjuiste overlijdensakte bij vermissing

1. Indien binnen vijf jaar na de dag waarop de akte van overlijden overeenkomstig artikel 417 van dit boek is opgemaakt, wordt bewezen dat deze akte onjuist is, zijn zij die te goeder trouw de vruchten van de nalatenschap hebben genoten, slechts verplicht daarvan de helft terug te geven; wordt de onjuistheid later bewezen, dan behoeven zij geen vruchten terug te geven.
2. Indien eerst meer dan tien jaar na de dag waarop de akte is opgemaakt, wordt bewezen dat de akte onjuist is, zijn zij die de goederen te goeder trouw in bezit hebben genomen, slechts verplicht te alsdan nog aanwezige goederen in de staat waarin zij zich bevinden, af te geven, benevens de prijs van de vervreemde goederen of de goederen die daarvoor in de plaats zijn getreden; alles zonder enige vruchten of vergoeding voor niet meer aanwezige goederen en zonder verplichting van rekening en verantwoording.
3. Iedere verbintenis tot teruggave vervalt, wanneer twintig jaar na de dag waarop de akte is opgemaakt, zijn verlopen.

Art. 424

[Vervallen.]

Art. 425

Ontbinding huwelijk van vermiste

1. Indien de achtergebleven echtgenote van een vermiste een nieuw huwelijk is aangegaan, doch de vermiste nog in leven was na de dag die als datum van overlijden was vermeld in de overeenkomstig artikel 417 van dit boek opgemaakte akte, zoals deze bij de voltrekking van het nieuwe huwelijk luidde, wordt niettemin voor de bepaling van de staat van haar kinderen die voor het nieuwe huwelijk zijn geboren, het huwelijk met de vermiste geacht te zijn ontbonden op de in die akte vermelde dag.
(Zie ook: art. 197 BW Boek 1)

Ouderlijk gezag na terugkeer van vermiste

2. De vermoedelijk overleden verklaarde voor wie bij diens terugkeer het gezag over zijn minderjarige kind niet is herleefd, kan de rechtbank verzoeken hem daarmede te belasten. Wanneer deze tezamen met de andere ouder verzoekt in het belang van hun kind hen gezamenlijk met het gezag te belasten, dan wel niet in het gezag is voorzien of een voogd het gezag uitoefent, wordt het verzoek slechts afgewezen indien gegronde vrees bestaat dat bij inwilliging de belangen van het kind zouden worden verwaarloosd. In de overige gevallen wordt het verzoek slechts ingewilligd indien de rechtbank dit in het belang van het kind wenselijk oordeelt.

Afdeling 3
Vaststelling van overlijden in bepaalde gevallen

Art. 426

Gronden voor overlijdensverklaring van vermiste

1. Indien het lichaam van een vermist persoon niet is kunnen worden teruggevonden doch, alle omstandigheden in aanmerking genomen, zijn overlijden als zeker kan worden beschouwd, kan op verzoek van het openbaar ministerie of van iedere belanghebbende de rechtbank verklaren dat de vermiste is overleden:
A. indien de vermissing heeft plaatsgevonden in Nederland;
B. indien de vermissing heeft plaatsgevonden tijdens een reis met een in Nederland thuisbehorend schip of luchtvaartuig;
C. indien de vermiste Nederlander was;
D. indien de vermiste zijn woon- of verblijfplaats had in Nederland.
2. Indien een persoon buiten Nederland is overleden en geen overlijdensakte is opgemaakt of kan worden overgelegd, kan op verzoek van het openbaar ministerie of van iedere belanghebbende de rechtbank verklaren dat die persoon is overleden:
A. indien het overlijden heeft plaatsgevonden tijdens een reis met een in Nederland thuisbehorend schip of luchtvaartuig;
B. indien de overledene Nederlander was;
C. indien de overledene zijn woon- of verblijfplaats had in Nederland.
3. Voor zover mogelijk bevat het verzoek bedoeld in het eerste en tweede lid, of daarmee vergezeld gaande bescheiden de in artikel 427 van dit boek genoemde gegevens.
(Zie ook: artt. 19f, 22 BW Boek 1)

Art. 427

Inhoud van overlijdensverklaring van vermiste

1. De beschikking, houdende verklaring dat de in artikel 426 bedoelde persoon is overleden, noemt de dag en zo mogelijk het uur van het overlijden. Indien de dag van overlijden niet bekend

is, wordt deze door de rechtbank vastgesteld en in de beschikking vermeld. De rechtbank houdt hierbij rekening met alle bewijzen en aanwijzingen omtrent de omstandigheden waaronder, of het tijdstip waarop het overlijden moet hebben plaatsgehad.
2. Voorts vermeldt de beschikking de geslachtsnaam, de voornamen, de kunne en, zo mogelijk, de plaats van het overlijden, de woonplaats van de overledene, de plaats en de dag van geboorte van de overledene en de geslachtsnaam en de voornamen van de persoon of van de personen, met wie de overledene gehuwd is geweest of met wie de overledene een geregistreerd partnerschap was aangegaan.
(Zie ook: art. 19f BW Boek 1)

Art. 428
[Vervallen]

Art. 429
De griffier van het college waarvoor de zaak laatstelijk aanhangig was, zendt een afschrift van de beschikking, zodra deze in kracht van gewijsde is gegaan, aan de ambtenaar van de burgerlijke stand van de gemeente 's-Gravenhage. Deze maakt van de beschikking een akte van inschrijving op, die hij in het register van overlijden opneemt.

Inschrijvingsakte van overlijdensverklaring vermiste

Art. 430
1. De akten, opgemaakt volgens artikel 429, gelden als akten van overlijden in de zin van artikel 19f, eerste lid.
(Zie ook: art. 22 BW Boek 1)
2. De artikelen 422, 423 en 425 zijn van overeenkomstige toepassing, indien een persoon die met toepassing van artikel 426 overleden is verklaard terugkeert alsmede indien bewezen wordt dat de dag van overlijden in de in artikel 429 bedoelde akte onjuist is vermeld.

Geldigheid overlijdensakte van vermiste

Schakelbepaling

Titel 19
Onderbewindstelling ter bescherming van meerderjarigen

Art. 431
1. Indien een meerderjarige tijdelijk of duurzaam niet in staat is ten volle zijn vermogensrechtelijke belangen behoorlijk waar te nemen, als gevolg van
a. zijn lichamelijke of geestelijke toestand, dan wel
b. verkwisting of het hebben van problematische schulden,
kan de kantonrechter een bewind instellen over één of meer van de goederen, die hem als rechthebbende toebehoren of zullen toebehoren. Onder aan de meerderjarige toebehorende goederen zijn in deze titel begrepen goederen die behoren tot zijn huwelijksgemeenschap of gemeenschap van geregistreerd partnerschap en die niet uitsluitend onder het bestuur van zijn echtgenoot dan wel geregistreerd partner staan.
2. Indien te verwachten is dat een minderjarige op het tijdstip waarop hij meerderjarig zal worden, in de in het vorige lid bedoelde toestand zal verkeren, kan het bewind reeds voor de meerderjarigheid worden ingesteld.
3. Het bewind kan eveneens worden ingesteld indien te verwachten is dat de rechthebbende binnen afzienbare tijd in de in het eerste lid bedoelde toestand zal verkeren.
(Zie ook: artt. 90, 337, 378, 434 BW Boek 1; artt. 1025, 1066 BW Boek 4)
4. De rechter bij wie een verzoek tot het verlenen van een voorlopige of voorwaardelijke machtiging, een observatiemachtiging of een machtiging tot voortgezet verblijf als bedoeld in de Wet bijzondere opnemingen in psychiatrische ziekenhuizen, dan wel een machtiging als bedoeld in artikel 33, eerste lid, van die wet aanhangig is, is tevens bevoegd tot de kennisneming van een verzoek tot instelling van het bewind.

Beschermingsbewind; onderbewindstelling van meerderjarige

Art. 432
1. Instelling van het bewind kan worden verzocht door de rechthebbende, zijn echtgenoot, zijn geregistreerde partner dan wel andere levensgezel, zijn bloedverwanten in de rechte lijn en in de zijlijn tot en met de vierde graad, degene die ingevolge artikel 253sa of 253t het gezag over de rechthebbende uitoefent, zijn voogd, zijn curator als bedoeld in titel 16 en zijn mentor als bedoeld in titel 20. In het artikel 431, derde lid, bedoelde geval kan het bewind uitsluitend worden verzocht door de rechthebbende.
2. Instelling van het bewind kan voorts worden verzocht door het openbaar ministerie en door de instelling waar de rechthebbende wordt verzorgd of die aan de rechthebbende begeleiding biedt. Instelling van een bewind wegens verkwisting of het hebben van problematische schulden kan tevens worden verzocht door het college van burgemeester en wethouders van de gemeente waar de rechthebbende woonplaats heeft. In beide laatste gevallen vermeldt het verzoekschrift tevens waarom de in het eerste lid genoemde personen – bloedverwanten in de zijlijn in de derde en vierde graad daaronder niet begrepen – niet tot indiening van een verzoek zijn overgegaan.

Beschermingsbewind; verzoek tot onderbewindstelling van meerderjarige

3. De rechter voor wie een verzoek tot ondercuratelestelling of tot opheffing van de curatele aanhangig is, kan bij afwijzing onderscheidenlijk bij inwilliging daarvan ambtshalve overgaan tot instelling van het bewind.
4. Een verzoek tot instelling van een bewind ten behoeve van een rechthebbende die onder curatele is gesteld, wordt aanhangig gemaakt bij de rechter die bevoegd is over opheffing van de curatele te beslissen. Deze rechter kan, bij opheffing van een curatele, ook ambtshalve overgaan tot instelling van het bewind.
5. In geval van een bestuursopdracht, of een verzoek daartoe, als bedoeld in artikel 91 van dit boek, zijn het derde en het vierde lid van overeenkomstige toepassing.
(Zie ook: artt. 378, 379 BW Boek 1)

Art. 433

Beschermingsbewind; zaaksvervanging en vruchten bij onderbewindstelling meerderjarige

1. Tenzij bij de onderbewindstelling anders is bepaald, omvat het bewind ook de goederen die geacht moeten worden in de plaats van een aan het bewind onderworpen goed te treden, benevens de vruchten en andere voordelen die een onder bewind staand goed oplevert.

2. De kantonrechter kan, hetzij op verzoek van degene die gerechtigd is onderbewindstelling te verzoeken als bedoeld in artikel 432, eerste en tweede lid, hetzij ambtshalve, het ingestelde bewind tot een of meer andere goederen van de rechthebbende uitbreiden of een of meer goederen uit het bewind ontslaan en ook alsnog bepalen dat de regel van het eerste lid voor een of meer goederen niet zal gelden, in welk geval artikel 434, eerste lid, van overeenkomstige toepassing is. De kantonrechter kan tevens handelingen als bedoeld in artikel 441, tweede lid, onder f aanwijzen en de aanwijzing van zulke handelingen intrekken.
(Zie ook: art. 124 BW Boek 1; artt. 167, 168, 221 BW Boek 3; art. 710 Rv)

Art. 434

Beschermingsbewind; inhoud van onderbewindstelling meerderjarige

1. In beschikkingen als bedoeld in de artikelen 432 en 433, tweede lid, van dit boek bepaalt de rechter ambtshalve welke goederen onder bewind worden gesteld, onderscheidenlijk uit het bewind worden ontslagen.
2. Onderbewindstelling van een goed en het ontslag van een goed uit het bewind treden in werking daags nadat de beschikking is verstrekt of verzonden, tenzij de beschikking een later tijdstip van ingang vermeldt. In het geval, bedoeld in artikel 431, tweede lid, treedt de onderbewindstelling in werking op het tijdstip waarop de rechthebbende meerderjarig wordt.

Art. 435

Beschermingsbewind; benoeming van bewindvoerder bij onderbewindstelling meerderjarige

1. De rechter die het bewind instelt, benoemt daarbij of zo spoedig mogelijk daarna een bewindvoerder. Hij vergewist zich van de bereidheid en vormt zich een oordeel over de geschiktheid van de te benoemen persoon.

2. Zo nodig kan een tijdelijke bewindvoerder worden benoemd.
3. De rechter volgt bij de benoeming van de bewindvoerder de uitdrukkelijke voorkeur van de rechthebbende, tenzij gegronde redenen zich tegen zodanige benoeming verzetten.
4. Tenzij het vorige lid is toegepast, wordt, indien de rechthebbende is gehuwd, een geregistreerd partnerschap is aangegaan of anderszins een levensgezel heeft, bij voorkeur de echtgenoot, de geregistreerde partner dan wel andere levensgezel tot bewindvoerder benoemd. Is de vorige zin niet van toepassing dan wordt bij voorkeur een van zijn ouders, kinderen, broers of zusters tot bewindvoerder benoemd. Huwt de rechthebbende, gaat hij een geregistreerd partnerschap aan of verkrijgt hij een andere levensgezel, dan kan ieder van hen verzoeken dat de echtgenoot, de geregistreerde partner dan wel de andere levensgezel van de rechthebbende in de plaats van de tegenwoordige bewindvoerder wordt benoemd.
5. Rechtspersonen met volledige rechtsbevoegdheid kunnen tot bewindvoerder worden benoemd.
6. De volgende personen kunnen niet tot bewindvoerder worden benoemd:
a. handelingsonbekwamen;
b. zij ten behoeve van wie een mentorschap is ingesteld;
c. zij van wie één of meer goederen onder een bewind als bedoeld in titel 19 staan;
d. zij die in staat van faillissement verkeren;
e. zij ten aanzien van wie de schuldsaneringsregeling natuurlijke personen van toepassing is;
f. de bewindvoerder van de rechthebbende in de zin artikel 287, derde lid, van de Faillissementswet;
g. een direct betrokken of behandelend hulpverlener;
h. personen behorende tot de leiding of tot het personeel van de instelling waar de rechthebbende wordt verzorgd of die aan de rechthebbende begeleiding biedt;
i. personen verbonden met de instelling waar de rechthebbende wordt verzorgd of die aan de rechthebbende begeleiding biedt, doordat:
1° de instelling of personen behorende tot de leiding van de instelling, alleen of samen meer dan de helft van de stemrechten in de algemene vergadering van de rechtspersoon kunnen

uitoefenen, dan wel meer dan de helft van de bestuurders of van de commissarissen van de rechtspersoon kunnen benoemen of ontslaan,
2° de persoon en de instelling deel uitmaken van een groep in de zin van artikel 24b van boek 2, of
3° de bestuurder van de rechtspersoon tevens behoort tot de leiding of het personeel van de instelling.
7. Een andere persoon dan in het vierde lid bedoeld, die ten behoeve van drie of meer personen bewindvoerder, curator of mentor is, komt alleen dan voor benoeming in aanmerking indien deze wat zijn bedrijfsvoering en scholing betreft, alsmede, voor zover van toepassing, de werving, de scholing en begeleiding van en het toezicht op de personen door wie hij de taken van een bewindvoerder uitoefent, voldoet aan bij algemene maatregel van bestuur te stellen kwaliteitseisen, alsmede aan de verplichtingen bedoeld in artikel 436, vierde lid, en artikel 15i van boek 3.
8. De persoon, bedoeld in het zevende lid, legt aan de rechter die hem benoemt, over:
a. zijn verklaring dat hij aan de in het zevende lid bedoelde kwaliteitseisen en verplichtingen voldoet,
b. een verslag van een accountant als bedoeld in artikel 393, eerste lid, van boek 2, van diens bevindingen over de wijze waarop aan de eisen en verplichtingen wordt voldaan, en
c. een verklaring van de accountant omtrent de balans en staat van baten en lasten, bedoeld in artikel 10 van boek 2, dan wel, voor zover van toepassing, omtrent de jaarrekening overeenkomstig titel 9 van boek 2. Artikel 396, zevende lid, van boek 2 is ten aanzien van artikel 393 lid 1 niet van toepassing.
Bij algemene maatregel van bestuur kunnen nadere regels worden gesteld omtrent de vorm en de inhoud van de verklaringen en het verslag, alsmede de wijze van overlegging. Toont de persoon aan dat hij in de twaalf maanden voorafgaande aan zijn benoeming de verklaringen en het verslag reeds aan de rechter heeft overgelegd, dan is hij van de overlegging vrijgesteld.
9. Van de overlegging van de in het achtste lid bedoelde verklaring van de accountant zijn vrijgesteld:
a. zij die een financiële onderneming zijn die ingevolge de Wet op het financieel toezicht het bedrijf van bank mogen uitoefenen,
b. notarissen,
c. gerechtsdeurwaarders,
d. accountants.
Bij algemene maatregel van bestuur kunnen de in de vorige zin bedoelde ondernemingen en beroepsbeoefenaren geheel of gedeeltelijk worden vrijgesteld van de in het zevende lid bedoelde eisen inzake de werving, scholing en bedrijfsvoering
10. De benoemde wordt bewindvoerder daags nadat de beschikking is verstrekt of verzonden, tenzij de beschikking een later tijdstip vermeldt.

Art. 436

1. De bewindvoerder is verplicht zo spoedig mogelijk een beschrijving van de aan het bewind onderworpen goederen op te maken en een afschrift daarvan in te leveren ter griffie van de ingevolge artikel 266 van het Wetboek van Burgerlijke Rechtsvordering bevoegde rechtbank.

2. De artikelen 339, 363 en 364 van dit boek zijn van overeenkomstige toepassing.
3. Indien tot het bewind registergoederen behoren, is de bewindvoerder verplicht zo spoedig mogelijk de desbetreffende rechterlijke beschikkingen en zijn benoeming in de openbare registers, bedoeld in afdeling 2 van titel 1 van Boek 3, te doen inschrijven. Is een onderneming of een aandeel in een vennootschap onder firma onder bewind gesteld, dan is de bewindvoerder verplicht de desbetreffende rechterlijke beschikkingen en zijn benoeming in het handelsregister te doen inschrijven. De kantonrechter kan, hetzij op verzoek van degene die gerechtigd is onderbewindstelling te verzoeken als bedoeld in artikel 432, eerste en tweede lid, of van de bewindvoerder, hetzij ambtshalve bepalen dat een beschikking tot onderbewindstelling wegens een lichamelijke of geestelijke toestand, voor zover het bewind alle goederen betreft, die de rechthebbende toebehoren of zullen toebehoren, en een beschikking houdende benoeming, schorsing of ontslag van de bewindvoerder vanwege de griffier in het register, bedoeld in artikel 391, worden ingeschreven.
4. Tenzij de kantonrechter anders bepaalt, is de bewindvoerder verplicht zo spoedig mogelijk een rekening te openen bij een financiële onderneming die ingevolge de Wet op het financieel toezicht in Nederland het bedrijf van bank mag uitoefenen; de bewindvoerder is voorts verplicht om uitsluitend voor de betalingen die hij bij de vervulling van zijn taak verricht of ontvangt zoveel mogelijk van deze rekening gebruik te maken.
5. De kantonrechter kan te allen tijde de bewindvoerder ten verhore doen oproepen. Deze is verplicht alle door de kantonrechter gewenste inlichtingen te verstrekken.
(Zie ook: art. 92 BW Boek 1)

Beschermingsbewind; verplichtingen van bewindvoerder bij onderbewindstelling meerderjarige
Schakelbepaling

6. De kantonrechter kan van de bewindvoerder verlangen dat hij inzage geeft van zijn boeken, bescheiden en andere gegevensdragers. Hij kan voorts een afschrift daarvan verlangen.

Art. 437

Beschermingsbewind; twee bewindvoerders bij onderbewindstelling meerderjarige

1. De rechter kan twee bewindvoerders benoemen, tenzij gegronde redenen zich tegen zodanige benoeming verzetten.

2. Zijn er twee bewindvoerders, dan kan, tenzij de rechter anders bepaalt, ieder van hen alle werkzaamheden die tot het bewind behoren, alleen verrichten.
3. Bij verschil van mening tussen de bewindvoerders beslist op verzoek van één van hen of van een instelling als bedoeld in artikel 432, tweede lid, de kantonrechter. Deze kan ook een verdeling van het loon vaststellen.

Art. 438

Beschermingsbewind; beheer van en beschikking over goederen bij onderbewindstelling meerderjarige

1. Tijdens het bewind komt het beheer over de onder bewind staande goederen niet toe aan de rechthebbende maar aan de bewindvoerder.

2. Tijdens het bewind kan de rechthebbende slechts met medewerking van de bewindvoerder of, indien deze weigerachtig is, met machtiging van de kantonrechter over de onder het bewind staande goederen beschikken.
(Zie ook: art. 381 BW Boek 1)

Art. 439

Beschermingsbewind; ongeldige en onbevoegde rechtshandelingen bij onderbewindstelling meerderjarige

1. Indien een rechtshandeling ongeldig is, omdat zij ondanks het bewind werd verricht door of gericht tot de rechthebbende, kan deze ongeldigheid aan de wederpartij slechts worden tegengeworpen, zo deze het bewind kende of had behoren te kennen.

2. Indien een goed is vervreemd of bezwaard door iemand die daartoe ingevolge het bewind niet bevoegd was, kan deze onbevoegdheid aan een verkrijger van het goed of een beperkt recht daarop slechts worden tegengeworpen, zo deze het bewind kende of had behoren te kennen.
(Zie ook: artt. 347, 386 BW Boek 1)

Art. 440

Beschermingsbewind; verhaal van schulden bij onderbewindstelling meerderjarige

1. Schulden die voortspruiten uit een handeling, tijdens het bewind met of jegens de rechthebbende, anders dan in overeenstemming met artikel 438, tweede lid, verricht door een schuldeiser die het bewind kende of had behoren te kennen, kunnen niet op de onder het bewind staande goederen worden verhaald. Het einde van het bewind brengt hierin geen wijziging.
2. Indien het bewind alle goederen betreft die daarvoor krachtens artikel 431, eerste lid, in aanmerking komen, is het eerste lid van overeenkomstige toepassing ten aanzien van ten tijde van de handeling niet onder het bewind staande goederen waarop verhaal mogelijk zou zijn.

Art. 441

[Dit artikel is gewijzigd in verband met de invoering van digitaal procederen. Zie voor de procedures en gerechten waarvoor digitaal procederen geldt het Overzicht gefaseerde inwerkingtreding op www.rijksoverheid.nl/KEI.]

Beschermingsbewind: bevoegdheden van bewindvoerder bij onderbewindstelling meerderjarige

1. Tijdens het bewind vertegenwoordigt de bewindvoerder bij de vervulling van zijn taak de rechthebbende in en buiten rechte. De bewindvoerder draagt zorg voor een doelmatige belegging van het vermogen van de rechthebbende, voor zover dit onder het bewind staat en niet besteed behoort te worden voor een voldoende verzorging van de rechthebbende. De bewindvoerder kan voorts voor de rechthebbende alle handelingen verrichten die aan een goed bewind bijdragen.
2. Hij behoeft echter toestemming van de rechthebbende of, indien deze daartoe niet in staat of weigerachtig is, machtiging van de kantonrechter voor de volgende handelingen:
a. beschikken en aangaan van overeenkomsten tot beschikking over een onder het bewind staand goed, tenzij de handeling als een gewone beheersdaad kan worden beschouwd of krachtens rechterlijk bevel geschiedt;
b. een making of gift waaraan lasten of voorwaarden zijn verbonden, aannemen;
c. geld lenen of de rechthebbende als borg of hoofdelijke medeschuldenaar verbinden;
d. overeenkomen dat een boedel, waartoe de rechthebbende gerechtigd is, voor een bepaalde tijd onverdeeld wordt gelaten;
e. het aangaan, buiten het geval van artikel 30k, lid 1, onder c van het Wetboek van Burgerlijke Rechtsvordering, van een overeenkomst tot het beëindigen van een geschil, tenzij het voorwerp van het geschil een waarde van € 700 niet te boven gaat;
f. andere bij de instelling van het bewind of nadien aangewezen handelingen.

3. De kantonrechter kan ook aan de bewindvoerder een doorlopende machtiging met zodanige voorwaarden als hij geraden acht, verlenen om handelingen als in het vorige lid bedoeld te verrichten en een verleende machtiging te allen tijde wijzigen of intrekken.
4. De bewindvoerder is, met uitsluiting van de rechthebbende, bevoegd de verdeling te vorderen van goederen, waarvan een onverdeeld aandeel tot zijn bewind behoort. Tot een verdeling, ook al geschiedt zij krachtens rechterlijk bevel, behoeft de bewindvoerder toestemming of machtiging overeenkomstig het tweede lid. De kantonrechter kan, in stede van machtiging te verlenen, met overeenkomstige toepassing van artikel 181 van Boek 3 een onzijdig persoon benoemen, die in plaats van de bewindvoerder de rechthebbende bij de verdeling vertegenwoordigt.
5. De bewindvoerder is, met uitsluiting van de rechthebbende, bevoegd een aan de rechthebbende opgekomen nalatenschap te aanvaarden. Tenzij de aanvaarding geschiedt met toestemming van de rechthebbende, kan de bewindvoerder niet anders aanvaarden dan onder het voorrecht van boedelbeschrijving.
(Zie ook: artt. 337, 345, 350, 351, 353, 356 BW Boek 1)
[Voor overige gevallen luidt het artikel als volgt:]

Artikel 441.
1. Tijdens het bewind vertegenwoordigt de bewindvoerder bij de vervulling van zijn taak de rechthebbende in en buiten rechte. De bewindvoerder draagt zorg voor een doelmatige belegging van het vermogen van de rechthebbende, voor zover dit onder het bewind staat en niet besteed behoort te worden voor een voldoende verzorging van de rechthebbende. De bewindvoerder kan voorts voor de rechthebbende alle handelingen verrichten die aan een goed bewind bijdragen.
2. Hij behoeft echter toestemming van de rechthebbende of, indien deze daartoe niet in staat of weigerachtig is, machtiging van de kantonrechter voor de volgende handelingen:
a. beschikken en aangaan van overeenkomsten tot beschikking over een onder het bewind staand goed, tenzij de handeling als een gewone beheersdaad kan worden beschouwd of krachtens rechterlijk bevel geschiedt;
b. een making of gift waaraan lasten of voorwaarden zijn verbonden, aannemen;
c. geld lenen of de rechthebbende als borg of hoofdelijke medeschuldenaar verbinden;
d. overeenkomen dat een boedel, waartoe de rechthebbende gerechtigd is, voor een bepaalde tijd onverdeeld wordt gelaten;
e. het aangaan, buiten het geval van artikel 87 van het Wetboek van Burgerlijke Rechtsvordering, van een overeenkomst tot het beëindigen van een geschil, tenzij het voorwerp van het geschil een waarde van € 700 niet te boven gaat;
f. andere bij de instelling van het bewind of nadien aangewezen handelingen.
3. De kantonrechter kan ook aan de bewindvoerder een doorlopende machtiging met zodanige voorwaarden als hij geraden acht, verlenen om handelingen als in het vorige lid bedoeld te verrichten en een verleende machtiging te allen tijde wijzigen of intrekken.
4. De bewindvoerder is, met uitsluiting van de rechthebbende, bevoegd de verdeling te vorderen van goederen, waarvan een onverdeeld aandeel tot zijn bewind behoort. Tot een verdeling, ook al geschiedt zij krachtens rechterlijk bevel, behoeft de bewindvoerder toestemming of machtiging overeenkomstig het tweede lid. De kantonrechter kan, in stede van machtiging te verlenen, met overeenkomstige toepassing van artikel 181 van Boek 3 een onzijdig persoon benoemen, die in plaats van de bewindvoerder de rechthebbende bij de verdeling vertegenwoordigt.
5. De bewindvoerder is, met uitsluiting van de rechthebbende, bevoegd een aan de rechthebbende opgekomen nalatenschap te aanvaarden. Tenzij de aanvaarding geschiedt met toestemming van de rechthebbende, kan de bewindvoerder niet anders aanvaarden dan onder het voorrecht van boedelbeschrijving.
(Zie ook: artt. 337, 345, 350, 351, 353, 356 BW Boek 1)

Art. 442
1. Heeft iemand als bewindvoerder een rechtshandeling verricht, dan richten de rechten en verplichtingen van de wederpartij zich naar hetgeen dienaangaande is bepaald in titel 3 van Boek 3. Regels die de bevoegdheid van een bewindvoerder betreffen en feiten die voor een oordeel omtrent zijn bevoegdheid van belang zijn, kunnen niet aan de wederpartij worden tegengeworpen, indien deze daarmee niet bekend was of had behoren te zijn.
2. De rechthebbende is, onverminderd het bepaalde in artikel 172 van Boek 6, aansprakelijk voor alle schulden die voortspruiten uit rechtshandelingen die de bewindvoerder in zijn hoedanigheid in naam van de rechthebbende verricht. Wanneer hij onder bewind staande goederen aanwijst die voor de schuld voldoende verhaal bieden, is hij niet verplicht de schuld ten laste van zijn overige vermogen te voldoen.
(Zie ook: art. 347 BW Boek 1)

Art. 443

Beschermingsbewind; machtiging bewindvoerder bij onderbewindstelling meerderjarige

De bewindvoerder kan alvorens in rechte op te treden zich te zijner verantwoording doen machtigen door de rechthebbende of, indien deze daartoe niet in staat of weigerachtig is, door de kantonrechter.
(Zie ook: art. 349 BW Boek 1)

Art. 444

Beschermingsbewind; aansprakelijkheid bewindvoerder bij onderbewindstelling meerderjarige

Een bewindvoerder is jegens de rechthebbende aansprakelijk, indien hij in de zorg van een goed bewindvoerder te kort schiet, tenzij de tekortkoming hem niet kan worden toegerekend.
(Zie ook: artt. 337, 362 BW Boek 1)

Art. 445

Beschermingsbewind; rekening en verantwoording door bewindvoerder bij onderbewindstelling meerderjarige

1. De bewindvoerder legt, tenzij andere tijdstippen zijn bepaald, jaarlijks en aan het einde van het bewind rekening en verantwoording af aan de rechthebbende, alsmede aan het einde van zijn taak aan zijn opvolger. De rekening en verantwoording wordt afgelegd ten overstaan van de kantonrechter. Onze Minister van Veiligheid en Justitie kan een model vaststellen volgens hetwelk de rekening en verantwoording moet worden opgemaakt.
2. Indien de rechthebbende niet in staat is de rekening op te nemen, of het onzeker is wie de rechthebbende is, wordt de rekening en verantwoording afgelegd aan de kantonrechter. Goedkeuring van deze rekening en verantwoording door de kantonrechter belet niet dat de rechthebbende na het einde van het bewind nogmaals over dezelfde tijdsruimte rekening en verantwoording vraagt, voor zover dit niet onredelijk is.
3. De kantonrechter kan de bewindvoerder - hetzij op diens verzoek, hetzij ambtshalve - vrijstellen van de verplichting om de periodieke rekening en verantwoording te zijnen overstaan af te leggen; hij kan ook bepalen dat deze wijze van aflegging der rekening en verantwoording slechts om een door hem te bepalen aantal jaren zal geschieden.
4. De bewindvoerder, bedoeld in artikel 435, zevende lid, legt jaarlijks de verklaringen en het verslag over, bedoeld in artikel 435, achtste lid.

Schakelbepaling

5. Voor het overige vindt het aangaande de voogdijrekening in de paragrafen 10 en 11 van afdeling 6 van titel 14 bepaalde overeenkomstige toepassing.
(Zie ook: artt. 359, 372 BW Boek 1)

Art. 446

Beschermingsbewind; uitkering en afdracht van goederen aan rechthebbende bij onderbewindstelling meerderjarige

1. Voor zover de kantonrechter niet anders bepaalt, wordt bij het afleggen van de periodieke rekening en verantwoording hetgeen de goederen netto aan vruchten hebben opgebracht, onder aftrek van de verschuldigde beloning, aan de rechthebbende uitgekeerd. Op verzoek van de rechthebbende kan de kantonrechter andere tijdstippen voor de uitkering vaststellen.

2. Bij zijn eindrekening en verantwoording draagt de bewindvoerder alle goederen af aan hem die na hem tot het beheer der goederen bevoegd is. De bewindvoerder is bevoegd de afdracht op te schorten tot de voldoening van een hem toekomend saldo.

3. Wordt de rekening en verantwoording aan de kantonrechter afgelegd, dan blijven, tenzij de kantonrechter anders bepaalt, de netto-opbrengst of de af te dragen goederen onder het bewind van de bewindvoerder, totdat de rechthebbende tot de ontvangst in staat is of de onzekerheid, wie rechthebbende is, is opgeheven.
(Zie ook: art. 372 BW Boek 1)

Art. 446a

Beschermingsbewind; verslaglegging door bewindvoerder bij onderbewindstelling meerderjarige

De bewindvoerder doet telkens na verloop van vijf jaren, of zo veel eerder als de kantonrechter bepaalt, aan deze verslag van het verloop van het bewind. Hij laat zich daarbij met name uit over de vraag of het bewind dient voort te duren dan wel of een minder ver, of een verder strekkende voorziening aangewezen is. Feiten die voor het bewind en het voortduren daarvan van betekenis zijn, deelt hij terstond aan de kantonrechter mede.

Art. 447

Beschermingsbewind; beloning bewindvoerder bij onderbewindstelling meerderjarige

1. De bewindvoerder heeft aanspraak op beloning overeenkomstig de regels die daaromtrent bij regeling van Onze Minister van Veiligheid en Justitie zijn vastgesteld.

2. Zijn er twee of meer bewindvoerders, dan wordt het loon dat hun gezamenlijk toekomt, tussen hen verdeeld in evenredigheid met de betekenis van de door ieder van hen verrichte werkzaamheden.
(Zie ook: artt. 358, 370, 380 BW Boek 1)

Art. 448

Beschermingsbewind; einde taak bewindvoerder bij onderbewindstelling meerderjarige

1. De taak van de bewindvoerder eindigt:
a. bij het einde van het bewind;
b. door tijdsverloop, indien hij voor een bepaalde tijd was benoemd;

c. door zijn dood, het ten aanzien van hem van toepassing verklaren van de schuldsaneringsregeling natuurlijke personen, zijn faillietverklaring of zijn ondercuratelestelling;
d. door de instelling van een bewind als bedoeld in deze titel over één of meer van zijn goederen;
e. door ontslag dat hem door de kantonrechter met ingang van een door deze bepaalde dag wordt verleend.

2. Het ontslag wordt hem verleend hetzij op eigen verzoek, hetzij wegens gewichtige redenen of omdat hij niet meer voldoet aan de eisen om bewindvoerder te kunnen worden, zulks op verzoek van de medebewindvoerder of degene die gerechtigd is onderbewindstelling te verzoeken als bedoeld in artikel 432, eerste en tweede lid, dan wel ambtshalve. Hangende het onderzoek kan de kantonrechter voorlopige voorzieningen in het bewind treffen en de bewindvoerder schorsen. De kantonrechter kan hiertoe zo nodig ook zonder de bewindvoerder tevoren te hebben gehoord overgaan. In dat geval verliest de beschikking haar kracht na verloop van twee weken, tenzij de bewindvoerder binnen deze termijn in de gelegenheid is gesteld om te worden gehoord.

3. Een gewezen bewindvoerder blijft verplicht al datgene te doen, wat niet zonder nadeel voor de rechthebbende kan worden uitgesteld, totdat degene die na hem tot het beheer van de goederen bevoegd is, dit heeft aanvaard. In de gevallen genoemd in het eerste lid onder c, rust deze verplichting op zijn erfgenamen, onderscheidenlijk de bewindvoerder in de schuldsaneringsregeling natuurlijke personen of de curator, indien zij van het bewind kennisdragen; in het geval genoemd in het eerste lid onder d, geldt dit voor de bewindvoerder, belast met het daar bedoelde bewind.

4. Artikel 384 van dit boek is van overeenkomstige toepassing.   *Schakelbepaling*

5. In geval van ontslag wegens gewichtige redenen of omdat de bewindvoerder niet meer voldoet aan de eisen om bewindvoerder te kunnen worden, kan de kantonrechter bepalen dat geen verdere rekening en verantwoording behoeft te worden afgelegd. Tevens kan de kantonrechter de boeken, bescheiden en andere gegevensdragers van de bewindvoerder, en alle aan de rechthebbende toekomende goederen in beslag nemen. Daartoe kan hij elke plaats betreden.

Art. 449
1. Het bewind eindigt door het verstrijken van de tijdsduur waarvoor het is ingesteld en door de dood of ondercuratelestelling van de rechthebbende.   *Beschermingsbewind; einde van bewind over meerderjarige*

2. De kantonrechter kan, indien de noodzaak daartoe niet meer bestaat of voortzetting van het bewind niet zinvol is gebleken, het bewind opheffen, zulks op verzoek van de bewindvoerder of van degene die gerechtigd is onderbewindstelling te verzoeken als bedoeld in artikel 432, eerste en tweede lid, dan wel ambtshalve. De beschikking treedt in werking zodra zij in kracht van gewijsde is gegaan, tenzij zij een eerder tijdstip van ingang aanwijst.
(Zie ook: art. 385 BW Boek 1)

3. Degene die gerechtigd is de instelling van het bewind te verzoeken als bedoeld in artikel 432, eerste en tweede lid, alsmede de bewindvoerder, kan verzoeken om verlenging van het bewind dat voor een bepaalde tijdsduur is ingesteld. De kantonrechter beslist binnen twee maanden na het indienen van het verzoekschrift. Artikel 384 is van overeenkomstige toepassing. Tegen de afwijzing van een verzoek tot verlenging staat geen hogere voorziening open.

Titel 20
Mentorschap ten behoeve van meerderjarigen

Art. 450
1. Indien een meerderjarige als gevolg van zijn geestelijke of lichamelijke toestand tijdelijk of duurzaam niet in staat is of bemoeilijkt wordt zijn belangen van niet-vermogensrechtelijke aard zelf behoorlijk waar te nemen, kan de kantonrechter te zijnen behoeve een mentorschap instellen.   *Mentorschap*

2. Indien te verwachten is dat een minderjarige op het tijdstip waarop hij meerderjarig zal worden, in de in het eerste lid bedoelde toestand zal verkeren, kan het mentorschap reeds voor de meerderjarigheid worden ingesteld.

3. Het mentorschap kan eveneens worden ingesteld, indien te verwachten is dat een meerderjarige binnen afzienbare tijd in de in het eerste lid bedoelde toestand zal verkeren.

4. De rechter bij wie een verzoek tot het verlenen van een voorlopige of voorwaardelijke machtiging, een observatiemachtiging of een machtiging tot voortgezet verblijf als bedoeld in de Wet bijzondere opnemingen in psychiatrische ziekenhuizen, dan wel een machtiging als bedoeld in artikel 33, eerste lid, van die wet aanhangig is, is tevens bevoegd tot kennisneming van een verzoek tot instelling van een mentorschap.

Art. 451
1. Het mentorschap kan worden verzocht door de betrokken persoon, zijn echtgenoot, zijn geregistreerde partner dan wel andere levensgezel, zijn bloedverwanten in de rechte lijn en die in de zijlijn tot en met de vierde graad, degene die ingevolge artikel 253sa of 253t het gezag over   *Verzoek tot instelling van mentorschap*

de betrokken persoon uitoefent, zijn voogd, zijn curator of zijn bewindvoerder als bedoeld in titel 19 van dit boek. In het in artikel 450, derde lid, van dit boek bedoelde geval kan het mentorschap uitsluitend worden verzocht door de betrokkene.

2. Het mentorschap kan, behoudens in het in artikel 450, derde lid, bedoelde geval, voorts worden verzocht door het openbaar ministerie en door de instelling waar de betrokkene wordt verzorgd of die aan de betrokkene begeleiding biedt. In het laatste geval wordt in het verzoekschrift tevens vermeld waarom de in het eerste lid genoemde personen - bloedverwanten in de zijlijn in de derde en vierde graad daaronder niet begrepen - niet tot indiening van een verzoek zijn overgegaan.

Ambtshalve instelling van mentorschap
3. De rechter bij wie een verzoek tot ondercuratelestelling of tot opheffing van de curatele aanhangig is, kan bij afwijzing onderscheidenlijk bij inwilliging daarvan ambtshalve overgaan tot instelling van het mentorschap.

Omzetting van curatele in mentorschap
4. Een verzoek tot omzetting van curatele in mentorschap ten behoeve van een persoon die onder curatele is gesteld, wordt aanhangig gemaakt bij de rechter die bevoegd is over opheffing van de curatele te beslissen. Deze rechter kan, bij opheffing van de curatele, ook ambtshalve overgaan tot instelling van het mentorschap.

Aanvang van mentorschap
5. Het mentorschap treedt in werking daags nadat de beschikking is verstrekt of verzonden, tenzij de beschikking een later tijdstip van ingang vermeldt. In het geval, bedoeld in artikel 450, tweede lid, van dit boek treedt het mentorschap in werking op het tijdstip waarop de betrokken persoon meerderjarig wordt.

Art. 452

Benoeming van mentor
1. De rechter die het mentorschap instelt, benoemt daarbij of zo spoedig mogelijk daarna een mentor. Hij vergewist zich van de bereidheid en vormt zich een oordeel over de geschiktheid van de te benoemen persoon.
2. Zo nodig kan een tijdelijke mentor worden benoemd.
3. De rechter volgt bij de benoeming van de mentor de uitdrukkelijke voorkeur van de betrokkene, tenzij gegronde redenen zich tegen zodanige benoeming verzetten.
4. Tenzij het vorige lid is toegepast, wordt, indien de betrokkene is gehuwd, een geregistreerd partnerschap is aangegaan of anderszins een levensgezel heeft, bij voorkeur de echtgenoot, de geregistreerde partner dan wel andere levensgezel tot mentor benoemd. Is de vorige zin niet van toepassing dan wordt bij voorkeur een van zijn ouders, kinderen, broers of zusters tot mentor benoemd. Huwt de betrokkene, gaat hij een geregistreerd partnerschap aan of verkrijgt hij een andere levensgezel, dan kan ieder van hen verzoeken, dat de echtgenoot, de geregistreerde partner dan wel de andere levensgezel van de betrokkene in de plaats van de tegenwoordige mentor wordt benoemd.
5. Een rechtspersoon met volledige rechtsbevoegdheid komt voor benoeming tot mentor in aanmerking.
6. De volgende personen kunnen niet tot mentor worden benoemd:
a. handelingsonbekwamen;
b. zij ten behoeve van wie een mentorschap is ingesteld;
c. de direct betrokken of behandelend hulpverlener;
d. personen behorende tot de leiding of tot het personeel van de instelling waar de betrokkene wordt verzorgd of die aan de betrokkene begeleiding biedt;
e. personen verbonden met de instelling waar de betrokkene wordt verzorgd of die aan de betrokkene begeleiding biedt, doordat:
1° de instelling of personen behorende tot de leiding van de instelling, alleen of samen meer dan de helft van de stemrechten in de algemene vergadering van de rechtspersoon kunnen uitoefenen, dan wel meer dan de helft van de bestuurders of van de commissarissen van de rechtspersoon kunnen benoemen of ontslaan;
2° de persoon en de instelling deel uitmaken van een groep in de zin van artikel 24b van boek 2, of
3° de bestuurder van de rechtspersoon tevens behoort tot de leiding van het personeel van de instelling.
7. Een andere persoon dan in het vierde lid bedoeld, die ten behoeve van drie of meer personen mentor, curator of bewindvoerder is, komt alleen dan voor benoeming in aanmerking indien deze wat zijn bedrijfsvoering en scholing betreft, alsmede, voor zover van toepassing, de werving, de scholing en begeleiding van en het toezicht op de personen door wie hij de taken van een mentor uitoefent, voldoet aan bij algemene maatregel van bestuur te stellen kwaliteitseisen, alsmede aan de verplichtingen bedoeld in artikel 15i van boek 3.
8. De persoon, bedoeld in het zevende lid, legt aan de rechter die hem benoemt, over:
a. zijn verklaring dat hij de in het zevende lid bedoelde kwaliteitseisen en verplichtingen voldoet,
b. een verslag van een accountant als bedoeld in artikel 393, eerste lid, van boek 2, dan wel van een door de kantonrechter benoemde deskundige, van diens bevindingen over de wijze waarop aan de eisen wordt voldaan, en

c. een verklaring van de accountant omtrent de balans en staat van baten en lasten, bedoeld in artikel 10 van boek 2, dan wel, voor zover van toepassing, omtrent de jaarrekening overeenkomstig titel 9 van boek 2. Artikel 396, zevende lid, van boek 2 is ten aanzien van artikel 393 lid 1 niet van toepassing.
Bij algemene maatregel van bestuur kunnen nadere regels worden gesteld omtrent de vorm en de inhoud van de verklaringen en het verslag, de benoeming van de deskundige, alsmede de wijze van overlegging. Toont de persoon aan dat hij in de twaalf maanden voorafgaande aan zijn benoeming de verklaring en het verslag, bedoeld in het zevende lid, onderdelen a en b, reeds aan de rechter heeft overgelegd, dan is hij van de overlegging van de verklaring en het verslag vrijgesteld. Toont de persoon aan dat hij in de 24 maanden voorafgaande aan zijn benoeming de verklaring, bedoeld in het zevende lid, onderdeel c, reeds aan de rechter heeft overgelegd, dan is hij van de overlegging van deze verklaring vrijgesteld.
9. De rechter kan twee mentoren benoemen, tenzij gegronde redenen zich tegen zodanige benoeming verzetten. Zijn er twee mentoren, dan kan ieder van hen de taken die aan een mentor toekomen, alleen verrichten. De rechter kan zo nodig een taakverdeling tussen de mentoren vaststellen. Bij verschil van mening tussen de mentoren beslist op verzoek van een van hen of op verzoek van een instelling als bedoeld in artikel 451, tweede lid, de kantonrechter. Deze kan ook een verdeling van de beloning vaststellen.
10. De taak van de mentor vangt aan daags nadat de beschikking, houdende de benoeming, is verstrekt of verzonden, tenzij de beschikking een later tijdstip vermeldt.

Art. 453
1. Tenzij uit wet of verdrag anders voortvloeit, is de betrokkene tijdens het mentorschap onbevoegd rechtshandelingen te verrichten in aangelegenheden betreffende zijn verzorging, verpleging, behandeling en begeleiding.
(Zie ook: art. 2 Bopz)
2. Met betrekking tot de in het eerste lid bedoelde rechtshandelingen vertegenwoordigt de mentor de betrokkene in en buiten rechte, tenzij op grond van wet of verdrag vertegenwoordiging uitgesloten is. De mentor kan de betrokkene toestemming verlenen deze rechtshandelingen zelf te verrichten.
3. Ten aanzien van andere handelingen dan rechtshandelingen betreffende de in het eerste lid genoemde aangelegenheden treedt de mentor, voor zover de aard van de desbetreffende handeling dit toelaat, in plaats van de betrokkene op.
4. De mentor geeft aan de betrokkene raad in hem betreffende aangelegenheden van niet-vermogensrechtelijke aard en waakt over diens belangen ter zake.
5. Verzet de betrokkene zich tegen een handeling van ingrijpende aard in aangelegenheden als in het tweede lid bedoeld, dan kan die handeling slechts plaatsvinden indien zij kennelijk nodig is teneinde ernstig nadeel voor de betrokkene te voorkomen.

Onbevoegde rechtshandelingen van betrokkene bij mentorschap

Art. 453a
1. Indien de rechter dit noodzakelijk acht, beslist hij tevens dat artikel 246, van dit boek van overeenkomstige toepassing is.
2. Tijdens het mentorschap kan de rechter een beslissing nemen als in het eerste lid bedoeld, hetzij op verzoek van een persoon als bedoeld in artikel 451, eerste en tweede lid, van de mentor of van het openbaar ministerie, hetzij ambtshalve.

Schakelbepaling

Art. 454
1. De mentor is gehouden degene ten behoeve van wie het mentorschap is ingesteld zo veel mogelijk bij de vervulling van zijn taak te betrekken. De mentor bevordert dat de betrokkene rechtshandelingen en andere handelingen zelf verricht, indien deze tot een redelijke waardering van zijn belangen ter zake in staat kan worden geacht. Hij betracht de zorg van een goed mentor.
2. De mentor is jegens de betrokkene aansprakelijk, indien hij in de zorg van een goed mentor te kort schiet, tenzij de tekortkoming hem niet kan worden toegerekend.

Bevordering van zelfstandigheid betrokkene bij mentorschap

Aansprakelijkheid mentor

Art. 455
Degene ten behoeve van wie het mentorschap is ingesteld, is, onverminderd het bepaalde in artikel 172 van Boek 6, aansprakelijk voor alle schulden die voortspruiten uit rechtshandelingen die de mentor in zijn hoedanigheid in naam van de betrokkene verricht.

Aansprakelijkheid betrokkene bij mentorschap

Art. 456
De mentor kan alvorens in rechte op te treden zich te zijner verantwoording doen machtigen door de betrokkene of, indien deze daartoe niet in staat of weigerachtig is, door de kantonrechter.

Machtiging mentor

Art. 457
1. Een rechtshandeling verricht in strijd met artikel 453 van dit boek is overeenkomstig het tweede en derde lid vernietigbaar.
2. Indien de rechtshandeling is verricht door of gericht tot de betrokkene, kan een beroep op de vernietigbaarheid slechts worden gedaan jegens een persoon die het mentorschap kende of had behoren te kennen; jegens een zodanige persoon wordt de betrokkene vermoed onbevoegd te zijn geweest.

Vernietigbare rechtshandelingen betrokkene bij mentorschap

3. Indien de rechtshandeling is verricht door of gericht tot de mentor, kan een beroep op de vernietigbaarheid slechts worden gedaan jegens een persoon die de onbevoegdheid van de mentor kende of had behoren te kennen.

Art. 458

Verhouding tussen mentor en bewindvoerder

Voor zover een of meer van de goederen van de betrokkene onder een bewind als bedoeld in titel 19 van dit boek staan, is de bewindvoerder, indien hij niet tevens mentor is, niet tot optreden bevoegd ten aanzien van aangelegenheden als in artikel 453, eerste lid, van dit boek bedoeld.

Art. 459

Verslaglegging door mentor

1. De mentor doet desgevraagd van zijn werkzaamheden verslag aan de kantonrechter. De kantonrechter kan te allen tijde verschijning van de mentor in persoon gelasten. Deze is verplicht alle door de kantonrechter gewenste inlichtingen te verstrekken.
2. De mentor, bedoeld in artikel 452, zevende lid, legt jaarlijks de verklaring en het verslag over, bedoeld in artikel 452, achtste lid, onderdelen a en b. De mentor legt tweejaarlijks de verklaring over, bedoeld in artikel 452, achtste lid, onderdeel c. De kantonrechter kan ten aanzien van de verschillende onderdelen van het verslag een ander tijdstip van overlegging bepalen.
3. De mentor doet telkens na verloop van vijf jaren, of zo veel eerder als de kantonrechter bepaalt, aan deze verslag van het verloop van het mentorschap. Hij laat zich daarbij met name uit over de vraag of het mentorschap dient voort te duren dan wel of een minder ver, of een verder strekkende voorziening aangewezen is. Feiten die voor het mentorschap en het voortduren daarvan van betekenis zijn, deelt hij terstond aan de kantonrechter mede.
4. Aan het einde van zijn mentorschap doet de mentor van zijn werkzaamheden schriftelijk verslag aan zijn opvolger, aan de kantonrechter alsmede aan de betrokkene, indien het mentorschap door het verstrijken van de tijdsduur waarvoor het is ingesteld of door opheffing eindigt.

Art. 460

Onkostenvergoeding aan mentor
Beloning van mentor

1. De mentor mag de bij de vervulling van zijn taak noodzakelijk gemaakte kosten aan de betrokkene in rekening brengen.
2. De mentor heeft aanspraak op beloning overeenkomstig de regels die daaromtrent bij regeling van Onze Minister van Veiligheid en Justitie zijn vastgesteld.

Art. 461

Einde van taak mentor

1. De taak van de mentor eindigt:
a. bij het einde van het mentorschap;
b. door tijdsverloop, indien hij voor een bepaalde tijd was benoemd;
c. door zijn dood;
d. door zijn ondercuratelestelling of door instelling van een mentorschap te zijnen behoeve;
e. door ontslag dat hem door de kantonrechter met ingang van een door deze bepaalde dag wordt verleend.
2. Het ontslag wordt hem verleend hetzij op eigen verzoek, hetzij wegens gewichtige redenen of omdat hij niet meer voldoet aan de eisen om mentor te kunnen worden, zulks op verzoek van de medementor of degene die gerechtigd is mentorschap te verzoeken als bedoeld in artikel 451, eerste en tweede lid, dan wel ambtshalve. Hangende het onderzoek kan de kantonrechter voorlopige voorzieningen in het mentorschap treffen en de mentor schorsen. De kantonrechter kan hiertoe zo nodig ook zonder de mentor tevoren te hebben gehoord overgaan. In dat geval verliest de beschikking haar kracht na verloop van twee weken, tenzij de mentor binnen deze termijn in de gelegenheid is gesteld om te worden gehoord.
3. Een gewezen mentor blijft verplicht al datgene te doen, wat niet zonder nadeel voor de betrokkene kan worden uitgesteld, totdat wederom een persoon bevoegd is ten aanzien van de aangelegenheden bedoeld in artikel 453, eerste lid, van dit boek. In de gevallen genoemd in het eerste lid, onder d, rust deze verplichting op diens curator of mentor, indien deze van het mentorschap kennisdraagt.
4. Artikel 384 van dit boek is van overeenkomstige toepassing.

Art. 462

Einde van mentorschap

1. Het mentorschap eindigt door het verstrijken van de tijdsduur waarvoor het is ingesteld en door de dood of ondercuratelestelling van de betrokkene.
2. De kantonrechter kan, indien de noodzaak daartoe niet meer bestaat of voortzetting van het mentorschap niet zinvol is gebleken, het mentorschap opheffen, zulks op verzoek van de mentor of van degene die gerechtigd is mentorschap te verzoeken als bedoeld in artikel 451, eerste en tweede lid, dan wel ambtshalve. De beschikking treedt in werking zodra zij in kracht van gewijsde is gegaan, tenzij zij een eerder tijdstip van ingang aanwijst.
3. Degene die gerechtigd is de instelling van het mentorschap te verzoeken als bedoeld in artikel 451, eerste en tweede lid, alsmede de mentor, kan verzoeken om verlenging van het mentorschap dat voor een bepaalde tijdsduur is ingesteld. De kantonrechter beslist binnen twee maanden na het indienen van het verzoekschrift. Artikel 384 is van overeenkomstige toepassing. Tegen de afwijzing van een verzoek tot verlenging staat geen hogere voorziening open.

Inhoudsopgave

Boek 2	Rechtspersonen	Art. 1
Titel 1	Algemene bepalingen	Art. 1
Titel 2	Verenigingen	Art. 26
Titel 3	Coöperaties en onderlinge waarborgmaatschappijen	Art. 53
Afdeling 1	Algemene bepalingen	Art. 53
Afdeling 2	De raad van commissarissen bij de grote coöperatie en bij de grote onderlinge waarborgmaatschappij	Art. 63a
Afdeling 3	[Vervallen]	Art. 63k
Titel 4	Naamloze vennootschappen	Art. 64
Afdeling 1	Algemene bepalingen	Art. 64
Afdeling 2	De aandelen	Art. 79
Afdeling 3	Het vermogen van de naamloze vennootschap	Art. 93
Afdeling 4	De algemene vergadering	Art. 107
Afdeling 5	Het bestuur van de naamloze vennootschap en het toezicht op het bestuur	Art. 129
Afdeling 6	De raad van commissarissen bij de grote naamloze vennootschap	Art. 152
Afdeling 7	Evenwichtige verdeling van de zetels over vrouwen en mannen	Art. 166
Afdeling 8	[Vervallen]	Art. 174a
Titel 5	Besloten vennootschappen met beperkte aansprakelijkheid	Art. 175
Afdeling 1	Algemene bepalingen	Art. 175
Afdeling 2	De aandelen	Art. 190
Afdeling 3	Het vermogen van de vennootschap	Art. 203
Afdeling 4	De algemene vergadering	Art. 217
Afdeling 5	Het bestuur van de vennootschap en het toezicht op het bestuur	Art. 239
Afdeling 6	De raad van commissarissen bij de grote besloten vennootschap met beperkte aansprakelijkheid	Art. 262
Afdeling 7	Evenwichtige verdeling van de zetels over vrouwen en mannen	Art. 276
Afdeling 8	[Vervallen]	Art. 284a
Titel 6	Stichtingen	Art. 285
Titel 7	Fusie en splitsing	Art. 308
Afdeling 1	Algemene bepaling	Art. 308
Afdeling 2	Algemene bepalingen omtrent fusies	Art. 309
Afdeling 3	Bijzondere bepalingen voor fusies van naamloze en besloten vennootschappen	Art. 324
Afdeling 3A	Bijzondere bepalingen voor grensoverschrijdende fusies	Art. 333b
Afdeling 4	Algemene bepalingen omtrent splitsingen	Art. 334a
Afdeling 5	Bijzondere bepalingen voor splitsingen waarbij een naamloze of besloten vennootschap wordt gesplitst of wordt opgericht	Art. 334v
Titel 8	Geschillenregeling en het recht van enquête	Art. 335
Afdeling 1	Geschillenregeling	Art. 335
Afdeling 2	Het recht van enquête	Art. 344
Afdeling 3	Het openbaar bod	Art. 359a
Titel 9	De jaarrekening en het bestuursverslag	Art. 360
Afdeling 1	Algemene bepaling	Art. 360
Afdeling 2	Algemene bepalingen omtrent de jaarrekening	Art. 361
Afdeling 3	Voorschriften omtrent de balans en de toelichting daarop	Art. 364
§ 1	Hoofdindeling van de balans	Art. 364
§ 2	Activa	Art. 365
§ 3	Passiva	Art. 373
Afdeling 4	Voorschriften omtrent de winst- en verliesrekening en de toelichting daarop	Art. 377
Afdeling 5	Bijzondere voorschriften omtrent de toelichting	Art. 378
Afdeling 6	Voorschriften omtrent de grondslagen van waardering en van bepaling van het resultaat	Art. 384
Afdeling 7	Bestuursverslag	Art. 391
Afdeling 8	Overige gegevens	Art. 392
Afdeling 8a	Verslag over betalingen aan overheden	Art. 392a
Afdeling 9	Deskundigenonderzoek	Art. 393

Afdeling 10	Openbaarmaking	Art. 394
Afdeling 11	Vrijstellingen op grond van de omvang van het bedrijf van de rechtspersoon	Art. 395a
Afdeling 12	Bepalingen omtrent rechtspersonen van onderscheiden aard	Art. 399
Afdeling 13	Geconsolideerde jaarrekening	Art. 405
Afdeling 14	Bepalingen voor banken	Art. 415
Afdeling 15	Bepalingen voor verzekeringsmaatschappijen	Art. 427
§ 1	Algemene bepalingen	Art. 427
§ 2	Voorschriften omtrent de balans en de toelichting daarop	Art. 429
§ 3	Voorschriften omtrent de winst- en verliesrekening en de toelichting daarop	Art. 437
§ 2a	Het overzicht van de samenstelling van het totaalresultaat	Art. 440a
§ 4	Bijzondere voorschriften omtrent de toelichting	Art. 441
§ 5	Bijzondere voorschriften omtrent de grondslagen van waardering en van bepaling van het resultaat	Art. 442
§ 6	Bijzondere bepalingen voor de geconsolideerde jaarrekening	Art. 445
Afdeling 16	Rechtspleging	Art. 447

Burgerlijk Wetboek Boek 2[1]

Burgerlijk Wetboek Boek 2, Rechtspersonen

Boek 2
Rechtspersonen

Titel 1
Algemene bepalingen

Art. 1
1. De Staat, de provincies, de gemeenten, de waterschappen, alsmede alle lichamen waaraan krachtens de Grondwet verordenende bevoegdheid is verleend, bezitten rechtspersoonlijkheid.
2. Andere lichamen, waaraan een deel van de overheidstaak is opgedragen, bezitten slechts rechtspersoonlijkheid, indien dit uit het bij of krachtens de wet bepaalde volgt.
3. De volgende artikelen van deze titel, behalve artikel 5, gelden niet voor de in de voorgaande leden bedoelde rechtspersonen.
(Zie ook: artt. 123, 133, 134 GW)

Publiekrechtelijke rechtspersonen

Art. 2
1. Kerkgenootschappen alsmede hun zelfstandige onderdelen en lichamen waarin zij zijn verenigd, bezitten rechtspersoonlijkheid.
2. Zij worden geregeerd door hun eigen statuut, voor zover dit niet in strijd is met de wet. Met uitzondering van artikel 5 gelden de volgende artikelen van deze titel niet voor hen; overeenkomstige toepassing daarvan is geoorloofd, voor zover deze is te verenigen met hun statuut en met de aard der onderlinge verhoudingen.

Kerkgenootschappen

Art. 3
Verenigingen, coöperaties, onderlinge waarborgmaatschappijen, naamloze vennootschappen, besloten vennootschappen met beperkte aansprakelijkheid en stichtingen bezitten rechtspersoonlijkheid.
(Zie ook: artt. 26, 30, 53, 64, 175, 285 BW Boek 2; art. 124 BW Boek 5)

Privaatrechtelijke rechtspersonen

Art. 4
1. Een rechtspersoon ontstaat niet bij het ontbreken van een door een notaris ondertekende akte voor zover door de wet voor de totstandkoming vereist. Het ontbreken van kracht van authenticiteit aan een door een notaris ondertekende akte verhindert het ontstaan van de rechtspersoon slechts, indien die rechtspersoon in een bij die akte gemaakte uiterste wilsbeschikking in het leven zou zijn geroepen.
2. Vernietiging van de rechtshandeling waardoor een rechtspersoon is ontstaan, tast diens bestaan niet aan. Het vervallen van de deelneming van een of meer oprichters van een rechtspersoon heeft op zichzelf geen invloed op de rechtsgeldigheid van de deelneming der overblijvende oprichters.
3. Is ten name van een niet bestaande rechtspersoon een vermogen gevormd, dan benoemt de rechter op verzoek van een belanghebbende of het openbaar ministerie een of meer vereffenaars. Artikel 22 is van overeenkomstige toepassing.
4. Het vermogen wordt vereffend als dat van een ontbonden rechtspersoon in de voorgewende rechtsvorm. Degenen die zijn opgetreden als bestuurders, zijn hoofdelijk verbonden voor de tot dit vermogen behorende schulden die opeisbaar zijn geworden in het tijdvak waarin zij dit deden. Zij zijn eveneens verbonden voor de schulden die voortspruiten uit in die tijd ten behoeve van dit vermogen verrichte rechtshandelingen, voor zover daarvoor niemand ingevolge de vorige zin verbonden is. Ontbreken personen die ingevolge de vorige twee zinnen verbonden zijn, dan zijn degenen die handelden, hoofdelijk verbonden.
(Zie ook: art. 6 BW Boek 6)
5. Indien alsnog een rechtspersoon wordt opgericht ter opvolging in het vermogen, kan de rechter desverzocht toestaan dat dit niet wordt vereffend, doch dat het in die rechtspersoon wordt ingebracht.
(Zie ook: artt. 14, 15, 21, 22, 23, 26, 30, 74, 93, 93a, 94, 94a, 185, 203, 203a, 204, 204a, 301 BW Boek 2; artt. 32, 37, 39, 53, 59 BW Boek 3; art. 124 BW Boek 5; artt. 7, 10, 12, 159, 269 BW Boek 6)

Ontstaan rechtspersoon bij authentieke akte

Vernietiging van oprichtingshandeling rechtspersoon

Vereffening vermogen van niet bestaande rechtspersoon

---

1 Inwerkingtredingsdatum: 01-07-1976; zoals laatstelijk gewijzigd bij: Stb. 2018, 408.

Art. 5

Gelijkstelling rechtspersoon met natuurlijk persoon

Een rechtspersoon staat wat het vermogensrecht betreft, met een natuurlijk persoon gelijk, tenzij uit de wet het tegendeel voortvloeit.
(Zie ook: art. 302 BW Boek 1; artt. 1, 11 BW Boek 2; art. 203 BW Boek 3)

Art. 6

Openbaarmaking van statuten rechtspersoon

1. Op wijzigingen in statuten en reglementen en op ontbinding van de rechtspersoon, die krachtens dit boek moeten worden openbaar gemaakt, kan voordat deze openbaarmakingen en, in geval van statutenwijziging, de voorgeschreven openbaarmaking van de gewijzigde statuten zijn geschied, geen beroep worden gedaan tegen een wederpartij en derden die daarvan onkundig waren.
(Zie ook: artt. 6, 43, 72, 126, 183, 236, 293, 318 BW Boek 2; artt. 61, 76 BW Boek 3)

2. Een door de wet toegelaten beroep op statutaire onbevoegdheid van het bestuur of van een bestuurder tot vertegenwoordiging van de rechtspersoon bij een rechtshandeling kan tegen een wederpartij die daarvan onkundig was, niet worden gedaan, indien de beperking of uitsluiting van de bevoegdheid niet ten tijde van het verrichten van die rechtshandeling op de door de wet voorgeschreven wijzen was openbaar gemaakt. Hetzelfde geldt voor een beroep op een beperking van de vertegenwoordigingsbevoegdheid van anderen dan bestuurders, aan wie die bevoegdheid bij de statuten is toegekend.
(Zie ook: artt. 45, 130, 164, 240, 274, 292 BW Boek 2)

3. De rechtspersoon kan tegen een wederpartij die daarvan onkundig was, niet de onjuistheid of onvolledigheid van de in het register opgenomen gegevens inroepen. Juiste en volledige inschrijving elders of openbaarmaking van de statuten is op zichzelf niet voldoende bewijs dat de wederpartij van de onjuistheid of onvolledigheid niet onkundig was.

4. Voor zover de wet niet anders bepaalt, kan de wederpartij van een rechtspersoon zich niet beroepen op onbekendheid met een feit dat op een door de wet aangegeven wijze is openbaar gemaakt, tenzij die openbaarmaking niet is geschied op elke wijze die de wet vereist of daarvan niet de voorgeschreven mededeling is gedaan.
(Zie ook: art. 61 BW Boek 3)

5. De beide vorige leden gelden niet voor rechterlijke uitspraken die in het faillissementsregister of het surséanceregister zijn ingeschreven.
(Zie ook: artt. 29, 30, 51, 289, 303 BW Boek 2; artt. 24, 32, 36, 61, 76 BW Boek 3; art. 124 BW Boek 5; artt. 178, 179 BW Boek 8)

Art. 7

Doeloverschrijding rechtspersoon

Een door een rechtspersoon verrichte rechtshandeling is vernietigbaar, indien daardoor het doel werd overschreden en de wederpartij dit wist of zonder eigen onderzoek moest weten; slechts de rechtspersoon kan een beroep op deze grond tot vernietiging doen.
(Zie ook: artt. 27, 66, 177, 286 BW Boek 2; artt. 11, 40, 45, 49, 55, 56 BW Boek 3)

Art. 8

Redelijkheid en billijkheid binnen rechtspersoon

1. Een rechtspersoon en degenen die krachtens de wet en de statuten bij zijn organisatie zijn betrokken, moeten zich als zodanig jegens elkander gedragen naar hetgeen door redelijkheid en billijkheid wordt gevorderd.

2. Een tussen hen krachtens wet, gewoonte, statuten, reglementen of besluit geldende regel is niet van toepassing voor zover dit in de gegeven omstandigheden naar maatstaven van redelijkheid en billijkheid onaanvaardbaar zou zijn.
(Zie ook: artt. 13, 14, 15, 88, 89, 107, 197, 198, 346 BW Boek 2; art. 12 BW Boek 3; artt. 2, 162, 248 BW Boek 6; art. 162 BW Boek 8)

Art. 9

Aansprakelijkheid bestuurders

1. Elke bestuurder is tegenover de rechtspersoon gehouden tot een behoorlijke vervulling van zijn taak. Tot de taak van de bestuurder behoren alle bestuurstaken die niet bij of krachtens de wet of de statuten aan een of meer andere bestuurders zijn toebedeeld.

2. Elke bestuurder draagt verantwoordelijkheid voor de algemene gang van zaken. Hij is voor het geheel aansprakelijk terzake van onbehoorlijk bestuur, tenzij hem mede gelet op de aan anderen toebedeelde taken geen ernstig verwijt kan worden gemaakt en hij niet nalatig is geweest in het treffen van maatregelen om de gevolgen van onbehoorlijk bestuur af te wenden.

Art. 10

Boekhouding van rechtspersoon

1. Het bestuur is verplicht van de vermogenstoestand van de rechtspersoon en van alles betreffende de werkzaamheden van de rechtspersoon, naar de eisen die voortvloeien uit deze werkzaamheden, op zodanige wijze een administratie te voeren en de daartoe behorende boeken, bescheiden en andere gegevensdragers op zodanige wijze te bewaren, dat te allen tijde de rechten en verplichtingen van de rechtspersoon kunnen worden gekend.

2. Onverminderd het bepaalde in de volgende titels is het bestuur verplicht jaarlijks binnen zes maanden na afloop van het boekjaar de balans en de staat van baten en lasten van de rechtspersoon te maken en op papier te stellen.

3. Het bestuur is verplicht de in de leden 1 en 2 bedoelde boeken, bescheiden en andere gegevensdragers gedurende zeven jaren te bewaren.

4. De op een gegevensdrager aangebrachte gegevens, uitgezonderd de op papier gestelde balans en staat van baten en lasten, kunnen op een andere gegevensdrager worden overgebracht en bewaard, mits de overbrenging geschiedt met juiste en volledige weergave der gegevens en deze gegevens gedurende de volledige bewaartijd beschikbaar zijn en binnen redelijke tijd leesbaar kunnen worden gemaakt.
(Zie ook: artt. 24, 48, 58, 61, 101, 210, 360, 394 BW Boek 2; art. 15a BW Boek 3; art. 619 BW Boek 7; artt. 336, 342, 343 WvSr; artt. 47, 49, 54 AWR)

Art. 10a
Het boekjaar van een rechtspersoon is het kalenderjaar, indien in de statuten geen ander boekjaar is aangewezen.
(Zie ook: artt. 35, 36, 48 BW Boek 2)

Boekjaar van rechts-persoon

Art. 11
De aansprakelijkheid van een rechtspersoon als bestuurder van een andere rechtspersoon rust tevens hoofdelijk op ieder die ten tijde van het ontstaan van de aansprakelijkheid van de rechtspersoon daarvan bestuurder is.
(Zie ook: artt. 9, 138, 248 BW Boek 2; art. 6 BW Boek 6)

Aansprakelijkheid van besturende rechtspersoon

Art. 12
Het stemrecht over besluiten waarbij de rechtspersoon aan bepaalde personen, anders dan in hun hoedanigheid van lid, aandeelhouder of lid van een orgaan, rechten toekent of verplichtingen kwijtscheldt, kan door de statuten aan die personen en aan hun echtgenoot, geregistreerde partner, en bloedverwanten in de rechte lijn worden ontzegd.
(Zie ook: art. 38 BW Boek 2)

Ontzegging stemrecht in statuten rechtspersoon

Art. 13
1. Een stem is nietig in de gevallen waarin een eenzijdige rechtshandeling nietig is; een stem kan niet worden vernietigd.
2. Een onbekwame die lid is van een vereniging, kan zijn stemrecht daarin zelf uitoefenen, voor zover de statuten zich daartegen niet verzetten; in andere gevallen komt de uitoefening van het stemrecht toe aan zijn wettelijke vertegenwoordiger.
3. Tenzij de statuten anders bepalen, is het in de vergadering van een orgaan van een rechtspersoon uitgesproken oordeel van de voorzitter omtrent de uitslag van een stemming beslissend. Hetzelfde geldt voor de inhoud van een genomen besluit, voor zover werd gestemd over een niet schriftelijk vastgelegd voorstel.
4. Wordt onmiddellijk na het uitspreken van het oordeel van de voorzitter de juistheid daarvan betwist, dan vindt een nieuwe stemming plaats, indien de meerderheid der vergadering of, indien de oorspronkelijke stemming niet hoofdelijk of schriftelijk geschiedde, een stemgerechtigde aanwezige dit verlangt. Door deze nieuwe stemming vervallen de rechtsgevolgen van de oorspronkelijke stemming.
(Zie ook: art. 234 BW Boek 1; artt. 8, 38, 41, 110, 111, 220, 221 BW Boek 2; artt. 32, 34, 35, 39, 40, 44, 59, 63, 79 BW Boek 3)

Stemrecht binnen rechts-persoon

Art. 14
1. Een besluit van een orgaan van een rechtspersoon, dat in strijd is met de wet of de statuten, is nietig, tenzij uit de wet iets anders voortvloeit.
(Zie ook: art. 40 BW Boek 3)
2. Is een besluit nietig, omdat het is genomen ondanks het ontbreken van een door de wet of de statuten voorgeschreven voorafgaande handeling van of mededeling aan een ander dan het orgaan dat het besluit heeft genomen, dan kan het door die ander worden bekrachtigd. Is voor de ontbrekende handeling een vereiste gesteld, dan geldt dat ook voor de bekrachtiging.
(Zie ook: artt. 15, 158 BW Boek 2; artt. 37, 39, 58, 69 BW Boek 3)
3. Bekrachtiging is niet meer mogelijk na afloop van een redelijke termijn, die aan de ander is gesteld door het orgaan dat het besluit heeft genomen of door de wederpartij tot wie het was gericht.
(Zie ook: artt. 2, 44, 47, 48, 129, 140, 158, 239, 250, 268, 291 BW Boek 2; artt. 55, 57, 69 BW Boek 3; art. 129 BW Boek 5; artt. 25, 27, 31 WOR)

Nietig besluit van orgaan rechtspersoon

Art. 15
1. Een besluit van een orgaan van een rechtspersoon is, onverminderd het elders in de wet omtrent de mogelijkheid van een vernietiging bepaalde, vernietigbaar:
a. wegens strijd met wettelijke of statutaire bepalingen die het tot stand komen van besluiten regelen;
(Zie ook: artt. 37, 107, 158, 217, 268 BW Boek 2)
b. wegens strijd met de redelijkheid en billijkheid die door artikel 8 worden geëist;
(Zie ook: art. 12 BW Boek 3; artt. 2, 248 BW Boek 6)
c. wegens strijd met een reglement.
(Zie ook: art. 129 BW Boek 5)
2. Tot de bepalingen als bedoeld in het vorige lid onder *a*, behoren niet die welke de voorschriften bevatten waarop in artikel 14 lid 2 wordt gedoeld.

Vernietigbaar besluit van orgaan rechtspersoon

3. Vernietiging geschiedt door een uitspraak van de rechtbank van de woonplaats van de rechtspersoon:
a. op een vordering tegen de rechtspersoon van iemand die een redelijk belang heeft bij de naleving van de verplichting die niet is nagekomen, of
b. op vordering van de rechtspersoon zelf, ingesteld krachtens bestuursbesluit tegen degene die door de voorzieningenrechter van de rechtbank is aangewezen op een daartoe gedaan verzoek van de rechtspersoon; in dat geval worden de kosten van het geding door de rechtspersoon gedragen.
(Zie ook: art. 10 BW Boek 1; art. 130 BW Boek 5)
4. Indien een bestuurder in eigen naam de vordering instelt, verzoekt de rechtspersoon de voorzieningenrechter van de rechtbank iemand aan te wijzen, die terzake van het geding in de plaats van het bestuur treedt.
5. De bevoegdheid om vernietiging van het besluit te vorderen, vervalt een jaar na het einde van de dag, waarop hetzij aan het besluit voldoende bekendheid is gegeven, hetzij de belanghebbende van het besluit kennis heeft genomen of daarvan is verwittigd.
(Zie ook: artt. 52, 306, 313 BW Boek 5)
6. Een besluit dat vernietigbaar is op grond van lid 1 onder *a*, kan door een daartoe strekkend besluit worden bevestigd; voor dit besluit gelden de zelfde vereisten als voor het te bevestigen besluit. De bevestiging werkt niet zolang een tevoren ingestelde vordering tot vernietiging aanhangig is. Indien de vordering wordt toegewezen, geldt het vernietigde besluit als opnieuw genomen door het latere besluit, tenzij uit de strekking van dit besluit het tegendeel voortvloeit.
(Zie ook: artt. 2, 4, 7, 8, 14, 16, 40, 100, 209, 295, 356 BW Boek 2; artt. 40, 44, 45, 49, 55, 59 BW Boek 3; artt. 129, 130 BW Boek 5)

Art. 16

Bindende uitspraak tot nietigheid of vernietiging besluit rechtspersoon

1. De onherroepelijke uitspraak die de nietigheid van een besluit van een rechtspersoon vaststelt of die zulk een besluit vernietigt, is voor een ieder, behoudens herroeping of derdenverzet, bindend, indien de rechtspersoon partij in het geding is geweest. Herroeping komt ieder lid of aandeelhouder toe.
2. Is het besluit een rechtshandeling van de rechtspersoon, die tot een wederpartij is gericht, of is het een vereiste voor de geldigheid van zulk een rechtshandeling, dan kan de nietigheid of vernietiging van het besluit niet aan die wederpartij worden tegengeworpen, indien deze het gebrek dat aan het besluit kleefde, kende noch behoefde te kennen. Niettemin kan de nietigheid of vernietiging van een besluit tot benoeming van een bestuurder of een commissaris aan de benoemde worden tegengeworpen; de rechtspersoon vergoedt echter diens schade, indien hij het gebrek in het besluit kende noch behoefde te kennen.
(Zie ook: artt. , 2, 14, 15, 44, 45, 130, 146, 240, 256, 291, 292, 323 BW Boek 2; artt. 11, 35, 36, 57, 61, 79 BW Boek 3; artt. 67, 376, 382 Rv)

Art. 17

Oprichting rechtspersoon voor onbepaalde tijd

Een rechtspersoon wordt opgericht voor onbepaalde tijd.
(Zie ook: art. 19 BW Boek 2)

Art. 18

Omzetting van rechtspersoon in andere rechtsvorm

1. Een rechtspersoon kan zich met inachtneming van de volgende leden omzetten in een andere rechtsvorm.

2. Voor omzetting zijn vereist:
a. een besluit tot omzetting, genomen met inachtneming van de vereisten voor een besluit tot statutenwijziging en, tenzij een stichting zich omzet, genomen met de stemmen van ten minste negen tienden van de uitgebrachte stemmen;
b. een besluit tot wijziging van de statuten;
c. een notariële akte van omzetting die de nieuwe statuten bevat.
3. De in het vorige lid onder *a* genoemde meerderheid is niet vereist voor een omzetting van een naamloze vennootschap in een besloten vennootschap of omgekeerd.
4. Voor de omzetting van of in een stichting en van in een naamloze of besloten vennootschap in een vereniging is bovendien rechterlijke machtiging vereist.
5. Slechts de rechtspersoon kan machtiging tot omzetting verzoeken aan de rechtbank, onder overlegging van een notarieel ontwerp van de akte. Zij wordt in elk geval geweigerd, indien een vereist besluit nietig is of indien een rechtsvordering tot vernietiging daarvan aanhangig is. Zij wordt geweigerd, indien de belangen van stemgerechtigden die niet hebben ingestemd of van anderen van wie ten minste iemand zich tot de rechter heeft gewend, onvoldoende zijn ontzien. Indien voor de omzetting machtiging van de rechter is vereist, verklaart de notaris in de akte van omzetting dat de machtiging op het ontwerp van de akte is verleend.
6. Na omzetting van een stichting moet uit de statuten blijken dat het vermogen dat zij bij de omzetting heeft en de vruchten daarvan slechts met toestemming van de rechter anders mogen worden besteed dan voor de omzetting was voorgeschreven. Hetzelfde geldt voor de statuten

13 Burgerlijk Wetboek Boek 2   art. 2:19a

van een rechtspersoon voor zover dit vermogen en deze vruchten daarop krachtens fusie of splitsing zijn overgegaan.
7. De rechtspersoon doet opgave van de omzetting ter inschrijving in de registers waarin hij moet zijn en moet worden ingeschreven dan wel als vereniging vrijwillig is ingeschreven.
8. Omzetting beëindigt het bestaan van de rechtspersoon niet.
(Zie ook: artt. 14, 26, 27, 29, 53, 64, 71, 72, 175, 181, 183, 285, 294, 296, 309, 334a BW Boek 2; artt. 880, 946 BW Boek 4; art. 124 BW Boek 5)

Art. 19

1. Een rechtspersoon wordt ontbonden: Ontbinding van rechts-
a. door een besluit van de algemene vergadering of, indien de rechtspersoon een stichting is,   persoon
door een besluit van het bestuur tenzij in de statuten anders is voorzien;
(Zie ook: artt. 14, 40, 107, 217 BW Boek 2)
b. bij het intreden van een gebeurtenis die volgens de statuten de ontbinding tot gevolg heeft, en die niet een besluit of een op ontbinding gerichte handeling is;
c. na faillietverklaring door hetzij opheffing van het faillissement wegens de toestand van de boedel, hetzij door insolventie;
(Zie ook: artt. 16, 173 FW)
d. door het geheel ontbreken van leden, indien de rechtspersoon een vereniging, een coöperatie of een onderlinge waarborgmaatschappij is;
e. door een beschikking van de Kamer van Koophandel als bedoeld in artikel 19a;
f. door de rechter in de gevallen die de wet bepaalt.
(Zie ook: artt. 20, 21, 74, 185, 301, 356 BW Boek 2)
2. De rechtbank verklaart op verzoek van het bestuur, een belanghebbende of het openbaar ministerie, of op welk tijdstip de rechtspersoon is ontbonden in een geval als bedoeld in lid 1 onder *b* of *d*. De beschikking is voor een ieder bindend. Is de rechtspersoon in een register ingeschreven, dan wordt de in kracht van gewijsde gegane uitspraak, inhoudende de verklaring, door de zorg van de griffier aldaar ingeschreven.
3. Aan de registers waar de rechtspersoon is ingeschreven wordt van de ontbinding opgaaf gedaan: in de gevallen als bedoeld in lid 1, onder *a*, *b* en *d* door de vereffenaar, indien deze er is en anders door het bestuur, in het geval als bedoeld in lid 1, onder *c* door de faillissementscurator, in het geval als bedoeld in lid 1, onder *e* door de Kamer van Koophandel en in het geval als bedoeld in lid 1 onder *f* door de griffier van het betrokken gerecht.
4. Indien de rechtspersoon op het tijdstip van zijn ontbinding geen baten meer heeft, houdt hij alsdan op te bestaan. In dat geval doet het bestuur of, bij toepassing van artikel 19a, de Kamer van Koophandel, daarvan opgaaf aan de registers waar de rechtspersoon is ingeschreven.
(Zie ook: art. 23 BW Boek 2)
5. De rechtspersoon blijft na ontbinding voortbestaan voor zover dit tot vereffening van zijn vermogen nodig is. In stukken en aankondigingen die van hem uitgaan, moet aan zijn naam worden toegevoegd: *in liquidatie*.
6. De rechtspersoon houdt in geval van vereffening op te bestaan op het tijdstip waarop de vereffening eindigt. De vereffenaar of de faillissementscurator doet aan de registers waar de rechtspersoon is ingeschreven, daarvan opgaaf.
7. De gegevens die omtrent de rechtspersoon in de registers zijn opgenomen op het tijdstip waarop hij ophoudt te bestaan, blijven daar gedurende tien jaren na dat tijdstip bewaard.
(Zie ook: artt. 6, 22 BW Boek 2; artt. 124, 147 BW Boek 5; artt. 67, 429a, 995 Rv)

Art. 19a

1. Een in het handelsregister ingeschreven naamloze vennootschap, besloten vennootschap   Vennootschap, ontbinding
met beperkte aansprakelijkheid, coöperatie of onderlinge waarborgmaatschappij wordt door
een beschikking van de Kamer van Koophandel ontbonden, indien de Kamer is gebleken dat
ten minste twee van de hiernavolgende omstandigheden zich voordoen:
a. er staan gedurende ten minste een jaar geen bestuurders van de rechtspersoon in het register ingeschreven, terwijl ook geen opgaaf tot inschrijving is gedaan, dan wel er doet zich, indien er wel bestuurders staan ingeschreven, met betrekking tot alle ingeschreven bestuurders een van de navolgende omstandigheden voor:
1°. bestuurder is overleden;
2°. de bestuurder is ten minste een jaar niet bereikbaar gebleken op het in het register vermelde adres, en evenmin op het in de basisregistratie personen vermelde adres, of betrokkene is niet ingeschreven in de basisregistratie personen;
b. de rechtspersoon is ten minste een jaar in gebreke met de nakoming van de verplichting tot openbaarmaking van de jaarrekening of de balans en de toelichting overeenkomstig de artikelen 394, 396 of 397;
c. de rechtspersoon heeft ten minste een jaar geen gevolg gegeven aan een aanmaning als bedoeld in artikel 9, lid 3 van de Algemene wet inzake rijksbelastingen tot het doen van aangifte voor de vennootschapsbelasting.

art. 2:20 | 13 Burgerlijk Wetboek Boek 2

Vereniging of stichting, ontbinding

2. Een in het handelsregister ingeschreven vereniging of stichting, die niet een onderneming drijft die in het handelsregister staat ingeschreven, wordt door een beschikking van de Kamer van Koophandel ontbonden, indien de Kamer is gebleken dat de omstandigheid, genoemd in het eerste lid, onder a, zich voordoet en zij ten minste een jaar in gebreke is het voor inschrijving in het handelsregister verschuldigde bedrag te voldoen.

3. Indien de Kamer op grond van haar bekende gegevens gebleken is dat een rechtspersoon als bedoeld in de leden 1 en 2 voor ontbinding in aanmerking komt, deelt zij de rechtspersoon en de ingeschreven bestuurders bij aangetekende brief aan hun laatst bekende adres mee, dat zij voornemens is tot ontbinding van de rechtspersoon over te gaan, met vermelding van de omstandigheden waarop het voornemen is gegrond. De Kamer schrijft deze mededeling in het register. Als de omstandigheid, bedoeld in het eerste lid, onder a, zich voordoet, doet de Kamer van het voornemen tot ontbinding tevens een mededeling opnemen in de *Staatscourant*. Voor zover de kosten van deze publikatie niet uit het vermogen van de rechtspersoon kunnen worden voldaan, komen deze ten laste van Onze Minister van Justitie.

4. Na verloop van acht weken na de dagtekening van de aangetekende brief ontbindt de Kamer de rechtspersoon bij beschikking, tenzij voordien is gebleken dat de omstandigheden die ingevolge het derde lid zijn vermeld, zich niet of niet meer voordoen.

5. De beschikking wordt bekend gemaakt aan de rechtspersoon en de ingeschreven bestuurders. *(Zie ook: art. 3:41 Awb)*

6. De Kamer doet van de ontbinding een mededeling opnemen in de *Staatscourant*. Lid 3, vierde zin, is van overeenkomstige toepassing.

7. Als op grond van artikel 23, lid 1 geen vereffenaars kunnen worden aangewezen, treedt de Kamer op als vereffenaar van het vermogen van de ontbonden rechtspersoon, behoudens het bepaalde in artikel 19, lid 4. Op verzoek van de Kamer benoemt de rechtbank in haar plaats een of meer andere vereffenaars.

8. Indien tegen een beschikking als bedoeld in lid 4, beroep wordt ingesteld bij het College van Beroep voor het bedrijfsleven schrijft de Kamer dat in het register in. De beslissing op het beroep wordt tevens ingeschreven. Indien de beslissing strekt tot vernietiging van de beschikking doet de Kamer een mededeling daarvan opnemen in de *Staatscourant*. Gedurende het tijdvak waarin de rechtspersoon na de beschikking tot ontbinding had opgehouden te bestaan, is er een verlengingsgrond als bedoeld in artikel 320 van Boek 3 ten aanzien van de verjaring van rechtsvorderingen van of tegen de rechtspersoon.

Art. 20

Strijd met openbare orde door rechtspersoon

1. Een rechtspersoon waarvan de werkzaamheid in strijd is met de openbare orde, wordt door de rechtbank op verzoek van het openbaar ministerie verboden verklaard en ontbonden.

2. Een rechtspersoon waarvan het doel in strijd is met de openbare orde, wordt door de rechtbank op verzoek van het openbaar ministerie ontbonden. Alvorens de ontbinding uit te spreken kan de rechtbank de rechtspersoon in de gelegenheid stellen binnen een door haar te bepalen termijn zijn doel zodanig te wijzigen dat het niet meer in strijd is met de openbare orde.
(Zie ook: artt. 2, 21, 23, 68, 125, 179, 235 BW Boek 2 ; art. 40 BW Boek 3; artt. 429a, 998 RV; artt. 8, 9 GW; art. 140 WvSr)

3. Een rechtspersoon vermeld in de lijst, bedoeld in artikel 2, derde lid, van Verordening (EG) nr. 2580/2001 van de Raad van 27 december 2001 (PbEG L 344), in Bijlage I van Verordening (EG) nr. 881/2002 van de Raad van 27 mei 2002 (PbEG L 139) of is vermeld en met een ster aangemerkt in de Bijlage bij het Gemeenschappelijk Standpunt nr. 2001/931 van de Raad van 27 december 2001 (PbEG L 344) is van rechtswege verboden en niet bevoegd tot het verrichten van rechtshandelingen.

Art. 21

Ontbinding rechtspersoon door rechtbank

1. De rechtbank ontbindt een rechtspersoon, indien:
a. aan zijn totstandkoming gebreken kleven;
b. zijn statuten niet aan de eisen der wet voldoen;
c. hij niet onder de wettelijke omschrijving van zijn rechtsvorm valt.
(Zie ook: art. 3 Bvr)

2. De rechtbank ontbindt de rechtspersoon niet, indien zij hem een termijn vergund heeft en hij na afloop daarvan een rechtspersoon is die aan de eisen van de wet voldoet.
(Zie ook: art. 58 BW Boek 3)

3. De rechtbank kan een rechtspersoon ontbinden, indien deze de in dit boek voor zijn rechtsvorm gestelde verboden overtreedt of in ernstige mate in strijd met zijn statuten handelt.
(Zie ook: artt. 26, 53, 285 BW Boek 2; art. 40 BW Boek 3)

4. De ontbinding wordt uitgesproken op verzoek van een belanghebbende of het openbaar ministerie.
(Zie ook: artt. 4, 18, 19, 22, 26, 285, 286 BW Boek 2; art. 124 BW Boek 5; art. 269 BW Boek 6; artt. 429a, 995 Rv)

Art. 22
1. De rechter voor wie een verzoek tot ontbinding van de rechtspersoon aanhangig is, kan de goederen van die rechtspersoon desverlangd onder bewind stellen; de beschikking vermeldt het tijdstip waarop zij in werking treedt.
2. De rechter benoemt bij zijn beschikking een of meer bewindvoerders, en regelt hun bevoegdheden en hun beloning.
3. Voor zover de rechter niet anders bepaalt, kunnen de organen van de rechtspersoon zonder voorafgaande goedkeuring van de bewindvoerder geen besluiten nemen en kunnen vertegenwoordigers van de rechtspersoon zonder diens medewerking geen rechtshandelingen verrichten.
4. De beschikking kan te allen tijde door de rechter worden gewijzigd of ingetrokken; het bewind eindigt in ieder geval, zodra de uitspraak op het verzoek tot ontbinding in kracht van gewijsde gaat.
5. De bewindvoerder doet aan de registers waar de rechtspersoon is ingeschreven, opgaaf van de beschikking en van de gegevens over zichzelf die omtrent een bestuurder worden verlangd.
6. Een rechtshandeling die de rechtspersoon ondanks zijn uit het bewind voortvloeiende onbevoegdheid vóór de inschrijving heeft verricht, is niettemin geldig, indien de wederpartij het bewind kende noch behoorde te kennen.
(Zie ook: art. 380 BW Boek 1; artt. 4, 6, 19, 20, 21, 23, 74, 185, 298, 299, 301 BW Boek 2; art. 124 BW Boek 5; art. 228 FW; art. 429a Rv; art. 3 Bvr)

> Ontbinding rechtspersoon, bevoegdheden rechter
> Ontbinding rechtspersoon, benoeming bewindvoerder

Art. 22a
1. Voor of bij het doen van een verzoek door het openbaar ministerie tot ontbinding van een naamloze vennootschap of een besloten vennootschap met beperkte aansprakelijkheid, kan het openbaar ministerie de rechter verzoeken te bevelen dat, tot de uitspraak op genoemd verzoek in kracht van gewijsde gaat, aan de aandeelhouders de bevoegdheid tot het vervreemden, verpanden of met vruchtgebruik belasten van aandelen wordt ontzegd.
2. De rechter beslist na summier onderzoek. Het bevel wordt gegeven onder voorwaarde dat het instellen van het verzoek tot ontbinding geschiedt binnen een door de rechter daartoe te bepalen termijn. Tegen deze beschikking is geen hogere voorziening toegelaten.
3. De beschikking wordt onverwijld, zo mogelijk op dezelfde dag, betekend aan de aandeelhouders en de vennootschap. De griffier draagt zorg voor de inschrijving van de beschikking in het handelsregister.
4. Binnen acht dagen na de betekening in het vorige lid vermeld kunnen de aandeelhouders tegen de beschikking in verzet komen. Het verzet schorst het bevel niet, behoudens de bevoegdheid van de aandeelhouders om daarop in kort geding door de voorzieningenrechter van de rechtbank te doen beslissen. Verzet tegen de beschikking kan niet gegrond zijn op de bewering dat de aandeelhouder zijn aandelen wil overdragen.
5. Het verzoek tot ontbinding moet binnen acht dagen nadat deze is ingesteld aan de aandeelhouder worden betekend.
(Zie ook: artt. 20, 21, 74, 86, 88, 89, 185, 195, 197, 198 BW Boek 2; artt. 84, 86 BW Boek 3; artt. 289, 995 Rv)

> Bevriezen aandelen bij ontbinding NV of BV

Art. 23
1. Voor zover de rechter geen andere vereffenaars heeft benoemd en de statuten geen andere vereffenaars aanwijzen, worden de bestuurders vereffenaars van het vermogen van een ontbonden rechtspersoon. Op vereffenaars die niet door de rechter worden benoemd, zijn de bepalingen omtrent de benoeming, de schorsing, het ontslag en het toezicht op bestuurders van toepassing, voor zover de statuten niet anders bepalen. Het vermogen van een door de rechter ontbonden rechtspersoon wordt vereffend door een of meer door hem te benoemen vereffenaars.
(Zie ook: artt. 9, 37, 44, 129, 162, 164, 239, 272, 274, 291, 298 BW Boek 2; art. 135 BW Boek 5; art. 1 WED)
2. Ontslaat de rechter een vereffenaar, dan kan hij een of meer andere benoemen. Ontbreken vereffenaars, dan benoemt de rechtbank een of meer vereffenaars op verzoek van een belanghebbende of het openbaar ministerie. De vereffenaar die door de rechter is benoemd, heeft recht op de beloning welke deze hem toekent.
3. Een benoeming tot vereffenaar door de rechter gaat in daags nadat de griffier de benoeming aan de vereffenaar heeft meegedeeld; de griffier doet de mededeling terstond, indien de beslissing die de benoeming inhoudt, bij voorraad uitvoerbaar is en anders, zodra zij in kracht van gewijsde is gegaan.
(Zie ook: art. 22 BW Boek 2)
4. Iedere vereffenaar doet aan de registers waar de rechtspersoon is ingeschreven, opgaaf van zijn optreden als zodanig en van de gegevens over zichzelf die van een bestuurder worden verlangd.
5. De rechtbank kan een vereffenaar met ingang van een door haar bepaalde dag ontslaan, het zij op diens verzoek, hetzij wegens gewichtige redenen op verzoek van een medevereffenaar, het openbaar ministerie of ambtshalve.

> Vereffenaar bij ontbinding rechtspersoon

6. De ontslagen vereffenaar legt rekening en verantwoording af aan degenen die de vereffening voortzetten. Is de opvolger door de rechter benoemd, dan geschiedt de rekening en verantwoording ten overstaan van de rechter.
(Zie ook: artt. 337, 372, 375, 448 BW Boek 1; art. 19 t/m 22 BW Boek 2; art. 73 BW Boek 3; art. 147 BW Boek 5; art. 185 BW Boek 8)

Art. 23a

Bevoegdheden vereffenaar bij ontbinden rechtspersoon

1. Een vereffenaar heeft, tenzij de statuten anders bepalen, dezelfde bevoegdheden, plichten en aansprakelijkheid als een bestuurder, voor zover deze verenigbaar zijn met zijn taak als vereffenaar.
2. Zijn er twee of meer vereffenaars, dan kan ieder van hen alle werkzaamheden verrichten, tenzij anders is bepaald. Bij verschil van mening tussen de vereffenaars beslist op verzoek van een hunner de rechter die bij de vereffening is betrokken, en anders de kantonrechter. De rechter bedoeld in de vorige zin, kan ook een verdeling van het loon vaststellen.
3. Zowel de rechtbank als een door haar in de vereffening benoemde rechter-commissaris kan voor de vereffening nodige bevelen geven, al dan niet in de vorm van een bevelschrift in executoriale vorm. De vereffenaar is verplicht hun aanwijzingen op te volgen. Tegen de bevelen en aanwijzingen staan geen rechtsmiddelen open.
4. Blijkt de vereffenaar dat de schulden de baten vermoedelijk zullen overtreffen, dan doet hij aangifte tot faillietverklaring, tenzij alle bekende schuldeisers desgevraagd instemmen met voortzetting van de vereffening buiten faillissement.
5. De voorgaande bepalingen van dit artikel en de artikelen 23b-23c zijn niet van toepassing op vereffening in faillissement.
(Zie ook: art. 23 BW Boek 2; artt. 65, 68, 85, 173 FW)

Art. 23b

Batig saldo bij ontbinden rechtspersoon

1. De vereffenaar draagt hetgeen na de voldoening der schuldeisers van het vermogen van de ontbonden rechtspersoon is overgebleven, in verhouding tot ieders recht over aan hen die krachtens de statuten daartoe zijn gerechtigd, of anders aan de leden of aandeelhouders. Heeft geen ander recht op het overschot, dan keert hij het uit aan de Staat, die het zoveel mogelijk overeenkomstig het doel van de rechtspersoon besteedt.
(Zie ook: artt. 27, 35, 79, 92, 190, 201, 310 BW Boek 2; art. 179 FW)
2. De vereffenaar stelt een rekening en verantwoording op van de vereffening, waaruit de omvang en samenstelling van het overschot blijken. Zijn er twee of meer gerechtigden tot het overschot, dan stelt de vereffenaar een plan van verdeling op dat de grondslagen der verdeling bevat.
3. Voor zover tot het overschot iets anders dan geld behoort en de statuten of een rechterlijke beschikking geen nadere aanwijzing behelzen, komen als wijzen van verdeling in aanmerking:
   a. toedeling van een gedeelte van het overschot aan ieder der gerechtigden;
   b. overbedeling aan een of meer gerechtigden tegen vergoeding van de overwaarde;
   c. verdeling van de netto-opbrengst na verkoop.
(Zie ook: art. 185 BW Boek 3)
4. De vereffenaar legt de rekening en verantwoording en het plan van verdeling neer ten kantore van de registers waarin de rechtspersoon is ingeschreven, en in elk geval ten kantore van de rechtspersoon, als dat er is, of op een andere plaats in het arrondissement waar de rechtspersoon woonplaats heeft. De stukken liggen daar twee maanden voor ieder ter inzage. De vereffenaar maakt in een nieuwsblad bekend waar en tot wanneer zij ter inzage liggen. De rechter kan aankondiging in de *Staatscourant* bevelen.
(Zie ook: artt. 77, 100, 114, 188, 209, 224 BW Boek 2; art. 147 BW Boek 5; artt. 183, 193 FW; art. 1 WED)
5. Binnen twee maanden nadat de rekening en verantwoording en het plan zijn neergelegd en de nederlegging overeenkomstig lid 4 is bekendgemaakt en aangekondigd, kan iedere schuldeiser of gerechtigde daartegen door het indienen van een verzoek bij de rechtbank in verzet komen. De vereffenaar doet van gedaan verzet mededeling op dezelfde wijze als waarop de nederlegging van de rekening en verantwoording en het plan van verdeling zijn medegedeeld.
(Zie ook: art. 10 BW Boek 1; art. 100 BW Boek 2)
6. Telkens wanneer de stand van het vermogen daartoe aanleiding geeft, kan de vereffenaar een uitkering bij voorbaat aan de gerechtigden doen. Na de aanvang van de verzettermijn doet hij dit niet zonder machtiging van de rechter.
7. Zodra de intrekking van of beslissing op elk verzet onherroepelijk is, deelt de vereffenaar dit mede op de wijze waarop het verzet is medegedeeld. Brengt de beslissing wijziging in het plan van verdeling, dan wordt ook het gewijzigde plan van verdeling op deze wijze meegedeeld.
8. De vereffenaar consigneert geldbedragen waarover niet binnen zes maanden na de laatste betaalbaarstelling is beschikt.
9. De vereffening eindigt op het tijdstip waarop geen aan de vereffenaar bekende baten meer aanwezig zijn.

10. Na verloop van een maand nadat de vereffening is geëindigd, doet de vereffenaar rekening en verantwoording van zijn beheer aan de rechter, indien deze bij de vereffening is betrokken.
(Zie ook: artt. 80, 83, 166, 185, 276 BW Boek 3; artt. 429a, 995 Rv)

Art. 23c
1. Indien na het tijdstip waarop de rechtspersoon is opgehouden te bestaan nog een schuldeiser of gerechtigde tot het saldo opkomt of van het bestaan van een bate blijkt, kan de rechtbank op verzoek van een belanghebbende vereffening heropenen en zo nodig een vereffenaar benoemen. In dat geval herleeft de rechtspersoon, doch uitsluitend ter afwikkeling van de heropende vereffening. De vereffenaar is bevoegd van elk der gerechtigden terug te vorderen hetgeen deze te veel uit het overschot heeft ontvangen. — *Einde vereffening bij ontbinden rechtspersoon*
(Zie ook: art. 19 BW Boek 2; art. 274 BW Boek 3; art. 206 BW Boek 6; art. 194 FW)
2. Gedurende het tijdvak waarin de rechtspersoon had opgehouden te bestaan, is er een verlengingsgrond als bedoeld in artikel 320 van Boek 3 ten aanzien van de verjaring van rechtsvorderingen van of tegen de rechtspersoon.

Art. 24
1. De boeken, bescheiden en andere gegevensdragers van een ontbonden rechtspersoon moeten worden bewaard gedurende zeven jaren nadat de rechtspersoon heeft opgehouden te bestaan. Bewaarder is degene die bij of krachtens de statuten, dan wel door de algemene vergadering of, als de rechtspersoon een stichting was, door het bestuur als zodanig is aangewezen. — *Bewaarplicht gegevens van ontbonden rechtspersoon*
2. Ontbreekt een bewaarder en is de laatste vereffenaar niet bereid te bewaren, dan wordt een bewaarder, zo mogelijk uit de kring dergenen die bij de rechtspersoon waren betrokken, op verzoek van een belanghebbende benoemd door de kantonrechter van de rechtbank van het arrondissement waarin de rechtspersoon woonplaats had. Rechtsmiddelen staan niet open.
3. Binnen acht dagen na het ingaan van zijn bewaarplicht moet de bewaarder zijn naam en adres opgeven aan de registers waarin de ontbonden rechtspersoon was ingeschreven.
4. De in lid 2 genoemde kantonrechter kan desverzocht machtiging tot raadpleging van de boeken, bescheiden en andere gegevensdragers geven aan iedere belanghebbende, indien de rechtspersoon een stichting was, en overigens aan ieder die aantoont bij inzage een redelijk belang te hebben in zijn hoedanigheid van voormalig lid of aandeelhouder van de rechtspersoon of houder van certificaten van diens aandelen, dan wel als rechtverkrijgende van een zodanige persoon.
(Zie ook: art. 12 BW Boek 1; art. 10 BW Boek 2; artt. 261, 995 Rv)

Art. 24a
1. Dochtermaatschappij van een rechtspersoon is: — *Dochtermaatschappij*
a. een rechtspersoon waarin de rechtspersoon of een of meer van zijn dochtermaatschappijen, al dan niet krachtens overeenkomst met andere stemgerechtigden, alleen of samen meer dan de helft van de stemrechten in de algemene vergadering kunnen uitoefenen;
b. een rechtspersoon waarvan de rechtspersoon of een of meer van zijn dochtermaatschappijen lid of aandeelhouder zijn en, al dan niet krachtens overeenkomst met andere stemgerechtigden, alleen of samen meer dan de helft van de bestuurders of van de commissarissen kunnen benoemen of ontslaan, ook indien alle stemgerechtigden stemmen.
(Zie ook: artt. 118, 228 BW Boek 2)
2. Met een dochtermaatschappij wordt gelijk gesteld een onder eigen naam optredende vennootschap waarin de rechtspersoon of een of meer van zijn dochtermaatschappijen als vennoot volledig jegens schuldeisers aansprakelijk is voor de schulden.
3. Voor de toepassing van lid 1 worden aan aandelen verbonden rechten niet toegerekend aan degene die de aandelen voor rekening van anderen houdt. Aan aandelen verbonden rechten worden toegerekend aan degene voor wiens rekening de aandelen worden gehouden, indien deze bevoegd is te bepalen hoe de rechten worden uitgeoefend dan wel zich de aandelen te verschaffen.
4. Voor de toepassing van lid 1 worden stemrechten, verbonden aan verpande aandelen, toegerekend aan de pandhouder, indien hij mag bepalen hoe de rechten worden uitgeoefend. Zijn de aandelen evenwel verpand voor een lening die de pandhouder heeft verstrekt in de gewone uitoefening van zijn bedrijf, dan worden de stemrechten hem slechts toegerekend, indien hij deze in eigen belang heeft uitgeoefend.
(Zie ook: artt. 24d, 63a, 89, 152, 198, 262, 361, 367, 379, 409, 414 BW Boek 2)

Art. 24b
Een groep is een economische eenheid waarin rechtspersonen en vennootschappen organisatorisch zijn verbonden. Groepsmaatschappijen zijn rechtspersonen en vennootschappen die met elkaar in een groep zijn verbonden. — *Groep*
(Zie ook: artt. 361, 379, 405 BW Boek 2; artt. 35, 46 WOR; art. 130 Wft)

Art. 24c
1. Een rechtspersoon of vennootschap heeft een deelneming in een rechtspersoon, indien hij of een of meer van zijn dochtermaatschappijen alleen of samen voor eigen rekening aan die rechtspersoon kapitaal verschaffen of doen verschaffen teneinde met die rechtspersoon duurzaam — *Deelneming*

art. 2:24d

13 Burgerlijk Wetboek Boek 2

verbonden te zijn ten dienste van de eigen werkzaamheid. Indien een vijfde of meer van het geplaatste kapitaal wordt verschaft, wordt het bestaan van een deelneming vermoed.
(Zie ook: artt. 24a, 367, 414 BW Boek 2)

2. Een rechtspersoon heeft een deelneming in een vennootschap, indien hij of een dochtermaatschappij:

a. daarin als vennoot jegens schuldeisers volledig aansprakelijk is voor de schulden; of

b. daarin anderszins vennoot is teneinde met die vennootschap duurzaam verbonden te zijn ten dienste van de eigen werkzaamheid.
(Zie ook: art. 16 Wmz; art. 130 Wft)

Art. 24d

Lidmaatschappen of aandelen zonder stem

1. Bij de vaststelling in hoeverre de leden of aandeelhouders stemmen, aanwezig of vertegenwoordigd zijn, of in hoeverre het aandelenkapitaal verschaft wordt of vertegenwoordigd is, wordt geen rekening gehouden met lidmaatschappen of aandelen waarvan de wet of een statutaire regeling als bedoeld in artikel 228 lid 5 bepaalt dat daarvoor geen stem kan worden uitgebracht.

2. In afwijking van lid 1 wordt voor de toepassing van de artikelen 24c, 63a, 152, 201a, 220, 224a, 262, 265a, 333a lid 2, 334ii lid 2, 336 lid 1, 346, 379 lid 1 en lid 2, 407 lid 2, 408 lid 1 en 414 ten aanzien van een besloten vennootschap met beperkte aansprakelijkheid tevens rekening gehouden met aandelen waarvan een statutaire regeling als bedoeld in artikel 228 lid 5 bepaalt dat daarvoor geen stem kan worden uitgebracht.

Art. 25

Dwingend recht

Van de bepalingen van dit boek kan slechts worden afgeweken, voor zover dat uit de wet blijkt.
(Zie ook: art. 52 BW Boek 2)

Titel 2
Verenigingen

Art. 26

Vereniging

1. De vereniging is een rechtspersoon met leden die is gericht op een bepaald doel, anders dan een dat is omschreven in artikel 53 lid 1 of lid 2.
2. Een vereniging wordt bij meerzijdige rechtshandeling opgericht.
3. Een vereniging mag geen winst onder haar leden verdelen.
(Zie ook: artt. 3, 4, 18, 19, 21, 41a BW Boek 2; artt. 112, 124 BW Boek 5; art. 196 BW Boek 6)

Art. 27

Oprichting vereniging bij notariële akte

1. Wordt een vereniging opgericht bij een notariële akte, dan moeten de volgende bepalingen in acht worden genomen.
(Zie ook: artt. 43, 54 BW Boek 2)

2. De akte wordt verleden in de Nederlandse taal. Indien de vereniging haar zetel heeft in de provincie Fryslân kan de akte in de Friese taal worden verleden. Een volmacht tot medewerking aan de akte moet schriftelijk zijn verleend.
(Zie ook: artt. 65, 176, 286 BW Boek 2; art. 60 BW Boek 3)

3. De akte bevat de statuten van de vereniging.
(Zie ook: artt. 66, 177, 286 BW Boek 2)

Statuten van vereniging

4. De statuten houden in:

a. de naam van de vereniging en de gemeente in Nederland waar zij haar zetel heeft;
(Zie ook: art. 10 BW Boek 1)

b. het doel van de vereniging;
(Zie ook: artt. 7, 20, 26 BW Boek 2)

c. de verplichtingen die de leden tegenover de vereniging hebben, of de wijze waarop zodanige verplichtingen kunnen worden opgelegd;
(Zie ook: artt. 36, 55, 56, 59 BW Boek 2)

d. de wijze van bijeenroeping van de algemene vergadering;
(Zie ook: art. 41 BW Boek 2)

e. de wijze van benoeming en ontslag van de bestuurders;
(Zie ook: art. 37 BW Boek 2)

f. de bestemming van het batig saldo van de vereniging in geval van ontbinding, of de wijze waarop de bestemming zal worden vastgesteld.
(Zie ook: art. 23b BW Boek 2)

5. De notaris, ten overstaan van wie de akte wordt verleden, draagt zorg dat de akte voldoet aan het in de leden 2-4 bepaalde. Bij verzuim is hij persoonlijk jegens hen die daardoor schade hebben geleden, aansprakelijk.
(Zie ook: artt. 4, 18, 19, 20, 21, 22, 23, 30, 54, 65, 66, 176, 177, 286 BW Boek 2; artt. 95, 162 BW Boek 6; artt. 429a, 995 Rv; art. 3 Bvr)

Art. 28
1. Is een vereniging niet overeenkomstig het eerste lid van het vorige artikel opgericht, dan kan de algemene vergadering besluiten de statuten te doen opnemen in een notariële akte.
2. De leden 2-5 van het vorige artikel zijn van overeenkomstige toepassing.
(Zie ook: artt. 4, 21, 30, 40 BW Boek 2; art. 3 Bvr)

Art. 29
1. De bestuurders van een vereniging waarvan de statuten zijn opgenomen in een notariële akte, zijn verplicht haar te doen inschrijven in het handelsregister en een authentiek afschrift van de akte, dan wel een authentiek uittreksel van de akte bevattende de statuten, ten kantore van dat register neer te leggen.
2. Zolang de opgave ter eerste inschrijving en nederlegging niet zijn geschied, is iedere bestuurder voor een rechtshandeling waardoor hij de vereniging verbindt, naast de vereniging hoofdelijk aansprakelijk.
(Zie ook: artt. 6, 69, 180, 289 BW Boek 2; artt. 6, 7 BW Boek 6; art. 1 Bvr)

Art. 30
1. Een vereniging waarvan de statuten niet zijn opgenomen in een notariële akte, kan geen registergoederen verkrijgen en kan geen erfgenaam zijn.
(Zie ook: artt. 92, 435 BW Boek 1; artt. 10, 80, 84, 89, 305a BW Boek 3; art. 946 BW Boek 4)
2. De bestuurders zijn hoofdelijk naast de vereniging verbonden voor schulden uit een rechtshandeling die tijdens hun bestuur opeisbaar worden. Na hun aftreden zijn zij voorts hoofdelijk verbonden voor schulden, voortspruitend uit een tijdens hun bestuur verrichte rechtshandeling, voor zover daarvoor niemand ingevolge de vorige zin naast de vereniging is verbonden. Aansprakelijkheid ingevolge een der voorgaande zinnen rust niet op degene die niet tevoren over de rechtshandeling is geraadpleegd en die heeft geweigerd haar, toen zij hem bekend werd, als bestuurder voor zijn verantwoording te nemen. Ontbreken personen die ingevolge de eerste of tweede zin naast de vereniging zijn verbonden, dan zijn degenen die handelden, hoofdelijk verbonden.
(Zie ook: artt. 4, 9, 11 BW Boek 2; artt. 6, 7 BW Boek 6)
3. De bestuurders van een zodanige vereniging kunnen haar doen inschrijven in het handelsregister. Indien de statuten op schrift zijn gesteld, leggen zij alsdan een afschrift daarvan ten kantore van dat register neer.
(Zie ook: artt. 43, 52 BW Boek 2; artt. 61, 79 BW Boek 3)
4. Heeft de inschrijving, bedoeld in het vorige lid, plaatsgevonden, dan is degene die uit hoofde van lid 2 wordt verbonden slechts aansprakelijk, voor zover de wederpartij aannemelijk maakt dat de vereniging niet aan de verbintenis zal voldoen.
(Zie ook: art. 6 BW Boek 2; art. 26 WAM)

Art. 31-32
[Vervallen]

Art. 33
Tenzij de statuten anders bepalen, beslist het bestuur over de toelating van een lid en kan bij niet-toelating de algemene vergadering alsnog tot toelating besluiten.
(Zie ook: artt. 40, 52, 61 BW Boek 2)

Art. 34
1. Het lidmaatschap van de vereniging is persoonlijk, tenzij de statuten anders bepalen.
2. Tenzij de statuten van de vereniging anders bepalen, gaat het lidmaatschap van een rechtspersoon die door fusie of splitsing ophoudt te bestaan, over op de verkrijgende rechtspersoon onderscheidenlijk overeenkomstig de aan de akte van splitsing gehechte beschrijving op een van de verkrijgende rechtspersonen.
(Zie ook: artt. 35, 52, 62 BW Boek 2; art. 125 BW Boek 5; artt. 474aa, 717 Rv)

Art. 34a
Verbintenissen kunnen slechts bij of krachtens de statuten aan het lidmaatschap worden verbonden.
(Zie ook: art. 17 BW Boek 2; art. 1 BW Boek 6)

Art. 35
1. Het lidmaatschap eindigt:
a. door de dood van het lid, tenzij de statuten overgang krachtens erfrecht toelaten;
(Zie ook: art. 34 BW Boek 2)
b. door opzegging door het lid;
(Zie ook: art. 36 BW Boek 2)
c. door opzegging door de vereniging;
(Zie ook: art. 36 BW Boek 2)
d. door ontzetting.
2. De vereniging kan het lidmaatschap opzeggen in de gevallen in de statuten genoemd, voorts wanneer een lid heeft opgehouden aan de vereisten door de statuten voor het lidmaatschap

gesteld, te voldoen, alsook wanneer redelijkerwijs van de vereniging niet gevergd kan worden het lidmaatschap te laten voortduren. Tenzij de statuten dit aan een ander orgaan opdragen, geschiedt de opzegging door het bestuur.
(Zie ook: art. 36 BW Boek 2)
3. Ontzetting kan alleen worden uitgesproken wanneer een lid in strijd met de statuten, reglementen of besluiten der vereniging handelt, of de vereniging op onredelijke wijze benadeelt.
4. Tenzij de statuten dit aan een ander orgaan opdragen, geschiedt de ontzetting door het bestuur. Het lid wordt ten spoedigste schriftelijk van het besluit, met opgave van redenen, in kennis gesteld. Hem staat, behalve wanneer krachtens de statuten het besluit door de algemene vergadering is genomen, binnen één maand na ontvangst van de kennisgeving van het besluit, beroep op de algemene vergadering of een daartoe bij de statuten aangewezen orgaan of derde open. De statuten kunnen een andere regeling van het beroep bevatten, doch de termijn kan niet korter dan op één maand worden gesteld. Gedurende de beroepstermijn en hangende het beroep is het lid geschorst.
(Zie ook: art. 38 BW Boek 2)
5. Wanneer het lidmaatschap in de loop van een boekjaar eindigt, blijft, tenzij de statuten anders bepalen, desniettemin de jaarlijkse bijdrage voor het geheel verschuldigd.
(Zie ook: artt. 40, 52, 55, 56, 62 BW Boek 2)
6. De vereniging draagt er zorg voor dat leden de voor opzegging van het lidmaatschap noodzakelijke informatie eenvoudig kunnen raadplegen. De informatie wordt in ieder geval opvallend vermeld op de hoofdpagina van de website en op bladzijde 1, 2 of 3 van het ledenblad, indien een vereniging gebruik maakt van deze communicatiemiddelen.

Art. 36

Opzegging lidmaatschap van vereniging

1. Tenzij de statuten anders bepalen, kan opzegging van het lidmaatschap slechts geschieden tegen het einde van een boekjaar en met inachtneming van een opzeggingstermijn van vier weken; op deze termijn is de Algemene termijnenwet niet van toepassing. In ieder geval kan het lidmaatschap worden beëindigd tegen het eind van het boekjaar, volgend op dat waarin wordt opgezegd, of onmiddellijk, indien redelijkerwijs niet gevergd kan worden het lidmaatschap te laten voortduren.
2. Een opzegging in strijd met het in het vorige lid bepaalde, doet het lidmaatschap eindigen op het vroegst toegelaten tijdstip volgende op de datum waartegen was opgezegd.
3. Een lid kan voorts zijn lidmaatschap met onmiddellijke ingang opzeggen binnen een maand nadat een besluit waarbij zijn rechten zijn beperkt of zijn verplichtingen zijn verzwaard, hem is bekend geworden of medegedeeld; het besluit is alsdan niet op hem van toepassing. Deze bevoegdheid tot opzegging kan de leden bij de statuten worden ontzegd voor het geval van wijziging van de daar nauwkeurig omschreven rechten en verplichtingen en voorts in het algemeen voor het geval van wijziging van geldelijke rechten en verplichtingen.
4. Een lid kan zijn lidmaatschap ook met onmiddellijke ingang opzeggen binnen een maand nadat hem een besluit is meegedeeld tot omzetting van de vereniging in een andere rechtsvorm, tot fusie of tot splitsing.
(Zie ook: artt. 18, 27, 46, 52, 55, 56, 59, 60, 61, 317, 334m BW Boek 2)

Art. 37

Benoeming bestuur van vereniging

1. Het bestuur wordt uit de leden benoemd, De statuten kunnen echter bepalen dat bestuurders ook buiten de leden kunnen worden benoemd.
(Zie ook: art. 127 lid 2 BW Boek 5)
2. De benoeming geschiedt door de algemene vergadering. De statuten kunnen de wijze van benoeming echter ook anders regelen, mits elk lid middellijk of onmiddellijk aan de stemming over de benoeming der bestuurders kan deelnemen.
3. De statuten kunnen bepalen, dat een of meer der bestuursleden, mits minder dan de helft, door andere personen dan de leden worden benoemd.
4. Is in de statuten bepaald dat een bestuurder in een vergadering uit een bindende voordracht moet worden benoemd, dan kan aan de voordracht het bindend karakter worden ontnomen door een met ten minste twee derden van de uitgebrachte stemmen genomen besluit van die vergadering. In de statuten kan worden bepaald dat op deze vergadering ten minste een bepaald aantal stemmen moet kunnen worden uitgebracht; dit aantal mag niet hoger worden gesteld dan twee derden van het aantal stemmen dat door de stemgerechtigden gezamenlijk kan worden uitgebracht.
5. Indien ingevolge de statuten een bestuurslid door leden of afdelingen buiten een vergadering wordt benoemd, dan moet aan de leden gelegenheid worden geboden kandidaten te stellen. De statuten kunnen bepalen dat dit recht slechts aan een aantal leden gezamenlijk toekomt, mits hun aantal niet hoger wordt gesteld dan een vijfde van het aantal leden dat aan de verkiezing kan deelnemen. De statuten kunnen voorts bepalen dat aldus gestelde kandidaten slechts zijn benoemd, indien zij ten minste een bepaald aantal stemmen op zich hebben verenigd, mits dit aantal niet groter is dan twee derden van het aantal der uitgebrachte stemmen.

6. Een bestuurslid kan, ook al is hij voor een bepaalde tijd benoemd, te allen tijde door het orgaan dat hem heeft benoemd, worden ontslagen of geschorst. Een veroordeling tot herstel van de arbeidsovereenkomst tussen de vereniging en bestuurder kan door de rechter niet worden uitgesproken.

Vereniging, ontslag/schorsing bestuurslid

7. Tenzij de statuten anders bepalen, wijst het bestuur uit zijn midden een voorzitter, een secretaris en een penningmeester aan.
(Zie ook: artt. 14, 15, 16, 27, 38, 39, 41a, 44, 45, 47, 52, 132, 158, 242, 268, 356 BW Boek 2; art. 131 BW Boek 5; art. 682 BW Boek 7)

Art. 38

1. Behoudens het in het volgende artikel bepaalde, hebben alle leden die niet geschorst zijn, toegang tot de algemene vergadering en hebben daar ieder één stem; een geschorst lid heeft toegang tot de vergadering waarin het besluit tot schorsing wordt behandeld, en is bevoegd daarover het woord te voeren. De statuten kunnen aan bepaalde leden meer dan één stem toekennen.

Stemrecht op algemene vergadering van vereniging

2. Tenzij de statuten anders bepalen, treden de voorzitter en de secretaris van het bestuur of hun vervangers, als zodanig ook op bij de algemene vergadering.

3. De statuten kunnen bepalen dat personen die deel uitmaken van andere organen der vereniging en die geen lid zijn, in de algemene vergadering stemrecht kunnen uitoefenen. Het aantal der door hen gezamenlijk uitgebrachte stemmen zal echter niet meer mogen zijn dan de helft van het aantal der door de leden uitgebrachte stemmen.

4. Tenzij de statuten anders bepalen, kan iemand die krachtens lid 1 of lid 3 stemgerechtigd is, aan een andere stemgerechtigde schriftelijk volmacht verlenen tot het uitbrengen van zijn stem.
(Zie ook: artt. 12, 13, 14, 15, 39, 41a, 52, 117, 118, 227, 228 BW Boek 2; artt. 60, 79 BW Boek 3)

5. Aan de eis van schriftelijkheid van de volmacht wordt voldaan indien de volmacht elektronisch is vastgelegd.

6. De statuten kunnen bepalen dat iemand die krachtens lid 1 of lid 3 stemgerechtigd is het stemrecht kan uitoefenen door middel van een elektronisch communicatiemiddel.

7. Voor de toepassing van lid 6 is vereist dat de stemgerechtigde via het elektronisch communicatiemiddel kan worden geïdentificeerd, rechtstreeks kan kennisnemen van de verhandelingen ter vergadering en het stemrecht kan uitoefenen. De statuten kunnen bepalen dat bovendien is vereist dat de stemgerechtigde via het elektronisch communicatiemiddel kan deelnemen aan de beraadslaging.

8. De statuten kunnen bepalen dat stemmen die voorafgaand aan de algemene vergadering via een elektronisch communicatiemiddel worden uitgebracht, doch niet eerder dan op de dertigste dag voor die van de vergadering, gelijk worden gesteld met stemmen die ten tijde van de vergadering worden uitgebracht.

9. Bij of krachtens de statuten kunnen voorwaarden worden gesteld aan het gebruik van het elektronisch communicatiemiddel. Indien deze voorwaarden krachtens de statuten worden gesteld, worden deze bij de oproeping bekend gemaakt.

Art. 39

1. De statuten kunnen bepalen dat de algemene vergadering zal bestaan uit afgevaardigden die door en uit de leden worden gekozen. De wijze van verkiezing en het aantal van de afgevaardigden worden door de statuten geregeld; elk lid moet middellijk of onmiddellijk aan de verkiezing kunnen deelnemen. De leden 4 en 5 van artikel 37 zijn bij de verkiezing van overeenkomstige toepassing. Artikel 38 lid 3 is van overeenkomstige toepassing op personen die deel uitmaken van andere organen der vereniging en die geen afgevaardigde zijn.

Afgevaardigden op algemene vergadering van vereniging

2. De statuten kunnen bepalen dat bepaalde besluiten van de algemene vergadering aan een referendum zullen worden onderworpen. De statuten regelen de gevallen waarin, de tijd waarbinnen, en de wijze waarop het referendum zal worden gehouden. Hangende de uitslag van het referendum wordt de uitvoering van het besluit geschorst.
(Zie ook: artt. 14, 15, 41a, 52 BW Boek 2)

Referendum binnen vereniging

Art. 40

1. Aan de algemene vergadering komen in de vereniging alle bevoegdheden toe, die niet door de wet of de statuten aan andere organen zijn opgedragen.

Bevoegdheden algemene vergadering van vereniging

2. Een eenstemmig besluit van alle leden of afgevaardigden, ook al zijn deze niet in een vergadering bijeen, heeft, mits met voorkennis van het bestuur genomen, dezelfde kracht als een besluit van de algemene vergadering.
(Zie ook: artt. 14, 15, 33, 35, 41, 41a, 44, 47, 48, 52, 107, 128, 218, 238 BW Boek 2; art. 125 BW Boek 5)

Art. 41

1. Het bestuur roept de algemene vergadering bijeen, zo dikwijls het dit wenselijk oordeelt, of wanneer het daartoe volgens de wet of de statuten verplicht is. De statuten kunnen deze bevoegdheid ook aan anderen dan het bestuur verlenen.

Bijeenroeping algemene vergadering vereniging

2. Op schriftelijk verzoek van ten minste een zodanig aantal leden of afgevaardigden als bevoegd is tot het uitbrengen van een tiende gedeelte der stemmen in de algemene vergadering of van een zoveel geringer aantal als bij de statuten is bepaald, is het bestuur verplicht tot het bijeenroepen van een algemene vergadering op een termijn van niet langer dan vier weken na indiening van het verzoek.

3. Indien aan het verzoek binnen veertien dagen geen gevolg wordt gegeven, kunnen, tenzij in de statuten de wijze van bijeenroeping der algemene vergadering voor dit geval anders is geregeld, de verzoekers zelf tot die bijeenroeping overgaan op de wijze waarop het bestuur de algemene vergadering bijeenroept of bij advertentie in ten minste één ter plaatse waar de vereniging gevestigd is, veelgelezen dagblad. De verzoekers kunnen alsdan anderen dan bestuursleden belasten met de leiding der vergadering en het opstellen der notulen.
(Zie ook: artt. 27, 37, 38, 39, 41a, 47, 52, 109, 219 BW Boek 2; art. 127 BW Boek 5)

4. Tenzij de statuten anders bepalen, wordt aan de eis van schriftelijkheid van het verzoek bedoeld in lid 2 voldaan indien het verzoek elektronisch is vastgelegd.

5. Tenzij de statuten anders bepalen kan, indien een lid of afgevaardigde hiermee instemt, de bijeenroeping geschieden door een langs elektronische weg toegezonden leesbaar en reproduceerbaar bericht aan het adres dat door hem voor dit doel is bekend gemaakt.

Art. 41a

Schakelbepaling

De artikelen 37-41 zijn van overeenkomstige toepassing op de afdelingen van een vereniging die geen rechtspersonen zijn en die een algemene vergadering en een bestuur hebben; hetgeen in die artikelen omtrent de statuten is bepaald, kan in een afdelingsreglement worden neergelegd.

Art. 42

Statutenwijziging vereniging door gekwalificeerde meerderheid

1. In de statuten van de vereniging kan geen verandering worden gebracht dan door een besluit van een algemene vergadering, waartoe is opgeroepen met de mededeling dat aldaar wijziging van de statuten zal worden voorgesteld. De termijn voor oproeping tot een zodanige vergadering bedraagt ten minste zeven dagen.

2. Zij die de oproeping tot de algemene vergadering ter behandeling van een voorstel tot statutenwijziging hebben gedaan, moeten ten minste vijf dagen vóór de vergadering een afschrift van dat voorstel, waarin de voorgedragen wijziging woordelijk is opgenomen, op een daartoe geschikte plaats voor de leden ter inzage leggen tot na afloop van de dag waarop de vergadering wordt gehouden. Aan de afdelingen waaruit de vereniging bestaat en aan afgevaardigden moet het voorstel ten minste veertien dagen vóór de vergadering ter kennis zijn gebracht; de vorige zin is alsdan niet van toepassing.

3. Het bepaalde in de eerste twee leden is niet van toepassing, indien in de algemene vergadering alle leden of afgevaardigden aanwezig of vertegenwoordigd zijn en het besluit tot statutenwijziging met algemene stemmen wordt genomen.

4. Het in dit artikel en de eerste twee leden van het volgende artikel bepaalde is van overeenkomstige toepassing op een besluit tot ontbinding.
(Zie ook: artt. 14, 15, 38, 39, 123, 233, 293 BW Boek 2)

Art. 43

Statutenwijziging vereniging door versterkte meerderheid

1. Tenzij de statuten anders bepalen, behoeft een besluit tot statutenwijziging ten minste twee derden van de uitgebrachte stemmen.

2. Voor zover de bevoegdheid tot wijziging bij de statuten mocht zijn uitgesloten, is wijziging niettemin mogelijk met algemene stemmen in een vergadering, waarin alle leden of afgevaardigden aanwezig of vertegenwoordigd zijn.

3. Een bepaling in de statuten, welke de bevoegdheid tot wijziging van een of meer andere bepalingen beperkt, kan slechts worden gewijzigd met inachtneming van gelijke beperking.

4. Een bepaling in de statuten, welke de bevoegdheid tot wijziging van een of meer andere bepalingen uitsluit, kan slechts worden gewijzigd met algemene stemmen in een vergadering, waarin alle leden of afgevaardigden aanwezig of vertegenwoordigd zijn.

5. Heeft de vereniging volledige rechtsbevoegdheid, dan treedt de wijziging niet in werking dan nadat hiervan een notariële akte is opgemaakt. De bestuurders zijn verplicht een authentiek afschrift van de wijziging en de gewijzigde statuten neder te leggen ten kantore van het handelsregister.
(Zie ook: art. 3 Bvr)

6. De bestuurders van een vereniging met beperkte rechtsbevoegdheid, waarvan de statuten overeenkomstig artikel 30 lid 3 van dit Boek in afschrift ten kantore van het handelsregister zijn nedergelegd, zijn verplicht aldaar tevens een afschrift van de wijziging en van de gewijzigde statuten neder te leggen.
(Zie ook: artt. 6, 14, 15, 17, 24, 27, 36, 52, 54, 121, 124, 126, 231, 234, 236, 293 BW Boek 2)

Art. 44

Taak van verenigingsbestuur

1. Behoudens beperkingen volgens de statuten is het bestuur belast met het besturen van de vereniging.

2. Slechts indien dit uit de statuten voortvloeit, is het bestuur bevoegd te besluiten tot het aangaan van overeenkomsten tot verkrijging, vervreemding en bezwaring van registergoederen, en tot het aangaan van overeenkomsten waarbij de vereniging zich als borg of hoofdelijk medeschuldenaar verbindt, zich voor een derde sterk maakt of zich tot zekerheidstelling voor een schuld van een ander verbindt. De statuten kunnen deze bevoegdheid aan beperkingen en voorwaarden binden. De uitsluiting, beperkingen en voorwaarden gelden mede voor de bevoegdheid tot vertegenwoordiging van de vereniging ter zake van deze handelingen, tenzij de statuten anders bepalen. *Verenigingsbestuur, bevoegdheden*

(Zie ook: art. 88 BW Boek 1; artt. 6, 8, 14, 15, 29, 40, 45, 47, 52, 53a, 129, 239, 291 BW Boek 2; art. 192 BW Boek 8)

Art. 45
1. Het bestuur vertegenwoordigt de vereniging, voor zover uit de wet niet anders voortvloeit. *Vertegenwoordigingsbevoegdheid van verenigingsbestuur*

2. De statuten kunnen de bevoegdheid tot vertegenwoordiging bovendien toekennen aan een of meer bestuurders. Zij kunnen bepalen dat een bestuurder de vereniging slechts met medewerking van een of meer anderen mag vertegenwoordigen.

3. Bevoegdheid tot vertegenwoordiging die aan het bestuur of aan een bestuurder toekomt, is onbeperkt en onvoorwaardelijk, voor zover uit de wet niet anders voortvloeit. Een wettelijk toegelaten of voorgeschreven beperking van of voorwaarde voor de bevoegdheid tot vertegenwoordiging kan slechts door de vereniging worden ingeroepen.

4. De statuten kunnen ook aan andere personen dan bestuurders bevoegdheid tot vertegenwoordiging toekennen.

(Zie ook: artt. 6, 29, 30, 44, 52, 130, 240, 292 BW Boek 2; art. 65 BW Boek 3; artt. 131, 135 BW Boek 5; artt. 4, 5 Rv)

Art. 46
De vereniging kan, voor zover uit de statuten niet het tegendeel voortvloeit, ten behoeve van de leden rechten bedingen en, voor zover dit in de statuten uitdrukkelijk is bepaald, te hunnen laste verplichtingen aangaan. Zij kan nakoming van bedongen rechten jegens en schadevergoeding aan een lid vorderen, tenzij dit zich daartegen verzet. *Handelen voor leden door verenigingsbestuur*

(Zie ook: art. 52 BW Boek 2; art. 253 BW Boek 6; art. 15 Wet CAO)

Art. 47
In alle gevallen waarin de vereniging een tegenstrijdig belang heeft met een of meer bestuurders of commissarissen kan de algemene vergadering een of meer personen aanwijzen om de vereniging te vertegenwoordigen. *Tegenstrijdig belang van bestuurder of commissaris vereniging*

(Zie ook: artt. 44, 63f, 146, 256 BW Boek 2; art. 135 BW Boek 5)

Art. 48
1. Het bestuur brengt op een algemene vergadering binnen zes maanden na afloop van het boekjaar, behoudens verlenging van deze termijn door de algemene vergadering, een bestuursverslag uit over de gang van zaken in de vereniging en over het gevoerde beleid. Het legt de balans en de staat van baten en lasten met een toelichting ter goedkeuring aan de vergadering over. Deze stukken worden ondertekend door de bestuurders en commissarissen; ontbreekt de ondertekening van een of meer hunner, dan wordt daarvan onder opgave van redenen melding gemaakt. Na verloop van de termijn kan ieder lid van de gezamenlijke bestuurders in rechte vorderen dat zij deze verplichtingen nakomen. *Vereniging, jaarverslag*

2. Ontbreekt een raad van commissarissen en wordt omtrent de getrouwheid van de stukken aan de algemene vergadering niet overgelegd een verklaring afkomstig van een accountant als bedoeld in artikel 393 lid 1, dan benoemt de algemene vergadering jaarlijks een commissie van ten minste twee leden die geen deel van het bestuur mogen uitmaken. De commissie onderzoekt de stukken bedoeld in de tweede zin van lid 1, en brengt aan de algemene vergadering verslag van haar bevindingen uit. Het bestuur is verplicht de commissie ten behoeve van haar onderzoek alle door haar gevraagde inlichtingen te verschaffen, haar desgewenst de kas en de waarden te tonen en de boeken, bescheiden en andere gegevensdragers van de vereniging voor raadpleging beschikbaar te stellen.

3. Een vereniging die een of meer ondernemingen in stand houdt welke ingevolge de wet in het handelsregister moeten worden ingeschreven, vermeldt bij de staat van baten en lasten de netto-omzet van deze ondernemingen.

(Zie ook: artt. 8, 10, 10a, 49, 52, 58, 101, 102, 210, 299a, 391, 393 BW Boek 2; artt. 126, 135 BW Boek 5; art. 771 Rv)

Art. 49
1. Jaarlijks binnen zes maanden na afloop van het boekjaar van een vereniging als bedoeld in artikel 360 lid 3, behoudens verlenging van deze termijn met ten hoogste vier maanden door de algemene vergadering op grond van bijzondere omstandigheden, maakt het bestuur een jaarrekening op en legt het deze voor de leden ter inzage ten kantore van de vereniging. Binnen *Vereniging, jaarrekening*

deze termijn legt het bestuur ook het bestuursverslag ter inzage voor de leden, tenzij de artikelen 396 lid 7 of 403 voor de vereniging gelden.

2. De jaarrekening wordt ondertekend door de bestuurders en door de commissarissen; ontbreekt de ondertekening van een of meer hunner, dan wordt daarvan onder opgave van reden melding gemaakt.

3. De jaarrekening wordt vastgesteld door de algemene vergadering die het bestuur uiterlijk een maand na afloop van de termijn doet houden. Vaststelling van de jaarrekening strekt niet tot kwijting aan een bestuurder onderscheidenlijk commissaris.

4. Artikel 48 lid 1 is niet van toepassing op de vereniging bedoeld in artikel 360 lid 3. Artikel 48 lid 2 is hierop van toepassing met dien verstande dat onder stukken wordt verstaan de stukken die ingevolge lid 1 worden overgelegd.

5. Een vereniging als bedoeld in artikel 360 lid 3 mag ten laste van de door de wet voorgeschreven reserves een tekort slechts delgen voor zover de wet dat toestaat.

(Zie ook: artt. 58, 104, 215, 300, 365, 389, 390 BW Boek 2)

6. Onze Minister van Economische Zaken kan desverzocht om gewichtige redenen ontheffing verlenen van de verplichting tot het opmaken, het overleggen en het vaststellen van de jaarrekening. Afdeling 4.1.3.3 van de Algemene wet bestuursrecht is van toepassing op deze verzoeken tot ontheffing.

(Zie ook: artt. 58, 101, 210, 300, 383a, 392 BW Boek 2)

Art. 50

Inzage in jaarverslag en jaarrekening van vereniging

De vereniging, bedoeld in artikel 360 lid 3, zorgt dat de opgemaakte jaarrekening, het bestuursverslag en de krachtens artikel 392 lid 1 toe te voegen gegevens vanaf de oproep voor de algemene vergadering, bestemd tot behandeling van de jaarrekening, te haren kantore aanwezig zijn. De leden kunnen de stukken aldaar inzien en er kosteloos een afschrift van verkrijgen.

(Zie ook: artt. 58, 102, 212, 383a, 392 BW Boek 2)

Art. 50a

Schakelbepaling

De artikelen 131, 138, 139, 149 en 150 zijn van overeenkomstige toepassing in geval van faillissement van een vereniging waarvan de statuten zijn opgenomen in een notariële akte en die aan de heffing van vennootschapsbelasting is onderworpen.

(Zie ook: artt. 27, 28, 300a BW Boek 2)

Art. 51

Faillissement van vereniging

In geval van faillissement of surséance van betaling van een vereniging die is ingeschreven in het handelsregister, worden de aankondigingen welke krachtens de Faillissementswet in de *Staatscourant* worden opgenomen, door hem die met die openbaarmaking is belast, mede ter inschrijving in dat register opgegeven.

(Zie ook: artt. 6, 23a, 303 BW Boek 2; artt. 14, 18, 167, 193, 216, 222, 245, 248, 256 FW)

Art. 52

Dwingend recht

Voorzover van de bepalingen van deze titel in de statuten kan worden afgeweken, kan deze afwijking alleen geschieden bij op schrift gestelde statuten.

(Zie ook: art. 25 BW Boek 2)

Titel 3
Coöperaties en onderlinge waarborgmaatschappijen

Afdeling 1
Algemene bepalingen

Art. 53

Coöperatie

1. De coöperatie is een bij notariële akte als coöperatie opgerichte vereniging. Zij moet zich blijkens de statuten ten doel stellen in bepaalde stoffelijke behoeften van haar leden te voorzien krachtens overeenkomsten, anders dan van verzekering, met hen gesloten in het bedrijf dat zij te dien einde te hunnen behoeve uitoefent of doet uitoefenen.

Onderlinge waarborgmaatschappij

2. De onderlinge waarborgmaatschappij is een bij notariële akte als onderlinge waarborgmaatschappij opgerichte vereniging. Zij moet zich blijkens de statuten ten doel stellen met haar leden verzekeringsovereenkomsten te sluiten, een en ander in het verzekeringsbedrijf dat zij te dien einde ten behoeve van haar leden uitoefent.

3. De statuten van een coöperatie kunnen haar veroorloven overeenkomsten als die welke zij met haar leden sluit, ook met anderen aan te gaan; hetzelfde geldt voor de statuten van een onderlinge waarborgmaatschappij waarbij iedere verplichting van leden of oud-leden om in de tekorten bij te dragen is uitgesloten.

4. Indien een coöperatie of een onderlinge waarborgmaatschappij de in het vorige lid bedoelde bevoegdheid uitoefent, mag zij dat niet in een zodanige mate doen, dat de overeenkomsten met de leden slechts van ondergeschikte betekenis zijn.

(Zie ook: artt. 26, 53a, 54, 56, 62, 63, 308, 344, 360 BW Boek 2; art. 17 Wtv 1993)

Art. 53a
1. De bepalingen van de vorige titel zijn, met uitzondering van de artikelen 26 lid 3 en 44 lid 2, op de coöperatie en de onderlinge waarborgmaatschappij van toepassing, voor zover daarvan in deze titel niet wordt afgeweken.   *Schakelbepaling*
2. Voor een coöperatie die een bank is in de zin van artikel 415 waarop geen vrijstelling als bedoeld in artikel 3:111 lid 1 van de Wet op het financieel toezicht van toepassing is en een onderlinge waarborgmaatschappij die een verzekeringsmaatschappij is in de zin van artikel 427 is artikel 135 van overeenkomstige toepassing.

Art. 54
1. Een coöperatie en een onderlinge waarborgmaatschappij worden opgericht door een meerzijdige rechtshandeling bij notariële akte.   *Oprichting coöperatie en onderlinge waarborgmaatschappij bij notariële akte*
(Zie ook: artt. 64, 175, 286 BW Boek 2)
2. De naam van een coöperatie moet het woord "coöperatief" bevatten, die van een onderlinge waarborgmaatschappij het woord "onderling" of "wederkerig". De naam van de rechtspersoon moet aan het slot de letters W.A., B.A. of U.A. overeenkomstig artikel 56 dragen.   *Eisen aan naam van coöperatie en onderlinge waarborgmaatschappij*
(Zie ook: artt. 6, 61, 69, 180, 289 BW Boek 2)

Art. 54a
[Vervallen]

Art. 55
1. Zij die bij de ontbinding leden waren, of minder dan een jaar te voren hebben opgehouden leden te zijn, zijn tegenover de rechtspersoon naar de in de statuten aangegeven maatstaf voor een tekort aansprakelijk; wordt een coöperatie of onderlinge waarborgmaatschappij ontbonden door naar insolventie nadat zij in staat van faillissement is verklaard, dan wordt de termijn van een jaar niet van de dag der ontbinding, maar van de dag der faillietverklaring gerekend. De statuten kunnen een langere termijn dan een jaar vaststellen.   *Aansprakelijkheid leden van coöperatie en onderlinge waarborgmaatschappij*
2. Bevatten de statuten niet een maatstaf voor ieders aansprakelijkheid, dan zijn allen voor gelijke delen aansprakelijk.
3. Kan op een of meer van de leden of oud-leden het bedrag van zijn aandeel in het tekort niet worden verhaald, dan zijn voor het ontbrekende de overige leden en oud-leden, ieder naar evenredigheid van zijn aandeel, aansprakelijk. Deze aansprakelijkheid bestaat ook, indien de vereffenaars afzien van verhaal op een of meer leden of oud-leden, op grond dat door de uitoefening van het verhaalsrecht geen bate voor de boedel niet zou worden verkregen. Indien de vereffening geschiedt onder toezicht van personen, door de wet met dat toezicht belast, kunnen de vereffenaars van dat verhaal slechts afzien met machtiging van deze personen.
4. De aansprakelijke leden en oud-leden zijn gehouden tot onmiddellijke betaling van hun aandeel in een geraamd tekort, vermeerderd met 50 ten honderd, of zoveel minder als de vereffenaars voldoende achten, tot voorlopige dekking van een nadere omslag voor de kosten van invordering en van het aandeel van hen, die in gebreke mochten blijven aan hun verplichting te voldoen.
5. Een lid of oud-lid is niet bevoegd tot verrekening van zijn schuld uit hoofde van dit artikel.
(Zie ook: artt. 19, 23, 35, 52, 56, 61, 84, 90, 192 BW Boek 2; artt. 6, 10, 12, 13, 102, 127 BW Boek 6; art. 1680 BW Boek 7A)

Art. 56
1. Een coöperatie of een onderlinge waarborgmaatschappij kan in afwijking van het in het vorige artikel bepaalde in haar statuten iedere verplichting van haar leden of oud-leden om in een tekort bij te dragen, uitsluiten of tot een maximum beperken. De leden kunnen hierop slechts een beroep doen, indien de rechtspersoon aan het slot van zijn naam in het eerste geval de letters U.A. (uitsluiting van aansprakelijkheid), en in het tweede geval de letters B.A. (beperkte aansprakelijkheid) heeft geplaatst. Een rechtspersoon waarop de eerste zin niet is toegepast, plaatst de letters W.A. (wettelijke aansprakelijkheid) aan het slot van zijn naam.   *Uitsluiting/beperking aansprakelijkheid bij coöperatie en onderlinge waarborgmaatschappij*
2. De genoemde rechtspersonen zijn, behoudens in telegrammen en reclames, verplicht haar naam volledig te voeren.   *Coöperatie en onderlinge waarborgmaatschappij, voeren volledige naam*
(Zie ook: artt. 52, 53, 54, 61, 75, 186 BW Boek 2; art. 1166 BW Boek 8; art. 1 WED)

Art. 57
1. Bij de statuten kan worden bepaald dat er een raad van commissarissen zal zijn. De raad bestaat uit een of meer natuurlijke personen.   *Raad van commissarissen bij coöperatie en onderlinge waarborgmaatschappij*

2. De raad van commissarissen heeft tot taak toezicht te houden op het beleid van het bestuur en op de algemene gang van zaken in de rechtspersoon en de daarmee verbonden onderneming. Hij staat het bestuur met raad ter zijde. Bij de vervulling van hun taak richten de commissarissen zich naar het belang van de rechtspersoon en de daarmee verbonden onderneming.
3. Tenzij bij de statuten anders is bepaald, is de raad van commissarissen bevoegd iedere door de algemene vergadering benoemde bestuurder te allen tijde te schorsen. Deze schorsing kan te allen tijde door de algemene vergadering worden opgeheven.

4. Behoudens het bepaalde in artikel 47 vertegenwoordigt de raad van commissarissen de rechtspersoon in andere gevallen van strijdig belang met een of meer bestuurders dan het sluiten of wijzigen van overeenkomsten zoals deze met alle leden in gelijke omstandigheden worden gesloten. De statuten kunnen van deze bepaling afwijken.
(Zie ook: artt. 146, 256 BW Boek 2)
5. De statuten kunnen aanvullende bepalingen omtrent de taak en de bevoegdheden van de raad en van zijn leden bevatten.
6. Tenzij de statuten anders bepalen, kan de algemene vergadering aan de commissarissen als zodanig een bezoldiging toekennen.
7. Tenzij de statuten de commissarissen stemrecht toekennen, hebben zij als zodanig in de algemene vergadering slechts raadgevende stem.
8. Het bestuur verschaft de raad van commissarissen tijdig de voor de uitoefening van diens taak noodzakelijke gegevens.
(Zie ook: artt. 8, 9, 14, 15, 47a, 63f, 140, 250, 356 BW Boek 2)

Art. 57a

Benoeming commissaris van Raad van commissarissen

1. Op de benoeming van commissarissen die niet reeds bij de akte van oprichting zijn aangewezen, is artikel 37 van overeenkomstige toepassing, tenzij zij overeenkomstig artikel 63f geschiedt.
2. Bij een aanbeveling of voordracht tot benoeming van een commissaris worden van de kandidaat medegedeeld zijn leeftijd, zijn beroep en de betrekkingen die hij bekleedt of die hij heeft bekleed voor zover die van belang zijn in verband met de vervulling van de taak van een commissaris. Tevens wordt vermeld aan welke rechtspersonen hij reeds als commissaris is verbonden; indien zich daaronder rechtspersonen bevinden, die tot een zelfde groep behoren, kan met de aanduiding van de groep worden volstaan. De aanbeveling en de voordracht worden met redenen omkleed.
(Zie ook: artt. 142, 152 BW Boek 2)

Art. 58

Jaarrekening bij coöperatie en onderlinge waarborgmaatschappij

1. Jaarlijks binnen zes maanden na afloop van het boekjaar, behoudens verlenging van deze termijn met ten hoogste vier maanden door de algemene vergadering op grond van bijzondere omstandigheden, maakt het bestuur een jaarrekening op en legt het deze voor de leden ter inzage ten kantore van de rechtspersoon. Binnen deze termijn legt het bestuur ook het bestuursverslag ter inzage voor de leden, tenzij de artikelen 396 lid 7, of 403 voor de rechtspersoon gelden. De jaarrekening wordt vastgesteld door de algemene vergadering die het bestuur uiterlijk een maand na afloop van de termijn doet houden. Artikel 48 lid 2 is van overeenkomstige toepassing. Vaststelling van de jaarrekening strekt niet tot kwijting aan een bestuurder onderscheidenlijk commissaris.
(Zie ook: art. 401 BW Boek 2)
2. De opgemaakte jaarrekening wordt ondertekend door de bestuurders en door de commissarissen; ontbreekt de ondertekening van een of meer hunner, dan wordt daarvan onder opgave van reden melding gemaakt.
3. De rechtspersoon zorgt dat de opgemaakte jaarrekening, het bestuursverslag en de krachtens artikel 392 lid 1 toe te voegen gegevens vanaf de oproep voor de algemene vergadering, bestemd tot behandeling van de jaarrekening, te zijnen kantore aanwezig zijn. De leden kunnen de stukken aldaar inzien en er kosteloos een afschrift van verkrijgen.
4. Ten laste van de door de wet voorgeschreven reserves mag een tekort slechts worden gedelgd voor zover de wet dat toestaat.
(Zie ook: artt. 104, 215 BW Boek 2)
5. Onze Minister van Economische Zaken kan desverzocht om gewichtige redenen ontheffing verlenen van de verplichting tot het opmaken, het overleggen en het vaststellen van de jaarrekening. Afdeling 4.1.3.3 van de Algemene wet bestuursrecht is van toepassing op deze verzoeken tot ontheffing.
(Zie ook: artt. 10, 48, 101, 210, 360, 391, 392, 393 BW Boek 2; art. 1 WED; art. 31a WOR)

Art. 59

Wijziging in overeenkomsten met leden bij coöperatie en onderlinge waarborgmaatschappij

1. Coöperaties en onderlinge waarborgmaatschappijen zijn niet bevoegd door een besluit wijzigingen in de met haar leden in de uitoefening van haar bedrijf aangegane overeenkomsten aan te brengen, tenzij zij zich deze bevoegdheid in de overeenkomst op duidelijke wijze hebben voorbehouden. Een verwijzing naar statuten, reglementen, algemene voorwaarden of dergelijke, is daartoe niet voldoende.
2. Op een wijziging als in het vorige lid bedoeld kan de rechtspersoon zich tegenover een lid slechts beroepen indien de wijziging schriftelijk aan het lid was medegedeeld.
(Zie ook: artt. 12, 27, 36, 81, 192 BW Boek 2; artt. 33, 35, 37 BW Boek 3; artt. 231, 232, 248, 258 BW Boek 6)

Art. 60

Voorwaarden bij uittreding bij coöperatie

Voor de coöperatie geldt voorts dat, met behoud van de vrijheid van uittreding uit de coöperatie, daaraan bij de statuten voorwaarden, in overeenstemming met haar doel en strekking, kunnen

worden verbonden. Een voorwaarde welke verder gaat dan geoorloofd is, wordt in zoverre voor niet geschreven gehouden.
(Zie ook: artt. 35, 36, 52, 61 BW Boek 2)

Art. 61
Voor een coöperatie, die in haar statuten niet iedere verplichting van haar leden of oud-leden om in een tekort bij te dragen heeft uitgesloten, gelden bovendien de volgende bepalingen: *Lidmaatschap van coöperatie*
a. Het lidmaatschap wordt schriftelijk aangevraagd. Aan de aanvrager wordt eveneens schriftelijk bericht, dat hij als lid is toegelaten of geweigerd. Wanneer hij is toegelaten, wordt hem tevens medegedeeld onder welk nummer hij als lid in de administratie der coöperatie is ingeschreven. Niettemin behoeft, ten bewijze van de verkrijging van het lidmaatschap, van een schriftelijke aanvrage en een schriftelijk bericht als hiervoor bedoeld, niet te blijken.
b. De geschriften, waarbij het lidmaatschap wordt aangevraagd, worden gedurende ten minste tien jaren door het bestuur bewaard. Echter behoeven de hierbedoelde geschriften niet te worden bewaard voor zover het betreft diegenen, van wie het lidmaatschap kan blijken uit een door hen ondertekende, gedagtekende verklaring in de administratie van de coöperatie.
c. De opzegging van het lidmaatschap kan slechts geschieden, hetzij bij een afzonderlijk geschrift, hetzij door een door het lid ondertekende, gedagtekende verklaring in de administratie van de coöperatie. Het lid dat de opzegging doet, ontvangt daarvan een schriftelijke erkenning van het bestuur. Wordt de schriftelijke erkenning niet binnen veertien dagen gegeven, dan is het lid bevoegd de opzegging op kosten van de coöperatie bij deurwaardersexploot te herhalen.
d. Een door het bestuur gewaarmerkt afschrift van de ledenlijst wordt ten kantore van het handelsregister neergelegd bij de inschrijving van de coöperatie. Binnen een maand na het einde van ieder boekjaar wordt door het bestuur een schriftelijke opgave van de wijzigingen die de ledenlijst in de loop van het boekjaar heeft ondergaan, aan de ten kantore van het handelsregister neergelegde lijst toegevoegd of wordt, indien de Kamer van Koophandel dit nodig oordeelt, een nieuwe lijst neergelegd.
(Zie ook: artt. 10, 24, 33, 35, 36 BW Boek 2; art. 1 WED)

Art. 62
Voor een onderlinge waarborgmaatschappij gelden voorts de volgende bepalingen: *Lidmaatschap van onderlinge waarborgmaatschappij*
a. Zij die als verzekeringnemer bij een onderlinge waarborgmaatschappij een overeenkomst van verzekering lopende hebben, zijn van rechtswege lid van de waarborgmaatschappij. Bij de onderlinge waarborgmaatschappij die krachtens haar statuten ook verzekeringnemers die geen lid zijn mag verzekeren, kan van deze bepaling worden afgeweken.
(Zie ook: artt. 89, 108 Wft)
b. Tenzij de statuten anders bepalen, duurt het lidmaatschap dat uit een verzekeringsovereenkomst ontstaat, voort totdat alle door het lid met de waarborgmaatschappij gesloten verzekeringsovereenkomsten zijn geëindigd. Bij overdracht of overgang van de rechten en verplichtingen uit zodanige overeenkomst gaat het lidmaatschap, voor zover uit die overeenkomst voortvloeiende, op de nieuwe verkrijger of de nieuwe verkrijgers over, een en ander behoudens afwijkende bepalingen in de statuten.
(Zie ook: art. 251 BW Boek 6)
c. Indien het waarborgkapitaal van een onderlinge waarborgmaatschappij in aandelen is verdeeld, zijn de artikelen 79-89, 90-92, 95, 96 lid 1, 98 leden 1 en 6, en 98c leden 1 en 2 van dit boek van overeenkomstige toepassing.
(Zie ook: artt. 25, 34, 35, 52, 53 BW Boek 2; art. 125 BW Boek 5; artt. 28, 29, 37 Wtv 1993)

Art. 63
1. Het is aan een persoon die geen coöperatie of een onderlinge waarborgmaatschappij is, verboden zaken te doen met gebruik van de aanduiding "coöperatief", "onderling" of "wederkerig". *Bescherming aanduiding coöperatief/onderling/wederkerig*

2. Ingeval van overtreding van dit verbod kan iedere coöperatie of onderlinge waarborgmaatschappij vorderen, dat de overtreder zich op straffe van een door de rechter te bepalen dwangsom onthoudt het gewraakte woord bij het doen van zaken te gebruiken.
(Zie ook: artt. 611a, 611b Rv)

Afdeling 2
De raad van commissarissen bij de grote coöperatie en bij de grote onderlinge waarborgmaatschappij

Art. 63a
In deze afdeling wordt onder een afhankelijke maatschappij verstaan: *Afhankelijke maatschappij*
a. een rechtspersoon waaraan de coöperatie of onderlinge waarborgmaatschappij of een of meer afhankelijke maatschappijen alleen of samen voor eigen rekening ten minste de helft van het geplaatste kapitaal verschaffen.

b. een vennootschap waarvan een onderneming in het handelsregister is ingeschreven en waarvoor de coöperatie of onderlinge waarborgmaatschappij als vennote jegens derden volledig aansprakelijk is voor alle schulden.
(Zie ook: artt. 24a, 152, 262 BW Boek 2)

Art. 63b

Verplichting tot opgave jaarrekening bij coöperatie en onderlinge waarborgmaatschappij

1. Een coöperatie of onderlinge waarborgmaatschappij moet, indien lid 2 op haar van toepassing is, binnen twee maanden na de vaststelling van haar jaarrekening door de algemene vergadering, aan het handelsregister opgeven dat zij voldoet aan de in lid 2 gestelde voorwaarden. Totdat artikel 63c lid 3 toepassing heeft gevonden, vermeldt het bestuur in elk volgend bestuursverslag wanneer de opgave is gedaan; wordt de opgaaf doorgehaald, dan wordt daarvan melding gemaakt in het eerste bestuursverslag dat na de doorhaling wordt uitgebracht.
(Zie ook: art. 53 BW Boek 2)

2. De verplichting tot opgave geldt, indien:
a. het eigen vermogen volgens de balans met toelichting ten minste een bij koninklijk besluit vastgesteld grensbedrag beloopt,
b. de rechtspersoon of een afhankelijke maatschappij krachtens wettelijke verplichting een ondernemingsraad heeft ingesteld, en
c. bij de rechtspersoon en haar afhankelijke maatschappijen te zamen in de regel ten minste honderd werknemers in Nederland werkzaam zijn.

3. Het in onderdeel a van lid 2 genoemde grensbedrag wordt ten hoogste eenmaal in de twee jaren verhoogd of verlaagd, evenredig aan de ontwikkeling van een bij algemene maatregel van bestuur aan te wijzen prijsindexcijfer sedert een bij die maatregel te bepalen datum; het wordt daarbij afgerond op het naaste veelvoud van een miljoen euro. Het bedrag wordt niet opnieuw vastgesteld zo lang als het onafgeronde bedrag minder dan een miljoen euro afwijkt van het laatst vastgestelde bedrag.

4. Onder het eigen vermogen wordt in onderdeel a van lid 2 begrepen de gezamenlijke verrichte en nog te verrichten inbreng van vennoten bij wijze van geldschieting in afhankelijke maatschappijen die commanditaire vennootschap zijn, voor zover dit niet tot dubbeltelling leidt.
(Zie ook: artt. 58, 63a, 63c, 153, 263, 373, 382, 391 BW Boek 2; art. 1 WED; art. 2 WOR)

Art. 63c

Werkingssfeer

1. De artikelen 63f tot en met 63j zijn van toepassing op een rechtspersoon waaromtrent een in artikel 63b bedoelde opgaaf gedurende drie jaren onafgebroken is ingeschreven. Deze termijn wordt geacht niet te zijn onderbroken, indien een doorhaling van de opgaaf, welke tijdens die termijn ten onrechte heeft plaatsgevonden, ongedaan is gemaakt.

2. De doorhaling van de inschrijving op de grond dat de rechtspersoon niet meer voldoet aan de voorwaarden van artikel 63b lid 2 doet de toepasselijkheid van de artikelen 63f tot en met 63j slechts eindigen, indien na de doorhaling drie jaren zijn verstreken waarin de rechtspersoon niet opnieuw tot de opgaaf verplicht is geweest.

3. De coöperatie of onderlinge waarborgmaatschappij brengt haar statuten in overeenstemming met de artikelen 63f tot en met 63j welke voor haar gelden, uiterlijk met ingang van de dag waarop die artikelen krachtens lid 1 op haar van toepassing worden.
(Zie ook: artt. 42, 53a, 63e, 154, 264 BW Boek 2; art. 1 WED)

Art. 63d

Beperking werkzaamheid rechtspersoon

1. De artikelen 63f tot en met 63j gelden niet voor een rechtspersoon wier werkzaamheid zich uitsluitend of nagenoeg uitsluitend beperkt tot het beheer en de financiering van afhankelijke maatschappijen en van haar en hun deelnemingen in andere rechtspersonen, mits de werknemers van de Nederlandse afhankelijke maatschappijen vertegenwoordigd zijn in een ondernemingsraad die de bevoegdheden heeft, bedoeld in de artikelen 158 en 268.
(Zie ook: art. 63a BW Boek 2)

2. Onze Minister van Justitie kan, gehoord de Sociaal-Economische Raad, aan een coöperatie of onderlinge waarborgmaatschappij op haar verzoek ontheffing verlenen van een of meer der artikelen 63f tot en met 63j. De ontheffing kan onder beperkingen worden verleend en daaraan kunnen voorschriften worden verbonden. Zij kan worden gewijzigd en ingetrokken.
(Zie ook: artt. 156, 266 BW Boek 2)

Art. 63e

Vrijwillige toepassing structuurregime

Een coöperatie of onderlinge waarborgmaatschappij waarvoor artikel 63c niet geldt, kan bij haar statuten de wijze van benoeming en ontslag van commissarissen en de taak en bevoegdheden van de raad van commissarissen regelen overeenkomstig de artikelen 63f tot en met 63j, indien zij of een afhankelijke maatschappij een ondernemingsraad heeft ingesteld waarop de bepalingen van de Wet op de ondernemingsraden van toepassing zijn. Deze regeling in de statuten verliest haar gelding zodra de ondernemingsraad ophoudt te bestaan of op die raad niet langer de bepalingen van de Wet op de ondernemingsraden van toepassing zijn.
(Zie ook: artt. 57, 63a, 157, 267 BW Boek 2; art. 2 WOR)

Art. 63f
1. De grote coöperatie en de grote onderlinge waarborgmaatschappij hebben een raad van commissarissen.

Raad van commissarissen bij coöperatie en onderlinge waarborgmaatschappij

2. De commissarissen worden, behoudens het bepaalde in lid 8, op voordracht van de raad van commissarissen benoemd door de algemene vergadering, voorzover de benoeming niet reeds is geschied bij de akte van oprichting of voordat dit artikel op de rechtspersoon van toepassing is geworden.
(Zie ook: artt. 40, 57, 57a, 63g, 63h BW Boek 2)
3. De raad van commissarissen bestaat uit ten minste drie leden. Is het aantal commissarissen minder dan drie, dan bevordert de raad onverwijld maatregelen tot aanvulling van zijn ledental.
4. De algemene vergadering, de ondernemingsraad en het bestuur kunnen aan de raad van commissarissen personen aanbevelen om als commissaris voor te dragen. De raad van commissarissen deelt hun daartoe tijdig mede, wanneer en ten gevolge waarvan in zijn midden een plaats moet worden vervuld.
(Zie ook: artt. 40, 44, 53a BW Boek 2; art. 23 WOR)
5. De raad van commissarissen geeft aan de algemene vergadering en de ondernemingsraad kennis van de naam van degene die hij voordraagt, met inachtneming van artikel 57a lid 2.
6. De algemene vergadering benoemt de voorgedragen persoon, tenzij de ondernemingsraad binnen twee maanden na de kennisgeving of de algemene vergadering zelf uiterlijk in de eerste vergadering na die twee maanden tegen de voordracht bezwaar maakt:
   a. op grond dat de voorschriften van lid 4, tweede volzin, of lid 5 niet behoorlijk zijn nageleefd;
   b. op grond van de verwachting dat de voorgedragen persoon ongeschikt zal zijn voor de vervulling van de taak van de commissaris; of
   c. op grond van de verwachting dat de raad van commissarissen bij benoeming overeenkomstig het voornemen niet naar behoren zal zijn samengesteld.
(Zie ook: art. 63i BW Boek 2)
7. Het bezwaar wordt aan de raad van commissarissen onder opgave van redenen medegedeeld.
8. Niettegenstaande het bezwaar van de ondernemingsraad kan de voorgedragen candidaat worden benoemd, indien de ondernemingskamer van het gerechtshof Amsterdam het bezwaar ongegrond verklaart op verzoek van een daartoe door de raad van commissarissen aangewezen vertegenwoordiger. Op diens verzoek benoemt de ondernemingskamer de voorgedragen candidaat, indien de algemene vergadering bezwaar heeft gemaakt of hem niet in haar daartoe bijeengeroepen vergadering heeft benoemd, tenzij de ondernemingskamer een bezwaar van de algemene vergadering gegrond acht.
(Zie ook: art. 429a Rv; art. 72 RO)
9. Verweer kan worden gevoerd door een vertegenwoordiger, daartoe aangewezen door de ledenvergadering of door de ondernemingsraad die het in lid 6 bedoelde bezwaar heeft gemaakt.
10. Tegen de beslissing van de ondernemingskamer staat geen rechtsmiddel open. De ondernemingskamer kan geen veroordeling in de proceskosten uitspreken.
11. Voor de toepassing van dit artikel wordt onder de ondernemingsraad verstaan de ondernemingsraad van de onderneming van de rechtspersoon of van een afhankelijke maatschappij. Zijn er twee of meer ondernemingsraden, dan zijn deze gelijkelijk bevoegd. Is voor de betrokken onderneming of ondernemingen een centrale ondernemingsraad ingesteld, dan komen de bevoegdheden van de ondernemingsraad volgens dit artikel toe aan de centrale ondernemingsraad. De ondernemingsraad neemt geen besluit als bedoeld in dit artikel dan na er ten minste eenmaal over te hebben overlegd met de rechtspersoon.
(Zie ook: artt. 57, 63a, 158, 268 BW Boek 2; art. 33 WOR; art. 2:6 WRW-SE)

Art. 63g
1. Ontbreken alle commissarissen, dan kunnen de ondernemingsraad en het bestuur personen voor benoeming tot commissaris aanbevelen aan de ledenvergadering. Degene die de algemene vergadering bijeenroept, deelt de ondernemingsraad en het bestuur tijdig mede dat de benoeming van commissarissen onderwerp van behandeling zal zijn.

Benoeming commissaris van Raad van commissarissen

2. De benoeming is van kracht, tenzij de ondernemingsraad binnen twee maanden na overeenkomstig artikel 63f lid 5 in kennis te zijn gesteld van de naam van de benoemde persoon, overeenkomstig artikel 63f lid 6 bij de rechtspersoon bezwaar maakt. Niettegenstaande dit bezwaar wordt de benoeming van kracht, indien de ondernemingskamer van het gerechtshof Amsterdam op verzoek van een daartoe door de algemene vergadering aangewezen vertegenwoordiger het bezwaar ongegrond verklaart.
(Zie ook: artt. 429a, 995 Rv; art. 72 Wet RO)
3. De leden van 10 en 11 van artikel 63f zijn van overeenkomstige toepassing.
(Zie ook: artt. 40, 41, 53a, 57a, 159, 269 BW Boek 2; art. 23 WOR; art. 2:6 WRW-SE)

Art. 63h

Incompatibiliteiten bij Raad van commissarissen

1. Commissaris kunnen niet zijn:
a. personen in dienst van de rechtspersoon;
b. personen in dienst van een afhankelijke maatschappij;
(Zie ook: art. 63a BW Boek 2)
c. bestuurders en personen in dienst van een werknemersorganisatie welke pleegt betrokken te zijn bij de vaststelling van de arbeidsvoorwaarden van de onder *a* en *b* bedoelde personen.
2. De statuten mogen voor ten hoogste twee derden van het aantal commissarissen bepalen dat zij worden benoemd uit een kring waartoe ten minste de leden van de rechtspersoon behoren.
(Zie ook: artt. 160, 270 BW Boek 2)

Art. 63i

Aftreden commissaris bij Raad van commissarissen

1. Een commissaris treedt uiterlijk af, indien hij na zijn laatste benoeming vier jaren commissaris is geweest. De termijn kan bij de statuten worden verlengd tot de dag van de eerstvolgende algemene vergadering na afloop van de vier jaren of na de dag waarop dit artikel voor de rechtspersoon is gaan gelden.

Ontslag bij Raad van commissarissen commissaris

2. De ondernemingskamer van het gerechtshof Amsterdam kan op verzoek een commissaris ontslaan wegens verwaarlozing van zijn taak, wegens andere gewichtige redenen of wegens ingrijpende wijziging van de omstandigheden op grond waarvan handhaving van de commissaris redelijkerwijs niet van de rechtspersoon kan worden verlangd. Het verzoek kan worden ingediend door een vertegenwoordiger, daartoe aangewezen door de raad van commissarissen, door de algemene vergadering of door de ondernemingsraad. Artikel 63f lid 11 is van overeenkomstige toepassing.
(Zie ook: artt. 429a, 995 Rv; art. 72 Wet RO)

Schorsing commissaris bij Raad van commissarissen

3. Een commissaris kan slechts worden geschorst door de raad van commissarissen. De schorsing vervalt van rechtswege, indien niet binnen een maand na de aanvang der schorsing een verzoek als bedoeld in lid 2 is ingediend bij de ondernemingskamer.
(Zie ook: artt. 57a, 63f, 161, 271, 356 BW Boek 2; art. 2:6 WRW-SE)

Art. 63j

Goedkeuring besluiten door Raad van commissarissen

1. Aan de goedkeuring van de raad van commissarissen zijn onderworpen de besluiten van het bestuur omtrent:
a. uitgifte van schuldbrieven ten laste van de rechtspersoon;
b. uitgifte van schuldbrieven ten laste van een commanditaire vennootschap of vennootschap onder firma waarvan de rechtspersoon volledig aansprakelijke vennoot is;
(Zie ook: artt. 16, 19 WvK)
c. het aanvragen van toelating van de onder a en b bedoelde schuldbrieven tot de handel op een handelsplatform, als bedoeld in artikel 1:1 van de Wet op het financieel toezicht of een met een handelsplatform vergelijkbaar systeem uit een staat die geen lidstaat is dan wel het aanvragen van een intrekking van zodanige toelating;
d. het aangaan of verbreken van duurzame samenwerking van de rechtspersoon of een afhankelijke maatschappij met een andere rechtspersoon of vennootschap dan wel als volledig aansprakelijk vennoot in een commanditaire vennootschap of vennootschap onder firma, indien deze samenwerking of verbreking van ingrijpende betekenis is voor de rechtspersoon;
(Zie ook: art. 63a BW Boek 2)
e. het nemen van een deelneming ter waarde van ten minste een vierde van het bedrag van het eigen vermogen volgens de balans met toelichting van de rechtspersoon, door deze of een afhankelijke maatschappij in het kapitaal van een vennootschap, alsmede het ingrijpend vergroten of verminderen van zulk een deelneming;
(Zie ook: artt. 24c, 63a BW Boek 2)
f. investeringen welke een bedrag vereisen, gelijk aan een vierde van het eigen vermogen volgens de balans met toelichting van de rechtspersoon;
g. een voorstel tot wijziging der statuten;
(Zie ook: artt. 43, 53a BW Boek 2)
h. een voorstel tot ontbinding van de rechtspersoon;
(Zie ook: artt. 50, 53a BW Boek 2)
i. aangifte van faillissement en aanvrage van surséance van betaling;
(Zie ook: artt. 1, 4, 213 FW)
j. beëindiging van de arbeidsovereenkomst van een aanmerkelijk aantal werknemers van de rechtspersoon of een afhankelijke maatschappij tegelijkertijd of binnen een kort tijdsbestek;
(Zie ook: art. 63a BW Boek 2; art. 667 BW Boek 7; art. 25 WOR)
k. ingrijpende wijziging in de arbeidsomstandigheden van een aanmerkelijk aantal werknemers van de rechtspersoon of van een afhankelijke maatschappij.
2. Het ontbreken van de goedkeuring van de raad van commissarissen op een besluit als bedoeld in lid 1 tast de vertegenwoordigingsbevoegdheid van het bestuur of bestuurders niet aan.
(Zie ook: artt. 6, 130 BW Boek 2)

3. Voor besluiten van de rechtspersoon als bedoeld in de onderdelen *d, e, f, j* en *k* van lid 1 is enig besluit vereist van het bestuur.
(Zie ook: artt. 164, 274 BW Boek 2)

Afdeling 3
[Vervallen]

Art. 63k
[Vervallen]

Titel 4
Naamloze vennootschappen

Afdeling 1
Algemene bepalingen

Art. 64
1. De naamloze vennootschap is een rechtspersoon met een in overdraagbare aandelen verdeeld maatschappelijk kapitaal. Een aandeelhouder is niet persoonlijk aansprakelijk voor hetgeen in naam van de vennootschap wordt verricht en is niet gehouden boven het bedrag dat op zijn aandeel behoort te worden gestort in de verliezen van de vennootschap bij te dragen. Ten minste één aandeel wordt gehouden door een ander dan en anders dan voor rekening van de vennootschap of een van haar dochtermaatschappijen. — NV

2. De vennootschap wordt door een of meer personen opgericht bij notariële akte. De akte wordt getekend door iedere oprichter en door ieder die blijkens deze akte een of meer aandelen neemt. — Oprichting NV bij notariële akte
(Zie ook: artt. 3, 4, 18, 21, 27, 53, 65, 68, 175, 286, 309, 334a BW Boek 2; art. 22 WvK)

Art. 65
De akte van oprichting van een naamloze vennootschap wordt verleden in de Nederlandse taal. Een volmacht tot medewerking aan die akte moet schriftelijk zijn verleend. — Oprichting NV
(Zie ook: artt. 27, 176, 286 BW Boek 2; artt. 39, 60, 61 BW Boek 3; art. 6 Uw SE)

Art. 66
1. De akte van oprichting moet de statuten van de naamloze vennootschap bevatten. De statuten bevatten de naam, de zetel en het doel van de vennootschap. — Statuten NV
2. De naam vangt aan of eindigt met de woorden Naamloze Vennootschap, hetzij voluit geschreven, hetzij afgekort tot "N.V.". — Eisen aan naam NV
3. De zetel moet zijn gelegen in Nederland.
(Zie ook: art. 10 BW Boek 1; artt. 27, 75, 77, 177, 286 BW Boek 2)

Art. 67
1. De statuten vermelden het bedrag van het maatschappelijk kapitaal en het aantal en het bedrag van de aandelen in euro tot ten hoogste twee cijfers achter de komma. Zijn er verschillende soorten aandelen, dan vermelden de statuten het aantal en het bedrag van elke soort. De akte van oprichting vermeldt het bedrag van het geplaatste kapitaal en van het gestorte deel daarvan. Zijn er verschillende soorten aandelen dan worden de bedragen van het geplaatste en van het gestorte kapitaal uitgesplitst per soort. De akte vermeldt voorts van ieder die bij de oprichting aandelen neemt de in artikel 86 lid 2 onder b en c bedoelde gegevens met het aantal en de soort van de door hem genomen aandelen en het daarop gestorte bedrag. — Maatschappelijk en geplaatst kapitaal van NV
2. Het maatschappelijke en het geplaatste kapitaal moeten ten minste het minimumkapitaal bedragen. Het minimumkapitaal bedraagt vijfenveertigduizend euro. Bij algemene maatregel van bestuur wordt dit bedrag verhoogd, indien het recht van de Europese Gemeenschappen verplicht tot verhoging van het geplaatste kapitaal. Voor naamloze vennootschappen die bestaan op de dag voordat deze verhoging in werking treedt, wordt zij eerst achttien maanden na die dag van kracht.
3. Het gestorte deel van het geplaatste kapitaal moet ten minste vijfenveertigduizend euro bedragen.
4. Van het maatschappelijke kapitaal moet ten minste een vijfde gedeelte zijn geplaatst.
5. Een naamloze vennootschap die is ontstaan voor 1 januari 2002 kan het bedrag van het maatschappelijk kapitaal en het bedrag van de aandelen in gulden vermelden tot ten hoogste twee cijfers achter de komma.
(Zie ook: artt. 68, 69, 74, 79, 94, 178, 311, 318, 373 BW Boek 2)

Art. 67a
1. Indien een naamloze vennootschap in de statuten het bedrag van het maatschappelijk kapitaal en het bedrag van de aandelen in gulden omzet in euro, wordt het bedrag van de geplaatste aandelen en het gestorte deel daarvan in euro berekend volgens de krachtens artikel 109L, vierde lid van het Verdrag betreffende de Europese Unie definitief vastgestelde omrekenkoers, — Omrekening valuta bij aandelen NV

afgerond tot ten hoogste twee cijfers achter de komma. Het afgeronde bedrag van elk aandeel in euro mag ten hoogste 15% hoger of lager liggen dan het oorspronkelijke bedrag van het aandeel in gulden. Het totaal van de bedragen van de aandelen in euro bedoeld in artikel 67 is het maatschappelijk kapitaal in euro. De som van de bedragen van de geplaatste aandelen en het gestorte deel daarvan in euro is het bedrag van het geplaatste kapitaal en het gestorte deel daarvan in euro. De akte vermeldt het bedrag van het geplaatste kapitaal en het gestorte deel daarvan in euro.

2. Is na omrekening volgens lid 1 de som van de bedragen van de geplaatste aandelen hoger dan het volgens de krachtens artikel 109L, vierde lid van het verdrag betreffende de Europese unie definitief vastgestelde omrekenkoers omgerekende bedrag van het geplaatst kapitaal, dan wordt het verschil ten laste gebracht van de uitkeerbare reserves of de reserves bedoeld in artikel 389 of 390. Zijn deze reserves niet toereikend, dan vormt de vennootschap een negatieve bijschrijvingsreserve ter grootte van het verschil dat niet ten laste van de uitkeerbare of niet-uitkeerbare reserves is gebracht. Totdat het verschil uit ingehouden winst of te vormen reserves is voldaan, mag de vennootschap geen uitkeringen bedoeld in artikel 105 doen. Door het voldoen aan het bepaalde in dit lid worden de aandelen geacht te zijn volgestort.

3. Is na omrekening volgens lid 1 de som van de bedragen van de geplaatste aandelen lager dan het volgens de krachtens artikel 109L, vierde lid van het Verdrag betreffende de Europese Unie definitief vastgestelde omrekenkoers omgerekende bedrag van het geplaatst kapitaal, dan houdt de vennootschap een niet-uitkeerbare reserve aan ter grootte van het verschil. Artikel 99 is niet van toepassing.

(Zie ook: artt. 67c, 121a, 125, 178a BW Boek 2)

Art. 67b

Wijziging bedrag aandelen NV

Indien de vennootschap in afwijking van artikel 67a het bedrag van de aandelen wijzigt, behoeft deze wijziging de goedkeuring van elke groep van aandeelhouders aan wier rechten de wijziging afbreuk doet. Bestaat krachtens de wijziging recht op geld of schuldvorderingen, dan mag het totale bedrag daarvan een tiende van het gewijzigde nominale bedrag van de aandelen niet te boven gaan.

(Zie ook: artt. 67c, 178b BW Boek 2)

Art. 67c

Tegenwaarde in euro geen rechtsgevolg NV

1. Een naamloze vennootschap waarvan de statuten het maatschappelijk kapitaal en het bedrag van de aandelen in gulden vermelden, kan in het maatschappelijk verkeer de tegenwaarde in euro gebruiken tot ten hoogste twee cijfers achter de komma, mits daarbij wordt verwezen naar dit artikel. Dit gebruik van de tegenwaarde in euro heeft geen rechtsgevolg.

2. Indien een naamloze vennootschap waarvan de statuten het bedrag van het maatschappelijk kapitaal en het bedrag van de aandelen in gulden vermelden, na 1 januari 2002 een wijziging aanbrengt in een of meer bepalingen waarin bedragen in gulden worden uitgedrukt, worden in de statuten alle bedragen omgezet in euro. De artikelen 67a en 67b zijn van toepassing.

(Zie ook: art. 178c BW Boek 2)

Art. 68
[Vervallen]

Art. 69

Inschrijving NV in handelsregister

1. De bestuurders zijn verplicht de vennootschap te doen inschrijven in het handelsregister en een authentiek afschrift van de akte van oprichting en van de daaraan ingevolge de artikelen 93a, 94 en 94a gehechte stukken, alsmede een afschrift van stukken die zijn opgesteld overeenkomstig artikel 94a lid 4, laatste zin, neer te leggen ten kantore van het handelsregister. Tegelijkertijd moeten zij opgave doen van het totaal van de vastgestelde en geraamde kosten die met de oprichting verband houden en ten laste van de vennootschap komen.

Hoofdelijke aansprakelijkheid bestuurders bij NV

2. De bestuurders zijn naast de vennootschap hoofdelijk aansprakelijk voor elke tijdens hun bestuur verrichte rechtshandeling waardoor de vennootschap wordt verbonden in het tijdvak voordat:

a. de opgave ter eerste inschrijving in het handelsregister, vergezeld van de neer te leggen afschriften, is geschied,

b. het gestorte deel van het kapitaal ten minste het bij de oprichting voorgeschreven minimumkapitaal bedraagt, en

c. op het bij de oprichting geplaatste kapitaal ten minste een vierde van het nominale bedrag is gestort.

(Zie ook: artt. 29, 54, 57, 77, 80, 180, 289, 365 BW Boek 2; art. 6 BW Boek 6; art. 29 WvK; art. 6 Uw SE)

3. De aansprakelijkheid als bedoeld in lid 2, onderdelen b en c, geldt niet, indien toepassing is gegeven aan artikel 94a lid 4, laatste zin, en onverwijld na het afleggen van de accountantsverklaring namens de vennootschap de stortingen zijn opgevraagd die noodzakelijk zijn om te voldoen aan artikel 67 lid 3 en artikel 80 lid 1.

Art. 70
[Vervallen]

Art. 71

1. Wanneer de naamloze vennootschap zich krachtens artikel 18 omzet in een vereniging, coöperatie of onderlinge waarborgmaatschappij, wordt iedere aandeelhouder lid, tenzij hij de schadeloosstelling heeft gevraagd, bedoeld in lid 2.
2. Op het besluit tot omzetting is artikel 100 van toepassing, tenzij de vennootschap zich omzet in een besloten vennootschap. Na zulk een besluit kan iedere aandeelhouder die niet met het besluit heeft ingestemd, de vennootschap schadeloosstelling vragen voor het verlies van zijn aandelen. Het verzoek tot schadeloosstelling moet schriftelijk aan de vennootschap worden gedaan binnen één maand nadat zij aan de aandeelhouder heeft meegedeeld, dat hij deze schadeloosstelling kan vragen. De mededeling geschiedt op de zelfde wijze als de oproeping tot een algemene vergadering.
3. Bij gebreke van overeenstemming wordt de schadeloosstelling bepaald door een of meer onafhankelijke deskundigen, ten verzoeke van de meest gerede partij te benoemen door de rechtbank bij de machtiging tot omzetting of door de voorzieningenrechter van die rechtbank. De artikelen 351 en 352 zijn van toepassing.
(Zie ook: art. 181 BW Boek 6)

Omzetting NV in andere rechtsvorm

Art. 72

1. Wanneer een besloten vennootschap zich krachtens artikel 18 omzet in een naamloze vennootschap, wordt aan de akte van omzetting een verklaring van een accountant als bedoeld in artikel 393 lid 1 gehecht waaruit blijkt dat het eigen vermogen van de vennootschap op een dag binnen vijf maanden voor de omzetting ten minste overeenkwam met het gestorte en opgevraagde deel van het kapitaal.
(Zie ook: art. 175 BW Boek 2)
2. Wanneer een andere rechtspersoon zich krachtens artikel 18 omzet in een naamloze vennootschap, worden aan de akte van omzetting gehecht:
a. een verklaring van een accountant als bedoeld in artikel 393 lid 1, waaruit blijkt dat het eigen vermogen van de rechtspersoon op een dag binnen vijf maanden voor de omzetting ten minste het bedrag beloopt van het gestorte deel van het geplaatste kapitaal volgens de akte van omzetting; bij het eigen vermogen mag de waarde worden geteld van hetgeen na die dag uiterlijk onverwijld na de omzetting op aandelen zal worden gestort;
b. indien de rechtspersoon leden heeft, de schriftelijke toestemming van ieder lid wiens aandelen niet worden volgestort door omzetting van de reserves van de rechtspersoon;
(Zie ook: art. 26 BW Boek 2)
c. indien een stichting wordt omgezet, de rechterlijke machtiging daartoe.
3. Wanneer een vereniging, coöperatie of onderlinge waarborgmaatschappij zich krachtens artikel 18 omzet in een naamloze vennootschap, wordt ieder lid aandeelhouder. De omzetting kan niet geschieden, zolang een lid nog kan opzeggen op grond van artikel 36 lid 4.
(Zie ook: artt. 69, 183 BW Boek 2; Bptv)

Omzetting BV in NV

Omzetting rechtspersoon in NV

Omzetting vereniging in NV

Art. 73
[Vervallen]

Art. 74

1. Op verzoek van het openbaar ministerie ontbindt de rechtbank de naamloze vennootschap wanneer deze haar doel, door een gebrek aan baten, niet kan bereiken, en kan de rechtbank de vennootschap ontbinden, wanneer deze haar werkzaamheid tot verwezenlijking van haar doel heeft gestaakt. Het openbaar ministerie deelt de Kamer van Koophandel mee dat het voornemens is een verzoek tot ontbinding in te stellen.
2. De rechtbank ontbindt de vennootschap op verzoek van het openbaar ministerie wanneer het geplaatste kapitaal of het gestorte deel daarvan geringer is dan het minimumkapitaal.
3. Alvorens de ontbinding uit te spreken kan de rechtbank de vennootschap in de gelegenheid stellen binnen een door hem te bepalen termijn het verzuim te herstellen of zich om te zetten in een besloten vennootschap met beperkte aansprakelijkheid.
(Zie ook: artt. 19, 22, 23, 24, 185 BW Boek 2; artt. 429a, 995 Rv)

Ontbinding van NV

Art. 75

1. Uit alle geschriften, gedrukte stukken en aankondigingen, waarin de naamloze vennootschap partij is of die van haar uitgaan, met uitzondering van telegrammen en reclames, moeten de volledige naam van de vennootschap en haar woonplaats duidelijk blijken.
2. Indien melding wordt gemaakt van het kapitaal van de vennootschap, moet in elk geval worden vermeld welk bedrag is geplaatst, en hoeveel van het geplaatste bedrag is gestort.
(Zie ook: art. 10 BW Boek 1; art. 56 BW Boek 2; art. 1 WED)

Volledige naam van NV voeren

Art. 76
[Vervallen]

Art. 76a

1. Onder beleggingsmaatschappij met veranderlijk kapitaal wordt verstaan een naamloze vennootschap,

Beleggingsmaatschappij met veranderlijk kapitaal NV

a. die uitsluitend ten doel heeft haar vermogen zodanig te beleggen dat de risico's daarvan worden gespreid, ten einde haar aandeelhouders in de opbrengst te doen delen,
b. waarvan het bestuur krachtens de statuten bevoegd is aandelen in haar kapitaal uit te geven, te verwerven en te vervreemden,
c. waarvoor aan een beheerder een vergunning of verklaring van ondertoezichtstelling is verleend als bedoeld in de Wet op het financieel toezicht voor plaatsing van haar aandelen, en
d. waarvan de statuten bepalen dat de vennootschap beleggingsmaatschappij met veranderlijk kapitaal is.
(Zie ook: art. 392 BW Boek 2)
2. De vennootschap doet aan het handelsregister en aan de Stichting Autoriteit Financiële Markten opgave dat zij een beleggingsmaatschappij met veranderlijk kapitaal is. Deze woorden moeten ook in alle geschriften, gedrukte stukken en aankondigingen, waarin de beleggingsmaatschappij met veranderlijk kapitaal partij is of die van haar uitgaan, met uitzondering van telegrammen en reclames, duidelijk bij haar naam worden vermeld.
(Zie ook: artt. 96b, 98, 100, 401 BW Boek 2; art. 59 WvK; art. 1 WED)

Art. 77
[Vervallen]

Art. 78

Kapitaal NV

Wanneer in de statuten wordt gesproken van de houders van zoveel aandelen als tezamen een zeker gedeelte van het maatschappelijk kapitaal der vennootschap uitmaken, wordt, tenzij het tegendeel uit de statuten blijkt, onder kapitaal verstaan het geplaatste gedeelte van het maatschappelijk kapitaal.
(Zie ook: artt. 66, 67, 75, 110, 118, 189 BW Boek 2)

Art. 78a

Orgaan van de NV

Voor de toepassing van de artikelen 87, 96, 96a, 101 lid 6 en 129 wordt onder orgaan van de vennootschap verstaan de algemene vergadering, de vergadering van houders van aandelen van een bijzonder soort, het bestuur, de raad van commissarissen en de gemeenschappelijke vergadering van het bestuur en de raad van commissarissen.

Afdeling 2
De aandelen

Art. 79

Aandelen NV
Onderaandelen NV

1. Aandelen zijn de gedeelten, waarin het maatschappelijk kapitaal bij de statuten is verdeeld.
2. Onderaandelen zijn de onderdelen, waarin de aandelen krachtens de statuten zijn of kunnen worden gesplitst.

Schakelbepaling aandelen NV

3. De bepalingen van deze titel over aandelen en aandeelhouders vinden overeenkomstige toepassing op onderaandelen en houders van onderaandelen voor zover uit die bepalingen niet anders blijkt.
(Zie ook: artt. 64, 67, 118, 190 BW Boek 2)

Art. 80

Stortingsplicht op aandelen NV

1. Bij het nemen van het aandeel moet daarop het nominale bedrag worden gestort alsmede, indien het aandeel voor een hoger bedrag wordt genomen, het verschil tussen die bedragen. Bedongen kan worden dat een deel, ten hoogste drie vierden, van het nominale bedrag eerst behoeft te worden gestort nadat de vennootschap het zal hebben opgevraagd.
2. Het is geoorloofd aan hen die zich in hun beroep belasten met het voor eigen rekening plaatsen van aandelen, bij overeenkomst toe te staan op de door hen genomen aandelen minder te storten dan het nominale bedrag, mits ten minste vier en negentig ten honderd van dit bedrag uiterlijk bij het nemen van de aandelen in geld wordt gestort.
3. Een aandeelhouder kan niet geheel of gedeeltelijk worden ontheven van de verplichting tot storting, behoudens het bepaalde in artikel 99.
4. De aandeelhouder en, in het geval van artikel 90, de voormalige aandeelhouder zijn niet bevoegd tot verrekening van hun schuld uit hoofde van dit artikel.
(Zie ook: artt. 69, 74, 80a, 80b, 82, 83, 84, 90, 94, 105, 191, 373 BW Boek 2; art. 127 BW Boek 6; art. 53 FW)

Art. 80a

Storting op aandelen NV in geld
Storting op aandelen NV in vreemd geld

1. Storting op een aandeel moet in geld geschieden voor zover niet een andere inbreng is overeengekomen.
2. Voor of bij de oprichting kan storting in vreemd geld slechts geschieden indien de akte van oprichting vermeldt dat storting in vreemd geld is toegestaan; na de oprichting kan dit slechts geschieden met toestemming van de naamloze vennootschap. Storting in een valuta die een eenheid is van de euro krachtens artikel 109L, vierde lid van het Verdrag betreffende de Europese Unie wordt niet beschouwd als storting in vreemd geld.
3. Met storting in vreemd geld wordt aan de stortingsplicht voldaan voor het bedrag waartegen het gestorte bedrag vrijelijk in Nederlands geld kan worden gewisseld. Bepalend is de wisselkoers

op de dag van de storting dan wel, indien vroeger dan een maand voor de oprichting is gestort, op de dag van de oprichting of, na toepassing van de volgende zin, op de daar bedoelde dag. De vennootschap kan storting verlangen tegen de wisselkoers op een bepaalde dag binnen twee maanden voor de laatste dag waarop moet worden gestort, mits de aandelen of certificaten onverwijld na de uitgifte zullen worden toegelaten tot de handel op een gereglementeerde markt of een multilaterale handelsfaciliteit, als bedoeld in artikel 1:1 van de Wet op het financieel toezicht waarvoor een vergunning is verleend in een andere lidstaat of een met een gereglementeerde markt of multilaterale handelsfaciliteit vergelijkbaar systeem uit een staat die geen lidstaat is.
(Zie ook: artt. 80, 93a, 191a BW Boek 2; art. 59 WvK)

Art. 80b
1. Indien inbreng anders dan in geld is overeengekomen, moet hetgeen wordt ingebracht naar economische maatstaven kunnen worden gewaardeerd. Een recht op het verrichten van werk of diensten kan niet worden ingebracht.

Inbreng van aandelen NV anders dan in geld

2. Inbreng anders dan in geld moet onverwijld geschieden na het nemen van het aandeel of na de dag waartegen een bijstorting is uitgeschreven of waarop zij is overeengekomen.
(Zie ook: artt. 80, 80a, 94, 94a, 191b BW Boek 2)

Art. 81
Aan een aandeelhouder kan niet, zelfs niet door wijziging van de statuten, tegen zijn wil enige verplichting boven de storting tot het nominale bedrag van het aandeel worden opgelegd.
(Zie ook: artt. 55, 64, 121, 192 BW Boek 2)

Verplichting beperkt tot volstorten van aandelen NV

Art. 82
1. De statuten bepalen of aandelen op naam of aan toonder luiden.

Aandelen NV op naam of aan toonder

2. Indien aandelen zowel op naam als aan toonder kunnen luiden, moet de naamloze vennootschap op verzoek van een aandeelhouder een op naam luidend volgestort aandeel aan toonder stellen of omgekeerd, voor zover de statuten niet anders bepalen, en wel ten hoogste tegen de kostprijs.
3. Bewijzen van aandeel aan toonder mogen niet aan de aandeelhouders worden afgegeven dan tegen storting van ten minste het volle bedrag van die aandelen, behoudens de bepaling van het tweede lid van artikel 80 van dit Boek.
4. Indien aandelen ten gevolge van statutenwijziging op naam worden gesteld kan de aandeelhouder de aan een aandeel verbonden rechten niet uitoefenen, tot na inlevering van het aandeelbewijs aan de vennootschap. Deze regeling is van overeenkomstige toepassing indien houders van aandelen aan toonder door fusie of splitsing houders worden van aandelen op naam, met dien verstande dat overlegging van het aandeelbewijs volstaat.
(Zie ook: artt. 83, 121, 309, 324, 334a, 334v BW Boek 2; artt. 86, 87 BW Boek 3; art. 474c Rv)

Art. 83
Tegenover de latere verkrijger te goeder trouw staat aan de naamloze vennootschap niet het bewijs open, dat een aandeel aan toonder niet is volgestort, of dat op een aandeel op naam niet is gestort hetgeen een vanwege de vennootschap op het aandeelbewijs gestelde verklaring als storting op het nominale bedrag vermeldt.
(Zie ook: art. 82 BW Boek 2; artt. 11, 86 t/m 88 BW Boek 3)

Bescherming latere verkrijgers van aandelen NV

Art. 84
De vereffenaar van een naamloze vennootschap en, in geval van faillissement, de curator zijn bevoegd tot uitschrijving en inning van alle nog niet gedane stortingen op de aandelen, onverschillig hetgeen bij de statuten daaromtrent is bepaald.
(Zie ook: artt. 90, 99, 127, 193 BW Boek 2; art. 68 FW)

Bevoegdheden vereffenaar/curator met betrekking tot aandelen NV

Art. 85
1. Het bestuur van de vennootschap houdt een register waarin de namen en de adressen van alle houders van aandelen op naam zijn opgenomen, met vermelding van de datum waarop zij de aandelen hebben verkregen, de datum van de erkenning of betekening, alsmede van het op ieder aandeel gestorte bedrag. Daarin worden tevens opgenomen de namen en adressen van hen die een recht van vruchtgebruik of pandrecht op die aandelen hebben, met vermelding van de datum waarop zij het recht hebben verkregen, de datum van erkenning of betekening, alsmede met vermelding welke aan de aandelen verbonden rechten hun overeenkomstig de leden 2 en 4 van de artikelen 88 en 89 van dit boek toekomen.

Register van aandeelhouders NV

2. Het register wordt regelmatig bijgehouden; daarin wordt mede aangetekend elk verleend ontslag van aansprakelijkheid voor nog niet gedane stortingen.
3. Het bestuur verstrekt desgevraagd aan een aandeelhouder, een vruchtgebruiker en een pandhouder om niet een uittreksel uit het register met betrekking tot zijn recht op een aandeel. Rust op het aandeel een recht van vruchtgebruik of een pandrecht, dan vermeldt het uittreksel aan wie de in de leden 2 en 4 van de artikelen 88 en 89 van dit Boek bedoelde rechten toekomen.
4. Het bestuur legt het register ten kantore van de vennootschap ter inzage van de aandeelhouders, alsmede van de vruchtgebruikers en pandhouders aan wie de in lid 4 van de artikelen 88

en 89 van dit Boek bedoelde rechten toekomen. De vorige zin is niet van toepassing op het gedeelte van het register dat buiten Nederland ter voldoening aan de aldaar geldende wetgeving of ingevolge beursvoorschriften wordt gehouden. De gegevens uit het register omtrent niet-volgestorte aandelen zijn ter inzage van een ieder; afschrift of uittreksel van deze gegevens wordt ten hoogste tegen kostprijs verstrekt.
(Zie ook: artt. 61, 86a, 88, 89, 90, 194 BW Boek 2; art. 474c Rv; art. 1 WED; art. 109 Wft)

Art. 86

Akte van uitgifte en levering van aandelen NV

1. Voor de uitgifte en levering van aandeel op naam, niet zijnde een aandeel als bedoeld in artikel 86c, of de levering van een beperkt recht daarop, is vereist een daartoe bestemde ten overstaan van een in Nederland standplaats hebbende notaris verleden akte waarbij de betrokkenen partij zijn. Geen afzonderlijke akte is vereist voor de uitgifte van aandelen die bij de oprichting worden geplaatst.
(Zie ook: artt. 67, 98 BW Boek 2)

2. Akten van uitgifte of levering moeten vermelden:
   a. de titel van de rechtshandeling en op welke wijze het aandeel of het beperkt recht daarop is verkregen;
   b. naam, voornamen, geboortedatum, geboorteplaats, woonplaats en adres van de natuurlijke personen die bij de rechtshandeling partij zijn;
   c. rechtsvorm, naam, woonplaats en adres van de rechtspersonen die bij de rechtshandeling partij zijn;
   d. het aantal en de soort aandelen waarop de rechtshandeling betrekking heeft, alsmede
   e. naam, woonplaats en adres van de vennootschap op welker aandelen de rechtshandeling betrekking heeft.
(Zie ook: artt. 67, 86a, 196 BW Boek 2; artt. 83, 94, 98, 236, 239, 246 BW Boek 3; art. 474h Rv; art. 109 Wft)

Art. 86a

Levering bij aandelen NV

1. De levering van een aandeel op naam of de levering van een beperkt recht daarop overeenkomstig artikel 86 lid 1 werkt mede van rechtswege tegenover de vennootschap.
Behoudens in het geval dat de vennootschap zelf bij de rechtshandeling partij is, kunnen de aan het aandeel verbonden rechten eerst worden uitgeoefend nadat zij de rechtshandeling heeft erkend of de akte aan haar is betekend overeenkomstig de bepalingen van artikel 86b, dan wel deze heeft erkend door inschrijving in het aandeelhoudersregister als bedoeld in lid 2.

Levering aandelen NV inschrijven in aandeelhoudersregister

2. De vennootschap die kennis draagt van de rechtshandeling als bedoeld in het eerste lid kan, zolang haar geen erkenning daarvan is verzocht noch betekening van de akte aan haar is geschied, die rechtshandeling eigener beweging erkennen door inschrijving van de verkrijger van het aandeel of het beperkte recht daarop in het aandeelhoudersregister. Zij doet daarvan aanstonds bij aangetekende brief mededeling aan de bij de rechtshandeling betrokken partijen met het verzoek alsnog een afschrift of uittreksel als bedoeld in artikel 86b lid 1 aan haar over te leggen. Na ontvangst daarvan plaatst zij, ten bewijze van de erkenning, een aantekening op het stuk op de wijze als in artikel 86b voor de erkenning wordt voorgeschreven; als datum van erkenning wordt de dag van de inschrijving vermeld.

3. Indien een rechtshandeling als bedoeld in het eerste lid heeft plaatsgevonden zonder dat dit heeft geleid tot een daarop aansluitende wijziging in het register van aandeelhouders, kan deze noch aan de vennootschap noch aan anderen die te goeder trouw de in het aandeelhoudersregister ingeschreven persoon als aandeelhouder of eigenaar van een beperkt recht op een aandeel hebben beschouwd, worden tegengeworpen.
(Zie ook: artt. 85, 196a BW Boek 2; art. 88 BW Boek 3; art. 109 Wft)

Art. 86b

Erkenning levering aandelen NV

1. Behoudens het bepaalde in artikel 86a lid 2 geschiedt de erkenning in de akte dan wel op grond van overlegging van een notarieel afschrift of uittreksel van de akte.

2. Bij erkenning op grond van overlegging van een notarieel afschrift of uittreksel wordt een gedagtekende verklaring geplaatst op het overgelegde stuk.

3. De betekening geschiedt van een notarieel afschrift of uittreksel van de akte.
(Zie ook: art. 196b BW Boek 2)

Art. 86c

Leveringseisen bij aandelen NV

1. Voor de levering van een aandeel op naam of de levering van een beperkt recht daarop in een vennootschap, waarvan aandelen of certificaten van aandelen zijn toegelaten tot de handel op een gereglementeerde markt of een multilaterale handelsfaciliteit, als bedoeld in artikel 1:1 van de Wet op het financieel toezicht of een met een gereglementeerde markt of multilaterale handelsfaciliteit vergelijkbaar systeem uit een staat die geen lidstaat is, of waarvan aandelen of certificaten van aandelen, naar ten tijde van de rechtshandeling op goede gronden kan worden verwacht, daartoe spoedig zullen worden toegelaten, gelden de volgende bepalingen.

2. Voor de levering van een aandeel op naam of de levering van een beperkt recht daarop zijn vereist een daartoe bestemde akte alsmede, behoudens in het geval dat de vennootschap zelf bij die rechtshandeling partij is, schriftelijke erkenning door de vennootschap van de levering.

De erkenning geschiedt in de akte, of door een gedagtekende verklaring houdende de erkenning op de akte of op een notarieel of door de vervreemder gewaarmerkt afschrift of uittreksel daarvan, of op de wijze als bedoeld in lid 3. Met de erkenning staat gelijk de betekening van die akte of dat afschrift of uittreksel aan de vennootschap. Betreft het de levering van niet volgestorte aandelen, dan kan de erkenning slechts geschieden wanneer de akte een vaste dagtekening draagt.
(Zie ook: artt. 84, 90 BW Boek 2)
3. Indien voor een aandeel een aandeelbewijs is afgegeven, kunnen de statuten bepalen dat voor de levering bovendien afgifte van dat aandeelbewijs aan de vennootschap is vereist. Dit vereiste geldt niet indien het aandeelbewijs is verloren, ontvreemd of vernietigd en niet volgens de statuten kan worden vervangen. Indien het aandeelbewijs aan de vennootschap wordt afgegeven, kan de vennootschap de levering erkennen door op dat aandeelbewijs een aantekening te plaatsen waaruit van de erkenning blijkt of door het afgegeven bewijs te vervangen door een nieuw aandeelbewijs luidende ten name van de verkrijger.
(Zie ook: art. 474c Rv)
4. Een pandrecht kan ook worden gevestigd zonder erkenning door of betekening aan de vennootschap. Alsdan is artikel 239 van Boek 3 van overeenkomstige toepassing, waarbij erkenning door of betekening aan de vennootschap in de plaats treedt van de in lid 3 van dat artikel bedoelde mededeling.
(Zie ook: art. 89 BW Boek 2)

Art. 86d
1. De houder van een bewijs van aandeel aan toonder kan de vennootschap verzoeken hem een duplicaat te verstrekken van het verloren gegane aandeelbewijs. **Duplicaat van aandeelbewijs**
2. De houder dient aannemelijk te maken dat het aandeelbewijs is verloren gegaan, onder vermelding van de identiteit van het betrokken aandeelbewijs.
3. De vennootschap publiceert de aanvraag om een duplicaat in de prijscourant van een gereglementeerde markt of een multilaterale handelsfaciliteit, als bedoeld in artikel 1:1 van de Wet op het financieel toezicht of een met een gereglementeerde markt of multilaterale handelsfaciliteit vergelijkbaar systeem uit een staat die geen lidstaat is of, indien de aandelen daarin niet zijn opgenomen, in een landelijk verspreid dagblad.
4. Iedere belanghebbende kan binnen zes weken vanaf de dag na de publicatie van de aanvraag door het indienen van een verzoek bij de rechtbank in verzet komen tegen de verstrekking van het duplicaat.
5. Indien niet tijdig verzet is ingesteld of indien een verzet bij onherroepelijk geworden uitspraak ongegrond is verklaard, wordt het duplicaat tegen vergoeding van de kosten verstrekt. Het duplicaat treedt in de plaats van het verloren gegane aandeelbewijs. Na het verstrekken van een duplicaat kunnen aan het vervangen bewijs van aandeel geen rechten worden ontleend.
6. Dit artikel is niet van toepassing voorzover de statuten van de vennootschap voorzien in een regeling ter vervanging van verloren gegane aandeelbewijzen.

Art. 87
1. Bij de statuten kan de overdraagbaarheid van aandelen op naam worden beperkt. Deze beperking kan niet zodanig zijn dat zij de overdracht onmogelijk of uiterst bezwaarlijk maakt. Hetzelfde geldt voor de toedeling van aandelen uit een gemeenschap. Een overdracht in strijd met een beperking is ongeldig. **Overdracht van aandelen**
2. Indien de statuten de overdracht van aandelen onderwerpen aan de goedkeuring van een orgaan van de vennootschap of van derden, wordt de goedkeuring geacht te zijn verleend indien niet binnen een in de statuten gestelde termijn van ten hoogste drie maanden op het verzoek is beslist of indien de aandeelhouder niet gelijktijdig met de weigering van de goedkeuring opgave ontvangt van een of meer gegadigden die bereid zijn de aandelen waarop het verzoek om goedkeuring betrekking heeft te kopen. De regeling dient zodanig te zijn dat de aandeelhouder die dit verlangt een prijs ontvangt gelijk aan de waarde van zijn over te dragen aandeel of aandelen, vastgesteld door een of meer onafhankelijke deskundigen.
3. Indien de statuten bepalen dat een aandeelhouder die een of meer aandelen wil vervreemden deze eerst moet aanbieden aan mede-aandeelhouders of aan een door een orgaan van de vennootschap aan te wijzen derde, dient de regeling zodanig te zijn dat de aandeelhouder die dit verlangt een prijs ontvangt gelijk aan de waarde van zijn over te dragen aandeel of aandelen, vastgesteld door een of meer onafhankelijke deskundigen. De aandeelhouder blijft bevoegd zijn aanbod in te trekken mits dit geschiedt binnen een maand nadat hem bekend is aan welke gegadigden hij al de aandelen waarop het aanbod betrekking heeft kan verkopen en tegen welke prijs. Indien is vastgesteld dat niet al de aandelen waarop het aanbod betrekking heeft worden gekocht, zal de aandeelhouder de aandelen binnen een in de statuten te stellen termijn van ten minste drie maanden na die vaststelling vrijelijk mogen overdragen.
4. De vennootschap zelf kan slechts met instemming van de aandeelhouder, bedoeld in het tweede of derde lid, gegadigde zijn.

5. Bepalingen in de statuten omtrent de overdraagbaarheid van aandelen gelden niet, indien de houder krachtens de wet tot overdracht van zijn aandeel aan een eerdere houder verplicht is.
(Zie ook: artt. 64, 78a, 86, 89, 195 BW Boek 2; artt. 83, 88, 186 BW Boek 3; artt. 203, 252, 271 BW Boek 6; art. 474g Rv)

Art. 87a

Verplichting tot aanbieden en overdragen van aandelen NV

1. De statuten kunnen bepalen dat in gevallen, in de statuten omschreven, de aandeelhouder gehouden is zijn aandelen aan te bieden en over te dragen. De statuten kunnen daarbij bepalen dat zolang de aandeelhouder zijn verplichtingen tot aanbieding of overdracht niet nakomt, zijn stemrecht, zijn recht op deelname aan de algemene vergadering en zijn recht op uitkeringen is opgeschort.
2. De statuten kunnen bepalen dat indien een aandeelhouder niet binnen een in de statuten te bepalen redelijke termijn zijn statutaire verplichtingen tot aanbieding en overdracht van zijn aandelen is nagekomen, de vennootschap onherroepelijk gevolmachtigd is de aandelen aan te bieden en over te dragen. Wanneer er geen gegadigden zijn aan wie de aandeelhouder al zijn aandelen zal kunnen overdragen volgens een regeling in de statuten, ontbreekt de volmacht en is de aandeelhouder onherroepelijk van het bepaalde in lid 1 ontheven.
3. De regeling dient zodanig te zijn dat de aandeelhouder die dit verlangt een prijs ontvangt, gelijk aan de waarde van zijn aandeel of aandelen, vastgesteld door een of meer onafhankelijke deskundigen.
(Zie ook: art. 195a BW Boek 2)

Art. 87b

Opschorting rechten aandeelhouders NV

1. De statuten kunnen bepalen dat van de aandeelhouder die niet of niet langer aan in de statuten gestelde eisen voldoet het stemrecht, het recht op deelname aan de algemene vergadering en het recht op uitkeringen is opgeschort.
2. Indien de aandeelhouder een of meer van de in lid 1 genoemde rechten niet kan uitoefenen en de aandeelhouder niet gehouden is zijn aandelen aan te bieden en over te dragen, is hij onherroepelijk van de in de statuten gestelde eisen ontheven wanneer de vennootschap niet binnen drie maanden na een verzoek daartoe van de aandeelhouder gegadigden heeft aangewezen aan wie hij al zijn aandelen zal kunnen overdragen volgens een regeling in de statuten.
3. De regeling dient zodanig te zijn dat de aandeelhouder die dit verlangt een prijs ontvangt, gelijk aan de waarde van zijn aandeel of aandelen, vastgesteld door een of meer onafhankelijke deskundigen.
(Zie ook: art. 195b BW Boek 2)

Art. 88

Vruchtgebruik op aandelen NV

1. De bevoegdheid tot het vestigen van vruchtgebruik op een aandeel kan bij de statuten niet worden beperkt of uitgesloten.
(Zie ook: art. 319 BW Boek 2; art. 201 BW Boek 3)
2. De aandeelhouder heeft het stemrecht op de aandelen waarop een vruchtgebruik is gevestigd.
(Zie ook: artt. 89, 117, 118 BW Boek 2; art. 219 BW Boek 3)
3. In afwijking van het voorgaande lid komt het stemrecht toe aan de vruchtgebruiker, indien zulks bij de vestiging van het vruchtgebruik is bepaald en de vruchtgebruiker een persoon is, aan wie de aandelen vrijelijk kunnen worden overgedragen. Indien de vruchtgebruiker een persoon is aan wie de aandelen niet vrijelijk kunnen worden overgedragen, komt hem het stemrecht uitsluitend toe, indien dit bij de vestiging van het vruchtgebruik is bepaald en zowel deze bepaling als - bij overdracht van het vruchtgebruik - de overgang van het stemrecht is goedgekeurd door het vennootschapsorgaan dat bij de statuten is aangewezen om goedkeuring te verlenen tot een voorgenomen overdracht van aandelen, dan wel - bij ontbreken van zodanige aanwijzing - door de algemene vergadering. Van het bepaalde in de vorige zin kan in de statuten worden afgeweken. Bij een vruchtgebruik als bedoeld in de artikelen 19 en 21 van Boek 4 komt het stemrecht eveneens aan de vruchtgebruiker toe, tenzij bij de vestiging van het vruchtgebruik door partijen of door de kantonrechter op de voet van artikel 23 lid 4 van Boek 4 anders wordt bepaald.
(Zie ook: artt. 87, 89, 107 BW Boek 2; art. 13 Wmz)
4. De aandeelhouder die geen stemrecht heeft, en de vruchtgebruiker die stemrecht heeft, hebben de rechten, die door de wet zijn toegekend aan de houders van met medewerking ener vennootschap uitgegeven certificaten van aandelen. De vruchtgebruiker die geen stemrecht heeft, heeft deze rechten, tenzij deze hem bij de vestiging of de overdracht van het vruchtgebruik of bij de statuten der vennootschap worden onthouden.
(Zie ook: artt. 89, 92, 99, 110, 112, 113, 114, 117, 123, 314, 346 BW Boek 2)
5. Indien de statuten der vennootschap niet anders bepalen, komen ook aan de aandeelhouder toe de uit het aandeel voortspruitende rechten, strekkende tot het verkrijgen van aandelen, met dien verstande dat hij de waarde van deze rechten moet vergoeden aan de vruchtgebruiker, voor zover deze krachtens zijn recht van vruchtgebruik daarop aanspraak heeft.
(Zie ook: artt. 85, 96a, 197 BW Boek 2; artt. 9, 201, 216 BW Boek 3; art. 109 Wft)

Art. 89
1. De bevoegdheid tot verpanding van een aandeel aan toonder kan bij de statuten niet worden beperkt of uitgesloten. Op aandelen op naam kan pandrecht worden gevestigd, voor zover de statuten niet anders bepalen.
(Zie ook: art. 319 BW Boek 2; artt. 227, 236, 248 BW Boek 3)
2. De aandeelhouder heeft het stemrecht op de verpande aandelen.
(Zie ook: artt. 88, 117, 118 BW Boek 2; art. 247 BW Boek 3)
3. In afwijking van het voorgaande lid komt het stemrecht toe aan de pandhouder, indien zulks bij de vestiging van het pandrecht is bepaald en de pandhouder een persoon is, aan wie de aandelen vrijelijk kunnen worden overgedragen. Indien de pandhouder een persoon is aan wie de aandelen niet vrijelijk kunnen worden overgedragen, komt hem het stemrecht uitsluitend toe, indien dit bij de vestiging van het pandrecht is bepaald, en de bepaling is goedgekeurd door het vennootschapsorgaan dat bij de statuten is aangewezen om goedkeuring te verlenen tot een voorgenomen overdracht van aandelen, dan wel - bij ontbreken van zodanige aanwijzing - door de algemene vergadering. Treedt een ander in de rechten van de pandhouder, dan komt hem het stemrecht slechts toe, indien het in de vorige zin bedoelde orgaan dan wel, bij gebreke daarvan, de algemene vergadering de overgang van het stemrecht goedkeurt. Van het bepaalde in de voorgaande drie zinnen kan in de statuten worden afgeweken.
(Zie ook: artt. 87, 88, 107 BW Boek 2; art. 13 Wmz)
4. De aandeelhouder die geen stemrecht heeft, en de pandhouder die stemrecht heeft, hebben de rechten die door de wet zijn toegekend aan de houders van met medewerking ener vennootschap uitgegeven certificaten van aandelen. De pandhouder die geen stemrecht heeft, heeft deze rechten, tenzij deze hem bij de vestiging of de overgang van het pandrecht of bij de statuten der vennootschap worden onthouden.
(Zie ook: artt. 88, 92, 99, 100, 110, 112, 113, 114, 117, 123, 314, 346 BW Boek 2)
5. De bepalingen van de statuten ten aanzien van de vervreemding en overdracht van aandelen zijn van toepassing op de vervreemding en overdracht van de aandelen door de pandhouder of de verblijving van de aandelen aan de pandhouder, met dien verstande dat de pandhouder alle ten aanzien van de vervreemding en overdracht aan de aandeelhouder toekomende rechten uitoefent en diens verplichtingen ter zake nakomt.
6. Is het pandrecht overeenkomstig artikel 86c lid 4 gevestigd, dan komen de rechten volgens dit artikel de pandhouder eerst toe nadat het pandrecht door de vennootschap is erkend of aan haar is betekend.
(Zie ook: artt. 85 t/m 87, 89a, 198 BW Boek 2; art. 474g Rv; art. 109 Wft)

Art. 89a
1. De naamloze vennootschap kan eigen aandelen of certificaten daarvan slechts in pand nemen, indien:
a. de in pand te nemen aandelen volgestort zijn,
(Zie ook: art. 80 BW Boek 2)
b. het nominale bedrag van de in pand te nemen en de reeds gehouden of in pand gehouden eigen aandelen en certificaten daarvan tezamen niet meer dan een tiende van het geplaatste kapitaal bedraagt, en
c. de algemene vergadering de pandovereenkomst heeft goedgekeurd.
(Zie ook: artt. 89, 98, 98d, 107 BW Boek 2)
2. Dit artikel is niet van toepassing op aandelen en certificaten daarvan die een financiële onderneming die in Nederland het bedrijf van bank mag uitoefenen ingevolge de Wet op het financieel toezicht, in de gewone uitoefening van haar bedrijf in pand neemt. Deze aandelen en certificaten blijven buiten beschouwing bij de toepassing van de artikelen 98 lid 2 onder b en 98a lid 3.
(Zie ook: artt. 98, 98c, 118, 198, 375, 378, 400 BW Boek 2; artt. 227, 236 BW Boek 3)

Art. 90
1. Na overdracht of toedeling van een niet volgestort aandeel blijft ieder van de vorige aandeelhouders voor het daarop nog te storten bedrag hoofdelijk jegens de naamloze vennootschap aansprakelijk. Het bestuur kan tezamen met de raad van commissarissen de vorige aandeelhouder bij authentieke of geregistreerde onderhandse akte van verdere aansprakelijkheid ontslaan; in dat geval blijft de aansprakelijkheid niettemin bestaan voor stortingen, uitgeschreven binnen een jaar na de dag waarop de authentieke akte is verleden of de onderhandse is geregistreerd.
2. Indien een vorig aandeelhouder betaalt, treedt hij in de rechten die de vennootschap tegen latere houders heeft.
(Zie ook: artt. 55, 80, 82, 84, 86, 199 BW Boek 2; artt. 6, 150, 160 BW Boek 6)

Art. 91
[Vervallen]

Pandrecht op aandelen NV

Inpandneming eigen aandelen door NV

Werkingssfeer

Aansprakelijkheid vorige aandeelhouder NV

Art. 91a

Kennisgeving overdracht van aandelen NV

1. De houder van aandelen aan toonder die alle aandelen in het kapitaal van de vennootschap heeft verkregen, geeft hiervan schriftelijk kennis aan de vennootschap binnen acht dagen na de laatste verkrijging.
2. De houder van aandelen aan toonder die ophoudt houder te zijn van alle aandelen in het kapitaal van de vennootschap doordat een derde een of meer van zijn aandelen verkrijgt, geeft hiervan schriftelijk kennis aan de vennootschap binnen acht dagen nadien. Indien de houder van alle aandelen overlijdt of door fusie of splitsing ophoudt te bestaan, geven de verkrijgers hiervan schriftelijk kennis aan de vennootschap binnen een maand na het overlijden onderscheidenlijk de fusie of de splitsing.
3. Indien alle aandelen in het kapitaal van de vennootschap behoren tot een huwelijksgemeenschap of in een gemeenschap van een geregistreerd partnerschap, wordt de vennootschap geacht een enkele aandeelhouder te hebben in de zin van dit artikel en rust op ieder van de deelgenoten de verplichting tot kennisgeving overeenkomstig dit artikel.
4. Voor de toepassing van dit artikel worden aandelen gehouden door de vennootschap of haar dochtermaatschappijen niet meegeteld.

(Zie ook: artt. 118, 228, 311, 334c BW Boek 2)

Art. 92

Gelijke rechten en plichten bij aandelen NV

1. Voor zover bij de statuten niet anders is bepaald, zijn aan alle aandelen in verhouding tot hun bedrag gelijke rechten en verplichtingen verbonden.
2. De naamloze vennootschap moet de aandeelhouders onderscheidenlijk certificaathouders die zich in gelijke omstandigheden bevinden, op dezelfde wijze behandelen.
3. De statuten kunnen bepalen dat aan aandelen van een bepaalde soort bijzondere rechten als in de statuten omschreven inzake de zeggenschap in de vennootschap zijn verbonden.

(Zie ook: artt. 8, 23b, 79, 96, 96a, 99, 105, 110, 113, 117, 118, 201, 392 BW Boek 2)

Art. 92a

Uitkoop kleine minderheid bij aandelen

1. Hij die als aandeelhouder voor eigen rekening ten minste 95% van het geplaatste kapitaal van de naamloze vennootschap verschaft, kan tegen de gezamenlijke andere aandeelhouders een vordering instellen tot overdracht van hun aandelen aan de eiser. Hetzelfde geldt, indien twee of meer groepsmaatschappijen dit deel van het geplaatste kapitaal samen verschaffen en samen de vordering instellen tot overdracht aan een hunner.

(Zie ook: artt. 24a, 24b, 24d BW Boek 2)

2. Over de vordering oordeelt in eerste aanleg de ondernemingskamer van het gerechtshof Amsterdam. Van de uitspraak staat uitsluitend beroep in cassatie open.

(Zie ook: artt. 72, 99 Wet RO)

3. Indien tegen een of meer verweerders verstek is verleend, moet de rechter ambtshalve onderzoeken of de eiser of eisers de vereisten van lid 1 vervullen.
4. De rechter wijst de vordering tegen alle verweerders af, indien een verweerder ondanks de vergoeding ernstige stoffelijke schade zou lijden door de overdracht, een verweerder houder is van een aandeel waaraan de statuten een bijzonder recht inzake de zeggenschap in de vennootschap verbinden of een eiser jegens een verweerder afstand heeft gedaan van zijn bevoegdheid de vordering in te stellen.
5. Indien de rechter oordeelt dat de leden 1 en 4 de toewijzing van de vordering niet beletten, kan hij bevelen dat een of drie deskundigen zullen berichten over de waarde van de over te dragen aandelen. De eerste drie zinnen van artikel 350 lid 3 en de artikelen 351 en 352 zijn van toepassing. De rechter stelt de prijs vast die de over te dragen aandelen op een door hem te bepalen dag hebben. Zo lang en voor zover de prijs niet is betaald, wordt hij verhoogd met rente, gelijk aan de wettelijke rente, van die dag af tot de overdracht; uitkeringen op de aandelen die in dit tijdvak betaalbaar worden gesteld, strekken op de dag van betaalbaarstelling tot gedeeltelijke betaling van de prijs.

(Zie ook: art. 194 Rv)

6. De rechter die de vordering toewijst, veroordeelt de overnemer aan wie de aandelen toebehoren of zullen toebehoren de vastgestelde prijs met rente tegen levering van het onbezwaarde recht op de aandelen. De rechter geeft omtrent de kosten van het geding zodanige uitspraak als hij meent dat behoort. Een verweerder die geen verweer heeft gevoerd, wordt niet verwezen in de kosten.

(Zie ook: artt. 119, 120 BW Boek 6; art. 237 Rv)

7. Staat het bevel tot overdracht bij gerechtelijk gewijsde vast, dan deelt de overnemer de dag en plaats van betaalbaarstelling en de prijs schriftelijk mee aan de houders van de over te nemen aandelen van wie hij het adres kent. Hij kondigt deze ook aan in een landelijk verspreid dagblad, tenzij hij van allen het adres kent.
8. De overnemer kan zich altijd van zijn verplichtingen ingevolge de leden 6 en 7 bevrijden door de vastgestelde prijs met rente voor alle nog niet overgenomen aandelen te consigneren, onder mededeling van hem bekende rechten van pand en vruchtgebruik en de hem bekende beslagen. Door deze mededeling gaat beslag over van de aandelen op het recht op uitkering.

Door het consigneren gaat het recht op de aandelen onbezwaard op hem over en gaan rechten van pand of vruchtgebruik over op het recht op uitkering. Aan aandeel- en dividendbewijzen waarop na de overgang uitkeringen betaalbaar zijn gesteld, kan nadien geen recht jegens de vennootschap meer worden ontleend. De overnemer maakt het consigneren en de prijs per aandeel op dat tijdstip bekend op de wijze van lid 7.
(Zie ook: art. 201a BW Boek 2; art. 66 BW Boek 6)

Afdeling 3
Het vermogen van de naamloze vennootschap

Art. 93
1. Uit rechtshandelingen, verricht namens een op te richten naamloze vennootschap, ontstaan slechts rechten en verplichtingen voor de vennootschap wanneer zij die rechtshandelingen na haar oprichting uitdrukkelijk of stilzwijgend bekrachtigt of ingevolge lid 4 wordt verbonden. — *Rechtshandeling bij oprichting NV*
2. Degenen die een rechtshandeling verrichten namens een op te richten naamloze vennootschap zijn, tenzij met betrekking tot die rechtshandeling uitdrukkelijk anders is bedongen, daardoor hoofdelijk verbonden, totdat de vennootschap na haar oprichting de rechtshandeling heeft bekrachtigd. — *Hoofdelijke gebondenheid voor rechtshandelingen bij oprichting NV*
3. Indien de vennootschap haar verplichtingen uit de bekrachtigde rechtshandeling niet nakomt, zijn degenen die namens de op te richten vennootschap handelden hoofdelijk aansprakelijk voor de schade die de derde dientengevolge lijdt, indien zij wisten of redelijkerwijs konden weten dat de vennootschap haar verplichtingen niet zou kunnen nakomen, onverminderd de aansprakelijkheid terzake van de bestuurders wegens de bekrachtiging. De wetenschap dat de vennootschap haar verplichtingen niet zou kunnen nakomen, wordt vermoed aanwezig te zijn, wanneer de vennootschap binnen een jaar na de oprichting in staat van faillissement wordt verklaard. — *Hoofdelijke aansprakelijkheid bij NV*
(Zie ook: artt. 9, 138 BW Boek 2; artt. 55, 61, 66, 69 BW Boek 3; artt. 6, 95, 162 BW Boek 6; artt. 43, 45 FW)
4. De oprichters kunnen de vennootschap in de akte van oprichting slechts verbinden door het uitgeven van aandelen, het aanvaarden van stortingen daarop, het aanstellen van bestuurders, het benoemen van commissarissen en het verrichten van rechtshandelingen als bedoeld in artikel 94 lid 1. Indien een oprichter hierbij onvoldoende zorgvuldigheid heeft betracht, zijn de artikelen 9 en 138 van overeenkomstige toepassing.
(Zie ook: artt. 4, 67, 69, 80 t/m 80b, 93a, 94, 130, 132, 135, 142, 203 BW Boek 2)

Art. 93a
1. Indien voor of bij de oprichting op aandelen wordt gestort in geld, moeten aan de akte van oprichting een of meer verklaringen worden gehecht, inhoudende dat de bedragen die op de bij de oprichting te plaatsen aandelen moeten worden gestort: — *Bankverklaring bij oprichting van NV*
a. hetzij terstond na de oprichting ter beschikking zullen staan van de naamloze vennootschap,
b. hetzij alle op een zelfde tijdstip, ten vroegste vijf maanden voor de oprichting, op een afzonderlijke rekening stonden welke na de oprichting uitsluitend ter beschikking van de vennootschap zal staan, mits de vennootschap de stortingen in de akte aanvaardt.
2. Indien vreemd geld is gestort, moet uit de verklaring blijken tegen hoeveel geld het vrijelijk kon worden gewisseld op een dag waarop krachtens artikel 80a lid 3 de koers bepalend is voor de stortingsplicht.
3. Een verklaring als bedoeld in lid 1 kan slechts worden afgelegd door een financiële onderneming als bedoeld in artikel 1:1 van de Wet op het financieel toezicht die in de Europese Unie of in een staat die partij is bij de Overeenkomst betreffende de Europese Economische Ruimte het bedrijf van bank mag uitoefenen. De verklaring kan slechts worden afgegeven aan een notaris.
4. Worden voor de oprichting aan de rekening, bedoeld in onderdeel b van lid 1, bedragen onttrokken, dan zijn de oprichters hoofdelijk jegens de vennootschap verbonden tot vergoeding van die bedragen, totdat de vennootschap de onttrekkingen uitdrukkelijk heeft bekrachtigd.
5. De notaris moet de bank wier verklaring hij heeft ontvangen terstond verwittigen van de oprichting. Indien de oprichting niet doorgaat, moet hij de bank de verklaring terugzenden.
6. Indien na de oprichting in vreemd geld is gestort, legt de vennootschap binnen twee weken na de storting een verklaring, als bedoeld in lid 2, van een in het derde lid bedoelde bank neer ten kantore van het handelsregister.
(Zie ook: artt. 4, 69, 77, 80a, 203a BW Boek 2)

Art. 94
1. Rechtshandelingen: — *Rechtshandelingen bij oprichting van NV*
a. in verband met het nemen van aandelen waarbij bijzondere verplichtingen op de naamloze vennootschap worden gelegd,
b. rakende het verkrijgen van aandelen op andere voet dan waarop de deelneming in de naamloze vennootschap voor het publiek wordt opengesteld,

c. strekkende om enigerlei voordeel te verzekeren aan een oprichter der naamloze vennootschap of aan een bij de oprichting betrokken derde,
d. betreffende inbreng op aandelen anders dan in geld,
moeten in haar geheel worden opgenomen in de akte van oprichting of in een geschrift dat daaraan in origineel of in authentiek afschrift wordt gehecht en waarnaar de akte van oprichting verwijst. Indien de vorige zin niet in acht is genomen, kunnen voor de vennootschap uit deze rechtshandelingen geen rechten of verplichtingen ontstaan.
2. Na de oprichting kunnen de in het vorige lid bedoelde rechtshandelingen zonder voorafgaande goedkeuring van de algemene vergadering slechts worden verricht, indien en voor zover aan het bestuur de bevoegdheid daartoe uitdrukkelijk bij de statuten is verleend.
3. Van het bepaalde in dit artikel zijn uitgezonderd de in artikel 80 lid 2 bedoelde overeenkomsten.
(Zie ook: artt. 4, 69, 80a, 80b, 93, 94a, 101, 122, 204, 312, 392 BW Boek 2)

Art. 94a

Beschrijving inbreng op aandelen anders dan in geld bij oprichting NV

1. Indien bij de oprichting inbreng op aandelen anders dan in geld wordt overeengekomen, maken de oprichters een beschrijving op van hetgeen wordt ingebracht, met vermelding van de daaraan toegekende waarde en van de toegepaste waarderingsmethoden. Deze methoden moeten voldoen aan normen die in het maatschappelijke verkeer als aanvaardbaar worden beschouwd. De beschrijving heeft betrekking op de toestand van hetgeen wordt ingebracht op een dag die niet eerder dan zes maanden voor de oprichting ligt. De beschrijving wordt door alle oprichters ondertekend en aan de akte van oprichting gehecht.
(Zie ook: artt. 69, 80b, 94b t/m 94c, 105, 362 BW Boek 2)

Accountantsverklaring inbreng aandelen NV

2. Over de beschrijving van hetgeen wordt ingebracht moet een accountant als bedoeld in artikel 393, eerste lid een verklaring afleggen, die aan de akte van oprichting moet worden gehecht. Hierin verklaart hij dat de waarde van hetgeen wordt ingebracht, bij toepassing van in het maatschappelijke verkeer als aanvaardbaar beschouwde waarderingsmethoden, ten minste beloopt het bedrag van de stortingsplicht, in geld uitgedrukt, waaraan met de inbreng moet worden voldaan. Indien bekend is dat de waarde na de beschrijving aanzienlijk is gedaald, is een tweede verklaring vereist.
(Zie ook: artt. 4, 80, 94b t/m 94c, 312, 313, 326 BW Boek 2)

3. De beschrijving en de accountantsverklaring zijn niet vereist, indien zulks in de akte van oprichting is bepaald ten aanzien van:
a. inbreng van effecten of geldmarktinstrumenten als bedoeld in artikel 1:1 van de Wet op het financieel toezicht, mits die effecten of geldmarktinstrumenten worden gewaardeerd tegen de gewogen gemiddelde koers waartegen zij gedurende drie maanden voorafgaande aan de dag van de inbreng op een gereglementeerde markt als bedoeld in artikel 1:1 van de Wet op het financieel toezicht zijn verhandeld;
b. inbreng anders dan in geld, niet zijnde effecten of instrumenten als bedoeld in onderdeel a, die is gewaardeerd door een onafhankelijke persoon die blijkens zijn opleiding en werkzaamheid deskundig is in het uitvoeren van waarderingen, mits de deskundigenwaardering geschiedt met toepassing van in het maatschappelijk verkeer als aanvaardbaar beschouwde waarderingsmethoden en de waarde van hetgeen wordt ingebracht wordt bepaald op een dag die niet eerder dan zes maanden voor de dag van de inbreng ligt;
c. inbreng anders dan in geld, niet zijnde effecten of geldmarktinstrumenten als bedoeld in onderdeel a, waarvan de waarde wordt afgeleid uit een jaarrekening die is vastgesteld over het laatste boekjaar dat aan de inbreng voorafgaat en overeenkomstig Richtlijn 2006/43/EG van het Europees Parlement en de Raad van 17 mei 2006 betreffende de wettelijke controles van jaarrekeningen en geconsolideerde jaarrekeningen, tot wijziging van de Richtlijnen 78/660/EEG en 83/349/EEG van de Raad en houdende intrekking van Richtlijn 84/253/EEG van de Raad (PbEG L 157) aan een accountantscontrole is onderworpen.
4. Indien voor de oprichting bekend is dat de koers is beïnvloed door uitzonderlijke omstandigheden die ertoe leiden dat de waarde van effecten of instrumenten als bedoeld in lid 3, onderdeel a, op de dag van de inbreng aanzienlijk zal zijn gewijzigd of indien voor de oprichting bekend is dat de waarde van inbreng als bedoeld in lid 3, onderdeel b of c, op de dag van de inbreng als gevolg van nieuwe bijzondere omstandigheden aanzienlijk zal zijn gewijzigd, zijn de oprichters verplicht om alsnog een beschrijving op te maken die door alle oprichters wordt ondertekend en waarover een accountantsverklaring als bedoeld in lid 2 wordt afgelegd. De beschrijving en de accountantsverklaring worden aan de akte van oprichting gehecht. Geschiedt de inbreng na de oprichting en is in de periode tussen de oprichting en de inbreng bekend geworden dat zich omstandigheden als bedoeld in de eerste zin hebben voorgedaan, dan is het bestuur verplicht om alsnog een beschrijving op te maken waarover een accountantsverklaring als bedoeld in lid 2 wordt afgelegd.
5. Indien bij de oprichting inbreng op aandelen anders dan in geld wordt overeengekomen onder toepassing van lid 3, legt de vennootschap binnen een maand na de dag van de inbreng ten kantore van het handelsregister een verklaring van de oprichters neer waarin de inbreng

wordt beschreven, met vermelding van de daaraan toegekende waarde en de toegepaste waarderingsmethoden. In de verklaring wordt tevens vermeld of de toegekende waarde ten minste beloopt het bedrag van de stortingsplicht, in geld uitgedrukt, waaraan met de inbreng moet worden voldaan en wordt voorts vermeld dat zich in de periode tussen de waardering en de inbreng geen nieuwe bijzondere omstandigheden hebben voorgedaan. De oprichters ondertekenen de verklaring; ontbreekt de handtekening van een of meer hunner, dan wordt daarvan onder opgave van reden melding gemaakt.

6. De beschrijving en accountantsverklaring zijn niet vereist, indien aan de volgende voorwaarden is voldaan: Beschrijving en accountantsverklaring inbreng aandelen NV niet vereist
a. alle oprichters hebben besloten af te zien van de opstelling van de deskundigenverklaring; *(Zie ook: artt. 403, 404 BW Boek 2)*
b. een of meer rechtspersonen op wier jaarrekening titel 9 van toepassing is, of die krachtens de toepasselijke wet voldoen aan de eisen van richtlijn 2013/34/EU van het Europees Parlement en de Raad van 26 juni 2013 betreffende de jaarlijkse financiële overzichten, geconsolideerde financiële overzichten en aanverwante verslagen van bepaalde ondernemingsvormen, tot wijziging van richtlijn 2006/43/EG van het Europees Parlement en de Raad en tot intrekking van richtlijnen 78/660/EEG en 83/349/EEG van de Raad (PbEU 2013, L 182), nemen alle uit te geven aandelen tegen inbreng anders dan in geld;
c. elke inbrengende rechtspersoon beschikt ten tijde van de inbreng over niet uitkeerbare reserves, voor zover nodig door het bestuur hiertoe afgezonderd uit de uitkeerbare reserves, ter grootte van het nominale bedrag der door de rechtspersoon genomen aandelen; *(Zie ook: art. 373 BW Boek 2)*
d. elke inbrengende rechtspersoon verklaart dat hij een bedrag van ten minste de nominale waarde der door hem genomen aandelen ter beschikking zal stellen voor de voldoening van schulden van de vennootschap aan derden, die ontstaan in het tijdvak tussen de plaatsing van de aandelen en een jaar nadat de vastgestelde jaarrekening van de vennootschap over het boekjaar van de inbreng is gedeponeerd bij het handelsregister, voor zover de vennootschap deze niet kan voldoen en de schuldeisers hun vordering binnen twee jaren na deze deponering schriftelijk aan een van de inbrengende rechtspersonen hebben opgegeven; *(Zie ook: artt. 77, 403 BW Boek 2)*
e. elke inbrengende rechtspersoon heeft zijn laatste vastgestelde balans met toelichting, met de accountantsverklaring daarbij, gedeponeerd bij het handelsregister en sedert de balansdatum zijn nog geen achttien maanden verstreken; *(Zie ook: artt. 58, 101, 210, 364 t/m 376, 378, 379, 393, 396 BW Boek 2)*
f. elke inbrengende rechtspersoon zondert een reserve af ter grootte van het nominale bedrag der door hem genomen aandelen en kan dit doen uit reserves waarvan de aard dit niet belet; *(Zie ook: art. 373 BW Boek 2)*
g. de vennootschap doet ten kantore van het handelsregister opgave van het onder a bedoelde besluit en elke inbrengende rechtspersoon doet aan hetzelfde kantoor opgave van zijn onder d vermelde verklaring.
(Zie ook: artt. 77, 403 BW Boek 2)

7. Indien het vorige lid is toegepast, mag een inbrengende rechtspersoon zijn tegen de inbreng genomen aandelen niet vervreemden in het tijdvak, genoemd in dat lid onder d, en moet hij de reserve, genoemd in dat lid onder f aanhouden tot twee jaar na dat tijdvak. Nadien moet de reserve worden aangehouden tot het bedrag van de nog openstaande opgegeven vorderingen als bedoeld in het vorige lid onder d. De oorspronkelijke reserve wordt verminderd met betalingen op de opgegeven vorderingen. Plichten inbrengende rechtspersoon bij NV

8. De inbrengende rechtspersoon kan in alle in lid 6 onder d bedoelde schuldeisers kunnen de kantonrechter van de woonplaats van de vennootschap verzoeken, een bewind over de vorderingen in te stellen, strekkende tot hun voldoening daaruit de krachtens lid 6 onder d ter beschikking gestelde bedragen. Voor zover nodig, zijn de bepalingen van de Faillissementswet omtrent de verificatie van vorderingen en de vereffening van overeenkomstige toepassing. Een schuldeiser kan zijn vordering niet met een schuld aan een inbrengende rechtspersoon verrekenen. Over de vorderingen kan slechts onder de last van het bewind worden beschikt en zij kunnen slechts onder die last worden uitgewonnen, behalve voor schulden die voortspruiten uit handelingen welke door de bewindvoerder in zijn hoedanigheid zijn verricht. De kantonrechter regelt de bevoegdheden en de beloning van de bewindvoerder; hij kan zijn beschikking te allen tijde wijzigen. Verzoek tot instellen bewind over vorderingen bij NV

Art. 94b

1. Indien na de oprichting inbreng op aandelen anders dan in geld wordt overeengekomen, maakt de vennootschap overeenkomstig artikel 94a lid 1 een beschrijving op van hetgeen wordt ingebracht. De beschrijving heeft betrekking op de toestand op een dag die niet eerder dan zes maanden ligt voor de dag waarop de aandelen worden genomen dan wel waartegen een bijstorting is uitgeschreven of waarop zij is overeengekomen. De bestuurders ondertekenen de be- Beschrijving inbreng op aandelen anders dan in geld na oprichting NV

schrijving; ontbreekt de handtekening van een of meer hunner, dan wordt daarvan onder opgave van reden melding gemaakt.
(Zie ook: artt. 94, 102, 312 BW Boek 2)

Schakelbepaling

2. Artikel 94a lid 2 is van overeenkomstige toepassing.

3. In de in artikel 94a lid 3, onderdeel a, b en c, bedoelde gevallen kan het bestuur besluiten dat wordt afgezien van de opstelling van de beschrijving en de accountantsverklaring. Is voor de inbreng bekend dat zich omstandigheden als bedoeld in artikel 94a lid 4, eerste zin, hebben voorgedaan, dan is het bestuur verplicht om alsnog een beschrijving op te maken waarover een accountantsverklaring als bedoeld in artikel 94a lid 2 wordt afgelegd.

4. Indien na de oprichting inbreng op aandelen anders dan in geld wordt overeengekomen onder toepassing van lid 3, legt de vennootschap niet later dan op de achtste dag voor de dag van de inbreng ten kantore van het handelsregister een aankondiging neer waarin hetgeen wordt ingebracht wordt beschreven, met vermelding van de daaraan toegekende waarde, de toegepaste waarderingsmethoden, de namen van de inbrengers, het bedrag van het aldus gestorte deel van het geplaatste kapitaal en de datum van het in artikel 96 lid 1 bedoelde besluit tot uitgifte. In de aankondiging wordt tevens vermeld of de toegekende waarde ten minste beloopt het bedrag van de stortingsplicht, in geld uitgedrukt, waaraan met de inbreng moet worden voldaan en wordt voorts vermeld dat zich ten opzichte van de waardering en de inbreng geen nieuwe bijzondere omstandigheden hebben voorgedaan. De bestuurders ondertekenen de aankondiging; ontbreekt de handtekening van een of meer hunner, dan wordt daarvan onder opgave van reden melding gemaakt. Binnen een maand na de dag van de inbreng legt de vennootschap ten kantore van het handelsregister een verklaring neer waarin wordt vermeld dat zich in de periode tussen de in de eerste zin bedoelde aankondiging en de inbreng geen nieuwe bijzondere omstandigheden ten aanzien van de waardering hebben voorgedaan. De bestuurders ondertekenen de verklaring; ontbreekt de handtekening van een of meer hunner, dan wordt daarvan onder opgave van reden melding gemaakt.

5. Blijven een beschrijving en accountantsverklaring als bedoeld in lid 3, tweede zin, achterwege en vindt de inbreng plaats overeenkomstig artikel 94a lid 3, onderdeel b of c, dan kunnen een of meer houders van aandelen die op de dag van het in artikel 96 lid 1 bedoelde besluit tot uitgifte alleen of gezamenlijk ten minste vijf procent van het geplaatste kapitaal vertegenwoordigen, van het bestuur verlangen dat het alsnog een beschrijving opmaakt waarover een accountantsverklaring als bedoeld in artikel 94a lid 2 wordt afgelegd. Het bestuur geeft hieraan uitvoering, mits de aandeelhouders hun verlangen uiterlijk op de dag die voorafgaat aan de dag van de inbreng aan het bestuur kenbaar hebben gemaakt en zij ten tijde van de indiening van het verzoek nog steeds ten minste vijf procent van het geplaatste kapitaal, zoals dat voor het besluit tot uitgifte luidde, vertegenwoordigen.

Beschrijving en accountantsverklaring van NV

6. Indien alle aandeelhouders hebben besloten af te zien van de opstelling van de beschrijving en accountantsverklaring en overeenkomstig artikel 94a lid 6, onder b-g, is gehandeld, is geen beschrijving of accountantsverklaring vereist en is artikel 94a leden 7 en 8 van overeenkomstige toepassing.

Terinzagelegging inbrengverklaring bij NV

7. De vennootschap legt, binnen acht dagen na de dag waarop de aandelen zijn genomen dan wel waarop de bijstorting opeisbaar werd, de accountantsverklaring bij de inbreng of een afschrift daarvan neer ten kantore van het handelsregister met opgave van de namen van de inbrengers en van het bedrag van het aldus gestorte deel van het geplaatste kapitaal.
(Zie ook: art. 77 BW Boek 2; art. 1 WED)

Werkingssfeer

8. Dit artikel is niet van toepassing voor zover de inbreng bestaat uit aandelen of certificaten van aandelen, daarin converteerbare rechten of winstbewijzen van een andere rechtspersoon, waarop de vennootschap een openbaar bod heeft uitgebracht, mits deze effecten of een deel daarvan zijn toegelaten tot de handel op een gereglementeerde markt of een multilaterale handelsfaciliteit, als bedoeld in artikel 1:1 van de Wet op het financieel toezicht of een met een gereglementeerde markt of multilaterale handelsfaciliteit vergelijkbaar systeem uit een staat die geen lidstaat is.
(Zie ook: artt. 72, 77, 80b, 94a, 204b BW Boek 2)

Art. 94c

Ontbreken goedkeuring van algemene vergadering bij NV

1. Een rechtshandeling die de naamloze vennootschap heeft verricht zonder goedkeuring van de algemene vergadering of zonder de verklaring, bedoeld in lid 3, kan ten behoeve van de vennootschap worden vernietigd, indien de rechtshandeling:
a. strekt tot het verkrijgen van goederen, met inbegrip van vorderingen die worden verrekend, die een jaar voor de oprichting of nadien toebehoorden aan een oprichter, en
b. is verricht voordat twee jaren zijn verstreken na de inschrijving van de vennootschap in het handelsregister.

2. Indien de goedkeuring wordt gevraagd, maakt de vennootschap een beschrijving op van de te verkrijgen goederen en van de tegenprestatie. De beschrijving heeft betrekking op de toestand van het beschrevene op een dag die niet voor de oprichting ligt. In de beschrijving worden de waarden vermeld die aan de goederen en tegenprestatie worden toegekend alsmede de toegepaste

waarderingsmethoden. Deze methoden moeten voldoen aan normen die in het maatschappelijke verkeer als aanvaardbaar worden beschouwd. De bestuurders ondertekenen de beschrijving; ontbreekt de handtekening van een of meer hunner, dan wordt daarvan onder opgave van reden melding gemaakt.
(Zie ook: artt. 94b, 101, 362 BW Boek 2)

3. Artikel 94a lid 2 is van overeenkomstige toepassing, met dien verstande dat de verklaring moet inhouden dat de waarde van de te verkrijgen goederen, bij toepassing van in het maatschappelijke verkeer als aanvaardbaar beschouwde waarderingsmethoden, overeenkomt met ten minste de waarde van de tegenprestatie.   *Schakelbepaling*

4. Artikel 94b lid 3 is van overeenkomstige toepassing. Vindt een rechtshandeling plaats met toepassing van de vorige zin, dan kan deze niet op grond van lid 1 worden vernietigd wegens het ontbreken van de in lid 3 bedoelde verklaring. Artikel 94b lid 4 is van overeenkomstige toepassing, met dien verstande dat de datum van de in lid 1 bedoelde rechtshandeling in de beschrijving wordt vermeld.

5. Op het ter inzage leggen en in afschrift ter beschikking stellen van de in de vorige leden bedoelde stukken is artikel 102 van overeenkomstige toepassing.
(Zie ook: art. 1 WED)

6. De vennootschap legt binnen acht dagen na de rechtshandeling of na de goedkeuring, indien achteraf verleend, de in het derde lid bedoelde verklaring of een afschrift daarvan neer ten kantore van het handelsregister.   *Terinzagelegging inbrengverklaring bij naamloze vennootschap*

(Zie ook: artt. 77, 94a, 94c, 101, 105, 362, 378 BW Boek 2; art. 1 WED)

7. Voor de toepassing van dit artikel blijven buiten beschouwing: *Werkingssfeer*
   a. verkrijgingen op een openbare veiling of ter beurze,
   b. verkrijgingen die onder de bedongen voorwaarden tot de gewone bedrijfsuitoefening van de vennootschap behoren,
   c. verkrijgingen waarvoor een verklaring als bedoeld in artikel 94a lid 2 is afgelegd,
   d. verkrijgingen ten gevolge van fusie of splitsing.
(Zie ook: artt. 94, 204c, 309, 334a BW Boek 2; art. 1 WED)

Art. 94d
[Vervallen]

Art. 95
1. De naamloze vennootschap mag geen eigen aandelen nemen.   *Verbod op nemen eigen aandelen bij NV*

2. Aandelen die de vennootschap in strijd met het vorige lid heeft genomen, gaan op het tijdstip van het nemen over op de gezamenlijke bestuurders. Iedere bestuurder is hoofdelijk aansprakelijk voor de volstorting van deze aandelen met de wettelijke rente van dat tijdstip af. Zijn de aandelen bij de oprichting geplaatst, dan is dit lid van overeenkomstige toepassing op de gezamenlijke oprichters.
(Zie ook: artt. 6, 119, 120 BW Boek 6)

3. Neemt een ander een aandeel in eigen naam maar voor rekening van de vennootschap, dan wordt hij geacht het voor eigen rekening te nemen.
(Zie ook: artt. 98a, 98d, 205 BW Boek 2; art. 60 BW Boek 3; art. 400 BW Boek 7)

Art. 96
1. De naamloze vennootschap kan na de oprichting slechts aandelen uitgeven ingevolge een besluit van de algemene vergadering of van een ander vennootschapsorgaan dat daartoe bij besluit van de algemene vergadering of bij de statuten voor een bepaalde duur van ten hoogste vijf jaren is aangewezen. Bij de aanwijzing moet zijn bepaald hoeveel aandelen mogen worden uitgegeven. De aanwijzing kan telkens voor niet langer dan vijf jaren worden verlengd. Tenzij bij de aanwijzing anders is bepaald, kan zij niet worden ingetrokken.   *Emissiebevoegdheid NV*

(Zie ook: artt. 92, 99, 317 BW Boek 2)

2. Zijn er verschillende soorten aandelen, dan is voor de geldigheid van het besluit van de algemene vergadering tot uitgifte of tot aanwijzing vereist een voorafgaand of gelijktijdig goedkeurend besluit van elke groep houders van aandelen van een zelfde soort aan wier rechten de uitgifte afbreuk doet.

3. De vennootschap legt binnen acht dagen na een besluit van de algemene vergadering tot uitgifte of tot aanwijzing een volledige tekst daarvan neer ten kantore van het handelsregister.

4. De vennootschap doet binnen acht dagen na afloop van elk kalenderkwartaal ten kantore van het handelsregister opgave van elke uitgifte van aandelen in het afgelopen kalenderkwartaal, met vermelding van aantal en soort.
(Zie ook: art. 51 Wmz)

5. Dit artikel is van overeenkomstige toepassing op het verlenen van rechten tot het nemen van aandelen, maar is niet van toepassing op het uitgeven van aandelen aan iemand die een voordien reeds verkregen recht tot het nemen van aandelen uitoefent.
(Zie ook: art. 1 WED; artt. 77, 80, 96a, 96b, 107, 164, 206, 320 BW Boek 2)

Art. 96a

Voorkeursrecht bij emissie van aandelen NV

1. Behoudens de beide volgende leden heeft iedere aandeelhouder bij uitgifte van aandelen een voorkeursrecht naar evenredigheid van het gezamenlijke bedrag van zijn aandelen. Tenzij de statuten anders bepalen, heeft hij evenwel geen voorkeursrecht op aandelen die worden uitgegeven tegen inbreng anders dan in geld. Hij heeft geen voorkeursrecht op aandelen die worden uitgegeven aan werknemers van de naamloze vennootschap of van een groepsmaatschappij.
(Zie ook: art. 88 BW Boek 2)

2. Voor zover de statuten niet anders bepalen, hebben houders van aandelen die
   a. niet boven een bepaald percentage van het nominale bedrag of slechts in beperkte mate daarboven delen in de winst, of
   b. niet boven het nominale bedrag of slechts in beperkte mate daarboven delen in een overschot na vereffening,
   (Zie ook: artt. 23, 92, 105 BW Boek 2)
   geen voorkeursrecht op uit te geven aandelen.

3. Voor zover de statuten niet anders bepalen, hebben de aandeelhouders geen voorkeursrecht op uit te geven aandelen in een van de in het vorige lid onder *a* en *b* omschreven soorten.

4. De vennootschap kondigt de uitgifte met voorkeursrecht en het tijdvak waarin dat kan worden uitgeoefend, aan in de *Staatscourant* en in een landelijk verspreid dagblad, tenzij alle aandelen op naam luiden en de aankondiging aan alle aandeelhouders schriftelijk geschiedt aan het door hen opgegeven adres.
(Zie ook: art. 117 Wft)

5. Het voorkeursrecht kan worden uitgeoefend gedurende ten minste twee weken na de dag van aankondiging in de *Staatscourant* of na de verzending van de aankondiging aan de aandeelhouders.

6. Het voorkeursrecht kan worden beperkt of uitgesloten bij besluit van de algemene vergadering. In het voorstel hiertoe moeten de redenen voor het voorstel en de keuze van de voorgenomen koers van uitgifte schriftelijk worden toegelicht. Het voorkeursrecht kan ook worden beperkt of uitgesloten door het ingevolge artikel 96 lid 1 aangewezen vennootschapsorgaan, indien dit bij besluit van de algemene vergadering of bij de statuten voor een bepaalde duur van ten hoogste vijf jaren is aangewezen als bevoegd tot het beperken of uitsluiten van het voorkeursrecht. De aanwijzing kan telkens voor niet langer dan vijf jaren worden verlengd. Tenzij bij de aanwijzing anders is bepaald, kan zij niet worden ingetrokken.
(Zie ook: art. 107 BW Boek 2)

7. Voor een besluit van de algemene vergadering tot beperking of uitsluiting van het voorkeursrecht of tot aanwijzing is een meerderheid van ten minste twee derden der uitgebrachte stemmen vereist, indien minder dan de helft van het geplaatste kapitaal in de vergadering is vertegenwoordigd. De vennootschap legt binnen acht dagen na het besluit een volledige tekst daarvan neer ten kantore van het handelsregister.
(Zie ook: artt. 77, 99, 120, 317 BW Boek 2; art. 1 WED)

8. Bij het verlenen van rechten tot het nemen van aandelen hebben de aandeelhouders een voorkeursrecht; de vorige leden zijn van overeenkomstige toepassing. Aandeelhouders hebben geen voorkeursrecht op aandelen die worden uitgegeven aan iemand die een voordien reeds verkregen recht tot het nemen van aandelen uitoefent.
(Zie ook: artt. 4, 80, 94b, 94c, 96, 96c, 206a, 320 BW Boek 2)

Art. 96b

Werkingssfeer

De artikelen 96 en 96a gelden niet voor een beleggingsmaatschappij met veranderlijk kapitaal.
(Zie ook: art. 76a BW Boek 2)

Art. 97

Lager bedrag dan bekendgemaakt bij aandelen NV

Indien, in het geval van uitgifte van aandelen na de oprichting, bekend is gemaakt welk bedrag zal worden uitgegeven en slechts een lager bedrag kan worden geplaatst, wordt dit laatste bedrag slechts geplaatst indien de voorwaarden van uitgifte dat uitdrukkelijk bepalen.
(Zie ook: art. 96 BW Boek 2)

Art. 98

Nietigheid verkrijging niet volgestorte aandelen door NV

1. Verkrijging door de naamloze vennootschap van niet volgestorte aandelen in haar kapitaal is nietig.
(Zie ook: art. 40 BW Boek 3)

Verkrijging volgestorte aandelen door NV

2. Volgestorte eigen aandelen mag de vennootschap slechts verkrijgen om niet of indien het eigen vermogen, verminderd met de verkrijgingsprijs, niet kleiner is dan het gestorte en opgevraagde deel van het kapitaal, vermeerderd met de reserves die krachtens de wet of de statuten moeten worden aangehouden. Onverminderd het bepaalde in de vorige zin beloopt, indien de aandelen van de vennootschap zijn toegelaten tot de handel op een gereglementeerde markt of op een multilaterale handelsfaciliteit, als bedoeld in artikel 1:1 van de Wet op het financieel toezicht of een met een gereglementeerde markt of multilaterale handelsfaciliteit vergelijkbaar systeem uit een staat die geen lidstaat is, het nominale bedrag van de aandelen in haar kapitaal

die de vennootschap verkrijgt, houdt of in pand houdt of die worden gehouden door een dochtermaatschappij, niet meer dan de helft van het geplaatste kapitaal.
3. Voor het vereiste in lid 2 is bepalend de grootte van het eigen vermogen volgens de laatst vastgestelde balans, verminderd met de verkrijgingsprijs voor aandelen in het kapitaal van de vennootschap, het bedrag van leningen als bedoeld in artikel 98c lid 2 en uitkeringen uit winst of reserves aan anderen die zij en haar dochtermaatschappijen na de balansdatum verschuldigd werden. Is een boekjaar meer dan zes maanden verstreken zonder dat de jaarrekening is vastgesteld, dan is verkrijging overeenkomstig lid 2 niet toegestaan.
(Zie ook: art. 364 BW Boek 2)
4. Verkrijging anders dan om niet kan slechts plaatsvinden indien en voor zover de algemene vergadering het bestuur daartoe heeft gemachtigd. Deze machtiging geldt voor ten hoogste vijf jaar. In afwijking van de vorige volzin geldt in het geval de aandelen van een vennootschap zijn toegelaten tot de handel op een gereglementeerde markt of op een multilaterale handelsfaciliteit, als bedoeld in artikel 1:1 van de Wet op het financieel toezicht of een met een gereglementeerde markt of multilaterale handelsfaciliteit vergelijkbaar systeem uit een staat die geen lidstaat is deze machtiging voor ten hoogste achttien maanden.
De algemene vergadering bepaalt in de machtiging hoeveel aandelen mogen worden verkregen, hoe zij mogen worden verkregen en tussen welke grenzen de prijs moet liggen. De statuten kunnen de verkrijging door de vennootschap van eigen aandelen uitsluiten of beperken.
5. De machtiging is niet vereist, voor zover de statuten toestaan dat de vennootschap eigen aandelen verkrijgt om, krachtens een voor hen geldende regeling, over te dragen aan werknemers in dienst van de vennootschap of van een groepsmaatschappij. Deze aandelen moeten zijn opgenomen in de prijscourant van een beurs.
6. De leden 1-4 gelden niet voor aandelen die de vennootschap onder algemene titel verkrijgt.
(Zie ook: artt. 23b, 311 BW Boek 2)
7. De leden 2-4 gelden niet voor aandelen die een financiële onderneming die ingevolge de Wet op het financieel toezicht in Nederland het bedrijf van bank mag uitoefenen, in opdracht en voor rekening van een ander verkrijgt.
(Zie ook: artt. 89a, 98a BW Boek 2; art. 400 BW Boek 7)
8. De leden 2-4 gelden niet voor een beleggingsmaatschappij met veranderlijk kapitaal. Het geplaatste kapitaal van zulk een beleggingsmaatschappij, verminderd met het bedrag van de aandelen die zij zelf houdt, moet ten minste een tiende van het maatschappelijke kapitaal bedragen.
(Zie ook: art. 76a BW Boek 2)
9. Onder het begrip aandelen in dit artikel zijn certificaten daarvan begrepen.
(Zie ook: artt. 82, 86, 98a t/m 98d, 118, 207, 373, 378, 385 BW Boek 2)

Art. 98a
1. Verkrijging van aandelen op naam in strijd met de leden 2-4 van het vorige artikel is nietig. De bestuurders zijn hoofdelijk aansprakelijk jegens de vervreemder te goeder trouw die door de nietigheid schade lijdt.
2. Aandelen aan toonder en certificaten van aandelen die de naamloze vennootschap in strijd met de leden 2-4 van het vorige artikel heeft verkregen, gaan op het tijdstip van de verkrijging over op de gezamenlijke bestuurders. Iedere bestuurder is hoofdelijk aansprakelijk voor de vergoeding aan de vennootschap van de verkrijgingsprijs met de wettelijke rente daarover van dat tijdstip af.
3. De vennootschap kan niet langer dan gedurende drie jaren na omzetting in een naamloze vennootschap of nadat zij eigen aandelen om niet of onder algemene titel heeft verkregen, samen met haar dochtermaatschappijen meer aandelen in haar kapitaal houden dan een tiende van het geplaatste kapitaal; aandelen die zij zelf in pand houdt, worden meegeteld. De aandelen die de vennootschap te veel houdt, gaan op het einde van de laatste dag van die drie jaren over op de gezamenlijke bestuurders. Dezen zijn hoofdelijk aansprakelijk voor de betaling aan de vennootschap van de waarde van de aandelen op dat tijdstip met de wettelijke rente van dat tijdstip af. Onder het begrip aandelen in dit lid zijn certificaten daarvan begrepen.
(Zie ook: artt. 72, 89a, 98d BW Boek 2)
4. Het vorige lid is van overeenkomstige toepassing op elk niet volgestort eigen aandeel dat de vennootschap onder algemene titel heeft verkregen en niet binnen drie jaren daarna heeft vervreemd of ingetrokken.
(Zie ook: art. 311 BW Boek 2)
5. Het derde lid is van overeenkomstige toepassing op elk eigen aandeel of certificaat daarvan dat de vennootschap ingevolge het vijfde lid van het vorige artikel heeft verkregen zonder machtiging van de algemene vergadering en dat zij gedurende een jaar houdt.
(Zie ook: artt. 9, 82, 95, 98, 98b, 99, 129, 207d BW Boek 2; artt. 11, 15, 40 BW Boek 3; artt. 6, 95, 102, 119, 120 BW Boek 6)

Hoofdelijke aansprakelijkheid bij onwettige verkrijging van aandelen NV

Art. 98b

Verplichting tot overdracht van aandelen NV

Indien een ander in eigen naam voor rekening van de naamloze vennootschap aandelen in haar kapitaal of certificaten daarvan verkrijgt, moet hij deze onverwijld tegen betaling aan de vennootschap overdragen. Indien deze aandelen op naam luiden, is het tweede lid van het vorige artikel van overeenkomstige toepassing.
(Zie ook: artt. 98, 98d, 207b BW Boek 2; art. 60 BW Boek 3; art. 400 BW Boek 7)

Art. 98c

Verbod leningverstrekking/zekerheidstelling van aandelen door NV

1. De vennootschap mag niet, met het oog op het nemen of verkrijgen door anderen van aandelen in haar kapitaal of van certificaten daarvan, zekerheid stellen, een koersgarantie geven, zich op andere wijze sterk maken of zich hoofdelijk of anderszins naast of voor anderen verbinden. Dit verbod geldt ook voor haar dochtermaatschappijen.

2. De vennootschap en haar dochtermaatschappijen mogen niet, met het oog op het nemen of verkrijgen door anderen van aandelen in het kapitaal van de vennootschap of van certificaten daarvan, leningen verstrekken, tenzij het bestuur daartoe besluit en er is voldaan aan de volgende voorwaarden:
   a. het verstrekken van de lening, met inbegrip van de rente die de vennootschap ontvangt en de zekerheden die aan de vennootschap worden verstrekt, geschiedt tegen billijke marktvoorwaarden;
   b. het eigen vermogen, verminderd met het bedrag van de lening, is niet kleiner dan het gestorte en opgevraagde deel van het kapitaal, vermeerderd met de reserves die krachtens de wet of de statuten moeten worden aangehouden;
   c. de kredietwaardigheid van de derde of, wanneer het meerpartijentransacties betreft, van iedere erbij betrokken tegenpartij is nauwgezet onderzocht;
   d. indien de lening wordt verstrekt met het oog op het nemen van aandelen in het kader van een verhoging van het geplaatste kapitaal van de vennootschap of met het oog op het verkrijgen van aandelen die de vennootschap in haar kapitaal houdt, is de prijs waarvoor de aandelen worden genomen of verkregen billijk.

3. Voor het vereiste in lid 2, onderdeel b, is bepalend de grootte van het eigen vermogen volgens de laatst vastgestelde balans, verminderd met de verkrijgingsprijs voor aandelen in het kapitaal van de vennootschap en uitkeringen uit winst of reserves aan anderen die zij en haar dochtermaatschappijen na de balansdatum verschuldigd werden. Is een boekjaar meer dan zes maanden verstreken zonder dat de jaarrekening is vastgesteld, dan is een transactie als bedoeld in lid 2 niet toegestaan.

4. De vennootschap houdt een niet-uitkeerbare reserve aan ter grootte van het bedrag van de in lid 2 bedoelde leningen.

5. Een besluit van het bestuur tot het verstrekken van een lening als bedoeld in lid 2 is onderworpen aan de voorafgaande goedkeuring van de algemene vergadering. Het besluit tot goedkeuring wordt genomen met een meerderheid van ten minste twee derden van de uitgebrachte stemmen, indien minder dan de helft van het geplaatste kapitaal ter vergadering is vertegenwoordigd. In afwijking van de vorige volzin wordt in het geval aandelen of certificaten van aandelen van de vennootschap zijn toegelaten tot de handel op een gereglementeerde markt als bedoeld in artikel 1:1 van de Wet op het financieel toezicht dan wel op een multilaterale handelsfaciliteit als bedoeld in artikel 1:1 van de Wet op het financieel toezicht het besluit tot goedkeuring genomen met ten minste 95 procent van de uitgebrachte stemmen.

6. Wanneer aan de algemene vergadering de in lid 5 bedoelde goedkeuring wordt gevraagd, wordt zulks bij de oproeping tot de algemene vergadering vermeld. Gelijktijdig met de oproeping wordt ten kantore van de vennootschap een rapport ter inzage van de aandeelhouders en de houders van met medewerking van de vennootschap uitgegeven certificaten van haar aandelen gelegd waarin melding wordt gemaakt van de redenen voor het verstrekken van de lening, het voor de vennootschap daaraan verbonden belang, de voorwaarden waartegen de lening zal worden verstrekt, de koers waartegen de aandelen door de derde zullen worden genomen of verkregen en de aan de lening verbonden risico's voor de liquiditeit en de solvabiliteit van de vennootschap.

7. De vennootschap legt binnen acht dagen na de in lid 5 bedoelde goedkeuring het in lid 6 bedoelde rapport of een afschrift daarvan neer ten kantore van het handelsregister.

8. De leden 1 tot en met 7 gelden niet, indien aandelen of certificaten van aandelen worden genomen of verkregen door of voor werknemers in dienst van de vennootschap of van een groepsmaatschappij.

9. De leden 1 tot en met 7 gelden niet voor een financiële onderneming die ingevolge de Wet op het financieel toezicht in Nederland het bedrijf van bank mag uitoefenen, voor zover zij handelt in de gewone uitoefening van haar bedrijf.

Art. 98d

Verkrijgen eigen aandelen NV door dochtermaatschappij

1. Een dochtermaatschappij mag voor eigen rekening geen aandelen nemen of doen nemen in het kapitaal van de naamloze vennootschap. Zulke aandelen mogen dochtermaatschappijen

voor eigen rekening slechts verkrijgen of doen verkrijgen, voor zover de naamloze vennootschap zelf ingevolge de leden 1-6 van artikel 98 eigen aandelen mag verkrijgen.
2. Indien is gehandeld in strijd met het vorige lid, zijn de bestuurders van de naamloze vennootschap hoofdelijk aansprakelijk tot vergoeding aan de dochtermaatschappij van de verkrijgingsprijs met de wettelijke rente daarover van het tijdstip af waarop de aandelen zijn genomen of verkregen. Betaling van de vergoeding geschiedt tegen overdracht van deze aandelen. Een bestuurder behoeft de verkrijgingsprijs niet te vergoeden, indien hij bewijst dat het nemen of verkrijgen niet aan de naamloze vennootschap is te wijten.
3. Een dochtermaatschappij mag,
a. nadat zij dochtermaatschappij is geworden,
b. nadat de vennootschap waarvan zij dochtermaatschappij is, is omgezet in een naamloze vennootschap, of
c. nadat zij als dochtermaatschappij aandelen in het kapitaal van de naamloze vennootschap om niet of onder algemene titel heeft verkregen,
niet langer dan gedurende drie jaren samen met de naamloze vennootschap en haar andere dochtermaatschappijen meer van deze aandelen voor eigen rekening houden of doen houden dan een tiende van het geplaatste kapitaal. De bestuurders van de naamloze vennootschap zijn hoofdelijk aansprakelijk voor de vergoeding aan de dochtermaatschappij van de waarde van de aandelen die zij te veel houdt of doet houden op het einde van de laatste dag van die drie jaren, met de wettelijke rente van dat tijdstip af. Betaling van de vergoeding geschiedt tegen overdracht van de aandelen. Een bestuurder behoeft de vergoeding niet te betalen, indien hij bewijst dat het niet aan de naamloze vennootschap is te wijten dat de aandelen nog worden gehouden.
4. Onder het begrip aandelen in dit artikel zijn certificaten daarvan begrepen.
(Zie ook: artt. 87, 89a, 95, 98, 98a t/m 98c, 207d, 373, 378, 385 BW Boek 2)

Art. 99

1. De algemene vergadering kan besluiten tot vermindering van het geplaatste kapitaal door intrekking van aandelen of door het bedrag van aandelen bij statutenwijziging te verminderen. In dit besluit moeten de aandelen waarop het besluit betrekking heeft, worden aangewezen en moet de uitvoering van het besluit zijn geregeld.   *Intrekking/kapitaalvermindering van aandelen NV*
2. Een besluit tot intrekking kan slechts betreffen aandelen die de vennootschap zelf houdt of waarvan zij de certificaten houdt, dan wel alle aandelen van een soort waarvan voor de uitgifte in de statuten is bepaald dat zij kunnen worden ingetrokken met terugbetaling, of wel de uitgelote aandelen van een soort waarvan voor de uitgifte in de statuten is bepaald dat zij kunnen worden uitgeloot met terugbetaling.
3. Vermindering van het bedrag van aandelen zonder terugbetaling en ontheffing van de verplichting tot storting moet naar evenredigheid op alle aandelen van een zelfde soort geschieden. Van het vereiste van evenredigheid mag worden afgeweken met instemming van alle betrokken aandeelhouders.
4. Gedeeltelijke terugbetaling op aandelen of ontheffing van de verplichting tot storting is slechts mogelijk ter uitvoering van een besluit tot vermindering van het bedrag van de aandelen. Zulk een terugbetaling of ontheffing moet naar evenredigheid op alle aandelen geschieden, tenzij voor de uitgifte van een bepaalde soort aandelen in de statuten is bepaald dat terugbetaling of ontheffing kan geschieden uitsluitend op die aandelen; voor die aandelen geldt de eis van evenredigheid. Van het vereiste van evenredigheid mag worden afgeweken met instemming van alle betrokken aandeelhouders.
5. Zijn er verschillende soorten aandelen, dan is voor een besluit tot kapitaalvermindering een voorafgaand of gelijktijdig goedkeurend besluit vereist van elke groep houders van aandelen van een zelfde soort aan wier rechten afbreuk wordt gedaan.
(Zie ook: artt. 96, 317 BW Boek 2)
6. Voor een besluit tot kapitaalvermindering is een meerderheid van ten minste twee derden der uitgebrachte stemmen vereist, indien minder dan de helft van het geplaatste kapitaal in de vergadering is vertegenwoordigd. Deze bepaling is van overeenkomstige toepassing op een besluit als bedoeld in het vijfde lid.
(Zie ook: artt. 96a, 118, 317 BW Boek 2)
7. De oproeping tot een vergadering waarin een in dit artikel genoemd besluit wordt genomen, vermeldt het doel van de kapitaalvermindering en de wijze van uitvoering. Het tweede, derde en vierde lid van artikel 123 zijn van overeenkomstige toepassing.
(Zie ook: artt. 67, 80, 88, 89, 92, 100, 107, 164, 208, 325, 378 BW Boek 2)

Art. 100

1. De naamloze vennootschap legt de in artikel 99 lid 1 bedoelde besluiten neer ten kantore van het handelsregister en kondigt de nederlegging aan in een landelijk verspreid dagblad.   *Aankondiging van kapitaalvermindering*
(Zie ook: artt. 77, 113 BW Boek 2)
2. De vennootschap moet, op straffe van gegrondverklaring van een verzet als bedoeld in het volgende lid, voor iedere schuldeiser die dit verlangt zekerheid stellen of hem een andere   *Zekerheidstelling bij kapitaalvermindering*

art. 2:101

Verzet crediteuren

waarborg geven voor de voldoening van zijn vordering. Dit geldt niet, indien de schuldeiser voldoende waarborgen heeft of de vermogenstoestand van de vennootschap voldoende zekerheid biedt dat de vordering zal worden voldaan.
3. Binnen twee maanden na de in het eerste lid vermelde aankondiging kan iedere schuldeiser door het indienen van een verzoek bij de rechtbank tegen het besluit tot kapitaalvermindering in verzet komen met vermelding van de waarborg die wordt verlangd. De rechter wijst het verzoek af, indien de verzoeker niet aannemelijk heeft gemaakt dat als gevolg van de kapitaalvermindering twijfel omtrent de voldoening van zijn vordering gewettigd is en dat de vennootschap onvoldoende waarborgen heeft gegeven voor de voldoening van zijn vordering.
(Zie ook: artt. 261, 995, 997 Rv)
4. Voordat de rechter beslist, kan hij de vennootschap in de gelegenheid stellen binnen een door hem bepaalde termijn een door hem omschreven waarborg te geven. Op een ingesteld rechtsmiddel kan hij, indien het kapitaal al is verminderd, het stellen van een waarborg bevelen en daaraan een dwangsom verbinden.
(Zie ook: art. 611a Rv)
5. Een besluit tot vermindering van het geplaatste kapitaal wordt niet van kracht zolang verzet kan worden gedaan. Indien tijdig verzet is gedaan, wordt het besluit eerst van kracht, zodra het verzet is ingetrokken of de opheffing van het verzet uitvoerbaar is. Een voor de vermindering van het kapitaal vereiste akte van statutenwijziging kan niet eerder worden verleden.
6. Indien de vennootschap haar kapitaal wegens geleden verliezen vermindert tot een bedrag dat niet lager is dan dat van haar eigen vermogen, behoeft zij geen waarborg te geven en wordt het besluit onmiddellijk van kracht.
7. Dit artikel is niet van toepassing, indien een beleggingsmaatschappij met veranderlijk kapitaal wettig verkregen eigen aandelen intrekt.
(Zie ook: artt. 15, 76a, 99, 209, 316, 325 BW Boek 2; art. 1 WED)

Art. 101

Jaarrekening van NV

1. Jaarlijks binnen vijf maanden na afloop van het boekjaar der vennootschap, behoudens verlenging van deze termijn met ten hoogste vijf maanden door de algemene vergadering op grond van bijzondere omstandigheden, maakt het bestuur een jaarrekening op en legt het deze voor de aandeelhouders ter inzage ten kantore van de vennootschap. Indien van de vennootschap effecten zijn toegelaten tot de handel op een gereglementeerde markt als bedoeld in de Wet op het financieel toezicht, bedraagt de termijn vier maanden, tenzij artikel 5:25g, tweede of derde lid, van die wet van toepassing is. Deze termijn kan niet worden verlengd. Binnen deze termijn legt het bestuur ook het bestuursverslag ter inzage voor de aandeelhouders, tenzij de artikelen 396 lid 7, of 403 voor de vennootschap gelden. Het bestuur van de vennootschap waarop de artikelen 158 tot en met 161 en 164 van toepassing zijn, zendt de jaarrekening ook toe aan de in artikel 158 lid 11 bedoelde ondernemingsraad.
(Zie ook: artt. 58, 98, 210, 391, 394, 401 BW Boek 2; art. 1001 Rv)
2. De jaarrekening wordt ondertekend door de bestuurders en door de commissarissen; ontbreekt de ondertekening van een of meer hunner, dan wordt daarvan onder opgave van reden melding gemaakt.
(Zie ook: artt. 94b, 139, 140, 150, 312 BW Boek 2)
3. De jaarrekening wordt vastgesteld door de algemene vergadering. Vaststelling van de jaarrekening strekt niet tot kwijting aan een bestuurder onderscheidenlijk commissaris.
(Zie ook: artt. 10, 48, 58, 94, 157 BW Boek 2; art. 1 WED)
4. Besluiten waarbij de jaarrekening wordt vastgesteld, worden in de statuten niet onderworpen aan de goedkeuring van een orgaan van de vennootschap of van derden.
5. De statuten bevatten geen bepalingen die toelaten dat voorschriften of bindende voorstellen voor de jaarrekening of enige posten daarvan worden gegeven.
6. De statuten kunnen bepalen dat een ander orgaan van de vennootschap dan de algemene vergadering de bevoegdheid heeft te bepalen welk deel van het resultaat van het boekjaar wordt gereserveerd of hoe het verlies zal worden verwerkt.
7. Onze Minister van Economische Zaken kan desverzocht om gewichtige redenen ontheffing verlenen van de verplichting tot het opmaken, het overleggen en het vaststellen van de jaarrekening. Geen ontheffing kan worden verleend ten aanzien van het opmaken van de jaarrekening van een vennootschap waarvan effecten zijn toegelaten tot de handel op een gereglementeerde markt als bedoeld in de Wet op het financieel toezicht.
(Zie ook: artt. 58, 78a, 102, 105, 210, 361, 379, 380, 391, 392, 394 BW Boek 2; art. 31a WOR)

Art. 102

Jaarrekening NV, terinzagelegging van

1. De naamloze vennootschap zorgt dat de opgemaakte jaarrekening, het bestuursverslag en de krachtens artikel 392 lid 1 toe te voegen gegevens vanaf de oproep tot de algemene vergadering, bestemd tot hun behandeling, te haren kantore aanwezig zijn. De houders van haar aandelen of van met haar medewerking uitgegeven certificaten daarvan kunnen de stukken aldaar inzien en er kosteloos een afschrift van verkrijgen.
(Zie ook: artt. 88, 89, 114 BW Boek 2)

art. 2:107

2. Luiden deze aandelen of certificaten aan toonder of heeft de vennootschap schuldbrieven aan toonder uitstaan, dan kan tevens ieder de stukken, voor zover zij na vaststelling openbaar gemaakt moeten worden, inzien en daarvan tegen ten hoogste de kostprijs een afschrift verkrijgen. Deze bevoegdheid vervalt zodra deze stukken zijn gedeponeerd bij het handelsregister.
(Zie ook: artt. 77, 108, 212, 369 t/m 398, 402, 403 BW Boek 2; art. 31a WOR; art. 1 WED)

Art. 103
[Vervallen]

Art. 104
Ten laste van de door de wet voorgeschreven reserves mag een tekort slechts worden gedelgd voor zover de wet dat toestaat. — Delging tekort van aandelen NV
(Zie ook: artt. 58, 94a, 215, 365, 389, 390 BW Boek 2; art. 1 WED)

Art. 105
1. Voor zover bij de statuten niet anders is bepaald, komt de winst de aandeelhouders ten goede. — Winstverdeling bij NV
(Zie ook: artt. 88, 92, 96a, 312 BW Boek 2; art. 1670 BW Boek 7A)
2. De naamloze vennootschap kan aan de aandeelhouders en andere gerechtigden tot de voor uitkering vatbare winst slechts uitkeringen doen voor zover haar eigen vermogen groter is dan het bedrag van het gestorte en opgevraagde deel van het kapitaal vermeerderd met de reserves die krachtens de wet of de statuten moeten worden aangehouden.
(Zie ook: artt. 94a, 98, 365, 389, 390 BW Boek 2)
3. Uitkering van winst geschiedt na de vaststelling van de jaarrekening waaruit blijkt dat zij geoorloofd is.
(Zie ook: art. 101 BW Boek 2)
4. De vennootschap mag tussentijds slechts uitkeringen doen, indien de statuten dit toelaten en aan het vereiste van het tweede lid is voldaan blijkens een tussentijdse vermogensopstelling. Deze heeft betrekking op de stand van het vermogen op ten vroegste de eerste dag van de derde maand voor de maand waarin het besluit tot uitkering bekend wordt gemaakt. Zij wordt opgemaakt met inachtneming van in het maatschappelijke verkeer als aanvaardbaar beschouwde waarderingsmethoden. In de vermogensopstelling worden de krachtens de wet of de statuten te reserveren bedragen opgenomen. Zij wordt ondertekend door de bestuurders; ontbreekt de handtekening van een of meer hunner, dan wordt daarvan onder opgave van reden melding gemaakt. De vennootschap legt de vermogensopstelling ten kantore van het handelsregister neer binnen acht dagen na de dag waarop het besluit tot uitkering wordt bekend gemaakt.
(Zie ook: artt. 72, 77, 139, 313, 362, 365 BW Boek 2; art. 1 WED)
5. Bij de berekening van de winstverdeling tellen de aandelen die de vennootschap in haar kapitaal houdt, mede, tenzij bij de statuten anders is bepaald.
6. Bij de berekening van het winstbedrag, dat op ieder aandeel zal worden uitgekeerd, komt slechts het bedrag van de verplichte stortingen op het nominale bedrag van de aandelen in aanmerking, tenzij bij de statuten anders is bepaald.
(Zie ook: art. 80 BW Boek 2)
7. De statuten kunnen bepalen dat de vordering van een aandeelhouder niet door verloop van vijf jaren verjaart, doch eerst na een langere termijn vervalt. Een zodanige bepaling is alsdan van overeenkomstige toepassing op de vordering van een houder van een certificaat van een aandeel op de aandeelhouder.
(Zie ook: art. 101 BW Boek 2; art. 308 BW Boek 3)
8. Een uitkering in strijd met het tweede of vierde lid moet worden terugbetaald door de aandeelhouder of andere winstgerechtigde die wist of behoorde te weten dat de uitkering niet geoorloofd was.
9. Geen van de aandeelhouders kan geheel worden uitgesloten van het delen in de winst.
10. De statuten kunnen bepalen dat de winst waartoe houders van aandelen van een bepaalde soort gerechtigd zijn, geheel of gedeeltelijk te hunnen behoeve wordt gereserveerd.
(Zie ook: artt. 88, 216 BW Boek 2)

Art. 106
[Vervallen]

Afdeling 4
De algemene vergadering

Art. 107
1. Aan de algemene vergadering behoort, binnen de door de wet en de statuten gestelde grenzen, alle bevoegdheid, die niet aan het bestuur of aan anderen is toegekend. — Bevoegdheden AVA NV
2. Het bestuur en de raad van commissarissen verschaffen haar alle verlangde inlichtingen, tenzij een zwaarwichtig belang der vennootschap zich daartegen verzet.
(Zie ook: artt. 13, 14, 15, 17, 40, 128, 129, 140, 158, 217 BW Boek 2)

Art. 107a

Goedkeuring ingrijpende besluiten door AVA NV

1. Aan de goedkeuring van de algemene vergadering zijn onderworpen de besluiten van het bestuur omtrent een belangrijke verandering van de identiteit of het karakter van de vennootschap of de onderneming, waaronder in ieder geval:
   a. overdracht van de onderneming of vrijwel de gehele onderneming aan een derde;
   b. het aangaan of verbreken van duurzame samenwerking van de vennootschap of een dochtermaatschappij met een andere rechtspersoon of vennootschap dan wel als volledig aansprakelijke vennote in een commanditaire vennootschap of vennootschap onder firma, indien deze samenwerking of verbreking van ingrijpende betekenis is voor de vennootschap;
   c. het nemen of afstoten van een deelneming in het kapitaal van een vennootschap ter waarde van ten minste een derde van het bedrag van de activa volgens de balans met toelichting of, indien de vennootschap een geconsolideerde balans opstelt, volgens de geconsolideerde balans met toelichting volgens de laatst vastgestelde jaarrekening van de vennootschap, door haar of een dochtermaatschappij.

2. Het ontbreken van de goedkeuring van de algemene vergadering op een besluit als bedoeld in lid 1 tast de vertegenwoordigingsbevoegdheid van bestuur of bestuurders niet aan.
(Zie ook: artt. 9, 130, 164 BW Boek 2; art. 25 WOR)

3. Indien de vennootschap krachtens wettelijke bepalingen een ondernemingsraad heeft ingesteld, wordt het verzoek om goedkeuring niet aan de algemene vergadering aangeboden, dan nadat de ondernemingsraad tijdig voor de datum van oproeping als bedoeld in artikel 114 in de gelegenheid is gesteld hierover een standpunt te bepalen. Het standpunt van de ondernemingsraad wordt gelijktijdig met het verzoek om goedkeuring aan de algemene vergadering aangeboden. De voorzitter of een door hem aangewezen lid van de ondernemingsraad kan het standpunt van de ondernemingsraad in de algemene vergadering toelichten. Het ontbreken van dat standpunt tast de besluitvorming over het verzoek om goedkeuring niet aan.

4. Voor de toepassing van lid 3 wordt onder de ondernemingsraad mede verstaan de ondernemingsraad van de onderneming van een dochtermaatschappij, mits de werknemers in dienst van de vennootschap en de groepsmaatschappijen in meerderheid binnen Nederland werkzaam zijn. Is er meer dan één ondernemingsraad, dan wordt de bevoegdheid door deze raden gezamenlijk uitgeoefend. Is voor de betrokken onderneming of ondernemingen een centrale ondernemingsraad ingesteld, dan komt de bevoegdheid toe aan de centrale ondernemingsraad.

Art. 108

AVA NV

1. Jaarlijks wordt ten minste één algemene vergadering gehouden.
2. Wanneer bij de statuten niet een kortere termijn is gesteld, wordt de jaarvergadering gehouden binnen zes maanden na afloop van het boekjaar der vennootschap.
(Zie ook: artt. 101, 128, 218 BW Boek 2)

Art. 108a

Maatregelen door AVA bij vermogensdaling bij NV

Binnen drie maanden nadat het voor het bestuur aannemelijk is dat het eigen vermogen van de naamloze vennootschap is gedaald tot een bedrag gelijk aan of lager dan de helft van het gestorte en opgevraagde deel van het kapitaal, wordt een algemene vergadering gehouden ter bespreking van zo nodig te nemen maatregelen.
(Zie ook: art. 112 BW Boek 2)

Art. 109

Bijeenroepen AVA NV

Het bestuur en de raad van commissarissen zijn bevoegd tot het bijeenroepen van een algemene vergadering; bij de statuten kan deze bevoegdheid ook aan anderen worden verleend.
(Zie ook: artt. 110, 111, 112, 129, 140, 219 BW Boek 2)

Art. 110

Bijeenroepen AVA NV door aandeelhouders

1. Een of meer houders van aandelen die gezamenlijk ten minste een tiende gedeelte van het geplaatste kapitaal vertegenwoordigen, of een zoveel geringer bedrag als bij de statuten is bepaald, kunnen door de voorzieningenrechter van de rechtbank op hun verzoek worden gemachtigd tot de bijeenroeping van een algemene vergadering. De voorzieningenrechter wijst dit verzoek af, indien hem niet is gebleken, dat verzoekers voordien aan het bestuur en aan de raad van commissarissen schriftelijk en onder nauwkeurige opgave van de te behandelen onderwerpen het verzoek hebben gericht een algemene vergadering bijeen te roepen, en dat noch het bestuur noch de raad van commissarissen - daartoe in dit geval gelijkelijk bevoegd - de nodige maatregelen hebben getroffen, opdat de algemene vergadering binnen zes weken na het verzoek kon worden gehouden. Indien aandelen van de vennootschap of met medewerking van de vennootschap uitgegeven certificaten daarvan zijn toegelaten tot de handel op een gereglementeerde markt als bedoeld in artikel 1:1 van de Wet op het financieel toezicht, bedraagt deze termijn acht weken.

2. Voor de toepassing van dit artikel worden met houders van aandelen gelijkgesteld de houders van de certificaten van aandelen, welke met medewerking van de vennootschap zijn uitgegeven.
(Zie ook: artt. 41, 88, 89, 112, 113, 117, 123, 220, 346 BW Boek 2; art. 259 BW Boek 3; artt. 261, 995 Rv)

3. Tenzij de statuten anders bepalen, wordt aan de eis van schriftelijkheid van het verzoek als bedoeld in lid 1 voldaan indien dit verzoek elektronisch is vastgelegd.

Art. 111
1. De voorzieningenrechter van de rechtbank verleent, na verhoor of oproeping van de naamloze vennootschap, de verzochte machtiging, indien de verzoekers summierlijk hebben doen blijken, dat de in het vorige artikel gestelde voorwaarden zijn vervuld, en dat zij een redelijk belang hebben bij het houden van de vergadering. De voorzieningenrechter van de rechtbank stelt de vorm en de termijnen voor de oproeping tot de algemene vergadering vast. Hij kan tevens iemand aanwijzen, die met de leiding van de algemene vergadering zal zijn belast. *(Zie ook: art. 110 BW Boek 2)* [Verlening machtiging aandeelhouders NV tot oproeping AVA]

2. Bij de oproeping ingevolge het eerste lid wordt vermeld dat zij krachtens rechterlijke machtiging geschiedt. De op deze wijze gedane oproeping is rechtsgeldig, ook indien mocht blijken dat de machtiging ten onrechte was verleend.

3. Tegen de beschikking van de voorzieningenrechter is generlei voorziening toegelaten, behoudens cassatie in het belang der wet.
(Zie ook: art. 221 BW Boek 2; art. 98 Wet RO)

Art. 112
Indien zij, die krachtens artikel 109 van dit Boek of de statuten tot de bijeenroeping bevoegd zijn, in gebreke zijn gebleven een bij artikel 108 of artikel 108a van dit Boek of de statuten voorgeschreven algemene vergadering te doen houden, kan iedere aandeelhouder door de voorzieningenrechter van de rechtbank worden gemachtigd zelf daartoe over te gaan. Artikel 110 lid 2 en artikel 111 van dit Boek zijn van overeenkomstige toepassing.
(Zie ook: art. 222 BW Boek 2; art. 259 BW Boek 3) [Machtiging aandeelhouder NV door voorzieningenrechter tot oproeping AVA]

Art. 113
1. Tot de algemene vergadering worden opgeroepen de aandeelhouders alsmede de houders van de certificaten van aandelen, welke met medewerking van de vennootschap zijn uitgegeven. *(Zie ook: artt. 88, 89 BW Boek 2)* [Oproeping van AVA NV]

2. De oproeping geschiedt door aankondiging in een landelijk verspreid dagblad.
(Zie ook: artt. 100, 223, 224, 314 BW Boek 2)

3. De statuten kunnen bepalen dat de houders van aandelen op naam worden opgeroepen door middel van oproepingsbrieven gericht aan de adressen van die aandeelhouders zoals deze zijn vermeld in het register van aandeelhouders.
(Zie ook: artt. 111, 223 BW Boek 2; art. 259 BW Boek 3)

4. Tenzij de statuten anders bepalen kan, indien de houder van aandelen op naam alsmede de houder van de certificaten van aandelen, welke met medewerking van de vennootschap zijn uitgegeven, hiermee instemt, de oproeping geschieden door een langs elektronische weg toegezonden leesbaar en reproduceerbaar bericht aan het adres dat door hem voor dit doel aan de vennootschap is bekend gemaakt.

5. De statuten kunnen bepalen dat de houders van aandelen aan toonder alsmede de houders van de certificaten van aandelen, welke met medewerking van de vennootschap zijn uitgegeven, worden opgeroepen door een langs elektronische weg openbaar gemaakte aankondiging, welke tot aan de algemene vergadering rechtstreeks en permanent toegankelijk is.

6. In afwijking van lid 2 en onverminderd de leden 3 en 4 geschiedt de oproeping door een langs elektronische weg openbaar gemaakte aankondiging, welke tot aan de algemene vergadering rechtstreeks en permanent toegankelijk is indien aandelen van de vennootschap of met medewerking van de vennootschap uitgegeven certificaten daarvan zijn toegelaten tot de handel op een gereglementeerde markt als bedoeld in artikel 1:1 van de Wet op het financieel toezicht.

Art. 114
1. Bij de oproeping worden vermeld: [Agenda bij AVA NV]
a. de te behandelen onderwerpen;
b. de plaats en het tijdstip van de algemene vergadering;
c. de procedure voor deelname aan de algemene vergadering bij schriftelijk gevolmachtigde;
d. indien aandelen van de vennootschap of met medewerking van de vennootschap uitgegeven certificaten daarvan zijn toegelaten tot de handel op een gereglementeerde markt als bedoeld in artikel 1:1 van de Wet op het financieel toezicht, de procedure voor deelname aan de algemene vergadering en het uitoefenen van het stemrecht door middel van een elektronisch communicatiemiddel, indien dit recht overeenkomstig artikel 117a kan worden uitgeoefend, alsmede het adres van de website van de vennootschap, als bedoeld in artikel 5:25ka van de Wet op het financieel toezicht.

2. Omtrent onderwerpen waarvan de behandeling niet bij de oproeping of op dezelfde wijze is aangekondigd met inachtneming van de voor de oproeping gestelde termijn, kan niet wettig worden besloten, tenzij het besluit met algemene stemmen wordt genomen in een vergadering, waarin het gehele geplaatste kapitaal vertegenwoordigd is.

3. Mededelingen welke krachtens de wet of de statuten aan de algemene vergadering moeten worden gericht, kunnen geschieden door opneming hetzij in de oproeping hetzij in het stuk

dat ter kennisneming ten kantore der vennootschap is neergelegd, mits daarvan in de oproeping melding wordt gemaakt.
(Zie ook: artt. 14, 15, 99, 115, 116, 120, 123, 142, 158, 224 BW Boek 2; art. 259 BW Boek 3)
4. In afwijking van lid 1 kan bij de oproeping worden medegedeeld dat de houders van aandelen en de houders van met medewerking van de vennootschap uitgegeven certificaten van aandelen ten kantore van de vennootschap kennis kunnen nemen van de gegevens bedoeld in lid 1 onderdelen a en c, tenzij de betreffende aandelen of certificaten zijn toegelaten tot de handel op een gereglementeerde markt als bedoeld in artikel 1:1 van de Wet op het financieel toezicht.

Art. 114a

Verzoek behandeling agendapunt tijdens AVA NV

1. Een onderwerp, waarvan de behandeling schriftelijk is verzocht door een of meer houders van aandelen die alleen of gezamenlijk tenminste drie honderdste gedeelte van het geplaatste kapitaal vertegenwoordigen, wordt opgenomen in de oproeping of op dezelfde wijze aangekondigd indien de vennootschap het met redenen omklede verzoek of een voorstel voor een besluit niet later dan op de zestigste dag voor die van de vergadering heeft ontvangen. In de statuten kan het vereiste gedeelte van het kapitaal lager worden gesteld en de termijn voor indiening van het verzoek worden verkort.
2. Voor de toepassing van dit artikel worden met de houders van aandelen gelijkgesteld de houders van de certificaten van aandelen die met medewerking van de vennootschap zijn uitgegeven.
(Zie ook: artt. 107, 109, 113, 114, 224a BW Boek 2; artt. 16, 56 Uw SE)
3. Tenzij de statuten anders bepalen, wordt aan de eis van schriftelijkheid van het verzoek als bedoeld in lid 1 voldaan indien dit verzoek elektronisch is vastgelegd.

Art. 115

Oproepingstermijn voor AVA NV

1. Behoudens het bepaalde bij de tweede zin van het eerste lid van artikel 111 van dit Boek, geschiedt de oproeping niet later dan op de vijftiende dag vóór die der vergadering. Was die termijn korter of heeft de oproeping niet plaats gehad, dan kunnen geen wettige besluiten worden genomen, tenzij met algemene stemmen in een vergadering, waarin het gehele geplaatste kapitaal vertegenwoordigd is.
(Zie ook: artt. 14, 15, 120, 128, 225 BW Boek 2)
2. Indien aandelen van de vennootschap of met medewerking van de vennootschap uitgegeven certificaten daarvan zijn toegelaten tot de handel op een gereglementeerde markt als bedoeld in artikel 1:1 van de Wet op het financieel toezicht, geschiedt de oproeping niet later dan op de tweeënveertigste dag vóór die der vergadering.
3. De statuten van een entiteit als bedoeld in artikel 3A:2, onderdelen a tot en met e, van de Wet op het financieel toezicht kunnen in afwijking van leden 1 en 2 bepalen dat de oproeping voor een vergadering voor een besluit tot uitgifte van aandelen niet later dan de tiende dag vóór die der vergadering geschiedt, indien voldaan is aan de voorwaarden om maatregelen op te leggen op grond van artikel 1:75a van die wet en de uitgifte van aandelen noodzakelijk is om te voorkomen dat aan de voorwaarden voor afwikkeling, bedoeld in artikel 3A:18, eerste lid, van die wet wordt voldaan.
4. Voor een besluit van de algemene vergadering tot wijziging van de statuten voor de toepassing van het derde lid, is een meerderheid van ten minste twee derden der uitgebrachte stemmen vereist.

Art. 116

Plaats van AVA NV

De algemene vergaderingen worden gehouden in Nederland ter plaatse bij de statuten vermeld, of anders in de gemeente waar de naamloze vennootschap haar woonplaats heeft. In een algemene vergadering, gehouden elders dan behoort, kunnen wettige besluiten slechts worden genomen, indien het gehele geplaatste kapitaal vertegenwoordigd is.
(Zie ook: art. 10 BW Boek 1; artt. 14, 15, 24d, 120, 128, 226 BW Boek 2)

Art. 117

AVA NV, rechten aandeelhouder/gevolmachtigde

1. Iedere aandeelhouder is bevoegd, in persoon of bij een schriftelijk gevolmachtigde, de algemene vergaderingen bij te wonen, daarin het woord te voeren en het stemrecht uit te oefenen. Houders van onderaandelen, tezamen uitmakende het bedrag van een aandeel, oefenen deze rechten gezamenlijk uit, hetzij door één van hen, hetzij door een schriftelijk gevolmachtigde. Bij de statuten kan de bevoegdheid van aandeelhouders zich te doen vertegenwoordigen, worden beperkt. De bevoegdheid van aandeelhouders zich te doen vertegenwoordigen door een advocaat, notaris, toegevoegd notaris, kandidaat-notaris, registeraccountant of accountant-administratieconsulent kan niet worden uitgesloten.
2. Iedere houder van een met medewerking van de vennootschap uitgegeven certificaat van een aandeel is bevoegd, in persoon of bij een schriftelijk gevolmachtigde, de algemene vergadering bij te wonen en daarin het woord te voeren. De voorlaatste en de laatste zin van lid 1 zijn van overeenkomstige toepassing.
3. De statuten kunnen bepalen dat een aandeelhouder niet gerechtigd is tot deelname aan de algemene vergadering zolang hij in gebreke is te voldoen aan een wettelijke of statutaire verplichting. Wanneer bij de statuten is bepaald dat de houders van aandelen de bewijsstukken

van hun recht vóór de algemene vergadering in bewaring moeten geven, worden bij de oproeping voor die vergadering vermeld de plaats waar en de dag waarop zulks uiterlijk moet geschieden. Die dag kan niet vroeger worden gesteld dan op de zevende dag voor die der vergadering. Indien de statuten voorschriften overeenkomstig de voorgaande bepalingen van dit lid bevatten, gelden deze mede voor de houders van de certificaten van aandelen die met medewerking van de vennootschap zijn uitgegeven. Inbewaringgeving van bewijsstukken kan niet worden voorgeschreven indien aandelen van de vennootschap of met medewerking van de vennootschap uitgegeven certificaten daarvan zijn toegelaten tot de handel op een gereglementeerde markt als bedoeld in artikel 1:1 van de Wet op het financieel toezicht.
4. De bestuurders en de commissarissen hebben als zodanig in de algemene vergaderingen een raadgevende stem.
5. De accountant aan wie de opdracht tot het onderzoek van de jaarrekening is verleend, bedoeld in artikel 393 lid 1, is bevoegd de algemene vergadering die besluit over de vaststelling van de jaarrekening bij te wonen en daarin het woord te voeren.
6. Aan de eis van schriftelijkheid van de volmacht wordt voldaan indien de volmacht elektronisch is vastgelegd. Indien aandelen van de vennootschap of met medewerking van de vennootschap uitgegeven certificaten daarvan zijn toegelaten tot de handel op een gereglementeerde markt als bedoeld in artikel 1:1 van de Wet op het financieel toezicht, biedt de vennootschap aan de aandeelhouder de mogelijkheid om haar langs elektronische weg van de volmacht in kennis te stellen.
(Zie ook: artt. 12, 38, 79, 88, 92, 227 BW Boek 2; artt. 39, 61, 259 BW Boek 3)
7. Indien aandelen van de vennootschap of met medewerking van de vennootschap uitgegeven certificaten daarvan zijn toegelaten tot de handel op een gereglementeerde markt als bedoeld in de Wet op het financieel toezicht, kan bij de statuten de bevoegdheid van aandeelhouders of certificaathouders zich te doen vertegenwoordigen niet worden uitgesloten of beperkt.

Art. 117a
1. De statuten kunnen bepalen dat iedere aandeelhouder bevoegd is om, in persoon of bij een schriftelijk gevolmachtigde, door middel van een elektronisch communicatiemiddel aan de algemene vergadering deel te nemen, daarin het woord te voeren en het stemrecht uit te oefenen.
Deelname/stemming via elektronisch communicatiemiddel tijdens AVA NV
2. Voor de toepassing van lid 1 is vereist dat de aandeelhouder via het elektronisch communicatiemiddel kan worden geïdentificeerd, rechtstreeks kan kennisnemen van de verhandelingen ter vergadering en het stemrecht kan uitoefenen. De statuten kunnen bepalen dat bovendien is vereist dat de aandeelhouder via het elektronisch communicatiemiddel kan deelnemen aan de beraadslaging.
3. Bij of krachtens de statuten kunnen voorwaarden worden gesteld aan het gebruik van het elektronisch communicatiemiddel, mits deze voorwaarden redelijk en noodzakelijk zijn voor de identificatie van de aandeelhouder en de betrouwbaarheid en veiligheid van de communicatie. Indien de voorwaarden krachtens de statuten worden gesteld, of artikel 114 lid 1 onderdeel d van toepassing is, worden deze voorwaarden bij de oproeping bekend gemaakt.
4. Lid 1 tot en met 3 zijn van overeenkomstige toepassing op de rechten van iedere houder van een met medewerking van de vennootschap uitgegeven certificaat van een aandeel.
5. Aan de eis van schriftelijkheid van de volmacht wordt voldaan indien de volmacht elektronisch is vastgelegd. Indien aandelen van de vennootschap of met medewerking van de vennootschap uitgegeven certificaten daarvan zijn toegelaten tot de handel op een gereglementeerde markt als bedoeld in artikel 1:1 van de Wet op het financieel toezicht, biedt de vennootschap aan de aandeelhouder de mogelijkheid om haar langs elektronische weg van de volmacht in kennis te stellen.

Art. 117b
1. De statuten kunnen bepalen dat stemmen die voorafgaand aan de algemene vergadering via een elektronisch communicatiemiddel of bij brief worden uitgebracht gelijk worden gesteld met stemmen die ten tijde van de vergadering worden uitgebracht. Deze stemmen worden niet eerder uitgebracht dan op de in het lid bedoelde dag van registratie.
Elektronische stemuitbrenging voorafgaand aan AVA NV
2. Voor de toepassing van lid 1 hebben als stem- of vergadergerechtigde te gelden zij die op een bij de bijeenroeping van een algemene vergadering te bepalen tijdstip die rechten hebben en als zodanig zijn ingeschreven in een door het bestuur aangewezen register, ongeacht wie ten tijde van de algemene vergadering de rechthebbenden op de aandelen zijn.
3. De dag van registratie is de achtentwintigste dag voor die van de vergadering.
4. Bij de oproeping wordt de dag van de registratie vermeld, alsmede de wijze waarop de stem- of vergadergerechtigden zich kunnen laten registreren en de wijze waarop zij hun rechten kunnen uitoefenen.
5. Indien de oproeping van de algemene vergadering plaatsvindt onder toepassing van een bepaling in de statuten als bedoeld in artikel 115 lid 3, worden de stemmen in afwijking van lid 1 tweede volzin en lid 3 niet eerder uitgebracht dan op de in de statuten te bepalen dag van registratie.

Art. 118

Stemrecht tijdens AVA NV

1. Slechts aandeelhouders hebben stemrecht. Iedere aandeelhouder heeft ten minste één stem. De statuten kunnen bepalen dat een aandeelhouder niet gerechtigd is tot uitoefening van het stemrecht zolang hij in gebreke is te voldoen aan een wettelijke of statutaire verplichting.
2. Indien het maatschappelijk kapitaal in aandelen van een zelfde bedrag is verdeeld, brengt iedere aandeelhouder zoveel stemmen uit als hij aandelen heeft.
(Zie ook: art. 92 BW Boek 2)
3. Indien het maatschappelijk kapitaal in aandelen van verschillend bedrag is verdeeld, is het aantal stemmen van iedere aandeelhouder gelijk aan het aantal malen, dat het bedrag van het kleinste aandeel is begrepen in het gezamenlijk bedrag van zijn aandelen; gedeelten van stemmen worden verwaarloosd.
4. Echter kan het door een zelfde aandeelhouder uit te brengen aantal stemmen bij de statuten worden beperkt, mits aandeelhouders wier bedrag aan aandelen gelijk is, hetzelfde aantal stemmen uitbrengen en de beperking voor de houders van een groter bedrag aan aandelen niet gunstiger is geregeld dan voor de houders van een kleiner bedrag aan aandelen.
5. Van het bepaalde bij het tweede en het derde lid kan bij de statuten ook op andere wijze worden afgeweken, mits aan eenzelfde aandeelhouder niet meer dan zes stemmen worden toegekend indien het maatschappelijk kapitaal is verdeeld in honderd of meer aandelen, en niet meer dan drie stemmen indien het kapitaal in minder dan honderd aandelen is verdeeld.
6. Onderaandelen die tezamen het bedrag van een aandeel uitmaken worden met een zodanig aandeel gelijkgesteld.
(Zie ook: art. 79 BW Boek 2)
7. Voor een aandeel dat toebehoort aan de vennootschap of aan een dochtermaatschappij daarvan kan in de algemene vergadering geen stem worden uitgebracht; evenmin voor een aandeel waarvan een hunner de certificaten houdt. Vruchtgebruikers en pandhouders van aandelen die aan de vennootschap en haar dochtermaatschappijen toebehoren, zijn evenwel niet van hun stemrecht uitgesloten, indien het vruchtgebruik of pandrecht was gevestigd voordat het aandeel aan de vennootschap of een dochtermaatschappij daarvan toebehoorde. De vennootschap of een dochtermaatschappij daarvan kan geen stem uitbrengen voor een aandeel waarop zij een recht van vruchtgebruik of een pandrecht heeft.
(Zie ook: artt. 13, 24a, 24d, 38, 88, 89, 105, 117, 228 BW Boek 2; art. 171 BW Boek 8)

Art. 118a

Volmacht stemrecht certificaathouder bij AVA NV

1. Indien met medewerking van de vennootschap certificaten van aandelen zijn uitgegeven die zijn toegelaten tot de handel op een gereglementeerde markt of een multilaterale handelsfaciliteit, als bedoeld in artikel 1:1 van de Wet op het financieel toezicht of een met een gereglementeerde markt of multilaterale handelsfaciliteit vergelijkbaar systeem uit een staat die geen lidstaat is wordt de houder van de certificaten op zijn verzoek gevolmachtigd om met uitsluiting van de volmachtgever het stemrecht verbonden aan het betreffende aandeel of de betreffende aandelen uit te oefenen in een in de volmacht aangegeven algemene vergadering. Een aldus gevolmachtigde certificaathouder kan het stemrecht naar eigen inzicht uitoefenen. De artikelen 88 lid 4 en 89 lid 4 zijn niet van toepassing.
2. De stemgerechtigde kan de volmacht slechts beperken, uitsluiten of een gegeven volmacht herroepen indien:
a. een openbaar bod is aangekondigd of uitgebracht op aandelen in het kapitaal van de vennootschap of op certificaten of de gerechtvaardigde verwachting bestaat dat daartoe zal worden overgegaan, zonder dat over het bod overeenstemming is bereikt met de vennootschap;
b. een houder van certificaten of meerdere houders van certificaten en aandelen volgens een onderlinge regeling tot samenwerking die niet samen met dochtermaatschappijen ten minste 25% van het geplaatst kapitaal van de vennootschap verschaffen of doen verschaffen; of
c. naar het oordeel van de stemgerechtigde uitoefening van het stemrecht door een houder van certificaten wezenlijk in strijd is met het belang van de vennootschap en de daarmee verbonden onderneming.
De stemgerechtigde brengt het besluit tot beperking, intrekking of herroeping gemotiveerd ter kennis van de certificaathouders en de overige aandeelhouders.
3. De bevoegdheid tot beperking, uitsluiting of herroeping bestaat niet indien de stemgerechtigde rechtspersoonlijkheid heeft en de meerderheid van stemmen in het bestuur van de rechtspersoon kan worden uitgebracht door
a. bestuurders of gewezen bestuurders alsmede commissarissen of gewezen commissarissen van de vennootschap of haar groepsmaatschappijen;
b. natuurlijke personen in dienst van de vennootschap of haar groepsmaatschappijen;
c. vaste adviseurs van de vennootschap of haar groepsmaatschappijen.
4. Bij het besluit tot het beperken, uitsluiten of herroepen van de volmacht en het besluit over de wijze waarop het stemrecht wordt uitgeoefend, kunnen de in lid 3 bedoelde personen geen stem uitbrengen.
(Zie ook: art. 118 BW Boek 2; art. 60 BW Boek 3; art. 423 BW Boek 7)

Art. 119

1. De algemene vergadering kan het bestuur voor een periode van ten hoogste vijf jaren machtigen bij de bijeenroeping van een algemene vergadering te bepalen dat voor de toepassing van artikel 117 leden 1 en 2 en artikel 117a leden 1 en 4 als stem- of vergadergerechtigde hebben te gelden zij die op de in lid 2 bedoelde dag van registratie die rechten hebben en als zodanig zijn ingeschreven in een door het bestuur aangewezen register, ongeacht wie ten tijde van de algemene vergadering de rechthebbenden op de aandelen of certificaten zijn. De machtiging kan ook voor onbepaalde tijd worden verleend bij de statuten. Indien aandelen van de vennootschap of met medewerking van de vennootschap uitgegeven certificaten daarvan zijn toegelaten tot de handel op een gereglementeerde markt als bedoeld in artikel 1:1 van de Wet op het financieel toezicht, hebben voor de toepassing van artikel 117 leden 1 en 2 en artikel 117a leden 1 en 4 als stem- of vergadergerechtigde te gelden zij die op de in lid 2 bedoelde dag van registratie die rechten hebben en als zodanig zijn ingeschreven in een door het bestuur aangewezen register, ongeacht wie ten tijde van de algemene vergadering de rechthebbenden op de aandelen of certificaten zijn.
2. De dag van registratie is de achtentwintigste dag voor die van de vergadering.
3. Bij oproeping voor de vergadering wordt de dag van registratie vermeld alsmede de wijze waarop de stem- of vergadergerechtigden zich kunnen laten registreren en de wijze waarop zij hun rechten kunnen uitoefenen.
4. Indien de oproeping van de algemene vergadering plaatsvindt onder toepassing van een bepaling in de statuten als bedoeld in artikel 115 lid 3, hebben, in afwijking van leden 1 en 2, voor de toepassing van artikel 117 leden 1 en 2 en artikel 117a leden 1 en 4 als stem- of vergadergerechtigde te gelden zij die op een in de statuten te bepalen dag van registratie die rechten hebben en als zodanig zijn ingeschreven in een door het bestuur aangewezen register, ongeacht wie ten tijde van de algemene vergadering de rechthebbenden op de aandelen of certificaten zijn.

Aanwijzing stemgerechtigde/vergadergerechtigde voor AVA NV

Art. 120

1. Alle besluiten waaromtrent bij de wet of de statuten geen grotere meerderheid is voorgeschreven, worden genomen bij volstrekte meerderheid van de uitgebrachte stemmen. Staken de stemmen bij verkiezing van personen, dan beslist het lot, staken de stemmen bij een andere stemming, dan is het voorstel verworpen; een en ander voor zover in de wet of de statuten niet een andere oplossing is aangegeven. Deze oplossing kan bestaan in het opdragen van de beslissing aan een derde.
2. Tenzij bij de wet of de statuten anders is bepaald, is de geldigheid van besluiten niet afhankelijk van het ter vergadering vertegenwoordigd gedeelte van het kapitaal.
3. Indien in de statuten is bepaald dat de geldigheid van een besluit afhankelijk is van het ter vergadering vertegenwoordigd gedeelte van het kapitaal en dit gedeelte ter vergadering niet vertegenwoordigd was, kan, tenzij de statuten anders bepalen, een nieuwe vergadering worden bijeengeroepen waarin het besluit kan worden genomen, onafhankelijk van het op deze vergadering vertegenwoordigd gedeelte van het kapitaal. Bij de oproeping tot de nieuwe vergadering moet worden vermeld dat en waarom een besluit kan worden genomen, onafhankelijk van het ter vergadering vertegenwoordigd gedeelte van het kapitaal.
4. Het bestuur van de vennootschap houdt van de genomen besluiten aantekening. De aantekeningen liggen ten kantore van de vennootschap ter inzage van de aandeelhouders en de houders van de met medewerking van de vennootschap uitgegeven certificaten van haar aandelen. Aan ieder van dezen wordt desgevraagd afschrift of uittreksel van deze aantekeningen verstrekt tegen ten hoogste de kostprijs.
(Zie ook: artt. 13, 14, 15, 96a, 114, 115, 116, 121, 133, 134, 230, 317 BW Boek 2; art. 171 BW Boek 8)
5. Onverminderd het bepaalde in lid 4 stelt de vennootschap waarvan aandelen of met medewerking van de vennootschap uitgegeven certificaten daarvan zijn toegelaten tot de handel op een gereglementeerde markt als bedoeld in artikel 1:1 van de Wet op het financieel toezicht voor elk genomen besluit vast:
a. het aantal aandelen waarvoor geldige stemmen zijn uitgebracht;
b. het percentage dat het aantal onder a bedoelde aandelen vertegenwoordigt in het geplaatste kapitaal;
c. het totale aantal geldig uitgebrachte stemmen;
d. het aantal stemmen dat voor en tegen het besluit is uitgebracht, alsmede het aantal onthoudingen.

Vereiste aantal stemmen tijdens AVA BV

Art. 121

1. De algemene vergadering is bevoegd de statuten te wijzigen; voor zover bij de statuten de bevoegdheid tot wijziging mocht zijn uitgesloten, is wijziging niettemin mogelijk met algemene stemmen in een vergadering waarin het gehele geplaatste kapitaal is vertegenwoordigd.
(Zie ook: art. 127 BW Boek 2)

Wijziging statuten tijdens AVA NV

2. Een bepaling in de statuten, die de bevoegdheid tot wijziging van een of meer andere bepalingen der statuten beperkt, kan slechts worden gewijzigd met inachtneming van gelijke beperking.
3. Een bepaling in de statuten, die de bevoegdheid tot wijziging van een of meer andere bepalingen uitsluit, kan slechts worden gewijzigd met algemene stemmen in een vergadering waarin het gehele geplaatste kapitaal is vertegenwoordigd.
(Zie ook: artt. 14, 15, 17, 18, 42, 43, 122, 231 BW Boek 2)

Art. 121a

Verhoging/vermindering bedrag aandelen tijdens AVA NV

1. Het besluit tot verhoging van het bedrag van de aandelen en van het maatschappelijk kapitaal volgens artikel 67a wordt genomen bij volstrekte meerderheid van stemmen. Het besluit tot vermindering van het bedrag van de aandelen en van het maatschappelijk kapitaal wordt genomen met een meerderheid van ten minste twee-derde van de uitgebrachte stemmen indien minder dan de helft van het geplaatste kapitaal is vertegenwoordigd. Zijn er verschillende soorten aandelen, dan is naast het besluit tot verhoging of verlaging een voorafgaand of gelijktijdig goedkeurend besluit nodig van elke groep van houders van aandelen waaraan de omzetting afbreuk doet.
2. Voor de toepassing van deze bepaling wordt onder aandelen van een bepaalde soort tevens begrepen aandelen met een onderscheiden nominale waarde.

Art. 122

Nadeel bij weigering toestemming tot statutenwijziging NV

Wijziging van een bepaling der statuten, waarbij aan een ander dan aan aandeelhouders der vennootschap als zodanig enig recht is toegekend, kan indien de gerechtigde in de wijziging niet toestemt, aan diens recht geen nadeel toebrengen; tenzij ten tijde van de toekenning van het recht tot de bevoegdheid tot wijziging bij die bepaling uitdrukkelijk was voorbehouden.
(Zie ook: artt. 14, 15, 232 BW Boek 2; art. 253 BW Boek 6)

Art. 123

AVA NV, voorafgaand melden statutenwijziging

1. Wanneer aan de algemene vergadering een voorstel tot wijziging van de statuten zal worden gedaan, moet zulks steeds bij de oproeping tot de algemene vergadering worden vermeld.
(Zie ook: art. 114 BW Boek 2)
2. Degenen die zodanige oproeping hebben gedaan, moeten tegelijkertijd een afschrift van dat voorstel waarin de voorgedragen wijziging woordelijk is opgenomen, ten kantore van de vennootschap nederleggen ter inzage voor iedere aandeelhouder tot de afloop der vergadering. Artikel 114 lid 2 is van overeenkomstige toepassing.
3. De aandeelhouders moeten in de gelegenheid worden gesteld van de dag der nederlegging tot die der algemene vergadering een afschrift van het voorstel, gelijk bij het vorige lid bedoeld, te verkrijgen. Deze afschriften worden kosteloos verstrekt.
4. Hetgeen in dit artikel met betrekking tot aandeelhouders is bepaald, is van overeenkomstige toepassing op houders van met medewerking der vennootschap uitgegeven certificaten van aandelen.
(Zie ook: artt. 14, 15, 18, 42, 72, 114, 233 BW Boek 2; art. 259 BW Boek 3; art. 1 WED)

Art. 124

Statutenwijziging NV bij notariële akte

1. Van een wijziging in de statuten wordt, op straffe van nietigheid, een notariële akte opgemaakt. De akte wordt verleden in de Nederlandse taal.
(Zie ook: artt. 64, 65 BW Boek 2)
2. Die akte kan bestaan in een notarieel proces-verbaal van de algemene vergadering, waarin de wijziging aangenomen is, of in een later verleden notariële akte. Het bestuur is bevoegd de akte te doen verlijden, ook zonder daartoe door de algemene vergadering te zijn gemachtigd.
3. Wordt het maatschappelijke kapitaal gewijzigd, dan vermeldt de akte welk deel daarvan is geplaatst.
(Zie ook: artt. 18, 43, 72, 125, 234, 293 BW Boek 2)

Art. 125

[Vervallen]

Art. 126

Afschrift van statutenwijziging NV

De bestuurders zijn verplicht een authentiek afschrift van de wijziging en de gewijzigde statuten neder te leggen ten kantore van het handelsregister.
(Zie ook: artt. 6, 18, 43, 69, 72, 77, 236, 293 BW Boek 2)

Art. 127

Statutenwijziging NV tijdens faillissement

Gedurende het faillissement der naamloze vennootschap kan in haar statuten geen wijziging worden aangebracht dan met toestemming van de curator.
(Zie ook: artt. 14, 15, 18, 23a, 72, 84, 121, 237 BW Boek 2; art. 68 FW)

Art. 128

Besluitvorming buiten vergadering door aandeelhouders NV

1. De statuten kunnen bepalen dat besluitvorming van aandeelhouders op andere wijze dan in een vergadering kan geschieden, tenzij aandelen aan toonder of, met medewerking van de vennootschap, certificaten van aandelen zijn uitgegeven. Indien de statuten een zodanige regeling

bevatten, is zulk een besluitvorming slechts mogelijk met algemene stemmen van de stemgerechtigde aandeelhouders. De stemmen worden schriftelijk uitgebracht.
(Zie ook: artt. 40, 107, 238 BW Boek 2)
2. Tenzij de statuten anders bepalen kunnen de stemmen ook langs elektronische weg worden uitgebracht.

Afdeling 5
Het bestuur van de naamloze vennootschap en het toezicht op het bestuur

Art. 129
1. Behoudens beperkingen volgens de statuten is het bestuur belast met het besturen van de vennootschap.   **Bestuur van NV**
2. De statuten kunnen bepalen dat een met name of in functie aangeduide bestuurder meer dan één stem wordt toegekend. Een bestuurder kan niet meer stemmen uitbrengen dan de andere bestuurders tezamen.
3. Besluiten van het bestuur kunnen bij of krachtens de statuten slechts worden onderworpen aan de goedkeuring van een orgaan van de vennootschap.
4. De statuten kunnen bepalen dat het bestuur zich dient te gedragen naar de aanwijzingen van een orgaan van de vennootschap die de algemene lijnen van het te voeren beleid op nader in de statuten aangegeven terreinen betreffen.
(Zie ook: artt. 8, 9, 44, 78a, 95, 130, 151, 164, 239, 291 BW Boek 2; art. 1673 BW Boek 7A; art. 192 BW Boek 8)
5. Bij de vervulling van hun taak richten de bestuurders zich naar het belang van de vennootschap en de met haar verbonden onderneming.
6. Een bestuurder neemt niet deel aan de beraadslaging en besluitvorming indien hij daarbij een direct of indirect persoonlijk belang heeft dat tegenstrijdig is met het belang bedoeld in lid 5. Wanneer hierdoor geen bestuursbesluit kan worden genomen, wordt het besluit genomen door de raad van commissarissen. Bij ontbreken van een raad van commissarissen, wordt het besluit genomen door de algemene vergadering, tenzij de statuten anders bepalen.

Art. 129a
1. Bij de statuten kan worden bepaald dat de bestuurstaken worden verdeeld over één of meer niet uitvoerende bestuurders en één of meer uitvoerende bestuurders. De taak om toezicht te houden op de taakuitoefening door bestuurders kan niet door een taakverdeling worden ontnomen aan niet uitvoerende bestuurders. Het voorzitterschap van het bestuur, het doen van voordrachten voor benoeming van een bestuurder en het vaststellen van de bezoldiging van uitvoerende bestuurders kan niet aan een uitvoerende bestuurder worden toebedeeld. Niet uitvoerende bestuurders zijn natuurlijke personen.   **Taakscheiding uitvoerende/niet-uitvoerende bestuurders bij NV**
2. De uitvoerende bestuurders nemen niet deel aan de beraadslaging en besluitvorming over het vaststellen van de bezoldiging van uitvoerende bestuurders en over de verlening van de opdracht tot onderzoek van de jaarrekening aan een externe accountant als bedoeld in artikel 27 van de Wet toezicht accountantsorganisaties indien de algemene vergadering niet tot opdrachtverlening is overgegaan.   **Bezoldiging bestuurders NV**
3. Bij of krachtens de statuten kan worden bepaald dat een of meer bestuurders rechtsgeldig kunnen besluiten omtrent zaken die tot zijn respectievelijk hun taak behoren. Bepaling krachtens de statuten geschiedt schriftelijk.   **Besluitvorming NV**

Art. 130
1. Het bestuur vertegenwoordigt de vennootschap, voor zover uit de wet niet anders voortvloeit.   **Vertegenwoordigingsbevoegdheid bestuur van NV**
2. De bevoegdheid tot vertegenwoordiging komt mede aan iedere bestuurder toe. De statuten kunnen echter bepalen dat zij behalve aan het bestuur slechts toekomt aan een of meer bestuurders. Zij kunnen voorts bepalen dat een bestuurder de vennootschap slechts met medewerking van een of meer anderen mag vertegenwoordigen.
3. Bevoegdheid tot vertegenwoordiging die aan het bestuur of aan een bestuurder toekomt, is onbeperkt en onvoorwaardelijk, voor zover uit de wet niet anders voortvloeit. Een wettelijk toegelaten of voorgeschreven beperking van of voorwaarde voor de bevoegdheid tot vertegenwoordiging kan slechts door de vennootschap worden ingeroepen.
4. De statuten kunnen ook aan andere personen dan bestuurders bevoegdheid tot vertegenwoordiging toekennen.
(Zie ook: artt. 6, 9, 14, 45, 129, 136, 146, 151, 240, 292 BW Boek 2; art. 65 BW Boek 3; art. 131 BW Boek 5; art. 178 BW Boek 8)

Art. 131
De rechtbank, binnen welker rechtsgebied de vennootschap haar woonplaats heeft, neemt kennis van alle rechtsvorderingen betreffende de overeenkomst tussen de naamloze vennootschap en de bestuurder, daaronder begrepen de vordering bedoeld bij artikel 138 van dit Boek, waarvan het bedrag onbepaald is of € 25.000 te boven gaat. Dezelfde rechtbank neemt kennis   **Rechterlijke competentie bij NV**

van verzoeken als bedoeld in artikel 685 van Boek 7 betreffende de in de eerste zin genoemde overeenkomst. De zaken, bedoeld in de eerste en tweede volzin, worden niet behandeld en beslist door de kantonrechter.
(Zie ook: art. 10 BW Boek 1; artt. 149, 241 BW Boek 2; artt. 38, 39, 53 Wet RO)

Art. 132

Benoeming bestuurders van NV

1. De benoeming van bestuurders geschiedt voor de eerste maal bij de akte van oprichting en later door de algemene vergadering. Indien een vennootschap toepassing geeft aan artikel 129a bepaalt de algemene vergadering of een bestuurder wordt benoemd tot uitvoerende bestuurder onderscheidenlijk niet uitvoerende bestuurder. De voorgaande twee zinnen zijn niet van toepassing indien benoeming overeenkomstig artikel 162 geschiedt door de raad van commissarissen.
2. De statuten kunnen de kring van benoembare personen beperken door eisen te stellen waaraan de bestuurders moeten voldoen. De eisen kunnen terzijde worden gesteld door een besluit van de algemene vergadering genomen met twee derden van de uitgebrachte stemmen die meer dan de helft van het geplaatste kapitaal vertegenwoordigen.
(Zie ook: artt. 37, 66, 107, 242 BW Boek 2; art. 30 WOR)
3. Indien van een vennootschap aandelen of met medewerking van de vennootschap uitgegeven certificaten daarvan zijn toegelaten tot de handel op een gereglementeerde markt of een multilaterale handelsfaciliteit, als bedoeld in artikel 1:1 van de Wet op het financieel toezicht, of tot een met een gereglementeerde markt of multilaterale handelsfaciliteit vergelijkbaar systeem uit een staat die geen lidstaat is, wordt de rechtsverhouding tussen een bestuurder en de vennootschap niet aangemerkt als arbeidsovereenkomst.

Art. 132a

Eisen aan bestuurder van NV

1. Tot bestuurder van een vennootschap die op twee opeenvolgende balansdata, zonder onderbreking nadien op twee opeenvolgende balansdata, niet heeft voldaan aan ten minste twee van de vereisten als bedoeld in artikel 397 leden 1 en 2 kunnen niet worden benoemd:
a. personen die commissaris of niet uitvoerende bestuurder zijn bij meer dan twee rechtspersonen;
b. personen die voorzitter zijn van de raad van commissarissen van een rechtspersoon of van het bestuur van een rechtspersoon indien de bestuurstaken zijn verdeeld over uitvoerende en niet uitvoerende bestuurders.
2. Voor de toepassing van dit artikel:
a. wordt met een commissaris gelijkgesteld de persoon die lid is van een toezichthoudend orgaan dat bij of krachtens de statuten van een rechtspersoon is ingesteld;
b. telt de benoeming bij verschillende rechtspersonen die met elkaar in een groep zijn verbonden als één benoeming;
c. betreft de verwijzing naar rechtspersonen de rechtsvorm van de naamloze vennootschap en de besloten vennootschap met beperkte aansprakelijkheid die op twee opeenvolgende balansdata, zonder onderbreking nadien op twee opeenvolgende balansdata, niet heeft voldaan aan ten minste twee van de vereisten als bedoeld in artikel 397 leden 1 en 2, onderscheidenlijk de stichting als bedoeld in artikel 297a lid 1;
d. wordt met bestuurder in de zin van de aanhef van lid 1 gelijkgesteld de uitvoerende bestuurder, indien de bestuurstaken zijn verdeeld over uitvoerende en niet uitvoerende bestuurders;
e. geldt een tijdelijke aanstelling overeenkomstig artikel 349a lid 2 of artikel 356 onder c niet als benoeming;
f. wordt de benoeming van een lid van de raad van toezicht of niet uitvoerende bestuurder bij een fonds als bedoeld in de algemene maatregel van bestuur op grond van artikel 106a van de Pensioenwet en artikel 110ca van de Wet verplichte beroepspensioenregeling geteld overeenkomstig de normering in deze algemene maatregel van bestuur.
3. De nietigheid van de benoeming op grond van de vorige leden heeft geen gevolgen voor de rechtsgeldigheid van de besluitvorming waaraan is deelgenomen.

Art. 133

Voordracht kandidaat bestuur van NV

1. Bij de statuten kan worden bepaald dat de benoeming door de algemene vergadering geschiedt uit een voordracht.
2. De algemene vergadering kan echter aan zodanige voordracht steeds het bindend karakter ontnemen bij een besluit genomen met twee derden van de uitgebrachte stemmen, die meer dan de helft van het geplaatste kapitaal vertegenwoordigen.
(Zie ook: art. 37 BW Boek 2)
3. Indien de voordracht één kandidaat voor een te vervullen plaats bevat, heeft een besluit over de voordracht tot gevolg dat de kandidaat is benoemd, tenzij het bindend karakter aan de voordracht wordt ontnomen.
(Zie ook: artt. 132, 142, 162, 243 BW Boek 2; art. 31 WOR; artt. 11, 39 Uw SE)
4. De vorige leden zijn niet van toepassing, indien de benoeming geschiedt door de raad van commissarissen.

Art. 134
1. Iedere bestuurder kan te allen tijde worden geschorst en ontslagen door degene die bevoegd is tot benoeming. Is uitvoering gegeven aan artikel 129a, dan is het bestuur te allen tijde bevoegd tot schorsing van een uitvoerend bestuurder.
(Zie ook: artt. 11, 39 Uw SE)

Schorsing/ontslag bestuurders van NV

2. Indien in de statuten is bepaald dat het besluit tot schorsing of ontslag slechts mag worden genomen met een versterkte meerderheid in een algemene vergadering, waarin een bepaald gedeelte van het kapitaal is vertegenwoordigd, mag deze versterkte meerderheid twee derden der uitgebrachte stemmen, vertegenwoordigende meer dan de helft van het kapitaal, niet te boven gaan.

3. Een veroordeling tot herstel van de arbeidsovereenkomst tussen naamloze vennootschap en bestuurder kan door de rechter niet worden uitgesproken.
(Zie ook: art. 682 BW Boek 7)

4. De statuten bevatten voorschriften omtrent de wijze waarop in het bestuur van de vennootschap voorlopig wordt voorzien in geval van ontstentenis of belet van bestuurders. De statuten kunnen deze voorschriften bevatten voor het geval van ontstentenis of belet van een of meer bestuurders.
(Zie ook: artt. 8, 9, 15, 37, 132, 133, 147, 162, 244, 356 BW Boek 2; art. 677 BW Boek 7; artt. 11, 12, 39 Uw SE; art. 30 WOR)

Art. 134a
1. Indien de vennootschap krachtens wettelijke bepalingen een ondernemingsraad heeft ingesteld, wordt het voorstel tot benoeming, schorsing of ontslag van een bestuurder niet aan de algemene vergadering aangeboden, dan nadat de ondernemingsraad tijdig voor de datum van oproeping als bedoeld in artikel 114 in de gelegenheid is gesteld hierover een standpunt te bepalen. Het standpunt van de ondernemingsraad wordt gelijktijdig met het voorstel tot benoeming, schorsing of ontslag aan de algemene vergadering aangeboden. De voorzitter of een door hem aangewezen lid van de ondernemingsraad kan het standpunt van de ondernemingsraad in de algemene vergadering toelichten. Het ontbreken van dat standpunt tast de besluitvorming over het voorstel tot benoeming, schorsing of ontslag niet aan.

Standpunt ondernemingsraad over bestuurder van NV

2. Voor de toepassing van lid 1 wordt onder de ondernemingsraad mede verstaan de ondernemingsraad van de onderneming van een dochtermaatschappij, mits de werknemers in dienst van de vennootschap en de groepsmaatschappijen in meerderheid binnen Nederland werkzaam zijn. Is er meer dan één ondernemingsraad, dan wordt de bevoegdheid door deze raden gezamenlijk uitgeoefend. Is voor de betrokken onderneming of ondernemingen een centrale ondernemingsraad ingesteld, dan komt de bevoegdheid toe aan de centrale ondernemingsraad.

Art. 135
1. De vennootschap heeft een beleid op het terrein van bezoldiging van het bestuur. Het beleid wordt vastgesteld door de algemene vergadering. In het bezoldigingsbeleid komen ten minste de in artikel 383c tot en met e omschreven onderwerpen aan de orde, voor zover deze het bestuur betreffen.

Bezoldiging bestuur van NV

2. Indien de vennootschap krachtens wettelijke bepalingen een ondernemingsraad heeft ingesteld, wordt het voorstel tot vaststelling van het bezoldigingsbeleid niet aan de algemene vergadering aangeboden, dan nadat de ondernemingsraad tijdig voor de datum van oproeping als bedoeld in artikel 114 in de gelegenheid is gesteld hierover een standpunt te bepalen. Het standpunt van de ondernemingsraad wordt, gelijktijdig met het voorstel tot vaststelling van het bezoldigingsbeleid, aan de algemene vergadering aangeboden. De voorzitter of een door hem aangewezen lid van de ondernemingsraad kan het standpunt van de ondernemingsraad in de algemene vergadering toelichten. Het ontbreken van dat standpunt tast de besluitvorming inzake het bezoldigingsbeleid niet aan.

3. Voor de toepassing van lid 2 wordt onder de ondernemingsraad mede verstaan de ondernemingsraad van de onderneming van een dochtermaatschappij, mits de werknemers in dienst van de vennootschap en de groepsmaatschappijen in meerderheid binnen Nederland werkzaam zijn. Is er meer dan één ondernemingsraad, dan wordt de bevoegdheid door deze raden gezamenlijk uitgeoefend. Is voor de betrokken onderneming of ondernemingen een centrale ondernemingsraad ingesteld, dan komt de bevoegdheid toe aan de centrale ondernemingsraad.

4. De bezoldiging van bestuurders wordt met inachtneming van het beleid, bedoeld in lid 1, vastgesteld door de algemene vergadering, tenzij bij de statuten een ander orgaan is aangewezen.

5. Indien in de statuten is bepaald dat een ander orgaan dan de algemene vergadering de bezoldiging vaststelt, legt dat orgaan ten aanzien van regelingen in de vorm van aandelen of rechten tot het nemen van aandelen een voorstel ter goedkeuring voor aan de algemene vergadering. In het voorstel moet ten minste zijn bepaald hoeveel aandelen of rechten tot het nemen van aandelen aan het bestuur mogen worden toegekend en welke criteria gelden voor toekenning of wijziging. Het ontbreken van de goedkeuring van de algemene vergadering tast de vertegenwoordigingbevoegdheid van het orgaan niet aan.
(Zie ook: artt. 245, 383 BW Boek 2; artt. 617 t/m 619, 624 BW Boek 7)

5a. Indien bij een vennootschap, bedoeld in artikel 383b, de vaststelling van de jaarrekening als onderwerp is vermeld bij de oproeping, bedoeld in artikel 114 lid 1, worden de door de vennootschap gedane opgaven, bedoeld in de artikelen 383c tot en met e, gezamenlijk als afzonderlijk onderwerp bij de oproeping vermeld, voorafgaande aan de vaststelling van de jaarrekening.

6. Het orgaan bedoeld in lid 4 is bevoegd de hoogte van een bonus aan te passen tot een passende hoogte indien uitkering van de bonus naar maatstaven van redelijkheid en billijkheid onaanvaardbaar zou zijn. Onder een bonus wordt voor de toepassing van dit artikel verstaan het niet vaste deel van de bezoldiging waarvan de toekenning geheel of gedeeltelijk afhankelijk is gesteld van het bereiken van bepaalde doelen of van het zich voordoen van bepaalde omstandigheden.

7. [Vervallen.]

8. De vennootschap is bevoegd een bonus geheel of gedeeltelijk terug te vorderen voor zover de uitkering heeft plaatsgevonden op basis van onjuiste informatie over het bereiken van de aan de bonus ten grondslag liggende doelen of over de omstandigheden waarvan de bonus afhankelijk was gesteld. De vordering kan namens de vennootschap ook worden ingesteld door de raad van commissarissen, de niet uitvoerende bestuurders indien toepassing is gegeven aan artikel 129a, of door een bijzondere vertegenwoordiger die is aangewezen door de algemene vergadering. Afdeling 2 van titel 4 van Boek 6 is van overeenkomstige toepassing.

Art. 136

Bevoegdheid aangifte tot faillietverklaring van NV

Tenzij bij de statuten anders is bepaald, is het bestuur zonder opdracht der algemene vergadering niet bevoegd aangifte te doen tot faillietverklaring van de naamloze vennootschap.
(Zie ook: art. 246 BW Boek 2; artt. 1, 4 FW)

Art. 137

Eenpersoonsvennootschap NV

1. Rechtshandelingen van de vennootschap jegens de houder van alle aandelen in het kapitaal van de vennootschap of jegens een deelgenoot in een huwelijksgemeenschap of in een gemeenschap van een geregistreerd partnerschap waartoe alle aandelen in het kapitaal van de vennootschap behoren, waarbij de vennootschap wordt vertegenwoordigd door deze aandeelhouder of door een van de deelgenoten, worden schriftelijk vastgelegd. Voor de toepassing van de vorige zin worden aandelen gehouden door de vennootschap of haar dochtermaatschappijen niet meegeteld. Indien de eerste zin niet in acht is genomen, kan de rechtshandeling ten behoeve van de vennootschap worden vernietigd.

2. Lid 1 is niet van toepassing op rechtshandelingen die onder de bedongen voorwaarden tot de gewone bedrijfsuitoefening van de vennootschap behoren.
(Zie ook: artt. 94c, 204c BW Boek 2)

Art. 138

Hoofdelijke aansprakelijkheid bestuurders NV bij faillissement

1. In geval van faillissement van de naamloze vennootschap is iedere bestuurder jegens de boedel hoofdelijk aansprakelijk voor het bedrag van de schulden voor zover deze niet door vereffening van de overige baten kunnen worden voldaan, indien het bestuur zijn taak kennelijk onbehoorlijk heeft vervuld en aannemelijk is dat dit een belangrijke oorzaak is van het faillissement.
(Zie ook: art. 6 BW Boek 6)

2. Indien het bestuur niet heeft voldaan aan zijn verplichtingen uit de artikelen 10 of 394, heeft het zijn taak onbehoorlijk vervuld en wordt vermoed dat onbehoorlijke taakvervulling een belangrijke oorzaak is van het faillissement. Hetzelfde geldt indien de vennootschap volledig aansprakelijk vennoot is van een vennootschap onder firma of commanditaire vennootschap en niet voldaan is aan de verplichtingen uit artikel 15i van Boek 3. Een onbelangrijk verzuim wordt niet in aanmerking genomen.

3. Niet aansprakelijk is de bestuurder die bewijst dat de onbehoorlijke taakvervulling door het bestuur niet aan hem te wijten is en dat hij niet nalatig is geweest in het treffen van maatregelen om de gevolgen daarvan af te wenden.

4. De rechter kan het bedrag waarvoor de bestuurders aansprakelijk zijn verminderen indien hem dit bovenmatig voorkomt, gelet op de aard en de ernst van de onbehoorlijke taakvervulling door het bestuur, de andere oorzaken van het faillissement, alsmede de wijze waarop dit is afgewikkeld. De rechter kan voorts het bedrag van de aansprakelijkheid van een afzonderlijke bestuurder verminderen indien hem dit bovenmatig voorkomt, gelet op de tijd gedurende welke die bestuurder als zodanig in functie is geweest in de periode waarin de onbehoorlijke taakvervulling plaats vond.

5. Is de omvang van het tekort nog niet bekend, dan kan de rechter, al dan niet met toepassing van het vierde lid, bepalen dat van het tekort tot het bedrag waarvan hij de bestuurders veroordeelt, een staat wordt opgemaakt overeenkomstig de bepalingen van de zesde titel van het tweede boek van het Wetboek van Burgerlijke Rechtsvordering.

6. De vordering kan slechts worden ingesteld op grond van onbehoorlijke taakvervulling in de periode van drie jaren voorafgaande aan het faillissement. Een aan de bestuurder verleende kwijting staat aan het instellen van de vordering niet in de weg.
(Zie ook: art. 249 FW; artt. 212m, 213f Wft)
7. Met een bestuurder wordt voor de toepassing van dit artikel gelijkgesteld degene die het beleid van de vennootschap heeft bepaald of mede heeft bepaald, als ware hij bestuurder. De vordering kan niet worden ingesteld tegen de door de rechter benoemde bewindvoerder.
(Zie ook: artt. 68, 179 BW Boek 2)
8. Dit artikel laat onverlet de bevoegdheid van de curator tot het instellen van een vordering op grond van de overeenkomst met de bestuurder of op grond van artikel 9.
9. Indien een bestuurder ingevolge dit artikel aansprakelijk is en niet in staat is tot betaling van zijn schuld terzake, kan de curator de door die bestuurder onverplicht verrichte rechtshandelingen waardoor de mogelijkheid tot verhaal op hem is verminderd, ten behoeve van de boedel door een buitengerechtelijke verklaring vernietigen, indien aannemelijk is dat deze geheel of nagenoeg geheel met het oogmerk van vermindering van dat verhaal zijn verricht. Artikel 45 leden 4 en 5 van Boek 3 is van overeenkomstige toepassing.
10. Indien de boedel ontoereikend is voor het instellen van een rechtsvordering op grond van dit artikel of artikel 9 of voor het instellen van een voorafgaand onderzoek naar de mogelijkheid daartoe, kan de curator Onze Minister van Justitie verzoeken hem bij wijze van voorschot de benodigde middelen te verschaffen. Onze Minister kan regels stellen voor de beoordeling van de gegrondheid van het verzoek en de grenzen waarbinnen het verzoek kan worden toegewezen. Het verzoek moet de gronden bevatten waarop het berust, alsmede een beredeneerde schatting van de kosten en de omvang van het onderzoek. Het verzoek, voor zover het betreft het instellen van een voorafgaand onderzoek, behoeft de goedkeuring van de rechter-commissaris.
(Zie ook: artt. 9, 131, 149, 248 BW Boek 2; artt. 2, 64 FW; artt. 342, 343, 347 WvSr; art. 32 Wet LB; art. 2 Wet Vpb; art. 16c CSV; Gar.reg.cur; Gsc 2005)

Art. 139
Indien door de jaarrekening, door tussentijdse cijfers die de vennootschap bekend heeft gemaakt of door het bestuursverslag een misleidende voorstelling wordt gegeven van de toestand der vennootschap, zijn haar bestuurders tegenover derden hoofdelijk aansprakelijk voor de schade, door deze dientengevolge geleden. De bestuurder die bewijst dat dit aan hem niet te wijten is, is niet aansprakelijk.
(Zie ook: artt. 9, 101, 150, 249, 360, 391 BW Boek 2; artt. 6, 95, 102, 194 BW Boek 6; art. 336 WvSr)

Aansprakelijkheid bestuurders NV bij misleiding

Art. 140
1. Tenzij toepassing is gegeven aan artikel 129a kan bij de statuten worden bepaald dat er een raad van commissarissen zal zijn. De raad bestaat uit een of meer natuurlijke personen.
2. De raad van commissarissen heeft tot taak toezicht te houden op het beleid van het bestuur en op de algemene gang van zaken in de vennootschap en de met haar verbonden onderneming. Hij staat het bestuur met raad ter zijde. Bij de vervulling van hun taak richten de commissarissen zich naar het belang van de vennootschap en de met haar verbonden onderneming.
3. De statuten kunnen aanvullende bepalingen omtrent de taak en de bevoegdheden van de raad en van zijn leden bevatten.
4. De statuten kunnen bepalen dat een met name of in functie aangeduide commissaris meer dan één stem wordt toegekend. Een commissaris kan niet meer stemmen uitbrengen dan de andere commissarissen tezamen.
(Zie ook: artt. 8, 14, 15, 47, 107, 109, 146, 151, 158, 250 BW Boek 2)
5. Een commissaris neemt niet deel aan de beraadslaging en besluitvorming indien hij daarbij een direct of indirect persoonlijk belang heeft dat tegenstrijdig is met het belang bedoeld in lid 2. Wanneer de raad van commissarissen hierdoor geen besluit kan nemen, wordt het besluit genomen door de algemene vergadering, tenzij de statuten anders bepalen.

Raad van commissarissen NV

Art. 141
1. Het bestuur verschaft de raad van commissarissen tijdig de voor de uitoefening van diens taak noodzakelijke gegevens.

2. Het bestuur stelt ten minste een keer per jaar de raad van commissarissen schriftelijk op de hoogte van de hoofdlijnen van het strategisch beleid, de algemene en financiële risico's en het beheers- en controlesysteem van de vennootschap.
(Zie ook: artt. 57, 251 BW Boek 2)

Informatieplicht bestuur aan raad van commissarissen NV

Art. 142
1. De commissarissen die niet reeds bij de akte van oprichting zijn aangewezen, worden benoemd door de algemene vergadering. De statuten kunnen de kring van benoembare personen beperken door eisen te stellen waaraan de commissarissen moeten voldoen. De eisen kunnen terzijde worden gesteld door een besluit van de algemene vergadering genomen met twee derden

Benoeming raad van commissarissen NV door AVA

van de uitgebrachte stemmen die meer dan de helft van het geplaatste kapitaal vertegenwoordigen.
2. De eerste twee leden van artikel 133 zijn van overeenkomstige toepassing, tenzij de leden van de raad van commissarissen worden benoemd met inachtneming van artikel 158 of toepassing wordt gegeven aan artikel 164a.
3. Bij een aanbeveling of voordracht tot benoeming van een commissaris worden van de kandidaat medegedeeld zijn leeftijd, zijn beroep, het bedrag aan door hem gehouden aandelen in het kapitaal der vennootschap en de betrekkingen die hij bekleedt of die hij heeft bekleed voor zover die van belang zijn in verband met de vervulling van de taak van een commissaris. Tevens wordt vermeld aan welke rechtspersonen hij reeds als commissaris is verbonden; indien zich daaronder rechtspersonen bevinden, die tot een zelfde groep behoren, kan met de aanduiding van de groep worden volstaan. De aanbeveling en de voordracht tot benoeming of herbenoeming worden gemotiveerd. Bij herbenoeming wordt rekening gehouden met de wijze waarop de kandidaat zijn taak als commissaris heeft vervuld.
(Zie ook: artt. 57a, 63f, 63i, 65, 66, 158 t/m 161, 161, 252 BW Boek 2)

Art. 142a

Eisen aan commissaris van NV

1. Tot commissaris van een vennootschap die op twee opeenvolgende balansdata, zonder onderbreking nadien op twee opeenvolgende balansdata, niet heeft voldaan aan ten minste twee van de vereisten als bedoeld in artikel 397 leden 1 en 2 kunnen niet worden benoemd: personen die commissaris of niet uitvoerende bestuurder zijn bij vijf of meer andere rechtspersonen. Het voorzitterschap van de raad van commissarissen of het bestuur, indien de bestuurstaken zijn verdeeld over uitvoerende en niet uitvoerende bestuurders, telt dubbel.
2. Voor de toepassing van dit artikel:
   a. wordt met een commissaris gelijkgesteld de persoon die lid is van een toezichthoudend orgaan dat bij of krachtens de statuten van een rechtspersoon is ingesteld;
   b. telt de benoeming bij verschillende rechtspersonen die met elkaar in een groep zijn verbonden als één benoeming;
   c. betreft de verwijzing naar rechtspersonen de rechtsvorm van de naamloze vennootschap en de besloten vennootschap met beperkte aansprakelijkheid die op twee opeenvolgende balansdata, zonder onderbreking nadien op twee opeenvolgende balansdata, niet heeft voldaan aan ten minste twee van de vereisten als bedoeld in artikel 397 leden 1 en 2, onderscheidenlijk de stichting als bedoeld in artikel 297a lid 1;
   d. wordt met commissaris in de zin van de aanhef van lid 1 gelijkgesteld de niet uitvoerende bestuurder, indien de bestuurstaken zijn verdeeld over uitvoerende en niet uitvoerende bestuurders;
   e. geldt een tijdelijke aanstelling overeenkomstig artikel 349a lid 2 of artikel 356 onder c niet als benoeming;
   f. wordt de benoeming van een lid van de raad van toezicht of niet uitvoerende bestuurder bij een fonds als bedoeld in de algemene maatregel van bestuur op grond van artikel 106a van de Pensioenwet en artikel 110ca van de Wet verplichte beroepspensioenregeling geteld overeenkomstig de normering in deze algemene maatregel van bestuur.
3. De nietigheid van de benoeming op grond van de vorige leden heeft geen gevolgen voor de rechtsgeldigheid van de besluitvorming waaraan is deelgenomen.

Art. 143

Benoeming raad van commissarissen NV door anderen dan AVA

Bij de statuten kan worden bepaald dat een of meer commissarissen, doch ten hoogste een derde van het gehele aantal, zullen worden benoemd door anderen dan de algemene vergadering. Is de benoeming van commissarissen geregeld overeenkomstig de artikelen 158 en 159 van dit Boek, dan vindt de vorige zin geen toepassing.
(Zie ook: art. 253 BW Boek 2)

Art. 144

Schorsing/ontslag van commissaris NV

1. Een commissaris kan worden geschorst en ontslagen door degene, die bevoegd is tot benoeming, tenzij artikel 161 leden 2 en 3 of artikel 161a van dit Boek van toepassing is.
2. Het tweede en het derde lid van artikel 134 van dit Boek zijn van overeenkomstige toepassing.
(Zie ook: artt. 57a, 142, 143, 254, 356 BW Boek 2; artt. 677, 680 BW Boek 7)

Art. 144a

Standpunt ondernemingsraad over commissaris van NV

1. Indien de vennootschap krachtens wettelijke bepalingen een ondernemingsraad heeft ingesteld, wordt het voorstel tot benoeming, schorsing of ontslag van een commissaris niet aan de algemene vergadering aangeboden, dan nadat de ondernemingsraad tijdig voor de datum van oproeping als bedoeld in artikel 114 in de gelegenheid is gesteld hierover een standpunt te bepalen. Het standpunt van de ondernemingsraad wordt gelijktijdig met het voorstel tot benoeming, schorsing of ontslag aan de algemene vergadering aangeboden. De voorzitter of een door hem aangewezen lid van de ondernemingsraad kan het standpunt van de ondernemingsraad in de algemene vergadering toelichten. Het ontbreken van dat standpunt tast de besluitvorming over het voorstel tot benoeming, schorsing of ontslag niet aan.

2. Voor de toepassing van lid 1 wordt onder de ondernemingsraad mede verstaan de ondernemingsraad van de onderneming van een dochtermaatschappij, mits de werknemers in dienst van de vennootschap en de groepsmaatschappijen in meerderheid binnen Nederland werkzaam zijn. Is er meer dan één ondernemingsraad, dan wordt de bevoegdheid door deze raden gezamenlijk uitgeoefend. Is voor de betrokken onderneming of ondernemingen een centrale ondernemingsraad ingesteld, dan komt de bevoegdheid toe aan de centrale ondernemingsraad.

Art. 145
De algemene vergadering kan aan de commissarissen een bezoldiging toekennen.
(Zie ook: artt. 135, 255, 383 BW Boek 2)

Bezoldiging van raad van commissarissen NV

Art. 146
[Vervallen]

Art. 147
1. Tenzij bij de statuten anders is bepaald, is de raad van commissarissen bevoegd iedere bestuurder te allen tijde te schorsen.

Schorsing bestuurder door raad van commissarissen NV

2. De schorsing kan te allen tijde door de algemene vergadering worden opgeheven, tenzij de bevoegdheid tot benoeming van de bestuurders bij de raad van commissarissen berust.
(Zie ook: artt. 57, 107, 134, 162, 257, 356 BW Boek 2)

Art. 148
[Vervallen]

Art. 149
Het bepaalde bij de artikelen 9, 131 en 138 vindt overeenkomstige toepassing ten aanzien van de taakvervulling door de raad van commissarissen.
(Zie ook: art. 259 BW Boek 2)

Schakelbepaling

Art. 150
Indien door de jaarrekening een misleidende voorstelling wordt gegeven van de toestand der vennootschap, zijn de commissarissen naast de bestuurders tegenover derden hoofdelijk aansprakelijk voor de schade, door dezen dientengevolge geleden. De commissaris die bewijst dat zulks niet aan een tekortkoming zijnerzijds in het toezicht is te wijten, is niet aansprakelijk.
(Zie ook: artt. 9, 101, 139, 140, 260, 362 BW Boek 2; artt. 6, 95, 102, 194 BW Boek 6; art. 336 WvSr)

Hoofdelijke aansprakelijkheid van raad van commissarissen NV bij misleiding

Art. 151
1. Allen, commissarissen of anderen, die, zonder deel uit te maken van het bestuur der naamloze vennootschap, krachtens enige bepaling der statuten of krachtens besluit der algemene vergadering, voor zekere tijd of onder zekere omstandigheden daden van bestuur verrichten, worden te dien aanzien, wat hun rechten en verplichtingen ten opzichte van de vennootschap en van derden betreft, als bestuurders aangemerkt.

Daden van bestuur bij NV

2. Het goedkeuren van bepaalde bestuurshandelingen of het daartoe machtigen geldt niet als het verrichten van daden van bestuur.
(Zie ook: artt. 9, 129, 130, 164, 261 BW Boek 2)

Afdeling 6
De raad van commissarissen bij de grote naamloze vennootschap

Art. 152
In deze afdeling wordt onder een afhankelijke maatschappij verstaan:
a. een rechtspersoon waaraan de naamloze vennootschap of een of meer afhankelijke maatschappijen alleen of samen voor eigen rekening ten minste de helft van het geplaatste kapitaal verschaffen,
b. een vennootschap waarvan een onderneming in het handelsregister is ingeschreven en waarvoor de naamloze vennootschap of een afhankelijke maatschappij als vennote jegens derden volledig aansprakelijk is voor alle schulden.
(Zie ook: artt. 24d, 63a, 262 BW Boek 2)

Afhankelijke maatschappij NV

Art. 153
1. Een naamloze vennootschap moet, indien het volgende lid op haar van toepassing is, binnen twee maanden na de vaststelling van haar jaarrekening door de algemene vergadering ten kantore van het handelsregister opgaaf doen, dat zij aan de in dat lid gestelde voorwaarden voldoet. Totdat artikel 154 lid 3 van dit Boek toepassing heeft gevonden, vermeldt het bestuur in elk volgend bestuursverslag wanneer de opgaaf is gedaan; wordt de opgaaf doorgehaald, dan wordt daarvan melding gemaakt in het eerste bestuursverslag dat na de datum van die doorhaling wordt uitgebracht.
(Zie ook: art. 77 BW Boek 2; Besl.art. 153 BW Boek 2)

Verplichting tot doen van opgaaf bij structuurvennootschap NV

2. De verplichting tot het doen van een opgaaf geldt, indien:
a. het geplaatste kapitaal der vennootschap tezamen met de reserves volgens de balans met toelichting ten minste een bij koninklijk besluit vastgesteld grensbedrag beloopt,

b. de vennootschap of een afhankelijke maatschappij krachtens wettelijke verplichting een ondernemingsraad heeft ingesteld, en
c. bij de vennootschap en haar afhankelijke maatschappijen, tezamen in de regel ten minste honderd werknemers in Nederland werkzaam zijn.
(Zie ook: Fbgvs)

Verplichting tot doen van opgaaf niet verplicht structuurvennootschap NV

3. De verplichting tot het doen van een opgaaf geldt niet voor:
a. een vennootschap die afhankelijke maatschappij is van een rechtspersoon waarop de artikelen 63f tot en met 63j, de artikelen 158 tot en met 161 en 164 of de artikelen 268 tot en met 271 en 274 van toepassing zijn, een vennootschap die afhankelijke maatschappij is van een Europese naamloze vennootschap in de zin van Verordening (EG) Nr. 2157/2001 (Pb L 294) waarvan in de statuten is bepaald dat de artikelen 158 leden 1 tot en met 12, 159, 161, 161a en 164 van overeenkomstige toepassing zijn, danwel een vennootschap die afhankelijke maatschappij is van een Europese coöperatieve vennootschap in de zin van Verordening (EG) Nr. 1435/2003 (PbEU L 207) waarvan in de statuten is bepaald dat de artikelen 158 leden 1 tot en met 12, 159, 161a en 164 van overeenkomstige toepassing zijn en dat het ontslag van leden van het toezichthoudend orgaan geschiedt door de algemene vergadering, bedoeld in artikel 52 van de Verordening, bij volstrekte meerderheid van de uitgebrachte stemmen vertegenwoordigend ten minste een derde van het totale aantal stemrechten op grond van de statuten,
(Zie ook: art. 23 Uw SE)
b. een vennootschap wier werkzaamheid zich uitsluitend of nagenoeg uitsluitend beperkt tot het beheer en de financiering van groepsmaatschappijen, en van haar en hun deelnemingen in andere rechtspersonen, mits de werknemers in dienst van de vennootschap en de groepsmaatschappijen in meerderheid buiten Nederland werkzaam zijn,
c. een vennootschap die uitsluitend of nagenoeg uitsluitend aan een vennootschap als bedoeld onder b of in artikel 263 lid 3 onder b, en aan de in die bepalingen genoemde groepsmaatschappijen en rechtspersonen diensten ten behoeve van het beheer en de financiering verleent, en
d. een vennootschap waarin voor ten minste de helft van het geplaatste kapitaal volgens een onderlinge regeling tot samenwerking wordt deelgenomen door twee of meer rechtspersonen waarop de artikelen 63f tot en met 63j, de artikelen 158 tot en met 161 en 164 of de artikelen 268 tot en met 271 en 274 van toepassing zijn of die afhankelijke maatschappij zijn van zulk een rechtspersoon.
(Zie ook: art. 24b BW Boek 2)
4. Het in onderdeel a van lid 2 genoemde grensbedrag wordt ten hoogste eenmaal in de twee jaren verhoogd of verlaagd, evenredig aan de ontwikkeling van een bij algemene maatregel van bestuur aan te wijzen prijsindexcijfer sedert een bij die maatregel te bepalen datum; het wordt daarbij afgerond op het naaste veelvoud van een miljoen euro. Het bedrag wordt niet opnieuw vastgesteld zo lang als het onafgeronde bedrag minder dan een miljoen euro afwijkt van het laatst vastgestelde bedrag.
(Zie ook: Besl.art. 153 BW Boek 2)
5. Onder het geplaatste kapitaal met de reserves wordt in lid 2 onder a begrepen de gezamenlijke verrichte en nog te verrichten inbreng van vennoten bij wijze van geldschieting in afhankelijke maatschappijen die commanditaire vennootschap zijn, voor zover dit niet tot dubbeltelling leidt.
(Zie ook: artt. 63b, 101, 152, 154, 263, 373, 382, 391 BW Boek 2; art. 2 WOR; art. 20 WvK; art. 1 WED)

Art. 154

Inschrijving bij structuurvennootschap

1. De artikelen 158-164 van dit Boek zijn van toepassing op een vennootschap waaromtrent een opgaaf als bedoeld in het vorige artikel gedurende drie jaren onafgebroken is ingeschreven; deze termijn wordt geacht niet te zijn onderbroken, indien een doorhaling van de opgaaf, welke tijdens die termijn ten onrechte heeft plaatsgevonden, is ongedaan gemaakt.
2. De doorhaling van de inschrijving op grond van de omstandigheid dat de vennootschap niet meer voldoet aan de voorwaarden, genoemd in het tweede lid van het vorige artikel, doet de toepasselijkheid van de artikelen 158-164 van dit Boek slechts eindigen, indien drie jaren na de doorhaling zijn verstreken en de vennootschap gedurende die termijn niet opnieuw tot het doen van de opgaaf is verplicht geweest.

Wijziging statuten

3. De vennootschap brengt haar statuten in overeenstemming met de artikelen 158-164 welke voor haar gelden, uiterlijk met ingang van de dag waarop die artikelen krachtens lid 1 op haar van toepassing worden.
4. In de eerstvolgende vergadering nadat de vennootschap waarop de artikelen 158 tot en met 164 of 158 tot en met 161 en 164 van toepassing zijn gaat voldoen aan de voorwaarden bedoeld in de artikelen 153 lid 3, 154 lid 2, 155 of 155a, doet het bestuur aan de algemene vergadering het voorstel in de statuten de wijze van benoeming en ontslag van commissarissen en de taak en bevoegdheden van de raad van commissarissen te regelen zonder toepassing van de artikelen 158 tot en met 164 respectievelijk de artikelen 158 tot en met 161 en 164, dan wel het voorstel deze artikelen geheel of met uitzondering van artikel 162 te blijven toepassen. Het besluit wordt

genomen met volstrekte meerderheid van stemmen. De bevoegdheid van de algemene vergadering tot het nemen van een besluit ter uitvoering van dit artikel kan niet worden beperkt.
5. Uiterlijk twaalf maanden nadat het besluit bedoeld in lid 4 is genomen, legt het bestuur aan de algemene vergadering een voorstel tot wijziging van de statuten voor. Indien de algemene vergadering geen besluit tot statutenwijziging neemt, stelt de ondernemingskamer van het gerechtshof Amsterdam op verzoek van degene die daartoe krachtens het volgende lid bevoegd is, de statuten vast. De laatste twee zinnen van lid 4 zijn van overeenkomstige toepassing.
6. Een verzoek tot vaststelling van de statuten kan worden ingediend door een daartoe aangewezen vertegenwoordiger van het bestuur of van de raad van commissarissen en door degene die gerechtigd is tot agendering ingevolge artikel 114a.
7. De ondernemingskamer regelt zo nodig de gevolgen van de door haar genomen beslissing. De griffier van de ondernemingskamer doet ten kantore van het handelsregister een afschrift van de beschikking van de ondernemingskamer neerleggen.
(Zie ook: artt. 63c, 118a, 121, 153, 155, 157, 264 BW Boek 2; art. 5 WOR; art. 1 WED)

Art. 155

1. In afwijking van artikel 154 geldt artikel 162 niet voor een vennootschap waarin een deelneming voor ten minste de helft van het geplaatste kapitaal wordt gehouden: Verzwakt regime bij structuurvennootschap NV
a. door een rechtspersoon waarvan de werknemers in meerderheid buiten Nederland werkzaam zijn, of door afhankelijke maatschappijen daarvan
b. volgens een onderlinge regeling tot samenwerking door een aantal van zulke rechtspersonen of maatschappijen, of
c. volgens een onderlinge regeling tot samenwerking door een of meer van zulke rechtspersonen en een of meer rechtspersonen waarvoor artikel 153 lid 3 onder a of artikel 263 lid 3 onder a geldt of waarop de artikelen 63f tot en met 63j, de artikelen 158 tot en met 161 en 164 of de artikelen 268 tot en met 271 en 274 van toepassing zijn.
2. De uitzondering volgens het vorige lid geldt echter niet, indien de werknemers in dienst van de vennootschap, tezamen met die in dienst van de rechtspersoon of rechtspersonen, in meerderheid in Nederland werkzaam zijn.
3. Voor de toepassing van dit artikel worden onder werknemers, in dienst van een rechtspersoon, begrepen de werknemers in dienst van groepsmaatschappijen.
(Zie ook: artt. 3, 24b t/m d, 152, 153, 154, 157, 265, 382 BW Boek 2)

Art. 155a

1. In afwijking van artikel 154 geldt artikel 162 niet voor een vennootschap waarin: Benoeming bestuurders van structuurvennootschap NV
a. een natuurlijk persoon het gehele geplaatste kapitaal verschaft of doet verschaffen, of twee of meer natuurlijke personen volgens een onderlinge regeling tot samenwerking het gehele geplaatste kapitaal verschaffen of doen verschaffen;
b. een stichting, een vereniging of een rechtspersoon als bedoeld in artikel 1 het gehele geplaatste kapitaal voor eigen rekening verschaft of doet verschaffen, of twee of meer van zulke rechtspersonen volgens een onderlinge regeling tot samenwerking het gehele geplaatste kapitaal voor eigen rekening verschaffen of doen verschaffen.
2. Met de natuurlijke persoon bedoeld in lid 1 worden gelijkgesteld de echtgenoot of echtgenote en de geregistreerde partner. Eveneens worden gelijkgesteld de bloedverwanten in rechte lijn, mits dezen binnen zes maanden na het overlijden van de natuurlijke persoon een onderlinge regeling tot samenwerking zijn aangegaan.
(Zie ook: art. 265a BW Boek 2)

Art. 156

Onze Minister van Justitie kan, gehoord de Sociaal-Economische Raad, aan een vennootschap op haar verzoek ontheffing verlenen van een of meer der artikelen 158-164 van dit Boek; de ontheffing kan onder beperkingen worden verleend en daaraan kunnen voorschriften worden verbonden; zij kan voorts worden gewijzigd en ingetrokken. Ontheffing voorschriften bij structuurvennootschap NV
(Zie ook: art. 266 BW Boek 2)

Art. 157

1. Een vennootschap waarvoor artikel 154 van dit Boek niet geldt, kan bij haar statuten de wijze van benoeming en ontslag van commissarissen en de taak en bevoegdheden van de raad van commissarissen regelen overeenkomstig de artikelen 158-164 van dit Boek indien zij of een afhankelijke maatschappij een ondernemingsraad heeft ingesteld waarop de bepalingen van de Wet op de ondernemingsraden van toepassing zijn. Zij mag daarbij artikel 162 buiten toepassing laten. De in dit lid bedoelde regeling in de statuten verliest haar gelding zodra de ondernemingsraad ophoudt te bestaan of op de ondernemingsraad niet langer de bepalingen van de Wet op de ondernemingsraden van toepassing zijn. Toepassing structuurregeling op raad van commissarissen NV
(Zie ook: artt. 76, 152 BW Boek 2)
2. Een vennootschap waarvoor artikel 155 of 155a geldt, kan de bevoegdheid tot benoeming en ontslag van bestuurders regelen overeenkomstig artikel 162.
(Zie ook: art. 267 BW Boek 2; art. 2 WOR)

Samenstelling/voordracht/benoeming van raad van commissarissen structuurvennootschap NV

Art. 158

1. De vennootschap heeft een raad van commissarissen.

2. De raad van commissarissen bestaat uit ten minste drie leden. Is het aantal commissarissen minder dan drie, dan neemt de raad onverwijld maatregelen tot aanvulling van zijn ledental.
3. De raad van commissarissen stelt een profielschets voor zijn omvang en samenstelling vast, rekening houdend met de aard van de onderneming, haar activiteiten en de gewenste deskundigheid en achtergrond van de commissarissen. De raad bespreekt de profielschets voor het eerst bij vaststelling en vervolgens bij iedere wijziging in de algemene vergadering en met de ondernemingsraad.
(Zie ook: artt. 142, 143, 159, 160 BW Boek 2)
4. De commissarissen worden, behoudens het bepaalde in lid 9, op voordracht van de raad van commissarissen benoemd door de algemene vergadering, voor zover de benoeming niet reeds is geschied bij de akte van oprichting of voordat dit artikel op de vennootschap van toepassing is geworden. De raad van commissarissen maakt de voordracht gelijktijdig bekend aan de algemene vergadering en aan de ondernemingsraad. De voordracht is met redenen omkleed. Onverminderd het bepaalde in artikel 160 kunnen de statuten de kring van benoembare personen niet beperken. De voordracht wordt niet aan de algemene vergadering aangeboden dan nadat de ondernemingsraad tijdig voor de datum van oproeping als bedoeld in artikel 114 in de gelegenheid is gesteld hierover een standpunt te bepalen. De voorzitter of een door hem aangewezen lid van de ondernemingsraad kan het standpunt van de ondernemingsraad in de algemene vergadering toelichten. Het ontbreken van dat standpunt tast de besluitvorming over het voorstel tot benoeming niet aan.
(Zie ook: artt. 107, 129 BW Boek 2; art. 23 WOR)
5. De algemene vergadering en de ondernemingsraad kunnen aan de raad van commissarissen personen aanbevelen om als commissaris te worden voorgedragen. De raad deelt hun daartoe tijdig mede wanneer, ten gevolge waarvan en overeenkomstig welk profiel in zijn midden een plaats moet worden vervuld. Indien voor de plaats het in lid 6 bedoelde versterkte recht van aanbeveling geldt, doet de raad van commissarissen daarvan eveneens mededeling.
6. Voor een derde van het aantal leden van de raad van commissarissen geldt dat de raad van commissarissen een door de ondernemingsraad aanbevolen persoon op de voordracht plaatst, tenzij de raad van commissarissen bezwaar maakt tegen de aanbeveling op grond van de verwachting dat de aanbevolen persoon ongeschikt zal zijn voor de vervulling van de taak van commissaris of dat de raad van commissarissen bij benoeming overeenkomstig de aanbeveling niet naar behoren zal zijn samengesteld. Indien het getal der leden van de raad van commissarissen niet door drie deelbaar is, wordt het naastgelegen lagere getal dat wel door drie deelbaar is in aanmerking genomen voor de vaststelling van het aantal leden waarvoor dit versterkte recht van aanbeveling geldt.
7. Indien de raad van commissarissen bezwaar maakt, deelt hij de ondernemingsraad het bezwaar onder opgave van redenen mede. De raad treedt onverwijld in overleg met de ondernemingsraad met het oog op het bereiken van overeenstemming over de voordracht. Indien de raad van commissarissen constateert dat geen overeenstemming kan worden bereikt, verzoekt een daartoe aangewezen vertegenwoordiger van de raad aan de ondernemingskamer van het gerechtshof Amsterdam het bezwaar gegrond te verklaren. Het verzoek wordt niet eerder ingediend dan nadat vier weken zijn verstreken na aanvang van het overleg met de ondernemingsraad. De raad van commissarissen plaatst de aanbevolen persoon op de voordracht indien de ondernemingskamer het bezwaar ongegrond verklaart. Verklaart de ondernemingskamer het bezwaar gegrond, dan kan de ondernemingsraad een nieuwe aanbeveling doen overeenkomstig het bepaalde in lid 6.
8. De ondernemingskamer doet de ondernemingsraad oproepen. Tegen de beslissing van de ondernemingskamer staat geen rechtsmiddel open. De ondernemingskamer kan geen veroordeling in de proceskosten uitspreken.
9. De algemene vergadering kan bij volstrekte meerderheid van de uitgebrachte stemmen, vertegenwoordigend ten minste een derde van het geplaatste kapitaal, de voordracht afwijzen. Indien de aandeelhouders bij volstrekte meerderheid van stemmen hun steun aan de kandidaat onthouden, maar deze meerderheid niet ten minste een derde van het geplaatste kapitaal vertegenwoordigde, kan een nieuwe vergadering worden bijeengeroepen waarin de voordracht kan worden afgewezen met volstrekte meerderheid van stemmen. Alsdan maakt de raad van commissarissen een nieuwe voordracht op. De leden 5 tot en met 8 zijn van toepassing. Indien de algemene vergadering de voorgedragen persoon niet benoemt en niet besluit tot afwijzing van de voordracht, benoemt de raad van commissarissen de voorgedragen persoon.
(Zie ook: art. 261 Rv; art. 66 Wet RO)

13 Burgerlijk Wetboek Boek 2   art. 2:161a

10. De algemene vergadering kan de bevoegdheid die haar volgens lid 5 toekomt voor een door haar te bepalen duur van telkens ten hoogste twee achtereenvolgende jaren, overdragen aan een commissie van aandeelhouders waarvan zij de leden aanwijst; in dat geval doet de raad van commissarissen aan de commissie de mededeling bedoeld in lid 5. De algemene vergadering kan te allen tijde de overdracht ongedaan maken.

11. Voor de toepassing van dit artikel wordt onder de ondernemingsraad verstaan de ondernemingsraad van de onderneming van de vennootschap of van de onderneming van een afhankelijke maatschappij. Indien er meer dan één ondernemingsraad is, worden de bevoegdheden van dit artikel door deze raden afzonderlijk uitgeoefend; als er sprake is van een voordracht als bedoeld in lid 6 worden de bevoegdheden van dit lid door deze raden gezamenlijk uitgeoefend. Is voor de betrokken onderneming of ondernemingen een centrale ondernemingsraad ingesteld, dan komen de bevoegdheden van de ondernemingsraad volgens dit artikel toe aan de centrale ondernemingsraad.
(Zie ook: artt. 63f, 140, 142, 159, 268 BW Boek 2; art. 33 WOR)

12. In de statuten kan worden afgeweken van de leden 2, 4 tot en met 7 en 9, met dien verstande dat niet kan worden afgeweken van de eerste twee zinnen van lid 9. Voor het besluit tot wijziging van de statuten is de voorafgaande goedkeuring van de raad van commissarissen en de toestemming van de ondernemingsraad vereist.
(Zie ook: artt. 2:6, 2:37 WRW-SE)

Art. 159
1. Ontbreken alle commissarissen, anders dan ingevolge het bepaalde in artikel 161a, dan geschiedt de benoeming door de algemene vergadering.

Benoeming bij ontbreken alle commissarissen structuurvennootschap NV

2. De ondernemingsraad kan personen voor benoeming tot commissaris aanbevelen. Degene die de algemene vergadering bijeenroept, deelt de ondernemingsraad daartoe tijdig mede dat de benoeming van commissarissen onderwerp van behandeling in de algemene vergadering zal zijn, met vermelding of benoeming van een commissaris plaatsvindt overeenkomstig het aanbevelingsrecht van de ondernemingsraad op grond van artikel 158 lid 6.
(Zie ook: artt. 109, 114 BW Boek 2)
3. De leden 6, 7, 8, 10 en 11 van het vorig artikel zijn van overeenkomstige toepassing.
(Zie ook: artt. 107, 142, 158, 269 BW Boek 2; artt. 261, 995 Rv; art. 66 RO; art. 23 WOR; artt. 2:6 , 2:37 WRW-SE)

Art. 160
Commissaris kunnen niet zijn:
a. personen die in dienst zijn van de vennootschap;
b. personen die in dienst zijn van een afhankelijke maatschappij;
c. bestuurders en personen in dienst van een werknemersorganisatie welke pleegt betrokken te zijn bij de vaststelling van de arbeidsvoorwaarden van de onder a en b bedoelde personen.
(Zie ook: artt. 152, 270 BW Boek 2)

Incompatibiliteiten bij raad van commissarissen structuurvennootschap NV

Art. 161
1. Een commissaris treedt uiterlijk af, indien hij na zijn laatste benoeming vier jaren commissaris is geweest. De termijn kan bij de statuten worden verlengd tot de dag van de eerstvolgende algemene vergadering na afloop van de vier jaren of na de dag waarop dit artikel voor de rechtspersoon is gaan gelden.
(Zie ook: art. 142 BW Boek 2)

Aftreden commissaris structuurvennootschap NV

2. De ondernemingskamer van het gerechtshof Amsterdam kan op een desbetreffend verzoek een commissaris ontslaan wegens verwaarlozing van zijn taak, wegens andere gewichtige redenen of wegens ingrijpende wijziging der omstandigheden op grond waarvan handhaving als commissaris redelijkerwijze niet van de vennootschap kan worden verlangd. Het verzoek kan worden ingediend door de vennootschap, ten deze vertegenwoordigd door de raad van commissarissen, alsmede door een daartoe aangewezen vertegenwoordiger van de algemene vergadering of van de ondernemingsraad, bedoeld in lid 11 van artikel 158. De leden 10 en 11 van artikel 158 zijn van overeenkomstige toepassing.
(Zie ook: art. 258 BW Boek 6; art. 667 BW Boek 7; artt. 261, 995 Rv; art. 66 Wet RO)

Ontslag commissaris structuurvennootschap NV

3. Een commissaris kan worden geschorst door de raad van commissarissen; de schorsing vervalt van rechtswege, indien de vennootschap niet binnen een maand na de aanvang der schorsing een verzoek als bedoeld in het vorige lid bij de ondernemingskamer heeft ingediend.
(Zie ook: artt. 63i, 144, 158, 271, 356 BW Boek 2; art. 2:6 WRW-SE)

Schorsing commissaris structuurvennootschap NV

Art. 161a
1. De algemene vergadering kan bij volstrekte meerderheid van de uitgebrachte stemmen, vertegenwoordigend ten minste een derde van het geplaatste kapitaal, het vertrouwen in de raad van commissarissen opzeggen. Het besluit is met redenen omkleed. Het besluit kan niet worden genomen ten aanzien van commissarissen die zijn aangesteld door de ondernemingskamer overeenkomstig lid 3.

Opzegging vertrouwen in raad van commissarissen structuurvennootschap NV

439

2. Een besluit als bedoeld in lid 1 wordt niet genomen dan nadat het bestuur de ondernemingsraad van het voorstel voor het besluit en de gronden daartoe in kennis heeft gesteld. De kennisgeving geschiedt ten minste 30 dagen voor de algemene vergadering waarin het voorstel wordt behandeld. Indien de ondernemingsraad een standpunt over het voorstel bepaalt, stelt het bestuur de raad van commissarissen en de algemene vergadering van dit standpunt op de hoogte. De ondernemingsraad kan zijn standpunt in de algemene vergadering doen toelichten.
3. Het besluit bedoeld in lid 1 heeft het onmiddellijk ontslag van de leden van de raad van commissarissen tot gevolg. Alsdan verzoekt het bestuur onverwijld aan de ondernemingskamer van het gerechtshof Amsterdam tijdelijk een of meer commissarissen aan te stellen. De ondernemingskamer regelt de gevolgen van de aanstelling.
4. De raad van commissarissen bevordert dat binnen een door de ondernemingskamer vastgestelde termijn een nieuwe raad wordt samengesteld met inachtneming van artikel 158.
(Zie ook: artt. 114a, 158, 217a, 356, 357 BW Boek 2)

Art. 162

Benoeming bestuurders van structuurvennootschap NV

De raad van commissarissen benoemt de bestuurders der vennootschap; deze bevoegdheid kan niet door enige bindende voordracht worden beperkt. Hij geeft de algemene vergadering kennis van een voorgenomen benoeming van een bestuurder der vennootschap; hij ontslaat een bestuurder niet dan nadat de algemene vergadering over het voorgenomen ontslag is gehoord. Het tiende lid van artikel 158 is van overeenkomstige toepassing.
(Zie ook: artt. 132 t/m 134, 154, 155, 155a, 157, 272 BW Boek 2; art. 30 WOR)

Art. 163

[Vervallen]

Art. 164

Goedkeuring bestuursbesluiten bij structuurvennootschap NV

1. Aan de goedkeuring van de raad van commissarissen zijn onderworpen de besluiten van het bestuur omtrent:
a. uitgifte en verkrijging van aandelen in en schuldbrieven ten laste van de vennootschap of van schuldbrieven ten laste van een commanditaire vennootschap of vennootschap onder firma waarvan de vennootschap volledig aansprakelijke vennote is;
(Zie ook: art. 79 BW Boek 2; artt. 16, 19 WvK)
b. medewerking aan de uitgifte van certificaten van aandelen;
c. het aanvragen van toelating van de onder a en b bedoelde stukken tot de handel op een handelsplatform, als bedoeld in artikel 1:1 van de Wet op het financieel toezicht of een met een handelsplatform vergelijkbaar systeem uit een staat die geen lidstaat is dan wel het aanvragen van een intrekking van zodanige toelating;
d. het aangaan of verbreken van duurzame samenwerking van de vennootschap of een afhankelijke maatschappij met een andere rechtspersoon of vennootschap dan wel als volledig aansprakelijke vennote in een commanditaire vennootschap of vennootschap onder firma, indien deze samenwerking of verbreking van ingrijpende betekenis is voor de vennootschap;
e. het nemen van een deelneming ter waarde van ten minste een vierde van het bedrag van het geplaatste kapitaal met de reserves volgens de balans met toelichting van de vennootschap, door haar of een afhankelijke maatschappij in het kapitaal van een andere vennootschap, alsmede het ingrijpend vergroten of verminderen van zulk een deelneming;
(Zie ook: art. 152 BW Boek 2)
f. investeringen welke een bedrag gelijk aan ten minste een vierde gedeelte van het geplaatste kapitaal met de reserves der vennootschap volgens haar balans met toelichting vereisen;
g. een voorstel tot wijziging van de statuten;
(Zie ook: artt. 121, 123 BW Boek 2)
h. een voorstel tot ontbinding van de vennootschap;
(Zie ook: art. 19 BW Boek 2)
i. aangifte van faillissement en aanvraag van surséance van betaling;
(Zie ook: artt. 1, 4, 213 FW)
j. beëindiging van de arbeidsovereenkomst van een aanmerkelijk aantal werknemers van de vennootschap of van een afhankelijke maatschappij tegelijkertijd of binnen een kort tijdsbestek;
(Zie ook: art. 152 BW Boek 2; art. 667 BW Boek 7; art. 25 WOR)
k. ingrijpende wijziging in de arbeidsomstandigheden van een aanmerkelijk aantal werknemers van de vennootschap of van een afhankelijke maatschappij;
(Zie ook: art. 152 BW Boek 2)
l. een voorstel tot vermindering van het geplaatste kapitaal.
(Zie ook: art. 99 BW Boek 2)
2. Het ontbreken van de goedkeuring van de raad van commissarissen op een besluit als bedoeld in lid 1 tast de vertegenwoordigingsbevoegdheid van bestuur of bestuurders niet aan.
(Zie ook: artt. 6, 130, 140, 141, 151, 274 BW Boek 2)

Art. 164a

Schakelbepaling

1. In afwijking van artikel 158 lid 1 kan toepassing worden gegeven aan artikel 129a. In dat geval is het bepaalde ten aanzien van de raad van commissarissen onderscheidenlijk de com-

missarissen in artikel 158 leden 2 tot en met 12, 159, 160, 161 en 161a van overeenkomstige toepassing op de niet uitvoerende bestuurders van de vennootschap.
2. Indien toepassing is gegeven aan artikel 129a, benoemen de niet uitvoerende bestuurders de uitvoerende bestuurders van de vennootschap; deze bevoegdheid kan niet door enige bindende voordracht worden beperkt. Artikel 162, tweede en derde zin, is van overeenkomstige toepassing.
3. Van de toepassing van artikel 129a lid 3 zijn uitgesloten de besluiten van het bestuur in de zin van artikel 164.
4. Indien toepassing is gegeven aan artikel 129a vereisen de besluiten in de zin van artikel 164 lid 1 de goedkeuring van de meerderheid van de niet uitvoerende bestuurders van de vennootschap. Het ontbreken van de goedkeuring tast de vertegenwoordigingsbevoegdheid van bestuur of bestuurders niet aan.

Art. 165
[Vervallen]

Afdeling 7
Evenwichtige verdeling van de zetels over vrouwen en mannen

Art. 166
1. Bij een evenwichtige verdeling van de zetels van het bestuur en de raad van commissarissen wordt ten minste 30% van de zetels bezet door vrouwen en ten minste 30% door mannen, voor zover deze zetels worden verdeeld over natuurlijke personen.

Evenwichtige verdeling zetels bestuur en RvC NV over vrouwen en mannen

2. In een vennootschap, die niet voldoet aan ten minste twee van de vereisten genoemd in artikel 397 lid 1, wordt ten behoeve van een evenwichtige verdeling van de zetels van het bestuur en de raad van commissarissen, voor zover deze zetels worden verdeeld over natuurlijke personen, zoveel mogelijk rekening gehouden met een evenwichtige verdeling over vrouwen en mannen bij:
a. het benoemen en het voordragen van bestuurders als bedoeld in de artikelen 132 lid 1, 133 en 162;
b. het opstellen van een profielschets voor de omvang en samenstelling van de raad van commissarissen alsmede bij het aanwijzen, benoemen, aanbevelen en voordragen van commissarissen als bedoeld in de artikelen 142, 158 leden 3 tot en met 6 en lid 9, en artikel 159;
c. het opstellen van een profielschets voor de niet uitvoerende bestuurders alsmede bij het voordragen, benoemen en aanbevelen van niet uitvoerende bestuurders als bedoeld in artikel 164a lid 1 en 2.
3. Het tweede lid is van overeenkomstige toepassing op een naamloze vennootschap die tot bestuurder is benoemd in:
a. een naamloze vennootschap of een besloten vennootschap met beperkte aansprakelijkheid, die niet voldoet aan ten minste twee van de vereisten genoemd in artikel 397 lid 1; of
b. een naamloze vennootschap of een besloten vennootschap met beperkte aansprakelijkheid die tot bestuurder is benoemd in een naamloze vennootschap of een besloten vennootschap met beperkte aansprakelijkheid die niet voldoet aan ten minste twee van de vereisten genoemd in artikel 397 lid 1.

Art. 167-174
[Vervallen]

Afdeling 8
[Vervallen]

Art. 174a
[Vervallen]

Titel 5
Besloten vennootschappen met beperkte aansprakelijkheid

Afdeling 1
Algemene bepalingen

Art. 175
1. Deze titel is van toepassing op de besloten vennootschap met beperkte aansprakelijkheid. De besloten vennootschap met beperkte aansprakelijkheid is een rechtspersoon met een in een of meer overdraagbare aandelen verdeeld kapitaal. De aandelen zijn op naam gesteld. Een aandeelhouder is niet persoonlijk aansprakelijk voor hetgeen in naam van de vennootschap wordt verricht en is niet gehouden boven het bedrag dat op zijn aandelen behoort te worden gestort in de verliezen van de vennootschap bij te dragen, onverminderd het bepaalde in artikel

Oprichting BV

192. Ten minste één aandeel met stemrecht in de algemene vergadering wordt gehouden door een ander dan en anders dan voor rekening van de vennootschap of een van haar dochtermaatschappijen.

2. De vennootschap wordt door een of meer personen opgericht bij notariële akte. De akte wordt getekend door iedere oprichter en door ieder die blijkens deze akte een of meer aandelen neemt.

(Zie ook: artt. 3, 4, 18, 21, 64, 179, 309, 334a BW Boek 2)

Art. 176

Oprichting BV bij notariële akte

De akte van oprichting van de vennootschap wordt verleden in de Nederlandse taal. Een volmacht tot medewerking aan die akte moet schriftelijk zijn verleend.

(Zie ook: artt. 27, 65, 286 BW Boek 2; artt. 39, 60, 61 BW Boek 3)

Art. 177

Statuten BV

1. De akte van oprichting moet de statuten van de vennootschap bevatten. De statuten bevatten de naam, de zetel en het doel van de vennootschap.

Eisen aan naam BV

2. De naam vangt aan of eindigt met de woorden Besloten Vennootschap met beperkte aansprakelijkheid, hetzij voluit geschreven, hetzij afgekort tot "B.V.".

(Zie ook: art. 186 BW Boek 2)

3. De zetel moet zijn gelegen in Nederland.

(Zie ook: art. 10 BW Boek 1; artt. 27, 54, 66, 286 BW Boek 2)

Art. 178

Maatschappelijk en geplaatst kapitaal van BV

1. De statuten vermelden het nominale bedrag van de aandelen. Zijn er aandelen van verschillende soort, dan vermelden de statuten het nominale bedrag van elke soort. Indien de statuten bepalen dat er een maatschappelijk kapitaal is, dan wordt het bedrag daarvan vermeld. De akte van oprichting vermeldt het bedrag van het geplaatste kapitaal en het gestorte deel daarvan. Zijn er aandelen van verschillende soort, dan worden de bedragen van het geplaatste en het gestorte kapitaal uitgesplitst per soort. De akte vermeldt voorts van ieder die bij de oprichting aandelen neemt de in artikel 196 lid 2 onder b en c bedoelde gegevens met het aantal en de soort van de door hem genomen aandelen en het daarop gestorte bedrag.

2. Het bedrag van het maatschappelijke en het geplaatste kapitaal en het gestorte deel daarvan, alsmede het nominale bedrag van de aandelen kunnen luiden in een vreemde geldeenheid. Een vennootschap die is ontstaan voor 1 januari 2002 kan het bedrag van het maatschappelijke kapitaal en het nominale bedrag van de aandelen in gulden vermelden tot ten hoogste twee cijfers achter de komma.

Art. 178a

Omrekening valuta bij aandelen BV

Indien een vennootschap in de statuten het bedrag van het maatschappelijk kapitaal en het bedrag van de aandelen in gulden omzet in euro, wordt het bedrag van de geplaatste aandelen en het gestorte deel daarvan in euro berekend volgens de krachtens artikel 109L, vierde lid van het Verdrag betreffende de Europese Unie definitief vastgestelde omrekenkoers, afgerond tot ten hoogste twee cijfers achter de komma. Het afgeronde bedrag van elk aandeel in euro mag ten hoogste 15% hoger of lager liggen dan het oorspronkelijke bedrag van het aandeel in gulden. Het totaal van de bedragen van de aandelen in euro bedoeld in artikel 178 is het maatschappelijk kapitaal in euro. De som van de bedragen van de geplaatste aandelen en het gestorte deel daarvan in euro is het bedrag van het geplaatste kapitaal en het gestorte deel daarvan in euro. De akte vermeldt het bedrag van het geplaatste kapitaal en het gestorte deel daarvan in euro.

Art. 178b

Wijziging bedrag aandelen BV

Indien de vennootschap in afwijking van artikel 178a het bedrag van de aandelen wijzigt, behoeft deze wijziging de goedkeuring van elke groep van aandeelhouders aan wier rechten de wijziging afbreuk doet. Bestaat krachtens de wijziging recht op geld of schuldvorderingen, dan mag het gezamenlijk bedrag daarvan een tiende van het gewijzigde nominale bedrag van de aandelen niet te boven gaan.

(Zie ook: artt. 67b, 178c BW Boek 2)

Art. 178c

Tegenwaarde in euro geen rechtsgevolg BV

1. Een vennootschap waarvan de statuten het maatschappelijk kapitaal en het bedrag van de aandelen in gulden vermelden, kan in het maatschappelijk verkeer de tegenwaarde in euro gebruiken tot ten hoogste twee cijfers achter de komma, mits daarbij wordt verwezen naar dit artikel. Dit gebruik van de tegenwaarde in euro heeft geen rechtsgevolg.

2. Indien een vennootschap waarvan de statuten het bedrag van het maatschappelijk kapitaal en het bedrag van de aandelen in gulden vermelden, na 1 januari 2002 een wijziging aanbrengt in een of meer bepalingen waarin bedragen in gulden worden uitgedrukt, worden in de statuten alle bedragen omgezet in euro of een vreemde geldeenheid. De artikelen 178a en 178b zijn van toepassing.

(Zie ook: art. 67c BW Boek 2)

Art. 179

[Vervallen]

Art. 180
1. De bestuurders zijn verplicht de vennootschap te doen inschrijven in het handelsregister en een authentiek afschrift van de akte van oprichting en van de daaraan ingevolge artikel 204 gehechte stukken neer te leggen ten kantore van het handelsregister. Inschrijving BV in handelsregister
2. De bestuurders zijn naast de vennootschap hoofdelijk aansprakelijk voor elke tijdens hun bestuur verrichte rechtshandeling waardoor de vennootschap wordt verbonden in het tijdvak voordat de opgave ter eerste inschrijving in het handelsregister, vergezeld van de neer te leggen afschriften, is geschied. Hoofdelijke aansprakelijkheid bestuurders bij BV

Art. 181
1. Wanneer de vennootschap zich krachtens artikel 18 omzet in een vereniging, coöperatie, of onderlinge waarborgmaatschappij, wordt iedere aandeelhouder lid, tenzij hij de schadeloosstelling heeft gevraagd als bedoeld in het tweede lid. Omzetting BV in andere rechtsvorm
2. Na een besluit tot omzetting in een vereniging, stichting, coöperatie of onderlinge waarborgmaatschappij kan iedere aandeelhouder, daaronder mede begrepen iedere houder van stemrechtloze of winstrechtloze aandelen, die niet met het besluit tot omzetting heeft ingestemd, de vennootschap schadeloosstelling vragen voor het verlies van zijn aandelen. Het verzoek tot schadeloosstelling moet schriftelijk aan de vennootschap worden gedaan binnen één maand nadat zij aan de aandeelhouder heeft meegedeeld dat hij deze schadeloosstelling kan vragen. De mededeling geschiedt op dezelfde wijze als de oproeping tot een algemene vergadering.
3. Wanneer de vennootschap zich omzet in een naamloze vennootschap kan iedere houder van stemrechtloze of winstrechtloze aandelen, die niet met het besluit tot omzetting heeft ingestemd, bij de vennootschap een verzoek tot schadeloosstelling indienen. Het verzoek tot schadeloosstelling moet schriftelijk aan de vennootschap worden gedaan binnen één maand nadat zij aan de aandeelhouder heeft meegedeeld dat hij deze schadeloosstelling kan vragen. De mededeling geschiedt op dezelfde wijze als de oproeping tot een algemene vergadering. De aandelen waarop het verzoek betrekking heeft, vervallen op het moment waarop de omzetting van kracht wordt. Omzetting BV in NV
4. Het voorstel tot omzetting vermeldt het bedrag van de schadeloosstelling als bedoeld in het tweede en derde lid, vastgesteld door een of meer onafhankelijke deskundigen. De deskundigen brengen over de waardebepaling schriftelijk bericht uit, dat met de oproeping tot de vergadering waarop over de omzetting wordt beslist, wordt meegezonden. Indien tussen partijen op grond van de statuten of een overeenkomst waarbij de vennootschap en de desbetreffende aandeelhouders partij zijn, bepalingen over de vaststelling van de waarde van de aandelen of de vaststelling van de schadeloosstelling gelden, stellen de deskundigen hun bericht op met inachtneming daarvan. De benoeming van deskundigen kan achterwege blijven, indien de statuten of een overeenkomst waarbij de vennootschap en de desbetreffende aandeelhouders partij zijn, een duidelijke maatstaf bevatten aan de hand waarvan de schadeloosstelling zonder meer kan worden vastgesteld.
5. Artikel 231 lid 4 is niet van toepassing ten aanzien van een besluit tot statutenwijziging in het kader van een omzetting van de vennootschap in een andere rechtsvorm.
6. Wanneer een rechterlijke machtiging is vereist voor de omzetting als bedoeld in artikel 18 leden 4 en 5, wordt die tevens geweigerd indien de belangen van houders van stemrechtloze en winstrechtloze aandelen in de vennootschap onvoldoende zijn ontzien.

Art. 182
1. De vennootschap legt het besluit tot omzetting in een vereniging, stichting, coöperatie of onderlinge waarborgmaatschappij neer ten kantore van het handelsregister en kondigt de nederlegging aan in een landelijk verspreid dagblad. Registratie omzetting organisatievorm van BV
2. De vennootschap moet, op straffe van gegrondverklaring van een verzet als bedoeld in lid 3, voor iedere schuldeiser die dit verlangt zekerheid stellen of hem een andere waarborg geven voor de voldoening van zijn vordering. Dit geldt niet, indien de schuldeiser voldoende waarborgen heeft of de vermogenstoestand van de vennootschap voldoende zekerheid biedt dat de vordering zal worden voldaan.
3. Binnen twee maanden na de in lid 1 vermelde aankondiging kan iedere schuldeiser door het indienen van een verzoek bij de rechtbank tegen een besluit tot omzetting als bedoeld in lid 1 in verzet komen met vermelding van de waarborg die wordt verlangd.
4. Voordat de rechter beslist, kan hij de vennootschap in de gelegenheid stellen binnen een door hem gestelde termijn een door hem omschreven waarborg te geven. Op een ingesteld rechtsmiddel kan hij, indien de omzetting al heeft plaatsgevonden, het stellen van een waarborg bevelen en daaraan een dwangsom verbinden.
5. Een besluit tot omzetting als bedoeld in lid 1 wordt niet van kracht zolang verzet kan worden gedaan. Indien tijdig verzet is gedaan, wordt het besluit eerst van kracht, zodra het verzet is ingetrokken of de opheffing van het verzet uitvoerbaar is. De akte, bedoeld in artikel 18 lid 2 onder c kan niet eerder worden verleden.

Art. 183

Omzetting rechtspersoon in BV

1. Wanneer een rechtspersoon zich krachtens artikel 18 omzet in een besloten vennootschap, worden aan de akte van omzetting gehecht:
   a. indien de rechtspersoon leden heeft, de schriftelijke toestemming van ieder lid wiens aandelen niet worden volgestort door omzetting van de reserves van de rechtspersoon;
   b. indien een stichting wordt omgezet, de rechterlijke machtiging daartoe.
2. Wanneer een vereniging, coöperatie of onderlinge waarborgmaatschappij zich krachtens artikel 18 omzet in een besloten vennootschap, wordt ieder lid aandeelhouder. De omzetting kan niet geschieden, zolang een lid nog kan opzeggen op grond van artikel 36 lid 4.
3. Na de omzetting kunnen een aandeelhouder, een vruchtgebruiker en een pandhouder de aan een aandeel verbonden rechten niet uitoefenen, zolang zij niet in het in artikel 194 bedoelde register zijn ingeschreven. Zonder zijn instemming kunnen aan hem geen winstrechtloze of stemrechtloze aandelen worden uitgegeven. Voor zover aandeelbewijzen zijn uitgegeven, vindt geen inschrijving plaats dan tegen afgifte van de aandeelbewijzen aan de vennootschap.
(Zie ook: artt. 18, 72, 180, 197, 198 BW Boek 2; Bptv)

Art. 184
[Vervallen]

Art. 185

Ontbinding van BV

1. Op verzoek van het openbaar ministerie ontbindt de rechtbank de vennootschap, wanneer deze haar doel, door een gebrek aan baten, niet kan bereiken, en kan de rechtbank de vennootschap ontbinden, wanneer deze haar werkzaamheden tot verwezenlijking van haar doel heeft gestaakt. Het openbaar ministerie deelt de Kamer van Koophandel mee dat het voornemens is een verzoek tot ontbinding in te stellen.
2. Alvorens de ontbinding uit te spreken kan de rechter de vennootschap in de gelegenheid stellen binnen een door hem te bepalen termijn het verzuim te herstellen.
(Zie ook: artt. 178, 207, 208, 215, 216 BW Boek 2)

Art. 186

Volledige naam van BV voeren

1. Uit alle geschriften, gedrukte stukken en aankondigingen, waarin de vennootschap partij is of die van haar uitgaan, met uitzondering van telegrammen en reclames, moeten de volledige naam van de vennootschap en haar woonplaats duidelijk blijken.
2. Indien melding wordt gemaakt van het kapitaal van de vennootschap, moet daarbij in elk geval worden vermeld welk bedrag is geplaatst, en hoeveel van het geplaatste bedrag is gestort.
(Zie ook: art. 10 BW Boek 1; artt. 56, 75, 177, 189 BW Boek 2; art. 1166 BW Boek 8; art. 1 WED)

Art. 187-188
[Vervallen]

Art. 189

Kapitaal BV

Wanneer in de statuten wordt gesproken van de houders van zoveel aandelen als tezamen een zeker gedeelte van het maatschappelijk kapitaal der vennootschap uitmaken, wordt, tenzij het tegendeel uit de statuten blijkt, onder kapitaal verstaan het geplaatste gedeelte van het maatschappelijk kapitaal.
(Zie ook: artt. 78, 177, 178, 186 BW Boek 2)

Art. 189a

Orgaan van de BV

Voor de toepassing van de artikelen 192, 197 lid 3, 198 lid 3, 206, artikel 210 lid 7, 216 lid 1, 227 lid 2, 239 en 244 wordt onder orgaan van de vennootschap verstaan de algemene vergadering, de vergadering van houders van aandelen van een bepaalde soort of aanduiding, het bestuur, de raad van commissarissen en de gemeenschappelijke vergadering van het bestuur en de raad van commissarissen.

Afdeling 2
De aandelen

Art. 190

Rechten die niet als aandeel kunnen worden aangemerkt BV

Rechten die stemrecht noch aanspraak op uitkering van winst of reserves omvatten, worden niet als aandeel aangemerkt.

Art. 191

Stortingsplicht op aandelen BV

1. Bij het nemen van het aandeel moet daarop het nominale bedrag worden gestort. Bedongen kan worden dat het nominale bedrag of een deel daarvan eerst behoeft te worden gestort na verloop van een bepaalde tijd of nadat de vennootschap het zal hebben opgevraagd.
2. Een aandeelhouder kan niet geheel of gedeeltelijk worden ontheven van de verplichting tot storting, behoudens het bepaalde in artikel 208.
3. De aandeelhouder en, in het geval van artikel 199, de voormalige aandeelhouder zijn niet bevoegd tot verrekening van hun schuld uit hoofde van dit artikel.
(Zie ook: artt. 80, 191a, 191b, 193, 199 BW Boek 2; art. 127 t/m 129 BW Boek 6; art. 53 FW)

Art. 191a
1. Storting op een aandeel moet in geld geschieden voor zover niet een andere inbreng is overeengekomen. *Storting op aandelen BV in geld*
2. Voor of bij de oprichting kan storting in een andere geldeenheid dan die waarin het nominale bedrag van de aandelen luidt slechts geschieden, indien de akte van oprichting vermeldt dat storting in een andere geldeenheid is toegestaan. Na de oprichting kan dit slechts geschieden met toestemming van de vennootschap, tenzij de statuten anders bepalen. *Storting op aandelen BV in vreemd geld*
3. Met storting in een andere geldeenheid dan die waarin de nominale waarde luidt wordt aan de stortingsplicht voldaan voor het bedrag waartegen het gestorte bedrag vrijelijk kan worden gewisseld in de geldeenheid waarin de nominale waarde luidt. Bepalend is de wisselkoers op de dag van de storting.
(Zie ook: artt. 80a, 176, 178, 203a BW Boek 2)

Art. 191b
1. Indien inbreng anders dan in geld is overeengekomen, moet hetgeen wordt ingebracht naar economische maatstaven kunnen worden gewaardeerd. Een recht op het verrichten van werk of diensten kan niet worden ingebracht. *Inbreng van aandelen BV anders dan in geld*
2. Inbreng anders dan in geld moet onverwijld geschieden na het nemen van het aandeel of na de dag waartegen een bijstorting is uitgeschreven of waarop zij is overeengekomen.
(Zie ook: artt. 80b, 191, 204, 204a, 204b BW Boek 2)

Art. 192
1. De statuten kunnen met betrekking tot alle aandelen of aandelen van een bepaalde soort of aanduiding: *Statutaire bepalingen over aandelen BV*
a) bepalen dat verplichtingen van verbintenisrechtelijke aard, jegens de vennootschap of derden of tussen aandeelhouders, aan het aandeelhouderschap zijn verbonden;
b) eisen verbinden aan het aandeelhouderschap;
c) bepalen dat de aandeelhouder in gevallen, in de statuten omschreven, gehouden is zijn aandelen of een deel daarvan aan te bieden en over te dragen.
Een in de vorige zin onder a, b of c bedoelde verplichting of eis kan niet, ook niet onder voorwaarde of tijdsbepaling, tegen de wil van de aandeelhouder worden opgelegd.
2. De statuten kunnen bepalen dat de inwerkingtreding van een statutaire verplichting of eis als bedoeld in lid 1 onder a, b of c, afhankelijk is van een besluit van een daartoe in de statuten aangewezen orgaan van de vennootschap. De statuten kunnen voorts bepalen dat een daartoe in de statuten aangewezen orgaan van de vennootschap ontheffing kan verlenen van een statutaire verplichting of eis.
3. Een regeling als bedoeld in lid 1 onder c dient zodanig te zijn dat de aandeelhouder die dit verlangt een prijs ontvangt, gelijk aan de waarde van zijn aandeel of aandelen, vastgesteld door een of meer onafhankelijke deskundigen. De statuten kunnen voorzien in een van de vorige zin afwijkende prijsbepalingsregeling. Een dergelijke afwijkende regeling kan aan een aandeelhouder niet tegen zijn wil worden opgelegd.
4. De statuten kunnen bepalen dat zolang een aandeelhouder een statutaire verplichting niet nakomt of niet aan een statutaire eis voldoet, het stemrecht, het recht op uitkeringen of het vergaderrecht is opgeschort. Indien een aandeelhouder een of meer van de in de vorige zin genoemde rechten niet kan uitoefenen en de aandeelhouder niet gehouden is zijn aandelen niet te bieden en over te dragen, vervalt de opschorting wanneer de vennootschap niet binnen drie maanden na een verzoek daartoe van de aandeelhouder gegadigden heeft aangewezen aan wie hij al zijn aandelen zal kunnen overdragen volgens een regeling in de statuten. Lid 3 is van overeenkomstige toepassing. Een opschorting van rechten vervalt, indien de opschorting tot gevolg heeft dat geen van de aandeelhouders het stemrecht kan uitoefenen.
5. De statuten kunnen bepalen dat indien een aandeelhouder niet binnen een bepaalde redelijke termijn een verplichting als bedoeld in lid 1 onder c is nagekomen, de vennootschap onherroepelijk gevolmachtigd is de aandelen aan te bieden en over te dragen. Tot het aanbieden en het leveren van de aandelen is de vennootschap ook bevoegd tijdens het faillissement van de aandeelhouder of het ten aanzien van hem van toepassing verklaren van de schuldsaneringsregeling natuurlijke personen. Wanneer er geen gegadigden zijn aan wie de aandeelhouder zijn ingevolge lid 1 onder c aangeboden aandelen kan overdragen, ontbreekt de volmacht en is de aandeelhouder onherroepelijk van de statutaire verplichting tot aanbieding en overdracht, alsmede van een opschorting van rechten als bedoeld in lid 4, ontheven.

Art. 192a
1. Indien een aandeelhouder, die niet gebonden is aan een statutaire verplichting of eis als bedoeld in artikel 192 lid 1, zijn aandelen wil vervreemden, maar overdracht van de aandelen in verband met de gebondenheid van de verkrijger aan die verplichting of eis onmogelijk of uiterst bezwaarlijk is, kan hij de vennootschap verzoeken om gegadigden aan te wijzen aan wie hij al zijn aandelen zal kunnen overdragen volgens een regeling in de statuten. Op deze regeling is artikel 192 lid 3 van overeenkomstige toepassing. Indien de vennootschap niet binnen drie maanden na het verzoek gegadigden heeft aangewezen, kan de aandeelhouder binnen zes *Overdracht van aandelen BV volgens statutaire regeling*

art. 2:193   13 Burgerlijk Wetboek Boek 2

maanden na het verstrijken van deze termijn zijn aandelen aan een ander overdragen en is de verkrijger van de aandelen niet gebonden aan de statutaire verplichting of eis.
2. Lid 1 is van overeenkomstige toepassing indien overdracht van aandelen onmogelijk of uiterst bezwaarlijk is in verband met de gebondenheid van de verkrijger aan een statutaire prijsbepalingsregeling waaraan de aandeelhouder niet is gebonden.

Art. 193

Bevoegdheden vereffenaar/curator met betrekking tot aandelen BV

De vereffenaar van een vennootschap en, in geval van faillissement, de curator, zijn bevoegd tot uitschrijving en inning van alle nog niet gedane verplichte stortingen op de aandelen. Deze bevoegdheid geldt onverschillig hetgeen bij de statuten daaromtrent is bepaald of op grond van artikel 191 lid 1 is bedongen, met dien verstande dat indien bedongen is dat een storting plaatsvindt op een tijdstip na de dag van de faillietverklaring, volstaan kan worden met voldoening van de contante waarde daarvan op de dag van de faillietverklaring.
(Zie ook: artt. 19, 23, 84, 199, 237 BW Boek 2; art. 68 FW)

Art. 194

Register van aandeelhouders BV

1. Het bestuur van de vennootschap houdt een register waarin de namen en adressen van alle aandeelhouders zijn opgenomen, met vermelding van de datum waarop zij de aandelen hebben verkregen, de datum van de erkenning of betekening, de soort of de aanduiding van de aandelen, alsmede van het op ieder aandeel gestorte bedrag. Indien een aandeelhouder niet gebonden is aan een statutaire verplichting of eis als bedoeld in artikel 192 lid 1, wordt dat vermeld. In het register worden opgenomen de namen en adressen van hen die een recht van vruchtgebruik of pandrecht op aandelen hebben, met vermelding van de datum waarop zij het recht hebben verkregen, de datum van erkenning of betekening, alsmede met vermelding welke aan de aandelen verbonden rechten hun toekomen. In het register worden opgenomen de namen en adressen van de houders van certificaten van aandelen waaraan vergaderrecht is verbonden, met vermelding van de datum waarop het vergaderrecht aan hun certificaat is verbonden en de datum van erkenning of betekening.
2. Het register wordt regelmatig bijgehouden; daarin wordt mede aangetekend elk verleend ontslag van aansprakelijkheid voor nog niet gedane stortingen.
3. Aandeelhouders en anderen van wie gegevens ingevolge lid 1 in het register moeten worden opgenomen, verschaffen aan het bestuur tijdig de nodige gegevens.
4. Het bestuur verstrekt desgevraagd aan een aandeelhouder, een vruchtgebruiker, een pandhouder en een houder van een certificaat van een aandeel waaraan bij of krachtens de statuten vergaderrecht is verbonden om niet een uittreksel uit het register met betrekking tot zijn recht op een aandeel of certificaat van een aandeel. Rust op het aandeel een recht van vruchtgebruik of een pandrecht, dan vermeldt het uittreksel aan wie de in de artikelen 197, 198 en 227 bedoelde rechten toekomen.
5. Het bestuur legt het register ten kantore van de vennootschap ter inzage van de aandeelhouders, de vruchtgebruikers en pandhouders aan wie de in artikel 227 lid 2 bedoelde rechten toekomen en de houders van certificaten van aandelen waaraan bij of krachtens de statuten vergaderrecht is verbonden. De gegevens van het register omtrent niet-volgestorte aandelen zijn ter inzage van een ieder; afschrift of uittreksel van deze gegevens wordt ten hoogste tegen kostprijs verstrekt.
(Zie ook: artt. 85, 196a, 197, 198 BW Boek 2; art. 474c Rv; art. 1 WED)

Art. 195

Aandelenoverdracht BV

1. Tenzij de statuten anders bepalen is voor een geldige overdracht van aandelen vereist dat de aandeelhouder die een of meer aandelen wil vervreemden, deze eerst aanbiedt aan zijn medeaandeelhouders naar evenredigheid van het aantal aandelen dat ten tijde van de aanbieding door ieder van hen wordt gehouden. Aan houders van aandelen van een bepaalde soort of aanduiding waaraan ingevolge een statutaire regeling geen stemrecht of recht op deling in de winst of reserves toekomt, kunnen ingevolge de vorige zin slechts aandelen van dezelfde soort of aanduiding worden aangeboden, tenzij in de statuten anders is bepaald. De aandeelhouder ontvangt, indien hij dit verlangt, van de mede-aandeelhouders een prijs, gelijk aan de waarde van zijn aandeel of aandelen, vastgesteld door een of meer onafhankelijke deskundigen. Indien vaststaat dat niet al de aandelen waarop het aanbod betrekking heeft tegen contante betaling worden gekocht, zal de aanbieder de aandelen binnen drie maanden na die vaststelling vrijelijk mogen overdragen.
2. De overdracht krachtens legaat geldt voor de toepassing van lid 1 als een overdracht door de erflater.
3. De overdraagbaarheid van aandelen kan bij de statuten voor een bepaalde termijn worden uitgesloten. Een overdracht in strijd met een statutaire uitsluiting is ongeldig. Voor een statutaire regeling als bedoeld in de eerste zin is de instemming vereist van alle houders van aandelen waarop de uitsluiting van de overdraagbaarheid betrekking heeft.
4. De overdraagbaarheid van aandelen kan bij de statuten ook op andere wijze dan overeenkomstig lid 1 of lid 3 worden beperkt. Een overdracht in strijd met een statutaire beperking is ongeldig. Een dergelijke statutaire regeling dient zodanig te zijn dat een aandeelhouder die zijn

aandelen wil overdragen, indien hij dit verlangt, een prijs ontvangt, gelijk aan de waarde van zijn aandeel of aandelen, vastgesteld door een of meer onafhankelijke deskundigen. De statuten kunnen voorzien in een van de vorige zin afwijkende prijsbepalingsregeling. Een dergelijke afwijkende regeling kan aan een aandeelhouder niet tegen zijn wil worden opgelegd.
5. Bepalingen in de statuten omtrent de overdraagbaarheid van aandelen vinden geen toepassing, indien de overdracht door die bepalingen onmogelijk of uiterst bezwaarlijk is, tenzij dit het gevolg is van een statutaire uitsluiting als bedoeld in lid 3 of een statutaire prijsbepalingsregeling waaraan de aandeelhouder is gebonden.
6. Indien de aandeelhouder krachtens de wet tot overdracht van zijn aandeel aan een eerdere houder verplicht is, vindt lid 1, alsmede bepalingen in de statuten omtrent overdraagbaarheid, geen toepassing.
7. Ingeval van executoriaal beslag, faillissement, een schuldsaneringsregeling natuurlijke personen, afgifte van een legaat, toedeling uit een gemeenschap of een pandrecht kan de rechter lid 1, alsmede bepalingen in de statuten omtrent overdraagbaarheid, geheel of gedeeltelijk buiten toepassing verklaren. Het verzoek daartoe kan worden gedaan door onderscheidenlijk de executant, de curator, de bewindvoerder, een belanghebbende bij de afgifte van het legaat of de toedeling of de pandhouder. De rechter wijst het verzoek, zonodig in afwijking van artikel 474g, vierde lid, van het Wetboek van Burgerlijke Rechtsvordering, slechts toe indien de belangen van de verzoeker dat bepaaldelijk vorderen en de belangen van anderen daardoor niet onevenredig worden geschaad. De rechter kan bepalen dat de vennootschap aan de executant of de curator inzage moet geven in het register, bedoeld in artikel 194.

Art. 195a-195b
[Vervallen]

Art. 196
1. Voor de uitgifte en levering van een aandeel of de levering van een beperkt recht daarop is vereist een daartoe bestemde ten overstaan van een in Nederland standplaats hebbende notaris verleden akte waarbij de betrokkenen partij zijn. Geen afzonderlijke akte is vereist voor de uitgifte van aandelen die bij de oprichting worden geplaatst.
(Zie ook: artt. 178, 207 BW Boek 2)
2. Akten van uitgifte of levering moeten vermelden:
a. de titel van de rechtshandeling en op welke wijze het aandeel of het beperkt recht daarop is verkregen;
b. naam, voornamen, geboortedatum, geboorteplaats, woonplaats en adres van de natuurlijke personen die bij de rechtshandeling partij zijn;
c. rechtsvorm, naam, woonplaats en adres van de rechtspersonen die bij de rechtshandeling partij zijn;
d. het aantal en de soort aandelen waarop de rechtshandeling betrekking heeft, alsmede
e. naam, woonplaats en adres van de vennootschap op welker aandelen de rechtshandeling betrekking heeft.
(Zie ook: artt. 86, 178, 196a BW Boek 2; artt. 83, 94, 98, 236, 239, 246 BW Boek 3; art. 474h Rv)

Akte van uitgifte en levering van aandelen BV

Art. 196a
1. De levering van een aandeel of de levering van een beperkt recht daarop overeenkomstig artikel 196 lid 1 werkt mede van rechtswege tegenover de vennootschap. Behoudens in het geval dat de vennootschap zelf bij de rechtshandeling partij is, kunnen de aan het aandeel verbonden rechten eerst worden uitgeoefend nadat zij de rechtshandeling heeft erkend of de akte aan haar is betekend overeenkomstig de bepalingen van artikel 196b, dan wel deze heeft erkend door inschrijving in het aandeelhoudersregister als bedoeld in lid 2.
2. De vennootschap die kennis draagt van de rechtshandeling als bedoeld in het eerste lid kan, zolang haar geen erkenning daarvan is verzocht noch betekening van de akte aan haar is geschied, die rechtshandeling eigener beweging erkennen door inschrijving van de verkrijger van het aandeel of het beperkte recht in het aandeelhoudersregister. Zij doet daarvan aanstonds bij aangetekende brief mededeling aan de bij de rechtshandeling betrokken partijen met het verzoek alsnog een afschrift of uittreksel als bedoeld in artikel 196b lid 1 aan haar over te leggen. Na ontvangst daarvan plaatst zij, ten bewijze van de erkenning, een aantekening op het stuk op de wijze als in artikel 196b voor de erkenning wordt voorgeschreven; als datum van erkenning wordt de dag van de inschrijving vermeld.
3. Indien een rechtshandeling als bedoeld in het eerste lid heeft plaatsgevonden zonder dat dit heeft geleid tot een daarop aansluitende wijziging in het register van aandeelhouders, kan deze noch aan de vennootschap noch aan anderen die te goeder trouw de in het aandeelhoudersregister ingeschreven persoon als aandeelhouder of eigenaar van een beperkt recht op een aandeel hebben beschouwd, worden tegengeworpen.
(Zie ook: artt. 86a, 194 BW Boek 2; art. 88 BW Boek 3)

Levering bij aandelen BV

Levering aandelen BV inschrijven in aandeelhoudersregister

Art. 196b
1. Behoudens het bepaalde in artikel 196a lid 2 geschiedt de erkenning in de akte dan wel op grond van overlegging van een notarieel afschrift of uittreksel van de akte.

Erkenning levering aandelen BV

2. Bij erkenning op grond van overlegging van een notarieel afschrift of uittreksel wordt een gedagtekende verklaring geplaatst op het overgelegde stuk.
3. De betekening geschiedt van een notarieel afschrift of uittreksel van de akte.
(Zie ook: art. 86b BW Boek 2)

Art. 196c

Schakelbepaling

De artikelen 196a en 196b zijn van overeenkomstige toepassing met betrekking tot de levering van een certificaat van een aandeel waaraan vergaderrecht is verbonden, met dien verstande dat de in artikel 196b bedoelde overlegging of betekening geschiedt van een afschrift van de akte van levering.

Art. 197

Vruchtgebruik op aandelen BV

1. De bevoegdheid tot het vestigen van vruchtgebruik op een aandeel kan bij de statuten niet worden beperkt of uitgesloten.
(Zie ook: art. 201 BW Boek 3)
2. De aandeelhouder heeft het stemrecht op de aandelen waarop een vruchtgebruik is gevestigd.
(Zie ook: artt. 198, 227, 228 BW Boek 2; art. 319 BW Boek 3)
3. In afwijking van het voorgaande lid komt het stemrecht toe aan de vruchtgebruiker, indien dit bij de vestiging van het vruchtgebruik is bepaald of nadien schriftelijk tussen de aandeelhouder en de vruchtgebruiker is overeengekomen en de vruchtgebruiker een persoon is aan wie de aandelen vrijelijk kunnen worden overgedragen. Indien de vruchtgebruiker een persoon is aan wie de aandelen niet vrijelijk kunnen worden overgedragen, komt hem het stemrecht uitsluitend toe, indien dit bij de vestiging van het vruchtgebruik is bepaald of nadien schriftelijk tussen de aandeelhouder en de vruchtgebruiker is overeengekomen, mits zowel deze bepaling als – bij overdracht van het vruchtgebruik – de overgang van het stemrecht is goedgekeurd door een daartoe in de statuten aangewezen orgaan, dan wel – bij ontbreken van zodanige aanwijzing – door de algemene vergadering. Van het bepaalde in de vorige zin kan in de statuten worden afgeweken. Bij een vruchtgebruik als bedoeld in de artikelen 19 en 21 van Boek 4 komt het stemrecht eveneens aan de vruchtgebruiker toe, tenzij bij de vestiging van het vruchtgebruik door partijen of door de kantonrechter op de voet van artikel 23 lid 4 van Boek 4 anders wordt bepaald. Op de in de eerste en tweede zin bedoelde schriftelijke overeenkomst zijn artikel 196a en artikel 196b van overeenkomstige toepassing.
(Zie ook: artt. 198, 217 BW Boek 2)
4. De aandeelhouder die vanwege een vruchtgebruik geen stemrecht heeft en de vruchtgebruiker die stemrecht heeft, hebben de rechten die door de wet zijn toegekend aan de houders van certificaten van aandelen waaraan vergaderrecht is verbonden. De vruchtgebruiker die geen stemrecht heeft, heeft deze rechten, indien de statuten dit bepalen en bij de vestiging of overdracht van het vruchtgebruik niet anders is bepaald.
(Zie ook: artt. 198, 212, 220, 223, 227, 346 BW Boek 2)
5. Uit het aandeel voortspruitende rechten, strekkende tot het verkrijgen van aandelen, komen aan de aandeelhouder toe met dien verstande dat hij de waarde daarvan moet vergoeden aan de vruchtgebruiker, voor zover deze krachtens zijn recht van vruchtgebruik daarop aanspraak heeft.
(Zie ook: artt. 88, 194 BW Boek 2; artt. 9, 201, 216 BW Boek 3)

Art. 198

Pandrecht op aandelen BV

1. Op aandelen kan pandrecht worden gevestigd, indien de statuten niet anders bepalen.
(Zie ook: artt. 227, 236, 248 BW Boek 3)
2. De aandeelhouder heeft het stemrecht op de verpande aandelen.
(Zie ook: artt. 197, 227, 228 BW Boek 2; art. 247 BW Boek 3)
3. In afwijking van het voorgaande lid komt het stemrecht toe aan de pandhouder, indien dit, al dan niet onder opschortende voorwaarde, bij de vestiging van het pandrecht is bepaald of nadien schriftelijk tussen de aandeelhouder en de pandhouder is overeengekomen en de pandhouder een persoon is, aan wie de aandelen vrijelijk kunnen worden overgedragen. Indien de pandhouder een persoon is aan wie de aandelen niet vrijelijk kunnen worden overgedragen, komt hem het stemrecht uitsluitend toe, indien dit, al dan niet onder opschortende voorwaarde, bij de vestiging van het pandrecht is bepaald of nadien schriftelijk tussen de aandeelhouder en de pandhouder is overeengekomen, mits zowel deze bepaling als – indien een ander in de rechten van de pandhouder treedt – de overgang van het stemrecht is goedgekeurd door een daartoe in de statuten aangewezen orgaan, dan wel – bij ontbreken van zodanige aanwijzing – door de algemene vergadering. Van het bepaalde in de voorgaande twee zinnen kan in de statuten worden afgeweken. Op de in de eerste en tweede zin bedoelde schriftelijke overeenkomst zijn artikel 196a en artikel 196b van overeenkomstige toepassing.
4. De aandeelhouder die vanwege een pandrecht geen stemrecht heeft en de pandhouder die stemrecht heeft, hebben de rechten die door de wet zijn toegekend aan de houders van certificaten van aandelen waaraan vergaderrecht is verbonden. De pandhouder die geen stemrecht heeft, heeft deze rechten indien de statuten dit bepalen en bij de vestiging of overgang van het pandrecht niet anders is bepaald.

5. Bij de vestiging van het pandrecht kan worden bepaald dat artikel 196a lid 2 buiten toepassing blijft. Alsdan zijn de leden 3 en 4 van artikel 239 van Boek 3 van overeenkomstige toepassing, waarbij erkenning door of betekening aan de vennootschap in de plaats treedt van de in die bepaling bedoelde mededeling.
6. Een statutaire regeling ten aanzien van de vervreemding en de overdracht van aandelen is van toepassing op de vervreemding en overdracht van de aandelen door de pandhouder of de verblijving van de aandelen aan de pandhouder, met dien verstande dat de pandhouder alle ten aanzien van vervreemding en overdracht aan de aandeelhouder toekomende rechten uitoefent en diens verplichtingen ter zake nakomt.

Art. 199
1. Na overdracht of toedeling van een niet volgestort aandeel blijft ieder van de vorige aandeelhouders voor het daarop nog te storten bedrag hoofdelijk jegens de vennootschap aansprakelijk. Het bestuur kan te zamen met de raad van commissarissen de vorige aandeelhouders bij authentieke of geregistreerde onderhandse akte van verdere aansprakelijkheid ontslaan; in dat geval blijft de aansprakelijkheid niettemin bestaan voor stortingen, uitgeschreven binnen een jaar na de dag waarop de authentieke akte is verleden of de onderhandse is geregistreerd.
(Zie ook: artt. 191, 193, 194 BW Boek 2; artt. 6, 160 BW Boek 6)
2. Indien een vorige aandeelhouder betaalt, treedt hij in de rechten die de vennootschap tegen latere houders heeft.
(Zie ook: art. 90 BW Boek 2; art. 150 BW Boek 6)

Aansprakelijkheid vorige aandeelhouder BV

Art. 200
[Vervallen]

Art. 201
1. Voor zover bij de statuten niet anders is bepaald, zijn aan alle aandelen in verhouding tot hun bedrag gelijke rechten en verplichtingen verbonden.
2. De vennootschap moet de aandeelhouders onderscheidenlijk certificaathouders die zich in gelijke omstandigheden bevinden, op de zelfde wijze behandelen.
3. De statuten kunnen bepalen dat aan aandelen van een bepaalde soort of aanduiding bijzondere rechten als in de statuten omschreven inzake de zeggenschap in de vennootschap zijn verbonden.
(Zie ook: artt. 8, 23b, 92, 190, 212, 216, 220, 227, 228, 346 BW Boek 2)

Gelijke rechten en plichten bij aandelen BV

Art. 201a
1. Hij die als aandeelhouder voor eigen rekening ten minste 95% van het geplaatste kapitaal van de vennootschap verschaft en ten minste 95% van de stemrechten in de algemene vergadering kan uitoefenen, kan tegen de gezamenlijke andere aandeelhouders een vordering instellen tot overdracht van hun aandelen aan de eiser. Hetzelfde geldt, indien twee of meer groepsmaatschappijen dit deel van het geplaatste kapitaal samen verschaffen en dit deel van de stemrechten samen kunnen uitoefenen en samen de vordering instellen tot overdracht aan een hunner.
(Zie ook: artt. 24a, 24d BW Boek 2)
2. Over de vordering oordeelt in eerste aanleg de ondernemingskamer van het gerechtshof Amsterdam. Van de uitspraak staat uitsluitend beroep in cassatie open.
(Zie ook: artt. 72, 99 Wet RO)
3. Indien tegen een of meer verweerders verstek is verleend, moet de rechter ambtshalve onderzoeken of de eiser of eisers de vereisten van lid 1 vervullen.
4. De rechter wijst de vordering tegen alle verweerders af, indien een verweerder ondanks de vergoeding ernstige stoffelijke schade zou lijden door de overdracht, een verweerder houder is van een aandeel waaraan de statuten een bijzonder recht inzake de zeggenschap in de vennootschap verbinden of een eiser jegens een verweerder afstand heeft gedaan van zijn bevoegdheid de vordering in te stellen.
5. Indien de rechter oordeelt dat de leden 1 en 4 de toewijzing van de vordering niet beletten, kan hij bevelen dat een of drie deskundigen zullen berichten over de waarde van de over te dragen aandelen. De eerste drie zinnen van artikel 350 lid 3 en de artikelen 351 en 352 zijn van toepassing. De rechter stelt de prijs vast die de over te dragen aandelen op een door hem te bepalen dag hebben. Zo lang en voor zover de prijs niet is betaald, wordt hij verhoogd met rente, gelijk aan de wettelijke rente, van die dag af tot de overdracht; uitkeringen op de aandelen die in dit tijdvak betaalbaar worden gesteld, strekken op de dag van betaalbaarstelling tot gedeeltelijke betaling van de prijs.
(Zie ook: art. 221 Rv)
6. De rechter die de vordering toewijst, veroordeelt de overnemer aan degenen aan wie de aandelen toebehoren of zullen toebehoren de vastgestelde prijs met rente te betalen tegen levering van het onbezwaarde recht op de aandelen. De rechter geeft omtrent de kosten van het geding zodanige uitspraak als hij meent dat behoort. Een verweerder die geen verweer heeft gevoerd, wordt niet verwezen in de kosten.
(Zie ook: artt. 119, 120 BW Boek 6; art. 56 Rv)

Uitkoop kleine minderheid bij aandelen BV

7. Staat het bevel tot overdracht bij gerechtelijk gewijsde vast, dan deelt de overnemer de dag en plaats van betaalbaarstelling en de prijs schriftelijk mee aan de houders van de over te nemen aandelen van wie hij het adres kent. Hij kondigt deze ook aan in een landelijk verspreid dagblad, tenzij hij van allen het adres kent.

8. De overnemer kan zich altijd van zijn verplichtingen ingevolge de leden 6 en 7 bevrijden door de vastgestelde prijs met rente voor alle nog niet overgenomen aandelen te consigneren, onder mededeling van hem bekende rechten van pand en vruchtgebruik en de hem bekende beslagen. Door deze mededeling gaat beslag over van de aandelen op het recht op uitkering. Door het consigneren gaat het recht op de aandelen onbezwaard op hem over en gaan rechten van pand of vruchtgebruik over op het recht op uitkering. Aan aandeel- en dividendbewijzen waarop na de overgang uitkeringen betaalbaar zijn gesteld, kan nadien geen recht jegens de vennootschap meer worden ontleend. De overnemer maakt het consigneren en de prijs per aandeel op dat tijdstip bekend op de wijze van lid 7.
(Zie ook: art. 92a BW Boek 2; art. 66 BW Boek 6)

Art. 202

Verbod uitgifte certificaten aan toonder van aandelen BV

Certificaten aan toonder van aandelen mogen niet worden uitgegeven. Indien in strijd hiermede is gehandeld, kunnen, zolang certificaten aan toonder uitstaan, de aan het aandeel verbonden rechten niet worden uitgeoefend.

Afdeling 3
Het vermogen van de vennootschap

Art. 203

Rechtshandelingen bij oprichting BV

1. Uit rechtshandelingen, verricht namens een op te richten vennootschap, ontstaan slechts rechten en verplichtingen voor de vennootschap wanneer zij die rechtshandelingen na haar oprichting uitdrukkelijk of stilzwijgend bekrachtigt of ingevolge lid 4 wordt verbonden.

Hoofdelijke gebondenheid voor rechtshandelingen bij oprichting BV

2. Degenen die een rechtshandeling verrichten namens een op te richten vennootschap zijn, tenzij met betrekking tot die rechtshandeling uitdrukkelijk anders is bedongen, daardoor hoofdelijk verbonden, totdat de vennootschap na haar oprichting de rechtshandeling heeft bekrachtigd.

Hoofdelijke aansprakelijkheid bij BV

3. Indien de vennootschap haar verplichtingen uit de bekrachtigde rechtshandeling niet nakomt, zijn degenen die namens de op te richten vennootschap handelden hoofdelijk aansprakelijk voor de schade die de derde dientengevolge lijdt, indien zij wisten of redelijkerwijs konden weten dat de vennootschap haar verplichtingen niet zou kunnen nakomen, onverminderd de aansprakelijkheid terzake van de bestuurders wegens de bekrachtiging. De wetenschap dat de vennootschap haar verplichtingen niet zou kunnen nakomen, wordt vermoed aanwezig te zijn, wanneer de vennootschap binnen een jaar na de oprichting in staat van faillissement wordt verklaard.
(Zie ook: artt. 9, 248 BW Boek 2; artt. 43, 45 FW)

4. De oprichters kunnen de vennootschap in de akte van oprichting slechts verbinden door het uitgeven van aandelen, het aanvaarden van stortingen daarop, het aanstellen van bestuurders, het benoemen van commissarissen, het verrichten van rechtshandelingen als bedoeld in artikel 204 lid 1 en het betalen van kosten die oprichting verband houden. Indien een oprichter hierbij onvoldoende zorgvuldigheid heeft betracht, zijn de artikelen 9 en 248 van overeenkomstige toepassing.
(Zie ook: artt. 4, 93, 176, 180 BW Boek 2; artt. 55, 61, 66, 69 BW Boek 3; artt. 6, 95, 162 BW Boek 6)

Art. 203a

[Vervallen]

Art. 204

Rechtshandelingen bij oprichting van BV

1. Rechtshandelingen:
a. in verband met het nemen van aandelen waarbij bijzondere verplichtingen op de vennootschap worden gelegd,
b. strekkende om enigerlei voordeel te verzekeren aan een oprichter der vennootschap of aan een bij de oprichting betrokken derde,
c. betreffende inbreng op aandelen anders dan in geld,
moeten in haar geheel worden opgenomen in de akte van oprichting of in een geschrift dat daaraan in origineel of in authentiek afschrift wordt gehecht en waarnaar de akte van oprichting verwijst. Indien de vorige zin niet in acht is genomen, kunnen voor de vennootschap uit deze rechtshandelingen geen rechten of verplichtingen ontstaan.

2. Na de oprichting kunnen de in het vorige lid bedoelde rechtshandelingen zonder voorafgaande goedkeuring van de algemene vergadering slechts worden verricht, indien en voor zover aan het bestuur de bevoegdheid daartoe uitdrukkelijk bij de statuten is verleend.
(Zie ook: artt. 4, 94, 178, 378 BW Boek 2; art. 69 BW Boek 3)

Art. 204a
1. Indien bij de oprichting inbreng op aandelen anders dan in geld wordt overeengekomen, maken de oprichters een beschrijving op van hetgeen wordt ingebracht, met vermelding van de daaraan toegekende waarde en van de toegepaste waarderingsmethoden. De beschrijving heeft betrekking op de toestand van hetgeen wordt ingebracht op een dag die niet eerder ligt dan zes maanden voor de oprichting. De beschrijving wordt door alle oprichters ondertekend. De vennootschap legt deze te haren kantore ter inzage van de houders van haar aandelen en anderen aan wie het vergaderrecht toekomt.
(Zie ook: art. 180 BW Boek 2)
2. Indien voor de inbreng bekend is dat de waarde na de in lid 1, tweede zin, bedoelde dag van de beschrijving aanzienlijk is gedaald, is een nieuwe beschrijving vereist.

Beschrijving inbreng op aandelen anders dan in geld bij oprichting BV

Art. 204b
1. Indien na de oprichting inbreng op aandelen anders dan in geld wordt overeengekomen, maakt de vennootschap overeenkomstig artikel 204a lid 1 een beschrijving op van hetgeen wordt ingebracht. De beschrijving heeft betrekking op de toestand op een dag die niet eerder dan zes maanden ligt voor de dag waarop de aandelen worden genomen dan wel waartegen een bijstorting is uitgeschreven of waarop zij is overeengekomen. De bestuurders ondertekenen de beschrijving; ontbreekt de handtekening van een of meer hunner, dan wordt daarvan onder opgave van reden melding gemaakt. De vennootschap legt de beschrijving te haren kantore ter inzage van de houders van haar aandelen en anderen aan wie het vergaderrecht toekomt.
2. Artikel 204a lid 2 is van overeenkomstige toepassing.
3. Dit artikel is niet van toepassing voor zover de inbreng bestaat uit aandelen, certificaten van aandelen, daarin converteerbare rechten of winstbewijzen van een andere rechtspersoon, waarop de vennootschap een openbaar bod heeft uitgebracht, mits deze effecten of een deel daarvan zijn toegelaten tot de handel op een gereglementeerde markt of een multilaterale handelsfaciliteit, als bedoeld in artikel 1:1 van de Wet op het financieel toezicht of een met een gereglementeerde markt of multilaterale handelsfaciliteit vergelijkbaar systeem uit een staat die geen lidstaat is.
(Zie ook: artt. 94b, 204a BW Boek 2)

Beschrijving inbreng op aandelen anders dan in geld na oprichting BV

Schakelbepaling Werkingssfeer

Art. 204c
[Vervallen]

Art. 205
De vennootschap kan geen eigen aandelen nemen.
(Zie ook: artt. 95, 207 t/m 207d BW Boek 2)

Verbod op nemen eigen aandelen bij BV

Art. 206
1. De vennootschap kan slechts ingevolge een besluit van de algemene vergadering na de oprichting aandelen uitgeven, voor zover bij de statuten geen ander orgaan is aangewezen. De algemene vergadering kan haar bevoegdheid hiertoe overdragen aan een ander orgaan en kan deze overdracht herroepen.
2. Het vorige lid is van overeenkomstige toepassing op het verlenen van rechten tot het nemen van aandelen, maar is niet van toepassing op het uitgeven van aandelen aan iemand die een voordien reeds verkregen recht tot het nemen van aandelen uitoefent.
(Zie ook: artt. 96, 206a, 217 BW Boek 2)

Emissiebevoegdheid BV

Art. 206a
1. Voor zover de statuten niet anders bepalen, heeft iedere aandeelhouder bij uitgifte van aandelen een voorkeursrecht naar evenredigheid van het gezamenlijke bedrag van zijn aandelen, behoudens de beide volgende leden. Hij heeft geen voorkeursrecht op aandelen die worden uitgegeven aan werknemers van de vennootschap of van een groepsmaatschappij. Het voorkeursrecht kan, telkens voor een enkele uitgifte, worden beperkt of uitgesloten bij besluit van de algemene vergadering, voor zover de statuten niet anders bepalen.
(Zie ook: art. 217 BW Boek 2)
2. Voor zover de statuten niet anders bepalen, hebben houders van aandelen
a. die geen recht geven tot deling in de winst of reserves van de vennootschap of die niet boven een bepaald percentage van het nominale bedrag of slechts in beperkte mate daarboven delen in de winst, of
b. die niet boven het nominale bedrag of slechts in beperkte mate daarboven delen in een overschot na vereffening, of
c. waaraan ingevolge een statutaire regeling op grond van artikel 228 lid 5 geen stemrecht is verbonden,
geen voorkeursrecht op uit te geven aandelen.
3. Voor zover de statuten niet anders bepalen, hebben de aandeelhouders geen voorkeursrecht op uit te geven aandelen in een van de in lid 2 onder a, b en c omschreven soorten.
4. De vennootschap kondigt de uitgifte met voorkeursrecht en het tijdvak waarin dat kan worden uitgeoefend, aan in een schriftelijke mededeling aan alle aandeelhouders aan het door

Voorkeursrecht bij emissie van aandelen BV

hen opgegeven adres. Tenzij de statuten anders bepalen, wordt aan de eis van schriftelijkheid voldaan indien de mededeling elektronisch is vastgelegd.
5. Het voorkeursrecht kan worden uitgeoefend gedurende ten minste vier weken na de dag van de verzending van de aankondiging.
6. Voor zover de statuten niet anders bepalen, hebben de aandeelhouders een voorkeursrecht bij het verlenen van rechten tot het nemen van andere aandelen dan de in lid 2 onder a, b en c omschreven soorten; de vorige leden zijn van overeenkomstige toepassing. Aandeelhouders hebben geen voorkeursrecht op aandelen die worden uitgegeven aan iemand die een voordien reeds verkregen recht tot het nemen van aandelen uitoefent.
(Zie ook: artt. 4, 96a, 206 BW Boek 2)

Art. 207

Nietigheid verkrijging niet volgestorte aandelen door BV

Verkrijging volgestorte aandelen door BV

1. Het bestuur beslist over de verkrijging van aandelen in het kapitaal van de vennootschap. Verkrijging door de vennootschap van niet volgestorte aandelen in haar kapitaal is nietig.
2. De vennootschap mag, behalve om niet, geen volgestorte eigen aandelen verkrijgen indien het eigen vermogen, verminderd met de verkrijgingsprijs, kleiner is dan de reserves die krachtens de wet of de statuten moeten worden aangehouden of indien het bestuur weet of redelijkerwijs behoort te voorzien dat de vennootschap na de verkrijging niet zal kunnen blijven voortgaan met het betalen van haar opeisbare schulden.
3. Indien de vennootschap na een verkrijging anders dan om niet niet kan voortgaan met het betalen van haar opeisbare schulden, zijn de bestuurders die dat ten tijde van de verkrijging wisten of redelijkerwijs behoorden te voorzien, jegens de vennootschap hoofdelijk verbonden tot vergoeding van het tekort dat door de verkrijging is ontstaan, met de wettelijke rente vanaf de dag van de verkrijging. Artikel 248 lid 5 is van overeenkomstige toepassing. Niet verbonden is de bestuurder die bewijst dat het niet aan hem te wijten is dat de vennootschap de aandelen heeft verkregen en dat hij niet nalatig is geweest in het treffen van maatregelen om de gevolgen daarvan af te wenden. Met een bestuurder wordt voor de toepassing van dit artikellid gelijkgesteld degene die het beleid van de vennootschap heeft bepaald of mede heeft bepaald, als ware hij bestuurder. De vordering kan niet worden ingesteld tegen de door de rechter benoemde bewindvoerder. De vervreemder de aandelen die wist of redelijkerwijs behoorde te voorzien dat de vennootschap na de verkrijging niet zou kunnen voortgaan met het betalen van haar opeisbare schulden is jegens de vennootschap gehouden tot vergoeding van het tekort dat door de verkrijging van zijn aandelen is ontstaan, voor ten hoogste de verkrijgingsprijs van de door hem vervreemde aandelen, met de wettelijke rente vanaf de dag van de verkrijging. Indien de bestuurders de vordering uit hoofde van de eerste zin hebben voldaan, geschiedt de in de vorige zin bedoelde vergoeding aan de bestuurders, naar evenredigheid van het gedeelte dat door ieder der bestuurders is voldaan. De bestuurders en de vervreemder zijn niet bevoegd tot verrekening van hun schuld uit hoofde van dit artikel.
4. De statuten kunnen de verkrijging door de vennootschap van eigen aandelen uitsluiten of beperken.
5. De vorige leden gelden niet voor aandelen die de vennootschap onder algemene titel verkrijgt.
6. Onder het begrip aandelen in dit artikel zijn certificaten daarvan begrepen.

Art. 207a

Hoofdelijke aansprakelijkheid bij onwettige verkrijging van aandelen BV

1. Verkrijging van aandelen ten laste van de in artikel 207 lid 2 bedoelde reserves of in strijd met een uitsluiting of beperking als bedoeld in artikel 207 lid 4 is nietig. De bestuurders zijn hoofdelijk aansprakelijk jegens de vervreemder te goeder trouw die door de nietigheid schade lijdt.
2. Verkrijging onder bijzondere titel van een eigen aandeel door de vennootschap is nietig indien deze verkrijging tot gevolg zou hebben dat de vennootschap, samen met haar dochtermaatschappijen, alle aandelen met stemrecht in haar kapitaal houdt. De tweede zin van het eerste lid is van toepassing. Indien de vennootschap eigen aandelen onder algemene titel heeft verkregen en deze verkrijging tot gevolg zou hebben dat de vennootschap, samen met haar dochtermaatschappijen, alle aandelen met stemrecht in haar kapitaal houdt, gaat het laagst genummerde aandeel met stemrecht op het tijdstip van de verkrijging van rechtswege over op de gezamenlijke bestuurders. Ontbreekt een nummering, dan wordt een aandeel met stemrecht door loting aangewezen. Iedere bestuurder is hoofdelijk verbonden voor de vergoeding aan de vennootschap van de waarde van het aandeel ten tijde van de verkrijging, met de wettelijke rente van dat tijdstip af.
3. Elk niet volgestort aandeel in haar kapitaal dat de vennootschap onder algemene titel heeft verkregen en niet binnen drie jaren daarna heeft vervreemd of ingetrokken gaat op het einde van de laatste dag van die drie jaren van rechtswege over op de gezamenlijke bestuurders. De laatste zin van lid 2 is van overeenkomstige toepassing.
4. Onder het begrip aandelen in dit artikel zijn certificaten daarvan begrepen.

Art. 207b
Indien een ander in eigen naam aandelen in het kapitaal van de vennootschap of certificaten daarvan neemt of verkrijgt voor rekening van de vennootschap zelf, wordt hij geacht deze voor eigen rekening te nemen dan wel te verkrijgen.
(Zie ook: art. 98b BW Boek 2; art. 60 BW Boek 3; art. 400 BW Boek 7; art. 76 WvK)

Verkrijging aandelen BV voor eigen rekening

Art. 207c
[Vervallen]

Art. 207d
1. Een dochtermaatschappij mag voor eigen rekening geen aandelen nemen of doen nemen in het kapitaal van de vennootschap. Zulke aandelen mogen dochtermaatschappijen voor eigen rekening onder bijzondere titel slechts anders dan om niet verkrijgen of doen verkrijgen, indien het bestuur van de vennootschap heeft ingestemd met de verkrijging. Een verkrijging onder bijzondere titel in strijd met de vorige zin is nietig. Op het besluit tot instemming is artikel 207 lid 2 van overeenkomstige toepassing. Artikel 207 lid 3 is van overeenkomstige toepassing met dien verstande dat de hoofdelijke verbondenheid van de bestuurders geldt jegens de dochtermaatschappij.
2. Indien een rechtspersoon, nadat hij dochtermaatschappij is geworden of nadat hij als dochtermaatschappij aandelen in het kapitaal van de vennootschap onder algemene titel heeft verkregen, samen met de dochtermaatschappij en haar andere dochtermaatschappijen alle aandelen met stemrecht in het kapitaal van de vennootschap voor eigen rekening houdt of doet houden, gaat het laagst genummerde aandeel met stemrecht op het tijdstip waarop hij dochtermaatschappij is geworden of op het tijdstip waarop de aandelen zijn verkregen van rechtswege over op de gezamenlijke bestuurders. Ontbreekt een nummering, dan wordt een aandeel met stemrecht door loting aangewezen. Iedere bestuurder is hoofdelijk verbonden voor de vergoeding aan de dochtermaatschappij van de waarde van het aandeel op het tijdstip waarop de dochtermaatschappij dochtermaatschappij is geworden of op het tijdstip waarop het aandeel is verkregen, met de wettelijke rente van dat tijdstip af.
3. Onder het begrip aandelen in dit artikel zijn certificaten daarvan begrepen.

Verkrijging eigen aandelen BV door dochtermaatschappij

Art. 208
1. De algemene vergadering kan besluiten tot vermindering van het geplaatste kapitaal door intrekking van aandelen of door het bedrag van aandelen bij statutenwijziging te verminderen. In dit besluit moeten de aandelen waarop het besluit betrekking heeft, worden aangewezen en moet de uitvoering van het besluit zijn geregeld.
(Zie ook: art. 178 BW Boek 2)
2. Een besluit tot intrekking kan slechts betreffen aandelen die de vennootschap zelf houdt of waarvan zij de certificaten houdt, dan wel alle aandelen van een soort of aanduiding waarvan voor de uitgifte in de statuten is bepaald dat zij kunnen worden ingetrokken met terugbetaling, of wel de uitgelote aandelen van een soort of aanduiding waarvan voor de uitgifte in de statuten is bepaald dat zij kunnen worden uitgeloot met terugbetaling. In andere gevallen kan slechts tot intrekking worden besloten met instemming van de betrokken aandeelhouders.
3. Vermindering van het nominale bedrag van aandelen zonder terugbetaling en zonder ontheffing van de verplichting tot storting moet naar evenredigheid op alle aandelen van een zelfde soort of aanduiding geschieden. Van het vereiste van evenredigheid mag worden afgeweken met instemming van alle betrokken aandeelhouders.
4. Een ontheffing van de verplichting tot storting is slechts mogelijk ter uitvoering van een besluit tot vermindering van het bedrag van de aandelen. Zulk een ontheffing, alsmede een terugbetaling die geschiedt ter uitvoering van een besluit tot vermindering van het bedrag van de aandelen, moet naar evenredigheid op alle aandelen geschieden, tenzij voor de uitgifte van de aandelen van een bepaalde soort of aanduiding of nadien met instemming van alle houders van aandelen van de desbetreffende soort of aanduiding in de statuten is bepaald dat ontheffing of terugbetaling kan geschieden uitsluitend op die aandelen; voor die aandelen geldt de eis van evenredigheid. Van het vereiste van evenredigheid mag worden afgeweken met instemming van alle betrokken aandeelhouders.
5. De oproeping tot een vergadering waarin een in dit artikel genoemd besluit wordt genomen, vermeldt het doel van de kapitaalvermindering en de wijze van uitvoering. Het tweede, derde en vierde lid van artikel 233 zijn van overeenkomstige toepassing.
(Zie ook: artt. 99, 191, 209, 218, 325 BW Boek 2)
6. Op een besluit tot vermindering van het geplaatste kapitaal met terugbetaling op aandelen zijn de leden 2 tot en met 4 van artikel 216 van overeenkomstige toepassing. Terugbetaling of ontheffing van de stortingsplicht in de zin van dit artikel is slechts toegestaan, voor zover het eigen vermogen groter is dan de reserves die krachtens de wet of de statuten moeten worden aangehouden.

Intrekking/kapitaalvermindering van aandelen BW

Art. 209
[Vervallen]

Art. 210

Jaarrekening van BV

1. Jaarlijks binnen vijf maanden na afloop van het boekjaar der vennootschap, behoudens verlenging van deze termijn met ten hoogste vijf maanden door de algemene vergadering op grond van bijzondere omstandigheden, maakt het bestuur een jaarrekening op en legt het deze voor de aandeelhouders ter inzage ten kantore van de vennootschap. Indien van de vennootschap effecten zijn toegelaten tot de handel op een gereglementeerde markt als bedoeld in de Wet op het financieel toezicht, bedraagt de termijn vier maanden, tenzij artikel 5:25g, tweede of derde lid, van die wet van toepassing is. Deze termijn kan niet worden verlengd. Binnen deze termijn legt het bestuur ook het bestuursverslag ter inzage voor de aandeelhouders, tenzij de artikelen 396 lid 7, of 403 voor de vennootschap gelden. Het bestuur van de vennootschap waarop de artikelen 268 tot en met 271 en 274 van toepassing zijn, zendt de jaarrekening ook toe aan de in artikel 268 lid 11 bedoelde ondernemingsraad.
(Zie ook: artt. 58, 101, 391, 394, 401 BW Boek 2)

2. De jaarrekening wordt ondertekend door de bestuurders en door de commissarissen; ontbreekt de ondertekening van een of meer hunner, dan wordt daarvan onder opgave van reden melding gemaakt.
(Zie ook: artt. 249, 250, 260 BW Boek 2)

3. De jaarrekening wordt vastgesteld door de algemene vergadering. Vaststelling van de jaarrekening strekt niet tot kwijting aan een bestuurder onderscheidenlijk commissaris.

4. Besluiten waarbij de jaarrekening wordt vastgesteld, worden in de statuten niet onderworpen aan de goedkeuring van een orgaan van de vennootschap of van derden.

5. Indien alle aandeelhouders tevens bestuurder van de vennootschap zijn, geldt ondertekening van de jaarrekening door alle bestuurders en commissarissen tevens als vaststelling in de zin van lid 3, mits alle overige vergadergerechtigden in de gelegenheid zijn gesteld om kennis te nemen van de opgemaakte jaarrekening en met deze wijze van vaststelling hebben ingestemd zoals bedoeld in artikel 238 lid 1. In afwijking van lid 3 strekt deze vaststelling tevens tot kwijting aan de bestuurders en commissarissen. De statuten kunnen de in de eerste zin bedoelde wijze van vaststelling van de jaarrekening uitsluiten.

6. De statuten bevatten geen bepalingen die toelaten dat voorschriften of bindende voorstellen voor de jaarrekening of enige post daarvan worden gegeven.

7. De statuten kunnen bepalen dat een ander orgaan van de vennootschap dan de algemene vergadering de bevoegdheid heeft te bepalen welk deel van het resultaat van het boekjaar wordt gereserveerd of hoe het verlies wordt verwerkt.
(Zie ook: art. 189a BW Boek 2)

8. Onze Minister van Economische Zaken kan desverzocht om gewichtige redenen ontheffing verlenen van de verplichting tot het opmaken, het overleggen en het vaststellen van de jaarrekening. Geen ontheffing kan worden verleend ten aanzien van het opmaken van de jaarrekening van een vennootschap waarvan effecten zijn toegelaten tot de handel op een gereglementeerde markt als bedoeld in de Wet op het financieel toezicht.
(Zie ook: artt. 10, 48, 58, 101, 189a, 212, 361, 391 BW Boek 2; art. 1 WED; art. 31a WOR)

Art. 211
[Vervallen]

Art. 212

Jaarrekening BV, terinzagelegging van

De vennootschap zorgt dat de opgemaakte jaarrekening, het bestuursverslag en de krachtens artikel 392 lid 1 toe te voegen gegevens vanaf de oproep voor de algemene vergadering, bestemd tot hun behandeling, te haren kantore aanwezig zijn. De aandeelhouders en de overige vergadergerechtigden kunnen de stukken aldaar inzien en kosteloos een afschrift verkrijgen.
(Zie ook: artt. 102, 197, 198, 218, 223, 394 BW Boek 2; art. 31a WOR; art. 1 WED)

Art. 213-214
[Vervallen]

Art. 215

Delging tekort van aandelen BV

Ten laste van de door de wet voorgeschreven reserves mag een tekort slechts worden gedelgd voor zover de wet dat toestaat.
(Zie ook: artt. 104, 178, 365, 398, 390 BW Boek 2; art. 1 WED)

Art. 216

Winstverdeling bij BV

1. De algemene vergadering is bevoegd tot bestemming van de winst die door de vaststelling van de jaarrekening is bepaald en tot vaststelling van uitkeringen, voor zover het eigen vermogen groter is dan de reserves die krachtens de wet of de statuten moeten worden aangehouden. De statuten kunnen de bevoegdheden, bedoeld in de eerste zin, beperken of toekennen aan een ander orgaan.

2. Een besluit dat strekt tot uitkering heeft geen gevolgen zolang het bestuur geen goedkeuring heeft verleend. Het bestuur weigert slechts de goedkeuring indien het weet of redelijkerwijs behoort te voorzien dat de vennootschap na de uitkering niet zal kunnen blijven voortgaan met het betalen van haar opeisbare schulden.

3. Indien de vennootschap na een uitkering niet kan voortgaan met het betalen van haar opeisbare schulden, zijn de bestuurders die dat ten tijde van de uitkering wisten of redelijkerwijs behoorden te voorzien jegens de vennootschap hoofdelijk verbonden voor het tekort dat door de uitkering is ontstaan, met de wettelijke rente vanaf de dag van de uitkering. Artikel 248 lid 5 is van overeenkomstige toepassing. Niet verbonden is de bestuurder die bewijst dat het niet aan hem te wijten is dat de vennootschap de uitkering heeft gedaan en dat hij niet nalatig is geweest in het treffen van maatregelen om de gevolgen daarvan af te wenden. Degene die de uitkering ontving terwijl hij wist of redelijkerwijs behoorde te voorzien dat de vennootschap na de uitkering niet zou kunnen voortgaan met het betalen van haar opeisbare schulden is gehouden tot vergoeding van het tekort dat door de uitkering is ontstaan, ieder voor ten hoogste het bedrag of de waarde van de door hem ontvangen uitkering, met de wettelijke rente vanaf de dag van de uitkering. Indien de bestuurders de vordering uit hoofde van de eerste zin hebben voldaan, geschiedt de in de vierde zin bedoelde vergoeding aan de bestuurders, naar evenredigheid van het gedeelte dat door ieder der bestuurders is voldaan. Ten aanzien van een schuld uit hoofde van de eerste of de vierde zin is de schuldenaar niet bevoegd tot verrekening.
4. Met een bestuurder wordt voor de toepassing van lid 3 gelijkgesteld degene die het beleid van de vennootschap heeft bepaald of mede heeft bepaald, als ware hij bestuurder. De vordering kan niet worden ingesteld tegen de door de rechter benoemde bewindvoerder.
5. Bij de berekening van iedere uitkering tellen de aandelen die de vennootschap in haar kapitaal houdt, niet mede, tenzij bij de statuten anders is bepaald.
6. Bij de berekening van het bedrag, dat op ieder aandeel zal worden uitgekeerd, komt slechts het bedrag van de verplichte stortingen op het nominale bedrag van de aandelen in aanmerking. Van de vorige zin kan in de statuten of telkens met instemming van alle aandeelhouders worden afgeweken.
7. Bij de statuten kan worden bepaald dat aandelen van een bepaalde soort of aanduiding geen of slechts beperkt recht geven tot deling in de winst of reserves van de vennootschap.
8. Voor een statutaire regeling als bedoeld in lid 6 of lid 7 is de instemming vereist van alle houders van aandelen aan wier rechten de statutenwijziging afbreuk doet.
9. De statuten kunnen bepalen dat de vordering van een aandeelhouder niet door verloop van vijf jaren verjaart, doch eerst na een langere termijn vervalt. Een zodanige bepaling is alsdan van overeenkomstige toepassing op de vordering van de houder van een certificaat van een aandeel op de aandeelhouder.
10. De statuten kunnen bepalen dat de winst waartoe houders van aandelen van een bepaalde soort gerechtigd zijn, geheel of gedeeltelijk te hunnen behoeve wordt gereserveerd.
11. Lid 3 is niet van toepassing op uitkeringen in de vorm van aandelen in het kapitaal van de vennootschap of bijschrijvingen op niet volgestorte aandelen.

Afdeling 4
De algemene vergadering

Art. 217
1. Aan de algemene vergadering behoort, binnen de door de wet en de statuten gestelde grenzen, alle bevoegdheid, die niet aan het bestuur of aan anderen is toegekend.   **Bevoegdheden AVA BV**
2. Het bestuur en de raad van commissarissen verschaffen haar alle verlangde inlichtingen, tenzij een zwaarwichtig belang der vennootschap zich daartegen verzet.
(Zie ook: artt. 13, 14, 15, 17, 40, 107, 238, 239, 250, 268 BW Boek 2)

Art. 218
Tijdens ieder boekjaar wordt ten minste één algemene vergadering gehouden of ten minste   **AVA BV**
eenmaal overeenkomstig artikel 210 lid 5 of artikel 238 lid 1 besloten.

Art. 219
Het bestuur en de raad van commissarissen zijn bevoegd tot het bijeenroepen van een algemene   **Bijeenroepen AVA BV**
vergadering; bij de statuten kan deze bevoegdheid ook aan anderen worden verleend.
(Zie ook: artt. 41, 109, 220, 221, 223, 239, 250, 268 BW Boek 2)

Art. 220
1. Een of meer houders van aandelen die alleen of gezamenlijk ten minste een honderdste ge-   **Bijeenroepen AVA BV**
deelte van het geplaatste kapitaal vertegenwoordigen, kunnen aan het bestuur en aan de raad   **door aandeelhouders**
van commissarissen schriftelijk en onder nauwkeurige opgave van de te behandelen onderwerpen het verzoek richten een algemene vergadering bijeen te roepen. Het bestuur en de raad van commissarissen – daartoe in dit geval gelijkelijk bevoegd – treffen de nodige maatregelen, opdat de algemene vergadering binnen vier weken na het verzoek kan worden gehouden, tenzij een zwaarwichtig belang van de vennootschap zich daartegen verzet. In de statuten kan het vereiste gedeelte van het kapitaal lager worden gesteld en de termijn waarbinnen de algemene vergadering moet worden gehouden, worden verkort. Indien het bestuur en de raad van commissarissen geen uitvoering geven aan het verzoek, kunnen de in de eerste zin bedoelde aandeelhouders

op hun verzoek door de voorzieningenrechter van de rechtbank worden gemachtigd tot de bijeenroeping van de algemene vergadering.
2. Voor de toepassing van dit artikel worden met houders van aandelen gelijkgesteld anderen aan wie het vergaderrecht toekomt.
3. Tenzij de statuten anders bepalen, wordt aan de eis van schriftelijkheid van het verzoek als bedoeld in lid 1 voldaan indien dit verzoek elektronisch is vastgelegd.

Art. 221

Verlening machtiging aandeelhouders BV tot oproeping AVA

1. De voorzieningenrechter van de rechtbank verleent, na verhoor of oproeping van de vennootschap, de verzochte machtiging, indien de verzoekers summierlijk hebben doen blijken, dat de in het vorige artikel gestelde voorwaarden zijn vervuld, en dat zij een redelijk belang hebben bij het houden van de vergadering. De voorzieningenrechter van de rechtbank wijst het verzoek af, indien een zwaarwichtig belang van de vennootschap zich tegen het houden van een algemene vergadering verzet. Indien de voorzieningenrechter van de rechtbank de verzochte machtiging verleent, stelt hij de vorm en de termijnen voor de oproeping tot de algemene vergadering vast. Hij kan tevens iemand aanwijzen, die met de leiding van de algemene vergadering zal zijn belast.
2. Bij de oproeping ingevolge het eerste lid wordt vermeld dat zij krachtens rechterlijke machtiging geschiedt. De op deze wijze gedane oproeping is rechtsgeldig, ook indien mocht blijken dat de machtiging ten onrechte was verleend.
3. Tegen de beschikking van de voorzieningenrechter is generlei voorziening toegelaten, behoudens cassatie in het belang der wet.
(Zie ook: artt. 111, 220 BW Boek 2; art. 98 Wet RO)

Art. 222

Machtiging aandeelhouder BV door voorzieningenrechter tot oproeping AVA

Indien zij, die krachtens artikel 219 tot de bijeenroeping bevoegd zijn, in gebreke zijn gebleven een bij artikel 218 of de statuten voorgeschreven algemene vergadering te doen houden, kan iedere aandeelhouder door de voorzieningenrechter van de rechtbank worden gemachtigd zelf daartoe over te gaan. Artikel 220 lid 2 en artikel 221 zijn van overeenkomstige toepassing.
(Zie ook: artt. 112, 197, 198 BW Boek 2)

Art. 223

Oproeping van AVA BV

1. De oproeping tot de algemene vergadering geschiedt door middel van oproepingsbrieven gericht aan de adressen van de aandeelhouders en overige vergadergerechtigden, zoals deze zijn vermeld in het register, bedoeld in artikel 194.
2. Tenzij de statuten anders bepalen, kan, indien de aandeelhouder of andere vergadergerechtigde hiermee instemt, de oproeping geschieden door een langs elektronische weg toegezonden leesbaar en reproduceerbaar bericht aan het adres dat door hem voor dit doel aan de vennootschap is bekend gemaakt.

Art. 224

Agenda bij AVA BV

1. De oproeping vermeldt de te behandelen onderwerpen.
2. Omtrent onderwerpen waarvan de behandeling niet bij de oproeping is aangekondigd met inachtneming van de voor oproeping gestelde termijn, kan niet wettig worden besloten, tenzij alle vergadergerechtigden ermee hebben ingestemd dat de besluitvorming over die onderwerpen plaatsvindt en de bestuurders en de commissarissen voorafgaand aan de besluitvorming in de gelegenheid zijn gesteld om advies uit te brengen.
(Zie ook: artt. 14, 15 BW Boek 2)
3. Mededelingen welke krachtens de wet of de statuten aan de algemene vergadering moeten worden gericht, kunnen geschieden door opneming in de oproeping alsmede, in voorkomend geval, in het stuk dat ter kennisneming ten kantore van de vennootschap is neergelegd, mits daarvan in de oproeping melding wordt gemaakt.
(Zie ook: artt. 113, 114, 197, 198, 225, 230, 252, 314 BW Boek 2)

Art. 224a

Verzoek behandeling agendapunt tijdens AVA BV

1. Een onderwerp, waarvan de behandeling schriftelijk is verzocht door een of meer houders van aandelen die alleen of gezamenlijk ten minste een honderdste gedeelte van het geplaatste kapitaal vertegenwoordigen, wordt opgenomen in de oproeping of op dezelfde wijze aangekondigd indien de vennootschap het verzoek niet later dan op de dertigste dag voor die van de vergadering heeft ontvangen en mits geen zwaarwichtig belang van de vennootschap zich daartegen verzet. In de statuten kan het vereiste gedeelte van het kapitaal lager worden gesteld en de termijn voor indiening van het verzoek worden verkort.
2. Voor de toepassing van dit artikel worden met de houders van aandelen gelijkgesteld anderen aan wie het vergaderrecht toekomt.
(Zie ook: artt. 114a, 217, 219, 223, 224 BW Boek 2)
3. Tenzij de statuten anders bepalen, wordt aan de eis van schriftelijkheid van het verzoek als bedoeld in lid 1 voldaan indien dit verzoek elektronisch is vastgelegd.

Art. 225

Oproepingstermijn voor AVA BV

Onverminderd het bepaalde in de derde zin van lid 1 van artikel 221 geschiedt de oproeping niet later dan op de achtste dag vóór die van de vergadering. Was die termijn korter of heeft de oproeping niet plaats gehad, dan kunnen geen wettige besluiten worden genomen, tenzij alle vergadergerechtigden ermee hebben ingestemd dat de besluitvorming plaatsvindt en de bestuurders en de commissarissen voorafgaand aan de besluitvorming in de gelegenheid zijn gesteld om advies uit te brengen.

Art. 226
1. De algemene vergadering wordt gehouden ter plaatse bij de statuten vermeld of anders in de gemeente waar de vennootschap haar woonplaats heeft. De in de statuten vermelde plaats kan een plaats buiten Nederland zijn.

Plaats van AVA BV

2. Wordt na de oprichting een plaats buiten Nederland aangewezen, dan kan het daartoe strekkende besluit tot wijziging van de statuten slechts worden genomen met algemene stemmen in een vergadering waarin het gehele geplaatste kapitaal is vertegenwoordigd en voor zover alle vergadergerechtigden met de statutenwijziging hebben ingestemd.
3. Een algemene vergadering kan elders dan behoort worden gehouden, mits alle vergadergerechtigden hebben ingestemd met de plaats van de vergadering en de bestuurders en de commissarissen voorafgaand aan de besluitvorming in de gelegenheid zijn gesteld om advies uit te brengen.

Art. 227
1. Onder vergaderrecht wordt in deze titel verstaan het recht om, in persoon of bij schriftelijk gevolmachtigde, de algemene vergadering bij te wonen en daar het woord te voeren.

AVA BV, rechten aandeelhouder/gevolmachtigde

2. Het vergaderrecht komt toe aan aandeelhouders, aan houders van certificaten waaraan bij de statuten vergaderrecht is verbonden, aan aandeelhouders die vanwege een vruchtgebruik of pandrecht geen stemrecht hebben en aan vruchtgebruikers en pandhouders die stemrecht hebben. Vruchtgebruikers en pandhouders die geen stemrecht hebben, hebben vergaderrecht, indien de statuten dit bepalen en bij de vestiging of overdracht van het vruchtgebruik of pandrecht niet anders is bepaald. De statuten kunnen bepalen dat het verbinden en ontnemen van vergaderrecht aan certificaten van aandelen geschiedt door een daartoe in de statuten aangewezen orgaan.
3. Iedere aandeelhouder is bevoegd, in persoon of bij schriftelijk gevolmachtigde, het hem toekomende stemrecht uit te oefenen in de algemene vergadering.
4. Een statutaire regeling waarbij aan certificaathouders vergaderrecht is toegekend, kan slechts met instemming van de betrokken certificaathouders worden gewijzigd, tenzij bij het toekennen van het vergaderrecht de bevoegdheid tot wijziging uitdrukkelijk in de statuten was voorbehouden. De vorige zin is van overeenkomstige toepassing op vruchtgebruikers en pandhouders.
5. Bij de statuten kan de bevoegdheid van vergadergerechtigden zich te doen vertegenwoordigen worden beperkt. De bevoegdheid van vergadergerechtigden zich te doen vertegenwoordigen door een advocaat, notaris, toegevoegd notaris, kandidaat-notaris, registeraccountant of accountant-administratieconsulent kan niet worden uitgesloten.
6. De statuten kunnen bepalen dat het vergaderrecht is opgeschort zolang een vergadergerechtigde in gebreke is te voldoen aan een wettelijke of statutaire verplichting. De statuten kunnen bepalen, dat voor bijwoning van de algemene vergadering vereist is, dat de vergadergerechtigde van zijn voornemen hiertoe kennis geeft aan het bestuur van de vennootschap. Bij de oproeping van de vergadering wordt alsdan vermeld de dag waarop de kennisgeving uiterlijk moet geschieden. Deze dag kan niet vroeger worden gesteld dan op de derde dag voor die van de vergadering.
7. De bestuurders en de commissarissen hebben als zodanig in de algemene vergadering een raadgevende stem.
8. Aan de eis van schriftelijkheid van de volmacht wordt voldaan indien de volmacht elektronisch is vastgelegd.

Art. 227a
1. De statuten kunnen bepalen dat iedere aandeelhouder bevoegd is om, in persoon of bij een schriftelijk gevolmachtigde, door middel van een elektronisch communicatiemiddel aan de algemene vergadering deel te nemen, daarin het woord te voeren en het stemrecht uit te oefenen.

Deelname/stemming via elektronisch communicatiemiddel tijdens AVA BV

2. Voor de toepassing van lid 1 is vereist dat de aandeelhouder via het elektronisch communicatiemiddel kan worden geïdentificeerd, rechtstreeks kan kennisnemen van de verhandelingen ter vergadering en het stemrecht kan uitoefenen. De statuten kunnen bepalen dat bovendien is vereist dat de aandeelhouder via het elektronisch communicatiemiddel kan deelnemen aan de beraadslaging.
3. Bij of krachtens de statuten kunnen voorwaarden worden gesteld aan het gebruik van het elektronisch communicatiemiddel. Indien deze voorwaarden krachtens de statuten worden gesteld, worden deze bij de oproeping bekend gemaakt.
4. De leden 1 tot en met 3 zijn van overeenkomstige toepassing op de rechten van anderen aan wie het vergaderrecht toekomt.
5. Aan de eis van schriftelijkheid van de volmacht wordt voldaan indien de volmacht elektronisch is vastgelegd.

Art. 227b

Elektronische stemuitbrenging voorafgaand aan AVA BV

De statuten kunnen bepalen dat stemmen die voorafgaand aan de algemene vergadering via een elektronisch communicatiemiddel worden uitgebracht, doch niet eerder dan op de dertigste dag voor die van de vergadering, gelijk worden gesteld met stemmen die ten tijde van de vergadering worden uitgebracht.

Art. 228

Stemrecht tijdens AVA BV

1. Slechts aandeelhouders hebben stemrecht. Iedere aandeelhouder heeft ten minste één stem. De statuten kunnen bepalen dat een aandeelhouder niet gerechtigd is tot uitoefening van het stemrecht zolang hij in gebreke is te voldoen aan een wettelijke of statutaire verplichting.
2. Indien het kapitaal in aandelen van een zelfde bedrag is verdeeld, brengt iedere aandeelhouder zoveel stemmen uit als hij aandelen heeft.
(Zie ook: art. 201 BW Boek 2)
3. Indien het kapitaal in aandelen van verschillend bedrag is verdeeld, is het aantal stemmen van iedere aandeelhouder gelijk aan het aantal malen, dat het bedrag van het kleinste aandeel is begrepen in het gezamenlijk bedrag van zijn aandelen; gedeelten van stemmen worden verwaarloosd.
4. Van de leden 2 en 3 kan bij de statuten worden afgeweken. Een dergelijke statutaire regeling geldt voor alle besluiten van de algemene vergadering. Een besluit tot statutenwijziging dat een wijziging in het stemrecht betreft, kan slechts worden genomen met algemene stemmen in een vergadering waarin het gehele geplaatste kapitaal is vertegenwoordigd.
5. In afwijking van de leden 1 tot en met 4 kunnen de statuten bepalen dat aan aandelen geen stemrecht in de algemene vergadering is verbonden. Een dergelijke regeling kan slechts worden getroffen ten aanzien van alle aandelen van een bepaalde soort of aanduiding waarvan alle aandeelhouders instemmen of waarvan voor de uitgifte in de statuten is bepaald dat daaraan geen stemrecht in de algemene vergadering is verbonden. De aandelen worden in de statuten als stemrechtloos aangeduid. Ten aanzien van stemrechtloze aandelen kan niet op grond van artikel 216 lid 7 worden bepaald dat zij geen recht geven tot deling in de winst of de reserves van de vennootschap.
6. Voor een aandeel dat toebehoort aan de vennootschap of aan een dochtermaatschappij daarvan kan in de algemene vergadering geen stem worden uitgebracht; evenmin voor een aandeel waarvan een hunner de certificaten houdt. Vruchtgebruikers en pandhouders van aandelen die aan de vennootschap en haar dochtermaatschappijen toebehoren, zijn evenwel niet van hun stemrecht uitgesloten, indien het vruchtgebruik of pandrecht was gevestigd voordat het aandeel aan de vennootschap of een dochtermaatschappij daarvan toebehoorde. De vennootschap of een dochtermaatschappij daarvan kan geen stem uitbrengen voor een aandeel waarop zij een recht van vruchtgebruik of een pandrecht heeft.
(Zie ook: artt. 13, 24a, 24d, 38, 88, 89, 118, 190, 197, 198, 216, 227 BW Boek 2)

Art. 229

[Vervallen]

Art. 230

Vereiste aantal stemmen tijdens AVA BV

1. Alle besluiten waaromtrent bij de wet of de statuten geen grotere meerderheid is voorgeschreven, worden genomen bij volstrekte meerderheid van de uitgebrachte stemmen. Staken de stemmen bij verkiezing van personen, dan beslist het lot, staken de stemmen bij een andere stemming, dan is het voorstel verworpen; een en ander voorzover in de statuten niet een andere oplossing is aangegeven. Deze oplossing kan bestaan in het opdragen van de beslissing aan een derde.
2. Tenzij bij de wet of de statuten anders is bepaald, is de geldigheid van een besluit niet afhankelijk van het ter vergadering vertegenwoordigde gedeelte van het kapitaal.
3. Indien in de statuten is bepaald dat de geldigheid van een besluit afhankelijk is van het ter vergadering vertegenwoordigd gedeelte van het kapitaal en dit gedeelte ter vergadering niet vertegenwoordigd was, kan, tenzij de statuten anders bepalen, een nieuwe vergadering worden bijeengeroepen waarin het besluit kan worden genomen, onafhankelijk van het op deze vergadering vertegenwoordigd gedeelte van het kapitaal. Bij de oproeping tot de nieuwe vergadering moet worden vermeld dat en waarom een besluit kan worden genomen, onafhankelijk van het ter vergadering vertegenwoordigd gedeelte van het kapitaal.
4. Het bestuur van de vennootschap houdt van de genomen besluiten aantekening. De aantekeningen liggen ten kantore van de vennootschap ter inzage van de aandeelhouders en anderen aan wie het vergaderrecht toekomt. Aan ieder van dezen wordt desgevraagd afschrift of uittreksel van deze aantekeningen verstrekt tegen ten hoogste de kostprijs.
(Zie ook: artt. 13, 14, 15, 120, 223, 224, 225, 231, 243, 244 BW Boek 2)

Art. 231

Wijziging statuten tijdens AVA BV

1. De algemene vergadering is bevoegd de statuten te wijzigen; voor zover bij de statuten de bevoegdheid tot wijziging mocht zijn uitgesloten, is wijziging niettemin mogelijk met algemene stemmen in een vergadering waarin het gehele geplaatste kapitaal is vertegenwoordigd.
(Zie ook: art. 237 BW Boek 2)

2. Een bepaling in de statuten, die de bevoegdheid tot wijziging van een of meer andere bepalingen der statuten beperkt, kan slechts worden gewijzigd met inachtneming van gelijke beperking.
3. Een bepaling in de statuten, die de bevoegdheid tot wijziging van een of meer andere bepalingen uitsluit, kan slechts worden gewijzigd met algemene stemmen in een vergadering waarin het gehele geplaatste kapitaal is vertegenwoordigd.
(Zie ook: artt. 14, 15, 17, 18, 42, 43, 121, 232 BW Boek 2)
4. Een besluit tot statutenwijziging dat specifiek afbreuk doet aan enig recht van houders van aandelen van een bepaalde soort of aanduiding, behoeft, tenzij ten tijde van de toekenning van het recht de bevoegdheid tot wijziging bij die bepaling uitdrukkelijk was voorbehouden, een goedkeurend besluit van deze groep van aandeelhouders, onverminderd het vereiste van instemming waar dit uit de wet voortvloeit.

Art. 231a
1. Het besluit tot verhoging van het bedrag van de aandelen en van het maatschappelijk kapitaal volgens artikel 178a wordt genomen bij volstrekte meerderheid van stemmen. Het besluit tot vermindering van het bedrag van de aandelen en van het maatschappelijk kapitaal wordt genomen met een meerderheid van ten minste twee-derde van de uitgebrachte stemmen indien minder dan de helft van het geplaatste kapitaal is vertegenwoordigd. Zijn er verschillende soorten aandelen, dan is naast het besluit tot verhoging of verlaging een voorafgaand of gelijktijdig goedkeurend besluit nodig van elke groep van houders van aandelen waaraan de omzetting afbreuk doet.
Verhoging/vermindering bedrag aandelen tijdens AVA BV

2. Voor de toepassing van deze bepaling wordt onder aandelen van een bepaalde soort tevens begrepen aandelen met een onderscheiden nominale waarde.

Art. 232
Wijziging van een bepaling der statuten, waarbij aan een ander dan aan aandeelhouders der vennootschap als zodanig enig recht is toegekend, kan indien de gerechtigde in de wijziging niet toestemt, aan diens recht geen nadeel toebrengen; tenzij ten tijde van de toekenning van het recht de bevoegdheid tot wijziging bij die bepaling uitdrukkelijk was voorbehouden.
Nadeel bij weigering toestemming tot statutenwijziging BV

(Zie ook: artt. 14, 15, 122 BW Boek 2; art. 253 t/m 256 BW Boek 6)

Art. 233
1. Wanneer aan de algemene vergadering een voorstel tot wijziging van de statuten zal worden gedaan, moet zulks steeds bij de oproeping tot de algemene vergadering worden vermeld.
AVA BV, voorafgaand melden statutenwijziging

(Zie ook: art. 224 BW Boek 2)
2. Degenen die zodanige oproeping hebben gedaan, moeten tegelijkertijd een afschrift van dat voorstel waarin de voorgedragen wijziging woordelijk is opgenomen, ten kantore van de vennootschap nederleggen ter inzage voor iedere aandeelhouder tot de afloop der vergadering. Artikel 224 lid 2 is van overeenkomstige toepassing.
3. De aandeelhouders moeten in de gelegenheid worden gesteld van de dag der nederlegging tot die der algemene vergadering een afschrift van het voorstel, gelijk bij het vorige lid bedoeld, te verkrijgen. Deze afschriften worden kosteloos verstrekt.
4. Hetgeen in dit artikel met betrekking tot aandeelhouders is bepaald, is van overeenkomstige toepassing op anderen aan wie het vergaderrecht toekomt.
(Zie ook: artt. 14, 15, 18, 42, 72, 123, 183 BW Boek 2; art. 259 BW Boek 3; art. 1 WED)

Art. 234
1. Van een wijziging in de statuten wordt, op straffe van nietigheid, een notariële akte opgemaakt. De akte wordt verleden in de Nederlandse taal.
Statutenwijziging BV bij notariële akte

(Zie ook: artt. 18, 72, 175, 176 BW Boek 2)
2. Die akte kan bestaan in een notarieel proces-verbaal van de algemene vergadering, waarin de wijziging aangenomen is, of in een later verleden notariële akte. Het bestuur is bevoegd de akte te doen verlijden, ook zonder daartoe door de algemene vergadering te zijn gemachtigd.
3. Wordt het maatschappelijke kapitaal gewijzigd, dan vermeldt de akte welk deel daarvan is geplaatst.
(Zie ook: artt. 43, 124, 183, 293 BW Boek 2)

Art. 235
[Vervallen]

Art. 236
De bestuurders zijn verplicht een authentiek afschrift van de wijziging en de gewijzigde statuten neder te leggen ten kantore van het handelsregister.
Afschrift van statutenwijziging BV

(Zie ook: artt. 6, 18, 43, 72, 126, 180, 188, 293 BW Boek 2)

Art. 237
Gedurende het faillissement der vennootschap kan in haar statuten geen wijziging worden aangebracht dan met toestemming van de curator.
Statutenwijziging BV tijdens faillissement

(Zie ook: artt. 14, 15, 18, 23a, 72, 127, 193, 231, 310 BW Boek 2; art. 68 FW)

Art. 238

Besluitvorming buiten vergadering door aandeelhouders BV

1. Besluitvorming van aandeelhouders kan op andere wijze dan in een vergadering geschieden, mits alle vergadergerechtigden met deze wijze van besluitvorming hebben ingestemd. Tenzij de statuten anders bepalen, kan de instemming met de wijze van besluitvorming langs elektronische weg plaatsvinden.
2. In geval van besluitvorming buiten vergadering, worden de stemmen schriftelijk uitgebracht. Aan het vereiste van schriftelijkheid van de stemmen wordt tevens voldaan indien het besluit onder vermelding van de wijze waarop ieder der aandeelhouders heeft gestemd schriftelijk of elektronisch is vastgelegd. Tenzij de statuten anders bepalen, kunnen de stemmen ook langs elektronische weg worden uitgebracht. De bestuurders en de commissarissen worden voorafgaand aan de besluitvorming in de gelegenheid gesteld om advies uit te brengen.

Afdeling 5
Het bestuur van de vennootschap en het toezicht op het bestuur

Art. 239

BV, bestuur

1. Behoudens beperkingen volgens de statuten is het bestuur belast met het besturen van de vennootschap.
2. De statuten kunnen bepalen dat een met name of in functie aangeduide bestuurder meer dan één stem wordt toegekend. Een bestuurder kan niet meer stemmen uitbrengen dan de andere bestuurders tezamen.
3. Besluiten van het bestuur kunnen bij of krachtens de statuten slechts worden onderworpen aan de goedkeuring van een ander orgaan van de vennootschap.
4. De statuten kunnen bepalen dat het bestuur zich dient te gedragen naar de aanwijzingen van een ander orgaan van de vennootschap. Het bestuur is gehouden de aanwijzingen op te volgen, tenzij deze in strijd zijn met het belang van de vennootschap en de met haar verbonden onderneming.
(Zie ook: artt. 8, 9, 44, 129, 240, 256, 261, 274, 291 BW Boek 2; art. 1673 BW Boek 7A; art. 192 BW Boek 8)
5. Bij de vervulling van hun taak richten de bestuurders zich naar het belang van de vennootschap en de met haar verbonden onderneming.
6. Een bestuurder neemt niet deel aan de beraadslaging en besluitvorming indien hij daarbij een direct of indirect persoonlijk belang heeft dat tegenstrijdig is met het belang bedoeld in lid 5. Wanneer hierdoor geen bestuursbesluit kan worden genomen, wordt het besluit genomen door de raad van commissarissen. Bij ontbreken van een raad van commissarissen, wordt het besluit genomen door de algemene vergadering, tenzij de statuten anders bepalen.

Art. 239a

Taakscheiding uitvoerende/niet-uitvoerende bestuurders bij BV

1. Bij de statuten kan worden bepaald dat de bestuurstaken worden verdeeld over één of meer niet uitvoerende bestuurders en één of meer uitvoerende bestuurders. De taak om toezicht te houden op de taakuitoefening door bestuurders kan niet door een taakverdeling worden ontnomen aan niet uitvoerende bestuurders. Het voorzitterschap van het bestuur, het doen van voordrachten voor benoeming van een bestuurder en het vaststellen van de bezoldiging van uitvoerende bestuurders kan niet aan een uitvoerende bestuurder worden toebedeeld. Niet uitvoerende bestuurders zijn natuurlijke personen.

Bezoldiging bestuurders BV

2. De uitvoerende bestuurders nemen niet deel aan de beraadslaging en besluitvorming over het vaststellen van de bezoldiging van uitvoerende bestuurders en over de verlening van de opdracht tot onderzoek van de jaarrekening aan een externe accountant als bedoeld in artikel 27 van de Wet toezicht accountantsorganisaties indien de algemene vergadering niet tot opdrachtverlening is overgegaan.

Besluitvorming BV

3. Bij of krachtens de statuten kan worden bepaald dat een bestuurder rechtsgeldig kan besluiten omtrent zaken die tot zijn taak behoren. Bepaling krachtens de statuten geschiedt schriftelijk.

Art. 240

Vertegenwoordigingsbevoegdheid bestuur van BV

1. Het bestuur vertegenwoordigt de vennootschap, voor zover uit de wet niet anders voortvloeit.

2. De bevoegdheid tot vertegenwoordiging komt mede aan iedere bestuurder toe. De statuten kunnen echter bepalen dat zij behalve aan het bestuur slechts toekomt aan een of meer bestuurders. Zij kunnen voorts bepalen dat een bestuurder de vennootschap slechts met medewerking van een of meer anderen mag vertegenwoordigen.
3. Bevoegdheid tot vertegenwoordiging die aan het bestuur of aan een bestuurder toekomt, is onbeperkt en onvoorwaardelijk, voor zover uit de wet niet anders voortvloeit. Een wettelijk toegelaten of voorgeschreven beperking van of voorwaarde voor de bevoegdheid tot vertegenwoordiging kan slechts door de vennootschap worden ingeroepen.

4. De statuten kunnen ook aan andere personen dan bestuurders bevoegdheid tot vertegenwoordiging toekennen.
(Zie ook: artt. 6, 9, 14, 15, 45, 130, 239, 246, 256, 261, 292 BW Boek 2; art. 65 BW Boek 3; art. 131 BW Boek 5; art. 42 AWR)

Art. 241
De rechtbank, binnen welker rechtsgebied de vennootschap haar woonplaats heeft, neemt kennis van alle rechtsvorderingen betreffende de overeenkomst tussen de vennootschap en de bestuurder, daaronder begrepen de vordering bedoeld bij artikel 248 van dit Boek, waarvan het bedrag onbepaald is of € 25.000 te boven gaat. Dezelfde rechtbank neemt kennis van verzoeken als bedoeld in artikel 685 van Boek 7 betreffende de in de eerste zin genoemde overeenkomst. De zaken, bedoeld in de eerste en tweede volzin, worden niet behandeld en beslist door de kantonrechter.
(Zie ook: art. 10 BW Boek 1; artt. 131, 259 BW Boek 2; artt. 38, 39, 53 Wet RO)

Rechterlijke competentie bij BV

Art. 242
1. De benoeming van bestuurders geschiedt voor de eerste maal bij de akte van oprichting en later door de algemene vergadering of, indien de statuten zulks bepalen, door een vergadering van houders van aandelen van een bepaalde soort of aanduiding, mits iedere aandeelhouder met stemrecht kan deelnemen aan de besluitvorming inzake de benoeming van ten minste één bestuurder. Indien een vennootschap toepassing geeft aan artikel 239a wordt bij de benoeming van een bestuurder bepaald of hij wordt benoemd tot uitvoerende bestuurder onderscheidenlijk niet uitvoerende bestuurder. Op een statutaire regeling als bedoeld in eerste zin is artikel 228 lid 4, derde volzin, van overeenkomstige toepassing. De voorgaande drie zinnen zijn niet van toepassing indien de benoeming overeenkomstig artikel 272 geschiedt door de raad van commissarissen.
2. De statuten kunnen de kring van benoembare personen beperken door eisen te stellen aan de bestuurders. De eisen kunnen terzijde worden gesteld door een besluit van de algemene vergadering, genomen overeenkomstig de regels die gelden voor de totstandkoming van een besluit tot statutenwijziging.

Benoeming bestuurders van BV

Art. 242a
1. Tot bestuurder van een vennootschap die op twee opeenvolgende balansdata, zonder onderbreking nadien op twee opeenvolgende balansdata, niet heeft voldaan aan ten minste twee van de vereisten als bedoeld in artikel 397 leden 1 en 2 kunnen niet worden benoemd:
a. personen die commissaris of niet uitvoerende bestuurder zijn bij meer dan twee rechtspersonen;
b. personen die voorzitter zijn van de raad van commissarissen van een rechtspersoon of van het bestuur van een rechtspersoon indien de bestuurstaken zijn verdeeld over uitvoerende en niet uitvoerende bestuurders.
2. Voor de toepassing van dit artikel:
a. wordt met een commissaris gelijkgesteld de persoon die lid is van een toezichthoudend orgaan dat bij of krachtens de statuten van een rechtspersoon is ingesteld;
b. telt de benoeming bij verschillende rechtspersonen die met elkaar in een groep zijn verbonden als één benoeming;
c. betreft de verwijzing naar rechtspersonen van de rechtsvorm van de naamloze vennootschap en de besloten vennootschap met beperkte aansprakelijkheid die op twee opeenvolgende balansdata, zonder onderbreking nadien op twee opeenvolgende balansdata, niet heeft voldaan aan ten minste twee van de vereisten als bedoeld in artikel 397 leden 1 en 2, onderscheidenlijk de stichting als bedoeld in artikel 297a lid 1;
d. wordt met bestuurder in de zin van de aanhef van lid 1 gelijkgesteld de uitvoerende bestuurder, indien de bestuurstaken zijn verdeeld over uitvoerende en niet uitvoerende bestuurders;
e. geldt een tijdelijke aanstelling overeenkomstig artikel 349a lid 2 of artikel 356 onder c niet als benoeming;
f. wordt de benoeming van een lid van de raad van toezicht of niet uitvoerende bestuurder bij een fonds als bedoeld in de algemene maatregel van bestuur op grond van artikel 106a van de Pensioenwet en artikel 110ca van de Wet verplichte beroepspensioenregeling geteld overeenkomstig de normering in deze algemene maatregel van bestuur.
3. De nietigheid van de benoeming op grond van de vorige leden heeft geen gevolgen voor de rechtsgeldigheid van de besluitvorming waaraan is deelgenomen.

Eisen aan bestuurder van BV

Art. 243
1. Bij de statuten kan worden bepaald dat de benoeming door de algemene vergadering geschiedt uit een voordracht.
2. De algemene vergadering kan echter aan zodanige voordracht steeds het bindend karakter ontnemen bij een besluit genomen met ten minste twee derden van de uitgebrachte stemmen, welke twee derden meer dan de helft van het geplaatste kapitaal vertegenwoordigen.

Voordracht kandidaat bestuur van BV

art. 2:244

3. Indien de voordracht één kandidaat voor een te vervullen plaats bevat, heeft een besluit over de voordracht tot gevolg dat de kandidaat is benoemd, tenzij het bindend karakter aan de voordracht wordt ontnomen.
4. De leden 1, 2 en 3 zijn niet van toepassing, indien de benoeming geschiedt door de raad van commissarissen.
5. De leden 1, 2 en 3 zijn van overeenkomstige toepassing indien de benoeming geschiedt door een vergadering van houders van aandelen van een bepaalde soort of aanduiding.

Art. 244

Schorsing/ontslag bestuurders van BV

1. Iedere bestuurder kan te allen tijde worden geschorst en ontslagen door het orgaan dat bevoegd is tot benoeming. De statuten kunnen bepalen dat een bestuurder eveneens kan worden ontslagen door een ander orgaan, tenzij de benoeming overeenkomstig artikel 272 door de raad van commissarissen geschiedt. Is uitvoering gegeven aan artikel 239a, dan is het bestuur te allen tijde bevoegd tot schorsing van een uitvoerend bestuurder.
2. Indien in de statuten is bepaald dat het besluit tot schorsing of ontslag slechts mag worden genomen met een versterkte meerderheid in een algemene vergadering, waarin een bepaald gedeelte van het kapitaal is vertegenwoordigd, mag deze versterkte meerderheid twee derden der uitgebrachte stemmen, welke twee derden meer dan de helft van het geplaatste kapitaal vertegenwoordigen, niet te boven gaan.
3. Een veroordeling tot herstel van de arbeidsovereenkomst tussen vennootschap en bestuurder kan door de rechter niet worden uitgesproken.
(Zie ook: art. 682 BW Boek 7)
4. De statuten moeten voorschriften bevatten omtrent de wijze waarop in het bestuur van de vennootschap voorlopig wordt voorzien in geval van ontstentenis of belet van een of meer bestuurders. De statuten kunnen nader bepalen wanneer er sprake is van belet.
(Zie ook: artt. 8, 9, 14, 15, 37, 134, 242, 243, 257, 272, 356 BW Boek 2; art. 677 BW Boek 7; art. 30 WOR)

Art. 245

Bezoldiging bestuur van BV

1. Voor zover bij de statuten niet anders is bepaald, wordt de bezoldiging van bestuurders door de algemene vergadering vastgesteld.
(Zie ook: artt. 135, 217, 383 BW Boek 2; artt. 617, 618, 619, 624 BW Boek 7)
2. Voor een besloten vennootschap die een bank is in de zin van artikel 415 is artikel 135 van overeenkomstige toepassing.

Art. 246

Bevoegdheid aangifte tot faillietverklaring van BV

Tenzij bij de statuten anders is bepaald, is het bestuur zonder opdracht der algemene vergadering niet bevoegd aangifte te doen tot faillietverklaring van de vennootschap.
(Zie ook: art. 136 BW Boek 2; artt. 1, 4 FW)

Art. 247

Eenpersoonsvennootschap BV

1. Rechtshandelingen van de vennootschap jegens de houder van alle aandelen in het kapitaal van de vennootschap of jegens een deelgenoot in een huwelijksgemeenschap of in een gemeenschap van een geregistreerd partnerschap waartoe alle aandelen in het kapitaal van de vennootschap behoren, waarbij de vennootschap wordt vertegenwoordigd door deze aandeelhouder of door een van de deelgenoten, worden schriftelijk vastgelegd. Voor de toepassing van de vorige zin worden aandelen gehouden door de vennootschap of haar dochtermaatschappijen niet meegeteld. Indien de eerste zin niet in acht is genomen, kan de rechtshandeling ten behoeve van de vennootschap worden vernietigd.
2. Lid 1 is niet van toepassing op rechtshandelingen die onder de bedongen voorwaarden tot de gewone bedrijfsuitoefening van de vennootschap behoren.
(Zie ook: artt. 94c, 204c BW Boek 2)

Art. 248

Hoofdelijke aansprakelijkheid bestuurders BV bij faillissement

1. In geval van faillissement van de vennootschap is iedere bestuurder jegens de boedel hoofdelijk aansprakelijk voor het bedrag van de schulden voor zover deze niet door vereffening van de overige baten kunnen worden voldaan, indien het bestuur zijn taak kennelijk onbehoorlijk heeft vervuld en aannemelijk is dat dit een belangrijke oorzaak is van het faillissement.
(Zie ook: art. 6 BW Boek 6)
2. Indien het bestuur niet heeft voldaan aan zijn verplichtingen uit de artikelen 10 of 394, heeft het zijn taak onbehoorlijk vervuld en wordt vermoed dat onbehoorlijke taakvervulling een belangrijke oorzaak is van het faillissement. Hetzelfde geldt indien de vennootschap volledig aansprakelijk vennoot is van een vennootschap onder firma of commanditaire vennootschap en niet voldaan is aan de verplichtingen uit artikel 15i van Boek 3. Een onbelangrijk verzuim wordt niet in aanmerking genomen.
3. Niet aansprakelijk is de bestuurder die bewijst dat de onbehoorlijke taakvervulling door het bestuur niet aan hem te wijten is en dat hij niet nalatig is geweest in het treffen van maatregelen om de gevolgen daarvan af te wenden.
4. De rechter kan het bedrag waarvoor de bestuurders aansprakelijk zijn verminderen indien hem dit bovenmatig voorkomt, gelet op de aard en de ernst van de onbehoorlijke taakvervulling

door het bestuur, de andere oorzaken van het faillissement, alsmede de wijze waarop dit is afgewikkeld. De rechter kan voorts het bedrag van de aansprakelijkheid van een afzonderlijke bestuurder verminderen indien hem dit bovenmatig voorkomt, gelet op de tijd gedurende welke die bestuurder als zodanig in functie is geweest in de periode waarin de onbehoorlijke taakvervulling plaats vond.
5. Is de omvang van het tekort nog niet bekend, dan kan de rechter, al dan niet met toepassing van het vierde lid, bepalen dat van het tekort tot betaling waarvan hij de bestuurders veroordeelt, een staat wordt opgemaakt overeenkomstig de bepalingen van de zesde titel van het tweede boek van het Wetboek van Burgerlijke Rechtsvordering.
6. De vordering kan slechts worden ingesteld op grond van onbehoorlijke taakvervulling in de periode van drie jaren voorafgaande aan het faillissement. Een aan de bestuurder verleende kwijting staat aan het instellen van de vordering niet in de weg.
(Zie ook: art. 249 FW; artt. 212m, 213f Wft)
7. Met een bestuurder wordt voor de toepassing van dit artikel gelijkgesteld degene die het beleid van de vennootschap heeft bepaald of mede heeft bepaald, als ware hij bestuurder. De vordering kan niet worden ingesteld tegen de door de rechter benoemde bewindvoerder.
(Zie ook: artt. 68, 179 BW Boek 2)
8. Dit artikel laat onverlet de bevoegdheid van de curator tot het instellen van een vordering op grond van de overeenkomst met de bestuurder of op grond van artikel 9.
9. Indien een bestuurder ingevolge dit artikel aansprakelijk is en niet in staat is tot betaling van zijn schuld terzake, kan de curator de door die bestuurder onverplicht verrichte rechtshandelingen waardoor de mogelijkheid tot verhaal op hem is verminderd, ten behoeve van de boedel door een buitengerechtelijke verklaring vernietigen, indien aannemelijk is dat deze geheel of nagenoeg geheel met het oogmerk van vermindering van dat verhaal zijn verricht. Artikel 45 leden 4 en 5 van Boek 3 is van overeenkomstige toepassing.
(Zie ook: art. 42 FW)
10. Artikel 138 lid 10 is van toepassing.
(Zie ook: artt. 9, 138, 241, 259 BW Boek 2; artt. 342, 343, 347 WvSr; Gar.reg.cur.; Gsc 2005)

Art. 249

Indien door de jaarrekening, door tussentijdse cijfers of door het bestuursverslag voor zover deze bekend zijn gemaakt, een misleidende voorstelling wordt gegeven van de toestand der vennootschap, zijn de bestuurders tegenover derden hoofdelijk aansprakelijk voor de schade, door dezen dientengevolge geleden. De bestuurder die bewijst dat dit aan hem niet te wijten is, is niet aansprakelijk.
(Zie ook: artt. 9, 139, 210, 260, 360, 391 BW Boek 2; artt. 6, 95, 102, 194 BW Boek 6; art. 336 WvSr)

Aansprakelijkheid bestuurders BV bij misleiding

Art. 250

1. Tenzij toepassing is gegeven aan artikel 239a kan bij de statuten worden bepaald dat er een raad van commissarissen zal zijn. De raad bestaat uit een of meer natuurlijke personen.
2. De raad van commissarissen heeft tot taak toezicht te houden op het beleid van het bestuur en op de algemene gang van zaken in de vennootschap en de met haar verbonden onderneming. Hij staat het bestuur met raad ter zijde. Bij de vervulling van hun taak richten de commissarissen zich naar het belang van de vennootschap en de met haar verbonden onderneming.
3. De statuten kunnen aanvullende bepalingen omtrent de taak en de bevoegdheden van de raad en van zijn leden bevatten.
4. De statuten kunnen bepalen dat een met name of in functie aangeduide commissaris meer dan één stem wordt toegekend. Een commissaris kan niet meer stemmen uitbrengen dan de andere commissarissen tezamen.
(Zie ook: artt. 8, 14, 15, 47, 57, 140, 210, 217, 219, 256, 261, 268 BW Boek 2)
5. Een commissaris neemt niet deel aan de beraadslaging en besluitvorming indien hij daarbij een direct of indirect persoonlijk belang heeft dat tegenstrijdig is met het belang bedoeld in lid 2. Wanneer de raad van commissarissen hierdoor geen besluit kan nemen, wordt het besluit genomen door de algemene vergadering, tenzij de statuten anders bepalen.

Raad van commissarissen BV

Art. 251

1. Het bestuur verschaft de raad van commissarissen tijdig de voor de uitoefening van diens taak noodzakelijke gegevens.
(Zie ook: artt. 57, 141 BW Boek 2)
2. Het bestuur stelt ten minste een keer per jaar de raad van commissarissen schriftelijk op de hoogte van de hoofdlijnen van het strategisch beleid, de algemene en financiële risico's en het beheers- en controlesysteem van de vennootschap.

Informatieplicht bestuur aan raad van commissarissen BV

Art. 252

1. De commissarissen die niet reeds bij de akte van oprichting zijn aangewezen, worden benoemd door de algemene vergadering of, indien de statuten zulks bepalen, door een vergadering van houders van aandelen van een bepaalde soort of aanduiding, mits iedere aandeelhouder met stemrecht kan deelnemen aan de besluitvorming inzake de benoeming van ten minste één

Benoeming raad van commissarissen BV door AVA

commissaris. Op een statutaire regeling als bedoeld in de vorige zin is artikel 228 lid 4, derde volzin, van overeenkomstige toepassing. De eerste zin geldt niet indien de benoeming overeenkomstig artikel 268 geschiedt. De statuten kunnen de kring van benoembare personen beperken door eisen te stellen waaraan de commissarissen moeten voldoen. De eisen kunnen terzijde worden gesteld door een besluit van de algemene vergadering, genomen overeenkomstig de regels die gelden voor de totstandkoming van een besluit tot statutenwijziging.

2. De eerste drie leden van artikel 243 zijn van overeenkomstige toepassing, indien de benoeming door de algemene vergadering geschiedt of, indien de statuten zulks bepalen, door een vergadering van houders van aandelen van een bepaalde soort of aanduiding.

3. Bij een aanbeveling of voordracht tot benoeming van een commissaris worden van de kandidaat medegedeeld zijn leeftijd, zijn beroep, het bedrag aan door hem gehouden aandelen in het kapitaal der vennootschap en de betrekkingen die hij bekleedt of die hij heeft bekleed voor zover die van belang zijn in verband met de vervulling van de taak van een commissaris. Tevens wordt vermeld aan welke rechtspersonen hij reeds als commissaris is verbonden; indien zich daaronder rechtspersonen bevinden, die tot een zelfde groep behoren, kan met de aanduiding van die groep worden volstaan. De aanbeveling en de voordracht tot benoeming of herbenoeming worden gemotiveerd. Bij herbenoeming wordt rekening gehouden met de wijze waarop de kandidaat zijn taak als commissaris heeft vervuld.
(Zie ook: artt. 57a, 63f, 63i, 142, 176, 224, 268, 269, 270, 271 BW Boek 2)

4. De statuten moeten voorschriften bevatten omtrent de wijze waarop in de uitoefening van de taken en bevoegdheden voorlopig wordt voorzien in geval van ontstentenis of belet van een of meer commissarissen. De statuten kunnen nader bepalen wanneer er sprake is van belet.

Art. 252a

Eisen aan commissaris van BV

1. Tot commissaris van een vennootschap die op twee opeenvolgende balansdata, zonder onderbreking nadien op twee opeenvolgende balansdata, niet heeft voldaan aan ten minste twee van de vereisten als bedoeld in artikel 397 leden 1 en 2 kunnen niet worden benoemd: personen die commissaris of niet uitvoerende bestuurder zijn bij vijf of meer andere rechtspersonen. Het voorzitterschap van de raad van commissarissen of het bestuur, indien de bestuurstaken zijn verdeeld over uitvoerende en niet uitvoerende bestuurders, telt dubbel.

2. Voor de toepassing van dit artikel:
a. wordt met een commissaris gelijkgesteld de persoon die lid is van een toezichthoudend orgaan dat bij of krachtens de statuten van een rechtspersoon is ingesteld;
b. telt de benoeming bij verschillende rechtspersonen die met elkaar in een groep zijn verbonden als één benoeming;
c. betreft de verwijzing naar rechtspersonen de rechtsvorm van de naamloze vennootschap en de besloten vennootschap met beperkte aansprakelijkheid die op twee opeenvolgende balansdata, zonder onderbreking nadien op twee opeenvolgende balansdata, niet heeft voldaan aan ten minste twee van de vereisten als bedoeld in artikel 397 leden 1 en 2, onderscheidenlijk de stichting als bedoeld in artikel 297a lid 1;
d. wordt met commissaris in de zin van de aanhef van lid 1 gelijkgesteld de niet uitvoerende bestuurder, indien de bestuurstaken zijn verdeeld over uitvoerende en niet uitvoerende bestuurders;
e. geldt een tijdelijke aanstelling overeenkomstig artikel 349a lid 2 of artikel 356 onder c niet als benoeming;
f. wordt de benoeming van een lid van de raad van toezicht of niet uitvoerende bestuurder bij een fonds als bedoeld in de algemene maatregel van bestuur op grond van artikel 106a van de Pensioenwet en artikel 110ca van de Wet verplichte beroepspensioenregeling geteld overeenkomstig de normering in deze algemene maatregel van bestuur.

3. De nietigheid van de benoeming op grond van de vorige leden heeft geen gevolgen voor de rechtsgeldigheid van de besluitvorming waaraan is deelgenomen.

Art. 253

Benoeming raad van commissarissen BV door anderen dan AVA

Bij de statuten kan worden bepaald dat een of meer commissarissen, doch ten hoogste een derde van het gehele aantal, worden benoemd door anderen dan de algemene vergadering of een vergadering van houders van aandelen van een bepaalde soort of aanduiding, mits iedere aandeelhouder met stemrecht kan deelnemen aan de besluitvorming inzake de benoeming van ten minste één commissaris. Op een statutaire regeling als bedoeld in de vorige zin is artikel 228 lid 4, derde volzin, van overeenkomstige toepassing. Is de benoeming van commissarissen geregeld overeenkomstig de artikelen 268 en 269, dan vindt de eerste zin geen toepassing.

Art. 254

Schorsing/ontslag van commissarissen BV

1. Een commissaris kan worden geschorst en ontslagen door degene die bevoegd is tot benoeming. De statuten kunnen bepalen dat een commissaris eveneens kan worden ontslagen door de algemene vergadering. Het voorgaande is niet van toepassing indien artikel 271 lid 2 en lid 3, of artikel 271a van toepassing is.

2. Het tweede en het derde lid van artikel 244 van dit Boek zijn van overeenkomstige toepassing.
(Zie ook: artt. 47, 144, 252, 253, 271, 356 BW Boek 2; artt. 677, 680 BW Boek 7)

Art. 255
De algemene vergadering kan aan de commissarissen een bezoldiging toekennen.
(Zie ook: artt. 145, 245, 383 BW Boek 2)

Bezoldiging van raad van commissarissen BV

Art. 256
[Vervallen]

Art. 257
1. Tenzij bij de statuten anders is bepaald, is de raad van commissarissen bevoegd iedere bestuurder te allen tijde te schorsen.

2. De schorsing kan te allen tijde worden opgeheven door de vergadering van aandeelhouders die bevoegd is tot benoeming.
(Zie ook: artt. 147, 217, 244, 272, 356 BW Boek 2)

Schorsing bestuurder door raad van commissarissen BV

Art. 258
[Vervallen]

Art. 259
Het bepaalde bij de artikelen 9, 241 en 248 vindt overeenkomstige toepassing ten aanzien van de taakvervulling door de raad van commissarissen.
(Zie ook: art. 149 BW Boek 2)

Schakelbepaling

Art. 260
Indien door de openbaar gemaakte jaarrekening een misleidende voorstelling wordt gegeven van de toestand der vennootschap, zijn de commissarissen naast de bestuurders tegenover derden hoofdelijk aansprakelijk voor de schade, door dezen dientengevolge geleden. De commissaris die bewijst dat zulks niet aan een tekortkoming zijnerzijds in het toezicht is te wijten, is niet aansprakelijk.
(Zie ook: artt. 9, 150, 210, 249, 250, 361, 362 BW Boek 2; artt. 6, 95, 102, 194 BW Boek 6; art. 336 WvSr)

Hoofdelijke aansprakelijkheid van raad van commissarissen BV bij misleiding

Art. 261
1. Allen, commissarissen of anderen, die, zonder deel uit te maken van het bestuur der vennootschap, krachtens enige bepaling der statuten of krachtens besluit der algemene vergadering, voor zekere tijd of onder zekere omstandigheden daden van bestuur verrichten, worden te dien aanzien, wat hun rechten en verplichtingen ten opzichte van de vennootschap en van derden betreft, als bestuurders aangemerkt.

2. Het goedkeuren van bepaalde bestuurshandelingen of het daartoe machtigen geldt niet als het verrichten van daden van bestuur.
(Zie ook: artt. 9, 151, 234, 239, 240, 274 BW Boek 2)

Daden van bestuur bij BV

Afdeling 6
De raad van commissarissen bij de grote besloten vennootschap met beperkte aansprakelijkheid

Art. 262
In deze afdeling wordt onder een afhankelijke maatschappij verstaan:
a. een rechtspersoon waaraan de vennootschap of een of meer afhankelijke maatschappijen alleen of samen voor eigen rekening ten minste de helft van het geplaatste kapitaal verschaffen,
(Zie ook: art. 24d BW Boek 2)
b. een vennootschap waarvan een onderneming in het handelsregister is ingeschreven en waarvoor de vennootschap of een afhankelijke maatschappij als vennote jegens derden volledig aansprakelijk is voor alle schulden.
(Zie ook: artt. 63a, 152 BW Boek 2)

Afhankelijke maatschappij BV

Art. 263
1. Een vennootschap moet, indien het volgende lid op haar van toepassing is, binnen twee maanden na de vaststelling van haar jaarrekening door de algemene vergadering ten kantore van het handelsregister opgaaf doen, dat zij de in dat lid gestelde voorwaarden voldoet. Totdat artikel 264 lid 3 van dit Boek toepassing heeft gevonden, vermeldt het bestuur in elk volgend bestuursverslag wanneer de opgaaf is gedaan; wordt de opgaaf doorgehaald, dan wordt daarvan melding gemaakt in het eerste bestuursverslag dat na de datum van die doorhaling wordt uitgebracht.
(Zie ook: art. 188 BW Boek 2)

2. De verplichting tot het doen van opgaaf geldt, indien:
a. het geplaatste kapitaal der vennootschap te zamen met de reserves volgens de balans met toelichting ten minste een bij koninklijk besluit vastgesteld grensbedrag beloopt,
(Zie ook: Fbgvs)
b. de vennootschap of een afhankelijke maatschappij krachtens wettelijke verplichting een ondernemingsraad heeft ingesteld, en

Verplichting tot doen van opgaaf bij structuurvennootschap BV

art. 2:264

Verplichting tot doen van opgaaf niet verplicht structuurvennootschap BV

c. bij de vennootschap en haar afhankelijke maatschappijen, tezamen in de regel ten minste honderd werknemers in Nederland werkzaam zijn.
3. De verplichting tot het doen van een opgaaf geldt niet voor:
a. een vennootschap die afhankelijke maatschappij is van een rechtspersoon waarop de artikelen 63f tot en met 63j, de artikelen 158 tot en met 161 en 164 of de artikelen 268 tot en met 271 en 274 van toepassing zijn,
b. een vennootschap wier werkzaamheid zich uitsluitend of nagenoeg uitsluitend beperkt tot het beheer en de financiering van groepsmaatschappijen, en van haar en hun deelnemingen in andere rechtspersonen, mits de werknemers in dienst van de vennootschap en de groepsmaatschappijen in meerderheid buiten Nederland werkzaam zijn,
c. een vennootschap die uitsluitend of nagenoeg uitsluitend aan een vennootschap als bedoeld onder b of in artikel 153 lid 3 onder b, en aan de in die bepalingen genoemde groepsmaatschappijen en rechtspersonen diensten ten behoeve van het beheer en de financiering verleent, en
(Zie ook: art. 24b BW Boek 2)
d. een vennootschap waarin voor ten minste de helft van het geplaatste kapitaal volgens een onderlinge regeling tot samenwerking wordt deelgenomen door twee of meer rechtspersonen waarop de artikelen 63f tot en met 63j, de artikelen 158 tot en met 161 en 164 of de artikelen 268 tot en met 271 en 274 van toepassing zijn of die afhankelijke maatschappij zijn van zulk een rechtspersoon.
4. Het in onderdeel a van lid 2 genoemde grensbedrag wordt ten hoogste eenmaal in de twee jaren verhoogd of verlaagd, evenredig aan de ontwikkeling van een bij algemene maatregel van bestuur aan te wijzen prijsindexcijfer sedert een bij die maatregel te bepalen datum; het wordt daarbij afgerond op het naaste veelvoud van een miljoen euro. Het bedrag wordt niet opnieuw vastgesteld zo lang als het onafgeronde bedrag minder dan een miljoen euro afwijkt van het laatst vastgestelde bedrag.
(Zie ook: Besl.art. 153 BW Boek 2)
5. Onder het geplaatste kapitaal met de reserves wordt in lid 2 onder a begrepen de gezamenlijke verrichte en nog te verrichten inbreng van vennoten bij wijze van geldschieting in afhankelijke maatschappijen die commanditaire vennootschap zijn, voor zover dit niet tot dubbeltelling leidt.
(Zie ook: artt. 63b, 153, 210, 262, 264, 373, 382, 391 BW Boek 2; art. 20 WvK; art. 2 WOR; art. 1 WED)

Art. 264

Inschrijving van structuurvennootschap BV

1. De artikelen 268-274 van dit Boek zijn van toepassing op een vennootschap waaromtrent een opgaaf als bedoeld in het vorige artikel gedurende drie jaren onafgebroken is ingeschreven; deze termijn wordt geacht niet te zijn onderbroken, indien een doorhaling van de opgaaf, welke tijdens die termijn ten onrechte heeft plaatsgevonden, is ongedaan gemaakt.
2. De doorhaling van de inschrijving op grond van de omstandigheid dat de vennootschap niet meer voldoet aan de voorwaarden, genoemd in het tweede lid van het vorige artikel, doet de toepasselijkheid van de artikelen 268-274 van dit Boek slechts eindigen, indien drie jaren na de doorhaling zijn verstreken en de vennootschap gedurende die termijn niet opnieuw tot het doen van de opgaaf is verplicht geweest.
3. De vennootschap brengt haar statuten in overeenstemming met de artikelen 268-274 welke voor haar gelden, uiterlijk met ingang van de dag waarop die artikelen krachtens lid 1 op haar van toepassing worden.

Wijziging statuten structuurvennootschap BV

4. In de eerstvolgende vergadering nadat de vennootschap waarop de artikelen 268 tot en met 274 of 268 tot en met 271 en 274 van toepassing zijn gaat voldoen aan de voorwaarden bedoeld in de artikelen 263 lid 3, 264 lid 2, 265 of 265a, doet het bestuur aan de algemene vergadering het voorstel in de statuten de wijze van benoeming en ontslag van commissarissen en de taak en bevoegdheden van de raad van commissarissen te regelen zonder toepassing van de artikelen 268 tot en met 274 respectievelijk de artikelen 268 tot en met 271 en 274, dan wel het voorstel die artikelen geheel of met uitzondering van artikel 272 te blijven toepassen. Het besluit wordt genomen met volstrekte meerderheid van stemmen. De bevoegdheid van de algemene vergadering tot het nemen van een besluit ter uitvoering van dit artikel kan niet worden beperkt.
5. Uiterlijk twaalf maanden nadat het besluit bedoeld in lid 4 is genomen, legt het bestuur aan de algemene vergadering een voorstel tot wijziging van de statuten voor. Indien de algemene vergadering geen besluit tot statutenwijziging neemt, stelt de ondernemingskamer van het gerechtshof Amsterdam op verzoek van degene die daartoe krachtens het volgende lid bevoegd is, de statuten vast. De laatste twee zinnen van lid 4 zijn van overeenkomstige toepassing.
6. Een verzoek tot vaststelling van de statuten kan worden ingediend door een daartoe aangewezen vertegenwoordiger van het bestuur of van de raad van commissarissen en door degene die gerechtigd is tot agendering ingevolge artikel 224a.

7. De ondernemingskamer regelt zo nodig de gevolgen van de door haar genomen beslissing. De griffier van de ondernemingskamer doet ten kantore van het handelsregister een afschrift van de beschikking van de ondernemingskamer neerleggen.
(Zie ook: artt. 63c, 154, 231, 263, 265, 267 BW Boek 2; art. 1 WED; art. 25 WOR)

Art. 265
1. In afwijking van artikel 264 geldt artikel 272 niet voor een vennootschap waarin een deelneming voor ten minste de helft van het geplaatste kapitaal wordt gehouden:
a. door een rechtspersoon waarvan de werknemers in meerderheid buiten Nederland werkzaam zijn, of door afhankelijke maatschappijen daarvan
b. volgens een onderlinge regeling tot samenwerking door een aantal van zulke rechtspersonen of maatschappijen, of
c. volgens een onderlinge regeling tot samenwerking door een of meer van zulke rechtspersonen en een of meer rechtspersonen waarvoor artikel 153 lid 3 onder a of artikel 263 lid 3 onder a geldt of waarop de artikelen 63f tot en met 63j, de artikelen 158 tot en met 161 en 164 of de artikelen 268 tot en met 271 en 274 van toepassing zijn.
2. De uitzondering volgens het vorige lid geldt echter niet, indien de werknemers in dienst van de vennootschap, tezamen met die in dienst van de rechtspersoon of rechtspersonen, in meerderheid in Nederland werkzaam zijn.
3. Voor de toepassing van dit artikel worden onder werknemers, in dienst van een rechtspersoon, begrepen de werknemers in dienst van groepsmaatschappijen.
(Zie ook: artt. 24b t/m 24d, 155, 262, 263, 264, 267, 380, 382 BW Boek 2)

Verzwakt regime bij structuurvennootschap BV

Art. 265a
1. In afwijking van artikel 264 geldt artikel 272 niet voor een vennootschap waarin:
a. een natuurlijk persoon het gehele geplaatste kapitaal verschaft of doet verschaffen, of twee of meer natuurlijke personen volgens een onderlinge regeling tot samenwerking het gehele geplaatste kapitaal verschaffen of doen verschaffen;
b. een stichting, een vereniging of een rechtspersoon als bedoeld in artikel 1 het gehele geplaatste kapitaal voor eigen rekening verschaft of doet verschaffen, of twee of meer van zulke rechtspersonen volgens een onderlinge regeling tot samenwerking het gehele geplaatste kapitaal voor eigen rekening verschaffen of doen verschaffen.
2. Met de natuurlijke persoon bedoeld in lid 1 worden gelijkgesteld de echtgenoot of echtgenote en de geregistreerde partner. Eveneens worden gelijkgesteld de bloedverwanten in rechte lijn, mits dezen binnen zes maanden na het overlijden van de natuurlijke persoon een onderlinge regeling tot samenwerking zijn aangegaan.
(Zie ook: art. 155a BW Boek 2)

Benoeming bestuurders van structuurvennootschap BV

Art. 266
Onze Minister van Justitie kan, gehoord de Sociaal-Economische Raad, aan een vennootschap op haar verzoek ontheffing verlenen van een of meer der artikelen 268-274 van dit Boek; de ontheffing kan onder beperkingen worden verleend en daaraan kunnen voorschriften worden verbonden; zij kan voorts worden gewijzigd en ingetrokken.
(Zie ook: artt. 63d, 156 BW Boek 2)

Ontheffing voorschriften bij structuurvennootschap BV

Art. 267
1. Een vennootschap waarvoor artikel 264 van dit Boek niet geldt, kan bij haar statuten de wijze van benoeming en ontslag van commissarissen en de taak en bevoegdheden van de raad van commissarissen regelen overeenkomstig de artikelen 268-274 van dit Boek indien zij of een afhankelijke maatschappij een ondernemingsraad heeft ingesteld waarop de bepalingen van de Wet op de ondernemingsraden van toepassing zijn. Zij mag daarbij artikel 272 buiten toepassing laten. De in dit lid bedoelde regeling in de statuten verliest haar gelding zodra de ondernemingsraad ophoudt te bestaan of op de ondernemingsraad niet langer de bepalingen van de Wet op de ondernemingsraden van toepassing zijn.
(Zie ook: art. 262 BW Boek 2)
2. Een vennootschap waarvoor artikel 265 of 265a geldt, kan de bevoegdheid tot benoeming en ontslag van bestuurders regelen overeenkomstig artikel 272.
(Zie ook: artt. 63e, 157, 263, 264, 265 BW Boek 2; art. 2 WOR)

Toepassing structuurregeling op raad van commissarissen BV

Art. 268
1. De vennootschap heeft een raad van commissarissen.

2. De raad van commissarissen bestaat uit ten minste drie leden. Is het aantal commissarissen minder dan drie, dan neemt de raad onverwijld maatregelen tot aanvulling van zijn ledental.
(Zie ook: artt. 252, 253, 269, 270 BW Boek 2)
3. De raad van commissarissen stelt een profielschets voor zijn omvang en samenstelling vast, rekening houdend met de aard van de onderneming, haar activiteiten en de gewenste deskun-

Samenstelling/voordracht/benoeming van raad van commissarissen structuurvennootschap BV

digheid en achtergrond van de commissarissen. De raad bespreekt de profielschets voor het eerst bij vaststelling en vervolgens bij iedere wijziging in de algemene vergadering en met de ondernemingsraad.
(Zie ook: art. 270 BW Boek 2)
4. De commissarissen worden, behoudens het bepaalde in lid 9, op voordracht van de raad van commissarissen benoemd door de algemene vergadering, voor zover de benoeming niet reeds is geschied bij de akte van oprichting of voordat dit artikel op de vennootschap van toepassing is geworden. De voordracht is met redenen omkleed. Onverminderd het bepaalde in artikel 270 kunnen de statuten de kring van benoembare personen niet beperken.
(Zie ook: artt. 217, 239 BW Boek 2; art. 23 WOR)
5. De algemene vergadering en de ondernemingsraad kunnen aan de raad van commissarissen personen aanbevelen om als commissaris te worden voorgedragen. De raad deelt hun daartoe tijdig mede wanneer, ten gevolge waarvan en overeenkomstig welk profiel in zijn midden een plaats moet worden vervuld. Indien voor de plaats het in lid 6 bedoelde versterkte recht van aanbeveling geldt, doet de raad van commissarissen daarvan eveneens mededeling. De raad van commissarissen maakt de voordracht gelijktijdig bekend aan de algemene vergadering en aan de ondernemingsraad. De voordracht wordt met redenen omkleed.
6. Voor een derde van het aantal leden van de raad van commissarissen geldt dat de raad van commissarissen een door de ondernemingsraad aanbevolen persoon op de voordracht plaatst, tenzij de raad van commissarissen bezwaar maakt tegen de aanbeveling op grond van de verwachting dat de aanbevolen persoon ongeschikt zal zijn voor de vervulling van de taak van commissaris of dat de raad van commissarissen bij benoeming overeenkomstig de aanbeveling niet naar behoren zal zijn samengesteld. Indien het getal der leden van de raad van commissarissen niet door drie deelbaar is, wordt het naastgelegen lagere getal dat wel door drie deelbaar is in aanmerking genomen voor de vaststelling van het aantal leden waarvoor dit versterkte recht van aanbeveling geldt.
7. Indien de raad van commissarissen bezwaar maakt, deelt hij de ondernemingsraad het bezwaar onder opgave van redenen mede. De raad treedt onverwijld in overleg met de ondernemingsraad met het oog op het bereiken van overeenstemming over de voordracht. Indien de raad van commissarissen constateert dat geen overeenstemming kan worden bereikt, verzoekt een daartoe aangewezen vertegenwoordiger van de raad aan de ondernemingskamer van het gerechtshof Amsterdam het bezwaar gegrond te verklaren. Het verzoek wordt niet eerder ingediend dan nadat vier weken zijn verstreken na aanvang van het overleg met de ondernemingsraad. De raad van commissarissen plaatst de aanbevolen persoon op de voordracht indien de ondernemingskamer het bezwaar ongegrond verklaart. Verklaart de ondernemingskamer het bezwaar gegrond, dan kan de ondernemingsraad een nieuwe aanbeveling doen overeenkomstig het bepaalde in lid 6.
8. De ondernemingskamer doet de ondernemingsraad oproepen. Tegen de beslissing van de ondernemingskamer staat geen rechtsmiddel open. De ondernemingskamer kan geen veroordeling in de proceskosten uitspreken.
9. De algemene vergadering kan bij volstrekte meerderheid van de uitgebrachte stemmen, vertegenwoordigend ten minste een derde van het geplaatste kapitaal, de voordracht afwijzen. Indien de aandeelhouders bij volstrekte meerderheid van stemmen hun steun aan de kandidaat onthouden, maar deze meerderheid niet ten minste een derde van het geplaatste kapitaal vertegenwoordigde, kan een nieuwe vergadering worden bijeengeroepen waarin de voordracht kan worden afgewezen met volstrekte meerderheid van stemmen. Alsdan maakt de raad van commissarissen een nieuwe voordracht op. De leden 5 tot en met 8 zijn van toepassing. Indien de algemene vergadering de voorgedragen persoon niet benoemt en niet besluit tot afwijzing van de voordracht, benoemt de raad van commissarissen de voorgedragen persoon.
(Zie ook: artt. 261, 995 Rv; art. 66 Wet RO)
10. De algemene vergadering kan de bevoegdheid die haar volgens lid 5 toekomt voor een door haar te bepalen duur van telkens ten hoogste twee achtereenvolgende jaren, overdragen aan een commissie van aandeelhouders waarvan zij de leden aanwijst; in dat geval geeft de raad van commissarissen aan de commissie de kennisgeving van lid 5. De algemene vergadering kan te allen tijde de overdracht ongedaan maken.
(Zie ook: art. 269 Boek 2 BW)
11. Voor de toepassing van dit artikel wordt onder de ondernemingsraad verstaan de ondernemingsraad van de onderneming van de vennootschap of van de onderneming van een afhankelijke maatschappij. Indien er meer dan één ondernemingsraad is, worden de bevoegdheden van dit artikel door deze raden afzonderlijk uitgeoefend; als er sprake is van een voordracht als bedoeld in lid 6 worden de bevoegdheden van dit lid door deze raden gezamenlijk uitgeoefend. Is voor de betrokken onderneming of ondernemingen een centrale ondernemingsraad ingesteld, dan komen de bevoegdheden van de ondernemingsraad volgens dit artikel toe aan de centrale ondernemingsraad.

12. In de statuten kan worden afgeweken van de leden 2, 4 tot en met 7 en 9, met dien verstande dat niet kan worden afgeweken van de eerste twee zinnen van lid 9. Voor het besluit tot wijziging van de statuten is de voorafgaande goedkeuring van de raad van commissarissen en de toestemming van de ondernemingsraad vereist.
(Zie ook: artt. 158, 250, 252, 253, 262, 269 BW Boek 2; art. 33 WOR)

Art. 269
1. Ontbreken alle commissarissen, anders dan ingevolge het bepaalde in artikel 271a, dan geschiedt de benoeming door de algemene vergadering.

Benoeming bij ontbreken van alle commissarissen structuurvennootschap BV

2. De ondernemingsraad kan personen voor benoeming tot commissaris aanbevelen. Degene die de algemene vergadering bijeenroept, deelt de ondernemingsraad daartoe tijdig mede dat de benoeming van commissarissen onderwerp van behandeling in de algemene vergadering zal zijn, met vermelding of benoeming van een commissaris plaatsvindt overeenkomstig het aanbevelingsrecht van de ondernemingsraad op grond van artikel 268 lid 6.
(Zie ook: artt. 219, 220, 223, 224 BW Boek 2)
3. De leden 6, 7, 8, 10 en 11 van het vorig artikel zijn van overeenkomstige toepassing.
(Zie ook: artt. 63g, 159, 217, 252, 268 BW Boek 2; art. 23 WOR)

Art. 270
Commissaris kunnen niet zijn:
a. personen die in dienst zijn van de vennootschap;
b. personen die in dienst zijn van een afhankelijke maatschappij;
c. bestuurders en personen in dienst van een werknemersorganisatie welke pleegt betrokken te zijn bij de vaststelling van de arbeidsvoorwaarden van de onder *a* en *b* bedoelde personen.
(Zie ook: artt. 63h, 160, 262 BW Boek 2)

Incompatibiliteiten bij raad van commissarissen structuurvennootschap BV

Art. 271
1. Een commissaris treedt uiterlijk af, indien hij na zijn laatste benoeming vier jaren commissaris is geweest. De termijn kan bij de statuten worden verlengd tot de dag van de eerstvolgende algemene vergadering na afloop van de vier jaren of na de dag waarop dit artikel voor de rechtspersoon is gaan gelden.
(Zie ook: art. 252 BW Boek 2)

Aftreden commissaris structuurvennootschap BV

2. De ondernemingskamer van het gerechtshof Amsterdam kan op een desbetreffend verzoek een commissaris ontslaan wegens verwaarlozing van zijn taak, wegens andere gewichtige redenen of wegens ingrijpende wijziging der omstandigheden op grond waarvan handhaving als commissaris redelijkerwijze niet van de vennootschap kan worden verlangd. Het verzoek kan worden ingediend door de vennootschap, door een ter vergadering door of met een meerderheid van commissarissen, alsmede door een daartoe aangewezen vertegenwoordiger van de algemene vergadering of van de ondernemingsraad, bedoeld in lid 11 van artikel 268. De leden 10 en 11 van artikel 268 zijn van overeenkomstige toepassing.
(Zie ook: art. 345 BW Boek 2; art. 258 BW Boek 6; art. 667 BW Boek 7; artt. 261, 995 Rv; art. 66 Wet RO)

Ontslag commissaris structuurvennootschap BV

3. Een commissaris kan worden geschorst door de raad van commissarissen; de schorsing vervalt van rechtswege, indien de vennootschap niet binnen een maand na de aanvang der schorsing een verzoek als bedoeld in het vorige lid bij de ondernemingskamer heeft ingediend.
(Zie ook: artt. 63i, 161, 254, 268, 356 BW Boek 2)

Schorsing commissaris structuurvennootschap BV

Art. 271a
1. De algemene vergadering kan bij volstrekte meerderheid van de uitgebrachte stemmen, vertegenwoordigend ten minste een derde gedeelte van het geplaatste kapitaal, het vertrouwen in de raad van commissarissen opzeggen. Het besluit is met redenen omkleed. Het besluit kan niet worden genomen ten aanzien van commissarissen die zijn aangesteld door de ondernemingskamer overeenkomstig lid 3.

Opzegging vertrouwen in raad van commissarissen structuurvennootschap BV

2. Een besluit als bedoeld in lid 1 wordt niet genomen dan nadat het bestuur de ondernemingsraad van het voorstel voor het besluit en de gronden daartoe in kennis heeft gesteld. De kennisgeving geschiedt ten minste 30 dagen voor de algemene vergadering waarin het voorstel wordt behandeld. Indien de ondernemingsraad een standpunt over het voorstel bepaalt, stelt het bestuur de raad van commissarissen en de algemene vergadering van dit standpunt op de hoogte. De ondernemingsraad kan zijn standpunt in de algemene vergadering doen toelichten.
3. Het besluit bedoeld in lid 1 heeft het onmiddellijk ontslag van de leden van de raad van commissarissen tot gevolg. Alsdan verzoekt het bestuur onverwijld aan de ondernemingskamer van het gerechtshof Amsterdam tijdelijk een of meer commissarissen aan te stellen. De ondernemingskamer is gevolgen van de aanstelling.
4. De raad van commissarissen bevordert dat binnen een door de ondernemingskamer vastgestelde termijn een nieuwe raad wordt samengesteld met inachtneming van artikel 268.
(Zie ook: artt. 161a, 224a, 268, 356, 357 BW Boek 2)

Art. 272

Benoeming bestuurders van structuurvennootschap BV

De raad van commissarissen benoemt de bestuurders der vennootschap; deze bevoegdheid kan niet door enige bindende voordracht worden beperkt. Hij geeft de algemene vergadering kennis van een voorgenomen benoeming van een bestuurder der vennootschap; hij ontslaat een bestuurder niet dan nadat de algemene vergadering over het voorgenomen ontslag is gehoord. Het tiende lid van artikel 268 is van overeenkomstige toepassing.
(Zie ook: artt. 162, 242, 243, 244, 264, 265, 265a, 267 BW Boek 2; art. 31 WOR)

Art. 273

[Vervallen]

Art. 274

Goedkeuring bestuursbesluiten bij structuurvennootschap BV

1. Aan de goedkeuring van de raad van commissarissen zijn onderworpen de besluiten van het bestuur omtrent:
   a. uitgifte en verkrijging van aandelen in en schuldbrieven ten laste van de vennootschap of van schuldbrieven ten laste van een commanditaire vennootschap of vennootschap onder firma waarvan de vennootschap volledig aansprakelijke vennote is;
   (Zie ook: artt. 190, 206 BW Boek 2; artt. 16, 19 WvK)
   b. medewerking aan de uitgifte van certificaten op naam van aandelen;
   c. het aanvragen van toelating van de onder a en b bedoelde schuldbrieven onderscheidenlijk certificaten tot de handel op een handelsplatform, als bedoeld in artikel 1:1 van de Wet op het financieel toezicht of een met een handelsplatform vergelijkbaar systeem uit een staat die geen lidstaat is dan wel het aanvragen van een intrekking van zodanige toelating;
   d. het aangaan of verbreken van duurzame samenwerking van de vennootschap of een afhankelijke maatschappij met een andere rechtspersoon of vennootschap dan wel als volledig aansprakelijke vennote in een commanditaire vennootschap of vennootschap onder firma, indien deze samenwerking of verbreking van ingrijpende betekenis is voor de vennootschap;
   e. het nemen van een deelneming ter waarde van ten minste een vierde van het bedrag van het geplaatste kapitaal met de reserves volgens de balans met toelichting van de vennootschap, door haar of een afhankelijke maatschappij in het kapitaal van een andere vennootschap, alsmede het ingrijpend vergroten of verminderen van zulk een deelneming;
   (Zie ook: art. 262 BW Boek 2)
   f. investeringen welke een bedrag gelijk aan ten minste een vierde gedeelte van het geplaatste kapitaal met de reserves der vennootschap volgens haar balans met toelichting vereisen;
   g. een voorstel tot wijziging van de statuten;
   (Zie ook: artt. 231, 233 BW Boek 2)
   h. een voorstel tot ontbinding van de vennootschap;
   (Zie ook: art. 19 BW Boek 2)
   i. aangifte van faillissement en aanvraag van surséance van betaling;
   (Zie ook: artt. 1, 4, 213 FW)
   j. beëindiging van de arbeidsovereenkomst van een aanmerkelijk aantal werknemers van de vennootschap of van een afhankelijke maatschappij tegelijkertijd of binnen een kort tijdsbestek;
   (Zie ook: art. 262 BW Boek 2; art. 667 BW Boek 7; art. 25 WOR)
   k. ingrijpende wijziging in de arbeidsomstandigheden van een aanmerkelijk aantal werknemers van de vennootschap of van een afhankelijke maatschappij;
   (Zie ook: art. 262 BW Boek 2)
   l. een voorstel tot vermindering van het geplaatste kapitaal.
   (Zie ook: art. 208 BW Boek 2)

2. Het ontbreken van goedkeuring van de raad van commissarissen op een besluit als bedoeld in lid 1 tast de vertegenwoordigingsbevoegdheid van het bestuur of bestuurders niet aan.
(Zie ook: artt. 6, 164, 240, 250, 251, 261 BW Boek 2)

Art. 274a

Schakelbepaling

1. In afwijking van artikel 268 lid 1 kan toepassing worden gegeven aan artikel 239a. In dat geval is het bepaalde ten aanzien van de raad van commissarissen onderscheidenlijk de commissarissen in artikel 268 leden 2 tot en met 12, 269, 270, 271 en 271a van overeenkomstige toepassing op de niet uitvoerende bestuurders van de vennootschap.
2. Indien toepassing is gegeven aan artikel 239a, benoemen de niet uitvoerende bestuurders de uitvoerende bestuurders van de vennootschap; deze bevoegdheid kan niet door enige bindende voordracht worden beperkt. Artikel 272, tweede en derde zin, is van overeenkomstige toepassing.
3. Van de toepassing van artikel 239a lid 3 zijn uitgesloten de besluiten van het bestuur in de zin van artikel 274.
4. Indien toepassing is gegeven aan artikel 239a lid 1 vereisen de besluiten in de zin van artikel 274 lid 1 de goedkeuring van de meerderheid van de niet uitvoerende bestuurders van de vennootschap. Het ontbreken van de goedkeuring tast de vertegenwoordigingsbevoegdheid van bestuur of bestuurders niet aan.

Art. 275
[Vervallen]

Afdeling 7
Evenwichtige verdeling van de zetels over vrouwen en mannen

Art. 276
1. Bij een evenwichtige verdeling van de zetels van het bestuur en de raad van commissarissen wordt ten minste 30% van de zetels bezet door vrouwen en ten minste 30% door mannen, voor zover deze zetels worden verdeeld over natuurlijke personen.
2. In een vennootschap, die niet voldoet aan ten minste twee van de vereisten genoemd in artikel 397 lid 1, wordt ten behoeve van een evenwichtige verdeling van de zetels van het bestuur en de raad van commissarissen, voor zover deze zetels worden verdeeld over natuurlijke personen, zoveel mogelijk rekening gehouden met een evenwichtige verdeling over vrouwen en mannen bij:
a. het benoemen en het voordragen van bestuurders als bedoeld in de artikelen 242 lid 1, 243 en 272;
b. het opstellen van een profielschets voor de omvang en samenstelling van de raad van commissarissen alsmede bij het aanwijzen, benoemen, aanbevelen en voordragen van commissarissen als bedoeld in de artikelen 252 lid 1 tot en met 3, 268 leden 3 tot en met 6 en lid 9, en artikel 269;
c. het opstellen van een profielschets voor de niet uitvoerende bestuurders alsmede bij het voordragen, benoemen en aanbevelen van niet uitvoerende bestuurders als bedoeld in artikel 274a lid 1 en 2.
3. Het tweede lid is van overeenkomstige toepassing op een besloten vennootschap met beperkte aansprakelijkheid die tot bestuurder is benoemd in:
a. een naamloze vennootschap of een besloten vennootschap met beperkte aansprakelijkheid, die niet voldoet aan ten minste twee van de vereisten genoemd in artikel 397 lid 1; of
b. een naamloze vennootschap of een besloten vennootschap met beperkte aansprakelijkheid die tot bestuurder is benoemd in een naamloze vennootschap of een besloten vennootschap met beperkte aansprakelijkheid die niet voldoet aan ten minste twee van de vereisten genoemd in artikel 397 lid 1.

Art. 277-284
[Vervallen]

Afdeling 8
[Vervallen]

Art. 284a
[Vervallen]

Titel 6
Stichtingen

Art. 285
1. Een stichting is een door een rechtshandeling in het leven geroepen rechtspersoon, welke geen leden kent en beoogt met behulp van een daartoe bestemd vermogen een in de statuten vermeld doel te verwezenlijken.
2. Indien de statuten een of meer personen de bevoegdheid geven in de vervulling van ledige plaatsen in organen van de stichting te voorzien, wordt zij niet uit dien hoofde aangemerkt leden te kennen.
3. Het doel van de stichting mag niet inhouden het doen van uitkeringen aan oprichters of aan hen die deel uitmaken van haar organen noch ook aan anderen, tenzij wat deze laatsten betreft de uitkeringen een ideële of sociale strekking hebben.
(Zie ook: artt. 3, 4, 18, 21, 286, 301, 304 BW Boek 2)

Art. 286
1. Een stichting moet worden opgericht bij notariële akte.
2. De akte moet worden verleden in de Nederlandse taal. Indien de stichting haar zetel heeft in de provincie Fryslân kan de akte in de Friese taal worden verleden. Een volmacht tot medewerking aan de akte moet schriftelijk zijn verleend. De stichting kan worden opgericht door een uiterste wilsbeschikking, gemaakt bij een notariële akte die in een vreemde taal is verleden; de statuten van de stichting moeten ook dan in de Nederlandse of Friese taal luiden.
(Zie ook: art. 27 BW Boek 2; art. 39 BW Boek 3; art. 135 BW Boek 4)
3. De akte bevat de statuten van de stichting.

art. 2:287

Inhoud statuten van stichting

4. De statuten moeten inhouden:
a. de naam der stichting, met het woord stichting als deel van de naam;
b. het doel der stichting;
(Zie ook: artt. 7, 20, 285 BW Boek 2)
c. de wijze van benoeming en ontslag der bestuurders;
(Zie ook: artt. 285, 299 BW Boek 2)
d. de gemeente in Nederland waar zij haar zetel heeft;
(Zie ook: art. 10 BW Boek 1; art. 287 BW Boek 2)
e. de bestemming van het overschot na vereffening van de stichting in geval van ontbinding, of de wijze waarop de bestemming zal worden vastgesteld.
5. De notaris, ten overstaan van wie de akte is verleden, draagt zorg dat de statuten bevatten hetgeen in de leden 2-4 is genoemd. Bij verzuim is hij persoonlijk jegens hen die daardoor schade hebben geleden, aansprakelijk.
(Zie ook: artt. 27, 65, 66, 176, 177 BW Boek 2; art. 162 BW Boek 6)

Art. 287

Zetel van stichting

Bij gebreke van een aanwijzing van een zetel in de statuten, heeft de stichting haar zetel in de gemeente, waar de notaris voor wie de akte is verleden, ten tijde van het passeren der akte zijn standplaats had.

Art. 288

[Vervallen]

Art. 289

Inschrijving stichting in handelsregister

1. De bestuurders zijn verplicht de stichting benevens de naam, de voornamen en de woonplaats of laatste woonplaats van de oprichter of oprichters te doen inschrijven in het handelsregister en een authentiek afschrift dan wel een authentiek uittreksel van de akte van oprichting bevattende de statuten, ten kantore van dat register neer te leggen.
2. Zolang de opgave ter eerste inschrijving en nederlegging niet zijn geschied, is iedere bestuurder voor een rechtshandeling, waardoor hij de stichting verbindt, naast de stichting hoofdelijk aansprakelijk.
(Zie ook: artt. 6, 29, 69, 180 BW Boek 2; artt. 6, 7 BW Boek 6; Bsr)

Art. 290

[Vervallen]

Art. 291

Bevoegdheden bestuur van stichting

1. Behoudens beperkingen volgens de statuten is het bestuur belast met het besturen van de stichting.
2. Slechts indien dit uit de statuten voortvloeit, is het bestuur bevoegd te besluiten tot het aangaan van overeenkomsten tot verkrijging, vervreemding en bezwaring van registergoederen, en tot het aangaan van overeenkomsten waarbij de stichting zich als borg of hoofdelijk medeschuldenaar verbindt, zich voor een derde sterk maakt of zich tot zekerheidstelling voor een schuld van een ander verbindt. De statuten kunnen deze bevoegdheid aan beperkingen en voorwaarden binden. De uitsluiting, beperkingen en voorwaarden gelden mede voor de bevoegdheid tot vertegenwoordiging van de stichting ter zake van deze handelingen, tenzij de statuten anders bepalen.
(Zie ook: art. 88 BW Boek 1; artt. 6, 8, 9, 14, 44, 129, 239, 292 BW Boek 2)

Art. 292

Vertegenwoordigingsbevoegdheid bestuur van stichting

1. Het bestuur vertegenwoordigt de stichting, voor zover uit de wet niet anders voortvloeit.

2. De statuten kunnen de bevoegdheid tot vertegenwoordiging bovendien toekennen aan een of meer bestuurders. Zij kunnen bepalen dat een bestuurder de stichting slechts met medewerking van een of meer anderen mag vertegenwoordigen.
3. Bevoegdheid tot vertegenwoordiging die aan het bestuur of aan een bestuurder toekomt, is onbeperkt en onvoorwaardelijk, voor zover uit de wet niet anders voortvloeit. Een wettelijk toegelaten of voorgeschreven beperking van of voorwaarde voor de bevoegdheid tot vertegenwoordiging kan slechts door de stichting worden ingeroepen.
4. De statuten kunnen ook aan andere personen dan bestuurders bevoegdheid tot vertegenwoordiging toekennen.
(Zie ook: artt. 6, 45, 130, 240, 289, 291 BW Boek 2; art. 65 BW Boek 3; art. 131 BW Boek 5; artt. 4, 5 Rv)

Art. 293

Wijziging statuten van stichting

De statuten van de stichting kunnen door haar organen slechts worden gewijzigd, indien de statuten daartoe de mogelijkheid openen. De wijziging moet op straffe van nietigheid bij notariële akte tot stand komen. De bestuurders zijn verplicht een authentiek afschrift van de wijziging en de gewijzigde statuten neer te leggen ten kantore van het in artikel 289 van dit Boek bedoelde register.
(Zie ook: artt. 6, 14, 15, 17, 18, 42, 43, 121, 124, 126, 231, 234, 236, 294, 295 BW Boek 2)

Art. 294
1. Indien ongewijzigde handhaving van de statuten zou leiden tot gevolgen, die bij de oprichting redelijkerwijze niet kunnen zijn gewild, en de statuten de mogelijkheid van wijziging niet voorzien of zij die tot wijziging de bevoegdheid hebben, zulks nalaten, kan de rechtbank op verzoek van een oprichter, het bestuur of het openbaar ministerie de statuten wijzigen. — *Statutenwijziging door rechtbank*
2. De rechtbank wijkt daarbij zo min mogelijk van de bestaande statuten af; indien wijziging van het doel noodzakelijk is, wijst zij een doel aan dat aan het bestaande verwant is. Met inachtneming van het vorenstaande is de rechtbank bevoegd, zo nodig, de statuten op andere wijze te wijzigen dan is verzocht.
3. Met overeenkomstige toepassing van de beide vorige leden kan de rechtbank de statuten wijzigen om ontbinding van de stichting op een grond als vermeld in artikel 21 of artikel 301 lid 1 onder a te voorkomen.
(Zie ook: artt. 295, 296, 301, 302 BW Boek 2; art. 42 BW Boek 3; art. 258 BW Boek 6; artt. 429, 995 Rv)

Art. 295
Een besluit tot wijziging van de statuten kan te allen tijde op verzoek van de stichting, van een belanghebbende of van het openbaar ministerie door de rechtbank worden vernietigd, indien de wijziging tot gevolg heeft dat de stichting kan worden ontbonden op een grond als bedoeld in de artikelen 21 of 301 lid 1, en die wijziging niet tot omzetting leidt. Overigens zijn artikel 15 leden 3 en 4 en artikel 16 van toepassing. — *Vernietiging van statutenwijziging*
(Zie ook: artt. 14, 296, 302 BW Boek 2; art. 53 BW Boek 3; artt. 429a, 995 Rv)

Art. 296
In een geding, waarin ontbinding van een stichting op een grond als vermeld in artikel 21 of 301 lid 1 onder a wordt verzocht, kan de rechtbank de bevoegdheden in de beide voorgaande artikelen genoemd, ambtshalve uitoefenen. — *Ontbinding van stichting*
(Zie ook: artt. 18, 295, 302 BW Boek 2)

Art. 297
1. Het openbaar ministerie bij de rechtbank is, bij ernstige twijfel of de wet of de statuten te goeder trouw worden nageleefd, dan wel het bestuur naar behoren wordt gevoerd, bevoegd aan het bestuur inlichtingen te verzoeken. — *Controle op stichting door OM*
2. Bij niet- of niet-behoorlijke voldoening aan het verzoek kan de voorzieningenrechter van de rechtbank, desverzocht, bevelen dat aan het openbaar ministerie de boeken, bescheiden en andere gegevensdragers van de stichting voor raadpleging beschikbaar worden gesteld en de waarden der stichting worden getoond. Tegen de beschikking van de voorzieningenrechter staat geen hoger beroep of cassatie open.
(Zie ook: artt. 9, 10, 19, 20, 298 BW Boek 2; artt. 429a, 995 Rv)

Art. 297a
1. Dit artikel is van toepassing op de stichting die: — *Eisen aan bestuurders van stichting*
a. krachtens de wet verplicht is een financiële verantwoording op te stellen die gelijk of gelijkwaardig is aan een jaarrekening als bedoeld in titel 9; en
b. op twee opeenvolgende balansdata, zonder onderbreking nadien op twee opeenvolgende balansdata, niet heeft voldaan aan ten minste twee van de vereisten als bedoeld in artikel 397 leden 1 en 2.
Artikel 398 lid 5 is van toepassing. Voor de toepassing van artikel 397 lid 1, onderdeel b, wordt in plaats van de netto-omzet gelezen het totaal van de bedrijfsopbrengsten onderscheidenlijk het totaal van de baten voor zover de stichting deze bij of krachtens bijzondere wetgeving opneemt in de financiële verantwoording.
2. Tot bestuurder van een stichting als bedoeld in lid 1 kunnen niet worden benoemd:
a. personen die commissaris of, indien de bestuurstaken bij een rechtspersoon zijn verdeeld over uitvoerende en niet uitvoerende bestuurders, niet uitvoerend bestuurder zijn bij meer dan twee rechtspersonen;
b. personen die voorzitter zijn van de raad van commissarissen van een rechtspersoon of van het bestuur van een rechtspersoon indien de bestuurstaken zijn verdeeld over uitvoerende en niet uitvoerende bestuurders.
3. Voor de toepassing van dit artikel:
a. wordt met een commissaris gelijkgesteld de persoon die lid is van een toezichthoudend orgaan dat bij of krachtens de statuten van een rechtspersoon is ingesteld;
b. telt de benoeming bij verschillende rechtspersonen die met elkaar in een groep zijn verbonden als één benoeming;
c. betreft de verwijzing naar rechtspersonen de rechtsvorm van de naamloze vennootschap en de besloten vennootschap met beperkte aansprakelijkheid die op twee opeenvolgende balansdata, zonder onderbreking nadien op twee opeenvolgende balansdata, niet heeft voldaan aan ten minste twee van de vereisten als bedoeld in artikel 397 leden 1 en 2, onderscheidenlijk de stichting als bedoeld in artikel 297a lid 1;

d. geldt een tijdelijke aanstelling overeenkomstig artikel 349a lid 2 of artikel 356 onder c niet als benoeming;
e. wordt de benoeming van een lid van de raad van toezicht of niet uitvoerende bestuurder bij een fonds als bedoeld in de algemene maatregel van bestuur op grond van artikel 106a van de Pensioenwet en artikel 110ca van de Wet verplichte beroepspensioenregeling geteld overeenkomstig de normering in deze algemene maatregel van bestuur.
4. De nietigheid van de benoeming op grond van de vorige leden heeft geen gevolgen voor de rechtsgeldigheid van de besluitvorming waaraan is deelgenomen.

Art. 297b

Toezicht op stichting

1. Indien een toezichthoudend orgaan is ingesteld bij een stichting als bedoeld in artikel 297a lid 1, kunnen in dat orgaan niet worden benoemd: personen die commissaris of niet uitvoerende bestuurder zijn bij vijf of meer andere rechtspersonen. Het voorzitterschap van de raad van commissarissen of het bestuur, indien de bestuurstaken zijn verdeeld over uitvoerende en niet uitvoerende bestuurders, telt dubbel.
2. Voor de toepassing van dit artikel:
a. wordt met een commissaris gelijkgesteld de persoon die lid is van een toezichthoudend orgaan dat bij of krachtens de statuten van een rechtspersoon is ingesteld;
b. telt de benoeming bij verschillende rechtspersonen die met elkaar in een groep zijn verbonden als één benoeming;
c. betreft de verwijzing naar rechtspersonen de rechtsvorm van de naamloze vennootschap en de besloten vennootschap met beperkte aansprakelijkheid die op twee opeenvolgende balansdata, zonder onderbreking nadien op twee opeenvolgende balansdata, niet heeft voldaan aan ten minste twee van de vereisten als bedoeld in artikel 397 leden 1 en 2, onderscheidenlijk de stichting als bedoeld in artikel 297a lid 1;
d. geldt een tijdelijke aanstelling overeenkomstig artikel 349a lid 2 of artikel 356 onder c niet als benoeming;
e. wordt de benoeming van een lid van de raad van toezicht of niet uitvoerende bestuurder bij een fonds als bedoeld in de algemene maatregel van bestuur op grond van artikel 106a van de Pensioenwet en artikel 110ca van de Wet verplichte beroepspensioenregeling geteld overeenkomstig de normering in deze algemene maatregel van bestuur.
3. De nietigheid van de benoeming op grond van de vorige leden heeft geen gevolgen voor de rechtsgeldigheid van de besluitvorming waaraan is deelgenomen.

Art. 298

Ontslag bestuurder van stichting

1. Een bestuurder die:
a. iets doet of nalaat in strijd met de bepalingen van de wet of van de statuten, dan wel zich schuldig maakt aan wanbeheer, of
b. niet of niet behoorlijk voldoet aan een door de voorzieningenrechter van de rechtbank, ingevolge artikel 297, gegeven bevel, kan door de rechtbank worden ontslagen. Dit kan geschieden op verzoek van het openbaar ministerie of iedere belanghebbende.
2. De rechtbank kan, hangende het onderzoek, voorlopige voorzieningen in het bestuur treffen en de bestuurder schorsen.
3. Een door de rechtbank ontslagen bestuurder kan gedurende vijf jaar na het ontslag geen bestuurder van een stichting worden.
(Zie ook: artt. 9, 302 BW Boek 2; artt. 429a, 995 Rv)

Art. 299

Aanvulling bestuur van stichting

Telkens wanneer het door de statuten voorgeschreven bestuur geheel of gedeeltelijk ontbreekt en daarin niet overeenkomstig de statuten wordt voorzien, kan de rechtbank, op verzoek van iedere belanghebbende of het openbaar ministerie in de vervulling van de ledige plaats voorzien. De rechtbank neemt daarbij zoveel mogelijk de statuten in acht.
(Zie ook: artt. 19, 285, 286, 302 BW Boek 2; artt. 429a, 995 Rv)

Art. 299a

Instandhouding onderneming door stichting

Een stichting die een of meer ondernemingen in stand houdt welke ingevolge de wet in het handelsregister moeten worden ingeschreven, vermeldt bij de staat van baten en lasten de netto-omzet van deze ondernemingen.
(Zie ook: artt. 10, 48 BW Boek 2)

Art. 300

Jaarrekening van stichting

1. Jaarlijks binnen zes maanden na afloop van het boekjaar van een stichting als bedoeld in artikel 360 lid 3, behoudens verlenging van deze termijn met ten hoogste vier maanden door het in lid 3 bedoelde orgaan op grond van bijzondere omstandigheden, maakt het bestuur een jaarrekening op en legt het deze voor hen die deel uitmaken van het in lid 3 bedoelde orgaan ter inzage ten kantore van de stichting. Binnen deze termijn legt het bestuur ook de krachtens artikel 392 lid 1 toe te voegen gegevens ter inzage voor hen die deel uitmaken van het in lid 3 bedoelde orgaan en het bestuursverslag, tenzij artikel 396 lid 7 voor zover het betreft het bestuursverslag, of artikel 403 voor de stichting gelden. Zij die deel uitmaken van het in lid 3 bedoelde orgaan kunnen kosteloos een afschrift van deze stukken verkrijgen.

2. De jaarrekening wordt ondertekend door de bestuurders en door hen die deel uitmaken van het toezicht houdende orgaan; ontbreekt de ondertekening van een of meer hunner, dan wordt daarvan onder opgave van reden melding gemaakt.
3. De jaarrekening wordt uiterlijk een maand na afloop van de termijn vastgesteld door het daartoe volgens de statuten bevoegde orgaan. Indien de statuten deze bevoegdheid niet aan enig orgaan verlenen, komt deze bevoegdheid toe aan het toezicht houdende orgaan en bij gebreke daarvan aan het bestuur.
4. Een stichting als bedoeld in artikel 360 lid 3 mag ten laste van de door de wet voorgeschreven reserves een tekort slechts delgen voor zover de wet dat toestaat.
(Zie ook: artt. 49, 58, 104, 215, 365, 389, 390 BW Boek 2)
5. Onze Minister van Economische Zaken kan desverzocht om gewichtige redenen ontheffing verlenen van de verplichting tot het opmaken, het overleggen en het vaststellen van de jaarrekening. Afdeling 4.1.3.3 van de Algemene wet bestuursrecht is van toepassing op deze verzoeken tot ontheffing.
(Zie ook: artt. 49, 58, 101, 210, 383a, 392 BW Boek 2)

Art. 300a
De artikelen 131, 138, 139, 149 en 150 zijn van overeenkomstige toepassing in geval van faillissement van een stichting die aan de heffing van vennootschapsbelasting is onderworpen. **Faillissement van stichting**
(Zie ook: art. 50a BW Boek 2; artt. 2, 4 Wet Vpb)

Art. 301
1. De rechtbank ontbindt de stichting op verzoek van een belanghebbende of het openbaar ministerie, indien: **Ontbinding van stichting**
a. het vermogen van de stichting ten enenmale onvoldoende is voor de verwezenlijking van haar doel, en de mogelijkheid dat een voldoend vermogen door bijdragen of op andere wijze in afzienbare tijd zal worden verkregen, in hoge mate onwaarschijnlijk is;
b. het doel der stichting is bereikt of niet meer kan worden bereikt, en wijziging van het doel niet in aanmerking komt.
2. De rechtbank kan ook ambtshalve de stichting ontbinden tegelijk met de afwijzing van een verzoek als bedoeld in artikel 294.
(Zie ook: artt. 21, 22, 23, 24 BW Boek 2; artt. 429a, 995 Rv)

Art. 302
In kracht van gewijsde gegane rechterlijke uitspraken, inhoudende: **Inschrijvingen stichting in handelsregister**

doorhaling, aanvulling of wijziging van het in het register ingeschrevene,
wijziging van de statuten van de stichting,
wijziging van of voorziening in het bestuur, of
vernietiging van een besluit tot wijziging van de statuten,
worden door de zorg van de griffier van het college waarvoor de zaak laatstelijk aanhangig was ingeschreven in het in artikel 289 van dit Boek genoemde register.
(Zie ook: art. 289 BW Boek 2)
(Zie ook: artt. 294, 296 BW Boek 2)
(Zie ook: artt. 298, 299 BW Boek 2)
(Zie ook: artt. 295, 296 BW Boek 2)
(Zie ook: art. 6 BW Boek 2)

Art. 303
In geval van faillissement of surséance van betaling van een stichting worden de aankondigingen welke krachtens de Faillissementswet in de *Staatscourant* worden opgenomen, door hem die met de openbaarmaking is belast, mede ter inschrijving in het register, bedoeld in artikel 289 van dit Boek, opgegeven. **Inschrijving faillissement van stichting in handelsregister**
(Zie ook: artt. 6, 51 BW Boek 2; artt. 14, 18, 167, 193, 216, 222, 245, 248, 256 FW)

Art. 304
1. De deelnemers aan een pensioenfonds of aan een fonds als bedoeld in artikel 631, lid 3, onder c, van Boek 7, worden voor de toepassing van artikel 285 van dit Boek niet beschouwd als leden van een stichting die als een zodanig fonds werkzaam is. **Deelnemers aan pensioenfonds bij stichting**
2. Voor de toepassing van artikel 285 lid 3 van dit Boek gelden als uitkeringen aan oprichters van zulk een stichting of aan hen die deel uitmaken van haar organen, niet de uitkeringen die voortvloeien uit een recht op pensioen of uit een aanspraak krachtens een arbeidsovereenkomst waarin een beding als bedoeld in artikel 631, lid 3, onder c, van Boek 7, is opgenomen. **Pensioen/salaris oprichters van stichting**

Art. 305-307
[Vervallen]

Titel 7
Fusie en splitsing

Afdeling 1
Algemene bepaling

Art. 308

Werkingssfeer

1. De bepalingen van deze titel zijn van toepassing op de vereniging, de coöperatie, de onderlinge waarborgmaatschappij, de stichting, de naamloze vennootschap en de besloten vennootschap met beperkte aansprakelijkheid.
(Zie ook: artt. 26, 53, 64, 175, 285 BW Boek 2)
2. Zij zijn niet van toepassing op verenigingen zonder volledige rechtsbevoegdheid en op verenigingen van appartementseigenaars.
(Zie ook: art. 30 BW Boek 2; art. 124 BW Boek 5)
3. Deze titel is voorts van toepassing op een naamloze vennootschap, een besloten vennootschap met beperkte aansprakelijkheid of een Europese coöperatieve vennootschap die fuseert met een kapitaalvennootschap of coöperatieve vennootschap naar het recht van een andere lidstaat van de Europese Unie of de Europese Economische Ruimte.

Afdeling 2
Algemene bepalingen omtrent fusies

Art. 309

Fusie

Fusie is de rechtshandeling van twee of meer rechtspersonen waarbij een van deze het vermogen van de andere onder algemene titel verkrijgt of waarbij een nieuwe rechtspersoon die bij deze rechtshandeling door hen samen wordt opgericht, hun vermogen onder algemene titel verkrijgt.
(Zie ook: artt. 310, 311, 318 BW Boek 2; art. 80 BW Boek 3; art. 946 BW Boek 4; art. 662 BW Boek 7)

Art. 310

Rechtspersonen

1. Rechtspersonen kunnen fuseren met rechtspersonen die de zelfde rechtsvorm hebben.
2. Wordt de verkrijgende rechtspersoon nieuw opgericht, dan moet hij de rechtsvorm hebben van de fuserende rechtspersonen.
3. Voor de toepassing van dit artikel worden de naamloze en de besloten vennootschap als rechtspersonen met de zelfde rechtsvorm aangemerkt.
4. Een verkrijgende vereniging, coöperatie, onderlinge waarborgmaatschappij of stichting kan ook fuseren met een naamloze of besloten vennootschap waarvan zij alle aandelen houdt. Een verkrijgende stichting, naamloze of besloten vennootschap kan ook fuseren met een vereniging, coöperatie of onderlinge waarborgmaatschappij waarvan zij het enige lid is.
5. Een ontbonden rechtspersoon mag niet fuseren, indien reeds uit hoofde van de vereffening een uitkering is gedaan.
(Zie ook: artt. 19, 23 BW Boek 2)
6. Een rechtspersoon mag niet fuseren gedurende faillissement of surséance van betaling.
(Zie ook: art. 323 BW Boek 2; art. 1 FW)

Art. 311

Einde bestaan fuserende rechtspersonen

1. Met uitzondering van de verkrijgende rechtspersoon houden de fuserende rechtspersonen door het van kracht worden van de fusie op te bestaan.
2. De leden of de aandeelhouders van de verdwijnende rechtspersonen worden door de fusie lid of aandeelhouder van de verkrijgende rechtspersoon, uitgezonderd in de gevallen van de artikelen 310 lid 4, 325 lid 4, 330a, 333, 333a of 333h lid 3, of wanneer krachtens de ruilverhouding van de aandelen zelfs geen recht bestaat op een enkel aandeel.
(Zie ook: art. 325 BW Boek 2)

Art. 312

Voorstel tot fusie
Inhoud van fusievoorstel

1. De besturen van de te fuseren rechtspersonen stellen een voorstel tot fusie op.
2. Dit voorstel vermeldt ten minste:
a. de rechtsvorm, naam en zetel van de te fuseren rechtspersonen;
b. de statuten van de verkrijgende rechtspersoon zoals die luiden en zoals zij na de fusie zullen luiden of, indien de verkrijgende rechtspersoon nieuw wordt opgericht, het ontwerp van de akte van oprichting;
(Zie ook: artt. 66, 68, 177 BW Boek 2)
c. welke rechten of vergoedingen ingevolge artikel 320 ten laste van de verkrijgende rechtspersoon worden toegekend aan degenen die anders dan als lid of aandeelhouder bijzondere rechten hebben jegens de verdwijnende rechtspersonen, zoals rechten op een uitkering van winst of tot het nemen van aandelen, en met ingang van welk tijdstip;
(Zie ook: artt. 96a, 105, 216 BW Boek 2)

d. welke voordelen in verband met de fusie worden toegekend aan een bestuurder of commissaris van een te fuseren rechtspersoon of aan een ander die bij de fusie is betrokken;
e. de voornemens over de samenstelling na de fusie van het bestuur en, als er een raad van commissarissen zal zijn, van die raad;
f. voor elk van de verdwijnende rechtspersonen het tijdstip met ingang waarvan financiële gegevens zullen worden verantwoord in de jaarrekening of andere financiële verantwoording van de verkrijgende rechtspersoon;
(Zie ook: art. 361 BW Boek 2)
g. de voorgenomen maatregelen in verband met de overgang van het lidmaatschap of aandeelhouderschap van de verdwijnende rechtspersonen;
h. de voornemens omtrent voortzetting of beëindiging van werkzaamheden;
i. wie in voorkomend geval het besluit tot fusie moeten goedkeuren.
(Zie ook: artt. 27, 66, 177, 286 BW Boek 2)
3. Het voorstel tot fusie wordt ondertekend door de bestuurders van elke te fuseren rechtspersoon; ontbreekt de handtekening van een of meer hunner, dan wordt daarvan onder opgave van reden melding gemaakt.
4. Tenzij alle fuserende rechtspersonen verenigingen of stichtingen zijn, moet het voorstel tot fusie zijn goedgekeurd door de raden van commissarissen en wordt het door de commissarissen mede ondertekend; ontbreekt de handtekening van een of meer hunner, dan wordt daarvan onder opgave van redenen melding gemaakt. Voorts vermeldt het voorstel tot fusie de invloed van de fusie op de grootte van de goodwill en de uitkeerbare reserves van de verkrijgende rechtspersoon.
(Zie ook: artt. 37, 129, 239, 326 BW Boek 2)

Art. 313
1. In een schriftelijke toelichting geeft het bestuur van elke te fuseren rechtspersoon de redenen voor de fusie met een uiteenzetting over de verwachte gevolgen voor de werkzaamheden en een toelichting uit juridisch, economisch en sociaal oogpunt.   *Schriftelijke toelichting op fusie*
2. Indien het laatste boekjaar van de rechtspersoon, waarover een jaarrekening of andere financiële verantwoording is vastgesteld, meer dan zes maanden voor de nederlegging of openbaarmaking van het voorstel tot fusie is verstreken, maakt het bestuur een jaarrekening of tussentijdse vermogensopstelling op. Deze heeft betrekking op de stand van het vermogen op ten vroegste de eerste dag van de derde maand voor de maand waarin zij wordt neergelegd. De vermogensopstelling wordt opgemaakt met inachtneming van de indeling en de waarderingsmethoden die in de laatst vastgestelde jaarrekening of andere financiële verantwoording zijn toegepast, tenzij daarvan gemotiveerd wordt afgeweken op de grond dat de aktuele waarde belangrijk afwijkt van de boekwaarde. In de vermogensopstelling worden de krachtens de wet of de statuten te reserveren bedragen opgenomen.   *Opstellen jaarrekening*
(Zie ook: artt. 362, 384 BW Boek 2)
3. In de gevallen van de artikelen 310 lid 4 en 333 is geen toelichting vereist voor de verdwijnende rechtspersoon, tenzij anderen dan de verkrijgende rechtspersoon een bijzonder recht jegens de verdwijnende rechtspersoon hebben, zoals een recht op uitkering van winst of tot het nemen van aandelen.
(Zie ook: art. 327 BW Boek 2)
4. Lid 1 blijft buiten toepassing indien de leden of aandeelhouders van de fuserende rechtspersonen daarmee instemmen.
5. Lid 2 blijft buiten toepassing indien een rechtspersoon voldoet aan de vereisten met betrekking tot de halfjaarlijkse financiële verslaggeving genoemd in artikel 5:25d van de Wet op het financieel toezicht.

Art. 313a
[Vervallen]

Art. 314
1. Elke te fuseren rechtspersoon legt ten kantore van het handelsregister neer of maakt langs elektronische weg bij het handelsregister openbaar: *Gegevensverstrekking aan handelsregister bij fusie*
a. het voorstel tot fusie,
(Zie ook: art. 312 BW Boek 2)
b. de laatste drie vastgestelde jaarrekeningen of andere financiële verantwoordingen van de te fuseren rechtspersonen, met de accountantsverklaring daarbij, voor zover deze stukken ter inzage liggen of moeten liggen,
(Zie ook: artt. 361, 393, 394 BW Boek 2)
c. de jaarverslagen van de te fuseren rechtspersonen over de laatste drie afgesloten jaren, voor zover deze ter inzage liggen of moeten liggen,
(Zie ook: art. 391 BW Boek 2)
d. tussentijdse vermogensopstellingen of niet vastgestelde jaarrekeningen, voor zover vereist ingevolge artikel 313 lid 2 en voor zover de jaarrekening van de rechtspersoon ter inzage moet liggen.
(Zie ook: artt. 29, 77, 188, 289 BW Boek 2; artt. 4, 7 Hregw)

art. 2:315

Gegevensverstrekking aan rechtspersoon bij fusie

2. Tegelijkertijd legt het bestuur de stukken, met inbegrip van jaarrekeningen en jaarverslagen die niet ter openbare inzage hoeven te liggen, samen met de toelichtingen van de besturen op het voorstel neer ten kantore van de rechtspersoon of, bij gebreke van een kantoor, aan de woonplaats van een bestuurder, of maakt deze langs elektronische weg toegankelijk. De stukken liggen tot het tijdstip van de fusie, en op het adres van de verkrijgende rechtspersoon onderscheidenlijk van een bestuurder daarvan nog zes maanden nadien, ter inzage of zijn elektronisch toegankelijk, voor de leden of aandeelhouders en voor hen die een bijzonder recht jegens de rechtspersoon hebben, zoals een recht op een uitkering van winst of tot het nemen van aandelen. In dit tijdvak kunnen zij kosteloos een afschrift daarvan verkrijgen. Een afschrift mag elektronisch worden verstrekt als een lid of aandeelhouder daarmee heeft ingestemd. De rechtspersoon is niet gehouden om afschriften te verstrekken in het geval dat leden of aandeelhouders de mogelijkheid hebben om een elektronisch afschrift van de stukken op te slaan.
(Zie ook: artt. 102, 212, 329 BW Boek 2)

3. De te fuseren rechtspersonen kondigen in een landelijk verspreid dagblad aan dat de stukken zijn neergelegd of raadpleegbaar zijn, met opgave van de openbare registers waar zij liggen of elektronisch toegankelijk zijn en van het adres waar zij krachtens lid 2 ter inzage liggen of elektronisch toegankelijk zijn.

4. Indien de ondernemingsraad of medezeggenschapsraad van een te fuseren rechtspersoon of een vereniging van werknemers die werknemers van de rechtspersoon of van een dochtermaatschappij onder haar leden telt, schriftelijk een advies of opmerkingen indient, worden deze tegelijk met het voorstel tot fusie of onmiddellijk na ontvangst, neergelegd op het adres bedoeld in lid 2. De tweede tot en met de vijfde zin van lid 2 zijn van overeenkomstige toepassing.
(Zie ook: art. 25 WOR)

5. Indien de besturen van de te fuseren rechtspersonen het voorstel tot fusie wijzigen, zijn de leden 1-4 van overeenkomstige toepassing.

6. De leden 2 en 4 gelden niet voor stichtingen.

Art. 315

Informatieplicht bestuur bij fusie

1. Het bestuur van elke te fuseren rechtspersoon is verplicht de algemene vergadering en de andere te fuseren rechtspersonen in te lichten over na het voorstel tot fusie gebleken belangrijke wijzigingen in de activa en de passiva die de mededelingen in het voorstel tot fusie of in de toelichting hebben beïnvloed.
(Zie ook: artt. 40, 107, 217, 312, 313 BW Boek 2)

2. Voor een stichting geldt deze verplichting jegens degenen die blijkens de statuten de fusie moeten goedkeuren.

3. Lid 1 blijft buiten toepassing indien de leden of aandeelhouders van de fuserende rechtspersonen daarmee instemmen.

Art. 316

Zekerheidstelling bij fusie

1. Ten minste een der te fuseren rechtspersonen moet, op straffe van gegrondverklaring van een verzet als bedoeld in het volgende lid, voor iedere schuldeiser van deze rechtspersonen die dit verlangt zekerheid stellen of hem een andere waarborg geven voor de voldoening van zijn vordering. Dit geldt niet, indien de schuldeiser voldoende waarborgen heeft of de vermogenstoestand van de verkrijgende rechtspersoon na de fusie niet minder waarborg zal bieden dat de vordering zal worden voldaan, dan er voordien is.

2. Tot een maand nadat alle te fuseren rechtspersonen de nederlegging of openbaarmaking van het voorstel tot fusie hebben aangekondigd kan iedere schuldeiser door het indienen van een verzoek bij de rechtbank tegen het voorstel tot fusie in verzet komen met vermelding van de waarborg die wordt verlangd. De rechtbank wijst het verzoek af, indien de verzoeker niet aannemelijk heeft gemaakt dat de vermogenstoestand van de verkrijgende rechtspersoon na de fusie minder waarborg zal bieden dat de vordering zal worden voldaan, en dat van de rechtspersoon niet voldoende waarborgen zijn verkregen.
(Zie ook: art. 314 BW Boek 2; artt. 429a, 995, 997 Rv)

3. Voordat de rechter beslist, kan hij de rechtspersonen in de gelegenheid stellen binnen een door hem gestelde termijn een door hem omschreven waarborg te geven.

4. Indien tijdig verzet is gedaan, mag de akte van fusie eerst worden verleden, zodra het verzet is ingetrokken of de opheffing van het verzet uitvoerbaar is.
(Zie ook: art. 323 BW Boek 2)

5. Indien de akte van fusie al is verleden, kan de rechter op een ingesteld rechtsmiddel het stellen van een door hem omschreven waarborg bevelen en daaraan een dwangsom verbinden.
(Zie ook: artt. 100, 209, 318, 334, 404 BW Boek 2; art. 611a Rv)

Art. 317

Besluit tot fusie

1. Het besluit tot fusie wordt genomen door de algemene vergadering; in een stichting wordt het besluit genomen door de rechter. In de statuten mag wijzigen of, als geen ander dat mag, door het bestuur. Het besluit mag niet afwijken van het voorstel tot fusie.
(Zie ook: artt. 40, 107, 217, 312, 313 BW Boek 2)

2. Een besluit tot fusie kan eerst worden genomen na verloop van een maand na de dag waarop alle fuserende rechtspersonen de nederlegging of openbaarmaking van het voorstel tot fusie hebben aangekondigd.
(Zie ook: art. 314 BW Boek 2)
3. Een besluit tot fusie wordt genomen op dezelfde wijze als een besluit tot wijziging van de statuten. Vereist de wet voor een besluit tot statutenwijziging de instemming van alle aandeelhouders of bepaalde aandeelhouders, dan geldt dit ook voor het besluit tot fusie. Vereisen de statuten hiervoor goedkeuring, dan geldt dit ook voor het besluit tot fusie. Vereisen de statuten voor de wijziging van afzonderlijke bepalingen verschillende meerderheden, dan is voor een besluit tot fusie de grootste daarvan vereist, en sluiten de statuten wijziging van bepalingen uit, dan zijn de stemmen van alle stemgerechtigde leden of aandeelhouders vereist; een en ander tenzij die bepalingen na de fusie onverminderd zullen gelden.
(Zie ook: artt. 42, 212, 231, 293 BW Boek 2)
4. Lid 3 geldt niet, voor zover de statuten een andere regeling voor besluiten tot fusie geven.
5. Een besluit tot fusie van een stichting behoeft de goedkeuring van de rechtbank, tenzij de statuten het mogelijk maken alle bepalingen daarvan te wijzigen. De rechtbank wijst het verzoek af, indien er gegronde redenen zijn om aan te nemen dat de fusie strijdig is met het belang van de stichting.
(Zie ook: artt. 314, 323, 330, 334 BW Boek 2; artt. 429a, 995 Rv)
6. Indien het een fusie van een rechtspersoon betreft die beleggingsinstelling is als bedoeld in de Wet op het financieel toezicht waarvan het doel is de collectieve belegging van uit het publiek aangetrokken kapitaal met toepassing van het beginsel van risicospreiding en waarvan de rechten van deelneming ten laste van de activa van de beleggingsinstelling op verzoek van de houders direct of indirect worden ingekocht of terugbetaald, mogen de statuten voor het besluit tot fusie niet meer dan drie vierden van de uitgebrachte stemmen vereisen. Met inkopen of terugbetalingen als bedoeld in de eerste zin wordt gelijkgesteld ieder handelen van een dergelijke beleggingsinstelling om te voorkomen dat de waarde van haar deelnemingsrechten ter beurze aanzienlijk afwijkt van de intrinsieke waarde.

Art. 317a
[Vervallen]

Art. 318
1. De fusie geschiedt bij notariële akte en wordt van kracht met ingang van de dag na die waarop de akte is verleden. De akte mag slechts worden verleden binnen zes maanden na de aankondiging van de nederlegging of openbaarmaking van het voorstel of, indien dit als gevolg van gedaan verzet niet mag, binnen een maand na intrekking of nadat de opheffing van het verzet uitvoerbaar is geworden. — *Notariële akte bij fusie*
(Zie ook: artt. 27, 64, 179, 286, 314, 316 BW Boek 2)
2. Aan de voet van de akte verklaart de notaris dat hem is gebleken dat de vormvoorschriften in acht zijn genomen voor alle besluiten die deze en de volgende afdeling en de statuten voor het totstandkomen van de fusie vereisten en dat voor het overige de daarvoor in deze en de volgende afdeling en in de statuten gegeven voorschriften zijn nageleefd.
(Zie ook: art. 323 BW Boek 2)
3. De verkrijgende rechtspersoon doet de fusie binnen acht dagen na het verlijden inschrijven in het handelsregister. Daarbij wordt een afschrift van de akte van fusie met de notariële verklaring aan de voet daarvan ten kantore van dat register neergelegd. — *Inschrijving fusie in handelsregister door verkrijgende persoon*
(Zie ook: artt. 29, 69, 180, 289 BW Boek 2)
4. De verkrijgende rechtspersoon doet binnen een maand opgave van de fusie aan de beheerders van andere openbare registers waarin overgang van rechten of de fusie kan worden ingeschreven. Gaat door de fusie een registergoed op de verkrijgende rechtspersoon over, dan is deze verplicht binnen deze termijn aan de bewaarder van de openbare registers, bedoeld in afdeling 2 van titel 1 van Boek 3, de voor de inschrijving van de fusie vereiste stukken aan te bieden.
(Zie ook: artt. 332, 334 BW Boek 2)

Art. 319
1. Pandrecht en vruchtgebruik op een recht van lidmaatschap of op aandelen van de verdwijnende rechtspersonen gaan over op hetgeen daarvoor in de plaats treedt. — *Overgang pandrecht/vruchtgebruik bij fusie*

2. Rust het pandrecht of vruchtgebruik op een recht van lidmaatschap of op aandelen waarvoor niets in de plaats treedt, dan moet de verkrijgende rechtspersoon een gelijkwaardige vervanging geven.
(Zie ook: artt. 88, 89, 197, 198 BW Boek 2)

Art. 320
1. Hij die, anders dan als lid of aandeelhouder, een bijzonder recht jegens een verdwijnende rechtspersoon heeft, zoals een recht op een uitkering van winst of tot het nemen van aandelen, moet een gelijkwaardig recht in de verkrijgende rechtspersoon krijgen, of schadeloosstelling. — *Schadeloosstelling bijzondere gerechtigde bij fusie*

2. De schadeloosstelling wordt bij gebreke van overeenstemming bepaald door een of meer onafhankelijke deskundigen, ten verzoeke van de meest gerede partij te benoemen door de voorzieningenrechter van de rechtbank van het arrondissement waarin de woonplaats van de verkrijgende rechtspersoon is gelegen.
(Zie ook: art. 10 BW Boek 1)
3. Artikel 319 is van overeenkomstige toepassing op pandrecht of vruchtgebruik dat op de bijzondere rechten was gevestigd.
(Zie ook: artt. 312, 334 BW Boek 2)

Art. 321

Financiële verantwoording verdwijnende en verkrijgende rechtspersoon bij fusie

1. Op het tijdstip met ingang waarvan de verkrijgende rechtspersoon de financiële gegevens van een verdwijnende rechtspersoon zal verantwoorden in de eigen jaarrekening of andere financiële verantwoording, is het laatste boekjaar van die verdwijnende rechtspersoon geëindigd.

2. De verplichtingen omtrent de jaarrekening of andere financiële verantwoording van de verdwijnende rechtspersonen rusten na de fusie op de verkrijgende rechtspersoon.

3. Waarderingsverschillen tussen de verantwoording van activa en passiva in de laatste jaarrekening of andere financiële verantwoording van de verdwijnende rechtspersonen en in de eerste jaarrekening of andere financiële verantwoording waarin de verkrijgende rechtspersoon deze activa en passiva verantwoordt, moeten worden toegelicht.
(Zie ook: art. 378 BW Boek 2)

4. De verkrijgende rechtspersoon moet wettelijke reserves vormen op de zelfde wijze als waarop de verdwijnende rechtspersonen wettelijke reserves moesten aanhouden, tenzij de wettelijke grond voor het aanhouden daarvan is vervallen.
(Zie ook: artt. 207c, 334, 361, 365, 389 BW Boek 2)

Art. 322

Wijziging/ontbinding overeenkomst bij fusie door rechter

1. Indien ten gevolge van de fusie een overeenkomst van een fuserende rechtspersoon naar maatstaven van redelijkheid en billijkheid niet ongewijzigd in stand behoort te blijven, wijzigt of ontbindt de rechter de overeenkomst op vordering van een der partijen. Aan de wijziging of ontbinding kan terugwerkende kracht worden verleend.

2. De bevoegdheid tot het instellen van de vordering vervalt door verloop van zes maanden na de nederlegging van de akte van fusie ten kantore van de openbare registers van de woonplaatsen van de gefuseerde rechtspersonen.
(Zie ook: art. 318 BW Boek 2)

3. Indien uit de wijziging of ontbinding van de overeenkomst schade ontstaat voor de wederpartij, is de rechtspersoon gehouden tot vergoeding daarvan.
(Zie ook: artt. 78, 95, 258, 265, 277 BW Boek 5)

Art. 323

Vernietiging fusie door rechter

1. De rechter kan een fusie alleen vernietigen:
a. indien de door een notaris ondertekende akte van fusie geen authentiek geschrift is;
b. wegens het niet naleven van artikel 310, leden 5 en 6, artikel 316, lid 4 of 318 lid 2;
c. wegens nietigheid, het niet van kracht zijn of een grond tot vernietiging van een voor de fusie vereist besluit van de algemene vergadering of, in een stichting, van het bestuur;
d. wegens het niet naleven van artikel 317 lid 5.

2. Vernietiging geschiedt door een uitspraak van de rechter van de woonplaats van de verkrijgende rechtspersoon op vordering tegen de rechtspersoon van een lid, aandeelhouder, bestuurder of andere belanghebbende. Een niet door de rechter vernietigde fusie is geldig.

3. De bevoegdheid tot het instellen van de vordering tot vernietiging vervalt door herstel van het verzuim of door verloop van zes maanden na de nederlegging van de akte van fusie ten kantore van het handelsregister.
(Zie ook: artt. 15, 318 BW Boek 2)

4. De fusie wordt niet vernietigd:
a. indien de rechtspersoon binnen een door de rechter te bepalen tijdvak het verzuim heeft hersteld,
(Zie ook: art. 21 BW Boek 2)
b. indien de reeds ingetreden gevolgen van de fusie bezwaarlijk ongedaan kunnen worden gemaakt.
(Zie ook: art. 53 BW Boek 3)

5. Heeft de eiser tot vernietiging van de fusie schade geleden door een verzuim dat tot vernietiging had kunnen leiden, en vernietigt de rechter de fusie niet, dan kan de rechter de rechtspersoon veroordelen tot vergoeding van de schade. De rechtspersoon heeft daarvoor verhaal op de schuldigen aan het verzuim en, tot ten hoogste het genoten voordeel, op degenen die het verzuim zijn bevoordeeld.

6. De vernietiging wordt, door de zorg van de griffier van het gerecht waar de vordering laatstelijk aanhangig was, ingeschreven in het handelsregister.
(Zie ook: art. 334 BW Boek 2; art. 6 BW Boek 6)

7. De rechtspersonen zijn hoofdelijk aansprakelijk voor verbintenissen die, ten laste van de rechtspersoon waarin zij gefuseerd zijn geweest, zijn ontstaan na de fusie en voordat de vernietiging in het handelsregister is ingeschreven.
8. De onherroepelijke uitspraak tot vernietiging van een fusie is voor ieder bindend. Verzet door derden en herroeping zijn niet toegestaan.
(Zie ook: art. 13 BW Boek 2; art. 59 BW Boek 3; artt. 376, 382, 429, 995 Rv)

Art. 323a-323b
[Vervallen]

Afdeling 3
Bijzondere bepalingen voor fusies van naamloze en besloten vennootschappen

Art. 324
Deze afdeling is van toepassing, indien een naamloze of besloten vennootschap fuseert.   *Werkingssfeer*
(Zie ook: art. 308 BW Boek 2)

Art. 325
1. Indien aandelen of certificaten van aandelen in het kapitaal van een te fuseren vennootschap   *Ruilverhouding van aandelen/certificaten bij fusie*
zijn toegelaten tot de handel op een gereglementeerde markt of een multilaterale handelsfaciliteit, als bedoeld in artikel 1:1 van de Wet op het financieel toezicht of een met een gereglementeerde markt of multilaterale handelsfaciliteit vergelijkbaar systeem uit een staat die geen lidstaat is, kan de ruilverhouding afhankelijk zijn van de prijs van die aandelen onderscheidenlijk certificaten op die markt op een of meer in het voorstel tot fusie te bepalen tijdstippen, gelegen voor de dag waarop de fusie van kracht wordt.
2. Indien krachtens de ruilverhouding van de aandelen recht bestaat op geld of schuldvorderingen, mag het gezamenlijke bedrag daarvan een tiende van het nominale bedrag van de toegekende aandelen niet te boven gaan.
(Zie ook: art. 326 BW Boek 2)
3. Bij de akte van fusie kan de verkrijgende vennootschap aandelen in haar kapitaal die zij zelf of een andere fuserende vennootschap houdt, intrekken tot ten hoogste het bedrag van de aandelen die zij toekent aan haar nieuwe aandeelhouders. De artikelen 99, 100, 208 en 216 gelden niet voor dit geval.
(Zie ook: artt. 326, 334 BW Boek 2)
4. Aandelen in het kapitaal van de verdwijnende vennootschappen die worden gehouden door of voor rekening van de fuserende vennootschappen, vervallen.
(Zie ook: artt. 325, 334ii BW Boek 2)

Art. 326
Het voorstel tot fusie vermeldt naast de in artikel 312 genoemde gegevens: *Inhoud van fusievoorstel*
a. de ruilverhouding van de aandelen en eventueel de omvang van de betalingen krachtens de ruilverhouding;
(Zie ook: art. 325 BW Boek 2)
b. met ingang van welk tijdstip en in welke mate de aandeelhouders van de verdwijnende vennootschappen zullen delen in de winst van de verkrijgende vennootschap;
(Zie ook: art. 334 BW Boek 2)
c. hoeveel aandelen eventueel zullen worden ingetrokken met toepassing van artikel 325 lid 3;
d. de gevolgen van de fusie voor de houders van stemrechtloze of winstrechtloze aandelen;
e. de hoogte van de schadeloosstelling voor een aandeel bij toepassing van artikel 330a;
f. het totaal bedrag waarvoor ten hoogste met toepassing van artikel 330a schadeloosstelling kan worden verzocht.
(Zie ook: art. 334y BW Boek 2)

Art. 327
In de toelichting op het voorstel tot fusie moet het bestuur mededelen: *Toelichting op fusievoorstel*
a. volgens welke methode of methoden de ruilverhouding van de aandelen is vastgesteld;
b. of deze methode of methoden in het gegeven geval passen;
c. tot welke waardering elke gebruikte methode leidt;
d. indien meer dan een methode is gebruikt, of het bij de waardering aangenomen betrekkelijke gewicht van de methoden in het maatschappelijke verkeer als aanvaardbaar kan worden beschouwd; en
e. welke bijzondere moeilijkheden er eventueel zijn geweest bij de waardering en bij de bepaling van de ruilverhouding.
(Zie ook: artt. 312, 313, 328 BW Boek 2)

Art. 328
1. Een door het bestuur aangewezen accountant als bedoeld in artikel 393 moet het voorstel   *Accountantsonderzoek bij fusievoorstel*
tot fusie onderzoeken en moet verklaren of de voorgestelde ruilverhouding van de aandelen, mede gelet op de bijgevoegde stukken, naar zijn oordeel redelijk is. Hij moet tevens verklaren dat de som van de eigen vermogens van de verdwijnende vennootschappen, elk bepaald naar

de dag waarop haar jaarrekening of tussentijdse vermogensopstelling betrekking heeft, bij toepassing van in het maatschappelijke verkeer als aanvaardbaar beschouwde waarderingsmethoden ten minste overeen kwam met het nominaal gestorte bedrag op de gezamenlijke aandelen die hun aandeelhouders ingevolge de fusie verkrijgen, vermeerderd met betalingen waarop zij krachtens de ruilverhouding recht hebben en vermeerderd met het totaal bedrag van de schadeloosstelling waarop aandeelhouders op grond van artikel 330a recht kunnen doen gelden.
2. De accountant moet tevens een verslag opstellen, waarin hij zijn oordeel geeft over de mededelingen, bedoeld in artikel 327.
3. Indien twee of meer van de fuserende vennootschappen naamloze vennootschappen zijn, wordt slechts de zelfde persoon als accountant aangewezen, indien de voorzitter van de ondernemingskamer van het gerechtshof Amsterdam de aanwijzing op hun eenparige verzoek heeft goedgekeurd.
(Zie ook: art. 334 BW Boek 2; art. 72 Wet RO)

Schakelbepaling

4. De accountants zijn bij alle fuserende vennootschappen gelijkelijk tot onderzoek bevoegd.
5. Op de verklaring van de accountant is artikel 314 van overeenkomstige toepassing en op zijn verslag de leden 2 en 3 van artikel 314.
(Zie ook: artt. 325, 326, 393 BW Boek 2)
6. De eerste volzin van lid 1 en lid 2 blijven buiten toepassing indien de aandeelhouders van de fuserende vennootschappen daarmee instemmen.

Art. 329

Schakelbepaling

Artikel 314 lid 2 geldt ook ten behoeve van houders van met medewerking van een naamloze vennootschap uitgegeven certificaten van haar aandelen en ten behoeve van degenen aan wie op grond van artikel 227 lid 2 het vergaderrecht toekomt in een besloten vennootschap.

Art. 330

Besluitvorming door algemene vergadering bij fusie

1. Voor het besluit tot fusie van de algemene vergadering is in elk geval een meerderheid van ten minste twee derden vereist, indien minder dan de helft van het geplaatste kapitaal ter vergadering is vertegenwoordigd. Indien het een fusie van een vennootschap betreft die beleggingsinstelling is als bedoeld in de Wet op het financieel toezicht waarvan het doel is de collectieve belegging van uit het publiek aangetrokken kapitaal met toepassing van het beginsel van risicospreiding en waarvan de rechten van deelneming ten laste van de activa van de vennootschap op verzoek van de houders direct of indirect worden ingekocht of terugbetaald, mag de vereiste meerderheid niet meer dan drie vierden bedragen. Met inkopen of terugbetalingen als bedoeld in de eerste zin wordt gelijkgesteld ieder handelen van een dergelijke beleggingsinstelling om te voorkomen dat de waarde van haar deelnemingsrechten ter beurze aanzienlijk afwijkt van de intrinsieke waarde.
(Zie ook: art. 317 BW Boek 2)
2. Zijn er aandelen van een bepaalde soort of aanduiding, dan is er naast het besluit tot fusie van de algemene vergadering vereist een voorafgaand of gelijktijdig goedkeurend besluit van elke groep houders van aandelen van een zelfde soort of aanduiding aan wier rechten de fusie afbreuk doet. Artikel 231 lid 4 is niet van toepassing ten aanzien van een besluit tot fusie. Artikel 226 lid 2 is niet van toepassing ten aanzien van een fusie als bedoeld in artikel 333h. Goedkeuring kan eerst geschieden na verloop van een maand na de dag waarop alle fuserende vennootschappen de nederlegging of openbaarmaking van het voorstel tot fusie hebben aangekondigd.
(Zie ook: art. 96 BW Boek 2)
3. De notulen van de algemene vergaderingen waarin tot fusie wordt besloten of waarin deze ingevolge lid 2 wordt goedgekeurd, worden opgemaakt bij notariële akte.

Art. 330a

Schadeloosstelling bij fusie

1. Wanneer de verkrijgende vennootschap, of bij toepassing van artikel 333a de groepsmaatschappij die de aandelen toekent, geen besloten vennootschap is, kunnen houders van winstrechtloze aandelen die tegen het voorstel tot fusie hebben gestemd en houders van stemrechtloze aandelen bij de vennootschap een verzoek tot schadeloosstelling indienen. Het verzoek tot schadeloosstelling moet schriftelijk aan de vennootschap worden gedaan binnen één maand nadat zij aan de aandeelhouder heeft meegedeeld dat hij deze schadeloosstelling kan vragen. De mededeling geschiedt op dezelfde wijze als de oproeping tot een algemene vergadering.
2. Het bedrag van de schadeloosstelling als bedoeld in het eerste lid, wordt vastgesteld door een of meer onafhankelijke deskundigen. De deskundigen brengen over de waardebepaling schriftelijk bericht uit, waarop artikel 314 lid 2 van toepassing is. Indien tussen partijen op grond van de statuten of een overeenkomst waarbij de vennootschap en de desbetreffende aandeelhouders partij zijn, bepalingen over de vaststelling van de waarde van de aandelen of de vaststelling van de schadeloosstelling gelden, stellen de deskundigen hun bericht op met inachtneming daarvan. De benoeming van deskundigen kan achterwege blijven, indien de statuten of een overeenkomst waarbij de vennootschap en de desbetreffende aandeelhouders partij zijn, een duidelijke maatstaf bevatten aan de hand waarvan de schadeloosstelling zonder meer kan worden vastgesteld.

3. De notaris passeert de akte van fusie niet voordat de schadeloosstelling is betaald, tenzij de fuserende vennootschappen hebben besloten dat de verkrijgende vennootschap de schadeloosstelling moet voldoen. De aandelen waarop het verzoek betrekking heeft, vervallen op het moment waarop de fusie van kracht wordt.

Art. 331
1. Tenzij de statuten anders bepalen, kan een verkrijgende vennootschap bij bestuursbesluit tot fusie besluiten.
(Zie ook: art. 314 lid 3 BW Boek 2)
2. Dit besluit kan slechts worden genomen, indien de vennootschap het voornemen hiertoe heeft vermeld in de aankondiging dat het voorstel tot fusie is neergelegd.
3. Het besluit kan niet worden genomen, indien een of meer aandeelhouders die tezamen ten minste een twintigste van het geplaatste kapitaal vertegenwoordigen, of een zoveel geringer bedrag als in de statuten is bepaald, binnen een maand na de aankondiging aan het bestuur hebben verzocht de algemene vergadering bijeen te roepen om over de fusie te besluiten. De artikelen 317 en 330 zijn dan van toepassing.
(Zie ook: artt. 107, 129, 217, 239 BW Boek 2)
4. Indien een verkrijgende vennootschap fuseert met een vennootschap waarvan zij alle aandelen houdt, kan de verdwijnende vennootschap bij bestuursbesluit tot fusie besluiten, tenzij de statuten anders bepalen.

<small>Bestuursbesluit tot fusie door verkrijgende vennootschap</small>

Art. 332
[Vervallen]

Art. 333
1. Indien de verkrijgende vennootschap fuseert met een vennootschap waarvan zij alle aandelen houdt of met een vereniging, coöperatie of onderlinge waarborgmaatschappij waarvan zij het enige lid is, zijn de artikelen 326-328 niet van toepassing.
2. Indien iemand, of een ander voor zijn rekening, alle aandelen houdt in het kapitaal van de te fuseren vennootschappen en de verkrijgende vennootschap geen aandelen toekent ingevolge de akte van fusie, zijn de artikelen 326-328 niet van toepassing.
3. Indien een verkrijgende vereniging, coöperatie, onderlinge waarborgmaatschappij of stichting fuseert met een naamloze of besloten vennootschap waarvan zij alle aandelen houdt, is van deze afdeling slechts van toepassing artikel 329.

<small>Fusie met 100%-dochter</small>

Art. 333a
1. De akte van fusie kan bepalen dat de aandeelhouders van de verdwijnende vennootschappen aandeelhouder worden van een groepsmaatschappij van de verkrijgende vennootschap. Zij worden dan geen aandeelhouder van de verkrijgende vennootschap.
2. Zulk een fusie is slechts mogelijk, indien de groepsmaatschappij alleen of samen met een andere groepsmaatschappij het gehele geplaatste kapitaal van de verkrijgende vennootschap verschaft. De artikelen 317, leden 1 tot en met 4, 330 en 331 zijn op het besluit van de groepsmaatschappij van overeenkomstige toepassing.
3. De groepsmaatschappij die de aandelen toekent geldt naast de verkrijgende vennootschap als fuserende rechtspersoon. Op haar rusten de verplichtingen die ingevolge de artikelen 312 tot en met 329 en 330a lid 1 op een verkrijgende vennootschap rusten, met uitzondering van de verplichtingen uit de artikelen 316, 317, 318 lid 4, 321 lid 2 en lid 4, 323, lid 7; voor de toepassing van artikel 328 lid 3 blijft zij buiten beschouwing. De artikelen 312 lid 2 onder b, 320, 325 lid 3, 326 lid 1 onder b en 330a lid 1 gelden alsdan niet voor de verkrijgende vennootschap.
(Zie ook: art. 24b BW Boek 2)

<small>Aandeelhouders van groepsmaatschappij bij fusie</small>

Afdeling 3A
Bijzondere bepalingen voor grensoverschrijdende fusies

Art. 333b
1. Deze afdeling is van toepassing indien een naamloze vennootschap, een besloten vennootschap met beperkte aansprakelijkheid of een Europese coöperatieve vennootschap fuseert met een kapitaalvennootschap of coöperatieve vennootschap naar het recht van een andere lidstaat van de Europese Unie of de Europese Economische Ruimte.
2. Deze afdeling is van toepassing op een naamloze vennootschap die beleggingsinstelling is als bedoeld in de Wet op het financieel toezicht waarvan de rechten van deelneming op verzoek van de deelnemers direct of indirect worden ingekocht of terugbetaald ten laste van de activa van de instelling.

<small>Grensoverschrijdende fusie</small>

Art. 333c
1. Een naamloze of besloten vennootschap kan fuseren met een kapitaalvennootschap die is opgericht naar het recht van een andere lidstaat van de Europese Unie of de Europese Economische Ruimte. Een naamloze of besloten vennootschap kan voorts verkrijgende vennootschap zijn bij een fusie tussen kapitaalvennootschappen die zijn opgericht naar het recht van een andere lidstaat van de Europese Unie of de Europese Economische Ruimte.

<small>Grensoverschrijdende fusie binnen EU of EER</small>

2. Een Europese coöperatieve vennootschap met zetel in Nederland kan fuseren met een coöperatieve vennootschap opgericht naar het recht van een of meer andere lidstaten van de Europese Unie of de Europese Economische Ruimte. Een Europese coöperatieve vennootschap met zetel in Nederland kan voorts verkrijgende vennootschap zijn bij een fusie tussen coöperatieve vennootschappen opgericht naar het recht van een of meer andere lidstaten van de Europese Unie of de Europese Economische Ruimte. Op de fusie zijn tevens de artikelen 324 tot en met 333 van toepassing, tenzij in deze afdeling anders is bepaald.

3. Een naamloze of besloten vennootschap kan met toepassing van artikel 333a fuseren met een kapitaalvennootschap naar het recht van een andere lidstaat van de Europese Unie of de Europese Economische Ruimte, mits de verkrijgende vennootschap en de groepsmaatschappij bedoeld in artikel 333a lid 1 vennootschappen met zetel in Nederland zijn.

4. Een beleggingsinstelling bedoeld in artikel 333b lid 2 kan fuseren met een naamloze vennootschap opgericht naar het recht van een andere lidstaat van de Europese Unie of de Europese Economische Ruimte waarvan het doel is de collectieve belegging van uit het publiek aangetrokken kapitaal met toepassing van het beginsel van risicospreiding en waarvan de rechten van deelneming ten laste van de activa van de vennootschap op verzoek van de houders direct of indirect worden ingekocht of terugbetaald. Met dergelijke inkopen of terugbetalingen wordt gelijkgesteld ieder handelen van een dergelijke vennootschap om te voorkomen dat de waarde van haar deelnemingsrechten ter beurze aanzienlijk afwijkt van de intrinsieke waarde.

Art. 333d

Inhoud voorstel tot grensoverschrijdende fusie

Het gezamenlijke voorstel tot fusie vermeldt naast de in artikel 312 en 326 genoemde gegevens:
a. de rechtsvorm, naam en statutaire zetel van de verkrijgende vennootschap;
b. de waarschijnlijke gevolgen van de fusie voor de werkgelegenheid;
c. indien van toepassing informatie over de procedure voor de vaststelling van regelingen met betrekking tot medezeggenschap als bedoeld in artikel 333k in de verkrijgende vennootschap;
d. informatie over de waardering van de activa en passiva die overgaan naar de verkrijgende vennootschap;
e. de datum van de laatst vastgestelde of krachtens artikel 313 opgemaakte jaarrekening of tussentijdse vermogensopstelling die is gebruikt om de voorwaarden voor de fusie vast te stellen;
f. een voorstel voor de hoogte van de schadeloosstelling voor een aandeel bij toepassing van artikel 333h.

Art. 333e

Aankondiging van grensoverschrijdende fusie

1. De fuserende vennootschap kondigt voor de fuserende vennootschappen in de *Staatscourant* aan:
a. rechtsvorm, naam en statutaire zetel;
b. aanduiding van en inschrijvingsnummer bij het register waarin de gegevens betreffende de fuserende vennootschappen zijn ingeschreven;
c. de regelingen volgens welke de rechten van minderheidsaandeelhouders en schuldeisers kunnen worden uitgeoefend, en het adres waar zij kosteloos volledige inlichtingen betreffende die rechten kunnen verkrijgen.

2. Zijn er meer fuserende vennootschappen met zetel in Nederland, dan kunnen zij volstaan met een gezamenlijke aankondiging.

3. Artikel 314 lid 3 is niet van toepassing.

Art. 333f

Terinzagelegging van toelichting bij grensoverschrijdende fusies

De schriftelijke toelichting bedoeld in artikel 314 lid 2 ligt tot het tijdstip van de fusie ter inzage voor de ondernemingsraad of, indien bij de door de vennootschap in stand gehouden onderneming een ondernemingsraad ontbreekt, voor werknemers van de vennootschap.

Art. 333g

Nominaal gestorte bedrag in verklaring bij grensoverschrijdende fusie

In de verklaring als bedoeld in artikel 328 lid 1 tweede volzin moet het nominaal gestorte bedrag op de gezamenlijke aandelen die de aandeelhouders ingevolge de fusie verkrijgen, vermeerderd met betalingen waarop zij krachtens ruilverhouding recht hebben, voorts worden vermeerderd met het totaal bedrag van schadeloosstellingen waarop aandeelhouders op grond van artikel 333h recht kunnen doen gelden.

Art. 333h

Verzoek tot schadeloosstelling bij grensoverschrijdende fusie

1. Indien de verkrijgende vennootschap een vennootschap naar het recht van een andere lidstaat van de Europese Unie of de Europese Economische Ruimte is, kan de aandeelhouder van een verdwijnende vennootschap die tegen het fusievoorstel heeft gestemd, alsmede iedere houder van aandelen zonder stemrecht, binnen een maand na de datum van het besluit bij de verdwijnende vennootschap een verzoek indienen tot schadeloosstelling. Artikel 330a blijft buiten toepassing.

2. Het bedrag van de schadeloosstelling als bedoeld in het eerste lid, wordt vastgesteld door een of meer onafhankelijke deskundigen. De deskundigen brengen over de waardebepaling schriftelijk bericht uit, waarop artikel 314 lid 2 van toepassing is. Indien tussen partijen op grond van de statuten of een overeenkomst waarbij de vennootschap en de desbetreffende aandeelhouders partij zijn, bepalingen over de vaststelling van de waarde van de aandelen of

de vaststelling van de schadeloosstelling gelden, stellen de deskundigen hun bericht op met inachtneming daarvan. De benoeming van deskundigen kan achterwege blijven, indien de statuten of een overeenkomst waarbij de vennootschap en de desbetreffende aandeelhouders partij zijn, een duidelijke maatstaf bevatten aan de hand waarvan de schadeloosstelling zonder meer kan worden vastgesteld.
3. De aandelen waarop het verzoek betrekking heeft, vervallen op het moment dat de fusie van kracht wordt.
4. Voor de toepassing van dit artikel worden met aandeelhouders gelijkgesteld de houders van certificaten van aandelen als bedoeld in artikel 118a.

Art. 333i
1. In afwijking van artikel 318 lid 1 wordt een fusie waarbij de verkrijgende vennootschap een vennootschap is naar het recht van een andere lidstaat van de Europese Unie of de Europese Economische Ruimte van kracht op de wijze en de datum bepaald door het recht van het land waar de verkrijgende vennootschap haar statutaire zetel heeft.
2. Artikel 318 lid 2 is niet van toepassing.
3. De notaris verklaart dat hem is gebleken dat de vormvoorschriften in acht zijn genomen voor alle besluiten die de afdelingen 2, 3 en 3a van deze titel en de statuten vereisen voor de deelneming van de vennootschap aan de grensoverschrijdende fusie en dat voor het overige de daarvoor in deze afdelingen gegeven voorschriften zijn nageleefd.
4. Indien de verkrijgende vennootschap een vennootschap is naar het recht van een andere lidstaat van de Europese Unie of de Europese Economische Ruimte kan de notaris de verklaring bedoeld in lid 3 eerst afgeven indien geen verzoek tot schadeloosstelling als bedoeld in artikel 333h is ingediend of de schadeloosstelling is betaald, tenzij de andere fuserende vennootschappen hebben besloten dat de verkrijgende vennootschap de schadeloosstelling moet voldoen. In dat geval vermeldt de notaris in de verklaring dat het verzoek is ingediend.
5. Indien de verkrijgende vennootschap een vennootschap naar Nederlands recht is, verklaart de notaris aan de voet van de akte bedoeld in artikel 318 lid 1 dat hem is gebleken dat de vormvoorschriften als bedoeld in dat lid in acht zijn genomen, dat door de verdwijnende vennootschappen op hetzelfde fusievoorstel is beslist en dat de regelingen met betrekking tot medezeggenschap zijn vastgesteld overeenkomstig artikel 333k.

Notariële akte bij grensoverschrijdende fusie binnen de EU of EEG

Art. 333j
De beheerder van het handelsregister waar de verkrijgende rechtspersoon is ingeschreven, doet onverwijld na de inschrijving van de fusie mededeling aan de registers bedoeld in artikel 333e waar de verdwijnende vennootschappen staan ingeschreven.

Mededeling aan registers bij grensoverschrijdende fusie

Art. 333k
1. In dit artikel wordt onder regelingen met betrekking tot medezeggenschap verstaan regelingen met betrekking tot medezeggenschap als bedoeld in artikel 1:1 lid 1 van de Wet rol werknemers bij Europese rechtspersonen.
2. De verkrijgende vennootschap is onderworpen aan de regelingen met betrekking tot medezeggenschap die in voorkomend geval van toepassing zijn in de lidstaat waar zij haar statutaire zetel heeft.
3. In afwijking van lid 2 wordt de medezeggenschap bij de verkrijgende vennootschap geregeld volgens de beginselen en regelingen vervat in artikel 12 leden twee tot en met vier van Verordening (EG) nr. 2157/2001 van de Raad van de Europese Unie van 8 oktober 2001 betreffende het statuut van de Europese vennootschap (SE) en de leden vier tot en met veertien, indien:
a. bij ten minste één van de fuserende vennootschappen in de zes maanden voorafgaand aan de datum van neerlegging of openbaarmaking van het fusievoorstel bedoeld in artikel 314 gemiddeld meer dan 500 werknemers werkzaam zijn en op deze fuserende vennootschap regelingen met betrekking tot medezeggenschap van toepassing zijn, of
b. indien de nationale wetgeving van toepassing op de verkrijgende vennootschap niet voorziet in ten minste hetzelfde niveau van medezeggenschap dat van toepassing is op de betrokken fuserende vennootschappen, gemeten naar het werknemersaantal in het toezichthoudend of het bestuursorgaan, in de commissies van die organen of in het leidinggevende orgaan dat verantwoordelijk is voor de winstbepalende entiteiten van de vennootschap, of
c. indien de nationale wetgeving van toepassing op de verkrijgende vennootschap niet voorschrijft dat werknemers van in andere lidstaten gelegen vestigingen van de verkrijgende vennootschap hetzelfde recht tot uitoefening van medezeggenschapsrechten hebben als de werknemers in de lidstaat waar de verkrijgende vennootschap haar statutaire zetel heeft.
4. De fuserende vennootschappen stellen zo spoedig mogelijk na de openbaarmaking van het fusievoorstel een bijzondere onderhandelingsgroep in overeenkomstig de artikelen 1:7 tot en met 1:10 van de Wet rol werknemers bij Europese rechtspersonen. De artikelen 1:4, 1:16 en 1:26 lid 3 van de Wet rol werknemers bij Europese rechtspersonen zijn van overeenkomstige toepassing.

Medezeggenschap van werknemers bij grensoverschrijdende fusie

5. De fuserende vennootschappen en de bijzondere onderhandelingsgroep stellen in een schriftelijke overeenkomst regelingen met betrekking tot de medezeggenschap vast met inachtneming van de artikelen 1:11 en 1:12 van de Wet rol werknemers bij Europese rechtspersonen.
6. De overeenkomst regelt ten minste de aangelegenheden bedoeld in artikel 1:18 lid 1, onderdelen a, h, i en j, en lid 3 van de Wet rol werknemers bij Europese rechtspersonen. Artikel 1:18 lid 6 van de Wet rol werknemers bij Europese rechtspersonen is van overeenkomstige toepassing.
7. De onderhandelingen beginnen op het tijdstip waarop de eerste vergadering van de bijzondere onderhandelingsgroep wordt gehouden en kunnen worden voortgezet gedurende een periode van zes maanden. De fuserende vennootschappen en de bijzondere onderhandelingsgroep kunnen in gezamenlijk overleg besluiten de onderhandelingsperiode te verlengen tot ten hoogste één jaar, te rekenen vanaf het tijdstip in de vorige zin. In voorkomend geval wordt de termijn van zes maanden bedoeld in artikel 318 lid 1 verlengd tot drie maanden na het einde van de onderhandelingsperiode, met dien verstande dat de maximale termijn één jaar en drie maanden bedraagt.
8. De besluitvorming van de bijzondere onderhandelingsgroep vindt plaats overeenkomstig artikel 1:14 leden 1, 2, 3, onderdeel a, en 4 van de Wet rol werknemers bij Europese rechtspersonen.
9. De bijzondere onderhandelingsgroep kan besluiten om af te zien van het openen van onderhandelingen of tot het beëindigen van reeds geopende onderhandelingen. Een zodanig besluit van de bijzondere onderhandelingsgroep behoeft een meerderheid van twee derde van haar aantal leden, tevens vertegenwoordigende twee derde van de werknemers en afkomstig uit ten minste twee lidstaten. Dit besluit heeft tot gevolg dat de regelingen met betrekking tot medezeggenschap van toepassing zijn die gelden in de lidstaat waar de verkrijgende vennootschap haar statutaire zetel heeft.
10. Indien de verkrijgende vennootschap een vennootschap naar Nederlands recht is, wordt de uitwerking van de medezeggenschap in de statuten vastgelegd.
11. De algemene vergadering kan aan het besluit tot fusie als bedoeld in artikel 317 de voorwaarde verbinden dat zij de regelingen met betrekking tot medezeggenschap goedkeurt. De algemene vergadering kan bij het besluit tot goedkeuring machtiging verlenen in de statuten de veranderingen aan te brengen die nodig zijn voor het vastleggen van de regelingen met betrekking tot de medezeggenschap.
12. De algemene vergadering van elke fuserende vennootschap kan besluiten af te zien van het openen van onderhandelingen over regelingen met betrekking tot medezeggenschap. Dit besluit heeft tot gevolg dat de referentievoorschriften voor regelingen met betrekking tot medezeggenschap, bedoeld in artikel 1:31 leden 2 en 3 van de Wet rol werknemers bij Europese rechtspersonen, vanaf de datum van inschrijving van de fusie van overeenkomstige toepassing zijn op de verkrijgende vennootschap, met dien verstande dat de referentievoorschriften bedoeld in artikel 1:31 lid 3 van de Wet rol werknemers bij Europese rechtspersonen slechts van overeenkomstige toepassing zijn voor zover op de verkrijgende vennootschap geen verplichting rust tot het doen van opgaaf als bedoeld in artikel 153 en 263.
13. De referentievoorschriften bedoeld in artikel 1:31 lid 2 van de Wet rol werknemers bij Europese rechtspersonen zijn van overeenkomstige toepassing vanaf de datum van inschrijving van de verkrijgende vennootschap met haar statutaire zetel in Nederland, indien er vóór de inschrijving van de verkrijgende vennootschap in een of meer van de fuserende vennootschappen een of meer vormen van medezeggenschap van toepassing waren die ten minste 33 1/3% van het totale aantal werknemers van de fuserende vennootschappen bestreken en:
a) indien de fuserende vennootschappen en de bijzondere onderhandelingsgroep dit overeenkomen, dan wel
b) indien er binnen de in lid 7 bedoelde termijn geen overeenkomst is gesloten en de fuserende vennootschappen besluiten ermee in te stemmen dat de referentievoorschriften worden toegepast en de bijzondere onderhandelingsgroep heeft geen besluit genomen als bedoeld in lid 9.
14. De artikelen 1:5 en 1:6 leden 2 en 3 van de Wet rol werknemers bij Europese rechtspersonen en artikel 670 leden 4, 10 onderdeel a en 12 van Boek 7 van het Burgerlijk Wetboek zijn van overeenkomstige toepassing.
15. Indien een vennootschap binnen drie jaar na het van kracht worden van de fusie deelneemt aan een fusie als bedoeld in deze titel, is dit artikel van overeenkomstige toepassing.

Art. 333l
De nietigheid of vernietiging van een fusie op grond van deze afdeling kan niet worden uitgesproken. Artikel 323 is niet van toepassing.

Afdeling 4
Algemene bepalingen omtrent splitsingen

Art. 334a
1. Splitsing is zuivere splitsing en afsplitsing.
2. Zuivere splitsing is de rechtshandeling waarbij het vermogen van een rechtspersoon die bij de splitsing ophoudt te bestaan onder algemene titel overeenkomstig de aan de akte van splitsing gehechte beschrijving wordt verkregen door twee of meer andere rechtspersonen.
3. Afsplitsing is de rechtshandeling waarbij het vermogen of een deel daarvan van een rechtspersoon die bij de splitsing niet ophoudt te bestaan onder algemene titel overeenkomstig de aan de akte van splitsing gehechte beschrijving wordt verkregen door een of meer andere rechtspersonen waarvan ten minste één overeenkomstig het bepaalde in deze of de volgende afdeling lidmaatschapsrechten of aandelen in zijn kapitaal toekent aan de leden of aan aandeelhouders van de splitsende rechtspersoon of waarvan ten minste één bij de splitsing door de splitsende rechtspersoon wordt opgericht.
4. Partij bij de splitsing is de splitsende rechtspersoon alsmede elke verkrijgende rechtspersoon, met uitzondering van rechtspersonen die bij de splitsing worden opgericht.
(Zie ook: artt. 308, 334c, 334n BW Boek 2; artt. 32, 80 BW Boek 3; art. 946 BW Boek 4; art. 662 BW Boek 7; art. 33 Kadw)

Splitsing

Art. 334b
1. De partijen bij een splitsing moeten dezelfde rechtsvorm hebben.
2. Wordt een verkrijgende rechtspersoon bij de splitsing opgericht, dan moet hij de rechtsvorm hebben van de splitsende rechtspersoon.
3. Voor de toepassing van dit artikel worden de naamloze en de besloten vennootschap als rechtspersonen met de zelfde rechtsvorm aangemerkt.
4. Bij splitsing van een vereniging, coöperatie, onderlinge waarborgmaatschappij of stichting kunnen ook naamloze of besloten vennootschappen worden opgericht, mits de splitsende rechtspersoon daarvan bij de splitsing alle aandelen verkrijgt.
5. Een ontbonden rechtspersoon mag niet partij zijn bij een splitsing, indien reeds uit hoofde van de vereffening een uitkering is gedaan.
6. Een rechtspersoon mag niet partij zijn bij een splitsing gedurende faillissement of surséance van betaling.
7. Een splitsende rechtspersoon mag in faillissement of surséance van betaling zijn, mits alle verkrijgende rechtspersonen bij de splitsing opgerichte naamloze of besloten vennootschappen zijn en de splitsende rechtspersoon daarvan bij de splitsing enig aandeelhouder wordt. Indien de splitsende rechtspersoon in faillissement is, kan de curator tot splitsing besluiten en rusten de verplichtingen die ingevolge deze en de volgende afdeling op het bestuur rusten, op de curator; indien de rechtspersoon in surséance van betaling is, behoeft het besluit tot splitsing de goedkeuring van de bewindvoerder. De tweede zin van artikel 334d, artikel 334f lid 2 onderdeel e voor zover het betreft de waarde van het deel van het vermogen dat de splitsende rechtspersoon zal behouden, artikel 334g lid 2, artikel 334i lid 1, artikel 334k, artikel 334w en artikel 334ff lid 3 gelden niet in faillissement; de tweede zin van artikel 334d en artikel 334w gelden niet in surséance.
(Zie ook: artt. 19, 23, 334u BW Boek 2; art. 1 FW)

Voorwaarden voor splitsing

Art. 334c
1. Indien het gehele vermogen van de splitsende rechtspersoon overgaat, houdt hij door het van kracht worden van de splitsing op te bestaan.
2. Lid 1 geldt niet, indien ten minste een verkrijgende rechtspersoon een bij de splitsing opgerichte naamloze of besloten vennootschap is en de splitsende rechtspersoon daarvan bij de splitsing alle aandelen verkrijgt.
(Zie ook: artt. 18, 23, 34, 36, 311 BW Boek 2)

Einde rechtspersoon bij splitsing

Art. 334d
Behalve voor zover de verkrijgende rechtspersonen naamloze of besloten vennootschappen zijn, moet de waarde van het deel van het vermogen van de splitsende rechtspersoon dat elke verkrijgende rechtspersoon verkrijgt ten tijde van de splitsing ten minste nul zijn. Behalve voor zover de splitsende vennootschap een naamloze of besloten vennootschap is, geldt hetzelfde voor de waarde van het deel van het vermogen dat een voortbestaande splitsende rechtspersoon behoudt, vermeerderd met de waarde van aandelen in het kapitaal van verkrijgende rechtspersonen die hij bij de splitsing verkrijgt.
(Zie ook: artt. 334b, 334v BW Boek 2)

Vermogensbescherming bij splitsing

Art. 334e
1. De leden of aandeelhouders van de splitsende rechtspersoon worden door de splitsing lid of aandeelhouder van alle verkrijgende rechtspersonen.

Leden of aandeelhouders naar verkrijgende rechtspersoon bij splitsing

art. 2:334f

2. Geen aandelen in het kapitaal van een verkrijgende vennootschap worden verkregen voor aandelen in het kapitaal van een splitsende vennootschap die door of voor rekening van die verkrijgende vennootschap of door of voor rekening van de splitsende vennootschap worden gehouden.
3. Lid 1 geldt voorts niet voor zover:
   a. de verkrijgende rechtspersonen bij de splitsing opgerichte naamloze of besloten vennootschappen zijn en de splitsende rechtspersoon daarvan bij de splitsing alle aandelen verkrijgt;
   b. ten aanzien van verkrijgende vennootschappen artikel 334cc of artikel 334ii wordt toegepast;
   c. krachtens de ruilverhouding van de aandelen zelfs geen recht bestaat op een enkel aandeel;
   d. artikel 334ee1 van toepassing is.
   (Zie ook: artt. 34, 36, 79, 190 BW Boek 2)

Art. 334f

Voorstel tot splitsing

1. De besturen van de partijen bij de splitsing stellen een voorstel tot splitsing op.
2. Dit voorstel vermeldt ten minste:
   a. de rechtsvorm, naam en zetel van de partijen bij de splitsing en, voor zover de verkrijgende rechtspersonen bij de splitsing worden opgericht, van deze rechtspersonen;
   (Zie ook: artt. 27, 66, 177, 286 BW Boek 2)
   b. de statuten van de verkrijgende rechtspersonen en van de voortbestaande splitsende rechtspersoon, zoals die statuten luiden en zoals zij na de splitsing zullen luiden dan wel, voor zover de verkrijgende rechtspersonen bij de splitsing worden opgericht, het ontwerp van de akte van oprichting;
   (Zie ook: artt. 66, 68, 177 BW Boek 2)
   c. of het gehele vermogen van de splitsende rechtspersoon zal overgaan of een gedeelte daarvan;
   d. een beschrijving aan de hand waarvan nauwkeurig kan worden bepaald welke vermogensbestanddelen van de splitsende rechtspersoon zullen overgaan op elk van de verkrijgende rechtspersonen en, indien niet het gehele vermogen van de splitsende rechtspersoon zal overgaan, welke vermogensbestanddelen door hem zullen worden behouden, alsmede een pro forma winst- en verliesrekening dan wel exploitatierekening van de verkrijgende rechtspersonen en de voortbestaande splitsende rechtspersoon;
   e. de waarde, bepaald naar de dag waarop de in artikel 334g lid 2 bedoelde jaarrekening of tussentijdse vermogensopstelling van de splitsende rechtspersoon betrekking heeft en berekend met inachtneming van de derde zin van die bepaling, van het deel van het vermogen dat elke verkrijgende rechtspersoon zal verkrijgen en van het deel dat de voortbestaande splitsende rechtspersoon zal behouden, alsmede de waarde van aandelen in het kapitaal van verkrijgende rechtspersonen die de voortbestaande splitsende rechtspersoon bij de splitsing zal verkrijgen;
   f. welke rechten of vergoedingen ingevolge artikel 334p ten laste van de verkrijgende rechtspersonen worden toegekend aan degenen die anders dan als lid of aandeelhouder bijzondere rechten hebben jegens de splitsende rechtspersoon, zoals rechten op een uitkering van winst of tot het nemen van aandelen, en met ingang van welk tijdstip de toekenning geschiedt;
   (Zie ook: artt. 96a, 105, 216 BW Boek 2)
   g. welke voordelen in verband met de splitsing worden toegekend aan een bestuurder of commissaris van een partij bij de splitsing of aan een ander die bij de splitsing is betrokken;
   h. de voornemens over de samenstelling na de splitsing van de besturen van de verkrijgende rechtspersonen en van de voortbestaande splitsende rechtspersoon, alsmede, voor zover er raden van commissarissen zullen zijn, van die raden;
   i. het tijdstip met ingang waarvan financiële gegevens betreffende elk deel van het vermogen dat zal overgaan zullen worden verantwoord in de jaarrekening of andere financiële verantwoording van de verkrijgende rechtspersonen;
   j. de voorgenomen maatregelen in verband met het verkrijgen door de leden of aandeelhouders van de splitsende rechtspersoon van het lidmaatschap of aandeelhouderschap van de verkrijgende rechtspersonen;
   k. de voornemens omtrent voortzetting of beëindiging van werkzaamheden;
   l. wie in voorkomend geval het besluit tot splitsing moet goedkeuren.
3. Het voorstel tot splitsing wordt ondertekend door de bestuurders van elke partij bij de splitsing; ontbreekt de handtekening van een of meer hunner, dan wordt daarvan onder opgave van redenen melding gemaakt.
4. Tenzij alle partijen bij de splitsing verenigingen of stichtingen zijn, moet het voorstel tot splitsing zijn goedgekeurd door de raden van commissarissen en wordt het door de commissarissen mede ondertekend; ontbreekt de handtekening van een of meer hunner, dan wordt daarvan onder opgave van redenen melding gemaakt. Voorts vermeldt het voorstel de invloed van de splitsing op de grootte van de goodwill en de uitkeerbare reserves van de verkrijgende rechtspersonen en van de voortbestaande splitsende rechtspersoon.
(Zie ook: artt. 37, 63a, 129, 140, 152, 239, 250, 262, 291, 312, 334b, 334y, 334hh, 334ii BW Boek 2; art. 25 WOR)

Art. 334g
1. In een schriftelijke toelichting geeft het bestuur van elke partij bij de splitsing de redenen voor de splitsing met een uiteenzetting over de verwachte gevolgen voor de werkzaamheden en een toelichting uit juridisch, economisch en sociaal oogpunt.

Toelichting bij splitsing

2. Indien het laatste boekjaar van de rechtspersoon, waarover een jaarrekening of andere financiële verantwoording is vastgesteld, meer dan zes maanden voor de nederlegging of openbaarmaking van het voorstel tot splitsing is verstreken, maakt het bestuur een jaarrekening of tussentijdse vermogensopstelling op. Deze heeft betrekking op de stand van het vermogen op ten vroegste de eerste dag van de derde maand voor de maand waarin zij wordt neergelegd. De vermogensopstelling wordt opgemaakt met inachtneming van de indeling en de waarderingsmethoden die in de laatst vastgestelde jaarrekening of andere financiële verantwoording zijn toegepast, tenzij daarvan gemotiveerd wordt afgeweken op grond dat de actuele waarde belangrijk afwijkt van de boekwaarde. In de vermogensopstelling worden de krachtens de wet of de statuten te reserveren bedragen opgenomen.
(Zie ook: artt. 313, 334b, 334z, 362, 384 BW Boek 2)

3. Lid 2 blijft buiten toepassing indien een rechtspersoon voldoet aan de vereisten met betrekking tot de halfjaarlijkse financiële verslaggeving genoemd in artikel 5:25d van de Wet op het financieel toezicht.

Art. 334h
1. Elke partij bij de splitsing legt ten kantore van het handelsregister neer of maakt langs elektronische weg bij het handelsregister openbaar:
a. het voorstel tot splitsing;
(Zie ook: art. 334f BW Boek 2)

Gegevensverstrekking aan handelsregister bij splitsing

b. de laatste drie vastgestelde jaarrekeningen of andere financiële verantwoordingen van de partijen bij de splitsing, met de accountantsverklaring daarbij, voor zover deze stukken ter inzage liggen of moeten liggen;
(Zie ook: artt. 361, 393, 394 BW Boek 2)

c. de jaarverslagen van de partijen bij de splitsing over de laatste drie afgesloten jaren, voor zover deze ter inzage liggen of moeten liggen;
(Zie ook: art. 391 BW Boek 2)

d. tussentijdse vermogensopstellingen of niet vastgestelde jaarrekeningen, voor zover vereist ingevolge artikel 334g lid 2 en voor zover de jaarrekening van de rechtspersoon ter inzage moet liggen.
(Zie ook: artt. 29, 77, 188, 289 BW Boek 2)

2. Tegelijkertijd legt het bestuur de stukken, met inbegrip van jaarrekeningen en jaarverslagen die niet ter openbare inzage hoeven te liggen, samen met de toelichtingen van de besturen op het voorstel neer ten kantore van de rechtspersoon of, bij gebreke van een kantoor, aan de woonplaats van een bestuurder, of maakt deze langs elektronische weg toegankelijk. De stukken liggen tot het tijdstip van de splitsing op het adres van elke verkrijgende rechtspersoon en de voortbestaande gesplitste rechtspersoon, onderscheidenlijk op het adres van een bestuurder daarvan, nog zes maanden nadien, ter inzage of zijn elektronisch toegankelijk, voor de leden of aandeelhouders en voor hen die een bijzonder recht jegens de rechtspersoon hebben, zoals een recht op een uitkering van winst of tot het nemen van aandelen. In dit tijdvak kunnen zij kosteloos een afschrift daarvan verkrijgen. Een afschrift mag elektronisch worden verstrekt als een lid of aandeelhouder daarmee heeft ingestemd. De rechtspersoon is niet gehouden om afschriften te verstrekken in het geval dat leden of aandeelhouders de mogelijkheid hebben om een elektronisch afschrift van de stukken op te slaan.
(Zie ook: artt. 102, 212, 334dd BW Boek 2)

Gegevensverstrekking aan rechtspersoon bij splitsing

3. De partijen bij de splitsing kondigen in een landelijk verspreid dagblad aan dat de stukken zijn neergelegd of raadpleegbaar zijn, met opgave van de openbare registers waar zij liggen of elektronisch toegankelijk zijn en van het adres waar zij krachtens lid 2 ter inzage liggen of elektronisch toegankelijk zijn.

4. Indien de ondernemingsraad of medezeggenschapsraad van een partij bij de splitsing of een vereniging van werknemers die werknemers van die partij of van een dochtermaatschappij onder haar leden telt, schriftelijk een advies of opmerkingen indient, worden deze tegelijk met het voorstel tot splitsing of onmiddellijk na ontvangst neergelegd op het adres bedoeld in lid 2. De tweede tot en met de vijfde zin van lid 2 zijn van overeenkomstige toepassing.

5. Indien de besturen van de partijen bij de splitsing het voorstel tot splitsing wijzigen, zijn de leden 1 tot en met 4 van overeenkomstige toepassing.

6. De leden 2 en 4 gelden niet voor stichtingen.
(Zie ook: artt. 314, 334aa, 334dd, 334ii BW Boek 2; artt. 2, 23 WOR)

Art. 334i
1. Het bestuur van elke partij bij de splitsing is verplicht de algemene vergadering en de andere partijen bij de splitsing in te lichten over na het voorstel tot splitsing gebleken belangrijke wij-

Wijziging van omstandigheden bij splitsing

zigingen in de activa en de passiva die de mededelingen in het voorstel tot splitsing of in de toelichting hebben beïnvloed.

2. Voor een stichting geldt deze verplichting jegens degenen die blijkens de statuten de splitsing moeten goedkeuren.
(Zie ook: artt. 40, 107, 217, 315, 334b, 334f, 334g, 334ii BW Boek 2)

Art. 334j

Overgang van rechtsverhoudingen bij splitsing

1. Een rechtsverhouding waarbij de splitsende rechtspersoon partij is mag, op straffe van gegrondverklaring van een verzet als bedoeld in artikel 334l, slechts in haar geheel overgaan.
2. Is echter een rechtsverhouding verbonden met verschillende vermogensbestanddelen die op onderscheiden verkrijgende rechtspersonen overgaan, dan mag zij worden gesplitst in dier voege dat zij overgaat op alle betrokken verkrijgende rechtspersonen naar evenredigheid van het verband dat de rechtsverhouding heeft met de vermogensbestanddelen die elke rechtspersoon verkrijgt.
3. Indien een rechtsverhouding mede verbonden is met vermogensbestanddelen die de voortbestaande splitsende rechtspersoon behoudt, is lid 2 te zijnen aanzien van overeenkomstige toepassing.
4. De leden 1 tot en met 3 laten de rechten die de wederpartij bij een rechtsverhouding kan ontlenen aan de artikelen 334k en 334r onverlet.
(Zie ook: art. 334ii BW Boek 2)

Art. 334k

Waarborg voor schuldeisers bij splitsing

Ten minste een van de partijen bij de splitsing moet, op straffe van gegrondverklaring van een verzet als bedoeld in artikel 334l, voor iedere schuldeiser van deze partijen die dit verlangt zekerheid stellen of hem een andere waarborg geven voor de voldoening van zijn vordering. Dit geldt niet, indien de schuldeiser voldoende waarborgen heeft of de vermogenstoestand van de rechtspersoon die na de splitsing zijn schuldenaar zal zijn niet minder waarborg zal bieden dat de vordering zal worden voldaan, dan er voordien is.
(Zie ook: artt. 316, 334b, 334ii BW Boek 2)

Art. 334l

Verzet bij splitsing

1. Tot een maand nadat alle partijen bij de splitsing de nederlegging of openbaarmaking van het voorstel tot splitsing hebben aangekondigd kan iedere wederpartij bij een rechtsverhouding van zulk een partij door een verzoekschrift aan de rechtbank tegen het voorstel tot splitsing in verzet komen op grond dat het voorstel ten aanzien van zijn rechtsverhouding strijdt met artikel 334j of dat en krachtens artikel 334k verlangde waarborg niet is gegeven. In het laatste geval vermeldt het verzoekschrift de waarborg die wordt verlangd. De rechtbank wijst het verzoek af, indien de verzoeker niet aannemelijk heeft gemaakt dat de vermogenstoestand van de verkrijgende rechtspersoon na de splitsing minder waarborg zal bieden dat de vordering zal worden voldaan, en dat van de rechtspersoon niet voldoende waarborgen zijn verkregen.
(Zie ook: art. 429a Rv)
2. Voordat de rechter beslist, kan hij de partijen bij de splitsing in de gelegenheid stellen binnen een door hem gestelde termijn een door hem omschreven wijziging in het voorstel tot splitsing aan te brengen en het gewijzigde voorstel overeenkomstig artikel 334h openbaar te maken, onderscheidenlijk een door hem omschreven waarborg te geven.
3. Indien tijdig verzet is gedaan, mag de akte van splitsing eerst worden verleden, zodra het verzet is ingetrokken of de opheffing van het verzet uitvoerbaar is.
4. Indien de akte van splitsing al is verleden, kan de rechter op een ingesteld rechtsmiddel:
   a. bevelen dat een rechtsverhouding die in strijd met artikel 334j is overgegaan geheel of gedeeltelijk wordt overgedragen aan een of meer door hem aan te wijzen verkrijgende rechtspersonen of aan de voortbestaande gesplitste rechtspersoon, of bepalen dat twee of meer van deze rechtspersonen hoofdelijk tot nakoming van de uit de rechtsverhouding voortvloeiende verbintenissen verbonden zijn;
   b. bevelen dat een door hem omschreven waarborg wordt gegeven.
   De rechter kan aan een bevel een dwangsom verbinden.
5. Indien door een overdracht als bedoeld in lid 4 onder a de overdragende of verkrijgende rechtspersoon nadeel lijdt, is de andere rechtspersoon gehouden dit goed te maken.
(Zie ook: artt. 100, 209, 316, 334u, 334ii BW Boek 2)

Art. 334m

Besluit tot splitsing

1. Het besluit tot splitsing wordt genomen door de algemene vergadering; in een stichting wordt het besluit genomen door degene die de statuten mag wijzigen of, als geen ander dat mag, door het bestuur. Het besluit mag niet afwijken van het voorstel tot splitsing.
(Zie ook: artt. 40, 107, 217, 312 BW Boek 2)
2. Een besluit tot splitsing kan eerst worden genomen na verloop van een maand na de dag waarop alle partijen bij de splitsing de nederlegging of openbaarmaking van het voorstel tot splitsing hebben aangekondigd.
(Zie ook: art. 334h BW Boek 2)

3. Een besluit tot splitsing wordt genomen op dezelfde wijze als een besluit tot wijziging van de statuten. Vereist de wet voor een besluit tot statutenwijziging de instemming van alle aandeelhouders of bepaalde aandeelhouders, dan geldt dit ook voor het besluit tot splitsing. Vereisen de statuten hiervoor goedkeuring, dan geldt dit ook voor het besluit tot splitsing. Vereisen de statuten voor de wijziging van afzonderlijke bepalingen verschillende meerderheden, dan is voor een besluit tot splitsing de grootste daarvan vereist, en sluiten de statuten wijziging van bepalingen uit, dan zijn de stemmen van alle stemgerechtigde leden of aandeelhouders vereist; een en ander tenzij die bepalingen na de splitsing onverminderd zullen gelden.
(Zie ook: artt. 42, 121, 231, 293 BW Boek 2)
4. Lid 3 geldt niet voor zover de statuten een andere regeling voor besluiten tot splitsing geven.
5. Een besluit tot splitsing van een stichting behoeft de goedkeuring van de rechtbank, tenzij de statuten het mogelijk maken alle bepalingen daarvan te wijzigen. De rechtbank wijst het verzoek af, indien er gegronde redenen zijn om aan te nemen dat de splitsing strijdig is met het belang van de stichting.
(Zie ook: artt. 317, 334u, 334ff, 334ii BW Boek 2)

Art. 334n
1. De splitsing geschiedt bij notariële akte en wordt van kracht met ingang van de dag na die waarop de akte is verleden. De akte mag slechts worden verleden binnen zes maanden na de aankondiging van de nederlegging of openbaarmaking van het voorstel tot splitsing of, indien dit als gevolg van gedaan verzet niet mag, binnen een maand na intrekking of nadat de opheffing van het verzet uitvoerbaar is geworden. — *Notariële akte tot splitsing*
(Zie ook: artt. 27, 64, 179, 286, 334h, 334l BW Boek 2)
2. Aan de voet van de akte verklaart de notaris dat hem is gebleken dat de vormvoorschriften in acht zijn genomen voor alle besluiten die deze en de volgende afdeling en de statuten voor het tot stand komen van de splitsing vereisen en dat voor het overige de daarvoor in deze en de volgende afdeling en in de statuten gegeven voorschriften zijn nageleefd. Aan de akte wordt de in artikel 334f lid 2 onder d bedoelde beschrijving gehecht.
3. Elke verkrijgende rechtspersoon en de gesplitste rechtspersoon doen de splitsing binnen acht dagen na het verlijden inschrijven in het handelsregister. Indien de gesplitste rechtspersoon bij de splitsing is opgehouden te bestaan, is elke verkrijgende rechtspersoon tot inschrijving verplicht. Bij elke inschrijving wordt een afschrift van de akte van splitsing met de notariële verklaring aan de voet daarvan ten kantore van het register neergelegd. — *Inschrijving in handelsregister van splitsing*
(Zie ook: artt. 29, 69, 180, 289 BW Boek 2)
4. De verkrijgende rechtspersonen, elk voor zover het goederen betreft die bij de splitsing op hen zijn overgegaan, doen binnen een maand na de splitsing opgave aan de beheerders van andere openbare registers waarin overgang van rechten of de splitsing kan worden ingeschreven. Gaat door de splitsing een geregistreerd goed op een verkrijgende vennootschap over, dan is de gesplitste rechtspersoon of, zo deze bij de splitsing is opgehouden te bestaan, elk van de verkrijgende rechtspersonen in zijn plaats verplicht binnen deze termijn aan de bewaarder van de openbare registers, bedoeld in afdeling 2 van titel 1 van Boek 3, de voor de inschrijving van de splitsing vereiste stukken aan te bieden.
(Zie ook: artt. 318, 334, 334gg, 334ii BW Boek 2)

Art. 334o
1. De rechthebbende van een pandrecht of vruchtgebruik op een recht van lidmaatschap of op aandelen in het kapitaal van de splitsende rechtspersoon verkrijgt eenzelfde recht op hetgeen het lid of de aandeelhouder krachtens de akte van splitsing verkrijgt. Indien de splitsende rechtspersoon na de splitsing voortbestaat, blijft daarnaast het bestaande pandrecht of recht van vruchtgebruik in stand. — *Pandrecht of vruchtgebruik bij splitsing rechtspersoon*
2. Vervallen aandelen waarop een pandrecht of vruchtgebruik rust, en treedt daarvoor niets in de plaats, dan moeten de verkrijgende rechtspersonen de rechthebbende een gelijkwaardige vervanging geven.
(Zie ook: artt. 88, 89, 197, 198, 319, 334p, 334ii BW Boek 2)

Art. 334p
1. Hij die, anders dan als lid of aandeelhouder, een bijzonder recht jegens de splitsende rechtspersoon heeft, zoals een recht op een uitkering van winst of tot het nemen van aandelen, moet hetzij zodanige rechten in verkrijgende rechtspersonen krijgen, dat deze, waar toepasselijk samen met het recht dat hij jegens de voortbestaande splitsende rechtspersoon heeft, gelijkwaardig zijn aan zijn recht voor de splitsing, hetzij schadeloosstelling krijgen. — *Bijzonder recht jegens de splitsende rechtspersoon*
2. De schadeloosstelling wordt bij gebreke van overeenstemming bepaald door een of meer onafhankelijke deskundigen, ten verzoeke van de meest gerede partij te benoemen door de voorzieningenrechter van de rechtbank van het arrondissement waarin de woonplaats van de splitsende rechtspersoon is gelegen.
3. Artikel 334o is van overeenkomstige toepassing op pandrecht of vruchtgebruik dat op de bijzondere rechten was gevestigd. — *Schakelbepaling*
(Zie ook: artt. 320, 334ii BW Boek 2)

Art. 334q

Jaarrekening van splitsende rechtspersoon

1. Indien de gesplitste rechtspersoon bij de splitsing ophoudt te bestaan, is zijn laatste boekjaar geëindigd op het tijdstip met ingang waarvan de financiële gegevens betreffende zijn vermogen zullen worden verantwoord in de jaarrekening of andere financiële verantwoording van de verkrijgende rechtspersonen.
2. Indien de gesplitste rechtspersoon bij de splitsing ophoudt te bestaan, rusten de verplichtingen omtrent zijn jaarrekening of andere financiële verantwoording na de splitsing op de gezamenlijke verkrijgende rechtspersonen.
3. Waarderingsverschillen tussen de verantwoording van activa en passiva in de laatste jaarrekening of andere financiële verantwoording van de gesplitste rechtspersoon en in de eerste jaarrekening of andere financiële verantwoording waarin een verkrijgende rechtspersoon deze activa en passiva verantwoordt, moeten worden toegelicht.
4. De verkrijgende rechtspersonen moeten wettelijke reserves vormen op dezelfde wijze als waarop de gesplitste rechtspersoon wettelijke reserves moest aanhouden, tenzij de wettelijke grond voor het aanhouden daarvan is vervallen.
(Zie ook: artt. 207c, 321, 334ii, 361, 365, 378, 389, 390 BW Boek 2)

Art. 334r

Wijziging of ontbinding van overeenkomst door rechter bij splitsing

1. Indien ten gevolge van de splitsing een overeenkomst van een partij bij de splitsing naar maatstaven van redelijkheid en billijkheid niet ongewijzigd in stand behoort te blijven, wijzigt of ontbindt de rechter de overeenkomst op vordering van een der partijen bij de overeenkomst. Aan de wijziging of ontbinding kan terugwerkende kracht worden verleend.
2. De bevoegdheid tot het instellen van de vordering vervalt door verloop van zes maanden na de nederlegging van de akte van splitsing ten kantore van de openbare registers van de woonplaatsen van de verkrijgende rechtspersonen en de gesplitste rechtspersoon.
3. Indien uit de wijziging of ontbinding van de overeenkomst schade ontstaat voor de wederpartij, is de betrokken rechtspersoon gehouden tot vergoeding daarvan.
(Zie ook: artt. 322, 334j, 334ii BW Boek 2; artt. 78, 95, 248, 258 BW Boek 6)

Art. 334s

Rechthebbende onbepaalbaar vermogensbestanddeel bij splitsing

1. De leden 2 tot en met 4 zijn van toepassing indien van een vermogensbestanddeel aan de hand van de aan de akte van splitsing gehechte beschrijving niet kan worden bepaald welke rechtspersoon daarop na de splitsing rechthebbende is.
2. Indien het gehele vermogen van de gesplitste rechtspersoon is overgegaan, zijn de verkrijgende rechtspersonen gezamenlijk rechthebbende. Elke verkrijgende rechtspersoon deelt in het vermogensbestanddeel naar evenredigheid van de waarde van het deel van het vermogen van de gesplitste rechtspersoon dat hij verkrijgt.
3. Indien niet het gehele vermogen is overgegaan, is de gesplitste rechtspersoon rechthebbende.
4. Voor zover verkrijgende rechtspersonen uit hoofde van lid 2 aansprakelijk zijn voor schulden, zijn zij hoofdelijk verbonden.
(Zie ook: art. 334ii BW Boek 2)

Art. 334t

Aansprakelijkheid tot nakoming verbintenissen van gesplitste rechtspersoon

1. De verkrijgende rechtspersonen en de voortbestaande gesplitste rechtspersoon zijn aansprakelijk tot nakoming van de verbintenissen van de gesplitste rechtspersoon ten tijde van de splitsing.
2. Voor ondeelbare verbintenissen zijn de verkrijgende rechtspersonen en de voortbestaande gesplitste rechtspersoon elk voor het geheel aansprakelijk.
3. Voor deelbare verbintenissen is de verkrijgende rechtspersoon waarop de verbintenis is overgegaan of, zo de verbintenis niet op een verkrijgende rechtspersoon is overgegaan, de voortbestaande gesplitste rechtspersoon voor het geheel aansprakelijk. De aansprakelijkheid voor deelbare verbintenissen is voor elke andere rechtspersoon beperkt tot de waarde van het vermogen dat hij bij de splitsing heeft verkregen of behouden.
4. Andere rechtspersonen dan de rechtspersoon waarop de verbintenis is overgegaan of, zo de verbintenis niet op een verkrijgende rechtspersoon is overgegaan, dan de voortbestaande gesplitste rechtspersoon zijn niet tot nakoming gehouden voordat de laatstbedoelde rechtspersoon in de nakoming van de verbintenis is tekortgeschoten.
5. Ten aanzien van de aansprakelijkheid zijn de bepalingen betreffende hoofdelijke verbondenheid van overeenkomstige toepassing.
(Zie ook: art. 334ii BW Boek 2; art. 6 BW Boek 6)

Art. 334u

Vernietiging van splitsing

1. De rechter kan een splitsing alleen vernietigen:
   a. indien de door een notaris ondertekende akte van splitsing geen authentiek geschrift is;
   b. wegens het niet naleven van artikel 334b leden 5 of 6, artikel 334l lid 3 of de eerste zin van artikel 334n lid 2;
   c. wegens nietigheid, het niet van kracht zijn of een grond tot vernietiging van een voor de splitsing vereist besluit van de algemene vergadering of, in een stichting, van het bestuur;

d. wegens het niet naleven van artikel 334m lid 5.
2. Vernietiging geschiedt door een uitspraak van de rechter van de woonplaats van de gesplitste rechtspersoon op vordering tegen alle verkrijgende rechtspersonen en de voortbestaande gesplitste rechtspersoon van een lid, aandeelhouder, bestuurder of andere belanghebbende. Een niet door de rechter vernietigde splitsing is geldig.
3. De bevoegdheid tot het instellen van de vordering tot vernietiging vervalt door herstel van het verzuim of door verloop van zes maanden na de nederlegging van de akte van splitsing ten kantore van de openbare registers van de woonplaatsen van de verkrijgende rechtspersonen en de gesplitste rechtspersoon.
(Zie ook: art. 318 BW Boek 2)
4. De splitsing wordt niet vernietigd:
a. indien het verzuim binnen een door de rechter te bepalen termijn is hersteld;
(Zie ook: art. 21 BW Boek 2)
b. indien de reeds ingetreden gevolgen van de splitsing bezwaarlijk ongedaan kunnen worden gemaakt.
(Zie ook: art. 53 BW Boek 3)
5. Heeft de eiser tot vernietiging van de splitsing schade geleden door een verzuim dat tot vernietiging had kunnen leiden, en vernietigt de rechter de splitsing niet, dan kan de rechter de verkrijgende rechtspersonen en de voortbestaande gesplitste rechtspersoon veroordelen tot vergoeding van de schade. De rechtspersonen hebben daarvoor verhaal op de schuldigen aan het verzuim en, tot ten hoogste het genoten voordeel, op degenen die door het verzuim zijn bevoordeeld.
6. De vernietiging wordt, door de zorg van de griffier van het gerecht waar de vordering laatstelijk aanhangig was, ingeschreven in het handelsregister.
7. De gesplitste rechtspersoon is naast de betrokken verkrijgende rechtspersoon hoofdelijk verbonden tot nakoming van verbintenissen die ten laste van de verkrijgende rechtspersonen zijn ontstaan na de splitsing en voordat de vernietiging in de registers is ingeschreven.
8. De onherroepelijke uitspraak tot vernietiging van een splitsing is voor een ieder bindend. Verzet door derden en herroeping zijn niet toegestaan.
(Zie ook: art. 323 BW Boek 2; art. 59 BW Boek 3; artt. 376, 382, 429, 995 Rv)

Afdeling 5
Bijzondere bepalingen voor splitsingen waarbij een naamloze of besloten vennootschap wordt gesplitst of wordt opgericht

Art. 334v
Deze afdeling is van toepassing, indien bij een splitsing een naamloze of besloten vennootschap wordt gesplitst of wordt opgericht.
(Zie ook: art. 324 BW Boek 2)

Splitsing of oprichting bij splitsing van NV of BV

Art. 334w
Ten tijde van de splitsing moet de waarde van het deel van het vermogen dat de voortbestaande splitsende vennootschap behoudt vermeerderd met de waarde van aandelen in het kapitaal van verkrijgende rechtspersonen die zij bij de splitsing verkrijgt, ten minste overeen komen met het gestorte en opgevraagde deel van het kapitaal vermeerderd met de reserves die de vennootschap onmiddellijk na de splitsing krachtens de wet of de statuten moet aanhouden.
(Zie ook: artt. 334b, 334d, 334hh, 334ii BW Boek 2)

Vermogensbescherming bij splitsing NV of BV

Art. 334x
1. Indien aandelen of certificaten van aandelen in het kapitaal van een splitsende vennootschap zijn toegelaten tot de handel op een gereglementeerde markt of een multilaterale handelsfaciliteit, als bedoeld in artikel 1:1 van de Wet op het financieel toezicht of een met een gereglementeerde markt of multilaterale handelsfaciliteit vergelijkbaar systeem uit een staat die geen lidstaat is, kan de ruilverhouding afhankelijk zijn van de prijs van die aandelen onderscheidenlijk certificaten op dat handelsplatform op een of meer in het voorstel tot splitsing te bepalen tijdstippen, gelegen voor de dag waarop de splitsing van kracht wordt.
2. Indien krachtens de ruilverhouding van de aandelen recht bestaat op geld of schuldvorderingen, mag het gezamenlijke bedrag daarvan een tiende van het nominale bedrag van de door de betrokken vennootschap toegekende aandelen niet te boven gaan.
3. Bij de akte van splitsing kan een verkrijgende vennootschap aandelen in haar kapitaal die zij zelf houdt of krachtens de akte van splitsing verkrijgt, intrekken tot ten hoogste het bedrag van de aandelen die zij toekent aan haar nieuwe aandeelhouders. De artikelen 99, 100, 208 en 216 gelden niet voor dit geval.
4. Aandelen in het kapitaal van de splitsende vennootschap die worden gehouden door of voor rekening van een verkrijgende rechtspersoon of door of voor rekening van de splitsende vennootschap vervallen, indien de splitsende vennootschap bij de splitsing ophoudt te bestaan.
(Zie ook: artt. 325, 334ii BW Boek 2)

Ruilverhouding van aandelen bij splitsing NV of BV

Art. 334y

Voorstel tot splitsing NV of BV

Het voorstel tot splitsing vermeldt naast de in artikel 334f genoemde gegevens:
a. de ruilverhouding van de aandelen en eventueel de omvang van de betalingen krachtens de ruilverhouding;
b. met ingang van welk tijdstip en in welke mate de aandeelhouders van de splitsende vennootschap zullen delen in de winst van de verkrijgende vennootschappen;
c. hoeveel aandelen eventueel zullen worden ingetrokken met toepassing van artikel 334x lid 3;
d. de gevolgen van de splitsing voor houders van stemrechtloze of winstrechtloze aandelen;
e. de hoogte van de schadeloosstelling voor een aandeel bij toepassing van artikel 334ee1;
f. het totaal bedrag waarvoor ten hoogste met toepassing van artikel 334ee1 schadeloosstelling kan worden verzocht.
(Zie ook: artt. 326, 334hh, 334ii BW Boek 2)

Art. 334z

Toelichting of voorstel tot splitsing NV of BV

In de toelichting op het voorstel tot splitsing moet het bestuur mededelen:
a. volgens welke methode of methoden de ruilverhouding van de aandelen is vastgesteld;
b. of deze methode of methoden in het gegeven geval passen;
c. tot welke waardering elke gebruikte methode leidt;
d. indien meer dan een methode is gebruikt, of het bij de waardering aangenomen betrekkelijke gewicht van de methoden in het maatschappelijk verkeer als aanvaardbaar kan worden beschouwd; en
e. welke bijzondere moeilijkheden er eventueel zijn geweest bij de waardering en bij de bepaling van de ruilverhouding.
(Zie ook: artt. 327, 334g, 334hh, 334ii BW Boek 2)

Art. 334aa

Accountantsonderzoek bij splitsing NV of BV

1. Een door het bestuur aangewezen accountant als bedoeld in artikel 393 moet het voorstel tot splitsing onderzoeken en moet verklaren of de voorgestelde ruilverhouding van de aandelen, mede gelet op de bijgevoegde stukken, naar zijn oordeel redelijk is.
2. Indien de splitsende vennootschap na de splitsing voortbestaat, moet de accountant voorts verklaren dat de waarde van het deel van het vermogen dat de vennootschap zal behouden vermeerderd met de waarde van aandelen in het kapitaal van verkrijgende rechtspersonen die zij bij de splitsing verkrijgt, bepaald naar de dag waarop haar jaarrekening of tussentijdse vermogensopstelling betrekking heeft en bij toepassing van in het maatschappelijk verkeer als aanvaardbaar beschouwde waarderingsmethoden, ten minste overeen kwam met het gestorte en opgevraagde deel van het kapitaal vermeerderd met de reserves die de vennootschap onmiddellijk na de splitsing krachtens de wet of de statuten moet aanhouden en vermeerderd met het totaal bedrag van de schadeloosstelling waarop aandeelhouders op grond van artikel 334ee1 recht kunnen doen gelden.
3. De accountant moet tevens een verslag opstellen, waarin hij zijn oordeel geeft over de mededelingen, bedoeld in artikel 334z.
4. Indien twee of meer van de partijen bij de splitsing naamloze vennootschappen zijn, wordt slechts dezelfde persoon als accountant aangewezen, indien de voorzitter van de ondernemingskamer van het gerechtshof Amsterdam de aanwijzing op hun eenparig verzoek heeft goedgekeurd.
(Zie ook: art. 72 Wet RO)
5. De accountants zijn bij alle partijen bij de splitsing gelijkelijk tot onderzoek bevoegd.

Schakelbepaling

6. Op de verklaring van de accountant is artikel 334h van overeenkomstige toepassing en op zijn verslag de leden 2 en 3 van artikel 334h.
(Zie ook: artt. 328, 334y, 334hh, 334ii, 393 BW Boek 2)
7. De leden 1 en 3 blijven buiten toepassing indien de aandeelhouders van elke partij bij de splitsing daarmee instemmen.

Art. 334bb

Accountantsverklaring bij inbreng aandelen in NV

1. Ten aanzien van de door een verkrijgende naamloze vennootschap toegekende aandelen zijn artikel 94a leden 1, 2, 6, 7 en 8, en artikel 94b leden 1, 2, 6, 7 en 8 van overeenkomstige toepassing. Een ingevolge artikel 94a vereiste verklaring van een accountant behoeft echter niet aan de akte van oprichting te worden gehecht.

Schakelbepaling

2. Op een ingevolge lid 1 vereiste verklaring van een accountant is artikel 334h van overeenkomstige toepassing.
(Zie ook: art. 334ii BW Boek 2)

Art. 334cc

Verdeling van aandeelhouders bij zuivere splitsing NV of BV

1. In het geval van een zuivere splitsing kan de akte van splitsing bepalen dat onderscheiden aandeelhouders van de splitsende rechtspersoon aandeelhouder worden van onderscheiden verkrijgende rechtspersonen. In dat geval:
a. vermeldt het voorstel tot splitsing naast de in de artikelen 334f en 334y genoemde gegevens welke aandeelhouders van welke verkrijgende rechtspersonen aandeelhouder worden;

b. deelt het bestuur in de toelichting op het voorstel tot splitsing mee volgens welke criteria deze verdeling is vastgesteld;
c. moet de accountant bedoeld in artikel 334aa mede verklaren dat de voorgestelde verdeling, mede gelet op de bijgevoegde stukken, naar zijn oordeel redelijk is; en
d. wordt het besluit tot splitsing door de algemene vergadering van de splitsende vennootschap genomen met een meerderheid van drie vierden van de uitgebrachte stemmen in een vergadering waarin 95% van het geplaatste kapitaal is vertegenwoordigd.
(Zie ook: artt. 334a, 334ii BW Boek 2)
2. Onderdeel c van het eerste lid blijft buiten toepassing indien de aandeelhouders van elke partij bij de splitsing daarmee instemmen.

Art. 334dd
Artikel 334h lid 2 geldt ook ten behoeve van houders van met medewerking van de naamloze vennootschap uitgegeven certificaten van haar aandelen en ten behoeve van degenen aan wie op grond van artikel 227 lid 2 het vergaderrecht in een besloten vennootschap toekomt.
(Zie ook: artt. 329, 334ii BW Boek 2)

Overeenkomstige toepassing art. 334h lid 2

Art. 334ee
1. Voor het besluit tot splitsing van de algemene vergadering is in elk geval een meerderheid van ten minste twee derden vereist, indien minder dan de helft van het geplaatste kapitaal ter vergadering is vertegenwoordigd.
2. Zijn er aandelen van een bepaalde soort of aanduiding, dan is er naast het besluit tot splitsing van de algemene vergadering vereist een voorafgaand of gelijktijdig goedkeurend besluit van elke groep houders van aandelen van een zelfde soort of aanduiding aan wier rechten de splitsing afbreuk doet. Artikel 231 lid 4 is niet van toepassing ten aanzien van een besluit tot splitsing. Goedkeuring kan eerst geschieden na verloop van een maand na de dag waarop alle partijen bij de splitsing de nederlegging of openbaarmaking van het voorstel tot splitsing hebben aangekondigd.
(Zie ook: art. 96 BW Boek 2)
3. De notulen van de algemene vergaderingen waarin tot splitsing wordt besloten of waarin deze ingevolge lid 2 wordt goedgekeurd, worden opgemaakt bij notariële akte.

Besluitvorming bij splitsing NV of BV

Art. 334ee1
1. Wanneer een van de verkrijgende vennootschappen, of bij toepassing van artikel 334ii een groepsmaatschappij die de aandelen toekent, geen besloten vennootschap is, kunnen houders van winstrechtloze aandelen die tegen het voorstel tot splitsing hebben gestemd en houders van stemrechtloze aandelen, bij de vennootschap een verzoek tot schadeloosstelling indienen. Het verzoek tot schadeloosstelling moet schriftelijk aan de vennootschap worden gedaan binnen één maand nadat zij aan de aandeelhouder heeft meegedeeld dat hij deze schadeloosstelling kan vragen. De mededeling geschiedt op dezelfde wijze als de oproeping tot een algemene vergadering.
2. Het bedrag van de schadeloosstelling als bedoeld in het eerste lid, wordt vastgesteld door een of meer onafhankelijke deskundigen. De deskundigen brengen over de waardebepaling schriftelijk bericht uit, waarop artikel 334h lid 2 van toepassing is. Indien tussen partijen op grond van de statuten of een overeenkomst waarbij de vennootschap en de desbetreffende aandeelhouders partij zijn, bepalingen over de vaststelling van de waarde van de aandelen of de vaststelling van de schadeloosstelling gelden, stellen de deskundigen hun bericht op met inachtneming daarvan. De benoeming van deskundigen kan achterwege blijven, indien de statuten of een overeenkomst waarbij de vennootschap en de desbetreffende aandeelhouders partij zijn, een duidelijke maatstaf bevatten aan de hand waarvan de schadeloosstelling zonder meer kan worden vastgesteld.
3. De notaris passeert de akte van splitsing niet voordat de schadeloosstelling is betaald, tenzij de splitsende en de reeds bestaande verkrijgende vennootschappen hebben besloten dat een of meer van de verkrijgende vennootschappen de schadeloosstelling moeten voldoen. De verplichting tot betaling van de schadeloosstelling is hoofdelijk. De aandelen waarop het verzoek betrekking heeft, vervallen op het moment waarop de splitsing van kracht wordt.

Verzoek tot schadeloosstelling bij splitsing NV of BV

Art. 334ff
1. Tenzij de statuten anders bepalen, kan een verkrijgende vennootschap bij bestuursbesluit tot splitsing besluiten. Hetzelfde geldt voor de splitsende vennootschap, mits alle verkrijgende rechtspersonen bij de splitsing opgerichte naamloze of besloten vennootschappen zijn en de splitsende vennootschap daarvan bij de splitsing enig aandeelhouder wordt.
2. Dit besluit kan slechts worden genomen, indien de vennootschap het voornemen hiertoe heeft vermeld in de aankondiging dat het voorstel tot splitsing is neergelegd.
3. Het besluit kan niet worden genomen, indien een of meer aandeelhouders die tezamen ten minste een twintigste van het geplaatste kapitaal vertegenwoordigen, of een zoveel geringer bedrag als in de statuten is bepaald, binnen een maand na de aankondiging aan het bestuur

Bestuursbesluit tot splitsing NV of BV

art. 2:334hh 13 Burgerlijk Wetboek Boek 2

hebben verzocht de algemene vergadering bijeen te roepen om over de splitsing te besluiten. De artikelen 334m en 334ee zijn dan van toepassing.
(Zie ook: artt. 107, 129, 217, 239, 331, 334b, 334ii BW Boek 2)
4. Indien de verkrijgende vennootschappen alle aandelen houden in de splitsende vennootschap, kan de splitsende vennootschap, tenzij de statuten anders bepalen, bij bestuursbesluit tot splitsing besluiten.

Art. 334gg
[Vervallen]

Art. 334hh

Vereenvoudigde splitsing van NV of BV

1. Indien alle verkrijgende vennootschappen bij de splitsing worden opgericht en de splitsende rechtspersoon daarvan bij de splitsing enig aandeelhouder wordt, zijn de artikelen 334f lid 4 eerste zin, 334w en 334y tot en met 334aa niet van toepassing.
2. Indien alle verkrijgende vennootschappen bij de splitsing worden opgericht en de aandeelhouders van de splitsende vennootschap daarvan, evenredig aan hun aandeel in de splitsende vennootschap, aandeelhouder worden, zijn de artikelen 334g, 334i en 334y tot en met 334bb niet van toepassing.

Art. 334ii

Driehoekssplitsing NV of BV

1. De akte van splitsing kan bepalen dat de aandeelhouders van de splitsende vennootschap aandeelhouder worden van een groepsmaatschappij van een verkrijgende vennootschap. Zij worden dan geen aandeelhouder van die verkrijgende vennootschap.
2. Zulk een splitsing is slechts mogelijk, indien de groepsmaatschappij alleen of samen met een andere groepsmaatschappij het gehele geplaatste kapitaal van de verkrijgende vennootschap verschaft. De artikelen 334m, leden 1 tot en met 4, 334ee en 334ff zijn op het besluit van de groepsmaatschappij van overeenkomstige toepassing.
3. De groepsmaatschappij die de aandelen toekent geldt naast de verkrijgende vennootschap als partij bij de splitsing. Op haar rusten de verplichtingen die ingevolge de artikelen 334f tot en met 334dd en 334ee1 lid 1 op een verkrijgende rechtspersoon rusten, met uitzondering van de verplichtingen uit de artikelen 334k tot en met 334m en 334q leden 2 en 4; voor de toepassing van artikel 334aa lid 4 blijft zij buiten beschouwing; de artikelen 334s, 334t en 334u lid 7 gelden voor haar niet. De artikelen 334f lid 2 onder b, 334x lid 3, 334y onder b en 334ee1 lid 1 gelden alsdan niet voor de verkrijgende vennootschap. Voor de toepassing van de artikelen 94b en 204b worden de verkrijging door de verkrijgende vennootschap en de toekenning van aandelen door de groepsmaatschappij beschouwd als werden zij door dezelfde vennootschap gedaan.
(Zie ook: artt. 24b, 334 BW Boek 2)

Titel 8
Geschillenregeling en het recht van enquête

Afdeling 1
Geschillenregeling

Art. 335

Werkingssfeer

1. De bepalingen van deze afdeling zijn van toepassing op de besloten vennootschap met beperkte aansprakelijkheid.
(Zie ook: art. 175 BW Boek 2)
2. De bepalingen van deze afdeling zijn eveneens van toepassing op de naamloze vennootschap waarvan de statuten:
a. uitsluitend aandelen op naam kennen,
(Zie ook: artt. 82, 85 BW Boek 2)
b. een blokkeringsregeling bevatten, en
(Zie ook: art. 87 BW Boek 2)
c. niet toelaten dat met medewerking van de vennootschap certificaten aan toonder worden uitgegeven.

Art. 336

Vordering tot overdracht van aandelen bij geschil

1. Een of meer houders van aandelen die alleen of gezamenlijk ten minste een derde van het geplaatste kapitaal verschaffen, kunnen van een aandeelhouder die door zijn gedragingen het belang van de vennootschap zodanig schaadt of heeft geschaad, dat het voortduren van zijn aandeelhouderschap in redelijkheid niet kan worden geduld, in rechte vorderen dat hij zijn aandelen overeenkomstig artikel 341 overdraagt.
(Zie ook: art. 24d BW Boek 2)
2. De vordering kan niet worden ingesteld door de vennootschap of een dochtermaatschappij van de vennootschap. De houder van aandelen waarvan de vennootschap of een dochtermaatschappij certificaten houdt, kan de vordering slechts instellen indien en voor zover certificaten door anderen worden gehouden. Een aandeelhouder ten titel van beheer kan de vordering

slechts voor door hem beheerde aandelen instellen indien de desbetreffende certificaathouders daarmee tevoren hebben ingestemd.
(Zie ook: artt. 24a, 118, 228 BW Boek 2)
3. Tot de kennisneming van de vordering is in eerste aanleg uitsluitend bevoegd de rechtbank van de woonplaats van de vennootschap. Hoger beroep kan uitsluitend worden ingesteld bij de ondernemingskamer van het gerechtshof Amsterdam. Artikel 344 van het Wetboek van Burgerlijke Rechtsvordering is van toepassing met dien verstande dat voor "een meervoudige kamer" wordt gelezen: de ondernemingskamer.
(Zie ook: art. 10 BW Boek 1; art. 997a Rv; art. 72 Wet RO)
4. De rechter kan zijn beslissing omtrent de vordering voor een door hem te bepalen termijn aanhouden, indien ten processe blijkt dat de vennootschap of één of meer aandeelhouders op zich nemen maatregelen te treffen waardoor het nadeel dat de vennootschap lijdt zoveel mogelijk wordt ongedaan gemaakt of beperkt.
(Zie ook: art. 337 t/m 341 BW Boek 2)
5. De in lid 3, eerste en tweede zin, bedoelde rechter is eveneens bevoegd kennis te nemen van met de in lid 1 bedoelde gedragingen samenhangende vorderingen tussen dezelfde partijen of tussen een der partijen en de vennootschap.

Art. 337
1. Indien de statuten of een overeenkomst een regeling bevatten voor de oplossing van geschillen als in deze afdeling bedoeld, kan op een daarin opgenomen afwijking van deze afdeling geen beroep worden gedaan voorzover deze de overdracht van aandelen onmogelijk of uiterst bezwaarlijk maakt.
2. In de statuten of een overeenkomst kan worden bepaald dat geschillen als in deze afdeling bedoeld, dadelijk ter kennis worden gebracht van de ondernemingskamer van het gerechtshof Amsterdam of aan arbitrage worden onderworpen, dan wel anderszins wordt afgeweken van de rechterlijke bevoegdheid als geregeld in artikel 336 leden 3 en 5.

Geschillenregeling in statuten of overeenkomst

Art. 338
[Dit artikel is gewijzigd in verband met de invoering van digitaal procederen. Zie voor de procedures en gerechten waarvoor digitaal procederen geldt het Overzicht gefaseerde inwerkingtreding op www.rijksoverheid.nl/KEI.]
1. Nadat het oproepingsbericht aan hem is betekend en tot de dag waarop het vonnis onherroepelijk is geworden, kan de verweerder zijn aandelen niet vervreemden, verpanden of daarop een vruchtgebruik vestigen, tenzij de eisers daarvoor toestemming verlenen. Indien de eisers de toestemming weigeren, kan de rechter voor wie het geschil aanhangig is op vordering van verweerder de toestemming verlenen, indien verweerder bij de rechtshandeling een redelijk belang heeft. Tegen de beslissing van de rechter staat geen hogere voorziening open.
(Zie ook: artt. 88, 89, 197, 198 BW Boek 2)
2. Nadat de vordering is toegewezen, kan de verweerder de aandelen slechts overdragen met inachtneming van de artikelen 339 tot en met 341.
3. Een voorlopige voorziening als bedoeld in artikel 223 van het Wetboek van Burgerlijke Rechtsvordering kan worden getroffen met werking tot het tijdstip dat de aandelen worden overgedragen. Een vordering tot het treffen van een voorlopige voorziening wordt met de meeste spoed behandeld.
[Voor overige gevallen luidt het artikel als volgt:]

Verbod tot vervreemding van aandelen na dagvaarding bij geschil

Artikel 338
1. Nadat de dagvaarding aan hem is betekend en tot de dag waarop het vonnis onherroepelijk is geworden, kan de verweerder zijn aandelen niet vervreemden, verpanden of daarop een vruchtgebruik vestigen, tenzij de eisers daarvoor toestemming verlenen. Indien de eisers de toestemming weigeren, kan de rechter voor wie het geschil aanhangig is op vordering van verweerder de toestemming verlenen, indien verweerder bij de rechtshandeling een redelijk belang heeft. Tegen de beslissing van de rechter staat geen hogere voorziening open.
(Zie ook: artt. 88, 89, 197, 198 BW Boek 2)
2. Nadat de vordering is toegewezen, kan de verweerder de aandelen slechts overdragen met inachtneming van de artikelen 339 tot en met 341.
3. Een voorlopige voorziening als bedoeld in artikel 223 van het Wetboek van Burgerlijke Rechtsvordering kan worden getroffen met werking tot het tijdstip dat de aandelen worden overgedragen. Een vordering tot het treffen van een voorlopige voorziening wordt met de meeste spoed behandeld.

Verbod tot vervreemding van aandelen na dagvaarding bij geschil

Art. 339
1. Indien de vordering wordt toegewezen benoemt de rechter een of meer deskundigen die over de prijs schriftelijk bericht moeten uitbrengen. De artikelen 194 tot en met 199 van het Wetboek van Burgerlijke Rechtsvordering zijn voor het overige van toepassing. De artikelen 351 en 352 zijn van overeenkomstige toepassing. Van het vonnis waarbij de vordering wordt toegewezen kan hoger beroep slechts worden ingesteld tegelijk met dat van het vonnis, bedoeld

Benoeming deskundigen na toewijzen vordering bij geschil

in artikel 340 lid 1, tenzij de rechter anders heeft bepaald. Tegen de deskundigenbenoeming staat geen hogere voorziening open.
2. Indien tussen partijen op grond van de statuten of een overeenkomst in de zin van artikel 337 lid 1 bepalingen omtrent de vaststelling van de waarde van de aandelen gelden, stellen de deskundigen hun bericht op met inachtneming daarvan.
3. De rechter kan in afwijking van lid 1 de benoeming van deskundigen achterwege laten, indien tussen partijen overeenstemming bestaat over de waardering van de aandelen, alsmede indien de statuten of een overeenkomst in de zin van artikel 337 lid 1 een duidelijke maatstaf voor de bepaling van de waarde van de aandelen bevatten en de rechter aan de hand daarvan de prijs zonder meer kan vaststellen.

Art. 340

Prijsbepaling van aandelen bij geschil

1. Zijn deskundigen benoemd, dan bepaalt de rechter de prijs van de aandelen nadat de deskundigen hun bericht hebben uitgebracht. Bij hetzelfde vonnis bepaalt hij tevens wie van de partijen de kosten van het deskundigenbericht moet dragen. Hij kan ook bepalen dat de vennootschap de kosten moet dragen na deze ter zake te hebben gehoord. Hij kan de kosten verdelen tussen partijen onderling of tussen partijen of een van hen en de vennootschap.
2. Vindt geen benoeming van deskundigen plaats, dan bepaalt de rechter de prijs van de aandelen in het vonnis waarbij de vordering wordt toegewezen.
3. Met bepalingen in de statuten of een overeenkomst omtrent de vaststelling van de waarde van de aandelen houdt de rechter geen rekening voorzover dat tot een kennelijk onredelijk prijs zou leiden.
4. Het vonnis houdt tevens een veroordeling in van de eisers tot contante betaling van de hun zo nodig na toepassing van artikel 341 lid 5 over te dragen aandelen. Indien artikel 341 lid 6 van toepassing is, omvat die veroordeling mede de certificaathouders die met het instellen van de vordering hebben ingestemd.

Art. 341

Verplichting tot levering en aanvaarding van aandelen bij geschil

1. De verweerder is verplicht binnen twee weken nadat hem een afschrift van het vonnis als bedoeld in artikel 340 lid 1 is betekend, zijn aandelen aan de eisers te leveren en de eisers zijn verplicht de aandelen tegen gelijktijdige betaling van de vastgestelde prijs te aanvaarden, behoudens het bepaalde in lid 2. Was het vonnis niet uitvoerbaar bij voorraad verklaard, dan heeft betekening daarvan slechts het in de eerste zin bedoelde gevolg als zij geschiedt nadat het vonnis alsnog uitvoerbaar bij voorraad is verklaard of onherroepelijk is geworden. De aanvaarding geschiedt zoveel mogelijk naar evenredigheid van ieders aandelenbezit, tenzij anders wordt overeengekomen. Met eisers worden gelijkgesteld de aandeelhouders die zich in het rechtsgeding aan de zijde van de eisers hebben gevoegd en daarbij de wens te kennen hebben gegeven in dezelfde positie als de eisers te worden geplaatst.
2. Indien de aandeelhouder die een of meer aandelen wil vervreemden, deze ingevolge artikel 195 of een regeling in de statuten moet aanbieden aan zijn mede-aandeelhouders of anderen, biedt de vennootschap de aandelen onverwijld nadat een afschrift van het vonnis aan haar is betekend, schriftelijk namens de verweerder aan de aandeelhouders of anderen aan, zoveel mogelijk met overeenkomstige toepassing van de wettelijke of statutaire regeling en deelt hun daarbij tevens de vastgestelde prijs mee. Zij kunnen het aanbod binnen een maand na verzending van de mededeling aanvaarden door schriftelijke kennisgeving aan de vennootschap. Binnen een week na het verstrijken van deze termijn deelt de vennootschap aan de verweerder en de eisers mee of en zo ja hoeveel aandelen zijn aanvaard en aan wie deze zijn toegewezen. De verweerder is verplicht onverwijld na ontvangst van deze mededeling zijn aandelen aan de mede-aandeelhouders of de anderen te leveren tegen gelijktijdige betaling. Lid 1, tweede zin, is van overeenkomstige toepassing.
(Zie ook: art. 195 BW Boek 2)
3. Indien in het geval van lid 2 geen aandelen zijn aanvaard of minder aandelen zijn aanvaard dan zijn aangeboden, of de vastgestelde prijs niet binnen twee weken na ontvangst van de mededeling van de vennootschap omtrent de toewijzing van de aandelen aan de verweerder die tot gelijktijdige levering wilde overgaan wordt voldaan, vindt lid 1 toepassing ten aanzien van de aandelen, de overgebleven aandelen of de aandelen waarvoor niet tijdig betaling is ontvangen.
4. Blijft de verweerder in gebreke met de levering van zijn aandelen, dan levert de vennootschap namens hem de aandelen tegen gelijktijdige betaling.
5. Blijven een of meer eisers in gebreke met de aanvaarding van de aandelen tegen gelijktijdige betaling van de vastgestelde prijs, dan zijn de overige eisers verplicht om binnen twee weken nadat dit is komen vast te staan die aandelen tegen gelijktijdige betaling te aanvaarden, ieder zoveel mogelijk naar evenredigheid van zijn aandelenbezit.
(Zie ook: art. 340 BW Boek 2)
6. Is een eiser aandeelhouder ten titel van beheer, dan zijn naast hem de certificaathouders die met het instellen van de vordering hebben ingestemd, aansprakelijk voor het krachtens dit artikel verschuldigde, ieder zoveel mogelijk naar evenredigheid van zijn bezit aan certificaten. Blijven een of meer van deze certificaathouders in gebreke, dan zijn de overige certificaathouders

13 Burgerlijk Wetboek Boek 2 — art. 2:343

die met het instellen van de vordering hebben ingestemd verplicht dat deel te voldoen, ieder zoveel mogelijk naar evenredigheid van zijn bezit aan certificaten.
(Zie ook: art. 340 BW Boek 2)

7. Op verzoek van een partij beslist de rechter die de vordering in eerste instantie of in hoger beroep heeft toegewezen over geschillen betreffende de uitvoering van de regeling. Tegen deze beslissing staat geen hogere voorziening open.

Art. 341a
1. Wordt een vonnis als bedoeld in artikel 340 lid 1 na het instellen van een rechtsmiddel vernietigd, dan blijft de rechtsgrond voor op grond van dat vonnis verrichte handelingen in stand, maar ontstaat voor partijen een verbintenis tot ongedaanmaking van de reeds ingetreden gevolgen. — *Vernietiging van vonnis bij geschil*

2. Indien de reeds ingetreden gevolgen bezwaarlijk ongedaan kunnen worden gemaakt of de billijkheid zulks anderszins vordert, kan de rechter desgevraagd de verplichting tot ongedaanmaking beperken of uitsluiten. Hij kan aan een partij die daardoor onbillijk wordt bevoordeeld, de verplichting opleggen tot een uitkering in geld aan de partij die benadeeld wordt.

Art. 342
[Dit artikel is gewijzigd in verband met de invoering van digitaal procederen. Zie voor de procedures en gerechten waarvoor digitaal procederen geldt het Overzicht gefaseerde inwerkingtreding op www.rijksoverheid.nl/KEI.]

1. Een of meer houders van aandelen die alleen of gezamenlijk ten minste een derde van het geplaatste kapitaal verschaffen, kunnen van een stemgerechtigde vruchtgebruiker of pandhouder van een aandeel in rechte vorderen dat het stemrecht op het aandeel overgaat op de houder van het aandeel, indien die vruchtgebruiker of pandhouder door zijn gedragingen het belang van de vennootschap zodanig schaadt dat in redelijkheid niet kan worden geduld dat hij het stemrecht blijft uitoefenen. — *Vordering tot overdracht van stemrecht bij geschil*

(Zie ook: artt. 24d, 88, 89, 197, 198 BW Boek 2)

2. Een afschrift van het oproepingsbericht moet onverwijld door de eisers aan de houder van het aandeel, die niet zelf tevens eiser is, worden betekend bij exploot. Artikel 336, leden 2, 3 en 4 en artikel 339 lid 2 zijn van toepassing en de artikelen 337 en 338 leden 1 en 3, tweede volzin, zijn van overeenkomstige toepassing, in dier voege dat in het geval van artikel 338 lid 1 de vruchtgebruiker of pandhouder het vruchtgebruik of het pandrecht niet op een ander kan doen overgaan.

3. Indien de vordering tot overgang van het stemrecht is toegewezen, vindt de overgang plaats door het in kracht van gewijsde gaan van het vonnis.
(Zie ook: art. 997a Rv)

[Voor overige gevallen luidt het artikel als volgt:]

Artikel 342

1. Een of meer houders van aandelen die alleen of gezamenlijk ten minste een derde van het geplaatste kapitaal verschaffen, kunnen van een stemgerechtigde vruchtgebruiker of pandhouder van een aandeel in rechte vorderen dat het stemrecht op het aandeel overgaat op de houder van het aandeel, indien die vruchtgebruiker of pandhouder door zijn gedragingen het belang van de vennootschap zodanig schaadt dat in redelijkheid niet kan worden geduld dat hij het stemrecht blijft uitoefenen. — *Vordering tot overdracht van stemrecht bij geschil*

(Zie ook: artt. 24d, 88, 89, 197, 198 BW Boek 2)

2. Een afschrift van het exploit van dagvaarding moet onverwijld door eisers aan de houder van het aandeel, die niet zelf tevens eiser is, worden betekend. Artikel 336, leden 2, 3 en 4 en artikel 339 lid 2 zijn van toepassing en de artikelen 337 en 338 leden 1 en 3, tweede volzin, zijn van overeenkomstige toepassing, in dier voege dat in het geval van artikel 338 lid 1 de vruchtgebruiker of pandhouder het vruchtgebruik of het pandrecht niet op een ander kan doen overgaan.

3. Indien de vordering tot overgang van het stemrecht is toegewezen, vindt de overgang plaats door het in kracht van gewijsde gaan van het vonnis.
(Zie ook: art. 997a Rv)

Art. 342a
[Vervallen]

Art. 343
1. De aandeelhouder die door gedragingen van één of meer mede-aandeelhouders zodanig in zijn rechten of belangen is geschaad dat het voortduren van zijn aandeelhouderschap in redelijkheid niet meer van hem kan worden gevergd, kan tegen die mede-aandeelhouders een vordering tot uittreding instellen, inhoudende dat zijn aandelen overeenkomstig de leden 1, 2 en 3 van artikel 343a worden overgenomen. Een vordering tot uittreding kan ook worden ingesteld tegen de vennootschap op grond van gedragingen van één of meer mede-aandeelhouders of van de vennootschap zelf. Een vordering tegen de vennootschap kan evenwel niet worden toegewezen, voorzover artikel 98 of 207 aan verkrijging van de aandelen door de vennootschap — *Vordering tot uittreding bij geschil*

in de weg staat, met dien verstande evenwel dat geen rekening wordt gehouden met het vereiste van een machtiging als bedoeld in artikel 98 lid 4 of een daarmee vergelijkbaar statutair voorschrift dan wel een na het tijdstip van instellen van de vordering ten nadele van eiser tot stand gebrachte wijziging van de statuten. Bij toewijzing van de vordering is artikel 207 lid 3 niet van toepassing.
2. De artikelen 336 leden 3 en 5, 337, 338 leden 1 en 3, 339 en 340, leden 1, 2 en 3 zijn van toepassing of van overeenkomstige toepassing.
3. Is de vordering tegen een aandeelhouder ingesteld, dan kan deze een andere aandeelhouder of de vennootschap in het geding oproepen, indien hij van oordeel is dat de vordering ook of uitsluitend tegen die aandeelhouder of tegen de vennootschap had behoren te worden ingesteld. De oproeping geschiedt uiterlijk tegen de voor het nemen van het verweerschrift bepaalde dag.
4. Bij het bepalen van de prijs van de aandelen kan de rechter desgevorderd een billijke verhoging toepassen in verband met gedragingen van de verweerder, of van anderen dan de verweerder, indien aannemelijk is dat die gedragingen hebben geleid tot een vermindering van de waarde van de over te dragen aandelen en deze vermindering niet, of niet volledig, voor rekening van eiser behoort te blijven.
5. Bij toewijzing van de vordering tot uittreding bevat het vonnis tevens een veroordeling van de eiser tot levering aan verweerders van de hun, zo nodig na toepassing van artikel 343a lid 5, over te dragen aandelen.
6. De rechter kan zijn beslissing omtrent de vordering voor een door hem te bepalen termijn aanhouden, indien ten processe blijkt dat de vennootschap of één of meer mede-aandeelhouders op zich nemen maatregelen te treffen waardoor het nadeel dat de aandeelhouder lijdt zoveel mogelijk wordt ongedaan gemaakt of beperkt.

Art. 343a

Verplichting tot overname van aandelen bij geschil

1. Binnen twee weken nadat hem een afschrift is betekend van het vonnis waarbij de prijs van de aandelen is bepaald, is ieder van de verweerders verplicht het door de rechter vastgestelde aantal aandelen tegen gelijktijdige betaling van de vastgestelde prijs over te nemen, behoudens lid 2, en is de eiser verplicht zijn aandelen aan de verweerders te leveren. Was het vonnis niet uitvoerbaar bij voorraad verklaard, dan heeft betekening daarvan slechts het in de eerste zin bedoelde gevolg als zij geschiedt nadat het vonnis alsnog uitvoerbaar bij voorraad is verklaard of onherroepelijk is geworden. Met verweerders worden gelijkgesteld de aandeelhouders die zich in het rechtsgeding aan de zijde van de verweerders hebben gevoegd en daarbij de wens te kennen hebben gegeven in dezelfde positie als de verweerders te worden geplaatst.
2. Indien de aandeelhouder die een of meer aandelen wil vervreemden deze ingevolge artikel 195 of een regeling in de statuten moet aanbieden aan zijn mede-aandeelhouders of anderen, biedt de vennootschap de aandelen onverwijld nadat een afschrift van het vonnis aan haar is betekend, schriftelijk namens de eiser aan de aandeelhouders of anderen aan, zoveel mogelijk met overeenkomstige toepassing van de wettelijke of statutaire regeling en deelt hun daarbij tevens de vastgestelde prijs mee. Zij kunnen het aanbod binnen een maand na verzending van de mededeling aanvaarden door schriftelijke kennisgeving aan de vennootschap. Binnen een week na het verstrijken van deze termijn deelt de vennootschap aan de eiser en de verweerders mee of en zo ja hoeveel aandelen zijn aanvaard en aan wie deze zijn toegewezen. De eiser is verplicht onverwijld na ontvangst van deze mededeling zijn aandelen aan de mede-aandeelhouders of de anderen te leveren tegen gelijktijdige betaling. Lid 1, tweede zin, is van overeenkomstige toepassing.
3. Indien in het geval van lid 2 geen aandelen zijn aanvaard of minder aandelen zijn aanvaard dan zijn aangeboden, of de vastgestelde prijs niet binnen twee weken na ontvangst van de mededeling van de vennootschap omtrent de toewijzing van de aandelen aan de eiser die tot gelijktijdige levering wilde overgaan wordt voldaan, vindt ten aanzien van de aandelen, de overgebleven aandelen of de aandelen waarvoor niet tijdig betaling is ontvangen lid 1 toepassing, met dien verstande dat de aanvaarding van de niet afgenomen aandelen door de verweerders zoveel mogelijk geschiedt naar evenredigheid van het voor ieder overeenkomstig lid 1 vastgestelde aantal aandelen.
4. Blijft de eiser in gebreke met de levering van zijn aandelen, dan levert de vennootschap namens hem de aandelen, tegen gelijktijdige betaling.
5. Blijven een of meer verweerders in gebreke met de aanvaarding van de aandelen tegen gelijktijdige betaling van de vastgestelde prijs, dan zijn de overige verweerders verplicht om binnen twee weken nadat dit is komen vast te staan die aandelen tegen gelijktijdige betaling te aanvaarden, zoveel mogelijk naar evenredigheid van het voor ieder overeenkomstig lid 1 vastgestelde aantal aandelen.
6. Is een verweerder aandeelhouder ten titel van beheer, dan zijn naast hem de certificaathouders aansprakelijk voor het krachtens dit artikel verschuldigde, ieder zoveel mogelijk naar evenredigheid van zijn bezit aan certificaten. Blijven een of meer certificaathouders in gebreke, dan zijn de overige certificaathouders verplicht dat deel te voldoen, ieder zoveel mogelijk naar evenredigheid van zijn bezit aan certificaten. De eerste en tweede zin vinden slechts toepassing

op certificaathouders die door de eiser tijdig in het geding zijn opgeroepen. Zo nodig verstrekt de verweerder aan eiser de daartoe benodigde gegevens.
7. Op verzoek van een partij beslist de rechter die de vordering in eerste instantie of in hoger beroep heeft toegewezen over geschillen betreffende de uitvoering van de regeling. Tegen deze beslissing staat geen hogere voorziening open.

Art. 343b
In het geval van vernietiging van het vonnis als bedoeld in artikel 343a lid 1 is artikel 341a van overeenkomstige toepassing.

Schakelbepaling

Art. 343c
1. Bestaat tussen een aandeelhouder en een of meer van zijn mede-aandeelhouders of de vennootschap overeenstemming dat de aandeelhouder zijn aandelen zal overdragen tegen gelijktijdige betaling van een nader vast te stellen prijs, dan kunnen zij de rechter, bedoeld in artikel 336 lid 3, gezamenlijk verzoeken de prijs van de aandelen te doen vaststellen. Het verzoek kan ook worden gedaan door één der partijen, mits de andere partij in zijn verweerschrift verklaart zich daartegen niet te verzetten.
2. Partijen kunnen de rechter verzoeken bij de benoeming van de deskundige of deskundigen bepaalde aanwijzingen te geven over de in acht te nemen waarderingsmaatstaf, de datum waartegen gewaardeerd moet worden en andere omstandigheden waarmee bij de waardering rekening moet worden gehouden. Voorzover partijen niet eenstemmig zijn, beslist de rechter naar billijkheid.
3. De procedure wordt gevoerd als verzoekprocedure, waarbij de artikelen 343 lid 2 en 343a zoveel mogelijk van overeenkomstige toepassing zijn.
4. Indien partijen in het verzoekschrift dan wel overeenkomstig lid 1, tweede zin, verklaren dat zij omtrent de prijs van de aandelen een bericht van een deskundigen wensen dat tussen hen de werking van een vaststellingsovereenkomst zal hebben, zijn de wettelijke bepalingen betreffende het voorlopig deskundigenbericht voorzoveel nodig van overeenkomstige toepassing. Een partij kan op artikel 904 lid 1 van Boek 7 slechts een beroep doen gedurende vier weken vanaf de verzending van het voorlopig deskundigenbericht aan de partij door de griffier op de voet van artikel 198 lid 4 in verband met artikel 205 lid 1 van het Wetboek van Burgerlijke Rechtsvordering. Bij toepassing van artikel 904 lid 2 van Boek 7 is de in artikel 336 lid 3 bedoelde rechter bevoegd. Diezelfde rechter beslist op verzoek van een partij over geschillen betreffende de uitvoering van de overdracht.
5. Tegen beslissingen van de rechter als bedoeld in dit artikel staat geen hogere voorziening open.

Vaststelling van aandelenprijs bij geschil

Afdeling 2
Het recht van enquête

Art. 344
De bepalingen van deze afdeling zijn van toepassing op:
a. de coöperatie, de onderlinge waarborgmaatschappij, de naamloze vennootschap en de besloten vennootschap met beperkte aansprakelijkheid;
(Zie ook: artt. 53, 64, 175 BW Boek 2)
b. de stichting en de vereniging met volledige rechtsbevoegdheid die een onderneming in stand houden waarvoor ingevolge de wet een ondernemingsraad moet worden ingesteld.
(Zie ook: artt. 26, 285 BW Boek 2; art. 2 WOR)

Werkingssfeer

Art. 345
1. Op schriftelijk verzoek van degenen die krachtens de artikelen 346 en 347 daartoe bevoegd zijn, kan de ondernemingskamer van het gerechtshof Amsterdam een of meer personen benoemen tot het instellen van een onderzoek naar het beleid en de gang van zaken van een rechtspersoon, hetzij in de gehele omvang daarvan, hetzij met betrekking tot een gedeelte of een bepaald tijdvak. Onder het beleid en de gang van zaken van een rechtspersoon zijn mede begrepen het beleid en de gang van zaken van een commanditaire vennootschap of een vennootschap onder firma waarvan de rechtspersoon volledig aansprakelijke vennoot is.
(Zie ook: artt. 15, 19 WvK)
2. De advocaat-generaal bij het ressortsparket kan om redenen van openbaar belang een verzoek doen tot het instellen van een onderzoek als bedoeld in het eerste lid. Hij kan ter voorbereiding van een verzoek een of meer deskundige personen belasten met het inwinnen van inlichtingen over het beleid en de gang van zaken van de rechtspersoon. De rechtspersoon is verplicht de gevraagde inlichtingen te verschaffen en desgevraagd ook inzage in zijn boeken en bescheiden te geven aan de deskundigen.
(Zie ook: art. 297 BW Boek 2; artt. 44, 261, 995 Rv; art. 72 Wet RO)

Enquêterecht

Art. 346
1. Tot het indienen van een verzoek als bedoeld in artikel 345 zijn bevoegd:

Indienen van verzoek tot enquête

a. indien het betreft een vereniging, een coöperatie of een onderlinge waarborgmaatschappij: de leden van de rechtspersoon ten getale van ten minste 300, of zoveel leden als ten minste een tiende gedeelte van het ledental uitmaken, of zoveel leden als tezamen bevoegd zijn tot het uitbrengen van ten minste een tiende gedeelte der stemmen in de algemene vergadering of zoveel minder als de statuten bepalen;
b. indien het betreft een naamloze vennootschap of besloten vennootschap met beperkte aansprakelijkheid met een geplaatst kapitaal met maximaal € 22,5 miljoen: een of meer houders van aandelen of van certificaten van aandelen, die alleen of gezamenlijk ten minste een tiende gedeelte van het geplaatste kapitaal vertegenwoordigen of rechthebbenden zijn op een bedrag van aandelen of certificaten daarvan tot een nominale waarde van € 225 000 of zoveel minder als de statuten bepalen;
c. indien het betreft een naamloze vennootschap of besloten vennootschap met beperkte aansprakelijkheid met een geplaatst kapitaal van meer dan € 22,5 miljoen: een of meer houders van aandelen of van certificaten van aandelen, die alleen of gezamenlijk ten minste een honderdste gedeelte van het geplaatste kapitaal vertegenwoordigen of, indien de aandelen of certificaten zijn toegelaten tot de handel op een gereglementeerde markt of een multilaterale handelsfaciliteit, als bedoeld in artikel 1:1 van de Wet op het financieel toezicht of een met een gereglementeerde markt of multilaterale handelsfaciliteit vergelijkbaar systeem uit een staat die geen lidstaat is, ten minste een waarde vertegenwoordigen van € 20 miljoen volgens de slotkoers op de laatste handelsdag voor indiening van het verzoek, of zoveel minder als de statuten bepalen;
d. de rechtspersoon als bedoeld in artikel 344;
e. degenen, aan wie daartoe bij de statuten of bij overeenkomst met de rechtspersoon de bevoegdheid is toegekend.
2. Voor de toepassing van lid 1, onderdeel d, kan het verzoek namens de rechtspersoon ook worden ingediend door de raad van commissarissen of, indien toepassing is gegeven aan artikel 129a of 239a, door de niet uitvoerende bestuurders. Voor de toepassing van dit lid wordt met een raad van commissarissen gelijkgesteld een toezichthoudend orgaan dat bij of krachtens de statuten van de rechtspersoon is ingesteld.
3. Onverminderd lid 1, onderdeel d, kan het verzoek in geval van faillissement van de rechtspersoon ook worden ingediend door de curator. Artikel 349 is niet van toepassing.

Art. 347

Indienen van verzoek tot enquête door werknemersvereniging

Tot het indienen van een verzoek als bedoeld in artikel 345 is voorts bevoegd een vereniging van werknemers die in de onderneming van de rechtspersoon werkzame personen onder haar leden telt en ten minste twee jaar volledige rechtsbevoegdheid bezit, mits zij krachtens haar statuten ten doel heeft de belangen van haar leden als werknemers te behartigen en als zodanig in de bedrijfstak of onderneming werkzaam is.
(Zie ook: artt. 27, 28 BW Boek 2)

Art. 348

Afschrift aan toezichthoudende instelling van verzoek tot enquête

Indien de rechtspersoon wegens het bedrijf dat hij uitoefent, is onderworpen aan het toezicht van De Nederlandsche Bank N.V., de Stichting Autoriteit Financiële Markten of de Europese Centrale Bank, doet de griffier een afschrift van het verzoekschrift ook aan de toezichthoudende instelling toekomen.
(Zie ook: artt. 353, 355, 358 BW Boek 2)

Art. 349

Niet-ontvankelijkheid van verzoeker of advocaat-generaal bij enquête

1. De verzoekers en de advocaat-generaal zijn niet ontvankelijk, indien niet blijkt dat zij schriftelijk tevoren hun bezwaren tegen het beleid of de gang van zaken hebben kenbaar gemaakt aan het bestuur en de raad van commissarissen en sindsdien een zodanige termijn is verlopen dat de rechtspersoon redelijkerwijze de gelegenheid heeft gehad deze bezwaren te onderzoeken en naar aanleiding daarvan maatregelen te nemen. De vorige zin is niet van toepassing indien het verzoek is gedaan door de rechtspersoon. In dat geval worden de raad van commissarissen onderscheidenlijk het bestuur en de ondernemingsraad zo spoedig mogelijk op de hoogte gesteld van het voornemen om het verzoek in te dienen onderscheidenlijk het indienen van het verzoek. Voor de toepassing van dit lid wordt met een raad van commissarissen gelijkgesteld een toezichthoudend orgaan dat bij of krachtens de statuten van de rechtspersoon is ingesteld.
2. Een vereniging van werknemers is voorts niet ontvankelijk, indien zij niet tevoren de ondernemingsraad die is verbonden aan een onderneming die de rechtspersoon zelfstandig of als volledig aansprakelijke vennoot in stand houdt, in de gelegenheid heeft gesteld schriftelijk van zijn gevoelen te doen blijken. De advocaat-generaal deelt bij zijn verzoek mede of hij de ondernemingsraad in de gelegenheid heeft gesteld van zijn gevoelens te doen blijken.
(Zie ook: art. 2 WOR)

Art. 349a

Afhandelingsprocedure van verzoek tot enquête

1. De ondernemingskamer behandelt het verzoek met de meeste spoed. In afwijking van artikel 282 lid 1 Wetboek van Burgerlijke Rechtsvordering kan iedere belanghebbende een verweerschrift indienen tot een door de ondernemingskamer bepaald tijdstip voorafgaand aan de aanvang van de behandeling. De verzoekers en de rechtspersoon verschijnen hetzij bij advocaat,

hetzij bijgestaan door hun advocaten. Alvorens te beslissen kan de ondernemingskamer ook ambtshalve getuigen en deskundigen horen.
2. Indien gelet op de belangen van de rechtspersoon en degenen die krachtens de wet en de statuten bij zijn organisatie zijn betrokken een onmiddellijke voorziening vereist is in verband met de toestand van de rechtspersoon of in het belang van het onderzoek, kan de ondernemingskamer in elke stand van het geding op verzoek van de indieners van het in artikel 345 bedoelde verzoek een zodanige voorziening treffen voor ten hoogste de duur van het geding. Artikel 357 lid 6 is van overeenkomstige toepassing.
3. Ingeval nog geen onderzoek is gelast, wordt een onmiddellijke voorziening slechts getroffen indien er naar het voorlopig oordeel van de ondernemingskamer gegronde redenen zijn om aan een juist beleid of juiste gang van zaken te twijfelen. De ondernemingskamer beslist daarna binnen een redelijke termijn op het verzoek als bedoeld in artikel 345.

Art. 350
1. De ondernemingskamer wijst het verzoek slechts toe, wanneer blijkt van gegronde redenen om aan een juist beleid of juiste gang van zaken te twijfelen.

Toewijzing of afwijzing van verzoek tot onderzoek

2. Indien de ondernemingskamer het verzoek afwijst, en daarbij beslist dat het naar haar oordeel niet op redelijke grond is gedaan, kan de rechtspersoon tegen de verzoeker of verzoekers bij de ondernemingskamer een eis instellen tot vergoeding van de schade die hij ten gevolge van het verzoek lijdt. Voor de instelling van een vordering tegen een verzoeker geldt als diens woonplaats mede de woonplaats die hij voor de indiening van het verzoek heeft gekozen.
(Zie ook: art. 95 BW Boek 6)
3. Wordt het verzoek toegewezen, dan stelt de ondernemingskamer het bedrag vast dat het onderzoek ten hoogste mag kosten. De ondernemingskamer kan hangende het onderzoek dit bedrag op verzoek van de door haar benoemde personen verhogen, na verhoor, althans oproeping van de oorspronkelijke verzoekers. De ondernemingskamer bepaalt de vergoeding van de door haar benoemde personen. De rechtspersoon betaalt de kosten van het onderzoek alsmede de redelijke en in redelijkheid gemaakte kosten van verweer van de met het onderzoek belaste personen terzake de vaststelling van aansprakelijkheid vanwege de uitvoering van het onderzoek of het verslag van de uitkomst van het onderzoek; in geval van geschil beslist de ondernemingskamer op verzoek van de meest gerede partij. De ondernemingskamer kan bepalen dat de rechtspersoon voor de betaling der kosten zekerheid moet stellen.
(Zie ook: artt. 429a, 995 Rv)
4. De ondernemingskamer benoemt, tegelijk met de met het onderzoek belaste personen, een raadsheer-commissaris. Indien de goede gang van zaken van het onderzoek dit vereist, kan de raadsheer-commissaris op verlangen van verzoekers of belanghebbenden aanwijzingen geven over de wijze waarop het onderzoek wordt uitgevoerd. De raadsheer-commissaris beslist niet dan nadat hij de met het onderzoek belaste personen in de gelegenheid heeft gesteld hun zienswijze aangaande het verlangen te geven. De raadsheer-commissaris kan ook de met het onderzoek belaste personen op hun verlangen een aanwijzing geven. De raadsheer-commissaris beslist niet dan nadat hij de rechtspersoon die in de procedure is verschenen in de gelegenheid heeft gesteld zijn zienswijze aangaande het verlangen te geven. De raadsheer-commissaris kan ook anderen in de gelegenheid stellen hun zienswijze te geven. Tegen beslissingen van de raadsheer-commissaris als bedoeld in dit lid staat geen beroep in cassatie open.

Art. 351
1. De door de ondernemingskamer benoemde personen zijn gerechtigd tot raadpleging van de boeken, bescheiden en andere gegevensdragers van de rechtspersoon en de vennootschap bedoeld in artikel 345 lid 1 waarvan zij de kennisneming tot een juiste vervulling van hun taak nodig achten. De bezittingen van de rechtspersoon en de vennootschap moeten hun desverlangd worden getoond. De bestuurders, de commissarissen zo die er zijn, alsmede degenen die in dienst zijn van de rechtspersoon of de vennootschap, zijn verplicht desgevraagd alle inlichtingen te verschaffen die nodig zijn voor de uitvoering van het onderzoek. Eenzelfde verplichting rust op hen die bestuurders of commissarissen van de rechtspersoon of vennootschap waren, of bij deze in dienst waren, gedurende het tijdvak waarover het onderzoek zich uitstrekt.

Bevoegdheden van personen belast met enquête-onderzoek

2. De ondernemingskamer kan, indien dit voor de juiste vervulling van hun taak nodig is, de door haar benoemde personen op hun verzoek machtigen tot het raadplegen van de boeken, bescheiden en andere gegevensdragers en het zich doen tonen van de bezittingen van een rechtspersoon die nauw verbonden is met de rechtspersoon ten aanzien waarvan het onderzoek plaatsvindt. De bepalingen van de derde en de vierde volzin van het vorig lid 1 zijn van overeenkomstige toepassing.
3. Het is de met het onderzoek belaste personen verboden, hetgeen hun bij hun onderzoek blijkt, verder bekend te maken dan hun bij hun opdracht het brengt.
(Zie ook: artt. 339, 393 BW Boek 2; artt. 272, 273 WvSr)
4. De met het onderzoek belaste personen stellen een verslag op van hun bevindingen. Zij stellen degenen die in het verslag worden genoemd in de gelegenheid om opmerkingen te maken ten aanzien van wezenlijke bevindingen die op henzelf betrekking hebben. Het is een ieder

verboden om mededelingen te doen uit de inhoud van het concept verslag of delen daarvan die hem ter voldoening aan het bepaalde in de vorige volzin zijn voorgelegd.
5. De met het onderzoek belaste personen zijn niet aansprakelijk voor schade die het gevolg is van het verslag van de uitkomst van het onderzoek, tenzij zij met betrekking tot hun in het verslag neergelegde bevindingen of met betrekking tot het onderzoek opzettelijk onbehoorlijk hebben gehandeld dan wel met kennelijk grove miskenning van hetgeen een behoorlijke taakvervulling meebrengt.

Art. 352

Bevelen bij niet medewerking aan enquêteonderzoek

1. Wanneer aan een met het onderzoek belaste persoon wordt geweigerd overeenkomstig het vorige artikel de boeken, bescheiden en andere gegevensdragers te raadplegen of zich de bezittingen te doen tonen, geeft de de raadsheer-commissaris bedoeld in artikel 350 lid 4 op verzoek van die persoon de bevelen die de omstandigheden nodig maken.
2. De bevelen kunnen inhouden de opdracht aan de openbare macht om voor zoveel nodig bijstand te verlenen, en de last om een woning binnen te treden, wanneer de plaats waar de boeken, bescheiden en andere gegevensdragers of de bezittingen zich bevinden, een woning is, of alleen door een woning toegankelijk. De woning wordt niet tegen de wil van de bewoner binnengetreden dan na vertoon van de last van de raadsheer-commissaris.
(Zie ook: art. 339 BW Boek 2; artt. 429a, 995 Rv; art. 12 GW)

Art. 352a

Getuigen bij enquêteonderzoek

De met het onderzoek belaste personen kunnen de ondernemingskamer verzoeken een of meer personen als getuigen te horen. In het verzoek worden de namen en adressen van de te horen personen alsmede de feiten en omstandigheden waarover deze moeten worden gehoord vermeld. De onderzoekers zijn bevoegd bij het verhoor aanwezig te zijn en aan de getuigen vragen te stellen.
(Zie ook: art. 189 Rv)

Art. 353

Verslag uitslag enquêteonderzoek

1. Het verslag van de uitkomst van het onderzoek wordt ter griffie van het gerechtshof Amsterdam nedergelegd. Uit het verslag moet blijken of aan het bepaalde in artikel 351 lid 4, tweede volzin is voldaan.
2. De advocaat-generaal bij het ressortsparket, de rechtspersoon, alsmede de verzoekers en hun advocaten, ontvangen een exemplaar van het verslag. In het geval, bedoeld in artikel 348, ontvangt ook de in dat artikel genoemde, op de rechtspersoon toezichthoudende instelling een exemplaar van het verslag. De ondernemingskamer kan bepalen dat het verslag voorts geheel of gedeeltelijk ter inzage ligt voor de door haar aan te wijzen andere personen of voor een ieder.
3. Het is aan anderen dan de rechtspersoon verboden mededelingen aan derden te doen uit het verslag, voor zover dat niet voor een ieder ter inzage ligt, tenzij zij daartoe op hun verzoek door de voorzitter van de ondernemingskamer zijn gemachtigd. Een vereniging van werknemers is echter zonder een zodanige machtiging bevoegd tot het verstrekken van mededelingen uit het verslag aan de ondernemingsraad, die aan een door de rechtspersoon gedreven onderneming is verbonden.
4. Ten spoedigste na de nederlegging geeft de griffier daarvan kennis aan de verzoeker of verzoekers en aan de rechtspersoon; indien de ondernemingskamer dit beveelt, draagt hij voorts zorg voor de bekendmaking van de nederlegging en van de in het tweede lid bedoelde beschikking in de *Staatscourant*.
(Zie ook: artt. 261, 429a, 995 Rv; art. 272 WvSr)

Art. 354

Verhaal van kosten enquêteonderzoek

De ondernemingskamer kan na kennisneming van het verslag op verzoek van de rechtspersoon beslissen, dat deze de kosten van het onderzoek geheel of gedeeltelijk kan verhalen op de verzoekers, indien uit het verslag blijkt dat het verzoek niet op redelijke grond is gedaan, dan wel op een bestuurder, een commissaris of een ander die in dienst van de rechtspersoon is, indien uit het verslag blijkt dat deze verantwoordelijk is voor een onjuist beleid of een onbevredigende gang van zaken van de rechtspersoon. De laatste zin van het tweede lid van artikel 350 van dit Boek is van toepassing.
(Zie ook: artt. 9, 350 BW Boek 2; artt. 261, 995 Rv)

Art. 355

Voorzieningen bij wanbeleid gebleken uit enquêteonderzoek

1. Indien uit het verslag van wanbeleid is gebleken, kan de ondernemingskamer op verzoek van de oorspronkelijke verzoekers en, indien het verslag voor ieder ter inzage ligt, op verzoek van anderen die aan de in artikel 346 of 347 van dit Boek gestelde vereisten voldoen, of op verzoek van de advocaat-generaal, ingesteld om redenen van openbaar belang, een of meer van de in het volgende artikel genoemde voorzieningen treffen, welke zij op grond van de uitkomst van het onderzoek geboden acht.
2. Het verzoek moet worden gedaan binnen twee maanden na nederlegging van het verslag ter griffie.
3. De artikelen 348 en 349a zijn van overeenkomstige toepassing.

4. In het geval, bedoeld in artikel 348, neemt de ondernemingskamer geen beslissing, alvorens de in dat artikel genoemde, op de rechtspersoon toezichthoudende instelling in de gelegenheid te hebben gesteld over het verzoek te worden gehoord.
5. De ondernemingskamer kan haar beslissing voor een door haar te bepalen termijn aanhouden, indien de rechtspersoon op zich neemt, bepaalde maatregelen te treffen die een einde maken aan het wanbeleid of die de gevolgen welke daaruit zijn voortgevloeid, zoveel mogelijk ongedaan maken of beperken.
(Zie ook: artt. 261, 995 Rv)

Art. 356
De voorzieningen, bedoeld in het vorige artikel, zijn: **Voorzieningen**
a. schorsing of vernietiging van een besluit van de bestuurders, van commissarissen, van de algemene vergadering of van enig ander orgaan van de rechtspersoon;
(Zie ook: art. 13 BW Boek 2; art. 53 BW Boek 3)
b. schorsing of ontslag van een of meer bestuurders of commissarissen;
(Zie ook: artt. 37, 57, 63f, 134, 144, 147, 161, 162, 244, 254, 257, 271 BW Boek 2)
c. tijdelijke aanstelling van een of meer bestuurders of commissarissen;
(Zie ook: artt. 37, 57, 132, 142, 158, 162, 242, 252, 268, 272, 357 BW Boek 2)
d. tijdelijke afwijking van de door de ondernemingskamer aangegeven bepalingen van de statuten;
e. tijdelijke overdracht van aandelen ten titel van beheer;
f. ontbinding van de rechtspersoon.
(Zie ook: artt. 23, 357 BW Boek 2)

Art. 357
1. De ondernemingskamer bepaalt de geldingsduur van de door haar getroffen tijdelijke voorzieningen; zij kan op verzoek van de verzoekers, bedoeld in artikel 355 van dit Boek, of van de rechtspersoon dan wel van de advocaat-generaal die duur verlengen en verkorten. **Geldingsduur van voorzieningen**
2. De ondernemingskamer regelt zo nodig de gevolgen van de door haar getroffen voorzieningen.
3. Een door de ondernemingskamer getroffen voorziening kan door de rechtspersoon niet ongedaan worden gemaakt; een besluit daartoe is nietig.
(Zie ook: art. 13 BW Boek 2; art. 53 BW Boek 3)
4. De ondernemingskamer kan aan degenen die zij tijdelijk aanstelt tot bestuurder, commissaris of beheerder van aandelen, een beloning ten laste van de rechtspersoon toekennen.
5. Zij kan aan hen opdragen haar regelmatig verslag uit te brengen.
6. De ondernemingskamer kan bepalen dat de rechtspersoon de redelijke en in redelijkheid gemaakte kosten van verweer van de bestuurder, commissaris of beheerder van aandelen terzake van de vaststelling van aansprakelijkheid vanwege onbehoorlijke taakvervulling tijdens de tijdelijke aanstelling, betaalt.
7. De ondernemingskamer spreekt de ontbinding van de rechtspersoon niet uit, wanneer het belang van de leden of de aandeelhouders of van degenen die in dienst van de rechtspersoon zijn, dan wel het openbaar belang zich daartegen verzet.
(Zie ook: artt. 261, 995 Rv)

Art. 358
1. De ondernemingskamer kan de voorlopige tenuitvoerlegging der voorzieningen genoemd in artikel 356 onder a-e bevelen. **Voorlopige tenuitvoerlegging voorzieningen bij enquête**
(Zie ook: art. 404 Rv)
2. De griffier der ondernemingskamer doet ten kantore van het handelsregister een afschrift van de beschikkingen der ondernemingskamer nederleggen. Van beschikkingen die niet voorlopig ten uitvoer kunnen worden gelegd, geschiedt de nederlegging zodra zij in kracht van gewijsde zijn gegaan.
(Zie ook: artt. 29, 54, 69, 77, 180, 188 BW Boek 2)
3. In het geval, bedoeld in artikel 348, ontvangt de in dat artikel genoemde, op de rechtspersoon toezichthoudende instelling van de griffier een afschrift van de beschikkingen van de ondernemingskamer.

Art. 359
1. Tot het instellen van een beroep in cassatie tegen de beschikkingen van de ondernemingskamer uit hoofde van deze afdeling is, buiten de personen bedoeld in artikel 426, eerste lid, van het Wetboek van Burgerlijke Rechtsvordering, de rechtspersoon bevoegd, ongeacht of deze bij de ondernemingskamer is verschenen. **Beroep in cassatie tegen beschikking omtrent recht van enquête**
2. Indien aan een beschikking waarbij een persoon met een onderzoek is belast dan wel is aangesteld als bestuurder, commissaris of beheerder van aandelen, door vernietiging van de grondslag komt te ontbreken, wordt de door de ondernemingskamer aan die persoon toegekende vergoeding onderscheidenlijk beloning geacht niet onverschuldigd te zijn.

Afdeling 3
Het openbaar bod

Art. 359a

Werkingssfeer

1. Deze afdeling is van toepassing op de vennootschap waarvan aandelen zijn toegelaten tot de handel op een gereglementeerde markt als bedoeld in artikel 1:1 van de Wet op het financieel toezicht, tenzij het een beleggingsmaatschappij of maatschappij voor collectieve belegging in effecten, is als bedoeld in dat artikel waarvan de rechten van deelneming op verzoek van de deelnemers direct of indirect worden ingekocht of terugbetaald ten laste van de activa van de beleggingsmaatschappij.
2. In deze afdeling wordt een certificaat van aandelen dat met medewerking van de vennootschap is uitgegeven gelijk gesteld met een aandeel en wordt een certificaathouder gelijk gesteld met een aandeelhouder.

Art. 359b

Openbaar bod

1. De statuten van de vennootschap kunnen bepalen dat een openbare mededeling betreffende de aankondiging van een openbaar bod, als bedoeld in artikel 5:70 of 5:74 van de Wet op het financieel toezicht, op aandelen uitgegeven door de vennootschap, tot gevolg heeft dat:
a. de vennootschap, totdat openbaarmaking van het resultaat van de gestanddoening van het bod heeft plaatsgevonden of het bod is vervallen, geen handelingen verricht die het slagen van het bod kunnen frustreren, tenzij voorafgaand aan de handeling goedkeuring wordt verleend door de algemene vergadering of de handeling het zoeken naar een alternatief openbaar bod betreft; de oproeping voor de algemene vergadering geschiedt niet later dan op de tweeënveertigste dag voor die van de vergadering;
b. besluiten van de vennootschap die voor de in de aanhef bedoelde openbare mededeling zijn genomen en die nog niet geheel zijn uitgevoerd, de goedkeuring van de algemene vergadering behoeven indien het besluit niet behoort tot de normale uitoefening van de onderneming en de uitvoering het slagen van het bod kan frustreren; de oproeping voor de algemene vergadering geschiedt niet later dan op de tweeënveertigste dag voor die van de vergadering;
c. statutaire beperkingen van de overdracht van aandelen en beperkingen van de overdracht van aandelen die tussen de vennootschap en haar aandeelhouders of tussen aandeelhouders onderling zijn overeengekomen, niet gelden jegens de bieder wanneer hem tijdens de periode voor aanvaarding van een openbaar bod aandelen worden aangeboden;
d. statutaire beperkingen van de uitoefening van het stemrecht en beperkingen van de uitoefening van het stemrecht die tussen de vennootschap en haar aandeelhouders of tussen aandeelhouders onderling zijn overeengekomen, niet gelden in de algemene vergadering die besluit over handelingen als bedoeld onder a of b;
e. in de algemene vergadering elk aandeel in verband met het besluit over handelingen of besluiten als bedoeld onder a of b recht geeft op één stem.
2. De statuten van de vennootschap kunnen bepalen dat de houder van aandelen die ten gevolge van een openbaar bod ten minste 75% van het geplaatste kapitaal vertegenwoordigt, bevoegd is op korte termijn na het einde van de periode voor aanvaarding van het bod een algemene vergadering bijeen te roepen waarin bijzondere statutaire rechten van aandeelhouders in verband met een besluit tot benoeming of ontslag van een bestuurder of commissaris niet gelden. De oproeping geschiedt niet later dan op de tweeënveertigste dag voor die van de vergadering. In de vergadering geeft elk aandeel ten aanzien van dat besluit recht op één stem en gelden statutaire beperkingen van de uitoefening van het stemrecht en beperkingen van de uitoefening van het stemrecht die tussen de vennootschap en haar aandeelhouders of tussen aandeelhouders onderling zijn overeengekomen niet.
3. De aandeelhouder heeft recht op een billijke vergoeding van de schade die hij lijdt door de toepassing van lid 1, onderdeel c, d, of e, of lid 2.
4. Indien een openbaar bod wordt aangekondigd op een vennootschap die lid 1 of lid 2 toepast, door een vennootschap of rechtspersoon die niet dezelfde of een vergelijkbare bepaling of bepalingen toepast overeenkomstig de nationale regels ter uitvoering van artikel 9 lid 2 en lid 3 of artikel 11 van richtlijn nr. 2004/25/EG van het Europees Parlement en de Raad van 21 april 2004 betreffende het openbaar overnamebod (PbEU L 142), of door een dochtermaatschappij daarvan, kan de doelvennootschap besluiten dat het ingevolge lid 1 of lid 2 bepaalde niet geldt. Het besluit is onderworpen aan de goedkeuring van de algemene vergadering, die niet eerder mag zijn verleend dan 18 maanden voordat het bod is aangekondigd.
5. De toepassing van lid 1 onderscheidenlijk lid 2 wordt gemeld aan de Stichting Autoriteit Financiële Markten. Melding vindt ook plaats aan de toezichthoudende instantie van andere lidstaten van de Europese Unie waar de aandelen zijn toegelaten tot de handel op een gereglementeerde markt of waar de toelating is aangevraagd.
6. De ondernemingskamer van het gerechtshof Amsterdam neemt kennis van alle rechtsvorderingen betreffende de toepassing van de leden 1 tot en met 4, ingediend door een aandeel-

houder, een houder van certificaten van aandelen die met medewerking van de vennootschap zijn uitgegeven, een bestuurder of een commissaris.

Art. 359c

1. Hij die een openbaar bod heeft uitgebracht en als aandeelhouder voor eigen rekening ten minste 95% van het geplaatste kapitaal van de doelvennootschap verschaft alsmede ten minste 95% van de stemrechten van de doelvennootschap vertegenwoordigt, kan tegen de gezamenlijke andere aandeelhouders een vordering instellen tot overdracht van hun aandelen aan hem. Hetzelfde geldt, indien twee of meer groepsmaatschappijen dit deel van het geplaatste kapitaal samen verschaffen en dit deel van de stemrechten samen vertegenwoordigen en zij samen de vordering instellen tot overdracht aan degene die het openbaar bod heeft uitgebracht.

Vordering tot overdracht van aandelen bij openbaar bod

2. Zijn er verschillende soorten aandelen dan kan de vordering slechts worden ingesteld ten aanzien van de soort waarvan de eiser of eisers ten minste 95% van het geplaatste kapitaal verschaffen en 95% van de stemrechten vertegenwoordigen.
3. De vordering moet binnen drie maanden na afloop van de termijn voor aanvaarding van het bod worden ingesteld.
4. Over de vordering oordeelt in eerste aanleg de ondernemingskamer van het gerechtshof Amsterdam. Van de uitspraak staat uitsluitend beroep in cassatie open.
5. Indien tegen een of meer verweerders verstek is verleend, moet de rechter ambtshalve onderzoeken of de eiser of eisers de vereisten van lid 1 onderscheidenlijk lid 2 vervult of vervullen.
6. Indien de rechter oordeelt dat de leden 1 en 2 de toewijzing van de vordering niet beletten, stelt hij een billijke prijs vast voor de over te dragen aandelen op een door hem te bepalen dag. Wanneer een openbaar bod als bedoeld in artikel 5:74 van de Wet op het financieel toezicht is uitgebracht, wordt de waarde van de bij het bod geboden tegenprestatie, mits ten minste 90% van de aandelen is verworven waarop het bod betrekking had, geacht een billijke prijs te zijn. Wanneer een openbaar bod als bedoeld in artikel 5:70 van de Wet op het financieel toezicht is uitgebracht, wordt de waarde van de bij het bod geboden tegenprestatie geacht een billijke prijs te zijn. In afwijking van de tweede of derde zin kan de rechter bevelen dat een of drie deskundigen zullen berichten over de waarde van de over te dragen aandelen. De eerste drie zinnen van artikel 350 lid 3 en de artikelen 351 en 352 zijn dan van toepassing. De prijs luidt in geld. Zo lang en voor zover de prijs niet is betaald, wordt hij verhoogd met rente, gelijk aan de wettelijke rente, vanaf de dag die door de rechter is bepaald voor de vaststelling van de prijs tot de overdracht; uitkeringen op de aandelen die in dit tijdvak betaalbaar worden gesteld, strekken op de dag van betaalbaarstelling tot gedeeltelijke betaling van de prijs.
7. De rechter die de vordering toewijst, veroordeelt de overnemer aan degenen aan wie de aandelen toebehoren of zullen toebehoren de vastgestelde prijs met rente te betalen tegen levering van het onbezwaarde recht op de aandelen. De rechter geeft omtrent de kosten van het geding zodanige uitspraak als hij meent dat behoort. Een verweerder die geen verweer heeft gevoerd, wordt niet verwezen in de kosten.
8. Staat het bevel tot overdracht bij gerechtelijk gewijsde vast, dan deelt de overnemer de dag en plaats van betaalbaarstelling en de prijs schriftelijk mee aan de houders van de over te nemen aandelen van wie hij het adres kent. Hij kondigt deze ook aan in een landelijk verspreid dagblad, tenzij hij van allen het adres kent.
9. De overnemer kan zich altijd van zijn verplichtingen ingevolge de leden 7 en 8 bevrijden door de vastgestelde prijs met rente voor alle nog niet overgenomen aandelen te consigneren, onder mededeling van hem bekende rechten van pand en vruchtgebruik en de hem bekende beslagen. Door deze mededeling gaat beslag over van de aandelen op het recht op uitkering. Door het consigneren gaat het recht op de aandelen onbezwaard op hem over en gaan rechten van pand of vruchtgebruik over op het recht op uitkering. Aan aandeel- en dividendbewijzen waarop na de overgang uitkeringen betaalbaar zijn gesteld, kan nadien geen recht jegens de vennootschap meer worden ontleend. De overnemer maakt het consigneren en de prijs per aandeel op dat tijdstip bekend op de wijze van lid 8.

Art. 359d

1. Tegen degene die een openbaar bod heeft uitgebracht en als aandeelhouder voor eigen rekening ten minste 95% van het geplaatste kapitaal van de doelvennootschap verschaft alsmede ten minste 95% van de stemrechten van de doelvennootschap vertegenwoordigt, kan door een andere aandeelhouder een vordering worden ingesteld tot overneming van de aandelen van de andere aandeelhouder. Hetzelfde geldt, indien twee of meer groepsmaatschappijen dit deel van het geplaatste kapitaal samen verschaffen en dit deel van de stemrechten samen vertegenwoordigen en een van hen het openbaar bod heeft uitgebracht.

Vordering tot overnemen van aandelen bij openbaar bod

2. Zijn er verschillende soorten aandelen dan kan de vordering worden ingesteld ten aanzien van de soort waarvan degene die een openbaar bod heeft uitgebracht alleen of samen met groepsmaatschappijen ten minste 95% van het geplaatste kapitaal verschaft en 95% van de stemrechten vertegenwoordigt.
3. De vordering moet binnen drie maanden na afloop van de termijn voor aanvaarding van het bod worden ingesteld.

4. Over de vordering oordeelt in eerste aanleg de ondernemingskamer van het gerechtshof Amsterdam. Van de uitspraak staat uitsluitend beroep in cassatie open.
5. Indien tegen een of meer gedaagden verstek is verleend, moet de rechter ambtshalve onderzoeken of de gedaagden de vereisten van lid 1 onderscheidenlijk lid 2 vervullen.
6. Staat het bevel tot overneming bij gerechtelijk gewijsde vast, dan deelt de overnemer de dag en plaats van betaalbaarstelling van de prijs schriftelijk mee aan de houders van de over te nemen aandelen.

Schakelbepaling
7. Artikel 359c, leden 6, 7 en 9, is van overeenkomstige toepassing.

Titel 9
De jaarrekening en het bestuursverslag

Afdeling 1
Algemene bepaling

Art. 360
Werkingssfeer
1. Deze titel is van toepassing op de coöperatie, de onderlinge waarborgmaatschappij, de naamloze vennootschap en de besloten vennootschap met beperkte aansprakelijkheid. Ongeacht hun rechtsvorm is deze titel op banken als bedoeld in artikel 415, betaalinstellingen als bedoeld in artikel 1:1 van de Wet op het financieel toezicht en elektronischgeldinstellingen als bedoeld in artikel 1:1 van de Wet op het financieel toezicht van toepassing.
(Zie ook: artt. 53, 64, 175 BW Boek 2)
2. Deze titel is eveneens van toepassing op een commanditaire vennootschap of een vennootschap onder firma waarvan alle vennoten die volledig jegens schuldeisers aansprakelijk zijn voor de schulden, kapitaalvennootschappen naar buitenlands recht zijn.
(Zie ook: artt. 16, 19 WvK)
3. Deze titel is eveneens van toepassing op de stichting en de vereniging die een of meer ondernemingen in stand houden welke ingevolge de wet in het handelsregister moeten worden ingeschreven, indien de netto-omzet van deze ondernemingen gedurende twee opeenvolgende boekjaren zonder onderbreking nadien gedurende twee opeenvolgende boekjaren, de helft of meer bedraagt van het in artikel 396 lid 1, onder b, bedoelde bedrag, zoals gewijzigd op grond van artikel 398 lid 4. Indien de stichting of vereniging bij of krachtens de wet verplicht is een financiële verantwoording op te stellen die gelijkwaardig is aan een jaarrekening als bedoeld in deze titel en indien deze openbaar wordt gemaakt, blijft de eerste volzin buiten toepassing.
(Zie ook: artt. 49, 50, 300, 361, 383a, 392, 398 BW Boek 2)

Afdeling 2
Algemene bepalingen omtrent de jaarrekening

Art. 361
Jaarrekening
1. Onder jaarrekening wordt verstaan: de enkelvoudige jaarrekening die bestaat uit de balans en de winst- en verliesrekening met de toelichting, en de geconsolideerde jaarrekening indien de rechtspersoon een geconsolideerde jaarrekening opstelt.
(Zie ook: artt. 10, 364, 377 BW Boek 2)

Exploitatierekening
2. Coöperaties en de in artikel 360 lid 3 bedoelde stichtingen en verenigingen vervangen de winst- en verliesrekening door een exploitatierekening, indien het in artikel 362 lid 1 bedoelde inzicht daardoor wordt gediend; op deze rekening zijn de bepalingen omtrent de winst- en verliesrekening zoveel mogelijk van overeenkomstige toepassing. Bepalingen omtrent winst en verlies zijn zoveel mogelijk van overeenkomstige toepassing op het exploitatiesaldo.
(Zie ook: art. 53 BW Boek 2)

Werkingssfeer
3. De bepalingen van deze titel gelden voor jaarrekeningen en hun onderdelen, zowel in de vorm waarin zij door het bestuur zijn opgemaakt als in de vorm waarin zij door het bevoegde orgaan van de rechtspersoon zijn vastgesteld.
(Zie ook: artt. 58, 101, 210 BW Boek 2)

Groepsjaarrekening
4. Bij de toepassing van de artikelen 367, 370 lid 1, 375, 376, 377 lid 5 en 381 moeten overeenkomstige vermeldingen als met betrekking tot groepsmaatschappijen worden opgenomen met betrekking tot andere maatschappijen:
a. die op voet van de leden 1, 3 en 4 van artikel 24a rechten in de rechtspersoon kunnen uitoefenen, ongeacht of zij rechtspersoonlijkheid hebben, of
b. die dochtermaatschappij zijn van de rechtspersoon, van een groepsmaatschappij of van een maatschappij als bedoeld in onderdeel a.
(Zie ook: artt. 24a, 24b, 363 BW Boek 2)

Art. 362
Eisen aan jaarrekening
1. De jaarrekening geeft volgens normen die in het maatschappelijk verkeer als aanvaardbaar worden beschouwd een zodanig inzicht dat een verantwoord oordeel kan worden gevormd

omtrent het vermogen en het resultaat, alsmede voor zover de aard van een jaarrekening dat toelaat, omtrent de solvabiliteit en de liquiditeit van de rechtspersoon. Indien de internationale vertakking van zijn groep dit rechtvaardigt kan de rechtspersoon de jaarrekening opstellen naar de normen die in het maatschappelijk verkeer in een van de andere lidstaten van de Europese Gemeenschappen als aanvaardbaar worden beschouwd en het in de eerste volzin bedoelde inzicht geven.
(Zie ook: art. 24b BW Boek 2)
2. De balans met de toelichting geeft getrouw, duidelijk en stelselmatig de grootte van het vermogen en zijn samenstelling in actief- en passiefposten op het einde van het boekjaar weer. De balans mag het vermogen weergeven, zoals het wordt samengesteld met inachtneming van de bestemming van de winst of de verwerking van het verlies, of, zolang deze niet vaststaat, met inachtneming van het voorstel daartoe. Bovenaan de balans wordt aangegeven of daarin de bestemming van het resultaat is verwerkt.
(Zie ook: artt. 363, 364 BW Boek 2)
3. De winst- en verliesrekening met de toelichting geeft getrouw, duidelijk en stelselmatig de grootte van het resultaat van het boekjaar en zijn afleiding uit de posten van baten en lasten weer.
(Zie ook: artt. 363, 377 BW Boek 2)
4. Indien het verschaffen van het in lid 1 bedoelde inzicht dit vereist, verstrekt de rechtspersoon in de jaarrekening gegevens ter aanvulling van hetgeen in de bijzondere voorschriften van en krachtens deze titel wordt verlangd. Indien dit noodzakelijk is voor het verschaffen van dat inzicht, wijkt de rechtspersoon van die voorschriften af; de reden van deze afwijking wordt in de toelichting uiteengezet, voor zover nodig onder opgaaf van de invloed ervan op vermogen en resultaat.
5. De baten en lasten van het boekjaar worden in de jaarrekening opgenomen, onverschillig of zij tot ontvangsten of uitgaven in dat boekjaar hebben geleid.
6. De jaarrekening wordt vastgesteld met inachtneming van hetgeen omtrent de financiële toestand op de balansdatum is gebleken tussen het opmaken van de jaarrekening en de algemene vergadering waarin zij wordt behandeld, voor zover dat onontbeerlijk is voor het in lid 1 bedoelde inzicht. Blijkt nadien dat de jaarrekening in ernstige mate tekortschiet in het geven van dit inzicht, dan bericht het bestuur daaromtrent onverwijld aan de leden of aandeelhouders en deponeert een mededeling daaromtrent bij het handelsregister; bij die mededeling wordt een accountantsverklaring gevoegd, indien de jaarrekening overeenkomstig artikel 393 is onderzocht. Een rechtspersoon waarvan effecten zijn toegelaten tot de handel op een gereglementeerde markt als bedoeld in de Wet op het financieel toezicht wordt geacht te hebben voldaan aan de verplichting om de mededeling, bedoeld in tweede volzin, te deponeren bij het handelsregister, indien zij de mededeling op grond van artikel 5:25m, vijfde lid, van die wet heeft toegezonden aan de Stichting Autoriteit Financiële Markten.

Jaarrekening deponeren bij handelsregister

(Zie ook: art. 1 WED)
7. Indien de werkzaamheid van de rechtspersoon of de internationale vertakking van zijn groep dat rechtvaardigt, mag de jaarrekening of alleen de geconsolideerde jaarrekening worden opgesteld in een vreemde geldeenheid. De posten worden in de Nederlandse taal omschreven, tenzij de algemene vergadering tot het gebruik van een andere taal heeft besloten.
(Zie ook: artt. 10, 373, 384, 391 BW Boek 2; art. 6 WvK)
8. Een rechtspersoon kan de jaarrekening opstellen volgens de door de International Accounting Standards Board vastgestelde en door de Europese Commissie goedgekeurde standaarden, mits de rechtspersoon daarbij alle voor hem van toepassing zijnde vastgestelde en goedgekeurde standaarden toepast. Een rechtspersoon die de geconsolideerde jaarrekening opstelt volgens deze titel, kan niet de enkelvoudige jaarrekening opstellen volgens de vastgestelde en goedgekeurde standaarden. Een rechtspersoon die de geconsolideerde jaarrekening opstelt volgens de in de eerste zin van dit lid genoemde standaarden, kan in de enkelvoudige jaarrekening de waarderingsgrondslagen toepassen die hij ook in de geconsolideerde jaarrekening heeft toegepast.
9. De rechtspersoon die de jaarrekening opstelt volgens de in lid 8 bedoelde standaarden, past van deze titel slechts de afdelingen 7 tot en met 10 en de artikelen 362, lid 6, een na laatste volzin, lid 7, laatste volzin en lid 10, 365 lid 2, 373, 379 leden 1 en 2, 380b, onderdeel d, 382, 382a, 383, 383b tot en met 383e, 389 leden 8 en 10, en 390 toe. Banken passen tevens artikel 421 lid 5 toe. Verzekeraars passen tevens artikel 441 lid 10 toe.
10. De rechtspersoon vermeldt in de toelichting volgens welke standaarden de jaarrekening is opgesteld.

Art. 363
1. De samenvoeging, de ontleding en de rangschikking van de gegevens in de jaarrekening en de toelichting op die gegevens zijn gericht op het inzicht dat de jaarrekening krachtens artikel 362 lid 1 beoogt te geven. Daarbij worden de voorschriften krachtens lid 6 en de andere afdelingen van deze titel in acht genomen. De toelichting houdt de volgorde van de vermelding van de posten aan.

Vorm en indeling van jaarrekening

art. 2:364

2. Het is niet geoorloofd in de jaarrekening activa en passiva of baten en lasten tegen elkaar te laten wegvallen, indien zij ingevolge deze titel in afzonderlijke posten moeten worden opgenomen.

3. Een post behoeft niet afzonderlijk te worden vermeld, indien deze in het geheel van de jaarrekening van te verwaarlozen betekenis is voor het wettelijk vereiste inzicht. Krachtens deze titel vereiste vermeldingen mogen achterwege blijven voor zover zij op zichzelf genomen en tezamen met soortgelijke vermeldingen voor dit inzicht van te verwaarlozen betekenis zouden zijn. Vermeldingen krachtens de artikelen 378, 382 en 383 mogen evenwel niet achterwege blijven.

4. De indeling van de balans en van de winst- en verliesrekening mag slechts wegens gegronde redenen afwijken van die van het voorafgaande jaar; in de toelichting worden de verschillen aangegeven en worden de redenen die tot afwijking hebben geleid, uiteengezet.
(Zie ook: art. 362 BW Boek 2; Bmjr)

5. Zoveel mogelijk wordt bij iedere post van de jaarrekening het bedrag van het voorafgaande boekjaar vermeld; voor zover nodig, wordt dit bedrag ter wille van de vergelijkbaarheid herzien en wordt de afwijking ten gevolge van de herziening toegelicht.

Nadere regels

6. Wij kunnen voor de indeling van de jaarrekening bij algemene maatregel van bestuur modellen en nadere voorschriften vaststellen, die gelden voor de daarbij omschreven rechtspersonen. Bij de toepassing daarvan worden de indeling, benaming en omschrijving van de daarin voorkomende posten aangepast aan de aard van het bedrijf van de rechtspersoon, voor zover dat krachtens de algemene maatregel is toegelaten.
(Zie ook: artt. 362, 364 BW Boek 2; Bmjr)

Afdeling 3
Voorschriften omtrent de balans en de toelichting daarop

§ 1
Hoofdindeling van de balans

Art. 364

Balans

1. Op de balans worden de activa onderscheiden in vaste en vlottende activa, al naar gelang zij zijn bestemd om de uitoefening van de werkzaamheid van de rechtspersoon al of niet duurzaam te dienen.

2. Onder de vaste activa worden afzonderlijk opgenomen de immateriële, materiële en financiële vaste activa.

3. Onder de vlottende activa worden afzonderlijk opgenomen de voorraden, vorderingen, effecten, liquide middelen, en, voor zover zij niet onder de vorderingen zijn vermeld, de overlopende activa.

4. Onder de passiva worden afzonderlijk opgenomen het eigen vermogen, de voorzieningen, de schulden en, voor zover zij niet onder de schulden zijn vermeld, de overlopende passiva.
(Zie ook: artt. 365, 373 BW Boek 2)

§ 2
Activa

Art. 365

Immateriële vaste activa op balans

1. Onder de immateriële vaste activa worden afzonderlijk opgenomen:
a. kosten die verband houden met de oprichting en met de uitgifte van aandelen;
(Zie ook: artt. 69, 180 BW Boek 2)
b. kosten van ontwikkeling;
c. kosten van verwerving ter zake van concessies, vergunningen en rechten van intellectuele eigendom;
d. kosten van goodwill die van derden is verkregen;
e. vooruitbetalingen op immateriële vaste activa.

2. Voor zover de rechtspersoon de kosten, vermeld in de onderdelen *a* en *b* van lid 1, activeert, moet hij deze toelichten en moet hij ter hoogte daarvan een reserve aanhouden.
(Zie ook: artt. 104, 215, 364, 368, 373, 385, 386, 387, 397 BW Boek 2)

Art. 366

Materiële vaste activa op balans

1. Onder de materiële vaste activa worden afzonderlijk opgenomen:
a. bedrijfsgebouwen en -terreinen;
b. machines en installaties;
c. andere vaste bedrijfsmiddelen, zoals technische en administratieve uitrusting;
d. materiële vaste bedrijfsactiva in uitvoering en vooruitbetalingen op materiële vaste activa;
e. niet aan het produktieproces dienstbare materiële vaste activa.

2. Indien de rechtspersoon op of met betrekking tot materiële vaste activa slechts een beperkt zakelijk of persoonlijk duurzaam genotsrecht heeft, wordt dit vermeld.
(Zie ook: artt. 364, 368, 378, 385, 387, 396, 397 BW Boek 2)

Art. 367
Onder de financiële vaste activa worden afzonderlijk opgenomen: *Financiële vaste activa op balans*
a. aandelen, certificaten van aandelen en andere vormen van deelneming in groepsmaatschappijen;
b. andere deelnemingen;
c. vorderingen op groepsmaatschappijen;
d. vorderingen op andere rechtspersonen en vennootschappen die een deelneming hebben in de rechtspersoon of waarin de rechtspersoon een deelneming heeft;
e. overige effecten;
f. overige vorderingen, met afzonderlijke vermelding van de vorderingen uit leningen en voorschotten aan leden of houders van aandelen op naam.
(Zie ook: artt. 24b, 24c, 364, 368, 389, 396, 397 BW Boek 2)

Art. 368
1. Het verloop van elk der posten, behorende tot de vaste activa, gedurende het boekjaar wordt in een sluitend overzicht weergegeven. Daaruit blijken: *Overzicht mutaties vaste activa bij balans*
a. de boekwaarde aan het begin van het boekjaar;
b. de som van de waarden waartegen de in het boekjaar verkregen activa zijn te boek gesteld, en de som van de boekwaarden der activa waarover de rechtspersoon aan het einde van het boekjaar niet meer beschikt;
c. de herwaarderingen over het boekjaar overeenkomstig artikel 390 lid 1;
d. de afschrijvingen, de waardeverminderingen en de terugneming daarvan over het boekjaar;
e. de boekwaarde aan het einde van het boekjaar.
(Zie ook: artt. 386, 387 BW Boek 2)
2. Voorts worden voor elk der posten behorende tot de vaste activa opgegeven:
a. de som der herwaarderingen die betrekking hebben op de activa welke op de balansdatum aanwezig zijn;
(Zie ook: art. 390 BW Boek 2)
b. de som der afschrijvingen en waardeverminderingen op de balansdatum.
(Zie ook: artt. 396, 397 BW Boek 2)

Art. 369
Onder de tot de vlottende activa behorende voorraden worden afzonderlijk opgenomen: *Onder vlottende activa behorende voorraden op balans*
a. grond- en hulpstoffen;
b. onderhanden werk;
c. gereed produkt en handelsgoederen;
d. vooruitbetalingen op voorraden.
(Zie ook: artt. 364, 385, 387, 396, 397 BW Boek 2)

Art. 370
1. Onder de tot de vlottende activa behorende vorderingen worden afzonderlijk opgenomen: *Onder vlottende activa behorende vorderingen op balans*
a. vorderingen op handelsdebiteuren;
b. vorderingen op groepsmaatschappijen;
(Zie ook: art. 24b BW Boek 2)
c. vorderingen op andere rechtspersonen en vennootschappen die een deelneming hebben in de rechtspersoon of waarin de rechtspersoon een deelneming heeft;
(Zie ook: art. 24c BW Boek 2)
d. opgevraagde stortingen van geplaatst kapitaal;
(Zie ook: artt. 80, 191 BW Boek 2)
e. overige vorderingen, met uitzondering van die waarop de artikelen 371 en 372 van toepassing zijn, en met afzonderlijke vermelding van de vorderingen uit leningen en voorschotten aan leden of houders van aandelen op naam.
(Zie ook: artt. 53, 85, 194 BW Boek 2)
2. Bij elk van de in lid 1 vermelde groepen van vorderingen wordt aangegeven tot welk bedrag de resterende looptijd langer is dan een jaar.
(Zie ook: artt. 364, 396, 397 BW Boek 2)

Art. 371
1. Behoren tot de vlottende activa aandelen en andere vormen van belangen in niet in de consolidatie betrokken maatschappijen als bedoeld in artikel 361 lid 4, dan worden deze afzonderlijk onder de effecten opgenomen. Vermeld wordt de gezamenlijke waarde van de overige tot de vlottende activa behorende effecten die zijn toegelaten tot de handel op een gereglementeerde markt of een multilaterale handelsfaciliteit, als bedoeld in artikel 1:1 van de Wet op het financieel toezicht of een met een gereglementeerde markt of multilaterale handelsfaciliteit vergelijkbaar systeem uit een staat die geen lidstaat is.   *Onder vlottende activa behorende effecten op balans*
(Zie ook: art. 406 BW Boek 2)

2. Omtrent de effecten wordt vermeld, in hoeverre deze niet ter vrije beschikking van de rechtspersoon staan.
(Zie ook: artt. 364, 396, 397 BW Boek 2)

Art. 372

Liquide middelen op balans

1. Onder de liquide middelen worden opgenomen de kasmiddelen, de tegoeden op bank- en girorekeningen, alsmede de wissels en cheques.
(Zie ook: artt. 100, 178 WvK)
2. Omtrent de tegoeden wordt vermeld, in hoeverre deze niet ter vrije beschikking van de rechtspersoon staan.
(Zie ook: artt. 364, 396, 397 BW Boek 2)

§ 3
Passiva

Art. 373

Eigen vermogen

1. Onder het eigen vermogen worden afzonderlijk opgenomen:
a. het geplaatste kapitaal;
(Zie ook: artt. 67, 80, 98, 207, 263, 378 BW Boek 2)
b. agio;
(Zie ook: art. 80 BW Boek 2)
c. herwaarderingsreserves;
(Zie ook: artt. 263, 389, 390 BW Boek 2)
d. andere wettelijke reserves, onderscheiden naar hun aard;
e. statutaire reserves;
f. overige reserves;
g. niet verdeelde winsten, met afzonderlijke vermelding van het resultaat na belastingen van het boekjaar, voor zover de bestemming daarvan niet in de balans is verwerkt.
2. Is het geplaatste kapitaal niet volgestort, dan wordt in plaats daarvan het gestorte kapitaal vermeld of, indien stortingen zijn uitgeschreven, het gestorte en opgevraagde kapitaal. Het geplaatste kapitaal wordt in deze gevallen vermeld.
3. Het kapitaal wordt niet verminderd met het bedrag van eigen aandelen of certificaten daarvan die de rechtspersoon of een dochtermaatschappij houdt.
(Zie ook: artt. 24a, 98 t/m 98d, 207 t/m 207d BW Boek 2)
4. Wettelijke reserves zijn de reserves die moeten worden aangehouden ingevolge de artikelen 67a leden 2 en 3, 94a lid 6 onder f, 98c lid 4, 365 lid 2, 389 leden 6 en 8, 390, 401 lid 2 en 423 lid 4.
5. In een jaarrekening die in een vreemde geldeenheid wordt opgesteld, wordt de in lid 1 onderdeel *a* bedoelde post opgenomen in die geldeenheid, naar de koers op de balansdatum. Vermelden de statuten het geplaatste kapitaal in een andere geldeenheid dan de geldeenheid waarin de jaarrekening is opgesteld, dan wordt in de in lid 1 onderdeel a bedoelde post tevens deze koers en het bedrag in die andere geldeenheid vermeld.
(Zie ook: artt. 21, 362, 364, 378, 411 BW Boek 2)

Art. 374

Voorzieningen op balans

1. Op de balans worden voorzieningen opgenomen tegen naar hun aard duidelijk omschreven verplichtingen die op de balansdatum als waarschijnlijk of als vaststaand worden beschouwd, maar waarvan niet bekend is in welke omvang of wanneer zij zullen ontstaan. Tevens kunnen voorzieningen worden opgenomen tegen uitgaven die in een volgend boekjaar zullen worden gedaan, voor zover het doen van die uitgaven zijn oorsprong mede vindt voor het einde van het boekjaar en de voorziening strekt tot gelijkmatige verdeling van lasten over een aantal boekjaren.
2. Waardevermindering van een actief wordt niet door vorming van een voorziening tot uitdrukking gebracht.
3. De voorzieningen worden gesplitst naar de aard der verplichtingen, verliezen en kosten waartegen zij worden getroffen; zij worden overeenkomstig de aard nauwkeurig omschreven. In de toelichting wordt zoveel mogelijk aangegeven in welke mate de voorzieningen als langlopend moeten worden beschouwd.
4. In ieder geval worden afzonderlijk opgenomen:
a. de voorziening voor belastingverplichtingen, die na het boekjaar kunnen ontstaan, doch aan het boekjaar of een voorafgaand boekjaar moeten worden toegerekend, met inbegrip van de voorziening voor belastingen die uit waardering boven de verkrijgings- of vervaardigingsprijs kan voortvloeien;
(Zie ook: art. 390 BW Boek 2)
b. de voorziening voor pensioenverplichtingen.
(Zie ook: artt. 364, 396, 397 BW Boek 2)

Art. 375
1. Onder de schulden worden afzonderlijk opgenomen:
a. obligatieleningen, pandbrieven en andere leningen met afzonderlijke vermelding van de converteerbare leningen;
b. schulden aan banken;
c. ontvangen vooruitbetalingen op bestellingen voor zover niet reeds op actiefposten in mindering gebracht;
d. schulden aan leveranciers en handelskredieten;
e. te betalen wissels en cheques;
(Zie ook: artt. 100, 178 WvK)
f. schulden aan groepsmaatschappijen;
(Zie ook: art. 24b BW Boek 2)
g. schulden aan rechtspersonen en vennootschappen die een deelneming hebben in de rechtspersoon of waarin de rechtspersoon een deelneming heeft, voor zover niet reeds onder *f* vermeld;
(Zie ook: art. 24c BW Boek 2)
h. schulden ter zake van belastingen en premiën van sociale verzekering;
i. schulden ter zake van pensioenen;
j. overige schulden.

2. Bij elke in lid 1 vermelde groep van schulden wordt aangegeven tot welk bedrag de resterende looptijd langer is dan een jaar, met aanduiding van de rentevoet daarover. Voor het totaal van de in lid 1 vermelde schulden wordt aangegeven tot welk bedrag de resterende looptijd langer is dan vijf jaar.

3. Voor het totaal van de in lid 1 genoemde groepen, wordt aangegeven voor welke schulden zakelijke zekerheid is gesteld en in welke vorm dat is geschied. Voorts wordt medegedeeld ten aanzien van welke schulden de rechtspersoon zich, al dan niet voorwaardelijk, heeft verbonden tot het bezwaren of niet bezwaren van goederen, voor zover dat noodzakelijk is voor het verschaffen van het in artikel 362 lid 1 bedoelde inzicht.

4. Aangegeven wordt tot welk bedrag schulden in rang zijn achtergesteld bij de andere schulden; de aard van deze achterstelling wordt toegelicht.

5. Is het bedrag waarmee de schuld moet worden afgelost hoger dan het ontvangen bedrag, dan mag het verschil, mits afzonderlijk vermeld, uiterlijk tot de aflossing worden geactiveerd.
(Zie ook: art. 386 BW Boek 2)

6. Het bedrag wordt vermeld dat de rechtspersoon op leningen die zijn opgenomen onder de schulden met een resterende looptijd van meer dan een jaar, moet aflossen tijdens het boekjaar, volgend op dat waarop de jaarrekening betrekking heeft.

7. Bij converteerbare leningen worden de voorwaarden van conversie medegedeeld.
(Zie ook: artt. 364, 376, 396, 397 BW Boek 2)

Art. 376
Heeft de rechtspersoon zich aansprakelijk gesteld voor schulden van anderen of loopt hij nog risico voor rijdsgediseconteerde wissels of chèques, dan worden de daaruit voortvloeiende verplichtingen, voor zover daarvoor op de balans geen voorzieningen zijn opgenomen, vermeld en ingedeeld naar de vorm der geboden zekerheid. Afzonderlijk worden vermeld de verplichtingen die ten behoeve van groepsmaatschappijen zijn aangegaan.
(Zie ook: artt. 24b, 374 BW Boek 2; artt. 100, 109, 142, 178, 179 WvK)

Afdeling 4
Voorschriften omtrent de winst- en verliesrekening en de toelichting daarop

Art. 377
1. Op de winst- en verliesrekening worden afzonderlijk opgenomen:
a. de baten en lasten uit de gewone bedrijfsuitoefening, de belastingen daarover en het resultaat uit de gewone bedrijfsuitoefening na belastingen;
b. de overige belastingen;
c. het resultaat na belastingen.

2. De baten en lasten uit de gewone bedrijfsuitoefening worden hetzij overeenkomstig lid 3, hetzij overeenkomstig lid 4 gesplitst.

3. Afzonderlijk worden opgenomen:
a. de netto-omzet;
(Zie ook: art. 380 BW Boek 2)
b. de toe- of afneming van de voorraad gereed produkt en onderhanden werk ten opzichte van de voorafgaande balansdatum;
(Zie ook: artt. 369, 385 BW Boek 2)
c. de geactiveerde produktie ten behoeve van het eigen bedrijf;
d. de overige bedrijfsopbrengsten;
e. de lonen;

f. de sociale lasten met afzonderlijke vermelding van de pensioenlasten;
g. de kosten van grond- en hulpstoffen en de overige externe kosten;
(Zie ook: art. 385 BW Boek 2)
h. de afschrijvingen en de waardeverminderingen ten laste van de immateriële en de materiële vaste activa, gesplitst naar die groepen activa;
(Zie ook: artt. 386, 387 BW Boek 2)
i. waardeverminderingen van vlottende activa, voor zover zij de bij de rechtspersoon gebruikelijke waardeverminderingen overtreffen;
(Zie ook: art. 387 BW Boek 2)
j. de overige bedrijfskosten;
k. het resultaat uit deelnemingen;
(Zie ook: artt. 24c, 389 BW Boek 2)
l. opbrengsten van andere effecten en vorderingen, die tot de vaste activa behoren;
(Zie ook: art. 367 BW Boek 2)
m. de overige rentebaten en soortgelijke opbrengsten;
n. de wijzigingen in de waarde van de financiële vaste activa en van de effecten die tot de vlottende activa behoren;
o. de rentelasten en soortgelijke kosten.
4. Afzonderlijk worden opgenomen:
a. de netto-omzet;
(Zie ook: art. 380 BW Boek 2)
b. de kostprijs van de omzet, met uitzondering van de daarin opgenomen rentelasten, doch met inbegrip van de afschrijvingen en waardeverminderingen;
(Zie ook: artt. 386, 387 BW Boek 2)
c. het bruto-omzetresultaat als saldo van de posten *a* en *b*;
d. de verkoopkosten, met inbegrip van de afschrijvingen en buitengewone waardeverminderingen;
e. de algemene beheerskosten, met inbegrip van de afschrijvingen en waardeverminderingen;
f. de overige bedrijfsopbrengsten;
g. het resultaat uit deelnemingen;
(Zie ook: artt. 24c, 389 BW Boek 2)
h. opbrengsten uit andere effecten en vorderingen die tot de vaste activa behoren;
(Zie ook: artt. 367, 371 BW Boek 2)
i. de overige rentebaten en soortgelijke opbrengsten;
j. de wijzigingen in de waarde van de financiële vaste activa en van de effecten die tot de vlottende activa behoren;
k. de rentelasten en soortgelijke kosten.
5. Bij de posten *k-o* en lid 3 en de posten *g-k* van lid 4 worden afzonderlijk vermeld de baten en lasten uit de verhouding met groepsmaatschappijen.
(Zie ook: art. 24b BW Boek 2)
6. Onder de netto-omzet wordt verstaan de opbrengst uit levering van goederen en diensten uit het bedrijf van de rechtspersoon, onder aftrek van kortingen en dergelijke en van over de omzet geheven belastingen.
7. Baten en lasten welke aan een ander boekjaar moeten worden toegerekend, worden naar aard en omvang toegelicht.
(Zie ook: artt. 362, 364, 396, 397 BW Boek 2)
8. Vermeld wordt het bedrag en de aard van de posten van baten en lasten die van uitzonderlijke omvang zijn of in uitzonderlijke mate voorkomen.

Afdeling 5
Bijzondere voorschriften omtrent de toelichting

Art. 378

Toelichting op jaarrekening

1. Het verloop van het eigen vermogen gedurende het boekjaar wordt weergegeven in een overzicht. Daaruit blijken:
a. het bedrag van elke post aan het begin van het boekjaar;
b. de toevoegingen en de verminderingen van elke post over het boekjaar, gesplitst naar hun aard;
c. het bedrag van elke post aan het einde van het boekjaar.
2. In het overzicht wordt de post gestort en opgevraagd kapitaal uitgesplitst naar de soorten aandelen. Afzonderlijk worden vermeld de eindstand en de gegevens over het verloop van de aandelen in het kapitaal van de rechtspersoon en van de certificaten daarvan, die deze zelf of een dochtermaatschappij voor eigen rekening houdt of doet houden. Vermeld wordt op welke post van het eigen vermogen de verkrijgingsprijs of boekwaarde daarvan in mindering is gebracht.

3. Opgegeven wordt op welke wijze stortingen op aandelen zijn verricht die in het boekjaar opeisbaar werden of vrijwillig zijn verricht, met de zakelijke inhoud van de in het boekjaar verrichte rechtshandelingen, waarop een der artikelen 94, 94c of 204 van toepassing is. Een naamloze vennootschap vermeldt iedere verwerving en vervreemding voor haar rekening van eigen aandelen en certificaten daarvan; daarbij worden medegedeeld de redenen van verwerving, het aantal, het nominale bedrag en de overeengekomen prijs van de bij elke handeling betrokken aandelen en certificaten en het gedeelte van het kapitaal dat zij vertegenwoordigen.
4. Een naamloze vennootschap vermeldt de gegevens omtrent het aantal, de soort en het nominale bedrag van de eigen aandelen of de certificaten daarvan:
a. die zij of een ander voor haar rekening op de balansdatum in pand heeft;
b. die zij of een dochtermaatschappij op de balansdatum houdt op grond van verkrijging met toepassing van artikel 98 lid 5.
(Zie ook: artt. 10a, 24a, 80a, 80b, 93 t/m 94c, 98, 191a, 191b, 204 t/m 204c, 362, 363, 364, 373, 396, 397, 400 BW Boek 2)

Art. 379

1. De rechtspersoon vermeldt naam, woonplaats en het verschafte aandeel in het geplaatste kapitaal van elke maatschappij:
a. waaraan hij alleen of samen met een of meer dochtermaatschappijen voor eigen rekening ten minste een vijfde van het geplaatste kapitaal verschaft of doet verschaffen, of
b. waarin hij als vennoot jegens de schuldeisers volledig aansprakelijk is voor de schulden.

Deelnemingen in toelichting op jaarrekening

2. Van elke in onderdeel *a* van lid 1 bedoelde maatschappij vermeldt de rechtspersoon ook het bedrag van het eigen vermogen en resultaat volgens haar laatst vastgestelde jaarrekening, tenzij:
a. de rechtspersoon de financiële gegevens van de maatschappij consolideert;
(Zie ook: art. 405 BW Boek 2)
b. de rechtspersoon de maatschappij op zijn balans of geconsolideerde balans overeenkomstig artikel 389 leden 1 tot en met 7 verantwoordt;
c. de rechtspersoon de financiële gegevens van de maatschappij wegens te verwaarlozen belang dan wel op grond van artikel 408 niet consolideert; of
d. minder dan de helft van het kapitaal van de maatschappij voor rekening van de rechtspersoon wordt verschaft en de maatschappij wettig haar balans niet openbaar maakt.
3. Tenzij zulk een maatschappij haar belang in de rechtspersoon wettig niet pleegt te vermelden, vermeldt de rechtspersoon:
a. naam en woonplaats van de maatschappij die aan het hoofd van zijn groep staat, en
b. naam en woonplaats van elke maatschappij die zijn financiële gegevens consolideert in haar openbaar gemaakte geconsolideerde jaarrekening, alsmede de plaats waar afschriften daarvan tegen niet meer dan de kostprijs zijn te verkrijgen.
4. Onze Minister van Economische Zaken kan van de verplichtingen, bedoeld in de leden 1, 2 en 3, desverzocht ontheffing verlenen, indien gegronde vrees bestaat dat door de vermelding ernstig nadeel kan ontstaan. Deze ontheffing kan telkens voor ten hoogste vijf jaren worden gegeven. In de toelichting wordt vermeld dat ontheffing is verleend of aangevraagd. Hangende de aanvraag is openbaarmaking niet vereist.
(Zie ook: artt. 399, 400 BW Boek 2)
5. De vermeldingen, vereist in dit artikel en in artikel 414 mogen gezamenlijk worden opgenomen. De rechtspersoon mag het deel van de toelichting dat deze vermeldingen bevat afzonderlijk ter inzage van ieder deponeren bij het handelsregister, mits beide delen van de toelichting naar elkaar verwijzen.
(Zie ook: artt. 24a, 24b, 24d, 402, 405, 414 BW Boek 2)

Art. 380

1. Indien de inrichting van het bedrijf van de rechtspersoon is afgestemd op werkzaamheden in verschillende bedrijfstakken, wordt met behulp van cijfers inzicht gegeven in de mate waarin elk van de soorten van die werkzaamheden tot de netto-omzet heeft bijgedragen.

Uitsplitsing omzet in toelichting op jaarrekening

2. De netto-omzet wordt op overeenkomstige wijze gesplitst naar de onderscheiden gebieden waarin de rechtspersoon goederen en diensten levert.
3. Artikel 379 lid 4 is van overeenkomstige toepassing.

Schakelbepaling

(Zie ook: artt. 396, 397, 400 BW Boek 2)

Art. 380a

Vermeld worden de niet in de balans of winst- en verliesrekening opgenomen gebeurtenissen na de balansdatum met belangrijke financiële gevolgen voor de rechtspersoon en de in zijn geconsolideerde jaarrekening betrokken maatschappijen tezamen, onder mededeling van de omvang van die gevolgen.

Vermelding niet in balans/winst- en verliesrekening opgenomen gebeurtenissen

Art. 380b

Meegedeeld worden:
a. de naam van de rechtspersoon;
b. de rechtsvorm van de rechtspersoon;

Mededelen gegevens rechtspersoon

c. de zetel van de rechtspersoon; en
d. het door de Kamer van Koophandel toegekende nummer bedoeld in artikel 9, onderdeel a, van de Handelsregisterwet 2007, waaronder de rechtspersoon in het handelsregister is ingeschreven.

Art. 380c

Opgave winstbestemming/verliesverwerking

De rechtspersoon doet opgave van de bestemming van de winst of de verwerking van het verlies, of, zolang deze niet vaststaat, het voorstel daartoe.

Art. 380d

Opgave winstbewijzen

De rechtspersoon doet opgave van het aantal winstbewijzen en soortgelijke rechten, met vermelding van de bevoegdheden die zij geven.

Art. 381

Langlopende verplichtingen in toelichting op jaarrekening

1. Vermeld wordt tot welke belangrijke, niet in de balans opgenomen, financiële verplichtingen de rechtspersoon voor een aantal toekomstige jaren is verbonden, zoals die welke uit langlopende overeenkomsten voortvloeien. Tevens wordt vermeld tot welke voorwaardelijke activa, voorwaardelijke verplichtingen en niet verwerkte verplichtingen de rechtspersoon is verbonden. Daarbij worden afzonderlijk vermeld de verplichtingen jegens groepsmaatschappijen. Artikel 375 lid 3 is van overeenkomstige toepassing.
(Zie ook: art. 24b BW Boek 2)
2. Tevens wordt vermeld wat de aard, het zakelijk doel en de financiële gevolgen van niet in de balans opgenomen regelingen van de rechtspersoon zijn, indien de risico's of voordelen die uit deze regelingen voortvloeien van betekenis zijn en voor zover de openbaarmaking van dergelijke risico's of voordelen noodzakelijk is voor de beoordeling van de financiële positie van de rechtspersoon.
3. Vermeld wordt welke van betekenis zijnde transacties door de rechtspersoon niet onder normale marktvoorwaarden met verbonden partijen als bedoeld in de door de International Accounting Standards Board vastgestelde en door de Europese Commissie goedgekeurde standaarden zijn aangegaan, de omvang van die transacties, de aard van de betrekking met de verbonden partij, alsmede andere informatie over die transacties die nodig is voor het verschaffen van inzicht in de financiële positie van de rechtspersoon. Informatie over individuele transacties kan overeenkomstig de aard ervan worden samengevoegd, tenzij gescheiden informatie nodig is om inzicht te verschaffen in de gevolgen van transacties met verbonden partijen voor de financiële positie van de rechtspersoon. Vermelding van transacties tussen twee of meer leden van een groep kan achterwege blijven, mits dochtermaatschappijen die partij zijn bij de transactie geheel in eigendom zijn van een of meer leden van de groep.

Art. 381a

Waardering van financiële instrumenten in toelichting op jaarrekening

Indien financiële instrumenten tegen de actuele waarde worden gewaardeerd, vermeldt de rechtspersoon:
a. indien de actuele waarde met behulp van waarderingsmodellen en -technieken is bepaald, de aannames die daaraan ten grondslag liggen;
b. per categorie van financiële instrumenten, de actuele waarde, de waardeveranderingen die in de winst- en verliesrekening zijn opgenomen, de waardeveranderingen die op grond van artikel 390 lid 1 in de herwaarderingsreserve zijn opgenomen, en de waardeveranderingen die op de vrije reserves in mindering zijn gebracht; en
c. per categorie van afgeleide financiële instrumenten, informatie over de omvang en de aard van de instrumenten, alsmede de voorwaarden die op het bedrag, het tijdstip en de zekerheid van toekomstige kasstromen van invloed kunnen zijn.

Art. 381b

Waardering financiële instrumenten anders dan tegen actuele waarde in toelichting op jaarrekening

Indien financiële instrumenten niet tegen de actuele waarde worden gewaardeerd, vermeldt de rechtspersoon:
a. voor iedere categorie afgeleide financiële instrumenten:
1°. de actuele waarde van de instrumenten, indien deze kan worden bepaald door middel van een van de krachtens artikel 384 lid 4 voorgeschreven methoden;
2°. informatie over de omvang en de aard van de instrumenten; en
b. voor financiële vaste activa die zijn gewaardeerd tegen een hoger bedrag dan de actuele waarde en zonder dat uitvoering is gegeven aan de tweede zin van artikel 387 lid 4:
1°. de boekwaarde en de actuele waarde van de afzonderlijke activa of van passende groepen van de afzonderlijke activa;
2°. de reden waarom de boekwaarde niet is verminderd, alsmede de aard van de aanwijzingen die ten grondslag liggen aan de overtuiging dat de boekwaarde zal kunnen worden gerealiseerd.

Art. 382

Gemiddeld aantal werknemers in toelichting op jaarrekening

Medegedeeld wordt het gemiddelde aantal gedurende het boekjaar bij de rechtspersoon werkzame werknemers, ingedeeld op een wijze die is afgestemd op de inrichting van het bedrijf. De vennootschap doet daarbij opgave van het aantal werknemers dat buiten Nederland werkzaam

is. Heeft artikel 377 lid 3 geen toepassing in de winst- en verliesrekening gevonden, dan worden de aldaar onder e en f verlangde gegevens vermeld.
(Zie ook: artt. 153, 155, 263, 363, 365, 410 BW Boek 2)

Art. 382a
1. Opgegeven worden de in het boekjaar ten laste van de rechtspersoon gebrachte totale honoraria voor het onderzoek van de jaarrekening, totale honoraria voor andere controleopdrachten, totale honoraria voor adviesdiensten op fiscaal terrein en totale honoraria voor andere niet-controlediensten, uitgevoerd door de externe accountant en de accountantsorganisatie, genoemd in artikel 1, eerste lid, onder a en e, van de Wet toezicht accountantsorganisaties. *[Honoraria in toelichting op jaarrekening]*
2. Indien de rechtspersoon dochtermaatschappijen heeft of de financiële gegevens van andere maatschappijen consolideert, worden de honoraria die in het boekjaar te hunnen laste zijn gebracht, in de opgave begrepen.
3. De honoraria hoeven niet opgegeven te worden door een rechtspersoon waarvan de financiële gegevens zijn geconsolideerd in een geconsolideerde jaarrekening waarop krachtens het toepasselijke recht de verordening van het Europees Parlement en de Raad betreffende de toepassing van internationale standaarden voor jaarrekeningen of richtlijn 2013/34/EU van het Europees Parlement en de Raad van 26 juni 2013 betreffende de jaarlijkse financiële overzichten, geconsolideerde financiële overzichten en aanverwante verslagen van bepaalde ondernemingsvormen, tot wijziging van richtlijn 2006/43/EG van het Europees Parlement en de Raad en tot intrekking van richtlijnen 78/660/EEG en 83/349/EEG van de Raad (PbEU 2013, L 182) van toepassing is, mits de in lid 1 bedoelde honoraria in de toelichting van die geconsolideerde jaarrekening worden vermeld.

Art. 383
1. Opgegeven worden het bedrag van de bezoldigingen, met inbegrip van de pensioenlasten, en van de andere uitkeringen voor de gezamenlijke bestuurders en gewezen bestuurders en, afzonderlijk, voor de gezamenlijke commissarissen en gewezen commissarissen. De vorige zin heeft betrekking op de bedragen die in het boekjaar ten laste van de rechtspersoon zijn gekomen. Indien de rechtspersoon dochtermaatschappijen heeft of de financiële gegevens van andere maatschappijen consolideert, worden de bedragen die in het boekjaar te hunnen laste zijn gekomen, in de opgave begrepen. Een opgave die herleid kan worden tot een enkele natuurlijke persoon mag achterwege blijven. *[Bezoldiging bestuurders en commissarissen in toelichting op jaarrekening]*
2. Met uitzondering van de laatste zin is lid 1 tevens van toepassing op het bedrag van de leningen, voorschotten en garanties, ten behoeve van bestuurders en commissarissen van de rechtspersoon verstrekt door de rechtspersoon, zijn dochtermaatschappijen en de maatschappijen waarvan hij de gegevens consolideert. Opgegeven worden de nog openstaande bedragen, de afgewaardeerde bedragen en de bedragen waarvan werd afgezien, de rentevoet, de belangrijkste overige bepalingen en de aflossingen gedurende het boekjaar. *[Leningen en voorschotten aan bestuurders of commissarissen in toelichting op jaarrekening]*
(Zie ook: artt. 24a, 37, 57, 63f, 135, 145, 245, 255, 363, 400, 406 BW Boek 2)

Art. 383a
De in artikel 360 lid 3 bedoelde stichtingen en verenigingen vermelden zowel de statutaire regeling omtrent de bestemming van het resultaat als de wijze waarop het resultaat na belastingen wordt bestemd. *[Toelichting jaarrekening van stichtingen en verenigingen]*
(Zie ook: artt. 49, 50, 300, 392 BW Boek 2)

Art. 383b
In afwijking van artikel 383 gelden de artikelen 383c tot en met 383e voor de naamloze vennootschap, met uitzondering van de naamloze vennootschap waarvan de statuten uitsluitend aandelen op naam kennen, een blokkeringsregeling bevatten en niet toelaten dat met medewerking van de vennootschap certificaten aan toonder worden uitgegeven. *[Toelichting jaarrekening van naamloze vennootschap]*

Art. 383c
1. De vennootschap doet opgave van het bedrag van de bezoldiging voor iedere bestuurder. Dit bedrag wordt uitgesplitst naar *[Uitsplitsing bezoldiging van bestuurders in toelichting op jaarrekening]*
   a. periodiek betaalde beloningen,
   b. beloningen betaalbaar op termijn,
   c. uitkeringen bij beëindiging van het dienstverband,
   d. winstdelingen en bonusbetalingen,
voor zover deze bedragen in het boekjaar ten laste van de vennootschap zijn gekomen. Indien de vennootschap een bezoldiging in de vorm van een bonus heeft betaald die geheel of gedeeltelijk is gebaseerd op het bereiken van de door of vanwege de vennootschap gestelde doelen, doet zij hiervan mededeling. Daarbij vermeldt de vennootschap of deze doelen in het verslagjaar zijn bereikt.
2. De vennootschap doet opgave van het bedrag van de bezoldiging voor iedere gewezen bestuurder, uitgesplitst naar beloningen betaalbaar op termijn en uitkeringen bij beëindiging van het dienstverband, voor zover deze bedragen in het boekjaar ten laste van de vennootschap zijn gekomen.

art. 2:383d

Bezoldiging van commissarissen in toelichting op jaarrekening

3. De vennootschap doet opgave van het bedrag van de bezoldiging voor iedere commissaris, voor zover deze bedragen in het boekjaar ten laste van de vennootschap zijn gekomen. Indien de vennootschap een bezoldiging in de vorm van winstdeling of bonus heeft toegekend, vermeldt zij deze afzonderlijk onder opgave van de redenen die ten grondslag liggen aan het besluit tot het toekennen van bezoldiging in deze vorm aan een commissaris. De laatste twee volzinnen van lid 1 zijn van overeenkomstige toepassing.

4. De vennootschap doet opgave van het bedrag van de bezoldiging van iedere gewezen commissaris, voor zover dit bedrag in het boekjaar ten laste van de vennootschap is gekomen.

Dochtermaatschappijen in toelichting op jaarrekening

5. Indien de vennootschap dochtermaatschappijen heeft of de financiële gegevens van andere maatschappijen consolideert, worden de bedragen die in het boekjaar te hunnen laste zijn gekomen, in de opgaven begrepen, toegerekend naar de betreffende categorie van bezoldiging bedoeld in lid een tot en met 4.

6. De vennootschap doet opgave van het bedrag van de aanpassing dan wel terugvordering van de bezoldiging als bedoeld in artikel 135 lid 6 tot en met 8.

Art. 383d

Toekenning van aandelen aan werknemers of bestuurders in toelichting op jaarrekening

1. De vennootschap die besluiten de bestuurders of werknemers rechten toekent om aandelen in het kapitaal van de vennootschap of een dochtermaatschappij te nemen of te verkrijgen, doet voor iedere bestuurder en voor de werknemers gezamenlijk opgave van:
   a. de uitoefenprijs van de rechten en de prijs van de onderliggende aandelen in het kapitaal van de vennootschap indien die uitoefenprijs lager ligt dan de prijs van die aandelen op het moment van toekenning van de rechten;
   b. het aantal aan het begin van het boekjaar nog niet uitgeoefende rechten;
   c. het aantal door de vennootschap in het boekjaar verleende rechten met de daarbij behorende voorwaarden; indien dergelijke voorwaarden gedurende het boekjaar worden gewijzigd, dienen deze wijzigingen afzonderlijk te worden vermeld;
   d. het aantal gedurende het boekjaar uitgeoefende rechten, waarbij in ieder geval worden vermeld het bij die uitoefening behorende aantal aandelen en de uitoefenprijzen;
   e. het aantal aan het einde van het boekjaar nog niet uitgeoefende rechten, waarbij worden vermeld:
   – de uitoefenprijs van de verleende rechten;
   – de resterende looptijd van de nog niet uitgeoefende rechten;
   – de belangrijkste voorwaarden die voor uitoefening van de rechten gelden;
   – een financieringsregeling die in verband met de toekenning van de rechten is getroffen; en andere gegevens die voor de beoordeling van de waarde van de rechten van belang zijn;
   f. indien van toepassing: de door de vennootschap gehanteerde criteria die gelden voor de toekenning of uitoefening van de rechten.

2. De vennootschap die commissarissen rechten toekent om aandelen in het kapitaal van de vennootschap of een dochtermaatschappij te verkrijgen, doet voorts voor iedere commissaris opgave van deze rechten, alsmede van de redenen die ten grondslag liggen aan het besluit tot het toekennen van deze rechten aan de commissaris. Lid 1 is van overeenkomstige toepassing.

3. De vennootschap vermeldt hoeveel aandelen in het kapitaal van de vennootschap per balansdatum zijn ingekocht of na balansdatum zullen worden ingekocht dan wel hoeveel nieuwe aandelen per balansdatum zijn geplaatst of na balansdatum zullen worden geplaatst ten behoeve van de uitoefening van de rechten bedoeld in lid 1 en lid 2.

4. Voor de toepassing van dit artikel wordt onder aandelen tevens verstaan de certificaten van aandelen welke met medewerking van de vennootschap zijn uitgegeven.

Art. 383e

Verstrekte leningen en voorschotten en garanties in toelichting op jaarrekening

De vennootschap doet opgave van het bedrag van de leningen, voorschotten en garanties, ten behoeve van iedere bestuurder en iedere commissaris van de vennootschap verstrekt door de vennootschap, haar dochtermaatschappijen en de maatschappijen waarvan zij de gegevens consolideert. Opgegeven worden de nog openstaande bedragen, de rentevoet, de belangrijkste overige bepalingen, en de aflossingen gedurende het boekjaar.

Afdeling 6
Voorschriften omtrent de grondslagen van waardering en van bepaling van het resultaat

Art. 384

Grondslagen voor waardering en bepaling van het resultaat

1. Bij de keuze van een grondslag voor de waardering van een actief en van een passief en voor de bepaling van het resultaat laat de rechtspersoon zich leiden door de voorschriften van artikel 362 leden 1-4. Als grondslag komen in aanmerking de verkrijgings- of vervaardigingsprijs en de actuele waarde.
(Zie ook: artt. 366, 367, 369, 388 BW Boek 2)

2. Bij de toepassing van de grondslagen wordt voorzichtigheid betracht. Winsten worden slechts opgenomen, voor zover zij op de balansdatum zijn verwezenlijkt. Verplichtingen die

hun oorsprong vinden vóór het einde van het boekjaar, worden in acht genomen, indien zij vóór het opmaken van de jaarrekening zijn bekend geworden. Voorzienbare verplichtingen en mogelijke verliezen die hun oorsprong vinden vóór het einde van het boekjaar kunnen in acht worden genomen indien zij vóór het opmaken van de jaarrekening bekend zijn geworden.
3. Bij de waardering van activa en passiva wordt uitgegaan van de veronderstelling dat het geheel der werkzaamheden van de rechtspersoon waaraan die activa en passiva dienstbaar zijn, wordt voortgezet, tenzij die veronderstelling onjuist is of haar juistheid aan gerede twijfel onderhevig is; alsdan wordt dit onder mededeling van de invloed op vermogen en resultaat in de toelichting uiteengezet.
4. Bij algemene maatregel van bestuur kunnen regels worden gesteld omtrent de inhoud, de grenzen en de wijze van toepassing van waardering tegen actuele waarden. *Nadere regels*
5. De grondslagen van de waardering van de activa en de passiva en de bepaling van het resultaat worden met betrekking tot elk der posten uiteengezet. De grondslagen voor de omrekening van in vreemde valuta luidende bedragen worden uiteengezet; tevens wordt vermeld op welke wijze koersverschillen zijn verwerkt.
6. Slechts wegens gegronde redenen mogen de waardering van activa en passiva en de bepaling van het resultaat geschieden op andere grondslagen dan die welke in het voorafgaande boekjaar zijn toegepast. De reden der verandering wordt in de toelichting uiteengezet. Tevens wordt inzicht gegeven in haar betekenis voor vermogen en resultaat, aan de hand van aangepaste cijfers voor het boekjaar of voor het voorafgaande boekjaar.
(Zie ook: artt. 362, 377, 385 BW Boek 2)
7. Waardeveranderingen van: *Waardeveranderingen*
a. financiële instrumenten;
b. andere beleggingen; en
c. agrarische voorraden waarvoor frequente marktnoteringen bestaan die op grond van lid 1 tegen de actuele waarde worden gewaardeerd, kunnen in afwijking van de tweede zin van lid 2 onmiddellijk in het resultaat worden opgenomen, tenzij in deze afdeling anders is bepaald. Waardeveranderingen van afgeleide financiële instrumenten, voorzover niet bedoeld in lid 8, worden, zo nodig in afwijking van lid 2, onmiddellijk ten gunste of ten laste van het resultaat gebracht.
8. Waardeveranderingen van financiële instrumenten die dienen en effectief zijn ter dekking van risico's inzake activa, in bestelling en andere nog niet op de balans opgenomen verplichtingen, dan wel inzake voorgenomen transacties worden rechtstreeks ten gunste dan wel ten laste van de herwaarderingsreserve gebracht, voor zover dat noodzakelijk is om te bereiken dat deze waardeveranderingen in dezelfde periode in het resultaat worden verwerkt als de waardeveranderingen die zij beogen af te dekken.
(Zie ook: Baw)

Art. 385
1. De activa en passiva worden, voor zover zij in hun betekenis voor het in artikel 362 lid 1 bedoelde inzicht verschillen, afzonderlijk gewaardeerd. *Waardering van activa en passiva in jaarrekening*
2. De waardering van gelijksoortige bestanddelen van voorraden en effecten mag geschieden met toepassing van gewogen gemiddelde prijzen, van de regels "eerst-in, eerst-uit" (Fifo), "laatst-in, eerst-uit" (Lifo), of van soortgelijke regels.
(Zie ook: artt. 367, 369, 371 BW Boek 2)
3. Materiële vaste activa en voorraden van grond- en hulpstoffen die geregeld worden vervangen en waarvan de gezamenlijke waarde van ondergeschikte betekenis is, mogen tegen een vaste hoeveelheid en waarde worden opgenomen, indien de hoeveelheid, samenstelling en waarde slechts aan geringe veranderingen onderhevig zijn.
(Zie ook: artt. 366, 369 BW Boek 2)
4. De in artikel 365 lid 1 onder d en e genoemde activa worden opgenomen tot ten hoogste de daarvoor gedane uitgaven, verminderd met de afschrijvingen.
5. Eigen aandelen of certificaten daarvan die de rechtspersoon houdt of doet houden, mogen niet worden geactiveerd. De aan het belang in een dochtermaatschappij toegekende waarde wordt, al dan niet evenredig aan het belang, verminderd met de verkrijgingsprijs van aandelen in de rechtspersoon en van certificaten daarvan, die de dochtermaatschappij voor eigen rekening houdt of doet houden; heeft zij deze aandelen of certificaten verkregen voor het tijdstip waarop zij dochtermaatschappij werd, dan komt evenwel hun boekwaarde op dat tijdstip in mindering of een evenredig deel daarvan.
(Zie ook: artt. 24a, 98, 207d, 373 BW Boek 2)

Art. 386
1. De afschrijvingen geschieden onafhankelijk van het resultaat van het boekjaar. *Afschrijvingen in jaarrekening*
2. De methoden volgens welke de afschrijvingen zijn berekend, worden in de toelichting uiteengezet.

3. De geactiveerde kosten in verband met de oprichting en met de uitgifte van aandelen worden afgeschreven in ten hoogste vijf jaren. De kosten van ontwikkeling voor zover geactiveerd en de geactiveerde kosten van goodwill worden afgeschreven naar gelang van de verwachte gebruiksduur. In uitzonderlijke gevallen waarin de gebruiksduur van kosten van ontwikkeling en goodwill niet op betrouwbare wijze kan worden geschat, worden deze kosten afgeschreven in een periode van ten hoogste tien jaren. In dergelijke gevallen worden in de toelichting de redenen voor de afschrijvingsduur van de kosten van goodwill vermeld.
(Zie ook: artt. 365, 365 BW Boek 2)
4. Op vaste activa met beperkte gebruiksduur wordt jaarlijks afgeschreven volgens een stelsel dat op de verwachte toekomstige gebruiksduur is afgestemd.
(Zie ook: art. 364 BW Boek 2)
5. Op het overeenkomstig artikel 375 lid 5 geactiveerde deel van een schuld wordt tot de aflossing jaarlijks een redelijk deel afgeschreven.
(Zie ook: art. 387 BW Boek 2)

Art. 387

Waardering van activa in jaarrekening

1. Waardeverminderingen van activa worden onafhankelijk van het resultaat van het boekjaar in aanmerking genomen.
2. Vlottende activa worden gewaardeerd tegen actuele waarde, indien deze op de balansdatum lager is dan de verkrijgings- of vervaardigingsprijs. De waardering geschiedt tegen een andere lagere waarde, indien het in artikel 362 lid 1 bedoelde inzicht daardoor wordt gediend.
3. Bij de waardering van de vaste activa wordt rekening gehouden met een vermindering van hun waarde, indien deze naar verwachting duurzaam is. Bij de waardering van de financiële vaste activa mag in ieder geval met op de balansdatum opgetreden waardevermindering rekening worden gehouden.
4. De afboeking overeenkomstig de voorgaande leden wordt, voor zover zij niet krachtens artikel 390 lid 3 aan de herwaarderingsreserve wordt onttrokken, ten laste van de winst- en verliesrekening gebracht. De afboeking wordt ongedaan gemaakt, zodra de waardevermindering heeft opgehouden te bestaan. De afboekingen ingevolge lid 3, alsmede de terugnemingen, worden afzonderlijk in de winst- en verliesrekening of in de toelichting opgenomen.
(Zie ook: artt. 346, 377 BW Boek 2)
5. De tweede zin van lid 4 geldt niet voor afboekingen van goodwill.

Art. 388

Verkrijgingsprijs van activa in jaarrekening

1. De verkrijgingsprijs waartegen een actief wordt gewaardeerd, omvat de inkoopprijs en de bijkomende kosten.
2. De vervaardigingsprijs waartegen een actief wordt gewaardeerd, omvat de aanschaffingskosten van de gebruikte grond- en hulpstoffen en de overige kosten, welke rechtstreeks aan de vervaardiging kunnen worden toegerekend. In de vervaardigingsprijs kunnen voorts worden opgenomen een redelijk deel van de indirecte kosten en de rente op schulden over het tijdvak dat aan de vervaardiging van het actief kan worden toegerekend; in dat geval vermeldt de toelichting dat deze rente is geactiveerd.

Art. 389

Waardering van deelnemingen in jaarrekening

1. De deelnemingen in maatschappijen waarin de rechtspersoon invloed van betekenis uitoefent op het zakelijke en financiële beleid, worden verantwoord overeenkomstig de leden 2 en 3. Indien de rechtspersoon of een of meer van zijn dochtermaatschappijen alleen of samen een vijfde of meer van de stemmen van de leden, vennoten of aandeelhouders naar eigen inzicht kunnen uitbrengen of doen uitbrengen, wordt vermoed dat de rechtspersoon invloed van betekenis uitoefent.
(Zie ook: artt. 24a, 24d BW Boek 2)
2. De rechtspersoon bepaalt de netto-vermogenswaarde van de deelneming door de activa, voorzieningen en schulden van de maatschappij waarin hij deelneemt te waarderen en haar resultaat te berekenen op de zelfde grondslagen als zijn eigen activa, voorzieningen, schulden en resultaat. Deze wijze van waardering moet worden vermeld.
3. Wanneer de rechtspersoon onvoldoende gegevens ter beschikking staan om de netto-vermogenswaarde te bepalen, mag hij uitgaan van een waarde die op andere wijze overeenkomstig deze titel is bepaald en wijzigt hij deze waarde met het bedrag van zijn aandeel in het resultaat en in de uitkeringen van de maatschappij waarin hij deelneemt. Deze wijze van waardering moet worden vermeld.
4. In de jaarrekening van een rechtspersoon die geen bank is als bedoeld in artikel 415 mag de verantwoording van een deelneming in een bank overeenkomstig afdeling 14 van deze titel geschieden. In de jaarrekening van een bank als bedoeld in artikel 415 wordt een deelneming in een rechtspersoon die geen bank is, verantwoord overeenkomstig de voorschriften voor banken met uitzondering van artikel 424 en onverminderd de eerste zin van lid 5.
Deze uitzondering behoeft niet te worden toegepast ten aanzien van deelnemingen, waarin werkzaamheden worden verricht, die rechtstreeks liggen in het verlengde van het bankbedrijf.

5. In de jaarrekening van een rechtspersoon die geen verzekeringsmaatschappij is als bedoeld in artikel 427 mag de verantwoording van een deelneming in een verzekeringsmaatschappij overeenkomstig afdeling 15 van deze titel geschieden. In de jaarrekening van een verzekeringsmaatschappij als bedoeld in artikel 427 wordt een deelneming in een rechtspersoon die geen verzekeringsmaatschappij is, verantwoord overeenkomstig de voorschriften voor verzekeringsmaatschappijen, onverminderd de eerste zin van lid 4 van dit artikel.
6. De rechtspersoon houdt een ter hoogte van zijn aandeel in het positieve resultaat uit deelnemingen en in rechtstreekse vermogensvermeerderingen sedert de eerste waardering overeenkomstig lid 2 of lid 3. Deelnemingen waarvan het cumulatief resultaat sedert die eerste waardering niet positief is, worden daarbij niet in aanmerking genomen. De reserve wordt verminderd met de uitkeringen waarop de rechtspersoon sedertdien tot het moment van het vaststellen van de jaarrekening recht heeft verkregen, alsmede met rechtstreekse vermogensverminderingen bij de deelneming; uitkeringen die hij zonder beperkingen kan bewerkstelligen, worden eveneens in mindering gebracht. Deze reserve kan in kapitaal worden omgezet. Onder de in dit lid bedoelde uitkeringen worden niet begrepen uitkeringen in aandelen.
7. Indien de waarde bij de eerste waardering overeenkomstig lid 2 of lid 3 lager is dan de verkrijgingsprijs of de voorafgaande boekwaarde van de deelneming, wordt het verschil als goodwill geactiveerd. Voor deze berekening wordt ook de verkrijgingsprijs verminderd overeenkomstig artikel 385 lid 5.
8. Waardevermeerderingen of waardeverminderingen van deelnemingen wegens omrekening van het daarin geïnvesteerde vermogen en het resultaat vanuit de valuta van de deelneming naar de valuta waarin de rechtspersoon zijn jaarrekening opmaakt, komen ten gunste respectievelijk ten laste van een reserve omrekeningsverschillen. Valutakoersverschillen op leningen aangegaan ter dekking van valutakoersrisico van buitenlandse deelnemingen, komen eveneens ten gunste respectievelijk ten laste van deze reserve. De reserve kan een negatief saldo hebben. Bij gehele of gedeeltelijke vervreemding van het belang in de desbetreffende deelneming wordt het gedeelte van de reserve dat op het vervreemde deel van die deelneming betrekking heeft aan deze reserve onttrokken. Indien de reserve omrekeningsverschillen een negatief saldo heeft, kunnen ter hoogte van dit saldo geen uitkeringen worden gedaan ten laste van de reserves.
(Zie ook: art. 373 BW Boek 2)
9. Wegens in de toelichting te vermelden gegronde redenen mag worden afgeweken van toepassing van lid 1.
(Zie ook: artt. 384, 426, 445 BW Boek 2)
10. Verschillen in het eigen vermogen en het resultaat volgens de enkelvoudige jaarrekening en volgens de geconsolideerde jaarrekening van de rechtspersoon worden in de toelichting bij de enkelvoudige jaarrekening vermeld.

Art. 390

1. Waardevermeerderingen van materiële vaste activa, immateriële vaste activa en voorraden die geen agrarische voorraden zijn, worden opgenomen in een herwaarderingsreserve. Waardevermeerderingen van andere activa die tegen actuele waarde worden gewaardeerd, worden opgenomen in een herwaarderingsreserve, tenzij ze krachtens artikel 384 ten gunste van het resultaat worden gebracht. Voorts vormt de rechtspersoon een herwaarderingsreserve ten laste van de vrije reserves of uit het resultaat van het boekjaar, voor zover in het boekjaar waardevermeerderingen van activa die op de balansdatum nog aanwezig zijn, ten gunste van het resultaat van het boekjaar zijn gebracht. Een herwaarderingsreserve wordt niet gevormd voor activa bedoeld in de vorige zin waarvoor frequente marktnoteringen bestaan. Ter hoogte van het bedrag van ten laste van de herwaarderingsreserve gebrachte uitgestelde verliezen op financiële instrumenten als bedoeld in artikel 384 lid 8, kunnen geen uitkeringen ten laste van de reserves worden gedaan. De herwaarderingsreserve kan worden verminderd met latente belastingverplichtingen met betrekking tot activa die zijn geherwaardeerd op een hoger bedrag.
2. De herwaarderingsreserve kan in kapitaal worden omgezet.
3. De herwaarderingsreserve is niet hoger dan het verschil tussen de boekwaarde op basis van de verkrijgings-, of vervaardigingsprijs en de boekwaarde op basis van de bij de waardering gehanteerde actuele waarde van de activa waarop de herwaarderingsreserve betrekking heeft. Deze reserve wordt verminderd met het uit hoofde van een bepaald actief in de reserve opgenomen bedrag als het desbetreffende actief wordt vervreemd. Een waardevermindering van een activum, gewaardeerd tegen actuele waarde, wordt ten laste van de herwaarderingsreserve gebracht voor zover dit activum hieraan voorafgaande ten gunste van de herwaarderingsreserve is opgewaardeerd.
4. De verminderingen van de herwaarderingsreserve die ten gunste van de winst- en verliesrekening worden gebracht, worden in een afzonderlijke post opgenomen.
5. In de toelichting wordt uiteengezet, of en op welke wijze in samenhang met de herwaardering rekening wordt gehouden met de invloed van belastingen op vermogen en resultaat.
(Zie ook: artt. 58, 104, 215, 368, 373, 374, 389 BW Boek 2)

Herwaarderingsreserve in jaarrekening

Afdeling 7
Bestuursverslag

Art. 391

Jaarverslag

1. Het bestuursverslag geeft een getrouw beeld van de toestand op de balansdatum, de ontwikkeling gedurende het boekjaar en de resultaten van de rechtspersoon en van de groepsmaatschappijen waarvan de financiële gegevens in zijn jaarrekening zijn opgenomen. Het bestuursverslag bevat, in overeenstemming met de omvang en de complexiteit van de rechtspersoon en groepsmaatschappijen, een evenwichtige en volledige analyse van de toestand op de balansdatum, de ontwikkeling gedurende het boekjaar en de resultaten. Indien noodzakelijk voor een goed begrip van de ontwikkeling, de resultaten of de positie van de rechtspersoon en groepsmaatschappijen, omvat de analyse zowel financiële als niet-financiële prestatie-indicatoren, met inbegrip van milieu- en personeelsaangelegenheden. Het bestuursverslag geeft tevens een beschrijving van de voornaamste risico's en onzekerheden waarmee de rechtspersoon wordt geconfronteerd. Het bestuursverslag wordt in de Nederlandse taal gesteld, tenzij de algemene vergadering tot het gebruik van een andere taal heeft besloten.
(Zie ook: artt. 24b, 362 lid 7, 405, 406 BW Boek 2)

2. In het bestuursverslag worden mededelingen gedaan omtrent de verwachte gang van zaken; daarbij wordt, voor zover gewichtige belangen zich hiertegen niet verzetten, in het bijzonder aandacht besteed aan de investeringen, de financiering en de personeelsbezetting en aan de omstandigheden waarvan de ontwikkeling van de omzet en van de rentabiliteit afhankelijk is. Mededelingen worden gedaan omtrent de werkzaamheden op het gebied van onderzoek en ontwikkeling. Vermeld wordt hoe bijzondere gebeurtenissen waarmee in de jaarrekening geen rekening behoeft te worden gehouden, de verwachtingen hebben beïnvloed. De naamloze vennootschap waarop artikel 383b van toepassing is, doet voorts mededeling van het beleid van de vennootschap aangaande de bezoldiging van haar bestuurders en commissarissen en de wijze waarop dit beleid in het verslagjaar in de praktijk is gebracht.

3. Ten aanzien van het gebruik van financiële instrumenten door de rechtspersoon en voor zover zulks van betekenis is voor de beoordeling van zijn activa, passiva, financiële toestand en resultaat, worden de doelstellingen en het beleid van de rechtspersoon inzake risicobeheer vermeld. Daarbij wordt aandacht besteed aan het beleid inzake de afdekking van risico's verbonden aan alle belangrijke soorten voorgenomen transacties. Voorts wordt aandacht besteed aan de door de rechtspersoon gelopen prijs-, krediet-, liquiditeits- en kasstroomrisico's.

4. Het bestuursverslag mag niet in strijd zijn met de jaarrekening. Indien het verschaffen van het in lid 1 bedoelde overzicht dit vereist, bevat het bestuursverslag verwijzingen naar en aanvullende uitleg over posten in de jaarrekening.

Nadere regels

5. Bij algemene maatregel van bestuur kunnen nadere voorschriften worden gesteld omtrent de inhoud van het bestuursverslag. Deze voorschriften kunnen in het bijzonder betrekking hebben op naleving van een in de algemene maatregel van bestuur aan te wijzen gedragscode en op de inhoud, de openbaarmaking en het accountantsonderzoek van een verklaring inzake corporate governance en een niet-financiële verklaring als bedoeld in richtlijn 2013/34/EU van het Europees Parlement en de Raad van 26 juni 2013 betreffende de jaarlijkse financiële overzichten, geconsolideerde financiële overzichten en aanverwante verslagen van bepaalde ondernemingsvormen, tot wijziging van richtlijn 2006/43/EG van het Europees Parlement en de Raad en tot intrekking van richtlijnen 78/660/EEG en 83/349/EEG van de Raad (PbEU 2013, L 182).
(Zie ook: artt. 58, 101, 139, 210, 249, 362, 392 BW Boek 2; art. 31a WOR; art. 135a Wft)

6. De voordracht voor een krachtens lid 5 vast te stellen algemene maatregel van bestuur wordt niet eerder gedaan dan vier weken nadat het ontwerp aan beide kamers der Staten-Generaal is overgelegd.
(Zie ook: art. 392 BW Boek 2; Vbnvij)

Evenwichtige verdeling zetels over vrouwen en mannen

7. In het geval de artikelen 166 en 276 op een vennootschap van toepassing zijn en in die vennootschap de zetels in het bestuur of de raad van commissarissen, voor zover deze zetels zijn verdeeld over natuurlijke personen, niet evenwichtig zijn verdeeld over vrouwen en mannen als bedoeld in de artikelen 166 en 276, wordt in het bestuursverslag uiteengezet:
a. waarom de zetels niet evenwichtig zijn verdeeld;
b. op welke wijze de vennootschap heeft getracht tot een evenwichtige verdeling van de zetels te komen; en
c. op welke wijze de vennootschap beoogt in de toekomst een evenwichtige verdeling van de zetels te realiseren.

Afdeling 8
Overige gegevens

Art. 392
1. Het bestuur voegt de volgende gegevens toe aan de jaarrekening en het bestuursverslag:
a. de accountantsverklaring, bedoeld in artikel 393 lid 5 of een mededeling waarom deze ontbreekt;
b. een weergave van de statutaire regeling omtrent de bestemming van de winst;
c. een weergave van de statutaire regeling omtrent de bijdrage in een tekort van een coöperatie of onderlinge waarborgmaatschappij, voor zover deze van de wettelijke bepalingen afwijkt;
(Zie ook: artt. 53, 55, 56 BW Boek 2)
d. een lijst van namen van degenen aan wie een bijzonder statutair recht inzake de zeggenschap in de rechtspersoon toekomt, met een omschrijving van de aard van dat recht, tenzij omtrent deze gegevens mededeling is gedaan in het bestuursverslag op grond van artikel 391 lid 5;
e. een opgave van het aantal stemrechtloze aandelen en het aantal aandelen dat geen of slechts een beperkt recht geeft tot deling in de winst of reserves van de vennootschap, met vermelding van de bevoegdheden die zij geven;
f. opgave van het bestaan van nevenvestigingen en van de landen waar nevenvestigingen zijn, alsmede van hun handelsnaam indien deze afwijkt van die van de rechtspersoon.
2. De gegevens mogen niet in strijd zijn met de jaarrekening en met het bestuursverslag.
(Zie ook: artt. 361, 391 BW Boek 2)
3. Is een recht als bedoeld in lid 1 onder d in een aandeel belichaamd, dan wordt vermeld hoeveel zodanige aandelen elk der rechthebbenden houdt. Komt een zodanig recht aan een vennootschap, vereniging, coöperatie, onderlinge waarborgmaatschappij of stichting toe, dan worden tevens de namen van de bestuurders daarvan medegedeeld.
4. Het bepaalde in lid 1 onder d en in lid 3 is niet van toepassing, voor zover Onze Minister van Economische Zaken desverzocht aan de rechtspersoon wegens gewichtige redenen ontheffing heeft verleend; deze ontheffing kan telkens voor ten hoogste vijf jaren worden verleend. Geen ontheffing kan worden verleend van het bepaalde in lid 1 onder d wanneer omtrent deze gegevens mededeling moet worden gedaan in het bestuursverslag op grond van artikel 391 lid 5.
(Zie ook: art. 403 BW Boek 2; art. 31a WOR)
5. Het bestuur van een stichting of een vereniging als bedoeld in artikel 360 lid 3 behoeft de gegevens, bedoeld in lid 1, onder b, en artikel 380c, niet aan de jaarrekening en het bestuursverslag toe te voegen.
(Zie ook: artt. 49, 50, 300, 383a BW Boek 2)

Afdeling 8a
Verslag over betalingen aan overheden

Art. 392a
1. Bij algemene maatregel van bestuur worden ter uitvoering van richtlijnen van het Europees Parlement en de Raad van de Europese Unie houdende regels inzake de jaarrekening, regels gesteld met betrekking tot de verplichting van rechtspersonen uit bepaalde sectoren tot het opstellen en openbaar maken van een verslag dan wel een geconsolideerd verslag over betalingen die zij doen aan overheden en worden nadere regels gesteld omtrent de inhoud van het verslag.
2. De openbaarmaking van het verslag, bedoeld in lid 1, geschiedt binnen twaalf maanden na afloop van het boekjaar op de wijze als bedoeld in artikel 394 lid 1, tweede volzin.

Afdeling 9
Deskundigenonderzoek

Art. 393
1. De rechtspersoon verleent opdracht tot onderzoek van de jaarrekening aan een registeraccountant, aan een Accountant-Administratieconsulent ten aanzien van wie in het accountantsregister een aantekening is geplaatst als bedoeld in artikel 36, tweede lid, onderdeel i, van de Wet op het accountantsberoep of aan een wettelijke auditor als bedoeld in artikel 27, eerste lid, van de Wet toezicht accountantsorganisaties. De opdracht kan worden verleend aan een organisatie waarin accountants die mogen worden aangewezen, samenwerken. Indien een rechtspersoon tevens een organisatie van openbaar belang is als bedoeld in artikel 1, eerste lid, onderdeel l, van de Wet toezicht accountantsorganisaties, wordt door deze rechtspersoon aan de Stichting Autoriteit Financiële Markten medegedeeld welke accountant of accountantsorganisatie wordt beoogd voor het uitvoeren van een opdracht tot onderzoek van de jaarrekening van de rechtspersoon. Deze mededeling geschiedt voordat tot de verlening van die opdracht,

art. 2:393

bedoeld in het tweede lid, is overgegaan. Onze Minister van Financiën stelt bij ministeriele regeling nadere regels over deze mededeling.
(Zie ook: artt. 72, 94a, 204a BW Boek 2; art. 1 WED)

Accountantsonderzoek van de jaarrekening, opdracht tot
2. Tot het verlenen van de opdracht is de algemene vergadering bevoegd. Gaat deze daartoe niet over, of ontbreekt deze, dan is de raad van commissarissen bevoegd. Ontbreekt een raad van commissarissen, dan is het bestuur bevoegd. De aanwijzing van een accountant wordt door generlei voordracht beperkt. De opdracht kan worden ingetrokken door de algemene vergadering en door degene die haar heeft verleend. De opdracht kan enkel worden ingetrokken om gegronde redenen; daartoe behoort niet een meningsverschil over methoden van verslaggeving of controlewerkzaamheden. De algemene vergadering hoort de accountant op diens verlangen omtrent de intrekking van een hem verleende opdracht of omtrent het hem kenbaar gemaakte voornemen daartoe. Het bestuur en de accountant stellen de Stichting Autoriteit Financiële Markten onverwijld in kennis van de intrekking van de opdracht door de rechtspersoon of tussentijdse beëindiging ervan door de accountant en geven hiervoor een afdoende motivering.
(Zie ook: artt. 107, 129, 140, 153, 217, 239, 250 BW Boek 2)

3. De accountant onderzoekt of de jaarrekening het in artikel 362 lid 1 vereiste inzicht geeft. Hij gaat voorts na, of de jaarrekening aan de bij en krachtens de wet gestelde voorschriften voldoet, of het bestuursverslag overeenkomstig deze titel is opgesteld en met de jaarrekening verenigbaar is, en of het bestuursverslag in het licht van de tijdens het onderzoek van de jaarrekening verkregen kennis en begrip omtrent de rechtspersoon en zijn omgeving, materiële onjuistheden bevat, en of de in artikel 392 lid 1, onderdelen b tot en met f, vereiste gegevens zijn toegevoegd.

4. De accountant brengt omtrent zijn onderzoek verslag uit aan de raad van commissarissen en aan het bestuur. Hij maakt daarbij ten minste melding van zijn bevindingen met betrekking tot de betrouwbaarheid en continuïteit van de geautomatiseerde gegevensverwerking.

5. De accountant geeft de uitslag van zijn onderzoek weer in een verklaring omtrent de getrouwheid van de jaarrekening. De accountant kan een afzonderlijke verklaring afgeven voor de enkelvoudige jaarrekening en voor de geconsolideerde jaarrekening. De accountantsverklaring omvat ten minste:
a. een vermelding op welke jaarrekening het onderzoek betrekking heeft en welke wettelijke voorschriften op de jaarrekening toepasselijk zijn;
b. een beschrijving van de reikwijdte van het onderzoek, waarin ten minste wordt vermeld welke richtlijnen voor de accountantscontrole in acht zijn genomen;
c. een oordeel of de jaarrekening het vereiste inzicht geeft en aan de bij en krachtens de wet gestelde regels voldoet;
d. een verwijzing naar bepaalde zaken waarop de accountant in het bijzonder de aandacht vestigt, zonder een verklaring als bedoeld in lid 6, onderdeel b, af te geven;
e. een vermelding van de gebleken tekortkomingen naar aanleiding van het onderzoek overeenkomstig lid 3 of het bestuursverslag overeenkomstig deze titel is opgesteld en of de in artikel 392 lid 1, onder b tot en met f, vereiste gegevens zijn toegevoegd;
f. een oordeel over de verenigbaarheid van het bestuursverslag met de jaarrekening;
g. een oordeel of er, in het licht van de tijdens het onderzoek van de jaarrekening verkregen kennis en begrip omtrent de rechtspersoon en zijn omgeving, materiële onjuistheden in het bestuursverslag zijn gebleken onder opgave van de aard van die onjuistheden;
h. een verklaring betreffende materiële onzekerheden die verband houden met gebeurtenissen of omstandigheden die gerede twijfel kunnen doen rijzen of de rechtspersoon zijn werkzaamheden voort kan zetten;
i. een vermelding van de vestigingsplaats van de accountantsorganisatie.

Accountantsverklaring, vorm
6. De accountantsverklaring, bedoeld in lid 5, heeft de vorm van:
a. een goedkeurende verklaring;
b. een verklaring met beperking;
c. een afkeurende verklaring; of
d. een verklaring van oordeelonthouding.
De accountant ondertekent en dagtekent de accountantsverklaring.

7. De jaarrekening kan niet worden vastgesteld, indien het daartoe bevoegde orgaan geen kennis heeft kunnen nemen van de verklaring van de accountant, die aan de jaarrekening moest zijn toegevoegd, tenzij onder de overige gegevens een wettige grond wordt medegedeeld waarom de verklaring ontbreekt.
(Zie ook: artt. 361, 392, 396, 403 BW Boek 2; art. 123 Wft)

8. Iedere belanghebbende kan van de rechtspersoon nakoming van de in lid 1 omschreven verplichting vorderen.

Afdeling 10
Openbaarmaking

Art. 394

1. De rechtspersoon is verplicht tot openbaarmaking van de jaarrekening binnen acht dagen na de vaststelling. De openbaarmaking geschiedt door deponering van de volledig in de Nederlandse taal gestelde jaarrekening of, als die niet is vervaardigd, de jaarrekening in het Frans, Duits of Engels, bij het handelsregister, indien van toepassing op de wijze als voorgeschreven bij of krachtens artikel 19a van de Handelsregisterwet 2007. De dag van vaststelling moet zijn vermeld. — *Openbaarmaking van jaarrekening*

2. Is de jaarrekening niet binnen twee maanden na afloop van de voor het opmaken voorgeschreven termijn overeenkomstig de wettelijke voorschriften vastgesteld, dan maakt het bestuur onverwijld de opgemaakte jaarrekening op de in lid 1 voorgeschreven wijze openbaar; op de jaarrekening wordt vermeld dat zij nog niet is vastgesteld. Binnen twee maanden na gerechtelijke vernietiging van een jaarrekening moet de rechtspersoon een afschrift van de in de uitspraak opgenomen bevelen met betrekking tot de jaarrekening deponeren bij het handelsregister, met vermelding van de uitspraak.
(Zie ook: artt. 58, 101, 210 BW Boek 2; art. 1002 Rv)

3. Uiterlijk twaalf maanden na afloop van het boekjaar moet de rechtspersoon de jaarrekening op de in lid 1 voorgeschreven wijze openbaar hebben gemaakt.

4. Gelijktijdig met en op dezelfde wijze als de jaarrekening worden het bestuursverslag en de overige in artikel 392 bedoelde gegevens in het Nederlands of in een van de andere in het eerste lid genoemde talen openbaar gemaakt. Het voorafgaande geldt, behalve voor de in artikel 392 lid 1 onder a en e genoemde gegevens, niet, indien de stukken ten kantore van de rechtspersoon ter inzage van een ieder worden gehouden en op verzoek een volledig of gedeeltelijk afschrift daarvan ten hoogste tegen de kostprijs wordt verstrekt; hiervan doet de rechtspersoon opgaaf ter inschrijving in het handelsregister. — *Openbaarmaking van bestuursverslag*

5. De vorige leden gelden niet, indien Onze Minister van Economische Zaken de in artikel 58, artikel 101 of artikel 210 genoemde ontheffing heeft verleend; alsdan wordt een afschrift van die ontheffing bij het handelsregister gedeponeerd.

6. De in de vorige leden bedoelde bescheiden worden gedurende zeven jaren bewaard. De Kamer van Koophandel mag de op deze bescheiden geplaatste gegevens overbrengen op andere gegevensdragers, die zij in hun plaats in het handelsregister bewaart, mits die overbrenging geschiedt met juiste en volledige weergave der gegevens en deze gegevens gedurende de volledige bewaartijd beschikbaar zijn en binnen redelijke tijd leesbaar kunnen worden gemaakt. — *Bewaarplicht*

7. Iedere belanghebbende kan van de rechtspersoon nakoming van de in de leden 1-5 omschreven verplichtingen vorderen.
(Zie ook: artt. 138, 248, 362, 391, 392, 395, 396, 403 BW Boek 2; art. 1001 Rv; art. 1 WED)

8. Een vennootschap waarvan effecten zijn toegelaten tot de handel op een gereglementeerde markt als bedoeld in de Wet op het financieel toezicht wordt geacht te hebben voldaan aan:
a. lid 1, indien zij de vastgestelde jaarrekening op grond van artikel 5:25o, eerste lid, van die wet heeft toegezonden aan de Stichting Autoriteit Financiële Markten;
b. lid 2, eerste volzin, indien zij mededeling heeft gedaan op grond van artikel 5:25o, tweede lid, van die wet aan de Stichting Autoriteit Financiële Markten;
c. vierde lid, eerste volzin, indien zij het bestuursverslag en de overige in artikel 392 bedoelde gegevens op grond van artikel 5:25o, vierde lid, van de Wet op het financieel toezicht heeft toegezonden aan de Stichting Autoriteit Financiële Markten. — *Verplichting effectenuitgevende instelling tot openbaarmaking van jaarrekening*

Art. 395

1. Wordt de jaarrekening op andere wijze dan ingevolge het vorige artikel openbaar gemaakt, dan wordt daaraan in ieder geval de in artikel 393 lid 5 bedoelde accountantsverklaring toegevoegd. Voor de toepassing van de vorige zin geldt als de jaarrekening van een rechtspersoon waarop artikel 397 van toepassing is, mede de jaarrekening in de vorm waarin zij ingevolge dat artikel openbaar mag worden gemaakt. Is de verklaring niet afgelegd, dan wordt de reden daarvan vermeld. — *Accountantsverklaring bij andere wijze van openbaarmaking jaarverslag*

2. Wordt slechts de balans of de winst- en verliesrekening, al dan niet met toelichting, of wordt de jaarrekening in beknopte vorm op andere wijze dan ingevolge het vorige artikel openbaar gemaakt, dan wordt dit ondubbelzinnig vermeld onder verwijzing naar de openbaarmaking krachtens wettelijk voorschrift, of, zo deze niet is geschied, onder mededeling van dit feit. De in artikel 393 lid 5 bedoelde accountantsverklaring mag alsdan niet worden toegevoegd. Bij de openbaarmaking wordt medegedeeld of de accountant deze verklaring heeft afgelegd. Is de verklaring afgelegd, dan wordt vermeld welke strekking als bedoeld in artikel 393 lid 6 de accountantsverklaring heeft en wordt tevens vermeld of de accountant in de verklaring in het bijzonder de aandacht heeft gevestigd op bepaalde zaken, zonder een verklaring als bedoeld in artikel 393 lid 6, onderdeel b, af te geven. Is de verklaring niet afgelegd, dan wordt de reden daarvan vermeld.

3. Is de jaarrekening nog niet vastgesteld, dan wordt dit bij de in lid 1 en lid 2 bedoelde stukken vermeld. Indien een mededeling als bedoeld in de laatste zin van artikel 362 lid 6 is gedaan, wordt dit eveneens vermeld.
(Zie ook: art. 394 BW Boek 2; art. 1 WED)

Afdeling 11
Vrijstellingen op grond van de omvang van het bedrijf van de rechtspersoon

Art. 395a

Vrijstellingen voor jaarrekeningen van kleine rechtspersonen

1. De leden 3 tot en met 6 gelden voor een rechtspersoon die op twee opeenvolgende balansdata, zonder onderbreking nadien op twee opeenvolgende balansdata, heeft voldaan aan twee of drie van de volgende vereisten:
   a. de waarde van de activa volgens de balans met toelichting bedraagt, op de grondslag van verkrijgings- en vervaardigingsprijs, niet meer dan € 350.000;
   b. de netto-omzet over het boekjaar bedraagt niet meer dan € 700.000;
   c. het gemiddeld aantal werknemers over het boekjaar bedraagt minder dan 10.
2. Voor de toepassing van lid 1 worden meegeteld de waarde van de activa, de netto-omzet en het getal der werknemers van groepsmaatschappijen, die in de consolidatie zouden moeten worden betrokken als de rechtspersoon een geconsolideerde jaarrekening zou moeten opmaken. Dit geldt niet, indien de rechtspersoon artikel 408 toepast.
3. Het bepaalde in leden 3 en 4 van artikel 364 met betrekking tot de overlopende activa en passiva is niet van toepassing voor de overige bedrijfskosten bedoeld in artikel 377 lid 3 onder j. De rechtspersoon vermeldt het feit dat geen overlopende activa en passiva zijn opgenomen onderaan de balans.
4. Van de ingevolge afdeling 3 voorgeschreven opgaven behoeft geen andere te worden gedaan dan voorgeschreven in de artikelen 364 lid 1, 365 lid 1 onder a en 370 lid 1 onder d, 373 lid 1 waarbij de posten worden samengetrokken tot een post, 374 lid 1 en 375 lid 1 waarbij de posten worden samengetrokken tot een post en waarbij voor het totaal van de schulden wordt aangegeven tot welk bedrag de resterende looptijd ten hoogste een jaar is en tot welk bedrag de resterende looptijd langer dan een jaar is. Voorts vermeldt een naamloze vennootschap de gegevens genoemd in de tweede zin van artikel 378 lid 3 onderaan de balans.
5. Van de ingevolge afdeling 4 voorgeschreven opgaven behoeft geen andere te worden gedaan dan voorgeschreven in de artikelen 377 lid 1 onder a met uitzondering van vermelding van de baten en lasten uit de gewone bedrijfsuitoefening, 377 lid 3 onder a, d en e, 377 lid 3 onder g met uitzondering van de vermelding van overige externe kosten, 377 lid 3 onder h en i waarbij de posten worden samengetrokken tot een post en 377 lid 3 onder j.
6. Afdeling 5, de voorschriften in afdeling 6 betreffende de voorgeschreven opgaven in de toelichting, en de afdelingen 7, 8 en 9 zijn niet van toepassing.
7. In afwijking van afdeling 6 van deze titel komen voor de waardering van de activa en passiva en voor de bepaling van het resultaat ook in aanmerking de grondslagen voor de bepaling van de belastbare winst, bedoeld in hoofdstuk II van de Wet op de vennootschapsbelasting 1969, mits de rechtspersoon daarbij alle voor hem van toepassing zijnde fiscale grondslagen toepast. Indien de rechtspersoon deze grondslagen toepast, maakt zij daarvan melding in de toelichting. Bij algemene maatregel van bestuur kunnen nadere regels worden gesteld omtrent het gebruik van deze grondslagen en de toelichting die daarbij gegeven wordt.
8. Artikel 394 is slechts van toepassing met betrekking tot een overeenkomstig leden 3 en 4 beperkte balans.

Art. 396

Vrijstellingen voor jaarrekeningen van kleine rechtspersonen

1. Onverminderd artikel 395a gelden de leden 3 tot en met 9 voor een rechtspersoon die op twee opeenvolgende balansdata, zonder onderbreking nadien op twee opeenvolgende balansdata, heeft voldaan aan twee of drie van de volgende vereisten:
   a. de waarde van de activa volgens de balans met toelichting bedraagt, op de grondslag van verkrijgings- en vervaardigingsprijs, niet meer dan € 6.000.000;
   (Zie ook: art. 365 BW Boek 2)
   b. de netto-omzet over het boekjaar bedraagt niet meer dan € 12.000.000;
   (Zie ook: art. 377 BW Boek 2)
   c. het gemiddeld aantal werknemers over het boekjaar bedraagt minder dan 50.
2. Voor de toepassing van lid 1 worden meegeteld de waarde van de activa, de netto-omzet en het getal der werknemers van groepsmaatschappijen, die in de consolidatie zouden moeten worden betrokken als de rechtspersoon een geconsolideerde jaarrekening zou moeten opmaken. Dit geldt niet, indien de rechtspersoon artikel 408 toepast.
(Zie ook: art. 24b BW Boek 2)
3. Van de ingevolge afdeling 3 voorgeschreven opgaven behoeft geen andere te worden gedaan dan voorgeschreven in de artikelen 364, 365 lid 1 onder a, 368 lid 2 onder a, 370 lid 1 onder d, 373 leden 1 tot en met 5, eerste volzin, 375 lid 3 en 376, alsmede, zonder uitsplitsing naar soort

schuld of vordering, in de artikelen 370 lid 2 en 375 lid 2, waarbij de aanduiding van de rentevoet achterwege blijft, en de opgave van het ingehouden deel van het resultaat.
4. In de winst- en verliesrekening worden de posten genoemd in artikel 377 lid 3 onder a-d en g, onderscheidenlijk lid 4 onder a-c en f, samengetrokken tot een post bruto-bedrijfsresultaat.
5. Het in artikel 378 lid 1 genoemde overzicht wordt slechts gegeven voor de herwaarderingsreserve, behoudens de tweede zin van artikel 378 lid 3. De artikelen 379, 380, 381 leden 2 en 3, 381b, aanhef en onder a, 382a en 383 lid 1 zijn niet van toepassing. De rechtspersoon vermeldt de naam en woonplaats van de maatschappij die de geconsolideerde jaarrekening opstelt van het groepsdeel waartoe de rechtspersoon behoort. De informatie die ingevolge artikel 382 wordt vermeld, wordt beperkt tot mededeling van het gemiddelde aantal gedurende het boekjaar bij de rechtspersoon werkzame werknemers.
6. In afwijking van afdeling 6 van deze titel komen voor de waardering van de activa en passiva en voor de bepaling van het resultaat ook in aanmerking de grondslagen voor de bepaling van de belastbare winst, bedoeld in hoofdstuk II van de Wet op de vennootschapsbelasting 1969, mits de rechtspersoon daarbij alle voor hem van toepassing zijnde fiscale grondslagen toepast. Indien de rechtspersoon deze grondslagen toepast, maakt zij daarvan melding in de toelichting. Bij algemene maatregel van bestuur kunnen nadere regels worden gesteld omtrent het gebruik van deze grondslagen en de toelichting die daarbij gegeven wordt.
(Zie ook: artt. 58, 101, 210 BW Boek 2)
7. De artikelen 380c en 380d, 383b tot en met 383e, 391, 392 en 393 lid 1 zijn niet van toepassing.
8. Artikel 394 is slechts van toepassing met betrekking tot een overeenkomstig lid 3 beperkte balans en de toelichting. In de openbaar gemaakte toelichting blijven achterwege de gegevens bedoeld in artikel 380a.
9. Indien de rechtspersoon geen winst beoogt, behoeft hij artikel 394 niet toe te passen, mits hij
a. de in lid 8 bedoelde stukken aan schuldeisers en houders van aandelen in zijn kapitaal of certificaten daarvan of anderen aan wie het vergaderrecht toekomt op hun verzoek onmiddellijk kosteloos toezendt of ten kantore van de rechtspersoon ter inzage geeft; en
b. bij het handelsregister een verklaring van een accountant heeft gedeponeerd, inhoudende dat de rechtspersoon in het boekjaar geen werkzaamheden heeft verricht buiten de doelomschrijving en dat dit artikel op hem van toepassing is.
(Zie ook: artt. 397, 398 BW Boek 2)

Art. 397

1. Behoudens artikel 396 gelden de leden 3 tot en met 7 voor een rechtspersoon die op twee opeenvolgende balansdata, zonder onderbreking nadien op twee opeenvolgende balansdata, heeft voldaan aan twee of drie van de volgende vereisten:

Vrijstellingen voor jaarrekeningen van middelgrote rechtspersonen

a. de waarde van de activa volgens de balans met toelichting, bedraagt, op de grondslag van verkrijgings- en vervaardigingsprijs, niet meer dan € 20.000.000;
(Zie ook: art. 365 BW Boek 2)
b. de netto-omzet over het boekjaar bedraagt niet meer dan € 40.000.000;
(Zie ook: art. 377 BW Boek 2)
c. het gemiddeld aantal werknemers over het boekjaar bedraagt minder dan 250.
2. Voor de toepassing van lid 1 worden meegeteld de waarde van de activa, de netto-omzet en het getal der werknemers van groepsmaatschappijen, die in de consolidatie zouden moeten worden betrokken als de rechtspersoon een geconsolideerde jaarrekening zou moeten opmaken. Dit geldt niet, indien de rechtspersoon artikel 408 toepast.
(Zie ook: artt. 24b, 405 BW Boek 2)
3. In de winst- en verliesrekening worden de posten genoemd in artikel 377 lid 3, onder a-d en g, onderscheidenlijk lid 4, onder a-c en f, samengetrokken tot een post bruto-bedrijfsresultaat; de rechtspersoon vermeldt in een verhoudingscijfer, in welke mate de netto-omzet ten opzichte van die van het vorige jaar is gestegen of gedaald.
4. De artikelen 380 en 382a zijn niet van toepassing.
5. Van de in afdeling 3 voorgeschreven opgaven behoeven in de openbaar gemaakte balans met toelichting slechts vermelding die welke voorkomen in de artikelen 364, 365 lid 1 onder a en d, 366, 367 onder a-d, 368 lid 2 onder a, 370 lid 1 onder b-d, 373, 374 leden 3 en 4, 375 lid 1 onder a, b, f en g en lid 3, alsmede 376 en de overlopende posten. De leden 2 van de artikelen 370 en 375 vinden toepassing zowel op het totaal van de vorderingen en schulden als op de posten uit lid 1 van die artikelen welke afzonderlijke vermelding behoeven. De openbaar te maken winst- en verliesrekening en de toelichting mogen worden beperkt overeenkomstig lid 3 en lid 4.
6. De informatie die ingevolge artikel 381 lid 2 moet worden vermeld, wordt beperkt tot informatie over de aard en het zakelijk doel van de aldaar genoemde regelingen. Artikel 381 lid 3 is niet van toepassing, tenzij de rechtspersoon een naamloze vennootschap is, in welk geval de vermelding als bedoeld in artikel 381 lid 3 beperkt is tot transacties die direct of indirect zijn

aangegaan tussen de vennootschap en haar voornaamste aandeelhouders en tussen de vennootschap en haar leden van het bestuur en van de raad van commissarissen.
7. De gegevens, bedoeld in artikel 392 lid 1, onderdelen d en e, en lid 3, worden niet openbaar gemaakt.
(Zie ook: artt. 395, 398 BW Boek 2)
8. In het bestuursverslag behoeft geen aandacht te worden besteed aan niet-financiële prestatie-indicatoren als bedoeld in artikel 391 lid 1.

Art. 398

Schakelbepaling

1. Artikel 395a, artikel 396 of artikel 397 geldt voor het eerste en tweede boekjaar ook voor een rechtspersoon die op de balansdatum van het eerste boekjaar aan de desbetreffende vereisten heeft voldaan.
(Zie ook: Besl.art. 396 BW Boek 2; Vg BW Boek 2)
2. Artikel 395a leden 3 tot en met 7, artikel 396 leden 3 tot en met 8 en artikel 397 leden 3 tot en met 7 zijn van toepassing voor zover de algemene vergadering uiterlijk zes maanden na het begin van het boekjaar niet anders heeft besloten.
3. De artikelen 395a tot en met 397 zijn niet van toepassing op een beleggingsmaatschappij of maatschappij voor collectieve belegging in effecten waarvoor artikel 401 lid 1 geldt.
4. Bij algemene maatregel van bestuur worden de in artikel 396 lid 1 en artikel 397 lid 1 genoemde bedragen verlaagd, indien het recht van de Europese Gemeenschappen daartoe verplicht, en kunnen zij worden verhoogd, voor zover geoorloofd.
5. Voor de toepassing van de artikelen 396 lid 1 en 397 lid 1 op een stichting of een vereniging als bedoeld in artikel 360 lid 3 wordt uitgegaan van het totaal van de activa van de stichting of vereniging en, met inachtneming van artikel 396 lid 2, van de netto-omzet en het gemiddeld aantal werknemers van de onderneming of ondernemingen die deze stichting of vereniging in stand houdt.
6. Artikel 395a is niet van toepassing op een participatieonderneming als bedoeld in artikel 2, onderdeel 15, van richtlijn 2013/34/EU van het Europees Parlement en de Raad van 26 juni 2013 betreffende de jaarlijkse financiële overzichten, geconsolideerde financiële overzichten en aanverwante verslagen van bepaalde ondernemingsvormen, tot wijziging van richtlijn 2006/43/EG van het Europees Parlement en de Raad en tot intrekking van richtlijnen 78/660/EEG en 83/349/EEG van de Raad (PbEU 2013, L 182).
7. De artikelen 395a tot en met 397 zijn niet van toepassing op rechtspersonen die als organisatie van openbaar belang:
a. effecten hebben die zijn toegelaten tot de handel op een gereglementeerde markt van een lidstaat in de zin van artikel 4, lid 1, punt 14, van richtlijn 2004/39/EG van het Europees Parlement en de Raad van 21 april 2004 betreffende markten voor financiële instrumenten (PbEU 2004, L 145);
b. kredietinstellingen zijn in de zin van artikel 3, punt 1, van richtlijn 2013/36/EU van het Europees Parlement en de Raad van 26 juni 2013 betreffende toegang tot het bedrijf van kredietinstellingen en het prudentieel toezicht op kredietinstellingen en beleggingsondernemingen, tot wijziging van Richtlijn 2002/87/EG en tot intrekking van de Richtlijnen 2006/48/EG en 2006/49/EG (PbEU 2013, L 176), en die geen instellingen als bedoeld in artikel 2, lid 5, van genoemde richtlijn 2013/36/EU zijn;
c. verzekeringsondernemingen zijn in de zin van artikel 2, lid 1, van richtlijn 91/674/EEG van de Raad van 19 december 1991 betreffende de jaarrekening van verzekeringsondernemingen (PbEG 1991, L 374); of
d. bij algemene maatregel van bestuur worden aangewezen wegens hun omvang of functie in het maatschappelijk verkeer.

Afdeling 12
Bepalingen omtrent rechtspersonen van onderscheiden aard

Art. 399
[Vervallen]

Art. 400

Jaarrekening van financiële instelling

Onze Minister van Financiën kan financiële instellingen die geen bank als bedoeld in artikel 415 zijn, op haar verzoek al dan niet onder voorwaarden toestaan afdeling 14, met uitzondering van artikel 424, toe te passen.
(Zie ook: artt. 396, 397 BW Boek 2; art. 1001 Rv)

Art. 401

Jaarrekening van beleggingsmaatschappij

1. Een beheerder van een beleggingsinstelling, een beheerder van een icbe, een beleggingsmaatschappij en een maatschappij voor collectieve belegging in effecten waarop het Deel Gedragstoezicht financiële ondernemingen van de Wet op het financieel toezicht van toepassing is, moeten in aanvulling op de bepalingen van deze titel tevens voldoen aan de vereisten voor zijn onderscheidenlijk haar jaarrekening, gesteld bij of krachtens die wet. Voor deze beheerder van

een beleggingsinstelling, beheerder van een icbe, beleggingsmaatschappij en maatschappij voor collectieve belegging in effecten kan bij of krachtens die wet van de artikelen 394, lid 2, 3 of 4, en 403 worden afgeweken.
2. De beleggingen van een beleggingsmaatschappij of een maatschappij voor collectieve belegging in effecten als bedoeld in artikel 1:1 van de Wet op het financieel toezicht mogen tegen marktwaarde worden gewaardeerd. Nadelige koersverschillen ten opzichte van de voorafgaande balansdatum behoeven niet ten laste van de winst- en verliesrekening te worden gebracht, mits zij op de reserves worden afgeboekt; voordelige koersverschillen mogen op de reserves worden bijgeboekt. De bedragen worden in de balans of in de toelichting vermeld.
3. Op een beleggingsmaatschappij met veranderlijk kapitaal is artikel 378 lid 3, tweede zin, niet van toepassing.
(Zie ook: art. 76a BW Boek 2)

Art. 402
1. Zijn de financiële gegevens van een rechtspersoon verwerkt in zijn geconsolideerde jaarrekening, dan behoeft in de eigen winst- en verliesrekening slechts het resultaat uit deelnemingen na aftrek van de belastingen daarover als afzonderlijke post te worden vermeld. In de toelichting van de geconsolideerde jaarrekening wordt de toepassing van de vorige zin meegedeeld.

Resultaat uit deelnemingen in geconsolideerde jaarrekening

2. Dit artikel is niet van toepassing op rechtspersonen als bedoeld in artikel 398 lid 7.

Art. 403
1. Een tot een groep behorende rechtspersoon behoeft de jaarrekening niet overeenkomstig de voorschriften van deze titel in te richten, mits:

Jaarrekening van tot een groep behorende rechtspersoon

a. de balans in elk geval vermeldt de som van de vaste activa, de som van de vlottende activa, en het bedrag van het eigen vermogen, van de voorzieningen en van de schulden, en de winst- en verliesrekening in elk geval vermeldt het resultaat uit de gewone bedrijfsuitoefening en het saldo der overige baten en lasten, een en ander na belastingen;
b. de leden of aandeelhouders na de aanvang van het boekjaar en voor de vaststelling van de jaarrekening schriftelijk hebben verklaard met afwijking van de voorschriften in te stemmen;
c. de financiële gegevens van de rechtspersoon door een andere rechtspersoon of vennootschap zijn geconsolideerd in een geconsolideerde jaarrekening waarop krachtens het toepasselijke recht de verordening van het Europees Parlement en de Raad betreffende de toepassing van internationale standaarden voor jaarrekeningen, richtlijn 2013/34/EU van het Europees Parlement en de Raad van 26 juni 2013 betreffende de jaarlijkse financiële overzichten, geconsolideerde financiële overzichten en aanverwante verslagen van bepaalde ondernemingsvormen, tot wijziging van richtlijn 2006/43/EG van het Europees Parlement en de Raad en tot intrekking van richtlijnen 78/660/EEG en 83/349/EEG van de Raad (PbEU 2013, L 182) of een der beide richtlijnen van de Raad van de Europese Gemeenschappen betreffende de jaarrekening en de geconsolideerde jaarrekening van banken en andere financiële instellingen dan wel van verzekeringsondernemingen van toepassing is;
(Zie ook: artt. 405, 415, 427 BW Boek 2)
d. de geconsolideerde jaarrekening, voor zover niet gesteld of vertaald in het Nederlands, is gesteld of vertaald in het Frans, Duits of Engels;
e. de accountantsverklaring en het bestuursverslag, zijn gesteld of vertaald in de zelfde taal als de geconsolideerde jaarrekening;
(Zie ook: artt. 391, 393 BW Boek 2)
f. de onder c bedoelde rechtspersoon of vennootschap schriftelijk heeft verklaard zich hoofdelijk aansprakelijk te stellen voor de uit rechtshandelingen van de rechtspersoon voortvloeiende schulden; en
g. de verklaringen, bedoeld in de onderdelen b en f zijn gedeponeerd bij het handelsregister alsmede, telkens binnen zes maanden na de balansdatum of binnen een maand na een geoorloofde latere openbaarmaking, de stukken of vertalingen, genoemd in de onderdelen d en e.
2. Zijn in de groep of het groepsdeel waarvan de gegevens in de geconsolideerde jaarrekening zijn opgenomen, de in lid 1 onder f bedoelde rechtspersoon of vennootschap en een andere nevengeschikt, dan is lid 1 slechts van toepassing, indien ook deze andere rechtspersoon of vennootschap een verklaring van aansprakelijkstelling heeft afgelegd; in dat geval zijn lid 1 onder g en artikel 404 van overeenkomstige toepassing.
3. Voor een rechtspersoon waarop lid 1 van toepassing is, gelden de artikelen 391 tot en met 394 niet.
4. Dit artikel is niet van toepassing op rechtspersonen als bedoeld in artikel 398 lid 7.

Art. 404
1. Een in artikel 403 bedoelde aansprakelijkstelling kan worden ingetrokken door deponering van een daartoe strekkende verklaring bij het handelsregister.

Intrekking van aansprakelijkstelling uit art. 403

2. Niettemin blijft de aansprakelijkheid bestaan voor schulden die voortvloeien uit rechtshandelingen welke zijn verricht voordat jegens de schuldeiser een beroep op de intrekking kan worden gedaan.

3. De overblijvende aansprakelijkheid wordt ten opzichte van de schuldeiser beëindigd, indien de volgende voorwaarden zijn vervuld:
   a. de rechtspersoon behoort niet meer tot de groep;
   b. een mededeling van het voornemen tot beëindiging heeft ten minste twee maanden lang ter inzage gelegen bij het handelsregister;
   c. ten minste twee maanden zijn verlopen na de aankondiging in een landelijk verspreid dagblad dat en waar de mededeling ter inzage ligt;
   d. tegen het voornemen heeft de schuldeiser niet tijdig verzet gedaan of zijn verzet is ingetrokken dan wel bij onherroepelijke rechterlijke uitspraak ongegrond verklaard.
4. Indien de schuldeiser dit verlangt moet, op straffe van gegrondverklaring van een verzet als bedoeld in lid 5, voor hem zekerheid worden gesteld of hem een andere waarborg worden gegeven voor de voldoening van zijn vorderingen waarvoor nog aansprakelijkheid loopt. Dit geldt niet, indien hij na het beëindigen van de aansprakelijkheid, gezien de vermogenstoestand van de rechtspersoon of uit anderen hoofde, voldoende waarborgen heeft dat deze vorderingen zullen worden voldaan.
5. Tot twee maanden na de aankondiging kan de schuldeiser voor wiens vordering nog aansprakelijkheid loopt, tegen het voornemen tot beëindiging verzet doen door het indienen van een verzoek bij de rechtbank van de woonplaats van de rechtspersoon die hoofdschuldenaar is.
6. De rechter verklaart het verzet slechts gegrond nadat een door hem omschreven termijn om een door hem omschreven waarborg te geven is verlopen, zonder dat deze is gegeven.
(Zie ook: artt. 100, 209, 316, 403 BW Boek 2; artt. 429a, 995, 997 Rv)

Art. 404a
[Vervallen]

Afdeling 13
Geconsolideerde jaarrekening

Art. 405

Geconsolideerde jaarrekening

1. Een geconsolideerde jaarrekening is de jaarrekening waarin de activa, passiva, baten en lasten van de rechtspersonen en vennootschappen die een groep of groepsdeel vormen en andere in de consolidatie meegenomen rechtspersonen en vennootschappen, als één geheel worden opgenomen.
2. De geconsolideerde jaarrekening moet overeenkomstig artikel 362 lid 1 inzicht geven betreffende het geheel van de in de consolidatie opgenomen rechtspersonen en vennootschappen.
(Zie ook: artt. 24b, 360, 361, 362, 406 BW Boek 2)

Art. 406

Verplichting tot opstellen van geconsolideerde jaarrekening

1. De rechtspersoon die, alleen of samen met een andere groepsmaatschappij, aan het hoofd staat van zijn groep, stelt een geconsolideerde jaarrekening op, waarin opgenomen de eigen financiële gegevens met die van zijn dochtermaatschappijen in de groep, andere groepsmaatschappijen en andere rechtspersonen waarop hij een overheersende zeggenschap kan uitoefenen of waarover hij de centrale leiding heeft.
2. Een rechtspersoon waarop lid 1 niet van toepassing is, maar die in zijn groep een of meer dochtermaatschappijen heeft of andere rechtspersonen waarop hij een overheersende zeggenschap kan uitoefenen of waarover hij de centrale leiding heeft, stelt een geconsolideerde jaarrekening op. Deze omvat de financiële gegevens van het groepsdeel, bestaande uit de rechtspersoon, zijn dochtermaatschappijen in de groep, andere groepsmaatschappijen die onder de rechtspersoon vallen en andere rechtspersonen waarop hij een overheersende zeggenschap kan uitoefenen of waarover hij de centrale leiding heeft.
3. De rechtspersoon die geen bank als bedoeld in artikel 415 is, en waarvan de geconsolideerde jaarrekening voor een belangrijk deel de financiële gegevens van één of meer banken bevat, geeft in de toelichting ten minste inzicht in de solvabiliteit van de banken als één geheel.
4. De rechtspersoon die geen verzekeringsmaatschappij als bedoeld in artikel 427 lid 1 is, en waarvan de geconsolideerde jaarrekening voor een belangrijk deel de financiële gegevens van één of meer verzekeringsmaatschappijen bevat, geeft in de toelichting ten minste inzicht in de solvabiliteit van de verzekeringsmaatschappijen als één geheel.
5. In de geconsolideerde jaarrekening van een rechtspersoon, die geen bank als bedoeld in artikel 415 is, mag ten aanzien van in de consolidatie te betrekken maatschappijen die bank zijn, tezamen met de in artikel 426 lid 1, tweede zin, bedoelde maatschappijen, artikel 424 worden toegepast.
(Zie ook: artt. 24a, 24b, 379, 400, 405, 407 BW Boek 2; art. 31a WOR)

Art. 407
1. De verplichting tot consolidatie geldt niet voor gegevens:
   a. van in de consolidatie te betrekken maatschappijen wier gezamenlijke betekenis te verwaarlozen is op het geheel;
   b. van in de consolidatie te betrekken maatschappijen waarvan de nodige gegevens slechts tegen onevenredige kosten of met grote vertraging te verkrijgen of te ramen zijn;
   c. van in de consolidatie te betrekken maatschappijen waarin het belang slechts wordt gehouden om het te vervreemden.
2. Consolidatie mag achterwege blijven, indien
   a. bij consolidatie de grenzen van artikel 396 niet zouden worden overschreden;
   b. geen in de consolidatie te betrekken maatschappijen een rechtspersoon is als bedoeld in artikel 398 lid 7;
   c. niet binnen zes maanden na de aanvang van het boekjaar daartegen schriftelijk bezwaar bij de rechtspersoon is gemaakt door de algemene vergadering.
   (Zie ook: art. 24d BW Boek 2)
3. Indien de rechtspersoon groepsmaatschappijen beheert krachtens een regeling tot samenwerking met een rechtspersoon waarvan de financiële gegevens niet in zijn geconsolideerde jaarrekening worden opgenomen, mag hij zijn eigen financiële gegevens buiten de geconsolideerde jaarrekening houden. Dit geldt slechts, indien de rechtspersoon geen andere werkzaamheden heeft dan het beheren en financieren van groepsmaatschappijen en deelnemingen, en indien hij in zijn balans artikel 389 toepast.
   (Zie ook: artt. 24b, 24c, 408 BW Boek 2)

Vrijstelling van verplichting tot opstellen van geconsolideerde jaarrekening

Art. 408
1. Consolidatie van een groepsdeel mag achterwege blijven, mits:
   a. niet binnen zes maanden na de aanvang van het boekjaar daartegen schriftelijk bezwaar bij de rechtspersoon is gemaakt door ten minste een tiende der leden of door houders van ten minste een tiende van het geplaatste kapitaal;
   (Zie ook: art. 24d BW Boek 2)
   b. de financiële gegevens die de rechtspersoon zou moeten consolideren zijn opgenomen in de geconsolideerde jaarrekening van een groter geheel;
   c. de geconsolideerde jaarrekening en het bestuursverslag zijn opgesteld overeenkomstig de voorschriften van richtlijn 2013/34/EU van het Europees Parlement en de Raad van 26 juni 2013 betreffende de jaarlijkse financiële overzichten, geconsolideerde financiële overzichten en aanverwante verslagen van bepaalde ondernemingsvormen, tot wijziging van richtlijn 2006/43/EG van het Europees Parlement en de Raad en tot intrekking van richtlijnen 78/660/EEG en 83/349/EEG van de Raad (PbEU 2013, L 182) of overeenkomstig de voorschriften van een der richtlijnen van de Raad van de Europese Gemeenschappen betreffende de jaarrekening en de geconsolideerde jaarrekening van banken en andere financiële instellingen dan wel van verzekeringsondernemingen dan wel, indien deze voorschriften niet behoeven te zijn gevolgd, op gelijkwaardige wijze;
   d. de geconsolideerde jaarrekening met accountantsverklaring en bestuursverslag, voor zover niet gesteld of vertaald in het Nederlands, zijn gesteld of vertaald in het Frans, Duits of Engels, en wel in dezelfde taal; en
   e. telkens binnen zes maanden na de balansdatum of binnen een maand na een geoorloofde latere openbaarmaking bij het handelsregister de in onderdeel d genoemde stukken of vertalingen zijn gedeponeerd.
2. Onze Minister van Justitie kan voorschriften voor de jaarrekening aanwijzen die, zo nodig aangevuld met door hem gegeven voorschriften, als gelijkwaardig zullen gelden aan voorschriften overeenkomstig richtlijn 2013/34/EU van het Europees Parlement en de Raad van 26 juni 2013 betreffende de jaarlijkse financiële overzichten, geconsolideerde financiële overzichten en aanverwante verslagen van bepaalde ondernemingsvormen, tot wijziging van richtlijn 2006/43/EG van het Europees Parlement en de Raad en tot intrekking van richtlijnen 78/660/EEG en 83/349/EEG van de Raad (PbEU 2013, L 182). Intrekking van een aanwijzing kan slechts boekjaren betreffen die nog niet zijn begonnen.
3. De rechtspersoon moet de toepassing van lid 1 in de toelichting vermelden.
(Zie ook: artt. 379, 403 BW Boek 2)
4. Dit artikel is niet van toepassing op een rechtspersoon waarvan effecten zijn toegelaten tot de handel op een gereglementeerde markt als bedoeld in de Wet op het financieel toezicht of een met een gereglementeerde markt vergelijkbaar systeem uit een staat die geen lidstaat is.

Achterwege laten consolidatie van groepsdeel

Art. 409
De financiële gegevens van een rechtspersoon of vennootschap mogen in de geconsolideerde jaarrekening worden opgenomen naar evenredigheid tot het daarin gehouden belang, indien:
a. in die rechtspersoon of vennootschap of een meer in de consolidatie opgenomen maatschappijen krachtens een regeling tot samenwerking met andere aandeelhouders, leden of vennoten samen de rechten of bevoegdheden kunnen uitoefenen als bedoeld in artikel 24a, lid 1; en

Financiële gegevens in geconsolideerde jaarrekening

b. hiermee voldaan wordt aan het wettelijke inzichtvereiste.
(Zie ook: art. 362 BW Boek 2)

Art. 410

Schakelbepaling

1. De bepalingen van deze titel over de jaarrekening en onderdelen daarvan, uitgezonderd de artikelen 365 lid 2, 378, 379, 382a, 383, 383b tot en met 383e, 389 leden 6 en 8, en 390, zijn van overeenkomstige toepassing op de geconsolideerde jaarrekening.
2. Voorraden hoeven niet te worden uitgesplitst, indien dat wegens bijzondere omstandigheden onevenredige kosten zou vergen.
3. Wegens gegronde, in de toelichting te vermelden redenen mogen andere waarderingsmethoden en grondslagen voor de berekening van het resultaat worden toegepast dan in de eigen jaarrekening van de rechtspersoon.
4. Staat een buitenlandse rechtspersoon mede aan het hoofd van de groep, dan mag het groepsdeel waarvan hij aan het hoofd staat, in de consolidatie worden opgenomen overeenkomstig zijn recht, met een uiteenzetting van de invloed daarvan op het vermogen en resultaat.
5. De in artikel 382 bedoelde gegevens worden voor het geheel van de volledig in de consolidatie betrokken maatschappijen vermeld; afzonderlijk worden de in de eerste zin van artikel 382 bedoelde gegevens vermeld voor het geheel van de naar evenredigheid in de consolidatie betrokken maatschappijen.

(Zie ook: art. 405 BW Boek 2)

Art. 411

Eigen vermogen in geconsolideerde jaarrekeningen

1. In de geconsolideerde jaarrekening behoeft het eigen vermogen niet te worden uitgesplitst.

2. Het aandeel in het groepsvermogen en in het geconsolideerde resultaat dat niet aan de rechtspersoon toekomt, wordt vermeld.
(Zie ook: art. 373 BW Boek 2)

Art. 412

Balansdatum voor geconsolideerde jaarrekening

1. De balansdatum voor de geconsolideerde jaarrekening is de zelfde als voor de jaarrekening van de rechtspersoon zelf.
2. In geen geval mag de geconsolideerde jaarrekening worden opgemaakt aan de hand van gegevens, opgenomen meer dan drie maanden voor of na de balansdatum.

Art. 413

Waardeverschil in geconsolideerde jaarrekening

Indien de gegevens van een maatschappij voor het eerst in de consolidatie worden opgenomen en daarbij een waardeverschil ontstaat ten opzichte van de daaraan voorafgaande waardering van het belang daarin, moeten dit verschil en de berekeningswijze worden vermeld. Is de waarde lager, dan is artikel 389 lid 7 van toepassing op het verschil; is de waarde hoger, dan wordt het verschil opgenomen in het groepsvermogen, voor zover het geen nadelen weerspiegelt die aan de deelneming zijn verbonden.
(Zie ook: artt. 24c, 389 BW Boek 2)

Art. 414

Gegevens rechtspersoon in geconsolideerde jaarrekening

1. De rechtspersoon vermeldt, onderscheiden naar de hierna volgende categorieën, de naam en woonplaats van rechtspersonen en vennootschappen:
a. die hij volledig in zijn geconsolideerde jaarrekening betrekt;
b. waarvan de financiële gegevens in de geconsolideerde jaarrekening worden opgenomen voor een deel, evenredig aan het belang daarin;
(Zie ook: art. 409 BW Boek 2)
c. waarin een deelneming wordt gehouden die in de geconsolideerde jaarrekening overeenkomstig artikel 389 wordt verantwoord;
d. die dochtermaatschappij zijn zonder rechtspersoonlijkheid en niet ingevolge de onderdelen a, b of c zijn vermeld;
e. waaraan een of meer volledig in de consolidatie betrokken maatschappijen of dochtermaatschappijen daarvan alleen of samen voor eigen rekening ten minste een vijfde van het geplaatste kapitaal verschaffen of doen verschaffen, en die niet ingevolge de onderdelen a, b of c zijn vermeld.
2. Tevens wordt vermeld:
a. op grond van welke omstandigheid elke maatschappij volledig in de consolidatie wordt betrokken, tenzij deze bestaat in het kunnen uitoefenen van het merendeel van de stemrechten en het verschaffen van een daaraan evenredig deel van het kapitaal;
b. waaruit blijkt dat een rechtspersoon of vennootschap waarvan financiële gegevens overeenkomstig artikel 409 in de geconsolideerde jaarrekening zijn opgenomen, daarvoor in aanmerking komt;
c. in voorkomend geval de reden voor het niet consolideren van een dochtermaatschappij, vermeld ingevolge lid 1 onder c, d of e;
d. het deel van het geplaatste kapitaal dat wordt verschaft;

13 Burgerlijk Wetboek Boek 2 — art. 2:420

e. het bedrag van het eigen vermogen en resultaat van elke krachtens onderdeel e van lid 1 vermelde maatschappij volgens haar laatst vastgestelde jaarrekening.

3. Indien vermelding van naam, woonplaats en het gehouden deel van het geplaatste kapitaal van een dochtermaatschappij waarop onderdeel c van lid 1 van toepassing is, dienstig is voor het wettelijk vereiste inzicht, mag zij niet achterwege blijven, al is de deelneming van te verwaarlozen betekenis. Onderdeel e van lid 2 geldt niet ten aanzien van maatschappijen waarin een belang van minder dan de helft wordt gehouden en die wettig de balans niet openbaar maken.

4. Artikel 379 lid 4 is van overeenkomstige toepassing op de vermeldingen op grond van de leden 1 en 2. — Schakelbepaling

5. Vermeld wordt ten aanzien van welke rechtspersonen de rechtspersoon een aansprakelijkstelling overeenkomstig artikel 403 heeft afgegeven.
(Zie ook: artt. 24a, 24c, 24d, 379, 389, 392, 403 BW Boek 2)

Afdeling 14
Bepalingen voor banken

Art. 415
In deze afdeling wordt onder bank verstaan: een financiële onderneming met zetel in Nederland die een vergunning heeft voor het uitoefenen van het bedrijf van bank als bedoeld in artikel 1:1 van de Wet op het financieel toezicht. — Bank
(Zie ook: artt. 360, 400, 425 BW Boek 2)

Art. 416
1. Voor zover in deze afdeling niet anders is bepaald, gelden de afdelingen 1, 2, 5 tot en met 10 en 13 van deze titel voor banken, alsmede de artikelen 365 lid 2, 366 lid 2, 368, 373 leden 2 tot en met 5, 374, leden 1, 2, en 4, 375 leden 5 en 7, 376, tweede volzin, 377 lid 7, en de artikelen 402, 403 en 404. — Werkingssfeer
(Zie ook: art. 421 BW Boek 2)

2. Voor banken gelden de deelnemingen, de immateriële en de materiële activa als vaste activa. Andere effecten en verdere activa gelden als vaste activa, voor zover zij bestemd zijn om duurzaam voor de bedrijfsuitoefening te worden gebruikt.
(Zie ook: artt. 365, 384, 422 BW Boek 2)

3. Over een ontwerp van een algemene maatregel van bestuur als bedoeld in artikel 363, zesde lid, voor zover deze strekt ter uitvoering van de bepalingen van deze afdeling, en over een ontwerp van een algemene maatregel van bestuur als bedoeld in artikel 417 wordt de Europese Centrale Bank of De Nederlandsche Bank N.V., al naar gelang de bevoegdheidsverdeling op grond van de artikelen 4 en 6 van de verordening bankentoezicht, bedoeld in artikel 1:1 van de Wet op het financieel toezicht, gehoord.

4. Ten aanzien van een bank geeft Onze Minister van Economische Zaken geen beslissing op een verzoek om ontheffing als bedoeld in de artikelen 58 lid 5, 101 lid 4, 210 lid 4, 379 lid 4 of 392 lid 4 dan nadat hij daarover de Europese Centrale Bank of De Nederlandsche Bank N.V., al naar gelang de bevoegdheidsverdeling op grond van de artikelen 4 en 6 van de verordening bankentoezicht, bedoeld in artikel 1:1 van de Wet op het financieel toezicht, heeft gehoord.

Art. 417
Bij algemene maatregel van bestuur worden ter uitvoering van richtlijnen van de raad van de Europese Gemeenschappen inzake de jaarrekening en de geconsolideerde jaarrekening van banken regels gesteld met betrekking tot de balans en de winst- en verliesrekening alsmede de toelichtingen daarop. — Nadere regels
(Zie ook: art. 416 BW Boek 2; Bjrb)

Art. 419
De indeling, de benaming en de omschrijving van de posten van de balans en de winst- en verliesrekening mogen voor banken die niet één van de in artikel 360, eerste zin, genoemde rechtsvormen hebben, of voor gespecialiseerde banken afwijkingen bevatten, voor zover deze wegens hun rechtsvorm respectievelijk de bijzondere aard van hun bedrijf noodzakelijk zijn. — Afwijkende benamingen van balansposten in jaarrekening bank
(Zie ook: artt. 362, 364, 377 BW Boek 2)

Art. 420
1. Waardeverminderingen op de tot de vaste activa behorende effecten en deelnemingen mogen in de winst- en verliesrekening met de ongedaanmakingen van de afboekingen worden gesaldeerd, voor zover de waardeverminderingen niet aan de herwaarderingsreserve worden onttrokken. — Saldering van waardevermindering in jaarrekening bank

2. Het eerste lid is eveneens van toepassing op de waardeverminderingen en ongedaanmakingen van de afboekingen ter zake van vorderingen op bankiers, klanten en voorzieningen voor voorwaardelijke verplichtingen en onherroepelijk toegezegde verplichtingen die tot een kredietrisico kunnen leiden.

3. Waardestijgingen van de niet tot de vaste activa, maar wel tot de handelsportefeuille behorende effecten die tegen actuele waarde worden gewaardeerd, worden in de winst- en verliesre-

kening in aanmerking genomen. Waardeverminderingen van deze effecten worden overeenkomstig artikel 387 leden 1 tot en met 3 in aanmerking genomen.
(Zie ook: artt. 363, 387, 421 BW Boek 2)

Art. 421

Werkingssfeer

1. Artikel 368 is van toepassing op de posten, behorende tot de vaste activa; gesaldeerde bedragen als bedoeld in artikel 420 lid 1 mogen met andere posten in het overzicht worden samengevoegd.
2. Artikel 376 tweede volzin is alleen van toepassing op de posten buiten de balanstelling.
3. Gelijksoortige handelingen als bedoeld in artikel 378 lid 3, tweede zin, mogen gezamenlijk worden verantwoord. Artikel 378 lid 4 onder a geldt niet voor de aandelen of certificaten daarvan die de bank in de gewone bedrijfsuitoefening in pand heeft genomen.
4. Artikel 381 lid 1, eerste volzin, is slechts van toepassing voor zover de desbetreffende gegevens niet in de posten buiten de balanstelling zijn opgenomen. Artikel 381 leden 2 en 3 is niet van toepassing.
5. Met uitzondering van de nog openstaande bedragen is de tweede zin van artikel 383 lid 2 niet van toepassing.

(Zie ook: art. 416 BW Boek 2)

Art. 422

Waardering van waardepapieren in jaarrekening bank

1. Waardepapieren met een vaste of van de rentestand afhankelijke rente die tot de vaste activa behoren, worden op de grondslag van de verkrijgingsprijs of tegen aflossingswaarde gewaardeerd, onverminderd de toepassing van artikel 387 lid 4.
2. Indien deze waardepapieren tegen aflossingswaarde in de balans worden opgenomen, wordt het verschil tussen de verkrijgingsprijs en de aflossingswaarde vermeld en over de jaren sinds de aanschaf gespreid als resultaat verantwoord. Het verschil mag ook in één keer worden verantwoord, indien de verkrijgingsprijs hoger was dan de aflossingswaarde.
3. De niet tot de vaste activa behorende effecten worden gewaardeerd op de grondslag van de verkrijgingsprijs, tegen aflossingswaarde of tegen actuele waarde. In geval van waardering tegen aflossingswaarde wordt de eerste zin van lid 2 op overeenkomstige wijze toegepast.

Art. 423

Vreemde valuta in balans bank

1. Vaste activa in vreemde valuta die niet door contante of termijntransacties worden gedekt, worden opgenomen tegen de dagkoers op de balansdatum of op de datum van verkrijging van deze activa.
2. Niet afgewikkelde termijntransacties in vreemde valuta worden opgenomen tegen de dag- of termijnkoers op de balansdatum.
3. De overige activa en passiva in vreemde valuta worden opgenomen tegen de dagkoers op de balansdatum.
4. Verschillen, ontstaan bij de omrekening van activa en passiva worden in de winst- en verliesrekening verantwoord. Zij mogen evenwel ten gunste of ten laste van een niet-uitkeerbare reserve worden gebracht, voor zover zij betrekking hebben op vaste activa of termijntransacties ter dekking daarvan; het totaal van de positieve verschillen en dat van de negatieve verschillen wordt alsdan vermeld.

Art. 424

Dekking algemene bankrisico's in balans bank

Een bank mag op de balans onder de passiva onmiddellijk na de voorzieningen een post omvattende de dekking voor algemene bankrisico's opnemen, voor zover zulks geboden is om redenen van voorzichtigheid wegens de algemene risico's van haar bankbedrijf. Het saldo van de toegevoegde en onttrokken bedragen aan deze post wordt als afzonderlijke post in de winsten verliesrekening opgenomen.

(Zie ook: artt. 362, 389 BW Boek 2)

Art. 425

Vrijstelling voor banken aangesloten bij kredietinstelling

Een bank waarop een vrijstelling van toepassing is als bedoeld in artikel 3:111, eerste lid, van de Wet op het financieel toezicht, behoeft de jaarrekening en het bestuursverslag niet volgens de voorschriften van deze titel in te richten, mits de financiële gegevens zijn opgenomen in de geconsolideerde jaarrekening, het bestuursverslag en de overige gegevens van de bank op wier aansprakelijkheid de vrijstelling is gegrond; de artikelen 393 en 394 gelden niet voor de bank waarop de vrijstelling van toepassing is. Aan de geconsolideerde jaarrekening worden een bestuursverslag en overige gegevens toegevoegd, die betrekking hebben op de in de geconsolideerde jaarrekening begrepen rechtspersonen en instellingen gezamenlijk.

(Zie ook: art. 405 BW Boek 2)

Art. 426

Groepsmaatschappij in geconsolideerde jaarrekening bank

1. Maatschappijen die geen bank zijn en die in de geconsolideerde jaarrekening van een bank worden opgenomen, worden verantwoord overeenkomstig de voorschriften voor banken. Artikel 424 mag evenwel slechts ten aanzien van maatschappijen als bedoeld in de vorige zin wier werkzaamheden rechtstreeks in het verlengde van het bankbedrijf liggen of die bestaan uit het verrichten van nevendiensten in het verlengde van het bankbedrijf, worden toegepast.

2. De groepsmaatschappij aan het hoofd van de groep die de gegevens consolideert van een groep of een groepsdeel, welke geen of nagenoeg geen andere werkzaamheid heeft dan de uitoefening van het bankbedrijf, wordt in de geconsolideerde jaarrekening opgenomen overeenkomstig de voorschriften voor banken. Dit geldt slechts, indien deze groepsmaatschappij geen andere werkzaamheid heeft dan het beheren en financieren van groepsmaatschappijen en deelnemingen.
3. De leden 2 en 3 van artikel 407 zijn niet van toepassing. Indien een bank artikel 407 lid 1 onder c toepast ten aanzien van een dochtermaatschappij die eveneens bank is, en waarin het belang wordt gehouden vanwege een financiële bijstandsverlening, wordt de jaarrekening van laatstgenoemde bank gevoegd bij de geconsolideerde jaarrekening van eerstgenoemde bank. De belangrijke voorwaarden, waaronder de financiële bijstandsverlening plaatsvindt, worden vermeld.
(Zie ook: artt. 389, 405, 424 BW Boek 2)

Afdeling 15
Bepalingen voor verzekeringsmaatschappijen

§ 1
Algemene bepalingen

Art. 427
1. In deze afdeling wordt onder verzekeringsmaatschappij verstaan: een financiële onderneming met zetel in Nederland die ingevolge de Wet op het financieel toezicht het bedrijf van verzekeraar mag uitoefenen of de werkzaamheden van een entiteit voor risico-acceptatie mag verrichten, en waarop artikel 2:26a, 2:27, 2:48, 2:49b of 2:54a van die wet van toepassing is.
2. Een rechtspersoon die het verzekeringsbedrijf uitoefent, doch die geen verzekeringsmaatschappij is, mag de voor verzekeringsmaatschappijen geldende voorschriften toepassen, indien het in artikel 362 lid 1 bedoelde inzicht daardoor wordt gediend.
3. De uitoefening van het natura-uitvaartverzekeringsbedrijf wordt voor de toepassing van deze afdeling aangemerkt als de uitoefening van het levensverzekeringsbedrijf. Een natura-uitvaartverzekering wordt voor de toepassing van deze afdeling aangemerkt als een levensverzekering.
(Zie ook: artt. 360, 403, 408 BW Boek 2; art. 999 Rv)

Verzekeringsmaatschappij, begripsbepaling

Art. 428
1. Voor zover in deze afdeling niet anders is bepaald, gelden de afdelingen 1, 2, 5 tot en met 10 en 13 van deze titel voor verzekeringsmaatschappijen, alsmede de artikelen 365, 366 lid 2, 368 lid 1, 373, 374, 375, leden 2, 3 en 5 tot en met 7,376,377 lid 7, 402, 403 en 404.
(Zie ook: artt. 431, 436, 441, 445 BW Boek 2)
2. Voor verzekeringsmaatschappijen gelden de deelnemingen en de immateriële activa als vaste activa. Andere beleggingen en verdere activa gelden als vaste activa, voor zover zij bestemd zijn om duurzaam voor de bedrijfsuitoefening te worden gebruikt.
3. Over ontwerpen van een algemene maatregel van bestuur als bedoeld in de artikelen 363 lid 6 of 442 lid 1, voor zover deze strekken ter uitvoering van de bepalingen van deze afdeling, wordt De Nederlandsche Bank N.V. gehoord.
4. Ten aanzien van een verzekeringsmaatschappij geeft Onze Minister van Economische Zaken geen beslissing op een verzoek om ontheffing als bedoeld in de artikelen 58 lid 5, 101 lid 4, 210 lid 4 of 392 lid 4 dan nadat hij daarover De Nederlandsche Bank N.V. heeft gehoord.
(Zie ook: art. 416 BW Boek 2; bmjr)

Werkingssfeer

§ 2
Voorschriften omtrent de balans en de toelichting daarop

Art. 429
1. Onder de activa worden afzonderlijk opgenomen:
a. de immateriële activa op de wijze bepaald in artikel 365;
b. de beleggingen;
c. de beleggingen waarbij de tot uitkering gerechtigde het beleggingsrisico draagt, alsmede de spaarkasbeleggingen;
d. de vorderingen;
e. de overige activa;
f. de overlopende activa; en
g. afgeleide financiële instrumenten.
2. Onder de passiva worden afzonderlijk opgenomen:
a. het eigen vermogen, op de wijze bepaald in artikel 373;
b. de achtergestelde schulden;

Activa op balans verzekeringsmaatschappij

Passiva op balans verzekeringsmaatschappij

art. 2:430

c. de technische voorzieningen eigen aan het verzekeringsbedrijf;
d. de technische voorzieningen voor verzekeringen waarbij de tot uitkering gerechtigde het beleggingsrisico draagt en die voor spaarkassen;
e. de voorzieningen, op de wijze bepaald in artikel 374;
f. de niet-opeisbare schulden in het kader van een herverzekeringsovereenkomst van een maatschappij die haar verplichtingen herverzekert;
g. de schulden;
h. de overlopende passiva; en
(Zie ook: artt. 364, 365, 378 BW Boek 2)
i. afgeleide financiële instrumenten.
3. Indien toepassing is gegeven aan artikel 430 lid 6, worden de beleggingen, bedoeld in lid 1, onderdeel b, onderscheiden in:
a. beleggingen die gelden als vaste activa;
b. beleggingen die gelden als vlottende activa, behorende tot de handelsportefeuille; en
c. beleggingen die gelden als vlottende activa, niet behorende tot de handelsportefeuille.

Art. 430

Beleggingen op balans verzekeringsmaatschappij

1. Onder de beleggingen worden afzonderlijk opgenomen:
a. terreinen en gebouwen, al dan niet in aanbouw, en de vooruitbetalingen daarop, met afzonderlijke vermelding van de terreinen en gebouwen voor eigen gebruik;
b. beleggingen in groepsmaatschappijen en deelnemingen;
c. overige financiële beleggingen.
(Zie ook: art. 431 BW Boek 2)
2. Op de balans van een maatschappij die herverzekeringen aanneemt, worden onder de beleggingen tevens afzonderlijk opgenomen de niet ter vrije beschikking staande vorderingen in het kader van een herverzekeringsovereenkomst.
3. Bij de beleggingen in groepsmaatschappijen en deelnemingen worden afzonderlijk vermeld:
a. aandelen, certificaten van aandelen en andere vormen van deelneming in groepsmaatschappijen;
b. andere deelnemingen;
c. waardepapieren met een vaste of van de rentestand afhankelijke rente uitgegeven door en vorderingen op groepsmaatschappijen; en
d. waardepapieren met een vaste of van de rentestand afhankelijke rente uitgegeven door en vorderingen op andere rechtspersonen en vennootschappen die een deelneming hebben in de verzekeringsmaatschappij of waarin de verzekeringsmaatschappij een deelneming heeft.
4. Van de overige financiële beleggingen worden afzonderlijk vermeld:
a. aandelen, certificaten van aandelen, deelnemingsbewijzen en andere niet-vastrentende waardepapieren;
b. waardepapieren met een vaste of van de rentestand afhankelijke rente;
c. belangen in beleggingspools;
d. vorderingen uit leningen voor welke zakelijke zekerheid is gesteld;
e. andere vorderingen uit leningen;
f. deposito's bij banken;
g. andere financiële beleggingen.
5. Tenzij de post andere financiële beleggingen van ondergeschikte betekenis is op het geheel van de overige financiële beleggingen, wordt zij naar aard en omvang toegelicht.
(Zie ook: artt. 366, 367 BW Boek 2)
6. Indien beleggingen die gelden als vaste activa op andere grondslagen worden gewaardeerd dan beleggingen die gelden als vlottende activa en die al dan niet behoren tot de handelsportefeuille, worden de beleggingen, genoemd in lid 1, onderdelen a of c, en lid 4, onderdelen a tot en met g, onderscheiden in:
a. beleggingen die gelden als vaste activa;
b. beleggingen die gelden als vlottende activa, behorende tot de handelsportefeuille; en
c. beleggingen die gelden als vlottende activa, niet behorende tot de handelsportefeuille.

Art. 431

Werkingssfeer

Artikel 368 lid 1 is niet van toepassing op de overige financiële beleggingen, bedoeld in artikel 430 lid 1, onder c.

Art. 432

Vorderingen op balans verzekeringsmaatschappij

1. Onder de vorderingen worden afzonderlijk opgenomen:
a. vorderingen uit verzekeringsovereenkomsten, anders dan herverzekering, met afzonderlijke vermelding van de vorderingen op verzekeringnemers en op tussenpersonen;
b. vorderingen uit herverzekeringsovereenkomsten;
c. overige vorderingen.
2. Onderscheiden naar de in lid 1 genoemde groepen, worden aangegeven de vorderingen op groepsmaatschappijen en de vorderingen op andere rechtspersonen en vennootschappen die

een deelneming hebben in de verzekeringsmaatschappij of waarin de verzekeringsmaatschappij een deelneming heeft.

Art. 433
1. Onder de overige activa worden afzonderlijk opgenomen:
a. materiële activa als bedoeld in artikel 366 lid 1 die niet onder de post terreinen en gebouwen moeten worden opgenomen, alsmede voorraden als bedoeld in artikel 369;
b. liquide middelen, als bedoeld in artikel 372 lid 1;
c. andere activa.
2. Tenzij de post andere activa van ondergeschikte betekenis is op het geheel van de overige activa, wordt zij naar aard en omvang toegelicht.

Overige activa op balans verzekeringsmaatschappij

Art. 434
1. Onder de overlopende activa worden afzonderlijk opgenomen:
a. vervallen, maar nog niet opeisbare rente en huur;
b. overlopende acquisitiekosten, voor zover niet reeds in mindering gebracht op de technische voorzieningen niet-verdiende premies dan wel op de technische voorziening levensverzekering;
c. overige overlopende activa.
2. Vermeld worden de overlopende acquisitiekosten voor onderscheidenlijk levensverzekering en schadeverzekering.

Overlopende activa op balans verzekeringsmaatschappij

Art. 435
1. Onder de technische voorzieningen worden afzonderlijk opgenomen:
a. de voorziening voor niet-verdiende premies en de voorziening voor lopende risico's, waaronder de catastrofevoorziening indien deze is getroffen;
b. de voorziening voor levensverzekering;
c. de voorziening voor te betalen schaden of voor te betalen uitkeringen;
d. de voorziening voor winstdeling en kortingen;
e. de voorziening voor latente winstdelingsverplichtingen;
f. de overige technische voorzieningen.
2. Artikel 374 is van toepassing op de verzekeringstechnische voorzieningen, voor zover de aard van de technische voorzieningen zich daartegen niet verzet.
3. Op de technische voorzieningen, daaronder begrepen de technische voorzieningen, bedoeld in artikel 429 lid 2, onder d, wordt het deel dat door herverzekeringsovereenkomsten wordt gedekt op de balans in mindering gebracht. Eveneens worden op deze voorzieningen de rentestandkortingen in mindering gebracht.
4. Indien op de technische voorzieningen acquisitiekosten in mindering zijn gebracht, worden deze afzonderlijk vermeld.
5. Tenzij de voorziening voor lopende risico's van ondergeschikte betekenis is op het geheel van de voorziening niet-verdiende premies wordt de omvang toegelicht.
6. In het levensverzekeringsbedrijf behoeft geen technische voorziening voor niet-verdiende premies onderscheidenlijk voor te betalen uitkeringen te worden vermeld.
7. Onder de technische voorziening levensverzekering mag de voorziening, bedoeld in artikel 374 lid 4, onder b, worden opgenomen. In dat geval wordt in de toelichting het bedrag van de voorziening vermeld.
(Zie ook: art. 374 BW Boek 2)

Technische voorzieningen op balans verzekeringsmaatschappij

Art. 435a
[Vervallen]

Art. 436
1. Onder de schulden worden afzonderlijk opgenomen:
a. schulden uit verzekeringsovereenkomsten, anders dan herverzekering;
b. schulden uit herverzekeringsovereenkomsten;
c. obligatieleningen, pandbrieven en andere leningen met afzonderlijke vermelding van converteerbare leningen;
d. schulden aan banken;
e. overige schulden, met afzonderlijke vermelding van schulden ter zake van belastingen en premiën sociale verzekering.
2. Onderscheiden naar de in lid 1 genoemde groepen, worden aangegeven de schulden aan groepsmaatschappijen en de schulden aan andere rechtspersonen en vennootschappen die een deelneming hebben in de verzekeringsmaatschappij of waarin de verzekeringsmaatschappij een deelneming heeft.
3. Artikel 375 lid 2 is van toepassing op elke in lid 1 vermelde groep van schulden.
4. Artikel 376 is niet van toepassing op verplichtingen uit verzekeringsovereenkomsten.

Schulden op balans verzekeringsmaatschappij

§ 3
Voorschriften omtrent de winst- en verliesrekening en de toelichting daarop

Art. 437

Winst- en verliesrekening van verzekeringsmaatschappij

1. In deze afdeling wordt onder de winst- en verliesrekening verstaan: een technische rekening schadeverzekering, een technische rekening levensverzekering en een niet-technische rekening. De technische rekeningen worden toegepast naar gelang van de aard van het bedrijf van de verzekeringsmaatschappij.
2. Een verzekeringsmaatschappij die uitsluitend herverzekert of die naast herverzekering het schadeverzekeringsbedrijf uitoefent, mag de technische rekeningen toepassen naar gelang de aard van de overeenkomsten die worden herverzekerd, dan wel uitsluitend de technische rekening schadeverzekering. Indien uitsluitend de technische rekening schadeverzekering wordt toegepast, worden afzonderlijk de brutopremies vermeld, onderscheiden naar levensverzekering en schadeverzekering.
3. Op de technische rekening schadeverzekering worden afzonderlijk opgenomen de baten en de lasten uit de gewone uitoefening van het schadeverzekeringsbedrijf en het resultaat daarvan voor belastingen.
4. Op de technische rekening levensverzekering worden afzonderlijk opgenomen de baten en de lasten uit de gewone uitoefening van het levensverzekeringsbedrijf en het resultaat daarvan voor belastingen.
5. Op de niet-technische rekening worden afzonderlijk opgenomen:
a. de resultaten voor belastingen uit de gewone uitoefening van het schadeverzekeringsbedrijf en het levensverzekeringsbedrijf, de opbrengsten en lasten uit beleggingen alsmede de niet-gerealiseerde opbrengsten en verliezen van beleggingen welke niet worden toegewezen aan of toekomen aan het schade- of levensverzekeringsbedrijf, en de toegerekende opbrengsten uit beleggingen overgeboekt van of aan de technische rekeningen, de andere baten en lasten, de belastingen op het resultaat van de gewone bedrijfsuitoefening, en dit resultaat na belastingen;
b. de buitengewone baten en lasten, de belastingen daarover en het buitengewone resultaat na belastingen;
c. de overige belastingen;
d. het resultaat na belastingen.
(Zie ook: art. 377 BW Boek 2)
6. Op de niet gerealiseerde opbrengsten en verliezen van beleggingen is artikel 438 lid 4 van toepassing.

Art. 438

Technische rekeningen van verzekeringsmaatschappij

1. Afzonderlijk worden op de technische rekeningen, onder aftrek van herverzekeringsbaten en -lasten, opgenomen:
a. de verdiende premies;
b. de opbrengsten uit beleggingen;
c. de niet-gerealiseerde opbrengsten van beleggingen;
d. de overige baten;
e. de schaden of uitkeringen;
f. de toe- of afneming van de technische voorzieningen die niet onder andere posten moeten worden vermeld;
g. de toe- of afneming van de technische voorziening voor winstdeling en kortingen;
h. de bedrijfskosten;
i. de lasten in verband met beleggingen;
j. het niet-gerealiseerde verlies van beleggingen, op de wijze, bedoeld in lid 4;
k. de overige lasten;
l. de aan de niet-technische rekening toe te rekenen opbrengsten uit beleggingen.
2. Tenzij aan het schadeverzekeringsbedrijf beleggingen rechtstreeks kunnen worden toegewezen, worden in de technische rekening schadeverzekering de posten *b* en *c* van lid 1 vervangen door een post die de aan het schadeverzekeringsbedrijf toegerekende opbrengsten van beleggingen omvat, en vervallen de posten *i, j* en *l* van lid 1. Post *m* wordt slechts in de technische rekening schadeverzekering opgenomen.
3. Bij de toerekening van opbrengsten van beleggingen van het ene deel van de winst- en verliesrekening naar het andere, worden de reden en de grondslag vermeld.
4. Waardestijgingen van beleggingen die op de grondslag van de actuele waarde worden gewaardeerd, mogen in de winst- en verliesrekening in aanmerking worden genomen onder post *c* van lid 1 of, indien de uitzondering van het tweede lid zich niet voordoet dan wel artikel 445 lid 3 wordt toegepast, in de niet-technische rekening. Indien de eerste volzin toepassing vindt, worden de waardeverminderingen van deze beleggingen niet als een last in verband met beleggingen overeenkomstig artikel 440 lid 5 onder b verantwoord, maar opgenomen onder post *j* van lid 1. Waardestijgingen en waardeverminderingen van de beleggingen, bedoeld in artikel

429 lid 1, onder c, moeten in de winst- en verliesrekening in aanmerking worden genomen op de wijze als in de eerste twee volzinnen aangegeven.
(Zie ook: artt. 384, 387 BW Boek 2)

5. Tenzij toepassing is gegeven aan de eerste zin van lid 4, worden in het boekjaar gerealiseerde waardestijgingen van beleggingen die op de grondslag van de actuele waarde worden gewaardeerd in de winst- en verliesrekening in aanmerking genomen onder post b van lid 1.

Art. 439

1. Op de technische en niet-technische rekeningen worden de volgende posten, naar gelang zij daarop voorkomen, overeenkomstig de volgende leden uitgesplitst.

Posten op technische en niet-technische rekening verzekeringsmaatschappij

2. De verdiende premies worden uitgesplitst in:
a. de brutopremies die tijdens het boekjaar zijn vervallen, uitgezonderd de samen met de premies geïnde belastingen of andere bij of krachtens de wet vereiste bijdragen;
b. de door de verzekeringsmaatschappij betaalde en verschuldigde herverzekeringspremies, onder aftrek van de bij de aanvang van het boekjaar verschuldigde herverzekeringspremies;
c. de toe- of afneming van de technische voorziening voor niet-verdiende premies, alsmede, indien van toepassing, van de technische voorziening voor lopende risico's;
d. het herverzekeringsdeel van de toe- of afneming, bedoeld onder *c*.

3. In de technische rekening levensverzekering mag de toe- of afneming van de technische voorziening niet-verdiende premies onderdeel uitmaken van de toe- of afneming van de technische voorziening levensverzekering en behoeft de uitsplitsing, bedoeld in lid 2, onder *d*, niet te worden gemaakt.

4. De schaden dan wel uitkeringen worden gesplitst in:
a. de voor eigen rekening betaalde schaden of uitkeringen, met afzonderlijke opneming van de totaal betaalde schaden of uitkeringen en van het daarin begrepen herverzekeringsdeel;
b. de toe- of afneming van de voorziening voor te betalen schaden of uitkeringen voor eigen rekening, met afzonderlijke opneming van het herverzekeringsdeel en van de som van deze beide bedragen.

5. Bij de post toe- of afneming van de technische voorzieningen die niet onder andere posten moet worden vermeld, wordt afzonderlijk opgenomen:
a. de toe- of afneming van de technische voorziening voor levensverzekering voor eigen rekening met afzonderlijke opneming van het herverzekeringsdeel en van de som van beide bedragen;
b. de toe- of afneming van de overige technische voorzieningen.

6. Tenzij de cumulatieve uitloop over de drie voorgaande boekjaren en de uitloop in het boekjaar telkens minder bedraagt dan tien procent van het resultaat van de technische rekening van het desbetreffende boekjaar, worden in de toelichting in een overzicht per branchegroep vermeld de aard en omvang van de uitloop in het boekjaar van de ten laste van de drie voorgaande boekjaren gevormde voorzieningen voor te betalen schaden of uitkeringen. In dit overzicht worden tevens per branchegroep vermeld de aard en omvang van de totale uitloop in het boekjaar van de ten laste van het vierde voorgaande boekjaar en de boekjaren daarvoor gevormde voorzieningen voor te betalen schaden of uitkeringen. In dit overzicht wordt het effect van toegepaste discontering aangegeven.

Art. 440

1. Bij de bedrijfskosten worden afzonderlijk vermeld:
a. de acquisitiekosten;
b. de toe- of afneming van de overlopende acquisitiekosten;
c. de beheerskosten, de personeelskosten en de afschrijvingen op bedrijfsmiddelen, voor zover deze niet onder de acquisitiekosten, de schaden of de lasten in verband met beleggingen zijn opgenomen;
d. de op de bedrijfskosten in mindering gebrachte provisie en winstdeling die ter zake van herverzekeringsovereenkomsten is ontvangen.

Bedrijfskosten op winst- en verliesrekening verzekeringsmaatschappij

2. Als acquisitiekosten worden aangemerkt de middellijk of onmiddellijk met het sluiten van verzekeringsovereenkomsten samenhangende kosten.

3. Bij de opbrengsten uit beleggingen worden afzonderlijk vermeld:
a. de opbrengsten uit deelnemingen;
b. de opbrengsten uit andere beleggingen, gesplitst naar opbrengsten uit terreinen en gebouwen en uit de overige beleggingen;
c. de terugnemingen van de waardeverminderingen van beleggingen, voor zover niet in de herwaarderingsreserve opgenomen;
d. de opbrengsten bij verkoop van beleggingen.

4. Onderscheiden naar de in lid 3 onder *a* en *b* genoemde groepen worden de opbrengsten uit de verhouding met groepsmaatschappijen aangegeven.

5. Bij de lasten in verband met beleggingen worden afzonderlijk vermeld:
a. de kosten in verband met het beheer van beleggingen, met inbegrip van de rentekosten;

b. de waardeverminderingen van beleggingen, voor zover niet aan de herwaarderingsreserve onttrokken, alsmede de afschrijvingen op beleggingen;
c. het verlies bij verkoop van beleggingen.
6. Het bedrag van de winstdeling en dat van de kortingen worden in de toelichting opgenomen.

§ 2a
Het overzicht van de samenstelling van het totaalresultaat

Art. 440a

Overzicht van samenstelling totaalresultaat verzekeringsmaatschappij

In aansluiting op de winst- en verliesrekening wordt een overzicht van de samenstelling van het totaalresultaat opgenomen. Het totaalresultaat is gelijk aan het verschil in eigen vermogen tussen de balans aan het begin van het boekjaar en de balans aan het eind van het boekjaar, gecorrigeerd voor kapitaalstortingen en kapitaalonttrekkingen.

§ 4
Bijzondere voorschriften omtrent de toelichting

Art. 441

Werkingssfeer
Toelichting op balans van schadeverzekeringsbedrijf

1. Artikel 380 is niet van toepassing.
2. Een verzekeringsmaatschappij die het schadeverzekerings- of schadeherverzekeringsbedrijf uitoefent, vermeldt in een overzicht de volgende gegevens, waarin het herverzekeringsdeel is begrepen:
   a. de geboekte premies;
   b. de verdiende premies;
   c. de schaden;
   d. de bedrijfskosten; en
   e. de som van de herverzekeringsbaten- en lasten.
3. Deze gegevens worden gesplitst naar schadeverzekering en herverzekering, indien ten minste een tiende deel van de geboekte premies uit herverzekeringsovereenkomsten afkomstig is.
4. De gegevens met betrekking tot schadeverzekering worden onderscheiden naar de volgende groepen:
   a. ongevallen en ziekte;
   b. wettelijke aansprakelijkheid motorrijtuigen;
   c. motorrijtuigen overig;
   d. zee-, transport- en luchtvaartverzekering;
   e. brand en andere schade aan zaken;
   f. algemene aansprakelijkheid, met uitzondering van de wettelijke aansprakelijkheid motorrijtuigen en van de aansprakelijkheid voor zee, transport en luchtvaart;
   g. krediet en borgtocht;
   h. rechtsbijstand;
   i. hulpverlening; en
   j. diverse geldelijke verliezen,
   indien de geboekte premies voor een groep meer dan € 10 000 000 bedragen. De verzekeringsmaatschappij vermeldt ten minste de gegevens van haar drie belangrijkste groepen.

Toelichting op balans van levensverzekeringsbedrijf

5. Een verzekeringsmaatschappij die het levensverzekerings- of levensherverzekeringsbedrijf uitoefent, vermeldt in een overzicht de geboekte premies, met inbegrip van het herverzekeringsdeel, en het saldo van de herverzekeringsbaten en -lasten. De geboekte premies worden gesplitst naar levensverzekering en herverzekering, indien ten minste een tiende deel van de geboekte premies uit herverzekeringsovereenkomsten afkomstig is.
6. De geboekte premies levensverzekering worden onderscheiden naar:
   a. premies uit collectieve verzekeringsovereenkomsten en die uit individuele overeenkomsten;
   b. koopsommen en weerkerende betalingen; en
   c. premies van overeenkomsten waarbij de tot uitkering gerechtigde het beleggingsrisico draagt, van overeenkomsten met en van overeenkomsten zonder winstdeling;
   een onder a, b of c vermelde categorie die een tiende gedeelte of minder bedraagt van het totaal van de geboekte premies behoeft niet te worden vermeld.
7. Vermeld wordt het bedrag van de premies, met inbegrip van het herverzekeringsdeel, die zijn geboekt op verzekeringsovereenkomsten gesloten vanuit:
   a. Nederland;
   b. het overige grondgebied van de Europese Gemeenschappen; en
   c. de landen daarbuiten,
   telkens indien dat bedrag groter is dan het twintigste deel van het totaal van de geboekte premies.

8. Opgegeven wordt het bedrag van de betaalde en verschuldigde provisies, ongeacht de aard van de provisie.
(Zie ook: art. 378 BW Boek 2)
9. In de toelichting wordt vermeld:
a. het bedrag van de solvabiliteit waarover de verzekeringsmaatschappij tenminste moet beschikken;
b. het bedrag van de solvabiliteit dat het bestuur van de verzekeringsmaatschappij noodzakelijk acht;
c. het bedrag van de aanwezige solvabiliteit.
10. Verzekeraars met beperkte risico-omvang als bedoeld in artikel 1:1 van de Wet op het financieel toezicht, vermelden in de toelichting de op basis van artikel 3:73c van die wet vastgestelde toelichtingen op de solvabiliteit en financiële positie.

§ 5
Bijzondere voorschriften omtrent de grondslagen van waardering en van bepaling van het resultaat

Art. 442
1. Als actuele waarde van de beleggingen komt slechts in aanmerking de marktwaarde overeenkomstig de regels gesteld bij algemene maatregel van bestuur, onverminderd het bepaalde in artikel 389.
2. De beleggingen waarbij de tot uitkering gerechtigde het beleggingsrisico draagt, alsmede spaarkasbeleggingen worden gewaardeerd op de grondslag van de actuele waarde.
3. Voor elk der posten behorende tot de beleggingen die op de balansdatum aanwezig zijn, wordt de verkrijgings- of vervaardigingsprijs opgegeven, indien de waardering op de grondslag van de actuele waarde geschiedt.
4. Indien beleggingen in terreinen en gebouwen op de grondslag van de actuele waarde worden gewaardeerd, behoeft artikel 386 lid 4 niet te worden toegepast. Indien het beleggingen in terreinen en gebouwen in eigen gebruik betreft, wordt in de toelichting op de winst- en verliesrekening het bedrag van de aan deze beleggingen toegerekende opbrengst aangegeven alsmede het toegerekende bedrag van de huisvestingskosten.
(Zie ook: art. 384 BW Boek 2; Baw)
5. De beleggingen, bedoeld in artikel 430 lid 4, onder a, waaronder de beleggingen in converteerbare obligaties en afgeleide financiële instrumenten, voor zover niet bedoeld in artikel 384 lid 8, worden op de grondslag van de actuele waarde gewaardeerd.

Waardering beleggingen verzekeringsmaatschappij

Art. 443
1. Waardepapieren met een vaste rente of van de rentestand afhankelijke rente die tot de beleggingen behoren, worden op de grondslag van de actuele waarde of tegen de aflossingswaarde gewaardeerd, onverminderd de toepassing van artikel 387 lid 4. Indien deze waardepapieren geen aflossingswaarde kennen, worden zij op grondslag van de actuele waarde of tegen de verkrijgingsprijs gewaardeerd, onverminderd de toepassing van artikel 387 lid 4.
2. Indien deze waardepapieren tegen aflossingswaarde op de balans worden opgenomen, wordt het verschil tussen de verkrijgingsprijs en de aflossingswaarde vermeld en over de jaren sinds de aanschaf gespreid als resultaat verantwoord. Het verschil mag ook in één keer als resultaat worden verantwoord, indien de verkrijgingsprijs hoger was dan de aflossingswaarde.
3. [Vervallen.]
4. De vorderingen uit leningen voor welke zakelijke zekerheid is gesteld en de andere vorderingen uit leningen, bedoeld in artikel 430 lid 4, onder d en e, mogen eveneens tegen aflossingswaarde worden gewaardeerd.

Waardering van waardepapieren bij beleggingen verzekeringsmaatschappij

Art. 444
De technische voorzieningen worden gewaardeerd op voor de bedrijfstak aanvaardbare grondslagen. Bij de waardering van de technische voorzieningen wordt ervan uitgegaan dat de verzekeringsmaatschappij in staat moet zijn te voldoen aan haar naar maatstaven van redelijkheid en billijkheid voorzienbare verplichtingen uit verzekeringsovereenkomsten. De bepaling van de technische voorziening voor levensverzekering en van die voor periodiek te betalen schaden of uitkeringen geschiedt door terzake deskundigen.

Waardering van technische voorzieningen van verzekeringsmaatschappij

Art. 444a
1. De door een verzekeringsmaatschappij aan te houden voorziening voor niet-verdiende premies en lopende risico's, waaronder de catastrofevoorziening indien deze is getroffen, omvat onder meer:
a. De in het boekjaar ontvangen premies ter zake van risico's die op het daarop volgende boekjaar of boekjaren betrekking hebben; en
b. De schaden en kosten uit lopende verzekeringen die na afloop van het boekjaar kunnen ontstaan en die niet gedekt kunnen worden door de voorziening die betrekking heeft op de

Verzekeringsmaatschappij, voorziening niet-verdiende premies/lopende risico's niet-verdiende premies tezamen met de in het daarop volgende boekjaar of boekjaren nog te ontvangen premies.

2. De voorziening voor niet-verdiende premies wordt voor elke schadeverzekering afzonderlijk en op voorzichtige wijze bepaald. Het gebruik van statistische of wiskundige methoden is toegestaan indien de aard van de verzekering dat toelaat en indien deze methoden naar verwachting dezelfde resultaten opleveren als de afzonderlijke berekeningen.

Art. 444b

Verzekeringsmaatschappij, voorziening levensverzekeringen

1. De door een verzekeringsmaatschappij aan te houden voorziening voor levensverzekeringen wordt berekend op basis van een voldoende voorzichtige prospectieve actuariële methode, rekening houdend met de in de toekomst te ontvangen premies en met alle toekomstige verplichtingen volgens de voor iedere lopende levensverzekering gestelde voorwaarden.

2. In afwijking van het eerste lid kan een retrospectieve methode worden toegepast indien de op grond van die methode berekende technische voorzieningen niet lager zijn dan de voorzieningen bij toepassing van een prospectieve methode of indien het gebruik van een prospectieve methode vanwege de aard van het betrokken type levensverzekering niet mogelijk is.

Art. 444c

Verzekeringsmaatschappij, voorziening schaden/uitkeringen

1. De door een verzekeringsmaatschappij aan te houden voorziening voor te betalen schaden of voor te betalen uitkeringen omvat het bedrag van de te verwachten schaden, in aanmerking nemende:

a. de voor de balansdatum ontstane schaden of verplichtingen tot uitkering die zijn gemeld en nog niet zijn afgewikkeld en de voor de balansdatum ontstane schaden of verplichtingen tot uitkering die nog niet zijn gemeld;

b. de kosten die verband houden met de afwikkeling van schaden of uitkeringen; en

c. de in verband met te verwachten schaden of uitkeringen te verwachten baten uit subrogatie en uit de verkrijging van de eigendom van verzekerde zaken.

Schakelbepaling

2. Artikel 435a, lid 2, is van overeenkomstige toepassing. In geval van periodiek te betalen uitkeringen geschiedt de bepaling volgens erkende actuariële methoden.

3. Discontering van de voorziening voor te betalen schaden of voor te betalen uitkeringen, anders dan periodieke uitkeringen, is slechts toegestaan indien de afwikkeling van de schaden ten minste vier jaren na het tijdstip van het opmaken van de jaarrekening zal duren en deze afwikkeling geschiedt volgens een betrouwbaar schade-afwikkelingsschema, waarin mede rekening wordt gehouden met alle factoren die de kosten van afwikkeling van de schade verhogen. Indien de voorziening voor te betalen schaden of te betalen uitkeringen wordt verminderd ten gevolge van discontering van te betalen schaden worden in de toelichting op de balans het bedrag van de voorziening voor discontering en de gebruikte methode van discontering vermeld.

4. Met betrekking tot een communautaire co-assurantie van de voorzieningen voor te betalen schaden of voor te betalen uitkeringen verhoudingsgewijs ten minste gelijk aan die welke de co-assuradeur die als eerste verzekeraar optreedt, aanhoudt volgens de regels of gebruiken die gelden in de lidstaat van waaruit de eerste verzekeringsmaatschappij zijn verplichtingen uit hoofde van de communautaire co-assurantie is aangegaan.

Art. 444d

Verzekeringsmaatschappij, voorziening winstdeling/kortingen

De voorziening voor winstdeling en kortingen van een verzekeringsmaatschappij omvat de bedragen die in de vorm van winstdeling bestemd zijn voor de verzekeringnemers, verzekerden of gerechtigden op uitkeringen, voor zover deze niet hebben geleid tot verhoging van de voorziening voor levensverzekering, alsmede de bedragen die een gedeeltelijke terugbetaling van premies op grond van het resultaat van de verzekeringen vertegenwoordigen, voor zover deze niet tot verhoging van de ledenrekening hebben geleid.

§ 6
Bijzondere bepalingen voor de geconsolideerde jaarrekening

Art. 445

Groepsmaatschappij in geconsolideerde jaarrekening verzekeringsmaatschappij

1. Maatschappijen die geen verzekeringsmaatschappij zijn en die in de geconsolideerde jaarrekening van een verzekeringsmaatschappij worden opgenomen, worden verantwoord overeenkomstig de voorschriften voor verzekeringsmaatschappijen.

2. De groepsmaatschappij aan het hoofd van de groep die de gegevens consolideert van een groep of een groepsdeel, welke geen of nagenoeg geen andere werkzaamheid heeft dan de uitoefening van het verzekeringsbedrijf, wordt in de geconsolideerde jaarrekening opgenomen overeenkomstig de voorschriften voor verzekeringsmaatschappijen. Dit geldt slechts, indien deze groepsmaatschappij geen of nagenoeg geen andere werkzaamheid heeft dan het beheren en financieren van groepsmaatschappijen en deelnemingen.

3. In een geconsolideerde winst- en verliesrekening die zowel schade- als levensverzekeringsmaatschappijen betreft, mogen alle opbrengsten van beleggingen in de niet-technische rekening worden opgenomen. Zowel in de technische rekening schadeverzekering als in de technische

rekening levensverzekering vervallen dan de posten *i*, *j* en *l* van artikel 438 lid 1 en worden de posten *b* en *c* dan artikel 438 lid 1 vervangen door een post die onderscheidenlijk de aan de technische rekening schadeverzekering en levensverzekering toegerekende opbrengsten van beleggingen omvat.
4. Artikel 407 lid 2 is niet van toepassing.
(Zie ook: artt. 389, 405, 426 BW Boek 2)

Werkingssfeer

Art. 446

1. Winsten en verliezen die voortvloeien uit overeenkomsten tussen in de consolidatie opgenomen maatschappijen behoeven niet te worden geëlimineerd, indien de overeenkomsten op basis van marktvoorwaarden zijn aangegaan en daaruit ten gunste van tot uitkering gerechtigden rechten voortvloeien. De toepassing van deze uitzondering wordt vermeld, alsmede de invloed daarvan op het vermogen en resultaat, tenzij deze invloed van ondergeschikte betekenis is.
2. De termijn van drie maanden, bedoeld in artikel 412 lid 2, wordt verlengd tot zes maanden voor in de geconsolideerde jaarrekening op te nemen gegevens ter zake van herverzekering.
3. Indien een buitenlandse verzekeringsmaatschappij deel uitmaakt van de groep, mogen de technische voorzieningen van deze maatschappij in de consolidatie worden opgenomen overeenkomstig de waarderingsvoorschriften van haar recht, voor zover dat recht afwijking van die voorschriften niet toestaat. Het gemaakte gebruik van de uitzondering wordt in de toelichting vermeld.
4. Het derde lid is van overeenkomstige toepassing ten aanzien van de beleggingen waarbij de tot uitkering gerechtigde het beleggingsrisico draagt en ten aanzien van de spaarkasbeleggingen.

Eliminatie winst en verlies bij geconsolideerde jaarrekening verzekeringsmaatschappij

Afdeling 16
Rechtspleging

Art. 447

1. Op verzoek van degenen die krachtens artikel 448 daartoe bevoegd zijn, kan de ondernemingskamer van het gerechtshof Amsterdam aan een rechtspersoon of vennootschap als bedoeld in artikel 360 waarop deze titel van toepassing is, een statutair in Nederland gevestigde effectenuitgevende instelling als bedoeld in artikel 1, onderdeel b, van de Wet toezicht financiële verslaggeving of een beleggingsinstelling als bedoeld in artikel 1:1 van de Wet op het financieel toezicht bevelen de jaarrekening, het bestuursverslag, de daaraan toe te voegen overige gegevens of het verslag, bedoeld in artikel 392a of artikel 5:25e van de Wet op het financieel toezicht, in te richten overeenkomstig door haar te geven aanwijzingen.
2. Het verzoek kan slechts worden ingediend op de grond dat de verzoeker van oordeel is dat de in het eerste lid bedoelde stukken niet voldoen aan de bij of krachtens artikel 3 van verordening (EG) 1606/2002 van het Europees Parlement en de Raad van de Europese Unie van 19 juli 2002 betreffende de toepassing van internationale standaarden voor jaarrekeningen (PbEG L 243), deze titel, onderscheidenlijk de Wet op het financieel toezicht gestelde voorschriften. Het verzoek vermeldt in welk opzicht de stukken herziening behoeven.
3. Het verzoek heeft geen betrekking op een accountantsverklaring als bedoeld in artikel 393 lid 5.

Aanwijzing tot herziening stukken door ondernemingskamer

Art. 448

1. Tot het indienen van het in artikel 447 bedoelde verzoek is bevoegd:
a. iedere belanghebbende;
b. de advocaat-generaal bij het ressortsparket in het openbaar belang.

2. Tot het indienen van het verzoek is voorts bevoegd de Stichting Autoriteit Financiële Markten, voor zover het stukken betreft die betrekking hebben op een effectenuitgevende instelling als bedoeld in artikel 1, onderdeel b, van de Wet toezicht financiële verslaggeving en met inachtneming van het in artikel 4 van die wet bepaalde.

Bevoegden indienen verzoek tot herziening stukken bij ondernemingskamer

Art. 449

1. Het in artikel 447 bedoelde verzoek wordt ingediend binnen twee maanden na de dag waarop de jaarrekening is vastgesteld of het verslag, bedoeld in artikel 392a, is neergelegd ten kantore van het handelsregister. Indien het in artikel 447 bedoelde verzoek wordt gedaan ten aanzien van een effectenuitgevende instelling als bedoeld in artikel 1, onderdeel b, van de Wet toezicht financiële verslaggeving bedraagt de in de eerste volzin bedoelde termijn negen maanden, met dien verstande dat de termijn van een verzoek dat betrekking heeft op het verslag, bedoeld in artikel 5:25e van de Wet op het financieel toezicht, aanvangt op het moment dat het verslag overeenkomstig artikel 5:25m, eerste lid, van de Wet op het financieel toezicht algemeen verkrijgbaar is gesteld.
2. Het verzoek omtrent de jaarrekening die niet is vastgesteld, kan worden gedaan tot twee maanden of, voor zover het een effectenuitgevende instelling betreft als bedoeld in artikel 1, onderdeel b, van de Wet toezicht financiële verslaggeving, negen maanden na de dag van de

Termijn voor indienen verzoek tot herziening stukken bij ondernemingskamer deponering van de jaarrekening bij het handelsregister. Indien na de dag van de deponering de jaarrekening alsnog wordt vastgesteld, dan eindigt de termijn twee maanden of, voor zover het een effectenuitgevende instelling betreft als bedoeld in artikel 1, onderdeel b, van de Wet toezicht financiële verslaggeving, negen maanden na de dag waarop uit een neergelegde mededeling of uit de gedeponeerde jaarrekening blijkt van die vaststelling.

3. Indien een bericht als bedoeld in artikel 3, tweede lid, van de Wet toezicht financiële verslaggeving algemeen verkrijgbaar is gesteld, dan eindigt de termijn twee maanden na de dag waarop dit bericht algemeen verkrijgbaar is gesteld op de bij of krachtens dat artikel voorgeschreven wijze, doch niet eerder dan de termijnen, bedoeld lid 1 en lid 2.

4. Ter zake van tekortkomingen die niet uit de stukken blijken, eindigt de termijn twee maanden of, voor zover het een effectenuitgevende instelling betreft als bedoeld in artikel 1, onderdeel b, van de Wet toezicht financiële verslaggeving, negen maanden na de dag waarop de indiener van het verzoek daarvan in redelijkheid niet meer onkundig kon zijn, maar uiterlijk twee jaar na verloop van de termijn ingevolge de vorige leden.

Art. 450

Behandeling van verzoek tot herziening stukken door ondernemingskamer

1. De ondernemingskamer behandelt het in artikel 447 bedoelde verzoek met de meeste spoed. De zaak zal met gesloten deuren worden behandeld; de uitspraak geschiedt in het openbaar.

2. Bij de bepaling van de dag waarop de behandeling aanvangt bepaalt de ondernemingskamer tevens een termijn waarbinnen de rechtspersoon, vennootschap, effectenuitgevende instelling of beleggingsinstelling, bedoeld in artikel 447, lid 1, waarop het verzoek betrekking heeft, een verweerschrift kan indienen.

3. Onverminderd de leden 4 tot en met 8 worden andere belanghebbenden dan de rechtspersoon, vennootschap, effectenuitgevende instelling of beleggingsinstelling, bedoeld in artikel 447, lid 1, waarop het verzoek betrekking heeft, niet opgeroepen en kunnen zij geen verweerschrift indienen.

4. Indien het verzoek wordt gedaan ten aanzien van een effectenuitgevende instelling als bedoeld in artikel 1, onderdeel b, van de Wet toezicht financiële verslaggeving en het verzoek niet is gedaan door de Stichting Autoriteit Financiële Markten, wordt deze in de gelegenheid gesteld te worden gehoord over de in het verzoek genoemde onderwerpen en, indien artikel 194 van het Wetboek van Burgerlijke rechtsvordering toepassing heeft gevonden, in de gelegenheid gesteld haar mening over het deskundigenbericht aan de ondernemingskamer kenbaar te maken.

5. De ondernemingskamer beslist niet dan nadat zij de accountant die met het onderzoek van de jaarrekening is belast geweest, in de gelegenheid heeft gesteld te worden gehoord over de in het verzoek genoemde onderwerpen. Dit is niet van toepassing indien het verzoek betrekking heeft op een verslag als bedoeld in artikel 392a.

6. De ondernemingskamer geeft, indien het verzoek wordt gedaan ten aanzien van een verzekeraar of bank als bedoeld in artikel 1:1 van de Wet op het financieel toezicht, geen beslissing zonder dat De Nederlandsche Bank N.V. of de Europese Centrale Bank, indien deze bevoegd is toezicht uit te oefenen op grond van de artikelen 4 en 6 van de verordening bankentoezicht, bedoeld in artikel 1:1 van de Wet op het financieel toezicht, in de gelegenheid is gesteld te worden gehoord over de in het verzoek genoemde onderwerpen.

7. De ondernemingskamer geeft, indien het verzoek wordt gedaan ten aanzien van een beleggingsonderneming als bedoeld in artikel 1:1 van de Wet op het financieel toezicht, geen beslissing zonder De Nederlandsche Bank N.V. en de Stichting Autoriteit Financiële Markten in de gelegenheid te hebben gesteld te worden gehoord over de in het verzoek genoemde onderwerpen.

8. De ondernemingskamer geeft, indien het verzoek wordt gedaan ten aanzien van een beleggingsinstelling als bedoeld in artikel 1:1 van de Wet op het financieel toezicht, geen beslissing zonder De Nederlandsche Bank N.V. en de Stichting Autoriteit Financiële Markten in de gelegenheid te hebben gesteld te worden gehoord over de in het verzoek genoemde onderwerpen.

Art. 451

Bevel van ondernemingskamer tot herziening stukken

1. Indien de ondernemingskamer het in artikel 447 bedoelde verzoek toewijst, geeft zij aan de rechtspersoon, vennootschap, of vennootschap, een bevel omtrent de wijze waarop deze de jaarrekening, het bestuursverslag, de daaraan toe te voegen overige gegevens of het verslag, bedoeld in artikel 392a, moet inrichten. Het bevel bevat daaromtrent nauwkeurige aanwijzingen.

2. De rechtspersoon, vennootschap of instelling is verplicht de stukken met inachtneming van het bevel op te maken en voor zover het de jaarrekening betreft, te besluiten omtrent de vaststelling.

3. De ondernemingskamer kan, ook ambtshalve, beslissen dat het bevel mede of uitsluitend een of meer toekomstige stukken betreft.

4. Indien het bevel betrekking heeft op de jaarrekening waarop het verzoek ziet, kan de ondernemingskamer het besluit tot vaststelling van die jaarrekening vernietigen. De ondernemingskamer kan de gevolgen van de vernietiging beperken.

5. Op verzoek van de rechtspersoon, vennootschap of instelling kan de ondernemingskamer wegens wijziging van omstandigheden haar bevel, voor zover dit betrekking heeft op toekomstige

art. 2:454

stukken, intrekken. Zij beslist niet dan na degene op wiens verzoek het bevel is gegeven in de gelegenheid te hebben gesteld te worden gehoord.

Art. 452
1. Op verzoek van de Stichting Autoriteit Financiële Markten kan de ondernemingskamer van het gerechthof te Amsterdam een effectenuitgevende instelling als bedoeld in artikel 1, onderdeel b, van de Wet toezicht financiële verslaggeving bevelen aan de verzoeker een nadere toelichting omtrent de toepassing van de bij of krachtens artikel 3 van verordening (EG) 1606/2002 van het Europees Parlement en Raad van de Europese Unie van 19 juli 2002 betreffende de toepassing van internationale standaarden voor jaarrekeningen (PbEG L 243), deze titel, of de artikelen 5:25c, tweede, vierde of vijfde lid, 5:25d, tweede of vierde tot en met tiende lid, 5:25e, artikel 5:25v, eerste lid, of artikel 5:25w van de Wet op het financieel toezicht geldende voorschriften in de financiële verslaggeving als bedoeld in artikel 1, onderdeel d, van de Wet toezicht financiële verslaggeving te verschaffen.

Bevel tot herziening stukken naar Europees recht op verzoek van AFM

2. Het verzoek wordt met redenen omkleed en kan, met inachtneming van het in de artikelen 2 tot en met 4 van de Wet toezicht financiële verslaggeving bepaalde, worden gedaan tot negen maanden na:
a. de dag van toezending aan de Stichting Autoriteit Financiële Markten van de in artikel 1, onderdeel d, onder 1°, 2° en 3°, van de Wet toezicht financiële verslaggeving bedoelde stukken op grond van artikel 5:25o, eerste en vierde lid, van de Wet op het financieel toezicht;
b. de dag van toezending aan de Stichting Autoriteit Financiële Markten van de in artikel 1, onderdeel d, onder 4° tot en met 8°, van de Wet toezicht financiële verslaggeving bedoelde stukken op grond van artikel 5:25m, vijfde lid, van de Wet op het financieel toezicht;
c. de dag waarop de jaarrekening is openbaar gemaakt, bedoeld in artikel 394 lid 1, indien het een effectenuitgevende instelling betreft met statutaire zetel in Nederland, waarvan effecten alleen zijn toegelaten tot de handel op een met een gereglementeerde markt vergelijkbaar systeem in een staat die geen lidstaat is.
3. De leden 1 en 2 van artikel 450 zijn van overeenkomstige toepassing. Andere belanghebbenden dan de rechtspersoon, vennootschap, effectenuitgevende instelling of beleggingsinstelling, bedoeld in artikel 447, lid 1, waarop het verzoek betrekking heeft, worden niet opgeroepen en kunnen geen verweerschrift indienen.
4. Indien de ondernemingskamer het verzoek toewijst, kan zij aan de effectenuitgevende instelling een bevel geven omtrent de wijze waarop deze een nadere toelichting omtrent de toepassing van de in het eerste lid bedoelde voorschriften verschaft. De effectenuitgevende instelling is verplicht met inachtneming van het bevel de nadere toelichting te verschaffen.
5. De ondernemingskamer kan bepalen dat, indien of zolang de effectenuitgevende instelling niet voldoet aan het bevel, de effectenuitgevende instelling aan de Stichting Autoriteit Financiële Markten een door de ondernemingskamer vast te stellen dwangsom verbeurt. De artikelen 611a tot en met 611i van het Wetboek van Burgerlijke Rechtsvordering zijn van overeenkomstige toepassing.

Art. 453
1. De griffier van de ondernemingskamer doet ten kantore van het handelsregister een afschrift van de beschikking van de ondernemingskamer neerleggen. Indien de beschikking betrekking heeft op een effectenuitgevende instelling als bedoeld in artikel 1, onderdeel b, van de Wet toezicht financiële verslaggeving verstrekt de griffier van de ondernemingskamer voorts een afschrift van de beschikking aan de Stichting Autoriteit Financiële Markten. Afschriften van beschikkingen die niet voorlopig ten uitvoer kunnen worden gelegd, worden nedergelegd zodra zij in kracht van gewijsde zijn gegaan.

Afschrift van beschikking ondernemingskamer in handelsregister

2. Tot het instellen van beroep in cassatie tegen de beschikkingen van de ondernemingskamer uit hoofde van deze titel is, buiten de personen, bedoeld in het eerste lid van artikel 426 van het Wetboek van Burgerlijke Rechtsvordering, bevoegd de rechtspersoon, vennootschap of instelling ten aanzien waarvan de ondernemingskamer een beschikking heeft genomen, ongeacht of deze bij de ondernemingskamer is verschenen.

Art. 454
1. Op verzoek van de Stichting Autoriteit Financiële Markten kan de ondernemingskamer van het gerechtshof te Amsterdam een effectenuitgevende instelling als bedoeld in artikel 1, onderdeel b, van de Wet toezicht financiële verslaggeving bevelen een bericht als bedoeld in artikel 3, tweede lid, van de Wet toezicht financiële verslaggeving algemeen verkrijgbaar te stellen.

Bevoegdheid AFM omtrent effectenuitgevende instelling

2. De Stichting Autoriteit Financiële Markten kan het verzoek slechts indienen op de grond dat de financiële verslaggeving als bedoeld in artikel 1, onderdeel d, van de Wet toezicht financiële verslaggeving niet voldoet aan de daaraan ingevolge artikel 3 van verordening (EG) 1606/2002 van het Europees Parlement en Raad van de Europese Unie van 19 juli 2002 betreffende de toepassing van internationale standaarden voor jaarrekeningen (PbEG L 243), deze titel, of de artikelen 5:25c, tweede, vierde of vijfde lid, 5:25d, tweede of vierde tot en met tiende lid, 5:25e, artikel 5:25v, eerste lid, of artikel 5:25w van de Wet op het financieel toezicht gestelde

voorschriften. Het verzoek vermeldt in welk opzicht de financiële verslaggeving als bedoeld in de vorige volzin niet voldoet.
3. Het verzoek heeft geen betrekking op de verklaring van de accountant, bedoeld in artikel 5:25c, vierde lid, van de Wet op het financieel toezicht.
4. Het verzoek kan worden gedaan tot negen maanden na:
a. de dag van toezending aan de Stichting Autoriteit Financiële Markten van de in artikel 1, onderdeel d, onder 1°, 2° en 3°, van de Wet toezicht financiële verslaggeving bedoelde stukken op grond van artikel 5:25o, eerste en vierde lid, van de Wet op het financieel toezicht;
b. de dag van toezending aan de Stichting Autoriteit Financiële Markten van de in artikel 1, onderdeel d, onder 4° tot en met 8°, van de Wet toezicht financiële verslaggeving bedoelde stukken op grond van artikel 5:25m, vijfde lid, van de Wet op het financieel toezicht;
c. de dag waarop de jaarrekening is openbaar gemaakt, bedoeld in artikel 394 lid 1, indien het een effectenuitgevende instelling betreft met statutaire zetel in Nederland, waarvan effecten alleen zijn toegelaten tot de handel op een met een gereglementeerde markt vergelijkbaar systeem in een staat die geen lidstaat is.
De leden 3 en 4 van artikel 449 zijn van overeenkomstige toepassing.

Schakelbepaling

5. Op de behandeling van het verzoek door de ondernemingskamer zijn de leden 1 tot en met 3 en 5 tot en met 7 van artikel 450 van overeenkomstige toepassing.

Art. 455

Bevel ondernemingskamer aan effectenuitgevende instelling op verzoek van AFM

1. Indien de ondernemingskamer het in artikel 454 bedoelde verzoek toewijst, geeft zij de effectenuitgevende instelling een bevel om binnen een door de ondernemingskamer te stellen termijn in een openbare mededeling uit te leggen:
a. op welke wijze de in artikel 454, lid 2, bedoelde voorschriften in de toekomst zullen worden toegepast en de gevolgen daarvan voor de financiële verslaggeving te beschrijven; of
b. op welke onderdelen de financiële verslaggeving niet voldoet aan de in artikel 454, lid 2, bedoelde voorschriften en de gevolgen daarvan voor de financiële verslaggeving te beschrijven.
Het bevel bevat daartoe nauwkeurige aanwijzingen.
2. De effectenuitgevende instelling is verplicht met inachtneming van het bevel de openbare mededeling te doen.
3. Op verzoek van de effectenuitgevende instelling kan de ondernemingskamer wegens wijziging van omstandigheden haar bevel voor zover dit betrekking heeft op toekomstige stukken intrekken. De ondernemingskamer beslist niet dan na de Stichting Autoriteit Financiële Markten te hebben gehoord.
4. Indien de beschikking betrekking heeft op een naar het recht van een andere staat opgerichte effectenuitgevende instelling als bedoeld in artikel 1, onderdeel b, onder 2°, van de Wet toezicht financiële verslaggeving verstrekt de griffier van de ondernemingskamer een afschrift van de beschikking aan de Stichting Autoriteit Financiële Markten.

Schakelbepaling

5. De artikelen 452 lid 5 en 453 lid 2 zijn van overeenkomstige toepassing.

Inhoudsopgave

Boek 3	Vermogensrecht in het algemeen	Art. 1
Titel 1	Algemene bepalingen	Art. 1
Afdeling 1	Begripsbepalingen	Art. 1
Afdeling 1A	Elektronisch vermogensrechtelijk rechtsverkeer	Art. 15a
Afdeling 1B	Het voeren van een administratie	Art. 15i
Afdeling 2	Inschrijvingen betreffende registergoederen	Art. 16
Titel 2	Rechtshandelingen	Art. 32
Titel 3	Volmacht	Art. 60
Titel 4	Verkrijging en verlies van goederen	Art. 80
Afdeling 1	Algemene bepalingen	Art. 80
Afdeling 2	Overdracht van goederen en afstand van beperkte rechten	Art. 83
Afdeling 3	Verkrijging en verlies door verjaring	Art. 99
Titel 5	Bezit en houderschap	Art. 107
Titel 6	Bewind	Art. 126
Titel 7	Gemeenschap	Art. 166
Afdeling 1	Algemene bepalingen	Art. 166
Afdeling 2	Enige bijzondere gemeenschappen	Art. 189
Afdeling 3	Nietige en vernietigbare verdelingen	Art. 195
Titel 8	Vruchtgebruik	Art. 201
Titel 9	Rechten van pand en hypotheek	Art. 227
Afdeling 1	Algemene bepalingen	Art. 227
Afdeling 2	Pandrecht	Art. 236
Afdeling 3	Pandrecht van certificaathouders	Art. 259
Afdeling 4	Recht van hypotheek	Art. 260
Titel 10	Verhaalsrecht op goederen	Art. 276
Afdeling 1	Algemene bepalingen	Art. 276
Afdeling 2	Bevoorrechte vorderingen op bepaalde goederen	Art. 283
Afdeling 3	Bevoorrechte vorderingen op alle goederen	Art. 288
Afdeling 4	Retentierecht	Art. 290
Titel 11	Rechtsvorderingen	Art. 296

Burgerlijk Wetboek Boek 3[1]

Burgerlijk Wetboek Boek 3, Vermogensrecht

Boek 3
Vermogensrecht in het algemeen

Titel 1
Algemene bepalingen

Afdeling 1
Begripsbepalingen

Art. 1

Goed — Goederen zijn alle zaken en alle vermogensrechten.

Art. 2

Zaak — Zaken zijn de voor menselijke beheersing vatbare stoffelijke objecten.
(Zie ook: artt. 1, 15 BW Boek 5)

Art. 2a

Dieren
1. Dieren zijn geen zaken.
2. Bepalingen met betrekking tot zaken zijn op dieren van toepassing, met in achtneming van de op wettelijke voorschriften en regels van ongeschreven recht gegronde beperkingen, verplichtingen en rechtsbeginselen, alsmede de openbare orde en de goede zeden.

Art. 3

Onroerende zaak
1. Onroerend zijn de grond, de nog niet gewonnen delfstoffen, de met de grond verenigde beplantingen, alsmede de gebouwen en werken die duurzaam met de grond zijn verenigd, hetzij rechtstreeks, hetzij door vereniging met andere gebouwen of werken.
(Zie ook: artt. 20, 71, 75, 89, 99 BW Boek 5; art. 174 BW Boek 6)

Roerende zaak
2. Roerend zijn alle zaken die niet onroerend zijn.
(Zie ook: artt. 4, 20, 101 BW Boek 5; art. 173 BW Boek 6)

Art. 4

Bestanddeel
1. Al hetgeen volgens verkeersopvatting onderdeel van een zaak uitmaakt, is bestanddeel van die zaak.
2. Een zaak die met een hoofdzaak zodanig verbonden wordt dat zij daarvan niet kan worden afgescheiden zonder dat beschadiging van betekenis wordt toegebracht aan een der zaken, wordt bestanddeel van de hoofdzaak.
(Zie ook: artt. 15, 227, 254 BW Boek 3; artt. 3, 14, 15, 16, 20, 60, 101 BW Boek 5)

Art. 5

Inboedel — Inboedel is het geheel van tot huisraad en tot stoffering en meubilering van een woning dienende roerende zaken, met uitzondering van boekerijen en verzamelingen van voorwerpen van kunst, wetenschap of geschiedkundige aard.
(Zie ook: artt. 88, 165, 175 BW Boek 1; art. 899b BW Boek 4)

Art. 6

Vermogensrecht — Rechten die, hetzij afzonderlijk hetzij tezamen met een ander recht, overdraagbaar zijn, of er toe strekken de rechthebbende stoffelijk voordeel te verschaffen, ofwel verkregen zijn in ruil voor verstrekt of in het vooruitzicht gesteld stoffelijk voordeel, zijn vermogensrechten.
(Zie ook: art. 83 BW Boek 3)

Art. 7

Afhankelijk recht — Een afhankelijk recht is een recht dat aan een ander recht zodanig verbonden is, dat het niet zonder dat andere recht kan bestaan.
(Zie ook: art. 82 BW Boek 3; art. 101 BW Boek 5)

Art. 8

Beperkt recht — Een beperkt recht is een recht dat is afgeleid uit een meer omvattend recht, hetwelk met het beperkte recht is bezwaard.
(Zie ook: artt. 81, 86, 98, 106, 177, 201, 227, 238 BW Boek 3)

Art. 9

Natuurlijke vrucht
1. Natuurlijke vruchten zijn zaken die volgens verkeersopvatting als vruchten van andere zaken worden aangemerkt.

---

1 Inwerkingtredingsdatum: 01-01-1992; zoals laatstelijk gewijzigd bij: Stb. 2018, 489.

2. Burgerlijke vruchten zijn rechten die volgens verkeersopvatting als vruchten van goederen worden aangemerkt. *Burgerlijke vrucht*
3. De afzonderlijke termijnen van een lijfrente gelden als vruchten van het recht op de lijfrente. *Termijn van lijfrente*
4. Een natuurlijke vrucht wordt een zelfstandige zaak door haar afscheiding, een burgerlijke vrucht een zelfstandig recht door haar opeisbaar worden. *Afscheiding of opeisbaar worden van vrucht*
(Zie ook: artt. 97, 120, 172, 216, 237, 266, 312 BW Boek 3; artt. 1005, 1006 BW Boek 4; artt. 1, 17, 45, 90 BW Boek 5; artt. 24, 206, 275 BW Boek 6; art. 1576n BW Boek 7A)

Art. 10
Registergoederen zijn goederen voor welker overdracht of vestiging inschrijving in daartoe bestemde openbare registers noodzakelijk is. *Registergoed*
(Zie ook: art. 92 BW Boek 1; artt. 89, 97, 227 BW Boek 3)

Art. 11
Goede trouw van een persoon, vereist voor enig rechtsgevolg, ontbreekt niet alleen, indien hij de feiten of het recht, waarop zijn goede trouw betrekking moet hebben, kende, maar ook indien hij ze in de gegeven omstandigheden behoorde te kennen. Onmogelijkheid van onderzoek belet niet dat degene die goede reden tot twijfel had, aangemerkt wordt als iemand die de feiten of het recht behoorde te kennen. *Goede trouw bij vermogen*
(Zie ook: artt. 23, 86, 118, 120, 121 BW Boek 3; artt. 2, 248 BW Boek 6)

Art. 12
Bij de vaststelling van wat redelijkheid en billijkheid eisen, moet rekening worden gehouden met algemeen erkende rechtsbeginselen, met de in Nederland levende rechtsovertuigingen en met de maatschappelijke en persoonlijke belangen, die bij het gegeven geval zijn betrokken. *Redelijkheid en billijkheid bij vermogen*
(Zie ook: artt. 8, 15 BW Boek 2; artt. 2, 248, 258 BW Boek 6)

Art. 13
1. Degene aan wie een bevoegdheid toekomt, kan haar niet inroepen, voor zover hij haar misbruikt. *Misbruik van bevoegdheid bij vermogen*
2. Een bevoegdheid kan onder meer worden misbruikt door haar uit te oefenen met geen ander doel dan een ander te schaden of met een ander doel dan waarvoor zij is verleend of in geval men, in aanmerking nemende de onevenredigheid tussen het belang bij de uitoefening en het belang dat daardoor wordt geschaad, naar redelijkheid niet tot die uitoefening had kunnen komen.
3. Uit de aard van een bevoegdheid kan voortvloeien dat zij niet kan worden misbruikt.
(Zie ook: art. 366 BW Boek 1; artt. 178, 303 BW Boek 6; artt. 1, 21, 37, 44, 50, 54, 79 BW Boek 5; artt. 2, 162, 248 BW Boek 6)

Art. 14
Een bevoegdheid die iemand krachtens het burgerlijk recht toekomt, mag niet worden uitgeoefend in strijd met geschreven of ongeschreven regels van publiekrecht. *Publiekrecht bij vermogen*

Art. 15
De artikelen 11-14 vinden buiten het vermogensrecht toepassing, voor zover de aard van de rechtsbetrekking zich daartegen niet verzet. *Schakelbepaling*
(Zie ook: artt. 4, 59, 79, 326 BW Boek 3)

Afdeling 1A
Elektronisch vermogensrechtelijk rechtsverkeer

Art. 15a
Evenals een elektronische gekwalificeerde handtekening als bedoeld in artikel 3, onderdeel 12, van verordening (EU) nr. 910/2014 van het Europees parlement en de Raad van 23 juli 2014 betreffende elektronische indenticatie en vertrouwensdiensten voor elektronische transacties in de interne markt en tot intrekking van richtlijn 1999/93/EG (PbEU 2014, L 257) hebben een geavanceerde elektronische handtekening als bedoeld in onderdeel 11, en een andere elektronische handtekening als bedoeld in onderdeel 10, van artikel 3 van deze verordening dezelfde rechtsgevolgen als een handgeschreven handtekening, indien voor deze beide elektronische handtekeningen de methode voor ondertekening die gebruikt is voldoende betrouwbaar is, gelet op het doel waarvoor de elektronische handtekening is gebruikt en op alle overige omstandigheden van het geval. *Gelijkstelling elektronisch en handgeschreven handtekening*

Art. 15b
[Vervallen]

Art. 15c
Buiten het vermogensrecht vindt artikel 15a overeenkomstige toepassing, voor zover de aard van de rechtshandeling of van de rechtsbetrekking zich daartegen niet verzet. *Schakelbepaling*

Art. 15d
1. Degene die een dienst van de informatiemaatschappij verleent, maakt de volgende gegevens gemakkelijk, rechtstreeks en permanent toegankelijk voor degenen die gebruik maken van deze dienst, in het bijzonder om informatie te verkrijgen of toegankelijk te maken: *Verplichtingen informatiemaatschappij bij elektronisch rechtsverkeer*

art. 3:15e

a. zijn identiteit en adres van vestiging;
b. gegevens die een snel contact en een rechtstreekse en effectieve communicatie met hem mogelijk maken, met inbegrip van zijn elektronische postadres;
c. voor zover hij in een handelsregister of een vergelijkbaar openbaar register is ingeschreven: het register waar hij is ingeschreven en zijn inschrijvingsnummer, of een vergelijkbaar middel ter identificatie in dat register;
d. voor zover een activiteit aan een vergunningsstelsel is onderworpen: de gegevens over de bevoegde toezichthoudende autoriteit;
e. voor zover hij een gereglementeerd beroep uitoefent:
– de beroepsvereniging of -organisatie waarbij hij is ingeschreven,
– de beroepstitel en de lidstaat van de Europese Unie of andere staat die partij is bij de Overeenkomst betreffende de Europese Economische Ruimte waar die is toegekend,
– een verwijzing naar de beroepsregels die in Nederland van toepassing zijn en de wijze van toegang daartoe;
f. voor zover hij een aan de BTW onderworpen activiteit uitoefent: het btw-identificatienummer zoals bedoeld in artikel 2a, eerste lid, onder g, van de Wet op de Omzetbelasting 1968.
2. De dienstverlener geeft aanduidingen van prijzen in een dienst van de informatiemaatschappij duidelijk en ondubbelzinnig aan, met de uitdrukkelijke vermelding of, en zo mogelijk welke, belasting en leveringskosten daarbij inbegrepen zijn.
3. Onder dienst van de informatiemaatschappij wordt verstaan elke dienst die gewoonlijk tegen vergoeding, langs elektronische weg, op afstand en op individueel verzoek van de afnemer van de dienst wordt verricht zonder dat partijen gelijktijdig op dezelfde plaats aanwezig zijn. Een dienst wordt langs elektronische weg verricht indien deze geheel per draad, per radio, of door middel van optische of andere elektromagnetische middelen wordt verzonden, doorgeleid en ontvangen met behulp van elektronische apparatuur voor de verwerking, met inbegrip van digitale compressie, en de opslag van gegevens.

Art. 15e

Commerciële communicatie

1. Indien commerciële communicatie deel uitmaakt van een dienst van de informatiemaatschappij of een dergelijke dienst vormt, zorgt degene in wiens opdracht de commerciële communicatie geschiedt dat:
a. de commerciële communicatie duidelijk als zodanig herkenbaar is;
b. de commerciële communicatie zijn identiteit vermeldt;
c. de commerciële communicatie, indien deze verkoopbevorderende aanbiedingen, wedstrijden of spelen omvat, een duidelijke en ondubbelzinnige vermelding bevat van de aard en de voorwaarden van de aanbieding of de deelneming;
d. ongevraagde commerciële communicatie door middel van elektronische post reeds bij de ontvangst duidelijk en ondubbelzinnig als zodanig herkenbaar is.
2. [vervallen.]
3. Onder commerciële communicatie als bedoeld in dit artikel wordt verstaan elke vorm van communicatie bestemd voor het aanprijzen van de goederen, diensten of het imago van een onderneming, instelling of persoon die een commerciële, industriële of ambachtelijke activiteit of een gereglementeerd beroep uitoefent, met uitzondering van informatie die rechtstreeks toegang geeft tot de activiteit van de onderneming, instelling of persoon, in het bijzonder een domeinnaam of een elektronisch postadres. Mededelingen over goederen of diensten of het imago van een onderneming, instelling of persoon die onafhankelijk van deze en in het bijzonder zonder financiële tegenprestatie zijn samengesteld, zijn geen commerciële communicatie.

Art. 15f

Klachtenregeling bij elektronisch rechtsverkeer

1. Degenen die diensten van de informatiemaatschappij verlenen of gebruiken kunnen zich richten tot een door Onze Minister van Justitie in overeenstemming met Onze Minister van Economische Zaken aan te wijzen rechtspersoon teneinde:
a. algemene informatie te verkrijgen over hun contractuele rechten en plichten alsmede over klachtenprocedures en rechtsmiddelen in het geval van een geschil;
b. nadere gegevens te verkrijgen over de autoriteiten of organisaties waar zij nadere informatie of praktische bijstand kunnen krijgen.
2. De rechtspersoon, bedoeld in lid 1, werkt bij de uitoefening van zijn taken samen met de overeenkomstige organisaties in andere lidstaten van de Europese Unie en de overige staten die partij zijn bij de Overeenkomst betreffende de Europese Economische Ruimte.

Aanwijzing opsporings-ambtenaren bij elektronisch rechtsverkeer

3. De controleurs van de Belastingdienst/Fiscale Inlichtingen- en Opsporingsdienst – Economische Controle Dienst (Belastingdienst/FIOD-ECD) worden aangewezen als ambtenaren, belast met de opsporing van overtredingen van de voorschriften gesteld bij de artikelen 15d en 15e lid 1.

Afdeling 1B
Het voeren van een administratie

Art. 15i
1. Een ieder die een bedrijf of zelfstandig een beroep uitoefent, is verplicht van zijn vermogenstoestand en van alles betreffende zijn bedrijf of beroep, naar de eisen van dat bedrijf of beroep, op zodanige wijze een administratie te voeren en de daartoe behorende boeken, bescheiden en andere gegevensdragers op zodanige wijze te bewaren, dat te allen tijde zijn rechten en verplichtingen kunnen worden gekend. *Administratieplicht bij vermogen*
2. De leden 2 tot en met 4 van artikel 10 van Boek 2 zijn van overeenkomstige toepassing. *Schakelbepaling*

Art. 15j
Openlegging van tot een administratie behorende boeken, bescheiden en andere gegevensdragers kunnen, voorzover zij daarbij een rechtstreeks en voldoende belang hebben, vorderen: *Inzage administratie bij vermogen*
a. erfgenamen, ten aanzien van de boekhouding van de erflater;
b. deelgenoten in een gemeenschap, ten aanzien van de boekhouding betreffende de gemeenschap;
c. vennoten, ten aanzien van de boekhouding van de vennootschap;
d. schuldeisers in het geval van faillissement of toepassing van de schuldsaneringsregeling natuurlijke personen, ten aanzien van de boekhouding van de failliet onderscheidenlijk degene ten aanzien van wie de schuldsaneringsregeling van toepassing is.

Afdeling 2
Inschrijvingen betreffende registergoederen

Art. 16
1. Er worden openbare registers gehouden, waarin feiten die voor de rechtstoestand van registergoederen van belang zijn, worden ingeschreven. *Openbare registers*
2. Welke deze openbare registers zijn, waar en op welke wijze een inschrijving in de registers kan worden verkregen, welke stukken daartoe aan de bewaarder moeten worden aangeboden, wat deze stukken moeten inhouden, hoe de registers worden ingericht, hoe de inschrijvingen daarin geschieden, en hoe de registers kunnen worden geraadpleegd, wordt geregeld bij de wet. *Nadere regels*
(Zie ook: art. 8 Kadw; art. art. 20 BW Boek 5; art. 155 Overgangswet NBW; art. 100e Wonw)

Art. 17
1. Behalve die feiten waarvan inschrijving krachtens andere wetsbepalingen mogelijk is, kunnen in deze registers de volgende feiten worden ingeschreven: *Inhoud van openbare registers*
a. rechtshandelingen die een verandering in de rechtstoestand van registergoederen brengen of in enig ander opzicht voor die rechtstoestand van belang zijn;
(Zie ook: artt. 89, 98, 186, 260 BW Boek 3; artt. 31, 42, 60, 109, 139 BW Boek 5; artt. 143, 252 BW Boek 6; artt. 24, 28, 29 Kadw)
b. erfopvolgingen die registergoederen betreffen, daaronder begrepen de opvolging door de Staat krachtens de artikelen 189 en 226 lid 4 van Boek 4, en de afgifte van registergoederen aan de Staat krachtens artikel 226 leden 1 en 2 van Boek 4;
(Zie ook: art. 27 Kadw)
c. vervulling van de voorwaarde, gesteld in een ingeschreven voorwaardelijke rechtshandeling, en de verschijning van een onzeker tijdstip, aangeduid in een ingeschreven rechtshandeling verbonden tijdsbepaling, alsmede de dood van een vruchtgebruiker van een registergoed;
(Zie ook: artt. 38, 203 BW Boek 3; art. 30 Kadw)
d. reglementen en andere regelingen die tussen medegerechtigden in registergoederen zijn vastgesteld;
(Zie ook: art. 168 BW Boek 3; art. 31 Kadw)
e. rechterlijke uitspraken die de rechtstoestand van registergoederen of de bevoegdheid daarover te beschikken betreffen, mits zij uitvoerbaar bij voorraad zijn of een verklaring van de griffier wordt overgelegd, dat daartegen geen gewoon rechtsmiddel meer openstaat of dat het hem drie maanden na de uitspraak van het instellen van een gewoon rechtsmiddel is gebleken, benevens de tegen de bovenbedoelde uitspraken ingestelde rechtsmiddelen;
(Zie ook: artt. 237, 300, 301, 302 BW Boek 3; artt. 32, 116 BW Boek 5; art. 260 BW Boek 6; art. 513a Rv)
f. instelling van rechtsvorderingen en indiening van verzoeken ter verkrijging van een rechterlijke uitspraak die de rechtstoestand van een registergoed betreft;
g. executoriale en conservatoire beslagen op registergoederen;
h. naamsveranderingen die tot registergoederen gerechtigde personen betreffen;
i. verjaring die leidt tot verkrijging van een registergoed of tenietgaan van een beperkt recht dat een registergoed is;
(Zie ook: artt. 99, 106, 323 BW Boek 3; art. 34 Kadw)

j. beschikkingen en uitspraken, waarbij een krachtens een bijzondere wetsbepaling ingeschreven beschikking wordt vernietigd, ingetrokken of gewijzigd;
(Zie ook: artt. 24, 50, 89, 186 BW Boek 3; art. 143 BW Boek 6; art. 45 Kadw)
k. de aanleg en verwijdering van een net, bestaande uit een of meer kabels of leidingen, bestemd voor transport van vaste, vloeibare of gasvormige stoffen, van energie of van informatie.
(Zie ook: artt. 237, 254 BW Boek 3; artt. 61, 116 BW Boek 5; artt. 36, 45, 46, 47 Kadw; art. 5.17 Tw)

Persoonlijke rechten bij registergoed

2. Huur- en pachtovereenkomsten en andere feiten die alleen persoonlijke rechten geven of opheffen, kunnen slechts worden ingeschreven, indien een bijzondere wetsbepaling dit toestaat.
(Zie ook: artt. 50, 254 BW Boek 3; art. 260 BW Boek 6; art. 26 Kadw)

Art. 18

Ontvangstbewijs bij registergoed

Worden de bewaarder der registers stukken ter inschrijving aangeboden, dan verstrekt hij de aanbieder een bewijs van ontvangst, vermeldende de aard dier stukken alsmede dag, uur en minuut van de aanbieding.
(Zie ook: artt. 13, 17 Kadw)

Art. 19

Tijdstip van inschrijving bij registergoed

1. Indien de voor een inschrijving nodige stukken worden aangeboden, de aangeboden stukken aan de wettelijke eisen voldoen en andere wettelijke vereisten voor inschrijving zijn vervuld, dan geschiedt de inschrijving terstond na de aanbieding.
2. Als tijdstip van inschrijving geldt het tijdstip van aanbieding van de voor de inschrijving vereiste stukken.
3. Op verlangen van de aanbieder tekent de bewaarder de verrichte inschrijving op het ontvangstbewijs aan of doet hij in de gevallen en op een wijze bij of krachtens de wet, bedoeld in artikel 16, tweede lid, vast te stellen, daarvan mededeling aan de aanbieder.
4. Indien de bewaarder vermoedt dat de in de aangeboden stukken vermelde kenmerken niet overeenstemmen met die welke met betrekking tot het registergoed behoren te worden vermeld, of dat de in te schrijven rechtshandeling door een onbevoegde is verricht of onverenigbaar is met een andere rechtshandeling, ter inschrijving waarvan hem de nodige stukken zijn aangeboden, is hij bevoegd de aanbieder en andere belanghebbenden daarop opmerkzaam te maken.
(Zie ook: artt. 21, 262 BW Boek 3; artt. 17, 18, 59 Kadw)

Art. 20

Weigering inschrijving bij registergoed

1. De bewaarder der registers weigert een inschrijving te doen, indien niet is voldaan aan de eisen, bedoeld in artikel 19, eerste lid. Hij boekt de aanbieding in het register van voorlopige aantekeningen met vermelding van de gerezen bedenkingen.

Inschrijving op bevel voorzieningenrechter bij registergoed

2. Wanneer de weigering ten onrechte is geschied, beveelt de voorzieningenrechter van de rechtbank, rechtdoende in kort geding, op vordering van de belanghebbende de bewaarder de inschrijving alsnog te verrichten, zulks onverminderd de bevoegdheid van de gewone rechter. De voorzieningenrechter kan de oproeping van door hem aan te wijzen andere belanghebbenden gelasten. Het bevel van de voorzieningenrechter is van rechtswege uitvoerbaar bij voorraad.
3. Wordt de geweigerde inschrijving alsnog bevolen, dan verricht de bewaarder haar terstond nadat de eiser haar opnieuw heeft verzocht.

Tijdstip inschrijving na hernieuwde aanbieding bij registergoed

4. Indien de belanghebbende binnen twee weken na de oorspronkelijke aanbieding aan de bewaarder een dagvaarding in kort geding ter verkrijging van het in lid 2 bedoelde bevel heeft doen uitbrengen en de aanvankelijk geweigerde inschrijving alsnog is verricht op een hernieuwde aanbieding van dezelfde stukken, gedaan binnen een week na een in eerste aanleg gegeven bevel, wordt de inschrijving geacht te zijn geschied op het tijdstip waarop de oorspronkelijke aanbieding plaatsvond. Hetzelfde geldt, indien de bewaarder op een hernieuwde aanbieding alsnog overgaat tot inschrijving binnen twee weken hetzij na de oorspronkelijke aanbieding, hetzij na een hem tijdig uitgebrachte dagvaarding hangende het geding in eerste aanleg.

Kenbaarheid voorlopige aantekening bij registergoed

5. Een feit waarvan slechts blijkt uit een overeenkomstig lid 1, tweede zin, geboekt stuk wordt geacht niet door raadpleging van de registers kenbaar te zijn, tenzij het krachtens het vorige lid geacht moet worden reeds ten tijde van de raadpleging ingeschreven te zijn geweest.

Doorhaling voorlopige aantekening bij registergoed

6. Een voorlopige aantekening wordt door de bewaarder doorgehaald, zodra hem is gebleken dat de voorwaarden voor toepassing van het vierde lid niet meer kunnen worden vervuld, of de inschrijving met inachtneming van het tijdstip van oorspronkelijke aanbieding alsnog heeft plaatsgevonden.
(Zie ook: artt. 12a, 52, 289 Rv; artt. 8, 11, 14, 16, 18 Kadw)

Art. 21

Rangorde inschrijvingen bij registergoed

1. De rangorde van inschrijvingen die op een zelfde registergoed betrekking hebben, wordt bepaald door de volgorde der tijdstippen van inschrijving, tenzij uit de wet een andere rangorde voortvloeit.
2. Vinden twee inschrijvingen op één zelfde tijdstip plaats en zouden deze leiden tot onderling onverenigbare rechten van verschillende personen op dat goed, dan wordt de rangorde bepaald:
a. ingeval de ter inschrijving aangeboden akten op verschillende dagen zijn opgemaakt: door de volgorde van die dagen;

13 Burgerlijk Wetboek Boek 3 — art. 3:27

b. ingeval beide akten op dezelfde dag zijn opgemaakt en het notariële akten, daaronder begrepen notariële verklaringen, betreft: door de volgorde van de tijdstippen waarop ieder van die akten of verklaringen is opgemaakt.
(Zie ook: artt. 19, 177, 261, 262 BW Boek 3; art. 505 Rv)

Art. 22
Wanneer een feit in de registers is ingeschreven, kan daarna de geldigheid van de inschrijving niet meer worden betwist op grond dat de formaliteiten die voor de inschrijving worden vereist, niet zijn in acht genomen.

Betwisten geldigheid inschrijving bij registergoed

Art. 23
Het beroep van een verkrijger van een registergoed op goede trouw wordt niet aanvaard, wanneer dit beroep insluit een beroep op onbekendheid met feiten die door raadpleging van de registers zouden zijn gekend.
(Zie ook: artt. 11, 88, 99 BW Boek 3)

Goede trouw bij registergoed

Art. 24
1. Indien op het tijdstip waarop een rechtshandeling tot verkrijging van een recht op een registergoed onder bijzondere titel in de registers wordt ingeschreven, een eveneens voor inschrijving in de registers vatbaar feit niet met betrekking tot dat registergoed ingeschreven was, kan dit feit aan de verkrijger niet worden tegengeworpen, tenzij hij het kende.
(Zie ook: artt. 11, 17, 36, 88 BW Boek 3; art. 78 Overgangswet NBW)
2. Het eerste lid is niet van toepassing ten aanzien van:
a. feiten die naar hun aard vatbaar zijn voor inschrijving in een register van de burgerlijke stand, een huwelijksgoederenregister of een boedelregister, ook indien het feit in een gegeven geval daarin niet kan worden ingeschreven, omdat daarop de Nederlandse wet niet van toepassing is;
(Zie ook: artt. 16, 116 BW Boek 1)
b. in het curatele- en bewindregister ingeschreven ondercuratelestelling en opheffing van curatele;
(Zie ook: art. 391 BW Boek 1)
c. in het faillissementsregister, het surséanceregister en het register schuldsaneringsregeling natuurlijke personen ingeschreven rechterlijke uitspraken;
(Zie ook: artt. 19, 222a FW)
d. aanvaarding en verwerping van een nalatenschap;
(Zie ook: artt. 1075, 1090 BW Boek 4)
e. verjaring.
(Zie ook: artt. 99, 105, 106 BW Boek 3)
3. Het eerste lid is evenmin van toepassing ten aanzien van erfopvolgingen en uiterste wilsbeschikkingen die op het tijdstip van de inschrijving van de rechtshandeling nog niet ingeschreven waren, doch daarna, mits binnen drie maanden na de dood van de erflater, alsnog in de registers zijn ingeschreven.
(Zie ook: art. 116 BW Boek 3)

Bescherming bij onvolledige registers

Art. 25
Indien op het tijdstip waarop een rechtshandeling ter verkrijging van een recht op een registergoed onder bijzondere titel wordt ingeschreven, een feit met betrekking tot dat registergoed in de registers was ingeschreven krachtens een authentieke akte waarin het feit door een ambtenaar met kracht van authenticiteit werd vastgesteld, kan de onjuistheid van dit feit aan de verkrijger niet worden tegengeworpen, tenzij hij deze onjuistheid kende of door raadpleging van de registers de mogelijkheid daarvan had kunnen kennen.
(Zie ook: art. 88 BW Boek 3; art. 183 Rv)

Bescherming bij onjuist ingeschreven feiten

Art. 26
Indien op het tijdstip waarop een rechtshandeling ter verkrijging van een recht op een registergoed onder bijzondere titel wordt ingeschreven, met betrekking tot dat registergoed een onjuist feit in de registers ingeschreven was, kan de onjuistheid van dit feit door hem die redelijkerwijze voor overeenstemming van de registers met de werkelijkheid had kunnen zorgdragen, aan de verkrijger niet worden tegengeworpen, tenzij deze de onjuistheid kende of door raadpleging van de registers de mogelijkheid daarvan had kunnen kennen.
(Zie ook: art. 36 BW Boek 3)

Bescherming bij onjuist ingeschreven feit

Art. 27
1. Hij die beweert enig recht op een registergoed te hebben, kan alle belanghebbenden bij openbare oproeping, en daarnaast hen die als rechthebbende of beslaglegger op dat goed ingeschreven staan, ieder bij name dagvaarden om te horen verklaren dat hem het recht waarop hij aanspraak maakt, toekomt. Alvorens een zodanige eis toe te wijzen, kan de rechter de maatregelen bevelen en de bewijsopdrachten doen, welke hij in het belang van mogelijke niet-verschenen rechthebbenden nuttig oordeelt. Een krachtens dit artikel verkregen verklaring wordt niet in de registers ingeschreven, voordat het vonnis in kracht van gewijsde is gegaan.

Beweerd recht op registergoed

2. Tegen het vonnis is geen verzet toegelaten. Hoger beroep en cassatie staan volgens de gewone regels open, behoudens de volgende uitzonderingen. Artikel 335 van het Wetboek van Burgerlijke Rechtsvordering is niet van toepassing. De dagvaarding waarbij het rechtsmiddel wordt ingesteld, moet op straffe van niet-ontvankelijkheid binnen acht dagen worden ingeschreven in het register, bedoeld in artikel 433 van het Wetboek van Burgerlijke Rechtsvordering. De termijn voor hoger beroep begint voor niet-verschenen belanghebbenden te lopen vanaf de betekening van de uitspraak aan hen bij name, voor zover zij ingeschreven waren, of bij openbaar exploit, zo zij niet ingeschreven waren. Cassatie staat alleen open voor verschenen belanghebbenden.
3. De krachtens lid 1 ingeschreven verklaring wordt ten aanzien van niet-verschenen belanghebbenden die niet bij name zijn gedagvaard, vermoed juist te zijn, zolang het tegendeel niet bewezen is.
Op de onjuistheid kan echter geen beroep worden gedaan ten nadele van hen die, daarmee onbekend, de verkrijger van het vonnis onder bijzondere titel zijn opgevolgd.
4. Een openbare oproeping als bedoeld in lid 1 geschiedt overeenkomstig artikel 54, tweede en derde lid van het Wetboek van Burgerlijke Rechtsvordering. Een openbaar exploot als bedoeld in lid 2 geschiedt op dezelfde wijze, tenzij de rechter nadere maatregelen voorschrijft als bedoeld in lid 1. De in lid 1 bedoelde maatregelen kunnen bestaan in het voorschrijven van al of niet herhaalde aankondigingen van een door de rechter vast te stellen inhoud in één of meer binnen- of buitenlandse dagbladen.
(Zie ook: art. 119 BW Boek 3; art. 174 BW Boek 6; art. 25 Kadw)

Art. 28

Verklaring van waardeloosheid inschrijving bij registergoed

1. Is een inschrijving waardeloos, dan zijn degenen te wier behoeve zij anders zou hebben gestrekt, verplicht van deze waardeloosheid aan hem die daarbij een onmiddellijk belang heeft, op diens verzoek een schriftelijke verklaring af te geven. De verklaringen vermelden de feiten waarop de waardeloosheid berust, tenzij de inschrijving een hypotheek of een beslag betreft.
2. Verklaringen als in lid 1 bedoeld kunnen in de registers worden ingeschreven. Indien de inschrijving een hypotheek of een beslag betreft, machtigen deze verklaringen na inschrijving gezamenlijk de bewaarder tot doorhaling daarvan.
(Zie ook: artt. 273, 274, 300 BW Boek 3; art. 513a Rv; art. 35 Kadw)

Art. 29

Bevel van waardeloosheid inschrijving bij registergoed

1. Worden de vereiste verklaringen niet afgegeven, dan verklaart de rechtbank de inschrijving waardeloos op vordering van de onmiddellijk belanghebbende. Wordt ter verkrijging van dit bevel iemand die in de registers staat ingeschreven gedagvaard, dan worden daarmee tevens gedagvaard al zijn rechtverkrijgenden die geen nieuwe inschrijving hebben genomen.
2. Alvorens een zodanige verklaring uit te spreken kan de rechter de maatregelen bevelen en de bewijsopdrachten doen, welke hij in het belang van mogelijk niet-verschenen rechthebbenden nuttig oordeelt.
3. Verzet, hoger beroep en cassatie moeten op straffe van niet- ontvankelijkheid binnen acht dagen na het instellen van het rechtsmiddel worden ingeschreven in de registers, bedoeld in artikel 433 van het Wetboek van Burgerlijke Rechtsvordering. Zo voor een ingeschreven verweerder geen verzet openstaat, maar hoger beroep openstaat, geldt hetzelfde voor zijn rechtverkrijgenden die geen nieuwe inschrijving hebben genomen. In afwijking van artikel 143 van dat wetboek begint de termijn van verzet in elk geval te lopen vanaf de betekening van het vonnis aan de ingeschreven verweerder, ook als de betekening niet aan hem in persoon geschiedt, zulks mede ten opzichte van zijn rechtverkrijgenden die geen nieuwe inschrijving hebben genomen, tenzij de rechter hiertoe nadere maatregelen heeft bevolen en aan dat bevel niet is voldaan. Cassatie staat alleen open voor verschenen belanghebbenden.
4. Het vonnis dat de verklaring bevat, kan niet worden ingeschreven, voordat het in kracht van gewijsde is gegaan. Indien de waardeloze inschrijving een hypotheek of beslag betreft, machtigt het vonnis na inschrijving de bewaarder tot doorhaling daarvan.
(Zie ook: artt. 274, 300 BW Boek 3; art. 513a Rv; art. 8 Kadw)

Art. 30

Aansprakelijkheid van de staat bij registergoed

Onverminderd de aansprakelijkheden van de Dienst voor het kadaster en de openbare registers, bedoeld in artikel 117, eerste en tweede lid, van de Kadasterwet, is de Staat aansprakelijk, wanneer iemand ten gevolge van omstandigheden die naar redelijkheid en billijkheid niet voor zijn rekening komen, door toepassing van een der artikelen 24, 25 of 27 zijn recht verliest.
(Zie ook: art. 270 BW Boek 3; art. 170 BW Boek 6; art. 117 Kadw)

Art. 31

Notariële akte of verklaring bij registergoed

Waar een wetsbepaling die betrekking heeft op registergoederen, een notariële akte of een notariële verklaring voorschrijft, is een akte of verklaring van een Nederlandse notaris vereist.
(Zie ook: artt. 89, 96, 98, 186, 234, 260, 262, 270 BW Boek 3; artt. 31, 60, 61, 93, 109, 139, 143 BW Boek 5; art. 525 BW Boek 6; artt. 514, 539, 544, 551 Rv; artt. 18, 24, 25, 27, 30, 31, 33, 34, 35, 36, 37, 41, 59 Kadw)

Titel 2
Rechtshandelingen

Art. 32

1. Iedere natuurlijke persoon is bekwaam tot het verrichten van rechtshandelingen, voor zover de wet niet anders bepaalt.
(Zie ook: artt. 234, 235, 381 BW Boek 1; art. 63 BW Boek 3; artt. 31, 209, 218, 222, 276 BW Boek 6)
2. Een rechtshandeling van een onbekwame is vernietigbaar. Een eenzijdige rechtshandeling van een onbekwame, die niet tot een of meer bepaalde personen gericht was, is echter nietig.
(Zie ook: artt. 49, 52, 58 BW Boek 3)

Handelingsonbekwaamheid bij rechtshandeling

Art. 33

Een rechtshandeling vereist een op een rechtsgevolg gerichte wil die zich door een verklaring heeft geopenbaard.
(Zie ook: art. 44 BW Boek 3; artt. 217, 228, 231, 232 BW Boek 6)

Wil en verklaring bij rechtshandeling

Art. 34

1. Heeft iemand wiens geestvermogens blijvend of tijdelijk zijn gestoord, iets verklaard, dan wordt een met de verklaring overeenstemmende wil geacht te ontbreken, indien de stoornis een redelijke waardering der bij de handeling betrokken belangen belette, of indien de verklaring onder invloed van die stoornis is gedaan. Een verklaring wordt vermoed onder invloed van de stoornis te zijn gedaan, indien de rechtshandeling voor de geestelijk gestoorde nadelig was, tenzij het nadeel op het tijdstip van de rechtshandeling redelijkerwijze niet was te voorzien.
2. Een zodanig ontbreken van wil maakt een rechtshandeling vernietigbaar. Een eenzijdige rechtshandeling die niet tot een of meer bepaalde personen gericht was, wordt door het ontbreken van wil echter nietig.
(Zie ook: art. 32 BW Boek 1; artt. 44, 49, 51 BW Boek 3; art. 942 BW Boek 4; artt. 80, 81 Overgangswet NBW)

Geestelijke stoornis bij rechtshandeling

Art. 35

Tegen hem die eens anders verklaring of gedraging, overeenkomstig de zin die hij daaraan onder de gegeven omstandigheden redelijkerwijs mocht toekennen, heeft opgevat als een door die ander tot hem gerichte verklaring van een bepaalde strekking, kan geen beroep worden gedaan op het ontbreken van een met deze verklaring overeenstemmende wil.
(Zie ook: art. 16 BW Boek 2; artt. 11, 37, 61, 66 BW Boek 3; artt. 2, 225, 231, 232, 237, 248 BW Boek 6)

Vertrouwensbeginsel bij rechtshandeling

Art. 36

Tegen hem die als derde op grond van een verklaring of gedraging, overeenkomstig de zin die hij daaraan onder de gegeven omstandigheden redelijkerwijze mocht toekennen, het ontstaan, bestaan of tenietgaan van een bepaalde rechtsbetrekking heeft aangenomen en in redelijk vertrouwen op de juistheid van die veronderstelling heeft gehandeld, kan door degene om wiens verklaring of gedraging het gaat, met betrekking tot deze handeling op de onjuistheid van die veronderstelling geen beroep worden gedaan.
(Zie ook: artt. 24, 26, 44, 88 BW Boek 3; artt. 34, 156, 159 BW Boek 6)

Derdenbescherming bij rechtshandeling

Art. 37

1. Tenzij anders is bepaald, kunnen verklaringen, met inbegrip van mededelingen, in iedere vorm geschieden, en kunnen zij in een of meer gedragingen besloten liggen.
2. Indien bepaald is dat een verklaring schriftelijk moet worden gedaan, kan zij, voor zover uit de strekking van die bepaling niet anders volgt, ook bij exploit geschieden.
3. Een tot een bepaalde persoon gerichte verklaring moet, om haar werking te hebben, die persoon hebben bereikt. Nochtans heeft ook een verklaring die hem tot wie zij was gericht, niet of niet tijdig heeft bereikt, haar werking, indien dit niet of niet tijdig bereiken het gevolg is van zijn eigen handeling, van de handeling van personen voor wie hij aansprakelijk is, of van andere omstandigheden die zijn persoon betreffen en rechtvaardigen dat hij het nadeel draagt.
4. Wanneer een door de afzender daartoe aangewezen persoon of middel een tot een ander gerichte verklaring heeft overgebracht, geldt het ter kennis van de ontvanger gekomene als de verklaring van de afzender, tenzij de gevolgde wijze van overbrenging door de ontvanger was bepaald.
(Zie ook: art. 35 BW Boek 3)
5. Intrekking van een tot een bepaalde persoon gerichte verklaring moet, om haar werking te hebben, die persoon eerder dan of gelijktijdig met de ingetrokken verklaring bereiken.
(Zie ook: artt. 44, 94, 176 BW Boek 3; artt. 217, 219, 221, 223, 224, 228, 236, 237 BW Boek 6)

Vorm van verklaringen bij rechtshandeling

Intrekking verklaring bij rechtshandeling

Art. 38

1. Tenzij uit de aard van de rechtshandeling anders voortvloeit, kan een rechtshandeling onder een tijdsbepaling of een voorwaarde worden verricht.

Tijdsbepaling of voorwaarde bij rechtshandeling

2. De vervulling van een voorwaarde heeft geen terugwerkende kracht.
(Zie ook: artt. 17, 81, 84, 85, 91, 92 BW Boek 3; artt. 21, 39, 40, 161 BW Boek 6; art. 483a Rv; artt. 129, 356 FW)

Art. 39

Nietigheid wegens gebrek aan vorm bij rechtshandeling

Tenzij uit de wet anders voortvloeit, zijn rechtshandelingen die niet in de voorgeschreven vorm zijn verricht, nietig.
(Zie ook: artt. 24, 66, 88, 89, 90, 115 BW Boek 1; artt. 4, 14, 15, 27, 38, 65, 117, 176, 227, 286 BW Boek 2; artt. 58, 61, 62, 183, 260, 275 BW Boek 3; art. 88 BW Boek 5; artt. 82, 226 BW Boek 6; art. 2 Pw)

Art. 40

Nietigheid wegens strijd met goede zeden en openbare orde bij rechtshandeling

1. Een rechtshandeling die door inhoud of strekking in strijd is met de goede zeden of de openbare orde, is nietig.

Nietigheid wegens strijd met wet bij rechtshandeling

2. Strijd met een dwingende wetsbepaling leidt tot nietigheid van de rechtshandeling, doch, indien de bepaling uitsluitend strekt ter bescherming van één der partijen bij een meerzijdige rechtshandeling, slechts tot vernietigbaarheid, een en ander voor zover niet uit de strekking van de bepaling anders voortvloeit.
3. Het vorige lid heeft geen betrekking op wetsbepalingen die niet de strekking hebben de geldigheid van daarmede strijdige rechtshandelingen aan te tasten.
(Zie ook: artt. 121, 400 BW Boek 1; artt. 20, 68, 125, 179 BW Boek 2; artt. 94, 109, 203, 229 BW Boek 6; art. 23 Colpw; art. 2 HW)

Art. 41

Partiële nietigheid bij rechtshandeling

Betreft een grond van nietigheid slechts een deel van een rechtshandeling, dan blijft deze voor het overige in stand, voor zover dit, gelet op inhoud en strekking van de handeling, niet in onverbrekelijk verband met het nietige deel staat.
(Zie ook: artt. 92, 235 BW Boek 3; art. 265 BW Boek 6)

Art. 42

Omzetting bij rechtshandeling

Beantwoordt de strekking van een nietige rechtshandeling in een zodanige mate aan die van een andere, als geldig aan te merken rechtshandeling, dat aangenomen moet worden dat die andere rechtshandeling zou zijn verricht, indien van de eerstgenoemde wegens haar ongeldigheid was afgezien, dan komt haar de werking van die andere rechtshandeling toe, tenzij dit onredelijk zou zijn jegens een belanghebbende die niet tot de rechtshandeling als partij heeft medegewerkt.
(Zie ook: art. 294 BW Boek 2; artt. 54, 58, 74, 198 BW Boek 3; art. 78 BW Boek 5; artt. 2, 230, 248, 259 BW Boek 6; art. 6 Pw; artt. 2, 29 HW)

Art. 43

Nietigheid bij rechtshandeling

1. Rechtshandelingen die, hetzij rechtstreeks, hetzij door tussenkomende personen, strekken tot verkrijging door:
a. rechters, leden van het openbaar ministerie, gerechtsauditeurs, griffiers, advocaten, deurwaarders en notarissen van goederen waarover een geding aanhangig is voor het gerecht, onder welks rechtsgebied zij hun bediening uitoefenen;
b. ambtenaren, van goederen die door hen of te hunnen overstaan worden verkocht, of
c. personen met openbaar gezag bekleed, van goederen die toebehoren aan het Rijk, provincies, gemeenten of andere openbare instellingen en aan hun beheer zijn toevertrouwd,
zijn nietig en verplichten de verkrijgers tot schadevergoeding.
2. Lid 1 onder *a* heeft geen betrekking op uiterste wilsbeschikkingen, door een erflater ten voordele van zijn wettelijke erfgenamen gemaakt, noch op rechtshandelingen krachtens welke deze erfgenamen goederen der nalatenschap verkrijgen.
3. In het geval bedoeld in het eerste lid onder *c* is de rechtshandeling geldig, indien zij met Onze goedkeuring is geschied of het een verkoop in het openbaar betreft. Indien de rechtshandeling strekt tot verkrijging door een lid van de gemeenteraad of een wethouder, onderscheidenlijk de burgemeester komt de in de vorige zin bedoelde bevoegdheid tot goedkeuring toe aan gedeputeerde staten, onderscheidenlijk de Commissaris van de Koning.

Art. 44

Vernietigbaarheid bij rechtshandeling

1. Een rechtshandeling is vernietigbaar, wanneer zij door bedreiging, door bedrog of door misbruik van omstandigheden is tot stand gekomen.
2. Bedreiging is aanwezig, wanneer iemand een ander tot het verrichten van een bepaalde rechtshandeling beweegt door onrechtmatig deze of een derde met enig nadeel in persoon of goed te bedreigen. De bedreiging moet zodanig zijn, dat een redelijk oordelend mens daardoor kan worden beïnvloed.
3. Bedrog is aanwezig, wanneer iemand een ander tot het verrichten van een bepaalde rechtshandeling beweegt door enige opzettelijk daartoe gedane onjuiste mededeling, door het opzettelijk daartoe verzwijgen van enig feit dat de verzwijger verplicht was mede te delen, of door een andere kunstgreep. Aanprijzingen in algemene bewoordingen, ook al zijn ze onwaar, leveren op zichzelf geen bedrog op.

4. Misbruik van omstandigheden is aanwezig, wanneer iemand die weet of moet begrijpen dat een ander door bijzondere omstandigheden, zoals noodtoestand, afhankelijkheid, lichtzinnigheid, abnormale geestestoestand of onervarenheid, bewogen wordt tot het verrichten van een rechtshandeling, het tot stand komen van die rechtshandeling bevordert, ofschoon hetgeen hij weet of moet begrijpen hem daarvan zou behoren te weerhouden.
5. Indien een verklaring is tot stand gekomen door bedreiging, bedrog of misbruik van omstandigheden van de zijde van iemand die geen partij bij de rechtshandeling is, kan op dit gebrek geen beroep worden gedaan jegens een wederpartij die geen reden had het bestaan ervan te veronderstellen.
(Zie ook: art. 71 BW Boek 1; artt. 49, 66 BW Boek 3; artt. 3, 162, 228, 216, 233, 248 BW Boek 6; art. 251 WvK)

Art. 45

1. Indien een schuldenaar bij het verrichten van een onverplichte rechtshandeling wist of behoorde te weten dat daarvan benadeling van een of meer schuldeisers in hun verhaalsmogelijkheid het gevolg zou zijn, is de rechtshandeling vernietigbaar en kan de vernietigingsgrond worden ingeroepen door iedere door de rechtshandeling in zijn verhaalsmogelijkheden benadeelde schuldeiser, onverschillig of zijn vordering vóór of na de handeling is ontstaan. — *Actio Pauliana bij rechtshandeling*

2. Een rechtshandeling anders dan om niet, die hetzij meerzijdig is, hetzij eenzijdig en tot een of meer bepaalde personen gericht, kan wegens benadeling slechts worden vernietigd, indien ook degenen met of jegens wie de schuldenaar de rechtshandeling verrichtte, wisten of behoorden te weten dat daarvan benadeling van een of meer schuldeisers het gevolg zou zijn. — *Rechtshandeling anders dan om niet*

3. Wordt een rechtshandeling om niet wegens benadeling vernietigd, dan heeft de vernietiging ten aanzien van de bevoordeelde die wist noch behoorde te weten dat van de rechtshandeling benadeling van een of meer schuldeisers het gevolg zou zijn, geen werking, voor zover hij aantoont dat hij ten tijde van de verklaring of het instellen van de vordering tot vernietiging niet ten gevolge van de rechtshandeling gebaat was. — *Bescherming bevoordeelde rechtshandeling om niet*

4. Een schuldeiser die wegens benadeling tegen een rechtshandeling opkomt, vernietigt deze slechts te zijnen behoeve en niet verder dan nodig is ter opheffing van de door hem ondervonden benadeling. — *Relatieve werking bij rechtshandeling*

5. Rechten, door derden te goeder trouw anders dan om niet verkregen op goederen die het voorwerp waren van de vernietigde rechtshandeling, worden geëerbiedigd. Ten aanzien van derde te goeder trouw die om niet heeft verkregen, heeft de vernietiging geen werking voor zover hij aantoont dat hij op het ogenblik dat het goed van hem wordt opgeëist, niet ten gevolge van de rechtshandeling gebaat is. — *Derdebescherming*

(Zie ook: artt. 138, 248 BW Boek 2; artt. 11, 190, 193, 264 bBW Boek 3; artt. 967, 1024, 1107 BW Boek 4; art. 5 BW Boek 6; art. 737 Rv; artt. 42, 51 FW)

Art. 46

1. Indien de rechtshandeling waardoor een of meer schuldeisers zijn benadeeld, is verricht binnen één jaar voor het inroepen van de vernietigingsgrond en de schuldenaar zich niet reeds voor de aanvang van die termijn tot die rechtshandeling had verplicht, wordt vermoed dat men aan beide zijden wist of behoorde te weten dat een zodanige benadeling het gevolg van de rechtshandeling zou zijn: — *Vermoeden van wetenschap van benadeling bij rechtshandeling*

1°. bij overeenkomsten, waarbij de waarde der verbintenis aan de zijde van de schuldenaar aanmerkelijk die der verbintenis aan de andere zijde overtreft;
2°. bij rechtshandelingen ter voldoening van of zekerheidstelling voor een niet opeisbare schuld;
3°. bij rechtshandelingen, door de schuldenaar die een natuurlijk persoon is, verricht met of jegens:
 a. zijn echtgenoot, zijn pleegkind of een bloed- of aanverwant tot in de derde graad;
 b. een rechtspersoon waarin hij, zijn echtgenoot, zijn pleegkind of een bloed- of aanverwant tot in de derde graad bestuurder of commissaris is, dan wel waarin deze personen, afzonderlijk of tezamen, als aandeelhouder rechtstreeks of middellijk voor ten minste de helft van het geplaatste kapitaal deelnemen;
4°. bij rechtshandelingen, door de schuldenaar die rechtspersoon is, verricht met of jegens een natuurlijk persoon:
 a. die bestuurder of commissaris van de rechtspersoon is, dan wel met of jegens diens echtgenoot, pleegkind of bloed- of aanverwant tot in de derde graad;
 b. die al dan niet tezamen met zijn echtgenoot, zijn pleegkinderen en zijn bloed- of aanverwanten tot in de derde graad, als aandeelhouder rechtstreeks of middellijk voor ten minste de helft van het geplaatste kapitaal deelneemt;
 c. wiens echtgenoot, pleegkinderen of bloed- of aanverwanten tot in de derde graad, afzonderlijk of tezamen, als aandeelhouder rechtstreeks of middellijk voor tenminste de helft van het geplaatste kapitaal deelnemen;
5°. bij rechtshandelingen, door de schuldenaar die rechtspersoon is, verricht met of jegens een andere rechtspersoon, indien
 a. een van deze rechtspersonen bestuurder is van de andere;

b. een bestuurder, natuurlijk persoon, van een van deze rechtspersonen, of diens echtgenoot, pleegkind of bloed- of aanverwant tot in de derde graad, bestuurder is van de andere;
c. een bestuurder, natuurlijk persoon, of een commissaris van een van deze rechtspersonen, of diens echtgenoot, pleegkind of bloed- of aanverwant tot in de derde graad, afzonderlijk of tezamen, als aandeelhouder rechtstreeks of middellijk voor ten minste de helft van het geplaatste kapitaal deelneemt in de andere;
d. in beide rechtspersonen voor ten minste de helft van het geplaatste kapitaal rechtstreeks of middellijk wordt deelgenomen door dezelfde rechtspersoon, dan wel dezelfde natuurlijke persoon, al dan niet tezamen met zijn echtgenoot, zijn pleegkinderen en zijn bloed- of aanverwanten tot in de derde graad;
6°. bij rechtshandelingen, door de schuldenaar die rechtspersoon is, verricht met of jegens een groepsmaatschappij.
2. Met een echtgenoot wordt een geregistreerde partner of een andere levensgezel gelijkgesteld.
3. Onder pleegkind wordt verstaan hij die duurzaam als eigen kind is verzorgd en opgevoed.
4. Onder bestuurder, commissaris of aandeelhouder wordt mede verstaan hij die minder dan een jaar vóór de rechtshandeling bestuurder, commissaris of aandeelhouder is geweest.
5. Indien de bestuurder van een rechtspersoon-bestuurder zelf een rechtspersoon is, wordt deze rechtspersoon met de rechtspersoon-bestuurder gelijkgesteld.
(Zie ook: artt. 3, 432 BW Boek 1; artt. 227, 260 BW Boek 3; art. 43 FW)

Art. 47
Vermoeden van wetenschap van benadeling schuldeisers bij rechtshandeling

In geval van benadeling door een rechtshandeling om niet, die de schuldenaar heeft verricht binnen één jaar vóór het inroepen van de vernietigingsgrond, wordt vermoed dat hij wist of behoorde te weten dat benadeling van een of meer schuldeisers het gevolg van de rechtshandeling zou zijn.
(Zie ook: artt. 45, 47 FW)

Art. 48
Schuldenaar bij rechtshandeling

Onder schuldenaar in de zin van de drie vorige artikelen is begrepen hij op wiens goed voor de schuld van een ander verhaal kan worden genomen.
(Zie ook: artt. 231, 284, 287, 291, 292 BW Boek 3; artt. 12, 13, 30, 35, 73, 139, 157, 159 BW Boek 6; artt. 45, 47 FW; art. 16 IW 1990)

Art. 49
Vernietiging bij rechtshandeling

Een vernietigbare rechtshandeling wordt vernietigd hetzij door een buitengerechtelijke verklaring, hetzij door een rechterlijke uitspraak.

Art. 50
Buitenrechtelijke vernietiging bij rechtshandeling

1. Een buitengerechtelijke verklaring die een rechtshandeling vernietigt, wordt door hem in wiens belang de vernietigingsgrond bestaat, gericht tot hen die partij bij de rechtshandeling zijn.
2. Een buitengerechtelijke verklaring kan een rechtshandeling met betrekking tot een registergoed die heeft geleid tot een inschrijving in de openbare registers of tot een tot levering van een registergoed, bestemde akte, slechts vernietigen indien alle partijen in de vernietiging berusten.
(Zie ook: art. 89 BW Boek 1; artt. 16, 17, 37, 56 BW Boek 3; art. 246 BW Boek 6; artt. 24, 26, 37 Kadw)

Art. 51
Rechterlijke vernietiging bij rechtshandeling

1. Een rechterlijke uitspraak vernietigt een rechtshandeling, doordat zij een beroep in rechte op een vernietigingsgrond aanvaardt.
2. Een rechtsvordering tot vernietiging van een rechtshandeling wordt ingesteld tegen hen die partij bij de rechtshandeling zijn.
3. Een beroep in rechte op een vernietigingsgrond kan te allen tijde worden gedaan ter afwering van een op de rechtshandeling steunende vordering of andere rechtsmaatregel. Hij die dit beroep doet, is verplicht om zo spoedig mogelijk daarvan mededeling te doen aan de partijen bij de rechtshandeling die niet in het geding zijn verschenen.
(Zie ook: art. 89 BW Boek 1; art. 149 BW Boek 6; artt. 24, 26, 37 Kadw)

Art. 52
Vernietigingstermijn van vernietiging bij rechtshandeling

1. Rechtsvorderingen tot vernietiging van een rechtshandeling verjaren:
a. in geval van onbekwaamheid: drie jaren nadat de onbekwaamheid is geëindigd, of, indien de onbekwame een wettelijke vertegenwoordiger heeft, drie jaren nadat de handeling ter kennis van de wettelijke vertegenwoordiger is gekomen;
b. in geval van bedreiging of misbruik van omstandigheden: drie jaren nadat deze invloed heeft opgehouden te werken;
c. in geval van bedrog, dwaling of benadeling: drie jaren nadat het bedrog, de dwaling of de benadeling is ontdekt;
d. in geval van een andere vernietigingsgrond: drie jaren nadat de bevoegdheid om deze vernietigingsgrond in te roepen, aan degene aan wie deze bevoegdheid toekomt, ten dienste is komen te staan.

2. Na de verjaring van de rechtsvordering tot vernietiging van de rechtshandeling kan deze niet meer op dezelfde vernietigingsgrond door een buitengerechtelijke verklaring worden vernietigd.
(Zie ook: art. 89 BW Boek 1; art. 15 BW Boek 2; artt. 195, 264, 306 BW Boek 3; art. 967 BW Boek 4; art. 141 BW Boek 5; artt. 228, 229, 232, 235 BW Boek 6)

Art. 53
1. De vernietiging werkt terug tot het tijdstip waarop de rechtshandeling is verricht.

Terugwerkende kracht van vernietiging bij rechtshandeling

2. Indien de reeds ingetreden gevolgen van een rechtshandeling bezwaarlijk ongedaan gemaakt kunnen worden, kan de rechter desgevraagd aan een vernietiging geheel of ten dele haar werking ontzeggen. Hij kan aan een partij die daardoor onbillijk bevoordeeld, de verplichting opleggen tot een uitkering in geld aan de partij die benadeeld wordt.
(Zie ook: art. 89 BW Boek 1; art. 4 BW Boek 2; art. 198 BW Boek 3; artt. 203, 210 BW Boek 6; art. 51 FW)

Ontzeggen werking van vernietiging bij rechtshandeling

Art. 54
1. De bevoegdheid om ter vernietiging van een meerzijdige rechtshandeling een beroep te doen op misbruik van omstandigheden vervalt, wanneer de wederpartij tijdig een wijziging van de gevolgen van de rechtshandeling voorstelt, die het nadeel op afdoende wijze opheft.

Wijziging i.p.v. vernietiging bij misbruik van omstandigheden bij rechtshandeling

2. Bovendien kan de rechter op verlangen van een der partijen, in plaats van een vernietiging wegens misbruik van omstandigheden uit te spreken, ter opheffing van dit nadeel de gevolgen van de rechtshandeling wijzigen.
(Zie ook: artt. 197, 198 BW Boek 3; art. 230 BW Boek 6; art. 6 Pw)

Rechterlijke wijziging i.p.v. vernietiging bij misbruik van omstandigheden bij rechtshandeling

Art. 55
1. De bevoegdheid om ter vernietiging van een rechtshandeling een beroep op een vernietigingsgrond te doen vervalt, wanneer hij aan wie deze bevoegdheid toekomt, de rechtshandeling heeft bevestigd, nadat de verjaringstermijn ter zake van de rechtsvordering tot vernietiging op die grond een aanvang heeft genomen.

Bevestiging bij rechtshandeling

2. Eveneens vervalt de bevoegdheid om een beroep op een vernietigingsgrond te doen, wanneer een onmiddellijk belanghebbende na de aanvang van de verjaringstermijn aan hem aan wie deze bevoegdheid toekomt een redelijke termijn heeft gesteld om te kiezen tussen bevestiging en vernietiging en deze binnen deze termijn geen keuze heeft gedaan.
(Zie ook: art. 15 BW Boek 2; artt. 33, 37, 69 BW Boek 3; art. 88 BW Boek 6)

Termijnstelling bevestiging en vernietiging bij rechtshandeling

Art. 56
Voor de toepassing van de artikelen 50-55 gelden mede als partij:
a. in geval van eenzijdige tot een of meer bepaalde personen gerichte rechtshandeling: die personen;
b. in geval van andere eenzijdige rechtshandelingen: zij die onmiddellijk belanghebbenden zijn bij de instandhouding van die handeling.
(Zie ook: artt. 89, 90 BW Boek 1)

Partijen bij vernietiging bij rechtshandeling

Art. 57
Behoeft een rechtshandeling om het beoogde gevolg te hebben goedkeuring, machtiging, vergunning of enige andere vorm van toestemming van een overheidsorgaan of van een andere persoon, die geen partij bij de rechtshandeling is, dan kan iedere onmiddellijk belanghebbende aan hen die partij bij de rechtshandeling zijn geweest, aanzeggen dat, indien niet binnen een redelijke, bij die aanzegging gestelde termijn die toestemming wordt verkregen, de handeling te zijnen aanzien zonder gevolg zal blijven.

Toestemming overheidsorgaan bij rechtshandeling

Art. 58
1. Wanneer eerst na het verrichten van een rechtshandeling een voor haar geldigheid gesteld wettelijk vereiste wordt vervuld, maar alle onmiddellijk belanghebbenden die zich op dit gebrek hadden kunnen beroepen, in de tussen de handeling en de vervulling van het vereiste liggende tijdsruimte de handeling als geldig hebben aangemerkt, is daarmede de rechtshandeling bekrachtigd.

Bekrachtiging bij rechtshandeling

2. Het vorige lid is niet van toepassing op het geval dat een rechtshandeling nietig is als gevolg van handelingsonbekwaamheid van degene die haar heeft verricht en deze vervolgens handelingsbekwaam wordt.
3. Inmiddels verkregen rechten van derden behoeven aan bekrachtiging niet in de weg te staan, mits zij worden geëerbiedigd.
(Zie ook: art. 14 BW Boek 2; artt. 32, 39 BW Boek 3)

Art. 59
Buiten het vermogensrecht vinden de bepalingen van deze titel overeenkomstige toepassing, voor zover de aard van de rechtshandeling of van de rechtsbetrekking zich daartegen niet verzet.
(Zie ook: artt. 79, 326 BW Boek 3)

Schakelbepaling

Titel 3
Volmacht

Art. 60

Volmacht

1. Volmacht is de bevoegdheid die een volmachtgever verleent aan een ander, de gevolmachtigde, om in zijn naam rechtshandelingen te verrichten.

Inontvangstneming verklaring bij volmacht

2. Waar in deze titel van rechtshandeling wordt gesproken, is daaronder het in ontvangst nemen van een verklaring begrepen.
(Zie ook: artt. 32, 79 BW Boek 3; artt. 172, 201 BW Boek 6; art. 41 AWR)

Art. 61

Verlening van volmacht

1. Een volmacht kan uitdrukkelijk of stilzwijgend worden verleend.
2. Is een rechtshandeling in naam van een ander verricht, dan kan tegen de wederpartij, indien zij op grond van een verklaring of gedraging van die ander heeft aangenomen en onder de gegeven omstandigheden redelijkerwijze mocht aannemen dat een toereikende volmacht was verleend, op de onjuistheid van deze veronderstelling geen beroep worden gedaan.
3. Indien een volgens wet of gebruik openbaar gemaakte volmacht beperkingen bevat, die zo ongebruikelijk zijn dat de wederpartij ze daarin niet behoefde te verwachten, kunnen deze haar niet worden tegengeworpen, tenzij zij ze kende.
(Zie ook: artt. 5, 29, 289 BW Boek 2; artt. 11, 32, 35, 37 BW Boek 3; art. 146 BW Boek 6)

Art. 62

Algemene volmacht

1. Een algemene volmacht strekt zich slechts uit tot daden van beschikking, indien schriftelijk en ondubbelzinnig is bepaald dat zij zich ook tot die daden uitstrekt. Onder algemene volmacht wordt verstaan de volmacht die alle zaken van de volmachtgever en alle rechtshandelingen omvat, met uitzondering van hetgeen ondubbelzinnig is uitgesloten.

Bijzondere volmacht

2. Een bijzondere volmacht die in algemene bewoordingen is verleend, strekt zich slechts uit tot daden van beschikking indien dit ondubbelzinnig is bepaald. Niettemin strekt een volmacht die voor een bepaald doel is verleend, zich uit tot alle daden van beheer en van beschikking die dienstig kunnen zijn tot het bereiken van dit doel.
(Zie ook: artt. 37, 170 BW Boek 3)

Art. 63

Handelingsonbekwaamheid bij volmacht

1. De omstandigheid dat iemand onbekwaam is tot het verrichten van rechtshandelingen voor zichzelf, maakt hem niet onbekwaam tot het optreden als gevolmachtigde.
2. Wanneer een volmacht door een onbekwaam persoon is verleend, is een krachtens die volmacht door de gevolmachtigde verrichte rechtshandeling op gelijke wijze geldig, nietig of vernietigbaar, als wanneer zij door de onbekwame zelf zou zijn verricht.
(Zie ook: artt. 234, 381 BW Boek 1; artt. 32, 78 BW Boek 3; art. 622 Rv)

Art. 64

Ondervolmacht

Tenzij anders is bepaald, is een gevolmachtigde slechts in de navolgende gevallen bevoegd de hem verleende volmacht aan een ander te verlenen:
a. voor zover de bevoegdheid hiertoe uit de aard der te verrichten rechtshandelingen noodzakelijk voortvloeit of in overeenstemming is met het gebruik;
b. voor zover de verlening van de volmacht aan een andere persoon in het belang van de volmachtgever noodzakelijk is en deze zelf niet in staat is een voorziening te treffen;
c. voor zover de volmacht goederen betreft, die gelegen zijn buiten het land waarin de gevolmachtigde zijn woonplaats heeft.
(Zie ook: art. 74 BW Boek 3)

Art. 65

Meerdere gevolmachtigden

Is een volmacht aan twee of meer personen tezamen verleend, dan is ieder van hen bevoegd zelfstandig te handelen, tenzij anders is bepaald.
(Zie ook: artt. 45, 130, 240, 292 BW Boek 2; art. 170 bBW Boek 3; art. 131 BW Boek 5)

Art. 66

Gevolgen rechtshandeling gevolmachtigde
Wilsgebreken bij volmacht

1. Een door de gevolmachtigde binnen de grenzen van zijn bevoegdheid in naam van de volmachtgever verrichte rechtshandeling treft in haar gevolgen de volmachtgever.
2. Voor zover het al of niet aanwezig zijn van een wil of van wilsgebreken, alsmede bekendheid of onbekendheid met feiten van belang zijn voor de geldigheid of de gevolgen van een rechtshandeling, komen ter beoordeling daarvan de volmachtgever of de gevolmachtigde of beiden in aanmerking, al naar gelang het aandeel dat ieder van hen heeft gehad in de totstandkoming van de rechtshandeling en in de bepaling van haar inhoud.
(Zie ook: artt. 33, 34, 35, 36, 78 BW Boek 3; art. 172 BW Boek 6; art. 63 BW Boek 8; art. 263 Rv)

Art. 67

Nader te noemen volmachtgever

1. Hij die een overeenkomst aangaat in naam van een nader te noemen volmachtgever, moet diens naam noemen binnen de door de wet, de overeenkomst of het gebruik bepaalde termijn of, bij gebreke hiervan, binnen een redelijke termijn.

2. Wanneer hij de naam van de volmachtgever niet tijdig noemt, wordt hij geacht de overeenkomst voor zichzelf te hebben aangegaan, tenzij uit de overeenkomst anders voortvloeit.
(Zie ook: art. 78 BW Boek 3)

Art. 68
Tenzij anders is bepaald, kan een gevolmachtigde slechts dan als wederpartij van de volmachtgever optreden, wanneer de inhoud van de te verrichten rechtshandeling zo nauwkeurig vaststaat, dat strijd tussen beider belangen uitgesloten is. — *Selbsteintritt bij volmacht*
(Zie ook: artt. 146, 256 BW Boek 2)

Art. 69
1. Wanneer iemand zonder daartoe bevoegd te zijn als gevolmachtigde in naam van een ander heeft gehandeld, kan laatstgenoemde de rechtshandeling bekrachtigen en haar daardoor hetzelfde gevolg verschaffen, als zou zijn ingetreden wanneer zij krachtens een volmacht was verricht. — *Bekrachtiging bij volmacht*
2. Is voor het verlenen van een volmacht tot de rechtshandeling een bepaalde vorm vereist, dan geldt voor de bekrachtiging hetzelfde vereiste.
3. Een bekrachtiging heeft geen gevolg, indien op het tijdstip waarop zij geschiedt, de wederpartij reeds heeft te kennen gegeven dat zij de handeling wegens het ontbreken van een volmacht als ongeldig beschouwt, tenzij de wederpartij op het tijdstip dat zij handelde heeft begrepen of onder de gegeven omstandigheden redelijkerwijs heeft moeten begrijpen dat geen toereikende volmacht was verleend.
4. Een onmiddellijk belanghebbende kan degene in wiens naam gehandeld is, een redelijke termijn voor de bekrachtiging stellen. Hij behoeft niet met een gedeeltelijke of voorwaardelijke bekrachtiging genoegen te nemen.
5. Rechten door de volmachtgever vóór de bekrachtiging aan derden verleend, blijven gehandhaafd.
(Zie ook: artt. 93, 204 BW Boek 2; artt. 11, 78 BW Boek 3; artt. 32, 201, 202 BW Boek 6)

Art. 70
Hij die als gevolmachtigde handelt, staat jegens de wederpartij in voor het bestaan en de omvang van de volmacht, tenzij de wederpartij weet of behoort te begrijpen dat een toereikende volmacht ontbreekt of de gevolmachtigde de inhoud van de volmacht volledig aan de wederpartij heeft medegedeeld. — *Instaan bij volmacht*
(Zie ook: artt. 11, 35, 36 BW Boek 3; artt. 172, 228 BW Boek 6)

Art. 71
1. Verklaringen, door een gevolmachtigde afgelegd, kunnen door de wederpartij als ongeldig van de hand worden gewezen, indien zij de gevolmachtigde terstond om bewijs van de volmacht heeft gevraagd en haar niet onverwijld hetzij een geschrift waaruit de volmacht volgt is overgelegd, hetzij de volmacht door de volmachtgever is bevestigd. — *Bewijs van volmacht*
2. Bewijs van volmacht kan niet worden verlangd, indien de volmacht door de volmachtgever ter kennis van de wederpartij was gebracht, indien zij op een door wet of gebruik bepaalde wijze was bekendgemaakt, of indien zij voortvloeit uit een aanstelling waarmede de wederpartij bekend is.
(Zie ook: art. 78 BW Boek 3; art. 201 BW Boek 6)

Art. 72
Een volmacht eindigt: — *Einde van volmacht*
a. door de dood, de ondercuratelestelling, het faillissement van de volmachtgever of het ten aanzien van hem van toepassing verklaren van de schuldsaneringsregeling natuurlijke personen;
b. door de dood, de ondercuratelestelling, het faillissement van de gevolmachtigde of het ten aanzien van hem van toepassing verklaren van de schuldsaneringsregeling natuurlijke personen, tenzij anders is bepaald;
c. door herroeping door de volmachtgever;
d. door opzegging door de gevolmachtigde.
(Zie ook: artt. 378, 413 BW Boek 1; art. 73 BW Boek 3; art. 146 Rv; art. 23 FW)

Art. 73
1. Niettegenstaande de dood of de ondercuratelestelling van de volmachtgever blijft de gevolmachtigde bevoegd de rechtshandelingen te verrichten, die nodig zijn voor het beheer van een onderneming. — *Dood of ondercuratelestelling volmachtgever*
2. Niettegenstaande de dood of de ondercuratelestelling van de volmachtgever blijft de gevolmachtigde bevoegd rechtshandelingen te verrichten, die niet zonder nadeel kunnen worden uitgesteld. Hetzelfde geldt indien de gevolmachtigde de volmacht heeft opgezegd.
3. De in de vorige leden vermelde bevoegdheid eindigt een jaar na het overlijden, de ondercuratelestelling of de opzegging.
(Zie ook: art. 378 BW Boek 1; art. 23 BW Boek 2; art. 198 BW Boek 6)

Art. 74
1. Voor zover een volmacht strekt tot het verrichten van een rechtshandeling in het belang van de gevolmachtigde of van een derde, kan worden bepaald dat zij onherroepelijk is, of dat — *Onherroepelijkheid bij volmacht*

zij niet eindigt door de dood of ondercuratelestelling van de volmachtgever. Eerstgenoemde bepaling sluit, tenzij anders blijkt, de tweede in.
2. Bevat de volmacht een bepaling als in het vorige lid bedoeld, dan mag de wederpartij aannemen dat het aldaar voor de geldigheid van die bepaling gestelde vereiste vervuld is, tenzij het tegendeel voor haar duidelijk kenbaar is.
3. Tenzij anders is bepaald, kan de gevolmachtigde een overeenkomstig het eerste lid onherroepelijk verleende volmacht ook buiten de in artikel 64 genoemde gevallen aan een ander verlenen.
4. De rechtbank kan op verzoek van de volmachtgever, of van een erfgenaam of de curator van de volmachtgever, een bepaling als in het eerste lid bedoeld wegens gewichtige redenen wijzigen of buiten werking stellen.
(Zie ook: art. 11 BW Boek 1; art. 258 BW Boek 6)

Art. 75

Teruggave geschriften waaruit volmacht blijkt

1. Na het einde van de volmacht moet de gevolmachtigde desgevorderd geschriften waaruit de volmacht blijkt, teruggeven of toestaan dat de volmachtgever daarop aantekent dat de volmacht is geëindigd. In geval van een bij notariële akte verleende volmacht tekent de notaris die de minuut onder zijn berusting heeft, op verzoek van de volmachtgever het einde van de volmacht daarop aan.

Bekendmaking van einde bij volmacht

2. Wanneer te vrezen is dat een gevolmachtigde van een volmacht ondanks haar einde gebruik zal maken, kan de volmachtgever zich wenden tot de voorzieningenrechter van de rechtbank met verzoek de wijze van bekendmaking van het einde van de volmacht te bepalen, die ten gevolge zal hebben dat het tegen een ieder kan worden ingeroepen. Tegen een toewijzende beschikking krachtens dit lid is geen hogere voorziening toegelaten.

Art. 76

Wederpartij onbekend met einde van volmacht

1. Een oorzaak die de volmacht heeft doen eindigen, kan tegenover een wederpartij die noch van het einde van de volmacht, noch van die oorzaak kennis droeg, slechts worden ingeroepen:
a. indien het einde van de volmacht of de oorzaak die haar heeft doen eindigen aan de wederpartij was medegedeeld of was bekend gemaakt op een wijze die krachtens wet of verkeersopvattingen meebrengt dat de volmachtgever het einde van de volmacht aan de wederpartij kan tegenwerpen;
b. indien de dood van de volmachtgever van algemene bekendheid was;
c. indien de aanstelling of tewerkstelling, waaruit de volmacht voortvloeide, op een voor derden kenbare wijze was beëindigd;
d. indien de wederpartij van de volmacht op geen andere wijze had kennis gekregen dan door een verklaring van de gevolmachtigde.
2. In de gevallen van het vorige lid is de gevolmachtigde die voortgaat op naam van de volmachtgever te handelen, tot schadevergoeding gehouden jegens de wederpartij die van het einde van de volmacht geen kennis droeg. Hij is niet aansprakelijk indien hij wist noch behoorde te weten dat de volmacht was geëindigd.
(Zie ook: art. 390 BW Boek 1; art. 5 BW Boek 2; artt. 11, 33, 37 BW Boek 3)

Art. 77

Gebondenheid van erfgenamen bij volmacht

Wordt ondanks de dood van de volmachtgever krachtens de volmacht een geldige rechtshandeling verricht, dan worden de erfgenamen van de volmachtgever en de wederpartij gebonden alsof de handeling bij het leven van de volmachtgever was verricht.

Art. 78

Schakelbepaling

Wanneer iemand optreedt als vertegenwoordiger uit anderen hoofde dan volmacht, zijn de artikelen 63, lid 1, 66, lid 1, 67, 69, 70, 71 en 75 lid 2 van overeenkomstige toepassing, voor zover uit de wet niet anders voortvloeit.

Art. 79

Buiten het vermogensrecht vinden de bepalingen van deze titel overeenkomstige toepassing, voor zover de aard van de rechtshandeling of van de rechtsbetrekking zich daartegen niet verzet.
(Zie ook: artt. 59, 326 BW Boek 3)

Titel 4
Verkrijging en verlies van goederen

Afdeling 1
Algemene bepalingen

Art. 80

Verkrijging van goederen
Verkrijging onder algemene titel

1. Men kan goederen onder algemene en onder bijzondere titel verkrijgen.
2. Men verkrijgt goederen onder algemene titel door erfopvolging, door boedelmenging, door fusie als bedoeld in artikel 309 van Boek 2, door splitsing als bedoeld in artikel 334a van Boek 2 en door toepassing van een afwikkelingsinstrument als bedoeld in de artikelen 3A:1, onderdelen a, b en c, en 3A:77, onderdelen b, c en d, van de Wet op het financieel toezicht.

3. Men verkrijgt goederen onder bijzondere titel door overdracht, door verjaring en door onteigening, en voorts op de overige in de wet voor iedere soort aangegeven wijzen van rechtsverkrijging. *Verkrijging onder bijzondere titel*
4. Men verliest goederen op de voor iedere soort in de wet aangegeven wijzen. *Verlies van goederen*
(Zie ook: art. 93 BW Boek 1; artt. 1, 99 BW Boek 3; artt. 4, 20, 45, 60, 72, 101 BW Boek 5)

Art. 81
1. Hij aan wie een zelfstandig en overdraagbaar recht toekomt, kan binnen de grenzen van dat recht de in de wet genoemde beperkte rechten vestigen. Hij kan ook zijn recht onder voorbehoud van een zodanig beperkt recht overdragen, mits hij de voorschriften zowel voor overdracht van een zodanig goed, als voor vestiging van een zodanig beperkt recht in acht neemt. *Beperkt recht vestigen*
(Zie ook: artt. 98, 228 BW Boek 3; art. 93 BW Boek 5)
2. Beperkte rechten gaan teniet door:
a. het tenietgaan van het recht waaruit het beperkte recht is afgeleid;
b. verloop van de tijd waarvoor, of de vervulling van de ontbindende voorwaarde waaronder het beperkte recht is gevestigd;
c. afstand;
d. opzegging, indien de bevoegdheid daartoe bij de wet of bij de vestiging van het recht aan de hoofdgerechtigde, aan de beperkt gerechtigde of aan beiden is toegekend;
e. vermenging;
(Zie ook: artt. 84, 106, 177, 203, 253, 258, 273, 282 BW Boek 3; artt. 6, 14, 78, 83, 84, 86, 93, 97, 104 bBW Boek 5)
en voorts op de overige in de wet voor iedere soort aangegeven wijzen van tenietgaan.
(Zie ook: artt. 98, 224, 258 BW Boek 3; artt. 82, 84, 86, 104 BW Boek 5)
3. Afstand en vermenging werken niet ten nadele van hen die op het tenietgaande beperkte recht op hun beurt een beperkt recht hebben. Vermenging werkt evenmin ten voordele van hen die op het bezwaarde goed een beperkt recht hebben en het tenietgaande recht moesten eerbiedigen.
(Zie ook: artt. 8, 38, 201, 274 BW Boek 3; artt. 70, 83, 84, 85, 93 BW Boek 5; art. 161 BW Boek 6)

Art. 82
Afhankelijke rechten volgen het recht waaraan zij verbonden zijn. *Afhankelijk recht*
(Zie ook: artt. 7, 227, 323 BW Boek 3; artt. 63, 101 BW Boek 5)

Afdeling 2
Overdracht van goederen en afstand van beperkte rechten

Art. 83
1. Eigendom, beperkte rechten en vorderingsrechten zijn overdraagbaar, tenzij de wet of de aard van het recht zich tegen een overdracht verzet. *Overdraagbaarheid eigendom, beperkte rechten en vorderingsrechten*
(Zie ook: artt. 86, 87, 195, 196 BW Boek 2; artt. 6, 7, 8, 40, 98, 226, 228 BW Boek 3; artt. 91, 117 BW Boek 5; art. 106 BW Boek 6)
2. De overdraagbaarheid van vorderingsrechten kan ook door een beding tussen schuldeiser en schuldenaar worden uitgesloten.
3. Alle andere rechten zijn slechts overdraagbaar, wanneer de wet dit bepaalt.

Art. 84
1. Voor overdracht van een goed wordt vereist een levering krachtens geldige titel, verricht door hem die bevoegd is over het goed te beschikken. *Vereisten voor eigendomsoverdracht*
2. Bij de titel moet het goed met voldoende bepaaldheid omschreven zijn. *Voldoende bepaaldheid bij overdracht*
3. Een rechtshandeling die ten doel heeft een goed over te dragen tot zekerheid of die de strekking mist het goed na de overdracht in het vermogen van de verkrijger te doen vallen, is geen geldige titel van overdracht van dat goed.
4. Wordt ter uitvoering van een voorwaardelijke verbintenis geleverd, dan wordt slechts een recht verkregen, dat aan dezelfde voorwaarde als die verbintenis is onderworpen.
(Zie ook: artt. 24, 36, 38, 91, 237 BW Boek 3; artt. 21, 216, 237 BW Boek 6)

Art. 85
1. Een verbintenis strekkende tot overdracht van een goed voor een bepaalde tijd, wordt aangemerkt als een verbintenis tot vestiging van een vruchtgebruik op het goed voor de gestelde tijd. *Overdracht voor bepaalde tijd*
2. Een verbintenis strekkende tot overdracht van een goed onder opschortende tijdsbepaling, wordt aangemerkt als een verbintenis tot onmiddellijke overdracht van het goed met gelijktijdige vestiging van een vruchtgebruik van de vervreemder op het goed voor de gestelde tijd. *Opschortende tijdsbepaling bij overdracht*
(Zie ook: artt. 28, 38 BW Boek 3)

Art. 86

Bescherming tegen beschikkingsonbevoegdheid bij overdracht

1. Ondanks onbevoegdheid van de vervreemder is een overdracht overeenkomstig artikel 90, 91 of 93 van een roerende zaak, niet-registergoed, of een recht aan toonder of order geldig, indien de overdracht anders dan om niet geschiedt en de verkrijger te goeder trouw is.
(Zie ook: artt. 3, 10, 11, 45, 119, 238 BW Boek 3; artt. 453a, 474a, 475b, 479i, 500, 712, 720, 724 Rv; art. 35 FW)

Verval beperkt recht bij overdracht

2. Rust op een in het vorige lid genoemd goed dat overeenkomstig artikel 90, 91 of 93 anders dan om niet wordt overgedragen, een beperkt recht dat de verkrijger op dit tijdstip kent noch behoort te kennen, dan vervalt dit recht, in het geval van overdracht overeenkomstig artikel 91 onder dezelfde opschortende voorwaarde als waaronder geleverd is.
(Zie ook: artt. 8, 238 BW Boek 3; art. 22 BW Boek 6)

3. Niettemin kan de eigenaar van een roerende zaak, die het bezit daarvan door diefstal heeft verloren, deze gedurende drie jaren, te rekenen van de dag van de diefstal af, als zijn eigendom opeisen, tenzij:
   a. de zaak door een natuurlijke persoon die niet in de uitoefening van een beroep of bedrijf handelde, is verkregen van een vervreemder die van het verhandelen aan het publiek van soortgelijke zaken anders dan als veilinghouder zijn bedrijf maakt in een daartoe bestemde bedrijfsruimte, zijnde een gebouwde onroerende zaak of een gedeelte daarvan met de bij het een en ander behorende grond, en in de normale uitoefening van dat bedrijf handelde; of
   b. het geld dan wel toonder- of orderpapier betreft.
(Zie ook: art. 92 BW Boek 1; art. 296 BW Boek 3; art. 111 BW Boek 6; artt. 491, 730 Rv; artt. 60a, 60b FW; art. 310 WvSr; art. 353 WvSv)

4. Op de in het vorige lid bedoelde termijn zijn de artikelen 316, 318 en 319 betreffende de stuiting van de verjaring van een rechtsvordering van overeenkomstige toepassing.

Art. 86a

Uitzondering op bescherming tegen beschikkingsonbevoegdheid

1. Artikel 86 kan niet worden tegengeworpen aan een lid-staat van de Europese Unie of aan een andere staat die partij is bij de Overeenkomst betreffende de Europese Economische Ruimte die een roerende zaak opeist, die krachtens de nationale wetgeving van die staat een cultuurgoed is in de zin van artikel 2, onder 1, van Richtlijn 2014/60/EU van het Europees Parlement en de Raad van 15 mei 2014 betreffende de teruggave van cultuurgoederen die op onrechtmatige wijze buiten het grondgebied van een lidstaat zijn gebracht en houdende wijziging van Verordening (EU) nr. 1024/2012 (PbEU 2014, L 159), mits de zaak in de zin van die richtlijn op onrechtmatige wijze buiten het grondgebied van die staat is gebracht.

2. Artikel 86 kan evenmin worden tegengeworpen aan degene die als eigenaar een roerende zaak opeist, die op het tijdstip waarop hij het bezit daarvan verloor, krachtens de Erfgoedwet als beschermd cultuurgoed was aangewezen of waarvan het buiten Nederland brengen op grond van artikel 4.22 van de wet verboden is. Degene die toen in het register, bedoeld in artikel 3.11 van die wet of op een inventarislijst, bedoeld in artikel 4.22, tweede lid, van die wet, als eigenaar werd vermeld, wordt vermoed toen eigenaar van de zaak geweest te zijn.

3. De rechter die een vordering als bedoeld in lid 1 toewijst, kent aan de bezitter een naar gelang van de omstandigheden vast te stellen billijke vergoeding toe, indien deze bij de verkrijging van de zaak de nodige zorgvuldigheid heeft betracht. Hetzelfde geldt indien de rechter een vordering als bedoeld in lid 2 toewijst, tenzij opeising zonder vergoeding bij toepasselijkheid van artikel 86 lid 3 mogelijk zou zijn geweest.

4. De vergoeding omvat in elk geval hetgeen aan de bezitter verschuldigd is krachtens de artikelen 120 en 121. Zij wordt bij afgifte van de zaak uitgekeerd.

Art. 86b

Uitzondering bij verdragsstaat Verdrag van Parijs

1. Artikel 86 kan niet worden tegengeworpen aan een verdragsstaat van de op 14 november 1970 te Parijs tot stand gekomen Overeenkomst inzake de middelen om de onrechtmatige invoer, uitvoer of eigendomsoverdracht van culturele goederen te verbieden en te verhinderen, noch aan de rechthebbende, indien zij op grond van artikel 6.7 van de Erfgoedwet een rechtsvordering als bedoeld in artikel 1011a van het Wetboek van Burgerlijke Rechtsvordering tot teruggave van een roerende zaak als bedoeld in dat artikel instellen.

2. De rechter die een vordering als bedoeld in het voorgaande lid toewijst, kent aan de bezitter een naar gelang van de omstandigheden vast te stellen billijke vergoeding toe, indien deze bij de verkrijging van de zaak de nodige zorgvuldigheid heeft betracht, tenzij opeising zonder vergoeding bij toepasselijkheid van artikel 86 lid 3 mogelijk zou zijn geweest.

3. De vergoeding omvat in elk geval hetgeen aan de bezitter verschuldigd is krachtens de artikelen 120 en 121. Zij wordt bij afgifte van de zaak uitgekeerd.

Art. 87

Wegwijsplicht bij overdracht

1. Een verkrijger die binnen drie jaren na zijn verkrijging gevraagd wordt wie het goed aan hem vervreemdde, dient onverwijld de gegevens te verschaffen, die nodig zijn om deze terug te vinden of die hij ten tijde van zijn verkrijging daartoe voldoende mocht achten. Indien hij niet aan deze verplichting voldoet, kan hij de bescherming die de artikelen 86, 86a en 86b aan een verkrijger te goeder trouw bieden, niet inroepen.

2. Het vorige lid is niet van toepassing ten aanzien van geld.
(Zie ook: art. 11 BW Boek 3)

Art. 87a
1. Om vast te stellen of de bezitter bij de verkrijging van een cultuurgoed als bedoeld in artikel 86a lid 1 of in artikel 6.1, onder c, van de Erfgoedwet de nodige zorgvuldigheid heeft betracht, wordt rekening gehouden met alle omstandigheden van de verwerving, in het bijzonder

Cultuurgoed verwerven

a. de documentatie over de herkomst van het goed;
b. de volgens het recht van de verzoekende lidstaat dan wel het recht van de verdragsstaat waaruit het goed afkomstig is, vereiste vergunningen om het goed buiten het grondgebied van die lidstaat of die verdragsstaat te brengen;
c. de hoedanigheid van de partijen;
d. de betaalde prijs;
e. het feit of de bezitter elk redelijkerwijs toegankelijk register met betrekking tot gestolen cultuurgoederen en elke andere relevante informatie en documentatie die hij redelijkerwijs zou kunnen hebben verkregen, heeft geraadpleegd, en het feit of de bezitter toegankelijke instanties heeft geraadpleegd;
f. het feit of de bezitter alle andere stappen heeft genomen die een redelijk handelende persoon in die omstandigheden zou hebben genomen.

2. Een handelaar als bedoeld in artikel 437 van het Wetboek van Strafrecht heeft niet de volgens artikel 86b lid 2 bij de verkrijging van een cultuurgoed nodige zorgvuldigheid betracht, indien hij heeft nagelaten
a. zich te vergewissen van de identiteit van de verkoper
b. van de verkoper een schriftelijke verklaring te verlangen dat hij bevoegd is over de zaak te beschikken;
c. in het door hem bij te houden register de oorsprong van het cultuurgoed, de namen en het adres van de verkoper, de aan de verkoper betaalde koopprijs en een beschrijving van het cultuurgoed op te nemen;
d. de registers met betrekking tot gestolen cultuurgoederen te raadplegen die in de gegeven omstandigheden in verband met de aard van de cultuurgoederen voor raadpleging in aanmerking komen.

3. Een veilinghouder die bij het aannemen van een cultuurgoed ter openbare verkoop niet aan de in de leden 1 en 2 bedoelde zorgvuldigheidseisen voldoet dan wel dit cultuurgoed aan degene die het ter openbare verkoop aanbood, teruggeeft zonder aan deze zorgvuldigheidseisen te hebben voldaan, handelt onrechtmatig jegens degenen die een vordering tot teruggave als bedoeld in artikel 86b kunnen instellen.

Art. 88
1. Ondanks onbevoegdheid van de vervreemder is een overdracht van een registergoed, van een recht op naam, of van een ander goed waarop artikel 86 niet van toepassing is, geldig, indien de verkrijger te goeder trouw is en de onbevoegdheid voortvloeit uit de ongeldigheid van een vroegere overdracht, die niet het gevolg was van onbevoegdheid van de toenmalige vervreemder.

Bescherming tegen beschikkingsonbevoegdheid bij overdracht van registergoed, recht op naam en andere goederen

2. Lid 1 kan niet worden tegengeworpen aan vorderingen als bedoeld in de artikelen 86a leden 1 en 2 en 86b lid 1.
(Zie ook: artt. 10, 11, 16, 23, 24, 25, 45, 119, 239 BW Boek 3)

Art. 89
1. De voor overdracht van onroerende zaken vereiste levering geschiedt door een daartoe bestemde, tussen partijen opgemaakte notariële akte, gevolgd door de inschrijving daarvan in de daartoe bestemde openbare registers. Zowel de verkrijger als de vervreemder kan de akte doen inschrijven.

Levering van onroerende zaken bij overdracht

2. De tot levering bestemde akte moet nauwkeurig de titel van overdracht vermelden; bijkomstige bedingen die niet de overdracht betreffen, kunnen in de akte worden weggelaten.
3. Treedt bij een akte van levering iemand als gevolmachtigde van een der partijen op, dan moet in de akte de volmacht nauwkeurig worden vermeld.
4. Het in dit artikel bepaalde vindt overeenkomstige toepassing op de levering, vereist voor de overdracht van andere registergoederen.
(Zie ook: artt. 3, 10, 16, 17, 96, 98, 260, 300, 301 BW Boek 3; artt. 505, 726, 730 Rv; artt. 8, 24 Kadw; art. 35 FW)

Art. 90
1. De levering vereist voor de overdracht van roerende zaken, niet-registergoederen, die in de macht van de vervreemder zijn, geschiedt door aan de verkrijger het bezit der zaak te verschaffen.
(Zie ook: artt. 3, 10, 84, 86, 107, 114, 115 BW Boek 3; artt. 491, 730 Rv)

Levering van roerende zaken en niet-registergoederen

2. Blijft de zaak na de levering in handen van de vervreemder, dan werkt de levering tegenover een derde die een ouder recht op de zaak heeft, eerst vanaf het tijdstip dat de zaak in handen van de verkrijger is gekomen, tenzij de oudere gerechtigde met vervreemding heeft ingestemd.
(Zie ook: artt. 111, 115, 237, 285 bBW Boek 3; art. 35 FW)

Levering eerst op later tijdstip bij overdracht

Art. 91

Opschortende voorwaarde bij levering

De levering van in het vorige artikel bedoelde zaken ter uitvoering van een verbintenis tot overdracht onder opschortende voorwaarde, geschiedt door aan de verkrijger de macht over de zaak te verschaffen.
(Zie ook: artt. 38, 84 BW Boek 3)

Art. 92

Eigendomsvoorbehoud bij overdracht

1. Heeft een overeenkomst de strekking dat de een zich de eigendom van een zaak die in de macht van de ander wordt gebracht, voorbehoudt totdat een door de ander verschuldigde prestatie is voldaan, dan wordt hij vermoed zich te verbinden tot overdracht van de zaak aan de ander onder opschortende voorwaarde van voldoening van die prestatie.
2. Een eigendomsvoorbehoud kan slechts geldig worden bedongen ter zake van vorderingen betreffende de tegenprestatie voor door de vervreemder aan de verkrijger krachtens overeenkomst geleverde of te leveren zaken of krachtens een zodanige overeenkomst tevens ten behoeve van de verkrijger verrichte of te verrichten werkzaamheden, alsmede ter zake van de vorderingen wegens tekortschieten in de nakoming van zodanige overeenkomsten. Voor zover een voorwaarde op deze grond nietig is, wordt zij voor ongeschreven gehouden.
3. Een voorwaarde als in lid 1 bedoeld wordt voor vervuld gehouden, wanneer de vervreemder op enige andere wijze dan door voldoening van de tegenprestatie wordt bevredigd, wanneer de verkrijger van zijn verplichting daartoe wordt bevrijd uit hoofde van artikel 60 van Boek 6, of wanneer de verjaring van de rechtsvordering ter zake van de tegenprestatie is voltooid. Behoudens afwijkend beding, geldt hetzelfde bij afstand van het recht op de tegenprestatie.
(Zie ook: artt. 38, 84, 306 BW Boek 3; art. 16 BW Boek 5; artt. 180, 269 BW Boek 6)

Art. 92a

[Vervallen]

Art. 93

Levering recht aan toonder of order bij overdracht

De levering, vereist voor de overdracht van een recht aan toonder waarvan het toonderpapier in de macht van de vervreemder is, geschiedt door de levering van dit papier op de wijze en met de gevolgen als aangegeven in de artikelen 90, 91 en 92. Voor overdracht van een recht aan order, waarvan het orderpapier in de macht van de vervreemder is, geldt hetzelfde, met dien verstande dat voor de levering tevens endossement vereist is.
(Zie ook: artt. 84, 236 BW Boek 3; artt. 130, 142, 146 BW Boek 6; artt. 495, 730 Rv)

Art. 94

Opmaken akte bij overdracht

1. Buiten de in het vorige artikel geregelde gevallen worden tegen een of meer bepaalde personen uit te oefenen rechten geleverd door een daartoe bestemde akte, en mededeling daarvan aan die personen door de vervreemder of de verkrijger.
2. De levering van een tegen een bepaalde, doch op de dag waarop de akte wordt opgemaakt onbekende persoon uit te oefenen recht dat op die dag aan de vervreemder toebehoort, werkt terug tot die dag, indien de mededeling met bekwame spoed wordt gedaan, nadat die persoon bekend is geworden.
3. Deze rechten kunnen ook worden geleverd door een daartoe bestemde authentieke of geregistreerde onderhandse akte, zonder mededeling daarvan aan de personen tegen wie die rechten moeten worden uitgeoefend, mits deze rechten op het tijdstip van de levering reeds bestaan of rechtstreeks zullen worden verkregen uit een dan reeds bestaande rechtsverhouding. De levering kan niet worden tegengeworpen aan de personen tegen wie deze rechten moeten worden uitgeoefend dan na mededeling daarvan aan die personen door de vervreemder of de verkrijger. Voor de verkrijger van een recht dat overeenkomstig de eerste zin is geleverd, geldt artikel 88 lid 1 slechts, indien hij te goeder trouw is op het tijdstip van de in tweede zin bedoelde mededeling.
4. De personen tegen wie het recht moet worden uitgeoefend, kunnen verlangen dat hun een door de vervreemder gewaarmerkt uittreksel van de akte en haar titel wordt ter hand gesteld. Bedingen die voor deze personen van geen belang zijn, behoeven daarin niet te worden opgenomen. Is van een titel geen akte opgemaakt, dan moet hun de inhoud, voor zover voor hen van belang, schriftelijk worden medegedeeld.
(Zie ook: artt. 37, 84, 236, 239 BW Boek 3; artt. 130, 142, 146 BW Boek 6; artt. 495, 730 Rv; art. 35 FW)

Art. 95

Levering in andere gevallen bij overdracht

Buiten de in de artikelen 89-94 geregelde gevallen en behoudens het in de artikelen 96 en 98 bepaalde, worden goederen geleverd door een daartoe bestemde akte.
(Zie ook: artt. 84, 300 BW Boek 3; artt. 130, 142, 146 BW Boek 6; art. 730 Rv)

Art. 96

Levering aandeel in goed bij overdracht

De levering van een aandeel in een goed geschiedt op overeenkomstige wijze en met overeenkomstige gevolgen als is bepaald met betrekking tot levering van dat goed.
(Zie ook: artt. 89, 175 BW Boek 3)

Art. 97
1. Toekomstige goederen kunnen bij voorbaat worden geleverd, tenzij het verboden is deze tot onderwerp van een overeenkomst te maken of het registergoederen zijn.
2. Een levering bij voorbaat van een toekomstig goed werkt niet tegen iemand die het goed ingevolge een eerdere levering bij voorbaat heeft verkregen. Betreft het een roerende zaak, dan werkt zij jegens deze vanaf het tijdstip dat de zaak in handen van de verkrijger is gekomen.
(Zie ook: artt. 10, 110, 115, 237, 239 BW Boek 3; art. 35 FW)

Levering toekomstig goed bij overdracht

Art. 98
Tenzij de wet anders bepaalt, vindt al hetgeen in deze afdeling omtrent de overdracht van een goed is bepaald, overeenkomstige toepassing op de vestiging, de overdracht en de afstand van een beperkt recht op een zodanig goed.
(Zie ook: artt. 8, 81, 224, 236, 258, 260 BW Boek 3; artt. 72, 82 BW Boek 5; art. 35 FW)

Schakelbepaling

Afdeling 3
Verkrijging en verlies door verjaring

Art. 99
1. Rechten op roerende zaken die niet-registergoederen zijn, en rechten aan toonder of order worden door een bezitter te goeder trouw verkregen door een onafgebroken bezit van drie jaren, andere goederen door een onafgebroken bezit van tien jaren.
2. Lid 1 geldt niet voor roerende zaken die krachtens de Erfgoedwet als beschermd cultuurgoed zijn aangewezen of deel uitmaken van een openbare collectie of van een inventarislijst als bedoeld in artikel 4.22, tweede lid, van die wet, mits het bezit na die aanwijzing of gedurende dit deel uitmaken is begonnen.
(Zie ook: artt. 10, 11, 16, 17, 23, 24, 80, 107, 108, 118, 306 BW Boek 3)
3. Lid 1 kan niet worden tegengeworpen aan vorderingen als bedoeld in de artikelen 86a lid 1 en 86b lid 1.

Verkrijgende verjaring

Art. 100
Hij die een nalatenschap in bezit heeft genomen, kan die nalatenschap en de daartoe behorende goederen niet eerder door verjaring ten nadele van de rechthebbende verkrijgen dan nadat diens rechtsvordering tot opeising van die nalatenschap is verjaard.
(Zie ook: artt. 306, 315 BW Boek 3)

Nalatenschap bij verjaring

Art. 101
Een verjaring begint te lopen met de aanvang van de dag na het begin van het bezit.
(Zie ook: art. 313 BW Boek 3)

Aanvang verjaringstermijn

Art. 102
1. Hij die een ander onder algemene titel in het bezit opvolgt, zet een lopende verjaring voort.
2. Hetzelfde doet de bezitter te goeder trouw die het bezit van een ander anders dan onder algemene titel heeft verkregen.
(Zie ook: artt. 80, 114 BW Boek 3)

Voortzetting bij verjaring

Art. 103
Onvrijwillig bezitsverlies onderbreekt de loop der verjaring niet, mits het bezit binnen het jaar wordt teruggekregen of een binnen het jaar ingestelde rechtsvordering tot terugverkrijging van het bezit leidt.
(Zie ook: art. 125 BW Boek 3)

Onvrijwillig bezitsverlies bij verjaring

Art. 104
1. Wanneer de verjaring van de rechtsvordering strekkende tot beëindiging van het bezit wordt gestuit of verlengd, wordt daarmede de verkrijgende verjaring dienovereenkomstig gestuit of verlengd.
2. In dit en de beide volgende artikelen wordt onder verjaring van een rechtsvordering de verjaring van de bevoegdheid tot tenuitvoerlegging van de uitspraak waarbij de eis is toegewezen, begrepen.
(Zie ook: artt. 316, 320, 324 BW Boek 3)

Stuiting of verlenging bij verjaring

Art. 105
1. Hij die een goed bezit op het tijdstip waarop de verjaring van de rechtsvordering strekkende tot beëindiging van het bezit wordt voltooid, verkrijgt dat goed, ook al was zijn bezit niet te goeder trouw.
2. Heeft iemand vóór dat tijdstip het bezit onvrijwillig verloren, maar het na dat tijdstip, mits binnen het jaar na het bezitsverlies of uit hoofde van een binnen dat jaar ingestelde rechtsvordering, teruggekregen, dan wordt hij als de bezitter op het in het vorige lid aangegeven tijdstip aangemerkt.
(Zie ook: artt. 125, 306, 314 BW Boek 3)

Voltooiing van verjaring

Art. 106

Verlies beperkt recht door verjaring
Wanneer de verjaring van de rechtsvordering van een beperkt gerechtigde tegen de hoofdgerechtigde tot opheffing van een met het beperkte recht strijdige toestand wordt voltooid, gaat het beperkte recht teniet, voor zover de uitoefening daarvan door die toestand is belet.
(Zie ook: artt. 8, 306, 314 BW Boek 3)

Titel 5
Bezit en houderschap

Art. 107

Bezit
1. Bezit is het houden van een goed voor zichzelf.
2. Bezit is onmiddellijk, wanneer iemand bezit zonder dat een ander het goed voor hem houdt.
3. Bezit is middellijk, wanneer iemand bezit door middel van een ander die het goed voor hem houdt.

Houderschap
4. Houderschap is op overeenkomstige wijze onmiddellijk of middellijk.
(Zie ook: artt. 90, 99, 118, 119 t/m 124, 118 BW Boek 3; art. 173 t/m 180 BW Boek 6)

Art. 108

Verkeersopvatting bij houderschap
Of iemand een goed houdt en of hij dit voor zichzelf of voor een ander doet, wordt naar verkeersopvatting beoordeeld, met inachtneming van de navolgende regels en overigens op grond van uiterlijke feiten.

Art. 109

Houden voor zichzelf
Wie een goed houdt, wordt vermoed dit voor zichzelf te houden.

Art. 110

Verkrijging door een ander
Bestaat tussen twee personen een rechtsverhouding die de strekking heeft dat hetgeen de ene op bepaalde wijze zal verkrijgen, door hem voor de ander zal worden gehouden, dan houdt de ene het ter uitvoering van die rechtsverhouding door hem verkregene voor de ander.
(Zie ook: artt. 90, 97 BW Boek 3; art. 16 BW Boek 5; art. 17 Wge)

Art. 111

Interversie bij houderschap
Wanneer men heeft aangevangen krachtens een rechtsverhouding voor een ander te houden, gaat men daarmede onder dezelfde titel voort, zolang niet blijkt dat hierin verandering is gebracht, hetzij ten gevolge van een handeling van hem voor wie men houdt, hetzij ten gevolge van een tegenspraak van diens recht.
(Zie ook: artt. 90, 97 BW Boek 3)

Art. 112

Bezitsverkrijging
Bezit wordt verkregen door inbezitneming, door overdracht of door opvolging onder algemene titel.

Art. 113

Inbezitneming
1. Men neemt een goed in bezit door zich daarover de feitelijke macht te verschaffen.
2. Wanneer een goed in het bezit van een ander is, zijn enkele op zichzelf staande machtsuitoefeningen voor een inbezitneming onvoldoende.

Art. 114

Bezitsoverdracht
Een bezitter draagt zijn bezit over door de verkrijger in staat te stellen die macht uit te oefenen, die hij zelf over het goed kon uitoefenen.
(Zie ook: art. 90 BW Boek 3)

Art. 115

Tweezijdige verklaring bij bezitsoverdracht
Voor de overdracht van het bezit is een tweezijdige verklaring zonder feitelijke handeling voldoende:
a. wanneer de vervreemder de zaak bezit en hij haar krachtens een bij de levering gemaakt beding voortaan voor de verkrijger houdt;
b. wanneer de verkrijger houder van de zaak voor de vervreemder was;
c. wanneer een derde voor de vervreemder de zaak hield, en haar na de overdracht voor de ontvanger houdt. In dit geval gaat het bezit niet over voordat de derde de overdracht heeft erkend, dan wel de vervreemder of de verkrijger de overdracht aan hem heeft medegedeeld.
(Zie ook: artt. 90, 97 BW Boek 3)

Art. 116

Opvolging onder algemene titel bij bezit of houderschap
Hij die onder algemene titel een ander opvolgt, volgt daarmede die ander op in diens bezit en houderschap, met alle hoedanigheden en gebreken daarvan.
(Zie ook: art. 80 BW Boek 3)

Art. 117

Bezitsverlies
1. Een bezitter van een goed verliest het bezit, wanneer hij het goed kennelijk prijsgeeft, of wanneer een ander het bezit van het goed verkrijgt.
2. Zolang niet een der in het vorige lid genoemde gronden van bezitsverlies zich heeft voorgedaan, duurt een aangevangen bezit voort.
(Zie ook: artt. 18, 19 BW Boek 5)

Art. 118
1. Een bezitter is te goeder trouw, wanneer hij zich als rechthebbende beschouwt en zich ook redelijkerwijze als zodanig mocht beschouwen. — *Bezitter te goeder trouw*
2. Is een bezitter eenmaal te goeder trouw, dan wordt hij geacht dit te blijven.
3. Goede trouw wordt vermoed aanwezig te zijn; het ontbreken van goede trouw moet worden bewezen.
(Zie ook: artt. 11, 86, 99, 105 BW Boek 3; art. 35 FW)

Art. 119
1. De bezitter van een goed wordt vermoed rechthebbende te zijn. — *Vermoeden rechthebbende bij bezit*
2. Ten aanzien van registergoederen wijkt dit vermoeden, wanneer komt vast te staan dat de wederpartij of diens rechtsvoorganger te eniger tijd rechthebbende was en dat de bezitter zich niet kan beroepen op verkrijging nadien onder bijzondere titel waarvoor inschrijving in de registers vereist is.
(Zie ook: artt. 10, 16, 80 BW Boek 3; art. 47 BW Boek 5)

Art. 120
1. Aan een bezitter te goeder trouw behoren de afgescheiden natuurlijke en de opeisbaar geworden burgerlijke vruchten toe. — *Bezitter te goeder trouw*
(Zie ook: artt. 9, 11 BW Boek 3; artt. 24, 206, 275 BW Boek 6)
2. De rechthebbende op een goed, die dit opeist van een bezitter te goeder trouw of die het van deze heeft terugontvangen, is verplicht de ten behoeve van het goed gemaakte kosten alsmede de schade waarvoor de bezitter op grond van het in titel 3 van Boek 6 bepaalde uit hoofde van zijn bezit jegens derden aansprakelijk mocht zijn, aan deze te vergoeden, voor zover de bezitter niet door de vruchten van het goed en de overige voordelen die hij ter zake heeft genoten, voor het een en ander is schadeloos gesteld. De rechter kan de verschuldigde vergoeding beperken, indien volledige vergoeding zou leiden tot onbillijke bevoordeling van de bezitter jegens de rechthebbende.
(Zie ook: art. 243 BW Boek 3; artt. 95, 173 BW Boek 6)
3. Zolang een bezitter te goeder trouw de hem verschuldigde vergoeding niet heeft ontvangen, is hij bevoegd de afgifte van het goed op te schorten.
(Zie ook: artt. 11, 290 BW Boek 3)
4. Het in dit artikel bepaalde is ook van toepassing op hem die meent en mocht menen dat hij het bezit rechtmatig heeft verkregen, ook al weet hij dat de handelingen die voor de levering van het recht nodig zijn, niet hebben plaatsgevonden.

Art. 121
1. Een bezitter die niet te goeder trouw is, is jegens de rechthebbende behalve tot afgifte van het goed ook verplicht tot het afgeven van de afgescheiden natuurlijke en de opeisbaar geworden burgerlijke vruchten, onverminderd zijn aansprakelijkheid op grond van het in titel 3 van Boek 6 bepaalde voor door de rechthebbende geleden schade. — *Bezitter niet te goeder trouw*
2. Hij heeft tegen de rechthebbende alleen een vordering tot vergoeding van de kosten die hij ten behoeve van het goed of tot winning van de vruchten heeft gemaakt, voor zover hij deze vergoeding van de rechthebbende kan vorderen op grond van het bepaalde omtrent ongerechtvaardigde verrijking.
3. Het in dit artikel bepaalde is ook op de bezitter te goeder trouw van toepassing vanaf het tijdstip waarop de rechthebbende zijn recht tegen hem heeft ingeroepen.
(Zie ook: artt. 9, 11 BW Boek 3; artt. 24, 162, 206, 212, 275 BW Boek 6)

Art. 122
Indien de rechthebbende ter bevrijding van de door hem ingevolge de beide vorige artikelen verschuldigde vergoedingen op zijn kosten het goed aan de bezitter wil overdragen, is de bezitter gehouden hieraan mede te werken. — *Overdracht goed aan bezitter*
(Zie ook: artt. 84, 300 BW Boek 3; artt. 24, 206, 207, 275 BW Boek 6)

Art. 123
Heeft de bezitter van een zaak daaraan veranderingen of toevoegingen aangebracht, dan is hij bevoegd om, in plaats van de hem op grond van de artikelen 120 en 121 daarvoor toekomende vergoeding te vorderen, deze veranderingen of toevoegingen weg te nemen, mits hij de zaak in de oude toestand terugbrengt. — *Ius tollendi bij bezit*
(Zie ook: artt. 208, 266 BW Boek 3; artt. 75, 89, 105 BW Boek 5; artt. 24, 206, 275 BW Boek 6)

Art. 124
Wanneer iemand een goed voor een ander houdt en dit door een derde als rechthebbende van hem wordt opgeëist, vindt hetgeen in de voorgaande vier artikelen omtrent de bezitter is bepaald, te zijnen aanzien toepassing met inachtneming van de rechtsverhouding waarin hij tot die ander staat. — *Schakelbepaling*
(Zie ook: artt. 24, 206, 275 BW Boek 6)

Art. 125

Rechtsvordering tot terugverkrijging

1. Hij die het bezit van een goed heeft verkregen, kan op grond van een daarna ingetreden bezitsverlies of bezitsstoornis tegen derden dezelfde rechtsvorderingen instellen tot terugverkrijging van het goed en tot opheffing van de stoornis, die de rechthebbende op het goed toekomen. Nochtans moeten deze rechtsvorderingen binnen het jaar na het verlies of de stoornis worden ingesteld.
2. De vordering wordt afgewezen, indien de verweerder een beter recht dan de eiser heeft tot het houden van het goed of de storende handelingen krachtens een beter recht heeft verricht, tenzij de verweerder met geweld of op heimelijke wijze aan de eiser het bezit heeft ontnomen of diens bezit heeft gestoord.
3. Het in dit artikel bepaalde laat voor de bezitter, ook nadat het in het eerste lid bedoelde jaar is verstreken, en voor de houder onverlet de mogelijkheid een vordering op grond van onrechtmatige daad in te stellen, indien daartoe gronden zijn.
(Zie ook: art. 103 BW Boek 3; artt. 103, 162 BW Boek 6)

Titel 6
Bewind

Art. 126
[Gereserveerd.]

Titel 7
Gemeenschap

Afdeling 1
Algemene bepalingen

Art. 166

Gemeenschap van goederen
Gelijke aandelen bij gemeenschap
Redelijkheid en billijkheid bij gemeenschap

1. Gemeenschap is aanwezig, wanneer een of meer goederen toebehoren aan twee of meer deelgenoten gezamenlijk.
2. De aandelen van de deelgenoten zijn gelijk, tenzij uit hun rechtsverhouding anders voortvloeit.
3. Op de rechtsbetrekkingen tussen de deelgenoten is artikel 2 van Boek 6 van overeenkomstige toepassing.
(Zie ook: art. 100 BW Boek 1; art. 1167 BW Boek 4; artt. 15, 248 BW Boek 6)

Art. 167

Zaaksvervanging bij gemeenschap

Goederen die geacht moeten worden in de plaats van een gemeenschappelijk goed te treden behoren tot de gemeenschap.
(Zie ook: artt. 124, 433 BW Boek 1; artt. 177, 213, 215, 229, 246 BW Boek 3)

Art. 168

Genot, gebruik en beheer bij gemeenschap

1. De deelgenoten kunnen het genot, het gebruik en het beheer van gemeenschappelijke goederen bij overeenkomst regelen.
2. Voor zover een overeenkomst ontbreekt, kan de kantonrechter op verzoek van de meest gerede partij een zodanige regeling treffen, zo nodig met onderbewindstelling van de goederen. Hij houdt daarbij naar billijkheid rekening zowel met de belangen van partijen als met het algemeen belang.
(Zie ook: artt. 12, 185 BW Boek 3; art. 78 BW Boek 5; art. 259 BW Boek 6; art. 658 Rv)
3. Een bestaande regeling kan op verzoek van de meest gerede partij door de kantonrechter wegens onvoorziene omstandigheden gewijzigd of buiten werking gesteld worden.
(Zie ook: art. 258 BW Boek 6)
4. Een regeling is ook bindend voor de rechtverkrijgenden van een deelgenoot.
(Zie ook: artt. 116, 120 BW Boek 1; artt. 17, 24, 25, 26, 44, 80, 191 BW Boek 3)
5. Op een overeenkomstig lid 2 ingesteld bewind zijn, voor zover de kantonrechter niet anders heeft bepaald, de artikelen 154, 157 tot en met 166, 168, 172, 173 en 174 van Boek 4, van overeenkomstige toepassing, met dien verstande dat de kantonrechter de in artikel 159 van Boek 4 bedoelde beloning ook op grond van bijzondere omstandigheden anders kan regelen, alsmede dat hij de in artikel 160 van Boek 4 bedoelde zekerheidstelling te allen tijde kan bevelen. Het kan door een gezamenlijk besluit van de deelgenoten of op verzoek van een hunner door de kantonrechter worden opgeheven.
(Zie ook: artt. 116, 120 BW Boek 1; artt. 17, 24, 25, 26, 44, 80, 191 BW Boek 3)

Art. 169

Gebruik bij gemeenschap

Tenzij een regeling anders bepaalt, is iedere deelgenoot bevoegd tot het gebruik van een gemeenschappelijk goed, mits dit gebruik met het recht van de overige deelgenoten te verenigen is.
(Zie ook: art. 168 BW Boek 3; art. 60 BW Boek 5)

Art. 170
1. Handelingen dienende tot gewoon onderhoud of tot behoud van een gemeenschappelijk goed, en in het algemeen handelingen die geen uitstel kunnen lijden, kunnen door ieder der deelgenoten zo nodig zelfstandig worden verricht. Ieder van hen is bevoegd ten behoeve van de gemeenschap verjaring te stuiten. *(Beheer bij gemeenschap)*
2. Voor het overige geschiedt het beheer door de deelgenoten tezamen, tenzij een regeling anders bepaalt. Onder beheer zijn begrepen alle handelingen die voor de normale exploitatie van het goed dienstig kunnen zijn, alsook het aannemen van aan de gemeenschap verschuldigde prestaties.
3. Tot andere handelingen betreffende een gemeenschappelijk goed dan in de vorige leden vermeld, zijn uitsluitend de deelgenoten tezamen bevoegd.
(Zie ook: artt. 61, 69, 70, 316 BW Boek 3; artt. 15, 34 BW Boek 6)

Art. 171
Tenzij een regeling anders bepaalt, is iedere deelgenoot bevoegd tot het instellen van rechtsvorderingen en het indienen van verzoeken ter verkrijging van een rechterlijke uitspraak ten behoeve van de gemeenschap. Een regeling die het beheer toekent aan een of meer der deelgenoten, sluit, tenzij zij anders bepaalt, deze bevoegdheid voor de anderen uit. *(Instellen rechtsvordering of indienen verzoekschrift bij gemeenschap)*
(Zie ook: art. 15 BW Boek 6)

Art. 172
Tenzij een regeling anders bepaalt, delen de deelgenoten naar evenredigheid van hun aandelen in de vruchten en andere voordelen die het gemeenschappelijke goed oplevert, en moeten zij in dezelfde evenredigheid bijdragen tot de uitgaven die voortvloeien uit handelingen welke bevoegdelijk ten behoeve van de gemeenschap zijn verricht. *(Evenredige verdeling vruchten of aandelen bij gemeenschap)*
(Zie ook: art. 9 BW Boek 3)

Art. 173
Ieder der deelgenoten kan van degene onder hen die voor de overigen beheer heeft gevoerd, jaarlijks en in ieder geval bij het einde van het beheer rekening en verantwoording vorderen. *(Rekening en verantwoording bij gemeenschap)*
(Zie ook: art. 771 Rv)

Art. 174
1. De rechter die ter zake van een vordering tot verdeling bevoegd zou zijn of voor wie een zodanige vordering reeds aanhangig is kan een deelgenoot op diens verzoek ten behoeve van de voldoening van een voor rekening van de gemeenschap komende schuld of om andere gewichtige redenen machtigen tot het te gelde maken van een gemeenschappelijk goed. Indien een deelgenoot voor wie een te verkopen goed een bijzondere waarde heeft, bereid is het goed tegen vergoeding van de geschatte waarde over te nemen, kan de voormelde rechter deze overneming bevelen. *(Machtiging tot te gelde maken goed bij gemeenschap)*
2. De in lid 1 bedoelde rechter kan een deelgenoot op diens verzoek machtigen een gemeenschappelijk goed te bezwaren met een recht van pand of hypotheek tot zekerheid voor de voldoening van een voor rekening van de gemeenschap komende schuld die reeds bestaat of waarvan het aangaan geboden is voor het behoud van een goed der gemeenschap. *(Machtiging tot bezwaren goed bij gemeenschap)*
(Zie ook: artt. 231, 236, 251, 260 BW Boek 3; artt. 429a, 429c, 677 t/m 680 Rv)

Art. 175
1. Tenzij uit de rechtsverhouding tussen de deelgenoten anders voortvloeit, kan ieder van hen over zijn aandeel in een gemeenschappelijk goed beschikken. *(Beschikken over aandeel in goed bij gemeenschap)*
2. Indien uit de rechtsverhouding tussen de deelgenoten voortvloeit dat zij niet, tenzij met aller toestemming, bevoegd zijn over hun aandeel te beschikken, zijn de leden 3 en 4 van artikel 168 van overeenkomstige toepassing.
3. De schuldeisers van een deelgenoot kunnen zijn aandeel in een gemeenschappelijk goed uitwinnen. Na de uitwinning van een aandeel kunnen beperkingen van de bevoegdheid om over de aandelen te beschikken niet worden ingeroepen tussen de verkrijger van dat aandeel en de overige deelgenoten.
(Zie ook: artt. 89, 276 BW Boek 3; art. 117 BW Boek 5; artt. 16, 17, 26, 41 Wge)

Art. 176
1. De verkrijger van een aandeel of een beperkt recht daarop moet van de verkrijging onverwijld mededeling doen aan de overige deelgenoten of aan degene die door de deelgenoten of de rechter met het beheer over het goed is belast. *(Mededeling verkrijging aandeel bij gemeenschap)*
2. Een overgedragen aandeel wordt verkregen onder de last van de gemeenschap te vergoeden hetgeen de vervreemder haar schuldig was. Vervreemder en verkrijger zijn hoofdelijk voor deze vergoeding aansprakelijk. De verkrijger kan zich aan deze verplichting onttrekken door zijn aandeel op zijn kosten aan de overige deelgenoten over te dragen; dezen zijn verplicht aan een zodanige overdracht mede te werken. *(Hoofdelijke aansprakelijkheid vervreemder of verkrijger bij gemeenschap)*
3. De vorige leden zijn niet van toepassing bij uitwinning van de gezamenlijke aandelen in een gemeenschappelijk goed. *(Uitwinning gezamenlijke aandelen bij gemeenschap)*
(Zie ook: artt. 37, 84, 94, 96, 98, 122 BW Boek 3; artt. 6, 10, 11, 208 BW Boek 6)

Art. 177

Verdeling of overdracht van goed met beperkt recht op aandeel bij gemeenschap

1. Wordt een gemeenschappelijk goed verdeeld of overgedragen, terwijl op het aandeel van een deelgenoot een beperkt recht rust, dan komt dat recht te rusten op het goed voor zover dit door die deelgenoot wordt verkregen, en wordt het goed voor het overige van dat recht bevrijd, onverminderd hetgeen de beperkt gerechtigde of de deelgenoot op wiens aandeel zijn recht rust, krachtens hun onderlinge verhouding van de onder wegens een door deze aldus ontvangen overwaarde heeft te vorderen.
2. Een verdeling, alsmede een overdracht waartoe de deelgenoten zich na bezwaring met het beperkte recht hebben verplicht, behoeft de medewerking van de beperkt gerechtigde.

Toedeling pand of hypotheek bij gemeenschap

3. Een bij toedeling van het goed aan de in het eerste lid genoemde deelgenoot bedongen recht van pand of hypotheek tot waarborg van hetgeen hij aan een of meer der deelgenoten ten gevolge van de verdeling schuldig is of mocht worden, heeft, mits het gelijktijdig met de levering van het hem toegedeelde daarop wordt gevestigd, voorrang boven een beperkt recht dat een deelgenoot tevoren op zijn aandeel had gevestigd.

(Zie ook: artt. 8, 21, 182, 213, 229, 261 BW Boek 3; art. 114 BW Boek 5)

Art. 178

Vordering tot verdeling bij gemeenschap

1. Ieder der deelgenoten, alsmede hij die een beperkt recht op een aandeel heeft, kan te allen tijde verdeling van een gemeenschappelijk goed vorderen, tenzij uit de aard van de gemeenschap of uit het in de volgende leden bepaalde anders voortvloeit.
2. Op verlangen van een deelgenoot kan de rechter voor wie een vordering tot verdeling aanhangig is, bepalen dat alle of sommige opeisbare schulden die voor rekening van de gemeenschap komen, moeten worden voldaan alvorens tot de verdeling wordt overgegaan.
3. Indien de door een onmiddellijke verdeling getroffen belangen van een of meer deelgenoten aanmerkelijk groter zijn dan de belangen die door de verdeling worden gediend, kan de rechter voor wie een vordering tot verdeling aanhangig is, op verlangen van een deelgenoot een of meermalen, telkens voor ten hoogste drie jaren, een vordering tot verdeling uitsluiten.
4. Indien geen vordering tot verdeling aanhangig is, kan een beslissing als bedoeld in de leden 2 en 3 op verzoek van ieder van de deelgenoten worden gegeven door de rechter die ter zake van de vordering tot verdeling bevoegd zou zijn.
5. Zij die bevoegd zijn verdeling te vorderen, kunnen hun bevoegdheid daartoe een of meer malen bij overeenkomst, telkens voor ten hoogste vijf jaren, uitsluiten. De leden 3 en 4 van artikel 168 zijn op een zodanige overeenkomst van overeenkomstige toepassing.

(Zie ook: art. 99 BW Boek 1; art. 13 BW Boek 2; art. 63 BW Boek 5; artt. 216, 248 BW Boek 6)

Art. 179

Vordering tot algehele verdeling bij gemeenschap

1. Indien verdeling van een gemeenschappelijk goed wordt gevorderd, kan ieder der deelgenoten verlangen dat alle tot de gemeenschap behorende goederen en de voor rekening van de gemeenschap komende schulden in de verdeling worden begrepen, tenzij er gewichtige redenen zijn voor een gedeeltelijke verdeling. Van de verdeling worden die goederen uitgezonderd, die wegens een der in artikel 178 genoemde gronden onverdeeld moeten blijven.
2. De omstandigheid dat bij een verdeling een of meer goederen zijn overgeslagen, heeft alleen ten gevolge dat daarvan een nadere verdeling kan worden gevorderd.

Schakelbepaling

3. Op de toedeling van een schuld is afdeling 3 van titel 2 van Boek 6 van toepassing.

(Zie ook: artt. 99, 137, 345 BW Boek 1; art. 185 BW Boek 3; art. 680 Rv)

Art. 180

Verdeling op vordering schuldeiser bij gemeenschap

1. Een schuldeiser die een opeisbare vordering op een deelgenoot heeft, kan verdeling van de gemeenschap vorderen, doch niet verder dan nodig is voor het verhaal van zijn vordering. Artikel 178 lid 3 is van toepassing.
2. Heeft een schuldeiser een bevel tot verdeling van de gemeenschap verkregen dan behoeft de verdeling zijn medewerking.

(Zie ook: art. 38 BW Boek 8; artt. 677, 733 Rv)

Art. 181

Benoeming onzijdig persoon bij niet medewerking bij gemeenschap

1. Voor het geval dat deelgenoten of zij wier medewerking vereist is, niet medewerken tot een verdeling nadat deze bij rechterlijke uitspraak is bevolen, benoemt de rechter die in eerste aanleg van de vordering tot verdeling heeft kennis genomen, indien deze benoeming niet reeds bij die uitspraak heeft plaatsgehad, op verzoek van de meest gerede partij een onzijdig persoon die hen bij de verdeling vertegenwoordigt en daarbij hun belangen naar eigen beste inzicht behartigt. Hebben degenen die niet medewerken tegenstrijdige belangen, dan wordt voor ieder van hen een onzijdig persoon benoemd.
2. Een onzijdig persoon is verplicht hetgeen aan de door hem vertegenwoordigde persoon ingevolge de verdeling toekomt, voor deze in ontvangst te nemen en daarover tot de afgifte aan de rechthebbende op de voet van artikel 410 Boek 1 het bewind te voeren.
3. De beloning die de onzijdige persoon ten laste van de rechthebbende toekomt, wordt op zijn verzoek vastgesteld door de rechter die hem benoemde.

(Zie ook: artt. 177, 300 BW Boek 3; art. 677 Rv)

Art. 182
Als een verdeling wordt aangemerkt iedere rechtshandeling waartoe alle deelgenoten, hetzij in persoon, hetzij vertegenwoordigd, medewerken en krachtens welke een of meer van hen een of meer goederen der gemeenschap met uitsluiting van de overige deelgenoten verkrijgen. De handeling is niet een verdeling, indien zij strekt tot nakoming van een voor rekening van de gemeenschap komende schuld aan een of meer deelgenoten, die niet voortspruit uit een rechtshandeling als bedoeld in de vorige zin.
(Zie ook: artt. 45, 216, 261 BW Boek 6)

<small>Verdeling bij gemeenschap</small>

Art. 183
1. De verdeling kan geschieden op de wijze en in de vorm die partijen goeddunkt, mits de deelgenoten en zij wier medewerking vereist is, allen het vrije beheer over hun goederen hebben en in persoon of bij een door hen aangewezen vertegenwoordiger medewerken, dan wel in geval van bewind over hun recht, worden vertegenwoordigd door de bewindvoerder, voorzien van de daartoe vereiste toestemming of machtiging.
2. In andere gevallen moet, tenzij de rechter anders bepaalt, de verdeling geschieden bij notariële akte en worden goedgekeurd door de kantonrechter die bevoegd is de wettelijke vertegenwoordiger van degene die het vrije beheer over zijn goederen mist, tot beschikkingshandelingen te machtigen.
(Zie ook: artt. 250, 385, 386, 418 BW Boek 1; artt. 58, 97 BW Boek 3; art. 677 Rv)

<small>Vormvrije verdeling bij gemeenschap</small>

<small>Verdeling bij notariële akte bij gemeenschap</small>

Art. 184
1. Ieder der deelgenoten kan bij een verdeling verlangen dat op het aandeel van een andere deelgenoot wordt toegerekend hetgeen deze aan de gemeenschap schuldig is. De toerekening geschiedt ongeacht de gegoedheid van de schuldenaar. Is het een schuld onder tijdsbepaling, dan wordt zij voor haar contante waarde op het tijdstip der verdeling toegerekend.
2. Het vorige lid is niet van toepassing op schulden onder een opschortende voorwaarde die nog niet vervuld is.
(Zie ook: artt. 21, 127 BW Boek 6; art. 56 FW)

<small>Toerekening aandeel op schuld aan gemeenschap bij gemeenschap</small>

Art. 185
1. Voor zover de deelgenoten en zij wier medewerking vereist is, over een verdeling niet tot overeenstemming kunnen komen, gelast op vordering van de meest gerede partij de rechter de wijze van verdeling of stelt hij zelf de verdeling vast, rekening houdende naar billijkheid zowel met de belangen van partijen als met het algemeen belang.
2. Als wijzen van verdeling komen daarbij in aanmerking:
a. toedeling van een gedeelte van het goed aan ieder der deelgenoten;
b. overbedeling van een of meer deelgenoten tegen vergoeding van de overwaarde;
c. verdeling van de netto-opbrengst van het goed of een gedeelte daarvan, nadat dit op een door de rechter bepaalde wijze zal zijn verkocht.
3. Zo nodig kan de rechter bepalen dat degene die overbedeeld wordt, de overwaarde geheel of ten dele in termijnen mag voldoen. Hij kan daaraan de voorwaarde verbinden dat zekerheid tot een door hem bepaald bedrag en van een door hem bepaalde aard wordt gesteld.
(Zie ook: artt. 89, 90, 94, 95, 96, 111, 116 BW Boek 3; art. 91 BW Boek 5; artt. 261, 265 BW Boek 6; art. 35 FW; art. 2 Aw)

<small>Verdeling door rechter bij gemeenschap</small>

Art. 186
1. Voor de overgang van het aan ieder der deelgenoten toegedeelde is een levering vereist op dezelfde wijze als voor overdracht is voorgeschreven.
2. Hetgeen een deelgenoot verkrijgt, houdt hij onder dezelfde titel als waaronder de deelgenoten dit tezamen vóór de verdeling hielden.
(Zie ook: artt. 89, 90, 94, 95, 96, 111, 116 BW Boek 3; art. 91 BW Boek 5; artt. 261, 265 BW Boek 6; art. 35 FW)

<small>Levering van het toegedeelde bij gemeenschap</small>

Art. 187
1. De papieren en bewijzen van eigendom, tot de toegedeelde goederen behorende, worden overgegeven aan hem, aan wie de goederen zijn toegedeeld.
2. Algemene boedelpapieren en stukken als bedoeld in lid 1, die betrekking hebben op aan meer deelgenoten toegedeelde goederen, verblijven bij hem die de meerderheid der betrokken deelgenoten daartoe heeft benoemd, onder verplichting aan de overige deelgenoten inzage, en zo iemand dit verlangt, afschriften of uittreksels op diens kosten af te geven.
3. Bij gebreke van een meerderheid als bedoeld in het vorige lid geschiedt de daar bedoelde benoeming op verlangen van een deelgenoot door de rechter die de verdeling vaststelt, of in andere gevallen op verzoek van een deelgenoot door de kantonrechter. Tegen een beslissing krachtens dit lid is geen hogere voorziening toegelaten.

<small>Overgeven papieren en bewijzen van eigendom bij gemeenschap</small>

<small>Inzage papieren en bewijzen van eigendom bij gemeenschap</small>

Art. 188
1. Tenzij anders is overeengekomen, zijn deelgenoten verplicht in evenredigheid van hun aandelen elkander de schade te vergoeden die het gevolg is van een uitwinning of stoornis, voortgekomen uit een vóór de verdeling ontstane oorzaak, alsmede, wanneer een vordering

<small>Aansprakelijkheid bij uitwinning of stoornis bij gemeenschap</small>

voor het volle bedrag is toegedeeld, de schade die voortvloeit uit onvoldoende gegoedheid van de schuldenaar op het ogenblik van de verdeling.
2. Wordt een deelgenoot door zijn eigen schuld uitgewonnen of gestoord, dan zijn de overige deelgenoten niet verplicht tot vergoeding van zijn schade.
3. Een verplichting tot vergoeding van schade die voortvloeit uit onvoldoende gegoedheid van de schuldenaar vervalt door verloop van drie jaren na de verdeling en na het opeisbaar worden van de toegedeelde vordering.
4. Indien verhaal op een deelgenoot voor zijn aandeel in een krachtens het eerste lid verschuldigde schadevergoeding onmogelijk blijkt, wordt het aandeel van ieder der andere deelgenoten naar evenredigheid verhoogd.
(Zie ook: art. 310 BW Boek 3; artt. 6, 95, 101 BW Boek 6; artt. 70, 71 Rv)

Afdeling 2
Enige bijzondere gemeenschappen

Art. 189

Bijzondere gemeenschap

1. De bepalingen van deze titel gelden niet voor een huwelijksgemeenschap, gemeenschap van een geregistreerd partnerschap, maatschap, vennootschap of rederij, zolang zij niet ontbonden zijn, noch voor de gemeenschap van een in appartementsrechten gesplitst gebouw, zolang de splitsing niet is opgeheven.
2. Voor de gemeenschap van een nalatenschap, voor een ontbonden huwelijksgemeenschap, ontbonden gemeenschap van een geregistreerd partnerschap, maatschap, vennootschap of rederij en voor de gemeenschap van een gebouw waarvan de splitsing in appartementsrechten is opgeheven, gelden de volgende bepalingen van deze afdeling, alsmede die van de eerste afdeling, voor zover daarvan in deze afdeling niet wordt afgeweken.
(Zie ook: art. 99 BW Boek 1; art. 1132 t/m 1157 BW Boek 3; artt. 106, 143 BW Boek 4; artt. 106, 143 BW Boek 5; art. 1683 BW Boek 7A; art. 658 Rv)

Art. 190

Beschikking over gemeenschapsgoed bij bijzondere gemeenschap
Vestiging recht van pand of hypotheek bij bijzondere gemeenschap

1. Een deelgenoot kan niet beschikken over zijn aandeel in een tot de gemeenschap behorend goed afzonderlijk, en zijn schuldeisers kunnen een zodanig aandeel niet uitwinnen, zonder toestemming van de overige deelgenoten.
2. Nochtans kan een deelgenoot op een zodanig aandeel ook zonder toestemming van de andere deelgenoten een recht van pand of hypotheek vestigen. Zolang het goed tot de gemeenschap behoort, kan de pand- of hypotheekhouder niet tot verkoop overgaan, tenzij de overige deelgenoten hierin toestemmen.
(Zie ook: art. 246 BW Boek 3)

Art. 191

Beschikking over aandeel bij bijzondere gemeenschap
Verhaal bij gemeenschapsschuld bij bijzondere gemeenschap

1. Tenzij uit de rechtsverhouding tussen de deelgenoten anders voortvloeit, kan ieder der deelgenoten over zijn aandeel in de gehele gemeenschap beschikken en kunnen zijn schuldeisers een zodanig aandeel uitwinnen.
2. Indien uit de rechtsverhouding tussen de deelgenoten voortvloeit dat zij niet, tenzij met aller toestemming bevoegd zijn over hun aandeel te beschikken, zijn de leden 3 en 4 van artikel 168 van overeenkomstige toepassing.
(Zie ook: art. 96 BW Boek 3; art. 474bb Rv)

Art. 192

Verhalen gemeenschapsschuld bij bijzondere gemeenschap

Tot de gemeenschap behorende schulden kunnen op de goederen van de gemeenschap worden verhaald.
(Zie ook: artt. 100, 276, 277 BW Boek 1)

Art. 193

Verzoek schuldeiser tot benoeming vereffenaar bij bijzondere gemeenschap

1. Een schuldeiser wiens vordering op de goederen der gemeenschap kan worden verhaald, kan de rechter verzoeken een vereffenaar te benoemen wanneer tot verdeling van de gemeenschap wordt overgegaan voordat de opeisbare schulden daarvan zijn voldaan of wanneer voor hem het gevaar bestaat dat hij niet ten volle of niet binnen een redelijke tijd zal worden voldaan, hetzij omdat de gemeenschap niet toereikend is of niet behoorlijk beheerd of afgewikkeld wordt, hetzij omdat een schuldeiser zich op de goederen van de gemeenschap gaat verhalen. Afdeling 3 van titel 6 van Boek 4 betreffende de vereffening van een nalatenschap is van toepassing of overeenkomstige toepassing.
2. Ook een schuldeiser van een deelgenoot kan de rechter verzoeken een vereffenaar te benoemen, wanneer zijn belangen door een gedraging van de deelgenoten ernstig worden geschaad.

Verzet schuldenaar tegen verdeling gemeenschap maatschap of vennootschap

3. Voor de ontbonden gemeenschap van een maatschap of vennootschap zijn de leden 1 en 2 niet van toepassing en gelden de volgende zinnen. Een schuldeiser wiens vordering op de goederen van de gemeenschap kan worden verhaald, is bevoegd zich tegen verdeling van de gemeenschap te verzetten. Een verdeling die na dit verzet is tot stand gekomen, is vernietigbaar met dien verstande dat de vernietigingsgrond slechts kan worden ingeroepen door de schuld-

eiser die zich verzette en dat hij de verdeling slechts te zijnen behoeve kan vernietigen en niet
verder dan nodig is tot opheffing van de door hem ondervonden benadeling.
(Zie ook: art. 45 BW Boek 3)

Art. 194
1. Ieder der deelgenoten kan vorderen dat een verdeling aanvangt met een boedelbeschrijving. — Boedelbeschrijving bij bijzondere gemeenschap
2. Een deelgenoot die opzettelijk tot de gemeenschap behorende goederen verzwijgt, zoek maakt of verborgen houdt, verbeurt zijn aandeel in die goederen aan de andere deelgenoten.
(Zie ook: art. 44 BW Boek 3; art. 671 Rv)

Afdeling 3
Nietige en vernietigbare verdelingen

Art. 195
1. Een verdeling waaraan niet alle deelgenoten en alle andere personen wier medewerking vereist was, hebben deelgenomen, is nietig, tenzij zij is geschied bij een notariële akte, in welk geval zij slechts kan worden vernietigd op vordering van degene die niet aan de verdeling heeft deelgenomen. Deze rechtsvordering verjaart door verloop van één jaar nadat de verdeling te zijner kennis gekomen is. — Nietige verdeling bij gemeenschap
2. Heeft aan een verdeling iemand deelgenomen die niet tot de gemeenschap gerechtigd was, of is een deelgenoot bij de verdeling opgekomen voor een groter aandeel dan hem toekwam, dan kan het ten onrechte uitgekeerde ten behoeve van de gemeenschap worden teruggevorderd; voor het overige blijft de verdeling van kracht. — Terugvordering t.b.v. gemeenschap
(Zie ook: artt. 32, 49, 52, 53, 58, 316 BW Boek 3; art. 203 BW Boek 6)

Art. 196
1. Behalve op de algemene voor vernietiging van rechtshandelingen geldende gronden is een verdeling ook vernietigbaar, wanneer een deelgenoot omtrent de waarde van een of meer der te verdelen goederen en schulden heeft gedwaald en daardoor voor meer dan een vierde gedeelte is benadeeld. — Vernietigbare verdeling bij gemeenschap
2. Wanneer een benadeling voor meer dan een vierde is bewezen, wordt de benadeelde vermoed omtrent de waarde van een of meer der te verdelen goederen en schulden te hebben gedwaald. — Vermoeden van dwaling bij gemeenschap
3. Om te beoordelen of benadeling heeft plaatsgehad, worden de goederen en schulden der gemeenschap geschat naar hun waarde op het tijdstip van de verdeling. Goederen en schulden die onverdeeld zijn gelaten worden niet meegerekend. — Berekening benadeling bij gemeenschap
4. Een verdeling is niet op grond van dwaling omtrent de waarde van een of meer der te verdelen goederen en schulden vernietigbaar, indien de benadeelde de toedeling te zijnen bate of schade heeft aanvaard. — Niet-vernietigbare verdeling bij gemeenschap
(Zie ook: artt. 32, 34, 40, 44, 49, 50, 53, 54 BW Boek 3; art. 203 BW Boek 6)

Art. 197
De bevoegdheid tot vernietiging van een verdeling uit hoofde van benadeling vervalt, wanneer de andere deelgenoten aan de benadeelde hetzij in geld, hetzij in natura opleggen hetgeen aan diens aandeel ontbrak. — Opheffing benadeling gemeenschap
(Zie ook: artt. 53, 54, 55 BW Boek 3)

Art. 198
Wordt een beroep in rechte op vernietigbaarheid van een verdeling gedaan, dan kan de rechter, onverminderd het in de artikelen 53 en 54 bepaalde, op verlangen van een der partijen de verdeling wijzigen, in plaats van de vernietiging uit te spreken. — Wijziging in plaats van vernietiging van verdeling door rechter bij gemeenschap

Art. 199
Op een verdeling zijn de artikelen 228-230 van Boek 6 niet van toepassing. — Schakelbepaling
(Zie ook: art. 216 BW Boek 6)

Art. 200
Een rechtsvordering tot vernietiging van een verdeling vervalt door verloop van drie jaren na de verdeling. — Verjaring rechtsvordering tot vernietiging verdeling bij gemeenschap
(Zie ook: art. 52 BW Boek 3)

Titel 8
Vruchtgebruik

Art. 201
Vruchtgebruik geeft het recht om goederen die aan een ander toebehoren, te gebruiken en daarvan de vruchten te genieten. — Vruchtgebruik
(Zie ook: artt. 1, 8, 9 BW Boek 3; artt. 1, 84 BW Boek 5)

Art. 202

Ontstaan van vruchtgebruik

Vruchtgebruik ontstaat door vestiging of door verjaring.
(Zie ook: artt. 81, 98, 99 BW Boek 3; art. 72 BW Boek 5)

Art. 203

Vestiging van vruchtgebruik

1. Vruchtgebruik kan worden gevestigd ten behoeve van één persoon, ofwel ten behoeve van twee of meer personen hetzij gezamenlijk hetzij bij opvolging. In het laatste geval moeten ook de later geroepenen op het ogenblik van de vestiging bestaan.

Duur van vruchtgebruik

2. Vruchtgebruik kan niet worden gevestigd voor langer dan het leven van de vruchtgebruiker. Vruchtgebruik ten behoeve van twee of meer personen wast bij het einde van het recht van een hunner bij dat van de anderen aan, bij ieder in evenredigheid van zijn aandeel, en eindigt eerst door het tenietgaan van het recht van de laatst overgeblevene, tenzij anders is bepaald.

Duur vruchtgebruik bij rechtspersoon

3. Is de vruchtgebruiker een rechtspersoon, dan eindigt het vruchtgebruik door ontbinding van de rechtspersoon, en in ieder geval na verloop van dertig jaren na de dag van vestiging.
(Zie ook: art. 412 BW Boek 1; artt. 19, 20, 301 BW Boek 2)

Art. 204

[Vervallen]

Art. 205

Boedelbeschrijving bij vruchtgebruik

1. Tenzij een bewind reeds tot een voldoende boedelbeschrijving heeft geleid of daartoe verplicht, moet de vruchtgebruiker in tegenwoordigheid of na behoorlijke oproeping van de hoofdgerechtigde een notariële beschrijving van de goederen opmaken. De beschrijving kan ondershands worden opgemaakt, indien de hoofdgerechtigde tegenwoordig is en hoofdgerechtigde en vruchtgebruiker een regeling hebben getroffen omtrent haar bewaring.

2. Zowel de vruchtgebruiker als de hoofdgerechtigde hebben het recht om in de beschrijving alle bijzonderheden te doen opnemen, die dienstig zijn om de toestand waarin de aan het vruchtgebruik onderworpen zaken zich bevinden, te doen kennen.

Opschorting van levering en afgifte goederen bij vruchtgebruik

3. De hoofdgerechtigde is bevoegd de levering en afgifte van de aan het vruchtgebruik onderworpen goederen op te schorten, indien de vruchtgebruiker niet terzelfder tijd zijn verplichting tot beschrijving nakomt.

Jaarlijkse opgave van vruchtgebruik

4. De vruchtgebruiker moet jaarlijks aan de hoofdgerechtigde een ondertekende nauwkeurige opgave zenden van de goederen die niet meer aanwezig zijn, van de goederen die daarvoor in de plaats zijn gekomen, en van de voordelen die de goederen hebben opgeleverd en die geen vruchten zijn.

5. De vruchtgebruiker kan van de verplichtingen die ingevolge de voorgaande leden op hem rusten, niet worden vrijgesteld.

Kosten van vruchtgebruik

6. Tenzij anders is bepaald, komen de kosten van de beschrijving en van de in lid 4, bedoelde jaarlijkse opgave ten laste van de vruchtgebruiker.
(Zie ook: art. 52 BW Boek 6; art. 671 Rv)

Art. 206

Zekerheidstelling bij vruchtgebruik

1. De vruchtgebruiker moet voor de nakoming van zijn verplichtingen jegens de hoofdgerechtigde zekerheid stellen, tenzij hij hiervan is vrijgesteld of de belangen van de hoofdgerechtigde reeds voldoende zijn beveiligd door de instelling van een bewind.

2. Is de vruchtgebruiker van het stellen van zekerheid vrijgesteld, dan kan de hoofdgerechtigde jaarlijks verlangen dat hem de aan het vruchtgebruik onderworpen zaken worden getoond. Ten aanzien van waardepapieren en gelden kan, behoudens bijzondere omstandigheden, met overlegging van een verklaring van een geregistreerde krediet-instelling worden volstaan.
(Zie ook: art. 418 BW Boek 1; art. 205 BW Boek 3; art. 51 BW Boek 6; art. 616 Rv)

Art. 207

Rechten en plichten van vruchtgebruiker

1. Een vruchtgebruiker mag de aan het vruchtgebruik onderworpen goederen gebruiken of verbruiken overeenkomstig de bij de vestiging van het vruchtgebruik gestelde regels of, bij gebreke van zodanige regels, met inachtneming van de aard van de goederen en de ten aanzien van het gebruik of verbruik bestaande plaatselijke gewoonten.

2. Een vruchtgebruiker is voorts bevoegd tot alle handelingen die tot een goed beheer van de aan het vruchtgebruik onderworpen goederen dienstig kunnen zijn. Tot alle overige handelingen ten aanzien van die goederen zijn de hoofdgerechtigde en de vruchtgebruiker slechts tezamen bevoegd.

3. Jegens de hoofdgerechtigde is de vruchtgebruiker verplicht ten aanzien van de aan het vruchtgebruik onderworpen goederen en het beheer daarover de zorg van een goed vruchtgebruiker in acht te nemen.
(Zie ook: art. 170 BW Boek 3)

Art. 208

Veranderen bestemming bij vruchtgebruik

1. Van zaken die aan het vruchtgebruik zijn onderworpen, mag de vruchtgebruiker de bestemming die deze bij de aanvang van het vruchtgebruik hadden, niet veranderen zonder toestemming van de hoofdgerechtigde of machtiging van de kantonrechter.

2. Tenzij in de akte van vestiging anders is bepaald, is de vruchtgebruiker van een zaak, zowel tijdens de duur van zijn recht als bij het einde daarvan, bevoegd om aan de zaak aangebrachte veranderingen en toevoegingen weg te nemen, mits hij de zaak in de oude toestand terugbrengt.
(Zie ook: art. 123 BW Boek 3; artt. 14, 89 BW Boek 5)

Ius tollendi bij vruchtgebruik

Art. 209
1. De vruchtgebruiker is verplicht het voorwerp van zijn vruchtgebruik ten behoeve van de hoofdgerechtigde te verzekeren tegen die gevaren, waartegen het gebruikelijk is een verzekering te sluiten. In ieder geval is de vruchtgebruiker, indien een gebouw aan zijn vruchtgebruik is onderworpen, verplicht dit tegen brand te verzekeren.
2. Voor zover de vruchtgebruiker aan de in het eerste lid omschreven verplichtingen niet voldoet, is de hoofdgerechtigde bevoegd zelf een verzekering te nemen en is de vruchtgebruiker verplicht hem de kosten daarvan te vergoeden.
(Zie ook: art. 213 BW Boek 3; art. 29 Pw)

Verzekeringsplicht bij vruchtgebruik

Art. 210
1. Tenzij bij de vestiging anders is bepaald, is de vruchtgebruiker bevoegd in en buiten rechte nakoming te eisen van aan het vruchtgebruik onderworpen vorderingen en tot het in ontvangst nemen van betalingen.
2. Tenzij bij de vestiging anders is bepaald, is hij tot ontbinding en opzegging van overeenkomsten slechts bevoegd, wanneer dit tot een goed beheer dienstig kan zijn.
3. De hoofdgerechtigde is slechts bevoegd de in de vorige leden genoemde bevoegdheden uit te oefenen, indien hij daartoe toestemming van de vruchtgebruiker of machtiging van de kantonrechter heeft gekregen. Tegen de machtiging van de kantonrechter krachtens dit lid is geen hogere voorziening toegelaten.
(Zie ook: artt. 170, 171 BW Boek 3; art. 265 BW Boek 6)

Vorderingen door vruchtgebruiker

Ontbinding overeenkomst bij vruchtgebruik

Art. 211
1. Ook wanneer bij de beschrijving of in een jaarlijkse opgave een of meer goederen die aan het vruchtgebruik onderworpen zijn, slechts naar hun soort zijn aangeduid, behoudt de hoofdgerechtigde daarop zijn recht.
2. De vruchtgebruiker is verplicht zodanige goederen afgescheiden van zijn overig vermogen te houden.
(Zie ook: art. 15 BW Boek 5)

Aanduiding van soort goederen bij vruchtgebruik

Art. 212
1. Voor zover de aan een vruchtgebruik onderworpen goederen bestemd zijn om vervreemd te worden, is de vruchtgebruiker tot vervreemding overeenkomstig hun bestemming bevoegd.
2. Bij de vestiging van het vruchtgebruik kan aan de vruchtgebruiker de bevoegdheid worden gegeven ook over andere dan de in het vorige lid genoemde goederen te beschikken. Ten aanzien van deze goederen vinden de artikelen 208, 210 lid 2 en 217 lid 2, en 3, tweede zin, en lid 4, geen toepassing.
3. In andere gevallen mag een vruchtgebruiker slechts vervreemden of bezwaren met toestemming van de hoofdgerechtigde of machtiging van de kantonrechter. De machtiging wordt alleen gegeven, wanneer het belang van de vruchtgebruiker of de hoofdgerechtigde door de vervreemding of bezwaring wordt gediend en het belang van de ander daardoor niet wordt geschaad.
(Zie ook: artt. 83, 174 BW Boek 3)

Bevoegdheid tot vervreemding bij vruchtgebruik

Bevoegdheid tot beschikken bij vruchtgebruik

Toestemming of machtiging bij vruchtgebruik

Art. 213
1. Hetgeen in de plaats van aan vruchtgebruik onderworpen goederen treedt doordat daarover bevoegdelijk wordt beschikt, behoort aan de hoofdgerechtigde toe en is eveneens aan het vruchtgebruik onderworpen. Hetzelfde is het geval met hetgeen door inning van aan vruchtgebruik onderworpen vorderingen wordt ontvangen, en met vorderingen tot vergoeding die in de plaats van aan vruchtgebruik onderworpen goederen treden, waaronder begrepen vorderingen ter zake van waardevermindering van die goederen.
2. Ook zijn aan het vruchtgebruik onderworpen de voordelen die een goed tijdens het vruchtgebruik oplevert en die geen vruchten zijn.
(Zie ook: artt. 58, 229 BW Boek 3; artt. 4, 45 OW)

Zaaksvervanging bij vruchtgebruik

Art. 214
1. Tenzij bij de vestiging anders is bepaald, moeten gelden die tot het vruchtgebruik behoren, in overleg met de hoofdgerechtigde vruchtdragend belegd of in het belang van de overige aan het vruchtgebruik onderworpen goederen besteed worden.
2. In geval van geschil omtrent hetgeen ten aanzien van de in het eerste lid bedoelde gelden dient te geschieden, beslist daaromtrent de persoon die bij de vestiging van het vruchtgebruik daartoe is aangewezen, of bij gebreke van een zodanige aanwijzing, de kantonrechter. Tegen een beschikking van de kantonrechter krachtens dit lid is geen hogere voorziening toegelaten.

Belegging van gelden bij vruchtgebruik

Art. 215

Bevoegdheid tot vervreemding of vertering bij vruchtgebruik

1. Is bij de vestiging van een vruchtgebruik of daarna aan de vruchtgebruiker de bevoegdheid gegeven tot gehele of gedeeltelijke vervreemding en vertering van aan het vruchtgebruik onderworpen goederen, dan kan de hoofdgerechtigde bij het einde van het vruchtgebruik afgifte vorderen van de in vruchtgebruik gegeven goederen of hetgeen daarvoor in de plaats getreden is, voor zover de vruchtgebruiker of zijn rechtverkrijgenden niet bewijzen dat die goederen verteerd of door toeval tenietgegaan zijn.
2. Bij verlening van de bevoegdheid tot vervreemding en vertering kunnen een of meer personen worden aangewezen, wier toestemming voor de vervreemding en voor de vertering nodig is. Staat het vruchtgebruik onder bewind, dan zijn de vervreemding en de vertering van de medewerking van de bewindvoerder afhankelijk.
3. Is aan de vruchtgebruiker de bevoegdheid tot vervreemding en vertering verleend, dan mag hij de goederen ook voor gebruikelijke kleine geschenken bestemmen.

Art. 216

Vruchten bij vruchtgebruik

De vruchtgebruiker komen alle vruchten toe, die tijdens het vruchtgebruik afgescheiden of opeisbaar worden. Bij de vestiging van het vruchtgebruik kan nader worden bepaald wat met betrekking tot het vruchtgebruik als vrucht moet worden beschouwd.
(Zie ook: artt. 88, 197 BW Boek 2; artt. 4, 9 BW Boek 3; artt. 17, 90 BW Boek 5; art. 24 BW Boek 6; art. 1576n BW Boek 7A)

Art. 217

Bevoegdheid tot verhuren of verpachten bij vruchtgebruik

1. De vruchtgebruiker is bevoegd de aan het vruchtgebruik onderworpen zaken te verhuren of te verpachten, voor zover bij de vestiging van het vruchtgebruik niet anders is bepaald.
2. Indien bij de vestiging van het vruchtgebruik een onroerende zaak niet verhuurd of verpacht was, kan de vruchtgebruiker niet verhuren of verpachten zonder toestemming van de hoofdgerechtigde of machtiging van de kantonrechter, tenzij de bevoegdheid daartoe hem bij de vestiging van het vruchtgebruik is toegekend.

Gestand doen van huur of verpachting bij vruchtgebruik

3. Na het einde van het vruchtgebruik is de hoofdgerechtigde verplicht een bevoegdelijk aangegane huur of verpachting gestand te doen. Hij kan nochtans gestanddoening weigeren, voor zover zonder zijn toestemming hetzij de overeengekomen tijdsduur van de huur langer is dan met het plaatselijk gebruik overeenstemt of bedrijfsruimte in de zin van de zesde afdeling van titel 4 van Boek 7 is verhuurd voor een langere tijd dan vijf jaren, hetzij de verpachting is geschied voor een langere duur dan twaalf jaren voor hoeven en zes jaren voor los land, hetzij de verhuring of verpachting is geschied op ongewone, voor hem bezwarende voorwaarden.
4. De hoofdgerechtigde verliest de bevoegdheid gestanddoening te weigeren, wanneer de huurder of pachter hem een redelijke termijn heeft gesteld om zich omtrent de gestanddoening te verklaren en hij zich niet binnen deze termijn heeft uitgesproken.
5. Indien de hoofdgerechtigde volgens de vorige leden niet verplicht is tot gestanddoening van een door de vruchtgebruiker aangegane verhuring van woonruimte waarin de huurder bij het eindigen van het vruchtgebruik zijn hoofdverblijf heeft en waarop de artikelen 271 tot en met 277 van Boek 7 van toepassing zijn, moet hij de huurovereenkomst niettemin met de huurder voortzetten met dien verstande dat artikel 269 lid 2 van Boek 7, van overeenkomstige toepassing is.
(Zie ook: artt. 207, 226 BW Boek 3; art. 94 BW Boek 5; artt. 1607, 1623, 1624, 1630 BW Boek 7A; artt. 1, 2, 34 Pw)

Art. 218

Verzoek om rechterlijke uitspraak bij vruchtgebruik

Tot het instellen van rechtsvorderingen en het indienen van verzoeken ter verkrijging van een rechterlijke uitspraak die zowel het recht van de vruchtgebruiker als dat van de hoofdgerechtigde betreft, is ieder van hen bevoegd, mits hij zorg draagt dat de ander tijdig in het geding wordt geroepen.
(Zie ook: artt. 178, 207, 296 BW Boek 3; art. 2 BW Boek 5; art. 491 Rv)

Art. 219

Stemrecht bij vruchtgebruik

Buiten de gevallen, geregeld in de artikelen 88 en 197 van Boek 2 en artikel 123 van Boek 5, blijft de uitoefening van stemrecht, verbonden aan een goed dat aan vruchtgebruik is onderworpen, de hoofdgerechtigde toekomen, tenzij bij de vestiging van het vruchtgebruik anders is bepaald. Bij een vruchtgebruik als bedoeld in de artikelen 19 en 21 van Boek 4 komt het stemrecht eveneens aan de vruchtgebruiker toe, tenzij bij de vestiging van het vruchtgebruik door partijen of door de kantonrechter op de voet van artikel 23 lid 4 van Boek 4 anders wordt bepaald.

Art. 220

Gewone lasten of herstellingen bij vruchtgebruik

1. Gewone lasten en herstellingen worden door de vruchtgebruiker gedragen en verricht. De vruchtgebruiker is verplicht, wanneer buitengewone herstellingen nodig zijn, aan de hoofdgerechtigde van deze noodzakelijkheid kennis te geven en hem gelegenheid te verschaffen tot het doen van deze herstellingen. De hoofdgerechtigde is niet tot het doen van enige herstelling verplicht.

2. Nochtans is een hoofdgerechtigde, aan wie tengevolge van een beperking in het genot van de vruchtgebruiker een deel van de vruchten toekomt, verplicht naar evenredigheid bij te dragen in de lasten en kosten, die volgens het voorgaande lid ten laste van de vruchtgebruiker komen.
(Zie ook: art. 221 BW Boek 3; artt. 96, 123 BW Boek 5; art. 1619 BW Boek 7A)

Art. 221
1. Indien de vruchtgebruiker in ernstige mate tekortschiet in de nakoming van zijn verplichtingen, kan de rechtbank op vordering van de hoofdgerechtigde aan deze het beheer toekennen of het vruchtgebruik onder bewind stellen.
2. De rechtbank kan hangende het geding het vruchtgebruik bij voorraad onder bewind stellen.
3. De rechtbank kan voor het bewind of beheer zodanige voorschriften geven als zij dienstig acht. Op het bewind zijn voor het overige de artikelen 154, 157 tot en met 166, 168, 170, 172, 173, 174 en 177 lid 1 van Boek 4 van overeenkomstige toepassing, met dien verstande dat de kantonrechter de in artikel 159 van Boek 4 bedoelde beloning ook op grond van bijzondere omstandigheden anders kan regelen, alsmede dat hij de in artikel 160 van Boek 4 bedoelde zekerheidstelling te allen tijde kan bevelen. Het bewind kan door een gezamenlijk besluit van de vruchtgebruiker en de hoofdgerechtigde of op verzoek van een hunner door de rechtbank worden opgeheven.

Tekortschieten van vruchtgebruiker

(Zie ook: art. 74 BW Boek 3)

Art. 222
1. Wanneer een nalatenschap, onderneming of soortgelijke algemeenheid in vruchtgebruik is gegeven, kan de hoofdgerechtigde van de vruchtgebruiker verlangen dat de tot die algemeenheid behorende schulden uit de tot het vruchtgebruik behorende goederen worden voldaan of, voor zover de hoofdgerechtigde deze schulden uit eigen middelen heeft voldaan, dat hem het betaalde, vermeerderd met rente van de dag der betaling af, uit het vruchtgebruik wordt teruggegeven. Voldoet de vruchtgebruiker een schuld uit eigen vermogen, dan behoeft de hoofdgerechtigde hem het voorgeschotene eerst bij het einde van het vruchtgebruik terug te geven.
2. Het in het voorgaande lid bepaalde vindt overeenkomstige toepassing, wanneer het vruchtgebruik is gevestigd op bepaalde goederen en daarop buitengewone lasten drukken.

Voldoening van schulden van vruchtgebruiker

Art. 223
Een vruchtgebruiker kan zijn recht overdragen of bezwaren zonder dat daardoor de duur van het recht gewijzigd wordt. Naast de verkrijger is de oorspronkelijke vruchtgebruiker hoofdelijk voor alle uit het vruchtgebruik voortspruitende verplichtingen jegens de hoofdgerechtigde aansprakelijk. Is aan de oorspronkelijke vruchtgebruiker bij de vestiging van het vruchtgebruik een grotere bevoegdheid tot vervreemding, verbruik of vertering gegeven dan de wet aan de vruchtgebruiker toekent, dan komt die ruimere bevoegdheid niet aan de latere verkrijgers van het vruchtgebruik toe.

Overdracht of bezwaren vruchtgebruik

(Zie ook: artt. 98, 236, 260 BW Boek 3; art. 6 BW Boek 6)

Art. 224
Indien een vruchtgebruiker uit hoofde van de aan het vruchtgebruik verbonden lasten en verplichtingen of zijn kosten afstand van zijn recht wil doen, is de hoofdgerechtigde gehouden hieraan mede te werken.

Afstand van vruchtgebruik

(Zie ook: artt. 81, 84, 98, 122, 300 BW Boek 3; art. 208 BW Boek 6)

Art. 225
Na het eindigen van het vruchtgebruik rust op de vruchtgebruiker of zijn rechtverkrijgenden de verplichting de goederen ter beschikking van de hoofdgerechtigde te stellen.

Einde bij vruchtgebruik

(Zie ook: artt. 81, 253, 273, 282 BW Boek 3)

Art. 226
1. Op een recht van gebruik en een recht van bewoning vinden de regels betreffende vruchtgebruik overeenkomstige toepassing, behoudens de navolgende bepalingen.
2. Indien enkel het recht van gebruik is verleend, heeft de rechthebbende de bevoegdheid de aan zijn recht onderworpen zaken te gebruiken en er de vruchten van te genieten, die hij voor zich en zijn gezin behoeft.
3. Indien enkel het recht van bewoning is verleend, heeft de rechthebbende de bevoegdheid de aan zijn recht onderworpen woning met zijn gezin te bewonen.
4. Hij die een der in dit artikel omschreven rechten heeft, kan zijn recht niet vervreemden of bezwaren, noch de zaak door een ander laten gebruiken of de woning door een ander laten bewonen.

Schakelbepaling

Gebruik bij vruchtgebruik

Bewoning bij vruchtgebruik

(Zie ook: artt. 83, 98 BW Boek 3; art. 123 BW Boek 5; art. 41 OW)

Titel 9
Rechten van pand en hypotheek

Afdeling 1
Algemene bepalingen

Art. 227

Pand- en hypotheekrecht

1. Het recht van pand en het recht van hypotheek zijn beperkte rechten, strekkende om op de daaraan onderworpen goederen een vordering tot voldoening van een geldsom bij voorrang boven andere schuldeisers te verhalen. Is het recht op een registergoed gevestigd, dan is het een recht van hypotheek; is het recht op een ander goed gevestigd, dan is het een recht van pand.
2. Een recht van pand of hypotheek op een zaak strekt zich uit over al hetgeen de eigendom van de zaak omvat.
(Zie ook: artt. 4, 7, 8, 10, 236, 254, 266, 276 BW Boek 3; artt. 3, 14, 20 BW Boek 5; artt. 461a, 544 Rv; artt. 57, 230 FW)

Art. 228

Vestigingsmogelijkheden bij pand- en hypotheekrecht

Op alle goederen die voor overdracht vatbaar zijn, kan een recht van pand hetzij van hypotheek worden gevestigd.
(Zie ook: artt. 81, 83, 97 BW Boek 3)

Art. 229

Zaaksvervanging bij pand- en hypotheekrecht

1. Het recht van pand of hypotheek brengt van rechtswege mee een recht van pand op alle vorderingen tot vergoeding die in de plaats van het verbonden goed treden, waaronder begrepen vorderingen ter zake van waardevermindering van het goed.

Rangorde bij pand- en hypotheekrecht

2. Dit pandrecht gaat boven ieder op de vordering gevestigd ander pandrecht.
(Zie ook: artt. 246, 283 BW Boek 3; artt. 74, 87, 95, 162 BW Boek 6; artt. 455a, 507a Rv)

Art. 230

Ondeelbaarheid bij pand- en hypotheekrecht

Een recht van pand of hypotheek is ondeelbaar, zelfs dan wanneer de verbintenis waarvoor het recht is gevestigd, twee of meer schuldeisers of schuldenaars heeft en de verbintenis tussen hen wordt verdeeld.
(Zie ook: artt. 6, 15 BW Boek 6; art. 43 OW)

Art. 231

Bestaande en toekomstige vorderingen bij pand- en hypotheekrecht

1. Een recht van pand of hypotheek kan zowel voor een bestaande als voor een toekomstige vordering worden gevestigd. De vordering kan op naam, aan order of aan toonder luiden. Zij kan zowel een vordering op de pand- of hypotheekgever zelf als een vordering op een ander zijn.
2. De vordering waarvoor pand of hypotheek wordt gegeven, moet voldoende bepaalbaar zijn.
(Zie ook: artt. 7, 82, 260 BW Boek 3; artt. 142, 227 BW Boek 6; art. 483e Rv)

Art. 233

Aansprakelijkheid pand- of hypotheekgever die geen schuldenaar is

1. De pand- of hypotheekgever die niet tevens de schuldenaar is, is aansprakelijk voor waardevermindering van het goed, voor zover de waarborg van de schuldeiser daardoor in gevaar wordt gebracht en daarvan aan de pand- of hypotheekgever of aan een persoon waarvoor deze aansprakelijk is, een verwijt kan worden gemaakt.
2. Door hem ten behoeve van het goed anders dan tot onderhoud daarvan gemaakte kosten kan hij van de pand- of hypotheekhouder terugvorderen, doch slechts indien deze zich op het goed heeft verhaald en voor zover genoemde kosten tot een hogere opbrengst van het goed te diens bate hebben geleid.
(Zie ook: artt. 169, 265 BW Boek 3)

Art. 234

Pand-/hypotheekrecht, verkoop goederen schuldenaar

1. Indien voor een zelfde vordering zowel goederen van de schuldenaar als van een derde zijn verpand of verhypothekeerd, kan de derde, wanneer de schuldeiser tot executie overgaat, verlangen dat die van de schuldenaar mede in de verkoop worden begrepen en het eerst worden verkocht.
2. Zijn voor een zelfde vordering twee of meer goederen verpand of verhypothekeerd en rust op een daarvan een beperkt recht dat de schuldeiser bij de executie niet behoeft te eerbiedigen, dan heeft de beperkt gerechtigde een overeenkomstige bevoegdheid als in het eerste lid is vermeld.
3. Indien de schuldeiser weigert aan een op lid 1 of lid 2 gegrond verlangen te voldoen, kan de voorzieningenrechter van de rechtbank op verzoek van de meest gerede partij of, in geval van een hypotheek, van de notaris ten overstaan van wie de verkoop zal geschieden, op deze weigering beslissen. Het verzoek schorst de executie. Tegen een beschikking krachtens dit lid is geen hogere voorziening toegelaten.
(Zie ook: artt. 248, 268, 270, 282 BW Boek 3)

Art. 235
Elk beding waarbij de pand- of hypotheekhouder de bevoegdheid wordt gegeven zich het verbonden goed toe te eigenen, is nietig.
(Zie ook: art. 268 BW Boek 3)

Verbod op toe-eigening bij pand- en hypotheekrecht

Afdeling 2
Pandrecht

Art. 236
1. Pandrecht op een roerende zaak, op een recht aan toonder of order, of op het vruchtgebruik van een zodanige zaak of recht, wordt gevestigd door de zaak of het toonder- of orderpapier te brengen in de macht van de pandhouder of van een derde omtrent wie partijen zijn overeengekomen. De vestiging van een pandrecht op een recht aan order of op het vruchtgebruik daarvan vereist tevens endossement.
2. Op andere goederen wordt pandrecht gevestigd op overeenkomstige wijze als voor de levering van het te verpanden goed is bepaald.
(Zie ook: artt. 86, 196, 83, 94, 98 BW Boek 2; art. 1576f BW Boek 7A; art. 416 BW Boek 8; artt. 110, 176 WvK; art. 40 ROW)

Pandrecht vestigen

Art. 237
1. Pandrecht op een roerende zaak, op een recht aan toonder, of op het vruchtgebruik van een zodanige zaak of recht, kan ook worden gevestigd bij authentieke of geregistreerde onderhandse akte, zonder dat de zaak of het toonderpapier wordt gebracht in de macht van de pandhouder of van een derde.
(Zie ook: artt. 16, 84, 97, 98, 284 BW Boek 3)
2. De pandgever is verplicht in de akte te verklaren dat hij tot het verpanden van het goed bevoegd is alsmede hetzij dat op het goed geen beperkte rechten rusten, hetzij welke rechten daarop rusten.
(Zie ook: artt. 8, 84, 97 BW Boek 3; artt. 25, 227, 326 WvSr)
3. Wanneer de pandgever of de schuldenaar in zijn verplichtingen jegens de pandhouder tekortschiet of hem goede grond geeft te vrezen dat in die verplichtingen zal worden tekortgeschoten, is deze bevoegd te vorderen dat de zaak of het toonderpapier in zijn macht of in die van een derde wordt gebracht. Rusten op het goed meer pandrechten, dan kan iedere pandhouder jegens wie de pandgever of de schuldenaar tekortschiet, deze bevoegdheid uitoefenen, met dien verstande dat een andere dan de hoogst gerangschikte slechts afgifte kan vorderen aan een tussen de gezamenlijke pandhouders overeengekomen of door de rechter aan te wijzen pandhouder of derde.
(Zie ook: artt. 221, 267 BW Boek 3; art. 74 BW Boek 6; artt. 496, 709 Rv)
4. Wanneer de pandgever of de schuldenaar in zijn verplichtingen jegens de pandhouder die een bij voorbaat gevestigd pandrecht op te velde staande vruchten of beplantingen heeft, tekortschiet, kan de kantonrechter de pandhouder op diens verzoek machtigen zelf de te velde staande vruchten of beplantingen in te oogsten. Is de pandgever eigenaar van de grond of ontleent hij zijn recht op de vruchten of beplantingen aan een beperkt recht op de grond, dan kan de beschikking waarbij het verzoek wordt toegewezen, worden ingeschreven in de openbare registers.
(Zie ook: artt. 16, 17, 23, 45, 266 BW Boek 3; art. 17 BW Boek 5; artt. 494, 507, 709 Rv; art. 35 FW)
5. Tegen een beschikking krachtens het vorige lid is geen hogere voorziening toegelaten.
(Zie ook: artt. 97, 84 BW Boek 3)

Bezitloos pandrecht vestigen

Tekortschieten in verplichtingen door pandgever

Art. 238
1. Ondanks onbevoegdheid van de pandgever is de vestiging van een pandrecht op een roerende zaak, op een recht aan toonder of order of op het vruchtgebruik van een zodanige zaak of recht geldig, indien de pandhouder te goeder trouw is op het tijdstip waarop de zaak of het toonder- of geëndosseerde orderpapier in zijn macht of in die van een derde is gebracht.
2. Rust op een in lid 1 genoemd goed een beperkt recht dat de pandhouder op het in dat lid bedoelde tijdstip kent noch behoort te kennen, dan gaat het pandrecht in rang boven dit beperkte recht.
3. Wordt het pandrecht gevestigd op een roerende zaak waarvan de eigenaar het bezit door diefstal heeft verloren, of op een recht aan toonder op een zodanige zaak, dan zijn lid 3, aanhef en onder b, en lid 4 van artikel 86 van overeenkomstige toepassing.
4. Dit artikel kan niet worden tegengeworpen aan degene die de zaak opeist, indien volgens artikel 86a, leden 1 en 2 of artikel 86b lid 1, of volgens artikel 6.15 van de Erfgoedwet ook artikel 86 niet aan hem tegengeworpen zou kunnen worden.
(Zie ook: artt. 8, 11, 86, 90, 111 BW Boek 3; art. 35 FW)

Pandrecht, bescherming tegen beschikkingsonbevoegde pandgever

Pandrecht, rangorde

Schakelbepaling

Art. 239
1. Pandrecht op een tegen een of meer bepaalde personen uit te oefenen recht dat niet aan toonder of order luidt, of op het vruchtgebruik van een zodanig recht kan ook worden gevestigd

Stil pandrecht vestigen

Schakelbepaling

bij authentieke of geregistreerde onderhandse akte, zonder mededeling daarvan aan die personen, mits dit recht op het tijdstip van de vestiging van het pandrecht reeds bestaat of rechtstreeks zal worden verkregen uit een dan reeds bestaande rechtsverhouding.
2. Het tweede lid van artikel 237 is van overeenkomstige toepassing.
3. Wanneer de pandgever of de schuldenaar in zijn verplichtingen jegens de pandhouder tekortschiet of hem goede grond geeft te vrezen dat in die verplichtingen zal worden tekortgeschoten, is deze bevoegd van de verpanding mededeling te doen aan de in het eerste lid genoemde personen. Pandhouder en pandgever kunnen overeenkomen dat deze bevoegdheid op een ander tijdstip ingaat.
4. Artikel 88 geldt slechts voor de pandhouder wiens recht overeenkomstig lid 1 is gevestigd, indien hij te goeder trouw is op het tijdstip van de in lid 3 bedoelde mededeling.
(Zie ook: artt. 86, 84, 97, 196, 210 BW Boek 3; art. 74 BW Boek 6; art. 86 Overgangswet NBW; art. 475 Rv; art. 35 FW)

Art. 240

Pandrecht vestigen op aandeel in goed

Pandrecht op een aandeel in een goed wordt gevestigd op overeenkomstige wijze en met overeenkomstige gevolgen als voorgeschreven ten aanzien van de vestiging van pandrecht op dat goed.
(Zie ook: artt. 96, 166, 175 BW Boek 3)

Art. 241

Schriftelijke verklaring aard en bedrag vordering bij pandrecht

De pandhouder is verplicht desgevorderd aan de pandgever een schriftelijke verklaring af te geven van de aard en, voor zover mogelijk, het bedrag van de vordering waarvoor het verpande tot zekerheid strekt.
(Zie ook: artt. 237, 290 BW Boek 3)

Art. 242

Verbod op herverpanden

Een pandhouder is niet bevoegd het goed dat hij in pand heeft, te herverpanden, tenzij deze bevoegdheid hem ondubbelzinnig is toegekend.

Art. 243

Zorgplicht pandhouder

1. Hij die uit hoofde van een pandrecht een zaak onder zich heeft, moet als een goed pandhouder voor de zaak zorgdragen.
2. Door een pandhouder betaalde kosten tot behoud en tot onderhoud, met inbegrip van door hem betaalde aan het goed verbonden lasten, moeten hem door de pandgever worden terugbetaald; het pandrecht strekt mede tot zekerheid daarvoor. Andere door hem ten behoeve van het pand gemaakte kosten kan hij van de pandgever slechts terugvorderen, indien hij ze met diens toestemming heeft gemaakt, onverminderd diens aansprakelijkheid uit zaakwaarneming of ongerechtvaardigde verrijking.
(Zie ook: art. 120 BW Boek 3; artt. 27, 198, 212 BW Boek 6)

Art. 244

Rente gedurende drie jaar bij pandrecht

Tenzij anders is bedongen, strekt een pandrecht tot zekerheid van een of meer bepaalde vorderingen tevens tot zekerheid voor drie jaren rente die over deze vorderingen krachtens overeenkomst of wet verschuldigd is.
(Zie ook: art. 263 BW Boek 3)

Art. 245

Bevoegdheid tot instellen rechtsvorderingen bij pandrecht

Tot het instellen van rechtsvorderingen tegen derden ter bescherming van het verpande goed is zowel de pandhouder als de pandgever bevoegd, mits hij zorg draagt dat de ander tijdig in het geding wordt geroepen.
(Zie ook: artt. 124, 218 BW Boek 3; art. 95 BW Boek 5)

Art. 246

Inning vordering bij pandrecht

1. Rust het pandrecht op een vordering, dan is de pandhouder bevoegd in en buiten rechte nakoming daarvan te eisen en betalingen in ontvangst te nemen. Deze bevoegdheden blijven bij de pandgever, zolang het pandrecht niet aan de schuldenaar van de vordering is medegedeeld.
2. Degene aan wie de in lid 1 bedoelde bevoegdheden toekomen, is tevens bevoegd tot opzegging, wanneer de vordering niet opeisbaar is, maar door opzegging opeisbaar gemaakt kan worden. Hij is jegens de ander gehouden niet nodeloos van deze bevoegdheid gebruik te maken.
3. Rust op de vordering meer dan één pandrecht, dan komen de in de vorige leden aan de pandhouder toegekende bevoegdheden alleen aan de hoogst gerangschikte pandhouder toe.
4. Na mededeling van de verpanding aan de schuldenaar kan de pandgever deze bevoegdheden slechts uitoefenen, indien hij daartoe toestemming van de pandhouder of machtiging van de kantonrechter heeft verkregen.
5. Bij inning van een verpande vordering door de pandhouder of met machtiging van de kantonrechter door de pandgever komen de pandrechten waarmee de vordering bezwaard was, op het geïnde te rusten.
(Zie ook: artt. 210, 213 BW Boek 3; artt. 34, 130 BW Boek 6; art. 490b Rv; art. 118 WvK)

Art. 247
Buiten de gevallen, geregeld in de artikelen 89 en 198 van Boek 2, blijft de uitoefening van stemrecht, verbonden aan een goed waarop een pandrecht rust, de pandgever toekomen, tenzij anders is bedongen.
(Zie ook: art. 219 bk 3 BW; art. 474ba Rv)

Stemrecht bij pandrecht

Art. 248
1. Wanneer de schuldenaar in verzuim is met de voldoening van hetgeen waarvoor het pand tot waarborg strekt, is de pandhouder bevoegd het verpande goed te verkopen en het hem verschuldigde op de opbrengst te verhalen.
2. Partijen kunnen bedingen dat eerst tot verkoop kan worden overgegaan, nadat de rechter op vordering van de pandhouder heeft vastgesteld dat de schuldenaar in verzuim is.
3. Een lager gerangschikte pandhouder of beslaglegger kan het verpande goed slechts verkopen met handhaving van de hoger gerangschikte pandrechten.
(Zie ook: artt. 2, 268 BW Boek 3; art. 81 BW Boek 6; artt. 57, 63a FW)

Parate executie bij pandrecht

Art. 249
1. Tenzij anders is bedongen, is een pandhouder die tot verkoop wil overgaan verplicht, voor zover hem dit redelijkerwijze mogelijk is, ten minste drie dagen tevoren de voorgenomen verkoop met vermelding van plaats en tijd op bij algemene maatregel van bestuur te bepalen wijze mede te delen aan de schuldenaar en de pandgever, alsmede aan hen die op het goed een beperkt recht hebben of daarop beslag hebben gelegd.
2. De aanzegging moet zo nauwkeurig mogelijk de som aangeven, waarvoor het pand kan worden gelost. Lossing kan tot op het tijdstip van de verkoop plaatsvinden, mits ook de reeds gemaakte kosten van executie worden voldaan.
(Zie ook: artt. 8, 37, 269, 282 BW Boek 3; artt. 30, 73, 150 BW Boek 6; Besl.art. 249 BW Boek 3)

Voorgenomen verkoop bij pandrecht

Art. 250
1. De verkoop geschiedt in het openbaar naar de plaatselijke gewoonten en op de gebruikelijke voorwaarden.
2. Bestaat het goed uit goederen die op een markt of beurs verhandelbaar zijn, dan kan de verkoop geschieden op een markt door tussenkomst van een tussenpersoon in het vak of ter beurze door die van een bevoegde tussenpersoon overeenkomstig de regels en gebruiken die aldaar voor een gewone verkoop gelden.
3. De pandhouder is bevoegd mede te bieden.
(Zie ook: art. 110 Overgangswet NBW; art. 463 Rv; art. 42 ROW)

Openbare verkoop bij pandrecht

Art. 251
1. Tenzij anders is bedongen, kan de voorzieningenrechter van de rechtbank op verzoek van de pandhouder of de pandgever bepalen dat het pand zal worden verkocht op een van het vorige artikel afwijkende wijze, of op verzoek van de pandhouder bepalen dat het pand voor een door de voorzieningenrechter van de rechtbank vast te stellen bedrag aan de pandhouder als koper zal verblijven.
2. Nadat de pandhouder bevoegd is geworden tot verkoop over te gaan, kunnen pandhouder en pandgever een van het vorige artikel afwijkende wijze van verkoop overeenkomen. Rust op het verpande goed een beperkt recht of een beslag, dan is daartoe tevens de medewerking van de beperkt gerechtigde of de beslaglegger vereist.
(Zie ook: artt. 8, 282 BW Boek 3)

Verkoop op afwijkende wijze bij pandrecht

Art. 252
Tenzij anders is bedongen, is de pandhouder verplicht, voor zover hem dit redelijkerwijze mogelijk is, uiterlijk op de dag volgende op die van de verkoop daarvan op bij algemene maatregel van bestuur te bepalen wijze kennis te geven aan de schuldenaar en de pandgever, alsmede aan hen die op het goed een beperkt recht hebben of daarop beslag hebben gelegd.
(Zie ook: art. 523 Rv; Besl.art. 249 BW Boek 3)

Mededeling van geschiede verkoop bij pandrecht

Art. 253
1. De pandhouder houdt, na voldoening van de kosten van executie, van de netto-opbrengst af het aan hem verschuldigde bedrag waarvoor hij pandrecht heeft. Het overschot wordt aan de pandgever uitgekeerd. Zijn er pandhouders of andere beperkt gerechtigden, wier recht op het goed door de executie is vervallen, of hebben schuldeisers op het goed of op de opbrengst beslag gelegd, dan handelt de pandhouder overeenkomstig het bepaalde in artikel 490b van het Wetboek van Burgerlijke Rechtsvordering.
2. De pandhouder kan de door hem aan de voormelde belanghebbenden uit te keren bedragen niet voldoen door verrekening, tenzij het een uitkering aan de pandgever betreft en deze uitkering niet plaats vindt gedurende diens faillissement, surséance, de toepassing ten aanzien van hem van de schuldsaneringsregeling natuurlijke personen of de vereffening van zijn nalatenschap. Is ten aanzien van de pandgever de schuldsaneringsregeling natuurlijke personen van toepassing, dan kan niettemin een uitkering aan de pandgever door verrekening worden voldaan indien

Verdeling opbrengst bij pandrecht

het pandrecht is gevestigd na de uitspraak tot de toepassing van de schuldsaneringsregeling en zowel de vordering als de schuld na die uitspraak zijn ontstaan.
(Zie ook: artt. 8, 270, 277, 282 BW Boek 3; art. 127 BW Boek 6; art. 481 Rv; artt. 53, 57 FW)

Art. 254

Roerende zaken die onroerende zaken dienen bij pandrecht

1. Wanneer op roerende zaken die volgens verkeersopvatting bestemd zijn om een bepaalde onroerende zaak duurzaam te dienen en door hun vorm als zodanig zijn te herkennen, of op machinerieën of werktuigen die bestemd zijn om daarmede een bedrijf in een bepaalde hiertoe ingerichte fabriek of werkplaats uit te oefenen, overeenkomstig artikel 237 een pandrecht is gevestigd voor een vordering waarvoor ook hypotheek gevestigd is op die onroerende zaak, fabriek of werkplaats of op een daarop rustend beperkt recht, kan worden bedongen, dat de schuldeiser bevoegd is de verpande en verhypothekeerde goederen tezamen volgens de voor hypotheek geldende regels te executeren.

Schakelbepaling

2. Executeert de schuldeiser overeenkomstig het beding, dan zijn de artikelen 268-273 op het pandrecht van overeenkomstige toepassing en is de toepasselijkheid van de artikelen 248-253 uitgesloten.

3. Het beding kan, onder vermelding van de pandrechten waarop het betrekking heeft, worden ingeschreven in de registers waarin de hypotheek is ingeschreven.
(Zie ook: artt. 17, 234, 260 BW Boek 3; art. 553 Rv)

Art. 255

Pandrecht op geld

1. Bestaat het pand uit geld dan is de pandhouder, zodra zijn vordering opeisbaar is geworden, zonder voorafgaande aanzegging bevoegd zich uit het pand te voldoen overeenkomstig artikel 253. Hij is daartoe verplicht, indien de pandgever zulks vordert en deze bevoegd is de vordering in de verpande valuta te voldoen.

Schakelbepaling

2. Artikel 252 vindt overeenkomstige toepassing.
(Zie ook: art. 121 BW Boek 6)

Art. 256

Tenietgaan pandrecht

Wanneer een pandrecht is tenietgegaan, is de pandhouder verplicht te verrichten hetgeen zijnerzijds nodig is opdat de pandgever de hem toekomende feitelijke macht over het goed herkrijgt, en desverlangd aan de pandgever een schriftelijk bewijs te verstrekken dat het pandrecht geëindigd is. Is de vordering waarvoor het pandrecht tot zekerheid strekte met een beperkt recht bezwaard, dan rust een overeenkomstige verplichting op de beperkt gerechtigde.
(Zie ook: artt. 8, 81, 82, 274, 323 BW Boek 3; artt. 48, 139, 151, 157 BW Boek 6; artt. 491, 730 Rv)

Art. 257

Ernstige tekortkoming bij pandrecht

Indien degene die uit hoofde van een pandrecht een zaak onder zich heeft, in ernstige mate in de zorg voor de zaak tekortschiet, kan de rechtbank op vordering van de pandgever of een pandhouder bevelen dat de zaak aan een van hen wordt afgegeven of in gerechtelijke bewaring van een derde wordt gesteld.
(Zie ook: artt. 221, 267 BW Boek 3; art. 709 Rv)

Art. 258

Einde van pandrecht

1. Wanneer een in pand gegeven goed als bedoeld in artikel 236 lid 1 in de macht van de pandgever komt, eindigt het pandrecht, tenzij het met toepassing van artikel 237 lid 1 werd gevestigd.

Afstand van pandrecht

2. Afstand van een pandrecht kan geschieden bij enkele overeenkomst, mits van de toestemming van de pandhouder uit een schriftelijke of elektronische verklaring blijkt. Indien van de toestemming uit een elektronische verklaring blijkt, is artikel 227a lid 1 van Boek 6 van overeenkomstige toepassing.
(Zie ook: artt. 81, 267 BW Boek 3)

Afdeling 3
Pandrecht van certificaathouders

Art. 259

Certificaathouders bij pandrecht

1. Wanneer iemand door het uitgeven van certificaten derden doet delen in de opbrengst van door hem op eigen naam verkregen aandelen of schuldvorderingen, hebben de certificaathouders een vordering tot uitkering van het hun toegezegde tegen de uitgever van de certificaten.

2. Zijn de oorspronkelijke aandelen of schuldvorderingen op naam gesteld en de certificaten uitgegeven met medewerking van de uitgever van de oorspronkelijke aandelen of schuldvorderingen of is er bij de statuten vergaderrecht verbonden aan de certificaten van aandelen, dan verkrijgen de certificaathouders tevens gezamenlijk een pandrecht op die aandelen of schuldvorderingen. Zijn de certificaten uitgegeven voor schuldvorderingen op naam zonder medewerking van de schuldenaar, dan verkrijgen de certificaathouders een zodanig pandrecht door mededeling van de uitgifte aan de schuldenaar. Zijn de certificaten uitgegeven voor aandelen of schuldvorderingen aan toonder, dan verkrijgen de certificaathouders een zodanig pandrecht, zonder dat het papier in de macht van de certificaathouders of een derde behoeft te worden gebracht.

3. Dit pandrecht geeft aan de certificaathouders alleen de bevoegdheid in geval van niet-uitbetaling van het hun verschuldigde met inachtneming van de volgende regels het pand geheel of gedeeltelijk te doen verkopen en zich uit de opbrengst te voldoen. Een certificaathouder die hiertoe wenst over te gaan, wendt zich tot de voorzieningenrechter van de rechtbank van het arrondissement waarin de woonplaats van degene die de certificaten heeft uitgegeven, is gelegen met verzoek een bewindvoerder over het pand te benoemen, die voor de verkoop en de verdeling van de opbrengst zorg draagt. Indien niet alle certificaathouders met de verkoop instemmen, wordt slechts een deel van het pand dat overeenkomt met het recht van de andere certificaathouders verkocht; de rechten van deze laatsten gaan door de verdeling van de opbrengst onder hen teniet. De voorzieningenrechter kan op verlangen van elke certificaathouder of ambtshalve maatregelen bevelen in het belang van de verdeling van de certificaathouders die niet met de verkoop hebben ingestemd, en bepalen dat de verkoop door hem moet worden goedgekeurd, wil zij geldig zijn.
(Zie ook: artt. 37, 267 BW Boek 3)

Afdeling 4
Recht van hypotheek

Art. 260
1. Hypotheek wordt gevestigd door een tussen partijen opgemaakte notariële akte waarbij de hypotheekgever aan de hypotheekhouder hypotheek op een registergoed verleent, gevolgd door haar inschrijving in de daartoe bestemde openbare registers. De akte moet een aanduiding bevatten van de vordering waarvoor de hypotheek tot zekerheid strekt, of van de feiten aan de hand waarvan die vordering zal kunnen worden bepaald. Tevens moet het bedrag worden vermeld waarvoor de hypotheek wordt verleend of, wanneer dit bedrag nog niet vaststaat, het maximumbedrag dat uit hoofde van de hypotheek op het goed kan worden verhaald. De hypotheekhouder moet in de akte woonplaats kiezen in Nederland.
(Zie ook: artt. 10, 25 BW Boek 1; artt. 10, 16, 17, 21, 89, 97, 231 BW Boek 3; art. 508 Rv; artt. 18, 24, 47, 48 Kadw; art. 35 FW) — **Hypotheek vestigen**
2. Tenzij anders is bedongen, komen de kosten van verlening en vestiging ten laste van de schuldenaar.
3. Bij de in het eerste lid bedoelde akte kan iemand slechts krachtens een bij authentieke akte verleende volmacht als gevolmachtigde voor de hypotheekgever optreden.
(Zie ook: artt. 60, 61, 89 BW Boek 3)
4. Voor het overige vinden de algemene voorschriften die voor vestiging van beperkte rechten op registergoederen gegeven zijn, ook op de vestiging van een hypotheek toepassing. — **Schakelbepaling**
(Zie ook: artt. 16, 83, 98 BW Boek 3)

Art. 261
1. Is bij een koopovereenkomst hypotheek op het verkochte goed tot waarborg van onbetaalde kooppenningen bedongen en is dit beding in de leveringsakte vermeld, dan heeft deze hypotheek, mits de akte waarbij zij werd verleend tegelijk met de leveringsakte wordt ingeschreven, voorrang boven alle andere aan de koper ontleende rechten, ten aanzien waarvan tegelijk een inschrijving plaatsvond. — **Voorrang van hypotheekrecht voor onbetaalde kooppenningen**
2. Lid 1 vindt overeenkomstig toepassing op een bij een verdeling bedongen hypotheek op een toegedeeld goed tot waarborg van hetgeen hij aan wie het goed is toegedeeld, aan de andere deelgenoten ten gevolge van de verdeling schuldig is of mocht worden. — **Schakelbepaling**
(Zie ook: artt. 21, 177, 182, 262 BW Boek 3; art. 113 Overgangswet NBW)

Art. 262
1. Bij een notariële akte die in de registers wordt ingeschreven, kan worden bepaald dat een hypotheek ten aanzien van een of meer hypotheken op hetzelfde goed een hogere rang heeft dan haar volgens het tijdstip van haar inschrijving toekomt, mits uit de akte blijkt dat de gerechtigden tot die andere hypotheek of hypotheken daarin toestemmen. — **Afwijkende rangorde bij hypotheekrecht**
2. Met overeenkomstige toepassing van het eerste lid kan ook worden bepaald dat een hypotheek en een ander beperkt recht ten aanzien van elkaar worden geacht in andere volgorde te zijn ontstaan dan is geschied. — **Schakelbepaling**
(Zie ook: artt. 19, 21, 261 BW Boek 3)

Art. 263
1. Tenzij in de hypotheekakte anders is bepaald, strekt een hypotheek tot zekerheid van een of meer bepaalde vorderingen tevens tot zekerheid voor drie jaren rente die daarover krachtens de wet verschuldigd is. — **Rente gedurende drie jaar bij hypotheekrecht**
2. Een beding dat een hypotheek tot zekerheid van een of meer bepaalde vorderingen tevens strekt tot zekerheid van rente over een langer tijdvak dan drie jaren zonder vermelding van een maximumbedrag, is nietig.
(Zie ook: art. 244 BW Boek 3; artt. 119, 120 BW Boek 6; art. 114 Overgangswet NBW; art. 128 FW)

Art. 264

Huur- of pachtbeding bij hypotheekrecht

1. Indien de hypotheekakte een uitdrukkelijk beding bevat waarbij de hypotheekgever in zijn bevoegdheid is beperkt, hetzij om het bezwaarde goed buiten toestemming van de hypotheekhouder te verhuren of te verpachten, hetzij ten aanzien van de wijze waarop of van de tijd gedurende welke het goed zal kunnen worden verhuurd of verpacht, hetzij ten aanzien van de vooruitbetaling van huur- of pachtpenningen, hetzij om het recht op de huur- of pachtpenningen te vervreemden of te verpanden, kan dit beding niet alleen tegen latere verkrijgers van het bezwaarde goed, maar ook tegen de huurder of pachter en tegen degene aan wie het recht op de huur- of pachtpenningen werd vervreemd of verpand, worden ingeroepen, zulks zowel door de hypotheekhouder, als na de uitwinning van het bezwaarde goed door de koper, dit laatste echter alleen voor zover deze bevoegdheid op het tijdstip van de verkoop nog aan de hypotheekhouder toekwam en deze de uitoefening daarvan blijkens de verkoopvoorwaarden aan de koper overlaat. De hypotheekhouder roept het huurbeding in voorafgaand aan de openbare verkoop van een tot bewoning bestemde onroerende zaak, een aandeel daarin of een beperkt recht daarop, tenzij er gegronde redenen zijn om aan te nemen dat:
   a. de instandhouding van de huurovereenkomst in het belang is van de opbrengst bij de openbare verkoop; of
   b. ook met instandhouding van de huurovereenkomst kennelijk een voldoende opbrengst zal worden verkregen om alle hypotheekhouders die het beding hebben gemaakt en dit jegens de huurder kunnen inroepen, te voldoen; of
   c. er geen personen krachtens huurovereenkomst gebruik kunnen maken van het bezwaarde goed op het moment van bekendmaking van de executoriale verkoop, bedoeld in artikel 516 van het Wetboek van Burgerlijke Rechtsvordering.

Exploot van aanzegging of overneming bij hypotheekrecht

2. De inroeping kan niet geschieden, voordat het in artikel 544 van het Wetboek van Burgerlijke Rechtsvordering bedoelde exploit van aanzegging of overneming is uitgebracht. De bepalingen betreffende vernietigbaarheid zijn van toepassing met dien verstande dat de termijn van artikel 52 lid 1 loopt vanaf de voormelde aanzegging of overneming en dat een in strijd met het beding gekomen rechtshandeling slechts wordt vernietigd ten behoeve van degene die het inroept, en niet verder dan met diens recht in overeenstemming is.

Pachtbeding m.b.t. hoeven of los zand bij hypotheekrecht

3. Indien het beding is gemaakt met betrekking tot hoeven of los land, heeft het slechts werking voor zover het niet in strijd is met enig dwingend wettelijk voorschrift omtrent pacht. Zodanig beding heeft geen werking, voor zover de grondkamer een bindend aan de pachtovereenkomst een daarmee strijdige inhoud heeft gegeven, dan wel het beding niet kon worden nageleefd, omdat de grondkamer een wijzigingsovereenkomst die aan het beding beantwoordde, heeft vernietigd. Een beding dat de hypotheekgever verplicht is hoeven voor kortere tijd dan twaalf jaren en los land voor kortere tijd dan zes jaren te verpachten, is nietig.

Pachtbeding m.b.t. woon- of bedrijfsruimte bij hypotheekrecht

4. Indien het beding is gemaakt met betrekking tot huur van woonruimte of huur van bedrijfsruimte, heeft het slechts werking, voor zover het niet in strijd is met enig dwingend wettelijk voorschrift omtrent zodanige huur. Het beding dat de verhuur van woonruimte of bedrijfsruimte uitsluit, kan niet tegen de huurder worden ingeroepen, voor zover de woonruimte of bedrijfsruimte ten tijde van de vestiging van de hypotheek reeds was verhuurd en de nieuwe verhuring niet op ongewone, voor de hypotheekhouder meer bezwarende voorwaarden heeft plaatsgevonden.

Verlof tot ontruiming bij hypotheekrecht

5. Voor zover een beroep op een beding tot gevolg zal hebben dat de huurder van woonruimte, waarop de artikelen 271 tot en met 277 van Boek 7 van toepassing zijn, moet ontruimen, kan het beding slechts worden ingeroepen nadat de voorzieningenrechter van de rechtbank daartoe op verzoek van de hypotheekhouder verlof heeft verleend. Het verlof is niet vereist ten aanzien van een huurovereenkomst met vernietiging waarvan de huurder schriftelijk heeft ingestemd of die is tot stand gekomen na de bekendmaking, bedoeld in artikel 516 van het Wetboek van Burgerlijke Rechtsvordering.

6. De voorzieningenrechter verleent het verlof, tenzij ook met instandhouding van de huurovereenkomst kennelijk een voldoende opbrengst zal worden verkregen om alle hypotheekhouders die het beding hebben gemaakt en dit jegens de huurder kunnen inroepen, te voldoen. Zo hij het verlof verleent, veroordeelt hij tevens de opgeroepen of verschenen huurders en onderhuurders tot ontruiming en stelt hij een termijn vast van ten hoogste zes maanden na de betekening aan de huurder of onderhuurder van zijn beschikking, waarbinnen geen ontruiming mag plaatsvinden. Tegen een beschikking waarbij het verlof wordt verleend, staan geen hogere voorzieningen open.

Vergoeding voor schade vernietiging bij hypotheekrecht

7. Indien het recht van de huurder of pachter door vernietiging krachtens lid 2 verloren gaat, wordt aan hem uit de bij de executie verkregen netto-opbrengst van het goed met voorrang onmiddellijk na hen tegen wie hij het recht niet kon inroepen, een vergoeding uitgekeerd ten bedrage van de schade die hij als gevolg van de vernietiging lijdt. Is de koper bevoegd het beding in te roepen, dan wordt van hetgeen aan de schuldeisers met een lagere rang toekomt, een met de te verwachten schade overeenkomend bedrag gereserveerd, totdat vaststaat dat de koper van zijn bevoegdheid geen gebruik maakt.

art. 3:268

8. Onder de huurder in de zin van dit artikel wordt begrepen degene die ingevolge artikel 266 lid 1 of artikel 267 lid 1 van Boek 7 medehuurder is.
(Zie ook: artt. 13, 23, 41, 45, 49, 55 BW Boek 3; artt. 1623a, 1624 BW Boek 7A; artt. 505, 544, 549, 555 Rv; art. 12 Pw)

<small>Huurder bij hypotheekrecht</small>

Art. 265
Indien de hypotheekakte een uitdrukkelijk beding bevat, volgens hetwelk de hypotheekgever de inrichting of gedaante van het bezwaarde goed niet of niet zonder toestemming van de hypotheekhouder mag veranderen, kan op dit beding geen beroep worden gedaan, wanneer tot de verandering machtiging is verleend aan de huurder door de kantonrechter op grond van de bepalingen betreffende huur of aan de pachter of verpachter door de grondkamer op grond van de bepalingen betreffende pacht.
(Zie ook: art. 1633 BW Boek 7A; art. 30 Pw)

<small>Beding tot niet-verandering bij hypotheekrecht</small>

Art. 266
Is een zaak aan hypotheek onderworpen en heeft de hypotheekgever hieraan na de vestiging van de hypotheek veranderingen of toevoegingen aangebracht zonder dat hij verplicht was deze mede tot onderpand voor de vordering te doen strekken, dan is hij bevoegd deze veranderingen en toevoegingen weg te nemen, mits hij de zaak in de oude toestand terugbrengt en desverlangd voor de tijd dat dit nog niet is geschied, ter zake van de waardevermindering zekerheid stelt. Degene die gerechtigd is tot te velde staande vruchten of beplantingen, is bevoegd deze in te oogsten; kon dit voor de executie niet geschieden dan zijn hij en de koper verplicht zich jegens elkaar te gedragen overeenkomstig de verplichtingen die afgaande en opkomende pachters op grond van de bepalingen betreffende pacht jegens elkaar hebben.
(Zie ook: artt. 4, 9, 123, 124, 227, 237 BW Boek 3; artt. 17, 75, 105 BW Boek 5; art. 51 BW Boek 6; art. 1603 BW Boek 7A; art. 115 Overgangswet NBW; artt. 494, 507, 723 Rv; art. 35 Pw)

<small>Ius tollendi bij hypotheekrecht</small>

Art. 267
1. In de hypotheekakte kan worden bedongen dat de hypotheekhouder bevoegd is om het verhypothekeerde goed in beheer te nemen, indien de hypotheekgever in zijn verplichtingen jegens hem in ernstige mate te kort schiet en de voorzieningenrechter van de rechtbank hem machtiging verleent.
(Zie ook: artt. 221, 237, 257 BW Boek 3; art. 555 Rv)
2. Eveneens kan in de hypotheekakte worden bedongen dat de hypotheekhouder bevoegd is de aan de hypotheek onderworpen zaak onder zich te nemen, indien zulks met het oog op de executie vereist is en de voorzieningenrechter hem machtiging verleent.
3. Zo de voorzieningenrechter de machtiging tot onder zich nemen verleent, veroordeelt hij tevens de hypotheekgever en de zijnen tot ontruiming.
4. De bevoegdheden kunnen tegen eenieder die zich in de zaak bevindt, met uitzondering van de huurder bedoeld in artikel 264 leden 4 en 8, worden ingeroepen.
5. Zonder uitdrukkelijke bedingen mist de hypotheekhouder de in de vorige leden genoemde bevoegdheden.
6. De machtiging, bedoeld in de vorige leden, kan behalve door een advocaat ook door een notaris worden verzocht.

<small>Beding tot in beheer nemen of ontruiming bij hypotheekrecht</small>

Art. 267a
1. De hypotheekgever, alsmede eenieder die een tot bewoning bestemde onroerende zaak gebruikt, is verplicht te dulden dat aan de zaak de gebruikelijke kennisgevingen van het te koop zijn worden aangebracht, en aan belangstellenden gelegenheid te geven tot bezichtiging.
2. De in lid 1 bedoelde verplichtingen gelden vanaf het moment van aanzegging van de executie, als bedoeld in artikel 544 van het Wetboek van Burgerlijke Rechtsvordering.
3. De hypotheekhouder kan in geval van weigering de bezichtiging doen plaatsvinden met toepassing van artikel 550 van het Wetboek van Burgerlijke Rechtsvordering.

<small>Bezichtiging dulden t.b.v. executie</small>

Art. 268
1. Indien de schuldenaar in verzuim is met de voldoening van hetgeen waarvoor hypotheek tot waarborg strekt, is de hypotheekhouder bevoegd het verbonden goed in het openbaar ten overstaan van een bevoegde notaris te doen verkopen.
2. Op verzoek van de hypotheekhouder de hypotheekgever of degene die executoriaal beslag heeft gelegd kan de voorzieningenrechter van de rechtbank bepalen dat de verkoop ondershands zal geschieden bij een overeenkomst die hem bij het verzoek ter goedkeuring wordt voorgelegd. Indien door de hypotheekgever of door een hypotheekhouder, beslaglegger of beperkt gerechtigde, die bij een hogere opbrengst van het goed belang heeft, voor de afloop van de behandeling van het verzoek aan de voorzieningenrechter een gunstiger aanbod wordt voorgelegd, kan deze bepalen dat de verkoop overeenkomstig dit aanbod zal geschieden. Desverzocht veroordeelt de voorzieningenrechter bij de goedkeuring van een verzoek tot onderhandse verkoop tevens de hypotheekgever en de zijnen tot ontruiming van het verhypothekeerde goed tegen een bepaald tijdstip. De ontruiming vindt niet plaats voor het moment van inschrijving, bedoeld in artikel 89 van Boek 3.

<small>Parate executie bij hypotheekrecht</small>

3. Het in lid 2 bedoelde verzoek wordt ingediend door een advocaat of een notaris binnen de in het Wetboek van Burgerlijke Rechtsvordering daarvoor bepaalde termijn. Tegen een beschikking krachtens lid 2 is geen hogere voorziening toegelaten.
4. Een executie als in de vorige leden bedoeld geschiedt met inachtneming van de daarvoor in het Wetboek van Burgerlijke Rechtsvordering voorgeschreven formaliteiten.
5. De hypotheekhouder kan niet op andere wijze zijn verhaal op het verbonden goed uitoefenen. Een daartoe strekkend beding is nietig.
(Zie ook: artt. 234, 248, 251, 254 BW Boek 3; art. 81 BW Boek 6; artt. 508, 544, 548 Rv; artt. 57, 63a, 182 FW)

Art. 269

Lossing bij hypotheekrecht

Tot op het tijdstip van de toewijzing ter veiling of van de goedkeuring door de voorzieningenrechter van de onderhandse verkoop kan de verkoop worden voorkomen door voldoening van hetgeen waarvoor de hypotheek tot waarborg strekt, alsmede van de reeds gemaakte kosten van executie.
(Zie ook: art. 249 bBW Boek 3; artt. 30, 73, 150 BW Boek 6; art. 58 FW)

Art. 270

Voldoen koopprijs aan notaris bij hypotheekrecht

1. De koper is gehouden de koopprijs te voldoen in handen van de notaris, te wiens overstaan de openbare verkoop heeft plaatsgevonden of door wie de akte van overdracht ingevolge de onderhandse verkoop is verleden. De kosten van de executie worden uit de koopprijs voldaan.

Netto-opbrengst en uitkering overschot bij hypotheekrecht

2. Wanneer geen hypotheken van een ander dan de verkoper zijn ingeschreven en geen schuldeiser op het goed of op de koopprijs beslag heeft gelegd of zijn vordering ontleent aan artikel 264 lid 7, en evenmin door de executie een beperkt recht op het goed vervalt of een recht van een huurder of pachter verloren gaat, draagt de notaris aan de verkoper uit de netto-opbrengst van het goed af hetgeen aan deze blijkens een door hem aan de notaris te verstrekken verklaring krachtens zijn door hypotheek verzekerde vordering of vorderingen toekomt; het overschot keert de notaris uit aan hem wiens goed is verkocht.

Storting in consignatiekas bij hypotheekrecht

3. Zijn er meer hypotheekhouders of zijn er schuldeisers of beperkt gerechtigden als in het vorige lid bedoeld, dan stort de notaris de netto-opbrengst onverwijld bij een door hem aangewezen bewaarder die aan de eisen van artikel 445 van het Wetboek van Burgerlijke Rechtsvordering voldoet. Wanneer het goed door de eerste hypotheekhouder is verkocht en deze vóór of op de betaaldag aan de notaris een verklaring heeft overgelegd van hetgeen hem van de opbrengst toekomt krachtens de door de eerste hypotheek verzekerde vordering of andere vorderingen die eveneens door hypotheek zijn verzekerd en in rang onmiddellijk bij de eerste aansluiten, met vermelding van schuldeisers wier vordering boven de zijne rang neemt, blijft de storting nochtans achterwege voor hetgeen aan de verkoper blijkens deze verklaring toekomt, en keert de notaris dit aan deze uit. Deze verklaring moet zijn voorzien van een aantekening van de voorzieningenrechter van de rechtbank binnen welker rechtsgebied het verbonden goed zich geheel of grotendeels bevindt, inhoudende dat hij de verklaring heeft goedgekeurd, nadat hem summierlijk van de juistheid ervan is gebleken. De verklaring kan behalve door een advocaat ook door een notaris worden ingediend. Tegen de goedkeuring is geen hogere voorziening toegelaten.

Opschorting uitkering bij hypotheekrecht

4. Ingeval de notaris ernstige redenen heeft om te vermoeden dat de hem ingevolge de leden 2 of 3 verstrekte verklaring onjuist is, kan hij de uitkering aan de hypotheekhouder opschorten tot de in lid 3 aangewezen voorzieningenrechter op vordering van de meest gerede partij of op verlangen van de notaris omtrent de uitkering heeft beslist.

5. Wanneer de hypotheekhouders, de schuldeisers die op het goed of op de koopprijs beslag hebben gelegd of hun vorderingen ontlenen aan artikel 264 lid 7, de beperkt gerechtigden wier recht door de executie vervalt, alsmede degene wiens goed is verkocht het vóór de betaaldag omtrent de verdeling van de te storten som eens zijn geworden, blijft de storting achterwege en keert de notaris aan ieder het hem toekomende uit.

Aansprakelijkheid staat bij hypotheekrecht

6. Voor zover de verplichtingen welke ingevolge dit artikel op de notaris rusten, niet worden nagekomen, is de Staat jegens belanghebbenden voor de daaruit voor hen voortvloeiende schade met de notaris hoofdelijk aansprakelijk.

Dwingend recht bij hypotheekrecht

7. Van het in dit artikel bepaalde kan in de verkoopvoorwaarden niet worden afgeweken.
(Zie ook: artt. 30, 277, 282 BW Boek 3; art. 154 BW Boek 6; artt. 445, 551 Rv; art. 57 FW)

Art. 271

Gerechtelijke rangregeling bij hypotheekrecht

1. Na de betaling van de koopprijs zijn alle in het vijfde lid van het vorige artikel genoemde belanghebbenden bevoegd een gerechtelijke rangregeling te verzoeken om tot verdeling van de opbrengst te komen overeenkomstig de formaliteiten die in het Wetboek van Burgerlijke Rechtsvordering zijn voorgeschreven.

Uitkering na overeenstemming bij hypotheekrecht

2. Indien deze belanghebbenden met betrekking tot de verdeling alsnog tot overeenstemming komen en daarvan door een authentieke akte doen blijken aan de bewaarder bij wie de opbrengst is gestort, dan keert deze aan ieder het hem volgens deze akte toekomende uit.
(Zie ook: artt. 13, 253, 303 BW Boek 3; art. 552 Rv; art. 57 FW)

Art. 272
1. Een verkoper die van de notaris betaling heeft ontvangen, is verplicht desverlangd aan hem wiens goed is verkocht, en aan de schuldenaar binnen één maand na de betaling rekening en verantwoording te doen. *Hypotheekrecht, rekening en verantwoording*
2. Een hypotheekhouder, een schuldeiser of een beperkt gerechtigde, die in de rangregeling is begrepen, kan binnen één maand na de sluiting daarvan gelijke rekening en verantwoording vragen, indien hij daarbij een rechtstreeks belang heeft.
(Zie ook: art. 282 BW Boek 3; art. 490 Rv; art. 57 FW)

Art. 273
1. Door de levering ingevolge een executoriale verkoop en de voldoening van de koopprijs gaan alle op het verkochte goed rustende hypotheken teniet en vervallen de ingeschreven beslagen, alsook de beperkte rechten die niet tegen de verkoper ingeroepen kunnen worden. *Zuivering bij hypotheekrecht*
2. Wanneer de koper aan de voorzieningenrechter binnen welker rechtsgebied het verbonden goed zich geheel of grotendeels bevindt, de bewijsstukken overlegt, dat de verkoop met inachtneming van de wettelijke voorschriften heeft plaatsgehad en dat de koopprijs in handen van de notaris is gestort, wordt hem van het tenietgaan en vervallen van de in het vorige lid bedoelde hypotheken, beperkte rechten en beslagen een verklaring verstrekt. De verklaring kan ook namens de koper door een notaris worden verzocht. Tegen de beschikking die een zodanige verklaring inhoudt, is geen hogere voorziening toegelaten.
3. De verklaring kan bij of na de levering in de registers worden ingeschreven. Zij machtigt dan de bewaarder der registers tot doorhaling van de inschrijvingen betreffende hypotheken en beslagen.
(Zie ook: artt. 17, 28, 81, 89, 234 BW Boek 3; art. 150 BW Boek 6; artt. 526, 544 Rv; artt. 8, 35, 48, 100 Kadw; art. 188 FW)

Art. 274
1. Wanneer een hypotheek is tenietgegaan, is de schuldeiser verplicht aan de rechthebbende op het bezwaarde goed op diens verzoek en op diens kosten bij authentieke akte een verklaring af te geven, dat de hypotheek is vervallen. De vordering waarvoor de hypotheek tot zekerheid strekte met een beperkt recht bezwaard, dan rust een overeenkomstige verplichting op de beperkt gerechtigde. *Verklaring van tenietgaan bij hypotheekrecht*
2. Deze verklaringen kunnen in de registers worden ingeschreven. Zij machtigen dan tezamen de bewaarder tot doorhaling.
3. Worden de vereiste verklaringen niet afgegeven, dan is artikel 29 van overeenkomstige toepassing.
4. Is de hypotheek door vermenging tenietgegaan, dan wordt de bewaarder tot doorhaling gemachtigd door een daartoe strekkende verklaring, afgelegd bij authentieke akte door hem aan wie het goed toebehoort, tenzij op de vordering een beperkt recht rust.
(Zie ook: artt. 17, 28, 29, 81, 82, 273, 323 BW Boek 3; art. 161 BW Boek 6; artt. 8, 35, 48, 100 Kadw)

Art. 275
Een volmacht tot het afleggen van een verklaring als bedoeld in het vorige artikel moet schriftelijk zijn verleend. *Volmacht bij hypotheekrecht*
(Zie ook: artt. 60, 61 BW Boek 3)

Titel 10
Verhaalsrecht op goederen

Afdeling 1
Algemene bepalingen

Art. 276
Tenzij de wet of een overeenkomst anders bepaalt, kan een schuldeiser zijn vordering op alle goederen van zijn schuldenaar verhalen. *Verhaalsrecht op alle goederen*
(Zie ook: artt. 1, 284, 291 BW Boek 3; art. 157 BW Boek 6; art. 1638g BW Boek 7A; artt. 435, 439, 447, 448, 502 Rv; artt. 20, 21 FW)

Art. 277
1. Schuldeisers hebben onderling een gelijk recht om, na voldoening van de kosten van executie, uit de netto-opbrengst van de goederen van hun schuldenaar te worden voldaan naar evenredigheid van ieders vordering, behoudens de door de wet erkende redenen van voorrang. *Gelijkheid van schuldeisers bij verhaalsrecht*
2. Bij overeenkomst van een schuldeiser met de schuldenaar kan worden bepaald dat zijn vordering jegens alle of bepaalde andere schuldeisers een lagere rang neemt dan de wet hem toekent. *Overeengekomen lagere rang bij verhaalsrecht*
(Zie ook: artt. 253, 270, 298 BW Boek 3; art. 15 BW Boek 6; artt. 480, 551 Rv; artt. 163, 180 FW)

Art. 278

Voorrang bij verhaalsrecht

1. Voorrang vloeit voort uit pand, hypotheek en voorrecht en uit de andere in de wet aangegeven gronden.

Voorrechten bij verhaalsrecht

2. Voorrechten ontstaan alleen uit de wet. Zij rusten of op bepaalde goederen of op alle tot een vermogen behorende goederen.
(Zie ook: artt. 236, 260, 284, 288, 292 BW Boek 3)

Art. 279

Rangorde bij verhaalsrecht

Pand en hypotheek gaan boven voorrecht, tenzij de wet anders bepaalt.
(Zie ook: artt. 284, 285, 287, 292 BW Boek 3; artt. 204, 217, 222, 224, 794, 827, 832, 834 BW Boek 8)

Art. 280

Rangorde bij verhaalsrecht

Voorrechten op bepaalde goederen hebben voorrang boven die welke op alle tot een vermogen behorende goederen rusten, tenzij de wet anders bepaalt.

Art. 281

Rangorde bij verhaalsrecht

1. Onderscheiden voorrechten die op hetzelfde bepaalde goed rusten, hebben gelijke rang, tenzij de wet anders bepaalt.
2. De voorrechten op alle goederen worden uitgeoefend in de volgorde waarin de wet hen plaatst.
(Zie ook: artt. 211, 832 BW Boek 8)

Art. 282

Voorrang beperkt gerechtigde ter zake van schadevergoeding bij verhaalsrecht

1. Indien door een executie een ander beperkt recht dan pand of hypotheek vervalt, omdat het niet kan worden ingeroepen tegen een pand- of hypotheekhouder of een beslaglegger op het goed, wordt aan de beperkt gerechtigde uit de netto-opbrengst van het goed, met voorrang onmiddellijk na de vorderingen van degenen tegen wie hij zijn recht niet kan inroepen, terzake van zijn schade een vergoeding uitgekeerd. De vergoeding wordt gesteld op het bedrag van de waarde die het vervallen recht, zo het bij de executie in stand zou zijn gebleven, ten tijde van de executie zou hebben gehad.
(Zie ook: artt. 253, 270, 273, 292 BW Boek 3; artt. 204, 217, 222, 224, 794, 827, 832, 834 BW Boek 8)
2. Indien in geval van executie een huurkoper van een onroerende zaak of een bestanddeel daarvan of een recht op die zaak niet kan inroepen tegen een hypotheekhouder of beslaglegger, wordt aan de huurkoper uit de netto-opbrengst van het goed, met voorrang onmiddellijk na de vorderingen van degenen tegen wie hij zijn recht niet kan inroepen, een vergoeding uitgekeerd ten bedrage van de schade die hij door de executie lijdt.

Afdeling 2
Bevoorrechte vorderingen op bepaalde goederen

Art. 283

Zaaksvervanging bij bevoorrechte vordering

Een voorrecht op een bepaald goed strekt zich mede uit over vorderingen tot vergoedingen die in de plaats van dat goed zijn getreden, waaronder begrepen vorderingen ter zake van waardevermindering van het goed.
(Zie ook: art. 229 BW Boek 3; art. 146 BW Boek 5; art. 445a Rv)

Art. 284

Voorrecht wegens kosten tot behoud bij bevoorrechte vordering

1. Een vordering tot voldoening van kosten, tot behoud van een goed gemaakt, is bevoorrecht op het goed dat aldus is behouden.

2. De schuldeiser kan de vordering op het goed verhalen, zonder dat hem rechten van derden op dit goed kunnen worden tegengeworpen, tenzij deze rechten na het maken van de kosten tot behoud zijn verkregen. Een na het maken van die kosten overeenkomstig artikel 237 gevestigd pandrecht kan slechts aan de schuldeiser worden tegengeworpen, indien de zaak of het toonderpapier in de macht van de pandhouder of een derde is gebracht. Een na het maken van die kosten overeenkomstig artikel 90 verkregen recht kan slechts aan de schuldeiser worden tegengeworpen, indien tevens aan de eisen van lid 2 van dat artikel is voldaan.
3. Het voorrecht heeft voorrang boven alle andere voorrechten, tenzij de vorderingen waaraan deze andere voorrechten zijn verbonden, na het maken van de kosten tot behoud zijn ontstaan.
(Zie ook: artt. 120, 121, 124, 233, 237, 243 BW Boek 3; artt. 206, 207 BW Boek 6)

Art. 285

Voorrecht wegens bearbeiding bij bevoorrechte vordering

1. Hij die uit hoofde van een overeenkomst tot aanneming van werk een vordering wegens bearbeiding van een zaak heeft, is deswege op die zaak bevoorrecht, mits hij persoonlijk aan de uitvoering van in de uitoefening van zijn bedrijf aangenomen werk pleegt deel te nemen dan wel een vennootschap of een rechtspersoon is, waarvan een of meer beherende vennoten of bestuurders dit plegen te doen. Het voorrecht vervalt na verloop van twee jaren sedert het ontstaan van de vordering.

2. Het voorrecht heeft voorrang boven een overeenkomstig artikel 237 op de zaak gevestigd pandrecht, tenzij dit recht eerst na het ontstaan van de bevoorrechte vordering is gevestigd en de zaak in de macht van de pandhouder of een derde is gebracht.
(Zie ook: art. 1640 BW Boek 7A)

Art. 286
1. De door een appartementseigenaar of een vruchtgebruiker van een appartementsrecht aan de gezamenlijke appartementseigenaars of de vereniging van eigenaars verschuldigde, in het lopende of het voorafgaande kalenderjaar opeisbaar geworden bijdragen zijn bevoorrecht op het appartementsrecht. — *Voorrang op appartementsrecht bij bevoorrechte vordering*

2. In geval van bearbeiding van een gebouw dat in appartementen is verdeeld, rust het voorrecht van artikel 285 op ieder appartement voor het bedrag, waarvoor de eigenaar van dat appartement aansprakelijk is.

3. Bij samenloop van het voorrecht van het eerste lid en dat van artikel 285 heeft het laatstgenoemde voorrang. — *Samenloop voorrechten bij bevoorrechte vordering*
(Zie ook: art. 201 BW Boek 3; artt. 106, 112, 113, 122, 123 BW Boek 5)

Art. 287
1. De vordering tot vergoeding van schade is bevoorrecht op de vordering die de schuldenaar uit hoofde van verzekering van zijn aansprakelijkheid op de verzekeraar mocht hebben, voor zover deze vordering de verplichting tot vergoeding van deze schade betreft. — *Voorrang wegens vordering tot schadevergoeding*

2. De schuldeiser kan zijn vordering verhalen op de vordering waarop het voorrecht rust, zonder dat hem andere rechten van derden op deze laatste vordering dan het ingevolge artikel 936 lid 2 van Boek 7 aan de tussenpersoon toekomende recht op afdracht, kunnen worden tegengeworpen. — *Voorrang t.a.v. rechten op de vordering*
(Zie ook: art. 95 BW Boek 6)

Afdeling 3
Bevoorrechte vorderingen op alle goederen

Art. 288
De bevoorrechte vorderingen op alle goederen zijn de vorderingen ter zake van: — *Bevoorrechte vordering op alle goederen*
a. de kosten van de aanvraag tot faillietverklaring, doch alleen ter zake van het faillissement dat op de aanvraag is uitgesproken, alsmede van de kosten, door een schuldeiser gemaakt, ter verkrijging van vereffening buiten faillissement;
b. de kosten van lijkbezorging, voor zover zij in overeenstemming zijn met de omstandigheden van de overledene;
c. hetgeen een werknemer, een gewezen werknemer en hun nabestaanden ter zake van reeds vervallen termijnen van pensioen van de werkgever te vorderen hebben, voor zover de vordering niet ouder is dan een jaar;
d. hetgeen waarop een werknemer, niet zijnde een bestuurder van de rechtspersoon bij wie hij in dienst is, een gewezen werknemer en hun nabestaanden ter zake van in de toekomst tot uitkering komende termijnen van pensioen jegens de werkgever recht hebben;
e. al hetgeen een werknemer over het lopende en het voorafgaande kalenderjaar in geld op grond van de arbeidsovereenkomst van zijn werkgever te vorderen heeft, alsmede de bedragen door de werkgever aan de werknemer in verband met de beëindiging van de arbeidsovereenkomst verschuldigd uit hoofde van de bepalingen van het Burgerlijk Wetboek betreffende de arbeidsovereenkomst.
(Zie ook: artt. 611, 616 BW Boek 7A; artt. 1, 182 FW)

Art. 289
1. Eveneens bevoorrecht op alle goederen zijn de vorderingen die zijn ontstaan uit de oplegging van de in de artikelen 49 en 50 van het Verdrag tot oprichting van de Europese Gemeenschap voor Kolen en Staal van 18 april 1951, (*Trb.* 1951, 82) bedoelde heffingen en verhogingen wegens vertraging in de betaling van deze vorderingen. — *Bevoorrechte vordering op alle goederen*

2. Dit voorrecht heeft dezelfde rang als het voorrecht terzake van de vordering wegens omzetbelasting.
(Zie ook: art. 40 Wet OB)

Afdeling 4
Retentierecht

Art. 290
Retentierecht is de bevoegdheid die in de bij de wet aangegeven gevallen aan een schuldeiser toekomt, om de nakoming van een verplichting tot afgifte van een zaak aan zijn schuldenaar op te schorten totdat de vordering wordt voldaan. — *Retentierecht*
(Zie ook: artt. 100, 105 BW Boek 3; artt. 27, 52, 57, 64, 66, 262 BW Boek 6; art. 60 FW)

Art. 291

Inroeping tegen later recht bij retentierecht
Inroeping tegen eerder recht bij retentierecht

1. De schuldeiser kan het retentierecht mede inroepen tegen derden die een recht op de zaak hebben verkregen, nadat zijn vordering was ontstaan en de zaak in zijn macht was gekomen.
2. Hij kan het retentierecht ook inroepen tegen derden met een ouder recht, indien zijn vordering voortspruit uit een overeenkomst die de schuldenaar bevoegd was met betrekking tot de zaak aan te gaan, of hij geen reden had om aan de bevoegdheid van de schuldenaar te twijfelen.
(Zie ook: artt. 11, 120, 124 BW Boek 3; artt. 12, 53, 54 BW Boek 6)
3. De schuldeiser kan het retentierecht niet inroepen tegen de minister van Onderwijs, Cultuur en Wetenschap die op grond van artikel 6.15 van de Erfgoedwet een rechtsvordering instelt.

Art. 292

Voorrang bij retentierecht

De schuldeiser kan zijn vordering op de zaak verhalen met voorrang boven allen tegen wie het retentierecht kan worden ingeroepen.
(Zie ook: art. 479h Rv; artt. 60, 110, 113, 119, 132, 143, 145, 157, 173b, 180, 257 FW)

Art. 293

Kosten van zorg bij retentierecht

Het retentierecht kan mede worden uitgeoefend voor de kosten die de schuldeiser heeft moeten maken ter zake van de zorg die hij krachtens de wet ten aanzien van de zaak in acht moet nemen.
(Zie ook: artt. 27, 59, 64, 66, 90 BW Boek 6)

Art. 294

Einde van retentierecht

Het retentierecht eindigt doordat de zaak in de macht komt van de schuldenaar of de rechthebbende, tenzij de schuldeiser haar weer uit hoofde van dezelfde rechtsverhouding onder zich krijgt.
(Zie ook: art. 258 BW Boek 3; artt. 52, 55 BW Boek 6)

Art. 295

Opeisen zaak door schuldeiser bij retentierecht

Raakt de zaak uit de macht van de schuldeiser, dan kan hij haar opeisen onder dezelfde voorwaarden als een eigenaar.
(Zie ook: artt. 83, 107, 244 BW Boek 3; art. 2 BW Boek 5)

Titel 11
Rechtsvorderingen

Art. 296

Vordering tot nakoming

1. Tenzij uit de wet, uit de aard der verplichting of uit een rechtshandeling anders volgt, wordt hij die jegens een ander verplicht is iets te geven, te doen of na te laten, daartoe door de rechter, op vordering van de gerechtigde, veroordeeld.

Vordering tot nakoming onder voorwaarde of tijdsbepaling

2. Hij die onder een voorwaarde of een tijdsbepaling tot iets is gehouden, kan onder die voorwaarde of tijdsbepaling worden veroordeeld.
(Zie ook: artt. 3, 21, 38, 167 BW Boek 6)

Art. 297

Reële executie

Indien een prestatie door tenuitvoerlegging van een executoriale titel wordt afgedwongen, heeft dit dezelfde rechtsgevolgen als die van een vrijwillige nakoming van de uit die titel blijkende verplichting tot die prestatie.
(Zie ook: artt. 477b, 491, 555 Rv)

Art. 298

Botsende rechten op levering bij rechtsvordering

Vervolgen twee of meer schuldeisers ten aanzien van één goed met elkaar botsende rechten op levering, dan gaat in hun onderlinge verhouding het oudste recht op levering voor, tenzij uit de wet, uit de aard van hun rechten, of uit de eisen van redelijkheid en billijkheid anders voortvloeit.
(Zie ook: art. 103 BW Boek 6; artt. 491, 497, 730, 736 Rv)

Art. 299

Reële executie

1. Wanneer iemand niet verricht waartoe hij is gehouden, kan de rechter hem jegens wie de verplichting bestaat, op diens vordering machtigen om zelf datgene te bewerken waartoe nakoming zou hebben geleid.
2. Op gelijke wijze kan hij jegens wie een ander tot een nalaten is gehouden, worden gemachtigd om hetgeen in strijd met die verplichting is verricht, teniet te doen.
3. De kosten die noodzakelijk zijn voor de uitvoering der machtiging, komen ten laste van hem die zijn verplichting niet is nagekomen. De uitspraak waarbij de machtiging wordt verleend, kan tevens de voldoening van deze kosten op vertoon van de daartoe nodige, in de uitspraak te vermelden bescheiden gelasten.
(Zie ook: art. 79 BW Boek 6; art. 558 Rv)

Art. 300

Vonnis i.p.v. akte of machtiging vertegenwoordiger bij rechtsvordering

1. Is iemand jegens een ander gehouden een rechtshandeling te verrichten, dan kan, tenzij de aard van de rechtshandeling zich hiertegen verzet, de rechter op vordering van de gerechtigde bepalen dat zijn uitspraak dezelfde kracht heeft als een in wettige vorm opgemaakte akte van degene die tot de rechtshandeling gehouden is, of dat een door hem aan te wijzen vertegenwoor-

diger de handeling zal verrichten. Wijst de rechter een vertegenwoordiger aan, dan kan hij bepalen dat de door deze te verrichten handeling zijn goedkeuring behoeft.
2. Is de verweerder gehouden om tezamen met de eiser een akte op te maken, dan kan de rechter bepalen dat zijn uitspraak in de plaats van de akte of een deel daarvan zal treden.
(Zie ook: artt. 89, 181 BW Boek 3; art. 145 BW Boek 5; art. 81 Rv; art. 59 OW)

Art. 301
1. Een uitspraak waarvan de rechter heeft bepaald dat zij in de plaats treedt van een tot levering van een registergoed bestemde akte of van een deel van een zodanige akte, kan slechts in de openbare registers worden ingeschreven, indien zij is betekend aan degene die tot de levering werd veroordeeld, en

a. in kracht van gewijsde is gegaan, of
b. uitvoerbaar bij voorraad is en een termijn van veertien dagen of zoveel korter of langer als in de uitspraak is bepaald, sedert de betekening van de uitspraak is verstreken.

2. Verzet, hoger beroep en cassatie moeten op straffe van niet-ontvankelijkheid binnen acht dagen na het instellen van het Wetboek van Burgerlijke Rechtsvordering. In afwijking van artikel 143 van dat wetboek begint de verzettermijn te lopen vanaf de betekening van het vonnis aan de veroordeelde, ook als de betekening niet aan hem in persoon geschiedt.

3. Indien de werking van een uitspraak als bedoeld in lid 1 door de rechter aan een voorwaarde is gebonden, weigert de bewaarder de inschrijving van die uitspraak, indien niet tevens een notariële verklaring of een authentiek afschrift daarvan wordt overgelegd, waaruit van de vervulling van de voorwaarde blijkt.
(Zie ook: artt. 17, 29, 89, 273 BW Boek 3; artt. 430, 525 Rv; art. 25 Kadw)

Inschrijving van uitspraak in openbare registers bij rechtsvordering

Inschrijving rechtsmiddel in openbare registers

Art. 302
Op vordering van een bij een rechtsverhouding onmiddellijk betrokken persoon spreekt de rechter omtrent die rechtsverhouding een verklaring van recht uit.

Verklaring van recht bij rechtsvordering

Art. 303
Zonder voldoende belang komt niemand een rechtsvordering toe.

Voldoende belang vereist bij rechtsvordering

Art. 304
Een rechtsvordering kan niet van het recht tot welks bescherming zij dient, worden gescheiden.
(Zie ook: art. 94 BW Boek 3)

Rechtsvordering niet overdraagbaar bij rechtsvordering

Art. 305
De in de voorgaande artikelen van deze titel aan de rechter toegekende bevoegdheden komen mede aan scheidsmannen toe, tenzij partijen anders zijn overeengekomen.
(Zie ook: artt. 611i, 1020, 1036 Rv; art. 74 FW)

Arbiters bij rechtsvordering

Art. 305a
1. Een stichting of vereniging met volledige rechtsbevoegdheid kan een rechtsvordering instellen die strekt tot bescherming van gelijksoortige belangen van andere personen, voorzover zij deze belangen ingevolge haar statuten behartigt.
2. Een rechtspersoon als bedoeld in lid 1 is niet ontvankelijk, indien hij in de gegeven omstandigheden onvoldoende heeft getracht het gevorderde door het voeren van overleg met de verweerder te bereiken. Een termijn van twee weken na de ontvangst door de verweerder van een verzoek tot overleg onder vermelding van het gevorderde, is daartoe in elk geval voldoende. Een rechtspersoon als bedoeld in lid 1 is eveneens niet ontvankelijk, indien met de rechtsvordering de belangen van de personen ten behoeve van wie de rechtsvordering is ingesteld onvoldoende gewaarborgd zijn.
3. Een rechtsvordering als bedoeld in lid 1 kan strekken tot veroordeling van de verweerder tot het openbaar maken of laten openbaar maken van de uitspraak, zulks op een door de rechter te bepalen wijze en op kosten van de door de rechter aan te geven partij of partijen. Zij kan niet strekken tot schadevergoeding te voldoen in geld.
4. Een gedraging kan niet ten grondslag worden gelegd aan een rechtsvordering als bedoeld in lid 1, voor zover degene die door deze gedraging wordt getroffen, daartegen bezwaar maakt.
5. Een rechterlijke uitspraak heeft geen gevolg ten aanzien van een persoon tot bescherming van wiens belang de rechtsvordering strekt en die zich verzet tegen werking van de uitspraak ten opzichte van hem, tenzij de aard van de uitspraak meebrengt dat de werking niet slechts ten opzichte van deze persoon kan worden uitgesloten.
6. Indien in zaken als bedoeld in lid 1 ingevolge artikel 220 van het Wetboek van Burgerlijke Rechtsvordering verwijzing naar een andere rechter kan worden gevorderd, kan de rechter ook ambtshalve naar die andere rechter verwijzen. Indien in zaken als bedoeld in lid 1 ingevolge artikel 222 van het Wetboek van Burgerlijke Rechtsvordering voeging van deze zaken kan worden gevorderd, kan de rechter ook ambtshalve voegen. Ambtshalve verwijzing of voeging kan niet meer plaatsvinden nadat de dag van de uitspraak is bepaald. Artikel 221 van het Wetboek van Burgerlijke Rechtsvordering is op een ambtshalve verwijzing van toepassing.

Belangenbehartiger bij instellen rechtsvordering

Art. 305b

Instellen rechtsvordering door anderen

1. Een rechtspersoon als bedoeld in artikel 1 van Boek 2 kan een rechtsvordering instellen die strekt tot bescherming van gelijksoortige belangen van andere personen, voor zover hem de behartiging van deze belangen is toevertrouwd.
2. De leden 2 tot en met 5 van artikel 305a van dit Boek zijn van overeenkomstige toepassing.
(Zie ook: art. 1 BW Boek 2; art. 1054 Rv)

Art. 305c

Instellen rechtsvordering door buitenlandse organisatie

1. Een organisatie of openbaar lichaam met zetel buiten Nederland welke geplaatst is op de lijst, bedoeld in artikel 4 lid 3 van richtlijn nr. 2009/22/EG van het Europees Parlement en de Raad van 23 april 2009 betreffende het doen staken van inbreuken in het raam van de bescherming van de consumentenbelangen (PbEG L 110), kan een rechtsvordering instellen die strekt tot bescherming van de gelijksoortige belangen van andere personen die hun gewone verblijfplaats hebben in het land waar de organisatie of het openbaar lichaam gezeteld is, voorzover de organisatie deze belangen ingevolge haar doelstelling behartigt of aan het openbaar lichaam de behartiging van deze belangen is toevertrouwd.
2. De leden 2 tot en met 5 van artikel 305a zijn van overeenkomstige toepassing.
3. Een stichting of vereniging met volledige rechtsbevoegdheid met zetel in Nederland die ingevolge haar statuten de belangen behartigt van eindgebruikers van niet voor een beroep of bedrijf bestemde goederen of diensten, kan, teneinde geplaatst te worden op de lijst, bedoeld in lid 1, Onze Minister van Justitie verzoeken de Commissie van de Europese Gemeenschappen mede te delen dat zij ter bescherming van deze belangen een rechtsvordering kan instellen. Onze Minister deelt in dat geval de Commissie tevens de naam en de doelstelling van de stichting of vereniging mee.
(Zie ook: artt. 240, 241 BW Boek 3)

Art. 305d

Bevoegdheden gerechtshof bij rechtsvordering

1. Het gerechtshof Den Haag kan op verzoek van een stichting of vereniging met volledige rechtsbevoegdheid, die krachtens haar statuten tot taak heeft de bescherming van gelijksoortige belangen van andere personen:
a. bevelen dat degene die een overtreding pleegt van de wettelijke bepalingen, bedoeld in onderdeel a van de bijlage bij de Wet handhaving consumentenbescherming, die overtreding staakt;
b. bevelen dat een gedragscode die een handelen in strijd met de artikelen 193i tot en met 193i van Boek 6 bevordert door de houder van die gedragscode, bedoeld in artikel 193a, onder i, van Boek 6, wordt aangepast;
c. de houder van de gedragscode die het handelen in strijd met de artikelen 193i tot en met 193i van Boek 6 bevordert, veroordelen tot het openbaar maken of openbaar laten maken van de beschikking, bedoeld in de onderdelen a en b. Indien er sprake is van een misleidende handelspraktijk als bedoeld in de artikelen 193c tot en met 193g van Boek 6, kan het gerechtshof op verzoek van de handelaar tevens veroordelen tot rectificatie van de informatie. De openbaarmaking of rectificatie geschiedt op een door het gerechtshof te bepalen wijze en op kosten van de door het gerechtshof aan te geven partij of partijen.
2. Artikel 305a lid 2 is van overeenkomstige toepassing op een verzoek als bedoeld in het eerste lid.
3. Het gerechtshof behandelt het verzoek onverwijld.
4. Geschillen ter zake van de tenuitvoerlegging van de in lid 1 bedoelde veroordelingen, alsmede van de veroordeling tot betaling van een dwangsom, zo deze is opgelegd, worden bij uitsluiting door het gerechtshof Den Haag beslist.

Art. 306

Verjaring bij rechtsvordering

Indien de wet niet anders bepaalt, verjaart een rechtsvordering door verloop van twintig jaren.
(Zie ook: artt. 52, 88, 99, 178, 307, 322, 323, 324 BW Boek 3; art. 46 BW Boek 5; artt. 3, 56, 131, 236, 268 BW Boek 6)

Art. 307

Verjaring van rechtsvordering tot nakoming

1. Een rechtsvordering tot nakoming van een verbintenis uit overeenkomst tot een geven of een doen verjaart door verloop van vijf jaren na de aanvang van de dag, volgende op die waarop de vordering opeisbaar is geworden.
2. In geval van een verbintenis tot nakoming na onbepaalde tijd loopt de in lid 1 bedoelde termijn pas van de aanvang van de dag, volgende op die waartegen de schuldeiser heeft medegedeeld tot opeising over te gaan, en verjaart de in lid 1 bedoelde rechtsvordering in elk geval door verloop van twintig jaren na de aanvang van de dag, volgende op die waartegen de opeising, zonodig na opzegging door de schuldeiser, op zijn vroegst mogelijk was.
(Zie ook: art. 317 BW Boek 3; art. 140 BW Boek 6)

Art. 308

Verjaring van rechtsvordering tot betaling

Rechtsvorderingen tot betaling van renten van geldsommen, lijfrenten, dividenden, huren, pachten en voorts alles wat bij het jaar of een kortere termijn moet worden betaald, verjaren

door verloop van vijf jaren na de aanvang van de dag, volgende op die waarop de vordering opeisbaar is geworden.
(Zie ook: art. 403 BW Boek 1; art. 324 BW Boek 3)

Art. 309
Een rechtsvordering uit onverschuldigde betaling verjaart door verloop van vijf jaren na de aanvang van de dag, volgende op die waarop de schuldeiser zowel met het bestaan van zijn vordering als met de persoon van de ontvanger is bekend geworden en in ieder geval twintig jaren nadat de vordering is ontstaan.
(Zie ook: art. 203 BW Boek 6)

Verjaring van rechtsvordering uit onverschuldigde betaling

Art. 310
1. Een rechtsvordering tot vergoeding van schade of tot betaling van een bedongen boete verjaart door verloop van vijf jaren na de aanvang van de dag, volgende op die waarop de benadeelde zowel met de schade of de opeisbaarheid van de boete als met de daarvoor aansprakelijke persoon bekend is geworden, en in ieder geval door verloop van twintig jaren na de gebeurtenis waardoor de schade is veroorzaakt of de boete opeisbaar is geworden.
2. Is de schade een gevolg van verontreiniging van lucht, water of bodem, van de verwezenlijking van een gevaar als bedoeld in artikel 175 van Boek 6 dan wel van beweging van de bodem als bedoeld in artikel 177, eerste lid, onder b, van Boek 6, dan verjaart de rechtsvordering tot vergoeding van schade, in afwijking van het aan het slot van lid 1 bepaalde, in ieder geval door verloop van dertig jaren na de gebeurtenis waardoor de schade is veroorzaakt.
3. Voor de toepassing van lid 2 wordt onder gebeurtenis verstaan een plotseling optredend feit, een voortdurend feit of een opeenvolging van feiten met dezelfde oorzaak. Bestaat de gebeurtenis uit een voortdurend feit, dan begint de termijn van dertig jaren bedoeld in lid 2 te lopen nadat dit feit is opgehouden te bestaan. Bestaat de gebeurtenis uit een opeenvolging van feiten met dezelfde oorzaak, dan begint deze termijn te lopen na dit laatste feit.
4. Indien de gebeurtenis waardoor de schade is veroorzaakt, een strafbaar feit oplevert waarop de Nederlandse strafwet toepasselijk is, verjaart de rechtsvordering tot vergoeding van schade tegen de persoon die het strafbaar feit heeft begaan niet zolang het recht tot strafvordering niet door verjaring of door de dood van de aansprakelijke persoon is vervallen.
(Zie ook: art. 70 BW Boek 3; artt. 74, 91, 95, 103, 162, 200, 207, 210, 212, 277 BW Boek 6; artt. 2, 242, 406 WvSr)
5. In afwijking van de leden 1 en 2 verjaart een rechtsvordering tot vergoeding van schade door letsel of overlijden slechts door verloop van vijf jaren na de aanvang van de dag volgende op die waarop de benadeelde zowel met de schade als met de daarvoor aansprakelijke persoon bekend is geworden. Indien de benadeelde minderjarig was op de dag waarop de schade en de daarvoor aansprakelijke persoon bekend zijn geworden, verjaart de rechtsvordering slechts door verloop van vijf jaren na de aanvang van de dag volgende op die waarop de benadeelde meerderjarig is geworden.
(Zie ook: art. 210 BW Boek 6; art. 23 BW Boek 7; artt. 70, 71 WvSr)

Verjaring van rechtsvordering tot schadevergoeding of betaling van bedongen boete

Verjaring van rechtsvordering tot schadevergoeding door letsel of overlijden

Art. 310a
1. Een rechtsvordering tot opeising van een roerende zaak die krachtens de nationale wetgeving van een lid-staat van de Europese Unie of van een andere staat die partij is bij de Overeenkomst betreffende de Europese Economische Ruimte een cultuurgoed is in de zin van artikel 2, onder 1, van de richtlijn, bedoeld in artikel 86a, en waarvan die staat teruggave vordert op de grond dat zij op onrechtmatige wijze buiten zijn grondgebied is gebracht, verjaart door verloop van drie jaren na de aanvang van de dag, volgende op die waarop de plaats waar de zaak zich bevindt en de identiteit van de bezitter of de houder aan de centrale autoriteit van die staat als bedoeld in artikel 4 van de richtlijn zijn bekend geworden, en in elk geval door verloop van dertig jaren na de aanvang van de dag volgende op die waarop de zaak buiten het grondgebied van die staat is gebracht.
2. De laatste termijn bedraagt vijfenzeventig jaren in het geval van zaken die deel uitmaken van openbare collecties in de zin van artikel 2, onder 8, van de richtlijn en van kerkelijke goederen als bedoeld in de richtlijn in de lid-staten van de Europese Unie of in de andere staten die partij zijn bij de Overeenkomst betreffende de Europese Economische Ruimte, waar deze zijn onderworpen aan speciale beschermende maatregelen krachtens nationaal recht.

Verjaring van internationale rechtsvordering tot opeisen cultuurgoederen

Art. 310b
1. Een rechtsvordering tot opeising van een roerende zaak die krachtens de Erfgoedwet als beschermd cultuurgoed is aangewezen of deel uitmaakt van een openbare collectie of van een inventarislijst als bedoeld in artikel 4.22, tweede lid, van die wet en die na die aanwijzing of gedurende dit deel uitmaken uit het bezit van de eigenaar is geraakt, verjaart door verloop van vijf jaren na de aanvang van de dag waarop de plaats waar de zaak zich bevindt en de identiteit van de bezitter of de houder zijn bekend geworden, en in elk geval door verloop van dertig jaren na de aanvang van de dag waarop een niet-rechthebbende bezitter van de zaak is geworden.
2. De verjaring krachtens lid 1 treedt in elk geval niet in voordat de rechtsvordering tot teruggave van de zaak is verjaard, die de Staat voor de rechter van een andere lid-staat van de Europese

Verjaring van rechtsvordering tot opeisen van beschermde voorwerpen

Unie of van een andere staat die partij is bij de Overeenkomst betreffende de Europese Economische Ruimte kan instellen op grond dat de zaak op onrechtmatige wijze buiten het grondgebied van Nederland is gebracht.

Art. 310c

Verjaring van rechtsvordering tot teruggave onrechtmatig ingevoerde cultuurgoederen

1. Een rechtsvordering tot teruggave van een roerende zaak op grond van artikel 6.7 van de Erfgoedwet verjaart door verloop van vijf jaren na de aanvang van de dag volgende op die waarop de plaats waar de zaak zich bevindt en de identiteit van de bezitter of de houder zijn bekend geworden, en in elk geval door verloop van dertig jaren na de aanvang van de dag volgende op die waarop de zaak buiten het grondgebied is gebracht van de verdragsstaat waaruit de zaak afkomstig is.
2. De laatste termijn bedraagt vijfenzeventig jaren in geval van zaken die deel uitmaken van openbare collecties, die vermeld staan in de inventarissen van musea, archieven en vaste collecties van bibliotheken of van de inventaris van een kerkelijke instelling. Onder openbare collecties wordt in dit lid verstaan een collectie die eigendom is van een verdragsstaat, een lokale of regionale overheid van een verdragsstaat of een instelling op het grondgebied van een verdragsstaat die overeenkomstig de wetgeving van die verdragsstaat als openbaar wordt aangemerkt en die eigendom is van of in grote mate wordt gefinancierd door die verdragsstaat of een lokale of regionale overheid van die staat.

Art. 310d

Rechtsvordering bescherming bedrijfsgeheim

Een rechtsvordering tot bescherming van een bedrijfsgeheim als bedoeld in artikel 5, 6 en 9 van de Wet bescherming bedrijfsgeheimen verjaart door verloop van vijf jaren na de aanvang van de dag, volgende op die waarop de houder van het bedrijfsgeheim bekend is geworden met de inbreuk op het bedrijfsgeheim, en in ieder geval door verloop van twintig jaren na de aanvang van de dag dat de inbreuk is begonnen.

Art. 311

Verjaring van rechtsvordering tot ontbinding overeenkomt

1. Een rechtsvordering tot ontbinding van een overeenkomst op grond van een tekortkoming in de nakoming daarvan of tot herstel van een tekortkoming verjaart door verloop van vijf jaren na de aanvang van de dag, volgende op die waarop de schuldeiser met de tekortkoming bekend is geworden en in ieder geval twintig jaren nadat de tekortkoming is ontstaan.

Verjaring van rechtsvordering tot ongedaanmaking

2. Een rechtsvordering tot ongedaanmaking als bedoeld in artikel 271 van Boek 6 verjaart door verloop van vijf jaren na de aanvang van de dag, volgende op die waarop de overeenkomst is ontbonden.

(Zie ook: artt. 267, 268, 270 BW Boek 6)

Art. 312

Verjaring van rechtsvordering ter zake tekortkoming in de nakoming

Rechtsvorderingen terzake van een tekortkoming in de nakoming, alsmede die tot betaling van wettelijke of bedongen rente en tot afgifte van vruchten, verjaren, behoudens stuiting of verlenging, niet later dan de rechtsvordering tot nakoming van de hoofdverplichting of, zo de tekortkoming vatbaar is voor herstel, de rechtsvordering tot herstel van de tekortkoming.

(Zie ook: art. 121 BW Boek 3; artt. 24, 206, 275 BW Boek 6)

Art. 313

Aanvang van verjaringstermijn bij rechtsvordering tot nakoming

Indien de wet niet anders bepaalt, begint de termijn van verjaring van een rechtsvordering tot nakoming van een verplichting om te geven of te doen met de aanvang van de dag, volgende op die waarop de onmiddellijke nakoming kan worden gevorderd.

Art. 314

Aanvang van verjaringstermijn bij rechtsvordering tot opheffing onrechtmatige daad

1. De termijn van verjaring van een rechtsvordering tot opheffing van een onrechtmatige toestand begint met de aanvang van de dag, volgende op die waarop de onmiddellijke opheffing van die toestand gevorderd kan worden.

Aanvang van verjaringstermijn bij rechtsvordering tot beëindiging bezit

2. De termijn van verjaring van een rechtsvordering strekkende tot beëindiging van het bezit van een niet-rechthebbende begint met de aanvang van de dag, volgende op die waarop een niet-rechthebbende bezitter is geworden of de onmiddellijke opheffing gevorderd kon worden van de toestand waarvan diens bezit de voortzetting vormt.

(Zie ook: artt. 86, 101, 105, 106, 119, 121, 125, 312 BW Boek 3)

Art. 315

Aanvang van verjaringstermijn bij rechtsvordering tot opeising nalatenschap

De termijn van verjaring van een rechtsvordering tot opeising van een nalatenschap begint met de aanvang van de dag, volgende op die van het overlijden van de erflater.

Art. 316

Stuiting van verjaring bij rechtsvordering

1. De verjaring van een rechtsvordering wordt gestuit door het instellen van een eis, alsmede door iedere andere daad van rechtsvervolging van de zijde van de gerechtigde, die in de vereiste vorm geschied.
2. Leidt een ingestelde eis niet tot toewijzing, dan is de verjaring slechts gestuit, indien binnen zes maanden, nadat het geding door het in kracht van gewijsde gaan van een uitspraak of op andere wijze is geëindigd, een nieuwe eis wordt ingesteld en deze alsnog tot toewijzing leidt. Wordt een daad van rechtsvervolging ingetrokken, dan stuit zij de verjaring niet.

3. De verjaring van een rechtsvordering wordt ook gestuit door een handeling, strekkende tot verkrijging van een bindend advies, mits van die handeling met bekwame spoed mededeling wordt gedaan aan de wederpartij en zij tot verkrijging van een bindend advies leidt. Is dit laatste niet het geval, dan is het vorige lid van overeenkomstige toepassing.
(Zie ook: artt. 86, 104, 170 BW Boek 3)
4. De verjaring van een rechtsvordering wordt ook gestuit door een ingestelde eis die niet tot toewijzing leidt, indien:
a) het scheidsgerecht zich onbevoegd heeft verklaard op grond van artikel 1052, vijfde lid, van het Wetboek van Burgerlijke Rechtsvordering en die uitspraak in kracht van gewijsde is gegaan; of
b) de rechter zich onbevoegd heeft verklaard op grond van artikel 1022, eerste lid, 1067 of 1074d van het Wetboek van Burgerlijke Rechtsvordering en de uitspraak in kracht van gewijsde is gegaan.

Art. 317
1. De verjaring van een rechtsvordering tot nakoming van een verbintenis wordt gestuit door een schriftelijke aanmaning of door een schriftelijke mededeling waarin de schuldeiser zich ondubbelzinnig zijn recht op nakoming voorbehoudt.

Stuiting van verjaring van rechtsvordering tot nakoming verbintenis door schriftelijke aanmaning/mededeling

2. De verjaring van andere rechtsvorderingen wordt gestuit door een schriftelijke aanmaning, indien deze binnen zes maanden wordt gevolgd door een stuitingshandeling als in het vorige artikel omschreven.
(Zie ook: art. 37 BW Boek 3; art. 82 BW Boek 6)

Stuiting van verjaring rechtsvorderingen door schriftelijke aanmaning

Art. 318
Erkenning van het recht tot welks bescherming een rechtsvordering dient, stuit de verjaring van de rechtsvordering tegen hem die het recht erkent.

Stuiting van verjaring rechtsvordering door erkenning

Art. 319
1. Door stuiting van de verjaring van een rechtsvordering, anders dan door het instellen van een eis die door toewijzing wordt gevolgd, begint een nieuwe verjaringstermijn te lopen met de aanvang van de volgende dag. Is een bindend advies gevraagd en verkregen, dan begint de nieuwe verjaringstermijn te lopen met de aanvang van de dag, volgende op die waarop het bindend advies is uitgebracht.
2. De nieuwe verjaringstermijn is gelijk aan de oorspronkelijke, doch niet langer dan vijf jaren. Niettemin treedt de verjaring in geen geval op een eerder tijdstip in dan waarop ook de oorspronkelijke termijn zonder stuiting zou zijn verstreken.
3. Door stuiting van de verjaring van een rechtsvordering op grond van artikel 316, lid 4, begint een nieuwe verjaringstermijn te lopen met aanvang van de dag volgende op de dag van de uitspraak die in kracht van gewijsde is gegaan. De nieuwe verjaringstermijn is gelijk aan de oorspronkelijke verjaringstermijn, doch niet langer dan vijf jaren. Niettemin treedt de verjaring in geen geval op een eerder tijdstip in dan waarop ook de oorspronkelijke termijn zonder stuiting zou zijn verstreken.

Nieuwe verjaringstermijn na stuiting bij rechtsvordering

Art. 320
Wanneer een verjaringstermijn zou aflopen tijdens het bestaan van een verlengingsgrond of binnen zes maanden na het verdwijnen van een zodanige grond, loopt de termijn voort totdat zes maanden na het verdwijnen van die grond zijn verstreken.
(Zie ook: art. 36 FW)

Verlenging van verjaringstermijn bij rechtsvordering

Art. 321
1. Een grond voor verlenging van de verjaring bestaat:
a. tussen niet van tafel en bed gescheiden echtgenoten;
b. tussen een wettelijke vertegenwoordiger en de onbekwame die hij vertegenwoordigt;
c. tussen een bewindvoerder en de rechthebbende voor wie hij het bewind voert, ter zake van vorderingen die dit bewind betreffen;
d. tussen rechtspersonen en haar bestuurders;
e. tussen een beneficiair aanvaarde nalatenschap en een erfgenaam;
f. tussen de schuldeiser en zijn schuldenaar die opzettelijk het bestaan van de schuld of de opeisbaarheid daarvan verborgen houdt;
g. tussen geregistreerde partners.
2. De onder *b* en *c* genoemde gronden voor verlenging duren voort totdat de eindrekening van de wettelijke vertegenwoordiger of de bewindvoerder is gesloten.
(Zie ook: art. 8 BW Boek 2; art. 1076 BW Boek 4)

Gronden voor verlenging verjaringstermijn bij rechtsvordering

Art. 322
1. De rechter mag niet ambtshalve het middel van verjaring toepassen.

Geen ambtshalve toepassing van verjaring bij rechtsvordering

art. 3:323

Afstand van verjaring bij rechtsvordering

2. Afstand van verjaring geschiedt door een verklaring van hem die de verjaring kan inroepen.

3. Voordat de verjaring voltooid is, kan geen afstand van verjaring worden gedaan.
(Zie ook: art. 37 BW Boek 3; art. 48 FW)

Art. 323

Tenietgaan van pand- en hypotheekrecht bij verjaring van rechtsvordering

1. Door voltooiing van de verjaring van de rechtsvordering tot nakoming van een verbintenis gaan de pand- of hypotheekrechten die tot zekerheid daarvan strekken, teniet.

2. Nochtans verhindert de verjaring niet dat het pandrecht op het verbonden goed wordt uitgeoefend, indien dit bestaat in een roerende zaak of een recht aan toonder of order en deze zaak of het toonder- of orderpapier in de macht van de pandhouder of een derde is gebracht.

3. De rechtsvordering tot nakoming van een verbintenis tot zekerheid waarvan een hypotheek strekt, verjaart niet voordat twintig jaren zijn verstreken na de aanvang van de dag volgend op die waarop de hypotheek aan de verbintenis is verbonden.
(Zie ook: artt. 7, 16, 92, 105, 106, 227, 236 BW Boek 3; art. 56 BW Boek 6)

Art. 324

Verjaring tenuitvoerlegging rechterlijke uitspraak of arbitraire uitspraak bij rechtsvordering

1. De bevoegdheid tot tenuitvoerlegging van een rechterlijke of arbitrale uitspraak verjaart door verloop van twintig jaren na de aanvang van de dag, volgende op die van de uitspraak, of, indien voor tenuitvoerlegging daarvan vereisten zijn gesteld waarvan de vervulling niet afhankelijk is van de wil van degene die de uitspraak heeft verkregen, na de aanvang van de dag, volgende op die waarop deze vereisten zijn vervuld.

2. Wordt vóórdat de verjaring is voltooid, door een der partijen ter aantasting van de ten uitvoer te leggen veroordeling een rechtsmiddel of een eis ingesteld, dan begint de termijn eerst met de aanvang van de dag, volgende op die waarop het geding daarover is geëindigd.

3. De verjaringstermijn bedraagt vijf jaren voor wat betreft hetgeen ingevolge de uitspraak bij het jaar of kortere termijn moet worden betaald.

4. Voor wat betreft renten, boeten, dwangsommen en andere bijkomende veroordelingen, treedt de verjaring, behoudens stuiting of verlenging, niet later in dan de verjaring van de bevoegdheid tot tenuitvoerlegging van de hoofdveroordeling.

Art. 325

Schakelbepaling

[1.] Op de verjaring van het vorige artikel zijn de artikelen 319-323 van overeenkomstige toepassing.

Stuiting van verjaring door tenuitvoerlegging van uitspraak

2. De verjaring van het vorige artikel wordt gestuit door:
a. betekening van de uitspraak of schriftelijke aanmaning;
b. erkenning van de in de uitspraak vastgestelde verplichting;
c. iedere daad van tenuitvoerlegging, mits daarvan binnen de door de wet voorgeschreven tijd of, bij gebreke van zodanig voorschrift, met bekwame spoed mededeling aan de wederpartij wordt gedaan.

Art. 326

Schakelbepaling

Buiten het vermogensrecht vinden de bepalingen van deze titel overeenkomstige toepassing, voor zover de aard van de betrokken rechtsverhouding zich daartegen niet verzet.
(Zie ook: artt. 59, 79 BW Boek 3)

13 Burgerlijk Wetboek Boek 4

Inhoudsopgave

Boek 4	Erfrecht	Art. 1
Titel 1	Algemene bepalingen	Art. 1
Titel 2	Erfopvolging bij versterf	Art. 9
Titel 3	Het erfrecht bij versterf van de niet van tafel en bed gescheiden echtgenoot en van de kinderen alsmede andere wettelijke rechten	Art. 13
Afdeling 1	Het erfrecht bij versterf van de niet van tafel en bed gescheiden echtgenoot en van de kinderen	Art. 13
Afdeling 2	Andere wettelijke rechten	Art. 28
Titel 4	Uiterste willen	Art. 42
Afdeling 1	Uiterste wilsbeschikkingen in het algemeen	Art. 42
Afdeling 2	Wie uiterste wilsbeschikkingen kunnen maken en wie daaruit voordeel kunnen genieten	Art. 55
Afdeling 3	Legitieme portie	Art. 63
Paragraaf 1	Algemene bepalingen	Art. 63
Paragraaf 2	De omvang van de legitieme portie	Art. 65
Paragraaf 3	Het geldend maken van de legitieme portie	Art. 79
Afdeling 4	Vorm van uiterste willen	Art. 93
Afdeling 5	Herroeping van uiterste wilsbeschikkingen	Art. 111
Titel 5	Onderscheiden soorten van uiterste wilsbeschikkingen	Art. 115
Afdeling 1	Erfstellingen	Art. 115
Afdeling 2	Legaten	Art. 117
Paragraaf 1	Algemene bepalingen	Art. 117
Paragraaf 2	Giften en andere handelingen die worden aangemerkt als legaten	Art. 126
Afdeling 3	Testamentaire lasten	Art. 130
Afdeling 4	Stichtingen	Art. 135
Afdeling 5	Makingen onder tijdsbepaling en onder voorwaarde	Art. 136
Afdeling 6	Executeurs	Art. 142
Afdeling 7	Testamentair bewind	Art. 153
Paragraaf 1	Algemene bepalingen	Art. 153
Paragraaf 2	De bewindvoerder	Art. 157
Paragraaf 3	De gevolgen van het bewind	Art. 166
Paragraaf 4	Einde van het bewind	Art. 177
Titel 6	Gevolgen van de erfopvolging	Art. 182
Afdeling 1	Algemene bepalingen	Art. 182
Afdeling 2	Aanvaarding en verwerping van nalatenschappen en van legaten	Art. 190
Afdeling 3	Vereffening van de nalatenschap	Art. 202
Afdeling 4	Verdeling van de nalatenschap	Art. 227

Burgerlijk Wetboek Boek 4[1]

Burgerlijk Wetboek Boek 4, Erfrecht

Boek 4
Erfrecht

Titel 1
Algemene bepalingen

Art. 1

Erfopvolging

1. Erfopvolging heeft plaats bij versterf of krachtens uiterste wilsbeschikking.
2. Van de erfopvolging bij versterf kan worden afgeweken bij een uiterste wilsbeschikking die een erfstelling of een onterving inhoudt.
(Zie ook: artt. 9, 13, 42, 115 BW Boek 4)

Art. 2

Gelijktijdig overlijden bij erfopvolging

1. Wanneer de volgorde waarin twee of meer personen zijn overleden niet kan worden bepaald, worden die personen geacht gelijktijdig te zijn overleden en valt aan de ene persoon geen voordeel uit de nalatenschap van de andere ten deel.
2. Indien een belanghebbende ten gevolge van omstandigheden die hem niet kunnen worden toegerekend, moeilijkheden ondervindt bij het bewijs van de volgorde van overlijden, kan de rechter hem een of meermalen uitstel verlenen, zulks voor zover redelijkerwijs mag worden aangenomen dat het bewijs binnen de termijn van het uitstel kan worden geleverd.
(Zie ook: artt. 9, 12, 56 BW Boek 4; art. 150 Rv)

Art. 3

Onwaardigheid bij erfopvolging

1. Van rechtswege zijn onwaardig om uit een nalatenschap voordeel te trekken:
a. hij die onherroepelijk veroordeeld is ter zake dat hij de overledene heeft omgebracht, heeft getracht hem om te brengen, dat feit heeft voorbereid of daaraan heeft deelgenomen;
(Zie ook: artt. 45, 46, 47, 48, 287 WvSr)
b. hij die onherroepelijk veroordeeld is wegens een opzettelijk tegen de erflater gepleegd misdrijf waarop naar de Nederlandse wettelijke omschrijving een vrijheidsstraf is gesteld met een maximum van ten minste vier jaren, dan wel wegens poging tot, voorbereiding van, of deelneming aan een dergelijk misdrijf;
(Zie ook: artt. 45, 46, 47, 48 WvSr)
c. hij van wie bij onherroepelijke rechterlijke uitspraak is vastgesteld dat hij tegen de erflater lasterlijk een beschuldiging van een misdrijf heeft ingebracht, waarop naar de Nederlandse wettelijke omschrijving een vrijheidsstraf met een maximum van ten minste vier jaren is gesteld;
(Zie ook: artt. 106, 162 BW Boek 6; art. 262 WvSr)
d. hij die de overledene door een feitelijkheid of door bedreiging met een feitelijkheid heeft gedwongen of belet een uiterste wilsbeschikking te maken;
(Zie ook: art. 44 BW Boek 3; artt. 42, 55, 111 BW Boek 4; ; art. 284 WvSr)
e. hij die de uiterste wil van de overledene heeft verduisterd, vernietigd of vervalst.
(Zie ook: art. 107 BW Boek 1; art. 194 BW Boek 3; art. 184 BW Boek 4)
2. Rechten door derden te goeder trouw verkregen voordat de onwaardigheid is vastgesteld worden geëerbiedigd. In geval echter de goederen om niet zijn verkregen, kan de rechter aan de rechthebbenden, en ten laste van hem die daardoor voordeel heeft genoten, een naar billijkheid te bepalen vergoeding toekennen.
(Zie ook: art. 422 BW Boek 1)
3. Een onwaardigheid vervalt, wanneer de erflater aan de onwaardige op ondubbelzinnige wijze zijn gedraging heeft vergeven.
(Zie ook: artt. 12, 63 BW Boek 4)

Art. 4

Nietigheid bij nalatenschap

1. Een voor het openvallen van een nalatenschap verrichte rechtshandeling is nietig, voor zover zij de strekking heeft een persoon te belemmeren in zijn vrijheid om bevoegdheden uit te oefenen, welke hem krachtens dit Boek met betrekking tot die nalatenschap toekomen.
2. Overeenkomsten strekkende tot beschikking over nog niet opengevallen nalatenschappen in hun geheel of over een evenredig deel daarvan, zijn nietig.
(Zie ook: artt. 42, 62, 71, 190, 201 BW Boek 4; art. 177 BW Boek 7)

---

1 Inwerkingtredingsdatum: 01-09-1886; zoals laatstelijk gewijzigd bij: Stb. 2018, 228.

Art. 5
1. Op verzoek van de schuldenaar kan de rechtbank wegens gewichtige redenen bepalen dat een geldsom die krachtens dit Boek of, in verband met de verdeling van de nalatenschap, krachtens titel 7 van Boek 3 is verschuldigd, al dan niet vermeerderd met een in de beschikking te bepalen rente, eerst na verloop van zekere tijd, hetzij ineens, hetzij in termijnen behoeft te worden voldaan. Hierbij let de rechtbank op de belangen van beide partijen; aan een inwilliging kan de voorwaarde worden verbonden dat binnen een bepaalde tijd een door de rechtbank goedgekeurde zakelijke of persoonlijke zekerheid voor de voldoening van hoofdsom en rente wordt gesteld.

Betalingsregeling bij nalatenschap

2. Een in het vorige lid bedoelde beschikking kan op verzoek van een der partijen, gegrond op ten tijde van die beschikking niet voorziene omstandigheden, door de in het vorige lid genoemde rechtbank worden gewijzigd.

(Zie ook: art. 185 BW Boek 3; artt. 13, 37, 80, 125 BW Boek 4; art. 51 BW Boek 6; art. 616 Rv)

Art. 6
In dit Boek wordt onder de waarde van de goederen der nalatenschap verstaan de waarde van die goederen op het tijdstip onmiddellijk na het overlijden van de erflater, waarbij geen rekening wordt gehouden met het vruchtgebruik dat daarop krachtens afdeling 1 of 2 van titel 3 kan komen te rusten.

Waarde goederen nalatenschap

(Zie ook: artt. 37, 65, 76, 80 BW Boek 4)

Art. 7
1. Schulden van de nalatenschap zijn:

Schulden bij nalatenschap

a. de schulden van de erflater die niet met zijn dood tenietgaan, voor zover niet begrepen in onderdeel i;
b. de kosten van lijkbezorging, voor zover zij in overeenstemming zijn met de omstandigheden van de overledene;
c. de kosten van vereffening van de nalatenschap, met inbegrip van het loon van de vereffenaar;
d. de kosten van executele, met inbegrip van het loon van de executeur;
e. de schulden uit belastingen die ter zake van het openvallen der nalatenschap worden geheven, voor zover zij op de erfgenamen komen te rusten;
f. de schulden die ontstaan door toepassing van afdeling 2 van titel 3;
g. de schulden ter zake van legitieme porties waarop krachtens artikel 80 aanspraak wordt gemaakt;
h. de schulden uit legaten welke op een of meer erfgenamen rusten;
i. de schulden uit giften en andere handelingen die ingevolge artikel 126 worden aangemerkt als legaten.

2. Bij de voldoening van de schulden ten laste van de nalatenschap worden achtereenvolgens met voorrang voldaan:

Voldoening schulden bij nalatenschap

1°. de schulden, bedoeld in lid 1 onder a tot en met e;
2°. de schulden, bedoeld in lid 1 onder f;
3°. de schulden, bedoeld in lid 1 onder g.

Ontbreken schulden als bedoeld in lid 1 onder f, dan worden eerst de schulden, bedoeld in lid 1 onder a tot en met c, en vervolgens de schulden, bedoeld in lid 1 onder d, e en g, met voorrang voldaan.

(Zie ook: artt. 37, 65, 80, 144, 184, 211, 215 BW Boek 4)

3. In de nalatenschap van de langstlevende ouder, bedoeld in artikel 20, en de stiefouder, bedoeld in artikel 22, wordt een verplichting tot overdracht van goederen als bedoeld in die artikelen met een schuld als bedoeld in lid 1 onder a gelijkgesteld.

Schakelbepaling

Art. 8
1. In dit Boek worden met echtgenoten gelijkgesteld geregistreerde partners.

Partnerschap

2. Voor de toepassing van lid 1 is mede begrepen onder:
a. huwelijk: geregistreerd partnerschap;
b. gehuwd: als partner geregistreerd;
c. huwelijksgemeenschap: gemeenschap van een geregistreerd partnerschap;
d. trouwbeloften: beloften tot het aangaan van een geregistreerd partnerschap;
e. echtscheiding: beëindiging van een geregistreerd partnerschap op de wijze als bedoeld in artikel 80c onder c of d van Boek 1.

3. Onder stiefkind van de erflater wordt in dit Boek verstaan een kind van de echtgenoot van geregistreerde partner van de erflater, van welk kind de erflater niet zelf ouder is. Zodanig kind blijft stiefkind, indien het huwelijk of het geregistreerd partnerschap is geëindigd.

Stiefkind

(Zie ook: artt. 80a, 395, 395a BW Boek 1)

Titel 2
Erfopvolging bij versterf

Art. 9

Optreden als erfgenaam bij erfopvolging bij versterf

Ten einde als erfgenaam bij versterf te kunnen optreden, moet men bestaan op het ogenblik dat de nalatenschap openvalt.
(Zie ook: artt. 2, 412 BW Boek 1; art. 30 BW Boek 2; artt. 2, 56 BW Boek 4)

Art. 10

Erfgenamen bij erfopvolging bij versterf

1. De wet roept tot een nalatenschap als erfgenamen uit eigen hoofde achtereenvolgens:
   a. de niet van tafel en bed gescheiden echtgenoot van de erflater tezamen met diens kinderen;
   b. de ouders van de erflater tezamen met diens broers en zusters;
   c. de grootouders van de erflater;
   d. de overgrootouders van de erflater.
2. De afstammelingen van een kind, broer, zuster, grootouder of overgrootouder worden bij plaatsvervulling geroepen.
3. Alleen zij die tot de erflater in familierechtelijke betrekking stonden, worden tot de in de vorige leden genoemde bloedverwanten gerekend.

(Zie ook: art. 197 BW Boek 1; artt. 8, 12 BW Boek 4)

Art. 11

Verdeling nalatenschap bij erfopvolging bij versterf
Erfdeel halfbroer en halfzus
Erfdeel ouder

1. Degenen die tezamen uit eigen hoofde tot een nalatenschap worden geroepen, erven voor gelijke delen.
2. In afwijking van lid 1 is het erfdeel van een halfbroer of halfzuster de helft van het erfdeel van een volle broer, een volle zuster of een ouder.
3. Wanneer het erfdeel van een ouder door toepassing van de leden 1 en 2 minder zou bedragen dan een kwart, wordt het verhoogd tot een kwart en worden de erfdelen van de overige erfgenamen naar evenredigheid verminderd.

Art. 12

Plaatsvervulling bij erfopvolging bij versterf

1. Plaatsvervulling geschiedt met betrekking tot personen die op het ogenblik van het openvallen van de nalatenschap niet meer bestaan, die onwaardig zijn, onterfd zijn of verwerpen of wier erfrecht is vervallen.
2. Zij die bij plaatsvervulling erven, worden staaksgewijze geroepen tot het erfdeel van degene wiens plaats zij vervullen.
3. Degenen die de erflater verder dan de zesde graad bestaan, erven niet.

(Zie ook: artt. 2, 3, 9, 131, 190 BW Boek 4)

Titel 3
Het erfrecht bij versterf van de niet van tafel en bed gescheiden echtgenoot en van de kinderen alsmede andere wettelijke rechten

Afdeling 1
Het erfrecht bij versterf van de niet van tafel en bed gescheiden echtgenoot en van de kinderen

Art. 13

Verdeling echtgenoot en kinderen bij erfopvolging bij versterf gehuwden
Erfdeel echtgenoot

1. De nalatenschap van de erflater die een echtgenoot en een of meer kinderen als erfgenamen achterlaat, wordt, tenzij de erflater bij uiterste wilsbeschikking heeft bepaald dat deze afdeling geheel buiten toepassing blijft, overeenkomstig de volgende leden verdeeld.
2. De echtgenoot verkrijgt van rechtswege de goederen van de nalatenschap. De voldoening van de schulden van de nalatenschap komt voor zijn rekening. Onder schulden van de nalatenschap zijn hier tevens begrepen de ten laste van de gezamenlijke erfgenamen komende uitgaven ter voldoening aan testamentaire lasten.

Erfdeel kinderen

3. Ieder van de kinderen verkrijgt als erfgenaam van rechtswege een geldvordering ten laste van de echtgenoot, overeenkomend met de waarde van zijn erfdeel. Deze vordering is opeisbaar:
   a. indien de echtgenoot in staat van faillissement is verklaard of ten aanzien van hem de schuldsaneringsregeling natuurlijke personen van toepassing is verklaard;
   b. wanneer de echtgenoot is overleden.

De vordering is ook opeisbaar in door de erflater bij uiterste wilsbeschikking genoemde gevallen.

Rente

4. De in lid 3 bedoelde geldsom wordt, tenzij de erflater, dan wel de echtgenoot en het kind tezamen, anders hebben bepaald, vermeerderd met een percentage dat overeenkomt met dat van de wettelijke rente, voor zover dit percentage hoger is dan zes, berekend per jaar vanaf de dag waarop de nalatenschap is opengevallen, bij welke berekening telkens uitsluitend de hoofdsom in aanmerking wordt genomen.

Schuldsaneringsregeling

5. Is de vordering, bedoeld in lid 3, opeisbaar geworden doordat ten aanzien van de echtgenoot de schuldsaneringsregeling natuurlijke personen van toepassing is verklaard, dan is de vordering, voor zover zij onvoldaan is gebleven, door beëindiging van de toepassing van de schuldsane-

ringsregeling natuurlijke personen op grond van artikel 356 lid 2 van de Faillissementswet wederom niet opeisbaar. Artikel 358 lid 1 van de Faillissementswet vindt ten aanzien van de vordering geen toepassing.

6. In deze titel wordt onder echtgenoot niet begrepen een van tafel en bed gescheiden echtgenoot. *Van tafel en bed gescheiden echtgenoot*
(Zie ook: artt. 169, 173, 176 BW Boek 1; artt. 7, 10, 12, 17 BW Boek 4; artt. 120, 249 BW Boek 6; artt. 423, 438, 675 BW Boek 7; artt. 1623i, 1632, 1648, 1780 BW Boek 7A; artt. 1, 284 FW)

Art. 14

1. Indien de nalatenschap overeenkomstig artikel 13 is verdeeld, is de echtgenoot van de erflater tegenover de schuldeisers en tegenover de kinderen verplicht tot voldoening van de schulden der nalatenschap. In de onderlinge verhouding van de echtgenoot en de kinderen komen de schulden der nalatenschap voor rekening van de echtgenoot. *Voldoening schulden bij nalatenschap*

2. Voor schulden van de nalatenschap, alsmede voor schulden van de echtgenoot die konden worden verhaald op de goederen van een gemeenschap waarvan de echtgenoot en de erflater de deelgenoten waren, neemt de schuldeiser in zijn verhaal op de goederen die krachtens artikel 13 lid 2 aan de echtgenoot toebehoren, rang voor degenen die verhaal nemen voor andere schulden van de echtgenoot. *Voorrang schuldeisers*

3. Voor schulden van de nalatenschap kunnen de goederen van een kind niet worden uitgewonnen, met uitzondering van de in artikel 13 lid 3 bedoelde geldvordering. Uitwinning van die goederen is wel mogelijk voor zover de geldvordering van het kind is verminderd door betaling of door overdracht van goederen, tenzij het kind goederen van de echtgenoot aanwijst die voldoende verhaal bieden. *Uitwinning goederen kind*

4. De uit lid 1, tweede zin, voortvloeiende draagplicht van de echtgenoot geldt mede wanneer de schulden van de nalatenschap de baten overtreffen, onverminderd artikel 184 lid 2.
(Zie ook: artt. 204, 224 BW Boek 4)

Art. 15

1. Voor zover de erfgenamen over de vaststelling van de omvang van de in artikel 13 lid 3 bedoelde geldvordering niet tot overeenstemming kunnen komen, wordt deze op verzoek van de meest gerede partij door de kantonrechter vastgesteld. De artikelen 677 tot en met 679 van het Wetboek van Burgerlijke Rechtsvordering zijn van overeenkomstige toepassing. *Geldvordering door rechtbank bij kindsdeel*

2. Indien bij de vaststelling van de in artikel 13 lid 3 bedoelde geldvordering:
a. omtrent de waarde van de goederen en de schulden van de nalatenschap is gedwaald en daardoor een erfgenoot voor meer dan een vierde is benadeeld,
b. het saldo van de nalatenschap anderszins onjuist is berekend, dan wel
c. de geldvordering niet is berekend overeenkomstig het deel waarop het kind aanspraak kon maken,
wordt de vaststelling op verzoek van een kind of de echtgenoot dienovereenkomstig door de kantonrechter gewijzigd. Op de vaststelling is hetgeen omtrent verdeling is bepaald in de artikelen 196 leden 2, 3 en 4, 199 en 200 van Boek 3 van overeenkomstige toepassing.

3. Bij de vaststelling van de geldvordering zijn de artikelen 229 tot en met 233 van overeenkomstige toepassing. *Schakelbepaling*

4. De artikelen 187 en 188 van Boek 3 zijn op de vaststelling van overeenkomstige toepassing.
(Zie ook: art. 900 BW Boek 7)

Art. 16

1. De echtgenoot en ieder kind kunnen verlangen dat een boedelbeschrijving wordt opgemaakt. De boedelbeschrijving bevat een waardering van de goederen en de schulden van de nalatenschap. *Boedelbeschrijving bij nalatenschap*

2. Heeft de echtgenoot of een kind niet het vrije beheer over zijn vermogen, dan levert zijn wettelijk vertegenwoordiger binnen een jaar na het overlijden van de erflater een tot bevestiging van haar deugdelijkheid door hem ondertekende boedelbeschrijving in ter griffie van de rechtbank van de woonplaats van de echtgenoot onderscheidenlijk het kind. De kantonrechter kan bepalen dat de boedelbeschrijving bij notariële akte dient te geschieden.

3. Op de boedelbeschrijving en de waardering zijn de artikelen 673 tot en met 676 van het Wetboek van Burgerlijke Rechtsvordering van overeenkomstige toepassing. De echtgenoot en ieder kind zijn voor de toepassing van de in de vorige volzin genoemde bepalingen partij bij de boedelbeschrijving.

4. De echtgenoot en ieder kind hebben jegens elkaar recht op inzage in en afschrift van alle bescheiden en andere gegevensdragers, die zij voor de vaststelling van hun aanspraken behoeven. De daartoe strekkende inlichtingen worden door hen desverzocht verstrekt. Zij zijn jegens elkaar gehouden tot medewerking aan de verstrekking van inlichtingen door derden.
(Zie ook: art. 338 BW Boek 1; art. 10 BW Boek 2; art. 86 BW Boek 5)

Art. 17

1. De echtgenoot kan, behoudens het bepaalde in de leden 2 en 3, de in artikel 13 lid 3 bedoelde geldvordering en de in lid 4 van dat artikel bedoelde verhoging te allen tijde geheel of gedeeltelijk voldoen. Een betaling wordt in de eerste plaats in mindering gebracht op de hoofdsom, vervol- *Geldvordering bij kindsdeel*

gens op de verhoging, tenzij de erflater, dan wel de echtgenoot en het kind tezamen, anders hebben bepaald.
2. Indien een kind een bevoegdheid toekomt tot het doen van een verzoek als bedoeld in artikel 19, 20, 21 of 22, gaan de echtgenoot of diens erfgenamen niet over tot voldoening dan na te hebben gehandeld overeenkomstig artikel 25 lid 3.
3. Is het in lid 2 bedoelde kind minderjarig, of meerderjarig doch heeft dit niet het vrije beheer over zijn vermogen, dan behoeft de voldoening de goedkeuring van de kantonrechter. Deze beslist naar de maatstaf van artikel 26 lid 1.

Art. 18

Ongedaan maken verdeling door echtgenoot bij nalatenschap

1. De echtgenoot kan binnen drie maanden vanaf de dag waarop de nalatenschap is opengevallen, door middel van een verklaring bij notariële akte, binnen die termijn gevolgd door inschrijving in het boedelregister, de verdeling overeenkomstig artikel 13 ongedaan maken. In naam van de echtgenoot kan de verklaring slechts krachtens uitdrukkelijke voor dit doel afgegeven schriftelijke volmacht worden afgelegd.
2. De verklaring werkt terug tot het tijdstip van het openvallen der nalatenschap. Voor het verstrijken van de in lid 1 genoemde termijn verkregen rechten van derden, mede-erfgenamen daaronder begrepen, worden geëerbiedigd. Indien de echtgenoot voor het afleggen van de verklaring op de voet van artikel 13 lid 2 betalingen heeft gedaan, worden deze tussen de echtgenoot en de kinderen verrekend.
3. De omstandigheid dat de echtgenoot onder curatele staat of dat de goederen die deze uit de nalatenschap van de erflater verkrijgt onder een bewind vallen, staat aan uitoefening van de in lid 1 bedoelde bevoegdheid niet in de weg. De bevoegdheid wordt alsdan uitgeoefend overeenkomstig de regels die voor de curatele onderscheidenlijk het desbetreffende bewind gelden. Is de echtgenoot in staat van faillissement verklaard, is ten aanzien van hem de schuldsaneringsregeling natuurlijke personen van toepassing verklaard dan wel aan hem surseance van betaling verleend, dan wordt deze bevoegdheid uitgeoefend door de curator, door de bewindvoerder, onderscheidenlijk door de echtgenoot met medewerking van de bewindvoerder.
4. Indien ten aanzien de erflater afdeling 2 of 3 van titel 18 van Boek 1 is toegepast, loopt de in lid 1 genoemde termijn van drie maanden vanaf de dag waarop de beschikking, bedoeld in artikel 417 lid 1 onderscheidenlijk artikel 427 lid 1 van Boek 1, in kracht van gewijsde is gegaan.

(Zie ook: artt. 14, 182, 188 BW Boek 4)

Art. 19

Overdracht goederen bij huwelijk bij kindsdeel

Indien een kind overeenkomstig artikel 13 lid 3 een geldvordering op zijn langstlevende ouder ter zake van de nalatenschap van zijn eerst overleden ouder heeft verkregen, en die ouder aangifte heeft gedaan van zijn voornemen opnieuw een huwelijk te willen aangaan, is deze verplicht aan het kind op diens verzoek goederen over te dragen met een waarde van ten hoogste die geldvordering, vermeerderd met de in lid 4 van dat artikel bedoelde verhoging. De overdracht vindt, tenzij de ouder daarvan afziet, plaats onder voorbehoud van het vruchtgebruik van de goederen.

(Zie ook: art. 43 BW Boek 1; artt. 88, 197 BW Boek 2; art. 81 BW Boek 3; artt. 23, 25, 26 BW Boek 4)

Art. 20

Overdracht goederen stiefouder bij kindsdeel

Indien een kind overeenkomstig artikel 13 lid 3 een geldvordering op zijn langstlevende ouder ter zake de nalatenschap van zijn eerst overleden ouder heeft verkregen en de langstlevende ouder bij diens overlijden gehuwd was, is de stiefouder verplicht aan het kind op diens verzoek goederen over te dragen met een waarde van ten hoogste die geldvordering, vermeerderd met de in lid 4 van dat artikel bedoelde verhoging. Wordt de nalatenschap van de langstlevende ouder niet overeenkomstig artikel 13 verdeeld, dan rust de in de vorige zin bedoelde verplichting op de erfgenamen van de langstlevende ouder.

Art. 21

Vruchtgebruik bij kindsdeel

Indien een kind overeenkomstig artikel 13 lid 3 een geldvordering op zijn stiefouder ter zake van de nalatenschap van zijn overleden ouder heeft verkregen, is de stiefouder verplicht aan het kind op diens verzoek goederen over te dragen met een waarde van ten hoogste die geldvordering, vermeerderd met de in lid 4 van dat artikel bedoelde verhoging. De overdracht vindt, tenzij de stiefouder daarvan afziet, plaats onder voorbehoud van het vruchtgebruik van de goederen.

(Zie ook: artt. 88, 197 BW Boek 2; art. 23 BW Boek 4)

Art. 22

Erfgenamen stiefouder bij kindsdeel

Indien een kind overeenkomstig artikel 13 lid 3 een geldvordering op zijn stiefouder ter zake van de nalatenschap van zijn overleden ouder heeft verkregen, en de stiefouder is overleden, zijn diens erfgenamen verplicht aan het kind op diens verzoek goederen over te dragen met een waarde van ten hoogste die geldvordering, vermeerderd met de in lid 4 van dat artikel bedoelde verhoging.

(Zie ook: art. 24 BW Boek 4)

Art. 23
1. Op het in de artikelen 19 en 21 bedoelde vruchtgebruik zijn de bepalingen van titel 8 van Boek 3 van toepassing, met dien verstande dat:

a. de echtgenoot is vrijgesteld van de jaarlijkse opgave als bedoeld in artikel 205 lid 4, alsmede van het stellen van zekerheid als bedoeld in artikel 206 lid 1, en artikel 206 lid 2 niet van toepassing is;

b. een machtiging als bedoeld in artikel 212 lid 3 ook gegeven kan worden voor zover de verzorgingsbehoefte van de echtgenoot of de nakoming van zijn verplichtingen overeenkomstig artikel 13 lid 2 dit nodig maakt.

2. De kantonrechter kan op de in lid 1 onder b bedoelde grond, op verzoek van de echtgenoot aan deze de bevoegdheid tot gehele of gedeeltelijke vervreemding en vertering als bedoeld in artikel 215 van Boek 3 toekennen. De hoofdgerechtigde wordt in het geding geroepen. Bij de beschikking kan de kantonrechter nadere regelingen treffen.

3. In afwijking van de eerste zin van artikel 213 lid 1 van Boek 3 en van artikel 215 lid 1 van Boek 3 verkrijgt de hoofdgerechtigde, tenzij hij met de echtgenoot anders overeenkomt, op het tijdstip van vervreemding een vordering op de echtgenoot ter grootte van de waarde die het goed op dat tijdstip had. Op de vordering zijn de leden 3 en 4 van artikel 13 en lid 1 van artikel 15 van overeenkomstige toepassing, met dien verstande dat de in artikel 13 lid 4 bedoelde vermeerdering wordt berekend vanaf het tijdstip van het ontstaan van de vordering.

4. Bij de vestiging van het vruchtgebruik of daarna kunnen nadere regelingen worden getroffen door de echtgenoot en de hoofdgerechtigde, dan wel door de kantonrechter op verzoek van een van hen.

(Zie ook: artt. 88, 197 BW Boek 2)

5. De echtgenoot is niet bevoegd het vruchtgebruik over te dragen of te bezwaren.

6. Het vruchtgebruik kan niet worden ingeroepen tegen schuldeisers die zich op de daaraan onderworpen goederen verhalen ter zake van schulden van de nalatenschap of schulden van de echtgenoot die konden worden verhaald op de goederen van een gemeenschap waarvan de echtgenoot en de erflater de deelgenoten waren. In geval van zodanige uitwinning is artikel 282 van Boek 3 niet van toepassing.

(Zie ook: art. 201 BW Boek 3)

Art. 24
1. De in de artikelen 19, 20, 21 en 22 bedoelde verplichting tot overdracht betreft goederen die deel hebben uitgemaakt van de nalatenschap van de erflater of van de door diens overlijden ontbonden huwelijksgemeenschap. In afwijking van de eerste zin heeft de in de artikelen 21 en 22 bedoelde verplichting tot overdracht geen betrekking op goederen die van de zijde van de stiefouder in de huwelijksgemeenschap met de erflater zijn gevallen.

2. De in de artikelen 19, 20, 21 en 22 bedoelde verplichting tot overdracht betreft mede goederen die in de plaats zijn gekomen voor goederen als bedoeld in lid 1, eerste zin. Indien een goed is verkregen met middelen die voor minder dan de helft afkomstig zijn uit de in lid 1 bedoelde nalatenschap of ontbonden huwelijksgemeenschap, valt het niet onder de in de eerste zin bedoelde verplichting. Is een goed mede met middelen uit een lening verkregen, dan blijven deze middelen voor de toepassing van de tweede zin buiten beschouwing.

3. Een goed dat behoort tot het vermogen van degene die tot overdracht is verplicht of tot de huwelijksgemeenschap waarin deze is gehuwd, wordt vermoed deel te hebben uitgemaakt van de in lid 1, eerste zin, bedoelde nalatenschap of ontbonden huwelijksgemeenschap of voor zodanig goed in de plaats te zijn gekomen.

(Zie ook: artt. 124, 125 BW Boek 1)

Art. 25
1. De waarde van de over te dragen goederen, vast te stellen naar het tijdstip van de overdracht, wordt in de eerste plaats in mindering gebracht op de aan het kind verschuldigde hoofdsom en vervolgens op de verhoging, tenzij door de erflater of bij de overdracht anders is bepaald. Voor de toepassing van de artikelen 19 en 21 wordt de waarde van de goederen vastgesteld zonder daarbij het vruchtgebruik in aanmerking te nemen.

2. Een kind dat voornemens is een in de artikelen 19, 20, 21 en 22 bedoeld verzoek te doen, is gehouden de andere kinderen die een dergelijk verzoek kunnen doen, op een zodanig tijdstip van zijn voornemen in kennis te stellen dat zij tijdig kunnen beslissen eveneens een verzoek te doen.

3. Degene die tot overdracht van goederen verplicht kan worden, kan een kind een redelijke termijn stellen waarbinnen een verzoek als bedoeld in de artikelen 19, 20, 21 en 22 kan worden gedaan. Gaat hij daartoe over, dan stelt hij ook de andere kinderen die een zodanig verzoek kunnen doen, daarvan in kennis.

4. Bestaat tussen degene die tot overdracht van goederen verplicht is en het kind, of tussen twee of meer kinderen geen overeenstemming over de overdracht van een goed, dan beslist op verzoek van een hunner de kantonrechter, rekening houdende naar billijkheid met de belangen van ieder hunner.

art. 4:26   13 Burgerlijk Wetboek Boek 4

Geldvordering   5. Voor zover een kind de in artikel 13 lid 3 bedoelde vordering aan een andere persoon overdraagt, gaat de in de artikelen 19, 20, 21 en 22 bedoelde bevoegdheid teniet.

Uiterste wilsbeschikking   6. Bij uiterste wilsbeschikking kan de erflater de verplichtingen, bedoeld in de artikelen 19 tot en met 22, uitbreiden, beperken of opheffen.
(Zie ook: art. 676a Rv)

Art. 26

Opvragen kindsdeel door minderjarig kind   1. Indien een minderjarig kind een bevoegdheid heeft als in de artikelen 19, 20, 21 en 22 bedoeld, dient zijn wettelijke vertegenwoordiger binnen drie maanden na het verkrijgen van de bevoegdheid aan de kantonrechter schriftelijk zijn voornemen met betrekking tot de uitoefening van die bevoegdheid mede te delen. Heeft het kind geen wettelijke vertegenwoordiger, dan loopt deze termijn vanaf de dag van de benoeming. De kantonrechter verleent zijn goedkeuring aan het voornemen of onthoudt deze daaraan, rekening houdende naar billijkheid met de belangen van het kind, de andere kinderen aan wie de bevoegdheid eveneens toekomt en van degene jegens wie de bevoegdheid bestaat. Hij kan aan de goedkeuring voorwaarden verbinden. Zo nodig neemt de kantonrechter een eigen beslissing.

Opvragen kindsdeel door meerderjarig kind   2. Hetzelfde geldt indien het kind meerderjarig is doch het vrije beheer over zijn vermogen niet heeft. Staat de in artikel 13 lid 3 bedoelde geldvordering onder een bewind, dan wordt een in lid 1 bedoelde bevoegdheid uitgeoefend overeenkomstig de regels die voor het desbetreffende bewind gelden. Is het kind in staat van faillissement verklaard, is ten aanzien van hem de schuldsaneringsregeling natuurlijke personen van toepassing verklaard dan wel aan hem surseance van betaling verleend, dan rust de verplichting op de curator, op de bewindvoerder, onderscheidenlijk op het kind met medewerking van de bewindvoerder.

Afzien verzoek tot opvragen kindsdeel   3. Indien het goedkeuring van de kantonrechter is afgezien van het doen van een verzoek als genoemd in de artikelen 19, 20, 21 en 22, kan zodanig verzoek nadien niet alsnog worden gedaan. Bij zijn goedkeuring kan de kantonrechter anders bepalen.
(Zie ook: artt. 48, 253j, 342, 362, 409, 431 BW Boek 1; artt. 1, 213, 284 FW)

Art. 27

Kindsdeel van stiefkind   Bij uiterste wilsbeschikking kan de erflater bepalen dat een stiefkind in een verdeling als bedoeld in artikel 13 als eigen kind wordt betrokken. In dat geval is deze afdeling van toepassing, behoudens voor zover de erflater anders heeft bepaald. De afstammelingen van het stiefkind worden bij plaatsvervulling geroepen.
(Zie ook: artt. 12, 21, 22 BW Boek 4)

Afdeling 2
Andere wettelijke rechten

Art. 28

Bewoningsrecht echtgenoot en samenwoner bij nalatenschap   1. Indien de woning die de echtgenoot van de erflater bij diens overlijden bewoont, tot de nalatenschap of de ontbonden huwelijksgemeenschap behoort of de erflater, anders dan krachtens huur, ten gebruike toekwam, is de echtgenoot jegens de erfgenamen bevoegd tot voortzetting van de bewoning gedurende een termijn van zes maanden onder gelijke voorwaarden als tevoren. De echtgenoot is op gelijke wijze en voor gelijke duur bevoegd tot voortzetting van het gebruik van de inboedel, voor zover die tot de nalatenschap of de ontbonden huwelijksgemeenschap behoort of de erflater ten gebruike behoort.
2. Jegens de erfgenamen en de echtgenoot van de erflater hebben degenen die tot diens overlijden met hem een duurzame gemeenschappelijke huishouding hadden, overeenkomstige bevoegdheden met betrekking tot het gebruik van de woning en de inboedel die tot de nalatenschap of de ontbonden huwelijksgemeenschap behoren.

Art. 29

Vruchtgebruik woning en inboedel echtgenoot bij nalatenschap   1. Voor zover de echtgenoot van de erflater tengevolge van uiterste wilsbeschikkingen van de erflater niet of niet enig rechthebbende is op de tot de nalatenschap van de erflater behorende woning, die ten tijde van het overlijden door de erflater en zijn echtgenoot tezamen of door de echtgenoot alleen bewoond werd, of op de tot de nalatenschap behorende inboedel daarvan, zijn de erfgenamen verplicht tot medewerking aan de vestiging van een vruchtgebruik op die woning en die inboedel ten behoeve van de echtgenoot, voor zover deze dit van hen verlangt. De eerste zin geldt niet voor zover de kantonrechter op een daartoe strekkend verzoek artikel 33 lid 2, onder a, heeft toegepast.
2. Zolang de echtgenoot een beroep op lid 1 toekomt, zijn de erfgenamen niet bevoegd tot beschikking over die goederen, noch tot verhuring of verpachting daarvan; gedurende dat tijdsbestek kunnen die goederen slechts worden uitgewonnen voor de in artikel 7 lid 1 onder a tot en met f genoemde schulden.
3. De leden 1 en 2 zijn van overeenkomstige toepassing op de legatarissen en de door een testamentaire last bevoordeelden met betrekking tot de goederen die zij als zodanig uit de nalatenschap hebben verkregen.
(Zie ook: art. 39 BW Boek 4)

Art. 30

1. De erfgenamen zijn verplicht tot medewerking aan de vestiging van een vruchtgebruik op andere goederen van de nalatenschap dan bedoeld in artikel 29 ten behoeve van de echtgenoot van de erflater, voor zover de echtgenoot daaraan, de omstandigheden in aanmerking genomen, voor zijn verzorging – daaronder begrepen de nakoming van de overeenkomstig artikel 35 lid 2 op hem rustende verplichtingen – behoefte heeft en die medewerking van hen verlangt. *[Vruchtgebruik ter verzorging echtgenoot bij nalatenschap]*

2. Lid 1 is mede van toepassing met betrekking tot hetgeen moet worden geacht in de plaats te zijn gekomen van goederen van de nalatenschap. Voorts is lid 1 mede van toepassing op een geldvordering als bedoeld in artikel 13 lid 3, indien de erflater bij uiterste wilsbeschikking de gronden voor opeisbaarheid heeft uitgebreid. Een vruchtgebruik op een geldvordering als bedoeld in de tweede zin eindigt in elk geval indien de echtgenoot in staat van faillissement is verklaard of ten aanzien van hem de schuldsaneringsregeling natuurlijke personen van toepassing is verklaard. In het laatstbedoelde geval herleeft door beëindiging van de toepassing van de schuldsaneringsregeling natuurlijke personen op grond van artikel 356 lid 2 van de Faillissementswet het vruchtgebruik op de vordering, voorzover deze onvoldaan is gebleven. Artikel 358 lid 1 van de Faillissementswet vindt ten aanzien van de vordering geen toepassing.

3. De voorgaande leden zijn van overeenkomstige toepassing op de legatarissen en de door een testamentaire last bevoordeelden met betrekking tot de goederen die zij als zodanig uit de nalatenschap hebben verkregen. Onder goederen als bedoeld in de eerste zin worden mede begrepen ingevolge een legaat of een testamentaire last verkregen geldsommen en beperkte rechten op goederen van de nalatenschap.

4. De erflater kan bij uiterste wilsbeschikking goederen aanwijzen die vóór of na andere voor bezwaring met het vruchtgebruik in aanmerking komen.

5. Voor zover de erflater de in het vorige lid toegekende bevoegdheid niet heeft uitgeoefend, komen gelegateerde en krachtens een testamentaire last verkregen goederen slechts voor bezwaring met vruchtgebruik in aanmerking, indien de overige goederen der nalatenschap tot verzorging van de echtgenoot onvoldoende zijn. Voor zover het making is te beschouwen als voldoening aan een natuurlijke verbintenis van de erflater, komt zij pas na de andere makingen voor bezwaring met vruchtgebruik in aanmerking.

6. Voor zover de echtgenoot en degenen die hun medewerking aan de vestiging van het vruchtgebruik moeten verlenen, niet tot overeenstemming kunnen komen over de goederen waarop dit zal komen te rusten, gelast op verzoek van een hunner de kantonrechter de aanwijzing van die goederen of wijst hij deze zelf aan, rekening houdende naar billijkheid met de belangen van ieder van hen.

7. Bij de bepaling van de behoefte aan verzorging wordt op hetgeen de echtgenoot toekomt, in mindering gebracht hetgeen hij krachtens erfrecht en door goederen uit de nalatenschap had kunnen verkrijgen met uitzondering van het vruchtgebruik dat hij ingevolge het vorige artikel had kunnen doen vestigen. Voorts komt daarop in mindering hetgeen hij had kunnen verkrijgen uit een sommenverzekering die door het overlijden van de erflater tot uitkering komt.
(Zie ook: artt. 39, 152 BW Boek 4)

Art. 31

1. Op het vruchtgebruik ingevolge de artikelen 29 en 30 zijn de leden 1, 2, 4 en 5 van artikel 23 van overeenkomstige toepassing. Het vruchtgebruik kan niet worden ingeroepen tegen schuldeisers die zich op de daaraan onderworpen goederen verhalen ter zake van schulden als bedoeld in artikel 7 lid 1 onder a tot en met f. De uitwinning is echter niet toegelaten, indien de echtgenoot niet met vruchtgebruik belaste goederen der nalatenschap aanwijst die voldoende verhaal bieden. *[Schakelbepaling]*

2. De mogelijkheid om aanspraak te maken op vestiging van het vruchtgebruik vervalt, indien de echtgenoot niet binnen een redelijke, hem door een belanghebbende gestelde termijn, en uiterlijk voor de toepassing van artikel 29 zes maanden en voor de toepassing van artikel 30 een jaar na het overlijden van de erflater heeft verklaard op de vestiging van het vruchtgebruik aanspraak te maken. *[Termijn bij vruchtgebruik]*

3. De rechtsvordering ingevolge de artikelen 29 en 30 verjaart door verloop van een jaar en drie maanden na het openvallen der nalatenschap. *[Verjaring rechtsvordering]*

4. Heeft de erflater bij uiterste wilsbeschikking aan zijn echtgenoot de bevoegdheid ontzegd om zich bij de overdracht van een goed ingevolge de artikelen 19 en 21 een vruchtgebruik voor te behouden, dan vervalt, in afwijking van lid 2, de mogelijkheid om ingevolge artikel 29 of 30 aanspraak te maken op vestiging van het vruchtgebruik op dat goed door verloop van drie maanden nadat op overdracht van het goed aanspraak is gemaakt. In dat geval verjaart de rechtsvordering tot vestiging van het vruchtgebruik door verloop van een jaar en drie maanden nadat op overdracht van het goed aanspraak is gemaakt. *[Uiterste wilsbeschikking]*
(Zie ook: art. 39 BW Boek 4)

Art. 32

Vruchtgebruik bij procedure tot echtscheiding of scheiding van tafel en bed

De echtgenoot kan geen aanspraak maken op vestiging van het vruchtgebruik ingevolge de artikelen 29 en 30, wanneer een procedure tot echtscheiding of tot scheiding van tafel en bed van de erflater en de echtgenoot meer dan een jaar voor het openvallen van de nalatenschap was aangevangen en de echtscheiding of de scheiding van tafel en bed ten gevolge van het overlijden van de erflater niet meer tot stand heeft kunnen komen. De eerste zin blijft buiten toepassing indien de omstandigheid dat de echtscheiding of de scheiding van tafel en bed niet meer tot stand heeft kunnen komen, niet in overwegende mate de echtgenoot kan worden aangerekend.

(Zie ook: art. 39 BW Boek 4)

Art. 33

Bevoegdheden kantonrechter bij vruchtgebruik

1. De kantonrechter kan op verzoek van een hoofdgerechtigde, mits daardoor een zwaarwegend belang van deze wordt gediend en in vergelijking hiermede het belang van de echtgenoot niet ernstig wordt geschaad:
    a. aan de hoofdgerechtigde een met vruchtgebruik belast goed uit de nalatenschap, al dan niet onder de last van het vruchtgebruik, toedelen;
    b. het vruchtgebruik van een of meer goederen beëindigen;
    c. aan het vruchtgebruik verbonden bevoegdheden van de echtgenoot beperken of hem deze ontzeggen;
    d. het vruchtgebruik in het belang van de hoofdgerechtigde onder bewind stellen.
2. De kantonrechter kan, onverminderd lid 1, voor zover de echtgenoot aan het vruchtgebruik, de omstandigheden in aanmerking genomen, voor zijn verzorging, daaronder begrepen de nakoming van de overeenkomstig artikel 35 lid 2 op hem rustende verplichtingen, geen behoefte heeft:
    a. op verzoek van een rechthebbende de verplichting tot medewerking aan de vestiging van het vruchtgebruik opheffen, of
    b. op verzoek van een hoofdgerechtigde het vruchtgebruik beëindigen.
3. De andere rechthebbenden worden in het geding geroepen. Bij zijn beschikking kan de kantonrechter nadere regelingen treffen.
4. Een rechthebbende kan te allen tijde, ter afwering van een vordering of andere rechtsmaatregel, gericht op de nakoming van een verplichting tot medewerking aan de vestiging van het vruchtgebruik, een beroep in rechte doen op de in lid 2 genoemde grond voor opheffing van die verplichting.
5. De kantonrechter houdt bij de toepassing van lid 2 in ieder geval rekening met:
    a. de leeftijd van de echtgenoot;
    b. de samenstelling van de huishouding waartoe de echtgenoot behoort;
    c. de mogelijkheden van de echtgenoot om zelf in de verzorging te voorzien door middel van arbeid, pensioen, eigen vermogen dan wel andere middelen of voorzieningen;
    d. hetgeen in de gegeven omstandigheden als een passend verzorgingsniveau voor de echtgenoot kan worden beschouwd.

(Zie ook: art. 39 BW Boek 4)

Art. 34

Niet-toereikend vruchtgebruik bij nalatenschap

1. Voor zover de nalatenschap niet toereikend is tot voldoening van hetgeen de echtgenoot ingevolge de artikelen 29 en 30 toekomt, kan hij overgaan tot inkorting van de daarvoor vatbare giften, met overeenkomstige toepassing van artikel 89, leden 2 en 3, en artikel 90, leden 1 en 3. De artikelen 66, 68 en 69 zijn van overeenkomstige toepassing. Verkrijgt de echtgenoot ook door deze inkorting niet hetgeen hem toekomt, dan kan hij zich verhalen op hetgeen een legitimaris door inkorting heeft verkregen.
2. De echtgenoot verkrijgt door uitoefening van de bevoegdheden, bedoeld in lid 1, het vruchtgebruik van de geldsom waarvoor de inkorting is geschied of waarvoor hij verhaal heeft genomen. Op het vruchtgebruik zijn de leden 1, 2, 4 en 5 van artikel 23 van overeenkomstige toepassing.
3. Zo nodig kan het vruchtgebruik van de echtgenoot zich uitstrekken over alle goederen der nalatenschap en alle geldsommen waarvoor de in lid 1 bedoelde giften kunnen worden ingekort.
4. Geschillen over de toepassing van het onderhavige artikel en de artikelen 35 tot en met 37 worden op verzoek van de meest gerede partij beslist door de kantonrechter.

Art. 35

Som ineens bij verzorging en opvoeding/levensonderhoud/studie bij kindsdeel

1. Een kind van de erflater, een kind als bedoeld in artikel 394 van Boek 1 daaronder begrepen, kan aanspraak maken op een som ineens, voor zover deze nodig is voor:
    a. zijn verzorging en opvoeding tot het bereiken van de leeftijd van achttien jaren; en voorts voor:
    b. zijn levensonderhoud en studie tot het bereiken van de leeftijd van een en twintig jaren.
2. De som ter zake van de verzorging en opvoeding komt het kind niet toe, voor zover de echtgenoot of een erfgenaam van de erflater krachtens wet of overeenkomst is gehouden om in de kosten daarvan te voorzien. De som ter zake van levensonderhoud en studie komt het

13 Burgerlijk Wetboek Boek 4 — art. 4:40

kind niet toe, voor zover de echtgenoot van de erflater krachtens artikel 395a van Boek 1 verplicht is om in de kosten daarvan te voorzien.
3. Op de som ineens komt in mindering hetgeen de rechthebbende had kunnen verkrijgen krachtens erfrecht of krachtens een sommenverzekering die door het overlijden van de erflater tot uitkering komt.
(Zie ook: art. 39 BW Boek 4)

Art. 36
1. Een kind, stiefkind, pleegkind, behuwdkind of kleinkind van de erflater dat in diens huishouding of in het door hem uitgeoefende beroep of bedrijf gedurende zijn meerderjarigheid arbeid heeft verricht zonder een voor die arbeid passende beloning te ontvangen, kan aanspraak maken op een som ineens, strekkend tot een billijke vergoeding. — *Som ineens als beloning vroegere arbeid bij kindsdeel*
2. Op de som komt in mindering hetgeen de rechthebbende van de erflater heeft ontvangen of krachtens making of sommenverzekering op het leven van de erflater verkrijgt of had kunnen verkrijgen, voor zover dat als een beloning voor zijn werkzaamheden kan worden beschouwd.
(Zie ook: art. 39 BW Boek 4)

Art. 37
1. Degene die krachtens de artikelen 35 en 36 aanspraak maakt op een som ineens, heeft een vordering op de gezamenlijke erfgenamen. De mogelijkheid om aanspraak te maken op een som ineens vervalt, indien de rechthebbende niet binnen een redelijke, hem door een belanghebbende gestelde termijn, en uiterlijk negen maanden na het overlijden van de erflater, heeft verklaard dat hij de som ineens wenst te ontvangen. — *Aanspraak op som ineens bij kindsdeel*
2. De vordering is niet opeisbaar totdat zes maanden zijn verstreken na het overlijden van de erflater.
3. De rechtsvordering verjaart door verloop van een jaar na het overlijden van de erflater. Indien die erflater een echtgenoot achterlaat, wordt voor degene die krachtens artikel 36 aanspraak op een som ineens heeft gemaakt, deze termijn verlengd tot een jaar na het overlijden van die echtgenoot.
4. De sommen ineens bedragen gezamenlijk ten hoogste de helft van de waarde der nalatenschap; voor zoveel nodig ondergaan zij elk een evenredige vermindering. Onder de waarde der nalatenschap wordt in dit artikel verstaan de waarde van de goederen der nalatenschap, verminderd met de in artikel 7 lid 1 onder a tot en met e vermelde schulden.
5. De voldoening van de sommen ineens komt ten laste van het gedeelte der nalatenschap waarover niet bij uiterste wilsbeschikking is beschikt, en vervolgens, zo dit onvoldoende is, van de makingen; artikel 87 lid 2, tweede zin, is op een inkorting van overeenkomstige toepassing.

Art. 38
1. Op verzoek van een kind of stiefkind van de erflater kan de kantonrechter, mits daardoor een zwaarwegend belang van het kind of stiefkind wordt gediend en in vergelijking hiermede het belang van de rechthebbende niet ernstig wordt geschaad, de rechthebbende verplichten tot overdracht tegen een redelijke prijs aan het kind of stiefkind, dan wel diens echtgenoot, van de tot de nalatenschap of de ontbonden huwelijksgemeenschap behorende goederen die dienstbaar waren aan een door de erflater uitgeoefend beroep of bedrijf dat door het kind of stiefkind dan wel diens echtgenoot wordt voortgezet. Bij zijn beschikking kan de kantonrechter nadere regelingen treffen. — *Overdracht aan kind/stiefkind bij voortzetting beroep/bedrijf bij nalatenschap*
2. Het vorige lid is van overeenkomstige toepassing ten aanzien van aandelen in een naamloze vennootschap of een besloten vennootschap met beperkte aansprakelijkheid waarvan de erflater bestuurder was en waarin deze alleen of met zijn medebestuurders de meerderheid der aandelen hield, indien het kind of stiefkind, dan wel diens echtgenoot ten tijde van het overlijden bestuurder van die vennootschap is of nadien die positie van de erflater voortzet.
3. Het vorige lid is slechts van toepassing voor zover de statutaire regels omtrent overdracht van aandelen zich daartegen niet verzetten.
4. Het recht om een verzoek als bedoeld in de leden 1 en 2 te doen, vervalt na verloop van een jaar na het overlijden van de erflater.
5. De leden 1 tot en met 4 zijn van overeenkomstige toepassing ingeval de echtgenoot van de erflater een door de erflater uitgeoefend beroep of bedrijf voortzet, ook indien de echtgenoot ingevolge deze afdeling het vruchtgebruik van de desbetreffende goederen heeft of kan verkrijgen. — *Overdracht aan echtgenoot bij voortzetting beroep/bedrijf*
(Zie ook: art. 39 BW Boek 4)

Art. 39
Degene aan wie een in de artikelen 29 tot en met 33, 35, 36 en 38 bedoeld recht toekomt en niet erfgenaam is, heeft dezelfde bevoegdheden als in artikel 78 aan een legitimaris worden toegekend. — *Recht niet-erfgenaam bij nalatenschap*

Art. 40
Indien ten aanzien van de erflater afdeling 2 of 3 van titel 18 van Boek 1 is toegepast, lopen de termijnen, genoemd in lid 1 van artikel 28, de leden 2 en 3 van artikel 31, de tweede zin van het eerste lid, de eerste zin van het tweede lid en de eerste zin van het derde lid van artikel 37, — *Termijnen bij nalatenschap*

alsmede het vierde lid van artikel 38 vanaf de dag waarop de beschikking, bedoeld in artikel 417 lid 1 onderscheidenlijk artikel 427 lid 1 van Boek 1, in kracht van gewijsde is gegaan.
(Zie ook: art. 80 BW Boek 4)

Art. 41

Niet-afwijkend recht door uiterste wilsbeschikking bij nalatenschap

Bij uiterste wilsbeschikking kan van het in deze afdeling bepaalde niet worden afgeweken.

Titel 4
Uiterste willen

Afdeling 1
Uiterste wilsbeschikkingen in het algemeen

Art. 42

Uiterste wilsbeschikking bij nalatenschap

1. Een uiterste wilsbeschikking is een eenzijdige rechtshandeling, waarbij een erflater een beschikking maakt, die eerst werkt na zijn overlijden en die in dit Boek is geregeld of in de wet als zodanig wordt aangemerkt.
2. De erflater kan een uiterste wilsbeschikking steeds eenzijdig herroepen.
3. Een uiterste wilsbeschikking kan alleen bij uiterste wil en slechts door de erflater persoonlijk worden gemaakt en herroepen.

Art. 43

Niet-vernietigbaarheid van uiterste wilsbeschikking

1. Een uiterste wilsbeschikking is niet vatbaar voor vernietiging op de grond dat zij door misbruik van omstandigheden is tot stand gekomen.
2. Een uiterste wilsbeschikking, gemaakt onder invloed van een onjuiste beweegreden, is slechts dan vernietigbaar, wanneer de door de erflater ten onrechte veronderstelde omstandigheid die zijn beweegreden tot de beschikking is geweest, in de uiterste wil zelf is aangeduid en de erflater de beschikking niet zou hebben gemaakt, indien hij van de onjuistheid dier veronderstelling had kennis gedragen.
3. Een uiterste wilsbeschikking kan niet op grond van bedreiging, bedrog of een onjuiste beweegreden worden vernietigd, wanneer de erflater haar heeft bevestigd nadat de invloed van de bedreiging heeft opgehouden te werken of het bedrog of de onjuistheid van de beweegreden is ontdekt.
(Zie ook: art. 44 BW Boek 3)

Art. 44

Nietigverklaring van uiterste wilsbeschikking

1. Een uiterste wilsbeschikking waarvan de inhoud in strijd is met de goede zeden of de openbare orde, is nietig.
2. Eveneens is een uiterste wilsbeschikking nietig, wanneer voor deze een in de uiterste wil vermelde beweegreden die in strijd is met de goede zeden of de openbare orde, beslissend is geweest.
(Zie ook: art. 40 BW Boek 3)

Art. 45

Onmogelijk te vervullen voorwaarde/last van uiterste wilsbeschikking

1. Een voorwaarde of een last die onmogelijk te vervullen is, of die in strijd is met de goede zeden, de openbare orde of een dwingende wetsbepaling, wordt voor niet geschreven gehouden. De beschikking waaraan de voorwaarde of de last is toegevoegd, is nietig, indien deze de beslissende beweegreden tot die beschikking is geweest.
2. Een voorwaarde of last die de strekking heeft de bevoegdheid tot vervreemding of bezwaring van goederen uit te sluiten, wordt voor niet geschreven gehouden.

Art. 46

Uitleg van uiterste wilsbeschikking

1. Bij de uitlegging van een uiterste wilsbeschikking dient te worden gelet op de verhoudingen die de uiterste wil kennelijk wenst te regelen, en op de omstandigheden waaronder de uiterste wil is gemaakt.
2. Daden of verklaringen van de erflater buiten de uiterste wil mogen slechts dan voor uitlegging van een beschikking worden gebruikt, indien deze zonder die daden of verklaringen geen duidelijke zin heeft.
3. Wanneer een erflater zich klaarblijkelijk in de aanduiding van een persoon of een goed heeft vergist, wordt de beschikking naar de bedoeling van de erflater ten uitvoer gebracht, indien deze bedoeling ondubbelzinnig met behulp van de uiterste wil of met andere gegevens kan worden vastgesteld.

Art. 47

Beschikking bij uiterste wilsbeschikking

Wanneer de uitvoering van een beschikking, anders dan als gevolg van een na het overlijden van de erflater ingetreden omstandigheid, blijvend onmogelijk is, vervalt de beschikking, zonder dat een andere beschikking daarvoor in de plaats mag worden gesteld, tenzij de wet het tegendeel

bepaalt, of uit de uiterste wil zelf is af te leiden dat de erflater die andere beschikking zou hebben gemaakt, wanneer hem de onmogelijkheid bekend was geweest.
(Zie ook: art. 42 BW Boek 3; art. 78 BW Boek 6)

Art. 48
Wanneer in eenzelfde uiterste wil twee of meer personen tot hetzelfde, al of niet voor bepaalde delen, zijn geroepen en de beschikking ten opzichte van een geroepene geen gevolg heeft, vindt ten behoeve van de overigen aanwas naar evenredigheid van de hun toekomende delen plaats, tenzij uit de uiterste wil zelf het tegendeel is af te leiden. *Aanwas naar evenredigheid bij uiterste wilsbeschikking*
(Zie ook: artt. 3, 43 , 47, 62, 131, 190, 201 BW Boek 4)

Art. 49
1. Een ten laste van een erfgenaam gemaakt legaat van een bepaald goed, of van een op een bepaald goed te vestigen recht, vervalt indien het goed bij het openvallen van de nalatenschap daartoe niet behoort, tenzij uit de uiterste wil zelf is af te leiden dat de erflater de beschikking niettemin heeft gewild. *Legaat bij niet-eigendom erflater van uiterste wilsbeschikking*
2. Kan in laatstgenoemd geval degene op wie de verplichting rust, zich het gelegateerde goed niet of slechts ten koste van een onevenredig grote opoffering verschaffen, dan is hij gehouden de waarde van het goed uit te keren.
3. Voor de toepassing van het eerste lid wordt een goed geacht niet tot de nalatenschap te behoren, indien de erflater tot overdracht van het goed verplicht was en deze verbintenis niet met zijn dood is tenietgegaan.
(Zie ook: art. 47 BW Boek 4)

Art. 50
1. Tenzij de erflater anders heeft beschikt, wordt een gelegateerd goed geleverd in de staat waarin het zich op het ogenblik van overlijden van de erflater bevindt. *Gelegateerd goed bij uiterste wilsbeschikking*
2. Mitsdien is een erfgenaam niet verplicht het vermaakte goed te bevrijden van enig beperkt recht dat daarop is gevestigd.
3. Is een vordering van de erflater op een erfgenaam, een beperkt recht van de erflater op een goed van een erfgenaam, of een goed van de erflater waarop een beperkt recht van een erfgenaam is gevestigd gelegateerd, dan vindt geen vermenging plaats, tenzij het legaat wordt verworpen.
(Zie ook: art. 81 BW Boek 3; art. 161 BW Boek 6)

Art. 51
1. Wanneer een echtgenoot ten laste van zijn gezamenlijke erfgenamen een bepaald goed uit de huwelijksgemeenschap heeft vermaakt, kan de legataris levering van het gehele goed van hen vorderen, doch zij kunnen, voor zover het goed bij de verdeling van de huwelijksgemeenschap aan de andere echtgenoot of diens erfgenamen wordt toebedeeld, volstaan met uitkering van de waarde van het goed. Deze bevoegdheid komt ook toe aan de andere echtgenoot die enig erfgenaam is, en diens erfgenamen. *Waarde vermaakt goed bij uiterste wilsbeschikking*
2. Het vorige lid is alleen van toepassing indien de huwelijksgemeenschap op het ogenblik dat de beschikking werd gemaakt, nog niet ontbonden was.
(Zie ook: art. 47 BW Boek 4)

Art. 52
Een beschikking, getroffen ten voordele van degene met wie de erflater op het tijdstip van het maken van de uiterste wil gehuwd was of reeds trouwbeloften gewisseld had, vervalt door een daarna ingetreden echtscheiding of scheiding van tafel en bed, tenzij uit de uiterste wil zelf het tegendeel is af te leiden. *Beschikking bij echtscheiding/scheiding van tafel en bed bij uiterste wilsbeschikking*
(Zie ook: artt. 49, 150, 169 BW Boek 1; art. 43 BW Boek 4)

Art. 53
Een uiterste wilsbeschikking ten voordele van de naaste bloedverwanten of het naaste bloed van de erflater, zonder nadere aanduiding, wordt vermoed gemaakt te zijn ten voordele van de door de wet geroepen bloedverwanten van de erflater naar evenredigheid van ieders aandeel bij versterf. *Naaste bloedverwant of naaste bloed bij uiterste wilsbeschikking*
(Zie ook: art. 10 BW Boek 4)

Art. 54
1. Rechtsvorderingen tot vernietiging van een uiterste wilsbeschikking verjaren een jaar nadat de dood van de erflater alsmede de uiterste wilsbeschikking en de vernietigingsgrond ter kennis zijn gekomen van hem die een beroep op deze grond kan doen, dan wel van zijn rechtsvoorganger. *Verjaring rechtsvordering tot vernietiging bij uiterste wilsbeschikking*
2. De bevoegdheid om ter vernietiging van een uiterste wilsbeschikking een beroep op een vernietigingsgrond te doen vervalt buiten het geval bedoeld in artikel 51 lid 3 van Boek 3 uiterlijk drie jaren nadat de dood van de erflater en de uiterste wilsbeschikking ter kennis zijn gekomen van degene aan wie deze bevoegdheid toekomt, dan wel van zijn rechtsvoorganger.
(Zie ook: art. 52 BW Boek 3; art. 110 BW Boek 4)

Afdeling 2
Wie uiterste wilsbeschikkingen kunnen maken en wie daaruit voordeel kunnen genieten

Art. 55

Handelingsbekwamen en minderjarigen bij uiterste wilsbeschikking

1. Behalve zij die handelingsbekwaam zijn, kunnen ook minderjarigen die de leeftijd van zestien jaren hebben bereikt, en zij die op een andere grond dan wegens hun lichamelijke of geestelijke toestand onder curatele zijn gesteld, uiterste wilsbeschikkingen maken.
2. Hij die wegens zijn lichamelijke of geestelijke toestand onder curatele staat, kan slechts met toestemming van de kantonrechter uiterste wilsbeschikkingen maken. De kantonrechter kan aan zijn toestemming voorwaarden verbinden.
3. De bekwaamheid van de erflater wordt beoordeeld naar de staat, waarin hij zich bevond op het ogenblik dat de beschikking werd gemaakt.

(Zie ook: artt. 31, 233, 234, 378, 382 BW Boek 1; art. 32 BW Boek 3)

Art. 56

Nalatenschap bij uiterste wilsbeschikking

1. Om aan een making een recht te kunnen ontlenen, moet men bestaan op het ogenblik dat de nalatenschap openvalt. Rechten uit een making ten voordele van een rechtspersoon die voor dat ogenblik is opgehouden te bestaan ten gevolge van een fusie of een splitsing, komen toe aan de verkrijgende rechtspersoon, onderscheidenlijk de verkrijgende rechtspersoon waarvan de aan de akte van splitsing gehechte beschrijving datbepaalt. Indien aan de hand van de aan de akte van splitsing gehechte beschrijving niet kan worden bepaald welke rechtspersoon in de plaats en de rechten treedt van de gesplitste rechtspersoon, is artikel 334s van Boek 2 van overeenkomstige toepassing.

Fidei commis ten laste van afstammeling ouder

2. Indien een erflater heeft bepaald dat hetgeen hij aan een afstammeling van een ouder van de erflater nalaat, bij het overlijden van de bevoordeelde of op een eerder tijdstip zal ten deel vallen aan diens alsdan bestaande afstammelingen staaksgewijze, ontlenen dezen aan de making een recht, ook al bestonden zij nog niet bij het overlijden van de erflater.

Uiterste wilsbeschikking, fidei commis ten laste van derde

3. Heeft een erflater bepaald dat hetgeen hij aan iemand nalaat, bij het overlijden van de bevoordeelde of op een eerder tijdstip zal ten deel vallen aan een afstammeling van een ouder van de erflater, en tevens dat indien die afstammeling dat tijdstip niet overleeft, diens alsdan bestaande afstammelingen staaksgewijze in diens plaats zullen treden, dan verkrijgen dezen dit recht, ook al bestonden zij nog niet bij het overlijden van de erflater.
4. Indien een erflater heeft bepaald dat hetgeen de bevoordeelde van het hem nagelatene bij zijn overlijden of op een eerder tijdstip onverteerd zal hebben gelaten, alsdan zal ten deel vallen aan een dan bestaande bloedverwant van de erflater in de erfelijke graad, verkrijgt deze dit recht, ook al bestond hij nog niet bij het overlijden van de erflater.

(Zie ook: artt. 2, 412, 426 BW Boek 1; artt. 30, 288, 309, 334a BW Boek 2; artt. 70, 139, 141 BW Boek 4)

Art. 57

Voogd erflater bij uiterste wilsbeschikking

1. Een erflater kan geen uiterste wilsbeschikking maken ten voordele van degene die op het tijdstip van het maken van de beschikking zijn voogd is.
2. Hij die voogd van de erflater is geweest, kan uit diens uiterste wilsbeschikkingen geen voordeel genieten, indien de erflater binnen het jaar na zijn meerderjarig worden en voor het afleggen en sluiten van de voogdijrekening is overleden.
3. Het in de vorige leden bepaalde is niet toepasselijk op bloedverwanten van de erflater in de opgaande lijn, die zijn voogden zijn of geweest zijn.

(Zie ook: artt. 3, 233, 234, 245, 280, 372 BW Boek 1; artt. 55, 62 BW Boek 4)

Art. 58

Uiterste wilsbeschikking ten voordele van leermeester

Minderjarigen kunnen geen uiterste wilsbeschikking maken ten voordele van hun leermeesters, met wie zij tezamen wonen.

(Zie ook: artt. 55, 60, 62 BW Boek 4)

Art. 59

Uiterste wilsbeschikking ten voordele van professionele verzorgenden

1. De beroepsbeoefenaren op het gebied van de individuele gezondheidszorg, die iemand gedurende de ziekte waaraan hij is overleden, bijstand hebben verleend, alsmede de geestelijk verzorgers die hem gedurende die ziekte hebben bijgestaan, kunnen geen voordeel trekken uit de uiterste wilsbeschikkingen die zodanig persoon gedurende de behandeling of de bijstand te hunnen behoeve heeft gemaakt.
2. Ook kan degene die een voor de verzorging of verpleging van bejaarden of geestelijk gestoorden bestemde instelling exploiteert of die daarvan de leiding heeft of daarin werkzaam is, geen voordeel trekken uit de uiterste wilsbeschikkingen, welke zodanig persoon gedurende een verblijf in die instelling te zijnen behoeve heeft gemaakt.

(Zie ook: artt. 60, 62 BW Boek 4)

Art. 60
Van het in de twee voorgaande artikelen bepaalde zijn uitgezonderd:
a. de beschikkingen tot vergelding van bewezen diensten, bij wijze van legaat gemaakt, met inachtneming echter zowel van de gegoedheid van de maker, als van de diensten die aan deze zijn bewezen;
b. de beschikkingen ten voordele van iemand die bloed- of aanverwant tot de vierde graad of de echtgenoot van de erflater is.

Uiterste wilsbeschikking voor leermeester/professionele verzorgenden

Art. 61
De notaris of andere persoon, die een uiterste wil of een akte van bewaargeving van een niet gesloten aangeboden onderhandse uiterste wil heeft verleden, en de getuigen die daarbij zijn tegenwoordig geweest, kunnen niet bij die uiterste wil worden bevoordeeld.
(Zie ook: artt. 62, 93 BW Boek 4)

Notaris en getuigen bij uiterste wilsbeschikking

Art. 62
1. Een uiterste wilsbeschikking die in strijd is met het in de artikelen 57-61 bepaalde, is vernietigbaar. De vernietiging vindt slechts plaats voor zover deze nodig is tot opheffing van het nadeel van degene die zich op de vernietigingsgrond beroept.
2. Een beschikking ten behoeve van een tussenbeidekomende persoon is op gelijke wijze vernietigbaar als een ten behoeve van de uitgesloten persoon zelf.
3. De vader, de moeder, de afstammelingen en de echtgenoot van een uitgesloten persoon worden geacht tussenbeidekomende personen te zijn, behalve wanneer zij bloedverwant in de rechte lijn of echtgenoot van de erflater zijn.
4. Indien een legataris in verband met een krachtens de vorige leden vernietigbaar legaat gehouden is een tegenprestatie te verrichten, is artikel 54 van Boek 3 van overeenkomstige toepassing.
(Zie ook: artt. 45, 49 BW Boek 3)

Vernietigingsgronden bij uiterste wilsbeschikking

Art. 3:54

Afdeling 3
Legitieme portie

Paragraaf 1
Algemene bepalingen

Art. 63
1. De legitieme portie van een legitimaris is het gedeelte van de waarde van het vermogen van de erflater, waarop de legitimaris in weerwil van giften en uiterste wilsbeschikkingen van de erflater aanspraak kan maken.
2. Legitimarissen zijn de afstammelingen van de erflater die door de wet als erfgenamen tot zijn nalatenschap worden geroepen, hetzij uit eigen hoofde, hetzij bij plaatsvervulling met betrekking tot personen die op het ogenblik van het openvallen der nalatenschap niet meer bestaan of die onwaardig zijn.
3. De legitimaris die de nalatenschap verwerpt, verliest zijn recht op de legitieme portie, tenzij hij bij het afleggen van de verklaring bedoeld in artikel 191, tevens verklaart dat hij zijn legitieme portie wenst te ontvangen.
(Zie ook: artt. 3, 71, 80 BW Boek 4)

Legitieme portie

Legitimarissen

Verwerping door legitimaris

Art. 64
1. De legitieme portie van een kind van de erflater bedraagt de helft van de waarde waarover de legitieme porties worden berekend, gedeeld door het aantal in artikel 10 lid 1 onder a genoemde, door de erflater achtergelaten personen.
2. Afstammelingen van een kind van de erflater dat op het ogenblik van het openvallen van de nalatenschap niet meer bestaat, worden voor de toepassing van het eerste lid tezamen als een door de erflater achtergelaten kind geteld. Afstammelingen van een kind van de erflater die legitimaris zijn, kunnen ieder slechts voor hun deel opkomen.

Legitieme portie van een kind

Legitieme portie van kleinkinderen

Paragraaf 2
De omvang van de legitieme portie

Art. 65
De legitieme porties worden berekend over de waarde van de goederen der nalatenschap, welke waarde wordt vermeerderd met de bij deze berekening in aanmerking te nemen giften en verminderd met de schulden, vermeld in artikel 7 lid 1 onder a tot en met c en f. Buiten beschouwing blijven giften waaruit schulden als bedoeld in artikel 7 lid 1 onder i zijn ontstaan.
(Zie ook: art. 6 BW Boek 4)

Berekening van legitieme portie

Art. 66

Waardering giften bij legitieme portie

1. Voor de toepassing van deze afdeling worden giften gewaardeerd naar het tijdstip van de prestatie, behoudens het in de volgende leden bepaalde. Met een mogelijkheid dat de erflater de gift had kunnen herroepen wordt geen rekening gehouden.
2. Giften waarbij de erflater zich het genot van het geschonkene gedurende zijn leven heeft voorbehouden, en andere giften van een voordeel bestemd om pas na zijn overlijden ten volle te worden genoten, worden geschat naar de waarde onmiddellijk na zijn overlijden. Hetzelfde geldt voor giften van prestaties die de erflater bij zijn overlijden nog niet had verricht, met dien verstande dat met deze giften, evenals met de uit dien hoofde nagelaten schulden, geen rekening wordt gehouden voor zover de nalatenschap niet toereikend is. Een gift die bestaat in de aanwijzing van een begunstigde bij sommenverzekering, wordt in aanmerking genomen tot haar waarde overeenkomstig artikel 188 leden 2 en 3 van Boek 7.
3. Giften, bestaande in de vervreemding van een goed door de erflater tegen verschaffing door de wederpartij van een aan het leven van de erflater gebonden recht, worden gewaardeerd als een gift van dat goed, verminderd met de waarde van de door de erflater ontvangen of hem bij zijn overlijden nog verschuldigde prestaties, voor zover deze niet bestonden in genot van dat goed.

(Zie ook: artt. 67, 70, 89, 233 BW Boek 4)

Art. 67

Giften bij legitieme portie

Bij de berekening van de legitieme porties worden de volgende door de erflater gedane giften in aanmerking genomen:
a. giften die kennelijk gedaan en aanvaard zijn met het vooruitzicht dat daardoor legitimarissen worden benadeeld;
b. giften die de erflater gedurende zijn leven te allen tijde had kunnen herroepen of die hij bij de gift voor inkorting vatbaar heeft verklaard;
c. giften van een voordeel, bestemd om pas na zijn overlijden ten volle te worden genoten;
d. giften, door de erflater aan een afstammeling gedaan, mits deze of een afstammeling van hem legitimaris van de erflater is;
e. andere giften, voor zover de prestatie binnen vijf jaren voor zijn overlijden is geschied.

(Zie ook: artt. 70, 89 BW Boek 4)

Art. 68

Giften aan echtgenoot bij legitieme portie

Giften van de erflater aan zijn echtgenoot worden voor de toepassing van deze afdeling buiten beschouwing gelaten voor zover zich, ten gevolge van een gemeenschap van goederen waarin de erflater en de echtgenoot ten tijde van de gift gehuwd waren of ten gevolge van een tussen hen op dat tijdstip geldend verrekenbeding, geen verrijking ten koste van het vermogen van de gever heeft voorgedaan.

(Zie ook: art. 8 BW Boek 4)

Art. 69

Giften die buiten beschouwing worden gelaten bij legitieme portie

1. Voor de toepassing van deze afdeling worden niet als giften beschouwd:
a. giften aan personen ten aanzien van wie de erflater moreel verplicht was bij te dragen in hun onderhoud tijdens zijn leven of na zijn dood, voor zover zij als uitvloeisel van die verplichting zijn aan te merken en in overeenstemming waren met het inkomen en het vermogen van de erflater;
b. gebruikelijke giften voor zover zij niet bovenmatig waren.
2. Lid 1 is niet van toepassing op giften als bedoeld in artikel 7 lid 1 onder i.

(Zie ook: art. 88 BW Boek 1; artt. 87, 126 BW Boek 4)

Art. 70

Mindering op legitieme portie bij giften aan legitimaris

1. De waarde van giften, door de erflater aan een legitimaris gedaan, komt in mindering van diens legitieme portie.

2. Voor de toepassing van het vorige lid worden giften aan een afstammeling die legitimaris zou zijn geweest indien hij de erflater had overleefd of niet onwaardig was geweest, aangemerkt als giften aan de van hem afstammende legitimarissen, naar evenredigheid van hun legitieme portie.

3. Met een gift wordt gelijkgesteld hetgeen een legitimaris verkrijgt of kan verkrijgen uit een door de erflater ter nakoming van een natuurlijke verbintenis gesloten sommenverzekering die geen pensioenverzekering is en die door het overlijden van de erflater tot uitkering komt.

(Zie ook: art. 76 BW Boek 4)

Art. 71

Mindering op legitieme portie bij toerekening erfrecht

De waarde van al hetgeen een legitimaris krachtens erfrecht verkrijgt, komt in mindering van zijn legitieme portie.

(Zie ook: art. 76 BW Boek 4)

Art. 72
De waarde van hetgeen een legitimaris als erfgenaam kan verkrijgen, komt ook in mindering van zijn legitieme portie wanneer hij de nalatenschap verwerpt, tenzij
a. de goederen onder een voorwaarde, een last of een bewind zijn nagelaten, of
b. ten laste van de legitimaris legaten zijn gemaakt die verplichten tot iets anders dan betaling van een geldsom of overdracht van goederen der nalatenschap, en de verwerping binnen drie maanden na het overlijden van de erflater geschiedt.
(Zie ook: artt. 63, 75, 76, 77, 117, 130, 137, 153, 190 BW Boek 4)

Mindering op legitieme portie bij toerekening erfrecht

Art. 73
1. De waarde van een legaat aan een legitimaris van een bepaalde geldsom of van niet in een vorderingsrecht bestaande goederen der nalatenschap komt ook in mindering van zijn legitieme portie wanneer hij het legaat verwerpt, tenzij
a. het legaat onder een voorwaarde, een last of een bewind is gemaakt, of
b. ten laste van de legitimaris sublegaten zijn gemaakt die verplichten tot iets anders dan betaling van een geldsom, of
c. het legaat later dan zes maanden na het overlijden van de erflater, of indien de legitimaris mede-erfgenaam is, pas na de verdeling der nalatenschap opeisbaar wordt, of
d. het legaat ten laste komt van een of meer erfgenamen wier erfdelen ontoereikend zijn om het legaat daaruit te voldoen, en de verwerping binnen drie maanden na het overlijden van de erflater geschiedt.
2. Heeft de erflater de in artikel 125 lid 2 bedoelde bevoegdheid ontzegd aan een legitimaris, dan kan deze het legaat binnen drie maanden na het overlijden van de erflater verwerpen, zonder dat de waarde ervan in mindering komt van zijn legitieme portie.
(Zie ook: artt. 76, 77, 117, 130, 153 BW Boek 4)

Mindering op legitieme portie bij waarde legaat

Art. 74
1. De contante waarde van een aan een legitimaris gemaakt legaat van een in termijnen te betalen geldsom komt ook bij verwerping in mindering van zijn legitieme portie, indien in de uiterste wil is vermeld dat zonder deze beschikking de voortzetting van een beroep of bedrijf van de erflater in ernstige mate zou worden bemoeilijkt. Met een beroep of bedrijf van de erflater wordt gelijkgesteld een onderneming, gedreven door een naamloze vennootschap of een besloten vennootschap met beperkte aansprakelijkheid waarvan de erflater bestuurder was en waarin deze alleen of met zijn medebestuurders de meerderheid der aandelen hield.
2. Is de vermelde grond onjuist, dan kan de legitimaris binnen drie maanden na het overlijden van de erflater verklaren dat hij betaling van de contante waarde ineens verlangt. Degene die de juistheid van de grond staande houdt, moet haar bewijzen. Is de opgegeven grond juist, doch laat deze een snellere afbetaling toe, dan kan de rechter de verbintenis uit het legaat in die zin wijzigen.
3. Indien de legitimaris zulks binnen drie maanden na het overlijden van de erflater verzoekt, kan de kantonrechter de met het legaat belaste personen bevelen zekerheid te stellen; de kantonrechter stelt het bedrag en de aard van de zekerheid vast. Wordt daaraan niet voldaan binnen de door de kantonrechter daarvoor gestelde termijn, dan komt het legaat niet in mindering van zijn legitieme portie indien de legitimaris het alsnog verwerpt.
(Zie ook: artt. 76, 77 BW Boek 4)

Mindering op legitieme portie in termijnen

Art. 75
1. De waarde van hetgeen een legitimaris krachtens erfrecht onder bewind kan verkrijgen, komt ook bij verwerping in mindering van zijn legitieme portie, indien het bewind is ingesteld op de in de uiterste wil vermelde grond:
a. dat de legitimaris ongeschikt of onmachtig is in het beheer te voorzien, of
b. dat zonder bewind de goederen hoofdzakelijk diens schuldeisers zouden ten goede komen.
2. De legitimaris die de nalatenschap of het legaat heeft aanvaard is gedurende drie maanden na het overlijden van de erflater bevoegd de juistheid van de opgegeven grond te betwisten; alsdan moet degene die haar staande houdt haar bewijzen. Is de opgegeven grond juist, doch rechtvaardigt dit de door de erflater vastgestelde regels van het bewind niet, dan kan de rechter die regels wijzigen of zelfs ten dele opheffen.
3. Is vermelde grond onjuist, dan kan de legitimaris binnen een maand nadat de uitspraak waarbij de onjuistheid is vastgesteld, in kracht van gewijsde is gegaan, schriftelijk aan de bewindvoerder verklaren dat hij zijn legitieme in geld wenst te ontvangen. De bewindvoerder maakt daartoe het onder bewind gestelde met overeenkomstige toepassing van artikel 147 voor zover nodig te gelde; het restant van de goederen keert hij uit aan degenen aan wie deze zouden zijn toegekomen indien de legitimaris de nalatenschap of het legaat had verworpen.
4. Staan goederen onder bewind waarvan de waarde krachtens artikel 70 in mindering van de legitieme komt en vermeldt de akte waarbij het bewind is ingesteld een grond als bedoeld in lid 1, dan zijn de leden 2 en 3 van overeenkomstige toepassing. Vermeldt de akte niet een grond als bedoeld in lid 1, dan kan de legitimaris aanspraak maken op ontvangst van zijn legitieme

Mindering op legitieme portie bij ingesteld bewind

in geld op de wijze als voorzien in lid 3, met dien verstande dat de aldaar bedoelde verklaring binnen drie maanden na het overlijden van de erflater moet worden afgelegd.
5. Bij de vaststelling van de op de legitieme portie toe te rekenen waarde wordt met het bewind slechts rekening gehouden, indien de vermelde grond onjuist is verklaard doch de legitimaris geen gebruik maakt van de hem in lid 3, eerste zin, verleende bevoegdheid.
(Zie ook: artt. 76, 77, 178 BW Boek 4; art. 182 BW Boek 7)

Art. 76

Vruchtgebruik bij mindering op legitieme portie

Bij de vaststelling van de waarde van hetgeen overeenkomstig de artikelen 70 tot en met 75 op de legitieme portie in mindering komt, wordt geen rekening gehouden met het vruchtgebruik dat daarop krachtens afdeling 1 of 2 van titel 3 kan komen te rusten.
(Zie ook: artt. 6, 13, 28 BW Boek 4)

Art. 77

Termijnen bij mindering op legitieme portie

De in de artikelen 72, 73 lid 1, laatste zinsnede, en lid 2, 74 leden 2 en 3 en 75 leden 2 en 4 bedoelde termijnen kunnen door de kantonrechter een of meermalen op grond van bijzondere omstandigheden worden verlengd, zelfs nadat de termijn reeds was verlopen.
(Zie ook: art. 85 BW Boek 4; art. 676a Rv)

Art. 78

Bescheiden legitimaris bij legitieme portie

1. Een legitimaris die niet erfgenaam is, kan tegenover de erfgenamen en met het beheer der nalatenschap belaste executeurs aanspraak maken op inzage en een afschrift van alle bescheiden die hij voor de berekening van zijn legitieme portie behoeft; zij verstrekken hem desverlangd alle daartoe strekkende inlichtingen.
2. Op zijn verzoek kan de kantonrechter een of meer der erfgenamen en met het beheer der nalatenschap belaste executeurs doen oproepen ten einde de deugdelijkheid van de boedelbeschrijving in tegenwoordigheid van de verzoeker onder ede te bevestigen.
(Zie ook: art. 142 BW Boek 4; artt. 658, 666, 671, 676 Rv)

Paragraaf 3
Het geldend maken van de legitieme portie

Art. 79

Vordering op erfgenamen/begiftigde bij legitieme portie

Terzake van zijn legitieme portie kan de legitimaris een vordering verkrijgen:
a. op de gezamenlijke erfgenamen dan wel de echtgenoot van de erflater, door daarop aanspraak te maken overeenkomstig artikel 80 lid 1, dan wel
b. op een begiftigde, door inkorting als bedoeld in artikel 89.

Art. 80

Vordering op erfgenamen/echtgenoot bij legitieme portie

1. Een legitimaris die daarop aanspraak maakt, heeft terzake van hetgeen hem met inachtneming van de artikelen 70 tot en met 76 als legitieme portie toekomt, een vordering in geld op de gezamenlijke erfgenamen dan wel, wanneer de nalatenschap is verdeeld overeenkomstig artikel 13, op de als erfgenaam achtergelaten echtgenoot van de erflater.
2. De erfgenamen en, na verdeling overeenkomstig artikel 13, de echtgenoot zijn niet verplicht de vorderingen te voldoen, voor zover deze tezamen de waarde der nalatenschap te boven gaan; voor zover nodig ondergaan de vorderingen elk een evenredige vermindering. Onder de waarde van de nalatenschap wordt hier verstaan de waarde van de goederen van de nalatenschap, verminderd met de in artikel 7 lid 1 onder a, b, c en f vermelde schulden.

Art. 81

Termijn opeisbaarheid vordering bij legitieme portie

1. De vordering is niet opeisbaar voordat zes maanden zijn verstreken na het overlijden van de erflater.

2. Voor zover nodig in afwijking van lid 1 is de vordering, indien de nalatenschap is verdeeld overeenkomstig artikel 13, opeisbaar indien:
a. de echtgenoot in staat van faillissement is verklaard of ten aanzien van hem de schuldsaneringsregeling natuurlijke personen van toepassing is verklaard;
b. de echtgenoot is overleden.
Voorzover de vordering ten laste komt van een legaat aan een ander dan de echtgenoot, leidt de eerste zin niet tot een later tijdstip van opeisbaarheid dan voortvloeit uit lid 1.
3. Zolang goederen der nalatenschap kunnen worden belast met een vruchtgebruik krachtens artikel 29 of artikel 30, is de vordering niet opeisbaar. Bij de toepassing van de eerste zin blijft artikel 31 lid 4, eerste zin, buiten beschouwing.
4. Zolang een vruchtgebruik krachtens artikel 29 of artikel 30 bestaat, is de vordering niet opeisbaar, voor zover de echtgenoot daarvoor is verbonden. In geval van faillissement van de echtgenoot of het ten aanzien van hem van toepassing verklaren van de schuldsaneringsregeling natuurlijke personen wordt de vordering opeisbaar, voor zover de echtgenoot daarvoor is verbonden.
5. Voor zover voor de vordering anderen dan de echtgenoot zijn verbonden, kan, zolang een vruchtgebruik krachtens artikel 29 of artikel 30 bestaat, van elk van die anderen slechts het ge-

deelte van de vordering worden opgeëist dat overeenkomt met het gedeelte dat zijn aandeel in de niet met vruchtgebruik belaste goederen van de nalatenschap uitmaakt van de goederen van de nalatenschap.
6. Is de vordering, bedoeld in artikel 80 lid 1, opeisbaar geworden doordat ten aanzien van de echtgenoot de schuldsaneringsregeling natuurlijke personen van toepassing is verklaard, dan is de vordering, voor zover zij onvoldaan is gebleven, door beëindiging van de toepassing van de schuldsaneringsregeling natuurlijke personen op grond van artikel 356 lid 2 van de Faillissementswet wederom niet opeisbaar. Artikel 358 lid 1 van de Faillissementswet vindt ten aanzien van de vordering geen toepassing.
(Zie ook: artt. 13, 37, 86, 125 BW Boek 4; artt. 1, 284, 350 FW)

Art. 82
Een erflater kan aan een uiterste wilsbeschikking ten behoeve van zijn niet van tafel en bed gescheiden echtgenoot de voorwaarde verbinden dat de vordering van een legitimaris, voor zover deze ten laste zou komen van de echtgenoot, eerst opeisbaar is na diens overlijden. Een voorwaarde als bedoeld in de vorige zin kan op overeenkomstige wijze worden verbonden aan een making ten behoeve van een andere levensgezel, indien deze met de erflater een gemeenschappelijke huishouding voert en een notarieel verleden samenlevingsovereenkomst is aangegaan.

Voorwaarden opeisbaarheid vordering bij legitieme portie

Art. 83
Bij uiterste wilsbeschikking kan de erflater de opeisbaarheid van de vordering van de legitimaris, voorzover deze ten laste zou komen van de echtgenoot of de in artikel 82, tweede zin, bedoelde andere levensgezel, ook doen afhangen van andere omstandigheden dan die welke genoemd zijn in de artikelen 81 lid 2 en 82.

Omstandigheden termijn opeisbaarheid vordering bij legitieme portie

Art. 84
De vorderingen worden verhoogd met een percentage dat overeenkomt met dat van de wettelijke rente, voor zover dit percentage hoger is dan zes, berekend per jaar vanaf de dag waarop aanspraak op de legitieme portie is gemaakt, bij welke berekening telkens uitsluitend de hoofdsom in aanmerking wordt genomen.
(Zie ook: art. 13 BW Boek 4)

Renteberekening bij legitieme portie

Art. 85
1. De mogelijkheid om aanspraak te maken op de legitieme portie vervalt, indien de legitimaris niet binnen een hem door een belanghebbende gestelde redelijke termijn, en uiterlijk vijf jaren na het overlijden van de erflater, heeft verklaard dat hij zijn legitieme portie wenst te ontvangen.
2. Indien negen maanden na het overlijden van de erflater niet vaststaat in hoeverre diens echtgenoot aanspraak zal maken op vestiging van een vruchtgebruik krachtens artikel 30, vervalt het deel van de vordering dat ten laste van de echtgenoot zou komen, tenzij de legitimaris binnen die termijn aan de echtgenoot heeft verklaard dat hij zijn legitieme portie wenst te ontvangen. Artikel 77 is op deze termijn van overeenkomstige toepassing.
(Zie ook: art. 86 BW Boek 4)

Aanspraak op legitieme portie

Art. 86
Indien ten aanzien van de erflater afdeling 2 of 3 van titel 18 van Boek 1 is toegepast, lopen de termijnen, genoemd in lid 1 van artikel 81 en de leden 1 en 2 van artikel 85 vanaf de dag waarop de beschikking, bedoeld in artikel 417 lid 1 onderscheidenlijk artikel 427 lid 1 van Boek 1, in kracht van gewijsde is gegaan.
(Zie ook: artt. 18, 40 BW Boek 4)

Aanvang termijnen bij legitieme portie

Art. 87
1. De voldoening van de schulden aan de legitimarissen komt als eerste ten laste van het gedeelte der nalatenschap waarover de erflater niet door erfstellingen of legaten heeft beschikt. Erft een afstammeling van een onterfde legitimaris bij plaatsvervulling, dan wordt voor de vordering van die legitimaris als eerste het aan de afstammeling toekomende gedeelte van de nalatenschap ingekort, tenzij uit de uiterste wil iets anders voortvloeit.
2. Indien inkorting overeenkomstig lid 1 onvoldoende is, worden de makingen ingekort. Tenzij uit de uiterste wil iets anders voortvloeit, komen alle erfstellingen en legaten gelijkelijk naar evenredigheid van hun waarde voor inkorting in aanmerking, met dien verstande dat voor zover een making is te beschouwen als voldoening aan een natuurlijke verbintenis van de erflater, zij pas na de andere makingen voor inkorting in aanmerking komt.
3. Het gedeelte van de nalatenschap dat aan een legitimaris toekomt en zijn legitieme portie niet te boven gaat, kan in afwijking van de leden 1 en 2 pas als laatste worden ingekort. De inkorting van dat gedeelte geschiedt alsdan, met vermindering van de vordering waarvoor wordt ingekort, zodanig dat beide legitimarissen een zelfde evenredig deel van hun legitieme porties verkrijgen.
4. Inkorting van een legaat geschiedt door een verklaring van de legataris door de met het legaat belaste erfgenamen of, indien de nalatenschap is verdeeld overeenkomstig artikel 13, de echtgenoot van de erflater. Artikel 120 lid 4, tweede zin, is van overeenkomstige toepassing.
5. Voor zover de schuld aan een legitimaris ten laste komt van het erfdeel van de echtgenoot of andere levensgezel van de erflater en haar voldoening eerst kan worden verlangd op een met

Inkortingen bij legitieme portie

toepassing van artikel 81 lid 2, 82 of 83 vast te stellen tijdstip, is de echtgenoot of andere levensgezel daarvoor met zijn gehele vermogen aansprakelijk, ook als hij de nalatenschap beneficiair had aanvaard.

6. Voor zover de schuld aan een legitimaris ten laste komt van een aan de echtgenoot of andere levensgezel gemaakt legaat waaraan een voorwaarde als bedoeld in artikel 82 of 83 is verbonden, komt zij, onder de bedoelde voorwaarde, door voldoening van het legaat en een verklaring overeenkomstig lid 4 op de echtgenoot of andere levensgezel te rusten.

7. Voor de toepassing van dit artikel wordt een last die strekt tot een uitgave van geld of een goed uit de nalatenschap, gelijkgesteld met een legaat.
(Zie ook: art. 190 BW Boek 4)

Art. 88

Belasting voldoening bij legitieme portie

Voor zover de vordering van de legitimaris ingevolge artikel 81 lid 2 of een voorwaarde als bedoeld in artikel 82 niet opeisbaar is, is de echtgenoot of de andere levensgezel, bedoeld in artikel 82, op verzoek van de legitimaris verplicht tot voldoening voor hem van de belasting, geheven ter zake van de verkrijging van zijn vordering. De vordering van de legitimaris wordt verminderd met het ingevolge de eerste zin voor de legitimaris voldane bedrag.

Art. 89

Inkorting giften bij legitieme portie

1. Is hetgeen een legitimaris op grond van zijn in artikel 80 lid 1 bedoelde vordering kan verkrijgen onvoldoende om hem zijn legitieme portie te verschaffen, dan kan hij de daarvoor vatbare giften inkorten, voor zover zij aan zijn legitieme portie afbreuk doen. Bij de bepaling van de vordering, bedoeld in de eerste zin, wordt rekening gehouden met een eventuele vermindering ingevolge de artikelen 80 lid 2 en 87 lid 3. Buiten beschouwing blijven de verhoging, bedoeld in artikel 84, alsmede het deel van de vordering dat ingevolge artikel 85 lid 2 is vervallen.
2. Voor inkorting vatbaar zijn de in artikel 67 bedoelde giften.
3. Een gift komt voor inkorting slechts in aanmerking, voor zover de legitimaris zijn legitieme portie niet door inkorting van jongere giften kan verkrijgen. Giften van een voordeel bestemd om pas na het overlijden van de erflater ten volle te worden genoten, worden hierbij beschouwd als giften op het tijdstip van zijn overlijden.

Art. 90

Verklaring aan begiftigde

1. Inkorting van een gift geschiedt door een verklaring aan de begiftigde. Deze is verplicht de waarde van het ingekorte gedeelte van de gift aan de legitimaris te vergoeden, voor zover dit niet, alle omstandigheden in aanmerking genomen, onredelijk is.

Gift medelegitimaris

2. Een gift kan niet worden ingekort voor zover zij in mindering van de legitieme portie van een mede-legitimaris komt.

Verval bevoegdheid tot inkorten gift

3. De bevoegdheid van een legitimaris tot inkorting van een gift vervalt na verloop van een hem daarvoor door de begiftigde gestelde redelijke termijn, en uiterlijk vijf jaren na het overlijden van de erflater.

Art. 91

Inkorting bij makingen/giften aan stiefkind bij legitieme portie

1. Indien de erflater makingen of giften heeft gedaan aan een stiefkind, wordt in afwijking van de artikelen 80 tot en met 89 op die makingen en giften niet ingekort, behoudens voorzover de waarde daarvan hoger is dan twee maal hetgeen de legitieme portie van een kind van de erflater had belopen, indien de door de erflater aldus bevoordeelde stiefkinderen diens eigen kinderen waren geweest. De in de eerste zin bedoelde waarde wordt vermeerderd met de waarde van hetgeen alsdan overeenkomstig artikel 70 lid 3 met een gift gelijkgesteld zou worden.
2. Voorzover voor de in artikel 80 bedoelde vordering van de legitimaris in verband met lid 1 niet overeenkomstig artikel 87 kan worden ingekort, wordt deze verminderd.
3. De erflater kan bij een gift aan een stiefkind of bij uiterste wilsbeschikking bepalen dat lid 1 geheel of ten dele buiten toepassing blijft.

Art. 92

Bevoegdheden na overlijden legitimaris bij legitieme portie

1. Na het overlijden van de legitimaris komen zijn bevoegdheden toe aan hen die tot zijn nalatenschap gerechtigd zijn.

Curator/bewindvoerder

2. In het geval van faillissement van de legitimaris of het ten aanzien van hem van toepassing verklaren van de schuldsaneringsregeling natuurlijke personen kunnen zijn bevoegdheden worden uitgeoefend door de curator in het faillissement onderscheidenlijk de bewindvoerder in de schuldsaneringsregeling.
3. De bevoegdheden van een legitimaris kunnen slechts tezamen met zijn erfdeel worden overgedragen.

Afdeling 4
Vorm van uiterste willen

Art. 93

Nietigheid uiterste wil

Een uiterste wil die bij dezelfde akte door twee of meer personen is gemaakt, is nietig.

Art. 94
Behoudens hetgeen in de artikelen 97-107 is bepaald, kan een uiterste wil alleen worden gemaakt bij een notariële akte of bij een aan een notaris in bewaring gegeven onderhandse akte.
(Zie ook: artt. 95, 109 BW Boek 4)

Notariële/onderhandse akte bij uiterste wil

Art. 95
1. Een onderhandse uiterste wil kan niet geldig worden gemaakt door hem die door onkunde of door andere oorzaken niet in staat is geweest de uiterste wil te lezen.

Geldigheid uiterste wil

2. Een bij onderhandse akte gemaakte uiterste wil moet door de erflater zijn ondertekend. Is de uiterste wil door een ander dan de erflater of met mechanische middelen geschreven, en bestaat de wil uit meer dan één bladzijde, dan moet iedere bladzijde zijn genummerd en door de handtekening van de erflater zijn gewaarmerkt.

Ondertekening

3. Een onderhandse uiterste wil wordt door de erflater aan een notaris ter hand gesteld. De erflater moet daarbij verklaren dat het aangeboden stuk zijn uiterste wil bevat en dat aan de vereisten van het vorige lid is voldaan. Indien het stuk gesloten wordt aangeboden, kan de erflater bij de aanbieding tevens verklaren dat het stuk slechts mag worden geopend, indien bepaalde door hem genoemde voorwaarden op de dag van zijn overlijden zijn vervuld.

Terhandstelling notaris

4. Van de bewaargeving en de verklaringen van de erflater maakt de notaris een akte op die door de erflater en de notaris wordt ondertekend.

Akte bewaarneming

5. Wanneer de erflater verklaart dat hij door een met name door hem genoemde, na de ondertekening van de uiterste wil opgekomen oorzaak verhinderd wordt de akte van bewaargeving te ondertekenen, vervangt de verklaring zijn ondertekening van de akte van bewaargeving, mits zij daarin wordt opgenomen.

Vervanging handtekening

6. De onderhandse uiterste wil blijft berusten onder de minuten van de notaris die deze akte heeft ontvangen.

Bewaarplicht notaris

Art. 96
Op degene die de geldigheid van een in bewaring gegeven uiterste wil bestrijdt op grond dat de erflater de wil niet eigenhandig heeft ondertekend of geschreven of de bladzijden waaruit de wil bestaat niet eigenhandig heeft gewaarmerkt, rust de bewijslast daarvan.

Bewijslast bij betwisting van uiterste wil

Art. 97
Bij een onderhands, door de erflater geheel met de hand geschreven, gedagtekend en ondertekend stuk kunnen zonder verdere formaliteiten beschikkingen worden gemaakt tot:
a. het maken van legaten van:
1°. kleren, lijfstoebehoren en bepaalde lijfsieraden;
2°. bepaalde tot de inboedel behorende zaken en bepaalde boeken;
b. bepaling dat goederen, bedoeld onder a, buiten een huwelijksgemeenschap vallen;
c. aanwijzing van een persoon als bedoeld in artikel 25, tweede en vierde lid, van de Auteurswet en artikel 5, tweede lid, van de Wet op de naburige rechten.

Beschikkingen zonder formaliteiten bij uiterste wil

Art. 98
1. In geval van oorlog of burgeroorlog kunnen militairen en andere tot de krijgsmacht behorende personen een uiterste wil maken ten overstaan van een officier van de krijgsmacht.

Uiterste wil van militairen/andere tot de krijgsmacht behorende personen bij oorlog/uitzending

2. Ook buiten het geval van oorlog of burgeroorlog kan op deze wijze een uiterste wil worden gemaakt door militairen en andere personen, die behoren tot een gedeelte van de krijgsmacht dat is aangewezen:
a. ter deelneming aan een militaire expeditie;
b. ter bestrijding van een vijandelijke macht;
c. ter handhaving van de onzijdigheid van de Staat;
d. tot enig optreden hetzij tot collectieve of individuele zelfverdediging, hetzij tot handhaving of herstel van de internationale orde en veiligheid; of
e. ter voldoening aan een vordering van het bevoegde gezag in geval van oproerige beweging.
3. In krijgsgevangenschap kan in plaats van een officier ook een onderofficier optreden.
4. Officieren en onderofficieren mogen hun medewerking slechts verlenen, indien de erflater zich niet tot een bevoegde notaris of consulaire ambtenaar kan wenden. Niet-inachtneming van dit voorschrift schaadt de geldigheid van de uiterste wil niet.
(Zie ook: art. 103 BW Boek 4)

Art. 99
[Vervallen]

Art. 100
1. De in artikel 98 lid 1 vermelde mogelijkheid blijft bestaan, totdat de Koning heeft vastgesteld dat voor de toepassing van die bepaling de oorlog of de burgeroorlog als geëindigd moet worden beschouwd.

Beëindiging van mogelijkheid tot uiterste wil bij oorlog/uitzending

2. De in artikel 98 lid 2 vermelde mogelijkheid blijft bestaan, totdat op de bij algemene maatregel van bestuur te bepalen wijze is bekendgemaakt dat de aanwijzing is geëindigd.
(Zie ook: art. 106 BW Boek 4; Bbmnd)

Art. 101

Uiterste wil bij zeeschip/luchtvaartuig

Zij die zich op een reis aan boord van een zeeschip of luchtvaartuig bevinden, kunnen een uiterste wil maken ten overstaan van de gezagvoerder of de eerste officier, of bij gebreke van deze personen ten overstaan van hem die hun plaats vervult.
(Zie ook: art. 103 BW Boek 4)

Art. 102

Buitengewone omstandigheden bij uiterste wil

Op plaatsen waar voor de erflater het normale verkeer met een notaris of bevoegde consulaire ambtenaar verboden of verbroken is als gevolg van rampen, crises, gevechtshandelingen, besmettelijke ziekten of andere buitengewone omstandigheden, kan hij een uiterste wil maken ten overstaan van een Nederlandse consulaire ambtenaar, ook indien deze niet krachtens de gewone regelen bevoegd is, of de burgemeester, de secretaris of een wethouder der gemeente, een kandidaat-notaris, een advocaat, een officier van de krijgsmacht of van een gemeentelijke of regionale brandweer, of een daartoe door de minister van justitie bevoegd verklaarde ambtenaar.
(Zie ook: art. 103 BW Boek 4; ICEMST; Bban)

Art. 103

Getuigen bij uiterste wil militairen of bij bijzondere omstandigheden

1. De uiterste willen, bedoeld in de artikelen 98, 101 en 102, worden verleden in tegenwoordigheid van twee getuigen. Zij worden op behoorlijke wijze op schrift gesteld en door de erflater, alsmede door de getuigen en degene te wiens overstaan zij zijn verleden, ondertekend.
2. De getuigen moeten meerderjarig zijn en de taal verstaan, waarin de uiterste wil is opgesteld. In de gevallen van de artikelen 98 en 102 geldt het vereiste van meerderjarigheid niet voor getuigen die militairen zijn of deelnemen aan het bestrijden van een ramp of het beheersen van een crisis.
3. Indien de erflater of een van de getuigen verklaart door onkunde of een andere met name door hem genoemde oorzaak niet te kunnen ondertekenen, vervangt die verklaring zijn ondertekening, mits zij in de akte wordt opgenomen.

Art. 104

Akte van bewaring bij uiterste wil militairen of bij bijzondere omstandigheden

1. De erflater is in de gevallen van de artikelen 98, 101 en 102 ook bevoegd een door hem ondertekende onderhandse uiterste wil te maken, die hij in tegenwoordigheid van twee getuigen in bewaring geeft aan een persoon te wiens overstaan hij ingevolge die artikelen een uiterste wil kan doen verlijden. Deze persoon maakt daarvan onmiddellijk een akte van bewaargeving op, hetzij op het papier van de uiterste wil, hetzij op de omslag daarvan, hetzij op een afzonderlijk papier; het vorige artikel is op die akte van overeenkomstige toepassing.
2. De artikelen 98 lid 4 en 100 zijn van overeenkomstige toepassing.
3. Op degene die de geldigheid van de in bewaring gegeven uiterste wil bestrijdt op grond dat de erflater de wil niet eigenhandig heeft ondertekend, rust de bewijslast daarvan.

Art. 105

Geldigheid niet in bewaring gegeven uiterste wil van militairen of bij bijzondere omstandigheden

Indien in een geval, bedoeld in het vorige artikel, de onderhandse uiterste wil is gedagtekend en de erflater overlijdt zonder dat de uiterste wil overeenkomstig de wet in bewaring is gegeven, is de uiterste wil niettemin geldig, tenzij de erflater redelijkerwijze alsnog een uiterste wil overeenkomstig de voorgaande artikelen van deze afdeling had kunnen maken.

Art. 106

Testamentenregister bij uiterste wil van militairen of bij bijzondere omstandigheden

1. Hij die een akte van uiterste wil, van bewaargeving of van terugneming, als bedoeld in de artikelen 98, 100 tot en met 105 en 113, onder zich heeft, zendt de akte zo spoedig mogelijk in gesloten omslag naar het testamentenregister te 's-Gravenhage .

2. Het vorige lid geldt niet voor akten, opgemaakt door of ten overstaan van een volgens de gewone regelen bevoegde notaris of consulaire ambtenaar, en voor de door dezen in bewaring genomen akten van uiterste wil.

Art. 107

Vernietigbaarheid van uiterste wil militairen of bij bijzondere omstandigheden

1. De uiterste willen, bedoeld in de artikelen 98 en 100 tot en met 104, zijn vernietigbaar, indien de erflater overlijdt meer dan zes maanden nadat voor hem de mogelijkheid is geëindigd, een uiterste wil te maken op een van de in die artikelen genoemde wijzen.

2. De termijn wordt telkens met een maand verlengd, indien de erflater redelijkerwijze niet in staat is geweest in de laatstverstreken maand een uiterste wil te maken.

Art. 108

Vernietigbaarheid van uiterste wil militairen of bij bijzondere omstandigheden

Een uiterste wil die op een in een der artikelen 98, 101, 102 en 104 vermelde wijze, doch niet onder de daar aangegeven omstandigheden is gemaakt, is, indien de erflater binnen zes maanden daarna overlijdt, niet van rechtswege nietig, doch vernietigbaar.

Art. 109
1. Een uiterste wil is nietig, indien aan de akte van uiterste wil of aan de akte van bewaargeving, zo deze voorgeschreven is, de vereiste ondertekening door de erflater ontbreekt. — *Nietigverklaring uiterste wil*
2. Een uiterste wil die ten overstaan van een notaris moet worden gemaakt is nietig, indien de akte van uiterste wil niet door een notaris is ondertekend. Een uiterste wil, die aan een notaris in bewaring moet worden gegeven, is nietig, indien een door een notaris ondertekende akte van bewaargeving ontbreekt. Is echter, in dit laatste geval, de akte van uiterste wil door een notaris ondertekend, dan is de uiterste wil vernietigbaar.
3. Het vorige lid is van overeenkomstige toepassing op een uiterste wil die ten overstaan van een in de artikelen 98, 101 en 102 genoemde persoon moet worden gemaakt of aan een aldaar genoemde persoon in bewaring moet worden gegeven.
4. Het niet inachtnemen van andere door de wet voor de geldigheid van de uiterste wil gestelde vormvereisten maakt de uiterste wil vernietigbaar.

Art. 110
Het bepaalde in artikel 54 is van overeenkomstige toepassing op de bevoegdheid tot vernietiging van een uiterste wil. — *Schakelbepaling*

Afdeling 5
Herroeping van uiterste wilsbeschikkingen

Art. 111
Voor het herroepen van een uiterste wilsbeschikking gelden dezelfde vormvoorschriften als voor het maken van die beschikking. — *Herroeping van uiterste wilsbeschikking*

Art. 112
Een latere uiterste wilsbeschikking die een vroegere niet uitdrukkelijk herroept, doet deze vervallen voor zover zij door de latere beschikking onuitvoerbaar is geworden of vervangen is. — *Vervallen van eerdere uiterste wilsbeschikking*

Art. 113
Een erflater kan te allen tijde zijn onderhandse, in bewaring gegeven uiterste wil terugvorderen, mits hij ter verantwoording van de notaris of andere persoon die de akte krachtens wettelijk voorschrift onder zich heeft, van de teruggave doet blijken bij een ten overstaan van die notaris of, met overeenkomstige toepassing van artikel 103, ten overstaan van die persoon verleden akte. Door de teruggave wordt de onderhandse uiterste wil herroepen. — *Terugvorderen uiterste wilsbeschikking*
(Zie ook: art. 106 BW Boek 4)

Art. 114
Een uiterste wilsbeschikking die geldig bij een onderhands en niet in bewaring gegeven stuk getroffen is, wordt herroepen wanneer de erflater dit stuk vernietigt. Is het stuk vernietigd, dan wordt dit vermoed door de erflater te zijn geschied. — *Vernietiging van uiterste wilsbeschikking*

Titel 5
Onderscheiden soorten van uiterste wilsbeschikkingen

Afdeling 1
Erfstellingen

Art. 115
Een erfstelling is een uiterste wilsbeschikking, krachtens welke de erflater aan een of meer daarbij aangewezen personen zijn gehele nalatenschap of een aandeel daarin nalaat. — *Erfstelling*

Art. 116
Bij uiterste wilsbeschikking ingestelde erfgenamen hebben gelijke rechten en verplichtingen als erfgenamen bij versterf. — *Rechten/verplichtingen erfgenamen bij erfstelling*

Afdeling 2
Legaten

Paragraaf 1
Algemene bepalingen

Art. 117
1. Een legaat is een uiterste wilsbeschikking waarin de erflater aan een of meer personen een vorderingsrecht toekent. — *Legaat*
2. Het legaat komt, tenzij het aan een of meer bepaalde erfgenamen of legatarissen is opgelegd, ten laste van de gezamenlijke erfgenamen. — *Legaat ten laste van erfgenamen*
3. Is de prestatie deelbaar, dan zijn de belaste erfgenamen ieder voor een deel, evenredig aan zijn erfdeel, verbonden, tenzij de erflater anders heeft beschikt. — *Legaat bij deelbare prestatie*
(Zie ook: artt. 87, 120 BW Boek 4; art. 6 BW Boek 6)

Art. 118

Legaat van belaste persoon niet zijnde erfgenaam

1. Is een bepaalde persoon die als erfgenaam met een legaat is belast, niet erfgenaam geworden of is zijn erfrecht vervallen, en voorziet de uiterste wil hierin niet, dan rust de hem opgelegde verplichting, tenzij uit haar aard iets anders voortvloeit, op degenen aan wie zijn erfdeel toevalt; zij kunnen echter volstaan met uitkering aan de legatarissen van hetgeen zij in de plaats van de belaste persoon uit de nalatenschap genieten of van de waarde daarvan.

Sublegaat van belaste persoon niet zijnde legataris

2. Is een met een sublegaat belaste persoon niet legataris geworden of is zijn recht uit het hem gemaakte legaat vervallen, en voorziet de uiterste wil hierin niet, dan rust de hem opgelegde verplichting, tenzij uit haar aard iets anders voortvloeit, op degenen die met het hem gemaakte legaat waren belast; zij kunnen echter volstaan met voldoening aan de sublegatarissen van het aan de belaste persoon gelegateerde of van de waarde daarvan.
(Zie ook: art. 132 BW Boek 4)

Art. 119

Kennisgeving aan legataris bij legaat

Degenen op wie een legaat rust, alsmede de executeur, dragen zorg dat de legataris zo spoedig mogelijk van het legaat wordt kennis gegeven. Is het adres van een legataris hun onbekend gebleven, dan delen zij dit mede aan de kantonrechter, die hun het doen van nasporingen of een bepaalde wijze van oproeping kan gelasten.

Art. 120

Achterstelling legaat bij schulden

1. Schulden van de nalatenschap uit een legaat worden slechts ten laste van de nalatenschap voldaan, indien alle andere schulden van de nalatenschap daaruit ten volle kunnen worden voldaan.

2. Voor zover de nalatenschap niet toereikend is om de schulden uit legaten te voldoen uit de erfdelen van de erfgenamen op wie zij rusten, worden zij verminderd.

3. Tenzij uit de uiterste wil een andere wijze van vermindering voortvloeit, ondergaan deze verplichtingen alle een evenredige vermindering, met dien verstande dat, voor zover de prestatie is te beschouwen als voldoening aan een natuurlijke verbintenis van de erflater, die verplichting pas na de andere voor vermindering in aanmerking komt.

4. Vermindering geschiedt door een verklaring aan de legataris door de met het legaat belaste erfgenamen of, indien de nalatenschap is verdeeld overeenkomstig artikel 13, de echtgenoot van de erflater. Voor zover de prestatie reeds is verricht, blijft de rechtsgrond daarvoor in stand, behoudens de mogelijkheid van terugvordering en verhaal als bedoeld in de artikelen 216 en 220 lid 3.

5. Ondanks de vermindering blijven de erfgenamen die met hun gehele vermogen aansprakelijk zijn, gehouden tot voldoening voor het geheel.

Art. 121

Vermindering/inkorting sublegaten

1. Een legataris is bevoegd de hem opgelegde sublegaten en tot een uitgave in geld of goed verplichtende lasten te verminderen, voor zover de waarde van het hem gelegateerde ontoereikend is of door inkorting of vermindering ontoereikend wordt om aan de hem opgelegde verplichtingen te voldoen.

2. Tenzij uit de uiterste wil een andere wijze van vermindering voortvloeit, ondergaan deze verplichtingen alle een evenredige vermindering, met dien verstande dat voor zover de prestatie is te beschouwen als voldoening aan een natuurlijke verbintenis van de erflater, die verplichting pas na de andere voor vermindering in aanmerking komt.

Art. 122

Oplegging in geld bij inkorting/vermindering legaat

1. Een legataris wiens legaat wordt ingekort of verminderd, is bevoegd volledige voldoening van het legaat te verlangen, mits hij het bedrag van de inkorting of vermindering in geld oplegt.

2. Maakt de legataris geen gebruik van deze bevoegdheid, dan kan de wederpartij ermede volstaan hem de waarde van het ingekorte of verminderde legaat uit te keren.

Art. 123

Wijzigen/opheffen verbintenissen bij legaat

1. De rechter kan op verzoek van de legataris of van hem die met het legaat belast is, de verbintenissen uit een legaat wijzigen of geheel of gedeeltelijk opheffen op grond van na het overlijden van de erflater ingetreden omstandigheden welke van dien aard zijn, dat de andere partij naar maatstaven van redelijkheid en billijkheid ongewijzigde instandhouding van die verbintenissen niet mag verwachten.

2. Bij een wijziging of opheffing neemt de rechter zoveel mogelijk de bedoeling van de erflater in acht.

Schakelbepaling

3. De artikelen 258 leden 1, tweede zin, 2 en 3 van Boek 6 en 260 leden 1 en 2 van Boek 6 zijn van overeenkomstige toepassing.

Art. 124

Uitkering vruchten bij legaat

Tenzij de erflater anders heeft beschikt, heeft een legataris aan wie een bepaald goed der nalatenschap of het vruchtgebruik van een zodanig goed, van de gehele nalatenschap of van een aandeel daarin is vermaakt, recht op uitkering van de vruchten van het hem vermaakte die de erfgenamen hebben geïnd nadat zijn vordering opeisbaar is geworden. De rechtsvordering tot uitkering van deze vruchten verjaart door verloop van drie jaren nadat zij zijn geïnd.

Art. 125
1. Een legaat van een geldsom wordt zes maanden na het overlijden van de erflater opeisbaar, tenzij hij anders heeft beschikt.
2. Nochtans kan een erfgenaam aan wie een goed der nalatenschap is gelegateerd tegen vergoeding van de waarde of een gedeelte daarvan, de betaling van die vergoeding opschorten tot de verdeling van de nalatenschap, tenzij de erflater anders heeft beschikt.
3. Degene op wie de schuld uit een legaat van een geldsom rust, komt niet in verzuim door het enkele verstrijken van een voor de voldoening bepaalde termijn.
4. Op legaten van een geldsom is artikel 5 van overeenkomstige toepassing.

Opeisbaarheid geldsom bij legaat
Opschorten betaling vergoeding bij legaat
Verzuim verstrijken termijn bij legaat
Schakelbepaling

Paragraaf 2
Giften en andere handelingen die worden aangemerkt als legaten

Art. 126
1. Een schenking of andere gift wordt, voor zover deze de strekking heeft dat zij pas na het overlijden van de schenker of gever wordt uitgevoerd, en zij niet reeds tijdens het leven van de schenker of gever is uitgevoerd, voor de toepassing van hetgeen in dit Boek is bepaald betreffende inkorting en vermindering aangemerkt als een legaat ten laste van de gezamenlijke erfgenamen. In afwijking van de artikelen 87 lid 2 en 120 lid 3 komt de schenking of andere gift, indien daarbij niet anders is bepaald, als laatste voor inkorting en vermindering in aanmerking. Kan de schenking of andere gift tot aan het overlijden van de schenker of gever worden herroepen, dan mist de tweede zin toepassing.
2. Lid 1 is van overeenkomstige toepassing op:
a. een beding dat een goed van een der partijen onder opschortende voorwaarde of onder opschortende tijdsbepaling zonder redelijke tegenprestatie op een ander overgaat of kan overgaan, voor zover het beding wordt toegepast in geval van overlijden van degene aan wie het goed toebehoort; wederkerigheid van het beding geldt niet als tegenprestatie;
b. een begunstiging bij een sommenverzekering, voor zover de uitkering die door het overlijden van de verzekeringnemer verschuldigd wordt, als een gift geldt;
c. een omzetting van een natuurlijke verbintenis in een rechtens afdwingbare, voor zover deze de strekking heeft dat de verbintenis pas na het overlijden van de schuldenaar zal worden nagekomen, en deze verbintenis niet reeds tijdens diens leven is nagekomen.
3. De artikelen 66 en 68 zijn van overeenkomstige toepassing.

Giften bij legaat

Verblijfsbeding/sommenverzekering/omzetting natuurlijke verbintenis bij legaat

Schakelbepaling

Art. 127
Betreft de inkorting of de vermindering een begunstiging bij een sommenverzekering of een andere begunstiging bij een beding ten behoeve van een derde, dan heeft zij tot gevolg dat de begunstigde verplicht is tot vergoeding van de waarde van het ingekorte of in mindering komende gedeelte aan de gezamenlijke erfgenamen, voor zover dit niet, alle omstandigheden in aanmerking genomen, onredelijk is. Indien de nalatenschap is verdeeld overeenkomstig artikel 13, is de eerste zin bedoelde vergoeding verschuldigd aan de echtgenoot van de erflater. Een begunstiging als bedoeld in de eerste zin kan slechts worden ingekort of verminderd binnen drie jaar nadat de begunstigde de prestatie heeft ontvangen.

Derdenbeding bij legaat

Art. 128
Hetgeen met betrekking tot legatarissen is bepaald in de artikelen 29 lid 3 en 30 lid 3 is van overeenkomstige toepassing op degenen die zijn bevoordeeld door een handeling als bedoeld in artikel 126. Met gelegateerde goederen als bedoeld in artikel 30 lid 5 worden gelijkgesteld goederen die zijn verkregen krachtens een handeling als bedoeld in artikel 126. Hetgeen met betrekking tot legatarissen is bepaald in de artikelen 216 en 220 lid 3 is van overeenkomstige toepassing op degenen die zijn bevoordeeld door een handeling als bedoeld in artikel 126 leden 1 en 2, onder c, alsmede, voor zover dit niet, alle omstandigheden in aanmerking genomen, onredelijk is, door een handeling als bedoeld in artikel 126 lid 2, onder b.

Schakelbepaling

Art. 129
Bij uiterste wilsbeschikking kan een voorwaarde als bedoeld in artikel 82 worden verbonden aan een handeling als bedoeld in artikel 126.

Opeisbaarheid legaat

Afdeling 3
Testamentaire lasten

Art. 130
1. Een testamentaire last is een uiterste wilsbeschikking waarin de erflater aan de gezamenlijke erfgenamen of aan een of meer bepaalde erfgenamen of legatarissen een verplichting oplegt, die niet bestaat in de uitvoering van een legaat.
2. Een testamentaire last kan ook worden opgelegd aan een executeur. De hem opgelegde verplichting rust mede op de gezamenlijke erfgenamen, tenzij uit haar aard of uit de uiterste wil iets anders voortvloeit.

Testamentaire last

art. 4:131

Schakelbepaling	3. Artikel 120 is van overeenkomstige toepassing op een last die strekt tot een uitgave van geld of van een goed uit de nalatenschap; deze wordt tegelijk met een legaat en in gelijke mate verminderd.

Art. 131

Vervallenverklaring bij testamentaire last

1. Een erfgenaam of legataris op wie een testamentaire last rust, verkrijgt zijn recht onder de ontbindende voorwaarde dat het wegens niet-uitvoering van de last wordt vervallen verklaard door de rechter.
2. De vervallenverklaring kan door de rechter worden uitgesproken op verzoek van elke onmiddellijk bij de vervallenverklaring belanghebbende.
3. Een erfgenaam die met zijn gehele vermogen jegens schuldeisers van de erflater en legatarissen aansprakelijk was, blijft jegens hen na de vervallenverklaring van zijn recht tot voldoening gehouden, onverminderd zijn recht van verhaal op degenen aan wie het door hem geërfde opkomt.
(Zie ook: art. 38 BW Boek 3)

Art. 132

Erfgenaam of legataris bij testamentaire last

Is een last aan een bepaalde persoon als erfgenaam of legataris opgelegd en is hij niet erfgenaam of legataris geworden of is zijn recht vervallen, dan rust de hem opgelegde verplichting, tenzij uit haar aard of uit de uiterste wil iets anders voortvloeit, op degenen aan wie zijn erfdeel toevalt of die met het hem gemaakte legaat waren belast.
(Zie ook: art. 118 BW Boek 4)

Art. 133

Opschortende voorwaarde bij testamentaire last

1. Is de vervulling van een aan een testamentaire last toegevoegde opschortende voorwaarde belet door degene op wie de last rust, dan geldt de voorwaarde als vervuld, indien de redelijkheid en billijkheid dit verlangen.

Ontbindende voorwaarde bij testamentaire last

2. Is de vervulling van een aan een testamentaire last toegevoegde ontbindende voorwaarde teweeggebracht door degene op wie de last rust, dan geldt de voorwaarde als niet vervuld, indien de redelijkheid en billijkheid dit verlangen.
(Zie ook: art. 139 BW Boek 4; art. 23 BW Boek 6)

Schakelbepaling

3. Artikel 140 lid 1 is van overeenkomstige toepassing.

Art. 134

Wijziging/opheffen testamentaire last

1. De rechter kan op verzoek van degene op wie de last rust of van het openbaar ministerie de last wijzigen of geheel of gedeeltelijk opheffen:
a. op grond van na het overlijden van de erflater ingetreden omstandigheden welke van dien aard zijn dat de ongewijzigde instandhouding van de last uit een oogpunt van de daarbij betrokken persoonlijke en maatschappelijke belangen ongerechtvaardigd zou zijn;
b. op grond dat de last door inkorting of vermindering van de last, of van de making waaraan hij is verbonden, bezwaarlijk of onmogelijk uitvoerbaar is geworden;
c. in geval de last ingevolge artikel 132 op een ander is komen te rusten dan degenen aan wie hij bij de uiterste wilsbeschikking is opgelegd.
2. Bij een wijziging of opheffing neemt de rechter zoveel mogelijk de bedoeling van de erflater in acht.

Schakelbepaling

3. De artikelen 258 leden 1, tweede zin, 2 en 3 van Boek 6 en 260 leden 1 en 2 van Boek 6 zijn van overeenkomstige toepassing.

Afdeling 4
Stichtingen

Art. 135

Stichting als erfgenaam of legataris bij uiterste wilsbeschikking
Oprichten stichting

1. Wanneer een erflater iets heeft vermaakt aan een stichting die hij in een bij notariële akte gemaakte uiterste wilsbeschikking heeft in het leven geroepen, is de stichting erfgenaam of legataris, naar gelang het haar vermaakte aan een erfstelling of aan een legaat beantwoordt.
2. Heeft hij bij een in andere vorm gemaakte uiterste wil verklaard een stichting in het leven te roepen, dan wordt deze beschikking aangemerkt als een aan de gezamenlijke erfgenamen opgelegde last om die stichting op te richten.
3. Degene op wie een last om een stichting op te richten rust, kan daartoe op vordering van het openbaar ministerie worden veroordeeld door de rechtbank van het sterfhuis of, indien de erflater zijn laatste woonplaats niet in Nederland had, door de rechtbank Den Haag. De rechter kan bepalen dat het vonnis dezelfde rechtskracht heeft als een in wettige vorm opgemaakte akte van hem die tot de rechtshandeling gehouden is, of dat een door de rechter aan te wijzen vertegenwoordiger de handeling zal verrichten.
(Zie ook: art. 285 BW Boek 2)

Afdeling 5
Makingen onder tijdsbepaling en onder voorwaarde

Art. 136
1. Bevat een uiterste wil een erfstelling onder tijdsbepaling, dan wordt deze beschikking aangemerkt als een dadelijk ingaande erfstelling van degene die, bij uitvoering van de uiterste wil zoals deze luidt, het laatst tot het erfdeel zou zijn geroepen, belast met een legaat van vruchtgebruik van het erfdeel voor de gestelde tijd ten behoeve van degene die het eerst tot het erfdeel zou zijn geroepen. *(Erfstelling onder tijdsbepaling bij uiterste wilsbeschikking)*

2. In geval van een erfstelling onder een ontbindende tijdsbepaling zonder een daarbij aansluitende erfstelling onder opschortende tijdsbepaling komt de eerstgeroepene vruchtgebruik met bevoegdheid tot vervreemding en vertering toe, voor zover de erflater deze bevoegdheid niet heeft uitgesloten. *(Erfstelling onder ontbindende tijdsbepaling)*

Art. 137
Om aan een making onder opschortende voorwaarde een recht te kunnen ontlenen, moet men nog bestaan op het ogenblik dat de voorwaarde wordt vervuld, tenzij uit de uiterste wil of uit de aard van de beschikking het tegendeel voortvloeit. *(Bestaansvereiste bij uiterste wilsbeschikking)*
(Zie ook: artt. 9, 56 BW Boek 4)

Art. 138
1. Wanneer een erfstelling onder een voorwaarde is gemaakt, wordt degene aan wie het vermaakte tot de vervulling der voorwaarde toekomt, als de uitsluitend rechthebbende aangemerkt voor zover het betreft de door en tegen derden uit te oefenen rechten en rechtsvorderingen. *(Rechthebbende bij erfstelling onder voorwaarde)*

2. Voor het overige vinden, zolang de vervulling der voorwaarden onzeker is, de wettelijke voorschriften betreffende het vruchtgebruik, zoals geregeld in titel 8 van Boek 3, overeenkomstige toepassing. Dientengevolge is hij verplicht het vermaakte gelijk een vruchtgebruiker te bewaren en in stand te houden, tenzij de erflater hem de bevoegdheid heeft toegekend om de goederen te verteren en onvoorwaardelijk te vervreemden. *(Voorschriften vruchtgebruik)*

3. In geval van een erfstelling onder een ontbindende voorwaarde zonder een daarbij aansluitende erfstelling onder opschortende voorwaarde is hij jegens degene aan wie het vermaakte bij vervulling van de voorwaarde toekomt, bevoegd de goederen te vervreemden en te verteren op dezelfde voet als een vruchtgebruiker aan wie deze bevoegdheid is gegeven, voor zover de erflater niet anders heeft bepaald. *(Vervreemding/vertering goederen)*

Art. 139
1. Is de vervulling van een aan een erfstelling toegevoegde voorwaarde belet door iemand aan wie het vermaakte toekomt zolang de voorwaarde niet is vervuld, dan geldt zij als vervuld, indien de redelijkheid en billijkheid dit verlangen. *(Vervulling voorwaarde bij erfstelling onder voorwaarde)*

2. Is de vervulling van de voorwaarde teweeggebracht door iemand aan wie het vermaakte bij vervulling van de voorwaarde toekomt, dan geldt zij als niet vervuld, indien de redelijkheid en billijkheid dit verlangen.
(Zie ook: art. 133 BW Boek 4)

Art. 140
1. Is een aan een erfstelling toegevoegde voorwaarde dertig jaren na het overlijden van de erflater nog niet vervuld, dan vervalt de beschikking, wanneer het een opschortende voorwaarde is; is het een ontbindende voorwaarde, dan vervalt de voorwaarde. Hiermede strijdige beschikkingen van de erflater zijn nietig. *(Vervallen/opschorten voorwaarde bij erfstelling onder voorwaarde)*

2. Het vorige lid vindt mede toepassing op een legaat van een bepaald goed der nalatenschap of van een beperkt recht op een zodanig goed. *(Vervallen/opschorten voorwaarde bij legaat onder voorwaarde)*

Art. 141
Het voorgaande artikel vindt geen toepassing op een making onder een ontbindende voorwaarde en een daarbij aansluitende making onder opschortende voorwaarde, volgens welke het vermaakte of het onverteerde deel daarvan op het tijdstip van overlijden van de bezwaarde of op een eerder tijdstip zal ten deel vallen aan de verwachter, indien deze het aangewezen tijdstip overleeft. *(Overleven bezwaarde van vervaltermijn bij erfstelling onder voorwaarde)*

Afdeling 6
Executeurs

Art. 142
1. Een erflater kan bij uiterste wilsbeschikking een of meer executeurs benoemen. Hij kan aan een executeur de bevoegdheid toekennen een of meer andere executeurs aan zich toe te voegen of in zijn plaats te stellen; hij kan ook beschikken dat wanneer een benoemde executeur komt te ontbreken, de kantonrechter bevoegd is op verzoek van een belanghebbende een vervanger te benoemen. *(Benoeming van executeur)*

art. 4:143

Werkverdeling meerdere executeurs

2. Zijn er twee of meer executeurs, dan kan, tenzij de erflater anders heeft beschikt, ieder van hen alle werkzaamheden alleen verrichten.
3. Bij verschil van mening tussen de executeurs beslist op verzoek van een van hen de kantonrechter. Deze kan een verdeling van de werkzaamheden of van het hun toekomende loon vaststellen.
(Zie ook: artt. 130, 240 BW Boek 2)

Art. 143

Aanvaarding benoeming van executeur

1. Men wordt executeur door aanvaarding van zijn benoeming na het overlijden van de erflater. De kantonrechter kan op verzoek van een belanghebbende een termijn stellen, na afloop waarvan de benoeming niet meer kan worden aanvaard.

Voorwaarden

2. Handelingsonbekwamen, zij van wie één of meer goederen onder een bewind als bedoeld in titel 19 van Boek 1 zijn gesteld, en zij die in staat van faillissement verkeren of ten aanzien van wie de schuldsaneringsregeling natuurlijke personen van toepassing is verklaard, kunnen niet executeur worden.
(Zie ook: artt. 234, 235, 381 BW Boek 1; artt. 1, 284 FW; art. 676a Rv)

Art. 144

Beheer goederen nalatenschap van executeur

1. Onverminderd de testamentaire lasten die de erflater aan de executeur mocht hebben opgelegd, heeft deze, voor zover de erflater niet anders heeft beschikt, tot taak de goederen der nalatenschap te beheren en de schulden der nalatenschap te voldoen, die tijdens zijn beheer uit die goederen behoren te worden voldaan.

Beloning

2. Tenzij bij uiterste wil anders is geregeld, komt de executeur, of als er meer dan een executeur is, hun tezamen, een ten honderd van de waarde van het vermogen van de erflater op diens sterfdag toe.

Schakelbepaling

3. Artikel 159 leden 2 en 3 is van overeenkomstige toepassing.

Art. 145

Beschikkingsonbevoegdheid erfgenamen bij executeur

1. Is een executeur benoemd, die tot taak heeft goederen der nalatenschap te beheren, dan kunnen de erfgenamen, tenzij hij zijn benoeming niet aanvaardt, niet zonder zijn medewerking of machtiging van de kantonrechter over de goederen of hun aandeel daarin beschikken, voordat zijn bevoegdheid tot beheer is geëindigd.

Vertegenwoordiging erfgenamen

2. Gedurende zijn beheer vertegenwoordigt hij bij de vervulling van zijn taak de erfgenamen in en buiten rechte.

Art. 146

Aanwijzing boedelnotaris door executeur

1. De executeur die met het beheer van de nalatenschap is belast, kan een boedelnotaris aanwijzen; deze geeft van de aanvaarding van zijn opdracht kennis aan de erfgenamen.

Taak boedelnotaris

2. Hij moet met bekwame spoed een boedelbeschrijving met inbegrip van een voorlopige staat van de schulden der nalatenschap opmaken en de hem bekende schuldeisers oproepen tot indiening van hun vorderingen bij de boedelnotaris of, indien deze ontbreekt, bij een der executeurs. De aanmelding van een vordering stuit de verjaring.
(Zie ook: art. 197 BW Boek 4)

Art. 147

Tegeldemaking beheerde goederen door executeur

1. De executeur is bevoegd door hem beheerde goederen te gelde te maken, voor zover dit nodig is voor de tot zijn taak behorende voldoening van schulden der nalatenschap en de nakoming der hem opgelegde lasten.
2. Tenzij de erflater anders heeft beschikt, treedt de executeur omtrent de keuze van de te gelde te maken goederen en de wijze van tegeldemaking zoveel mogelijk in overleg met de erfgenamen en stelt hij, zo bij een erfgenaam bezwaar bestaat tegen een voorgenomen tegeldemaking, die erfgenaam in de gelegenheid de beslissing van de kantonrechter in te roepen.
3. De erflater kan bepalen dat de executeur voor de tegeldemaking van een goed de toestemming van de erfgenamen behoeft. Deze toestemming kan echter vervangen worden door een machtiging van de kantonrechter.
4. Het in de vorige leden ten aanzien van de erfgenamen bepaalde geldt mede ten aanzien van hen aan wie het vruchtgebruik van de nalatenschap of van een aandeel daarin is vermaakt.
(Zie ook: art. 215 BW Boek 4; art. 676a Rv)

Art. 148

Informatieplicht van executeur

De executeur moet aan een erfgenaam alle door deze gewenste inlichtingen omtrent de uitoefening van zijn taak geven.

Art. 149

Taakbeëindiging van executeur

1. De taak van een executeur eindigt:
a. wanneer hij zijn werkzaamheden als zodanig heeft voltooid;
b. door tijdverloop, indien hij voor een bepaalde tijd was benoemd;
c. door zijn dood, het ten aanzien van hem van toepassing verklaren van de schuldsaneringsregeling natuurlijke personen, zijn faillietverklaring, zijn ondercuratelestelling of door de instelling van een bewind als bedoeld in titel 19 van Boek 1 over een of meer van zijn goederen;
d. wanneer de nalatenschap overeenkomstig de derde afdeling van de zesde titel moet worden vereffend;

e. in de bij de uiterste wil bepaalde gevallen;
f. door ontslag dat de kantonrechter hem met ingang van een bepaalde dag verleent.
2. Het ontslag wordt hem verleend, hetzij op eigen verzoek, hetzij om gewichtige redenen, zulks op verzoek van een mede-executeur, een erfgenaam of het openbaar ministerie, dan wel ambtshalve. Hangende het onderzoek kan de kantonrechter voorlopige voorzieningen treffen en de executeur schorsen. *Ontslag*
3. Een gewezen executeur blijft verplicht te doen wat niet zonder nadeel voor de afwikkeling van de nalatenschap kan worden uitgesteld, totdat degene die na hem tot het beheer van de nalatenschap bevoegd is, dit heeft aanvaard. *Plichten*
4. Eindigt de hoedanigheid van executeur door diens faillissement of ondercuratelestelling dan rust de in het vorige lid bedoelde verplichting op de curator, indien deze van de executele kennis draagt; eindigt de hoedanigheid van executeur door het ten aanzien van hem van toepassing verklaren van de schuldsaneringsregeling natuurlijke personen of de onderbewindstelling van een of meer van zijn goederen, dan geldt hetzelfde voor de in die gevallen optredende bewindvoerder. Eindigt de hoedanigheid van executeur door diens dood, dan zijn de erfgenamen verplicht, indien zij van de executele kennis dragen, het overlijden van de executeur mede te delen aan de erfgenamen van degene die hem heeft benoemd. *Voortgang bij beëindiging taak in bijzondere situaties*
(Zie ook: artt. 387, 431 BW Boek 1; artt. 164, artt. 202 BW Boek 4; artt. 1, 284 FW; art. 676a Rv)

Art. 150
1. Een executeur die zijn taak, met het oog waarop hem het beheer was opgedragen, heeft volvbracht, is bevoegd zijn beheer te beëindigen door de goederen ter beschikking van de erfgenamen te stellen. *Beëindiging bevoegdheid beheer na volbrenging taak van executeur*
2. De erfgenamen kunnen de bevoegdheid van een executeur tot beheer beëindigen: *Beëindiging bevoegdheid beheer door erfgenamen*
a. na voldoening van de schulden der nalatenschap en nakoming der lasten, waarvan de afwikkeling reeds tot zijn taak behoort of nog binnen het jaar na het overlijden van de erflater tot zijn taak zou kunnen gaan behoren;
b. wanneer een jaar en zes maanden is verlopen sedert een of meer der executeurs de nalatenschap in beheer hebben kunnen nemen. De kantonrechter kan deze termijn, ook na het verstrijken daarvan, op verzoek van een executeur een of meer malen verlengen.
3. Wanneer de erfgenamen de nodige middelen voor de in lid 2 onder a bedoelde afwikkeling ter beschikking van de executeur stellen, kunnen zij zijn beheersbevoegdheid voor het overige beëindigen.
4. Zijn niet alle erfgenamen bekend of niet allen bereid de goederen in ontvangst te nemen, dan zijn de artikelen 225 en 226 van overeenkomstige toepassing. *Schakelbepaling*
(Zie ook: art. 676a Rv)

Art. 151
Een executeur wiens bevoegdheid tot beheer van de nalatenschap is geëindigd, is verplicht aan degene die na hem tot het beheer bevoegd is, rekening en verantwoording af te leggen, op de wijze als voor bewindvoerders is bepaald. *Rekening en verantwoording van executeur*

Art. 152
Voor de toepassing van de bepalingen van deze afdeling wordt de echtgenoot van de erflater die een recht van vruchtgebruik heeft krachtens afdeling 2 van titel 3, als een erfgenaam aangemerkt. De bevoegdheden, bedoeld in artikel 150 leden 2 en 3, komen mede aan die echtgenoot toe. *Positie echtgenoot van erflater*
(Zie ook: artt. 30, 195 BW Boek 4)

Afdeling 7
Testamentair bewind

Paragraaf 1
Algemene bepalingen

Art. 153
1. Een erflater kan bij uiterste wilsbeschikking bewind instellen over een of meer door hem nagelaten of vermaakte goederen. *Bewind bij uiterste wilsbeschikking*
2. Tenzij de erflater anders heeft bepaald, treedt het bewind in werking op het tijdstip van zijn overlijden.

Art. 154
Tenzij bij de instelling anders is bepaald, omvat het bewind ook de goederen die geacht moeten worden in de plaats van een onder bewind staand goed te treden, benevens de vruchten en andere voordelen die zulk een goed oplevert, zolang de vruchten niet zijn uitgekeerd aan degene die daarop recht heeft ingevolge artikel 162. *Reikwijdte van testamentair bewind*
(Zie ook: art. 433 BW Boek 1; art. 167 BW Boek 3)

Art. 155

Belanghebbenden bij testamentair bewind

1. Het bewind over een erfdeel of een legaat wordt vermoed te zijn ingesteld in het belang van de rechthebbende, tenzij een der volgende leden van toepassing is.
2. Het bewind over een vruchtgebruik wordt vermoed zowel in het belang van de vruchtgebruiker als van de hoofdgerechtigde te zijn ingesteld. Hetzelfde geldt voor het bewind over de rechten van gebruik en bewoning.
3. Het bewind over een voorwaardelijke making wordt vermoed te zijn ingesteld in het belang van zowel degene die het goed bij vervulling der voorwaarde verkrijgt, als van degene die het alsdan verliest.
4. Het bewind over goederen of aandelen in goederen die gemeenschappelijk beheerd dienen te worden, wordt vermoed te zijn ingesteld in een gemeenschappelijk belang.

(Zie ook: art. 226 BW Boek 3; artt. 46, 167, 169, 175 BW Boek 4)

Art. 156

Bewind in het belang van een ander dan de rechthebbende

Is het bewind uitsluitend of mede ingesteld in het belang van een ander dan de rechthebbende op de onder bewind gestelde goederen, dan wordt die ander, zolang niet vaststaat wie hij is, voor de toepassing van deze afdeling aangemerkt als iemand die niet in staat is zijn wil te bepalen.

Paragraaf 2
De bewindvoerder

Art. 157

Bewindvoerder bij testamentair bewind

1. Indien de uiterste wil niet voorziet in de regeling der benoeming van een bewindvoerder, wijst de kantonrechter een of meer bewindvoerders aan op verzoek van de rechthebbende, een erfgenaam, legataris of andere belanghebbende dan wel van de executeur. De kantonrechter vergewist zich van de bereidheid van de door hem te benoemen personen.
2. Handelingsonbekwamen, zij van wie een of meer goederen onder een bewind als bedoeld in titel 19 van Boek 1 zijn gesteld, zij die in staat van faillissement verkeren of ten aanzien van wie de schuldsaneringsregeling natuurlijke personen van toepassing is verklaard, alsmede de personen genoemd in artikel 59 kunnen niet tot bewindvoerder worden benoemd.
3. Rechtspersonen met volledige rechtsbevoegdheid kunnen tot bewindvoerder worden benoemd.
4. Zo nodig kan een tijdelijke bewindvoerder worden benoemd.
5. De door de rechter benoemde wordt bewindvoerder daags nadat de griffier hem van zijn benoeming mededeling heeft gedaan, tenzij de beschikking een later tijdstip vermeldt.
6. De niet door de rechter benoemde wordt bewindvoerder daags nadat hij de benoeming heeft aanvaard.

(Zie ook: artt. 431, 435 BW Boek 1; artt. 1, 284 FW; art. 676a Rv)

Art. 158

Taakverdeling bij meerdere bewindvoerders

1. Zijn er twee of meer bewindvoerders, dan kan ieder van hen alle werkzaamheden die tot het bewind behoren alleen verrichten, tenzij de uiterste wil of de kantonrechter anders bepaalt.
2. Bij verschil van mening tussen de bewindvoerders beslist op verzoek van een van hen de kantonrechter, tenzij bij uiterste wil een andere regeling is getroffen.
3. De kantonrechter kan desverzocht, indien daartoe een gewichtige reden bestaat, een verdeling van de werkzaamheden vaststellen of wijzigen.

(Zie ook: art. 437 BW Boek 1)

Art. 159

Beloning bewindvoerder

1. Tenzij bij uiterste wil anders is geregeld, komt de bewindvoerder, of als er meer dan een bewindvoerder is, hun tezamen, per jaar een ten honderd van de waarde aan het einde van dat jaar van het onder bewind staande vermogen toe.
2. Zijn er twee of meer bewindvoerders en bevat de uiterste wil geen regeling omtrent de verdeling van hun beloning, dan ontvangt elk van hen een gelijke beloning, tenzij de kantonrechter anders bepaalt of zij tezamen anders overeenkomen.
3. Op grond van onvoorziene omstandigheden kan de kantonrechter, hetzij ambtshalve, hetzij op verzoek van de bewindvoerder, van de rechthebbende of iemand in wiens belang het bewind is ingesteld, voor bepaalde of voor onbepaalde tijd de beloning anders regelen dan bij de uiterste wil of de wet is aangegeven.

(Zie ook: art. 447 BW Boek 1; art. 258 BW Boek 6)

Art. 160

Boedelbeschrijving door bewindvoerder

1. De bewindvoerder moet zo spoedig mogelijk een beschrijving opmaken van de goederen waarop het bewind betrekking heeft. Is hij door de rechter benoemd, dan moet hij een afschrift van de beschrijving tegen ontvangstbewijs inleveren ter griffie van de rechtbank van de woonplaats van de rechthebbende. Tot het stellen van zekerheid is hij slechts verplicht, indien dit bij de instelling van het bewind is bepaald.

Inschrijven bewind

2. Tenzij bij de instelling van het bewind anders is bepaald, moet de bewindvoerder het bewind en zijn benoeming doen inschrijven:

a. in de openbare registers, bedoeld in afdeling 2 van titel 1 van Boek 3, indien het bewind betrekking heeft op registergoederen;
b. in het register van aandeelhouders, bedoeld in de artikelen 85 en 194 van Boek 2, indien het bewind betrekking heeft op aandelen op naam in een naamloze vennootschap of een besloten vennootschap met beperkte aansprakelijkheid;
c. in het handelsregister indien het bewind betrekking heeft op een onderneming of een aandeel in een vennootschap.
(Zie ook: art. 436 BW Boek 1)

Art. 161
1. De bewindvoerder legt, tenzij andere tijdstippen zijn bepaald, jaarlijks en aan het einde van zijn bewind rekening en verantwoording af aan de rechthebbende en aan degenen in wier belang het bewind is ingesteld. Aan het einde van zijn bewind legt hij rekening en verantwoording mede af aan degene die hem in het beheer van de goederen opvolgt. Is de bewindvoerder benoemd door de rechter, dan legt hij ten overstaan van deze de rekening en verantwoording af.
2. Indien de rechthebbende of een belanghebbende niet in staat is tot het opnemen van de rekening, of het onzeker is wie de rechthebbende of belanghebbende is, wordt de rekening en verantwoording aan de kantonrechter afgelegd, tenzij de uiterste wil iets anders bepaalt. Goedkeuring van deze rekening en verantwoording door de kantonrechter belet niet dat de rechthebbende of belanghebbende na het einde van het bewind nogmaals over dezelfde tijdsruimte rekening en verantwoording vraagt, voor zover dit niet onredelijk is.
3. De kantonrechter kan de bewindvoerder – hetzij op diens verzoek, hetzij ambtshalve – vrijstelling van de verplichting tot het afleggen van de periodieke rekening en verantwoording te zijnen overstaan verlenen; hij kan ook beschikken dat de bewindvoerder de rekening en verantwoording op deze wijze slechts eens in een bepaald aantal jaren zal afleggen.
4. Voor het overige vindt het bepaalde aangaande de voogdijrekening in de paragrafen 10 en 11 van afdeling 6 van titel 14 van Boek 1 overeenkomstige toepassing.
(Zie ook: art. 445 BW Boek 1)

Rekening en verantwoording van bewindvoerder

Schakelbepaling

Art. 162
1. Voor zover bij de instelling van het bewind niet anders is bepaald, wordt telkens bij het afleggen van de rekening en verantwoording hetgeen de goederen netto aan vruchten hebben opgebracht, onder aftrek van de verschuldigde beloning, uitgekeerd aan degene die daarop recht heeft. Op verzoek van deze kan de kantonrechter andere tijdstippen voor de uitkering vaststellen.
2. Zolang er onzekerheid bestaat wie de rechthebbende is of de rechthebbende niet tot ontvangst in staat is, blijft de netto-opbrengst onder het bewind van de bewindvoerder, tenzij de uiterste wil of de kantonrechter anders bepaalt.
(Zie ook: art. 446 BW Boek 1; art. 154 BW Boek 4)

Uitkering netto-vruchten door bewindvoerder

Art. 163
De bewindvoerder is jegens de rechthebbende aansprakelijk, indien hij in de zorg van een goed bewindvoerder tekortschiet, tenzij de tekortkoming hem niet kan worden toegerekend.
(Zie ook: art. 444 BW Boek 1; art. 171 BW Boek 4; art. 74 BW Boek 6)

Aansprakelijkheid van bewindvoerder

Art. 164
1. De hoedanigheid van bewindvoerder eindigt:
a. bij het einde van het bewind;
b. door tijdsverloop, indien hij voor een bepaalde tijd was benoemd;
c. door zijn dood, het ten aanzien van hem van toepassing verklaren van de schuldsaneringsregeling natuurlijke personen, zijn faillietverklaring, zijn ondercuratelestelling of door de instelling van een bewind als bedoeld in titel 19 van Boek 1 over een of meer van zijn goederen;
d. in de bij de uiterste wil bepaalde gevallen;
e. door ontslag dat de kantonrechter hem met ingang van een bepaalde dag verleent.
2. Het ontslag wordt hem verleend hetzij op eigen verzoek, hetzij wegens gewichtige redenen, zulks op verzoek van een medebewindvoerder, van de rechthebbende, van iemand in wiens belang het bewind is ingesteld of van het openbaar ministerie, dan wel ambtshalve. Hangende het onderzoek kan de kantonrechter voorlopige voorzieningen in het bewind treffen en de bewindvoerder schorsen.
(Zie ook: artt. 378, 431, 448 BW Boek 1; art. 149 BW Boek 4; artt. 1, 284 FW; art. 676a Rv)

Taakbeëindiging van bewindvoerder

Ontslag

Art. 165
1. De gewezen bewindvoerder draagt de goederen die hij wegens het bewind beheert af aan degene die na hem tot het beheer daarover bevoegd is. Hij mag de afdracht opschorten tot de voldoening van een hem toekomend saldo.
2. De gewezen bewindvoerder blijft voorts al datgene doen, wat niet zonder nadeel voor de rechthebbende of de belanghebbende kan worden uitgesteld, totdat degene die na hem tot het beheer der goederen bevoegd is, dit heeft aanvaard.
3. Eindigt de hoedanigheid van bewindvoerder door diens faillissement of ondercuratelestelling dan rust de in lid 2 bedoelde verplichting op de curator, indien deze van het bewind kennis

Overdracht goederen door bewindvoerder

Taak

Bijzondere situaties

draagt; eindigt de hoedanigheid van bewindvoerder door het ten aanzien van hem van toepassing verklaren van de schuldsaneringsregeling natuurlijke personen of de onderbewindstelling van een of meer van zijn goederen, dan geldt hetzelfde voor de in die gevallen optredende bewindvoerder. Eindigt de hoedanigheid van bewindvoerder door diens dood, dan zijn de erfgenamen verplicht, indien zij van het bewind kennis dragen, de kantonrechter te verzoeken een andere bewindvoerder te benoemen.
(Zie ook: art. 448 BW Boek 1)

Paragraaf 3
De gevolgen van het bewind

Art. 166
Bevoegdheden rechthebbende bij bewindvoerder

De rechthebbende is naast de bewindvoerder bevoegd tot handelingen dienende tot gewoon onderhoud van de goederen die hij in gebruik heeft en tot handelingen die geen uitstel kunnen lijden. Voor het overige komt het beheer uitsluitend toe aan de bewindvoerder.
(Zie ook: art. 438 BW Boek 1; art. 170 BW Boek 3)

Art. 167
Beschikkingsonbevoegdheid erfgenamen bij bewindvoerder

1. Indien het bewind is ingesteld in het belang van de rechthebbende, is deze slechts met medewerking of toestemming van de bewindvoerder bevoegd tot andere handelingen dan die in het vorige artikel bedoeld, welke een onder bewind staand goed rechtstreeks betreffen. Hetzelfde geldt voor de bevoegdheden van een vruchtgebruiker met betrekking tot de goederen waarop onder bewind gesteld vruchtgebruik rust en die verder gaan dan het gebruik daarvan.
2. Indien het bewind is ingesteld in het belang van een ander dan de rechthebbende of in een gemeenschappelijk belang, is de rechthebbende slechts onder voorbehoud van het bewind bevoegd tot het verrichten van een handeling als bedoeld in lid 1.
3. Indien het bewind zowel in het belang van de rechthebbende als van een of meer anderen of in een gemeenschappelijk belang is ingesteld, dan is de rechthebbende slechts met medewerking of toestemming van de bewindvoerder en onder voorbehoud van dat bewind bevoegd tot het verrichten van een handeling als bedoeld in lid 1.
(Zie ook: art. 438 BW Boek 1; art. 238 FW)

Art. 168
Goede trouw wederpartij bij bewindvoerder

1. Een rechtshandeling die ondanks zijn uit de artikelen 166 en 167 voortvloeiende onbevoegdheid is verricht door of gericht tot de rechthebbende is niettemin geldig, indien de wederpartij het bewind kende noch behoorde te kennen. Niettemin is geen veroordeling mogelijk tot nakoming van een uit de rechtshandeling voortvloeiende verbintenis tot vervreemding of bezwaring van een onder het bewind staand goed.
2. De uit het bewind voortvloeiende ongeldigheid van beschikking door de rechthebbende over een goed als bedoeld in artikel 88 van Boek 3, staat niet in de weg aan de geldigheid van een latere overdracht daarvan indien de derde verkrijger te goeder trouw is. De vorige zin is van overeenkomstige toepassing op de vestiging, overdracht en afstand van een beperkt recht op zulk een goed.
(Zie ook: art. 439 BW Boek 1; artt. 86, 296 BW Boek 3)

Art. 169
[Dit artikel is gewijzigd in verband met de invoering van digitaal procederen. Zie voor de procedures en gerechten waarvoor digitaal procederen geldt het Overzicht gefaseerde inwerkingtreding op www.rijksoverheid.nl/KEI.]

Bevoegdheden van bewindvoerder met toestemming

1. De bewindvoerder mag met toestemming van de rechthebbende:
a. de in artikel 167 lid 1 bedoelde handelingen verrichten;
b. geld lenen of de rechthebbende als borg of hoofdelijk schuldenaar verbinden;
c. een overeenkomst tot beëindiging van een geschil aangaan; hij behoeft deze toestemming niet in het geval van artikel 30k, lid 1, onder c, van het Wetboek van Burgerlijke Rechtsvordering, of indien het voorwerp van het geschil een waarde van € 700 niet te boven gaat.
2. Is het bewind uitsluitend of mede in het belang van een ander dan de rechthebbende of in hun gemeenschappelijk belang ingesteld, dan is ook toestemming van die ander vereist.
3. Verleent iemand wiens toestemming is vereist deze niet, dan kan de kantonrechter haar desverzocht door zijn machtiging vervangen. De kantonrechter kan de machtiging verlenen onder zodanige voorwaarden als hij geraden acht.
(Zie ook: art. 441 BW Boek 1)

[Voor overige gevallen luidt het artikel als volgt:]

Artikel 169
Bevoegdheden van bewindvoerder met toestemming

1. De bewindvoerder mag met toestemming van de rechthebbende:
a. de in artikel 167 lid 1 bedoelde handelingen verrichten;
b. geld lenen of de rechthebbende als borg of hoofdelijk schuldenaar verbinden;

c. een overeenkomst tot beëindiging van een geschil aangaan; hij behoeft deze toestemming niet in het geval van artikel 87 van het Wetboek van Burgerlijke Rechtsvordering, of indien het voorwerp van het geschil een waarde van € 700 niet te boven gaat.
2. Is het bewind uitsluitend of mede in het belang van een ander dan de rechthebbende of in hun gemeenschappelijk belang ingesteld, dan is ook toestemming van die ander vereist.
3. Verleent iemand wiens toestemming is vereist deze niet, dan kan de kantonrechter haar desverzocht door zijn machtiging vervangen. De kantonrechter kan de machtiging verlenen onder zodanige voorwaarden als hij geraden acht.
(Zie ook: art. 441 BW Boek 1)

Art. 170
1. Behoren de goederen die onder het bewind staan of die met een onder het bewind staand beperkt recht zijn belast tot een gemeenschap, dan is de bewindvoerder bevoegd tot het vorderen van verdeling en is hij, met toestemming van de rechthebbende, bevoegd tot het aangaan van een overeenkomst tot uitsluiting van verdeling voor een bepaalde tijd. — Vorderingen door bewindvoerder
2. De bewindvoerder is met toestemming van de rechthebbende bevoegd tot medewerking aan de verdeling.
3. De leden 2 en 3 van artikel 169 zijn van overeenkomstige toepassing. — Schakelbepaling
(Zie ook: art. 441 BW Boek 1; art. 178 BW Boek 3)

Art. 171
1. Bij de uiterste wil kunnen de bevoegdheden en verplichtingen van de bewindvoerder nader worden geregeld; zij kunnen daarbij ruimer of beperkter worden vastgesteld dan uit de voorgaande bepalingen van deze afdeling voortvloeit. — Bevoegdheden en verplichtingen van bewindvoerder
2. De kantonrechter kan op verzoek van de bewindvoerder, de rechthebbende of een persoon in wiens belang het bewind uitsluitend of mede is ingesteld, de regels omtrent het voeren van het bewind wijzigen op grond van onvoorziene omstandigheden. De kantonrechter kan het verzoek toewijzen onder door hem te stellen voorwaarden.
(Zie ook: art. 163 BW Boek 4; art. 258 BW Boek 6)

Art. 172
1. De bewindvoerder die, anders dan in de vorm van medewerking of toestemming, zijn taak uitoefent, is bevoegd daarbij de rechthebbende te vertegenwoordigen of in eigen naam te zijnen behoeve op te treden. — Vertegenwoordiging door bewindvoerder
2. De bepalingen van titel 3 van Boek 3 zijn in geval van vertegenwoordiging van overeenkomstige toepassing op de rechten en verplichtingen van een wederpartij. Regels die de bevoegdheid van de bewindvoerder betreffen, en feiten die voor een oordeel omtrent zijn bevoegdheid van belang zijn, kunnen niet aan de wederpartij worden tegengeworpen, indien deze met die regels of feiten niet bekend was of behoorde te zijn.
(Zie ook: artt. 441, 442 BW Boek 1)

Art. 173
De bewindvoerder vertegenwoordigt de rechthebbende in gedingen ter zake van onder het bewind staande goederen. Hij kan zich, alvorens in rechte op te treden, te zijner verantwoording doen machtigen door de rechthebbende en degenen in wier belang het bewind uitsluitend of mede is ingesteld. Wordt de machtiging niet verleend, dan kan de kantonrechter haar door zijn machtiging vervangen. — Vertegenwoordiging in gedingen door bewindvoerder
(Zie ook: artt. 441, 443 BW Boek 1; art. 676a Rv)

Art. 174
1. De rechthebbende is, onverminderd het bepaalde in artikel 172 van Boek 6, aansprakelijk voor alle schulden die voortspruiten uit rechtshandelingen die de bewindvoerder in zijn hoedanigheid in naam van de rechthebbende verricht. — Aansprakelijkheid van rechthebbende bij bewindvoerder
2. Voor zover de rechthebbende onder bewind staande goederen aanwijst die voldoende verhaal bieden, kunnen zijn overige goederen niet worden uitgewonnen voor de in lid 1 bedoelde schulden.
(Zie ook: artt. 96, 442 BW Boek 1)

Art. 175
1. Tijdens het bewind kunnen de onder het bewind staande goederen ten laste van de rechthebbende slechts worden uitgewonnen voor: — Uitwinning goederen door bewindvoerder
a. de schulden van de nalatenschap, voor zover die schulden ten laste van die goederen kunnen worden gebracht;
b. de schulden die de goederen betreffen;
c. de schulden voortvloeiend uit rechtshandelingen die door de rechthebbende binnen de grenzen van zijn in de artikelen 166 en 167 bedoelde bevoegdheid zijn verricht;
d. de schulden voortvloeiend uit rechtshandelingen die ondanks onbevoegdheid van de rechthebbende krachtens artikel 168 lid 1 geldig zijn, tenzij de bewindvoerder goederen van de rechthebbende aanwijst die niet onder bewind staan en die geheel of gedeeltelijk verhaal bieden;

e. de schulden waarvoor de rechthebbende overeenkomstig artikel 174 wegens gedragingen van de bewindvoerder aansprakelijk is.
2. De goederen kunnen voor de in lid 1 onder e bedoelde schulden ook worden uitgewonnen, nadat ze onder last van het bewind op een andere rechthebbende zijn overgegaan.
3. De goederen worden vrij van het bewind uitgewonnen, tenzij dit uitsluitend of mede in het belang van een ander dan de rechthebbende of in een gemeenschappelijk belang is ingesteld.
(Zie ook: art. 96 BW Boek 1; artt. 7, 182, 184 BW Boek 4)

Art. 176

Uitwinning andere schulden door bewindvoerder

Indien het bewind uitsluitend is ingesteld in het belang van een ander dan de rechthebbende, dan wel in een gemeenschappelijk belang, kunnen de onder bewind gestelde goederen ten laste van de rechthebbende ook voor andere schulden worden uitgewonnen, doch dan slechts onder de last van het bewind.
(Zie ook: artt. 155, 167 BW Boek 4)

Paragraaf 4
Einde van het bewind

Art. 177

Termijnverstrijking bij bewind

1. Het bewind eindigt door het verstrijken van de termijn waarvoor het werd ingesteld.

Einde bewind door verwerping nalatenschap/legaat

2. Het bewind eindigt door verwerping van de nalatenschap of het legaat waarbij de goederen zijn vermaakt, indien het door het bewind gediende belang daarmede vervalt. De beëindiging door verwerping heeft geen terugwerkende kracht.

Art. 178

Einde bewind door overlijden/opheffen/opzegging

1. Het bewind eindigt door het overlijden van de rechthebbende indien het uitsluitend in diens belang was ingesteld. Is deze een rechtspersoon, dan eindigt het door diens ontbinding, en voorts door diens opzegging wanneer dertig jaren na het overlijden van de erflater zijn verstreken.
2. De rechtbank kan een zodanig bewind ook opheffen op verzoek van de bewindvoerder op grond van onvoorziene omstandigheden en voorts indien aannemelijk is dat de rechthebbende de onder bewind staande goederen zelf op verantwoorde wijze zal kunnen besturen. Na verloop van vijf jaren na het overlijden van de erflater kan het bewind op deze laatste grond ook worden opgeheven op verzoek van de rechthebbende. Bij afwijzing van een verzoek tot opheffing kan de rechtbank desverzocht de regels omtrent het bewind, al dan niet onder door haar te stellen voorwaarden, wijzigen.
(Zie ook: art. 258 BW Boek 6)

Art. 179

Einde bewind door vervallen belang/termijnverstrijking

1. Voor zover het bewind is ingesteld in het belang van een ander dan de rechthebbende, eindigt het, wanneer dat belang vervalt, alsmede wanneer de rechthebbende en degene in wiens belang de instelling geschiedde, een gemeenschappelijk besluit tot opheffing schriftelijk ter kennis van de bewindvoerder brengen. Het besluit tot opheffing kan ook slechts een of meer der onder bewind gestelde goederen betreffen.
2. Is het bewind ingesteld in het belang van degene die is bevoordeeld bij een legaat onder opschortende tijdsbepaling of opschortende voorwaarde of bij een testamentaire last, dan kan het, wanneer dertig jaren na het overlijden van de erflater zijn verstreken, door opzegging worden beëindigd.
(Zie ook: artt. 130, 136 BW Boek 4)

Art. 180

Einde bewind door vervallen gemeenschappelijk belang/opzegging

1. Voor zover het bewind is ingesteld in het gemeenschappelijk belang van de rechthebbende en een of meer anderen, eindigt het wanneer dat belang vervalt.

2. Het bewind kan eveneens worden beëindigd door opzegging, wanneer vijf jaren na het overlijden van de erflater zijn verstreken.

Art. 181

Voorwaarden opzegging van bewind

1. De in de vorige artikelen bedoelde opzegging kan slechts geschieden door de rechthebbende, en dat wel schriftelijk en met inachtneming van een termijn van een maand.
2. De opzegging moet worden gericht tot de bewindvoerder en tot de belanghebbenden zo die er zijn.

Titel 6
Gevolgen van de erfopvolging

Afdeling 1
Algemene bepalingen

Art. 182
1. Met het overlijden van de erflater volgen zijn erfgenamen van rechtswege op in zijn voor overgang vatbare rechten en in zijn bezit en houderschap. De eerste zin geldt niet wanneer de nalatenschap ingevolge artikel 13 wordt verdeeld; in dat geval volgt de echtgenoot van rechtswege op in het bezit en houderschap van de erflater.
2. Zij worden van rechtswege schuldenaar van de schulden van de erflater die niet met zijn dood tenietgaan. Is een prestatie deelbaar, dan is ieder van hen verbonden voor een deel, evenredig aan zijn erfdeel, tenzij zij hoofdelijk zijn verbonden.
(Zie ook: artt. 80, 116 BW Boek 3; art. 7 BW Boek 4; art. 6 BW Boek 6)

Rechtsopvolging door erfgenaam

Overgang schulden

Art. 183
Een erfgenaam kan de goederen van de nalatenschap met inbegrip van die welke de erflater op het tijdstip van zijn overlijden voor derden hield, opvorderen van iedere derde die deze goederen zonder recht houdt. Is de nalatenschap verdeeld overeenkomstig artikel 13, dan komt de in de vorige zin bedoelde bevoegdheid uitsluitend toe aan de echtgenoot van de erflater.

Opvorderen goederen door erfgenaam

Art. 184
1. Schuldeisers van de nalatenschap kunnen hun vorderingen op de goederen der nalatenschap verhalen.
2. Een erfgenaam is niet verplicht een schuld der nalatenschap ten laste van zijn overig vermogen te voldoen, tenzij hij:
a. zuiver aanvaardt, behalve voor zover de schuld niet op hem rust of hij deze geheel of gedeeltelijk niet hoeft te voldoen ingevolge artikel 194a lid 2 en onverminderd de artikelen 14 lid 3 en 87 lid 5;
b. de voldoening van de schuld verhindert en hem daarvan een verwijt kan worden gemaakt;
c. opzettelijk goederen der nalatenschap zoek maakt, verbergt of op andere wijze aan het verhaal van schuldeisers der nalatenschap onttrekt; of
d. vereffenaar is, in de vervulling van zijn verplichtingen als zodanig in ernstige mate tekortschiet, en hem daarvan een verwijt kan worden gemaakt.
3. In ieder geval kunnen, wanneer uit de nalatenschap een uitkering heeft plaatsgevonden aan een erfgenaam die de nalatenschap beneficiair heeft aanvaard, de schuldeisers van de nalatenschap zich op het vermogen van die erfgenaam verhalen tot de waarde van hetgeen hij uit de nalatenschap heeft verkregen. Artikel 223 lid 1 vindt daarbij overeenkomstige toepassing.
4. Hij die ingevolge lid 2 onder b of c met zijn gehele vermogen aansprakelijk is geworden, blijft dit ook na verwerping van de nalatenschap.
5. Lid 2 is van overeenkomstige toepassing op de verplichting van een erfgenaam tot nakoming van een last die bestaat uit een uitgave van geld of van een goed dat niet tot de nalatenschap behoort.
(Zie ook: art. 7 BW Boek 4)

Verhaal schuldeisers op erfgenaam
Verplichting tot voldoen schulden

Aansprakelijkheid na verwerping schulden
Schakelbepaling

Art. 185
1. Gedurende drie maanden na het overlijden van de erflater kan op goederen van een nalatenschap die niet door alle erfgenamen zuiver is aanvaard, geen verhaal worden genomen, tenzij de schuldeiser hiertoe ook in geval van faillissement van de erflater had kunnen overgaan.
2. Gedurende die tijd kan de kantonrechter op verzoek van een belanghebbende de maatregelen voorschrijven die hij in diens belang nodig acht.
3. De termijn kan voor de afloop daarvan door de kantonrechter ten aanzien van bepaalde schuldeisers een of meer malen op grond van bijzondere omstandigheden worden verlengd. De verlenging wordt in het boedelregister ingeschreven.
(Zie ook: art. 57 FW; art. 676a Rv)

Verhaaltermijn van schulden

Art. 186
1. De griffiers van de rechtbanken houden een openbaar boedelregister, waarin krachtens wettelijk voorschrift feiten worden ingeschreven, die voor de rechtstoestand van opengevallen nalatenschappen van belang zijn.
2. Een notaris die is betrokken bij de afwikkeling van de nalatenschap, doet zich in het boedelregister inschrijven.
3. De wijze van inrichting en raadpleging van het boedelregister worden bij algemene maatregel van bestuur geregeld.
4. Bij algemene maatregel van bestuur kan worden bepaald dat de openbare boedelregisters, bedoeld in het eerste lid, in afwijking van het eerste lid door een ander of door anderen dan de griffiers van de rechtbanken worden gehouden. Bij algemene maatregel van bestuur kan eveneens worden bepaald dat de verstrekking van gegevens ter inschrijving in het openbaar boedelregister

Openbaar boedelregister voor nalatenschap

Inschrijven boedelnotaris

Nadere regels

door degenen die daartoe bevoegd of die daartoe gehouden zijn, uitsluitend op een in die maatregel aan te geven wijze plaats vindt.
(Zie ook: artt. 191, 197 BW Boek 4; Bbreg)

Art. 187

Goede trouw bij nalatenschap
1. Hij die is afgegaan op de in een verklaring van erfrecht vermelde feiten, geldt te dezen aanzien als te goeder trouw.

Bevrijdende betaling
2. Een schuldenaar die, afgaande op de in een verklaring van erfrecht vermelde feiten, heeft betaald aan iemand die niet bevoegd was de betaling te ontvangen, kan aan degene aan wie betaald moest worden, tegenwerpen dat hij bevrijdend heeft betaald.

3. Het in de vorige leden bepaalde lijdt uitzondering, indien degene die op de verklaring is afgegaan, wist of door grove nalatigheid niet wist, dat de inhoud van de verklaring niet met de werkelijkheid overeenstemt.
(Zie ook: artt. 18, 86, 88, 99 BW Boek 3; art. 34 BW Boek 6)

Art. 188

Verklaring van erfrecht
1. Een verklaring van erfrecht is een notariële akte waarin een notaris een of meer van de volgende feiten vermeldt:
a. dat een of meer in de verklaring genoemde personen, al dan niet voor bepaalde erfdelen, erfgenaam zijn of de enige erfgenamen zijn, met vermelding of zij de nalatenschap reeds hebben aanvaard;
b. dat al dan niet aan de echtgenoot van de erflater het vruchtgebruik van een of meer tot de nalatenschap behorende goederen krachtens afdeling 2 van titel 3 toekomt, met vermelding of aan hem een machtiging tot vervreemden of bezwaren of een bevoegdheid tot vervreemding en vertering is verleend, alsmede of en tot welk tijdstip de echtgenoot een beroep toekomt op artikel 29 leden 1 en 3;
c. dat de nalatenschap is verdeeld overeenkomstig artikel 13, met vermelding of en tot welk moment de echtgenoot de bevoegdheid toekomt als bedoeld in artikel 18 lid 1;
d. dat al dan niet het beheer van de nalatenschap aan executeurs, bewindvoerders of krachtens de derde afdeling van deze titel benoemde vereffenaars is opgedragen, met vermelding van hun bevoegdheden; of
e. dat een of meer in de verklaring genoemde personen executeur, bewindvoerder of vereffenaar zijn.

Nadere regels
2. Bij algemene maatregel van bestuur kunnen nadere voorschriften omtrent de inhoud en de opstelling van deze verklaringen worden vastgesteld.

Art. 188a

Europese erfrechtverklaring
De notaris geeft op verzoek een Europese erfrechtverklaring af als bedoeld in artikel 62 van de verordening (EU) nr. 650/2012 van het Europees Parlement en de Raad van 4 juli 2012 betreffende de bevoegdheid, het toepasselijke recht, de erkenning en de tenuitvoerlegging van beslissingen en de aanvaarding en de tenuitvoerlegging van authentieke akten op het gebied van erfopvolging, alsmede betreffende de instelling van een Europese erfrechtverklaring (PbEU 2012, L 201). De aanvraag kan worden gedaan met behulp van het formulier als bedoeld in artikel 65 lid 2 van de verordening in de Nederlandse taal of in een andere officiële taal van de EU, mits de notaris die taal begrijpt.

Art. 189

Verkrijging door de staat van nalatenschap
Indien en voor zover een erflater geen erfgenamen heeft, worden de goederen der nalatenschap op het ogenblik van zijn overlijden door de Staat onder algemene titel verkregen.
(Zie ook: art. 80 Boek 3 BW)

Afdeling 2
Aanvaarding en verwerping van nalatenschappen en van legaten

Art. 190

Aanvaarding/verwerping van nalatenschap/legaat door erfgenaam
1. Een erfgenaam kan een nalatenschap aanvaarden of verwerpen. Een aanvaarding kan zuiver geschieden of onder voorrecht van boedelbeschrijving.

Keuzevrijheid
2. De erflater kan de erfgenamen in hun keuze niet beperken. Evenmin kan een erfgenaam dienaangaande vóór het openvallen der nalatenschap een beslissing nemen.
3. De keuze kan alleen onvoorwaardelijk en zonder tijdsbepaling geschieden. Zij kan niet een deel van het erfdeel betreffen. Hetgeen aan een erfgenaam die reeds aanvaard heeft, opkomt door de vervulling van een door de erflater aan een erfstelling toegevoegde voorwaarde kan evenwel nog afzonderlijk aanvaard of verworpen worden.

Onherroepelijke keuze
4. Een eenmaal gedane keuze is onherroepelijk en werkt terug tot het ogenblik van het openvallen der nalatenschap. Een aanvaarding of verwerping kan niet op grond van dwaling, noch op grond van benadeling van een of meer schuldeisers worden vernietigd.
(Zie ook: art. 38 BW Boek 3)

Art. 191
1. De in het vorige artikel bedoelde keuze wordt gedaan door het afleggen van een daartoe strekkende verklaring ter griffie van de rechtbank van het sterfhuis. De verklaring wordt in het boedelregister ingeschreven.
2. Zolang de nalatenschap niet door alle erfgenamen is aanvaard, kan de kantonrechter de maatregelen voorschrijven die hij tot behoud van de goederen nodig acht.
(Zie ook: art. 185 BW Boek 4; art. 676a Rv)

Aanvaarding/verwerping van nalatenschap ter griffie
Maatregelen rechter

Art. 192
1. Een erfgenaam aanvaardt de nalatenschap zuiver wanneer hij zich ondubbelzinnig en zonder voorbehoud als een zuiver aanvaard hebbende erfgenaam gedraagt doordat hij overeenkomsten aangaat strekkende tot vervreemding of bezwaring van goederen van de nalatenschap of deze op andere wijze aan het verhaal van schuldeisers onttrekt. De eerste volzin is niet van toepassing indien de erfgenaam zijn keuze reeds eerder heeft gedaan.
2. Indien een erfgenaam zijn keuze nog niet heeft gedaan, kan de kantonrechter hem daarvoor op verzoek van een belanghebbende een termijn stellen, die ingaat op de dag nadat de belanghebbende deze beschikking aan de erfgenaam heeft doen betekenen en de beschikking onder vermelding van de gedane betekening heeft doen inschrijven in het boedelregister. De kantonrechter kan op verzoek van de erfgenaam de termijn voor de afloop daarvan een of meer malen verlengen; de verlenging wordt in het boedelregister ingeschreven.
3. Laat de erfgenaam de termijn verlopen zonder inmiddels een keuze te hebben gedaan, dan wordt hij geacht de nalatenschap zuiver te aanvaarden.
4. Een erfgenaam die nog geen keuze heeft gedaan, wordt geacht beneficiair te aanvaarden, wanneer een of meer zijner mede-erfgenamen door een verklaring beneficiair aanvaarden, tenzij hij alsnog de nalatenschap zuiver aanvaardt of verwerpt binnen drie maanden nadat hij van die beneficiaire aanvaarding kennis heeft gekregen of, indien voor hem op het tijdstip van die beneficiaire aanvaarding een overeenkomstig het tweede lid gestelde of verlengde termijn liep, binnen die termijn. De zuivere aanvaarding kan slechts geschieden op de wijze als bepaald in het eerste lid van het vorige artikel.
(Zie ook: artt. 186, 193 BW Boek 4; art. 676a Rv)

Zuivere aanvaarding van nalatenschap

Termijn

Verloop termijn

Beneficiaire aanvaarding

Art. 193
1. Een wettelijke vertegenwoordiger van een erfgenaam kan voor deze niet zuiver aanvaarden en behoeft voor verwerping een machtiging van de kantonrechter. Hij is verplicht een verklaring van beneficiaire aanvaarding of van verwerping af te leggen binnen drie maanden vanaf het tijdstip waarop de nalatenschap, of een aandeel daarin, de erfgenaam toekomt. Deze termijn kan overeenkomstig artikel 192 lid 2, tweede zin, worden verlengd.
2. Heeft hij de termijn laten verlopen, dan geldt de nalatenschap als door de erfgenaam beneficiair aanvaard. De kantonrechter kan hiervan aantekening doen houden in het boedelregister.
3. De leden 1 en 2 zijn niet van toepassing in het geval, bedoeld in artikel 41 van de Faillissementswet.
(Zie ook: art. 345 BW Boek 1)

Beneficiaire aanvaarding van nalatenschap door wettelijke vertegenwoordiger

Art. 194
1. Een erfgenaam die na zuivere aanvaarding bekend wordt met een uiterste wil, volgens welke de legaten en lasten die hij moet voldoen, tot een geringer bedrag uit zijn erfdeel kunnen worden bestreden dan zonder die uiterste wil het geval zou zijn geweest, wordt, indien hij binnen drie maanden na die ontdekking het verzoek daartoe doet, door de kantonrechter gemachtigd om alsnog beneficiair te aanvaarden. Nochtans komen de schulden der nalatenschap met uitzondering van de hem tevoren niet bekende legaten, alsmede de hem tevoren reeds bekende lasten, ten laste van zijn gehele vermogen voor zover hij deze ook zonder die uiterste wil niet uit zijn erfdeel had kunnen bestrijden.
2. Een erfgenaam die na zuivere aanvaarding bekend wordt met een uiterste wil, volgens welke zijn erfdeel groter is dan het zonder die uiterste wil zou zijn geweest, of met een na zijn aanvaarding voorgevallen gebeurtenis waardoor zijn erfdeel is vergroot, wordt, indien hij binnen drie maanden na die ontdekking het verzoek daartoe doet, door de kantonrechter gemachtigd alsnog beneficiair te aanvaarden. Nochtans moet hij de schulden der nalatenschap en de lasten met zijn gehele vermogen voldoen, voor zover dat ook zonder die uiterste wil of zonder die gebeurtenis het geval zou zijn geweest

Beneficiaire aanvaarding van nalatenschap bij bekend worden uiterste wil

Art. 194a
1. Een erfgenaam die na zuivere aanvaarding bekend wordt met een schuld van de nalatenschap, die hij niet kende en ook niet behoorde te kennen, wordt, indien hij binnen drie maanden na die ontdekking het verzoek daartoe doet, door de kantonrechter gemachtigd om alsnog beneficiair te aanvaarden.
2. Wanneer een erfgenaam na vereffening of verdeling van de nalatenschap bekend wordt met een schuld, die hij niet kende en ook niet behoorde te kennen, kan hij de kantonrechter, binnen de in het eerste lid genoemde termijn, verzoeken om te worden ontheven van zijn verplichting de schuld uit zijn vermogen te voldoen voor zover deze niet uit hetgeen hij krachtens erfrecht

Beneficiaire aanvaarding van nalatenschap bij bekend worden onverwachte schulden uit de nalatenschap heeft verkregen, kan worden voldaan. De kantonrechter verleent deze ontheffing, tenzij de erfgenaam zich zodanig heeft gedragen dat de schuldeiser erop mocht vertrouwen dat de erfgenaam deze schuld uit zijn overige vermogen voldoet.

Art. 195

Vereffening bij beneficiaire aanvaarding

1. Is een nalatenschap door een of meer erfgenamen beneficiair aanvaard en moet zij uit dien hoofde overeenkomstig de volgende afdeling van deze titel worden vereffend, dan zijn alle erfgenamen vereffenaar.
2. Voor de toepassing van de bepalingen van deze en de volgende afdeling inzake vereffening wordt de echtgenoot van de erflater die een recht van vruchtgebruik heeft krachtens afdeling 2 van titel 3, als een erfgenaam aangemerkt, tenzij uit de strekking van de bepalingen anders voortvloeit.

(Zie ook: artt. 30, 152 BW Boek 4)

Art. 196

Bekendmaking van beneficiaire aanvaarding

De kantonrechter kan, op verzoek van een belanghebbende of ambtshalve, de erfgenamen gelasten de beneficiaire aanvaarding bekend te maken in de Staatscourant.

(Zie ook: art. 676a Rv)

Art. 197

Boedelnotaris bij beneficiaire aanvaarding

1. Een notaris die op verzoek van een erfgenaam als boedelnotaris voor de beneficiair aanvaarde nalatenschap optreedt, doet zich als zodanig inschrijven in het boedelregister en geeft daarvan zo spoedig mogelijk kennis aan de overige erfgenamen.
2. Op een verzoek, uiterlijk een maand na die kennisgeving gedaan door de meerderheid van de erfgenamen of door een of meer erfgenamen die samen voor meer dan de helft gerechtigd zijn in de nalatenschap, kan de kantonrechter een andere notaris, die daartoe bereid is, als boedelnotaris aanwijzen. Deze doet de vervanging inschrijven en brengt haar zo spoedig mogelijk ter kennis van de eerstaangewezene en de erfgenamen.
3. In geval van bekendmaking van de beneficiaire aanvaarding overeenkomstig het vorige artikel, wordt de aanwijzing van een boedelnotaris op dezelfde wijze, onder vermelding van zijn naam en adres, bekendgemaakt.

(Zie ook: art. 146 BW Boek 4; art. 676a Rv)

Art. 198

Bevoegdheden erfgenamen bij beneficiaire aanvaarding

Tenzij de kantonrechter anders bepaalt, oefenen de erfgenamen hun bevoegdheden als vereffenaars van de beneficiair aanvaarde nalatenschap tezamen uit, doch kunnen daden van gewoon onderhoud en tot behoud van de goederen, en in het algemeen daden die geen uitstel kunnen lijden, door ieder van hen zo nodig zelfstandig worden verricht.

Art. 199

Zekerheidstelling bij beneficiaire aanvaarding

1. Op verzoek van een belanghebbende of van de boedelnotaris kan de kantonrechter een of meer erfgenamen van een nalatenschap die beneficiair aanvaard is, gelasten zekerheid te stellen voor hun beheer en de nakoming van hun overige verplichtingen. De kantonrechter stelt het bedrag en de aard van de zekerheid vast.

Mededeling negatieve nalatenschap

2. Wanneer een erfgenaam blijkt dat de schulden der beneficiair aanvaarde nalatenschap de baten overtreffen, doet hij hiervan ten spoedigste mededeling aan de kantonrechter.

(Zie ook: art. 203 BW Boek 4)

Art. 200

Positie erfgenaam bij vereffening

1. Met betrekking tot een erfgenaam die onder voorrecht van boedelbeschrijving heeft aanvaard, geldt tot het einde van de vereffening het in de volgende leden bepaalde, tenzij hij voor de op hem rustende schulden der nalatenschap met zijn gehele vermogen aansprakelijk is.
2. Vorderingen van de erflater op de erfgenaam en beperkte rechten van de erflater op een goed van de erfgenaam, alsmede vorderingen van de erfgenaam op de erflater en beperkte rechten van de erfgenaam op een goed van de erflater gaan niet door vermenging teniet.
3. Heeft de erfgenaam een schuld der nalatenschap uit zijn overig vermogen voldaan, dan treedt hij op als schuldeiser van de nalatenschap voor het bedrag van die schuld in de rang die zij had. De vorige zin is van overeenkomstige toepassing op een last die verplicht tot een uitgave in geld ten laste van de nalatenschap welke erfgenaam uit zijn overige vermogen heeft gedaan.

Art. 201

Verwerping van legaat

1. Een legaat wordt verkregen zonder dat een aanvaarding nodig is, behoudens de bevoegdheid van de legataris om het legaat te verwerpen zolang hij het niet aanvaard heeft.

Termijnstelling

2. De kantonrechter kan op verzoek van een belanghebbende aan de legataris een termijn stellen, waarbinnen deze moet verklaren of hij al dan niet verwerpt; bij gebreke van een verklaring binnen de gestelde termijn verliest de legataris de bevoegdheid om te verwerpen.

Wijze van verwerping

3. De verwerping van een legaat moet op ondubbelzinnige wijze geschieden, maar is aan geen vorm gebonden.

(Zie ook: art. 117 BW Boek 4; art. 676a Rv)

Afdeling 3
Vereffening van de nalatenschap

Art. 202
1. Een nalatenschap wordt, behoudens het in artikel 221 bepaalde, overeenkomstig de in deze afdeling gegeven voorschriften vereffend:
a. wanneer zij door een of meer erfgenamen onder voorrecht van boedelbeschrijving is aanvaard, tenzij er een tot voldoening van de opeisbare schulden en legaten bevoegde executeur is en deze kan aantonen dat de goederen der nalatenschap ruimschoots toereikend zijn om alle schulden der nalatenschap te voldoen; geschillen dienaangaande worden door de kantonrechter beslist;
b. wanneer de rechtbank een vereffenaar heeft benoemd.
2. Indien het saldo van de nalatenschap positief is kan de wettelijke vertegenwoordiger van een erfgenaam die voor deze beneficiair heeft aanvaard de kantonrechter verzoeken om ontheffing van de verplichting om te vereffenen volgens de wet.
3. Een nalatenschap die overeenkomstig artikel 13 is verdeeld, wordt in afwijking van lid 1 onder a slechts vereffend volgens de wet wanneer de echtgenoot van de erflater haar beneficiair heeft aanvaard.
(Zie ook: art. 193 BW Boek 4; art. 676a Rv)

Voorschriften bij nalatenschap

Art. 203
1. Na een aanvaarding onder voorrecht van boedelbeschrijving kan de rechtbank een vereffenaar benoemen:
a. op verzoek van een erfgenaam;
b. op verzoek van een belanghebbende of van het openbaar ministerie, wanneer hij die met het beheer der nalatenschap belast is in ernstige mate in de vervulling van zijn verplichtingen tekortschiet, daartoe ongeschikt is of niet voldoet aan een last tot zekerheidstelling, wanneer de schulden der nalatenschap de baten blijken te overtreffen, of wanneer tot een verdeling van de nalatenschap wordt overgegaan voordat deze vereffend is.
2. De door de rechter benoemde persoon treedt als vereffenaar in de plaats van de erfgenamen.

Benoeming vereffenaar bij aanvaarding onder voorrecht van nalatenschap

Art. 204
1. Is een nalatenschap niet onder voorrecht van boedelbeschrijving aanvaard, dan kan de rechtbank een vereffenaar benoemen:
a. op verzoek van een belanghebbende of van het openbaar ministerie, wanneer er geen erfgenamen zijn, wanneer het niet bekend is of er erfgenamen zijn, of wanneer de nalatenschap niet door een executeur wordt beheerd en de erfgenamen die bekend zijn haar geheel of ten dele onbeheerd laten;
b. op verzoek van een schuldeiser van de nalatenschap, wanneer tot een verdeling van de nalatenschap wordt overgegaan voordat de opeisbare schulden daarvan zijn voldaan, of wanneer voor hem het gevaar bestaat dat hij niet ten volle of niet binnen redelijke tijd zal worden voldaan, hetzij omdat de nalatenschap niet toereikend is of niet behoorlijk beheerd en afgewikkeld wordt, hetzij omdat een schuldeiser zich op de goederen van de nalatenschap gaat verhalen;
c. op verzoek van een of meer andere schuldeisers van een erfgenaam, wanneer hun belangen door een gedraging van de erfgenamen of van de executeur ernstig worden geschaad.
2. Indien de nalatenschap is verdeeld overeenkomstig artikel 13, is lid 1, onder b en c, van overeenkomstige toepassing op het geheel van de goederen die hebben behoord tot de huwelijksgemeenschap van de erflater en zijn echtgenoot, die in die gemeenschap gevallen of daarop verhaalbare schulden, alsmede hetgeen daarvoor in de plaats is getreden.

Benoeming vereffenaar bij niet-aanvaarding onder voorrecht van nalatenschap

Art. 205
Wanneer een schuldeiser van een erfgenaam die de nalatenschap verworpen heeft, hierdoor klaarblijkelijk is benadeeld, kan de rechtbank op zijn verzoek bepalen dat de nalatenschap mede in het belang van de schuldeisers van degene die verworpen heeft zal worden vereffend, en kan zij zo nodig een vereffenaar benoemen.
(Zie ook: art. 219 BW Boek 4)

Benoeming vereffenaar bij verwerping van nalatenschap

Art. 206
1. De rechtbank beslist niet op het verzoek tot benoeming van een vereffenaar dan na verhoor of behoorlijke oproeping van de verzoeker, alsmede voor zover zij bestaan en bekend zijn, van de erfgenamen, de boedelnotaris en de executeur.
2. De rechtbank kan als vereffenaar onder de nodige door haar te bepalen waarborgen een erfgenaam, een executeur of een andere persoon aanwijzen. Benoemt zij twee of meer vereffenaars, dan kan, tenzij bij de benoeming of later door de kantonrechter anders wordt bepaald, ieder van hen alle werkzaamheden alleen verrichten.
3. Een door de rechter benoemde vereffenaar heeft recht op het loon dat door de kantonrechter vóór het opmaken van de uitdelingslijst wordt vastgesteld.

Benoeming vereffenaar na verhoor/oproeping bij nalatenschap
Taakverdeling van vereffenaar

Beloning

art. 4:207

Hoedanigheid	4. Hij wordt vereffenaar op de dag, waarop de beslissing die de benoeming inhoudt in kracht van gewijsde is gegaan, of – zo deze uitvoerbaar bij voorraad is verklaard – daags nadat de griffier hem van zijn benoeming mededeling heeft gedaan.
Ontslag/beëindiging taak	5. Hij kan worden ontslagen hetzij op eigen verzoek, hetzij om gewichtige redenen, zulks op verzoek van een medevereffenaar, een erfgenaam, een schuldeiser van de nalatenschap of het openbaar ministerie, dan wel ambtshalve. Hangende het onderzoek kan de rechtbank voorlopige voorzieningen treffen en de vereffenaar schorsen. De taak van de vereffenaar eindigt door zijn dood, het ten aanzien van hem van toepassing verklaren van de schuldsaneringsregeling natuurlijke personen, zijn faillietverklaring, zijn ondercuratelestelling of indien een bewind als bedoeld in titel 19 van Boek 1 over een of meer van zijn goederen wordt ingesteld. De rechter benoemt een of meer vereffenaars waar dezen ontbreken voordat de vereffening is geëindigd; hij kan een opengevallen plaats doen bezetten.
Inschrijving/bekendmaking benoeming	6. De griffier doet de benoeming van een vereffenaar, alsmede het eindigen van zijn hoedanigheid onverwijld in het boedelregister inschrijven. De vereffenaar maakt haar bekend in de Staatscourant.

(Zie ook: artt. 378, 431 BW Boek 1; artt. 142, 186, 197, 198 BW Boek 4; artt. 1, 284 FW; art. 676a Rv)

Art. 207

Rekening en verantwoording aan opvolger door vereffenaar	Hij die als vereffenaar door een ander is opgevolgd, is verplicht aan zijn opvolger rekening en verantwoording af te leggen op de wijze als voor bewindvoerders is bepaald.

Art. 208

Benoeming rechter-commissaris bij nalatenschap	1. Bij de benoeming van een vereffenaar of bij een latere beschikking kan de rechtbank een harer leden tot rechter-commissaris benoemen. 2. Indien een rechter-commissaris is benoemd, worden a. de overeenkomstig deze afdeling aan de kantonrechter toekomende taken en bevoegdheden door de rechter-commissaris uitgeoefend, tenzij de wet anders bepaalt; b. de in de artikelen 211 lid 3, 214 lid 5 en 218 lid 1 bedoelde stukken, zo een boedelnotaris ontbreekt, ter griffie van de rechtbank neergelegd.

(Zie ook: artt. 209, 218 BW Boek 4; art. 223a FW)

Art. 209

Vereffening opheffen bij nalatenschap	1. Indien de geringe waarde der baten van een nalatenschap daartoe aanleiding geeft, kan de kantonrechter op verzoek van de vereffenaar of een belanghebbende hetzij de kosteloze vereffening van de nalatenschap, hetzij de opheffing van de vereffening bevelen. Op een verzoek tot opheffing wordt de verzoeker gehoord of behoorlijk opgeroepen, alsmede voor zover zij bestaan en bekend zijn, de erfgenamen, de vereffenaar en de boedelnotaris. Indien een rechter-commissaris is benoemd, komt de in de eerste zin bedoelde bevoegdheid, op voordracht van de rechter-commissaris, aan de rechtbank toe. 2. Bij het bevel tot opheffing van de vereffening stelt de kantonrechter onderscheidenlijk de rechtbank tevens het bedrag der reeds gemaakte vereffeningskosten vast, en brengt dat ten laste van de boedel of, wanneer de boedel daartoe onvoldoende is, ten laste van de erfgenamen, voor zover dezen met hun gehele vermogen aansprakelijk zijn.
Schakelbepaling	3. Na de opheffing is artikel 226 van overeenkomstige toepassing. 4. De opheffing wordt op dezelfde wijze als de benoeming van een vereffenaar ingeschreven en bekend gemaakt. 5. Indien na de opheffing van een vereffening de benoeming van een vereffenaar wordt verzocht, is de verzoeker verplicht aan te tonen dat er voldoende baten aanwezig zijn om de kosten van de vereffening te bestrijden.

(Zie ook: art. 16 FW)

Art. 210

Informatieplicht vereffenaar bij nalatenschap Bevoegdheden rechter-commissaris	1. Vereffenaars geven aan de kantonrechter alle door deze gewenste inlichtingen en zijn verplicht diens aanwijzingen bij vereffening te volgen. 2. Indien een rechter-commissaris is benoemd, is deze bevoegd ter opheldering van alle omstandigheden, de vereffening betreffende, getuigen en deskundigen te horen op dezelfde wijze als voor een rechter-commissaris in geval van faillissement is bepaald.

(Zie ook: art. 66 FW)

Art. 211

Taken vereffenaar bij nalatenschap	1. Een vereffenaar heeft tot taak de nalatenschap als een goed vereffenaar te beheren en te vereffenen. Voor de vereffening wordt een last die tot een uitgave van geld of van een goed uit de nalatenschap verplicht, gelijkgesteld met een legaat.
Vertegenwoordiging erfgenamen	2. Hij vertegenwoordigt bij de vervulling van zijn taak de erfgenamen in en buiten rechte. Zij zijn niet bevoegd zonder zijn medewerking of machtiging van de kantonrechter over de goederen der nalatenschap of hun aandeel daarin te beschikken.
Opstellen/ter griffie leggen boedelbeschrijving	3. Hij moet met bekwame spoed een onderhandse of notariële boedelbeschrijving opmaken of doen opmaken, waarin de schulden der nalatenschap in de vorm van een voorlopige staat

zijn opgenomen. Hij moet deze ten kantore van de boedelnotaris of, indien deze ontbreekt, ter griffie van de rechtbank neerleggen, ter inzage van de erfgenamen en de schuldeisers der nalatenschap; andere schuldeisers van een erfgenaam, ook indien deze de nalatenschap verworpen heeft, kunnen tot inzage gemachtigd worden door de kantonrechter.
4. De kantonrechter kan in geval van aanvaarding onder voorrecht van boedelbeschrijving de erfgenamen ontheffen van de verplichting om de boedelbeschrijving ter inzage te leggen. **Ontheffing ter inzage legging**
5. Een door de rechter benoemde vereffenaar kan een boedelnotaris aanwijzen, indien dit nog niet is geschied. De notaris die deze opdracht heeft aanvaard, geeft daarvan kennis aan de erfgenamen en doet zich inschrijven in het boedelregister. **Aanwijzing boedelnotaris**
(Zie ook: artt. 145, 186, 204, 205, 219 BW Boek 4; art. 676a Rv)

Art. 212
Wanneer de wettelijke vertegenwoordiger van een erfgenaam of een door de rechter benoemde vereffenaar aan schuldeisers der nalatenschap schade heeft toegebracht, doordat hij opzettelijk goederen der nalatenschap aan het verhaal van de schuldeisers heeft onttrokken, kunnen zij van hem de voldoening van hun vordering eisen, voor zover hij niet bewijst dat hun schade op een lager bedrag moet worden gesteld. **Aansprakelijkheid van vereffenaar**
(Zie ook: art. 184 BW Boek 4)

Art. 213
Is de erflater gehuwd geweest in een gemeenschap van goederen, dan kan de rechtbank op verzoek van de vereffenaar van de nalatenschap een vereffenaar van de ontbonden huwelijksgemeenschap benoemen, in welk geval zij met overeenkomstige toepassing van het in deze afdeling bepaalde wordt vereffend. De eerste zin is niet van toepassing indien de huwelijksgemeenschap reeds voor het overlijden van de erflater was verdeeld. **Vereffening huwelijksgemeenschap bij nalatenschap**
(Zie ook: art. 168 BW Boek 3)

Art. 214
1. Een vereffenaar roept de schuldeisers der nalatenschap, zo dit nog niet is geschied, openlijk op om hun vorderingen vóór een door de kantonrechter bepaalde datum bij de boedelnotaris of, indien deze ontbreekt, bij hemzelf in te dienen. De oproeping geschiedt op dezelfde wijze als de bekendmaking van de beneficiaire aanvaarding of de benoeming van de vereffenaar en zoveel mogelijk tegelijkertijd. **Oproepen schuldeisers door vereffenaar bij nalatenschap**
2. De vereffenaar moet bovendien de hem bekende schuldeisers der nalatenschap per brief oproepen. Is hem het adres van een schuldeiser der nalatenschap onbekend gebleven, dan deelt hij dit mede aan de kantonrechter.
3. Aanmelding van een vordering stuit de verjaring. **Stuiting verjaring**
4. De vereffenaar geeft, indien hij zich met een ingediende vordering of een ingeroepen voorrang niet kan verenigen, daarvan onverwijld onder opgave van redenen kennis aan hem die de vordering heeft ingediend. **Volgorde vorderingen**
5. Zo spoedig mogelijk na het verstrijken van de bij de oproep der schuldeisers gestelde termijn legt de vereffenaar een lijst van de door hem erkende en betwiste vorderingen en aanspraken op voorrang ten kantore van de boedelnotaris of, indien deze ontbreekt, ter griffie van de rechtbank neer, ter inzage van de erfgenamen, de legatarissen en allen die zich als schuldeiser hebben aangemeld. Hij geeft ieder van hen van deze neerlegging kennis. **Neerlegging uitdelingslijst**
(Zie ook: art. 221 BW Boek 4)

Art. 215
1. De vereffenaar maakt de goederen der nalatenschap te gelde, voor zover dit voor de voldoening van de schulden der nalatenschap nodig is. Goederen die een schuldeiser der nalatenschap te vorderen heeft, worden zoveel mogelijk in de laatste plaats te gelde gemaakt. **Tegeldemaking goederen bij vereffening nalatenschap**
2. Omtrent de keuze van de te gelde te maken goederen en de wijze van tegeldemaking treedt de vereffenaar zoveel mogelijk in overleg met de erfgenamen. Bestaat tegen de voorgenomen tegeldemaking van een goed bezwaar bij een erfgenaam of een schuldeiser die het goed te vorderen heeft dan stelt de vereffenaar hem in de gelegenheid de beslissing van de kantonrechter in te roepen.
3. Het in het vorige lid ten aanzien van de erfgenamen bepaalde geldt mede ten aanzien van hen aan wie het vruchtgebruik van de nalatenschap of van een aandeel daarin is vermaakt.
4. Artikel 68 van Boek 3 is op de vereffenaar van overeenkomstige toepassing. **Schakelbepaling**
5. Met betrekking tot door de erflater gesloten sommenverzekeringen zonder onherroepelijk geworden aanwijzing van een derde als begunstigde, is artikel 22a Faillissementswet van overeenkomstige toepassing, waarbij dient te worden gelezen voor:
a. de curator: de vereffenaar
b. de rechter-commissaris: de kantonrechter
c. de verzekeringnemer: de erfgenamen dan wel, indien de nalatenschap is verdeeld overeenkomstig afdeling 1 van titel 3, de echtgenoot van de erflater.

Art. 216
Een door de rechter benoemde vereffenaar kan hetgeen uit de nalatenschap aan een legataris is uitgekeerd, binnen drie jaar daarna terugvorderen, voor zover dit nodig is om schulden als **Terugvordering van nalatenschap van legataris**

bedoeld in artikel 7 lid 1 onder a tot en met g te voldoen. Artikel 122 lid 1 is van overeenkomstige toepassing.

Art. 217

Schakelbepaling

1. Indien iemand zowel schuldenaar als schuldeiser van de nalatenschap is, zijn de bepalingen van de Faillissementswet omtrent de bevoegdheid tot verrekening van overeenkomstige toepassing.
2. Indien iemand met de erflater deelgenoot was in een gemeenschap die tijdens de vereffening wordt verdeeld, is artikel 56 van de Faillissementswet van overeenkomstige toepassing.

(Zie ook: art. 53 FW)

Art. 218

Neerlegging rekening/verantwoording/uitdelingslijst door vereffenaar

1. Een vereffenaar is verplicht binnen zes maanden nadat de voor het indienen van vorderingen gestelde tijd is verstreken, een rekening en verantwoording benevens een uitdelingslijst ten kantore van de boedelnotaris of, indien deze ontbreekt, ter griffie van de rechtbank ter kennisneming van een ieder neer te leggen. De kantonrechter kan deze termijn verlengen.
2. De vereffenaar maakt de neerlegging op dezelfde wijze openlijk bekend als de oproep tot aanmelding van vorderingen en bovendien per brief aan de erfgenamen, de legatarissen en allen die zich als schuldeiser hebben aangemeld.

Verzet

3. Binnen een maand na deze openlijke bekendmaking kan iedere belanghebbende tegen de rekening en verantwoording of tegen de uitdelingslijst bij de kantonrechter of, indien een rechter-commissaris is benoemd, bij de rechtbank in verzet komen.

Vordering omzetting in geldschuld/opneming in uitdelingslijst bij vereffening

4. Verbintenissen die tot levering van een goed der nalatenschap of tot vestiging van een beperkt recht op een zodanig goed verplichten, worden in een geldschuld omgezet, voor zover een tekort dit nodig maakt. Andere verbintenissen die niet in geld luiden, en verbintenissen onder een opschortende voorwaarde worden in de uitdelingslijst slechts op verzoek van de schuldeiser opgenomen; in dat geval worden zij omgezet in een geldschuld. De vordering van een legitimaris wordt, indien zij ingevolge artikel 81 lid 2, een voorwaarde als bedoeld in artikel 82 of een beschikking als bedoeld in artikel 83 niet opeisbaar is, niet in de uitdelingslijst opgenomen.

Schakelbepaling

5. Voor het overige vinden bij de berekening van ieders vordering, het opmaken van de uitdelingslijst en het verzet daartegen de dienaangaande in de Faillissementswet voorkomende voorschriften zoveel mogelijk overeenkomstige toepassing.

(Zie ook: art. 221 BW Boek 4; art. 130 FW; art. 676a Rv)

Art. 219

Indienen vordering bij verworpen nalatenschap bij vereffening

Wanneer de rechter heeft bepaald dat de nalatenschap mede in het belang van de schuldeisers van iemand die haar verworpen heeft, wordt vereffend, kunnen ook deze schuldeisers hun vorderingen indienen. Zij worden in de uitdelingslijst opgenomen, doch slechts batig gerangschikt voor zover een overschot aan hun schuldenaar zou zijn toegekomen, indien deze niet verworpen had; te dien einde kan de vereffenaar voor zoveel nodig verdeling van de nalatenschap vorderen en aan de verdeling deelnemen.

(Zie ook: art. 205 BW Boek 4)

Art. 220

Uitkeren volgens uitdelingslijst bij vereffening

1. Na het verbindend worden van een uitdelingslijst is de vereffenaar verplicht een ieder het hem volgens de uitdelingslijst toekomende uit te keren. Geldsbedragen waarover niet binnen zes maanden is beschikt of die gereserveerd zijn, geeft een door de rechter benoemde vereffenaar in bewaring ter plaatse tot het ontvangen van gerechtelijke consignatiën aangewezen.

Later opgekomen schuldeisers

2. Schuldeisers van de nalatenschap die pas na het verbindend worden van een uitdelingslijst opkomen, hebben, onverminderd hun verhaal op de goederen van erfgenamen die met hun gehele vermogen aansprakelijk zijn, alleen recht van verhaal op de alsdan nog onverkochte goederen en op het saldo der nalatenschap. Zij worden daaruit voldaan naar gelang zij zich aanmelden.

Verhaal tegen legataris

3. Bovendien hebben schuldeisers als bedoeld in artikel 7 lid 1 onder a tot en met g die niet voldaan zijn, nog een recht van verhaal tegen legatarissen, voor zover dezen een uitkering hebben ontvangen en niet voldoende goederen voor verhaal als bedoeld in het vorige lid aanwijzen. Het recht van verhaal tegen een legataris vervalt drie jaren na het verbindend worden van de uitdelingslijst, volgens welke de uitkering aan hem is geschied.

Vordering op erfgenaam/legataris door legitimaris

4. Wanneer een ingevolge artikel 218 lid 4, derde zin, niet in de uitdelingslijst opgenomen vordering van een legitimaris opeisbaar wordt, kan de legitimaris, onverminderd zijn verhaal overeenkomstig de leden 2 en 3, voor het gedeelte van de schuld aan hem dat overeenkomstig artikel 87 leden 5 en 6 op een erfgenaam of legataris rust, deze erfgenaam of legataris aanspreken.

(Zie ook: artt. 187, 192 FW)

Art. 221

Vereffening door erfgenaam bij nalatenschap

1. De in de artikelen 214, eerste en vijfde lid, en 218 omschreven verplichtingen rusten op de erfgenamen die uit hoofde van aanvaarding onder voorrecht van boedelbeschrijving vereffenaar zijn, slechts indien de kantonrechter dit bepaalt.

2. Een door de rechter benoemde vereffenaar behoeft een rekening en verantwoording en een uitdelingslijst niet neer te leggen, wanneer alle hem voor de afloop van de in artikel 218, eerste lid, bedoelde termijn bekend geworden schulden ten volle worden voldaan, of wanneer de kantonrechter hem van deze neerlegging vrijstelt. Deze vrijstelling wordt niet verleend, wanneer een schuldeiser daartegen bezwaar maakt.
3. Wordt de rekening en verantwoording niet neergelegd, dan geschiedt zij aan hen die een recht op het overschot hebben, op de wijze als voor bewindvoerders is bepaald.
(Zie ook: art. 676a Rv)

_{Vrijstelling neerlegging rekening/verantwoording/uitdelingslijst}

_{Schakelbepaling}

Art. 222
Gedurende de vereffening zijn van titel 7 van Boek 3 slechts van toepassing de artikelen 166, 167, 169, 170 lid 1 en 194 lid 2.

_{Toepasselijkheid}

Art. 223
1. Gedurende de vereffening is een schuldeiser alleen bevoegd zijn vordering op goederen der nalatenschap ten uitvoer te leggen, indien deze bevoegdheid hem ook in geval van faillissement van de erflater zou zijn toegekomen. De artikelen 57 tot en met 60 van de Faillissementswet zijn van overeenkomstige toepassing, met dien verstande dat de in de artikelen 58 lid 1, 59a leden 3 en 5 en 60 lid 3 bedoelde bevoegdheden van de rechter-commissaris, zo ter zake van de vereffening geen rechter-commissaris is benoemd, uitgeoefend worden door de kantonrechter.
2. Ook tijdens de vereffening kan een schuldeiser van de nalatenschap zijn vorderingsrecht, of de voorrang die zijn vordering toekomt, bij vonnis doen vaststellen. Een vonnis waarbij een vordering tegen een vereffenaar is vastgesteld, kan op de persoonlijke goederen van een erfgenaam die met zijn gehele vermogen aansprakelijk is, alleen worden ten uitvoer gelegd, indien deze in het geding partij is geweest.
3. Op verzoek van een vereffenaar kunnen reeds gelegde beslagen, voor zover dat voor de vereffening nodig is, door de kantonrechter worden opgeheven.
(Zie ook: art. 185 BW Boek 4; art. 676a Rv)

_{Vorderingsrecht schuldeiser bij vereffening}

_{Opheffen beslagen}

Art. 224
Eerst nadat de bekende schuldeisers van de vereffende nalatenschap volledig zijn voldaan, hebben de overige schuldeisers van een erfgenaam recht van verhaal op de goederen der nalatenschap.

_{Verhaalsrecht overige schuldeisers bij vereffening}

Art. 225
1. Wanneer niet alle erfgenamen bekend zijn of daaromtrent onzekerheid bestaat, is een vereffenaar verplicht door oproepingen in veel gelezen dagbladen of door andere doelmatige middelen de erfgenamen op te sporen.
2. Is een vereffenaar benoemd omdat de nalatenschap geheel of ten dele onbeheerd werd gelaten, dan neemt de vereffening een einde, zodra alle erfgenamen het beheer hebben aanvaard en de reeds gemaakte kosten van vereffening hebben voldaan.
(Zie ook: art. 204 BW Boek 4)

_{Opsporen erfgenamen door vereffenaar}

_{Einde vereffening}

Art. 226
1. Is de vereffening voltooid en met een overschot geëindigd, dan geeft een door de rechter benoemde vereffenaar de overgebleven goederen af aan de erfgenamen dan wel, indien de nalatenschap ingevolge artikel 13 is verdeeld, aan de echtgenoot van de erflater. Zijn er geen erfgenamen, is het niet bekend of er erfgenamen zijn, of zijn de erfgenamen niet bereid de goederen in ontvangst te nemen, dan geeft hij deze aan de Staat af.
2. Zijn de erfgenamen die zich tot de inontvangstneming bereid tonen, slechts tot een deel van de nalatenschap gerechtigd, dan draagt de vereffenaar zorg dat de nalatenschap eerst wordt verdeeld. Daarna geeft hij hetgeen is toegedeeld aan erfgenamen die onbekend zijn of hebben nagelaten tot de verdeling mede te werken, aan de Staat af.
3. De Staat is bevoegd de hem afgegeven goederen te verkopen; registergoederen mag hij slechts in het openbaar verkopen, tenzij de kantonrechter hem tot onderhandse verkoop machtigt.
4. Is een goed van de nalatenschap of hetgeen daarvoor in de plaats is gekomen binnen twintig jaren nadat de nalatenschap is opengevallen door niemand opgeëist, dan vervalt het aan de Staat.
(Zie ook: artt. 178, 182 BW Boek 3; art. 189 BW Boek 4; art. 676a Rv)

_{Overschot aan erfgenaam/echtgenoot bij vereffening}

_{Verkoop aan de staat van afgegeven goederen}

_{Vervallen nalatenschap aan de staat}

Afdeling 4
Verdeling van de nalatenschap

Art. 227
Onverminderd de voorschriften die voor de verdeling van iedere gemeenschap gelden, zijn op de verdeling van een nalatenschap de navolgende bepalingen van toepassing.

_{Verdeling nalatenschap}

Art. 228

Schulden aan erflater bij verdeling nalatenschap
1. Tot de schulden van een erfgenaam, die bij de verdeling op verlangen van een of meer der overige erfgenamen op zijn aandeel worden toegerekend, behoort hetgeen hij aan de erflater schuldig is gebleven.

Schulden aan mede-erfgenaam
2. Ook schulden als bedoeld in artikel 7 lid 1 onder f tot en met h van een erfgenaam aan een mede-erfgenaam worden, voor zover zij bij de verdeling opeisbaar zijn, op verlangen en ten behoeve van de mede-erfgenaam toegerekend op het aandeel van de schuldenaar.
(Zie ook: art. 184 BW Boek 3)

Art. 229

Inbreng van giften door erfgenaam
1. Erfgenamen zijn verplicht ten behoeve van hun mede-erfgenamen de waarde van de hun door de erflater gedane giften in te brengen, voor zover de erflater dit, hetzij bij de gift hetzij bij uiterste wilsbeschikking, heeft voorgeschreven.
2. Een bij de gift opgelegde verplichting tot inbreng kan bij uiterste wilsbeschikking worden ongedaan gemaakt.

Art. 230

Inbreng van giften opgekomen erfgenaam
Erfgenamen die bij plaatsvervulling opkomen, moeten behalve de door henzelf ontvangen giften, ieder naar de mate van zijn erfdeel de giften inbrengen, die hij wiens plaats zij innemen, had moeten inbrengen, was hij erfgenaam geweest.
(Zie ook: art. 12 BW Boek 4)

Art. 231

Inbreng van giften bij huwelijk in gemeenschap van goederen/deelgenootschap
Ook als de begiftigde in een gemeenschap van goederen of deelgenootschap is gehuwd, komt de gehele gift voor inbreng in aanmerking, tenzij de erflater het tegendeel heeft bepaald.

Art. 232

Aansprakelijkheid erfgenaam bij inbreng van giften
1. De aansprakelijkheid van de erfgenamen jegens de schuldeisers van de nalatenschap wordt door een verplichting tot inbreng niet gewijzigd.
2. Bij overgang van het erfdeel van een erfgenaam gaat zijn recht op of verplichting tot inbreng mede over.

Art. 233

Verrekening met erfdeel bij inbreng van giften
1. Verplichting tot inbreng betekent dat bij de verdeling van de nalatenschap de waarde van de gift in mindering komt van het aandeel van de tot inbreng verplichte erfgenaam in het hem en de erfgenamen, te wier behoeve de inbreng verplicht is, uit de nalatenschap toekomende gedeelte, vermeerderd met de onderling in te brengen bedragen. De waarde van de giften wordt berekend op de wijze als uit artikel 66 voortvloeit; deze waarde wordt verhoogd met een rente van zes procent per jaar vanaf de dag dat de nalatenschap is opengevallen. De artikelen 68 en 70 lid 3 zijn van overeenkomstige toepassing.
2. Inbreng is niet verplicht voor zover de waarde van de gift groter is dan het aandeel van de erfgenaam.

Inhoudsopgave

Boek 5	Zakelijke rechten	Art. 1
Titel 1	Eigendom in het algemeen	Art. 1
Titel 2	Eigendom van roerende zaken	Art. 4
Titel 3	Eigendom van onroerende zaken	Art. 20
Titel 4	Bevoegdheden en verplichtingen van eigenaars van naburige erven	Art. 37
Titel 5	Mandeligheid	Art. 60
Titel 6	Erfdienstbaarheden	Art. 70
Titel 7	Erfpacht	Art. 85
Titel 8	Opstal	Art. 101
Titel 9	Appartementsrechten	Art. 106
Afdeling 1	Algemene bepalingen	Art. 106
Afdeling 2	De vereniging van eigenaars	Art. 124
Afdeling 3	Rechten uit verzekeringsovereenkomsten	Art. 136
Afdeling 4	Wijziging van de akte van splitsing en opheffing van de splitsing	Art. 139

Burgerlijk Wetboek Boek 5[1]

Burgerlijk Wetboek Boek 5, Zakelijke rechten

Boek 5
Zakelijke rechten

Titel 1
Eigendom in het algemeen

Art. 1

Eigendom

1. Eigendom is het meest omvattende recht dat een persoon op een zaak kan hebben.
(Zie ook: artt. 2, 8, 81, 83, 98 BW Boek 3)
2. Het staat de eigenaar met uitsluiting van een ieder vrij van de zaak gebruik te maken, mits dit gebruik niet strijdt met rechten van anderen en de op wettelijke voorschriften en regels van ongeschreven recht gegronde beperkingen daarbij in acht worden genomen.
(Zie ook: artt. 13, 14, 40 BW Boek 3; artt. 21, 37, 54 BW Boek 5; art. 162 BW Boek 6; art. 14 GW)

Afgescheiden vruchten

3. De eigenaar van de zaak wordt, behoudens rechten van anderen, eigenaar van de afgescheiden vruchten.
(Zie ook: artt. 2, 9, 216 BW Boek 3; artt. 17, 90 BW Boek 5)

Art. 2

Revindicatie

De eigenaar van een zaak is bevoegd haar van een ieder die haar zonder recht houdt, op te eisen.
(Zie ook: artt. 27, 119, 296, 302 BW Boek 3; artt. 47, 491 t/m 500, 538 t/m 541, 555 t/m 558, 730 t/m 737 BW Boek 5; art. 129 Pw; art. 26 Aw)

Art. 3

Natrekking

Voor zover de wet niet anders bepaalt, is de eigenaar van een zaak eigenaar van al haar bestanddelen.

Titel 2
Eigendom van roerende zaken

Art. 4

Inbezitneming res nullius

Hij die een aan niemand toebehorende roerende zaak in bezit neemt, verkrijgt daarvan de eigendom.
(Zie ook: art. 4 BW Boek 3; artt. 14, 20, 60, 101 BW Boek 5)

Art. 5

Vinder, verplichtingen

1. Hij die een onbeheerde zaak vindt en onder zich neemt, is verplicht:
a. met bekwame spoed overeenkomstig lid 2, eerste zin, van de vondst aangifte te doen, tenzij hij terstond na de vondst daarvan mededeling heeft gedaan aan degene die hij als eigenaar of als tot ontvangst bevoegd mocht beschouwen;
b. met bekwame spoed tevens overeenkomstig lid 2, tweede zin, mededeling van de vondst te doen, indien deze is gedaan in een woning, een gebouw of een vervoermiddel, tenzij hij krachtens het bepaalde onder *a*, slot ook niet tot aangifte verplicht was;
c. de zaak in bewaring te geven aan de gemeente die dit vordert.
2. De in lid 1 onder *a* bedoelde aangifte kan in iedere gemeente worden gedaan bij de daartoe aangewezen ambtenaar. De in lid 1 onder *b* bedoelde mededeling geschiedt bij degene die de woning bewoont of het gebouw of vervoermiddel in gebruik of exploitatie heeft, dan wel bij degene die daar voor hem toezicht houdt.
3. De vinder is te allen tijde bevoegd de zaak aan enige gemeente in bewaring te geven. Zolang hij dit niet doet, is hij verplicht zelf voor bewaring en onderhoud zorg te dragen.
4. De vinder kan van de in lid 2, eerste zin, bedoelde ambtenaar een bewijs van aangifte of van inbewaringgeving verlangen.
(Zie ook: art. 199 BW Boek 6; art. 151 Overgangswet NBW)

Art. 6

Vinder wordt eigenaar

1. De vinder die aan de hem in artikel 5 lid 1 gestelde eisen heeft voldaan, verkrijgt de eigendom van de zaak één jaar na de in artikel 5 lid 1 onder a bedoelde aangifte of mededeling, mits de zaak zich op dat tijdstip nog bevindt in de macht van de vinder of van de gemeente.
2. Is de zaak anders dan op haar vordering aan de gemeente in bewaring gegeven en valt zij onder de niet-kostbare zaken, aangewezen bij of krachtens een algemene maatregel van bestuur

---

1 Inwerkingtredingsdatum: 01-01-1992; zoals laatstelijk gewijzigd bij: Stb. 2018, 228.

als bedoeld in artikel 12 onder b , dan is lid 1 niet van toepassing en is de burgemeester drie maanden na de inbewaringgeving bevoegd de zaak voor rekening van de gemeente te verkopen of haar om niet aan een derde over te dragen of te vernietigen.
3. Is de zaak in bewaring gegeven aan de gemeente en is noch lid 1, noch lid 2 van toepassing, dan is de burgemeester één jaar na de inbewaringgeving bevoegd de zaak voor rekening van de gemeente te verkopen of haar om niet aan een derde over te dragen of te vernietigen.
4. De vorige leden gelden niet, wanneer de eigenaar of een ander die tot ontvangst van de zaak bevoegd is, zich daartoe heeft aangemeld bij degene die de zaak in bewaring heeft vóórdat de toepasselijke termijn is verstreken of, in de gevallen van de leden 2 en 3, op een tijdstip na het verstrijken van de termijn, waarop de gemeente de zaak redelijkerwijs nog te zijner beschikking kan stellen.
(Zie ook: art. 151 Overgangswet NBW)

Art. 7
De vinder kan, door de zaak onverwijld af te geven aan de bewoner van de woning of de gebruiker of exploitant van de ruimte waar de vondst is gedaan, dan wel aan degene die daar voor hem toezicht houdt, zijn rechtspositie met alle daaraan verbonden verplichtingen doen overgaan op die bewoner, gebruiker of exploitant met dien verstande dat geen recht op beloning bestaat. — Vinder, afgifte zaak
(Zie ook: art. 151 Overgangswet NBW)

Art. 8
1. Indien een aan de gemeente in bewaring gegeven zaak aan snel tenietgaan of achteruitgang onderhevig is of wegens de onevenredig hoge kosten of ander nadeel de bewaring daarvan niet langer van de gemeente kan worden gevergd, is de burgemeester bevoegd haar te verkopen. — Gevonden zaak, verkoop door gemeente
2. Indien de zaak zich niet voor verkoop leent, is de burgemeester bevoegd haar om niet aan een derde in eigendom over te dragen of te vernietigen. — Gevonden zaak, vernietiging door gemeente
3. Indien een dier wordt gevonden, is de burgemeester na verloop van twee weken, nadat het dier door de gemeente in bewaring is genomen, bevoegd het zo mogelijk tegen betaling van een koopprijs, en anders om niet, aan een derde in eigendom over te dragen. Mocht ook dit laatste zijn uitgesloten, dan is de burgemeester bevoegd het dier te doen afmaken. De termijn van twee weken behoeft niet te worden in acht genomen, indien het dier slechts met onevenredig hoge kosten gedurende dat tijdvak kan worden bewaard, of afmaking om geneeskundige redenen vereist is. — Gevonden dier
4. De opbrengst treedt in de plaats van de zaak.
(Zie ook: art. 90 BW Boek 6; art. 151 Overgangswet NBW)

Art. 9
Bestaat de aan de gemeente in bewaring gegeven zaak in geld, dan is de gemeente slechts verplicht aan degene die haar kan opeisen, een gelijk bedrag uit te keren, en vervalt deze verplichting zodra de burgemeester tot verkoop voor rekening van de gemeente bevoegd zou zijn geweest. — Gevonden geld
(Zie ook: art. 151 ONBW)

Art. 10
1. Hij die de zaak opeist van de gemeente of van de vinder die aan de hem in artikel 5 lid 1 gestelde eisen heeft voldaan, is verplicht de kosten van bewaring en onderhoud en tot opsporing van de eigenaar of een andere tot ontvangst bevoegde te vergoeden. De gemeente of de vinder is bevoegd de afgifte op te schorten totdat deze verplichting is nagekomen. Indien degene die de zaak opeist, de verschuldigde kosten niet binnen een maand nadat ze hem zijn opgegeven, heeft voldaan, wordt hij geacht zijn recht op de zaak te hebben prijsgegeven. — Gevonden zaak, kosten bewaring
2. De vinder die aan de op hem rustende verplichtingen heeft voldaan, heeft naar omstandigheden recht op een redelijke beloning. — Vinder, beloning
(Zie ook: art. 290 BW Boek 3; art. 200 BW Boek 6; art. 151 Overgangswet NBW)

Art. 11
Indien een vinder die op grond van artikel 6 lid 1 eigenaar is geworden van een aan de gemeente in bewaring gegeven zaak, zich niet binnen één maand na zijn verkrijging bij de gemeente heeft aangemeld om de zaak in ontvangst te nemen, is de burgemeester bevoegd de zaak voor rekening van de gemeente te verkopen, om niet aan een derde over te dragen of te vernietigen. — Vinder, termijn aanmelding
(Zie ook: art. 151 Overgangswet NBW)

Art. 12
Bij of krachtens algemene maatregel van bestuur kunnen: — Gevonden zaken, nadere regels
a. nadere regels worden gesteld omtrent de uitoefening van de uit de artikelen 5-11 voor de gemeenten voortvloeiende bevoegdheden;
b. groepen van niet-kostbare zaken worden aangewezen, waarvoor artikel 6 lid 2 geldt;
c. nadere regels worden gesteld omtrent de aanwijzing van bepaalde soorten personen en instellingen, waarbij deze, geheel of gedeeltelijk en al dan niet onder nadere voorwaarden, worden vrijgesteld van de aangifteplicht van artikel 5 lid 1 onder a of voor de afwikkeling van vondsten worden gelijkgesteld met een gemeente;

d. voor de afwikkeling van vondsten door personen of instellingen als bedoeld onder c groepen van niet afgehaalde zaken met gevonden zaken worden gelijkgesteld.
(Zie ook: art. 151 Overgangswet NBW; Bgvw ; Bpv 2000)

Art. 13

Schatvinding

1. Een schat komt voor gelijke delen toe aan degene die hem ontdekt, en aan de eigenaar van de onroerende of roerende zaak, waarin de schat wordt aangetroffen.
2. Een schat is een zaak van waarde, die zolang verborgen is geweest dat daardoor de eigenaar niet meer kan worden opgespoord.
3. De ontdekker is verplicht van zijn vondst aangifte te doen overeenkomstig artikel 5 lid 1 onder a. Indien geen aangifte is gedaan of onzeker is aan wie de zaak toekomt, kan de gemeente overeenkomstig artikel 5 lid 1 onder c vorderen dat deze aan haar in bewaring wordt gegeven, totdat vaststaat wie rechthebbende is.
(Zie ook: art. 213 BW Boek 3; art. 152 Overgangswet NBW)

Art. 14

Natrekking roerende zaken
Mede-eigendom

1. De eigendom van een roerende zaak die een bestanddeel wordt van een andere roerende zaak die als hoofdzaak is aan te merken, gaat over aan de eigenaar van deze hoofdzaak.
2. Indien geen der zaken als hoofdzaak is aan te merken en zij toebehoren aan verschillende eigenaars, worden deze mede-eigenaars van de nieuwe zaak, ieder voor een aandeel evenredig aan de waarde van de zaak.

Hoofdzaak

3. Als hoofdzaak is aan te merken de zaak waarvan de waarde die van de andere zaak aanmerkelijk overtreft of die volgens verkeersopvatting als zodanig wordt beschouwd.
(Zie ook: artt. 3, 4 BW Boek 3; art. 20 BW Boek 5)

Art. 15

Vermenging roerende zaken

Worden roerende zaken die aan verschillende eigenaars toebehoren door vermenging tot één zaak verenigd, dan is het vorige artikel van overeenkomstige toepassing.
(Zie ook: art. 4 BW Boek 3)

Art. 16

Zaaksvorming roerende zaken

1. Indien iemand uit een of meer roerende zaken een nieuwe zaak vormt, wordt deze eigendom van de eigenaar van de oorspronkelijke zaken. Behoorden deze toe aan verschillende eigenaars, dan zijn de vorige twee artikelen van overeenkomstige toepassing.
2. Indien iemand voor zichzelf een zaak vormt of doet vormen uit of mede uit een of meer hem niet toebehorende roerende zaken, wordt hij eigenaar van de nieuwe zaak, tenzij de kosten van de vorming dit wegens hun geringe omvang niet rechtvaardigen.
3. Bij het verwerken van stoffen tot een nieuwe stof of het kweken van planten zijn de vorige leden van overeenkomstige toepassing.
(Zie ook: art. 3 BW Boek 3)

Art. 17

Vruchten roerende zaak

Degene die krachtens zijn genotsrecht op een zaak gerechtigd is tot de vruchten daarvan, verkrijgt de eigendom der vruchten door haar afscheiding.
(Zie ook: artt. 9, 216 BW Boek 3; artt. 45, 90 BW Boek 5)

Art. 18

Afstand eigendom roerende zaak

De eigendom van een roerende zaak wordt verloren, wanneer de eigenaar het bezit prijsgeeft met het oogmerk om zich van de eigendom te ontdoen.
(Zie ook: artt. 107, 117 BW Boek 3)

Art. 19

Verlies eigendom dieren

1. De eigenaar van tamme dieren verliest daarvan de eigendom, wanneer zij, nadat zij uit zijn macht zijn gekomen, zijn verwilderd.
2. De eigenaar van andere dieren verliest daarvan de eigendom, wanneer zij de vrijheid verkrijgen en de eigenaar niet terstond beproeft ze weder te vangen of zijn pogingen daartoe staakt.
(Zie ook: art. 117 BW Boek 3; art. 153 Overgangswet NBW)

Titel 3
Eigendom van onroerende zaken

Art. 20

Eigendom grond

1. De eigendom van de grond omvat, voor zover de wet niet anders bepaalt:
a. de bovengrond;
b. de daaronder zich bevindende aardlagen;
c. het grondwater dat door een bron, put of pomp aan de oppervlakte is gekomen;
d. het water dat zich op de grond bevindt en niet in open gemeenschap met water op eens anders erf staat;

e. gebouwen en werken die duurzaam met de grond zijn verenigd, hetzij rechtstreeks, hetzij door vereniging met andere gebouwen en werken, voor zover ze geen bestanddeel zijn van eens anders onroerende zaak;
(Zie ook: artt. 3, 120 t/m 124 BW Boek 3; artt. 58, 60, 70, 101 BW Boek 5; artt. 251, 252 BW Boek 6)
f. met de grond verenigde beplantingen.
(Zie ook: artt. 3, 4 BW Boek 3; artt. 3, 14 BW Boek 5; art. 154 Overgangswet NBW)
2. In afwijking van lid 1 behoort de eigendom van een net, bestaande uit een of meer kabels of leidingen, bestemd voor transport van vaste, vloeibare of gasvormige stoffen, van energie of van informatie, dat in, op of boven de grond van anderen is of wordt aangelegd, toe aan de bevoegde aanlegger van dat net dan wel aan diens rechtsopvolger.
(Zie ook: artt. 78, 155 Overgangswet NBW; art. 5.17 Tw)

Natrekking onroerende zaken

Art. 21
1. De bevoegdheid van de eigenaar van de grond om deze te gebruiken, omvat de bevoegdheid tot gebruik van de ruimte boven en onder de oppervlakte.
2. Het gebruik van de ruimte boven en onder de oppervlakte is aan anderen toegestaan, indien dit zo hoog boven of zo diep onder de oppervlakte plaats vindt, dat de eigenaar geen belang heeft zich daartegen te verzetten.
3. De vorige leden zijn niet van toepassing op de bevoegdheid tot vliegen.
(Zie ook: artt. 13, 14 BW Boek 3; art. 54 BW Boek 5)

Verticale natrekking

Art. 22
Wanneer een erf niet is afgesloten, mag ieder er zich op begeven, tenzij de eigenaar schade of hinder hiervan kan ondervinden of op duidelijke wijze kenbaar heeft gemaakt, dat het verboden is zonder zijn toestemming zich op het erf te bevinden, een en ander onverminderd hetgeen omtrent openbare wegen is bepaald.
(Zie ook: artt. 460, 461 WvSr)

Andermans erf

Art. 23
1. Is een voorwerp of een dier anders dan door opzet of grove nalatigheid van de eigenaar op de grond van een ander terecht gekomen, dan moet de eigenaar van de grond hem op zijn verzoek toestaan het voorwerp of het dier op te sporen en weg te voeren.
2. De bij de opsporing en wegvoering aangerichte schade moet door de eigenaar van het voorwerp of het dier aan de eigenaar van de grond worden vergoed. Voor deze vordering heeft laatstgenoemde een retentierecht op het voorwerp of het dier.
(Zie ook: art. 290 BW Boek 3; art. 179 BW Boek 6)

Andermans erf, opsporen dier of voorwerp

Art. 24
Aan de Staat behoren onroerende zaken die geen andere eigenaar hebben.
(Zie ook: artt. 3, 14 BW Boek 3)

Onroerende zaak zonder eigenaar

Art. 25
De bodem van de territoriale zee en van de Waddenzee is eigendom van de Staat.
(Zie ook: artt. 436, 479, 703 Rv)

Zeebodem, eigendom staat

Art. 26
De stranden der zee tot aan de duinvoet worden vermoed eigendom van de Staat te zijn.
(Zie ook: artt. 436, 479, 703 Rv)

Zeestrand, eigendomsvermoeden

Art. 27
1. De grond waarop zich openbare vaarwateren bevinden, wordt vermoed eigendom van de Staat te zijn.

Grond openbaar vaarwater, eigendomsvermoeden

2. Dit vermoeden werkt niet tegenover een openbaar lichaam:
a. dat die wateren onderhoudt en het onderhoud van de Staat heeft overgenomen;
b. dat die wateren onderhield en waarvan dit onderhoud door de Staat of door een ander openbaar lichaam is overgenomen.
(Zie ook: artt. 436, 479, 703 Rv)

Art. 28
1. Onroerende zaken die openbaar zijn, met uitzondering van de stranden der zee, worden, wanneer zij door een openbaar lichaam worden onderhouden, vermoed eigendom van dat openbaar lichaam te zijn.
(Zie ook: artt. 436, 479, 703 Rv; art. 4 Wegw)
2. Dit vermoeden werkt niet tegenover hem aan wie het onderhoud is overgenomen.
(Zie ook: art. 13 Wegw)

Openbare onroerende zaken, eigendomsvermoeden

Art. 29
De grens van een langs een water liggend erf verplaatst zich met de oeverlijn, behalve in geval van opzettelijke drooglegging of tijdelijke overstroming. Een overstroming is niet tijdelijk, indien tien jaren na de overstroming het land nog door het water wordt overspoeld en de drooglegging niet is begonnen.
(Zie ook: art. 157 Overgangswet NBW)

Aanwas- en afslagregel

Art. 30

Oever, erfgrensvaststelling

1. Een verplaatsing van de oeverlijn wijzigt de grens niet meer, nadat deze is vastgelegd, hetzij door de eigenaars van land en water overeenkomstig artikel 31, hetzij door de rechter op vordering van een hunner tegen de ander overeenkomstig artikel 32. De vastlegging geldt jegens een ieder.

2. Indien bij de vastlegging in plaats van de werkelijke eigenaar van een erf iemand die als zodanig in de openbare registers was ingeschreven, partij is geweest, is niettemin het vorige lid van toepassing, tenzij de werkelijke eigenaar tegen inschrijving van de akte of het vonnis verzet heeft gedaan voordat zij is geschied.

(Zie ook: artt. 16, 27, 119 BW Boek 3; art. 157 Overgangswet NBW)

Art. 31

Oever, erfgrensvastlegging bij notariële akte

1. De vastlegging van de grens door de eigenaars van land en water geschiedt bij een daartoe bestemde notariële akte, binnen veertien dagen gevolgd door de inschrijving daarvan in de openbare registers.

2. De bewaarder der registers is bevoegd van de inschrijving kennis te geven aan ieder die als rechthebbende of beslaglegger op een der erven staat ingeschreven.

3. Voor zover de in de akte beschreven grens van de toenmalige oeverlijn afwijkt, kan een derde die op het ogenblik van de inschrijving een recht op een der erven heeft, daarvan huurder of pachter is of daarop een beslag heeft doen inschrijven, de toenmalige oeverlijn als vastgelegde grens aanmerken.

(Zie ook: art. 16 BW Boek 3; art. 24 Kadw; art. 157 Overgangswet NBW)

Art. 32

Oever, erfgrensvastlegging door rechterlijke uitspraak

1. Een vordering tot vastlegging van de grens wordt slechts toegewezen, indien de instelling ervan in de openbare registers is ingeschreven en allen die toen als rechthebbende of beslaglegger op een der erven stonden ingeschreven, tijdig in het geding zijn geroepen.

(Zie ook: art. 27 BW Boek 3; art. 38 Kadw)

2. De rechter bepaalt de grens overeenkomstig de oeverlijn op het tijdstip van de inschrijving van de vordering. Alvorens de eis toe te wijzen, kan hij de maatregelen bevelen en de bewijsopdrachten doen, die hij in het belang van niet-verschenen belanghebbenden nuttig oordeelt.

(Zie ook: artt. 27, 29 BW Boek 3; art. 12a Rv)

3. De kosten van de vordering komen ten laste van de eiser.

(Zie ook: art. 56 Rv)

4. Verzet, hoger beroep en cassatie moeten op straffe van niet-ontvankelijkheid binnen acht dagen na het instellen van het rechtsmiddel worden ingeschreven in de registers, bedoeld in artikel 433 van het Wetboek van Burgerlijke Rechtsvordering. In afwijking van artikel 143 van dat wetboek begint de verzettermijn te lopen vanaf de betekening van het vonnis aan de ingeschrevene, ook als de betekening niet aan hem in persoon geschiedt, tenzij de rechter hiertoe nadere maatregelen heeft bevolen en aan dat bevel niet is voldaan.

(Zie ook: art. 29 BW Boek 3; art. 39 Kadw)

5. De vastlegging treedt in op het tijdstip dat het vonnis waarbij de vordering is toegewezen, in de openbare registers wordt ingeschreven. Deze inschrijving geschiedt niet voordat het vonnis in kracht van gewijsde is gegaan.

(Zie ook: art. 25 Kadw)

Art. 33

Oever, verplaatsing oeverlijn na erfgrensvastlegging

1. Verplaatst zich, nadat de grens is vastgelegd, de oeverlijn van een openbaar water landinwaarts, dan moet de eigenaar van het overspoelde erf het gebruik van het water overeenkomstig de bestemming dulden.

2. Verplaatst zich, nadat de grens is vastgelegd, de oeverlijn van een water dat de eigenaar van het aanliggende erf voor enig doel mag gebruiken, in de richting van het land, dan kan de eigenaar van dat erf vorderen dat hem op de drooggekomen grond een of meer erfdienstbaarheden worden verleend, waardoor hij zijn bevoegdheden ten aanzien van het water kan blijven uitoefenen.

3. Het vorige lid is van overeenkomstige toepassing ten behoeve van hem die het water voor enig doel mag gebruiken en daartoe een erfdienstbaarheid op het aan het water liggende erf heeft.

(Zie ook: art. 70 BW Boek 5)

4. In geval van grensvastlegging overeenkomstig artikel 32 zijn de vorige leden reeds van toepassing, wanneer de oeverlijn zich na de inschrijving van de vordering verplaatst.

Art. 34

Oeverlijnbepaling

De oeverlijn in de zin van de vorige vijf artikelen wordt bepaald door de normale waterstand, of, bij wateren waarvan het peil periodiek wisselt, door de normale hoogwaterstand. Grond, met andere dan gewoonlijk in het water levende planten begroeid, wordt echter gerekend aan de landzijde van de oeverlijn te liggen, ook al wordt die grond bij hoogwater overstroomd.

Art. 35
1. Nieuw duin dat zich op het strand vormt, behoort aan de eigenaar van het aan het strand grenzende duin, wanneer beide duinen een geheel zijn geworden, zodanig dat zij niet meer van elkander kunnen worden onderscheiden.   Duinen
2. Daarentegen verliest deze eigenaar de grond welke door afneming van het duin deel van het strand wordt.
3. Uitbreiding of afneming van een duin als bedoeld in de leden 1 en 2 brengt geen wijziging meer in de eigendom nadat de grens is vastgesteld, hetzij door de eigenaars van strand en duin, hetzij door de rechter op vordering van een hunner tegen de ander. De artikelen 30-32 zijn van overeenkomstige toepassing.
4. Buiten het geval van de leden 1 en 2 brengt uitbreiding of afneming van een duin geen wijziging in de eigendom.
(Zie ook: art. 24 Kadw; art. 158 Overgangswet NBW)

Art. 36
Dient een muur, hek, heg of greppel, dan wel een niet bevaarbaar stromend water, een sloot, gracht of dergelijke watergang als afscheiding van twee erven, dan wordt het midden van deze afscheiding vermoed de grens tussen deze erven te zijn. Dit vermoeden geldt niet, indien een muur slechts aan één zijde een gebouw of werk steunt.   Erfafscheiding
(Zie ook: artt. 59, 62 BW Boek 5)

Titel 4
Bevoegdheden en verplichtingen van eigenaars van naburige erven

Art. 37
De eigenaar van een erf mag niet in een mate of op een wijze die volgens artikel 162 van Boek 6 onrechtmatig is, aan eigenaars van andere erven hinder toebrengen zoals door het verspreiden van rumoer, trillingen, stank, rook of gassen, door het onthouden van licht of lucht of door het ontnemen van steun.   Hinder bij naburige erven
(Zie ook: art. 13 BW Boek 3; artt. 1, 21, 40 BW Boek 5; artt. 168, 174 BW Boek 6; artt. 159, 161 Overgangswet NBW)

Art. 38
Lagere erven moeten het water ontvangen dat van hoger gelegen erven van nature afloopt.   Aflopend water bij naburig erf
(Zie ook: artt. 159, 161 Overgangswet NBW)

Art. 39
De eigenaar van een erf mag niet in een mate of op een wijze die volgens artikel 162 van Boek 6 onrechtmatig is, aan eigenaars van andere erven hinder toebrengen door wijziging te brengen in de loop, hoeveelheid of hoedanigheid van over zijn erf stromend water of van het grondwater, dan wel door gebruik van water dat zich op zijn erf bevindt en in open gemeenschap staat met het water op eens anders erf.   Water op naburig erf
(Zie ook: artt. 37, 41, 52, 53 BW Boek 5; art. 168 BW Boek 6; artt. 159, 161 Overgangswet NBW)

Art. 40
1. De eigenaar van een erf dat aan een openbaar of stromend water grenst, mag van het water gebruik maken tot bespoeling, tot drenking van vee of tot andere dergelijke doeleinden, mits hij daardoor aan eigenaars van andere erven geen hinder toebrengt in een mate of op een wijze die volgens artikel 162 van Boek 6 onrechtmatig is.   Gebruik openbaar of stromend water
2. Betreft het een openbaar water, dan is het vorige lid slechts van toepassing voor zover de bestemming van het water zich er niet tegen verzet.
(Zie ook: art. 14 BW Boek 3; artt. 27, 28, 37, 41 BW Boek 5; art. 168 BW Boek 6; art. 159 Overgangswet NBW)

Art. 41
Van de artikelen 38, 39 en 40 lid 1 kan bij verordening worden afgeweken.   Naburig erf, afwijkende verordening

Art. 42
1. Het is niet geoorloofd binnen de in lid 2 bepaalde afstand van de grenslijn van eens anders erf bomen, heesters of heggen te hebben, tenzij de eigenaar daartoe toestemming heeft gegeven of dat erf een openbare weg of een openbaar water is.   Beplantingen bij naburig erf
2. De in lid 1 bedoelde afstand bedraagt voor bomen twee meter te rekenen vanaf het midden van de voet van de boom en voor de heesters en heggen een halve meter, tenzij ingevolge een verordening of een plaatselijke gewoonte een kleinere afstand is toegelaten.
3. De nabuur kan zich niet verzetten tegen de aanwezigheid van bomen, heesters of heggen die niet hoger reiken dan de scheidsmuur tussen de erven.
4. Ter zake van een volgens dit artikel ongeoorloofde toestand is slechts vergoeding verschuldigd van de schade, ontstaan na het tijdstip waartegen tot opheffing van die toestand is aangemaand.
(Zie ook: artt. 13, 14, 17, 314 BW Boek 3; art. 1 BW Boek 5; art. 95 BW Boek 6; artt. 159, 161 Overgangswet NBW)

Art. 43

Muur — Onder muur wordt in deze en de volgende titel verstaan iedere van steen, hout of andere daartoe geschikte stof vervaardigde, ondoorzichtige afsluiting.
(Zie ook: artt. 62, 66, 67, 68 BW Boek 5)

Art. 44

Beplanting, overhangend — 1. Indien een nabuur wiens beplantingen over eens anders erf heenhangen, ondanks aanmaning van de eigenaar van dit erf, nalaat het overhangende te verwijderen, kan laatstgenoemde eigenaar eigenmachtig het overhangende wegsnijden en zich toeëigenen.

Beplanting, doorschietende wortels — 2. Degene op wiens erf wortels van een ander erf doorschieten, mag deze voor zover ze doorgeschoten zijn weghakken en zich toeëigenen.

Art. 45

Afvallende vruchten — Vruchten die van de bomen van een erf op een naburig erf vallen, behoren aan hem wie de vruchten van dit laatste erf toekomen.
(Zie ook: artt. 9, 80 BW Boek 3; artt. 17, 23 BW Boek 5)

Art. 46

Grensbepaling door afpalingstekens — De eigenaar van een erf kan te allen tijde van de eigenaar van het aangrenzende erf vorderen dat op de grens van hun erven behoorlijk waarneembare afpalingstekens gesteld of de bestaande zo nodig vernieuwd worden. De eigenaars dragen in de kosten hiervan voor gelijke delen bij.
(Zie ook: artt. 1, 60 BW Boek 5; art. 159 Overgangswet NBW)

Art. 47

Grensbepaling vorderen — 1. Indien de loop van de grens tussen twee erven onzeker is, kan ieder der eigenaars te allen tijde vorderen dat de rechter de grens bepaalt.
2. In geval van onzekerheid waar de grens tussen twee erven ligt, geldt niet het wettelijk vermoeden dat de bezitter eigenaar is.
3. Bij het bepalen van de grens kan de rechter naar gelang van de omstandigheden het gebied waarover onzekerheid bestaat, in gelijkwaardige of ongelijkwaardige delen verdelen dan wel het in zijn geheel aan een der partijen toewijzen, al dan niet met toekenning van een schadevergoeding aan een der partijen.
(Zie ook: artt. 119, 218 BW Boek 3; art. 95 BW Boek 5; art. 126 Rv; art. 149 Overgangswet NBW)

Art. 48

Afsluiting erf — De eigenaar van een erf is bevoegd dit af te sluiten.
(Zie ook: artt. 21, 22 BW Boek 5)

Art. 49

Scheidsmuur — 1. Ieder der eigenaars van aangrenzende erven in een aaneengebouwd gedeelte van een gemeente kan te allen tijde vorderen dat de andere eigenaar ertoe meewerkt, dat op de grens van de erven een scheidsmuur van twee meter hoogte wordt opgericht, voor zover een verordening of een plaatselijke gewoonte de wijze of de hoogte der afscheiding niet anders regelt. De eigenaars dragen in de kosten van de afscheiding voor gelijke delen bij.
2. Het vorige lid is niet toepasselijk, indien een der erven een openbare weg of een openbaar water is.
(Zie ook: artt. 62, 68 BW Boek 5; art. 159 Overgangswet NBW)

Art. 50

Vensters of balkons — 1. Tenzij de eigenaar van het naburige erf daartoe toestemming heeft gegeven, is het niet geoorloofd binnen twee meter van de grenslijn van dit erf vensters of andere muuropeningen, dan wel balkons of soortgelijke werken te hebben, voor zover deze op dit erf uitzicht geven.
2. De nabuur kan zich niet verzetten tegen de aanwezigheid van zodanige openingen of werken, indien zijn erf een openbare weg of een openbaar water is, indien zich tussen de erven openbare wegen of openbare wateren bevinden of indien het uitzicht niet verder reikt dan tot een binnen twee meter van de opening of het werk zich bevindende muur. Uit dezen hoofde geoorloofde openingen of werken blijven geoorloofd, ook nadat de erven hun openbare bestemming hebben verloren of de muur is gesloopt.
3. De in dit artikel bedoelde afstand wordt gemeten rechthoekig uit de buitenkant van de muur daar, waar de opening is gemaakt, of uit de buitenste naar het naburige erf gekeerde rand van het vooruitspringende werk tot aan de grenslijn der erven of de muur.
4. Wanneer de nabuur als gevolg van verjaring geen wegneming van een opening of werk meer kan vorderen, is hij verplicht binnen een afstand van twee meter daarvan geen gebouwen of werken aan te brengen die de eigenaar van het andere erf onredelijk zouden hinderen, behoudens voor zover zulk een gebouw of werk zich daar reeds op het tijdstip van de voltooiing van de verjaring bevond.
5. Ter zake van een volgens dit artikel ongeoorloofde toestand is slechts vergoeding verschuldigd van schade, ontstaan na het tijdstip waartegen opheffing van de toestand is aangemaand.
(Zie ook: artt. 306, 314 BW Boek 3; artt. 159, 161 Overgangswet NBW)

Art. 51
In muren, staande binnen de in het vorige artikel aangegeven afstand, mogen steeds lichtopeningen worden gemaakt, mits zij van vaststaande en ondoorzichtige vensters worden voorzien.
(Zie ook: artt. 159, 161 Overgangswet NBW)

Vensters, ondoorzichtig

Art. 52
1. Een eigenaar is verplicht de afdekking van zijn gebouwen en werken zodanig in te richten, dat daarvan het water niet op eens anders erf afloopt.
2. Afwatering op de openbare weg is geoorloofd, indien zij niet bij de wet of verordening verboden is.
(Zie ook: art. 68 BW Boek 5)

Afwatering naburig erf

Art. 53
Een eigenaar is verplicht er voor te zorgen dat geen water of vuilnis van zijn erf in de goot van eens anders erf komt.
(Zie ook: art. 68 BW Boek 5)

Afvoer water of vuilnis naburig erf

Art. 54
1. Is een gebouw of werk ten dele op, boven of onder het erf van een ander gebouwd en zou de eigenaar van het gebouw of werk door wegneming van het uitstekende gedeelte onevenredig veel zwaarder benadeeld worden dan de eigenaar van het erf door handhaving daarvan, dan kan de eigenaar van het gebouw of werk te allen tijde vorderen dat hem tegen schadeloosstelling een erfdienstbaarheid tot het handhaven van de bestaande toestand wordt verleend of, ter keuze van de eigenaar van het erf, een daartoe benodigd gedeelte van het erf wordt overgedragen.
2. Het vorige lid is van overeenkomstige toepassing, wanneer een gebouw of werk na verloop van tijd over andermans erf is gaan overhellen.
3. De vorige leden zijn niet van toepassing, indien dit voortvloeit uit een op de wet of rechtshandeling gegronde verplichting tot het dulden van de bestaande toestand of indien de eigenaar van het gebouw of werk ter zake van de bouw of zijn verkrijging kwade trouw of grove schuld verweten kan worden.
(Zie ook: art. 13 BW Boek 3; artt. 21, 70 BW Boek 5; artt. 95, 252 BW Boek 6; artt. 159, 161 Overgangswet NBW)

Overbouw

Art. 55
Indien door een dreigende instorting van een gebouw of werk een naburig erf in gevaar wordt gebracht, kan de eigenaar van dat erf te allen tijde vorderen dat maatregelen worden genomen teneinde het gevaar op te heffen.
(Zie ook: art. 174 BW Boek 6; art. 126 Rv)

Gevaar voor naburig erf

Art. 56
Wanneer het voor het verrichten van werkzaamheden ten behoeve van een onroerende zaak noodzakelijk is van een andere onroerende zaak tijdelijk gebruik te maken, is de eigenaar van deze zaak gehouden dit na behoorlijke kennisgeving en tegen schadeloosstelling toe te staan, tenzij er voor deze eigenaar gewichtige redenen bestaan dit gebruik te weigeren of tot een later tijdstip te doen uitstellen.
(Zie ook: art. 95 BW Boek 3; art. 95 BW Boek 6)

Steigerrecht bij naburig erf

Art. 57
1. De eigenaar van een erf dat geen behoorlijke toegang heeft tot een openbare weg of een openbaar vaarwater, kan van de eigenaars van de naburige erven te allen tijde aanwijzing van een noodweg ten dienste van zijn erf vorderen tegen vooraf te betalen of te verzekeren vergoeding van de schade welke hun door die noodweg wordt berokkend.
2. Indien zich na de aanwijzing van de noodweg onvoorziene omstandigheden voordoen, waardoor de weg een grotere last aan de eigenaar van het erf veroorzaakt dan waarmee bij het bepalen van de in lid 1 bedoelde vergoeding was gerekend, kan de rechter het bedrag van de vergoeding verhogen.
3. Bij de aanwijzing van de noodweg wordt rekening gehouden met het belang van het ingesloten erf, dat langs die weg de openbare weg of het openbare water zo snel mogelijk kan worden bereikt, en met het belang van de bezwaarde erven om zo weinig mogelijk overlast van die weg te ondervinden. Is een erf van de openbare weg afgesloten geraakt, doordat het ten gevolge van een rechtshandeling een andere eigenaar heeft gekregen dan een vroeger daarmee verenigd gedeelte dat aan de openbare weg grenst of een behoorlijke toegang daartoe heeft, dan komt dit afgescheiden gedeelte het eerst voor de belasting met een noodweg in aanmerking.
4. Wanneer een wijziging in de plaatselijke omstandigheden dat wenselijk maakt, kan een noodweg op vordering van een onmiddellijk belanghebbende eigenaar worden verlegd.
5. Een noodweg vervalt, hoelang hij ook heeft bestaan, zodra hij niet meer nodig is.
(Zie ook: art. 258 BW Boek 5)

Noodweg

Art. 58
1. De eigenaar van een erf die water, elektriciteit, gas en warmte dat elders te zijner beschikking staat, door een leiding wil aanvoeren, kan tegen vooraf te betalen of te verzekeren schadever-

Noodwaterleiding

art. 5:59

goeding van de eigenaars der naburige erven vorderen te gedogen dat deze leiding door of over hun erven gaat.

Schakelbepaling
2. De laatste vier leden van het vorige artikel vinden daarbij overeenkomstige toepassing.
(Zie ook: art. 20 BW Boek 5)

Art. 59

Grens onder watergang tussen naburig erven
1. Wanneer de grens van twee erven in de lengterichting onder een niet bevaarbaar stromend water, een sloot, gracht of dergelijke watergang doorloopt, heeft de eigenaar van elk dier erven met betrekking tot die watergang in zijn gehele breedte dezelfde bevoegdheden en verplichtingen als een mede-eigenaar. Iedere eigenaar is verplicht de op zijn erf gelegen kant van het water, de sloot, de gracht of de watergang te onderhouden.
2. Iedere eigenaar is gerechtigd en verplicht hetgeen tot onderhoud daaruit wordt verwijderd, voor zijn deel op zijn erf te ontvangen.
3. Een door de eigenaars overeengekomen afwijkende regeling is ook bindend voor hun rechtverkrijgenden.
(Zie ook: artt. 17, 168 BW Boek 3; artt. 159, 161 Overgangswet NBW)

Titel 5
Mandeligheid

Art. 60

Mandeligheid, definitie
Mandeligheid ontstaat, wanneer een onroerende zaak gemeenschappelijk eigendom is van de eigenaars van twee of meer erven en door hen tot gemeenschappelijk nut van die erven wordt bestemd bij een tussen hun opgemaakte notariële akte, gevolgd door inschrijving daarvan in de openbare registers.
(Zie ook: artt. 3, 7, 16, 17, 80, 89, 166 BW Boek 3; art. 75 BW Boek 5; art. 162 Overgangswet NBW)

Art. 61

Mandeligheid, einde
1. Mandeligheid die is ontstaan ingevolge het vorige artikel, eindigt:
a. wanneer de gemeenschap eindigt;
b. wanneer de bestemming van de zaak tot gemeenschappelijk nut van de erven wordt opgeheven bij een tussen de mede-eigenaars opgemaakte notariële akte, gevolgd door inschrijving daarvan in de openbare registers;
c. zodra het nut van de zaak voor elk van de erven is geëindigd.
2. Het feit dat het nut van de zaak voor elk van de erven is geëindigd, kan in de openbare registers worden ingeschreven.
(Zie ook: artt. 16, 17, 89, 186 BW Boek 3)

Art. 62

Scheidsmuur gemeenschappelijk en mandelig
1. Een vrijstaande scheidsmuur, een hek of een heg is gemeenschappelijk eigendom en mandelig, indien de grens van twee erven die aan verschillende eigenaars toebehoren, er in de lengterichting onderdoor loopt.
2. De scheidsmuur die twee gebouwen of werken, welke aan verschillende eigenaars toebehoren, gemeen hebben, is eveneens gemeenschappelijk eigendom en mandelig.
(Zie ook: art. 20 BW Boek 5; art. 162 Overgangswet NBW)

Art. 63

Afhankelijk recht mandelige zaak
1. Het recht op een mandelige zaak kan niet worden gescheiden van de eigendom der erven.

2. Een vordering tot verdeling van een mandelige zaak is uitgesloten.
(Zie ook: artt. 7, 82, 178, 182 BW Boek 3)

Art. 64

Toegang mede-eigenaars bij mandeligheid
Mandeligheid brengt mede dat ieder mede-eigenaar aan de overige mede-eigenaars toegang tot de mandelige zaak moet geven.
(Zie ook: artt. 21, 22, 48 BW Boek 5)

Art. 65

Gezamenlijk onderhoud
Mandelige zaken moeten op kosten van alle mede-eigenaars worden onderhouden, gereinigd en, indien nodig, vernieuwd.
(Zie ook: artt. 170, 172 bk 3 BW; artt. 46, 49 bk 5 BW)

Art. 66

Overdracht aandeel
1. Een mede-eigenaar van een mandelige zaak kan zijn aandeel in die zaak ook afzonderlijk van zijn erf aan de overige mede-eigenaars overdragen.
2. Indien een mede-eigenaar hiertoe op zijn kosten wil overgaan uit hoofde van de lasten van onderhoud, reiniging en vernieuwing in de toekomst, zijn de overige mede-eigenaars gehouden tot die overdracht mede te werken, mits hij hun zo nodig een recht van opstal of erfdienstbaarheid verleent, waardoor zij met betrekking tot de zaak hun rechten kunnen blijven uitoefenen.

3. De vorige leden zijn niet van toepassing op een muur die twee gebouwen of werken gemeen hebben, noch op een muur, hek of heg waardoor twee erven in een aaneengebouwd gedeelte van een gemeente van elkaar worden gescheiden.
(Zie ook: artt. 84, 89, 96, 122, 176, 224 BW Boek 3; artt. 82, 101 BW Boek 5; art. 208 BW Boek 6)

Art. 67
1. Iedere mede-eigenaar mag tegen de mandelige scheidsmuur aanbouwen en daarin tot op de helft der dikte balken, ribben, ankers en andere werken aanbrengen, mits hij aan de muur en aan de door de muur bevoegdelijk daarmee verbonden werken geen nadeel toebrengt.
2. Behalve in noodgevallen kan een mede-eigenaar vorderen dat, vóór de andere mede-eigenaar begint met aanbrengen van het werk, deskundigen zullen vaststellen op welke wijze dit kan geschieden zonder nadeel voor de muur of voor bevoegd aangebrachte werken van de eerst vermelde eigenaar.

Bouwen tegen mandelige scheidsmuur

(Zie ook: art. 55 BW Boek 5)

Art. 68
Iedere mede-eigenaar mag op de mandelige scheidsmuur tot op de helft der dikte een goot aanleggen, mits het water niet op het erf van de andere mede-eigenaar uitloost.

Gootrecht

(Zie ook: artt. 38, 52 BW Boek 5)

Art. 69
De artikelen 64, 65, 66 lid 2, 67 en 68 vinden geen toepassing voorzover een overeenkomstig artikel 168 van boek 3 getroffen regeling anders bepaalt.

Toepasselijkheid art. 3:168 bij mandeligheid

Titel 6
Erfdienstbaarheden

Art. 70
1. Een erfdienstbaarheid is een last, waarmede een onroerende zaak - het dienende erf - ten behoeve van een andere onroerende zaak - het heersende erf - is bezwaard.
2. In de akte van vestiging van een erfdienstbaarheid kan aan de eigenaar van het heersende erf de verplichting worden opgelegd aan de eigenaar van het dienende erf op al dan niet regelmatig terugkerende tijdstippen een geldsom - de retributie - te betalen.

Erfdienstbaarheid, definitie
Retributie bij erfdienstbaarheid

(Zie ook: artt. 3, 7, 8, 81, 82, 98 BW Boek 3; artt. 20, 118 BW Boek 5; artt. 216, 248, 252 BW Boek 6)

Art. 71
1. De last die een erfdienstbaarheid op het dienende erf legt, bestaat in een verplichting om op, boven of onder een der beide erven iets te dulden of niet te doen. In de akte van vestiging kan worden bepaald dat de last bovendien een verplichting inhoudt tot het aanbrengen van gebouwen, werken of beplantingen die voor de uitoefening van die erfdienstbaarheid nodig zijn, mits deze gebouwen, werken en beplantingen zich geheel of gedeeltelijk op het dienende erf zullen bevinden.
2. De last die een erfdienstbaarheid op het dienende erf legt, kan ook bestaan in een verplichting tot onderhoud van het dienende erf of van gebouwen, werken of beplantingen die zich geheel of gedeeltelijk op het dienende erf bevinden of zullen bevinden.

Dienend erf, verplichtingen

(Zie ook: art. 252 BW Boek 6)

Art. 72
Erfdienstbaarheden kunnen ontstaan door vestiging en door verjaring.
(Zie ook: artt. 83, 84, 89, 98, 99, 105 BW Boek 3; artt. 114, 117, 118, 139 BW Boek 5)

Erfdienstbaarheid, ontstaan

Art. 73
1. De inhoud van de erfdienstbaarheid en de wijze van uitoefening worden bepaald door de akte van vestiging en, voor zover in die akte regelen daaromtrent ontbreken, door de plaatselijke gewoonte. Is een erfdienstbaarheid te goeder trouw geruime tijd zonder tegenspraak op een bepaalde wijze uitgeoefend, dan is in geval van twijfel deze wijze van uitoefening beslissend.
2. Niettemin kan de eigenaar van het dienende erf voor de uitoefening van de erfdienstbaarheid een ander gedeelte van zijn erf aanwijzen dan waarop de erfdienstbaarheid ingevolge het vorige lid dient te worden uitgeoefend, mits deze verplaatsing zonder vermindering van genot voor de eigenaar van het heersende erf mogelijk is. Kosten, noodzakelijk voor zodanige verandering, komen ten laste van de eigenaar van het dienende erf.

Erfdienstbaarheid, inhoud en wijze van uitoefening

(Zie ook: art. 11 BW Boek 3)

Art. 74
De uitoefening der erfdienstbaarheid moet op de voor het dienende erf minst bezwarende wijze geschieden.
(Zie ook: art. 37 BW Boek 5)

Erfdienstbaarheid, uitoefening op minst bezwarende wijze

Art. 75
1. De eigenaar van het heersende erf is bevoegd om op zijn kosten op het dienende erf alles te verrichten wat voor de uitoefening van de erfdienstbaarheid noodzakelijk is.

Heersend erf

2. Hij is eveneens bevoegd om op zijn kosten op het dienende erf gebouwen, werken en beplantingen aan te brengen, die voor de uitoefening van de erfdienstbaarheid noodzakelijk zijn.
3. Hij is verplicht het door hem op het dienende erf aangebrachte te onderhouden, voor zover dit in het belang van het dienende erf nodig is; hij is bevoegd het weg te nemen, mits hij het erf in de oude toestand terugbrengt.
4. De eigenaar van het dienende erf heeft geen recht van gebruik van de gebouwen, werken en beplantingen, die daarop door de eigenaar van het heersende erf rechtmatig zijn aangebracht.
5. In de akte van vestiging kan van de vorige leden worden afgeweken.
6. In geval van mandeligheid zijn in plaats van de leden 3 en 4 de uit dien hoofde geldende regels van toepassing.
(Zie ook: art. 20 BW Boek 5)

Art. 76

Heersend erf, verdeling

1. Wanneer het heersende erf wordt verdeeld, blijft de erfdienstbaarheid bestaan ten behoeve van ieder gedeelte, ten voordele waarvan zij kan strekken.

Dienend erf, verdeling

2. Wanneer het dienende erf wordt verdeeld, blijft de last rusten op ieder gedeelte, ten aanzien waarvan naar de akte van vestiging en de aard der erfdienstbaarheid de uitoefening mogelijk is.
3. In de akte van vestiging kan van de vorige leden worden afgeweken.
(Zie ook: art. 177 BW Boek 3)

Art. 77

Heersend of dienend erf, mede-eigendom

1. Behoort het heersende of het dienende erf toe aan twee of meer personen, hetzij als deelgenoten, hetzij als eigenaars van verschillende gedeelten daarvan, dan zijn zij hoofdelijk verbonden tot nakoming van de uit de erfdienstbaarheid voortvloeiende geldelijke verplichtingen die tijdens hun recht opeisbaar worden, voor zover deze niet over hun rechten zijn verdeeld.
2. Na overdracht of toedeling van het heersende of het dienende erf of van een gedeelte daarvan of een aandeel daarin zijn de verkrijger en zijn rechtsvoorganger hoofdelijk verbonden voor de in lid 1 bedoelde geldelijke verplichtingen die in de voorafgaande twee jaren opeisbaar zijn geworden.
3. In de akte van vestiging kan van de vorige leden worden afgeweken, doch van het tweede lid niet ten nadele van de verkrijger.
(Zie ook: art. 166 BW Boek 3; artt. 75, 92 BW Boek 5; art. 6 BW Boek 6; art. 164 Overgangswet NBW)

Art. 78

Erfdienstbaarheid, wijziging of opheffing

De rechter kan op vordering van de eigenaar van het dienende erf een erfdienstbaarheid wijzigen of opheffen:
a. op grond van onvoorziene omstandigheden welke van dien aard zijn dat naar maatstaven van redelijkheid en billijkheid ongewijzigde instandhouding van de erfdienstbaarheid niet van de eigenaar van het dienende erf kan worden gevergd:
b. indien ten minste twintig jaren na het ontstaan van de erfdienstbaarheid zijn verlopen en het ongewijzigd voortbestaan van de erfdienstbaarheid in strijd is met het algemeen belang.
(Zie ook: artt. 12, 82, 168, 185 BW Boek 3; art. 97 BW Boek 5; artt. 258, 259 BW Boek 6)

Art. 79

Erfdienstbaarheid, opheffing op vordering eigenaar dienend erf

De rechter kan op vordering van de eigenaar van het dienende erf een erfdienstbaarheid opheffen, indien de uitoefening daarvan onmogelijk is geworden of de eigenaar van het heersende erf geen redelijk belang bij de uitoefening meer heeft, en het niet aannemelijk is dat de mogelijkheid van uitoefening of het redelijk belang daarbij zal terugkeren.
(Zie ook: art. 259 BW Boek 6)

Art. 80

Erfdienstbaarheid, wijziging op vordering eigenaar heersend erf

De rechter kan op vordering van de eigenaar van het heersende erf de inhoud van een erfdienstbaarheid, wanneer door onvoorziene omstandigheden de uitoefening blijvend of tijdelijk onmogelijk is geworden of het belang van de eigenaar van het heersende erf aanzienlijk is verminderd, zodanig wijzigen dat de mogelijkheid van uitoefening of het oorspronkelijke belang wordt hersteld, mits deze wijziging naar maatstaven van redelijkheid en billijkheid van de eigenaar van het dienende erf kan worden gevergd.
(Zie ook: artt. 258, 259 BW Boek 6)

Art. 81

Erfdienstbaarheid, voorwaarden vordering wijziging en/of opheffing

1. De rechter kan een vordering als bedoeld in de artikelen 78-80 toewijzen onder door hem te stellen voorwaarden.

2. Rust op een der erven beperkt recht, dan is de vordering slechts toewijsbaar, indien de beperkt gerechtigde in het geding is geroepen. Bij het oordeel of aan de maatstaven van de artikelen 78 onder a., 79 en 80 is voldaan, dient mede met zijn belangen rekening te worden gehouden.
(Zie ook: art. 218 BW Boek 3; art. 95 BW Boek 5)

Art. 82
1. Indien de eigenaar van het heersende erf uit hoofde van de aan de erfdienstbaarheid verbonden lasten en verplichtingen op zijn kosten afstand van zijn recht wil doen, is de eigenaar van het dienende erf gehouden hieraan mede te werken. — *Afstand erfdienstbaarheid*
2. In de akte van vestiging kan voor de eerste twintig jaren anders worden bepaald.
(Zie ook: artt. 98, 224 BW Boek 3)

Art. 83
Indien op het tijdstip waarop het heersende en het dienende erf één eigenaar verkrijgen, een derde een der erven in huur of pacht of uit hoofde van een ander persoonlijk recht in gebruik heeft, gaat de erfdienstbaarheid pas door vermenging teniet bij het einde van dit gebruiksrecht. — *Tenietgaan erfdienstbaarheid door vermenging*
(Zie ook: artt. 81, 106, 203 BW Boek 3)

Art. 84
1. Hij die een recht van erfpacht, opstal of vruchtgebruik op een onroerende zaak heeft, kan een erfdienstbaarheid ten behoeve van deze zaak bedingen. Hij kan haar ook met een erfdienstbaarheid belasten. — *Vestiging erfdienstbaarheid door beperkt gerechtigde*
2. Erfdienstbaarheden, bedongen door een beperkt gerechtigde ten behoeve van de zaak waarop zijn recht rust of door een opstaller ten behoeve van de opstal, gaan bij het einde van het beperkte recht slechts teniet, indien dit in de akte van vestiging van de erfdienstbaarheid is bepaald. Blijft de erfdienstbaarheid voortbestaan, dan staat een beding als bedoeld in artikel 82 lid 2 niet langer aan afstand van de erfdienstbaarheid in de weg. — *Tenietgaan door beperkt gerechtigde bedongen erfdienstbaarheid*
3. Erfdienstbaarheden, gevestigd door een beperkt gerechtigde ten laste van de zaak waarop zijn recht rust of door een opstaller ten laste van de opstal, gaan teniet bij het einde van het beperkte recht, tenzij dit eindigt door vermenging of afstand of de eigenaar van de zaak waarop het beperkte recht rustte bij een in de openbare registers ingeschreven akte heeft verklaard met de vestiging van de erfdienstbaarheid in te stemmen. — *Tenietgaan door beperkt gerechtigde gevestigde erfdienstbaarheid*
4. De erfpachter, opstaller of vruchtgebruiker wordt voor de toepassing van de overige artikelen van deze titel aangemerkt als eigenaar van het heersende, onderscheidenlijk het dienende erf.
(Zie ook: artt. 81, 83, 201, 212, 218 BW Boek 3; artt. 71, 101 BW Boek 5; art. 5 OW)

Titel 7
Erfpacht

Art. 85
1. Erfpacht is een zakelijk recht dat de erfpachter de bevoegdheid geeft eens anders onroerende zaak te houden en te gebruiken. — *Erfpacht*
2. In de akte van vestiging kan aan de erfpachter de verplichting worden opgelegd aan de eigenaar op al dan niet regelmatig terugkerende tijdstippen een geldsom - de canon - te betalen.
(Zie ook: artt. 92, 110 BW Boek 5)

Art. 86
Partijen kunnen in de akte van vestiging de duur van de erfpacht regelen. — *Duur erfpacht*
(Zie ook: artt. 81, 106 BW Boek 3; artt. 87, 97, 98, 104 BW Boek 5)

Art. 87
1. Een erfpacht kan door de erfpachter worden opgezegd, tenzij in de akte van vestiging anders is bepaald. — *Opzegging door erfpachter*
(Zie ook: artt. 45, 48, 207 BW Boek 3; art. 97 BW Boek 5)
2. Een erfpacht kan door de eigenaar worden opgezegd, indien de erfpachter in verzuim is de canon over twee achtereenvolgende jaren te betalen of in ernstige mate tekortschiet in de nakoming van zijn andere verplichtingen. Deze opzegging moet op straffe van nietigheid binnen acht dagen worden betekend aan degenen die als beperkt gerechtigde of beslaglegger op de erfpacht in de openbare registers staan ingeschreven. Na het einde van de erfpacht is de eigenaar verplicht de waarde die de erfpacht dan heeft aan de erfpachter te vergoeden, na aftrek van hetgeen hij uit hoofde van de erfpacht van de erfpachter te vorderen heeft, de kosten daaronder begrepen. — *Opzegging erfpacht door eigenaar*
(Zie ook: artt. 213, 229 BW Boek 3; art. 99 BW Boek 5; art. 127 BW Boek 6)
3. Een beding dat ten nadele van de erfpachter van het vorige lid afwijkt is nietig. In de akte van vestiging kan aan de eigenaar de bevoegdheid worden toegekend tot opzegging, behoudens op grond van tekortschieten van de erfpachter in de nakoming van zijn verplichtingen. — *Erfpacht, dwingend recht*
(Zie ook: artt. 17, 81, 97, 104, 116 BW Boek 3; art. 237 BW Boek 6; art. 59 Pw)

Art. 88
1. Iedere opzegging geschiedt bij exploit. Zij geschiedt tenminste een jaar voor het tijdstip waartegen wordt opgezegd, doch in het geval van artikel 87 lid 2 tenminste een maand voor dat tijdstip. — *Opzegging erfpacht bij exploit*

2. In het geval van artikel 87 lid 2 weigert de bewaarder de inschrijving van de opzegging als niet tevens wordt overgelegd de betekening daarvan aan degenen die in de openbare registers als beperkt gerechtigde of beslaglegger op de erfpacht stonden ingeschreven.
(Zie ook: artt. 17, 301 BW Boek 3; artt. 98, 104 BW Boek 5; artt. 166, 167 Overgangswet NBW)

Art. 89

Genot erfpachter
1. Voor zover niet in de akte van vestiging anders is bepaald, heeft de erfpachter hetzelfde genot van de zaak als een eigenaar.
(Zie ook: artt. 89, 98 BW Boek 3)

Bestemmingswijziging door erfpachter
2. Hij mag echter zonder toestemming van de eigenaar niet een andere bestemming aan de zaak geven of een handeling in strijd met de bestemming van de zaak verrichten.
(Zie ook: Pw)

3. Voor zover niet in de akte van vestiging anders is bepaald, heeft de erfpachter, zowel tijdens de duur van de erfpacht als bij het einde daarvan, de bevoegdheid gebouwen, werken en beplantingen, die door hemzelf of een rechtsvoorganger onverplicht zijn aangebracht of van de eigenaar tegen vergoeding der waarde zijn overgenomen, weg te nemen, mits hij de in erfpacht gegeven zaak in de oude toestand terugbrengt.
(Zie ook: artt. 123, 208, 266 BW Boek 3; artt. 75, 99, 100, 105 BW Boek 5)

Art. 90

Vruchttrekking en voordelen van roerende aard bij erfpacht
1. Voor zover niet in de akte van vestiging anders is bepaald, behoren vruchten die tijdens de duur der erfpacht zijn afgescheiden of opeisbaar geworden, en voordelen van roerende aard, die de zaak oplevert, aan de erfpachter.
(Zie ook: art. 9 BW Boek 3; artt. 13, 17 BW Boek 5)

Voordelen van onroerende aard bij erfpacht
2. Voordelen van onroerende aard behoren aan de eigenaar toe. Zij zijn eveneens aan de erfpacht onderworpen, tenzij in de akte van vestiging anders is bepaald.
(Zie ook: art. 213 BW Boek 3; art. 29 BW Boek 5)

Art. 91

Overdracht of toedeling erfpacht
1. In de akte van vestiging kan worden bepaald dat de erfpacht niet zonder toestemming van de eigenaar kan worden overgedragen of toebedeeld. Een zodanige bepaling staat aan executie door schuldeisers niet in de weg.
(Zie ook: artt. 83, 98, 186, 228 BW Boek 3; art. 84 BW Boek 5)

Splitsing erfpacht, toestemming
2. In de akte van vestiging kan ook worden bepaald, dat de erfpachter zijn recht niet zonder toestemming van de eigenaar kan splitsen door overdracht of toedeling van de erfpacht op een gedeelte van de zaak.
(Zie ook: art. 186 BW Boek 3)

3. Een beding als in de vorige leden bedoeld kan ook worden gemaakt ten aanzien van de appartementsrechten, waarin een gebouw door de erfpachter wordt gesplitst. Het kan slechts aan een verkrijger onder bijzondere titel van een recht op het appartementsrecht worden tegengeworpen, indien het in de akte van splitsing is omschreven.

Splitsing erfpacht, vervangende toestemming
4. Indien de eigenaar de vereiste toestemming zonder redelijke gronden weigert of zich niet verklaart, kan zijn toestemming op verzoek van degene die haar behoeft, worden vervangen door een machtiging van de kantonrechter van de rechtbank van het arrondissement waarin de zaak of het grootste gedeelte daarvan is gelegen.
(Zie ook: art. 429a Rv)

Art. 92

Hoofdelijkheid meer erfpachters
1. Behoort de erfpacht toe aan twee of meer personen, hetzij als deelgenoten hetzij als erfpachter van verschillende gedeelten van de zaak, dan zijn zij hoofdelijk verbonden voor de gehele canon die tijdens hun recht opeisbaar wordt, voor zover deze niet over hun rechten verdeeld is.
(Zie ook: art. 115 BW Boek 5; artt. 6, 7 BW Boek 6; art. 168 Overgangswet NBW)

Hoofdelijkheid na overdracht of toedeling erfpacht
2. Na overdracht of toedeling van de erfpacht op de zaak of een gedeelte daarvan of van een aandeel in de erfpacht zijn de verkrijger en zijn rechtsvoorganger hoofdelijk verbonden voor de door laatstgenoemde verschuldigde canon die in de voorafgaande vijf jaren opeisbaar is geworden.
(Zie ook: artt. 90, 199 BW Boek 2; art. 308 BW Boek 3; art. 122 BW Boek 5; art. 6 BW Boek 6)

Afwijkingsmogelijkheid bij erfpacht
3. In de akte van vestiging kan van de vorige leden worden afgeweken, doch van het tweede lid niet ten nadele van de verkrijger.
(Zie ook: artt. 77, 104 BW Boek 5)

Art. 93

Ondererfpacht
1. De erfpachter is bevoegd de zaak waarop het recht van erfpacht rust, geheel of ten dele in ondererfpacht te geven, voor zover in de akte van vestiging niet anders is bepaald. Aan de ondererfpachter komen ten aanzien van de zaak niet meer bevoegdheden toe dan de erfpachter jegens de eigenaar heeft.
(Zie ook: artt. 81, 98, 89 BW Boek 3)

Ondererfpacht, einde
2. De ondererfpacht gaat bij het einde van de erfpacht teniet, tenzij deze eindigt door vermenging of afstand. De eigenaar kan voor de ter zake van de erfpacht verschuldigde canon het recht van erfpacht vrij van ondererfpacht uitwinnen. Het in de vorige zinnen van dit lid bepaalde

geldt niet, indien de eigenaar bij een in de openbare registers ingeschreven notariële akte heeft verklaard met de vestiging van de ondererfpacht in te stemmen.
(Zie ook: artt. 16, 81 BW Boek 3; artt. 160, 161 BW Boek 6)
3. Voor de toepassing van de overige artikelen van deze titel wordt de erfpachter in zijn verhouding tot de ondererfpachter als eigenaar aangemerkt.
(Zie ook: artt. 84, 104 BW Boek 5)

Art. 94
1. De erfpachter is bevoegd de zaak waarop het recht van erfpacht rust, te verhuren of te verpachten, voor zover in de akte van vestiging niet anders is bepaald.   Verhuur of verpachting door erfpachter
2. Na het einde van de erfpacht is de eigenaar verplicht een bevoegdelijk aangegane verhuring of verpachting gestand te doen. Hij kan nochtans gestanddoening weigeren, voor zover zonder zijn toestemming hetzij de overeengekomen tijdsduur van de huur langer is dan met het plaatselijk gebruik overeenstemt of bedrijfsruimte in de zin van de zesde afdeling van titel 4 van Boek 7 is verhuurd voor een langere tijd dan vijf jaren, hetzij de verpachting is geschied voor een langere duur dan twaalf jaar voor hoeven en zes jaren voor los land, hetzij de verhuring of verpachting is geschied op ongewone voor hem bezwarende voorwaarden.   Pacht en huur na einde erfpacht
(Zie ook: artt. 80, 264 BW Boek 3; art. 12 Pw)
3. Hij verliest de bevoegdheid gestanddoening te weigeren, wanneer de huurder of pachter hem een redelijke termijn heeft gesteld om zich omtrent de gestanddoening te verklaren en hij zich niet binnen deze termijn heeft uitgesproken.
(Zie ook: art. 55 BW Boek 3)
4. Indien de eigenaar volgens de vorige leden niet verplicht is tot gestanddoening van een door de erfpachter aangegane verhuring van woonruimte waarde huurder bij het eindigen van de erfpacht zijn hoofdverblijf heeft en waarop de artikelen 271 tot en met 277 van Boek 7 van toepassing zijn, moet hij de huurovereenkomst niettemin met de huurder voortzetten met dien verstande dat artikel 269 lid 2 van Boek 7, van overeenkomstige toepassing is.
(Zie ook: art. 217 BW Boek 3; art. 104 BW Boek 5)

Art. 95
Tot het instellen van rechtsvorderingen en het indienen van verzoeken ter verkrijging van een rechterlijke uitspraak die zowel het recht van de eigenaar als dat van de erfpachter betreft, is ieder van hen bevoegd, mits hij zorg draagt dat de ander tijdig in het geding wordt geroepen.   Procederen erfpachter en eigenaar
(Zie ook: artt. 218, 245 BW Boek 3; artt. 81, 104 BW Boek 5)

Art. 96
1. Gewone lasten en herstellingen worden door de erfpachter gedragen en verricht. De erfpachter is verplicht, wanneer buitengewone herstellingen nodig zijn, aan de eigenaar van deze noodzakelijkheid kennis te geven en hem gelegenheid te verschaffen tot het doen van deze herstellingen. De eigenaar is niet tot het doen van enige herstelling verplicht.   Lasten en herstellingen erfpacht
2. De erfpachter is verplicht de buitengewone lasten die op de zaak drukken te voldoen.   Buitengewone lasten erfpacht
3. In de akte van vestiging kan van de vorige leden worden afgeweken.
(Zie ook: art. 220 BW Boek 3; art. 174 BW Boek 6; art. 26 Pw)

Art. 97
1. Indien vijf en twintig jaren na de vestiging van de erfpacht zijn verlopen, kan de rechter op vordering van de eigenaar of de erfpachter de erfpacht wijzigen of opheffen op grond van onvoorziene omstandigheden, welke van dien aard zijn dat naar maatstaven van redelijkheid en billijkheid ongewijzigde instandhouding van de akte van vestiging niet van de eigenaar of de erfpachter kan worden gevergd.   Erfpacht, onvoorziene omstandigheden
2. De rechter kan de vordering onder door hem vast te stellen voorwaarden toewijzen.
(Zie ook: art. 17 BW Boek 3; artt. 78, 79, 80 BW Boek 5; art. 258 BW Boek 6; art. 59 Pw)
3. Rust op de erfpacht of op de zaak een beperkt recht, dan is de vordering slechts toewijsbaar, indien de beperkt gerechtigde in het geding is geroepen en ook te zijnen aanzien aan de maatstaf van lid 1 is voldaan.
(Zie ook: art. 24 BW Boek 3; artt. 81, 104 BW Boek 5)

Art. 98
1. Wanneer de tijd waarvoor de erfpacht is gevestigd, is verstreken en de erfpachter de zaak niet op dat tijdstip heeft ontruimd, blijft de erfpacht doorlopen, tenzij de eigenaar uiterlijk zes maanden na dat tijdstip doet blijken dat hij haar als geëindigd beschouwt. De eigenaar en de erfpachter kunnen de verlengde erfpacht opzeggen op de wijze en met inachtneming van de termijn vermeld in artikel 88.   Stilzwijgende verlenging erfpacht
2. Ieder beding dat ten nadele van de erfpachter van dit artikel afwijkt, is nietig.   Erfpacht, dwingend recht
(Zie ook: art. 104 BW Boek 5)

Art. 99
1. Na het einde van de erfpacht heeft de voormalige erfpachter recht op vergoeding van de waarde van nog aanwezige gebouwen, werken en beplantingen, die door hemzelf of een   Erfpacht, vergoeding bij einde

art. 5:100   13 Burgerlijk Wetboek Boek 5

rechtsvoorganger zijn aangebracht of van de eigenaar tegen vergoeding der waarde zijn overgenomen.
(Zie ook: art. 95 BW Boek 6)

Erfpacht, geen vergoeding bij einde
2. In de akte van vestiging kan worden bepaald dat de erfpachter geen recht heeft op de in het eerste lid bedoelde vergoeding:
   a. indien de in erfpacht gegeven grond een andere bestemming had dan die van woningbouw;
   b. indien de erfpachter de gebouwen, werken en beplantingen niet zelf heeft bekostigd;
   c. indien de erfpacht geëindigd is door opzegging door de erfpachter;
   d. voor zover de gebouwen, werken en beplantingen onverplicht waren aangebracht en hij ze bij het einde van de erfpacht mocht wegnemen.
3. De eigenaar is bevoegd van de door hem ingevolge dit artikel verschuldigde vergoeding af te houden hetgeen hij uit hoofde van de erfpacht van de erfpachter te vorderen heeft.
(Zie ook: artt. 100, 105 BW Boek 5; artt. 95, 127, 212 BW Boek 6; art. 31 Pw; art. 170 Overgangswet NBW)

Art. 100

Retentierecht bij erfpacht
1. De erfpachter heeft een retentierecht op de in erfpacht uitgegeven zaak totdat hem de verschuldigde vergoeding is betaald.

Dwingend recht bij retentierecht bij erfpacht
2. Ieder van het vorige lid afwijkend beding is nietig.
(Zie ook: art. 290 BW Boek 3; art. 99 BW Boek 5)
3. De eigenaar heeft een retentierecht op hetgeen de erfpachter mocht hebben afgebroken, totdat hem hetgeen hij uit hoofde van de erfpacht heeft te vorderen is voldaan.
(Zie ook: art. 290 BW Boek 3; art. 105 BW Boek 5; art. 180 Overgangswet NBW)

Titel 8
Opstal

Art. 101

Opstal, definitie
1. Het recht van opstal is een zakelijk recht om in, op of boven een onroerende zaak van een ander gebouwen, werken of beplantingen in eigendom te hebben of te verkrijgen.
(Zie ook: artt. 3, 4, 8, 98 BW Boek 3; artt. 1, 20, 70, 85 BW Boek 5; artt. 216, 248 BW Boek 6)

Opstal, zelfstandig of afhankelijk recht
2. Het recht van opstal kan zelfstandig dan wel afhankelijk van een ander zakelijk recht of van een recht van huur of pacht op de onroerende zaak worden verleend.
(Zie ook: artt. 7, 82 BW Boek 3)

Retributie opstal
3. In de akte van vestiging kan de opstaller de verplichting worden opgelegd aan de eigenaar op al dan niet regelmatig terugkerende tijdstippen een geldsom - de retributie - te betalen.
(Zie ook: artt. 70, 86 BW Boek 5)

Art. 102

Bevoegdheden opstaller
De bevoegdheden van de opstaller tot het gebruiken, aanbrengen en wegnemen van de gebouwen, werken en beplantingen kunnen in de akte van vestiging worden beperkt.

Art. 103

Vol genot opstal
Bij gebreke van een regeling daaromtrent in de akte van vestiging heeft de opstaller ten aanzien van de zaak waarop zijn recht rust, de bevoegdheden die voor het volle genot van zijn recht nodig zijn.
(Zie ook: artt. 89, 90 BW Boek 5)

Art. 104

Schakelbepaling
1. De artikelen 92 en 95 zijn van overeenkomstige toepassing op het recht van opstal.
2. De artikelen 86, 87, 88, 91, 93, 94, 97 en 98 zijn van overeenkomstige toepassing op een zelfstandig recht van opstal.
(Zie ook: art. 81 BW Boek 3; art. 171 Overgangswet NBW)

Art. 105

Tenietgaan opstal
1. Wanneer het recht van opstal tenietgaat, gaat de eigendom van de gebouwen, werken en beplantingen van rechtswege over op de eigenaar van de onroerende zaak waarop het rustte.

Retentierecht opstaller en vergoeding waarde
2. Voor zover niet in de akte van vestiging anders is bepaald, heeft de opstaller bij het einde van zijn recht de bevoegdheid gebouwen, werken en beplantingen die door hemzelf of een rechtsvoorganger onverplicht zijn aangebracht dan wel van de eigenaar tegen vergoeding der waarde zijn overgenomen weg te nemen, mits hij de onroerende zaak waarop het recht rustte in de oude toestand terugbrengt.
(Zie ook: art. 266 BW Boek 3; art. 89 BW Boek 5)

Opstal, schakelbepaling
3. De artikelen 99 en 100 zijn van overeenkomstige toepassing, met dien verstande dat het aan de opstaller toekomende retentierecht slechts de gebouwen, werken en beplantingen omvat.
(Zie ook: art. 290 BW Boek 3)

Titel 9
Appartementsrechten

Afdeling 1
Algemene bepalingen

Art. 106
1. Een eigenaar, erfpachter of opstaller is bevoegd zijn recht op een gebouw met toebehoren en op de daarbij behorende grond met toebehoren te splitsen in appartementsrechten. *[Splitsing gebouw in appartementsrechten]*
2. Een eigenaar, erfpachter of opstaller is eveneens bevoegd zijn recht op een stuk grond te splitsen in appartementsrechten. *[Splitsing grond in appartementsrechten]*
(Zie ook: art. 85 BW Boek 5)
3. Een appartementsrecht is op zijn beurt voor splitsing in appartementsrechten vatbaar. Een appartementseigenaar is tot deze ondersplitsing bevoegd, voor zover in de akte van splitsing niet anders is bepaald. *[Splitsing appartementsrecht, ondersplitsing]*
4. Onder appartementsrecht wordt verstaan een aandeel in de goederen die in de splitsing zijn betrokken, dat de bevoegdheid omvat tot het uitsluitend gebruik van bepaalde gedeelten van het gebouw die blijkens hun inrichting bestemd zijn of worden om als afzonderlijk geheel te worden gebruikt. Het aandeel kan mede omvatten de bevoegdheid tot het uitsluitend gebruik van bepaalde gedeelten van de bij het gebouw behorende grond. In het geval van lid 2 omvat het aandeel de bevoegdheid tot het uitsluitend gebruik van bepaalde gedeelten van het stuk grond, die blijkens hun inrichting of aanduiding bestemd zijn of worden om als afzonderlijk geheel te worden gebruikt. *[Appartementsrecht, definitie]*
5. Onder appartementseigenaar wordt verstaan de gerechtigde tot een appartementsrecht. *[Appartementseigenaar, definitie]*
6. Onder gebouw wordt in deze titel mede verstaan een groep van gebouwen die in één splitsing zijn betrokken. *[Gebouw]*
(Zie ook: art. 144 BW Boek 5)
7. Een erfpachter of opstaller is tot een splitsing in appartementsrechten slechts bevoegd na verkregen toestemming van de grondeigenaar. Indien deze de vereiste toestemming kennelijk zonder redelijke grond weigert of zich niet verklaart, kan de toestemming op verzoek van degene die haar behoeft worden vervangen door een machtiging van de kantonrechter van de rechtbank van het arrondissement waarin het gebouw of het grootste gedeelte daarvan is gelegen. *[Splitsingsbevoegdheid]*
(Zie ook: artt. 115, 116 BW Boek 5)

Art. 107
Een eigenaar, erfpachter of opstaller is ook bevoegd in verband met een door hem beoogde stichting of gewijzigde inrichting van een gebouw zijn recht op het gebouw met toebehoren en de daarbij behorende grond met toebehoren te splitsen in appartementsrechten. Ook in geval van zodanige splitsing ontstaan de appartementsrechten op het tijdstip van inschrijving van de akte van splitsing. *[Splitsingsbevoegdheid recht op onroerende zaak]*
(Zie ook: art. 144 BW Boek 5)

Art. 108
1. De appartementseigenaars zijn jegens elkander verplicht de bouw, de inrichting van het gebouw of de inrichting van aanduiding van de grond tot stand te brengen en in stand te houden in overeenstemming met het daaromtrent in de akte van splitsing bepaalde. *[Appartementseigenaars, verplichtingen]*
2. De rechter kan de uitspraak op een vordering, gegrond op het vorige lid, aanhouden wanneer een op artikel 144 lid 1 onder c, d of h gegrond verzoek aanhangig is.

Art. 109
1. De splitsing geschiedt door een daartoe bestemde notariële akte, gevolgd door inschrijving van die akte in de openbare registers. *[Splitsingsakte]*
2. Aan de minuut van de akte van splitsing wordt een tekening gehecht, aangevende de begrenzing van de onderscheidene gedeelten van het gebouw en de grond, die bestemd zijn als afzonderlijk geheel te worden gebruikt en waarvan volgens de akte het uitsluitend gebruik in een appartementsrecht zal zijn begrepen. De tekening dient te voldoen aan de eisen, krachtens de wet bedoeld in artikel 16 lid 2 van Boek 3 voor de inschrijving daarvan te stellen. *[Splitsingstekening]*
(Zie ook: art. 89 BW Boek 3; art. 20 Kadw)
3. Waar in de bepalingen van deze titel wordt gesproken van de akte van splitsing, is hieronder de tekening begrepen, tenzij uit de bepaling het tegendeel blijkt.

Art. 110
1. Ondanks onbevoegdheid van degene die de splitsing heeft verricht, om over een daarin betrokken registergoed te beschikken, is de splitsing geldig, indien zij is gevolgd door een geldige overdracht of vestiging van een appartementsrecht of vestiging van een beperkt recht op een appartementsrecht. *[Splitsing door onbevoegde]*
(Zie ook: artt. 88, 89 BW Boek 3; art. 172 Overgangswet NBW)

art. 5:111   13 Burgerlijk Wetboek Boek 5

Splitsing door onbevoegde, verkrijging door verjaring

2. Een ongeldige splitsing wordt eveneens als geldig aangemerkt, wanneer een appartementsrecht is verkregen door verjaring.
(Zie ook: artt. 99, 105 BW Boek 3)

Art. 111

Splitsingsakte, inhoud

De akte van splitsing moet inhouden:
a. de vermelding van de plaatselijke ligging van het gebouw of de grond;
b. een nauwkeurige omschrijving van de onderscheiden gedeelten van het gebouw of de grond, die bestemd zijn om als afzonderlijk geheel te worden gebruikt, welke omschrijving kan plaatsvinden door verwijzing naar de in artikel 109 lid 2 bedoelde tekening, alsmede de vermelding voor elk dier gedeelten, tot welk appartementsrecht de bevoegdheid tot gebruik daarvan behoort;
c. de kadastrale aanduiding van de appartementsrechten en de vermelding van de appartementseigenaar;
d. een reglement, waartoe geacht worden te behoren de bepalingen van een nauwkeurig aangeduid modelreglement dat is ingeschreven in de openbare registers ter plaatse waar de akte moet worden ingeschreven.
(Zie ook: art. 172 Overgangswet NBW)

Art. 112

Splitsingsakte, reglement

1. Het reglement moet inhouden:
a. welke schulden en kosten voor rekening van de gezamenlijke appartementseigenaars komen;
b. een regeling omtrent een jaarlijks op te stellen exploitatierekening, lopende over het voorafgaande jaar, en de door de appartementseigenaars te storten bijdragen;
c. een regeling omtrent het gebruik, het beheer en het onderhoud van de gedeelten die niet bestemd zijn om als afzonderlijk geheel te worden gebruikt;
d. door wiens zorg en tegen welke gevaren het gebouw ten behoeve van de gezamenlijke appartementseigenaars moet worden verzekerd;
e. de oprichting van een vereniging van eigenaars, die ten doel heeft het behartigen van gemeenschappelijke belangen van de appartementseigenaars, en de statuten van de vereniging.

Statuten vereniging van eigenaars

2. De statuten van de vereniging van eigenaars moeten bevatten:
a. de naam van de vereniging en de gemeente waar zij haar zetel heeft. De naam van de vereniging moet aanvangen met de woorden: "Vereniging van Eigenaars", hetzij voluit geschreven, hetzij afgekort tot "V. v. E.", en voorts melding maken van de ligging van het gebouw of de grond;
b. het doel van de vereniging;
c. een regeling omtrent door de appartementseigenaars periodiek, tenminste jaarlijks, aan de vereniging verschuldigde bijdragen;
d. de wijze van bijeenroeping van de vergadering van eigenaars en de bepaling van het aantal stemmen dat ieder der appartementseigenaars in de vergadering kan uitbrengen.
(Zie ook: art. 26 BW Boek 2; artt. 124, 136 BW Boek 5)
3. Het reglement kan een regeling inhouden, krachtens welke aan alle of bepaalde appartementsrechten mede verbonden is het lidmaatschap van een andere, nader in het reglement omschreven vereniging of coöperatie, voor zover dit lidmaatschap in overeenstemming is met de statuten van die vereniging of coöperatie.
(Zie ook: art. 125 BW Boek 5)
4. Het reglement kan inhouden een regeling omtrent het gebruik, het beheer en het onderhoud van de gedeelten die bestemd zijn om als afzonderlijk geheel te worden gebruikt. Een zodanige regeling kan inhouden dat de vergadering van eigenaars bevoegd is een appartementseigenaar of degene die zijn rechten uitoefent, om nader in het reglement aangegeven gewichtige redenen het gebruik van deze gedeelten te ontzeggen.
(Zie ook: artt. 120, 121 BW Boek 5)

Art. 113

Splitsing, gelijke aandelen

1. De aandelen die door de splitsing in appartementsrechten ontstaan, zijn gelijk, tenzij bij de akte van splitsing een andere verhouding is bepaald. In het laatste geval blijkt uit de akte op welke grondslag die verhouding berust.

Appartementseigenaars, bijdrage in schulden en kosten

2. In de schulden en kosten die ingevolge de wet of het reglement voor rekening van de gezamenlijke appartementseigenaars komen, moeten zij onderling en jegens de vereniging van eigenaars voor elk appartementsrecht een gelijk deel bijdragen, tenzij daarvoor bij het reglement een andere verhouding is bepaald.

Appartementseigenaars, gezamenlijke aansprakelijkheid

3. Indien de appartementseigenaars voor een in het vorige lid genoemde schuld jegens de schuldeisers gezamenlijk aansprakelijk zijn en de verschuldigde prestatie deelbaar is, zijn zij ieder verbonden voor een deel, in de verhouding bedoeld in het vorige lid.

Vereniging van eigenaars, hoofdelijke aansprakelijkheid

4. Indien de appartementseigenaars voor een in lid 2 genoemde schuld gezamenlijk aansprakelijk zijn, is de vereniging voor die schuld hoofdelijk verbonden.

5. Voor de schulden der vereniging zijn zij die appartementseigenaar waren ten tijde van het ontstaan van de schuld, met de vereniging hoofdelijk verbonden, en wel, indien de prestatie deelbaar is, ieder voor een deel in de verhouding bedoeld in lid 2. Indien de schuld een geldlening is als bedoeld in artikel 126 lid 4, wordt in het geval van overgang onder bijzondere titel of toedeling van een appartementsrecht de appartementseigenaar bij de overdracht of toedeling ontslagen uit zijn aansprakelijkheid voor die schuld, voor zover ten aanzien van die schuld overeenkomstig artikel 122 lid 5 aan de aldaar bedoelde verkrijger opgave is gedaan.
(Zie ook: art. 286 BW Boek 3; art. 6 BW Boek 6)
6. Voor de toepassing van de leden 2 en 3 is de uit een geldlening als bedoeld in artikel 126 lid 4 voortvloeiende schuld deelbaar. — Splitsing, schakelbepaling

Art. 114
1. Rust op het ogenblik van de inschrijving van de akte van splitsing een hypotheek, een beslag of een voorrecht op alle in de splitsing betrokken registergoederen, dan rust dit verband, beslag of voorrecht van dat ogenblik af op elk der appartementsrechten voor de gehele schuld. — Splitsing, hypotheek, beslag of voorrecht op alle registergoederen
2. Rust op het ogenblik van de inschrijving van de akte van splitsing een hypotheek, een beslag of een voorrecht op slechts een deel van de registergoederen, dan blijft de bevoegdheid tot uitwinning van dit deel ondanks de splitsing bestaan; door de uitwinning wordt met betrekking tot dat deel de splitsing beëindigd. — Splitsing, hypotheek, beslag of voorrecht op deel registergoederen
(Zie ook: art. 260 bk 3 BW)
3. Een recht van erfdienstbaarheid, erfpacht, opstal of vruchtgebruik, dat op dat ogenblik van de inschrijving van de akte van splitsing rust op de registergoederen of een deel daarvan, bestaat daarna ongewijzigd voort. — Splitsing, erfdienstbaarheid, erfpacht, opstal of vruchtgebruik op registergoederen
(Zie ook: artt. 201, 226 BW Boek 3; artt. 70, 85, 101 BW Boek 5)

Art. 115
1. Wanneer een recht van erfpacht of opstal in de splitsing wordt betrokken, wordt de canon of retributie die daarna opeisbaar wordt, over de appartementsrechten verdeeld in een verhouding als bedoeld in artikel 113 lid 2. — Splitsing, canon of retributie
2. De vereniging van eigenaars is hoofdelijk verbonden voor de door een of meer appartementseigenaars verschuldigde canon of retributie. — Vereniging van eigenaars, hoofdelijke verbondenheid canon/retributie
(Zie ook: artt. 85, 101 BW Boek 5; art. 6 BW Boek 6)

Art. 116
[Dit artikel is gewijzigd in verband met de invoering van digitaal procederen. Zie voor de procedures en gerechten waarvoor digitaal procederen geldt het Overzicht gefaseerde inwerkingtreding op www.rijksoverheid.nl/KEI.]
1. Wanneer een recht van erfpacht of opstal in de splitsing betrokken is, geldt ter aanvulling van de artikelen 87 leden 2 en 3 en 88 het in de volgende leden bepaalde. — Splitsing, niet nakoming verplichtingen erfpacht/opstal
2. Opzegging van het recht wegens verzuim in de betaling van de canon of retributie kan slechts geschieden, wanneer de gehele canon of retributie over twee achtereenvolgende jaren onbetaald is gebleven. — Splitsing, opzegging wegens verzuim betaling canon/retributie
3. Rust op een of meer appartementsrechten een beperkt recht of een beslag dan zijn artikel 87 lid 2, tweede zin, en artikel 88 lid 2 mede van overeenkomstige toepassing met betrekking tot dit beperkte recht of dit beslag.
4. Is het voor een appartementsrecht verschuldigde deel van de canon of retributie over de twee achtereenvolgende jaren onbetaald gebleven, dan kan het appartementsrecht door de rechter op vordering van de grondeigenaar aan deze worden toegewezen. Het oproepingsbericht moet op straffe van niet-ontvankelijkheid binnen acht dagen worden betekend aan hen die als beperkt gerechtigde of beslaglegger op het appartementsrecht in de openbare registers staan ingeschreven.
(Zie ook: artt. 143, 144 BW Boek 5)
5. Door inschrijving in de openbare registers van het vonnis waarbij de toewijzing is uitgesproken, gaat het appartementsrecht op de grondeigenaar over en gaan de daarop rustende beperkte rechten en beslagen teniet. Deze inschrijving geschiedt niet, voordat het vonnis in kracht van gewijsde is gegaan. Na deze inschrijving is de grondeigenaar verplicht de waarde die het appartementsrecht heeft op het tijdstip van de inschrijving aan de gewezen appartementseigenaar te vergoeden, na aftrek van hetgeen hij uit hoofde van de erfpacht van de gewezen appartementseigenaar te vorderen heeft, de kosten daaronder begrepen.
(Zie ook: artt. 17, 213, 229 BW Boek 3)
6. In de akte van vestiging kan worden aangegeven op welke wijze de waarde als bedoeld in het vorige lid zal worden bepaald.
7. Ieder beding dat ten nadele van een appartementseigenaar van dit artikel afwijkt, is nietig. — Appartementseigenaars, dwingend recht

[Voor overige gevallen luidt het artikel als volgt:]

Artikel 116

Splitsing, niet nakoming verplichtingen erfpacht/opstal

1. Wanneer een recht van erfpacht of opstal in de splitsing betrokken is, geldt ter aanvulling van de artikelen 87 leden 2 en 3 en 88 het in de volgende leden bepaalde.

Splitsing, opzegging wegens verzuim betaling canon/retributie

2. Opzegging van het recht wegens verzuim in de betaling van de canon of retributie kan slechts geschieden, wanneer de gehele canon of retributie over twee achtereenvolgende jaren onbetaald is gebleven.
3. Rust op een of meer appartementsrechten een beperkt recht of een beslag dan zijn artikel 87 lid 2, tweede zin, en artikel 88 lid 2 mede van overeenkomstige toepassing met betrekking tot dit beperkte recht of dit beslag.
4. Is het voor een appartementsrecht verschuldigde deel van de canon of retributie over de twee achtereenvolgende jaren onbetaald gebleven, dan kan het appartementsrecht door de rechter op vordering van de grondeigenaar aan deze worden toegewezen. De dagvaarding moet op straffe van niet-ontvankelijkheid binnen acht dagen worden betekend aan hen die als beperkt gerechtigde of beslaglegger op het appartementsrecht in de openbare registers staan ingeschreven.
(Zie ook: artt. 143, 144 BW Boek 5)
5. Door inschrijving in de openbare registers van het vonnis waarbij de toewijzing is uitgesproken, gaat het appartementsrecht op de grondeigenaar over en gaan de daarop rustende beperkte rechten en beslagen teniet. Deze inschrijving geschiedt niet, voordat het vonnis in kracht van gewijsde is gegaan. Na deze inschrijving is de grondeigenaar verplicht de waarde die het appartementsrecht heeft op het tijdstip van de inschrijving aan de gewezen appartementseigenaar te vergoeden, na aftrek van hetgeen hij uit hoofde van de erfpacht van de gewezen appartementseigenaar te vorderen heeft, de kosten daaronder begrepen.
(Zie ook: artt. 17, 213, 229 BW Boek 3)
6. In de akte van vestiging kan worden aangegeven op welke wijze de waarde als bedoeld in het vorige lid zal worden bepaald.

Appartementseigenaars, dwingend recht

7. Ieder beding dat ten nadele van een appartementseigenaar van dit artikel afwijkt, is nietig.

Art. 117

Appartementsrecht, zelfstandig karakter

1. Een appartementsrecht kan als een zelfstandig registergoed worden overgedragen, toegedeeld, bezwaard en uitgewonnen.
2. Onverminderd het in artikel 114 lid 2 bepaalde kunnen goederen die in de splitsing betrokken zijn niet geheel of voor een deel worden overgedragen, verdeeld, bezwaard of uitgewonnen.

Appartementsrecht, beëindiging splitsing

3. Beëindiging van de splitsing met betrekking tot een gedeelte van de in de splitsing betrokken registergoederen kan slechts geschieden door wijziging van de akte van splitsing.
(Zie ook: art. 139 BW Boek 5)
4. In afwijking van lid 2 kunnen in de splitsing betrokken onroerende zaken door de gezamenlijke appartementseigenaars belast worden met een erfdienstbaarheid.
(Zie ook: artt. 70, 84, 85 BW Boek 5)

Art. 118

Appartementsrecht, vestiging erfdienstbaarheid

1. Een appartementseigenaar kan, voor zover in de akte van splitsing niet anders is bepaald, zonder medewerking van de overige appartementseigenaars op het gedeelte van de onroerende zaken dat bestemd is om als afzonderlijk geheel door hem te worden gebruikt, een erfdienstbaarheid vestigen ten behoeve van een ander gedeelte van die zaken of van een andere onroerende zaak.
2. Een appartementseigenaar kan, voor zover in de akte van splitsing niet anders is bepaald, zonder medewerking van de overige appartementseigenaars de vestiging van een erfdienstbaarheid die uitsluitend strekt ten behoeve van een gedeelte van de onroerende zaken dat bestemd is om als afzonderlijk geheel door hem te worden gebruikt, aannemen en van een zodanige erfdienstbaarheid afstand doen.
(Zie ook: artt. 70, 106 BW Boek 5)
3. De in dit artikel bedoelde erfdienstbaarheden gaan teniet, wanneer de bevoegdheid tot uitsluitend gebruik van het gedeelte dat met de erfdienstbaarheid is belast of ten behoeve waarvan de erfdienstbaarheid is bedongen eindigt.
(Zie ook: art. 81 BW Boek 3; art. 85 BW Boek 5)

Art. 118a

Appartementsrecht, vestiging erfpacht/opstal

1. Een appartementseigenaar kan, voor zover in de akte van splitsing niet anders is bepaald, zonder medewerking van de overige appartementseigenaars en beperkt gerechtigden op het gedeelte van de onroerende zaken dat bestemd is om als afzonderlijk geheel door hem te worden gebruikt, een recht van erfpacht en, behoudens voor zover het betreft in de splitsing betrokken gebouwen, werken en beplantingen, een recht van opstal vestigen.
2. In de akte van vestiging van het recht wordt bepaald in hoeverre de gerechtigde naast de appartementseigenaar hoofdelijk aansprakelijk is voor de ter zake van het appartementsrecht verschuldigde bijdragen.

3. Tenzij bij de vestiging van het recht van erfpacht anders wordt bepaald, wordt het aan een appartementsrecht verbonden stemrecht in de vergadering van eigenaars uitgeoefend door de erfpachter. Tenzij bij de vestiging van het recht van opstal anders wordt bepaald, behoudt de appartementseigenaar die een recht van opstal heeft gevestigd, het aan zijn appartementsrecht verbonden stemrecht in de vergadering van eigenaars.

Art. 119

1. Een appartementseigenaar mag zonder toestemming van de overige appartementseigenaars in een gedeelte dat bestemd is om als afzonderlijk geheel door hem te worden gebruikt, veranderingen aanbrengen, mits deze geen nadeel aan een ander gedeelte toebrengen. Van hetgeen hij bij een geoorloofde verandering wegneemt wordt hij enig eigenaar. *Appartementseigenaar, veranderingen*

2. Hij is verplicht de vereniging van eigenaars onverwijld van een verandering kennis te geven. Leidt de verandering tot een wijziging van de verzekeringspremie, dan komt het verschil voor rekening van hem en zijn rechtsopvolgers.

3. Blijkt ten gevolge van een verandering de waarde van de in de splitsing betrokken goederen bij de opheffing van de splitsing te zijn verminderd, dan wordt hiermede, ook al was de verandering geoorloofd, bij de verdeling van de gemeenschap rekening gehouden ten laste van hem die de verandering heeft aangebracht of zijn rechtsopvolger.

4. Bij het reglement kan van dit artikel worden afgeweken en kunnen voor de toepassing van lid 2 wijzigingen in de wijze van gebruik met veranderingen worden gelijkgesteld.

Art. 120

1. Onverminderd het in artikel 112 lid 4 bepaalde is een appartementseigenaar bevoegd het gedeelte dat bestemd is om als afzonderlijk geheel door hem te worden gebruikt, zelf te gebruiken of aan een ander in gebruik te geven, met inbegrip van het hem toekomende medegebruik van de gedeelten die niet bestemd zijn om als afzonderlijk geheel te worden gebruikt. *Appartementsrecht, gebruik en ingebruikgeving*

2. Voorschriften van het reglement omtrent gebruik, beheer en onderhoud zijn ook van toepassing op degeen die het gebruik verkrijgt. Andere bepalingen van het reglement kunnen in het reglement op de gebruiker van toepassing worden verklaard.

3. Ten aanzien van een huurder geldt een na het tot stand komen van de huurovereenkomst ingeschreven reglementsbepaling niet, tenzij hij daarin heeft toegestemd. Weigert hij zijn toestemming of verklaart hij zich niet, dan kan de kantonrechter van de rechtbank van het arrondissement waarin het gebouw of het grootste deel daarvan is gelegen, op verzoek van iedere appartementseigenaar beslissen dat de reglementsbepaling ten aanzien van de huurder komt te gelden. *Huurder appartementsrecht*

4. Na opheffing van de splitsing zijn de gerechtigden tot de goederen die in de splitsing waren betrokken, verplicht een verhuur gestand te doen, mits de tijd van de verhuur in overeenstemming is met het plaatselijk gebruik en de verhuur niet op ongewone, voor hen bezwarende voorwaarden is geschied. *Verhuur appartementsrecht na opheffing splitsing*

(Zie ook: art. 217 BW Boek 3; artt. 143, 144 BW Boek 5)

Art. 121

1. In alle gevallen waarin een appartementseigenaar voor het verrichten van een bepaalde handeling met betrekking tot de gedeelten die niet bestemd zijn als afzonderlijk geheel gebruikt te worden en, in het geval van een beding als bedoeld in artikel 112 lid 4, met betrekking tot gedeelten die bestemd zijn als afzonderlijk geheel gebruikt te worden, medewerking of toestemming behoeft van een of meer andere appartementseigenaars, van de vereniging van eigenaars of van haar organen, of waarin de vereniging of haar organen voor het verrichten van zodanige handeling toestemming behoeven van een of meer appartementseigenaars, kan die medewerking of toestemming op verzoek van degeen die haar behoeft, worden vervangen door een machtiging van de kantonrechter van de rechtbank van het arrondissement waarin het gebouw of het grootste gedeelte daarvan is gelegen. De machtiging kan worden verleend, indien de medewerking of toestemming zonder redelijke grond wordt geweigerd of degene die haar moet geven zich niet verklaart. *Appartementseigenaar, bepaalde handeling vereist machtiging kantonrechter*

2. Gaat de handeling met kosten gepaard, dan kan de kantonrechter op verzoek van een appartementseigenaar of van de vereniging van eigenaars tevens bepalen in welke verhouding alle of bepaalde appartementseigenaars of de vereniging van eigenaars in de kosten moeten bijdragen. *Kosten handeling bij appartementsrecht*

3. Betreft het de aanbrenging van een nieuw werk of nieuwe installatie, dan kan de kantonrechter desverzocht ook een regeling vaststellen, bepalende dat en in welke verhouding de appartementseigenaars van alle of bepaalde appartementsrechten de kosten van onderhoud van het werk of de installatie in de toekomst zullen dragen. *Appartementseigenaars, gezamenlijk kosten bepaald door kantonrechter*

(Zie ook: artt. 17, 24 BW Boek 3)

4. Betreft het de medewerking of toestemming voor een handeling betreffende het beheer of het onderhoud van de onderscheiden gedeelten van het gebouw, waarvoor medewerking of toestemming is verleend door een of meer appartementseigenaars aan wie ten minste de helft van het aantal stemmen in de vergadering van eigenaars toekomt, dan kan de machtiging ook worden verleend op verzoek van de gemeente waarin het gebouw is gelegen indien de staat van

art. 5:122

het gebouw niet voldoet aan artikel 1a, eerste lid, of 1b, tweede lid, van de Woningwet dan wel sprake is van een ernstige dreiging van het ontstaan van een zodanige situatie.

Art. 122

Overgang of toedeling appartementsrecht

1. Overgang onder bijzondere titel of toedeling van een appartementsrecht omvat, voor zover niet anders is bepaald, mede de als appartementseigenaar verkregen rechten.
2. Na de overgang of toedeling moet de verkrijger onverwijld schriftelijk aan de vereniging van eigenaars mededeling doen van zijn verkrijging.
(Zie ook: art. 24 BW Boek 3)
3. Voor de ter zake van het verkregene verschuldigde bijdragen die in het lopende of het voorafgaande boekjaar opeisbaar zijn geworden of nog zullen worden, zijn de verkrijger en de vroegere appartementseigenaar hoofdelijk aansprakelijk.
(Zie ook: art. 286 BW Boek 3; art. 6 BW Boek 6)
4. In het reglement kan worden bepaald in hoeverre voor bijdragen, genoemd in het vorige lid, alleen de vroegere eigenaar of alleen de verkrijger aansprakelijk zal zijn. In het reglement kan ook worden bepaald dat voor bepaalde bijdragen die later opeisbaar worden de vroegere appartementseigenaar in plaats van de verkrijger verbonden zal zijn.
(Zie ook: artt. 112, 113 BW Boek 5)

Overgang of toedeling van appartementsrechten bij notariële akte

5. De notaris draagt zorg dat aan de akte van overdracht of toedeling een door het bestuur van de vereniging van eigenaars afgegeven verklaring wordt gehecht, die met betrekking tot de in lid 3 genoemde bijdragen en de in artikel 113 lid 2 en lid 5 genoemde schulden waarvoor de verkrijger aansprakelijk zal zijn, een opgave inhoudt van hetgeen de betrokken appartementseigenaar op de dag van de overdracht of toedeling aan de vereniging schuldig is en van hetgeen waarvoor de betrokken appartementseigenaar op de dag van de overdracht of toedeling aansprakelijk is. De verkrijger is jegens de vereniging en wat betreft de op grond van artikel 126 lid 4 aangegane lening tevens jegens derden, niet verder aansprakelijk dan tot het bedrag dat uit de opgave blijkt.
6. De verklaring houdt tevens een opgave in van de omvang van het reservefonds, bedoeld in artikel 126 lid 1, en van de schulden van de vereniging.

Art. 123

Vruchtgebruik appartementsrecht

1. In geval van vruchtgebruik van een appartementsrecht treedt de vruchtgebruiker in de plaats van de appartementseigenaar ten aanzien van de aansprakelijkheid voor de gezamenlijke schulden en de aan de gezamenlijke appartementseigenaars en de vereniging van eigenaars verschuldigde bijdragen. De vruchtgebruiker is echter bevoegd de door hem betaalde bedragen, voor zover zij niet betrekking hebben op de gewone lasten en herstellingen, bij het einde van het vruchtgebruik van de appartementseigenaar terug te vorderen.
2. Wanneer de appartementseigenaar schulden of bijdragen als bedoeld in lid 1 heeft voldaan, kan hij van de vruchtgebruiker vorderen dat deze hem de betaalde bedragen, vermeerderd met de rente vanaf de dag der betaling, teruggeeft voor zover zij op gewone lasten en herstellingen betrekking hebben. Van de andere door de appartementseigenaar betaalde bedragen is de vruchtgebruiker slechts de rente van de dag der betaling tot het einde van het vruchtgebruik verschuldigd.
3. Tenzij bij de instelling van het vruchtgebruik anders wordt bepaald wordt het aan een appartementsrecht verbonden stemrecht in de vergadering van eigenaars uitgeoefend door de vruchtgebruiker.
(Zie ook: artt. 201, 207 BW Boek 3)

Appartementsrecht, schakelbepaling

4. Artikel 122 en artikel 113 lid 5, tweede volzin, zijn van overeenkomstige toepassing bij de vestiging, bij overdracht en bij het einde van het vruchtgebruik van een appartementsrecht.

Afdeling 2
De vereniging van eigenaars

Art. 124

Vereniging van eigenaars, definitie

1. De vereniging van eigenaars is een rechtspersoon.

2. Titel 1 van Boek 2 is van toepassing behoudens de artikelen 4, 6, 13 lid 2, 17, 18, 19 leden 1-3, lid 4, tweede zin, lid 6, tweede zin, en lid 7, 20, 21 en 22 en met inachtneming van de in de volgende artikelen van de onderhavige titel aangegeven afwijkingen.
3. Titel 2 van Boek 2 is slechts van toepassing voor zover de onderhavige afdeling daarnaar verwijst.
(Zie ook: art. 201 BW Boek 3)

Art. 125

Vereniging van eigenaars, bevoegdheden vergadering

1. Aan de vergadering van eigenaars komen in de vereniging alle bevoegdheden toe, die niet door wet of statuten aan andere organen zijn opgedragen.
(Zie ook: art. 40 BW Boek 2; art. 112 BW Boek 5)

2. Iedere appartementseigenaar is van rechtswege lid van de vereniging van eigenaars. Wanneer een lid ophoudt appartementseigenaar te zijn, eindigt zijn lidmaatschap van rechtswege.
3. Artikel 40 lid 2 van Boek 2 is van toepassing.

Vereniging van eigenaars, lidmaatschap

Art. 126
1. De vereniging van eigenaars voert het beheer over de gemeenschap, met uitzondering van de gedeelten die bestemd zijn als afzonderlijk geheel te worden gebruikt. De vereniging houdt een reservefonds in stand ter bestrijding van andere dan de gewone jaarlijkse kosten.
2. De jaarlijkse reservering ten behoeve van het reservefonds, bedoeld in het vorige lid, bedraagt ten aanzien van een voor bewoning bestemd gebouw, met inbegrip van een gebouw dat gedeeltelijk voor bewoning is bestemd:
a. ten minste het bedrag dat is vastgesteld door de vergadering van eigenaars ter uitvoering van een door de vergadering van eigenaars vastgesteld onderhoudsplan van ten hoogste vijf jaren oud ten aanzien van de gedeelten die niet bestemd zijn om als afzonderlijk geheel te worden gebruikt, dat betrekking heeft op een periode van ten minste tien jaar en waarin de benodigde onderhouds- en herstelwerkzaamheden alsmede de geplande vernieuwingen zijn opgenomen daaronder mede begrepen een berekening van de aan die werkzaamheden en vernieuwingen verbonden kosten en een gelijkmatige toerekening van die kosten aan de onderscheiden jaren; of
b. ten minste 0,5% procent van de herbouwwaarde van het gebouw.
(Zie ook: art. 48 BW Boek 2; art. 218 BW Boek 3; artt. 131, 136 BW Boek 5)
3. In een reservefonds ten aanzien van een gebouw als bedoeld in het vorige lid, aanhef, worden de bijdragen gedeponeerd op een afzonderlijke betaalrekening of spaarrekening als bedoeld in artikel 1:1 van de Wet op het financieel toezicht, ten name van de vereniging van eigenaars. Van de vorige volzin kan slechts worden afgeweken bij reglement, bij besluit van de vergadering van eigenaars, genomen met een meerderheid van ten minste vier vijfde van het aantal stemmen dat aan de appartementseigenaars toekomt, of door middel van het ten behoeve van de bijdragen verstrekken van een bankgarantie ten name van de vereniging van eigenaars.
4. Tenzij het reglement uitdrukkelijk anders bepaalt, is de vereniging bevoegd een overeenkomst van geldlening aan te gaan.
5. De vereniging kan binnen de grenzen van haar bevoegdheid de gezamenlijke appartementseigenaars in en buiten rechte vertegenwoordigen.
6. De vereniging ziet toe op de nakoming van de verplichtingen die voor de appartementseigenaars uit het bij of krachtens de wet en het reglement bepaalde jegens elkander voortvloeien en kan te dien einde in rechte tegen hen optreden. Onder appartementseigenaars wordt hier begrepen hij die een gebruiksrecht aan een appartementseigenaar ontleent.
(Zie ook: art. 112 BW Boek 5)
7. Zolang tweederde deel van de appartementsrechten, daaronder mede begrepen het aan die appartementsrechten verbonden aantal stemmen, niet is overgedragen onmiddellijk na oprichting van de vereniging van eigenaars, gaat de vereniging van eigenaars geen overeenkomsten voor onderhoud aan met een langere looptijd dan een jaar.

Vereniging van eigenaars, beheer gemeenschap

Vereniging van eigenaars, vertegenwoordiging, hoogte jaarlijkse reservering

Vereniging van eigenaars, toezicht verplichtingen

Art. 127
1. Alle appartementseigenaars hebben toegang tot de vergadering van eigenaars. De besluiten worden genomen bij volstrekte meerderheid van de uitgebrachte stemmen, voor zover de statuten niet anders bepalen.
2. Tenzij de statuten anders bepalen, wordt de voorzitter van de vergadering van eigenaars door de vergadering uit de leden der vereniging benoemd. Zowel de voorzitter als het bestuur van de vereniging zijn bevoegd de vergadering bijeen te roepen.
(Zie ook: artt. 37, 41 BW Boek 2)
3. In geval van ondersplitsing komen de stemmen van de appartementseigenaar wiens recht is gesplitst, toe aan de gerechtigden tot de door de ondersplitsing ontstane appartementsrechten. Deze stemmen worden in de vergadering van eigenaars uitgebracht door het bestuur van de bij de ondersplitsing opgerichte vereniging van eigenaars. De stemmen behoeven niet eensluidend te worden uitgebracht. De gerechtigden tot de door de ondersplitsing ontstane appartementsrechten zijn bevoegd de vergadering van eigenaars bij te wonen. Het bestuur, bedoeld in de tweede zin, is bevoegd om in de vergadering het woord te voeren.

Vereniging van eigenaars, toegang tot vergadering

Vereniging van eigenaars, benoeming voorzitter

Vereniging van eigenaars, stemmen bij ondersplitsing

Art. 127a
1. In geval van een ernstige dreiging van het ontstaan van een situatie waarin een gedeelte van het gebouw dat niet bestemd is voor gebruik als afzonderlijk geheel niet voldoet aan artikel 1a, eerste lid, of 1b, tweede lid, van de Woningwet, kan de gemeente op haar verzoek worden gemachtigd door de kantonrechter van de rechtbank van het arrondissement waarin het gebouw of het grootste gedeelte daarvan is gelegen om:
a. een vergadering van eigenaars bijeen te roepen op de wijze als in de statuten bepaald;
b. de vergadering bij te wonen, daarin het woord te voeren en voorstellen te doen omtrent:
– het beheer en het onderhoud van de onderscheiden gedeelten van het gebouw;
– bijdragen aan het reservefonds;

Vereniging van eigenaars, bijeenroeping vergadering door gemeente

– het lidmaatschap van een andere vereniging of coöperatie met het oog op het onderhoud van de onderscheiden gedeelten van het gebouw;
– de samenstelling van het bestuur;
– het uitbesteden van het beheer aan een professionele beheerder;
c. anderen dan bestuursleden te belasten met de leiding van de vergadering.
2. Bij de oproeping ingevolge het eerste lid wordt vermeld dat zij krachtens rechterlijke machtiging en voor rekening van de gemeente geschiedt. De oproeping, die geschiedt op de wijze zoals is bepaald in het reglement of de statuten van de vereniging van eigenaars, is rechtsgeldig, ook indien mocht blijken dat de machtiging ten onrechte was verleend.
3. Tegen de beschikking van de kantonrechter is generlei voorziening toegelaten, behoudens cassatie in het belang der wet.

Art. 128

Vereniging van eigenaars, gebruik gemeenschappelijke gedeelten

1. De vergadering van eigenaars is bevoegd regels te stellen betreffende het gebruik van de gedeelten die niet bestemd zijn als afzonderlijk geheel te worden gebruikt, voor zover het reglement daarover geen bepalingen bevat.
2. Iedere appartementseigenaar kan een gebruiker vragen te verklaren of hij bereid is een in het vorige lid bedoelde regel na te leven. Is de gebruiker daartoe niet bereid of verklaart hij zich niet, dan kan de kantonrechter binnen wiens rechtsgebied het gebouw of het grootste gedeelte daarvan is gelegen, op verzoek van iedere appartementseigenaar beslissen dat de regel ten aanzien van de gebruiker komt te gelden.

Art. 129

Splitsingsakte, toepasselijkheid art. 2:14 BW

1. Voor de toepassing van artikel 14 van Boek 2 wordt de akte van splitsing gelijkgesteld met de statuten.
(Zie ook: art. 109 BW Boek 5)

Splitsingsreglement, toepasselijkheid art. 2:15 lid BW

2. Voor de toepassing van artikel 15 lid 1 onder c van Boek 2 geldt het reglement dat krachtens artikel 111 onder d deel van de akte van splitsing uitmaakt, niet als een reglement.

Art. 130

Vereniging van eigenaars, vernietiging besluit door kantonrechter

1. In afwijking van artikel 15 lid 3 van Boek 2 geschiedt de vernietiging van een besluit van een orgaan van de vereniging van eigenaars door een uitspraak van de kantonrechter van de rechtbank van het arrondissement waarin het gebouw of het grootste gedeelte daarvan is gelegen, op verzoek van degene die de vernietiging krachtens dit lid kan vorderen.
2. Het verzoek tot vernietiging moet worden gedaan binnen een maand na de dag waarop de verzoeker van het besluit heeft kennis genomen of heeft kunnen kennis nemen.
3. De verzoeker, alle andere stemgerechtigden en de vereniging van eigenaars worden bij name opgeroepen om op het verzoek te worden gehoord. Hoger beroep kan slechts worden ingesteld binnen een maand na de dagtekening der eindbeschikking.
4. De rechter voor wie het verzoek aanhangig is, is bevoegd het besluit te schorsen totdat op het verzoek onherroepelijk is beslist.
(Zie ook: art. 11 BW Boek 2)

Art. 131

Vereniging van eigenaars, bestuur

1. Het bestuur van de vereniging wordt gevormd door één bestuurder, tenzij de statuten bepalen dat er twee of meer zullen zijn. In het laatste geval wordt de vereniging, voor zover in de statuten niet anders is bepaald, tegenover derden door ieder der bestuurders vertegenwoordigd.
(Zie ook: art. 45 BW Boek 2)
2. Het bestuur wordt door de vergadering van eigenaars, al dan niet uit de leden, benoemd en kan te allen tijde door haar worden geschorst of ontslagen. Een veroordeling tot herstel van de dienstbetrekking tussen de vereniging en een bestuurder kan door de rechter niet worden uitgesproken.
(Zie ook: art. 37 BW Boek 2)
3. Voor zover de statuten niet anders bepalen, beheert het bestuur de middelen der vereniging en draagt het zorg voor de tenuitvoerlegging van de besluiten van de vergadering van eigenaars.
4. Bij besluit van de vergadering van eigenaars kan van het vorige lid worden afgeweken en kunnen aan het bestuur aanwijzingen met betrekking tot de uitoefening van zijn taak worden gegeven. Deze besluiten kunnen niet worden ingeroepen tegen de wederpartij, tenzij zij haar bekend waren of behoorden te zijn.

Art. 132

Vereniging van eigenaars, toegang bestuurders tot appartementen

De appartementseigenaars en de gebruikers van de voor het gebruik als afzonderlijk geheel bestemde gedeelten zijn verplicht een bestuurder en door hem aan te wijzen personen toegang tot die gedeelten te verschaffen, wanneer dit voor de vervulling van de taak van het bestuur noodzakelijk is.

Art. 133

Vereniging van eigenaars, toegang voorzitter tot appartementen

1. Bij belet of ontstentenis van het bestuur wordt dit vervangen door de voorzitter van de vergadering van eigenaars, tenzij in de statuten of door de vergadering een andere voorziening is getroffen.

2. In gevallen waarin de vereniging of de gezamenlijke appartementseigenaars een belang hebben, tegenstrijdig met dat van een bestuurder, treedt de voorzitter van de vergadering van eigenaars bij belet of ontstentenis van andere bestuurders eveneens in de plaats van het bestuur.
(Zie ook: art. 146 BW Boek 2)

Art. 134
1. Exploiten en kennisgevingen, gericht tot de gezamenlijke appartementseigenaars, kunnen aan de persoon of de woonplaats van een bestuurder van de vereniging worden gedaan; zij behoeven dan niet de namen en de woonplaatsen van de appartementseigenaars te bevatten.
2. De bestuurder deelt de appartementseigenaars onverwijld de inhoud van het exploit of de kennisgeving mede.
(Zie ook: art. 10 BW Boek 1; art. 4 Rv)

Vereniging van eigenaars, adressering exploiten en kennisgevingen

Art. 135
De artikelen 45 lid 4 en 48 van Boek 2 zijn van toepassing.

Toepasselijkheid art. 2:25 en 2:48 BW

Afdeling 3
Rechten uit verzekeringsovereenkomsten

Art. 136
1. Hij, die krachtens het reglement verplicht is het gebouw te doen verzekeren, vertegenwoordigt de gezamenlijke appartementseigenaars bij de uitoefening van de rechten die uit de verzekeringsovereenkomst voortvloeien, en voert voor hen het beheer over de ontvangen verzekeringspenningen.
2. Zodra tot herstel is besloten, worden de verzekeringspenningen tot dit doel aangewend, met dien verstande dat de verhouding van de waarde van de appartementsrechten na het herstel dezelfde moet zijn als tevoren. Bij de berekening van die waarde mag echter geen rekening worden gehouden met veranderingen die een appartementseigenaar in het gedeelte dat bestemd is om als afzonderlijk geheel door hem te worden gebruikt, heeft aangebracht, tenzij hij hiervan tijdig aan de vereniging van eigenaars had kennis gegeven.
3. Herstel van schade aan gedeelten die bestemd zijn om als afzonderlijk geheel te worden gebruikt, geschiedt zoveel mogelijk volgens de aanwijzingen van de appartementseigenaars die het aangaat.
4. Uitkering aan ieder der appartementseigenaars van het hem toekomende aandeel in de assurantiepenningen geschiedt slechts:
a. indien na herstel van de schade een overschot aanwezig blijkt te zijn;
b. indien drie maanden zijn verlopen nadat de vergadering van eigenaars heeft besloten van herstel of verder herstel af te zien;
c. in geval van opheffing van de splitsing.
5. Van het bepaalde in dit artikel kan in het reglement worden afgeweken.

Verzekering appartementsgebouw

Art. 138
Geschillen over herstel of de wijze van herstel beslist de kantonrechter van de rechtbank van het arrondissement waarin het gebouw of het grootste gedeelte daarvan is gelegen, op verzoek van de meest gerede partij. Hoger beroep kan slechts worden ingesteld binnen een maand na de dagtekening van de eindbeschikking.

Geschillen over herstel appartementsgebouw

Afdeling 4
Wijziging van de akte van splitsing en opheffing van de splitsing

Art. 139
1. De akte van splitsing kan worden gewijzigd met medewerking van alle appartementseigenaars.
2. De wijziging kan ook met medewerking van het bestuur geschieden, indien het tot de wijziging strekkende besluit is genomen in de vergadering van eigenaars met een meerderheid van ten minste vier vijfden van het aantal stemmen dat aan de appartementseigenaars toekomt of met een zodanige grotere meerderheid als in de akte van splitsing is bepaald. De termijn voor oproeping tot de vergadering bedraagt ten minste vijftien dagen. Artikel 42 leden 1, eerste zin, 2, eerste zin, en 3 van Boek 2 is van overeenkomstige toepassing.
(Zie ook: artt. 111, 114, 118 BW Boek 5)
3. Wijziging van de akte van splitsing behoeft de toestemming van hen die een beperkt recht op een appartementsrecht hebben, van hen die daarop beslag hebben gelegd alsmede, indien een recht van erfpacht of opstal in de splitsing is betrokken, van de grondeigenaar. Ook is toestemming nodig van de gerechtigden tot een erfdienstbaarheid, indien hun recht door de wijziging wordt verkort.
4. Indien de wijziging uitsluitend betrekking heeft op het reglement, is de toestemming van de beslagleggers niet nodig.

Splitsingsakte wijzigen

Splitsingsakte wijzigen, toestemming

art. 5:140

Splitsingsakte, wijziging bij notariële akte

5. De wijziging geschiedt door een daartoe bestemde notariële akte, gevolgd door inschrijving van die akte in de openbare registers. Indien de wijziging betrekking heeft op de begrenzing van gedeelten van het gebouw of de grond die bestemd zijn als afzonderlijk geheel te worden gebruikt, is artikel 109 lid 2 van overeenkomstige toepassing.
(Zie ook: art. 16 BW Boek 3; art. 143 BW Boek 5)

Art. 140

Splitsingsakte, weigering medewerking wijziging

1. Indien een of meer der in de leden 1 en 3 van het vorige artikel genoemden zich niet verklaren of zonder redelijke grond weigeren hun medewerking of toestemming te verlenen, kan deze worden vervangen door een machtiging van de kantonrechter van de rechtbank van het arrondissement waarin het gebouw of het grootste gedeelte daarvan is gelegen.
2. De machtiging kan slechts worden verleend op verzoek van een of meer appartementseigenaars aan wie ten minste de helft van het aantal stemmen in de vergadering van eigenaars toekomt.
3. De machtiging kan ook op verzoek van twee appartementseigenaars, of op verzoek van een appartementseigenaar aan wie verschillende appartementsrechten toebehoren worden verleend, wanneer de wijziging uitsluitend strekt tot een verandering van de onderlinge begrenzing der gedeelten die bestemd zijn door hen als afzonderlijk geheel te worden gebruikt, al dan niet gepaard gaande met een verandering in de onderlinge verhouding van hun aandelen in de goederen die in de splitsing zijn betrokken, of van hun bijdragen in de schulden en kosten die ingevolge de wet of het reglement voor rekening van de gezamenlijke appartementseigenaars komen.
(Zie ook: art. 121 BW Boek 5)
4. Alle personen wier medewerking of toestemming ingevolge artikel 139 is vereist, worden bij name opgeroepen om op een verzoek als in de vorige leden bedoeld te worden gehoord.

Art. 140a

Splitsingsreglement, weigering medewerking wijziging

1. Indien een of meer van de in de leden 1 en 3 van artikel 139 genoemden zich niet verklaren of zonder redelijke grond weigeren hun medewerking of toestemming te verlenen voor een wijziging van het reglement voorgesteld op de voet van artikel 127a, eerste lid, onderdeel b, kan deze worden vervangen door een machtiging van de kantonrechter van de rechtbank van het arrondissement waarin het gebouw of het grootste gedeelte daarvan is gelegen.
2. De machtiging kan slechts worden verleend op verzoek van de gemeente waarin het gebouw is gelegen, indien een of meer appartementseigenaars aan wie ten minste de helft van het aantal stemmen in de vergadering van eigenaars toekomt zich voor de desbetreffende reglementswijziging heeft of hebben verklaard.
3. Alle personen van wie medewerking of toestemming ingevolge artikel 139 is vereist, worden bij name opgeroepen om op een verzoek als bedoeld in het tweede lid te worden gehoord.

Art. 140b

Splitsingsakte, vernietiging besluit tot wijziging

1. Op vordering van een appartementseigenaar die niet voor een overeenkomstig artikel 139 lid 2 bij meerderheid van stemmen genomen besluit tot wijziging van de akte van splitsing heeft gestemd, wordt het besluit bij rechterlijke uitspraak vernietigd.
2. De bevoegdheid om vernietiging te vorderen verjaart door verloop van drie maanden, welke termijn begint met de aanvang van de dag, volgende op die waarop het besluit door de vergadering van eigenaars is genomen.
3. De rechter kan de vordering afwijzen, wanneer de eiser geen schade lijdt of hem een redelijke schadeloosstelling wordt aangeboden en voor de betaling hiervan voldoende zekerheid is gesteld.

Art. 141

Splitsingsakte, vernietiging wijziging

1. Bij gebreke van de in de artikelen 139, 140 en 140a bedoelde toestemming of daarvoor in de plaats tredende machtiging wordt de wijziging vernietigd bij rechterlijke uitspraak op vordering van degenen wiens toestemming achterwege is gebleven.
(Zie ook: art. 130 BW Boek 5)
2. De bevoegdheid om vernietiging te vorderen verjaart door verloop van een jaar, welke termijn begint met de aanvang van de dag, volgende op die waarop degene die de vernietiging kan vorderen kennis heeft genomen van de wijziging dan wel hem schriftelijk van die wijziging mededeling is gedaan.
(Zie ook: art. 313 BW Boek 3)
3. De rechter kan de vordering afwijzen, wanneer de eiser geen schade lijdt of hem een redelijke schadeloosstelling wordt aangeboden en voor de betaling hiervan voldoende zekerheid is gesteld.
(Zie ook: art. 49 BW Boek 3)

Art. 142

Splitsingsakte, beperkte rechten en beslagen na wijziging
Splitsingsakte, voorrechten na wijziging

1. Beperkte rechten en beslagen, waarmee de appartementsrechten zijn belast, rusten na de wijziging van de akte van splitsing op de gewijzigde appartementsrechten, tenzij de akte van wijziging anders bepaalt.
2. Voorrechten blijven na de wijziging bestaan.

Art. 143
1. De splitsing wordt van rechtswege opgeheven:
a. bij het eindigen van een in de splitsing betrokken recht van erfpacht of opstal, wanneer naast dit recht geen andere registergoederen in de splitsing betrokken zijn en de beëindiging niet gepaard gaat met de vestiging van een nieuw recht van erfpacht of opstal van de appartementseigenaars op dezelfde onroerende zaak;
b. door inschrijving in de openbare registers van het vonnis waarbij een in de splitsing betrokken kadastraal perceel in zijn geheel is onteigend, wanneer geen andere percelen in de splitsing betrokken zijn.
(Zie ook: artt. 86, 87, 97, 105, 108, 116 BW Boek 5)
2. In alle andere gevallen geschiedt de opheffing van de splitsing door een daartoe bestemde notariële akte, gevolgd door inschrijving van die akte in de openbare registers. De artikelen 139 leden 1 en 3, 140 leden 1, 2 en 4 en 141 zijn van overeenkomstige toepassing.

Art. 144
1. Op verzoek van een persoon wiens medewerking of toestemming tot de wijziging van de akte van splitsing of tot opheffing van de splitsing is vereist, kan de kantonrechter van de rechtbank van het arrondissement waarin het gebouw of het grootste gedeelte daarvan is gelegen, bevelen dat de akte van splitsing wordt gewijzigd dan wel de splitsing wordt opgeheven:
a. wanneer de akte van splitsing niet voldoet aan de in de artikelen 111 en 112 gestelde vereisten;
b. wanneer uit de inrichting van de gedeelten van het gebouw of uit de omschrijving of aanduiding van de gedeelten van de grond die bestemd zijn als afzonderlijk geheel te worden gebruikt, deze bestemming niet blijkt;
c. wanneer de bouw of inrichting van het gebouw dan wel de inrichting of aanduiding van de grond niet of niet meer beantwoordt aan de omschrijving in de akte van splitsing;
d. in geval van splitsing met toepassing van artikel 107, wanneer de stichting of de gewijzigde inrichting van het gebouw niet binnen een termijn van drie jaren te rekenen vanaf de dag van de inschrijving is voltooid;
e. wanneer een recht van erfpacht of opstal dat naast een of meer andere registergoederen in de splitsing betrokken is, eindigt;
f. wanneer een deel der in de splitsing betrokken registergoederen is uitgewonnen, een gedeelte van de kadastrale percelen is onteigend, of degene die de splitsing verricht heeft onbevoegd was over een deel der in de splitsing betrokken registergoederen te beschikken;
g. wanneer het gebouw ernstig is beschadigd of geheel of gedeeltelijk is gesloopt, tenzij herstel binnen redelijke tijd is te verwachten;
h. wanneer alle appartementseigenaars zich bij een overeenkomst tot de wijziging of opheffing hebben verbonden.
2. Aan de toewijzing van het verzoek kan de rechter voorwaarden verbinden.
3. Artikel 140 lid 4 is van overeenkomstige toepassing.

Art. 145
1. De appartementseigenaars zijn verplicht aan een bevel als bedoeld in het vorige artikel uitvoering te geven, zodra de beschikking in kracht van gewijsde is gegaan. De in de artikelen 139 leden 1 en 3 en 143 lid 2 bedoelde toestemming is in dit geval niet vereist.
2. Indien de kantonrechter met toepassing van artikel 300 van Boek 3 een vertegenwoordiger heeft aangewezen, stelt hij op verzoek van de meest gerede partij of ambtshalve diens salaris vast; het salaris komt ten laste van de vertegenwoordigde.

Art. 146
Beperkte rechten, beslagen en voorrechten op een appartementsrecht rusten na opheffing van de splitsing op het aandeel van de gewezen appartementseigenaar in de goederen die in de splitsing betrokken waren.
(Zie ook: art. 229 BW Boek 3; artt. 114, 118 BW Boek 5)

Art. 147
1. De vereniging van eigenaars wordt door opheffing van de splitsing van rechtswege ontbonden.
2. De vereffening geschiedt met inachtneming van de volgende afwijkingen van de artikelen 23-24 van Boek 2.
3. De vereffenaar draagt hetgeen na voldoening der schuldeisers van het vermogen van de ontbonden vereniging is overgebleven, over aan hen die bij de opheffing van de splitsing appartementseigenaar waren, ieder voor een aandeel als bedoeld in artikel 113 lid 1.
4. De artikelen 23 lid 1, derde zin, en lid 4 en 23c, lid 1, van Boek 2 zijn niet van toepassing. De in artikel 23b lid 4 van Boek 2 bedoelde nederlegging geschiedt binnen het arrondissement waar het gebouw of het grootste gedeelte daarvan is gelegen. In plaats van de in artikel 24, lid 2, van Boek 2 en artikel 995, eerste lid, tweede volzin, van het Wetboek van Burgerlijke Rechtsvordering aangewezen rechter geldt als bevoegd diezelfde rechter binnen wiens rechtsgebied het gebouw of het grootste gedeelte daarvan is gelegen.

13 Burgerlijk Wetboek Boek 6

Inhoudsopgave

Boek 6	Algemeen gedeelte van het verbintenissenrecht	Art. 1
Titel 1	Verbintenissen in het algemeen	Art. 1
Afdeling 1	Algemene bepalingen	Art. 1
Afdeling 2	Pluraliteit van schuldenaren en hoofdelijke verbondenheid	Art. 6
Afdeling 3	Pluraliteit van schuldeisers	Art. 15
Afdeling 4	Alternatieve verbintenissen	Art. 17
Afdeling 5	Voorwaardelijke verbintenissen	Art. 21
Afdeling 6	Nakoming van verbintenissen	Art. 27
Afdeling 7	Opschortingsrechten	Art. 52
Afdeling 8	Schuldeisersverzuim	Art. 58
Afdeling 9	De gevolgen van het niet nakomen van een verbintenis	Art. 74
§ 1	Algemene bepalingen	Art. 74
§ 2	Verzuim van de schuldenaar	Art. 81
§ 3	Verdere gevolgen van niet-nakoming	Art. 88
§ 4	Boetebeding	Art. 91
Afdeling 10	Wettelijke verplichtingen tot schadevergoeding	Art. 95
Afdeling 11	Verbintenissen tot betaling van een geldsom	Art. 111
Afdeling 12	Verrekening	Art. 127
Titel 2	Overgang van vorderingen en schulden en afstand van vorderingen	Art. 142
Afdeling 1	Gevolgen van overgang van vorderingen	Art. 142
Afdeling 2	Subrogatie	Art. 150
Afdeling 3	Schuld- en contractsoverneming	Art. 155
Afdeling 4	Afstand en vermenging	Art. 160
Titel 3	Onrechtmatige daad	Art. 162
Afdeling 1	Algemene bepalingen	Art. 162
Afdeling 2	Aansprakelijkheid voor personen en zaken	Art. 169
Afdeling 3	Produktenaansprakelijkheid	Art. 185
Afdeling 3A	Oneerlijke handelspraktijken	Art. 193a
Afdeling 3B	Schending van mededingingsrecht	Art. 193k
Afdeling 4	Misleidende en vergelijkende reclame	Art. 194
Afdeling 4A	Aansprakelijkheid bij elektronisch rechtsverkeer	Art. 196b
Afdeling 5	Tijdelijke regeling verhaalsrechten	Art. 197
Titel 4	Verbintenissen uit andere bron dan onrechtmatige daad of overeenkomst	Art. 198
Afdeling 1	Zaakwaarneming	Art. 198
Afdeling 2	Onverschuldigde betaling	Art. 203
Afdeling 3	Ongerechtvaardigde verrijking	Art. 212
Titel 5	Overeenkomsten in het algemeen	Art. 213
Afdeling 1	Algemene bepalingen	Art. 213
Afdeling 2	Het tot stand komen van overeenkomsten	Art. 217
Afdeling 2a	Informatie over dienstverrichters en hun diensten naar aanleiding van de dienstenrichtlijn	Art. 230a
Afdeling 2b	Bepalingen voor overeenkomsten tussen handelaren en consumenten	Art. 230g
Paragraaf 1	– Algemene bepalingen	Art. 230g
Paragraaf 2	– Bepalingen voor overeenkomsten anders dan op afstand of buiten de verkoopruimte	Art. 230l
Paragraaf 3	– Bepalingen voor overeenkomsten op afstand en overeenkomsten buiten de verkoopruimte	Art. 230m
Paragraaf 4	– Aanvullende bepalingen voor overeenkomsten buiten de verkoopruimte	Art. 230t
Paragraaf 5	– Aanvullende bepalingen voor overeenkomsten op afstand	Art. 230v
Paragraaf 6	– Specifieke bepalingen voor overeenkomsten op afstand en buiten de verkoopruimte inzake financiële producten en financiële diensten	Art. 230w
Afdeling 3	Algemene voorwaarden	Art. 231
Afdeling 4	Rechtsgevolgen van overeenkomsten	Art. 248
Afdeling 5	Wederkerige overeenkomsten	Art. 261

Burgerlijk Wetboek Boek 6[1]

Burgerlijk Wetboek Boek 6, Verbintenissenrecht

Boek 6
Algemeen gedeelte van het verbintenissenrecht

Titel 1
Verbintenissen in het algemeen

Afdeling 1
Algemene bepalingen

Art. 1
Verbintenissen kunnen slechts ontstaan, indien dit uit de wet voortvloeit. — Dwingend recht
(Zie ook: artt. 157, 392 BW Boek 1; art. 53 BW Boek 3; artt. 2, 3, 24, 162, 198, 203, 213, 248, 271 BW Boek 6)

Art. 2
1. Schuldeiser en schuldenaar zijn verplicht zich jegens elkaar te gedragen overeenkomstig de eisen van redelijkheid en billijkheid. — Redelijkheid en billijkheid bij verbintenissen
2. Een tussen hen krachtens wet, gewoonte of rechtshandeling geldende regel is niet van toepassing, voor zover dit in de gegeven omstandigheden naar maatstaven van redelijkheid en billijkheid onaanvaardbaar zou zijn.
(Zie ook: art. 399 BW Boek 1; artt. 8, 15 BW Boek 2; artt. 12, 166 BW Boek 3; artt. 8, 23, 94, 101, 109, 166, 211, 212, 233, 248, 258 BW Boek 6; art. 865 BW Boek 7; art. 162 BW Boek 8)

Art. 3
1. Een natuurlijke verbintenis is een rechtens niet- afdwingbare verbintenis. — Natuurlijke verbintenis
2. Een natuurlijke verbintenis bestaat:
a. wanneer de wet of een rechtshandeling aan een verbintenis de afdwingbaarheid onthoudt;
(Zie ook: art. 306 BW Boek 3; art. 1825 BW Boek 7A)
b. wanneer iemand jegens een ander een dringende morele verplichting heeft van zodanige aard dat naleving daarvan, ofschoon rechtens niet afdwingbaar, naar maatschappelijke opvattingen als voldoening van een aan die ander toekomende prestatie moet worden aangemerkt.
(Zie ook: art. 203 BW Boek 6)

Art. 4
Op natuurlijke verbintenissen zijn de wettelijke bepalingen betreffende verbintenissen van overeenkomstige toepassing, tenzij de wet of haar strekking meebrengt dat een bepaling geen toepassing mag vinden op een niet-afdwingbare verbintenis. — Schakelbepaling
(Zie ook: artt. 45, 323 BW Boek 3; artt. 6, 27, 56, 127, 131, 142 BW Boek 6; art. 853 BW Boek 7)

Art. 5
1. Een natuurlijke verbintenis wordt omgezet in een rechtens afdwingbare door een overeenkomst van de schuldenaar met de schuldeiser. — Omzetting bij natuurlijke verbintenis
(Zie ook: art. 1827 BW Boek 7A)
2. Een door de schuldenaar tot de schuldeiser gerichte aanbod tot een zodanige overeenkomst om niet, geldt als aanvaard, wanneer het aanbod ter kennis van de schuldeiser is gekomen en deze het niet onverwijld heeft afgewezen.
(Zie ook: artt. 160, 218, 251, 253 BW Boek 6)
3. Op de overeenkomst zijn de bepalingen betreffende schenkingen en giften niet van toepassing.
(Zie ook: art. 1703 BW Boek 7A)

Afdeling 2
Pluraliteit van schuldenaren en hoofdelijke verbondenheid

Art. 6
1. Is een prestatie door twee of meer schuldenaren verschuldigd, dan zijn zij ieder voor een gelijk deel verbonden, tenzij uit wet, gewoonte of rechtshandeling voortvloeit dat zij voor ongelijke delen of hoofdelijk verbonden zijn. — Verbondenheid schuldenaren bij verbintenis
(Zie ook: art. 55 BW Boek 2; art. 188 BW Boek 3; art. 1146 BW Boek 4; art. 1680 BW Boek 7A)

---

[1] Inwerkingtredingsdatum: 01-01-1992; zoals laatstelijk gewijzigd bij: Stb. 2019, 116.

art. 6:7

Hoofdelijke verbondenheid bij verbintenis	2. Is de prestatie ondeelbaar of vloeit uit wet, gewoonte of rechtshandeling voort dat de schuldenaren ten aanzien van een zelfde schuld ieder voor het geheel aansprakelijk zijn, dan zijn zij hoofdelijk verbonden. *(Zie ook: artt. 85, 102, 304, 390 BW Boek 1; artt. 4, 9, 11, 29, 30, 69, 90, 93, 138, 139, 149, 150, 180, 199, 203, 248, 249, 259, 260, 289 BW Boek 2; artt. 176, 223 BW Boek 3; artt. 1063, 1066 BW Boek 4; artt. 77, 92, 113, 115, 122 BW Boek 5; artt. 99, 102, 166, 170, 180, 251 BW Boek 6; artt. 407, 606, 850 BW Boek 7; art. 1786 BW Boek 7A; artt. 422, 442, 545, 932, 941, 1006 BW Boek 8; art. 136 FW; artt. 18, 21, 146, 221 WvK)*
Verbondenheid rechtsopvolgers bij verbintenis	3. Uit een overeenkomst van een schuldenaar met zijn schuldeiser kan voortvloeien dat, wanneer de schuld op twee of meer rechtsopvolgers overgaat, dezen voor ongelijke delen of hoofdelijk verbonden zullen zijn. *(Zie ook: art. 15 BW Boek 6)*

Art. 7

Rechtsgevolgen bij hoofdelijke verbondenheid	1. Indien twee of meer schuldenaren hoofdelijk verbonden zijn, heeft de schuldeiser tegenover ieder van hen recht op nakoming voor het geheel. 2. Nakoming door een der schuldenaren bevrijdt ook zijn medeschuldenaren tegenover de schuldeiser. Hetzelfde geldt, wanneer de schuld wordt gedelgd door inbetalinggeving of verrekening, alsmede wanneer de rechter op vordering van een der schuldenaren artikel 60 toepast, tenzij hij daarbij anders bepaalt. *(Zie ook: artt. 9, 30, 34, 45, 72, 127 BW Boek 6; art. 68 Rv; art. 136 FW)*

Art. 8

Redelijkheid en billijkheid bij hoofdelijke verbondenheid	Op de rechtsbetrekkingen tussen de hoofdelijke schuldenaren onderling is artikel 2 van overeenkomstige toepassing. *(Zie ook: art. 166 BW Boek 3; art. 248 BW Boek 6; art. 865 BW Boek 7)*

Art. 9

Afstand om niet bij hoofdelijke verbondenheid	1. Iedere hoofdelijke schuldenaar is bevoegd namens de overige schuldenaren een aanbod tot afstand om niet van het vorderingsrecht te aanvaarden, voor zover de afstand ook de andere schuldenaren betreft. *(Zie ook: artt. 14, 160 BW Boek 6)*
Uitstel van betaling bij hoofdelijke verbondenheid	2. Uitstel van betaling, door de schuldeiser aan een der schuldenaren verleend, werkt ook ten aanzien van zijn medeschuldenaren, voor zover blijkt dat dit de bedoeling van de schuldeiser is. *(Zie ook: artt. 72, 131 BW Boek 6)*

Art. 10

Bijdrageplicht bij hoofdelijke verbondenheid	1. Hoofdelijke schuldenaren zijn, ieder voor het gedeelte van de schuld dat hem in hun onderlinge verhouding aangaat, verplicht overeenkomstig de volgende leden in de schuld en in de kosten bij te dragen. *(Zie ook: artt. 102, 165, 166, 170 BW Boek 6; art. 1670 BW Boek 7A; artt. 545, 1006 BW Boek 8)*
Regres bij hoofdelijke verbondenheid	2. De verplichting tot bijdragen in de schuld die ten laste van een der hoofdelijke schuldenaren wordt gedelgd voor meer dan het gedeelte dat hem aangaat, komt op iedere medeschuldenaar te rusten voor het bedrag van dit meerdere, telkens tot ten hoogste het gedeelte van de schuld dat de medeschuldenaar aangaat. 3. In door een hoofdelijke schuldenaar in redelijkheid gemaakte kosten moet iedere medeschuldenaar bijdragen naar evenredigheid van het gedeelte van de schuld dat hem aangaat, tenzij de kosten slechts de schuldenaar persoonlijk betreffen. *(Zie ook: art. 12 BW Boek 6; art. 136 FW)*

Art. 11

Verweermiddelen medeschuldenaar bij hoofdelijke verbondenheid	1. Een uit hoofde van het vorige artikel tot bijdragen aangesproken medeschuldenaar kan de verweermiddelen die hij op het tijdstip van het ontstaan van de verplichting tot bijdragen jegens de schuldeiser had, ook inroepen tegen de hoofdelijke schuldenaar die de bijdrage van hem verlangt. 2. Niettemin kan hij een zodanig verweermiddel niet tegen deze schuldenaar inroepen, indien het na hun beider verbintenis is ontstaan uit een rechtshandeling die de schuldeiser met of jegens de aangesprokene heeft verricht.
Verjaring regres bij hoofdelijke verbondenheid	3. Een beroep op verjaring van de rechtsvordering van de schuldeiser komt de tot bijdragen aangesprokene slechts toe, indien op het tijdstip van het ontstaan van de verplichting tot bijdragen zowel hijzelf als degene die de bijdrage verlangt, jegens de schuldeiser de voltooiing van de verjaring had kunnen inroepen. *(Zie ook: art. 322 BW Boek 3; art. 853 BW Boek 7)* 4. De vorige leden zijn slechts van toepassing, voor zover uit de rechtsverhouding tussen de schuldenaren niet anders voortvloeit. *(Zie ook: art. 8 BW Boek 6; art. 868 BW Boek 7)*

Art. 12
1. Wordt de schuld ten laste van een hoofdelijke schuldenaar gedelgd voor meer dan het gedeelte dat hem aangaat, dan gaan de rechten van de schuldeiser jegens de medeschuldenaren en jegens derden krachtens subrogatie voor dit meerdere op die schuldenaar over, telkens tot ten hoogste het gedeelte dat de medeschuldenaar of de derde aangaat in zijn verhouding tot die schuldenaar.
(Zie ook: artt. 10, 13, 150 BW Boek 6; artt. 866, 869 BW Boek 7)
2. Door de subrogatie wordt de vordering, indien zij een andere prestatie dan geld betrof, omgezet in een geldvordering van gelijke waarde.
(Zie ook: art. 854 BW Boek 7)

Subrogatie bij hoofdelijke verbondenheid

Art. 13
1. Blijkt verhaal op een hoofdelijke schuldenaar voor een vordering als bedoeld in de artikelen 10 en 12 geheel of gedeeltelijk onmogelijk, dan wordt het onverhaalbaar gebleken deel over al zijn medeschuldenaren omgeslagen naar evenredigheid van de gedeelten waarvoor de schuld ieder van hen in hun onderlinge verhouding aanging.
2. Werd de schuld geheel of gedeeltelijk gedelgd ten laste van een hoofdelijke schuldenaar wie de schuld zelf niet aanging en blijkt op geen van de medeschuldenaren wie de schuld wel aanging verhaal mogelijk, dan wordt het onverhaalbaar gebleken deel over alle medeschuldenaren wie de schuld niet aanging, omgeslagen naar evenredigheid van de bedragen waarvoor ieder op het tijdstip van de delging van de schuld jegens de schuldeiser aansprakelijk was.
3. Ieder der in een omslag betrokkenen blijft gerechtigd het bijgedragene alsnog van hem die geen verhaal bood, terug te vorderen.
(Zie ook: art. 55 BW Boek 2; art. 188 BW Boek 3; artt. 102, 152 BW Boek 6; art. 869 BW Boek 7)

Omslag bij hoofdelijke verbondenheid

Art. 14
Afstand door de schuldeiser van zijn vorderingsrecht jegens een hoofdelijke schuldenaar bevrijdt deze niet van zijn verplichting tot bijdragen. De schuldeiser kan hem niettemin van zijn verplichting tot bijdragen jegens een medeschuldenaar bevrijden door zich jegens deze laatste te verbinden zijn vordering op hem te verminderen met het bedrag dat als bijdrage gevorderd had kunnen worden.
(Zie ook: artt. 9, 10, 13, 160 BW Boek 6)

Afstand vorderingsrecht bij hoofdelijke verbondenheid

Afdeling 3
Pluraliteit van schuldeisers

Art. 15
1. Is een prestatie aan twee of meer schuldeisers verschuldigd, dan heeft ieder van hen een vorderingsrecht voor een gelijk deel, tenzij uit wet, gewoonte of rechtshandeling voortvloeit dat de prestatie hun voor ongelijke delen toekomt of dat zij gezamenlijk één vorderingsrecht hebben.
(Zie ook: art. 166 BW Boek 3)
2. Is de prestatie ondeelbaar of valt het recht daarop in een gemeenschap, dan hebben zij gezamenlijk één vorderingsrecht.
3. Aan de schuldenaar kan niet worden tegengeworpen dat het vorderingsrecht in een gemeenschap valt, wanneer dit recht voortspruit uit een overeenkomst die hij met de deelgenoten heeft gesloten, maar hij niet wist noch behoefde te weten dat dit recht van die gemeenschap ging deel uitmaken.
(Zie ook: artt. 35, 36 BW Boek 3; artt. 6, 34 BW Boek 6)

Vorderingsrecht bij meerdere schuldeisers

Ondeelbare prestatie bij meerdere schuldeisers

Art. 16
Wanneer met de schuldenaar is overeengekomen dat twee of meer personen als schuldeiser de prestatie van hem voor het geheel kunnen vorderen, des dat de voldoening aan de een hem ook jegens de anderen bevrijdt, doch in de onderlinge verhouding van die personen de prestatie niet aan hen allen gezamenlijk toekomt, zijn op hun rechtsverhouding jegens de schuldenaar de in geval van gemeenschap geldende regels van overeenkomstige toepassing.
(Zie ook: art. 166 BW Boek 3)

Gemeenschap van vorderingsrecht bij meerdere schuldeisers

Afdeling 4
Alternatieve verbintenissen

Art. 17
1. Een verbintenis is alternatief, wanneer de schuldenaar verplicht is tot één van twee of meer verschillende prestaties ter keuze van hemzelf, van de schuldeiser of van een derde.
(Zie ook: art. 54 BW Boek 5)
2. De keuze komt toe aan de schuldenaar, tenzij uit wet, gewoonte of rechtshandeling anders voortvloeit.
(Zie ook: art. 28 BW Boek 6)

Alternatieve verbintenis

Keuzebevoegdheid schuldenaar bij alternatieve verbintenis

Art. 18

Gevolg keuzebevoegdheid bij alternatieve verbintenis

Een alternatieve verbintenis wordt enkelvoudig door het uitbrengen van de keuze door de daartoe bevoegde.

Art. 19

Overgang keuzebevoegdheid bij alternatieve verbintenis

1. Wanneer de keuze aan een der partijen toekomt, gaat de bevoegdheid om te kiezen op de andere partij over, indien deze haar wederpartij een redelijke termijn heeft gesteld tot bepaling van haar keuze en deze daarbinnen haar keuze niet heeft uitgebracht.
(Zie ook: art. 58 BW Boek 6)
2. De bevoegdheid om te kiezen gaat echter niet over op de schuldeiser voordat deze het recht heeft om nakoming te vorderen, noch op de schuldenaar voordat deze het recht heeft om te voldoen.
(Zie ook: artt. 38, 39 BW Boek 6)
3. Indien op de vordering een pandrecht of een beslag rust en de aangevangen executie bij gebreke van een keuze niet kan worden voortgezet, kan de pandhouder of de beslaglegger aan beide partijen een redelijke termijn stellen om overeenkomstig hun onderlinge rechtsverhouding een keuze uit te brengen. Indien de keuze niet binnen deze termijn geschiedt, gaat de bevoegdheid tot kiezen op de pandhouder of beslaglegger over. Zij zijn gehouden niet nodeloos van deze bevoegdheid gebruik te maken.
(Zie ook: artt. 55, 69, 217, 246 BW Boek 3; art. 94 BW Boek 5; artt. 88, 158 BW Boek 6; artt. 40, 852 BW Boek 7; art. 477 Rv; art. 37 FW)

Art. 20

Onmogelijke prestatie bij alternatieve verbintenis

1. De onmogelijkheid om een of meer der prestaties te verrichten doet geen afbreuk aan de bevoegdheid om te kiezen.
2. Indien de keuze aan de schuldenaar toekomt, is deze echter niet bevoegd een onmogelijke prestatie te kiezen, tenzij de onmogelijkheid een gevolg is van een aan de schuldeiser toe te rekenen oorzaak of deze met de keuze instemt.
(Zie ook: artt. 17, 58, 74, 265, 266 BW boek 6)

Afdeling 5
Voorwaardelijke verbintenissen

Art. 21

Voorwaardelijke verbintenis

Een verbintenis is voorwaardelijk, wanneer bij rechtshandeling haar werking van een toekomstige onzekere gebeurtenis afhankelijk is gesteld.
(Zie ook: artt. 17, 32, 38, 81, 84, 91, 92 BW Boek 3; artt. 931, 935, 1044 BW Boek 4; artt. 26, 161 BW Boek 6; art. 483a Rv; artt. 35b, 129 FW)

Art. 22

Opschortende en ontbindende voorwaarde

Een opschortende voorwaarde doet de werking der verbintenis eerst met het plaatsvinden der gebeurtenis aanvangen; een ontbindende voorwaarde doet de verbintenis met het plaatsvinden der gebeurtenis vervallen.
(Zie ook: art. 92 BW Boek 3; artt. 24, 25 BW Boek 6; art. 45 BW Boek 7)

Art. 23

Vervulling voorwaarde bij voorwaardelijke verbintenis

1. Wanneer de partij die bij de niet-vervulling belang had, de vervulling heeft belet, geldt de voorwaarde als vervuld, indien redelijkheid en billijkheid dit verlangen.

2. Wanneer de partij die bij de vervulling belang had, deze heeft teweeggebracht, geldt de voorwaarde als niet vervuld, indien redelijkheid en billijkheid dit verlangen.
(Zie ook: artt. 2, 248 BW Boek 6)

Art. 24

Ongedaanmakingsverplichting bij voorwaardelijke verbintenis

1. Nadat een ontbindende voorwaarde is vervuld, is de schuldeiser verplicht de reeds verrichte prestaties ongedaan te maken, tenzij uit de inhoud of strekking van de rechtshandeling anders voortvloeit.
(Zie ook: artt. 38, 84 BW Boek 3; art. 271 BW Boek 6)

Schakelbepaling

2. Strekt de verplichting tot ongedaanmaking tot teruggave van een goed, dan komen de na de vervulling van de voorwaarde afgescheiden natuurlijke of opeisbaar geworden burgerlijke vruchten aan de schuldenaar toe en zijn de artikelen 120-124 van Boek 3 van overeenkomstige toepassing met betrekking tot hetgeen daarin is bepaald omtrent de vergoeding van kosten en van schade, voor zover die kosten en die schade na de vervulling zijn ontstaan.
(Zie ook: artt. 1, 9 BW Boek 3; artt. 173, 174, 179, 206, 275 BW Boek 6)

Art. 25

Ongedaanmaking voorafgaand aan vervulling voorwaarde bij voorwaardelijke verbintenis

Is krachtens een verbintenis onder opschortende voorwaarde verschuldigde prestatie vóór de vervulling van de voorwaarde verricht, dan kan overeenkomstig afdeling 2 van titel 4 ongedaanmaking van de prestatie worden gevorderd, zolang de voorwaarde niet in vervulling is gegaan.
(Zie ook: art. 39 BW Boek 6)

Art. 26
Op voorwaardelijke verbintenissen zijn de bepalingen betreffende onvoorwaardelijke verbintenissen van toepassing, voor zover het voorwaardelijk karakter van de betrokken verbintenis zich daartegen niet verzet.
(Zie ook: art. 296 BW Boek 3; artt. 1, 25 BW Boek 6; art. 855 BW Boek 7; artt. 476a, 477, 483a, 483b Rv; art. 130 FW)

Overeenkomstige toepassing bij voorwaardelijke verbintenis

Afdeling 6
Nakoming van verbintenissen

Art. 27
Hij die een individueel bepaalde zaak moet afleveren, is verplicht tot de aflevering voor deze zaak zorg te dragen op de wijze waarop een zorgvuldig schuldenaar dit in de gegeven omstandigheden zou doen.
(Zie ook: art. 2 BW Boek 3; artt. 64, 76 BW Boek 6; artt. 9, 17, 19, 50 BW Boek 7)

Zorgvuldige aflevering zaak bij nakoming verbintenis

Art. 28
Indien de verschuldigde zaak of zaken slechts zijn bepaald naar de soort en binnen de aangeduide soort verschil in kwaliteit bestaat, mag hetgeen de schuldenaar aflevert, niet beneden goede gemiddelde kwaliteit liggen.
(Zie ook: artt. 42, 112 BW Boek 6; artt. 17, 50 BW Boek 7)

Kwaliteit afgeleverde zaak bij nakoming verbintenis

Art. 29
De schuldenaar is zonder toestemming van de schuldeiser niet bevoegd het verschuldigde in gedeelten te voldoen.
(Zie ook: art. 43 t/m 45 BW Boek 6; art. 233 FW; art. 7 Tw hkoz)

Gedeeltelijke nakoming verbintenis

Art. 30
1. Een verbintenis kan door een ander dan de schuldenaar worden nagekomen, tenzij haar inhoud of strekking zich daartegen verzet.
(Zie ook: art. 150 BW Boek 6; artt. 603, 850 BW Boek 7)
2. De schuldeiser komt niet in verzuim, indien hij door een derde aangeboden voldoening weigert met goedvinden van de schuldenaar.
(Zie ook: artt. 58, 73 BW Boek 6)

Nakoming door derde bij verbintenis

Art. 31
Betaling aan een onbekwame schuldeiser bevrijdt de schuldenaar, voor zover het betaalde de onbekwame tot werkelijk voordeel heeft gestrekt of in de macht is gekomen van diens wettelijke vertegenwoordiger.
(Zie ook: artt. 243, 381 BW Boek 3; artt. 209, 276 BW Boek 6)

Betaling aan onbekwame bij nakoming verbintenis

Art. 32
Betaling aan een ander dan de schuldeiser of dan degene die met hem of in zijn plaats bevoegd is haar te ontvangen, bevrijdt de schuldenaar, voor zover degene aan wie betaald moest worden de betaling heeft bekrachtigd of erdoor is gebaat.
(Zie ook: artt. 58, 69 BW Boek 3; artt. 52, 240 FW)

Baattrekking bij nakoming verbintenis

Art. 33
Is de betaling gedaan in weerwil van een beslag of terwijl de schuldeiser wegens een beperkt recht, een bewind of een soortgelijk beletsel onbevoegd was haar te ontvangen, en wordt de schuldenaar deswege genoodzaakt opnieuw te betalen, dan heeft hij verhaal op de schuldeiser.
(Zie ook: artt. 45, 170, 210, 246 BW Boek 3; artt. 457, 475, 475b, 720, 722 Rv; art. 23 FW)

Onbevoegde ontvangst schuldeiser bij nakoming verbintenis

Art. 34
1. De schuldenaar die heeft betaald aan iemand die niet bevoegd was de betaling te ontvangen, kan aan degene aan wie betaald moest worden, tegenwerpen dat hij bevrijdend heeft betaald, indien hij op redelijke gronden heeft aangenomen dat de ontvanger der betaling als schuldeiser tot de prestatie gerechtigd was of dat uit anderen hoofde aan hem moest worden betaald.
(Zie ook: artt. 94, 236 BW Boek 3)
2. Indien iemand zijn recht om betaling te vorderen verliest, in dier voege dat het met terugwerkende kracht aan een ander toekomt, kan de schuldenaar een inmiddels gedane betaling aan die ander tegenwerpen, tenzij hetgeen hij omtrent dit verlies kon voorzien, hem van de betaling had behoren te weerhouden.
(Zie ook: art. 94 BW Boek 3; artt. 35, 36 BW Boek 6))

Bescherming schuldenaar bij betaling aan onbevoegde bij nakoming verbintenis

Art. 35
1. Is in geval van betaling door een derde te zijnen aanzien aan de vereiste van één der leden van het vorige artikel voldaan, dan kan hij te zijnen behoeve de bevrijdende werking van die betaling inroepen.
2. De schuldenaar kan de bevrijdende werking van die betaling te zijnen behoeve inroepen, indien, bij betaling door hemzelf, ook wat hem betreft aan die vereisten zou zijn voldaan.
(Zie ook: art. 36 BW Boek 6)

Betaling door derde aan derde bij nakoming verbintenis

Art. 36
Verhaalsrecht schuldeiser bij nakoming verbintenis
In de gevallen, bedoeld in de twee voorgaande artikelen, heeft de ware gerechtigde verhaal op degene die de betaling zonder recht heeft ontvangen.

Art. 37
Opschortingsbevoegdheid schuldenaar bij nakoming verbintenis
De schuldenaar is bevoegd de nakoming van zijn verbintenis op te schorten, indien hij op redelijke gronden twijfelt aan wie de betaling moet geschieden.
(Zie ook: artt. 52, 67 BW Boek 6)

Art. 38
Terstond nakomen bij verbintenis
Indien geen tijd voor de nakoming is bepaald, kan de verbintenis terstond worden nagekomen en kan terstond nakoming worden gevorderd.
(Zie ook: artt. 26, 50, 605 BW Boek 7)

Art. 39
Tijdsbepaling bij nakoming verbintenis
1. Is wel een tijd voor de nakoming bepaald, dan wordt vermoed dat dit slechts belet dat eerdere nakoming wordt gevorderd.
(Zie ook: art. 38 BW Boek 3; artt. 52, 83 BW Boek 6)
2. Betaling vóór de vervaldag geldt niet als onverschuldigd.
(Zie ook: art. 203 BW Boek 6; art. 1576e BW Boek 7A)

Art. 40
Verval tijdsbepaling bij nakoming verbintenis
De schuldenaar kan de tijdsbepaling niet meer inroepen:
a. wanneer hij in staat van faillissement is verklaard of ten aanzien van hem de schuldsaneringsregeling natuurlijke personen van toepassing is verklaard;
(Zie ook: artt. 38, 53, 131, 262, 284 FW)
b. wanneer hij in gebreke blijft de door hem toegezegde zekerheid te verschaffen;
c. wanneer door een aan hem toe te rekenen oorzaak de voor de vordering gestelde zekerheid verminderd is, tenzij het overgeblevene nog een voldoende waarborg voor de voldoening oplevert.
(Zie ook: art. 51 BW Boek 6; art. 1576c BW Boek 7A)

Art. 41
Plaats nakoming bij verbintenis
Indien geen plaats voor de nakoming is bepaald, moet de aflevering van een verschuldigde zaak geschieden:
a. in geval van een individueel bepaalde zaak: ter plaatse waar zij zich bij het ontstaan van de verbintenis bevond;
b. in geval van een naar de soort bepaalde zaak: ter plaatse waar de schuldenaar zijn beroep of bedrijf uitoefent of, bij gebreke daarvan, zijn woonplaats heeft.
(Zie ook: artt. 10, 14, 15 BW Boek 1; artt. 115 t/m 118, 138 BW Boek 6; art. 605 BW Boek 7)

Art. 42
Aflevering door beschikkingsonbevoegde bij nakoming verbintenis
Hij die ter nakoming van een verbintenis een zaak heeft afgeleverd waarover hij niet bevoegd was te beschikken, kan vorderen dat deze wordt afgegeven aan degene aan wie zij toekomt, mits hij tegelijkertijd een andere, aan de verbintenis beantwoordende zaak aanbiedt en het belang van de schuldeiser zich niet tegen teruggave verzet.
(Zie ook: artt. 86, 88 BW Boek 3)

Art. 43
Toerekening betaling bij nakoming van meerdere verbintenissen
1. Verricht de schuldenaar een betaling die zou kunnen worden toegerekend op twee of meer verbintenissen jegens een zelfde schuldeiser, dan geschiedt de toerekening op de verbintenis welke de schuldenaar bij de betaling aanwijst.
(Zie ook: art. 44 BW Boek 6)
2. Bij gebreke van zodanige aanwijzing geschiedt de toerekening in de eerste plaats op de opeisbare verbintenissen. Zijn er ook dan nog meer verbintenissen waarop de toerekening zou kunnen plaatsvinden, dan geschiedt deze in de eerste plaats op de meest bezwarende en zijn de verbintenissen even bezwarend, op de oudste. Zijn de verbintenissen bovendien even oud, dan geschiedt de toerekening naar evenredigheid.
(Zie ook: artt. 29, 44, 137 BW Boek 6; art. 233 FW)

Art. 44
Toerekening betaling aan kosten, rente en hoofdsom
1. Betaling van een op een bepaalde verbintenis toe te rekenen geldsom strekt in de eerste plaats in mindering van de kosten, vervolgens in mindering van de verschenen rente en ten slotte in mindering van de hoofdsom en de lopende rente.
(Zie ook: art. 43 BW Boek 6)
2. De schuldeiser kan, zonder daardoor in verzuim te komen, een aanbod tot betaling weigeren, indien de schuldenaar een andere volgorde voor de toerekening aanwijst.
3. De schuldeiser kan volledige aflossing van de hoofdsom weigeren, indien daarbij niet tevens de verschenen en lopende rente alsmede de kosten worden voldaan.
(Zie ook: artt. 43, 58, 137 BW Boek 6)

Art. 45
Slechts met toestemming van de schuldeiser kan een schuldenaar zich van zijn verbintenis bevrijden door een andere prestatie dan de verschuldigde, al mocht zij van gelijke of zelfs hogere waarde zijn.
(Zie ook: art. 29 BW Boek 6)

Inbetalinggeving bij nakoming verbintenis

Art. 46
1. Wanneer de schuldeiser een cheque, postcheque, overschrijvingsorder of een ander hem bij wijze van betaling aangeboden papier in ontvangst neemt, wordt vermoed dat dit geschiedt onder voorbehoud van goede afloop.
2. Is de schuldeiser bevoegd de nakoming van een op hem rustende verplichting tot het tijdstip van de betaling op te schorten, dan behoudt hij dit opschortingsrecht totdat zekerheid van goede afloop bestaat of door hem had kunnen worden verkregen.
(Zie ook: artt. 52, 114 BW Boek 6; artt. 399, 916 BW Boek 8)

Voorbehoud van goede afkomst bij nakoming verbintenis

Art. 47
1. De kosten van betaling komen ten laste van degene die de verbintenis nakomt.
2. De kosten van een kwitantie komen ten laste van degene ten behoeve van wie het stuk wordt afgegeven.
(Zie ook: art. 70 BW Boek 6; artt. 12, 13, 50 BW Boek7)

Kosten betaling bij nakoming verbintenis
Kosten kwitantie bij nakoming verbintenis

Art. 48
1. De schuldeiser is verplicht voor iedere voldoening een kwitantie af te geven, tenzij uit overeenkomst, gewoonte of billijkheid anders voortvloeit.
(Zie ook: artt. 141, 160 BW Boek 6)
2. Indien de schuldeiser een ter zake van de schuld afgegeven bewijsstuk heeft, kan de schuldenaar bij voldoening bovendien de afgifte van dat bewijsstuk vorderen, tenzij de schuldeiser een redelijk belang heeft bij het behoud van het stuk en daarop de nodige aantekening tot bewijs van de bevrijding van de schuldenaar stelt.
(Zie ook: artt. 141, 143, 160 BW Boek 6; art. 843a Rv)
3. De schuldenaar kan de nakoming van zijn verbintenis opschorten, indien de schuldeiser niet voldoet aan het voorschrift van het eerste lid.
(Zie ook: art. 52 BW Boek 6)

Kwitantie bij nakoming verbintenis
Terugvorderen schuldbekentenis bij nakoming verbintenis

Art. 49
1. Bij voldoening van een vordering aan toonder of order kan de schuldenaar eisen dat een kwijting op het papier wordt gesteld en dat hem het papier wordt afgegeven.
(Zie ook: artt. 128, 160 BW Boek 6)
2. Indien de voldoening niet de gehele vordering betreft of de schuldeiser het papier nog voor de uitoefening van andere rechten nodig heeft, kan hij het papier behouden, mits hij naast de kwijting die op het papier is gesteld, tevens een afzonderlijke kwijting afgeeft.
(Zie ook: artt. 128, 160 BW Boek 6; art. 843a Rv)
3. Hij kan, ongeacht of geheel of gedeeltelijk voldaan wordt volstaan met de enkele afgifte van een kwijting, mits hij op verlangen van de wederpartij aantoont dat het papier vernietigd of waardeloos geworden is, of zekerheid stelt voor twintig jaren of een zoveel kortere tijdsduur als verwacht mag worden dat de wederpartij nog aan een vordering uit hoofde van het papier bloot zal kunnen staan.
(Zie ook: art. 306 BW Boek 3; artt. 51, 128, 160 BW Boek 6)
4. De schuldenaar kan de nakoming van zijn verbintenis opschorten, indien de schuldeiser niet aan de vorige leden voldoet.
(Zie ook: art. 52 BW Boek 6)

Kwijting bij nakoming verbintenis

Art. 50
1. Moeten op achtereenvolgende tijdstippen gelijksoortige prestaties worden verricht, dan leveren de kwitanties van twee achtereenvolgende termijnen het vermoeden op dat ook de vroegere termijnen zijn voldaan.
2. Indien de schuldeiser een kwitantie afgeeft voor de hoofdsom, wordt vermoed dat ook de rente en de kosten zijn voldaan.

Bewijskracht kwitantie bij nakoming verbintenis

Art. 51
1. Wanneer uit de wet voortvloeit dat iemand verplicht is tot het stellen van zekerheid of dat het stellen van zekerheid voorwaarde is voor het intreden van enig rechtsgevolg, heeft hij tot de daartoe overgaat, de keuze tussen persoonlijke en zakelijke zekerheid.
(Zie ook: artt. 236, 260 BW Boek 3; art. 850 BW Boek 7)
2. De aangeboden zekerheid moet zodanig zijn, dat de vordering en, zo daartoe gronden zijn, de daarop vallende rente en kosten behoorlijk gedekt zijn en dat de schuldeiser daarop zonder moeite verhaal zal kunnen nemen.
(Zie ook: art. 112 BW Boek 8)

Zekerheidstelling bij nakoming verbintenis

3. Is de gestelde zekerheid door een niet aan de schuldeiser toe te rekenen oorzaak onvoldoende geworden, dan is de schuldenaar verplicht haar aan te vullen of te vervangen.
(Zie ook: art. 113 BW Boek 8)

Afdeling 7
Opschortingsrechten

Art. 52

Opschortingsrecht tegen schuldeiser

1. Een schuldenaar die een opeisbare vordering heeft op zijn schuldeiser, is bevoegd de nakoming van zijn verbintenis op te schorten tot voldoening van zijn vordering plaatsvindt, indien tussen vordering en verbintenis voldoende samenhang bestaat om deze opschorting te rechtvaardigen.
(Zie ook: art. 290 BW Boek 3; artt. 57, 262 t/m 264 BW Boek 6; art. 27 BW Boek 7)
2. Een zodanige samenhang kan onder meer worden aangenomen ingeval de verbintenissen over en weer voortvloeien uit dezelfde rechtsverhouding of uit zaken die partijen regelmatig met elkaar hebben gedaan.
(Zie ook: art. 59 BW Boek 6)

Art. 53

Opschortingsrecht tegen schuldeisers van de schuldeiser

Een opschortingsrecht kan ook worden ingeroepen tegen de schuldeisers van de wederpartij.
(Zie ook: art. 291 BW Boek 3; art. 60 FW)

Art. 54

Opschortingsbevoegdheid

Geen bevoegdheid tot opschorting bestaat:
a. voor zover de nakoming van de verbintenis van de wederpartij wordt verhinderd door schuldeisersverzuim;
(Zie ook: art. 58 BW Boek 6)
b. voor zover de nakoming van de verbintenis van de wederpartij blijvend onmogelijk is;
(Zie ook: art. 264 BW Boek 6)
c. voor zover op de vordering van de wederpartij geen beslag is toegelaten.
(Zie ook: artt. 58, 135 BW Boek 6; art. 633 BW Boek 7; art. 475a Rv)

Art. 55

Zekerheidstelling bij opschortingsrecht

Zodra zekerheid is gesteld voor de voldoening van de verbintenis van de wederpartij, vervalt de bevoegdheid tot opschorting, tenzij deze voldoening daardoor onredelijk zou worden vertraagd.
(Zie ook: artt. 51, 264 BW Boek 6)

Art. 56

Verjaring bij opschortingsrecht

Een bevoegdheid tot opschorting blijft ook na verjaring van de rechtsvordering op de wederpartij in stand.
(Zie ook: art. 306 BW Boek 3; art. 131 BW Boek 6)

Art. 57

Retentierecht bij opschortingsrecht

Indien een bevoegdheid tot opschorting voldoet aan de omschrijving van het retentierecht in artikel 290 van Boek 3, zijn de bepalingen van de onderhavige afdeling van toepassing, voor zover daarvan in afdeling 4 van titel 10 van Boek 3 niet is afgeweken.

Afdeling 8
Schuldeisersverzuim

Art. 58

Schuldeiserverzuim

De schuldeiser komt in verzuim, wanneer nakoming van de verbintenis verhinderd wordt doordat hij de daartoe noodzakelijke medewerking niet verleent of doordat een ander beletsel van zijn zijde opkomt, tenzij de oorzaak van verhindering hem niet kan worden toegerekend.
(Zie ook: artt. 30, 44, 54, 59, 90, 266 BW Boek 6; artt. 10, 32 BW Boek 7)

Art. 59

Verzuim verplichting te voldoen bij schuldeisersverzuim

De schuldeiser komt eveneens in verzuim, wanneer hij ten gevolge van hem toe te rekenen omstandigheden niet voldoet aan een verplichting zijnerzijds jegens de schuldenaar en deze op die grond bevoegdelijk de nakoming van zijn verbintenis jegens de schuldeiser opschort.
(Zie ook: art. 290 BW Boek 3; artt. 52, 58, 75, 262 t/m 264 BW Boek 6)

Art. 60

Bevrijding door rechter bij schuldeisersverzuim

Is de schuldeiser in verzuim, dan kan de rechter op vordering van de schuldenaar bepalen dat deze van zijn verbintenis bevrijd zal zijn, al dan niet onder door de rechter te stellen voorwaarden.
(Zie ook: art. 73 BW Boek 6)

Art. 61

Einde verzuim schuldenaar

1. Verzuim van de schuldeiser maakt een einde aan verzuim van de schuldenaar.

2. Zolang de schuldeiser in verzuim is, kan de schuldenaar niet in verzuim geraken.
(Zie ook: art. 81 BW Boek 6)

Niet intreden verzuim schuldenaar

Art. 62
Gedurende het verzuim van de schuldeiser is deze niet bevoegd maatregelen tot executie te nemen.
(Zie ook: art. 73 BW Boek 6)

Executiemaatregelen bij schuldeisersverzuim

Art. 63
De schuldenaar heeft, binnen de grenzen der redelijkheid, recht op vergoeding van de kosten, gevallen op een aanbod of een inbewaringstelling als bedoeld in de artikelen 66-70 of op andere wijze als gevolg van het verzuim gemaakt.
(Zie ook: artt. 70, 73 BW Boek 6)

Vergoeding kosten schuldenaar bij schuldeisersverzuim

Art. 64
Komt tijdens het verzuim van de schuldeiser een omstandigheid op, die behoorlijke nakoming geheel of gedeeltelijk onmogelijk maakt, dan wordt dit niet aan de schuldenaar toegerekend, tenzij deze door zijn schuld of die van een ondergeschikte is tekortgeschoten in de zorg die in de gegeven omstandigheden van hem mocht worden gevergd.
(Zie ook: artt. 27, 28, 74, 266 BW Boek 6)

Beperking zorgplicht bij schuldeisersverzuim

Art. 65
Wanneer bij een verbintenis tot aflevering van soortzaken de schuldenaar bepaalde, aan de verbintenis beantwoordende zaken voor de aflevering heeft aangewezen en de schuldeiser daarvan heeft verwittigd, dan is hij in geval van verzuim van de schuldeiser nog slechts tot aflevering van deze zaken verplicht. Hij blijft echter bevoegd tot aflevering van andere zaken die aan de verbintenis beantwoorden.
(Zie ook: art. 28 BW Boek 6; art. 10 BW Boek 7)

Soortzaken bij schuldeisersverzuim

Art. 66
Strekt de verbintenis tot betaling van een geldsom of tot aflevering van een zaak, dan is in geval van verzuim van de schuldeiser de schuldenaar bevoegd het verschuldigde ten behoeve van de schuldeiser in bewaring te stellen.
(Zie ook: artt. 60, 67, 73, 90, 265 BW Boek 6; art. 600 BW Boek 7; artt. 490, 569, 995, 1132, 1154, 1197 BW Boek 8)

Inbewaringstelling verschuldigde bij schuldeisersverzuim

Art. 67
De inbewaringstelling van een geldsom geschiedt door consignatie overeenkomstig de wet, die van een af te leveren zaak door deze in bewaring te geven aan iemand die zijn bedrijf maakt van het bewaren van zaken als de betrokkene ter plaatse waar de aflevering moet geschieden. Op deze bewaring zijn de regels betreffende gerechtelijke bewaring van toepassing, voor zover uit de artikelen 68-71 niet anders voortvloeit.
(Zie ook: artt. 66, 68, 73, 89 BW Boek 6; art. 600 BW Boek 7; art. 445 Rv)

Wijze van inbewaringstelling bij schuldeisersverzuim

Art. 68
Gedurende de bewaring loopt over een in bewaring gestelde geldsom geen rente ten laste van de schuldenaar.
(Zie ook: artt. 61, 67, 73 BW Boek 6)

Rente tijdens inbewaringstelling bij schuldeisersverzuim

Art. 69
1. Gedurende de bewaring kan de schuldeiser zijn verzuim slechts zuiveren door het in bewaring gestelde te aanvaarden.

2. Zolang de schuldeiser het in bewaring gestelde niet heeft aanvaard, is de bewaargever bevoegd het uit de bewaring terug te nemen.
(Zie ook: art. 73 BW Boek 6)

Zuivering tijdens inbewaringstelling bij schuldeisersverzuim

Art. 70
De bewaarder mag de zaak slechts aan de schuldeiser afgeven, indien deze hem alle kosten van de bewaring voldoet. Hij is na de afgifte verplicht aan de bewaargever terug te betalen, wat deze reeds had voldaan. Is de zaak afgegeven, vóórdat de schuldeiser alle kosten voldeed, dan gaan de rechten te dier zake door de betaling aan bewaargever op de bewaarder over.
(Zie ook: artt. 63, 73 BW Boek 6)

Afgifte inbewaringgestelde bij schuldeisersverzuim

Art. 71
De rechtsvordering tegen de schuldenaar verjaart niet later dan de rechtsvordering tot uitlevering van het in bewaring gestelde.
(Zie ook: art. 306 BW Boek 3)

Verjaring bij schuldeisersverzuim

Art. 72
In geval van hoofdelijke verbondenheid gelden de rechtsgevolgen van het verzuim van de schuldeiser jegens ieder van de schuldenaren.
(Zie ook: art. 7 BW Boek 6)

Hoofdelijke verbondenheid bij schuldeisersverzuim

Art. 73

Betaling door derde bij schuldeisersverzuim

Weigert de schuldeiser een aanbod van een derde, dan zijn de artikelen 60, 62, 63 en 66-70 ten behoeve van de derde van overeenkomstige toepassing, mits het aanbod aan de verbintenis beantwoordt en de derde bij de voldoening een gerechtvaardigd belang heeft.
(Zie ook: artt. 30, 150 BW Boek 6)

Afdeling 9
De gevolgen van het niet nakomen van een verbintenis

§ 1
Algemene bepalingen

Art. 74

Wanprestatie bij niet nakoming verbintenis

1. Iedere tekortkoming in de nakoming van een verbintenis verplicht de schuldenaar de schade die de schuldeiser daardoor lijdt te vergoeden, tenzij de tekortkoming de schuldenaar niet kan worden toegerekend.
(Zie ook: art. 296 BW Boek 3; artt. 27, 78, 95, 119, 120, 265 BW Boek 6)
2. Voor zover nakoming niet reeds blijvend onmogelijk is, vindt lid 1 slechts toepassing met inachtneming van hetgeen is bepaald in de tweede paragraaf betreffende het verzuim van de schuldenaar.
(Zie ook: artt. 75, 81 BW Boek 6)

Art. 75

Overmacht bij niet nakoming verbintenis

Een tekortkoming kan de schuldenaar niet worden toegerekend, indien zij niet is te wijten aan zijn schuld, noch krachtens wet, rechtshandeling of in het verkeer geldende opvattingen voor zijn rekening komt.
(Zie ook: art. 64 BW Boek 6)

Art. 76

Hulppersonen bij niet nakoming verbintenis

Maakt de schuldenaar bij de uitvoering van een verbintenis gebruik van de hulp van andere personen, dan is hij voor hun gedragingen op gelijke wijze als voor eigen gedragingen aansprakelijk.
(Zie ook: art. 64 BW Boek 3; art. 170 t/m 172 BW Boek 6; art. 404 BW Boek 7)

Art. 77

Gebruik zaken bij niet nakoming verbintenis

Wordt bij de uitvoering van een verbintenis gebruik gemaakt van een zaak die daartoe ongeschikt is, dan wordt de tekortkoming die daardoor ontstaat de schuldenaar toegerekend, tenzij dit, gelet op inhoud en strekking van de rechtshandeling waaruit de verbintenis voortspruit, de in het verkeer geldende opvattingen en de overige omstandigheden van het geval, onredelijk zou zijn.
(Zie ook: artt. 173, 185 BW Boek 6)

Art. 78

Niet-toerekenbare tekortkoming bij niet nakoming verbintenis

1. Indien een tekortkoming de schuldenaar niet kan worden toegerekend, maar hij in verband met die tekortkoming een voordeel geniet dat hij bij behoorlijke nakoming niet zou hebben gehad, heeft de schuldeiser met toepassing van de regels betreffende ongerechtvaardigde verrijking recht op vergoeding van zijn schade tot ten hoogste het bedrag van dit voordeel.
2. Bestaat dit voordeel uit een vordering op een derde, dan kan de schuldenaar aan het vorige lid voldoen door overdracht van die vordering.
(Zie ook: artt. 103, 212, 277 BW Boek 6)

Art. 79

Executie- en verrekingsbevoegdheid bij niet nakoming verbintenis

Is de schuldeiser wiens schuldenaar door een hem niet toe te rekenen oorzaak verhinderd is na te komen, desondanks in staat zelf zich door executie of verrekening het verschuldigde te verschaffen, dan is hij daartoe bevoegd.
(Zie ook: art. 296 BW Boek 3; art. 127 BW Boek 6)

Art. 80

Vervroegde intreding rechtsgevolgen bij niet nakoming verbintenis

1. De gevolgen van niet-nakoming treden reeds in voordat de vordering opeisbaar is:
a. indien vaststaat dat nakoming zonder tekortkoming onmogelijk zal zijn;
b. indien de schuldeiser uit een mededeling van de schuldenaar moet afleiden dat deze in de nakoming zal tekortschieten; of
(Zie ook: art. 83c BW Boek 6)
c. indien de schuldeiser goede gronden heeft te vrezen dat de schuldenaar in de nakoming zal tekortschieten en deze niet voldoet aan een schriftelijke aanmaning met opgave van die gronden om zich binnen een bij die aanmaning gestelde redelijke termijn bereid te verklaren zijn verplichtingen na te komen.
(Zie ook: art. 34 BW Boek 7)
2. Het oorspronkelijke tijdstip van opeisbaarheid blijft gelden voor de verschuldigdheid van schadevergoeding wegens vertraging en de toerekening aan de schuldenaar van onmogelijk worden van nakoming tijdens zijn verzuim.

§ 2
Verzuim van de schuldenaar

Art. 81
De schuldenaar is in verzuim gedurende de tijd dat de prestatie uitblijft nadat zij opeisbaar is geworden en aan de eisen van de artikelen 82 en 83 is voldaan, behalve voor zover de vertraging hem niet kan worden toegerekend of nakoming reeds blijvend onmogelijk is.
(Zie ook: artt. 61, 74 BW Boek 6)

Verzuimduur

Art. 82
1. Het verzuim treedt in, wanneer de schuldenaar in gebreke wordt gesteld bij een schriftelijke aanmaning waarbij hem een redelijke termijn voor de nakoming wordt gesteld, en nakoming binnen deze termijn uitblijft.
(Zie ook: art. 37 BW Boek 3; artt. 80, 83 BW Boek 6)
2. Indien de schuldenaar tijdelijk niet kan nakomen of uit zijn houding blijkt dat aanmaning nutteloos zou zijn, kan de ingebrekestelling plaatsvinden door een schriftelijke mededeling waaruit blijkt dat hij voor het uitblijven van de nakoming aansprakelijk wordt gesteld.

Ingebrekestelling bij schuldenaarsverzuim

Art. 83
Het verzuim treedt zonder ingebrekestelling in:
a. wanneer een voor de voldoening bepaalde termijn verstrijkt zonder dat de verbintenis is nagekomen, tenzij blijkt dat de termijn een andere strekking heeft;
b. wanneer de verbintenis voortvloeit uit onrechtmatige daad of strekt tot schadevergoeding als bedoeld in artikel 74 lid 1 en de verbintenis niet terstond wordt nagekomen;
(Zie ook: artt. 119, 120 BW Boek 6)
c. wanneer de schuldeiser uit een mededeling van de schuldenaar moet afleiden dat deze in de nakoming van de verbintenis zal tekortschieten.
(Zie ook: artt. 80, 205, 274 BW Boek 6)

Schuldenaarsverzuim zonder ingebrekestelling

Art. 84
Elke onmogelijkheid van nakoming, ontstaan tijdens het verzuim van de schuldenaar en niet toe te rekenen aan de schuldeiser, wordt aan de schuldenaar toegerekend; deze moet de daardoor ontstane schade vergoeden, tenzij de schuldeiser de schade ook bij behoorlijke en tijdige nakoming zou hebben geleden.

Onmogelijkheid van nakoming schuldenaarsverzuim

Art. 85
Tot vergoeding van schade wegens vertraging in de nakoming is de schuldenaar slechts verplicht over de tijd waarin hij in verzuim is geweest.
(Zie ook: artt. 119, 120, 125 BW Boek 6)

Vertragingsschade bij schuldenaarsverzuim

Art. 86
De schuldeiser kan een na het intreden van het verzuim aangeboden nakoming weigeren, zolang niet tevens betaling wordt aangeboden van de inmiddels tevens verschuldigd geworden schadevergoeding en van de kosten.
(Zie ook: art. 269 BW Boek 6)

Weigering van zuivering bij schuldenaarsverzuim

Art. 87
1. Voor zover nakoming niet reeds blijvend onmogelijk is, wordt de verbintenis omgezet in een tot vervangende schadevergoeding, wanneer de schuldenaar in verzuim is en de schuldeiser hem schriftelijk mededeelt dat hij schadevergoeding in plaats van nakoming vordert.
2. Geen omzetting vindt plaats, die door de tekortkoming, gezien haar ondergeschikte betekenis, niet wordt gerechtvaardigd.
(Zie ook: art. 265 BW Boek 6)

Vervangende schadevergoeding bij schuldenaarsverzuim

§ 3
Verdere gevolgen van niet-nakoming

Art. 88
1. De schuldenaar die in de nakoming van zijn verbintenis is tekort geschoten, kan aan de schuldeiser een redelijke termijn stellen, waarbinnen deze moet mededelen welke van de hem bij de aanvang van de termijn ten dienste staande middelen hij wenst uit te oefenen, op straffe van slechts aanspraak te kunnen maken:
a. op de schadevergoeding waarop de tekortkoming recht geeft en, zo de verbintenis strekt tot betaling van een geldsom, op die geldsom;
(Zie ook: artt. 74, 78, 111 BW Boek 6)
b. op ontbinding van de overeenkomst waaruit de verbintenis voortspruit, indien de schuldenaar zich erop beroept dat de tekortkoming hem niet kan worden toegerekend.
(Zie ook: artt. 75, 265 BW Boek 6)
2. Heeft de schuldeiser nakoming verlangd, doch wordt daaraan niet binnen een redelijke termijn voldaan, dan kan hij al zijn rechten wederom doen gelden; het vorige lid is van overeenkomstige toepassing.

Informatieplicht schuldeiser bij schuldenaarsverzuim

Art. 89

Klachtplicht schuldeiser bij schuldenaarsverzuim

De schuldeiser kan op een gebrek in de prestatie geen beroep meer doen, indien hij niet binnen bekwame tijd nadat hij het gebrek heeft ontdekt of redelijkerwijze had moeten ontdekken, bij de schuldenaar terzake heeft geprotesteerd.
(Zie ook: art. 23 BW Boek 7)

Art. 90

Verkoopbevoegdheid schuldenaar bij schuldenaarsverzuim

1. Bij een verhindering tot aflevering van een zaak die aan snel tenietgaan of achteruitgaan onderhevig is of waarvan om een andere reden de verdere bewaring zo bezwaarlijk is dat zij in de gegeven omstandigheden niet van de schuldenaar kan worden gevergd, is deze bevoegd de zaak op een geschikte wijze te doen verkopen. De schuldenaar is jegens de schuldeiser tot een zodanige verkoop gehouden, wanneer diens belangen deze verkoop onmiskenbaar eisen of de schuldeiser te kennen geeft de verkoop te verlangen.
2. De netto-opbrengst treedt voor de zaak in de plaats, onverminderd de rechten van de schuldeiser wegens tekortkomingen in de nakoming van de verbintenis.
(Zie ook: art. 8 BW Boek 5; art. 67 BW Boek 6; artt. 30, 32 BW Boek 7; artt. 491, 570, 957, 1133, 1154, 1198 BW Boek 8)

§ 4
Boetebeding

Art. 91

Boetebeding

Als boetebeding wordt aangemerkt ieder beding waarbij is bepaald dat de schuldenaar, indien hij in de nakoming van zijn verbintenis tekortschiet, gehouden is een geldsom of een andere prestatie te voldoen, ongeacht of zulks strekt tot vergoeding van schade of enkel tot aansporing om tot nakoming over te gaan.
(Zie ook: artt. 310, 324 BW Boek 3; artt. 142, 157 BW Boek 6)

Art. 92

Boete i.p.v. schadevergoeding bij boetebeding

1. De schuldeiser kan geen nakoming vorderen zowel van het boetebeding als van de verbintenis waaraan het boetebeding verbonden is.
2. Hetgeen ingevolge een boetebeding verschuldigd is treedt in de plaats van de schadevergoeding op grond van de wet.
3. De schuldeiser kan geen nakoming vorderen van het boetebeding, indien de tekortkoming niet aan de schuldenaar kan worden toegerekend.
(Zie ook: art. 75 BW Boek 6)

Art. 93

Ingebrekestelling bij boetebeding

Voor het vorderen van nakoming van het boetebeding is een aanmaning of een andere voorafgaande verklaring nodig in dezelfde gevallen als deze is vereist voor het vorderen van schadevergoeding op grond van de wet.

Art. 94

Matiging bij boetebeding

1. Op verlangen van de schuldenaar kan de rechter, indien de billijkheid dit klaarblijkelijk eist, de bedongen boete matigen, met dien verstande dat hij de schuldeiser ter zake van de tekortkoming niet minder kan toekennen dan de schadevergoeding op grond van de wet.
(Zie ook: artt. 95, 109 BW Boek 6)

Aanvullende schadevergoeding bij boetebeding

2. Op verlangen van de schuldeiser kan de rechter, indien de billijkheid dit klaarblijkelijk eist, naast een bedongen boete die bestemd is in de plaats te treden van de schadevergoeding op grond van de wet, aanvullende schadevergoeding toekennen.
3. Van lid 1 afwijkende bedingen zijn nietig.
(Zie ook: art. 41 BW Boek 3; artt. 650, 680 BW Boek 7; art. 1576b BW Boek 7A)

Afdeling 10
Wettelijke verplichtingen tot schadevergoeding

Art. 95

Vergoedbare schade

1. De schade die op grond van een wettelijke verplichting tot schadevergoeding moet worden vergoed, bestaat in vermogensschade en ander nadeel, dit laatste voor zover de wet op vergoeding hiervan recht geeft.
(Zie ook: art. 310 BW Boek 3; artt. 96, 106 BW Boek 6)

Immateriële schade niet vatbaar voor beslag

2. Het recht op een vergoeding voor nadeel dat niet in vermogensschade bestaat, is niet vatbaar voor beslag. Voor overgang onder algemene titel is voldoende dat de gerechtigde aan de wederpartij heeft medegedeeld op de vergoeding aanspraak te maken.

Art. 96

Vermogensschade

1. Vermogensschade omvat zowel geleden verlies als gederfde winst.
2. Als vermogensschade komen mede voor vergoeding in aanmerking:
   a. redelijke kosten ter voorkoming of beperking van schade die als gevolg van de gebeurtenis waarop de aansprakelijkheid berust, mocht worden verwacht;

b. redelijke kosten ter vaststelling van schade en aansprakelijkheid;
c. redelijke kosten ter verkrijging van voldoening buiten rechte.
3. Lid 2 onder b en c is niet van toepassing voor zover in het gegeven geval krachtens artikel 241 van het Wetboek van Burgerlijke Rechtsvordering de regels betreffende de proceskosten van toepassing zijn.
4. In geval van een handelsovereenkomst als bedoeld in artikel 119a lid 1 of artikel 119b lid 1 bestaat de vergoeding van kosten bedoeld in lid 2 onder c uit ten minste een bedrag van 40 euro. Dit bedrag is zonder aanmaning verschuldigd vanaf de dag volgende op de dag waarop de wettelijke of overeengekomen uiterste dag van betaling is verstreken. Hiervan kan niet ten nadele van de schuldeiser worden afgeweken.
5. Bij algemene maatregel van bestuur worden nadere regels gesteld voor de vergoeding van kosten als bedoeld in lid 2 onder c. Van deze regels kan niet ten nadele van de schuldenaar worden afgeweken indien de schuldenaar een natuurlijk persoon is, die niet handelt in de uitoefening van een beroep of bedrijf. In dit geval mist artikel 241, eerste volzin, van het Wetboek van Burgerlijke Rechtsvordering toepassing.
6. De vergoeding volgens de nadere regels kan indien de schuldenaar een natuurlijk persoon is, die niet handelt in de uitoefening van een beroep of bedrijf, eerst verschuldigd worden nadat de schuldenaar na het intreden van het verzuim, bedoeld in artikel 81, onder vermelding van de gevolgen van het uitblijven van betaling, waaronder de vergoeding die in overeenstemming met de nadere regels wordt gevorderd, vruchteloos is aangemaand tot betaling binnen een termijn van veertien dagen, aanvangende de dag na aanmaning.
7. Indien een schuldenaar voor meer dan een vordering door een schuldeiser kan worden aangemaand als bedoeld in lid 6, dan dient dit in één aanmaning te geschieden. Voor de berekening van de vergoeding worden de hoofdsommen van deze vorderingen bij elkaar opgeteld.

Art. 97
De rechter begroot de schade op de wijze die het meest met de aard ervan in overeenstemming is. Kan de omvang van de schade niet nauwkeurig worden vastgesteld, dan wordt zij geschat.
(Zie ook: artt. 104, 105, 119, 120, 212, 272 BW Boek 6; art. 36 t/m 38 BW Boek 7; artt. 387, 388 BW Boek 6; art. 612 Rv)

Vaststelling schade bij schadevergoeding

Art. 98
Voor vergoeding komt slechts in aanmerking schade die in zodanig verband staat met de gebeurtenis waarop de aansprakelijkheid van de schuldenaar berust, dat zij hem, mede gezien de aard van de aansprakelijkheid en van de schade, als een gevolg van deze gebeurtenis kan worden toegerekend.
(Zie ook: artt. 74, 102, 162 BW Boek 6)

Causaal verband bij schadevergoeding

Art. 99
Kan de schade een gevolg zijn van twee of meer gebeurtenissen voor elk waarvan een andere persoon aansprakelijk is, en staat vast dat de schade door ten minste één van deze gebeurtenissen is ontstaan, dan rust de verplichting om de schade te vergoeden op ieder van deze personen, tenzij hij bewijst dat deze niet het gevolg is van een gebeurtenis waarvoor hijzelf aansprakelijk is.
(Zie ook: art. 9 BW Boek 2; artt. 102, 166 BW Boek 6)

Schadevergoeding bij meer dan één persoon

Art. 100
Heeft een zelfde gebeurtenis voor de benadeelde naast schade tevens voordeel opgeleverd, dan moet, voor zover dit redelijk is, dit voordeel bij de vaststelling van de te vergoeden schade in rekening worden gebracht.
(Zie ook: art. 104 BW Boek 6)

Voordeelsverrekening bij schadevergoeding

Art. 101
1. Wanneer de schade mede een gevolg is van een omstandigheid die aan de benadeelde kan worden toegerekend, wordt de vergoedingsplicht verminderd door de schade over de benadeelde en de vergoedingsplichtige te verdelen in evenredigheid met de mate waarin de aan ieder toe te rekenen omstandigheden tot de schade hebben bijgedragen, met dien verstande dat een andere verdeling plaatsvindt of de vergoedingsplicht geheel vervalt of in stand blijft, indien de billijkheid dit wegens de uiteenlopende ernst van de gemaakte fouten of andere omstandigheden van het geval eist.
(Zie ook: art. 108 BW Boek 6; artt. 83, 1155 BW Boek 8)

Eigen schuld bij schadevergoeding

2. Betreft de vergoedingsplicht schade, toegebracht aan een zaak die een derde voor de benadeelde in zijn macht had, dan worden bij toepassing van het vorige lid omstandigheden die aan de derde toegerekend kunnen worden, toegerekend aan de benadeelde.
(Zie ook: artt. 545, 1006 BW Boek 8)

Zaakgebruik door derde bij schadevergoeding

Art. 102
1. Rust op ieder van twee of meer personen een verplichting tot vergoeding van dezelfde schade, dan zijn zij hoofdelijk verbonden. Voor de bepaling van hetgeen zij krachtens artikel 10 in hun onderlinge verhouding jegens elkaar moeten bijdragen, wordt de schade over hen

Hoofdelijke aansprakelijkheid bij schadevergoeding

art. 6:103

13 Burgerlijk Wetboek Boek 6

verdeeld met overeenkomstige toepassing van artikel 101, tenzij uit wet of rechtshandeling een andere verdeling voortvloeit.
(Zie ook: artt. 6, 165, 166, 170 BW Boek 6)

2. Wanneer de schade mede een gevolg is van een omstandigheid die aan de benadeelde kan worden toegerekend, vindt artikel 101 toepassing op de vergoedingsplicht van ieder van de in het vorige lid bedoelde personen afzonderlijk, met dien verstande dat de benadeelde in totaal van hen niet meer kan vorderen dan hem zou zijn toegekomen, indien voor de omstandigheden waarop hun vergoedingsplichten berusten, slechts één persoon aansprakelijk zou zijn geweest. Indien verhaal op een der tot bijdragen verplichte personen niet ten volle mogelijk blijkt, kan de rechter op verlangen van een hunner bepalen dat bij toepassing van artikel 13 het onvoldaan gebleven deel mede over de benadeelde omgeslagen wordt.
(Zie ook: artt. 545, 1006 BW Boek 8)

Art. 103

Vorm van schadevergoeding

Schadevergoeding wordt voldaan in geld. Nochtans kan de rechter op vordering van de benadeelde schadevergoeding in andere vorm dan betaling van een geldsom toekennen. Wordt niet binnen redelijke termijn aan een zodanige uitspraak voldaan, dan herkrijgt de benadeelde zijn bevoegdheid om schadevergoeding in geld te verlangen.
(Zie ook: art. 296 BW Boek 3; artt. 78, 111, 167, 196 BW Boek 6)

Art. 104

Schadebegroting op (deel) winst bij schadevergoeding

Indien iemand op grond van een onrechtmatige daad of een tekortkoming in de nakoming van een verbintenis jegens een ander aansprakelijk is, door die daad of tekortkoming winst heeft genoten, kan de rechter op vordering van die ander de schade begroten op het bedrag van die winst of op een gedeelte daarvan.
(Zie ook: art. 97 BW Boek 6)

Art. 105

Toekomstige schade bij schadevergoeding

1. De begroting van nog niet ingetreden schade kan door de rechter geheel of gedeeltelijk worden uitgesteld of na afweging van goede en kwade kansen bij voorbaat geschieden. In het laatste geval kan de rechter de schuldenaar veroordelen, hetzij tot betaling van een bedrag ineens, hetzij tot betaling van periodiek uit te keren bedragen, al of niet met verplichting tot zekerheidstelling; deze veroordeling kan geschieden onder door de rechter te stellen voorwaarden.
(Zie ook: artt. 51, 97, 260 BW Boek 6; art. 612 Rv)

2. Voor zover de rechter de schuldenaar veroordeelt tot betaling van periodiek uit te keren bedragen, kan hij in zijn uitspraak bepalen dat deze op verzoek van elk van de partijen door de rechter die in eerste aanleg van de vordering tot schadevergoeding heeft kennis genomen, kan worden gewijzigd, indien zich na de uitspraak omstandigheden voordoen, die voor de omvang van de vergoedingsplicht van belang zijn en met de mogelijkheid van het intreden waarvan bij de vaststelling der bedragen geen rekening is gehouden.
(Zie ook: art. 401 BW Boek 1)

Art. 106

Ander nadeel dan vermogensschade: immateriële schade

Voor nadeel dat niet in vermogensschade bestaat, heeft de benadeelde recht op een naar billijkheid vast te stellen schadevergoeding:
a. indien de aansprakelijke persoon het oogmerk had zodanig nadeel toe te brengen;
b. indien de benadeelde lichamelijk letsel heeft opgelopen, in zijn eer of goede naam is geschaad of op andere wijze in zijn persoon is aangetast;
c. indien het nadeel gelegen is in aantasting van de nagedachtenis van een overledene en toegebracht is aan de niet van tafel en bed gescheiden echtgenoot, de geregistreerde partner of een bloedverwant tot in de tweede graad van de overledene, mits de aantasting plaatsvond op een wijze die de overledene, ware hij nog in leven geweest, recht zou hebben gegeven op schadevergoeding wegens het schaden van zijn eer of goede naam.
(Zie ook: artt. 95, 96 BW Boek 6)

Art. 107

Letselschade aan derden

1. Indien iemand ten gevolge van een gebeurtenis waarvoor een ander aansprakelijk is, lichamelijk of geestelijk letsel oploopt, is die ander behalve tot vergoeding van de schade van de gekwetste zelf, ook verplicht tot vergoeding van:
a. de kosten die een derde anders dan krachtens een verzekering ten behoeve van de gekwetste heeft gemaakt en die deze laatste, zo hij ze zelf zou hebben gemaakt, van die ander had kunnen vorderen; en
b. een bij of krachtens algemene maatregel van bestuur vast te stellen bedrag of bedragen voor nadeel dat niet in vermogensschade bestaat geleden door de in lid 2 genoemde naasten van de gekwetste met ernstig en blijvend letsel.

Naasten

2. De naasten, bedoeld in lid 1 onder b, zijn:
a. ten tijde van de gebeurtenis niet van tafel en bed gescheiden echtgenoot of geregistreerde partner van de gekwetste;
b. de levensgezel van de gekwetste, die ten tijde van de gebeurtenis duurzaam met deze een gemeenschappelijke huishouding voert;

c. degene die ten tijde van de gebeurtenis de ouder van de gekwetste is;
d. degene die ten tijde van de gebeurtenis het kind van de gekwetste is;
e. degene die ten tijde van de gebeurtenis duurzaam in gezinsverband de zorg voor de gekwetste heeft;
f. degene voor wie de gekwetste ten tijde van de gebeurtenis duurzaam in gezinsverband de zorg heeft;
g. een andere persoon die in een zodanige nauwe persoonlijke relatie tot de gekwetste staat, dat uit de eisen van redelijkheid en billijkheid voortvloeit dat hij voor de toepassing van lid 1 onder b als naaste wordt aangemerkt.
3. Bij algemene maatregel van bestuur kunnen regels worden gesteld waarmee nader wordt bepaald wanneer letsel als ernstig en blijvend letsel als bedoeld in lid 1 onder b wordt aangemerkt.
4. Onverminderd artikel 6, tweede lid, van de Wet aansprakelijkheidsverzekering motorrijtuigen kunnen aanspraken van derden ter zake van als gevolg van het letsel geleden schade niet ten nadele van het recht op schadevergoeding van de gekwetste worden uitgeoefend.
5. Hij die krachtens lid 1 tot schadevergoeding wordt aangesproken kan hetzelfde verweer voeren dat hem jegens de gekwetste ten dienste zou hebben gestaan.

Art. 107a

1. Indien iemand ten gevolge van een gebeurtenis waarvoor een ander aansprakelijk is, lichamelijk of geestelijk letsel oploopt, houdt de rechter bij de vaststelling van de schadevergoeding waarop de gekwetste aanspraak kan maken rekening met de aanspraak op loon die de gekwetste heeft krachtens artikel 629, lid 1, van Boek 7 of krachtens individuele of collectieve arbeidsovereenkomst.
2. Indien een werkgever krachtens artikel 629, lid 1, van Boek 7 of krachtens individuele of collectieve arbeidsovereenkomst verplicht is tijdens ziekte of arbeidsongeschiktheid van de gekwetste het loon door te betalen, heeft hij, indien de ongeschiktheid tot werken van de gekwetste het gevolg is van een gebeurtenis waarvoor een ander aansprakelijk is, jegens deze ander recht op schadevergoeding ten bedrage van de door hem betaalde loon, doch ten hoogste tot het bedrag, waarvoor de aansprakelijke persoon, bij het ontbreken van de loondoorbetalingsverplichting aansprakelijk zou zijn, verminderd met een bedrag, gelijk aan dat van de schadevergoeding tot betaling waarvan de aansprakelijke persoon jegens de gekwetste is gehouden.
3. De in lid 2 bedoelde aansprakelijke is eveneens verplicht tot vergoeding van de door de werkgever gemaakte redelijke kosten ter nakoming van zijn in artikel 658a van Boek 7 bedoelde verplichtingen. De aansprakelijke kan hetzelfde verweer voeren dat hem jegens de gekwetste ten dienste zou hebben gestaan.
4. Indien de aansprakelijke persoon een werknemer is, heeft de werkgever slechts recht op schadevergoeding indien de ongeschiktheid tot werken het gevolg is van diens opzet of bewuste roekeloosheid.
(Zie ook: art. 197 BW Boek 6)

Loonaanspraken bij letselschadevergoeding

Art. 108

1. Indien iemand ten gevolge van een gebeurtenis waarvoor een ander jegens hem aansprakelijk is overlijdt, is die ander verplicht tot vergoeding van schade door het derven van levensonderhoud:
a. aan de niet van tafel en bed gescheiden echtgenoot, de geregistreerde partner en de minderjarige kinderen van de overledene, tot ten minste het bedrag van het hun krachtens de wet verschuldigde levensonderhoud;
(Zie ook: artt. 81, 245, 392 t/m 395a, 396, 404 BW Boek 1)
b. aan andere bloed- of aanverwanten van de overledene, mits deze reeds ten tijde van het overlijden geheel of ten dele in hun levensonderhoud voorzag of daartoe krachtens rechterlijke uitspraak verplicht was;
(Zie ook: artt. 392, 395, 396 BW Boek 1)
c. aan degenen die reeds vóór de gebeurtenis waarop de aansprakelijkheid berust, met de overledene in gezinsverband samenwoonden en in wier levensonderhoud hij geheel of voor een groot deel voorzag, voor zover aannemelijk is dat een en ander zonder het overlijden zou zijn voortgezet en zij redelijkerwijze niet voldoende in hun levensonderhoud kunnen voorzien;
d. aan degene die met de overledene in gezinsverband samenwoonde en in wiens levensonderhoud de overledene bijdroeg door het doen van de gemeenschappelijke huishouding, voor zover hij schade lijdt doordat na het overlijden op andere wijze in de gang van deze huishouding moet worden voorzien.
2. Bovendien is de aansprakelijke verplicht aan degene te wiens laste de kosten van lijkbezorging zijn gekomen, deze kosten te vergoeden, voor zover zij in overeenstemming zijn met de omstandigheden van de overledene.
3. Voorts is de aansprakelijke verplicht tot vergoeding van een bij of krachtens algemene maatregel van bestuur vast te stellen bedrag of bedragen voor nadeel dat niet in vermogensschade bestaat, geleden door de in lid 4 genoemde naasten als gevolg van het overlijden.
4. De naasten, bedoeld in lid 3, zijn:

Schadevergoeding bij overlijden

Immateriële schadevergoeding bij overlijden

Naasten

a. de ten tijde van de gebeurtenis niet van tafel en bed gescheiden echtgenoot of geregistreerde partner van de overledene;
b. de levensgezel van de overledene, die ten tijde van de gebeurtenis duurzaam met deze een gemeenschappelijke huishouding voert;
c. degene die ten tijde van de gebeurtenis ouder van de overledene is;
d. degene die ten tijde van de gebeurtenis het kind van de overledene is;
e. degene die ten tijde van de gebeurtenis duurzaam in gezinsverband de zorg voor de overledene heeft;
f. degene voor wie de overledene ten tijde van de gebeurtenis duurzaam in gezinsverband de zorg heeft;
g. een andere persoon die ten tijde van de gebeurtenis in een zodanige nauwe persoonlijke relatie tot de overledene staat, dat uit de eisen van redelijkheid en billijkheid voortvloeit dat hij voor de toepassing van lid 3 als naaste wordt aangemerkt.

5. Hij die krachtens de vorige leden tot schadevergoeding wordt aangesproken, kan hetzelfde verweer voeren, dat hem tegenover de overledene zou hebben ten dienste gestaan.
6. Geen recht op vergoeding van de in lid 3 bedoelde schade bestaat, voor zover de rechthebbende op grond van dezelfde gebeurtenis reeds een vergoeding uit hoofde van artikel 107 lid 1 onder b heeft ontvangen.

Art. 109

Matiging bij schadevergoeding

1. Indien toekenning van volledige schadevergoeding in de gegeven omstandigheden waaronder de aard van de aansprakelijkheid, de tussen partijen bestaande rechtsverhouding en hun beider draagkracht, tot kennelijk onaanvaardbare gevolgen zou leiden, kan de rechter een wettelijke verplichting tot schadevergoeding matigen.
(Zie ook: art. 94 BW Boek 6)
2. De matiging mag niet geschieden tot een lager bedrag dan waarvoor de schuldenaar zijn aansprakelijkheid door verzekering heeft gedekt of verplicht was te dekken.
3. Ieder beding in strijd met lid 1 is nietig.
(Zie ook: art. 110 BW Boek 6)

Art. 110

Limitering bij schadevergoeding

Opdat de aansprakelijkheid die ter zake van schade kan ontstaan niet hetgeen redelijkerwijs door verzekering kan worden gedekt, te boven gaat, kunnen bij algemene maatregel van bestuur bedragen worden vastgesteld, waarboven de aansprakelijkheid zich niet uitstrekt. Afzonderlijke bedragen kunnen worden bepaald naar gelang van onder meer de aard van de gebeurtenis, de aard van de schade en de grond van de aansprakelijkheid.
(Zie ook: Tbts LVW)

Afdeling 11
Verbintenissen tot betaling van een geldsom

Art. 111

Nominaal bedrag bij verbintenis tot betaling geldsom

Een verbintenis tot betaling van een geldsom moet naar haar nominale bedrag worden voldaan, tenzij uit wet, gewoonte of rechtshandeling anders voortvloeit.

Art. 112

Gangbaar geld bij verbintenis tot betaling geldsom

Het geld dat ter voldoening van de verbintenis wordt betaald, moet op het tijdstip van de betaling gangbaar zijn in het land in welks geld de betaling geschiedt.
(Zie ook: art. 28 BW Boek 6)

Art. 113

[Vervallen]

Art. 114

Girale betaling bij verbintenis tot betaling geldsom

1. Bestaat in een land waar de betaling moet of mag geschieden ten name van de schuldeiser een rekening, bestemd voor girale betaling, dan kan de schuldenaar de verbintenis voldoen door het verschuldigde bedrag op die rekening te doen bijschrijven, tenzij de schuldeiser betaling op die rekening geldig heeft uitgesloten.
2. In het geval van het vorige lid geschiedt de betaling op het tijdstip waarop de rekening van de schuldeiser wordt gecrediteerd.
(Zie ook: art. 46 BW Boek 6)

Art. 115

Plaatsbepaling bij verbintenis tot betaling geldsom

De plaats waar de betaling moet geschieden wordt bepaald door de artikelen 116-118, tenzij uit wet, gewoonte of rechtshandeling voortvloeit dat op een andere plaats moet of mag worden betaald.
(Zie ook: art. 41 BW Boek 6)

Art. 116
1. De betaling moet worden gedaan aan de woonplaats van de schuldeiser op het tijdstip van de betaling.
(Zie ook: art. 10 t/m 15 BW Boek 1; artt. 41, 118 BW Boek 6)
2. De schuldeiser is bevoegd een andere plaats voor de betaling aan te wijzen in het land van de woonplaats van de schuldeiser op het tijdstip van de betaling of op het tijdstip van het ontstaan van de verbintenis.
(Zie ook: art. 37 BW Boek 3)

<small>Woonplaatsbepaling en tijdstip bij verbintenis tot betaling geldsom</small>

Art. 117
Indien de betaling overeenkomstig artikel 116 moet geschieden op een andere plaats dan de woonplaats van de schuldeiser op het tijdstip van het ontstaan van de verbintenis en het voldoen aan de verbintenis daardoor voor de schuldenaar aanmerkelijk bezwaarlijker zou worden, is deze bevoegd de betaling op te schorten, totdat de schuldeiser in een der in artikel 116, lid 2 bedoelde landen een andere plaats voor de betaling heeft aangewezen, waaraan een zodanig bezwaar niet is verbonden.
(Zie ook: art. 52 t/m 57 BW Boek 6)

<small>Plaatsbepaling aanmerkelijk bezwaar bij verbintenis tot betaling geldsom</small>

Art. 118
Indien de verbintenis is ontstaan bij de uitoefening van bedrijfs- of beroepsbezigheden van de schuldeiser, geldt in de artikelen 116 en 117 de plaats van vestiging waar die bezigheden worden uitgeoefend, als woonplaats van de schuldeiser.
(Zie ook: art. 14 BW Boek 1)

<small>Woonplaatsbepaling bij verbintenis tot betaling geldsom</small>

Art. 119
1. De schadevergoeding, verschuldigd wegens vertraging in de voldoening van een geldsom, bestaat in de wettelijke rente van die som over de tijd dat de schuldenaar met de voldoening daarvan in verzuim is geweest.
(Zie ook: art. 81 t/m 87 BW Boek 6)
2. Telkens na afloop van een jaar wordt het bedrag waarover de wettelijke rente wordt berekend, vermeerderd met de over dat jaar verschuldigde rente.
3. Een bedongen rente die hoger is dan die welke krachtens de vorige leden verschuldigd zou zijn, loopt in plaats daarvan door nadat de schuldenaar in verzuim is gekomen.
(Zie ook: artt. 120, 125 BW Boek 6)

<small>Wettelijke rente bij verbintenis tot betaling geldsom</small>

Art. 119a
1. De schadevergoeding, verschuldigd wegens vertraging in de voldoening van een geldsom, bestaat in het geval van een handelsovereenkomst in de wettelijke rente van die som met ingang van de dag volgend op de dag die is overeengekomen als de uiterste dag van betaling tot en met de dag waarop de schuldenaar de geldsom heeft voldaan. Onder handelsovereenkomst wordt verstaan de overeenkomst om baat die een of meer van de partijen verplicht iets te geven of te doen en die tot stand is gekomen tussen een of meer natuurlijke personen die handelen in de uitoefening van een beroep of bedrijf of rechtspersonen.
2. Indien geen uiterste dag van betaling is overeengekomen, is de wettelijke rente van rechtswege verschuldigd:
a. vanaf 30 dagen na de aanvang van de dag, volgende op die waarop de schuldenaar de factuur heeft ontvangen, of
b. indien de datum van ontvangst van de factuur niet vaststaat, of indien de schuldenaar de factuur ontvangt voordat de prestatie heeft ontvangen, vanaf 30 dagen na de aanvang van de dag, volgende op die waarop de prestatie is ontvangen, of
c. indien de schuldenaar een termijn heeft bedongen waarbinnen hij de ontvangen prestatie kan aanvaarden dan wel kan beoordelen of deze aan de overeenkomst beantwoordt, en indien hij de factuur ontvangt voordat hij de prestatie heeft aanvaard of beoordeeld, vanaf 30 dagen na de aanvang van de dag, volgende op die waarop de schuldenaar de prestatie heeft aanvaard of beoordeeld, dan wel, indien hij zich niet over goedkeuring of aanvaarding uitspreekt, vanaf 30 dagen na de aanvang van de dag volgende op die waarop de termijn verstrijkt.
3. Telkens na afloop van een jaar wordt het bedrag waarover de wettelijke rente wordt berekend, vermeerderd met de over dat jaar verschuldigde rente.
4. De termijn bedoeld in lid 2 onder c bedraagt niet meer dan 30 dagen vanaf de datum van ontvangst van de prestatie, tenzij partijen uitdrukkelijk een langere termijn overeenkomen en deze termijn niet kennelijk onbillijk is jegens de schuldeiser, mede gelet op:
a. de vraag of de schuldenaar objectieve redenen heeft om af te wijken van de 30 dagen termijn;
b. de aard van de prestatie; en
c. elke aanmerkelijke afwijking van goede handelspraktijken.
5. Partijen kunnen een uiterste dag van betaling overeenkomen van ten hoogste 60 dagen, tenzij zij uitdrukkelijk een langere termijn van betaling in de overeenkomst opnemen en deze termijn niet kennelijk onbillijk is jegens de schuldeiser, mede gelet op:
a. de vraag of de schuldenaar objectieve redenen heeft om af te wijken van de 60 dagen termijn;
b. de aard van de prestatie; en

<small>Wettelijke rente bij handelsovereenkomst</small>

art. 6:119b

Niet-afwijken uiterste dag van betaling

c. elke aanmerkelijke afwijking van goede handelspraktijken.
6. In afwijking van lid 5 kunnen partijen geen uiterste dag van betaling overeenkomen van meer dan zestig dagen indien de schuldenaar een rechtspersoon is die op twee opeenvolgende balansdata, zonder onderbreking nadien op twee opeenvolgende balansdata, niet heeft voldaan aan ten minste twee van de vereisten, bedoeld in artikel 397, leden 1 en 2 van Boek 2, en de schuldeiser een natuurlijk persoon is die handelt in de uitoefening van een beroep of bedrijf of een rechtspersoon, die gedurende die periode aan ten minste twee van die vereisten heeft voldaan. Een beding in een overeenkomst in strijd met de vorige zin is nietig.
7. Geen wettelijke rente is verschuldigd wanneer de schuldeiser zelf in verzuim is.
8. De wettelijke rente is verschuldigd behalve voor zover de vertraging niet aan de schuldenaar kan worden toegerekend.
9. Voor de toepassing van dit artikel wordt met de wettelijke rente gelijkgesteld een andere overeengekomen rente.

Art. 119b

Wettelijke rente door overheidsinstantie bij handelsovereenkomst

1. De schadevergoeding, verschuldigd door een overheidsinstantie wegens vertraging in de voldoening van een geldsom, bestaat in geval van een handelsovereenkomst met een overheidsinstantie in de wettelijke rente van die som met ingang van de dag volgend op de dag die is overeengekomen als uiterste dag van betaling tot en met de dag waarop de schuldenaar de geldsom heeft voldaan. Onder overheidsinstantie wordt verstaan de Staat, een provincie, een gemeente, een waterschap of een publiekrechtelijke instelling dan wel een samenwerkingsverband van deze overheden of publiekrechtelijke instellingen als bedoeld in artikel 2 lid 2 van richtlijn nr. 2011/7 van het Europees Parlement en de Raad van 23 februari 2011 betreffende bestrijding van betalingsachterstand bij handelstransacties (PbEU L48/11).
2. Indien geen uiterste dag van betaling is overeengekomen, is de wettelijke rente van rechtswege verschuldigd:
a. vanaf 30 dagen na de aanvang van de dag, volgende op die waarop de schuldenaar de factuur heeft ontvangen, of
b. indien de datum van ontvangst van de factuur niet vaststaat, of indien de schuldenaar de factuur ontvangt voordat hij de prestatie heeft ontvangen, vanaf 30 dagen na de aanvang van de dag, volgende op die waarop de prestatie is ontvangen, of
c. indien de schuldenaar een termijn heeft bedongen waarbinnen hij de ontvangen prestatie kan aanvaarden dan wel kan beoordelen of deze aan de overeenkomst beantwoordt, en indien hij de factuur ontvangt voordat hij de prestatie heeft aanvaard of beoordeeld, vanaf 30 dagen na de aanvang van de dag, volgende op die waarop de schuldenaar de prestatie heeft aanvaard of beoordeeld, dan wel, indien hij zich niet over goedkeuring of aanvaarding uitspreekt, vanaf 30 dagen na de aanvang van de dag volgende op die waarop de termijn verstrijkt.
3. Telkens na afloop van een jaar wordt het bedrag waarover de wettelijke rente wordt berekend, vermeerderd met de over dat jaar verschuldigde rente.
4. De termijn bedoeld in lid 2 onder c bedraagt niet meer dan 30 dagen vanaf de datum van ontvangst van de prestatie, tenzij partijen uitdrukkelijk een langere termijn in de overeenkomst en aanbestedingsdocumenten opnemen en deze termijn niet kennelijk onbillijk is jegens de schuldeiser, mede gelet op:
a. de vraag of de schuldenaar objectieve redenen heeft om af te wijken van de 30 dagen termijn;
b. de aard van de prestatie; en
c. elke aanmerkelijke afwijking van goede handelspraktijken.
5. Bij overeenkomst kan niet van een uiterste dag van betaling van ten hoogste 30 dagen, overeenkomstig het tweede lid, worden afgeweken, tenzij partijen uitdrukkelijk een langere termijn van betaling in de overeenkomst opnemen en de bijzondere aard of eigenschappen van de overeenkomst dit objectief rechtvaardigen. De betalingstermijn bedraagt in dat geval ten hoogste 60 dagen.
6. Geen wettelijke rente is verschuldigd wanneer de schuldeiser zelf in verzuim is.
7. De wettelijke rente is verschuldigd behalve voor zover de vertraging niet aan de schuldenaar kan worden toegerekend.
8. Voor de toepassing van dit artikel wordt met de wettelijke rente gelijkgesteld een hogere overeengekomen rente.

Art. 120

Vaststellen wettelijke rente bij verbintenis tot betaling geldsom

1. De wettelijke rente bedoeld in artikel 119 wordt bij algemene maatregel van bestuur vastgesteld. Wettelijke rente die loopt op het tijdstip van inwerkingtreding van een nieuwe bij algemene maatregel van bestuur vastgestelde rentevoet, wordt met ingang van dat tijdstip volgens de nieuwe rentevoet berekend.
2. De wettelijke rente bedoeld in artikel 119a en artikel 119b is gelijk aan de herfinancieringsrente die door de Europese Centrale Bank is vastgesteld voor haar meest recente basisherfinancieringstransactie die heeft plaatsgevonden voor de eerste kalenderdag van het betreffende halfjaar, vermeerderd met acht procentpunten. Wettelijke rente die loopt op de eerste dag van

het betreffende halfjaar, wordt met ingang van dat tijdstip volgens de nieuwe rentevoet berekend gedurende een half jaar.
(Zie ook: art. 376 BW Boek 1)

Art. 121
1. Strekt een verbintenis tot betaling van ander geld dan dat van het land waar de betaling moet geschieden, dan is de schuldenaar bevoegd de verbintenis in het geld van de plaats van betaling te voldoen.
(Zie ook: artt. 116 t/m 118, 122, 124 BW Boek 6)
2. Het vorige lid geldt niet, indien uit wet, gewoonte of rechtshandeling voortvloeit dat de schuldenaar verplicht is tot betaling effectief in het geld tot betaling waarvan de verbintenis strekt.

Betaling in vreemde valuta bij verbintenis tot betaling geldsom

Art. 122
1. Strekt een verbintenis tot betaling van ander geld dan dat van het land waar de betaling moet geschieden en is de schuldenaar niet in staat of beweert hij niet in staat te zijn in dit geld te voldoen, dan kan de schuldeiser voldoening in het geld van de plaats van betaling vorderen.
2. Het vorige lid geldt mede, indien de schuldenaar verplicht is tot betaling effectief in het geld tot betaling waarvan de verbintenis strekt.
(Zie ook: artt. 116 t/m 118, 124 BW Boek 6)

Betaling in valuta woonplaats schuldeiser bij verbintenis tot betaling geldsom

Art. 123
1. Ingeval in Nederland een rechtsvordering wordt ingesteld ter verkrijging van een geldsom, uitgedrukt in buitenlands geld, kan de schuldeiser veroordeling vorderen tot betaling te zijner keuze in dat buitenlandse geld of in Nederlands geld.
(Zie ook: art. 124 BW Boek 6; art. 26 Uw EEX)
2. De schuldeiser die een in buitenlands geld luidende executoriale titel in Nederland kan executeren, kan het hem verschuldigde bij deze executie opeisen in Nederlands geld.
3. De vorige leden gelden mede, indien de schuldenaar verplicht is tot betaling effectief in het geld tot betaling waarvan de verbintenis strekt.

Verordening buitenlands of Nederlands geld bij verbintenis tot betaling geldsom

Art. 124
Wordt de verbintenis als gevolg van toepassing van de artikelen 121, 122 of 123 of van omzetting in een vordering tot schadevergoeding overeenkomstig het bepaalde in afdeling 9 van titel 1 voldaan in ander geld dan dat tot betaling waarvan zij strekt, dan geschiedt de omrekening naar de koers van de dag waarop de betaling plaatsvindt.
(Zie ook: art. 126 BW Boek 6)

Koers bij omkering bij verbintenis tot betaling geldsom

Art. 125
1. Artikel 119 laat onverlet het recht van de schuldeiser op vergoeding van de schade die hij heeft geleden, doordat na het intreden van het verzuim de koers van het geld tot betaling waarvan de verbintenis strekt, zich ten opzichte van die van het geld van een of meer andere landen heeft gewijzigd.
2. Het vorige lid is niet van toepassing, indien de verbintenis strekt tot betaling van Nederlands geld, de betaling in Nederland moet geschieden en de schuldeiser op het tijdstip van het ontstaan van de verbintenis zijn woonplaats in Nederland had.
(Zie ook: art. 14 BW Boek 1)

Koersschade bij verbintenis tot betaling geldsom

Art. 126
Voor de toepassing van deze afdeling geldt als koers de koers tegen welke de schuldeiser zich onverwijld het geld kan verschaffen, zulks met inachtneming van hetgeen uit wet, gewoonte en inhoud of strekking van de verbintenis mocht voortvloeien.

Koers bij verbintenis tot betaling geldsom

Afdeling 12
Verrekening

Art. 127
1. Wanneer een schuldenaar die de bevoegdheid tot verrekening heeft, aan zijn schuldeiser verklaart dat hij zijn schuld met een vordering verrekent, gaan beide verbintenissen tot hun gemeenschappelijk beloop teniet.
(Zie ook: art. 37 BW Boek 3; artt. 7, 128, 133, 135, 140, 141 BW Boek 6)
2. Een schuldenaar heeft de bevoegdheid tot verrekening, wanneer hij een prestatie te vorderen heeft die beantwoordt aan zijn schuld jegens dezelfde wederpartij en hij bevoegd is zowel tot betaling van de schuld als tot het afdwingen van de betaling van de vordering.
(Zie ook: artt. 3, 21, 39, 42, 52, 65, 73, 79, 121, 130, 136 BW Boek 6; art. 17 BW Boek 7)
3. De bevoegdheid tot verrekening bestaat niet ten aanzien van een vordering en een schuld die in van elkaar gescheiden vermogens vallen.
(Zie ook: artt. 55, 80, 191 BW Boek 2; artt. 236, 237 BW Boek 6; art. 1623j BW Boek 7A; artt. 58, 234 FW)

Verrekeningsverklaring

art. 6:128

Verordening aan toonder of order bij verrekening

Art. 128
1. De schuldeiser van een vordering aan toonder of order brengt deze in verrekening door zijn verrekeningsverklaring op het papier te stellen en dit aan de wederpartij af te geven.
(Zie ook: art. 48 BW Boek 6)
2. Indien de verrekening niet zijn gehele vordering betreft of hij het papier nog voor de uitoefening van andere rechten nodig heeft, kan hij het papier behouden, mits hij de verklaring niet alleen op het papier stelt, maar haar ook schriftelijk tot de wederpartij richt.
(Zie ook: art. 37 BW Boek 3)
3. Hij kan, ongeacht of de verrekening de gehele vordering betreft, bij enkele, niet op het papier gestelde schriftelijke verklaring verrekenen, mits hij op verlangen van de wederpartij aantoont dat het papier vernietigd of waardeloos geworden is, of zekerheid stelt voor twintig jaren of voor een zoveel kortere tijdsduur als verwacht mag worden dat de wederpartij nog aan een vordering uit hoofde van het papier bloot zal kunnen staan.
(Zie ook: art. 306 BW Boek 3; artt. 49, 127, 146 BW Boek 6; art. 55 FW)

Art. 129

Terugwerkende kracht bij verrekening

1. De verrekening werkt terug tot het tijdstip, waarop de bevoegdheid tot verrekening is ontstaan.
(Zie ook: artt. 133, 134 BW Boek 6)
2. Is over één der vorderingen of over beide reeds opeisbare rente betaald, dan werkt de verrekening niet verder terug dan tot het einde van de laatste termijn waarover rente is voldaan.

Koersberekening bij verrekening

3. Indien voor de bepaling van de werking van een verrekening bij geldschulden een koersberekening nodig is, geschiedt deze volgens dezelfde maatstaven als wanneer op de dag der verrekening wederzijdse betaling had plaatsgevonden.
(Zie ook: art. 124 BW Boek 6)

Art. 130

Overgang vordering bij verrekening

1. Is een vordering onder bijzondere titel overgegaan, dan is de schuldenaar bevoegd ondanks de overgang ook een tegenvordering op de oorspronkelijke schuldeiser in verrekening te brengen, mits deze tegenvordering uit dezelfde rechtsverhouding als de overgegane vordering voortvloeit of reeds vóór de overgang aan hem is opgekomen en opeisbaar geworden.
(Zie ook: art. 80 BW Boek 3; artt. 127, 145 BW Boek 6)

Beslag en beperkt recht bij verrekening

2. Het vorige lid is van overeenkomstige toepassing, wanneer op een vordering beslag is gelegd of een beperkt recht is gevestigd waarvan mededeling aan de schuldenaar is gedaan.
(Zie ook: artt. 8, 94, 202, 239, 246 BW Boek 3; art. 475 Rv)
3. De vorige leden zijn niet van toepassing, indien de overgang of de vestiging van het beperkte recht een vordering aan toonder of order betrof en is geschied overeenkomstig artikel 93 van Boek 3.
(Zie ook: artt. 36, 45 BW Boek 3; artt. 128, 146, 147, 148, 236 BW Boek 6; art. 25 IW 1990)

Art. 131

Verjaring bij verrekening

1. De bevoegdheid tot verrekening eindigt niet door verjaring van de rechtsvordering.
(Zie ook: art. 306 BW Boek 3; artt. 56, 268 BW Boek 6; art. 232 BW Boek 7)
2. Uitstel van betaling of van executie, bij wijze van gunst door de schuldeiser verleend, staat aan verrekening door de schuldenaar niet in de weg.
(Zie ook: art. 127 BW Boek 6)

Art. 132

Weigering verrekeningsverklaring

Wordt een verrekeningsverklaring uitgebracht door een daartoe bevoegde, dan kan niettemin de wederpartij die grond had om nakoming van haar verbintenis te weigeren, aan de verrekeningsverklaring haar werking ontnemen door op de weigeringsgrond een beroep te doen, onverwijld nadat die verklaring werd uitgebracht en zij tot dit beroep in staat was.
(Zie ook: art. 49 BW Boek 3; artt. 52, 127, 262 BW Boek 6)

Art. 133

Bevoegdheid tot verrekening

Nadat de ene partij een verrekeningsverklaring heeft uitgebracht, kan de andere partij, mits onverwijld, aan die verklaring haar werking ontnemen door alsnog gebruik te maken van een eigen bevoegdheid tot verrekening, doch alleen indien deze laatste verrekening verder terugwerkt.
(Zie ook: artt. 127, 129 BW Boek 6)

Art. 134

Tenietdoen ontbindingsverklaring bij verrekening

De schuldenaar uit een wederkerige overeenkomst, die tot verrekening bevoegd is, kan aan de verklaring van zijn wederpartij, strekkende tot ontbinding van de overeenkomst wegens nietnakoming, haar werking ontnemen door onverwijld van zijn bevoegdheid tot verrekening gebruik te maken.
(Zie ook: artt. 127, 129, 267 BW Boek 6)

Art. 135

Onbevoegdheid tot verrekening

Een schuldenaar is niet bevoegd tot verrekening:
a. voor zover beslag op de vordering van de wederpartij niet geldig zou zijn;
(Zie ook: artt. 54, 106 BW Boek 6; artt. 475a, 479 Rv)

13 Burgerlijk Wetboek Boek 6   art. 6:141

b. indien zijn verplichting strekt tot vergoeding van schade die hij opzettelijk heeft toegebracht.
(Zie ook: art. 127 BW Boek 6; artt. 116, 119 AW; art. 24 IW 1990)

Art. 136
De rechter kan een vordering ondanks een beroep van de verweerder op verrekening toewijzen, indien de gegrondheid van dit verweer niet op eenvoudige wijze is vast te stellen en de vordering overigens voor toewijzing vatbaar is.
(Zie ook: artt. 53, 234 FW)

Toewijzing vordering bij verrekening

Art. 137
1. Voor zover een verrekeningsverklaring onvoldoende aangeeft welke verbintenissen in de verrekening zijn betrokken, geldt de volgorde van toerekening, aangegeven in de artikelen 43 lid 2 en 44 lid 1.
(Zie ook: artt. 43, 127 BW Boek 6)
2. De wederpartij van degene die heeft verklaard te verrekenen, kan door een onverwijld protest aan die verklaring haar werking ontnemen, indien de toerekening op de haar verschuldigde hoofdsom, kosten en met inachtneming van artikel 129 te berekenen rente in deze verklaring in een andere volgorde is geschied dan die van artikel 44 lid 1.
(Zie ook: artt. 44, 133, 140 BW Boek 6)

Volgorde bij verrekening

Art. 138
1. De omstandigheid dat de plaats van voldoening der verbintenissen niet dezelfde is, sluit verrekening niet uit. Hij die verrekent, is in dit geval verplicht zijn wederpartij de schade te vergoeden die deze lijdt, doordat niet wederzijds te bestemder plaatse voldoening geschiedt.
(Zie ook: artt. 41, 95, 115, 127 BW Boek 6)
2. De wederpartij van degene die ondanks een verschil in de plaats van nakoming heeft verrekend, kan door een onverwijld protest aan de verklaring tot verrekening haar werking ontnemen, als zij er een gerechtvaardigd belang bij heeft dat geen verrekening, maar nakoming plaatsvindt.

Plaats bij verrekening

Art. 139
1. De borg en degene wiens goed voor de schuld van een ander verbonden is, kunnen de opschorting van hun aansprakelijkheid inroepen, voor zover de schuldeiser bevoegd is zijn vordering met een opeisbare schuld aan de schuldenaar te verrekenen.
(Zie ook: artt. 227, 284, 287, 291, 292 BW Boek 3; art. 52 BW Boek 6; art. 852 BW Boek 7)
2. Zij kunnen de bevrijding van hun aansprakelijkheid inroepen, voor zover de schuldeiser een bevoegdheid tot verrekening met een nieuwe schuld aan de schuldenaar heeft doen verloren gaan, tenzij hij daartoe een redelijke grond had of hem geen schuld treft.

Borg bij verrekening

Art. 140
1. Moeten tussen twee partijen krachtens wet, gewoonte of rechtshandeling geldvorderingen en geldschulden in één rekening worden opgenomen, dan worden zij in de volgorde waarin partijen volgens de voorgaande artikelen of krachtens hun onderlinge rechtsverhouding tot verrekening bevoegd worden, dadelijk van rechtswege verrekend en is op ieder tijdstip alleen het saldo verschuldigd. Artikel 137 is niet van toepassing.
(Zie ook: artt. 111, 127 BW Boek 6)
2. De partij die de rekening bijhoudt, sluit deze jaarlijks af en deelt het op dat tijdstip verschuldigde saldo mede aan de wederpartij met opgave van de aan deze nog niet eerder medegedeelde posten waaruit het is samengesteld.
(Zie ook: art. 359 BW Boek 1)
3. Indien de wederpartij niet binnen redelijke tijd tegen het ingevolge het vorige lid medegedeelde saldo protesteert, geldt dit als tussen partijen vastgesteld.
4. Na vaststelling van het saldo kan ten aanzien van de afzonderlijke posten geen beroep meer worden gedaan op het intreden van verjaring of op het verstrijken van een vervaltermijn. De rechtsvordering tot betaling van het saldo verjaart door verloop van vijf jaren na de dag, volgende op die waarop de rekening is geëindigd en het saldo opeisbaar is geworden.
(Zie ook: artt. 306, 307 BW Boek 3)
5. Uit de tussen partijen bestaande rechtsverhouding kan anders voortvloeien dan in de vorige leden is bepaald.

Verrekening van rechtswege

Art. 141
Indien een verbintenis geheel of gedeeltelijk door verrekening tenietgaat, zijn de leden 1 en 2 van artikel 48 van overeenkomstige toepassing.
(Zie ook: art. 160 BW Boek 6)

Schakelbepaling

Titel 2
Overgang van vorderingen en schulden en afstand van vorderingen

Afdeling 1
Gevolgen van overgang van vorderingen

Art. 142

Nevenrechten bij overgang vordering

1. Bij overgang van een vordering op een nieuwe schuldeiser verkrijgt deze de daarbij behorende nevenrechten, zoals rechten van pand en hypotheek en uit borgtocht, voorrechten en de bevoegdheid om de ter zake van de vordering en de nevenrechten bestaande executoriale titels ten uitvoer te leggen.
(Zie ook: art. 93 BW Boek 1; artt. 93, 186, 236, 260, 283, 288 BW Boek 3; artt. 880, 1002 BW Boek 4; artt. 143, 150, 159, 251, 252 BW Boek 6; art. 850 BW Boek 7)
2. Onder de nevenrechten zijn tevens begrepen het recht van de vorige schuldeiser op bedongen rente of boete of op een dwangsom, behalve voor zover de rente opeisbaar of de boete of dwangsom reeds verbeurd was op het tijdstip van de overgang.
(Zie ook: artt. 91, 153 BW Boek 6; art. 14 BW Boek 7; art. 611a Rv)

Art. 143

Afgifte bewijsstukken bij overgang vordering

1. In geval van overgang van een vordering is de vorige schuldeiser verplicht de op de vordering en op de nevenrechten betrekking hebbende bewijsstukken af te geven aan de nieuwe schuldeiser. Behoudt hij zelf belang bij een bewijsstuk, dan is hij slechts verplicht om aan de nieuwe schuldeiser op diens verlangen en op diens kosten een afschrift of uittreksel af te geven, waaruit met overeenkomstige bewijskracht als uit het oorspronkelijke stuk van de vordering blijkt.

Afgifte executoriale titels bij overgang vordering

2. De vorige schuldeiser is tevens verplicht tot afgifte van de in het vorige artikel bedoelde executoriale titels of, indien hijzelf belang bij deze titels behoudt, om de nieuwe schuldeiser tot tenuitvoerlegging daarvan in de gelegenheid te stellen.

Afgifte pand bij overgang vordering

3. In geval van overgang van de gehele vordering is de vorige schuldeiser verplicht de zich in zijn handen bevindende panden af te geven aan de nieuwe schuldeiser.

Overgang hypotheek bij overgang vordering

4. In geval van overgang van een vordering waaraan hypotheek is verbonden, is de vorige schuldeiser verplicht desverlangd ertoe mede te werken dat uit de openbare registers van deze overgang blijkt.
(Zie ook: artt. 17, 24 BW Boek 3)

Art. 144

Overgang verplichtingen op nieuwe schuldeiser bij overgang vordering

1. Brengt de overdracht van een vordering mee dat verplichtingen die uit het schuldeiserschap of uit nevenrechten voortvloeien, overgaan op de nieuwe schuldeiser, dan staat de vorige schuldeiser in voor de nakoming van deze verplichtingen.
(Zie ook: art. 94 BW Boek 3; art. 251 BW Boek 6)
2. Lid 1 is niet van toepassing in geval van overdracht van een vordering aan toonder of order overeenkomstig artikel 93 van Boek 3.

Art. 145

Verweermiddelen schuldenaar bij overgang vordering

Overgang van een vordering laat de verweermiddelen van de schuldenaar onverlet.
(Zie ook: art. 36 BW Boek 3; art. 146 BW Boek 6)

Art. 146

Verweermiddelen schuldenaar bij toonder of order bij overgang vordering

1. Na een overdracht overeenkomstig artikel 93 van Boek 3 van een vordering aan toonder of aan order kan de schuldenaar een verweermiddel, gegrond op zijn verhouding tot een vorige schuldeiser, niet tegenwerpen aan de verkrijger en diens rechtsopvolgers, tenzij op het tijdstip van de overdracht het verweermiddel bekend was aan de verkrijger of voor hem kenbaar was uit het papier.
(Zie ook: art. 130 BW Boek 6; artt. 441, 940 BW Boek 8; artt. 116, 176, 199 WvK)
2. Een beroep op onbekwaamheid of onbevoegdheid kan ook jegens een daarmee niet bekende verkrijger worden gedaan, indien zij ten tijde van zijn verkrijging kenbaar was uit een in een openbaar register opgenomen inschrijving, bij of krachtens de wet voorgeschreven teneinde kennisneming mogelijk te maken van de feiten waarop de onbevoegdheid of onbekwaamheid berust.
(Zie ook: artt. 16, 116, 391 BW Boek 1; artt. 29, 289 BW Boek 2; art. 148 BW Boek 6; art. 19 FW)

Art. 147

Vervalsing bij overgang vordering

In geval van overdracht van een papier aan toonder of aan order verliest degene die volgens dat papier schuldenaar is, en aan wie is toe te rekenen dat het papier tegen zijn wil in omloop is of dat zijn handtekening vals of het papier vervalst is, de bevoegdheid zich daarop te beroepen tegenover de verkrijger te goeder trouw en diens rechtsopvolgers.
(Zie ook: art. 93 BW Boek 3; art. 148 BW Boek 6; artt. 168, 228 WvK)

Art. 148
De artikelen 146 en 147 zijn van overeenkomstige toepassing in geval van vestiging van een beperkt recht op een vordering aan toonder of aan order.
(Zie ook: artt. 98, 201, 236 BW Boek 3)

Beperkt recht bij overgang vordering

Art. 149
1. Oefent de schuldenaar na overgang van de vordering onder bijzondere titel jegens de oorspronkelijke schuldeiser een bevoegdheid uit tot vernietiging of ontbinding van de rechtshandeling waaruit de vordering voortspruit, dan is hij verplicht om de nieuwe schuldeiser zo spoedig mogelijk daarvan mededeling te doen, tenzij de vernietiging of ontbinding niet aan deze kan worden tegengeworpen.
(Zie ook: artt. 36, 49 BW Boek 3; artt. 74, 145, 146, 265 BW Boek 6)
2. Na verjaring van de rechtsvordering tot vernietiging of ontbinding wordt een beroep op de vernietigings- of ontbindingsgrond ter afwering van een op de rechtshandeling steunende rechtsvordering of andere rechtsmaatregel gericht tot de nieuwe schuldeiser en is de schuldenaar verplicht zo spoedig mogelijk nadien mededeling daarvan aan de oorspronkelijke schuldeiser te doen.
(Zie ook: artt. 51, 52, 311 BW Boek 3; artt. 74, 268 BW Boek 6)
3. De vorige leden zijn van overeenkomstige toepassing ter zake van de uitoefening van een bevoegdheid van de schuldenaar tot vernietiging of ontbinding, nadat op de vordering met mededeling aan hem een beperkt recht is gevestigd.
(Zie ook: artt. 98, 201, 236, 246 BW Boek 3)

Vernietiging of ontbinding bij overgang vordering

Afdeling 2
Subrogatie

Art. 150
Een vordering gaat bij wijze van subrogatie over op een derde:
a. indien een hem toebehorend goed voor de vordering wordt uitgewonnen;
(Zie ook: artt. 248, 268, 284, 292 BW Boek 3)
b. indien hij de vordering voldoet omdat een hem toebehorend goed voor de vordering verbonden is;
(Zie ook: artt. 248, 268, 284, 292 BW Boek 3)
c. indien hij de vordering voldoet om uitwinning te voorkomen van een hem niet toebehorend goed, mits door de uitwinning een recht dat hij op het goed heeft, verloren zou gaan of de voldoening van een hem toekomend vorderingsrecht in gevaar zou worden gebracht;
(Zie ook: art. 282 BW Boek 3)
d. krachtens overeenkomst tussen de derde die de vordering voldoet en de schuldenaar, mits de schuldeiser op het tijdstip van de voldoening deze overeenkomst kende of hem daarvan kennis was gegeven.
(Zie ook: art. 273 BW Boek 3; artt. 30, 73, 142, 143, 145 BW Boek 6)

Subrogatie

Art. 151
1. Subrogatie overeenkomstig artikel 150 vindt niet plaats voor zover de schuld de derde aangaat in zijn verhouding tot de schuldenaar.
2. De rechten van de schuldeiser jegens borgen en personen die geen schuldenaar zijn, gaan slechts op de derde over tot ten hoogste de bedragen, waarvoor de schuld ieder van hen aangaat in hun verhouding tot de schuldenaar.
(Zie ook: artt. 12, 142 BW Boek 6)

Beperkingen bij subrogatie

Art. 152
1. Blijkt verhaal krachtens subrogatie overeenkomstig artikel 150 geheel of gedeeltelijk onmogelijk, dan wordt het onvoldaan gebleven deel over de gesubrogeerde en andere in lid 2 van het vorige artikel genoemde derden omgeslagen naar evenredigheid van de bedragen waarvoor ieder op het tijdstip van de voldoening jegens de schuldeiser aansprakelijk was.
2. De gesubrogeerde kan van geen der andere bij de omslag betrokken derden een groter bedrag vorderen dan de oorspronkelijke schuldeiser op het tijdstip van de voldoening op deze had kunnen verhalen.
3. Ieder der in de omslag betrokkenen blijft gerechtigd het bijgedragene alsnog van hem die geen verhaal bood, terug te vorderen.
(Zie ook: art. 13 BW Boek 6; art. 869 BW Boek 7)

Omslag bij subrogatie

Art. 153
In het geval van subrogatie in de hoofdvordering verkrijgt de gesubrogeerde het recht op bedongen rente slechts voor zover deze betrekking heeft op het tijdvak na de overgang.
(Zie ook: artt. 90, 199 BW Boek 2; artt. 12, 142, 150 BW Boek 6; artt. 131, 162, 204, 284 WvK)

Bedongen rente bij subrogatie

Art. 154

Verplichtingen schuldeiser t.a.v. gesubrogeerde
De schuldeiser is jegens degene die, zo hij de vordering voldoet, zal worden gesubrogeerd, verplicht zich te onthouden van elke gedraging die ten koste van deze afbreuk doet aan de rechten waarin hij mag verwachten krachtens de subrogatie te zullen treden.
(Zie ook: artt. 90, 199 BW Boek 2; artt. 12, 74, 150 BW Boek 6; artt. 131, 162, 204, 284 WvK)

Afdeling 3
Schuld- en contractsoverneming

Art. 155

Schuldoverneming jegens schuldeisers
Een schuld gaat van de schuldenaar over op een derde, indien deze haar van de schuldenaar overneemt. De schuldoverneming heeft pas werking jegens de schuldeiser, indien deze zijn toestemming geeft nadat partijen hem van de overneming kennis hebben gegeven.
(Zie ook: artt. 32, 37 BW Boek 3; artt. 216, 217 BW Boek 6)

Art. 156

Toestemming bij voorbaat bij schuldoverneming
1. Heeft de schuldeiser bij voorbaat zijn toestemming tot een schuldoverneming gegeven, dan vindt de overgang plaats, zodra de schuldenaar tot overeenstemming is gekomen met de derde en partijen de schuldeiser schriftelijk van de overneming kennis hebben gegeven.
2. De schuldeiser kan een bij voorbaat gegeven toestemming niet herroepen, tenzij hij zich de bevoegdheid daartoe bij de toestemming heeft voorbehouden.
(Zie ook: art. 37 BW Boek 3; art. 159 BW Boek 6)

Art. 157

Nevenrechten bij schuldoverneming
1. De bij de vordering behorende nevenrechten worden na het tijdstip van de overgang tegen de nieuwe in plaats van tegen de oude schuldenaar uitgeoefend.

Pand/hypotheek/borgtocht bij schuldoverneming
2. Tot zekerheid van de overgegane schuld strekkende rechten van pand en hypotheek op een aan een der partijen toebehorend goed blijven bestaan; die op een niet aan partijen toebehorend goed en rechten uit borgtocht gaan door de overgang teniet, tenzij de pand- of hypotheekgever of borg tevoren in handhaving heeft toegestemd.

Voorrechten bij schuldoverneming
3. Voorrechten op bepaalde goederen waarop de schuldeiser niet tevens een verhaalsrecht jegens derden heeft, gaan door de overgang teniet, tenzij de schuldoverneming plaatsvindt ter uitvoering van de overdracht van een onderneming waartoe ook het goed waarop het voorrecht rust, behoort. Voorrechten op het vermogen van de schuldenaar gelden na de overgang als voorrechten op het vermogen van de nieuwe schuldenaar.
(Zie ook: artt. 276, 284 BW Boek 3; artt. 215, 226, 825, 836 BW Boek 8)

Rente/boete/dwangsom bij schuldoverneming
4. Bedongen rechten en boeten, alsmede dwangsommen die vóór de overgang aan de schuldenaar werden opgelegd, worden door de nieuwe in plaats van door de oude schuldenaar verschuldigd, voor zover zij na het tijdstip van de overgang zijn opeisbaar geworden of verbeurd.
(Zie ook: artt. 142, 159 BW Boek 6)

Art. 158

Nietigheid bij schuldoverneming
Indien de rechtsverhouding tussen de vorige en de nieuwe schuldenaar op grond waarvan de schuld is overgenomen, nietig, vernietigd of ontbonden is, kan de schuldeiser de schuld weer op de vorige schuldenaar doen overgaan door daartoe strekkende kennisgevingen aan de beide betrokken partijen; elk van hen kan de schuldeiser daartoe een redelijke termijn stellen.
(Zie ook: artt. 210, 271 BW Boek 6)

Art. 159

Contractsoverneming
1. Een partij bij een overeenkomst kan haar rechtsverhouding tot de wederpartij met medewerking van deze laatste overdragen aan een derde bij een tussen haar en de derde opgemaakte akte.
2. Hierdoor gaan alle rechten en verplichtingen over op de derde, voor zover niet ten aanzien van bijkomstige of reeds opeisbaar geworden rechten of verplichtingen anders is bepaald.

Schakelbepaling
3. Artikel 156 en de leden 1-3 van artikel 157 zijn van overeenkomstige toepassing.
(Zie ook: art. 32 BW Boek 3; artt. 216, 217 BW Boek 6)

Afdeling 4
Afstand en vermenging

Art. 160

Afstand
1. Een verbintenis gaat teniet door een overeenkomst van de schuldeiser met de schuldenaar, waarbij hij van zijn vorderingsrecht afstand doet.
(Zie ook: artt. 32, 98 BW Boek 3; artt. 216, 217 BW Boek 6)
2. Een door de schuldeiser tot de schuldenaar gericht aanbod tot afstand om niet geldt als aanvaard, wanneer de schuldenaar van het aanbod heeft kennisgenomen en het niet onverwijld heeft afgewezen.
(Zie ook: artt. 52, 253 BW Boek 6)

3. De artikelen 48 leden 1 en 2 en 49 leden 1-3 zijn van overeenkomstige toepassing.
(Zie ook: art. 141 BW Boek 6)

Art. 161

1. Een verbintenis gaat teniet door vermenging, wanneer door overgang van de vordering of de schuld de hoedanigheid van schuldeiser en die van schuldenaar zich in één persoon verenigen.
2. Het vorige lid is niet van toepassing:
a. zolang de vordering en de schuld in van elkaar gescheiden vermogens vallen;
b. in geval van overdracht overeenkomstig artikel 93 van Boek 3 van een vordering aan toonder of order;
(Zie ook: artt. 110, 176, 191 WvK)
c. indien de voormelde vereniging van hoedanigheden het gevolg is van een rechtshandeling onder ontbindende voorwaarde, zolang niet vaststaat dat de voorwaarde niet meer in vervulling kan gaan.
(Zie ook: art. 382 BW Boek 3)
3. Tenietgaan van een verbintenis door vermenging laat de op de vordering rustende rechten van derden onverlet.
(Zie ook: artt. 81, 201, 236, 283, 287 BW Boek 3; artt. 214, 225, 824, 835 BW Boek 8)

Schakelbepaling

Vermenging

Titel 3
Onrechtmatige daad

Afdeling 1
Algemene bepalingen

Art. 162

1. Hij die jegens een ander een onrechtmatige daad pleegt, welke hem kan worden toegerekend, is verplicht de schade die de ander dientengevolge lijdt, te vergoeden.
2. Als onrechtmatige daad worden aangemerkt een inbreuk op een recht en een doen of nalaten in strijd met een wettelijke plicht of met hetgeen volgens ongeschreven recht in het maatschappelijk verkeer betaamt, een en ander behoudens de aanwezigheid van een rechtvaardigingsgrond.
3. Een onrechtmatige daad kan aan de dader worden toegerekend, indien zij te wijten is aan zijn schuld of aan een oorzaak welke krachtens de wet of de in het verkeer geldende opvattingen voor zijn rekening komt.
(Zie ook: artt. 121, 125, 310, 314 BW Boek 3; art. 37 BW Boek 5; artt. 74, 75, 98, 101, 102, 163, 198, 200, 204, 212, 277 BW Boek 6; artt. 544, 545, 1005, 1006 BW Boek 8; artt. 39, 44, 56, 92 Wet RO; artt. 14c, 74 WvSr; art. 332 WvSv)

Schadevergoeding bij onrechtmatige daad
Onrechtmatige daad

Art. 163
Geen verplichting tot schadevergoeding bestaat, wanneer de geschonden norm niet strekt tot bescherming tegen de schade zoals de benadeelde die heeft geleden.
(Zie ook: art. 40 BW Boek 3)

Relativiteit bij onrechtmatige daad

Art. 164
Een gedraging van een kind dat de leeftijd van veertien jaren nog niet heeft bereikt, kan aan hem niet als een onrechtmatige daad worden toegerekend.

Kind tot 14 jaar bij onrechtmatige daad

Art. 165

1. De omstandigheid dat een als een doen te beschouwen gedraging van een persoon van veertien jaren of ouder verricht is onder invloed van een geestelijke of lichamelijke tekortkoming, is geen beletsel haar als een onrechtmatige daad aan de dader toe te rekenen.
2. Is jegens de benadeelde tevens een derde wegens onvoldoende toezicht aansprakelijk, dan is deze derde jegens de dader verplicht tot bijdragen in de schadevergoeding voor het gehele bedrag van zijn aansprakelijkheid jegens de benadeelde.
(Zie ook: artt. 10, 101, 102, 197 BW Boek 6)

Geestelijke of lichamelijke tekortkoming bij onrechtmatige daad
Interne draagplicht bij onrechtmatige daad

Art. 166

1. Indien één uit tot een groep behorende personen onrechtmatig schade toebrengt en de kans op het aldus toebrengen van schade deze personen had behoren te weerhouden van hun gedragingen in groepsverband, zijn zij hoofdelijk aansprakelijk indien deze gedragingen hun kunnen worden toegerekend.
(Zie ook: artt. 10, 197 BW Boek 6; artt. 47, 48, 141 WvSr)
2. Zij moeten onderling voor gelijke delen in de schadevergoeding bijdragen, tenzij in de omstandigheden van het geval de billijkheid een andere verdeling vordert.

Groepsaansprakelijkheid bij onrechtmatige daad

Interne draagplicht bij onrechtmatige daad

Art. 167

1. Wanneer iemand krachtens deze titel jegens een ander aansprakelijk is ter zake van een onjuiste of door onvolledigheid misleidende publicatie van gegevens van feitelijke aard, kan de rechter hem op vordering van die ander veroordelen tot openbaarmaking van een rectificatie op een door de rechter aan te geven wijze.

Rectificatie bij onrechtmatige daad

art. 6:168

2. Hetzelfde geldt, indien aansprakelijkheid ontbreekt, omdat de publicatie aan de dader wegens diens onbekendheid met de onjuistheid of onvolledigheid niet als een onrechtmatige daad is toe te rekenen.
3. In het geval van lid 2 kan de rechter die de vordering toewijst bepalen dat de kosten van het geding en van de openbaarmaking van de rectificatie geheel of gedeeltelijk moeten worden gedragen door degene die de vordering heeft ingesteld. Elk der partijen heeft voor het gedeelte van de kosten van het geding en van de openbaarmaking van de rectificatie dat ingevolge de uitspraak door hem moet worden gedragen, verhaal op ieder die voor de door de publicatie ontstane schade aansprakelijk is.
(Zie ook: artt. 103, 194 BW Boek 6; art. 56 Rv)

Art. 168

Dulden onrechtmatige gedraging

1. De rechter kan een vordering, strekkende tot verbod van een onrechtmatige gedraging, afwijzen op de grond dat deze gedraging op grond van zwaarwegende maatschappelijke belangen behoort te worden geduld. De benadeelde behoudt zijn recht op vergoeding van de schade overeenkomstig de onderhavige titel.
(Zie ook: art. 296 BW Boek 3)
2. In het geval van artikel 170 is de ondergeschikte voor deze schade niet aansprakelijk.
3. Wordt aan een veroordeling tot schadevergoeding of tot het stellen van zekerheid daarvoor niet voldaan, dan kan de rechter alsnog een verbod van de gedraging opleggen.
(Zie ook: art. 105 BW Boek 6)

Afdeling 2
Aansprakelijkheid voor personen en zaken

Art. 169

Kind tot 14 jaar bij aansprakelijkheid

1. Voor schade aan een derde toegebracht door een als een doen te beschouwen gedraging van een kind dat nog niet de leeftijd van veertien jaren heeft bereikt en aan wie deze gedraging als een onrechtmatige daad zou kunnen worden toegerekend als zijn leeftijd daaraan niet in de weg zou staan, is degene die het ouderlijk gezag of de voogdij over het kind uitoefent, aansprakelijk.

Kind 14-15 jaar bij aansprakelijkheid

2. Voor schade, aan een derde toegebracht door een fout van een kind dat de leeftijd van veertien jaren al wel maar die van zestien jaren nog niet heeft bereikt, is degene die het ouderlijk gezag of de voogdij over het kind uitoefent, aansprakelijk, tenzij hem niet kan worden verweten dat hij de gedraging van het kind niet heeft belet.
(Zie ook: artt. 245, 251, 280, 292, 295, 336 BW Boek 1; artt. 164, 183, 197 BW Boek 6)

Art. 170

Ondergeschikte bij aansprakelijkheid

1. Voor schade, aan een derde toegebracht door een fout van een ondergeschikte, is degene in wiens dienst de ondergeschikte zijn taak vervult aansprakelijk, indien de kans op de fout door de opdracht tot het verrichten van deze taak is vergroot en degene in wiens dienst hij stond, uit hoofde van hun desbetreffende rechtsbetrekking zeggenschap had over de gedragingen waarin de fout was gelegen.
2. Stond de ondergeschikte in dienst van een natuurlijke persoon en was hij niet werkzaam voor een beroep of bedrijf van deze persoon, dan is deze slechts aansprakelijk, indien de ondergeschikte bij het begaan van de fout handelde ter vervulling van de hem opgedragen taak.
3. Zijn de ondergeschikte en degene in wiens dienst hij stond, beiden voor de schade aansprakelijk, dan behoeft de ondergeschikte in hun onderlinge verhouding niet in de schadevergoeding bij te dragen, tenzij de schade een gevolg is van zijn opzet of bewuste roekeloosheid. Uit de omstandigheden van het geval, mede gelet op de aard van hun verhouding, kan anders voortvloeien dan in de vorige zin is bepaald.
(Zie ook: art. 66 BW Boek 3; artt. 101, 102, 171, 181, 183, 257 BW Boek 6; art. 603 BW Boek 7; artt. 365, 366 BW Boek 8)

Art. 171

Niet-ondergeschikte bij aansprakelijkheid

Indien een niet ondergeschikte die in opdracht van een ander werkzaamheden ter uitoefening van diens bedrijf verricht, jegens een derde aansprakelijk is voor een bij die werkzaamheden begane fout, is ook die ander jegens de derde aansprakelijk.
(Zie ook: artt. 170, 181, 183, 197 BW Boek 6; art. 1 BW Boek 7)

Art. 172

Vertegenwoordiger bij aansprakelijkheid

Indien een gedraging van een vertegenwoordiger ter uitoefening van de hem als zodanig toekomende bevoegdheden een fout jegens een derde inhoudt, is ook de vertegenwoordigde jegens de derde aansprakelijk.
(Zie ook: artt. 337, 343, 386, 441 BW Boek 1; art. 60 BW Boek 3; art. 183 BW Boek 6; art. 400 BW Boek 7; art. 68 FW)

Art. 173

Gebrekkige zaak bij aansprakelijkheid

1. De bezitter van een roerende zaak waarvan bekend is dat zij, zo zij niet voldoet aan de eisen die men in de gegeven omstandigheden aan de zaak mag stellen, een bijzonder gevaar voor

art. 6:175

personen of zaken oplevert, is, wanneer dit gevaar zich verwezenlijkt, aansprakelijk, tenzij aansprakelijkheid op grond van de vorige afdeling zou hebben ontbroken indien hij dit gevaar op het tijdstip van ontstaan daarvan zou hebben gekend.

2. Indien de zaak niet aan de in het vorige lid bedoelde eisen voldoet wegens een gebrek als bedoeld in afdeling 3 van titel 3, bestaat geen aansprakelijkheid op grond van het vorige lid voor schade als in die afdeling bedoeld, tenzij — *Uitzonderingen gebrekkige zaak bij aansprakelijkheid*

   a. alle omstandigheden in aanmerking genomen, aannemelijk is dat het gebrek niet bestond op het tijdstip waarop het produkt in het verkeer is gebracht of dat het gebrek op een later tijdstip is ontstaan; of

   b. het betreft zaakschade ter zake waarvan krachtens afdeling 3 van titel 3 geen recht op vergoeding bestaat op grond van de in die afdeling geregelde franchise.

3. De vorige leden zijn niet van toepassing op dieren, schepen en luchtvaartuigen.
(Zie ook: art. 2 BW Boek 3; art. 1 BW Boek 5; artt. 174 t/m 183, 197 BW Boek 6; artt. 1, 540, 780, 1000 BW Boek 8)

Art. 174

1. De bezitter van een opstal die niet voldoet aan de eisen die men daaraan in de gegeven omstandigheden mag stellen, en daardoor gevaar voor personen of zaken oplevert, is, wanneer dit gevaar zich verwezenlijkt, aansprakelijk, tenzij aansprakelijkheid op grond van de vorige afdeling zou hebben ontbroken indien hij op het tijdstip van het ontstaan ervan zou hebben gekend. — *Opstallen bij aansprakelijkheid*

2. Bij erfpacht rust de aansprakelijkheid op de bezitter van het erfpachtsrecht. Bij openbare wegen en waterstaatswerken rust zij op het overheidslichaam dat moet zorgen dat de weg of het waterstaatswerk in goede staat verkeert, bij kabels en leidingen op de kabel- en leidingbeheerder, behalve voor zover de kabel of leiding zich bevindt in een gebouw of werk en strekt tot toevoer of afvoer ten behoeve van dat gebouw of werk. — *Erfpacht/wegen/leidingen bij aansprakelijkheid*
(Zie ook: art. 85 BW Boek 5)

3. Bij ondergrondse werken rust de aansprakelijkheid op degene die op het moment van het bekend worden van de schade het werk in de uitoefening van zijn bedrijf gebruikt. Indien na het bekend worden van de schade een ander gebruiker wordt, blijft de aansprakelijkheid rusten op degene die ten tijde van dit bekend worden gebruiker was. Indien de schade is bekend geworden na beëindiging van het gebruik van het ondergrondse werk, rust de aansprakelijkheid op degene die de laatste gebruiker was. — *Ondergrondse werken bij aansprakelijkheid*

4. Onder opstal in dit artikel worden verstaan gebouwen en werken, die duurzaam met de grond zijn verenigd, hetzij rechtstreeks, hetzij door vereniging met andere gebouwen of werken. — *Begripsbepalingen*

5. Degene die in de openbare registers als eigenaar van de opstal of van de grond staat ingeschreven, wordt vermoed de bezitter van de opstal te zijn.

6. Voor de toepassing van dit artikel wordt onder openbare weg mede begrepen het weglichaam, alsmede de weguitrusting.
(Zie ook: artt. 3, 16, 107 BW Boek 3; art. 101 BW Boek 5; artt. 177, 180, 181, 183, 197 BW Boek 6; art. 427 WvSr)

Art. 175

1. Degene die in de uitoefening van zijn beroep of bedrijf een stof gebruikt of onder zich heeft, terwijl van deze stof bekend is dat zij zodanige eigenschappen heeft, dat zij een bijzonder gevaar van ernstige aard voor personen of zaken oplevert, is aansprakelijk, wanneer dit gevaar zich verwezenlijkt. Onder degene die een bedrijf uitoefent, wordt mede begrepen elke rechtspersoon die de stof in de uitoefening van zijn taak gebruikt of onder zich heeft. Als bijzonder gevaar van ernstige aard geldt in elk geval dat de stof ontplofbaar, oxyderend, ontvlambaar, licht ontvlambaar of zeer licht ontvlambaar, dan wel vergiftig of zeer vergiftig is indien de stof als zodanig is ingedeeld overeenkomstig de artikelen 3 en 4 en titel II van verordening (EG) nr. 1272/2008 van het Europees Parlement en van de Raad van de Europese Unie van 16 december 2008 betreffende de indeling, etikettering en verpakking van stoffen en mengsels tot wijziging en intrekking van de Richtlijnen 67/548/EEG en 1999/45/EG en tot wijziging van Verordening (EG) nr. 1907/2006 (PbEU L 353). — *Gevaarlijke stoffen bij aansprakelijkheid*

2. Bevindt de stof zich in de macht van een bewaarder die er zijn bedrijf van maakt zodanige stoffen te bewaren, dan rust de aansprakelijkheid uit het eerste lid op deze. Met een zodanige bewaarder wordt gelijkgesteld de vervoerder, expediteur, stuwadoor, bewaarder of soortgelijke ondernemer, die de stof ten vervoer of uit hoofde van een met het vervoer samenhangende overeenkomst in ontvangst heeft genomen, zulks voor de periode waarin de stof zich in zijn macht bevindt zonder dat afdeling 4 van titel 6, 4 van titel 11, 1 van titel 14 of 4 van titel 19 van Boek 8 van toepassing is.

3. Bevindt de stof zich in een leiding, dan rust de aansprakelijkheid uit het eerste lid op de leidingbeheerder, behalve voor zover de leiding zich bevindt in een gebouw of werk en strekt tot toevoer of afvoer ten behoeve van dit gebouw of werk.

4. Is de schade een gevolg van verontreiniging met de stof van lucht, water of bodem, dan rust de aansprakelijkheid uit het eerste lid op degene die bij de aanvang van de tot verontreiniging leidende gebeurtenis door dit artikel als aansprakelijke persoon werd aangewezen. Heeft de verontreiniging plaatsgevonden doordat de stof in verpakte toestand in water of bodem is gekomen of op de bodem is achtergelaten, dan wordt die gebeurtenis geacht op dit tijdstip reeds te zijn aangevangen.

5. Vormt de stof, al of niet tezamen met andere bestanddelen, een roerende zaak als bedoeld in artikel 173 lid 1, is zij in een zodanige zaak verpakt of is zij opgeslagen in een daartoe bestemd gebouw of werk als bedoeld in artikel 174, vierde lid, dan rust de aansprakelijkheid uit de artikelen 173 en 174, voor wat betreft de schade die door verwezenlijking van het aan de stof verbonden gevaar is veroorzaakt, op dezelfde persoon als op wie krachtens de voorgaande leden aansprakelijkheid ter zake van de stof rust.

6. Een stof wordt geacht aan de omschrijving van de eerste zin van het eerste lid te voldoen, wanneer zij bij algemene maatregel van bestuur als zodanig is aangewezen. Een stof kan in elk geval worden aangewezen als zij is ingedeeld overeenkomstig de artikelen 3 en 4 en titel II van verordening (EG) nr. 1272/2008 van het Europees Parlement en de Raad van de Europese Unie van 16 december 2008 betreffende de indeling, etikettering en verpakking van stoffen en mengsels tot wijziging en intrekking van de Richtlijnen 67/548/EEG en 1999/45/EG en tot wijziging van Verordening (EG) nr. 1907/2006 (PbEU L 353). De aanwijzing kan worden beperkt tot bepaalde concentraties van de stof, tot bepaalde in de algemene maatregel van bestuur te omschrijven gevaren die aan de stof verbonden zijn, en tot bepaalde daarin te omschrijven situaties waarin de stof zich bevindt.

(Zie ook: art. 310 BW Boek 3; artt. 178, 181, 184, 197 BW Boek 6; artt. 20, 60, 62, 1030, 1210, 1670 BW Boek 8)

Art. 176

Exploitant stortplaats gevaarlijke stoffen bij aansprakelijkheid

Begripsbepalingen

1. De exploitant van een stortplaats is aansprakelijk voor de schade die voor of na de sluiting van de stortplaats ontstaat als gevolg van verontreiniging van lucht, water of bodem met de daar voor die sluiting gestorte stoffen.

2. In dit artikel wordt onder exploitant van een stortplaats verstaan:
a. degene voor wie een omgevingsvergunning geldt als bedoeld in artikel 2.1, eerste lid, onder e, van de Wet algemene bepalingen omgevingsrecht om op het in lid 6 bedoelde terrein een stortplaats op te richten, te veranderen of de werking daarvan te veranderen of in werking te hebben;
b. een ieder die de stortplaats exploiteert zonder dat voor hem een zodanige vergunning geldt.

3. Indien na het bekend worden van de schade een ander exploitant van de stortplaats wordt, blijft de aansprakelijkheid voor die schade rusten op degene die tijdens dit bekend worden exploitant was.

4. Indien de schade is bekend geworden na de sluiting van de stortplaats, rust de aansprakelijkheid op degene die de laatste exploitant was. Geen aansprakelijkheid op grond van dit artikel bestaat, wanneer op het tijdstip waarop de schade bekend wordt, meer dan twintig jaren waren verstreken nadat de stortplaats was gesloten met inachtneming van de geldende overheidsvoorschriften, of de schade een gevolg is van een gebruik van de grond in strijd met hetgeen wegens de aanwezigheid van de gesloten stortplaats omtrent dit gebruik is voorgeschreven.

5. Indien de exploitatie als stortplaats wettelijk is toegelaten, zijn degenen die de stoffen waardoor de verontreiniging is opgetreden, daar hebben gestort of doen storten, noch aansprakelijk krachtens artikel 175, noch krachtens afdeling 6.3.4 van titel 6, 4 van titel 11, 1 van titel 14 of 4 van titel 19 van Boek 8. Indien op de stortplaats een zaak als bedoeld in artikel 173 of een stof als bedoeld in artikel 175 is gestort, rust de aansprakelijkheid uit die artikelen op degene die krachtens de voorgaande leden als exploitant van de stortplaats aansprakelijk is.

6. Onder stortplaats is begrepen elk terrein dat door de exploitant daarvan is bestemd voor het storten van al of niet verpakte, geheel of ten dele van anderen afkomstige stoffen met als doel dat de exploitant of die anderen zich van die stoffen ontdoen door ze daar op of in de bodem te brengen. Onder storten wordt mede begrepen elke vorm van deponeren of afgeven van de stof op de stortplaats.

(Zie ook: art. 310 BW Boek 3; artt. 178, 182, 184, 197 BW Boek 6; artt. 620, 1030, 1210, 1670 BW Boek 8)

Art. 177

Exploitant mijnbouwwerken bij aansprakelijkheid

1. De exploitant van een mijnbouwwerk als bedoeld in artikel 1, onderdeel n, van de Mijnbouwwet is aansprakelijk voor de schade die ontstaat door:
a. uitstroming van delfstoffen als bedoeld in artikel 1, onderdeel a, van de Mijnbouwwet als gevolg van het niet beheersen van de ondergrondse natuurkrachten die door de aanleg of bij de exploitatie van het werk zijn ontketend;
b. beweging van de bodem als gevolg van de aanleg of de exploitatie van dat werk.

Begripsbepalingen

2. In dit artikel wordt onder exploitant van een mijnbouwwerk verstaan:
a. de houder van een vergunning als bedoeld in artikel 6 of 25 van de Mijnbouwwet, die een mijnbouwwerk aanlegt of doet aanleggen dan wel in gebruik heeft;

b. een ieder die, anders dan als ondergeschikte, een mijnbouwwerk aanlegt of doet aanleggen dan wel in gebruik heeft zonder dat hij houder is van een vergunning als bedoeld in onderdeel a, tenzij hij in opdracht van een ander handelt die houder is van een vergunning als vorenbedoeld dan wel, indien die ander dat niet is, hij daarmee niet bekend was of behoorde te zijn.
3. Voor schade door uitstroming van delfstoffen is aansprakelijk degene die ten tijde van de gebeurtenis waardoor de uitstroming plaatsvindt, exploitant van een mijnbouwwerk is. Indien na deze gebeurtenis een ander exploitant wordt van het mijnbouwwerk, blijft de aansprakelijkheid voor deze schade rusten op degene die ten tijde van die gebeurtenis exploitant was. Indien de gebeurtenis plaatsvindt nadat het mijnbouwwerk is verlaten, rust de aansprakelijkheid op degene die de laatste exploitant van het werk was, tenzij op het tijdstip van die gebeurtenis meer dan vijf jaren waren verstreken nadat het werk was verlaten met inachtneming van de geldende overheidsvoorschriften.

Uitstroming delfstoffen bij aansprakelijkheid

4. Voor schade door beweging van de bodem is aansprakelijk degene die ten tijde van het bekend worden van deze schade exploitant is. Indien na het bekend worden een ander exploitant wordt, blijft de aansprakelijkheid rusten op degene die ten tijde van dit bekend worden exploitant was. Indien deze schade bekend wordt na sluiting van het mijnbouwwerk, rust de aansprakelijkheid op degene die de laatste exploitant was.

Aansprakelijkheid, beweging bodem

5. Indien op de gebeurtenis waardoor de uitstroming of de beweging van de bodem is ontstaan, tevens een aansprakelijkheid uit artikel 173, 174 of 175 kan worden gegrond, rust die aansprakelijkheid, wat betreft de door die uitstroming of beweging van de bodem veroorzaakte schade, op dezelfde persoon als op wie de aansprakelijkheid ter zake van het mijnbouwwerk rust.
(Zie ook: art. 310 BW Boek 3; artt. 174, 178, 182, 184, 197 BW Boek 6)
6. Op verzoek van de wederpartij verstrekt de exploitant alle informatie waarover hij beschikt ten aanzien van de exploitatie, de bodemstructuur en bodembewegingen die benodigd is om te kunnen beoordelen of zijn verweer gegrond is. Het verstrekken van informatie kan achterwege blijven indien daarvoor gewichtige redenen zijn.

Informatiepositie van de benadeelde

7. Onverminderd de artikelen 10 en 11 van de Wet openbaarheid van bestuur staat de informatie ten aanzien van de exploitatie, de bodemstructuur en bodembewegingen waarover publiekrechtelijke rechtspersonen als bedoeld in artikel 1 van Boek 2 van het Burgerlijk Wetboek, alsmede hun adviserende instanties beschikken op verzoek van de exploitant ter beschikking van de wederpartij, voor zover die informatie benodigd is om te kunnen beoordelen of het verweer van de exploitant gegrond is.

Art. 177a
1. Bij fysieke schade aan gebouwen en werken, die naar haar aard redelijkerwijs schade door beweging van de bodem als gevolg van de aanleg of de exploitatie van een mijnbouwwerk ten behoeve van het winnen van gas uit het Groningenveld zou kunnen zijn, wordt vermoed dat die schade veroorzaakt is door de aanleg of de exploitatie van dat mijnbouwwerk.

Bewijsvermoeden bij fysieke schade aan gebouwen en werken

2. De benadeelde kan zich slechts beroepen op het vermoeden, bedoeld in het eerste lid, indien hij de exploitant, bedoeld in artikel 177, op diens verzoek de relevante bescheiden betreffende het gebouw of werk ter inzage geeft indien hij daarover beschikt, en de exploitant genoegzaam gelegenheid geeft de schade te onderzoeken.

Art. 178
Geen aansprakelijkheid krachtens artikel 175, 176 of 177 bestaat indien:
a. de schade is veroorzaakt door gewapend conflict, burgeroorlog, opstand, binnenlandse onlusten, oproer of muiterij;
b. de schade is veroorzaakt door een natuurgebeuren van uitzonderlijke, onvermijdelijke en onweerstaanbare aard, behoudens de in artikel 177 lid 1 bedoelde ondergrondse natuurkrachten in het geval van dat artikel;
c. de schade is veroorzaakt uitsluitend door voldoening aan een bevel of dwingend voorschrift van de overheid;
d. de schade is veroorzaakt bij een handeling met een stof als bedoeld in artikel 175 in het belang van de benadeelde zelf, waarbij het jegens deze redelijk was hem aan het gevaar voor schade bloot te stellen;
e. de schade is veroorzaakt uitsluitend door een handelen of nalaten van een derde, geschied met het opzet schade te veroorzaken, zulks onverminderd het bepaalde in de artikelen 170 en 171;
f. het gaat om hinder, verontreiniging of andere gevolgen, ter zake waarvan aansprakelijkheid op grond van de vorige afdeling zou hebben ontbroken, zo zij door de aangesprokene bewust zouden zijn veroorzaakt.
(Zie ook: artt. 182, 184, 197 BW Boek 6)

Uitzonderingen (stortplaats) gevaarlijke stoffen en mijnbouwwerken bij aansprakelijkheid

Art. 179

Dier bij aansprakelijkheid

De bezitter van een dier is aansprakelijk voor de door het dier aangerichte schade, tenzij aansprakelijkheid op grond van de vorige afdeling zou hebben ontbroken indien hij de gedraging van het dier waardoor de schade werd toegebracht, in zijn macht zou hebben gehad.
(Zie ook: art. 107 BW Boek 3; art. 23 BW Boek 5; artt. 180, 181, 183 BW Boek 6; art. 39 Wet RO; art. 98 Rv; art. 425 WvSr)

Art. 180

Medebezitter bij aansprakelijkheid

1. In de gevallen van de artikelen 173, 174 en 179 zijn medebezitters hoofdelijk aansprakelijk.

Verkrijger bij aansprakelijkheid

2. In geval van overdracht van een zaak onder opschortende voorwaarde van voldoening van een tegenprestatie rust de aansprakelijkheid die de artikelen 173, 174 en 179 op de bezitter leggen, vanaf het tijdstip van deze overdracht op de verkrijger.
(Zie ook: artt. 10, 22 BW Boek 6; art. 10 BW Boek 7)

Art. 181

Bedrijfsuitoefening bij aansprakelijkheid

1. Worden de in de artikelen 173, 174 en 179 bedoelde zaken, opstallen of dieren gebruikt in de uitoefening van een bedrijf, dan rust de aansprakelijkheid uit de artikelen 173 lid 1, 174 lid 1 en lid 2, eerste zin, en 179 op degene die dit bedrijf uitoefent, tenzij het een opstal betreft en het ontstaan van de schade niet met de uitoefening van het bedrijf in verband staat.
2. Wanneer de zaken, opstallen of dieren in de uitoefening van een bedrijf worden gebruikt door ze ter beschikking te stellen voor gebruik in de uitoefening van het bedrijf van een ander, dan wordt die ander als de uit hoofde van het vorige lid aansprakelijke persoon aangemerkt.
3. Wanneer een stof als bedoeld in artikel 175 in de uitoefening van een bedrijf wordt gebruikt door deze stof ter beschikking te stellen voor gebruik in de uitoefening van het beroep of bedrijf van een ander, wordt die ander als de uit hoofde van artikel 175 lid 1 aansprakelijke persoon aangemerkt.
(Zie ook: artt. 171, 173, 174, 175, 179 BW Boek 6)

Art. 182

Exploitanten bij aansprakelijkheid

Indien er in de gevallen van de artikelen 176 en 177 tegelijkertijd twee of meer al of niet gezamenlijk handelende exploitanten zijn, zijn zij hoofdelijk aansprakelijk.
(Zie ook: art. 6 BW Boek 6)

Art. 183

Geen beroep op jeugd of handicapt bij aansprakelijkheid

1. Ter zake van aansprakelijkheid op grond van deze afdeling kan de aangesprokene geen beroep doen op zijn jeugdige leeftijd of geestelijke of lichamelijke tekortkoming.

Ouders en voogden bij aansprakelijkheid

2. Degene die het ouderlijk gezag of voogdij uitoefent over een kind dat nog niet de leeftijd van veertien jaren heeft bereikt, is in zijn plaats uit de artikelen 173 en 179 voor de daar bedoelde zaken en dieren aansprakelijk, tenzij deze worden gebruikt in de uitoefening van een bedrijf.
(Zie ook: artt. 164, 165, 169, 181 Boek 6 BW)

Art. 184

Maatregelen ter voorkoming en beperking van schade

1. Onder de schade waarvoor op grond van de artikelen 173-182 aansprakelijkheid bestaat, vallen ook:
a. de kosten van iedere redelijke maatregel ter voorkoming of beperking van schade door wie dan ook genomen, nadat een ernstige en onmiddellijke dreiging is ontstaan dat schade zal worden veroorzaakt die krachtens die artikelen voor vergoeding in aanmerking komt;
b. schade en verlies veroorzaakt door zulke maatregelen.
2. Indien de maatregelen, bedoeld in het vorige lid, door een ander worden genomen dan degene die de schade zou hebben geleden ter zake waarvan de ernstige en onmiddellijke dreiging is ontstaan, kan deze ander slechts vergoeding van de in het vorige lid bedoelde kosten, schaden en verliezen vorderen, voor zover zij gevorderd hadden kunnen worden door degene die de dreigende schade zou hebben geleden, en kan de aangesprokene jegens die ander hetzelfde verweer voeren als hem jegens deze ten dienste zou hebben gestaan.
(Zie ook: artt. 96, 145 BW Boek 6)

Afdeling 3
Produktenaansprakelijkheid

Art. 185

Productaansprakelijkheid uitzonderingen

1. De producent is aansprakelijk voor de schade veroorzaakt door een gebrek in zijn produkt, tenzij:
a. hij het produkt niet in het verkeer heeft gebracht;
b. hij, gelet op de omstandigheden, aannemelijk is dat het gebrek dat de schade heeft veroorzaakt, niet bestond op het tijdstip waarop hij het produkt in het verkeer heeft gebracht, dan wel dat dit gebrek later is ontstaan;

c. het produkt noch voor de verkoop of voor enige andere vorm van verspreiding met een economisch doel van de producent is vervaardigd, noch is vervaardigd of verspreid in het kader van de uitoefening van zijn beroep of bedrijf;
d. het gebrek een gevolg is van het feit dat het produkt in overeenstemming is met dwingende overheidsvoorschriften;
e. het op grond van de stand van de wetenschappelijke en technische kennis op het tijdstip waarop hij het produkt in het verkeer bracht, onmogelijk was het bestaan van het gebrek te ontdekken;
f. wat de producent van een grondstof of fabrikant van een onderdeel betreft, het gebrek is te wijten aan het ontwerp van het produkt waarvan de grondstof of het onderdeel een bestanddeel vormt, dan wel aan de instructies die door de fabrikant van het produkt zijn verstrekt.
2. De aansprakelijkheid van de producent wordt verminderd of opgeheven rekening houdende met alle omstandigheden, indien de schade is veroorzaakt zowel door een gebrek in het produkt als door schuld van de benadeelde of een persoon voor wie de benadeelde aansprakelijk is.
3. De aansprakelijkheid van de producent wordt niet verminderd, indien de schade is veroorzaakt zowel door een gebrek in het produkt als door de gedraging van een derde.
(Zie ook: artt. 186, 197 BW Boek 6; art. 242 BW Boek 7)

Art. 186
1. Een produkt is gebrekkig, indien het niet de veiligheid biedt die men daarvan mag verwachten, alle omstandigheden in aanmerking genomen en in het bijzonder
a. de presentatie van het produkt;
b. het redelijkerwijs te verwachten gebruik van het produkt;
c. het tijdstip waarop het produkt in het verkeer werd gebracht.
2. Een produkt mag niet als gebrekkig worden beschouwd uitsluitend omdat nadien een beter produkt in het verkeer is gebracht.
(Zie ook: artt. 185, 187 BW Boek 6)

Gebrekkig product bij productaansprakelijkheid

Art. 187
1. Onder product wordt voor de toepassing van deze afdeling verstaan een roerende zaak, ook nadat deze een bestanddeel is gaan vormen van een andere roerende of onroerende zaak, alsmede elektriciteit.
2. Onder "producent" wordt voor de toepassing van artikel 185 tot en met 193 verstaan de fabrikant van een eindprodukt, de producent van een grondstof of de fabrikant van een onderdeel, alsmede een ieder die zich als producent presenteert door zijn naam, zijn merk of een ander onderscheidingsteken op het produkt aan te brengen.
3. Onverminderd de aansprakelijkheid van de producent, wordt een ieder die een produkt in de Europese Economische Ruimte invoert om dit te verkopen, te verhuren, te leasen of anderszins te verstrekken in het kader van zijn commerciële activiteiten, beschouwd als producent; zijn aansprakelijkheid is dezelfde als die van de producent.
4. Indien niet kan worden vastgesteld wie de producent van het produkt is, wordt elke leverancier als producent ervan beschouwd, tenzij hij de benadeelde binnen een redelijke termijn de identiteit meedeelt van de producent of van degene die hem het produkt heeft geleverd. Indien ten aanzien van een in de Europese Economische Ruimte geïmporteerd produkt niet kan worden vastgesteld wie de importeur van dat produkt is, wordt eveneens elke leverancier als producent ervan beschouwd, tenzij hij de benadeelde binnen een redelijke termijn de identiteit meedeelt van de importeur in de Europese Economische Ruimte of van een leverancier binnen de Europese Economische Ruimte die hem het produkt heeft geleverd.

Begripsbepalingen

Art. 188
De benadeelde moet de schade, het gebrek en het oorzakelijk verband tussen het gebrek en de schade bewijzen.
(Zie ook: art. 177 Rv)

Bewijsvoering benadeelde bij productaansprakelijkheid

Art. 189
Indien verschillende personen op grond van artikel 185, eerste lid, aansprakelijk zijn voor dezelfde schade, is elk hunner voor het geheel aansprakelijk.
(Zie ook: artt. 6, 102 BW Boek 6)

Hoofdelijke aansprakelijkheid bij productaansprakelijkheid

Art. 190
1. De aansprakelijkheid, bedoeld in artikel 185, eerste lid, bestaat voor
a. schade door dood of lichamelijk letsel;
(Zie ook: artt. 107, 108 BW Boek 6)
b. schade door het produkt toegebracht aan een andere zaak die gewoonlijk voor gebruik of verbruik in de privésfeer is bestemd en door de benadeelde ook hoofdzakelijk in de privésfeer is gebruikt of verbruikt, met toepassing van een franchise ten belope van € 500.
(Zie ook: art. 24 BW Boek 7)
2. Het bedrag genoemd in het eerste lid wordt bij algemene maatregel van bestuur aangepast, indien op grond van artikel 18, tweede lid, van de EEG-richtlijn van 25 juli 1985 (*PbEG* nr. L 210) de in die richtlijn genoemde bedragen worden herzien.

Schade bij productaansprakelijkheid

Art. 191

Verjaring bij productaansprakelijkheid

1. De rechtsvordering tot schadevergoeding van de benadeelde tegen de producent ingevolge artikel 185, eerste lid, verjaart door verloop van drie jaren na de aanvang van de dag, volgende op die waarop de benadeelde met de schade, het gebrek en de identiteit van de producent bekend is geworden of had moeten worden.
(Zie ook: art. 306 BW Boek 3)

2. Het recht op schadevergoeding van de benadeelde jegens de producent ingevolge artikel 185, eerste lid, vervalt door verloop van tien jaren na de aanvang van de dag, volgende op die waarop de producent de zaak die de schade heeft veroorzaakt, in het verkeer heeft gebracht. Hetzelfde geldt voor het recht van een derde die mede voor de schade aansprakelijk is, terzake van regres jegens de producent.

Art. 192

Dwingend recht bij productaansprakelijkheid
Regres bij productaansprakelijkheid

1. De aansprakelijkheid van de producent uit hoofde van deze afdeling kan jegens de benadeelde niet worden uitgesloten of beperkt.

2. Is jegens de benadeelde tevens een derde aansprakelijk die het produkt niet gebruikt in de uitoefening van een beroep of bedrijf, dan kan niet ten nadele van die derde worden afgeweken van de regels inzake het regres.
(Zie ook: artt. 10, 102 BW Boek 6)

Art. 193

Dwingend recht bij productaansprakelijkheid

Het recht op schadevergoeding jegens de producent uit hoofde van deze afdeling komt de benadeelde toe, onverminderd alle andere rechten of vorderingen.

Afdeling 3A
Oneerlijke handelspraktijken

Art. 193a

Definities bij oneerlijke handelspraktijken

1. In deze afdeling wordt verstaan onder:
   a. consument: natuurlijk persoon die niet handelt in de uitoefening van een beroep of bedrijf;
   b. handelaar: natuurlijk persoon of rechtspersoon die handelt in de uitoefening van een beroep of bedrijf of degene die ten behoeve van hem handelt;
   c. product: goed, elektriciteit daaronder begrepen, of dienst;
   d. handelspraktijk: iedere handeling, omissie, gedraging, voorstelling van zaken of commerciële communicatie, met inbegrip van reclame en marketing, van een handelaar, die rechtstreeks verband houdt met de verkoopbevordering, verkoop of levering van een product aan consumenten;
   e. besluit over een overeenkomst: een door een consument genomen besluit over de vraag of, en, zo ja, hoe en op welke voorwaarden hij een product koopt, geheel of gedeeltelijk betaalt, behoudt of van de hand doet, of een contractueel recht uitoefent in verband met het product, ongeacht of de consument overgaat tot handelen;
   f. professionele toewijding: normale niveau van bijzondere vakkundigheid en van zorgvuldigheid dat redelijkerwijs van een handelaar ten aanzien van consumenten mag worden verwacht, in overeenstemming met de op hem rustende verantwoordelijkheid, voortvloeiend uit de voor die handelaar geldende professionele standaard en eerlijke marktpraktijken;
   g. uitnodiging tot aankoop: commerciële boodschap die de kenmerken en de prijs van het product op een aan het gebruikte medium aangepaste wijze vermeldt en de consument aldus in staat stelt een aankoop te doen;
   h. ongepaste beïnvloeding: uitbuiten van een machtspositie ten aanzien van de consument om, zelfs zonder gebruik van of dreiging met fysiek geweld, pressie uit te oefenen op een wijze die het vermogen van de consument om een geïnformeerd besluit te nemen, aanzienlijk beperkt;
   i. gedragscode: regels die vaststellen hoe handelaren die zich aan de code binden, zich gedragen met betrekking tot een of meer bepaalde handelspraktijken of bedrijfssectoren en die niet bij of krachtens wettelijke voorschriften zijn vastgesteld;
   j. houder van een gedragscode: rechtspersoon of groep van handelaren die verantwoordelijk is voor het opstellen en herzien van een gedragscode of het toezien op de naleving van de gedragscode door degenen die zich hieraan hebben gebonden;
   k. richtlijn: richtlijn nr. 2005/29/EG van het Europees Parlement en de Raad van de Europese Unie van 11 mei 2005 betreffende oneerlijke handelspraktijken van ondernemingen jegens consumenten op de interne markt (PbEG L 149).

2. In deze afdeling wordt mede verstaan onder gemiddelde consument: het gemiddelde lid van een specifieke groep waarop de handelaar zich richt of het gemiddelde lid van een specifieke groep waarvan de handelaar redelijkerwijs kan voorzien dat die groep wegens hun geestelijke of lichamelijke beperking, hun leeftijd of goedgelovigheid bijzonder vatbaar is voor de handelspraktijk of voor het onderliggende product.

3. Deze afdeling is niet van toepassing op de certificering van goederen van edelmetaal en de vermelding van het edelmetaalgehalte voor deze goederen.

13 Burgerlijk Wetboek Boek 6 art. 6:193d

Art. 193b
1. Een handelaar handelt onrechtmatig jegens een consument indien hij een handelspraktijk verricht die oneerlijk is. *Oneerlijke handelspraktijken*
2. Een handelspraktijk is oneerlijk indien een handelaar handelt:
a. in strijd met de vereisten van professionele toewijding, en
b. het vermogen van de gemiddelde consument om een geïnformeerd besluit te nemen merkbaar is beperkt of kan worden beperkt,
waardoor de gemiddelde consument een besluit over een overeenkomst neemt of kan nemen, dat hij anders niet had genomen.
3. Een handelspraktijk is in het bijzonder oneerlijk indien een handelaar:
a. een misleidende handelspraktijk verricht als bedoeld in de artikelen 193c tot en met 193g, of
b. een agressieve handelspraktijk verricht als bedoeld in de artikelen 193h en 193i.
4. De gangbare en rechtmatige reclamepraktijk waarbij overdreven uitspraken worden gedaan of uitspraken die niet letterlijk dienen te worden genomen, maken een reclame op zich niet oneerlijk.

Art. 193c
1. Een handelspraktijk is misleidend indien informatie wordt verstrekt die feitelijk onjuist is of die de gemiddelde consument misleidt of kan misleiden, al dan niet door de algemene presentatie van de informatie, zoals ten aanzien van: *Misleidende handelspraktijken*
a. het bestaan of de aard van het product;
b. de voornaamste kenmerken van het product, zoals beschikbaarheid, voordelen, risico's, uitvoering, samenstelling, accessoires, klantenservice en klachtenbehandeling, procédé en datum van fabricage of verrichting, levering, geschiktheid voor het gebruik, gebruiksmogelijkheden, hoeveelheid, specificatie, geografische of commerciële oorsprong, van het gebruik te verwachten resultaten, of de resultaten en wezenlijke kenmerken van op het product verrichte tests of controles;
c. de verplichtingen van de handelaar, de motieven voor de handelspraktijk en de aard van het verkoopproces, een verklaring of een symbool in verband met directe of indirecte sponsoring of erkenning van de handelaar of het product;
d. de prijs of de wijze waarop de prijs wordt berekend, of het bestaan van een specifiek prijsvoordeel;
e. de noodzaak van een dienst, onderdeel, vervanging of reparatie;
f. de hoedanigheid, kenmerken en rechten van de handelaar of zijn tussenpersoon, zoals zijn identiteit, vermogen, kwalificaties, status, erkenning, affiliatie, connecties, industriële, commerciële of eigendomsrechten of zijn prijzen, bekroningen en onderscheidingen;
g. de rechten van de consument waaronder het recht van herstel of vervanging van de afgeleverde zaak of het recht om de prijs te verminderen, of de risico's die de consument eventueel loopt,
waardoor de gemiddelde consument een besluit over een overeenkomst neemt of kan nemen, dat hij anders niet had genomen.
2. Een handelspraktijk is eveneens misleidend indien:
a. door de marketing van het product waaronder het gebruik van vergelijkende reclame verwarring wordt geschapen ten aanzien van producten, handelsmerken, handelsnamen of andere onderscheidende kenmerken van een concurrent;
b. de handelaar een verplichting die is opgenomen in een gedragscode niet nakomt, voor zover:
1°. de verplichting concreet en kenbaar is, en
2°. de handelaar aangeeft dat hij aan die gedragscode gebonden is,
waardoor de gemiddelde consument een besluit over een overeenkomst neemt of kan nemen, dat hij anders niet had genomen.

Art. 193d
1. Een handelspraktijk is bovendien misleidend indien er sprake is van een misleidende omissie. *Misleidende omissie bij oneerlijke handelspraktijken*
2. Een misleidende omissie is iedere handelspraktijk waarbij essentiële informatie welke de gemiddelde consument nodig heeft om een geïnformeerd besluit over een transactie te nemen, wordt weggelaten, waardoor de gemiddelde consument een besluit over een overeenkomst neemt of kan nemen, dat hij anders niet had genomen.
3. Van een misleidende omissie is eveneens sprake indien essentiële informatie als bedoeld in lid 2 verborgen wordt gehouden of op onduidelijke, onbegrijpelijke, dubbelzinnige wijze dan wel laat verstrekt wordt, of het commerciële oogmerk, indien dit niet reeds duidelijk uit de context blijkt, niet laat blijken, waardoor de gemiddelde consument een besluit over een overeenkomst neemt of kan nemen, dat hij anders niet had genomen.
4. Bij de beoordeling of essentiële informatie is weggelaten of verborgen is gehouden worden de feitelijke context, de beperkingen van het communicatiemedium alsook de maatregelen die

art. 6:193e

zijn genomen om de informatie langs andere wegen ter beschikking van de consument te stellen, in aanmerking genomen.

Art. 193e

Uitnodiging tot aankoop bij oneerlijke handelspraktijken

In het geval van een uitnodiging tot aankoop is de volgende informatie, voor zover deze niet reeds uit de context blijkt, essentieel als bedoeld in artikel 193d lid 2:
a. de voornaamste kenmerken van het product, in de mate waarin dit gezien het medium en het product passend is;
b. de identiteit en het geografisch adres van de handelaar, zijn handelsnaam en, in voorkomend geval, de identiteit en het geografisch adres van de handelaar namens wie hij optreedt;
c. de prijs, inclusief belastingen, of, als het om een product gaat waarvan de prijs redelijkerwijs niet vooraf kan worden berekend, de manier waarop de prijs wordt berekend en, in voorkomend geval, de extra vracht-, leverings- of portokosten of, indien deze kosten redelijkerwijs niet vooraf kunnen worden berekend, het feit dat deze extra kosten moeten worden betaald;
d. de wijze van betaling, levering, uitvoering en het beleid inzake klachtenbehandeling, indien deze afwijken van de vereisten van professionele toewijding; en
e. indien er een recht op herroeping of annulering is, het bestaan van dit recht.

Art. 193f

Essentiële informatie bij oneerlijke handelspraktijken

Indien er sprake is van commerciële communicatie, reclame of marketing daaronder begrepen, is de informatie genoemd bij of krachtens de volgende artikelen in ieder geval essentieel als bedoeld in artikel 193d lid 2:
a. artikel 15d leden 1 en 2 en artikel 15e lid 1 van Boek 3;
b. artikelen 230m lid 1, onderdelen a, b en c, e tot en met h, o en p en 230v, leden 1 tot en met 3, 5, alsmede lid 6, eerste zin, en lid 7, van Boek 6;
c. artikel 502 leden 1 tot en met 3 van Boek 7;
d. artikelen 73 tot en met 75 van de Geneesmiddelenwet;
e. artikelen 4:20, 4:73 en 5:13 van de Wet op het financieel toezicht;
f. artikel 2b van de Prijzenwet.

Art. 193g

Zwarte lijst misleidende handelspraktijken

De volgende handelspraktijken zijn onder alle omstandigheden misleidend:
a. beweren aan een gedragscode gebonden te zijn en daarnaar te handelen, wanneer dit niet het geval is;
b. een vertrouwens-, kwaliteits- of ander soortgelijk label aanbrengen zonder daarvoor de vereiste toestemming te hebben gekregen;
c. beweren dat een gedragscode door een publieke of andere instantie is erkend wanneer dit niet het geval is;
d. beweren dat een handelaar of een product door een openbare of particuliere instelling is aanbevolen, erkend of goedgekeurd terwijl dat niet het geval is, of iets dergelijks beweren zonder dat aan de voorwaarde voor de aanbeveling, erkenning of goedkeuring is voldaan;
e. producten tegen een genoemde prijs te koop aanbieden zonder dat de handelaar aangeeft dat er een gegrond vermoeden bestaat dat hij deze producten of gelijkwaardige producten niet tegen die prijs kan leveren of door een andere handelaar kan doen leveren gedurende een periode en in hoeveelheden die, rekening houdend met het product, de omvang van de voor het product gevoerde reclame en de aangeboden prijs, redelijk zijn;
f. producten tegen een genoemde prijs te koop aanbieden en vervolgens:
1°. weigeren het aangeboden artikel aan de consument te tonen, of
2°. weigeren een bestelling op te nemen of het product binnen een redelijke termijn te leveren, of
3°. een exemplaar van het artikel met gebreken tonen, met de bedoeling een ander product aan te prijzen;
g. bedrieglijk beweren dat het product slechts gedurende een zeer beperkte tijd beschikbaar zal zijn of dat het slechts onder speciale voorwaarden gedurende een zeer beperkte tijd beschikbaar zal zijn om de consument onmiddellijk te doen beslissen en hem geen kans of onvoldoende tijd te geven een geïnformeerd besluit te nemen;
h. de consument met wie de handelaar voorafgaand aan de transactie heeft gecommuniceerd in een taal die geen officiële taal is van de lidstaat waar de handelaar gevestigd is, beloven een klantendienst te verschaffen en deze dienst vervolgens enkel beschikbaar te stellen in een andere taal zonder dit duidelijk aan de consument te laten weten alvorens de consument de overeenkomst aangaat;
i. beweren of anderszins de indruk wekken dat een product legaal kan worden verkocht terwijl dit niet het geval is;
j. wettelijke rechten van consumenten voorstellen als een onderscheidend kenmerk van het aanbod van de handelaar;
k. redactionele inhoud in de media, waarvoor de handelaar heeft betaald, gebruiken om reclame te maken voor een product, zonder dat dit duidelijk uit de inhoud of uit duidelijk door de consument identificeerbare beelden of geluiden blijkt;

l. feitelijk onjuiste beweringen doen betreffende de aard en de omvang van het gevaar dat de persoonlijke veiligheid van de consument of zijn gezin zou bedreigen indien de consument het product niet koopt;
m. een product dat lijkt op een door een bepaalde fabrikant vervaardigd product op een zodanige wijze aanbevelen dat bij de consument doelbewust de verkeerde indruk wordt gewekt dat het product inderdaad door die fabrikant is vervaardigd, terwijl dit niet het geval is;
n. een piramidesysteem opzetten, beheren of aanbevelen waarbij de consument tegen betaling kans maakt op een vergoeding die eerder voortkomt uit het aanbrengen van nieuwe consumenten in het systeem dan uit de verkoop of het verbruik van goederen;
o. beweren dat de handelaar op het punt staat zijn zaak te beëindigen of te verhuizen, indien dit niet het geval is;
p. beweren dat producten het winnen bij kansspelen kunnen vergemakkelijken;
q. bedrieglijk beweren dat een product ziekten, gebreken of misvormingen kan genezen;
r. feitelijk onjuiste informatie verstrekken over marktomstandigheden of de mogelijkheid het product te bemachtigen met de bedoeling de consument het product te doen aanschaffen tegen voorwaarden die minder gunstig zijn dan de normale marktvoorwaarden;
s. in de context van een handelspraktijk beweren dat er een wedstrijd wordt georganiseerd of prijzen worden uitgeloofd zonder de aangekondigde prijzen of een redelijk alternatief daadwerkelijk toe te kennen;
t. een product als gratis, voor niets of kosteloos te omschrijven als de consument iets anders moet betalen dan de onvermijdelijke kosten om in te gaan op het aanbod en het product af te halen dan wel dit te laten bezorgen;
u. marketingmateriaal voorzien van een factuur of een soortgelijk document waarin om betaling wordt gevraagd, waardoor bij de consument de indruk wordt gewekt dat hij het aangeprezen product al heeft besteld terwijl dat niet het geval is;
v. op bedrieglijke wijze beweren of de indruk wekken dat de handelaar niet optreedt ten behoeve van zijn handel, bedrijf, ambacht of beroep of zich op bedrieglijke wijze voordoen als consument;
w. op bedrieglijke wijze de indruk wekken dat voor een bepaald product service na verkoop beschikbaar is in een andere lidstaat dan die waar het product wordt verkocht.

Art. 193h
1. Een handelspraktijk is in haar feitelijke context, al haar kenmerken en omstandigheden in aanmerking genomen, agressief indien door intimidatie, dwang, waaronder het gebruik van lichamelijk geweld, of ongepaste beïnvloeding, de keuzevrijheid of de vrijheid van handelen van de gemiddelde consument met betrekking tot het product aanzienlijk wordt beperkt of kan worden beperkt waardoor de gemiddelde consument een besluit over een overeenkomst neemt of kan nemen, dat hij anders niet had genomen.

Agressieve handelspraktijken

2. Bij de bepaling of een handelspraktijk agressief is, wordt rekening gehouden met:
a. het tijdstip, de plaats, de aard en de vasthoudendheid die bij de handelspraktijk wordt gedemonstreerd;
b. het gebruik van dreigende gedragingen of dreigende of grove taal;
c. het uitbuiten door de handelaar van bepaalde tegenslagen of omstandigheden die zo ernstig zijn dat zij het beoordelingsvermogen van de consument kunnen beperken, hetgeen de handelaar bekend is, met het oogmerk het besluit van de consument met betrekking tot het product te beïnvloeden;
d. bezwarende of disproportionele niet-contractuele belemmeringen die door de handelaar zijn opgelegd ten aanzien van een consument die zijn rechten uit de overeenkomst wenst uit te oefenen waaronder het recht om de overeenkomst te beëindigen of een ander product te kiezen;
e. het dreigen met maatregelen die wettelijk niet kunnen worden genomen.

Art. 193i
De volgende handelspraktijken zijn onder alle omstandigheden agressief:
a. de indruk geven dat de consument het pand niet mag verlaten alvorens er een overeenkomst is opgesteld;
b. het verzoek van de consument om zijn huis te verlaten of niet meer terug te komen, te negeren, behalve indien, en voor zover wettelijk gerechtvaardigd wordt beoogd een contractuele verplichting te doen naleven;
c. hardnekkig en ongewenst aandringen per telefoon, fax, e-mail of andere afstandsmedia tenzij, voorzover wettelijk gerechtvaardigd, wordt beoogd een contractuele verplichting te doen naleven;
d. een consument die op grond van een verzekeringspolis een vordering indient, om documenten vragen die redelijkerwijs niet relevant kunnen worden geacht om de geldigheid van de vordering te beoordelen, dan wel systematisch weigeren antwoord te geven op daaromtrent gevoerde correspondentie met de bedoeling de consument ervan te weerhouden zijn contractuele rechten uit te oefenen;

Zwarte lijst agressieve handelspraktijken

e. kinderen in reclame er rechtstreeks toe aanzetten om geadverteerde producten te kopen of om hun ouders of andere volwassenen ertoe over te halen die producten voor hen te kopen;
f. vragen om onmiddellijke dan wel uitgestelde betaling of om terugzending of bewaring van producten die de handelaar heeft geleverd, maar waar de consument niet om heeft gevraagd;
g. de consument uitdrukkelijk meedelen dat, als hij het product of de dienst niet koopt, de baan of de bestaansmiddelen van de handelaar in het gedrang komen;
h. de bedrieglijke indruk wekken dat de consument al een prijs heeft gewonnen of zal winnen dan wel door een bepaalde handeling te verrichten een prijs zal winnen of een ander soortgelijk voordeel zal behalen, als er in feite:
1°. geen sprake is van een prijs of een ander soortgelijk voordeel; of
2°. als het ondernemen van stappen om in aanmerking te komen voor de prijs of voor een ander soortgelijk voordeel afhankelijk is van de betaling van een bedrag door de consument of indien daaraan voor hem kosten zijn verbonden.

Art. 193j

Bewijslast bij oneerlijke handelspraktijken

1. Indien een vordering wordt ingesteld, of een verzoek als bedoeld in artikel 305d lid 1 onder a van Boek 3 wordt ingediend ingevolge de artikelen 193b tot en met 193i, rust op de handelaar de bewijslast ter zake van de materiële juistheid en volledigheid van de informatie die hij heeft verstrekt als dat passend lijkt, gelet op de omstandigheden van het geval en met inachtneming van de rechtmatige belangen van de handelaar en van elke andere partij bij de procedure.
2. Indien op grond van artikel 193b onrechtmatig door de handelaar is gehandeld, is hij voor de dientengevolge ontstane schade aansprakelijk, tenzij hij bewijst dat zulks noch aan zijn schuld is te wijten noch op andere grond voor zijn rekening komt.
3. Een overeenkomst die als gevolg van een oneerlijke handelspraktijk tot stand is gekomen, is vernietigbaar.

Afdeling 3B
Schending van mededingingsrecht

Art. 193k

Begripsbepalingen

In deze afdeling wordt verstaan onder:
a. *inbreuk op het mededingingsrecht:* een inbreuk op artikel 101 of 102 van het Verdrag betreffende de Werking van de Europese Unie of het mededingingsrecht van een lidstaat van de Europese Unie dat parallel wordt toegepast aan artikel 101 of 102 van het Verdrag betreffende de Werking van de Europese Unie overeenkomstig artikel 3, eerste lid, van Verordening (EG) nr. 1/2003 van de Raad van 16 december 2003 betreffende de uitvoering van de mededingingsregels van de artikelen 81 en 82 van het Verdrag (PbEG 2003 L 1);
b. *inbreukpleger:* een onderneming of ondernemersvereniging die een inbreuk op het mededingingsrecht heeft gepleegd;
c. *mededingingsautoriteit:* de Europese Commissie, of een overeenkomstig artikel 35 van Verordening (EG) nr. 1/2003 van de Raad van 16 december 2003 betreffende de uitvoering van de mededingingsregels van de artikelen 81 en 82 van het Verdrag (PbEG 2003 L 1) door een lidstaat aangewezen autoriteit die bevoegd is de artikelen 101 en 102 van het Verdrag betreffende de Werking van de Europese Unie toe te passen, of beide, indien de omstandigheden dit vereisen;
d. *kartel:* een overeenkomst of onderling afgestemde feitelijke gedraging tussen twee of meer concurrenten met als doel hun concurrentiegedrag op de markt te coördineren of de relevante parameters van mededinging te beïnvloeden via praktijken zoals onder meer, doch niet uitsluitend, het bepalen of coördineren van aan- of verkoopprijzen of andere contractuele voorwaarden, onder meer met betrekking tot intellectuele-eigendomsrechten, de toewijzing van productie- of verkoopquota, de verdeling van markten en klanten, met inbegrip van offertevervalsing, het beperken van importen of exporten of mededingingsverstorende maatregelen tegen andere concurrenten;
e. *ontvanger van immuniteit:* een onderneming waaraan of een natuurlijk persoon aan wie door een mededingingsautoriteit in het kader van een clementieregeling vrijwaring van geldboetes is verleend;
f. *clementieregeling:* een regeling met betrekking tot de toepassing van artikel 101 van het Verdrag betreffende de Werking van de Europese Unie of een overeenkomstige bepaling in het nationale recht van een lidstaat van de Europese Unie op basis waarvan een deelnemer aan een geheim kartel onafhankelijk van de andere bij het kartel betrokken ondernemingen meewerkt aan een onderzoek van een mededingingsautoriteit door vrijwillig informatie te verschaffen over de kennis die deze deelnemer heeft van het kartel en de rol die hij daarin speelt, in ruil waarvoor de deelnemer, op grond van een besluit of door de procedure stop te zetten, immuniteit wordt verleend tegen geldboetes voor betrokkenheid bij het kartel of een vermindering van deze boetes krijgt;
g. *meerkosten:* het verschil tussen de daadwerkelijk betaalde prijs en de prijs die zonder de inbreuk op het mededingingsrecht van toepassing was geweest;

h. directe afnemer: een natuurlijk persoon of rechtspersoon die rechtstreeks van een inbreukpleger producten of diensten heeft verworven die het voorwerp waren van een inbreuk op het mededingingsrecht;
i. indirecte afnemer: een natuurlijk persoon of rechtspersoon die niet van een inbreukpleger maar van een directe afnemer of een volgende afnemer producten of diensten heeft verworven die het voorwerp waren van een inbreuk op het mededingingsrecht, of producten of diensten waarin deze zijn verwerkt of die daarvan zijn afgeleid.

Art. 193l
Een kartel, dat een inbreuk op het mededingingsrecht vormt, wordt vermoed schade te veroorzaken.

Bewijsvermoeden van schade bij inbreuk op mededingingsrecht

Art. 193m
1. Indien ondernemingen door een gemeenschappelijk optreden een inbreuk hebben gepleegd op het mededingingsrecht, is elk van hun voor het geheel van de door de inbreuk veroorzaakte schade aansprakelijk.
2. Mits volledige vergoeding van schade kan worden verkregen van de andere bij de inbreuk betrokken ondernemingen, is in afwijking van het bepaalde in lid 1 een kleine of middelgrote onderneming als bedoeld in Aanbeveling 2003/361/EG van de Europese Commissie die een inbreuk op het mededingingsrecht heeft gepleegd slechts jegens zijn directe en indirecte afnemers aansprakelijk, indien:
a. haar marktaandeel op de relevante markt tijdens de inbreuk voortdurend minder dan vijf procent bedroeg, en
b. de toepassing van lid 1 haar economische levensvatbaarheid onherstelbaar in gevaar zou brengen en haar vermogensbestanddelen al hun waarde zou doen verliezen.
3. Lid 2 mist toepassing indien de onderneming:
a. een leidinggevende rol heeft gespeeld bij de inbreuk of andere ondernemingen heeft aangezet hieraan deel te nemen, of
b. eerder schuldig is bevonden aan een inbreuk op het mededingingsrecht.
4. In afwijking van het bepaalde in lid 1 is een ontvanger van immuniteit slechts jegens zijn directe en indirecte afnemers en leveranciers hoofdelijk verbonden tot vergoeding van de schade die voortvloeit uit de inbreuk, tenzij geen volledige vergoeding van schade kan worden verkregen van de andere bij de inbreuk betrokken ondernemingen.

Aansprakelijkheid bij schade door inbreuk op mededingingsrecht

Ontvanger van immuniteit

Art. 193n
De bijdrage van een ontvanger van immuniteit in de onderlinge verhouding met de andere bij de inbreuk betrokken inbreukplegers aan de vergoeding van de schade van hun directe en indirecte afnemers en leveranciers, bedraagt ten hoogste de vergoeding van de schade van zijn directe en indirecte afnemers en leveranciers, in evenredigheid met de mate waarin de aan hem toe te rekenen omstandigheden tot de schade hebben bijgedragen.

Vergoeding schade door ontvanger van immuniteit

Art. 193o
1. Na een schikking wordt de vordering tot schadevergoeding van de bij de schikking betrokken benadeelde verminderd met het aandeel dat de bij de schikking betrokken inbreukpleger heeft gehad in de schade die de benadeelde door de inbreuk op het mededingingsrecht heeft geleden.
2. Een bij een schikking betrokken benadeelde kan alleen een niet bij de schikking betrokken inbreukpleger aanspreken voor de vergoeding van de na de schikking resterende vordering tot schadevergoeding. De niet bij de schikking betrokken inbreukpleger kan met betrekking tot deze vordering tot schadevergoeding geen bijdrage vorderen van de bij de schikking betrokken inbreukpleger.
3. Indien niet bij een schikking betrokken inbreukplegers na een schikking niet bij machte zijn om de met de resterende vordering tot schadevergoeding overeenstemmende schade van een bij de schikking betrokken benadeelde te vergoeden, is de bij de schikking betrokken inbreukpleger ook aansprakelijk voor deze schade.
4. Lid 3 mist toepassing indien uitdrukkelijk anders is bepaald in de voorwaarden van de schikking.

Schikking bij schadevergoeding voor inbreuk op mededingingsrecht

Art. 193p
Een partij kan het verweer voeren dat de benadeelde de door de inbreuk op het mededingingsrecht veroorzaakte meerkosten heeft doorberekend.

Verweer t.a.v. doorberekening meerkosten

Art. 193q
Een indirecte afnemer wordt vermoed het bewijs van doorberekening te hebben geleverd indien hij aantoont dat:
a. de inbreukpleger een inbreuk op het mededingingsrecht heeft gepleegd,
b. de inbreuk heeft geleid tot meerkosten voor de directe afnemer van de inbreukpleger, en
c. de indirecte afnemer de goederen of diensten heeft verworven die het voorwerp waren van de inbreuk, of goederen of diensten waarin deze zijn verwerkt of die daarvan zijn afgeleid.

Bewijsvermoeden van doorberekening

Art. 193r

Aanhouden rechtsvorderingsprocedure tot schadevergoeding wegens inbreuk op mededingingsrecht

De rechter kan een procedure waarin vergoeding van schade wordt gevorderd wegens een inbreuk op het mededingingsrecht voor ten hoogste twee jaar aanhouden, indien partijen betrokken zijn bij buitengerechtelijke geschillenbeslechting in verband met die vordering.

Art. 193s

Verjaring rechtsvordering tot schadevergoeding wegens inbreuk op mededingingsrecht

Een rechtsvordering tot vergoeding van schade door een inbreuk op het mededingingsrecht verjaart door verloop van vijf jaren na de aanvang van de dag, volgende op die waarop de inbreuk is stopgezet en de benadeelde met de inbreuk, de schade die hij dientengevolge lijdt en de daarvoor aansprakelijke persoon bekend is geworden of redelijkerwijs bekend kan worden geacht, en in ieder geval door verloop van twintig jaren na de aanvang van de dag volgende op die waarop de inbreuk is stopgezet.

Art. 193t

Verlenging verjaringstermijn bij procedure tot schadevergoeding wegens inbreuk op mededingingsrecht

1. Een procedure tot buitengerechtelijke geschillenbeslechting is een grond voor verlenging van de verjaringstermijn tussen de daarbij betrokken partijen. In geval van mediation eindigt de procedure doordat een van de partijen of de mediator aan de andere partij schriftelijk heeft meegedeeld dat de mediation is geëindigd of doordat in de mediation gedurende een periode van zes maanden door geen van de partijen enige handeling is verricht.
2. Een handeling van een mededingingsautoriteit verricht in het kader van een onderzoek of procedure met betrekking tot de inbreuk op het mededingingsrecht waarop de rechtsvordering betrekking heeft, is een grond voor verlenging van de verjaringstermijn. De verlenging vangt aan de dag na het verstrijken van de verjaringstermijn. De duur van de verlenging is gelijk aan de periode benodigd voor de vaststelling van een definitieve inbreukbeslissing of het op andere wijze beëindigen van de procedure, vermeerderd met een jaar.

Afdeling 4
Misleidende en vergelijkende reclame

Art. 194

Misleidende reclame

1. Hij die omtrent goederen of diensten die door hem of degene ten behoeve van wie hij handelt in de uitoefening van een beroep of bedrijf worden aangeboden, een mededeling openbaar maakt of laat openbaar maken, handelt onrechtmatig jegens een ander die handelt in de uitoefening van zijn bedrijf, indien deze mededeling in een of meer opzichten misleidend is, zoals ten aanzien van:
   a. de aard, samenstelling, hoeveelheid, hoedanigheid, eigenschappen of gebruiksmogelijkheden;
   b. de herkomst, de wijze of het tijdstip van vervaardigen;
   c. de omvang van de voorraad;
   d. de prijs of de wijze van berekenen daarvan;
   e. de aanleiding of het doel van de aanbieding;
   f. de toegekende onderscheidingen, getuigschriften of andere door derden uitgebrachte beoordelingen of gedane verklaringen, of de gebezigde wetenschappelijke of vaktermen, technische bevindingen of statistische gegevens;
   g. de voorwaarden, waaronder goederen worden geleverd of diensten worden verricht of de betaling plaatsvindt;
   h. de omvang, inhoud of tijdsduur van de garantie;
   i. de identiteit, hoedanigheden, bekwaamheid of bevoegdheid en degene door wie, onder wiens leiding of toezicht of met wiens medewerking de goederen zijn of worden vervaardigd of aangeboden of de diensten worden verricht.
(*Zie ook: artt. 162, 195 BW Boek 6; art. 328bis WvSr; artt. 14, 14a Warenwet*)

Misleidende omissie

2. Een mededeling, openbaar of specifiek gericht op een ander, is in ieder geval misleidend indien sprake is van een misleidende omissie, waarbij essentiële informatie welke hij die handelt in de uitoefening van een beroep, bedrijf of organisatie, nodig heeft om een geïnformeerd besluit over een transactie te nemen, wordt weggelaten, waardoor hij die handelt in de uitoefening van een beroep, bedrijf of organisatie, een besluit over een overeenkomst neemt of kan nemen, dat hij anders niet had genomen.
3. Van een misleidende omissie is eveneens sprake indien essentiële informatie als bedoeld in lid 2 verborgen wordt gehouden of op onduidelijke, onbegrijpelijke, dubbelzinnige wijze dan wel laat verstrekt of gepresenteerd wordt, of het commerciële oogmerk, indien dit niet reeds duidelijk uit de context blijkt, niet laat blijken, waardoor hij die handelt in de uitoefening van een beroep, bedrijf of organisatie, een besluit over een overeenkomst neemt of kan nemen, dat hij anders niet had genomen.
4. Bij de beoordeling of sprake is van een misleidende omissie als bedoeld in lid 2 en 3, zijn artikel 193d, lid 4, en artikel 193e, onderdelen a tot en met d, van overeenkomstige toepassing.

Art. 194a
1. Onder vergelijkende reclame wordt verstaan elke vorm van reclame waarbij een concurrent dan wel door een concurrent aangeboden goederen of diensten uitdrukkelijk of impliciet worden genoemd.

Vergelijkende reclame

2. Vergelijkende reclame is, wat de vergelijking betreft, geoorloofd op voorwaarde dat deze:
   a. niet misleidend of een misleidende handelspraktijk als bedoeld in de artikelen 193c tot en met 193g is;
   b. goederen of diensten vergelijkt die in dezelfde behoeften voorzien of voor hetzelfde doel zijn bestemd;
   c. op objectieve wijze een of meer wezenlijke, relevante, controleerbare en representatieve kenmerken van deze goederen en diensten, zoals de prijs, met elkaar vergelijkt;
   d. er niet toe leidt dat op de markt de adverteerder wordt verward met een concurrent, of de merken, handelsnamen, andere onderscheidende kenmerken, goederen of diensten van de adverteerder met die van een concurrent;
   e. niet de goede naam schaadt van of zich niet kleinerend uitlaat over de merken, handelsnamen, andere onderscheidende kenmerken, goederen, diensten, activiteiten of omstandigheden van een concurrent;
   f. voor producten met een benaming van oorsprong in elk geval betrekking heeft op producten met dezelfde benaming;
   g. geen oneerlijk voordeel oplevert ten gevolge van de bekendheid van een merk, handelsnaam of andere onderscheidende kenmerken van een concurrent dan wel van de oorsprongsbenamingen van concurrerende producten; en
   h. niet goederen of diensten voorstelt als een imitatie of namaak van goederen of diensten met een beschermd merk of beschermde handelsnaam.
3. Elke vergelijking die verwijst naar een speciale aanbieding, moet duidelijk en ondubbelzinnig het einde en, zo de speciale aanbieding nog niet loopt, het begin aangeven van de periode gedurende welke de speciale prijs of andere specifieke voorwaarden gelden dan wel vermelden dat de speciale aanbieding loopt zo lang de voorraad strekt of de diensten kunnen worden verleend.

Art. 195
1. Indien een vordering ingevolge artikel 194 of artikel 194a wordt ingesteld tegen iemand die inhoud en inkleding van de mededeling geheel of ten dele heeft bepaald of doen bepalen, rust op hem de bewijslast ter zake van de juistheid of volledigheid van de feiten die in de mededeling zijn vervat of daardoor worden gesuggereerd en waarop het beweerde misleidende karakter van de mededeling berust onderscheidenlijk waarop de ongeoorloofdheid van de vergelijkende reclame berust. Ingeval van vergelijkende reclame dient degene die inhoud en inkleding van de mededeling geheel of ten dele zelf heeft bepaald of doen bepalen binnen korte termijn de bewijzen aan te dragen waarop de materiële juistheid en volledigheid van de feitelijke gegevens in de reclame rust.

Omkering bewijslast bij misleidende en vergelijkende reclame

2. Indien volgens artikel 194 en artikel 194a onrechtmatig is gehandeld door iemand die inhoud en inkleding van de mededeling geheel of ten dele zelf heeft bepaald of doen bepalen, is hij voor de dientengevolge ontstane schade aansprakelijk, tenzij hij bewijst dat zulks noch aan zijn schuld is te wijten noch op andere grond voor zijn rekening komt.

Art. 196
1. Indien iemand door het openbaar maken of laten openbaar maken van een in artikel 194 omschreven mededeling of een ongeoorloofde vergelijkende reclame, of door het specifiek richten of laten richten van die mededeling op een ander, aan een ander schade heeft toegebracht of dreigt toe te brengen, kan de rechter hem op vordering van die ander niet alleen het openbaar maken of laten openbaar maken van zodanige mededeling of zodanige ongeoorloofde vergelijkende reclame, of het specifiek richten of laten richten van zodanige mededeling op een ander, verbieden, maar ook hem laten veroordelen tot het op een door de rechter aangegeven wijze openbaar maken of laten openbaar maken van een rectificatie van die mededeling of die ongeoorloofde vergelijkende reclame.

Rectificatie of verbod tot publicatie bij misleidende en vergelijkende reclame

(Zie ook: art. 167 BW Boek 6; art. 237 Rv)

2. Indien een vordering als in het vorige lid bedoeld wordt toegewezen jegens iemand die niet tevens aansprakelijk is voor de in artikel 195 lid 2 bedoelde schade, is artikel 167 lid 3 van overeenkomstige toepassing.

Kosten geding en openbaarmaking bij misleidende en vergelijkende reclame

Afdeling 4A
Aansprakelijkheid bij elektronisch rechtsverkeer

Art. 196b
[Vervallen]

Art. 196c

Doorgeven van informatie bij elektronisch rechtsverkeer

1. Degene die diensten van de informatiemaatschappij verricht als bedoeld in artikel 15d lid 3 van Boek 3, bestaande uit het doorgeven van van een ander afkomstige informatie of het verschaffen van toegang tot een communicatienetwerk is niet aansprakelijk voor de doorgegeven informatie, indien hij:
   a. niet het initiatief tot het doorgeven van de informatie neemt;
   b. niet degene is die bepaalt aan wie de informatie wordt doorgegeven; en
   c. hij de doorgegeven informatie niet heeft geselecteerd of gewijzigd.
2. Voor de toepassing van lid 1 wordt onder het enkele doorgeven van van een ander afkomstige informatie en het enkele verschaffen van toegang tot een communicatienetwerk mede verstaan de geautomatiseerde, tussentijdse en tijdelijke opslag van de doorgegeven informatie, voor zover deze opslag uitsluitend geschiedt ten behoeve van het doorgeven van die informatie en de duur van deze opslag niet langer is dan daarvoor redelijkerwijs noodzakelijk is.
3. Degene die diensten van de informatiemaatschappij verricht als bedoeld in artikel 15d lid 3 van Boek 3, bestaande uit het geautomatiseerd, tussentijds en tijdelijk opslaan van van een ander afkomstige informatie voor zover het opslaan enkel geschiedt om het later doorgeven van die informatie aan anderen op hun verzoek doeltreffender te maken, is niet aansprakelijk voor het geautomatiseerd, tussentijds en tijdelijk opslaan van de informatie indien hij:
   a. de informatie niet wijzigt;
   b. de toegangsvoorwaarden voor de informatie in acht neemt;
   c. de in de bedrijfstak geldende of gebruikelijke regels betreffende de bijwerking van de informatie naleeft;
   d. niet de in de bedrijfstak geldende of gebruikelijke technologie voor het verkrijgen van gegevens over het gebruik van de informatie wijzigt, en
   e. prompt de nodige maatregelen neemt om de informatie te verwijderen of de toegang daartoe onmogelijk te maken, zodra hij weet dat de informatie is verwijderd van de plaats waar deze zich oorspronkelijk in het communicatienetwerk bevond of de toegang daartoe onmogelijk is gemaakt, of dat een bevoegde autoriteit heeft bevolen de informatie te verwijderen van de plaats waar deze zich oorspronkelijk in het communicatienetwerk bevond of de toegang daartoe heeft verboden.
4. Degene die diensten van de informatiemaatschappij verricht als bedoeld in artikel 15d lid 3 van Boek 3, bestaande uit het op verzoek opslaan van van een ander afkomstige informatie, is niet aansprakelijk voor de opgeslagen informatie, indien hij:
   a. niet weet van de activiteit of informatie met een onrechtmatig karakter en, in geval van een schadevergoedingsvordering, niet redelijkerwijs behoort te weten van de activiteit of informatie met een onrechtmatig karakter, dan wel
   b. zodra hij dat weet of redelijkerwijs behoort te weten, prompt de informatie verwijdert of de toegang daartoe onmogelijk maakt.
5. Het hiervoor bepaalde staat niet in de weg aan het verkrijgen van een rechterlijk verbod of bevel.

Afdeling 5
Tijdelijke regeling verhaalsrechten

Art. 197

Uitsluiting verhaal of subrogatie bij onrechtmatige daad

1. De artikelen 165, 166, 169, 171, 173, 174, 175, 176, 177 en 185, alsmede de afdelingen 4 van titel 6, 4 van titel 11, 1 van titel 14 en 4 van titel 19 van Boek 8 blijven buiten toepassing:
   a. bij de vaststelling van het totale bedrag waarvoor aansprakelijkheid naar burgerlijk recht zou bestaan, vereist voor de berekening van het bedrag waarvoor verhaal bestaat krachtens artikel 107a en de artikelen 99 van de Wet werk en inkomen naar arbeidsvermogen, 90 van de Wet op de arbeidsongeschiktheidsverzekering, 69 van de Wet arbeidsongeschiktheidsverzekering zelfstandigen, 4:2 van de Wet werk en arbeidsondersteuning jonggehandicapten, 52a van de Ziektewet, 61 van de Algemene nabestaandenwet, artikel 10.2.2 van de Wet langdurige zorg, artikel 2.4.3 Wet maatschappelijke ondersteuning 2015 en 8 van de Wet arbeidsongeschiktheidsvoorziening militairen;
   b. bij de vaststelling van het bedrag, bedoeld in artikel 3 van de Verhaalswet ongevallen ambtenaren waarboven de gehoudenheid krachtens die wet of krachtens artikel 75 van de Wet privatisering ABP zich niet uitstrekt.
2. Rechten uit de artikelen 165, 166, 169, 171, 173, 174, 175, 176, 177 en 185, alsmede de afdelingen 4 van titel 6, 4 van titel 11, 1 van titel 14 en 4 van titel 19 van Boek 8 zijn niet vatbaar voor subrogatie krachtens artikel 962 van Boek 7, behoudens voor zover de uitkering door de verzekeraar de aansprakelijkheid van de verzekerde betreft en een ander krachtens deze artikelen mede aansprakelijk was.

3. Degene wiens verhaal of subrogatie door de vorige leden wordt uitgesloten, kan de in het tweede lid bedoelde rechten evenmin krachtens overeenkomst verkrijgen of te zijnen behoeve door de gerechtigde op diens naam doen uitoefenen.
(Zie ook: art. 40 BW Boek 3)

Titel 4
Verbintenissen uit andere bron dan onrechtmatige daad of overeenkomst

Afdeling 1
Zaakwaarneming

Art. 198
Zaakwaarneming is het zich willens en wetens en op redelijke grond inlaten met de behartiging van eens anders belang, zonder de bevoegdheid daartoe aan een rechtshandeling of een elders in de wet geregelde rechtsverhouding te ontlenen.
(Zie ook: art. 2 BW Boek 1; artt. 1, 202 BW Boek 6; art. 450 WvSr)

Zaakwaarneming

Art. 199
1. De zaakwaarnemer is verplicht bij de waarneming de nodige zorg te betrachten en, voor zover dit redelijkerwijze van hem kan worden verlangd, de begonnen waarneming voort te zetten.
2. De zaakwaarnemer doet, zodra dit redelijkerwijze mogelijk is, aan de belanghebbende verantwoording van hetgeen hij heeft verricht. Heeft hij voor de belanghebbende gelden uitgegeven of ontvangen, dan doet hij daarvan rekening.
(Zie ook: art. 74 BW Boek 6; art. 403 BW Boek 7)

Zorgplicht bij zaakwaarneming

Art. 200
1. De belanghebbende is, voor zover zijn belang naar behoren is behartigd, gehouden de zaakwaarnemer de schade te vergoeden, die deze als gevolg van de waarneming heeft geleden.
2. Heeft de zaakwaarnemer in de uitoefening van een beroep of bedrijf gehandeld, dan heeft hij, voor zover dit redelijk is, bovendien recht op een vergoeding voor zijn verrichtingen, met inachtneming van de prijzen die daarvoor ten tijde van de zaakwaarneming gewoonlijk werden berekend.

Schadevergoeding bij zaakwaarneming
Beloning bij zaakwaarneming

Art. 201
Een zaakwaarnemer is bevoegd rechtshandelingen te verrichten in naam van de belanghebbende, voor zover diens belang daardoor naar behoren wordt behartigd.
(Zie ook: artt. 66, 71, 78 BW Boek 3)

Regeringsvertegenwoordiger bij zaakwaarneming

Art. 202
Heeft iemand die is opgetreden ter behartiging van eens anders belang, zich zonder redelijke grond daarmede ingelaten of dit belang niet naar behoren behartigd, dan kan de belanghebbende door goedkeuring van het optreden zijn bevoegdheid prijsgeven jegens hem het gebrek in te roepen. Aan de belanghebbende kan door hem een redelijke termijn voor de goedkeuring worden gesteld.
(Zie ook: artt. 69, 78 BW Boek 3; artt. 198, 200 BW Boek 6)

Goedkeuring door belanghebbende bij zaakwaarneming

Afdeling 2
Onverschuldigde betaling

Art. 203
1. Degene die een ander zonder rechtsgrond een goed heeft gegeven, is gerechtigd dit van de ontvanger als onverschuldigd betaald terug te vorderen.
(Zie ook: artt. 53, 66, 78, 309 BW Boek 3; artt. 1, 3, 24, 25, 27, 42, 111, 210, 227, 258, 271 BW Boek 6)
2. Betreft de onverschuldigde betaling een geldsom, dan strekt de vordering tot teruggave van een gelijk bedrag.
3. Degene die zonder rechtsgrond een prestatie van andere aard heeft verricht, heeft eveneens jegens de ontvanger recht op ongedaanmaking daarvan.

Onverschuldigde betaling terugvorderen

Art. 204
1. Heeft de ontvanger in een periode waarin hij redelijkerwijze met een verplichting tot teruggave van het goed geen rekening behoefde te houden, niet als een zorgvuldig schuldenaar voor het goed zorg gedragen, dan wordt hem dit niet toegerekend.
2. Degene die namens een ander, maar onbevoegd een niet aan die ander verschuldigde geldsom heeft ontvangen, is van zijn verplichting tot teruggave bevrijd, voor zover hij die geldsom aan die ander heeft doorbetaald in een periode waarin hij redelijkerwijze met die verplichting geen rekening behoefde te houden.
(Zie ook: artt. 27, 74, 75, 78, 210, 212, 278 BW Boek 6)

Vrijstelling van zorgplicht bij onverschuldigde betaling
Ontvangst geldsom namens een ander bij onverschuldigde betaling

Art. 205
Ontvanger te kwader trouw bij onverschuldigde betaling
Heeft de ontvanger het goed te kwader trouw aangenomen, dan is hij zonder ingebrekestelling in verzuim.
(Zie ook: artt. 81, 201 BW Boek 6)

Art. 206
Afgifte vruchten, vergoeding kosten en schade bij onverschuldigde betaling
De artikelen 120, 121, 123 en 124 van Boek 3 zijn van overeenkomstige toepassing met betrekking tot hetgeen daarin is bepaald omtrent de afgifte van vruchten en de vergoeding van kosten en schade.
(Zie ook: artt. 208, 210 BW Boek 6)

Art. 207
Kosten ontvangen en teruggeven goed bij onverschuldigde betaling
De ontvanger heeft, tenzij hij het goed te kwader trouw heeft aangenomen, binnen de grenzen van de redelijkheid ook recht op vergoeding van de kosten van het ontvangen en teruggeven van het goed, alsmede van uitgaven in de in artikel 204 bedoelde periode die zouden zijn uitgebleven als hij het goed niet had ontvangen.
(Zie ook: artt. 47, 206, 208, 210 BW Boek 6)

Art. 208
Afstand recht op terugvordering bij onverschuldigde betaling
De ontvanger verliest zijn recht op de in de beide vorige artikelen bedoelde vergoedingen, indien de wederpartij afstand doet van haar recht op terugvordering en, voor zover nodig, het onverschuldigd betaalde ter bevrijding van deze vergoedingen op haar kosten aan de ontvanger overdraagt. De ontvanger is verplicht aan een zodanige overdracht mee te werken.
(Zie ook: artt. 84, 122 BW Boek 3)

Art. 209
Onbekwaamheid ontvanger bij onverschuldigde betaling
Op de onbekwame die een onverschuldigde betaling heeft ontvangen, rusten de in deze afdeling omschreven verplichtingen slechts, voor zover het ontvangene hem tot werkelijk voordeel heeft gestrekt of in de macht van zijn wettelijke vertegenwoordiger is gekomen.
(Zie ook: artt. 234, 381 BW Boek 1; art. 32 BW Boek 3; artt. 210, 276 BW Boek 6)

Art. 210
Ongedaanmaking van prestatie bij onverschuldigde betaling
1. Op de ongedaanmaking van prestaties die niet in het geven van een goed hebben bestaan, zijn de artikelen 204-209 van overeenkomstige toepassing.
(Zie ook: art. 278 BW Boek 6)
2. Sluit de aard van de prestatie uit dat zij ongedaan wordt gemaakt, dan treedt, voor zover dit redelijk is, vergoeding van de waarde van de prestatie op het ogenblik van ontvangst daarvoor in de plaats, indien de ontvanger door de prestatie is verrijkt, indien het aan hem is toe te rekenen dat de prestatie is verricht, of indien hij erin had toegestemd een tegenprestatie te verrichten.
(Zie ook: artt. 203, 212, 271, 278 BW Boek 6)

Art. 211
Nietige overeenkomst bij onverschuldigde betaling
1. Kan een prestatie die op grond van een nietige overeenkomst is verricht, naar haar aard niet ongedaan worden gemaakt en behoort zij ook niet in rechte op geld te worden gewaardeerd, dan is een tot ongedaanmaking van een tegenprestatie of tot vergoeding van de waarde daarvan strekkende vordering, voor zover deze deswege in strijd met redelijkheid en billijkheid zou zijn, eveneens uitgesloten.
2. Is ingevolge het vorige lid terugvordering van een overgedragen goed uitgesloten, dan brengt de nietigheid van de overeenkomst niet de nietigheid van de overdracht mede.
(Zie ook: artt. 39, 40, 84, 278 BW Boek 3)

Afdeling 3
Ongerechtvaardigde verrijking

Art. 212
Ongerechtvaardigde verrijking
1. Hij die ongerechtvaardigd is verrijkt ten koste van een ander, is verplicht, voor zover dit redelijk is, diens schade te vergoeden tot het bedrag van zijn verrijking.
(Zie ook: art. 95 BW Boek 6)
2. Voor zover de verrijking is verminderd als gevolg van een omstandigheid die niet aan de verrijkte kan worden toegerekend, blijft zij buiten beschouwing.
(Zie ook: art. 75 BW Boek 6)
3. Is de verrijking verminderd in de periode waarin de verrijkte redelijkerwijze met een verplichting tot vergoeding van de schade geen rekening behoefde te houden, dan wordt hem dit niet toegerekend. Bij de vaststelling van deze vermindering wordt mede rekening gehouden met uitgaven die zonder de verrijking zouden zijn uitgebleven.
(Zie ook: artt. 99, 120, 121, 243, 310 BW Boek 3; artt. 78, 204, 207, 210 BW Boek 6)

Titel 5
Overeenkomsten in het algemeen

Afdeling 1
Algemene bepalingen

Art. 213
1. Een overeenkomst in de zin van deze titel is een meerzijdige rechtshandeling, waarbij een of meer partijen jegens een of meer andere een verbintenis aangaan. — *Overeenkomst*
(Zie ook: art. 32 BW Boek 3; artt. 1, 254, 261, 279 BW Boek 6)
2. Op overeenkomsten tussen meer dan twee partijen zijn de wettelijke bepalingen betreffende overeenkomsten niet toepasselijk, voor zover de strekking van de betrokken bepalingen in verband met de aard van de overeenkomst zich daartegen verzet.

Art. 214
1. Een overeenkomst door een der partijen gesloten in de uitoefening van haar bedrijf of beroep, is behalve aan de wettelijke bepalingen ook onderworpen aan een standaardregeling, wanneer voor de bedrijfstak waartoe het bedrijf behoort, of voor het beroep ten aanzien van zodanige overeenkomst een standaardregeling geldt. De bijzondere soorten van overeenkomsten waarvoor standaardregelingen kunnen worden vastgesteld en de bedrijfstak of het beroep, waarvoor elk dezer regelingen bestemd is te gelden, worden bij algemene maatregel van bestuur aangewezen. — *Overeenkomst gesloten in bedrijf of beroep*
2. Een standaardregeling wordt vastgesteld, gewijzigd en ingetrokken door een daartoe door Onze Minister van Justitie te benoemen commissie. Bij de wet worden nadere regelen gesteld omtrent de wijze van samenstelling en de werkwijze van de commissies. — *Nadere regels bij overeenkomst*
3. De vaststelling, wijziging of intrekking van een standaardregeling wordt niet van kracht voordat zij door Ons is goedgekeurd en met Ons goedkeuringsbesluit in de *Nederlandse Staatscourant* is afgekondigd.
4. Bij een standaardregeling kan worden afgeweken van wettelijke bepalingen, voor zover daarvan ook afwijking bij overeenkomst, al of niet met inachtneming van een bepaalde vorm, is toegelaten. De vorige zin lijdt uitzondering, wanneer uit een wettelijke bepaling iets anders voortvloeit.
5. Partijen kunnen in hun overeenkomst van een standaardregeling afwijken. Een standaardregeling kan echter voor afwijking een bepaalde vorm voorschrijven.
(Zie ook: art. 248 BW Boek 6; art. 6 BW Boek 7; art. 99 Wet RO)

Art. 215
Voldoet een overeenkomst aan de omschrijving van twee of meer door de wet geregelde bijzondere soorten van overeenkomsten, dan zijn de voor elk van die soorten gegeven bepalingen naast elkaar op de overeenkomst van toepassing, behoudens voor zover deze bepalingen niet wel verenigbaar zijn of de strekking daarvan in verband met de aard van de overeenkomst zich tegen toepassing verzet. — *Gemengde en benoemde overeenkomst*
(Zie ook: artt. 22, 290, 418, 610 BW Boek 7; artt. 41, 121 BW Boek 8)

Art. 216
Hetgeen in deze en de volgende vijf afdelingen is bepaald, vindt overeenkomstige toepassing op andere meerzijdige vermogensrechtelijke rechtshandelingen, voor zover de strekking van de betrokken bepalingen in verband met de aard van de rechtshandeling zich daartegen niet verzet. — *Schakelbepaling*
(Zie ook: artt. 64, 175 BW Boek 2; artt. 84, 98, 168, 178, 182 BW Boek 3; artt. 248, 258 BW Boek 6; art. 15 BW Boek 7)

Afdeling 2
Het tot stand komen van overeenkomsten

Art. 217
1. Een overeenkomst komt tot stand door een aanbod en de aanvaarding daarvan. — *Aanbod en aanvaarding bij totstandkoming overeenkomst*
2. De artikelen 219-225 zijn van toepassing, tenzij iets anders voortvloeit uit het aanbod, uit een andere rechtshandeling of uit een gewoonte. — *Schakelbepaling*
(Zie ook: artt. 32, 37 BW Boek 3)

Art. 218
Een aanbod is geldig, nietig of vernietigbaar overeenkomstig de regels voor meerzijdige rechtshandelingen. — *Aantastbaarheid aanbod bij totstandkoming overeenkomst*
(Zie ook: artt. 32, 34, 39, 40, 45, 54 BW Boek 3; artt. 226, 228, 229, 233 BW Boek 6)

Art. 219

Herroeping aanbod bij totstandkoming overeenkomst

1. Een aanbod kan worden herroepen, tenzij het een termijn voor de aanvaarding inhoudt of de onherroepelijkheid ervan op andere wijze uit het aanbod volgt.

2. De herroeping kan slechts geschieden, zolang het aanbod niet is aanvaard en evenmin een mededeling, houdende de aanvaarding is verzonden. Bevat het aanbod de mededeling dat het vrijblijvend wordt gedaan, dan kan de herroeping nog onverwijld na de aanvaarding geschieden.

Optie bij totstandkoming overeenkomst

3. Een beding waarbij één der partijen zich verbindt om, indien de wederpartij dit wenst, met haar een bepaalde overeenkomst te sluiten, geldt als een onherroepelijk aanbod.

(Zie ook: art. 37 BW Boek 3; artt. 217, 220 t/m 223 BW Boek 6)

Art. 220

Uitloving bij totstandkoming overeenkomst

1. Een bij wijze van uitloving voor een bepaalde tijd gedaan aanbod kan wegens gewichtige redenen worden herroepen of gewijzigd.

2. In geval van herroeping of wijziging van een uitloving kan de rechter aan iemand die op grond van de uitloving met de voorbereiding van een gevraagde prestatie is begonnen, een billijke schadeloosstelling toekennen.

(Zie ook: art. 217 BW Boek 6)

Art. 221

Vervallen aanbod bij totstandkoming overeenkomst

1. Een mondeling aanbod vervalt, wanneer het niet onmiddellijk wordt aanvaard, een schriftelijk aanbod, wanneer het niet binnen een redelijke tijd wordt aanvaard.

2. Een aanbod vervalt, doordat het wordt verworpen.

(Zie ook: artt. 37, 38 BW Boek 3; artt. 217, 223, 237 BW Boek 6)

Art. 222

Vervallen aanbod uitzondering bij totstandkoming overeenkomst

Een aanbod vervalt niet door de dood of het verlies van handelingsbekwaamheid van een der partijen, noch doordat een der partijen de bevoegdheid tot het sluiten van de overeenkomst verliest als gevolg van een bewind.

(Zie ook: artt. 380, 409, 431 BW Boek 1; art. 32 BW Boek 3; art. 217 BW Boek 6; artt. 415, 674, 763, 1683 BW Boek 7)

Art. 223

Te late aanvaarding bij totstandkoming overeenkomst

1. De aanbieder kan een te late aanvaarding toch als tijdig gedaan laten gelden, mits hij dit onverwijld aan de wederpartij medeelt.

2. Indien een aanvaarding te laat plaatsvindt, maar de aanbieder begrijpt of behoort te begrijpen dat dit voor de wederpartij niet duidelijk was, geldt de aanvaarding als tijdig gedaan, tenzij hij onverwijld aan de wederpartij mededeelt dat hij het aanbod als vervallen beschouwt.

(Zie ook: art. 37 BW Boek 3; artt. 221, 224 BW Boek 6)

Art. 224

Ontvangsttheorie bij totstandkoming overeenkomst

Indien een aanvaarding de aanbieder niet of niet tijdig bereikt door een omstandigheid op grond waarvan zij krachtens artikel 37 lid 3, tweede zin, van Boek 3 niettemin haar werking heeft, wordt de overeenkomst geacht tot stand te zijn gekomen op het tijdstip waarop zonder de storende omstandigheid de verklaring zou zijn ontvangen.

(Zie ook: artt. 217, 221, 223 BW Boek 6)

Art. 225

Afwijkende aanvaarding bij totstandkoming overeenkomst

1. Een aanvaarding die van het aanbod afwijkt, geldt als een nieuw aanbod en als een verwerping van het oorspronkelijke.

2. Wijkt een tot aanvaarding strekkend antwoord op een aanbod daarvan slechts op ondergeschikte punten af, dan geldt dit antwoord als aanvaarding en komt de overeenkomst overeenkomstig deze aanvaarding tot stand, tenzij de aanbieder onverwijld bezwaar maakt tegen de verschillen.

3. Verwijzen aanbod en aanvaarding naar verschillende algemene voorwaarden, dan komt aan de tweede verwijzing geen werking toe, wanneer daarbij niet tevens de toepasselijkheid van de in de eerste verwijzing aangegeven algemene voorwaarden uitdrukkelijk van de hand wordt gewezen.

(Zie ook: artt. 217, 221 BW Boek 6)

Art. 226

Vormvereiste bij totstandkoming overeenkomst

Stelt de wet voor de totstandkoming van een overeenkomst een vormvereiste, dan is dit voorschrift van overeenkomstige toepassing op een overeenkomst waarbij een partij in wier belang het strekt, zich tot het aangaan van een zodanige overeenkomst verbindt, tenzij uit de strekking van het voorschrift anders voortvloeit.

(Zie ook: artt. 37, 39, 40, 69 BW Boek 3; artt. 214, 219 BW Boek 6)

Art. 227
De verbintenissen die partijen op zich nemen, moeten bepaalbaar zijn.
(Zie ook: artt. 84, 231 BW Boek 3; art. 248 BW Boek 6)

<small>Bepaalbaarheid bij totstandkoming overeenkomst</small>

Art. 227a
1. Indien uit de wet voortvloeit dat een overeenkomst slechts in schriftelijke vorm geldig of onaantastbaar tot stand komt, is aan deze eis tevens voldaan indien de overeenkomst langs elektronische weg is totstandgekomen en
   a. raadpleegbaar door partijen is;
   b. de authenticiteit van de overeenkomst in voldoende mate gewaarborgd is;
   c. het moment van totstandkoming van de overeenkomst met voldoende zekerheid kan worden vastgesteld; en
   d. de identiteit van de partijen met voldoende zekerheid kan worden vastgesteld.
2. Lid 1 is niet van toepassing op overeenkomsten waarvoor de wet de tussenkomst voorschrijft van de rechter, een overheidsorgaan of een beroepsbeoefenaar die een publieke taak uitoefent.

<small>Schriftelijke en elektronische totstandkoming overeenkomst</small>

Art. 227b
1. Voordat een overeenkomst langs elektronische weg tot stand komt verstrekt degene die een dienst van de informatiemaatschappij verleent als bedoeld in artikel 15d lid 3 van Boek 3 de wederpartij ten minste op duidelijke, begrijpelijke en ondubbelzinnige wijze informatie over:
   a. de wijze waarop de overeenkomst tot stand zal komen en in het bijzonder welke handelingen daarvoor nodig zijn;
   b. het al dan niet archiveren van de overeenkomst nadat deze tot stand zal zijn gekomen, alsmede, indien de overeenkomst wordt gearchiveerd, op welke wijze deze voor de wederpartij te raadplegen zal zijn;
   c. de wijze waarop de wederpartij van door hem niet gewilde handelingen op de hoogte kan geraken, alsmede de wijze waarop hij deze kan herstellen voordat de overeenkomst tot stand komt;
   d. de talen waarin de overeenkomst kan worden gesloten;
   e. de gedragscodes waaraan hij zich heeft onderworpen en de wijze waarop deze gedragscodes voor de wederpartij langs elektronische weg te raadplegen zijn.
2. De dienstverlener stelt voor of bij het sluiten van de overeenkomst de voorwaarden daarvan, niet zijnde algemene voorwaarden als bedoeld in artikel 231, op zodanige wijze aan de wederpartij ter beschikking, dat deze door hem kunnen worden opgeslagen zodat deze voor hem toegankelijk zijn ten behoeve van latere kennisneming.
3. Lid 1 is niet van toepassing op overeenkomsten die uitsluitend door middel van de uitwisseling van elektronische post of een soortgelijke vorm van individuele communicatie tot stand zijn gekomen.
4. Een overeenkomst die tot stand is gekomen onder invloed van het niet naleven door de dienstverlener van zijn in lid 1, aanhef en onder a, c of d, genoemde verplichtingen, is vernietigbaar. Indien de dienstverlener zijn in lid 1, aanhef en onder a of c genoemde verplichting niet is nagekomen, wordt vermoed dat een overeenkomst onder invloed daarvan tot stand is gekomen.
5. Gedurende de tijd dat de dienstverlener de informatie, bedoeld in lid 1, onder b en e en lid 2, niet heeft verstrekt, kan de wederpartij de overeenkomst ontbinden.
6. Tussen partijen die handelen in de uitoefening van een beroep of bedrijf kan van lid 1 worden afgeweken.

<small>Elektronische totstandkoming overeenkomst</small>

Art. 227c
1. Degene die een dienst van de informatiemaatschappij als bedoeld in artikel 15d lid 3 van Boek 3 verleent, stelt de wederpartij passende, doeltreffende en toegankelijke middelen ter beschikking waarmee de wederpartij voor de aanvaarding van de overeenkomst van door hem niet gewilde handelingen op de hoogte kan geraken en waarmee hij deze kan herstellen.
2. Indien een wederpartij van een dienstverlener langs elektronische weg een verklaring uitbrengt die door de dienstverlener mag worden opgevat hetzij als een aanvaarding van een door hem langs elektronische weg gedaan aanbod, hetzij als een aanbod naar aanleiding van een door hem langs elektronische weg gedane uitnodiging om in onderhandeling te treden, bevestigt de dienstverlener zo spoedig mogelijk langs elektronische weg de ontvangst van deze verklaring. Zolang de ontvangst van een aanvaarding niet is bevestigd, kan de wederpartij de overeenkomst ontbinden. Het niet tijdig bevestigen van de ontvangst van een aanbod geldt als verwerping daarvan.
3. Een verklaring als bedoeld in lid 2 en de ontvangstbevestiging worden geacht te zijn ontvangen, wanneer deze toegankelijk zijn voor de partij tot wie zij zijn gericht.
4. De leden 1 en 2 zijn niet van toepassing indien de overeenkomst uitsluitend door middel van de uitwisseling van elektronische post of een soortgelijke vorm van individuele communicatie tot stand komt.

<small>Elektronische dienstverlening bij totstandkoming overeenkomst</small>

5. Een overeenkomst die tot stand is gekomen onder invloed van het niet naleven door de dienstverlener van zijn in lid 1 genoemde verplichting, is vernietigbaar. Indien de dienstverlener zijn in lid 1 genoemde verplichting niet is nagekomen, wordt vermoed dat een overeenkomst onder invloed daarvan tot stand is gekomen.
6. Van dit artikel kan slechts worden afgeweken tussen partijen die handelen in de uitoefening van een beroep of bedrijf.

Art. 228

Dwaling bij totstandkoming overeenkomst

1. Een overeenkomst die is tot stand gekomen onder invloed van dwaling en bij een juiste voorstelling van zaken niet zou zijn gesloten, is vernietigbaar:
   a. indien de dwaling te wijten is aan een inlichting van de wederpartij, tenzij deze mocht aannemen dat de overeenkomst ook zonder deze inlichting zou worden gesloten;
   b. indien de wederpartij in verband met hetgeen zij omtrent de dwaling wist of behoorde te weten, de dwalende had behoren in te lichten;
   c. indien de wederpartij bij het sluiten van de overeenkomst van dezelfde onjuiste veronderstelling als de dwalende is uitgegaan, tenzij zij ook bij een juiste voorstelling van zaken niet had behoeven te begrijpen dat de dwalende daardoor van het sluiten van de overeenkomst zou worden afgehouden.
2. De vernietiging kan niet worden gegrond op een dwaling die een uitsluitend toekomstige omstandigheid betreft of die in verband met de aard van de overeenkomst, de in het verkeer geldende opvattingen of de omstandigheden van het geval voor rekening van de dwalende behoort te blijven.

(Zie ook: artt. 71, 225 BW Boek 1; artt. 11, 35, 41, 42, 44, 49, 66, 196, 199 BW Boek 3; artt. 229, 230 BW Boek 6; artt. 6, 22, 23 BW Boek 7)

Art. 229

Voortbouwende overeenkomst bij totstandkoming

Een overeenkomst die de strekking heeft voort te bouwen op een reeds tussen partijen bestaande rechtsverhouding, is vernietigbaar, indien deze rechtsverhouding ontbreekt, tenzij dit in verband met de aard van de overeenkomst, de in het verkeer geldende opvattingen of de omstandigheden van het geval voor rekening van degene die zich op dit ontbreken beroept, behoort te blijven.

(Zie ook: artt. 40, 49 BW Boek 3; artt. 228, 230, 261 BW Boek 6)

Art. 230

Wijzigen overeenkomst, opheffing nadeel

1. De bevoegdheid tot vernietiging op grond van de artikelen 228 en 229 vervalt, wanneer de wederpartij tijdig een wijziging van de gevolgen van de overeenkomst voorstelt, die het nadeel dat de tot vernietiging bevoegde bij instandhouding van de overeenkomst lijdt, op afdoende wijze opheft.
2. Bovendien kan de rechter op verlangen van een der partijen, in plaats van de vernietiging uit te spreken, de gevolgen van de overeenkomst ter opheffing van dit nadeel wijzigen.

(Zie ook: artt. 54, 197 BW Boek 3)

Afdeling 2a
Informatie over dienstverrichters en hun diensten naar aanleiding van de dienstenrichtlijn

Art. 230a

Dienstenrichtlijn

In deze afdeling wordt verstaan onder:
afnemer: natuurlijke persoon die onderdaan is van een lidstaat of die rechten heeft die hem door communautaire besluiten zijn verleend, of een rechtspersoon in de zin van artikel 48 van het Verdrag die in een lidstaat is gevestigd en, al dan niet voor beroepsdoeleinden, van een dienst gebruik maakt of wil maken;
bevoegde instantie: bestuursorgaan, een ander orgaan of een autoriteit, dat of die een toezichthoudende, vergunningverlenende of regelgevende rol vervult ten aanzien van diensten;
centraal loket: het centraal loket, bedoeld in artikel 5, eerste lid, van de Dienstenwet;
dienst: economische activiteit, anders dan in loondienst, die gewoonlijk tegen vergoeding geschiedt, als bedoeld in artikel 50 van het Verdrag;
dienstverrichter: natuurlijke persoon die onderdaan is van een lidstaat of een rechtspersoon in de zin van artikel 48 van het Verdrag, die in een lidstaat is gevestigd en die een dienst aanbiedt of verricht;
lidstaat: lidstaat van de Europese Unie of van de Europese Economische Ruimte;
vergunning: beslissing, uitdrukkelijk of stilzwijgend, over de toegang tot of de uitoefening van een dienst;
vergunningstelsel: procedure die voor een dienstverrichter of afnemer de verplichting inhoudt bij een bevoegde instantie stappen te ondernemen ter verkrijging van een vergunning.

Art. 230b

Informatieverstrekking aan afnemer bij dienstrichtlijn

De dienstverrichter die diensten verricht als bedoeld in richtlijn 2006/123/EG van het Europees Parlement en de Raad van de Europese Unie van 12 december 2006 betreffende diensten op

de interne markt (PbEU L 376), stelt de afnemer van die diensten de volgende gegevens ter beschikking:
1. zijn naam, rechtspositie en rechtsvorm, het geografisch adres waar hij is gevestigd, zijn adresgegevens, zodat de afnemers hem snel kunnen bereiken en rechtstreeks met hem kunnen communiceren, eventueel langs elektronische weg;
2. wanneer de dienstverrichter in een handelsregister of in een vergelijkbaar openbaar register is ingeschreven, de naam van dat register en het nummer waaronder hij is ingeschreven, of gelijkwaardige gegevens uit dat register die ter identificatie dienen;
3. wanneer voor de activiteit een vergunningstelsel geldt, de adresgegevens van de bevoegde instantie of van het centraal loket;
4. wanneer de dienstverrichter een btw-plichtige activiteit uitoefent, het nummer bedoeld in artikel 214, eerste lid, onder a, van Richtlijn 2006/112/EG van de Raad van de Europese Unie van 28 november 2006 betreffende het Gemeenschappelijk stelsel van belasting over de toegevoegde waarde (PbEU L 347);
5. voor gereglementeerde beroepen: elke beroepsorde of vergelijkbare organisatie waarbij de dienstverrichter is ingeschreven, alsmede de beroepstitel en de lidstaat waar die is verleend;
6. in voorkomend geval, de algemene voorwaarden en bepalingen die de dienstverrichter hanteert;
7. het eventuele bestaan van door de dienstverrichter gehanteerde contractuele bepalingen betreffende het op de overeenkomst toepasselijke recht of de bevoegde rechter;
8. het eventuele bestaan van niet bij wet voorgeschreven garantie na verkoop;
9. de prijs van de dienst wanneer de dienstverrichter de prijs van een bepaald soort dienst vooraf heeft vastgesteld;
10. de belangrijkste kenmerken van de dienst wanneer deze niet uit de context blijken;
11. de in artikel 23, lid 1 van de in de aanhef van dit artikel genoemde richtlijn, bedoelde verzekering of waarborgen, met name de adresgegevens van de verzekeraar of de borg en de geografische dekking;
12. adresgegevens, met name een postadres, faxnummer of e-mailadres en een telefoonnummer, waar alle afnemers, ook die die in andere lidstaten verblijven, een klacht kunnen indienen of informatie over de verrichte dienst kunnen vragen. Indien dit niet hun gebruikelijke correspondentieadres is, wordt hun wettelijke adres verstrekt. Op eventuele klachten wordt zo snel mogelijk gereageerd en alles wordt in het werk gesteld om een bevredigende oplossing te vinden;
13. wanneer een dienstverrichter gebonden is aan een gedragscode of lid is van een handelsvereniging of beroepsorde die voorziet in een regeling voor buitengerechtelijke geschillenbeslechting, wordt dienaangaande informatie verstrekt. De dienstverrichter vermeldt dit in elk document waarin zijn diensten in detail worden beschreven en geeft daarbij aan hoe toegang kan worden verkregen tot gedetailleerde informatie over de kenmerken en toepassingsvoorwaarden van deze regeling.

Art. 230c
De in artikel 230b bedoelde informatie, naar keuze van de dienstverrichter, bedoeld in artikel 230b, aanhef:
1. wordt op eigen initiatief door de dienstverrichter verstrekt;
2. is voor de afnemer gemakkelijk toegankelijk op de plaats waar de dienst wordt verricht of de overeenkomst wordt gesloten;
3. is voor de afnemer gemakkelijk elektronisch toegankelijk op een door de dienstverrichter meegedeeld adres;
4. is opgenomen in alle door de dienstverrichter aan de afnemer verstrekte documenten waarin deze diensten in detail worden beschreven.

Toegankelijke informatie bij dienstrichtlijn

Art. 230d
De dienstverrichters, bedoeld in artikel 230b, aanhef, verstrekken de afnemer van diensten op diens verzoek de volgende aanvullende informatie:
1. wanneer de dienstverrichter de prijs van een bepaald soort dienst niet vooraf heeft vastgesteld, de prijs van de dienst of, indien de precieze prijs niet kan worden gegeven, de manier waarop de prijs wordt berekend, zodat de afnemer de prijs kan controleren, of een voldoende gedetailleerde kostenraming;
2. voor gereglementeerde beroepen, een verwijzing naar de in de lidstaat van vestiging geldende beroepsregels en de wijze waarop hierin inzage kan worden verkregen;
3. informatie over hun multidisciplinaire activiteiten en partnerschappen die rechtstreeks verband houden met de betrokken dienst, en over de maatregelen die zij ter voorkoming van belangenconflicten hebben genomen. Deze informatie is opgenomen in elk informatiedocument waarin dienstverrichters hun diensten in detail beschrijven;
4. gedragscodes die op dienstverrichters van toepassing zijn, alsmede het adres waar zij elektronisch kunnen worden geraadpleegd en de beschikbare talen waarin deze codes kunnen worden geraadpleegd.

Aanvullende informatie bij dienstrichtlijn

art. 6:230e

Aard van de informatie bij dienstrichtlijn

Art. 230e
De informatie, bedoeld in deze afdeling, is correct, helder en ondubbelzinnig. De informatie wordt tijdig voor de sluiting van een schriftelijke overeenkomst of, indien er geen schriftelijke overeenkomst is, voor de verrichting van de dienst meegedeeld of beschikbaar gesteld.

Art. 230f
Nadere regels bij dienstenrichtlijn
Bij algemene maatregel van bestuur kunnen nadere regels worden gesteld ter uitvoering van besluiten op grond van artikel 22, zesde lid, van richtlijn 2006/123/EG van het Europees Parlement en de Raad van de Europese Unie van 12 december 2006 betreffende diensten op de interne markt (PbEU L 376).

Afdeling 2b
Bepalingen voor overeenkomsten tussen handelaren en consumenten

Paragraaf 1
– Algemene bepalingen

Art. 230g
Begripsbepalingen
1. In deze afdeling wordt verstaan onder:
a. *consument:* iedere natuurlijke persoon die handelt voor doeleinden die buiten zijn bedrijfs- of beroepsactiviteit vallen;
b. *handelaar:* iedere natuurlijke of rechtspersoon die handelt in het kader van zijn handels-, bedrijfs-, ambachts- of beroepsactiviteit, al dan niet mede via een andere persoon die namens hem of voor zijn rekening optreedt;
c. *consumentenkoop:* de overeenkomst bedoeld in artikel 5 lid 1 van Boek 7;
d. *overeenkomst tot het verrichten van diensten:* iedere andere overeenkomst dan een consumentenkoop, waarbij de handelaar zich jegens de consument verbindt een dienst te verrichten en de consument zich verbindt een prijs te betalen;
e. *overeenkomst op afstand:* de overeenkomst die tussen de handelaar en de consument wordt gesloten in het kader van een georganiseerd systeem voor verkoop of dienstverlening op afstand zonder gelijktijdige persoonlijke aanwezigheid van handelaar en consument en waarbij, tot en met het moment van het sluiten van de overeenkomst, uitsluitend gebruik wordt gemaakt van een of meer middelen voor communicatie op afstand;
f. *overeenkomst buiten de verkoopruimte:* iedere overeenkomst tussen de handelaar en de consument, die:
1°. wordt gesloten in gelijktijdige persoonlijke aanwezigheid van de handelaar en de consument op een andere plaats dan de verkoopruimte van de handelaar of waarvoor door de consument een aanbod is gedaan onder dezelfde omstandigheden;
2°. wordt gesloten in de verkoopruimte van de handelaar of met behulp van een middel voor communicatie op afstand, onmiddellijk nadat de consument persoonlijk en individueel is aangesproken op een plaats die niet de verkoopruimte van de handelaar is, in gelijktijdige persoonlijke aanwezigheid van de handelaar en de consument; of
3°. wordt gesloten tijdens een excursie die door de handelaar is georganiseerd met als doel of effect de promotie en de verkoop van zaken of diensten aan de consument;
g. *verkoopruimte:*
1°. iedere onverplaatsbare ruimte voor detailhandel waar de handelaar op permanente basis zijn activiteiten uitoefent, of
2°. iedere verplaatsbare ruimte voor detailhandel waar de handelaar gewoonlijk zijn activiteiten uitoefent;
h. *duurzame gegevensdrager:* ieder hulpmiddel dat de consument of de handelaar in staat stelt om persoonlijk aan hem gerichte informatie op te slaan op een wijze die deze informatie toegankelijk maakt voor toekomstig gebruik gedurende een periode die is aangepast aan het doel waarvoor de informatie is bestemd, en die een ongewijzigde weergave van de opgeslagen informatie mogelijk maakt;
i. *digitale inhoud:* gegevens die in digitale vorm geproduceerd en geleverd worden;
j. *openbare veiling:* een verkoopmethode waarbij zaken of diensten door middel van een transparante competitieve biedprocedure onder leiding van een veilingmeester door de handelaar worden aangeboden aan consumenten, die persoonlijk aanwezig zijn op de veiling of daartoe de mogelijkheid hebben, en waarbij de winnende bieder zich verbindt de zaken of diensten af te nemen;
k. *commerciële garantie:* iedere verbintenis van de handelaar of een producent om, naast de wettelijke verplichting om een zaak te leveren die voldoet aan de overeenkomst, de consument de betaalde prijs terug te betalen of de zaken op enigerlei wijze te vervangen, herstellen of onderhouden, wanneer die niet voldoen aan specificaties of aan enige andere vereisten die geen verband houden met de hiervoor genoemde wettelijke verplichting, die vermeld zijn in de ga-

13 Burgerlijk Wetboek Boek 6   **art. 6:230h**

rantieverklaring of in de desbetreffende reclameboodschappen op het moment van of vóór het sluiten van de overeenkomst;
l. aanvullende overeenkomst: een overeenkomst waarbij een consument zaken of diensten verwerft in verband met een overeenkomst op afstand of een overeenkomst buiten de verkoopruimte, en deze zaken of diensten door de handelaar worden geleverd of door een derde partij op basis van een afspraak tussen die derde partij en de handelaar;
m. recht van ontbinding: het recht om de overeenkomst overeenkomstig artikel 230o te ontbinden;
n. ontbindingstermijn: de termijn waarbinnen het recht van ontbinding overeenkomstig artikel 230o kan worden uitgeoefend;
o. financieel product, financiële dienst, financiële onderneming, krediet, levensverzekering, naturauitvaartverzekeraar en verzekering: hetgeen daaronder wordt verstaan in artikel 1:1 van de Wet op het financieel toezicht en de daarop berustende bepalingen;
p. richtlijn: Richtlijn 2011/83/EU van het Europees Parlement en de Raad van 25 oktober 2011 betreffende consumentenrechten, tot wijziging van Richtlijn 93/13/EEG van de Raad en van Richtlijn 1999/44/EG van het Europees Parlement en de Raad tot intrekking van Richtlijn 85/577/EEG en van Richtlijn 97/7/EG van het Europees Parlement en de Raad (Pb EU L 304/64);
q. richtlijn nr. 2002/65/EG: richtlijn nr. 2002/65/EG van het Europees Parlement en de Raad van de Europese Unie van 23 september 2002 betreffende de verkoop op afstand van financiële diensten aan consumenten (PbEG L 271/16).
2. Voor de toepassing van deze afdeling gelden voor een overeenkomst die zowel de levering van roerende zaken als het verrichten van diensten betreft, met uitzondering van artikel 230s lid 4, slechts de bepalingen die van toepassing zijn op consumentenkoop.
3. Indien een overeenkomst waarop deze afdeling van toepassing is tot stand is gekomen via een andere persoon, handelend in het kader van zijn handels-, bedrijfs-, ambachts- of beroepsactiviteit, die daarbij optreedt namens of voor rekening van een handelaar, kan de consument zich ook jegens die andere persoon beroepen op het in deze afdeling bepaalde.
4. Het derde lid is van overeenkomstige toepassing voordat de consument is gebonden aan een overeenkomst waarop deze afdeling van toepassing is, dan wel aan een daartoe strekkend aanbod.

Art. 230h

1. Deze afdeling is van toepassing op overeenkomsten gesloten tussen een handelaar en een consument.   *Werkingssfeer*
2. Deze afdeling is niet van toepassing op een overeenkomst:
a. buiten de verkoopruimte waarbij de verbintenis van de consument tot betaling ten hoogste 50 euro bedraagt;
b. betreffende financiële producten, financiële diensten en fondsvorming als bedoeld in artikel 230w lid 1, onderdeel c, met uitzondering van de paragrafen 1 en 6 van deze afdeling;
c. betreffende sociale dienstverlening, met inbegrip van sociale huisvesting, kinderzorg en ondersteuning van gezinnen of personen in permanente of tijdelijke nood, waaronder langdurige zorg;
d. betreffende gezondheidszorg zoals omschreven in artikel 3 onderdeel a van Richtlijn 2011/24/EU van het Europees Parlement en de Raad van 9 maart 2011 betreffende de toepassing van de rechten van patiënten bij grensoverschrijdende gezondheidszorg (Pb L 88/45), ongeacht of deze diensten al dan niet via gezondheidszorgfaciliteiten worden verleend;
e. betreffende gokactiviteiten waarbij bij kansspelen een inzet met een waarde in geld wordt gedaan, met inbegrip van loterijen, casinospelen en weddenschappen;
f. over het doen ontstaan, het verkrijgen of het overdragen van onroerende zaken of rechten op onroerende zaken;
g. betreffende de constructie van nieuwe gebouwen, de ingrijpende verbouwing van bestaande gebouwen en de verhuur van woonruimte;
h. betreffende pakketreizen, als bedoeld in artikel 500 van Boek 7 van het Burgerlijk Wetboek, met uitzondering van de artikelen 230j, 230k en 230v lid 2, 3 en 5 van Boek 6 van het Burgerlijk Wetboek;
i. betreffende gebruik in deeltijd, een vakantieproduct van lange duur, en betreffende bijstand bij verhandelen en uitwisseling, als bedoeld in artikel 50a van Boek 7 van het Burgerlijk Wetboek;
j. waarbij de wet voor de totstandkoming van de overeenkomst de tussenkomst van een notaris voorschrijft;
k. betreffende de levering van zaken die bestemd zijn voor dagelijkse huishoudelijke consumptie en die fysiek door een handelaar op basis van frequente en regelmatige rondes bij de woon- of verblijfplaats dan wel de arbeidsplaats van de consument worden afgeleverd;
l. die wordt gesloten door middel van verkoopautomaten of geautomatiseerde handelsruimten;
m. die wordt gesloten met telecommunicatie-exploitanten door middel van openbare betaaltelefoons met het oog op het gebruik ervan of die worden gesloten met het oog op het gebruik van één enkele internet-, telefoon- of faxverbinding gemaakt door de consument.

3. Bij de toepassing van lid 2, onderdeel a, worden overeenkomsten buiten de verkoopruimte die gelijktijdig worden gesloten en aanverwante zaken of diensten betreffen in aanmerking genomen voor het aldaar genoemde drempelbedrag.
4. Deze afdeling is niet van toepassing op zaken die executoriaal worden verkocht.
5. Op de overeenkomst van personenvervoer zijn slechts de artikelen 230i lid 1, 230j, 230k lid 1 en 230v leden 2 en 3 van toepassing.

Art. 230i

Dwingend recht

1. Van het bepaalde bij of krachtens deze afdeling kan niet ten nadele van de consument worden afgeweken.
2. Op de termijnen genoemd in deze afdeling is Verordening (EEG, Euratom) nr. 1182/71 (PbEG L 124) van de Raad van 3 juni 1971 houdende vaststelling van de regels die van toepassing zijn op termijnen, data en aanvangs- en vervaltijden van overeenkomstige toepassing.
3. De in deze afdeling opgenomen bepalingen gelden niet voor zover deze op grond van artikel 3 lid 2 van de richtlijn van het toepassingsgebied van de richtlijn zijn uitgezonderd.
4. De uit deze afdeling voortvloeiende informatieverplichtingen gelden onverminderd de informatieverplichtingen op grond van de artikelen 15d tot en met 15f van Boek 3, de artikelen 227b en 227c alsmede afdeling 2A van titel 5 van Boek 6. In geval van strijd naar inhoud en wijze waarop de informatie wordt verstrekt, zijn de bepalingen van deze afdeling van toepassing.

Art. 230j

Verbintenis tot aanvullende betaling

De consument is niet zonder zijn uitdrukkelijke instemming gebonden aan een verbintenis tot een aanvullende betaling van een geldsom ter verkrijging van een prestatie die niet de kern van de prestatie is. Uit het gebruik van standaardopties die de consument moet afwijzen, kan geen uitdrukkelijke instemming worden afgeleid.

Art. 230k

Vergoeding betaalmiddel overeenkomst

1. De vergoeding die de handelaar aan de consument vraagt voor het gebruik van een bepaald betaalmiddel bedraagt ten hoogste de kosten van het gebruik daarvan voor de handelaar.
2. De vergoeding die de handelaar bij de consument in rekening brengt voor telefonisch contact over de tussen hem en de consument gesloten overeenkomst bedraagt ten hoogste het basistarief. Bij ministeriële regeling kunnen nadere regels over de samenstelling en hoogte van het basistarief worden vastgesteld.

Paragraaf 2
– Bepalingen voor overeenkomsten anders dan op afstand of buiten de verkoopruimte

Art. 230l

Overeenkomst anders dan op afstand of buiten verkoopruimte

Voordat de consument door enige andere overeenkomst dan een overeenkomst op afstand of buiten de verkoopruimte, dan wel een daartoe strekkend aanbod, is gebonden, verstrekt de handelaar de consument op duidelijke en begrijpelijke wijze de volgende informatie, voor zover deze niet reeds duidelijk uit de context blijkt:
a. de voornaamste kenmerken van de zaken of de diensten, in de mate waarin dit gezien de gebruikte drager en de zaken of diensten passend is;
b. de identiteit van de handelaar, zoals zijn handelsnaam, het geografische adres waar hij gevestigd is en zijn telefoonnummer;
c. de totale prijs van de zaken of diensten, met inbegrip van alle belastingen, of, als door de aard van de zaak of de dienst de prijs redelijkerwijs niet vooraf kan worden berekend, de manier waarop de prijs moet worden berekend, en, voor zover van toepassing, alle extra vracht-, leverings- of portokosten of, indien deze kosten redelijkerwijs niet vooraf kunnen worden berekend, in ieder geval het feit dat er eventueel dergelijke extra kosten verschuldigd kunnen zijn;
d. voor zover van toepassing, de wijze van betaling, levering, nakoming, de termijn waarbinnen de handelaar zich verbindt de zaak te leveren of de dienst te verlenen, en het beleid van de handelaar inzake klachtenbehandeling;
e. naast een herinnering aan het bestaan van de wettelijke regeling om een zaak te leveren die beantwoordt aan de overeenkomst, het bestaan en de voorwaarden van diensten na verkoop en van commerciële garanties, voor zover van toepassing;
f. voor zover van toepassing, de duur van de overeenkomst, of, wanneer de overeenkomst van onbepaalde duur is of automatisch verlengd wordt, de voorwaarden voor het opzeggen van de overeenkomst;
g. voor zover van toepassing, de functionaliteit van digitale inhoud, met inbegrip van toepasselijke technische beveiligingsvoorzieningen;
h. voor zover van toepassing, de relevante interoperabiliteit van digitale inhoud met hardware en software waarvan de handelaar op de hoogte is of redelijkerwijs kan worden verondersteld op de hoogte te zijn.

13 Burgerlijk Wetboek Boek 6

art. 6:230m

Paragraaf 3
– Bepalingen voor overeenkomsten op afstand en overeenkomsten buiten de verkoopruimte

Art. 230m
1. Voordat de consument gebonden is aan een overeenkomst op afstand of een overeenkomst buiten de verkoopruimte, dan wel aan een daartoe strekkend aanbod, verstrekt de handelaar de consument op duidelijke en begrijpelijke wijze de volgende informatie:
a. de voornaamste kenmerken van de zaken of de diensten, in de mate waarin dit gezien de gebruikte drager en de zaken of diensten passend is;
b. de identiteit van de handelaar, zoals zijn handelsnaam;
c. het geografisch adres waar de handelaar gevestigd is en het telefoonnummer, fax en e-mailadres van de handelaar, indien beschikbaar, alsmede, indien van toepassing, het geografische adres en de identiteit van de handelaar voor wiens rekening hij optreedt;
d. wanneer dat verschilt van het overeenkomstig onderdeel c verstrekte adres, het geografische adres van de bedrijfsvestiging van de handelaar, en indien van toepassing dat van de handelaar voor wiens rekening hij optreedt, waaraan de consument eventuele klachten kan richten;
e. de totale prijs van de zaken of diensten, met inbegrip van alle belastingen, of, als door de aard van de zaak of de dienst de prijs redelijkerwijs niet vooraf kan worden berekend, de manier waarop de prijs moet worden berekend, en, in voorkomend geval, alle extra vracht-, leverings- of portokosten en eventuele andere kosten of, indien deze kosten redelijkerwijs niet vooraf kunnen worden berekend, het feit dat er eventueel dergelijke extra kosten verschuldigd kunnen zijn. In het geval van een overeenkomst voor onbepaalde duur of een overeenkomst die een abonnement inhoudt, omvat de totale prijs de totale kosten per factureringsperiode. Indien voor een dergelijke overeenkomst een vast tarief van toepassing is, omvat de totale prijs ook de totale maandelijkse kosten. Indien de totale kosten niet redelijkerwijze vooraf kunnen worden berekend, wordt de manier waarop de prijs moet worden berekend, medegedeeld;
f. de kosten voor het gebruik van middelen voor communicatie op afstand voor het sluiten van de overeenkomst wanneer deze kosten op een andere grondslag dan het basistarief worden berekend;
g. de wijze van betaling, levering, uitvoering, de termijn waarbinnen de handelaar zich verbindt de zaak te leveren of de diensten te verlenen en, voor zover van toepassing, het klachtafhandelingsbeleid van de handelaar;
h. wanneer een recht van ontbinding van de overeenkomst bestaat, de voorwaarden, de termijn en de modaliteiten voor de uitoefening van dat recht overeenkomstig artikel 230o, alsmede het modelformulier voor ontbinding opgenomen in bijlage I, deel B, van de richtlijn;
i. voor zover van toepassing, het feit dat de consument de kosten van het terugzenden van de zaken zal moeten dragen in geval van uitoefening van het recht van ontbinding en, voor een overeenkomst op afstand, indien de zaken door hun aard niet per gewone post kunnen worden teruggezonden, de kosten van het terugzenden van de zaken;
j. ingeval de consument zijn recht van ontbinding uitoefent nadat hij een verzoek overeenkomstig artikel 230t lid 3 of artikel 230v lid 8 heeft gedaan, dat de consument de handelaar diens redelijke kosten vergoedt overeenkomstig 230s lid 4;
k. indien er niet voorzien is in het recht van ontbinding van de overeenkomst, de informatie dat de consument geen recht van ontbinding heeft of, voor zover van toepassing, de omstandigheden waarin de consument afstand doet van zijn recht van ontbinding;
l. een herinnering aan het bestaan van de wettelijke waarborg dat de afgeleverde zaak aan de overeenkomst moet beantwoorden;
m. voor zover van toepassing, het bestaan en de voorwaarden van bijstand aan de consument na verkoop, van diensten na verkoop en van commerciële garanties;
n. voor zover van toepassing, het bestaan van relevante gedragscodes, bedoeld in artikel 193a lid 1, onderdeel i, en hoe een afschrift daarvan kan worden verkregen;
o. de duur van de overeenkomst, voor zover van toepassing, of, wanneer de overeenkomst voor onbepaalde duur is of stilzwijgend vernieuwd wordt, de voorwaarden voor het opzeggen van de overeenkomst;
p. voor zover van toepassing, de minimumduur van de uit de overeenkomst voortvloeiende verplichtingen voor de consument;
q. voor zover van toepassing, het bestaan en de voorwaarden van waarborgsommen of andere financiële garanties die de consument op verzoek van de handelaar moet betalen of bieden;
r. voor zover van toepassing, de functionaliteit van digitale inhoud met inbegrip van toepasselijke technische beveiligingsvoorzieningen;
s. voor zover van toepassing, de relevante interoperabiliteit van digitale inhoud met hardware en software waarvan de handelaar op de hoogte is of redelijkerwijs kan worden verondersteld op de hoogte te zijn;

Overeenkomst op afstand of buiten verkoopruimte

t. voor zover van toepassing, de mogelijkheid van toegang tot buitengerechtelijke klachten- en geschilbeslechtingsprocedures waarbij de handelaar zich heeft aangesloten, en de wijze waarop daar toegang toe is.
2. Bij een openbare veiling kan aan de in lid 1 in onderdelen b, c en d, bedoelde informatieverplichting worden voldaan door de overeenkomstige gegevens van de veilingmeester te verstrekken.

Art. 230n

Modelinstructies voor ontbinding overeenkomsten op afstand en buiten de verkoopruimte

1. Aan de in artikel 230m lid 1, onderdelen h, i en j, bedoelde verplichtingen kan worden voldaan door verstrekking van door de handelaar ingevulde modelinstructies voor ontbinding als bedoeld in bijlage I deel A van de richtlijn.

2. De in artikel 230m lid 1 bedoelde informatie vormt een integraal onderdeel van de overeenkomst op afstand of van de overeenkomst buiten de verkoopruimte en wordt niet gewijzigd, tenzij de partijen in de overeenkomst uitdrukkelijk anders overeenkomen.
3. Niet opgegeven bijkomende kosten als bedoeld in artikel 230m lid 1, onderdelen e en i, zijn niet verschuldigd.
4. Op de handelaar rust de bewijslast voor de juiste en tijdige verstrekking van de in deze paragraaf genoemde informatie.

Art. 230o

Ontbinding overeenkomst op afstand of buiten verkoopruimte

1. De consument kan een overeenkomst op afstand of een overeenkomst buiten de verkoopruimte zonder opgave van redenen ontbinden tot een termijn van veertien dagen is verstreken, na:
a. bij een overeenkomst tot het verrichten van diensten: de dag waarop de overeenkomst wordt gesloten;
b. bij een consumentenkoop:
1°. de dag waarop de consument of een door de consument aangewezen derde, die niet de vervoerder is, de zaak heeft ontvangen;
2°. de dag waarop de consument of een door de consument aangewezen derde, die niet de vervoerder is, de laatste zaak heeft ontvangen, indien de consument in eenzelfde bestelling meerdere zaken heeft besteld die afzonderlijk worden geleverd;
3°. de dag waarop de consument of een door de consument aangewezen derde, die niet de vervoerder is, de laatste zending of het laatste onderdeel heeft ontvangen indien de levering van een zaak bestaat uit verschillende zendingen of onderdelen; of
4°. de dag waarop de consument of een door de consument aangewezen derde, die niet de vervoerder is, de eerste zaak heeft ontvangen voor een overeenkomst die strekt tot de regelmatige levering van zaken gedurende een bepaalde periode;
c. bij een overeenkomst tot levering van water, gas of elektriciteit, die niet gereed voor verkoop zijn gemaakt in een beperkt volume of in een bepaalde hoeveelheid, van stadsverwarming of van digitale inhoud, anders dan op een materiële drager: de dag waarop de overeenkomst wordt gesloten.
2. Indien niet aan de in artikel 230m lid 1, onderdeel h, gestelde eisen is voldaan wordt de in het vorige lid bedoelde termijn verlengd met de tijd die is verstreken vanaf het tijdstip, bedoeld in het vorige lid, tot het moment waarop alle ontbrekende gegevens alsnog op de voorgeschreven wijze aan de consument zijn verstrekt, doch met ten hoogste twaalf maanden.
3. De consument oefent het in lid 1 bedoelde recht uit door binnen de in dat lid gestelde termijn het ingevulde modelformulier voor ontbinding, bedoeld in bijlage I deel B van de richtlijn, te zenden of een andere daartoe strekkende ondubbelzinnige verklaring te doen aan de handelaar.
4. Brengt de consument op elektronische wijze via de website van de handelaar een verklaring tot ontbinding uit, dan bevestigt de handelaar onverwijld op een duurzame gegevensdrager de ontvangst van deze verklaring.
5. Op de consument rust de bewijslast voor de juiste en tijdige uitoefening van het in lid 1 bedoelde recht.

Art. 230p

Ontbinding overeenkomsten op afstand en buiten de verkoopruimte, geen recht op

De consument heeft geen recht van ontbinding bij:
a. een overeenkomst waarbij de prijs van de zaken of diensten gebonden is aan schommelingen op de financiële markten waarop de handelaar geen invloed heeft en die zich binnen de ontbindingstermijn kunnen voordoen;
b. een overeenkomst waarbij de consument de handelaar specifiek verzocht heeft hem te bezoeken om daar dringende herstellingen of onderhoud te verrichten, met uitzondering van:
1°. aanvullende dienstverlening waar de consument niet uitdrukkelijk om heeft verzocht;
2°. de levering van andere zaken dan die noodzakelijk zijn om het onderhoud of de herstellingen uit te voeren;
c. een overeenkomst die is gesloten tijdens een openbare veiling;
d. een overeenkomst tot het verrichten van diensten, na nakoming van de overeenkomst, indien:

1°. de nakoming is begonnen met uitdrukkelijke voorafgaande instemming van de consument; en
2°. de consument heeft verklaard afstand te doen van zijn recht van ontbinding zodra de handelaar de overeenkomst is nagekomen;
e. een overeenkomst tot het verrichten van diensten die strekt tot de terbeschikkingstelling van accommodatie anders dan voor woondoeleinden, van goederenvervoer, van autoverhuurdiensten, van catering en van diensten met betrekking tot vrijetijdsbesteding, indien in de overeenkomst een bepaald tijdstip of een bepaalde periode van nakoming is voorzien;
f. een consumentenkoop betreffende:
1°. de levering van volgens specificaties van de consument vervaardigde zaken, die niet geprefabriceerd zijn en die worden vervaardigd op basis van een individuele keuze of beslissing van de consument, of die duidelijk voor een specifieke persoon bestemd zijn;
2°. de levering van zaken die snel bederven of die een beperkte houdbaarheid hebben;
3°. de levering van zaken die niet geschikt zijn om te worden teruggezonden om redenen van gezondheidsbescherming of hygiëne en waarvan de verzegeling na de levering is verbroken;
4°. de levering van zaken die na levering door hun aard onherroepelijk vermengd zijn met andere zaken;
5°. de levering van alcoholische dranken waarvan de prijs is overeengekomen bij het sluiten van een consumentenkoop, maar waarvan de levering slechts kan plaatsvinden na dertig dagen, en waarvan de werkelijke waarde afhankelijk is van schommelingen van de markt waarop de handelaar geen invloed heeft;
6°. de levering van audio- en video-opnamen en computerprogrammatuur waarvan de verzegeling na levering is verbroken;
7°. de levering van kranten, tijdschriften of magazines, met uitzondering van een overeenkomst voor de geregelde levering van dergelijke publicaties;
g. de levering van digitale inhoud die niet op een materiële drager is geleverd, voor zover de nakoming is begonnen met uitdrukkelijke voorafgaande toestemming van de consument en de consument heeft verklaard dat hij daarmee afstand doet van zijn recht van ontbinding.

Art. 230q
1. In afwijking van artikel 219 kan een aanbod van de consument tot het aangaan van een overeenkomst aan de handelaar op de in artikel 230o bepaalde wijze worden herroepen.

Ontbinding vóór sluiten overeenkomst op afstand of buiten verkoopruimte

2. Door een ontbinding overeenkomstig artikel 230o worden van rechtswege alle aanvullende overeenkomsten ontbonden.

Art. 230r
1. De handelaar vergoedt na ontbinding van de overeenkomst overeenkomstig artikel 230o onverwijld doch uiterlijk binnen veertien dagen na de dag van ontvangst van de verklaring tot ontbinding alle van de consument ontvangen betalingen, met inbegrip van de leveringskosten.

Vergoeding betaling na ontbinding overeenkomst

2. De handelaar komt de in lid 1 bedoelde verbintenis na, met gebruikmaking van hetzelfde betaalmiddel als door de consument is gebruikt ter voldoening van de voor de ontbinding op de consument rustende verbintenissen, tenzij de consument uitdrukkelijk met een ander betaalmiddel heeft ingestemd en met dien verstande dat de consument hierdoor geen kosten mag hebben.
3. Onverminderd het bepaalde in lid 1 is de handelaar niet verplicht de bijkomende kosten terug te betalen, indien de consument uitdrukkelijk voor een andere wijze dan de door de handelaar aangeboden minst kostbare wijze van standaardlevering heeft gekozen.
4. Tenzij de handelaar heeft aangeboden de op basis van de ontbonden overeenkomst geleverde zaken zelf af te halen, kan de handelaar de consument eerst nakoming vorderen van de in lid 1 bedoelde verbintenis nadat de handelaar de zaken heeft ontvangen of de consument heeft aangetoond dat hij de zaken heeft teruggezonden, naar gelang welk tijdstip het eerst valt.

Art. 230s
1. De handelaar heeft aangeboden de op basis van de ontbonden overeenkomst geleverde zaken zelf af te halen, zendt de consument onverwijld en in ieder geval binnen veertien dagen na het uitbrengen van de in artikel 230o lid 3 bedoelde verklaring de door hem ontvangen zaken terug of overhandigt deze aan de handelaar of aan een persoon die door de handelaar is gemachtigd om de zaken in ontvangst te nemen.

Terugzending zaken na ontbinding overeenkomst

2. De consument draagt de rechtstreekse kosten van het terugzenden van de zaak, tenzij de handelaar heeft nagelaten de consument mee te delen dat hij deze kosten moet dragen.
3. De consument is slechts aansprakelijk voor de waardevermindering van de zaak als een behandeling van de zaak verder is gegaan dan noodzakelijk om de aard, de kenmerken en de werking daarvan vast te stellen. De consument is niet aansprakelijk voor waardevermindering van de zaak wanneer de handelaar heeft nagelaten om overeenkomstig 230m lid 1, onderdeel h, informatie over het recht van ontbinding te verstrekken.
4. Bij uitoefening van het recht van ontbinding na een verzoek overeenkomstig artikel 230t lid 3 of artikel 230v lid 8 is de consument de handelaar een bedrag verschuldigd dat evenredig

art. 6:230t

13 Burgerlijk Wetboek Boek 6

is aan dat gedeelte van de verbintenis dat door de handelaar is nagekomen op het moment van uitoefening van het hiervoor bedoelde recht, vergeleken met de volledige nakoming van de verbintenis. Het evenredige bedrag dat de consument aan de handelaar moet betalen, wordt berekend op grond van de totale prijs zoals vastgelegd in de overeenkomst. Als de totale prijs excessief is, wordt het evenredige bedrag berekend op basis van de marktwaarde van het gedeelte van de overeenkomst dat is uitgevoerd.

5. De consument draagt geen kosten voor:
a. de uitvoering van diensten, of de levering van water, gas of elektriciteit, wanneer deze niet in beperkte volumes of in een bepaalde hoeveelheid gereed voor verkoop zijn gemaakt, of van stadsverwarming, die geheel of gedeeltelijk tijdens de ontbindingstermijn zijn verleend, indien:
1°. de handelaar heeft nagelaten de informatie overeenkomstig artikel 230m lid 1, onderdeel h of j, te verstrekken; of
2°. de consument er niet overeenkomstig artikel 230t lid 3 of artikel 230v lid 8 uitdrukkelijk om heeft verzocht met de uitvoering van de dienst tijdens de ontbindingstermijn te beginnen;
b. de volledige of gedeeltelijke levering van digitale inhoud die niet op een materiële drager is geleverd, indien:
1°. de consument er van te voren niet uitdrukkelijk mee heeft ingestemd dat de uitvoering kan beginnen voor het einde van de ontbindingstermijn;
2°. de verklaring van de consument als bedoeld in artikel 230p onderdeel g waarmee hij afstand doet van zijn recht van ontbinding ontbreekt; of
3°. de handelaar heeft verzuimd om de consument overeenkomstig artikel 230t lid 2 respectievelijk artikel 230v lid 7 een afschrift van de bevestiging te verstrekken.
6. De consument is niet aansprakelijk noch enige kosten verschuldigd door de uitoefening van zijn recht van ontbinding, onverminderd het bepaalde in lid 3, alsmede artikel 230r lid 3.

Paragraaf 4
– Aanvullende bepalingen voor overeenkomsten buiten de verkoopruimte

Art. 230t

Overeenkomst buiten verkoopruimte

1. Bij de overeenkomst buiten de verkoopruimte verstrekt de handelaar de in artikel 230m lid 1 genoemde informatie in duidelijke en begrijpelijke taal en in leesbare vorm aan de consument op papier of, indien de consument hiermee instemt, op een andere duurzame gegevensdrager.
2. De handelaar verstrekt aan de consument op papier, of, indien de consument hiermee instemt, op een andere duurzame gegevensdrager, een afschrift van de ondertekende overeenkomst of de bevestiging van de overeenkomst, met inbegrip van de bevestiging van de uitdrukkelijke voorafgaande toestemming en de verklaring van de consument waarmee hij afstand doet van zijn recht van ontbinding overeenkomstig artikel 230p onderdeel g, voor zover van toepassing.
3. Nakoming van een overeenkomst tot het verrichten van diensten of voor de levering van water, gas of elektriciteit, die niet voor verkoop gereed zijn gemaakt in een beperkt volume of in een bepaalde hoeveelheid, of van stadsverwarming, geschiedt tijdens de ontbindingstermijn slechts op uitdrukkelijk verzoek van de consument, door middel van een daartoe strekkende schriftelijke verklaring op een duurzame gegevensdrager.
4. Bij ontbinding overeenkomstig artikel 230o haalt de handelaar op zijn kosten de aan de consument geleverde zaak af wanneer deze:
a. bij het sluiten van de overeenkomst bij de consument thuis is geleverd; en
b. de zaak naar zijn aard niet met de gewone post kan worden teruggezonden.
5. Behalve in het in artikel 230s lid 4 bedoelde geval, kan pas na het verstrijken van de ontbindingstermijn nakoming worden gevorderd van de uit de overeenkomst voortvloeiende verbintenis van de consument tot betaling.

Art. 230u

Verbod overeenkomst buiten verkoopruimte

Het is een handelaar verboden een aanbod tot het sluiten van een overeenkomst buiten de verkoopruimte te doen indien hij weet of redelijkerwijs moet vermoeden dat de verplichtingen die daaruit voor de consument kunnen voortvloeien, niet in overeenstemming zijn met diens draagkracht.

Paragraaf 5
– Aanvullende bepalingen voor overeenkomsten op afstand

Art. 230v

Overeenkomst op afstand

1. Bij een overeenkomst op afstand verstrekt de handelaar de in artikel 230m lid 1 genoemde informatie aan de consument op een wijze die passend is voor de gebruikte middelen voor communicatie op afstand en in een duidelijke en begrijpelijke taal. Verstrekt de handelaar deze informatie op een duurzame gegevensdrager, dan is zij in leesbare vorm opgesteld.
2. Voordat op elektronische wijze een overeenkomst op afstand wordt gesloten waaruit een betalingsverplichting voor de consument voortvloeit, wijst de handelaar de consument op een

duidelijke en in het oog springende manier en onmiddellijk voordat de consument zijn bestelling plaatst, op de in artikel 230m lid 1, onderdelen a, e, o en p, genoemde informatie.
3. De handelaar richt zijn elektronische bestelproces op zodanige wijze in dat de consument een aanbod niet kan aanvaarden dan nadat hem op niet voor misverstand vatbare wijze duidelijk is gemaakt dat de bestelling een betalingsverplichting inhoudt. Indien de aanvaarding geschiedt door gebruik van een knop of soortgelijke functie, is aan de vorige zin voldaan indien bij het plaatsen van de bestelling in niet voor misverstand vatbare termen en op goed leesbare wijze blijkt dat de aanvaarding een betalingsverplichting jegens de handelaar inhoudt. Een knop of soortgelijke functie wordt daartoe op een goed leesbare wijze aangemerkt met een ondubbelzinnige formulering waaruit blijkt dat het plaatsen van de bestelling een betalingsverplichting jegens de handelaar inhoudt. De enkele zinsnede «bestelling met betalingsverplichting» wordt aangemerkt als een dergelijke ondubbelzinnige verklaring. Een overeenkomst die in strijd met dit lid tot stand komt, is vernietigbaar.
4. Op websites waarop zaken of diensten door de handelaar worden aangeboden wordt uiterlijk aan het begin van het bestelproces duidelijk en leesbaar aangegeven of er beperkingen gelden voor de levering en welke betaalmiddelen worden aanvaard.
5. Voordat een overeenkomst op afstand wordt gesloten met behulp van een middel voor communicatie op afstand dat beperkte ruimte of tijd biedt voor het tonen van de informatie, verstrekt de handelaar, via dat specifieke middel, ten minste de precontractuele informatie over de voornaamste kenmerken van de zaken of diensten, de identiteit van de handelaar, de totale prijs, het recht van ontbinding, de duur van de overeenkomst en, bij een overeenkomst voor onbepaalde tijd, de voorwaarden om de overeenkomst op te zeggen, bedoeld in artikel 230m lid 1 onderdelen a, b, e, h en o. De overige in artikel 230m lid 1 bedoelde informatie wordt door de handelaar op passende wijze aan de consument verstrekt, overeenkomstig lid 1.
6. De handelaar deelt bij het gebruik van de telefoon met het als doel het sluiten van een overeenkomst op afstand met een consument aan het begin van het gesprek de identiteit en, voor zover van toepassing, de identiteit van de persoon namens wie hij opbelt, alsmede het commerciële doel van het gesprek mede. Een overeenkomst op afstand tot het geregeld verrichten van diensten of tot het geregeld leveren van gas, elektriciteit, water of van stadsverwarming, die het gevolg is van dit gesprek, wordt schriftelijk aangegaan. Van deze eis van schriftelijkheid is uitgezonderd de overeenkomst waarin een tussen partijen bestaande overeenkomst wordt verlengd of vernieuwd.
7. De handelaar verstrekt de consument op een duurzame gegevensdrager binnen een redelijke termijn na het sluiten van de overeenkomst op afstand doch in ieder geval bij de levering van de zaken of voordat de dienst wordt uitgevoerd een bevestiging van de overeenkomst. Deze bevestiging omvat:
a. alle in artikel 230m lid 1 bedoelde informatie, voor zover de handelaar deze niet voor het sluiten van de overeenkomst op een duurzame gegevensdrager heeft verstrekt; en
b. voor zover van toepassing, de bevestiging van de uitdrukkelijke voorafgaande toestemming en de verklaring van de consument overeenkomstig artikel 230p onderdeel g.
8. Nakoming van een overeenkomst op afstand tot het verrichten van een dienst of tot levering van water, gas of elektriciteit, die niet gereed voor verkoop zijn gemaakt in een beperkt volume of in een bepaalde hoeveelheid, of tot levering van stadsverwarming, geschiedt tijdens de ontbindingstermijn slechts op uitdrukkelijk verzoek van de consument.

Paragraaf 6
– Specifieke bepalingen voor overeenkomsten op afstand en buiten de verkoopruimte inzake financiële producten en financiële diensten

Art. 230w
1. Deze paragraaf is slechts van toepassing op overeenkomsten inzake: Werkingssfeer
a. een financieel product;
b. een financiële dienst; of
c. fondsvorming ter voldoening van de verzorging van de uitvaart van een natuurlijke persoon die wordt aangegaan tussen een natura-uitvaartverzekeraar en een consument, die voor de natura-uitvaartverzekeraar geen beleggingsrisico met zich brengt.
2. Artikel 230i leden 2 tot en met 4, alsmede de artikelen 230j en 230k zijn niet van toepassing op de overeenkomsten bedoeld in het eerste lid.
3. Een beding in een overeenkomst op afstand dat de consument belast met het bewijs ter zake van de naleving van de verplichtingen die krachtens richtlijn nr. 2002/65/EG op de dienstverlener rusten, is vernietigbaar.
4. De toepasselijkheid op de overeenkomst van een recht dat de door de richtlijn nr. 2002/65/EG voorziene bescherming niet of slechts ten dele biedt, kan er niet toe leiden dat de consument dan wel de wederpartij de bescherming verliest die hem krachtens richtlijn nr. 2002/65/EG wordt geboden door de dwingende bepalingen van het recht van de lidstaat van de Europese

art. 6:230x

Unie of de andere staat die partij is bij de Overeenkomst betreffende de Europese Economische Ruimte, waar hij zijn gewone verblijfplaats heeft.

Art. 230x

Overeenkomst op afstand/buiten verkoopruimte financieel product/dienst

1. Een consument kan een overeenkomst op afstand of een overeenkomst buiten de verkoopruimte zonder een boete verschuldigd te zijn en zonder opgave van redenen ontbinden gedurende veertien kalenderdagen vanaf de dag waarop die overeenkomst is aangegaan dan wel, indien dit later is, gedurende veertien kalenderdagen vanaf de dag waarop de informatie die de financiële onderneming hem op grond van artikel 4:20 lid 1 van de Wet op het financieel toezicht, dient te verstrekken, door hem is ontvangen.

2. In afwijking van lid 1 kan een consument een overeenkomst op afstand of een overeenkomst buiten de verkoopruimte inzake een levensverzekering zonder een boete verschuldigd te zijn en zonder opgave van redenen ontbinden gedurende dertig kalenderdagen vanaf de dag waarop hij van het tot stand komen van de overeenkomst in kennis is gesteld dan wel, indien dit later is, gedurende dertig kalenderdagen vanaf de dag waarop de informatie die de financiële onderneming hem op grond van artikel 4:20 lid 1 van de Wet op het financieel toezicht, dient te verstrekken, door hem is ontvangen.

3. Indien een consument gebruik wenst te maken van het in lid 1 of lid 2 bedoelde recht, geeft hij daarvan voor het verstrijken van de in dat lid bedoelde termijn kennis aan de financiële onderneming volgens de instructies die hem hierover overeenkomstig artikel 4:20 lid 1 van de Wet op het financieel toezicht zijn verstrekt. De kennisgeving wordt als tijdig aangemerkt indien zij schriftelijk of op een voor de financiële onderneming beschikbare en toegankelijke duurzame gegevensdrager is verzonden voor het verstrijken van de termijn.

4. De leden 1 en 2 zijn niet van toepassing op:
a. overeenkomsten inzake financiële producten waarvan de waarde gedurende de termijn, bedoeld in het desbetreffende lid, afhankelijk is van ontwikkelingen op de financiële markten of andere markten;
b. overeenkomsten inzake verzekeringen met een looptijd van minder dan een maand;
c. overeenkomsten die op uitdrukkelijk verzoek van de consument volledig zijn uitgevoerd voordat de consument gebruik maakt van het in het lid 1 of lid 2 bedoelde recht;
d. overeenkomsten inzake krediet die zijn ontbonden overeenkomstig artikel 230q lid 2 van Boek 6 of de artikelen 50e lid 2, onderdeel c, 66 lid 1 of 67 lid 1 van Boek 7 van het Burgerlijk Wetboek;
e. overeenkomsten inzake krediet waarbij hypothecaire zekerheid wordt verleend; en
f. bij algemene maatregel van bestuur aan te wijzen andere overeenkomsten inzake financiële producten.

5. Indien aan een overeenkomst op afstand of een overeenkomst buiten de verkoopruimte een andere overeenkomst verbonden is met betrekking tot een zaak of dienst die door de financiële onderneming wordt geleverd of door een derde op grond van een overeenkomst tussen de financiële onderneming en deze derde, brengt de ontbinding van de overeenkomst op afstand of buiten de verkoopruimte overeenkomstig lid 1 of lid 2 van rechtswege en zonder dat de consument een boete verschuldigd is, de ontbinding mede met zich van die verbonden overeenkomst.

Schakelbepaling

6. Artikel 230v lid 6, eerste zin, is van overeenkomstige toepassing.

Art. 230y

Uitvoering overeenkomst op afstand/buiten verkoopruimte financieel product/dienst

1. Met de uitvoering van een overeenkomst op afstand of een overeenkomst buiten de verkoopruimte wordt pas na toestemming van de consument een begin gemaakt.

2. Indien de consument gebruik maakt van zijn in artikel 230x lid 1 of lid 2 bedoelde recht, kan de financiële onderneming uitsluitend een vergoeding vragen voor het financieel product dat ter uitvoering van de overeenkomst op afstand of buiten de verkoopruimte is geleverd. Deze vergoeding is:
a. niet hoger dan een bedrag dat evenredig is aan de verhouding tussen het reeds geleverde product en de volledige uitvoering van de overeenkomst op afstand of buiten de verkoopruimte; en
b. in geen geval zo hoog dat deze als een boete kan worden opgevat.

3. De financiële onderneming kan slechts betaling van de in lid 2 bedoelde vergoeding verlangen indien zij:
a. kan aantonen dat de consument overeenkomstig artikel 4:20 lid 1 van de Wet op het financieel toezicht, is geïnformeerd over de in lid 2 bedoelde vergoeding; en
b. op uitdrukkelijk verzoek van de consument met de uitvoering van de overeenkomst is begonnen voor het verstrijken van de in artikel 230x lid 1 of lid 2 genoemde termijn.

4. Indien de consument gebruikt maakt van het in artikel 230x lid 1 of lid 2 bedoelde recht, betaalt de financiële onderneming de consument zo spoedig mogelijk, doch uiterlijk binnen dertig kalenderdagen nadat zij de kennisgeving van de ontbinding heeft ontvangen, al hetgeen

zij op grond van de overeenkomst van de consument ontvangen heeft terug, verminderd met het in lid 2 bedoelde bedrag.
5. Indien de consument gebruik maakt van het in artikel 230x lid 1 of lid 2 bedoelde recht geeft hij de financiële onderneming zo spoedig mogelijk, doch uiterlijk binnen dertig kalenderdagen nadat hij de kennisgeving van de ontbinding heeft verzonden, alle geldbedragen en goederen terug die hij van de financiële onderneming op grond van de overeenkomst heeft ontvangen.

Art. 230z
1. Het is een kredietgever of een kredietbemiddelaar verboden om door persoonlijk bezoek dan wel door of in samenhang met de aanprijzing van een geldkrediet als bedoeld in onderdeel a van de definitie van krediet in artikel 1:1 van de Wet op het financieel toezicht of van een zaak of een dienst in een groep van ter plaatse van de aanprijzing aanwezige personen te trachten een ander te bewegen tot het als kredietnemer deelnemen aan een geldkrediet, dan wel een ander die handelingen te doen verrichten.   *Verbod kredietgever/-bemiddelaar op aanprijzen krediet*
2. Voor de toepassing van het vorige lid wordt als persoonlijk bezoek niet aangemerkt het persoonlijk bezoek, dat in overwegende mate voortvloeit uit een initiatief van degene, die wordt bezocht, tenzij de bezoeker degene, die hij bezoekt, tracht te bewegen tot het sluiten van een overeenkomst betreffende een ander goed of een andere dienst dan het goed of de dienst, in verband waarmee om het bezoek is verzocht en degene, die wordt bezocht, toen hij het initiatief tot het bezoek nam niet wist en redelijkerwijs niet kon weten, dat het sluiten van overeenkomsten betreffende dat andere goed of die andere dienst tot de bedrijfs- of beroepsuitoefening van de bezoeker behoorde.
3. Voor de toepassing van lid 1 wordt als een groep van personen niet aangemerkt een groep, die kennelijk niet met of mede met het oog op de aanprijzing van een goed of een dienst in die groep is bijeengebracht.
4. Een overeenkomst die in strijd met lid 1 is tot stand gekomen, is vernietigbaar. Een beroep op vernietigbaarheid kan slechts door de consument worden gedaan. De rechter kan na de vernietiging van de overeenkomst vaststellen in welke termijnen de consument aan zijn verplichting tot terugbetaling aan de kredietgever zal hebben te voldoen.
5. De rechtsvordering tot vernietiging verjaart door verloop van een jaar na de aanvang van de dag waarop de kredietgever de consument schriftelijk heeft gewezen op de mogelijkheid een beroep te doen op de vernietigbaarheid. Artikel 52 lid 2 van Boek 3 is van overeenkomstige toepassing.
6. Elk beding dat de consument verplicht enige prestatie te verrichten dan wel het recht ontneemt om bij vernietiging van de overeenkomst reeds betaalde bedragen terug te vorderen, is nietig.
7. Artikel 230u is van overeenkomstige toepassing op de overeenkomst buiten de verkoopruimte inzake een financieel product of een financiële dienst.   *Schakelbepaling*

Afdeling 3
Algemene voorwaarden

Art. 231
In deze afdeling wordt verstaan onder: *Algemene voorwaarden*
a. algemene voorwaarden: een of meer bedingen die zijn opgesteld teneinde in een aantal overeenkomsten te worden opgenomen, met uitzondering van bedingen die de kern van de prestaties aangeven, voor zover deze laatstgenoemde bedingen duidelijk en begrijpelijk zijn geformuleerd;
b. gebruiker: degene die algemene voorwaarden in een overeenkomst gebruikt;
c. wederpartij: degene die door ondertekening van een geschrift of op andere wijze de gelding van algemene voorwaarden heeft aanvaard.

Art. 232
Een wederpartij is ook dan aan de algemene voorwaarden gebonden als bij het sluiten van de overeenkomst de gebruiker begreep of moest begrijpen dat zij de inhoud daarvan niet kende.   *Gebondenheid bij algemene voorwaarden*
(Zie ook: artt. 33, 35 BW Boek 3; artt. 213, 216 BW Boek 6)

Art. 233
Een beding in algemene voorwaarden is vernietigbaar   *Vernietigbaarheid beding bij algemene voorwaarden*
a. indien het, gelet op de aard en de overige inhoud van de overeenkomst, de wijze waarop de voorwaarden zijn tot stand gekomen, de wederzijds kenbare belangen van partijen en de overige omstandigheden van het geval, onredelijk bezwarend is voor de wederpartij; of
b. indien de gebruiker aan de wederpartij niet een redelijke mogelijkheid heeft geboden om van de algemene voorwaarden kennis te nemen.
(Zie ook: artt. 41, 49 BW Boek 3; art. 248 BW Boek 6)

Art. 234

Informatieplicht bij algemene voorwaarden

1. De gebruiker heeft aan de wederpartij de in artikel 233 onder b bedoelde mogelijkheid geboden, indien hij de algemene voorwaarden voor of bij het sluiten van de overeenkomst aan de wederpartij ter hand heeft gesteld, de voorwaarden overeenkomstig de in artikel 230c voorziene wijze heeft verstrekt of, indien dit redelijkerwijs niet mogelijk is, voor de totstandkoming van de overeenkomst aan de wederpartij heeft bekend gemaakt dat de voorwaarden bij ter inzage liggen of bij een door hem opgegeven Kamer van Koophandel of een griffie van een gerecht zijn gedeponeerd, alsmede dat zij op verzoek zullen worden toegezonden. Indien de voorwaarden niet voor of bij het sluiten van de overeenkomst aan de wederpartij ter hand zijn gesteld, zijn de bedingen tevens vernietigbaar indien de gebruiker de voorwaarden niet op verzoek van de wederpartij onverwijld op zijn kosten aan haar toezendt. Het omtrent de verplichting tot toezending bepaalde is niet van toepassing, voor zover deze toezending redelijkerwijze niet van de gebruiker kan worden gevergd.

2. De gebruiker heeft tevens aan de wederpartij de in artikel 233 onder b bedoelde mogelijkheid geboden, indien hij de algemene voorwaarden voor of bij het sluiten van de overeenkomst aan de wederpartij langs elektronische weg ter beschikking heeft gesteld op een zodanige wijze dat deze door haar kunnen worden opgeslagen en voor haar toegankelijk zijn ten behoeve van latere kennisneming of, indien dit redelijkerwijs niet mogelijk is, voor de totstandkoming van de overeenkomst aan de wederpartij heeft bekend gemaakt waar van de voorwaarden langs elektronische weg kan worden kennisgenomen, alsmede dat zij op verzoek langs elektronische weg of op andere wijze zullen worden toegezonden.

Indien de voorwaarden niet voor of bij het sluiten van de overeenkomst aan de wederpartij langs elektronische weg ter beschikking zijn gesteld, zijn de bedingen tevens vernietigbaar indien de gebruiker de voorwaarden niet op verzoek van de wederpartij onverwijld op zijn kosten langs elektronische weg of op andere wijze aan haar toezendt.

3. Voor het op de in lid 2 bedoelde wijze bieden van een redelijke mogelijkheid om van de algemene voorwaarden kennis te nemen is de uitdrukkelijke instemming van de wederpartij vereist indien de overeenkomst niet langs elektronische weg tot stand komt.

Art. 235

Vernietigingsgronden bij algemene voorwaarden

1. Op de vernietigingsgronden bedoeld in de artikelen 233 en 234 kan geen beroep worden gedaan door

a. een rechtspersoon bedoeld in artikel 360 van Boek 2, die ten tijde van het sluiten van de overeenkomst laatstelijk zijn jaarrekening openbaar heeft gemaakt, of ten aanzien waarvan op dat tijdstip laatstelijk artikel 403 lid 1 van Boek 2 is toegepast;

b. een partij op wie het onder a bepaalde niet van toepassing is, indien op voormeld tijdstip bij haar vijftig of meer personen werkzaam zijn of op dat tijdstip uit een opgave krachtens de Handelsregisterwet 2007 blijkt dat bij haar vijftig of meer personen werkzaam zijn.

(Zie ook: artt. 153, 263, 396, 397 BW Boek 2)

2. Op de vernietigingsgrond bedoeld in artikel 233 onder a, kan mede een beroep worden gedaan door een partij voor wie de algemene voorwaarden door een gevolmachtigde zijn gebruikt, mits de wederpartij meermalen overeenkomsten sluit waarop dezelfde of nagenoeg dezelfde algemene voorwaarden van toepassing zijn.

3. Op de vernietigingsgronden bedoeld in de artikelen 233 en 234, kan geen beroep worden gedaan door een partij die meermalen dezelfde of nagenoeg dezelfde algemene voorwaarden in haar overeenkomsten gebruikt.

4. De termijn bedoeld in artikel 52 lid 1 onder d van Boek 3, begint met de aanvang van de dag, volgende op die waarop een beroep op het beding is gedaan.

(Zie ook: art. 49 BW Boek 3; art. 243 BW Boek 6)

Art. 236

Algemene voorwaarden (zie zwarte lijst)

Bij een overeenkomst tussen een gebruiker en een wederpartij, natuurlijk persoon, die niet handelt in de uitoefening van een beroep of bedrijf, wordt als onredelijk bezwarend aangemerkt een in de algemene voorwaarden voorkomend beding

a. dat de wederpartij geheel en onvoorwaardelijk het recht ontneemt de door de gebruiker toegezegde prestatie op te eisen;

(Zie ook: art. 248 BW Boek 6)

b. dat de aan de wederpartij toekomende bevoegdheid tot ontbinding, zoals deze in afdeling 5 van titel 5 is geregeld, uitsluit of beperkt;

c. dat een de wederpartij volgens de wet toekomende bevoegdheid tot opschorting van de nakoming uitsluit of beperkt of de gebruiker een verdergaande bevoegdheid tot opschorting verleent dan hem volgens de wet toekomt;

(Zie ook: art. 290 BW Boek 3; artt. 52, 262 BW Boek 6)

d. dat de beoordeling van de vraag of de gebruiker in de nakoming van een of meer van zijn verbintenissen is te kort geschoten aan hem zelf overlaat, of dat de uitoefening van de rechten die de wederpartij ter zake van een zodanige tekortkoming volgens de wet toekomen, afhankelijk stelt van de voorwaarde dat deze eerst een derde in rechte heeft aangesproken;

e. krachtens hetwelk de wederpartij aan de gebruiker bij voorbaat toestemming verleent zijn uit de overeenkomst voortvloeiende verplichtingen op een der in afdeling 3 van titel 2 bedoelde wijzen op een derde te doen overgaan, tenzij de wederpartij te allen tijde de bevoegdheid heeft de overeenkomst te ontbinden, of de gebruiker jegens de wederpartij aansprakelijk is voor de nakoming door de derde, of de overgang plaatsvindt in verband met de overdracht van een onderneming waartoe zowel die verplichtingen als de daartegenover bedongen rechten behoren;
f. dat voor het geval uit de overeenkomst voor de gebruiker voortvloeiende rechten op een derde overgaan, ertoe strekt bevoegdheden of verweermiddelen die de wederpartij volgens de wet jegens die derde zou kunnen doen gelden, uit te sluiten of te beperken;
(Zie ook: artt. 130, 145 BW Boek 6)
g. dat een wettelijke verjarings- of vervaltermijn waarbinnen de wederpartij enig recht moet geldend maken, tot een verjarings- onderscheidenlijk vervaltermijn van minder dan een jaar verkort;
(Zie ook: art. 307 BW Boek 3)
h. dat voor het geval bij de uitvoering van de overeenkomst schade aan een derde wordt toegebracht door de gebruiker of door een persoon of zaak waarvoor deze aansprakelijk is, de wederpartij verplicht deze schade hetzij aan de derde te vergoeden, hetzij in haar verhouding tot de gebruiker voor een groter deel te dragen dan waartoe zij volgens de wet verplicht zou zijn;
i. dat de gebruiker de bevoegdheid geeft de door hem bedongen prijs binnen drie maanden na het sluiten van de overeenkomst te verhogen, tenzij de wederpartij bevoegd is in dat geval de overeenkomst te ontbinden;
(Zie ook: art. 258 BW Boek 6; art. 35 BW Boek 7)
j. dat in geval van een overeenkomst tot het geregeld afleveren van zaken, elektriciteit, warmte en koude daaronder begrepen en dag-, nieuws- en weekbladen en tijdschriften niet daaronder begrepen, of tot het geregeld doen van verrichtingen, leidt tot stilzwijgende verlenging of vernieuwing in een overeenkomst voor bepaalde duur, dan wel tot een stilzwijgende voortzetting in een overeenkomst voor onbepaalde duur zonder dat de wederpartij de bevoegdheid heeft om de voortgezette overeenkomst te allen tijde op te zeggen met een opzegtermijn van ten hoogste een maand;
(Zie ook: art. 237 BW Boek 6)
k. dat de bevoegdheid van de wederpartij om bewijs te leveren uitsluit of beperkt, of dat de uit de wet voortvloeiende verdeling van de bewijslast ten nadele van de wederpartij wijzigt, hetzij doordat het een verklaring van haar bevat omtrent de deugdelijkheid van de haar verschuldigde prestatie, hetzij doordat het haar belast met het bewijs dat een tekortkoming van de gebruiker aan hem kan worden toegerekend;
l. dat ten nadele van de wederpartij afwijkt van artikel 37 van Boek 3, tenzij het betrekking heeft op de vorm van door de wederpartij af te leggen verklaringen of bepaalt dat de gebruiker het hem door de wederpartij opgegeven adres als zodanig mag blijven beschouwen totdat hem een nieuw adres is meegedeeld;
m. waarbij een wederpartij die bij het aangaan van de overeenkomst werkelijke woonplaats in een gemeente in Nederland heeft, woonplaats kiest anders dan voor het geval zij te eniger tijd geen bekende werkelijke woonplaats in die gemeente zal hebben, tenzij de overeenkomst betrekking heeft op een registergoed en woonplaats ten kantore van een notaris wordt gekozen;
(Zie ook: art. 1576k BW Boek 7A)
n. dat voorziet in de beslechting van een geschil door een ander dan de rechter die volgens de wet bevoegd zou zijn, tenzij het wederpartij een termijn gunt van tenminste een maand nadat de gebruiker zich schriftelijk jegens haar op het beding heeft beroepen, om voor beslechting van het geschil door de volgens de wet bevoegde rechter te kiezen;
(Zie ook: art. 98a Rv)
o. dat de bevoegdheid van de wederpartij om de overeenkomst, die mondeling, schriftelijk of langs elektronische weg tot stand is gekomen, op een overeenkomstige wijze op te zeggen, uitsluit of beperkt;
p. dat in geval van een overeenkomst tot het geregeld afleveren van dag-, nieuws- en weekbladen en tijdschriften, leidt tot een stilzwijgende verlenging of vernieuwing van de overeenkomst met een duur die langer is dan drie maanden, dan wel tot een stilzwijgende verlenging of vernieuwing van de overeenkomst met een duur van ten hoogste drie maanden zonder dat de wederpartij de bevoegdheid heeft om de overeenkomst telkens tegen het einde van de duur van de verlenging of de vernieuwing op te zeggen met een opzegtermijn van ten hoogste een maand;
q. dat in geval van een overeenkomst tot het geregeld afleveren van dag-, nieuws- en weekbladen en tijdschriften, leidt tot een stilzwijgende voortzetting in een overeenkomst voor onbepaalde duur zonder dat de wederpartij de bevoegdheid heeft om de voortgezette overeenkomst te allen tijde op te zeggen met een opzegtermijn van ten hoogste een maand of, in geval de geregelde aflevering minder dan eenmaal per maand plaats heeft, met een opzegtermijn van ten hoogste drie maanden;

r. dat de wederpartij verplicht de verklaring tot opzegging van een overeenkomst als bedoeld onder j of p respectievelijk q te laten plaatsvinden op een bepaald moment;
s. dat in geval van een overeenkomst met beperkte duur tot het geregeld ter kennismaking afleveren van dag-, nieuws-, weekbladen en tijdschriften leidt tot voortzetting van de overeenkomst.
(Zie ook: artt. 5, 857 BW Boek 7)

Art. 237

Algemene voorwaarden (zie grijze lijst)

Bij een overeenkomst tussen een gebruiker en een wederpartij, natuurlijk persoon, die niet handelt in de uitoefening van een beroep of bedrijf, wordt vermoed onredelijk bezwarend te zijn een in de algemene voorwaarden voorkomend beding
a. dat de gebruiker een, gelet op de omstandigheden van het geval, ongebruikelijk lange of onvoldoende bepaalde termijn geeft om op een aanbod of een andere verklaring van de wederpartij te reageren;
(Zie ook: art. 221 BW Boek 6)
b. dat de inhoud van de verplichtingen van de gebruiker wezenlijk beperkt ten opzichte van hetgeen de wederpartij, mede gelet op de wettelijke regels die op de overeenkomst betrekking hebben, zonder dat beding redelijkerwijs mocht verwachten;
c. dat de gebruiker de bevoegdheid verleent een prestatie te verschaffen die wezenlijk van de toegezegde prestatie afwijkt, tenzij de wederpartij bevoegd is in dat geval de overeenkomst te ontbinden;
d. dat de gebruiker van zijn gebondenheid aan de overeenkomst bevrijdt of hem de bevoegdheid daartoe geeft anders dan op in de overeenkomst vermelde gronden welke van dien aard zijn dat deze gebondenheid niet meer van hem kan worden gevergd;
(Zie ook: artt. 75, 265 BW Boek 6)
e. dat de gebruiker een ongebruikelijk lange of onvoldoende bepaalde termijn voor de nakoming geeft;
(Zie ook: art. 38 BW Boek 6)
f. dat de gebruiker of een derde geheel of ten dele bevrijdt van een wettelijke verplichting tot schadevergoeding;
(Zie ook: art. 95 BW Boek 6)
g. dat een de wederpartij volgens de wet toekomende bevoegdheid tot verrekening uitsluit of beperkt of de gebruiker een verdergaande bevoegdheid tot verrekening verleent dan hem volgens de wet toekomt;
(Zie ook: art. 127 BW Boek 6)
h. dat als sanctie op bepaalde gedragingen van de wederpartij, nalaten daaronder begrepen, verval stelt van haar toekomende rechten of van de bevoegdheid bepaalde verweren te voeren, behoudens voor zover deze gedragingen het verval van die rechten of verweren rechtvaardigen;
i. dat voor het geval de overeenkomst wordt beëindigd anders dan op grond van het feit dat de wederpartij in de nakoming van haar verbintenis is tekort geschoten, de wederpartij verplicht een geldsom te betalen, behoudens voor zover het betreft een redelijke vergoeding voor door de gebruiker geleden verlies of gederfde winst;
j. dat de wederpartij verplicht tot het sluiten van een overeenkomst met de gebruiker of met een derde, tenzij dit, mede gelet op het verband van die overeenkomst met de in dit artikel bedoelde overeenkomst, redelijkerwijze van de wederpartij kan worden gevergd;
k. dat voor een overeenkomst als bedoeld in artikel 236 onder j of p respectievelijk q een duur bepaalt van meer dan een jaar, tenzij de wederpartij na een jaar de bevoegdheid heeft de overeenkomst te allen tijde op te zeggen met een opzegtermijn van ten hoogste een maand;
l. dat de wederpartij aan een opzegtermijn bindt die langer is dan de termijn waarop de gebruiker de overeenkomst kan opzeggen;
m. dat voor de geldigheid van een door de wederpartij te verrichten verklaring een strengere vorm dan het vereiste van een onderhandse akte stelt;
(Zie ook: art. 236 BW Boek 6)
n. dat bepaalt dat een door de wederpartij verleende volmacht onherroepelijk is of niet eindigt door haar dood of ondercuratelestelling, tenzij de volmacht strekt tot levering van een registergoed;
o. dat de wederpartij bij overeenkomsten, niet zijnde verlengde, vernieuwde of voortgezette overeenkomsten als bedoeld in artikel 236, onder j of p respectievelijk q, aan een opzegtermijn bindt die langer is dan een maand.
(Zie ook: artt. 52, 857 BW Boek 7)

Art. 238

Beding m.b.t. vertegenwoordiging bij algemene voorwaarden

1. Bij een overeenkomst als bedoeld in de artikelen 236 en 237, kan jegens de wederpartij geen beroep worden gedaan
a. op het feit dat de overeenkomst in naam van een derde is gesloten, indien dit beroep berust op het enkele feit dat een beding van deze strekking in de algemene voorwaarden voorkomt;

b. op het feit dat de algemene voorwaarden beperkingen bevatten van de bevoegdheid van een gevolmachtigde van de gebruiker, die zo ongebruikelijk zijn dat de wederpartij ze zonder het beding niet behoefde te verwachten, tenzij zij ze kende.
2. Bij een overeenkomst als bedoeld in de artikelen 236 en 237 moeten de bedingen duidelijk en begrijpelijk zijn opgesteld. Bij twijfel over de betekenis van een beding, prevaleert de voor de wederpartij gunstigste uitleg.
(Zie ook: art. 240 BW Boek 6)

Art. 239

1. Bij algemene maatregel van bestuur kunnen de onderdelen a-n van artikel 237 worden gewijzigd en kan hun toepassingsgebied worden beperkt. — *Wijziging grijze lijst bij algemene voorwaarden*
2. Alvorens een voordracht tot vaststelling, wijziging of intrekking van een maatregel als bedoeld in het eerste lid te doen, kan Onze Minister van Justitie de naar zijn oordeel representatieve organisaties van hen die bij het sluiten van de overeenkomsten waarop de maatregel betrekking heeft, algemene voorwaarden plegen te gebruiken en van hen die bij die overeenkomsten als hun wederpartij op te treden, horen.
3. Een besluit als in het eerste lid bedoeld wordt zodra het is vastgesteld toegezonden aan de voorzitters van de beide Kamers van de Staten-Generaal. Een dergelijk besluit treedt niet in werking dan nadat twee maanden zijn verstreken sinds de datum van uitgifte van het *Staatsblad* waarin het is geplaatst.
(Zie ook: art. 107 GW)

Art. 240

1. Op vordering van een rechtspersoon als bedoeld in lid 3 kunnen bepaalde bedingen in bepaalde algemene voorwaarden onredelijk bezwarend worden verklaard; de artikelen 233 onder a, 236 en 237 zijn van overeenkomstige toepassing. Voor de toepassing van de vorige zin wordt een beding in algemene voorwaarden dat in strijd is met een dwingende wetsbepaling, als onredelijk bezwarend aangemerkt. Bij de beoordeling van een beding blijft de uitlegregel van artikel 238 lid 2, tweede zin, buiten toepassing. — *Vordering bij algemene voorwaarden*
2. De vordering kan worden ingesteld tegen de gebruiker, alsmede tegen een rechtspersoon met volledige rechtsbevoegdheid die ten doel heeft de behartiging van de belangen van personen die een beroep of bedrijf uitoefenen, indien hij het gebruik van de algemene voorwaarden door die personen bevordert.
3. De vordering komt toe aan rechtspersonen met volledige rechtsbevoegdheid die ten doel hebben de behartiging van belangen van personen die een beroep of bedrijf uitoefenen of van eindgebruikers van niet voor een beroep of bedrijf bestemde goederen of diensten. Zij kan slechts betrekking hebben op algemene voorwaarden die worden gebruikt of bestemd zijn te worden gebruikt in overeenkomsten met personen wier belangen door de rechtspersoon worden behartigd.
(Zie ook: art. 196 BW Boek 6)
4. De eiser is niet ontvankelijk indien niet blijkt dat hij, alvorens de vordering in te stellen, de gebruiker of, in het geval bedoeld in artikel 1003 van het Wetboek van Burgerlijke Rechtsvordering, de aldaar bedoelde vereniging, de gelegenheid heeft geboden om in onderling overleg de algemene voorwaarden zodanig te wijzigen dat de bezwaren die grond voor de vordering zouden opleveren, zijn weggenomen. Een termijn van twee weken na de ontvangst van een verzoek tot overleg onder vermelding van de bezwaren, is daartoe in elk geval voldoende.
5. Voor zover een rechtspersoon met het gebruik van bedingen in algemene voorwaarden heeft ingestemd, komt hem geen vordering als bedoeld in lid 1 toe.
(Zie ook: art. 303 BW Boek 3; artt. 242, 243, 244 BW Boek 6; art. 67 Wet RO; artt. 4, 9, 1003 Rv)
6. Met een rechtspersoon als bedoeld in lid 3 wordt gelijk gesteld een organisatie of openbaar lichaam met zetel buiten Nederland welke geplaatst is op de lijst, bedoeld in artikel 4 lid 3 van richtlijn nr. 2009/22/EG van het Europees Parlement en de Raad van 23 april 2009 betreffende het doen staken van inbreuken in het raam van de bescherming van de consumentenbelangen (PbEG L 110), mits de vordering betrekking heeft op algemene voorwaarden die worden gebruikt of bestemd zijn te worden gebruikt in overeenkomsten met personen die hun gewone verblijfplaats hebben in het land waar de organisatie of het openbaar lichaam gezeteld is, en de organisatie deze belangen ingevolge haar doelstelling behartigt of aan het openbaar lichaam de behartiging van deze belangen is toevertrouwd.

Art. 241

1. Het gerechtshof Den Haag is bij uitsluiting bevoegd tot kennisneming van vorderingen als in het vorige artikel bedoeld. — *Bevoegdheid rechter bij algemene voorwaarden*
2. De in het vorige artikel bedoelde rechtspersonen hebben de bevoegdheden, geregeld in de artikelen 217 en 376 van het Wetboek van Burgerlijke Rechtsvordering; artikel 379 van dat wetboek is niet van toepassing. — *Schakelbepaling*
3. Op vordering van de eiser kan aan de uitspraak worden verbonden — *Uitspraak rechter bij algemene voorwaarden*
a. een verbod van het gebruik van de door de uitspraak getroffen bedingen of van het bevorderen daarvan;

b. een gebod om een aanbeveling tot het gebruik van deze bedingen te herroepen;
c. een veroordeling tot het openbaar maken of laten openbaar maken van de uitspraak, zulks op door de rechter te bepalen wijze en op kosten van de door de rechter aan te geven partij of partijen.
4. De rechter kan in zijn uitspraak aangeven op welke wijze het onredelijk bezwarend karakter van de bedingen waarop de uitspraak betrekking heeft, kan worden weggenomen.
5. Geschillen terzake van de tenuitvoerlegging van de in lid 3 bedoelde veroordelingen, alsmede van de veroordeling tot betaling van een dwangsom, zo deze is opgelegd, worden bij uitsluiting door het gerechtshof Den Haag beslist.
6. Tot kennisneming van vorderingen in kort geding strekkende tot veroordelingen als bedoeld in lid 3, ingesteld door rechtspersonen als bedoeld in artikel 240 lid 3, is de voorzieningenrechter van de rechtbank Den Haag bij uitsluiting bevoegd. Lid 5, alsmede de artikelen 62, 116 lid 2, 1003, 1005, 1006 van het Wetboek van Burgerlijke Rechtsvordering zijn van overeenkomstige toepassing.
(Zie ook: art. 67 Wet RO; artt. 116, 1003 Rv)

Art. 242

Wijziging rechterlijke uitspraak bij algemene voorwaarden

1. Op vordering van een of meer van degenen tegen wie de in artikel 240 lid 1 bedoelde uitspraak is gedaan, kan de rechter die uitspraak wijzigen of opheffen op grond dat zij tengevolge van een wijziging in de omstandigheden niet langer gerechtvaardigd is. De vordering wordt ingesteld tegen de rechtspersoon op wiens vordering de uitspraak was gedaan.
2. Indien de rechtspersoon op wiens vordering de uitspraak was gedaan, is ontbonden, wordt de zaak met een verzoekschrift ingeleid. Voor de toepassing van artikel 279 lid 1 van het Wetboek van Burgerlijke Rechtsvordering worden rechtspersonen als bedoeld in artikel 290 lid 3 als belanghebbenden aangemerkt.

Schakelbepaling

3. Artikel 241 leden 1, 2, 3 onder c en 5 is van overeenkomstige toepassing.
4. De vorige leden zijn niet van toepassing voor zover de uitspraak betrekking had op een beding dat door de wet als onredelijk bezwarend wordt aangemerkt.
(Zie ook: art. 401 BW Boek 1; art. 67 Wet RO; artt. 62, 116, 261, 1003 Rv)

Art. 243

Verboden beding bij algemene voorwaarden

Een beding in algemene voorwaarden dat door degene jegens wie een verbod tot gebruik ervan is uitgesproken, in strijd met het verbod in een overeenkomst wordt opgenomen, is vernietigbaar. Artikel 235 is van overeenkomstige toepassing.
(Zie ook: art. 50 BW Boek 3)

Art. 244

Bescherming tussenschakel (beklemde detaillist) bij algemene voorwaarden

1. Een persoon die handelt in de uitoefening van een beroep of bedrijf, kan geen beroep doen op een beding in een overeenkomst met een partij die terzake van de goederen of diensten waarop die overeenkomst betrekking heeft, met gebruikmaking van algemene voorwaarden overeenkomsten met haar afnemers heeft gesloten, voor zover een beroep op dat beding onredelijk zou zijn wegens zijn nauwe samenhang met een in de algemene voorwaarden voorkomend beding dat krachtens deze afdeling is vernietigd of door een uitspraak als bedoeld in artikel 240 lid 1 is getroffen.

Schakelbepaling

2. Is tegen de gebruiker een vordering als bedoeld in artikel 240 lid 1 ingesteld, dan is hij bevoegd die persoon in het geding te roepen teneinde voor recht te horen verklaren dat een beroep als bedoeld in het vorige lid onredelijk zou zijn. Artikel 241 leden 2, 3 onder c, 4 en 5 alsmede de artikelen 210, 211 en 215 van het Wetboek van Burgerlijke Rechtsvordering zijn van overeenkomstige toepassing.
3. Op de uitspraak is artikel 242 van overeenkomstige toepassing.
4. Op eerdere overeenkomsten met betrekking tot de voormelde goederen en diensten zijn de leden 1-3 van overeenkomstige toepassing.
(Zie ook: art. 25 BW Boek 7)

Art. 245

Werkingssfeer bij algemene voorwaarden

Deze afdeling is noch van toepassing op arbeidsovereenkomsten, noch op collectieve arbeidsovereenkomsten.

Art. 246

Dwingend recht bij algemene voorwaarden

Noch van de artikelen 231-244, noch van de bepalingen van de in artikel 239 lid 1 bedoelde algemene maatregelen van bestuur kan worden afgeweken. De bevoegdheid om een beding krachtens deze afdeling door een buitengerechtelijke verklaring te vernietigen, kan niet worden uitgesloten.
(Zie ook: artt. 49, 50 BW Boek 3)

Art. 247

Werkingssfeer internationale overeenkomst bij algemene voorwaarden

1. Op overeenkomsten tussen partijen die handelen in de uitoefening van een beroep of bedrijf en die beide in Nederland gevestigd zijn, is deze afdeling van toepassing, ongeacht het recht dat de overeenkomst beheerst.

2. Op overeenkomsten tussen partijen die handelen in de uitoefening van een beroep of bedrijf en die niet beide in Nederland gevestigd zijn, is deze afdeling niet van toepassing, ongeacht het recht dat de overeenkomst beheerst.
3. Een partij is in de zin van de leden 1 en 2 in Nederland gevestigd, indien haar hoofdvestiging, of, zo de prestatie volgens de overeenkomst door een andere vestiging dan de hoofdvestiging moet worden verricht, deze andere vestiging zich in Nederland bevindt.
4. Op overeenkomsten tussen een gebruiker en een wederpartij, natuurlijk persoon, die niet handelt in de uitoefening van een beroep of bedrijf, is, indien de wederpartij haar gewone verblijfplaats in Nederland heeft, deze afdeling van toepassing, ongeacht het recht dat de overeenkomst beheerst.

Afdeling 4
Rechtsgevolgen van overeenkomsten

Art. 248
1. Een overeenkomst heeft niet alleen de door partijen overeengekomen rechtsgevolgen, maar ook die welke, naar de aard van de overeenkomst, uit de wet, de gewoonte of de eisen van redelijkheid en billijkheid voortvloeien. — *Redelijkheid en billijkheid bij rechtsgevolgen van overeenkomst*
(Zie ook: artt. 8, 15 BW Boek 2; artt. 11, 12, 35, 166, 298 BW Boek 3; artt. 2, 8, 52, 88, 89, 216, 233, 237, 258, 262 BW Boek 6; artt. 23, 865 BW Boek 7)
2. Een tussen partijen als gevolg van de overeenkomst geldende regel is niet van toepassing, voor zover dit in de gegeven omstandigheden naar maatstaven van redelijkheid en billijkheid onaanvaardbaar zou zijn.

Art. 249
De rechtsgevolgen van een overeenkomst gelden mede voor de rechtverkrijgenden onder algemene titel, tenzij uit de overeenkomst iets anders voortvloeit. In het geval van verdeling van een nalatenschap ingevolge artikel 13 van Boek 4 gelden de rechtsgevolgen van de overeenkomst niet mede voor de kinderen van de erflater, tenzij uit de overeenkomst anders voortvloeit. — *Algemene titel bij rechtsgevolgen van overeenkomst*
(Zie ook: artt. 415, 674 BW Boek 7; artt. 1648, 1683 BW Boek 7A)

Art. 250
Bij overeenkomst kan worden afgeweken van de volgende artikelen van deze afdeling, met uitzondering van de artikelen 251 lid 3, 252 lid 2 voor zover het de eis van een notariële akte betreft, en lid 3, 253 lid 1, 257, 258, 259 en 260. — *Regelend en dwingend recht bij rechtsgevolgen van overeenkomst*

Art. 251
1. Staat een uit een overeenkomst voortvloeiende, voor overgang vatbaar recht in een zodanig verband met een aan de schuldeiser toebehorend goed, dat hij bij dat recht slechts belang heeft, zolang hij het goed behoudt, dan gaat dat recht over op degene die dat goed onder bijzondere titel verkrijgt. — *Kwalitatief recht (overgang) bij rechtsgevolgen van overeenkomst*
2. Is voor het recht een tegenprestatie overeengekomen, dan gaat de verplichting tot het verrichten van die tegenprestatie mede over, voor zover deze betrekking heeft op de periode na de overgang. De vervreemder blijft naast de verkrijger jegens de wederpartij aansprakelijk, behoudens voor zover deze zich na de overgang in geval van uitblijven van de tegenprestatie van haar verbintenis kan bevrijden door ontbinding of beëindiging van de overeenkomst. — *Tegenprestatie (overgang) bij rechtsgevolgen van overeenkomst*
(Zie ook: artt. 6, 252 BW Boek 6)
3. Het in de vorige leden bepaalde geldt niet, indien de verkrijger van het goed tot de wederpartij bij overeenkomst een verklaring richt dat hij de overgang van het recht niet aanvaardt.
(Zie ook: art. 250 BW Boek 6)
4. Uit de rechtshandeling waarbij het goed wordt overgedragen, kan voortvloeien dat geen overgang plaatsvindt.
(Zie ook: art. 62 BW Boek 2; artt. 83, 303 BW Boek 3; art. 155 BW Boek 6; art. 1612 BW Boek 7A)

Art. 252
1. Bij een overeenkomst kan worden bedongen dat de verplichting van een der partijen om iets te dulden of niet te doen ten aanzien van een haar toebehorend registergoed, zal overgaan op degenen die het goed onder bijzondere titel zullen verkrijgen, en dat mede gebonden zullen zijn degenen die van de rechthebbende een recht tot gebruik van het goed zullen verkrijgen. — *Kwalitatieve verplichting en registergoed (overgang) bij rechtsgevolgen van overeenkomst*
2. Voor de werking van het in lid 1 bedoelde beding is vereist dat van de overeenkomst tussen partijen een notariële akte wordt opgemaakt, gevolgd door inschrijving daarvan in de openbare registers. Degene jegens wie de verplichting bestaat, waarop het beding betrekking heeft, moet in de akte ter zake van de inschrijving woonplaats kiezen in Nederland.
3. Ook na inschrijving heeft het beding geen werking:
a. jegens hen die voor de inschrijving onder bijzondere titel een recht op het goed of tot gebruik van het goed hebben verkregen;
b. jegens een beslaglegger op het goed of een recht daarop, indien de inschrijving op het tijdstip van de inschrijving van het proces-verbaal van inbeslagneming nog niet had plaats gevonden;

art. 6:253 13 Burgerlijk Wetboek Boek 6

c. jegens hen die hun recht hebben verkregen van iemand die ingevolge het onder *a* of *b* bepaalde niet aan de bedongen verplichting gebonden was.
(Zie ook: art. 505 Rv)

Tegenprestatie (overgang) bij rechtsgevolgen van overeenkomst

4. Is voor de verplichting een tegenprestatie overeengekomen, dan gaat bij de overgang van de verplichting het recht op de tegenprestatie mee over, voor zover deze betrekking heeft op de periode na de overgang en ook het beding omtrent deze tegenprestatie in de registers ingeschreven is.

5. Dit artikel is niet van toepassing op verplichtingen die een rechthebbende beperken in zijn bevoegdheid het goed te vervreemden of te bezwaren.
(Zie ook: artt. 17, 83, 300 BW Boek 3; artt. 157, 250, 259 BW Boek 6; art. 35a FW; art. 505 Rv)

Art. 253

Derdenbeding bij rechtsgevolgen van overeenkomst

1. Een overeenkomst schept voor een derde het recht een prestatie van een der partijen te vorderen of op andere wijze jegens een van hen een beroep op de overeenkomst te doen, indien de overeenkomst een beding van die strekking inhoudt en de derde dit beding aanvaardt.
(Zie ook: art. 250 BW Boek 6)

2. Tot de aanvaarding kan het beding door degene die het heeft gemaakt, worden herroepen.

3. Een aanvaarding of herroeping van het beding geschiedt door een verklaring, gericht tot een van de beide andere betrokkenen.
(Zie ook: art. 37 BW Boek 3)

4. Is het beding onherroepelijk en jegens de derde om niet gemaakt, dan geldt het als aanvaard, indien het ter kennis van de derde is gekomen en door deze niet onverwijld is afgewezen.
(Zie ook: art. 300 BW Boek 3; art. 254 BW Boek 6; artt. 60, 441 BW Boek 8)

Art. 254

Derdenbeding, rechtsgevolgen

1. Nadat de derde het beding heeft aanvaard, geldt hij als partij bij de overeenkomst.

2. Hij kan, indien dit met de strekking van het beding in overeenstemming is, daaraan ook rechten ontlenen over de periode vóór de aanvaarding.
(Zie ook: artt. 255, 279 BW Boek 6)

Art. 255

Aanwijzing rechthebbende derdenbeding bij rechtsgevolgen van overeenkomst

1. Heeft een beding ten behoeve van een derde ten opzichte van die derde geen gevolg, dan kan degene die het beding heeft gemaakt, hetzij zichzelf, hetzij een andere derde als rechthebbende aanwijzen.

2. Hij wordt geacht zichzelf als rechthebbende te hebben aangewezen, wanneer hem door degene van wie de prestatie is bedongen, een redelijke termijn voor de aanwijzing is gesteld en hij binnen deze termijn geen aanwijzing heeft uitgebracht.
(Zie ook: artt. 253, 254, 256 BW Boek 6)

Art. 256

Nakoming derdenbeding bij rechtsgevolgen van overeenkomst

De partij die een beding ten behoeve van een derde heeft gemaakt, kan nakoming jegens de derde vorderen, tenzij deze zich daartegen verzet.
(Zie ook: artt. 253, 254, 255 BW Boek 6)

Art. 257

Onderschikte aansprakelijkheid bij rechtsgevolgen van overeenkomst

Kan een partij bij een overeenkomst ter afwering van haar aansprakelijkheid voor een gedraging van een aan haar ondergeschikte aan de overeenkomst een verweermiddel jegens haar wederpartij ontlenen, dan kan ook de ondergeschikte, indien hij op grond van deze gedraging door de wederpartij wordt aangesproken, dit verweermiddel inroepen, als ware hijzelf bij de overeenkomst partij.
(Zie ook: artt. 76, 170, 250 BW Boek 6; art. 608 BW Boek 7; artt. 72, 361 t/m 366 BW Boek 8)

Art. 258

Onvoorziene omstandigheden bij rechtsgevolgen van overeenkomst

1. De rechter kan op vordering van een der partijen de gevolgen van een overeenkomst wijzigen of deze geheel of gedeeltelijk ontbinden op grond van onvoorziene omstandigheden welke van dien aard zijn dat de wederpartij naar maatstaven van redelijkheid en billijkheid ongewijzigde instandhouding van de overeenkomst niet mag verwachten. Aan de wijziging of ontbinding kan terugwerkende kracht worden verleend.
(Zie ook: artt. 159, 401 BW Boek 1; artt. 12, 35, 54, 168 BW Boek 3; artt. 78, 97 BW Boek 5; artt. 2, 60, 75, 103, 228, 248, 250, 259, 263, 265 BW Boek 6; art. 1589 BW Boek 7A)

2. Een wijziging of ontbinding wordt niet uitgesproken, voor zover de omstandigheden krachtens de aard van de overeenkomst of de in het verkeer geldende opvattingen voor rekening komen van degene die zich erop beroept.

3. Voor de toepassing van dit artikel staat degene op wie een recht of een verplichting uit een overeenkomst is overgegaan, met een partij bij die overeenkomst gelijk.

Art. 259

Voortdurende verplichting bij rechtsgevolgen van overeenkomst

1. Indien een overeenkomst ertoe strekt een rechthebbende op of een gebruiker van een registergoed als zodanig te verplichten tot een prestatie die niet bestaat in of gepaard gaat met het dulden van voortdurend houderschap, kan de rechter op zijn vordering de gevolgen van de overeenkomst wijzigen of deze geheel of gedeeltelijk ontbinden:

a. indien ten minste tien jaren na het sluiten van de overeenkomst zijn verlopen en het ongewijzigd voortduren van de verplichting in strijd is met het algemeen belang;
b. indien de schuldeiser bij de nakoming van de verplichting geen redelijk belang meer heeft en het niet aannemelijk is dat dit belang zal terugkeren.
2. Voor de termijn vermeld in lid 1 onder *a* telt mee de gehele periode waarin rechthebbende op of gebruikers van het goed aan een beding van dezelfde strekking gebonden zijn geweest. De termijn geldt niet, voor zover de strijd met het algemeen belang hierin bestaat dat het beding een beletsel vormt voor verwerkelijking van een geldend bestemmingsplan.
(Zie ook: art. 14 BW Boek 3; artt. 78, 79, 80 BW Boek 5; artt. 250, 253, 258, 260 BW Boek 6; artt. 1623e, 1631a, 1636b BW Boek 7A; art. 28 WRO)

Art. 260

[Dit artikel is gewijzigd in verband met de invoering van digitaal procederen. Zie voor de procedures en gerechten waarvoor digitaal procederen geldt het Overzicht gefaseerde inwerkingtreding op www.rijksoverheid.nl/KEI.]

1. Een wijziging of ontbinding als bedoeld in de artikelen 258 en 259 kan worden uitgesproken onder door de rechter te stellen voorwaarden. — *Voorwaarden wijziging/ontbinding bij rechtsgevolgen van overeenkomst*

2. Indien hij op grond van die artikelen de overeenkomst wijzigt of gedeeltelijk ontbindt, kan hij bepalen dat een of meer der partijen de overeenkomst binnen een bij de uitspraak vast te stellen termijn door een schriftelijke verklaring geheel zal kunnen ontbinden. De wijziging of gedeeltelijke ontbinding treedt niet in, voordat deze termijn is verstreken.

3. Is de overeenkomst die op grond van de artikelen 258 en 259 wordt gewijzigd of geheel of gedeeltelijk ontbonden, ingeschreven in de openbare registers, dan kan ook de uitspraak waarbij de wijziging of ontbinding plaatsvond, daarin worden ingeschreven, mits deze uitspraak in kracht van gewijsde is gegaan of uitvoerbaar bij voorraad is.

4. Wordt ter zake van een verplichting als bedoeld in artikel 252 bij iemand een oproepingsbericht bezorgd of betekend aan zijn overeenkomstig lid 2, eerste zin, van dat artikel gekozen woonplaats, dan zijn daarmee tevens opgeroepen al zijn rechtverkrijgenden die geen nieuwe inschrijving hebben genomen. Artikel 29 lid 2 en lid 3, tweede tot en met vierde zin, van Boek 3 zijn van overeenkomstige toepassing. — *Schakelbepaling*

5. Andere rechtsfeiten die een ingeschreven overeenkomst wijzigen of beëindigen, zijn eveneens inschrijfbaar, voor zover het rechterlijke uitspraken betreft mits zij in kracht van gewijsde zijn gegaan of uitvoerbaar bij voorraad zijn.
(Zie ook: artt. 17, 24 BW Boek 3; art. 250 BW Boek 6)
[Voor overige gevallen luidt het artikel als volgt:]

Artikel 260
1. Een wijziging of ontbinding als bedoeld in de artikelen 258 en 259 kan worden uitgesproken onder door de rechter te stellen voorwaarden. — *Voorwaarden wijziging/ontbinding bij rechtsgevolgen van overeenkomst*

2. Indien hij op grond van die artikelen de overeenkomst wijzigt of gedeeltelijk ontbindt, kan hij bepalen dat een of meer der partijen de overeenkomst binnen een bij de uitspraak vast te stellen termijn door een schriftelijke verklaring geheel zal kunnen ontbinden. De wijziging of gedeeltelijke ontbinding treedt niet in, voordat deze termijn is verstreken.

3. Is de overeenkomst die op grond van de artikelen 258 en 259 wordt gewijzigd of geheel of gedeeltelijk ontbonden, ingeschreven in de openbare registers, dan kan ook de uitspraak waarbij de wijziging of ontbinding plaatsvond, daarin worden ingeschreven, mits deze uitspraak in kracht van gewijsde is gegaan of uitvoerbaar bij voorraad is.

4. Wordt iemand te dier zake gedagvaard aan zijn overeenkomstig artikel 252 lid 2, eerste zin, gekozen woonplaats, dan zijn daarmee tevens gedagvaard al zijn rechtverkrijgenden die geen nieuwe inschrijving hebben genomen. Artikel 29 lid 2 en lid 3, tweede tot en met vierde zin, van Boek 3 zijn van overeenkomstige toepassing. — *Schakelbepaling*

5. Andere rechtsfeiten die een ingeschreven overeenkomst wijzigen of beëindigen, zijn eveneens inschrijfbaar, voor zover het rechterlijke uitspraken betreft mits zij in kracht van gewijsde zijn gegaan of uitvoerbaar bij voorraad zijn.
(Zie ook: artt. 17, 24 BW Boek 3; art. 250 BW Boek 6)

Afdeling 5
Wederkerige overeenkomsten

Art. 261

1. Een overeenkomst is wederkerig, indien elk van beide partijen een verbintenis op zich neemt ter verkrijging van de prestatie waartoe de wederpartij zich daartegenover jegens haar verbindt. — *Wederkerige overeenkomst*

2. De bepalingen omtrent wederkerige overeenkomsten zijn van overeenkomstige toepassing op andere rechtsbetrekkingen die strekken tot het wederzijds verrichten van prestaties, voor zover de aard van die rechtsbetrekkingen zich daartegen niet verzet.
(Zie ook: art. 32 BW Boek 3; artt. 1, 213, 279 BW Boek 6)

Art. 262

Exceptio non adimpleti contractus bij wederkerige overeenkomst

1. Komt een der partijen haar verbintenis niet na, dan is de wederpartij bevoegd de nakoming van haar daartegenover staande verplichtingen op te schorten.

2. In geval van gedeeltelijke of niet behoorlijke nakoming is opschorting slechts toegelaten, voor zover de tekortkoming haar rechtvaardigt.

Art. 263

Onzekerheidsexceptie bij wederkerige overeenkomst

1. De partij die verplicht is het eerst te presteren, is niettemin bevoegd de nakoming van haar verbintenis op te schorten, indien na het sluiten van de overeenkomst te harer kennis gekomen omstandigheden haar goede grond geven te vrezen dat de wederpartij haar daartegenover staande verplichtingen niet zal nakomen.

2. In geval er goede grond bestaat te vrezen dat slechts gedeeltelijk of niet behoorlijk zal worden nagekomen, is de opschorting slechts toegelaten voor zover de tekortkoming haar rechtvaardigt.
(Zie ook: artt. 52 t/m 57, 80, 228, 258, 264 BW Boek 6; art. 27 BW Boek 7)

Art. 264

Toepasselijkheid

In geval van opschorting op grond van de artikelen 262 en 263 zijn de artikelen 54 onder b en c en 55 niet van toepassing.

Art. 265

Ontbinding bij wederkerige overeenkomst

1. Iedere tekortkoming van een partij in de nakoming van een van haar verbintenissen geeft aan de wederpartij de bevoegdheid om de overeenkomst geheel of gedeeltelijk te ontbinden, tenzij de tekortkoming, gezien haar bijzondere aard of geringe betekenis, deze ontbinding met haar gevolgen niet rechtvaardigt.

2. Voor zover nakoming niet blijvend of tijdelijk onmogelijk is, ontstaat de bevoegdheid tot ontbinding pas, wanneer de schuldenaar in verzuim is.
(Zie ook: artt. 38, 111 BW Boek 3; artt. 74, 237, 248, 258, 266, 277 BW Boek 6; artt. 6, 10, 33, 39, 46 BW Boek 7; artt. 1576q, 1589, 1636 BW Boek 7A)

Art. 266

Schuldeisersverzuim bij wederkerige overeenkomst

1. Geen ontbinding kan worden gegrond op een tekortkoming in de nakoming van een verbintenis ten aanzien waarvan de schuldeiser zelf in verzuim is.

2. Wordt echter tijdens het verzuim van de schuldeiser behoorlijke nakoming geheel of gedeeltelijk onmogelijk, dan kan de overeenkomst ontbonden worden, indien door schuld van de schuldenaar of zijn ondergeschikte is tekortgeschoten in de zorg die in de gegeven omstandigheden van hem mocht worden gevergd.
(Zie ook: artt. 54, 58, 64 BW Boek 6)

Art. 267

Buitengerechtelijke ontbinding bij wederkerige overeenkomst

1. De ontbinding vindt plaats door een schriftelijke verklaring van de daartoe gerechtigde. Indien de overeenkomst langs elektronische weg is totstandgekomen, kan deze tevens door een langs elektronische weg uitgebrachte verklaring worden ontbonden. Artikel 227a lid 1 is van overeenkomstige toepassing.
(Zie ook: art. 37 BW Boek 3; artt. 134, 149 BW Boek 6; artt. 231, 686 BW Boek 7; art. 38 FW; art. 11 Tw hkoz)

Gerechtelijke ontbinding bij wederkerige overeenkomst

2. Zij kan ook op zijn vordering door de rechter worden uitgesproken.

Art. 268

Verjaring bij wederkerige overeenkomst

De bevoegdheid tot buitengerechtelijke ontbinding vervalt door verjaring van de rechtsvordering tot ontbinding. De verjaring staat niet in de weg aan gerechtelijke of buitengerechtelijke ontbinding ter afwering van een op de overeenkomst steunende rechtsvordering of andere rechtsmaatregel.
(Zie ook: artt. 51, 52, 311 BW Boek 3; art. 23 BW Boek 7)

Art. 269

Terugwerkende kracht bij wederkerige overeenkomst

De ontbinding heeft geen terugwerkende kracht, behoudens dat een aanbod tot nakoming, gedaan nadat de ontbinding is gevorderd, geen werking heeft, indien de ontbinding wordt uitgesproken.
(Zie ook: artt. 38, 92 BW Boek 3; artt. 86, 271 t/m 276 BW Boek 6; art. 39 BW Boek 7)

Art. 270

Gedeeltelijke ontbinding bij wederkerige overeenkomst

Een gedeeltelijke ontbinding houdt een evenredige vermindering in van de wederzijdse prestaties in hoeveelheid of hoedanigheid.
(Zie ook: art. 265 BW Boek 6; artt. 39, 210 BW Boek 7)

Art. 271
Een ontbinding bevrijdt de partijen van de daardoor getroffen verbintenissen. Voor zover deze reeds zijn nagekomen, blijft de rechtsgrond voor deze nakoming in stand, maar ontstaat voor partijen een verbintenis tot ongedaanmaking van de reeds door hen ontvangen prestaties.
(Zie ook: art. 311 BW Boek 3; artt. 24, 52, 203, 269, 272, 277, 278 BW Boek 6; art. 39 BW Boek 7; art. 37a FW)

Bevrijdende wederzijdse verbindingen bij wederkerige overeenkomst

Art. 272
1. Sluit de aard van de prestatie uit dat zij ongedaan wordt gemaakt, dan treedt daarvoor een vergoeding in de plaats ten belope van haar waarde op het tijdstip van de ontvangst.

Waardevergoeding bij wederkerige overeenkomst

2. Heeft de prestatie niet aan de verbintenis beantwoord, dan wordt deze vergoeding beperkt tot het bedrag van de waarde die de prestatie voor de ontvanger op dit tijdstip in de gegeven omstandigheden werkelijk heeft gehad.
(Zie ook: artt. 210, 212, 271, 273 t/m 276, 278 BW Boek 6; art. 10 BW Boek 7)

Art. 273
Een partij die een prestatie heeft ontvangen, is vanaf het tijdstip dat zij redelijkerwijze met een ontbinding rekening moet houden, verplicht er als een zorgvuldig schuldenaar zorg voor te dragen dat de ingevolge die ontbinding verschuldigde ongedaanmaking van de prestatie mogelijk zal zijn. Artikel 78 is van overeenkomstige toepassing.
(Zie ook: artt. 27, 74, 75, 204, 271 BW Boek 6; artt. 10, 39 BW Boek 7)

Zorgplicht schuldenaar bij wederkerige overeenkomst

Art. 274
Heeft een partij in weerwil van een dreigende ontbinding te kwader trouw een prestatie ontvangen, dan wordt zij na de ontbinding geacht vanaf de ontvangst van de prestatie in verzuim geweest te zijn.
(Zie ook: art. 11 BW Boek 3; artt. 81, 84, 205, 271 BW Boek 6)

Ontvanger te goeder trouw bij wederkerige overeenkomst

Art. 275
De artikelen 120-124 van Boek 3 zijn van overeenkomstige toepassing met betrekking tot hetgeen daarin is bepaald omtrent de afgifte van vruchten en de vergoeding van kosten en schade.
(Zie ook: art. 312 BW Boek 3; artt. 206, 242 BW Boek 6; art. 39 BW Boek 7)

Vruchten/kosten/schade bij wederkerige overeenkomst

Art. 276
Op de onbekwame die een prestatie heeft ontvangen, rusten de in deze afdeling omschreven verplichtingen slechts, voor zover het ontvangene hem tot werkelijk voordeel heeft gestrekt of in de macht van zijn wettelijke vertegenwoordiger is gekomen.
(Zie ook: artt. 234, 381 BW Boek 3; artt. 31, 209, 271, 272 BW Boek 6; art. 37 BW Boek 7)

Onbekwame ontvanger bij wederkerige overeenkomst

Art. 277
1. Wordt een overeenkomst geheel of gedeeltelijk ontbonden, dan is de partij wier tekortkoming een grond voor ontbinding heeft opgeleverd, verplicht haar wederpartij de schade te vergoeden die deze lijdt, doordat geen wederzijdse nakoming doch ontbinding van de overeenkomst plaatsvindt.
(Zie ook: artt. 74, 95, 265 BW Boek 6; art. 1684 BW Boek 7A)

Schadevergoeding na ontbinding bij wederkerige overeenkomst

2. Indien de tekortkoming niet aan de schuldenaar kan worden toegerekend, is het vorige lid slechts van toepassing binnen de grenzen van het in artikel 78 bepaalde.

Art. 278
1. De partij die ontbinding kiest van een reeds uitgevoerde overeenkomst, nadat de verhouding in waarde tussen hetgeen wederzijds bij ongedaanmaking zou moeten worden verricht, zich te haren gunste heeft gewijzigd, is verplicht door bijbetaling de oorspronkelijke waardeverhouding te herstellen, indien aannemelijk is dat zij zonder deze wijziging geen ontbinding zou hebben gekozen.

Bijbetaling en wijziging waardeverhouding bij wederkerige overeenkomst

2. Het vorige lid is van overeenkomstige toepassing ingeval de partij te wier gunste de wijziging is ingetreden, op andere grond dan ontbinding de stoot tot ongedaanmaking geeft en aannemelijk is dat zij daartoe zonder deze wijziging niet zou zijn overgegaan.
(Zie ook: artt. 203, 273 BW Boek 6)

Art. 279
1. Op overeenkomsten waaruit tussen meer dan twee partijen verbintenissen voortvloeien, vinden de bepalingen betreffende wederkerige overeenkomsten met inachtneming van de volgende leden overeenkomstige toepassing, voor zover de aard van de overeenkomst zich daartegen niet verzet.

Arbeidsplaatsenovereenkomst bij wederkerige overeenkomst

2. De partij die een verbintenis op zich heeft genomen ter verkrijging van een daartegenover van een of meer der andere partijen bedongen prestatie, kan haar recht op ontbinding gronden op een tekortkoming in de nakoming van de verbintenis jegens haarzelf.

3. Schiet een partij met samenhangende rechten en verplichtingen zelf tekort in de nakoming van haar verbintenis, dan kunnen in ieder geval de overige partijen gezamenlijk de overeenkomst ontbinden.
(Zie ook: artt. 213, 254, 261 BW Boek 6)

Inhoudsopgave

Boek 7	Bijzondere overeenkomsten	Art. 1
Titel 1	Koop en ruil	Art. 1
Afdeling 1	Koop: Algemene bepalingen	Art. 1
Afdeling 2	Verplichtingen van de verkoper	Art. 9
Afdeling 3	Bijzondere gevolgen van niet-nakoming van de verplichtingen van de verkoper	Art. 19a
Afdeling 4	Verplichtingen van de koper	Art. 26
Afdeling 5	Bijzondere gevolgen van verzuim van de koper	Art. 31
Afdeling 6	Bijzondere gevallen van ontbinding	Art. 33
Afdeling 7	Schadevergoeding	Art. 36
Afdeling 8	Recht van reclame	Art. 39
Afdeling 9	Koop op proef	Art. 45
Afdeling 9A	[Vervallen]	Art. 46a-46j
Afdeling 10	Koop van vermogensrechten	Art. 47
Afdeling 10A	[Vervallen]	Art. 48a-48g
Afdeling 12	Ruil	Art. 49
Titel 1a	Overeenkomsten betreffende het gebruik in deeltijd, vakantieproducten van lange duur, bijstand en uitwisseling	Art. 50a
Titel 2	Financiëlezekerheidsovereenkomsten	Art. 51
Titel 2a	Consumentenkredietovereenkomsten	Art. 57
Afdeling 1	Bepalingen ter uitvoering van richtlijn nr. 2008/48/EG van 23 april 2008 inzake kredietovereenkomsten voor consumenten	Art. 57
Onderafdeling 1	Algemene bepalingen	Art. 57
Onderafdeling 2	Informatieverstrekking en handelingen voorafgaand aan het sluiten van de kredietovereenkomst	Art. 59
Onderafdeling 3	Informatie en rechten betreffende kredietovereenkomsten	Art. 61
Onderafdeling 4	Jaarlijks kostenpercentage	Art. 71
Onderafdeling 5	Kredietgevers en kredietbemiddelaars	Art. 72
Onderafdeling 6	Slotbepalingen	Art. 73
Afdeling 2	Overige bepalingen betreffende consumentenkredietovereenkomsten	Art. 74
Titel 2b	Goederenkrediet	Art. 84
Afdeling 1	Goederenkrediet betreffende roerende zaken, niet-registergoederen	Art. 84
Afdeling 2	Huurkoop onroerende zaken	Art. 101
Onderafdeling 1	Algemene bepalingen	Art. 101
Onderafdeling 2	Huurkoop van woonruimte	Art. 113
Afdeling 3	Consumentenkredietovereenkomsten betreffende voor bewoning bestemde onroerende zaken	Art. 118
Onderafdeling 1	Algemene bepalingen	Art. 118
Onderafdeling 2	Informatieverstrekking en handelingen voorafgaand aan het sluiten van de kredietovereenkomst	Art. 120
Onderafdeling 3	Jaarlijks kostenpercentage	Art. 124
Onderafdeling 4	Informatie en rechten betreffende kredietovereenkomsten	Art. 125
Onderafdeling 5	Slotbepalingen	Art. 128b
Titel 2c	Geldlening	Art. 129
Titel 2d	Overeenkomst van pandbelening	Art. 130
Titel 3	Schenking	Art. 175
Titel 4	Huur	Art. 201
Afdeling 1	Algemene bepalingen	Art. 201
Afdeling 2	Verplichtingen van de verhuurder	Art. 203
Afdeling 3	De verplichtingen van de huurder	Art. 212
Afdeling 4	De overgang van de huur bij overdracht van de verhuurde zaken en het eindigen van de huur	Art. 226
Afdeling 5	Huur van woonruimte	Art. 232
Onderafdeling 1	Algemeen	Art. 232
Onderafdeling 2	Huurprijzen en andere vergoedingen	Art. 246
Paragraaf 1	Huurprijzen	Art. 246
Paragraaf 2	Andere vergoedingen	Art. 258
Paragraaf 3	Slotbepalingen	Art. 262
Onderafdeling 3	Medehuur en voortzetting van de huur	Art. 266
Onderafdeling 4	Het eindigen van de huur	Art. 271

Afdeling 6	Huur van bedrijfsruimte	Art. 290
Titel 5	Pacht	Art. 311
Afdeling 1	Algemene bepalingen	Art. 311
Afdeling 2	Vorm van de pachtovereenkomst	Art. 317
Afdeling 3	Goedkeuring van de pachtovereenkomst	Art. 318
Afdeling 4	Duur van de pachtovereenkomst	Art. 325
Afdeling 5	Pachtprijs	Art. 327
Afdeling 6	Verplichtingen van de verpachter	Art. 336
Afdeling 7	Verplichtingen van de pachter	Art. 346
Afdeling 8	Overgang van de pacht bij overdracht van de verpachte zaken	Art. 361
Afdeling 9	Pachtoverneming	Art. 363
Afdeling 10	Het eindigen van de pachtovereenkomst	Art. 366
Afdeling 11	Het voorkeursrecht van de pachter	Art. 378
Afdeling 12	Bijzondere pachtovereenkomsten	Art. 385
Paragraaf 1	Verpachting door openbare lichamen	Art. 385
Paragraaf 2	Verpachting binnen reservaten	Art. 388
Paragraaf 3	Pacht van geringe oppervlakten	Art. 395
Paragraaf 4	Teeltpacht en geliberaliseerde pacht	Art. 396
Afdeling 13	Dwingend recht	Art. 399
Afdeling 14	Slotbepalingen	Art. 399d
Titel 7	Opdracht	Art. 400
Afdeling 1	Opdracht in het algemeen	Art. 400
Afdeling 2	Lastgeving	Art. 414
Afdeling 3	Bemiddelingsovereenkomst	Art. 425
Afdeling 4	Agentuurovereenkomst	Art. 428
Afdeling 5	De overeenkomst inzake geneeskundige behandeling	Art. 446
Titel 7A	Pakketreisovereenkomst en gekoppeld reisarrangement	Art. 500
Afdeling 1	Definities en toepassingsgebied	Art. 500
Afdeling 2	Informatieverplichtingen en inhoud van de pakketreisovereenkomst	Art. 502
Afdeling 3	Wijziging van de pakketreisovereenkomst vóór het begin van de pakketreis	Art. 506
Afdeling 4	Uitvoering van de pakketreis	Art. 510
Afdeling 5	Bescherming bij insolventie	Art. 513a
Afdeling 6	Gekoppelde reisarrangementen	Art. 513b
Afdeling 7	Slotbepalingen	Art. 513c
Titel 7b	Betalingstransactie	Art. 514
Afdeling 1	Algemene bepalingen	Art. 514
Afdeling 2	Toestaan van betalingstransacties	Art. 522
Afdeling 3	Uitvoering van de betalingstransactie	Art. 532
Paragraaf 1	Betaalopdrachten, kosten en overgemaakte bedragen	Art. 532
Paragraaf 2	Uitvoeringstermijn en valutadatum	Art. 536
Paragraaf 3	Aansprakelijkheid	Art. 542
Afdeling 4	Slotbepalingen	Art. 549
Titel 9	Bewaarneming	Art. 600
Titel 10	Arbeidsovereenkomst	Art. 610
Afdeling 1	Algemene bepalingen	Art. 610
Afdeling 2	Loon	Art. 616
Afdeling 3	Vakantie en verlof	Art. 634
Afdeling 4	Gelijke behandeling	Art. 646
Afdeling 5	Enkele bijzondere bedingen in de arbeidsovereenkomst	Art. 650
Afdeling 6	Enkele bijzondere verplichtingen van de werkgever	Art. 654
Afdeling 7	Enkele bijzondere verplichtingen van de werknemer	Art. 659
Afdeling 8	Rechten van de werknemer bij overgang van een onderneming	Art. 662
Afdeling 9	Einde van de arbeidsovereenkomst	Art. 667
Afdeling 10	Bijzondere bepalingen voor handelsvertegenwoordigers	Art. 687
Afdeling 11	Bijzondere bepalingen ter zake van de uitzendovereenkomst	Art. 690
Afdeling 12	Bijzondere bepalingen terzake van de zee-arbeidsovereenkomst	Art. 694
	Algemene bepalingen	Art. 694
	Loon	Art. 706
	Vakantie	Art. 717

		Repatriëring	Art. 718
		Vergoeding in geval van schipbreuk of andere ramp aan het zeeschip en in geval van overlijden van de zeevarende	Art. 719
		Einde van de zee-arbeidsovereenkomst	Art. 721
		De zieke zeevarende	Art. 734
		De tijdelijk aan boord van een zeeschip werkzame werknemer	Art. 735
		De arbeidsovereenkomst naar buitenlands recht	Art. 736
		Verplichtingen van de scheepsbeheerder	Art. 737
	Afdeling 12A	De zeevarende in de visserij	Art. 739
Titel 12		Aanneming van werk	Art. 750
	Afdeling 1	Aanneming van werk in het algemeen	Art. 750
	Afdeling 2	Bijzondere bepalingen voor de bouw van een woning in opdracht van een natuurlijk persoon die niet handelt in de uitoefening van een beroep of bedrijf	Art. 765
Titel 14		Borgtocht	Art. 850
	Afdeling 1	Algemene bepalingen	Art. 850
	Afdeling 2	Borgtocht, aangegaan buiten beroep of bedrijf	Art. 857
	Afdeling 3	De gevolgen van de borgtocht tussen de hoofdschuldenaar en de borg en tussen borgen en voor de verbintenis aansprakelijke niet-schuldenaren onderling	Art. 865
Titel 15		Vaststellingsovereenkomst	Art. 900
Titel 17		Verzekering	Art. 925
	Afdeling 1	Algemene bepalingen	Art. 925
	Afdeling 2	Schadeverzekering	Art. 944
	Afdeling 3	Sommenverzekering	Art. 964
	§ 1	Algemene bepalingen	Art. 964
	§ 2	Levensverzekering	Art. 975
Titel 18		Lijfrente	Art. 990

Burgerlijk Wetboek Boek 7[1]

Burgerlijk Wetboek Boek 7, Bijzondere overeenkomsten

Boek 7
Bijzondere overeenkomsten

Titel 1
Koop en ruil

Afdeling 1
Koop: Algemene bepalingen

Art. 1
Koop is de overeenkomst waarbij de een zich verbindt een zaak te geven en de ander om daarvoor een prijs in geld te betalen.
(Zie ook: art. 2 BW Boek 3; artk. 217, 227 BW Boek 6)

Koop

Art. 2
1. De koop van een tot bewoning bestemde onroerende zaak of bestanddeel daarvan wordt, indien de koper een natuurlijk persoon is die niet handelt in de uitoefening van een beroep of bedrijf, schriftelijk aangegaan.
2. De tussen partijen opgemaakte akte of een afschrift daarvan moet aan de koper ter hand worden gesteld, desverlangd tegen afgifte aan de verkoper van een gedateerd ontvangstbewijs. Gedurende drie dagen na deze terhandstelling heeft de koper het recht de koop te ontbinden. Komt, nadat de koper van dit recht gebruik gemaakt heeft, binnen zes maanden tussen dezelfde partijen met betrekking tot dezelfde zaak of hetzelfde bestanddeel daarvan opnieuw een koop tot stand, dan ontstaat het recht niet opnieuw.
3. De leden 1-2 zijn van overeenkomstige toepassing op de koop van deelnemings- of lidmaatschapsrechten die recht geven op het gebruik van een tot bewoning bestemde onroerende zaak of bestanddeel daarvan.
4. Van het in de leden 1-3 bepaalde kan niet ten nadele van de koper worden afgeweken, behoudens bij een standaardregeling als bedoeld in artikel 214 van Boek 6.
5. De leden 1-4 zijn niet van toepassing op huurkoop en koop op een openbare veiling ten overstaan van een notaris. Zij zijn evenmin van toepassing, wanneer de overeenkomst tevens voldoet aan de omschrijving van een overeenkomst als bedoeld in artikel 50a, onderdelen c of f.

Koop van woning

Schakelbepaling

Dwingend recht bij koop

Werkingssfeer

Art. 3
1. De koop van een registergoed kan worden ingeschreven in de openbare registers, bedoeld in afdeling 2 van titel 1 van Boek 3, tenzij op het tijdstip van de inschrijving levering van dat goed door de verkoper nog niet mogelijk zou zijn geweest wegens de in artikel 97 van Boek 3 vervatte uitsluiting van levering bij voorbaat van toekomstige registergoederen. Bij de koop van een tot woning bestemde onroerende zaak of bestanddeel daarvan kan, indien de koper een natuurlijk persoon is die niet handelt in de uitoefening van een beroep of bedrijf, van het in de vorige zin bepaalde niet ten nadele van de koper worden afgeweken.
2. Gedurende de bedenktijd, bedoeld in artikel 2 lid 2, kan inschrijving slechts plaatsvinden indien de koopakte is opgesteld en medeondertekend door een in Nederland gevestigde notaris.
3. Tegen de koper wiens koop is ingeschreven kunnen niet worden ingeroepen:
a. een na de inschrijving van die koop tot stand gekomen vervreemding of bezwaring door de verkoper, tenzij deze vervreemding of bezwaring voortvloeit uit een eerder ingeschreven koop of plaatsvond uit hoofde van een recht op levering dat volgens artikel 298 van Boek 3 ging voor dat van de koper en de koper op het tijdstip van de inschrijving van de koop kende of ten aanzien waarvan op dat tijdstip het proces-verbaal van een conservatoir beslag tot levering was ingeschreven;
b. vervreemdingen of bezwaringen die plaatsvinden als vervolg op de onder *a* bedoelde vervreemding of bezwaring door de verkoper;
c. een onderbewindstelling die na de inschrijving van de koop is tot stand gekomen of die, zo zij tevoren was tot stand gekomen, toen niet in de openbare registers was ingeschreven, dit laatste tenzij de koper haar op het tijdstip van de inschrijving van de koop kende;
d. een na de inschrijving van de koop tot stand gekomen verhuring of verpachting;

Inschrijving van registergoed bij koop

---

1 Inwerkingtredingsdatum: 01-01-1992; zoals laatstelijk gewijzigd bij: Stb. 2018, 503.

art. 7:4   13 Burgerlijk Wetboek Boek 7

e. een na de inschrijving van de koop ingeschreven beding als bedoeld in artikel 252 van Boek 6;
f. een executoriaal of conservatoir beslag waarvan het proces-verbaal na de inschrijving van de koop is ingeschreven;
g. een faillissement of surséance van betaling van de verkoper of toepassing ten aanzien van hem van de schuldsaneringsregeling natuurlijke personen, uitgesproken na de dag waarop de koop is ingeschreven.
4. De inschrijving van de koop verliest de in lid 3 bedoelde werking met terugwerkende kracht, indien het goed niet binnen zes maanden na de inschrijving aan de koper geleverd is. In dat geval wordt bovendien de koop niet geacht kenbaar te zijn door raadpleging van de openbare registers.
5. Nadat de inschrijving haar werking heeft verloren, kan gedurende zes maanden geen koop tussen dezelfde partijen met betrekking tot hetzelfde goed worden ingeschreven.
6. Inschrijving van de koop vindt slechts plaats indien onder de koopakte een ondertekende en gedateerde verklaring van een notaris is opgenomen, die zijn naam, voornamen, standplaats en kwaliteit bevat en waarin verklaard wordt dat de leden 1, 2 en 5 niet aan inschrijving in de weg staan.

Art. 4

Prijsbepaling bij koop

Wanneer de koop is gesloten zonder dat de prijs is bepaald, is de koper een redelijke prijs verschuldigd; bij de bepaling van die prijs wordt rekening gehouden met de door de verkoper ten tijde van het sluiten van de overeenkomst gewoonlijk bedongen prijzen.
(Zie ook: art. 227 BW Boek 6)

Art. 5

Consumentenkoop

1. In deze titel wordt verstaan onder consumentenkoop: de koop met betrekking tot een roerende zaak die wordt gesloten door een verkoper die handelt in het kader van zijn handels-, bedrijfs-, ambachts- of beroepsactiviteit en een koper, natuurlijk persoon, die handelt voor doeleinden buiten zijn bedrijfs- of beroepsactiviteit.
2. Wordt de zaak verkocht door een gevolmachtigde die handelt in de uitoefening van beroep of bedrijf, dan wordt de koop aangemerkt als een consumentenkoop, tenzij de koper ten tijde van het sluiten van de overeenkomst weet dat de volmachtgever niet handelt in de uitoefening van een beroep of bedrijf.
(Zie ook: art. 60 BW Boek 3; art. 238 BW Boek 6)
3. De vorige leden zijn niet van toepassing indien de overeenkomst door leidingen naar de verbruiker aangevoerd water betreft.
4. Indien de te leveren roerende zaak nog tot stand moet worden gebracht en de overeenkomst krachtens welke deze zaak moet worden geleverd voldoet aan de omschrijving van artikel 750, dan wordt de overeenkomst mede als een consumentenkoop aangemerkt indien de overeenkomst wordt gesloten door een aannemer die handelt in de uitoefening van een beroep of bedrijf, en een opdrachtgever, natuurlijk persoon, die niet handelt in de uitoefening van een beroep of bedrijf. De bepalingen van deze titel en die van afdeling 1 van titel 12 zijn naast elkaar van toepassing. In geval van strijd zijn de bepalingen van deze titel van toepassing.
5. Met uitzondering van de artikelen 9, 11 en 19a, zijn de bepalingen over consumentenkoop van overeenkomstige toepassing op de levering van elektriciteit, warmte en koude en gas, voor zover deze niet voor verkoop gereed zijn gemaakt in een beperkt volume of in een bepaalde hoeveelheid, alsmede op de levering van stadsverwarming en op de levering van digitale inhoud die niet op een materiële drager is geleverd, maar die wel is geïndividualiseerd en waarover feitelijke macht kan worden uitgeoefend, aan een natuurlijk persoon, die handelt voor doeleinden buiten zijn handels-, bedrijfs-, ambachts- of beroepsactiviteit.
6. Voor de toepassing van de artikelen 9, 11 en 19a wordt een overeenkomst tussen enig persoon die handelt in het kader van zijn handels-, bedrijfs-, ambachts- of beroepsactiviteit en de natuurlijk persoon, die handelt voor doeleinden buiten zijn bedrijfs- of beroepsactiviteit, die zowel de levering van roerende zaken als het verrichten van diensten betreft, uitsluitend aangemerkt als consumentenkoop.

Art. 6

Dwingend recht bij consumentenkoop

1. Bij een consumentenkoop kan van de afdelingen 1-7 van deze titel niet ten nadele van de koper worden afgeweken en kunnen de rechten en vorderingen die de wet aan de koper ter zake van een tekortkoming in de nakoming van de verplichtingen van de verkoper toekent, niet worden beperkt of uitgesloten.
2. Lid 1 is niet van toepassing op de artikelen 12, 13, eerste en tweede zin, 26 en 35, doch bedingen in algemene voorwaarden waarbij ten nadele van de koper wordt afgeweken van die artikelen, worden als onredelijk bezwarend aangemerkt.
(Zie ook: art. 40 BW Boek 3; artt. 236, 237 BW Boek 6)
3. De toepasselijkheid op de consumentenkoop van een recht dat de door de richtlijn nr. 99/44/EG van het Europees Parlement en de Raad van de Europese Unie van 25 mei 1999 betreffende bepaalde aspecten van de verkoop van en de garanties voor consumptiegoederen

(PbEG L 171) voorziene bescherming niet of slechts ten dele biedt, kan er niet toe leiden dat de koper de bescherming verliest die hem krachtens deze richtlijn wordt geboden door de dwingende bepalingen van het recht van de lidstaat van de Europese Unie of de andere staat die partij is bij de Overeenkomst betreffende de Europese Economische Ruimte, waar hij zijn gewone verblijfplaats heeft.

Art. 6a
1. Indien van een consumentenkoop in een garantie door de verkoper of de producent bepaalde eigenschappen zijn toegezegd, bij het ontbreken waarvan de koper bepaalde rechten of vorderingen worden toegekend, dan kan de koper deze uitoefenen onverminderd alle andere rechten of vorderingen die de wet de koper toekent. *Garantie bij consumentenkoop*
2. In een garantie moet op duidelijke en begrijpelijke wijze worden vermeld welke in lid 1 bedoelde rechten of vorderingen een koper worden toegekend en moet worden vermeld dat deze een koper toekomen onverminderd de rechten of vorderingen die de wet hem toekent. Voorts moeten in een garantie de naam en het adres worden vermeld van de verkoper of de producent van wie de garantie afkomstig is, alsmede de duur en het gebied waarvoor de garantie geldt.
3. De in lid 2 bedoelde gegevens moeten de koper op zijn verlangen worden verstrekt. Dit geschiedt schriftelijk of op een andere ter beschikking van de koper staande en voor hem toegankelijke duurzame gegevensdrager.
4. De aan de koper door de verkoper of de producent in een garantiebewijs toegekende rechten of vorderingen komen hem ook toe indien de zaak niet de eigenschappen bezit die in een reclame door deze verkoper of producent zijn toegezegd.
5. In dit artikel wordt verstaan onder:
a. garantie: een in een garantiebewijs of reclame gedane toezegging als bedoeld in lid 1;
b. producent: de fabrikant van de zaak, degene die de zaak in de Europese Economische Ruimte invoert, alsmede een ieder die zich als producent presenteert door zijn naam, zijn merk of een ander onderscheidingsteken op de zaak aan te brengen.

Art. 7
1. Degene aan wie een zaak is toegezonden en die redelijkerwijze mag aannemen dat deze toezending is geschied ten einde hem tot een koop te bewegen, is ongeacht enige andersluidende mededeling van de verzender jegens deze bevoegd de zaak om niet te behouden, tenzij het hem is toe te rekenen dat de toezending is geschied. *Ongevraagde toezending bij consumentenkoop*
(Zie ook: art. 210 lid 2 BW Boek 6)
2. Geen verplichting tot betaling ontstaat voor een natuurlijke persoon, die handelt voor doeleinden buiten zijn bedrijfs- of beroepsactiviteit, bij de ongevraagde levering van zaken, financiële producten, water, gas, elektriciteit, stadsverwarming of digitale inhoud die niet op een materiële drager is geleverd, ongeacht of de digitale inhoud individualiseerbaar is en of er feitelijke macht over kan worden uitgeoefend, dan wel de ongevraagde verrichting van diensten, als bedoeld in artikel 193i onderdeel f van Boek 6. Het uitblijven van een reactie van een natuurlijk persoon, die handelt voor doeleinden buiten zijn bedrijfs- of beroepsactiviteit, op de ongevraagde levering of verstrekking wordt niet als aanvaarding aangemerkt. Wordt desalniettemin een zaak toegezonden als bedoeld in de eerste zin, dan is het in lid 1 bepaalde omtrent de bevoegdheid, de zaak om niet te behouden, van overeenkomstige toepassing. Dit lid is van toepassing ongeacht of de verzender wordt vertegenwoordigd.
3. Indien de ontvanger in de gevallen, bedoeld in de leden 1–2, de zaak terugzendt, komen de kosten hiervan voor rekening van de verzender.

Art. 8
Wordt een nieuw gebouwde of te bouwen woning, bestaande uit een onroerende zaak of bestanddeel daarvan, verkocht en is de koper een natuurlijk persoon die niet handelt in de uitoefening van een beroep of bedrijf, dan zijn de artikelen 767 en 768 van overeenkomstige toepassing. Hiervan kan niet ten nadele van de koper worden afgeweken, behoudens bij een standaardregeling als bedoeld in artikel 214 van Boek 6. *Schakelbepaling*

Afdeling 2
Verplichtingen van de verkoper

Art. 9
1. De verkoper is verplicht de verkochte zaak met toebehoren in eigendom over te dragen en af te leveren. Onder toebehoren zijn de aanwezige titelbewijzen en bescheiden begrepen; voor zover de verkoper zelf daarbij belang behoudt, is hij slechts verplicht om aan de koper op diens verlangen en op diens kosten een afschrift of uittreksel af te geven. *Verplichting verkoper bij koop*
2. Onder aflevering wordt verstaan het stellen van de zaak in het bezit van de koper.
3. In geval van koop met eigendomsvoorbehoud wordt onder aflevering verstaan het stellen van de zaak in de macht van de koper.
(Zie ook: artt. 90, 92, 114, 115, 170 BW Boek 3; artt. 27, 38 BW Boek 6)

4. Bij een consumentenkoop levert de verkoper de zaken onverwijld en in ieder geval binnen dertig dagen na het sluiten van de overeenkomst af. De partijen kunnen een andere termijn overeenkomen. Op de termijn van dertig dagen is Verordening (EEG, Euratom) nr. 1182/71 (PbEG L 124) van de Raad van 3 juni 1971 houdende vaststelling van de regels die van toepassing zijn op termijnen, data en aanvangs- en vervaltijden van overeenkomstige toepassing.
5. Indien de consumentenkoop tot stand is gekomen via een andere persoon, handelend in het kader van zijn handels-, bedrijfs-, ambachts- of beroepsactiviteit, die daarbij optreedt namens of voor rekening van de verkoper, kan de consument zich ook jegens die andere persoon beroepen op het in de leden 1-4 bepaalde.

Art. 10

Risicoverdeling bij koop

1. De zaak is voor risico van de koper van de aflevering af, zelfs al is de eigendom nog niet overgedragen. Derhalve blijft hij de koopprijs verschuldigd, ongeacht tenietgaan of achteruitgang van de zaak door een oorzaak die niet aan de verkoper kan worden toegerekend.
2. Hetzelfde geldt van het ogenblik af, waarop de koper in verzuim is met het verrichten van een handeling waarmede hij aan de aflevering moet medewerken. Ingeval naar de soort bepaalde zaken zijn verkocht, doet het verzuim van de koper het risico eerst op hem overgaan, wanneer de verkoper de voor de uitvoering van de overeenkomst bestemde zaken heeft aangewezen en de koper daarvan heeft verwittigd.
3. Indien de koper op goede gronden het recht op ontbinding van de koop of op vervanging van de zaak inroept, blijft deze voor risico van de verkoper.
4. Wanneer de zaak na de aflevering voor risico van de verkoper is gebleven, is het tenietgaan of de achteruitgang ervan door toedoen van de koper eveneens voor rekening van de verkoper. De koper moet echter van het ogenblik af dat hij redelijkerwijs rekening moet houden met het feit dat hij de zaak zal moeten teruggeven, als een zorgvuldig schuldenaar voor het behoud ervan zorgen; artikel 78 van Boek 6 is van overeenkomstige toepassing.

Art. 11

Risicoverdeling bij koop

1. Bij een consumentenkoop waarbij de zaak bij de koper wordt bezorgd, is de zaak voor het risico van de koper vanaf het moment dat de koper of een door hem aangewezen derde, die niet de vervoerder is, de zaak heeft ontvangen.
2. In geval de koper een vervoerder aanwijst en de keuze voor deze vervoerder niet door de verkoper wordt aangeboden, gaat het risico over op de koper op het moment van ontvangst van de zaak door de vervoerder.
3. Indien de consumentenkoop tot stand is gekomen via een andere persoon, handelend in het kader van zijn handels-, bedrijfs-, ambachts- of beroepsactiviteit, die daarbij optreedt namens of voor rekening van de verkoper, kan de consument zich ook jegens die andere persoon beroepen op het in de leden 1-2 bepaalde.

Art. 12

Kosten bij koop

1. Kosten van aflevering, die van weging en telling daaronder begrepen, komen ten laste van de verkoper.
2. Kosten van afhalen en kosten van een koopakte en van de overdracht komen ten laste van de koper.

Art. 13

Kosten bezorging bij consumentenkoop

Indien bij een consumentenkoop de zaak bij de koper wordt bezorgd door de verkoper of een door deze aangewezen vervoerder, kunnen daarvoor slechts kosten worden gevorderd, voor zover zij bij het sluiten van een overeenkomst anders dan op afstand of buiten de verkoopruimte, bedoeld in artikel 230g lid 1, onderdelen e en f, van Boek 6 door de verkoper afzonderlijk zijn opgegeven of door de verkoper de gegevens zijn verschaft op grond waarvan zij door hem worden berekend. Hetzelfde geldt voor kosten, verschuldigd voor andere werkzaamheden die de verkoper in verband met de koop voor de koper verricht. Voor een consumentenkoop die tevens voldoet aan de omschrijving van een overeenkomst op afstand of een overeenkomst buiten de verkoopruimte zijn, overeenkomstig de artikelen 230m lid 1, onderdeel e, en 230n lid 3 van Boek 6, evenmin bijkomende kosten verschuldigd voor zover deze niet zijn opgegeven.

Art. 14

Vruchten bij koop

Van de dag van aflevering af komen de vruchten toe aan de koper, met dien verstande dat burgerlijke vruchten van dag tot dag berekend worden.
(Zie ook: art. 9 BW Boek 3)

Art. 15

Lasten en beperkingen bij koop

1. De verkoper is verplicht de verkochte zaak in eigendom over te dragen vrij van alle bijzondere lasten en beperkingen, met uitzondering van die welke de koper uitdrukkelijk heeft aanvaard.
2. Ongeacht enig andersluidend beding staat de verkoper in voor de afwezigheid van lasten en beperkingen die voortvloeien uit feiten die vatbaar zijn voor inschrijving in de openbare registers, doch daarin ten tijde van het sluiten van de overeenkomst niet waren ingeschreven.
(Zie ook: art. 83 BW Boek 3)

Art. 16
Wanneer tegen de koper een vordering wordt ingesteld tot uitwinning of tot erkenning van een recht waarvan de zaak niet belast had mogen zijn, is de verkoper gehouden in het geding te komen ten einde de belangen van de koper te verdedigen.
(Zie ook: artt. 70, 71 Rv)

Vordering tegen koper bij koop

Art. 17
1. De afgeleverde zaak moet aan de overeenkomst beantwoorden.
2. Een zaak beantwoordt niet aan de overeenkomst indien zij, mede gelet op de aard van de zaak en de mededelingen die de verkoper over de zaak heeft gedaan, niet de eigenschappen bezit die de koper op grond van de overeenkomst mocht verwachten. De koper mag verwachten dat de zaak de eigenschappen bezit die voor een normaal gebruik daarvan nodig zijn en waarvan hij de aanwezigheid niet behoefde te betwijfelen, alsmede de eigenschappen die nodig zijn voor een bijzonder gebruik dat bij de overeenkomst is voorzien.
3. Een andere zaak dan is overeengekomen, of een zaak van een andere soort, beantwoordt evenmin aan de overeenkomst. Hetzelfde geldt indien het afgeleverde in getal, maat of gewicht van het overeengekomene afwijkt.
4. Is aan de koper een monster of model getoond of verstrekt, dan moet de zaak daarmede overeenstemmen, tenzij het slechts bij wijze van aanduiding werd verstrekt zonder dat de zaak daaraan behoefde te beantwoorden.
5. De koper kan zich er niet op beroepen dat de zaak niet aan de overeenkomst beantwoordt wanneer hem dit ten tijde van het sluiten van de overeenkomst bekend was of redelijkerwijs bekend kon zijn. Ook kan de koper zich er niet op beroepen dat de zaak niet aan de overeenkomst beantwoordt wanneer dit te wijten is aan gebreken of ongeschiktheid van grondstoffen afkomstig van de koper, tenzij de verkoper hem voor deze gebreken of ongeschiktheid had moeten waarschuwen.
6. Bij koop van een onroerende zaak wordt vermelding van de oppervlakte vermoed slechts als aanduiding bedoeld te zijn, zonder dat de zaak daaraan behoeft te beantwoorden.
(Zie ook: artt. 27, 278 BW Boek 6)

Conformiteit bij koop

Art. 18
1. Bij de beoordeling van de vraag of een op grond van een consumentenkoop afgeleverde zaak aan de overeenkomst beantwoordt, gelden mededelingen die door of ten behoeve van een vorige verkoper van de zaak, handelend in de uitoefening van een beroep of bedrijf, omtrent de zaak zijn openbaar gemaakt, als mededelingen van de verkoper, behoudens voor zover deze een bepaalde mededeling kende noch behoorde te kennen of deze mededeling uiterlijk ten tijde van het sluiten van de overeenkomst op een voor de koper duidelijke wijze is herroepen, dan wel de koop niet door deze mededeling beïnvloed kan zijn.
2. Bij een consumentenkoop wordt vermoed dat de zaak bij aflevering niet aan de overeenkomst heeft beantwoord, indien de afwijking van het overeengekomene zich binnen een termijn van zes maanden na aflevering openbaart, tenzij de aard van de zaak of de aard van de afwijking zich daartegen verzet.
3. Indien in geval van een consumentenkoop de verkoper verplicht is zorg te dragen voor de installatie van de zaak en deze installatie ondeugdelijk is uitgevoerd, wordt dit gelijkgesteld aan een gebrek aan overeenstemming van de zaak aan de overeenkomst. Hetzelfde geldt indien de installatie door de koper ondeugdelijk is uitgevoerd en dit te wijten is aan de montagevoorschriften die met de levering van de zaak aan de koper zijn verstrekt.

Beoordeling conformiteit bij consumentenkoop

Vermoeden bij consumentenkoop

Ondeugdelijke installatie bij consumentenkoop

Art. 19
1. In geval van een executoriale verkoop kan de koper zich er niet op beroepen dat de zaak behept is met een last of een beperking die er niet op had mogen rusten, of dat deze niet aan de overeenkomst beantwoordt, tenzij de verkoper dat wist.
2. Hetzelfde geldt indien de verkoop bij wijze van parate executie plaatsvindt, mits de koper dit wist of had moeten weten. Bij een consumentenkoop kan de koper zich er echter wel op beroepen dat de zaak niet aan de overeenkomst beantwoordt.
(Zie ook: artt. 248, 268 BW Boek 3)

Last of beperking bij koop

Afdeling 3
Bijzondere gevolgen van niet-nakoming van de verplichtingen van de verkoper

Art. 19a
1. Komt de verkoper bij een consumentenkoop de in artikel 9 lid 4 gestelde of overeengekomen termijn niet na, dan is hij in verzuim wanneer hij door de koper in gebreke wordt gesteld bij een aanmaning waarbij hem een redelijke termijn voor de aflevering wordt gesteld, en nakoming binnen deze termijn uitblijft.
2. Het verzuim van de verkoper treedt zonder ingebrekestelling in wanneer:
a. de verkoper heeft geweigerd de zaken te leveren;

Gevolgen niet-nakoming verplichtingen door verkoper

b. aflevering binnen de overeengekomen levertermijn essentieel is, alle omstandigheden rond de sluiting van de overeenkomst in aanmerking genomen; of
c. de koper aan de verkoper voor het sluiten van de overeenkomst heeft medegedeeld dat aflevering voor of op een bepaalde datum essentieel is.
3. Bij de ontbinding van een consumentenkoop wegens een tekortkoming in de nakoming van de in artikel 9 lid 4 bedoelde verbintenis vergoedt de verkoper onverwijld alle van de koper ontvangen betalingen.
4. Indien de consumentenkoop tot stand is gekomen via een andere persoon, handelend in het kader van zijn handels-, bedrijfs-, ambachts- of beroepsactiviteit, die daarbij optreedt namens of voor rekening van de verkoper, kan de consument zich ook jegens die andere persoon beroepen op het in de leden 1–3 bepaalde.

Art. 20

Opheffing last of beperking bij koop

Is de zaak behept met een last of een beperking die er niet op had mogen rusten, dan kan de koper eisen dat de last of de beperking wordt opgeheven, mits de verkoper hieraan redelijkerwijs kan voldoen.

Art. 21

Gevolgen non-conformiteit bij koop

1. Beantwoordt het afgeleverde niet aan de overeenkomst, dan kan de koper eisen:
a. aflevering van het ontbrekende;
b. herstel van de afgeleverde zaak, mits de verkoper hieraan redelijkerwijs kan voldoen;
c. vervanging van de afgeleverde zaak, tenzij de afwijking van het overeengekomene te gering is om dit te rechtvaardigen, dan wel de zaak na het tijdstip dat de koper redelijkerwijze met ongedaanmaking rekening moet houden, teniet of achteruit is gegaan doordat hij niet als een zorgvuldig schuldenaar voor het behoud ervan heeft gezorgd.
2. De kosten van nakoming van de in lid 1 bedoelde verplichtingen kunnen niet aan de koper in rekening worden gebracht.
3. De verkoper is verplicht om, mede gelet op de aard van de zaak en op het bijzondere gebruik van de zaak dat bij de overeenkomst is voorzien, binnen een redelijke termijn en zonder ernstige overlast voor de koper, zijn in lid 1 bedoelde verplichtingen na te komen.
4. Bij een consumentenkoop komt de koper in afwijking van lid 1 slechts dan geen herstel of vervanging van de afgeleverde zaak toe indien herstel of vervanging onmogelijk is of van de verkoper niet gevergd kan worden.
5. Herstel of vervanging kan bij een consumentenkoop van de verkoper niet gevergd worden indien de kosten daarvan in geen verhouding staan tot de kosten van uitoefening van een ander recht of een andere vordering die de koper toekomt, gelet op de waarde van de zaak indien zij aan de overeenkomst zou beantwoorden, de mate van afwijking van het overeengekomene en de vraag of de uitoefening van een ander recht of een andere vordering geen ernstige overlast voor de koper veroorzaakt.
6. Indien bij een consumentenkoop de verkoper niet binnen een redelijke tijd nadat hij daartoe door de koper schriftelijk is aangemaand, aan zijn verplichting tot herstel van de afgeleverde zaak heeft voldaan, is de koper bevoegd het herstel door een derde te doen plaatsvinden en de kosten daarvan op de verkoper te verhalen.
(Zie ook: art. 299 BW Boek 3; artt. 88, 278 BW Boek 6)

Art. 22

Ontbinding bij non-conformiteit bij koop

1. Beantwoordt het afgeleverde niet aan de overeenkomst, dan heeft bij een consumentenkoop de koper voorts de bevoegdheid om:
a. de overeenkomst te ontbinden, tenzij de afwijking van het overeengekomene, gezien haar geringe betekenis, deze ontbinding met haar gevolgen niet rechtvaardigt;
b. de prijs te verminderen in evenredigheid met de mate van afwijking van het overeengekomene.
2. De in lid 1 bedoelde bevoegdheden ontstaan pas wanneer herstel en vervanging onmogelijk zijn of van de verkoper niet gevergd kunnen worden, danwel de verkoper tekort is geschoten in een verplichting als bedoeld in artikel 21 lid 3.

Schakelbepaling

3. Voorzover daarvan in deze afdeling niet is afgeweken zijn op de in lid 1 onder b bedoelde bevoegdheid de bepalingen van afdeling 5 van titel 5 van Boek 6 omtrent ontbinding van een overeenkomst van overeenkomstige toepassing.
4. De rechten en bevoegdheden genoemd in lid 1 en de artikelen 20 en 21 komen de koper toe onverminderd alle andere rechten en vorderingen.

Art. 23

Klachtplicht bij koop

1. De koper kan er geen beroep meer op doen dat hetgeen is afgeleverd niet aan de overeenkomst beantwoordt, indien hij de verkoper daarvan niet binnen bekwame tijd nadat hij dit heeft ontdekt of redelijkerwijs had behoren te ontdekken, kennis heeft gegeven. Blijkt echter aan de zaak een eigenschap te ontbreken die deze volgens de verkoper bezat, of heeft de afwijking betrekking op feiten die hij kende of behoorde te kennen doch die hij niet heeft medegedeeld, dan moet de kennisgeving binnen bekwame tijd na de ontdekking geschieden. Bij een consumentenkoop moet de kennisgeving binnen bekwame tijd na de ontdekking geschieden, waarbij een kennisgeving binnen een termijn van twee maanden na de ontdekking tijdig is.

2. Rechtsvorderingen en verweren, gegrond op feiten die de stelling zouden rechtvaardigen dat de afgeleverde zaak niet aan de overeenkomst beantwoordt, verjaren door verloop van twee jaren na de overeenkomstig het eerste lid gedane kennisgeving. Doch de koper behoudt de bevoegdheid om aan een vordering tot betaling van de prijs zijn recht op vermindering daarvan of op schadevergoeding tegen te werpen.
3. De termijn loopt niet zolang de koper zijn rechten niet kan uitoefenen als gevolg van opzet van de verkoper.
(Zie ook: artt. 89, 228 BW Boek 6)

Art. 24
1. Indien op grond van een consumentenkoop een zaak is afgeleverd die niet de eigenschappen bezit die de koper op grond van de overeenkomst mocht verwachten, heeft de koper jegens de verkoper recht op schadevergoeding overeenkomstig de afdelingen 9 en 10 van titel 1 van Boek 6.

Schadevergoeding bij non-conformiteit bij consumentenkoop

2. Bestaat de tekortkoming in een gebrek als bedoeld in afdeling 3 van titel 3 van Boek 6, dan is de verkoper niet aansprakelijk voor schade als in die afdeling bedoeld, tenzij
   a. hij het gebrek kende of behoorde te kennen,
   b. hij de afwezigheid van het gebrek heeft toegezegd of
   c. het betreft zaakschade terzake waarvan krachtens afdeling 3 van titel 3 van Boek 6 geen recht op vergoeding bestaat op grond van de in die afdeling geregelde franchise, onverminderd zijn verweren krachtens de afdelingen 9 en 10 van titel 1 van Boek 6.
3. Indien de verkoper de schade van de koper vergoedt krachtens lid 2 onder *a* of *b*, is de koper verplicht zijn rechten uit afdeling 3 van titel 3 van Boek 6 aan de verkoper over te dragen.

Art. 25
1. Heeft de koper, in geval van een tekortkoming als bedoeld in artikel 24, een of meer van zijn rechten ter zake van die tekortkoming tegen de verkoper uitgeoefend, dan heeft de verkoper recht op schadevergoeding jegens degene van wie hij de zaak heeft gekocht, mits ook deze bij die overeenkomst in de uitoefening van zijn beroep of bedrijf heeft gehandeld. Kosten ter zake van verweer worden slechts vergoed voor zover zij in redelijkheid door de verkoper zijn gemaakt.

Regres bij consumentenkoop

2. Van lid 1 kan niet ten nadele van de verkoper worden afgeweken.
3. Het recht op schadevergoeding krachtens lid 1 komt de verkoper niet toe indien de afwijking betrekking heeft op feiten die hij kende of behoorde te kennen, dan wel haar oorzaak vindt in een omstandigheid die is voorgevallen nadat de zaak aan hem werd afgeleverd.
4. Indien aan de zaak een eigenschap ontbreekt die deze volgens de verkoper bezat, is het recht van de verkoper op schadevergoeding krachtens lid 1 beperkt tot het bedrag waarop hij aanspraak had kunnen maken indien hij de toezegging niet had gedaan.
5. Op het verhaal krachtens eerdere koopovereenkomsten zijn de vorige leden van overeenkomstige toepassing.
6. De vorige leden zijn niet van toepassing voor zover het betreft schade als bedoeld in artikel 24 lid 2.

Afdeling 4
Verplichtingen van de koper

Art. 26
1. De koper is verplicht de prijs te betalen.

Betaling prijs door koper

2. De betaling moet geschieden ten tijde en ter plaatse van de aflevering. Bij een consumentenkoop kan de koper tot vooruitbetaling van ten hoogste de helft van de koopprijs worden verplicht.
3. Is voor de eigendomsoverdracht een notariële akte vereist, gevolgd door inschrijving daarvan in de daartoe bestemde openbare registers, dan moet het verschuldigde ten tijde van de ondertekening van de akte tenminste uit de macht van de koper zijn gebracht en behoeft het pas na de inschrijving in de macht van de verkoper te worden gebracht.
4. Bij de koop van een tot bewoning bestemde onroerende zaak of bestanddeel daarvan, kan de koper die een natuurlijk persoon is en niet handelt in de uitoefening van een beroep of bedrijf, niet worden verplicht tot vooruitbetaling van de koopprijs, behoudens dat kan worden bedongen dat hij ter verzekering van de nakoming van zijn verplichtingen een bedrag dat niet hoger is dan 10% van de koopprijs, in depot stort bij een notaris dan wel voor dit bedrag vervangende zekerheid stelt. Van het in de eerste zin bepaalde kan niet ten nadele van de koper worden afgeweken, behoudens bij een standaardregeling als bedoeld in artikel 214 van Boek 6. Het teveel betaalde geldt als onverschuldigd betaald.
5. Lid 4 is van overeenkomstige toepassing op de koop van deelnemings- of lidmaatschapsrechten die recht geven op het gebruik van een tot bewoning bestemde onroerende zaak of bestanddeel daarvan.

6. De tweede volzin van lid 2 en de leden 4-5 zijn niet van toepassing, wanneer de overeenkomst tevens voldoet aan de omschrijving van een overeenkomst als bedoeld in artikel 50a, onderdelen c, d of f.
(Zie ook: art. 11 BW Boek 6)

Art. 27
Verplichting koper bij koop

Wanneer de koper gestoord wordt of goede grond heeft te vrezen dat hij gestoord zal worden door een vordering tot uitwinning of tot erkenning van een recht op de zaak dat daarop niet had mogen rusten, kan hij de betaling van de koopprijs opschorten, tenzij de verkoper voldoende zekerheid stelt om het nadeel te dekken dat de koper dreigt te lijden.
(Zie ook: art. 52 BW Boek 6)

Art. 28
Verjaring bij consumentenkoop

Bij een consumentenkoop verjaart de rechtsvordering tot betaling van de koopprijs door verloop van twee jaren.
(Zie ook: art. 307 BW Boek 3)

Art. 29
Zorgplicht bij weigering zaak bij koop

1. Heeft de koper de zaak ontvangen doch is hij voornemens deze te weigeren, dan moet hij als een zorgvuldig schuldenaar voor het behoud ervan zorgen; hij heeft op de zaak een retentierecht totdat hij door de verkoper voor de door hem in redelijkheid gemaakte kosten schadeloos is gesteld.
(Zie ook: art. 290 BW Boek 3)
2. De koper die voornemens is een aan hem verzonden en op de plaats van bestemming te zijner beschikking gestelde zaak te weigeren, moet, zo dit geen betaling van de koopprijs en geen ernstige bezwaren of onredelijke kosten meebrengt, deze in ontvangst nemen, tenzij de verkoper op de plaats van bestemming aanwezig is of iemand aldaar bevoegd is zich voor zijn rekening met de zorg voor de zaak te belasten.

Art. 30
Verplichting koper tot verkoop zaak

Wanneer in de gevallen, in artikel 29 voorzien, de zaak aan snel tenietgaan of achteruitgang onderhevig is of wanneer de bewaring daarvan ernstige bezwaren of onredelijke kosten zou meebrengen, is de koper verplicht de zaak op een geschikte wijze te doen verkopen.
(Zie ook: art. 90 BW Boek 6)

Afdeling 5
Bijzondere gevolgen van verzuim van de koper

Art. 31
Verzuim bij specificeren zaak bij koop

Indien de overeenkomst aan de koper de bevoegdheid geeft door aanwijzing van maat of vorm of op andere wijze de zaak te specificeren en hij daarmede in verzuim is, kan de verkoper daartoe zelf overgaan, met inachtneming van de hem bekende behoeften van de koper.
(Zie ook: art. 60 BW Boek 6)

Art. 32
Verzuim bij inontvangstneming bij koop

Ingeval de koper met de inontvangstneming in verzuim is, vindt artikel 30 overeenkomstige toepassing.
(Zie ook: artt. 234, 381 BW Boek 1)

Afdeling 6
Bijzondere gevallen van ontbinding

Art. 33
Ontbinding bij niet-inontvangstname bij koop

Indien de aflevering van een roerende zaak op een bepaalde dag essentieel is en op die dag de koper niet in ontvangst neemt, levert zulks een grond op tot ontbinding als bedoeld in artikel 265 van Boek 6.
(Zie ook: art. 60 BW Boek 6)

Art. 34
Ontbinding bij vrees niet betalen bij koop

De verkoper kan de koop door een schriftelijke verklaring ontbinden, indien het achterwege blijven van inontvangstneming hem goede grond geeft te vrezen dat de prijs niet zal worden betaald.
(Zie ook: artt. 80, 263 BW Boek 6)

Art. 35
Prijsverhoging bij consumentenkoop

1. Indien de verkoper bij een consumentenkoop krachtens een bij die overeenkomst gemaakt beding de koopprijs na het sluiten van de koop verhoogt, is de koper bevoegd de koop door een schriftelijke verklaring te ontbinden, tenzij bedongen is dat de aflevering langer dan drie maanden na de koop zal plaatsvinden.
2. Voor de toepassing van lid 1 wordt onder koopprijs begrepen het bedrag dat bij het sluiten van de overeenkomst onder voorbehoud van prijswijziging voorlopig als koopprijs is opgegeven.

Afdeling 7
Schadevergoeding

Art. 36
1. In geval van ontbinding van de koop is, wanneer de zaak een dagprijs heeft, de schadevergoeding gelijk aan het verschil tussen de in de overeenkomst bepaalde prijs en de dagprijs ten dage van de niet-nakoming. — *Schadevergoeding bij ontbinding van koop*
2. Voor de berekening van deze schadevergoeding is de in aanmerking te nemen dagprijs die van de markt waar de koop plaatsvond, of, indien er geen dergelijke dagprijs is of deze bezwaarlijk zou kunnen worden toegepast, de prijs van de markt die deze redelijkerwijs kan vervangen; hierbij wordt rekening gehouden met verschillen in de kosten van vervoer van de zaak.
(Zie ook: art. 95 BW Boek 6)

Art. 37
Heeft de koper of de verkoper een dekkingskoop gesloten en is hij daarbij redelijk te werk gegaan, dan komt hem het verschil toe tussen de overeengekomen prijs en die van de dekkingskoop. — *Schadevergoeding bij ontbinding van koop*

Art. 38
De bepalingen van de twee voorgaande artikelen sluiten het recht op een hogere schadevergoeding niet uit ingeval meer schade is geleden. — *Hogere schadevergoeding bij koop*

Afdeling 8
Recht van reclame

Art. 39
1. De verkoper van een roerende, aan de koper afgeleverde zaak die niet een registergoed is, kan, indien de prijs niet betaald is en in verband daarmee aan de vereisten voor een ontbinding als bedoeld in artikel 265 van Boek 6 is voldaan, de zaak door een tot de koper gerichte schriftelijke verklaring terugvorderen. Door deze verklaring wordt de koop ontbonden en eindigt het recht van de koper of zijn rechtsverkrijger; de artikelen 271, 273, 275 en 276 van Boek 6 zijn van overeenkomstige toepassing. — *Reclamerecht bij koop*
2. Is slechts de prijs van een bepaald deel van het afgeleverde niet betaald, dan kan de verkoper slechts dat deel terugvorderen. Is ten aanzien van het geheel een deel van de prijs niet betaald, dan kan de verkoper een daaraan evenredig deel van het afgeleverde terugvorderen indien het afgeleverde voor een zodanige verdeling vatbaar is. In beide gevallen wordt de koop slechts voor het teruggevorderde deel van het afgeleverde ontbonden.
3. In alle andere gevallen van gedeeltelijke betaling van de prijs kan de verkoper slechts het afgeleverde in zijn geheel terugvorderen tegen teruggave van het reeds betaalde.

Art. 40
1. Is de koper in staat van faillissement verklaard of is aan hem surséance van betaling verleend, dan heeft de terugvordering geen gevolg, indien door de curator, onderscheidenlijk door de koper en de bewindvoerder, binnen een hun daartoe door de verkoper bij diens verklaring te stellen redelijke termijn de koopprijs wordt betaald of voor deze betaling zekerheid wordt gesteld. — *Terugvordering bij faillissement koper bij koop*
2. Het eerste lid is van overeenkomstige toepassing indien ten aanzien van de koper de schuldsaneringsregeling natuurlijke personen van toepassing is verklaard, tenzij de koopovereenkomst tot stand is gekomen na de uitspraak tot de toepassing van de schuldsaneringsregeling. — *Terugvordering bij schuldsaneringsregeling koper bij koop*

Art. 41
De bevoegdheid tot terugvordering kan slechts worden uitgeoefend voor zover het afgeleverde zich nog in dezelfde staat bevindt als waarin het werd afgeleverd. — *Dezelfde staat bij terugvordering bij koop*

Art. 42
1. Tenzij de zaak in handen van de koper is gebleven, vervalt de bevoegdheid tot terugvordering wanneer de zaak overeenkomstig artikel 90 lid 1 of artikel 91 van Boek 3 anders dan om niet is overgedragen aan een derde die redelijkerwijs niet behoefde te verwachten dat het recht zou worden uitgeoefend. — *Terugvordering bij overdracht aan derde bij koop*
2. Is de zaak na de aflevering anders dan om niet in vruchtgebruik gegeven of verpand, dan is lid 1 van overeenkomstige toepassing.
(Zie ook: artt. 11, 86, 204, 236 BW Boek 3)

Art. 43
De verkoper kan zijn in artikel 39 omschreven bevoegdheid niet uitoefenen, indien de koper voor de volle koopprijs handelspapier heeft geaccepteerd. — *Terugvordering bij acceptatie handelspapier*
Bij acceptatie voor een gedeelte van de prijs kan de verkoper die bevoegdheid slechts uitoefenen, indien hij ten behoeve van de koper zekerheid stelt voor de vergoeding van hetgeen de koper uit hoofde van zijn acceptatie zou moeten betalen.

Art. 44
De in artikel 39 omschreven bevoegdheid van de verkoper vervalt, wanneer zowel zes weken zijn verstreken nadat de vordering tot betaling van de koopprijs opeisbaar is geworden, als — *Vervaltermijn terugvordering bij koop*

zestig dagen, te rekenen van de dag waarop de zaak onder de koper of onder iemand van zijnentwege is opgeslagen.

Afdeling 9
Koop op proef

Art. 45

Koop op proef
1. Koop op proef wordt geacht te zijn gesloten onder de opschortende voorwaarde dat de zaak de koper voldoet.
2. Laat deze een termijn, voldoende om de zaak te beoordelen, voorbijgaan zonder de verkoper van zijn beslissing in kennis te stellen, dan kan hij de zaak niet meer weigeren.

Art. 46

Risico bij koop op proef
Zolang de koop niet definitief is, is de zaak voor risico van de verkoper.

Afdeling 9A
[Vervallen]

Art. 46a-46j
[Vervallen]

Afdeling 10
Koop van vermogensrechten

Art. 47

Koop van vermogensrechten
Een koop kan ook op een vermogensrecht betrekking hebben. In dat geval zijn de bepalingen van de vorige afdelingen van toepassing voor zover dit in overeenstemming is met de aard van het recht.

Art. 48

Verkoop bij nalatenschap
1. Hij die een nalatenschap verkoopt zonder de goederen daarvan stuk voor stuk op te geven, is slechts gehouden voor zijn hoedanigheid van erfgenaam in te staan.
2. Heeft de verkoper reeds vruchten genoten, een tot de nalatenschap behorende vordering geïnd of goederen uit de nalatenschap vervreemd, dan moet hij die aan de koper vergoeden.
3. De koper moet aan de verkoper vergoeden hetgeen deze wegens de schulden en lasten der nalatenschap heeft betaald en hem voldoen hetgeen hij als schuldeiser van de nalatenschap te vorderen had.

Afdeling 10A
[Vervallen]

Art. 48a-48g
[Vervallen]

Afdeling 12
Ruil

Art. 49

Ruil
Ruil is de overeenkomst waarbij partijen zich verbinden elkaar over en weer een zaak in de plaats van een andere te geven.

Art. 50

Schakelbepaling
De bepalingen betreffende koop vinden overeenkomstige toepassing, met dien verstande dat elke partij wordt beschouwd als verkoper voor de prestatie die zij verschuldigd is, en als koper voor die welke haar toekomt.

Titel 1a
Overeenkomsten betreffende het gebruik in deeltijd, vakantieproducten van lange duur, bijstand en uitwisseling

Art. 50a

Begripsbepalingen
In deze titel wordt verstaan onder:
a. *consument*: een natuurlijk persoon die niet handelt in de uitoefening van zijn handels-, bedrijfs-, ambachts- of beroepsactiviteit;
b. *handelaar*: een natuurlijk persoon of rechtspersoon die handelt voor doeleinden die betrekking hebben op zijn handels-, bedrijfs-, ambachts- of beroepsactiviteit, alsmede degene die in naam van of ten behoeve van hem optreedt;

c. *overeenkomst betreffende gebruik in deeltijd:* een overeenkomst met een duur van meer dan een jaar, met inbegrip van elke bepaling die een verlenging mogelijk maakt, op grond waarvan een consument tegen vergoeding het recht krijgt om één of meer overnachtingsaccommodaties voor meer dan één verblijfsperiode te gebruiken;
d. *overeenkomst betreffende een vakantieproduct van lange duur:* een overeenkomst met een duur van meer dan een jaar, met inbegrip van elke bepaling die een verlenging mogelijk maakt, op grond waarvan een consument tegen vergoeding hoofdzakelijk het recht krijgt op kortingen op of andere voordelen inzake accommodatie, al dan niet samen met reizen of andere diensten;
e. *overeenkomst van bijstand bij verhandelen:* een overeenkomst op grond waarvan een handelaar een consument tegen vergoeding bijstaat om een recht van gebruik in deeltijd of een vakantieproduct van lange duur over te nemen of over te dragen;
f. *uitwisselingsovereenkomst:* een overeenkomst op grond waarvan een consument tegen vergoeding toetreedt tot een uitwisselingssysteem waarbij hem in ruil voor het tijdelijk beschikbaar stellen van zijn recht van gebruik in deeltijd, toegang tot overnachtingsaccommodatie of andere diensten wordt geboden;
g. *aanvullende overeenkomst:* een overeenkomst op grond waarvan de consument diensten geniet die betrekking hebben op een overeenkomst betreffende gebruik in deeltijd of een overeenkomst betreffende een vakantieproduct van lange duur, en die worden verleend door de handelaar of door een derde op grond van een overeenkomst tussen deze derde en de handelaar;
h. *duurzame gegevensdrager:* een hulpmiddel dat de consument dan wel de handelaar in staat stelt om persoonlijk aan hem gerichte informatie op te slaan op een wijze die deze informatie toegankelijk maakt voor toekomstig gebruik gedurende een periode die is afgestemd op het doel waarvoor de informatie kan dienen, en die een ongewijzigde reproductie van de opgeslagen informatie mogelijk maakt;
i. *richtlijn:* Richtlijn nr. 2008/122/EG van het Europees Parlement en de Raad van 14 januari 2009 betreffende de bescherming van de consumenten met betrekking tot bepaalde aspecten van overeenkomsten betreffende gebruik in deeltijd, vakantieproducten van lange duur, doorverkoop en uitwisseling (PbEU L 33/10).

Art. 50b

1. De handelaar verstrekt aan de consument geruime tijd voordat hij door een overeenkomst betreffende gebruik in deeltijd wordt gebonden kosteloos en op duidelijke en begrijpelijke wijze nauwkeurige en toereikende informatie overeenkomstig het in bijlage I bij de richtlijn opgenomen model. De informatie wordt verstrekt op een duurzame gegevensdrager die voor de consument gemakkelijk toegankelijk is.
2. De in het vorige lid bedoelde informatie wordt opgesteld in een door de consument te kiezen taal van de staat waar hij woont of waarvan hij de nationaliteit heeft, mits dit een officiële taal is van de Europese Unie of van een van de staten die partij is bij de Overeenkomst betreffende de Europese Economische Ruimte.
3. In reclame voor een overeenkomst betreffende gebruik in deeltijd wordt meegedeeld dat en waar de in lid 1 bedoelde informatie verkrijgbaar is.
4. Wordt tijdens een promotie- of verkoopevenement aan een consument een aanbod gedaan tot het aangaan van een overeenkomst betreffende gebruik in deeltijd, dan vermeldt de handelaar in de uitnodiging voor dat evenement duidelijk de commerciële aard en bedoeling daarvan.
5. De handelaar zorgt ervoor dat tijdens een promotie- of verkoopevenement de in lid 1 bedoelde informatie voortdurend voor de consument beschikbaar is.
6. De overeenkomst betreffende gebruik in deeltijd wordt niet als investering aangeduid of aangeboden.
7. Een handelaar die in strijd handelt met dit artikel verricht een oneerlijke handelspraktijk als bedoeld in artikel 193b van Boek 6 van het Burgerlijk Wetboek.

Informatieverstrekking bij deeltijdgebruik

Art. 50c

1. De overeenkomst betreffende gebruik in deeltijd wordt schriftelijk, op een duurzame gegevensdrager, aangegaan en wordt door partijen ondertekend.
2. De overeenkomst betreffende gebruik in deeltijd wordt opgesteld in een door de consument te kiezen taal van de staat waar hij woont of waarvan hij de nationaliteit heeft, mits dit een officiële taal is van de Europese Unie of van een van de staten die partij is bij de Overeenkomst betreffende de Europese Economische Ruimte.
3. De overeenkomst bevat ten minste:
a. de identiteit en de verblijfplaats van de partijen en
b. de datum en de plaats van sluiting van de overeenkomst.
4. De in artikel 50b lid 1 bedoelde informatie vormt een integraal deel van de overeenkomst betreffende gebruik in deeltijd en wordt niet gewijzigd, tenzij de partijen uitdrukkelijk anders zijn overeengekomen of de wijzigingen het gevolg zijn van ongewone en onvoorzienbare omstandigheden buiten de macht van de handelaar en waarvan hij de gevolgen niet kan vermijden, zelfs als alle zorg zou zijn betracht.

Overeenkomst bij deeltijdgebruik

5. De in het vorige lid bedoelde wijzigingen worden uitdrukkelijk in de overeenkomst vermeld en, voordat de overeenkomst wordt gesloten, aan de consument medegedeeld op een duurzame gegevensdrager die voor hem gemakkelijk toegankelijk is.
6. In de overeenkomst betreffende gebruik in deeltijd wordt een afzonderlijk standaardformulier voor ontbinding van de overeenkomst opgenomen overeenkomstig bijlage V bij de richtlijn.
7. De handelaar wijst, voordat de overeenkomst betreffende gebruik in deeltijd wordt gesloten, de consument uitdrukkelijk op het bestaan van het recht van ontbinding van de overeenkomst, de termijn waarbinnen dit recht kan worden uitgeoefend en het verbod van vooruitbetalingen tijdens deze termijn. De bepalingen van de overeenkomst die hierop betrekking hebben, worden door de consument afzonderlijk ondertekend.
8. De in het eerste lid bedoelde overeenkomst of een afschrift daarvan wordt de consument bij het sluiten van de overeenkomst ter hand gesteld.

Art. 50d

Ontbinding overeenkomst bij deeltijdgebruik

1. De consument kan de overeenkomst betreffende gebruik in deeltijd zonder opgave van redenen kosteloos ontbinden gedurende veertien dagen vanaf:
a. de dag van de sluiting van de overeenkomst of voorovereenkomst, of
b. de dag waarop de consument een afschrift van de overeenkomst of voorovereenkomst ontvangt, als deze dag later valt dan de onder a bedoelde dag.
2. Indien niet aan de in artikel 50b lid 1 gestelde eisen is voldaan, wordt de in het vorige lid bedoelde termijn verlengd met de tijd die is verstreken vanaf het tijdstip, bedoeld in het vorige lid, onderdeel a respectievelijk b, tot het moment waarop alle ontbrekende gegevens alsnog op de voorgeschreven wijze aan de consument zijn verstrekt, doch ten hoogste met drie maanden.
3. Indien in de overeenkomst betreffende gebruik in deeltijd het in artikel 50c lid 6 bedoelde, door de handelaar ingevulde, standaardformulier ontbreekt, wordt in lid 1 bedoelde termijn verlengd met de tijd die is verstreken vanaf het tijdstip, bedoeld in lid 1 onderdelen a respectievelijk b, tot het moment waarop alle ontbrekende gegevens alsnog op de voorgeschreven wijze aan de consument zijn verstrekt, doch ten hoogste met een jaar.
4. De consument oefent het in lid 1 bedoelde recht uit door binnen de gestelde termijn een daartoe strekkende schriftelijke verklaring, op een duurzame gegevensdrager, te zenden aan de handelaar.

Art. 50e

Ontbindingsgevolgen bij deeltijdgebruik

1. In geval van ontbinding overeenkomstig artikel 50d worden de consument geen kosten gerekend, noch wordt hij aansprakelijk gesteld voor diensten die hem voor de ontbinding kunnen zijn geleverd.
2. Ontbinding overeenkomstig artikel 50d brengt van rechtswege en zonder kosten voor de consument de ontbinding mee van:
a. aan de overeenkomst betreffende gebruik in deeltijd gekoppelde uitwisselingsovereenkomsten,
b. andere aanvullende overeenkomsten, en
c. een overeenkomst die ertoe strekt dat de handelaar, of een derde op grond van een regeling tussen die derde en de handelaar, aan de consument ten behoeve van de voldoening van de prijs of een gedeelte daarvan een krediet heeft verleend.

Art. 50f

Rechtsgevolgen ontbinding tijdens bedenktijd bij deeltijdgebruik

1. De consument wordt gedurende de termijn waarbinnen hij het in artikel 50d lid 1 bedoelde recht van ontbinding kan uitoefenen, niet verzocht om of verplicht tot:
a. vooruitbetaling;
b. de verstrekking van garanties;
c. de reservering van geld op rekeningen;
d. schuldbekentenissen, of
e. betaling van enige andere vergoeding.
2. Binnen de in het vorige lid genoemde termijn gedane vooruitbetalingen gelden als onverschuldigd betaald.

Art. 50g

Schakelbepaling

1. Op de overeenkomst betreffende een vakantieproduct van lange duur zijn de artikelen 50a tot en met 50f van overeenkomstige toepassing, met dien verstande dat de informatie, bedoeld in artikel 50b, wordt verstrekt overeenkomstig het in bijlage II bij de richtlijn opgenomen model.

Betaling in termijnen bij deeltijdgebruik

2. De prijs van de overeenkomst betreffende een vakantieproduct van lange duur, met inbegrip van de eventuele ledencontributie, wordt voldaan in gelijke jaarlijkse termijnen. Elke andere betaling geldt als onverschuldigd.
3. De handelaar zendt de consument ten minste veertien dagen voor elke vervaldag van een betalingstermijn schriftelijk, op een duurzame gegevensdrager, een verzoek om betaling.
4. De consument kan vanaf de tweede betalingstermijn de overeenkomst opzeggen zonder dat hij een boete verschuldigd is door binnen veertien dagen na ontvangst van het betalingsverzoek, bedoeld in het vorige lid, een daartoe strekkende verklaring te zenden aan de handelaar.

13 Burgerlijk Wetboek Boek 7   art. 7:51

Art. 50h
Op de overeenkomst van bijstand bij verhandelen en de uitwisselingsovereenkomst zijn artikel 50b, leden 1 tot en met 5 alsmede lid 7, en de artikelen 50c, 50d, 50e lid 1 en lid 2, aanhef en onderdeel c, alsmede artikel 50f van overeenkomstige toepassing, met dien verstande dat:
a. ten aanzien van de overeenkomst van bijstand bij verhandelen:
1°. de informatie, bedoeld in artikel 50b, wordt verstrekt overeenkomstig het in bijlage III bij de richtlijn opgenomen model; en
2°. artikel 50f toepassing vindt tot de overdracht of overname heeft plaatsgevonden of de overeenkomst op andere wijze wordt beëindigd;
b. ten aanzien van uitwisselingsovereenkomst:
1°. de informatie, bedoeld in artikel 50b, wordt verstrekt overeenkomstig het in bijlage IV bij de richtlijn opgenomen model; en
2°. als de overeenkomst wordt aangeboden samen met en op hetzelfde tijdstip als een overeenkomst betreffende gebruik in deeltijd, slechts een enkele termijn voor ontbinding als bedoeld in artikel 50d lid 1 geldt, waarbij de termijn voor beide overeenkomsten wordt berekend overeenkomstig lid 1 van dat artikel.

Schakelbepaling

Art. 50i
1. Op de termijnen genoemd in deze titel is Verordening (EEG, Euratom) nr. 1182/71 (PbEG L 124) van de Raad van 3 juni 1971 houdende vaststelling van de regels die van toepassing zijn op termijnen, data en aanvangs- en vervaltijden van uitwisselingsovereenkomsten van toepassing.
2. Van deze titel kan niet ten nadele van de consument worden afgeweken.
3. Is het toepasselijke recht op de overeenkomst dat van een derde land, dan past de rechter de voor de consument beschermende bepalingen van deze titel toe als de overeenkomst:
a. betrekking heeft op een onroerende zaak die is gelegen in een lidstaat van de Europese Unie of een andere staat die partij is bij de Overeenkomst betreffende de Europese Economische Ruimte, of
b. niet rechtstreeks betrekking heeft op een onroerende zaak en de handelaar zijn handels- of beroepsactiviteit verricht in, dan wel deze activiteit met enigerlei middel richt op, een lidstaat van de Europese Unie of een andere staat die partij is bij de Overeenkomst betreffende de Europese Economische Ruimte, en de overeenkomst onder die activiteit valt.
4. Deze titel is van toepassing op overeenkomsten tussen handelaren en consumenten.

Dwingend recht bij deel-tijdgebruik

Titel 2
Financiëlezekerheidsovereenkomsten

Art. 51
In deze titel wordt verstaan onder:
a. financiëlezekerheidsovereenkomst: een financiëlezekerheidsovereenkomst tot overdracht of een financiëlezekerheidsovereenkomst tot vestiging van een pandrecht;
b. financiëlezekerheidsovereenkomst tot overdracht: een overeenkomst op grond waarvan de onder d, e of f bedoelde goederen worden overgedragen als waarborg voor een verplichting;
c. financiëlezekerheidsovereenkomst tot vestiging van een pandrecht: een overeenkomst op grond waarvan een pandrecht wordt verschaft op de onder d, e of f bedoelde goederen;
d. geld: op een rekening of deposito gecrediteerd tegoed in geld;
e. effecten: aandelen en andere met aandelen gelijk te stellen effecten, obligaties en andere schuldinstrumenten indien deze op de kapitaalmarkt verhandelbaar zijn, en alle andere gewoonlijk verhandelde effecten waarmee die aandelen, obligaties of andere effecten via inschrijving, koop of omruiling kunnen worden verkregen of die aanleiding kunnen geven tot afwikkeling in geld met uitsluiting van waardepapieren die een betalingsopdracht belichamen, inclusief rechten van deelneming in instellingen voor collectieve belegging, geldmarktinstrumenten en vorderingen op of rechten ten aanzien van een van de voornoemde instrumenten;
f. kredietvordering: een geldvordering voortvloeiend uit een overeenkomst waarbij een bank als bedoeld in artikel 1:1 Wet op het financieel toezicht krediet verschaft in de vorm van een lening met uitzondering van geldvorderingen waarbij de debiteur een natuurlijk persoon is die niet handelt in de uitoefening van beroep of bedrijf, tenzij de zekerheidsnemer of zekerheidsverschaffer van een dergelijke kredietvordering een van de instellingen is als genoemd in artikel 52 lid 1 onder b;
g. gelijkwaardige goederen:
1. wanneer het betreft geld: hetzelfde bedrag in dezelfde valuta;
2. wanneer het betreft effecten: effecten van dezelfde uitgevende instelling of debiteur, behorende tot dezelfde emissie of categorie, ter waarde van hetzelfde nominale bedrag, luidende in dezelfde valuta en van dezelfde soort, onderscheidenlijk andere goederen indien de financiëlezekerheidsoverkomst voorziet in de overdracht daarvan na het plaatsvinden van een gebeurtenis die betrekking heeft op of gevolgen heeft voor de effecten waarop de schuldenaar een pandrecht heeft gevestigd;

Begripsbepalingen

h. executiegrond: verzuim of een andere omstandigheid op grond waarvan de zekerheidsnemer krachtens een financiëlezekerheidsovereenkomst of de wet gerechtigd is verpande goederen te verkopen of zich toe te eigenen dan wel gebruik te maken van een verrekenbeding;
i. verrekenbeding: een beding in een financiëlezekerheidsovereenkomst of een overeenkomst waarvan een financiëlezekerheidsovereenkomst deel uitmaakt, of een wettelijk voorschrift, op grond waarvan bij het voldoen aan de voorwaarden van een executiegrond:
– de verplichtingen van partijen onmiddellijk opeisbaar worden, alsmede omgezet in een verplichting tot het betalen van een bedrag dat hun geschatte actuele waarde vertegenwoordigt, dan wel de verplichtingen vervallen en worden vervangen door een verplichting tot het betalen van het voornoemde bedrag, of
– de verplichtingen van partijen worden verrekend en alleen het saldo verschuldigd is.

Art. 52

Werkingssfeer

1. Deze titel is van toepassing op financiëlezekerheidsovereenkomsten waarbij ten minste een van de partijen is:
   a. een overheidsinstantie, met inbegrip van:
   – instellingen behorend tot de overheidssector van de lidstaten van de Europese Unie die belast zijn met of een rol spelen bij het beheer van de overheidsschuld en;
   – instellingen behorend tot de overheidssector van de lidstaten van de Europese Unie die zijn gemachtigd om voor klanten rekeningen aan te houden.
   b. een centrale bank, de Europese Centrale Bank, de Bank voor Internationale Betalingen, een multilaterale ontwikkelingsbank, het Internationaal Monetair Fonds en de Europese Investeringsbank.
   c. een financiële onderneming onder financieel toezicht, met inbegrip van een bank, beheerder, beleggingsinstelling, beleggingsonderneming, financiële instelling, levensverzekeraar of schadeverzekeraar als bedoeld in artikel 1:1 van de Wet op het financieel toezicht.
   d. een centrale tegenpartij, een afwikkelende instantie of een verrekeningsinstituut als bedoeld in artikel 212a, onderdeel c, d en e, van de Faillissementswet, inclusief onder het nationale recht van de lidstaten van de Europese Unie vallende gereglementeerde instellingen die actief zijn op de markten voor rechten op overdracht op termijn van goederen, opties en derivaten, en een andere dan een natuurlijke persoon die optreedt als trustee of in een vertegenwoordigende hoedanigheid namens een of meer personen waaronder enigerlei obligatiehouders of houders van andere schuldinstrumenten of enige instelling als omschreven in onderdeel a, b, c of dit onderdeel.
2. Deze titel is niet van toepassing indien een van de partijen bij een financiëlezekerheidsovereenkomst een natuurlijke persoon is die niet handelt in de uitoefening van een beroep of bedrijf.

Art. 53

Vestiging van pandrecht bij financiëlezekerheidsovereenkomst

1. Bij een financiëlezekerheidsovereenkomst tot vestiging van een pandrecht kan worden bedongen dat de zekerheidsnemer de verpande goederen kan gebruiken of verkopen en de opbrengst behouden.
2. Uitoefening van het recht tot gebruik of verkoop brengt van rechtswege een verplichting van de zekerheidsnemer mee tot overdracht van gelijkwaardige goederen aan de zekerheidsgever, uiterlijk op het tijdstip waarop moet worden voldaan aan de vordering waarvoor het verpande tot zekerheid strekt. De zekerheidsnemer krijgt een pandrecht op het verkregene. Dit recht wordt geacht te zijn verkregen op het moment dat de financiëlezekerheidsovereenkomst werd gesloten.
3. Voor de in het tweede lid bedoelde vordering van de zekerheidsgever tot overdracht van gelijkwaardige goederen heeft deze een voorrecht op de bij de zekerheidsnemer aanwezige gelden en effecten.
4. In afwijking van lid 2 kan in de financiëlezekerheidsovereenkomst worden bepaald dat de zekerheidsnemer de vordering waarvoor het verpande tot zekerheid strekt verrekent met de waarde van de gelijkwaardige goederen, op het tijdstip waarop de vordering moet worden voldaan of zoveel eerder als zich een executiegrond voordoet.
5. Dit artikel is niet van toepassing indien de financiëlezekerheidsovereenkomst strekt tot verpanding van een kredietvordering in de zin van artikel 51 onder f.

Art. 54

Bevoegdheden zekerheidsnemer bij financiëlezekerheidsovereenkomst

1. Tenzij anders is bedongen in een financiëlezekerheidsovereenkomst tot de vestiging van een pandrecht, is de zekerheidsnemer, wanneer aan de voorwaarden van een executiegrond wordt voldaan, bevoegd:
   a. effecten waarop het pandrecht rust te verkopen en het hem verschuldigde op de opbrengst te verhalen onderscheidenlijk deze effecten zich toe te eigenen en de waarde van de effecten te verrekenen met het hem verschuldigde;
   b. geld waarop het pandrecht rust te verrekenen met het hem verschuldigde;
   c. de kredietvordering waarop het pandrecht rust over te dragen en de opbrengst te verrekenen met het hem verschuldigde.

2. De verkoop van effecten geschiedt op een markt door tussenkomst van een tussenpersoon in het vak of ter beurze door die van een bevoegde tussenpersoon overeenkomstig de regels en gebruiken die aldaar voor een gewone verkoop gelden.
3. De zekerheidsnemer kan zich effecten toe-eigenen indien dit in de financiëlezekerheidsovereenkomst tot de vestiging van een pandrecht is bedongen en de waardering van de effecten is gebaseerd op de waarde op een markt of ter beurze.
4. In afwijking van lid 2 en lid 3 kan in een financiëlezekerheidsovereenkomst worden bedongen dat de voorzieningenrechter van de rechtbank op verzoek van de zekerheidsnemer of de zekerheidsgever kan bepalen dat effecten worden verkocht op een afwijkende wijze, of dat de voorzieningenrechter op verzoek van de zekerheidsnemer kan bepalen dat effecten voor een door de voorzieningenrechter vast te stellen bedrag bij wege van toe-eigening aan de zekerheidsnemer zullen verblijven.
5. De artikelen 235, 248 leden 1 en 2, 249, 250, 251 en 252 van Boek 3 zijn niet van toepassing.

Art. 55

Een overdracht ter nakoming van een financiëlezekerheidsovereenkomst tot overdracht is geen overdracht tot zekerheid of een overdracht die de strekking mist dat het goed na de overdracht in het vermogen van de verkrijger te doen vallen in de zin van artikel 84 lid 3 van Boek 3. De regels betreffende pandrecht zijn op een zodanige overeenkomst en de uitvoering daarvan niet van toepassing of overeenkomstige toepassing.

Overdracht ter nakoming van een financiëlezekerheidsovereenkomst

Art. 56
[Vervallen]

Titel 2a
Consumentenkredietovereenkomsten

Afdeling 1
Bepalingen ter uitvoering van richtlijn nr. 2008/48/EG van 23 april 2008 inzake kredietovereenkomsten voor consumenten

Onderafdeling 1
Algemene bepalingen

Art. 57
1. In deze titel wordt verstaan onder:

Begripsbepalingen

a. *consument:* een natuurlijk persoon die handelt voor doeleinden die buiten zijn bedrijfs- of beroepsactiviteiten vallen;
b. *kredietgever:* een natuurlijk persoon of rechtspersoon die in het kader van de uitoefening van zijn bedrijfs- of beroepsactiviteiten krediet verleent of toezegt;
c. *kredietovereenkomst:* een overeenkomst waarbij een kredietgever aan een consument krediet verleent of toezegt in de vorm van uitstel van betaling, een lening of een andere, soortgelijke betalingsfaciliteit, met uitzondering van overeenkomsten voor doorlopende dienstverlening en doorlopende levering van dezelfde goederen, waarbij de consument, zolang de diensten respectievelijk goederen worden geleverd, de kosten daarvan in termijnen betaalt;
d. *geoorloofde debetstand op een rekening:* een uitdrukkelijke kredietovereenkomst waarbij een kredietgever een consument de mogelijkheid biedt bedragen op te nemen die het beschikbare tegoed op de rekening van de consument te boven gaan;
e. *overschrijding:* een stilzwijgend aanvaarde debetstand waarbij een kredietgever een consument de mogelijkheid biedt bedragen op te nemen die het beschikbare tegoed of de overeengekomen geoorloofde debetstand op de rekening van de consument te boven gaan;
f. *kredietbemiddelaar:* een natuurlijk persoon of rechtspersoon die niet optreedt als kredietgever en die in het kader van zijn bedrijfs- of beroepsactiviteiten tegen een vergoeding in de vorm van geld of een andere overeengekomen financiële beloning:
1°. aan consumenten kredietovereenkomsten voorstelt of aanbiedt;
2°. consumenten bijstaat bij de voorbereiding van het sluiten van kredietovereenkomsten anders dan bedoeld onder 1°, of
3°. namens de kredietgever met consumenten kredietovereenkomsten sluit;
g. *totale kosten van het krediet voor de consument:* alle kosten, met inbegrip van rente, commissielonen, belastingen en vergoedingen van welke aard ook, die de consument in verband met de kredietovereenkomst moet betalen en die de kredietgever bekend zijn, met uitzondering van notariskosten;
h. *totale door de consument te betalen bedrag:* de som van het totale kredietbedrag en de totale kosten van het krediet voor de consument;
i. *jaarlijks kostenpercentage:* de totale kosten van het krediet voor de consument, uitgedrukt in een percentage op jaarbasis van het totale kredietbedrag, indien toepasselijk te vermeerderen met de in lid 3 bedoelde kosten;

art. 7:58

j. debetrentevoet: de rentevoet, uitgedrukt op jaarbasis en toegepast in een vast of variabel percentage;
k. vaste debetrentevoet: een door de kredietgever en de consument voor de volledige duur van de kredietovereenkomst overeengekomen enkele debetrentevoet dan wel verschillende door de kredietgever en de consument voor deeltermijnen overeengekomen debetrentevoeten waarvoor uitsluitend een vast specifiek percentage wordt gebruikt;
l. totaal kredietbedrag: het plafond of de som van alle bedragen die op grond van een kredietovereenkomst beschikbaar worden gesteld;
m. duurzame drager: ieder hulpmiddel dat de consument in staat stelt persoonlijk aan hem gerichte informatie op te slaan op een wijze die deze informatie toegankelijk maakt voor toekomstig gebruik gedurende een periode die is afgestemd op het doel waarvoor de informatie kan dienen, en die een ongewijzigde reproductie van de opgeslagen informatie mogelijk maakt;
n. gelieerde kredietovereenkomst: een kredietovereenkomst waarbij geldt dat:
1°. het betreffende krediet uitsluitend dient ter financiering van een overeenkomst voor de levering van een bepaald goed of de verrichting van een bepaalde dienst, en
2°. die twee overeenkomsten objectief gezien een commerciële eenheid vormen;
o. overeenkomst betreffende effectenkrediet: een overeenkomst waarbij:
1°. tegen onderpand van een effectenportefeuille een doorlopend krediet wordt verleend of toegezegd, inhoudende dat de consument op verschillende tijdstippen geldsommen bij de kredietgever kan opnemen, voor zover het uitstaande saldo een bepaalde kredietlimiet niet overschrijdt;
2°. de consument met het krediet transacties kan verrichten in financiële instrumenten, en
3°. de kredietgever betrokken is bij die transacties;
p. effectenportefeuille: een pakket financiële instrumenten dat in het bezit is van de consument;
q. financieel instrument: een financieel instrument als bedoeld in artikel 1:1 van de Wet op het financieel toezicht;
r. dekkingspercentage: een door de kredietgever vastgesteld percentage van de waarde van de in onderpand gegeven effectenportefeuille of van de daartoe behorende afzonderlijke financiële instrumenten aan de hand waarvan de kredietgever de kredietlimiet bepaalt;
s. spreidingseis: een door de kredietgever gestelde eis ten aanzien van de samenstelling van de effectenportefeuille;
t. Richtlijn: Richtlijn nr. 2008/48/EG van het Europees Parlement en de Raad van de Europese Unie van 23 april 2008 inzake kredietovereenkomsten voor consumenten en tot intrekking van Richtlijn 87/102/EEG (Pb EU L 133).

2. De totale kosten van het krediet voor de consument, bedoeld in lid 1, onderdeel g, omvatten ook de kosten in verband met nevendiensten met betrekking tot de kredietovereenkomst, met name verzekeringspremies, indien het sluiten van een dienstencontract verplicht is om het krediet, in voorkomend geval op de geadverteerde voorwaarden, te verkrijgen.
3. Voor de toepassing van lid 1, onderdeel i, worden de kosten voor het beheer van een rekening waarop zowel betalingen als kredietopnemingen worden geboekt, de kosten voor het gebruik van een betaalmiddel waarmee zowel betalingen als kredietopnemingen kunnen worden verricht, en de overige kosten voor betalingsverrichtingen in de totale kosten van het krediet voor de consument meegerekend, tenzij de opening van de rekening facultatief is en de kosten voor de rekening duidelijk en afzonderlijk in de kredietovereenkomst of een andere met de consument gesloten overeenkomst zijn vastgesteld.
4. Indien niet alle debetrentevoeten in de kredietovereenkomst worden gespecificeerd, is alleen sprake van een vaste debetrentevoet als bedoeld in lid 1, onderdeel k, voor die deeltermijnen waarvoor bij de sluiting van de kredietovereenkomst de debetrentevoeten zijn overeengekomen en die uitsluitend aan de hand van een vast specifiek percentage zijn vastgesteld.
5. Een commerciële eenheid als bedoeld in lid 1, onderdeel n wordt geacht te bestaan:
a. indien de bij de overeenkomst voor de levering van een bepaald goed of de verrichting van een bepaalde dienst betrokken leverancier dan wel dienstenaanbieder zelf het krediet van de consument financiert, dan wel
b. in het geval van financiering door een derde, indien:
1°. de kredietgever bij het voorbereiden of sluiten van de kredietovereenkomst gebruik maakt van de diensten van de bij de overeenkomst voor de levering van een bepaald goed of de verrichting van een bepaalde dienst betrokken leverancier dan wel dienstenaanbieder, of
2°. het goed dan wel de dienst waarop de overeenkomst voor de levering van een bepaald goed of de verrichting van een bepaalde dienst ziet uitdrukkelijk wordt vermeld in de kredietovereenkomst.

Art. 58

Werkingssfeer

1. Deze titel is van toepassing op kredietovereenkomsten.
2. Deze titel is niet van toepassing op:

a. kredietovereenkomsten die gewaarborgd worden door een hypotheek of door een andere vergelijkbare zekerheid op een registergoed, dan wel door een recht op een registergoed tegen voor hypothecaire financiering door de betrokken kredietgever gebruikelijke voorwaarden;
b. kredietovereenkomsten voor het verkrijgen of het behouden van eigendomsrechten betreffende grond of een bestaand of gepland gebouw;
c. huur of lease-overeenkomsten, tenzij:
1°. zij een verplichting tot aankoop van het object van de overeenkomst inhouden of een dergelijke verplichting bij afzonderlijke overeenkomst is toegevoegd, waaronder tevens is begrepen dat tot de verplichting tot aankoop eenzijdig door de kredietgever wordt besloten, dan wel
2°. zij als een overeenkomst van goederenkrediet als bedoeld in artikel 84 moeten worden aangemerkt;
d. kredietovereenkomsten die in de vorm van een geoorloofde debetstand op een rekening worden verleend en die binnen een maand moeten worden afgelost;
e. kredietovereenkomsten zonder rente en andere kosten, en kredietovereenkomsten waarbij het krediet binnen een termijn van drie maanden moet worden terugbetaald en slechts onbetekenende kosten worden aangerekend;
f. kredietovereenkomsten waarbij het krediet als nevenactiviteit door een werkgever rentevrij of tegen een jaarlijks kostenpercentage dat lager is dan gebruikelijk op de markt, aan zijn werknemers wordt toegekend, en die niet aan het publiek in het algemeen worden aangeboden;
g. kredietovereenkomsten die het resultaat zijn van een schikking voor de rechter of een andere daartoe van overheidswege bevoegde instantie;
h. kredietovereenkomsten die voorzien in kosteloos uitstel van betaling van een bestaande schuld;
i. kredietovereenkomsten bij het sluiten waarvan van de consument wordt verlangd dat hij bij de kredietgever een goed als zekerheid in bewaring geeft, en waarbij de aansprakelijkheid van de consument zich strikt beperkt tot dit in pand gegeven goed, en
j. kredietovereenkomsten betreffende leningen die krachtens een wettelijke bepaling met een doelstelling van algemeen belang aan een beperkt publiek worden toegekend tegen een lagere dan op de markt gebruikelijke rentevoet, dan wel rentevrij, of onder andere voorwaarden die voor de consument gunstiger zijn dan de op de markt gebruikelijke voorwaarden en tegen rentetarieven die niet hoger zijn dan de op de markt gebruikelijke.
3. Op de kredietovereenkomsten waarbij het krediet in de vorm van een geoorloofde debetstand op een rekening wordt verleend en op verzoek of binnen een termijn van drie maanden moet worden terugbetaald, zijn uitsluitend de artikelen 57, 58, 61 leden 1, 5 en 6, 63, 67, 69 en de artikelen 71 tot en met 73 van toepassing. De artikelen 59 en 60 zijn slechts van toepassing, voorzover de kredietgever zijn verplichtingen uit de artikelen 4 lid 2 onderdelen a tot en met c en 6 van de Richtlijn betreffende de in reclame en precontractuele informatie op te nemen standaardinformatie niet in acht neemt.
4. Op kredietovereenkomsten in de vorm van overschrijding zijn uitsluitend de artikelen 57, 58, 70 en 73 van toepassing.

Onderafdeling 2
Informatieverstrekking en handelingen voorafgaand aan het sluiten van de kredietovereenkomst

Art. 59
1. Een kredietgever die in reclame voor kredietovereenkomsten, overeenkomsten betreffende effectenkrediet niet daaronder begrepen, artikel 4 van de Richtlijn betreffende de in reclame op te nemen standaardinformatie niet in acht neemt, verricht een oneerlijke handelspraktijk als bedoeld in de artikel 193b van Boek 6.
2. Een kredietgever verricht een oneerlijke handelspraktijk als bedoeld in artikel 193b van Boek 6, indien hij in reclame voor overeenkomsten betreffende effectenkrediet:
a. niet vermeld dat een doorlopend krediet wordt verleend of toegezegd tegen onderpand van een effectenportefeuille, en de kredietlimiet afhankelijk is van de waarde daarvan, of
b. artikel 4 leden 1, 2 onderdeel a, 3 of 4 van de Richtlijn betreffende de in reclame voor kredietovereenkomsten op te nemen standaardinformatie niet in acht neemt.

Informatieverstrekking bij kredietovereenkomst

Art. 60
1. De kredietgever of, in voorkomend geval, de kredietbemiddelaar, verstrekt de consument geruime tijd voordat deze door een kredietovereenkomst of een aanbod wordt gebonden, de in de artikelen 5 en 6 van de Richtlijn voorgeschreven precontractuele informatie, op de in die artikelen voorgeschreven wijze.
2. De kredietgever of, in voorkomend geval, de kredietbemiddelaar, verstrekt de consument geruime tijd voordat deze door een overeenkomst of een aanbod betreffende effectenkrediet wordt gebonden, de in artikel 6 van de Richtlijn voorgeschreven precontractuele informatie, met uitzondering van de informatie, bedoeld in lid 1, onderdelen c, d, f, h en k van dat artikel,

Informatieverstrekking aan consument bij kredietovereenkomst

op de in dat artikel voorgeschreven wijze. Daarbij deelt de kredietgever of, in voorkomend geval, de kredietbemiddelaar, de consument eveneens mee:
a. dat een doorlopend krediet wordt verleend of toegezegd tegen onderpand van een effectenportefeuille en dat de kredietlimiet afhankelijk is van een bepaald dekkingspercentage en, indien van toepassing, bepaalde spreidingseisen;
b. welk dekkingspercentage en welke spreidingseisen worden gehanteerd ten aanzien van de in onderpand gegeven effectenportefeuille, en
c. in het geval dat de kredietgever voor verschillende soorten financiële instrumenten andere dekkingspercentages hanteert, per soort financieel instrument, welk dekkingspercentage daarop van toepassing is.
3. Indien de kredietgever of, in voorkomend geval, de kredietbemiddelaar, lid 1 of 2 niet in acht neemt, verricht hij een oneerlijke handelspraktijk als bedoeld in artikel 193b van Boek 6.

Onderafdeling 3
Informatie en rechten betreffende kredietovereenkomsten

Art. 61

Kredietovereenkomst

1. De kredietovereenkomst wordt op papier of op een andere duurzame drager aangegaan. De kredietgever verstrekt de consument een exemplaar van de kredietovereenkomst en behoudt zelf ook een exemplaar.
2. In de kredietovereenkomst worden op duidelijke en beknopte wijze vermeld:
a. het soort krediet;
b. de identiteit en geografische adressen van de overeenkomst sluitende partijen en in voorkomend geval de identiteit en het geografische adres van de betrokken kredietbemiddelaar;
c. de duur van de kredietovereenkomst;
d. het totale kredietbedrag en de voorwaarden voor kredietopneming;
e. in geval van een krediet in de vorm van uitstel van betaling voor een goed of een dienst, dan wel van een gelieerde kredietovereenkomst, het goed of de dienst ter financiering waarvan het krediet strekt en de contante prijs daarvan;
f. de debetrentevoet, de voorwaarden die de toepassing van deze rentevoet regelen en voor zover beschikbaar, indices of referentierentevoeten die betrekking hebben op de aanvankelijke debetrentevoet, alsmede de termijnen, voorwaarden en procedures voor wijziging ervan;
g. indien naargelang de verschillende omstandigheden verschillende debetrentevoeten worden toegepast, de in onderdeel f genoemde informatie met betrekking tot alle toepasselijke rentevoeten;
h. het jaarlijks kostenpercentage en het totale door de consument te betalen bedrag, berekend bij het sluiten van de kredietovereenkomst, alsmede alle bij de berekening van dit percentage gebruikte hypothesen;
i. het bedrag, het aantal en de frequentie van de door de consument te verrichten betalingen, en, in voorkomend geval, de volgorde waarin de betalingen aan de verschillende openstaande saldi tegen verschillende debetrentevoeten worden toegerekend met het oog op aflossing;
j. in geval van aflossing van het kapitaal van een kredietovereenkomst met vaste looptijd, het recht van de consument om gratis en op verzoek op enig ogenblik tijdens de loop van de kredietovereenkomst een overzicht van de rekening in de vorm van een aflossingstabel te ontvangen;
k. indien kosten en interesten worden betaald zonder aflossing van het kapitaal, een overzicht van de termijnen en voorwaarden voor de betaling van de rente en periodiek en niet-perodieke bijbehorende kosten;
l. de eventuele kosten voor het aanhouden van een of meer rekeningen voor de boeking van zowel betalingen als kredietopnemingen, tenzij het openen van een rekening facultatief is, tezamen met de kosten voor het gebruik van een betaalmiddel voor zowel betalingen als kredietopnemingen, andere uit de kredietovereenkomst voortvloeiende kosten, alsmede de voorwaarden waaronder die kosten kunnen worden gewijzigd;
m. de op het tijdstip van het sluiten van de kredietovereenkomst geldende rentevoet ingeval van betalingsachterstand daarvan alsmede de wijzigingsmodaliteiten en, in voorkomend geval, kosten van niet-nakoming;
n. een waarschuwing betreffende de gevolgen van wanbetaling;
o. dat in voorkomend geval notariskosten in rekening worden gebracht;
p. de eventueel gevraagde zekerheden en verzekeringen;
q. het al dan niet bestaan van het in artikel 66 bedoelde recht van ontbinding van de kredietovereenkomst en de termijn voor de uitoefening daarvan, alsmede andere uitoefeningsvoorwaarden, zoals informatie over de verplichting voor de consument om overeenkomstig artikel 66 lid 3 het opgenomen kapitaal en de rente te betalen en het bedrag van de lopende rente per dag;
r. informatie over de uit artikel 67 voortvloeiende rechten en de voorwaarden voor de uitoefening daarvan;

s. het in artikel 68 bedoelde recht op vervroegde aflossing, de hiervoor te volgen procedure alsmede, in voorkomend geval, informatie over het recht van de kredietgever op een vergoeding en de wijze waarop deze vergoeding wordt vastgesteld;
t. de procedure voor de uitoefening van het in artikel 65 bedoelde recht van beëindiging van de kredietovereenkomst;
u. of voor de consument buitengerechtelijke klachten- en beroepsprocedures openstaan en, indien dit het geval is, hoe hij die procedures kan inleiden;
v. in voorkomend geval, de overige contractvoorwaarden, en
w. in voorkomend geval, naam en adres van de bevoegde toezichthoudende autoriteit.
3. De aflossingstabel, bedoeld in lid 2, onderdeel j, geeft de te betalen bedragen en de betalingstermijnen en voorwaarden aan. In de aflossingstabel wordt elke periodieke betaling uitgesplitst in afgelost kapitaal, op basis van de debetrentevoet berekende rente en, in voorkomend geval, bijkomende kosten. Indien krachtens de kredietovereenkomst het rentepercentage niet vast is of de bijkomende kosten kunnen worden gewijzigd, wordt in de aflossingstabel op een duidelijke en beknopte wijze vermeld dat de gegevens van de tabel alleen gelden tot de wijziging van de debetrentevoet of van de bijkomende kosten overeenkomstig de kredietovereenkomst.
4. In geval van toepassing van de leden 2, onderdeel j, en 3 stelt de kredietgever, gratis en op elk ogenblik tijdens de duur van de kredietovereenkomst, een overzicht van de rekening in de vorm van een aflossingstabel ter beschikking aan de consument.
5. De ingevolge de leden 2 en 3 te verstrekken informatie bij een kredietovereenkomst waarbij de betalingen door de consument niet tot een directe overeenkomstige aflossing van het totale kredietbedrag leiden, maar dienen voor kapitaalvorming gedurende de termijnen en onder de voorwaarden die zijn vastgesteld in de kredietovereenkomst of in een nevenovereenkomst, bevat een duidelijke en beknopte vermelding dat dergelijke kredietovereenkomsten niet voorzien in een garantie tot terugbetaling van het totale uit hoofde van de kredietovereenkomst opgenomen kredietbedrag, tenzij die garantie wordt gegeven.
6. Bij kredietovereenkomsten die in de vorm van een geoorloofde debetstand op een rekening overeenkomstig artikel 58 lid 3 worden verleend, worden op duidelijke en beknopte wijze vermeld:
a. het soort krediet;
b. de identiteit en het geografische adres van de overeenkomstsluitende partijen en, in voorkomend geval, de identiteit en het geografische adres van de betrokken kredietbemiddelaar;
c. de duur van de kredietovereenkomst;
d. het totale kredietbedrag en de voorwaarden voor kredietopneming;
e. de debetrentevoet, de voorwaarden die de toepassing van deze rentevoet regelen, en, voor zover beschikbaar, indices of referentierentevoeten die betrekking hebben op de aanvankelijke debetrentevoet, alsook de termijnen, de voorwaarden en de procedure voor wijziging van de debetrentevoet;
f. indien naargelang van de verschillende omstandigheden verschillende debetrentevoeten worden toegepast, de in onderdeel e genoemde informatie met betrekking tot alle toepasselijke rentevoeten;
g. in voorkomend geval, de vermelding dat de consument te allen tijde gevraagd kan worden het kredietbedrag volledig terug te betalen;
h. de procedure voor de uitoefening van het in artikel 66 bedoelde recht van ontbinding van de kredietovereenkomst, en
i. de informatie over de vanaf het sluiten van de overeenkomst verschuldigde kosten, alsmede, voor zover van toepassing, de voorwaarden waaronder deze gewijzigd kunnen worden.
7. In overeenkomsten betreffende effectenkrediet worden op duidelijke en beknopte wijze vermeld:
a. dat het krediet kan worden aangewend voor de financiering van transacties in financiële instrumenten;
b. de identiteit en het geografische adres van de overeenkomstsluitende partijen en, in voorkomend geval, de identiteit en het geografische adres van de betrokken kredietbemiddelaar;
c. de wijze waarop de consument actuele informatie kan verkrijgen over de dekkingspercentages en indien van toepassing, de spreidingseisen, die de kredietgever hanteert bij het bepalen van de kredietlimiet en de voorwaarden waaronder de kredietgever deze kan wijzigen;
d. de voorwaarden voor kredietopneming;
e. de debetrentevoet, de voorwaarden die de toepassing van deze rentevoet regelen, en, voor zover beschikbaar, indices of referentierentevoeten die betrekking hebben op de aanvankelijke debetrentevoet, alsook de termijnen, de voorwaarden en de procedure voor wijziging van de debetrentevoet;
f. indien naargelang van de verschillende omstandigheden verschillende debetrentevoeten worden toegepast, de in onderdeel e genoemde informatie met betrekking tot alle toepasselijke rentevoeten;

art. 7:62

g. informatie betreffende het niet bestaan van het in de artikelen 66 lid 1 en 67 lid 1 bedoelde recht van ontbinding van de kredietovereenkomst;
h. de informatie over de vanaf het sluiten van de overeenkomst verschuldigde kosten, alsmede, voor zover van toepassing, de voorwaarden waaronder deze gewijzigd kunnen worden;
i. een waarschuwing betreffende de gevolgen van wanbetaling;
j. de gevraagde zekerheden;
k. de procedure voor de uitoefening van het in artikel 65 bedoelde recht van beëindiging van de kredietovereenkomst;
l. of voor de consument buitengerechtelijke klachten- en beroepsprocedures openstaan en, indien dit het geval is, hoe hij die procedures kan inleiden, en
m. in voorkomende geval, naam en adres van de bevoegde toezichthoudende autoriteit.

Art. 62

Wijziging van debetrentevoet bij kredietovereenkomst

1. In voorkomend geval wordt de consument op papier of op een andere duurzame drager in kennis gesteld van een wijziging van de debetrentevoet voordat de wijziging van kracht wordt. Daarbij wordt het bedrag van de na de inwerkingtreding van de nieuwe debetrentevoet te verrichten betalingen vermeld evenals bijzonderheden betreffende een eventuele wijziging in het aantal of de frequentie van de betalingen.
2. De partijen kunnen echter in de kredietovereenkomst overeenkomen dat de informatie, bedoeld in lid 1, periodiek aan de consument wordt verstrekt indien de wijziging van de debetrentevoet het gevolg is van een wijziging van een referentierentevoet en het publiek via passende middelen kennis kan nemen van de nieuwe referentierentevoet en de informatie over de nieuwe referentierentevoet ook beschikbaar is in de gebouwen van de kredietgever.

Art. 63

Informatieverstrekking bij geoorloofde debetstand bij kredietovereenkomst

1. Bij een kredietovereenkomst in de vorm van een geoorloofde debetstand op een rekening als bedoeld in artikel 58 lid 3 wordt de consument regelmatig door middel van een rekeningafschrift op papier of op een andere duurzame drager op de hoogte gebracht van de volgende informatie:
a. de periode waarop het rekeningafschrift betrekking heeft;
b. de opgenomen bedragen en de datum van opneming;
c. het saldo en de datum van het vorige afschrift;
d. het nieuwe saldo;
e. de datum en het bedrag van de door de consument verrichte betalingen;
f. de toegepaste debetrentevoet;
g. de eventueel toegepaste kosten, en
h. in voorkomend geval, het te betalen minimumbedrag.
2. De consument wordt, voordat de betreffende wijziging van kracht wordt, op papier of op een andere duurzame drager in kennis gesteld van verhogingen van de debetrentevoet of van de kosten.
3. De partijen kunnen in de kredietovereenkomst overeenkomen dat informatie over wijzigingen van de debetrentevoet door middel van het rekeningafschrift, bedoeld in lid 1, moet worden verstrekt, indien de wijziging van de debetrentevoet het gevolg is van een wijziging van een referentierentevoet en het publiek via passende middelen kennis kan nemen van de nieuwe referentierentevoet en de informatie over de nieuwe referentierentevoet ook beschikbaar is in de gebouwen van de kredietgever.

Art. 64

Meldingsverplichting wijzigingen bij kredietovereenkomst

Bij overeenkomsten betreffende effectenkrediet maakt de kredietgever melding van wijzigingen in de dekkingspercentages en de spreidingseisen op de dag dat de betreffende wijziging ingaat, op de ingevolge artikel 61 lid 7, onderdeel c, overeengekomen wijze.

Art. 65

Beëindiging kredietovereenkomst door consument

1. De consument kan een kredietovereenkomst met onbepaalde looptijd te allen tijde kosteloos beëindigen. Indien partijen een opzeggingstermijn zijn overeengekomen, mag deze termijn niet langer zijn dan één maand.
2. De kredietgever kan, indien dit in de kredietovereenkomst is overeengekomen, een kredietovereenkomst met onbepaalde looptijd beëindigen door de consument met inachtneming van een opzegtermijn van ten minste twee maanden een opzegging te doen toekomen op papier of op een andere duurzame drager.
3. De kredietgever kan, indien dit in de kredietovereenkomst is overeengekomen, op objectieve gronden de consument het recht ontnemen om op grond van een kredietovereenkomst met onbepaalde looptijd krediet op te nemen. De kredietgever stelt de consument, op papier of op een andere duurzame drager, indien mogelijk van tevoren en uiterlijk onmiddellijk na deze ontneming, van deze ontneming in kennis, alsook van de gronden hiervoor, tenzij het verstrekken van dergelijke informatie op grond van andere communautaire wetgeving is verboden of indruist tegen doelstellingen van openbare orde of openbare veiligheid.

Art. 66
1. De consument heeft het recht om de kredietovereenkomst zonder opgave van redenen te ontbinden gedurende veertien kalenderdagen na:
a. de dag van de sluiting van de kredietovereenkomst, of
b. de dag waarop de consument de contractuele voorwaarden en informatie overeenkomstig artikel 61 ontvangt, als die dag later valt dan de in onderdeel a bedoelde dag.
2. De consument oefent het recht, bedoeld in lid 1, uit door binnen de gestelde termijn een daartoe strekkende kennisgeving te richten tot de kredietgever. De kennisgeving is in lijn met de door de kredietgever ingevolge artikel 61 lid 2, onderdeel q, verstrekte informatie en wordt gedaan op een wijze die voor bewijs vatbaar is. De gestelde termijn is in acht genomen indien, een kennisgeving op papier of op een andere duurzame drager waarover de kredietgever beschikt en waartoe hij toegang heeft, vóór het verstrijken van de termijn is verzonden.
3. In geval van ontbinding van de kredietovereenkomst overeenkomstig lid 1 betaalt de consument het kapitaal aan de kredietgever terug met de op dit kapitaal lopende rente vanaf de datum waarop het krediet is verstrekt tot de datum waarop het kapitaal wordt terugbetaald. De verschuldigde debetrente wordt berekend aan de hand van de overeengekomen debetrentevoet. De terugbetaling moet onverwijld en uiterlijk binnen 30 kalenderdagen na de verzending van de kennisgeving, bedoeld in lid 2, plaatsvinden.
4. De kredietgever heeft bij toepassing van lid 1 geen recht op een andere vergoeding van de consument dan die welke verschuldigd is volgens lid 3, met uitzondering van de vergoeding voor niet voor terugbetaling in aanmerking komende kosten die de kredietgever aan een overheidsorgaan heeft betaald.
5. Indien door de kredietgever of een derde partij op grond van een onderlinge overeenkomst een nevendienst in verband met de kredietovereenkomst wordt verricht, brengt de ontbinding van de kredietovereenkomst overeenkomstig lid 1, van rechtswege mee dat de consument niet langer aan de nevendienst gebonden is.
6. Indien de consument overeenkomstig lid 1 een recht van ontbinding heeft, zijn andere bepalingen die een soortgelijk recht op ontbinding aan de consument toekennen, niet van toepassing.
7. Lid 1 is niet van toepassing op overeenkomsten betreffende effectenkrediet.

Ontbinding kredietovereenkomst door consument

Art. 67
1. Indien de consument een overeenkomst voor de levering van een goed of het verrichten van een dienst heeft ontbonden overeenkomstig artikel 230o of artikel 230x van Boek 6 van het Burgerlijk Wetboek dan wel overeenkomstig artikel 50d lid 1 van Boek 7 van het Burgerlijk Wetboek, is hij evenmin langer gebonden aan de daarmee gelieerde kredietovereenkomst.
2. Indien onder de gelieerde kredietovereenkomsten vallende goederen niet of slechts gedeeltelijk geleverd worden of niet beantwoorden aan de voorwaarden van de overeenkomst voor de levering van de goederen en de consument zijn rechten ter zake daarvan jegens de leverancier heeft ingeroepen, maar er niet in is geslaagd te verkrijgen waarop hij volgens de genoemde overeenkomst recht heeft, is de consument gerechtigd zijn rechten jegens de kredietgever geldend te maken.
3. Indien onder de gelieerde kredietovereenkomsten vallende diensten niet of slechts gedeeltelijk verricht worden of niet beantwoorden aan de voorwaarden van de overeenkomst voor het verrichten van de diensten en de consument zijn rechten ter zake daarvan jegens de dienstenaanbieder heeft ingeroepen, maar er niet in is geslaagd te verkrijgen waarop hij volgens de genoemde overeenkomst recht heeft, is de consument gerechtigd zijn rechten jegens de kredietgever geldend te maken.
4. Lid 1 is niet van toepassing op overeenkomsten betreffende effectenkrediet.

Werkingssfeer

Ontbindingsgevolgen bij kredietovereenkomst

Werkingssfeer

Art. 68
1. De consument heeft het recht om zich te allen tijde geheel of gedeeltelijk van zijn verplichtingen op grond van een kredietovereenkomst te kwijten. In dat geval heeft hij recht op een verlaging van de totale kredietkosten, bestaande uit de interesten en de kosten gedurende de resterende duur van de overeenkomst.
2. De kredietgever heeft in geval van een vervroegde aflossing recht op een billijke en objectief gegronde vergoeding voor eventuele kosten die hiermee rechtstreeks verband houden, mits de vervroegde aflossing valt in een termijn waarvoor een vaste debetrentevoet geldt. De vergoeding mag niet hoger zijn dan:
a. 0,5% van het vervroegd afgeloste kredietbedrag, indien de termijn tussen de vervroegde aflossing en het overeengekomen einde van de kredietovereenkomst ten hoogste één jaar is;
b. 1% van het vervroegd afgeloste kredietbedrag, indien de termijn tussen de vervroegde aflossing en het overeengekomen einde van de kredietovereenkomst langer is dan één jaar.
3. In afwijking van lid 2, onderdelen a en b, kan de kredietgever de consument bij kredieten boven € 75 000 een hogere vergoeding in rekening brengen, indien hij aannemelijk maakt dat het door de vervroegde aflossing geleden verlies het krachtens lid 2 bepaalde bedrag overstijgt. Het verlies bestaat uit het verschil tussen de oorspronkelijk overeengekomen rentevoet en de

Kwijting van verplichtingen door consument bij kredietovereenkomst

rentevoet waartegen de kredietgever een lening kan verstrekken ter hoogte van het vervroegd afgeloste bedrag op de markt op het ogenblik van de vervroegde aflossing. Bij de bepaling van het verlies wordt tevens rekening gehouden met de administratieve kosten van de vervroegde aflossing.
4. De in de leden 2 en 3 bedoelde vergoeding mag niet hoger zijn dan het rentebedrag dat de consument zou hebben betaald gedurende de termijn tussen de vervroegde aflossing en het overeengekomen einde van de kredietovereenkomst.
5. De kredietgever kan de consument geen vergoeding als bedoeld in lid 2 of lid 3 in rekening brengen:
a. als de vervroegde aflossing heeft plaatsgevonden uit hoofde van een verzekeringscontract dat bedoeld is om een kredietaflossingsgarantie te bieden, of
b. bij een geoorloofde debetstand op een rekening.

Art. 69

Rechtsgevolgen overdracht rechten kredietgever

1. Indien de rechten die de kredietgever op grond van de kredietovereenkomst heeft, dan wel de overeenkomst zelf, aan een derde worden overgedragen, kan de consument jegens de verkrijger alle verweermiddelen inroepen die hem jegens de oorspronkelijke kredietgever ten dienste stonden, met inbegrip van de bevoegdheid tot verrekening.
2. De consument wordt geïnformeerd over de in lid 1 bedoelde overdracht, behalve indien de oorspronkelijke kredietgever, in overleg met de verkrijger tegenover de consument het krediet verder beheert.

Art. 70

Informatieverstrekking bij mogelijkheid overschrijding bij kredietovereenkomst

1. Wanneer de kredietgever in een overeenkomst tot opening van een rekening de consument de mogelijkheid biedt van een overschrijding, wordt in die overeenkomst eveneens de in artikel 6 lid 1, onderdeel e, van de richtlijn bedoelde informatie vermeld. De kredietgever verstrekt die informatie in elk geval op papier of op een andere duurzame drager en op gezette tijden.
2. In geval van een aanzienlijke overschrijding gedurende meer dan een maand brengt de kredietgever de consument, op papier of op een andere duurzame drager, op de hoogte van:
a. de overschrijding;
b. het betreffende bedrag;
c. de debetrentevoet, en
d. de eventuele toepasselijke boetes, kosten of rente wegens achterstand.

Onderafdeling 4
Jaarlijks kostenpercentage

Art. 71

Jaarlijks kostenpercentage

Het jaarlijks kostenpercentage wordt door de kredietgever berekend overeenkomstig artikel 19 van de Richtlijn.

Onderafdeling 5
Kredietgevers en kredietbemiddelaars

Art. 72

Kredietbemiddelaars bij kredietovereenkomst

1. Indien de kredietovereenkomst wordt gesloten door tussenkomst van een kredietbemiddelaar, wordt door deze in of voor de consument bestemde documenten de omvang van zijn volmacht vermeld en tevens of hij exclusief met één of meer kredietgevers dan wel als onafhankelijk kredietbemiddelaar werkt.
2. Indien de kredietbemiddelaar met in achtneming van artikel 4:74 van de Wet op het financieel toezicht de consument voor zijn dienstverlening een vergoeding in rekening brengt, maakt hij het bedrag van de vergoeding kenbaar aan de consument. Het bedrag van de vergoeding wordt voor sluiting van de kredietovereenkomst tussen de consument en de kredietbemiddelaar overeengekomen op papier of een andere duurzame drager.
3. De kredietbemiddelaar is verplicht de vergoeding die de consument aan hem dient te betalen voor zijn dienstverlening, mee te delen aan de kredietgever teneinde het jaarlijks kostenpercentage te kunnen berekenen.
4. Indien de kredietbemiddelaar niet aan zijn in de leden 1 tot en met 3 bedoelde verplichtingen voldoet, is de consument geen vergoeding voor zijn dienstverlening verschuldigd.

Onderafdeling 6
Slotbepalingen

Art. 73

Slotbepalingen

1. Van het bepaalde bij deze titel kan niet ten nadele van de consument worden afgeweken.
2. De consument kan de hem krachtens deze titel toegekende bescherming niet worden ontzegd, door overeenkomsten een bijzondere vorm te geven, met name door kredietopnemingen of

kredietovereenkomsten die onder de Richtlijn vallen op te nemen in overeenkomsten die, door de aard of het doel ervan, buiten de werkingssfeer ervan zouden kunnen vallen.
3. Aan de consument kan, indien de kredietovereenkomst een nauwe band heeft met het grondgebied van een of meer lidstaten van de Europese Unie, de hem krachtens de Richtlijn door het recht van die staat toegekende bescherming niet worden onthouden, ongeacht het recht dat de kredietovereenkomst beheerst.

Afdeling 2
Overige bepalingen betreffende consumentenkredietovereenkomsten

Art. 74
In deze afdeling wordt verstaan onder: *Begripsbepalingen*
a. geldkrediet: de kredietovereenkomst waarbij door of vanwege de kredietgever aan de kredietnemer een geldsom ter beschikking wordt gesteld en de kredietnemer aan de kredietgever een of meer betalingen doet;
b. goederenkrediet: de kredietovereenkomst, daaronder begrepen een samenstel van overeenkomsten die een commerciële eenheid vormen in de zin van artikel 57 lid 5, ter zake van het verschaffen van het genot door de kredietgever aan de kredietnemer van een roerende zaak, niet zijnde een registergoed;
c. dienstenkrediet: de kredietovereenkomst omschreven onder b met dien verstande dat in plaats van het genot van een roerende zaak een bij algemene maatregel van bestuur aangewezen dienst wordt verschaft;
d. kredietsom bij geldkrediet: de geldsom die de kredietnemer in het kader van een geldkrediet ter beschikking wordt gesteld, met dien verstande, dat bij doorlopend geldkrediet de kredietlimiet als die geldsom wordt aangemerkt;
e. kredietsom bij goederen- of dienstenkrediet: het verschil tussen het totaal van de contante prijzen van de zaken, onderscheidenlijk diensten, waarvan de kredietnemer het genot wordt verschaft, onderscheidenlijk welke aan de kredietnemer worden verleend, en de door deze in dat kader gedane contante betalingen, met dien verstande dat bij een doorlopend goederen- of dienstenkrediet de kredietlimiet als dat verschil wordt aangemerkt;
f. doorlopend geldkrediet: een geldkrediet waarbij de kredietnemer op verschillende tijdstippen geldsommen bij de kredietgever kan opnemen, voor zover het uitstaand saldo een bepaald bedrag, de kredietlimiet, niet overschrijdt;
g. doorlopend goederen- of dienstenkrediet: een goederen- of dienstenkrediet, waarbij de kredietgever dan wel de leverancier van de goederen of diensten ervoor heeft te zorgen, dat aan de kredietnemer op verschillende tijdstippen het genot van zaken wordt verschaft of diensten worden verleend, voor zover het uitstaand saldo een bepaald bedrag, de kredietlimiet, niet overschrijdt;
h. kredietvergoeding: alle beloningen en vergoedingen, in welke vorm ook, die de kredietgever of de leverancier van de goederen of diensten ter zake van een kredietovereenkomst bedingt, in rekening brengt of aanvaardt, bij goederen- en dienstenkrediet verminderd met het totaal van de contante prijzen van de zaken onderscheidenlijk diensten, waarvan de kredietnemer het genot wordt verschaft onderscheidenlijk die aan de kredietnemer worden verleend, met dien verstande dat de vergoeding die verschuldigd wordt indien de kredietnemer vervroegd aflost, vastgesteld overeenkomstig artikel 68 leden 2 en 5 geen deel van de kredietvergoeding uitmaakt.

Art. 75
1. Onverminderd de bepalingen van de vorige afdeling gelden voor de daar bedoelde krediet-   *Schakelbepaling*
overeenkomsten voorts de volgende bepalingen met dien verstande dat de artikelen 77 lid 1 onder a, behoudens voor zover het betreft bedingen tot eenzijdige verhoging van de kredietvergoeding, en onder c, 79, 80 en 81 niet gelden voor kredietovereenkomsten waarvan de kredietsom meer dan € 40.000 bedraagt.
2. Onverminderd de bepalingen van de vorige afdeling gelden van de onderhavige afdeling voor kredietovereenkomsten waarbij betalingen van de consument plaatsvinden binnen drie maanden nadat de geldsom ter beschikking is gesteld, onderscheidenlijk nadat met het verschaffen van het genot van de zaak of het verlenen van de dienst een aanvang is gemaakt, uitsluitend de artikelen 76 en 77 lid 1 aanhef en onder a.
3. In afwijking van het eerste lid, geldt deze afdeling niet voor de overeenkomst betreffende effectenkrediet.

Art. 76
1. Het is de kredietgever en de leverancier van de goederen of diensten verboden enige andere   *Kredietvergoeding*
vorm van kredietvergoeding te bedingen, in rekening te brengen of te aanvaarden dan:
a. een vergoeding die verschuldigd is bij afwikkeling overeenkomstig de betalingsregeling van de kredietovereenkomst;

art. 7:77

b. een vergoeding die verschuldigd wordt ingeval de kredietnemer, na ingebrekestelling, nalatig blijft in zijn verplichting tot betaling ingevolge de kredietovereenkomst.
2. Bij of krachtens algemene maatregel van bestuur wordt, ten einde het aanvaarden door de kredietgever van te grote risico's tegen te gaan, de ten hoogste toegelaten kredietvergoeding vastgesteld en worden regels gegeven betreffende de tijdstippen waarop de kredietvergoeding in rekening wordt gebracht.
3. De ten hoogste toegelaten kredietvergoeding wordt uitgedrukt in een geldsom, een percentage of in enige andere vorm. Deze kan verschillen naar gelang van de hoogte van de kredietsom, de looptijd van de kredietovereenkomst, mede in verband met de termijnen van aflossing, de vorm van de kredietvergoeding bedoeld in lid 1, en het al dan niet variabel zijn van de kredietvergoeding.
4. Het is de kredietgever en de leverancier van de goederen of diensten verboden een hogere kredietvergoeding in rekening te brengen, te bedingen of te aanvaarden dan wel de kredietvergoeding op een ander tijdstip in rekening te brengen dan in gevolge de leden 2 en 3 is toegelaten.

Art. 77

Verboden bedingen

1. Niet zijn toegelaten bedingen waarbij:
a. de kredietgever of de leverancier van de goederen of diensten de bevoegdheid wordt verleend, anders dan bij wijze van een ingevolge artikel 76 toegelaten verhoging van de kredietvergoeding, eenzijdig de kredietvergoeding te verhogen of anderszins de verplichtingen van de consument te verzwaren;
b. de consument zich verplicht tot het aangaan van een andere overeenkomst, anders dan ingeval:
1°. uitdrukkelijk aan de consument het recht wordt toegekend te bepalen met welke wederpartij die overeenkomst zal worden aangegaan, of
2°. de overeenkomst verplicht tot het aanhouden van een betaalrekening bij de kredietgever, door middel waarvan de uit de kredietovereenkomst voortvloeiende betalingen dienen plaats te vinden;
c. vervroegde opeisbaarheid van het door de consument verschuldigde wordt bedongen, anders dan voor het geval dat:
1°. de consument, die ten minste twee maanden achterstallig is in de betaling van een vervallen termijnbedrag, na in gebreke te zijn gesteld, nalatig blijft in de nakoming van zijn verplichtingen,
2°. de consument zijn vaste woonplaats in Nederland heeft verlaten, dan wel redelijkerwijs kan worden aangenomen dat de consument binnen enkele maanden zijn vaste woonplaats in Nederland zal verlaten,
3°. de consument is overleden en de kredietgever gegronde reden heeft om aan te nemen dat diens verplichtingen uit hoofde van de overeenkomst niet zullen worden nagekomen,
4°. de consument in staat van faillissement is komen te verkeren of ten aanzien van de consument de schuldsaneringsregeling natuurlijke personen van toepassing is verklaard,
5°. de consument de door hem onder eigendomsvoorbehoud gehouden of tot zekerheid verbonden zaak heeft verduisterd, of
6°. de consument aan de kredietgever, met het oog op het aangaan van de overeenkomst, bewust onjuiste inlichtingen heeft verstrekt van dien aard, dat de kredietgever de overeenkomst niet of niet onder dezelfde voorwaarden zou hebben aangegaan indien hem de juiste stand van zaken bekend zou zijn geweest.
d. de kredietnemer enig recht op periodieke betaling, verschuldigd uit hoofde van loon of andere inkomsten uit arbeid, van uitkeringen als bedoeld in artikel 475c onder b-i van het Wetboek van Burgerlijke Rechtsvordering, ter zake van een kredietovereenkomst op enigerlei wijze overdraagt, vervreemdt of bezwaart dan wel tot invordering daarvan een onherroepelijke volmacht, in welke vorm of onder welke benaming ook, verleent.
2. Lid 1, aanhef en onder d, geldt niet voor kredietverlening door een gemeentelijke kredietbank:
a. waaraan als kredietnemer deelneemt:
1°. echtgenoten of geregistreerde partners als bedoeld in artikel 3 van de Participatiewet, van wie het gezamenlijk netto maandinkomen niet hoger is dan de norm genoemd in artikel 21, onderdeel b, van die wet;
2°. een alleenstaande ouder als bedoeld in artikel 4, onderdeel b, van de Participatiewet, van wie het netto maandinkomen niet hoger is dan negentig procent van de norm bedoeld onder 1°;
3°. een alleenstaande als bedoeld in artikel 4, onderdeel a, van de Participatiewet, van wie het netto maandinkomen niet hoger is dan zeventig procent van de norm bedoeld onder 1°;
dan wel
b. in het kader van een regeling met betrekking tot de bestaande schuldenlast van een kredietnemer (saneringskrediet).

Art. 78
1. Een consument kan geen volmacht tot het sluiten van een kredietovereenkomst verlenen aan een kredietgever, een leverancier van de goederen of diensten, een kredietbemiddelaar of iemand die bij een van hen werkzaam is.
2. De consument kan geen onherroepelijke volmacht tot het sluiten van een kredietovereenkomst verlenen.

Volmachtverlening niet toegestaan

Art. 79
1. Het is slechts toegestaan tot zekerheid van de nakoming van een verbintenis van de consument uit hoofde van een kredietovereenkomst, een pandrecht als bedoeld in artikel 237 van Boek 3 te vestigen op een zaak, indien die zaak door de consument met het uit hoofde van de kredietovereenkomst verkregen geld wordt aangeschaft of aan de consument ingevolge de kredietovereenkomst het genot van die zaak wordt verschaft. Deze bepaling is van overeenkomstige toepassing ten aanzien van het bedingen van een eigendomsvoorbehoud.
2. Lid 1 geldt niet voor kredietverlening door een gemeentelijke kredietbank:
a. waaraan als kredietnemer deelneemt:
1°. echtgenoten of geregistreerde partners als bedoeld in artikel 3 van de Participatiewet, van wie het gezamenlijk netto maandinkomen niet hoger is dan de norm genoemd in artikel 21, onderdeel b, van die wet;
2°. een alleenstaande ouder als bedoeld in artikel 4, onderdeel b, van de Participatiewet, van wie het netto maandinkomen niet hoger is dan negentig procent van de norm bedoeld onder 1°;
3°. een alleenstaande als bedoeld in artikel 4, onderdeel a, van de Participatiewet, van wie het netto maandinkomen niet hoger is dan zeventig procent van de norm bedoeld onder 1°;
dan wel
b. in het kader van een regeling met betrekking tot de bestaande schuldenlast van een kredietnemer (saneringskrediet).

Bezitloos pandrecht vestigen

Art. 80
1. In afwijking van artikel 229 van Boek 3 ontstaat een pandrecht op een vordering tot vergoeding die in de plaats treedt van een zaak waarop tot zekerheid van de nakoming van de verbintenis van de consument een pandrecht als bedoeld in artikel 79 lid 1 is gevestigd, slechts voor het geval die zaak geheel teniet gaat.
2. Een pandrecht op een vordering als bedoeld in het eerste lid eindigt van rechtswege:
a. indien de consument gelijkwaardige vervangende zekerheid stelt, of
b. zodra de consument drie vierde deel van de kredietsom heeft afgelost.
3. De kredietgever, onderscheidenlijk de leverancier van de goederen of diensten, die tot inning van de in het eerste lid bedoelde verpande vordering overgaat, stelt de consument daarvan terstond schriftelijk in kennis. Daarbij deelt hij de consument mee dat deze in de gelegenheid is om gelijkwaardige vervangende zekerheid te stellen. Artikel 79 is niet van toepassing ten aanzien van de vervangende zekerheid.
4. Artikel 229 van Boek 3 en het eerste lid en het derde lid zijn van overeenkomstige toepassing bij een eigendomsvoorbehoud ten aanzien van een zaak als bedoeld in artikel 79.

Zaaksvervanging bij tenietgaan

Art. 81
1. Afgifte van een zaak, waarvan de eigendom is voorbehouden in het kader van een kredietovereenkomst of waarop een pandrecht als bedoeld in artikel 79 is gevestigd kan slechts worden gevorderd in de gevallen bedoeld in artikel 77 lid 1 onder c, 1° tot en met 6° en in artikel 91.
2. Afgifte van een zaak als bedoeld in het eerste lid kan niet meer worden gevorderd indien meer dan drie vierde deel van de kredietsom is afgelost, tenzij het een doorlopend krediet betreft.

Vordering tot afgifte zaak

Art. 82
Ontbinding van een kredietovereenkomst op de grond dat de consument is tekortgeschoten in de nakoming van zijn verplichtingen, kan slechts geschieden door de rechter behoudens in het geval van artikel 90.

Ontbinding kredietovereenkomst bij nietnakoming door kredietnemer

Art. 83
Van het in deze afdeling bepaalde kan niet ten nadele van de consument worden afgeweken.

Dwingend recht

Titel 2b
Goederenkrediet

Afdeling 1
Goederenkrediet betreffende roerende zaken, niet-registergoederen

Art. 84
1. Een overeenkomst van goederenkrediet is een kredietovereenkomst, daaronder begrepen een samenstel van overeenkomsten die een commerciële eenheid vormen in de zin van artikel 57 lid 5, ter zake van het verschaffen van het genot door de kredietgever aan de kredietnemer van

Overeenkomst van goederenkrediet

art. 7:85

een roerende zaak, niet zijnde een registergoed, mits de termijn waarbinnen het krediet moet worden terugbetaald langer is dan drie maanden nadat het krediet ter beschikking is gesteld, dan wel met het verschaffen van het genot van de zaak een aanvang is gemaakt.
2. Als een overeenkomst van goederenkrediet worden onder meer beschouwd de koop op afbetaling, de huurkoop en voorts alle overeenkomsten die dezelfde strekking hebben als een overeenkomst van goederenkrediet onder welke vorm of benaming aangegaan.

Begripsbepalingen
3. In deze afdeling worden verstaan onder:
a. koop op afbetaling: de koop van een roerende zaak die niet een registergoed is, waarbij partijen overeenkomen dat de koopprijs wordt betaald in termijnen, waarvan ten minste een termijn later verschijnt dan drie maanden nadat de verkochte zaak aan de koper is afgeleverd;
b. huurkoop: de koop op afbetaling waarbij de verkoper zich de eigendom van de afgeleverde zaak voorbehoudt;
c. huur: een huurovereenkomst van een roerende zaak die niet een registergoed is, indien zij de in lid 2 bedoelde strekking heeft;
d. doorlopend goederenkrediet: een goederenkrediet waarbij de kredietgever dan wel de leverancier ervoor heeft te zorgen dat aan de kredietnemer op verschillende tijdstippen het genot van zaken wordt verschaft, voor zover het uitstaande saldo een bepaald bedrag, de kredietlimiet, niet overschrijdt.
e. kredietsom: het verschil tussen het totaal van de contante prijzen van de zaken waarvan de kredietnemer het genot wordt verschaft en de door deze in dat kader gedane contante betalingen met dien verstande dat bij doorlopend goederenkrediet de kredietlimiet als dat verschil wordt aangemerkt.

Art. 85

Schakelbepaling
Indien op een overeenkomst van goederenkrediet tevens titel 2A van toepassing is, zijn de bepalingen van titel 2A en die van deze afdeling naast elkaar van toepassing. In geval van strijd zijn de bepalingen van titel 2A van toepassing.

Art. 86

Overeenkomst van goederenkrediet, nadere eisen aan
1. De overeenkomst van goederenkrediet wordt op papier of op een andere duurzame drager aangegaan. Een volmacht tot het aangaan van een zodanige overeenkomst moet eveneens op papier of op een andere duurzame drager worden verleend.
2. De kredietgever verstrekt aan de kredietnemer een exemplaar van de kredietovereenkomst en behoudt zelf ook een exemplaar dan wel, in geval de kredietovereenkomst bestaat uit samenstel van overeenkomsten als bedoeld in artikel 84, eerste lid, een exemplaar van die overeenkomsten.
3. De kredietovereenkomst moet in elk geval bevatten de gehele kredietsom en een plan van regelmatige afbetaling. In geval van een eigendomsvoorbehoud met betrekking tot de zaak waarop de overeenkomst betrekking heeft, moet de kredietovereenkomst tevens de bedingen bevatten over dit voorbehoud en de overgang van de eigendom.
4. In geval van koop op afbetaling dient de kredietovereenkomst de gehele en door partijen afgesproken koopprijs te vermelden.
5. Indien in een kredietovereenkomst terzake huurkoop de bedingen betreffende het eigendomsvoorbehoud en overgang van de eigendom ontbreken, geldt de overeenkomst als een koop op afbetaling zonder eigendomsvoorbehoud.

Art. 87

Rechten en plichten kredietnemer bij overeenkomst van goederenkrediet
1. De kredietnemer die de zaak krachtens een overeenkomst als bedoeld in artikel 84 lid 1 onder zich heeft, heeft daarvan het genot, ook voordat hij de eigendom daarvan verkrijgt.

2. Hij mag de zaak gebruiken overeenkomstig haar bestemming.
3. Zolang hij geen eigenaar is, mag hij de inrichting of gedaante van de zaak niet veranderen, noch mag hij zijn genot daarvan aan anderen afstaan.

Art. 88

Vervreemding bij overeenkomst van goederenkrediet
1. Vervreemding van de krachtens een overeenkomst bedoeld in artikel 84 lid 1 afgeleverde zaak werkt niet ten nadele van de kredietnemer en laat de verbintenis tussen de kredietnemer en de kredietgever dan wel de leverancier onverlet.
2. In geval van huur zijn de artikelen 226 en 227 niet van toepassing.
3. Lid 1 staat niet in de weg aan overdraagbaarheid van de rechten van de kredietgever of van de overeenkomst zelf onverminderd het bepaalde in artikel 69.

Art. 89

Eigendomsvoorbehoud en pandrecht op de met het krediet gefinancierde zaak
1. De eigendom van een zaak die in het kader van een doorlopend goederenkrediet is voorbehouden, gaat van rechtswege over op de kredietnemer en een pandrecht op de gefinancierde zaak dat in het kader van een doorlopend krediet is gevestigd, eindigt van rechtswege, zodra de kredietnemer aflossingen heeft gedaan ter grootte van het verschil tussen de contante prijs van die zaak en het bedrag van de contante betaling betreffende het genot van die zaak, dan wel, indien geen contante betaling is gedaan, ter grootte van die contante prijs.

2. Aflossingen worden toegerekend aan verschillende zaken in dezelfde volgorde als waarin met het verschaffen van het genot daarvan een aanvang is gemaakt, dan wel die zaken uit hoofde van de kredietovereenkomst zijn aangeschaft.

Art. 90
1. Afgifte van de afgeleverde zaak ingevolge een schriftelijke verklaring van de kredietgever dat hij deze terugvordert wegens de niet-nakoming door de kredietnemer van diens verplichtingen, heeft tot gevolg dat de tot de kredietovereenkomst behorende overeenkomsten met de kredietnemer worden ontbonden, mits de kredietgever overeenkomstig de krachtens de kredietovereenkomst geldende regels tot de terugvordering bevoegd is. *Afgifte zaak na schriftelijke verklaring*
2. De artikelen 265 lid 2, 266 en 267 lid 1 van Boek 6 zijn van overeenkomstige toepassing. *Schakelbepaling*

Art. 91
Wanneer de kredietgever een rechtsvordering instelt tot ontbinding van de kredietovereenkomst of teruggave van de zaak, kan hij, indien hij voldoende belang heeft bij een onverwijlde voorziening, een rechterlijk bevel tot teruggave bij voorraad verkrijgen. *Teruggave bij voorraad na vordering tot ontbinding*

Art. 92
1. Indien een der partijen bij ontbinding van de kredietovereenkomst wegens een tekortkoming van de kredietnemer in de nakoming van zijn verbintenissen in een betere vermogenstoestand zou geraken dan bij het in stand blijven van de kredietovereenkomst, vindt volledige verrekening plaats. *Ongerechtvaardigde verrijking bij overeenkomst van goederenkrediet*
2. Een beding waarbij de kredietgever zich de bevoegdheid voorbehoudt de waarde van de terug ontvangen zaak te bepalen, laat de bevoegdheid van de wederpartij deze waarde nader door de rechter te laten vaststellen onverlet.

Art. 93
1. In het vonnis waarbij de verplichting tot teruggave van de afgeleverde zaak wordt vastgesteld of de overeenkomst wordt ontbonden, wordt op vordering van de kredietgever een bevel tot teruggave opgenomen. *Teruggave van de zaak*
2. Bij het vonnis waarbij de teruggave wordt bevolen, stelt de rechter op vordering van een der partijen de geldswaarde van de terug te geven zaak vast. In dat geval kan de tenuitvoerlegging ook geschieden als ware de gedaagde tot betaling van dat bedrag veroordeeld.

Art. 94
Indien de kredietnemer bij ontbinding van de overeenkomst recht mocht hebben op enige terugbetaling, kan hij de zaak die hij terug moet geven, onder zich houden, totdat het hem verschuldigde is betaald of de kredietgever daarvoor voldoende zekerheid heeft gesteld. *Retentierecht bij overeenkomst van goederenkrediet*

Art. 95
1. Indien de kredietnemer binnen veertien dagen nadat hij de zaak heeft afgegeven het totale uit hoofde van de kredietovereenkomst op het moment van inlossing opeisbare, achterstallige bedrag, voldoet, wordt de zaak door de kredietgever teruggegeven. *Inlossing na afgeven zaak*
2. Door de in het eerste lid bedoelde betaling wordt de ontbinding van de tot de kredietovereenkomst behorende overeenkomsten ongedaan gemaakt.
3. Bij herhaalde afgifte van de zaak behoeft deze door de kredietgever slechts te worden teruggegeven na betaling door de kredietnemer van het in het eerste lid bedoelde bedrag, vermeerderd met het restant van de kredietsom, alsmede de verschuldigde kredietvergoeding, met dien verstande, dat bij een doorlopende goederenkredietovereenkomst in plaats van het restant van de kredietsom het restant van de in artikel 89, eerste lid, bedoelde aflossingen moet worden betaald; het tweede lid van dat artikel vindt overeenkomstige toepassing.
4. Indien de kredietgever een redelijk belang heeft bij weigering van de teruggave, kan de rechter bepalen dat het eerste lid buiten toepassing blijft.

Art. 96
Indien één van meer overeenkomsten die samen een commerciële eenheid vormen als bedoeld in artikel 57 lid 5 op enige grond bloot staat aan ontbinding of vernietiging door de kredietnemer, zal de andere overeenkomst op die grond kunnen worden ontbonden of vernietigd op dezelfde wijze en met inachtneming van dezelfde termijnen als voor de ontbinding of vernietiging van de eerste overeenkomst gelden, tenzij uit de wet of de aard van de rechtsverhouding anders voortvloeit. *Samenstel van overeenkomsten bij overeenkomst van goederenkrediet*

Art. 97
Indien een overeenkomst van goederenkrediet is gesloten tussen een kredietgever die handelt in de uitoefening van een beroep of bedrijf en een kredietnemer die een natuurlijk persoon is en handelt voor doeleinden die buiten zijn bedrijfsactiviteiten of beroepsactiviteiten vallen, kan niet ten nadele van de kredietnemer van de bepalingen van deze afdeling worden afgeweken. *Dwingend recht*

Art. 98
Van artikel 92 kan niet ten nadele van de kredietnemer worden afgeweken. *Dwingend recht*

Art. 99
Op een overeenkomst van goederenkrediet die bestaat uit een samenstel van overeenkomsten die een commerciële eenheid vormen als bedoeld in artikel 57 lid 5 en die niet is gesloten tussen *Schakelbepaling*

een kredietgever en een kredietnemer als bedoeld in artikel 97, is artikel 67 lid 2 van overeenkomstige toepassing.

Schakelbepaling

Art. 100
Het in deze afdeling bepaalde vindt overeenkomstige toepassing op vermogensrechten, niet zijnde registergoederen, voor zover dat in overeenstemming is met de aard van het recht.

Afdeling 2
Huurkoop onroerende zaken

Onderafdeling 1
Algemene bepalingen

Art. 101

Huurkoop onroerende zaken

1. De overeenkomst van huurkoop van een onroerende zaak is een koopovereenkomst, daaronder begrepen een samenstel van overeenkomsten die een commerciële eenheid vormen in de zin van artikel 57 lid 5, volgens welke de koopprijs wordt betaald in termijnen en de eigendomsoverdracht zal plaatsvinden na voldoening van twee of meer termijnen die verschijnen, nadat de zaak aan de koper is afgeleverd.
2. De huurkoop kan ook betrekking hebben op een recht waaraan een onroerende zaak is onderworpen. In dat geval zijn de bepalingen van deze afdeling van toepassing, voor zover dit in overeenstemming is met de aard van het recht.
3. Op overeenkomsten die aan de eisen van deze afdeling voldoen, zijn de bepalingen betreffende huur en pacht niet van toepassing.

Art. 102

Verplichting tot meewerking opmaken notariële akte van huurkoopovereenkomst

1. Ieder der partijen is jegens de ander verplicht eraan mee te werken dat tussen hen van de huurkoopovereenkomst een notariële akte wordt opgemaakt, die wordt ingeschreven in de openbare registers, bedoeld in afdeling 2 van titel 1 van Boek 3, zulks onverminderd de bevoegdheid om de huurkoopovereenkomst in afwachting daarvan reeds met toepassing van artikel 3 in te doen schrijven.
2. De akte moet in ieder geval vermelden:
a. de koopprijs;
b. welk deel van de te betalen termijnen tot aflossing van de koopprijs strekt en welk deel tot betaling van de verschuldigde rente;
c. de tijdstippen waarop de huurkoper de termijnen dient te betalen;
d. de bedingen over voorbehoud en overgang van eigendom.

Art. 103

Inschrijving in openbare registers van feiten betreffende huurovereenkomst

1. Behalve de in artikel 102 bedoelde akte kunnen in de openbare registers worden ingeschreven:
a. een in kracht van gewijsde gegane rechterlijke uitspraak waarvan de rechter heeft bepaald dat zij in de plaats treedt van een zodanige akte of van een deel daarvan;
b. een rechtshandeling of een in kracht van gewijsde gegane rechterlijke uitspraak waarbij een huurkoop ter zake waarvan inschrijving op de voet van artikel 102 of van dit artikel onder a heeft plaatsgevonden, wordt vernietigd, geheel of gedeeltelijk wordt ontbonden of wordt gewijzigd;
c. een rechtshandeling die tot gevolg heeft dat op de huurkoop betrekking hebbende rechten of verplichtingen van een der partijen op een ander overgaan.
2. Een rechterlijke uitspraak als bedoeld in lid 1 onder a en b kan tevens worden ingeschreven indien zij uitvoerbaar bij voorraad is verklaard en indien is voldaan aan de eisen die in artikel 301 lid 1 van Boek 3 voor de inschrijving van een uitvoerbaar bij voorraad verklaarde uitspraak worden gesteld. De leden 1 en 2 van artikel 301 van Boek 3 zijn van overeenkomstige toepassing.

Art. 104

Rechtsgevolgen van inschrijving huurkoopovereenkomst in openbare registers

1. Na de inschrijving van de notariële akte van huurkoop, daaronder begrepen voor die akte in de plaats tredende rechterlijke uitspraken als bedoeld in artikel 103 lid 1 onder a, kunnen tegen de huurkoper niet worden ingeroepen:
a. een na die inschrijving tot stand gekomen vervreemding of bezwaring door de huurverkoper, tenzij deze vervreemding of bezwaring voortvloeit uit een eerder ingeschreven koop, huurkoop daaronder begrepen, of uit een recht op levering waarvoor op het tijdstip van de inschrijving reeds het proces-verbaal van een conservatoir beslag tot levering was ingeschreven;
b. vervreemdingen of bezwaringen die plaatsvinden als vervolg op de onder a bedoelde vervreemding of bezwaring door de huurverkoper;
c. een onderbewindstelling die na die inschrijving is tot stand gekomen of die, zo zij tevoren tot stand was gekomen, toen niet in de openbare registers was ingeschreven, tenzij de huurkoper haar op het tijdstip van die inschrijving kende;
d. een na die inschrijving tot stand gekomen verhuring of verpachting;
e. een na die inschrijving ingeschreven beding als bedoeld in artikel 252 van Boek 6;

f. een executoriaal of conservatoir beslag waarvan het proces-verbaal na die inschrijving is ingeschreven;
g. een faillissement of surséance van betaling van de huurverkoper of toepassing ten aanzien van hem van de schuldsaneringsregeling natuurlijke personen, uitgesproken onderscheidenlijk van toepassing na de dag van die inschrijving.
2. Indien de huurkoop was ingeschreven op de voet van artikel 3 geldt de inschrijving van de notariële akte van huurkoop voor de toepassing van artikel 3 lid 4 als levering.
3. Voor de toepassing van de artikelen 24, 25 en 26 van Boek 3 geldt de inschrijving van een notariële akte van huurkoop als een inschrijving van een rechtshandeling tot verkrijging van een registergoed in de zin van deze artikelen.

Art. 105
In geval van een samenstel van overeenkomsten als bedoeld in artikel 101 lid 1 kan de huurkoper de rechten wegens niet nakoming of niet behoorlijke nakoming van de partij die als leverancier van de onroerende zaak is opgetreden, zo nodig uitoefenen jegens de kredietgever, mits hij deze rechten jegens de leverancier heeft ingeroepen, maar er niet in is geslaagd te verkrijgen waarop hij recht heeft.

Samenstel van overeenkomsten bij huurkoop onroerende zaken

Art. 106
1. De huurkoper heeft van de zaak die krachtens huurkoop aan hem is afgeleverd het genot ook voordat hij de eigendom daarvan verkrijgt.

Rechten en plichten huurkoper bij huurkoop onroerende zaken

2. Hij mag de zaak gebruiken overeenkomstig haar bestemming.
3. Hij mag de inrichting of gedaante van de zaak niet veranderen noch mag hij zijn genot ervan aan anderen afstaan.

Art. 107
1. Vervreemding door de huurverkoper van de krachtens huurkoop afgeleverde zaak werkt niet ten nadele van de huurkoper en laat de verbintenis tussen de huurkoper en de huurverkoper onverlet.

Vervreemding door huurkoper

2. Lid 1 staat niet in de weg aan overdraagbaarheid van de rechten van de huurverkoper of van de huurkoopovereenkomst zelf overeenkomstig de daarvoor geldende regels.

Art. 108
1. Indien de huurverkoper bij ontbinding van de huurkoopovereenkomst wegens een tekortkoming van de huurkoper in de nakoming van zijn verbintenissen in een betere vermogenstoestand zou geraken dan bij in stand blijven van de huurkoopovereenkomst, vindt volledige verrekening plaats.

Ongerechtvaardigde verrijking bij huurkoopovereenkomst

2. Een beding waarbij de huurverkoper zich de bevoegdheid voorbehoudt de waarde van de terug ontvangen zaak te bepalen, laat de bevoegdheid van de wederpartij deze waarde nader door de rechter te laten vaststellen onverlet.

Art. 109
Indien de huurkoper bij ontbinding van de overeenkomst recht mocht hebben op enige terugbetaling, heeft hij een retentierecht op de zaak, totdat het hem verschuldigde is betaald of de huurverkoper daarvoor voldoende zekerheid heeft gesteld.

Retentierecht bij huurkoopovereenkomst

Art. 110
Wanneer de gehele koopprijs met de daarover verschuldigde rente en de kosten die voor rekening van de huurkoper zijn, de kosten van een afzonderlijke overdracht daaronder begrepen, zijn voldaan of de huurkoper van zijn verplichtingen te dier zake op andere wijze is bevrijd dan wel de verjaring van rechtsvordering van de huurverkoper te dier zake is voltooid, is de huurkoper verplicht onverwijld zijn medewerking te verlenen aan het tot stand komen van een notariële akte van levering aan de huurkoper of aan de notariële verklaring volgens artikel 30 van de Kadasterwet vereist voor de vervulling van de voorwaarde waaronder de overdracht blijkens een reeds ingeschreven notariële akte van levering is geschied.

Levering aan de huurkoper t.b.v. eigendomsoverdracht

Art. 111
In geval van onbevoegdheid van de huurverkoper tot vervreemding is artikel 88 van Boek 3 van toepassing met dien verstande dat voor de daar vereiste goede trouw van de huurkoper voldoende is dat zijn goede trouw bestond op het tijdstip van de inschrijving van de notariële akte van huurkoop.

Bescherming tegen beschikkingsonbevoegdheid bij overdracht o.g.v. huurkoopovereenkomst

Art. 112
Van de artikelen 101 tot en met 104, 108, 110 en 111 kan niet worden afgeweken.

Dwingend recht bij huurkoopovereenkomsten

Onderafdeling 2
Huurkoop van woonruimte

Art. 113

Huurkoop van woonruimte

1. Deze onderafdeling is van toepassing op de overeenkomst van huurkoop met betrekking tot een tot bewoning bestemde onroerende zaak of bestanddeel daarvan, indien de huurkoper een natuurlijk persoon is, die niet handelt in de uitoefening van een beroep of bedrijf.
2. Deze onderafdeling is niet van toepassing indien de onroerende zaak of het bestanddeel in huurkoop is gegeven als bedrijfsruimte en een, mede gelet op deze bestemming tot bedrijfsruimte, afhankelijke woning tot deze bedrijfsruimte wordt gerekend.
3. Als huurkoop in de zin van deze afdeling worden mede beschouwd alle overeenkomsten met dezelfde strekking onder welke vorm of benaming dan ook aangegaan.
4. Onderafdeling 1 is van toepassing voor zover deze onderafdeling daarvan niet afwijkt.

Art. 114

Notariële akte vereist bij overeenkomst huurkoop van woonruimte

1. Een overeenkomst van huurkoop als bedoeld in artikel 113 wordt aangegaan bij een notariële akte. Een volmacht tot het aangaan van een zodanige overeenkomst moet schriftelijk worden verleend.
2. Indien van de huurkoopovereenkomst geen notariële akte is opgemaakt, is ieder der partijen jegens de ander verplicht eraan mee te werken dat tussen hen een notariële akte tot stand komt, zulks onverminderd de bevoegdheid de huurovereenkomst in afwachting daarvan reeds met toepassing van artikel 3 te doen inschrijven.
3. Zolang geen notariële akte is tot stand gekomen, is de overeenkomst vernietigbaar. Indien de huurkoper tot vernietiging overgaat, kan hij het reeds door hem betaalde terugvorderen behoudens een vergoeding voor het door hem reeds van de woning gemaakte gebruik. De huurverkoper kan slechts tot vernietiging overgaan, nadat hij aan de huurkoper een redelijke termijn heeft gesteld om aan de notariële akte mee te werken en deze die termijn ongebruikt heeft laten verstrijken.
4. De akte moet in ieder geval vermelden:
   a. de koopprijs;
   b. welk deel van de te betalen termijnen tot aflossing van de koopprijs strekt en welk deel tot betaling van de verschuldigde rente;
   c. welke kosten voor rekening van de huurkoper komen;
   d. de tijdstippen waarop de huurkoper de termijnen dient te betalen;
   e. de bedingen over voorbehoud en overgang van de eigendom;
   f. welke gevolgen zijn verbonden aan vervroegde aflossing door de huurkoper van hetgeen door hem verschuldigd is;
   g. de getaxeerde waarde van de woonruimte, zoals deze blijkt uit een taxatierapport betreffende die woonruimte, opgemaakt door een door partijen in onderlinge overeenstemming aangewezen taxateur;
   h. op de zaak rustende hypotheken en andere beperkte rechten.
5. Indien partijen geen overeenstemming bereiken, wijst de kantonrechter op verzoek van de meest gerede partij een taxateur aan. Het taxatierapport bevat in elk geval een beschrijving en beoordeling van de onderhoudstoestand van de woonruimte.
6. De notaris gaat niet over tot het verlijden van de akte dan nadat partijen ten minste veertien dagen de tijd hebben gehad om van het in het vierde en vijfde lid bedoelde taxatierapport kennis te nemen en tevens aan de eisen van artikel 122 leden 1–5 is voldaan.

Art. 115

Vervroegde aflossing bij huurkoopovereenkomst van woonruimte

De huurkoper heeft het recht zich te allen tijde geheel of gedeeltelijk van zijn verplichtingen uit de huurkoopovereenkomst te bevrijden met toepassing van de regels van artikel 127.

Art. 116

Nietige bedingen in huurkoopovereenkomsten van woonruimte

1. Niet kan worden bedongen dat gedurende de contractsperiode een hogere koopprijs wordt vastgesteld, tenzij het met inachtneming van artikel 128 vastgestelde aanpassingen betreft van de in de overeenkomst vermelde rentevoet of het gaat om indexering aan de hand van een van overheidswege vastgesteld indexcijfer.
2. Evenmin kan worden bedongen dat in geval de huurkoper in de nakoming van zijn verplichtingen tekortschiet, de huurkoopovereenkomst van rechtswege wordt ontbonden of eindigt, dan wel door de huurverkoper kan worden ontbonden of beëindigd zonder ingebrekestelling.
3. De huurverkoper mag niet tot ontbinding of beëindiging overgaan dan nadat de bij de ingebrekestelling gestelde redelijke termijn van tenminste twee maanden is verstreken en de huurverkoper de huurkoper heeft uitgenodigd om met hem in overleg te treden over diens betalingsachterstand, tenzij dit van de huurverkoper in redelijkheid niet kan worden gevergd.

Art. 117
Van de artikelen 113 en 114 kan niet worden afgeweken. Van de artikelen 105, 106, eerste en tweede lid, 107, 109, 115 en 116 kan niet ten nadele van de huurkoper worden afgeweken.

Dwingend recht bij huurovereenkomsten van woonruimte

Afdeling 3
Consumentenkredietovereenkomsten betreffende voor bewoning bestemde onroerende zaken

Onderafdeling 1
Algemene bepalingen

Art. 118
1. In deze titel wordt verstaan onder:

Begripsbepalingen

a. *consument:* een natuurlijk persoon die handelt voor doeleinden die buiten zijn bedrijfs- of beroepsactiviteiten vallen;

b. *kredietgever:* een natuurlijk persoon of rechtspersoon die in het kader van de uitoefening van zijn bedrijfs- of beroepsactiviteiten op basis van een overeenkomst als bedoeld in artikel 119 lid 1 krediet verleent of toezegt;

c. *kredietovereenkomst:* een overeenkomst als bedoeld in artikel 119 lid 1 waarbij een kredietgever aan een consument krediet verleent of toezegt in de vorm van een uitgestelde betaling, van een lening of van een soortgelijke financieringsregeling;

d. *nevendienst:* een dienst die samen met de kredietovereenkomst aan de consument wordt aangeboden;

e. *kredietbemiddelaar:* een natuurlijk persoon of rechtspersoon, niet zijnde de kredietgever of iemand die optreedt als notaris, die in het kader van zijn bedrijfs- of beroepsactiviteiten voor een vergoeding in geld of een andere overeengekomen financiële prestatie:
1° aan consumenten kredietovereenkomsten voorstelt of aanbiedt;
2° consumenten bijstaat bij de voorbereiding of ander precontractueel beheer van andere dan de onder 1° bedoelde kredietovereenkomsten, of
3° namens de kredietgever met consumenten kredietovereenkomsten sluit;

f. *verbonden kredietbemiddelaar:* een kredietbemiddelaar die optreedt in naam van en onder de onvoorwaardelijke verantwoordelijkheid van:
1° slechts één kredietgever;
2° slechts één groep, of
3° een aantal kredietgevers of groepen die niet de meerderheid van de markt vertegenwoordigen;

g. *groep:* groep kredietgevers die geconsolideerd moeten worden voor de opstelling van de geconsolideerde jaarrekening als omschreven in Richtlijn 2013/34/EU van het Europees Parlement en de Raad van 26 juni 2013 betreffende de jaarlijkse financiële overzichten, geconsolideerde financiële overzichten en aanverwante verslagen van bepaalde ondernemingsvormen (Pb EU L 182).

h. *totaal kredietbedrag:* het plafond of de som van alle bedragen die op grond van een kredietovereenkomst beschikbaar worden gesteld;

i. *totale kosten van het aan de consument verleende krediet:* alle kosten en vergoedingen van welke aard ook, die de consument in verband met de kredietovereenkomst moet betalen en die de kredietgever bekend zijn, met uitzondering van notariskosten;

j. *het totale door de consument te betalen bedrag:* de som van het totale kredietbedrag en de totale kosten van het aan de consument verleende krediet;

k. *jaarlijks kostenpercentage:* de totale kosten van het krediet voor de consument, uitgedrukt in een percentage op jaarbasis van het totale kredietbedrag, indien toepasselijk te vermeerderen met de in lid 3 bedoelde kosten;

l. *debetrentevoet:* de rentevoet, uitgedrukt op jaarbasis en toegepast in een vast of variabel percentage;

m. *kredietwaardigheidsbeoordeling:* de evaluatie van de vooruitzichten dat de uit de kredietovereenkomst voortvloeiende verplichtingen tot schuldaflossing worden nagekomen;

n. *duurzame drager:* ieder hulpmiddel dat de consument in staat stelt persoonlijk aan hem gerichte informatie op te slaan op een wijze die deze informatie toegankelijk maakt voor toekomstig gebruik gedurende een periode die is afgestemd op het doel waarvoor de informatie kan dienen, en die een ongewijzigde reproductie van de opgeslagen informatie mogelijk maakt;

o. *adviesdiensten:* het geven van persoonlijke aanbevelingen aan een consument met betrekking tot een of meer transacties in samenhang met kredietovereenkomsten, hetgeen een afzonderlijke activiteit vormt ten opzichte van de verlening van een krediet en ten opzichte van de in onderdeel e omschreven kredietbemiddelingsactiviteiten;

p. *koppelverkoop*: het aangaan of aanbieden van een kredietovereenkomst als onderdeel van een pakket met andere onderscheiden financiële producten of diensten waarbij de kredietovereenkomst niet afzonderlijk wordt aangeboden aan de consument;

q. *gebundelde verkoop*: het aangaan of aanbieden van een kredietovereenkomst als onderdeel van een pakket met andere onderscheiden financiële producten of diensten waarbij de kredietovereenkomst ook afzonderlijk aan de consument beschikbaar wordt gesteld, maar waarbij niet noodzakelijkerwijs dezelfde voorwaarden gelden als wanneer deze in combinatie met de nevendiensten wordt aangeboden;

r. *lening in vreemde valuta*: een kredietovereenkomst waarbij het krediet
1° uitgedrukt wordt in een andere valuta dan die waarin de consument het inkomen ontvangt of de activa aanhoudt waaruit de lening moet worden afgelost, of
2° uitgedrukt wordt in een andere valuta dan die van de lidstaat waar de consument verblijft;

s. *Richtlijn*: Richtlijn nr. 2014/17/EU van het Europees Parlement en de Raad van 4 februari 2014 inzake kredietovereenkomsten voor consumenten met betrekking tot voor bewoning bestemde onroerende goederen en tot wijziging van de Richtlijnen 2008/48/EG en 2013/36/EU en Verordening (EU) nr. 1093/2010 (Pb EU L 60);

t. *onroerende zaak*: een onroerende zaak of een zakelijk recht daarop.

2. De totale kosten van het krediet dat aan de consument wordt verleend, bedoeld in lid 1, onderdeel i, omvatten mede de kosten voor de waardebepaling van de onroerende zaak, indien die waardebepaling nodig is om het krediet te verkrijgen, met uitzondering van de registratiekosten voor de overdracht van de onroerende zaak. Onder de totale kosten van het aan de consument verleende krediet vallen niet de door de consument te betalen kosten voor de niet-nakoming van de in de kredietovereenkomst vastgestelde verplichtingen.

3. Voor de toepassing van lid 1, onderdeel k, worden de kosten voor het openen en aanhouden van een specifieke rekening, voor het gebruik van een betaalmiddel voor zowel transacties als kredietopnemingen op die rekening en andere, met betalingstransacties verband houdende kosten in de totale kosten van het krediet voor de consument opgenomen wanneer er een rekening moet worden geopend of aangehouden ter verkrijging van het krediet onder de geadverteerde voorwaarden.

Art. 119

Schakelbepaling

1. Deze titel is van toepassing op:
a. kredietovereenkomsten die gewaarborgd worden door een hypotheek of door een andere vergelijkbare zekerheid op voor bewoning bestemde onroerende zaken, of gewaarborgd worden door een recht op voor bewoning bestemde onroerende zaken; en
b. kredietovereenkomsten voor het verkrijgen of het behouden van eigendomsrechten betreffende grond of een bestaand of gepland gebouw.

2. Deze titel is niet van toepassing op:
a. kredietovereenkomsten waarbij de kredietgever:
1° een eenmalig bedrag, periodieke bedragen of op andere wijze een krediet uitbetaalt in ruil voor een bedrag ontleend aan de toekomstige verkoop van een voor bewoning bestemde onroerende zaak of een recht op een voor bewoning bestemde onroerende zaak, en
2° pas aflossing van het krediet verlangt wanneer de consument in staat van faillissement is verklaard, op hem de schuldsanering natuurlijke personen van toepassing is verklaard dan wel bij overlijden van de consument of bij andere in de overeenkomst opgenomen gebeurtenissen, tenzij de consument zijn contractuele verplichtingen niet nakomt, waardoor de kredietgever het recht heeft de kredietovereenkomst te beëindigen;
b. kredietovereenkomsten waarbij een werkgever het krediet als nevenactiviteit rentevrij of tegen een jaarlijks kostenpercentage dat lager is dan gebruikelijk op de markt, aan zijn werknemers verstrekt, en dit niet in het algemeen aan het publiek aanbiedt;
c. kredietovereenkomsten waarbij geen rente en andere kosten hoeven te worden vergoed, afgezien van kosten die rechtstreeks verband houden met het stellen van een zekerheid voor het krediet;
d. kredietovereenkomsten die in de vorm van een geoorloofde debetstand op een rekening worden verleend en die binnen een maand moeten worden afgelost;
e. kredietovereenkomsten die het resultaat zijn van een schikking voor de rechter of een andere daartoe van overheidswege bevoegde instantie;
f. kredietovereenkomsten die betrekking hebben op kosteloos uitstel van betaling van een bestaande schuld en niet onder het toepassingsgebied van lid 1, onderdeel a, vallen;
g. kredietovereenkomsten betreffende kredieten die krachtens een wettelijke bepaling met een doelstelling van algemeen belang aan een beperkt publiek worden toegekend tegen een lagere dan op de markt gebruikelijke debetrentevoet, dan wel rentevrij, of onder andere voorwaarden die voor de consument gunstiger zijn dan de op markt gebruikelijke voorwaarden en tegen rentetarieven die niet hoger zijn dan de op de markt gebruikelijke rentetarieven;
h. kredietovereenkomsten waarbij de kredietgever een organisatie is die valt onder de toepassing van artikel 2 lid 5 van Richtlijn 2008/48/EG van het Europees Parlement en de Raad van de

Europese Unie van 23 april 2008 inzake kredietovereenkomsten voor consumenten en tot intrekking van Richtlijn 87/102/EEG (Pb EU L 133).

Onderafdeling 2
Informatieverstrekking en handelingen voorafgaand aan het sluiten van de kredietovereenkomst

Art. 120
1. De reclame voor kredietovereenkomsten is eerlijk, duidelijk en niet misleidend en mag geen bewoordingen bevatten die bij de consument valse verwachtingen kunnen scheppen betreffende de beschikbaarheid of de kosten van een krediet.
2. Alle reclame voor kredietovereenkomsten waarin een rentevoet of cijfers betreffende de kosten van het krediet voor de consument worden vermeld, moet de in artikel 11, tweede en vierde lid, van de richtlijn genoemde standaardinformatie bevatten. Deze informatie is naargelang van de voor de reclame gebruikte drager goed leesbaar of duidelijk hoorbaar.
3. De in artikel 11, lid 2, onderdelen c tot en met i, van de Richtlijn bedoelde informatie wordt verduidelijkt door middel van een representatief voorbeeld dat steeds wordt gevolgd. Hierbij worden de bij of krachtens artikel 4:20 van de Wet op het financieel toezicht vastgestelde nadere criteria voor een representatief voorbeeld toegepast.
4. In de in reclame op te nemen standaardinformatie wordt tevens een beknopte en evenredige waarschuwing met betrekking tot de specifieke aan kredietovereenkomsten verbonden risico's opgenomen.
5. Een kredietgever die in reclame voor kredietovereenkomsten het bepaalde in de vorige leden niet in acht neemt, verricht een oneerlijke handelspraktijk als bedoeld in artikel 193b van Boek 6.

Reclame betreffende kredietovereenkomsten

Art. 121
1. De kredietgever heeft het recht tot gebundelde verkoop. Koppelverkoop is niet toegelaten.
2. Onverminderd lid 1 kan de kredietgever de consument, een familielid of een persoon uit de onmiddellijke omgeving van de consument verzoeken:
a. een beleggingsproduct of een particulier pensioenproduct te openen of aan te houden, indien dit product, dat hoofdzakelijk de belegger een inkomen tijdens pensionering biedt, tevens dient als bijkomende zekerheid voor de kredietgever in geval van wanbetaling, dan wel om kapitaal op te bouwen om het krediet terug te betalen of af te lossen, of tegoeden samen te voegen om het krediet te verkrijgen;
b. een afzonderlijke kredietovereenkomst te sluiten in combinatie met een kredietovereenkomst op basis van gedeelde vermogens om het krediet te verkrijgen.
3. De kredietgever kan van de consument verlangen dat hij over een verzekeringspolis met betrekking tot de kredietovereenkomst beschikt. De kredietgever is verplicht de verzekeringspolis van een andere dan de dienstverlener van zijn voorkeur te aanvaarden, mits de door die polis geboden waarborg gelijk is aan die van de door de kredietgever voorgestelde verzekeringspolis.

Koppelverkoop en gebundelde verkoop

Art. 122
1. De kredietgever en, in voorkomend geval, de kredietbemiddelaar verstrekt de consument onverwijld nadat hij de nodige informatie over zijn behoeften, financiële situatie en voorkeuren heeft verstrekt en ruimschoots voordat hij door een kredietovereenkomst of een aanbod wordt gebonden, de op zijn persoon toegesneden informatie die hij nodig heeft om de op de markt beschikbare kredietproducten te kunnen vergelijken en de respectievelijke implicaties ervan te kunnen beoordelen en zo een geïnformeerd besluit over het sluiten van een kredietovereenkomst te kunnen nemen.
2. De op de persoon van de consument toegesneden informatie wordt op papier of op een andere duurzame drager verstrekt door middel van het in bijlage K van het in artikel 112d Besluit gedragstoezicht financiële ondernemingen Wft opgenomen model.
3. Een voor de kredietgever bindend aanbod wordt aan de consument gedaan op de in het tweede lid bedoelde wijze en gaat vergezeld van het daar bedoelde model, tenzij dit eerder aan de consument is verstrekt en de kenmerken van het aanbod niet afwijken van de informatie die in dat eerdere aan de consument verstrekte model was opgenomen.
4. Indien de kredietgever of, in voorkomend geval, de kredietbemiddelaar aan de consument aanvullende informatie verstrekt, wordt dit in een afzonderlijk document aan de consument ter beschikking gesteld, dat bij het in het tweede lid bedoelde model kan worden gevoegd.
5. De kredietovereenkomst komt niet tot stand dan nadat de kredietgever of, in voorkomend geval, de kredietbemiddelaar de consument bij het doen van een bindend aanbod als bedoeld in lid 3 op papier of op een andere duurzame drager een exemplaar van de voorgenomen kredietovereenkomst heeft verstrekt en waarbij wordt meegedeeld dat dit aanbod gedurende veertien dagen voor de kredietgever bindend blijft.

Precontractuele gepersonaliseerde informatieplicht

6. Indien de debetrentevoet of andere, op het aanbod toepasselijke kosten worden bepaald aan de hand van de verkoop van onderliggende schuldbewijzen of andere langetermijnfinancieringsinstrumenten, kunnen de debetrentevoet of andere kosten afwijken van die van het aanbod overeenkomstig de waarde van de onderliggende schuldbewijzen of andere langetermijnfinancieringsinstrumenten.

Art. 123

Verplichtingen bij sluiten kredietovereenkomst door tussenkomst kredietbemiddelaar

1. Indien de kredietovereenkomst wordt gesloten door tussenkomst van een kredietbemiddelaar, wordt door deze ruimschoots voordat hij de in artikel 118, lid 1, onder e, genoemde kredietbemiddelingsactiviteiten uitoefent, aan de consument op papier of op een andere duurzame drager vermeld:
a. de identiteit en het geografische adres van de kredietbemiddelaar;
b. het register als bedoeld in artikel 1:107 van de Wet op het financieel toezicht, waarin de kredietbemiddelaar is ingeschreven en indien mogelijk, het registratienummer en de wijze waarop deze registratie geverifieerd kan worden;
c. of de kredietbemiddelaar verbonden is of uitsluitend met een of meer kredietgevers werkt, met verstrekking van de naam van de kredietgever of kredietgevers voor wie de kredietbemiddelaar optreedt.
d. of de kredietbemiddelaar adviesdiensten aanbiedt;
e. de vergoeding die de consument in voorkomend geval aan de kredietbemiddelaar voor zijn diensten verschuldigd is of, indien dat niet mogelijk is, de wijze om de vergoeding te berekenen;
f. volgens welke procedures consumenten of andere belanghebbenden klachten over kredietbemiddelaars intern kunnen indienen en, in voorkomend geval, hoe gebruik kan worden gemaakt van buitengerechtelijke klachten- en beroepsprocedures.
2. De kredietbemiddelaar is verplicht de vergoeding die de consument voor zijn dienstverlening aan hem dient te betalen, mee te delen aan de kredietgever teneinde het jaarlijks kostenpercentage te kunnen berekenen.
3. Indien de kredietbemiddelaar niet aan zijn in de leden 1 en 2 bedoelde verplichtingen voldoet, is de consument geen vergoeding voor zijn dienstverlening verschuldigd.

Onderafdeling 3
Jaarlijks kostenpercentage

Art. 124

Jaarlijks kostenpercentage bij kredietovereenkomst

1. Het jaarlijks kostenpercentage wordt door de kredietgever berekend overeenkomstig artikel 17 van de Richtlijn en bijlage I bij de Richtlijn.

2. Indien in de kredietovereenkomst is overeengekomen dat de debetrentevoet kan worden gewijzigd, licht de kredietgever de consument door middel van het in artikel 122, lid 2, bedoelde model in over de mogelijke effecten van wijzigingen op de te betalen bedragen en op het jaarlijkse kostenpercentage. De kredietgever verstrekt aan de consument een bijkomend jaarlijks kostenpercentage met een toelichting van de mogelijke risico's die aan een significante verhoging van de debetrentevoet verbonden zijn. Indien de debetrentevoet niet beperkt is, wordt de consument tevens gewaarschuwd dat de totale kredietkosten voor de consument, zoals getoond in het jaarlijks kostenpercentage, kunnen wijzigen.
3. Lid 2 is niet van toepassing op kredietovereenkomsten waarbij de debetrentevoet vaststaat voor een eerste periode van ten minste vijf jaar en waarvoor aan het eind van deze periode wordt onderhandeld over de debetrentevoet teneinde een nieuwe vaste debetrentevoet overeen te komen voor een verdere materiële periode. In het in artikel 122, lid 2, bedoelde model wordt hiervoor in een bijkomend, illustratief jaarlijks kostenpercentage voorzien.

Onderafdeling 4
Informatie en rechten betreffende kredietovereenkomsten

Art. 125

Bewijslast bij onjuiste beoordeling kredietwaardigheid consument

1. De kredietgever kan de kredietovereenkomst niet ten nadele van de consument beëindigen of wijzigen op grond van een onjuist uitgevoerde beoordeling van de kredietwaardigheid, tenzij de consument bewust informatie in de zin van artikel 4:34, derde lid, van de Wet op het financieel toezicht heeft achtergehouden of onjuist heeft weergegeven.
2. De kredietgever kan de kredietovereenkomst niet beëindigen op grond van door de consument onvolledig verstrekte informatie voor het sluiten van de kredietovereenkomst, tenzij de consument bewust informatie heeft achtergehouden of onjuist heeft weergegeven.

Art. 126

Kredietovereenkomsten in vreemde valuta

1. Indien de kredietovereenkomst in vreemde valuta is uitgedrukt, biedt de kredietgever de consument met ingang van het tijdstip waarop de overeenkomst wordt gesloten de mogelijkheid om de overeenkomst om te zetten in een andere valuta onder door de kredietgever bepaalde

voorwaarden, of treft de kredietgever jegens de consument andere maatregelen op grond waarvan het wisselkoersrisico waaraan de consument in het kader van de overeenkomst blootstaat, wordt beperkt.
2. De in lid 1 bedoelde andere valuta zijn:
a. de valuta waarin de consument hoofdzakelijk zijn inkomen ontvangt of de activa aanhoudt waaruit het krediet moet worden afgelost, zoals aangegeven op het tijdstip waarop ten behoeve van de kredietovereenkomst de recentste kredietwaardigheidsbeoordeling werd opgemaakt; of
b. de valuta van de lidstaat waar de consument op het tijdstip van de totstandkoming van de kredietovereenkomst zijn verblijfplaats had of waar hij bij de omzetting zijn verblijfplaats heeft.
3. Indien de consument het recht heeft de kredietovereenkomst in een andere valuta om te zetten, als bedoeld in lid 1 geschiedt de omrekening tegen de wisselkoers die van toepassing is op de dag waarop de omzetting wordt aangevraagd, tenzij in de kredietovereenkomst anders is bepaald.
4. Maatregelen waarop de consument een beroep kan doen, als bedoeld in lid 1 kunnen zijn het stellen van bovengrenzen door de kredietgever of, in de gevallen waarin deze volstaan om het wisselkoersrisico te beperken, het geven van waarschuwingen.
5. De consument die een lening in vreemde valuta is aangegaan, wordt door de kredietgever regelmatig op papier of door middel van een andere duurzame drager gewaarschuwd, ten minste indien de waarde van het totale uitstaande, nog door de consument te betalen bedrag of de waarde van de afbetalingstermijnen meer dan 20 procent afwijkt van de waarde die zou gelden indien de wisselkoers van de valuta van de lidstaat zou worden toegepast, die gold op het tijdstip waarop de overeenkomst werd gesloten. De waarschuwing bevat informatie over de stijging van het totale, door de consument te betalen bedrag, zet in voorkomend geval uiteen dat de consument het recht heeft om de overeenkomst in een andere valuta om te zetten met de daartoe geldende voorwaarden en geeft uitleg over elk ander toepasselijk mechanisme ter beperking van het wisselkoersrisico waaraan de consument is blootgesteld.
6. De op grond van de leden 1 tot en met 5 toepasselijke regelingen worden aan de consument in het in artikel 122, lid 2, bedoelde model en in de kredietovereenkomst meegedeeld. Indien in de kredietovereenkomst geen bepaling is opgenomen om het wisselkoersrisico, waaraan de consument is blootgesteld, te beperken tot een schommeling in de wisselkoers van 20 procent, wordt in het eerdergenoemde model met een voorbeeld geïllustreerd wat de gevolgen zijn van een wisselkoersschommeling van 20 procent.

Art. 127
1. De consument heeft het recht om zich vóór het verstrijken van de kredietovereenkomst geheel of gedeeltelijk van zijn verplichtingen op grond van de kredietovereenkomst te kwijten. In dat geval heeft de consument recht op een vermindering van de totale kredietkosten die gelijk is aan de rente en de kosten voor de resterende duur van de overeenkomst.
2. De kredietgever kan in de kredietovereenkomst opnemen dat een vervroegde aflossing alleen is toegestaan op bepaalde data, met inachtneming van een bepaalde termijn of termijnen, met inachtneming van bepaalde minimumbedragen, dan wel tegen betaling van een vergoeding.
3. Indien in de kredietovereenkomst is overeengekomen dat de kredietgever in geval van een vervroegde aflossing recht heeft op een vergoeding, is deze vergoeding een eerlijke en objectief verantwoorde vergoeding voor mogelijke kosten die rechtstreeks aan vervroegde aflossing verbonden zijn. De vergoeding mag het door de kredietgever geleden financiële nadeel niet overschrijden. Aan de consument mag geen boete worden opgelegd.
4. Indien de consument vóór het verstrijken van de kredietovereenkomst aan zijn verplichtingen op grond van de kredietovereenkomst wenst te voldoen, deelt de kredietgever hem onmiddellijk na ontvangst van diens verzoek, op papier of op een andere duurzame drager, de informatie mee die hij nodig heeft om die mogelijkheid te kunnen overwegen. De kredietgever verstrekt aan de consument ten minste een berekening van de gevolgen voor de consument die vóór het verstrijken van de kredietovereenkomst aan zijn verplichtingen voldoet met een duidelijke vermelding van de daarbij gehanteerde hypothesen, die elk redelijk en verdedigbaar zijn.

Vervroegde aflossing kredietovereenkomst

Art. 128
1. De kredietgever stelt de consument op papier of op een andere duurzame drager in kennis van wijzigingen in de debetrentevoet voordat deze ingaan. Daarbij worden ten minste het bedrag van de betalingen vermeld die moeten worden verricht nadat de nieuwe debetrentevoet in werking is getreden, alsook bijzonderheden betreffende een eventuele wijziging in het aantal of de frequentie van de betalingen.
2. De partijen kunnen evenwel in de kredietovereenkomst overeenkomen dat de informatie, bedoeld in lid 1, periodiek aan de consument wordt verstrekt indien de wijziging in de debetrentevoet rechtstreeks met de wijziging van een referentierentevoet samenhangt, het publiek via passende middelen kennis kan nemen van de nieuwe referentierentevoet en de informatie over de nieuwe referentierentevoet beschikbaar is in de gebouwen van de kredietgever en samen met het bedrag van de nieuwe periodieke betalingstermijnen persoonlijk aan de consument wordt meegedeeld.

Informatieplicht kredietgever m.b.t wijzigingen in debetrentevoet

3. Indien wijzigingen in de debetrentevoet worden vastgesteld door middel van een veiling op de kapitaalmarkten en het aldus voor de kredietgever niet mogelijk is om de consument te informeren voordat de wijziging toegepast kan worden, verschaft de kredietgever tijdig voor de veiling aan de consument op papier of door middel van een ander duurzaam medium informatie over de op handen zijnde procedure en geeft hij een aanwijzing omtrent het mogelijke effect ervan op de debetrentevoet.

Art. 128a

Bescherming consument bij betalingsachterstand

1. Indien de consument in verzuim is met zijn verplichtingen uit hoofde van de kredietovereenkomst, mag de kredietgever niet tot aanzegging van de executie als bedoeld in artikel 544 van het Wetboek van Burgerlijke Rechtsvordering overgaan dan nadat ten minste twee maanden na het tijdstip waarop de vordering opeisbaar is geworden, zijn verstreken en de kredietgever de consument persoonlijk heeft uitgenodigd om in overleg te treden over diens betalingsachterstand, tenzij in redelijkheid niet van de kredietgever kan worden gevergd dat hij voormelde termijn in acht neemt of de consument persoonlijk benadert om te overleggen.
2. Onverminderd het recht op wettelijke rente als bedoeld in artikel 119 van Boek 6 van het Burgerlijk Wetboek is de vergoeding die de consument aan de kredietgever verschuldigd is wegens niet-nakoming van zijn uit de kredietovereenkomst voortvloeiende verplichtingen, niet hoger dan hetgeen nodig is ter vergoeding van de schade die de kredietgever als gevolg van de niet-nakoming heeft geleden.

Onderafdeling 5
Slotbepalingen

Art. 128b

Kosteloze informatieverstrekking, verplichting tot

De kredietgever of, in voorkomend geval, de kredietbemiddelaar brengt de consument geen kosten in rekening voor zijn informatieverplichtingen uit hoofde van deze titel.

Art. 128c

Dwingende recht

1. Van het bepaalde bij deze titel kan niet ten nadele van de consument worden afgeweken.
2. De consument kan de hem krachtens deze titel toegekende bescherming niet worden ontzegd als gevolg van de wijze waarop overeenkomsten zijn opgesteld, met name doordat een kredietovereenkomst in de zin van deze Richtlijn is opgenomen in een kredietovereenkomst waarvan de aard of het doel het mogelijk maakt de toepassing van die maatregelen te ontwijken.

Titel 2c
Geldlening

Art. 129

Geldlening

1. De overeenkomst van geldlening is de kredietovereenkomst waarbij de ene partij, de uitlener, zich verbindt aan de andere partij, de lener, een som geld te verstrekken en de lener zich verbindt aan de uitlener een overeenkomstige som geld terug te betalen.
2. Indien is overeengekomen dat de kredietnemer door een enkele verklaring, een betalingsopdracht daaronder begrepen, de kredietgever kan verplichten hem een som geld te verstrekken, komt pas door deze verklaring de geldlening tot stand.

Art. 129a

Schakelbepaling

Indien op een overeenkomst van geldlening tevens titel 2A of titel 2B van toepassing is, zijn de bepalingen van titel 2A of titel 2B en die van deze titel naast elkaar van toepassing. In geval van strijd zijn de bepalingen van titel 2A of titel 2B van toepassing.

Art. 129b

Geldlening door particulier

Indien de uitlener een natuurlijke persoon is die niet in de uitoefening van een beroep of bedrijf handelt, bindt de overeenkomst hem niet voordat het geld daadwerkelijk aan de lener is verstrekt of de uitlener zich schriftelijk tot de verstrekking verbonden heeft.

Art. 129c

Rente bij geldlening

1. Indien beide partijen natuurlijke personen zijn en geen van beide partijen in de uitoefening van een beroep of bedrijf handelt, is over het geleende bedrag slechts rente verschuldigd, indien dit schriftelijk is bedongen.
2. In andere gevallen is de lener verplicht over de geleende som rente te betalen, tenzij uit de overeenkomst voortvloeit dat geen rente verschuldigd is.

Art. 129d

Renteberekening bij geldlening

Indien uit de overeenkomst voortvloeit dat over de geleende som rente verschuldigd is, maar de hoogte van die rente niet door partijen is bepaald, moet de rente volgens de voor wettelijke rente vastgestelde rentevoet worden berekend.

Art. 129e

Opeisbaarheid vordering tot teruggave geldlening

De lener is verplicht het door hem op grond van de overeenkomst verschuldigde terug te geven binnen zes weken nadat de uitlener heeft medegedeeld tot opeising over te gaan, tenzij een ander tijdstip voor de terugbetaling uit de overeenkomst voortvloeit.

Art. 129f
Indien is overeengekomen dat een lener de geleende geldsom terug zal betalen, wanneer hij daartoe in staat zal zijn, zal de rechter, naar gelang van de omstandigheden, het tijdstip van de opeisbaarheid nader kunnen bepalen.

Opeisbaarheid, bepaling door rechter van tijdstip

Titel 2d
Overeenkomst van pandbelening

Art. 130
1. De overeenkomst van pandbelening is de overeenkomst waarbij de ene partij, het pandhuis, aan de andere partij, de pandbelener, een geldsom ter beschikking stelt en de pandbelener daartegenover een roerende zaak, niet zijnde een registergoed, in de macht van het pandhuis brengt met het beding:
   a. hetzij dat het pandhuis de zaak aan de pandbelener teruggeeft, indien deze binnen de beleentermijn de geldsom volledig aan het pandhuis heeft terugbetaald en de pandbeleningsvergoeding volledig heeft voldaan, en dat het pandhuis eigenaar van de zaak wordt, indien volledige terugbetaling van de geldsom en volledige voldoening van de pandbeleningsvergoeding binnen de beleentermijn uitblijft;
   b. hetzij dat de pandbelener de zaak terstond aan het pandhuis in eigendom overdraagt, maar het pandhuis gehouden is de zaak aan de pandbelener terug te geven, indien deze binnen de beleentermijn de geldsom volledig aan het pandhuis heeft terugbetaald en de pandbeleningsvergoeding volledig heeft voldaan.
2. De onderhavige titel is mede van toepassing op iedere overeenkomst, aangegaan onder welke vorm of benaming dan ook, met dezelfde strekking als een overeenkomst van pandbelening als bedoeld in lid 1.

Pandbelening, definities

Art. 131
In deze titel wordt verstaan onder
   a. *pandhuis*: een natuurlijke persoon of rechtspersoon die in de uitoefening van zijn beroep of bedrijf pandbeleningen aanbiedt;
   b. *beleentermijn*: de in de overeenkomst van pandbelening overeengekomen termijn waarbinnen de pandbelener de hem ter beschikking gestelde geldsom moet terugbetalen en de pandbeleningsvergoeding moet voldoen, voordat het pandhuis verplicht is de zaak aan de pandbelener terug te geven;
   c. *pandbeleningsvergoeding*: alle beloningen en vergoedingen in welke vorm dan ook die het pandhuis in het kader van de overeenkomst van pandbelening in rekening brengt of ontvangt;
   d. *maand*: kalendermaand dan wel de periode tussen een dag van een kalendermaand en het einde van de overeenkomstige dag van de volgende kalendermaand.

Begripsbepalingen

Art. 132
Deze titel is slechts van toepassing, indien de pandbelener een natuurlijke persoon is die niet handelt in de uitoefening van een beroep of bedrijf.

Pandbelening, werkingssfeer

Art. 133
Onverminderd het bepaalde in de artikelen 193c–193e van Boek 6 stelt het pandhuis, voordat de pandbelener aan de overeenkomst van pandbelening is gebonden, deze in staat om kennis te nemen van de volgende informatie:
   a. de pandbeleningsvergoeding per maand uitgedrukt in een percentage van de ter beschikking gestelde geldsom;
   b. de lengte van de beleentermijn.

Pandbelening, informatieverstrekking aan pandbelener

Art. 134
1. De overeenkomst van pandbelening wordt op papier of op een andere duurzame drager aangegaan. Het pandhuis verstrekt de pandbelener een exemplaar van de overeenkomst van pandbelening en behoudt zelf ook een exemplaar.
2. In de overeenkomst van pandbelening worden op duidelijke en beknopte wijze vermeld:
   a. de identiteit en geografische adressen van de pandbelener en het pandhuis en van de eventueel opgetreden tussenpersoon;
   b. een omschrijving van de beleende zaak;
   c. de aan de pandbelener ter beschikking gestelde geldsom;
   d. de lengte van de beleentermijn;
   e. het beding bedoeld in artikel 130 lid 1 onder a dan wel het beding bedoeld in artikel 130 lid 1 onder b;
   f. de pandbeleningsvergoeding per maand, uitgedrukt in een percentage van de ter beschikking gestelde geldsom, en de wijze waarop deze vergoeding berekend is;
   g. het totale bedrag dat de pandbelener binnen de beleentermijn moet betalen om recht op teruggave van de zaak te hebben, uitgaande van voldoening van dat bedrag op de laatste dag van de beleentermijn en met aanduiding van de wijze waarop dat bedrag bij eerdere voldoening wordt berekend;

Pandbelening, vastleggen overeenkomst

art. 7:135

    h. de voorwaarden waaronder en de wijze waarop de beleentermijn kan worden verlengd;
    i. het recht van de pandbelener op onverwijlde afgifte bedoeld in artikel 135 lid 2;
    j. de verdere voorwaarden die op de overeenkomst van toepassing zijn.

Art. 135

Pandbelening, beleentermijn

1. De beleentermijn bedraagt ten minste twee maanden.

2. Gedurende de beleentermijn en, in geval van verlenging, gedurende de verlengde beleentermijn, heeft de pandbelener te allen tijde recht op onverwijlde afgifte van de beleende zaak tegen terugbetaling van de ter beschikking gestelde geldsom en voldoening van de pandbeleningsvergoeding.

Art. 136

Pandbelening, beding

Indien bij de overeenkomst van pandbelening het beding, bedoeld in artikel 130 lid 1 onder b is gemaakt, heeft volledige terugbetaling van de geldsom en volledige voldoening van de pandbeleningsvergoeding tot gevolg dat de pandbelener de eigendom van de zaak van rechtswege de zaak opnieuw verkrijgt, als ware de overdracht aan het pandhuis onder de ontbindende voorwaarde van deze terugbetaling geschied.

Art. 137

Pandbelening, pandbeleningsvergoeding

De pandbeleningsvergoeding wordt berekend in de vorm van een maandrente van ten hoogste een bij algemene maatregel van bestuur vastgesteld percentage van de in artikel 130 lid 1 bedoelde geldsom.

Art. 138

Pandbelening, schakelbepaling

Op een overeenkomst van pandbelening als bedoeld in artikel 130 lid 1, aanhef en onder a, zijn de regels betreffende pandrecht op roerende zaken van toepassing behoudens de artikelen 233, 234, 235, 237, 241, 242, 243 lid 2, 244, 248, 249, 250, 251, 252, 253, 254 en 256 van Boek 3.

Art. 139

Pandbelening, verlies

Indien de pandbelener niet binnen de beleentermijn de geldsom volledig terugbetaalt en de pandbeleningsvergoeding volledig voldoet, draagt het pandhuis het verlies dat hij ten opzichte van de in artikel 130 lid 1 bedoelde geldsom met pandbeleningsvergoeding lijdt.

Art. 140

Pandbelening, nadeel pandbelener

Van deze titel kan niet ten nadele van de pandbelener worden afgeweken.

Titel 3
Schenking

Art. 175

Schenking

1. Schenking is de overeenkomst om niet, die ertoe strekt dat de ene partij, de schenker, ten koste van eigen vermogen de andere partij, de begiftigde, verrijkt.

Schenkingsaanbod

2. Het tot een bepaalde persoon gericht schenkingsaanbod geldt als aangenomen, wanneer deze na er van kennis te hebben genomen het niet onverwijld heeft afgewezen.

Art. 176

Misbruik van omstandigheden bij schenking

Indien de schenker feiten stelt waaruit volgt dat de schenking door misbruik van omstandigheden is tot stand gekomen, rust bij een beroep op vernietigbaarheid de bewijslast van het tegendeel op de begiftigde, tenzij van de schenking een notariële akte is opgemaakt of deze verdeling van de bewijslast in de gegeven omstandigheden in strijd met de eisen van redelijkheid en billijkheid zou zijn.

Art. 177

Rechtsgevolgen overlijden schenker

1. Voor zover een schenking de strekking heeft dat zij pas na het overlijden van de schenker zal worden uitgevoerd, en zij niet reeds tijdens het leven van de schenker is uitgevoerd, vervalt zij met het overlijden van de schenker, tenzij de schenking door de schenker persoonlijk is aangegaan en van de schenking een notariële akte is opgemaakt. Voor zover de schenking betrekking heeft op kleren, lijfstoebehoren, bepaalde lijfsieraden, bepaalde tot de inboedel behorende zaken en bepaalde boeken, kan worden volstaan met een door de schenker geheel met de hand geschreven, gedagtekende en ondertekende onderhandse akte.

2. Indien een bevoegdheid is bedongen tot herroeping van een schenkingsovereenkomst als bedoeld in lid 1, kan deze herroeping behalve bij een tot de begiftigde gerichte verklaring ook bij een uiterste wilsbeschikking van de schenker zonder mededeling aan de begiftigde geschieden.

Art. 178

Vernietiging van schenking bij ziekte

1. Een schenking is vernietigbaar, indien zij gedurende een ziekte van de schenker wordt gedaan hetzij aan een beroepsbeoefenaar op het gebied van de individuele gezondheidszorg die hem bijstand verleent, hetzij aan een geestelijk verzorger die hem gedurende de ziekte bijstaat.

2. Ook is een schenking vernietigbaar indien zij gedurende een verblijf van de schenker in een voor de verzorging of verpleging van bejaarden of geestelijk gestoorden bestemde instelling wordt gedaan aan degene die de instelling exploiteert of die daarvan de leiding heeft of daarin werkzaam is.

3. Artikel 62 leden 2 en 3 van Boek 4 is van overeenkomstige toepassing. — *Schakelbepaling*
4. De bevoegdheid tot vernietiging op grond van de leden 1 en 2 verjaart drie jaar nadat de in lid 1 bedoelde ziekte, onderscheidenlijk het in lid 2 bedoelde verblijf, is geëindigd. — *Verjaring van bevoegdheid tot vernietiging van schenking bij ziekte*
5. Na het overlijden van de schenker kan de vernietiging van de schenking op grond van lid 1 of lid 2 mede plaatsvinden door een ieder die door de schenking nadeel lijdt. De vernietiging vindt slechts plaats voor zover deze nodig is tot opheffing van het nadeel van degene die zich op de vernietigingsgrond beroept. Een rechtsvordering tot vernietiging ingevolge de eerste zin verjaart op een met overeenkomstige toepassing van artikel 54 van Boek 4 te bepalen tijdstip, en in ieder geval drie jaar nadat de in lid 1 bedoelde ziekte, onderscheidenlijk het in lid 2 bedoelde verblijf, is geëindigd. — *Vernietiging na overlijden schenker*

Art. 179
1. Een aanbod tot schenking dat de aanbieder ten tijde van zijn overlijden nog kon herroepen, komt, in afwijking van artikel 222 van Boek 6, door zijn dood te vervallen, tenzij uit een overeenkomst of uit het aanbod zelf het tegendeel voortvloeit. — *Verval aanbod tot schenking na overlijden aanbieder*
2. Is het aanbod bij wijze van uitloving voor een bepaalde tijd gedaan, dan komt het door het overlijden van de aanbieder binnen die tijd te vervallen, indien ten tijde van het overlijden een gewichtige reden tot herroeping als bedoeld in artikel 220 lid 1 van Boek 6 bestond of het overlijden zelf een zodanige reden oplevert; alsdan is artikel 220 lid 2 van Boek 6 van overeenkomstige toepassing.

Art. 180
Op schenkingen onder een ontbindende voorwaarde en een daarbij aansluitende schenking onder opschortende voorwaarde zijn de artikelen 140 lid 1 en 141 van Boek 4 van overeenkomstige toepassing. — *Schakelbepaling*

Art. 181
1. Een aanbod tot schenking dat door de dood van de aanbieder niet vervalt, kan niet worden aanvaard door iemand die op het tijdstip van overlijden van de aanbieder nog niet bestond. — *Bestaansvereiste begiftigde na overlijden aanbieder bij schenking*
2. Lid 1 is niet van toepassing:
a. indien de schenker heeft bepaald dat hetgeen hij schenkt aan een afstammeling van zijn vader of moeder, bij het overlijden van die afstammeling of op een eerder tijdstip zal ten deel vallen aan diens alsdan bestaande afstammelingen staaksgewijze;
b. indien de schenker heeft bepaald dat hetgeen hij aan iemand schenkt, bij het overlijden van de begiftigde of op een eerder tijdstip zal ten deel vallen aan een afstammeling van een ouder van de schenker, en tevens dat, indien die afstammeling dat tijdstip niet overleeft, diens alsdan bestaande afstammelingen staaksgewijze in diens plaats zullen treden;
c. indien de schenker heeft bepaald dat hetgeen de begiftigde van het hem geschonkene bij zijn overlijden of op een eerder tijdstip onverteerd zal hebben gelaten, alsdan zal ten deel vallen aan een dan bestaande bloedverwant van de schenker in de erfelijke graad.

Art. 182
1. Bij een aanbod tot schenking dat schriftelijk wordt gedaan, kan worden bepaald dat het geschonkene onder bewind zal staan. — *Onderbewindstelling van geschonkene*
2. Het bewind heeft dezelfde rechtsgevolgen als een bij uiterste wilsbeschikking ingesteld bewind, met dien verstande dat
a. de termijnen bedoeld in de artikelen 178 leden 1 en 2, 179 lid 2 en 180 lid 2 van Boek 4, aanvangen op het tijdstip waarop de schenking wordt uitgevoerd, en
b. het bewind, voor zover het niet in het belang van een ander dan de begiftigde is ingesteld, ook eindigt wanneer de schenker en de begiftigde een gemeenschappelijk besluit tot opheffing schriftelijk ter kennis van de bewindvoerder brengen.

Art. 183
1. Een schenker is voor gebreken in het recht of voor feitelijke gebreken alleen aansprakelijk, wanneer hij deze niet heeft opgegeven ofschoon zij hem bekend waren, en de begiftigde deze gebreken niet ter gelegenheid van de aflevering van het geschonken goed had kunnen ontdekken. — *Aansprakelijkheid schenker voor gebreken*
2. Deze aansprakelijkheid strekt zich, behoudens in het geval van bedrog, niet uit tot schade geleden ten aanzien van het geschonken goed zelf.

Art. 184
1. In de navolgende gevallen is een schenking, ongeacht of zij reeds is uitgevoerd, vernietigbaar: — *Vernietiging van schenking*
a. indien de begiftigde in verzuim is met de voldoening van een hem bij de schenking opgelegde verplichting, waarvan noch de schenker noch een derde nakoming kan vorderen;
b. indien de begiftigde opzettelijk een misdrijf jegens de schenker of diens naaste betrekkingen pleegt;
c. indien een begiftigde die wettelijk of krachtens overeenkomst verplicht is tot onderhoud van de schenker bij te dragen, in verzuim is deze verplichting na te komen.

2. In lid 1, onder b, wordt mede verstaan onder misdrijf: poging tot, voorbereiding van en deelneming aan een misdrijf.

Art. 185

Vernietiging van bevoegdheid tot schenking

1. Rechtsvorderingen tot vernietiging van de schenking op grond van artikel 184 verjaren door verloop van een jaar, te rekenen van de dag waarop het feit dat grond tot vernietiging oplevert, ter kennis van de schenker is gekomen.
2. Na het overlijden van de schenker kan vernietiging van de schenking op grond van het in het vorige artikel bepaalde slechts plaatsvinden door een rechterlijke uitspraak en, in de gevallen genoemd in artikel 184 lid 1, onder b en c, alleen indien het feit dat grond tot vernietiging oplevert, de dood van de schenker heeft veroorzaakt.

Art. 186

Schakelbepaling

1. De bepalingen van deze titel zijn van overeenkomstige toepassing op andere giften dan schenkingen, voor zover de strekking van de betrokken bepalingen in verband met de aard van de handeling zich daartegen niet verzet.

Gift

2. Als gift wordt aangemerkt iedere handeling die er toe strekt dat degene die de handeling verricht, een ander ten koste van eigen vermogen verrijkt. Zolang degene tot wiens verrijking de handeling strekt, de prestatie niet heeft ontvangen, noch daarop aanspraak kan maken, worden handelingen als bedoeld in de eerste volzin niet beschouwd als gift.

Art. 187

Tegenprestatie begiftigde

1. Is de begiftigde in verband met de gift gehouden een tegenprestatie te verrichten, dan is artikel 186 lid 1, behoudens voor zover het artikel 182 betreft, van toepassing, en gelden voorts de volgende twee leden.
2. In het geval, bedoeld in artikel 177 lid 1, vervalt de gift niet, doch is zij vernietigbaar. De vernietiging werkt terug tot het overlijden van degene die de gift doet. De bevoegdheid tot vernietiging vervalt indien de begiftigde tijdig een aanvullende prestatie toezegt, die de handeling haar in artikel 186 lid 2 bedoelde strekking ontneemt. Bovendien kan de rechter op verlangen van een erfgenaam of van de begiftigde, in plaats van de vernietiging uit te spreken, te dien einde de gevolgen van de handeling wijzigen.
3. Is de gift vernietigbaar op grond van artikel 178, dan is artikel 54 van Boek 3 van overeenkomstige toepassing.
4. Op handelingen die ten dele als gift, ten dele als nakoming van een natuurlijke verbintenis zijn te beschouwen, zijn de vorige leden van overeenkomstige toepassing.

Art. 188

Begunstiging bij sommenverzekering

1. De aanwijzing van een begunstigde bij een sommenverzekering wordt, wanneer zij is aanvaard of kan worden aanvaard, aangemerkt als een gift, tenzij zij geschiedt ter nakoming van een verbintenis anders dan een uit schenking. De artikelen 177, 179, 181, 182 en 187 zijn op deze giften niet van toepassing.
2. Als waarde van een gift door begunstiging bij een sommenverzekering geldt de waarde van de daaruit voortvloeiende rechten op uitkering. Indien de begunstiging slechts ten dele als gift wordt aangemerkt, geldt als waarde van de gift een evenredig deel van de waarde van de daaruit voortvloeiende rechten op uitkering.
3. Het bedrag dat de verzekeraar krachtens de wet of een overeenkomst met de verzekeringnemer op de uitkering inhoudt, komt in de eerste plaats op de waarde van de gift in mindering.

Titel 4
Huur

Afdeling 1
Algemene bepalingen

Art. 201

Huurovereenkomst

1. Huur is de overeenkomst waarbij de ene partij, de verhuurder, zich verbindt aan de andere partij, de huurder, een zaak of een gedeelte daarvan in gebruik te verstrekken en de huurder zich verbindt tot een tegenprestatie.
2. Huur kan ook op vermogensrechten betrekking hebben. In dat geval zijn de bepalingen van deze afdeling en de afdelingen 2–4 van toepassing, voor zover de strekking van die bepalingen of de aard van het recht zich daartegen niet verzet.
3. De pachtovereenkomst wordt niet als huur aangemerkt.

Art. 202

Genotsrecht bij huur

Indien de huurder recht heeft op de vruchten van de zaak, geldt dit recht als een genotsrecht als bedoeld in artikel 17 van Boek 5. De huurder verkrijgt de vruchten van de dag van ingang van de huur af met dien verstande dat burgerlijke vruchten van dag tot dag berekend worden.

Afdeling 2
Verplichtingen van de verhuurder

Art. 203
De verhuurder is verplicht de zaak ter beschikking van de huurder te stellen en te laten voor zover dat voor het overeengekomen gebruik noodzakelijk is. *Terbeschikkingstelling van zaak aan huurder*

Art. 204
1. De verhuurder heeft met betrekking tot gebreken van de zaak de in deze afdeling omschreven verplichtingen. *Gebrek zaak bij huur*
2. Een gebrek is een staat of eigenschap van de zaak of een andere niet aan de huurder toe te rekenen omstandigheid, waardoor de zaak aan de huurder niet het genot kan verschaffen dat een huurder bij het aangaan van de overeenkomst mag verwachten van een goed onderhouden zaak van de soort als waarop de overeenkomst betrekking heeft.
3. Een feitelijke stoornis door derden zonder bewering van recht als bedoeld in artikel 211 en een bewering van recht zonder feitelijke stoornis zijn geen gebreken in de zin van lid 2.

Art. 205
De uit deze afdeling voortvloeiende rechten van de huurder komen aan deze toe, onverminderd alle andere rechten en vorderingen. *Schakelbepaling*

Art. 206
1. De verhuurder is verplicht op verlangen van de huurder gebreken te verhelpen, tenzij dit onmogelijk is of uitgaven vereist die in de gegeven omstandigheden redelijkerwijs niet van de verhuurder zijn te vergen. *Herstel gebreken bij huur*
2. Deze verplichting geldt niet ten aanzien van de kleine herstellingen tot het verrichten waarvan de huurder krachtens artikel 217 verplicht is, en ten aanzien van gebreken voor het ontstaan waarvan de huurder jegens de verhuurder aansprakelijk is.
3. Is de verhuurder met het verhelpen in verzuim, dan kan de huurder dit verhelpen zelf verrichten en de daarvoor gemaakte kosten, voor zover deze redelijk waren, op de verhuurder verhalen, desgewenst door deze in mindering van de huurprijs te brengen. Hiervan kan niet ten nadele van de huurder worden afgeweken.

Art. 207
1. De huurder kan in geval van vermindering van huurgenot ten gevolge van een gebrek een daaraan evenredige vermindering van de huurprijs vorderen van de dag waarop hij van het gebrek behoorlijk heeft kennis gegeven aan de verhuurder of waarop het gebrek reeds in voldoende mate bekend was om tot maatregelen over te gaan, tot die waarop het gebrek is verholpen. *Vermindering huurprijs bij gebrek*
2. De huurder heeft geen aanspraak op huurvermindering terzake van gebreken die hij krachtens artikel 217 verplicht is te verhelpen, of voor het ontstaan waarvan hij jegens de verhuurder aansprakelijk is.

Art. 208
Onverminderd de gevolgen van niet-nakoming van de verplichting van artikel 206 is de verhuurder tot vergoeding van de door een gebrek veroorzaakte schade verplicht, indien het gebrek na het aangaan van de overeenkomst is ontstaan en aan hem is toe te rekenen, alsmede indien het gebrek bij het aangaan van de overeenkomst aanwezig was en de verhuurder het toen kende of had behoren te kennen, of toen aan de huurder heeft te kennen gegeven dat de zaak het gebrek niet had. *Vergoeding van schade veroorzaakt door gebrek bij huur*

Art. 209
Van de artikelen 206, leden 1 en 2, 207 en 208 kan niet ten nadele van de huurder worden afgeweken voor zover het gaat om gebreken die de verhuurder bij het aangaan van de overeenkomst kende of had behoren te kennen. *Dwingend recht*

Art. 210
1. Indien een gebrek dat de verhuurder ingevolge artikel 206 niet verplicht is te verhelpen, het genot dat de huurder mocht verwachten, geheel onmogelijk maakt, is zowel de huurder als de verhuurder bevoegd de huur op de voet van artikel 267 van Boek 6 te ontbinden. *Ontbinding huur vanwege gebreken*
2. Een verplichting van een der partijen tot schadevergoeding ter zake van een gebrek omvat mede de door het eindigen van de huur ingevolge lid 1 veroorzaakte schade.

Art. 211
1. Wanneer tegen de huurder door een derde een vordering wordt ingesteld tot uitwinning of tot verlening van een recht waarmee de zaak waarop de huurovereenkomst betrekking heeft, ingevolge die overeenkomst niet belast had mogen zijn, is de verhuurder na kennisgeving daarvan door de huurder gehouden in het geding te komen ten einde de belangen van de huurder te verdedigen. *Vordering tegen huurder door derde*
2. De verhuurder moet aan de huurder alle door deze vordering ontstane kosten vergoeden, doch, als de kennisgeving niet onverwijld is geschied, alleen de na de kennisgeving ontstane kosten.

art. 7:212

Vordering tegen onderhuurder door hoofdverhuurder

3. Wanneer tegen de onderhuurder een vordering betreffende het ondergehuurde wordt ingesteld door de hoofdverhuurder, zijn de voorgaande leden van overeenkomstige toepassing op de onderverhuurder. Voor de toepassing van artikel 2.9.5 van het Wetboek van Burgerlijke Rechtsvordering wordt deze vordering gelijkgesteld aan een vordering tot uitwinning.

Afdeling 3
De verplichtingen van de huurder

Art. 212
Tegenprestatie huurder De huurder is verplicht de tegenprestatie op de overeengekomen wijze en tijdstippen te voldoen.

Art. 213
Goed huurderschap De huurder is verplicht zich ten aanzien van het gebruik van de gehuurde zaak als een goed huurder te gedragen.

Art. 214
Gebruik zaak door huurder De huurder is slechts bevoegd tot het gebruik van de zaak dat is overeengekomen, en, zo daaromtrent niets is overeengekomen, tot het gebruik waartoe de zaak naar zijn aard bestemd is.

Art. 215
Verandering inrichting door huurder
1. De huurder is niet bevoegd de inrichting of gedaante van het gehuurde geheel of gedeeltelijk te veranderen dan na schriftelijke toestemming van de verhuurder, tenzij het gaat om veranderingen en toevoegingen die bij het einde van de huur zonder noemenswaardige kosten kunnen worden ongedaan gemaakt en verwijderd.
2. Indien het de huur van woonruimte betreft, verleent de verhuurder binnen acht weken de toestemming in ieder geval, indien de voorgenomen veranderingen de verhuurbaarheid van het gehuurde niet schaden, dan wel niet leiden tot een waardedaling van het gehuurde.
3. Indien de verhuurder de toestemming niet verleent, kan de huurder vorderen dat de rechter hem zal machtigen tot het aanbrengen van de veranderingen. Indien de verhuurder niet tevens de eigenaar, vruchtgebruiker of erfpachter van de zaak is, draagt de verhuurder ervoor zorg dat ook de eigenaar, vruchtgebruiker of erfpachter tijdig in het geding wordt geroepen. Indien op de zaak een hypotheek rust, bestaat deze verplichting tevens ten aanzien van de hypotheekhouder.
4. De rechter wijst de vordering in ieder geval toe, indien de verhuurder op grond van lid 2 toestemming had behoren te geven. In andere gevallen wijst hij de vordering slechts toe, indien de veranderingen noodzakelijk zijn voor een doelmatig gebruik van het gehuurde door de huurder of het woongenot verhogen en geen zwaarwichtige bezwaren aan de zijde van de verhuurder zich tegen het aanbrengen daarvan verzetten.
5. De rechter kan aan de machtiging voorwaarden verbinden of daarbij een last opleggen; hij kan op vordering van de verhuurder de huurprijs verhogen, indien de veranderingen daartoe aanleiding geven.
6. Van de voorgaande leden kan niet ten nadele van de huurder worden afgeweken, tenzij het de buitenzijde van gehuurde woonruimte betreft.

Art. 216
Veranderingen ongedaan maken die zijn aangebracht door huurder
1. De huurder is tot de ontruiming bevoegd door hem aangebrachte veranderingen en toevoegingen ongedaan te maken, mits daarbij het gehuurde in de toestand wordt gebracht, die bij het einde van de huur redelijkerwijs in overeenstemming met de oorspronkelijke kan worden geacht.
2. De huurder is niet verplicht tot het ongedaan maken van geoorloofde veranderingen en toevoegingen, onverminderd de bevoegdheid van de rechter om hem op de voet van artikel 215 lid 5 de verplichting op te leggen hiervoor vóór de ontruiming van het gehuurde zorg te dragen.
3. De huurder kan ter zake van geoorloofde veranderingen en toevoegingen die na het einde van de huurovereenkomst niet ongedaan worden gemaakt, vergoeding vorderen voor zover artikel 212 van Boek 6 dat toestaat.

Art. 217
Kleine herstellingen door huurder De huurder is verplicht te zijnen koste de kleine herstellingen te verrichten, tenzij deze nodig zijn geworden door het tekortschieten van de verhuurder in de nakoming van zijn verplichting tot het verhelpen van gebreken.

Art. 218
Aansprakelijkheid huurder voor schade
1. De huurder is aansprakelijk voor schade aan de verhuurde zaak die is ontstaan door een hem toe te rekenen tekortschieten in de nakoming van een verplichting uit de huurovereenkomst.
2. Alle schade wordt vermoed daardoor te zijn ontstaan, behoudens brandschade en, in geval van huur van een gebouwde onroerende zaak of een gedeelte daarvan, schade aan de buitenzijde van het gehuurde.
3. Onverminderd artikel 224 lid 2 wordt de huurder vermoed het gehuurde in onbeschadigde toestand te hebben ontvangen.

Art. 219
De huurder is jegens de verhuurder op gelijke wijze als voor eigen gedragingen aansprakelijk voor de gedragingen van hen die met zijn goedvinden het gehuurde gebruiken of zich met zijn goedvinden daarop bevinden.

Aansprakelijkheid huurder voor schade aangebracht door anderen

Art. 220
1. Indien gedurende de huurtijd dringende werkzaamheden aan het gehuurde moeten worden uitgevoerd of de verhuurder krachtens artikel 56 van Boek 5 iets moet toestaan ten behoeve van een naburig erf, moet de huurder daartoe gelegenheid geven, onverminderd zijn aanspraken op vermindering van de huurprijs, op ontbinding van de huurovereenkomst en op schadevergoeding.

Dringende werkzaamheden aan het gehuurde

2. Lid 1 is van overeenkomstige toepassing wanneer de verhuurder met voortzetting van de huurovereenkomst wil overgaan tot renovatie van de gebouwde onroerende zaak waarop die overeenkomst betrekking heeft, en daartoe aan de huurder een, gelet op het belang van de verhuurder en de belangen van de huurder en eventuele onderhuurders, redelijk voorstel doet. Een dergelijk voorstel wordt schriftelijk gedaan. Onder renovatie wordt zowel sloop met vervangende nieuwbouw als gedeeltelijke vernieuwing door verandering of toevoeging verstaan.

Renovatie van het gehuurde

3. Indien de renovatie tien of meer woningen of bedrijfsruimten die een bouwkundige eenheid vormen, betreft wordt het in lid 2 bedoelde voorstel vermoed redelijk te zijn, wanneer 70% of meer van de huurders daarmee heeft ingestemd. De huurder die niet met het voorstel heeft ingestemd, kan binnen acht weken na de schriftelijke kennisgeving van de verhuurder aan hem dat 70% of meer van de huurders met het voorstel heeft ingestemd een beslissing van de rechter vorderen omtrent de redelijkheid van het voorstel.
4. De voorgaande leden doen niet af aan de bevoegdheid van de verhuurder om de huurovereenkomst op te zeggen op de grond dat hij de zaak dringend nodig heeft voor renovatie, voor zover zulks kan worden gebracht onder de wettelijke opzeggingsgronden die gelden voor een gebouwde onroerende zaak als waarop de huurovereenkomst betrekking heeft.
5. Indien verhuizing noodzakelijk is in verband met de voorgenomen renovatie, bedoeld in lid 2, derde zin, van woonruimte als bedoeld in artikel 233 draagt de verhuurder bij in de kosten die de verhuizing voor de huurder meebrengt.
6. De minimumbijdrage in de verhuis- en inrichtingskosten voor de huurders van zelfstandige woningen als bedoeld in artikel 234, en woonwagens en standplaatsen als bedoeld in de artikelen 235 en 236, wordt bij ministeriële regeling van de Minister voor Wonen, Wijken en Integratie vastgesteld en zal jaarlijks voor 1 maart worden gewijzigd voor zover de consumentenprijsindex daartoe aanleiding geeft. Het in de eerste zin genoemde bedrag wordt afgerond op hele euro's.
7. De verhuurder kan eventuele door de gemeente aan de huurder te verstrekken bijdragen of vergoedingen voor verhuis- of inrichtingskosten in mindering brengen op de hoogte van de bijdrage, bedoeld in het zesde lid.

Art. 221
De huurder is bevoegd het gehuurde geheel of gedeeltelijk aan een ander in gebruik te geven, tenzij hij moest aannemen dat de verhuurder tegen het in gebruik geven aan die ander redelijke bezwaren zal hebben.

Ingebruikgeving gehuurde aan ander

Art. 222
Indien de huurder gebreken aan de zaak ontdekt of derden hem in zijn genot storen of enig recht op de zaak beweren, moet hij daarvan onverwijld aan de verhuurder kennis geven, bij gebreke waarvan hij verplicht is aan de verhuurder de door de nalatigheid ontstane schade te vergoeden.

Kennisgeving van gebrek door huurder

Art. 223
De huurder van een onroerende zaak of een gedeelte daarvan is, indien de verhuurder tot verhuur na afloop van lopende huur of tot verkoop wenst over te gaan, verplicht te dulden dat aan de zaak de gebruikelijke kennisgevingen ter huur of ter koop zijn worden aangebracht, en aan belangstellenden gelegenheid te geven tot bezichtiging.

Dulden aangebrachte kennisgeving en bezichtiging door huurder

Art. 224
1. De huurder is verplicht het gehuurde bij het einde van de huur weer ter beschikking van de verhuurder te stellen.

Einde van huur

2. Indien tussen de huurder en verhuurder een beschrijving van het verhuurde is opgemaakt, is de huurder gehouden de zaak in dezelfde staat op te leveren waarin deze volgens de beschrijving is aanvaard, met uitzondering van geoorloofde veranderingen en toevoegingen en hetgeen door ouderdom is teniet gegaan of beschadigd. Indien geen beschrijving is opgemaakt, wordt de huurder, behoudens tegenbewijs, verondersteld het gehuurde in de staat te hebben ontvangen zoals deze is bij het einde van de huurovereenkomst.

Art. 225
Houdt de huurder na einde van de huur het gehuurde onrechtmatig onder zich, dan kan de verhuurder over de tijd dat hij het gehuurde mist, een vergoeding vorderen gelijk aan de huurprijs, onverminderd, indien zijn schade meer dan deze vergoeding bedraagt, zijn recht op dit meerdere.

Onrechtmatig onder zich houden van zaak door huurder

Afdeling 4
De overgang van de huur bij overdracht van de verhuurde zaken en het eindigen van de huur

Art. 226

Overdracht zaak door verhuurder

1. Overdracht van de zaak waarop de huurovereenkomst betrekking heeft en vestiging of overdracht van een zelfstandig recht van vruchtgebruik, erfpacht of opstal op de zaak waarop de huurovereenkomst betrekking heeft, door de verhuurder doen de rechten en verplichtingen van de verhuurder uit de huurovereenkomst, die daarna opeisbaar worden, overgaan op de verkrijger.
2. Overdracht door een schuldeiser van de verhuurder wordt met overdracht door de verhuurder gelijkgesteld.
3. De verkrijger wordt slechts gebonden door die bedingen van de huurovereenkomst, die onmiddellijk verband houden met het doen hebben van het gebruik van de zaak tegen een door de huurder te betalen tegenprestatie.
4. Bij huur van een gebouwde onroerende zaak of een gedeelte daarvan alsmede van een woonwagen in de zin van artikel 235 en van een standplaats in de zin van artikel 236, kan niet van de voorgaande leden worden afgeweken.

Art. 227

Overdracht beperkt recht op verhuurde zaak

In geval van vestiging of overdracht van een beperkt recht op de verhuurde zaak, dat niet onder artikel 226 lid 1 is begrepen, is de gerechtigde jegens de huurder verplicht zich te onthouden van een uitoefening van dat recht, die het gebruik door de huurder belemmert.

Art. 228

Einde van huur voor onbepaalde tijd aangegaan

1. Een huur voor bepaalde tijd aangegaan, eindigt, zonder dat daartoe een opzegging vereist is, wanneer die tijd is verstreken.

2. Een huur voor onbepaalde tijd aangegaan of voor onbepaalde tijd verlengd eindigt door opzegging. Heeft de huur betrekking op een onroerende zaak die noch woonruimte, noch bedrijfsruimte is, dan dient de opzegging te geschieden tegen een voor huurbetaling overeengekomen dag op een termijn van tenminste een maand.

Art. 229

Rechtsgevolgen dood huurder of verhuurder

1. De dood van de huurder of de verhuurder doet de huur niet eindigen.

2. Indien de erfgenamen van de huurder niet bevoegd zijn de zaak aan een ander in gebruik te geven, kunnen zij, onderscheidenlijk zijn echtgenoot of geregistreerde partner in het geval zijn nalatenschap overeenkomstig artikel 13 van Boek 4 wordt verdeeld, gedurende zes maanden na het overlijden van hun erflater de overeenkomst op een termijn van tenminste een maand opzeggen.
3. Indien een huurder twee of meer erfgenamen nalaat, is de verhuurder verplicht zijn medewerking te verlenen aan de toedeling van de rechten en verplichtingen van de overleden huurder uit de huurovereenkomst door de gezamenlijke erfgenamen aan een of meer van hen, tenzij de verhuurder tegen een of meer van de aangewezenen redelijke bezwaren heeft. De eerste zin is niet van toepassing indien de nalatenschap ingevolge artikel 13 van Boek 4 is verdeeld.

Art. 230

Verlenging huurovereenkomst door in gebruik houden van zaak

Indien na afloop van een huurovereenkomst de huurder met goedvinden van de verhuurder het gebruik van het gehuurde behoudt, wordt daardoor, tenzij van een andere bedoeling blijkt, de overeenkomst, ongeacht de tijd waarvoor zij was aangegaan, voor onbepaalde tijd verlengd.

Art. 230a

Verlenging termijn ontruiming van gehuurde onroerende zaak

1. Heeft een huur betrekking op een gebouwde onroerende zaak of gedeelte daarvan en is die zaak of dat gedeelte noch woonruimte, noch bedrijfsruimte in de zin van deze titel, dan kan de huurder na het einde van de huurovereenkomst de rechter verzoeken de termijn waarbinnen ontruiming moet plaats vinden, te verlengen. Het verzoek moet worden ingediend binnen twee maanden na het tijdstip waartegen schriftelijk ontruiming is aangezegd.
2. Het eerste lid geldt niet in geval de huurder zelf de huur heeft opgezegd, uitdrukkelijk in de beëindiging daarvan heeft toegestemd of veroordeeld is tot ontruiming wegens niet nakoming van zijn verplichtingen.
3. De verhuurder kan niet verlangen dat de huurder voor het einde van de in lid 1 bedoelde termijn tot ontruiming overgaat. De indiening van het verzoek schorst de verplichting om tot ontruiming over te gaan, totdat op het verzoek is beslist.
4. Het verzoek wordt slechts toegewezen indien de belangen van de huurder en van de onderhuurder aan wie bevoegdelijk is onderverhuurd, door de ontruiming ernstiger worden geschaad dan die van de verhuurder bij voortzetting van het gebruik door de huurder. Het verzoek wordt niettemin afgewezen, indien de verhuurder aannemelijk maakt dat van hem wegens onbehoorlijk gebruik van het verhuurde, wegens ernstige overlast, de medegebruikers dan wel hemzelf aan-

gedaan, of wegens wanbetaling niet gevergd kan worden dat de huurder langer het recht op het gebruik van de zaak of gedeelte daarvan behoudt.
5. De verlenging kan worden uitgesproken voor een termijn van ten hoogste een jaar na het eindigen van de overeenkomst. Deze termijn kan op verzoek van de huurder nog tweemaal telkens met ten hoogste een jaar worden verlengd. Het verzoek tot verlenging moet uiterlijk een maand voor het verstrijken van de termijn worden ingediend. Lid 3, tweede zin, en lid 4 zijn van toepassing.
6. Zo partijen het niet eens zijn over de som die de huurder gedurende de termijn waarmee de verlenging heeft plaats gevonden, voor het gebruik van de zaak of gedeelte daarvan verplicht is te betalen, stelt rechter deze som vast op een, gezien het huurpeil ter plaatse, redelijk bedrag. Hij kan, zo een der partijen dit verzoekt, te dier zake een voorlopige voorziening treffen. Voor het overige blijven gedurende deze termijn de rechten en verplichtingen uit de huurovereenkomst tussen partijen van kracht.
7. Bij afwijzing van het verzoek stelt de rechter het tijdstip van ontruiming vast. De beschikking geldt als een veroordeling tot ontruiming tegen dat tijdstip.
8. Tegen een beschikking krachtens dit artikel staat geen hogere voorziening open.
9. Van dit artikel kan niet ten nadele van de huurder worden afgeweken.
10. De leden 1-9 zijn niet van toepassing, wanneer de overeenkomst tevens aan de omschrijving voldoet van een overeenkomst als bedoeld in artikel 50a, onderdelen c of f.

Art. 231
1. Ontbinding van een huurovereenkomst met betrekking tot een gebouwde onroerende zaak alsmede een woonwagen in de zin van artikel 235 en een standplaats in de zin van artikel 236 op de grond dat de huurder tekortgeschoten is in de nakoming van zijn verplichtingen, kan slechts geschieden door de rechter, behoudens in het geval van lid 2 en van artikel 210. **Ontbinding huurovereenkomst onroerende zaak**
2. De verhuurder kan de overeenkomst op de voet van artikel 267 van Boek 6 ontbinden op de grond dat door gedragingen in het gehuurde de openbare orde is verstoord en het gehuurde deswege op grond van artikel 174a van de Gemeentewet dan wel op grond van een verordening als bedoeld in artikel 174 van die wet is gesloten, door gedragingen in zodanig gebouw in strijd met artikel 2 of 3 van de Opiumwet is gehandeld en het desbetreffende gebouw deswege op grond van artikel 13b van die wet is gesloten, of zodanig gebouw op grond van artikel 17 van de Woningwet is gesloten.
3. Van lid 1 kan niet ten nadele van de huurder worden afgeweken.

Afdeling 5
Huur van woonruimte

Onderafdeling 1
Algemeen

Art. 232
1. Deze afdeling is uitsluitend van toepassing op huur van woonruimte. **Huur van woonruimte**
2. Deze afdeling is niet van toepassing op huur welke een gebruik van woonruimte betreft dat naar zijn aard slechts van korte duur is.
3. De artikelen 206 lid 3, 270, 271 lid 4, 272, 273, 274, 275, 276, 277 en 281 zijn gedurende negen maanden na het ingaan van de overeenkomst niet van toepassing op huur van woonruimte die niet een zelfstandige woning vormt en deel uitmaakt van een woning waarin de verhuurder zijn hoofdverblijf heeft en waarin niet eerder aan dezelfde huurder deze of andere woonruimte is verhuurd geweest.

Art. 233
Onder woonruimte wordt verstaan een gebouwde onroerende zaak voor zover deze als zelfstandige dan wel niet zelfstandige woning is verhuurd, dan wel een woonwagen of een standplaats, alsmede de onroerende aanhorigheden. **Woonruimte**

Art. 234
Onder zelfstandige woning wordt verstaan de woning welke een eigen toegang heeft en welke de bewoner kan bewonen zonder daarbij afhankelijk te zijn van wezenlijke voorzieningen buiten de woning. **Zelfstandige woning**

Art. 235
Onder woonwagen wordt verstaan een voor bewoning bestemd gebouw, dat is geplaatst op een standplaats, in zijn geheel of in delen kan worden verplaatst en waarvoor een omgevingsvergunning voor een bouwactiviteit als bedoeld in artikel 2.1, eerste lid, onder a, van de Wet algemene bepalingen omgevingsrecht is verleend. **Woonwagen**

Art. 236
Onder standplaats wordt verstaan een kavel, bestemd voor het plaatsen van een woonwagen, waarop voorzieningen aanwezig zijn die op het leidingnet van de openbare nutsbedrijven, andere instellingen of van gemeenten kunnen worden aangesloten. **Standplaats**

Art. 237

Prijs
1. In deze afdeling wordt onder prijs verstaan het geheel van de verplichtingen die de huurder tegenover de verhuurder bij of ter zake van huur op zich neemt.

Huurprijs
2. Onder huurprijs wordt verstaan de prijs die is verschuldigd voor het enkele gebruik van de woonruimte.

Servicekosten
3. In deze afdeling wordt verstaan onder kosten voor nutsvoorzieningen met een individuele meter: de vergoeding in verband met de levering van elektriciteit, gas en water voor het verbruik in het woonruimtegedeelte van het gehuurde op basis van een zich in dat gedeelte bevindende individuele meter. Onder servicekosten wordt verstaan de vergoeding voor de overige zaken en diensten die geleverd worden in verband met de bewoning van de woonruimte. Bij algemene maatregel van bestuur kunnen zaken en diensten worden aangewezen waarvoor de vergoeding moet worden aangemerkt als servicekosten.

Energieprestatievergoeding
4. In deze afdeling wordt onder energieprestatievergoeding verstaan de schriftelijk overeengekomen betalingsverplichting die de huurder met betrekking tot de kosten voor een door de verhuurder gegarandeerde energieprestatie van de woonruimte als gevolg van een combinatie van energiebesparende en energieleverende voorzieningen aan die woonruimte moet voldoen.

Art. 238

Huurcommissie
Onder huurcommissie wordt verstaan de huurcommissie bedoeld in artikel 3a van de Uitvoeringswet huurprijzen woonruimte.

Art. 239

Onze Minister
Onder Onze Minister wordt verstaan Onze Minister voor Wonen en Rijksdienst.

Art. 240

Nadere regels
Bij algemene maatregel van bestuur kunnen herstellingen worden aangewezen die moeten worden aangemerkt als kleine herstellingen die krachtens artikel 217 voor rekening van de huurder zijn. Van de krachtens het onderhavige artikel vastgestelde bepalingen kan niet ten nadele van de huurder worden afgeweken.
(Zie ook: Bkh)

Art. 241

Dwingend recht
Bij of krachtens algemene maatregel van bestuur wordt bepaald welke tekortkomingen in elk geval als gebreken worden aangemerkt. Van de krachtens dit artikel vastgestelde bepalingen kan niet ten nadele van de huurder worden afgeweken.
(Zie ook: BHW)

Art. 242

Dwingend recht
1. Behoudens bij standaardregeling bedoeld in artikel 214 van Boek 6 kan niet ten nadele van de huurder worden afgeweken van de artikelen 204, 206 leden 1 en 2, 207, 208 en 217, tenzij het gaat om herstellingen aan door de huurder aangebrachte veranderingen en toevoegingen of gebreken aan door de huurder aangebrachte veranderingen en toevoegingen.
2. Van de artikelen 216 lid 3, 224 lid 2 en 230 kan niet ten nadele van de huurder worden afgeweken.

Art. 243

Verbetering woonruimte bij huur
1. Indien woonruimte in een gebouwde onroerende zaak voorzieningen behoeft als bedoeld in lid 2, kan de rechter op verzoek van de huurder bepalen dat de verhuurder verplicht is deze verbetering op eigen kosten aan te brengen, mits de huurder zich bereid heeft verklaard tot het betalen van een huurverhoging die in redelijke verhouding staat tot deze kosten. Van deze bepaling kan niet ten nadele van de huurder worden afgeweken.
(Zie ook: art. 40 BW Boek 3)
2. Voorzieningen als bedoeld in lid 1 zijn:
a. het thermisch isoleren van de uitwendige scheidingsconstructies;
b. het thermisch isoleren van de constructie die de scheiding vormt met de kruipruimte;
c. het ten behoeve van de verwarmingsinstallatie plaatsen van een verwarmingsketel met een opwekkingsrendement van ten minste 80%, indien de bestaande verwarmingsketel ten minste tien jaren oud is.

Art. 244

Gehuurde aan ander in gebruik geven bij huur
In afwijking van artikel 221 is de huurder van woonruimte niet bevoegd het gehuurde geheel of gedeeltelijk aan een ander in gebruik te geven. De huurder van een zelfstandige woning die in die woning zijn hoofdverblijf heeft, is echter bevoegd een deel daarvan aan een ander in gebruik te geven.

Art. 245

Nadere regels
In de Uitvoeringswet huurprijzen woonruimte worden nadere regels gegeven aangaande huurprijzen en andere vergoedingen.

Onderafdeling 2
Huurprijzen en andere vergoedingen

Paragraaf 1
Huurprijzen

Art. 246
Ter zake van huur gelden de huurprijzen die partijen zijn overeengekomen, voorzover uit deze onderafdeling niet anders voortvloeit.

Huurprijzen

Art. 247
De volgende artikelen van deze onderafdeling zijn, behoudens de artikelen 249, 251, 259, 261 lid 1 en 264, niet van toepassing op een overeenkomst van huur en verhuur, die betrekking heeft op een zelfstandige woning, ten aanzien waarvan bij de aanvang van de bewoning een huurprijs gold of geldt, die, indien nodig herleid tot een bedrag per jaar, hoger is dan het krachtens artikel 3 lid 2 van de Uitvoeringswet huurprijzen woonruimte vastgesteld bedrag, indien
a. die overeenkomst op of na 1 juli 1994 is totstandgekomen, dan wel,
b. die overeenkomst betrekking heeft op een woning die is totstandgekomen op of na 1 juli 1989.

Werkingssfeer

Art. 248
1. De huurprijs kan worden verhoogd hetzij op grond van een beding in de huurovereenkomst dat in deze wijziging voorziet, hetzij indien een dergelijk beding niet van kracht is, op de wijze als voorgeschreven in de artikelen 252, 252a en 253. Gedurende het bestaan van een dergelijk beding is toepassing van de artikelen 252, 252a en 253 uitgesloten. Indien een dergelijk beding niet meer van kracht is, kan vanaf een tijdvak van twaalf maanden na het tijdstip waarop laatstelijk toepassing is gegeven aan het beding, aan de hiervoor genoemde artikelen toepassing worden gegeven.
2. Leidt toepassing van een beding als bedoeld in lid 1 tot verhoging van de huurprijs met een hoger percentage dan het door Onze Minister vastgestelde maximale huurverhogingspercentage als bedoeld in artikel 10 lid 2 van de Uitvoeringswet huurprijzen woonruimte, dan is het beding nietig voorzover zij tot dit hogere percentage leidt en geldt de huurprijs als verhoogd met het door Onze Minister vastgestelde maximale huurverhogingspercentage.

Verhoging van huurprijs

Art. 249
1. De huurder kan tot uiterlijk zes maanden na het tijdstip waarop een door hem met betrekking tot die woonruimte voor de eerste maal aangegane huurovereenkomst is ingegaan, de huurcommissie verzoeken uitspraak te doen over de redelijkheid van de overeengekomen huurprijs.
2. In afwijking van lid 1 kan de huurder tot uiterlijk zes maanden na afloop van een door hem met betrekking tot die woonruimte voor de eerste maal aangegane huurovereenkomst voor de duur van twee jaar of korter als bedoeld in artikel 271 lid 1, tweede volzin, de huurcommissie verzoeken uitspraak te doen over de redelijkheid van de overeengekomen huurprijs.

Uitspraak huurcommissie over redelijkheid van huurprijs

Art. 250
1. De huurprijs kan op verzoek van de verhuurder worden verhoogd op de wijze voorgeschreven in de artikelen 252, 252a en 253:
a. gedurende het eerste tijdvak van twaalf maanden na de dag van ingang van de huur ten hoogste eenmaal, en
b. telkens tegen het einde van elkaar opvolgende tijdvakken van twaalf maanden na hetzij het ingaan van de onder a bedoelde verhoging, hetzij bij gebreke van zodanige verhoging de dag van ingang van de huur.
2. Een verhoging van de huurprijs krachtens lid 1 is niet mogelijk, zolang er tussen huurder en verhuurder geen overeenstemming is dat de, bij toepassing van de artikelen 12 en 16 van de Uitvoeringswet huurprijzen woonruimte, geconstateerde gebreken ten aanzien van de woonruimte zijn opgeheven.
3. In afwijking van lid 1 kan de huurprijs worden verhoogd tegen het einde van een tijdvak dat even zoveel korter dan twaalf maanden is als het daaraan voorafgaande tijdvak langer dan twaalf maanden is geweest.
4. De huurprijs kan op verzoek van de huurder worden verlaagd op de wijze voorgeschreven in de artikelen 252, 252b en 254.

Wijze van verhoging/verlaging van huurprijs

Art. 251
Bepalingen in huurovereenkomsten die tot gevolg hebben dat de huurprijs in enig tijdvak van twaalf maanden meer dan eenmaal wordt verhoogd, zijn nietig, tenzij het gaat om het geval van artikel 255.

Dwingend recht

Art. 252
1. Een voorstel tot wijziging van de huurprijs moet tenminste twee maanden voor de voorgestelde dag van ingang van de wijziging schriftelijk worden gedaan.
2. Het in lid 1 bedoelde voorstel dient te vermelden:

Voorstel tot wijziging van huurprijs

a. de geldende huurprijs;
b. het percentage of het bedrag van de wijziging van de huurprijs;
c. de voorgestelde huurprijs;
d. de voorgestelde dag van ingang van de voorgestelde huurprijs;
e. de wijze waarop en het tijdvak waarbinnen de huurder, wanneer hij bezwaren heeft tegen het voorstel, daarvan kan doen blijken, en de gevolgen die deze onderafdeling verbindt aan het niet doen blijken van bezwaren.
3. Voor het doen van een voorstel tot verlaging van de huurprijs dient een waardering van de kwaliteit van de woonruimte als bedoeld in artikel 10 lid 1 van de Uitvoeringswet huurprijzen woonruimte te worden verstrekt.
4. Indien een overeenkomst tot wijziging van de huurprijs tot stand komt naar aanleiding van een voorstel daartoe, dat niet voldoet aan lid 1 en lid 2 aanhef en onder b, d of e dan wel aan het in lid 3 bepaalde, blijft de voordien geldende huurprijs verschuldigd, tenzij blijkt dat degene tot wie het voorstel was gericht niet door het verzuim is benadeeld.
(Zie ook: art. III UwHW)

Art. 252a

Voorstel tot verhoging van huurprijs

1. Een verhuurder kan ten aanzien van woonruimte die een zelfstandige woning vormt een voorstel als bedoeld in artikel 252 doen, strekkend tot verhoging van de huurprijs op de grond dat het huishoudinkomen over het inkomenstoetsjaar hoger is dan het in artikel 10 lid 2 van de Uitvoeringswet huurprijzen woonruimte bedoelde bedrag. De eerste volzin is niet van toepassing ten aanzien van een huishouden waarvan een lid of meerdere leden de pensioengerechtigde leeftijd, bedoeld in artikel 7a lid 1 van de Algemene Ouderdomswet, heeft of hebben bereikt of een huishouden van 4 of meer personen.

Begripsbepalingen

2. In dit artikel wordt verstaan onder:
a. *basisregistratie inkomen:* basisregistratie inkomen als bedoeld in hoofdstuk IVA van de Algemene wet inzake rijksbelastingen;
b. *huishoudinkomen:* het gezamenlijke bedrag van de inkomensgegevens, bedoeld in artikel 21 onderdeel e van de Algemene wet inzake rijksbelastingen, van de huurder en de overige bewoners van een woonruimte in het inkomenstoetsjaar, met dien verstande dat van een overige bewoner die op 1 januari van het jaar waarin de voorgestelde dag van ingang van de voorgestelde huurprijs is gelegen de leeftijd van 23 jaar nog niet heeft bereikt het bedrag van het inkomensgegeven slechts in aanmerking wordt genomen voor zover dat meer bedraagt dan de uitkomst van 108% van het twaalfvoud van het bedrag per maand, bedoeld in artikel 8 lid 1 onderdeel a van de Wet minimumloon en minimumvakantiebijslag, als geldend op 1 januari van het inkomenstoetsjaar;
c. *huishoudverklaring:* een door de inspecteur op verzoek van de verhuurder aan deze afgegeven verklaring;
d. *inkomenstoetsjaar:* tweede kalenderjaar dat voorafgaat aan het kalenderjaar waarin ten aanzien van een huurovereenkomst een huishoudverklaring is verstrekt;
e. *inspecteur:* functionaris van de rijksbelastingdienst die als zodanig bij regeling van Onze Minister van Financiën is aangewezen;
f. *peiljaar:* het kalenderjaar dat voorafgaat aan het kalenderjaar waarin de voorgestelde dag van ingang van de voorgestelde huurprijs is gelegen.
3. Indien een voorstel als bedoeld in lid 1 wordt gedaan, wordt bij het voorstel een huishoudverklaring gevoegd.
4. De inspecteur verstrekt desgevraagd aan de verhuurder een huishoudverklaring. In de verklaring wordt vermeld of op de door de verhuurder aangeduide plaats van de woonruimte op basis van gegevens uit de basisregistratie inkomen op het moment van behandeling van het verzoek van de verhuurder aan de inspecteur, te verwachten is dat van degene of degenen die daar volgens de registratie van de rijksbelastingdienst woont of wonen het huishoudinkomen over het inkomenstoetsjaar lager is dan of gelijk is aan het in artikel 10 lid 2 van de Uitvoeringswet huurprijzen woonruimte genoemde bedrag, dan wel hoger is dan dat bedrag. De verklaring vermeldt voorts, indien dat huishoudinkomen hoger is dan het in artikel 10 lid 2 van de Uitvoeringswet huurprijzen woonruimte genoemde bedrag, het aantal personen waarop dat huishoudinkomen is gebaseerd. Indien geen inkomensgegevens in de basisregistratie inkomen beschikbaar is, vermeldt de verklaring dat dat het geval is.
Indien in de door de verhuurder aangeduide woonruimte volgens de registratie van de rijksbelastingdienst een huishouden waarvan een lid of meerdere leden de pensioengerechtigde leeftijd, bedoeld in artikel 7a lid 1 van de Algemene Ouderdomswet, heeft of hebben bereikt of een huishouden van 4 of meer personen woont, vermeldt de huishoudverklaring dit. De tweede, derde en vierde volzin blijven in dat geval buiten toepassing.
Bij regeling van Onze Minister van Financiën worden nadere regels gesteld ter uitvoering van dit lid. Daarbij worden in ieder geval regels gesteld omtrent het kunnen doen van een verzoek tot het verstrekken van een huishoudverklaring, het verzoek zelf, de verstrekking van de huishoudverklaring, alsmede ten aanzien van de verhuurder.

5. Indien een huurovereenkomst tot wijziging van de huurprijs tot stand komt naar aanleiding van een voorstel daartoe, dat niet voldoet aan lid 3 is de verhoging van de huurprijs op basis van een voorstel als bedoeld in lid 1 niet mogelijk, tenzij blijkt dat de huurder niet door het verzuim is benadeeld.
6. Een overeenkomst tot wijziging van de huurprijs als gevolg van een voorstel als bedoeld lid 1 komt niet tot stand indien de huurder kan aantonen:
a. dat hij of een ander lid van het huishouden deel uitmaakt van een bij regeling van Onze Minister te bepalen groep;
b. dat het huishoudinkomen in het peiljaar gelijk is aan of lager is dan het in artikel 10 lid 2 van de Uitvoeringswet huurprijzen woonruimte bedoelde bedrag;
c. dat hij of een ander lid van het huishouden de pensioengerechtigde leeftijd, bedoeld in artikel 7a lid 1 van de Algemene Ouderdomswet, heeft bereikt, of
d. dat hij deel uitmaakt van een huishouden van 4 of meer personen.

Art. 252b
1. Onverminderd het bepaalde in artikel 252a lid 6 kan een huurder ten aanzien van woonruimte die een zelfstandige woning vormt en ten aanzien waarvan een verhoging van de huurprijs op basis van artikel 252a lid 1 heeft plaatsgevonden, een voorstel als bedoeld in artikel 252 doen, strekkend tot verlaging van de huurprijs op de grond dat het huishoudinkomen, bedoeld in artikel 252a lid 2 onderdeel b, waarop een zodanige verhoging is gebaseerd, in het peiljaar is gedaald en daarmee:
1°. gelijk is aan of lager is dan het in artikel 14 lid 1 van de Wet op de huurtoeslag betrokken genoemde bedrag, of
2°. gelijk is aan of lager is dan het in artikel 10 lid 2 van de Uitvoeringswet huurprijzen woonruimte bedoelde bedrag.

Voorstel tot verlaging van huurprijs

2. Indien een voorstel als bedoeld in lid 1 wordt gedaan, verstrekt de huurder gegevens met betrekking tot de betrokken huishoudinkomens. Bij regeling van Onze Minister wordt bepaald welke gegevens de huurder verstrekt.
3. Indien een overeenkomst tot wijziging van de huurprijs tot stand komt naar aanleiding van een voorstel daartoe, dat niet voldoet aan lid 2, is de verlaging van de huurprijs op basis van een voorstel als bedoeld in lid 1 niet mogelijk, tenzij blijkt dat de verhuurder niet door het verzuim is benadeeld.

Art. 253
1. Indien de huurder voor het tijdstip waarop de verhoging van de huurprijs blijkens het voorstel had moeten ingaan, schriftelijk verklaart met het voorstel van de verhuurder niet in te stemmen, kan de verhuurder tot zes weken na dat tijdstip onder overlegging van een afschrift van dat voorstel en van een voornoemde verklaring van de huurder de huurcommissie verzoeken uitspraak te doen over de redelijkheid van het voorstel. Indien de verhuurder een voorstel als bedoeld in artikel 252a lid 1 heeft gedaan, en de verklaring, bedoeld in de eerste volzin, betrekking heeft op het huishoudinkomen over het inkomenstoetsjaar, verzoekt de verhuurder aan de inspecteur om een vervolgverklaring. Artikel 252a lid 4 is op de vervolgverklaring van overeenkomstige toepassing. De vervolgverklaring wordt door de verhuurder bij een verzoek als bedoeld in de eerste volzin overgelegd. Indien de verhuurder een voorstel als bedoeld in artikel 252a lid 1 heeft gedaan en de huurder zich beroept op een van de gevallen, genoemd in artikel 252a lid 6, verstrekt de huurder, indien dat deel uitmaken van een groep, bedoeld in onderdeel a van laatstgenoemd artikellid, dat bereiken van de pensioengerechtigde leeftijd, bedoeld in onderdeel c van laatstgenoemd artikellid, dat deel uitmaken van een huishouden van 4 of meer personen, bedoeld in onderdeel d van laatstgenoemd artikellid, of het huishoudinkomen voorwerp van geschil is, bij de verklaring, bedoeld in de eerste volzin, gegevens met betrekking tot dat deel uitmaken, dat bereiken of dat huishoudinkomen. Bij regeling van Onze Minister wordt bepaald welke gegevens de huurder verstrekt.

Instemming huurder met voorstel tot wijziging van huurprijs

2. De huurder kan de huurcommissie binnen vier maanden na het in lid 1 eerste volzin bedoelde tijdstip verzoeken uitspraak te doen over de redelijkheid van het voorstel, indien:
a. hij noch vóór het in lid 1 eerste volzin bedoelde tijdstip de daar bedoelde schriftelijke verklaring doet, noch door het betalen van de voorgestelde huurverhoging doet blijken met die verhoging in te stemmen, en
b. de verhuurder hem binnen drie maanden na het in lid 1 eerste volzin bedoelde tijdstip bij aangetekend schrijven nogmaals van het voorstel in kennis heeft gesteld, waarbij een afschrift van het voorstel is gevoegd, en hij met het voorstel tot huurverhoging niet instemt.
De huurder legt bij dit verzoek een afschrift van het voorstel en van dat schrijven en, indien de verhuurder een voorstel als bedoeld in artikel 252a lid 1 heeft gedaan en het deel uitmaken van een groep, dat bereiken van de pensioengerechtigde leeftijd of dat deel uitmaken van een huishouden van 4 of meer personen, bedoeld in artikel 252a lid 6 onderdeel a, onderdeel c onderscheidenlijk onderdeel d, of het huishoudinkomen voorwerp van geschil is, gegevens met betrekking tot dat deel uitmaken, dat bereiken of dat huishoudinkomen over. Lid 1 vijfde volzin is van overeenkomstige toepassing.

3. De huurder wordt geacht de voorgestelde verhoging van de huurprijs met ingang van de in het voorstel genoemde datum van ingang met de verhuurder te zijn overeengekomen indien hij, na ontvangst van het in het tweede lid bedoelde schrijven, niet binnen vier maanden na die datum van ingang een verzoek tot de huurcommissie heeft gericht.
4. Indien de huurder het in het tweede lid bedoelde verzoek doet, stelt de huurcommissie de verhuurder daarvan onverwijld in kennis.
5. Indien de verhuurder een voorstel als bedoeld in artikel 252 lid 1 aanhef of artikel 252a lid 1 bij aangetekend schrijven heeft gedaan, kan hij, indien voldaan is aan lid 2 onder a, binnen zes weken na het in lid 1 eerste volzin bedoelde tijdstip de huurcommissie verzoeken uitspraak te doen over de redelijkheid van het voorstel. De verhuurder legt bij dit verzoek een afschrift over van het voorstel en een bewijs van aangetekende verzending.
(Zie ook: art. III UwHW)

Art. 254

Instemming verhuurder met voorstel huurder tot verlaging van huurprijs

Indien de verhuurder met een voorstel van de huurder tot verlaging van de huurprijs niet instemt, kan de huurder tot uiterlijk zes weken na het tijdstip waarop de verlaging blijkens het voorstel had moeten ingaan, de huurcommissie verzoeken uitspraak te doen over de redelijkheid van het voorstel.

Art. 255

Vermeerdering met kosten van veranderingen van huurprijs

1. De huurprijs van woonruimte waarin of waaraan gedurende de huurtijd door of vanwege de verhuurder:
a. voorzieningen zijn aangebracht die verband houden met een maatregel die gericht is op het opheffen of verminderen van beperkingen die een gehandicapte, bij het normale gebruik van zijn woonruimte ondervindt, in de kosten waarvan ingevolge enige wettelijke regeling een financiële tegemoetkoming is verleend, of
b. veranderingen of toevoegingen, waaronder niet wordt verstaan het verhelpen van gebreken als bedoeld in artikel 204, zijn aangebracht, waardoor het woongerief geacht kan worden te zijn gestegen en die niet ingrepen zijn als bedoeld onder a,
is de huurprijs, vermeerderd met een bedrag dat in redelijke verhouding staat tot de door de verhuurder gemaakte kosten van deze ingrepen, veranderingen of toevoegingen met dien verstande dat de nieuwe huurprijs niet hoger mag zijn dan die welke bij toepassing van de regels bedoeld in artikel 10 lid 1 van de Uitvoeringswet huurprijzen woonruimte als redelijk is aan te merken.
2. Indien partijen geen overeenstemming hebben kunnen bereiken over het bedrag van de verhoging, kan ieder van hen binnen drie maanden na de totstandkoming van de ingrepen, veranderingen of toevoegingen de huurcommissie verzoeken daarover een uitspraak te doen.
3. Onder gehandicapte in het eerste lid wordt verstaan een persoon die ten gevolge van ziekte of gebrek aantoonbare beperkingen ondervindt.

Art. 256

[Vervallen]

Art. 257

Vordering huurder tot vermindering van huurprijs

1. Voor de vordering van de huurder tot vermindering van de huurprijs op grond van artikel 207 lid 1 in verbinding met artikel 242 geldt een met inachtneming van de volgende leden toe te passen vervaltermijn van zes maanden na de aanvang van de dag volgend op die waarop de huurder van het gebrek kennis heeft gegeven aan de verhuurder.
2. Is de vordering van de huurder gegrond op een tekortkoming die krachtens artikel 241 als een gebrek heeft te gelden, dan kan de huurder, in plaats van zijn vordering binnen de in lid 1 bedoelde termijn bij de rechter in te stellen, binnen zes maanden na de aanvang van de dag volgend op die waarop de huurder van het gebrek heeft kennis gegeven aan de verhuurder, de huurcommissie verzoeken over de vermindering uitspraak te doen overeenkomstig de in artikel 16 lid 2 van de Uitvoeringswet huurprijzen woonruimte bedoelde algemene maatregel van bestuur. De huurder kan eerst een verzoek tot de huurcommissie richten, indien de verhuurder niet binnen zes weken na de aanvang van de dag volgend op die waarop huurder van het gebrek kennis heeft gegeven aan de verhuurder, het gebrek heeft verholpen.
3. Na het verstrijken van de in de voorgaande leden bedoelde termijn van zes maanden kan, voor wat het verleden betreft, geen huurvermindering worden verlangd over een langere periode dan zes maanden, voorafgaande aan het instellen van de vordering of het indienen van het verzoek.

Paragraaf 2
Andere vergoedingen

Art. 258

Servicekosten bij huur

1. Indien de huurovereenkomst meer omvat dan het enkele gebruik van de woonruimte en bij die overeenkomst slechts de hoogte van de prijs en niet die van de huurprijs is vastgesteld,

kan de huurder aan de verhuurder een voorstel doen tot vaststelling van de huurprijs en het voorschot van de kosten voor nutsvoorzieningen met een individuele meter en de servicekosten.
2. Een voorstel als bedoeld in lid 1 moet ten minste twee maanden voor de voorgestelde dag van ingang van de huurprijs en het voorschot van de kosten voor nutsvoorzieningen met een individuele meter en de servicekosten schriftelijk worden gedaan en dient te vermelden:
 a. de geldende prijs;
 b. de voorgestelde huurprijs;
 c. het voorgestelde voorschot van kosten voor de nutsvoorzieningen met een individuele meter en de servicekosten, en
 d. de voorgestelde dag van ingang van de huurprijs en het voorschot van de kosten voor nutsvoorzieningen met een individuele meter en de servicekosten.
3. Indien de verhuurder niet instemt met een voorstel als bedoeld in lid 1, kan de huurder tot uiterlijk zes weken na het tijdstip waarop dit voorstel had moeten ingaan, de huurcommissie verzoeken uitspraak te doen over de redelijkheid van het voorstel. De huurcommissie stelt de huurprijs vast en, voor zover nodig, het voorschot van de kosten voor nutsvoorzieningen met een individuele meter en de servicekosten.
4. Indien een overeenkomst tot vaststelling van de huurprijs tot stand komt naar aanleiding van een voorstel daartoe, dat niet voldoet aan lid 1 en lid 2, aanhef en onder b, c of d, blijft de voordien geldende prijs verschuldigd, tenzij blijkt dat de verhuurder niet door het verzuim is benadeeld.

Art. 259
1. De betalingsverplichting van de huurder met betrekking tot kosten voor de nutsvoorzieningen met een individuele meter en de servicekosten beloopt het bedrag dat door de huurder en verhuurder is overeengekomen. Bij gebreke van overeenstemming beloopt de betalingsverplichting met betrekking tot kosten voor de nutsvoorzieningen met een individuele meter het bedrag dat in overeenstemming is met de voor de berekening daarvan geldende wettelijke voorschriften of met hetgeen als een redelijke vergoeding voor de geleverde zaken en diensten kan worden beschouwd, en met betrekking tot servicekosten het bedrag dat bij ministeriële regeling is vastgesteld.
2. De verhuurder verstrekt de huurder elk jaar, uiterlijk zes maanden na het verstrijken van een kalenderjaar, een naar de soort uitgesplitstoverzicht van de in dat kalenderjaar in rekening gebrachte kosten voor nutsvoorzieningen met een individuele meter en servicekosten, met vermelding van de wijze van berekening daarvan. Indien aan de verhuurder kosten in rekening worden gebracht die niet een kalenderjaar betreffen, maar een andere periode van twaalf maanden, die een boekjaar vormt en in het verstreken kalenderjaar eindigt, neemt de verhuurder de kosten over die andere periode in het overzicht van dat verstreken kalenderjaar op.
3. Bij beëindiging van de huurovereenkomst heeft het overzicht als in lid 2 bedoeld betrekking op het tijdvak van het kalenderjaar dat op het tijdstip van de beëindiging reeds is verstreken.
4. De verhuurder biedt de huurder desverzocht de gelegenheid, na verstrekking van het overzicht bedoeld in lid 2, tot inzage van de aan het overzicht ten grondslag liggende boeken en andere bescheiden of van afschriften daarvan.

Servicekosten bij huur, nadere regels m.b.t.

Art. 260
1. Indien de huurder en verhuurder geen overeenstemming hebben kunnen bereiken over een betalingsverplichting van de huurder met betrekking tot kosten voor nutsvoorzieningen met een individuele meter en servicekosten, kan de huurder of verhuurder de huurcommissie verzoeken uitspraak daarover te doen.
2. Het verzoek heeft betrekking op niet meer dan één tijdvak van ten hoogste twaalf maanden voor elke kostensoort waarop het verzoek betrekking heeft. Het verzoek kan worden gedaan tot uiterlijk vierentwintig maanden nadat de in artikel 259 lid 2 genoemde termijn voor het verstrekken van het overzicht door de verhuurder is verstreken.
3. Bij het verzoek neemt de verhuurder de betalingsverplichting van de huurder met betrekking tot de servicekosten op in een bij ministeriële regeling vastgesteld formulier.

Overeenstemming over servicekosten bij huur

Art. 261
1. Het voorschotbedrag dat de huurder krachtens overeenkomst of rechterlijke uitspraak ter zake van de kosten voor nutsvoorzieningen met een individuele meter verschuldigd is, mag, tenzij na het ingaan van de huur anders is overeengekomen, slechts worden verhoogd:
 a. met ingang van de dag, volgend op het einde van de betalings-termijn waarin de overeengekomen uitbreiding van de levering van zaken of diensten heeft plaatsgevonden dan wel met ingang van de betalingstermijn met ingang waarvan die uitbreiding heeft plaats gevonden;
 b. met ingang van de dag, volgende op de betalingstermijn, waarin het laatste overzicht, bedoeld in artikel 259, aan de huurder is verstrekt met dien verstande dat elk overzicht slechts eenmaal tot een verhoging mag leiden.
2. De huurder is gebonden aan een wijziging van de levering van zaken of diensten en het daarbij behorende gewijzigde voorschotbedrag, indien die wijziging betrekking heeft op zaken of diensten die slechts aan een aantal huurders gezamenlijk geleverd kunnen worden, en ten-

Verhoging/verlaging voorschotbedrag servicekosten bij huur minste 70% van die huurders daarmee heeft ingestemd. Een huurder die niet met de wijziging heeft ingestemd, kan binnen acht weken na de schriftelijke kennisgeving van de verhuurder dat overeenstemming is bereikt met tenminste 70% van de huurders, een beslissing van de rechter vorderen omtrent de redelijkheid van het voorstel.

3. Indien het door de huurder verschuldigde voorschotbedrag aanzienlijk hoger is dan de te verwachten kosten voor nutsvoorzieningen met een individuele meter, kan de huurcommissie op verzoek van de huurder het voorschotbedrag verlagen tot een bedrag dat in redelijke verhouding staat tot die kosten.

Art. 261a

Toetsing energieprestatievergoeding door huurcommissie

1. Indien een energieprestatievergoeding is overeengekomen, kan de huurder de huurcommissie verzoeken deze te toetsen aan de krachtens artikel 19bis van de Uitvoeringswet huurprijzen woonruimte gegeven regels.
2. De artikelen 259, tweede lid, en 260, tweede lid, zijn van overeenkomstige toepassing.

Paragraaf 3
Slotbepalingen

Art. 262

Uitspraak huurcommissie bij huur

1. Wanneer de huurcommissie op een verzoek van de huurder of verhuurder als bedoeld in de paragrafen 1 en 2 uitspraak heeft gedaan, worden zij geacht te zijn overeengekomen wat in die uitspraak is vastgesteld, tenzij een van hen binnen acht weken nadat aan hen afschrift van die uitspraak is verzonden, een beslissing van de rechter heeft gevorderd over het punt waarover de huurcommissie om een uitspraak was verzocht.
2. Tegen een beslissing krachtens dit artikel is geen hogere voorziening toegelaten.

Art. 263

Ingang wijziging huurprijs door huurcommissie/rechter bij huur

Een wijziging van de huurprijs, vastgesteld in een uitspraak van de huurcommissie of van de rechter, mag in rekening worden gebracht met ingang van de in het voorstel tot wijziging voorgestelde dag dan wel indien de huurprijs is vastgesteld zonder dat daartoe een voorstel is gedaan, de dag waarop vaststelling is verzocht aan de huurcommissie of vaststelling is gevorderd bij de rechter. Zo in de uitspraak een latere dag van ingang wordt vastgesteld, geldt die wijziging met ingang van die latere dag.

Art. 264

Dwingend recht

1. Elk in verband met de totstandkoming van een huurovereenkomst betreffende woonruimte gemaakt beding, niet de huurprijs betreffende, voorzover daarbij ten behoeve van een der partijen een niet redelijk voordeel wordt overeengekomen, is nietig.
2. Elk in verband met de totstandkoming van een zodanige huurovereenkomst gemaakt beding, voorzover daarbij door of tegenover een derde enig niet redelijk voordeel wordt overeengekomen, is nietig.

Art. 265

Dwingend recht

Van de bepalingen van deze onderafdeling kan niet worden afgeweken, tenzij uit die bepalingen anders voortvloeit.

Onderafdeling 3
Medehuur en voortzetting van de huur

Art. 266

Medehuur door echtgenoot/geregistreerde partner bij huur

1. De echtgenoot of geregistreerde partner van een huurder is van rechtswege medehuurder, zolang de woonruimte de echtgenoot of geregistreerde partner tot hoofdverblijf strekt, ongeacht of de huurovereenkomst voor dan wel na het aangaan van het huwelijk of van het geregistreerde partnerschap is gesloten.
2. Voor de verplichtingen uit de huurovereenkomst, behalve voor zover deze reeds opeisbaar waren voordat de echtgenoot of geregistreerde partner medehuurder werd, zijn de huurder en de medehuurder jegens de verhuurder hoofdelijk aansprakelijk.
3. Indien de huurovereenkomst ten aanzien van de huurder eindigt, wordt de medehuurder huurder.
4. Indien de in lid 1 bedoelde echtgenoot of geregistreerde partner hetzij ingevolge een beschikking als bedoeld in artikel 826, lid 1 onder a, van het Wetboek van Burgerlijke Rechtsvordering, hetzij ingevolge onderlinge overeenstemming in verband met een verzoek tot echtscheiding of scheiding van tafel en bed, dan wel ingevolge beëindiging van geregistreerd partnerschap niet het gebruik heeft van de echtelijke woning, brengt dit voor de toepassing van dit artikel geen verandering in het hoofdverblijf.
5. In geval van echtscheiding of scheiding van tafel en bed of beëindiging van geregistreerd partnerschap kan de rechter op verzoek van een echtgenoot of geregistreerde partner bepalen wie van de echtgenoten of geregistreerde partners huurder van de woonruimte zal zijn. De

rechter bepaalt tevens de dag van ingang van de huur met deze echtgenoot of partner. Op dezelfde dag eindigt de huur met de andere echtgenoot of partner.

Art. 267

1. Indien op het gezamenlijk verzoek van een huurder en van een andere persoon die in de woonruimte zijn hoofdverblijf heeft en met de huurder een duurzame gemeenschappelijke huishouding heeft, alsmede van een medehuurder wanneer die er is, de verhuurder niet binnen drie maanden schriftelijk heeft verklaard er mede in te stemmen dat die andere persoon medehuurder zal zijn, kunnen de huurder en die andere persoon, alsmede een medehuurder wanneer die er is, gezamenlijk verzoeken dat de rechter zal bepalen dat deze persoon met ingang van een in het vonnis te bepalen tijdstip medehuurder zal zijn. *Medehuur door andere persoon bij huur*

2. Nadat een verzoek aan de verhuurder als bedoeld in lid 1 is gedaan, kan een vordering tot ontbinding van de huur op de grond dat de huurder in strijd met hetgeen overeengekomen is, met een ander in de woonruimte een gemeenschappelijke huishouding heeft, niet meer worden toegewezen. Deze grond levert alsdan evenmin een grond voor opzegging van de huurovereenkomst op.

3. De rechter wijst de vordering bedoeld in lid 1 slechts af:
   a. indien de persoon bedoeld in lid 1 niet gedurende tenminste twee jaren in de woonruimte zijn hoofdverblijf heeft en met de huurder een duurzame gemeenschappelijke huishouding heeft;
   b. indien, mede gelet op hetgeen is komen vast te staan omtrent de gemeenschappelijke huishouding en de tijdsduur daarvan, de vordering kennelijk slechts de strekking heeft de persoon bedoeld in lid 1 op korte termijn de positie van huurder te verschaffen;
   c. indien de persoon bedoeld in lid 1 vanuit financieel oogpunt onvoldoende waarborg biedt voor een behoorlijke nakoming van de huur.

4. Voor de verplichtingen uit de huur zijn de persoon die de huur heeft aangegaan en ieder van de personen die op grond van dit artikel medehuurder of huurder is, hoofdelijk jegens de verhuurder aansprakelijk, met dien verstande dat een medehuurder niet aansprakelijk is voor verplichtingen die reeds opeisbaar waren voordat hij medehuurder werd.

5. De bepalingen omtrent het eindigen van de huur zijn op de personen bedoeld in lid 4 afzonderlijk van toepassing met dien verstande dat een persoon de hoedanigheid van medehuurder in ieder geval verliest, indien hij zijn hoofdverblijf niet langer in de woonruimte heeft. Indien de huur ten aanzien van de huurder eindigt, wordt de medehuurder huurder.

6. Is ten aanzien van de woonruimte hoofdstuk 2 van de Huisvestingswet 2014 van toepassing, dan zet de medehuurder in afwijking van lid 5 de huur slechts voort, indien de rechter dit heeft bepaald op een daartoe door die persoon binnen acht weken na het tijdstip waarop hij huurder is geworden, ingestelde vordering en in elk geval zolang op deze vordering nog niet onherroepelijk is beslist. De rechter wijst de vordering slechts af, indien de eiser niet een voor hem geldende huisvestingsvergunning als bedoeld in artikel 8 van die wet overlegt.

7. Ieder van de personen bedoeld in lid 4 kan vorderen dat de rechter zal bepalen dat een of meer van deze personen de huur met ingang van een in het vonnis te bepalen tijdstip niet langer zullen voortzetten. De rechter wijst de vordering slechts toe, indien dit naar billijkheid, met inachtneming van de omstandigheden van het geval, geboden is, met dien verstande dat hij de vordering in ieder geval toewijst, indien de eiser aantoont dat de persoon waarop de vordering betrekking heeft, zijn positie van medehuurder heeft verkregen op grond van een niet mede door de eiser aan de verhuurder gedaan verzoek of van een door hem ingestelde vordering bedoeld in lid 1.

Art. 268

1. Bij overlijden van de huurder zet de medehuurder de huur als huurder voort. Hij kan de huur binnen zes maanden na het overlijden bij exploot of aangetekende brief opzeggen met ingang van de eerste dag van de tweede maand na de opzegging. *Medehuurder wordt huurder na dood huurder*

2. De persoon die niet op grond van lid 1 huurder wordt, doch wel in de woonruimte zijn hoofdverblijf heeft en met de overleden huurder een duurzame gemeenschappelijk huishouding heeft gehad, zet de huur voort gedurende zes maanden na het overlijden van de huurder; de tweede zin van lid 1 is van toepassing. Hij zet de huur ook nadien voort, indien de rechter dit heeft bepaald op een daartoe strekkende binnen die termijn ingestelde vordering, en in elk zolang op deze vordering niet onherroepelijk is beslist.

3. De rechter wijst de vordering bedoeld in lid 2 in ieder geval af:
   a. indien de eiser niet aannemelijk heeft gemaakt dat hij aan de vereisten van lid 2 voldoet;
   b. indien de eiser vanuit financieel oogpunt onvoldoende waarborg biedt voor een behoorlijke nakoming van de huur;
   c. indien het woonruimte betreft waarop hoofdstuk 2 van de Huisvestingswet 2014 van toepassing is, indien de eiser niet een huisvestingsvergunning als bedoeld in artikel 8 van die wet overlegt.

4. Lid 4, de eerste zin van lid 5 en lid 7 van artikel 267 zijn van overeenkomstige toepassing

5. Komt vast te staan, dat een persoon ten onrechte een beroep op voortzetting van de huur krachtens dit artikel heeft gedaan, dan blijft hij over de tijd gedurende welke hij het genot van de woonruimte heeft gehad jegens de verhuurder aansprakelijk tot nakoming van de huur die voor hem zou hebben bestaan als hij huurder was geweest. Heeft meer dan één persoon ten onrechte een beroep op voortzetting van de huur gedaan, dan is ieder van hen jegens de verhuurder hoofdelijk aansprakelijk.

6. Zijn er geen personen die krachtens dit artikel de huur voortzetten, dan eindigt deze aan het eind van de tweede maand na het overlijden van de huurder. De erfgenamen zijn bevoegd de huur tegen het eind van de eerste maand na het overlijden van de huurder te doen eindigen. Wanneer de nalatenschap van de huurder ingevolge artikel 13 van Boek 4 wordt verdeeld, komt de bevoegdheid van de erfgenamen, bedoeld in de vorige zin, toe aan zijn echtgenoot of geregistreerde partner.

7. Van dit artikel kan niet ten nadele van de personen aan wie dit artikel recht op voortzetting van de huur toekent en van de erfgenamen, onderscheidenlijk de echtgenoot of geregistreerde partner, bedoeld in lid 6, worden afgeweken.

8. Van artikel 229 leden 1 en 3 kan niet worden afgeweken.

Art. 269

Voortzetting onderhuur bij beëindiging van huur

1. De onderhuur die betrekking heeft op een zelfstandige woning waar de onderhuurder zijn hoofdverblijf heeft, wordt in geval van beëindiging van de huur tussen huurder en verhuurder voortgezet door de verhuurder.

2. De verhuurder kan binnen zes maanden nadat hij op grond van lid 1 de onderhuur heeft voortgezet vorderen dat de rechter zal bepalen dat de huur met ingang van een in het vonnis te bepalen tijdstip zal eindigen op de grond dat:
   a. de wederpartij vanuit financieel oogpunt onvoldoende waarborg biedt voor een behoorlijk nakoming van de huur;
   b. de onderhuur is aangegaan met de kennelijke strekking de onderhuurder de positie van huurder te verschaffen;
   c. in de gegeven omstandigheden naar maatstaven van redelijkheid en billijkheid, mede gelet op de inhoud van de huurovereenkomsten die betrekking hebben op soortgelijke woonruimte alsmede op de inhoud van de geëindigde huur tussen hem en de huurder en de inhoud van de voortgezette huurovereenkomst, niet van hem kan worden gevergd dat hij de huur met de wederpartij voortzet;
   d. de wederpartij indien het woonruimte betreft waarop hoofdstuk 2 van de Huisvestingswet 2014 van toepassing is, niet een huisvestingsvergunning als bedoeld in artikel 8 van die wet overlegt.

3. Ingeval van onderverhuur welke al dan niet een zelfstandige woning vormt, zet degene die op grond van de artikelen 266, 267 en 268 huurder is geworden of de huur heeft voortgezet, als onderverhuurder de huur met de onderhuurder voort.

Art. 270

Ruil woonruimte op initiatief huurder bij huur

1. De huurder die een ruil van woonruimte wenst te bewerkstelligen, kan vorderen dat de rechter hem zal machtigen om een ander in zijn plaats als huurder te stellen. Indien op de woonruimte hoofdstuk 2 van de Huisvestingswet 2014 van toepassing is, moet de eiser een ten behoeve van de voorgestelde huurder afgegeven huisvestingsvergunning als bedoeld in artikel 8 van die wet met betrekking tot woonruimte overleggen.

2. De rechter beslist met inachtneming van de omstandigheden van het geval, met dien verstande dat hij de vordering slechts kan toewijzen, indien de huurder een zwaarwichtig belang bij de ruil van woonruimte heeft en dat hij deze afwijst, indien de voorgestelde huurder vanuit financieel oogpunt niet voldoende waarborg biedt voor een behoorlijke nakoming van de huur. De rechter kan aan de machtiging voorwaarden verbinden of daarbij een last opleggen.

3. Van deze bepaling kan niet ten nadele van de huurder worden afgeweken.

Art. 270a

Mededeling voortzetting huur aan verhuurder

Ingeval van voortzetting van de huur op grond van de artikelen 266, 268 en 269 is degene die de huur voortzet, verplicht daarvan mededeling te doen aan de verhuurder.

Onderafdeling 4
Het eindigen van de huur

Art. 271

Opzegging bij huur

1. In afwijking van artikel 228 lid 1 eindigt een voor bepaalde tijd voor de duur van:
   a. langer dan twee jaar aangegane huur ingeval van een woonruimte voor zover deze als zelfstandige woning is verhuurd, een woonwagen of een standplaats, of
   b. langer dan vijf jaar aangegane huur ingeval van een woonruimte voor zover deze als niet zelfstandige woning is verhuurd,
   niet door het enkele verloop van de huurtijd; zij kan door elk van beide partijen worden opgezegd tegen een voor de betaling van de huurprijs overeengekomen dag, niet vallend voor het verstrij-

ken van de bepaalde tijd. Op een voor bepaalde tijd voor de duur van twee onderscheidenlijk vijf jaar of korter aangegane huur is artikel 228 lid 1 onverkort van toepassing, mits de verhuurder niet eerder dan drie maanden maar uiterlijk een maand voordat die bepaalde tijd is verstreken, de huurder over de dag waarop die huur verstrijkt schriftelijk informeert. Indien de verhuurder de verplichting, bedoeld in de tweede volzin, niet nakomt, wordt de huurovereenkomst na het verstrijken van de bepaalde tijd, bedoeld in die volzin, voor onbepaalde tijd verlengd. De voor bepaalde tijd aangegane huur, bedoeld in de tweede volzin, kan door de huurder voor het verstrijken van de bepaalde tijd worden opgezegd tegen een voor betaling van de huurprijs overeengekomen dag. Indien na afloop van een voor bepaalde tijd van twee onderscheidenlijk vijf jaar of korter aangegane huur met dezelfde huurder aansluitend opnieuw een huurovereenkomst wordt aangegaan, wordt deze laatste overeenkomst opgevat als een verlenging voor onbepaalde tijd van eerstgenoemde huurovereenkomst.
2. Een voor onbepaalde tijd aangegane of voor onbepaalde tijd verlengde huur kan door elk van beide partijen worden opgezegd tegen een voor de betaling van de huurprijs overeengekomen dag.
3. De opzegging moet geschieden bij exploot of bij aangetekende brief. Is in gevolge artikel 266 de echtgenoot of geregistreerde partner van de huurder medehuurder, dan moet de opzegging aan beide echtgenoten of geregistreerde partners afzonderlijk worden gedaan.
4. De opzegging door de verhuurder moet op straffe van nietigheid de gronden vermelden die tot de opzegging hebben geleid. Een opzegging door de verhuurder op andere dan de in artikel 274 lid 1 genoemde gronden, is nietig. De huurder moet bij de opzegging worden gevraagd binnen zes weken aan de verhuurder mede te delen of hij al dan niet toestemt in beëindiging van de overeenkomst.
5. Bij de opzegging moeten de volgende termijnen in acht worden genomen:
a. bij opzegging door de huurder: een termijn gelijk aan de tijd die tussen twee opvolgende voor betaling van de huurprijs overeengekomen dagen verstrijkt, doch niet korter dan een maand en niet langer dan drie maanden;
b. bij opzegging door de verhuurder: een termijn niet korter dan drie maanden, voor elk jaar dat de huurder krachtens overeenkomst ononderbroken het gehuurde in gebruik heeft gehad verlengd met één maand tot ten hoogste zes maanden.
6. Een opzegging die in strijd met lid 1, lid 3 of lid 5 onder a is gedaan en een opzegging die op een kortere termijn is gedaan dan die van lid 5 onder b gelden niettemin als waren zij gedaan tegen de voorgeschreven dag en met inachtneming van de voorgeschreven termijn.
7. Elk beding waarbij in strijd met lid 5 onder a een langere opzegtermijn of waarbij in strijd met lid 5 onder b een kortere opzegtermijn wordt overeengekomen of waarbij van andere bepalingen van dit artikel wordt afgeweken, is nietig. Eveneens is nietig elk beding dat de huur zonder opzegging doet eindigen.
8. Dit artikel geldt niet, indien de beëindiging geschiedt met wederzijds goedvinden nadat de huur is ingegaan.

Art. 272
1. Een opgezegde huurovereenkomst blijft, tenzij de huurder de overeenkomst heeft opgezegd of na de opzegging door de verhuurder schriftelijk in de beëindiging ervan heeft toegestemd, na de dag waartegen rechtsgeldig is opgezegd van rechtswege van kracht, tot de rechter onherroepelijk heeft beslist op een vordering van de verhuurder als in lid 2 bedoeld.

Vordering tijdstip beëindiging huurovereenkomst

2. De verhuurder kan, indien hij zes weken na de opzegging niet van de huurder een schriftelijke mededeling heeft ontvangen dat hij in de beëindiging van de huurovereenkomst toestemt, op de gronden vermeld in de opzegging vorderen dat de rechter het tijdstip zal vaststellen waarop de huurovereenkomst zal eindigen.

Art. 273
1. Bij zijn beslissing op de vordering bedoeld in artikel 272 lid 2 neemt de rechter uitsluitend de in de opzegging vermelde gronden in aanmerking.

Beslissing op vordering bij huur

2. Indien de rechter de vordering afwijst, wordt de overeenkomst van rechtswege verlengd. De rechter beslist of de overeenkomst voor onbepaalde tijd of voor een door hem vast te stellen bepaalde tijd wordt verlengd.
3. Indien de rechter de vordering toewijst, stelt hij tevens het tijdstip van ontruiming vast. De toewijzing geldt als een veroordeling tot ontruiming tegen dat tijdstip.

Art. 274
1. De rechter kan de vordering slechts toewijzen
a. indien de huurder zich niet heeft gedragen zoals een goed huurder betaamt;
b. indien de verhuurder zijn vordering grondt op een beding als omschreven in lid 2 en aan de eisen van dat lid is voldaan, tenzij de verhuurder geen belang meer heeft bij de ontruiming;
c. indien de verhuurder aannemelijk maakt dat hij het verhuurde zo dringend nodig heeft voor eigen gebruik, vervreemding van de gehuurde woonruimte niet daaronder begrepen, dat van hem, de belangen van beide partijen en van onderhuurders naar billijkheid in aanmerking genomen, niet kan worden gevergd dat de huurovereenkomst wordt verlengd, en tevens blijkt

Voorwaarden toewijzing vordering bij huur

dat de huurder, met uitzondering van de huurder, bedoeld in de artikelen 274c tot en met 274e, andere passende woonruimte kan verkrijgen;
 d. indien de huurder niet toestemt in een redelijk aanbod tot het aangaan van een nieuwe huurovereenkomst met betrekking tot dezelfde woonruimte, voor zover, in het geval dat onderafdeling 2 op de opgezegde huurovereenkomst van toepassing is, dit aanbod niet een wijziging inhoudt van de huurprijs of van de servicekosten;
 e. indien de verhuurder een krachtens een geldend bestemmingsplan op het verhuurde liggende bestemming wil verwezenlijken;
 f. indien de huurovereenkomst een onzelfstandige woning betreft, die deel uitmaakt van de woning waarin de verhuurder zijn hoofdverblijf heeft, en de verhuurder aannemelijk maakt dat zijn belangen bij beëindiging van de huur zwaarder wegen dan die van de huurder bij voortzetting daarvan.
 2. In het geval dat uitdrukkelijk van de huurder en telkens van een opvolgend huurder is bedongen dat de gehuurde woonruimte na afloop van de bij dat beding overeengekomen termijn moet worden ontruimd, kan de verhuurder overeenkomstig lid 1 aanhef en onder b, op dat beding die in dat lid bedoelde vordering gronden:
 a. indien de verhuurder de woning zelf wil betrekken, of
 b. indien de verhuurder jegens wie een vorige huurder het recht heeft verkregen de woning opnieuw te betrekken, deze huurder daartoe gelegenheid wil geven.
 De bij het beding bepaalde termijn kan met wederzijds goedvinden worden verlengd voordat de met de huurder oorspronkelijk overeengekomen termijn is verstreken.
 3. Onder eigen gebruik in de zin van lid 1 onder c, wordt mede begrepen renovatie van woonruimte die zonder beëindiging van de huur niet mogelijk is.
 4. Bij de beoordeling van de vraag of andere woonruimte voor de huurder passend is, houdt de rechter geen rekening met de bijdragen van het Rijk, die de huurder ter tegemoetkoming in de kosten, verbonden aan het genot van de woning, kan verkrijgen.
 5. Een vordering, gegrond op eigen gebruik in de zin van lid 1 onder c is niet toewijsbaar
 a. ten aanzien van woonruimte waarop hoofdstuk 2 van de Huisvestingswet 2014 van toepassing is, zolang de verhuurder geen huisvestingsvergunning als bedoeld in artikel 8 van die wet overlegt behoudens het geval dat het eigen gebruik in iets anders bestaat dan bewoning;
 b. indien de verhuurder de rechtsopvolger van de vorige verhuurder is en de opzegging is geschied binnen drie jaar nadat de rechtsopvolging schriftelijk ter kennis van de huurder is gebracht.
 6. In de gevallen bedoeld in lid 1 onder a en d kan de rechter, voordat hij de vordering toewijst, aan de huurder een termijn van ten hoogste een maand toestaan om alsnog aan zijn verplichtingen te voldoen of het aanbod te aanvaarden.

Art. 274a

Dringend eigen gebruik t.b.v. gehandicapte

1. Onder eigen gebruik in de zin van artikel 274 lid 1 onder c wordt mede begrepen het verstrekken van een zelfstandige woning aan een gehandicapte, indien die woning:
 a. reeds bij de bouw ervan was ingericht en bestemd voor bewoning door een gehandicapte, of
 b. na de bouw met geldelijke steun op grond van een wettelijke regeling aangepast is ten behoeve van bewoning door een gehandicapte.
2. Onder gehandicapte wordt in dit artikel verstaan een persoon die ten gevolge van ziekte of gebrek aantoonbare beperkingen ondervindt.

Art. 274b

Dringend eigen gebruik t.b.v. oudere

Onder eigen gebruik in de zin van artikel 274 lid 1 onder c wordt mede begrepen het verstrekken aan een oudere van een zelfstandige woning welke onderdeel uitmaakt van een complex van zelfstandige woningen, welk complex reeds bij de bouw ervan was ingericht en bestemd voor de bewoning door ouderen.

Art. 274c

Dringend eigen gebruik t.b.v. jongere

1. Onder eigen gebruik in de zin van artikel 274 lid 1 onder c wordt mede begrepen het verstrekken van woonruimte aan een jongere, indien aan de in de volgende leden vermelde voorwaarden is voldaan.
2. Onder jongere wordt in dit artikel verstaan een persoon die nog niet de leeftijd van 28 jaren heeft bereikt.
3. De woonruimte moet krachtens de huurovereenkomst bestemd zijn voor jongeren.
4. Sedert de ingangsdatum van de huurovereenkomst moeten vijf jaren zijn verstreken. Voor het verstrijken van deze termijn kan door partijen worden overeengekomen dat deze termijn wordt verlengd met ten hoogste twee jaren. In dat geval moet tevens de termijn waarmee de verlenging plaatsvond, zijn verstreken.
5. In de huurovereenkomst met de huurder tegen wie de in artikel 274 lid 1 bedoelde vordering is ingesteld, moet zijn bepaald dat die woonruimte na beëindiging van de huurovereenkomst opnieuw aan een jongere zal worden verhuurd. Voor de toepassing van de eerste volzin wordt

met een jongere gelijkgesteld een student als bedoeld in artikel 274d lid 2 en een promovendus als bedoeld in artikel 274e lid 2.

Art. 274d
1. Onder eigen gebruik in de zin van artikel 274 lid 1 onder c wordt mede begrepen het verstrekken van woonruimte aan een student indien aan de in de volgende leden vermelde voorwaarden is voldaan.
2. Onder student wordt in dit artikel verstaan een deelnemer die is ingeschreven aan een instelling als bedoeld in artikel 1.1.1, onderdeel b, van de Wet educatie en beroepsonderwijs of een student die is ingeschreven aan een universiteit of hogeschool als bedoeld in artikel 1.2, onderdelen a en b, van de Wet op het hoger onderwijs en wetenschappelijk onderzoek.
3. De woonruimte moet krachtens de huurovereenkomst bestemd zijn voor studenten.
4. De huurder, tegen wie de in artikel 274 lid 1 bedoelde vordering is ingesteld, moet hebben nagelaten te voldoen aan een schriftelijk verzoek van de verhuurder, dat deze jaarlijks kan doen, om binnen drie maanden een kopie van het bewijs van zijn inschrijving aan een instelling, universiteit of hogeschool als bedoeld in lid 2 inzake het lopende studiejaar over te leggen.
5. In de huurovereenkomst met de huurder tegen wie de in artikel 274 lid 1 bedoelde vordering is ingesteld, moet zijn bepaald dat die woonruimte na beëindiging van de huurovereenkomst opnieuw aan een student zal worden verhuurd. Voor de toepassing van de eerste volzin worden met een student gelijkgesteld een jongere als bedoeld in artikel 274c lid 2 en een promovendus als bedoeld in artikel 274e lid 2.

Dringend eigen gebruik t.b.v. student

Art. 274e
1. Onder eigen gebruik in de zin van artikel 274 lid 1 onder c wordt mede begrepen het verstrekken van woonruimte aan een promovendus, indien aan de in de volgende leden vermelde voorwaarden is voldaan.
2. Onder promovendus wordt in dit artikel verstaan degene die zich voorbereidt op een promotie als bedoeld in artikel 7.18 van de Wet op het hoger onderwijs en wetenschappelijk onderzoek.
3. De woonruimte moet krachtens de huurovereenkomst bestemd zijn voor promovendi.
4. De huurder, tegen wie de in artikel 274 lid 1 bedoelde vordering is ingesteld, moet hebben nagelaten te voldoen aan een schriftelijk verzoek van de verhuurder, dat deze jaarlijks kan doen, om binnen drie maanden een verklaring van de betreffende onderwijsinstelling waaruit de voorbereiding op een promotie als bedoeld in artikel 7.18 van de Wet op het hoger onderwijs en wetenschappelijk onderzoek blijkt, over te leggen.
5. In de huurovereenkomst met de huurder tegen wie de in artikel 274 lid 1 bedoelde vordering is ingesteld, moet zijn bepaald dat die woonruimte na beëindiging van de huurovereenkomst opnieuw aan een promovendus zal worden verhuurd. Voor de toepassing van de eerste volzin worden met een promovendus gelijkgesteld een jongere als bedoeld in artikel 274c lid 2 en een student als bedoeld in artikel 274d lid 2.

Dringend eigen gebruik t.b.v. promovendus

Art. 274f
1. Onder eigen gebruik in de zin van artikel 274 lid 1 onder c wordt mede begrepen het verstrekken van woonruimte aan een groot gezin, indien aan de in de volgende leden vermelde voorwaarden is voldaan.
2. Onder een groot gezin wordt in dit artikel verstaan een huishouden van de huurder dat tenminste uit acht personen bestaat.
3. De woonruimte moet krachtens de huurovereenkomst bestemd zijn voor grote gezinnen.
4. De huurder die deel uitmaakt van een groot gezin, tegen wie de in artikel 274 lid 1 bedoelde vordering is ingesteld, moet hebben nagelaten te voldoen aan een schriftelijk verzoek van de verhuurder, dat deze jaarlijks kan doen, om binnen drie maanden een afschrift van gegevens uit de basisregistratie personen waaruit blijkt dat ten minste vijf personen van dat gezin als zijnde woonachtig op het betreffende adres staan ingeschreven, over te leggen.
5. In de huurovereenkomst met de huurder tegen wie de in artikel 274 lid 1 bedoelde vordering is ingesteld, moet zijn bepaald dat die woonruimte na beëindiging van de huurovereenkomst opnieuw aan een groot gezin zal worden verhuurd.

Dringend eigen gebruik t.b.v. groot gezin

Art. 275
1. Indien de rechter een vordering tot beëindiging van de huurovereenkomst op de gronden, bedoeld in artikel 274 lid 1 onder c en e toewijst, kan hij een bedrag vaststellen dat de verhuurder aan de huurder moet betalen ter tegemoetkoming in diens verhuis- en inrichtingskosten.
2. De rechter kan, voordat hij een beslissing geeft, waarin dit bedrag wordt vastgesteld, zijn voornemen ter kennis van partijen brengen en een termijn stellen waarbinnen de verhuurder de opzegging kan intrekken. Maakt de verhuurder van deze bevoegdheid gebruik, dan beslist de rechter uitsluitend over de proceskosten.
3. Bij beëindiging van de huurovereenkomst op de gronden, bedoeld in artikel 274 lid 1 onder c in verbinding met lid 3 en in artikel 274 lid 1 onder e, draagt de verhuurder bij in de kosten die de verhuizing voor de huurder meebrengt.

Tegemoetkoming verhuis- en inrichtingskosten bij huur

4. De minimumbijdrage in de verhuis- en inrichtingskosten voor de huurders van zelfstandige woningen, woonwagens en standplaatsen wordt bij ministeriële regeling van de Minister voor Wonen, Wijken en Integratie vastgesteld en zal jaarlijks voor 1 maart worden gewijzigd voor zover de consumentenprijsindex daartoe aanleiding geeft. Het in de eerste zin genoemde bedrag wordt afgerond op hele euro's.
5. De verhuurder kan eventuele door de gemeente aan de huurder te verstrekken bijdragen of vergoedingen voor verhuis- of inrichtingskosten in mindering brengen op de hoogte van de bijdrage, bedoeld in het vierde lid.

Art. 276

Schadevergoeding voor huurder

1. Indien de verhuurder de overeenkomst heeft opgezegd op de grond, bedoeld in artikel 274 lid 1 onder c en de vordering tot beëindiging van de huurovereenkomst is toegewezen dan wel de huurder met de beëindiging heeft ingestemd, is de verhuurder jegens de huurder tot schadevergoeding gehouden, indien de wil om het verhuurde duurzaam in eigen gebruik te nemen in werkelijkheid niet aanwezig is geweest.
2. Behoudens tegenbewijs wordt die wil geacht niet aanwezig te zijn geweest, indien niet binnen een jaar na het einde van de overeenkomst het verhuurde duurzaam door hem in gebruik is genomen.
3. De rechter die een vordering op de grond, bedoeld in artikel 274 lid 1 onder c, toewijst, kan op verlangen van de huurder of ambtshalve een bedrag bepalen dat de verhuurder aan de huurder moet betalen, indien later mocht blijken dat de wil om het verhuurde duurzaam in eigen gebruik te nemen in werkelijkheid niet aanwezig is geweest, onverminderd het recht van de huurder op verdere schadevergoeding.
4. De vordering van de huurder op grond van dit artikel vervalt vijf jaren na het einde van de huurovereenkomst.
5. De verhuurder is eveneens tot schadevergoeding gehouden jegens onderhuurders aan wie bevoegdelijk is onderverhuurd of die krachtens artikel 269 bevoegd waren hun overeenkomst met de hoofdverhuurder voort te zetten. De voorgaande leden zijn van overeenkomstige toepassing.

Art. 277

Opzegging na verlenging overeenkomst door rechter bij huur

1. Indien de rechter de huurovereenkomst heeft verlengd, kan de verhuurder de overeenkomst opnieuw met inachtneming van artikel 271 en van de in lid 2 vermelde termijnen opzeggen en overeenkomstig de artikelen 272 tot en met 274f vorderen dat de rechter het tijdstip zal vaststellen, waarop de overeenkomst zal eindigen.
2. Indien de rechter de overeenkomst voor onbepaalde tijd heeft verlengd, kan de verhuurder haar niet eerder opnieuw opzeggen dan drie jaren nadat deze beslissing onherroepelijk is geworden. Indien de rechter de overeenkomst voor bepaalde tijd heeft verlengd, kan de verhuurder haar niet eerder opzeggen dan drie maanden voor het einde van de tijd waarvoor is verlengd.

Art. 278

Beëindiging onderhuurovereenkomst

1. Een onderhuurovereenkomst van woonruimte die niet krachtens artikel 269 na beëindiging van de hoofdhuur door de hoofdverhuurder wordt voortgezet, eindigt op het door de rechter op vordering van de hoofdverhuurder overeenkomstig artikel 273 lid 3 vastgestelde tijdstip van ontruiming.
2. Indien de hoofdhuurder bij de beëindiging en de bepaling van het tijdstip van ontruiming onvoldoende voor de belangen van de onderhuurder heeft gewaakt, is hij verplicht de schade die de onderhuurder daardoor lijdt te vergoeden.
3. De hoofdhuurder tegen wie door de hoofdverhuurder een vordering wordt ingesteld, die mede de belangen van de onderhuurder raakt, is bevoegd om deze in het geding te roepen.

Art. 279

Ontbinding huurovereenkomst door huurder

1. Indien een gebrek in de zin van artikel 204 het deel van gehuurde woonruimte dat voor de huurder en zijn gezin voor bewoning noodzakelijk is, onbewoonbaar maakt dan wel werkzaamheden tot verhelpen van een zodanig gebrek dit doen of zullen doen, is de huurder bevoegd de huur op de voet van artikel 267 van Boek 6 te ontbinden.
2. De huurder heeft dezelfde bevoegdheid, wanneer het gebruik van de gehuurde woonruimte gevaren oplevert.

Schakelbepaling

3. Artikel 210 lid 2 is van overeenkomstige toepassing.

Art. 280

Nakoming verplichting door huurder bij huur

Alvorens op de voet van artikel 231 een ontbinding uit te spreken, kan de rechter de huurder een termijn van ten hoogste een maand toestaan om alsnog aan zijn verplichtingen te voldoen.

Art. 281

Ontbinding huurovereenkomst na wijziging bestemming

1. Indien iemand op de voet van artikel 226 verhuurder is geworden en een krachtens een geldend bestemmingsplan op het verhuurde liggende bestemming wil verwezenlijken, ontbindt de rechter op vordering van de verhuurder de huurovereenkomst met ingang van een door hem te bepalen dag.
2. De huurder en de onderhuurder aan wie bevoegdelijk is onderverhuurd of met wie de huurovereenkomst anders op de voet van artikel 269 zou zijn voortgezet, hebben recht op

schadeloosstelling. Wanneer de huurtijd of onderhuurtijd zonder de ontbinding nog een jaar of langer zou hebben geduurd, is de schadeloosstelling ten minste gelijk aan de huurprijs van twee jaren. Wanneer de huurtijd of onderhuurtijd zonder de ontbinding minder dan een jaar zou hebben geduurd, is de schadeloosstelling ten minste gelijk aan de huurprijs van een jaar. Bij de berekening van de schade wordt niet gelet op veranderingen die kennelijk zijn tot stand gebracht om de schadeloosstelling te verhogen.

Art. 282
Van de artikelen 272 tot en met 281 kan niet ten nadele van de huurder dan wel onderhuurder worden afgeweken.

Dwingend recht

Afdeling 6
Huur van bedrijfsruimte

Art. 290
1. De bepalingen van deze afdeling zijn van toepassing op huur en verhuur van bedrijfsruimte.
2. Onder bedrijfsruimte wordt verstaan:
a. een gebouwde onroerende zaak of gedeelte daarvan, die krachtens overeenkomst van huur en verhuur is bestemd voor de uitoefening van een kleinhandelsbedrijf, van een restaurant- of cafébedrijf, van een afhaal- of besteldienst of van een ambachtsbedrijf, een en ander indien in de verhuurde ruimte een voor het publiek toegankelijk lokaal voor rechtstreekse levering van roerende zaken of voor dienstverlening aanwezig is;
b. een gebouwde onroerende zaak of gedeelte daarvan die krachtens zulk een overeenkomst bestemd is voor de uitoefening van een hotelbedrijf;
c. een onroerende zaak die krachtens zulk een overeenkomst is bestemd voor de uitoefening van een kampeerbedrijf.
3. Tot de in lid 2 bedoelde bedrijfsruimte worden ook gerekend de onroerende aanhorigheden, de bij het een en ander behorende grond en de, mede gelet op de bestemming van die bedrijfsruimte, afhankelijke woning.

Werkingssfeer
Bedrijfsruimte

Art. 291
1. Van de bepalingen van deze afdeling kan niet ten nadele van de huurder worden afgeweken.
2. Bedingen die ten nadele van de huurder afwijken van de bepalingen van deze afdeling, kunnen evenwel, behoudens wanneer het betreft een afwijking van artikel 307, niet op die grond worden vernietigd, indien zij zijn goedgekeurd door de rechter.
3. Ieder van de partijen kan een zodanige goedkeuring verzoeken. De goedkeuring wordt alleen gegeven indien het beding de rechten die de huurder aan deze afdeling ontleent, niet wezenlijk aantast of diens maatschappelijke positie in vergelijking met die van de verhuurder zodanig is dat hij de bescherming van de onderhavige afdeling in redelijkheid niet behoeft.
4. Het verzoek bevat, behalve de gronden waarop het berust, de tekst van de goed te keuren bedingen.

Dwingend recht

Art. 292
1. De huurovereenkomst geldt voor vijf jaar of, als een langere bepaalde duur is overeengekomen, voor die langere duur.
2. De huurovereenkomst die voor vijf jaar geldt, wordt na het verstrijken daarvan van rechtswege met vijf jaar verlengd. De overeenkomst die is aangegaan voor een termijn die langer is dan vijf jaar maar korter dan tien jaar, wordt na het verstrijken van die termijn van rechtswege verlengd met een tweede termijn die zoveel korter is dan vijf jaar als de eerste termijn langer is dan vijf jaar.

Geldigheid overeenkomst bij huur bedrijfsruimte

Art. 293
1. De overeenkomst die voor vijf jaar geldt, en de overeenkomst die is aangegaan voor een termijn langer dan vijf jaar, maar korter dan tien jaar, kunnen tegen het einde van de termijn en tegen het einde van de in artikel 292 lid 2 bedoelde tweede termijn door ieder van de partijen worden opgezegd. Artikel 228 lid 1 en lid 2, eerste zin, is niet van toepassing.
2. De opzegging moet geschieden bij exploot of bij aangetekende brief. De termijn van opzegging bedraagt tenminste een jaar.
3. Geen opzegging is vereist, indien de beëindiging geschiedt met wederzijds goedvinden, nadat de huurovereenkomst is totstandgekomen.

Opzegging bij huur bedrijfsruimte

Art. 294
Een opzegging door de verhuurder is nietig indien zij niet de gronden vermeldt die tot de opzegging hebben geleid.

Vermelding grond opzegging bij huur bedrijfsruimte

Art. 295
1. Een opgezegde huurovereenkomst blijft, tenzij de huurder de overeenkomst heeft opgezegd of na de opzegging door de verhuurder schriftelijk in de beëindiging ervan heeft toegestemd, na de dag waartegen rechtsgeldig is opgezegd van rechtswege van kracht, tot de rechter onherroepelijk heeft beslist op een vordering van de verhuurderals in lid 2 bedoeld. De rechter kan

Vordering tijdstip beëindiging overeenkomst bij huur bedrijfsruimte

evenwel, indien het verweer van de huurder hem kennelijk ongegrond voorkomt, zijn toewijzend vonnis uitvoerbaar bij voorraad verklaren.
2. De verhuurder kan, indien hij zes weken na de opzegging niet van de huurder een schriftelijke mededeling heeft ontvangen dat hij in de beëindiging van de huurovereenkomst toestemt, op de gronden vermeld in de opzegging vorderen dat de rechter het tijdstip zal vaststellen waarop de overeenkomst zal eindigen.

Art. 296

Voorwaarden toewijzing vordering bij huur bedrijfsruimte

1. Indien de opzegging is gedaan tegen het einde van de in artikel 292 lid 1 bedoelde eerste termijn waarvoor de huurovereenkomst geldt of is aangegaan, kan de rechter de vordering slechts toewijzen, op de grond dat:
a. de bedrijfsvoering van de huurder niet is geweest zoals een goed huurder betaamt, of
b. de verhuurder aannemelijk maakt dat hij, zijn echtgenoot, zijn geregistreerde partner, een bloed- of aanverwant in de eerste graad of een pleegkind het verhuurde persoonlijk in duurzaam gebruik wil nemen en hij daartoe het verhuurde dringend nodig heeft. Onder duurzaam gebruik wordt niet begrepen vervreemding van de bedrijfsruimte, maar wel renovatie van de bedrijfsruimte die zonder beëindiging van de huur niet mogelijk is.
2. Een vordering, ingesteld op de in lid 1 onder b bedoelde grond, is niet toewijsbaar indien de verhuurder de rechtsopvolger is van een vorige verhuurder en hij niet is diens echtgenoot, geregistreerde partner, bloed- of aanverwant in de eerste graad of pleegkind, en de opzegging is geschied binnen drie jaar nadat de rechtopvolging schriftelijk ter kennis van de huurder is gebracht. Onder pleegkind wordt verstaan degene die duurzaam als eigen kind is verzorgd en opgevoed.
3. Indien de opzegging is gedaan tegen het einde van de termijn waarmee de overeenkomst krachtens artikel 292 lid 2 is verlengd, kan de rechter de vordering toewijzen, op grond van een redelijke afweging van de belangen van de verhuurder bij beëindiging van de overeenkomst tegen die van de huurder en van de onderhuurder aan wie bevoegdelijk is onderverhuurd, bij verlenging van de overeenkomst. De rechter wijst de vordering in elk geval af indien van de huurder, bij een redelijke afweging van de voormelde belangen van hem en van de onderhuurder aan wie bevoegdelijk is onderverhuurd, tegen de voormelde belangen van de verhuurder, niet kan worden gevergd dat hij het gehuurde ontruimt.
4. In het geval van lid 3 wijst de rechter de vordering in ieder geval toe indien zich een der in lid 1, onder a en b, in samenhang met lid 2 omschreven gronden voordoet en voorts indien:
c. de huurder niet toestemt in een redelijk aanbod tot het aangaan van een nieuwe overeenkomst met betrekking tot het gehuurde, voor zover dit aanbod niet een wijziging van de huurprijs inhoudt, of
d. de verhuurder een krachtens een geldig bestemmingsplan op het verhuurde liggende bestemming wil verwezenlijken.
5. Indien de rechter de vordering toewijst, stelt hij tevens het tijdstip van de ontruiming vast. De toewijzing geldt als een veroordeling tot ontruiming tegen dat tijdstip.

Art. 297

Tegemoetkoming in verhuis- en inrichtingskosten bij huur bedrijfsruimte

1. De rechter kan in zijn beslissing tot toewijzing van de vordering een bedrag vaststellen dat de verhuurder aan de huurder of aan degene aan wie bevoegdelijk is onderverhuurd, moet betalen ter tegemoetkoming in diens verhuis- en inrichtingskosten.

2. Alvorens een beslissing te geven waarin een bedrag als bedoeld in lid 1 wordt vastgesteld, brengt de rechter zijn voornemen ter kennis van partijen en stelt hij een termijn vast waarbinnen de verhuurder de bevoegdheid heeft de vordering in te trekken.
3. Indien de verhuurder binnen deze termijn zijn vordering intrekt, geeft de rechter slechts een beslissing over de proceskosten.

Art. 298

Termijn aanvaarding aanbod nieuwe overeenkomst bij huur bedrijfsruimte

In het geval, bedoeld in artikel 296 lid 4 onder c, kan de rechter de huurder een termijn toestaan van ten hoogste een maand om het aanbod tot het aangaan van een nieuwe overeenkomst alsnog te aanvaarden.

Art. 299

Schadevergoeding voor huurder bij huur bedrijfsruimte

1. Indien de overeenkomst is opgezegd op de grond dat een in artikel 296 lid 1 onder b genoemde persoon het verhuurde persoonlijk in duurzaam gebruik wil nemen en de huurder in de beëindiging van de overeenkomst heeft toegestemd dan wel de vordering tot beëindiging van de overeenkomst op die grond dan wel op de grond, bedoeld in artikel 296 lid 3, is toegewezen, is de verhuurder jegens de huurder en degene die bevoegdelijk heeft ondergehuurd, tot schadevergoeding gehouden, indien de wil om het verhuurde persoonlijk in duurzaam gebruik te nemen in werkelijkheid niet aanwezig is geweest.
2. Behoudens tegenbewijs wordt die wil geacht niet aanwezig te zijn geweest, indien het verhuurde niet binnen een jaar na het einde van de overeenkomst door een persoon als bedoeld in artikel 296 lid 1 onder b in duurzaam gebruik is genomen.

3. De rechter kan in een beslissing tot toewijzing van een vordering tot beëindiging, gegrond op de in artikel 296 lid 1 onder b bedoelde wil van een der daar bedoelde personen, op verzoek van de huurder of ambtshalve een bedrag bepalen dat de verhuurder aan de huurder of degene die bevoegdelijk heeft ondergehuurd moet betalen, indien later mocht blijken dat die wil in werkelijkheid niet aanwezig is geweest, onverminderd het recht van de huurder op verdere schadevergoeding.
4. De vordering van de huurder of onderhuurder tot schadevergoeding of tot betaling van het in lid 3 bedoelde bedrag vervalt vijf jaren na het einde van de huurovereenkomst.

Art. 300
1. Indien de oorspronkelijk duur van de overeenkomst krachtens artikel 292 lid 2 is verlengd en de verlengde overeenkomst niet tegen het einde van de in dat lid bedoelde tweede termijn is opgezegd, wordt de overeenkomst voortgezet voor onbepaalde tijd, tenzij uit de overeenkomst een bepaalde tijd voortvloeit of partijen een bepaalde tijd overeenkomen. *(Overeenkomst voor onbepaalde tijd bij huur bedrijfsruimte)*
2. Wordt de overeenkomst krachtens lid 1 voor onbepaalde tijd voortgezet, dan kan zij door ieder van de partijen worden opgezegd. Wordt de overeenkomst voor bepaalde tijd voortgezet of is zij aangegaan voor een duur van tien jaar of langer, dan eindigt zij, in afwijking van artikel 228 lid 1, niet door het enkele verloop van de huurtijd, maar kan zij door ieder van de partijen tegen het einde van die huurtijd worden opgezegd.
3. De opzegging moet voldoen aan de vereisten van de artikelen 293 leden 2 en 3 en van artikel 294. De artikelen 295 tot en met 299 zijn van overeenkomstige toepassing.
4. Indien een vordering tot vaststelling van het tijdstip waarop de overeenkomst zal eindigen, is afgewezen, en uit de overeenkomst niet voortvloeit dat zij wordt voortgezet voor een bepaalde termijn tegen het einde waarvan zij opnieuw opgezegd kan worden, kan de overeenkomst slechts rechtsgeldig opnieuw opgezegd worden nadat een termijn van een jaar is verstreken nadat de afwijzing onherroepelijk is geworden. De rechter kan bij zijn afwijzende beslissing een langere termijn vaststellen.

Art. 301
1. De artikelen 291 tot en met 300 zijn niet van toepassing op een overeenkomst van twee jaar of korter. *(Overeenkomst voor twee jaar of korter bij huur bedrijfsruimte)*
2. Indien het gebruik, aangevangen krachtens een overeenkomst als bedoeld in lid 1, langer dan twee jaar heeft geduurd, geldt van rechtswege een overeenkomst op de tussen partijen overeengekomen voorwaarden, doch voor vijf jaar, waarop de reeds verstreken twee jaar in mindering komen. De artikelen van 291 tot en met 300 zijn op deze overeenkomst van toepassing.
3. Het in lid 2 bedoelde rechtsgevolg treedt niet in, indien partijen voor het verstrijken van de termijn van twee jaar een andere overeenkomst sluiten die onder artikel 292 lid 1 valt, dan wel een daarvan afwijkende overeenkomst, mits de in artikel 291 bedoelde goedkeuring is verzocht voor het verstrijken van de termijn van twee jaar.
4. Indien voor het verstrijken van deze termijn op de voet van artikel 291 goedkeuring van afwijkende bedingen is verzocht en de rechter dit verzoek afwijst, kan hij op verzoek van de verhuurder tevens bepalen dat de overeenkomst wordt beëindigd en het tijdstip van de ontruiming vaststellen. Deze vaststelling geldt als een veroordeling tot ontruiming tegen dat tijdstip.

Art. 302
Opzegging van de overeenkomst door de erfgenamen van de huurder, onderscheidenlijk zijn echtgenoot of geregistreerde partner, op de voet van artikel 229 lid 2 dient te geschieden op een termijn van tenminste zes maanden. Artikel 293 lid 2, eerste zin, en lid 3 is van toepassing. *(Opzegging door erfgenaam/echtgenoot bij huur bedrijfsruimte)*

Art. 303
1. Zowel de huurder als de verhuurder kunnen vorderen dat de rechter de huurprijs, zo deze niet overeenstemt met die van vergelijkbare bedrijfsruimte ter plaatse, nader zal vaststellen: *(Nadere vaststelling huurprijs door rechter bij huur bedrijfsruimte)*
a. indien de overeenkomst voor bepaalde tijd geldt, na afloop van de overeengekomen duur;
b. in alle andere gevallen, telkens wanneer tenminste vijf jaar zijn verstreken sinds de dag waarop de laatste door partijen vastgestelde huurprijs is ingegaan of waarop de laatste door de rechter vastgestelde huurprijs is gevorderd.
2. Bij de nadere vaststelling van de huurprijs let de rechter op het gemiddelde van de huurprijzen van vergelijkbare bedrijfsruimte ter plaatse, die zich hebben voorgedaan in een tijdvak van vijf jaren voorafgaande aan de dag van het instellen van de vordering. Iedere aldus in de vergelijking te betrekken huurprijs wordt herleid volgens de algemene ontwikkeling van het prijspeil sinds de dag waarop die huurprijs gold tot aan die van het instellen van de vordering. Zo het niet mogelijk is de rechter de voor de toepassing van deze maatstaf benodigde gegevens te verschaffen, maakt de rechter een schatting aan de hand van de te zijner beschikking staande gegevens, waarbij hij die maatstaf zoveel mogelijk als richtsnoer bezigt.
3. De rechter wijst een vordering tot verhoging van de huurprijs af, voor zover deze is gegrond op verbeteringen van het gehuurde, die op kosten van de huurder zijn aangebracht.

art. 7:304

4. Indien de rechter de huurprijs nader vaststelt, geldt deze met ingang van de dag waarop deze is gevorderd, tenzij hij op vordering van een der partijen op grond van de bijzondere omstandigheden van het geval een andere ingangsdatum vaststelt. Hij kan daarbij tevens bepalen dat de huurprijs gedurende een door hem vast te stellen termijn van ten hoogste vijf jaren geleidelijk zal worden aangepast.

Art. 304

Advies over nadere huurprijs bij huur bedrijfsruimte

1. Een vordering tot nadere huurprijsvaststelling is slechts ontvankelijk, indien deze vergezeld gaat van een advies omtrent de nadere huurprijs, opgesteld door een of meer door partijen gezamenlijk benoemde ter zake deskundigen.
2. Indien partijen geen overeenstemming bereiken over de benoeming van een deskundige, benoemt de rechter deze op verzoek van de meest gerede partij. Indien een zodanig verzoek wordt gedaan, geldt de dag van dat verzoek voor de toepassing van artikel 303 leden 1, 2 en 4 als de dag waarop de vordering tot nadere vaststelling van de huurprijs is ingesteld.
3. De kosten van het advies zijn proceskosten als bedoeld in artikel 237 van het Wetboek van Burgerlijke Rechtsvordering; de artikelen 195, 196, 199 en 244 van dat wetboek zijn van overeenkomstige toepassing.

Art. 305

Doorberekening kosten verbeteringen in huurprijs bij huur bedrijfsruimte

1. De verhuurder die ingevolge een besluit als bedoeld in artikel 13 of 15 van de Woningwet voorzieningen als bedoeld in artikel 243 lid 2 heeft getroffen, is, ook buiten de gevallen van artikel 303 lid 1 onder a en b, bevoegd om ter doorberekening van de kosten van deze voorzieningen, voor zover redelijk, een daarop afgestemde verhoging van de huur te verlangen. Indien de huurder en de verhuurder geen overeenstemming hebben kunnen bereiken over het bedrag van de verhoging, kan ieder van hen vaststelling van de verhoging door de rechter vorderen.
2. Dit artikel is, behalve op bedrijfsruimte in de zin van artikel 290, ook van toepassing op een gebouwde onroerende zaak of gedeelte daarvan, indien deze zaak of dit gedeelte voor de uitoefening van een ander bedrijf is verhuurd dan waarop bedrijfsruimte in de zin van artikel 290 betrekking heeft.

Art. 306

Onderhuur bij huur bedrijfsruimte

1. Een onderhuurovereenkomst van bedrijfsruimte eindigt op het door de rechter op vordering van de hoofdverhuurder overeenkomstig artikel 296 lid 5 vastgestelde tijdstip van ontruiming.
2. Indien de hoofdhuurder de onderhuurder niet of niet juist heeft voorgelicht omtrent de termijn waarvoor de hoofdhuur geldt of is aangegaan, of hij bij de beëindiging van de hoofdhuur en de bepaling van het tijdstip van ontruiming onvoldoende voor de belangen van de onderhuurder heeft gewaakt, is hij verplicht de schade die de onderhuurder daardoor lijdt, te vergoeden.
3. De hoofdhuurder tegen wie door de hoofdverhuurder een vordering wordt ingesteld, die mede de belangen van de onderhuurder raakt, is bevoegd om deze in het geding te roepen.

Art. 307

Overdracht aan derde bij huur bedrijfsruimte

1. Indien overdracht door de huurder aan een derde van het in het gehuurde door de huurder zelf of een ander uitgeoefende bedrijf gewenst wordt, kan de huurder vorderen dat hij gemachtigd wordt om de derde als huurder in zijn plaats te stellen.
2. De rechter beslist met inachtneming van de omstandigheden van het geval, met dien verstande dat hij de vordering slechts kan toewijzen, indien de huurder of de ander die het bedrijf uitoefent, een zwaarwichtig belang heeft bij de overdracht van het bedrijf en dat hij haar steeds afwijst, indien de voorgestelde huurder niet voldoende waarborgen biedt voor een volledige nakoming van de overeenkomst en voor een behoorlijke bedrijfsvoering.
3. De rechter kan aan de machtiging voorwaarden verbinden of daarbij een last opleggen.

Art. 308

Voordeel verhuurder bij huur bedrijfsruimte

1. Indien de verhuurder, nadat de huurovereenkomst door opzegging zijnerzijds is geëindigd, voordeel geniet tengevolge van het feit dat het verhuurde vervolgens wordt gebezigd voor de uitoefening van een bedrijf, gelijksoortig aan het door de gewezen huurder of de onderhuurder aan wie bevoegdelijk is onderverhuurd aldaar uitgeoefende bedrijf, kan de gewezen huurder of de onderhuurder aan wie bevoegdelijk is onderverhuurd van de verhuurder een naar billijkheid te berekenen vergoeding vorderen.
2. Voordeel, voortvloeiend uit de aard of ligging van het verhuurde of uit de daaraan aangebrachte veranderingen, komt voor de toepassing van lid 1 niet in aanmerking.
3. De vergoeding kan niet worden toegekend, wanneer het verhuurde voor de uitoefening van het gelijksoortige bedrijf eerst wordt gebezigd nadat sedert het eindigen van de huurovereenkomst meer dan een jaar is verstreken

Art. 309

Schadeloosstelling voor huurder bij afbraak gebouw in algemeen belang bij huur bedrijfsruimte

1. Indien een verhuurder op wie de rechten en verplichtingen uit de huurovereenkomst op de voet van artikel 226 zijn overgegaan, deze overeenkomst door opzegging doet eindigen in verband met de omstandigheid dat het gebouwde met het oog op de uitvoering van werken in het algemeen belang zal worden afgebroken, is hij aan de huurder en de onderhuurder aan wie

voor die overgang bevoegdelijk is onderverhuurd, een schadeloosstelling verschuldigd wegens het verlies van de kans dat de huurverhouding zonder deze overgang zou hebben voortgeduurd.
2. De verhuurder is de in lid 1 bedoelde schadeloosstelling eveneens verschuldigd indien de overgang is geschied nadat de vorige verhuurder de huurovereenkomst heeft opgezegd in verband met de omstandigheid dat na de overgang het gebouwde met het oog op de uitvoering van werken in het algemeen belang zal worden afgebroken. Is de eigendom van het verhuurde overgedragen nadat de huurovereenkomst reeds door de opzegging was geëindigd, dan is de schadeloosstelling verschuldigd door de eigenaar die tot afbraak overgaat.
3. Een opzegging wordt vermoed in verband met de omstandigheid dat het gebouwde met het oog op de uitvoering van werken in het algemeen belang zal worden afgebroken, indien de afbraak binnen zes jaar na de opzegging aanvangt.
4. Werken tot verwezenlijking van een bestemmingsplan, strekkende tot reconstructie van een bebouwde kom, worden in elk geval geacht in het algemeen belang te zijn.
5. Dit artikel is, behalve op bedrijfsruimte in de zin van artikel 290, ook van toepassing op een gebouwde onroerende zaak of gedeelte daarvan, indien deze zaak of dit gedeelte voor de uitoefening van een ander bedrijf is verhuurd dan waarop bedrijfsruimte in de zin van artikel 290 betrekking heeft.

Art. 310
1. Indien een verhuurder op wie de rechten en verplichtingen uit de huurovereenkomst op de voet van artikel 226 zijn overgegaan, een krachtens een geldend bestemmingsplan op het verhuurde liggende bestemming wil verwezenlijken, ontbindt de rechter op vordering van de verhuurder de huurovereenkomst met ingang van een door hem te bepalen dag.
2. De huurder en de onderhuurder aan wie bevoegdelijk is onderverhuurd, kunnen een schadeloosstelling vorderen. Bij de bepaling daarvan wordt rekening gehouden met de kans dat de huurverhouding zonder de overgang zou hebben voortgeduurd.
3. Dit artikel is, behalve op bedrijfsruimte in de zin van artikel 290, ook van toepassing op een gebouwde onroerende zaak of gedeelte daarvan, indien deze zaak of dit gedeelte voor de uitoefening van een ander bedrijf is verhuurd dan waarop bedrijfsruimte in de zin van artikel 290 betrekking heeft.

Ontbinding overeenkomst na wijziging bestemming bij huur bedrijfsruimte

Titel 5
Pacht

Afdeling 1
Algemene bepalingen

Art. 311
Pacht is de overeenkomst waarbij de ene partij, de verpachter, zich verbindt aan de andere partij, de pachter, een onroerende zaak of een gedeelte daarvan in gebruik te verstrekken ter uitoefening van de landbouw en de pachter zich verbindt tot een tegenprestatie.
(Zie ook: artt. 213, 217 BW Boek 6; artt. 312, 313, 399 BW Boek 7; art. 1019 Rv; art. 1 Pw)

Pacht

Art. 312
Onder landbouw wordt verstaan, steeds voorzover bedrijfsmatig uitgeoefend: akkerbouw; weidebouw; veehouderij; pluimveehouderij; tuinbouw, daaronder begrepen fruitteelt en het kweken van bomen, bloemen en bloembollen; de teelt van griendhout en riet; elke andere tak van bodemcultuur, met uitzondering van de bosbouw.
(Zie ook: art. 399 BW Boek 7; art. 1 Pw)

Landbouw

Art. 313
1. Een hoeve is een complex bestaande uit een of meer gebouwen of gedeelten daarvan en het daarbij behorende land, dienende tot de uitoefening van de landbouw.
2. Hetgeen in deze titel is bepaald met betrekking tot los land, geldt mede met betrekking tot een of meer gebouwen of gedeelten daarvan, welke dienen tot de uitoefening van de landbouw.
3. Indien echter tussen dezelfde partijen bij één overeenkomst los land en bij een andere overeenkomst een of meer gebouwen of gedeelten daarvan zijn verpacht, worden de bepalingen omtrent verpachting van hoeven op beide overeenkomsten van toepassing met ingang van het tijdstip waarop de laatste van beide overeenkomsten is gesloten.
4. Onder hoeve en los land worden begrepen de daarbij behorende, niet tot de uitoefening van de landbouw dienende gronden met inbegrip van de zich daarop bevindende houtopstanden.
(Zie ook: artt. 325, 395, 396, 397, 399 BW Boek 7; art. 1 Pw)

Hoeve

Los land

Gebouwen en los land bij pachtovereenkomst

Hoeve en los land

Art. 314
In deze titel wordt onder pleegkind verstaan degenen die duurzaam als eigen kind in onderhouden en opgevoed.
(Zie ook: artt. 319, 399 BW Boek 7; art. 1 Pw)

Pleegkind

Art. 315

Omvang gepachte dat langs een water ligt bij pacht

Op de omvang van het gepachte dat langs een water ligt, zijn de artikelen 29 en 34 van Boek 5 van toepassing, tenzij de verpachter aan een vastlegging van de grens overeenkomstig de artikelen 30 tot en met 32 van Boek 5 is gebonden.
(Zie ook: art. 21 Pw)

Art. 316

Vruchten gepachte zaak

1. Het recht van de pachter op de vruchten van de gepachte zaak is een genotsrecht als bedoeld in artikel 17 van Boek 5.
2. Het recht van de pachter op de vruchten omvat de bij het einde van de pacht nog te velde staande vruchten, tenzij bij ontbinding van de overeenkomst door de rechter anders wordt bepaald.
(Zie ook: artt. 202, 360, 399 BW Boek 7)

Afdeling 2
Vorm van de pachtovereenkomst

Art. 317

Schriftelijke vaststelling bij pachtovereenkomst

1. De pachtovereenkomst, de overeenkomst tot wijziging en die tot beëindiging van een pachtovereenkomst moeten schriftelijk worden aangegaan.
2. Zolang de overeenkomst niet schriftelijk is aangegaan, kan de meest gerede partij de schriftelijke vastlegging daarvan vorderen.
3. In het in het vorige lid bedoelde geval legt de rechter de overeenkomst schriftelijk vast met dien verstande dat nietige bedingen, zoveel mogelijk overeenkomstig de bedoelingen van partijen, in overeenstemming worden gebracht met de wet.
(Zie ook: art. 399 BW Boek 7; art. 1019t Rv; artt. 2, 11 Pw)

Afdeling 3
Goedkeuring van de pachtovereenkomst

Art. 318

Goedkeuring grondkamer bij pachtovereenkomst

1. De pachtovereenkomst, de overeenkomst tot wijziging en die tot beëindiging van een pachtovereenkomst behoeven de goedkeuring van de grondkamer.
2. Ten aanzien van de overeenkomst tot beëindiging van een pachtovereenkomst vervalt het vereiste van goedkeuring door de feitelijke uitvoering van de overeenkomst.
(Zie ook: art. 399 BW Boek 7; art. 2 Pw)

Art. 319

Voorwaarden goedkeuring bij pachtovereenkomst

1. De grondkamer keurt de pachtovereenkomst goed, tenzij:
a. de overeengekomen pachtprijs dan wel de vergoeding, daarbij in aanmerking genomen de verdere inhoud van de overeenkomst, hoger is dan ingevolge het bepaalde krachtens de artikelen 327 lid 1 en 327 lid 3 onderscheidenlijk 393 is toegelaten;
b. de overige verplichtingen, voor de pachter uit de overeenkomst voortvloeiende, als buitensporig moeten worden beschouwd;
c. de overeenkomst zou leiden tot een ondoelmatige verkaveling of een ondoelmatige ligging van het land ten opzichte van de bedrijfsgebouwen of van de woning;
d. de overeenkomst, indien deze betrekking heeft op land, dat begrepen is geweest in een ruil- of herverkaveling of dat gelegen is in de IJsselmeerpolders, zou leiden tot:
1°. een verkaveling of een ligging van het land ten opzichte van de bedrijfsgebouwen of van de woning, die minder doelmatig is dan de bestaande;
2°. een geringere dan de bestaande bedrijfsgrootte;
e. door de overeenkomst algemene belangen van de landbouw zouden worden geschaad; de grondkamer is onder meer bevoegd als schadelijk voor de algemene belangen van de landbouw aan te merken overeenkomsten, welke zouden leiden tot:
1°. een zo geringe bedrijfsgrootte, dat de ondernemer zijn volledige arbeidskracht op het bedrijf niet produktief kan maken;
2°. gebruik van het land ter verkrijging van neveninkomsten, anders dan voor zelfvoorziening;
3°. vergroting van een bedrijf, waarvan uitbreiding voor de ondernemer niet van overwegende betekenis is, terwijl in de nabijheid van een of meer kleine bedrijven uitbreiding behoeven;
f. de overeenkomst bepalingen bevat, welke in strijd zijn met deze titel.
2. Indien de pachtovereenkomst zou leiden tot een van de in het eerste lid, onder c, d en e genoemde gevolgen, kan de grondkamer haar goedkeuring verlenen, wanneer weigering op grond van bijzondere omstandigheden onredelijk zou zijn of zou indruisen tegen het landbouwbelang. Indien de pachtovereenkomst zou leiden tot een van de in lid 1, onder d, genoemde gevolgen, kan de grondkamer voorts haar goedkeuring verlenen, wanneer omstandigheden, gelegen in de persoon van de verpachter, de goedkeuring in het belang van een verantwoorde bedrijfsvoering wenselijk maken.

3. Het bepaalde in lid 1 onder c en onder e met betrekking tot het gestelde onder 1°, 2° en 3° blijft buiten toepassing bij overeenkomsten met echtgenoten of geregistreerde partners, bloed- of aanverwanten in de rechte lijn, pleegkinderen en medepachters.
(Zie ook: art. 314 BW Boek 7)
4. Bij de toetsing van de overeenkomst aan het bepaalde in lid 1, onder e, mag de grondkamer niet letten op de persoon van de pachter.
5. Het bepaalde in lid 1, onder c en d en onder e met betrekking tot het gestelde onder 1°, 2° en 3°, blijft buiten toepassing, indien uit een verklaring van burgemeester en wethouders van de gemeente, waarin het land is gelegen, blijkt dat dit is opgenomen in een goedgekeurd bestemmingsplan en daarbij een niet tot de landbouw betrekkelijke bestemming heeft gekregen.
6. Voor de geldigheid van bepalingen, welke in strijd met de wet zijn, kan op de goedkeuring van de overeenkomst door de grondkamer geen beroep worden gedaan.
7. Het in de voorgaande leden bepaalde vindt overeenkomstige toepassing ten aanzien van de overeenkomst tot wijziging of beëindiging van een pachtovereenkomst.
(Zie ook: artt. 317, 320, 321, 363, 399 BW Boek 7; art. 5 Pw)

Art. 320
1. Indien de grondkamer haar goedkeuring aan de pachtovereenkomst of aan de overeenkomst tot wijziging of beëindiging van een pachtovereenkomst onthoudt, wijzigt zij de overeenkomst op het punt of de punten, welke in verband met het bepaalde in artikel 319 lid 1, de goedkeuring verhinderen, of vernietigt zij haar. *[Onthouding goedkeuring bij pachtovereenkomst]*
2. De door de grondkamer gewijzigde overeenkomst geldt als een tussen partijen aangegane en goedgekeurde overeenkomst. In geval van wijziging in verband met het bepaalde in artikel 319 lid 1, onder c, d en e, alsmede in geval van vernietiging regelt de grondkamer zo nodig de gevolgen.
(Zie ook: artt. 317, 363, 399 BW Boek 7; art. 6 Pw)

Art. 321
1. Ieder der partijen is verplicht de pachtovereenkomst of de overeenkomst tot wijziging van een pachtovereenkomst binnen twee maanden, nadat zij is aangegaan, aan de grondkamer ter goedkeuring in te zenden. *[Toezending aan grondkamer bij pachtovereenkomst]*
2. Ieder der partijen is verplicht de overeenkomst tot beëindiging van een pachtovereenkomst binnen twee maanden nadat zij is aangegaan, aan de grondkamer ter goedkeuring in te zenden.
3. Zodra een der partijen aan de verplichting heeft voldaan, is de andere partij vervallen.
4. Op de ingevolge artikel 317 lid 3 schriftelijk vastgelegde overeenkomst past de grondkamer de artikelen 319 en 320 ambtshalve toe.
(Zie ook: artt. 377, 399 BW Boek 7; art. 8 Pw)

Art. 322
1. Wanneer niet is voldaan aan het bepaalde in artikel 321 lid 1 kan de verpachter, zolang de pachtovereenkomst door de grondkamer niet is goedgekeurd, niet een rechtsvordering tot betaling van de pachtprijs tegen de pachter instellen en geldt de pachtovereenkomst voor onbepaalde tijd, zonder dat zij door een van de partijen kan worden opgezegd; wordt de goedkeuring verleend, dan gaat de in artikel 325 bedoelde duur in bij de aanvang van het pachtjaar, volgende op dat, waarin de overeenkomst is ingezonden. *[Aanvang van pachtovereenkomst]*
2. De grondkamer is bevoegd op verzoek van een partij in bijzondere gevallen bij de goedkeuring te bepalen, dat de in artikel 325 bedoelde duur op een eerder tijdstip ingaat.
(Zie ook: artt. 377, 399 BW Boek 7; art. 9 Pw)

Art. 323
1. Aan een overeenkomst tot wijziging of – voorzover die niet reeds feitelijk is uitgevoerd – aan een overeenkomst tot beëindiging van een pachtovereenkomst, die nog niet door de grondkamer is goedgekeurd, zijn partijen slechts in zoverre gebonden, dat zij niet eenzijdig kunnen terugtreden. *[Beëindiging pachtovereenkomst die niet door grondkamer is goedgekeurd]*
2. Indien de overeenkomst niet binnen twee maanden, nadat zij werd aangegaan, ter goedkeuring is ingezonden, is de grondkamer bevoegd haar te doen ingaan op een later tijdstip dan werd overeengekomen, doch uiterlijk het tijdstip van inzending. *[Vaststellen tijdstip ingaan pachtovereenkomst door grondkamer]*
(Zie ook: art. 399 BW Boek 7; art. 10 Pw)

Art. 324
1. Zij die voornemens zijn met elkaar een pachtovereenkomst of een overeenkomst tot wijziging van een pachtovereenkomst aan te gaan, zijn bevoegd een ontwerp-pachtovereenkomst, onderscheidenlijk een ontwerp-overeenkomst tot wijziging van een pachtovereenkomst ter goedkeuring aan de grondkamer in te zenden. *[Beoordeling ontwerp-pachtovereenkomst door grondkamer]*
2. De grondkamer beoordeelt de ontwerp-overeenkomst met toepassing van artikel 319 leden 1 tot en met 5; zij kan haar goedkeuring afhankelijk stellen van wijzigingen, welke zij in verband met het bepaalde in artikel 319 lid 1 nodig oordeelt.
3. Indien binnen twee maanden, nadat de grondkamer of de Centrale Grondkamer een ontwerp-pachtovereenkomst of een ontwerp-overeenkomst tot wijziging van een pachtovereenkomst

heeft goedgekeurd, een overeenkomst wordt ingezonden, die gelijk is aan de ontwerp-overeenkomst, zoals deze werd goedgekeurd, is de grondkamer tot goedkeuring gehouden.
4. Op het verzoek tot goedkeuring van een ontwerp-pachtovereenkomst kan niet meer worden beslist, nadat de daarin als pachter genoemde persoon als zodanig op het goed is toegelaten.
(Zie ook: art. 399 BW Boek 7; art. 7 Pw)

Afdeling 4
Duur van de pachtovereenkomst

Art. 325

Pachttermijn bij pachtovereenkomst

1. De pachtovereenkomst geldt voor een bepaalde tijd. Deze tijd bedraagt twaalf jaren voor een hoeve en zes jaren voor los land.
(Zie ook: art. art 391 BW Boek 7)
2. Een pachtovereenkomst kan voor een langere duur worden aangegaan, mits een bepaalde datum van beëindiging is vastgesteld.
3. Een pachtovereenkomst kan voor een kortere duur worden aangegaan, mits een bepaalde datum van beëindiging is vastgesteld. De kortere duur behoeft de goedkeuring van de grondkamer, welke hetzij vóór het aangaan van de overeenkomst, hetzij bij de toetsing daarvan kan worden verleend.
4. De grondkamer verleent haar goedkeuring aan de kortere duur alleen op grond van de bijzondere omstandigheden van het geval en indien de algemene belangen van de landbouw daardoor niet worden geschaad. Zij vermeldt in haar beschikking de reden van haar goedkeuring. Als bijzondere omstandigheden worden niet beschouwd beperkingen, aan de verpachter door derden opgelegd.
5. De pachtovereenkomst die geldt voor de duur van ten minste twaalf jaren voor een hoeve en ten minste zes jaren voor los land, wordt telkens van rechtswege met zes jaren verlengd.
6. Heeft de grondkamer een kortere termijn goedgekeurd, dan vindt geen verlenging van rechtswege plaats, maar kan de rechter op vordering van de pachter de overeenkomst verlengen voor een door de rechter vast te stellen periode op de grond dat de bijzondere omstandigheden, bedoeld in lid 4 zich niet hebben voorgedaan en zich ook niet meer kunnen voordoen. De vordering moet worden ingesteld binnen een daartoe door de grondkamer in haar beschikking vastgestelde termijn. Op de verlengde overeenkomst is lid 5 van toepassing.
7. Heeft de grondkamer een termijn van een jaar of korter goedgekeurd, dan vindt geen verlenging plaats.
(Zie ook: artt. 313, 322, 367, 371, 377, 378, 385, 390, 391, 399 BW Boek 7; artt. 12, 36, 37 Pw)

Art. 326

Herziening bij verstrijken pachttermijn bij pachtovereenkomst

1. Telkens voor het verstrijken van een pachttermijn kan de pachter of de verpachter aan de grondkamer verzoeken andere bepalingen van de pachtovereenkomst dan met betrekking tot de tegenprestatie te herzien.
2. De grondkamer herziet deze, indien de bijzondere omstandigheden van het geval daartoe aanleiding geven en noch het algemeen landbouwbelang, noch een redelijk belang van de andere partij zich daartegen verzet.
3. De wijziging gaat in met ingang van de nieuwe pachttermijn.
4. Geen wijziging kan worden gevorderd op grond van artikel 258 van Boek 6.
(Zie ook: artt. 392, 399 BW Boek 7; artt. 33, 33a Pw)

Afdeling 5
Pachtprijs

Art. 327

Pachtprijs bij pachtovereenkomst

1. Bij of krachtens algemene maatregel van bestuur worden regelen vastgesteld ten aanzien van de hoogst toelaatbare pachtprijs.
(Zie ook: artt. 319, 396 BW Boek 7)
2. De in lid 1 bedoelde regelen strekken tot bevordering van pachtprijzen, welke in een redelijke verhouding staan tot de bedrijfsuitkomsten bij een behoorlijke bedrijfsvoering, met dien verstande, dat bij het vaststellen van die regelen de redelijke belangen van de verpachter mede in acht worden genomen.
3. Met inachtneming van de in lid 1 bedoelde regelen kunnen de grondkamers, ieder voor haar gebied, zo nodig streeksgewijs, ten aanzien van de pachtprijs bij besluit nadere regelen vaststellen. Zodanig besluit vervalt een jaar na het tijdstip van zijn inwerkingtreding.
4. Deze besluiten behoeven de goedkeuring van Onze Minister van Landbouw, Natuur en Voedselkwaliteit en worden in de Nederlandse Staatscourant bekend gemaakt.
(Zie ook: artt. 319, 328, 333, 334, 393, 399 BW Boek 7; artt. 3, 4 Pw)

Art. 328
1. Als tegenprestatie kan slechts worden bedongen een pachtprijs met of zonder bijkomstige verplichtingen.

2. Als pachtprijs kan slechts worden bedongen een uitsluitend naar tijdruimte bepaald en niet van de prijs van produkten of andere factoren afhankelijk gesteld bedrag in Nederlands geld.

3. De grondkamer kan echter, hetzij vóór het aangaan van de overeenkomst op verzoek van een der partijen, hetzij bij de toetsing daarvan, afwijking van het in de leden 1 en 2 bepaalde goedkeuren.

4. Heeft de grondkamer zulk een goedkeuring verleend of verleent zij deze bij de toetsing, dan wordt de overeengekomen tegenprestatie door haar beoordeeld naar de strekking van het bepaalde krachtens de artikelen 327 leden 1 en 2.

(Zie ook: artt. 346, 396, 399 BW Boek 7; art. 13 Pw)

Pachtprijs bij pachtovereenkomst, nadere regels t.b.v.

Art. 329
Bedongen kan worden dat de lasten die de verpachter ten gevolge van landinrichting op grond van de Landinrichtingswet of de Wet inrichting landelijk gebied, van reconstructie op grond van de Reconstructiewet Midden-Delfland of van de Reconstructiewet concentratiegebieden of van herinrichting op grond van de Herinrichtingswet Oost-Groningen en de Gronings-Drentse Veenkoloniën, zijn of zullen worden opgelegd, ten dele ten laste van de pachter komen.

(Zie ook: art. 399 BW Boek 7; art. 14 Pw)

Kosten reconstructie/herinrichtingsverplichting bij pachtprijs

Art. 330
1. De pachter heeft aanspraak op een vermindering van de pachtprijs over een pachtjaar of een pachtseizoen, gedurende hetwelk tengevolge van buitengewone omstandigheden de opbrengst van het bedrijf aanzienlijk minder is geweest dan bij het aangaan van de overeenkomst te verwachten was of de pachter tijdelijk het genot van het gepachte geheel of gedeeltelijk heeft moeten missen.

2. Tot vermindering geven geen aanleiding:
a. een verlaging van de prijs van de voortbrengselen van het bedrijf;
b. omstandigheden welke aan de pachter zijn toe te rekenen of waarvan hij de gevolgen door verzekering of op andere wijze redelijkerwijs had kunnen voorkomen;
c. schade, welke de pachter op een ander kan verhalen.

3. De vordering van de pachter vervalt zes maanden na het eindigen van het pachtjaar of het pachtseizoen, waarover de pachtprijs verschuldigd is.

(Zie ook: art. 399 BW Boek 7; art. 16 Pw)

Vermindering bij buitengewone omstandigheden bij pachtprijs

Art. 331
1. De verpachter heeft aanspraak op een verhoging van de pachtprijs over een pachtjaar of een pachtseizoen, gedurende hetwelk de lasten, die de verpachter door publiekrechtelijke lichamen zijn opgelegd wegens buitengewone werken, waardoor des pachters bedrijf gebaat wordt, aanzienlijk hoger zijn geweest dan bij het aangaan van de overeenkomst te verwachten was.

2. De vordering van de verpachter vervalt zes maanden na het eindigen van het pachtjaar of het pachtseizoen, waarover de pachtprijs verschuldigd is.

(Zie ook: art. 399 BW Boek 7; art. 17 Pw)

Verhoging pachtprijs wegens opgelegde buitengewone werken

Art. 332
1. De verpachter heeft aanspraak op een verhoging van de pachtprijs over een pachtjaar of over een pachtseizoen, indien hij voor eigen rekening buitengewone werken heeft uitgevoerd, waardoor het bedrijf van de pachter dermate is gebaat, dat een verhoging van de pachtprijs van de pachter kan worden verlangd.

2. De vordering van de verpachter vervalt zes maanden na het eindigen van het pachtjaar of het pachtseizoen, waarover de pachtprijs verschuldigd is.

(Zie ook: art. 399 BW Boek 7; art. 18 Pw)

Verhoging pachtprijs wegens buitengewone werken door verpachter

Art. 333
1. De pachtprijs wordt van rechtswege herzien overeenkomstig de wijziging van de krachtens artikel 327 lid 1 gegeven regelen. De verpachter kan, onder schriftelijke mededeling daarvan aan de pachter, echter geheel of ten dele van een verhoging afzien.

2. Niettemin kan de pachter of de verpachter binnen een tijdvak van een jaar na de inwerkingtreding van een wijziging van de regelen als bedoeld in artikel 327 lid 1 aan de grondkamer verzoeken de tegenprestatie te herzien. De grondkamer herziet deze indien redelijkheid en billijkheid dit verlangen of gewijzigde omstandigheden dit rechtvaardigen.

3. Onverminderd het bepaalde in de leden 1 en 2 kan de pachter of de verpachter voor het verstrijken van een pachtperiode van drie jaren aan de grondkamer verzoeken de tegenprestatie te herzien. De grondkamer herziet deze indien redelijkheid en billijkheid dit verlangen of gewijzigde omstandigheden dit rechtvaardigen.

Herziening van pachtprijs

art. 7:335

4. De in de leden 1 en 2 bedoelde herziening gaat in met ingang van het pachtjaar volgende op het tijdstip waarop een wijziging van de regelen, bedoeld in artikel 327 lid 1 in werking is getreden. De herziening als bedoeld in lid 3 gaat in met ingang van de nieuwe driejarige periode.
(Zie ook: art. 19 Pw)

Art. 334
[Vervallen]

Art. 335

Wijziging tegenprestatie of vergoeding o.g.v. onvoorziene omstandigheden niet mogelijk

Op grond van artikel 258 van Boek 6 kan geen wijziging van de tegenprestatie dan wel van de vergoeding worden gevorderd.
(Zie ook: art. 399 BW Boek 7; art. 19b Pw)

Afdeling 6
Verplichtingen van de verpachter

Art. 336

Terbeschikkingstelling verpachte aan pachter

De verpachter is verplicht het verpachte ter beschikking van de pachter te stellen en te laten voor zover dat voor het overeengekomen gebruik noodzakelijk is.
(Zie ook: art. 27 BW Boek 6; artt. 9, 203 BW Boek 7; art. 20 Pw)

Art. 337

Verplichtingen van verpachter bij gebreken
Gebreken verpachte zaak

1. De verpachter heeft met betrekking tot gebreken van het verpachte de in deze afdeling omschreven verplichtingen.
2. Een gebrek is een staat of eigenschap van de verpachte zaak of een andere niet aan de pachter toe te rekenen omstandigheid, waardoor de zaak aan de pachter niet het genot kan verschaffen dat een pachter bij het aangaan van de overeenkomst mag verwachten van een goed onderhouden zaak van de soort als waarop de overeenkomst betrekking heeft.
3. Een feitelijke stoornis door derden zonder bewering van recht als bedoeld in artikel 344 en een bewering van recht zonder feitelijke stoornis, zijn geen gebreken in de zin van lid 2.
(Zie ook: artt. 74, 265 BW Boek 6; artt. 17, 204, 340, 341, 344, 350, 361 BW Boek 7; artt. 22, 23 Pw)

Art. 338

Rechten pachter

De uit deze afdeling voortvloeiende rechten van de pachter komen aan deze toe, onverminderd alle andere rechten en vorderingen.
(Zie ook: artt. 44, 290 BW Boek 3; artt. 74, 162, 228, 231, 262, 263, 265 BW Boek 6; art. 205 BW Boek 7)

Art. 339

Herstelplicht bij gebreken verpachte zaak

1. De verpachter is verplicht op verlangen van de pachter gebreken te verhelpen, tenzij dit onmogelijk is of uitgaven vereist die in de gegeven omstandigheden redelijkerwijs niet van de verpachter zijn te vergen.
2. Deze verplichting bestaat niet ten aanzien van de kleine herstellingen tot het verrichten waarvan de pachter krachtens artikel 351 verplicht is, en ten aanzien van gebreken voor het ontstaan waarvan de pachter jegens de verpachter aansprakelijk is.
3. Is de verpachter met het verhelpen in verzuim, dan kan de pachter dit verhelpen zelf verrichten en de daarvoor gemaakte kosten, voor zover deze redelijk waren, op de verpachter verhalen, desgewenst door deze in mindering op de pachtprijs te brengen.
(Zie ook: art. 299 BW Boek 3; artt. 81, 127 BW Boek 6; artt. 206, 340, 341, 343, 351, 356, 399 BW Boek 7; art. 26 Pw)

Art. 340

Vermindering pachtprijs bij gebreken verpachte zaak

1. De pachter kan in geval van vermindering van pachtgenot ten gevolge van een gebrek een daaraan evenredige vermindering van de pachtprijs vorderen van de dag waarop hij van het gebrek behoorlijk heeft kennis gegeven aan de verpachter of waarop het gebrek reeds in voldoende mate bekend was om tot maatregelen over te gaan, tot die waarop het gebrek is verholpen.
2. De pachter heeft geen aanspraak op pachtvermindering terzake van gebreken die hij krachtens artikel 351 verplicht is te verhelpen, of voor het ontstaan waarvan hij jegens de verpachter aansprakelijk is.
(Zie ook: artt. 267, 270 BW Boek 6; artt. 207, 356, 399 BW Boek 7; art. 24 Pw)

Art. 341

Vergoeding schade bij gebreken verpachte zaak

Onverminderd de gevolgen van niet-nakoming van de verplichting van artikel 339 is de verpachter tot vergoeding van de door een gebrek veroorzaakte schade verplicht, indien het gebrek na het aangaan van de overeenkomst is ontstaan en hem is toe te rekenen, alsmede indien het gebrek bij het aangaan van de overeenkomst aanwezig was en de verpachter het toen kende of had behoren te kennen, of toen aan de pachter heeft te kennen gegeven dat de zaak het gebrek niet had.
(Zie ook: artt. 74, 95 BW Boek 6; artt. 208, 342, 343, 356 BW Boek 7; art. 1019j Pw)

Art. 342
Van artikel 341 kan niet ten nadele van de pachter worden afgeweken, voor zover het gaat om gebreken die de verpachter bij het aangaan van de pachtovereenkomst kende of had behoren te kennen.
(Zie ook: art. 40 BW Boek 3; art. 209 BW Boek 7)

Dwingend recht

Art. 343
1. Indien een gebrek dat de verpachter ingevolge artikel 339 niet verplicht is te verhelpen, het genot dat de pachter mocht verwachten geheel onmogelijk maakt, is zowel de pachter als de verpachter bevoegd de overeenkomst op de voet van artikel 267 van Boek 6 te ontbinden.
2. Een verplichting van een der partijen tot schadevergoeding ter zake van een gebrek omvat mede de door het eindigen van de overeenkomst ingevolge lid 1 veroorzaakte schade.
(Zie ook: artt. 265, 277 BW Boek 6; artt. 210, 341, 376 BW Boek 7; art. 1019j Pw)

Ontbinding overeenkomst bij gebreken verpachte zaak

Art. 344
1. Wanneer tegen de pachter door een derde een vordering wordt ingesteld tot uitwinning of tot verlening van een recht waarmee het verpachte ingevolge de pachtovereenkomst niet belast had mogen zijn, is de verpachter na kennisgeving daarvan door de pachter gehouden in het geding te komen ten einde de belangen van de pachter te verdedigen.
2. De verpachter moet aan de pachter alle door deze vordering ontstane kosten vergoeden, doch, als de kennisgeving niet onverwijld is geschied, alleen de na de kennisgeving ontstane kosten.
3. Wanneer tegen de onderpachter een vordering betreffende het ondergepachte wordt ingesteld door de hoofdverpachter, zijn de voorgaande leden van overeenkomstige toepassing op de onderverpachter.
(Zie ook: art. 252 BW Boek 7; artt. 16, 211, 337, 355, 356 BW Boek 7; art. 22 Pw; artt. 210, 212 Rv)

Vordering door derden bij pacht

Art. 345
1. De verpachter is verplicht tot wederopbouw van door brand of storm tenietgegane opstallen, voorzover de wederopbouw noodzakelijk is voor de uitoefening van het bedrijf op het gepachte. Deze verplichting bestaat niet, indien de pachtovereenkomst voor kortere dan de wettelijke duur geldt en bestaat ook niet voor de onderpachter.
2. De grondkamer kan de verpachter op diens verzoek, hetzij vóór het aangaan van de overeenkomst, hetzij bij een toetsing, van deze verplichting ontheffen, indien de opstallen niet op redelijke voorwaarden voor de herbouwwaarde verzekerd kunnen worden of aannemelijk is, dat bij tenietgaan van de opstallen de verplichting tot wederopbouw op grond van het bepaalde in de eerste zin van lid 4 zal vervallen.
3. Indien de verpachter, hoewel de opstallen op redelijke voorwaarden voor de herbouwwaarde verzekerd kunnen worden, niet of niet afdoende tegen brand- of stormschade verzekerd is, en niet anderszins zekerheid biedt de in lid 1 genoemde verplichting te zullen nakomen, kan de rechter de pachter op diens verzoek machtigen een verzekering of een aanvullende verzekering voor ten hoogste de duur van de lopende pachttermijn te sluiten en de premie voor rekening van de verpachter te brengen. Indien het betreft het sluiten van een aanvullende verzekering, moet deze worden gesloten bij de verzekeraar bij wie de opstallen verzekerd zijn, tenzij de rechter in zijn beschikking anders bepaalt. Onder verzekering voor de herbouwwaarde wordt verstaan een verzekering tot zodanig bedrag, dat daarmede kan worden voldaan aan de in lid 1, eerste zin, omschreven verplichting.
4. De verplichting van de verpachter tot wederopbouw vervalt, indien de wederopbouw, de algemene belangen van de landbouw of de bijzondere omstandigheden van het geval in aanmerking genomen, van de verpachter in redelijkheid niet kan worden gevergd. Indien de pachter voor de door brand ontstane schade aansprakelijk is, wordt de verplichting van de verpachter tot wederopbouw geschorst, zolang de pachter aan zijn verplichting tot schadevergoeding niet heeft voldaan.
(Zie ook: art. 399 BW Boek 7; art. 29 Pw)

Plicht verpachter tot wederopbouw opstallen, na brand/storm

Afdeling 7
Verplichtingen van de pachter

Art. 346
De pachter is verplicht de tegenprestatie op de overeengekomen wijze en tijdstippen te voldoen.
(Zie ook: art. 308 BW Boek 3; artt. 27, 50, 111 BW Boek 6; artt. 212, 328, 370 BW Boek 7)

Betalingsplicht van pachter

Art. 347
De pachter is verplicht zich ten aanzien van het gebruik van het gepachte als een goed pachter te gedragen.
(Zie ook: art. 248 BW Boek 6; artt. 213, 370, 380, 399 BW Boek 7; art. 25 Pw)

Goed gedrag van pachter

Art. 348
1. De pachter is niet bevoegd de bestemming, inrichting of gedaante van het gepachte geheel of gedeeltelijk te veranderen dan na schriftelijke toestemming van de verpachter, tenzij het gaat

Aanbrengen van veranderingen door pachter

om veranderingen en toevoegingen die bij het einde van de pacht zonder noemenswaardige kosten kunnen worden ongedaan gemaakt en verwijderd.
2. Indien de verpachter de toestemming niet verleent, kan de pachter aan de grondkamer machtiging vragen tot het aanbrengen van de veranderingen. Indien de verpachter niet tevens de eigenaar, vruchtgebruiker of erfpachter van de zaak is, draagt de verpachter ervoor zorg dat ook de eigenaar, vruchtgebruiker of erfpachter tijdig in het geding wordt geroepen. Indien op de zaak een hypotheek rust, bestaat deze verplichting tevens ten aanzien van de hypotheekhouder.
3. De grondkamer verleent de machtiging slechts, indien de veranderingen noodzakelijk zijn voor een doelmatig gebruik van het gepachte door de pachter en geen zwaarwichtige bezwaren aan de zijde van de verpachter zich tegen het aanbrengen daarvan verzetten.
4. De grondkamer kan aan de machtiging voorwaarden verbinden of daarbij een last opleggen. Zij kan op verzoek van de verpachter de pachtprijs verhogen, indien de veranderingen daartoe aanleiding geven.
(Zie ook: art. 119 BW Boek 5; artt. 215, 394, 354, 370, 376, 399 BW Boek 7; art. 30 Pw)

Art. 349

Ongedaan maken aangebrachte veranderingen door pachter

1. De pachter is tot de ontruiming bevoegd door hem aangebrachte veranderingen en toevoegingen ongedaan te maken, mits daarbij het gepachte in de toestand wordt gebracht, die bij het einde van de pacht redelijkerwijs in overeenstemming met de oorspronkelijke kan worden geacht.
2. De pachter is niet verplicht tot het ongedaan maken van geoorloofde veranderingen en toevoegingen, onverminderd de bevoegdheid van de rechter om hem op de voet van artikel 348 lid 4 de verplichting op te leggen hiervoor vóór de ontruiming van het gepachte zorg te dragen.
(Zie ook: artt. 123, 266 BW Boek 3; art. 89 BW Boek 5; artt. 216, 350, 358 BW Boek 7)

Art. 350

Vergoeding aangebrachte veranderingen aan pachter

1. Bij het einde van de pacht is de verpachter verplicht de pachter een naar billijkheid te bepalen vergoeding te geven voor de door de pachter aan het gepachte aangebrachte veranderingen en toevoegingen die een verbetering zijn.
2. Deze vergoeding kan niet overtreffen het bedrag waarmee de waarde van het gepachte bij het einde van de pacht tengevolge van de aangebrachte verbeteringen is verhoogd. De vergoeding wordt lager gesteld naarmate de pachter de vruchten van de aangebrachte verbeteringen reeds heeft kunnen genieten.
3. De vergoeding kan slechts worden gevorderd, indien de pachter tijdig aan de verpachter, onder opgave van geschatte kosten, schriftelijk mededeling van de voorgenomen verbetering heeft gedaan en hetzij de verpachter zich daartegen niet binnen een maand na ontvangst van de mededeling heeft verzet, hetzij de rechter op vordering van de pachter deze tot het aanbrengen van de verbetering heeft gemachtigd.
4. Op de vordering tot machtiging zijn de leden 2 en 4, eerste zin, van artikel 348 van overeenkomstige toepassing.
5. De vordering tot vergoeding van de verbetering kan niet later worden ingesteld dan drie maanden na het einde van de pachtovereenkomst.
6. De pachter kan geen vordering tot vergoeding voor verbeteringen gronden op artikel 212 van Boek 6.
(Zie ook: artt. 216, 399 BW Boek 7; art. 31 Pw)

Art. 351

Kleine herstellingen door pachter

De pachter is verplicht te zijnen koste de kleine herstellingen te verrichten, tenzij deze nodig zijn geworden door het tekortschieten van de verpachter in de nakoming van zijn verplichting tot het verhelpen van gebreken.
(Zie ook: artt. 217, 320, 340 BW Boek 7; art. 26 Pw)

Art. 352

Aansprakelijkheid pachter voor schade

1. De pachter is aansprakelijk voor schade aan het gepachte die is ontstaan door een hem toe te rekenen tekortschieten in de nakoming van een verplichting uit de pachtovereenkomst.
2. Alle schade, behalve brandschade, wordt vermoed te zijn ontstaan door een hem toe te rekenen tekortschieten als bedoeld in het eerste lid.
3. Onverminderd artikel 358 lid 2 wordt de pachter vermoed het gepachte in goede staat te hebben ontvangen.
(Zie ook: art. 74 BW Boek 6; artt. 218, 370, 376, 399 BW Boek 7; art. 1019j Rv; art. 28 Pw)

Art. 353

Aansprakelijkheid van pachter voor gedrag derden

De pachter is jegens de verpachter op gelijke wijze als voor eigen gedragingen aansprakelijk voor de gedragingen van hen die met zijn goedvinden het gepachte gebruiken of zich met zijn goedvinden daarop bevinden.
(Zie ook: artt. 76, 169 BW Boek 6; artt. 219, 399 BW Boek 7; art. 28 Pw)

Art. 354
1. Indien gedurende de pacht dringende werkzaamheden aan het gepachte moeten worden uitgevoerd of de verpachter krachtens artikel 56 van Boek 5 iets moet toestaan ten behoeve van een naburig erf, moet de pachter daartoe gelegenheid geven, onverminderd zijn aanspraken op vermindering van de pachtprijs, op ontbinding van de pachtovereenkomst en op schadevergoeding. *Pachter moet gelegenheid geven tot dringende werkzaamheden*
2. De verpachter is niet bevoegd verbeteringen op of aan het verpachte aan te brengen dan na schriftelijke toestemming van pachter. *Toestemming pachter bij aanbrengen verbeteringen*
3. Indien de pachter de toestemming niet verleent, kan de verpachter aan de grondkamer machtiging vragen tot het aanbrengen van de verbeteringen. *Machtiging grondkamer*
4. De grondkamer verleent de machtiging slechts, indien de verbeteringen noodzakelijk zijn voor een doelmatig gebruik van het gepachte en geen zwaarwichtige bezwaren aan de zijde van de pachter zich tegen het aanbrengen daarvan verzetten.
5. De grondkamer kan aan de machtiging voorwaarden verbinden of daarbij een last opleggen. Zij kan op verzoek van de pachter of de verpachter de pachtprijs herzien, indien de verbeteringen daartoe aanleiding geven.
(Zie ook: artt. 95, 265 BW Boek 7; artt. 220, 340, 348, 399 BW Boek 7; artt. 27, 30 Pw)

Art. 355
De pachter is niet dan met schriftelijke toestemming van de verpachter bevoegd tot onderverpachting. *Onderverpachting door pachter*
(Zie ook: art. 159 BW Boek 6; artt. 221, 244, 344 BW Boek 7; art. 32 Pw)

Art. 356
Indien de pachter gebreken aan het gepachte ontdekt of derden hem in zijn genot storen of enig recht op het gepachte beweren, moet hij daarvan onverwijld aan de verpachter kennis geven, bij gebreke waarvan hij verplicht is aan de verpachter de door de nalatigheid ontstane schade te vergoeden. *Inkennisstelling/vergoeding gebreken door pachter*
(Zie ook: artt. 74, 95 BW Boek 6; artt. 222, 339, 340, 341, 344 BW Boek 7; art. 1019j RV)

Art. 357
Indien de verpachter tot verpachting of verhuring na afloop van de lopende pacht of tot verkoop van het gepachte wenst over te gaan, is de pachter verplicht te dulden dat aan het gepachte de gebruikelijke kennisgevingen van het te pachten, te huur of te koop zijn worden aangebracht, en aan belangstellenden gelegenheid te geven tot bezichtiging. *Medewerking bij verpachting/verhuring/verkoop bij einde pachtovereenkomst*
(Zie ook: art. 223 BW Boek 7)

Art. 358
1. De pachter is verplicht het gepachte bij het einde van de pacht weer in goede staat ter beschikking van de verpachter te stellen. *Staat oplevering gepachte zaak bij einde pachtovereenkomst*
2. Indien tussen de pachter en de verpachter een beschrijving van gepachte gebouwen is opgemaakt, is de pachter gehouden de gebouwen in dezelfde staat op te leveren waarin deze volgens de beschrijving zijn aanvaard, met uitzondering van geoorloofde veranderingen en toevoegingen en hetgeen door ouderdom is tenietgegaan of beschadigd.
(Zie ook: artt. 74, 95 BW Boek 6; artt. 224, 349, 352 BW Boek 7; art. 1019j Rv; art. 25 Pw)

Art. 359
Houdt de pachter na het einde van de pacht het gepachte onrechtmatig onder zich, dan kan de verpachter over de tijd dat hij het gepachte mist, een vergoeding vorderen gelijk aan de pachtprijs, onverminderd, indien zijn schade meer dan deze vergoeding bedraagt, zijn recht op dit meerdere. *Vordering bij onrechtmatig gebruik bij einde pachtovereenkomst*
(Zie ook: artt. 95, 162 BW Boek 6; art. 225 BW Boek 7; art. 1019j Rv)

Art. 360
1. De afgaande en opkomende pachters zijn verplicht elkander over en weer met al datgene te gerieven, wat vereist wordt om het betrekken en het verlaten van het gepachte gemakkelijker te maken, zowel wat betreft het gebruik voor het volgende jaar, het inoogsten van nog te velde staande vruchten en het betrekken van de gebouwen als anderszins. *Samenwerking met opkomende pachter bij einde pachtovereenkomst*
2. De te dezen nalatige pachter is zowel jegens de andere pachter als jegens de verpachter tot schadevergoeding gehouden.
(Zie ook: artt. 74, 95, 248 BW Boek 6; artt. 316, 399 BW Boek 7; art. 1019j Rv; art. 35 Pw)

Afdeling 8
Overgang van de pacht bij overdracht van de verpachte zaken

Art. 361
1. Overdracht van de zaak waarop de pachtovereenkomst betrekking heeft en vestiging of overdracht van een zelfstandig recht van vruchtgebruik, erfpacht of opstal op de zaak waarop de pachtovereenkomst betrekking heeft, door de verpachter doen de rechten en verplichtingen *Overgaan rechten en plichten op verkrijger bij einde pachtovereenkomst*

van de verpachter uit de pachtovereenkomst, die daarna opeisbaar worden, overgaan op de verkrijger.
2. Overdracht door een schuldeiser van de verpachter wordt met overdracht door de verpachter gelijkgesteld.
3. De verkrijger wordt slechts gebonden door die bedingen van de pachtovereenkomst, die onmiddellijk verband houden met het doen hebben van het gebruik van de zaak tegen een door de pachter te betalen tegenprestatie.
(Zie ook: artt. 36, 83, 201, 217, 264 BW Boek 3; artt. 85, 94, 101, 104 BW Boek 5; artt. 226, 362, 399 BW Boek 7; art. 34 Pw)

Art. 362

Overdracht beperkt recht op verpachte zaak

In geval van vestiging of overdracht van een beperkt recht op de verpachte zaak, dat niet onder artikel 361 lid 1 is begrepen, is de gerechtigde jegens de pachter verplicht zich te onthouden van een uitoefening van dat recht, die het gebruik door de pachter belemmert.
(Zie ook: artt. 227, 337, 344, 399 BW Boek 7)

Afdeling 9
Pachtoverneming

Art. 363

Aanstellen plaatsvervangend pachter

1. De pachter kan zich tot de rechter wenden met de vordering zijn echtgenoot of geregistreerde partner, één of meer zijner bloed- en aanverwanten in de rechte lijn, één of meer van zijn pleegkinderen of één of meer van de medepachters – of twee of meer van deze gezamenlijk – in zijn plaats als pachter te stellen.
2. Indien de pachter een vordering, als bedoeld in het vorige lid, heeft gedaan, is de verpachter bevoegd zich tot de rechter te wenden met de vordering een of meer anderen van de in het vorige lid genoemde belanghebbenden in de plaats van de pachter te stellen.
3. De rechter beslist naar billijkheid, met inachtneming van de overige bepalingen van dit artikel.
4. De rechter wijst de vordering af, indien op grond van het gestelde in artikel 319 lid 1, onder d en e, eerste zinsnede, en met inachtneming van het bepaalde in artikel 319, leden 2 en 5, de goedkeuring aan een nieuwe pachtovereenkomst zou zijn onthouden.
5. De rechter wijst de vordering af, indien de voorgestelde pachter niet voldoende waarborgen voor een behoorlijke bedrijfsvoering biedt.
6. Indien de rechter de vordering zou moeten afwijzen, omdat op grond van het gestelde in artikel 319 lid 1, onder d en e, eerste zinsnede, de goedkeuring aan een nieuwe pachtovereenkomst zou zijn onthouden, is hij bevoegd de pachtovereenkomst te wijzigen op het punt of de punten, welke die goedkeuring zouden verhinderen. Het bepaalde in artikel 320 lid 2 is van overeenkomstige toepassing.
7. De rechter kan de toewijzing van de vordering afhankelijk stellen van de vervulling van zodanige voorwaarden, als hij in het belang van de verpachter noodzakelijk oordeelt.
8. Indien de pachtovereenkomst ingevolge het in het zesde lid bepaalde tegen de wil van de voorgestelde pachter is gewijzigd, kan deze, mits binnen een maand na de dag van het vonnis, van de indeplaatsstelling afzien door een kennisgeving bij aangetekende brief aan de verpachter. In dat geval staat de voorgestelde pachter geen beroep open.
(Zie ook: artt. 364, 366, 395, 399 BW Boek 7; art. 1019j Rv; art. 49 Pw)

Art. 364

Aanmerken van medepachter

1. De pachter kan zich tot de rechter wenden met de vordering zijn echtgenoot of geregistreerde partner, één of meer zijner bloed- en aanverwanten in de rechte lijn of één of meer van zijn pleegkinderen – of twee of meer van deze gezamenlijk – aan te merken als medepachter.
2. Het bepaalde in artikel 363 leden 3 tot en met 8 is van overeenkomstige toepassing met dien verstande dat in plaats van «voorgestelde pachter» telkens wordt gelezen: «voorgestelde medepachter».
(Zie ook: artt. 366, 395, 399 BW Boek 7; art. 1019j Rv; art. 49a Pw)

Art. 365

Medepachter ontslaan uit pacht

1. De medepachter, die niet of niet meer persoonlijk betrokken is bij de exploitatie van het gepachte, kan zich tot de rechter wenden met de vordering uit de pacht te worden ontslagen. De rechter beslist naar billijkheid met dien verstande, dat hij de vordering toewijst, tenzij de belangen van de verpachter of van de medepachter daardoor ernstig zouden worden geschaad.
2. De verpachter kan zich tot de rechter wenden met de vordering de medepachter die niet of niet meer persoonlijk betrokken is bij de exploitatie van het gepachte, te ontslaan uit de pacht. De tweede volzin van het eerste lid is van overeenkomstige toepassing.
3. De medepachter kan zich tot de rechter wenden met de vordering de andere medepachter uit de pacht te ontslaan op de grond dat de onderlinge verhouding een gemeenschappelijke bedrijfsvoering ernstig bemoeilijkt.
(Zie ook: artt. 366, 399 BW Boek 7; art. 1019j Rv; art. 50 Pw)

Afdeling 10
Het eindigen van de pachtovereenkomst

Art. 366
1. De dood van de pachter of de verpachter doet de pacht niet eindigen.
2. Indien de erfgenamen van de pachter niet bevoegd zijn het gepachte aan een ander in gebruik te geven, kunnen zij gedurende zes maanden na het overlijden van hun erflater de overeenkomst op een termijn van ten minste zes maanden bij exploot of aangetekende brief opzeggen.
3. Indien een pachter twee of meer erfgenamen nalaat, is de verpachter verplicht zijn medewerking te verlenen aan de toedeling van de rechten en verplichtingen van de overleden pachter uit de pachtovereenkomst door de gezamenlijke erfgenamen aan een of meer van hen, tenzij de verpachter tegen een of meer van de aangewezenen redelijke bezwaren heeft.
(Zie ook: art. 182 BW Boek 3; art. 227 BW Boek 4; art. 258 BW Boek 6; artt. 229, 363, 364, 365, 398, 399 BW Boek 7; art. 54 Pw)

Einde pachter

Art. 367
1. De overeenkomst kan tegen het einde van iedere in artikel 325 bedoelde termijn door ieder van de partijen worden opgezegd.
2. De opzegging moet geschieden bij exploot of bij aangetekende brief. De termijn van opzegging bedraagt ten minste een jaar.
3. Geen opzegging is vereist, indien de beëindiging geschiedt met wederzijds goedvinden, nadat de pachtovereenkomst is totstandgekomen.
(Zie ook: artt. 292, 399 BW Boek 7; artt. 39, 238 Fw)

Opzegging pachtovereenkomst

Art. 368
Een opzegging door de verpachter is nietig, indien zij niet de gronden vermeldt die tot opzegging hebben geleid.
(Zie ook: art. 40 BW Boek 3; artt. 294, 399 BW Boek 7)

Nietigheid opzegging door verpachter zonder vermelding gronden

Art. 369
1. Indien de pachter binnen zes weken na de opzegging aan de verpachter bij exploot of aangetekende brief meedeelt zich tegen de opzegging te verzetten met opgave van de redenen waarop hij dit verzet grondt, blijft de opgezegde overeenkomst van kracht, totdat de rechter onherroepelijk heeft beslist op een vordering van de verpachter als bedoeld in lid 2. De rechter kan evenwel, indien het verweer van de pachter hem kennelijk ongegrond voorkomt, zijn toewijzend vonnis uitvoerbaar bij voorraad verklaren.
2. Indien de pachter zich overeenkomstig het eerste lid tijdig tegen de opzegging heeft verzet, kan de verpachter op de gronden vermeld in de opzegging vorderen dat de rechter het tijdstip zal vaststellen waarop de overeenkomst zal eindigen.
(Zie ook: artt. 295, 370, 399 BW Boek 7; art. 1019j Rv)

Verzet tegen opzegging pachtovereenkomst

Vordering door rechter bij opzegging pachtovereenkomst

Art. 370
1. De rechter kan de vordering slechts toewijzen op de grond dat:
a. de bedrijfsvoering door de pachter niet is geweest zoals een goed pachter betaamt of de pachter anderszins ernstig is tekortgeschoten in de nakoming van zijn verplichtingen;
b. de verpachter aannemelijk maakt dat hij, zijn echtgenoot, zijn geregistreerde partner, een bloed- of aanverwant in de eerste graad of een pleegkind het verpachte duurzaam in gebruik wil nemen en hij het verpachte daartoe dringend nodig heeft;
c. een redelijke afweging van de belangen van de verpachter bij beëindiging van de overeenkomst tegen die van de pachter bij verlenging van de overeenkomst in het voordeel van de verpachter uitvalt;
d. de pachter niet toestemt in een redelijk aanbod tot het aangaan van een nieuwe pachtovereenkomst, voor zover dit aanbod niet een wijziging van de pachtprijs inhoudt;
e. aan de gronden voor algehele ontbinding van de pachtovereenkomst krachtens artikel 377 is voldaan.
2. Onder duurzaam gebruik in de zin van lid 1 onder b wordt niet begrepen vervreemding van het verpachte.
(Zie ook: artt. 296, 346, 352, 371, 373, 377, 380, 383, 391, 399 BW Boek 7; art. 1019j Rv; artt. 38, 39, 41 Pw)

Voorwaarden toewijzing vordering bij opzegging pachtovereenkomst

Art. 371
1. In het geval, bedoeld in artikel 370 lid 1 onder d, kan de rechter de pachter een termijn toestaan van ten hoogste een maand om het aanbod tot het aangaan van een nieuwe overeenkomst alsnog te aanvaarden.
2. Betreft het aanbod een nieuwe overeenkomst voor een kortere duur dan die van artikel 325 lid 1, dan kan de rechter het aanbod slechts als redelijk aanmerken, indien de bijzondere omstandigheden van het geval dit rechtvaardigen en de algemene belangen van de landbouw niet worden geschaad. Artikel 325 lid 4, tweede en derde zin, is van overeenkomstige toepassing.

Aanbod nieuwe overeenkomst bij opzegging pachtovereenkomst

Indien de pachter het aanbod aanvaardt, is artikel 325 leden 6 en 7 van overeenkomstige toepassing op de door die aanvaarding tot stand gekomen overeenkomst.
(Zie ook: artt. 298, 399 BW Boek 7; art. 1019j Rv)

Art. 372

Tijdstip ontruiming bij opzegging pachtovereenkomst

1. Indien de rechter de vordering toewijst, stelt hij tevens het tijdstip van de ontruiming vast. De toewijzing geldt als een veroordeling tot ontruiming tegen dat tijdstip.

2. Indien in het verpachte bedrijfsgebouwen zijn begrepen kan de rechter in zijn beslissing tot toewijzing een bedrag vaststellen dat de verpachter aan de pachter moet betalen ter tegemoetkoming in diens verhuis- en inrichtingskosten. Artikel 297 leden 2 en 3 is van overeenkomstige toepassing.
(Zie ook: artt. 295, 373, 399 BW Boek 7; art. 1019j Rv)

Art. 373

Schadevergoeding bij niet in gebruik nemen verpachte door pachter bij opzegging pachtovereenkomst

1. Indien de overeenkomst is opgezegd op de in artikel 370 lid 1 onder b of e bedoelde gronden en de pachter in de beëindiging van de overeenkomst heeft toegestemd dan wel de vordering tot beëindiging van de overeenkomst op die grond is toegewezen, is de verpachter jegens de pachter tot schadevergoeding gehouden, indien de wil om het verpachte persoonlijk in duurzaam gebruik te nemen of om aan het verpachte de in artikel 377 bedoelde bestemming te geven in werkelijkheid niet aanwezig is geweest.

2. Behoudens tegenbewijs wordt die wil geacht niet aanwezig te zijn geweest, indien niet binnen een jaar na het einde van de pachtovereenkomst het verpachte door de verpachter of door de echtgenoot of geregistreerde partner, door een bloed of aanverwant in de eerste graad of door een pleegkind van de verpachter in duurzaam gebruik is genomen, onderscheidenlijk aan het verpachte de in artikel 377 bedoelde bestemming is gegeven.

3. De rechter is bevoegd op verzoek van de verpachter of ambtshalve in zijn in artikel 372 bedoelde beslissing een bedrag te bepalen, dat de verpachter aan de pachter moet betalen, indien later mocht blijken dat die wil in werkelijkheid niet aanwezig is geweest, onverminderd het recht van de pachter op verdere vergoeding.

4. De vordering van de pachter tot schadevergoeding of tot betaling van het in lid 3 bedoelde bedrag vervalt vijf jaren na het einde van de pachtovereenkomst.
(Zie ook: artt. 299, 399 BW Boek 7; art. 1019j Rv; art. 44 Pw)

Art. 374

Gedeeltelijke opzegging pachtovereenkomst

De rechter kan, hetzij op verzoek van een der partijen, hetzij ambtshalve op grond van de billijkheid de vordering slechts voor een gedeelte van het verpachte toewijzen. In dat geval vermindert de rechter de geldende tegenprestatie dienovereenkomstig. De pachter kan alsdan de overeenkomst voor het overige beëindigen op het tijdstip van het eindigen van de pacht ter zake van het eerst vermeld gedeelte. Hij geeft hiervan bij aangetekende brief kennis aan de verpachter binnen een maand nadat het vonnis onaantastbaar is geworden.
(Zie ook: art. 399 BW Boek 7; art. 1019j Rv; art. 47 Pw)

Art. 375

(vervallen)

Art. 376

Ontbinding pachtovereenkomst bij tekortschieten verplichtingen

1. Ontbinding van de pachtovereenkomst op de grond dat de pachter tekortgeschoten is in de nakoming van zijn verplichtingen, kan slechts geschieden door de rechter, behoudens in het geval van artikel 343 lid 1. De pachter wordt in ieder geval geacht in de nakoming van zijn verplichtingen te zijn tekortgeschoten, indien hij
   a. het gepachte niet langer voor de uitoefening van de landbouw gebruikt, of
   b. in de pachtovereenkomst vastgelegde beheersverplichtingen ter behoud van op het gepachte aanwezige natuurwaarden, niet naleeft of aan deze natuurwaarden anderszins schade heeft toegebracht.

2. Indien de pachter met de nakoming van zijn verplichtingen in gebreke is, kan de rechter hem op zijn verlangen nog een betrekkelijk korte termijn gunnen om alsnog aan zijn verplichtingen te voldoen.

3. De rechter kan op verzoek van de verpachter, alvorens op de vordering tot ontbinding te beslissen, een onderzoek bevelen naar de nakoming door de pachter van diens verplichting tot onderhoud en zo, zo dit onderzoek daartoe aanleiding geeft, aan de pachter zodanige aanwijzingen omtrent het uitvoeren van deze verplichting verstrekken als door de omstandigheden worden geboden, zulks met vaststelling van een termijn waarbinnen die aanwijzingen moeten worden opgevolgd.

4. Indien de pachter nalaat de aanwijzingen binnen de gestelde termijn op te volgen, geldt dit als een tekortkoming als bedoeld in lid 1, tenzij de pachter aannemelijk maakt dat dit nalaten hem niet kan worden toegerekend.
(Zie ook: art. 265 BW Boek 6; artt. 231, 280, 348, 352, 399 BW Boek 7; art. 1019j Rv; art. 55 Pw)

Art. 377
1. Indien de verpachter het verpachte of een gedeelte daarvan wil bestemmen voor niet tot de landbouw betrekkelijke doeleinden, en die bestemming in overeenstemming is met het algemeen belang, ontbindt de rechter op vordering van de verpachter de pachtovereenkomst geheel of ten dele met ingang van een bij de uitspraak te bepalen dag. De voorgenomen bestemming wordt geacht in overeenstemming met het algemeen belang te zijn, indien zij in overeenstemming is met een onherroepelijk bestemmingsplan.
2. Bij ontbinding voor een gedeelte van het verpachte vermindert de rechter de tegenprestatie dienovereenkomstig. De pachter kan alsdan de pachtovereenkomst voor het overige beëindigen op het in vorige lid bedoelde tijdstip. Hij geeft hiervan bij aangetekende brief kennis aan de verpachter binnen een maand nadat het vonnis in kracht van gewijsde is gegaan.
3. Indien de rechter de pachtovereenkomst op grond van de leden 1 en 2 ontbindt, veroordeelt hij de verpachter de pachter schadeloos te stellen over de tijd, welke de pachter bij niet-ontbinding ingevolge de pachtovereenkomst nog op het gepachte had kunnen blijven.
4. Indien de pachtovereenkomst voor de in artikel 325, eerste of tweede lid, bedoelde duur is aangegaan of geldt, dan wel voor een kortere duur is aangegaan, doch nadien voor zes jaren is verlengd, wordt bij de bepaling van de schadeloosstelling rekening gehouden met de mogelijkheid, dat de pachtovereenkomst zou zijn verlengd. Bij de beoordeling van de mogelijkheid van verlenging houdt de rechter geen rekening met het voornemen van de verpachter het verpachte of een gedeelte daarvan te bestemmen voor niet tot de landbouw betrekkelijke doeleinden.
5. Het bepaalde in het vierde lid, eerste volzin, vindt geen toepassing, indien de pachtverhouding is aangevangen, nadat aan het verpachte bij een bestemmingsplan een niet tot de landbouw betrekkelijke bestemming is gegeven. In dat geval wordt de pachtovereenkomst met betrekking tot een hoeve of los land, welke is aangegaan voor langer dan twaalf, onderscheidenlijk zes jaren, voor de bepaling van de schadeloosstelling geacht te zijn aangegaan voor twaalf, onderscheidenlijk zes jaren, met dien verstande, dat, indien de ontbinding plaats vindt na die termijn, de overeenkomst geacht wordt telkens voor zes jaren te zijn verlengd.
6. Indien evenwel het verpachte sinds een tijdstip, liggend voor het besluit tot vaststelling van het bestemmingsplan, bedoeld in het vijfde lid, achtereenvolgens bij personen die ten tijde van de opvolging in het gebruik tot de voorgaande gebruiker in enige in artikel 363, eerste lid, genoemde betrekking stonden persoonlijk in gebruik is geweest voor een tot de landbouw betrekkelijk doel, blijft het bepaalde in het tweede lid van toepassing.
7. Indien de pachtovereenkomst ingevolge artikel 322 voor onbepaalde tijd geldt, wordt voor de berekening van de schadeloosstelling uitgegaan van de overeengekomen duur, doch ingeval de overeenkomst voor onbepaalde tijd is aangegaan nimmer van een langere dan de in artikel 325, eerste lid, bedoelde duur. Voor de berekening van de schadeloosstelling wordt op gelijke wijze als ten aanzien van pachtovereenkomsten, waarop artikel 322 niet van toepassing is, aangenomen, dat de pachtovereenkomst zou kunnen worden verlengd; het vierde lid, tweede volzin, vijfde en zesde lid, vinden overeenkomstige toepassing.
8. Bij de berekening van de schadeloosstelling wordt niet gelet op feitelijke veranderingen die kennelijk zijn aangebracht om de schadeloosstelling te verhogen.
9. Artikel 373 is van overeenkomstige toepassing.
(Zie ook: artt. 281, 310, 370, 373, 381, 399 BW Boek 7; art. 1019j Rv; artt. 51, 52 Pw)

Ontbinding pachtovereenkomst bij verpachte zaak voor niet-landbouwdoeleinden bestemmen

Afdeling 11
Het voorkeursrecht van de pachter

Art. 378
1. De verpachter die tot vervreemding van het verpachte of een deel daarvan wil overgaan, is verplicht de pachter uit hoofde van een door de grondkamer goedgekeurde pachtovereenkomst die voor ten minste de wettelijke duur is aangegaan dan wel aangegaan voor een kortere duur, doch nadien voor ten minste zes jaren is verlengd, bij voorkeur in de gelegenheid te stellen het recht dat hij voornemens is aan te bieden, te verkrijgen overeenkomstig de regels van deze afdeling. Onder vervreemding worden begrepen overdracht van eigendom of vestiging of overdracht van erfpacht, opstal of vruchtgebruik.
2. De verpachter geeft van zijn voornemen tot vervreemding onder vermelding van de prijs bij exploot of bij aangetekende brief kennis aan de pachter.
3. De pachter geeft binnen een maand na de kennisgeving eveneens bij aangetekende brief of exploot aan de verpachter te kennen of hij, indien overeenstemming wordt bereikt over de prijs, bereid is eigenaar dan wel erfpachter, opstaller of vruchtgebruiker te worden.
4. Indien de pachter zich niet binnen de termijn, bedoeld in artikel 378 lid 3, daartoe bereid verklaart, is het in lid 1 van artikel 378 bepaalde gedurende een jaar na afloop van deze termijn niet van toepassing.

Voorkeursrecht pachter bij vervreemding verpachte

5. In die periode mag vervreemding, anders dan in het openbaar, niet geschieden tegen een prijs die lager is dan de prijs die de verpachter in zijn in lid 2 van artikel 378 bedoelde kennisgeving heeft vermeld.
(Zie ook: artt. 325, 381, 383, 395, 396, 397, 399 BW Boek 7; artt. 56a, 56b Pw)

Art. 379

Taxatie van marktwaarde van het verpachte door de grondkamer

1. Indien geen overeenstemming wordt bereikt over de prijs, kan de verpachter de grondkamer verzoeken de marktwaarde van het verpachte of het te vervreemden deel daarvan te taxeren.

2. Indien de verpachter, nadat op het verzoek onherroepelijk is beslist, bereid is het verpachte of het te vervreemden deel daarvan tegen de getaxeerde waarde of een lagere prijs aan de pachter te vervreemden, geeft hij daarvan bij exploot of aangetekende brief kennis aan de pachter.

3. Indien de pachter niet binnen een maand na het uitbrengen van het exploot of de verzending van de aangetekende brief het aanbod bij exploot of aangetekende brief heeft aanvaard, is het in lid 1 van artikel 378 bepaalde gedurende een jaar na afloop van die termijn niet van toepassing. Artikel 378 lid 5 is van overeenkomstige toepassing met dien verstande dat de verkoop niet mag geschieden tegen een prijs die lager is dan de in het vorige lid bedoelde prijs.

4. Indien de verpachter de kennisgeving, bedoeld in het tweede lid niet heeft gedaan binnen een jaar nadat op het verzoek om taxatie onherroepelijk is beslist, zijn de bepalingen van artikel 378 en volgende wederom van toepassing.
(Zie ook: artt. 383, 395, 376, 397, 399 BW Boek 7; artt. 56c, 56d Pw)

Art. 380

Uitzonderingen op voorkeursrecht pachter bij vervreemding verpachte

1. De in artikel 378 lid 1 bedoelde verplichting bestaat niet:
a. in geval van verkoop krachtens wetsbepaling of krachtens een bevel van de rechter en van executoriale verkoop;
b. wanneer de verpachter overgaat tot vervreemding aan zijn echtgenoot of geregistreerde partner, aan een bloed of aanverwant in de rechte lijn of in de zijlijn tot in de tweede graad of aan een pleegkind;
c. in geval van een rechtshandeling die als een verdeling van een gemeenschap is aan te merken;
d. in geval de rechter op vordering van de verpachter oordeelt dat deze een ernstige reden heeft om de pachter niet in de gelegenheid te stellen eigenaar dan wel erfpachter, opstaller of vruchtgebruiker te worden.
e. in geval degene aan wie de vervreemding plaats vindt, tevoren schriftelijk aan de pachter verklaart afstand te doen van zijn bevoegdheid de pachtovereenkomst op te zeggen op de in artikel 370 lid 1 onder b bedoelde grond.

2. Evenmin bestaat de in artikel 378 lid 1 bedoelde verplichting, wanneer de grondkamer op verzoek van de verpachter heeft vastgesteld dat deze een ernstige reden heeft om de pachter niet in de gelegenheid te stellen eigenaar of beperkt gerechtigde te worden. Als ernstige reden wordt steeds beschouwd de omstandigheid dat de pachter een slecht landgebruiker is.
(Zie ook: artt. 347, 370, 376, 399 BW Boek 7; art. 56e Pw)

Art. 381

Uitzonderingen op voorkeursrecht pachter bij vervreemding verpachte

1. De in artikel 378 lid 1 bedoelde verplichting bestaat voorts niet, wanneer en voor zover het verpachte is gelegen in een geldend bestemmingsplan, waarbij daaraan een andere dan landbouwkundige bestemming is gegeven. Op verzoek van de verpachter verklaren burgemeester en wethouders schriftelijk, of in zulk een plan al dan niet een landbouwkundige bestemming aan het verpachte is gegeven.

2. Evenmin bestaat de in artikel 378 lid 1 bedoelde verplichting, wanneer de verpachter overgaat tot vervreemding van het verpachte aan een derde en de grondkamer, op gezamenlijk verzoek van de verpachter en die derde, heeft vastgesteld, dat aannemelijk is, dat de derde het verpachte voor andere dan landbouwkundige doeleinden zal gebruiken of doen gebruiken.

3. De in artikel 378 lid 1 bedoelde verplichting bestaat evenmin, voor zover het verpachte is gelegen in een gebied waarvoor een structuurvisie als bedoeld in artikel 2.1 van de Wet ruimtelijke ordening is vastgesteld en de verpachter ingevolge het bepaalde in de artikelen 2 juncto artikel 4, eerste lid, onder a, 10 tot en met 24 van de Wet voorkeursrecht gemeenten dan wel artikel 9a, eerste of tweede lid, juncto artikel 4, eerste lid, onder a, van die wet overgaat tot de vervreemding van het verpachte aan de gemeente onderscheidenlijk de provincie of de Staat.
(Zie ook: artt. 377, 399 BW Boek 7; art. 56f Pw)

Art. 382

Kennisgeving aan pachter bij vervreemding verpachte

De verpachter is verplicht om, alvorens tot openbare verkoop van het verpachte wordt overgegaan, behoudens in geval van executoriale verkoop, de pachter ten minste een maand voor de verkoop bij exploot of aangetekende brief daarvan kennis te geven.
(Zie ook: art. 399 BW Boek 7; art. 56g Pw)

art. 7:385

Art. 383
Indien de verpachter in strijd heeft gehandeld met artikel 378 lid 1, 378 lid 5 of 379 lid 3, kan de verkrijger van het verpachte onder bijzondere titel de overeenkomst slechts op de in artikel 370 lid 1 onder b bedoelde grond opzeggen, nadat twaalf jaren zijn verstreken na het einde van het pachtjaar, waarin de verpachter de vorige verpachter is opgevolgd.
(Zie ook: artt. 367, 399 BW Boek 7; art. 43 Pw)

Opzeggen pachtovereenkomst bij vervreemding verpachte

Art. 384
1. De pachter die van zijn recht van voorkeur gebruik heeft gemaakt en het uit dien hoofde verkregene binnen een periode van tien jaar na die verkrijging deels of geheel vervreemdt, is aan de verpachter een vergoeding verschuldigd als bedoeld in het tweede tot en met vierde lid.
2. De vergoeding bedraagt het verschil tussen de prijs die door de pachter is betaald voor het verkregene en de waarde daarvan in pachtvrije staat ten tijde van de verkrijging.
3. Indien de waarde in pachtvrije staat ten tijde van de vervreemding door de pachter lager is dan de waarde in pachtvrije staat ten tijde van de verkrijging, bedraagt in afwijking van het tweede lid de vergoeding het verschil tussen de prijs die door de pachter is betaald voor het verkregene en de waarde daarvan in pachtvrije staat ten tijde van de vervreemding.
4. De in het tweede en derde lid bedoelde vergoeding neemt telkens af met ééntiende deel voor elk jaar dat verstreken is gerekend van de verkrijging door de pachter af en vermindert voorts naar evenredigheid indien sprake is van vervreemding van een deel van het object.
5. Het bepaalde in het eerste lid is niet van toepassing:
a. indien de vervreemding plaatsvindt aan de echtgenoot of geregistreerde partner van de pachter, aan één of meer van zijn bloed- of aanverwanten in de rechte lijn, aan één of meer van zijn pleegkinderen of aan één of meer van de medepachters, met dien verstande dat indien zij binnen de in het eerste lid bedoelde periode tot gehele of gedeeltelijke vervreemding van het object overgaan, zij de in het eerste lid bedoelde vergoeding verschuldigd zijn;
b. indien de vervreemding plaatsvindt door één of meer van de bloed- of aanverwanten in de rechte lijn van de pachter of door één of meer van diens pleegkinderen aan één of meer van hun bloedverwanten in de rechte lijn of pleegkinderen, met dien verstande dat indien laatstgenoemden binnen de in het eerste lid bedoelde periode tot gehele of gedeeltelijke vervreemding van het object overgaan, zij de in het eerste lid bedoelde vergoeding verschuldigd zijn.
6. Voor de toepassing van dit artikel wordt onder vervreemding mede verstaan: elke overeenkomst of andere rechtshandeling in welke vorm en onder welke benaming ook aangegaan of verricht, strekkende tot het anderszins overgaan van het verkregene, waarvan moet worden aangenomen dat zij niet zou zijn aangegaan of zou zijn verricht indien de in het eerste lid bedoelde vergoeding niet zou zijn verschuldigd.
(Zie ook: art. 399 BW Boek 7; art. 56i Pw)

Vergoeding bij gebruik voorkeursrecht bij vervreemding verpachte

Afdeling 12
Bijzondere pachtovereenkomsten

Paragraaf 1
Verpachting door openbare lichamen

Art. 385
Indien het Rijk, een provincie, een gemeente, een rechtspersoonlijkheid bezittend lichaam als bedoeld in de Wet gemeenschappelijke regelingen, een waterschap, een veenschap of een veenpolder aan hun in eigendom toebehorende hoeven of los land een bestemming heeft gegeven voor niet tot de landbouw betrekkelijke doeleinden van openbaar nut, kunnen zij aan de grondkamer verzoeken goed te keuren, dat bij verpachting van zulke hoeven of zodanig los land in de overeenkomst een of meer van de volgende bedingen zullen worden opgenomen:
a. dat de overeenkomst in afwijking van het bepaalde in artikel 325 lid 1, tweede zin, geldt voor de overeengekomen tijd;
b. dat de verlenging niet zal plaats hebben, indien en voorzover de verpachter bij exploot of aangetekend schrijven uiterlijk zes maanden voor het verstrijken van de termijn waarvoor de pachtovereenkomst is aangegaan de overeenkomst heeft opgezegd op de grond, dat de verlenging met de bestemming niet in overeenstemming is zal zijn;
c. dat de pachter niet bevoegd zal zijn aan de grondkamer machtiging te vragen bestemming, inrichting of gedaante van het gepachte te veranderen;
d. dat de overeenkomst door de verpachter te allen tijde kan worden beëindigd, indien en voorzover de bestemming de beëindiging naar zijn oordeel noodzakelijk maakt.
(Zie ook: artt. 348, 366 BW Boek 7; art. 62 Pw)

Beding in bijzondere pachtovereenkomst bij verpachting door openbare lichamen

Art. 386

Beding in bijzondere pachtovereenkomst bij verpachting door openbare lichamen, onderzoek grondkamer van

De grondkamer onderzoekt uitsluitend of de bestemming het beding redelijkerwijs noodzakelijk kan maken. Zij treedt niet in een beoordeling dezer bestemming.
(Zie ook: art. 63 Pw)

Art. 387

Beding in bijzondere pachtovereenkomst bij verpachting door openbare lichamen, einde pachtovereenkomst o.g.v.

1. In geval de pachtovereenkomst niet wordt verlengd op grond van het beding, genoemd in artikel 385 onder b, heeft de pachter geen recht op schadeloosstelling.

2. In geval van beëindiging op grond van het beding, genoemd in artikel 385, onder d, heeft de pachter recht op schadeloosstelling over de tijd, welke hij bij niet-beëindiging ingevolge de pachtovereenkomst nog op het gepachte had kunnen blijven.

3. Bij gedeeltelijke beëindiging is de pachter bevoegd de pachtovereenkomst ook voor het overige te beëindigen. Hij geeft hiervan bij aangetekende brief kennis aan de verpachter binnen een maand na de beëindiging, bedoeld in artikel 385 onder d.

Paragraaf 2
Verpachting binnen reservaten

Art. 388

Reservaat

In deze paragraaf wordt verstaan onder «reservaat» een gebied waar de eigendom dan wel de erfpacht van landbouwgronden door de Staat, een publiekrechtelijke rechtspersoon of een bij koninklijk besluit aangewezen particuliere terreinbeherende natuurbeschermingsorganisatie is verworven en waar een beheer gevoerd kan worden gericht op doeleinden van natuur- en landschapsbehoud anders dan door middel van een daartoe te sluiten overeenkomst betreffende het richten van de bedrijfsvoering van agrarische bedrijven op doeleinden van natuur- en landschapsbehoud.
(Zie ook: art. 70a Pw)

Art. 389

Bijzondere pachtovereenkomst bij verpachting in een reservaat

1. In een pachtovereenkomst met betrekking tot een hoeve of los land gelegen in een reservaat, kunnen een of meer verplichtingen worden opgenomen welke ten doel hebben de opzet en de bedrijfsvoering te richten op het behoud van natuur en landschap.

2. Niet als buitensporige verplichtingen als bedoeld in artikel 319, eerste lid, onderdeel b, worden die verplichtingen aangemerkt:

a. die deel uitmaken van een pachtovereenkomst gesloten met betrekking tot door de Staat of een bij koninklijk besluit aangewezen particuliere terreinbeherende natuurbeschermingsorganisatie in eigendom dan wel erfpacht verworven percelen, gelegen in een reservaat,

b. die gewenst zijn in verband met de instandhouding of ontwikkeling van de op het land aanwezige waarden van natuur en landschap en

c. waarvoor bij de overeenkomst een vergoeding wordt bedongen.
(Zie ook: art. 399 BW Boek 7; art. 70b Pw)

Art. 390

Duur pachtovereenkomst bij verpachting in een reservaat

Indien toepassing is gegeven aan artikel 389 geldt, in afwijking in zoverre van het bepaalde in artikel 325, de pachtovereenkomst voor zowel een hoeve als los land voor de duur van zes jaren.
(Zie ook: art. 399 BW Boek 7; art. 70c Pw)

Art. 391

Verlenging pachtovereenkomst bij verpachting in een reservaat

1. Indien toepassing is gegeven aan artikel 389 wordt de pachtovereenkomst in afwijking van artikel 325 telkens met zes jaren verlengd.

2. De rechter kan de in artikel 370 bedoelde vordering, behalve op de daar bedoelde gronden, ook toewijzen op de grond dat de verpachter met betrekking tot de instandhouding of ontwikkeling van de op het land aanwezige waarden van natuur en landschap een zodanig beheer wil voeren dat verdere verpachting hiermee niet in overeenstemming is. Bij die toewijzingsgronden houdt hij rekening met de billijkheid in verband met de bijzondere aard van de pachtovereenkomst.
(Zie ook: art. 399 BW Boek 7; art. 70d Pw)

Art. 392

Herziening bij verstrijken pachttermijn bij verpachting in een reservaat

De grondkamer herziet de in het eerste lid van artikel 326 bedoelde bepalingen van de pachtovereenkomst, indien dit gewenst is met het oog op de instandhouding of ontwikkeling van de op het land aanwezige waarden van natuur en landschap.
(Zie ook: art. 399 BW Boek 7; art. 70e Pw)

Art. 393
1. De vergoeding die ingevolge artikel 389 lid 2 onder c is bedongen, wordt niet aangemerkt als pachtprijs.

2. De vergoeding kan niet meer bedragen dan de pachtprijs zoals opgenomen in een door de grondkamer goedgekeurde pachtovereenkomst.

3. Bij algemene maatregel van bestuur worden nadere regelen vastgesteld ten aanzien van de hoogst toelaatbare vergoeding.

(Zie ook: artt. 318, 319, 327, 394, 399 BW Boek 7; art. 4a Pw)

Vergoeding t.b.v. verplichtingen bij verpachting in een reservaat

Art. 394
1. De pachter of de verpachter kan aan de grondkamer verzoeken de vergoeding bedoeld in artikel 389 lid 2 onder c te herzien
    a. voor het verstrijken van een pachtperiode van drie jaren;
    b. binnen een tijdvak van een jaar na inwerkingtreding van een wijziging van de regelen als bedoeld in artikel 393 lid 3.

2. De grondkamer herziet de vergoeding, indien redelijkheid en billijkheid dit verlangen of gewijzigde omstandigheden dit rechtvaardigen.

3. Indien het verzoek met toepassing van het eerste lid, onder a, is ingediend, gaat de herziening van de vergoeding door de grondkamer in met ingang van de nieuwe driejarige pachtperiode.

4. Indien het verzoek met toepassing van het eerste lid, onder b, is ingediend, gaat de herziening van de vergoeding door de grondkamer in met ingang van het pachtjaar volgende op het tijdstip waarop de herziening van de regelen, bedoeld in artikel 393 lid 3, in werking is getreden.

5. Zijn de regelen, bedoeld in artikel 393 lid 3, herzien na het tijdstip waarop de grondkamer heeft beslist, dan beslist de Centrale Grondkamer met inachtneming van deze regelen, indien een der partijen dit verzoekt.

(Zie ook: artt. 248, 258 BW Boek 6; art. 399 BW Boek 7; art. 19a Pw)

Herziening vergoeding t.b.v. verplichtingen bij verpachting in een reservaat

Paragraaf 3
Pacht van geringe oppervlakten

Art. 395
1. De artikelen 313 lid 2, 317-329, 332, 333, 348 leden 2-4, 350, 363, 364 en 366-384 zijn niet van toepassing op pachtovereenkomsten betreffende los land dat niet groter is dan één hectare.

2. De grondkamer is bevoegd hetzij voor haar gehele ressort, hetzij voor een gedeelte daarvan, bij besluit voor een bepaalde tak van bodemcultuur in het vorige lid genoemde oppervlakte te verlagen, doch niet tot minder dan 50 are. De besluiten van de grondkamer worden in de Nederlandse Staatscourant bekendgemaakt.

3. Dit besluit behoeft de goedkeuring van Onze Minister van Landbouw, Natuur en Voedselkwaliteit.

4. Overeenkomsten, in welke vorm en onder welke benaming ook aangegaan welke tot gevolg hebben dat door de ene partij aan de andere partij, - daaronder begrepen natuurlijke of rechtspersonen die in een samenwerkingsverband een landbouwbedrijf uitoefenen - tegen voldoening van een tegenprestatie los land in gebruik wordt gegeven ter uitoefening van de landbouw, gelden voor de toepassing van dit artikel als één overeenkomst. Voor de toepassing van dit artikel worden mede als één overeenkomst in aanmerking genomen die overeenkomsten waarvan op grond van feiten en omstandigheden moet worden aangenomen dat zij niet of voor een andere oppervlakte gesloten zouden zijn indien de oppervlaktegrenzen als bedoeld in dit artikel niet zouden zijn gesteld.

(Zie ook: art. 399 BW Boek 7; art. 58 Pw)

Bijzondere pachtovereenkomst bij verpachting kleine oppervlakten

Paragraaf 4
Teeltpacht en geliberaliseerde pacht

Art. 396
1. De artikelen 313 lid 2, 318-325, 327, 328, 332, 333, 363, 364, 366-374 en 378-384 zijn niet van toepassing op pachtovereenkomsten betreffende los land:
    a. waarvan partijen dat in de pachtovereenkomst hebben bepaald;
    b. die zijn aangegaan voor één- of tweejarige teelten voor de duur van ten hoogste één onderscheidenlijk twee jaar;
    c. die zijn aangegaan voor teelten waarvoor vruchtwisseling noodzakelijk is, en
    d. waarbij overigens is voldaan aan het bepaalde in het tweede en derde lid.

2. De pachtovereenkomst als bedoeld in het eerste lid wordt door een der partijen ter registratie aan de grondkamer gezonden.

Bijzondere pachtovereenkomst bij teeltpacht

3. De inzending ter registratie dient binnen twee maanden nadat de pachtovereenkomst is aangegaan te hebben plaatsgevonden. De inzending geschiedt met toepassing van de in de Uitvoeringswet grondkamers voorgeschreven formaliteiten voor een verzoek tot goedkeuring van een pachtovereenkomst en wordt gericht tot de grondkamer die ter zake van een zodanig verzoek bevoegd is. De secretaris van de grondkamer doet ieder der partijen mededeling van een registratie.
4. Indien de verpachter ten behoeve van een onderverpachting overeenkomstig het bepaalde in het eerste lid de in artikel 355 bedoelde toestemming niet verleent, kan de pachter de grondkamer machtiging vragen tot de gewenste onderverpachting over te gaan. De grondkamer verleent deze machtiging, wanneer door de onderverpachting het algemeen landbouwbelang gediend wordt en geen redelijk belang van de verpachter zich daartegen verzet. De grondkamer kan aan de machtiging voorwaarden verbinden of daarbij een last opleggen en kan daarbij op verzoek van de verpachter de tegenprestatie in afwijking van de regelen als bedoeld in artikel 327 lid 1 herzien, indien de bij de onderverpachting overeengekomen tegenprestatie daartoe aanleiding geeft.
(Zie ook: art. 399 BW Boek 7; art. 70f Pw)

Art. 397

Bijzondere pachtovereenkomst bij vastgestelde duur overeenkomst

1. De bepalingen van de artikelen 313 lid 2, 319 lid 1 onder a, c en d, 325, 327, 328, 332, 333, 363 tot en met 374, 378 tot en met 384, 399a en 399c lid 1 zijn niet van toepassing op pachtovereenkomsten betreffende los land:
a. waarvan partijen dat in de pachtovereenkomst hebben bepaald en
b. die zijn aangegaan voor een duur van zes jaren of korter.
2. De bepalingen van de artikelen 313 lid 2, 319 lid 1 onder c en d, 325, 363 tot en met 374 en 378 tot en met 384 zijn niet van toepassing op pachtovereenkomsten betreffende los land:
a. waarvan partijen dat in de pachtovereenkomst hebben bepaald en
b. die zijn aangegaan voor een duur langer dan zes jaren.
3. De grondkamer maakt van haar in artikel 320 bedoelde bevoegdheid tot wijziging van de pachtovereenkomst slechts gebruik, indien daardoor sprake blijft van een pachtovereenkomst als bedoeld in dit artikel.
4. Bij algemene maatregel van bestuur kan worden bepaald dat op de pachtovereenkomsten als bedoeld in het eerste lid tevens de artikelen 319 lid 1 onder a, 327, 328, 332, 333, 399a en 399c lid 1 van toepassing zijn. De algemene maatregel van bestuur treedt niet eerder in werking dan acht weken na de datum van uitgifte van het Staatsblad waarin hij is geplaatst. Van de plaatsing wordt onverwijld mededeling gedaan aan beide kamers der Staten-Generaal.
(Zie ook: art. 70f Pw)

Art. 398

Overlijden verpachter/pachter bij bijzondere pachtovereenkomst

1. Een overeenkomst als bedoeld in de artikelen 396 en 397 gaat niet van rechtswege teniet door de dood van de verpachter of van de pachter.

2. Na de dood van de pachter zet dan wel zetten diens echtgenoot of geregistreerde partner, een of meer van diens bloed- of aanverwanten in de rechte lijn, een of meer van diens pleegkinderen of iedere medepachter of onderpachter de in lid 1 bedoelde overeenkomst voort, tenzij de verpachter na het overlijden van de pachter schriftelijk wordt medegedeeld dat daarvan wordt afgezien.
3. Een mededeling als bedoeld in het tweede lid geschiedt:
a. binnen één maand na het overlijden van de pachter, voor zover het een overeenkomst als bedoeld in artikel 396 betreft;
b. binnen drie maanden na het overlijden van de pachter, voor zover het een overeenkomst als bedoeld in artikel 397 betreft.
(Zie ook: artt. 366, 399 BW Boek 7; art. 70g Pw)

Afdeling 13
Dwingend recht

Art. 399

Dwingend recht bij pachtovereenkomst

Van de bepalingen van de artikelen 311 tot en met 314, 317 tot en met 332, 335, 345, 347, 348, 350, 352 lid 3, 353, 354 leden 2–5, 360 tot en met 383, 384 leden 2 en 3, 389 lid 2, 390 tot en met 394, 395 lid 4 en artikel 396, leden 2 en met 4, en artikel 398 kan niet ten nadele van de pachter worden afgeweken.
(Zie ook: artt. 40, 49 BW Boek 3; art. 291 BW Boek 7; art. 57 Pw)

Art. 399a

Dwingend recht bij pachtovereenkomst

Nietig is elk beding in een pachtovereenkomst, ingevolge hetwelk de geldelijke lasten, welke de verpachter door publiekrechtelijke lichamen zijn of zullen worden opgelegd, geheel of ten dele ten laste van de pachter komen.

Art. 399b
Indien een pachtovereenkomst is aangegaan onder voorwaarde dat de overeenkomst door de grondkamer geheel of ten dele ongewijzigd zal worden goedgekeurd, wordt deze voorwaarde voor niet geschreven gehouden.

Dwingend recht bij pachtovereenkomst

Art. 399c
1. Een beding waarin een verpachter, indien de grondkamer onderscheidenlijk de Centrale Grondkamer de pachtovereenkomst of een overeenkomst tot wijziging van een pachtovereenkomst heeft vastgesteld, een hogere tegenprestatie bedingt dan ingevolge deze wet is geoorloofd, is nietig. Onder de tegenprestatie worden prestaties, bedongen of genoten krachtens andere met de pachtovereenkomst verband houdende overeenkomsten, mede begrepen.
2. Een beding in een overeenkomst tussen een afgaande en een opgaande pachter, verband houdende met de overgang van het bedrijf, waarin meer is bedongen dan een redelijke vergoeding voor de verrichte prestatie, is nietig.
3. Een beding in een overeenkomst van het verlenen van bemiddeling of andere diensten bij het sluiten van een pachtovereenkomst of van een overeenkomst tot wijziging of beëindiging van een pachtovereenkomst waarin meer is bedongen dan een redelijke vergoeding, is nietig.
(Zie ook: art. 1019j Rv; art. 71 Pw)

Dwingend recht bij pachtovereenkomst

Afdeling 14
Slotbepalingen

Art. 399d
1. De bepalingen betreffende pacht vinden overeenkomstige toepassing op overeenkomsten, waardoor of krachtens welke tegen een vergoeding ineens of in termijnen zakelijke genotsrechten voor 25 jaar of korter, dan wel voor onbepaalde tijd op hoeven of los land worden gevestigd. In geval van zakelijke genotsrechten voor onbepaalde tijd blijft de overeenkomstige toepassing van bepalingen van deze wet beperkt tot 25 jaar na de vestiging.
2. De bepalingen, die voor het zakelijke genotsrecht gelden, vinden slechts toepassing, voorzover zij niet in strijd zijn met dwingende bepalingen betreffende pacht.
(Zie ook: art. 59 Pw)

Schakelbepaling

Dwingend recht

Art. 399e
1. Het aanstellen of het aangesteld houden van een zetboer behoeft de voorafgaande goedkeuring van de grondkamer.
2. Onder zetboer wordt verstaan degene, aan wie de exploitatie van een hoeve of los land door de eigenaar of rechthebbende is overgedragen en die daarbij een belangrijke invloed op de leiding van het bedrijf heeft verkregen en als tegenprestatie een vergoeding ontvangt.
3. De grondkamer keurt de aanstelling van de zetboer slechts goed, indien daarvoor bijzondere redenen aanwezig zijn. Zij treedt niet in een beoordeling van de voorwaarden der aanstelling.
(Zie ook: art. 1019j Rv; art. 65 Pw)

Aanstelling van zetboer

Titel 7
Opdracht

Afdeling 1
Opdracht in het algemeen

Art. 400
1. De overeenkomst van opdracht is de overeenkomst waarbij de ene partij, de opdrachtnemer, zich jegens de andere partij, de opdrachtgever, verbindt anders dan op grond van een arbeidsovereenkomst werkzaamheden te verrichten die in iets anders bestaan dan het tot stand brengen van een werk van stoffelijke aard, het bewaren van zaken, het uitgeven van werken of het vervoeren of doen vervoeren van personen of zaken.
2. De artikelen 401-412 zijn, onverminderd artikel 413, van toepassing, tenzij iets anders voortvloeit uit de wet, de inhoud of aard van de overeenkomst van opdracht of van een andere rechtshandeling, of de gewoonte.

Opdracht

Werkingssfeer

Art. 401
De opdrachtnemer moet bij zijn werkzaamheden de zorg van een goed opdrachtnemer in acht nemen.

Opdracht, goed opdrachtnemer

Art. 402
1. De opdrachtnemer is gehouden gevolg te geven aan tijdig verleende en verantwoorde aanwijzingen omtrent de uitvoering van de opdracht.
2. De opdrachtnemer die op redelijke grond niet bereid is de opdracht volgens de hem gegeven aanwijzingen uit te voeren, kan, zo de opdrachtgever hem niettemin aan die aanwijzingen houdt, de overeenkomst opzeggen wegens gewichtige redenen.

Aanwijzing omtrent uitvoering van opdracht

Art. 403

Verantwoording aan opdrachtgever

1. De opdrachtnemer moet de opdrachtgever op de hoogte houden van zijn werkzaamheden ter uitvoering van de opdracht en hem onverwijld in kennis stellen van de voltooiing van de opdracht, indien de opdrachtgever daarvan onkundig is.
2. De opdrachtnemer doet aan de opdrachtgever verantwoording van de wijze waarop hij zich van de opdracht heeft gekweten. Heeft hij bij de uitvoering van de opdracht ten laste van de opdrachtgever gelden uitgegeven of te diens behoeve gelden ontvangen, dan doet hij daarvan rekening.

Art. 404

Verlening opdracht met oog op persoon

Indien de opdracht is verleend met het oog op een persoon die met de opdrachtnemer of in zijn dienst een beroep of een bedrijf uitoefent, is die persoon gehouden de werkzaamheden, nodig voor de uitvoering van de opdracht, zelf te verrichten, behoudens voor zover uit de opdracht voortvloeit dat hij deze onder zijn verantwoordelijkheid door anderen mag laten uitvoeren; alles onverminderd de aansprakelijkheid van de opdrachtnemer.
(Zie ook: art. 64 BW Boek 3)

Art. 405

Loon opdrachtnemer

1. Indien de overeenkomst door de opdrachtnemer in de uitoefening van zijn beroep of bedrijf is aangegaan, is de opdrachtgever hem loon verschuldigd.
2. Indien loon is verschuldigd doch de hoogte niet door partijen is bepaald, is de opdrachtgever het op de gebruikelijke wijze berekende loon of, bij gebreke daarvan, een redelijk loon verschuldigd.

Art. 406

Vergoeding onkosten bij opdracht

1. De opdrachtgever moet aan de opdrachtnemer de onkosten verbonden aan de uitvoering van de opdracht vergoeden, voor zover deze niet in het loon zijn begrepen.

Vergoeding schade door bijzonder gevaar

2. De opdrachtgever moet de opdrachtnemer de schade vergoeden die deze lijdt ten gevolge van de hem niet toe te rekenen verwezenlijking van een aan de opdracht verbonden bijzonder gevaar. Heeft de opdrachtnemer in de uitoefening van zijn beroep of bedrijf gehandeld, dan geldt de vorige zin slechts, indien dat gevaar de risico's welke de uitoefening van dat beroep of bedrijf naar zijn aard meebrengt, te buiten gaat. Geschiedt de uitvoering van de opdracht anderszins tegen loon, dan is de eerste zin slechts van toepassing, indien bij de vaststelling van het loon met het gevaar geen rekening is gehouden.

Art. 407

Meerdere opdrachtgevers

1. Indien twee of meer personen tezamen een opdracht hebben gegeven, zijn zij hoofdelijk tegenover de opdrachtnemer verbonden.

Meerdere opdrachtnemers

2. Indien twee of meer personen tezamen een opdracht hebben ontvangen, is ieder van hen voor het geheel aansprakelijk ter zake van een tekortkoming in de nakoming, tenzij de tekortkoming niet aan hem kan worden toegerekend.

Art. 408

Opzegging overeenkomst van opdracht

1. De opdrachtgever kan te allen tijde de overeenkomst opzeggen.

2. De opdrachtnemer die de overeenkomst is aangegaan in de uitoefening van een beroep of bedrijf, kan, behoudens gewichtige redenen, de overeenkomst slechts opzeggen, indien zij voor onbepaalde duur geldt en niet door volbrenging eindigt.
3. Een natuurlijk persoon die een opdracht heeft verstrekt anders dan in de uitoefening van een beroep of bedrijf, is, onverminderd artikel 406, ter zake van een opzegging geen schadevergoeding verschuldigd.
(Zie ook: artt. 1, 6 BBA; art. 265 BW Boek 6)

Art. 409

Dood opdrachtnemer

1. Indien de opdracht met het oog op een bepaalde persoon is verleend, eindigt zij door zijn dood.
2. Alsdan zijn diens erfgenamen, indien zij kennis dragen van de erfopvolging en van de opdracht, verplicht al datgene te doen wat de omstandigheden in het belang van de wederpartij eisen. Een overeenkomstige verplichting rust op degenen in wier dienst of met wie de opdrachtnemer een beroep of bedrijf uitoefende.
(Zie ook: art. 95 BW Boek 6)

Art. 410

Dood opdrachtgever

1. De dood van de opdrachtgever doet de opdracht slechts eindigen, indien dit uit de overeenkomst voortvloeit, en dan eerst vanaf het tijdstip waarop de opdrachtnemer de dood heeft gekend.
2. Eindigt de opdracht door de dood van de opdrachtgever, dan is de opdrachtnemer niettemin verplicht al datgene te doen wat de omstandigheden in het belang van de wederpartij eisen.

Art. 411

Einde overeenkomst voordat opdracht is volbracht

1. Indien de overeenkomst eindigt voordat de opdracht is volbracht of de tijd waarvoor zij is verleend, is verstreken, en de verschuldigdheid van loon afhankelijk is van de volbrenging of van het verstrijken van die tijd, heeft de opdrachtnemer recht op een naar redelijkheid vast te

stellen deel van het loon. Bij de bepaling hiervan wordt onder meer rekening gehouden met de reeds door de opdrachtnemer verrichte werkzaamheden, het voordeel dat de opdrachtgever daarvan heeft, en de grond waarop de overeenkomst is geëindigd.
2. In het in lid 1 bedoelde geval heeft de opdrachtnemer slechts recht op het volle loon, indien het einde van de overeenkomst aan de opdrachtgever is toe te rekenen en de betaling van het volle loon, gelet op alle omstandigheden van het geval, redelijk is. Op het bedrag van het loon worden de besparingen die voor de opdrachtnemer uit de voortijdige beëindiging voortvloeien, in mindering gebracht.

Art. 412
Een rechtsvordering tegen de opdrachtnemer tot afgifte van de stukken die hij ter zake van de opdracht onder zich heeft gekregen, verjaart door verloop van vijf jaren na de aanvang van de dag, volgende op die waarop zijn bemoeiingen zijn geëindigd.   *Rechtsvordering tot afgifte stukken bij opdracht*

Art. 413
1. Van artikel 408 lid 3 kan niet worden afgeweken.   *Dwingend recht*
2. Van de artikelen 408 lid 1 en 411 kan niet worden afgeweken ten nadele van een opdrachtgever als bedoeld in artikel 408 lid 3.
3. Van artikel 412 kan slechts op dezelfde voet worden afgeweken als van de regels inzake de verjaring van rechtsvorderingen die in titel 11 van Boek 3 zijn opgenomen.

Afdeling 2
Lastgeving

Art. 414
1. Lastgeving is de overeenkomst van opdracht waarbij de ene partij, de lasthebber, zich jegens de andere partij, de lastgever, verbindt voor rekening van de lastgever een of meer rechtshandelingen te verrichten.   *Lastgevingsovereenkomst*
2. De overeenkomst kan de lasthebber verplichten te handelen in eigen naam; zij kan ook verplichten te handelen in naam van de lastgever.   *Handelen namens lasthebber of lastgever*
(Zie ook: art. 60 BW Boek 3)

Art. 415
Indien een lastgeving met twee of meer lasthebbers is aangegaan, is ieder van hen bevoegd zelfstandig te handelen.   *Meerdere lasthebbers*
(Zie ook: art. 65 BW Boek 3)

Art. 416
1. Een lasthebber kan slechts als wederpartij van de lastgever optreden, indien de inhoud van de rechtshandeling zo nauwkeurig vaststaat dat strijd tussen beider belangen is uitgesloten.   *Belangen lastgever en lasthebber*
2. Een lasthebber die slechts in eigen naam mag handelen, kan niettemin als wederpartij van de lastgever optreden, indien de inhoud van de rechtshandeling zo nauwkeurig vaststaat dat strijd tussen beider belangen is uitgesloten.
3. Indien de lastgever een persoon is als bedoeld in artikel 408 lid 3, is voor een rechtshandeling waarbij de lasthebber als zijn wederpartij optreedt, op straffe van vernietigbaarheid zijn schriftelijke toestemming vereist.   *Schriftelijke toestemming bij lastgeving*
4. De lasthebber die in overeenstemming met de vorige leden als wederpartij van de lastgever optreedt, behoudt zijn recht op loon.   *Loon bij lastgeving*
(Zie ook: artt. 39, 68 BW Boek 3)

Art. 417
1. Een lasthebber mag slechts tevens als lasthebber van de wederpartij optreden, indien de inhoud van de rechtshandeling zo nauwkeurig vaststaat dat strijd tussen de belangen van beide lastgevers is uitgesloten.   *Meerdere lastgevers*
2. Indien de lastgever een persoon is als bedoeld in artikel 408 lid 3, is voor de geoorloofdheid van een rechtshandeling waarbij de lasthebber ook als lasthebber van de wederpartij optreedt, zijn schriftelijke toestemming vereist.   *Schriftelijke toestemming*
3. Een lasthebber heeft geen recht op loon jegens een lastgever ten opzichte van wie hij in strijd met het in de vorige leden bepaalde handelt, onverminderd zijn gehoudenheid tot vergoeding van de dientengevolge door die lastgever geleden schade. Van deze bepaling kan niet ten nadele van een lastgever worden afgeweken.   *Recht op loon*
4. Indien een der lastgevers een persoon is als bedoeld in artikel 408 lid 3, en de rechtshandeling strekt tot koop of verkoop dan wel huur of verhuur van een onroerende zaak of een gedeelte daarvan of van een recht waaraan de zaak is onderworpen, heeft de lasthebber geen recht op loon jegens de koper of huurder. Van deze bepaling kan niet ten nadele van de koper of huurder worden afgeweken, ongeacht of de verkoper of verhuurder ter zake van de door hem gegeven last loon is verschuldigd.

Art. 418
1. Heeft, buiten de gevallen bedoeld in de artikelen 416 en 417, een lasthebber direct of indirect belang bij de totstandkoming van de rechtshandeling, dan is hij verplicht de lastgever daarvan   *Belang lasthebber*

in kennis te stellen, tenzij de inhoud van de rechtshandeling zo nauwkeurig vaststaat dat strijd tussen beider belangen is uitgesloten.

2. Een lasthebber heeft geen recht op loon jegens een lastgever ten opzichte van wie hij in strijd met het in lid 1 bepaalde handelt, onverminderd zijn gehoudenheid tot vergoeding van de dientengevolge door de lastgever geleden schade. Van deze bepaling kan niet ten nadele van de lastgever worden afgeweken.

Art. 419

Overeenkomst tot lastgeving met derde

Indien een lasthebber in eigen naam een overeenkomst heeft gesloten met een derde die in de nakoming van zijn verplichtingen tekortschiet, is de derde binnen de grenzen van hetgeen omtrent zijn verplichting tot schadevergoeding overigens uit de wet voortvloeit, jegens de lasthebber mede gehouden tot vergoeding van de schade die de lastgever door de tekortkoming heeft geleden.

(Zie ook: art. 95 BW Boek 6)

Art. 420

Niet-nakoming verplichtingen bij lastgeving

1. Indien een lasthebber die in eigen naam een overeenkomst heeft gesloten met een derde, zijn verplichtingen jegens de lastgever niet nakomt, in staat van faillissement geraakt of indien ten aanzien van hem de schuldsaneringsregeling natuurlijke personen van toepassing wordt verklaard, kan de lastgever de voor overgang vatbare rechten van de lasthebber jegens de derde door een schriftelijke verklaring aan hen beiden op zich doen overgaan, behoudens voor zover zij in de onderlinge verhouding tussen lastgever en lasthebber aan deze laatste toekomen.

2. Dezelfde bevoegdheid heeft de lastgever indien de derde zijn verplichtingen tegenover de lasthebber niet nakomt, tenzij deze de lastgever voldoet alsof de derde zijn verplichtingen was nagekomen.

3. De lasthebber is in de gevallen in dit artikel bedoeld gehouden de naam van de derde aan de lastgever op diens verzoek mede te delen.

(Zie ook: art. 83 BW Boek 3; art. 145 BW Boek 6)

Art. 421

Niet-nakoming verplichtingen bij lastgeving

1. Indien een lasthebber die in eigen naam een overeenkomst heeft gesloten met een derde, zijn verplichtingen jegens de derde niet nakomt, in staat van faillissement geraakt of indien ten aanzien van hem de schuldsaneringsregeling natuurlijke personen van toepassing wordt verklaard, kan de derde na schriftelijke mededeling aan de lasthebber en de lastgever zijn rechten uit de overeenkomst tegen de lastgever uitoefenen, voor zover deze op het tijdstip van de mededeling op overeenkomstige wijze jegens de lasthebber gehouden is.

2. De lasthebber is in het geval in dit artikel bedoeld gehouden de naam van de lastgever aan de derde op diens verzoek mede te delen.

Art. 422

Einde lastgeving

1. Lastgeving eindigt, behalve door opzegging overeenkomstig artikel 408, door:

a. de dood, de ondercuratelestelling, het faillissement van de lastgever of het ten aanzien van hem van toepassing verklaren van de schuldsaneringsregeling natuurlijke personen, met dien verstande dat de dood of de ondercuratelestelling de overeenkomst doet eindigen op het tijdstip waarop de lasthebber daarvan kennis krijgt;

b. de dood, de ondercuratelestelling, het faillissement van de lasthebber of het ten aanzien van hem van toepassing verklaren van de schuldsaneringsregeling natuurlijke personen.

2. Van artikel 408 lid 1 voor zover van toepassing op lastgeving, en van lid 1 onder *a* kan niet worden afgeweken. Voor zover de overeenkomst strekt tot het verrichten van een rechtshandeling in het belang van de lasthebber of van een derde, kan echter worden bepaald dat zij niet door de lastgever kan worden opgezegd, of dat zij niet eindigt door de dood of de ondercuratelestelling van de lastgever. Artikel 74 leden 1, tweede zin, 2 en 4 van Boek 3 is van overeenkomstige toepassing.

3. Eindigt de lastgeving door de dood of de ondercuratelestelling van de lastgever, dan is de lasthebber niettemin verplicht al datgene te doen wat de omstandigheden in het belang van de wederpartij eisen.

4. Eindigt de lastgeving door de dood van de lasthebber, dan zijn diens erfgenamen, indien zij kennis dragen van de erfopvolging en van de lastgeving, verplicht al datgene te doen wat de omstandigheden in het belang van de wederpartij eisen. Een overeenkomstige verplichting rust op degenen in wier dienst of met wie de lasthebber een beroep of bedrijf uitoefende.

Art. 423

Uitsluiting bevoegdheid lastgever

1. Indien is bedongen dat de lasthebber een aan de lastgever toekomend recht in eigen naam en met uitsluiting van de lastgever zal uitoefenen, mist deze de bevoegdheid tot deze uitoefening voor de duur van de overeenkomst ook jegens derden. De uitsluiting kan niet worden tegengeworpen aan derden die haar kenden noch behoorden te kennen.

2. Indien de lasthebber die de uitsluiting bedong, een rechtspersoon is die zich ingevolge zijn statuten ten doel stelt de gezamenlijke belangen van meer lastgevers door de uitoefening van de aan hen toekomende rechten te behartigen, kan in afwijking van artikel 422 lid 2 worden overeengekomen dat de lastgeving niet zal eindigen door opzegging door de lastgever op een

termijn die minder dan een jaar bedraagt, noch door diens dood, ondercuratelestelling, faillissement of het ten aanzien van hem van toepassing verklaren van de schuldsaneringsregeling natuurlijke personen. Dit beding sluit niet uit dat de overeenkomst op een termijn van tenminste één maand kan worden opgezegd door de erfgenamen van de lastgever of, in geval van diens faillissement of ondercuratelestelling, door de curator dan wel, indien ten aanzien van de lastgever de schuldsaneringsregeling natuurlijke personen van toepassing is verklaard, door de bewindvoerder. Wanneer de nalatenschap van de lastgever ingevolge artikel 13 van Boek 4 wordt verdeeld, komt de bevoegdheid van de erfgenamen, bedoeld in de vorige zin, toe aan zijn echtgenoot of geregistreerde partner.

Art. 424
1. De artikelen 415-423 zijn van overeenkomstige toepassing op andere overeenkomsten dan lastgeving krachtens welke de ene partij verplicht of bevoegd is voor rekening van de andere partij rechtshandelingen te verrichten, voor zover de strekking van de betrokken bepalingen in verband met de aard van de overeenkomst zich daartegen niet verzet. *Schakelbepaling*
2. Het vorige lid is niet van toepassing op overeenkomsten tot het vervoeren of doen vervoeren van personen of zaken.
(Zie ook: art. 215 BW Boek 6)

Afdeling 3
Bemiddelingsovereenkomst

Art. 425
De bemiddelingsovereenkomst is de overeenkomst van opdracht waarbij de ene partij, de opdrachtnemer, zich tegenover de andere partij, de opdrachtgever, verbindt tegen loon als tussenpersoon werkzaam te zijn bij het tot stand brengen van een of meer overeenkomsten tussen de opdrachtgever en derden. *Bemiddelingsovereenkomst*

Art. 426
1. De tussenpersoon heeft recht op loon zodra door zijn bemiddeling de overeenkomst tussen de opdrachtgever en de derde is tot stand gekomen. *Loon tussenpersoon bij bemiddeling*
2. Indien het recht op loon afhankelijk is gesteld van de uitvoering van de bemiddelde overeenkomst en deze wordt niet wordt uitgevoerd, is de opdrachtgever het loon ook verschuldigd, tenzij de niet-uitvoering niet aan hem kan worden toegerekend.

Art. 427
De artikelen 417 en 418 zijn van overeenkomstige toepassing op overeenkomsten waarbij de ene partij jegens de andere partij verplicht of bevoegd is als tussenpersoon werkzaam te zijn als bedoeld in artikel 425, met dien verstande dat met een tussenpersoon die tevens werkzaam is voor de wederpartij, gelijkgesteld is een tussenpersoon die zelf als wederpartij optreedt. De artikelen 417 en 418 zijn mede van overeenkomstige toepassing, indien de tussenpersoon geen recht op loon heeft. *Schakelbepaling*

Afdeling 4
Agentuurovereenkomst

Art. 428
1. De agentuurovereenkomst is een overeenkomst waarbij de ene partij, de principaal, aan de andere partij, de handelsagent, opdraagt, en deze zich verbindt, voor een bepaalde of een onbepaalde tijd en tegen beloning bij de totstandkoming van overeenkomsten bemiddeling te verlenen, en deze eventueel op naam en voor rekening van de principaal te sluiten zonder aan deze ondergeschikt te zijn. *Agentuurovereenkomst*
2. De bepalingen van deze afdeling zijn niet van toepassing op agentuurovereenkomsten waarop de de Wet op het financieel toezicht van toepassing is. *Werkingssfeer*
3. Ieder der partijen is verplicht de wederpartij op haar verzoek een ondertekend geschrift te verschaffen dat de dan geldende inhoud van de agentuurovereenkomst weergeeft. *Ondertekend geschrift*
(Zie ook: art. 400 BW Boek 7; art. 39 Wet RO)

Art. 429
1. De handelsagent kan zich voor verplichtingen die voor derden uit een door hem bemiddelde of afgesloten overeenkomst voortvloeien, uitsluitend schriftelijk aansprakelijk stellen. *Aansprakelijkheid handelsagent bij agentuurovereenkomst*

2. Tenzij schriftelijk anders is overeengekomen, is de handelsagent krachtens een beding van delcredere slechts aansprakelijk voor de gegoedheid van de derde.
3. Hij kan zich niet aansprakelijk stellen tot een hoger bedrag dan de overeengekomen provisie, tenzij het beding betrekking heeft op een bepaalde overeenkomst of op overeenkomsten die hij zelf in naam van de principaal sluit.
4. Indien er een kennelijke wanverhouding is tussen het risico dat de handelsagent op zich heeft genomen, en de bedongen provisie, kan de rechter het bedrag waarvoor de handelsagent

aansprakelijk is, matigen, voor zover dit bedrag de provisie te boven gaat. De rechter houdt met alle omstandigheden rekening, in het bijzonder met de wijze waarop de handelsagent de belangen van de principaal heeft behartigd.
(Zie ook: art. 445 BW Boek 7)

Art. 430

Verplichtingen principaal bij agentuurovereenkomst

1. De principaal moet alles doen wat in de gegeven omstandigheden van zijn kant nodig is om de handelsagent in staat te stellen zijn werkzaamheden te verrichten.
2. Hij moet aan de handelsagent het nodige documentatiemateriaal ter beschikking stellen over de goederen en diensten waarvoor de handelsagent bemiddelt, en hem alle inlichtingen verschaffen die nodig zijn voor de uitvoering van de agentuurovereenkomst.
(Zie ook: art. 248 BW Boek 6; artt. 438, 611 BW Boek 7)
3. Hij is verplicht de handelsagent onverwijld te waarschuwen, indien hij voorziet dat in een uitgesproken geringere mate dan de handelsagent mocht verwachten, overeenkomsten zullen of mogen worden afgesloten.
4. Hij moet de handelsagent binnen een redelijke termijn op de hoogte stellen van zijn aanvaarding of weigering of de niet-uitvoering van een door de handelsagent aangebrachte overeenkomst.

Art. 431

Recht op provisie handelsagent bij agentuurovereenkomst

1. De handelsagent heeft recht op provisie voor de overeenkomsten die tijdens de duur der agentuurovereenkomst zijn tot stand gekomen:
a. indien de overeenkomst door zijn tussenkomst is tot stand gekomen;
b. indien de overeenkomst is tot stand gekomen met iemand die hij reeds vroeger voor een dergelijke overeenkomst had aangebracht;
c. indien de overeenkomst is afgesloten met iemand die behoort tot de klantenkring die, of gevestigd is in het gebied dat aan de handelsagent is toegewezen, tenzij uitdrukkelijk is overeengekomen dat de handelsagent ten aanzien van die klantenkring of in dat gebied niet het alleenrecht heeft.
2. De handelsagent heeft recht op provisie voor de voorbereiding van na het einde van de agentuurovereenkomst tot stand gekomen overeenkomsten:
a. indien deze hoofdzakelijk aan de tijdens de duur van de agentuurovereenkomst door hem verrichte werkzaamheden zijn te danken en binnen een redelijke termijn na de beëindiging van die overeenkomst zijn afgesloten, of
b. indien hij of de principaal, overeenkomstig de voorwaarden bepaald in het eerste lid, de bestelling van de derde heeft ontvangen voor de beëindiging van de agentuurovereenkomst.
(Zie ook: artt. 405, 432 BW Boek 7)
3. De handelsagent heeft geen recht op provisie, indien deze krachtens het tweede lid is verschuldigd aan zijn voorganger, tenzij uit de omstandigheden voortvloeit dat het billijk is de provisie tussen hen beiden te verdelen.

Art. 432

Aanvaarding order bij agentuurovereenkomst

1. Indien de rol van de handelsagent zich heeft beperkt tot het verlenen van bemiddeling bij de totstandkoming van de overeenkomst, wordt de order die hij aan zijn principaal heeft doen toekomen, voor wat betreft het recht op provisie krachtens artikel 426 geacht te zijn aanvaard, tenzij de principaal de handelsagent binnen de redelijke termijn, bedoeld in artikel 430 lid 4, medegedeeld dat hij de order weigert of een voorbehoud maakt. Bij gebreke van een in de agentuurovereenkomst bepaalde termijn bedraagt de termijn een maand vanaf het tijdstip waarop hem de order is medegedeeld.

Beding

2. Het beding dat het recht op provisie doet afhangen van de uitvoering van de overeenkomst, dient uitdrukkelijk te worden gemaakt.
3. Indien het beding, bedoeld in het tweede lid, is gemaakt, ontstaat het recht op provisie uiterlijk wanneer de derde zijn deel van de overeenkomst heeft uitgevoerd, of dit had moeten doen, indien de principaal zijn deel van de transactie had uitgevoerd.
(Zie ook: artt. 2, 23 BW Boek 6; artt. 426, 431 BW Boek 7)

Art. 433

Opgave verschuldigde provisie bij agentuurovereenkomst

1. De principaal is verplicht na afloop van iedere maand aan de handelsagent een schriftelijke opgave te verstrekken van de over die maand verschuldigde provisie, onder vermelding van de gegevens waarop de berekening berust; deze opgave moet worden verstrekt voor het einde van de volgende maand. Partijen kunnen schriftelijk overeenkomen dat de opgave twee- of driemaandelijks wordt verstrekt.

Bewijsstukken

2. De handelsagent is bevoegd van de principaal inzage te verlangen van de nodige bewijsstukken, echter zonder afgifte te kunnen verlangen. Hij kan zich op zijn kosten doen bijstaan door een deskundige, aanvaard door de principaal of, bij afwijzing, benoemd door de voorzieningenrechter van de bevoegde rechtbank op verzoek van de handelsagent.
3. Echter kunnen partijen schriftelijk overeenkomen dat de inzage van de bewijsstukken zal geschieden aan een derde; indien deze zijn taak niet vervult, zal de voorzieningenrechter van de rechtbank een plaatsvervanger aanwijzen.

4. De overlegging van de bewijsstukken door de principaal geschiedt onder verplichting tot geheimhouding door de handelsagent en in de vorige leden vermelde personen. Deze laatsten zijn echter niet verplicht tot geheimhouding tegenover de handelsagent voor zover het betreft een in het eerste lid bedoeld gegeven.
(Zie ook: artt. 445, 611, 619 BW Boek 7; art. 8 t/m 11 WvK; art. 272 WvSr)

Art. 434
De provisie wordt uiterlijk opeisbaar op het tijdstip waarop de schriftelijke opgave, bedoeld in artikel 433, moet worden verstrekt.

Opeisbaarheid provisie bij agentuurovereenkomst

Art. 435
1. De handelsagent heeft recht op een beloning, indien hij bereid is zijn verplichtingen uit de agentuurovereenkomst na te komen of deze reeds heeft nagekomen, doch de principaal van de diensten van de handelsagent geen gebruik heeft gemaakt of in aanzienlijk geringere mate gebruik heeft gemaakt dan deze als normaal mocht verwachten, tenzij de gedraging van de principaal voortvloeit uit omstandigheden welke redelijkerwijs niet voor zijn rekening komen.
2. Bij de bepaling van deze beloning wordt rekening gehouden met het bedrag van de in de voorafgaande tijd verdiende provisie en met alle andere ter zake in acht te nemen factoren, zoals de onkosten die de handelsagent zich door het niet verrichten van werkzaamheden bespaart.
(Zie ook: art. 58 BW Boek 6; art. 441 BW Boek 7)

Beloning bij agentuurovereenkomst

Art. 436
Een agentuurovereenkomst die na het verstrijken van de termijn waarvoor zij is aangegaan, door beide partijen wordt voortgezet, bindt partijen voor onbepaalde tijd op dezelfde voorwaarden.

Voortzetting voor onbepaalde tijd van agentuurovereenkomst

Art. 437
1. Indien de agentuurovereenkomst is aangegaan voor een onbepaalde tijd of voor een bepaalde tijd met recht van tussentijdse opzegging, is ieder der partijen bevoegd haar te doen eindigen met inachtneming van de overeengekomen opzeggingstermijn. Bij gebreke van een overeenkomst dienaangaande zal de opzeggingstermijn vier maanden bedragen, vermeerderd met een maand na drie jaren looptijd van de overeenkomst en met twee maanden na zes jaren.
2. De termijn van opzegging kan niet korter zijn dan een maand in het eerste jaar van de overeenkomst, twee maanden in het tweede jaar en drie maanden in de volgende jaren. Indien partijen langere termijnen overeenkomen, mogen deze voor de principaal niet korter zijn dan voor de handelsagent.
(Zie ook: art. 445 BW Boek 7; artt. 40, 239 FW)
3. Opzegging behoort plaats te vinden tegen het einde van een kalendermaand.
(Zie ook: art. 265 BW Boek 6; art. 439, 669 BW Boek 7; artt. 1, 6 BBA; art. 2 WMM)

Opzegging van agentuurovereenkomst

Art. 438
1. De agentuurovereenkomst eindigt door het overlijden van de handelsagent.

2. In geval van overlijden van de principaal zijn zowel zijn erfgenamen als de handelsagent bevoegd, mits binnen negen maanden na het overlijden, de overeenkomst te doen eindigen met een opzeggingstermijn van vier maanden. Wanneer de nalatenschap van de principaal ingevolge artikel 13 van Boek 4 wordt verdeeld, komt de bevoegdheid van de erfgenamen, bedoeld in de vorige zin, toe aan zijn echtgenoot of geregistreerde partner.
(Zie ook: art. 409 BW Boek 7; art. 54 Pw)

Dood handelsagent bij agentuurovereenkomst
Dood principaal bij agentuurovereenkomst

Art. 439
1. De partij die de overeenkomst beëindigt zonder eerbiediging van haar duur of zonder inachtneming van de wettelijke of overeengekomen opzeggingstermijn en zonder dat de wederpartij daarin toestemt, is schadeplichtig, tenzij zij de overeenkomst doet eindigen om een dringende, aan de wederpartij onverwijld medegedeelde reden.
2. Dringende redenen zijn omstandigheden van zodanige aard dat van de partij die de overeenkomst doet eindigen, redelijkerwijs niet gevergd kan worden de overeenkomst, zelfs tijdelijk, in stand te laten.
3. Indien de beëindiging van de overeenkomst wegens een dringende reden gegrond is op omstandigheden waarvoor de wederpartij een verwijt treft, is laatstgenoemde schadeplichtig.
(Zie ook: art. 6 BBA)
4. Een beding waardoor aan een der partijen de beslissing wordt overgelaten of er een dringende reden aanwezig is, is nietig.
(Zie ook: artt. 74, 88, 265 BW Boek 6)

Beëindiging van agentuurovereenkomst

Art. 440
1. Ieder der beide partijen is bevoegd de kantonrechter te verzoeken de agentuurovereenkomst te ontbinden op grond van:
a. omstandigheden die een dringende reden opleveren in de zin van artikel 439 lid 2;
b. verandering in de omstandigheden welke van dien aard is, dat de billijkheid eist dat aan de overeenkomst dadelijk of na korte tijd een einde wordt gemaakt.

Ontbinding van agentuurovereenkomst door kantonrechter

2. Spreekt de rechter de ontbinding uit op grond van een omstandigheid als bedoeld in het eerste lid onder *a* en kan van haar van deze omstandigheid de verweerder een verwijt worden gemaakt, dan is deze schadeplichtig.
3. Spreekt de rechter de ontbinding uit op grond van hetgeen is bepaald in het eerste lid onder *b*, dan kan hij aan een der partijen een vergoeding toekennen. Hij kan bepalen dat deze in termijnen wordt betaald.
4. De behandeling vangt niet later aan dan in de vierde week volgende op die waarin het verzoekschrift is ingediend.
(Zie ook: art. 383 BW Boek 1; art. 265 t/m 279 BW Boek 6; art. 677 BW Boek 7; art. 40 FW; art. 429r Rv)
5. Indien de rechter de ontbinding uitspreekt, bepaalt hij op welk tijdstip de agentuurovereenkomst eindigt.

Art. 441

Schadevergoeding bij agentuurovereenkomst

1. De partij die, krachtens artikel 439 of artikel 440 lid 2, schadeplichtig is, is aan de wederpartij een som verschuldigd gelijk aan de beloning over de tijd dat de agentuurovereenkomst bij regelmatige beëindiging had behoren voort te duren. Voor de vaststelling van deze som wordt rekening gehouden met de in de voorafgaande tijd verdiende provisie en met alle andere ter zake in acht te nemen factoren.
2. De rechter is bevoegd deze som te verminderen, indien zij hem met het oog op de omstandigheden te hoog voorkomt.
3. De benadeelde partij kan, in plaats van de schadeloosstelling in de voorafgaande leden bedoeld, volledige vergoeding van haar schade vorderen, onder gehoudenheid de omvang daarvan te bewijzen.
(Zie ook: artt. 677, 680 BW Boek 7)

Art. 442

Klantenvergoeding bij agentuurovereenkomst

1. Ongeacht het recht om schadevergoeding te vorderen, heeft de handelsagent bij het einde van de agentuurovereenkomst recht op een vergoeding, klantenvergoeding, voor zover:
a. hij de principaal nieuwe klanten heeft aangebracht of de overeenkomsten met de bestaande klanten aanmerkelijk heeft uitgebreid en de overeenkomsten met deze klanten de principaal nog aanzienlijke voordelen opleveren, en
b. de betaling van deze vergoeding billijk is, gelet op alle omstandigheden, in het bijzonder op de verloren provisie uit de overeenkomsten met deze klanten.
2. Het bedrag van de vergoeding is niet hoger dan dat van de beloning van één jaar, berekend naar het gemiddelde van de laatste vijf jaren of, indien de overeenkomst korter heeft geduurd, naar het gemiddelde van de gehele duur daarvan.
3. Het recht op vergoeding vervalt, indien de handelsagent de principaal niet uiterlijk een jaar na het einde van de overeenkomst heeft medegedeeld dat hij vergoeding verlangt.
4. De vergoeding is niet verschuldigd, indien de overeenkomst is beëindigd:
a. door de principaal onder omstandigheden die de handelsagent ingevolge artikel 439 lid 3 schadeplichtig maken;
b. door de handelsagent, tenzij deze beëindiging wordt gerechtvaardigd door omstandigheden die de principaal kunnen worden toegerekend, of wordt gerechtvaardigd door leeftijd, invaliditeit of ziekte van de handelsagent, op grond waarvan redelijkerwijs niet meer van hem kan worden gevergd dat hij zijn werkzaamheden voortzet;
c. door de handelsagent die, overeenkomstig een afspraak met de principaal, zijn rechten en verplichtingen uit hoofde van de agentuurovereenkomst aan een derde overdraagt.

Art. 443

Beding in agentuurovereenkomst

1. Een beding dat de handelsagent beperkt in zijn vrijheid om na het einde van de agentuurovereenkomst werkzaam te zijn, is slechts geldig voor zover:
a. het op schrift is gesteld, en
b. betrekking heeft op het soort goederen of diensten waarvan hij de vertegenwoordiging had, en op het gebied, of de klantenkring en het gebied, aan hem toevertrouwd.
2. Zodanig beding is slechts geldig gedurende ten hoogste twee jaren na het einde van de overeenkomst.
3. Aan zodanig beding kan de principaal geen rechten ontlenen, indien de overeenkomst is geëindigd:
a. doordat hij haar zonder toestemming van de handelsagent heeft beëindigd zonder inachtneming van de wettelijke of overeengekomen termijn en zonder een dringende aan de handelsagent onverwijld medegedeelde reden;
b. doordat de handelsagent de overeenkomst heeft beëindigd vanwege een dringende, onverwijld aan de principaal medegedeelde reden waarvoor laatstgenoemde een verwijt treft;
c. door een rechterlijke uitspraak, gegrond op omstandigheden ter zake waarvan de principaal een verwijt treft.

4. De rechter kan, indien de handelsagent dat vraagt, zulk een beding geheel of gedeeltelijk teniet doen op grond dat, in verhouding tot het te beschermen belang van de principaal, de handelsagent door het beding onbillijk wordt benadeeld.
(Zie ook: art. 653 BW Boek 7)

Art. 444
Rechtsvorderingen gegrond op de artikelen 439 en 440 verjaren door verloop van één jaar na het feit dat de vordering deed ontstaan.

Verjaring rechtsvordering bij agentuurovereenkomst

Art. 445
1. Partijen kunnen niet afwijken van de artikelen 401, 402, 403 en 426 lid 2 noch van de artikelen 428 lid 3, 429, 430, 431 lid 2, 432 lid 2, 433, 437 lid 2, 439, 440, 441, 443 en 444.
2. Evenmin kan ten nadele van de handelsagent worden afgeweken van de artikelen 432 lid 3, 434 en, vóór het einde van de overeenkomst, van artikel 442.

Dwingend recht

Afdeling 5
De overeenkomst inzake geneeskundige behandeling

Art. 446
1. De overeenkomst inzake geneeskundige behandeling - in deze afdeling verder aangeduid als de behandelingsovereenkomst - is de overeenkomst waarbij een natuurlijke persoon of een rechtspersoon, de hulpverlener, zich in de uitoefening van een geneeskundig beroep of bedrijf tegenover een ander, de opdrachtgever, verbindt tot het verrichten van handelingen op het gebied van de geneeskunst, rechtstreeks betrekking hebbende op de persoon van de opdrachtgever of van een bepaalde derde. Degene op wiens persoon de handelingen rechtstreeks betrekking hebben wordt verder aangeduid als de patiënt.
2. Onder handelingen op het gebied van de geneeskunst worden verstaan:
a. alle verrichtingen - het onderzoeken en het geven van raad daaronder begrepen - rechtstreeks betrekking hebbende op een persoon en ertoe strekkende hem van een ziekte te genezen, hem voor het ontstaan van een ziekte te behoeden of zijn gezondheidstoestand te beoordelen, dan wel deze verloskundige bijstand te verlenen;
b. andere dan de onder *a* bedoelde handelingen, rechtstreeks betrekking hebbende op een persoon, die worden verricht door een arts of tandarts in die hoedanigheid.
3. Tot de handelingen, bedoeld in lid 1, worden mede gerekend het in het kader daarvan verplegen en verzorgen van de patiënt en het overigens rechtstreeks ten behoeve van de patiënt voorzien in de materiële omstandigheden waaronder die handelingen kunnen worden verricht.
4. Geen behandelingsovereenkomst is aanwezig, indien het betreft handelingen ter beoordeling van de gezondheidstoestand of medische begeleiding van een persoon, verricht in opdracht van een ander dan die persoon in verband met de vaststelling van aanspraken of verplichtingen, de toelating tot een verzekering of voorziening, of de beoordeling van de geschiktheid voor een opleiding, een arbeidsverhouding of de uitvoering van bepaalde werkzaamheden.

Begripsbepalingen

Art. 447
1. Een minderjarige die de leeftijd van zestien jaren heeft bereikt, is bekwaam tot het aangaan van een behandelingsovereenkomst ten behoeve van zichzelf, alsmede tot het verrichten van rechtshandelingen die met de overeenkomst onmiddellijk verband houden.
2. De minderjarige is aansprakelijk voor de daaruit voortvloeiende verbintenissen, onverminderd de verplichting van zijn ouders tot voorziening in de kosten van verzorging en opvoeding.
(Zie ook: art. 234 BW Boek 1; art. 464 Rv)
3. In op die behandelingsovereenkomst betrekking hebbende aangelegenheden is de minderjarige bekwaam in en buiten rechte op te treden.

Handelingsbekwaamheid minderjarige bij behandelingsovereenkomst

Art. 448
1. De hulpverlener licht de patiënt op duidelijke wijze, en desgevraagd schriftelijk in over het voorgenomen onderzoek en de voorgestelde behandeling en over de ontwikkelingen omtrent het onderzoek, de behandeling en de gezondheidstoestand van de patiënt. De hulpverlener licht een patiënt die de leeftijd van twaalf jaren nog niet heeft bereikt op zodanige wijze in als past bij zijn bevattingsvermogen.
2. Bij het uitvoeren van de in lid 1 neergelegde verplichting laat de hulpverlener zich leiden door hetgeen de patiënt redelijkerwijze dient te weten ten aanzien van:
a. de aard en het doel van het onderzoek of de behandeling die hij noodzakelijk acht en van de uit te voeren verrichtingen;
b. de te verwachten gevolgen en risico's daarvan voor de gezondheid van de patiënt;
c. andere methoden van onderzoek of behandeling die in aanmerking komen;
d. de staat van en de vooruitzichten met betrekking tot diens gezondheid voor wat betreft het terrein van het onderzoek of de behandeling.
3. De hulpverlener mag de patiënt bedoelde inlichtingen slechts onthouden voor zover het verstrekken ervan kennelijk ernstig nadeel voor de patiënt zou opleveren. Indien het belang van de patiënt dit vereist, dient de hulpverlener de desbetreffende inlichtingen aan een ander

Verstrekken inlichtingen aan patiënt bij behandelingsovereenkomst

dan de patiënt te verstrekken. De inlichtingen worden de patiënt alsnog gegeven, zodra bedoeld nadeel niet meer te duchten is. De hulpverlener maakt geen gebruik van zijn in de eerste volzin bedoelde bevoegdheid dan nadat hij daarover een andere hulpverlener heeft geraadpleegd.
(Zie ook: artt. 401, 402, 403 BW Boek 7; art. 465 Rv)

Art. 449

Achterwege blijven verstrekken inlichtingen aan patiënt bij behandelingsovereenkomst

Indien de patiënt te kennen heeft gegeven geen inlichtingen te willen ontvangen, blijft het verstrekken daarvan achterwege, behoudens voor zover het belang dat de patiënt daarbij heeft niet opweegt tegen het nadeel dat daaruit voor hemzelf of anderen kan voortvloeien.
(Zie ook: art. 466 Rv)

Art. 450

Toestemming patiënt bij behandelingsovereenkomst

1. Voor verrichtingen ter uitvoering van een behandelingsovereenkomst is de toestemming van de patiënt vereist.

2. Indien de patiënt minderjarig is en de leeftijd van twaalf maar nog niet die van zestien jaren heeft bereikt, is tevens de toestemming van de ouders die het gezag over hem uitoefenen of van zijn voogd vereist. De verrichting kan evenwel zonder de toestemming van de ouders of de voogd worden uitgevoerd, indien zij kennelijk nodig is teneinde ernstig nadeel voor de patiënt te voorkomen, alsmede indien de patiënt ook na de weigering van de toestemming, de verrichting weloverwogen blijft wensen.

3. In het geval waarin een patiënt van zestien jaren of ouder niet in staat kan worden geacht tot een redelijke waardering van zijn belangen ter zake, worden door de hulpverlener en een persoon als bedoeld in de leden 2 of 3 van artikel 465, de kennelijke opvattingen van de patiënt, geuit in schriftelijke vorm toen deze tot bedoelde redelijke waardering nog in staat was en inhoudende een weigering van toestemming als bedoeld in lid 1, opgevolgd. De hulpverlener kan hiervan afwijken indien hij daartoe gegronde redenen aanwezig acht.
(Zie ook: art. 467 Rv)

Art. 451

Vastleggen toestemming patiënt bij behandelingsovereenkomst

Op verzoek van de patiënt legt de hulpverlener in ieder geval schriftelijk vast voor welke verrichtingen van ingrijpende aard deze toestemming heeft gegeven.
(Zie ook: art. 468 Rv)

Art. 452

Medewerking patiënt bij behandelingsovereenkomst

De patiënt geeft de hulpverlener naar beste weten de inlichtingen en de medewerking die deze redelijkerwijs voor het uitvoeren van de overeenkomst behoeft.

Art. 453

Goed hulpverlener bij behandelingsovereenkomst

De hulpverlener moet bij zijn werkzaamheden de zorg van een goed hulpverlener in acht nemen en handelt daarbij in overeenstemming met de op hem rustende verantwoordelijkheid, voortvloeiende uit de voor hulpverleners geldende professionele standaard, waaronder de kwaliteitsstandaard, bedoeld in artikel 1, onderdeel z, van de Zorgverzekeringswet.
(Zie ook: art. 401 BW Boek 7)

Art. 454

Patiëntendossier bij behandelingsovereenkomst

1. De hulpverlener richt een dossier in met betrekking tot de behandeling van de patiënt. Hij houdt in het dossier aantekening van de gegevens omtrent de gezondheid van de patiënt en de te diens aanzien uitgevoerde verrichtingen en neemt andere stukken, bevattende zodanige gegevens, daarin op, een en ander voor zover dit voor een goede hulpverlening aan hem noodzakelijk is.

2. De hulpverlener voegt desgevraagd een door de patiënt afgegeven verklaring met betrekking tot de in het dossier opgenomen stukken aan het dossier toe.

3. Onverminderd het bepaalde in artikel 455, bewaart de hulpverlener de bescheiden, bedoeld in de vorige leden, gedurende vijftien jaren, te rekenen vanaf het tijdstip waarop zij zijn vervaardigd, of zoveel langer als redelijkerwijs uit de zorg van een goed hulpverlener voortvloeit.

Art. 455

Vernietiging dossier op verzoek patiënt bij behandelingsovereenkomst

1. De hulpverlener vernietigt de door hem bewaarde bescheiden, bedoeld in artikel 454, na een daartoe strekkend verzoek van de patiënt.

2. Lid 1 geldt niet voor zover het verzoek bescheiden betreft waarvan redelijkerwijs aannemelijk is dat de bewaring van aanmerkelijk belang is voor een ander dan de patiënt, alsmede voor zover het bepaalde bij of krachtens de wet zich tegen vernietiging verzet.

Art. 456

Inzage in afschrift van patiëntendossier bij behandelingsovereenkomst

De hulpverlener verstrekt aan de patiënt desgevraagd inzage in en afschrift van de bescheiden, bedoeld in artikel 454. De verstrekking blijft achterwege voor zover dit noodzakelijk is in het belang van de bescherming van de persoonlijke levenssfeer van een ander.
(Zie ook: art. 403 BW Boek 7)

Art. 457
1. Onverminderd het in artikel 448 lid 3, tweede volzin, bepaalde draagt de hulpverlener zorg, dat aan anderen dan de patiënt geen inlichtingen over de patiënt dan wel inzage in of afschrift van de bescheiden, bedoeld in artikel 454, worden verstrekt dan met toestemming van de patiënt. Indien verstrekking plaatsvindt, geschiedt deze slechts voor zover daardoor de persoonlijke levenssfeer van een ander niet wordt geschaad. De verstrekking kan geschieden zonder inachtneming van de beperkingen, bedoeld in de voorgaande volzinnen, indien het bij of krachtens de wet bepaalde daartoe verplicht. *(Verstrekken inlichtingen over patiënt aan anderen bij behandelingsovereenkomst)*

2. Onder anderen dan de patiënt zijn niet begrepen degenen die rechtstreeks betrokken zijn bij de uitvoering van de behandelingsovereenkomst en degene die optreedt als vervanger van de hulpverlener, voor zover de verstrekking noodzakelijk is voor de door hen in dat kader te verrichten werkzaamheden.

3. Daaronder zijn evenmin begrepen degenen wier toestemming ter zake van de uitvoering van de behandelingsovereenkomst op grond van de artikelen 450 en 465 is vereist. Indien de hulpverlener door inlichtingen over de patiënt dan wel inzage in of afschrift van de bescheiden te verstrekken niet geacht kan worden de zorg van een goed hulpverlener in acht te nemen, laat hij zulks achterwege.

Art. 458
1. In afwijking van het bepaalde in artikel 457 lid 1 kunnen zonder toestemming van de patiënt ten behoeve van statistiek of wetenschappelijk onderzoek op het gebied van de volksgezondheid aan een ander desgevraagd inlichtingen over de patiënt of inzage in de bescheiden, bedoeld in artikel 454, worden verstrekt indien: *(Verstrekken inlichtingen over patiënt ten behoeve van statistiek/wetenschappelijk onderzoek bij behandelingsovereenkomst)*
a. het vragen van toestemming in redelijkheid niet mogelijk is en met betrekking tot de uitvoering van het onderzoek is voorzien in zodanige waarborgen, dat de persoonlijke levenssfeer van de patiënt niet onevenredig wordt geschaad, of
b. het vragen van toestemming, gelet op de aard en het doel van het onderzoek, in redelijkheid niet kan worden verlangd en de hulpverlener zorg heeft gedragen dat de gegevens in zodanige vorm worden verstrekt dat herleiding tot individuele natuurlijke personen redelijkerwijs wordt voorkomen.

2. Verstrekking overeenkomstig lid 1 is slechts mogelijk indien:
a. het onderzoek een algemeen belang dient,
b. het onderzoek niet zonder de desbetreffende gegevens kan worden uitgevoerd, en
c. voor zover de betrokken patiënt tegen een verstrekking niet uitdrukkelijk bezwaar heeft gemaakt.

3. Bij een verstrekking overeenkomstig lid 1 wordt daarvan aantekening gehouden in het dossier.

Art. 459
1. De hulpverlener voert verrichtingen in het kader van de behandelingsovereenkomst uit buiten de waarneming van anderen dan de patiënt, tenzij de patiënt ermee heeft ingestemd dat de verrichtingen kunnen worden waargenomen door anderen. Indien de hulpverlener apotheker is, is de verplichting, bedoeld in de eerste volzin, niet van toepassing voor zover het de visuele waarneming door anderen dan de patiënt betreft. *(Uitvoering verrichtingen buiten waarneming van anderen bij behandelingsovereenkomst)*

2. Onder anderen dan de patiënt zijn niet begrepen degenen van wie beroepshalve de medewerking bij de uitvoering van de verrichting noodzakelijk is.

3. Daaronder zijn evenmin begrepen degenen wier toestemming ter zake van de verrichting op grond van de artikelen 450 en 465 is vereist. Indien de hulpverlener door verrichtingen te doen waarnemen niet geacht kan worden de zorg van een goed hulpverlener in acht te nemen, laat hij zulks niet toe.

Art. 460
De hulpverlener kan, behoudens gewichtige redenen, de behandelingsovereenkomst niet opzeggen. *(Opzegging door hulpverlener van behandelingsovereenkomst)*
(Zie ook: artt. 408, 409 BW Boek 7)

Art. 461
De opdrachtgever is de hulpverlener loon verschuldigd, behoudens voor zover deze voor zijn werkzaamheden loon ontvangt op grond van het bij of krachtens de wet bepaalde dan wel uit de overeenkomst anders voortvloeit. *(Loon hulpverlener bij behandelingsovereenkomst)*
(Zie ook: artt. 405, 406, 411 BW Boek 7)

Art. 462
1. Indien ter uitvoering van een behandelingsovereenkomst verrichtingen plaatsvinden in een ziekenhuis dat bij die overeenkomst geen partij is, is het ziekenhuis voor een tekortkoming daarbij mede aansprakelijk, als ware het zelf bij de overeenkomst partij. *(Centrale aansprakelijkheid bij behandelingsovereenkomst)*
2. Onder ziekenhuis als bedoeld in lid 1 worden verstaan een krachtens artikel 5 van de Wet toelating zorginstellingen als ziekenhuis, verpleeginrichting of zwakzinnigeninrichting toege-

laten instelling of afdeling daarvan, een academisch ziekenhuis alsmede een abortuskliniek in de zin van de Wet afbreking zwangerschap.
(Zie ook: artt. 74, 170 BW Boek 6)

Art. 463

Aansprakelijkheid hulpverlener/ziekenhuis bij behandelingsovereenkomst

De aansprakelijkheid van een hulpverlener of, in het geval bedoeld in artikel 462, van het ziekenhuis, kan niet worden beperkt of uitgesloten.

Art. 464

Handelingen anders dan krachtens behandelingsovereenkomst

1. Indien in de uitoefening van een geneeskundig beroep of bedrijf anders dan krachtens een behandelingsovereenkomst handelingen op het gebied van de geneeskunst worden verricht, zijn deze afdeling alsmede de artikelen 404, 405 lid 2 en 406 van afdeling 1 van deze titel van overeenkomstige toepassing voor zover de aard van de rechtsbetrekking zich daartegen niet verzet.
2. Betreft het handelingen als omschreven in artikel 446 lid 4, dan:
   a. worden de in artikel 454 bedoelde bescheiden slechts bewaard zolang dat noodzakelijk is in verband met het doel van het onderzoek, tenzij het bepaalde bij of krachtens de wet zich tegen vernietiging verzet;
   b. wordt de persoon op wie het onderzoek betrekking heeft in de gelegenheid gesteld mee te delen of hij de uitslag en de gevolgtrekking van het onderzoek wenst te vernemen. Indien die wens is geuit en de handelingen niet worden verricht in verband met een tot stand gekomen arbeidsverhouding of burgerrechtelijke verzekering dan wel een opleiding waartoe de betrokkene reeds is toegelaten, wordt bedoelde persoon tevens in de gelegenheid gesteld mee te delen of hij van de uitslag en de gevolgtrekking als eerste kennis wenst te nemen teneinde te kunnen beslissen of daarvan mededeling aan anderen wordt gedaan.

Art. 465

Handelingsonbekwame patiënt bij behandelingsovereenkomst

1. De verplichtingen die voor de hulpverlener uit deze afdeling jegens de patiënt voortvloeien worden, indien de patiënt de leeftijd van twaalf jaren nog niet heeft bereikt, door de hulpverlener nagekomen jegens de ouders die het gezag over de patiënt uitoefenen dan wel jegens zijn voogd.
2. Hetzelfde geldt indien de patiënt de leeftijd van twaalf jaren heeft bereikt, maar niet in staat kan worden geacht tot een redelijke waardering van zijn belangen ter zake, tenzij zodanige patiënt meerderjarig is en onder curatele staat of ten behoeve van hem het mentorschap is ingesteld, in welke gevallen nakoming jegens de curator of de mentor geschiedt.
3. Indien een meerderjarige patiënt die niet in staat kan worden geacht tot een redelijke waardering van zijn belangen ter zake, niet onder curatele staat of ten behoeve van hem niet het mentorschap is ingesteld, worden de verplichtingen die voor de hulpverlener uit deze afdeling jegens de patiënt voortvloeien, door de hulpverlener nagekomen jegens de persoon die daartoe door de patiënt schriftelijk is gemachtigd in zijn plaats op te treden. Ontbreekt zodanige persoon, of treedt deze niet op, dan worden de verplichtingen nagekomen jegens de echtgenoot, de geregistreerde partner of andere levensgezel van de patiënt, tenzij deze persoon dat niet wenst, dan wel, indien ook zodanige persoon ontbreekt, jegens een ouder, kind, broer of zus van de patiënt, tenzij deze persoon dat niet wenst.
4. De hulpverlener komt zijn verplichtingen na jegens de in de leden 1 en 2 bedoelde wettelijke vertegenwoordigers van de patiënt en de in lid 3 bedoelde personen, tenzij die nakoming niet verenigbaar is met de zorg van een goed hulpverlener.
5. De persoon jegens wie de hulpverlener krachtens de leden 2 of 3 gehouden is de uit deze afdeling jegens de patiënt voortvloeiende verplichtingen na te komen, betracht de zorg van een goed vertegenwoordiger. Deze persoon is gehouden de patiënt zoveel mogelijk bij de vervulling van zijn taak te betrekken.
6. Verzet de patiënt zich tegen een verrichting van ingrijpende aard waarvoor een persoon als bedoeld in de leden 2 of 3 toestemming heeft gegeven, dan kan de verrichting slechts worden uitgevoerd indien zij kennelijk nodig is teneinde ernstig nadeel voor de patiënt te voorkomen.

Art. 466

Uitvoering verrichting zonder toestemming patiënt bij behandelingsovereenkomst

1. Is op grond van artikel 465 voor het uitvoeren van een verrichting uitsluitend de toestemming van een daar bedoelde persoon in plaats van die van de patiënt vereist, dan kan tot de verrichting zonder die toestemming worden overgegaan indien de tijd voor het vragen van die toestemming ontbreekt aangezien onverwijlde uitvoering van de verrichting kennelijk nodig is teneinde ernstig nadeel voor de patiënt te voorkomen.
2. Een volgens de artikelen 450 en 465 vereiste toestemming mag worden verondersteld te zijn gegeven, indien de desbetreffende verrichting niet van ingrijpende aard is.

Art. 467

Gebruik lichaamsmateriaal voor medisch onderzoek bij behandelingsovereenkomst

1. Van het lichaam afgescheiden anonieme stoffen en delen kunnen worden gebruikt voor medisch statistisch of ander medisch wetenschappelijk onderzoek voor zover de patiënt van wie het lichaamsmateriaal afkomstig is, geen bezwaar heeft gemaakt tegen zodanig onderzoek en het onderzoek met de vereiste zorgvuldigheid wordt verricht.

2. Onder onderzoek met van het lichaam afgescheiden anonieme stoffen en delen wordt verstaan onderzoek waarbij is gewaarborgd dat het bij het onderzoek te gebruiken lichaamsmateriaal en de daaruit te verkrijgen gegevens niet tot de persoon herleidbaar zijn.

Art. 468
Van de bepalingen van deze afdeling en van de artikelen 404, 405 lid 2 en 406 kan niet ten nadele van de patiënt worden afgeweken. *Dwingend recht*

Titel 7A
Pakketreisovereenkomst en gekoppeld reisarrangement

Afdeling 1
Definities en toepassingsgebied

Art. 500
Voor de toepassing van deze titel wordt verstaan onder: *Begripsbepalingen*
a. *reisdienst:* dienst betreffende:
i) personenvervoer;
ii) accommodatie die niet wezenlijk deel uitmaakt van personenvervoer en die niet voor bewoning is bestemd;
iii) verhuur van auto's, andere motorvoertuigen in de zin van artikel 3, punt 11, van Richtlijn 2007/46/EG van het Europees Parlement en de Raad van 5 september 2007 tot vaststelling van een kader voor de goedkeuring van motorvoertuigen en aanhangwagens daarvan en van systemen, onderdelen en technische eenheden die voor dergelijke voertuigen zijn bestemd (PbEU, L 263), of motorrijwielen waarvoor een rijbewijs van categorie A in overeenstemming met artikel 4, derde lid, onderdeel c, van Richtlijn 2006/126/EG van het Europees Parlement en de Raad van 20 december 2006 betreffende het Rijbewijs (PbEU, L 403) is vereist;
iv) andere toeristische diensten die niet wezenlijk deel uitmaken van een reisdienst in de zin van de onderdelen i), ii) of iii);
b. *pakketreis:* combinatie van ten minste twee verschillende soorten reisdiensten voor dezelfde reis of vakantie, ingeval:
i) deze diensten worden gecombineerd door één handelaar, eventueel op verzoek of overeenkomstig de keuze van de reiziger, voordat er één overeenkomst betreffende alle diensten wordt gesloten; of
ii) deze diensten, ongeacht of er afzonderlijke overeenkomsten worden gesloten met verschillende reisdienstverleners, worden:
1°. afgenomen bij één verkooppunt en gekozen voordat de reiziger ermee instemt te betalen;
2°. aangeboden, afgenomen of gefactureerd voor een gezamenlijke prijs of een totaalprijs;
3°. aangeprezen of afgenomen onder de term «pakketreis» of een vergelijkbare term;
4°. gecombineerd nadat er een overeenkomst is gesloten waarbij de handelaar de reiziger laat kiezen uit een selectie van verschillende soorten reisdiensten; of
5°. afgenomen van verschillende handelaren via onderling verbonden online boekingsprocedures, waarbij de naam, de betalingsgegevens en het e-mailadres van de reiziger worden verstrekt door de handelaar met wie de eerste overeenkomst wordt gesloten aan een andere handelaar of handelaren en er met de laatstgenoemde handelaar of handelaren een overeenkomst wordt gesloten uiterlijk 24 uur na de bevestiging van de boeking van de eerste reisdienst;
tenzij niet meer dan één soort reisdienst als bedoeld in onderdeel a, onder i), ii) of iii) wordt gecombineerd met één of meer andere toeristische diensten als bedoeld in onderdeel a, onder iv) die:
– geen aanzienlijk deel van de waarde van de combinatie vormen, niet als een essentieel kenmerk van de combinatie worden aangeprezen of anderszins geen essentieel kenmerk van de combinatie vertegenwoordigen; of
– pas worden gekozen en afgenomen nadat de nakoming van een reisdienst is begonnen;
c. *pakketreisovereenkomst:* overeenkomst inzake de gehele pakketreis of, indien de pakketreis uit hoofde van afzonderlijke overeenkomsten wordt geleverd, alle overeenkomsten die betrekking hebben op de reisdiensten die deel uitmaken van de pakketreis;
d. *begin van de pakketreis:* begin van de uitvoering van de reisdiensten waarop de pakketreisovereenkomst betrekking heeft;
e. *gekoppeld reisarrangement:* ten minste twee verschillende soorten reisdiensten die voor dezelfde reis of vakantie worden afgenomen, die geen pakketreis vormen en waarvoor afzonderlijke overeenkomsten worden gesloten met verschillende reisdienstverleners, waarbij een handelaar:
i) tijdens één bezoek aan of contactmoment met het eigen verkooppunt het apart selecteren en apart betalen van elke reisdienst door de reiziger faciliteert; of
ii) op gerichte wijze de afneming van ten minste één aanvullende reisdienst bij een andere handelaar faciliteert waarbij uiterlijk 24 uur na de bevestiging van de boeking van de eerste reisdienst een overeenkomst met die andere handelaar wordt gesloten;

tenzij niet meer dan één soort reisdienst als bedoeld in onderdeel a, onder i), ii) of iii) en één of meer andere toeristische diensten als bedoeld in onderdeel a, onder iv) worden afgenomen en de laatstgenoemde diensten geen aanzienlijk deel van de gecombineerde waarde van de diensten vormen en niet als een essentieel kenmerk van de reis of vakantie worden aangeprezen en anderszins geen essentieel kenmerk van de reis of vakantie vertegenwoordigen;

f. reiziger: iedere persoon die op basis van deze titel een overeenkomst wil sluiten of die op grond van een overeenkomst op basis van deze titel recht heeft om te reizen;

g. handelaar: iedere natuurlijke persoon of iedere rechtspersoon die met betrekking tot onder deze titel vallende overeenkomsten handelt, mede via een andere persoon die namens hem of voor zijn rekening optreedt, in het kader van zijn handels-, bedrijfs-, ambachts- of beroepsactiviteit, ongeacht of hij optreedt als organisator, doorverkoper, handelaar die een gekoppeld reisarrangement faciliteert of reisdienstverlener;

h. organisator: handelaar die pakketreizen samenstelt en deze rechtstreeks dan wel via of samen met een andere handelaar aanbiedt, of de handelaar die de gegevens van de reiziger aan een andere handelaar verstrekt overeenkomstig hetgeen is bepaald in onderdeel b, onder ii), 5°;

i. doorverkoper: handelaar, anders dan de organisator, die pakketreizen aanbiedt die door de organisator zijn samengesteld;

j. vestiging: daadwerkelijke uitoefening van een economische activiteit als bedoeld in artikel 43 van het Verdrag tot oprichting van de Europese Gemeenschap, door een dienstverrichter voor onbepaalde tijd en vanuit een duurzame infrastructuur, van waaruit daadwerkelijk diensten worden verricht;

k. duurzame gegevensdrager: ieder hulpmiddel dat de reiziger of de handelaar in staat stelt om persoonlijk aan hem gerichte informatie op te slaan op een wijze die deze informatie toegankelijk maakt voor toekomstig gebruik gedurende een periode die is aangepast aan het doel waarvoor de informatie is bestemd, en die een ongewijzigde weergave van de opgeslagen informatie mogelijk maakt;

l. onvermijdbare en buitengewone omstandigheden: situatie die zich voordoet onafhankelijk van de wil van de partij die zich daarop beroept en waarvan de gevolgen ondanks alle redelijke voorzorgsmaatregelen niet te vermijden waren;

m. non-conformiteit: het niet of niet goed uitvoeren van de reisdiensten die deel uitmaken van een pakketreis;

n. minderjarige: persoon die jonger is dan achttien jaar;

o. verkooppunt: ruimte voor detailhandel, verplaatsbaar of niet, of een retailwebsite of soortgelijk online verkoopplatform, daaronder begrepen retailwebsites of online verkoopplatforms die als één platform aan reizigers worden aangeboden, met inbegrip van een telefoondienst;

p. repatriëring: terugbrengen van de reiziger naar de plaats van vertrek of naar een andere door de partijen die de overeenkomst sluiten afgesproken plaats;

q. richtlijn (EU) 2015/2302: richtlijn (EU) 2015/2302 van het Europees Parlement en de Raad van 25 november 2015 betreffende pakketreizen en gekoppelde reisarrangementen, houdende wijziging van Verordening (EG) nr. 2006/2004 en van Richtlijn 2011/83/EU van het Europees Parlement en de Raad, en tot intrekking van Richtlijn 90/314/EEG van de Raad (PbEU, L 326).

Art. 501

Pakketreizen en gekoppelde reisarrangementen

1. Deze titel is van toepassing op pakketreizen en gekoppelde reisarrangementen.

2. Deze titel is niet van toepassing op:
a) pakketreizen en gekoppelde reisarrangementen die een periode van minder dan 24 uur beslaan, tenzij zij een overnachting omvatten;
b) pakketreizen en gekoppelde reisarrangementen die incidenteel, zonder winstoogmerk en uitsluitend aan een beperkte groep reizigers worden aangeboden of gefaciliteerd;
c) pakketreizen en gekoppelde reisarrangementen die worden afgenomen op basis van een algemene overeenkomst voor zakenreizen tussen een handelaar en een natuurlijke persoon of rechtspersoon die handelt in het kader van zijn handels-, bedrijfs-, ambachts- of beroepsactiviteit.

Afdeling 2
Informatieverplichtingen en inhoud van de pakketreisovereenkomst

Art. 502

Reisinformatie door reisorganisator

1. De organisator en, indien de pakketreis wordt afgenomen via een doorverkoper, ook de doorverkoper, verstrekt de reiziger, voordat deze is gebonden door een pakketreisovereenkomst of een daarmee overeenstemmend aanbod, standaardinformatie door middel van het formulier als bedoeld in bijlage I, deel A of deel B van de richtlijn (EU) 2015/2302 en, voor zover deze van toepassing is op de pakketreis, daarnaast de volgende informatie:
a) de voornaamste kenmerken van de reisdiensten:
1°. de reisbestemming(en), de route en de verblijfsperioden, met de data en indien overnachting is inbegrepen, het aantal nachten;

art. 7:503

2°. de vervoermiddelen, met opgave van kenmerken en categorieën, de plaatsen, data en tijdstippen van vertrek en terugkeer, de duur en plaats van tussenstops en de aansluitingen. Indien het exacte tijdstip nog niet vaststaat, deelt de organisator en, indien van toepassing, de doorverkoper de reiziger het tijdstip van vertrek en terugkeer bij benadering mee;
3°. de ligging, de voornaamste kenmerken en, in voorkomend geval, de toeristische categorie van de accommodatie volgens de regels van het land van bestemming;
4°. de maaltijden en de verstrekking daarvan;
5°. bezoeken, excursies of andere diensten die zijn begrepen in de voor de pakketreis overeengekomen totaalprijs;
6°. als dit niet duidelijk uit de context blijkt, uitsluitsel of de reisdiensten worden verleend aan de reiziger als lid van een groep, en indien dit het geval is, voor zover mogelijk, de omvang van de groep bij benadering;
7°. als het belang van andere toeristische diensten voor de reiziger afhankelijk is van doeltreffende mondelinge communicatie, de taal waarin die diensten worden verricht;
8°. uitsluitsel of de reis of de vakantie in het algemeen geschikt is voor personen met beperkte mobiliteit en, op verzoek van de reiziger, tevens nauwkeurige informatie over de vraag of de reis of vakantie gelet op de behoeften van de reiziger geschikt is;
b) de handelsnaam en het geografische adres van de organisator en, indien van toepassing, van de doorverkoper, alsmede hun telefoonnummer en, in voorkomend geval, hun e-mailadres;
c) de totaalprijs van de pakketreis, inclusief belastingen en, indien van toepassing, alle bijkomende vergoedingen, toeslagen en andere kosten, of, indien deze redelijkerwijs niet kunnen worden berekend voordat de overeenkomst wordt gesloten, opgave van de soort bijkomende kosten die alsnog voor rekening van de reiziger kunnen zijn;
d) de betalingsregelingen, met inbegrip van het bedrag of het als aanbetaling te betalen percentage van de prijs en het tijdstip voor de betaling van het saldo van de reissom, of financiële garanties die de reiziger moet betalen of leveren;
e) het minimumaantal personen dat nodig is om de pakketreis te laten plaatsvinden en de in artikel 509, lid 5, onderdeel a, bedoelde termijn waarbinnen de overeenkomst vóór het begin van de pakketreis kan worden beëindigd als dat aantal niet is bereikt;
f) algemene informatie betreffende paspoort- en visumverplichtingen in het land van bestemming, waaronder de bij benadering benodigde termijn voor het verkrijgen van een visum en informatie over de daar geldende formaliteiten op gezondheidsgebied;
g) de mededeling dat de reiziger de overeenkomst vóór het begin van de pakketreis te allen tijde kan beëindigen tegen betaling van een redelijke beëindigingsvergoeding of, indien toepasselijk, van de gestandaardiseerde beëindigingsvergoedingen die door de organisator worden verlangd, in overeenstemming met artikel 509, lid 1 en 2;
h) informatie over een facultatieve of verplichte verzekering die de kosten bij beëindiging van de overeenkomst door de reiziger of de kosten van bijstand, met inbegrip van repatriëring, bij ongeval, ziekte of overlijden dekt.
2. Voor pakketreisovereenkomsten die per telefoon worden gesloten, verstrekt de organisator en, indien van toepassing, de doorverkoper, de reiziger standaardinformatie als bedoeld in bijlage I, deel B van de richtlijn (EU) 2015/2302, en de informatie als bedoeld in de onderdelen a tot en met h van lid 1.
3. Met betrekking tot pakketreizen als bedoeld in artikel 500, onderdeel b, onder ii), 5°, zorgen de organisator en de handelaar aan wie de gegevens worden verstrekt, ervoor dat ieder van hen de reiziger, voordat hij is gebonden door een overeenkomst of een daarmee overeenstemmend aanbod, de informatie bedoeld in de onderdelen a tot en met h van lid 1 verstrekt, voor zover dat relevant is voor de reisdiensten die zij aanbieden. De organisator verstrekt tegelijkertijd standaardinformatie door middel van het formulier in bijlage I, deel C van de richtlijn (EU) 2015/2302.
4. De in lid 1, 2 en 3 bedoelde informatie wordt op een duidelijke, begrijpelijke en in het oog springende manier verstrekt. Schriftelijke informatie wordt in een leesbare vorm verstrekt.

Art. 503
1. De informatie die op grond van artikel 502, lid 1, onderdelen a, c, d, e en g aan de reiziger wordt verstrekt is onderdeel van de pakketreisovereenkomst en wordt niet gewijzigd, tenzij de partijen bij de overeenkomst uitdrukkelijk anders overeenkomen. De organisator, en, indien van toepassing, de doorverkoper, deelt de reiziger alle wijzigingen in de precontractuele informatie op duidelijke, begrijpelijke en in het oog springende wijze mee voordat de pakketreisovereenkomst wordt gesloten.
2. Indien de organisator, en, indien van toepassing, de doorverkoper, de vereisten inzake informatie over bijkomende vergoedingen, toeslagen of andere kosten als bedoeld in artikel 502, lid 1, onderdeel c, niet heeft nageleefd voordat de pakketreisovereenkomst wordt gesloten, zijn deze vergoedingen, toeslagen of andere kosten niet voor rekening van de reiziger.

Voorwaarden wijzigen reisinformatie door reisorganisator

Art. 504

Bevestiging reisinformatie door reisorganisator

1. De pakketreisovereenkomst is in heldere en begrijpelijke taal opgesteld en, voor zover zij schriftelijk wordt vastgelegd, leesbaar. Bij het sluiten van de pakketreisovereenkomst of onverwijld daarna, verstrekt de organisator of de doorverkoper de reiziger een kopie of een bevestiging van de overeenkomst op een duurzame gegevensdrager. Als de pakketreisovereenkomst in de gelijktijdige fysieke aanwezigheid van partijen is gesloten, heeft de reiziger recht op een papieren kopie.

2. In afwijking van lid 1 verstrekt de organisator bij buiten verkoopruimten gesloten overeenkomsten in de zin van artikel 230g, lid 1, onderdeel f van Boek 6, een kopie of bevestiging van de pakketreisovereenkomst aan de reiziger op papier of, als de reiziger hiermee instemt, op een andere duurzame gegevensdrager.

3. De pakketreisovereenkomst of bevestiging ervan bevat de volledige inhoud van de overeenkomst, met inbegrip van alle in artikel 502, lid 1, onderdeel a tot en met h, bedoelde informatie, alsmede de volgende informatie:
   a) bijzondere wensen van de reiziger waarop de organisator is ingegaan;
   b) het feit dat de organisator:
   1°. aansprakelijk is voor de goede uitvoering van alle onder de overeenkomst vallende reisdiensten, in overeenstemming met artikel 510;
   2°. verplicht is bijstand te bieden wanneer de reiziger in moeilijkheden verkeert, in overeenstemming met artikel 513;
   c) de naam en de contactgegevens, met inbegrip van het geografische adres, van de instantie die instaat voor de bescherming bij insolventie;
   d) de naam, het adres, het telefoonnummer, het e-mailadres en, in voorkomend geval, het faxnummer van de lokale vertegenwoordiger van de organisator, van een contactpunt of van een andere dienst;
   e) de mededeling dat de reiziger overeenkomstig artikel 510, lid 2, verplicht is eventuele tijdens de uitvoering van de pakketreis geconstateerde non-conformiteit te melden;
   f) indien minderjarigen die niet door een ouder of een andere gemachtigde persoon vergezeld worden, op basis van een pakketreisovereenkomst reizen waarin accommodatie is begrepen, informatie op basis waarvan rechtstreeks contact kan worden opgenomen met de minderjarige of met de persoon die op de verblijfplaats van de minderjarige voor de minderjarige verantwoordelijk is;
   g) informatie over beschikbare interne procedures voor klachtenafhandeling en over alternatieve geschillenbeslechtingsmechanismen overeenkomstig de Implementatiewet buitengerechtelijke geschillenbeslechting consumenten en in voorkomend geval, over de alternatieve geschillenbeslechtingsinstantie waaronder de handelaar valt en over het platform voor onlinegeschillenbeslechting overeenkomstig Verordening (EU) nr. 524/2013 van het Europees Parlement en de Raad van 21 mei 2013 betreffende onlinebeslechting van consumentengeschillen en tot wijziging van Verordening (EG) nr. 2006/2004 en Richtlijn 2009/22/EG (PbEU, L 165);
   h) informatie over het recht van de reiziger om zijn overeenkomst overeenkomstig artikel 506 aan een andere reiziger over te dragen.

4. Met betrekking tot pakketreizen als bedoeld in artikel 500, onderdeel b, onder ii), 5°, informeert de handelaar aan wie de gegevens worden toegezonden, de organisator over de sluiting van de overeenkomst die tot de totstandbrenging van een pakketreis leidt. De handelaar verschaft de organisator de informatie die nodig is om aan zijn verplichtingen als organisator te voldoen. Zodra de organisator ervan in kennis is gesteld dat een pakketreis tot stand is gebracht, verstrekt de organisator aan de reiziger de in lid 3, onderdelen a tot en met h bedoelde informatie op een duurzame gegevensdrager.

5. De in lid 3 en 4 bedoelde informatie wordt op een duidelijke, begrijpelijke en in het oog springende manier verstrekt.

6. Tijdig voor het begin van de pakketreis verstrekt de organisator de reiziger de nodige ontvangstbewijzen, vouchers en vervoerbewijzen, informatie over de geplande vertrektijden en, in voorkomend geval, over de uiterste tijd om in te checken, en de geplande tijden van tussenstops, aansluitingen en aankomst.

Art. 505

Bewijslast naleving informatievoorschriften

Op de handelaar rust de bewijslast voor de naleving van de in de artikelen 502, 503 en 504 neergelegde informatievoorschriften.

Afdeling 3
Wijziging van de pakketreisovereenkomst vóór het begin van de pakketreis

Art. 506

Contractovername

1. Reizigers kunnen de rechtsverhouding tot de organisator die voortvloeit uit de pakketreisovereenkomst overdragen aan een persoon die voldoet aan alle voorwaarden die voor die overeenkomst gelden, mits zij de organisator binnen een redelijke termijn vóór het begin van

de pakketreis via een duurzame gegevensdrager op de hoogte stellen. Van een redelijke termijn is in ieder geval sprake als de organisator uiterlijk zeven dagen vóór het begin van de pakketreis op de hoogte wordt gesteld.
2. Degene die de pakketreisovereenkomst overdraagt, en degene die de overeenkomst overneemt, zijn gezamenlijk en hoofdelijk aansprakelijk voor de betaling van het nog verschuldigde bedrag en voor eventuele bijkomende vergoedingen, toeslagen en andere kosten die voortvloeien uit de overdracht. De organisator stelt degene die de overeenkomst overdraagt in kennis van de werkelijke kosten van de overdracht. Deze kosten mogen niet onredelijk zijn en niet meer bedragen dan de werkelijke kosten die voor de organisator voortvloeien uit de overdracht.
3. De organisator voorziet degene die de pakketreisovereenkomst overdraagt van bewijsstukken van de bijkomende vergoedingen, toeslagen en andere kosten die uit de overdracht voortvloeien.

Art. 507
1. De prijzen kunnen na de sluiting van de pakketreisovereenkomst alleen worden verhoogd indien de overeenkomst daar uitdrukkelijk in voorziet, aangeeft hoe de prijsherzieningen moeten worden berekend en vermeldt dat de reiziger op grond van lid 5 recht heeft op een prijsverlaging.

Prijsverhoging en prijsverlaging pakketreis

2. Prijsverhogingen zijn alleen toegestaan als rechtstreeks gevolg van veranderingen in:
a) de prijs van personenvervoer die is toe te schrijven aan de toegenomen kostprijs van brandstof of van andere energiebronnen;
b) de hoogte van belastingen of vergoedingen over de in de overeenkomst begrepen reisdiensten, die worden geheven door niet direct bij de uitvoering van de pakketreis betrokken derden, met inbegrip van toeristenbelastingen, landingsrechten en vertrek- of aankomstbelasting in havens en op vliegvelden; of
c) de wisselkoersen die voor de pakketreis van belang zijn.
3. Indien de in lid 1 en 2 bedoelde prijsverhoging meer dan 8% van de prijs van de pakketreis bedraagt, is artikel 508, lid 2 tot en met 5, van toepassing.
4. Ongeacht de omvang ervan is een prijsverhoging alleen mogelijk indien de organisator de reiziger daarvan uiterlijk twintig dagen vóór het begin van de pakketreis via een duurzame gegevensdrager en op een duidelijke en begrijpelijke manier in kennis stelt, met opgave van de redenen voor die prijsverhoging en een berekening.
5. Indien de pakketreisovereenkomst voorziet in de mogelijkheid van prijsverhogingen, heeft de reiziger recht op een prijsverlaging die overeenstemt met elke daling van de in lid 2, onderdelen a, b en c, bedoelde kosten die zich na de sluiting van de overeenkomst en vóór het begin van de pakketreis voordoet.
6. In geval van een prijsverlaging heeft de organisator het recht de werkelijk gemaakte administratieve kosten af te trekken van de aan de reiziger verschuldigde terugbetaling. De organisator bewijst die administratieve kosten op verzoek van de reiziger.

Art. 508
1. De organisator kan de bedingen van de pakketreisovereenkomst, met uitzondering van prijswijzigingen overeenkomstig artikel 507, vóór het begin van de pakketreis niet eenzijdig wijzigen, tenzij:

Voorwaarden wijzigen pakketreisovereenkomst

a) de organisator zich dit recht in de overeenkomst heeft voorbehouden;
b) het om een onbeduidende wijziging gaat, en
c) de organisator de reiziger daarvan op een duidelijke, begrijpelijke en in het oog springende manier via een duurzame gegevensdrager in kennis stelt.
2. Als de organisator zich genoodzaakt ziet vóór het begin van de pakketreis een van de voornaamste kenmerken van de reisdiensten in de zin van artikel 502, lid 1, onderdeel a, ingrijpend te wijzigen of niet aan de bijzondere wensen in de zin van artikel 504, lid 3, onderdeel a, tegemoet kan komen, of voorstelt de prijs van de pakketreis met meer dan 8% te verhogen overeenkomstig artikel 507, lid 3, kan de reiziger binnen een door de organisator bepaalde redelijke termijn:
a) de voorgestelde wijziging aanvaarden; of
b) de overeenkomst beëindigen zonder betaling van een beëindigingsvergoeding.
3. De organisator stelt de reiziger op een duidelijke, begrijpelijke en in het oog springende manier via een duurzame gegevensdrager onverwijld in kennis van:
a) de in lid 2 voorgestelde wijzigingen en, in voorkomend geval in overeenstemming met lid 4, van het effect ervan op de prijs van de pakketreis;
b) een redelijke termijn waarbinnen de reiziger de organisator in kennis moet stellen van zijn besluit uit hoofde van lid 2;
c) de gevolgen van het feit dat de reiziger niet binnen de in onderdeel b bedoelde termijn heeft kunnen antwoorden;
d) in voorkomend geval, de aangeboden vervangende pakketreis en de prijs ervan.
4. Wanneer de in lid 2 bedoelde wijzigingen van de pakketreisovereenkomst of de in lid 3, onderdeel d, bedoelde vervangende pakketreis tot gevolg hebben dat de kwaliteit of de kosten van de pakketreis verminderen, heeft de reiziger recht op een passende prijsverlaging.

5. Indien de pakketreisovereenkomst op grond van lid 2, onderdeel b, wordt beëindigd en de reiziger geen vervangende pakketreis aanvaardt, betaalt de organisator alle door of namens de reiziger betaalde bedragen onverwijld en in elk geval uiterlijk veertien dagen nadat de overeenkomst is beëindigd, aan de reiziger terug. Artikel 511, lid 2 tot en met 9, is van overeenkomstige toepassing.

Art. 509

Beëindiging pakketreisovereenkomst

1. De reiziger kan de pakketreisovereenkomst te allen tijde beëindigen vóór het begin van de pakketreis. De reiziger kan bij beëindiging van de pakketreisovereenkomst worden verplicht tot betaling van een passende en gerechtvaardigde beëindigingsvergoeding aan de organisator.
2. In de pakketreisovereenkomst kunnen redelijke gestandaardiseerde beëindigingsvergoedingen worden bepaald op basis van het tijdstip van de beëindiging vóór het begin van de pakketreis en de verwachte kostenbesparingen en inkomsten uit alternatief gebruik van de reisdiensten. Als er geen gestandaardiseerde beëindigingsvergoedingen zijn vastgesteld, stemt het bedrag van de beëindigingsvergoeding overeen met de prijs van de pakketreis minus de kostenbesparingen en inkomsten uit alternatief gebruik van de reisdiensten. Indien de reiziger hierom verzoekt, verstrekt de organisator een verantwoording van het bedrag van de beëindigingsvergoedingen.
3. Onverminderd lid 1 en lid 2 heeft de reiziger, indien zich op de plaats van bestemming of in de onmiddellijke omgeving daarvan onvermijdbare en buitengewone omstandigheden voordoen die aanzienlijke gevolgen hebben voor de uitvoering van de pakketreis of voor het personenvervoer naar de bestemming, het recht de pakketreisovereenkomst vóór het begin van de pakketreis zonder betaling van een beëindigingsvergoeding te beëindigen.
4. In geval van beëindiging van de pakketreisovereenkomst op grond van lid 3 heeft de reiziger recht op een volledige terugbetaling van alle voor de pakketreis betaalde bedragen, maar kan hij geen aanspraak maken op een schadevergoeding.
5. De organisator kan de pakketreisovereenkomst beëindigen en de reiziger alle voor de pakketreis betaalde bedragen volledig terugbetalen zonder een schadevergoeding verschuldigd te zijn, indien:
a) het aantal personen dat zich voor de pakketreis heeft ingeschreven kleiner is dan het in de overeenkomst vermelde minimumaantal en de reiziger door de organisator van de beëindiging van de overeenkomst in kennis wordt gesteld binnen de in de overeenkomst bepaalde termijn, maar uiterlijk:
1°. twintig dagen vóór het begin van de pakketreis bij reizen van meer dan zes dagen;
2°. zeven dagen vóór het begin van de pakketreis bij reizen van twee tot zes dagen;
3°. achtenveertig uur voor het begin van de pakketreis bij reizen die minder dan twee dagen duren; of
b) de organisator de overeenkomst niet kan uitvoeren als gevolg van onvermijdbare en buitengewone omstandigheden en hij de reiziger er onverwijld en vóór het begin van de pakketreis van in kennis stelt dat de overeenkomst wordt beëindigd.
6. De organisator verricht alle terugbetalingen die op grond van lid 3, 4 en 5 zijn vereist, of betaalt met betrekking tot lid 1 en 2 alle bedragen terug die door of namens de reiziger voor de pakketreis zijn betaald, minus een passende beëindigingsvergoeding.
7. De terugbetalingen worden onverwijld aan de reiziger gedaan en in elk geval uiterlijk binnen veertien dagen na de beëindiging van de pakketreisovereenkomst.

Afdeling 4
Uitvoering van de pakketreis

Art. 510

Verantwoordelijkheid voor uitvoering reisdiensten

1. De organisator is verantwoordelijk voor de uitvoering van de reisdiensten waarop de pakketreisovereenkomst betrekking heeft, ongeacht of deze diensten door de organisator of door andere dienstverleners worden verricht.
2. De reiziger stelt de organisator onverwijld, rekening houdend met de omstandigheden van het geval, in kennis van een non-conformiteit die hij heeft geconstateerd tijdens de uitvoering van een in de pakketreisovereenkomst opgenomen reisdienst.
3. Indien een of meer reisdiensten niet conform de pakketreisovereenkomst worden uitgevoerd, zorgt de organisator dat de non-conformiteit wordt verholpen, tenzij dat:
a) onmogelijk is; of
b) onevenredig hoge kosten met zich brengt, rekening houdend met de mate van non-conformiteit en de waarde van de betreffende reisdiensten.
4. Indien de organisator de non-conformiteit niet verhelpt met een beroep op lid 3, onderdeel a of b, is artikel 511 van toepassing.
5. Onverminderd de uitzonderingen in lid 3, heeft de reiziger, indien de organisator de non-conformiteit niet binnen een door de reiziger bepaalde redelijke termijn verhelpt, de mogelijkheid dit zelf te doen en om terugbetaling van de nodige uitgaven te verzoeken. Als de organisator

weigert de non-conformiteit te verhelpen of indien deze onmiddellijk moet worden verholpen, hoeft de reiziger geen termijn te bepalen.
6. Indien een aanzienlijk deel van de diensten, daaronder begrepen de terugkeer van de reiziger naar de plaats van vertrek, niet kan worden verricht zoals overeengekomen in de pakketreisovereenkomst, biedt de organisator, zonder bijkomende kosten voor de reiziger, met het oog op de voortzetting van de pakketreis geschikte alternatieve arrangementen aan van, indien mogelijk, gelijkwaardige of hogere kwaliteit dan die welke in de overeenkomst is bepaald. Indien de voorgestelde alternatieve arrangementen leiden tot een pakketreis van lagere kwaliteit dan in de pakketreisovereenkomst is bepaald, geeft de organisator de reiziger een passende prijsverlaging.
7. De reiziger kan de voorgestelde alternatieve arrangementen als bedoeld in het vorige lid slechts afwijzen indien zij niet vergelijkbaar zijn met hetgeen in de pakketreisovereenkomst is afgesproken, of indien de toegekende prijsverlaging ontoereikend is.
8. Indien de non-conformiteit aanzienlijke gevolgen heeft voor de uitvoering van de pakketreis en de organisator deze niet binnen een door de reiziger bepaalde redelijke termijn heeft verholpen, kan de reiziger de pakketreisovereenkomst zonder betaling van een beëindigingsvergoeding beëindigen en, in voorkomend geval, overeenkomstig artikel 511 om prijsverlaging en een schadevergoeding verzoeken. Indien er geen alternatieve arrangementen kunnen worden aangeboden of de reiziger deze overeenkomstig lid 7 afwijst, heeft de reiziger, in voorkomend geval, overeenkomstig artikel 511 recht op prijsverlaging of schadevergoeding ook zonder beëindiging van de pakketreisovereenkomst. Indien de pakketreis personenvervoer omvat, voorziet de organisator in de hier bedoelde gevallen ook in onverwijlde repatriëring van de reiziger met gelijkwaardig vervoer en zonder bijkomende kosten voor de reiziger.
9. Indien er, als gevolg van onvermijdbare en buitengewone omstandigheden, niet kan worden gezorgd voor de terugkeer van de reiziger zoals afgesproken in de pakketreisovereenkomst, zijn de kosten van de nodige accommodatie, indien mogelijk van een gelijkwaardige categorie, voor ten hoogste drie overnachtingen per reiziger, voor rekening van de organisator.
10. Onverminderd het vorige lid zijn de termijnen uit de toepasselijke wetgeving van de Europese Unie inzake passagiersrechten voor het desbetreffende vervoersmiddel voor de terugkeer van de reiziger van toepassing indien deze in langere termijnen voorzien.
11. De in lid 9 beschreven beperking van de kosten is niet van toepassing op personen met beperkte mobiliteit in de zin van artikel 2, onderdeel a, van Verordening (EG), nr. 1107/2006 van het Europees Parlement en de Raad van 5 juli 2006 inzake de rechten van gehandicapten en personen met beperkte mobiliteit die per luchtvervoer reizen (PbEU, L 204), noch op personen die hen begeleiden, zwangere vrouwen, alleenreizende minderjarigen en personen die specifieke medische bijstand behoeven, mits de organisator ten minste achtenveertig uur voor het begin van de pakketreis in kennis is gesteld van hun bijzondere behoeften.

Art. 511

1. De reiziger heeft recht op een passende prijsverlaging voor iedere periode waarin er sprake was van non-conformiteit, tenzij de organisator bewijst dat de non-conformiteit aan de reiziger is toe te rekenen.
2. De reiziger heeft recht op passende schadevergoeding van de organisator voor alle schade die de reiziger oploopt als gevolg van non-conformiteit, tenzij de organisator aantoont dat de non-conformiteit is te wijten aan:
a. de reiziger;
b. een derde die niet bij de uitvoering van de in de pakketreisovereenkomst begrepen reisdiensten is betrokken en de non-conformiteit niet kon worden voorzien of voorkomen; of
c. onvermijdbare en buitengewone omstandigheden.
3. De schadevergoeding wordt onverwijld uitbetaald.
4. Indien een internationaal verdrag waarbij de Europese Unie partij is, grenzen stelt aan de voorwaarden waaronder dienstverleners die reisdiensten verlenen die deel uit maken van een pakketreis, schadevergoeding moeten betalen, of aan de hoogte van die schadevergoeding, gelden die grenzen ook voor de organisator. Indien een internationaal verdrag waarbij de Europese Unie geen partij is maar Nederland wel, grenzen stelt aan schadevergoedingen die door een dienstverlener moeten worden betaald, gelden deze grenzen ook voor de schadevergoeding die door de organisator moet worden betaald.
5. Onverminderd lid 4 kan de organisator zijn aansprakelijkheid voor schade niet uitsluiten of beperken indien de schade:
a) bestaat uit persoonlijk letsel van de reiziger; of
b) is veroorzaakt door opzettelijk dan wel nalatig handelen van de organisator.
6. Voor andere dan de in lid 5 genoemde schade kan de organisator zijn aansprakelijkheid beperken tot ten minste driemaal de reissom.
7. De verjaringstermijn voor het indienen van een vordering tot schadevergoeding is twee jaar.

Prijsverlaging bij schade als gevolg van non-conformiteit

8. Elk recht op schadevergoeding of prijsverlaging uit hoofde van deze titel laat onverlet de rechten van reizigers uit hoofde van Verordening (EG) nr. 261/2004 van het Europees Parlement en de Raad van 11 februari 2004 tot vaststelling van gemeenschappelijke regels inzake compensatie en bijstand aan luchtreizigers bij instapweigering en annulering of langdurige vertraging van vluchten en tot intrekking van Verordening (EEG) 295/91 (PbEU, L 46), Verordening (EG) nr. 1371/2007 van het Europees Parlement en de Raad van 23 oktober 2007 betreffende de rechten en verplichtingen van reizigers in het treinverkeer (PbEU, L 315), Verordening (EG) nr. 392/2009 van het Europees Parlement en de Raad van 24 november 2009 betreffende de aansprakelijkheid van vervoerders van passagiers over zee bij ongevallen (PbEU, L 131), Verordening (EU) nr. 1177/2010 van het Europees Parlement en de Raad van 24 november 2010 betreffende de rechten van passagiers die over zee of binnenwateren reizen en houdende wijziging van Verordening (EG) nr. 2006/2004 (PbEU L 34) en Verordening (EU) nr. 181/2011 van het Europees Parlement en de Raad van 16 februari 2011 betreffende de rechten van autobus- en touringcarpassagiers en tot wijziging van Verordening (EG) nr. 2006/2004 (PbEU, L 55), en internationale verdragen.

9. De schadevergoeding of prijsverlaging uit hoofde van deze titel en de uit hoofde van de in het vorige lid bedoelde verordeningen en internationale verdragen toegekende compensatie of prijsverlaging worden met elkaar verrekend.

Art. 512

Berichten, verzoeken en klachten over uitvoering pakketreis

1. De reiziger kan berichten, verzoeken of klachten in verband met de uitvoering van de pakketreis rechtstreeks richten tot de doorverkoper bij wie hij de reis heeft afgenomen. De doorverkoper geeft deze berichten, verzoeken of klachten onverwijld aan de organisator door.
2. Om te beoordelen of de in lid 1 bedoelde berichten, verzoeken of klachten binnen de gestelde termijn of de verjaringstermijn zijn ingediend, wordt de inontvangstneming door de doorverkoper beschouwd als inontvangstneming door de organisator.
3. Ingeval de organisator buiten de Europese Economische Ruimte is gevestigd, gelden voor de doorverkoper die in een Europese lidstaat is gevestigd de verplichtingen voor organisatoren die zijn vastgelegd in de artikelen 510 tot en met 513a, tenzij de doorverkoper bewijst dat de organisator aan deze artikelen voldoet.

Art. 513

Verplichting reisorganisator onverwijld hulp en bijstand te verlenen

1. De organisator is verplicht de reiziger onverwijld hulp en bijstand te verlenen indien de reiziger in moeilijkheden verkeert, daaronder begrepen de in artikel 510, lid 9, bedoelde omstandigheden, in het bijzonder door:
   a) goede informatie te verstrekken over medische diensten, plaatselijke autoriteiten en consulaire bijstand;
   b) de reiziger te helpen bij het gebruik van communicatie op afstand en bij het vinden van alternatieve reisarrangementen.
2. Indien de moeilijkheden het gevolg zijn van opzet of nalatigheid van de reiziger kan de organisator voor de verleende hulp en bijstand een redelijke vergoeding vragen. Die vergoeding bedraagt in geen geval meer dan de werkelijke kosten voor de organisator.

Afdeling 5
Bescherming bij insolventie

Art. 513a

Bescherming bij insolventie reisorganisator

1. De organisator neemt de maatregelen die nodig zijn om te verzekeren dat, wanneer hij wegens financieel onvermogen zijn verplichtingen jegens de reiziger niet of niet verder kan nakomen, wordt zorggedragen hetzij voor overneming van zijn verplichtingen door een ander hetzij voor terugbetaling van de reissom of, indien de reisdiensten reeds ten dele zijn genoten, een evenredig deel daarvan. Indien de pakketreisovereenkomst personenvervoer omvat, voorzien de maatregelen in de repatriëring van de reiziger.
2. De in lid 1 bedoelde maatregelen dekken in ieder geval:
   a) redelijkerwijs voorzienbare kosten;
   b) de in verband met de pakketreis door of namens reizigers betaalde bedragen, rekening houdend met de duur van de periode tussen de aanbetaling en de definitieve betaling en de volledige uitvoering van de pakketreis;
   c) de geraamde kosten voor repatriëring in geval van financieel onvermogen van de organisator.
3. Indien de reiziger reeds op de plaats van bestemming is aangekomen en de uitvoering van de pakketreis wordt beïnvloed door financieel onvermogen van de organisator, heeft de reiziger op grond van de in lid 1 bedoelde maatregelen recht op kosteloze repatriëring en, indien nodig, de financiering van accommodatie in afwachting van de repatriëring.
4. De in de voorgaande leden bedoelde bescherming tegen financieel onvermogen van de organisator komt ten goede aan reizigers ongeacht hun woonplaats, de plaats van vertrek of de plaats van afname van de pakketreis, en ongeacht de lidstaat waar de instantie die instaat voor de bescherming bij insolventie, is gevestigd.

5. Voor niet-uitgevoerde reisdiensten worden terugbetalingen op verzoek van de reiziger onverwijld verricht.
6. De leden 1 tot en met 5 zijn van overeenkomstige toepassing op een organisator die niet in Nederland is gevestigd en pakketreizen aanbiedt in Nederland, of die dergelijke activiteiten op Nederland richt.

Afdeling 6
Gekoppelde reisarrangementen

Art. 513b

1. De handelaar die gekoppelde reisarrangementen faciliteert neemt de maatregelen die nodig zijn om te verzekeren dat, voor zover een reisdienst die deel uitmaakt van een gekoppeld reisarrangement door financieel onvermogen van die handelaar jegens de reiziger niet of niet verder kan worden nagekomen, wordt zorggedragen voor terugbetaling van de reissom die hij ontvangt van de reiziger of, indien de reisdienst reeds ten dele is genoten, een evenredig deel daarvan. Indien de handelaar die gekoppelde reisarrangementen faciliteert voor het personenvervoer verantwoordelijk is, voorzien de maatregelen in de repatriëring van de reiziger. Artikel 513a, lid 2 tot en met 6, is van overeenkomstige toepassing. *(margin: Gekoppelde reisarrangementen)*

2. Alvorens de reiziger wordt gebonden door een overeenkomst die leidt tot de totstandkoming van een gekoppeld reisarrangement of door een daarmee overeenstemmend aanbod, wijst de handelaar die gekoppelde reisarrangementen faciliteert, ook indien hij niet in een Europese lidstaat is gevestigd maar dergelijke activiteiten op Nederland richt, op duidelijke, begrijpelijke en in het oog springende wijze op het volgende:
a) de reiziger kan geen aanspraak maken op de rechten die uitsluitend gelden voor pakketreizen uit hoofde van deze titel en elke dienstverlener is uitsluitend aansprakelijk voor de goede contractuele uitvoering van zijn eigen diensten;
b) de reiziger kan aanspraak maken op bescherming bij insolventie in overeenstemming met lid 1.

3. De handelaar die gekoppelde reisarrangementen faciliteert verstrekt de in lid 2 bedoelde informatie aan de reiziger door middel van het desbetreffende standaardformulier opgenomen in bijlage II van de richtlijn (EU) 2015/2302 of, indien een bepaalde soort gekoppeld reisarrangement niet de in die bijlage vervatte formulieren is terug te vinden, de daarin opgenomen informatie.

4. Indien de handelaar die gekoppelde reisarrangementen faciliteert de voorschriften van lid 1 tot en met 3 niet naleeft, zijn de rechten en verplichtingen als bedoeld in de artikelen 506 en 509 tot en met 513 van toepassing op de reisdiensten die deel uitmaken van het gekoppelde reisarrangement.

5. Indien een gekoppeld reisarrangement het gevolg is van een overeenkomst tussen een reiziger en een handelaar die niet degene is die het gekoppeld reisarrangement faciliteert, stelt die handelaar de handelaar die het gekoppelde reisarrangement faciliteert in kennis van de betrokken overeenkomst.

Afdeling 7
Slotbepalingen

Art. 513c

Tenzij boekingsfouten aan de reiziger zijn te wijten of door onvermijdbare en buitengewone omstandigheden worden veroorzaakt, kan een handelaar zijn aansprakelijkheid niet uitsluiten of beperken: *(margin: Slotbepalingen)*
a) voor schade door fouten vanwege technische mankementen in het boekingssysteem die aan hem zijn te wijten;
b) voor schade door fouten die tijdens het boekingsproces worden gemaakt indien de handelaar ermee heeft ingestemd de boeking van een pakketreis of van reisdiensten die deel uitmaken van een gekoppeld reisarrangement te regelen.

Art. 513d

1. Van het bij deze titel bepaalde kan ten nadele van de reiziger niet worden afgeweken. *(margin: Dwingend recht, titel 7A)*
2. Een verklaring van een organisator van een pakketreis of van een handelaar die een gekoppeld reisarrangement faciliteert, inhoudende dat hij uitsluitend optreedt als reisdienstverlener, als tussenpersoon of in een andere hoedanigheid, of dat een pakketreis of gekoppeld reisarrangement geen pakketreis of gekoppeld reisarrangement is, ontslaat deze organisator of handelaar niet van de verplichtingen die krachtens deze titel op hen rusten.

Titel 7b
Betalingstransactie

Afdeling 1
Algemene bepalingen

Art. 514

Begripsbepalingen

In deze titel en de daarop berustende bepalingen wordt verstaan onder:

a. *authenticeren of authenticatie:* volgen van een procedure die de betaaldienstverlener in staat stelt de identiteit van een betaaldienstgebruiker dan wel de validiteit van het gebruik van een specifiek betaalinstrument te verifiëren, met inbegrip van de persoonlijke beveiligingsgegevens van de betaaldienstgebruiker;

b. *automatische afschrijving:* betaaldienst waarbij de betaalrekening van de betaler wordt gedebiteerd en waarbij de betalingstransactie wordt geïnitieerd door de begunstigde op basis van een door de betaler aan de begunstigde, aan de betaaldienstverlener van de begunstigde of aan de betaaldienstverlener van de betaler verstrekte instemming;

c. *begunstigde:* natuurlijke persoon of rechtspersoon die de beoogde ontvanger is van de geldmiddelen waarop een betalingstransactie betrekking heeft;

d. *betaaldienst:* bedrijfswerkzaamheid als bedoeld in de bijlage bij de richtlijn;

e. *betaaldienstgebruiker:* natuurlijke persoon of rechtspersoon die in de hoedanigheid van betaler, begunstigde of beide van een betaaldienst gebruik maakt;

f. *betaaldienstverlener:* dienstverlener als bedoeld in artikel 1, eerste lid, van de richtlijn en natuurlijk persoon of rechtspersoon waarop een vrijstelling krachtens artikel 2:3d van de Wet op het financieel toezicht van toepassing is;

g. *betaalinstrument:* gepersonaliseerd instrument of gepersonaliseerde instrumenten of het geheel van procedures, overeengekomen tussen betaaldienstgebruiker en betaaldienstverlener, waarvan gebruik wordt gemaakt voor het initiëren van een betaalopdracht;

h. *betaalopdracht:* door een betaler of begunstigde aan zijn betaaldienstverlener gegeven opdracht om een betalingstransactie uit te voeren;

i. *betaalrekening:* op naam van een of meer betaaldienstgebruikers aangehouden rekening die voor de uitvoering van betalingstransacties wordt gebruikt;

j. *betaler:* natuurlijke persoon of rechtspersoon die houder is van een betaalrekening en een betalingstransactie vanaf die betaalrekening toestaat, hetzij bij ontbreken van een betaalrekening, een natuurlijke persoon of rechtspersoon die een betaalopdracht geeft;

k. *betalingstransactie:* door of voor rekening van de betaler of door de betalingsbegunstigde geïnitieerde handeling waarbij geldmiddelen worden gedeponeerd, overgemaakt of opgenomen, ongeacht of er onderliggende verplichtingen tussen de betaler en de betalingsbegunstigde zijn;

l. *consument:* niet in de uitoefening van zijn bedrijf of beroep handelende natuurlijke persoon aan wie een betaaldienstverlener een betaaldienst verleent of aan wie deze voornemens is een betaaldienst te verlenen;

m. *duurzame drager:* hulpmiddel dat het de betaaldienstgebruiker mogelijk maakt de aan hem persoonlijk gerichte informatie op zodanige wijze op te slaan dat deze gedurende een voor het doel van de informatie toereikende periode kan worden geraadpleegd en waarmee de opgeslagen informatie ongewijzigd kan worden gereproduceerd;

ma. *elektronischgeldinstelling:* elektronischgeldinstelling als bedoeld in artikel 1:1 van de Wet op het financieel toezicht;

n. *geldmiddelen:* chartaal geld, giraal geld of elektronisch geld als bedoeld in artikel 1:1 van de Wet op het financieel toezicht;

o. *raamovereenkomst:* overeenkomst die de uitvoering beheerst van afzonderlijke en opeenvolgende betalingstransacties en die de verplichtingen en voorwaarden voor de opening van een betaalrekening kan omvatten;

p. *referentierentevoet:* de rentevoet die als berekeningsgrondslag voor in rekening te brengen interesten wordt gehanteerd, en die afkomstig is van een bron die door het publiek kan worden geraadpleegd en door beide partijen kan worden geverifieerd;

q. *referentiewisselkoers:* wisselkoers die als berekeningsgrondslag wordt gehanteerd bij een valutawissel en die door de betaaldienstverlener beschikbaar gesteld of afkomstig is van een bron die door het publiek kan worden geraadpleegd;

r. *richtlijn:* Richtlijn (EU) 2015/2366 van het Europees Parlement en de Raad van 25 november 2015 betreffende betalingsdiensten in de interne markt, houdende wijziging van de Richtlijnen 2002/65/EG, 2009/110/EG en 2013/36/EU en Verordening (EU) nr. 1093/2010 en houdende intrekking van Richtlijn 2007/64/EG (Pb EU L 337/58);

s. *unieke identificator:* door de betaaldienstverlener aan de betaaldienstgebruiker medegedeelde combinatie van letters, nummers en symbolen, die de betaaldienstgebruiker dient te verstrekken om de andere bij een betalingstransactie betrokken betaaldienstgebruiker of zijn betaalrekening ondubbelzinnig te identificeren;

art. 7:516

t. valutadatum: referentietijdstip dat door een betaaldienstverlener wordt gebruikt voor de berekening van de interesten op de geldmiddelen waarmee een betaalrekening wordt gedebiteerd of gecrediteerd;
u. werkdag: dag waarop de betaaldienstverlener van de betaler of de betaaldienstverlener van de begunstigde die betrokken is bij de uitvoering van een betalingstransactie open is voor de daarvoor vereiste werkzaamheden;
v. betaalinitiatiedienst: een dienst voor het initiëren van een betaalopdracht, op verzoek van de betaaldienstgebruiker, met betrekking tot een betaalrekening die bij een andere betaaldienstverlener wordt aangehouden;
w. rekeninginformatiedienst: een onlinedienst voor het verstrekken van geconsolideerde informatie over een of meer betaalrekeningen die de betaaldienstgebruiker bij een andere betaaldienstverlener of bij meer dan één betaaldienstverlener aanhoudt;
x. rekeninghoudende betaaldienstverlener: een betaaldienstverlener die ten behoeve van een betaler een betaalrekening aanbiedt en beheert;
y. betaalinitiatiedienstverlener: een betaaldienstverlener die de in bijlage I, punt 7, van de richtlijn, bedoelde bedrijfsactiviteiten uitoefent;
z. rekeninginformatiedienstverlener: een betaaldienstverlener die de in bijlage I, punt 8, van de richtlijn, bedoelde bedrijfsactiviteiten uitoefent;
aa. overmaking: een betaaldienst voor het crediteren van de betaalrekening van een begunstigde met een betalingstransactie of een reeks betalingstransacties van een betaalrekening van een betaler door de betaaldienstverlener die de betaalrekening van de betaler beheert, op basis van een door de betaler gegeven opdracht;
ab. sterke cliëntauthenticatie: authenticatie met gebruikmaking van twee of meer factoren die worden aangemerkt als kennis (iets wat alleen de gebruiker weet), bezit (iets wat alleen de gebruiker heeft) en inherente eigenschap (iets wat de gebruiker is) en die onderling onafhankelijk zijn, in die zin, dat de compromittering van één ervan geen afbreuk doet aan de betrouwbaarheid van de andere en die zodanig is opgezet dat de vertrouwelijkheid van de authenticatiegegevens wordt beschermd;
ac. persoonlijke beveiligingsgegevens: voor doeleinden van authenticatie door de betaaldienstverlener aan een betaaldienstgebruiker verstrekte gepersonaliseerde kenmerken;
ad. gevoelige betaalgegevens: gegevens waarmee fraude kan worden gepleegd, waaronder persoonlijke beveiligingsgegevens. Voor de activiteiten van betaalinitiatiedienstverleners en rekeninginformatiedienstverleners vormen de naam van de rekeninghouder en het rekeningnummer geen gevoelige betaalgegevens.

Art. 515
1. Deze titel is van toepassing indien zowel de betaaldienstverlener van de betaler als de betaaldienstverlener van de begunstigde of de enige bij de betalingstransactie betrokken betaaldienstverlener zich in de Unie of de Europese Economische Ruimte bevinden.
2. Deze titel is voorts van toepassing, met uitzondering van de artikelen 535 tot en met 540, op betalingstransacties in valuta's van niet-lidstaten of van staten die geen partij zijn bij de Overeenkomst betreffende de Europese Economische Ruimte waarbij zowel de betaaldienstverlener van de betaler als de betaaldienstverlener van de begunstigde, of de enige bij de betalingstransactie betrokken betaaldienstverlener zich in de Unie of in de Europese Economische Ruimte bevinden.
3. Deze titel is voorts van toepassing, met uitzondering van de artikelen 520, tweede en vierde lid, 530, 531, 535, 537, eerste lid, 543 tot en met 545 en 547, op betalingstransacties in alle valuta waarbij slechts een van de betaaldienstverleners zich in de Unie of de Europese Economische Ruimte bevindt met betrekking tot de delen van de betalingstransactie die binnen de Unie of de Europese Economische Ruimte worden uitgevoerd.
4. Deze titel is niet van toepassing op de betaaldiensten, bedoeld in artikel 1:5a, tweede lid, van de Wet op het financieel toezicht.
5. Deze titel is niet van toepassing op de betaaldiensten, bedoeld in artikel 1:5a, tweede lid, van de Wet op het financieel toezicht.
6. Deze titel is niet van toepassing op betaaldiensten door de Nederlandse instellingen genoemd in artikel 3, derde lid, van richtlijn 2013/36/EU van het Europees Parlement en de Raad van 26 juni 2013 betreffende toegang tot het bedrijf van kredietinstellingen en het prudentieel toezicht op kredietinstellingen en beleggingsondernemingen, tot wijziging van Richtlijn 2002/87/EG en tot intrekking van de Richtlijnen 2006/48/EG en 2006/49/EG (PbEU 2013, L 176).

Werkingssfeer titel 7B

Art. 515a
Op betaaldienstverleners die uitsluitend een rekeninginformatiedienst aanbieden zijn van deze titel slechts de artikelen 522c en 524 van toepassing.

Werkingssfeer art. 522c en 524

Art. 516
Gedurende de contractuele relatie heeft de betaaldienstgebruiker te allen tijde het recht de contractuele voorwaarden van de raamovereenkomst alsmede de bij of krachtens algemene

Voorwaarden raamovereenkomst bij betaaltransactie

maatregel van bestuur, bedoeld in artikel 4:22 van de Wet op het financieel toezicht, vermelde informatie en voorwaarden op papier of op een andere duurzame drager te vragen.

Art. 517

Waarborgen bij wijzigingen in de raamovereenkomst

1. Elke wijziging in de raamovereenkomst en in de bij of krachtens algemene maatregel van bestuur, bedoeld in artikel 4:22 van de Wet op het financieel toezicht, vermelde informatie en voorwaarden wordt uiterlijk twee maanden vóór de datum van de beoogde inwerkingtreding ervan door de betaaldienstverlener op papier of op een andere duurzame drager voorgesteld in gemakkelijk te begrijpen bewoordingen en in een duidelijke en bevattelijke vorm in een officiële taal van de lidstaat waar de betaaldienst wordt aangeboden of in een andere taal die door partijen is overeengekomen. De betaaldienstgebruiker kan de wijzigingen vóór de beoogde datum van inwerkingtreding aanvaarden of verwerpen.

2. Voor zover een bevoegdheid als hierna onder a bedoeld overeenkomstig het bij of krachtens voormelde algemene maatregel van bestuur bepaalde is overeengekomen;
   a. stelt de betaaldienstverlener de betaaldienstgebruiker ervan in kennis dat hij wordt geacht de wijzigingen, bedoeld in het eerste lid, te hebben aanvaard, indien hij de betaaldienstverlener niet vóór de voorgestelde datum van inwerkingtreding van die wijzigingen ervan in kennis heeft gesteld dat hij de wijzigingen niet aanvaardt, en
   b. stelt de betaaldienstverlener de betaaldienstgebruiker er ook van in kennis dat wanneer de betaaldienstgebruiker deze wijzigingen verwerpt, de betaaldienstgebruiker het recht heeft de raamovereenkomst kosteloos en met ingang van elk moment tot de datum waarop de wijziging zou ingaan, te beëindigen.

3. Wijzigingen in de rentevoet of de wisselkoers kunnen met onmiddellijke ingang zonder kennisgeving worden toegepast, mits het recht daartoe in de raamovereenkomst is overeengekomen en de wijzigingen gebaseerd zijn op de referentierentevoet of referentiewisselkoers die is overeengekomen overeenkomstig het bij of krachtens voormelde algemene maatregel van bestuur bepaalde.

4. De betaaldienstgebruiker wordt zo spoedig mogelijk van elke wijziging in de rentevoet die in zijn nadeel uitvalt, in kennis gesteld op de wijze als bij of krachtens de voormelde algemene maatregel van bestuur is bepaald, tenzij door de partijen is overeengekomen dat de informatie met een specifieke frequentie of op een specifieke wijze moet worden verstrekt of ter beschikking moet worden gesteld. Wijzigingen in de rentevoet of de wisselkoers die ten gunste van de betaaldienstgebruiker uitvallen, kunnen zonder kennisgeving worden toegepast.

5. Wijzigingen in de bij betalingstransacties gebruikte rentevoet of wisselkoers worden berekend en uitgevoerd op een neutrale wijze die de betaaldienstgebruiker niet discrimineert.

Art. 518

Bevoegdheid betaaldienstgebruiker tot opzegging raamovereenkomst

1. De betaaldienstgebruiker kan de raamovereenkomst te allen tijde beëindigen, tenzij door de partijen een opzegtermijn is overeengekomen. Die termijn is niet langer dan een maand.

2. De raamovereenkomst kan door de betaaldienstgebruiker kosteloos worden beëindigd, behalve wanneer de overeenkomst minder dan zes maanden in werking is geweest. Eventuele voor beëindiging van de raamovereenkomst aan te rekenen kosten zijn passend en in overeenstemming met de feitelijke kosten.

3. Indien zulks in de raamovereenkomst is overeengekomen, kan de betaaldienstverlener een voor onbepaalde of door een gesloten raamovereenkomst beëindigen op de in artikel 517, eerste lid, voor een voorstel tot wijziging bepaalde wijze en met inachtneming van een opzegtermijn van ten minste twee maanden.

4. Bij beëindiging van de raamovereenkomst kunnen periodieke kosten slechts naar evenredigheid tot aan de beëindiging van de overeenkomst in rekening worden gebracht. Indien de betaaldienstgebruiker dergelijke kosten vooruit heeft betaald, wordt het desbetreffende bedrag naar evenredigheid aan hem terugbetaald.

Art. 519

Valuta betalingstransacties
Valutawisseldienst

1. De betalingstransacties vinden plaats in de valuta die tussen de partijen zijn overeengekomen.

2. Indien voor het initiëren van een betalingstransactie bij een geldautomaat, op het verkooppunt of door de begunstigde een valutawisseldienst wordt aangeboden en de betaler, stelt de partij die de valutawisseldienst aanbiedt, de betaler in kennis van alle in rekening te brengen kosten, alsook van de wisselkoers die bij de omrekening van de betalingstransactie zal worden gehanteerd.

Art. 520

Kosten informatieverplichting betaaldienstverlener

1. De betaaldienstverlener brengt de betaaldienstgebruiker geen kosten in rekening voor zijn informatieverplichtingen of de toepassing van corrigerende of preventieve maatregelen uit hoofde van deze titel, tenzij:
   a. ingevolge de artikelen 533, eerste lid, 534, vijfde lid, of 542, vierde lid, anders is bepaald;
   b. de in rekening te brengen kosten zijn overeengekomen tussen de betaaldienstgebruiker en de betaaldienstverlener, en

c. de kosten passend en in lijn met de feitelijke kosten van de betaaldienstverlener zijn.
2. Bij een betalingstransactie die binnen de Europese Unie wordt verricht en waarbij de betaaldienstverleners van zowel de betaler als de begunstigde, of de enige bij de betalingstransactie betrokken betaaldienstverlener, zich binnen de Europese Unie bevinden, betalen de betaler en de begunstigde elk voor zich de kosten die hun respectieve betaaldienstverlener in rekening brengt.
3. De betaaldienstverlener belet niet dat de begunstigde van de betaler een vergoeding vraagt of een korting aanbiedt voor het gebruik van een bepaald betaalinstrument. De eventueel in rekening gebrachte kosten liggen niet hoger dan de directe kosten die de begunstigde zelf voor het gebruik van het specifieke betaalinstrument maakt.
4. Geen vergoeding wordt door de begunstigde gevraagd voor het gebruik van betaalinstrumenten waarvan de afwikkelingsvergoedingen onder hoofdstuk II van Verordening (EU) nr. 2015/571 vallen, noch voor betaaldiensten waarop Verordening (EU) nr. 260/2012 van toepassing is.

Art. 521
1. Met betrekking tot betaalinstrumenten met een uitgavenlimiet van € 150 of waarop maximaal een bedrag van € 150 tegelijk kan worden opgeslagen en die overeenkomstig de raamovereenkomst uitsluitend worden gebruikt voor afzonderlijke betalingstransacties van maximaal € 30, kunnen betaaldienstverleners met hun betaaldienstgebruikers overeenkomen dat:

Betaalinstrumenten t.b.v. afzonderlijke transacties voor geringe bedragen

a. de artikelen 524, eerste lid, onder b, 525, eerste lid, onder c en e, en 529, vierde en vijfde lid, niet van toepassing zijn als het betaalinstrument niet kan worden geblokkeerd of verder gebruik daarvan niet kan worden voorkomen;
b. de artikelen 527, 528 en 529, eerste lid, niet van toepassing zijn als het betaalinstrument anoniem wordt gebruikt of de betaaldienstverlener om andere met het betaalinstrument verband houdende redenen niet het bewijs kan leveren dat de betalingstransactie was toegestaan;
c. in afwijking van artikel 533, eerste lid, de betaaldienstverlener niet verplicht is de betaaldienstgebruiker in kennis te stellen van de weigering van een betaalopdracht als uit de context duidelijk blijkt dat de opdracht niet is uitgevoerd;
d. in afwijking van artikel 534 de betaler de betaalopdracht niet kan herroepen nadat hij de betaalopdracht heeft gegeven of de begunstigde met de uitvoering van de betalingstransactie heeft ingestemd;
e. in afwijking van de artikelen 537 en 538 andere uitvoeringstermijnen worden toegepast;
f. in afwijking van artikel 517 de betaaldienstverlener niet verplicht is wijzigingen in de voorwaarden van de raamovereenkomst voor te stellen op de wijze als in artikel 517 bedoeld.
2. Voor nationale betalingstransacties worden de in het eerste lid genoemde bedragen verdubbeld.
3. Voor vooraf betaalde betaalinstrumenten, bedoeld voor nationale betalingstransacties, worden de in het eerste lid genoemde bedragen verhoogd tot € 500.
4. De artikelen 528 en 529 zijn ook van toepassing op elektronisch geld in de zin van artikel 514 onder n, tenzij de betaaldienstverlener van de betaler niet de mogelijkheid heeft de rekening of het instrument te blokkeren.

Art. 521a
1. Een elektronischgeldinstelling betaalt, wanneer de houder van het elektronisch geld daarom verzoekt, de nominale waarde van het elektronisch geld terug.

Terugbetaling elektronisch geld door elektronischgeldinstelling

2. In de overeenkomst tussen de elektronischgeldinstelling en de houder van het elektronisch geld worden de terugbetalingsvoorwaarden duidelijk en opvallend vermeld en de houder van het elektronisch geld wordt in kennis gesteld van deze voorwaarden, voordat hij wordt gebonden door een overeenkomst of een aanbod.
3. Voor terugbetaling kan slechts een vergoeding worden gevraagd, indien dit in de overeenkomst is vermeld overeenkomstig lid 2 en uitsluitend in de volgende gevallen:
a) indien wordt gevraagd om terugbetaling vóór de dag waarop de overeenkomst eindigt;
b) indien de overeenkomst voorziet in een dag waarop de overeenkomst eindigt en de houder van het elektronisch geld vóór die dag tot beëindiging van de overeenkomst overgaat; of
c) indien het verzoek tot terugbetaling meer dan een jaar na de dag van de beëindiging van de overeenkomst wordt gedaan.
Een vergoeding als hier bedoeld staat in redelijke verhouding tot de kosten die de elektronischgeldinstelling feitelijk heeft gemaakt.
4. Indien de houder van het elektronisch geld verzoekt om terugbetaling vóór de beëindiging van de overeenkomst, kan hij hetzij gedeeltelijke, hetzij volledige terugbetaling verlangen.
5. Indien de houder van het elektronisch geld terugbetaling verzoekt op de dag waarop de overeenkomst is beëindigd of binnen één jaar na die dag:
a) betaalt de elektronischgeldinstelling hem de volledige monetaire waarde van het uitgegeven elektronische geld terug; of

b) betaalt de elektronischgeldinstelling hem alle middelen terug waarom de houder van het elektronisch geld verzoekt, indien deze instelling een of meer andere bedrijfsactiviteiten dan de uitgifte van elektronisch geld met inachtneming van de daarvoor geldende regels uitoefent en het vóór het aangaan van de overeenkomst niet duidelijk was welk deel van die middelen zou worden gebruikt als elektronisch geld.

6. De terugbetalingsrechten van een persoon die elektronisch geld aanvaardt en die geen consument is, worden, onverminderd de leden 3, 4 en 5, beheerst door wat is overeengekomen tussen de elektronischgeldinstelling en die persoon.

Afdeling 2
Toestaan van betalingstransacties

Art. 522

Instemming met de betaalopdracht bij betalingstransactie

1. Een betaaldienstverlener voert een betalingstransactie slechts uit met instemming van de betaler met de uitvoering van de betaalopdracht.

2. De instemming om een betaalopdracht wordt verleend overeenkomstig de tussen de betaler en zijn relevante betaaldienstverlener(s) overeengekomen vorm en procedure. De instemming met de uitvoering van een betalingstransactie kan ook worden verleend via de begunstigde of de betaalinitiatiedienstverlener. Bij gebreke van een dergelijke instemming wordt een betalingstransactie als niet toegestaan aangemerkt.

3. De instemming kan te allen tijde, doch uiterlijk op het tijdstip van het onherroepelijk worden, krachtens artikel 534 van de betaalopdracht door de betaler worden ingetrokken. Hetzelfde geldt voor een instemming met de uitvoering van een betaalopdracht betreffende een reeks betalingstransacties, die kan worden ingetrokken met als gevolg dat iedere toekomstige betalingstransactie als niet-toegestaan wordt aangemerkt.

Art. 522a

[Treedt in werking per 14-09-2019]

Art. 522b

Betaalinitiatiedienstverlener, recht op gebruik

Een betaler heeft het recht om voor betaaldiensten als bedoeld in bijlage I, punt 7, van de richtlijn gebruik te maken van een betaalinitiatiedienstverlener. Dit recht is niet van toepassing indien de betaalrekening niet online raadpleegbaar is.

Art. 522c

Rekeninginformatiediensten, recht op gebruik

Een betaaldienstgebruiker heeft het recht gebruik te maken van diensten die hem toegang bieden tot rekeninginformatie als bedoeld in bijlage I, punt 8 van de richtlijn. Dit recht is niet van toepassing indien de betaalrekening niet online raadpleegbaar is.

Art. 523

Uitgavenlimiet voor specifiek betaalinstrument

1. Indien voor de mededeling van de instemming van een specifiek betaalinstrument gebruik wordt gemaakt, kunnen de betaler en zijn betaaldienstverlener uitgavenlimieten overeenkomen voor betaaldiensten die met dat betaalinstrument zullen worden verricht.

Blokkeren betaalinstrument

2. Indien dit in de raamovereenkomst is overeengekomen, kan de betaaldienstverlener het gebruik van een betaalinstrument blokkeren op grond van objectief gerechtvaardigde redenen die verband houden met:
a. de veiligheid van het betaalinstrument;
b. het vermoeden van niet-toegestaan of frauduleus gebruik van het betaalinstrument; of
c. het aanzienlijk toegenomen risico dat de betaler niet in staat is zijn betalingsverplichtingen na te komen die voortvloeien uit een gebruik van het betaalinstrument waarmee over een kredietruimte kan worden beschikt.

3. De betaaldienstverlener informeert in de situaties, genoemd in het tweede lid, de betaler voor of, indien dit niet mogelijk is, onverwijld daarna, over de blokkering en de redenen daarvoor op de wijze, overeengekomen in de raamovereenkomst, tenzij het doen van deze mededeling strijdig is met objectief gerechtvaardigde veiligheidsoverwegingen of verboden is krachtens Unierecht of krachtens andere toepasselijke wetgeving.

4. De betaaldienstverlener heft de blokkering op of vervangt het geblokkeerde betaalinstrument door een nieuw betaalinstrument, zodra de redenen voor de blokkering niet langer bestaan.

5. Een rekeninghoudende betaaldienstverlener kan een rekeninginformatiedienstverlener of een betaalinitiatiedienstverlener de toegang tot een betaalrekening ontzeggen om objectieve en op voldoende aanwijzingen gebaseerde redenen in verband met niet-toegestane of frauduleuze toegang tot de betaalrekening door die rekeninginformatiedienstverlener of die betaalinitiatiedienstverlener, waaronder de niet-toegestane of frauduleuze initiëring van een betalingstransactie.

6. De rekeninghoudende betaaldienstverlener informeert, in de situaties genoemd in het vijfde lid, de betaler in de overeengekomen vorm over de ontzegging van toegang tot de betaalrekening en over de redenen daarvoor. Indien mogelijk wordt deze informatie aan de betaler meegedeeld voordat de toegang wordt ontzegd, en ten laatste onmiddellijk daarna, tenzij het verstrekken

van die informatie objectief gerechtvaardigde veiligheidsoverwegingen zou doorkruisen of krachtens ander toepasselijk Unierecht of toepasselijk nationaal recht verboden is.
7. De rekeninghoudende betaaldienstverlener verleent toegang tot de betaalrekening zodra de redenen voor het ontzeggen van de toegang niet langer bestaan.
8. In de in het zesde lid genoemde gevallen meldt de rekeninghoudende betaaldienstverlener het incident betreffende de rekeninginformatiedienstverlener of de betaalinitiatiedienstverlener onmiddellijk aan de Nederlandsche Bank. Daarbij moeten de relevante gegevens van de zaak worden vermeld en de redenen voor het nemen van stappen. De Nederlandsche Bank beoordeelt de zaak en neemt, indien noodzakelijk, passende maatregelen.

Art. 524
1. De betaaldienstgebruiker die gemachtigd is om een betaalinstrument te gebruiken,
a. gebruikt het betaalinstrument overeenkomstig de voorwaarden die op de uitgifte en het gebruik van het betaalinstrument van toepassing zijn, en
b. stelt de betaaldienstverlener, of de door laatstgenoemde gespecificeerde entiteit, onverwijld in kennis van het verlies, de diefstal of onrechtmatig gebruik van het betaalinstrument of van het niet-toegestane gebruik ervan.
2. Voor de toepassing van het eerste lid, onder a, neemt de betaaldienstgebruiker, zodra hij een betaalinstrument ontvangt, in het bijzonder alle redelijke maatregelen om de veiligheid van de persoonlijke beveiligingsgegevens ervan te waarborgen.
3. De voorwaarden bedoeld in het eerste lid, onderdeel a, zijn objectief, niet-discriminerend en evenredig.

Betaalinstrument bij betalingsovereenkomst

Art. 525
1. De betaaldienstverlener die een betaalinstrument uitgeeft,
a. zorgt ervoor dat de persoonlijke beveiligingsgegevens van een betaalinstrument niet toegankelijk zijn voor andere partijen dan de betaaldienstgebruiker die gerechtigd is het betaalinstrument te gebruiken, onverminderd artikel 524;
b. zendt niet ongevraagd een betaalinstrument toe, tenzij een betaalinstrument dat reeds aan de betaaldienstgebruiker verstrekt is, moet worden vervangen;
c. zorgt ervoor dat er te allen tijde passende middelen beschikbaar zijn om de betaaldienstgebruiker in staat te stellen een kennisgeving krachtens artikel 524, eerste lid, onder b, te doen of om opheffing van de blokkering te verzoeken op grond van artikel 523, vierde lid;
d. biedt de betaaldienstgebruiker de mogelijkheid de in artikel 524, eerste lid, onder b, bedoelde kennisgeving kosteloos te doen en brengt, voor zover er al kosten zijn, alleen de rechtstreeks aan dat instrument gerelateerde vervangingskosten in rekening;
e. verstrekt op verzoek van de betaaldienstgebruiker tot achttien maanden na de kennisgeving, bedoeld onder c, de middelen waarmee laatstgenoemde kan bewijzen dat hij een dergelijke kennisgeving heeft gedaan, en
f. belet dat het betaalinstrument nog kan worden gebruikt zodra de kennisgeving overeenkomstig artikel 524, eerste lid, onder b, is gedaan.
2. De betaaldienstverlener draagt het risico van het zenden aan de betaler van een betaalinstrument en van de gepersonaliseerde veiligheidskenmerken daarvan.

Veiligheidsverplichtingen van betaaldienstverlener ter zake van uitgifte betaalinstrument

Art. 526
1. De betaaldienstgebruiker die bekend is met een niet-toegestane of onjuist uitgevoerde betalingstransactie waarvoor hij de betaaldienstverlener aansprakelijk kan stellen met inbegrip van de aansprakelijkheidsgronden van artikel 543, 544 en 545, verkrijgt alleen rectificatie van zijn betaaldienstverlener indien hij hem onverwijld en uiterlijk dertien maanden na de valutadatum waarop zijn rekening is gedebiteerd, kennis geeft van de bewuste transactie, tenzij de betaaldienstverlener, in voorkomend geval, de informatie betreffende die betalingstransactie niet heeft verstrekt of ter beschikking heeft gesteld overeenkomstig de wijze vastgesteld bij of krachtens de in artikel 4:22 van de Wet op het financieel toezicht bedoelde algemene maatregel van bestuur.
2. Wanneer een betaalinitiatiedienstverlener bij de transactie betrokken is, verkrijgt de betaaldienstgebruiker rectificatie van de rekeninghoudende betaaldienstverlener overeenkomstig het eerste lid, onverminderd artikel 528, eerste en vijfde lid, alsmede artikel 543.

Aansprakelijkheid betaaldienstverlener bij betalingstransactie

Art. 527
1. Indien een betaaldienstgebruiker ontkent dat hij met een uitgevoerde betalingstransactie heeft ingestemd of aanvoert dat de betalingstransactie niet correct is uitgevoerd, is zijn betaaldienstverlener gehouden het bewijs te leveren dat de betalingstransactie is geauthenticeerd, juist is geregistreerd en geboekt en niet door een technische storing of enig ander falen van de door de betaaldienstverlener aangeboden diensten is beïnvloed. Indien de betalingstransactie geïnitieerd wordt via een betaalinitiatiedienstverlener, levert deze het bewijs dat, binnen zijn verantwoordelijkheid, de betalingstransactie is geauthenticeerd, juist is geregistreerd en niet door een technische storing of enig ander falen in verband met de betaaldienst waarmee hij is belast, is beïnvloed.

Bewijsregels bij niet-toegestane of foutieve betalingstransacties

2. Indien een betaaldienstgebruiker ontkent dat hij met een uitgevoerde betalingstransactie heeft ingestemd, vormt het feit dat het gebruik van een betaalinstrument door de betaaldienstverlener, daaronder in voorkomende geval de betaalinitiatiedienstverlener begrepen, is geregistreerd niet noodzakelijkerwijze afdoende bewijs dat met de betalingstransactie door de betaler is ingestemd of dat de betaler frauduleus heeft gehandeld of opzettelijk of met grove nalatigheid een of meer van zijn verplichtingen uit hoofde van artikel 524 niet is nagekomen. De betaaldienstverlener, daaronder in voorkomend geval de betaalinitiatiedienstverlener begrepen, verstrekt ondersteunend bewijs om fraude of grove nalatigheid van de zijde van de betaler te bewijzen.

Art. 528

Terugbetaling bedrag van niet-toegestane betalingstransactie

1. Onverminderd artikel 526, betaalt de betaaldienstverlener van de betaler, in geval van een niet-toegestane betalingstransactie, de betaler onmiddellijk het bedrag van de niet-toegestane betalingstransactie terug en in elk geval uiterlijk aan het einde van de eerstvolgende werkdag, nadat hij bekend is geworden met de transactie of daarvan in kennis is gesteld.
2. Op grond van het eerste lid herstelt de betaaldienstverlener van de betaler de betaalrekening die met dat bedrag is gedebiteerd in de toestand zoals die geweest zou zijn wanneer de niet-toegestane betalingstransactie niet had plaatsgevonden. De valutadatum van de creditering van de betaalrekening van de betaler is uiterlijk de datum waarop het bedrag was gedebiteerd.
3. Het eerste lid is niet van toepassing indien de betaaldienstverlener van de betaler redelijke gronden heeft om fraude te vermoeden en hij deze gronden schriftelijk aan de Autoriteit Financiële Markten meedeelt.
4. Indien de betalingstransactie via een betaalinitiatiedienstverlener wordt geïnitieerd, betaalt de rekeninghoudende betaaldienstverlener onmiddellijk, en in elk geval uiterlijk aan het einde van de eerstvolgende werkdag, het bedrag van de niet-toegestane betalingstransactie terug en herstelt hij, in voorkomend geval, de betaalrekening die met dat bedrag was gedebiteerd, in de toestand zoals die geweest zou zijn wanneer de niet-toegestane betalingstransactie niet had plaatsgevonden.
5. Ingeval de betaalinitiatiedienstverlener aansprakelijk is voor de niet-toegestane betalingstransactie, vergoedt hij de rekeninghoudende betaaldienstverlener op diens verzoek onmiddellijk de geleden verliezen of de aan de betaler terugbetaalde bedragen, waaronder het bedrag van de niet-toegestane betalingstransactie. Overeenkomstig artikel 527, tweede lid, is de betaalinitiatiedienstverlener gehouden te bewijzen dat, binnen zijn verantwoordelijkheid, de betalingstransactie is geauthenticeerd, juist is geregistreerd en niet door een technische storing of enig ander falen in verband met de betaaldienst waarmee hij is belast, is beïnvloed.
6. Aanvullende financiële compensatie kan worden vastgesteld overeenkomstig het recht dat van toepassing is op de tussen de betaler en zijn betaaldienstverlener gesloten overeenkomst of de tussen de betaler en de betaalinitiatiedienstverlener gesloten overeenkomst, indien van toepassing.

Art. 529

Aansprakelijkheid bij niet-toegestane betalingstransacties

1. De betaler draagt alle verliezen die uit niet-toegestane betalingstransacties voortvloeien, indien deze zich hebben voorgedaan doordat hij frauduleus heeft gehandeld of opzettelijk of met grove nalatigheid een of meer verplichtingen uit hoofde van artikel 524 niet is nagekomen.
2. In gevallen waarin de betaler, zonder frauduleus of opzettelijk te hebben gehandeld, zijn verplichtingen uit hoofde van artikel 524 niet is nagekomen, kan de rechter de in het eerste lid van dit artikel bedoelde aansprakelijkheid beperken, met name rekening houdend met de aard van de persoonlijke beveiligingsgegevens van het betaalinstrument en met de omstandigheden waarin het is verloren, gestolen of onrechtmatig gebruikt.
3. Indien de betaaldienstverlener van de betaler geen sterke cliëntauthenticatie verlangt, draagt de betaler geen financiële verliezen, tenzij de betaler frauduleus heeft gehandeld. Indien de sterke cliëntauthenticatie door de begunstigde of de betaaldienstverlener van de begunstigde niet wordt aanvaard, wordt de door de betaaldienstverlener van de betaler geleden financiële schade door hem vergoed.
4. Na de kennisgeving overeenkomstig artikel 524, eerste lid, onder b, heeft het gebruik van het betaalinstrument geen financiële gevolgen voor de betaler, tenzij deze frauduleus heeft gehandeld.
5. Indien de betaaldienstverlener nalaat om overeenkomstig artikel 525, eerste lid, onder c, passende middelen beschikbaar te stellen waarmee te allen tijde een kennisgeving als bedoeld in artikel 524, eerste lid, onder b, kan worden gedaan, is de betaler niet aansprakelijk voor de financiële gevolgen die uit het gebruik van dat betaalinstrument voortvloeien, tenzij hij frauduleus heeft gehandeld.

Art. 529a

Exacte bedrag niet bekend op moment van instemming betaler

1. Wanneer een betalingstransactie door of via de begunstigde in het kader van een op kaarten gebaseerde betalingstransactie wordt geïnitieerd en het exacte bedrag niet bekend is op het moment dat de betaler instemming verleent om de betalingstransactie uit te voeren, kan de betaaldienstverlener van de betaler slechts geldmiddelen op de betaalrekening van de betaler

blokkeren indien de betaler instemming heeft verleend voor het exacte bedrag aan te blokkeren geldmiddelen.
2. De betaaldienstverlener van de betaler geeft de overeenkomstig het eerste lid op de betaalrekening van de betaler geblokkeerde geldmiddelen vrij na de ontvangst van de informatie over het exacte bedrag van de betalingstransactie en uiterlijk onmiddellijk na de ontvangst van de betaalopdracht.

Art. 530
1. Een betaler heeft recht op de terugbetaling door zijn betaaldienstverlener van een met zijn instemming, door of via een begunstigde geïnitieerde, reeds uitgevoerde betalingstransactie, indien de volgende voorwaarden vervuld zijn:

a. bij het toestaan van de betalingstransactie is niet het precieze bedrag van de betalingstransactie gespecificeerd, en

b. het bedrag van de betalingstransactie ligt hoger dan de betaler, op grond van zijn eerdere uitgavenpatroon, de voorwaarden van zijn raamovereenkomst en relevante aspecten van de zaak, redelijkerwijs had kunnen verwachten.

2. Op verzoek van de betaaldienstverlener toont de betaler aan dat aan deze voorwaarden is voldaan.
3. De terugbetaling bestaat uit het volledige bedrag van de uitgevoerde betalingstransactie. De valutadatum van de creditering van de betaalrekening van de betaler valt niet later dan de datum waarop de rekening met dat bedrag was gedebiteerd.
4. Voor de toepassing van het eerste lid, onder b, kan de betaler evenwel geen met een valutawissel verband houdende redenen aanvoeren, indien de referentiewisselkoers is toegepast die hij overeenkomstig het bij of krachtens de algemene maatregel van bestuur, bedoeld in artikel 4:22 van de Wet op het financieel toezicht, bepaalde met zijn betaaldienstverlener is overeengekomen.
5. In afwijking van het eerste lid kunnen de betaler en de betaaldienstverlener overeenkomen dat de betaler geen recht heeft op terugbetaling mits:

a. hij zijn instemming met de uitvoering van de betalingstransactie rechtstreeks aan de betaaldienstverlener heeft gericht; en

b. door de betaaldienstverlener of door de begunstigde ten minste vier weken voor de vervaldag op een overeengekomen wijze informatie betreffende de toekomstige betalingstransactie ten behoeve van de betaler was verstrekt of ter beschikking was gesteld.

Recht op terugbetaling bij betalingstransactie

Art. 531
1. De betaler heeft gedurende een periode van acht weken na de datum waarop de geldmiddelen zijn gedebiteerd, een onvoorwaardelijk recht om de in artikel 530 bedoelde terugbetaling te verzoeken.
2. Binnen de tien werkdagen na ontvangst van een verzoek om terugbetaling betaalt de betaaldienstverlener het volledige bedrag van de uitgevoerde betalingstransactie terug dan wel meldt hij dat hij weigert tot terugbetaling over te gaan.
3. Indien de betaaldienstverlener weigert tot terugbetaling over te gaan, motiveert hij wat daarvoor de redenen zijn en doet hij opgave van de geschilleninstantie, bedoeld in artikel 4:17, eerste lid, onderdeel b, van de Wet op het financieel toezicht, tot wie de betaler zich kan wenden indien hij deze weigering niet aanvaardt.

Recht op terugbetaling bij betalingstransactie, termijnen bij

Recht betaaldienstverlener op weigering terugbetaling

Afdeling 3
Uitvoering van de betalingstransactie

Paragraaf 1
Betaalopdrachten, kosten en overgemaakte bedragen

Art. 532
1. Het tijdstip van ontvangst is het tijdstip waarop de betaalopdracht door de betaaldienstverlener van de betaler wordt ontvangen.
Indien het tijdstip van ontvangst voor de betaaldienstverlener niet op een werkdag valt, wordt de ontvangen betaalopdracht geacht op de eerstvolgende werkdag te zijn ontvangen. De betaaldienstverlener kan een uiterste tijdstip aan het einde van een werkdag vaststellen, na welk tijdstip een ontvangen betaalopdracht geacht wordt op de eerstvolgende werkdag te zijn ontvangen.
2. Indien de betaaldienstgebruiker die een betaalopdracht initieert en zijn betaaldienstverlener overeenkomen dat de uitvoering van de betaalopdracht aanvangt op een specifieke datum, aan het einde van een bepaalde termijn of op de dag waarop de betaler geldmiddelen ter beschikking van zijn betaaldienstverlener heeft gesteld, wordt het tijdstip van ontvangst van de opdracht voor de toepassing van artikel 537 geacht op de overeengekomen dag te vallen. Indien de overeengekomen dag geen werkdag is voor de betaaldienstverlener, wordt de ontvangen betaalopdracht geacht op de eerstvolgende werkdag te zijn ontvangen.

Uitvoering betaalopdracht bij betalingstransactie

Art. 533

Weigeren uitvoering betaalopdracht bij betalingstransactie

1. Indien de betaaldienstverlener weigert een betaalopdracht uit te voeren of een betalingstransactie te initiëren, wordt de betaaldienstgebruiker in kennis gesteld van deze weigering en, indien mogelijk, van de redenen daarvoor en van de procedure voor de correctie van eventuele feitelijke onjuistheden die tot de weigering hebben geleid, tenzij ander toepasselijk Unierecht of toepasselijk nationaal recht dit verbiedt.
2. De betaaldienstverlener verstrekt zo spoedig mogelijk de kennisgeving – of stelt deze ter beschikking – op de overeengekomen wijze, en in elk geval binnen de in artikel 537 vermelde termijnen.
3. In de raamovereenkomst kan de voorwaarde worden gesteld dat de betaaldienstverlener voor die kennisgeving een redelijke vergoeding in rekening mag brengen indien de weigering objectief gerechtvaardigd is.
4. Indien alle in de raamovereenkomst van de betaler gestelde voorwaarden vervuld zijn, weigert de rekeninghoudende betaaldienstverlener van de betaler niet een toegestane betaalopdracht uit te voeren, ongeacht of de betaalopdracht door een betaler zelf, onder meer door een betaalinitiatiedienstverlener, dan wel door of via een begunstigde is geïnitieerd, tenzij ander toepasselijk Unierecht of toepasselijk nationaal recht dit verbiedt.
5. Een betaalopdracht waarvan de uitvoering is geweigerd, wordt geacht niet ontvangen te zijn voor de toepassing van de artikelen 537, 543, 544 en 545.

Art. 534

Mogelijkheid tot herroepen betaalopdracht bij betalingstransactie

1. De betaaldienstgebruiker kan een betaalopdracht niet meer herroepen vanaf het tijdstip van ontvangst, bedoeld in artikel 532, eerste lid, tenzij anders is bepaald in dit artikel.
2. Indien de betalingstransactie door een betaalinitiatiedienstverlener dan wel door of via een begunstigde wordt geïnitieerd, kan de betaler de betaalopdracht niet meer herroepen nadat hij aan de betaalinitiatiedienstverlener instemming heeft verleend om de betalingstransactie te initiëren dan wel aan de begunstigde instemming heeft verleend om de betalingstransactie uit te voeren.
3. In het geval van een automatische afschrijving en onverminderd de rechten inzake terugbetaling kan de betaler de betaalopdracht evenwel herroepen, ten laatste aan het einde van de werkdag die voorafgaat aan de dag waarop de betaalrekening volgens afspraak wordt gedebiteerd.
4. In het in artikel 532, tweede lid, bedoelde geval kan de betaaldienstgebruiker een betaalopdracht herroepen tot uiterlijk het einde van de werkdag die aan de overeengekomen dag voorafgaat.
5. Na de in het eerste tot en met vierde lid bedoelde termijnen kan de betaalopdracht alleen worden herroepen indien zulks tussen de betaaldienstgebruiker en de relevante betaaldienstverleners is overeengekomen. In het in het tweede en derde lid bedoelde geval is ook de instemming van de begunstigde vereist.
6. Indien zulks in de raamovereenkomst is overeengekomen, mag de relevante betaaldienstverlener kosten voor de herroeping in rekening brengen.

Art. 535

Afspraken over inhouding kosten bij betalingstransactie

1. De betaaldienstverlener(s) van de betaler, de betaaldienstverlener(s) van de begunstigde en eventuele intermediairs van de betaaldienstverlener(s) maken het volledige bedrag van de betalingstransactie over en houden op het overgemaakte bedrag geen kosten in.
2. De begunstigde en zijn betaaldienstverlener kunnen in afwijking van het eerste lid overeenkomen dat de relevante betaaldienstverlener zijn kosten op het overgemaakte bedrag inhoudt voordat hij de rekening van de begunstigde daarmee crediteert. In dat geval worden het volledige bedrag van de betalingstransactie en de kosten afzonderlijk vermeld in de informatie die aan de begunstigde wordt verstrekt.
3. Indien andere kosten dan die bedoeld in het tweede lid op het overgemaakte bedrag worden ingehouden, zorgt de betaaldienstverlener van de betaler ervoor dat de begunstigde het volledige bedrag van de door de betaler geïnitieerde betalingstransactie ontvangt. Indien de betalingstransactie door de begunstigde wordt geïnitieerd, zorgt diens betaaldienstverlener ervoor dat het volledige bedrag van de betalingstransactie door de begunstigde wordt ontvangen.

Paragraaf 2
Uitvoeringstermijn en valutadatum

Art. 536

Werkingssfeer

1. Deze paragraaf is van toepassing op:
   a. betalingstransacties in euro; en
   b. binnenlandse betalingstransacties in de valuta van de lidstaat buiten de eurozone;
   c. betalingstransacties met slechts één valutawissel tussen de euro en de valuta van een lidstaat die de euro niet als munt heeft, mits de vereiste valutawissel wordt uitgevoerd in de betrokken

13 Burgerlijk Wetboek Boek 7   art. 7:542

lidstaat waar de euro niet de munteenheid is en, bij grensoverschrijdende betalingstransacties, de overmaking in euro geschiedt.
2. Deze paragraaf is van toepassing op andere betalingstransacties, tenzij tussen de betaaldienstgebruiker en zijn betaaldienstverlener anders overeengekomen is, met uitzondering van artikel 541, van welke bepaling niet kan worden afgeweken. Indien de betaaldienstgebruiker en zijn betaaldienstverlener evenwel een periode overeenkomen die langer is dan in artikel 537 is bepaald, mag die periode voor betalingstransacties binnen de Europese Unie niet langer zijn dan vier werkdagen na het tijdstip van ontvangst overeenkomstig artikel 532.

Art. 537
1. De betaaldienstverlener van de betaler draagt er zorg voor dat de betaalrekening van de betaaldienstverlener van de begunstigde uiterlijk aan het einde van de eerstvolgende werkdag na het tijdstip van ontvangst overeenkomstig artikel 532 voor het bedrag van de betalingstransactie wordt gecrediteerd. Deze termijn kan voor betalingstransacties die op papier worden geïnitieerd, met een werkdag worden verlengd.   *Afrondingstermijn bij betalingstransactie*
2. De betaaldienstverlener van de begunstigde valuteert het bedrag van de betalingstransactie en stelt het beschikbaar op de betaalrekening van de begunstigde, zodra de betaaldienstverlener het geld ontvangen heeft overeenkomstig artikel 541.
3. De betaaldienstverlener van de begunstigde zendt een door of via de begunstigde geïnitieerde betaalopdracht toe aan de betaaldienstverlener van de betaler binnen de tussen de begunstigde en zijn betaaldienstverlener overeengekomen termijnen, zodat automatische afschrijvingen op de afgesproken datum kunnen plaatsvinden.

Art. 538
Indien de begunstigde geen betaalrekening bij de betaaldienstverlener heeft, worden de geldmiddelen door de betaaldienstverlener die de geldmiddelen ten behoeve van de begunstigde ontvangt, aan de begunstigde ter beschikking gesteld binnen de in artikel 537 gespecificeerde termijn.   *Begunstigde zonder betaalrekening bij betaaldienstverlener*

Art. 539
1. Indien een consument chartaal geld op een betaalrekening bij een betaaldienstverlener deponeert in de valuta van die betaalrekening, zorgt die betaaldienstverlener ervoor dat het bedrag onmiddellijk na het tijdstip van ontvangst van de geldmiddelen beschikbaar wordt gesteld en wordt gevaluteerd.   *Beschikbaarheid overgemaakt bedrag*
2. Indien de betaaldienstgebruiker geen consument is, wordt het bedrag uiterlijk op de eerstvolgende werkdag na de ontvangst van de geldmiddelen op de betaalrekening van de begunstigde beschikbaar gesteld en gevaluteerd.

Art. 540
Bij algemene maatregel van bestuur kan voor nationale betalingstransacties in kortere maximale uitvoeringstermijnen worden voorzien dan die welke in deze paragraaf zijn bepaald.   *Nadere regels*

Art. 541
1. De valutadatum van de creditering van de betaalrekening van de begunstigde valt uiterlijk op de werkdag waarop het bedrag van de betalingstransactie op de rekening van de betaaldienstverlener van de begunstigde wordt gecrediteerd. De betaaldienstverlener van de begunstigde zorgt ervoor dat het bedrag van de betalingstransactie ter beschikking van de begunstigde komt zodra dat bedrag op de rekening van de betaaldienstverlener van de begunstigde is gecrediteerd wanneer er van de zijde van de betaaldienstverlener van de begunstigde geen valutawissel is, er een valutawissel is tussen de euro en de valuta van een lidstaat of tussen de valuta's van twee lidstaten. De in de vorige zin opgenomen verplichting is ook van toepassing op betalingen binnen één betaaldienstverlener.   *Valutadatum creditering betaalrekening*
2. De valutadatum van de debitering van de betaalrekening van de betaler valt niet vroeger dan het tijdstip waarop het bedrag van de betalingstransactie van die rekening is gedebiteerd.

Paragraaf 3
Aansprakelijkheid

Art. 542
1. Indien een betaalopdracht wordt uitgevoerd op basis van een unieke identificator, wordt de betaalopdracht geacht correct te zijn uitgevoerd wat de in de unieke identificator gespecificeerde begunstigde betreft.   *Aansprakelijkheid bij betalingstransactie*
2. Indien de unieke identificator die door de betaaldienstgebruiker is verstrekt, onjuist is, is de betaaldienstverlener uit hoofde van de artikelen 543 tot en met 545 niet aansprakelijk voor de niet-uitvoering of gebrekkige uitvoering van de betalingstransactie.
3. De betaaldienstverlener van de betaler levert in het geval als bedoeld in het tweede lid redelijke inspanningen om de met de betalingstransactie verband houdende geldmiddelen terug te krijgen. De betaaldienstverlener van de begunstigde werkt mee aan die inspanningen, onder meer door alle voor de te innen geldmiddelen relevante informatie aan de betaaldienstverlener van de betaler mee te delen. Indien het innen van geldmiddelen op grond van de eerste zin niet mogelijk

is, verstrekt de betaaldienstverlener van de betaler aan de betaler, op diens schriftelijke verzoek, alle voor de betaaldienstverlener van de betaler beschikbare informatie die relevant is voor de betaler om een rechtsvordering in te stellen om de geldmiddelen terug te krijgen.
4. Indien dat in de raamovereenkomst is overeengekomen, mag de betaaldienstverlener de betaaldienstgebruiker voor het terugverkrijgen kosten aanrekenen.
5. Indien de betaaldienstgebruiker aanvullende informatie verstrekt naast de informatie die krachtens het bij of krachtens de algemene maatregel van bestuur, bedoeld in artikel 4:22 van de Wet op het financieel toezicht, bepaalde vereist is, is de betaaldienstverlener alleen aansprakelijk voor de uitvoering van betalingstransacties overeenkomstig de unieke identificator die door de betaaldienstgebruiker is gespecificeerd.

Art. 543

Bewijslast bij aansprakelijkheid bij betalingstransactie

1. Indien een betaalopdracht door de betaler rechtstreeks wordt geïnitieerd, is de betaaldienstverlener van de betaler, onverminderd artikel 526, artikel 542, tweede en vijfde lid, en artikel 548, jegens de betaler aansprakelijk voor de juiste uitvoering daarvan, tenzij hij tegenover de betaler en, voor zover relevant, tegenover de betaaldienstverlener van de begunstigde kan bewijzen dat de betaaldienstverlener van de begunstigde het bedrag van de betalingstransactie heeft ontvangen overeenkomstig artikel 537, eerste lid, in welk geval de betaaldienstverlener van de begunstigde aansprakelijk is jegens de begunstigde voor de juiste uitvoering van de betalingstransactie.
2. Indien de betaaldienstverlener van de betaler aansprakelijk is uit hoofde van het eerste lid betaalt hij de betaler onverwijld het bedrag van de niet-uitgevoerde of gebrekkig uitgevoerde betalingstransactie terug en herstelt hij onverwijld, in voorkomend geval, de betaalrekening die met dat bedrag was gedebiteerd, in de toestand zoals die geweest zou zijn, indien de gebrekkig uitgevoerde betalingstransactie niet zou hebben plaatsgevonden. De valutadatum van de creditering van de betaalrekening van de betaler is uiterlijk de datum waarop het bedrag was gedebiteerd.
3. Indien de betaaldienstverlener van de begunstigde aansprakelijk is uit hoofde van het eerste lid stelt hij onmiddellijk het bedrag van de betalingstransactie ter beschikking van de begunstigde en crediteert hij, voor zover van toepassing, de betaalrekening van de begunstigde met het overeenkomstige bedrag. De valutadatum voor de creditering van de betaalrekening van de begunstigde is uiterlijk de datum waarop het bedrag bij een correcte uitvoering voor de transactie zou zijn gevaluteerd overeenkomstig artikel 541.
4. Indien een door de betaler geïnitieerde betalingstransactie niet of gebrekkig is uitgevoerd, tracht de betaaldienstverlener van de betaler, ongeacht de aansprakelijkheid uit hoofde van dit artikel, desgevraagd onmiddellijk de betalingstransactie te traceren en stelt hij de betaler op de hoogte van de resultaten daarvan. De betaler worden daarvoor geen kosten aangerekend.
5. Bij een niet-tijdige uitvoering van een betalingstransactie zorgt de betaaldienstverlener van de begunstigde ervoor dat, op verzoek van de betaaldienstverlener van de betaler die voor rekening van de betaler optreedt, de valutadatum voor de creditering van de betaalrekening van de begunstigde uiterlijk de datum is waarop het bedrag bij een correcte uitvoering van de transactie zou zijn gevaluteerd.

Art. 544

Bewijslast bij aansprakelijkheid bij betalingstransactie

1. Indien een betaalopdracht door of via de begunstigde wordt geïnitieerd, is de betaaldienstverlener van de begunstigde, onverminderd 526, artikel 542, tweede en vijfde lid, en artikel 548, aansprakelijk jegens de begunstigde voor de juiste verzending van de betaalopdracht aan de betaaldienstverlener van de betaler, overeenkomstig artikel 537, derde lid.
2. Indien de betaaldienstverlener van de begunstigde aansprakelijk is uit hoofde van het eerste lid geeft hij de betrokken betaalopdracht onmiddellijk door aan de betaaldienstverlener van de betaler. Indien een betaalopdracht niet tijdig wordt verzonden, wordt het bedrag op de betaalrekening van de begunstigde gevaluteerd uiterlijk op de datum waarop het bij een correcte uitvoering van de transactie zou zijn gevaluteerd.
3. Voorts is de betaaldienstverlener van de begunstigde, onverminderd artikel 526, artikel 542, tweede en vijfde lid, en artikel 548, aansprakelijk jegens de begunstigde voor het behandelen van de betalingstransactie overeenkomstig zijn verplichtingen krachtens artikel 541. Indien de betaaldienstverlener van de begunstigde aansprakelijk is uit hoofde van het eerste lid zorgt hij ervoor dat het bedrag van de betalingstransactie onmiddellijk ter beschikking van de begunstigde wordt gesteld zodra de betaalrekening van de betaaldienstverlener van de begunstigde met het overeenkomstige bedrag is gecrediteerd. Het bedrag wordt op de rekening van de begunstigde gevaluteerd uiterlijk op de datum waarop het bij een correcte uitvoering van de transactie zou zijn gevaluteerd.
4. Bij een niet-uitgevoerde of gebrekkig uitgevoerde betalingstransactie waarvoor de betaaldienstverlener van de begunstigde niet aansprakelijk is uit hoofde van het eerste en tweede lid is de betaaldienstverlener van de betaler aansprakelijk jegens de betaler. Indien de betaaldienstverlener van de betaler aansprakelijk is uit hoofde van de eerste zin van dit lid betaalt hij, in voorkomend geval, de betaler onverwijld het bedrag van de niet-uitgevoerde of gebrekkig uit-

art. 7:550

Slotbepalingen

king van de door titel III van de richtlijn vereiste informatie, kunnen tevens regels worden gesteld ter uitvoering van het bepaalde in de artikelen 516, 517, 518, 526, 530, vierde lid, en 542.

Art. 550
1. Van het bepaalde bij deze titel kan niet ten nadele van de betaaldienstgebruiker worden afgeweken, tenzij anders is bepaald.
2. Indien de betaaldienstgebruiker geen consument is, kunnen partijen overeenkomen dat de artikelen 516 tot en met 519, 520, eerste lid, 522, derde lid, 527, 529 tot en met 531, 534, 543, 544 en 545 in het geheel of ten dele niet van toepassing zijn. De partijen kunnen een andere termijn overeenkomen dan die welke is gesteld bij artikel 526.

Slotbepalingen

Art. 551
1. Van het bepaalde bij of krachtens de algemene maatregel van bestuur bedoeld in artikel 4:22 van de Wet op het financieel toezicht kan voor wat betreft de regels met betrekking tot de inhoud en de verstrekking van de door titel III van de richtlijn vereiste informatie of gesteld ter uitvoering van de artikelen 516, 517, 518, 526, 530, vierde lid, en 542, niet ten nadele van de betaaldienstgebruiker worden afgeweken, tenzij in de wet anders is bepaald.
2. Indien de betaaldienstgebruiker geen consument is, kunnen partijen overeenkomen dat van de in lid 1 bedoelde regels kan worden afgeweken, behoudens voor zover zij zijn gesteld ter uitvoering van de artikelen 526 en 542.

Titel 9
Bewaarneming

Bewaarneming

Art. 600
Bewaarneming is de overeenkomst waarbij de ene partij, de bewaarnemer, zich tegenover de andere partij, de bewaargever, verbindt, een zaak die de bewaargever hem toevertrouwt of zal toevertrouwen, te bewaren en terug te geven.
(Zie ook: art. 261 BW Boek 6)

Loon/onkostenvergoeding bewaarnemer

Art. 601
1. Indien de overeenkomst door de bewaarnemer in de uitoefening van zijn beroep of bedrijf is aangegaan, is de bewaargever hem loon verschuldigd.
2. Indien loon verschuldigd is, doch de hoogte niet door partijen is bepaald, is de bewaargever het op de gebruikelijke wijze berekende loon of, bij gebreke daarvan, een redelijk loon verschuldigd.
3. De bewaargever moet aan de bewaarnemer de aan de bewaring verbonden onkosten vergoeden, voor zover deze niet in het loon zijn begrepen, alsook de schade die de bewaarnemer als gevolg van de bewaring heeft geleden.
(Zie ook: art. 52 BW Boek 6)

Goed bewaarnemer

Art. 602
De bewaarnemer moet bij de bewaring de zorg van een goed bewaarder in acht nemen.

Gebruik zaak bij bewaarneming

Art. 603
1. De bewaarnemer mag de zaak slechts gebruiken voor zover de bewaargever daarvoor toestemming heeft gegeven, of het gebruik nodig is om de zaak in goede staat te houden of te brengen.

Onderbewaarneming

2. Zonder toestemming van de bewaargever mag de bewaarnemer de zaak niet aan een derde in bewaring geven, tenzij dit in het belang van de bewaargever noodzakelijk is.
3. Voor gedragingen van een onderbewaarnemer met betrekking tot de zaak is de bewaarnemer op gelijke wijze aansprakelijk als voor eigen gedragingen, tenzij de bewaarneming niet tegen bewaarloon geschiedt en de bewaarnemer tot het in onderbewaring geven genoodzaakt was ten gevolge van hem niet toe te rekenen omstandigheden.

Opbrengsten bij bewaarneming

Art. 604
De vruchten die de zaak in het tijdvak tussen de ontvangst en de teruggave oplevert, moeten door de bewaarnemer aan de bewaargever worden afgedragen.
(Zie ook: art. 9 BW Boek 3)

Teruggave/terugneming bij bewaarneming

Art. 605
1. De bewaargever kan onverwijlde teruggave en de bewaarnemer onverwijlde terugneming van de zaak vorderen.
2. Wegens gewichtige redenen kan de kantonrechter van de rechtbank van het arrondissement waarin de zaak zich bevindt, op verzoek van een van de partijen een van het vorige lid of van de overeenkomst afwijkend tijdstip voor de teruggave of terugneming bepalen. Dit lid is niet van toepassing in geval van gerechtelijke bewaring.
3. De teruggave moet geschieden op de plaats waar de zaak volgens de overeenkomst moet worden bewaard, tenzij bij de overeenkomst een andere plaats voor de teruggave is aangewezen.
4. De bewaarnemer is gehouden de zaak terug te geven in de staat waarin hij haar heeft ontvangen.
(Zie ook: art. 74 BW Boek 6)

gevoerde betalingstransactie terug en herstelt hij onverwijld de betaalrekening die met dat bedrag was gedebiteerd, in de toestand zoals die geweest zou zijn, indien de gebrekkig uitgevoerde betalingstransactie niet zou hebben plaatsgevonden. De valutadatum van de creditering van de betaalrekening van de betaler is uiterlijk de datum waarop het bedrag was gedebiteerd.
5. De verplichting uit hoofde van het vierde lid geldt niet voor de betaaldienstverlener van de betaler wanneer hij bewijst dat de betaaldienstverlener van de begunstigde het bedrag van de betalingstransactie heeft ontvangen, zelfs indien de uitvoering van de betalingstransactie louter vertraagd wordt. In dat geval valuteert de betaaldienstverlener van de begunstigde het bedrag op de rekening van de begunstigde uiterlijk op de datum waarop het bij een correcte uitvoering zou zijn gevaluteerd.
6. Indien een door of via de begunstigde geïnitieerde betalingstransactie niet of gebrekkig is uitgevoerd, tracht de betaaldienstverlener van de begunstigde, ongeacht de aansprakelijkheid uit hoofde van dit artikel, desgevraagd onmiddellijk de betalingstransactie te traceren en stelt hij de begunstigde op de hoogte van de resultaten daarvan. De begunstigde worden daarvoor geen kosten aangerekend.

Art. 545
In de gevallen, bedoeld in de artikelen 543 en 544 zijn de betaaldienstverleners bovendien aansprakelijk jegens hun respectieve betaaldienstgebruikers voor de kosten waarvoor deze laatsten aansprakelijk zijn en de interesten die voor rekening van de betaaldienstgebruiker komen wegens niet-uitvoering of gebrekkige uitvoering, niet-tijdige uitvoering daaronder begrepen, van de betalingstransactie.

Aansprakelijkheid bij betalingstransacties

Art. 545a
1. Wanneer een betaalopdracht door een betaler via een betaalinitiatiedienstverlener wordt geïnitieerd, betaalt de rekeninghoudende betaaldienstverlener de betaler, onverminderd de artikelen 526 en 542, tweede en derde lid, het bedrag van de niet-uitgevoerde of gebrekkige betalingstransactie terug en herstelt hij de betaalrekening die met dat bedrag was gedebiteerd, in de toestand zoals die geweest zou zijn wanneer de gebrekkige betalingstransactie niet had plaatsgevonden.
2. Het bewijs dat de betaalopdracht door de rekeninghoudende betaaldienstverlener van de betaler was ontvangen overeenkomstig artikel 532, en dat de betalingstransactie binnen de bevoegdheid van de betaalinitiatiedienstverlener was geauthentiseerd, correct was geregistreerd en niet door een technische storing of enig ander falen in verband met de niet-uitvoering of de gebrekkige of niet-tijdige uitvoering van de transactie was beïnvloed, wordt geleverd door de betaalinitiatiedienstverlener.
3. Indien de betaalinitiatiedienstverlener aansprakelijk is voor de niet-uitvoering of de gebrekkige of niet-tijdige uitvoering van de betalingstransactie, vergoedt hij de rekeninghoudende betaaldienstverlener op diens verzoek onmiddellijk voor de geleden verliezen of naar aanleiding van het terugbetalen van de betaler betaalde bedragen.

Aansprakelijkheid betaalinitiatiedienstverlener

Art. 546
Deze paragraaf geldt onverminderd het recht op aanvullende schadevergoeding uit hoofde van de algemene regels van overeenkomstenrecht.

Schakelbepaling

Art. 547
1. Indien de aansprakelijkheid van een betaaldienstverlener uit hoofde van de artikelen 528, 543, 544 en 545 kan worden toegerekend aan een andere betaaldienstverlener of een intermediair, vergoedt die betaaldienstverlener of die intermediair eerstgenoemde betaaldienstverlener voor alle verliezen die zijn geleden en de bedragen die zijn betaald uit hoofde van de artikelen 543, 544 en 545. Daartoe behoort een compensatie wanneer een van de betaaldienstverleners geen sterke cliëntauthenticatie toepast.
2. Deze bepaling geldt onverminderd het recht op aanvullende schadevergoeding uit hoofde van de tussen de betaaldienstverleners en tussen de betaaldienstverleners en intermediairs gesloten overeenkomsten.

Schadevergoeding bij aansprakelijkheid bij betalingstransacties

Art. 548
De aansprakelijkheid krachtens de afdelingen 2 en 3 van deze titel geldt niet in abnormale en onvoorziene omstandigheden die onafhankelijk zijn van de wil van degene die zich erop beroept en waarvan de gevolgen ondanks alle voorzorgsmaatregelen niet konden worden voorkomen, noch indien een betaaldienstverlener uit hoofde van nationaal recht of Unierecht andere wettelijke verplichtingen heeft.

Overmacht bij aansprakelijkheid bij betalingstransacties

Afdeling 4
Slotbepalingen

Art. 549
Bij of krachtens de algemene maatregel van bestuur, bedoeld in artikel 4:22 van de Wet op het financieel toezicht, waarbij regels worden gesteld met betrekking tot de inhoud en de verstrek-

Nadere regels

Art. 616b

1. Indien arbeid wordt verricht in dienst van de werkgever ter uitvoering van een of meer tussen een opdrachtgever, opdrachtnemer of aannemer gesloten overeenkomsten, is, met inachtneming van de leden 2 tot en met 5, iedere opdrachtgever aansprakelijk voor de voldoening van het door de werkgever aan de werknemer verschuldigde loon. Indien arbeid wordt verricht in dienst van de werkgever ter uitvoering van een of meer overeenkomsten van goederenvervoer over de weg of overeenkomsten tot het doen vervoeren van goederen over de weg, zijn, met inachtneming van de leden 2 tot en met 5, de afzender, de opdrachtgever van de expediteur, de expediteur en de vervoerder die niet de vervoerovereenkomst heeft gesloten met de afzender, maar aan wie de vervoerder de uitvoering van het goederenvervoer over de weg heeft toevertrouwd, aansprakelijk voor de voldoening van het door de werkgever aan de werknemer verschuldigde loon. Voor de toepassing van dit artikel en de artikelen 616c tot en met 616e worden de in de vorige zin genoemde partijen aangemerkt als wederpartij.

2. Een vordering op grond van lid 1 is telkens alleen mogelijk tegen de naast hogere opdrachtgever of de naast hogere wederpartij, indien een vordering op grond van artikel 616a dan wel een vordering tegen de naast lagere opdrachtgever of de naast lagere wederpartij niet is geslaagd doordat de werkgever of diens opdrachtgever onderscheidenlijk de naast lagere opdrachtgever of de wederpartij onderscheidenlijk de naast lagere wederpartij:
a. geen bekende woonplaats, of bekend werkelijk verblijf heeft;
b. niet in het handelsregister, bedoeld in artikel 2 van de Handelsregisterwet 2007, of een buitenlands register voor ondernemingen is ingeschreven;
c. in staat van faillissement is verklaard en het loon, bedoeld in lid 1, niet door vereffening van de overige baten kan worden voldaan;
d. bij een onherroepelijke rechterlijke uitspraak is veroordeeld tot de voldoening van het loon, bedoeld in lid 1, en de uitspraak niet ten uitvoer kan worden gelegd; of
e. voor zover het een opdrachtgever of de wederpartij betreft, niet aansprakelijk is voor het niet voldoen van het loon, bedoeld in lid 1.

3. In afwijking van lid 1 is de opdrachtgever of de wederpartij, bedoeld in lid 1, niet aansprakelijk indien hij in rechte aannemelijk maakt dat hem, gelet op de omstandigheden van het geval, niet kan worden verweten dat het loon, bedoeld in lid 1, niet is voldaan.

4. In afwijking van de volgorde op grond van lid 2 kan de werknemer de opdrachtgever, of de wederpartij, bedoeld in lid 1, die niet handelt in opdracht van een andere opdrachtgever of wederpartij aansprakelijk stellen voor de voldoening van het loon, bedoeld in lid 1, indien:
a. een vordering op grond van artikel 616a niet is geslaagd vanwege een omstandigheid als bedoeld in lid 2;
b. de werknemer de opdrachtgever of de wederpartij, bedoeld in de aanhef, op schriftelijke of elektronische wijze heeft meegedeeld dat hij een vordering op grond van artikel 616a lid 1 heeft ingesteld of dat hij die niet heeft kunnen instellen vanwege een omstandigheid als bedoeld in lid 2 onderdeel a;
c. de vordering, overeenkomstig lid 2, telkens is ingesteld tegen de naast hogere opdrachtgever of de naast hogere wederpartij; en
d. die vordering na een jaar niet is voldaan, te rekenen vanaf de dag na de dag waarop de mededeling, bedoeld in onderdeel b, is gedaan.

5. In afwijking van lid 4 onderdeel d kan de werknemer zes maanden na de dag waarop de mededeling, bedoeld in lid 4 onderdeel b, is gedaan, de opdrachtgever of de wederpartij, bedoeld in lid 1, die niet handelt in opdracht van een andere opdrachtgever of wederpartij aansprakelijk stellen voor de voldoening van het loon, bedoeld in lid 1, indien de vordering inhoudt dat gedurende ten minste drie opeenvolgende maanden, minder dan de helft van het verschuldigde loon of minder dan 70 procent van het toepasselijke minimumloon, bedoeld in artikel 7 van de Wet minimumloon en minimumvakantiebijslag, is voldaan.

6. Dit artikel is niet van toepassing op een natuurlijke persoon die niet handelt in de uitoefening van een beroep of bedrijf.

Art. 616c

1. Indien de arbeid in Nederland wordt verricht, zijn de artikelen 616a, 616b en 616d tot en met 616f van toepassing, ongeacht het recht dat van toepassing is op de arbeidsovereenkomst, de overeenkomst van opdracht, de overeenkomst van aanneming van werk, de overeenkomst van goederenvervoer over de weg of de overeenkomst tot het doen vervoeren van goederen over de weg.

2. Het eerste lid is niet van toepassing op het goederenvervoer over de weg waarbij de laad- en losplaats buiten Nederland zijn gelegen.

Art. 616d

De opdrachtgever of de wederpartij die een vordering op grond van artikel 616b heeft voldaan, heeft verhaal op alle goederen van:
a. de werkgever; of

Ketenaansprakelijkheid voor loon werknemer

Werkingssfeer

Verhaalsrecht opdrachtgever

b. de opdrachtgever of de wederpartij tegen wie een vordering op grond van artikel 616a of 616b niet is geslaagd vanwege een omstandigheid als bedoeld in artikel 616b lid 2 onderdeel a, b of d.

Art. 616e

Informatieplicht bij loonvordering

1. Met het oog op het instellen van een vordering als bedoeld in artikel 616a of artikel 616b verstrekt iedere opdrachtgever, opdrachtnemer, aannemer, werkgever of iedere wederpartij, aan de werknemer desgevraagd schriftelijk of elektronisch de gegevens die betrekking hebben op de naam, woonplaats of het werkelijk verblijf van:
a. de opdrachtgever, opdrachtnemer, aannemer of werkgever, met wie de opdrachtgever, opdrachtnemer, aannemer of werkgever, bedoeld in de aanhef, een overeenkomst van opdracht of aanneming van werk heeft gesloten of iedere wederpartij; en
b. de opdrachtgever of de wederpartij, die niet handelt in opdracht van een andere opdrachtgever of wederpartij.

2. Indien de opdrachtgever, opdrachtnemer, aannemer of wederpartij, niet tevens zijnde de werkgever, de gegevens, bedoeld in lid 1, niet binnen twee weken na het verzoek van de werknemer verstrekt, kan de werknemer die opdrachtgever, opdrachtnemer, aannemer of wederpartij, in afwijking van de volgorde op grond van artikel 616b lid 2, aansprakelijk stellen op grond van artikel 616b.

Art. 616f

Nietig beding

Elk beding in strijd met de artikelen 616a tot en met 616e is nietig.

Art. 617

Loon, vorm

1. De vastgestelde vorm van loon mag niet anders zijn dan:
a. geld;
b. indien die vorm van loon gewoonte is of wenselijk is wegens de aard van de onderneming van de werkgever: zaken, geschikt voor het persoonlijk gebruik van de werknemer en zijn huisgenoten, met uitzondering van alcoholhoudende drank en andere voor de gezondheid schadelijke genotmiddelen;
c. het gebruik van een woning, alsmede verlichting en verwarming daarvan;
d. diensten, voorzieningen en werkzaamheden door of voor rekening van de werkgever te verrichten, onderricht, kost en inwoning daaronder begrepen;
e. effecten, vorderingen, andere aanspraken en bewijsstukken daarvan en bonnen.

2. Aan de in lid 1 onder b, c en d bedoelde zaken, diensten en voorzieningen mag geen hogere waarde worden toegekend dan die welke met de werkelijke waarde daarvan overeenkomt.
(Zie ook: artt. 630, 631 BW Boek 7; artt. 391, 413, 450b, 452f, 452h, 452p WvK)

Art. 618

Loon, niet vastgesteld

Indien geen loon is vastgesteld, heeft de werknemer aanspraak op het loon dat ten tijde van het sluiten van de overeenkomst voor arbeid als de overeengekomene gebruikelijk was of, bij gebreke van een dergelijke maatstaf, op een loon dat met inachtneming van de omstandigheden van het geval naar billijkheid wordt bepaald.

Art. 619

Loon, bewijsstukken prestatieloon

1. Indien het loon voor het geheel of voor een gedeelte bestaat in een bedrag dat afhankelijk is gesteld van enig gegeven dat uit de boeken, bescheiden of andere gegevensdragers van de werkgever moet kunnen blijken, heeft de werknemer het recht van de werkgever overlegging te verlangen van zodanige bewijsstukken, als hij nodig heeft om dat gegeven vast te kunnen stellen.

2. Partijen kunnen bij schriftelijke overeenkomst overeenkomen aan wie, in afwijking van lid 1, overlegging van genoemde bewijsstukken zal geschieden. Als zodanig kunnen niet worden aangewezen werknemers die in dienst van de werkgever met de boekhouding zijn belast.

3. Slechts aan de werknemer komt de bevoegdheid toe om ter vernietiging van een beding dat afwijkt van lid 1 of lid 2, tweede zin, een beroep op de vernietigingsgrond te doen.

4. De overlegging van de bewijsstukken door of vanwege de werkgever geschiedt desverlangd onder de uitdrukkelijke verplichting tot geheimhouding door de werknemer en degene die hem overeenkomstig lid 2 vervangt; deze kan echter nimmer tot geheimhouding tegenover de werknemer worden verplicht, behoudens voor zover het betreft de winst in de onderneming van de werkgever of in een deel daarvan gemaakt.
(Zie ook: artt. 135, 245 BW Boek 2; art. 771 Rv; art. 8 WvK; art. 273 WvSr)

Art. 620

Loon, voldoening in geld

1. De voldoening van het in geld vastgestelde loon geschiedt in Nederlands wettig betaalmiddel of door girale betaling overeenkomstig artikel 114 van Boek 6.

2. De voldoening van het in geld vastgestelde loon kan in buitenlands geld geschieden, indien dit overeengekomen is. De werknemer is echter bevoegd voldoening in Nederlands geld te verlangen met ingang van de tweede komende betaaldag. Indien omrekening nodig is, geschiedt deze naar de koers, bedoeld in de artikelen 124 en 126 van Boek 6.

13 Burgerlijk Wetboek Boek 7

art. 7:625

3. De voldoening van het in andere bestanddelen dan in geld vastgestelde loon geschiedt volgens hetgeen daarover is overeengekomen of, als daarover niets is overeengekomen, volgens het gebruik.
(Zie ook: artt. 621, 679 BW Boek 7; artt. 380, 391, 407, 426, 450b, 452d, 452p WvK)

Loon, voldoening in natura

Art. 621
1. Voldoening van het loon, anders dan bij artikel 620 is bepaald of, in andere vormen is vastgesteld dan door artikel 617 is toegestaan, is niet bevrijdend. De werknemer behoudt het recht om het verschuldigde loon of, zo dit in een andere vorm dan geld is vastgesteld, de waarde van de verschuldigde prestatie van de werkgever te vorderen zonder gehouden te zijn het bij de niet-bevrijdende voldoening ontvangene terug te geven.
2. Niettemin kan de rechter bij toewijzing van de vordering van de werknemer de veroordeling beperken tot zodanig bedrag als hem met het oog op de omstandigheden billijk zal voorkomen, maar uiterlijk tot de som waarop de door de werknemer geleden schade zal worden vastgesteld.
3. Een rechtsvordering van de werknemer op grond van dit artikel verjaart door verloop van zes maanden na de dag waarop de niet-bevrijdende voldoening plaatsvindt.
(Zie ook: artt. 630, 631 BW Boek 7)

Loon, andere vormen

Art. 622
De voldoening van in geld vastgesteld loon die niet met toepassing van artikel 114 van Boek 6 plaatsvindt, geschiedt hetzij ter plaatse waar de arbeid in de regel wordt verricht, hetzij ten kantore van de werkgever indien dit gelegen is in dezelfde gemeente als die waarin de meerderheid van de werknemers woont, hetzij aan de woning van de werknemer, ter keuze van de werkgever.
(Zie ook: art. 114 t/m 118 BW Boek 6)

Loon, plaats betaling

Art. 623
1. De werkgever is verplicht het in geld naar tijdruimte vastgestelde loon te voldoen telkens na afloop van het tijdvak waarover het loon op grond van de overeenkomst moet worden berekend, met dien verstande dat het tijdvak voor voldoening niet korter is dan één week en niet langer is dan één maand.
2. Het tijdvak na afloop waarvan het loon moet worden voldaan, kan bij schriftelijke overeenkomst worden verlengd, maar niet langer dan tot een maand wanneer het tijdvak waarover het loon op grond van de overeenkomst moet worden berekend, een week of korter is, en tot niet langer dan tot een kwartaal wanneer het tijdvak waarover het loon op grond van de overeenkomst moet worden berekend, een maand of langer is.
3. Slechts aan de werknemer komt de bevoegdheid toe om ter vernietiging van een beding dat afwijkt van dit artikel, een beroep op de vernietigingsgrond te doen.
(Zie ook: art. 114 t/m 118 BW Boek 6; artt. 227, 450b, 452m WvK)

Loon, betalingstermijn

Art. 624
1. Indien het in geld vastgestelde loon afhankelijk is van de uitkomsten van de te verrichten arbeid, houdt de werkgever de betalingstermijnen aan die gelden voor het naar tijdruimte vastgestelde loon voor vergelijkbare arbeid, tenzij met inachtneming van artikel 623 andere termijnen zijn overeengekomen.
2. Indien op de betaaldag het bedrag van het loon als genoemd in lid 1 nog niet te bepalen is, is de werkgever verplicht tot voldoening van een voorschot ten bedrage van het loon waarop de werknemer gemiddeld per betalingstermijn aanspraak kan maken over de drie maanden voorafgaande aan de betaaldag of, indien dat niet mogelijk is, ten bedrage van het voor vergelijkbare arbeid gebruikelijke loon.
3. Schriftelijk kan worden overeengekomen dat het voorschot op een lager bedrag wordt gesteld, maar niet op minder dan drie vierde van het gemiddelde loon over drie maanden voorafgaande aan de betaaldag onderscheidenlijk het voor vergelijkbare arbeid gebruikelijke loon.
4. Voor zover het in geld vastgestelde loon bestaat in een bedrag dat afhankelijk is gesteld van enig gegeven dat uit de boeken, bescheiden of andere gegevensdragers van de werkgever moet kunnen blijken, is de werkgever tot voldoening verplicht telkens wanneer het bedrag van dat loon kan worden bepaald, met dien verstande dat ten minste eenmaal per jaar voldoening plaatsvindt.
5. Slechts aan de werknemer komt de bevoegdheid toe om ter vernietiging van een beding dat afwijkt van dit artikel, een beroep op de vernietigingsgrond te doen.
(Zie ook: art. 29 BW Boek 6; artt. 391, 450b, 452f WvK)

Loon, betalingstermijn/voorschotbetaling prestatieloon

Art. 625
1. Voor zover het in geld vastgesteld loon of het gedeelte dat overblijft na aftrek van hetgeen door de werkgever overeenkomstig artikel 628 mag worden verrekend, en na aftrek van hetgeen waarop derden overeenkomstig artikel 633 rechten doen gelden, niet wordt voldaan uiterlijk de derde werkdag na die waarop ingevolge de artikelen 623 en 624 lid 1 de voldoening had moeten geschieden, heeft de werknemer, indien dit niet-voldoen aan de werkgever is toe te rekenen, aanspraak op een verhoging wegens vertraging. Deze verhoging bedraagt voor de vierde tot en met de achtste werkdag vijf procent per dag en voor elke volgende werkdag een

Loon, verhoging bij overschrijding betalingstermijn

859

procent, met dien verstande dat de verhoging in geen geval de helft van het verschuldigde te boven zal gaan. Niettemin kan de rechter de verhoging beperken tot zodanig bedrag als hem met het oog op de omstandigheden billijk zal voorkomen.

Dwingend recht 2. Van dit artikel kan niet ten nadele van de werknemer worden afgeweken.
(Zie ook: artt. 119, 120, 651 BW Boek 6; artt. 389, 391, 447, 450b, 452p WvK)

Art. 626

Loon, loonstrookje 1. De werkgever is verplicht bij elke voldoening van het in geld vastgestelde loon de werknemer een schriftelijke of elektronische opgave te verstrekken van het loonbedrag, van de gespecificeerde bedragen waaruit dit is samengesteld, van de gespecificeerde bedragen die op het loonbedrag zijn ingehouden, alsmede van het bedrag van het loon waarop een persoon van de leeftijd van de werknemer over de termijn waarover het loon is berekend ingevolge het bepaalde bij of krachtens de Wet minimumloon en minimumvakantiebijslag recht heeft, tenzij zich ten opzichte van de vorige voldoening in geen van deze bedragen een wijziging heeft voorgedaan.
2. De opgave vermeldt voorts de naam van de werkgever en van de werknemer, de termijn waarover het loon is berekend, alsmede de overeengekomen arbeidsduur.
3. De werkgever verstrekt de elektronische opgave op zodanige wijze dat deze door de werknemer kan worden opgeslagen en voor hem toegankelijk is ten behoeve van latere kennisneming.
4. Voor het verstrekken van een elektronische opgave is uitdrukkelijke instemming van de werknemer vereist.

Dwingend recht 5. Van dit artikel kan niet ten nadele van de werknemer worden afgeweken.
(Zie ook: art. 450b WvK)

Art. 627

Geen arbeid, geen loon Geen loon is verschuldigd voor de tijd gedurende welke de werknemer de bedongen arbeid niet heeft verricht.
(Zie ook: artt. 635, 639 BW Boek 7; artt. 381, 391, 414, 450b, 452p WvK)

Art. 628

Geen arbeid, wel loon 1. De werknemer behoudt het recht op het naar tijdruimte vastgestelde loon indien hij de overeengekomen arbeid niet heeft verricht door een oorzaak die in redelijkheid voor rekening van de werkgever behoort te komen.
2. Indien de werknemer krachtens enige wettelijk voorgeschreven verzekering of krachtens enige verzekering of uit enig fonds waarin de deelneming is overeengekomen bij of voortvloeit uit de arbeidsovereenkomst, een geldelijke uitkering toekomt, wordt het loon verminderd met het bedrag van die uitkering.
3. Indien het loon in geld op andere wijze dan naar tijdruimte is vastgesteld, zijn de bepalingen van dit artikel van toepassing, met dien verstande dat als loon wordt beschouwd het gemiddelde loon dat de werknemer, wanneer hij niet verhinderd was geweest, gedurende die tijd had kunnen verdienen.
4. Het loon wordt echter verminderd met het bedrag van de onkosten die de werknemer zich door het niet-verrichten van de arbeid heeft bespaard.
5. Van lid 1 kan voor de eerste zes maanden van de arbeidsovereenkomst bij schriftelijke overeenkomst of bij regeling door of namens een daartoe bevoegd bestuursorgaan ten nadele van de werknemer worden afgeweken.
6. In geval van elkaar opvolgende arbeidsovereenkomsten als bedoeld in artikel 668a kan een afwijking als bedoeld in lid 5 voor ten hoogste in totaal zes maanden worden overeengekomen.
7. Bij collectieve arbeidsovereenkomst of bij regeling door of namens een daartoe bevoegd bestuursorgaan kan de periode, bedoeld in lid 5, voor bij die overeenkomst of regeling te bepalen functies worden verlengd, mits de aan die functies verbonden werkzaamheden incidenteel van aard zijn en geen vaste omvang hebben.
(Zie ook: art. 635 BW Boek 7; art. 450 WvK)
8. Bij regeling van Onze Minister van Sociale Zaken en Werkgelegenheid kan op verzoek van de Stichting van de Arbeid worden bepaald dat op bepaalde bedrijfstakken, of onderdelen daarvan, lid 5, 6 of 7 niet van toepassing is.
9. Elk beding dat ten nadele van de werknemer afwijkt van dit artikel is nietig.

Art. 628a

Oproepovereenkomst, minimumaanspraak per oproep 1. Indien een arbeidsomvang van minder dan 15 uur per week is overeengekomen en de tijdstippen waarop de arbeid moet worden verricht niet zijn vastgelegd, dan wel indien de omvang van de arbeid niet of niet eenduidig is vastgelegd, heeft de werknemer voor iedere periode van minder dan drie uur waarin hij arbeid heeft verricht, recht op het loon waarop hij aanspraak zou hebben indien hij drie uur arbeid zou hebben verricht.

Dwingend recht 2. Van dit artikel kan niet ten nadele van de werknemer worden afgeweken.

Art. 629

Loon tijdens ziekte, zwangerschap en bevalling 1. Voor zover het loon niet meer bedraagt dan het bedrag, bedoeld in artikel 17, eerste lid, van de Wet financiering sociale verzekeringen, met betrekking tot een loontijdvak van een dag, behoudt de werknemer voor een tijdvak van 104 weken recht op 70% van het naar tijdruimte vastgestelde loon, maar de eerste 52 weken ten minste op het voor hem geldende wettelijke

13 Burgerlijk Wetboek Boek 7   art. 7:629

minimumloon, indien hij de bedongen arbeid niet heeft verricht omdat hij in verband met ongeschiktheid ten gevolge van ziekte, zwangerschap of bevalling daartoe verhinderd was.
2. In afwijking van lid 1 geldt het in dat lid bedoelde recht voor een tijdvak van zes weken voor de werknemer die:
a. doorgaans op minder dan vier dagen per week uitsluitend of nagenoeg uitsluitend diensten verricht ten behoeve van het huishouden van de natuurlijke persoon tot wie hij in dienstbetrekking staat; of
b. de in artikel 7, onderdeel a, van de Algemene Ouderdomswet bedoelde leeftijd heeft bereikt.
Indien de ongeschiktheid wegens ziekte een aanvang heeft genomen voor de datum waarop de werknemer de in onderdeel b bedoelde leeftijd heeft bereikt, geldt vanaf die datum de in dit lid genoemde termijn, voor zover het totale tijdvak niet meer bedraagt dan 104 weken.
3. De werknemer heeft het in lid 1 bedoelde recht niet: *Uitsluitingsgronden*
a. indien de ziekte door zijn opzet is veroorzaakt of het gevolg is van een gebrek waarover hij in het kader van een aanstellingskeuring valse informatie heeft verstrekt en daardoor de toetsing aan de voor de functie opgestelde belastbaarheidseisen niet juist kon worden uitgevoerd;
b. voor de tijd, gedurende welke door zijn toedoen zijn genezing wordt belemmerd of vertraagd;
c. voor de tijd, gedurende welke hij, hoewel hij daartoe in staat is, zonder deugdelijke grond passende arbeid als bedoeld in artikel 658a lid 4 voor de werkgever of voor een door de werkgever aangewezen derde, waartoe de werkgever hem in de gelegenheid stelt, niet verricht;
d. voor de tijd, gedurende welke hij zonder deugdelijke grond weigert mee te werken aan door de werkgever of door een door hem aangewezen deskundige gegeven redelijke voorschriften of getroffen maatregelen die erop gericht zijn om de werknemer in staat te stellen passende arbeid als bedoeld in artikel 658a lid 4 te verrichten;
e. voor de tijd, gedurende welke hij zonder deugdelijke grond weigert mee te werken aan het opstellen, evalueren en bijstellen van een plan van aanpak als bedoeld in artikel 658a lid 3;
f. voor de tijd gedurende welke hij zonder deugdelijke grond zijn aanvraag om een uitkering als bedoeld in artikel 64, eerste lid, van de Wet werk en inkomen naar arbeidsvermogen later indient dan in dat artikel is voorgeschreven.
4. In afwijking van lid 1 heeft de vrouwelijke werknemer het in dat lid bedoelde recht niet gedurende de periode dat zij zwangerschaps- of bevallingsverlof geniet overeenkomstig artikel 3:1, tweede en derde lid, van de Wet arbeid en zorg.   *Geen recht op loon bij ziekte of zwangerschap/bevalling*
5. Het loon wordt verminderd met het bedrag van enige geldelijke uitkering die de werknemer toekomt krachtens enige wettelijke voorgeschreven verzekering of krachtens enige verzekering of uit enig fonds waarin de werknemer niet deelneemt, voorzover deze uitkering betrekking heeft op de bedongen arbeid waaruit het loon wordt genoten. Het loon wordt voorts verminderd met het bedrag van de inkomsten, door de werknemer in of buiten dienstbetrekking genoten voor werkzaamheden die hij heeft verricht gedurende de tijd dat hij, zo hij daartoe niet verhinderd was geweest, de bedongen arbeid had kunnen verrichten.   *Loonvermindering*
6. De werkgever is bevoegd de betaling van het in het lid 1 bedoelde loon op te schorten voor de tijd, gedurende welke de werknemer zich niet houdt aan door de werkgever schriftelijk gegeven redelijke voorschriften omtrent het verstrekken van de inlichtingen die de werkgever behoeft om het recht op loon vast te stellen.   *Opschorting loon*
7. De werkgever kan geen beroep meer doen op enige grond het loon geheel of gedeeltelijk niet te betalen of de betaling daarvan op te schorten, indien hij de werknemer daarvan geen kennis heeft gegeven onverwijld nadat bij hem het vermoeden van het bestaan daarvan is gerezen of redelijkerwijs had behoren te rijzen.
8. Artikel 628 lid 3 is van overeenkomstige toepassing.   *Schakelbepaling*
9. Van dit artikel kan ten nadele van de werknemer slechts in zoverre worden afgeweken dat bedongen kan worden dat de werknemer voor de eerste twee dagen van het in lid 1 of lid 2 bedoelde tijdvak geen recht op loon heeft.   *Dwingend recht*
10. Voor de toepassing van de leden 1, 2 en 9 worden perioden, waarin de werknemer in verband met ongeschiktheid ten gevolge van ziekte, zwangerschap of bevalling verhinderd is geweest zijn arbeid te verrichten, samengeteld indien zij elkaar met een onderbreking van minder dan vier weken opvolgen, of indien zij direct voorafgaan aan en aansluiten op een periode waarin zwangerschaps- of bevallingsverlof wordt genoten als bedoeld in artikel 3:1, tweede en derde lid, van de Wet arbeid en zorg, tenzij de ongeschiktheid redelijkerwijs niet geacht kan worden voort te vloeien uit dezelfde oorzaak.   *Samentelling opeenvolgende perioden*
11. Het tijdvak van 104 weken, bedoeld in lid 1, wordt verlengd: *Loonsanctie*
a. met de duur van de vertraging indien de aanvraag, bedoeld in artikel 64, eerste lid, van de Wet werk en inkomen naar arbeidsvermogen later wordt gedaan dan in of op grond van dat artikel is voorgeschreven;
b. met de duur van het verlengde tijdvak dat het Uitvoeringsinstituut werknemersverzekeringen op grond van artikel 24, eerste lid, van de Wet werk en inkomen naar arbeidsvermogen heeft vastgesteld en met de duur van het tijdvak, bedoeld in artikel 25, negende lid, eerste zin, van die wet;

c. met de duur van de verlenging van de wachttijd, bedoeld in artikel 19, eerste lid, van de Wet op de arbeidsongeschiktheidsverzekering, indien die wachttijd op grond van het zevende lid van dat artikel wordt verlengd; en
d. met de duur van het tijdvak dat het Uitvoeringsinstituut werknemersverzekeringen op grond van artikel 71a, negende lid, van de Wet op de arbeidsongeschiktheidsverzekering heeft vastgesteld.

Passende arbeid

12. Indien de werknemer passende arbeid als bedoeld in artikel 658a lid 4 verricht, blijft de arbeidsovereenkomst onverkort in stand.
(Zie ook: artt. 670, 678 bk 7 BW; artt. 391, 415, 450b, 452b, 452h, 452p WvK; art. 17 WOR)

Uitbreiding begrip huishoudelijke hulp

13. Voor de toepassing van lid 2, aanhef en onderdeel a, wordt onder het verrichten van diensten ten behoeve van een huishouden mede verstaan het verlenen van zorg aan de leden van dat huishouden.

Art. 629a

Deskundigenoordeel

1. De rechter wijst een vordering tot betaling van loon als bedoeld in artikel 629 af, indien bij de eis niet een verklaring is gevoegd van een deskundige, benoemd door het Uitvoeringsinstituut werknemersverzekeringen, genoemd in hoofdstuk 5 van de Wet structuur uitvoeringsorganisatie werk en inkomen, omtrent de verhindering van de werknemer om de bedongen of andere passende arbeid te verrichten respectievelijk diens nakoming van de verplichtingen, bedoeld in artikel 660a.
2. Lid 1 geldt niet indien de verhindering respectievelijk de nakoming niet wordt betwist of het overleggen van de verklaring in redelijkheid niet van de werknemer kan worden gevergd.
3. De deskundige, die zijn benoeming heeft aanvaard, is verplicht zijn onderzoek onpartijdig en naar beste weten te volbrengen.
4. De deskundige die de hoedanigheid van arts bezit, kan de voor zijn onderzoek van belang zijnde inlichtingen over de werknemer inwinnen bij de behandelend arts of de behandelend artsen. Zij verstrekken de gevraagde inlichtingen voor zover daardoor de persoonlijke levenssfeer van de werknemer niet onevenredig wordt geschaad.
5. De rechter kan op verzoek van een der partijen of ambtshalve bevelen dat de deskundige zijn verklaring nader schriftelijk of mondeling toelicht of aanvult.
6. De werknemer wordt ter zake van een vordering als bedoeld in het eerste lid slechts in de kosten van de werkgever als bedoeld in artikel 237 van het Wetboek van Burgerlijke Rechtsvordering veroordeeld in geval van kennelijk onredelijk gebruik van procesrecht.
7. Bij collectieve arbeidsovereenkomst of bij regeling door of namens een daartoe bevoegd bestuursorgaan kan worden bepaald dat de in het eerste lid bedoelde deskundige door een ander dan het Uitvoeringsinstituut werknemersverzekeringen, genoemd in hoofdstuk 5 van de Wet structuur uitvoeringsorganisatie werk en inkomen wordt aangewezen.
(Zie ook: artt. 391, 450b WvK)

Art. 629b

[Vervallen]

Art. 630

Loon, verhindering voldoening

1. De werkgever die tijdelijk is verhinderd het loon, voor zover dit in een andere vorm dan in geld is vastgesteld, te voldoen zonder dat deze verhindering het gevolg is van een eigen toedoen van de werknemer, is aan deze een vergoeding schuldig, waarvan het bedrag bij overeenkomst wordt vastgesteld of, bij gebreke van een overeenkomst, door de rechter wordt bepaald volgens het gebruik of de billijkheid.

Dwingend recht

2. Van dit artikel kan niet ten nadele van de werknemer worden afgeweken.
(Zie ook: artt. 391, 450b, 452p WvK)

Art. 631

Looninhouding/nietig beding

1. Een beding waarbij de werkgever het recht krijgt enig bedrag van het loon op de betaaldag in te houden, is nietig, onverminderd de bevoegdheid van de werknemer om de werkgever een schriftelijke volmacht te verlenen om uit het uit te betalen loon betalingen in zijn naam te verrichten. De bevoegdheid van de werknemer, bedoeld in de eerste zin, geldt niet voor het deel van het loon tot het bedrag, bedoeld in artikel 7 van de Wet minimumloon en minimumvakantiebijslag, met uitzondering van betalingsverplichtingen als bedoeld in artikel 13, tweede lid, van de Wet minimumloon en minimumvakantiebijslag. Deze volmacht is te allen tijde herroepelijk.
2. Bedingen waarbij de werknemer zich jegens de werkgever verbindt het ontvangen loon of zijn overige inkomsten of een gedeelte daarvan op bepaalde wijze te besteden, en bedingen waarbij de werknemer zich verbindt zijn benodigdheden op een bepaalde plaats of bij een bepaalde persoon aan te schaffen, zijn nietig.

Looninhouding, pensioen en spaarregeling

3. De leden 1 en 2 zijn niet van toepassing op het beding waarbij de werknemer zich verbindt:
a. deel te nemen in een pensioenfonds als bedoeld in artikel 1 van de Pensioenwet en ten aanzien waarvan aan de voorschriften van die wet wordt voldaan;

art. 7:632

b. bij te dragen tot de premiebetaling aan een verzekeraar, een premiepensioeninstelling of een pensioeninstelling uit een andere lidstaat als bedoeld in artikel 1 van de Pensioenwet, overeenkomstig de voorschriften dienaangaande door de Pensioenwet gesteld;
c. deel te nemen in enig ander fonds dan in onderdeel a bedoeld, mits dat fonds voldoet aan de voorwaarden, bij algemene maatregel van bestuur gesteld;
d. deel te nemen aan een regeling tot sparen te zijnen behoeve, anders dan in de onderdelen a tot en met c bedoeld, mits die regeling voldoet aan de voorwaarden, bij algemene maatregel van bestuur gesteld.
Onder enig ander fonds als bedoeld in onderdeel c, wordt niet verstaan een fonds dat tot doel heeft aan de werkgever of aan de werknemer een uitkering te doen die verband houdt met het recht van de werknemer op doorbetaling van loon tijdens ziekte, zwangerschap of bevalling als bedoeld in artikel 629 lid 1, of met de betaling van een uitkering als bedoeld in artikel 84 van de Wet werk en inkomen naar arbeidsvermogen dan wel als bedoeld in artikel 75a van de Wet op de arbeidsongeschiktheidsverzekering.
4. Voor de nakoming van een beding als bedoeld in lid 3 mag de werkgever de daartoe nodige bedragen op het loon van de werknemer inhouden; hij is alsdan verplicht deze bedragen overeenkomstig het beding ten behoeve van de werknemer te voldoen.
5. Op de deelneming door een minderjarige aan een regeling als bedoeld in lid 3 is artikel 612 van overeenkomstige toepassing.
6. Indien de werknemer ingevolge een nietig beding als bedoeld in lid 2 een overeenkomst met de werkgever of een derde heeft aangegaan, heeft hij het recht hetgeen hij uit dien hoofde heeft voldaan van de werkgever te vorderen. Indien hij de overeenkomst met de werkgever heeft aangegaan, heeft hij bovendien de bevoegdheid de overeenkomst te vernietigen.
7. De rechter kan bij toewijzing van een vordering van de werknemer op grond van lid 6 de verplichting tot betaling van de werkgever beperken tot zodanig bedrag als hem met het oog op de omstandigheden billijk voorkomt, maar uiterlijk tot de som waarop hij de door de werknemer geleden schade vaststelt.
8. Een rechtsvordering van de werknemer op grond van dit artikel verjaart door verloop van zes maanden na de dag van het ontstaan van het vorderingsrecht.
(Zie ook: art. 304 BW Boek 2; Bfs)

Art. 632

1. Behalve bij het einde van de arbeidsovereenkomst is verrekening door de werkgever van zijn schuld ter zake van het uit te betalen loon slechts toegelaten met de volgende vorderingen op de werknemer:
a. de door de werknemer aan de werkgever verschuldigde schadevergoeding;
b. de boetes, door de werknemer volgens artikel 650 aan de werkgever verschuldigd, mits door deze een schriftelijk bewijs wordt afgegeven, die het bedrag vermeldt van iedere boete alsmede de tijd waarop en de reden waarom zij is opgelegd, met opgave van de overtreden bepaling van een schriftelijk aangegane overeenkomst;
c. de voorschotten op het loon, door de werkgever in geld aan de werknemer verstrekt, mits daarvan schriftelijk blijkt;
d. het bedrag van hetgeen op het loon te veel is betaald;
e. de huurprijs van een woning of een andere ruimte, een stuk grond of van werktuigen, machines en gereedschappen, door de werknemer in eigen bedrijf gebruikt, en die bij schriftelijke overeenkomst door de werkgever aan de werknemer zijn verhuurd.
2. Verrekening heeft geen plaats op het deel van het loon tot het bedrag, bedoeld in artikel 7 van de Wet minimumloon en minimumvakantiebijslag, tenzij vooraf schriftelijk met de werknemer is overeengekomen dat verrekening met een vordering als bedoeld in lid 1, onderdeel c, plaatsvindt. Indien het bedrag, bedoeld in de vorige zin, lager is dan het deel van het loon waarop beslag onder de werkgever niet geldig kan zijn, vindt slechts verrekening plaats op het deel van het loon waarop beslag op het loon wel geldig zou zijn. Ter zake van hetgeen de werkgever krachtens lid 1, onderdeel b, zou kunnen vorderen, mag door hem bij elke voldoening van het loon niet meer worden verrekend dan een tiende gedeelte van het in geld vastgestelde loon dat alsdan zou moeten worden voldaan, met dien verstande dat geen verrekening plaats heeft op het deel van het loon tot het bedrag bedoeld in de vorige zinnen.
3. Hetgeen de werkgever uit hoofde van een op het loon gelegd beslag inhoudt, komt in mindering op het voor verrekening toegelaten maximum.
4. Een beding waardoor de werkgever een ruimere bevoegdheid tot verrekening zou krijgen, is vernietigbaar, met dien verstande dat de werknemer bevoegd is tot vernietiging ter zake van elke afzonderlijke verrekeningsverklaring van de werkgever die van de geldigheid van het beding uitgaat.
(Zie ook: art. 650 BW Boek 7; art. 475a Rv; artt. 387, 429 WvK)

Loon, verrekening schuld werkgever met vordering werknemer

Dwingend recht

Art. 633

Loon, overdracht/verpanding aan derden
1. Overdracht, verpanding of elke andere handeling waardoor de werknemer enig recht op zijn loon aan derden toekent, is slechts in zover geldig als een beslag op zijn loon geldig zou zijn.

Loon, volmacht tot vordering
2. Een volmacht tot de vordering van loon wordt schriftelijk verleend. Deze volmacht is te allen tijde herroepelijk.

Dwingend recht
3. Van dit artikel kan niet worden afgeweken.

Afdeling 3
Vakantie en verlof

Art. 634

Arbeidsovereenkomst, verwerving aanspraak op vakantie
1. De werknemer verwerft over ieder jaar waarin hij gedurende de volledige overeengekomen arbeidsduur recht op loon heeft gehad, aanspraak op vakantie van ten minste vier maal de overeengekomen arbeidsduur per week of, als de overeengekomen arbeidsduur in uren per jaar is uitgedrukt, van ten minste een overeenkomstige tijd.
2. De werknemer die over een deel van een jaar recht op loon heeft gehad, verwerft over dat deel aanspraak op vakantie die een evenredig gedeelte bedraagt van datgene waarop hij recht zou hebben gehad als hij gedurende het gehele jaar recht had op loon over de volledige overeengekomen arbeidsduur.

Aanvullend recht
3. Bij collectieve arbeidsovereenkomst of bij regeling door of namens een daartoe bevoegd bestuursorgaan kan ten aanzien van werknemers wier arbeidsovereenkomst eindigt nadat deze ten minste een maand heeft geduurd, van lid 2 worden afgeweken in dier voege dat de aanspraak op vakantie wordt berekend over tijdvakken van een maand.
(Zie ook: artt. 627, 628 BW Boek 7; artt. 381, 414, 452g WvK; art. 27 WOR)

Art. 635

Vakantie, behoud aanspraak
1. In afwijking van artikel 634 verwerft de werknemer aanspraak op vakantie over het tijdvak, gedurende hetwelk hij geen recht heeft op in geld vastgesteld loon, omdat:
a. hij, anders dan voor oefening en opleiding, als dienstplichtige is opgeroepen ter vervulling van zijn militaire dienst of vervangende dienst;
b. hij vakantie als bedoeld in artikel 641 lid 3 geniet;
c. hij, met toestemming van de werkgever, deelneemt aan een bijeenkomst die wordt georganiseerd door een vakvereniging waarvan hij lid is;
d. hij, anders dan ten gevolge van de omstandigheden, bedoeld in de leden 2 en 3, tegen zijn wil niet in staat is om de overeengekomen arbeid te verrichten;
e. hij verlof als bedoeld in artikel 643 geniet;
f. hij verlof als bedoeld in hoofdstuk 5, afdeling 2, van de Wet arbeid en zorg geniet.

Vakantie, behoud aanspraak bij zwangerschap/bevalling
2. In afwijking van artikel 634 verwerft de vrouwelijke werknemer die wegens zwangerschap of bevalling niet gedurende een geheel jaar aanspraak op loon verwerft, over de volledige overeengekomen arbeidsduur aanspraak op vakantie over het tijdvak dat zij recht heeft op een uitkering als bedoeld in hoofdstuk 3, afdeling 2, van de Wet arbeid en zorg.

Vakantie, behoud aanspraak bij adoptieverlof/verlof pleegkind
3. In afwijking van artikel 634 verwerft de werknemer die wegens adoptieverlof of verlof voor het opnemen van een pleegkind niet gedurende een geheel jaar aanspraak op loon verwerft, over de volledige overeengekomen arbeidsduur aanspraak op vakantie over het tijdvak dat hij recht heeft op een uitkering als bedoeld in hoofdstuk 3, afdeling 2, van de Wet arbeid en zorg.

Vakantie, behoud aanspraak bij opleiding jeugdige werknemer
4. De jeugdige werknemer verwerft aanspraak op vakantie over de tijd die hij besteedt aan het volgen van het onderricht waartoe hij krachtens de wet door de werkgever in de gelegenheid moet worden gesteld.
5. Indien een aanspraak op vakantie is verworven die het in artikel 634 bedoelde minimum te boven gaat, kan voorzover die aanspraak dat minimum te boven gaat, bij schriftelijke overeenkomst van de leden 1 tot en met 4 worden afgeweken ten nadele van de werknemer.
(Zie ook: art. 414 WvK; artt. 97, 98 Gw)

Art. 636

Vakantie, aanmerken als vakantiedagen
1. Dagen of gedeelten van dagen waarop de werknemer de overeengekomen arbeid niet verricht wegens een van de redenen, bedoeld in artikel 635 leden 1 en 4 kunnen slechts indien in een voorkomend geval de werknemer ermee instemt worden aangemerkt als vakantie, met dien verstande dat de werknemer ten minste recht houdt op het in artikel 634 bedoelde minimum.
2. Dagen of gedeelten van dagen waarop de werknemer de overeengekomen arbeid niet verricht wegens een van de redenen, bedoeld in artikel 635, leden 2 en 3, kunnen niet worden aangemerkt als vakantie.

Art. 637

Vakantie, aanmerken ziektedagen als vakantiedagen
1. Dagen of gedeelten van dagen waarop de werknemer de overeengekomen arbeid niet verricht wegens ziekte kunnen slechts indien in een voorkomend geval de werknemer ermee instemt worden aangemerkt als vakantie, met dien verstande dat de werknemer ten minste recht houdt op het in artikel 634 bedoelde minimum.

2. In afwijking van lid 1 kan bij schriftelijke overeenkomst worden bepaald dat dagen of gedeelten van dagen waarop de werknemer in enig jaar de overeengekomen arbeid niet heeft verricht wegens ziekte worden aangemerkt als vakantie tot ten hoogste het aantal vakantiedagen dat voor dat jaar boven het in artikel 634 bedoelde minimum is overeengekomen.
3. Indien in enig jaar zowel lid 2 als artikel 638, lid 8, tweede volzin, worden toegepast, kunnen in totaal niet meer dan het aantal vakantiedagen dat voor dat jaar boven het in artikel 634 bedoelde minimum is overeengekomen, als vakantie gelden.
(Zie ook: art. 635 BW Boek 7)

Art. 638
1. De werkgever is verplicht de werknemer ieder jaar in de gelegenheid te stellen de vakantie op te nemen waarop de werknemer op grond van artikel 634 ten minste aanspraak heeft.
2. Voorzover in de vaststelling van de vakantie niet is voorzien bij schriftelijke overeenkomst dan wel bij of krachtens collectieve arbeidsovereenkomst of regeling door of namens een daartoe bevoegd bestuursorgaan of de wet, stelt de werkgever de tijdstippen van aanvang en einde van de vakantie vast overeenkomstig de wensen van de werknemer tenzij gewichtige redenen zich daartegen verzetten. Indien de werkgever niet binnen twee weken nadat de werknemer zijn wensen schriftelijk heeft kenbaar gemaakt, schriftelijk aan de werknemer gewichtige redenen heeft aangevoerd, is de vakantie vastgesteld overeenkomstig de wensen van de werknemer.
3. In geval van gewichtige redenen wordt de vakantie op zodanige wijze vastgesteld dat de werknemer desverlangd, voorzover zijn aanspraak daartoe toereikend is, gedurende twee opeenvolgende weken of tweemaal een week vakantie kan opnemen.
4. De werkgever stelt de vakantie zo tijdig vast dat de werknemer gelegenheid heeft tot het treffen van voorbereidingen voor de besteding van de vakantie.
5. De werkgever kan, indien daartoe gewichtige redenen zijn, na overleg met de werknemer, het vastgestelde tijdvak van de vakantie wijzigen. De schade die de werknemer lijdt ten gevolge van de wijziging van het tijdvak van de vakantie, wordt door de werkgever vergoed.
6. De werkgever is verplicht de werknemer de resterende aanspraak op vakantie in dagen of uren te verlenen, tenzij gewichtige redenen zich daartegen verzetten.
7. Indien een aanspraak op vakantie is verworven die het in artikel 634 bedoelde minimum te boven gaat, kan voorzover die aanspraak dat minimum te boven gaat, bij schriftelijke overeenkomst van de in lid 2 genoemde termijn worden afgeweken ten nadele van de werknemer.
(Zie ook: artt. 381, 414, 452g WvK)
8. Dagen of gedeelten van dagen waarop de werknemer tijdens een vastgestelde vakantie ziek is, gelden niet als vakantie, tenzij in een voorkomend geval de werknemer daarmee instemt. In afwijking van de vorige volzin kan bij schriftelijke overeenkomst worden bepaald dat de in enig jaar verleende vakantiedagen of gedeelten daarvan waarop de werknemer ziek is, als vakantie gelden tot ten hoogste het aantal vakantiedagen dat voor dat jaar boven het in artikel 634 bedoelde minimum is overeengekomen.

Art. 639
1. De werknemer behoudt gedurende zijn vakantie recht op loon.
2. Indien hierin bij collectieve arbeidsovereenkomst of bij regeling door of namens een daartoe bevoegd bestuursorgaan is voorzien, kan de werkgever aan zijn verplichting om gedurende de vakantie loon te betalen voldoen hetzij door aan de werknemer vakantiebonnen over te dragen ten laste van een fonds, hetzij door betaling aan een fonds ten laste waarvan de werknemer gelijkwaardige rechten verwerft. Voor de toepassing van dit artikel worden vakantiebonnen als loon beschouwd.

Art. 640
1. De werknemer kan tijdens de duur van de arbeidsovereenkomst geen afstand doen van zijn aanspraak op vakantie tegen schadevergoeding.
2. Indien een aanspraak op vakantie is verworven die het in artikel 634 bedoelde minimum te boven gaat, kan voorzover die aanspraak dat minimum te boven gaat, bij schriftelijke overeenkomst van lid 1 worden afgeweken.

Art. 640a
De aanspraak op het minimum, bedoeld in artikel 634, vervalt zes maanden na de laatste dag van het kalenderjaar waarin de aanspraak is verworven, tenzij de werknemer tot aan dat tijdstip redelijkerwijs niet in staat is geweest vakantie op te nemen. Bij schriftelijke overeenkomst kan ten gunste van de werknemer worden afgeweken van de termijn van zes maanden, bedoeld in de eerste zin.

Art. 641
1. Een werknemer die bij het einde van de arbeidsovereenkomst nog aanspraak op vakantie heeft, heeft recht op een uitkering in geld tot een bedrag van het loon over een tijdvak overeenkomend met de aanspraak, tenzij artikel 639 lid 2 van toepassing is.

2. De werkgever is verplicht aan de werknemer een verklaring uit te reiken waaruit blijkt over welk tijdvak de werknemer bij het einde van de arbeidsovereenkomst nog aanspraak op vakantie heeft.
3. Indien de werknemer een nieuwe arbeidsovereenkomst aangaat, heeft hij tegenover de nieuwe werkgever aanspraak op vakantie zonder behoud van loon gedurende het tijdvak waarover hij blijkens de in lid 2 bedoelde verklaring nog aanspraak op vakantie had.

Aanvullend recht
4. Bij schriftelijke overeenkomst kan van lid 3 worden afgeweken, met dien verstande dat de werknemer ten minste recht houdt op het in artikel 634 bedoelde minimum.
(Zie ook: art. 656 BW Boek 7; artt. 381, 414 WvK)

Art. 642

Vakantie, verjaring vakantieaanspraken
Onverminderd artikel 640a verjaart een rechtsvordering tot toekenning van vakantie door verloop van vijf jaren na de laatste dag van het kalenderjaar waarin de aanspraak is ontstaan.

Art. 643

Politiek verlof
1. De werknemer kan verlangen dat de werkgever hem verlof zonder behoud van loon verleent voor het als lid bijwonen van vergaderingen van de Eerste Kamer der Staten-Generaal, van vertegenwoordigende organen van publiekrechtelijke lichamen die bij rechtstreekse verkiezing worden samengesteld, uitgezonderd echter de Tweede Kamer der Staten-Generaal, alsmede van commissies uit deze organen. Deze bepaling vindt mede toepassing op de werknemer die deel uitmaakt van een algemeen bestuur belast orgaan van een waterschap.
2. Indien daarover tussen de werkgever en de werknemer geen overeenstemming bestaat, stelt de rechter op verzoek van de meest gerede partij vast in welke mate dit verlof behoort te worden verleend. De rechter beoordeelt in hoever, gezien het belang dat de werknemer aan de in lid 1 bedoelde vergaderingen kan deelnemen, in redelijkheid van de werkgever kan worden gevergd dat de werknemer afwezig is. De beschikking van de rechter is uitvoerbaar bij voorraad.
3. De leden 1 en 2 vinden overeenkomstige toepassing op gedeputeerden, wethouders en leden van het dagelijks bestuur van een waterschap, wier functie niet als een volledige wordt bezoldigd. Bij algemene maatregel van bestuur wordt bepaald, welke gedeputeerdenfuncties en wethoudersfuncties voor de toepassing van dit artikel als volledig bezoldigd worden aangemerkt.
4. Dit artikel blijft buiten toepassing ten aanzien van die groepen werknemers voor wie uit hoofde van verlening van rijksvergoeding bij of krachtens de wet een andere regeling is vastgesteld.
(Zie ook: art. 429a Rv; artt. 50, 129, 133 GW)

Art. 644

[Vervallen]

Art. 645

Dwingend recht
Van de artikelen 634 tot en met 643 kan niet ten nadele van de werknemer worden afgeweken, tenzij zodanige afwijking bij die artikelen is toegelaten.

Afdeling 4
Gelijke behandeling

Art. 646

Arbeidsovereenkomst, gelijke behandeling mannen en vrouwen
1. De werkgever mag geen onderscheid maken tussen mannen en vrouwen bij het aangaan van de arbeidsovereenkomst, het verstrekken van onderricht aan de werknemer, in de arbeidsvoorwaarden, bij de arbeidsomstandigheden bij de bevordering en bij de opzegging van de arbeidsovereenkomst.
2. Van lid 1 mag, voor zover het betreft het aangaan van de arbeidsovereenkomst en het verstrekken van onderricht, worden afgeweken indien het gemaakte onderscheid is gebaseerd op een kenmerk dat verband houdt met het geslacht en dat kenmerk wegens de aard van de betrokken specifieke beroepsactiviteiten of de context waarin deze worden uitgevoerd, een wezenlijk en bepalend beroepsvereiste is, mits het doel legitiem is en het vereiste evenredig aan dat doel is. Daarbij is artikel 5, derde lid, van de Wet gelijke behandeling van mannen en vrouwen van overeenkomstige toepassing.
3. Van lid 1 mag worden afgeweken indien het bedingen betreft die op de bescherming van de vrouw, met name in verband met zwangerschap of moederschap, betrekking hebben.
4. Van lid 1 mag worden afgeweken indien het bedingen betreft die vrouwelijke werknemers in een bevoorrechte positie beogen te plaatsen ten einde nadelen op te heffen of te verminderen en het onderscheid in een redelijke verhouding staat tot het beoogde doel.
5. In dit artikel wordt verstaan onder:
a. onderscheid: direct en indirect onderscheid, alsmede de opdracht daartoe;
b. direct onderscheid: indien een persoon op grond van geslacht op een andere wijze wordt behandeld dan een ander in een vergelijkbare situatie wordt, is of zou worden behandeld, met dien verstande dat onder direct onderscheid mede wordt verstaan onderscheid op grond van zwangerschap, bevalling en moederschap;

c. indirect onderscheid: indien een ogenschijnlijk neutrale bepaling, maatstaf of handelwijze personen van een bepaald geslacht in vergelijking met andere personen bijzonder treft.
6. Het in dit artikel neergelegde verbod van direct onderscheid houdt mede in een verbod op intimidatie en een verbod op seksuele intimidatie.
7. Onder intimidatie als bedoeld in lid 6 wordt verstaan: gedrag dat met het geslacht van een persoon verband houdt en dat tot doel of gevolg heeft dat de waardigheid van de persoon wordt aangetast en dat een bedreigende, vijandige, beledigende, vernederende of kwetsende omgeving wordt gecreëerd.
8. Onder seksuele intimidatie als bedoeld in lid 6 wordt verstaan: enige vorm van verbaal, non-verbaal of fysiek gedrag dat een seksuele connotatie dat als doel of gevolg heeft dat de waardigheid van de persoon wordt aangetast, in het bijzonder wanneer een bedreigende, vijandige, beledigende, vernederende of kwetsende situatie wordt gecreëerd.
9. De werkgever mag de werknemer die het in de leden 7 en 8 bedoelde gedrag afwijst of lijdzaam ondergaat, niet benadelen.
10. Het in lid 1 neergelegde verbod van onderscheid geldt niet ten aanzien van indirect onderscheid indien dat onderscheid objectief gerechtvaardigd wordt door een legitiem doel en de middelen voor het bereiken van dat doel passend en noodzakelijk zijn.
11. Een beding in strijd met lid 1 is nietig.   *Dwingend recht*
12. Indien degene die meent dat te zijnen nadeel een onderscheid is of wordt gemaakt als bedoeld in dit artikel, in rechte feiten aanvoert die dat onderscheid kunnen doen vermoeden, dient de wederpartij te bewijzen dat niet in strijd met dit artikel is gehandeld.   *Bewijskracht*
(Zie ook: artt. 50, 129, 133 GW; art. 7 ESC; art. 4 ESH; artt. 1b, 5, 7, 21 WGBMV)
13. De leden 2 en 3 zijn niet van toepassing op het verbod van intimidatie en seksuele intimidatie, bedoeld in lid 6.
14. De werkgever mag de werknemer niet benadelen wegens de omstandigheid dat de werknemer in of buiten rechte een beroep heeft gedaan op lid 1 of ter zake bijstand heeft verleend.

Art. 647
[Vervallen]

Art. 648
1. De werkgever mag geen onderscheid maken tussen werknemers op grond van een verschil in arbeidsduur in de voorwaarden waaronder een arbeidsovereenkomst wordt aangegaan, voortgezet dan wel opgezegd, tenzij een dergelijk onderscheid objectief gerechtvaardigd is.   *Gelijke behandeling, onderscheid naar arbeidsduur*
2. Een beding in strijd met lid 1 is nietig.   *Dwingend recht*
3. Het College, genoemd in artikel 1 van de Wet College voor de rechten van de mens, kan onderzoeken of een onderscheid is of wordt gemaakt als bedoeld in lid 1. De artikelen 10, 11, 12, 13, 22 en 23 van de Wet College voor de rechten van de mens zijn van overeenkomstige toepassing.
4. De werkgever mag de werknemer niet benadelen wegens de omstandigheid dat de werknemer in of buiten rechte een beroep heeft gedaan op het bepaalde in lid 1 of terzake bijstand heeft verleend.

Art. 649
1. De werkgever mag geen onderscheid maken tussen werknemers in de arbeidsvoorwaarden op grond van het al dan niet tijdelijke karakter van de arbeidsovereenkomst, tenzij een dergelijk onderscheid objectief gerechtvaardigd is.   *Gelijke behandeling, onderscheid naar tijdelijkheid van de arbeidsovereenkomst*
2. Een beding in strijd met lid 1 is nietig.   *Dwingend recht*
3. Het College, genoemd in artikel 1 van de Wet College voor de rechten van de mens, kan onderzoeken of een onderscheid is of wordt gemaakt als bedoeld in lid 1. De artikelen 10, 11, 12, 13, 22 en 23 van de Wet College voor de rechten van de mens zijn van overeenkomstige toepassing.
4. De werkgever mag de werknemer niet benadelen wegens de omstandigheid dat de werknemer in of buiten rechte een beroep heeft gedaan op het bepaalde in lid 1 of terzake bijstand heeft verleend.
5. Het bepaalde in de leden 1 tot en met 4 is niet van toepassing op een uitzendovereenkomst als bedoeld in artikel 690.   *Uitsluiting uitzendovereenkomst*

Afdeling 5
Enkele bijzondere bedingen in de arbeidsovereenkomst

Art. 650
1. De werkgever kan slechts boete stellen op de overtreding van de voorschriften van de arbeidsovereenkomst, indien in de arbeidsovereenkomst de voorschriften op de overtreding waarvan boete is gesteld en het bedrag van de boete zijn vermeld.   *Arbeidsovereenkomst, boetebeding*
2. De overeenkomst waarbij boete wordt bedongen, wordt schriftelijk aangegaan.

3. De overeenkomst waarbij boete is bedongen, vermeldt nauwkeurig de bestemming van de boete. Zij mogen noch onmiddellijk noch middellijk strekken tot persoonlijk voordeel van de werkgever zelf of van degene aan wie de werkgever de bevoegdheid heeft verleend om aan werknemers een boete op te leggen.
4. Iedere boete, in een overeenkomst bedongen, is op een bepaald bedrag gesteld, uitgedrukt in het geld waarin het loon in geld is vastgesteld.
5. Binnen een week mag aan de werknemer geen hoger bedrag aan gezamenlijke boetes worden opgelegd dan zijn in geld vastgesteld loon voor een halve dag. Geen afzonderlijke boete mag hoger dan dit bedrag worden gesteld.
6. Elk beding in strijd met enige bepaling van dit artikel is nietig. Echter mag, doch alleen ten aanzien van werknemers wier in geld vastgesteld loon meer bedraagt dan het voor hen geldende minimumloon bij schriftelijk aangegane overeenkomst van de bepalingen van de leden 3, 4 en 5 worden afgeweken. Is zulks geschied, dan zal de rechter steeds bevoegd zijn de boete op een kleinere som te bepalen, indien de opgelegde boete hem bovenmatig voorkomt.
7. Ondergaat het bedrag van het loon, genoemd in lid 6, wijziging, dan wordt de werking van bedingen waarbij van de leden 3, 4 en 5 is afgeweken, geschorst jegens de werknemer wiens in geld vastgesteld loon niet meer bedraagt dan het gewijzigde bedrag van het minimumloon.
8. Onder het stellen en bedingen van boete in de zin van dit artikel wordt begrepen het door de werkgever bedingen van boete als bedoeld in de artikelen 91 tot en met 94 van Boek 6.
(Zie ook: art. 91 t/m 94 BW Boek 6; art. 613 BW Boek 7; artt. 378, 423, 450b, 452k, 452p WvK; art. 26 HW)

Art. 651

Arbeidsovereenkomst, recht op schadevergoeding
Dwingend recht

1. De mogelijkheid een boete op te leggen laat het recht op schadevergoeding op grond van de wet onverlet. Echter mag de werkgever ter zake van een zelfde feit niet boete heffen en tevens schadevergoeding vorderen.
2. Elk beding in strijd met de tweede zin van lid 1 is nietig.
(Zie ook: art. 91 t/m 94 BW Boek 6)

Art. 652

Arbeidsovereenkomst, proeftijdbeding

1. Indien partijen een proeftijd overeenkomen, is deze voor beide partijen gelijk.
2. De proeftijd wordt schriftelijk overeengekomen.
3. Bij het aangaan van een arbeidsovereenkomst voor onbepaalde tijd kan een proeftijd worden overeengekomen van ten hoogste twee maanden.

Geen proeftijd bij arbeidsovereenkomst van ten hoogste zes maanden

4. Er kan geen proeftijd worden overeengekomen indien de arbeidsovereenkomst is aangegaan voor ten hoogste zes maanden.

5. Bij het aangaan van een arbeidsovereenkomst voor bepaalde tijd van langer dan zes maanden kan een proeftijd worden overeengekomen van ten hoogste:
a. een maand, indien de overeenkomst is aangegaan voor korter dan twee jaren;
b. twee maanden, indien de overeenkomst is aangegaan voor twee jaren of langer.
6. Indien het einde van een arbeidsovereenkomst voor bepaalde tijd niet op een kalenderdatum is gesteld, kan een proeftijd worden overeengekomen van ten hoogste een maand.

Afwijkingsmogelijkheden

7. Van de leden 5, onderdeel a, en 6, kan slechts bij collectieve arbeidsovereenkomst of bij regeling door of namens een daartoe bevoegd bestuursorgaan worden afgeweken ten nadele van de werknemer.

Nietigheid

8. Elk beding waarbij een proeftijd is overeengekomen is nietig, indien:
a. de proeftijd niet voor beide partijen gelijk is;
b. de proeftijd, anders dan bij collectieve arbeidsovereenkomst of bij regeling door of namens een daartoe bevoegd bestuursorgaan, op langer dan een maand wordt gesteld in het geval, bedoeld in lid 5, onderdeel a;
c. de proeftijd op langer dan twee maanden wordt gesteld;
d. het beding is opgenomen in een opvolgende arbeidsovereenkomst tussen een werknemer en dezelfde werkgever, tenzij die overeenkomst duidelijk andere vaardigheden of verantwoordelijkheden van de werknemer eist dan de vorige arbeidsovereenkomst;
e. het beding is opgenomen in een opvolgende arbeidsovereenkomst tussen een werknemer en een andere werkgever die ten aanzien van de verrichte arbeid redelijkerwijze geacht moet worden de opvolger van de vorige werkgever te zijn; of
f. het beding is opgenomen in een arbeidsovereenkomst die is aangegaan voor ten hoogste zes maanden.

Art. 653

Arbeidsovereenkomst, concurrentiebeding

1. Een beding tussen de werkgever en de werknemer waarbij deze laatste wordt beperkt in zijn bevoegdheid om na het einde van de overeenkomst op zekere wijze werkzaam te zijn, is slechts geldig indien:
a. de arbeidsovereenkomst voor onbepaalde tijd is aangegaan; en
b. de werkgever dit beding schriftelijk is overeengekomen met een meerderjarige werknemer.

Art. 663
Door de overgang van een onderneming gaan de rechten en verplichtingen die op dat tijdstip voor de werkgever in die onderneming voortvloeien uit een arbeidsovereenkomst tussen hem en een daar werkzame werknemer van rechtswege over op de verkrijger. Evenwel is die werkgever nog gedurende een jaar na de overgang naast de verkrijger hoofdelijk verbonden voor de nakoming van de verplichtingen uit de arbeidsovereenkomst, die zijn ontstaan vóór dat tijdstip.
(Zie ook: art. 309 BW Boek 2; art. 14a Wet CAO; art. 2 Wet AVV; art. 25 WOR)

Behoud van rechten bij overgang onderneming

Art. 664
1. Artikel 663, eerste volzin, is niet van toepassing op rechten en verplichtingen van de werkgever die voortvloeien uit een pensioenovereenkomst als bedoeld in artikel 1 van de Pensioenwet indien:
a. de verkrijger aan de werknemer, bedoeld in artikel 663, een zelfde aanbod doet tot het sluiten van een pensioenovereenkomst, als hij reeds voor het tijdstip van overgang heeft gedaan aan zijn werknemers;
b. de verkrijger op grond van artikel 2 van de Wet verplichte deelneming in een bedrijfstakpensioenfonds 2000, verplicht is deel te nemen in een bedrijfstakpensioenfonds en de werknemer, bedoeld in artikel 663, gaat deelnemen in dat fonds;
c. bij collectieve arbeidsovereenkomst of bij regeling door of namens een daartoe bevoegd bestuursorgaan is afgeweken van de pensioenovereenkomst, bedoeld in de aanhef.
2. Het eerste lid is niet van toepassing indien de werknemer, bedoeld in artikel 663, voor de overgang op grond van artikel 2 van de Wet verplichte deelneming in een bedrijfstakpensioenfonds 2000, verplicht is deel te nemen in een bedrijfstakpensioenfonds en deze zelfde verplichting blijft gelden na de overgang.
3. Artikel 663, eerste volzin, is niet van toepassing op rechten en verplichtingen van de werkgever die voortvloeien uit een spaarregeling als bedoeld in artikel 3, eerste lid, van de Pensioen- en spaarfondsenwet zoals de Pensioen- en spaarfondsenwet luidde op de dag voorafgaand aan de inwerkingtreding van de Pensioenwet indien de verkrijger of de werkgever, bedoeld in artikel 663, opneemt in de spaarregeling die reeds voor het tijdstip van overgang gold voor zijn werknemers.
(Zie ook: art. 14a Wet CAO; art. 2 Wet AVV; art. 25 WOR)

Pensioen bij overgang onderneming

Spaarregeling bij overgang onderneming

Art. 665
Met het oog op de toepassing van artikel 673 geldt de arbeidsovereenkomst als beëindigd of niet voortgezet op initiatief van de werkgever, indien de overgang van de onderneming een aanmerkelijke wijziging van de arbeidsvoorwaarden ten nadele van de werknemer tot gevolg heeft en om die reden:
a. de arbeidsovereenkomst door of op verzoek van de werknemer is beëindigd; of
b. de arbeidsovereenkomst voor bepaalde tijd na een einde van rechtswege op initiatief van de werknemer niet aansluitend is voortgezet.

Aanmerkelijke wijziging ten nadele, toerekening beëindiging

Art. 665a
Indien in een onderneming geen ondernemingsraad is ingesteld, noch een personeelsvertegenwoordiging is ingesteld krachtens artikel 35c, eerste lid, of artikel 35d, eerste lid, van de Wet op de ondernemingraden, stelt de werkgever de eigen werknemers die betrokken zijn bij de overgang van de onderneming tijdig in kennis van
a. het voorgenomen besluit tot overgang;
b. de voorgenomen datum van de overgang;
c. de reden van de overgang;
d. de juridische, economische, en sociale gevolgen van de overgang voor de werknemers, en
e. de ten aanzien de werknemers overwogen maatregelen.

Informatieplicht bij overgang onderneming

Art. 666
De artikelen 662 tot en met 665 en 670 lid 8 zijn niet van toepassing op de overgang van een onderneming indien:
a. de werkgever in staat van faillissement is verklaard en de onderneming tot de boedel behoort; of
b. de werkgever een entiteit is als bedoeld in artikel 3A:2 of artikel 3A:78 van de Wet op het financieel toezicht en ten aanzien van die werkgever het instrument van overgang van de onderneming, het instrument van de overbruggingsinstelling of het instrument van afsplitsing van activa, bedoeld in artikel 3A:28, 3A:37, 3A:41, 3A:104, 3A:112, onderscheidenlijk 3A:117 van de Wet op het financieel toezicht wordt toegepast.
(Zie ook: art. 14a Wet CAO; art. 2 Wet AVV; art. 25 WOR)

Werkingssfeer art. 662 t/m 665 bij overgang van onderneming

Art. 666a
1. Deze afdeling is van toepassing op de overgang van een zeeschip als onderdeel van de overgang van een onderneming, indien de verkrijger onder de territoriale werkingssfeer van het Verdrag van de Europese Unie valt of de overgegane onderneming onder die werkingssfeer blijft.

Rechten van zeevarenden bij overgang van een onderneming

2. Deze afdeling is niet van toepassing, indien de overgang uitsluitend een of meer zeeschepen betreft.

Afdeling 9
Einde van de arbeidsovereenkomst

Art. 667

Arbeidsovereenkomst, einde van rechtswege

1. Een arbeidsovereenkomst eindigt van rechtswege, wanneer de tijd is verstreken bij overeenkomst of bij de wet aangegeven.
2. Voorafgaande opzegging is in dat geval nodig:
   a. indien zulks bij schriftelijk aangegane overeenkomst is bepaald;
   b. indien volgens de wet of het gebruik opzegging behoort plaats te vinden en daarvan niet, waar zulks geoorloofd is, bij schriftelijk aangegane overeenkomst is afgeweken.

Tussentijdse opzegging

3. Een arbeidsovereenkomst als bedoeld in lid 1 kan slechts tussentijds worden opgezegd indien voor ieder der partijen dat recht schriftelijk is overeengekomen.

Ragetlie-regel

4. Indien een voor onbepaalde tijd aangegane arbeidsovereenkomst, die anders dan door opzegging als bedoeld in artikel 671, lid 1, onderdelen a tot en met h, of artikel 40 van de Faillissementswet of door ontbinding door de rechter is geëindigd, aansluitend of na een tussenpoos van ten hoogste zes maanden is opgevolgd door een arbeidsovereenkomst voor bepaalde tijd, is in afwijking van lid 1 voor de beëindiging van die opvolgende arbeidsovereenkomst opzegging nodig. De termijn van opzegging wordt berekend vanaf het tijdstip van totstandkoming van de arbeidsovereenkomst voor onbepaalde tijd. Dit lid is niet van toepassing indien de voor onbepaalde tijd aangegane arbeidsovereenkomst is geëindigd wegens het bereiken van de pensioengerechtigde leeftijd van de werknemer op grond van een daartoe strekkend beding.

Ragetlie-regel bij opvolgend werkgeverschap

5. Van arbeidsovereenkomsten die elkaar hebben opgevolgd als bedoeld in lid 4 is eveneens sprake indien eenzelfde werknemer achtereenvolgens in dienst is geweest bij verschillende werkgevers die, ongeacht of inzicht bestaat in de hoedanigheid en geschiktheid van de werknemer, redelijkerwijze geacht moeten worden ten aanzien van de verrichte arbeid elkaars opvolger te zijn.

Opzegging van arbeidsovereenkomst voor onbepaalde tijd

6. Voor de beëindiging van een voor onbepaalde tijd aangegane arbeidsovereenkomst is voorafgaande opzegging nodig.

Nietige bedingen

7. Een beding, krachtens hetwelk de arbeidsovereenkomst van rechtswege eindigt wegens het in het huwelijk treden van de werknemer of wegens het aangaan van een geregistreerd partnerschap door de werknemer, is nietig.
8. Een beding, krachtens hetwelk de arbeidsovereenkomst van rechtswege eindigt wegens zwangerschap of bevalling van de werkneemster, is nietig.
(Zie ook: artt. 647, 681, 684 BW Boek 7; artt. 390, 431, 440 WvK; artt. 40, 239 FW; art. 18 Wet CAO)

Art. 668

Aanzegverplichting arbeidsovereenkomst bepaalde tijd

1. De werkgever informeert de werknemer schriftelijk uiterlijk een maand voordat een arbeidsovereenkomst voor bepaalde tijd van rechtswege eindigt:
   a. over het al dan niet voortzetten van de arbeidsovereenkomst; en
   b. bij voortzetting, over de voorwaarden waaronder hij de arbeidsovereenkomst wil voortzetten.
2. Lid 1 is niet van toepassing, indien:
   a. bij het aangaan van de arbeidsovereenkomst schriftelijk is overeengekomen dat deze eindigt op een tijdstip dat niet op een kalenderdatum is gesteld; of
   b. de arbeidsovereenkomst is aangegaan voor een periode korter dan zes maanden.

Schending aanzegverplichting, vergoeding

3. Indien de werkgever de verplichting, bedoeld in lid 1, aanhef en onderdeel a, in het geheel niet is nagekomen, is hij aan de werknemer een vergoeding verschuldigd gelijk aan het bedrag van het loon voor één maand. Indien de werkgever die verplichting niet tijdig is nagekomen, is hij aan de werknemer een vergoeding naar rato verschuldigd. De vergoeding is verschuldigd vanaf een maand na de dag waarop de verplichting op grond van lid 1 is ontstaan. De vergoeding is niet langer verschuldigd, indien de werkgever in staat van faillissement is verklaard, aan hem surseance van betaling is verleend of op hem de schuldsaneringsregeling natuurlijke personen van toepassing is.
4. De arbeidsovereenkomst wordt geacht voor dezelfde tijd, maar ten hoogste voor een jaar, op de vroegere voorwaarden te zijn voortgezet, indien:
   a. de arbeidsovereenkomst, bedoeld in lid 1, na het verstrijken van de tijd, bedoeld in artikel 667, lid 1, wordt voortgezet en de werkgever de verplichting, bedoeld in lid 1, onderdeel a of b, niet is nagekomen; of

Voortzetting zonder tegenspraak

b. de arbeidsovereenkomst, bedoeld in lid 2, na het verstrijken van de tijd, bedoeld in artikel 667, lid 1, door partijen zonder tegenspraak wordt voortgezet.

5. Lid 4, onderdeel b, geldt tevens wanneer in de gevallen waarin opzegging nodig is, tijdige opzegging achterwege blijft en de gevolgen van de voortzetting van de arbeidsovereenkomst niet uitdrukkelijk zijn geregeld.
6. Bij of krachtens algemene maatregel van bestuur wordt bepaald wat voor de toepassing van lid 3 wordt verstaan onder loon.

Art. 668a

1. Vanaf de dag dat tussen dezelfde partijen: *Ketenregeling*
a. arbeidsovereenkomsten voor bepaalde tijd elkaar met tussenpozen van ten hoogste zes maanden hebben opgevolgd en een periode van 24 maanden, deze tussenpozen inbegrepen, hebben overschreden, geldt met ingang van die dag de laatste arbeidsovereenkomst als aangegaan voor onbepaalde tijd;
b. meer dan drie voor bepaalde tijd aangegane arbeidsovereenkomsten elkaar hebben opgevolgd met tussenpozen van ten hoogste zes maanden, geldt de laatste arbeidsovereenkomst als aangegaan voor onbepaalde tijd.
2. Lid 1 is van overeenkomstige toepassing op elkaar opvolgende arbeidsovereenkomsten   *Opvolgend werkgever-* tussen een werknemer en verschillende werkgevers, die, ongeacht of inzicht bestaat in de hoe-   *schap* danigheid en geschiktheid van de werknemer, ten aanzien van de verrichte arbeid redelijkerwijze geacht moeten worden elkaars opvolger te zijn.
3. Lid 1, onderdeel a, is niet van toepassing op een arbeidsovereenkomst aangegaan voor ten hoogste drie maanden die onmiddellijk volgt op een tussen dezelfde partijen aangegane arbeidsovereenkomst voor 24 maanden of langer.
4. De termijn van opzegging wordt berekend vanaf het tijdstip van totstandkoming van de eerste arbeidsovereenkomst als bedoeld onder a of b van lid 1.
5. Bij collectieve arbeidsovereenkomst of bij regeling door of namens een daartoe bevoegd   *Afwijking bij cao* bestuursorgaan kan de periode van 24 maanden, bedoeld in lid 1, onderdeel a, worden verlengd tot ten hoogste 48 maanden en kan het aantal van drie, bedoeld in lid 1, onderdeel b, worden verhoogd naar ten hoogste zes, indien:
a. het betreft een uitzendovereenkomst als bedoeld in artikel 690; of
b. uit die overeenkomst of regeling blijkt dat voor bij die overeenkomst of regeling te bepalen functies of functiegroepen de intrinsieke aard van de bedrijfsvoering deze verlenging of verhoging vereist.
6. Bij collectieve arbeidsovereenkomst of bij regeling door of namens een daartoe bevoegd bestuursorgaan kan van lid 2 worden afgeweken ten nadele van de werknemer.
7. Bij schriftelijke overeenkomst of bij regeling door of namens een daartoe bevoegd bestuurs-   *Afwijking ketenregeling* orgaan kan ten nadele van de bestuurder van een rechtspersoon worden afgeweken van de pe-   *bestuurder* riode, bedoeld in lid 1, onderdeel a.
8. Bij collectieve arbeidsovereenkomst of bij regeling door of namens een daartoe bevoegd   *Uitsluiting ketenregeling* bestuursorgaan kan dit artikel buiten toepassing worden verklaard voor bepaalde functies in   *bij ministeriële regeling* een bedrijfstak indien Onze Minister van Sociale Zaken en Werkgelegenheid bij ministeriële regeling deze functies heeft aangewezen, omdat het voor die functies in die bedrijfstak bestendig gebruik is en vanwege de intrinsieke aard van de bedrijfsvoering en van die functies noodzakelijk is de arbeid uitsluitend te verrichten op grond van arbeidsovereenkomsten voor bepaalde tijd, niet zijnde uitzendovereenkomsten als bedoeld in artikel 690. Bij die regeling kunnen nadere voorwaarden worden gesteld aan het buiten toepassing verklaren, bedoeld in de eerste zin.
9. Bij collectieve arbeidsovereenkomst of bij regeling door of namens een daartoe bevoegd   *Afwijking ketenregeling* bestuursorgaan kan voor daarin aangewezen arbeidsovereenkomsten die uitsluitend of overwe-   *voor educatie werknemer* gend zijn aangegaan omwille van de educatie van de werknemer dit artikel geheel of gedeeltelijk niet van toepassing worden verklaard.
10. Dit artikel is niet van toepassing op arbeidsovereenkomsten die zijn aangegaan in verband   *Afwijking ketenregeling* met een beroepsbegeleidende leerweg als bedoeld in artikel 7.2.2. van de Wet educatie en be-   *voor leerweg* roepsonderwijs.
11. Dit artikel is niet van toepassing op een arbeidsovereenkomst met een werknemer die de   *Afwijking ketenregeling* leeftijd van achttien jaar nog niet heeft bereikt, indien de gemiddelde omvang van de door hem   *voor werknemers < 18* verrichte arbeid ten hoogste twaalf uur per week heeft bedragen.
12. De periode, bedoeld in lid 1, onderdeel a, wordt verlengd tot ten hoogste 48 maanden, en het aantal, bedoeld in lid 1, onderdeel b, bedraagt ten hoogste zes, indien het betreft een arbeidsovereenkomst met een werknemer die de in artikel 7, onderdeel a, van de Algemene Ouderdomswet bedoelde leeftijd heeft bereikt. Voor de vaststelling van de in dit lid bedoelde periode of het bedoelde aantal arbeidsovereenkomsten is overschreden worden alleen arbeidsovereenkomsten in aanmerking genomen die zijn aangegaan na het bereiken van de in artikel 7, onderdeel a, van de Algemene Ouderdomswet bedoelde leeftijd.
13. Bij collectieve arbeidsovereenkomst of bij regeling door of namens een daartoe bevoegd bestuursorgaan kunnen de tussenpozen, bedoeld in lid 1, onderdelen a en b, worden verkort tot ten hoogste drie maanden, voor bij die overeenkomst of regeling aangewezen functies, die als gevolg van klimatologische of natuurlijke omstandigheden gedurende een periode van ten

hoogste negen maanden per jaar kunnen worden uitgeoefend en niet aansluitend door dezelfde werknemer kunnen worden uitgeoefend gedurende een periode van meer dan negen maanden per jaar.

Art. 669

Opzegging arbeidsovereenkomst, redelijke grond, herplaatsing- en scholingsplicht

1. De werkgever kan de arbeidsovereenkomst opzeggen indien daar een redelijke grond voor is en herplaatsing van de werknemer binnen een redelijke termijn, al dan niet met behulp van scholing, in een andere passende functie niet mogelijk is of niet in de rede ligt. Herplaatsing ligt in ieder geval niet in de rede indien sprake is van verwijtbaar handelen of nalaten van de werknemer als bedoeld in lid 3, onderdeel e.

2. Herplaatsing, bedoeld in lid 1, is niet vereist, indien de werknemer een geestelijk ambt bekleedt.

Redelijke gronden voor opzegging

3. Onder een redelijke grond als bedoeld in lid 1 wordt verstaan:

 a. het vervallen van arbeidsplaatsen als gevolg van de beëindiging van de werkzaamheden van de onderneming of het, over een toekomstige periode van ten minste 26 weken bezien, noodzakelijkerwijs vervallen van arbeidsplaatsen als gevolg van het wegens bedrijfseconomische omstandigheden treffen van maatregelen voor een doelmatige bedrijfsvoering;

 b. ziekte of gebreken van de werknemer waardoor hij niet meer in staat is de bedongen arbeid te verrichten, mits de periode, bedoeld in artikel 670, leden 1 en 11, is verstreken en aannemelijk is dat binnen 26 weken, of bij een werknemer die de in artikel 7, onderdeel a, van de Algemene Ouderdomswet bedoelde leeftijd heeft bereikt, 6 weken, geen herstel zal optreden en dat binnen die periode de bedongen arbeid niet in aangepaste vorm kan worden verricht;

 c. het bij regelmaat niet kunnen verrichten van de bedongen arbeid als gevolg van ziekte of gebreken van de werknemer met voor de bedrijfsvoering onaanvaardbare gevolgen, mits het bij regelmaat niet kunnen verrichten van de bedongen arbeid niet het gevolg is van onvoldoende zorg van de werkgever voor de arbeidsomstandigheden van de werknemer en aannemelijk is dat binnen 26 weken, of bij een werknemer die de in artikel 7, onderdeel a, van de Algemene Ouderdomswet bedoelde leeftijd heeft bereikt, 6 weken, geen herstel zal optreden en dat binnen die periode de bedongen arbeid niet in aangepaste vorm kan worden verricht;

 d. de ongeschiktheid van de werknemer tot het verrichten van de bedongen arbeid, anders dan ten gevolge van ziekte of gebreken van de werknemer, mits de werkgever de werknemer hiervan tijdig in kennis heeft gesteld en hem in voldoende mate in de gelegenheid heeft gesteld zijn functioneren te verbeteren en de ongeschiktheid niet het gevolg is van onvoldoende zorg van de werkgever voor scholing van de werknemer of voor de arbeidsomstandigheden van de werknemer;

 e. verwijtbaar handelen of nalaten van de werknemer, zodanig dat van de werkgever in redelijkheid niet kan worden gevergd de arbeidsovereenkomst te laten voortduren;

 f. het weigeren van de werknemer de bedongen arbeid te verrichten wegens een ernstig gewetensbezwaar, mits aannemelijk is dat de bedongen arbeid niet in aangepaste vorm kan worden verricht;

 g. een verstoorde arbeidsverhouding, zodanig dat van de werkgever in redelijkheid niet kan worden gevergd de arbeidsovereenkomst te laten voortduren;

 h. andere dan de hiervoor genoemde omstandigheden die zodanig zijn dat van de werkgever in redelijkheid niet kan worden gevergd de arbeidsovereenkomst te laten voortduren.

Opzegging wegens bereiken pensioengerechtigde leeftijd

4. Tenzij schriftelijk anders is overeengekomen, kan de werkgever de arbeidsovereenkomst, die is ingegaan voor het bereiken van een tussen partijen overeengekomen leeftijd waarop de arbeidsovereenkomst eindigt, of, indien geen andere leeftijd is overeengekomen, de in artikel 7, onderdeel a, van de Algemene Ouderdomswet bedoelde leeftijd, eveneens opzeggen in verband met of na het bereiken van de tussen partijen overeengekomen leeftijd waarop de arbeidsovereenkomst eindigt, of, indien geen andere leeftijd is overeengekomen, de in artikel 7, onderdeel a, van de Algemene Ouderdomswet bedoelde leeftijd.

Ministeriële regelingen

5. Bij regeling van Onze Minister van Sociale Zaken en Werkgelegenheid worden:

 a. nadere regels gesteld met betrekking tot een redelijke grond voor opzegging, de herplaatsing van de werknemer en de redelijke termijn, bedoeld in lid 1, waarbij onderscheid kan worden gemaakt naar categorieën van werknemers;

 b. regels gesteld voor het bepalen van de volgorde van opzegging bij het vervallen van arbeidsplaatsen, bedoeld in lid 3, onderdeel a.

Cao-ontslagcommissie

6. De regels, bedoeld in lid 5, onderdeel b, zijn niet van toepassing indien bij collectieve arbeidsovereenkomst of regeling door of namens een daartoe bevoegd bestuursorgaan, andere regels worden gesteld voor het bepalen van de volgorde van opzegging bij het vervallen van arbeidsplaatsen, bedoeld in lid 3, onderdeel a, en een onafhankelijke commissie als bedoeld in artikel 671a, lid 2, wordt aangewezen.

Opzegging tijdens proeftijd

7. Dit artikel is niet van toepassing op een opzegging tijdens de proeftijd.

Art. 670
1. De werkgever kan niet opzeggen gedurende de tijd dat de werknemer ongeschikt is tot het verrichten van zijn arbeid wegens ziekte, tenzij de ongeschiktheid:
a. ten minste twee jaren heeft geduurd, dan wel zes weken voor de werknemer die de in artikel 7, onderdeel a, van de Algemene Ouderdomswet bedoelde leeftijd heeft bereikt, of
b. een aanvang heeft genomen nadat een verzoek om toestemming als bedoeld in artikel 671a door het Uitvoeringsinstituut werknemersverzekeringen of door de commissie, bedoeld in artikel 671a, lid 2, is ontvangen.

Indien de ongeschiktheid wegens ziekte een aanvang heeft genomen voor de datum waarop de werknemer de in onderdeel a bedoelde leeftijd heeft bereikt, geldt vanaf die datum de in dat onderdeel genoemde termijn van zes weken, voor zover het totale tijdvak gedurende welke de werkgever niet kan opzeggen niet meer bedraagt dan twee jaren.

Voor de berekening van de termijn, bedoeld in onderdeel a, worden perioden van ongeschiktheid tot het verrichten van arbeid ten gevolge van zwangerschap voorafgaand aan het zwangerschapsverlof en perioden van ongeschiktheid tijdens het zwangerschaps- of bevallingsverlof, bedoeld in artikel 3:1, tweede en derde lid, van de Wet arbeid en zorg, niet in aanmerking genomen. Voorts worden perioden van ongeschiktheid tot het verrichten van arbeid, anders dan bedoeld in de vorige zin, samengeteld, indien zij elkaar met een onderbreking van minder dan vier weken opvolgen, of indien zij direct voorafgaan aan en aansluiten op een periode waarin zwangerschaps- of bevallingsverlof wordt genoten overeenkomstig artikel 3:1, tweede en derde lid, van de Wet arbeid en zorg, tenzij de ongeschiktheid redelijkerwijs niet geacht kan worden voort te vloeien uit dezelfde oorzaak.

2. De werkgever kan de arbeidsovereenkomst met een werkneemster niet opzeggen gedurende de zwangerschap. De werkgever kan ter staving van de zwangerschap een verklaring van een arts of van een verloskundige verlangen. Voorts kan de werkgever de arbeidsovereenkomst van de werkneemster niet opzeggen gedurende de periode waarin zij bevallingsverlof als bedoeld in artikel 3:1, derde lid, van de Wet arbeid en zorg geniet en na werkhervatting, gedurende het tijdvak van zes weken aansluitend op dat bevallingsverlof, dan wel aansluitend op een periode van ongeschiktheid tot het verrichten van arbeid die haar oorzaak vindt in de bevalling of de daaraan voorafgaande zwangerschap en die aansluit op dat bevallingsverlof. De werkgever kan de arbeidsovereenkomst met de werknemer voorts niet opzeggen gedurende de periode dat hij verlof geniet als bedoeld in artikel 3:1a, eerste of vierde lid, van de Wet arbeid en zorg.

3. De werkgever kan niet opzeggen gedurende de tijd dat de werknemer verhinderd is de bedongen arbeid te verrichten, omdat hij als dienstplichtige is opgeroepen ter vervulling van zijn militaire dienst of vervangende dienst.

4. De werkgever kan de arbeidsovereenkomst niet opzeggen met de werknemer die lid is van:
1°. een ondernemingsraad, een centrale ondernemingsraad, een groepsondernemingsraad, een vaste commissie van die raden of van een onderdeelcommissie van de ondernemingsraad, of van een personeelsvertegenwoordiging;
2°. een bijzondere onderhandelingsgroep of een Europese ondernemingsraad als bedoeld in de Wet op de Europese ondernemingsraden, dan wel die krachtens die wet optreedt als vertegenwoordiger bij een andere wijze van informatieverstrekking en raadpleging van werknemers;
3°. een bijzondere onderhandelingsgroep, of een SE-ondernemingsraad of als werknemersvertegenwoordiger lid is van het toezichthoudend of het bestuursorgaan van de SE als bedoeld in hoofdstuk 1 van de Wet rol werknemers bij Europese rechtspersonen, dan wel die krachtens die wet optreedt als vertegenwoordiger bij een andere wijze van informatieverstrekking en raadpleging van werknemers;
4°. een bijzondere onderhandelingsgroep, of een SCE-ondernemingsraad of als werknemersvertegenwoordiger lid is van het toezichthoudend of het bestuursorgaan van de SCE als bedoeld in hoofdstuk 2 van de Wet rol werknemers bij Europese rechtspersonen dan wel die krachtens hoofdstuk 2 van die wet optreedt als vertegenwoordiger bij een andere wijze van informatieverstrekking en raadpleging van werknemers.

Indien de werkgever aan de ondernemingsraad of de personeelsvertegenwoordiging een secretaris heeft toegevoegd, is de eerste volzin op die secretaris van overeenkomstige toepassing.

Indien de werkgever aan de ondernemingsraad een secretaris heeft toegevoegd, is de eerste volzin van dit lid van overeenkomstige toepassing op die secretaris.

5. De werkgever kan de arbeidsovereenkomst niet opzeggen wegens het lidmaatschap van de werknemer van een vereniging van werknemers die krachtens haar statuten ten doel heeft de belangen van de leden als werknemer te behartigen dan wel wegens het verrichten van of deelnemen aan activiteiten ten behoeve van die vereniging, tenzij die activiteiten in de arbeidstijd van de werknemer worden verricht zonder toestemming van de werkgever.

6. De werkgever kan de arbeidsovereenkomst met de werknemer die daarvoor verlof heeft, niet opzeggen wegens het bijwonen van vergaderingen als bedoeld in artikel 643. Hetzelfde geldt indien tussen partijen geen overeenstemming over het verlof bestaat zolang de rechter omtrent het verlof niet heeft beslist.

Opzegverbod tijdens ziekte

Opzegverbod tijdens zwangerschap

Opzegverbod tijdens dienstplicht

Opzegverbod tijdens lidmaatschap medezeggenschapsorgaan

Opzegverbod wegens vakbondslidmaatschap/activiteiten

Opzegverbod wegens politiek verlof

Opzegverbod wegens zorg- en ouderschapsverlof	7. De werkgever kan de arbeidsovereenkomst niet opzeggen wegens de omstandigheid dat de werknemer zijn recht op verlof als bedoeld in artikel 3:1a, eerste of vierde lid, van de Wet arbeid en zorg, zijn recht op adoptieverlof of verlof voor het opnemen van een pleegkind als bedoeld in artikel 3:2 van de Wet arbeid en zorg, zijn recht op geboorteverlof of aanvullend geboorteverlof als bedoeld in artikel 4:2 of artikel 4:2a van de Wet arbeid en zorg, op kort- en langdurend zorgverlof als bedoeld in hoofdstuk 5 van de Wet arbeid en zorg, dan wel zijn recht op ouderschapsverlof als bedoeld in hoofdstuk 6 van de Wet arbeid en zorg geldend maakt.
Opzegverbod wegens overgang van onderneming	8. De werkgever kan de arbeidsovereenkomst met de in zijn onderneming werkzame werknemer niet opzeggen wegens de in artikel 662, lid 2, onderdeel a, bedoelde overgang van die onderneming.
Opzegverbod wegens verrichten zondagsarbeid	9. De werkgever kan de arbeidsovereenkomst niet opzeggen wegens de omstandigheid dat de werknemer geen instemming verleent aan het werken op zondag als bedoeld in artikel 5:6, tweede lid, tweede zin of vierde lid, tweede zin, van de Arbeidstijdenwet.
Opzegverbod wegens kandidaatlidmaatschap medezeggenschapsorgaan of ex-lidmaatschap medezeggenschapsorgaan	10. De werkgever kan de arbeidsovereenkomst niet opzeggen met een werknemer die: a. geplaatst is op een kandidatenlijst voor een ondernemingsraad dan wel een personeelsvertegenwoordiging of korter dan twee jaar geleden lid is geweest van een ondernemingsraad, van een centrale ondernemingsraad, van een groepsondernemingsraad of van een commissie van die raden, van een personeelsvertegenwoordiging of van een bijzondere onderhandelingsgroep of van een Europese ondernemingsraad, een SE-ondernemingsraad of een SCE-ondernemingsraad als bedoeld in de Wet op de Europese ondernemingsraden respectievelijk de hoofdstukken 1 respectievelijk 2 van de Wet rol werknemers bij Europese rechtspersonen dan wel korter dan twee jaar geleden krachtens een van die wetten is opgetreden als vertegenwoordiger bij een andere wijze van informatieverstrekking en raadpleging van werknemers; b. lid is van een voorbereidingscommissie van een ondernemingsraad, van een centrale ondernemingsraad of van een groepsondernemingsraad; of c. als deskundige werknemer als bedoeld in artikel 13, leden 1 en 2, van de Arbeidsomstandighedenwet of als deskundige persoon als bedoeld in artikel 14, lid 1, van die wet werkzaam is. (Zie ook: artt. 646, 647, 667, 670b, 675, 677, 680, 681 BW Boek 7; artt. 40, 239 FW)
Verlenging wachttijd	11. De termijn van twee jaren, bedoeld in lid 1, onderdeel a, wordt verlengd: a. met de duur van de vertraging indien de aanvraag, bedoeld in artikel 64, eerste lid, van de Wet werk en inkomen naar arbeidsvermogen later wordt gedaan dan in of op grond van dat artikel is voorgeschreven; b. met de duur van de verlenging van de wachttijd, bedoeld in artikel 19, eerste lid, van de Wet op de arbeidsongeschiktheidsverzekering, indien die wachttijd op grond van het zevende lid van dat artikel wordt verlengd; en c. met de duur van het tijdvak dat het Uitvoeringsinstituut werknemersverzekeringen op grond van artikel 24, eerste lid, of artikel 25, negende lid, van de Wet werk en inkomen naar arbeidsvermogen dan wel op grond van artikel 71a, negende lid, van de Wet op de arbeidsongeschiktheidsverzekering heeft vastgesteld.
SE-ondernemingsraad	12. Voor de toepassing van lid 4 en lid 10 wordt tevens onder de SE-ondernemingsraad verstaan: het orgaan dat de werknemers vertegenwoordigt in een SE die haar statutaire zetel heeft in een andere lidstaat, en dat is ingesteld krachtens de bepalingen in het nationale recht van die lidstaat ter omzetting van de richtlijn nr. 2001/86 van de Raad van de Europese Unie van 8 oktober 2001 tot aanvulling van het statuut van de Europese vennootschap met betrekking tot de rol van de werknemers (PbEG L 294). (Zie ook: artt. 613, 629, 646, 680, 681 BW Boek 7; art. 8 ESH; artt. 97, 98 GW; artt. 40, 239 FW)
SCE-ondernemingsraad	13. Voor de toepassing van het vierde lid en lid 10 wordt tevens onder de SCE-ondernemingsraad verstaan: het orgaan dat de werknemers vertegenwoordigt in een SCE die haar statutaire zetel heeft in een andere lidstaat, en dat is ingesteld krachtens de bepalingen in het nationale recht van die lidstaat ter omzetting van de richtlijn nr. 2003/72/EG van de Raad van de Europese Unie van 22 juli 2003 tot aanvulling van het statuut van de Europese coöperatieve vennootschap met betrekking tot de rol van de werknemers (PbEG L 207).
Afwijking bij cao	14. Van lid 3 kan slechts worden afgeweken bij collectieve arbeidsovereenkomst of bij regeling door of namens een daartoe bevoegd bestuursorgaan.

Art. 670a

Beperking opzegverboden	1. Artikel 670, lid 1, onderdeel a, is niet van toepassing, indien de werknemer zonder deugdelijke grond de verplichtingen, bedoeld in artikel 660a, weigert na te komen en de werkgever de werknemer schriftelijk heeft gemaand tot nakoming van deze verplichtingen of om die reden, met inachtneming van het bepaalde in artikel 629, lid 7, de betaling van het loon heeft gestaakt. 2. Artikel 670, leden 1 tot en met 4 en lid 10, en daarmee naar aard en strekking vergelijkbare opzegverboden in een ander wettelijk voorschrift, zijn niet van toepassing, indien: a. de werknemer schriftelijk heeft ingestemd met de opzegging; b. het een opzegging gedurende de proeftijd betreft; c. de opzegging geschiedt op grond van artikel 677, lid 1;

d. de opzegging geschiedt wegens de beëindiging van de werkzaamheden van de onderneming, met dien verstande dat de opzegging niet kan betreffen de werkneemster die zwangerschaps- of bevallingsverlof geniet als bedoeld in artikel 3:1 van de Wet arbeid en zorg; of
e. de opzegging geschiedt op grond van artikel 669, lid 4, voor zover de opzegging geen verband houdt met omstandigheden waarop die opzegverboden betrekking hebben.
3. Indien de opzegging geschiedt op grond van artikel 669, lid 3, onderdeel a, anders dan wegens de beëindiging van de werkzaamheden van de onderneming, en de werknemer ten minste 26 weken werkzaam is geweest op de arbeidsplaats die vervalt:
a. is artikel 670, lid 2, niet van toepassing, indien de werkzaamheden van het onderdeel van de onderneming waarin de werknemer uitsluitend of in hoofdzaak werkzaam is, worden beëindigd, met dien verstande dat de opzegging niet kan betreffen de werkneemster die zwangerschaps- of bevallingsverlof geniet als bedoeld in artikel 3:1 van de Wet arbeid en zorg;
b. is artikel 670, lid 3, niet van toepassing, indien de werkzaamheden van het onderdeel van de onderneming waarin de werknemer uitsluitend of in hoofdzaak werkzaam is, worden beëindigd;
c. is artikel 670, leden 4 en 10, niet van toepassing.
4. Lid 3 is van overeenkomstige toepassing op opzegverboden in een ander wettelijk voorschrift die naar aard en strekking vergelijkbaar zijn met de opzegverboden, bedoeld in lid 3.
5. De werknemer heeft het recht zijn instemming als bedoeld in lid 2, onderdeel a, binnen veertien dagen na de dagtekening ervan zonder opgaaf van redenen door een schriftelijke, aan de werkgever gerichte, verklaring te herroepen.
6. Op de schriftelijke instemming, bedoeld in lid 2, onderdeel a, is artikel 671, leden 3 tot en met 6, van overeenkomstige toepassing.
7. De leden 5 en 6 zijn niet van toepassing op de bestuurder van een rechtspersoon, indien herstel van de arbeidsovereenkomst op grond van Boek 2 van het Burgerlijk Wetboek niet mogelijk is, noch op een bestuurder van een vergelijkbare buitenlandse rechtspersoon.
8. Elk beding waarbij het recht, bedoeld in lid 5, wordt uitgesloten of beperkt, is nietig.

Art. 670b
1. Een overeenkomst waarmee een arbeidsovereenkomst wordt beëindigd, is slechts geldig indien deze schriftelijk is aangegaan.
2. Indien de arbeidsovereenkomst door middel van een schriftelijke overeenkomst wordt beëindigd, heeft de werknemer het recht om deze overeenkomst zonder opgaaf van redenen, binnen veertien dagen na de datum waarop de overeenkomst tot stand is gekomen, door een schriftelijke, aan de werkgever gerichte, verklaring te ontbinden.
3. De werkgever vermeldt in de overeenkomst, bedoeld in lid 1, het recht, bedoeld in lid 2, bij gebreke waarvan de termijn, bedoeld in lid 2, drie weken bedraagt.
4. De leden 2 en 3 zijn niet van toepassing, indien partijen binnen zes maanden na een ontbinding als bedoeld in lid 2 of een herroeping als bedoeld in artikel 671, lid 2, opnieuw een overeenkomst als bedoeld in lid 1 aangaan.
5. De leden 2 tot en met 4 zijn niet van toepassing op de bestuurder van een rechtspersoon, indien herstel van de arbeidsovereenkomst op grond van Boek 2 van het Burgerlijk Wetboek niet mogelijk is, noch op een bestuurder van een vergelijkbare buitenlandse rechtspersoon.
6. Elk beding waarbij het recht, bedoeld in lid 2, wordt uitgesloten of beperkt, is nietig.

Beëindigingsovereenkomst
Ontbinding beëindigingsovereenkomst zonder opgaaf van redenen

Art. 671
1. De werkgever kan de arbeidsovereenkomst niet rechtsgeldig opzeggen zonder schriftelijke instemming van de werknemer, tenzij:
a. voor de opzegging toestemming is verleend als bedoeld in artikel 671a;
b. de opzegging geschiedt gedurende de proeftijd;
c. de opzegging geschiedt op grond van artikel 677, lid 1;
d. de opzegging een werknemer betreft die doorgaans op minder dan vier dagen per week uitsluitend of nagenoeg uitsluitend diensten verricht ten behoeve van het huishouden van de natuurlijke persoon tot wie hij in dienstbetrekking staat, waarbij onder het verrichten van diensten mede wordt verstaan het verlenen van zorg aan de leden van dat huishouden;
e. de opzegging een bestuurder van een rechtspersoon betreft van wie herstel van de arbeidsovereenkomst op grond van Boek 2 van het Burgerlijk Wetboek niet mogelijk is of een bestuurder van een vergelijkbare buitenlandse rechtspersoon;
f. de opzegging een werknemer die een geestelijk ambt bekleedt betreft;
g. de opzegging geschiedt op grond van artikel 669, lid 4; of
h. de opzegging een werknemer betreft, werkzaam bij een bijzondere school of instelling als bedoeld in artikel 1 van de Wet op het primair onderwijs, artikel 1 van de Wet op het voortgezet onderwijs, artikel 1 van de Wet op de expertisecentra, artikel 1.1.1. van de Wet educatie en beroepsonderwijs of artikel 1.1. van de Wet op het hoger onderwijs en wetenschappelijk onderzoek en de reden voor de opzegging is gelegen in handelen of nalaten van de werknemer dat onverenigbaar is met de uit de godsdienstige of levensbeschouwelijke grondslag voortvloeiende identiteit van de desbetreffende school of instelling, mits voor de opzegging toestemming is

Geen opzegging zonder instemming werknemer, uitzonderingen

art. 7:671a

verleend door een van de werkgever onafhankelijke en onpartijdige commissie waarop de regels, bedoeld in artikel 671a, lid 2, onderdelen a tot en met d, van overeenkomstige toepassing zijn.

Herroeping instemming

2. De werknemer heeft het recht zijn instemming als bedoeld in lid 1 binnen veertien dagen na de dagtekening ervan zonder opgaaf van redenen door een schriftelijke, aan de werkgever gerichte, verklaring te herroepen.
3. Indien de werkgever de werknemer niet uiterlijk twee werkdagen na de instemming schriftelijk wijst op het recht, bedoeld in lid 2, bedraagt de termijn, bedoeld in lid 2, drie weken.
4. Voor zover op grond van lid 1 de instemming vereist was voor een rechtsgeldige opzegging, wordt na een herroeping als bedoeld in lid 2 de opzegging geacht niet te hebben plaatsgevonden.
5. De leden 2 tot en met 4 zijn niet van toepassing, indien de werknemer binnen zes maanden na een herroeping op grond van lid 2 of een ontbinding als bedoeld in artikel 670b, lid 2, opnieuw schriftelijk instemt met de opzegging van de arbeidsovereenkomst.
6. Elk beding waarbij de voorwaarde van de schriftelijke instemming, bedoeld in lid 1, of het recht, bedoeld in lid 2, wordt uitgesloten of beperkt, is nietig.

Art. 671a

Toestemming UWV voor opzegging

1. De werkgever die voornemens is de arbeidsovereenkomst op te zeggen op grond van artikel 669, lid 3, onderdeel a of b, verzoekt hiervoor schriftelijk toestemming aan het Uitvoeringsinstituut werknemersverzekeringen, genoemd in hoofdstuk 5 van de Wet structuur uitvoeringsorganisatie werk en inkomen.

Cao-ontslagcommissie

2. Indien bij collectieve arbeidsovereenkomst of regeling door of namens een daartoe bevoegd bestuursorgaan een van de werkgever onafhankelijke en onpartijdige commissie is aangewezen, verzoekt de werkgever, in afwijking van lid 1, de toestemming om de arbeidsovereenkomst op te zeggen op grond van artikel 669, lid 3, onderdeel a, aan die commissie. In de collectieve arbeidsovereenkomst of regeling door of namens een daartoe bevoegd bestuursorgaan waarin die commissie wordt aangewezen, worden regels gesteld met betrekking tot:
a. hoor en wederhoor;
b. de vertrouwelijke behandeling van overgelegde gegevens;
c. redelijke termijnen voor reacties van werkgever en werknemer; en
d. een redelijke beslistermijn.

Ten minste twee jaar volledige rechtsbevoegdheid

3. De collectieve arbeidsovereenkomst, bedoeld in lid 2, is afgesloten met een of meer verenigingen van werknemers die in de onderneming of bedrijfstak werkzame personen onder hun leden tellen, die krachtens hun statuten ten doel hebben de belangen van hun leden als werknemers te behartigen, die als zodanig in de betrokken onderneming of bedrijfstak werkzaam zijn en ten minste twee jaar in het bezit zijn van volledige rechtsbevoegdheid. Ten aanzien van een vereniging van werknemers die krachtens haar statuten geacht kan worden een voortzetting te zijn van een of meer andere verenigingen van werknemers met volledige rechtsbevoegdheid, wordt de duur van de volledige rechtsbevoegdheid van die vereniging of verenigingen voor de vaststelling van de tijdsduur van twee jaar mede in aanmerking genomen.

Aanvang datum procedure

4. De beslissing op het verzoek, bedoeld in lid 1 of lid 2, wordt gelijktijdig schriftelijk uitgebracht aan de werkgever en de werknemer onder vermelding van de datum waarop het volledige verzoek, bedoeld in lid 1 of lid 2, is ontvangen.

Ontslagvolgorde

5. De toestemming om een arbeidsovereenkomst voor onbepaalde tijd op te zeggen op grond van artikel 669, lid 3, onderdeel a, wordt slechts verleend, indien de werkgever:
a. de arbeidsrelatie met personen die niet op grond van een arbeidsovereenkomst voor onbepaalde tijd op de arbeidsplaatsen die vervallen werkzaam zijn, heeft beëindigd;
b. de arbeidsrelatie met personen die op grond van een arbeidsovereenkomst waarin de omvang van de arbeid niet is vastgelegd op de arbeidsplaatsen die vervallen werkzaam zijn, heeft beëindigd;
c. de overeenkomsten met betrekking tot ingeleende personen die op de arbeidsplaatsen die vervallen werkzaam zijn, heeft beëindigd; en
d. de arbeidsrelatie met personen die op basis van een arbeidsovereenkomst op de arbeidsplaatsen die vervallen werkzaam zijn en de in artikel 7, onderdeel a, van de Algemene Ouderdomswet bedoelde leeftijd hebben bereikt, heeft beëindigd.

Toestemming vier weken geldig

6. De toestemming voor opzegging is geldig gedurende vier weken na de dagtekening van de beslissing op het verzoek, bedoeld in lid 1 of lid 2. De werkgever zegt schriftelijk op onder vermelding van de reden voor de opzegging.

Afwijkingen

7. Bij regeling van Onze Minister van Sociale Zaken en Werkgelegenheid kunnen arbeidsrelaties of overeenkomsten met betrekking tot ingeleend personeel worden aangewezen waarop lid 5 niet van toepassing is en kan worden bepaald wat mede onder de werkgever, bedoeld in lid 5, wordt verstaan.
8. Bij regeling van Onze Minister van Sociale Zaken en Werkgelegenheid worden regels gesteld met betrekking tot de procedure betreffende het verlenen van toestemming, bedoeld in lid 1.
9. Elk beding waarbij de verplichting tot het vragen van toestemming, bedoeld in lid 1 of lid 2, wordt uitgesloten of beperkt, is nietig evenals elk beding dat de termijn, bedoeld in lid 6, verruimt.

10. Bij regeling van Onze Minister van Sociale Zaken en Werkgelegenheid kunnen regels worden gesteld met betrekking tot de commissie, bedoeld in lid 2, en de procedure betreffende het verlenen van toestemming door die commissie.
11. De toestemming, bedoeld in lid 1 of lid 2, wordt niet verleend als een opzegverbod als bedoeld in artikel 670, leden 1 tot en met 4 en 10, of een met deze opzegverboden naar aard en strekking vergelijkbaar opzegverbod in een ander wettelijk voorschrift geldt, tenzij redelijkerwijs mag worden verwacht dat het opzegverbod niet meer geldt binnen vier weken na de dagtekening van de beslissing op het verzoek. Dit lid is van overeenkomstige toepassing op de toestemming, bedoeld in artikel 671, lid 1, onderdeel h.

Art. 671b
1. De kantonrechter kan op verzoek van de werkgever de arbeidsovereenkomst ontbinden: *Ontbinding arbeidsovereenkomst bij kantonrechter, verzoek werkgever*
a. op grond van artikel 669, lid 3, onderdelen c tot en met h;
b. op grond van artikel 669, lid 3, onderdelen a en b, indien de toestemming, bedoeld in artikel 671a, is geweigerd; of
c. op grond van artikel 669, lid 3, onderdelen a en b, indien er sprake is van een arbeidsovereenkomst voor bepaalde tijd die niet tussentijds kan worden opgezegd.
2. De kantonrechter kan het verzoek, bedoeld in lid 1, slechts inwilligen indien aan de voorwaarden voor opzegging van de arbeidsovereenkomst, bedoeld in artikel 669, is voldaan en er geen opzegverboden als bedoeld in artikel 670 of met deze opzegverboden naar aard en strekking vergelijkbare opzegverboden in een ander wettelijk voorschrift gelden. *Gronden voor ontbinding, opzegverboden*
3. Indien het verzoek om ontbinding is gegrond op artikel 669, lid 3, onderdeel a, is artikel 671a, leden 5 en 7, van overeenkomstige toepassing. *Ontbinding wegens bedrijfseconomische redenen*
4. Indien het verzoek om ontbinding is gegrond op artikel 669, lid 3, onderdeel c, wijst de kantonrechter het verzoek af, indien de werkgever niet beschikt over een verklaring ter zake van een deskundige als bedoeld in artikel 629a, tenzij het overleggen van deze verklaring in redelijkheid niet van de werkgever kan worden gevergd. *Deskundigenoordeel*
5. Indien het verzoek om ontbinding is gegrond op artikel 669, lid 3, onderdeel e, in verband met het, zonder deugdelijke grond door de werknemer niet nakomen van de verplichtingen, bedoeld in artikel 660a, wijst de kantonrechter het verzoek af, indien de werkgever: *Re-integratieverplichtingen*
a. de werknemer niet eerst schriftelijk heeft gemaand tot nakoming van die verplichtingen of om die reden, met inachtneming van het bepaalde in artikel 629, lid 7, de betaling van het loon heeft gestaakt; of
b. niet beschikt over een verklaring ter zake van een deskundige als bedoeld in artikel 629a, tenzij het overleggen van deze verklaring in redelijkheid niet van de werkgever kan worden gevergd.
6. Indien de werkgever de ontbinding verzoekt op grond van artikel 669, lid 3, onderdelen b tot en met h, en een opzegverbod als bedoeld in artikel 670, leden 1 tot en met 4 en 10, of een met deze opzegverboden naar aard en strekking vergelijkbaar opzegverbod in een ander wettelijk voorschrift geldt, kan de kantonrechter, in afwijking van lid 2, het verzoek om ontbinding inwilligen, indien: *Ontbinding ondanks bestaan opzegverbod*
a. het verzoek geen verband houdt met omstandigheden waarop die opzegverboden betrekking hebben; of
b. er sprake is van omstandigheden die van dien aard zijn dat de arbeidsovereenkomst in het belang van de werknemer behoort te eindigen.
7. Het opzegverbod, bedoeld in artikel 670, lid 1, geldt niet indien de ziekte een aanvang heeft genomen nadat het verzoek om ontbinding door de kantonrechter is ontvangen. *Aanvang ziekte na indiening ontbindingsverzoek*
8. Indien het verzoek om ontbinding een arbeidsovereenkomst voor onbepaalde tijd of een arbeidsovereenkomst voor bepaalde tijd betreft die tussentijds kan worden opgezegd, en de kantonrechter het verzoek inwilligt: *Vergoeding*
a. bepaalt hij het einde van de arbeidsovereenkomst op het tijdstip waarop de arbeidsovereenkomst bij regelmatige opzegging zou zijn geëindigd, waarbij, indien de ontbinding van de arbeidsovereenkomst niet het gevolg is van ernstig verwijtbaar handelen of nalaten van de werkgever, de duur van de periode die aanvangt op de datum van ontvangst van het verzoek om ontbinding en eindigt op de datum van dagtekening van de ontbindingsbeslissing in mindering wordt gebracht, met dien verstande dat een termijn van ten minste een maand resteert;
b. kan hij, in afwijking van onderdeel a, het einde van de arbeidsovereenkomst bepalen op een eerder tijdstip, indien de ontbinding van de arbeidsovereenkomst het gevolg is van ernstig verwijtbaar handelen of nalaten van de werknemer;
c. kan hij aan de werknemer een billijke vergoeding toekennen indien de ontbinding van de arbeidsovereenkomst het gevolg is van ernstig verwijtbaar handelen of nalaten van de werkgever.
9. Indien het verzoek om ontbinding een arbeidsovereenkomst voor bepaalde tijd betreft die niet tussentijds kan worden opgezegd, en de kantonrechter het verzoek inwilligt, bepaalt hij op welk tijdstip de arbeidsovereenkomst eindigt en: *Ontbinding arbeidsovereenkomst zonder tussentijds opzegbeding*

a. kan hij de werknemer een vergoeding toekennen tot ten hoogste het bedrag gelijk aan het in geld vastgestelde loon over de termijn dat de arbeidsovereenkomst geduurd zou hebben indien deze van rechtswege zou zijn geëindigd;
b. kan hij de werknemer naast de vergoeding, bedoeld in onderdeel a, een billijke vergoeding toekennen indien de ontbinding het gevolg is van ernstig verwijtbaar handelen of nalaten van de werkgever; of
c. kan hij, indien de ontbinding van de arbeidsovereenkomst het gevolg is van ernstig verwijtbaar handelen of nalaten van de werknemer, de werkgever een vergoeding toekennen tot ten hoogste het bedrag gelijk aan het in geld vastgestelde loon over de termijn dat de arbeidsovereenkomst geduurd zou hebben indien deze van rechtswege zou zijn geëindigd.

Ontbinding op verzoek werknemer

10. Elk beding waarbij de mogelijkheid voor de werkgever om de kantonrechter te verzoeken de arbeidsovereenkomst te ontbinden, bedoeld in lid 1, wordt uitgesloten of beperkt, is nietig.

Art. 671c

Ontbinding arbeidsovereenkomst bij kantonrechter op verzoek werknemer

1. De kantonrechter kan op verzoek van de werknemer de arbeidsovereenkomst ontbinden wegens omstandigheden die van dien aard zijn dat de arbeidsovereenkomst billijkheidshalve dadelijk of na korte tijd behoort te eindigen.

2. Indien het verzoek een arbeidsovereenkomst voor onbepaalde tijd of een arbeidsovereenkomst voor bepaalde tijd betreft die tussentijds kan worden opgezegd, en de kantonrechter het verzoek inwilligt:
a. bepaalt hij op welk tijdstip de arbeidsovereenkomst eindigt; en
b. kan hij aan de werknemer een billijke vergoeding toekennen indien de ontbinding van de arbeidsovereenkomst het gevolg is van ernstig verwijtbaar handelen of nalaten van de werkgever.

Vergoeding

3. Indien het verzoek een arbeidsovereenkomst voor bepaalde tijd betreft die niet tussentijds kan worden opgezegd, en de kantonrechter het verzoek inwilligt, bepaalt hij op welk tijdstip de arbeidsovereenkomst eindigt en:
a. kan hij, indien hem dat met het oog op de omstandigheden billijk voorkomt, de werknemer een vergoeding toekennen tot ten hoogste het bedrag gelijk aan het in geld vastgestelde loon over de termijn dat de arbeidsovereenkomst geduurd zou hebben indien deze van rechtswege zou zijn geëindigd;
b. kan hij de werknemer naast de vergoeding, bedoeld in onderdeel a, een billijke vergoeding toekennen indien de ontbinding het gevolg is van ernstig verwijtbaar handelen of nalaten van de werkgever; of
c. kan hij, indien hem dat met het oog op de omstandigheden billijk voorkomt of de ontbinding het gevolg is van ernstig verwijtbaar handelen of nalaten van de werknemer, de werkgever een vergoeding toekennen tot ten hoogste het bedrag gelijk aan het in geld vastgestelde loon over de termijn dat de arbeidsovereenkomst geduurd zou hebben indien deze van rechtswege zou zijn geëindigd.

Nadere regels

4. Bij regeling van Onze Minister van Sociale Zaken en Werkgelegenheid kan worden bepaald dat de kantonrechter de vergoeding, bedoeld in lid 3, onderdeel c, op een hoger bedrag kan stellen, indien de werknemer een in die regeling aan te wijzen functie in een bedrijfstak uitoefende. Uitsluitend functies in een bedrijfstak die zijn aangewezen in de ministeriële regeling, bedoeld in artikel 668a, lid 8, kunnen worden aangewezen als een functie als bedoeld in de eerste zin.

Dwingend recht

5. Elk beding waarbij de mogelijkheid voor de werknemer om de kantonrechter te verzoeken de arbeidsovereenkomst te ontbinden, bedoeld in lid 1, wordt uitgesloten of beperkt, is nietig.

Art. 672

Arbeidsovereenkomst, opzegtermijn

1. Opzegging geschiedt tegen het einde van de maand, tenzij bij schriftelijke overeenkomst of door het gebruik een andere dag daarvoor is aangewezen.
2. De door de werkgever in acht te nemen termijn van opzegging bedraagt bij een arbeidsovereenkomst die op de dag van opzegging:
a. korter dan vijf jaar heeft geduurd: één maand;
b. vijf jaar of langer, maar korter dan tien jaar heeft geduurd: twee maanden;
c. tien jaar of langer, maar korter dan vijftien jaar heeft geduurd: drie maanden;
d. vijftien jaar of langer heeft geduurd: vier maanden.
3. In afwijking van lid 2 bedraagt de door de werkgever in acht te nemen termijn van opzegging één maand indien de werknemer de in artikel 7, onderdeel a, van de Algemene Ouderdomswet bedoelde leeftijd heeft bereikt.
4. De door de werknemer in acht te nemen termijn van opzegging bedraagt één maand.

Verkorting opzegtermijn

5. Indien de toestemming, bedoeld in artikel 671a, lid 1 of lid 2, is verleend, wordt de door de werkgever in acht te nemen termijn van opzegging verkort met de duur van de periode die aanvangt op de datum waarop het volledige verzoek om toestemming is ontvangen en eindigt op de datum van dagtekening van de beslissing op het verzoek om toestemming, met dien verstande dat een termijn van ten minste een maand resteert.

6. De termijn, bedoeld in lid 2 of lid 3, kan slechts worden verkort bij collectieve arbeidsovereenkomst of bij regeling door of namens een daartoe bevoegd bestuursorgaan. De termijn kan schriftelijk worden verlengd. *Afwijking opzegtermijn*
7. Van de termijn, bedoeld in lid 4, kan schriftelijk worden afgeweken. De termijn van opzegging voor de werknemer mag bij verlenging niet langer zijn dan zes maanden en voor de werkgever niet korter dan het dubbele van die voor de werknemer.
8. Bij collectieve arbeidsovereenkomst of bij regeling door of namens een daartoe bevoegd bestuursorgaan, mag de termijn van opzegging, bedoeld in lid 7, tweede volzin, voor de werkgever worden verkort, mits de termijn niet korter is dan die voor de werknemer.
9. Voor de toepassing van lid 2 worden arbeidsovereenkomsten geacht eenzelfde, niet onderbroken arbeidsovereenkomst te vormen in geval van herstel van de arbeidsovereenkomst ingevolge artikel 682 of artikel 683. *Opzegtermijn na herstel arbeidsovereenkomst*
(Zie ook: artt. 40, 239 FW)
10. De partij die opzegt tegen een eerdere dag dan tussen partijen geldt, is aan de wederpartij een vergoeding verschuldigd gelijk aan het bedrag van het in geld vastgestelde loon over de termijn dat de arbeidsovereenkomst bij regelmatige opzegging had behoren voort te duren. *Onregelmatige opzegging*
11. De kantonrechter kan de vergoeding, bedoeld in het lid 10, matigen indien hem dit met het oog op de omstandigheden billijk voorkomt, met dien verstande dat de vergoeding niet minder kan bedragen dan het in geld vastgestelde loon over de opzegtermijn, bedoeld in lid 2, noch minder dan het in geld vastgestelde loon voor drie maanden. *Matiging vergoeding*

Art. 673
1. De werkgever is aan de werknemer een transitievergoeding verschuldigd indien de arbeidsovereenkomst ten minste 24 maanden heeft geduurd en: *Transitievergoeding*
a. de arbeidsovereenkomst:
1° door de werkgever is opgezegd;
2° op verzoek van de werkgever is ontbonden; of
3° na een einde van rechtswege op initiatief van de werkgever niet aansluitend is voortgezet en voor het eindigen van de arbeidsovereenkomst geen opvolgende arbeidsovereenkomst is aangegaan, die tussentijds kan worden opgezegd en ingaat na een tussenpoos van ten hoogste zes maanden; of
b. de arbeidsovereenkomst als gevolg van ernstig verwijtbaar handelen of nalaten van de werkgever:
1° door de werknemer is opgezegd;
2° op verzoek van de werknemer is ontbonden; of
3° na een einde van rechtswege op initiatief van de werknemer niet aansluitend is voortgezet.
2. De transitievergoeding is over de eerste 120 maanden van de arbeidsovereenkomst gelijk aan een zesde van het loon per maand voor elke periode van zes maanden dat de arbeidsovereenkomst heeft geduurd en gelijk aan een kwart van het loon per maand voor elke daaropvolgende periode van zes maanden. De transitievergoeding bedraagt maximaal € 81.000,- of een bedrag gelijk aan ten hoogste het loon over twaalf maanden indien dat loon hoger is dan dat bedrag. *Hoogte transitievergoeding*
3. Het bedrag, genoemd in lid 2, wordt telkens met ingang van 1 januari door Onze Minister van Sociale Zaken en Werkgelegenheid gewijzigd overeenkomstig de ontwikkeling van de contractlonen zoals deze voor het betrokken jaar, blijkens bekendmaking in de Macro-Economische Verkenningen, in het voorafgaande jaar is geraamd. Het bedrag wordt daarbij afgerond op het naaste veelvoud van € 1.000,–. Het gewijzigde bedrag is uitsluitend van toepassing indien de arbeidsovereenkomst op of na de datum van de wijziging eindigt of niet wordt voortgezet.
4. Voor de berekening van de duur van de arbeidsovereenkomst, bedoeld in de leden 1 en 2, worden: *Berekening duur arbeidsovereenkomst*
a. maanden waarin de gemiddelde omvang van de door de werknemer verrichte arbeid ten hoogste twaalf uur per week heeft bedragen, tot het bereiken van de achttienjarige leeftijd buiten beschouwing gelaten; en
b. een of meer voorafgaande arbeidsovereenkomsten tussen dezelfde partijen, die elkaar met tussenpozen van ten hoogste zes maanden hebben opgevolgd, samengeteld. De vorige zin is eveneens van toepassing indien de werknemer achtereenvolgens in dienst is geweest bij verschillende werkgevers, ongeacht of inzicht bestaat in de hoedanigheid en geschiktheid van de werknemer, ten aanzien van de verrichte arbeid redelijkerwijze geacht moeten worden elkaars opvolger te zijn.
5. Indien in de in lid 4, onderdeel b, bedoelde situatie bij de beëindiging van een voorafgaande arbeidsovereenkomst een transitievergoeding is betaald of op grond van artikel 673b, lid 1, een gelijkwaardige voorziening is verstrekt, wordt een bedrag ter hoogte van de transitievergoeding die bij die beëindiging op grond van de leden 1 en 2 verschuldigd was of zou zijn geweest in mindering gebracht op de transitievergoeding.

art. 7:673a 13 Burgerlijk Wetboek Boek 7

Kosten in mindering brengen op transitievergoeding	6. Onder bij of krachtens algemene maatregel van bestuur te bepalen voorwaarden kunnen op de transitievergoeding in mindering worden gebracht: *a.* kosten van maatregelen in verband met het eindigen of niet voortzetten van de arbeidsovereenkomst, gericht op het voorkomen van werkloosheid of het bekorten van de periode van werkloosheid van de werknemer; en *b.* kosten verband houdende met het bevorderen van de bredere inzetbaarheid van de werknemer die tijdens de arbeidsovereenkomst zijn gemaakt.
Geen transitievergoeding	7. De transitievergoeding is niet verschuldigd indien het eindigen of niet voortzetten van de arbeidsovereenkomst: *a.* geschiedt voor de dag waarop de werknemer de leeftijd van achttien jaar heeft bereikt en de gemiddelde omvang van de door hem verrichte arbeid ten hoogste twaalf uur per week heeft bedragen; *b.* geschiedt in verband met of na het bereiken van een bij of krachtens wet vastgestelde of tussen partijen overeengekomen leeftijd waarop de arbeidsovereenkomst eindigt, of, indien geen andere leeftijd geldt, de in artikel 7, onderdeel a, van de Algemene Ouderdomswet bedoelde leeftijd; of *c.* het gevolg is van ernstig verwijtbaar handelen of nalaten van de werknemer.
Redelijkheid en billijkheid	8. In afwijking van lid 7, onderdeel c, kan de kantonrechter de transitievergoeding geheel of gedeeltelijk aan de werknemer toekennen indien het niet toekennen ervan naar maatstaven van redelijkheid en billijkheid onaanvaardbaar is.
Billijke vergoeding	9. Indien, na een einde van rechtswege, het niet voortzetten van de arbeidsovereenkomst het gevolg is van ernstig verwijtbaar handelen of nalaten van de werkgever, kan de kantonrechter: *a.* naast de transitievergoeding aan de werknemer ten laste van de werkgever een billijke vergoeding toekennen; of *b.* indien de werknemer korter dan 24 maanden in dienst is geweest bij de werkgever, bedoeld in lid 1, of op grond van lid 7, onderdeel a, geen recht op transitievergoeding heeft, aan de werknemer ten laste van de werkgever een billijke vergoeding toekennen.
Nadere regels	10. Bij of krachtens algemene maatregel van bestuur wordt bepaald wat voor de toepassing van lid 2 wordt verstaan onder loon.

Art. 673a

Transitievergoeding werknemers ouder dan 50 jaar	1. Indien de werknemer bij het eindigen of niet voortzetten van de arbeidsovereenkomst 50 jaar of ouder is en de arbeidsovereenkomst ten minste 120 maanden heeft geduurd, is, in afwijking van artikel 673, lid 2, eerste zin, de transitievergoeding over elke periode van zes maanden dat de werknemer na het bereiken van de leeftijd van 50 jaar bij de werkgever in dienst is geweest, gelijk aan de helft van het loon per maand, bedoeld in artikel 673, lid 2.
Uitzondering kleine werkgever	2. Lid 1 is niet van toepassing op de werkgever die minder dan 25 werknemers in dienst had in de tweede helft van het kalenderjaar voorafgaand aan het kalenderjaar: *a.* waarin voor de werknemer, bedoeld in lid 1, een verzoek om toestemming als bedoeld in artikel 671a, of een verzoek om ontbinding als bedoeld in artikel 671b is ingediend; of *b.* indien voor de beëindiging van een arbeidsovereenkomst een verzoek als bedoeld in onderdeel a, niet is vereist, waarin de arbeidsovereenkomst is opgezegd of van rechtswege eindigt en niet wordt voortgezet. 3. Lid 2 is niet van toepassing op bij regeling van Onze Minister van Sociale Zaken en Werkgelegenheid aan te wijzen categorieën van werkgevers. 4. Bij regeling van Onze Minister van Sociale Zaken en Werkgelegenheid kunnen categorieën van arbeidskrachten, die anders dan als werknemer werkzaam zijn bij de werkgever, worden aangewezen die meegerekend worden bij het bepalen van het aantal werknemers, bedoeld in lid 2.
Tijdelijke bepaling	5. Dit artikel vervalt met ingang van 1 januari 2020.

Art. 673b

Gelijkwaardige voorziening	1. De artikelen 673 en 673a zijn niet van toepassing, indien in een collectieve arbeidsovereenkomst of regeling door of namens een daartoe bevoegd bestuursorgaan voor werknemers als bedoeld in artikel 673, lid 1, en artikel 673a een gelijkwaardige voorziening is opgenomen. 2. De collectieve arbeidsovereenkomst, bedoeld in lid 1, is afgesloten met een of meer verenigingen van werknemers die in de onderneming of bedrijfstak werkzame personen onder hun leden tellen, die krachtens hun statuten ten doel hebben de belangen van hun leden als werknemers te behartigen, die als zodanig in de betrokken onderneming of bedrijfstak werkzaam zijn en ten minste twee jaar in het bezit zijn van volledige rechtsbevoegdheid. Ten aanzien van een vereniging van werknemers die krachtens haar statuten geacht kan worden een voortzetting te zijn van een of meer andere verenigingen van werknemers met volledige rechtsbevoegdheid, wordt de duur van de volledige rechtsbevoegdheid van die vereniging of verenigingen voor de vaststelling van de tijdsduur van twee jaar mede in aanmerking genomen.

Art. 673c

Geen transitievergoeding bij faillissement	1. De transitievergoeding, bedoeld in de artikelen 673, lid 2, en 673a, lid 1, is niet langer verschuldigd, indien de werkgever in staat van faillissement is verklaard, aan hem surseance van

betaling is verleend of op hem de schuldsaneringsregeling natuurlijke personen van toepassing is.
2. Indien de betaling van de transitievergoeding, bedoeld in de artikelen 673, lid 2, en 673a, lid 1, leidt tot onaanvaardbare gevolgen voor de bedrijfsvoering van de werkgever, kan de transitievergoeding onder bij regeling van Onze Minister van Sociale Zaken en Werkgelegenheid te bepalen voorwaarden in termijnen worden betaald. Daarbij kan worden bepaald dat de transitievergoeding met een bij die ministeriële regeling te bepalen percentage wordt verhoogd.

Betaling transitievergoeding in termijnen

Art. 673d
1. In afwijking van artikel 673, lid 2, kunnen onder bij regeling van Onze Minister van Sociale Zaken en Werkgelegenheid te bepalen voorwaarden voor de berekening van de duur van de arbeidsovereenkomst maanden die gelegen zijn voor 1 mei 2013 buiten beschouwing worden gelaten, indien de arbeidsovereenkomst is geëindigd of niet is voortgezet wegens omstandigheden als bedoeld in artikel 669, lid 3, onderdeel a, die het gevolg zijn van een slechte financiële situatie van de werkgever, die minder dan 25 werknemers in dienst had in de tweede helft van het kalenderjaar voorafgaand aan het kalenderjaar:
a. waarin het verzoek om toestemming, bedoeld in artikel 671a, of het verzoek om ontbinding, bedoeld in artikel 671b, wordt ingediend; of
b. indien voor de beëindiging van de arbeidsovereenkomst een verzoek als bedoeld in onderdeel a, niet is vereist, waarin de arbeidsovereenkomst is opgezegd of van rechtswege eindigt en niet wordt voortgezet.
2. Bij regeling van Onze Minister van Sociale Zaken en Werkgelegenheid kunnen categorieën van arbeidskrachten, die anders dan als werknemer werkzaam zijn bij de werkgever, worden aangewezen, die meegeteld worden bij het bepalen van het aantal werknemers, bedoeld in lid 1.
3. Dit artikel vervalt met ingang van 1 januari 2020.

Transitievergoeding bij kleine werkgever

Tijdelijke bepaling

Art. 673e
[Treedt in werking per 01-04-2020]

Art. 674
1. De arbeidsovereenkomst eindigt door de dood van de werknemer.
2. Niettemin is de werkgever verplicht aan de nagelaten betrekkingen van de werknemer over de periode vanaf de dag na overlijden tot en met één maand na de dag van het overlijden, een uitkering te verlenen ten bedrage van het loon dat de werknemer laatstelijk rechtens toekwam.
3. Voor de toepassing van dit artikel wordt onder nagelaten betrekkingen verstaan de langstlevende der echtgenoten dan wel geregistreerde partners van wie de werknemer niet duurzaam gescheiden leefde dan wel degene met wie de werknemer ongehuwd samenleefde, bij ontstentenis van deze de minderjarige kinderen tot wie de overledene in familierechtelijke betrekking stond en bij ontstentenis van dezen degene met wie de werknemer in gezinsverband leefde en in wiens kosten van bestaan hij grotendeels voorzag. Van ongehuwd samenleven als bedoeld in de eerste zin is sprake indien twee ongehuwde personen een gezamenlijke huishouding voeren, met uitzondering van bloedverwanten in de eerste graad. Van een gezamenlijke huishouding als bedoeld in de tweede zin is sprake indien de betrokkenen hun hoofdverblijf hebben in dezelfde woning en zij blijk geven zorg te dragen voor elkaar door middel van het leveren van een bijdrage in de kosten van de huishouding dan wel op andere wijze in elkaars verzorging voorzien.
4. De overlijdensuitkering, bedoeld in lid 2, kan worden verminderd met het bedrag van de uitkering dat aan de nagelaten betrekkingen ter zake van het overlijden van de werknemer toekomt krachtens een wettelijk voorgeschreven ziekte- of arbeidsongeschiktheidsverzekering en krachtens de Toeslagenwet.
5. Lid 2 geldt niet indien de werknemer onmiddellijk voorafgaande aan het overlijden door toepassing van artikel 629 lid 3, geen aanspraak had op loon als bedoeld in artikel 629 lid 1 of indien ten gevolge van het toedoen van de werknemer geen aanspraak bestaat op een uitkering krachtens een wettelijk voorgeschreven ziekte- of arbeidsongeschiktheidsverzekering.
6. Van dit artikel kan niet ten nadele van de nagelaten betrekkingen worden afgeweken.
(Zie ook: art. 675 BW Boek 7; art. 415e WvK; art. 54 Pw)

Overlijden werknemer
Arbeidsovereenkomst, overlijdensuitkering

Dwingend recht

Art. 675
De arbeidsovereenkomst eindigt niet door de dood van de werkgever, tenzij uit de overeenkomst het tegendeel voortvloeit. Echter zijn zowel de erfgenamen van de werkgever als de werknemer bevoegd de arbeidsovereenkomst, voor een bepaalde tijd aangegaan, op te zeggen met inachtneming van de artikelen 670 en 672, als ware zij aangegaan voor onbepaalde tijd. Wanneer de nalatenschap van de werkgever ingevolge artikel 13 van Boek 4 wordt verdeeld, komt de bevoegdheid van de erfgenamen, bedoeld in de vorige zin, toe aan zijn echtgenoot of geregistreerde partner.
(Zie ook: art. 674 BW Boek 7; artt. 390, 434 WvK; art. 54 Pw)

Overlijden werkgever

Art. 676

Arbeidsovereenkomst, opzegging tijdens proeftijd

1. Indien een proeftijd is bedongen, is ieder der partijen, zolang die tijd niet is verstreken, bevoegd de arbeidsovereenkomst met onmiddellijke ingang op te zeggen.

Opgaaf van redenen

2. De werkgever die de arbeidsovereenkomst opzegt, geeft de werknemer op diens verzoek schriftelijk opgave van de reden van opzegging.
(Zie ook: artt. 391, 450b, 452p WvK)

Art. 677

Ontslag op staande voet

1. Ieder der partijen is bevoegd de arbeidsovereenkomst onverwijld op te zeggen om een dringende reden, onder onverwijlde mededeling van die reden aan de wederpartij.

Vergoeding wegens dringende reden

2. De partij die door opzet of schuld aan de wederpartij een dringende reden heeft gegeven om de arbeidsovereenkomst onverwijld op te zeggen, is aan de wederpartij een vergoeding verschuldigd, indien de wederpartij van die bevoegdheid gebruik heeft gemaakt.

3. De vergoeding, bedoeld in lid 2, is:
a. in geval van een arbeidsovereenkomst voor onbepaalde tijd en van een arbeidsovereenkomst voor bepaalde tijd die tussentijds kan worden opgezegd, gelijk aan het bedrag van het in geld vastgestelde loon over de termijn dat de arbeidsovereenkomst bij regelmatige opzegging had behoren voort te duren;
b. in geval van een arbeidsovereenkomst voor bepaalde tijd die niet tussentijds kan worden opgezegd, gelijk aan het bedrag van het in geld vastgestelde loon over de termijn dat de arbeidsovereenkomst geduurd zou hebben indien deze van rechtswege zou zijn geëindigd.

Vergoeding bij onregelmatige opzegging

4. De partij die een arbeidsovereenkomst voor bepaalde tijd die niet tussentijds kan worden opgezegd, in strijd met lid 1 opzegt, is aan de wederpartij een vergoeding verschuldigd gelijk aan het bedrag van het in geld vastgestelde loon over de termijn dat de arbeidsovereenkomst geduurd zou hebben indien deze van rechtswege zou zijn geëindigd. De kantonrechter kan de vergoeding, bedoeld in dit lid, matigen indien hem dit met het oog op de omstandigheden billijk voorkomt, maar tot niet minder dan het in geld vastgestelde loon voor drie maanden. De werknemer kan de kantonrechter verzoeken de opzegging te vernietigen.

Matiging, verhoging door kantonrechter

5. De kantonrechter kan de vergoeding, bedoeld in lid 2:
a. matigen, indien hem dit met het oog op de omstandigheden billijk voorkomt, met dien verstande dat de vergoeding, bedoeld in lid 3, onderdeel a, ten minste gelijk is aan het bedrag van het in geld vastgestelde loon over de termijn dat de arbeidsovereenkomst bij toepassing van de opzegtermijn, bedoeld in artikel 672, had behoren voort te duren;
b. op een hoger bedrag stellen, indien de opzegging geschiedt door de werknemer en hem dit gelet op de omstandigheden billijk voorkomt.

6. Bij regeling van Onze Minister van Sociale Zaken en Werkgelegenheid kan worden bepaald dat de kantonrechter de vergoeding, bedoeld in lid 4, op een hoger bedrag kan stellen ten laste van de werknemer, indien de werknemer een in die regeling aan te wijzen functie in een bedrijfstak uitoefende. Uitsluitend functies in een bedrijfstak die zijn aangewezen in de ministeriële regeling, bedoeld in artikel 668a, lid 8, kunnen worden aangewezen als een functie als bedoeld in de eerste zin.

7. Elk beding waarbij de bevoegdheid, bedoeld in lid 1 of in lid 4, laatste zin, wordt uitgesloten of beperkt, is nietig.

Art. 678

Dringende reden voor werkgever

1. Voor de werkgever worden als dringende redenen in de zin van lid 1 van artikel 677 beschouwd zodanige daden, eigenschappen of gedragingen van de werknemer, die ten gevolge hebben dat van de werkgever redelijkerwijze niet kan gevergd worden de arbeidsovereenkomst te laten voortduren.

2. Dringende redenen zullen onder andere aanwezig geacht kunnen worden:
a. wanneer de werknemer bij het sluiten van de overeenkomst de werkgever heeft misleid door het vertonen van valse of vervalste getuigschriften, of deze opzettelijk valse inlichtingen heeft gegeven omtrent de wijze waarop zijn vorige arbeidsovereenkomst is geëindigd;
b. wanneer hij in ernstige mate de bekwaamheid of geschiktheid blijkt te missen tot de arbeid waarvoor hij zich heeft verbonden;
c. wanneer hij zich ondanks waarschuwing overgeeft aan dronkenschap of ander liederlijk gedrag;
d. wanneer hij zich schuldig maakt aan diefstal, verduistering, bedrog of andere misdrijven, waardoor hij het vertrouwen van de werkgever onwaardig wordt;
e. wanneer hij de werkgever, diens familieleden of huisgenoten, of zijn medewerknemers mishandelt, grovelijk beledigt of op ernstige wijze bedreigt;
f. wanneer hij de werkgever, diens familieleden of huisgenoten, of zijn medewerknemers verleidt of tracht te verleiden tot handelingen, strijdig met de wetten of de goede zeden;
g. wanneer hij opzettelijk, of ondanks waarschuwing roekeloos, eigendom van de werkgever beschadigt of aan ernstig gevaar blootstelt;

h. wanneer hij opzettelijk, of ondanks waarschuwing roekeloos, zich zelf of anderen aan ernstig gevaar blootstelt;
i. wanneer hij bijzonderheden aangaande de huishouding of het bedrijf van de werkgever, die hij behoorde geheim te houden, bekendmaakt;
j. wanneer hij hardnekkig weigert te voldoen aan redelijke bevelen of opdrachten, hem door of namens de werkgever verstrekt;
k. wanneer hij op andere wijze grovelijk de plichten veronachtzaamt, welke de arbeidsovereenkomst hem oplegt;
l. wanneer hij door opzet of roekeloosheid buiten staat geraakt of blijft de bedongen arbeid te verrichten.
3. Bedingen waarbij aan de werkgever de beslissing wordt overgelaten of er een dringende reden in de zin van artikel 677 lid 1 aanwezig is, zijn nietig.   **Dwingend recht**
(Zie ook: art. 656 BW Boek 7 ; artt. 382, 391, 436 WvK; artt. 225, 230, 261, 272, 285, 300, 310, 321, 326, 350 WvSr; artt. 1, 6, 9 BBA)

Art. 679
1. Voor de werknemer worden als dringende redenen in de zin van artikel 677 lid 1 beschouwd zodanige omstandigheden, die ten gevolge hebben dat van de werknemer redelijkerwijze niet kan gevergd worden de arbeidsovereenkomst te laten voortduren.   **Dringende reden voor werknemer**
2. Dringende redenen zullen onder andere aanwezig geacht kunnen worden:
a. wanneer de werkgever de werknemer, diens familieleden of huisgenoten mishandelt, grovelijk beledigt of op ernstige wijze bedreigt, of gedoogt dat dergelijke handelingen door een van zijn huisgenoten of ondergeschikten worden gepleegd;
b. wanneer hij de werknemer, diens familieleden of huisgenoten verleidt of tracht te verleiden tot handelingen, strijdig met de wetten of de goede zeden, of gedoogt dat een dergelijke verleiding of poging tot verleiding door een van zijn huisgenoten of ondergeschikten worden gepleegd;
c. wanneer hij het loon niet op de daarvoor bepaalde tijd voldoet;
d. wanneer hij, waar kost en inwoning overeengekomen zijn, niet op behoorlijke wijze daarin voorziet;
e. wanneer hij de werknemer wiens loon afhankelijk van de uitkomsten van de te verrichten arbeid is vastgesteld, geen voldoende arbeid verschaft;
f. wanneer hij de werknemer wiens loon afhankelijk van de uitkomsten van de te verrichten arbeid is vastgesteld, de bedongen hulp niet of niet in behoorlijke mate verschaft;
g. wanneer hij op andere wijze grovelijk de plichten veronachtzaamt welke de arbeidsovereenkomst hem oplegt;
h. wanneer hij, zonder dat de aard van de arbeidsovereenkomst dit medebrengt, de werknemer niettegenstaande diens weigering gelast arbeid in het bedrijf van een andere werkgever te verrichten;
i. wanneer de voortduring van de arbeidsovereenkomst voor de werknemer zou zijn verbonden met ernstige gevaren voor leven, gezondheid, zedelijkheid of goede naam, die niet duidelijk waren ten tijde van het sluiten van de arbeidsovereenkomst;
j. wanneer de werknemer door ziekte of andere oorzaken zonder zijn toedoen buiten staat geraakt de bedongen arbeid te verrichten.
3. Bedingen waarbij aan de werknemer de beslissing wordt overgelaten of er een dringende reden in de zin van artikel 677 lid 1 aanwezig is, zijn nietig.   **Dwingend recht**
(Zie ook: artt. 384, 390, 437 WvK; artt. 47, 249, 261, 285, 300 WvSr; artt. 1, 6, 9 BBA)

Art. 680
[Vervallen]

Art. 680a
De rechter is bevoegd een vordering tot doorbetaling van loon die gegrond is op de vernietigbaarheid van de opzegging van de arbeidsovereenkomst te matigen, indien toewijzing in de gegeven omstandigheden tot onaanvaardbare gevolgen zou leiden, doch op niet minder dan het in geld vastgestelde loon voor de duur van de opzegtermijn ingevolge artikel 672 noch op minder dan het in geld vastgestelde loon voor drie maanden.   **Matiging loonvordering**

Art. 681
1. De kantonrechter kan op verzoek van de werknemer de opzegging van de arbeidsovereenkomst door de werkgever vernietigen, of op zijn verzoek aan hem ten laste van de werkgever een billijke vergoeding toekennen, indien: **Vernietiging opzegging, billijke vergoeding door kantonrechter**
a. de werkgever heeft opgezegd in strijd met artikel 671;
b. de werkgever heeft opgezegd in strijd met artikel 670, een naar aard en strekking vergelijkbaar opzegverbod in een ander wettelijk voorschrift;
c. de werkgever heeft opgezegd in strijd met artikel 646, 648 of 649 of met enig ander verbod op onderscheid of in verband met de omstandigheid dat de werknemer in of buiten rechte een beroep heeft gedaan op artikel 646, 648 of 649 of op enig ander verbod op onderscheid of ter zake bijstand heeft verleend;

art. 7:682

d. de werkgever, niet zijnde een werkgever als bedoeld in artikel 690, binnen 26 weken na een opzegging op grond van artikel 669, lid 3, onderdeel a, dezelfde werkzaamheden als die welke de werknemer verrichtte voordat de arbeidsovereenkomst werd opgezegd door een ander laat verrichten en hij de voormalige werknemer niet in de gelegenheid heeft gesteld zijn vroegere werkzaamheden op de bij de werkgever gebruikelijke voorwaarden te hervatten;

e. de werkgever, bedoeld in artikel 690, verzuimt om, indien binnen 26 weken na een opzegging op grond van artikel 669, lid 3, onderdeel a, een vacature ontstaat voor dezelfde of vergelijkbare werkzaamheden als die welke de werknemer verrichtte voordat de arbeidsovereenkomst werd opgezegd, de voormalige werknemer in de gelegenheid te stellen als kandidaat voor de terbeschikkingstelling bij de derde, bedoeld in artikel 690, te worden voorgedragen.

2. Elk beding waarbij de bevoegdheid, bedoeld in lid 1, wordt uitgesloten of beperkt, is nietig.

Art. 682

Onrechtmatig ontslag

1. De kantonrechter kan op verzoek van een werknemer van wie de arbeidsovereenkomst is opgezegd met de toestemming, bedoeld in artikel 671a:

a. de werkgever veroordelen de arbeidsovereenkomst te herstellen indien de opzegging in strijd is met artikel 669, lid 1 of lid 3, onderdeel a of b;

b. aan hem, bij een opzegging in strijd met artikel 669, lid 1 of lid 3, onderdeel a, ten laste van de werkgever een billijke vergoeding toekennen indien herstel in redelijkheid niet mogelijk is vanwege een omstandigheid waarbij sprake is van ernstig verwijtbaar handelen of nalaten van de werkgever; of

c. aan hem ten laste van de werkgever een billijke vergoeding toekennen indien de opzegging wegens omstandigheden als bedoeld in artikel 669, lid 3, onderdeel b, het gevolg is van ernstig verwijtbaar handelen of nalaten van de werkgever.

Herstel arbeidsovereenkomst

2. De kantonrechter kan op verzoek van een werknemer als bedoeld in artikel 671, lid 1, onderdelen d of h:

a. de werkgever veroordelen de arbeidsovereenkomst te herstellen indien de opzegging in strijd is met artikel 669; of

b. aan hem ten laste van de werkgever een billijke vergoeding toekennen indien de opzegging het gevolg is van ernstig verwijtbaar handelen of nalaten van de werkgever.

Billijke vergoeding

3. De rechter kan op verzoek van een werknemer als bedoeld in artikel 671, lid 1, onderdelen e of f, ten laste van de werkgever een billijke vergoeding toekennen indien de opzegging:

a. in strijd is met artikel 669; of

b. het gevolg is van ernstig verwijtbaar handelen of nalaten van de werkgever.

Wederindiensttredingsvoorwaarde

4. Indien de werkgever, niet zijnde een werkgever als bedoeld in artikel 690, binnen 26 weken na de datum van de ontbindingsbeschikking op grond van artikel 669, lid 3, onderdeel a, dezelfde werkzaamheden als die welke de werknemer verrichtte door een ander laat verrichten en hij de voormalige werknemer niet in de gelegenheid heeft gesteld zijn vroegere werkzaamheden op de bij de werkgever gebruikelijke voorwaarden te hervatten, kan de kantonrechter op verzoek van de werknemer:

a. de werkgever veroordelen de arbeidsovereenkomst te herstellen met ingang van de dag waarop deze is geëindigd; of

b. aan de werknemer ten laste van de werkgever een billijke vergoeding toekennen.

5. Indien de werkgever, bedoeld in artikel 690, verzuimt om, indien binnen 26 weken na de datum van de ontbindingsbeschikking op grond van artikel 669, lid 3, onderdeel a, een vacature ontstaat voor dezelfde of vergelijkbare werkzaamheden als die welke de werknemer verrichtte voor de ontbinding, de voormalige werknemer in de gelegenheid te stellen als kandidaat voor de terbeschikkingstelling bij de derde, bedoeld in artikel 690, te worden voorgedragen, kan de kantonrechter op verzoek van de werknemer:

a. de werkgever veroordelen de arbeidsovereenkomst te herstellen met ingang van de dag waarop deze is geëindigd; of

b. aan de werknemer ten laste van de werkgever een billijke vergoeding toekennen.

Tijdstip herstel arbeidsovereenkomst

6. Indien de kantonrechter een veroordeling tot herstel van de arbeidsovereenkomst uitspreekt als bedoeld in lid 1, onderdeel a, of lid 2, onderdeel a, bepaalt hij op welk tijdstip de arbeidsovereenkomst wordt hersteld en treft hij voorzieningen omtrent de rechtsgevolgen van de onderbreking van de arbeidsovereenkomst.

Dwingend recht

7. Elk beding waarbij de bevoegdheid, bedoeld in de leden 1 tot en met 5, wordt uitgesloten of beperkt, is nietig.

Art. 682a

Nadere regels bij schending wederindiensttredingsvoorwaarde

Bij regeling van Onze Minister van Sociale Zaken en Werkgelegenheid kunnen regels worden gesteld met betrekking tot de artikelen 681, lid 1, onderdelen d en e, en 682, leden 4 en 5, waarin kan worden bepaald:

a. wat mede onder de werkgever, bedoeld in die artikelen, wordt verstaan;

b. in welke gevallen en onder welke voorwaarden die bepalingen niet van toepassing zijn; en

c. in welke volgorde de voormalige werknemers in de gelegenheid worden gesteld hun vroegere werkzaamheden te hervatten dan wel als kandidaat voor de terbeschikkingstelling te worden voorgedragen.

Art. 683
1. Indien tegen een beschikking tot ontbinding van de arbeidsovereenkomst als bedoeld in de artikelen 671b en 671c, of tot vernietiging van de opzegging als bedoeld in de artikelen 677, lid 4, en 681 of tot herstel van de arbeidsovereenkomst als bedoeld in artikel 682, hoger beroep of beroep in cassatie wordt ingesteld, schorst dit de tenuitvoerlegging van de beschikking niet. — *Hoger beroep, cassatie, geen schorsende werking*
2. Hoger beroep en beroep in cassatie tegen een op verzoek van de werknemer toegewezen ontbinding kunnen uitsluitend betrekking hebben op de vergoeding, bedoeld in artikel 671c, lid 2 of lid 3. — *Slechts betrekking op vergoeding*
3. Indien de rechter in hoger beroep of na verwijzing in cassatie oordeelt dat het verzoek van de werkgever om ontbinding van de arbeidsovereenkomst ten onrechte is toegewezen of dat het verzoek van de werknemer om vernietiging van de opzegging of om herstel van de arbeidsovereenkomst ten onrechte is afgewezen, kan hij de werkgever veroordelen de arbeidsovereenkomst te herstellen of aan de werknemer een billijke vergoeding toekennen. — *Herstel arbeidsovereenkomst, billijke vergoeding*
4. Indien de rechter een veroordeling tot herstel van de arbeidsovereenkomst uitspreekt als bedoeld in lid 3, is artikel 682, lid 6, van overeenkomstige toepassing.
5. Indien de rechter in hoger beroep of na verwijzing in cassatie oordeelt dat het verzoek van de werkgever of de werknemer om ontbinding van de arbeidsovereenkomst ten onrechte is afgewezen, bepaalt hij op welk tijdstip de arbeidsovereenkomst eindigt. De artikelen 671b en 671c zijn ten aanzien van de toekenning van een vergoeding van overeenkomstige toepassing. — *Tijdstip einde arbeidsovereenkomst*
6. Indien de rechter in hoger beroep of na verwijzing in cassatie oordeelt dat het verzoek van de werknemer om vernietiging van de opzegging of om herstel van de arbeidsovereenkomst ten onrechte is toegewezen, bepaalt hij op welk tijdstip de arbeidsovereenkomst eindigt.

Art. 684
1. Indien de arbeidsovereenkomst is aangegaan voor langer dan vijf jaren of voor de duur van het leven van een bepaalde persoon, is niettemin de werknemer bevoegd, van het tijdstip waarop vijf jaren sedert haar aanvang zijn verlopen, haar op te zeggen met inachtneming van een termijn van zes maanden. — *Arbeidsovereenkomst, opzegging langdurige overeenkomst*
2. Van dit artikel kan niet ten nadele van de werknemer worden afgeweken. — *Dwingend recht*

(Zie ook: art. 37 BW Boek 3; artt. 2, 248, 258 BW Boek 6; artt. 667, 670 BW Boek 7; artt. 391, 450b, 452p WvK; art. 4 Atw)

Art. 685
[Vervallen]

Art. 686
De bepalingen van deze afdeling sluiten voor geen van beide partijen de mogelijkheid uit van ontbinding wegens een tekortkoming in de nakoming van de overeenkomst en van schadevergoeding. De ontbinding kan slechts door de rechter worden uitgesproken. — *Arbeidsovereenkomst, ontbinding wegens tekortkoming in nakoming*

(Zie ook: art. 81 BW Boek 6; art. 677 BW Boek 7)

Art. 686a
1. Over het bedrag van de vergoeding, bedoeld in de artikelen 672, lid 10, en 677, leden 2 en 4, is de wettelijke rente verschuldigd, te rekenen vanaf de dag waarop de arbeidsovereenkomst is geëindigd. Over het bedrag van de transitievergoeding, bedoeld in de artikelen 673, 673a en 673c, is de wettelijke rente verschuldigd, te rekenen vanaf een maand na de dag waarop de arbeidsovereenkomst is geëindigd. — *Ontbinding arbeidsovereenkomst, rente over vergoeding*
2. De gedingen die op het in, bij of krachtens deze afdeling bepaalde zijn gebaseerd, worden ingeleid met een verzoekschrift. — *Verzoekschrift*
3. In gedingen die op het in, bij of krachtens deze afdeling bepaalde zijn gebaseerd, kunnen daarmee verband houdende andere vorderingen worden ingediend met een verzoekschrift. — *Nevenvorderingen*
4. De bevoegdheid om een verzoekschrift bij de kantonrechter in te dienen vervalt: — *Vervaltermijn indienen verzoekschrift*
a. twee maanden na de dag waarop de arbeidsovereenkomst is geëindigd, indien het een verzoek op grond van de artikelen 672, lid 10, 677, 681, lid 1, onderdelen a, b en c, en 682, leden 1, 2 en 3, betreft;
b. drie maanden na de dag waarop de arbeidsovereenkomst is geëindigd, indien het een verzoek op grond van de artikelen 673, 673a, 673b, 673c en 673d betreft;
c. twee maanden na de dag waarop de werknemer op de hoogte is of redelijkerwijs had kunnen zijn van de situatie, bedoeld in de artikelen 681, lid 1, onderdelen d en e, en 682, leden 4 en 5, maar ten laatste twee maanden na de dag waarop de termijn van 26 weken, bedoeld in die leden of onderdelen, is verstreken;
d. twee maanden na de dag waarop de toestemming, bedoeld in artikel 671a, is geweigerd, indien het een verzoek op grond van artikel 671b, lid 1, onderdeel b, betreft;
e. drie maanden na de dag waarop de verplichting op grond van artikel 668, lid 1, is ontstaan, indien het een verzoek op grond van artikel 668, lid 3, betreft.

Behandeling ontbindingsverzoek
Intrekking ontbindingsverzoek

Schakelbepaling

5. De behandeling van de verzoeken, bedoeld in dit artikel, vangt niet later aan dan in de vierde week volgende op die waarin het verzoekschrift is ingediend.
6. Alvorens een ontbinding als bedoeld in artikel 671b of 671c waaraan een vergoeding verbonden wordt, uit te spreken, stelt de rechter de partijen van zijn voornemen in kennis en stelt hij een termijn, binnen welke de verzoeker de bevoegdheid heeft zijn verzoek in te trekken. Indien de verzoeker dat doet, zal de rechter alleen een beslissing geven omtrent de proceskosten.
7. Lid 6 is van overeenkomstige toepassing indien de rechter voornemens is een ontbinding als bedoeld in artikel 671b of 671c uit te spreken zonder daaraan een door de verzoeker verzochte vergoeding te verbinden.
8. Artikel 55 van Boek 3 van het Burgerlijk Wetboek is niet van toepassing op de artikelen 677 en 681.
9. Verzoeken op grond van deze afdeling worden gedaan aan de ingevolge de artikelen 99, 100 en 107 tot en met 109 van het Wetboek van Burgerlijke Rechtsvordering bevoegde kantonrechter.
10. De rechter kan een zaak in twee of meer zaken splitsen indien het verzoek en de in het verzoekschrift ingediende vorderingen als bedoeld in het derde lid, zich naar het oordeel van de rechter niet lenen voor gezamenlijke behandeling. In de beslissing tot splitsing vermeldt de rechter, voor zover van toepassing, het bijkomende griffierecht dat ingevolge artikel 8 van de Wet griffierechten burgerlijke zaken van partijen wordt geheven en binnen welke termijn dit griffierecht of dit verhoogde griffierecht betaald dient te worden. De gesplitste zaken worden voortgezet in de stand waarin zij zich bevinden op het moment van de splitsing.

Afdeling 10
Bijzondere bepalingen voor handelsvertegenwoordigers

Art. 687

Arbeidsovereenkomst, handelsvertegenwoordiger

De overeenkomst van handelsvertegenwoordiging is een arbeidsovereenkomst waarbij de ene partij, de handelsvertegenwoordiger, zich tegenover de andere partij, de patroon, verbindt tegen loon dat geheel of gedeeltelijk uit provisie bestaat, bij de totstandkoming van overeenkomsten bemiddeling te verlenen, en deze eventueel in naam van de patroon te sluiten.
(Zie ook: art. 60 BW Boek 3; art. 425 BW Boek 7)

Art. 688

Schakelbepaling

Dwingend recht

1. Op de overeenkomst van handelsvertegenwoordiging zijn de artikelen 426, 429, 430 leden 2 tot en met 4, 431, 432, 433 en 434 van overeenkomstige toepassing.
2. Van de artikelen 426 lid 2, 429, 430 leden 2 tot en met 4, 431 lid 2 en 433 kan niet worden afgeweken.
3. Van de artikelen 432 lid 3 en 434 kan niet ten nadele van de handelsvertegenwoordiger worden afgeweken.
4. Van de artikelen 426 lid 1 en 431 lid 1 kan slechts schriftelijk ten nadele van de handelsvertegenwoordiger worden afgeweken.

Art. 689

Arbeidsovereenkomst handelsvertegenwoordiger, vergoeding

In afwijking van artikel 618 wordt bij de vaststelling van het bedrag van het in geld vastgestelde loon over de termijn dat de overeenkomst van handelsvertegenwoordiging bij regelmatige opzegging had behoren voort te duren, rekening gehouden met de in de voorafgaande tijd verdiende provisie en met alle andere ter zake in acht te nemen factoren.

Afdeling 11
Bijzondere bepalingen ter zake van de uitzendovereenkomst

Art. 690

Arbeidsovereenkomst, uitzendovereenkomst

De uitzendovereenkomst is de arbeidsovereenkomst waarbij de werknemer door de werkgever, in het kader van de uitoefening van het beroep of bedrijf van de werkgever ter beschikking wordt gesteld van een derde om krachtens een door deze aan de werkgever verstrekte opdracht arbeid te verrichten onder toezicht en leiding van de derde.

Art. 691

Uitzendovereenkomst, termijn
Uitzendovereenkomst, einde

1. Op de uitzendovereenkomst is artikel 668a eerst van toepassing zodra de werknemer in meer dan 26 weken arbeid heeft verricht.
2. In de uitzendovereenkomst kan schriftelijk worden bedongen dat die overeenkomst van rechtswege eindigt doordat de terbeschikkingstelling van de werknemer door de werkgever aan de derde als bedoeld in artikel 690 op verzoek van die derde ten einde komt. Indien een beding als bedoeld in de vorige volzin in de uitzendovereenkomst is opgenomen, kan de werknemer die overeenkomst onverwijld opzeggen en is op de werkgever artikel 668, leden 1, 2, 3 en 4, onderdeel a, niet van toepassing.

3. Een beding als bedoeld in lid 2 verliest zijn kracht indien de werknemer in meer dan 26 weken arbeid voor de werkgever heeft verricht. Na het verstrijken van deze termijn vervalt de bevoegdheid van de werknemer tot opzegging als bedoeld in lid 2. *Tussenpozen van ten hoogste zes maanden*
4. Voor de berekening van de termijnen, bedoeld in de leden 1 en 3, worden perioden waarin arbeid wordt verricht die elkaar opvolgen met tussenpozen van ten hoogste zes maanden mede in aanmerking genomen. *Opvolgende werkgevers*
5. Voor de berekening van de termijnen, bedoeld in de leden 1 en 3, worden perioden waarin voor verschillende werkgevers arbeid wordt verricht die ten aanzien van de verrichte arbeid redelijkerwijze geacht moeten worden elkaars opvolger te zijn mede in aanmerking genomen. *Werkingssfeer*
6. Dit artikel is niet van toepassing op de uitzendovereenkomst waarbij de werkgever en de derde in een groep zijn verbonden als bedoeld in artikel 24b van Boek 2 dan wel de één een dochtermaatschappij is van de ander als bedoeld in artikel 24a van Boek 2. *Afwijken bij schriftelijke overeenkomst*
7. Bij schriftelijke overeenkomst kan ten nadele van de werknemer worden afgeweken van artikel 628, lid 1, tot ten hoogste de eerste 26 weken waarin de werknemer arbeid verricht. Artikel 628, leden 5, 6 en 7, is niet van toepassing. *Afwijking bij cao*
8. Bij collectieve arbeidsovereenkomst of bij regeling door of namens een daartoe bevoegd bestuursorgaan:
a. kunnen de termijnen, bedoeld in de leden 1, 3 en 7, worden verlengd tot ten hoogste 78 weken; en
b. kan van lid 5 worden afgeweken ten nadele van de werknemer.

Art. 692
[Vervallen]

Art. 693
Indien de arbeid aan boord van een zeeschip als bedoeld in artikel 695 lid 1 wordt verricht, is de derde, ongeacht het op de arbeidsovereenkomst en de overeenkomst tussen de werkgever en de derde toepasselijke recht, aansprakelijk voor de nakoming van de uit de artikelen 706 tot en met 709, 717 tot en met 720, 734 tot en met 734l voortvloeiende verplichtingen, indien de werkgever met de nakoming daarvan in gebreke is. *Inlenersaansprakelijkheid minimumloon en- vakantietoeslag zeevarenden*

Afdeling 12
Bijzondere bepalingen terzake van de zee-arbeidsovereenkomst

Algemene bepalingen

Art. 694
1. De zee-arbeidsovereenkomst is de arbeidsovereenkomst, waaronder begrepen de uitzendovereenkomst, waarbij de zeevarende zich verbindt arbeid aan boord van een zeeschip te verrichten. *Zee-arbeidsovereenkomst, definitie*
2. Bij algemene maatregel van bestuur kunnen, na overleg met de betrokken organisaties van scheepsbeheerders en zeevarenden, categorieën van zeevarenden worden aangewezen die niet worden aangemerkt als zeevarenden als bedoeld in lid 1.

Art. 695
1. Deze afdeling is van toepassing op zeeschepen die op grond van Nederlandse rechtsregels gerechtigd zijn de vlag van het Koninkrijk te voeren. *Werkingssfeer, zeeschepen*
2. In deze afdeling wordt onder scheepsbeheerder verstaan de scheepsbeheerder, bedoeld in artikel 1, eerste lid, onderdeel l, van de Wet zeevarenden.

Art. 696
1. Op de zee-arbeidsovereenkomst zijn de bepalingen van de afdelingen 1 tot en met 9 en 11 van deze titel van toepassing, voor zover daarvan in deze afdeling niet is afgeweken. Artikel 617 is niet van toepassing ten aanzien van de dienst aan boord van het zeeschip. *Zee-arbeidsovereenkomst, toepasselijkheid op*
2. Van de artikelen 697 lid 2, 698, 699, 700, 705, 706, 709, 711, 712, 720, 721, 728 en 735 tot en met 738 van deze afdeling kan niet worden afgeweken. *Dwingend recht*
3. Van de artikelen 697 lid 1, 707, 708, 710, 714, 715, 717 tot en met 719, 723, 724, 729, 730, 734 tot en met 734l en 738a tot en met 738f kan niet ten nadele van de zeevarende worden afgeweken.

Art. 697
1. De zee-arbeidsovereenkomst moet door partijen schriftelijk worden aangegaan en door hen worden ondertekend. *Zee-arbeidsovereenkomst, ondertekening*
2. Ieder der partijen dient te beschikken over een ondertekend origineel exemplaar van de zee-arbeidsovereenkomst.

Art. 698
Iedere zeevarende moet aan boord kennis kunnen nemen van zijn zee-arbeidsovereenkomst en van de toepasselijke collectieve arbeidsovereenkomst of regeling door of namens een daartoe bevoegd bestuursorgaan alsmede op eenvoudige wijze duidelijke informatie kunnen krijgen over niet daarin voorkomende arbeidsvoorwaarden. *Zee-arbeidsovereenkomst, kennisneming door zeevarende*

Art. 699

Zee-arbeidsovereenkomst, inhoud

De zee-arbeidsovereenkomst vermeldt in ieder geval:
1. de naam en de voornamen van de zeevarende, de dag van zijn geboorte of zijn leeftijd en zijn geboorteplaats of het onbekend zijn van een of meer van deze gegevens;
2. de naam en het adres van de werkgever;
3. de plaats en de dag van het aangaan van de zee-arbeidsovereenkomst;
4. de aanduiding van het zeeschip of de zeeschepen waarop de zeevarende zich verbindt dienst te doen of de bepaling dat hij dienst zal doen op een of meer door de werkgever aan te wijzen zeeschepen;
5. de te ondernemen reis of reizen, als deze reeds vaststaan;
6. het bedrag van het loon van de zeevarende en, voor zover van toepassing, de wijze van berekening;
7. de aanspraak op vakantie of de wijze van berekening van deze aanspraak;
8. het bedrag van het tijdens de vakantie door te betalen loon en, voor zover van toepassing, de wijze van berekening;
9. de door de werkgever aan de zeevarende te verstrekken prestaties voor geneeskundige zorg en sociale zekerheidsuitkeringen;
10. de functie waarin de zeevarende in dienst zal treden;
11. indien mogelijk, de plaats waar en de dag waarop de dienst aan boord zal aanvangen;
12. de beëindiging van de zee-arbeidsovereenkomst, namelijk:
    a. indien de overeenkomst voor bepaalde tijd wordt aangegaan, de dag waarop deze arbeidsovereenkomst eindigt, met vermelding van de inhoud van artikel 722 of indien de overeenkomst voor bepaalde tijd bij de reis wordt aangegaan, de haven overeengekomen voor de beëindiging van de overeenkomst of indien de reis eindigt in een andere dan de overeengekomen haven van de inhoud van artikel 723;
    b. indien de overeenkomst voor onbepaalde tijd wordt aangegaan, de inhoud van artikel 724 lid 1, eerste volzin;
13. de aanspraak van de zeevarende op repatriëring;
14. een verwijzing naar de toepasselijke collectieve arbeidsovereenkomst of regeling door of namens een daartoe bevoegd bestuursorgaan.

Art. 700

Zee-arbeidsovereenkomst, werkzaamheid na beëindiging

Een zeevarende kan niet worden beperkt in zijn bevoegdheid om na het einde van de zee-arbeidsovereenkomst op zekere wijze werkzaam te zijn.

Art. 701

Zee-arbeidsovereenkomst, aanvang

Vanaf het in de zee-arbeidsovereenkomst vastgelegde tijdstip van aanvang van de arbeidsovereenkomst heeft de zeevarende zich voor de uitoefening van zijn functie ter beschikking te houden van de werkgever. Is over de aanvang van de zee-arbeidsovereenkomst niets bepaald, dan valt deze voor de toepassing van dit artikel samen met het aangaan daarvan.

Art. 702

Zee-arbeidsovereenkomst, indiensttreding

De zeevarende is in dienst aan boord van het zeeschip vanaf het tijdstip dat hij zijn werkzaamheden aan boord aanvangt tot het tijdstip waarop hij van zijn werkzaamheden aan boord wordt ontheven of hij deze neerlegt.

Art. 703

Zee-arbeidsovereenkomst, vertegenwoordiging werkgever door kapitein

De kapitein vertegenwoordigt de werkgever in de uitvoering van de zee-arbeidsovereenkomsten met de zeevarenden, die in dienst zijn aan boord van het door hem gevoerde zeeschip.

Art. 704

Zee-arbeidsovereenkomst, bevoegdheid kantonrechter Rotterdam

1. De zeevarende is verplicht de hem door de kapitein opgedragen werkzaamheden te verrichten, ook indien het andere werkzaamheden betreft dan hij heeft te verrichten overeenkomstig de functie, waarin hij volgens de zee-arbeidsovereenkomst aan boord dienst doet.
2. De zeevarende is verplicht mee te werken aan het behoud van het zeeschip, de opvarenden en de zaken aan boord.

Art. 705

Zee-arbeidsovereenkomst, bevoegdheid kantonrechter Rotterdam

In zaken betreffende een zee-arbeidsovereenkomst of een collectieve arbeidsovereenkomst of regeling door of namens een daartoe bevoegd bestuursorgaan is, ongeacht het toepasselijke recht, de kantonrechter van de rechtbank Rotterdam bij uitsluiting bevoegd, tenzij in deze afdeling anders is bepaald.

Loon

Art. 706

Zee-arbeidsovereenkomst, wijze van voldoening loon

1. Voldoening van het in geld vastgestelde deel van het in dienst aan boord van een zeeschip verdiende loon geschiedt:
    a. in de munt, waarin het in de zee-arbeidsovereenkomst is uitgedrukt;

b. in de munt, gangbaar ter plaatse van de voldoening;
c. door girale betaling als bedoeld in artikel 114 van Boek 6.
2. Indien omrekening nodig is, geschiedt deze naar de koers, bedoeld in de artikelen 124 en 126 van Boek 6.

Art. 707
1. De zeevarende kan de werkgever schriftelijk verzoeken zijn loon geheel of gedeeltelijk over te maken aan door de zeevarende aan te wijzen personen. Indien omrekening nodig is, geschiedt deze naar de koers, bedoeld in de artikelen 124 en 126 van Boek 6.
2. Het schriftelijke verzoek om beëindiging van de in lid 1 bedoelde overmaking wordt uiterlijk een maand voor de eerstvolgende betaaldag gedaan.

Zee-arbeidsovereenkomst, overmaken loon aan derden

Art. 708
1. De zeevarende heeft recht op voldoening van het in dienst aan boord van een zeeschip verdiende loon:
a. indien het naar tijdruimte is vastgesteld, in iedere haven, die het zeeschip gedurende de reis aandoet, mits zeven dagen zijn verlopen sedert de laatste uitbetaling;
b. indien het niet naar tijdruimte is vastgesteld, op de in de zee-arbeidsovereenkomst vastgelegde tijdstippen voor voldoening, of, bij stilzwijgen daarvan, door het gebruik en de billijkheid, met dien verstande dat de voldoening telkens uiterlijk na een maand geschiedt.
2. De voldoening van het in lid 1 onder *a* bedoelde loon geschiedt uiterlijk op de dag volgende op die van de aankomst, maar in ieder geval voor het vertrek uit de haven, met dien verstande dat de betalingen elkaar opvolgen met tussenpozen van niet meer dan een maand.

Zee-arbeidsovereenkomst, tijdstip voldoening loon

Art. 709
1. Verricht de zeevarende arbeid langer dan de door de wet of de zee-arbeidsovereenkomst bepaalde normale arbeidsduur dan heeft hij voor die extra uren recht op een toeslag op het loon, tenzij de kapitein deze arbeid noodzakelijk acht tot behoud van het schip, de opvarenden of de zaken aan boord. Het bedrag van de toeslag wordt bepaald door de zee-arbeidsovereenkomst of, bij stilzwijgen daarvan, door het gebruik en de billijkheid.
2. Bij collectieve arbeidsovereenkomst of regeling door of namens een daartoe bevoegd bestuursorgaan kan worden bepaald dat in het loon een vergoeding voor overwerk is begrepen.
3. De kapitein doet van ieder geval van overwerk aantekening in een daartoe bestemd register. Elke aantekening wordt ondertekend door de zeevarende binnen een termijn van ten hoogste een maand.

Zee-arbeidsovereenkomst, loontoeslag/vergoeding bij overwerk

Art. 710
Verricht de zeevarende andere werkzaamheden dan hij heeft te verrichten overeenkomstig de functie, waarin hij volgens de zee-arbeidsovereenkomst aan boord dienst doet, dan heeft hij recht op het daarmee overeenkomende loon indien dit hoger is dan het loon voortvloeiende uit de zee-arbeidsovereenkomst.

Zee-arbeidsovereenkomst, loontoeslag voor andere werkzaamheden

Art. 711
Werkt de zeevarende mee aan het behoud van het zeeschip, de opvarenden en de zaken aan boord, dan heeft hij recht op een buitengewone beloning voor de dagen, gedurende welke hij tot dit behoud werkzaam is geweest.

Zee-arbeidsovereenkomst, buitengewone beloning

Art. 712
Indien een zeeschip, dat niet tot het verrichten van sleepdienst is bestemd, aan een ander in open zee aangetroffen schip sleepdienst bewijst onder omstandigheden die geen aanspraak op hulploon geven, hebben de zeevarenden recht op een aandeel in het sleeploon. De werkgever deelt iedere zeevarende voor de uitbetaling desgevraagd het bedrag van het sleeploon en de verdeling daarvan schriftelijk mee.

Zee-arbeidsovereenkomst, sleeploon

Art. 713
Een rechtsvordering op grond van de artikelen 709 tot en met 712 verjaart na verloop van zes maanden na het ontstaan van het vorderingsrecht.

Zee-arbeidsovereenkomst, verjaring rechtsvordering op loontoeslagen

Art. 714
Voor zover het in geld uitgedrukte deel van het loon is vastgesteld bij de reis, heeft de zeevarende recht op een evenredige verhoging van het loon, als de reis door toedoen van de scheepsbeheerder, door molest of door verblijf in een noodhaven of een andere soortgelijke reden wordt verlengd in het belang van het zeeschip, de opvarenden en de zaken aan boord.

Zee-arbeidsovereenkomst, loonsverhoging bij verlenging reis

Art. 715
De in artikel 626 bedoelde opgave wordt maandelijks verstrekt en bevat tevens een opgave van de munteenheid of de koers die afwijkt van hetgeen is overeengekomen.

Zee-arbeidsovereenkomst, loonopgave

Art. 716
Geen loon is verschuldigd voor de tijd gedurende welke de zeevarende zonder deugdelijke grond heeft geweigerd de bedongen arbeid of andere opgedragen werkzaamheden te verrichten.

Zee-arbeidsovereenkomst, geen loon bij werkweigering

Vakantie

Art. 717

Zee-arbeidsovereenkomst, vakantie

1. De zeevarende verwerft over ieder jaar waarin hij gedurende de volledige overeengekomen arbeidsduur recht op loon heeft gehad, aanspraak op vakantie van ten minste 30 kalenderdagen.
2. De zeevarende behoudt zijn aanspraak op vakantie over het tijdvak gedurende hetwelk hij studieverlof geniet.
3. Tot vakantie worden niet gerekend:
   a. officieel of algemeen erkende feestdagen;
   b. tijdelijk verlof om aan wal te gaan;
   c. compensatieverlof;
   d. de duur van het vervoer, bedoeld in lid 6;
   e. de tijd doorgebracht in afwachting van repatriëring en de reisduur in verband met repatriëring.
4. De werkgever is verplicht om de vakantie, bedoeld in lid 1, aaneengesloten te geven. Van deze verplichting kan worden afgeweken bij collectieve arbeidsovereenkomst of regeling door of namens een daartoe bevoegd bestuursorgaan.
5. De vakantie, bedoeld in lid 1 en in artikel 641 lid 3, wordt desverzocht aan de zeevarende gegeven in de plaats waar de dienst aan boord is aangevangen, of de plaats waar de zee-arbeidsovereenkomst is aangegaan, al naar gelang de plaats het dichtst is gelegen bij de woonplaats of gewone verblijfplaats van de zeevarende. Van dit lid kan worden afgeweken bij collectieve arbeidsovereenkomst of regeling door of namens een daartoe bevoegd bestuursorgaan.
6. Indien de zeevarende genoodzaakt is de vakantie, bedoeld in lid 1 en in artikel 641 lid 3, aan te vangen op een andere plaats dan die bedoeld in lid 5, zorgt de werkgever voor kosteloos vervoer naar die andere plaats en voor betaling van de kosten van levensonderhoud gedurende dat vervoer.
7. De werkgever heeft de bevoegdheid een zeevarende die zijn vakantie, bedoeld in lid 1 en in artikel 641 lid 3, geniet, terug te roepen indien daartoe gewichtige redenen zijn en na overleg met de zeevarende. De schade die de zeevarende hierdoor lijdt, wordt door de werkgever vergoed.
8. Een rechtsvordering tot toekenning van vakantie verjaart door verloop van drie jaren na de laatste dag van het kalenderjaar waarin de aanspraak is ontstaan.

Repatriëring

Art. 718

Zee-arbeidsovereenkomst, repatriëring

1. De zeevarende heeft recht op repatriëring op een snelle en geschikte wijze, zo mogelijk per vliegtuig, naar een door hem gekozen plaats van bestemming in geval:
   a. van beëindiging van de zee-arbeidsovereenkomst;
   b. van ziekte die repatriëring vereist;
   c. van herstel van ziekte, indien hij ter verpleging is achtergelaten buiten het land waar hij zijn woonplaats of gewone verblijfplaats heeft of de plaats waar de zee-arbeidsovereenkomst is aangegaan;
   d. van schipbreuk;
   e. de werkgever niet in staat is zijn wettelijke of contractuele verplichtingen na te komen wegens faillissement, verkoop van het zeeschip, verandering in de registratie van het zeeschip of wegens een andere soortgelijke reden;
   f. het zeeschip koers zet naar een oorlogsgebied, terwijl de zeevarende weigert naar dat gebied te gaan, of
   g. van verloop van een termijn van maximaal 12 maanden waarin de zeevarende aan boord werkzaam is geweest.
2. In geval van repatriëring is de werkgever verplicht de volgende kosten te vergoeden:
   a. de reis naar de plaats van bestemming;
   b. huisvesting en voeding vanaf de dag waarop de zeevarende het zeeschip heeft verlaten totdat hij de plaats van bestemming heeft bereikt;
   c. loon en vergoedingen vanaf de dag dat de zeevarende het zeeschip heeft verlaten totdat hij de plaats van bestemming heeft bereikt;
   d. medische behandeling, indien nodig, totdat de gezondheidstoestand van de zeevarende het toelaat naar de plaats van bestemming te reizen.
3. Als plaats van bestemming wordt aangemerkt:
   a. de plaats waar de zee-arbeidsovereenkomst is aangegaan;
   b. het land waar de zeevarende zijn woonplaats of gewone verblijfplaats heeft, of
   c. de plaats die in de zee-arbeidsovereenkomst of de toepasselijke collectieve arbeidsovereenkomst of regeling door of namens een daartoe bevoegd bestuursorgaan is bepaald.
4. Het in lid 1 bedoelde recht vervalt indien de zeevarende niet binnen twee dagen, nadat een van de in lid 1 onder a, c, d, e, f en g genoemde omstandigheden zich heeft voorgedaan, zijn wens tot repatriëring kenbaar maakt aan de kapitein. Bij collectieve arbeidsovereenkomst of

regeling door of namens een daartoe bevoegd bestuursorgaan kan een langere termijn worden overeengekomen.
5. Een afschrift van de wettelijke bepalingen inzake repatriëring is zowel in de Nederlandse als in de Engelse taal voor de zeevarende aan boord beschikbaar.

Vergoeding in geval van schipbreuk of andere ramp aan het zeeschip en in geval van overlijden van de zeevarende

Art. 719
1. De werkgever is jegens de zeevarende aansprakelijk voor de schade die de zeevarende lijdt als gevolg van schipbreuk of een andere aan het zeeschip overkomen ramp.

2. In geval van geheel of gedeeltelijk verlies van de uitrusting van de zeevarende ten gevolge van schipbreuk of andere ramp heeft de zeevarende aanspraak op een uitkering, waarvan de hoogte wordt vastgesteld bij algemene maatregel van bestuur.

3. In geval van werkloosheid ten gevolge van schipbreuk of andere ramp heeft de zeevarende aanspraak op een uitkering ter hoogte van het bij de zee-arbeidsovereenkomst in geld vastgestelde deel van het loon voor de duur van de werkloosheid, maar ten hoogste gedurende twee maanden. Indien het loon niet naar tijdruimte is vastgesteld, betreft de uitkering een bedrag gelijk aan het loon dat volgens gebruik bij vaststelling van het gehele loon naar tijdruimte wordt voldaan.

4. De uitkering, bedoeld in het derde lid, wordt verminderd met het loon waarop de zeevarende op grond van artikel 729 recht heeft.

5. Indien de zeevarende bij schipbreuk of andere ramp het leven verliest, komen de in het tweede en derde lid bedoelde uitkeringen toe aan de nagelaten betrekkingen, bedoeld in artikel 674 lid 3.

6. De vorderingen inzake de in het tweede en derde lid bedoelde uitkeringen zijn bevoorrecht op alle roerende en onroerende zaken van de werkgever. Het voorrecht staat in rang gelijk met dat, bedoeld in artikel 288, onder e, van Boek 3.

Zee-arbeidsovereenkomst, vergoeding bij schipbreuk/ramp/overlijden

Art. 720
1. Indien de zeevarende overlijdt gedurende de dienst aan boord van het zeeschip of aan de wal in verband met de dienst aan boord, komen voor rekening van de werkgever:
a. indien de lijkbezorging plaatsvindt buiten het land waar hij zijn woonplaats of gewone verblijfplaats heeft, de daartoe gemaakte kosten;
b. indien de lijkbezorging plaatsvindt in het land waar hij zijn woonplaats of gewone verblijfplaats heeft, de kosten van en in verband met het vervoer van het stoffelijk overschot naar de woonplaats of gewone verblijfplaats in dat land, alsmede de kosten van en in verband met de daartoe noodzakelijke opgraving van het stoffelijk overschot.

2. De kapitein is verplicht te zorgen voor de aan boord achtergelaten zaken van een gedurende de reis ziek geworden, vermiste of overleden zeevarende en hij is verplicht ten overstaan van twee zeevarenden een behoorlijke beschrijving daarvan op te maken, die door hem en door deze zeevarenden wordt ondertekend. De kapitein draagt er zorg voor dat deze zaken worden afgegeven aan de zeevarende of in geval van vermissing of overlijden aan zijn nagelaten betrekkingen, bedoeld in artikel 674 lid 3.

3. Indien de woonplaats of gewone verblijfplaats van de zeevarende of zijn nagelaten betrekkingen onbekend is of de nagelaten betrekkingen onbekend zijn, is de werkgever verplicht de aan boord achtergelaten zaken gedurende drie jaren te bewaren. Na het verstrijken van deze termijn is de werkgever bevoegd de zaken te verkopen of, indien de zaken zich niet voor verkoop lenen, deze om niet aan een derde in eigendom over te dragen of te vernietigen.

4. In geval van verkoop wordt de opbrengst in de consignatiekas gestort. De in de consignatiekas gestorte opbrengst treedt in de plaats van de zaken.

Zee-arbeidsovereenkomst, lijkbezorging

Einde van de zee-arbeidsovereenkomst

Art. 721
Indien een proeftijd is overeengekomen, kan hierop geen beroep worden gedaan zolang de dienst aan boord niet is geëindigd.

Zee-arbeidsovereenkomst, beëindiging na proeftijd

Art. 722
De voor bepaalde tijd aangegane of voortgezette zee-arbeidsovereenkomst eindigt in de eerste haven, die het zeeschip aandoet nadat die tijd is verstreken en, voor zover nodig, opzegging heeft plaatsgevonden.

Zee-arbeidsovereenkomst voor bepaalde tijd, beëindiging

Art. 723
1. De zee-arbeidsovereenkomst voor bepaalde tijd, aangegaan bij de reis, eindigt na afloop van de reis of de reizen waarvoor zij is aangegaan.

Zee-arbeidsovereenkomst, beëindiging overeenkomst voor bepaalde tijd na afloop reis

2. Indien de reis eindigt in een andere haven dan overeengekomen, eindigt de zee-arbeidsovereenkomst op het tijdstip waarop de zeevarende overeenkomstig artikel 718 is gerepatrieerd. Indien het recht van de zeevarende op repatriëring is vervallen, eindigt de zee-arbeidsovereenkomst in de andere haven, bedoeld in de eerste volzin, op het moment waarop dit recht is vervallen.

Art. 724

Zee-arbeidsovereenkomst voor onbepaalde tijd, beëindiging

1. Gedurende de tijd dat de zeevarende in dienst is aan boord van een zeeschip kan ieder der partijen de voor onbepaalde tijd aangegane zee-arbeidsovereenkomst door schriftelijke opzegging doen eindigen in iedere haven die wordt aangedaan met inachtneming van een termijn van opzegging van ten minste zeven dagen. De termijn van opzegging mag voor de werkgever niet korter worden gesteld dan voor de zeevarende.
2. Lid 1 is mede van toepassing als de werkgever overlijdt gedurende de tijd dat de zeevarende in dienst is aan boord van een zeeschip, en hetzij de erfgenamen van de werkgever, hetzij de zeevarende gebruik willen maken van de bevoegdheid in artikel 675.

Art. 725

Zee-arbeidsovereenkomst, tijdstip opzegging

Gedurende een reis van het zeeschip kan ieder der partijen de zee-arbeidsovereenkomst slechts op de voet van artikel 677 lid 1 opzeggen tegen het tijdstip, waarop het zeeschip zich in een haven bevindt.

Art. 726

Ontbinding zee-arbeidsovereenkomst, redenen werkgever

Behalve in de gevallen, genoemd in artikel 678 lid 2, zullen voor de werkgever dringende redenen onder andere aanwezig geacht kunnen worden, wanneer:
a. de zeevarende een opvarende van het zeeschip mishandelt, grovelijk beledigt of op ernstige wijze bedreigt of hem verleidt of tracht te verleiden tot handelingen strijdig met de wet of de goede zeden;
b. de zeevarende zich niet op grond van artikel 701 ter beschikking houdt van de werkgever;
c. de zeevarende hetzij tijdelijk, hetzij voorgoed de bevoegdheid wordt ontnomen op een zeeschip dienst te doen in de functie waarin hij zich verbonden heeft dienst te doen;
d. de zeevarende smokkelwaren aan boord heeft gebracht of daar onder zijn berusting heeft of in geval van de kapitein, hij smokkelwaren aan boord heeft gebracht, daar onder zijn berusting heeft of daar heeft toegelaten.

Art. 727

Ontbinding zee-arbeidsovereenkomst, redenen zeevarende

Behalve in de gevallen, genoemd in artikel 679 lid 2, zullen voor de zeevarende dringende redenen aanwezig geacht kunnen worden, wanneer:
a. hem orders worden gegeven die in strijd zijn met de zee-arbeidsovereenkomst of met wettelijke verplichtingen van de zeevarende;
b. het zeeschip bestemd wordt naar een haven van een land dat in een gewapend conflict is gewikkeld of naar een haven die is geblokkeerd, tenzij de zee-arbeidsovereenkomst dit uitdrukkelijk voorziet en is aangegaan na het uitbreken van het conflict of na het afkondigen van de blokkade;
c. hem orders worden gegeven te vertrekken naar een vijandelijke haven;
d. het zeeschip wordt gebruikt in een gewapend conflict;
e. het zeeschip wordt gebruikt voor het plegen van misdrijven;
f. voor hem aan boord gevaar voor mishandeling door een andere zeevarende dreigt;
g. de accommodatie, de voeding of het drinkwater aan boord niet voldoet aan het bepaalde krachtens de artikelen 48 en 48a van de Wet zeevarenden zodanig dat dit schadelijk is voor de gezondheid van de zeevarenden;
h. het zeeschip het recht verliest de vlag van het Koninkrijk te voeren;
i. de zee-arbeidsovereenkomst is aangegaan voor een of meer bepaalde reizen en het zeeschip andere reizen maakt.

Art. 728

Zee-arbeidsovereenkomst, ontbinding door kantonrechter

In afwijking van artikel 705 kan het verzoek om ontbinding van de zee-arbeidsovereenkomst, bedoeld in de artikelen 671b en 671c, mede worden gedaan aan de ingevolge de artikelen 99, 100 en 107 tot en met 109 van het Wetboek van Burgerlijke Rechtsvordering bevoegde kantonrechter.

Art. 729

Zee-arbeidsovereenkomst, ontbinding bij niet doorgaan/staken reis

1. Indien de zee-arbeidsovereenkomst is aangegaan bij de reis en ten gevolge van overmacht de reis niet aanvangt of, nadat zij is aangevangen, wordt gestaakt, eindigt de zee-arbeidsovereenkomst. De zeevarende heeft in het laatstbedoelde geval recht op schadevergoeding gelijk aan het in de zee-arbeidsovereenkomst naar tijdruimte in geld vastgestelde loon, totdat hij in het land van zijn woonplaats of gewone verblijfplaats kan zijn teruggekomen of hij eerder werk heeft gevonden.
2. Lid 1 geldt eveneens als de zeevarende zich uitsluitend verbonden heeft aan boord van een bepaald zeeschip dienst te doen en dit zeeschip vergaat, ook als de zee-arbeidsovereenkomst niet bij de reis is aangegaan.

Art. 730
Indien de zee-arbeidsovereenkomst is aangegaan bij de reis en de reis door toedoen van de scheepsbeheerder niet aanvangt of, nadat zij is aangevangen, wordt gestaakt, eindigt de zee-arbeidsovereenkomst. De zeevarende heeft in die gevallen recht op schadevergoeding gelijk aan het bedrag van het voor de reis vastgestelde loon.

Zee-arbeidsovereenkomst, ontbinding bij niet doorgaan reis door toedoen scheepsbeheerder

Art. 731
De werkgever is verplicht binnen een maand na het einde van de dienst aan boord de zeevarende een schriftelijke afrekening ter hand te stellen. Bij collectieve arbeidsovereenkomst of regeling door of namens een daartoe bevoegd bestuursorgaan kan een langere termijn worden overeengekomen.

Ontbinding zee-arbeidsovereenkomst, schriftelijke afrekening

Art. 732
Na het einde van de reis, is de zeevarende, wiens zee-arbeidsovereenkomst is geëindigd, gedurende drie werkdagen gehouden op verzoek van de kapitein mee te werken aan het opmaken van een scheepsverklaring als bedoeld in artikel 353 van het Wetboek van Koophandel. De werkgever is verplicht voor deze dagen een schadevergoeding te betalen gelijk aan het in de zee-arbeidsovereenkomst naar tijdruimte in geld vastgestelde deel van dat loon, alsmede de kosten van onderhoud en zo nodig van overnachting.

Ontbinding zee-arbeidsovereenkomst, opmaken scheepsverklaring

Art. 733
De kapitein die zijn zee-arbeidsovereenkomst opzegt, terwijl het door hem gevoerde zeeschip zich op reis bevindt, is verplicht de maatregelen te nemen, die in verband daarmee nodig zijn voor de veiligheid van het zeeschip, de opvarenden en de zaken aan boord, op straffe van schadevergoeding.

Zee-arbeidsovereenkomst, opzegging door kapitein

De zieke zeevarende

Art. 734
De zeevarende die in verband met ongeschiktheid ten gevolge van ziekte, zwangerschap of bevalling verhinderd is de bedongen arbeid te verrichten, behoudt het recht op het volle loon zolang hij aan boord is.

Zee-arbeidsovereenkomst, loon bij arbeidsongeschiktheid

Art. 734a
1. De zeevarende, bedoeld in artikel 734, heeft tot zijn herstel recht op behoorlijke verpleging en geneeskundige behandeling.

Zee-arbeidsovereenkomst, recht op verpleging/behandeling

2. Dit recht komt evenwel niet toe aan:
a. de zeevarende die verzekeringsplichtige is op grond van de Zorgverzekeringswet, zolang hij verblijft in Nederland;
b. de zeevarende die verblijft in het land waar hij zijn woonplaats of gewone verblijfplaats heeft.
3. Het recht eindigt, indien de zeevarende is teruggekeerd of heeft kunnen terugkeren naar het land waar hij zijn woonplaats of gewone verblijfplaats heeft.
4. Op de aanspraken, die de zeevarende heeft ingevolge dit artikel, komen de aanspraken ingevolge de Wet langdurige zorg in mindering.

Art. 734b
1. De zeevarende, bedoeld in artikel 734, die verzekerd is ingevolge de Ziektewet of op wie enige daarmee overeenkomende wettelijke regeling van een lidstaat van de Europese Unie van toepassing is, heeft, in afwijking van artikel 629 lid 1, voor een tijdvak van twaalf weken recht op 100 procent van het loon, bedoeld in artikel 629 lid 1, als hij ter verpleging is achtergelaten buiten het land waar hij zijn woonplaats of gewone verblijfplaats heeft.

Zee-arbeidsovereenkomst, loon bij verpleging in buitenland

2. Het recht op betaling van 100 procent van het loon eindigt zodra de zeevarende passende arbeid kan verkrijgen en verrichten dan wel is teruggekeerd of heeft kunnen terugkeren naar het land waar hij zijn woonplaats of gewone verblijfplaats heeft.

Art. 734c
Voor de berekening van het tijdvak van 104 weken, genoemd in artikel 629 lid 1, worden de periode, bedoeld in artikel 734, waarin de zeevarende ziek aan boord is en de in artikel 734b lid 1 bedoelde periode in aanmerking genomen.

Zee-arbeidsovereenkomst, berekening periode van loondoorbetaling

Art. 734d
1. De zeevarende, bedoeld in artikel 734, die niet is verzekerd ingevolge de Ziektewet en op wie niet een daarmee overeenkomende wettelijke regeling van een lidstaat van de Europese Unie van toepassing is, heeft, zolang hij niet is hersteld en ongeacht het voortduren van de zee-arbeidsovereenkomst, gedurende ten hoogste 52 weken, recht op 80 procent van het naar tijdruimte in geld vastgestelde loon, dat hij genoot toen hij ziek werd, verhoogd met de bij algemene maatregel van bestuur vast te stellen geldswaarde van andere loonbestanddelen.

Zee-arbeidsovereenkomst, loon voor onverzekerden bij ziekte

2. De in lid 1 bedoelde termijn van 52 weken gaat in:
a. als de zeevarende ziek wordt, terwijl hij niet aan boord van een zeeschip in dienst is, op de dag, waarop hij ziek wordt;

b. als hij ziek wordt, terwijl hij aan boord van een zeeschip in dienst is, op de dag, waarop hij aan de wal ter verpleging wordt achtergelaten of waarop hij, nog niet hersteld, met het zeeschip terugkomt. Wordt hij ter verpleging achtergelaten buiten het land waar hij zijn woonplaats of gewone verblijfplaats heeft, dan wordt de uitkering van 80 procent gedurende de eerste 12 weken verhoogd tot 100 procent.
3. De uitkering, bedoeld in de laatste zin van het tweede lid, eindigt zodra de zeevarende passende arbeid kan verkrijgen en verrichten dan wel is teruggekeerd of had kunnen terugkeren naar het land waar hij zijn woonplaats of gewone verblijfplaats heeft.
4. Indien de ziekte een gevolg is van opzet van de zeevarende, kan de loonaanspraak worden verbeurd of verminderd.

Art. 734e

Zee-arbeidsovereenkomst, uitkering/voorziening bij ongeval

1. De zeevarende, bedoeld in artikel 734d, die een ongeval krijgt in verband met zijn zee-arbeidsovereenkomst, heeft, ongeacht het voortduren van deze overeenkomst, recht op uitkeringen en voorzieningen overeenkomstig de artikelen 734f tot en met 734k. Indien de zeevarende tengevolge van het ongeval overlijdt, gaat dit recht over op zijn nagelaten betrekkingen, bedoeld in artikel 674 lid 3.
2. Voor de toepassing van het vorige lid en de artikelen 734f tot en met 734j worden met een ongeval in verband met de zee-arbeidsovereenkomst gelijkgesteld de ziekten, die voorkomen op een bij algemene maatregel van bestuur vast te stellen lijst van ziekten, indien de zeevarende die ziekte heeft gekregen in verband met de zee-arbeidsovereenkomst. De ziekte wordt, tenzij het tegendeel blijkt, geacht verband te houden met de zee-arbeidsovereenkomst, indien zij zich gedurende de arbeidsovereenkomst of binnen een bij algemene maatregel van bestuur vast te stellen termijn na het einde van de arbeidsovereenkomst openbaart.
3. De in het tweede lid bedoelde gelijkstelling is niet van toepassing indien de zeevarende zonder deugdelijke grond ter zake van de in dat lid bedoelde ziekte geweigerd heeft een profylactische behandeling te ondergaan dan wel heeft nagelaten zich aan een zodanige behandeling te onderwerpen, ofschoon hem daartoe kosteloos gelegenheid werd geboden.

Art. 734f

Zee-arbeidsovereenkomst, loon bij tijdelijke algehele arbeidsongeschiktheid

1. De zeevarende, bedoeld in artikel 734d, heeft na afloop van de in artikel 734d bedoelde termijn van 52 weken, in geval van tijdelijke gehele ongeschiktheid tot werken, recht op een uitkering van 70 procent van zijn loon en, in geval van tijdelijke gedeeltelijke ongeschiktheid tot werken, op een uitkering ter hoogte van een in verhouding tot de verloren geschiktheid tot werken staand deel van 70 procent van zijn loon.
2. De in het eerste lid bedoelde uitkering eindigt met ingang van de dag, waarop blijvende gehele of gedeeltelijke ongeschiktheid tot werken intreedt, dan wel, indien de tijdelijke gehele of gedeeltelijke ongeschiktheid tot werken voortduurt, uiterlijk met ingang van de dag, gelegen drie jaren na afloop van de in artikel 734d bedoelde termijn van 52 weken.
3. De zeevarende, bedoeld in artikel 734d, die op de dag, gelegen na afloop van de in artikel 734d bedoelde termijn van 52 weken, blijvend geheel of gedeeltelijk ongeschikt is tot werken of binnen drie jaren na die dag blijvend geheel of gedeeltelijk ongeschikt wordt tot werken, dan wel op de dag gelegen drie jaren na vorenbedoelde dag, nog tijdelijk geheel of gedeeltelijk ongeschikt is tot werken, heeft recht op een uitkering ineens van driemaal de uitkering over een jaar, berekend naar de uitkering, waarop hij laatstelijk aanspraak had vóór de dag, waarop dat recht ontstaat. Met ingang van de dag, waarop recht ontstaat op een uitkering ineens als bedoeld in de vorige zin, kunnen ter zake van het betreffende ongeval geen rechten meer worden ontleend aan de artikelen 734e tot en met 734k.
4. Voor de toepassing van de vorige leden wordt een zeevarende geheel of gedeeltelijk ongeschikt geacht tot werken, indien hij ten gevolge van een ongeval als bedoeld in artikel 734e geheel of gedeeltelijk ongeschikt is geworden tot arbeid, die voor zijn krachten en bekwaamheden is berekend en die met het oog op zijn opleiding en vroeger beroep hem in redelijkheid kan worden opgedragen.
5. Indien de zeevarende, bedoeld in artikel 734d, niet de medewerking verleent, die redelijkerwijs van hem verlangd kan worden tot het herkrijgen van zijn gezondheid of zijn arbeidsvermogen, voor zover deze door een ongeval als bedoeld in artikel 734e zijn geschaad, zal bij de schatting van de mate van ongeschiktheid tot werken, bedoeld in de vorige leden, de toestand in aanmerking genomen kunnen worden, die waarschijnlijk zou zijn ontstaan, indien die medewerking ten volle zou zijn verleend.

Art. 734g

Zee-arbeidsovereenkomst, geneeskundige behandeling na ongeval

1. De zeevarende, bedoeld in artikel 734d, heeft ter zake van een ongeval als bedoeld in artikel 734e van de dag van het ongeval af recht op geneeskundige behandeling of vergoeding daarvoor, indien hij verblijft in of heeft kunnen terugkeren naar het land, waar hij zijn woonplaats of gewone verblijfplaats heeft, uiterlijk tot de dag, gelegen drie jaren na afloop van de in artikel 734d bedoelde termijn van 52 weken en onverminderd het bepaalde in de laatste volzin van artikel 734f lid 3. Onder geneeskundige behandeling is begrepen het verstrekken van kunstmiddelen, voor zover deze zijn geschiktheid tot werken kunnen bevorderen of tot verbetering van

zijn levensomstandigheden kunnen bijdragen, alsmede het onderricht in het gebruik van die kunstmiddelen.
2. Bij algemene maatregel van bestuur kunnen regels worden gesteld met betrekking tot het bepaalde in dit artikel.

Nadere regels

Art. 734h
1. Onverminderd artikel 674 hebben de nagelaten betrekkingen, bedoeld in artikel 734e lid 1, recht op een uitkering ineens, die bedraagt:
a. voor degene, met wie de overledene ten tijde van het ongeval gehuwd was of een geregistreerd partnerschap was aangegaan: driemaal de uitkering over een jaar, berekend naar 30 procent van het loon van de overledene;
b. voor elk kind of stiefkind beneden de leeftijd van achttien jaar: driemaal de uitkering over een jaar, berekend naar 15 procent en, indien dit kind ouderloos is, berekend naar 20 procent van het loon van de overledene;
c. voor degene, met wie de overledene ten tijde van het ongeval in gezinsverband samenleefde en in wiens kosten van bestaan hij grotendeels voorzag, niet vallende onder a of b: driemaal hetgeen hij in de regel over een jaar tot diens levensonderhoud bijdroeg, doch niet meer dan driemaal de uitkering over een jaar, berekend naar 30 procent van het loon van de overledene, met dien verstande, dat, indien de betrokkene jonger is dan achttien jaar, niet meer wordt uitgekeerd dan hij als kind van de overledene zou hebben ontvangen.
2. De in het eerste lid bedoelde uitkeringen zullen tezamen niet meer bedragen dan driemaal de uitkering over een jaar, berekend naar 60 procent van het loon van de overledene. De personen, bedoeld in het eerste lid, onder c, hebben alleen recht op een uitkering, indien de personen, bedoeld onder a en b van dat lid allen hun volle uitkering hebben ontvangen. Indien de personen, bedoeld in het eerste lid, onder a en b tezamen een uitkering zouden ontvangen van meer dan driemaal de uitkering over een jaar, berekend naar 60 procent van het loon van de overledene, ondergaat elk van deze uitkeringen een evenredige vermindering.
3. Voor de toepassing van dit artikel en van artikel 734e is het bepaalde bij of krachtens artikel 8 van de Algemene nabestaandenwet van overeenkomstige toepassing.

Zee-arbeidsovereenkomst, uitkering aan nagelaten betrekkingen

Schakelbepaling

Art. 734i
Bij algemene maatregel van bestuur kunnen regels worden gesteld ter voorkoming of beperking van samenloop van uitkeringen of voorzieningen als bedoeld in de artikelen 734 en 734d tot en met 734h met uitkeringen of voorzieningen uit andere hoofde.

Nadere regels

Art. 734j
Onder loon van de zeevarende wordt voor de toepassing van de artikelen 734f en 734h verstaan het naar tijdruimte in geld vastgestelde loon, dat hij genoot tot het ongeval, bedoeld in artikel 734e, plaatsvond, verhoogd met de bij algemene maatregel van bestuur vast te stellen geldswaarde van andere loonbestanddelen. Hetgeen het naar tijdruimte in geld vastgestelde loon meer bedraagt dan een bij algemene maatregel van bestuur te bepalen bedrag, wordt daarbij niet in aanmerking genomen.

Zee-arbeidsovereenkomst, definitie loon

Art. 734k
1. Indien een daartoe door Ons erkende vereniging met volledige rechtsbevoegdheid is opgericht, is de werkgever ter waarborging van zijn tegenover de in artikel 734d bedoelde zeevarenden en hun nagelaten betrekkingen uit de artikelen 734d tot en met 734j voortvloeiende verplichtingen van rechtswege aangesloten bij die vereniging.
2. In het geval, bedoeld in het eerste lid, zijn de werkgever en de vereniging hoofdelijk verbonden tegenover de in artikel 734d bedoelde zeevarenden en hun nagelaten betrekkingen en zijn de werkgever en de scheepsbeheerder hoofdelijk verbonden tegenover de vereniging voor de nakoming van de uit de artikelen 734d tot en met 734k voortvloeiende verplichtingen.
3. Op haar verzoek kan een vereniging worden erkend als vereniging, bedoeld in het eerste lid, indien zij voldoet aan de volgende vereisten:
a. dat zij opgericht is door een of meer naar Ons oordeel representatieve organisaties van werkgevers en een of meer naar Ons oordeel representatieve organisaties van zeevarenden, al dan niet tezamen met een of meer werkgevers;
b. dat zij niet beoogt winst te maken.
4. Voor de in het derde lid bedoelde erkenning komt niet meer dan één vereniging in aanmerking.
5. De statuten van de in het eerste lid bedoelde vereniging moeten zodanige bepalingen inhouden, dat:
a. het bestuur voor de helft wordt samengesteld uit vertegenwoordigers van de werkgevers en voor de helft uit vertegenwoordigers van de zeevarenden;
b. de gezamenlijke vertegenwoordigers van de werkgevers ter vergadering evenveel stemmen uitbrengen als de gezamenlijke vertegenwoordigers van de zeevarenden;
c. de kosten van de uit de artikelen 734d tot en met 734k voortvloeiende verplichtingen met betrekking tot de in het eerste lid bedoelde zeevarenden en hun nagelaten betrekkingen, alsmede de kosten verbonden aan de vorming en instandhouding van een reserve, per jaar worden

Zee-arbeidsovereenkomst, werkgeversvereniging

omgeslagen over de werkgevers naar rato van het loon, dat in dat jaar aan de zeevarenden is uitbetaald, waarbij onder loon wordt verstaan loon in de zin van hoofdstuk 3 van de Wet financiering sociale verzekeringen.

Art. 734l

Zee-arbeidsovereenkomst, uitkering verpleging/huisvesting/voeding bij ziekte

1. Na zijn herstel heeft de zeevarende, ongeacht het voortduren van de zee-arbeidsovereenkomst, recht op een uitkering, gelijk aan het naar tijdruimte in geld vastgestelde loon, dat hij genoot toen hij ziek werd, indien hij ter verpleging is achtergelaten buiten het land waar hij zijn woonplaats of gewone verblijfplaats heeft en elders dan ter plaatse waar hij zich bevond toen hij de zee-arbeidsovereenkomst met de werkgever is aangegaan.
2. De zeevarende heeft voorts recht op huisvesting en voeding.
3. De in lid 1 en 2 bedoelde rechten eindigen zodra de zeevarende passende arbeid kan verkrijgen en verrichten dan wel is teruggekeerd of heeft kunnen terugkeren naar het land waar hij zijn woonplaats of gewone verblijfplaats heeft of de plaats waar hij zich bevond toen hij de arbeidsovereenkomst met de werkgever is aangegaan.
4. Indien de ziekte een gevolg is van opzet van de zeevarende, kan de in lid 1 bedoelde uitkering worden verbeurd of verminderd.

Art. 734m

Zee-arbeidsovereenkomst, toepasselijkheid Wetboek van Burgerlijke Rechtsvordering

1. Artikel 93, aanhef en onder c, van het Wetboek van Burgerlijke Rechtsvordering is van toepassing op alle vorderingen krachtens de artikelen 734d tot en met 734k door of tegen de in lid 1 van artikel 734k bedoelde zeevarenden of hun nagelaten betrekkingen ingesteld tegen onderscheidenlijk door de in dat lid bedoelde vereniging.
2. Elk beding strijdig met enige bepaling van dit artikel of artikel 734k is nietig, behoudens dat partijen kunnen overeenkomen om een vordering als bedoeld in het eerste lid aan arbitrage te onderwerpen.

De tijdelijk aan boord van een zeeschip werkzame werknemer

Art. 735

Zee-arbeidsovereenkomst, tijdelijke werknemer

Op de arbeidsovereenkomst van de werknemer die gewoonlijk arbeid aan de wal verricht, zijn de artikelen 702, 703, 704 lid 2, 709, 711, 718 tot en met 720, 725, 732, 734 tot en met 734c, 734e tot en met 734m en 738 tot en met 738f van overeenkomstige toepassing, indien en voor zolang hij gedurende de reis arbeid aan boord van een zeeschip verricht.

De arbeidsovereenkomst naar buitenlands recht

Art. 736

Zee-arbeidsovereenkomst, overeenkomst naar buitenlands recht

1. Op de arbeidsovereenkomst van een zeevarende die zich verbindt arbeid te verrichten aan boord van een zeeschip en wiens arbeidsovereenkomst wordt beheerst door buitenlands recht, zijn de artikelen 697, 699, 702 tot en met 712, 714 tot en met 725, 729, 731, 732, 734, 734a, 734d tot en met 734l en 738 tot en met 738f van overeenkomstige toepassing.
2. Op de arbeidsovereenkomst van een werknemer die gewoonlijk arbeid aan de wal verricht en wiens arbeidsovereenkomst wordt beheerst door buitenlands recht zijn de artikelen 702, 703, 704 lid 2, 705, 709, 711, 718 tot en met 720, 725, 732, 734, 734a, 734d tot en met 734l en 738 tot en met 738f van overeenkomstige toepassing, indien en voor zolang hij gedurende de reis arbeid aan boord van een zeeschip verricht.

Verplichtingen van de scheepsbeheerder

Art. 737

Zee-arbeidsovereenkomst, verplichtingen scheepsbeheerder

1. De artikelen 718 tot en met 720 zijn van overeenkomstige toepassing op personen die, anders dan op grond van een arbeidsovereenkomst en ongeacht het toepasselijke recht, werkzaamheden verrichten aan boord van een zeeschip, met dien verstande dat voor «werkgever» wordt gelezen: scheepsbeheerder.
2. De scheepsbeheerder is verplicht een verzekering in stand te houden, die in geval van repatriëring als bedoeld in artikel 718 strekt tot voorziening in de kosten, bedoeld in artikel 718, lid 2. De artikelen 738a, leden 5 tot en met 7, 738b en 738c zijn van overeenkomstige toepassing.

Art. 738

Zee-arbeidsovereenkomst, verplichtingen scheepsbeheerder

De scheepsbeheerder is aansprakelijk voor de nakoming van de uit de artikelen 706 tot en met 709, 717, 719, 720 en 734 tot en met 734l voortvloeiende verplichtingen, indien de werkgever tot nakoming daarvan onherroepelijk is veroordeeld en niet tot nakoming overgaat.

Art. 738a

Verplichtingen scheepsbeheerder bij achterlaten zeevarende

1. De scheepsbeheerder draagt zorg voor de repatriëring van de zeevarende, indien de werkgever de zeevarende heeft achtergelaten.

2. Van achterlaten van de zeevarende als bedoeld in lid 1 is sprake, indien de werkgever:

a. in gebreke blijft de kosten, bedoeld in artikel 718, lid 2, te voldoen;
b. de zeevarende heeft achtergelaten zonder de noodzakelijke verzorging en ondersteuning; of
c. zijn verplichtingen jegens de zeevarende niet nakomt, waaronder begrepen het niet voldoen van het aan de zeevarende verschuldigde loon gedurende een tijdvak van tenminste twee maanden.
3. Onder noodzakelijke verzorging en ondersteuning als bedoeld in lid 2, onder b, wordt begrepen: passende huisvesting, indien nodig kleding, voldoende voedsel, drinkwater en brandstof om aan boord van het zeeschip te kunnen overleven en noodzakelijke medische zorg.
4. De scheepsbeheerder is verplicht een verzekering in stand te houden, die in geval van achterlaten van de zeevarende strekt tot voorziening in: Verplichte verzekering voor kosten bij achterlaten zeevarende
a. loon en andere wettelijke of contractuele aanspraken van de zeevarende, verschuldigd over een tijdvak van ten hoogste vier maanden;
b. alle kosten die in verband met het achterlaten in redelijkheid zijn gemaakt door de zeevarende, waaronder begrepen de kosten, bedoeld in lid 2, onder a; en
c. de noodzakelijke verzorging en ondersteuning, bedoeld in lid 3, of de kosten daarvan totdat de zeevarende de plaats van bestemming heeft bereikt.
5. De verzekeraar verstrekt onverwijld op verzoek van de zeevarende en na ontvangst van de noodzakelijke gegevens betreffende zijn aanspraak de voorzieningen, bedoeld in lid 4.   Rechten en plichten verzekeraar
6. De verzekeraar is slechts bevoegd tot tussentijdse opzegging van de verzekeringsovereenkomst, indien hij daarvan tenminste dertig dagen van te voren schriftelijk of elektronisch mededeling heeft gedaan aan de door Onze Minister van Infrastructuur en Milieu aangewezen autoriteit.
7. Geen bepaling van dit artikel doet afbreuk aan enig recht van verhaal van de verzekeraar op derden.

Art. 738b
1. Vorderingen, die krachtens artikel 738a door een verzekering worden gedekt, kunnen rechtstreeks door de zeevarende worden ingesteld tegen de verzekeraar.   Vorderingen zeevarende op verzekeraar
2. De verzekeraar komen alle verweermiddelen toe die de scheepsbeheerder tegen de vorderingen zou hebben kunnen aanvoeren, doch hij kan geen beroep doen op de omstandigheid dat de scheepsbeheerder surseance van betaling is verleend, dat ten aanzien van de scheepsbeheerder de schuldsaneringsregeling natuurlijke personen van toepassing is of dat de scheepsbeheerder zich in staat van faillissement of vereffening bevindt. Verweermiddelen, die hij zou hebben kunnen aanvoeren tegen een door de scheepsbeheerder tegen hem ingestelde vordering, komen de verzekeraar niet toe.   Verweermiddelen verzekeraar
3. De verzekeraar kan de scheepsbeheerder steeds in het geding roepen.

Art. 738c
De verzekeringsovereenkomst, bedoeld in artikel 738a, lid 4, voldoet aan het volgende: Verzekeringsovereenkomst
a. de overeenkomst is aangegaan met een verzekeraar van wie Onze Minister van Infrastructuur en Milieu, na overleg met Onze Minister van Financiën, de financiële draagkracht tot het geven van dekking uit hoofde van artikel 738a voldoende oordeelt;
b. de gelden uit de overeenkomst kunnen, indien de verzekeraar buiten Nederland is gevestigd, feitelijk in een land naar keuze van de zeevarende ter beschikking komen;
c. uit de overeenkomst blijkt dat de zeevarende in overeenstemming met artikel 738b, lid 1, zijn vordering rechtstreeks tegen de verzekeraar kan instellen. Indien de overeenkomst een beding inhoudt dat de scheepsbeheerder zelf voor een deel in de uitkering zal bijdragen, blijkt uit de overeenkomst dat de verzekeraar niettemin jegens de zeevarende gehouden blijft tot betaling van ook dat deel;
d. uit de overeenkomst blijkt dat de verzekeraar deze slechts tussentijds kan opzeggen, indien hij daarvan tenminste dertig dagen van te voren schriftelijk of elektronisch mededeling heeft gedaan aan de door Onze Minister van Infrastructuur en Milieu aangewezen autoriteit, bedoeld in artikel 738a, lid 6.

Art. 738d
De artikelen 738a, leden 2 tot en met 7, 738b en 738c zijn van overeenkomstige toepassing op de scheepsbeheerder die tevens de werkgever van de zeevarende is.   Schakelbepaling, scheepsbeheerder tevens werkgever

Art. 738e
1. De scheepsbeheerder is aansprakelijk voor de schade die de zeevarende lijdt als gevolg van het niet nakomen door de werkgever van zijn contractuele verplichtingen tot vergoeding van door de zeevarende geleden schade in verband met langdurige ongeschiktheid tot werken of overlijden ten gevolge van een ongeval of ziekte in verband met de zee-arbeidsovereenkomst.   Aansprakelijkheid scheepsbeheerder
2. De scheepsbeheerder is verplicht een verzekering in stand te houden ter dekking van zijn aansprakelijkheid uit hoofde van lid 1. Artikel 738c is van overeenkomstige toepassing.
3. De verzekeraar voldoet de verschuldigde vergoeding van de schade, bedoeld in lid 1, onverwijld. Indien de aard van de langdurige ongeschiktheid tot werken, bedoeld in lid 1, de vaststel-   Rechten en plichten verzekeraar

ling van de omvang van de schadevergoeding bemoeilijkt, stelt de verzekeraar een voorschot beschikbaar aan de zeevarende om onbillijke gevolgen te voorkomen.

4. De verzekeraar is slechts bevoegd tot tussentijdse opzegging van de verzekeringsovereenkomst, indien hij daarvan ten minste dertig dagen van te voren schriftelijk of elektronisch mededeling heeft gedaan aan de door Onze Minister van Infrastructuur en Milieu aangewezen autoriteit.

5. De verzekeraar is verplicht om onverwijld aan de autoriteit, bedoeld in lid 4, schriftelijk of elektronisch mededeling te doen van de schorsing of beëindiging van de verzekeringsovereenkomst. De autoriteit draagt zorg dat de mededeling zo spoedig mogelijk door tussenkomst van de kapitein van het zeeschip, aan boord waarvan de zeevarende dienst doet, wordt bekend gemaakt aan de zeevarende.

6. Vorderingen tot schadevergoeding, die krachtens dit artikel door een verzekering worden gedekt, kunnen rechtstreeks door de zeevarende of in geval van zijn overlijden, door diens nagelaten betrekkingen, bedoeld in artikel 674, lid 3, worden ingesteld tegen de verzekeraar. Artikel 738b is van overeenkomstige toepassing.

Art. 738f

Verplichte aansprakelijkheidsverzekering scheepsbeheerder tevens werkgever

1. De scheepsbeheerder, die tevens de werkgever van de zeevarende is, is verplicht een verzekering in stand te houden ter dekking van zijn aansprakelijkheid uit hoofde van zijn contractuele verplichtingen tot vergoeding van door de zeevarende geleden schade in verband met langdurige ongeschiktheid tot werken of overlijden ten gevolge van een ongeval of ziekte in verband met de zee-arbeidsovereenkomst.

2. De artikelen 738c en 738e, leden 3 tot en met 6, zijn van overeenkomstige toepassing.

Afdeling 12A
De zeevarende in de visserij

Art. 739

Begripsbepalingen

In deze afdeling wordt verstaan onder:
a. *zeevisserij:* de bedrijfsmatige uitoefening van de zeevisserij buitengaats;
b. *kustvisserij:* de kustvisserij in de zin van artikel 1, vierde lid, onder c, van de Visserijwet 1963;
c. *arbeidsovereenkomst in de zeevisserij:* de zee-arbeidsovereenkomst die in het kader van de zeevisserij wordt aangegaan;
d. *garantieloon:* het naar tijdruimte vastgestelde loon dat door de werkgever verschuldigd is in plaats van het loon dat geheel of gedeeltelijk bestaat uit een aandeel in de vangst of de opbrengst daarvan, indien het laatstgenoemde loon lager uitkomt dan het eerstgenoemde loon.

Art. 740

Zee-arbeidsovereenkomst, zeevarende in de visserij

1. Op de arbeidsovereenkomst van de zeevarende in de zeevisserij zijn de afdelingen 1 tot en met 9 en 11 en 12 van deze titel van toepassing, voor zover daarvan in deze afdeling niet is afgeweken. De artikelen 708, 715, 717 en 738a tot en met 738f zijn niet van toepassing op de arbeidsovereenkomst in de zeevisserij.

2. Op de arbeidsovereenkomst van de zeevarende in de kustvisserij zijn de afdelingen 1 tot en met 9 en 11 van deze titel van toepassing.

3. Van artikel 741 van deze afdeling kan niet worden afgeweken.

4. Van artikel 745 van deze afdeling kan niet ten nadele van de zeevarende in de zeevisserij worden afgeweken.

Art. 741

Zeevarende in de visserij, garantieloon

De werkgever en de zeevarende in de zeevisserij, wiens loon bestaat uit een aandeel in de vangst of de opbrengst daarvan, komen een garantieloon overeen.

Art. 742

Zeevarende in de visserij, aandeel in de vangst

Artikel 699 onder 6 geldt ten aanzien van zeevarenden in de zeevisserij met dien verstande dat, voorzover het in geld vastgestelde loon geheel of gedeeltelijk bestaat uit een aandeel in de vangst of de opbrengst daarvan, het overeengekomen garantieloon en de berekeningswijze van het aandeel van de zeevarende in de opbrengst van de vangst worden vermeld.

Art. 743

Zeevarende in de visserij, uitzondering verlengen loontijdvak bij loon in natura

1. Ten aanzien van de zeevarende in de zeevisserij, wiens loon geheel of gedeeltelijk bestaat uit een aandeel in de vangst of de opbrengst daarvan, kan bij collectieve arbeidsovereenkomst of regeling door of namens een daartoe bevoegd bestuursorgaan worden afgeweken van artikel 623 lid 2, met dien verstande dat het tijdvak na afloop waarvan het loon moet worden voldaan niet langer dan drie maanden is.

2. Wordt aan de zeevarende, bedoeld in het vorige lid, een voorschot betaald als bedoeld in artikel 624 lid 2, dan heeft de zeevarende geen aanspraak jegens de werkgever indien het aan de in artikel 707 bedoelde persoon overgemaakte bedrag meer bedraagt dan aan de zeevarende verschuldigd is.

Art. 744
Artikel 709 geldt niet ten aanzien van de zeevarende in de zeevisserij wiens loon bestaat uit een aandeel in de vangst of opbrengst daarvan.

Zeevarende in de visserij, uitzondering overwerkvergoeding bij loon in natura

Art. 745
Voor de zeevarenden in de zeevisserij, wier loon bestaat uit een aandeel in de vangst of de opbrengst daarvan, wordt voor de toepassing van:
a. de artikelen 719 lid 3, 732, 734, 734b, 734d, 734f, 734h, 734j en 734l onder loon verstaan het voor hen bij algemene maatregel van bestuur vastgestelde bedrag, en
b. artikel 729 lid 1 onder loon verstaan het garantieloon.

Zeevarende in de visserij, definitie loon bij loon in natura

Titel 12
Aanneming van werk

Afdeling 1
Aanneming van werk in het algemeen

Art. 750
1. Aanneming van werk is de overeenkomst waarbij de ene partij, de aannemer, zich jegens de andere partij, de opdrachtgever, verbindt om buiten dienstbetrekking een werk van stoffelijke aard tot stand te brengen en op te leveren, tegen een door de opdrachtgever te betalen prijs in geld.
2. Bestaat de tegenprestatie niet of niet geheel in geld, dan vindt deze titel toepassing, voor zover de aard van de tegenprestatie zich daartegen niet verzet.

Aanneming van werk

Werkingssfeer

Art. 751
De aannemer is bevoegd het werk onder zijn leiding door anderen te doen uitvoeren, en ten aanzien van onderdelen ook de leiding aan anderen over te laten, zulks onverminderd zijn aansprakelijkheid voor de deugdelijke nakoming van de overeenkomst.

Uitvoering door anderen bij aanneming van werk

Art. 752
1. Indien de prijs bij het sluiten van de overeenkomst niet is bepaald of slechts een richtprijs is bepaald, is de opdrachtgever een redelijke prijs verschuldigd. Bij de bepaling van de prijs wordt rekening gehouden met de door de aannemer ten tijde van het sluiten van de overeenkomst gewoonlijk bedongen prijzen en met de door hem ter zake van de vermoedelijke prijs gewekte verwachtingen.
2. Indien een richtprijs was bepaald, zal deze richtprijs met niet meer dan 10% mogen worden overschreden, tenzij de aannemer de opdrachtgever zo tijdig mogelijk voor de waarschijnlijkheid van een verdere overschrijding heeft gewaarschuwd, om hem de gelegenheid te geven het werk alsnog te beperken of te vereenvoudigen. De aannemer zal binnen de grenzen van het redelijke aan zulke beperking of vereenvoudiging moeten meewerken.
3. Lid 2 is van overeenkomstige toepassing op aannemingen van werk waarbij de prijs afhankelijk is gesteld van de bij de overeenkomst geschatte tijdsduur voor de uitvoering van het werk.

Bepaling prijs bij aanneming van werk

Schakelbepaling

Art. 753
1. Indien na het sluiten van de overeenkomst kostenverhogende omstandigheden ontstaan of aan het licht komen zonder dat zulks aan de aannemer kan worden toegerekend, zal de rechter op vordering van de aannemer de overeengekomen prijs geheel of gedeeltelijk aan de kostenverhoging kunnen aanpassen, mits de aannemer bij het bepalen van de prijs geen rekening heeft behoeven te houden met de kans op zulke omstandigheden.
2. De aannemer mag de prijs zonder tussenkomst van de rechter aanpassen, indien de kostenverhoging het gevolg is van door de opdrachtgever verschafte onjuiste gegevens welke voor de prijsbepaling van belang zijn, tenzij de aannemer de onjuistheid der gegevens vóór het vaststellen van de prijs had behoren te ontdekken.
3. Het in de leden 1 en 2 bepaalde geldt slechts indien de aannemer de opdrachtgever zo spoedig mogelijk voor de noodzaak van een prijsverhoging heeft gewaarschuwd, opdat deze tijdig hetzij gebruik kan maken van het hem in artikel 764 toegekende recht, hetzij een voorstel kan doen tot beperking of vereenvoudiging van het werk.

Verhoging prijs bij aanneming van werk

Art. 754
De aannemer is bij het aangaan of het uitvoeren van de overeenkomst verplicht de opdrachtgever te waarschuwen voor onjuistheden in de opdracht voor zover hij deze kende of redelijkerwijs behoorde te kennen. Hetzelfde geldt in geval van gebreken en ongeschiktheid van zaken afkomstig van de opdrachtgever, daaronder begrepen de grond waarop de opdrachtgever een werk laat uitvoeren, alsmede fouten of gebreken in door de opdrachtgever verstrekte plannen, tekeningen, berekeningen, bestekken of uitvoeringsvoorschriften.

Onjuistheid/gebrek bij aanneming van werk

Art. 755

Door opdrachtgever gewenste toevoeging/verandering bij aanneming van werk

In geval van door de opdrachtgever gewenste toevoegingen of veranderingen in het overeengekomen werk kan de aannemer slechts dan een verhoging van de prijs vorderen, wanneer hij de opdrachtgever tijdig heeft gewezen op de noodzaak van een daaruit voortvloeiende prijsverhoging, tenzij de opdrachtgever die noodzaak uit zichzelf had moeten begrijpen. Van deze bepaling kan niet ten nadele van de opdrachtgever worden afgeweken, behoudens bij een standaardregeling als bedoeld in artikel 214 van Boek 6.

Art. 756

Ontbinding overeenkomst tot aanneming van werk

1. Indien reeds vóór de vastgestelde tijd van oplevering waarschijnlijk wordt dat het werk niet op tijd of niet behoorlijk zal worden opgeleverd, kan de rechter de overeenkomst op vordering van de opdrachtgever geheel of gedeeltelijk ontbinden.
2. Indien reeds vóór de oplevering waarschijnlijk wordt dat de opdrachtgever niet op tijd of niet behoorlijk aan zijn verplichtingen zal voldoen, of dat de aannemer de overeenkomst niet zal kunnen uitvoeren ten gevolge van een omstandigheid die hem niet kan worden toegerekend, kan de rechter de overeenkomst op vordering van de aannemer geheel of gedeeltelijk ontbinden.
3. De rechter bepaalt de gevolgen van de ontbinding; hij kan de ontbinding ook doen afhangen van door hem te stellen voorwaarden.

Art. 757

Tenietgaan/verloren gaan zaak bij aanneming van werk

1. Wordt de uitvoering van het werk onmogelijk doordat de zaak waarop of waaraan het werk moet worden uitgevoerd, tenietgaat of verloren raakt zonder dat dit aan de aannemer kan worden toegerekend, dan is de aannemer gerechtigd tot een evenredig deel van de vastgestelde prijs op grondslag van de reeds verrichte arbeid en gemaakte kosten. In geval van opzet of grove schuld van de opdrachtgever is de aannemer gerechtigd tot een bedrag berekend overeenkomstig het bepaalde in artikel 764 lid 2.
2. Bevond de zaak zich echter in het geval, bedoeld in het vorige lid, onder de aannemer, dan is de opdrachtgever tot geen enkele vergoeding gehouden, tenzij het tenietgaan of verloren raken aan zijn schuld was te wijten, in welk geval het vorige lid onverminderd toepassing vindt.

Art. 758

Oplevering bij aanneming van werk

1. Indien de aannemer te kennen heeft gegeven dat het werk klaar is om te worden opgeleverd en de opdrachtgever het werk niet binnen een redelijke termijn keurt en al dan niet onder voorbehoud aanvaardt dan wel onder aanwijzing van de gebreken weigert, wordt de opdrachtgever geacht het werk stilzwijgend te hebben aanvaard. Na de aanvaarding wordt het werk als opgeleverd beschouwd.
2. Na oplevering is het werk voor risico van de opdrachtgever. Derhalve blijft hij de prijs verschuldigd, ongeacht tenietgaan of achteruitgang van het werk door een oorzaak die niet aan de aannemer kan worden toegerekend.
3. De aannemer is ontslagen van de aansprakelijkheid voor gebreken die de opdrachtgever op het tijdstip van oplevering redelijkerwijs had moeten ontdekken.

Art. 759

Herstel gebrek door aannemer bij aanneming van werk

1. Indien het werk na oplevering gebreken vertoont waarvoor de aannemer aansprakelijk is, moet de opdrachtgever, tenzij zulks in verband met de omstandigheden niet van hem kan worden gevergd, aan de aannemer de gelegenheid geven de gebreken binnen een redelijke termijn weg te nemen, onverminderd de aansprakelijkheid van de aannemer voor schade ten gevolge van de gebrekkige oplevering.
2. De opdrachtgever kan vorderen dat de aannemer de gebreken binnen redelijke termijn wegneemt, tenzij de kosten van herstel in geen verhouding zouden staan tot het belang van de opdrachtgever bij herstel in plaats van schadevergoeding.

Art. 760

Ondeugdelijke uitvoering bij aanneming van werk

1. De gevolgen van een ondeugdelijke uitvoering van het werk, die te wijten is aan gebreken of ongeschiktheid van door de aannemer gebruikte materialen of hulpmiddelen, komen voor rekening van de aannemer.
2. Is de ondeugdelijke uitvoering echter te wijten aan gebreken of ongeschiktheid van zaken afkomstig van de opdrachtgever, daaronder begrepen de grond waarop hij een werk laat uitvoeren, dan komen de gevolgen voor zijn rekening, voor zover de aannemer niet zijn in artikel 754 bedoelde waarschuwingsplicht heeft geschonden of anderszins met betrekking tot deze gebreken in deskundigheid of zorgvuldigheid tekort is geschoten.

Schakelbepaling

3. Lid 2 is van overeenkomstige toepassing in geval van fouten of gebreken in door de opdrachtgever verstrekte plannen, tekeningen, berekeningen, bestekken of uitvoeringsvoorschriften.

Art. 761

Verjaring rechtsvordering wegens gebrek bij aanneming van werk

1. Elke rechtsvordering wegens een gebrek in het opgeleverde werk verjaart door verloop van twee jaren nadat de opdrachtgever ter zake heeft geprotesteerd. Indien de opdrachtgever de aannemer een termijn heeft gesteld waarbinnen deze het gebrek zal kunnen wegnemen, begint de verjaring pas te lopen bij het einde van die termijn, of zoveel eerder als de aannemer te kennen heeft gegeven het gebrek niet te zullen herstellen.

2. De rechtsvordering verjaart in ieder geval door verloop van twintig jaren na de oplevering in geval van aanneming van bouwwerken en door verloop van tien jaren na de oplevering in alle andere gevallen.
3. Indien de rechtsvordering krachtens het bepaalde in de vorige leden zou verjaren tussen het tijdstip waarop de aannemer aan de opdrachtgever heeft medegedeeld dat hij het gebrek zal onderzoeken of herstellen, en het tijdstip waarop hij het onderzoek en de pogingen tot herstel kennelijk als beëindigd beschouwt, wordt de verjaringstermijn verlengd overeenkomstig artikel 320 van Boek 3.
4. De leden 1–3 laten onverlet de bevoegdheid van de opdrachtgever om aan een vordering tot betaling van de prijs zijn recht op vermindering daarvan door gedeeltelijke ontbinding van de overeenkomst of op schadevergoeding tegen te werpen.

Art. 762
De aansprakelijkheid van de aannemer voor hem bekende verborgen gebreken die hij heeft verzwegen, kan niet worden uitgesloten of beperkt, noch kan zij aan kortere verjaringstermijnen worden onderworpen dan die voorzien in artikel 761. Verzwijging door degenen die de aannemer met de leiding over de uitvoering van het werk heeft belast, wordt gelijkgesteld met verzwijging door de aannemer.

Verzwijging verborgen gebrek door aannemer bij aanneming van werk

Art. 763
Indien de aannemer na het sluiten van de overeenkomst overlijdt of duurzaam arbeidsongeschikt wordt, kan ieder der partijen de overeenkomst beëindigen, voor zover zij, gezien de aard van de overeenkomst, aan het overlijden of de duurzame arbeidsongeschiktheid een redelijk belang bij beëindiging kan ontlenen. Voor de reeds verrichte arbeid en gemaakte kosten is de opdrachtgever een naar redelijkheid en met inachtneming van alle omstandigheden te bepalen vergoeding verschuldigd.

Dood/arbeidsongeschiktheid aannemer bij aanneming van werk

Art. 764
1. De opdrachtgever is te allen tijde bevoegd de overeenkomst geheel of gedeeltelijk op te zeggen.
2. In geval van zulke opzegging zal hij de voor het gehele werk geldende prijs moeten betalen, verminderd met de besparingen die voor de aannemer uit de opzegging voortvloeien, tegen aflevering door de aannemer van het reeds voltooide werk. Indien de prijs afhankelijk was gesteld van de werkelijk door de aannemer te maken kosten, wordt de door de opdrachtgever verschuldigde prijs berekend op grondslag van de gemaakte kosten, de verrichte arbeid en de winst die de aannemer over het gehele werk zou hebben gemaakt.

Opzegging overeenkomst tot aanneming van werk

Afdeling 2
Bijzondere bepalingen voor de bouw van een woning in opdracht van een natuurlijk persoon die niet handelt in de uitoefening van een beroep of bedrijf

Art. 765
Deze afdeling is van toepassing op aanneming van werk die strekt tot de bouw van een woning, bestaande uit een onroerende zaak of bestanddeel daarvan, in opdracht van een natuurlijk persoon die niet handelt in de uitoefening van een beroep of bedrijf.

Werkingssfeer

Art. 766
1. Een overeenkomst als bedoeld in artikel 765 wordt schriftelijk aangegaan.

Overeenkomst tot aanneming van werk met betrekking tot bouw woning

2. De tussen partijen opgemaakte akte of een afschrift daarvan moet aan de opdrachtgever ter hand worden gesteld, desverlangd tegen afgifte aan de aannemer van een gedateerd ontvangstbewijs. Gedurende drie dagen na deze terhandstelling heeft de opdrachtgever het recht de overeenkomst te ontbinden. Komt, nadat de opdrachtgever van dit recht gebruik gemaakt heeft, binnen zes maanden tussen dezelfde partijen met betrekking tot dezelfde te bouwen woning opnieuw een overeenkomst tot stand, dan ontstaat het recht niet opnieuw.
3. De leden 1–2 zijn niet van toepassing indien de overeenkomst strekt tot de bouw van een woning op grond die de opdrachtgever reeds toebehoort, en de overeenkomst niet met de koop van deze grond in verband staat.

Werkingssfeer

Art. 767
De opdrachtgever kan slechts worden verplicht tot het doen van betalingen die, althans bij benadering, overeenstemmen met de voortgang van de bouw of met de waarde van de aan hem overgedragen goederen, behoudens dat kan worden bedongen dat hij ter verzekering van de nakoming van zijn verplichtingen een bedrag dat niet hoger is dan 10% van de aanneemsom, in depot stort bij een notaris dan wel voor dit bedrag vervangende zekerheid stelt. Het teveel betaalde geldt als onverschuldigd betaald.

Betaling bouw woning bij aanneming van werk

Art. 768

Inhouding maximaal 5% van aanneemsom bij oplevering woning bij aanneming van werk

1. De opdrachtgever kan, zonder beroep te doen op artikel 262 van Boek 6 en onder behoud van zijn recht op oplevering, maximaal 5% van de aanneemsom inhouden op de laatste termijn of laatste termijnen en dit bedrag in plaats van aan de aannemer te betalen, in depot storten bij een notaris.

2. De notaris brengt het bedrag in de macht van de aannemer nadat drie maanden zijn verstreken na het tijdstip van oplevering, tenzij de opdrachtgever van de in artikel 262 van Boek 6 toegekende bevoegdheid wenst gebruik te maken. In dat geval deelt de opdrachtgever aan de notaris mee tot welk bedrag het depot moet worden gehandhaafd.

3. De notaris brengt het bedrag voorts in de macht van de aannemer voor zover de opdrachtgever daarin toestemt, de aannemer vervangende zekerheid stelt of bij een uitspraak die partijen bindt, is beslist dat een depot niet of niet langer gerechtvaardigd is.

4. Indien de opdrachtgever aan de aannemer schadevergoeding verschuldigd is wegens de in lid 1 bedoelde depotstorting of de door de aannemer gestelde vervangende zekerheid, wordt deze gesteld op de wettelijke rente bedoeld in artikel 119 van Boek 6. Gedurende de drie maanden bedoeld in lid 2, is zij niet verschuldigd, zelfs niet indien geen gebreken worden geconstateerd.

Art. 769

Dwingend recht

Van deze afdeling en voor zover voor de toepassing van artikel 768 nodig, van artikel 262 van Boek 6, kan niet ten nadele van de opdrachtgever worden afgeweken, behoudens bij een standaardregeling als bedoeld in artikel 214 van Boek 6.

Titel 14
Borgtocht

Afdeling 1
Algemene bepalingen

Art. 850

Borgtocht

1. Borgtocht is de overeenkomst waarbij de ene partij, de borg, zich tegenover de andere partij, de schuldeiser, verbindt tot nakoming van een verbintenis, die een derde, de hoofdschuldenaar, tegenover de schuldeiser heeft of zal krijgen.

Geldigheid borgtocht
Schakelbepaling

2. Voor de geldigheid van een borgtocht is niet vereist dat de hoofdschuldenaar deze kent.

3. Op borgtocht zijn de bepalingen omtrent hoofdelijke verbintenissen van toepassing, voor zover daarvan in deze titel niet wordt afgeweken.

Art. 851

Afhankelijkheid borgtocht van verbintenis van hoofdschuldenaar

1. De borgtocht is afhankelijk van de verbintenis van de hoofdschuldenaar, waarvoor zij is aangegaan.

2. Borgtocht kan slechts voor toekomstige verbintenissen van de hoofdschuldenaar worden aangegaan, voor zover zij voldoende bepaalbaar zijn.
(Zie ook: art. 7 BW Boek 3)

Art. 852

Bevoegdheid borg bij borgtocht

1. Verweermiddelen die de hoofdschuldenaar jegens de schuldeiser heeft, kunnen ook door de borg worden ingeroepen, indien zij het bestaan, de inhoud of het tijdstip van nakoming van de verbintenis van de hoofdschuldenaar betreffen.

2. Indien de hoofdschuldenaar bevoegd is om ter vernietiging van de rechtshandeling waaruit de verbintenis voortspruit, een beroep op een vernietigingsgrond te doen en hem door de borg of door de schuldeiser een redelijke termijn is gesteld ter uitoefening van die bevoegdheid, is de borg gedurende die termijn bevoegd de nakoming van zijn verbintenis op te schorten.

3. Zolang de hoofdschuldenaar bevoegdelijk de nakoming van zijn verbintenis jegens de schuldeiser opschort, is ook de borg bevoegd de nakoming van zijn verbintenis op te schorten.

Art. 853

Tenietgaan borgtocht

Door voltooiing van de verjaring van de rechtsvordering tot nakoming van de verbintenis van de hoofdschuldenaar, gaat de borgtocht teniet.

Art. 854

Verbintenis tot iets anders dan betaling geldsom bij borgtocht

Strekt de verbintenis van de hoofdschuldenaar tot iets anders dan tot betaling van een geldsom, dan geldt de borgtocht voor de vordering tot schadevergoeding in geld, verschuldigd op grond van niet-nakoming van die verbintenis, tenzij uitdrukkelijk anders is bedongen.

Art. 855

Tekortschieten hoofdschuldenaar in nakoming verbintenis bij borgtocht

1. De borg is niet gehouden tot nakoming voordat de hoofdschuldenaar in de nakoming van zijn verbintenis is tekort geschoten.

2. De schuldeiser die de hoofdschuldenaar overeenkomstig artikel 82 van Boek 6 in gebreke stelt, is verplicht hiervan tegelijkertijd de borg mededeling te doen.

Art. 856
1. De borg is slechts wettelijke rente verschuldigd over het tijdvak dat hijzelf in verzuim is, tenzij de hoofdschuldenaar in verzuim is krachtens artikel 83 onder *b* van Boek 6.
2. De borg is gehouden de kosten van rechtsvervolging van de hoofdschuldenaar te vergoeden, indien hij tijdig door mededeling van het voornemen tot rechtsvervolging in de gelegenheid is gesteld deze kosten te voorkomen.

Betaling kosten door borg bij borgtocht

Afdeling 2
Borgtocht, aangegaan buiten beroep of bedrijf

Art. 857
De bepalingen van deze afdeling zijn van toepassing op borgtochten die zijn aangegaan door een natuurlijk persoon die noch handelde in de uitoefening van zijn beroep of bedrijf, noch ten behoeve van de normale uitoefening van het bedrijf van een naamloze vennootschap of besloten vennootschap met beperkte aansprakelijkheid, waarvan hij bestuurder is en alleen of met zijn medebestuurders de meerderheid der aandelen heeft.

Werkingssfeer

Art. 858
1. Indien het bedrag van de verbintenis van de hoofdschuldenaar op het tijdstip van het aangaan van de borgtocht niet vaststaat, is de borgtocht slechts geldig, voor zover een in geld uitgedrukt maximum-bedrag is overeengekomen.
2. Overeenkomstig artikel 856 verschuldigde rente en kosten kunnen ongeacht dit maximum worden gevorderd.

Maximumbedrag bij borgtocht door natuurlijk persoon

Art. 859
1. Tegenover de borg wordt de borgtocht slechts door een door hem ondertekend geschrift bewezen.
2. De borgtocht kan door alle middelen worden bewezen, indien vaststaat dat de borg de verbintenis van de hoofdschuldenaar geheel of gedeeltelijk is nagekomen.
3. Voor het bewijs van de overeenkomst die tot het aangaan van de borgtocht verplicht, geldt dezelfde eis als gesteld in lid 1 en in het geval van lid 2 dezelfde vrijheid.

Bewijskracht bij borgtocht door natuurlijk persoon

Art. 860
De borg is niet gebonden, voor zover voor zijn verbintenis meer bezwarende voorwaarden zouden gelden dan die waaronder de hoofdschuldenaar gebonden is, behoudens voor zover het betreft de wijze waarop tegenover de borg het bewijs van bestaan en omvang van de verbintenis van de hoofdschuldenaar geleverd kan worden.

Bezwarende voorwaarden bij borgtocht door natuurlijk persoon

Art. 861
1. Een borgtocht die voor toekomstige verbintenissen is aangegaan, kan:
a. te allen tijde worden opgezegd, indien zij niet voor een bepaalde duur geldt;
b. na vijf jaren worden opgezegd, indien zij wel voor een bepaalde duur geldt.
2. Na de opzegging duurt de borgtocht voor de reeds ontstane verbintenissen voort.
3. Een borg is niet verbonden voor toekomstige verbintenissen tot vergoeding van schade, waarvoor de hoofdschuldenaar jegens de schuldeiser aansprakelijk is, voor zover de schuldeiser de schade had kunnen voorkomen door een toezicht als redelijkerwijs van hem gevergd kon worden.
4. Een borg is evenmin verbonden voor toekomstige verbintenissen uit een rechtshandeling die de schuldeiser onverplicht heeft verricht, nadat hij bekend was geworden met omstandigheden die de mogelijkheid van verhaal op de hoofdschuldenaar aanmerkelijk hebben verminderd, zulks tenzij de borg uitdrukkelijk met de rechtshandeling heeft ingestemd of deze handeling geen uitstel kon lijden.

Opzegging van borgtocht door natuurlijk persoon

Verbintenis tot schadevergoeding

Verbintenis uit onverplicht verrichte rechtshandeling

Art. 862
Niet kan ten nadele van de borg worden afgeweken:
a. van de artikelen 852-856 en 858-861;
b. van de verplichtingen die de schuldeiser krachtens artikel 154 van Boek 6 jegens de borg heeft met het oog op diens mogelijke subrogatie.

Dwingend recht

Art. 863
De bepalingen van deze afdeling zijn van overeenkomstige toepassing op overeenkomsten, waarbij iemand als bedoeld in artikel 857 zich verbindt tot een bepaalde prestatie voor het geval een derde een bepaalde verbintenis met een andere inhoud jegens de schuldeiser niet nakomt.

Schakelbepaling

Art. 864
1. Indien in opdracht en voor rekening van iemand als bedoeld in artikel 857 ter zake van de verbintenis van een ander een borgtocht of een overeenkomst als bedoeld in artikel 863 wordt aangegaan, heeft de opdrachtnemer voor hetgeen hij aan de schuldeiser heeft voldaan, geen recht op vergoeding jegens de opdrachtgever voor zover de onderhavige afdeling aan diens aansprakelijkheid als borg in de weg gestaan zou hebben. Artikel 861 is tussen opdrachtgever en opdrachtnemer van overeenkomstige toepassing.

Recht op vergoeding jegens opdrachtgever bij borgtocht door natuurlijk persoon

art. 7:865

Dwingend recht

2. Van het eerste lid kan slechts worden afgeweken, indien dit geschiedt bij een door de opdrachtgever ondertekend geschrift waarin de aard van de afwijking wordt omschreven, en het een opdracht betreft aan een bank of andere instelling die haar bedrijf van het verstrekken van borgtochten maakt.

Afdeling 3
De gevolgen van de borgtocht tussen de hoofdschuldenaar en de borg en tussen borgen en voor de verbintenis aansprakelijke niet-schuldenaren onderling

Art. 865

Schakelbepaling

Op de rechtsbetrekkingen tussen hoofdschuldenaar en borg en op die tussen borgen en voor de verbintenis aansprakelijke niet-schuldenaren onderling is artikel 2 van Boek 6 van overeenkomstige toepassing.

Art. 866

Vordering borg op hoofdschuldenaar bij borgtocht

1. De borg heeft voor het gehele bedrag dat hij aan hoofdsom, rente en kosten aan de schuldeiser heeft moeten voldoen, krachtens artikel 10 van Boek 6 een vordering op de hoofdschuldenaar.
2. De borg kan noch aan artikel 10, noch aan artikel 12 van Boek 6 een vordering op de hoofdschuldenaar ontlenen over wettelijke rente over de periode waarin hij door hem persoonlijk betreffende omstandigheden in verzuim is geweest of voor kosten die hem persoonlijk betreffen of door hem in redelijkheid niet behoefden te worden gemaakt.

Meerdere hoofdschuldenaren bij borgtocht

3. Heeft iemand zich ter zake van dezelfde verbintenis borg gesteld voor twee of meer hoofdelijk verbonden hoofdschuldenaren, dan zijn deze in afwijking van artikel 10 lid 1 en artikel 12 lid 1 van Boek 6, jegens de borg hoofdelijk verbonden voor hetgeen deze aan hoofdsom, rente en kosten op hen kan verhalen.
4. Uit de rechtsverhouding tussen de borg en een of meer hoofdschuldenaren kan iets anders voortvloeien dan de leden 1-3 meebrengen.

Art. 867

Onverschuldigde betaling bij borgtocht

Indien de borg de verbintenis is nagekomen zonder de hoofdschuldenaar daarvan mededeling te doen en deze daarna zijnerzijds de schuldeiser heeft betaald, kan de hoofdschuldenaar tegenover de borg volstaan met overdracht aan deze van zijn vordering wegens onverschuldigde betaling op de schuldeiser.

Art. 868

Verweermiddelen hoofdschuldenaar bij borgtocht

Een krachtens artikel 10 van Boek 6 aangesproken hoofdschuldenaar kan de verweermiddelen die hij op het tijdstip van het ontstaan van de verhaalsvordering jegens de schuldeiser had, ook inroepen tegen de borg; de leden 2 en 4 van artikel 11 van Boek 6 zijn van overeenkomstige toepassing.

Art. 869

Onverhaalbare schuld bij borgtocht

De borg te wiens laste de schuld is gedelgd, kan met overeenkomstige toepassing van artikel 152 van Boek 6 het onverhaalbare gebleken gedeelte omslaan over zich zelf, zijn medeborgen en de niet-schuldenaren die voor de verbintenis aansprakelijk waren.

Art. 870

Achterborg bij borgtocht

De achterborg die de verbintenis van de borg is nagekomen, kan ten behoeve van zich zelf het verhaal uitoefenen dat de borg, indien hij zelf de verbintenis was nagekomen, zou hebben gehad jegens de hoofdschuldenaar of jegens medeborgen of niet-schuldenaren die voor de verbintenis aansprakelijk waren.

Titel 15
Vaststellingsovereenkomst

Art. 900

Begripsbepalingen

1. Bij een vaststellingsovereenkomst binden partijen, ter beëindiging of ter voorkoming van onzekerheid of geschil omtrent hetgeen tussen hen rechtens geldt, zich jegens elkaar aan een vaststelling daarvan, bestemd om ook te gelden voor zover zij van de tevoren bestaande rechtstoestand mocht afwijken.
2. De vaststelling kan tot stand komen krachtens een beslissing van partijen gezamenlijk of krachtens een aan één van hen of aan een derde opgedragen beslissing.
3. Een bewijsovereenkomst staat met een vaststellingsovereenkomst gelijk voor zover zij een uitsluiting van tegenbewijs meebrengt.

Werkingssfeer

4. Deze titel is niet van toepassing op de overeenkomst van arbitrage.

Art. 901

Vereisten totstandkoming vaststellingsovereenkomst

1. De totstandkoming van de vaststelling is gebonden aan de vereisten waaraan moet worden voldaan om de met de beslissing beoogde rechtstoestand, uitgaande van die waarvan zij mogelijk afwijkt, tot stand te brengen.

2. Ieder van de partijen is jegens de andere verplicht te verrichten hetgeen van haar zijde nodig is om aan de vereisten voor de totstandkoming van de vaststelling te voldoen.
3. Voor zover aan deze vereisten kan worden voldaan door een verklaring van partijen of een hunner, wordt deze verklaring in de vaststellingsovereenkomst besloten geacht, tenzij uit de overeenkomst anders voortvloeit.

Art. 902
Een vaststelling ter beëindiging van onzekerheid of geschil op vermogensrechtelijk gebied is ook geldig als zij in strijd mocht blijken met dwingend recht, tenzij zij tevens naar inhoud of strekking in strijd komt met de goede zeden of de openbare orde.

Geldigheid vaststellingsovereenkomst bij strijd met dwingend recht

Art. 903
Een vaststelling van hetgeen in het verleden rechtens is geweest, kan geen afbreuk doen aan inmiddels verkregen rechten van derden.

Rechten van derden bij vaststellingsovereenkomst

Art. 904
1. Indien gebondenheid aan een beslissing van een partij of van een derde in verband met inhoud of wijze van totstandkoming daarvan in de gegeven omstandigheden naar maatstaven van redelijkheid en billijkheid onaanvaardbaar zou zijn, is die beslissing vernietigbaar.
2. Indien de beslissing van een partij of een derde vernietigd wordt, nietig blijkt of niet binnen een aan die partij of derde daartoe te stellen redelijke termijn wordt verkregen, kan de rechter een beslissing geven, tenzij uit de overeenkomst of de aard van de beslissing voortvloeit dat zij op andere wijze moet worden vervangen.

Vernietigbare beslissing vaststellingsovereenkomst

Art. 905
Indien een ontbinding van een vaststellingsovereenkomst wegens een tekortkoming in de nakoming daarvan een reeds tot stand gekomen, aan een partij of een derde opgedragen beslissing zou treffen, kan deze ontbinding niet door een eenzijdige verklaring geschieden en kan de rechter haar afwijzen op de grond dat degene die haar vordert, voldoende middelen heeft om van de wederpartij opheffing van of vergoeding voor de tekortkoming te verkrijgen.

Gevolgen van ontbinding vaststellingsovereenkomst

Art. 906
1. De bepalingen van deze titel vinden overeenkomstige toepassing, wanneer een vaststelling haar rechtsgrond elders dan in een overeenkomst vindt.
2. Artikel 904 vindt overeenkomstige toepassing wanneer aan een der partijen bij een rechtsverhouding of aan een derde de bevoegdheid is gegeven de regeling van de verhouding aan te vullen of te wijzigen.
3. Lid 2 geldt niet voor aanvulling of wijziging bij een besluit van een orgaan van een rechtspersoon, indien dit besluit krachtens artikel 15 van Boek 2 bij strijd met redelijkheid en billijkheid vernietigbaar is.
4. De leden 1 en 2 gelden niet voor zover de strekking van de betrokken bepaling in verband met de aard van de rechtsverhouding zich tegen de overeenkomstige toepassing verzet.

Schakelbepaling

Art. 907
1. Een overeenkomst strekkende tot vergoeding van schade die is veroorzaakt door een gebeurtenis of gelijksoortige gebeurtenissen, gesloten door één of meer stichtingen of verenigingen met volledige rechtsbevoegdheid met één of meer andere partijen, die zich bij deze overeenkomst hebben verbonden tot vergoeding van deze schade, kan door de rechter op gezamenlijk verzoek van deze stichtingen, verenigingen en andere partijen verbindend worden verklaard voor personen aan wie de schade is veroorzaakt, mits de stichtingen of verenigingen de belangen van deze personen ingevolge hun statuten behartigen. Onder personen aan wie de schade is veroorzaakt worden mede begrepen personen die een vordering ter zake van deze schade onder algemene of bijzondere titel hebben verkregen.
2. De overeenkomst bevat in ieder geval:
a. een omschrijving van de gebeurtenis of de gebeurtenissen waarop de overeenkomst betrekking heeft;
b. een omschrijving van de groep dan wel groepen van personen ten behoeve van wie de overeenkomst is gesloten, naar gelang van de aard en de ernst van hun schade;
c. een zo nauwkeurig mogelijke aanduiding van het aantal personen dat tot deze groep of groepen behoort;
d. de vergoeding die aan deze personen wordt toegekend;
e. de voorwaarden waaraan deze personen moeten voldoen om voor die vergoeding in aanmerking te komen;
f. de wijze waarop de vergoeding wordt vastgesteld en kan worden verkregen;
g. de naam en de woonplaats van degene aan wie de in artikel 908 leden 2 en 3 bedoelde schriftelijke mededeling kan worden gedaan.
3. De rechter wijst het verzoek af indien:
a. de overeenkomst niet aan lid 2 voldoet;

Verbindendverklaring bij schadevergoeding bij vaststellingsovereenkomst

b. de hoogte van de toegekende vergoedingen niet redelijk is, mede gelet op de omvang van de schade, de eenvoud en snelheid waarmee de vergoedingen verkregen kunnen worden en de mogelijke oorzaken van de schade;
c. onvoldoende zeker is dat uit de overeenkomst voortvloeiende rechten van de personen ten behoeve van wie de overeenkomst is gesloten, kunnen worden nagekomen;
d. de overeenkomst niet voorziet in de mogelijkheid van een onafhankelijke beslechting van geschillen die uit de overeenkomst kunnen voortvloeien door een ander dan de rechter die volgens de wet bevoegd zou zijn;
e. de belangen van de personen ten behoeve van wie de overeenkomst is gesloten anderszins onvoldoende gewaarborgd zijn;
f. de in lid 1 bedoelde stichtingen of verenigingen niet voldoende representatief zijn ter zake van de belangen van degenen ten behoeve van wie de overeenkomst is gesloten;
g. de groep van personen ten behoeve van wie de overeenkomst is gesloten van onvoldoende omvang is om een verbindendverklaring te rechtvaardigen;
h. er een rechtspersoon is die ingevolge de overeenkomst de vergoedingen verstrekt, en deze geen partij is bij de overeenkomst.

4. De rechter kan alvorens te beslissen de overeenkomst met instemming van partijen die de overeenkomst hebben gesloten aanvullen of wijzigen of die partijen de gelegenheid geven de overeenkomst aan te vullen of te wijzigen. De rechter vermeldt de aanvulling of wijziging in de beschikking tot verbindendverklaring.

5. Het verzoek, bedoeld in lid 1, stuit de verjaring van een rechtsvordering tot vergoeding van schade tegen de personen die zich bij de overeenkomst hebben verbonden tot vergoeding van deze schade. Een nieuwe verjaringstermijn van twee jaren begint te lopen met de aanvang van de dag, volgende op die waarop
a. definitief is beslist welke vergoeding wordt toegekend;
b. de in artikel 908 lid 2 bedoelde termijn is verstreken nadat een gerechtigde binnen die termijn een in dat lid bedoelde mededeling heeft gedaan;
c. onherroepelijk vaststaat dat het verzoek niet tot toewijzing leidt;
d. de overeenkomst overeenkomstig artikel 908 lid 4 wordt opgezegd.

6. De overeenkomst kan bepalen dat een recht op vergoeding ingevolge de overeenkomst vervalt indien een gerechtigde tot een vergoeding niet binnen een termijn van ten minste één jaar na de aanvang van de dag, volgende op die waarop hij met de opeisbaarheid van zijn vergoeding bekend is geworden, daarop aanspraak heeft gemaakt.

7. Dit artikel en de artikelen 908 tot en met 910 zijn van overeenkomstige toepassing op overeenkomsten die voor personen die door een gebeurtenis of gelijksoortige gebeurtenissen zijn benadeeld, een recht scheppen om een andere dan de in lid 1 bedoelde prestatie te vorderen of op een andere wijze een beroep op de overeenkomst te doen.

8. De personen ten behoeve van wie de overeenkomst is gesloten zijn bevoegd om gedurende de tijd dat het verzoek in behandeling is en zolang daarop niet onherroepelijk is beslist, de nakoming van op hun rustende verbintenissen op te schorten voor zover de overeenkomst voorziet in de beëindiging van een geschil daaromtrent.

Art. 908

Rechtsgevolgen verbindendverklaring bij schadevergoeding bij vaststellingsovereenkomst

1. Zodra het verzoek tot verbindendverklaring is toegewezen heeft de overeenkomst, bedoeld in artikel 907, tussen partijen en de gerechtigden tot een vergoeding de gevolgen van een vaststellingsovereenkomst waarbij ieder der gerechtigden als partij geldt.

2. De verbindendverklaring heeft geen gevolg ten aanzien van een gerechtigde tot een vergoeding die binnen een door de rechter te bepalen termijn van ten minste drie maanden na de in artikel 1017 lid 3 van het Wetboek van Burgerlijke Rechtsvordering bedoelde aankondiging van de beschikking door een schriftelijke mededeling aan de in artikel 907 lid 2, onder f, bedoelde persoon heeft laten weten niet gebonden te willen zijn. De rechter kan het de partijen die de overeenkomst hebben gesloten, toestaan, dat de gerechtigden tot een vergoeding verzocht worden om met de in de eerste zin bedoelde mededeling nadere gegevens te verstrekken. Indien de in de tweede zin bedoelde gegevens niet worden verstrekt, dan wel onjuist of onvolledig zijn, tast dat niet de geldigheid aan van de in de eerste zin bedoelde mededeling.

3. Voor een gerechtigde tot een vergoeding die bij de in lid 2 bedoelde aankondiging niet met zijn schade bekend kon zijn heeft een verbindendverklaring geen gevolg indien hij na het bekend worden van zijn schade door een schriftelijke mededeling aan de in artikel 907 lid 2, onder f, bedoelde persoon heeft laten weten niet gebonden te willen zijn. Een partij die zich bij de overeenkomst heeft verbonden tot vergoeding van schade kan een gerechtigde tot een vergoeding als bedoeld in de eerste zin schriftelijk een termijn van ten minste zes maanden stellen waarbinnen deze kan laten weten niet gebonden te willen zijn. Daarbij wordt tevens mededeling gedaan van de naam en de woonplaats van de in artikel 907 lid 2, onder f, bedoelde persoon.

4. Een beding dat een partij bij de overeenkomst ten nadele van de gerechtigden tot een vergoeding van een verbintenis bevrijdt is na een verbindendverklaring nietig, tenzij het de partijen

op wie een verplichting tot vergoeding van de schade rust gezamenlijk de bevoegdheid geeft om uiterlijk binnen zes maanden na verloop van de in lid 2 bedoelde door de rechter te bepalen termijn de overeenkomst op te zeggen op de grond dat de verbindendverklaring voor te weinig gerechtigden tot een vergoeding gevolgen heeft of op een andere in de overeenkomst vermelde grond onvoldoende gevolgen heeft. Opzegging vindt in dat geval plaats door aankondiging in twee nieuwsbladen en door een schriftelijke mededeling aan de stichting of vereniging, bedoeld in artikel 907 lid 1. De partijen die de overeenkomst hebben opgezegd dragen er zorg voor dat daarvan zo spoedig mogelijk schriftelijk mededeling wordt gedaan aan de bekende gerechtigden tot een vergoeding, waarbij de partijen zich kunnen houden aan de laatste hen bekende woonplaatsen van de gerechtigden tot een vergoeding.
5. Nadat de overeenkomst verbindend is verklaard kunnen de partijen die de overeenkomst hebben gesloten zich niet beroepen op de vernietigingsgronden als bedoeld in de artikelen 44 lid 3 van Boek 3 en 228 van Boek 6, en kan een gerechtigde tot een vergoeding zich niet beroepen op de vernietigingsgrond als bedoeld in artikel 904 lid 1.

Art. 909
1. Een ingevolge de overeenkomst genomen definitieve beslissing over de vergoeding die een gerechtigde tot een vergoeding toekomt, is bindend. Indien evenwel deze beslissing, of de wijze waarop deze tot stand is gekomen, naar maatstaven van redelijkheid en billijkheid onaanvaardbaar is, is de rechter bevoegd over de vergoeding te beslissen.
2. Indien een beslissing over de toekenning van een vergoeding niet binnen een daartoe te stellen redelijke termijn wordt verkregen, is de rechter bevoegd over de vergoeding te beslissen.
3. De stichting of vereniging, bedoeld in artikel 907 lid 1, kan nadat de overeenkomst verbindend is verklaard nakoming jegens een gerechtigde tot een vergoeding vorderen, tenzij deze zich daartegen verzet.
4. De gerechtigde tot een vergoeding ontvangt krachtens de overeenkomst geen vergoeding waardoor hij in een duidelijk voordeliger positie zou geraken.
5. Indien de partij of de partijen, die zich bij de overeenkomst hebben verbonden tot de vergoeding van schade, aan hun verplichtingen uit de overeenkomst kunnen voldoen door betaling van een in de overeenkomst vastgesteld bedrag, en het totaalbedrag van de verschuldigde vergoedingen het totaal te voldoene bedrag overschrijdt, worden, nadat dit gebleken is, de nadien nog verschuldigde vergoedingen naar evenredigheid verminderd tot het beloop van het dan nog overgebleven bedrag. Naar gelang van onder meer de aard en de ernst van de schade kan in de overeenkomst een van dan de in de eerste zin afwijkende wijze van vermindering worden opgenomen. De betaling van een nog verschuldigde vergoeding kan worden opgeschort indien in verband met het in de eerste en tweede zin bepaalde op redelijke gronden kan worden betwijfeld welk bedrag dient te worden voldaan.

Beslissing over schadevergoeding bij vaststellingsovereenkomst

Art. 910
1. Zijn naast de partij of partijen die zich bij de overeenkomst hebben verbonden tot de vergoeding van schade, andere schuldenaren hoofdelijk aansprakelijk, dan is artikel 14 van Boek 6 van overeenkomstige toepassing. Tenzij van een andere bedoeling blijkt, wordt de overeenkomst geacht mede een beding in te houden als in die bepaling bedoeld.
2. Indien de partij of de partijen, die zich bij de overeenkomst hebben verbonden tot de vergoeding van schade, aan hun verplichtingen uit de overeenkomst hebben voldaan door betaling van een in de overeenkomst vastgesteld bedrag en er nu voldoening van de gerechtigden tot een vergoeding een restant is overgebleven, kan deze partij, of kunnen deze partijen gezamenlijk de rechter die de overeenkomst verbindend heeft verklaard, verzoeken om degene die deze gelden beheert te bevelen dit restant aan deze partij of, in geval van meer partijen, aan elke partij in evenredigheid van ieders bijdrage, uit te keren. Indien verzocht wordt om degene die de gelden beheert te bevelen tot uitkering van een deel van het restant uit te keren, wijst de rechter het verzoek af indien onvoldoende aannemelijk is dat na uitkering van het gehele restant alle gerechtigden tot een vergoeding zijn voldaan, dan wel onvoldoende aannemelijk is dat na uitkering van een deel van het restant alle gerechtigden tot een vergoeding nog kunnen worden voldaan. De rechter kan bevelen dat één of meer deskundigen zullen berichten over de voor het verzoek van belang zijnde punten.

Aansprakelijkheid andere schuldenaren bij schadevergoeding bij vaststellingsovereenkomst
Rechtsvordering tot uitkering restant bij schadevergoeding

Titel 17
Verzekering

Afdeling 1
Algemene bepalingen

Art. 925
1. Verzekering is een overeenkomst waarbij de ene partij, de verzekeraar, zich tegen het genot van premie jegens haar wederpartij, de verzekeringnemer, verbindt tot het doen van een of meer uitkeringen, en bij het sluiten der overeenkomst voor partijen geen zekerheid bestaat,

Verzekering

dat, wanneer of tot welk bedrag enige uitkering moet worden gedaan, of ook hoe lang de overeengekomen premiebetaling zal duren. Zij is hetzij schadeverzekering, hetzij sommenverzekering.

Persoonsverzekering

2. Persoonsverzekering is de verzekering welke het leven of de gezondheid van een mens betreft.

Art. 926

Uitkering

1. Onder uitkering is begrepen een prestatie anders dan in geld.
2. In deze afdeling wordt onder de tot uitkering gerechtigde verstaan degene die in geval van verwezenlijking van het risico krachtens de verzekering recht heeft op uitkering of door aanvaarding van de aanwijzing recht op uitkering kan krijgen.

Art. 927

Werkingssfeer

De bepalingen van deze titel zijn niet van toepassing op herverzekering.

Art. 928

Mededelingsplicht verzekeringnemer bij aangaan verzekeringsovereenkomst

1. De verzekeringnemer is verplicht vóór het sluiten van de overeenkomst aan de verzekeraar alle feiten mede te delen die hij kent of behoort te kennen, en waarvan, naar hij weet of behoort te begrijpen, de beslissing van de verzekeraar of, en zo ja, op welke voorwaarden, hij de verzekering zal willen sluiten, afhangt of kan afhangen.
2. Indien de belangen van een bij het aangaan van de verzekering bekende derde worden gedekt, omvat de in lid 1 bedoelde verplichting mede de hem betreffende feiten die deze kent of behoort te kennen, en waarvan naar deze weet of behoort te begrijpen, de beslissing van de verzekeraar afhangt of kan afhangen. De vorige zin mist toepassing bij persoonsverzekering.
3. Betreft een persoonsverzekering het risico van een bekende derde die de leeftijd van zestien jaren heeft bereikt, dan omvat de mededelingsplicht mede de hem betreffende feiten die deze kent of behoort te kennen en waarvan, naar hij weet of behoort te begrijpen, de beslissing van de verzekeraar afhangt of kan afhangen.
4. De mededelingsplicht betreft niet feiten die de verzekeraar reeds kent of behoort te kennen, en evenmin feiten, die niet tot een voor de verzekeringnemer ongunstiger beslissing zouden hebben geleid. De verzekeringnemer of de derde, bedoeld in lid 2 of lid 3, kan zich er echter niet op beroepen dat de verzekeraar bepaalde feiten reeds kent of behoort te kennen indien op een daarop gerichte vraag een onjuist of onvolledig antwoord is gegeven. De mededelingsplicht betreft voorts geen feiten waarnaar ingevolge de artikelen 4 tot en met 6 van de Wet op de medische keuringen in de daar bedoelde gevallen geen medisch onderzoek mag worden verricht en geen vragen mogen worden gesteld.
5. De verzekeringnemer is slechts verplicht feiten mede te delen omtrent zijn strafrechtelijk verleden of omtrent dat van derden, voor zover zij zijn voorgevallen binnen de acht jaren die aan het sluiten van de verzekering vooraf zijn gegaan, en voor zover de verzekeraar omtrent dat verleden uitdrukkelijk een vraag heeft gesteld in niet voor misverstand vatbare termen.
6. Indien de verzekering is gesloten op de grondslag van een door de verzekeraar opgestelde vragenlijst, kan deze zich er niet op beroepen dat vragen niet zijn beantwoord, of feiten waarnaar niet was gevraagd, niet zijn medegedeeld, en evenmin dat een in algemene termen vervatte vraag onvolledig is beantwoord, tenzij is gehandeld met het opzet de verzekeraar te misleiden.

Art. 929

Rechten verzekeraar bij schenden mededelingsplicht bij verzekering

1. De verzekeraar die ontdekt dat aan de in artikel 928 omschreven mededelingsplicht niet is voldaan, kan de gevolgen daarvan slechts inroepen indien hij de verzekeringnemer binnen twee maanden na de ontdekking op de niet-nakoming wijst onder vermelding van de mogelijke gevolgen.
2. De verzekeraar die ontdekt dat de verzekeringnemer heeft gehandeld met het opzet hem te misleiden of die bij kennis van de ware stand van zaken geen verzekering zou hebben gesloten, kan de overeenkomst binnen twee maanden na ontdekking met dadelijke ingang opzeggen.
3. De verzekeringnemer kan de overeenkomst met dadelijke ingang opzeggen binnen twee maanden nadat de verzekeraar overeenkomstig lid 1 heeft gehandeld of zich bij de verwezenlijking van het risico op de niet-nakoming van de mededelingsplicht beroept. Bij persoonsverzekering kan de verzekeringnemer de beëindiging beperken tot de persoon, wiens risico het beroep op de niet-nakoming betreft.

Art. 930

Recht op uitkering verzekeringnemer bij schenden mededelingsplicht bij verzekering

1. Indien aan de in artikel 928 omschreven mededelingsplicht niet is voldaan, bestaat alleen recht op uitkering overeenkomstig de leden 2 en 3.

2. De bedongen uitkering geschiedt onverkort, indien de niet of onjuist meegedeelde feiten van geen belang zijn voor de beoordeling van het risico, zoals dit zich heeft verwezenlijkt.
3. Indien aan lid 2 niet is voldaan, maar de verzekeraar bij kennis van de ware stand van zaken een hogere premie zou hebben bedongen, of de verzekering tot een lager bedrag zou hebben gesloten, wordt de uitkering verminderd naar evenredigheid van hetgeen de premie meer of de verzekerde som minder zou hebben bedragen. Zou de verzekeraar bij kennis van de ware

stand van zaken andere voorwaarden hebben gesteld, dan is slechts een uitkering verschuldigd als waren deze voorwaarden in de overeenkomst opgenomen.
4. In afwijking van de leden 2 en 3 is geen uitkering verschuldigd indien de verzekeraar bij kennis van de ware stand van zaken geen verzekering zou hebben gesloten.
5. In afwijking van de leden 2 en 3 is geen uitkering verschuldigd aan de verzekeringnemer of de derde, bedoeld in artikel 928 lid 2 of lid 3, die heeft gehandeld met het opzet de verzekeraar te misleiden. Evenmin is een uitkering verschuldigd aan de derde indien de verzekeringnemer, met het opzet de verzekeraar te misleiden, niet heeft voldaan aan de mededelingsplicht betreffende de derde.

Art. 931
De verzekeraar kan zich niet beroepen op de vernietigingsgronden als bedoeld in de artikelen 44 lid 3 van Boek 3 en 228 van Boek 6.

Beroep op vernietigingsgronden door verzekeraar bij verzekering

Art. 932
1. De verzekeraar geeft zo spoedig mogelijk een akte, polis genaamd, af, waarin de overeenkomst is vastgelegd. Een polis die is opgemaakt op een wijze als bedoeld in artikel 156a lid 1 van het Wetboek van Burgerlijke Rechtsvordering moet zijn voorzien van een elektronische handtekening als bedoeld in artikel 3, onderdeel 12, van verordening (EU) nr. 910/2014 van het Europees Parlement en de Raad van 23 juli 2014 betreffende elektronische identificatie en vertrouwensdiensten voor elektronische transacties in de interne markt en tot intrekking van richtlijn 1999/93/EG (PbEU 2014, L 257). De verzekeraar is niet verplicht een polis af te geven indien de aard van de overeenkomst afwijkend gebruik rechtvaardigt en de verzekeringnemer bij afgifte van de polis geen belang heeft.
2. Op wijzigingen in de overeenkomst is lid 1 van overeenkomstige toepassing.
3. Indien een door een verzekeraar afgegeven bewijsstuk verloren is gegaan, geeft hij desverlangd tegen vergoeding van de kosten een nieuw bewijsstuk af. Indien het bewijsstuk aan toonder of order is gesteld en bij een verzekering van zaken die door middel van documenten plegen te worden verhandeld, kan de verzekeraar als voorwaarde voor het doen van een uitkering aan de houder van een nieuw bewijsstuk verlangen, dat hem door de houder gedurende de tijd dat de verzekeraar tot betaling kan worden gedwongen, zekerheid wordt gesteld. Een instemming als bedoeld in artikel 156a lid 2 van het Wetboek van Burgerlijke Rechtsvordering ziet, zolang zij niet is herroepen, eveneens op een nieuw bewijsstuk als bedoeld in de eerste zin.

Afgifte polis bij verzekering

Schakelbepaling
Afgifte nieuw bewijsstuk

Art. 933
1. Alle mededelingen waartoe de bepalingen van deze titel of de overeenkomst de verzekeraar aanleiding geven, geschieden schriftelijk. De verzekeraar kan zich daarbij houden aan de laatste hem bekende woonplaats van de geadresseerde.
2. Bij algemene maatregel van bestuur kunnen van lid 1 afwijkende regels worden gesteld ten aanzien van de verzending van mededelingen langs elektronische weg. Daarbij kunnen ook regels worden gesteld ten aanzien van de verzending aan de verzekeraar langs elektronische weg van mededelingen waartoe de bepalingen van deze titel of de overeenkomst aanleiding geven.
3. De voordracht voor een krachtens het tweede lid vast te stellen algemene maatregel van bestuur wordt niet eerder gedaan dan vier weken nadat het ontwerp aan de beide kamers der Staten-Generaal is overgelegd.

Schriftelijke mededelingen bij verzekering

Mededelingen langs elektronische weg

Art. 934
Het niet nakomen van de verplichting tot betaling van de vervolgpremie kan eerst leiden tot beëindiging of schorsing van de verzekeringsovereenkomst of van de dekking, nadat de schuldenaar na de vervaldag onder vermelding van de gevolgen van het uitblijven van betaling vruchteloos is aangemaand tot betaling binnen een termijn van 14 dagen, aanvangende de dag na aanmaning. De eerste zin geldt niet voor het geval bedoeld in artikel 83, onder c, van Boek 6.

Niet-betaling vervolgpremie bij verzekering

Art. 935
1. De verzekeraar kan hetgeen hij schuldig is aan de tot uitkering gerechtigde, geen schuldenaar van de premie is, verrekenen met opeisbare premie voor dezelfde verzekering, de schade wegens vertraging in de voldoening daarvan en de kosten, bedoeld in artikel 96 lid 2, onder c, van Boek 6. De eerste zin geldt niet bij verzekeringen die aan toonder of order zijn gesteld.
2. Bij een verzekering tegen aansprakelijkheid kan de verzekeraar in afwijking van artikel 127 lid 2 van Boek 6 geen andere premie, schade en kosten als bedoeld in lid 1 verrekenen met hetgeen hij aan de tot uitkering gerechtigde schuldig is, dan die ter zake van dezelfde verzekering.

Verrekening uitkering met opeisbare premie bij verzekering

Art. 936
1. Heeft een tussenpersoon zich bij de verzekeringsovereenkomst tegenover de verzekeraar tot betaling van een premie en kosten als eigen schuld verbonden, dan is de verzekeringnemer jegens de verzekeraar gekweten voor zover de premie en kosten voor rekening van de tussenpersoon zijn gekomen of aan deze zijn voldaan. De verzekeringnemer is tot vergoeding van die premie en kosten aan de tussenpersoon gehouden.

Rechten en plichten tussenpersoon bij verzekering

art. 7:937

2. Is een uitkering verschuldigd geworden, dan is de verzekeraar desverlangd, ongeacht rechten van derden, gehouden daarvan aan de tussenpersoon zoveel af te dragen als deze ingevolge het in lid 1 bepaalde van de verzekeringnemer heeft te vorderen. Is de verzekeringnemer krachtens de verzekeringsovereenkomst tot de uitkering gerechtigd, dan heeft de verzekeraar eenzelfde verplichting ten aanzien van andere verzekeringen waarbij dezelfde nemer en dezelfde tussenpersoon zijn betrokken.

3. De verzekeraar die voornemens is een uitkering te doen aan een ander dan de tussenpersoon, verzoekt deze laatste om binnen tien dagen het bedrag op te geven, dat deze ingevolge lid 1 van de verzekeringnemer heeft te vorderen. Indien de tussenpersoon daaraan gevolg geeft, draagt de verzekeraar voor zoveel mogelijk het opgegeven bedrag aan hem af. Heeft de verzekeraar hieraan voldaan of heeft de tussenpersoon binnen de gestelde termijn niets opgegeven, dan staat het de verzekeraar vrij aan de ander de nog verschuldigde uitkering te doen.
(Zie ook: art. 287 BW Boek 7)

4. De leden 2 en 3 missen toepassing:
a. bij verzekeringen die aan toonder of aan order zijn gesteld, tenzij de verzekeringnemer tot de uitkering is gerechtigd;
b. bij verplichte aansprakelijkheidsverzekering.

5. Het in lid 2, tweede zin, bepaalde mist bovendien toepassing:
a. indien op het recht op uitkering een pandrecht rust als bedoeld in artikel 229 van Boek 3, of een voorrecht als bedoeld in artikel 283 van Boek 3;
b. bij onverplichte verzekering tegen aansprakelijkheid.

6. Wanneer de tussenpersoon de uitkering namens de tot uitkering gerechtigde in ontvangst neemt, is hij bevoegd om de vergoeding als bedoeld in lid 1, tweede zin, te verrekenen met hetgeen hij aan de tot uitkering gerechtigde schuldig is tot het bedrag van zijn uit de leden 2, 4 en 5 voortvloeiende aanspraken.

Art. 937
Uitkering aan tussenpersoon bij verzekering

De verzekeraar die een uitkering doet aan de tussenpersoon, is jegens de tot uitkering gerechtigde gekweten voorzover hetgeen hij aan de tot uitkering gerechtigde verschuldigd is aan deze laatste is voldaan, doch in ieder geval voorzover de tot uitkering gerechtigde door de betaling aan de tussenpersoon is gebaat.

Art. 938
Verschuldigde premie bij geen/minder risico bij verzekering

1. Behoudens het geval van opzet van de verzekeringnemer of de derde, bedoeld in artikel 928 lid 2 of lid 3 om de verzekeraar te misleiden is geen premie verschuldigd indien in het geheel geen risico is gelopen. Indien over een vol verzekeringsjaar geen risico is gelopen, is over dat jaar geen premie verschuldigd. De verzekeraar heeft recht op een billijke vergoeding van de te zijnen laste gekomen kosten.

2. Gedurende één maand na afloop van een vol verzekeringsjaar waarin geen risico is gelopen, mag elke partij de overeenkomst met ingang van het nieuwe verzekeringsjaar opzeggen. Deze opzegging heeft geen rechtskracht, indien risico is gelopen tussen de aanvang van het nieuwe verzekeringsjaar en de opzegging.

3. Is slechts risico gelopen over een kleiner aantal zaken of een kleinere hoeveelheid dan was verzekerd, dan zijn de leden 1 en 2 van toepassing voor zover geen risico is gelopen.

Art. 939
Vermindering premie bij tussentijdse opzegging van verzekering

Behalve bij opzegging wegens opzet de verzekeraar te misleiden, wordt bij tussentijdse opzegging de lopende premie naar billijkheid verminderd.

Art. 940
Opzegtermijn bij verzekering

1. Bij opzegging tegen het einde van een verzekeringsperiode teneinde verlenging van de overeenkomst te verhinderen, wordt een termijn van twee maanden in acht genomen.

2. De verzekeringnemer en, tenzij het een persoonsverzekering betreft, de verzekeraar kunnen een overeenkomst die is aangegaan voor een periode van meer dan vijf jaar, of die voor zulk een periode is verlengd, opzeggen tegen het einde van elk vijfde jaar binnen die periode. Daarbij geldt de in lid 1 genoemde termijn.

3. Indien de verzekeraar de bevoegdheid heeft bedongen de overeenkomst tussentijds op te zeggen, komt de verzekeringnemer een gelijke bevoegdheid toe. Tenzij jegens hem is gehandeld met het opzet tot misleiding neemt de verzekeraar onderscheidenlijk de verzekeringnemer daarbij een termijn van twee maanden in acht. Indien een verzekering dekking biedt tegen schade veroorzaakt door risico's als bedoeld in artikel 3:38 van de Wet op het financieel toezicht, kan, bij de verwezenlijking van een dergelijk risico of bij een dreiging van het ophanden zijn daarvan, de verzekeraar onderscheidenlijk de verzekeringnemer in afwijking van deze termijn van twee maanden, de overeenkomst met inachtneming van een termijn van zeven dagen opzeggen. De verzekeraar kan slechts tussentijds opzeggen op in de overeenkomst vermelde gronden welke van dien aard zijn dat gebondenheid aan de overeenkomst niet meer van de verzekeraar kan worden gevergd.

4. Indien de verzekeraar de voorwaarden van de overeenkomst ten nadele van de verzekeringnemer of de tot uitkering gerechtigde wijzigt, is de verzekeringnemer gerechtigd de overeenkomst op te zeggen tegen de dag waarop de wijziging ingaat, en in ieder geval gedurende één maand nadat de wijziging hem is meegedeeld.
5. De verzekeraar kan een persoonsverzekering niet beëindigen of wijzigen op grond van verzwaring van het gezondheidsrisico, voor zover dat is gelegen in de persoon van degene, die de verzekering betreft.

Verbod beëindiging/wijziging door verzekeraar op grond van verzwaring gezondheidsrisico bij persoonsverzekering

6. De verzekeringnemer kan de overeenkomst steeds langs elektronische weg opzeggen. Bij algemene maatregel van bestuur kunnen regels worden gesteld ten aanzien van de verzending van opzeggingen langs elektronische weg.
7. De voordracht voor een krachtens het zesde lid vast te stellen algemene maatregel van bestuur wordt niet eerder gedaan dan vier weken nadat het ontwerp aan de beide kamers der Staten-Generaal is overgelegd.

Opzegging langs elektronische weg bij persoonsverzekering

Art. 941
1. Zodra de verzekeringnemer of de tot uitkering gerechtigde van de verwezenlijking van het risico op de hoogte is, of behoort te zijn, is hij verplicht aan de verzekeraar de verwezenlijking te melden. Dit geschiedt zo spoedig als redelijkerwijs mogelijk is.
2. De verzekeringnemer en de tot uitkering gerechtigde zijn verplicht binnen redelijke termijn de verzekeraar alle inlichtingen en bescheiden te verschaffen welke voor deze van belang zijn om zijn uitkeringsplicht te beoordelen.
3. Indien door de tot uitkering gerechtigde een verplichting als bedoeld in de leden 1 of 2 niet is nagekomen, kan de verzekeraar de uitkering verminderen met de schade die hij daardoor lijdt.
4. De verzekeraar kan het vervallen van het recht op uitkering wegens niet-nakoming van een verplichting als bedoeld in de leden 1 en 2 slechts bedingen voor het geval hij daardoor in een redelijk belang is geschaad.
5. Het recht op uitkering vervalt indien de verzekeringnemer of de tot uitkering gerechtigde een verplichting als bedoeld in de leden 1 en 2 niet is nagekomen met het opzet de verzekeraar te misleiden, behoudens voor zover deze misleiding het verval van het recht op uitkering niet rechtvaardigt.

Meldingsplicht verzekeringnemer verwezenlijking risico

Art. 942
1. Een rechtsvordering tegen de verzekeraar tot het doen van een uitkering verjaart door verloop van drie jaren na de aanvang van de dag, volgende op die waarop de tot uitkering gerechtigde met de opeisbaarheid daarvan bekend is geworden.
2. De verjaring wordt gestuit door een schriftelijke mededeling, waarbij op uitkering aanspraak wordt gemaakt. Een nieuwe verjaringstermijn van drie jaren begint te lopen met de aanvang van de dag, volgende op die waarop de verzekeraar hetzij de aanspraak erkent, hetzij ondubbelzinnig heeft medegedeeld de aanspraak af te wijzen.
3. Bij verzekering tegen aansprakelijkheid wordt de verjaring in afwijking van lid 2, eerste zin, gestuit door iedere onderhandeling tussen de verzekeraar en de tot uitkering gerechtigde of de benadeelde. In dat geval begint een nieuwe verjaringstermijn van drie jaren te lopen met de aanvang van de dag, volgende op die waarop de verzekeraar hetzij de aanspraak erkent, hetzij ondubbelzinnig aan degene met wie hij onderhandelt en, indien deze een ander is, aan de tot uitkering gerechtigde heeft medegedeeld dat hij de onderhandelingen afbreekt.

Verjaring rechtsvordering tegen verzekeraar

Art. 943
1. Van de artikelen 931, 932, 935 lid 2, 936 en 939 kan niet worden afgeweken.
(Zie ook: art. 40 BW Boek 3)
2. Van de artikelen 933, eerste lid, eerste zin, 937, 940 leden 1, 3, 5 en 6, 941 leden 1, 2, 4 en 5 en 942 kan niet ten nadele van de verzekeringnemer of de tot uitkering gerechtigde worden afgeweken.
3. Van de artikelen 928 tot en met 930, 934 en 940 leden 2 en 4 kan niet ten nadele van de verzekeringnemer of de tot uitkering gerechtigde worden afgeweken indien de verzekeringnemer een natuurlijk persoon is en hij de verzekering sluit anders dan in de uitoefening van een beroep of bedrijf.

Dwingend recht

Afdeling 2
Schadeverzekering

Art. 944
Schadeverzekering is de verzekering strekkende tot vergoeding van vermogensschade die de verzekerde zou kunnen lijden.

Schadeverzekering

Art. 945
Verzekerde
In deze afdeling wordt onder verzekerde verstaan degene die in geval van door hem geleden schade krachtens de verzekering recht heeft op vergoeding of door aanvaarding van de aanwijzing recht op vergoeding kan krijgen.

Art. 946
Dekking belang verzekeringnemer bij schadeverzekering
1. De overeenkomst dekt slechts belangen van de verzekeringnemer, tenzij anders is overeengekomen.

2. Indien ingevolge een huwelijk of geregistreerd partnerschap een zaak in een gemeenschap valt, zijn bij een verzekering van die zaak de deelgenoten voor hun belang verzekerde.

Art. 947
Herroepen aanwijzing derde bij schadeverzekering
De verzekeringnemer kan de aanwijzing van een derde aan wie in geval van schade een uitkering moet worden gedaan, slechts herroepen met medewerking van de verzekeraar of van de derde. Met betrekking tot een reeds gevallen schade kunnen de verzekeringnemer en de verzekeraar de aanwijzing ook niet gezamenlijk ongedaan maken.

Art. 948
Overgang rechten en verplichtingen bij overdracht zaak bij schadeverzekering
1. Bij overdracht van een zaak of een beperkt recht waaraan een zaak is onderworpen, gaan de rechten en verplichtingen uit de verzekering die het belang van de vervreemder bij het behoud van de zaak dekt, met het risico op de verkrijger over, ook indien het risico al voor de overdracht overgaat. Hetzelfde geldt voor bijkomstige verzekeringen die bij diezelfde overeenkomst tot stand zijn gekomen. Geen overgang vindt plaats indien zulks voortvloeit uit de rechtshandeling waarbij het goed wordt overgedragen of uit een verklaring van de nieuwe belanghebbende aan de verzekeraar.
2. De overeenkomst vervalt een maand nadat zij op de nieuwe verzekerde is overgegaan, tenzij deze binnen die termijn aan de verzekeraar verklaart de overeenkomst voort te zetten. In dat geval kan de verzekeraar binnen twee maanden nadat de verklaring is afgelegd, de overeenkomst met inachtneming van een termijn van een maand opzeggen.
3. Premies verschenen voordat de nieuwe verzekerde heeft verklaard de overeenkomst voort te zetten, zijn uitsluitend door de verzekeringnemer verschuldigd.
4. Het in lid 2 bepaalde leidt niet tot verlenging van de duur van de overeenkomst noch tot beperking van het recht tot opzegging uit anderen hoofde.
5. De leden 1 tot en met 4 missen toepassing, indien de verzekering de verkrijger aanwijst als derde, bedoeld in artikel 947.

Art. 949
Houder polis/bewijsstuk bij schadeverzekering
Bij verzekeringen als bedoeld in artikel 932 lid 3, tweede zin, geldt de houder van de polis of van een ander door de verzekeraar afgegeven bewijsstuk als verzekerde, mits het verzekerde belang bij hem berust. De artikelen 253 lid 2 van Boek 6, 947, 948 en 950 missen hier toepassing.

Art. 950
Dood verzekeringnemer bij schadeverzekering
Indien de verzekeringnemer overlijdt, kunnen zijn erfgenamen en de verzekeraar de overeenkomst binnen negen maanden nadat zij met dit overlijden bekend zijn geworden met inachtneming van een termijn van een maand opzeggen. Wanneer de nalatenschap van de verzekeringnemer ingevolge artikel 13 van Boek 4 wordt verdeeld, komt de bevoegdheid van de erfgenamen, bedoeld in de vorige zin, toe aan zijn echtgenoot of geregistreerde partner.

Art. 951
Schade veroorzaakt door aard/gebrek zaak bij schadeverzekering
De verzekeraar vergoedt geen schade aan een verzekerde zaak indien die is veroorzaakt door de aard of een gebrek van die zaak.

Art. 952
Schade veroorzaakt met opzet of door roekeloosheid bij schadeverzekering
De verzekeraar vergoedt geen schade aan de verzekerde die de schade met opzet of door roekeloosheid heeft veroorzaakt.

Art. 953
Verbod erkenning bij schadeverzekering
Indien een verzekering tegen aansprakelijkheid bepaalde erkenningen door de verzekerde verbiedt, heeft overtreding van dat verbod geen gevolg voor zover de erkenning juist is. Een verbod tot erkenning van feiten heeft nimmer gevolg.

Art. 954
Uitkering aan benadeelde bij verzekering tegen aansprakelijkheid bij schadeverzekering
1. Indien in geval van een verzekering tegen aansprakelijkheid de verzekeraar ingevolge artikel 941 de verwezenlijking van het risico is gemeld, kan de benadeelde verlangen, dat indien de verzekeraar een uitkering verschuldigd is, het bedrag dat de verzekerde daarvan ter zake van de schade en de benadeelde door dood of letsel te vorderen heeft, aan hem wordt betaald.
2. De benadeelde kan zonder melding deze betaling verlangen indien de verzekerde een rechtspersoon was die heeft opgehouden te bestaan en de verplichting tot vergoeding van de schade van de benadeelde niet op een ander is overgegaan.

3. Indien de benadeelde zijn in lid 1 bedoelde bevoegdheid nog niet heeft uitgeoefend, kan de verzekeraar slechts bevrijdend aan de verzekerde betalen nadat hij de benadeelde tevergeefs verzocht heeft binnen vier weken mede te delen of hij deze bevoegdheid wil uitoefenen, of indien deze daarvan afstand heeft gedaan.
4. De verzekerde is niet bevoegd ten nadele van de benadeelde over zijn vordering op de verzekeraar te beschikken, voorzover deze vordering schade door dood of letsel betreft, noch is deze vordering in zoverre voor anderen dan de benadeelde vatbaar voor beslag.
5. Voorzover de verzekeraar in verband met overschrijding van een verzekerde som tot minder gehouden is dan het bedrag waarvoor de verzekerde aansprakelijk is, wordt de verschuldigde uitkering naar evenredigheid toegerekend aan de schade van elk der benadeelden alsmede, voorzover zij benadeelden betreft met zowel schade door dood of letsel als andere schade, aan deze onderscheiden schadesoorten. Niettemin blijft de verzekeraar die, onbekend met het bestaan van vorderingen van andere benadeelden, te goeder trouw aan een benadeelde of de verzekerde een groter bedrag dan het aan deze toekomende deel heeft uitgekeerd, jegens de andere benadeelden slechts gehouden tot het beloop van het overblijvende gedeelte van de verzekerde som. De betaling aan de benadeelden kan worden opgeschort voorzover in verband met het in de eerste zin bepaalde op redelijke gronden kan worden betwijfeld welk bedrag dient te worden voldaan.
6. De benadeelde die ter zake van zijn schade door dood of letsel een rechtsvordering instelt tegen de verzekeraar, is daartoe slechts bevoegd indien hij er zorg voor draagt dat de verzekerde tijdig in het geding wordt geroepen. Dit lijdt uitzondering in het geval, bedoeld in lid 2.
7. De leden 1 tot en met 6 missen toepassing voor zover de benadeelde schadeloos is gesteld of voor zover hem door de wet jegens de verzekeraar een eigen recht op schadevergoeding is toegekend.

Art. 955
1. De verzekerde som is het hoogste bedrag van de schadevergoeding tot uitkering waarvan de verzekeraar als gevolg van eenzelfde voorval kan worden verplicht, behoudens het bij artikel 959 bepaalde.

Verzekerde som bij schadeverzekering

2. Door een uitkering als bedoeld in lid 1, wordt de verzekerde som niet verminderd.

Art. 956
Een gebouw is naar zijn herbouwwaarde, en andere zaken zijn naar hun vervangingswaarde verzekerd. Vervangingswaarde is het bedrag benodigd voor het verkrijgen van naar soort, kwaliteit, hoeveelheid, staat en ouderdom gelijkwaardige zaken.

Herbouwwaarde/vervangingswaarde bij schadeverzekering

Art. 957
1. De verzekeringnemer of de verzekerde van de verwezenlijking van het risico of het ophanden zijn daarvan op de hoogte is, of behoort te zijn, is elk hunner, naar mate hij daartoe in de gelegenheid is, verplicht binnen redelijke grenzen alle maatregelen te nemen, die tot voorkoming of vermindering van de schade kunnen leiden.

Maatregelen verzekeringnemer/verzekerde ter voorkoming/vermindering schade bij schadeverzekering

2. De verzekeraar vergoedt de kosten aan het nemen van de in lid 1 bedoelde maatregelen verbonden, en de schade aan zaken die daarbij worden ingezet.
3. Indien de verzekerde de in lid 1 bedoelde verplichting niet is nagekomen, kan de verzekeraar de uitkering verminderen met de schade die hij daardoor lijdt.

Art. 958
1. Er is totaal verlies, wanneer een zaak:
a. is tenietgegaan,
b. zo is beschadigd dat zij heeft opgehouden een zaak van de verzekerde soort te zijn, of
c. buiten de macht van de verzekerde is geraakt en herkrijging niet is te verwachten.

Totaal verlies zaak bij schadeverzekering

2. Bij totaal verlies vergoedt de verzekeraar de waarde van het verzekerde belang bij de zaak.
3. Heeft de verzekeraar in het geval van lid 1 onder c voldaan aan zijn verplichting en wordt het daarna mogelijk de zaak te herkrijgen, dan heeft de verzekeraar ter keuze van de verzekerde recht op terugbetaling van de vergoeding of op overdracht van de zaak.
4. De verzekeraar vergoedt in geval van verzekering tegen vervangings-, herbouw- of nieuwwaarde bij gedeeltelijke schade te zijner keuze hetzij de kosten van herstel en de waardevermindering naar verkoopwaarde ondanks herstel, hetzij de verzekerde waarde van de onbeschadigde zaak verminderd met de verkoopwaarde van de restanten.
5. Indien het bedrag van de verzekerde som lager is dan de waarde die aan de schadeberekening ten grondslag ligt, wordt de vergoeding volgens de leden 2 en 4 verminderd naar evenredigheid van hetgeen dat bedrag lager is dan de waarde.

Art. 959
1. De in artikel 957 bedoelde vergoeding en de redelijke kosten tot het vaststellen van de schade gemaakt, komen ten laste van de verzekeraar, ook al zou daardoor, tezamen met de vergoeding van de schade, de verzekerde som worden overschreden.

Vergoeding maatregelen ter voorkoming/vermindering schade bij schadeverzekering

2. Indien de naar de grondslag van de verzekering berekende waarde van de onbeschadigde zaak niet ten volle is verzekerd, komt de in artikel 957 bedoelde vergoeding slechts met overeenkomstige toepassing van artikel 958 lid 5 ten laste van de verzekeraar.

Art. 960
Vergoeding verzekerde bij schadeverzekering

De verzekerde zal krachtens de verzekering geen vergoeding ontvangen waardoor hij in een duidelijk voordeliger positie zou geraken. De vorige zin mist toepassing bij voorafgaande taxatie van de waarde van een zaak tot stand gekomen krachtens een aan een deskundige opgedragen beslissing of krachtens een beslissing van partijen overeenkomstig het advies van een deskundige.

Art. 961
Dekking schade door meerdere verzekeringen bij schadeverzekering

1. Indien dezelfde schade door meer dan een verzekering wordt gedekt, kan de verzekerde met inachtneming van artikel 960 elke verzekeraar aanspreken. De verzekeraar is daarbij bevoegd de nakoming van zijn verplichting tot schadevergoeding op te schorten totdat de verzekerde de andere verzekeringen heeft genoemd.
2. Voor de toepassing van lid 1 wordt met schade die door een verzekering wordt gedekt gelijkgesteld schade die door de verzekeraar onverplicht wordt vergoed.
3. De verzekeraars hebben onderling verhaal opdat ieder zijn deel draagt, naar evenredigheid van de bedragen waarvoor een ieder afzonderlijk kan worden aangesproken. Verzekeraars hebben op gelijke voet onderling verhaal voor hun redelijke kosten tot het vaststellen van de schade, alsmede voor hun redelijke kosten van verweer in en buiten rechte. De verzekerde is jegens de verzekeraars afzonderlijk verplicht zich te onthouden van elke gedraging die ten koste van dezen afbreuk doet aan hun onderling verhaal.
4. De bij eenzelfde verzekering betrokken verzekeraars zijn niet verder aansprakelijk dan voor hun evenredig deel van hetgeen in totaal ten laste van die verzekering komt.

Art. 962
Vordering verzekerde op derde bij schadeverzekering

1. Indien de verzekerde terzake van door hem geleden schade anders dan uit verzekering vorderingen tot schadevergoeding op derden heeft, gaan die vorderingen bij wijze van subrogatie op de verzekeraar over voor zover deze, al dan niet verplicht, de schade vergoedt. De verzekerde moet zich, nadat het risico zich heeft verwezenlijkt, onthouden van elke gedraging welke aan het recht van de verzekeraar tegen die derden afbreuk doet.
2. De verzekeraar kan de vordering waarin hij is gesubrogeerd, of die hij door overdracht heeft verkregen, niet ten nadele van het recht op schadevergoeding van de verzekerde uitoefenen.
3. De verzekeraar krijgt geen vordering op de verzekeringnemer, een mede-verzekerde, de niet van tafel en bed gescheiden echtgenoot of de geregistreerde partner van een verzekerde, de andere levensgezel van een verzekerde, noch op de bloedverwanten in de rechte lijn van een verzekerde, op een werknemer of de werkgever van de verzekerde, of op degene die in dienst staat tot dezelfde werkgever als de verzekerde. Deze regel geldt niet voor zover zulk een persoon jegens verzekerde aansprakelijk is wegens een omstandigheid die afbreuk zou hebben gedaan aan de uitkering, indien die omstandigheid aan de verzekerde zou zijn toe te rekenen.

Art. 963
Dwingend recht

1. Van de artikelen 960 en 962 lid 2 en lid 3, eerste zin, kan niet worden afgeweken.
2. Van artikel 953 kan niet ten nadele van de verzekerde worden afgeweken.
3. Van artikel 947, tweede zin, kan niet ten nadele van de derde worden afgeweken.
4. Van artikel 954 kan niet ten nadele van de benadeelde worden afgeweken.
5. Van artikel 957 lid 2 kan niet ten nadele van de verzekeringnemer of de verzekerde worden afgeweken.
6. Van artikel 959 lid 1 kan niet ten nadele van de verzekeringnemer of de verzekerde worden afgeweken voor zover de in dit lid bedoelde kosten niet het bedrag overschrijden dat gelijk is aan de verzekerde som en de verzekeringnemer een natuurlijk persoon is die de verzekering anders dan in de uitoefening van een beroep of bedrijf heeft gesloten.

Afdeling 3
Sommenverzekering

§ 1
Algemene bepalingen

Art. 964
Sommenverzekering

Sommenverzekering is de verzekering waarbij het onverschillig is of en in hoeverre met de uitkering schade wordt vergoed. Zij is slechts toegelaten bij persoonsverzekering en bij verzekeringen welke daartoe bij algemene maatregel van bestuur, zonodig binnen daarbij vast te stellen grenzen, zijn aangewezen.

Art. 965
Begripsbepalingen

In deze afdeling wordt verstaan onder verzekerde: degene op wiens leven of gezondheid de verzekering betrekking heeft; onder begunstigde: degene die tot het ontvangen van een uitkering is aangewezen. Onder uitkering zijn de bedragen, bedoeld in de artikelen 978 lid 2, 980 lid 2, 981 en 983 begrepen.

Art. 966
1. De verzekeringnemer kan door schriftelijke mededeling aan de verzekeraar:
   a. zichzelf of, al dan niet naast zichzelf, één of meer derden als begunstigde aanwijzen, hetzij als hoofdgerechtigde, hetzij als beperkt gerechtigde;
   b. het recht op uitkering onder bewind stellen;
   c. een beschikking als onder a of b bedoeld herroepen of wijzigen.
2. De verzekeraar kan een aanwijzing of een wijziging daarvan afwijzen, indien zij de nakoming van zijn uitkeringsverplichting onredelijk zou bemoeilijken. Hij oefent dit recht uit door binnen een maand na de aanwijzing of de wijziging de verzekeringnemer van zijn afwijzing in kennis te stellen.
3. Het bewind over een recht op uitkering heeft dezelfde rechtsgevolgen als een bij uiterste wilsbeschikking ingesteld bewind, met dien verstande dat:
   a. de termijnen bedoeld in de artikelen 178, 179 lid 2 en 180 lid 2 van Boek 4 aanvangen op het tijdstip waarop de uitkering of de eerste van een reeks uitkeringen opeisbaar wordt, en
   b. het bewind, voor zover het niet in het belang van een ander dan de begunstigde is ingesteld, ook eindigt wanneer de verzekeringnemer en de begunstigde een gemeenschappelijk besluit tot opheffing schriftelijk ter kennis van de bewindvoerder brengen.
4. Een aanwijzing van een begunstigde als hoofdgerechtigde tot zekerheid geldt als een aanwijzing als pandhouder. Op een aanwijzing als hoofdgerechtigde tot aflossing van een schuld is de vorige zin van overeenkomstige toepassing, tenzij de aanwijzing is beperkt tot hetgeen ter zake aan de begunstigde is verschuldigd.

Aanwijzing begunstigde en onderbewindstelling recht op uitkering bij sommenverzekering

Art. 967
1. Tenzij van een andere bedoeling blijkt, vervalt de aanwijzing van een begunstigde, indien hij overlijdt vóórdat:
   a. hij de aanwijzing heeft aanvaard, of
   b. een uitkering waarop de aanwijzing betrekking had, opeisbaar is geworden.
2. Is de begunstigde in hoedanigheid aangeduid, dan wordt de aanwijzing vermoed te zijn gedaan ten behoeve van hem die deze hoedanigheid bezit ten tijde dat de aanwijzing volgens artikel 968, onder b tot en met d, onherroepelijk wordt. Indien de begunstigde zowel bij naam als in hoedanigheid is aangeduid, wordt de aanwijzing vermoed te zijn gedaan ten behoeve van de bij naam aangewezen begunstigde.
3. In afwijking van het in lid 2 bepaalde strekt de begunstiging steeds ten behoeve van de begunstigde wiens aanwijzing door aanvaarding onherroepelijk is geworden, terwijl hij de in de aanwijzing aangeduide hoedanigheid bezat.
4. Zijn de als zodanig aangeduide erfgenamen van de verzekeringnemer of van de verzekerde als begunstigden aangewezen, dan worden daaronder diegenen verstaan die als erfgenamen tot de nalatenschap zijn geroepen, ongeacht of zij haar hebben aanvaard. Zij zijn tot de uitkering gerechtigd in dezelfde verhouding als waarin zij tot de nalatenschap zijn geroepen.
5. Is de nalatenschap van de verzekeringnemer of van de verzekerde als begunstigde aangewezen, dan komt het recht op uitkering toe aan de erfgenamen die de nalatenschap hebben aanvaard. Zij zijn tot de uitkering gerechtigd in dezelfde verhouding als waarin zij in de nalatenschap delen.
6. Zijn als zodanig aangeduide kinderen als begunstigden aangewezen, dan worden daaronder hun afstammelingen bij plaatsvervulling begrepen.
7. Indien een uitkering door de dood van de verzekerde opeisbaar wordt en deze en een begunstigde die gelijktijdig zijn overleden, dan wel indien beiden zijn gestorven en men niet kan weten wie het eerst is overleden, valt, tenzij van een andere bedoeling blijkt, de uitkering niet aan die begunstigde ten deel.
8. Zolang geen derde als begunstigde is aangewezen, komt het recht op uitkering toe aan de verzekeringnemer. De verzekeringnemer wordt voorts geacht zichzelf als begunstigde te hebben aangewezen voor het geval dat geen aanwijzing van een derde als begunstigde gevolg heeft.

Dood begunstigde bij sommenverzekering

Geen aanwijzing begunstigde

Art. 968
De aanwijzing van een derde als begunstigde kan niet worden herroepen:
a. indien die derde haar heeft aanvaard;
b. indien het risico is geëindigd door het overlijden van de verzekerde;
c. indien een uitkering opeisbaar wordt;
d. indien dit uit de overeenkomst voortvloeit.

Herroeping aanwijzing begunstigde bij sommenverzekering

Art. 969
1. De begunstigde derde verkrijgt zijn recht op uitkering door aanvaarding van zijn aanwijzing. In afwijking van artikel 253 leden 3 en 4 van Boek 6 kan hij slechts aanvaarden door een tot de verzekeraar gerichte verklaring. Tenzij de aanwijzing onherroepelijk is volgens artikel 968, onder b tot en met d, kan de begunstigde slechts schriftelijk aanvaarden met op gelijke wijze aan de verzekeraar kenbaar gemaakte toestemming van de verzekeringnemer.

Aanvaarding aanwijzing door begunstigde bij sommenverzekering

art. 7:970

Afwijzing aanwijzing door begunstigde
Ongedaan maken aanvaarding aanwijzing door begunstigde

2. Is de aanwijzing volgens artikel 968, onder b tot en met d, onherroepelijk, dan kan de begunstigde derde zijn aanwijzing door een tot de verzekeraar gerichte verklaring afwijzen.
3. De begunstigde derde maakt de aanvaarding van zijn aanwijzing ongedaan door afstand te doen van zijn recht op uitkering.

Art. 970

Overdracht rechten verzekeringnemer bij sommenverzekering

1. De rechten van de verzekeringnemer uit een sommenverzekering kunnen, onverminderd de tweede zin, slechts gezamenlijk worden overgedragen. Uit een sommenverzekering voortvloeiende vorderingsrechten kunnen afzonderlijk worden overgedragen, voor zover uit de wet of de overeenkomst niet anders voortvloeit.
2. Levering van rechten uit een verzekering vereist een daartoe bestemde akte en schriftelijke mededeling daarvan aan de verzekeraar door de vervreemder of de verkrijger.

Art. 971

Vestiging pandrecht bij sommenverzekering

1. Bij het vestigen van een pandrecht op uit een sommenverzekering voortvloeiende rechten mist artikel 239 van Boek 3 toepassing.
2. Indien het pandrecht rust op een recht op uitkering, treedt voor de toepassing van de artikelen 246 en 253 van Boek 3 en artikel 490b van het Wetboek van Burgerlijke Rechtsvordering de hoofdgerechtigde voor de pandgever in de plaats. Heeft een als hoofdgerechtigde aangewezen derde zijn aanwijzing nog niet aanvaard, dan stelt de pandhouder de derde daartoe in de gelegenheid.
3. In afwijking van lid 2 kan de pandhouder een overschot als bedoeld in artikel 253 lid 1, tweede zin, van Boek 3 ook afdragen aan de verzekeraar. De verzekeraar is het bedrag verschuldigd aan de hoofdgerechtigde.

Art. 972

Schriftelijke toestemming voor uitoefening rechten door verzekeringnemer bij sommenverzekering

1. De verzekeringnemer kan zijn uit de overeenkomst voortvloeiende rechten slechts uitoefenen met schriftelijke toestemming:
a. van de begunstigde, wanneer een aanwijzing volgens artikel 968 onherroepelijk is;
b. van de beperkt gerechtigde, wanneer een beperkt recht is gevestigd op de voor de verzekeringnemer uit de overeenkomst voortvloeiende rechten, dan wel op het recht op een uitkering.
2. Indien uitoefening van de in lid 1 bedoelde rechten niet zou leiden tot wijziging van de rechtspositie van de begunstigde, onderscheidenlijk de beperkt gerechtigde, is daarvoor diens toestemming niet vereist.

Art. 973

Opzettelijk teweeggebracht risico bij sommenverzekering

Aan de overeenkomst kunnen geen rechten worden ontleend door degene die onherroepelijk veroordeeld is ter zake dat hij de verwezenlijking van het risico opzettelijk teweeg heeft gebracht of daaraan opzettelijk meegewerkt heeft.

Art. 974

Dwingend recht

Van de vormvoorschriften van de artikelen 966 lid 1 en 969 lid 1, tweede zin, en van de artikelen 972 en 973 kan niet worden afgeweken.

§ 2
Levensverzekering

Art. 975

Levensverzekering

Levensverzekering is de in verband met het leven of de dood gesloten sommenverzekering met dien verstande dat ongevallenverzekering niet als levensverzekering wordt beschouwd.

Art. 976

Voorziening in kosten lijkbezorging bij levensverzekering

De artikelen 978 lid 1, 980 lid 1 en 981, en artikel 986 voor zover het op deze bepalingen betrekking heeft, missen toepassing bij verzekeringen strekkende tot voorziening in de kosten van lijkbezorging. Bij algemene maatregel van bestuur kunnen hiervoor nadere maatstaven worden gesteld. De waarde van deze verzekeringen en de uit deze verzekeringen voortvloeiende rechten zijn niet vatbaar voor beslag en blijven buiten het faillissement en van de toepassing van de schuldsaneringsregeling op de verzekeringnemer en vereffening van zijn nalatenschap.

Art. 977

Verbod opzegging/ontbinding door verzekeraar bij levensverzekering

1. Behoudens het elders in deze titel bepaalde kan de verzekering niet door de verzekeraar worden opgezegd of ontbonden, noch krachtens enig beding vervallen. De eerste zin staat niet in de weg aan een beding dat de verzekering eindigt of door de verzekeraar kan worden opgezegd, indien zij als gevolg van in de overeenkomst voorziene verrekening van premie, bedongen rente en kosten niet langer premievrije waarde of afkoopwaarde heeft.
2. Behoudens het elders in deze afdeling bepaalde kan de verzekeraar de verzekering slechts afkopen of premievrij voortzetten met medewerking van de verzekeringnemer, verkregen na het aangaan van de overeenkomst.

Art. 978

Afkoop van levensverzekering

1. De verzekeringnemer heeft het recht de verzekering, voor zover deze stellig voorziet in een of meer uitkeringen, geheel of gedeeltelijk door de verzekeraar te doen afkopen. Door afkoop

eindigt de verzekering, behoudens voor zover uit de verzekering nog uitkeringen kunnen voortvloeien. De afkoopwaarde komt de verzekeringnemer toe.

2. Indien de verzekering premievrije waarde heeft, komt de verzekeringnemer het recht toe, haar premievrij te doen voortzetten. Dit recht kan worden uitgesloten voor het geval dat bij premievrijmaking tegen verminderde bedragen de hoogte van de verminderde uitkering of uitkeringen beneden een bij algemene maatregel van bestuur vast te stellen grens zou blijven. *Premievrije voortzetting*

Art. 979

1. De verzekeringnemer heeft het recht de verzekering als bedoeld in artikel 978 lid 1 tot het bedrag van de afkoopwaarde bij de verzekeraar te belenen op bij deze gebruikelijke voorwaarden. *Belening bij levensverzekering*
2. De verzekeraar mag het bedrag dat hij ter zake van de belening betaalt, vermeerderd met rente en kosten, voor zover het hem niet wordt terugbetaald, in mindering brengen op de contante waarde van periodieke uitkeringen, en inhouden op betalingen uit hoofde of ten laste van de verzekering.

Art. 980

1. Het niet-betalen van vervolgpremie heeft eerst gevolg, indien de verzekeraar na de vervaldag de verzekeringnemer, de begunstigde, indien deze zijn aanwijzing heeft aanvaard, de pandhouder en de beslaglegger door een mededeling op dat gevolg heeft gewezen en betaling binnen een daarbij op ten minste één maand gestelde termijn is uitgebleven. *Vervolgpremie bij levensverzekering*
2. Indien betaling is uitgebleven, wordt de verzekering die premievrije waarde heeft, premievrij voortgezet of, indien de overeenkomst daarin voorziet, voortgezet door middel van verrekening van de premie en de bedongen rente en kosten met de afkoopwaarde. Bestaat geen recht op voortzetting als in de vorige zin bedoeld, dan eindigt de verzekering, en heeft de verzekeringnemer bij een verzekering die afkoopwaarde heeft, recht op die waarde.
3. In afwijking van lid 1 kan worden bedongen dat van de vervaldag af rente en kosten verschuldigd zijn.

Art. 981

Overlijdt de verzekerde ten gevolge van een van het risico uitgesloten oorzaak en heeft de verzekering afkoopwaarde, dan wordt de verzekeraar een bedrag verschuldigd gelijk aan de afkoopwaarde berekend naar de dag voorafgaande aan het overlijden. Dat bedrag komt de begunstigde toe. Heeft de verzekering geen afkoopwaarde, maar wel premievrije waarde, dan wordt de verzekeringnemer geacht de dag vóór het overlijden het recht te hebben uitgeoefend als bedoeld in artikel 978 lid 2 en wordt de verzekerde geacht te zijn overleden door een niet van het risico uitgesloten oorzaak. *Dood verzekerde bij levensverzekering*

Art. 982

1. Indien de leeftijd of het geslacht van de verzekerde onjuist is opgegeven, wordt de verzekering geacht te zijn gesloten tot de aan de juiste leeftijd of het juiste geslacht aangepaste uitkering of uitkeringen, bij handhaving van hetgeen omtrent de premiebetaling is overeengekomen. De artikelen 929 en 930 en 983 missen in zoverre toepassing. *Leeftijd/geslacht verzekerde onjuist opgegeven bij levensverzekering*
2. Lid 1 mist toepassing indien de verzekeraar bij kennis van de juiste leeftijd of het juiste geslacht geen verzekering zou hebben gesloten.

Art. 983

1. Indien een verzekering die de verzekeringnemer krachtens wet of overeenkomst kan doen afkopen, overeenkomstig artikel 929 wordt opgezegd, verkrijgt de verzekeringnemer recht op de afkoopwaarde de dag vóór haar beëindiging. *Rechten bij niet-nakoming mededelingsplicht verzekeringnemer bij levensverzekering*

2. De begunstigde verkrijgt recht op een op gelijke wijze berekend bedrag, indien de verzekeraar bij het einde van het risico een beroep doet op de gevolgen van het niet nakomen van artikel 928. Zou echter de toepassing van artikel 930 lid 2 of 3 tot een hogere uitkering leiden, dan verkrijgt de begunstigde daarop aanspraak.
3. De verzekeraar die ingevolge artikel 929 de verzekeringnemer op het niet nakomen van artikel 928 wijst onder voorbehoud van zijn rechten of die de gevolgen van dat niet nakomen inroept, stelt de begunstigde die zijn aanwijzing heeft aanvaard, en de pandhouder daarvan in kennis. In het geval, bedoeld in de eerste zin, stelt de verzekeraar ook de beslaglegger in kennis, tenzij nog geen verklaring als bedoeld in artikel 476a, eerste lid, Wetboek van Burgerlijke Rechtsvordering is gedaan.

Art. 984

1. Rust een pandrecht op de rechten van de verzekeringnemer, dan kan de pandhouder de verzekering doen afkopen, tenzij de verzekeringnemer de bevoegdheid mist de verzekering te doen afkopen. Tevens kan de pandhouder de begunstiging wijzigen ten behoeve van de verzekeringnemer, voor zover deze niet onherroepelijk is. Hij kan de verzekering slechts doen afkopen indien de schuldenaar in verzuim is gekomen en nadat hij daarna zijn voornemen tot het doen afkopen ten minste vier weken tevoren, bij aangetekende brief of bij deurwaardersexploit, aan de verzekeringnemer heeft medegedeeld. De verzekeraar is niet gehouden te onderzoeken of de schuldenaar in verzuim is. De pandhouder doet een afschrift van de brief of het exploit, bedoeld in de derde zin, toekomen aan de verzekeraar. *Rechten pandhouder bij levensverzekering*

2. Om de verzekering te kunnen doen afkopen, dient de pandhouder bij de mededeling van een voornemen van afkoop tevens te vermelden dat de verzekeringnemer, tenzij deze bevoegdheid is uitgesloten, de verzekering binnen de termijn van vier weken, bedoeld in lid 1, kan belenen ter voldoening, voor zover mogelijk, van hetgeen aan de pandhouder verschuldigd is.
3. Heeft de pandhouder de verzekering doen afkopen of de verzekeringnemer deze overeenkomstig lid 2 beleend, dan rust het pandrecht nog slechts op de vordering ter zake van die afkoop of die belening.
4. De pandhouder is niet bevoegd tot verkoop overeenkomstig artikel 248 van Boek 3.

Art. 985

Verjaring rechtsvordering tegen verzekeraar bij levensverzekering

Een rechtsvordering tegen de verzekeraar tot het doen van een uitkering verjaart door verloop van vijf jaar na de dag waarop die vordering opeisbaar is geworden, tenzij een langere termijn is bedongen.

Art. 986

Dwingend recht

1. Van artikel 984 kan niet worden afgeweken.
2. Van de artikelen 977, 981 en 982 kan niet ten nadele van de verzekeringnemer, de begunstigde of de pandhouder worden afgeweken.
3. Van de artikelen 978 lid 2, 980, en 983 kan niet ten nadele van de verzekeringnemer, de begunstigde, de pandhouder of de beslaglegger worden afgeweken, indien de verzekeringnemer is een natuurlijk persoon en deze de verzekering sluit anders dan in verband met de uitoefening van een beroep of bedrijf.
4. Beperking of uitsluiting van het recht, bedoeld in artikel 978 lid 1, kan niet worden tegengeworpen aan schuldeisers van de verzekeringnemer, de curator in het faillissement van de verzekeringnemer, diens bewindvoerder in geval van surséance van betaling of toepassing van de schuldsaneringsregeling, dan wel de vereffenaar van de nalatenschap van de verzekeringnemer. Bij een verzekering die recht geeft op periodieke uitkeringen of verstrekkingen, mist de eerste zin toepassing voor zover de ter zake voldane premies, mede op de grond dat de verzekering bepaalt dat zij niet kan worden afgekocht, voor de heffing van de inkomstenbelasting in aanmerking konden worden genomen voor de bepaling van het belastbaar inkomen uit werk en woning.

Titel 18
Lijfrente

Art. 990

Lijfrente

Lijfrente is het van het in leven zijn van één of meer personen afhankelijke recht op een periodieke uitkering in geld.

Art. 991

Vordering van lijfrente bij niet-betaling uitkering

1. Indien een uitkering op de vervaldag niet is betaald en ook binnen een maand na een schriftelijke aanmaning nog niet is voldaan, kan de gerechtigde de lijfrente, voor zover nog verschuldigd, bij een schriftelijke mededeling aan de schuldenaar omzetten in een vordering tot vergoeding van het bedrag dat is vereist voor het kopen van een gelijke lijfrente.

Opschorting nakoming bij twijfel of lijf nog in leven is

2. Nochtans is de schuldenaar van de lijfrente bevoegd de nakoming van zijn verbintenis op te schorten indien hij op redelijke gronden betwijfelt of het lijf nog in leven is.

Art. 992

Verschuldigd bedrag over periode waarin lijf overlijdt

Over een periode waarin het lijf overlijdt, is de rente slechts verschuldigd naar evenredigheid van het aantal dagen dat hij heeft geleefd. Indien de rente vooruit moest worden betaald blijft zij over de gehele termijn verschuldigd.

Inhoudsopgave

Boek 7a	Bijzondere overeenkomsten; vervolg	Art. 1576-1576g
Vijfde titel A	[Vervallen]	Art. 1576-1576g
Afdeling 1	[Vervallen]	Art. 1576-1576g
Afdeling 2	[Vervallen]	Art. 1576h-1576x
Zevende titel	Van huur en verhuur	Art. 1584-1585
Eerste afdeeling	[Vervallen]	Art. 1584-1585
Tweede afdeeling	[Vervallen]	Art. 1586-1616
Derde afdeeling	[Vervallen]	Art. 1619-1623
Vierde afdeling	[Vervallen]	Art. 1623a-1623o
Vijfde afdeling	[Vervallen]	Art. 1624-1636b
Zevende titel A		Art. 1637-1637c
Eerste afdeeling	Algemeene bepalingen	Art. 1637-1637c
Tweede afdeeling	Van de arbeidsovereenkomst in het algemeen	Art. 1637d-1637z
Derde afdeeling	Van de verplichtingen des werkgevers	Art. 1638-1638oo
Vierde afdeeling	Van de verplichtingen des arbeiders	Art. 1639a-1639da
Vijfde afdeeling	Van de verschillende wijzen waarop de dienstbetrekking, door arbeidsovereenkomst ontstaan, eindigt	Art. 1639e-1639x
Vijfde afdeling A		Art. 1639aa-1639dd
Zesde afdeeling	[Vervallen]	Art. 1639-1651
Negende titel	Van maatschap	Art. 1655
Eerste afdeeling	Algemeene bepalingen	Art. 1655
Tweede afdeeling	Van de verbindtenissen der vennooten onderling	Art. 1661
Derde afdeeling	Van de verbindtenissen der vennooten ten aanzien van derden	Art. 1679
Vierde afdeeling	Van de verschillende wijzen waarop de maatschap eindigt	Art. 1683
Elfde titel	[Vervallen]	Art. 1703-1712
Eerste afdeeling	[Vervallen]	Art. 1703-1712
Tweede afdeeling	[Vervallen]	Art. 1713-1716
Derde afdeeling	[Vervallen]	Art. 1719-1724
Vierde afdeeling	[Vervallen]	Art. 1725-1730
Dertiende titel	Van bruikleening	Art. 1777
Eerste afdeeling	Algemeene bepalingen	Art. 1777
Tweede afdeeling	Van de verpligtingen van dengenen die iets ter bruikleening ontvangt	Art. 1781
Derde afdeeling	Van de verpligtingen van den uitleener	Art. 1787
Veertiende titel	[Vervallen]	Art. 1791-1793
Eerste afdeeling	[Vervallen]	Art. 1791-1793
Tweede afdeeling	[Vervallen]	Art. 1796-1799
Derde afdeeling	[Vervallen]	Art. 1800-1801
Vierde afdeeling	[Vervallen]	Art. 1804-1806
Vijftiende titel	Van gevestigde of altijddurende renten	Art. 1807
Zestiende titel	Van kans-overeenkomsten	Art. 1811
Eerste afdeeling	[Vervallen]	Art. 1811
Tweede afdeeling	[Vervallen]	Art. 1813-1824
Derde afdeeling	Van spel en weddingschap	Art. 1825
Zeventiende titel	Van lastgeving	Art. 1829-1856
Negentiende titel	Van dading	Art. 1889-1901
	Algemene slotbepaling	Art. 2031

Burgerlijk Wetboek Boek 7A[1]

Burgerlijk Wetboek Boek 7A, Bijzondere overeenkomsten (vervolg)

Boek 7a
Bijzondere overeenkomsten; vervolg

Vijfde titel A
[Vervallen]

Afdeling 1
[Vervallen]

[Vervallen]
Art. 1576-1576g

Afdeling 2
[Vervallen]

[Vervallen]
Art. 1576h-1576x

Zevende titel
Van huur en verhuur

Eerste afdeeling
[Vervallen]

[Vervallen]
Art. 1584-1585

Tweede afdeeling
[Vervallen]

[Vervallen]
Art. 1586-1616

Derde afdeeling
[Vervallen]

[Vervallen]
Art. 1619-1623

Vierde afdeling
[Vervallen]

[Vervallen]
Art. 1623a-1623o

Vijfde afdeling
[Vervallen]

[Vervallen]
Art. 1624-1636b

---

1   Inwerkingtredingsdatum: 01-02-1909; zoals laatstelijk gewijzigd bij: Stb. 2018, 424.

13 Burgerlijk Wetboek Boek 7A art. 7a:1658

Zevende titel A

Eerste afdeeling
Algemeene bepalingen

[Vervallen]
Art. 1637-1637c

Tweede afdeeling
Van de arbeidsovereenkomst in het algemeen

[Vervallen]
Art. 1637d-1637z

Derde afdeeling
Van de verplichtingen des werkgevers

[Vervallen]
Art. 1638-1638oo

Vierde afdeeling
Van de verplichtingen des arbeiders

[Vervallen]
Art. 1639a-1639da

Vijfde afdeeling
Van de verschillende wijzen waarop de dienstbetrekking, door arbeidsovereenkomst ontstaan, eindigt

[Vervallen]
Art. 1639e-1639x

Vijfde afdeling A

[Vervallen]
Art. 1639aa-1639dd

Zesde afdeeling
[Vervallen]

[Vervallen]
Art. 1639-1651

Negende titel
Van maatschap

Eerste afdeeling
Algemeene bepalingen

Art. 1655
Maatschap is eene overeenkomst, waarbij twee of meerdere personen zich verbinden om iets in gemeenschap te brengen, met het oogmerk om het daaruit ontstaande voordeel met elkander te deelen.
(Zie ook: artt. 3, 26, 64, 175 BW Boek 2; artt. 166, 171 BW Boek 3; art. 124 BW Boek 5; art. 261 BW Boek 6; artt. 1658, 1661, 1670, 1672 BW Boek 7A; art. 5 Rv; artt. 15, 452g WvK)

Maatschap

Art. 1657
Maatschappen zijn of algeheel, of bijzonder.
(Zie ook: artt. 1658, 1660 BW Boek 7A)

Algehele of bijzondere maatschap

Art. 1658
De wet kent slechts de algeheele maatschap van winst. Zij verbiedt alle maatschappen, het zij van alle de goederen, het zij van een bepaald gedeelte van dezelve, onder eenen algemeenen titel; onverminderd de bepalingen, vastgesteld in den zevenden en achtsten titel van het eerste boek van dit Wetboek.
(Zie ook: artt. 93, 121 BW Boek 1; art. 166 BW Boek 3)

Algehele maatschap van winst

Art. 1659

Omvang algeheele maatschap van winst

De algeheele maatschap van winst bevat slechts hetgeen partijen, onder welke benaming ook, gedurende den loop der maatschap door hare vlijt zullen verkrijgen.

Art. 1660

Bijzondere maatschap, definitie

De bijzondere maatschap is de zoodanige welke slechts betrekking heeft tot zekere bepaalde goederen, of tot derzelver gebruik, of tot de vruchten die daarvan zullen getrokken worden, of tot eene bepaalde onderneming, of tot de uitoefening van eenig bedrijf of beroep.
(Zie ook: art. 9 BW Boek 3; art. 15 WvK)

Tweede afdeeling
Van de verbindtenissen der vennooten onderling

Art. 1661

Aanvang maatschap

De maatschap begint van het oogenblik der overeenkomst, indien daarbij geen ander tijdstip bepaald is.
(Zie ook: artt. 64, 68, 175, 179 BW Boek 2)

Art. 1662

Maatschap, inbreng vennoten

[1.] De inbreng van de vennoot kan bestaan in geld, goederen, genot van goederen en arbeid.

Schakelbepaling

[2.] Op de inbreng van een goed zijn de bepalingen omtrent koop, op de inbreng van genot van een goed de artikelen 1584-1623 van overeenkomstige toepassing, voor zover de aard van de rechtsverhouding zich daartegen niet verzet.
(Zie ook: artt. 74, 84 BW Boek 6; art. 1 BW Boek 7)

Art. 1665

Toerekening vorderingen bij maatschap

Wanneer een der vennooten, voor zijne eigene rekening, eene opeischbare som te vorderen heeft van iemand die mede eene insgelijks opeischbare som verschuldigd is aan de maatschap, moet de betaling, welke hij ontvangt, op de inschuld der maatschap en op die van hemzelven, naar evenredigheid van beide die vorderingen, toegerekend worden, al ware het ook dat hij, bij de kwijting, alles in mindering of voldoening van zijne eigene inschuld mogt gebragt hebben; maar indien hij bij de kwijting bepaald heeft dat de geheele betaling zoude strekken voor de inschuld der maatschap, zal deze bepaling worden nagekomen.
(Zie ook: art. 43 BW Boek 6; art. 1666 BW Boek 7A)

Art. 1666

Aandeel vennoot in gemeenschappelijke schuld bij maatschap

Indien een der vennooten zijn geheel aandeel in eene gemeene inschuld der maatschap ontvangen heeft, en de schuldenaar naderhand onvermogend is geworden, is die vennoot gehouden het ontvangene in de gemeene kas in te brengen, al had hij ook voor zijn aandeel kwijting gegeven.
(Zie ook: art. 1665 BW Boek 7A)

Art. 1670

Aandeel vennoot in winst en verlies bij maatschap

[1.] Indien bij de overeenkomst van maatschap het aandeel van ieder vennoot in de winsten en de verliezen niet is bepaald, is elks aandeel geëvenredigd aan hetgeen hij in de maatschap heeft ingebragt.

[2.] Ten aanzien van degenen die slechts zijne nijverheid heeft ingebragt, wordt het aandeel in de winsten en de verliezen berekend gelijk te staan met het aandeel van dengenen der vennooten die het minst heeft ingebragt.
(Zie ook: artt. 105, 216 BW Boek 2; art. 172 BW Boek 3; art. 10 BW Boek 6; artt. 1655, 1672, 1680 BW Boek 7A; art. 33 WvK)

Art. 1671

Omvang aandeel vennoot bij maatschap

[1.] De vennooten kunnen niet bedingen dat zij de regeling der hoegrootheid van hun aandeel aan een hunner of aan eenen derde zullen overlaten.

[2.] Een zoodanig beding wordt voorondersteld niet geschreven te zijn, en zullen alzoo de verordeningen van het voorgaande artikel worden in acht genomen.
(Zie ook: artt. 4, 613b, 678, 679 BW Boek 7; art. 1672 BW Boek 7A; artt. 391, 450b, 452p Rv)

Art. 1672

Nietigheid beding bij maatschap

[1.] Het beding, waarbij aan een der vennooten alle de voordeelen mogten toegezegd zijn, is nietig.

[2.] Maar het is geoorloofd te bedingen dat alle de verliezen bij uitsluiting door een of meer der vennooten zullen gedragen worden.
(Zie ook: art. 40 BW Boek 3; art. 1671 BW Boek 7A)

Art. 1673

Maatschap, beheer door één vennoot

[1.] De vennoot die bij een bijzonder beding van de overeenkomst van maatschap met het beheer belast is, kan, zelfs in weerwil der overige vennooten, alle daden verrigten, welke tot zijn beheer betrekkelijk zijn.

[2.] Deze magt kan, zoo lang de maatschap duurt, niet zonder gewichtige reden herroepen worden; maar indien dezelve niet bij de overeenkomst der maatschap, maar bij eene latere akte, is gegeven, is zij, even als eene eenvoudige lastgeving, herroepelijk.
(Zie ook: artt. 129, 134, 239, 244 BW Boek 2; artt. 168, 170, 171 BW Boek 3; artt. 400, 414 BW Boek 7; artt. 1676, 1679, 1681 BW Boek 7A; art. 17 Rv)

Art. 1674
Indien verscheidene vennooten met het beheer belast zijn, zonder dat hunne bijzondere werkzaamheden bepaald zijn, of zonder beding dat de een buiten den anderen niets zoude mogen verrigten, is ieder van hen afzonderlijk tot alle handelingen, dat beheer betreffende, bevoegd.
(Zie ook: art. 170 BW Boek 3; art. 408 BW Boek 7)

Beheer door meer vennoten bij maatschap

Art. 1675
Indien er bedongen is dat een der beheerders niets buiten den anderen zoude mogen verrigten, vermag de eene, zonder eene nieuwe overeenkomst, niet te handelen zonder medewerking van den anderen, al mogt deze zich ook voor het oogenblik in de onmogelijkheid bevinden om aan de daden van het beheer deel te nemen.
(Zie ook: art. 170 BW Boek 3)

Maatschap, gemeenschappelijk beheer

Art. 1676
Bij gebreke van bijzondere bedingen omtrent de wijze van beheer, moeten de volgende regelen worden in acht genomen:
1°. De vennooten worden geacht zich over en weder de magt te hebben verleend om, de een voor den anderen, te beheeren.
Hetgeen ieder van hen verrigt is ook verbindende voor het aandeel der overige vennooten, zonder dat hij hunne toestemming hebbe bekomen; onverminderd het regt van deze laatstgemelden, of van een hunner, om zich tegen de handeling, zoo lang die nog niet gesloten is, te verzetten;
2°. Ieder der vennooten mag gebruik maken van de goederen aan de maatschap toebehoorende, mits hij dezelve tot zoodanige einden gebruike, als waartoe zij gewoonlijk bestemd zijn, en mits hij zich van dezelve niet bediene tegen het belang der maatschap of op zoodanige wijze, dat de overige vennooten daardoor verhinderd worden om van die goederen, volgens hun regt, mede gebruik te maken;
3°. Ieder vennoot heeft de bevoegdheid om de overige vennooten te verpligten in de onkosten te dragen, welke tot behoud der aan de maatschap behoorende goederen noodzakelijk zijn;
4°. Geen der vennooten kan, zonder toestemming der overige, eenige nieuwigheden daarstellen ten aanzien der onroerende zaken, welke tot de maatschap behooren, al beweerde hij ook dat dezelve voor de maatschap voordeelig waren.
(Zie ook: artt. 120, 121, 284 BW Boek 3; artt. 1673, 1679, 1681 BW Boek 7A)

Maatschap, regels omtrent beheer

Art. 1678
Elk der vennooten mag, zelfs zonder toestemming der overige, eenen derden persoon aannemen als deelgenoot in het aandeel hetwelk hij in de maatschap heeft; doch hij kan denzelven, zonder zoodanige toestemming, niet als medelid der maatschap toelaten, al mogt hij ook met het beheer der zaken van de maatschap belast zijn.
(Zie ook: artt. 1660, 1673, 1676 BW Boek 7A)

Deelgenoot in aandeel bij maatschap

Derde afdeeling
Van de verbindtenissen der vennooten ten aanzien van derden

Art. 1679
De vennooten zijn niet ieder voor het geheel voor de schulden der maatschap verbonden; en een der vennooten kan de overige niet verbinden, indien deze hem daartoe geene volmagt gegeven hebben.
(Zie ook: art. 60 BW Boek 3; art. 62 BW Boek 6; artt. 1676, 1681 BW Boek 7A; art. 18 WvK)

Aansprakelijkheid vennoot bij maatschap

Art. 1680
De vennooten kunnen door den schuldeischer, met wien zij gehandeld hebben, aangesproken worden, ieder voor gelijke som en gelijk aandeel, al ware het dat het aandeel in de maatschap van den eenen minder dan dat van den anderen bedroeg; ten zij, bij het aangaan der schuld, derzelver verpligting, om in evenredigheid van het aandeel in de maatschap van elk vennoot te dragen, uitdrukkelijk zij bepaald.
(Zie ook: art. 61 BW Boek 3; artt. 1670, 1681 BW Boek 7A)

Aansprakelijkheid voor gelijk aandeel bij maatschap

Art. 1681
Het beding dat eene handeling voor rekening der maatschap is aangegaan, verbindt slechts den vennoot die dezelve aangegaan heeft, maar niet de overige, ten zij de laatstgenoemde hem daartoe volmagt hadden gegeven, of de zaak ten voordeele der maatschap gestrekt hebbe.
(Zie ook: art. 60 BW Boek 3; artt. 1673, 1676 BW Boek 7A)

Handeling voor rekening van maatschap

	Art. 1682
Vordering uitvoering bij maatschap	Indien een der vennooten in naam der maatschap eene overeenkomst heeft aangegaan, kan de maatschap de uitvoering daarvan vorderen. *(Zie ook: art. 171 BW Boek 3; artt. 1676, 1681 BW Boek 7A)*

Vierde afdeeling
Van de verschillende wijzen waarop de maatschap eindigt

	Art. 1683
Ontbinding bij maatschap	Een maatschap wordt ontbonden: 1°. Door verloop van den tijd voor welken dezelve is aangegaan; *(Zie ook: artt. 1684, 1686 BW Boek 7A)* 2°. Door het tenietgaan van een goed of de volbrenging der handeling, die het onderwerp der maatschap uitmaakt; *(Zie ook: art. 1660 BW Boek 7A)* 3°. Door opzegging van een vennoot aan de andere vennoten; *(Zie ook: art. 1686 BW Boek 7A; art. 183 BW Boek 8)* 4°. Door den dood of de curatele van één hunner, of indien hij in staat van faillissement is verklaard dan wel ten aanzien van hem de schuldsaneringsregeling natuurlijke personen van toepassing is verklaard. *(Zie ook: art. 378 BW Boek 1; art. 19 BW Boek 2; artt. 166, 189 BW Boek 3; artt. 475, 674 BW Boek 7; artt. 1611, 1648, 1688 BW Boek 7A; art. 182 BW Boek 8; artt. 1, 284 FW)*
	Art. 1684
Maatschap, ontbinding door rechter	[**1.**] De rechter kan op vordering van ieder der vennoten de maatschap wegens gewichtige redenen ontbinden. [**2.**] Een zodanige ontbinding heeft geen terugwerkende kracht. De rechter kan de vordering toewijzen onder door hem te stellen voorwaarden en een partij die in de naleving van haar verplichtingen is tekortgeschoten, met overeenkomstige toepassing van artikel 277 van Boek 6 tot schadevergoeding veroordelen.
Schakelbepaling	[**3.**] De artikelen 265-279 van Boek 6 zijn op een maatschap niet van toepassing. *(Zie ook: art. 166 BW Boek 3; artt. 1638, 1686 BW Boek 7A)*
	Art. 1686
Maatschap, vernietiging/nietigheid ontbinding	[**1.**] Een opzegging is vernietigbaar, indien zij in strijd met de redelijkheid en billijkheid is geschied. [**2.**] Een vennootschap voor bepaalde tijd of voor een bepaald werk aangegaan, kan niet worden opgezegd, tenzij dit is bedongen. *(Zie ook: art. 8 BW Boek 2; art. 12 BW Boek 3; artt. 1683, 1684 BW Boek 7A; art. 183 BW Boek 8)*
	Art. 1688
Overlijden vennoot bij maatschap	[**1.**] Indien bedongen is, dat, in geval van overlijden van een der vennooten, de maatschap met deszelfs erfgenamen, of alleen tusschen de overblijvende vennooten, zoude voortduren, moet dat beding worden nagekomen. [**2.**] In het tweede geval, heeft de erfgenaam des overledenen geen verder regt dan op de verdeeling der maatschap, overeenkomstig de gesteldheid waarin dezelve zich ten tijde van dat overlijden bevond; doch hij deelt in de voordeelen en draagt in de verliezen, die de noodzakelijke gevolgen zijn van verrigtingen, welke vóór het overlijden van den vennoot, wiens erfgenaam hij is, hebben plaats gehad. *(Zie ook: art. 166 BW Boek 3; art. 1638 BW Boek 7A; art. 30 WvK)*

Elfde titel
[Vervallen]

Eerste afdeeling
[Vervallen]

Art. 1703-1712
[Vervallen]

Tweede afdeeling
[Vervallen]

Art. 1713-1716
[Vervallen]

[Vervallen]

Derde afdeeling
[Vervallen]

Art. 1719-1724

Vierde afdeeling
[Vervallen]

[Vervallen]

Art. 1725-1730

Dertiende titel
Van bruikleening

Eerste afdeeling
Algemeene bepalingen

Art. 1777
Bruikleening is eene overeenkomst, waarbij de eene partij aan de andere eene zaak om niet ten gebruike geeft, onder voorwaarde dat degene die deze zaak ontvangt, dezelve, na daarvan gebruik te hebben gemaakt, of na eenen bepaalden tijd, zal terug geven.
(Zie ook: art. 88 BW Boek 1; artt. 1791, 1854 BW Boek 7A)

Bruikleen

Art. 1778
De uitleener blijft eigenaar van de geleende zaak.
(Zie ook: artt. 1781, 1792 BW Boek 7A)

Eigendom geleende zaak bij bruikleen

Art. 1780
[1.] De verbintenissen, welke uit de bruiklening voortspruiten, gaan over op de erfgenamen van degene die ter leen geeft, onderscheidenlijk zijn echtgenoot of geregistreerde partner in het geval zijn nalatenschap overeenkomstig artikel 13 van Boek 4 wordt verdeeld, en van hem die ter leen ontvangt.
[2.] Maar indien men de uitleening gedaan heeft alleen uit aanmerking van dengenen die ter leen ontvangt, en aan deszelfs persoon in het bijzonder, kunnen deszelfs erfgenamen het verder genot van de geleende zaak niet blijven behouden.
(Zie ook: artt. 880, 1002 BW Boek 4)

Overgang op erfgenamen bij bruikleen

Tweede afdeeling
Van de verpligtingen van dengenen die iets ter bruikleening ontvangt

Art. 1781
[1.] Die iets ter leen ontvangt is gehouden, als een goed huisvader, voor de bewaring en het behoud van de geleende zaak te zorgen.
[2.] Hij mag daarvan geen ander gebruik maken dan hetwelk de aard der zaak medebrengt, of bij de overeenkomst bepaald is.
(Zie ook: artt. 199, 401, 602, 603 BW Boek 7; artt. 1596, 1777, 1782 BW Boek 7A)

Bruikleen, verplichtingen lener

Art. 1782
Indien de geleende zaak verloren gaat door een toeval, hetwelk degene die dezelve ter leen ontvangen heeft, door zijne eigene zaak te gebruiken, had kunnen voorkomen, of indien hij, slechts een van beide kunnende behouden, aan de zijne den voorrang heeft gegeven, is hij voor het verlies der andere zaak aansprakelijk.
(Zie ook: artt. 27, 74 BW Boek 6)

Aansprakelijkheid door verlies zaak bij bruikleen

Art. 1783
Indien de zaak bij het ter leen geven geschat is, komt het verlies van dezelve, al ontstond dat ook door toeval, ten laste van dengenen die de zaak ter leen ontvangen heeft, ten ware het tegendeel mogt bedongen zijn.

Verlies geschatte zaak bij bruikleen

Art. 1784
Indien de zaak alleen tengevolge van het gebruik waartoe dezelve geleend is, en buiten schuld van den gebruiker, in waarde verminderd, is deze wegens die vermindering niet aansprakelijk.
(Zie ook: art. 75 BW Boek 6)

Waardevermindering zaak bij bruikleen

Art. 1785
Indien de gebruiker, om van de geleende zaak gebruik te kunnen maken, eenige onkosten gemaakt heeft, kan hij dezelve niet terug vorderen.
(Zie ook: artt. 406, 601 BW Boek 7; art. 1789 BW Boek 7A)

Onkosten gebruik zaak bij bruikleen

Art. 1786

Bruikleen, hoofdelijke aansprakelijkheid

Indien een zaak in bruikleen is gegeven aan twee of meer personen tezamen, zijn zij hoofdelijk verbonden tot teruggave daarvan en tot vergoeding van de schade die het gevolg is van een tekortschieten in de nakoming van die verplichting, tenzij de tekortkoming aan geen van hen kan worden toegerekend.
(Zie ook: artt. 6, 74, 102 BW Boek 6; artt. 407, 606 BW Boek 7)

Derde afdeeling
Van de verpligtingen van den uitleener

Art. 1787

Verplichtingen uitlener bij bruikleen

De uitleener kan de geleende zaak niet terug vorderen dan na verloop van den bepaalden tijd, of, bij gebreke eener dusdanige bepaling, nadat dezelve tot het gebruik waartoe zij was uitgeleend gediend heeft, of heeft kunnen dienen.
(Zie ook: art. 39 BW Boek 6; artt. 1777, 1796 BW Boek 7A)

Art. 1788

Rechterlijk bevel tot teruggave bij bruikleen

Indien evenwel de uitleener, gedurende dat tijdsverloop, of voor dat de behoefte van den gebruiker opgehouden heeft, de geleende zaak, om dringende en onverwachts opkomende redenen, zelf benoodigd heeft, kan de regter, naar gelang der omstandigheden, den gebruiker noodzaken het geleende aan den uitleener terug te geven.
(Zie ook: art. 605 BW Boek 7; art. 1615 BW Boek 7A)

Art. 1789

Vergoeding onkosten gebruiker bij bruikleen

Indien de gebruiker, gedurende de bruikleening tot behoud der zaak eenige buitengewone noodzakelijke onkosten heeft moeten maken, welke zoo dringende waren dat hij daarvan te voren aan den uitleener geene kennis heeft kunnen geven, is deze verplegt hem dezelve te vergoeden.
(Zie ook: art. 200 BW Boek 6; art. 1785 BW Boek 7A)

Art. 1790

Gebrekkige zaak bij bruikleen

Indien de ter leen gegevene zaak zoodanige gebreken heeft, dat daardoor aan dengenen die zich van dezelve bedient nadeel zoude kunnen worden toegebragt, is de uitleener, zoo hij die gebreken gekend, en daarvan aan den gebruiker geene kennis gegeven heeft, voor de gevolgen verantwoordelijk.
(Zie ook: art. 162 BW Boek 6; art. 9 BW Boek 7; artt. 1711, 1799 BW Boek 7A)

Veertiende titel
[Vervallen]

Eerste afdeeling
[Vervallen]

Art. 1791-1793
[Vervallen]

Tweede afdeeling
[Vervallen]

Art. 1796-1799
[Vervallen]

Derde afdeeling
[Vervallen]

Art. 1800-1801
[Vervallen]

Vierde afdeeling
[Vervallen]

Art. 1804-1806
[Vervallen]

Vijftiende titel
Van gevestigde of altijddurende renten

Art. 1807
Het vestigen eener altijddurende rente is eene overeenkomst, waarbij de uitleener interessen bedingt, tegen betaling eener hoofdsom welke hij aanneemt niet terug te zullen vorderen.
(Zie ook: art. 308 BW Boek 3; art. 50 BW Boek 6)

Vestiging altijddurende rente

Art. 1808
[1.] Deze rente is uit haren aard aflosbaar.

Aflossing bij altijddurende rente

[2.] Partijen kunnen alleenlijk overeenkomen dat de aflossing niet geschieden zal dan na verloop van eenen zekeren tijd, welke niet langer dan voor tien jaren mag gesteld worden, of zonder dat zij den schuldeischer vooraf verwittigd hebben op eenen zekeren, door hen bevorens vastgestelden termijn, welke echter den tijd van een jaar niet zal mogen te boven gaan.
(Zie ook: art. 296 BW Boek 3; art. 39 BW Boek 6)

Art. 1809
De schuldenaar eener altijddurende rente kan tot de aflossing genoodzaakt worden:
1°. Indien hij niets betaald heeft op de gedurende twee achtereenvolgende jaren verschuldigde renten;
2°. Indien hij verzuimt aan den geldschieter de bij de overeenkomst beloofde zekerheid te bezorgen;
(Zie ook: art. 51 BW Boek 6; art. 616 Rv)
3°. Indien hij in staat van faillissement is verklaard of ten aanzien van hem de schuldsaneringsregeling natuurlijke personen van toepassing is verklaard.
(Zie ook: artt. 132, 262, 284 FW)

Gedwongen aflossing bij altijddurende rente

Art. 1810
In de twee eerste gevallen, bij het vorige artikel vermeld, kan de schuldenaar zich van de verpligting tot aflossing ontheffen, indien hij binnen de twintig dagen, te rekenen van de geregtelijke aanmaning, alle de verschenen termijnen betaalt of de beloofde zekerheid stelt.
(Zie ook: artt. 51, 81 BW Boek 6; art. 616 Rv)

Ontheffing aflossingsverplichting bij altijddurende rente

Zestiende titel
Van kans-overeenkomsten

Eerste afdeeling
[Vervallen]

Art. 1811
[Vervallen]

Tweede afdeeling
[Vervallen]

Art. 1813-1824
[Vervallen]

Derde afdeeling
Van spel en weddingschap

Art. 1825
De wet staat geene regtsvordering toe, ter zake van eene schuld uit spel of uit weddingschap voortgesproten.
(Zie ook: art. 3 BW Boek 6)

Vordering niet toegestaan bij kansspelen en weddenschappen

Art. 1826
[1.] Onder de hier-boven staande bepaling zijn echter niet begrepen die spelen welke geschikt zijn tot ligchaamsoefening, als het schermen, wedloopen en dergelijke.

Vordering voor sportwedstrijden bij kansspelen en weddenschappen

[2.] Niettemin kan de regter den eisch ontzeggen of verminderen, wanneer hem de som overmatig toeschijnt.
(Zie ook: art. 19 BW Boek 6)

Art. 1827
Van de vorige twee artikelen kan op generlei wijze worden afgeweken.
(Zie ook: art. 40 BW Boek 3; art. 5 BW Boek 6)

Dwingend recht

Art. 1828

Teruggave niet mogelijk na vrijwillige betaling bij kansspelen en weddenschappen

In geen geval, kan hij die het verlorene vrijwillig betaald heeft hetzelve terug eischen, ten ware, van den kant van dengenen die gewonnen heeft, bedrog, list of opligting hebbe plaats gehad.
(Zie ook: art. 44 BW Boek 3; artt. 5, 203 BW Boek 6; art. 326 WvSr.)

Zeventiende titel
Van lastgeving

Art. 1829-1856

[Vervallen]

Negentiende titel
Van dading

Art. 1889-1901

[Vervallen]

Algemene slotbepaling

Art. 2031

Slotbepalingen

[1.] De Algemene termijnenwet is niet van toepassing op de termijnen, gesteld in de artikelen 280, onder b, en 281, tweede lid van Boek 1 en 252 van Boek 3, alsmede in titel 10 van Boek 7, met uitzondering van de termijnen gesteld in artikel 686a, lid 4, van Boek 7.

[2.] Onder algemeen erkende feestdagen worden in dit wetboek verstaan de in artikel 3 van de Algemene termijnenwet als zodanig genoemde en de bij of krachtens dat artikel daarmede gelijkgestelde dagen.

Inhoudsopgave

Boek 8	Verkeersmiddelen en vervoer	Art. 1
I	Algemene bepalingen	Art. 1
Titel 1	Algemene bepalingen	Art. 1
Titel 2	Algemene bepalingen betreffende vervoer	Art. 20
Afdeling 1	Overeenkomst van goederenvervoer	Art. 20
Afdeling 2	Overeenkomst van gecombineerd goederenvervoer	Art. 40
Afdeling 3	Overeenkomst tot het doen vervoeren van goederen	Art. 60
Afdeling 4	Overeenkomst van personenvervoer	Art. 80
Afdeling 5	Overeenkomst tot binnenlands openbaar personenvervoer	Art. 99
Afdeling 6	Overeenkomst van gecombineerd vervoer van personen	Art. 120
II	Zeerecht	Art. 160
Titel 3	Het zeeschip en de zaken aan boord daarvan	Art. 160
Afdeling 1	Rederij van het zeeschip	Art. 160
Afdeling 2	Rechten op zeeschepen	Art. 190
Afdeling 3	Voorrechten op zeeschepen	Art. 210
Afdeling 4	Voorrechten op zaken aan boord van zeeschepen	Art. 220
Afdeling 5	Slotbepalingen	Art. 230
Titel 4	Bemanning van een zeeschip	Art. 260
Afdeling 2	Kapitein	Art. 260
Titel 5	Exploitatie	Art. 360
Afdeling 1	Algemene bepalingen	Art. 360
Afdeling 2	Overeenkomst van goederenvervoer over zee	Art. 370
Afdeling 3	Overeenkomst van personenvervoer over zee	Art. 500
Afdeling 4	Enige bijzondere overeenkomsten	Art. 530
Titel 6	Ongevallen	Art. 540
Afdeling 1	Aanvaring	Art. 540
Afdeling 2	Hulpverlening	Art. 550
Afdeling 3	Avarij-grosse	Art. 610
Afdeling 4	Gevaarlijke stoffen aan boord van een zeeschip	Art. 620
Afdeling 5	Aansprakelijkheid voor schade door verontreiniging door bunkerolie	Art. 639
Paragraaf 1	algemene bepalingen en toepassingsgebied	Art. 639
Paragraaf 2	aansprakelijkheid van de scheepseigenaar	Art. 641
Paragraaf 3	verplichte verzekering	Art. 645
Paragraaf 4	[Vervallen]	Art. 654
Afdeling 6	Aansprakelijkheid voor de kosten van het lokaliseren, markeren en opruimen van een wrak	Art. 655
Titel 7	Beperking van aansprakelijkheid voor maritieme vorderingen	Art. 750
III	Binnenvaartrecht	Art. 770
Titel 8	Het binnenschip en de zaken aan boord daarvan	Art. 770
Afdeling 1	Rederij van het binnenschip	Art. 770
Afdeling 2	Rechten op binnenschepen	Art. 780
Afdeling 3	Huurkoop van teboekstaande binnenschepen	Art. 800
Afdeling 4	Voorrechten op binnenschepen	Art. 820
Afdeling 5	Voorrechten op zaken aan boord van binnenschepen	Art. 830
Afdeling 6	Slotbepalingen	Art. 840
Titel 9	Bemanning van een binnenschip	Art. 860
Afdeling 2	Schipper	Art. 860
Titel 10	Exploitatie	Art. 880
Afdeling 1	Algemene bepaling	Art. 880
Afdeling 2	Overeenkomst van goederenvervoer over binnenwateren	Art. 889
Afdeling 3	Overeenkomst van personenvervoer over binnenwateren	Art. 970
Afdeling 4	Enige bijzondere overeenkomsten	Art. 990
Titel 11	Ongevallen	Art. 1000
Afdeling 1	Aanvaring	Art. 1000
Afdeling 2	Hulpverlening	Art. 1010
Afdeling 3	Avarij-grosse	Art. 1020
Afdeling 4	Gevaarlijke stoffen aan boord van een binnenschip	Art. 1030
Titel 12	Beperking van aansprakelijkheid van eigenaren van binnenschepen	Art. 1060
IV	Wegvervoersrecht	Art. 1080
Titel 13	Wegvervoer	Art. 1080

13 Burgerlijk Wetboek Boek 8

Afdeling 1	Algemene bepalingen	Art. 1080
Afdeling 2	Overeenkomst van goederenvervoer over de weg	Art. 1090
Afdeling 3	Overeenkomst van personenvervoer over de weg	Art. 1139
Afdeling 4	Verhuisovereenkomst	Art. 1170
Titel 14	Ongevallen	Art. 1210
Afdeling 1	Gevaarlijke stoffen aan boord van een voertuig	Art. 1210
V	Luchtrecht	Art. 1300
Titel 15	Het luchtvaartuig	Art. 1300
Afdeling 1	Rechten op luchtvaartuigen	Art. 1300
Afdeling 2	Voorrechten op luchtvaartuigen	Art. 1315
Afdeling 3	Slotbepaling	Art. 1321
Titel 16	Exploitatie	Art. 1340
Afdeling 1	Algemene bepalingen	Art. 1340
Afdeling 2	Overeenkomst van goederenvervoer door de lucht	Art. 1350
Afdeling 3	Overeenkomst van personenvervoer door de lucht	Art. 1390
Afdeling 4	Opvolgend vervoer	Art. 1420
VI	Vervoer langs spoorstaven	Art. 1550
Titel 18	Overeenkomst van goederenvervoer over spoorwegen	Art. 1550
Afdeling 1	Algemene bepalingen	Art. 1550
Afdeling 2	Sluiting en uitvoering van de vervoerovereenkomst	Art. 1554
Afdeling 3	Aansprakelijkheid	Art. 1571
Afdeling 4	Uitoefening van rechten	Art. 1588
Afdeling 5	Onderlinge betrekkingen tussen de vervoerders	Art. 1593
Titel 19	Ongevallen	Art. 1661
Afdeling 1	Aansprakelijkheid voor spoorvoertuigen en spoorweginfrastructuur	Art. 1661
Afdeling 2	Gevaarlijke stoffen aan boord van een spoorrijtuig	Art. 1670
VII	Slotbepalingen	Art. 1700
Titel 20	Verjaring en verval	Art. 1700
Afdeling 1	Algemene bepalingen	Art. 1700
Afdeling 2	Goederenvervoer	Art. 1710
Afdeling 3	Bijzondere exploitatieovereenkomsten	Art. 1730
Afdeling 4	Overeenkomst tot het doen vervoeren van goederen	Art. 1740
Afdeling 5	Vervoer van personen	Art. 1750
Afdeling 7	Rederij	Art. 1770
Afdeling 8	Rechtsvorderingen jegens kapitein of schipper	Art. 1780
Afdeling 9	Aanvaring	Art. 1790
Afdeling 10	Hulpverlening	Art. 1820
Afdeling 11	Avarij-grosse	Art. 1830
Afdeling 12	Gevaarlijke stoffen aan boord van een zeeschip, een binnenschip, een voertuig en een spoorvoertuig	Art. 1833
Afdeling 12a	Vorderingen ter zake van kosten van het lokaliseren, markeren en opruimen van een wrak	Art. 1833b
Afdeling 13	Luchtrecht	Art. 1834
	Algemene Slotbepaling	Art.

Burgerlijk Wetboek Boek 8[1]

Burgerlijk Wetboek Boek 8, Verkeersmiddelen en vervoer

Boek 8
Verkeersmiddelen en vervoer

I
Algemene bepalingen

Titel 1
Algemene bepalingen

Art. 1
1. In dit wetboek worden onder schepen verstaan alle zaken, geen luchtvaartuig zijnde, die blijkens hun constructie bestemd zijn om te drijven en drijven of hebben gedreven. — **Schip**
2. Bij algemene maatregel van bestuur kunnen zaken, die geen schepen zijn, voor de toepassing van bepalingen van dit wetboek als schip worden aangewezen, dan wel bepalingen van dit wetboek niet van toepassing worden verklaard op zaken, die schepen zijn.
3. Voortbewegingswerktuigen en andere machinerieën worden bestanddeel van het schip op het ogenblik dat, na hun inbouw, hun bevestiging daaraan zodanig is als deze ook na voltooiing van het schip zal zijn.
4. Onder scheepstoebehoren worden verstaan de zaken, die, geen bestanddeel van het schip zijnde, bestemd zijn om het schip duurzaam te dienen en door hun vorm als zodanig zijn te herkennen, alsmede die navigatie- en communicatiemiddelen, die zodanig met het schip zijn verbonden, dat zij daarvan kunnen worden afgescheiden, zonder dat beschadiging van betekenis aan hen of aan het schip wordt toegebracht.
(Zie ook: art. 581 Rv)
5. Behoudens afwijkende bedingen wordt het scheepstoebehoren tot het schip gerekend. Een afwijkend beding kan worden ingeschreven in de openbare registers, bedoeld in afdeling 2 van Titel 1 van Boek 3.
(Zie ook: artt. 21, 26 Kadw)
6. Voor de toepassing van het derde, het vierde en het vijfde lid van dit artikel wordt onder schip mede verstaan een schip in aanbouw.
(Zie ook: art. 426 BW Boek 1; artt. 3, 4, 24 t/m 26, 254 BW Boek 3; artt. 3, 14 BW Boek 5; artt. 2, 3, 190, 203, 214, 567, 780, 793, 824, 1000 BW Boek 8; artt. 309, 592 WvK; artt. 41, 526a, 621, 626, 635, 636, 638, 721, 726 Rv; artt. 3, 7, 85, 86, 166, 328, 381, 447a, 469 WvSr; artt. 4, 136a, 136b WvSv; art. 1 Kadw)

Art. 2
1. In dit wetboek worden onder zeeschepen verstaan de schepen die als zeeschip teboekstaan in de openbare registers, bedoeld in afdeling 2 van titel 1 van Boek 3, en de schepen die niet teboekstaan in die registers en blijkens hun constructie uitsluitend of in hoofdzaak voor drijven in zee zijn bestemd. — **Zeeschip**
2. Bij algemene maatregel van bestuur kunnen schepen, die geen zeeschepen zijn, voor de toepassing van bepalingen van dit wetboek als zeeschip worden aangewezen, dan wel bepalingen van dit wetboek niet van toepassing worden verklaard op schepen, die zeeschepen zijn.
3. In dit wetboek worden onder zeevissersschepen verstaan zeeschepen, die blijkens hun constructie uitsluitend of in hoofdzaak voor de bedrijfsmatige visvangst zijn bestemd.
(Zie ook: artt. 1, 3, 172, 190, 210, 220, 230, 541, 542, 610 BW Boek 8; artt. 309, 310, 319, 374, 452 WvK; art. 1 Kadw)

Art. 3
1. In dit wetboek worden onder binnenschepen verstaan de schepen die als binnenschip teboekstaan in de openbare registers, bedoeld in afdeling 2 van titel 1 van Boek 3, en de schepen die niet teboekstaan in die registers en blijkens hun constructie noch uitsluitend noch in hoofdzaak voor drijven in zee zijn bestemd. — **Binnenschip**
2. Bij algemene maatregel van bestuur kunnen schepen, die geen binnenschepen zijn, voor de toepassing van bepalingen van dit wetboek als binnenschip worden aangewezen, dan wel bepa-

---

[1] Inwerkingtredingsdatum: 01-04-1991; zoals laatstelijk gewijzigd bij: Stb. 2018, 228.

art. 8:3a — 13 Burgerlijk Wetboek Boek 8

lingen van dit wetboek niet van toepassing worden verklaard op schepen, die binnenschepen zijn.
(Zie ook: artt. 1, 2, 780, 784, 820, 830, 840, 880, 1000, 1010, 1020 BW Boek 8; artt. 309, 782 WvK; art. 1 Kadw)

Art. 3a

Luchtvaartuig

1. In dit wetboek worden onder luchtvaartuigen verstaan toestellen die in de dampkring kunnen worden gehouden ten gevolge van krachten die de lucht daarop uitoefent, met uitzondering van toestellen die blijkens hun constructie bestemd zijn zich te verplaatsen op een luchtkussen, dat wordt in stand gehouden tussen het toestel en het oppervlak der aarde.
2. Het casco, de motoren, de luchtschroeven, de radiotoestellen en alle andere voorwerpen bestemd voor gebruik in of aan het toestel, onverschillig of zij daarin of daaraan zijn aangebracht dan wel tijdelijk ervan zijn gescheiden, zijn bestanddeel van het luchtvaartuig.
3. Bij algemene maatregel van bestuur kunnen zaken die geen luchtvaartuigen zijn, voor de toepassing van bepalingen van dit wetboek als luchtvaartuig worden aangewezen, dan wel bepalingen van dit wetboek niet van toepassing worden verklaard op zaken die luchtvaartuigen zijn.
(Zie ook: art. 1576 BW Boek 7A; artt. 551, 1300 BW Boek 8; artt. 1, 24 Kadw)

Art. 3b

Begripsbepalingen

In dit wetboek wordt verstaan onder:
a. spoorvoertuig: voertuig, bestemd voor het verkeer over spoorwegen;
b. spoorweginfrastructuur: spoorwegen als bedoeld in artikel 1 van de Spoorwegwet en daarbij horende spoorweginfrastructuur als bedoeld in artikel 1 van de Spoorwegwet dan wel lokale spoorweginfrastructuur als bedoeld in artikel 1 van de Wet lokaal spoor;
c. beheerder van de spoorweginfrastructuur: de beheerder bedoeld in artikel 1 van de Spoorwegwet dan wel, indien die bepaling niet van toepassing is, degene die de spoorweginfrastructuur ter beschikking stelt, dan wel de beheerder, bedoeld in artikel 1 van de Wet lokaal spoor;
d. spoorwegonderneming: elke spoorwegonderneming als bedoeld in artikel 1 van de Spoorwegwet dan wel de vervoerder, bedoeld in artikel 1 van de Wet lokaal spoor.

Art. 4

Binnenwater

Onder voorbehoud van artikel 552 worden in dit boek de Dollart, de Waddenzee, het IJsselmeer, de stromen, de riviermonden en andere zo nodig voor de toepassing van bepalingen van dit boek bij algemene maatregel van bestuur aan te wijzen wateren, binnen zo nodig nader bij algemene maatregel van bestuur te bepalen grenzen, als binnenwater beschouwd.
(Zie ook: artt. 40, 120, 370, 500, 532, 890, 970, 990, 1010 BW Boek 8; art. 309 WvK)

Art. 5

Opvarende

In dit wetboek worden onder opvarenden verstaan alle zich aan boord van een schip bevindende personen.
(Zie ook: art. 413 BW Boek 1; artt. 1, 485, 542, 563, 612, 901, 948 BW Boek 8; artt. 309, 341, 782 WvK; artt. 4 , 85 WvSr; art. 136a WvSv)

Art. 6

Bemanningsleden

In dit wetboek worden de kapitein en de schipper aangemerkt als lid van de bemanning.
(Zie ook: artt. 211, 360, 383, 517, 556, 560, 561, 562, 565, 821, 982, 1010 BW Boek 8; art. 309 WvK)

Art. 7

[Vervallen]

Art. 8

Bagage

In dit wetboek worden onder bagage verstaan de zaken, die een vervoerder in verband met een door hem gesloten overeenkomst van personenvervoer op zich neemt te vervoeren met uitzondering van zaken, vervoerd onder een het vervoer van zaken betreffende overeenkomst.
(Zie ook: artt. 100, 106, 370, 500, 612, 890, 970, 1021, 1092, 1140, 1750 BW Boek 8; art. 309 WvK)

Art. 9

[Vervallen]

Art. 10

Reder

In dit wetboek wordt onder reder verstaan de eigenaar van een zeeschip.
(Zie ook: artt. 2, 178, 190, 192, 194, 195, 203, 214, 216, 217, 228, 260, 360, 364, 461, 564, 566, 612 BW Boek 8; art. 309 WvK)

Art. 11

[Vervallen]

Art. 12

Dwingend recht

In dit boek leidt strijd met een dwingende wetsbepaling tot ambtshalve toe te passen nietigheid van de rechtshandeling.
(Zie ook: art. 40 BW Boek 3)

Art. 13

Kernschade

Dit boek laat onverlet enige voor Nederland van kracht zijnde internationale overeenkomst of enige wet die de aansprakelijkheid voor kernschade regelt.
(Zie ook: art. 94 GW; art. 5 Wet AB)

Art. 14
[Vervallen]

Titel 2
Algemene bepalingen betreffende vervoer

Afdeling 1
Overeenkomst van goederenvervoer

Art. 20
1. De overeenkomst van goederenvervoer is de overeenkomst, waarbij de ene partij (de vervoerder) zich tegenover de andere partij (de afzender) verbindt zaken te vervoeren.
(Zie ook: artt. 8, 40, 60, 370, 890, 1090, 1170, 1710 BW Boek 8; art. 2 LVW)
2. Deze afdeling is van overeenkomstige toepassing op het vervoer van elektriciteit, warmte en koude.

Vervoerovereenkomst bij goederenvervoer

Art. 21
De vervoerder is verplicht ten vervoer ontvangen zaken ter bestemming af te leveren en wel in de staat waarin hij hen heeft ontvangen.
(Zie ook: artt. 42, 378, 895, 1095, 1173 BW Boek 8; artt. 25, 39 LVW)

Verplichtingen vervoerder bij goederenvervoer

Art. 22
Onverminderd artikel 21 is de vervoerder verplicht ten vervoer ontvangen zaken zonder vertraging te vervoeren.
(Zie ook: artt. 42, 379, 896, 1096, 1174 BW Boek 8; art. 28 LVW; art. 17 CMR)

Art. 23
De vervoerder is niet aansprakelijk voor schade, voor zover deze is veroorzaakt door een omstandigheid die een zorgvuldig vervoerder niet heeft kunnen vermijden en voor zover zulk een vervoerder de gevolgen daarvan niet heeft kunnen verhinderen.
(Zie ook: artt. 898, 1098, 1175 BW Boek 8; art. 39 LVW; art. 17 CMR)

Aansprakelijkheid vervoerder bij goederenvervoer

Art. 24
De afzender is verplicht de vervoerder de schade te vergoeden die deze lijdt doordat de overeengekomen zaken, door welke oorzaak dan ook, niet op de overeengekomen plaats en tijd te zijner beschikking zijn.
(Zie ook: artt. 391, 907, 1110, 1187 BW Boek 8)

Verplichtingen afzender bij goederenvervoer

Art. 25
1. Alvorens zaken ter beschikking van de vervoerder zijn gesteld, is de afzender bevoegd de overeenkomst op te zeggen. Hij is verplicht de vervoerder de schade te vergoeden die deze ten gevolge van de opzegging lijdt.

2. De opzegging geschiedt door een mondelinge of schriftelijke kennisgeving en de overeenkomst eindigt op het ogenblik van ontvangst daarvan.
(Zie ook: artt. 392, 908, 1111, 1188 BW Boek 8)

Bevoegdheid opzeggen overeenkomst door afzender bij goederenvervoer

Art. 26
De afzender is verplicht de vervoerder omtrent de zaken alsmede omtrent de behandeling daarvan tijdig al die opgaven te doen, waartoe hij in staat is of behoort te zijn, en waarvan hij weet of behoort te weten, dat zij voor de vervoerder van belang zijn, tenzij hij mag aannemen dat de vervoerder deze gegevens kent.
(Zie ook: artt. 394, 398, 910, 914, 1114, 1118, 1191 BW Boek 8)

Informatieplicht afzender bij goederenvervoer

Art. 27
De afzender is verplicht de vervoerder de schade te vergoeden die deze lijdt doordat de documenten, die van de zijde van de afzender voor het vervoer vereist zijn, door welke oorzaak dan ook, niet naar behoren aanwezig zijn.
(Zie ook: artt. 395, 911, 1115, 1192 BW Boek 8)

Schadevergoedingsplicht afzender bij goederenvervoer

Art. 28
1. Wanneer vóór of bij de aanbieding van de zaken aan de vervoerder omstandigheden aan de zijde van een der partijen zich opdoen of naar voren komen, die haar wederpartij bij het sluiten van de overeenkomst niet behoefde te kennen, doch die, indien zij haar wel bekend waren geweest, redelijkerwijs voor haar grond hadden opgeleverd de vervoerovereenkomst niet of op andere voorwaarden aan te gaan, is deze wederpartij bevoegd de overeenkomst op te zeggen.

2. De opzegging geschiedt door een mondelinge of schriftelijke kennisgeving en de overeenkomst eindigt op het ogenblik van ontvangst daarvan.

3. Naar maatstaven van redelijkheid en billijkheid zijn partijen na opzegging der overeenkomst verplicht elkaar de daardoor geleden schade te vergoeden.
(Zie ook: artt. 68, 396, 912, 1116, 1193 BW Boek 8)

Opzeggen vervoerovereenkomst bij goederenvervoer

Art. 29

Verschuldigdheid vracht bij goederenvervoer

De vracht is verschuldigd na aflevering van de zaken ter bestemming.
(Zie ook: artt. 947, 1128, 1194 BW Boek 8)

Art. 30

Rechten en verplichtingen vervoerder bij goederenvervoer

1. De vervoerder is gerechtigd afgifte van zaken, die hij in verband met de vervoerovereenkomst onder zich heeft, te weigeren aan ieder, die uit anderen hoofde dan de vervoerovereenkomst recht heeft op aflevering van die zaken, tenzij op de zaken beslag is gelegd en uit de vervolging van dit beslag een verplichting tot afgifte aan de beslaglegger voortvloeit.

2. De vervoerder kan het recht van retentie uitoefenen op zaken, die hij in verband met de vervoerovereenkomst onder zich heeft, voor hetgeen hem door de ontvanger verschuldigd is of zal worden terzake van het vervoer van die zaken. Hij kan dit recht tevens uitoefenen voor hetgeen bij wijze van rembours op die zaak drukt. Dit retentierecht vervalt zodra aan de vervoerder is betaald het bedrag waarover geen geschil bestaat en voldoende zekerheid is gesteld voor de betaling van die bedragen, waaromtrent wel geschil bestaat of welker hoogte nog niet kan worden vastgesteld. De vervoerder behoeft echter geen zekerheid te aanvaarden voor hetgeen bij wijze van rembours op de zaak drukt.

3. De in dit artikel aan de vervoerder toegekende rechten komen hem niet toe jegens een derde, indien hij op het tijdstip dat hij de zaak ten vervoer ontving, reden had te twijfelen aan de bevoegdheid van de afzender jegens die derde hem de zaak ten vervoer ter beschikking te stellen.
(Zie ook: artt. 290, 291 BW Boek 3; art. 51 BW Boek 6; artt. 69, 489, 568, 954, 1131, 1196 BW Boek 8; art. 631 Rv)

Art. 31

Schakelbepaling

Wordt de vervoerder dan wel de afzender of een ondergeschikte van een hunner buiten overeenkomst aangesproken, dan zijn de artikelen 361 tot en met 366 van overeenkomstige toepassing.
(Zie ook: artt. 91, 116, 880, 1081, 1720 BW Boek 8)

Art. 32

Werkingssfeer

Deze afdeling geldt slechts ten aanzien van niet elders in dit boek geregelde overeenkomsten van goederenvervoer.
(Zie ook: artt. 370, 890, 1090 BW Boek 8)

Afdeling 2
Overeenkomst van gecombineerd goederenvervoer

Art. 40

Vergoedingenoverzicht bij gecombineerd goederenvervoer

De overeenkomst van gecombineerd goederenvervoer is de overeenkomst van goederenvervoer, waarbij de vervoerder (gecombineerd vervoerder) zich bij een en dezelfde overeenkomst tegenover de afzender verbindt dat het vervoer deels over zee, over binnenwateren, over de weg, over spoorwegen, door de lucht of door een pijpleiding dan wel door middel van enige andere vervoerstechniek zal geschieden.
(Zie ook: artt. 4, 20, 120, 370, 890, 1090, 1170, 1722 BW Boek 8)

Art. 41

Bij een overeenkomst van gecombineerd goederenvervoer gelden voor ieder deel van het vervoer de op dat deel toepasselijke rechtsregelen.
(Zie ook: artt. 42, 43, 101, 121, 370, 890, 1091, 1171 BW Boek 8; art. 2 CMR)

Art. 42

Aansprakelijkheid vervoerder bij gecombineerd goederenvervoer

1. Indien de gecombineerd vervoerder de zaken niet zonder vertraging ter bestemming aflevert in de staat waarin hij hen heeft ontvangen en niet is komen vast te staan, waar de omstandigheid, die het verlies, de beschadiging of de vertraging veroorzaakte, is opgekomen, is hij voor de daardoor ontstane schade aansprakelijk, tenzij hij bewijst, dat hij op geen der delen van het vervoer, waar het verlies, de beschadiging of de vertraging kan zijn opgetreden, daarvoor aansprakelijk is.

Dwingend recht

2. Nietig is ieder beding, waarbij van dit artikel wordt afgeweken.
(Zie ook: artt. 21, 22, 43, 378, 379, 895, 896, 1095, 1096, 1173, 1174 BW Boek 8)

Art. 43

Hoogste bedrag schadevergoeding bij gecombineerd goederenvervoer

1. Indien de gecombineerd vervoerder aansprakelijk is voor schade ontstaan door beschadiging, geheel of gedeeltelijk verlies, vertraging of enig ander schadeveroorzakend feit en niet is komen vast te staan waar de omstandigheid, die hiertoe leidde, is opgekomen, wordt zijn aansprakelijkheid bepaald volgens de rechtsregelen die toepasselijk zijn op dat deel of die delen van het vervoer, waarop deze omstandigheid kan zijn opgekomen en waaruit het hoogste bedrag aan schade vergoeding voortvloeit.

Dwingend recht

2. Nietig is ieder beding, waarbij van dit artikel wordt afgeweken.
(Zie ook: art. 41 BW Boek 8)

Art. 44
1. De gecombineerd vervoerder kan op verlangen van de afzender, geuit alvorens zaken te zijner beschikking worden gesteld, terzake van het vervoer een document (CT-document) opmaken, dat door hem wordt gedateerd en ondertekend en aan de afzender wordt afgegeven. De ondertekening kan worden gedrukt of door een stempel dan wel enig ander kenmerk van oorsprong worden vervangen.
2. Op het CT-document worden vermeld:
a. de afzender,
b. de ten vervoer ontvangen zaken met omschrijving van de algemene aard daarvan, zoals deze omschrijving gebruikelijk is,
c. een of meer der volgende gegevens met betrekking tot de onder *b* bedoelde zaken:
1°. aantal,
2°. gewicht,
3°. volume,
4°. merken,
d. de plaats waar de gecombineerd vervoerder de zaken ten vervoer heeft ontvangen,
e. de plaats waarheen de gecombineerd vervoerder op zich neemt de zaken te vervoeren,
f. de geadresseerde die, ter keuze van de afzender, wordt aangegeven hetzij bij name of andere aanduiding, hetzij als order van de afzender of van een ander, hetzij als toonder. De enkele woorden "aan order" worden geacht de order van de afzender aan te geven,
g. de gecombineerd vervoerder,
h. het aantal exemplaren van het document indien dit in meer dan één exemplaar is uitgegeven,
i. al hetgeen overigens afzender en gecombineerd vervoerder gezamenlijk goeddunkt.
3. De aanduidingen vermeld in het tweede lid onder *a* tot en met *c* worden in het CT-document opgenomen aan de hand van door de afzender te verstrekken gegevens, met dien verstande dat de gecombineerd vervoerder niet verplicht is in het CT-document enig gegeven met betrekking tot de zaken op te geven of te noemen, waarvan hij redelijke gronden heeft te vermoeden, dat het niet nauwkeurig de in werkelijkheid door hem ontvangen zaken weergeeft of tot het toetsen waarvan hij geen redelijke gelegenheid heeft gehad. De gecombineerd vervoerder wordt vermoed geen redelijke gelegenheid te hebben gehad de hoeveelheid en het gewicht van gestorte of gepompte zaken te toetsen. De afzender staat in voor de juistheid, op het ogenblik van de inontvangstneming van de zaken, van de door hem verstrekte gegevens.
4. Partijen zijn verplicht elkaar de schade te vergoeden die zij lijden door het ontbreken van in het tweede lid genoemde gegevens.
(Zie ook: artt. 411, 412, 916, 918, 919, 1119 BW Boek 8; art. 7 LVW; art. 5 CRM)

CT-document bij gecombineerd goederenvervoer

Art. 45
De verhandelbare exemplaren van het CT-document, waarin is vermeld hoeveel van deze exemplaren in het geheel zijn afgegeven, gelden alle voor één en één voor alle. Niet verhandelbare exemplaren moeten als zodanig worden aangeduid.
(Zie ook: artt. 413, 920 BW Boek 8)

Verhandelbaarheid van CT-document

Art. 46
1. Voor het deel van het vervoer, dat overeenkomstig de tussen partijen gesloten overeenkomst zal plaatsvinden als vervoer over zee of binnenwateren, wordt het CT-document als cognossement aangemerkt.

CT-document als cognossement

2. Voor het deel van het vervoer, dat overeenkomstig de tussen partijen gesloten overeenkomst over de weg zal plaatsvinden, wordt het CT-document als vrachtbrief aangemerkt.

Vrachtbrief

3. Voor het deel van het vervoer, dat overeenkomstig de tussen partijen gesloten overeenkomst over spoorwegen of door de lucht zal plaatsvinden, wordt het CT-document, mits het mede aan de daarvoor gestelde vereisten voldoet, als voor dergelijk vervoer bestemd document aangemerkt.
(Zie ook: artt. 399, 916, 1119 BW Boek 8; art. 7 LVW)

Spoor- of luchtvervoer document

Art. 47
Indien een overeenkomst van gecombineerd goederenvervoer is gesloten en bovendien een CT-document is afgegeven, wordt, behoudens artikel 51 tweede lid, tweede volzin, de rechtsverhouding tussen de gecombineerd vervoerder en de afzender door de bedingen van de overeenkomst van gecombineerd goederenvervoer en niet door die van dit CT-document beheerst. Behoudens het in artikel 51 eerste lid gestelde vereiste van houderschap van het CT-document, strekt dit hun dan slechts tot bewijs van de ontvangst der zaken door de gecombineerd vervoerder.
(Zie ook: artt. 410, 917, 1123 BW Boek 8)

Rechtsverhouding vervoerder en afzender bij gecombineerd vervoer

Art. 48
1. Het CT-document bewijst, behoudens tegenbewijs, dat de gecombineerd vervoerder de zaken heeft ontvangen en wel zoals deze daarin zijn omschreven. Tegenbewijs tegen het CT-document wordt niet toegelaten, wanneer het is overgedragen aan een derde te goeder trouw.

Bewijskracht van CT-document

2. Indien in het CT-document de clausule: "aard, gewicht, aantal, volume of merken onbekend" of enige andere clausule van dergelijke strekking is opgenomen, binden zodanige in het CT-document voorkomende vermeldingen omtrent de zaken de gecombineerd vervoerder niet, tenzij bewezen wordt dat hij de aard, het gewicht, het aantal, het volume of de merken der zaken heeft gekend of had behoren te kennen.
3. Een CT-document, dat de uiterlijk zichtbare staat of gesteldheid van de zaak niet vermeldt, levert, behoudens tegenbewijs dat ook jegens een derde mogelijk is, een vermoeden op dat de gecombineerd vervoerder die zaak voor zover uiterlijk zichtbaar in goede staat of gesteldheid heeft ontvangen.
4. Een in het CT-document opgenomen waarde-opgave schept, behoudens tegenbewijs, een vermoeden, doch bindt niet de gecombineerd vervoerder die haar kan betwisten.
5. Verwijzingen in het CT-document worden geacht slechts die bedingen daarin te voegen, die voor degeen, jegens wie daarop een beroep wordt gedaan, duidelijk kenbaar zijn. Een dergelijk beroep is slechts mogelijk voor hem, die op schriftelijk verlangen van degeen jegens wie dit beroep kan worden gedaan of wordt gedaan, aan deze onverwijld die bedingen heeft doen toekomen.
6. Dit artikel laat onverlet de bepalingen die aan cognossement of vrachtbrief een grotere bewijskracht toekennen.

Dwingend recht
7. Nietig is ieder beding, waarbij van het vijfde lid van dit artikel wordt afgeweken.
(Zie ook: artt. 11, 90 BW Boek 3; artt. 414, 415, 921, 922, 1124 BW Boek 8; art. 14 LVW)

Art. 49

Toepasselijkheid afd. 2 Titel 4 Boek 3 BW bij CT-document
Een CT-document aan order wordt geleverd op de wijze als aangegeven in afdeling 2 van Titel 4 van Boek 3.
(Zie ook: artt. 93, 94 BW Boek 3; artt. 416, 923 BW Boek 8; artt. 110, 191 WvK)

Art. 50

Levering van CT-document
Levering van het CT-document vóór de aflevering van de daarin vermelde zaken door de vervoerder geldt als levering van die zaken.
(Zie ook: art. 607 BW Boek 7; artt. 417, 924 BW Boek 8)

Art. 51

Aflevering van CT-document
1. Indien een CT-document is afgegeven, heeft uitsluitend de regelmatige houder daarvan, tenzij hij niet op rechtmatige wijze houder is geworden, jegens de gecombineerd vervoerder het recht aflevering van de zaken overeenkomstig de op deze rustende verplichtingen te vorderen. Onverminderd dit recht op aflevering heeft hij - en hij alleen - voor zover de gecombineerd vervoerder aansprakelijk is wegens het niet nakomen van de op hem rustende verplichting zaken zonder vertraging ter bestemming af te leveren in de staat waarin hij hen heeft ontvangen, uitsluitend het recht te dier zake schadevergoeding te vorderen.
2. Jegens de houder van het CT-document, die niet de afzender was, is de gecombineerd vervoerder gehouden aan en kan hij een beroep doen op de bedingen van het CT-document. Jegens iedere houder van het CT-document kan hij de daaruit duidelijk kenbare rechten tot betaling geldend maken. Jegens de houder van het CT-document, die ook de afzender was, kan de gecombineerd vervoerder zich bovendien op de bedingen van de overeenkomst van gecombineerd goederenvervoer en op zijn persoonlijke verhouding tot de afzender beroepen.
(Zie ook: art. 86 BW Boek 3; artt. 441, 940 BW Boek 8; art. 115 WvK)

Art. 52

Beste recht bij CT-document
Van de houders van verschillende exemplaren van hetzelfde CT-document heeft hij het beste recht, die houder is van het exemplaar, waarvan ná de gemeenschappelijke voorman, die houder was van al die exemplaren, het eerst een ander houder is geworden te goeder trouw en onder bezwarende titel.
(Zie ook: artt. 460, 942 BW Boek 8)

Afdeling 3
Overeenkomst tot het doen vervoeren van goederen

Art. 60

Expeditieovereenkomst bij goederenvervoer
De overeenkomst tot het doen vervoeren van goederen is de overeenkomst, waarbij de ene partij (de expediteur) zich jegens zijn wederpartij (de opdrachtgever) verbindt tot het te haren behoeve met een vervoerder sluiten van een of meer overeenkomsten van vervoer van door deze wederpartij ter beschikking te stellen zaken, dan wel tot het te haren behoeve maken van een beding in een of meer zodanige vervoerovereenkomsten.
(Zie ook: art. 418 BW Boek 7; artt. 20, 1740, 1741 BW Boek 8)

Art. 61

Expediteur als vervoerder bij goederenvervoer
Dwingend recht
1. Voor zover de expediteur de overeenkomst tot het sluiten waarvan hij zich verbond, zelf uitvoert, wordt hij zelf aangemerkt als de vervoerder uit die overeenkomst.
2. Nietig is ieder beding, waarbij van dit artikel wordt afgeweken.
(Zie ook: artt. 20, 62, 370, 890, 1090, 1170 BW Boek 8)

Art. 62
1. Indien de zaken niet zonder vertraging ter bestemming worden afgeleverd in de staat, waarin zij ter beschikking zijn gesteld, is de expediteur, voor zover hij een vervoerovereenkomst die hij met een ander zou sluiten, zelf uitvoerde, verplicht zulks onverwijld aan de opdrachtgever die hem kennis gaf van de schade mede te delen. — *Verplichtingen expediteur bij goederenvervoer*

2. Doet de expediteur de in het eerste lid bedoelde mededeling niet, dan is hij, wanneer hij daardoor niet tijdig als vervoerder is aangesproken, naast vergoeding van de schade die de opdrachtgever overigens dientengevolge leed, een schadeloosstelling verschuldigd gelijk aan de schadevergoeding, die hij zou hebben moeten voldoen, wanneer hij wel tijdig als vervoerder zou zijn aangesproken.

3. Nietig is ieder beding, waarbij van dit artikel wordt afgeweken.
(Zie ook: artt. 61, 1740 BW Boek 8)

Art. 63
1. Indien de zaken niet zonder vertraging ter bestemming worden afgeleverd in de staat, waarin zij ter beschikking zijn gesteld, is de expediteur, voor zover hij een vervoerovereenkomst die hij met een ander zou sluiten, niet zelf uitvoerde, verplicht de opdrachtgever onverwijld te doen weten welke vervoerovereenkomsten hij ter uitvoering van zijn verbintenis aanging. Hij is tevens verplicht de opdrachtgever alle documenten en gegevens ter beschikking te stellen, waarover hij beschikt of die hij redelijkerwijs kan verschaffen, voor zover deze althans kunnen dienen tot verhaal van opgekomen schade. — *Informatieplicht bij vertraging bij goederenvervoer*

2. De opdrachtgever verkrijgt jegens degeen, met wie de expediteur heeft gehandeld, van het ogenblik af, waarop hij de expediteur duidelijk kenbaar maakt, dat hij hen wil uitoefenen, de rechten en bevoegdheden, die hem zouden zijn toegekomen, wanneer hij zelf als afzender de overeenkomst zou hebben gesloten. Hij kan ter zake in rechte optreden, wanneer hij overlegt een door de expediteur - of in geval van diens faillissement door diens curator - af te geven verklaring, dat tussen hem en de expediteur ten aanzien van de zaken een overeenkomst tot het doen vervoeren daarvan werd gesloten. Indien ten aanzien van de expediteur de schuldsaneringsregeling natuurlijke personen van toepassing is, geeft de bewindvoerder de verklaring af, tenzij de overeenkomst tot het doen vervoeren tot stand is gekomen na de uitspraak tot de toepassing van de schuldsaneringsregeling. — *Verplichtingen opdrachtgever*

3. Komt de expediteur een verplichting als in het eerste lid bedoeld niet na, dan is hij, naast vergoeding van de schade die de opdrachtgever overigens dientengevolge leed, een schadeloosstelling verschuldigd gelijk aan de schadevergoeding die de opdrachtgever van hem had kunnen verkrijgen, wanneer hij de overeenkomst die hij sloot, zelf had uitgevoerd, verminderd met de schadevergoeding die de opdrachtgever mogelijkerwijs van de vervoerder verkreeg.

4. Nietig is ieder beding, waarbij van dit artikel wordt afgeweken. — *Dwingend recht*
(Zie ook: art. 1740 BW Boek 8; art. 3 FW)

Art. 64
De opdrachtgever is verplicht de expediteur de schade te vergoeden die deze lijdt doordat de overeengekomen zaken, door welke oorzaak dan ook, niet op de overeengekomen plaats en tijd ter beschikking zijn. — *Schadevergoedingsplicht opdrachtgever bij goederenvervoer*
(Zie ook: artt. 24, 391, 907, 1110, 1187 BW Boek 8)

Art. 65
1. Alvorens zaken ter beschikking zijn gesteld, is de opdrachtgever bevoegd de overeenkomst op te zeggen. Hij is verplicht de expediteur de schade te vergoeden die deze ten gevolge van de opzegging lijdt. — *Opzeggen overeenkomst door opdrachtgever bij goederenvervoer*

2. De opzegging geschiedt door schriftelijke kennisgeving en de overeenkomst eindigt op het ogenblik van ontvangst daarvan.
(Zie ook: artt. 25, 392, 908, 1111, 1188, 1740 BW Boek 8)

Art. 66
1. De opdrachtgever is verplicht de expediteur omtrent de zaken alsmede omtrent de behandeling daarvan tijdig al die opgaven te doen, waartoe hij in staat is of behoort te zijn, en waarvan hij weet of behoort te weten, dat zij voor de expediteur van belang zijn, tenzij hij mag aannemen, dat de expediteur deze gegevens kent. — *Informatieplicht opdrachtgever bij goederenvervoer*

2. De expediteur is niet gehouden, doch wel gerechtigd, te onderzoeken of de hem gedane opgaven juist en volledig zijn.
(Zie ook: artt. 26, 394, 910, 1114, 1191 BW Boek 8)

Art. 67
De opdrachtgever is verplicht de expediteur de schade te vergoeden die deze lijdt doordat de documenten, die van de zijde van de opdrachtgever voor het uitvoeren van de opdracht vereist zijn, door welke oorzaak dan ook, niet naar behoren aanwezig zijn. — *Schadevergoeding bij ontbreken documenten bij goederenvervoer*
(Zie ook: artt. 27, 395, 911, 1115, 1192 BW Boek 8)

art. 8:68

Opzegging bij bijzondere omstandigheden bij goederenvervoer

Art. 68
1. Wanneer vóór of bij de terbeschikkingstelling van de zaken omstandigheden aan de zijde van een der partijen zich opdoen of naar voren komen, die haar wederpartij bij het sluiten van de overeenkomst niet behoefde te kennen, doch die, indien zij haar wel bekend waren geweest, redelijkerwijs voor haar grond hadden opgeleverd de overeenkomst niet of op andere voorwaarden aan te gaan, is deze wederpartij bevoegd de overeenkomst op te zeggen.
2. De opzegging geschiedt door schriftelijke kennisgeving en de overeenkomst eindigt op het ogenblik van ontvangst daarvan.
3. Naar maatstaven van redelijkheid en billijkheid zijn partijen na opzegging der overeenkomst verplicht elkaar de daardoor geleden schade te vergoeden.
(Zie ook: artt. 95, 258, 277 BW Boek 6; artt. 28, 912, 1116, 1193, 1740 BW Boek 8)

Retentierecht bij goederenvervoer

Art. 69
1. De expediteur is gerechtigd afgifte van zaken of documenten, die hij in verband met de overeenkomst onder zich heeft, te weigeren aan ieder, die uit anderen hoofde dan de overeenkomst tot doen vervoeren recht heeft op aflevering daarvan, tenzij daarop beslag is gelegd en uit de vervolging van dit beslag een verplichting tot afgifte aan de beslaglegger voortvloeit.
2. De expediteur kan het recht van retentie uitoefenen op zaken of documenten, die hij in verband met de overeenkomst onder zich heeft, voor hetgeen hem terzake van de overeenkomst door zijn opdrachtgever verschuldigd is of zal worden. Hij kan dit recht tevens uitoefenen voor hetgeen bij wijze van rembours op de zaak drukt. Dit retentierecht vervalt zodra aan de expediteur is betaald het bedrag waarover geen geschil bestaat en voldoende zekerheid is gesteld voor de betaling van die bedragen, waaromtrent wel geschil bestaat of welker hoogte nog niet kan worden vastgesteld. De expediteur behoeft echter geen zekerheid te aanvaarden voor hetgeen bij wijze van rembours op de zaak drukt.
3. De in dit artikel aan de expediteur toegekende rechten komen hem niet toe jegens een derde, indien hij op het tijdstip dat hij de zaak of het document onder zich kreeg, reden had te twijfelen aan de bevoegdheid van de opdrachtgever jegens die derde hem die zaak of dat document ter beschikking te stellen.
(Zie ook: artt. 48, 290, 291 BW Boek 3; art. 51 BW Boek 6; artt. 30, 489, 568, 954, 1131, 1196 BW Boek 8)

Aansprakelijkheid wederpartij buiten overeenkomst bij goederenvervoer

Art. 70
Indien een overeenkomst tot het doen vervoeren van goederen niet naar behoren wordt uitgevoerd, dan wel een zaak niet zonder vertraging ter bestemming wordt afgeleverd in de staat, waarin zij ter beschikking is gesteld, is de expediteur, die te dier zake door zijn wederpartij buiten overeenkomst wordt aangesproken, jegens deze niet verder aansprakelijk dan hij dit zou zijn op grond van de door hen gesloten overeenkomst tot het doen vervoeren van die zaak.

Aansprakelijkheid derde buiten overeenkomst bij goederenvervoer

Art. 71
Indien een overeenkomst tot het doen vervoeren van goederen niet naar behoren wordt uitgevoerd, dan wel een zaak niet zonder vertraging ter bestemming wordt afgeleverd in de staat, waarin zij ter beschikking is gesteld, is de expediteur, die te dier zake buiten overeenkomst wordt aangesproken, behoudens de artikelen 361 tot en met 366, artikel 880 en artikel 1081, niet verder aansprakelijk dan hij dit zou zijn tegenover zijn opdrachtgever.
(Zie ook: art. 364 BW Boek 8)

Aansprakelijkheid ondergeschikte buiten overeenkomst bij goederenvervoer

Art. 72
Indien een vordering, als genoemd in het vorige artikel, buiten overeenkomst wordt ingesteld tegen een ondergeschikte van de expediteur, dan is deze ondergeschikte, mits hij de schade veroorzaakte in de werkzaamheden, waartoe hij werd gebruikt, niet verder aansprakelijk dan een dergelijke expediteur, die hem tot deze werkzaamheden gebruikte, dit op grond van het vorige artikel zou zijn.

Beperking hoogte totale schadevergoeding

Art. 73
Het totaal van de bedragen, verhaalbaar op de expediteur, al dan niet gezamenlijk met het bedrag, verhaalbaar op de wederpartij van degene die de vordering instelt, en hun ondergeschikten mag, behoudens in geval van schade ontstaan uit eigen handeling of nalaten van de aangesprokene, geschied hetzij met het opzet die schade te veroorzaken, hetzij roekeloos en met de wetenschap dat die schade er waarschijnlijk uit zou voortvloeien, niet overtreffen het totaal, dat op grond van de door hen ingeroepen overeenkomst is verschuldigd.

Afdeling 4
Overeenkomst van personenvervoer

Vervoerovereenkomst bij personenvervoer

Art. 80
1. De overeenkomst van personenvervoer is de overeenkomst, waarbij de ene partij (de vervoerder) zich tegenover de andere partij verbindt een of meer personen (reizigers) te vervoeren.

2. De overeenkomst van personenvervoer als omschreven in artikel 100 is geen overeenkomst van personenvervoer in de zin van deze afdeling.
(Zie ook: art. 418 BW Boek 7; artt. 120, 361, 500, 970, 1140, 1750 BW Boek 8; art. 2 LVW)

Art. 81
De vervoerder is aansprakelijk voor schade veroorzaakt door dood of letsel in verband met het vervoer aan de reiziger overkomen.   *Aansprakelijkheid vervoerder bij personenvervoer*
(Zie ook: artt. 105, 106, 107, 108 BW Boek 6; artt. 82, 83, 84, 105, 504, 974, 1147 BW Boek 8; art. 24 LVW)

Art. 82
1. De vervoerder is niet aansprakelijk voor schade ontstaan door dood of letsel, voor zover deze dood of dit letsel is veroorzaakt door een omstandigheid die een zorgvuldig vervoerder niet heeft kunnen vermijden en voor zover zulk een vervoerder de gevolgen daarvan niet heeft kunnen verhinderen.   *Aansprakelijkheid vervoerder bij personenvervoer, overmacht*
2. De vervoerder kan niet om zich van zijn aansprakelijkheid voor schade door dood of letsel van de reiziger veroorzaakt te ontheffen, beroep doen op de gebrekkigheid of het slecht functioneren van het vervoermiddel of van het materiaal waarvan hij zich voor het vervoer bedient.
(Zie ook: artt. 105, 504, 974, 1148 BW Boek 8; art. 29 LVW)

Art. 83
Indien de vervoerder bewijst, dat schuld of nalatigheid van de reiziger schade heeft veroorzaakt of daartoe heeft bijgedragen, kan de aansprakelijkheid van de vervoerder daarvoor geheel of gedeeltelijk worden opgeheven.   *Aansprakelijkheid vervoerder bij nalatigheid reiziger bij personenvervoer*
(Zie ook: artt. 513, 981, 1149 BW Boek 8; art. 29 LVW)

Art. 84
Nietig is ieder voor het aan de reiziger overkomen voorval gemaakt beding waarbij de ingevolge artikel 81 op de vervoerder drukkende aansprakelijkheid of bewijslast wordt verminderd op andere wijze dan in deze afdeling is voorzien.   *Dwingend recht*
(Zie ook: artt. 112, 520, 985, 1149 BW Boek 8)

Art. 85
1. In geval van aan de reiziger overkomen letsel en van de dood van de reiziger zijn de artikelen 107 en 108 van Boek 6 niet van toepassing op de vorderingen die de vervoerder als wederpartij van een andere vervoerder tegen deze laatste instelt.   *Aansprakelijkheid vervoerder bij dood/letsel reiziger bij personenvervoer*
2. De aansprakelijkheid van de vervoerder is in geval van dood of letsel van de reiziger beperkt tot een bij of krachtens algemene maatregel van bestuur te bepalen bedrag of bedragen.
(Zie ook: artt. 106, 109 BW Boek 6; artt. 110, 113, 518, 521, 983, 986, 1157, 1159 BW Boek 8; Besl.art. 85 BW Boek 8)

Art. 86
De wederpartij van de vervoerder is verplicht deze de schade te vergoeden die hij lijdt doordat de reiziger, door welke oorzaak dan ook, niet tijdig ten vervoer aanwezig is.   *Niet-tijdige aanwezigheid reiziger bij personenvervoer*
(Zie ook: artt. 986, 1160 BW Boek 8)

Art. 87
De wederpartij van de vervoerder is verplicht deze de schade te vergoeden die hij lijdt doordat de documenten met betrekking tot de reiziger, die van haar zijde voor het vervoer vereist zijn, door welke oorzaak dan ook, niet naar behoren aanwezig zijn.   *Ontbreken documenten bij personenvervoer*
(Zie ook: artt. 523, 986, 1161 BW Boek 8)

Art. 88
1. Wanneer vóór of tijdens het vervoer omstandigheden aan de zijde van de wederpartij van de vervoerder of de reiziger zich opdoen of naar voren komen, die de vervoerder bij het sluiten van de overeenkomst niet behoefde te kennen, doch die, indien zij hem wel bekend waren geweest, redelijkerwijs voor hem grond hadden opgeleverd de vervoerovereenkomst niet of op andere voorwaarden aan te gaan, is de vervoerder bevoegd de overeenkomst op te zeggen en de reiziger uit het vervoermiddel te verwijderen.   *Opzegging vervoerovereenkomst bij personenvervoer door vervoerder*
2. De opzegging geschiedt door een mondelinge of schriftelijke kennisgeving aan de wederpartij van de vervoerder of aan de reiziger en de overeenkomst eindigt op het ogenblik van ontvangst van de eerst ontvangen kennisgeving.
3. Naar maatstaven van redelijkheid en billijkheid zijn partijen na opzegging der overeenkomst verplicht elkaar de daardoor geleden schade te vergoeden.
(Zie ook: artt. 258, 277 BW Boek 6; artt. 524, 986, 1162 BW Boek 8)

Art. 89
1. Wanneer vóór of tijdens het vervoer omstandigheden aan de zijde van de vervoerder zich opdoen of naar voren komen, die diens wederpartij bij het sluiten van de overeenkomst niet behoefde te kennen, doch die, indien zij haar wel bekend waren geweest, redelijkerwijs voor haar grond hadden opgeleverd de vervoerovereenkomst niet of op andere voorwaarden aan te gaan, is deze wederpartij van de vervoerder bevoegd de overeenkomst op te zeggen.   *Opzegging vervoerovereenkomst bij personenvervoer door wederpartij*

2. De opzegging geschiedt door een mondelinge of schriftelijke kennisgeving en de overeenkomst eindigt op het ogenblik van ontvangst daarvan.
3. Naar maatstaven van redelijkheid en billijkheid zijn partijen na opzegging der overeenkomst verplicht elkaar de daardoor geleden schade te vergoeden.
(Zie ook: artt. 258, 277 BW Boek 6; artt. 525, 986, 1163 BW Boek 8)

Art. 90

Opzegging wederpartij, mits geen vertraging reis

1. De wederpartij van de vervoerder is steeds bevoegd de overeenkomst op te zeggen. Zij is verplicht de vervoerder de schade te vergoeden, die deze ten gevolge van de opzegging lijdt.
2. Zij kan dit recht niet uitoefenen, wanneer daardoor de reis van het vervoermiddel zou worden vertraagd.
3. De opzegging geschiedt door een mondelinge of schriftelijke kennisgeving en de overeenkomst eindigt op het ogenblik van ontvangst daarvan.
(Zie ook: artt. 527, 986, 1165 BW Boek 8)

Art. 91

Schakelbepaling

Wordt de vervoerder, zijn wederpartij, de reiziger of een ondergeschikte van een hunner buiten overeenkomst aangesproken, dan zijn de artikelen 361 tot en met 366 van overeenkomstige toepassing.
(Zie ook: artt. 107, 108 BW Boek 6; artt. 13, 116, 880, 1081, 1754 BW Boek 8)

Art. 92

Werkingssfeer

Deze afdeling geldt slechts ten aanzien van niet elders in dit boek geregelde overeenkomsten van personenvervoer.
(Zie ook: artt. 32, 100, 500, 970, 1140 BW Boek 8)

Afdeling 5
Overeenkomst tot binnenlands openbaar personenvervoer

Art. 99

Werkingssfeer

Deze afdeling is slechts van toepassing voor zover Verordening (EU) Nr. 181/2011 van het Europees Parlement en de Raad van 16 februari 2011 betreffende de rechten van autobus- en touringcarpassagiers en tot wijziging van Verordening (EG) nr. 2006/2004 (Pb EU L 55) niet van toepassing is.

Art. 100

Begripsbepalingen

1. De overeenkomst van personenvervoer in de zin van deze afdeling is de overeenkomst van personenvervoer, waarbij de ene partij (de vervoerder) zich tegenover de andere partij verbindt aan boord van een vervoermiddel, geen luchtvaartuig noch luchtkussenvoertuig zijnde, een of meer personen (reizigers) en al dan niet hun handbagage binnen Nederland hetzij over spoorwegen hetzij op andere wijze en dan volgens een voor een ieder kenbaar schema van reismogelijkheden (dienstregeling) te vervoeren. Tijd- of reisbevrachting is, voor zover het niet betreft vervoer over spoorwegen, geen overeenkomst van personenvervoer in de zin van deze afdeling.
2. Als vervoerder in de zin van deze afdeling wordt tevens beschouwd de instantie die op een mogelijkerwijs afgegeven vervoerbewijs is vermeld. Wordt enig vervoerbewijs afgegeven dan zijn de artikelen 56, tweede lid, 75, eerste lid en 186, eerste lid van boek 2 niet van toepassing.
3. In deze afdeling wordt onder handbagage verstaan de bagage met inbegrip van levende dieren, die de reiziger als gemakkelijk mee te voeren, draagbare dan wel met de hand verrijdbare zaken op of bij zich heeft.

Handbagage, nadere regels

4. Bij algemene maatregel van bestuur, die voor ieder vervoermiddel onderling verschillende bepalingen kan bevatten, kunnen zaken, die geen handbagage zijn, voor de toepassing van bepalingen van deze afdeling als handbagage worden aangewezen, dan wel bepalingen van deze afdeling niet van toepassing worden verklaard op zaken, die handbagage zijn.
(Zie ook: art. 418 BW Boek 7; artt. 80, 101, 104, 361, 500, 970, 1140, 1750 BW Boek 8)

Art. 101

Rechtsregelen bij binnenlands openbaar personenvervoer

1. Indien een of meer vervoerders zich bij een en dezelfde overeenkomst verbinden tot vervoer met onderling al dan niet van aard verschillende vervoermiddelen, gelden voor ieder deel van het vervoer de op dat deel toepasselijke rechtsregelen.
2. Indien een voertuig dat voor het vervoer wordt gebezigd aan boord van een schip wordt vervoerd, gelden voor dat deel van het vervoer de op het vervoer te water toepasselijke rechtsregelen, met dien verstande echter dat de vervoerder zich niet kan beroepen op lichamelijke of geestelijke tekortkomingen van de bestuurder van het voertuig die in de tijd, dat de reiziger aan boord daarvan was, tot schade leidden.
(Zie ook: artt. 1148, 1150 BW Boek 8)
3. Bij de overeenkomst waarbij de ene partij zich bij een en dezelfde overeenkomst tegenover de andere partij verbindt deels tot het vervoer van personen als bedoeld in artikel 100, deels tot ander vervoer, gelden voor ieder deel van het vervoer de op dat deel toepasselijke rechtsregelen.
(Zie ook: artt. 41, 121, 1142 BW Boek 8)

Art. 102
1. Vervoer van personen omvat uitsluitend de tijd dat de reiziger aan boord van het vervoermiddel is, daarin instapt of daaruit uitstapt.
(Zie ook: art. 1142 BW Boek 8)
2. Vervoer van personen per schip omvat bovendien de tijd dat de reiziger te water wordt vervoerd tussen wal en schip of tussen schip en wal, indien de prijs hiervan in de vracht is inbegrepen of het voor dit hulpvervoer gebezigde schip door de vervoerder ter beschikking van de reiziger is gesteld. Het omvat echter niet de tijd dat de reiziger verblijft op een ponton, een steiger, een veerstoep of enig ander schip, dat ligt tussen de wal en het schip aan boord waarvan hij vervoerd zal worden of werd, in een stationsgebouw, op een kade of enige andere haveninstallatie.
(Zie ook: artt. 1, 501, 971, 1142 BW Boek 8)

Omvang van binnenlands openbaar personenvervoer

Art. 103
1. Vervoer van handbagage omvat uitsluitend de tijd dat deze aan boord van het vervoermiddel is, daarin wordt ingeladen of daaruit wordt uitgeladen, alsmede de tijd dat zij onder de hoede van de vervoerder is.
2. Vervoer van handbagage per schip omvat bovendien de tijd dat de handbagage te water wordt vervoerd tusen wal en schip of tussen schip en wal, indien de prijs hiervan in de vracht is inbegrepen of het voor dit hulpvervoer gebezigde schip door de vervoerder ter beschikking van de reiziger is gesteld. Het omvat echter niet de tijd dat de handbagage zich bevindt op een ponton, een steiger, een veerstoep of enig ander schip, dat ligt tussen de wal en het schip aan boord waarvan zij vervoerd zal worden of werd, in een stationsgebouw, op een kade of enige andere haveninstallatie, tenzij zij zich daar onder de hoede van de vervoerder bevindt.
(Zie ook: artt. 1, 501, 971, 1143 BW Boek 8)

Handbagage bij binnenlands openbaar personenvervoer

Art. 104
[Vervallen]

Art. 105
1. De vervoerder is aansprakelijk voor schade veroorzaakt door dood of letsel van de reiziger ten gevolge van een ongeval dat in verband met en tijdens het vervoer aan de reiziger is overkomen.
2. In afwijking van het eerste lid is de vervoerder niet aansprakelijk, voor zover het ongeval is veroorzaakt door een omstandigheid die een zorgvuldig vervoerder niet heeft kunnen vermijden en voor zover zulk een vervoerder de gevolgen daarvan niet heeft kunnen verhinderen.
3. Lichamelijke of geestelijke tekortkomingen van de bestuurder van het voertuig alsmede gebrekkigheid of slecht functioneren van het vervoermiddel of van het materiaal, waarvan hij zich voor het vervoer bedient, worden aangemerkt als een omstandigheid die een zorgvuldig vervoerder heeft kunnen vermijden en waarvan zulk een vervoerder de gevolgen heeft kunnen verhinderen. Onder materiaal wordt niet begrepen een ander vervoermiddel aan boord waarvan het vervoermiddel zich bevindt.
4. Bij de toepassing van het tweede lid wordt slechts dan rekening gehouden met een gedraging van een derde, indien geen andere omstandigheid, die mede tot het ongeval leidde, voor rekening van de vervoerder is.
(Zie ook: artt. 95, 107, 108 BW Boek 6; artt. 81, 82, 109, 112, 504, 974, 1147, 1148 BW Boek 8; artt. 24, 29 LVW)
5. In geval van vervoer over spoorwegen worden de beheerders van de spoorweginfrastructuur waarop het vervoer wordt verricht, beschouwd als personen van wier diensten de vervoerder bij de uitvoering van het vervoer gebruik maakt, en wordt die infrastructuur beschouwd als materiaal waarvan de vervoerder zich bij het vervoer bedient.

Aansprakelijkheid vervoerder bij dood/letsel reiziger bij binnenlands openbaar personenvervoer

Art. 106
1. De vervoerder is aansprakelijk voor schade veroorzaakt door geheel of gedeeltelijk verlies dan wel beschadiging van handbagage of van een als bagage ten vervoer aangenomen voertuig of schip en de zaken aan boord daarvan, voor zover dit verlies of deze beschadiging is ontstaan tijdens het vervoer en is veroorzaakt
a. door een aan de reiziger overkomen ongeval dat voor rekening van de vervoerder komt, of
b. door een omstandigheid die een zorgvuldig vervoerder heeft kunnen vermijden of waarvan zulk een vervoerder de gevolgen heeft kunnen verhinderen.
2. Lichamelijke of geestelijke tekortkomingen van de bestuurder van het voertuig alsmede gebrekkigheid of slecht functioneren van het vervoermiddel of van het materiaal waarvan hij zich voor het vervoer bedient, worden aangemerkt als een omstandigheid die een zorgvuldig vervoerder heeft kunnen vermijden en waarvan zulk een vervoerder de gevolgen heeft kunnen verhinderen. Onder materiaal wordt niet begrepen een ander vervoermiddel aan boord waarvan het vervoermiddel zich bevindt.

Aansprakelijkheid vervoerder voor schade/verlies bagage bij binnenlands openbaar personenvervoer

art. 8:107   13 Burgerlijk Wetboek Boek 8

3. Bij de toepassing van het eerste lid wordt slechts dan rekening gehouden met een gedraging van een derde, indien geen andere omstandigheid die mede tot het voorval leidde voor rekening van de vervoerder is.
4. In geval van vervoer over spoorwegen worden de beheerders van de spoorweginfrastructuur waarop het vervoer wordt verricht, beschouwd als personen van wier diensten de vervoerder bij de uitvoering van het vervoer gebruik maakt, en wordt die infrastructuur beschouwd als materiaal waarvan de vervoerder zich voor het vervoer bedient.
(Zie ook: artt. 100, 103, 109, 112, 505, 975, 1175, 1753 BW Boek 8; art. 31 LVW)
5. Dit artikel laat de artikelen 545 en 1006 onverlet.

Art. 107

Uitsluiting aansprakelijkheid vervoerder bij binnenlands openbaar personenvervoer

De vervoerder is terzake van door de reiziger aan boord van het vervoermiddel gebrachte zaken, die hij, indien hij hun aard of gesteldheid had gekend, niet aan boord van het vervoermiddel zou hebben toegelaten en waarvoor hij geen bewijs van ontvangst heeft afgegeven, geen enkele schadevergoeding verschuldigd indien de reiziger wist of behoorde te weten dat de vervoerder de zaken niet ten vervoer zou hebben toegelaten; de reiziger is alsdan aansprakelijk voor alle kosten en schaden voor de vervoerder voortvloeiend uit de aanbieding ten vervoer of uit het vervoer zelf.
(Zie ook: artt. 508, 978, 1152 BW Boek 8)

Art. 108

Aansprakelijkheid vervoerder bij vertraging bij binnenlands openbaar personenvervoer

De vervoerder is niet aansprakelijk voor schade die is veroorzaakt door vertraging, door welke oorzaak dan ook vóór, tijdens of na het vervoer opgetreden, dan wel is veroorzaakt door welke afwijking van de dienstregeling dan ook.
(Zie ook: artt. 515, 516, 981 BW Boek 8; art. 28 LVW)

Art. 109

Aansprakelijkheid vervoerder bij schuld/nalatigheid reiziger bij binnenlands openbaar personenvervoer

1. Indien de vervoerder bewijst, dat schuld of nalatigheid van de reiziger schade heeft veroorzaakt of daartoe heeft bijgedragen, kan de aansprakelijkheid van de vervoerder daarvoor geheel of gedeeltelijk worden opgeheven.

2. Indien personen van wier hulp de vervoerder bij de uitvoering van zijn verbintenis gebruik maakt, op verzoek van de reiziger diensten bewijzen, waartoe de vervoerder niet is verplicht, worden zij aangemerkt als te handelen in opdracht van de reiziger aan wie zij deze diensten bewijzen.
(Zie ook: artt. 513, 514, 981, 1155, 1156 BW Boek 8; art. 29 LVW)

Art. 110

Nadere regels

1. De in deze afdeling bedoelde aansprakelijkheid van de vervoerder is beperkt tot bij of krachtens algemene maatregel van bestuur te bepalen bedrag of bedragen.
2. Dit artikel laat de titels 7 en 12 van dit boek onverlet.
(Zie ook: artt. 85, 518, 983, 1157 BW Boek 8; Besl.art. 110 BW Boek 8)

Art. 111

Eigen schuld vervoerder bij binnenlands openbaar personenvervoer

1. De vervoerder kan zich niet beroepen op enige beperking van zijn aansprakelijkheid, voor zover de schade is ontstaan uit zijn eigen handeling of nalaten, geschied hetzij met het opzet die schade te veroorzaken, hetzij roekeloos en met de wetenschap dat die schade er waarschijnlijk uit zou voortvloeien.

Dwingend recht

2. Nietig is ieder beding, waarbij van dit artikel wordt afgeweken.
(Zie ook: artt. 12, 519, 984, 1158 BW Boek 8; art. 14 Wet AB)

Art. 112

Dwingend recht, beperking aansprakelijkheid

Nietig is ieder vóór het aan de reiziger overkomen ongeval, of vóór het verlies of de beschadiging van handbagage of van als bagage ten vervoer aangenomen vaartuig of schip en de zaken aan boord daarvan, gemaakt beding, waarbij de ingevolge de artikelen 105 en 106 op de vervoerder drukkende aansprakelijkheid of bewijslast wordt verminderd op andere wijze dan in deze afdeling is voorzien.
(Zie ook: artt. 12, 84, 520, 985, 1149, 1150 BW Boek 8; art. 14 Wet AB)

Art. 113

Verlies/beschadiging bagage bij binnenlands openbaar personenvervoer

1. In geval van verlies of beschadiging van handbagage wordt de vordering tot schadevergoeding gewaardeerd naar de omstandigheden.

Binnenlands openbaar personenvervoer, toepasselijkheid art. 107 en 108 Boek 6 BW

2. In geval van aan de reiziger overkomen letsel en van de dood van de reiziger zijn de artikelen 107 en 108 van Boek 6 niet van toepassing op de vorderingen die de vervoerder als wederpartij van een andere vervoerder tegen deze laatste instelt.
(Zie ook: artt. 105, 106, 109 BW Boek 6; artt. 85, 521, 986, 1159 BW Boek 8; art. 24 LVW)

Art. 114

1. Onverminderd artikel 107 en onverminderd artikel 179 van Boek 6 is de reiziger aansprakelijk voor schade veroorzaakt door zijn handeling of nalaten, dan wel door zijn handbagage of een als bagage aangenomen voertuig of schip en de zaken aan boord daarvan.

2. In afwijking van het eerste lid is de reiziger niet aansprakelijk, voor zover de schade is veroorzaakt door een omstandigheid die een zorgvuldig reiziger niet heeft kunnen vermijden en voor zover zulk een reiziger de gevolgen daarvan niet heeft kunnen verhinderen.

3. De hoedanigheid of een gebrek van zijn handbagage, of een als bagage aangenomen vaartuig of schip en de zaken aan boord daarvan, wordt aangemerkt als een omstandigheid die een zorgvuldig reiziger heeft kunnen vermijden en waarvan zulk een reiziger de gevolgen heeft kunnen verhinderen.

4. De schade wordt aangemerkt het door de vervoerder naar zijn redelijk oordeel vast te stellen bedrag te belopen, doch indien de vervoerder meent dat de schade meer dan € 227 beloopt moet hij zulks bewijzen.

(Zie ook: artt. 8, 509, 979, 1153 BW Boek 8)

Aansprakelijkheid reiziger bij binnenlands openbaar personenvervoer

Art. 115

Behoeft deze afdeling in het belang van een goede uitvoering ervan nadere regeling, dan geschiedt dit bij algemene maatregel van bestuur.

Nadere regels

Art. 116

Wordt de vervoerder, zijn wederpartij, de reiziger of een ondergeschikte van een dezer buiten overeenkomst aangesproken, dan zijn de artikelen 361 tot en met 366 en 1081 van overeenkomstige toepassing.

(Zie ook: artt. 31, 91, 880 BW Boek 8)

Schakelbepaling

Art. 116a

De beheerder van de spoorweginfrastructuur en een andere spoorwegonderneming die dezelfde spoorweginfrastructuur gebruikt, kunnen zich beroepen op de artikelen 365 en 366 op dezelfde voet als de daar bedoelde ondergeschikten dit kunnen.

Aansprakelijkheid beheerder spoorinfrastructuur bij binnenlands openbaar personenvervoer

Afdeling 6
Overeenkomst van gecombineerd vervoer van personen

Art. 120

De overeenkomst van gecombineerd vervoer van personen is de overeenkomst van personenvervoer, waarbij de vervoerder (gecombineerd vervoerder) zich bij een en dezelfde overeenkomst verbindt dat het vervoer deels over zee, over binnenwateren, over de weg, over spoorwegen, door de lucht dan wel door middel van enige andere vervoerstechniek zal geschieden.

(Zie ook: art. 418 BW Boek 7; artt. 4, 40, 80, 100, 500, 970, 1140, 1750 BW Boek 8)

Vervoerovereenkomst bij gecombineerd personenvervoer

Art. 121

Bij een overeenkomst van gecombineerd vervoer van personen gelden voor ieder deel van het vervoer de op dat deel toepasselijke rechtsregelen.

(Zie ook: artt. 41, 101, 501, 971, 1142, 1143 BW Boek 8; art. 38 LVW)

Gecombineerd vervoer, toepasselijk recht

II
Zeerecht

Titel 3
Het zeeschip en de zaken aan boord daarvan

Afdeling 1
Rederij van het zeeschip

Art. 160

1. Indien een zeeschip blijkens de openbare registers bedoeld in afdeling 2 van Titel 1 van Boek 3 aan twee of meer personen gezamenlijk toebehoort, bestaat tussen hen een rederij. Wanneer de eigenaren van het schip onder een gemeenschappelijke naam optreden bestaat slechts een rederij, indien zulks uitdrukkelijk bij akte is overeengekomen en deze akte in die registers is ingeschreven.

2. De rederij is geen rechtspersoon.

(Zie ook: art. 436 BW Boek 1; art. 189 BW Boek 3; art. 1655 BW Boek 7A; artt. 2, 770, 771, 1770 BW Boek 8; artt. 16, 19 WvK; artt. 4, 621, 622, 623 Rv; art. 51 WvSr; artt. 528, 530 WvSv)

Rederij

Art. 161

Lidmaatschap van rederij

Iedere mede-eigenaar is van rechtswege lid der rederij. Wanneer een lid ophoudt eigenaar te zijn, eindigt zijn lidmaatschap van rechtswege.
(Zie ook: art. 125 BW Boek 5; artt. 171, 174, 186, 199, 200 BW Boek 8)

Art. 162

Leden van rederij, gedrag volgens redelijkheid en billijkheid

De leden der rederij moeten zich jegens elkander gedragen naar hetgeen door de redelijkheid en de billijkheid wordt gevorderd.
(Zie ook: art. 8 BW Boek 2; art. 12 BW Boek 3; art. 186 BW Boek 8)

Art. 163

Boekhouder in rederij

In iedere rederij kan een boekhouder worden aangesteld. Een vennootschap is tot boekhouder benoembaar.
(Zie ook: artt. 64, 175 BW Boek 2; art. 1655 BW Boek 7A; artt. 169, 178, 179, 186 BW Boek 8; artt. 16, 311 WvK; artt. 4, 621 Rv)

Art. 164

Boekhouder in rederij, bevoegdheden

De boekhouder kan slechts met toestemming van de leden der rederij overgaan tot enige buitengewone herstelling van het schip of tot benoeming of ontslag van een kapitein.
(Zie ook: art. 171 BW Boek 8; art. 375 WvK)

Art. 165

Inzagerecht leden rederij

De boekhouder geeft aan ieder lid der rederij op diens verlangen kennis en opening van alle aangelegenheden de rederij betreffende en inzage van alle boeken, brieven en documenten, op zijn beheer betrekking hebbende.
(Zie ook: artt. 8, 11 WvK)

Art. 166

Rekening en verantwoording van beheer bij rederij

De boekhouder is verplicht, zo dikwijls een terzake mogelijk bestaand gebruik dit medebrengt, doch in ieder geval telkens na verloop van een jaar en bij het einde van zijn beheer, binnen zes maanden aan de leden der rederij rekening en verantwoording te doen van zijn beheer met overlegging van alle bewijsstukken daarop betrekking hebbende. Hij is verplicht aan ieder van hen uit te keren wat hem toekomt.
(Zie ook: art. 173 BW Boek 3; art. 1770 BW Boek 8; art. 771 Rv)

Art. 167

Rekening en verantwoording van beheer bij rederij

Ieder lid der rederij is verplicht de rekening en verantwoording van de boekhouder binnen drie maanden op te nemen en te sluiten.
(Zie ook: art. 176 BW Boek 8; art. 4 Rv)

Art. 168

Goedkeuring rekening en verantwoording bij rederij

De goedkeuring der rekening en verantwoording door de meerderheid van de leden der rederij bindt slechts hen, die daartoe hebben medegewerkt, behoudens dat zij ook een lid dat aan de rekening en verantwoording niet heeft medegewerkt bindt, wanneer dit lid nalaat de rekening en verantwoording in rechte te betwisten binnen één jaar, nadat hij daarvan heeft kunnen kennis nemen en nadat de goedkeuring door de meerderheid hem schriftelijk is medegedeeld.
(Zie ook: art. 11 BW Boek 2; art. 195 BW Boek 3; art. 171 BW Boek 8; art. 621 Rv)

Art. 169

Einde betrekking boekhouder bij rederij

De betrekking van de boekhouder eindigt, indien over hem een provisionele bewindvoerder is benoemd, hij onder curatele is gesteld, terzake van krankzinnigheid in een gesticht is geplaatst, in staat van faillissement is verklaard of indien ten aanzien van hem de schuldsaneringsregeling natuurlijke personen van toepassing is verklaard.

Art. 170

Einde betrekking boekhouder bij rederij, overneming aandeel

1. Is de boekhouder lid der rederij, dan heeft hij, indien de leden zijn betrekking doen eindigen of hem een dringende reden hebben gegeven op grond waarvan hij zijnerzijds de betrekking doet eindigen, het recht te verlangen, dat zijn aandeel door de overige leden wordt overgenomen tegen zodanige prijs als deskundigen het op het tijdstip, waarop hij de overneming verlangt, waard zullen achten. Hij heeft dit recht niet, indien hij aan de leden der rederij een dringende reden heeft gegeven op grond waarvan zij de betrekking doen eindigen.
2. Hij moet van zijn verlangen tot overneming kennis geven aan de leden der rederij binnen een maand, nadat zijn betrekking is geëindigd. Wanneer aan zijn verlangen niet binnen een maand is voldaan of wanneer niet binnen twee weken na het overnemen van zijn aandeel de daarvoor bepaalde prijs aan hem is voldaan, kan de rechter op een binnen twee maanden door de boekhouder gedaan verzoek bevelen dat het schip wordt verkocht. De wijze van verkoop wordt door de rechter bepaald.
3. Door ieder van hen die tot de overneming verplicht zijn, wordt van het overgenomen aandeel een gedeelte verkregen, evenredig aan zijn aandeel in het schip.
(Zie ook: artt. 677, 678 BW Boek 7; artt. 174, 184, 186 BW Boek 8; artt. 621, 622 Rv)

Art. 171

Besluitvorming bij rederij

1. Alle besluiten, de aangelegenheden der rederij betreffende, worden genomen bij meerderheid van stemmen van de leden der rederij.
(Zie ook: art. 120 BW Boek 2; art. 168 BW Boek 8)

2. Het kleinste aandeel geeft één stem; ieder groter aandeel zoveel stemmen als het aantal malen, dat in dit aandeel het kleinste begrepen is.
(Zie ook: art. 118 BW Boek 2; artt. 176, 181 BW Boek 8)
3. Besluiten tot
a. aanstelling van een boekhouder die geen lid is van de rederij,
(Zie ook: artt. 169, 172 BW Boek 8)
b. uitbreiding van de bevoegdheid van de boekhouder buiten de grenzen getrokken door artikel 178 eerste lid,
c. het sluiten, voor meer dan zes maanden, van een rompbevrachting, een tijdbevrachting of een overeenkomst, als genoemd in artikel 531 of artikel 991,
(Zie ook: artt. 373, 530, 892, 990 BW Boek 8)
d. ontbinding der rederij tijdens de loop van een overeenkomst tot vervoer, van een overeenkomst waarbij het schip ter beschikking van een ander is gesteld, of van een ter visvangst ondernomen reis,
(Zie ook: artt. 375, 894 BW Boek 8)
vereisen eenstemmigheid.

Art. 172
Op rederijen van zeevissersschepen is artikel 171 derde lid, onder a niet van toepassing. **Werkingssfeer**
(Zie ook: art. 2 BW Boek 8; art. 319 WvK)

Art. 173
Indien tengevolge van staking der stemmen de exploitatie van het schip wordt belet, kan de rechter op een binnen twee maanden door een lid der rederij gedaan verzoek bevelen dat het schip wordt verkocht. De wijze van verkoop wordt door de rechter bepaald. **Verkoop schip bij staken van stemmen bij rederij**
(Zie ook: art. 184 BW Boek 8; art. 621 Rv)

Art. 174
1. Indien is besloten omtrent enige buitengewone herstelling van het schip, omtrent benoeming of ontslag van de kapitein, dan wel omtrent het aangaan van een vervoerovereenkomst waarbij het schip ter beschikking van een ander wordt gesteld, kan ieder lid der rederij, dat tot het besluit niet heeft medegewerkt of daartegen heeft gestemd, verlangen dat zij die vóór het besluit hebben gestemd, zijn aandeel overnemen tegen zodanige prijs, als deskundigen het op het tijdstip, waarop hij de overneming verlangt, waard zullen achten. Hij moet van zijn verlangen tot overneming kennisgeven aan de boekhouder of, indien er geen boekhouder is, aan hen, die voorstemden, binnen een maand nadat het besluit te zijner kennis is gebracht. Wanneer aan zijn verlangen niet binnen een maand is voldaan of wanneer niet binnen twee weken na het overnemen van zijn aandeel de daarvoor bepaalde prijs aan hem is voldaan, kan de rechter op een binnen twee maanden door het lid der rederij gedaan verzoek bevelen dat het schip wordt verkocht. De wijze van verkoop wordt door de rechter bepaald. **Vordering tot overneming aandeel bij rederij**
2. Door ieder van hen die tot de overneming verplicht zijn, wordt van het overgenomen aandeel een gedeelte verkregen, evenredig aan zijn aandeel in het schip.
(Zie ook: artt. 160, 170, 184 BW Boek 8; artt. 621, 622 Rv)

Art. 175
[Vervallen]

Art. 176
De leden der rederij moeten naar evenredigheid van hun aandeel bijdragen tot de uitgaven der rederij, waartoe bevoegdelijk is besloten. **Bijdrage leden aan rederij**
(Zie ook: artt. 177, 181 BW Boek 8)

Art. 177
De leden der rederij delen in de winst en het verlies naar evenredigheid van hun aandeel in het schip. **Winst-/verliesverdeling bij rederij**
(Zie ook: art. 176 BW Boek 8)

Art. 178
1. Is een boekhouder aangesteld, dan is hij, onverminderd artikel 360 eerste lid en met uitsluiting van ieder lid der rederij, in alles wat de normale exploitatie van het schip medebrengt, bevoegd voor de rederij met derden te handelen en de rederij te vertegenwoordigen. **Bevoegdheden/verplichtingen boekhouder bij rederij**
(Zie ook: art. 130 BW Boek 2; artt. 163, 164, 171, 180, 181, 462, 564, 771, 944 BW Boek 8; art. 623 Rv)
2. Indien de rederij in het handelsregister is ingeschreven kunnen beperkingen van de bevoegdheid van de boekhouder aan derden, die daarvan onkundig waren, niet worden tegengeworpen, tenzij deze beperkingen uit dat register blijken. Is de rederij niet in het handelsregister ingeschreven, dan kunnen beperkingen van de bevoegdheid van de boekhouder aan derden slechts worden tegengeworpen, wanneer hun die bekend waren.
(Zie ook: art. 5 BW Boek 2; art. 179 BW Boek 8)
3. De boekhouder heeft alle verplichtingen na te komen, die de wet de reder oplegt.
(Zie ook: artt. 186, 192, 195, 564, 782, 785, 786 BW Boek 8; art. 447a WvSr)

Art. 179

Tegenwerpen aanstelling/ontslag boekhouder bij rederij

Indien de rederij in het handelsregister is ingeschreven, kunnen de aanstelling van een boekhouder of het eindigen van diens betrekking aan derden, die daarvan onkundig waren, niet worden tegengeworpen zo lang niet inschrijving daarvan in het handelsregister heeft plaats gehad. Is de rederij niet in het handelsregister ingeschreven dan kunnen de aanstelling van een boekhouder of het eindigen van diens betrekking aan derden slechts worden tegengeworpen wanneer dit hun bekend was.
(Zie ook: art. 5 BW Boek 2; artt. 178, 462, 771, 944 BW Boek 8)

Art. 180

Vertegenwoordiging bij afwezigheid boekhouder bij rederij

1. Indien er geen boekhouder is, alsmede in geval van ontstentenis of belet van de boekhouder, wordt de rederij vertegenwoordigd en kan voor haar worden gehandeld door een of meer harer leden, mits alleen of tezamen eigenaars zijnde van meer dan de helft van het schip.
2. In de gevallen genoemd in het eerste lid kunnen handelingen, die geen uitstel kunnen lijden, zo nodig door ieder lid zelfstandig worden verricht en is ieder lid bevoegd ten behoeve van de rederij verjaring te stuiten.
(Zie ook: artt. 186, 564 BW Boek 8)

Art. 181

Aansprakelijkheid leden bij rederij

Voor de verbintenissen van de rederij zijn haar leden aansprakelijk, ieder naar evenredigheid van zijn aandeel in het schip.
(Zie ook: artt. 176, 177 BW Boek 8; art. 18 WvK; art. 623 Rv)

Art. 182

Ontbinding van rederij

De rederij wordt niet ontbonden door de dood van een harer leden noch door diens faillissement, het van toepassing verklaren van de schuldsaneringsregeling natuurlijke personen, plaatsing ter zake van krankzinnigheid in een gesticht of plaatsing onder curatele.
(Zie ook: art. 378 BW Boek 1; art. 1683 BW Boek 7A; artt. 184, 186 BW Boek 8; artt. 1, 284 FW)

Art. 183

Opzegging lidmaatschap van rederij

Het lidmaatschap der rederij kan niet worden opgezegd; evenmin kan een lid van het lidmaatschap der rederij worden vervallen verklaard.
(Zie ook: art. 1683 BW Boek 7A; art. 186 BW Boek 8)

Art. 184

Verkoop schip na ontbinding van rederij

Indien tot ontbinding der rederij is besloten, moet het schip worden verkocht. Indien binnen twee maanden na het besluit het schip nog niet is verkocht, kan de rechter op een binnen twee maanden door een lid der rederij gedaan verzoek, bevelen tot deze verkoop over te gaan. De wijze van verkoop wordt door de rechter bepaald. Een besluit tot verkoop of een ingevolge artikel 170, artikel 173 of artikel 174 gegeven bevel tot verkoop van het schip staat gelijk met een besluit tot ontbinding der rederij.
(Zie ook: artt. 171, 182, 183 BW Boek 8; art. 621 Rv)

Art. 185

Vereffening na ontbinding van rederij

1. Na ontbinding blijft de rederij bestaan voor zover dit tot haar vereffening nodig is.
2. De boekhouder, zo die er is, is met de vereffening belast.
(Zie ook: art. 23 BW Boek 2; artt. 189, 200 BW Boek 3; art. 32 WvK)

Art. 186

Dwingend recht

Nietig is ieder beding, waarbij wordt afgeweken van de artikelen 161-163, 169, 170 eerste en tweede lid, 178 derde lid, 180, 182 en 183.

Afdeling 2
Rechten op zeeschepen

Art. 190

Begripsbepalingen

1. In de afdelingen 2 tot en met 5 van titel 3 worden onder schepen mede verstaan schepen in aanbouw. Onder reder wordt mede verstaan de eigenaar van een zeeschip in aanbouw.
(Zie ook: art. 217 BW Boek 8)
2. Indien een schip in aanbouw een schip in de zin van artikel 1 is geworden, ontstaat daardoor niet een nieuw schip.
(Zie ook: art. 10, 780 BW Boek 8; artt. 309, 312 WvK; art. 1 Kadw)

Art. 191

Begripsbepalingen

In deze afdeling wordt onder de openbare registers verstaan de openbare registers, bedoeld in afdeling 2 van Titel 1 van Boek 3.
(Zie ook: artt. 1, 160, 781 BW Boek 8)

Art. 192
De in deze afdeling aan de reder opgelegde verplichtingen rusten, indien het schip toebehoort aan meer personen, aan een vennootschap onder firma, aan een commanditaire vennootschap of aan een rechtspersoon, mede op iedere mede-eigenaar, beherende vennoot of bestuurder.
(Zie ook: artt. 44, 129, 239, 291 BW Boek 2; artt. 10, 178, 782 BW Boek 8; artt. 16, 19 WvK; art. 447a WvSr)

Verplichtingen reder bij zeeschip

Art. 193
[Vervallen]

Art. 194
1. Teboekstelling is slechts mogelijk
- van een in aanbouw zijnd zeeschip: indien het in Nederland in aanbouw is;
- van een afgebouwd zeeschip: indien het een Nederlands schip is in de zin van artikel 311 van het Wetboek van Koophandel
- dan wel ingeval het een zeevissersschip is: indien het is ingeschreven in een krachtens artikel 3 der Visserijwet 1963 aangehouden register.
(Zie ook: art. 190 BW Boek 8; art. 312 WvK)
2. Teboekstelling is niet mogelijk van een zeeschip dat reeds teboekstaat in de openbare registers, hetzij als zeeschip hetzij als binnenschip, of in enig soortgelijk buitenlands register.
(Zie ook: art. 191 BW Boek 8)
3. In afwijking van het tweede lid is teboekstelling van een zeeschip dat in een buitenlands register teboekstaat mogelijk, wanneer dit schip, nadat de teboekstelling ervan in dat register is doorgehaald, een Nederlands schip in de zin van artikel 311 van het Wetboek van Koophandel zal zijn of wanneer dit schip als zeevissersschip is ingeschreven in een krachtens artikel 3 van de Visserijwet 1963 aangehouden register. Deze teboekstelling heeft evenwel slechts rechtsgevolg, wanneer zij binnen 30 dagen is gevolgd door aantekening in de openbare registers, dat de teboekstelling in het buitenlandse register is doorgehaald, of wanneer, ingeval de bewaarder van een buitenlands register ondanks daartoe schriftelijk tot hem gericht verzoek doorhaling weigert, van dit verzoek en van het feit dat er geen gevolg aan is gegeven, aantekening in de openbare registers is geschied.
4. De teboekstelling wordt verzocht door de reder van het zeeschip. Hij moet daarbij ter inschrijving overleggen een door hem ondertekende verklaring, dat naar zijn beste weten het schip voor teboekstelling als zeeschip vatbaar is. Indien het een verzoek tot teboekstelling als zeeschip in aanbouw betreft, gaat deze verklaring vergezeld van een bewijs dat het schip in Nederland in aanbouw is. Indien het een verzoek tot teboekstelling als zeeschip, niet zijnde een zeeschip in aanbouw of een zeevissersschip, betreft, gaat deze verklaring vergezeld van een door of namens Onze Minister van Verkeer en Waterstaat afgegeven verklaring als bedoeld in artikel 311a, eerste lid, van het Wetboek van Koophandel. Indien het een verzoek tot teboekstelling als zeevissersschip betreft, gaat deze verklaring vergezeld van een bewijs dat het schip is ingeschreven in een krachtens artikel 3 van de Visserijwet 1963 aangehouden register.
(Zie ook: art. 389ter WvSr)
5. De teboekstelling in de openbare registers heeft geen rechtsgevolg, wanneer aan de vereisten van de voorgaande leden van dit artikel niet is voldaan.
6. Bij het verzoek tot teboekstelling wordt woonplaats gekozen in Nederland. Deze woonplaats wordt in het verzoek tot teboekstelling vermeld en kan door een andere in Nederland gelegen woonplaats worden vervangen.
(Zie ook: artt. 10, 15 BW Boek 2; artt. 230, 784 BW Boek 8; artt. 311, 319 WvK; artt. 621, 622, 624 Rv)

Teboekstelling bij zeeschip

Art. 195
1. De teboekstelling wordt slechts doorgehaald
a. op verzoek van degene, die in de openbare registers als reder vermeld staat;
(Zie ook: art. 10 BW Boek 8)
b. op aangifte van de reder of ambtshalve
1°. als het schip is vergaan, gesloopt is of blijvend ongeschikt voor drijven is geworden;
2°. als van het schip gedurende 6 maanden na het laatste uitvaren of de dag, waartoe zich de laatst ontvangen berichten uitstrekken, in het geheel geen tijding is aangekomen, zonder dat dit aan een algemene storing in de berichtgeving kan worden geweten;
3°. als het schip door rovers of vijanden is genomen;
4°. als het schip, indien het niet in de openbare registers te boek zou staan, een binnenschip zou zijn in de zin van artikel 3 of artikel 780;
5°. als het schip niet of niet meer de hoedanigheid van Nederlands schip heeft dan wel niet of niet meer is ingeschreven in een krachtens artikel 3 der Visserijwet 1963 aangehouden register. Ambtshalve doorhaling wegens het verlies van de hoedanigheid van Nederlands schip geschiedt uitsluitend na ontvangst van een mededeling van de intrekking van een verklaring als bedoeld in artikel 311a, eerste lid, van het Wetboek van Koophandel. Wanneer het schip de hoedanigheid van Nederlands schip heeft verloren door toewijzing na een executie buiten Nederland, dan

Doorhaling teboekstelling bij zeeschip

art. 8:196

wel de inschrijving van het schip in een krachtens artikel 3 der Visserijwet 1963 aangehouden register is doorgehaald, vindt doorhaling slechts plaats, wanneer hetzij de reder, degenen van wier recht uit een inschrijving blijkt en de beslagleggers gelegenheid hebben gehad hun rechten op de opbrengst geldend te maken en hun daartoe ook feitelijk de gelegenheid is gegeven, hetzij deze personen hun toestemming tot de doorhaling verlenen of hun vorderingen zijn voldaan.
(Zie ook: art. 311 WvK)
2. In de in het eerste lid onder *b* genoemde gevallen is de reder tot het doen van aangifte verplicht binnen drie maanden nadat de reden tot doorhaling zich heeft voorgedaan.
3. Wanneer ten aanzien van het schip inschrijvingen of voorlopige aantekeningen ten gunste van derden bestaan, geschiedt doorhaling slechts, wanneer geen dezer derden zich daartegen verzet.
(Zie ook: artt. 199, 202 BW Boek 8)
4. Doorhaling geschiedt slechts na op verzoek van de meest gerede partij verleende machtiging van de rechter.
(Zie ook: artt. 194, 196, 230, 786, 1304 BW Boek 8; art. 311 WvK; artt. 429a, 624 Rv; art. 447a WvSr; art. 21 Kadw)

Art. 196

Rechtsgevolg teboekstelling in buitenlands register bij zeeschip

1. Zolang de teboekstelling in de openbare registers niet is doorgehaald heeft teboekstelling van een zeeschip in een buitenlands register of vestiging in het buitenland van rechten daarop, voor vestiging waarvan in Nederland inschrijving in de openbare registers vereist zou zijn geweest, geen rechtsgevolg.
2. In afwijking van het eerste lid wordt een teboekstelling of vestiging van rechten als daar bedoeld erkend, wanneer deze geschiedde onder voorwaarde van doorhaling van de teboekstelling in de openbare registers binnen 30 dagen na de teboekstelling van het schip in het buitenlandse register.
(Zie ook: artt. 194, 195, 787 BW Boek 8)

Art. 197

Zeeschip, zakelijke rechten eigendom/hypotheek/vruchtgebruik van toepassing op

De enige zakelijke rechten, waarvan een in de openbare registers teboekstaand zeeschip het voorwerp kan zijn, zijn de eigendom, de hypotheek, het vruchtgebruik en de in artikel 211 en artikel 217 eerste lid onder b genoemde voorrechten.
(Zie ook: artt. 201, 227 BW Boek 3; art. 1 BW Boek 5; artt. 193, 215, 217, 230, 788 BW Boek 8)

Art. 198

[Vervallen]

Art. 199

Zeeschip is registergoed

1. Een in de openbare registers teboekstaand zeeschip is een registergoed.
(Zie ook: art. 10 BW Boek 3)

Toepasselijkheid art. 301 Boek 3 BW

2. Bij toepassing van artikel 301 van Boek 3 ter zake van akten die op de voet van artikel 89 leden 1 en 4 van Boek 3 zijn bestemd voor de levering van zodanig zeeschip, kan de in het eerste genoemde artikel bedoelde uitspraak van de Nederlandse rechter niet worden ingeschreven, zolang zij niet in kracht van gewijsde is gegaan.
(Zie ook: artt. 96, 98, 186 BW Boek 3; artt. 193, 195, 230, 790 BW Boek 8; art. 566 Rv; artt. 26, 31 Kadw; art. 35 FW)

Art. 200

[Vervallen]

Art. 201

Eigendom/hypotheek/vruchtgebruik bij zeeschip

Eigendom, hypotheek en vruchtgebruik op een teboekstaand zeeschip worden door een bezitter te goeder trouw verkregen door een onafgebroken bezit van vijf jaren.
(Zie ook: art. 99 BW Boek 3; artt. 230, 791 BW Boek 8)

Art. 202

Hypotheek bij zeeschip

Onverminderd het bepaalde in artikel 260, eerste lid, van Boek 3 wordt in de notariële akte waarbij hypotheek wordt verleend op een teboekstaand zeeschip of op een recht waaraan een zodanig schip is onderworpen, duidelijk het aan de hypotheek onderworpen schip vermeld.
(Zie ook: artt. 31, 227 BW Boek 3; artt. 190, 193, 197, 203, 230, 792, 1310 BW Boek 8; artt. 183, 566 Rv; art. 35 FW)

Art. 203

Hypotheek bij zeeschip, inhoud

Behoudens afwijkende, uit de openbare registers blijkende, bedingen omvat de hypotheek de zaken die uit hoofde van hun bestemming blijvend met het schip zijn verbonden en die toebehoren aan de reder van het schip. Artikel 266 van Boek 3 is niet van toepassing.
(Zie ook: artt. 227, 254 BW Boek 3; artt. 1, 10, 230, 793 BW Boek 8)

Art. 204

Rangorde hypotheek bij zeeschip

De door hypotheek gedekte vordering neemt rang na de vorderingen, genoemd in de artikelen 210, 211, 221, 222 eerste lid, 831 en 832 eerste lid, doch vóór alle andere vorderingen, waaraan bij deze of enige andere wet een voorrecht is toegekend.
(Zie ook: artt. 21, 279 BW Boek 3; artt. 222, 230, 794, 832, 1311 BW Boek 8)

Art. 205
Indien de vordering rente draagt, strekt de hypotheek mede tot zekerheid voor de renten der hoofdsom, vervallen gedurende de laatste drie jaren voorafgaand aan het begin van de uitwinning en gedurende de loop hiervan. Artikel 263 van Boek 3 is niet van toepassing.
(Zie ook: artt. 230, 795, 1312 BW Boek 8; art. 128 FW)

Hypotheek bij zeeschip, rente

Art. 206
Op hypotheek op een aandeel in een teboekstaand zeeschip is artikel 177 van Boek 3 niet van toepassing; de hypotheek blijft na vervreemding of toedeling van het schip in stand.
(Zie ook: artt. 215, 230, 796, 1313 BW Boek 8)

Hypotheek op aandeel teboekstaand zeeschip, Boek 3 BW niet van toepassing op

Art. 207
1. De eerste twee leden van artikel 264 van Boek 3 zijn in geval van een hypotheek waaraan een teboekstaand zeeschip is onderworpen, mede van toepassing op bevrachtingen.

2. De artikelen 234 en 261 van Boek 3 zijn op een zodanige hypotheek niet van toepassing.
(Zie ook: artt. 227 t/m 235, 260 BW Boek 3; artt. 230, 797, 1314 BW Boek 8; artt. 508, 509 Rv)

Toepasselijkheid artt. 234/261/264 Boek 3 BW bij zeeschip

Art. 208
In geval van vruchtgebruik op een teboekstaand zeeschip zijn de bepalingen van artikel 217 van Boek 3 mede van toepassing op bevrachting voor zover die bepalingen niet naar hun aard uitsluitend op pacht, huur van bedrijfsruimte of huur van woonruimte van toepassing zijn.
(Zie ook: art. 201 BW Boek 3; art. 798 BW Boek 8)

Toepasselijkheid art. 217 Boek 3 BW

Afdeling 3
Voorrechten op zeeschepen

Art. 210
1. In geval van uitwinning van een zeeschip worden de kosten van uitwinning, de kosten van bewaking tijdens deze uitwinning of verkoop, alsmede de kosten van gerechtelijke rangregeling en verdeling van de opbrengst onder de schuldeisers uit de opbrengst van de verkoop voldaan boven alle andere vorderingen, waaraan bij deze of enige andere wet een voorrecht is toegekend.
2. In geval van verkoop van een gestrand, ontakeld of gezonken zeeschip, dat de overheid in het openbaar belang heeft doen opruimen, worden de kosten van wrakopruiming uit de opbrengst van de verkoop voldaan boven alle andere vorderingen, waaraan bij deze of enige andere wet een voorrecht is toegekend.
3. De in de vorige leden bedoelde vorderingen staan in rang gelijk en worden ponds-pondsgewijs betaald.
(Zie ook: art. 278 BW Boek 3; artt. 190, 222, 820, 832 BW Boek 8; art. 526a Rv)

Voorrechten bij zeeschip

Art. 210a
Artikel 292 van Boek 3 en de artikelen 60, tweede lid, eerste zin, derde lid en vierde lid, en 299b, derde tot en met vijfde lid, van de Faillissementswet zijn op zeeschepen niet van toepassing.
(Zie ook: art. 820a BW Boek 8)

Toepasselijkheid art. 292 Boek 3 BW en 299b Faillissementswet bij zeeschip

Art. 211
Boven alle andere vorderingen waaraan bij deze of enige andere wet een voorrecht is toegekend zijn, behoudens artikel 210, op een zeeschip bevoorrecht:
a. in geval van beslag: de vorderingen ter zake van kosten na het beslag gemaakt tot behoud van het schip, daaronder begrepen de kosten van herstellingen, die onontbeerlijk waren voor het behoud van het schip;
(Zie ook: art. 562a Rv)
b. de vorderingen ontstaan uit de zee-arbeidsovereenkomsten, met dien verstande dat de vorderingen met betrekking tot loon, salaris of beloningen slechts bevoorrecht zijn tot op een bedrag over een tijdvak van twaalf maanden verschuldigd;
(Zie ook: artt. 375, 396 WvK)
c. de vorderingen ter zake van hulpverlening alsmede ter zake van de bijdrage van het schip in avarij-grosse;
d. de vorderingen ter zake van havengelden en maatregelen met betrekking tot een schip die noodzakelijk waren ter waarborging van de veiligheid van de haven of van derden, met dien verstande dat dit voorrecht vervalt doordat het schip een nieuwe reis aanvangt.
(Zie ook: art. 278 BW Boek 3; artt. 6, 197, 212, 222, 224, 230, 557, 610, 821, 832, 834, 1820, 1830 BW Boek 8; art. 85 Kadw)

Bijzondere voorrechten bij zeeschip

Art. 212
Wanneer een vordering uit hoofde van artikel 211 bevoorrecht is, zijn de renten hierop en de kosten ten einde een voor tenuitvoerlegging vatbare titel te verkrijgen gelijkelijk bevoorrecht.
(Zie ook: artt. 217, 223, 230, 822 BW Boek 8)

Bijzondere voorrechten bij zeeschip, renten en kosten

Art. 213

Rangorde voorrechten bij zeeschip

1. De bevoorrechte vorderingen, genoemd in artikel 211, nemen rang in de volgorde, waarin zij daar zijn gerangschikt.
2. Bevoorrechte vorderingen onder dezelfde letter vermeld, staan in rang gelijk, doch de vorderingen genoemd in artikel 211 onder c nemen onderling rang naar de omgekeerde volgorde van de tijdstippen, waarop zij ontstonden.
3. In rang gelijkstaande vorderingen worden ponds-pondsgewijs betaald.
(Zie ook: artt. 224, 230, 823 BW Boek 8)

Art. 214

Omvang voorrechten bij zeeschip

De voorrechten, genoemd in artikel 211, strekken zich uit tot
a. alle zaken, die uit hoofde van hun bestemming blijvend met het schip zijn verbonden en die toebehoren aan de reder van het schip;
(Zie ook: artt. 1, 10, 217 BW Boek 8)
b. de schadevergoedingen, verschuldigd voor het verlies van het schip of voor niet herstelde beschadiging daarvan, daarbij inbegrepen dat deel van een beloning voor hulpverlening, van een beloning voor vlotbrengen of van een vergoeding in avarij-grosse, dat tegenover een zodanig verlies of beschadiging staat. Dit geldt eveneens wanneer deze schadevergoedingen of vorderingen tot beloning zijn overgedragen of met pandrecht zijn bezwaard. Deze schadevergoedingen omvatten echter niet vergoedingen welke zijn verschuldigd krachtens een overeenkomst van verzekering van het schip, die dekking geeft tegen het risico van verlies of avarij. Artikel 283 van Boek 3 is niet van toepassing.
(Zie ook: art. 48 BW Boek 3; artt. 225, 230, 542, 824 BW Boek 8)

Art. 215

Zaaksgevolg schuldeiser bij zeeschip

1. De schuldeiser, die een voorrecht heeft op grond van artikel 211, vervolgt zijn recht op het schip, in wiens handen dit zich ook bevinde.
2. Voorrechten als bedoeld in artikel 211 kunnen worden ingeschreven in de openbare registers, bedoeld in afdeling 2 van Titel 1 van Boek 3. Artikel 24 lid 1 van Boek 3 is niet van toepassing.
(Zie ook: art. 48 BW Boek 3; artt. 197, 206, 217, 230, 825 BW Boek 8)

Art. 216

Bijzondere voorrechten bij zeeschip

De vorderingen genoemd in artikel 211, onderdelen a en c, doen een voorrecht op het schip ontstaan en zijn alsdan daarop verhaalbaar, zelfs wanneer zij zijn ontstaan tijdens de terbeschikkingstelling van het schip aan een bevrachter, dan wel tijdens de exploitatie van het schip door een ander dan de reder, tenzij aan deze de feitelijke macht over het schip door een ongeoorloofde handeling was ontnomen en bovendien de schuldeiser niet te goeder trouw was. De vorderingen genoemd in artikel 211 onder b doen een voorrecht op het schip ontstaan en zijn alsdan daarop verhaalbaar, ongeacht of de reder de werkgever is van de zeevarende.
(Zie ook: artt. 10, 217, 230, 826 BW Boek 8)

Art. 217

Rangorde overige vorderingen bij zeeschip

1. Boven alle andere vorderingen, waaraan bij deze of enige andere wet een voorrecht is toegekend, doch na de bevoorrechte vorderingen genoemd in artikel 211, na de hypothecaire vorderingen, na de vorderingen genoemd in de artikelen 222 en 832 en na de vordering van de pandhouder, zijn op een zeeschip, waaronder voor de toepassing van dit artikel niet is te verstaan een zeeschip in aanbouw, bij voorrang verhaalbaar:
a. de vorderingen, die voortvloeien uit rechtshandelingen, die de reder of een rompbevrachter binden en die rechtstreeks strekken tot het in bedrijf brengen of houden van het schip, alsmede de vorderingen die tegen een uit hoofde van artikel 461 gelezen met artikel 462 of artikel 943 gelezen met artikel 944 als vervoerder aangemerkte persoon kunnen worden geldend gemaakt. Onder rechtshandeling is hier het in ontvangst nemen van een verklaring begrepen;
b. de vorderingen, die uit hoofde van afdeling 1 van titel 6 op de reder rusten;
(Zie ook: artt. 197, 215 Boek 8)
c. de vorderingen, genoemd in artikel 752 voor zover zij op de reder rusten.
2. De in het eerste lid genoemde vorderingen staan in rang gelijk en worden ponds-pondsgewijs betaald.

Schakelbepaling

3. De artikelen 212, 214 onder a en 216 zijn op de in het eerste lid genoemde vorderingen van toepassing. Op de vorderingen die in het eerste lid onder b worden genoemd, is ook artikel 215 van toepassing.
4. Artikel 283 van Boek 3 is niet van toepassing.
(Zie ook: art. 279 BW Boek 3; artt. 10, 218, 230, 260, 360, 530, 827 BW Boek 8)

Art. 218

Toepasselijkheid artt. 284 en 285 Boek 3 BW

Na de vorderingen genoemd in artikel 217 zijn de vorderingen genoemd in de artikelen 284 en 285 van Boek 3, voor zover zij dit niet zijn op grond van enig ander artikel van deze titel, op een zeeschip bij voorrang verhaalbaar.
(Zie ook: artt. 230, 828 BW Boek 8)

Art. 219
1. De krachtens deze afdeling verleende voorrechten gaan teniet door verloop van een jaar, tenzij de schuldeiser zijn vordering in rechte geldend heeft gemaakt. Deze termijn begint met de aanvang van de dag volgend op die, waarop de vordering opeisbaar wordt. Met betrekking tot de vordering voor hulploon begint deze termijn echter met de aanvang van de dag volgend op die, waarop de hulpverlening is beëindigd.
2. Het voorrecht gaat teniet met de vordering.
3. In geval van executoriale verkoop gaan de voorrechten mede teniet op het tijdstip waarop het proces-verbaal van verdeling wordt gesloten.
(Zie ook: artt. 227, 230, 829, 1790, 1820, 1830 BW Boek 8; art. 188 FW; art. 490 Rv)

Tenietgaan voorrechten bij zeeschip

Afdeling 4
Voorrechten op zaken aan boord van zeeschepen

Art. 220
Deze afdeling geldt onder voorbehoud van titel 15.
(Zie ook: artt. 3a, 830, 1300 BW Boek 8)

Werkingssfeer

Art. 221
1. In geval van uitwinning van zaken aan boord van een zeeschip worden de kosten van uitwinning, de kosten van bewaking daarvan tijdens deze uitwinning, alsmede de kosten van gerechtelijke rangregeling en verdeling van de opbrengst onder de schuldeisers, uit de opbrengst van de verkoop voldaan boven alle andere vorderingen, waaraan bij deze of enige andere wet een voorrecht is toegekend.
2. De in het eerste lid bedoelde vorderingen staan in rang gelijk en worden ponds-pondsgewijs betaald.
(Zie ook: art. 278 BW Boek 3; artt. 210, 230, 831, 832 BW Boek 8)

Voorrecht kosten uitwinning/bewaking bij zeeschip

Art. 222
1. Op zaken aan boord van een zeeschip zijn de vorderingen ter zake van hulpverlening en van een bijdrage van die zaken in avarij-grosse bevoorrecht. Deze vorderingen nemen daartoe rang na die welke zijn genoemd in de artikelen 210, 211, 221, 820, 821 en 831, doch vóór alle andere vorderingen, waaraan bij deze of enige andere wet een voorrecht is toegekend.
(Zie ook: artt. 557, 1010, 1020 BW Boek 8)
2. Op ten vervoer ontvangen zaken zijn bevoorrecht de vorderingen uit een met betrekking tot die zaken gesloten vervoerovereenkomst, dan wel uit artikel 488 of artikel 951 voortvloeiend, doch slechts voor zover aan de vervoerder door artikel 489 of artikel 954 een recht op de zaken wordt toegekend. Deze vorderingen nemen daartoe rang na die welke zijn genoemd in het eerste lid en in de artikelen 204 en 794, doch vóór alle andere vorderingen, waaraan bij deze of enige andere wet een voorrecht is toegekend.
(Zie ook: art. 279 BW Boek 3; artt. 211, 217, 223, 230, 370, 827, 832, 834, 890, 1820, 1830 BW Boek 8)

Voorrecht kosten hulpverlening/avarij-grosse bij zeeschip

Voorrecht kosten vervoerovereenkomst bij zeeschip

Art. 223
Wanneer een vordering uit hoofde van artikel 222 bevoorrecht is, zijn de renten hierop en de kosten teneinde een voor tenuitvoerlegging vatbare titel te verkrijgen gelijkelijk bevoorrecht.
(Zie ook: artt. 212, 230, 822, 833 BW Boek 8)

Voorrecht kosten hulpverlening/avarij-grosse bij zeeschip, renten en kosten

Art. 224
1. De vorderingen ter zake van hulpverlening of bijdrage in avarij-grosse, die bevoorrecht zijn op grond van artikel 211, artikel 222 eerste lid, artikel 821 of artikel 832 eerste lid, nemen onderling rang naar de omgekeerde volgorde van de tijdstippen, waarop zij ontstonden.
2. De bevoorrechte vorderingen in het tweede lid van artikel 222 vermeld staan in rang gelijk.
3. De in artikel 284 van Boek 3 genoemde vordering neemt rang na de in de vorige leden genoemde vorderingen, ongeacht wanneer die vorderingen zijn ontstaan.
4. In rang gelijkstaande vorderingen worden ponds-pondsgewijs betaald.
(Zie ook: art. 279 BW Boek 3; artt. 213, 230, 834 BW Boek 8)

Rangorde bijzondere voorrechten bij zeeschip

Toepasselijkheid art. 284 Boek 3 BW bij zeeschip

Art. 225
De voorrechten, genoemd in artikel 222, strekken zich uit tot de schadevergoedingen, verschuldigd voor verlies of niet herstelde beschadiging, daarbij inbegrepen dat deel van een beloning voor hulpverlening, van een beloning voor vlotbrengen of van een vergoeding in avarij-grosse, dat tegenover een zodanig verlies of beschadiging staat. Dit geldt eveneens wanneer deze schadevergoedingen of vorderingen tot beloning zijn overgedragen of met pandrecht zijn bezwaard. Deze schadevergoedingen omvatten echter niet vergoedingen, welke zijn verschuldigd krachtens een overeenkomst van verzekering, die dekking geeft tegen het risico van verlies of avarij. Artikel 283 van Boek 3 is niet van toepassing.
(Zie ook: art. 48 BW Boek 3; artt. 214, 230, 835 BW Boek 8)

Omvang bijzondere voorrechten bij zeeschip

Art. 226

Verhaal bijzondere voorrechten bij zeeschip

De in artikel 222 genoemde vorderingen doen een voorrecht op de daar vermelde zaken ontstaan en zijn alsdan daarop bij voorrang verhaalbaar, ook al is hun eigenaar op het tijdstip, dat het voorrecht is ontstaan, niet de schuldenaar van deze vorderingen.
(Zie ook: art. 48 BW Boek 3; artt. 216, 230, 836 BW Boek 8)

Art. 227

Tenietgaan bijzondere voorrechten bij zeeschip

1. Met de aflevering van de zaken aan de daartoe gerechtigde gaan, behalve in het geval van artikel 559, de in artikel 222 genoemde voorrechten teniet. Zij gaan mede teniet met de vordering en door, in geval van executoriale verkoop, niet tijdig verzet te doen tegen de verdeling van de koopprijs alsmede door gerechtelijke rangregeling.
2. Zij blijven in stand, zolang de zaken op grond van de artikelen 490, 955 of 574 zijn opgeslagen of daarop op grond van artikel 626 of artikel 636 van het Wetboek van Burgerlijke Rechtsvordering beslag is gelegd.
(Zie ook: artt. 219, 230, 837, 1820, 1830 BW Boek 8)

Art. 228

Reclamerecht leverancier bij zeeschip

De verkoper van brandstof voor de machines, van ketelwater, levensmiddelen of scheepsbenodigdheden kan het hem in afdeling 8 van Titel 1 van Boek 7 toegekende recht slechts gedurende 48 uur na het einde van de levering uitoefenen, doch zulks ook indien deze zaken zich bevinden in handen van de reder, een rompbevrachter of een tijdbevrachter van het schip.
(Zie ook: artt. 10, 373, 487, 530, 838, 950 BW Boek 8)

Afdeling 5
Slotbepalingen

Art. 230

Werkingssfeer

1. De afdelingen 2 tot en met 4 van titel 3 zijn niet van toepassing op zeeschepen, welke toebehoren aan het Rijk of enig openbaar lichaam en uitsluitend bestemd zijn voor de uitoefening van
   a. de openbare macht of
   b. niet-commerciële overheidsdienst.
2. De beschikking waarbij de in het eerste lid bedoelde bestemming is vastgesteld, kan worden ingeschreven in de openbare registers, bedoeld in afdeling 2 van Titel 1 van Boek 3. Artikel 24 lid 1 van Boek 3 is niet van toepassing;
3. De inschrijving machtigt de bewaarder tot doorhaling van de teboekstelling van het schip in de openbare registers, bedoeld in afdeling 2 van titel 1 van Boek 3.
(Zie ook: art. 840 BW Boek 8)

Art. 231

Nadere regels

Behoeven de in de afdelingen 2 tot en met 5 van titel 3 geregelde onderwerpen in het belang van een goede uitvoering van de wet nadere regeling, dan geschiedt dit bij of krachtens algemene maatregel van bestuur, onverminderd de bevoegdheid tot regeling krachtens de Kadasterwet.
(Zie ook: art. 841 BW Boek 8; art. 447a WvSr; Bnz; Mts 1992)

Titel 4
Bemanning van een zeeschip

Afdeling 2
Kapitein

Art. 260

Bevoegdheden kapitein bij zeeschip

1. De kapitein is bevoegd die rechtshandelingen te verrichten, welke rechtstreeks strekken om het schip in bedrijf te brengen of te houden. Onder rechtshandeling is hier het in ontvangst nemen van een verklaring begrepen.
2. De kapitein is bevoegd cognossementen af te geven voor zaken, die ten vervoer zijn ontvangen en aangenomen en passagebiljetten af te geven voor met het schip te vervoeren reizigers. Tevens is hij bevoegd namens de reder en de rechthebbenden op de zaken aan boord van het schip een overeenkomst omtrent hulpverlening te sluiten alsmede om het hulploon of de bijzondere vergoeding te innen.
(Zie ook: artt. 6, 10, 211, 217, 280, 360, 383, 388 , 399, 419, 461, 485, 517, 558, 559, 569, 982, 1780 BW Boek 8; artt. 309, 341 WvK; artt. 564, 565, 638 Rv; artt. 402, 405, 407 WvSr)

Art. 261

Verplichtingen kapitein bij zeeschip

1. De kapitein is verplicht voor de belangen van de bevrachters en van de rechthebbenden op de aan boord zijnde zaken, zo mogelijk ook na lossing daarvan, te waken en de maatregelen, die daartoe nodig zijn, te nemen.

2. Indien het noodzakelijk is onverwijld ter behartiging van deze belangen rechtshandelingen te verrichten, is de kapitein daartoe bevoegd. Onder rechtshandeling is hier het in ontvangst nemen van een verklaring begrepen.
3. Voor zover mogelijk geeft hij van bijzondere voorvallen terstond kennis aan de belanghebbenden bij de betrokken goederen en handelt hij in overleg met hen en volgens hun orders.
(Zie ook: artt. 488, 860, 951, 1780 BW Boek 8; artt. 343, 357, 358 WvK; art. 638 Rv; artt. 402, 405, 407 WvSr; art. 25 LVW)

Art. 262
1. Beperkingen van de wettelijke bevoegdheid van de kapitein gelden tegen derden slechts wanneer die hun bekend zijn gemaakt.
2. De kapitein verbindt zichzelf slechts dan, wanneer hij de grenzen zijner bevoegdheid overschrijdt.
(Zie ook: artt. 45, 130 BW Boek 2; artt. 66, 72, 75 BW Boek 3; artt. 461, 462, 861 BW Boek 8; art. 359 WvK)

Beperking bevoegdheden kapitein bij zeeschip

Titel 5
Exploitatie

Afdeling 1
Algemene bepalingen

Art. 360
1. De reder is naast een rompbevrachter met deze hoofdelijk aansprakelijk uit een deze laatste bindende rechtshandeling, die rechtstreeks strekt tot het in bedrijf brengen of houden van het schip. Onder rechtshandeling is hier het in ontvangst nemen van een verklaring begrepen.
2. Het eerste lid is niet van toepassing indien aan degene, met wie de daar genoemde rechtshandeling wordt verricht, kenbaar is gemaakt, dat de rompbevrachter de reder niet vermag te binden dan wel deze derde wist, of zonder eigen onderzoek moest weten, dat het in het eerste lid bedoelde doel werd overschreden.
(Zie ook: art. 6 BW Boek 2)
3. Het eerste lid is niet van toepassing ten aanzien van vervoerovereenkomsten, overeenkomsten tot het verrichten van arbeid met de bemanning aangegaan en overeenkomsten als genoemd in afdeling 4 van titel 5 of afdeling 4 van titel 10.
(Zie ook: art. 6 BW Boek 8; artt. 375, 396 WvK)
4. Het eerste lid is niet van toepassing, wanneer aan de reder de feitelijke macht over het schip door een ongeoorloofde handeling was ontnomen en bovendien de schuldeiser niet te goeder trouw was.
(Zie ook: art. 216 BW Boek 8)
5. Hij, die loodsgelden, kanaal- of havengelden dan wel andere scheepvaartrechten voldoet ten behoeve van de reder, een rompbevrachter, een tijdbevrachter of de kapitein dan wel enige andere schuldenaar daarvan, wordt van rechtswege gesubrogeerd in de rechten van de schuldeiser van deze vorderingen.
(Zie ook: artt. 64, 150 t/m 154 BW Boek 6; artt. 160, 178, 217, 260, 261, 262, 370, 373, 380, 500, 530, 890, 970 BW Boek 8)

Aansprakelijkheid reder/rompbevrachter bij exploitatie van zeeschip

Art. 361
1. Onder "exploitatieovereenkomsten" worden verstaan: de bevrachtingen van het schip en de overeenkomsten tot vervoer van zaken of personen met het schip.
2. Onder "keten der exploitatieovereenkomsten" worden verstaan: de exploitatieovereenkomsten gerangschikt:
a. wat betreft bevrachtingen: te beginnen met een mogelijkerwijs aangegane rompbevrachting en vervolgens in de volgorde, waarin de bevrachters hun bevoegdheid over het schip te beschikken van elkaar afleiden.
b. wat betreft vervoerovereenkomsten, die geen bevrachting zijn: te beginnen met de vervoerovereenkomst aangegaan door een vervoerder, die de beschikking heeft over het schip of een gedeelte daarvan, en te eindigen met de vervoerovereenkomst aangegaan tussen een vervoerder met het schip en zijn wederpartij, die niet wederom op haar beurt vervoerder met het schip is.
3. Voor de toepassing van de artikelen 361 tot en met 366 wordt een reiziger aangemerkt als partij bij de te zijnen aanzien gesloten vervoerovereenkomst.
4. In de artikelen 361 tot en met 366 worden onder beschadiging mede begrepen niet-aflevering, geheel of gedeeltelijk verlies, waardevermindering en vertraagde aflevering en wordt onder letsel mede begrepen vertraagde ontscheping.
(Zie ook: artt. 31, 71, 91, 116, 382, 461, 531, 880, 943, 991, 992, 994, 1081, 1720, 1754 BW Boek 8)

Begripsbepalingen

Art. 362

Aansprakelijkheid wederpartij buiten exploitatieovereenkomst bij zeeschip

Indien een partij bij een exploitatieovereenkomst door haar wederpartij daarbij terzake van een bij de exploitatie van het schip ontstane schade buiten overeenkomst wordt aangesproken, dan is zij jegens die wederpartij niet verder aansprakelijk dan zij dit zou zijn op grond van de door hen gesloten overeenkomst.
(Zie ook: artt. 70, 361, 382, 559 BW Boek 8; art. 28 CMR)

Art. 363

Aansprakelijkheid andere partij buiten exploitatieovereenkomst bij zeeschip

Indien een partij bij een exploitatieovereenkomst terzake van een bij de exploitatie van het schip ontstane schade buiten overeenkomst wordt aangesproken door een andere partij bij een dusdanige overeenkomst, dan is zij tegenover deze niet verder aansprakelijk dan zij dit zou zijn als ware zij wederpartij bij de exploitatieovereenkomst, die is aangegaan door degeen die haar aanspreekt en die in de keten der exploitatieovereenkomsten tussen haar en deze laatste ligt.
(Zie ook: artt. 71, 361, 366, 382 BW Boek 8)

Art. 364

Aansprakelijkheid derde exploitatieovereenkomst bij zeeschip

1. Wordt de reder of een bevrachter van een schip, dan wel een vervoerder met een schip terzake van dood of letsel van een persoon of terzake van beschadiging van een zaak, buiten overeenkomst aangesproken door iemand die geen partij is bij een exploitatieovereenkomst, dan is hij tegenover deze niet verder aansprakelijk dan hij uit overeenkomst zou zijn.
2. Was met betrekking tot de persoon of zaak een vervoerovereenkomst afgesloten en is de schade ontstaan in het tijdvak waarin een vervoerder met het schip als zodanig daarvoor aansprakelijk is, dan geldt als overeenkomst, bedoeld in lid 1, de laatste in de keten der exploitatieovereenkomsten met betrekking tot die persoon of zaak aangegaan.
3. Was de persoon of zaak aan boord van het schip op grond van een overeenkomst met een partij bij een exploitatieovereenkomst, doch is het vorige lid niet van toepassing, dan geldt de eerst bedoelde overeenkomst als overeenkomst bedoeld in lid 1.
4. Was de persoon of zaak buiten overeenkomst aan boord, dan geldt een vervoerovereenkomst als overeenkomst bedoeld in lid 1.
5. De aansprakelijkheid bedoeld in lid 1, is voor de toepassing van de leden 2 en 4 die van een vervoerder, en voor de toepassing van lid 3 die van de aldaar genoemde partij.
(Zie ook: artt. 71, 361, 366, 382, 545, 1006 BW Boek 8)

Art. 365

Aansprakelijkheid ondergeschikte buiten exploitatieovereenkomst bij zeeschip

Wordt een vordering als genoemd in de artikelen 362 tot en met 364 buiten overeenkomst ingesteld tegen een ondergeschikte van een partij bij een exploitatieovereenkomst en kan die partij ter afwering van haar aansprakelijkheid voor de gedraging van de ondergeschikte een verweermiddel jegens de eiser ontlenen aan de overeenkomst waardoor haar aansprakelijkheid in gevolge die artikelen wordt beheerst, dan kan ook de ondergeschikte dit verweermiddel inroepen, als ware hijzelf bij de overeenkomst partij.
(Zie ook: art. 257 BW Boek 6; artt. 72, 382, 559 BW Boek 8; art. 34a LVW)

Art. 366

Maximering totaal verhaalbaar bedrag bij zeeschip

Het totaal van de bedragen verhaalbaar op een derde, die partij is bij een exploitatieovereenkomst, en zijn ondergeschikten, al dan niet gezamenlijk met het bedrag verhaalbaar op de wederpartij van degeen, die de in de artikelen 363 of 364 genoemde vordering instelde en haar ondergeschikten, mag, behoudens in geval van schade ontstaan uit eigen handeling of nalaten van de aangesprokene, geschied hetzij met het opzet die schade te veroorzaken, hetzij roekeloos en met de wetenschap dat die schade er waarschijnlijk uit zou voortvloeien, niet overtreffen het totaal, dat op grond van de door hen ingeroepen overeenkomst is verschuldigd.
(Zie ook: artt. 73, 361, 382, 559 BW Boek 8; art. 34a LVW)

Afdeling 2
Overeenkomst van goederenvervoer over zee

Art. 370

Vervoerovereenkomst bij goederenvervoer over zee

1. De overeenkomst van goederenvervoer in de zin van deze titel is de overeenkomst van goederenvervoer, al dan niet tijd- of reisbevrachting zijnde, waarbij de ene partij (de vervoerder) zich tegenover de andere partij (de afzender) verbindt aan boord van een schip zaken uitsluitend over zee te vervoeren.
2. Vervoer over zee en binnenwateren aan boord van een en eenzelfde schip, dat deze beide wateren bevaart, wordt als vervoer over zee beschouwd, tenzij het varen van dit schip over zee kennelijk ondergeschikt is aan het varen over binnenwateren, in welk geval dit varen als varen over binnenwateren wordt beschouwd.

Goederenvervoer over zee, poststukken ter uitvoering van de universele postdienst

3. Vervoer over zee en binnenwateren aan boord van een en eenzelfde schip, dat zonder eigen beweegkracht deze beide wateren bevaart, wordt beschouwd als vervoer over zee voor zover, met inachtneming tevens van het tweede lid van dit artikel, het varen van het beweegkracht overbrengende schip als varen over zee wordt beschouwd. Voor zover dit niet het geval is, wordt het als vervoer over binnenwateren beschouwd.

4. Deze afdeling is niet van toepassing op overeenkomsten tot het vervoer van poststukken ter uitvoering van de universele postdienst bedoeld in de Postwet 2009 of onder een internationale postovereenkomst. Onder voorbehoud van artikel 510 is deze afdeling niet van toepassing op overeenkomsten tot het vervoeren van bagage. — *Poststukken*

Art. 371
1. Onder gewijzigd Verdrag wordt in dit artikel verstaan het Verdrag van 25 augustus 1924 ter vaststelling van enige eenvormige regelen betreffende het cognossement (*Trb.* 1953, 109) met inbegrip van de bepaling voorkomend in onderdeel 1 van het daarbij behorende Protocol van ondertekening, zoals dat Verdrag is gewijzigd bij het te Brussel op 23 februari 1968 ondertekende Protocol (*Trb.* 1979, 26) en als verder gewijzigd bij het te Brussel op 21 december 1979 ondertekende Protocol (*Trb.* 1985, 122). — *Gewijzigd Verdrag bij goederenvervoer over zee*
2. Voor de toepassing van dit artikel wordt onder verdragsstaat verstaan een staat, welke partij is bij het gewijzigd Verdrag.
3. De artikelen 1 tot en met 9 van het gewijzigd Verdrag worden toegepast op elk cognossement, dat betrekking heeft op vervoer van zaken tussen havens in twee verschillende staten, indien:
a. het cognossement is uitgegeven in een verdragsstaat, of
b. het vervoer plaats vindt vanuit een haven in een verdragsstaat, of
c. de overeenkomst, die in het cognossement is vervat of daaruit blijkt, bepaalt, dat op die overeenkomst toepasselijk zijn de bepalingen van het gewijzigd Verdrag of van enigerlei wetgeving, welke die verdragsbepalingen van kracht verklaart of in andere vorm of bewoordingen heeft overgenomen, ongeacht de nationaliteit van het schip, de vervoerder, de afzender, de geadresseerde of van iedere andere betrokken persoon.

Art. 372
Deze afdeling laat de titels 7 en 12 van dit boek onverlet. — *Werkingssfeer*
(Zie ook: artt. 518, 891, 983 BW Boek 8; art. 642a Rv)

Art. 373
1. Tijd- of reisbevrachting in de zin van deze afdeling is de overeenkomst van goederenvervoer, waarbij de vervoerder zich verbindt tot vervoer aan boord van een schip, dat hij daartoe, anders dan bij wijze van rompbevrachting, geheel of gedeeltelijk en al dan niet op tijdbasis (tijdbevrachting of reisbevrachting) ter beschikking stelt van de afzender. — *Tijd- of reisbevrachting*
2. Onder "vervrachter" is in deze afdeling de in het eerste lid genoemde vervoerder, onder "bevrachter" de aldaar genoemde afzender te verstaan. — *Vervrachter*
(Zie ook: artt. 228, 502, 530, 892, 972, 1093, 1144, 1713, 1717 BW Boek 8; art. 309 WvK)

Art. 374
De wetsbepalingen omtrent huur, bewaarneming en bruikleen zijn op terbeschikkingstelling van een schip, anders dan bij wijze van rompbevrachting, niet van toepassing. — *Werkingssfeer*
(Zie ook: art. 600 BW Boek 7; artt. 1584, 1777 BW Boek 7A; artt. 373, 503, 893, 973, 1094, 1145 BW Boek 8)

Art. 375
1. Bij eigendomsovergang van een tevoren vervracht, al dan niet teboekstaand, schip op een derde volgt deze in alle rechten en verplichtingen van de vervrachter op, die nochtans naast de nieuwe eigenaar aan de overeenkomst gebonden blijft. — *Eigendomsovergang bij goederenvervoer over zee*
2. Rechten en verplichtingen, welke vóór de eigendomsovergang opeisbaar zijn geworden, gaan op de derde niet over.
(Zie ook: artt. 6, 7 BW Boek 6; art. 1612 BW Boek 7A; artt. 373, 502, 530, 801, 894, 972 BW Boek 8)

Art. 376
[Vervallen]

Art. 377
In deze titel wordt onder vervoerovereenkomst onder cognossement verstaan de vervoerovereenkomst neergelegd in een cognossement dan wel enig soortgelijk document dat een titel vormt voor het vervoer van zaken over zee; eveneens wordt er onder verstaan de vervoerovereenkomst neergelegd in een cognossement of soortgelijk document als genoemd, dat is uitgegeven uit hoofde van een charterpartij, van het ogenblik af waarop dit cognossement of soortgelijk document de verhouding tussen de vervoerder en de houder van het cognossement beheerst. — *Vervoerovereenkomst onder cognossement bij goederenvervoer over zee*
(Zie ook: artt. 371, 1712 BW Boek 8)

Art. 378
De vervoerder is verplicht ten vervoer ontvangen zaken ter bestemming af te leveren en wel in de staat, waarin hij hen heeft ontvangen. — *Verplichtingen vervoerder bij goederenvervoer over zee*
(Zie ook: artt. 21, 379, 387, 895, 1095 BW Boek 8; art. 25 LVW)

Art. 379
Onverminderd artikel 378 is de vervoerder verplicht ten vervoer ontvangen zaken zonder vertraging te vervoeren.
(Zie ook: artt. 22, 383, 387, 388, 422, 896, 1096 BW Boek 8; art. 370 WvK; art. 28 LVW)

Art. 380

Verplichtingen vervrachter bij goederenvervoer over zee

1. In geval van tijdbevrachting is de vervrachter verplicht de kapitein opdracht te geven binnen de grenzen door de overeenkomst gesteld de orders van de bevrachter op te volgen. De vervrachter staat er voor in, dat de kapitein de hem gegeven opdracht nakomt.
2. De bevrachter staat er voor in, dat het schip de plekken of plaatsen, waarheen hij het ter inlading, lossing of anderszins op grond van het eerste lid beveelt te gaan, veilig kan bereiken, innemen en verlaten. Indien deze plekken of plaatsen blijken niet aan deze vereisten te voldoen, is de bevrachter slechts in zoverre niet aansprakelijk als de kapitein, door de hem gegeven orders op te volgen, onredelijk handelde.
3. Onverminderd artikel 461 wordt de bevrachter mede verbonden door en kan hij rechten ontlenen aan een rechtshandeling, die de kapitein ingevolge het eerste lid van dit artikel verricht. Onder rechtshandeling is hier het in ontvangst nemen van een verklaring begrepen.
(Zie ook: artt. 260, 360, 373, 418, 860, 897, 1717 BW Boek 8; artt. 309, 359 WvK)

Art. 381

Zorgplicht vervoerder bij goederenvervoer over zee

1. Onder een vervoerovereenkomst onder cognossement is de vervoerder verplicht vóór en bij de aanvang van de reis redelijke zorg aan te wenden voor:
a. het zeewaardig maken van het schip;
(Zie ook: art. 343 WvK)
b. het behoorlijk bemannen, uitrusten en bevoorraden van het schip;
c. het geschikt maken en in goede staat brengen van de ruimen, koel- en vrieskamers en alle andere delen van het schip, waarin zaken worden geladen, om deze daarin te bergen, te vervoeren en goed te houden.
2. Onder een vervoerovereenkomst onder cognossement is de vervoerder, behoudens de artikelen 383, 388, 414 vierde lid en 423, verplicht de zaken behoorlijk en zorgvuldig te laden, te behandelen, te stuwen, te vervoeren, te bewaren, te verzorgen en te lossen.
(Zie ook: artt. 260, 382, 383, 898 BW Boek 8)

Art. 382

Dwingend recht

1. Nietig is ieder beding in een vervoerovereenkomst onder cognossement, waardoor de vervoerder of het schip wordt ontheven van aansprakelijkheid voor verlies of beschadiging van of met betrekking tot zaken voortvloeiende uit nalatigheid, schuld of tekortkoming in het voldoen aan de verplichtingen in de artikelen 381, 399, 411, 414 eerste lid, 492, 493 of in artikel 1712 voorzien of waardoor deze aansprakelijkheid mocht worden verminderd op andere wijze dan in deze afdeling of in de artikelen 361 tot en met 366 is voorzien. Een beding, krachtens hetwelk de uitkering op grond van een gesloten verzekering aan de vervoerder komt of elk ander beding van dergelijke strekking, wordt aangemerkt als te zijn gemaakt teneinde de vervoerder van zijn aansprakelijkheid te ontheffen.
2. Niettegenstaande het eerste lid is een beding, als daar genoemd, geldig mits het betreft:
a. een geoorloofd beding omtrent avarij-grosse;
b. levende dieren;
c. zaken, die feitelijk op het dek worden vervoerd mits deze in het cognossement als deklading zijn opgegeven.
(Zie ook: artt. 12, 384, 385, 386, 610, 754, 900, 902, 1099, 1100, 1102 BW Boek 8)

Art. 383

Aansprakelijkheid vervoerder bij onzeewaardigheid bij goederenvervoer over zee

1. Onder een vervoerovereenkomst onder cognossement is noch de vervoerder noch het schip aansprakelijk voor verliezen of schaden, voortgevloeid of ontstaan uit onzeewaardigheid, tenzij deze is te wijten aan gebrek aan redelijke zorg aan de zijde van de vervoerder om het schip zeewaardig te maken, het behoorlijk te bemannen, uit te rusten of te bevoorraden, of om de ruimen, koel- en vrieskamers en alle andere delen van het schip, waarin zaken worden geladen, geschikt te maken en in goede staat te brengen, zodat zij kunnen dienen tot het bergen, het vervoeren en het bewaren van de zaken, alles overeenkomstig het eerste lid van artikel 381. Telkens als verlies of schade is ontstaan uit onzeewaardigheid, rust de bewijslast ten aanzien van het aanwenden zijn van de redelijke zorg op de vervoerder of op iedere andere persoon, die mocht beweren krachtens dit artikel van aansprakelijkheid te zijn ontheven.
(Zie ook: artt. 504, 505, 520, 898, 947, 975, 985 BW Boek 8; art. 343 WvK)

Uitsluiting aansprakelijkheid vervoerder

2. Onder een vervoerovereenkomst al dan niet onder cognossement is noch de vervoerder noch het schip aansprakelijk voor verlies of schade ontstaan of voortgevloeid uit:
a. een handeling, onachtzaamheid of nalatigheid van de kapitein, een ander lid van de bemanning, de loods of ondergeschikten van de vervoerder, gepleegd bij de navigatie of de behandeling van het schip;
(Zie ook: artt. 260, 261, 380, 860, 901 BW Boek 8)
b. brand, tenzij veroorzaakt door de persoonlijke schuld van de vervoerder;
c. gevaren, onheilen en ongevallen van de zee of andere bevaarbare wateren;
d. een natuurgebeuren;
e. oorlogshandelingen;
(Zie ook: art. 437 WvK)

13 Burgerlijk Wetboek Boek 8   art. 8:387

f. een daad van vijanden van de staat;
g. aanhouding of maatregelen van hogerhand of gerechtelijk beslag;
h. maatregelen van quarantaine;
i. een handeling of een nalaten van de afzender of eigenaar der zaken of van hun agent of vertegenwoordiger;
j. werkstakingen of uitsluitingen of stilstand of belemmering van de arbeid, tengevolge van welke oorzaak dan ook, hetzij gedeeltelijk hetzij geheel;
k. oproer of onlusten;
l. redding of poging tot redding van mensenlevens of goederen op zee;
m. verlies aan volume of gewicht of enig ander verlies, of enige andere schade, ontstaan uit een verborgen gebrek, de bijzondere aard of een eigen gebrek van de zaak;
(Zie ook: artt. 399, 411, 414, 484, 900, 1099 sub c, 1100 BW Boek 8)
n. onvoldoende verpakking;
(Zie ook: art. 1101 BW Boek 8)
o. onvoldoende of gebrekkige merken;
(Zie ook: artt. 399, 411, 1099 sub e BW Boek 8)
p. verborgen gebreken, die ondanks een redelijke zorg niet te ontdekken waren;
q. enige andere oorzaak, niet voortgevloeid uit de persoonlijke schuld van de vervoerder, noch uit schuld of nalatigheid van zijn agenten of ondergeschikten; doch de bewijslast rust op degene, die zich op deze ontheffing beroept, en het staat aan hem aan te tonen, dat noch zijn persoonlijke schuld, noch de nalatigheid of schuld van zijn agenten of ondergeschikten heeft bijgedragen tot het verlies of de schade.
3. Onder een vervoerovereenkomst onder cognossement is de afzender niet aansprakelijk voor door de vervoerder of het schip geleden verliezen of schaden, voortgevloeid of ontstaan uit welke oorzaak dan ook, zonder dat er is een handeling, schuld of nalatigheid van hem, van zijn agenten of van zijn ondergeschikten.
4. Generlei afwijking van de koers tot redding of poging tot redding van mensenlevens of goederen op zee en generlei redelijke afwijking van de koers wordt beschouwd als een schending van enige vervoerovereenkomst en de vervoerder is niet aansprakelijk voor enig verlies of enige schade daardoor ontstaan.
(Zie ook: artt. 358a, 367 t/m 370, 638, 689, 785 WvK)
5. Het staat de afzender vrij aansprakelijkheid aan te tonen voor verlies of schade ontstaan of voortgevloeid uit de schuld van de vervoerder zelf of de schuld van zijn ondergeschikten, niet bestaande uit een handeling, onachtzaamheid of nalatigheid als in het tweede lid onder a bedoeld.
(Zie ook: artt. 392, 394, 395, 397, 899, 900, 901, 1099, 1100, 1101 BW Boek 8)

Art. 384
Het staat de vervoerder vrij geheel of gedeeltelijk afstand te doen van zijn uit de in het eerste lid van artikel 382 genoemde artikelen of uit de artikelen 383, 388, 414 vierde lid of 423 voortvloeiende rechten en ontheffingen van aansprakelijkheid of zijn uit deze artikelen voortvloeiende aansprakelijkheden en verplichtingen te vermeerderen, mits in geval van een vervoerovereenkomst onder cognossement deze afstand of deze vermeerdering blijkt uit het aan de afzender afgegeven cognossement.
(Zie ook: artt. 385, 386, 387 BW Boek 8)

Art. 385
Niettegenstaande het eerste lid van artikel 382 is een beding als daar bedoeld geldig, wanneer het betreft zaken, die door hun karakter of gesteldheid een bijzondere overeenkomst rechtvaardigen en welker vervoer moet geschieden onder omstandigheden of op voorwaarden, die een bijzondere overeenkomst rechtvaardigen. Het hier bepaalde geldt echter slechts, wanneer voor het vervoer van deze zaken geen cognossement, doch een blijkens zijn bewoordingen onverhandelbaar document is afgegeven en het niet betreft een gewone handelslading, verscheept bij gelegenheid van een gewone handelsverrichting.
(Zie ook: art. 902 BW Boek 8)

    Dwingend recht

Art. 386
Niettegenstaande het eerste lid van artikel 382 staat het de vervoerder en de afzender vrij in een vervoerovereenkomst enig beding, enige voorwaarde, enig voorbehoud of enige ontheffing op te nemen met betrekking tot de verplichtingen en aansprakelijkheden van de vervoerder of het schip voor het verlies of de schaden opgekomen aan de zaken of betreffende hun bewaring, verzorging of behandeling vóór het laden in en na het lossen uit het over zee vervoerende schip.

    Bijzonder beding bij goederenvervoer over zee

Art. 387
Voor zover de vervoerder aansprakelijk is wegens niet nakomen van de op hem uit hoofde van de artikelen 378 en 379 rustende verplichtingen, heeft de afzender geen ander recht dan betaling van de in artikel 388 genoemde of de met toepassing van artikel 384 overeengekomen bedragen te vorderen.
(Zie ook: artt. 395, 441, 510, 903, 1103, 1180 BW Boek 8)

    Rechten afzender bij goederenvervoer over zee

Art. 388

Aansprakelijkheid vervoerder/schip bij goederenvervoer over zee

1. Tenzij de aard en de waarde van zaken zijn opgegeven door de afzender vóór hun inlading en deze opgave in het cognossement, indien dit is afgegeven, is opgenomen, is noch de vervoerder noch het schip in enig geval aansprakelijk voor enig verlies van of enige schade aan de zaken of met betrekking tot deze voor een bedrag hoger dan de tegenwaarde van 666,67 rekeneenheden per collo of eenheid, dan wel twee rekeneenheden per kilogram brutogewicht der verloren gegane of beschadigde zaken, waarbij het hoogste dezer bedragen in aanmerking moet worden genomen.
(Zie ook: art. 414 BW Boek 8)
2. Het totale verschuldigde bedrag wordt berekend met inachtneming van de waarde welke zaken als de ten vervoer ontvangene zouden hebben gehad zoals, ten tijde waarop en ter plaatse waar, zij zijn afgeleverd of zij hadden moeten zijn afgeleverd. De in dit lid genoemde waarde wordt berekend naar de koers op de goederenbeurs of, wanneer er geen dergelijke koers is, naar de gangbare marktwaarde of, wanneer ook deze ontbreekt, naar de normale waarde van zaken van dezelfde aard en hoedanigheid.
(Zie ook: artt. 398, 510, 903 BW Boek 8; art. 26 LVW)
3. Wanneer een laadkist, een laadbord of dergelijk vervoergerei is gebezigd om zaken bijeen te brengen, wordt iedere collo of eenheid, die volgens vermelding in het cognossement in dat vervoergerei is verpakt, beschouwd als een collo of eenheid als in het eerste lid bedoeld. Behalve in het geval hiervoor omschreven wordt dit vervoergerei als een collo of eenheid beschouwd.
4. De rekeneenheid genoemd in dit artikel is het bijzondere trekkingsrecht zoals dat is omschreven door het Internationale Monetaire Fonds. De bedragen genoemd in het eerste lid worden omgerekend in Nederlands geld naar de koers van de dag, waarop de betaling wordt verricht. De waarde van het Nederlandse geld, uitgedrukt in bijzondere trekkingsrechten, wordt berekend volgens de waarderingsmethode die door het Internationale Monetaire Fonds op de dag van omrekening wordt toegepast voor zijn eigen verrichtingen en transacties.
(Zie ook: art. 759 BW Boek 8)
5. Noch de vervoerder noch het schip kan zijn aansprakelijkheid met een beroep op dit artikel of het vierde lid van artikel 414 beperken, wanneer bewezen is, dat de schade is ontstaan uit een handeling of nalaten van de vervoerder, geschied hetzij met het opzet schade te veroorzaken, hetzij roekeloos en met de wetenschap dat schade er waarschijnlijk uit zou voortvloeien.
(Zie ook: artt. 519, 754, 906, 1108, 1185 BW Boek 8; art. 34 LVW)
6. Bij overeenkomst tussen de vervoerder, de kapitein of de agent van de vervoerder enerzijds en de afzender anderzijds, mogen andere maximumbedragen dan die, genoemd in het eerste lid, worden bepaald, mits deze bedragen in geval van een vervoerovereenkomst onder cognossement niet lager zijn dan de in het eerste lid genoemde.
7. Noch de vervoerder noch het schip is in enig geval aansprakelijk voor verlies of schade van of aan zaken of met betrekking tot deze, indien aard of waarde daarvan door de afzender opzettelijk verkeerdelijk is opgegeven en, indien een cognossement is afgegeven, daarin verkeerdelijk is opgenomen.
(Zie ook: artt. 381, 384, 395, 398, 414, 496, 750, 903, 1103, 1180 BW Boek 8)

Art. 389

Waardevermindering zaak bij goederenvervoer over zee

Indien met betrekking tot een zaak hulploon, een bijdrage in avarij-grosse of een schadevergoeding uit hoofde van artikel 488 is verschuldigd, wordt deze aangemerkt als een waardevermindering van de zaak.
(Zie ook: art. 198 BW Boek 6; artt. 261, 395, 567, 612, 904, 1104, 1181 BW Boek 8)

Art. 390

Opzegging vervoerovereenkomst door tijd- of reisbevrachter bij goederenvervoer over zee

1. De tijd- of reisbevrachter is bevoegd de overeenkomst op te zeggen, wanneer hem door de vervrachter is medegedeeld dat het schip niet op de overeengekomen plaats of tijd te zijner beschikking is of zal kunnen zijn.

2. Hij kan deze bevoegdheid slechts uitoefenen door binnen een redelijke, niet meer dan 48 uur durende, termijn na ontvangst van een mededeling, als bedoeld in het eerste lid, het in het vijfde lid genoemde bericht te verzenden.
3. Indien bij gebreke van de ontvangst van een mededeling, als bedoeld in het eerste lid, het de bevrachter uit anderen hoofde bekend is, dat het schip niet op de overeengekomen plaats of tijd te zijner beschikking is of kan zijn, is hij, zonder dat enige ingebrekestelling is vereist, bevoegd de overeenkomst op te zeggen, doch slechts binnen een redelijke, niet meer dan 48 uur durende, termijn nadat hem dit bekend is geworden; gelijke bevoegdheid komt hem toe, indien hem na ontvangst van een mededeling, als bedoeld in het eerste lid, uit anderen hoofde bekend wordt, dat het schip op grond van andere omstandigheden dan welke de vervrachter tot zijn mededeling brachten, niet op de overeengekomen plaats of tijd te zijner beschikking is of kan zijn.
4. De in dit artikel genoemde termijn wordt geschorst op die zaterdagen, zondagen en plaatselijke feestdagen, waarop ten kantore van de bevrachter in het geheel niet wordt gewerkt.

5. De opzegging geschiedt door telegram of bericht per telex of door enig ander spoedbericht, waarvan de ontvangst duidelijk aantoonbaar is en de overeenkomst eindigt op het ogenblik van ontvangst daarvan.
(Zie ook: artt. 502, 1713 BW Boek 8)

Art. 391
De afzender is verplicht de vervoerder de schade te vergoeden die deze lijdt doordat de overeengekomen zaken, door welke oorzaak dan ook, niet op de overeengekomen plaats en tijd te zijner beschikking zijn.
(Zie ook: artt. 24, 64, 422, 1110, 1187, 1714 BW Boek 8)

Verplichtingen afzender bij goederenvervoer over zee

Art. 392
1. Alvorens zaken ter beschikking van de vervoerder zijn gesteld, is de afzender bevoegd de overeenkomst op te zeggen.
2. Zijn bij het verstrijken van de tijd, waarbinnen de zaken ter beschikking van de vervoerder moeten zijn gesteld, verlengd met de overligtijd, door welke oorzaak dan ook, in het geheel geen zaken ter beschikking van de vervoerder, dan is deze, zonder dat enige ingebrekestelling is vereist, bevoegd de overeenkomst op te zeggen.
3. Zijn bij het verstrijken van de in het tweede lid bedoelde tijd, door welke oorzaak dan ook, de overeengekomen zaken slechts gedeeltelijk ter beschikking van de vervoerder, dan is deze, zonder dat enige ingebrekestelling is vereist, bevoegd de overeenkomst op te zeggen dan wel de reis te aanvaarden.
4. De opzegging geschiedt door telegram of bericht per telex of door enig ander spoedbericht, waarvan de ontvangst duidelijk aantoonbaar is en de overeenkomst eindigt op het ogenblik van ontvangst daarvan, doch niet vóór ontvangst van de zaken.
5. Onder voorbehoud van het derde lid van artikel 383 is de afzender verplicht de vervoerder de schade te vergoeden die deze lijdt tengevolge van de opzegging of van de aanvaarding van de reis.
6. Dit artikel is niet van toepassing in geval van tijdbevrachting.
(Zie ook: artt. 25, 65, 394, 395, 908, 1111, 1112, 1113, 1188, 1189, 1190, 1716 BW Boek 8)

Bevoegdheid afzender bij goederenvervoer over zee

Art. 393
1. In geval van reisbevrachting is de vervrachter tegen zekerheidstelling voor wat hij van de bevrachter heeft te vorderen, op diens verlangen verplicht de reis te aanvaarden met een gedeelte der overeengekomen zaken. De bevrachter is verplicht de vervrachter de dientengevolge geleden schade te vergoeden.
2. De vervrachter is bevoegd in plaats van de ontbrekende zaken andere aan te nemen. Hij is niet gehouden de vracht, die hij voor het vervoer van deze zaken ontvangt, met de bevrachter te verrekenen, behalve voor zover hij zijnerzijds van de bevrachter vergoeding van door hem geleden schade heeft geëind of gevorderd.
(Zie ook: art. 51 BW Boek 6; artt. 373, 419, 502, 909 BW Boek 8)

Rechten en verplichtingen vervrachter bij goederenvervoer over zee

Art. 394
1. De afzender is verplicht de vervoerder omtrent de zaken alsmede omtrent de behandeling daarvan tijdig al die opgaven te doen, waartoe hij in staat is of behoort te zijn, en waarvan hij weet of behoort te weten, dat zij voor de vervoerder van belang zijn, tenzij hij mag aannemen dat de vervoerder deze gegevens kent.
(Zie ook: art. 510 BW Boek 8)
2. De vervoerder is niet gehouden, doch wel gerechtigd, te onderzoeken of de hem gedane opgaven juist en volledig zijn.
(Zie ook: art. 510 BW Boek 8)
3. Is bij het verstrijken van de tijd, waarbinnen de zaken ter beschikking van de vervoerder moeten zijn gesteld, door welke oorzaak dan ook, niet of slechts gedeeltelijk voldaan aan de in het eerste lid van dit artikel genoemde verplichting van de afzender, dan zijn, behalve in het geval van tijdbevrachting, het tweede, derde, vierde en vijfde lid van artikel 392 van overeenkomstige toepassing.
(Zie ook: artt. 26, 66, 383, 398, 399, 910, 1114, 1191 BW Boek 8)

Informatieplicht afzender bij goederenvervoer over zee

Art. 395
1. De afzender is verplicht de vervoerder de schade te vergoeden die deze lijdt doordat, door welke oorzaak dan ook, niet naar behoren aanwezig zijn de documenten en inlichtingen die van de zijde van de afzender vereist zijn voor het vervoer dan wel ter voldoening vóór de aflevering van de zaken te vervullen douane- en andere formaliteiten.
2. De vervoerder is verplicht redelijke zorg aan te wenden dat de documenten, die in zijn handen zijn gesteld, niet verloren gaan of onjuist worden behandeld. Een door hem ter zake verschuldigde schadevergoeding zal die, verschuldigd uit hoofde van de artikelen 387, 388 en 389 in geval van verlies van de zaken, niet overschrijden.
3. De vervoerder is niet gehouden, doch wel gerechtigd, te onderzoeken of de hem gedane opgaven juist en volledig zijn.

Verplichtingen afzender t.a.v. documenten bij goederenvervoer over zee

4. Zijn bij het verstrijken van de tijd waarbinnen de in het eerste lid genoemde documenten en inlichtingen aanwezig moeten zijn, deze, door welke oorzaak dan ook, niet naar behoren aanwezig, dan zijn, behalve in het geval van tijdbevrachting, het tweede, derde, vierde en vijfde lid van artikel 392 van overeenkomstige toepassing.
(Zie ook: artt. 27, 67, 383, 398, 399, 510, 911, 1115, 1192 BW Boek 8; art. 347 WvK; art. 470 WvSr)

Art. 396

Wederzijdse opzegging vervoerovereenkomst bij goederenvervoer over zee

1. Wanneer vóór of bij de aanbieding van de zaken aan de vervoerder omstandigheden aan de zijde van een der partijen zich opdoen of naar voren komen, die haar wederpartij bij het sluiten van de overeenkomst niet behoefde te kennen, doch die, indien zij haar wel bekend waren geweest, redelijkerwijs voor haar grond hadden opgeleverd de vervoerovereenkomst niet of op andere voorwaarden aan te gaan, is deze wederpartij bevoegd de overeenkomst op te zeggen.
2. De opzegging geschiedt door telegram, bericht per telex of door enig ander spoedbericht, waarvan de ontvangst duidelijk aantoonbaar is en de overeenkomst eindigt op het ogenblik van ontvangst daarvan.
3. Naar maatstaven van redelijkheid en billijkheid zijn partijen na opzegging der overeenkomst verplicht elkaar de daardoor geleden schade te vergoeden.

Art. 397

Verplichtingen afzender bij goederenvervoer over zee

1. De afzender is verplicht de vervoerder de schade te vergoeden, die materiaal, dat hij deze ter beschikking stelde of zaken die deze ten vervoer ontving dan wel de behandeling daarvan, de vervoerder berokkenen, behalve voor zover deze schade is veroorzaakt door een omstandigheid die een zorgvuldig afzender van de ten vervoer ontvangen zaken niet heeft kunnen vermijden en waarvan zulk een afzender de gevolgen niet heeft kunnen verhinderen.
2. Dit artikel laat de artikelen 383 derde lid, 398 en 423, alsmede de bepalingen nopens avarij-grosse onverlet.
(Zie ook: artt. 610, 913, 1020, 1117, 1715, 1719 BW Boek 8)

Art. 398

Gevaarlijke zaken bij goederenvervoer over zee

1. Ten vervoer ontvangen zaken, die een zorgvuldig vervoerder, indien hij geweten zou hebben dat zij na hun inontvangstneming gevaar zouden kunnen opleveren, met het oog daarop niet ten vervoer zou hebben willen ontvangen, mogen door hem op ieder ogenblik en op iedere plaats worden gelost, vernietigd dan wel op andere wijze onschadelijk gemaakt. Ten aanzien van ten vervoer ontvangen zaken, waarvan de vervoerder de gevaarlijkheid heeft gekend, geldt hetzelfde doch slechts dan wanneer zij onmiddellijk dreigend gevaar opleveren. De vervoerder is terzake geen enkele schadevergoeding verschuldigd en de afzender is aansprakelijk voor alle kosten en schaden voor de vervoerder voortvloeiende uit de aanbieding ten vervoer, uit het vervoer of uit de maatregelen zelf.
2. Door het treffen van de in het eerste lid bedoelde maatregel eindigt de overeenkomst met betrekking tot de daar genoemde zaken, doch, indien deze alsnog worden gelost, eerst na deze lossing. De vervoerder verwittigt zo mogelijk de afzender, degeen aan wie de zaken moeten worden afgeleverd en degeen, aan wie hij volgens de bepalingen van een mogelijkerwijs afgegeven cognossement bericht van aankomst van het schip moet zenden. Dit lid is niet van toepassing met betrekking tot zaken die de vervoerder na het treffen van de in het eerste lid bedoelde maatregel alsnog naar hun bestemming vervoert.
3. Indien zaken na beëindiging van de overeenkomst alsnog in feite worden afgeleverd, wordt vermoed, dat zij zich op het ogenblik van beëindiging van de overeenkomst bevonden in de staat, waarin zij feitelijk zijn afgeleverd; worden zij niet afgeleverd, dan wordt vermoed, dat zij op het ogenblik van beëindiging van de overeenkomst verloren zijn gegaan.
4. Indien de afzender na feitelijke aflevering een zaak niet naar haar bestemming vervoert, wordt het verschil tussen de waarden ter bestemming en ter plaatse van de aflevering, als bedoeld in de tweede volzin van het tweede lid van artikel 388, aangemerkt als waardevermindering van die zaak. Vervoert de afzender een zaak na de feitelijke aflevering alsnog naar haar bestemming, dan worden de kosten, die hij te dien einde maakt, aangemerkt als waardevermindering van die zaak.
5. Op de feitelijke aflevering is het tussen partijen overeengekomene alsmede het in deze afdeling nopens de aflevering van zaken bepaalde van toepassing, met dien verstande, dat deze feitelijke aflevering niet op grond van de eerste zin van het eerste lid of op grond van het tweede lid van artikel 484 de vracht verschuldigd doet zijn. De artikelen 490 en 491 zijn van overeenkomstige toepassing.
(Zie ook: art. 632 Rv)
6. Dit artikel laat artikel 423, alsmede de bepalingen nopens avarij-grosse onverlet.
(Zie ook: artt. 610, 1020 BW Boek 8)

Dwingend recht

7. Nietig is ieder beding, waarbij van het eerste lid van dit artikel wordt afgeweken.
(Zie ook: artt. 12, 261, 383, 394, 395, 423, 424, 425, 426, 510, 860, 914, 1118, 1716, 1718 BW Boek 8)

Art. 399
1. Na de zaken ontvangen en aangenomen te hebben, moet de vervoerder, de kapitein of de agent van de vervoerder op verlangen van de afzender aan deze een cognossement afgeven, dat onder meer vermeldt:

a. de voornaamste voor identificatie van de zaken nodige merken, zoals deze, voor de inlading van deze zaken is begonnen, door de afzender schriftelijk zijn opgegeven, mits deze merken zijn gestempeld of anderszins duidelijk zijn aangebracht op de onverpakte zaken of op de kisten of verpakkingen, die de zaken inhouden en wel zodanig, dat zij in normale omstandigheden tot het einde van de reis leesbaar zullen blijven;

b. òf het aantal der colli of het stuktal, òf de hoeveelheid òf het gewicht, al naar gelang der omstandigheden, zoals zulks door de afzender schriftelijk is opgegeven;

c. de uiterlijk zichtbare staat en gesteldheid der zaken;

met dien verstande, dat geen vervoerder, kapitein of agent van de vervoerder verplicht zal zijn in het cognossement merken, aantal, hoeveelheid of gewicht op te geven of te noemen waarvan hij redelijke gronden heeft te vermoeden, dat zij niet nauwkeurig de werkelijkheid door hem ontvangen zaken weergeven of tot het toetsen waarvan hij geen redelijke gelegenheid heeft gehad. De vervoerder wordt vermoed geen redelijke gelegenheid te hebben gehad de hoeveelheid en het gewicht van gestorte of gepompte zaken te toetsen.

2. Als de zaken ingeladen zijn, zal het cognossement, dat de vervoerder, kapitein of agent van de vervoerder aan de afzender afgeeft, indien deze dit verlangt, de vermelding "geladen" bevatten, mits de afzender, indien hij vooraf enig op die zaken rechtgevend document heeft ontvangen, dit tegen afgifte van het "geladen"-cognossement teruggeeft. De vervoerder, kapitein of agent van de vervoerder heeft eveneens het recht in de laadhaven op het oorspronkelijk afgegeven document de naam van het schip of van de schepen, aan boord waarvan de zaken werden geladen, en de datum of de data van inlading aan te tekenen, in welk geval het aldus aangevulde document, mits inhoudende de in dit artikel vermelde bijzonderheden, als een "geladen"-cognossement in de zin van dit artikel wordt beschouwd.

(Zie ook: artt. 44, 260, 382, 383, 384, 385, 394, 395, 412, 414, 916, 918, 1119, 1122 BW Boek 8)

Cognossement bij goederenvervoer over zee

Art. 410
Indien een vervoerovereenkomst is gesloten en bovendien een cognossement is afgegeven, wordt, behoudens artikel 441 tweede lid, tweede volzin, de rechtsverhouding tussen de vervoerder en de afzender door de bedingen van de vervoerovereenkomst en niet door die van dit cognossement beheerst. Behoudens het in artikel 441 eerste lid gestelde vereiste van houderschap van het cognossement, strekt dit hun dan slechts tot bewijs van de ontvangst der zaken door de vervoerder.

(Zie ook: artt. 47, 917, 1123 BW Boek 8)

Rechtsverhouding vervoerder en afzender bij goederenvervoer over zee

Art. 411
De afzender wordt geacht ten behoeve van de vervoerder in te staan voor de juistheid op het ogenblik van de in ontvangstneming van de door hem opgegeven merken, getal, hoeveelheid en gewicht, en de afzender zal de vervoerder schadeloos stellen voor alle verliezen, schaden en kosten, ontstaan ten gevolge van onjuistheden in de opgave van deze bijzonderheden. Het recht van de vervoerder op dergelijke schadeloosstelling beperkt in genen dele zijn aansprakelijkheid en zijn verbintenissen, zoals zij uit de vervoerovereenkomst voortvloeien, tegenover elke andere persoon dan de afzender.

(Zie ook: artt. 44, 382, 383, 1119 BW Boek 8)

Schadeloosstelling bij goederenvervoer over zee

Art. 412
1. Het cognossement wordt gedateerd en door de vervoerder ondertekend en vermeldt de voorwaarden waarop het vervoer plaatsvindt, alsmede de plaats waar en de persoon aan wie de zaken moeten worden afgeleverd. Deze wordt, ter keuze van de afzender, aangegeven hetzij bij name of andere aanduiding, hetzij als order van de afzender of van een ander, hetzij als toonder.

2. De enkele woorden "aan order" worden geacht de order van de afzender aan te geven.

(Zie ook: artt. 44, 399, 918, 919 BW Boek 8; artt. 110, 191, 347 WvK)

Datering/ondertekening cognossement bij goederenvervoer over zee

Art. 413
Het cognossement wordt, tenzij het op naam is gesteld, afgegeven in één of meer exemplaren. De verhandelbare exemplaren, waarin is vermeld hoeveel van deze exemplaren in het geheel zijn afgegeven, gelden alle voor één en één voor alle. Niet verhandelbare exemplaren moeten als zodanig worden aangeduid.

(Zie ook: artt. 45, 412, 460, 920 BW Boek 8)

Verhandelbaarheid cognossement bij goederenvervoer over zee

Art. 414
1. Tegenbewijs tegen het cognossement wordt niet toegelaten, wanneer het is overgedragen aan een derde te goeder trouw.

2. Indien in het cognossement de clausule: "inhoud, hoedanigheid, aantal, gewicht of maat onbekend", of enige andere clausule van dergelijke strekking is opgenomen, binden zodanige

Bewijskracht cognossement bij goederenvervoer over zee

art. 8:415   13 Burgerlijk Wetboek Boek 8

in het cognossement voorkomende vermeldingen omtrent de zaken de vervoerder niet, tenzij bewezen wordt, dat hij de inhoud of de hoedanigheid der zaken heeft gekend of had behoren te kennen of dat de zaken hem toegeteld, toegewogen of toegemeten zijn.
3. Een cognossement, dat de uiterlijk zichtbare staat of gesteldheid van de zaak niet vermeldt, levert, behoudens tegenbewijs dat ook jegens een derde mogelijk is, een vermoeden op dat de vervoerder de zaak voor zover uiterlijk zichtbaar in goede staat of gesteldheid heeft ontvangen.
4. De in het cognossement opgenomen opgave, bedoeld in artikel 388 eerste lid, schept behoudens tegenbewijs een vermoeden, doch bindt niet de vervoerder die haar kan betwisten.
(Zie ook: artt. 11, 90 BW Boek 3; artt. 48, 381, 382, 383, 384, 388, 399, 921 BW Boek 8)

Art. 415

Verwijzingen in cognossement bij goederenvervoer over zee

1. Verwijzingen in het cognossement worden geacht slechts die bedingen daarin in te voegen, die voor degene, jegens wie daarop een beroep wordt gedaan, duidelijk kenbaar zijn.

2. Een dergelijk beroep is slechts mogelijk voor hem, die op schriftelijk verlangen van degeen jegens wie dit beroep kan worden gedaan of wordt gedaan, aan deze onverwijld die bedingen heeft doen toekomen.
3. Nietig is ieder beding, waarbij van het tweede lid van dit artikel wordt afgeweken.
(Zie ook: art. 11 BW Boek 3; artt. 12, 48, 922, 1122 BW Boek 8)

Art. 416

Toepasselijkheid afd. 2 Titel 4 Boek 3 BW bij goederenvervoer over zee

Een cognossement aan order wordt geleverd op de wijze als aangegeven in afdeling 2 van Titel 4 van Boek 3.
(Zie ook: artt. 93, 94 BW Boek 3; artt. 49, 412, 923 BW Boek 8; artt. 110, 191 WvK)

Art. 417

Levering cognossement vóór aflevering zaken bij goederenvervoer over zee

Levering van het cognossement vóór de aflevering van de daarin vermelde zaken door de vervoerder geldt als levering van die zaken.
(Zie ook: art. 607 BW Boek 7; artt. 50, 416, 924 BW Boek 8)

Art. 418

Inladings- en lossingsplek bij goederenvervoer over zee

De vervoerder is verplicht de plek van inlading en lossing tijdig aan te wijzen; in geval van tijdbevrachting is echter artikel 380 van toepassing en in geval van reisbevrachting artikel 419.
(Zie ook: artt. 421, 422, 483, 925 BW Boek 8; art. 359 WvK)

Art. 419

Reisbevrachting bij goederenvervoer over zee

1. In geval van reisbevrachting is de bevrachter verplicht de plek van inlading en lossing tijdig aan te wijzen.
2. Hij moet daartoe aanwijzen een gebruikelijke plek, die terstond of binnen redelijke tijd beschikbaar is, waar het schip veilig kan komen, liggen, laden of lossen en waarvandaan het veilig kan vertrekken.
3. Wanneer de bevrachter niet aan deze verplichting voldoet of de bevrachters, als er meer zijn, niet eenstemmig zijn in de aanwijzing, is de vervrachter zonder dat enige aanmaning is vereist verplicht zelf de plek van inlading of lossing aan te wijzen.
4. Indien de bevrachter meer dan één plek aanwijst, geldt de tijd nodig voor het verhalen als gebruikte laad- of lostijd. De kosten van verhalen zijn voor zijn rekening.
5. De bevrachter staat er voor in, dat het schip op de plek, die hij op grond van het eerste lid ter inlading of lossing aanwijst, veilig kan komen, liggen, laden of lossen en daarvandaan veilig kan vertrekken. Indien deze plek blijkt niet aan deze vereisten te voldoen, is de bevrachter slechts in zoverre niet aansprakelijk als de kapitein, door de hem gegeven aanwijzing op te volgen, onredelijk handelde.
(Zie ook: artt. 373, 380, 393, 418, 420, 502, 926 BW Boek 8; art. 359 WvK)

Art. 420

Aanwijzing laad- en loshaven bij goederenvervoer over zee

Wanneer in geval van reisbevrachting de bevrachter de bevoegdheid heeft laad- of loshaven nader aan te wijzen, is artikel 419 van overeenkomstige toepassing.
(Zie ook: artt. 502, 927 BW Boek 8)

Art. 421

Laad- en stuwverplichting bij goederenvervoer over zee

Behalve in geval van bevrachting is de vervoerder verplicht de zaken aan boord van het schip te laden en te stuwen.
(Zie ook: art. 929 BW Boek 8; art. 359 WvK)

Art. 422

Laadtijd

1. Voor zover de vervoerder verplicht is tot laden, is hij gehouden zulks in de overeengekomen laadtijd te doen.
2. Voor zover de afzender verplicht is tot laden of stuwen, staat hij er voor in dat zulks in de overeengekomen laadtijd geschiedt.
3. Werd geen laadtijd vastgesteld, dan behoort de inlading te geschieden zo snel als ter plekke voor een schip als het betrokken schip gebruikelijk of redelijk is.
4. Bepaalt de vervoerovereenkomst overliggeld, doch niet de overligtijd, dan wordt deze tijd vastgesteld op acht opeenvolgende etmalen of, als op de ligplek een ander aantal redelijk of gebruikelijk is, op dit aantal.

Liggeld

5. De wettelijke bepalingen omtrent boetebedingen zijn niet van toepassing op bedingen met betrekking tot overliggeld.
6. Schuldenaren van overliggeld en een mogelijkerwijs uit hoofde van het tweede lid verschuldigde schadevergoeding zijn tot betaling daarvan hoofdelijk verbonden.
(Zie ook: artt. 6, 102 BW Boek 6; artt. 379, 391, 392, 418, 421, 483, 931, 932 BW Boek 8; art. 359 WvK)

Overliggeld

Art. 423

1. Onder een vervoerovereenkomst onder cognossement mogen zaken van ontvlambare, explosieve of gevaarlijke aard, tot de inlading waarvan de vervoerder, de kapitein of de agent van de vervoerder geen toestemming zou hebben gegeven, wanneer hij de aard of de gesteldheid daarvan had gekend, te allen tijde vóór de lossing door de vervoerder op iedere plaats worden gelost of vernietigd of onschadelijk gemaakt zonder schadevergoeding, en de afzender van deze zaken is aansprakelijk voor alle schade en onkosten, middellijk of onmiddellijk voortgevloeid of ontstaan uit het inladen daarvan.
2. Indien onder een vervoerovereenkomst onder cognossement enige zaak, als bedoeld in het eerste lid, ingeladen met voorkennis en toestemming van de vervoerder, een gevaar wordt voor het schip of de lading, mag zij evenzo door de vervoerder worden gelost of vernietigd of onschadelijk gemaakt zonder enige aansprakelijkheid van de vervoerder, tenzij voor avarij-grosse, indien daartoe gronden bestaan.
(Zie ook: artt. 381, 384, 397, 398, 913, 914 BW Boek 8)

Gevaarlijke zaken bij goederenvervoer over zee

Art. 424

1. Behalve in geval van tijd- of reisbevrachting is de vervoerder wanneer, nadat de inlading een aanvang heeft genomen, het schip vergaat of zodanig beschadigd blijkt te zijn, dat het schip het herstel, nodig voor de uitvoering van de overeenkomst, niet waard is of dat dit herstel binnen redelijke tijd niet mogelijk is, na lossing van de zaken bevoegd de overeenkomst te beëindigen, mits hij dit zo spoedig mogelijk doet.
2. Vermoed wordt dat het vergaan of de beschadiging van het schip is te wijten aan een omstandigheid, die voor rekening van de vervoerder komt; voor rekening van de vervoerder komen die omstandigheden, die in geval van beschadiging van door hem vervoerde zaken voor zijn rekening komen.
3. De vervoerder verwittigt, zo mogelijk, de afzender, degene aan wie de zaken moeten worden afgeleverd en degeen aan wie volgens de bepalingen van een mogelijkerwijs afgegeven cognossement bericht van aankomst van het schip moet zenden.
4. Het derde, het vierde en vijfde lid van artikel 398 zijn van toepassing.
(Zie ook: artt. 261, 425, 426, 934, 1718 BW Boek 8)

Einde vervoerovereenkomst bij goederenvervoer over zee

Schakelbepaling

Art. 425

1. In geval van tijd- of reisbevrachting is ieder der partijen, mits zij dit zo spoedig mogelijk doet, bevoegd de overeenkomst geheel of met betrekking tot een gedeelte der zaken op te zeggen, wanneer het schip, zonder dat het vergaan is, zodanig beschadigd blijkt te zijn, dat het schip het herstel, nodig voor de uitvoering van de overeenkomst, niet waard is of dat dit herstel binnen redelijke tijd niet mogelijk is.
2. De reisbevrachter komt de hem in het eerste lid van dit artikel toegekende bevoegdheid ten aanzien van reeds aan boord ontvangen zaken niet toe, indien de vervrachter, zodra hem dit redelijkerwijs mogelijk was, heeft verklaard dat hij deze zaken, zij het niet in het bevrachte schip, ondanks de beëindiging van de overeenkomst naar hun bestemming zal vervoeren; zulk vervoer wordt vermoed op grond van de oorspronkelijke overeenkomst plaats te vinden.
3. De opzegging geschiedt door telegram of bericht per telex of door enig ander spoedbericht, waarvan de ontvangst duidelijk aantoonbaar is en de overeenkomst eindigt op het ogenblik van ontvangst daarvan, doch ten aanzien van reeds aan boord ontvangen zaken, eerst na lossing van die zaken. Een in een dergelijk telegram of bericht vervatte mededeling, dat de vervrachter zaken alsnog, doch niet in het bevrachte schip, naar hun bestemming zal vervoeren, houdt met betrekking tot die zaken opzegging van de overeenkomst in.
4. Ten aanzien van reeds ten vervoer ontvangen zaken wordt vermoed, dat de beschadiging van het schip is te wijten aan een omstandigheid, die voor rekening van de vervrachter komt; voor rekening van de vervrachter komen die omstandigheden, die in geval van beschadiging van door hem vervoerde zaken voor zijn rekening komen.
5. Het derde, het vierde en het vijfde lid van artikel 398 zijn van toepassing met dien verstande, dat ingeval van tijdbevrachting vracht verschuldigd blijft tot op het tijdstip van de lossing der zaken.
(Zie ook: artt. 261, 424, 426, 486, 502, 935 BW Boek 8)

Opzegging bij tijd- en reisbevrachting bij goederenvervoer over zee

Schakelbepaling

Art. 426

1. In geval van tijd- of reisbevrachting eindigt de overeenkomst met het vergaan van het schip. In geval van langdurige tijdingloosheid wordt vermoed, dat het schip is vergaan te 2400 uur Universele Tijd van de dag, waarop het laatste bericht is ontvangen.

Einde vervoerovereenkomst met vergaan schip bij goederenvervoer over zee

2. Ten aanzien van reeds ten vervoer ontvangen zaken wordt vermoed, dat het vergaan van het schip is te wijten aan een omstandigheid, die voor rekening van de vervrachter komt; voor rekening van de vervrachter komen die omstandigheden, die in geval van beschadiging van door hem vervoerde zaken voor zijn rekening komen.
3. Vervoert de vervrachter ondanks het vergaan van het schip zaken die reeds aan boord waren ontvangen alsnog naar hun bestemming, dan wordt in geval van reisbevrachting dit vervoer vermoed op grond van de oorspronkelijke overeenkomst plaats te vinden.
4. De vervrachter verwittigt de bevrachter zo spoedig als dit mogelijk is.

Schakelbepaling
5. Het derde, het vierde en het vijfde lid van artikel 398 zijn van toepassing.
(Zie ook: artt. 261, 424, 425, 502, 936 BW Boek 8)

Art. 440

Bijzondere bevoegdheden afzender bij goederenvervoer over zee
1. De afzender - of, indien een cognossement is afgegeven, uitsluitend de in artikel 441 bedoelde houder daarvan en dan alleen tegen afgifte van alle verhandelbare exemplaren van dit cognossement - is bevoegd, voor zover de vervoerder hieraan redelijkerwijs kan voldoen, aflevering van ten vervoer ontvangen zaken of, indien daarvoor een cognossement is afgegeven, van alle daarop vermelde zaken gezamenlijk, vóór de aankomst ter bestemmingsplaats te verlangen, mits hij de vervoerder en de belanghebbenden bij de overige lading ter zake schadeloos stelt. Hij is verplicht tot bijdragen in een avarij-grosse, wanneer de avarij-grosse handeling plaatshad met het oog op een omstandigheid, waarvan reeds vóór de aflevering is gebleken.
2. Hij kan dit recht niet uitoefenen, wanneer door de voortijdige aflevering de reis zou worden vertraagd.

Schakelbepaling
3. Zaken, die ingevolge het eerste lid zijn afgeleverd, worden aangemerkt als ter bestemming afgeleverde zaken en de bepalingen van deze afdeling nopens de aflevering van zaken, alsmede de artikelen 490 en 491 zijn van toepassing.
(Zie ook: artt. 413, 484, 610, 937, 938, 1020, 1125 BW Boek 8; art. 15 LVW)

Art. 441

Bijzondere bevoegdheden cognossementhouder bij goederenvervoer over zee
1. Indien een cognossement is afgegeven, heeft uitsluitend de regelmatige houder daarvan, tenzij hij niet op rechtmatige wijze houder is geworden, jegens de vervoerder onder het cognossement het recht aflevering van de zaken overeenkomstig de op de vervoerder rustende verplichtingen te vorderen; daarbij is artikel 387 van toepassing.
2. Jegens de houder van het cognossement, die niet de afzender was, is de vervoerder onder cognossement gehouden aan en kan hij een beroep doen op de bedingen van dit cognossement. Jegens iedere houder van het cognossement, kan hij de uit het cognossement duidelijk kenbare rechten tot betaling geldend maken. Jegens de houder van het cognossement, die ook de afzender was, kan de vervoerder zich bovendien op de bedingen van de vervoerovereenkomst en op zijn persoonlijke verhouding tot de afzender beroepen.
(Zie ook: art. 86 BW Boek 3; artt. 253, 254 BW Boek 6; artt. 51, 410, 415, 440, 442, 461, 488, 940 BW Boek 8)

Art. 442

Hoofdelijke verbondenheid bij goederenvervoer over zee
1. Indien bij toepassing van artikel 461 verscheidene personen als vervoerder onder het cognossement moeten worden aangemerkt zijn dezen jegens de in artikel 441 eerste lid bedoelde cognossementhouder hoofdelijk verbonden.
2. In het in het eerste lid genoemde geval is ieder der vervoerders gerechtigd de uit het cognossement blijkende rechten jegens de cognossementhouder uit te oefenen en is deze jegens iedere vervoerder gekweten tot op het opeisbare bedrag dat hij op grond van het cognossement aan één hunner heeft voldaan. Titel 7 van Boek 3 is niet van toepassing.
(Zie ook: artt. 6, 102, 253, 254 BW Boek 6; artt. 410, 415, 462, 941 BW Boek 8; artt. 146, 221 WvK)

Art. 460

Beste recht bij goederenvervoer over zee
Van de houders van verschillende exemplaren van hetzelfde cognossement heeft hij het beste recht, die houder is van het exemplaar, waarvan ná de gemeenschappelijke voorman, die houder was van al die exemplaren, het eerst een ander houder is geworden te goeder trouw en onder bezwarende titel.
(Zie ook: art. 11 BW Boek 3; artt. 52, 412, 413, 441, 490, 942 BW Boek 8; art. 347 WvK)

Art. 461

Vervoerder onder het cognossement bij goederenvervoer over zee
1. Onverminderd de overige leden van dit artikel worden als vervoerder onder het cognossement aangemerkt hij die het cognossement ondertekende of voor wie een ander dit ondertekende alsmede hij wiens formulier voor het cognossement is gebezigd.
2. Indien de kapitein of een ander voor hem het cognossement ondertekende, wordt naast degene genoemd in het eerste lid, die tijd- of reisbevrachter, die vervoerder is bij de laatste overeenkomst in de keten der exploitatieovereenkomsten als bedoeld in afdeling 1 van titel 5, als vervoerder onder het cognossement aangemerkt. Indien het schip in rompbevrachting is uitgegeven wordt naast deze eventuele tijd- of reisbevrachter ook de laatste rompbevrachter als vervoerder onder het cognossement aangemerkt. Is het schip niet in rompbevrachting uitgegeven dan wordt naast de hier genoemde eventuele tijd- of reisbevrachter ook de reder als vervoerder onder het cognossement aangemerkt.

3. In afwijking van de vorige leden wordt uitsluitend de laatste rompbevrachter, onderscheidenlijk de reder, als vervoerder onder het cognossement aangemerkt indien het cognossement uitsluitend deze rompbevrachter, onderscheidenlijk de reder, uitdrukkelijk als zodanig aanwijst en, in geval van aanwijzing van de rompbevrachter, bovendien diens identiteit uit het cognossement duidelijk kenbaar is.
4. Dit artikel laat het tweede lid van artikel 262 onverlet.
5. Nietig is ieder beding, waarbij van dit artikel wordt afgeweken.   Dwingend recht
(Zie ook: artt. 12, 217, 380, 442, 480, 530, 827, 943 BW Boek 8; artt. 100, 108, 178, 189 WvK)

Art. 462
1. Het eerste lid van artikel 461 vindt geen toepassing indien een daar als vervoerder onder het cognossement aangemerkte persoon bewijst dat hij die ondertekende voor hem ondertekende daarbij de grenzen zijner bevoegdheid overschreed of dat het formulier zonder zijn toestemming is gebezigd. Desalniettemin wordt een in het eerste lid van artikel 461 bedoelde persoon als vervoerder onder het cognossement aangemerkt, indien de houder van het cognossement bewijst dat op het ogenblik van uitgifte van het cognossement, op grond van een en verklaring of gedraging van hem voor wie is ondertekend of wiens formulier is gebezigd, redelijkerwijze mocht worden aangenomen, dat hij die ondertekende daartoe bevoegd was of dat het formulier met toestemming was gebezigd.   Tegenbewijs vervoerder onder cognossement bij goederenvervoer over zee
2. In afwijking van het eerste lid wordt de rederij als vervoerder onder het cognossement aangemerkt indien haar boekhouder door ondertekening van het cognossement de grenzen zijner bevoegdheid overschreed, doch zij wordt niet gebonden jegens de eerste houder van het cognossement die op het ogenblik van uitgifte daarvan wist dat de boekhouder de grenzen zijner bevoegdheid overschreed.
(Zie ook: artt. 178, 179 BW Boek 8)
3. Een beroep op het tweede lid van artikel 461 is mogelijk ook indien de kapitein door ondertekening van het cognossement of door een ander de bevoegdheid te geven dit namens hem te ondertekenen, de grenzen zijner bevoegdheid overschreed, doch dergelijk beroep staat niet open aan de eerste houder van het cognossement die op het ogenblik van uitgifte daarvan wist dat de kapitein de grenzen zijner bevoegdheid overschreed.
4. Het derde lid vindt eveneens toepassing indien hij die namens de kapitein het cognossement ondertekende daarbij de grenzen zijner bevoegdheid overschreed.
(Zie ook: artt. 217, 260, 262, 827, 944 BW Boek 8)

Art. 480
1. Is een vervrachter ingevolge artikel 461 tot meer gehouden dan waartoe hij uit hoofde van zijn bevrachting is verplicht of ontving hij minder dan waartoe hij uit dien hoofde is gerechtigd, dan heeft hij - mits de ondertekening van het cognossement of de afgifte van het formulier plaatsvond krachtens het in de bevrachting bepaalde, dan wel op verzoek van de bevrachter - deswege op deze laatste verhaal.   Verhaal door de vervrachter bij goederenvervoer over zee
2. Hetzelfde geldt voor een ingevolge het eerste lid aangesproken bevrachter, die op zijn beurt vervrachter is.
(Zie ook: artt. 502, 945 BW Boek 8)

Art. 481
1. De houder van het cognossement, die zich tot ontvangst van de zaken heeft aangemeld, is verplicht, voordat hij deze heeft ontvangen, het cognossement van kwijting te voorzien en aan de vervoerder af te geven.   Kwijting bij goederenvervoer over zee
2. Hij is gerechtigd het cognossement tot zekerheid der afgifte daarvan bij een, in geval van geschil op verzoek van de meest gerede partij door de rechter aan te wijzen, derde in bewaring te geven totdat de zaken afgeleverd zijn.
(Zie ook: artt. 483, 490, 946 BW Boek 8; art. 627 Rv)

Art. 482
1. Een door de vervoerder na intrekking van het cognossement afgegeven document dat de houder daarvan recht geeft op aflevering van in dat cognossement genoemde zaken, wordt met betrekking tot deze zaken met het cognossement gelijk gesteld. Het cognossement wordt vermoed van het hier bedoelde document deel uit te maken. Hij die dit document ondertekende of voor wie een ander dit ondertekende, noch hij wiens formulier werd gebruikt, wordt door het blote feit van deze ondertekening of dit gebruik als vervoerder onder het cognossement aangemerkt.   Afgifte document na intrekking cognossement bij goederenvervoer over zee
2. Tenzij in documenten als bedoeld in het eerste lid anders is bepaald, zijn de houders daarvan hoofdelijk verbonden voor de verbintenissen die uit het vervoer van de onder het cognossement vervoerde zaken voor de houder van dat cognossement voortvloeien.
(Zie ook: artt. 6, 102 BW Boek 6; artt. 417, 441 BW Boek 8)

Art. 483
1. Behalve in geval van bevrachting is de vervoerder verplicht de zaken uit het schip te lossen.   Lossingsplicht bij goederenvervoer over zee

2. Op de lossing van de zaken vindt artikel 422 overeenkomstige toepassing.   Schakelbepaling
(Zie ook: artt. 418, 421, 490, 929, 933 BW Boek 8)

Art. 484

Verschuldigde vracht bij goederenvervoer over zee

1. De vracht is verschuldigd na aflevering van de zaken ter bestemming of ter plaatse, waar de vervoerder hen met inachtneming van artikel 440 afleverde. Is de vracht bepaald naar gewicht of omvang der zaken, dan wordt hij berekend naar deze gegevens bij aflevering.
2. Vracht die in één som voor alle zaken ter bestemming is bepaald, is, ook wanneer slechts een gedeelte van die zaken is afgeleverd, in zijn geheel verschuldigd.
3. Onder voorbehoud van het vijfde lid van dit artikel is voor zaken, die onderweg zijn verkocht omdat hun beschadigdheid verder vervoer redelijkerwijs niet toeliet, de vracht verschuldigd, doch ten hoogste tot het bedrag van hun opbrengst.
4. Vracht, die vooruit te voldoen is of voldaan is, is en blijft - behalve in geval van tijdbevrachting - in zijn geheel verschuldigd, ook wanneer de zaken niet ter bestemming worden afgeleverd.
(Zie ook: art. 373 BW Boek 8)
5. In waardeloze toestand afgeleverde zaken worden aangemerkt als niet te zijn afgeleverd. Zaken, die niet zijn afgeleverd, of die in waardeloze toestand zijn afgeleverd, worden desalniettemin aangemerkt als afgeleverde zaken, voor zover het niet of in waardeloze toestand afleveren het gevolg is van de aard of een gebrek van de zaken, dan wel van een handeling of nalaten van een rechthebbende op of de afzender of ontvanger van de zaken.
(Zie ook: artt. 29, 383, 398, 411, 441, 486, 489, 947, 1128 BW Boek 8; art. 16 LVW)

Art. 485

Zaken voor eigen rekening bij goederenvervoer over zee

Voor zaken die door een opvarende voor eigen rekening in strijd met enig wettelijk verbod worden vervoerd is de hoogste vracht verschuldigd die ten tijde van de inlading voor soortgelijke zaken kon worden bedongen. Deze vracht is verschuldigd ook wanneer de zaken niet of in waardeloze toestand ter bestemming worden afgeleverd en de ontvanger is met de verscheper hoofdelijk voor deze vracht verbonden.
(Zie ook: artt. 6, 102 BW Boek 6; artt. 5, 484, 948 BW Boek 8; art. 372 WvK)

Art. 486

Niet verschuldigde vracht bij goederenvervoer over zee

Onder voorbehoud van de laatste zinsnede van het vijfde lid van artikel 425 is in geval van tijdbevrachting vracht niet verschuldigd over de tijd, dat de bevrachter het schip niet overeenkomstig de bedingen van de bevrachting te zijner beschikking heeft
a. ten gevolge van beschadiging daarvan, dan wel
b. doordat de vervrachter in de nakoming van zijn verplichtingen te kort schiet,
mits het schip meer dan 24 aaneengesloten uren niet ter beschikking van de bevrachter staat.
(Zie ook: art. 81 BW Boek 6; artt. 373, 502, 484, 949 BW Boek 8)

Art. 487

Lasten van exploitatie schip bij goederenvervoer over zee

1. Bij tijdbevrachting komen de brandstof voor de machines, het ketelwater, de havenrechten en soortgelijke rechten en uitgaven, die verschuldigd worden ten gevolge van uitgevoerde reizen en het vervoeren van zaken, ten laste van de bevrachter. De overige lasten der exploitatie van het schip komen ten laste van de vervrachter.
2. De vervrachter is gerechtigd en verplicht zich bij het einde van de bevrachting nog aan boord bevindende brandstof van de bevrachter over te nemen tegen de marktprijs ten tijde en ter plaatse van de oplevering van het schip.
(Zie ook: artt. 373, 502, 950 BW Boek 8)

Art. 488

Hoofdelijke verbondenheid bij goederenvervoer over zee

Onverminderd het omtrent avarij-grosse bepaalde en onverminderd afdeling 1 van Titel 4 van Boek 6 zijn de afzender, de ontvanger en, indien een cognossement is afgegeven, de in artikel 441 bedoelde houder daarvan, hoofdelijk verbonden de vervoerder de schade te vergoeden, geleden doordat deze zich als zaakwaarnemer inliet met de behartiging van de belangen van een rechthebbende op ter vervoer ontvangen zaken dan wel doordat de kapitein of de schipper zijn in artikel 261 of artikel 860 genoemde verplichtingen is nagekomen.
(Zie ook: artt. 6, 102 BW Boek 6; artt. 222, 389, 398, 510, 832, 951, 1129, 1195, 1714 BW Boek 8)

Art. 489

Bevoegdheid vervoerder tot weigeren afgifte van zaken bij goederenvervoer over zee

1. De vervoerder is gerechtigd afgifte van zaken, die hij in verband met de vervoerovereenkomst onder zich heeft, te weigeren aan ieder, die uit anderen hoofde dan de vervoerovereenkomst recht heeft op aflevering van die zaken, tenzij op de zaken beslag is gelegd en uit de vervolging van dit beslag een verplichting tot afgifte aan de beslaglegger voortvloeit.
2. De vervoerder kan het recht van retentie uitoefenen op zaken, die hij in verband met de vervoerovereenkomst onder zich heeft, voor hetgeen hem door de ontvanger verschuldigd is of zal worden terzake van het vervoer van die zaken alsmede voor hetgeen als bijdrage in avarij-grosse op die zaken verschuldigd is of zal worden. Dit retentierecht vervalt zodra aan de vervoerder is betaald het bedrag waarover geen geschil bestaat en voldoende zekerheid is gesteld voor de betaling van de bedragen, waaromtrent wel geschil bestaat of welker hoogte nog niet kan worden vastgesteld.

3. De in dit artikel aan de vervoerder toegekende rechten komen hem niet toe jegens een derde, indien hij op het tijdstip dat hij de zaak ten vervoer ontving, reden had te twijfelen aan de bevoegdheid van de afzender jegens die derde hem de zaak ten vervoer ter beschikking te stellen.
(Zie ook: artt. 48, 290, 291 BW Boek 3; artt. 51, 52 BW Boek 6; artt. 30, 69, 222, 510, 568, 832, 954, 1131, 1196 BW Boek 8; art. 631 Rv)

Art. 490

1. Voor zover hij die jegens de vervoerder recht heeft op aflevering van vervoerde zaken niet opkomt, weigert deze te ontvangen of deze niet met de vereiste spoed in ontvangst neemt, voor zover op zaken beslag is gelegd, alsmede indien de vervoerder gegronde redenen heeft aan te nemen, dat een houder van een cognossement die als ontvanger opkomt, desalniettemin niet tot de aflevering gerechtigd is, is de vervoerder gerechtigd deze zaken voor rekening en gevaar van de rechthebbende bij een derde op te slaan in een daarvoor geschikte bewaarplaats of lichter. Op zijn verzoek kan de rechter bepalen dat hij deze zaken, desgewenst ook in het schip, onder zichzelf kan houden of andere maatregelen daarvoor kan treffen.

Opslag vervoerde zaken bij goederenvervoer over zee

2. De derde-bewaarnemer en de ontvanger zijn jegens elkaar verbonden, als ware de omtrent de bewaring gesloten overeenkomst mede tussen hen aangegaan. De bewaarnemer is echter niet gerechtigd tot afgifte dan na schriftelijke toestemming daartoe van hem, die de zaken in bewaring gaf.
(Zie ook: art. 600 BW Boek 7; artt. 227, 398, 422, 483, 424, 425, 440, 460, 510, 955, 1132, 1197 BW Boek 8; art. 628 Rv; art. 17 LVW)

Art. 491

1. In geval van toepassing van artikel 490 kan de vervoerder, de bewaarnemer dan wel hij, die jegens de vervoerder recht heeft op de aflevering op zijn verzoek, door de rechter worden gemachtigd de zaken geheel of gedeeltelijk op de door deze te bepalen wijze te verkopen.

Machtiging vervoerder tot verkoop van zaken bij goederenvervoer over zee

2. De bewaarnemer is verplicht de vervoerder zo spoedig mogelijk van de voorgenomen verkoop op de hoogte te stellen; de vervoerder heeft deze verplichting jegens degene, die jegens hem recht heeft op de aflevering van de zaken, en jegens degene, aan wie hij volgens de bepalingen van een mogelijkerwijs afgegeven cognossement bericht van aankomst van het schip moet zenden.
3. De opbrengst van het verkochte wordt in de consignatiekas gestort voor zover zij niet strekt tot voldoening van de kosten van opslag en verkoop alsmede, binnen de grenzen der redelijkheid, van de gemaakte kosten. Tenzij op de zaken beslag is gelegd voor een geldvordering, moet aan de vervoerder uit het in bewaring te stellen bedrag worden voldaan hetgeen hem verschuldigd is ter zake van het vervoer, alsmede een bijdrage in avarij-grosse; voor zover deze vorderingen nog niet vast staan, zal de opbrengst of een gedeelte daarvan op door de rechter te bepalen wijze tot zekerheid voor deze vorderingen strekken.
4. De in de consignatiekas gestorte opbrengst treedt in de plaats van de zaken.
(Zie ook: artt. 51, 63, 67, 70 BW Boek 6; art. 600 BW Boek 7; artt. 398, 424, 440, 510, 570, 610, 957, 1020, 1133, 1198, 1710 BW Boek 8; art. 632 Rv; art. 18 LVW)

Art. 492

1. Tenzij aan de vervoerder of zijn agent in de loshaven vóór of op het ogenblik van het weghalen van de zaken en van hun overgifte aan de krachtens de vervoerovereenkomst op de aflevering rechthebbende persoon schriftelijk kennis is gegeven van verliezen of schaden en van de algemene aard van deze verliezen of schaden, schept dit weghalen, tot op bewijs van het tegendeel, het vermoeden dat de zaken door de vervoerder zijn afgeleverd in de staat als in de vervoerovereenkomst omschreven.

Bewijsvermoeden bij weghalen zaken bij goederenvervoer over zee

2. Zijn de verliezen of schaden niet uiterlijk zichtbaar, dan moet de kennisgeving binnen drie dagen na de aflevering geschieden.
3. Schriftelijk voorbehoud is overbodig als de staat van de zaak op het ogenblik van de inontvangstneming door beide partijen gezamenlijk werd vastgesteld.
(Zie ook: art. 382 BW Boek 8)

Art. 493

Indien er zekerheid of vermoeden bestaat, dat er verlies of schade is, moeten de vervoerder en de ontvanger elkaar over en weer in redelijkheid alle middelen verschaffen om het onderzoek van de zaak en het natellen van de colli mogelijk te maken.
(Zie ook: artt. 382, 495, 510, 958, 1134, 1199 BW Boek 8)

Wederzijdse verplichtingen bij weghalen zaken bij goederenvervoer over zee

Art. 494

1. Zowel de vervoerder als hij die jegens de vervoerder recht heeft op de aflevering, is bevoegd bij de aflevering van zaken de rechter te verzoeken een gerechtelijk onderzoek te doen plaatshebben naar de toestand waarin deze worden afgeleverd; tevens zijn zij bevoegd de rechter te verzoeken de daarbij bevonden verliezen of schaden gerechtelijk te doen begroten.

Gerechtelijk onderzoek naar afgeleverde zaken bij goederenvervoer over zee

2. Indien dit onderzoek in tegenwoordigheid of na behoorlijke oproeping van de wederpartij heeft plaatsgehad, wordt het uitgebrachte rapport vermoed juist te zijn.
(Zie ook: artt. 496, 510, 959, 1135 BW Boek 8; art. 633 Rv)

Art. 495

Gerechtelijk onderzoek naar oorzaak verlies/schade bij goederenvervoer over zee

1. Zowel de vervoerder als hij die jegens de vervoerder recht heeft op de aflevering is, wanneer hij verliezen of schaden van zaken vermoedt, bevoegd de rechter te verzoeken vóór, bij of terstond na de aflevering daarvan en desgewenst aan boord van het schip een gerechtelijk onderzoek te doen plaatshebben naar de oorzaak daarvan.
2. Indien dit onderzoek in tegenwoordigheid of na behoorlijke oproeping van de wederpartij heeft plaatsgehad, wordt het uitgebrachte rapport vermoed juist te zijn.
(Zie ook: artt. 493, 496, 510, 960, 1135 BW Boek 8; art. 633 Rv)

Art. 496

Goederenvervoer over zee, kosten gerechtelijk onderzoek

1. De kosten van gerechtelijk onderzoek, als bedoeld in de artikelen 494 en 495, moeten worden voldaan door de aanvrager.

2. De rechter kan deze kosten en door het onderzoek geleden schade geheel of gedeeltelijk ten laste van de wederpartij van de aanvrager brengen, ook al zou daardoor het bedrag genoemd in het eerste lid van artikel 388 worden overschreden.
(Zie ook: artt. 510, 961, 1136 BW Boek 8; art. 633 Rv)

Afdeling 3
Overeenkomst van personenvervoer over zee

Art. 500

Vervoerovereenkomst bij personenvervoer over zee

In deze afdeling wordt verstaan onder:
a. *Verdrag:* het Verdrag van Athene betreffende het vervoer van passagiers en hun bagage over zee van 1974, zoals gewijzigd bij het Protocol van 2002 (Trb. 2011, 110);
b. *Verordening:* Verordening (EG) 392/2009 van het Europees Parlement en de Raad van 23 april 2009 betreffende de aansprakelijkheid van vervoerders van passagiers over zee bij ongevallen (Pb EU L 131);
c. *Protocol van 2002:* Protocol van 2002 bij het Verdrag van Athene betreffende het vervoer van passagiers en hun bagage over zee van 1974;
d. *IMO richtsnoeren:* Richtsnoeren van de Internationale Maritieme Organisatie (IMO) voor de uitvoering van het Verdrag van Athene (IMO Circular letter No. 2 758 van 20 november 2006);
e. *overeenkomst van personenvervoer:* de overeenkomst van personenvervoer, al dan niet tijd- of reisbevrachting zijnde, waarbij de ene partij (de vervoerder) zich tegenover de andere partij verbindt aan boord van een schip een of meer personen (reizigers) en al dan niet hun bagage over zee te vervoeren. De overeenkomst van personenvervoer als omschreven in artikel 100 is geen overeenkomst van personenvervoer in de zin van deze afdeling. Vervoer over zee en binnenwateren aan boord van een en eenzelfde schip, dat deze beide wateren bevaart, wordt in afwijking van artikel 121 als vervoer over zee beschouwd;
f. *vervoerder:* persoon door of namens wie een overeenkomst van personenvervoer is gesloten, ongeacht of het vervoer feitelijk door deze persoon dan wel door een feitelijke vervoerder wordt verzorgd;
g. *feitelijke vervoerder:* een andere persoon dan de vervoerder, zijnde de eigenaar, bevrachter of exploitant van een schip, die het vervoer feitelijk geheel of gedeeltelijk verricht;
h. *vervoerder die het vervoer feitelijk geheel of gedeeltelijk verricht:* de feitelijke vervoerder, of, voor zover de vervoerder zelf het vervoer verricht, de vervoerder;
i. *reiziger:* iedere persoon vervoerd op een schip krachtens een overeenkomst van personenvervoer en iedere persoon vervoerd op een schip die met toestemming van de vervoerder een voertuig of levend dier begeleidt, waarvoor een overeenkomst van goederenvervoer is gesloten;
j. *schip:* een zeegaand schip, met uitzondering van luchtkussenvaartuigen;
k. *bagage:* elk voorwerp of voertuig dat krachtens een overeenkomst van personenvervoer door de vervoerder wordt vervoerd, met uitzondering van:
1°. goederen of voertuigen die worden vervoerd krachtens een overeenkomst die hoofdzakelijk het vervoer van goederen betreft;
2°. levende dieren;
l. *hutbagage:* de bagage die zich in de kajuit van de reiziger bevindt, die in zijn bezit is of die hij onder zijn hoede of toezicht heeft. Behalve voor de toepassing van artikel 501 en van artikel 504, zevende lid, omvat de hutbagage de bagage die een reiziger in of op zijn voertuig heeft;
m. *verlies of schade aan bagage:* omvat eveneens schade voortvloeiend uit het feit dat de bagage niet binnen een redelijke periode, te rekenen vanaf de aankomst van het schip waarop de bagage is vervoerd of had moeten worden vervoerd, aan de reiziger werd afgeleverd, maar omvat niet de vertraging voortvloeiende uit arbeidsconflicten;
n. *Onze Minister:* de Minister van Infrastructuur en Milieu.

Art. 500a
1. Deze afdeling is van toepassing op de overeenkomst van personenvervoer voor zover daarop niet de Verordening van toepassing is. *Werkingssfeer*
2. In afwijking van het eerste lid zijn op de overeenkomst van personenvervoer waarop de Verordening van toepassing is, de artikelen 509 tot en met 510, 512, 514, 515 en 521 tot en met 529k van deze afdeling van toepassing.
3. In afwijking van het eerste lid zijn op de overeenkomst van internationaal personenvervoer waarop het Verdrag noch de Verordening van toepassing is, de artikelen 529 tot en met 529k niet van toepassing.

Art. 500b
Deze afdeling is niet van toepassing op vorderingen voor schade voortvloeiend uit een nucleair ongeval indien de exploitant van een nucleaire installatie aansprakelijk is voor dergelijke schade: *Nucleair ongeval, schade*
a. krachtens het Verdrag van Parijs van 29 juli 1960 inzake wettelijke aansprakelijkheid op het gebied van de kernenergie (Trb. 1961, 27), zoals dit Verdrag is gewijzigd bij het op 28 januari 1964 te Parijs gesloten Aanvullend Protocol bij dit Verdrag (Trb. 1964, 178); of
b. krachtens een andere regeling betreffende de aansprakelijkheid voor dergelijke schade, op voorwaarde dat die regeling ten opzichte van de personen die dergelijke schade kunnen ondergaan, tenminste even gunstig is als het onder a genoemde Verdrag.

Art. 501
Vervoer over zee omvat: *Begripsbepalingen*
a. met betrekking tot personen of hun hutbagage de tijd dat de reiziger of zijn hutbagage aan boord van het schip verblijft, de tijd van inscheping of ontscheping, alsmede de tijd dat de reiziger of zijn hutbagage te water wordt vervoerd tussen wal en schip of tussen schip en wal, indien de prijs hiervan in de vracht is inbegrepen of het voor dit hulpvervoer gebezigde schip door de vervoerder ter beschikking van de reiziger is gesteld. Vervoer over zee van personen omvat echter niet de tijd dat de reiziger verblijft in een stationsgebouw, op een kade of enige andere haveninstallatie;
b. met betrekking tot hutbagage bovendien de tijd dat de reiziger verblijft in een stationsgebouw, op een kade of enige andere haveninstallatie, indien die bagage is overgenomen door de vervoerder en niet weer aan de reiziger is afgeleverd;
c. met betrekking tot bagage die geen hutbagage is de tijd tussen het overnemen door de vervoerder hetzij te land, hetzij aan boord en de aflevering door de vervoerder.
(Zie ook: artt. 8, 102, 970, 971, 1142, 1143 BW Boek 8)

Art. 502
1. Tijd- of reisbevrachting in de zin van deze afdeling is de overeenkomst van personenvervoer, waarbij de vervoerder (de vervrachter) zich verbindt tot vervoer aan boord van een schip dat hij daartoe, anders dan bij wijze van rompbevrachting, in zijn geheel en al dan niet op tijdbasis (tijdbevrachting of reisbevrachting) ter beschikking stelt van zijn wederpartij (de bevrachter). *Tijd- of reisbevrachting bij personenvervoer over zee*
2. De in afdeling 2 van titel 5 in het bijzonder voor het geval van bevrachting gegeven bepalingen, alsmede artikel 375 zijn op deze bevrachting van overeenkomstige toepassing. *Schakelbepaling*
(Zie ook: artt. 373, 374, 380, 390, 393, 419, 420, 425, 426, 480, 486, 487, 530, 892, 972, 1093, 1144, 1752 BW Boek 8)

Art. 503
De wetsbepalingen omtrent huur, bewaarneming en bruikleen zijn op ter beschikkingstelling van een schip ten vervoer, anders dan bij wijze van rompbevrachting, niet van toepassing. *Wetsbepalingen huur, bewaarneming en bruikleen niet van toepassing*
(Zie ook: art. 600 BW Boek 7; artt. 1584, 1777 BW Boek 7A; artt. 374, 530, 893, 973, 1094, 1145 BW Boek 8)

Art. 504
1. Voor de toepassing van dit artikel: *Aansprakelijkheid vervoerder bij dood/letsel reiziger bij personenvervoer over zee*
a. wordt onder scheepvaartincident verstaan: schipbreuk, kapseizen, aanvaring of stranden van het schip, explosie of brand aan boord, of defect aan het schip;
b. omvat schuld of nalatigheid van de vervoerder: de schuld of nalatigheid van ondergeschikten van de vervoerder, handelend binnen het kader van hun dienstverband;
c. wordt onder defect aan het schip verstaan: gebrekkig of niet functioneren of iedere niet-overeenstemming met toepasselijke veiligheidsvoorschriften van enig deel van het schip of de uitrusting ervan wanneer deze worden gebruikt voor:
1° ontsnapping, evacuatie, inscheping en ontscheping van reizigers;
2° aandrijving, besturing, veilig navigeren, afmeren of ankeren;
3° het aankomen op of vertrekken van een aanleg- of ankerplaats;
4° beperking van schade na vollopen van het schip; of
5° het te water laten van de reddingsuitrusting.
2. De aansprakelijkheid van de vervoerder krachtens dit artikel betreft slechts de schade als gevolg van incidenten die zich tijdens het vervoer hebben voorgedaan.
3. Indien schade door dood of letsel van de reiziger is veroorzaakt door een scheepvaartincident is de vervoerder aansprakelijk tot het in artikel 3, eerste lid, van het Verdrag genoemde bedrag,

behoudens wijziging door de bijzondere amenderingsprocedure voorzien in artikel 23 van het Protocol. De vervoerder is echter niet aansprakelijk indien:
a. het incident het gevolg is van een daad van oorlog, vijandigheden, burgeroorlog, opstand of een natuurverschijnsel van uitzonderlijke, onvermijdelijke en onbedwingbare aard, of;
b. geheel is veroorzaakt door een handeling of verzuim van een derde met het opzet het incident te veroorzaken.
4. Indien en voor zover de in het derde lid bedoelde schade het in artikel 3 van het Verdrag bedoelde bedrag te boven gaat, is de vervoerder verder aansprakelijk tot het in artikel 7, eerste lid, van het Verdrag genoemde bedrag, behoudens wijziging door de bijzondere amenderingsprocedure voorzien in artikel 23 van het Protocol. De vervoerder is echter niet verder aansprakelijk indien hij bewijst dat het incident dat het verlies heeft veroorzaakt niet aan zijn schuld of nalatigheid te wijten is.
5. Indien schade door dood of letsel van de reiziger niet is veroorzaakt door een scheepvaartincident, is de vervoerder aansprakelijk indien het incident dat het verlies heeft veroorzaakt aan de schuld of de nalatigheid van de vervoerder te wijten is. De aansprakelijkheid van de vervoerder is beperkt tot het in artikel 7, eerste lid, van het Verdrag genoemde bedrag, behoudens wijziging door de bijzondere amenderingsprocedure voorzien in artikel 23 van het Protocol.
6. In afwijking van het derde tot en met het vijfde lid is de vervoerder voor schade door dood of letsel van de reiziger als gevolg van een van de risico's genoemd in punt 2.2 van de IMO richtsnoeren niet verder aansprakelijk dan het laagste bedrag van de volgende bedragen:
a. 250 000 rekeneenheden per reiziger, per incident; of
b. 340 miljoen rekeneenheden per schip, per incident.
7. De vervoerder is aansprakelijk voor schade als gevolg van verlies of beschadiging van hutbagage indien het incident dat de schade heeft veroorzaakt aan de schuld of nalatigheid van de vervoerder te wijten is. Schuld of nalatigheid van de vervoerder wordt aangenomen in geval van een scheepvaartincident. De aansprakelijkheid van de vervoerder is beperkt tot het in artikel 8, eerste lid, van het Verdrag genoemde bedrag, behoudens wijziging door de bijzondere amenderingsprocedure voorzien in artikel 23 van het Protocol.
8. De vervoerder is aansprakelijk voor schade veroorzaakt door verlies of beschadiging van andere bagage dan hutbagage tenzij de vervoerder bewijst dat het incident dat de schade heeft veroorzaakt niet aan zijn schuld of nalatigheid te wijten is. De aansprakelijkheid van de vervoerder is beperkt tot de in artikel 8, tweede en derde lid, bedoelde bedragen, behoudens wijziging door de bijzondere amenderingsprocedure voorzien in artikel 23 van het Protocol.
9. De vervoerder en de reiziger kunnen overeenkomen dat de aansprakelijkheid van de vervoerder met ten hoogste de in artikel 8, vierde lid, van het Verdrag genoemde bedragen, behoudens wijziging door de bijzondere amenderingsprocedure voorzien in artikel 23 van het Protocol, kan worden verminderd in het geval van schade aan een voertuig en verlies van of schade aan andere bagage.
10. Vervoerder en reiziger kunnen uitdrukkelijk en schriftelijk hogere aansprakelijkheidsgrenzen overeenkomen dan bedoeld in dit artikel.
11. De wettelijke rente en proceskosten zijn niet begrepen in de in dit artikel bedoelde aansprakelijkheidsgrenzen.
12. Dit artikel laat onverlet enig recht van verhaal van de vervoerder jegens een derde en enig verweer gebaseerd op de nalatigheid van een reiziger op grond van artikel 513.

Art. 504a

Aansprakelijkheid feitelijk vervoerder

1. Indien het vervoer geheel of gedeeltelijk door een feitelijke vervoerder wordt uitgevoerd, blijft de vervoerder aansprakelijk voor het volledige vervoer overeenkomstig de bepalingen van deze afdeling. Bovendien is de feitelijke vervoerder onderworpen aan de bepalingen van deze afdeling en kan hij zich op deze bepalingen beroepen voor het gedeelte van het vervoer dat hij zelf heeft verricht.
2. De vervoerder is met betrekking tot het door de feitelijke vervoerder verrichte vervoer aansprakelijk jegens de reiziger voor schade door de handelingen en het verzuim van de feitelijke vervoerder en van diens ondergeschikten, vertegenwoordigers of lasthebbers in de uitoefening van hun taak.
3. Elke overeenkomst waarbij de vervoerder verplichtingen op zich neemt die niet voortvloeien uit deze afdeling of waarbij de vervoerder afstand doet van rechten die voortvloeien uit deze afdeling, zal ten opzichte van de feitelijke vervoerder slechts gevolg hebben als deze laatste daar uitdrukkelijk en schriftelijk mee heeft ingestemd.
4. Indien en voor zover de vervoerder en de feitelijke vervoerder beiden aansprakelijk zijn, zijn zij hoofdelijk verbonden.
5. Dit artikel laat onverlet enig recht op verhaal van de vervoerder en de feitelijke vervoerder.

Art. 504b

Schadevergoeding, hoogte totale som

1. De in artikel 504 bedoelde aansprakelijkheidsgrenzen worden toegepast op de totale som van de schadevergoeding die kan worden verkregen in het kader van alle aansprakelijkheidsvorderingen bij dood of letsel van een reiziger of bij verlies of beschadiging van zijn bagage.

2. Bij vervoer door een feitelijke vervoerder kan de totale som van de schadevergoeding die kan worden verkregen van de vervoerder, de feitelijke vervoerder, en hun ondergeschikten, vertegenwoordigers en lasthebbers die handelen in de uitoefening van hun taak, niet hoger zijn dan de hoogste vergoeding die de vervoerder of de feitelijke vervoerder krachtens deze afdeling kan worden opgelegd. Geen van de in dit lid genoemde personen kan aansprakelijk worden gesteld voor een bedrag dat de aansprakelijkheidsgrens die voor hem krachtens deze afdeling van toepassing is, te boven gaat.
3. Indien een ondergeschikte, vertegenwoordiger of lasthebber van de vervoerder of van de feitelijke vervoerder zich krachtens artikel 504e kan beroepen op de in artikel 504 bedoelde aansprakelijkheidsgrenzen, gaat de totale som van de schadevergoeding die kan worden verkregen van de vervoerder of de feitelijke vervoerder en van de ondergeschikte, vertegenwoordiger of lasthebber, die grenzen niet te boven.

Art. 504c
1. De vervoerder kan zich niet beroepen op de in artikel 504 bedoelde beperking van aansprakelijkheid, indien bewezen is dat de schade voortvloeit uit een handeling of een verzuim door de vervoerder, hetzij met het opzet die schade te veroorzaken, hetzij roekeloos en met de wetenschap dat dergelijke schade waarschijnlijk daaruit zou voortvloeien.
2. De ondergeschikte, de vertegenwoordiger of de lasthebber van de vervoerder of van de feitelijke vervoerder kan zich niet beroepen op de in het eerste lid bedoelde beperking van aansprakelijkheid indien de schade voortvloeit uit een handeling of verzuim door de ondergeschikte, vertegenwoordiger of lasthebber, hetzij met het opzet dergelijke schade te veroorzaken, hetzij roekeloos en met de wetenschap dat dergelijke schade waarschijnlijk daaruit zou voortvloeien.

Schadevergoeding, geen beroep op beperking aansprakelijkheid

Art. 504d
Geen vordering tot vergoeding van schade als bedoeld in deze afdeling kan tegen de vervoerder of de feitelijke vervoerder worden ingesteld anders dan in overeenstemming met deze afdeling.

Schadevergoeding, samenloop

Art. 504e
Indien een rechtsvordering tegen een ondergeschikte, vertegenwoordiger of lasthebber van de vervoerder of van de feitelijke vervoerder wordt ingesteld tot vergoeding van schade waarop deze afdeling van toepassing is, kan die ondergeschikte, vertegenwoordiger of lasthebber, indien hij bewijst dat hij in de uitoefening van zijn functie heeft gehandeld, een beroep doen op de verweren en aansprakelijkheidsgrenzen waarop de vervoerder of de feitelijke vervoerder zich krachtens deze afdeling kan beroepen.

Schadevergoeding, rechtsvordering tegen onderschikte/vertegenwoordiger/lasthebber

Art. 504f
Deze afdeling laat de titels 7 en 12 onverlet.

Art. 505-506
[Vervallen]

Art. 507
De vervoerder is niet aansprakelijk voor verlies of beschadiging van geld, verhandelbare documenten, goud, zilver, juwelen, sieraden, kunstvoorwerpen of andere waardevolle zaken, tenzij deze waardevolle zaken aan de vervoerder in bewaring zijn gegeven en hij overeengekomen is hen in zekerheid te zullen bewaren, in welk geval zijn aansprakelijkheid beperkt is tot het bedrag bedoeld in artikel 504, achtste lid, tenzij, overeenkomstig artikel 504, tiende lid, in overleg tussen vervoerder en reiziger een hogere aansprakelijkheidsgrens werd vastgesteld.
(Zie ook: art. 600 BW Boek 7; artt. 517, 520, 977, 1151 BW Boek 8)

Aansprakelijkheid vervoerder voor waardevolle voorwerpen/waardepapieren bij personenvervoer over zee

Art. 508
[Vervallen]

Art. 509
Onverminderd artikel 179 van Boek 6 is de reiziger verplicht de vervoerder de schade te vergoeden die hij of zijn bagage deze berokkende, behalve voor zover deze schade is veroorzaakt door een omstandigheid die een zorgvuldig reiziger niet heeft kunnen vermijden en voor zover zulk een reiziger de gevolgen daarvan niet heeft kunnen verhinderen. De reiziger kan niet om zich van zijn aansprakelijkheid te ontheffen beroep doen op de hoedanigheid of een gebrek van zijn bagage.
(Zie ook: artt. 8, 114, 979, 1153 BW Boek 8)

Schadevergoeding door reiziger bij personenvervoer over zee

Art. 510
1. Onverminderd de bepalingen van deze afdeling zijn op het vervoer van bagage de artikelen 378, 387, 388 tweede lid, 389, 394 eerste en tweede lid, 395, 396, 398, 488 tot en met 491 en 493 tot en met 496 van toepassing. De in artikel 396 bedoelde opzegging kan ook mondeling geschieden. De in artikel 489 toegekende rechten en het in artikel 491 toegekende recht tot het zich laten voldoen uit het in bewaring te stellen bedrag van kosten terzake van het vervoer, kunnen worden uitgeoefend voor alles wat de wederpartij van de vervoerder of de reiziger aan de vervoerder verschuldigd is.
2. Partijen hebben de vrijheid af te wijken van in het eerste lid op hun onderlinge verhouding toepasselijk verklaarde bepalingen.
(Zie ook: artt. 8, 370, 980, 1154, 1710 t/m 1722, 1750 BW Boek 8)

Schakelbepaling

Art. 511

Meldingsplicht reiziger bij schade bij personenvervoer over zee

1. De reiziger is gehouden de vervoerder schriftelijk kennis te geven:
   a. in geval van uiterlijk zichtbare schade aan bagage:
   (i). wat betreft hutbagage: voor of ten tijde van de ontscheping van de reiziger;
   (ii). wat betreft alle andere bagage: voor of ten tijde van de aflevering;
   b. in geval van niet uiterlijk zichtbare schade aan of verlies van bagage: binnen vijftien dagen na de aanvang van de dag, volgende op de dag van ontscheping of aflevering of die waarop de bagage had moeten worden afgeleverd.
2. Indien de reiziger niet aan zijn in het eerste lid van dit artikel omschreven verplichting voldoet, wordt, behoudens tegenbewijs, vermoed dat hij de bagage onbeschadigd heeft ontvangen.
3. Schriftelijke kennisgeving is overbodig indien de staat van de bagage op het ogenblik van in ontvangstneming gezamenlijk is vastgesteld of geïnspecteerd.
(Zie ook: artt. 8, 500, 505, 506, 510, 516, 981 BW Boek 8)

Art. 512

Onderzoek naar bagage bij personenvervoer over zee

De vervoerder is niet gehouden, doch wel gerechtigd zich te overtuigen van de aard of gesteldheid van de bagage, indien hij vermoedt dat hij, de aard of gesteldheid van door de reiziger aan boord gebrachte bagage kennende, deze niet aan boord zou hebben toegelaten. De vervoerder is gehouden dit onderzoek te doen geschieden in tegenwoordigheid van de reiziger of, zo dit niet mogelijk is, in tegenwoordigheid van twee personen van wier hulp hij overigens bij de uitvoering van zijn verbintenis geen gebruik maakt.
(Zie ook: artt. 8, 394, 396, 508, 981 BW Boek 8)

Art. 513

Schuld/nalatigheid reiziger bij personenvervoer over zee

Indien de vervoerder bewijst dat schuld of nalatigheid van de reiziger schade heeft veroorzaakt of daartoe heeft bijgedragen, kan de aansprakelijkheid van de vervoerder daarvoor geheel of gedeeltelijk worden opgeheven.
(Zie ook: artt. 83, 109, 981, 1155 BW Boek 8; art. 29 LVW)

Art. 514

Dienstverlening door hulppersonen bij personenvervoer over zee

Indien personen van wier hulp de vervoerder bij de uitvoering van zijn verbintenis gebruik maakt, op verzoek van de reiziger diensten bewijzen, waartoe de vervoerder niet is verplicht, worden zij aangemerkt als te handelen in opdracht van de reiziger aan wie zij deze diensten bewijzen.
(Zie ook: artt. 109, 981, 1156 BW Boek 8)

Art. 515

Vervoer volgens dienstverlening bij personenvervoer over zee

Behoudens artikel 516 is de vervoerder die zich, anders dan bij wijze van bevrachting, verbond tot vervoer volgens een dienstregeling, niet aansprakelijk voor schade die is veroorzaakt door vertraging, door welke oorzaak dan ook, vóór, tijdens of na het vervoer opgetreden.
(Zie ook: artt. 100, 108, 981 BW Boek 8; art. 28 LVW)

Art. 516-519

[Vervallen]

Art. 520

Dwingend recht

1. Nietig is ieder vóór het aan de reiziger overkomen incident of vóór het verlies of de beschadiging van bagage gemaakt beding, waarbij de ingevolge deze afdeling op de vervoerder of feitelijke vervoerder drukkende aansprakelijkheid of bewijslast wordt verminderd of op andere wijze dan in deze afdeling is voorzien.
(Zie ook: artt. 12, 84, 112, 985, 1149, 1150 BW Boek 8)
2. De nietigheid van een beding als bedoeld in het eerste lid leidt niet tot de nietigheid van de vervoerovereenkomst.

Art. 521

Schadevergoeding bij personenvervoer over zee

1. In geval van verlies of beschadiging van bagage wordt de vordering tot schadevergoeding gewaardeerd naar de omstandigheden.
2. In geval van aan de reiziger overkomen letsel en van de dood van de reiziger zijn de artikelen 107 en 108 van Boek 6 niet van toepassing op de vorderingen die de vervoerder als wederpartij van een andere vervoerder tegen deze laatste instelt.
(Zie ook: artt. 105, 106, 109 BW Boek 6; artt. 85, 113, 986, 1159 BW Boek 8; art. 24 LVW)

Art. 522

Schadevergoedingsplicht wederpartij bij personenvervoer over zee

De wederpartij van de vervoerder is verplicht deze de schade te vergoeden die hij lijdt doordat de reiziger, door welke oorzaak dan ook, niet tijdig ten vervoer aanwezig is.
(Zie ook: artt. 86, 986, 1160 BW Boek 8)

Art. 523

De wederpartij van de vervoerder is verplicht deze de schade te vergoeden die hij lijdt doordat de documenten met betrekking tot de reiziger, die van haar zijde voor het vervoer vereist zijn, door welke oorzaak dan ook, niet naar behoren aanwezig zijn.
(Zie ook: artt. 87, 986, 1161 BW Boek 8)

Art. 524
1. Wanneer vóór of tijdens het vervoer omstandigheden aan de zijde van de wederpartij van de vervoerder of de reiziger zich opdoen of naar voren komen, die de vervoerder bij het sluiten van de overeenkomst niet behoefde te kennen, doch die, indien zij hem wel bekend waren geweest, redelijkerwijs voor hem grond hadden opgeleverd de vervoerovereenkomst niet of op andere voorwaarden aan te gaan, is de vervoerder bevoegd de overeenkomst op te zeggen en de reiziger uit het schip te verwijderen.
2. De opzegging geschiedt door een mondelinge of schriftelijke kennisgeving aan de wederpartij van de vervoerder of aan de reiziger en de overeenkomst eindigt op het ogenblik van ontvangst van de eerst ontvangen kennisgeving.
3. Naar maatstaven van redelijkheid en billijkheid zijn partijen na opzegging der overeenkomst verplicht elkaar de daardoor geleden schade te vergoeden.
(Zie ook: artt. 258, 277 BW Boek 6; artt. 88, 986, 1162 BW Boek 8)

Opzegging vervoerovereenkomst door vervoerder bij personenvervoer over zee

Art. 525
1. Wanneer vóór of tijdens het vervoer omstandigheden aan de zijde van de vervoerder zich opdoen of naar voren komen, die diens wederpartij bij het sluiten van de overeenkomst niet behoefde te kennen, doch die, indien zij haar wel bekend waren geweest, redelijkerwijs voor haar grond hadden opgeleverd de vervoerovereenkomst niet of op andere voorwaarden aan te gaan, is deze wederpartij van de vervoerder bevoegd de overeenkomst op te zeggen.
2. De opzegging geschiedt door een mondelinge of schriftelijke kennisgeving en de overeenkomst eindigt op het ogenblik van ontvangst daarvan.
3. Naar maatstaven van redelijkheid en billijkheid zijn partijen na opzegging der overeenkomst verplicht elkaar de daardoor geleden schade te vergoeden.
(Zie ook: artt. 258, 277 BW Boek 6; artt. 89, 986, 1163 BW Boek 8)

Opzegging vervoerovereenkomst door wederpartij bij personenvervoer over zee

Art. 526
Wanneer de reiziger na verlaten van het schip niet tijdig terugkeert kan de vervoerder de overeenkomst beschouwen als op dat tijdstip te zijn geëindigd.
(Zie ook: artt. 986, 1164 BW Boek 8)

Einde vergoedingenoverzicht bij personenvervoer over zee

Art. 527
1. De wederpartij van de vervoerder is steeds bevoegd de overeenkomst op te zeggen. Zij is verplicht de vervoerder de schade te vergoeden, die deze tengevolge van de opzegging lijdt.
2. Zij kan dit recht niet uitoefenen, wanneer daardoor de reis van het schip zou worden vertraagd.
3. De opzegging geschiedt door een mondelinge of schriftelijke kennisgeving en de overeenkomst eindigt op het ogenblik van ontvangst daarvan.
(Zie ook: artt. 90, 986, 1165 BW Boek 8)

Opzeggingsrecht wederpartij bij personenvervoer over zee

Art. 528
1. Wordt terzake van het vervoer een passagebiljet, een ontvangstbewijs voor bagage of enig soortgelijk document afgegeven, dan is de vervoerder verplicht daarin op duidelijke wijze zijn naam en woonplaats te vermelden.
2. Nietig is ieder beding, waarbij van het eerste lid van dit artikel wordt afgeweken.
3. De artikelen 56 tweede lid, 75 eerste lid en 186 eerste lid van Boek 2 zijn niet van toepassing.
(Zie ook: artt. 12, 100, 260, 986, 1166 BW Boek 8; art. 5 LVW)

Ontvangstbewijs voor bagage bij personenvervoer over zee
Dwingend recht
Personenvervoer over zee, toepasselijkheid art. 56 lid 2/75 lid 1/186 lid 1 Boek 2 BW

Art. 529
1. De vervoerder die feitelijk geheel of gedeeltelijk passagiers vervoert aan boord van een in Nederland te boek staand schip dat vergunning heeft voor het vervoeren van meer dan twaalf reizigers, is verplicht een verzekering of andere financiële zekerheid, zoals een bankgarantie, in stand te houden ter dekking van de uit deze afdeling voortvloeiende aansprakelijkheid voor schade door dood of letsel van een reiziger. Het minimumbedrag van deze verplichte verzekering of andere financiële zekerheid beloopt ten minste het in artikel 4bis, eerste lid, van het Verdrag genoemde bedrag, behoudens wijziging door de bijzondere amenderingsprocedure voorzien in artikel 23 van het Protocol, per reiziger per incident.
2. De vervoerder die feitelijk geheel of gedeeltelijk passagiers vervoert aan boord van een in Nederland te boek staand schip dat vergunning heeft voor het vervoeren van meer dan twaalf passagiers, is verplicht een verzekering of andere financiële zekerheid, zoals een bankgarantie, in stand te houden ter dekking van de uit deze afdeling voortvloeiende aansprakelijkheid voor schade door dood of letsel van een reiziger ten gevolge van een van de risico's die zijn genoemd in punt 2.2 van de IMO richtsnoeren. Het minimumbedrag van deze verplichte verzekering of andere financiële zekerheid beloopt ten minste het laagste van de volgende bedragen:
– 250 000 rekeneenheden per passagier, per afzonderlijk incident, of
– 340 miljoen rekeneenheden in totaal per schip, per afzonderlijk incident.

Verplichting verzekering schade reiziger van vervoerder van passagiers per Nederlands schip

3. De vervoerder die feitelijk geheel of gedeeltelijk passagiers vervoert aan boord van een schip dat vergunning heeft voor het vervoeren van meer dan twaalf reizigers en dat te boek staat buiten Nederland of een andere dan de Nederlandse vlag voert, is verplicht om, indien het schip een haven of laad- of losplaats in Nederland aanloopt of verlaat, of een Nederlands binnenwater bevaart, een verzekering of andere financiële zekerheid, zoals een bankgarantie, in stand te houden ter dekking van de uit deze afdeling voortvloeiende aansprakelijkheid voor schade door dood of letsel van een reiziger. Het minimumbedrag van deze verplichte verzekering of andere financiële zekerheid beloopt ten minste het in artikel 4bis, eerste lid, van het Verdrag genoemde bedrag, behoudens wijziging door de bijzondere amenderingsprocedure voorzien in artikel 23 van het Protocol, per reiziger per incident.

4. De vervoerder die feitelijk geheel of gedeeltelijk passagiers vervoert aan boord van een schip dat vergunning heeft voor het vervoeren van meer dan twaalf passagiers en dat te boek staat buiten Nederland of een andere dan de Nederlandse vlag voert, is verplicht om, indien het schip een haven of laad- of losplaats in Nederland aanloopt of verlaat, of een Nederlands binnenwater bevaart, een verzekering of andere financiële zekerheid, zoals een bankgarantie, in stand te houden ter dekking van de uit deze afdeling voortvloeiende aansprakelijkheid voor schade door dood of letsel van een reiziger ten gevolge van een van de risico's die zijn genoemd in punt 2.2 van de IMO richtsnoeren. Het minimumbedrag van deze verplichte verzekering of andere financiële zekerheid beloopt ten minste het laagste van de volgende bedragen:
– 250 000 rekeneenheden per passagier, per afzonderlijk incident, of
– 340 miljoen rekeneenheden in totaal per schip, per afzonderlijk incident.

Art. 529a

Verplichting verzekering schade reiziger van vervoerder van passagiers per Nederlands schip, voorwaarden

De overeenkomst tot verstrekking van financiële zekerheid als bedoeld in artikel 529, moet voldoen aan het volgende:

a. de overeenkomst moet zijn aangegaan met een verzekeraar, een bank of andere financiële instelling of een andere persoon, van wie Onze Minister, na overleg met Onze Minister van Financiën, de financiële draagkracht tot het geven van dekking voor de uit deze afdeling en het Verdrag voortvloeiende aansprakelijkheid voldoende oordeelt;

b. de gelden uit de overeenkomst moeten, indien de verstrekker van financiële zekerheid buiten Nederland is gevestigd, ook werkelijk in Nederland ter beschikking kunnen komen;

c. uit de overeenkomst moet blijken dat de benadeelde, in overeenstemming met artikel 529b en met artikel 7, tiende lid, van het Verdrag, zijn vordering rechtstreeks tegen de verstrekker van financiële zekerheid kan instellen. Indien de overeenkomst een beding inhoudt dat de vervoerder zelf voor een deel in de vergoeding van de schade zal bijdragen, moet uit de overeenkomst blijken dat de verstrekker van financiële zekerheid niettemin jegens de benadeelde terzake van schade gehouden blijft tot betaling ook van dat deel van de schadevergoeding;

d. uit de overeenkomst moet blijken dat de verstrekker van financiële zekerheid deze binnen de tijdsduur waarvoor het certificaat van artikel 529c is uitgegeven, niet eerder kan schorsen of beëindigen of zodanig wijzigen dat hij niet meer aan dit artikel voldoet, dan na verloop van drie maanden na de datum van ontvangst van een mededeling als bedoeld in artikel 529f, eerste lid, tenzij het certificaat is ingeleverd of een nieuw is afgegeven vóór het verstrijken van de termijn.

Art. 529b

1. Vorderingen tot schadevergoeding die krachtens deze afdeling door een verzekering of andere financiële zekerheid worden gedekt, mogen rechtstreeks tegen de verzekeraar of andere persoon die de financiële zekerheid stelt, worden ingesteld. In dit geval kan de verweerder, zelfs indien de vervoerder niet gerechtigd is zijn aansprakelijkheid te beperken, zijn aansprakelijkheid beperken tot het bedrag gelijk aan het verzekerde bedrag of het bedrag van de andere financiële zekerheid als bedoeld in artikel 529.

2. De verweerder komen alle verweermiddelen toe welke de vervoerder tegen de vorderingen zou hebben kunnen aanvoeren, doch hij kan geen beroep doen op de omstandigheid dat de vervoerder surséance van betaling is verleend, dat ten aanzien van de vervoerder de schuldsaneringsregeling natuurlijke personen van toepassing is, of dat de vervoerder zich in staat van faillissement of vereffening bevindt. Hij kan zich voorts verweren met een beroep op het feit dat de schade is veroorzaakt door opzettelijk wangedrag van de vervoerder zelf, doch andere verweermiddelen welke hij zou hebben kunnen aanvoeren tegen een door de vervoerder tegen hem ingestelde vordering komen hem niet toe.

3. De verweerder kan de vervoerder en de feitelijke vervoerder steeds in het geding roepen.

Art. 529c

1. Onze Minister geeft aan de vervoerder op diens verzoek een certificaat af als omschreven in artikel 4bis, tweede lid, van het Verdrag, of waarmerkt als certificaat een door de verstrekker van financiële zekerheid in deze vorm ten behoeve van de vervoerder afgegeven document, indien hem is gebleken dat de vervoerder aan zijn in artikel 529 bedoelde verplichting voldoet.

2. Bij het verzoek moet de vervoerder de volgende gegevens en stukken overleggen:

a. naam en adres van het hoofdkantoor van het bedrijf van de vervoerder die het vervoer feitelijk geheel of gedeeltelijk verricht;
b. een uittreksel uit de registratie voor schepen als bedoeld in artikel 101, eerste lid, van de Kadasterwet, vermeldende ten minste de gegevens bedoeld in artikel 85, tweede lid, onder a, c, d, e, f, g en j van die wet, alsmede de gegevens omtrent niet doorgehaalde voorlopige aantekeningen, met dien verstande dat ingeval dat uittreksel meer dan twee dagen vóór de dag der overlegging is afgegeven, op dat uittreksel een verklaring van de bewaarder van het Kadaster en de openbare registers moet voorkomen, afgegeven binnen voornoemde termijn van twee dagen, dat sedert de afgifte de op dat uittreksel vermelde gegevens geen wijziging hebben ondergaan;
c. een afschrift van de overeenkomst tot verstrekking van financiële zekerheid;
d. de naam van degene die de financiële zekerheid verstrekt en de plaats waar diens hoofdkantoor is gevestigd, alsmede, zo nodig, het kantoor waar deze zekerheid wordt verstrekt;
e. het tijdstip waarop de financiële zekerheid ingaat en het tijdstip waarop deze een einde neemt.
3. Het certificaat bevindt zich aan boord van het schip en een afschrift hiervan wordt in bewaring gegeven bij de overheidsinstantie die het register houdt waarin het schip staat ingeschreven of, indien het schip niet te boek staat in een staat die partij is bij het Verdrag, bij de overheidsinstantie van de staat die het certificaat afgeeft of waarmerkt.

Art. 529d
Geldbedragen die door de verzekeraar of door de verstrekker van een andere overeenkomst artikel 529a verzorgde financiële zekerheid ter beschikking worden gesteld, dienen uitsluitend voor de voldoening van uit hoofde van deze afdeling ingestelde vorderingen, en enige uitbetaling van deze bedragen heeft tot gevolg dat iedere aansprakelijkheid uit hoofde van deze afdeling met een bedrag ten belope van de uitgekeerde bedragen wordt verminderd.

Art. 529e
Onze Minister wijst een verzoek als bedoeld in artikel 529c af indien de overgelegde gegevens of stukken onvoldoende of onjuist zijn, of indien de overeenkomst tot verstrekking van financiële zekerheid niet voldoet aan de daaraan bij of krachtens deze afdeling gestelde eisen.

Art. 529f
1. De vervoerder aan wie een certificaat is afgegeven, is verplicht om onverwijld aan Onze Minister schriftelijk mededeling te doen van het ongeldig worden, de schorsing of de beëindiging van de overeenkomst tot verstrekking van financiële zekerheid binnen de tijdsduur waarvoor het certificaat is afgegeven, alsmede van elke wijziging welke zich gedurende die tijdsduur voordoet in de gegevens welke bij het in artikel 529c bedoelde verzoek zijn overgelegd.
2. Onze Minister draagt zorg, dat van een mededeling als bedoeld in het eerste lid ten aanzien van een overeenkomst tot verstrekking van financiële zekerheid voor een in Nederland te boek staand schip schriftelijk kennis wordt gegeven aan het kantoor van de Dienst voor het Kadaster en de openbare registers, waar de openbare registers waarin het verzoek tot teboekstelling van het schip is ingeschreven, worden gehouden, welke kennisgeving aldaar wordt bewaard.
3. Het bestaan en de dagtekening van ontvangst van kennisgevingen als bedoeld in het tweede lid worden onverwijld vermeld in de registratie voor schepen, bedoeld in artikel 85 van de Kadasterwet. Kennisgevingen als bedoeld in het tweede lid zijn openbaar.
4. De in het eerste lid bedoelde mededeling kan behalve door de vervoerder ook worden gedaan door degene die de financiële zekerheid verstrekt.

Art. 529g
1. Onze Minister kan, na overleg met Onze Minister van Financiën, een certificaat intrekken indien door wijziging in de gegevens welke bij het in artikel 529c bedoelde verzoek zijn overgelegd of doordat de gegevens onvoldoende of onjuist blijken te zijn, het niet meer voldoet aan de bij of krachtens deze afdeling gestelde eisen, of indien er goede gronden zijn om aan te nemen dat de financiële draagkracht van de verstrekker van de financiële zekerheid onvoldoende was, of is geworden of, indien deze buiten Nederland is gevestigd, blijkt van een beletsel voor het werkelijk in Nederland beschikbaar komen van die gelden.
2. In de beschikking wordt een termijn gesteld voor de inlevering van het certificaat.
3. De werking van de beschikking wordt opgeschort totdat de beroepstermijn is verstreken of, indien beroep is ingesteld, op het beroep is beslist.

Art. 529h
1. De vervoerder is verplicht om het certificaat zo spoedig mogelijk nadat overeenkomstig artikel 529f, eerste lid, mededeling is gedaan van het ongeldig worden, de schorsing of de beëindiging van de overeenkomst tot verstrekking van financiële zekerheid, of nadat de tijdsduur waarvoor het is afgegeven is verstreken, bij Onze Minister in te leveren.
2. De vervoerder is verplicht om het certificaat ingeval van onherroepelijke intrekking bij Onze Minister in te leveren binnen de termijn bedoeld in artikel 529g, tweede lid.

Art. 529i
1. Onze Minister zendt een afschrift van elk door hem afgegeven certificaat, alsmede van elke onherroepelijke beschikking tot intrekking van een afgegeven certificaat, aan het kantoor van de Dienst voor het Kadaster en de openbare registers, welke kennisgeving aldaar wordt bewaard.

Schakelbepaling

2. Artikel 529f, derde lid, is van overeenkomstige toepassing.

Art. 529j

Nadere regels

Bij ministeriële regeling kunnen regels worden gesteld betreffende de voor de afgifte of waarmerking van een certificaat als bedoeld in artikel 529c verschuldigde vergoedingen.

Art. 529k
In afwijking van artikel 8:7 van de Algemene wet bestuursrecht is voor beroepen tegen besluiten op grond van deze afdeling de rechtbank Rotterdam bevoegd.

Afdeling 4
Enige bijzondere overeenkomsten

Art. 530

Rompbevrachting bij bijzondere vervoerovereenkomsten

1. Onder de overeenkomst (rompbevrachting), waarbij de ene partij (de rompvervrachter) zich verbindt een schip uitsluitend ter zee terbeschikking te stellen van haar wederpartij (de rompbevrachter) zonder daarover nog enige zeggenschap te houden, ligt de exploitatie van het schip in handen van de rompbevrachter en geschiedt zij voor diens rekening.

Schakelbepaling

2. Artikel 375 is van overeenkomstige toepassing.
(Zie ook: artt. 217, 228, 360, 373, 374, 461, 502, 503, 838, 990, 998, 1730 BW Boek 8)

Art. 531
1. Op de overeenkomst, waarbij de ene partij zich verbindt een schip, anders dan bij wijze van rompbevrachting, uitsluitend ter zee terbeschikking te stellen van de andere partij voor andere doeleinden dan het daarmee vervoeren van zaken of personen zijn de bepalingen nopens avarij-grosse alsmede de bepalingen van deze titel en, indien het een binnenschip betreft, artikel 880 van overeenkomstige toepassing.
2. Partijen hebben de vrijheid af te wijken van in het eerste lid op hun onderlinge verhouding toepasselijk verklaarde bepalingen.
(Zie ook: artt. 3, 360, 361, 370, 500, 530, 532, 610, 991, 998, 1020, 1730 BW Boek 8)

Art. 532

Werkingssfeer

Voor de toepassing van de bepalingen van deze afdeling wordt ter beschikkingstelling van een en eenzelfde schip ter zee en op binnenwateren beschouwd als terbeschikkingstelling ter zee, tenzij deze terbeschikkingstelling ter zee kennelijk ondergeschikt is aan die op binnenwateren, in welk geval zij als terbeschikkingstelling op binnenwateren wordt beschouwd.
(Zie ook: artt. 4, 370, 500, 890, 970, 998, 1730 BW Boek 8)

Titel 6
Ongevallen

Afdeling 1
Aanvaring

Art. 540

Aanvaring

Aanvaring is de aanraking van schepen met elkaar.
(Zie ook: artt. 1, 1001 BW Boek 8; art. 358a WvK)

Art. 541

Uitbreiding aansprakelijkheid bij aanvaring

Onder voorbehoud van de Wet aansprakelijkheid olietankschepen en de afdelingen 5 en 6 van deze titel vindt het in deze afdeling omtrent aanvaring bepaalde eveneens toepassing indien schade door een zeeschip is veroorzaakt zonder dat een aanvaring plaats had.
(Zie ook: artt. 2, 1002 BW Boek 8; art. 635 Rv)

Art. 542

Aansprakelijkheid bij aanvaring

Indien een zeeschip door een aanvaring schade heeft veroorzaakt, dan wel aan een zeeschip, deszelfs opvarenden of de zaken aan boord daarvan door een schip schade is veroorzaakt, wordt de aansprakelijkheid voor deze schade geregeld door deze afdeling.
(Zie ook: art. 162 BW Boek 6; artt. 2, 5, 750, 1003, 1060 BW Boek 8; artt. 342, 343, 358a, 785 WvK; artt. 168, 169 WvSr)

Art. 543

Aanvaring door toeval of overmacht

Indien de aanvaring is veroorzaakt door toeval, indien zij is toe te schrijven aan overmacht of indien twijfel bestaat omtrent de oorzaken der aanvaring, wordt de schade gedragen door hen, die haar hebben geleden.
(Zie ook: art. 76 BW Boek 6; art. 1004 BW Boek 8)

Art. 544
Indien de aanvaring is veroorzaakt door de schuld van één schip, is de eigenaar van het schip, dat de schuld had, verplicht de schade te vergoeden.
(Zie ook: art. 162 BW Boek 6; artt. 217, 827, 1005, 1790, 1792 BW Boek 8; art. 343 WvK; art. 635 Rv; artt. 168, 169 WvSr)

Schuld van één schip bij aanvaring

Art. 545
1. Indien twee of meer schepen gezamenlijk door hun schuld een aanvaring hebben veroorzaakt, zijn de eigenaren daarvan zonder hoofdelijkheid aansprakelijk voor de schade, toegebracht aan medeschuldige schepen en aan goederen, die zich aan boord daarvan bevinden, en hoofdelijk voor alle overige schade.
2. Is de aansprakelijkheid niet hoofdelijk, dan zijn de eigenaren van de schepen, die gezamenlijk door hun schuld de aanvaring hebben veroorzaakt, tegenover de benadeelden aansprakelijk in verhouding tot het gewicht van de schuld van hun schepen; indien echter de omstandigheden meebrengen, dat die verhouding niet kan worden vastgesteld of indien blijkt dat de schuld van deze schepen gelijkwaardig is wordt de aansprakelijkheid in gelijke delen verdeeld.
3. Is de aansprakelijkheid hoofdelijk, dan moet elk der aansprakelijke eigenaren zijn door het tweede lid van dit artikel vastgestelde aandeel in de betaling aan de schuldeiser voor zijn rekening nemen. Onder voorbehoud van artikel 364 en artikel 880 heeft hij, die meer dan zijn aandeel heeft betaald, voor het overschot verhaal op zijn medeschuldenaren, die minder dan hun aandeel hebben betaald.
(Zie ook: artt. 1, 2 BW Boek 3; artt. 6, 10 BW Boek 6; artt. 106, 505, 975, 1006, 1791 BW Boek 8; art. 635 Rv)

Schuld twee of meer schepen bij aanvaring

Art. 546
Er bestaan geen wettelijke vermoedens van schuld met betrekking tot de aansprakelijkheid voor aanvaring; het schip, dat in aanraking komt met een andere, zo nodig behoorlijk verlichte, vaste of te bekwamer plaatse vastgemaakte zaak, geen schip zijnde, is aansprakelijk voor de schade, tenzij blijkt dat de aanraking niet is veroorzaakt door schuld van het schip.
(Zie ook: art. 1004 BW Boek 8)

Aansprakelijkheid van schip bij aanvaring

Art. 547
De krachtens deze afdeling bestaande aansprakelijkheid wordt niet opgeheven ingeval de aanvaring is veroorzaakt door de schuld van een loods, zelfs niet als het gebruik van deze verplicht is.
(Zie ook: art. 1007 BW Boek 8)

Schuld van een loods bij aanvaring

Afdeling 2
Hulpverlening

Art. 550
Deze afdeling geldt slechts onder voorbehoud van de Astronautenovereenkomst (*Trb.* 1968, 134).
(Zie ook: art. 1010 BW Boek 8)

Werkingssfeer

Art. 551
In deze afdeling wordt verstaan onder:
a. hulpverlening: iedere daad of werkzaamheid, verricht om hulp te verlenen aan een in bevaarbaar water of in welk ander water dan ook in gevaar verkerend schip of andere zaak;
b. schip: ieder schip of ander vaartuig, dan wel iedere constructie waarmee kan worden gevaren;
c. goederen: alle zaken die niet blijvend en opzettelijk aan de kust zijn bevestigd en de in risico zijnde vracht;
d. milieuschade: aanzienlijke fysieke schade aan de gezondheid van de mens, aan de marine fauna of flora of aan hulpbronnen in kust- of binnenwateren of daaraan grenzende gebieden, veroorzaakt door verontreiniging, besmetting, brand, ontploffing of soortgelijke ingrijpende gebeurtenissen;
e. betaling: iedere krachtens deze afdeling verschuldigde beloning, vergoeding of schadeloosstelling.
(Zie ook: art. 1820 BW Boek 8)

Begripsbepalingen

Art. 552
Voor de toepassing van deze afdeling worden de wateren genoemd in artikel 21 van de Wet op de strandvonderij beschouwd tot de zee, en de stranden en oevers daarvan tot het zeestrand te behoren.
(Zie ook: artt. 25, 26 BW Boek 5; artt. 4, 558, 1010 BW Boek 8)

Werkingssfeer

Art. 553
Deze afdeling is niet van toepassing in geval van hulpverlening aan:
a. vaste of drijvende platforms of verplaatsbare boorinstallaties wanneer die platforms of boorinstallaties op een lokatie in bedrijf zijn voor de exploratie, exploitatie of winning van minerale rijkdommen van de zeebodem;

b. een maritiem cultuurgoed dat van prehistorisch, archeologisch of historisch belang is en zich ten minste vijftig jaar op de zeebodem bevindt.
(Zie ook: art. 230 BW Boek 8; art. 319b WvK)

Art. 554
Deze afdeling is mede van toepassing in geval van hulpverlening door of aan een oorlogsschip of ander niet-handelsschip, dat toebehoort aan, dan wel gebruikt of bevracht wordt door de Staat der Nederlanden of enige andere Staat die het Internationaal Verdrag inzake Hulpverlening, 1989 (Trb. 1990, 109), op die schepen van toepassing heeft verklaard.
(Zie ook: art. 563 BW Boek 8; artt. 345, 358a, 785 WvK; art. 414 WvSr)

Art. 555
Schakelbepaling
De bepalingen omtrent hulpverlening zijn van overeenkomstige toepassing in geval van hulpverlening:
a. aan op het vaste zeestrand of de oevers van bevaarbaar binnenwater gezonken of aangespoelde zaken;
b. door een schip aan een luchtvaartuig.
(Zie ook: artt. 3, 5 WvSv)

Art. 556
Vernietiging/wijziging overeenkomst bij hulpverlening
1. Een overeenkomst omtrent hulpverlening kan op verlangen van een der partijen door de rechter geheel of gedeeltelijk worden vernietigd of gewijzigd wanneer zij is tot stand gekomen door misbruik van omstandigheden of onder invloed van gevaar en de overeengekomen voorwaarden onbillijk zijn, of de overeengekomen betaling buitensporig hoog of laag is in verhouding tot de daadwerkelijk verleende diensten.

Dwingend recht
2. Nietig is ieder beding waarbij van het bepaalde in het eerste lid wordt afgeweken.
(Zie ook: artt. 6, 227, 260, 837, 860 BW Boek 8; artt. 341, 345 WvK)

Art. 557
Verbod op hulpverlening
1. Hulp aan in gevaar verkerende schepen, aan zich aan boord daarvan bevindende zaken of aan van een schip afkomstige driftige, aangespoelde of gezonken zaken mag niet worden verleend tegen een uitdrukkelijk en redelijk verbod van de reder of kapitein van het schip in. Hulp aan andere in gevaar verkerende zaken mag niet worden verleend tegen een uitdrukkelijk en redelijk verbod in van de rechthebbende op de zaak.
2. Een verbod tot hulpverlening kan steeds worden uitgevaardigd.
(Zie ook: art. 568 BW Boek 8; artt. 345, 358a, 785 WvK; art. 414 WvSr)

Art. 558
Leiding bij hulpverlening
1. Het verlenen van hulp aan een schip, aan zich aan boord daarvan bevindende zaken of aan van een schip afkomstige driftige, aangespoelde of gezonken zaken staat onder leiding van de kapitein en, wanneer er geen kapitein is of deze niet optreedt, onder leiding van de rechthebbende op het schip of de zaak.
2. Bij stranding of aanspoeling aan of op het vaste zeestrand berust de leiding, wanneer kapitein noch rechthebbende optreedt, bij de strandvonder.
3. Indien het noodzakelijk is onverwijld maatregelen te treffen, geldt het in dit artikel bepaalde niet, totdat de kapitein, de rechthebbende of de strandvonder de leiding op zich heeft genomen.
(Zie ook: art. 557 BW Boek 8)

Art. 559
Terugkeer/hememing gezag door kapitein bij hulpverlening
1. Wanneer een schip door de bemanning is verlaten en door hulpverleners of de strandvonder is overgenomen, staat het de kapitein steeds vrij naar zijn schip terug te keren en het gezag daarover te hernemen, in welk geval de hulpverleners of de strandvonder terstond het gezag aan de kapitein moeten overdragen.
2. Indien de kapitein of de rechthebbende bij de hulpverlening of ter plaatse, waar de geredde zaken worden aangebracht, tegenwoordig is en dit de hulpverlener of de strandvonder bekend is, moeten de hulpverleners of de strandvonder, onverminderd artikel 571, die zaken terstond te zijner beschikking stellen.
3. In de gevallen, waarin de geredde zaken niet op grond van het vorige lid terstond ter beschikking van de kapitein of van de rechthebbende moeten worden gesteld, moeten zij, voor zover zij tijdens de hulpverlening zich aan of op de buitengronden of het vaste zeestrand bevinden, terstond ter beschikking worden gesteld van de strandvonder.
(Zie ook: artt. 6, 227, 260, 557, 837, 860 BW Boek 8; artt. 341, 345 WvK)

Art. 560
Verplichtingen hulpverlener
1. De hulpverlener is jegens de reder van het schip of de rechthebbende op andere in gevaar verkerende zaken verplicht:
a. de hulpverlening met de nodige zorg uit te voeren;
b. bij de nakoming van de in onderdeel a bedoelde verplichting de nodige zorg te betrachten om milieuschade te voorkomen of te beperken;
c. in alle gevallen, waarin de omstandigheden dit redelijkerwijze vereisen, de bijstand in te roepen van andere hulpverleners; en

d. de tussenkomst van andere hulpverleners te aanvaarden, wanneer hierom redelijkerwijze wordt verzocht door de reder of de kapitein van het schip of de rechthebbende op andere in gevaar verkerende zaken, met dien verstande dat het bedrag van zijn beloning niet wordt verminderd, indien mocht blijken dat het verzoek onredelijk was.
2. De reder en de kapitein van het schip of de rechthebbende op andere in gevaar verkerende zaken zijn jegens de hulpverlener verplicht:
a. gedurende de hulpverlening volledig met hem samen te werken;
b. daarbij de nodige zorg te betrachten om milieuschade te voorkomen of te beperken; en
c. wanneer het schip of de andere zaken in veiligheid zijn gebracht, teruggave daarvan te aanvaarden wanneer zulks redelijkerwijze door de hulpverlener wordt verzocht.
3. Nietig is ieder beding, waarbij van onderdeel *b* van het eerste of tweede lid wordt afgeweken. **Dwingend recht**
(Zie ook: artt. 213, 217 BW Boek 6; artt. 6, 211, 214, 219, 222, 225, 568, 570, 610, 821, 824, 832, 835, 1010, 1020, 1820 BW Boek 8)

Art. 561
1. Hulp die met gunstig gevolg is verleend geeft recht op hulploon. **Recht op hulploon bij hulpverlening**

2. Behoudens artikel 564, is geen betaling krachtens deze afdeling verschuldigd, wanneer de hulp geen gunstig gevolg heeft gehad.
3. Hulp als omschreven in het eerste lid geeft recht op hulploon, ook al is de tot hulploon gerechtigde of hij, die gerechtigd is de vaststelling van het hulploon te vorderen, dezelfde persoon als hij die hulploon verschuldigd is.
(Zie ook: art. 200 BW Boek 6; artt. 211, 222, 224, 225, 389, 569, 577, 821, 832, 834, 835, 904, 1010, 1820 BW Boek 8; artt. 636, 637 Rv; artt. 370, 449 WvK)

Art. 562
Indien een partij bij een overeenkomst omtrent hulpverlening door haar wederpartij daarbij terzake van een bij de hulpverlening veroorzaakte schade buiten overeenkomst wordt aangesproken, is zij jegens die wederpartij niet verder aansprakelijk dan zij zij zou zijn op grond van de door hen gesloten overeenkomst. De artikelen 365 en 366 zijn van overeenkomstige toepassing. **Aansprakelijkheid buiten overeenkomst bij hulpverlening**
(Zie ook: art. 362 BW Boek 8)

Art. 563
1. Het bedrag van het hulploon wordt vastgesteld bij overeenkomst tussen partijen en bij gebreke daarvan door de rechter. **Vaststelling hulploon bij hulpverlening**
2. Het hulploon wordt vastgesteld met het oog op het aanmoedigen van hulpverlening, rekening houdend met de volgende criteria ongeacht de volgorde waarin zij hieronder zijn opgesomd:
a. de geredde waarde van het schip en de andere goederen;
b. de vakkundigheid en inspanningen van de hulpverleners, betoond bij het voorkomen of beperken van schade aan het milieu;
c. de mate van de door de hulpverleners verkregen gunstige uitslag;
d. de aard en ernst van het gevaar;
e. de vakkundigheid en inspanningen betoond door de hulpverleners bij de redding van het schip, de andere zaken en mensenlevens;
f. de door de hulpverleners gebruikte tijd, gemaakte kosten en geleden verliezen;
g. het risico van aansprakelijkheid en andere door de hulpverleners of hun uitrusting gelopen risico's;
h. de snelheid van de verleende diensten;
i. de beschikbaarheid en het gebruik van schepen of andere voor hulpverlening bestemde uitrusting;
j. de staat van gereedheid alsmede de doelmatigheid en de waarde van de uitrusting van de hulpverleners;
3. Voor hulp verleend aan een schip en de zaken aan boord daarvan is het hulploon uitsluitend verschuldigd door de reder van het schip, met dien verstande dat de reder een recht van verhaal heeft jegens de andere belanghebbenden voor hun onderscheiden aandeel. Voor hulp verleend aan andere zaken is het hulploon verschuldigd door de rechthebbende op die zaken.
4. Het hulploon, met uitzondering van rente en verhaalbare gerechtelijke kosten, mag de geredde waarden van het schip en de andere goederen niet overtreffen.
5. Wanneer het hulploon mede strekt tot vergoeding van gemaakte kosten en geleden schade geeft de rechter aan welke gemaakte kosten en geleden schade dit betreft.

Art. 564
1. Indien een hulpverlener hulp heeft verleend aan een schip dat zelf of wegens zijn lading schade dreigde toe te brengen aan het milieu en hij geen hulploon heeft verkregen krachtens artikel 563 dat ten minste gelijk is aan de volgens dit artikel vast te stellen bijzondere vergoeding, heeft hij recht op een bijzondere vergoeding van de zijde van de reder, gelijk aan de door hem gemaakte kosten zoals in dit artikel omschreven. **Bijzondere vergoeding bij hulpverlening**

2. Indien de hulpverlener in de in het eerste lid bedoelde omstandigheden door zijn hulpverleningswerkzaamheden schade aan het milieu heeft voorkomen of heeft beperkt, kan de door de reder volgens het eerste lid aan de hulpverlener te betalen bijzondere vergoeding worden verhoogd met maximaal 30% van de door de hulpverlener gemaakte kosten. Indien echter de rechter, rekening houdend met de in het tweede lid van artikel 563 genoemde criteria, zulks billijk en rechtvaardig acht, kan hij die bijzondere vergoeding verder verhogen, maar de totale verhoging mag in geen geval meer bedragen dan 100% van de door de hulpverlener gemaakte kosten.
3. Voor de toepassing van het eerste en tweede lid worden onder kosten van de hulpverlener verstaan de voorschotten die door de hulpverlener redelijkerwijze zijn gedaan bij de hulpverlening en een billijk tarief voor uitrusting en personeel die daadwerkelijk en redelijkerwijze zijn ingezet tijdens de hulpverlening, in aanmerking nemend de criteria genoemd in artikel 563, tweede lid, onderdelen h, i en j.
4. De totale bijzondere vergoeding krachtens dit artikel wordt slechts betaald indien en voor zover deze vergoeding hoger is dan het hulploon dat de hulpverlener krachtens artikel 563 kan ontvangen.
5. Indien de hulpverlener nalatig is geweest en daardoor in gebreke is gebleven schade aan het milieu te voorkomen of te beperken, kan de rechter de krachtens dit artikel verschuldigde bijzondere vergoeding geheel of gedeeltelijk ontzeggen.
6. De rechter die een hulploon vaststelt als bedoeld in artikel 563 en een bijzondere vergoeding bepaalt als bedoeld in het eerste lid, is niet verplicht om het bedrag van het hulploon vast te stellen tot het beloop van de maximale waarde van het schip en de andere geredde goederen alvorens het bedrag van de bijzondere vergoeding te bepalen.
7. Geen bepaling van dit artikel doet afbreuk aan enig recht van verhaal van de reder van het schip.
(Zie ook: art. 166 BW Boek 3; art. 15 BW Boek 6; artt. 6, 260, 261, 860 BW Boek 8)

Art. 565

Hulploon bij redden menselevens bij hulpverlening

1. Geen hulploon is verschuldigd door personen wier leven is gered.

2. Niettegenstaande het in lid 1 bepaalde is voor de afzonderlijke redding van opvarenden van een schip hulploon verschuldigd door de reder.
3. Degene die mensenlevens heeft gered en heeft deelgenomen aan de werkzaamheden die zijn verricht ter gelegenheid van het ongeval dat aanleiding heeft gegeven tot de hulpverlening, is gerechtigd tot een billijk aandeel in de betaling die aan de hulpverlener is toegekend voor de redding van het schip of andere zaken of voor het voorkomen of beperken van schade aan het milieu.

Art. 566

Gerechtigden tot hulploon bij hulpverlening

1. Gerechtigd tot hulploon zijn die personen of groepen van personen, die hulp hebben verleend.
(Zie ook: art. 166 BW Boek 3; art. 15 BW Boek 6; artt. 6, 260, 261, 860 BW Boek 8)
2. Indien de hulp is verleend door personen of groepen, die afhankelijk van elkaar handelden, is aan deze groepen of personen gezamenlijk slechts één bedrag als hulploon verschuldigd.
3. Indien de hulp door een schip is verleend kunnen ook de leden der bemanning, die geen hulp verleenden, tot hulploon gerechtigd zijn.

Art. 567

Afstand van recht op hulploon bij hulpverlening

Afstand, jegens wie dan ook, door een lid der bemanning van zijn recht op een aandeel in het door een schip te verdienen of verdiende hulploon is nietig, tenzij het schip blijkens zijn constructie uitsluitend of in hoofdzaak voor hulpverlening of sleepdienst is bestemd of de afstand één bepaalde hulpverlening betreft.
(Zie ook: artt. 1, 6, 12 BW Boek 8)

Art. 568

Uitsluiting recht op betaling bij hulpverlening

1. Geen recht op betaling krachtens deze afdeling hebben zij, die hulp verleenden niettegenstaande een uitdrukkelijk en redelijk verbod als bedoeld in artikel 557, eerste lid.
2. Opvarenden kunnen wegens hulp door hen verleend aan het schip, zich aan boord daarvan bevindende zaken of daarvan afkomstige driftige, aangespoelde of gezonken zaken, slechts recht op betaling hebben, wanneer door hen diensten zijn bewezen, waartoe zij redelijkerwijs niet zijn gehouden.
3. Geen betaling is verschuldigd krachtens deze afdeling tenzij de verleende diensten verder gaan dan wat redelijkerwijs kan worden aangemerkt als een gebruikelijke uitvoering van een overeenkomst die was gesloten voordat het gevaar ontstond.
4. Indien de hulpverleners door hun schuld de hulpverlening hebben nodig gemaakt of bemoeilijkt of zich hebben schuldig gemaakt aan diefstal, verberging of andere bedriegelijke handelingen, kan de rechter de krachtens deze afdeling verschuldigde betaling geheel of gedeeltelijk ontzeggen.
(Zie ook: artt. 5, 557, 566 BW Boek 8; artt. 311, 323 WvSr)

Art. 569
1. Indien de hulp is verleend door onafhankelijk van elkaar handelende personen of groepen van personen is ieder dezer personen bevoegd vaststelling te vorderen van het hulploon of de bijzondere vergoeding die hem of de groep, waarvan hij deel uitmaakte, toekomt.
2. Indien de hulp is verleend door afhankelijk van elkaar handelende personen of groepen van personen is ieder dezer personen bevoegd vaststelling te vorderen van het hulploon of de bijzondere vergoeding die aan deze personen of groepen gezamenlijk toekomt.
3. Indien door een schip hulp is verleend, is uitsluitend de reder of de kapitein bevoegd omtrent het hulploon of de bijzondere vergoeding overeen te komen. De door hem gesloten overeenkomst bindt alle tot het hulploon of de bijzondere vergoeding gerechtigden. Hij is verplicht ieder van hen vóór de uitbetaling desverlangd het bedrag van het hulploon of de bijzondere vergoeding schriftelijk mede te delen. Bij gebreke van een overeenkomst is uitsluitend hij, niet alleen gerechtigd, doch ook verplicht gerechtelijke vaststelling van het hulploon of de bijzondere vergoeding te vorderen en dit te innen.
4. In het in artikel 561, derde lid, bedoelde geval is iedere tot hulploon of bijzondere vergoeding gerechtigde bevoegd de vaststelling daarvan door de rechter te vorderen, ook al mocht over het hulploon of de bijzondere vergoeding een overeenkomst zijn gesloten.
(Zie ook: artt. 15, 213, 217 BW Boek 6; artt. 10, 178, 180, 260 BW Boek 8; art. 637 Rv)

Hulpverlening door meerdere personen

Art. 570
1. De verdeling van een hulploon als bedoeld in artikel 563 tussen hulpverleners geschiedt volgens de in dat artikel genoemde criteria.
2. De verdeling van een bijzondere vergoeding als bedoeld in artikel 564 tussen hulpverleners geschiedt met in aanmerkingneming van de criteria genoemd in artikel 563, tweede lid, onderdelen h, i en j.
3. Bij geschillen omtrent de verdeling van het hulploon en de bijzondere vergoeding tussen de daartoe gerechtigden wordt deze op vordering van de meest gerede partij door de rechter vastgesteld.
(Zie ook: artt. 6, 569 BW Boek 8; art. 637 Rv)

Verdeling hulploon bij hulpverlening

Art. 571
1. Hij, die gerechtigd is vaststelling van het hulploon te vorderen, heeft – behoudens artikel 559, eerste en derde lid – jegens ieder, die daarvan afgifte verlangt, een retentierecht op de schepen of zaken, waaraan hulp is verleend, alsmede op de schepen aan welker zich aan boord bevindende zaken hulp is verleend, voor hetgeen ter zake van hulploon is verschuldigd.
2. Ter zake van de in artikel 564 bedoelde bijzondere vergoeding kan dit retentierecht worden uitgeoefend op de schepen, waaraan hulp is verleend.
3. Dit retentierecht vervalt zodra is betaald het bedrag, waarover geen geschil tussen partijen bestaat, en voldoende zekerheid is gesteld voor de betaling van die bedragen, waaromtrent wel geschil bestaat of welker hoogte nog niet kan worden vastgesteld.
(Zie ook: artt. 290, 291 BW Boek 3; artt. 51, 52 BW Boek 6; artt. 489, 559, 569, 954 BW Boek 8; art. 637 Rv)

Retentierecht bij hulpverlening

Art. 572
1. Degene die krachtens deze afdeling een betaling verschuldigd is, moet op verlangen van de hulpverlener voldoende zekerheid stellen voor hetgeen hij terzake van die betaling verschuldigd is, met inbegrip van rente en kosten.
2. Het schip en de andere zaken waaraan de hulp is verleend mogen niet zonder toestemming van de hulpverlener worden verwijderd van de eerste haven of plaats waar zij na beëindiging van de hulpverlening zijn aangekomen, totdat voldoende zekerheid is gesteld voor de in het eerste lid bedoelde betaling.
(Zie ook: artt. 227, 490, 837, 955 BW Boek 8; art. 636 Rv)

Zekerheidstelling betaling hulploon bij hulpverlening

Art. 573
1. De rechter kan, voordat hij het hulploon of de bijzondere vergoeding vaststelt, bevelen dat aan degene die gerechtigd is de vaststelling daarvan te vorderen, naar billijkheid te bepalen bedrag bij wijze van voorschot wordt betaald. De rechter kan aan dit bevel voorwaarden verbinden die gezien de omstandigheden billijk zijn, daaronder begrepen de voorwaarde dat voor de gehele of gedeeltelijke terugbetaling van het voorschot zekerheid zal worden gesteld.
2. Is krachtens artikel 572 zekerheid gesteld, dan wordt het bedrag van de gestelde zekerheid verminderd met het bedrag van het betaalde voorschot.

Voorschot van bijzondere vergoeding bij hulpverlening

Art. 574
1. Indien de rechthebbende op de schepen of andere zaken waaraan hulp is verleend, niet opkomt, is hij, die vaststelling van het hulploon of de bijzondere vergoeding kan vorderen, gerechtigd deze voor rekening en gevaar van de rechthebbende onder zich te houden dan wel bij een derde op te slaan in een daarvoor geschikte bewaarplaats.
2. De derde-bewaarnemer en de rechthebbende zijn jegens elkaar verbonden, als ware de omtrent de bewaring gesloten overeenkomst mede tussen hen aangegaan. De bewaarnemer is

Niet opkomen rechthebbende hulploon bij hulpverlening

echter niet gerechtigd tot afgifte dan na schriftelijke toestemming daartoe van hem, die de zaken in bewaring gaf.
(Zie ook: art. 600 BW Boek 7; artt. 227, 490, 575, 576, 837, 955 BW Boek 8; art. 636 Rv)

Art. 575

Machtiging tot verkoop bij hulpverlening

1. In geval van toepassing van artikel 574 kan hij, die gerechtigd is vaststelling van het hulploon of de bijzondere vergoeding te vorderen, de bewaarnemer dan wel de rechthebbende op de schepen of zaken, op zijn verzoek door de rechter worden gemachtigd hen geheel of gedeeltelijk op de door deze te bepalen wijze te verkopen.
2. De bewaarnemer is verplicht degeen, die de zaken in bewaring gaf, zo spoedig mogelijk van de voorgenomen verkoop op de hoogte te stellen; degeen die de zaken in bewaring gaf of onder zich hield, heeft deze verplichting jegens de hem bekende rechthebbenden op de zaken.
3. De opbrengst van het verkochte wordt in de consignatiekas gestort, voor zover zij niet strekt tot voldoening van de kosten van opslag en verkoop alsmede, binnen de grenzen der redelijkheid, van de gemaakte kosten. Tenzij op de zaken beslag is gelegd voor een geldvordering, moet aan degeen, die de zaken in bewaring gaf, uit het in bewaring te stellen bedrag worden voldaan hetgeen hem terzake van hulploon of bijzondere vergoeding is verschuldigd; voor zover het hulploon of de bijzondere vergoeding nog niet vaststaat, zal de opbrengst of een gedeelte daarvan op door de rechter te bepalen wijze tot zekerheid voor deze vordering strekken.
4. De in de consignatiekas gestorte opbrengst treedt in de plaats van de zaken.
(Zie ook: artt. 51, 63, 66 t/m 70 BW Boek 6; artt. 211, 224, 491, 821, 834, 957 BW Boek 8; artt. 636, 637, 721 Rv)

Art. 576

Eigendomsverkrijging bij hulpverlening

1. Hij, die gerechtigd is tot hulploon of bijzondere vergoeding, verkrijgt de eigendom van de zaak, waaraan hulp is verleend en waarvoor geen rechthebbende is opgekomen, twee jaren na de beëindiging van de hulpverlening, mits de zaak zich op dat tijdstip nog in zijn macht bevindt en hij datgene heeft gedaan wat redelijkerwijs van hem kan worden gevergd om de rechthebbende te ontdekken en van het gevolg van de hulpverlening op de hoogte te stellen.
2. Het eerste lid vindt geen toepassing, wanneer de rechthebbende zich binnen de in dat lid genoemde termijn bij hem, die vaststelling van het hulploon of de bijzondere vergoeding kan vorderen, heeft aangemeld en aan deze de kosten van bewaring en onderhoud en tot opsporing van de rechthebbende heeft vergoed. Degeen die vaststelling van het hulploon of de bijzondere vergoeding kan vorderen is bevoegd de afgifte op te schorten totdat deze verplichting is nagekomen. Indien de rechthebbende die de zaak opeist, de verschuldigde kosten niet binnen een maand nadat ze hem zijn opgegeven, heeft voldaan, wordt hij aangemerkt zijn recht op de zaak te hebben prijsgegeven.
(Zie ook: artt. 5, 6, 10 BW Boek 5)

Art. 577

Werkingssfeer

De wetsbepalingen omtrent zaakwaarneming vinden op hulpverlening geen toepassing.
(Zie ook: art. 198 BW Boek 6)

Afdeling 3
Avarij-grosse

Art. 610

Avarij-grosse

Er is een avarij-grosse handeling, wanneer - en alleen wanneer - enige buitengewone opoffering of uitgave opzettelijk en redelijkerwijs wordt verricht of gedaan voor de gemeenschappelijke veiligheid met het doel de goederen, betrokken bij een gemeenschappelijke met een zeeschip uitgevoerde onderneming, voor gevaar - hoe of door wiens toedoen dit ook zij ontstaan - te behoeden.
(Zie ook: artt. 3, 211, 213, 214, 222, 224, 225, 382, 389, 397, 398, 423, 440, 448, 489, 491, 531, 904, 913, 914, 937, 938, 951, 954, 957, 991, 994, 1020, 1830 BW Boek 8; artt. 697, 698, 701, 702, 708, 709, 710 t/m 721 WvK; art. 638 t/m 642 Rv)

Art. 611

Werkingssfeer

Alleen zodanige verliezen, schaden of onkosten, die het onmiddellijke gevolg zijn van een avarij-grosse handeling, worden als avarij-grosse toegelaten.

Art. 612

Vergoeding van avarij-grosse

1. Avarij-grosse wordt aan hem, die haar leed, vergoed door de reder, de belanghebbende bij verschuldigde vracht of passagegeld, de ontvanger van de lading en de eigenaren van de overige zich aan boord bevindende zaken, met uitzondering van brieven, andere poststukken of postpakketten, van bagage en van persoonlijke zaken van opvarenden die geen bagage zijn.
2. In afwijking van het eerste lid draagt een motorrijtuig of schip, dat door een vervoerder in verband met een overeenkomst van personenvervoer aan boord van het schip wordt vervoerd, bij in de avarij-grosse.
(Zie ook: artt. 5, 8, 10, 500, 501, 528, 970, 971, 986, 1021 BW Boek 8)

Art. 613
De vergoedingen in avarij-grosse en de dragende waarden der in de avarij-grosse bijdragende belangen worden bovendien bepaald met inachtneming van de York-Antwerp Rules, nader omschreven bij algemene maatregel van bestuur.
(Zie ook: art. 1022 BW Boek 8; Besl.art. ag 613 BW Boek 8 ; Besl.art. 613 BW Boek 8)

Nadere regels

Afdeling 4
Gevaarlijke stoffen aan boord van een zeeschip

Art. 620
In deze afdeling wordt verstaan onder:
a. *"gevaarlijke stof"*: een stof die als zodanig bij algemene maatregel van bestuur is aangewezen; de aanwijzing kan worden beperkt tot bepaalde concentraties van de stof, tot bepaalde in de algemene maatregel van bestuur te omschrijven gevaren die aan de stof verbonden zijn, en tot bepaalde daarin te omschrijven situaties waarin de stof zich bevindt;
b. *"schip"*: zeeschip, niet zijnde een luchtkussenvoertuig;
c. *"schade"*:
1°. schade veroorzaakt door dood of letsel van enige persoon veroorzaakt door een gevaarlijke stof;
2°. andere schade buiten het schip aan boord waarvan de gevaarlijke stof zich bevindt, veroorzaakt door die gevaarlijke stof, met uitzondering van verlies van of schade met betrekking tot andere schepen of binnenschepen en zaken aan boord daarvan, indien die schepen of binnenschepen deel uitmaken van een sleep, waarvan ook dit schip deel uitmaakt, of hecht met dit schip in een eenheid zijn gekoppeld;
3°. de kosten van preventieve maatregelen en verlies of schade veroorzaakt door zulke maatregelen;
d. *"preventieve maatregel"*: iedere redelijke maatregel ter voorkoming of beperking van schade door wie dan ook genomen met uitzondering van de overeenkomstig deze afdeling aansprakelijke persoon nadat een gebeurtenis heeft plaatsgevonden.
e. *"gebeurtenis"*: elk feit of elke opeenvolging van feiten met dezelfde oorzaak, waardoor schade ontstaat of waardoor een ernstige en onmiddellijke dreiging van schade ontstaat;
f. *"reder"*: de persoon die in een register waarin het schip te boek staat, als eigenaar van het schip is ingeschreven, of, bij gebreke van enige teboekstelling, de persoon die het schip in eigendom heeft.
(Zie ook: art. 197 BW Boek 6; artt. 2, 1030, 1210, 1670 BW Boek 8; Uitv.besl. Agsm)

Begripsbepalingen

Art. 621
1. Deze afdeling is niet van toepassing, indien de reder jegens degene die de vordering instelt, aansprakelijk is uit hoofde van een exploitatieovereenkomst of jegens deze persoon een beroep op een exploitatieovereenkomst heeft.
2. Deze afdeling is van toepassing op de periode waarin een gevaarlijke stof zich aan boord van een schip bevindt, daaronder begrepen de periode vanaf het begin van de inlading van de gevaarlijke stof in het schip tot het einde van de lossing van die stof uit het schip.
3. Deze afdeling is niet van toepassing op schade veroorzaakt wanneer het schip uitsluitend wordt gebruikt in een niet voor publiek toegankelijk gebied en zulk gebruik een onderdeel vormt van een in dat gebied plaatsvindende bedrijfsuitoefening.
4. Op zich overeenkomstig het tweede lid aan boord bevindende stoffen als bedoeld in artikel 175 van Boek 6 is dat artikel niet van toepassing, tenzij zich het geval van het derde lid voordoet.
(Zie ook: artt. 1031, 1211, 1671 BW Boek 8)
5. Deze afdeling is niet van toepassing op schade door verontreiniging door bunkerolie zoals bedoeld in afdeling 5 van deze titel.

Werkingssfeer

Art. 622
1. Indien een gevaarlijke stof zich bevindt in een vervoermiddel dat zich aan boord van een schip bevindt zonder dat de gevaarlijke stof uit dit gestapelde vervoermiddel wordt gelost, zal de gevaarlijke stof voor die periode geacht worden zich alleen aan boord van dat schip te bevinden. In afwijking van het in de vorige zin bepaalde zal, gedurende de handelingen bedoeld in artikel 623, vijfde lid, onderdelen c, d en e, de gevaarlijke stof geacht worden zich alleen aan boord van het gestapelde vervoermiddel te bevinden.
2. Indien een gevaarlijke stof zich bevindt in een schip dat wordt gesleept door een ander schip of door een binnenschip of wordt voortbewogen door een ander schip of door een binnenschip, dat hecht met dit schip in een eenheid gekoppeld is, zal de gevaarlijke stof geacht worden zich alleen aan boord van eerstgenoemd schip te bevinden.
(Zie ook: artt. 1032, 1212, 1672 BW Boek 8)

Gevaarlijke stof in vervoermiddel aan boord zeeschip

Art. 623
1. Hij die ten tijde van een gebeurtenis reder is van een schip aan boord waarvan zich een gevaarlijke stof bevindt, is aansprakelijk voor de schade door die stof veroorzaakt ten gevolge van

Aansprakelijkheid reder bij gevaarlijke stof

die gebeurtenis. Bestaat de gebeurtenis uit een opeenvolging van feiten met dezelfde oorzaak, dan rust de aansprakelijkheid op degene die ten tijde van het eerste feit reder was.
2. De reder is niet aansprakelijk indien:
a. de schade is veroorzaakt door een oorlogshandeling, vijandelijkheden, burgeroorlog, opstand of natuurgebeuren van uitzonderlijke, onvermijdelijke en onweerstaanbare aard;
b. de schade uitsluitend is veroorzaakt door een handelen of nalaten van een derde, niet zijnde een persoon genoemd in het vijfde lid, onderdeel *a*, geschied met het opzet de schade te veroorzaken;
c. de afzender of enige andere persoon niet heeft voldaan aan zijn verplichting hem in te lichten over de gevaarlijke aard van de stof, en noch de reder noch de in het vijfde lid, onderdeel *a*, genoemde personen wisten of hadden behoren te weten dat deze gevaarlijk was.
3. Indien de reder bewijst dat de schade geheel of gedeeltelijk het gevolg is van een handelen of nalaten van de persoon die de schade heeft geleden, met het opzet de schade te veroorzaken, of van de schuld van die persoon, kan hij geheel of gedeeltelijk worden ontheven van zijn aansprakelijkheid tegenover die persoon.
4. De reder kan voor schade slechts uit anderen hoofde dan deze afdeling worden aangesproken in het geval van het tweede lid, onderdeel *c*, alsmede in het geval dat hij uit hoofde van arbeidsovereenkomst kan worden aangesproken.
5. Behoudens de artikelen 624 en 625 zijn voor schade niet aansprakelijk:
a. de ondergeschikten, vertegenwoordigers of lasthebbers van de reder of de leden van de bemanning;
b. de loods en ieder ander die, zonder bemanningslid te zijn, ten behoeve van het schip werkzaamheden verricht;
c. zij die anders dan tegen een uitdrukkelijk en redelijk verbod vanwege het schip in hulp verlenen aan het schip, de zich aan boord daarvan bevindende zaken of de opvarenden;
d. zij die op aanwijzing van een bevoegde overheidsinstantie hulp verlenen aan het schip, de zich aan boord daarvan bevindende zaken of de opvarenden;
e. zij die preventieve maatregelen nemen met uitzondering van de reder;
f. de ondergeschikten, vertegenwoordigers of lasthebbers van de in dit lid, onderdelen *b*, *c*, *d* en *e*, van aansprakelijkheid vrijgestelde personen, tenzij de schade is ontstaan uit hun eigen handelen of nalaten, geschied hetzij met het opzet die schade te veroorzaken, hetzij roekeloos en met de wetenschap dat die schade er waarschijnlijk uit zou voortvloeien.
6. De reder heeft, voor zover niet anders is overeengekomen, verhaal op de in het vijfde lid bedoelde personen, doch uitsluitend indien dezen ingevolge het slot van dit lid voor de schade kunnen worden aangesproken.
(Zie ook: artt. 622, 1033, 1213, 1673 BW Boek 8)

Art. 624

Aansprakelijkheid derde bij gevaarlijke stof

1. Indien de reder bewijst dat de gevaarlijke stof tijdens de periode bedoeld in artikel 621, tweede lid, is geladen of gelost onder de uitsluitende verantwoordelijkheid van een door hem bij name genoemde ander dan de reder of zijn ondergeschikte, vertegenwoordiger of lasthebber, zoals de afzender of ontvanger, is de reder niet aansprakelijk voor de schade als gevolg van een gebeurtenis tijdens het laden of lossen van de gevaarlijke stof en is die ander voor deze schade aansprakelijk overeenkomstig deze afdeling.
2. Indien echter de gevaarlijke stof tijdens de periode bedoeld in artikel 621, tweede lid, is geladen of gelost onder de gezamenlijke verantwoordelijkheid van de reder en een door de reder bij name genoemde ander, zijn de reder en die ander hoofdelijk aansprakelijk overeenkomstig deze afdeling voor de schade als gevolg van een gebeurtenis tijdens het laden of lossen van de gevaarlijke stof.
3. Indien is geladen of gelost door een persoon in opdracht of ten behoeve van de vervoerder of een ander, zoals de afzender of de ontvanger, is niet deze persoon, maar de vervoerder of die ander aansprakelijk.
4. Indien een ander dan de reder op grond van het eerste of het tweede lid aansprakelijk is, kan die ander geen beroep doen op artikel 623, vierde lid en vijfde lid, onderdeel *b*.

Schakelbepaling

5. Indien een ander dan de reder op grond van het eerste of het tweede lid aansprakelijk is, zijn ten aanzien van die ander titel 7 alsmede de artikelen 642a tot en met 642z van het Wetboek van Burgerlijke Rechtsvordering van overeenkomstige toepassing, met dien verstande dat in geval van hoofdelijke aansprakelijkheid:
a. de beperking van aansprakelijkheid krachtens titel 7 van het Wetboek van Koophandel geldt voor het geheel der naar aanleiding van eenzelfde gebeurtenis ontstane vorderingen gericht tegen beiden;
b. een fonds gevormd door één van hen overeenkomstig artikel 642c van het Wetboek van Burgerlijke Rechtsvordering wordt aangemerkt als door beiden te zijn gevormd en zulks ten aanzien van de vorderingen waarvoor het fonds werd gesteld.

6. In de onderlinge verhouding tussen de reder en de in het tweede lid van dit artikel genoemde ander is de reder niet tot vergoeding verplicht dan in geval van schuld van hemzelf of van zijn ondergeschikten, vertegenwoordigers of lasthebbers.
7. Dit artikel is niet van toepassing als tijdens de periode, bedoeld in artikel 621, tweede lid, is geladen of gelost onder de uitsluitende of gezamenlijke verantwoordelijkheid van een persoon, genoemd in artikel 623, vijfde lid, onderdeel c, d of e.
(Zie ook: artt. 1034, 1214, 1674 BW Boek 8)

Art. 625
Indien ingevolge artikel 623, tweede lid, onderdeel c, de reder niet aansprakelijk is, is de afzender of andere persoon aansprakelijk overeenkomstig deze afdeling en zijn te diens aanzien titel 7 alsmede de artikelen 642a tot en met 642z van het Wetboek van Burgerlijke Rechtsvordering van overeenkomstige toepassing. De afzender of andere persoon kan geen beroep doen op artikel 623, vierde lid. — *Aansprakelijkheid verzender bij gevaarlijke stof*
(Zie ook: artt. 1035, 1215, 1675 BW Boek 8)

Art. 626
Indien schade veroorzaakt door de gevaarlijke stof redelijkerwijs niet kan worden gescheiden van schade anderszins veroorzaakt, zal de gehele schade worden aangemerkt als schade in de zin van deze afdeling. — *Schade door gevaarlijke stof*
(Zie ook: artt. 1036, 1216, 1676 BW Boek 8)

Art. 627
1. Wanneer door een gebeurtenis schade is veroorzaakt door gevaarlijke stoffen aan boord van meer dan één schip, dan wel aan boord van een schip en een binnenschip of een luchtkussenvoertuig, zijn de reders en de eigenaar of exploitant van de daarbij betrokken schepen, het binnenschip of het luchtkussenvoertuig, onverminderd het in artikel 623, tweede en derde lid, en artikel 624, afdeling 4 van titel 11 en afdeling 1 van titel 14 bepaalde, hoofdelijk aansprakelijk voor alle schade waarvan redelijkerwijs niet kan worden aangenomen dat zij veroorzaakt is door gevaarlijke stoffen aan boord van één of meer bepaalde schepen, binnenschip of luchtkussenvoertuig. — *Hoofdelijke aansprakelijkheid reder/eigenaar/exploitant bij gevaarlijke stof*
2. Het bepaalde in het eerste lid laat onverlet het beroep op beperking van aansprakelijkheid van de reder, eigenaar of exploitant krachtens titel 7 of titel 12, dan wel de artikelen 1218 tot en met 1220, ieder tot het voor hem geldende bedrag.
(Zie ook: artt. 1037, 1217, 1677 BW Boek 8)

Afdeling 5
Aansprakelijkheid voor schade door verontreiniging door bunkerolie

Paragraaf 1
algemene bepalingen en toepassingsgebied

Art. 639
In deze afdeling wordt verstaan onder: — *Begripsbepalingen*
a. «*Verdrag*»: het op 23 maart 2001 te Londen tot stand gekomen Internationaal Verdrag inzake de wettelijke aansprakelijkheid voor schade door verontreiniging door bunkerolie, 2001 (Trb. 2005, 329);
b. «*Aansprakelijkheidsverdrag*»: het op 27 november 1992 te Londen tot stand gekomen Internationaal Verdrag inzake de wettelijke aansprakelijkheid voor schade door verontreiniging door olie, 1992 (Trb. 1994, 229);
c. «*Onze Minister*»: de Minister van Verkeer en Waterstaat;
d. «*schip*», «*persoon*», «*bunkerolie*», «*preventieve maatregelen*», «*voorval*», «*schade door verontreiniging*», «*Staat waar het schip is geregistreerd*», «*brutotonnage*», «*organisatie*» en «*Secretaris-Generaal*»: hetgeen daaronder wordt verstaan in artikel 1 van het Verdrag;
e. «*scheepseigenaar*»: de eigenaar van het schip, hieronder begrepen de geregistreerde eigenaar, rompbevrachter, beheerder of degene in wiens handen de exploitatie van het schip is gelegd;
f. «*geregistreerde eigenaar*»: de persoon of personen die als eigenaar van het schip zijn geregistreerd of, indien er geen registratie heeft plaatsgevonden, de persoon of personen die het schip in eigendom hebben. Indien evenwel een schip eigendom is van een Staat en geëxploiteerd wordt door een maatschappij die in die Staat geregistreerd staat als de exploitant van het schip, betekent «geregistreerde eigenaar» een zodanige maatschappij.

Art. 640
1. Deze afdeling is van toepassing op: — *Werkingssfeer*
a. schade door verontreiniging door bunkerolie veroorzaakt in Nederland, de territoriale zee daaronder begrepen;
b. schade door verontreiniging door bunkerolie veroorzaakt binnen de Exclusieve Economische Zone (EEZ) van Nederland;

c. preventieve maatregelen, waar ook genomen, ter voorkoming of beperking van zodanige schade.
2. Deze afdeling is niet van toepassing:
 a. op schade door verontreiniging zoals omschreven in het Aansprakelijkheidsverdrag, ongeacht of ten aanzien van die schade wel of geen schadevergoeding verschuldigd is ingevolge dat verdrag; en
 b. op oorlogsschepen, ondersteuningsschepen van de marine of andere schepen die toebehoren aan of geëxploiteerd worden door een Staat en die in de betrokken periode uitsluitend worden gebruikt in overheidsdienst voor niet-commerciële doeleinden, behoudens voor zover de desbetreffende Staat anders heeft beslist en daaraan op de voet van artikel 4, derde lid, van het Verdrag genoegzaam uitvoering heeft gegeven.

Paragraaf 2
aansprakelijkheid van de scheepseigenaar

Art. 641

Aansprakelijkheid scheepseigenaar bij gevaarlijke stof

1. De scheepseigenaar op het tijdstip van het voorval is, behoudens het bepaalde in het derde en vierde lid, aansprakelijk voor schade door verontreiniging veroorzaakt door bunkerolie aan boord of afkomstig van het schip, met dien verstande dat indien het voorval bestaat uit een opeenvolging van feiten met dezelfde oorsprong, de aansprakelijkheid rust op degene die ten tijde van het eerste feit de scheepseigenaar was.
2. Indien meer dan een persoon aansprakelijk is op grond van het eerste lid, zijn zij hoofdelijk aansprakelijk.
3. De scheepseigenaar is niet aansprakelijk indien hij bewijst dat:
 a. de schade het gevolg is van een oorlogshandeling, vijandelijkheden, burgeroorlog, opstand of natuurverschijnsel van uitzonderlijke, onvermijdelijke en onweerstaanbare aard;
 b. de schade geheel en al werd veroorzaakt door een handelen of nalaten van een derde met het opzet schade te veroorzaken; of
 c. de schade geheel en al werd veroorzaakt door onzorgvuldigheid of een andere onrechtmatige handeling van een overheid of andere autoriteit verantwoordelijk voor het onderhoud van vuurtorens of andere hulpmiddelen bij de navigatie, in de uitoefening van die functie.
4. Indien de scheepseigenaar bewijst dat de schade door verontreiniging geheel of gedeeltelijk het gevolg is van een handelen of nalaten van de persoon die de schade heeft geleden, met het opzet de schade te veroorzaken, of van de schuld van die persoon, kan hij geheel of gedeeltelijk worden ontheven van de aansprakelijkheid tegenover die persoon.
5. Geen vordering tot vergoeding van schade door verontreiniging kan tegen de scheepseigenaar worden ingesteld anders dan in overeenstemming met deze afdeling.
6. De scheepseigenaar heeft het recht van verhaal op derden die voor de schade uit anderen hoofde, anders dan uit overeenkomst, jegens de benadeelden aansprakelijk zijn.

Art. 642

Hoofdelijke aansprakelijkheid scheepseigenaren bij gevaarlijke stof

Wanneer zich een voorval voordoet waarbij twee of meer schepen zijn betrokken en er ten gevolge daarvan schade door verontreiniging is ontstaan, zijn de eigenaren van alle daarbij betrokken schepen, tenzij deze ingevolge artikel 641 van aansprakelijkheid zijn ontheven, hoofdelijk aansprakelijk voor alle schade die redelijkerwijs niet te scheiden is. Op de onderlinge verhouding van de eigenaren van de betrokken schepen is artikel 545, derde lid, laatste volzin, van overeenkomstige toepassing.

Art. 643

Beperking aansprakelijkheid scheepseigenaren bij gevaarlijke stof

De scheepseigenaar en de persoon of de personen die verzekeren of een andere financiële zekerheid stellen, kunnen hun aansprakelijkheid per voorval beperken uit hoofde van titel 7.

Art. 644

Rechtstreekse vordering scheepseigenaren bij gevaarlijke stof

1. Vorderingen tot vergoeding van schade door verontreiniging kunnen rechtstreeks worden ingesteld tegen de verzekeraar of andere persoon die financiële zekerheid heeft gesteld ter dekking van de aansprakelijkheid van de geregistreerde eigenaar wegens schade door verontreiniging. In dit geval kan de verweerder, zelfs indien de scheepseigenaar op grond van artikel 643 niet gerechtigd is zijn aansprakelijkheid te beperken, zijn aansprakelijkheid beperken tot het bedrag gelijk aan het verzekerde bedrag of het bedrag van de andere financiële zekerheid als bedoeld in artikel 645.
2. De verweerder komen alle verweermiddelen toe welke de scheepseigenaar tegen de vorderingen zou hebben kunnen aanvoeren, doch hij kan geen beroep doen op de omstandigheid dat de scheepseigenaar surséance van betaling is verleend, dat ten aanzien van de scheepseigenaar de schuldsaneringsregeling natuurlijke personen van toepassing is, of dat de scheepseigenaar zich in staat van faillissement of vereffening bevindt. Hij kan zich voorts verweren met een beroep op het feit dat de schade is veroorzaakt door opzettelijk wangedrag van de scheepseige-

naar zelf, doch andere verweermiddelen welke hij zou hebben kunnen aanvoeren tegen een door de scheepseigenaar tegen hem ingestelde vordering komen hem niet toe.
3. De verweerder kan de scheepseigenaar steeds in het geding roepen.

Paragraaf 3
verplichte verzekering

Art. 645
1. De geregistreerde eigenaar van een in Nederland teboekstaand schip met een brutotonnage van meer dan 1000 is verplicht een verzekering of andere financiële zekerheid, zoals een bankgarantie, in stand te houden voor het bedrag waartoe zijn aansprakelijkheid is beperkt berekend overeenkomstig titel 7, ter dekking van zijn aansprakelijkheid overeenkomstig het bepaalde in deze afdeling en artikel 7 van het Verdrag. <!-- marginalia: Verplichting van scheepseigenaar tot instandhouding verzekering/financiële zekerheid -->
2. De geregistreerde eigenaar van een schip met een brutotonnage van meer dan 1000 dat teboekstaat buiten Nederland dan wel de Nederlandse vlag voert, is verplicht om, indien het schip een haven van laad- of losplaats in Nederland aanloopt of verlaat, of een Nederlands binnenwater bevaart, een verzekering of andere financiële zekerheid, zoals een bankgarantie, in stand te houden voor het bedrag waartoe zijn aansprakelijkheid is beperkt berekend overeenkomstig titel 7, ter dekking van zijn aansprakelijkheid overeenkomstig het bepaalde in deze afdeling en artikel 7 van het Verdrag.

Art. 646
De overeenkomst tot verstrekking van financiële zekerheid ten aanzien van een schip dat teboekstaat in Nederland of dat teboekstaat in een Staat die niet partij is bij het Verdrag, of de vlag voert van zulk een Staat, moet voldoen aan het volgende: <!-- marginalia: Overeenkomst tot verstrekking financiële zekerheid schip -->
a. de overeenkomst moet zijn aangegaan met een verzekeraar, een bank of andere financiële instelling of een andere persoon, van wie Onze Minister, na overleg met Onze Minister van Financiën, de financiële draagkracht tot het geven van dekking voor de uit deze afdeling en het Verdrag voortvloeiende aansprakelijkheid voldoende oordeelt;
b. de gelden uit de overeenkomst moeten, indien de verstrekker van financiële zekerheid buiten Nederland is gevestigd, ook werkelijk in Nederland ter beschikking kunnen komen;
c. uit de overeenkomst moet blijken dat de benadeelde, in overeenstemming met artikel 644 en met artikel 7, tiende lid, van het Verdrag, zijn vordering rechtstreeks tegen de verstrekker van financiële zekerheid kan instellen. Indien de overeenkomst een beding inhoudt dat de scheepseigenaar zelf voor een deel in de vergoeding van de schade zal bijdragen, moet uit de overeenkomst blijken dat de verstrekker van financiële zekerheid niettemin jegens de benadeelde terzake van schade gehouden blijft tot betaling ook van dat deel van de schadevergoeding;
d. uit de overeenkomst moet blijken dat de verstrekker van financiële zekerheid deze binnen de tijdsduur waarvoor het certificaat van artikel 647 is uitgegeven, niet eerder eerder kan schorsen of beëindigen of zodanig wijzigen dat hij niet meer aan dit artikel voldoet, dan na verloop van drie maanden na de datum van ontvangst van een mededeling als bedoeld in artikel 649, eerste lid, tenzij het certificaat is ingeleverd of een nieuw is afgegeven vóór het verstrijken van de termijn.

Art. 647
1. Onze Minister geeft aan de geregistreerde eigenaar van een in Nederland teboekstaand schip of van een schip dat niet is teboekgesteld in een Staat die partij is, op diens verzoek een certificaat af als omschreven in artikel 7, tweede lid, van het Verdrag, of waarmerkt als certificaat een door de verstrekker van financiële zekerheid in deze vorm ten behoeve van de geregistreerde eigenaar afgegeven document, indien hem is gebleken dat de geregistreerde eigenaar aan zijn in artikel 645 bedoelde verplichting voldoet. <!-- marginalia: Certificaat financiële zekerheid van scheepseigenaar -->
2. Bij het verzoek moet de geregistreerde eigenaar de volgende gegevens en stukken overleggen: <!-- marginalia: Informatieplicht van scheepseigenaar -->
a. de naam en woonplaats van de geregistreerde eigenaar en de plaats waar diens hoofdkantoor is gevestigd;
b. een uittreksel uit de registratie voor schepen als bedoeld in artikel 101, eerste lid, van de Kadasterwet, vermeldende ten minste de gegevens bedoeld in artikel 85, tweede lid, onder a, c, d, e, f, g en j van die wet, alsmede de gegevens omtrent niet doorgehaalde voorlopige aantekeningen, met dien verstande dat ingeval dat uittreksel meer dan twee dagen vóór de dag der overlegging is afgegeven, op dat uittreksel een verklaring van de bewaarder van het Kadaster en de openbare registers moet voorkomen, afgegeven binnen voornoemde termijn van twee dagen, dat sedert de afgifte de op dat uittreksel vermelde gegevens geen wijziging hebben ondergaan;
c. een afschrift van de overeenkomst tot verstrekking van financiële zekerheid;
d. de naam van degene die de financiële zekerheid verstrekt en de plaats waar diens hoofdkantoor is gevestigd, alsmede, zo nodig, het kantoor waar deze zekerheid wordt verstrekt;
e. het tijdstip waarop de financiële zekerheid ingaat en het tijdstip waarop deze een einde neemt.

Art. 648

Afwijzingsgronden informatieverzoek aan scheepseigenaar

Onze Minister wijst een verzoek als bedoeld in artikel 647 af indien de overgelegde gegevens of stukken onvoldoende of onjuist zijn, of indien de overeenkomst tot verstrekking van financiële zekerheid niet voldoet aan de daaraan bij of krachtens deze afdeling gestelde eisen.

Art. 649

Certificaat, onverwijlde mededeling wijzigingen

1. De geregistreerde eigenaar aan wie een certificaat is afgegeven, is verplicht om onverwijld aan Onze Minister schriftelijk mededeling te doen van het ongeldig worden, de schorsing of de beëindiging van de overeenkomst tot verstrekking van financiële zekerheid binnen de tijdsduur waarvoor het certificaat is afgegeven, alsmede van elke wijziging welke zich gedurende die tijdsduur voordoet in de gegevens welke bij het in artikel 647 bedoelde verzoek zijn overgelegd.
2. Onze Minister draagt zorg, dat van een mededeling als bedoeld in het eerste lid ten aanzien van een overeenkomst tot verstrekking van financiële zekerheid voor een in Nederland teboekstaand schip schriftelijk kennis wordt gegeven aan het kantoor van de Dienst voor het Kadaster en de openbare registers, waar de openbare registers waarin het verzoek tot teboekstelling van het schip is ingeschreven, worden gehouden, welke kennisgeving aldaar wordt bewaard.
3. Het bestaan en de dagtekening van ontvangst van kennisgevingen als bedoeld in het tweede lid worden onverwijld vermeld in de registratie voor schepen, bedoeld in artikel 85 van de Kadasterwet. Kennisgevingen als bedoeld in het tweede lid zijn openbaar.
4. De in het eerste lid bedoelde mededeling kan behalve door de geregistreerde eigenaar ook worden gedaan door degene die de financiële zekerheid verstrekt.

Art. 650

Intrekking van certificaat financiële zekerheid schepen

1. Onze Minister kan, na overleg met Onze Minister van Financiën, een certificaat intrekken indien door wijziging in de gegevens welke bij het in artikel 647 bedoelde verzoek zijn overgelegd of doordat die gegevens onvoldoende of onjuist blijken te zijn, het niet meer voldoet aan de bij of krachtens deze afdeling gestelde eisen, of indien er goede gronden zijn om aan te nemen dat de financiële draagkracht van de verstrekker van de financiële zekerheid onvoldoende was, of is geworden of, indien deze buiten Nederland is gevestigd, blijkt van een beletsel voor het werkelijk in Nederland beschikbaar komen van die gelden.
2. In de beschikking wordt een termijn gesteld voor de inlevering van het certificaat.
3. De werking van de beschikking wordt opgeschort totdat de beroepstermijn is verstreken of, indien beroep is ingesteld, op het beroep is beslist.

Art. 651

Intrekking van certificaat financiële zekerheid schepen, onverwijlde inlevering

1. De geregistreerde eigenaar is verplicht om het certificaat zo spoedig mogelijk nadat overeenkomstig artikel 649, eerste lid, mededeling is gedaan van het ongeldig worden, de schorsing of de beëindiging van de overeenkomst tot verstrekking van financiële zekerheid, of nadat de tijdsduur waarvoor het is afgegeven is verstreken, bij Onze Minister in te leveren.
2. De geregistreerde eigenaar is verplicht om het certificaat ingeval van onherroepelijke intrekking bij Onze Minister in te leveren binnen de termijn bedoeld in artikel 650, tweede lid.

Art. 652

1. Onze Minister zendt een afschrift van elk door hem ten aanzien van een in Nederland teboekgesteld schip afgegeven certificaat, alsmede van elke onherroepelijke beschikking tot intrekking van een ten aanzien van een in Nederland teboekgesteld schip afgegeven certificaat, aan het kantoor van de Dienst voor het Kadaster en de openbare registers, welke kennisgeving aldaar wordt bewaard.
2. Artikel 649, derde lid, is van overeenkomstige toepassing.

Art. 653

Nadere regels

Bij of krachtens algemene maatregel van bestuur worden regels gesteld betreffende de voor de afgifte of waarmerking van een certificaat als bedoeld in artikel 647 verschuldigde vergoedingen.

Paragraaf 4
[Vervallen]

Art. 654

[Vervallen]

Afdeling 6
Aansprakelijkheid voor de kosten van het lokaliseren, markeren en opruimen van een wrak

Art. 655

Begripsbepalingen

In deze afdeling wordt verstaan onder:
a. «Verdrag»: het op 18 mei 2007 te Nairobi tot stand gekomen Internationaal Verdrag inzake het opruimen van wrakken, 2007 (Trb. 2008,115);

b. «wrak», «schip», «maritiem ongeval», «gevaar», «geregistreerde eigenaar», «Staat waar het schip geregistreerd is»: hetgeen daaronder wordt verstaan in artikel 1 van het Verdrag;
c. «lokaliseren, markeren en opruimen»: hetgeen daaronder wordt verstaan in het Verdrag.

Art. 656
1. De geregistreerde eigenaar is, behoudens het bepaalde in deze afdeling, aansprakelijk voor de kosten van het lokaliseren, markeren en opruimen van het wrak overeenkomstig de paragrafen 2.3 en 2.4 van hoofdstuk 2, waar nodig in samenhang met hoofdstuk 5, van de Wet bestrijding maritieme ongevallen. **Aansprakelijkheid opruimen wrak**
2. De geregistreerde eigenaar is niet op grond van deze afdeling aansprakelijk indien hij bewijst dat het maritiem ongeval dat tot het wrak geleid heeft:
a. het gevolg is van een oorlogshandeling, vijandelijkheden, burgeroorlog, opstand of een natuurverschijnsel van uitzonderlijke, onvermijdelijke en onweerstaanbare aard;
b. in zijn geheel is veroorzaakt door een handelen of nalaten door een derde met het oogmerk schade te veroorzaken; of
c. in zijn geheel is veroorzaakt door nalatigheid of een andere onrechtmatige daad van een overheid of andere autoriteit die verantwoordelijk is voor het onderhoud van verlichting of andere navigatiehulpmiddelen bij de uitoefening van die taak.
3. Niets in deze afdeling tast het recht aan van de geregistreerde eigenaar zijn aansprakelijkheid te beperken uit hoofde van titel 7.
4. Geen vordering tot vergoeding van de kosten bedoeld in het eerste lid kan tegen de geregistreerde eigenaar worden ingesteld anders dan in overeenstemming met de bepalingen van deze afdeling.
5. Geen bepaling van dit artikel doet afbreuk aan enig recht van verhaal tegenover derden.

Art. 657
1. De geregistreerde eigenaar is uit hoofde van deze afdeling niet aansprakelijk voor de kosten bedoeld in artikel 656, eerste lid, indien en voor zover de aansprakelijkheid voor dergelijke kosten in strijd zou zijn met:
a. het Internationaal Verdrag inzake de wettelijke aansprakelijkheid voor schade door verontreiniging door olie, 1969, zoals gewijzigd;
b. het Internationaal Verdrag inzake aansprakelijkheid en vergoeding voor schade in verband met het vervoer over zee van gevaarlijke en schadelijke stoffen, 1996, zoals gewijzigd;
c. het Verdrag inzake wettelijke aansprakelijkheid op het gebied van de kernenergie, 1960, zoals gewijzigd, of het Verdrag van Wenen inzake wettelijke aansprakelijkheid voor kernschade, 1963, zoals gewijzigd; of nationaal recht dat beperking van de aansprakelijkheid voor kernschade regelt of verbiedt; of
d. het Internationaal Verdrag inzake de wettelijke aansprakelijkheid voor schade door verontreiniging door bunkerolie, 2001, zoals gewijzigd;
mits het desbetreffende verdrag van toepassing en van kracht is.
2. Voor zover maatregelen uit hoofde van de Wet bestrijding maritieme ongevallen worden aangemerkt als hulpverlening overeenkomstig het op 28 april 1989 te Londen tot stand gekomen Internationaal Verdrag inzake hulpverlening, is dat verdrag van toepassing op kwesties omtrent het loon of de vergoeding verschuldigd aan de hulpverlener en met uitsluiting van de regels van deze afdeling.

Art. 658
1. Vorderingen tot vergoeding van kosten als bedoeld in artikel 656, eerste lid, kunnen rechtstreeks worden ingesteld tegen de verzekeraar of andere persoon die financiële zekerheid heeft gesteld ter dekking van de aansprakelijkheid van de geregistreerde eigenaar voor kosten bedoeld in artikel 656, eerste lid. In dit geval kan de verweerder, zelfs indien de geregistreerde eigenaar niet gerechtigd is zijn aansprakelijkheid te beperken, zijn aansprakelijkheid beperken tot het bedrag gelijk aan het verzekerde bedrag of het bedrag van de andere financiële zekerheid als bedoeld in artikel 26 van de Wet bestrijding maritieme ongevallen.
2. De verweerder komen alle verweermiddelen toe welke de geregistreerde eigenaar tegen de vorderingen zou hebben kunnen aanvoeren, doch hij kan geen beroep doen op de omstandigheid dat de geregistreerde eigenaar surseance van betaling is verleend, dat ten aanzien van de geregistreerde eigenaar de schuldsaneringsregeling natuurlijke personen van toepassing is, of dat de geregistreerde eigenaar zich in staat van faillissement of vereffening bevindt. Hij kan zich voorts verweren met een beroep op het feit dat de kosten zijn veroorzaakt door opzettelijk wangedrag van de geregistreerde eigenaar zelf, doch andere verweermiddelen welke hij zou hebben kunnen aanvoeren tegen een door de geregistreerde eigenaar tegen hem ingestelde vordering komen hem niet toe.
3. De verweerder kan de geregistreerde eigenaar steeds in het geding roepen.

Titel 7
Beperking van aansprakelijkheid voor maritieme vorderingen

Beperking aansprakelijkheid voor maritieme vorderingen
Begripsbepalingen

Art. 750
1. De reder van een schip en de hulpverlener kunnen door het stellen van één of meer fondsen als bedoeld in artikel 642c van het Wetboek van Burgerlijke Rechtsvordering hun aansprakelijkheid beperken voor de in artikel 752 genoemde vorderingen.
2. Onder reder worden in deze titel mede verstaan de bevrachter, de huurder of andere gebruiker van een schip met inbegrip van degene in wiens handen de exploitatie van een schip is gelegd.
(Zie ook: artt. 360, 363, 373, 502 BW Boek 8)
3. Onder hulpverlener wordt in deze titel een ieder verstaan die werkzaamheden verricht in onmiddellijk verband met hulpverlening, waaronder in deze titel mede worden verstaan de in artikel 752, eerste lid, onder d, e en f, genoemde werkzaamheden of maatregelen.
(Zie ook: artt. 550, 753 BW Boek 8)
4. Onder schip wordt in deze titel zeeschip verstaan. Een schip in aanbouw wordt voor de toepassing van deze titel mede als schip aangemerkt van het ogenblik af, dat de stapelloop aanvangt. Een luchtkussenvoertuig wordt voor de toepassing van deze titel niet als schip aangemerkt. Een platform dat is gebouwd ter exploratie of exploitatie van de natuurlijke rijkdommen van de zeebodem of van de ondergrond daarvan en dat kan drijven, wordt voor de toepassing van deze titel niet als schip aangemerkt gedurende de tijd dat het op de zeebodem rust.
(Zie ook: artt. 1, 203, 1060 BW Boek 8; art. 642a Rv)

Art. 751
1. Indien een vordering als genoemd in artikel 752 wordt gericht tegen enige persoon voor wiens handeling, onachtzaamheid of nalatigheid de reder of de hulpverlener in beginsel aansprakelijk is, heeft deze persoon de in deze titel verleende bevoegdheid tot beperking van zijn aansprakelijkheid.
2. De verzekeraar van de aansprakelijkheid voor vorderingen, waarvoor op grond van deze titel beperking van aansprakelijkheid mogelijk is, kan zich in dezelfde mate als zijn verzekerde op die beperking beroepen.
(Zie ook: art. 1061 BW Boek 8)

Art. 752
1. Onder voorbehoud van de artikelen 753 en 754 bestaat de bevoegdheid tot beperking van aansprakelijkheid voor de hierna genoemde vorderingen ingesteld hetzij op grond van overeenkomst, hetzij buiten overeenkomst en zelfs wanneer de aansprakelijkheid uitsluitend voortvloeit uit eigendom of bezit van of een voorrecht op het schip of uit het feit, dat dit onder hoede of toezicht is van hem die zich op de beperking van aansprakelijkheid beroept:
  a. vorderingen terzake van dood of letsel, dan wel terzake van verlies van of schade aan zaken (met inbegrip van schade aan kunstwerken van havens, aan dokken, waterwegen of hulpmiddelen voor de scheepvaart), opgekomen aan boord van het schip of in rechtstreeks verband met de exploitatie van het schip of met werkzaamheden ter hulpverlening, alsmede voor vorderingen terzake van schade tengevolge van een of ander;
  b. vorderingen terzake van schade ontstaan door vertraging bij het vervoer over zee van lading, reizigers of hun bagage;
  c. vorderingen terzake van andere schade ontstaan door inbreuk op enig niet op overeenkomst gegrond vermogensrecht en opgekomen in rechtstreeks verband met de exploitatie van het schip of met werkzaamheden ter hulpverlening;
  d. vorderingen terzake van het vlotbrengen, verwijderen, vernietigen of onschadelijk maken van een zee- of binnenschip dat is gezonken, schipbreuk heeft geleden, gestrand of verlaten is, met inbegrip van alles wat aan boord van zulk een schip is of is geweest;
  e. vorderingen terzake van het verwijderen, vernietigen of onschadelijk maken van de lading van het schip;
  f. vorderingen van een persoon terzake van maatregelen genomen om schade te voorkomen of te verminderen voor welke schade de daarvoor aansprakelijke persoon zijn aansprakelijkheid op grond van deze titel zou kunnen beperken, alsmede voor vorderingen terzake van verdere schade door zulke maatregelen geleden, één en ander echter met uitzondering van dusdanige vorderingen van deze aansprakelijke persoon zelf.
(Zie ook: artt. 217, 1062 BW Boek 8)
2. Aansprakelijkheid voor de in het eerste lid genoemde vorderingen kan worden beperkt, ook indien deze, al dan niet op grond van een overeenkomst, zijn ingesteld bij wijze van verhaal of vrijwaring. De aansprakelijkheid voor de vorderingen in het eerste lid genoemd onder d, e of f, kan echter niet worden beperkt voor zover deze vorderingen betrekking hebben op een vergoeding verschuldigd op grond van een overeenkomst met de aansprakelijke persoon.

Art. 753

Werkingssfeer
1. Deze titel is niet van toepassing op:

art. 8:755

a. vorderingen uit hoofde van hulpverlening, met inbegrip van, indien van toepassing, een vordering ter zake van een bijzondere vergoeding als bedoeld in artikel 14 van het op 28 april 1989 te Londen tot stand gekomen Internationaal Verdrag inzake hulpverlening (Trb. 1990, 109) zoals nadien gewijzigd, of bijdrage in avarij-grosse;
b. vorderingen voor schade door verontreiniging door olie, zoals deze zijn bedoeld in het op 29 november 1969 tot stand gekomen Internationaal Verdrag inzake de wettelijke aansprakelijkheid voor schade door verontreiniging door olie of in enige kracht van wet hebbende wijziging van dat Verdrag of Protocol daarbij;
c. vorderingen onderworpen aan enig internationaal verdrag of enige wet, die de beperking van aansprakelijkheid voor kernschade regelt of verbiedt;
d. vorderingen tegen de exploitant van een nucleair schip terzake van kernschade;
e. vorderingen uit hoofde van arbeidsovereenkomst tegen de reder of de hulpverlener ingesteld door zijn ondergeschikten of hun rechtverkrijgenden voor zover deze vorderingen werkzaamheden betreffen in verband met het schip of de hulpverlening, al naar gelang de aansprakelijkheid van de reder of de hulpverlener voor deze vorderingen uit hoofde van de op de arbeidsovereenkomst toepasselijke wet niet of slechts tot een hoger bedrag dan op grond van deze titel het geval ware, kan worden beperkt.
(Zie ook: artt. 550, 610 BW Boek 8)
2. Wanneer iemand die op grond van deze titel bevoegd is zijn aansprakelijkheid te beperken, gerechtigd is tegen een schuldeiser een vordering geldend te maken, die voortkomt uit hetzelfde voorval, zullen de respectieve vorderingen met elkaar worden verrekend en wordt de beperking van aansprakelijkheid slechts toegepast op het daarna mogelijkerwijs overblijvende saldo.
(Zie ook: art. 1063 BW Boek 8)

Art. 754
Niemand is gerechtigd zijn aansprakelijkheid te beperken, indien bewezen is dat de schade is ontstaan door zijn eigen handeling of nalaten, geschied hetzij met het opzet die schade te veroorzaken hetzij roekeloos en met de wetenschap dat die schade er waarschijnlijk uit zou voortvloeien.   **Aansprakelijkheid bij eigen handelen of nalaten**
(Zie ook: artt. 388, 906, 1064 BW Boek 8; art. 642c Rv)

Art. 755
1. Onverminderd het in het tweede lid bepaalde, kan de aansprakelijkheid uit hoofde van deze titel voor andere vorderingen dan die genoemd in artikel 756 die naar aanleiding van éénzelfde voorval zijn ontstaan als volgt worden beperkt: **Maximale bedrag van schadefondsen bij aansprakelijkheid**
a. voor vorderingen die niet zijn vorderingen als bedoeld in artikel 752, eerste lid, onder d of e, tot het bedrag bepaald op grond van artikel 6, eerste lid, van het op 19 november 1976 te Londen tot stand gekomen Verdrag inzake beperking van aansprakelijkheid voor maritieme vorderingen (Trb. 1980, 23) zoals gewijzigd door artikel 3 van het Protocol van 1996, behoudens wijziging door de bijzondere amenderingsprocedure voorzien in artikel 8 van het Protocol van 1996; en
b. voor vorderingen bedoeld in artikel 752, eerste lid, onder d of e (wrakkenfonds), tot het bedrag bepaald op grond van artikel 6, eerste lid, aanhef en onder b, van het op 19 november 1976 te Londen tot stand gekomen Verdrag inzake beperking van aansprakelijkheid voor maritieme vorderingen (Trb. 1980, 23) zoals gewijzigd door artikel 3 van het Protocol van 1996, behoudens wijziging door de bijzondere amenderingsprocedure voorzien in artikel 8 van het Protocol van 1996.
2. Bij algemene maatregel van bestuur wordt het bedrag vastgesteld waartoe de aansprakelijkheid uit hoofde van deze titel kan worden beperkt voor schepen die blijkens hun constructie uitsluitend of in hoofdzaak zijn bestemd tot het vervoer van personen en waarvan de tonnage niet groter is dan 300, waarbij dat bedrag voor vorderingen bedoeld in artikel 6, eerste lid, aanhef en onder b, van het op 19 november 1976 te Londen tot stand gekomen Verdrag inzake beperking van aansprakelijkheid voor maritieme vorderingen (Trb. 1980, 23) zoals gewijzigd door het Protocol van 1996, op een lager aantal rekeneenheden kan worden gesteld dan is bepaald in genoemd artikel 6, eerste lid, aanhef en onder b, onder 1.
3. Het bedrag waartoe de aansprakelijkheid van een hulpverlener aan een schip die niet van een zee- of binnenschip uit werkzaamheden verricht of die werkzaamheden uitsluitend verricht op het schip waaraan of met betrekking waartoe hij hulp verleent, kan worden beperkt, wordt berekend naar een tonnage van 1500 ton.
4. Voor de toepassing van deze titel wordt onder tonnage van het schip verstaan de bruto-tonnage van het schip berekend overeenkomstig de voorschriften voor meting vervat in Bijlage I van het op 23 juni 1969 te Londen tot stand gekomen Internationaal Verdrag betreffende de meting van schepen, 1969.   **Werkingssfeer**
5. Op verzoek van de eigenaar kan door Onze Minister van Verkeer en Waterstaat een verklaring worden afgegeven betreffende de bruto-tonnage van een schip, berekend overeenkomstig de voorschriften voor meting vervat in Bijlage I van het op 23 juni 1969 te Londen tot stand gekomen Internationaal Verdrag betreffende de meting van schepen, 1969.

art. 8:756 13 Burgerlijk Wetboek Boek 8

6. Deze verklaring wordt afgegeven tegen betaling van de kosten volgens een door Onze Minister van Verkeer en Waterstaat vast te stellen tarief.
(Zie ook: artt. 756, 1065 BW Boek 8; artt. 642c, 642t Rv)
7. Voor de toepassing van dit artikel en van artikel 756 wordt verstaan onder «Protocol van 1996»: het op 2 mei 1996 te Londen tot stand gekomen Protocol tot wijziging van het op 19 november 1976 te Londen tot stand gekomen Verdrag inzake beperking van aansprakelijkheid voor maritieme vorderingen (Trb. 1997, 300).

Art. 756

1. Wat betreft vorderingen ontstaan naar aanleiding van ééenzelfde voorval terzake van dood of letsel van passagiers van een schip kan de reder zijn aansprakelijkheid beperken tot het bedrag bepaald in artikel 7 van het op 19 november 1976 te Londen tot stand gekomen Verdrag inzake beperking van aansprakelijkheid voor maritieme vorderingen (Trb. 1980, 23) zoals gewijzigd door artikel 4 van het Protocol van 1996, behoudens wijziging door de bijzondere amenderingsprocedure voorzien in artikel 8 van het Protocol van 1996.
(Zie ook: art. 757 BW Boek 8)
2. Onder vorderingen terzake van dood of letsel van reizigers worden voor de toepassing van dit artikel verstaan dergelijke vorderingen ingediend naar aanleiding van een voorval overkomen aan enige persoon vervoerd aan boord van het schip
a. op grond van een overeenkomst tot het vervoer van reizigers;
b. die met toestemming van de vervoerder een voertuig of levende dieren vergezelt, die worden vervoerd op grond van een overeenkomst tot goederenvervoer.

Art. 757

Aan de bedragen vermeld in de artikelen 755 en 756 wordt toegevoegd de wettelijke rente berekend van de aanvang van de dag volgende op de dag van het voorval, dat aanleiding gaf tot de vordering, tot de aanvang van de dag volgende op de dag waarop hij, die een verzoek tot beperking van zijn aansprakelijkheid indiende, voldeed aan een hem krachtens artikel 642c van het Wetboek van Burgerlijke Rechtsvordering opgelegd bevel.
(Zie ook: artt. 119, 120 BW Boek 6)

Art. 758

Omvang beperking van aansprakelijkheid

1. De beperking van aansprakelijkheid als vastgesteld in artikel 755 geldt voor het geheel der naar aanleiding van ééenzelfde voorval ontstane vorderingen gericht tegen
a. de persoon of personen genoemd in het tweede lid van artikel 750 en enige persoon voor wiens handeling, onachtzaamheid of nalatigheid dezen in beginsel aansprakelijk zijn, of
b. de reder van een schip die van dat schip uit hulp verleent, en de hulpverlener of hulpverleners die van dat schip uit hun werkzaamheden verricht of verrichten en enige persoon voor wiens handeling, onachtzaamheid of nalatigheid deze personen in beginsel aansprakelijk zijn, of
c. de hulpverlener of hulpverleners aan een schip die niet van een zee- of binnenschip uit werkzaamheden verricht of verrichten of die werkzaamheden verricht of verrichten uitsluitend op het schip waaraan of met betrekking waartoe hulp wordt verleend, en enige persoon voor wiens handeling, onachtzaamheid of nalatigheid deze personen in beginsel aansprakelijk zijn.
(Zie ook: artt. 751, 1066 BW Boek 8; art. 642d Rv)
2. De beperking van aansprakelijkheid als vastgesteld in artikel 756 geldt voor het geheel der naar aanleiding van ééenzelfde voorval ontstane vorderingen gericht tegen de persoon of de personen die in de in artikel 750, tweede lid, genoemde betrekking staan tot het in artikel 756 bedoelde schip, en enige persoon voor wiens handeling, onachtzaamheid of nalatigheid dezen in beginsel aansprakelijk zijn.

Art. 759

Bijzonder trekkingsrecht bij aansprakelijkheid

De rekeneenheid, genoemd in de artikelen 755 en 756, is het bijzondere trekkingsrecht, zoals dat is omschreven door het Internationale Monetaire Fonds. De bedragen genoemd in de artikelen 755 en 756 worden omgerekend in Nederlands geld naar de koers van de dag waarop de schuldenaar voldoet aan een ingevolge artikel 642c van het Wetboek van Burgerlijke Rechtsvordering gegeven bevel tot storting of andere zekerheidsstelling. De waarde van het Nederlandse geld, uitgedrukt in bijzondere trekkingsrechten, wordt berekend volgens de waarderingsmethode die door het Internationale Monetaire Fonds op de dag van omrekening wordt toegepast voor zijn eigen verrichtingen en transacties.

III
Binnenvaartrecht

Titel 8
Het binnenschip en de zaken aan boord daarvan

Afdeling 1
Rederij van het binnenschip

Art. 770

1. Indien een binnenschip blijkens de openbare registers, bedoeld in afdeling 2 van Titel 1 van Boek 3 aan twee of meer personen gezamenlijk toebehoort, bestaat tussen hen een rederij. Wanneer de eigenaren van het schip onder een gemeenschappelijke naam optreden bestaat slechts een rederij, indien zulks uitdrukkelijk bij akte is overeengekomen en deze akte in die registers is ingeschreven.
2. De rederij is geen rechtspersoon.

(Zie ook: art. 436 BW Boek 1; art. 189 BW Boek 3; art. 1655 BW Boek 7A; artt. 3, 160, 944, 1770 BW Boek 8; artt. 16, 19 WvK; artt. 4, 621, 622 Rv; artt. 51, 447a WvSr; artt. 528, 530 WvSv)

Rederij van binnenschip

Art. 771

Afdeling 1 van titel 3 is op de rederij van een binnenschip van overeenkomstige toepassing.
(Zie ook: art. 447a WvSr)

Schakelbepaling

Afdeling 2
Rechten op binnenschepen

Art. 780

1. In de afdelingen 2 tot en met 6 van titel 8 worden onder schepen mede verstaan schepen in aanbouw.
(Zie ook: art. 827 BW Boek 8)
2. Onder binnenschepen worden in de afdelingen 2 tot en met 6 van titel 8 mede verstaan draagvleugelboten, veerponten, alsmede baggermolens, drijvende kranen, elevatoren en alle drijvende werktuigen, pontons of materiaal van soortgelijke aard, die voldoen aan de in de artikelen 1 en 3 ten aanzien van binnenschepen vermelde vereisten.
3. Indien een schip in aanbouw een schip in de zin van artikel 1 is geworden, ontstaat daardoor niet een nieuw schip.
(Zie ook: artt. 190, 1000 BW Boek 8; artt. 309, 312 WvK; art. 1 Kadw)

Begripsbepalingen

Art. 781

In deze afdeling wordt verstaan onder:
a. het Verdrag van Genève: de op 25 januari 1965 te Genève gesloten overeenkomst inzake inschrijving van binnenschepen, met Protocollen (Trb. 1966, 228);
b. verdragsstaat: een staat waarvoor het Verdrag van Genève van kracht is;
c. verdragsregister: een buiten Nederland in een verdragsstaat gehouden register, als bedoeld in artikel 2 van het Verdrag van Genève;
d. de openbare registers: de openbare registers, bedoeld in afdeling 2 van Titel 1 van Boek 3.
(Zie ook: artt. 1, 191, 770 BW Boek 8; artt. 571, 576 Rv)

Begripsbepalingen

Art. 782

De in deze afdeling aan de eigenaar opgelegde verplichtingen rusten, indien het schip toebehoort aan meer personen, aan een vennootschap onder firma, aan een commanditaire vennootschap of aan een rechtspersoon, mede op iedere mede-eigenaar, beherende vennoot of bestuurder.
(Zie ook: artt. 44, 129, 239, 291 BW Boek 2; artt. 178, jo 771, 192 BW Boek 8; artt. 16, 19 WvK; art. 447a WvSr)

Hoofdelijke verbondenheid bij binnenschip

Art. 783

[Vervallen]

Art. 784

1. Teboekstelling is slechts mogelijk
- van een in aanbouw zijnd binnenschip: indien het in Nederland in aanbouw is;
(Zie ook: art. 780 BW Boek 8)
- van een afgebouwd binnenschip: indien aan ten minste één der volgende voorwaarden is voldaan:
a. dat de plaats, van waaruit de exploitatie van het schip gewoonlijk wordt geleid, in Nederland is gelegen;
(Zie ook: art. 10 BW Boek 1)
b. dat, wanneer de eigenaar van het schip een natuurlijke persoon is, deze Nederlander is of zijn woonplaats in Nederland heeft;

Teboekstelling van binnenschip

c. dat, wanneer de eigenaar van het schip een rechtspersoon of een vennootschap is, zijn zetel of de plaats van waaruit hij zijn bedrijf voornamelijk uitoefent, in Nederland is gelegen,
(Zie ook: art. 16 WvK; art. 3 BW Boek 2)
met dien verstande, dat in geval van mede-eigendom van het binnenschip de onder *b* en *c* genoemde voorwaarden niet als vervuld worden beschouwd, wanneer niet het schip tenminste voor de helft in eigendom toebehoort aan natuurlijke personen, rechtspersonen of vennootschappen, die aan deze voorwaarden voldoen.
2. Teboekstelling is niet mogelijk van een binnenschip dat reeds teboekstaat in de openbare registers, hetzij als binnenschip hetzij als zeeschip, of in een verdragsregister.
(Zie ook: art. 781 BW Boek 8)
3. In afwijking van het tweede lid is teboekstelling van een binnenschip dat in een verdragsregister teboekstaat mogelijk, wanneer dit schip, nadat de teboekstelling ervan in dat verdragsregister is doorgehaald, volgens het eerste lid kan worden teboekgesteld. Deze teboekstelling heeft evenwel slechts rechtsgevolg, wanneer zij is gevolgd door aantekening in de openbare registers, dat de teboekstelling in het verdragsregister is doorgehaald.
4. In afwijking van het tweede lid is teboekstelling van een binnenschip dat in een verdragsregister teboekstaat mogelijk, wanneer de bewaarder van dat register uit hoofde van het tweede lid van artikel 22 van Protocol no. 2 bij het Verdrag van Genève weigert het eigendomsrecht van de koper na gedwongen verkoop in te schrijven.
(Zie ook: art. 781 BW Boek 8)
5. De teboekstelling wordt verzocht door de eigenaar van het binnenschip. Hij moet daarbij ter inschrijving overleggen een door hem ondertekende verklaring, dat naar zijn beste weten het schip voor teboekstelling als binnenschip vatbaar is.
(Zie ook: art. 389ter WvSr)
6. De teboekstelling in de openbare registers heeft geen rechtsgevolg, wanneer aan de vereisten van de voorgaande leden van dit artikel niet is voldaan.
7. Bij het verzoek tot teboekstelling wordt woonplaats gekozen in Nederland. Deze woonplaats wordt in het verzoek tot teboekstelling vermeld en kan door een andere in Nederland gelegen woonplaats worden vervangen.
(Zie ook: artt. 10, 15 BW Boek 2; artt. 194, 785, 840, 1303 BW Boek 8; artt. 4, 621, 622, 624, 625 Rv)

Art. 785

Teboekstellingsverplichting van binnenschip

1. De eigenaar van een binnenschip is verplicht de teboekstelling daarvan te verzoeken. Aan deze verplichting moet worden voldaan binnen drie maanden, nadat volgens artikel 784 teboekstelling mogelijk is.
2. Geen verplichting tot teboekstelling bestaat
a. ten aanzien van vrachtschepen met minder dan 20 tonnen van 1000 kilogram laadvermogen of andere binnenschepen met minder dan 10 kubieke meters verplaatsing, zijnde de in kubieke meters uitgedrukte waterverplaatsing tussen het vlak van inzinking van het ledige binnenschip in zoet water en het vlak van de grootste toegelaten diepgang;
b. ten aanzien van afgebouwde binnenschepen, die teboekstaan in het register van een niet-verdragsstaat en in die staat voldoen aan tenminste één der in het eerste lid van artikel 3 van het Verdrag van Genève genoemde voorwaarden;
c. ten aanzien van binnenschepen, die komen van een niet-verdragsstaat en op weg zijn naar het land waar zij zullen moeten worden teboekgesteld.
(Zie ook: artt. 781, 840 BW Boek 8; art. 576 Rv; art. 447a WvSr)

Art. 786

Doorhaling teboekstelling van binnenschip

1. De teboekstelling wordt slechts doorgehaald
a. op verzoek van degene, die in de openbare registers als eigenaar vermeld staat
1°. als de teboekstelling niet of niet meer verplicht is;
(Zie ook: artt. 784, 785 BW Boek 8)
2°. als het schip in een verdragsregister teboekstaat onder voorwaarde van doorhaling van de teboekstelling in de openbare registers;
3°. als het schip in het register van een niet-verdragsstaat zal worden te boekgesteld en in die staat zal voldoen aan tenminste één der in het eerste lid van artikel 3 van het Verdrag van Genève genoemde voorwaarden. In dit geval heeft de doorhaling slechts rechtsgevolg, wanneer binnen 30 dagen daarna door de eigenaar wordt overgelegd een door hem ondertekende verklaring, dat het schip in het register van de genoemde staat teboekstaat en aldaar voldoet aan tenminste één der in het eerste lid van artikel 3 van het Verdrag van Genève genoemde voorwaarden.
(Zie ook: art. 781 BW Boek 8)
b. op aangifte van de eigenaar of ambtshalve
1°. als het schip vergaan is, gesloopt is of blijvend ongeschikt voor drijven is geworden;
2°. als het schip door rovers of vijanden is genomen;

3°. als het schip, indien het niet in de openbare registers teboek zou staan, een zeeschip zou zijn in de zin van artikel 2 of een dergelijk zeeschip in aanbouw;
4°. als het schip niet of niet meer voldoet aan tenminste één der in het eerste lid van artikel 784 voor teboekstelling genoemde voorwaarden;
5°. als het schip in een verdragsregister teboekstaat zonder dat daarbij de voorwaarde van doorhaling van de teboekstelling in de openbare registers is gesteld.
(Zie ook: art. 841 BW Boek 8)
2. In de in het eerste lid onder *b* genoemde gevallen is de eigenaar tot het doen van aangifte verplicht binnen drie maanden nadat de reden tot doorhaling zich heeft voorgedaan.
3. Wanneer ten aanzien van het schip inschrijvingen of voorlopige aantekeningen ten gunste van derden bestaan, geschiedt doorhaling slechts, wanneer geen dezer derden zich daartegen verzet.
(Zie ook: artt. 790, 792 BW Boek 8; art. 566 Rv)
4. Doorhaling geschiedt slechts na op verzoek van de meest gerede partij verleende machtiging van de rechter.
(Zie ook: artt. 195, 787, 811, 840, 841, 1304 BW Boek 8; artt. 429a , 624 Rv; artt. 389ter, 447a WvSr; art. 21 Kadw)

Art. 787
1. Zolang de teboekstelling in de openbare registers niet is doorgehaald heeft teboekstelling van een binnenschip in een register van een niet-verdragsstaat of vestiging in een niet-verdragsstaat van rechten daarop, voor vestiging waarvan in Nederland inschrijving in de openbare registers vereist zou zijn geweest geen rechtsgevolg.

Rechtsgevolgen teboekstelling van binnenschip

2. In afwijking van het eerste lid wordt een teboekstelling of vestiging van rechten als daar bedoeld erkend, wanneer deze geschiedde onder voorwaarde van doorhaling van de teboekstelling in de openbare registers binnen 30 dagen na de teboekstelling van het schip in het buitenlandse register.
(Zie ook: artt. 196, 781, 784, 786, 840 BW Boek 8)

Art. 788
De enige zakelijke rechten, waarvan een in het register teboekstaand binnenschip het voorwerp kan zijn, zijn de eigendom, de hypotheek, het vruchtgebruik en de in artikel 821 en artikel 827 eerste lid onder b genoemde voorrechten.

Zakelijke rechten bij binnenschip

(Zie ook: artt. 201, 227 BW Boek 3; art. 1 BW Boek 5; artt. 197, 783, 825, 827, 840 BW Boek 8)

Art. 789
[Vervallen]

Art. 790
1. Een in de openbare registers teboekstaand binnenschip is een registergoed.
(Zie ook: art. 10 BW Boek 3)

Binnenschip is registergoed

2. Bij toepassing van artikel 301 van Boek 3 ter zake van akten die op de voet van artikel 89 leden 1 en 4 van Boek 3 zijn bestemd voor de levering van een zodanig binnenschip, kan de in het eerste genoemde artikel bedoelde uitspraak van de Nederlandse rechter niet worden ingeschreven, zolang zij niet in kracht van gewijsde is gegaan.

Toepasselijkheid art. 301 Boek 3 BW

(Zie ook: artt. 96, 98, 186 BW Boek 3; artt. 199, 783, 786, 840, 1306 BW Boek 8; art. 566 Rv; art. 25 Kadw; art. 35 FW)

Art. 791
Eigendom, hypotheek en vruchtgebruik op een teboekstaand binnenschip worden door een bezitter te goeder trouw verkregen door een onafgebroken bezit van vijf jaren.

Eigendom/hypotheek/vruchtgebruik op binnenschip

(Zie ook: art. 99 BW Boek 3; artt. 201, 840, 1307 BW Boek 8)

Art. 792
Onverminderd het bepaalde in artikel 260, eerste lid, van Boek 3 wordt in de notariële akte waarbij hypotheek wordt verleend op een teboekstaand binnenschip of een recht waaraan een zodanig schip is onderworpen, duidelijk vermeld:
a. het aan de hypotheek onderworpen schip;
b. de voorwaarden voor opeisbaarheid of een verwijzing naar een op het kantoor van inschrijving ingeschreven document waarin de voorwaarden voor opeisbaarheid zijn vastgelegd;
c. de bedongen rente en het tijdstip of de tijdstippen waarop deze vervalt.

Inhoud hypotheekakte bij binnenschip

(Zie ook: artt. 31, 227 BW Boek 3; art. 35 FW)

Art. 793
Behoudens afwijkende, uit de openbare registers blijkende, bedingen omvat de hypotheek de zaken die uit hoofde van hun bestemming blijvend met het schip zijn verbonden en die toebehoren aan de eigenaar van het schip. Artikel 266 van Boek 3 is niet van toepassing.

Omvang hypotheek op binnenschip

(Zie ook: artt. 227, 254 BW Boek 3; artt. 1, 203, 840 BW Boek 8)

Art. 794

Rangorde hypothecaire vorderingen bij binnenschip

De door hypotheek gedekte vordering neemt rang na de vorderingen, genoemd in de artikelen 820, 821, 221, 222 eerste lid, 831 en 832 eerste lid, doch vóór alle andere vorderingen, waaraan bij deze of enige andere wet een voorrecht is toegekend.
(Zie ook: artt. 21, 279 BW Boek 3; artt. 204, 222, 832, 840, 1311 BW Boek 8)

Art. 795

Zekerheidstelling renten door hypotheek op binnenschip

Indien de vordering rente draagt, strekt de hypotheek mede tot zekerheid voor de renten der hoofdsom, vervallen gedurende de laatste drie jaren voorafgaand aan het begin van de uitwinning en gedurende de loop hiervan. Artikel 263 van Boek 3 is niet van toepassing.
(Zie ook: artt. 205, 840, 1312 BW Boek 8; art. 128 FW)

Art. 796

Hypotheek op aandeel in binnenschip

Op hypotheek op een aandeel in een teboekstaand binnenschip is artikel 177 van Boek 3 niet van toepassing; de hypotheek blijft na vervreemding of toedeling van het schip in stand.
(Zie ook: artt. 206, 825, 840, 1313 BW Boek 8)

Art. 797

Schakelbepaling

1. De eerste twee leden van artikel 264 van Boek 3 zijn in geval van een hypotheek waaraan een teboekstaand binnenschip is onderworpen, mede van toepassing op bevrachtingen.
2. De artikelen 234 en 261 van Boek 3 zijn op een zodanige hypotheek niet van toepassing.
(Zie ook: artt. 227 t/m 235, 260 BW Boek 3; artt. 207, 840, 1314 BW Boek 8; art. 508 Rv)

Art. 798

Vruchtgebruik op binnenschip

In geval van vruchtgebruik op een teboekstaand binnenschip zijn de bepalingen van artikel 217 van Boek 3 mede van toepassing op bevrachting voor zover die bepalingen niet naar hun aard uitsluitend op pacht, huur van bedrijfsruimte of huur van woonruimte van toepassing zijn.
(Zie ook: art. 201 BW Boek 3; art. 208 BW Boek 8)

Afdeling 3
Huurkoop van teboekstaande binnenschepen

Art. 800

Huurkoop van binnenschip

1. Scheepshuurkoop van een in het in artikel 783 genoemde register teboekstaand binnenschip komt tot stand bij een notariële akte, waarbij de koper zich verbindt tot betaling van een prijs in termijnen, waarvan twee of meer termijnen verschijnen nadat de verkoper aan de koper het schip ter beschikking heeft gesteld en de verkoper zich verbindt tot eigendomsoverdracht van het binnenschip na algehele betaling van hetgeen door de koper krachtens de overeenkomst is verschuldigd.
(Zie ook: art. 31 BW Boek 3)
2. De overeenkomst is slechts van kracht indien daartoe schriftelijk toestemming is verkregen van degenen van wier beperkt recht of beslag blijkt uit een inschrijving in de openbare registers, die reeds bestond op de dag van de inschrijving van de in artikel 805 bedoelde hypotheek.
3. Voor de bedingen omtrent de terbeschikkingstelling van het schip kan worden verwezen naar een aan de akte te hechten en door partijen te ondertekenen geschrift.
4. De volmacht tot het aangaan van een scheepshuurkoop moet bij authentieke akte worden verleend.
(Zie ook: art. 1 BW Boek 7; artt. 1576, 1576h BW Boek 7A; artt. 792, 827, 838 BW Boek 8; artt. 38a, 232, 237a FW; artt. 1, 2 Tw hkoz; art. 26 Kadw)

Art. 801

Inschrijving huurovereenkomst van binnenschip

1. De overeenkomst kan worden ingeschreven in de openbare registers, bedoeld in afdeling 2 van Titel 1 van Boek 3.
2. Bij eigendomsovergang op een derde van een schip, ten aanzien waarvan reeds een scheepshuurkoopovereenkomst was ingeschreven in de openbare registers, bedoeld in afdeling 2 van Titel 1 van Boek 3, volgt deze derde in alle rechten en verplichtingen van de scheepshuurverkoper op, die nochtans naast de nieuwe eigenaar aan de overeenkomst gebonden blijft.
3. Rechten en verplichtingen welke vóór de eigendomsovergang opeisbaar zijn geworden, gaan op de derde niet over.
(Zie ook: artt. 2, 4, 5 Tw hkoz)

Art. 802

Begripsbepalingen

In de artikelen 803 tot en met 812 wordt onder koper de scheepshuurkoper en onder verkoper de scheepshuurverkoper verstaan.
(Zie ook: artt. 827, 838 BW Boek 8)

Art. 803

Verplichtingen partijen bij scheepshuurkoop van binnenschip

1. Partijen zijn verplicht in de akte te vermelden welk deel van elk der te betalen termijnen strekt tot aflossing van de prijs voor de koop van het schip ("de koopsom"), welk deel strekt tot betaling van mogelijkerwijs verschuldigde rente en welk deel mogelijkerwijs betrekking heeft op de terbeschikkingstelling van het schip.

2. Nietig is ieder beding, waarbij van het eerste lid van dit artikel wordt afgeweken met dien verstande dat, bij gebreke of onduidelijkheid van de vermelding van de daar bedoelde verdeling, deze op verzoek van de meest gerede partij alsnog door de rechter wordt vastgesteld. *Dwingend recht*
(Zie ook: art. 1576j BW Boek 8; artt. 2, 5 Tw hkoz)

Art. 804
Nietig is ieder beding volgens hetwelk gedurende de contractsperiode een hogere koopsom kan worden vastgesteld. *Nietig beding*
(Zie ook: art. 12 BW Boek 8; art. 10 Tw hkoz)

Art. 805
1. De verkoper is verplicht *Verplichtingen scheeps-*
a. het schip ter beschikking van de koper te stellen en te laten; *huurverkoper bij binnen-*
b. de koper te vrijwaren voor de gevolgen van *schip*
1°. een staat of eigenschap van het schip
2°. een op het schip gelegd beslag
3°. zijn faillissement of het ten aanzien van hem van toepassing verklaren van de schuldsaneringsregeling natuurlijke personen
4°. enige hem persoonlijk betreffende omstandigheid
mits deze gevolgen ertoe leiden dat het schip aan de koper niet die mate van beschikking kan verschaffen die deze bij het aangaan van de overeenkomst er van mocht verwachten. De verkoper is niet verplicht de koper te vrijwaren voor de gevolgen van een feitelijke stoornis door derden zonder bewering van recht op het schip of van een bewering van recht op het schip zonder feitelijke stoornis;
c. zorg te dragen dat ten behoeve van de koper op de dag der overeenkomst hypotheek op de eigendom van het schip wordt gevestigd ten belope van een bedrag, gelijk aan driemaal de koopsom, terzake van hetgeen de verkoper aan de koper in verband met de scheepshuurkoop of de ontbinding daarvan verschuldigd is of zal worden;
(Zie ook: art. 792 BW Boek 8)
d. zich te onthouden van iedere eigendomsoverdracht van het schip en zodra de koper zal hebben voldaan aan zijn in de overeenkomst neergelegde verplichtingen tot betaling, het schip aan dezen in eigendom over te dragen vrij van na het tot stand komen van de scheepshuurkoop gevestigde hypotheken ten gunste van derden en vrij van boven hypotheek rangnemende voorrechten en beslagen terzake van vorderingen waarvan de verkoper de schuldenaar is.
(Zie ook: artt. 1576l, 1576m BW Boek 8)
2. Nietig is ieder beding, waarbij ten nadele van de koper van het in het eerste lid onder *a, c* *Dwingend recht*
of *d* bepaalde wordt afgeweken, met dien verstande dat de hypotheek als daar onder *c* wordt bedoeld, wordt verleend op de door partijen nader overeen te komen voorwaarden of bij gebreke van overeenstemming daaromtrent op de voorwaarden door de rechter alsnog op verzoek van de meest gerede partij zo mogelijk in overeenstemming met het gebruik vast te stellen.
(Zie ook: art. 429a Rv)
3. Nietig is ieder beding, waarbij ten nadele van de koper van het in het eerste lid onder *b* bepaalde wordt afgeweken ten aanzien van een feit dat de verkoper bij het aangaan van de overeenkomst kende.
4. Nietig is ieder beding, waarbij het bedrag van een door de verkoper mogelijkerwijs te betalen schadevergoeding wegens niet nakoming van zijn uit dit artikel voortvloeiende verplichtingen bij voorbaat wordt vastgesteld.
(Zie ook: artt. 12, 802 BW Boek 8)

Art. 806
De koper die aan zijn in de overeenkomst neergelegde verplichtingen tot betaling heeft voldaan, *Verplichtingen scheeps-*
is verplicht het schip in eigendom te aanvaarden, mits dit vrij zij van hypotheken ten gunste *huurkoper bij binnenschip*
van derden en vrij van boven hypotheek rangnemende voorrechten en beslagen terzake van vorderingen, waarvan de verkoper de schuldenaar is.
(Zie ook: artt. 802, 820, 821 BW Boek 8)

Art. 807
1. Onder voorbehoud van artikel 808 is de koper gerechtigd door hem verschuldigde gedeelten *Rechten scheepshuur-*
van de termijnen die betrekking hebben op de koopsom en de rente aan te wenden tot recht- *koper bij binnenschip*
streekse betaling van opeisbare rente en aflossingen aan schuldeisers te wier behoeve hypotheek op het schip is gevestigd.
2. Indien en voor zover het door de koper aan de verkoper verschuldigde per termijn minder bedraagt dan het bedrag dat periodiek aan rente en aflossing aan de in het eerste lid bedoelde hypothecaire schuldeiser is verschuldigd, is deze, in afwijking van artikel 29 van Boek 6 gehouden de overeenkomstig het eerste lid betaalde huurkooptermijnen te ontvangen, onverminderd de verplichting van de hypothecaire schuldenaar tot betaling van het restant verschuldigde. De hypothecaire schuldeiser is verplicht de hypothecaire schuldenaar mede te delen welke opeisbare rente en aflossingen door de koper zijn betaald.

3. Indien de koper aan de in het eerste lid bedoelde hypothecaire schuldeiser heeft doen weten, dat hij van het hem in dit artikel toegekende recht gebruik wenst te maken, is deze laatste verplicht de koper in te lichten omtrent de grootte van de nog resterende hypothecaire schuld.
4. De betalingen overeenkomstig dit artikel aan een hypothecaire schuldeiser gedaan, strekken in mindering op hetgeen de koper aan de verkoper verschuldigd is. De koper stelt de verkoper onverwijld in kennis van deze betalingen.
5. Overdracht of inpandgeving van de vordering, die de verkoper op de koper heeft of een onder de koper ten laste van de verkoper gelegd beslag, kan aan de rechten, die de koper aan de bepalingen van dit artikel ontleent, geen afbreuk doen.
6. Bij openbare, eigenmachtige of executoriale verkoop van het schip ten behoeve van een hypothecaire schuldeiser of van een beslaglegger op het schip, heeft de koper de in artikel 269 van Boek 3 bedoelde bevoegdheid. Maakt hij van dit recht gebruik, dan is het derde lid van overeenkomstige toepassing.
(Zie ook: artt. 792, 802 BW Boek 8; art. 7 Tw hkoz)

Art. 808

Voldoening resterende koopsom bij binnenschip

1. Na verloop van één jaar na het sluiten van de overeenkomst is de koper gerechtigd het restant van de verschuldigde koopsom geheel of ten dele vóór het verschijnen van de bij de overeenkomst vastgestelde termijnen te voldoen met herberekening van het rentebestanddeel in de termijnen die alsnog verschuldigd waren, zulks op de voorwaarden door partijen overeengekomen danwel overeen te komen of bij gebreke van overeenstemming daaromtrent door de rechter op verzoek van de meest gerede partij vast te stellen.

Dwingend recht

2. Nietig is ieder beding, waarbij ten nadele van de koper van dit artikel wordt afgeweken.
(Zie ook: art. 1576e BW Boek 7A; artt. 12, 802, 807 BW Boek 8; art. 12 Tw hkoz)

Art. 809

Ingebrekestelling scheepshuurkoper bij binnenschip

1. In geval de koper niet aan zijn verplichting tot betaling van de koopsom of de rente, dan wel een termijn daarvan voldoet, kan de verkoper hierop eerst een beroep doen om krachtens een daartoe mogelijkerwijs gemaakt beding teruggave van het schip te vorderen, nadat hij de koper terzake in gebreke heeft gesteld en deze, nadat hem bij die ingebrekestelling een redelijke termijn is gesteld alsnog aan zijn verplichtingen te voldoen, hiermee in gebreke blijft.

Dwingend recht

2. Nietig is ieder beding, waarbij van dit artikel wordt afgeweken.
(Zie ook: artt. 1576d, 1576q BW Boek 7A; artt. 12, 802 BW Boek 8; art. 11 Tw hkoz)

Art. 810

Verrekeningsverplichting na ontbinden overeenkomst bij binnenschip

1. Indien de overeenkomst is ontbonden tengevolge van het in gebreke blijven van de koper te voldoen aan zijn verplichting tot betaling van de koopsom of de rente, dan wel een termijn daarvan en de verkoper of de koper dientengevolge in een betere vermogenstoestand zou geraken dan bij in stand blijven van de overeenkomst, zijn partijen verplicht onverwijld tot volledige verrekening over te gaan.
2. Ieder beding, waarbij de verkoper zich de bevoegdheid voorbehoudt de waarde van het schip te bepalen, laat de bevoegdheid van de koper deze waarde op zijn verzoek nader door de rechter te doen vaststellen, onverlet.
(Zie ook: art. 429a Rv)

Dwingend recht

3. Nietig is ieder beding, waarbij van dit artikel wordt afgeweken.
(Zie ook: art. 1576t BW Boek 7A; artt. 12, 80 BW Boek 8; artt. 38a, 237a FW; art. 11 Tw hkoz)

Art. 811

[Vervallen]

Art. 812

Dwingend recht

Nietig is ieder beding, krachtens hetwelk de overeenkomst van rechtswege eindigt.
(Zie ook: art. 12 BW Boek 8)

Afdeling 4
Voorrechten op binnenschepen

Art. 820

Voorrecht wegens kosten uitwinning/bewaking bij binnenschip

1. In geval van uitwinning van een binnenschip worden de kosten van uitwinning, de kosten van bewaking tijdens deze uitwinning of verkoop, alsmede de kosten van gerechtelijke rangregeling en verdeling van de opbrengst onder de schuldeisers uit de opbrengst van de verkoop voldaan boven alle andere vorderingen, waaraan bij deze of enige andere wet een voorrecht is toegekend.

Voorrecht wegens kosten wrakopruiming

2. In geval van verkoop van een gestrand, onttakeld of gezonken binnenschip, dat de overheid in het openbaar belang heeft doen opruimen, worden de kosten der wrakopruiming uit de opbrengst van de verkoop voldaan boven alle andere vorderingen, waaraan bij deze of enige andere wet een voorrecht is toegekend.
3. De in de vorige leden bedoelde vorderingen staan in rang gelijk en worden ponds-pondsgewijs betaald.
(Zie ook: art. 278 BW Boek 3; artt. 210, 222, 780, 832 BW Boek 8; art. 562a Rv)

Art. 820a
Artikel 292 van Boek 3 en de artikelen 60, tweede lid, eerste zin, derde lid en vierde lid, en 299b, derde tot en met vijfde lid, van de Faillissementswet zijn op binnenschepen niet van toepassing.

Faillissementswet bij binnenschip

Art. 821
Boven alle andere vorderingen waaraan bij deze of enige andere wet een voorrecht is toegekend zijn, behoudens artikel 820, op een binnenschip bevoorrecht:

Bijzondere voorrechten bij binnenschip

a. in geval van beslag: de vorderingen ter zake van kosten na het beslag gemaakt tot behoud van het schip, daaronder begrepen de kosten van herstellingen, die onontbeerlijk waren voor het behoud van het schip;

b. de vorderingen ontstaan uit de arbeidsovereenkomsten van de schipper of de andere leden der bemanning, met dien verstande dat de vorderingen met betrekking tot loon, salaris of beloningen slechts bevoorrecht zijn tot op een bedrag over een tijdvak van zes maanden verschuldigd;

c. de vorderingen ter zake van hulpverlening alsmede ter zake van de bijdrage van het schip in avarij-grosse.

(Zie ook: art. 278 BW Boek 3; artt. 6, 211, 222, 224, 788, 822, 832, 834, 840, 1010, 1020, 1820, 1830 BW Boek 8)

Art. 822
Wanneer een vordering uit hoofde van artikel 821 bevoorrecht is, zijn de renten hierop en de kosten teneinde een voor tenuitvoerlegging vatbare titel te verkrijgen gelijkelijk bevoorrecht.
(Zie ook: artt. 212, 223, 827, 840 BW Boek 8)

Art. 823
1. De bevoorrechte vorderingen, genoemd in artikel 821, nemen rang in de volgorde, waarin zij daar zijn gerangschikt.

Rangorde bevoorrechte vorderingen bij binnenschip

2. Bevoorrechte vorderingen onder dezelfde letter vermeld, staan in rang gelijk, doch de vorderingen genoemd in artikel 821 onder c nemen onderling rang naar de omgekeerde volgorde van de tijdstippen, waarop zij ontstonden.

3. In rang gelijkstaande vorderingen worden ponds-pondsgewijs betaald.
(Zie ook: artt. 213, 224, 840 BW Boek 8)

Art. 824
De voorrechten, genoemd in artikel 821, strekken zich uit tot

Omvang bijzondere voorrechten bij binnenschip

a. alle zaken, die uit hoofde van hun bestemming blijvend met het schip zijn verbonden en die toebehoren aan de eigenaar van het schip;
(Zie ook: artt. 1, 827 BW Boek 8)

b. de schadevergoedingen, verschuldigd voor het verlies van het schip of voor niet herstelde beschadiging daarvan, daarbij inbegrepen dat deel van een beloning voor hulpverlening, van een beloning voor vlotbrengen of van een vergoeding in avarij-grosse, dat tegenover een zodanig verlies of beschadiging staat. Dit geldt eveneens wanneer deze schadevergoedingen of vorderingen tot beloning zijn overgedragen of met pandrecht zijn bezwaard. Deze schadevergoedingen omvatten echter niet vergoedingen welke zijn verschuldigd krachtens een overeenkomst van verzekering van het schip, die dekking geeft tegen het risico van verlies of avarij. Artikel 283 van Boek 3 is niet van toepassing.
(Zie ook: art. 48 BW Boek 3; artt. 214, 225, 542, 840, 1003 BW Boek 8)

Art. 825
1. De schuldeiser, die een voorrecht heeft op grond van artikel 821, vervolgt zijn recht op het schip, in wiens handen dit zich ook bevinde.

Zaaksgevolg schuldeiser bij binnenschip

2. Voorrechten als bedoeld in artikel 821 kunnen worden ingeschreven in de openbare registers bedoeld in afdeling 2 van Titel 1 van Boek 3. Artikel 24 lid 1 van Boek 3 is niet van toepassing.
(Zie ook: art. 48 BW Boek 3; artt. 215, 788, 796, 827, 840 BW Boek 8)

Art. 826
De vorderingen genoemd in artikel 821, doen een voorrecht op het schip ontstaan en zijn alsdan daarop verhaalbaar, zelfs wanneer zij zijn ontstaan tijdens de exploitatie van het schip door een ander dan de eigenaar, tenzij aan deze de feitelijke macht over het schip door een ongeoorloofde handeling was ontnomen en bovendien de schuldeiser niet te goeder trouw was.

Ontstaan/verhaalbaarheid bijzondere voorrechten bij binnenschip

(Zie ook: artt. 216, 827, 840 BW Boek 8)

Art. 827
1. Boven alle andere vorderingen, waaraan bij deze of enige andere wet een voorrecht is toegekend, doch na de bevoorrechte vorderingen genoemd in artikel 821, na de hypothecaire vorderingen, na de vorderingen genoemd in de artikelen 222 en 832 en na de vordering van de pandhouder, zijn op een binnenschip, waaronder voor de toepassing van dit artikel niet is te verstaan een binnenschip in aanbouw, bij voorrang verhaalbaar:

Overige bijzondere voorrechten bij binnenschip

a. de vorderingen, die voortvloeien uit rechtshandelingen die de eigenaar, de scheepshuurder of een bevrachter binden en die rechtstreeks strekken tot het in bedrijf brengen of houden van het schip, alsmede de vorderingen die tegen een uit hoofde van artikel 461 gelezen met artikel

1003

art. 8:828

462 of artikel 943 gelezen met artikel 944 als vervoerder aangemerkte persoon kunnen worden geldend gemaakt. Onder rechtshandeling is hier het in ontvangst nemen van een verklaring begrepen;
(Zie ook: artt. 800, 860 BW Boek 8)
b. de vorderingen, die uit hoofde van afdeling 1 van titel 6 of afdeling 1 van titel 11 op de eigenaar rusten;
(Zie ook: artt. 788, 825 BW Boek 8)
c. de vorderingen genoemd in artikel 1062 voor zover zij op de eigenaar rusten.
2. De in het eerste lid genoemde vorderingen staan in rang gelijk en worden ponds-pondsgewijs betaald.

Schakelbepaling
3. De artikelen 822, 824 onder *a* en 826 zijn op de in het eerste lid genoemde vorderingen van toepassing. Op de vorderingen die in het eerste lid onder *b* worden genoemd, is ook artikel 825 van toepassing.
4. Artikel 283 van Boek 3 is niet van toepassing.
(Zie ook: art. 279 BW Boek 3; artt. 217, 828, 840, 860 BW Boek 8)

Art. 828
Toepasselijkheid artt. 284 en 285 Boek 3 BW bij binnenschip
Na de vorderingen genoemd in artikel 827 zijn de vorderingen genoemd in de artikelen 284 en 285 van Boek 3, voor zover zij dit niet zijn op grond van enig ander artikel van deze titel, op een binnenschip bij voorrang verhaalbaar.
(Zie ook: artt. 218, 840 BW Boek 8)

Art. 829
Tenietgaan voorrechten bij binnenschip
1. De krachtens deze afdeling verleende voorrechten gaan te niet door verloop van een jaar, tenzij de schuldeiser zijn vordering in rechte geldend heeft gemaakt. Deze termijn begint met de aanvang van de dag volgend op die, waarop de vordering opeisbaar wordt. Met betrekking tot de vordering voor hulploon begint deze termijn echter met de aanvang van de dag volgend op die, waarop de hulpverlening is beëindigd.
2. Het voorrecht gaat teniet met de vordering.
3. In geval van executoriale verkoop gaan de voorrechten mede teniet op het tijdstip waarop het procesverbaal van verdeling wordt gesloten.
(Zie ook: artt. 219, 227, 840, 1790, 1820, 1830 BW Boek 8; art. 188 FW; art. 490 Rv)

Afdeling 5
Voorrechten op zaken aan boord van binnenschepen

Art. 830
Werkingssfeer
Deze afdeling geldt onder voorbehoud van titel 15.
(Zie ook: artt. 3a, 220, 1300 BW Boek 8)

Art. 831
Voorrecht wegens kosten uitwinning/bewaking op zaken aan boord binnenschip
1. In geval van uitwinning van zaken aan boord van een binnenschip worden de kosten van uitwinning, de kosten van bewaking daarvan tijdens deze uitwinning, alsmede de kosten van gerechtelijke rangregeling en verdeling van de opbrengst onder de schuldeisers, uit de opbrengst van de verkoop voldaan boven alle andere vorderingen, waaraan bij deze of enige andere wet een voorrecht is toegekend.

Gelijke rang
2. De in het vorige lid bedoelde vorderingen staan in rang gelijk en worden ponds-pondsgewijs betaald.
(Zie ook: art. 278 BW Boek 3; artt. 221, 222, 820, 840 BW Boek 8)

Art. 832
Bijzondere voorrechten op zaken aan boord binnenschip
1. Op zaken aan boord van een binnenschip zijn de vorderingen ter zake van hulpverlening en van een bijdrage van die zaken in avarij-grosse bevoorrecht. Deze vorderingen nemen daartoe rang na die welke zijn genoemd in de artikelen 210, 211, 221, 820, 821 en 831, doch vóór alle andere vorderingen, waaraan bij deze of enige andere wet een voorrecht is toegekend.
(Zie ook: artt. 557, 1010, 1020 BW Boek 8)
2. Op ten vervoer ontvangen zaken zijn bevoorrecht de vorderingen uit een met betrekking tot die zaken gesloten vervoerovereenkomst, dan wel uit artikel 488 of artikel 951 voortvloeiend, doch slechts voor zover aan de vervoerder door artikel 489 of artikel 954 een recht op de zaken wordt toegekend. Deze vorderingen nemen daartoe rang na die welke zijn genoemd in het eerste lid en in de artikelen 204 en 794, doch vóór alle andere vorderingen, waaraan bij deze of enige andere wet een voorrecht is toegekend.
(Zie ook: art. 279 BW Boek 3; artt. 217, 222, 224, 370, 821, 833, 840, 890, 1820, 1830 BW Boek 8)

Art. 833
Bijzondere voorrechten bij renten en kosten op zaken aan boord binnenschip
Wanneer een vordering uit hoofde van artikel 832 bevoorrecht is, zijn de renten hierop en de kosten teneinde een voor tenuitvoerlegging vatbare titel te verkrijgen gelijkelijk bevoorrecht.
(Zie ook: artt. 223, 822, 840 BW Boek 8)

Art. 834
1. De vorderingen ter zake van hulpverlening of bijdrage in avarij-grosse, die bevoorrecht zijn op grond van artikel 211, artikel 222 eerste lid, artikel 821 of artikel 832 eerste lid, nemen onderling rang naar de omgekeerde volgorde van de tijdstippen, waarop zij ontstonden.
2. De bevoorrechte vorderingen in het tweede lid van artikel 832 vermeld staan in rang gelijk.
3. De in artikel 284 van Boek 3 genoemde vordering neemt rang na de in de vorige leden genoemde vorderingen, ongeacht wanneer die vorderingen zijn ontstaan.
4. In rang gelijkstaande vorderingen worden ponds-pondsgewijs betaald.
(Zie ook: art. 279 BW Boek 3; artt. 224, 823, 840 BW Boek 8)

Bijzondere voorrechten bij hulpverlening en avarij-grosse op zaken aan boord binnenschip

Art. 835
De voorrechten, genoemd in artikel 832, strekken zich uit tot de schadevergoedingen, verschuldigd voor verlies of niet herstelde beschadiging, daarbij inbegrepen dat deel van een beloning voor hulpverlening, van een beloning voor vlotbrengen of van een vergoeding in avarij-grosse, dat tegenover een zodanig verlies of beschadiging staat. Dit geldt eveneens wanneer deze schadevergoedingen of vorderingen tot beloning zijn overgedragen of met pandrecht zijn bezwaard. Deze schadevergoedingen omvatten echter niet vergoedingen, welke zijn verschuldigd krachtens een overeenkomst van verzekering die dekking geeft tegen het risico van verlies of avarij. Artikel 283 van Boek 3 is niet van toepassing.
(Zie ook: art. 48 BW Boek 3; artt. 225, 824, 840 BW Boek 8)

Object van voorrecht op zaken aan boord binnenschip

Art. 836
De in artikel 832 genoemde vorderingen doen een voorrecht op de daar vermelde zaken ontstaan en zijn alsdan daarop bij voorrang verhaalbaar, ook al is hun eigenaar op het tijdstip, dat het voorrecht is ontstaan, niet de schuldenaar van deze vorderingen.
(Zie ook: art. 48 BW Boek 3; artt. 226, 826, 840 BW Boek 8)

Ontstaan en verhaalbaarheid voorrechten op zaken aan boord binnenschip

Art. 837
1. Met de aflevering van de zaken aan de daartoe gerechtigde gaan, behalve in het geval van artikel 559, de in artikel 832 genoemde voorrechten teniet. Zij gaan mede teniet met de vordering en door, in geval van executoriale verkoop, niet tijdig verzet te doen tegen de verdeling van de koopprijs alsmede door gerechtelijke rangregeling.
2. Zij blijven in stand, zolang de zaken op grond van de artikelen 490, 955 of 574 zijn opgeslagen of daarop op grond van artikel 626 of artikel 636 van het Wetboek van Burgerlijke Rechtsvordering beslag is gelegd.
(Zie ook: artt. 227, 829, 840, 1820, 1830 BW Boek 8)

Tenietgaan voorrechten op zaken aan boord binnenschip

Art. 838
De verkoper van brandstof voor de machines, van ketelwater, levensmiddelen of scheepsbenodigdheden kan het hem in afdeling 8 van Titel 1 van Boek 7 toegekende recht slechts gedurende 48 uur na het einde van de levering uitoefenen, doch zulks ook indien deze zaken zich bevinden in handen van de eigenaar, de scheepshuurkoper, een rompbevrachter of een tijdbevrachter van het schip.
(Zie ook: artt. 228, 487, 800, 892, 950, 990 BW Boek 8)

Reclamerecht verkoper van brandstof bij binnenschip

Afdeling 6
Slotbepalingen

Art. 840
1. De afdelingen 2 tot en met 5 van titel 8 zijn niet van toepassing op binnenschepen, welke toebehoren aan het Rijk of enig openbaar lichaam en uitsluitend bestemd zijn voor de uitoefening van
a. de openbare macht of
b. niet-commerciële overheidsdienst.
2. De beschikking waarbij de in het eerste lid bedoelde bestemming is vastgesteld, kan worden ingeschreven in de openbare registers, bedoeld in afdeling 2 van Titel 1 van Boek 3. Artikel 24 lid 1 van Boek 3 is niet van toepassing.
3. De inschrijving machtigt de bewaarder tot doorhaling van de teboekstelling van het schip in de openbare registers, bedoeld in afdeling 2 van titel 1 van Boek 3.
(Zie ook: art. 230 BW Boek 8)

Slotbepalingen

Art. 841
1. Behoeven de in de afdelingen 2 tot en met 6 van titel 8 geregelde onderwerpen in het belang van een goede uitvoering van de wet nadere regeling, dan geschiedt dit bij of krachtens algemene maatregel van bestuur, onverminderd de bevoegdheid tot regeling krachtens de Kadasterwet.
2. In de in het eerste lid bedoelde algemene maatregel van bestuur kan, in afwijking van artikel 786 tweede lid, een nadere regeling worden gegeven met betrekking tot de termijn waarbinnen de eigenaar van een binnenschip, waarop het eerste lid onder *b* ten vijfde van dat artikel van toepassing is en waarvan de teboekstelling in het buitenlandse register heeft plaatsgevonden,

Nadere regels

1005

voordat het Verdrag van Genève voor de staat van dat register van kracht is geworden, verplicht is tot het doen van aangifte tot doorhaling van de teboekstelling.
(Zie ook: art. 231 BW Boek 8; art. 447a WvSr; Mts 1992)

Titel 9
Bemanning van een binnenschip

Afdeling 2
Schipper

Art. 860

Bevoegdheden en verplichtingen schipper van binnenschip

1. De schipper is verplicht voor de belangen van de bevrachters en van de rechthebbenden op de aan boord zijnde zaken, zo mogelijk ook na lossing daarvan, te waken en de maatregelen die daartoe nodig zijn, te nemen.
2. Indien het noodzakelijk is onverwijld ter behartiging van deze belangen rechtshandelingen te verrichten, is de schipper daartoe bevoegd. Onder rechtshandeling is hier het in ontvangst nemen van een verklaring begrepen.
3. Voor zover mogelijk geeft hij van bijzondere voorvallen terstond kennis aan de belanghebbenden bij de betrokken goederen en handelt hij in overleg met hen en volgens hun orders.
(Zie ook: artt. 1, 2 BW Boek 3; artt. 6, 261, 488, 517, 821, 827, 897, 901, 926, 927, 943, 948, 951, 982, 1010, 1780 BW Boek 8; art. 25 LVW; art. 782 WvK; artt. 402, 405, 406 WvSr; artt. 4, 564, 565, 638 Rv)

Art. 861

Beperkingen wettelijke bevoegdheid tegen derden bij binnenschip

1. Beperkingen van de wettelijke bevoegdheid van de schipper gelden tegen derden slechts wanneer die hun bekend zijn gemaakt.

2. De schipper verbindt zichzelf slechts dan, wanneer hij de grenzen zijner bevoegdheid overschrijdt.
(Zie ook: artt. 45, 130 BW Boek 2; artt. 66, 72 BW Boek 3; artt. 262, 943, 944 BW Boek 8)

Titel 10
Exploitatie

Afdeling 1
Algemene bepaling

Art. 880

Schakelbepaling

Op de exploitatie van een binnenschip zijn de artikelen 361 tot en met 366 van overeenkomstige toepassing.
(Zie ook: artt. 3, 31, 70, 91, 116, 382, 461, 531, 545, 559, 943, 991, 992, 994, 1006, 1081, 1720, 1754 BW Boek 8; art. 34a LVW)

Afdeling 2
Overeenkomst van goederenvervoer over binnenwateren

Art. 889

Schakelbepaling

Partijen kunnen overeenkomen dat in afwijking van de afdelingen 1 en 2 alsmede in afwijking van afdeling 1 van titel 20 de bepalingen van het Verdrag van Boedapest inzake de overeenkomst voor het vervoer van goederen over de binnenwateren (CMNI) op het vervoer van toepassing zijn.

Art. 890

Vervoerovereenkomst bij goederenvervoer over binnenwateren

1. De overeenkomst van goederenvervoer in de zin van deze titel is de overeenkomst van goederenvervoer, al dan niet tijd- of reisbevrachting zijnde, waarbij de ene partij (de vervoerder) zich tegenover de andere partij (de afzender) verbindt aan boord van een schip zaken uitsluitend over binnenwateren te vervoeren.
2. Vervoer over zee en binnenwateren aan boord van een en eenzelfde schip, dat deze beide wateren bevaart, wordt als vervoer over binnenwateren beschouwd, mits het varen van dit schip over zee kennelijk ondergeschikt is aan het varen over binnenwateren.
3. Vervoer over zee en binnenwateren aan boord van een en eenzelfde schip, dat zonder eigen beweegkracht beide wateren bevaart, wordt beschouwd als vervoer over binnenwateren voor zover, met inachtneming tevens van het tweede lid van dit artikel, het varen van het beweegkracht overbrengende schip als varen over binnenwateren wordt beschouwd. Voor zover dit niet het geval is, wordt het als vervoer over zee beschouwd.

4. Deze afdeling is niet van toepassing op overeenkomsten tot het vervoeren van poststukken ter uitvoering van de universele postdienst bedoeld in de Postwet 2009 of onder een internationale postovereenkomst. Onder voorbehoud van artikel 980 is deze afdeling niet van toepassing op overeenkomsten tot het vervoeren van bagage. — *Goederenvervoer over binnenwateren, poststukken ter uitvoering van de universele postdienst*
(Zie ook: art. 418 BW Boek 7; artt. 1, 4, 8, 20, 370, 500, 970, 998, 1090, 1092, 1710 BW Boek 8)

Art. 891
Deze afdeling laat de titels 7 en 12 van dit boek onverlet.
(Zie ook: artt. 372, 518, 983 BW Boek 8; art. 642a Rv)

Art. 892
1. Tijd- of reisbevrachting in de zin van deze afdeling is de overeenkomst van goederenvervoer, waarbij de vervoerder zich verbindt tot vervoer aan boord van een schip, dat hij daartoe, anders dan bij wijze van rompbevrachting, geheel of gedeeltelijk en al dan niet op tijdbasis (tijdbevrachting of reisbevrachting) ter beschikking stelt van de afzender. — *Begripsbepalingen*
2. De overeenkomst van vletten is de tijdbevrachting strekkende tot vervoer van zaken binnen een havencomplex.
(Zie ook: art. 950 BW Boek 8)
3. Ruimtebevrachting is de reisbevrachting tegen een naar inhoud van het schip bepaalde vracht.
(Zie ook: art. 928 BW Boek 8)
4. Onder "vervrachter" is in deze afdeling de in het eerste lid genoemde vervoerder, onder "bevrachter" de aldaar genoemde afzender te verstaan.
(Zie ook: artt. 373, 502, 838, 972, 990, 1093, 1144, 1713, 1717 BW Boek 8; art. 309 WvK)

Art. 893
De wetsbepalingen omtrent huur, bewaarneming en bruikleen zijn op terbeschikkingstelling van een schip, anders dan bij wijze van rompbevrachting, niet van toepassing. — *Schakelbepaling*
(Zie ook: art. 600 BW Boek 7; artt. 1584, 1777 BW Boek 7A; artt. 374, 503, 973, 1094 BW Boek 8)

Art. 894
1. Bij eigendomsovergang van een tevoren vervracht, al dan niet teboekstaand, schip op een derde volgt deze in alle rechten en verplichtingen van de vervrachter op, die nochtans naast de nieuwe eigenaar aan de overeenkomst gebonden blijft. — *Eigendomsovergang bevracht schip bij goederenvervoer over binnenwateren*
2. Rechten en verplichtingen, welke vóór de eigendomsovergang opeisbaar zijn geworden, gaan op de derde niet over.
(Zie ook: artt. 6, 7 BW Boek 6; art. 1612 BW Boek 7A; artt. 375, 502, 801, 892, 972, 990 BW Boek 8; art. 34 Pw)

Art. 895
De vervoerder is verplicht ten vervoer ontvangen zaken ter bestemming af te leveren en wel in de staat waarin hij hen heeft ontvangen. — *Verplichtingen vervoerder bij goederenvervoer over binnenwateren*
(Zie ook: artt. 21, 378, 896, 898, 899, 900 t/m 903, 905, 1095 BW Boek 8; art. 24 LVW)

Art. 896
Onverminderd artikel 895 is de vervoerder verplicht ten vervoer ontvangen zaken zonder vertraging te vervoeren.
(Zie ook: artt. 22, 379, 903, 905, 930, 1096 BW Boek 8; art. 28 LVW)

Art. 897
1. In geval van tijdbevrachting is de vervrachter verplicht de schipper opdracht te geven binnen de grenzen door de overeenkomst gesteld de orders van de bevrachter op te volgen. De vervrachter staat er voor in, dat de schipper de hem gegeven opdracht nakomt. — *Verplichtingen vervrachter bij goederenvervoer over binnenwateren*
2. De bevrachter staat er voor in, dat het schip de plekken of plaatsen, waarheen hij het ter inlading, lossing of anderszins op grond van het eerste lid beveelt te gaan, veilig kan bereiken, innemen en verlaten. Indien deze plekken of plaatsen blijken niet aan deze vereisten te voldoen, is de bevrachter slechts in zoverre hiervoor niet aansprakelijk als de schipper, door de hem gegeven orders op te volgen, onredelijk handelde.
3. Onverminderd artikel 943 wordt de bevrachter mede verbonden door en kan hij rechten ontlenen aan een rechtshandeling, die de schipper ingevolge het eerste lid van dit artikel verricht. Onder rechtshandeling is hier het in ontvangst nemen van een verklaring begrepen.
(Zie ook: artt. 260, 380, 860, 892, 925, 972, 1717 BW Boek 8; art. 309 WvK)

Art. 898
1. De vervoerder is niet aansprakelijk voor schade ontstaan door een beschadiging, voor zover deze is veroorzaakt door een omstandigheid die een zorgvuldig vervoerder niet heeft kunnen vermijden en voor zover zulk een vervoerder de gevolgen daarvan niet heeft kunnen verhinderen. — *Aansprakelijkheid vervoerder bij overmacht bij goederenvervoer over binnenwateren*
2. Ten aanzien van deugdelijkheid en geschiktheid van het schip en van het materiaal, waarvan hij zich bedient of die hij ter beschikking stelt, is van de vervoerder de zorg vereist van een zorgvuldig vervoerder, die aan boord van eigen schip vervoert en gebruik maakt van eigen

materiaal. Voor ondeugdelijkheid of ongeschiktheid van materiaal, dat door afzender of ontvanger ter beschikking van de vervoerder is gesteld, is de vervoerder niet aansprakelijk, voor zover een zorgvuldig vervoerder zich van zulk materiaal zou hebben bediend.
(Zie ook: art. 902 BW Boek 8)
3. Onder beschadiging worden mede verstaan geheel of gedeeltelijk verlies van zaken, vertraging, alsmede ieder ander schade veroorzakend feit.
(Zie ook: art. 76 BW Boek 6; artt. 23, 381, 383, 899, 900 t/m 902, 1098 BW Boek 8; art. 17 CMR)

Art. 899

Bewijsvermoeden overmacht bij goederenvervoer over binnenwateren

Vermoed wordt dat een zorgvuldig vervoerder de volgende omstandigheden niet heeft kunnen vermijden:
a. brand;
b. ontploffing;
c. hitte;
d. koude;
e. optreden van knaagdieren of ongedierte;
f. bederf;
g. lekkage;
h. smelting;
i. ontvlamming;
j. corrosie.
(Zie ook: artt. 383, 383, 898, 902, 1099, 1100 BW Boek 8; art. 17 CMR)

Art. 900

Uitsluiting aansprakelijkheid bij verlies/schade zaak bij goederenvervoer over binnenwateren

Wanneer vervoerde zaken een beschadiging of een verlies lijden, waaraan zij door hun aard licht onderhevig zijn, wanneer levende dieren doodgaan of beschadigd worden, of wanneer door de afzender in een laadkist gestuwde zaken bij onbeschadigde laadkist een beschadiging of een verlies lijden, wordt vermoed dat de vervoerder noch de omstandigheid die deze beschadiging of dit verlies veroorzaakte heeft kunnen vermijden, noch heeft kunnen verhinderen, dat deze omstandigheid tot deze beschadiging of dit verlies leidde.
(Zie ook: artt. 382, 383, 898, 902, 1100 BW Boek 8; art. 17 CMR)

Art. 901

Aansprakelijkheid voor handelingen bij navigatie bij goederenvervoer over binnenwateren

1. De vervoerder is niet aansprakelijk voor schade ontstaan door een beschadiging voor zover deze, hoe dan ook, is veroorzaakt door een handeling, onachtzaamheid of nalatigheid van één of meer opvarenden van het schip, de sleepboot of de duwboot, gepleegd bij de navigatie daarvan, tenzij de navigatiefout niet zou zijn gemaakt indien de vervoerder bij de keuze van deze personen gehandeld zou hebben als van een zorgvuldig vervoerder mag worden verwacht. Het in de vorige lid bepaalde geldt ook voor zover de beschadiging mede werd veroorzaakt door een na de navigatiefout opgekomen omstandigheid, die een zorgvuldig vervoerder heeft kunnen vermijden of waarvan zulk een vervoerder de gevolgen heeft kunnen verhinderen. Fouten gepleegd bij het samenstellen van een sleep of van een duweenheid zijn navigatiefouten als hier bedoeld.
2. Voor schade ontstaan door eigen navigatiefouten is de vervoerder slechts aansprakelijk, wanneer hij deze beging hetzij met het opzet die schade te veroorzaken, hetzij roekeloos en met de wetenschap dat die schade er waarschijnlijk uit zou voortvloeien.
(Zie ook: art. 906 BW Boek 8)
3. Onder beschadiging worden mede verstaan geheel of gedeeltelijk verlies van zaken, vertraging, alsmede ieder ander schade veroorzakend feit.
(Zie ook: artt. 5, 260, 383, 860, 898, 902 BW Boek 8)

Art. 902

Dwingend recht

1. Nietig is elk beding, waarbij de ingevolge artikel 895 op de vervoerder drukkende aansprakelijkheid of bewijslast op andere wijze wordt verminderd dan in deze afdeling is voorzien, tenzij het betreft:
a. beschadiging opgekomen vóór of voortvloeiend uit een omstandigheid liggend vóór het laden in of na het lossen uit het schip;
(Zie ook: artt. 386, 929 BW Boek 8)
b. het vervoer van zaken, die door hun karakter of gesteldheid een bijzondere overeenkomst rechtvaardigen en welker vervoer moet geschieden onder omstandigheden of op voorwaarden, die een bijzondere overeenkomst rechtvaardigen. Het hier bepaalde geldt echter slechts, wanneer voor het vervoer van deze zaken geen cognossement aan order of toonder, doch een blijkens zijn bewoordingen onverhandelbaar document is afgegeven en het niet betreft een gewone handelslading, verscheept bij gelegenheid van een gewone handelsverrichting.
(Zie ook: artt. 385, 919 BW Boek 8)
2. In afwijking van het eerste lid staat het partijen vrij bij een in het bijzonder ten aanzien van het voorgenomen vervoer aangegane en in een afzonderlijk, niet naar in een ander geschrift voorkomende bedingen verwijzend, geschrift neergelegde overeenkomst te bedingen dat de vervoerder niet aansprakelijk is voor schade ontstaan door een beschadiging, voor zover deze

is veroorzaakt door een in die overeenkomst ondubbelzinnig omschreven wijze van behandeling der zaken dan wel ondeugdelijkheid of ongeschiktheid van schip of materiaal. Ondanks zulk een beding blijft de vervoerder aansprakelijk voor door de omschreven wijze van behandeling dan wel ondeugdelijkheid of ongeschiktheid veroorzaakte beschadiging, voor zover een zorgvuldig vervoerder deze had kunnen verhinderen.
(Zie ook: art. 898 BW Boek 8)
3. Wordt voor het vervoer een cognossement of ander document afgegeven, dan moet, op straffe van nietigheid van een beding als bedoeld in het tweede lid, daarin uitdrukkelijk worden verwezen naar dit afzonderlijke geschrift.
(Zie ook: artt. 915, 916 BW Boek 8)
4. Onder beschadiging worden mede verstaan niet-aflevering en geheel of gedeeltelijk verlies van zaken.
(Zie ook: artt. 12, 382, 385, 386, 898, 899, 900, 901, 1102 BW Boek 8; art. 14 Wet AB; art. 32 LVW)

Art. 903
1. Voor zover de vervoerder aansprakelijk is wegens niet nakomen van de op hem uit hoofde van de artikelen 895 en 896 rustende verplichtingen, heeft de afzender geen ander recht dan betaling te vorderen van een bedrag, dat wordt berekend met inachtneming van de waarde welke zaken als de ten vervoer ontvangene zouden hebben gehad zoals, ten tijde waarop en ter plaatse waar, zij zijn afgeleverd of zij hadden moeten zijn afgeleverd. — Maximering aansprakelijkheid vervoerder bij goederenvervoer over binnenwateren
(Zie ook: art. 980 BW Boek 8)
2. De in het eerste lid genoemde waarde wordt berekend naar de koers op de goederenbeurs of, wanneer er geen dergelijke koers is, naar de gangbare marktwaarde of, wanneer ook deze ontbreekt, naar de normale waarde van zaken van dezelfde aard en hoedanigheid.
(Zie ook: art. 980 BW Boek 8)
3. De vervoerder is in geen geval aansprakelijk voor verlies of schade van of aan zaken of met betrekking tot deze, indien aard of waarde daarvan door de afzender opzettelijk verkeerdelijk is opgegeven en, indien een cognossement is afgegeven, daarin verkeerdelijk is opgenomen.
4. Nietig is ieder beding, waarbij van dit artikel ten nadele van de vervoerder wordt afgeweken. — Dwingend recht
(Zie ook: artt. 12, 387, 388, 904, 911, 914, 939, 940, 1103, 1180 BW Boek 8; artt. 26, 27 LVW)

Art. 904
1. Indien met betrekking tot een zaak hulploon, een bijdrage in avarij-grosse of een schadevergoeding uit hoofde van artikel 951 is verschuldigd, wordt deze aangemerkt als een waardevermindering van die zaak. — Waardevermindering zaak bij goederenvervoer over binnenwateren
(Zie ook: art. 980 BW Boek 8)
2. Nietig is ieder beding, waarbij van dit artikel ten nadele van de vervoerder wordt afgeweken. — Dwingend recht
(Zie ook: art. 198 BW Boek 6; artt. 261, 389, 567, 612, 860, 911, 1104, 1181 BW Boek 8)

Art. 905
1. Voor zover de vervoerder aansprakelijk is wegens niet nakomen van de op hem uit hoofde van de artikelen 895 en 896 rustende verplichtingen, is hij niet aansprakelijk boven bij of krachtens algemene maatregel van bestuur te bepalen bedragen.
2. Nietig is ieder beding, waarbij van dit artikel ten nadele van de vervoerder wordt afgeweken.
(Zie ook: artt. 12, 388, 518, 911, 939, 940, 961, 983, 1105, 1182 BW Boek 8; art. 30 LVW)

Art. 906
1. De vervoerder kan zich niet beroepen op enige beperking van zijn aansprakelijkheid, voor zover de schade is ontstaan uit zijn eigen handeling of nalaten, geschied hetzij met het opzet die schade te veroorzaken, hetzij roekeloos en met de wetenschap dat die schade er waarschijnlijk uit zou voortvloeien. — Aansprakelijkheid vervoerder bij goederenvervoer over binnenwateren
2. Nietig is ieder beding, waarbij van dit artikel wordt afgeweken. — Dwingend recht
(Zie ook: artt. 12, 388, 519, 939, 940, 1108, 1185 BW Boek 8; art. 34 LVW)

Art. 907
De afzender is verplicht de vervoerder de schade te vergoeden die deze lijdt doordat de overeengekomen zaken, door welke oorzaak dan ook, niet op de overeengekomen plaats en tijd te zijner beschikking zijn. — Schadevergoedingsplicht afzender bij goederenvervoer over binnenwateren
(Zie ook: artt. 24, 64, 391, 931, 1110, 1187, 1714 BW Boek 8)

Art. 908
1. Alvorens zaken ter beschikking van de vervoerder zijn gesteld, is de afzender bevoegd de overeenkomst op te zeggen. — Opzegging vervoerovereenkomst bij goederenvervoer over binnenwateren

2. Zijn bij het verstrijken van de tijd, waarbinnen de zaken ter beschikking van de vervoerder moeten zijn gesteld, door welke oorzaak dan ook, in het geheel geen zaken ter beschikking van de vervoerder, dan is deze, zonder dat enige ingebrekestelling is vereist, bevoegd de overeenkomst op te zeggen.
3. Zijn bij het verstrijken van de in het tweede lid bedoelde tijd, door welke oorzaak dan ook, de overeengekomen zaken slechts gedeeltelijk ter beschikking van de vervoerder dan is deze,

zonder dat enige ingebrekestelling is vereist, bevoegd de overeenkomst op te zeggen dan wel de reis te aanvaarden. De afzender is op verlangen van de vervoerder in geval van opzegging van de overeenkomst verplicht tot lossing van de reeds gestuwde zaken of, in geval de vervoerder de reis aanvaardt en het vertrek van het schip zonder herstuwing van de reeds gestuwde zaken niet mogelijk is, tot deze herstuwing.

4. De opzegging geschiedt door een mondelinge of schriftelijke kennisgeving of enig ander bericht, waarvan de ontvangst duidelijk aantoonbaar is en de overeenkomst eindigt op het ogenblik van ontvangst, doch niet vóór lossing van de zaken.

5. De afzender is verplicht de vervoerder de schade te vergoeden die deze lijdt tengevolge van de opzegging, van de aanvaarding van de reis, dan wel van lossing of herstuwing van reeds ingenomen zaken.

6. Dit artikel is niet van toepassing in geval van tijdbevrachting.
(Zie ook: artt. 25, 65, 392, 910, 911, 929, 1111, 1112, 1113, 1188, 1189, 1190, 1716 BW Boek 8)

Art. 909

Verplichtingen bevrachter/vervrachter bij goederenvervoer over binnenwateren

1. In geval van reisbevrachting is de vervrachter na ontvangst van wat hij van de bevrachter heeft te vorderen, op diens verlangen verplicht de reis te aanvaarden met een gedeelte der overeengekomen zaken. De bevrachter is verplicht de vervrachter de vracht over de niet ter beschikking gestelde zaken vóór het begin van het vervoer te voldoen.

2. De vervrachter is bevoegd in plaats van de ontbrekende zaken andere aan te nemen. Hij is niet gehouden de vracht, die hij voor het vervoer van deze zaken ontvangt, met de bevrachter te verrekenen, behalve voor zover hij zijnerzijds van de bevrachter vracht over niet ter beschikking gestelde zaken heeft geëind of gevorderd.

3. Is vertrek niet mogelijk zonder herstuwing van de reeds gestuwde zaken, dan is de bevrachter op verlangen van de vervrachter tot deze herstuwing verplicht. Hij is bovendien verplicht de vervrachter de schade te vergoeden die deze door herstuwing van reeds ingenomen zaken lijdt.
(Zie ook: art. 51 BW Boek 6; artt. 11, 393, 892, 908, 926, 972 BW Boek 8)

Art. 910

Informatieplicht afzender bij goederenvervoer over binnenwateren

1. De afzender is verplicht de vervoerder omtrent de zaken alsmede omtrent de behandeling daarvan tijdig al die opgaven te doen, waartoe hij in staat is of behoort te zijn, en waarvan hij weet of behoort te weten, dat zij voor de vervoerder van belang zijn, tenzij hij mag aannemen dat de vervoerder deze gegevens kent.
(Zie ook: art. 980 BW Boek 8)

2. De vervoerder is niet gehouden, doch wel gerechtigd, te onderzoeken of de hem gedane opgaven juist en volledig zijn.
(Zie ook: art. 980 BW Boek 8)

3. Is bij het verstrijken van de tijd, waarbinnen de zaken ter beschikking van de vervoerder moeten zijn gesteld, door welke oorzaak dan ook, niet of slechts gedeeltelijk voldaan aan de in het eerste lid van dit artikel genoemde verplichting van de afzender, dan zijn, behalve in het geval van tijdbevrachting, het tweede, derde, vierde en vijfde lid van artikel 908 en het vijfde lid van artikel 911 van overeenkomstige toepassing.
(Zie ook: artt. 26, 66, 394, 916, 1114, 1191 BW Boek 8)

Art. 911

Ontbreken/onjuistheid/onvolledigheid documenten bij goederenvervoer over binnenwateren

1. De afzender is verplicht de vervoerder de schade te vergoeden die deze lijdt doordat, door welke oorzaak dan ook, niet naar behoren aanwezig zijn de documenten en inlichtingen, die van de zijde van de afzender vereist zijn voor het vervoer en wel ter voldoening aan vóór de aflevering van de zaken te vervullen douane- en andere formaliteiten.

2. De vervoerder is verplicht redelijke zorg aan te wenden dat de documenten, die in zijn handen zijn gesteld, niet verloren gaan of onjuist worden behandeld. Een door hem terzake verschuldigde schadevergoeding zal die, verschuldigd uit hoofde van de artikelen 903 tot en met 906 in geval van verlies van de zaken, niet overschrijden.

3. De vervoerder is niet gehouden, doch wel gerechtigd, te onderzoeken of de hem gedane opgaven juist en volledig zijn.

4. Zijn bij het verstrijken van de tijd waarbinnen de in het eerste lid genoemde documenten en inlichtingen aanwezig moeten zijn, deze, door welke oorzaak dan ook, niet naar behoren aanwezig, dan zijn, behalve in het geval van tijdbevrachting, het tweede, derde, vierde en vijfde lid van artikel 908 van overeenkomstige toepassing.

5. Indien door het niet naar behoren aanwezig zijn van de in dit artikel bedoelde documenten of inlichtingen vervoer van zaken van de betrokken of van een andere afzender op de onderhavige reis wordt verlengd ten gevolge van vertraging in de aanvang of het verloop daarvan, zal de schadevergoeding niet minder bedragen dan het overliggeld over het aantal uren, waarmee het vervoer is verlengd.
(Zie ook: artt. 27, 67, 395, 916, 980, 1115, 1192 BW Boek 8; art. 470 WvSr)

Art. 912
1. Wanneer vóór of bij de aanbieding van de zaken aan de vervoerder omstandigheden aan de zijde van een der partijen zich opdoen of naar voren komen, die haar wederpartij bij het sluiten van de overeenkomst niet behoefde te kennen, doch die, indien zij haar wel bekend waren geweest, redelijkerwijs voor haar grond hadden opgeleverd de vervoerovereenkomst niet of op andere voorwaarden aan te gaan, is deze wederpartij bevoegd de overeenkomst op te zeggen.
2. De opzegging geschiedt door een mondelinge of schriftelijke kennisgeving of enig ander bericht, waarvan de ontvangst duidelijk aantoonbaar is en de overeenkomst eindigt op het ogenblik van ontvangst daarvan.
3. Naar maatstaven van redelijkheid en billijkheid zijn partijen na opzegging der overeenkomst verplicht elkaar de daardoor geleden schade te vergoeden.
(Zie ook: artt. 95, 258, 277 BW Boek 6; artt. 28, 68, 396, 980, 1116, 1193 BW Boek 8)

Opzegging vervoerovereenkomst bij goederenvervoer over binnenwateren

Art. 913
1. De afzender is verplicht de vervoerder de schade te vergoeden, die materiaal, dat hij deze ter beschikking stelde of zaken die deze ten vervoer ontving dan wel de behandeling daarvan, de vervoerder berokkenden, behalve voor zover deze schade is veroorzaakt door een omstandigheid die een zorgvuldig afzender van de ten vervoer ontvangen zaken niet heeft kunnen vermijden en waarvan zulk een afzender de gevolgen niet heeft kunnen verhinderen.
(Zie ook: artt. 397, 610, 1020, 1117, 1715, 1719 BW Boek 8)
2. Dit artikel laat artikel 914 en de bepalingen nopens avarij-grosse onverlet.

Schadevergoedingsplicht afzender bij goederenvervoer over binnenwateren

Art. 914
1. Ten vervoer ontvangen zaken, die een zorgvuldig vervoerder, indien hij geweten zou hebben dat zij na hun inontvangstneming gevaar zouden kunnen opleveren, met het oog daarop niet ten vervoer zou hebben willen ontvangen, mogen door hem op ieder ogenblik en op iedere plaats worden gelost, vernietigd dan wel op andere wijze onschadelijk gemaakt. Ten aanzien van ten vervoer ontvangen zaken, waarvan de vervoerder de gevaarlijkheid heeft gekend, geldt hetzelfde doch slechts dan wanneer zij onmiddellijk dreigend gevaar opleveren.
2. Indien de vervoerder op grond van het eerste lid gerechtigd is tot lossen, vernietigen of op andere wijze onschadelijk maken van zaken, is de afzender op verlangen van de vervoerder en wanneer hem dit redelijkerwijs mogelijk is, verplicht deze maatregel te nemen.
3. Door het treffen van de in het eerste of tweede lid bedoelde maatregel eindigt de overeenkomst met betrekking tot de daar genoemde zaken, doch, indien deze alsnog worden gelost, eerst na deze lossing. De vervoerder verwittigt zo mogelijk de afzender, degene aan wie de zaken moeten worden afgeleverd en degene, aan wie hij volgens de bepalingen van een mogelijkerwijs afgegeven vrachtbrief of cognossement bericht van aankomst van het schip moet zenden. Dit lid is niet van toepassing met betrekking tot zaken die de vervoerder na het treffen van de in het eerste of tweede lid bedoelde maatregel alsnog naar hun bestemming vervoert.
4. Naar maatstaven van redelijkheid en billijkheid zijn partijen na beëindiging van de overeenkomst verplicht elkaar de daardoor geleden schade te vergoeden.
5. Indien zaken na beëindiging van de overeenkomst alsnog in feite worden afgeleverd, wordt vermoed, dat zij zich op het ogenblik van beëindiging van de overeenkomst bevonden in de staat, waarin zij feitelijk zijn afgeleverd; worden zij niet afgeleverd, dan wordt vermoed, dat zij op het ogenblik van beëindiging van de overeenkomst verloren zijn gegaan.
6. Indien de afzender na feitelijke aflevering een zaak naar haar bestemming vervoert, wordt het verschil tussen de waarden ter bestemming en ter plaatse van de aflevering, beide als bedoeld in het tweede lid van artikel 903, aangemerkt als waardevermindering van die zaak. Vervoert de afzender een zaak na de feitelijke aflevering alsnog naar haar bestemming, dan worden de kosten die hij te dien einde maakt aangemerkt als waardevermindering van die zaak.
7. Op de feitelijke aflevering is het tussen partijen overeengekomene alsmede het in deze afdeling nopens de aflevering van zaken bepaalde van toepassing, met dien verstande, dat deze feitelijke aflevering niet op grond van de tweede zin van het eerste lid of op grond van het derde lid van artikel 947 de vracht verschuldigd doet zijn. De artikelen 955, 956 en 957 zijn van overeenkomstige toepassing.
(Zie ook: art. 632 Rv)
8. Dit artikel laat de bepalingen nopens avarij-grosse onverlet.
(Zie ook: artt. 610, 1020 BW Boek 8)
9. Nietig is ieder beding, waarbij van het eerste of het tweede lid van dit artikel wordt afgeweken.
(Zie ook: artt. 12, 261, 398, 860, 910, 934, 935, 936, 1118, 1716, 1718 BW Boek 8)

Gevaarlijke zaken bij goederenvervoer over binnenwateren

Einde vervoerovereenkomst

Dwingend recht

Art. 915
1. Zowel de afzender als de vervoerder kunnen terzake van het vervoer een document (vrachtbrief) opmaken en verlangen dat dit of een mogelijkerwijs door hun wederpartij opgemaakt document, door hun wederpartij wordt getekend en aan hen wordt afgegeven. Dit document kan noch aan order noch aan toonder worden gesteld. De ondertekening kan worden gedrukt of door een stempel dan wel enig ander kenmerk van oorsprong worden vervangen.

Vrachtbrief bij goederenvervoer over binnenwateren

art. 8:916   13 Burgerlijk Wetboek Boek 8

2. In de vrachtbrief worden aan de hand van door de afzender te verstrekken gegevens vermeld:
a. de ten vervoer ontvangen zaken,
b. de plaats waar de vervoerder de zaken ten vervoer heeft ontvangen,
c. de plaats waarheen de vervoerder op zich neemt de zaken te vervoeren,
d. de geadresseerde,
e. de vracht,
f. al hetgeen overigens aan afzender en vervoerder gezamenlijk goeddunkt.
De afzender staat in voor de juistheid, op het ogenblik van inontvangstneming van de zaken, van de door hem verstrekte gegevens.
3. Ondertekening door de afzender houdt op zichzelf niet in, dat hij de juistheid erkent van de aantekeningen die de vervoerder op de vrachtbrief ten aanzien van de zaken plaatste.
(Zie ook: art. 1119 BW Boek 8)

Art. 916

Cognossement bij goederenvervoer over binnenwateren

1. Op verlangen van de afzender, geuit voor de inlading een aanvang neemt, is de vervoerder verplicht voor zaken, die hij ten vervoer ontving, een cognossement op te maken, te dateren, te ondertekenen en tegen intrekking van een ontvangstbewijs of ligcognossement, dat door hem mocht zijn afgegeven, aan de afzender af te geven. De afzender is verplicht de gegevens, die nodig zijn voor het opmaken van het cognossement te verstrekken en staat in voor de juistheid daarvan op het ogenblik van de inontvangstneming van de zaken. Op verlangen van de vervoerder is de afzender verplicht het cognossement mede te ondertekenen of hem een ondertekend afschrift daarvan ter hand te stellen.
2. Wanneer de zaken voor zij ten vervoer zijn ingeladen door de vervoerder worden ontvangen, is deze op verlangen van de afzender verplicht een ontvangstbewijs of een voorlopig cognossement op te maken, te dateren, te ondertekenen en af te geven. De afzender is verplicht de gegevens, die nodig zijn voor het opmaken van dit document, te verstrekken en hij staat in voor de juistheid daarvan op het ogenblik van de inontvangstneming van de zaken.
(Zie ook: art. 411 BW Boek 8)
3. Nadat de inlading is voltooid, is de vervoerder op verlangen van de afzender verplicht een dergelijk voorlopig cognossement hetzij om te ruilen tegen een cognossement, als in het eerste lid bedoeld, hetzij op het voorlopige cognossement de naam van het schip of de schepen, aan boord waarvan de zaken werden geladen, en de datum of de data van de inlading aan te tekenen en vervolgens deze gegevens te ondertekenen.
4. De ondertekening kan worden gedrukt of door een stempel dan wel enig ander kenmerk van oorsprong worden vervangen.
(Zie ook: artt. 44, 260, 399, 910, 911, 1119, 1122 BW Boek 8)

Art. 917

Rechtsverhouding vervoerder en afzender bij goederenvervoer over binnenwateren

Indien een vervoerovereenkomst is gesloten en bovendien een cognossement is afgegeven, wordt, behoudens artikel 940 tweede lid, tweede volzin, de rechtsverhouding tussen de vervoerder en de afzender door de bedingen van de vervoerovereenkomst en niet door die van dit cognossement beheerst. Behoudens het in artikel 940 eerste lid gestelde vereiste van houderschap van het cognossement, strekt dit hun dan slechts tot bewijs van de ontvangst der zaken door de vervoerder.
(Zie ook: artt. 47, 410, 1123 BW Boek 8)

Art. 918

Het cognossement, voor zover het geen ligcognossement is, vermeldt de ten vervoer ontvangen zaken, de plaats waar de vervoerder hen ten vervoer heeft ontvangen, de plaats waarheen de vervoerder op zich neemt hen te vervoeren, het schip aan boord waarvan de zaken worden geladen, en de geadresseerde.
(Zie ook: artt. 44, 399, 412, 916, 919 BW Boek 8)

Art. 919

Gegevens cognossement bij goederenvervoer over binnenwateren

1. In het cognossement wordt de geadresseerde, ter keuze van de afzender, aangegeven hetzij bij name of andere aanduiding, hetzij als order van de afzender of van een ander, hetzij als toonder. Op verlangen van de vervoerder wordt vermeld aan wie deze kennis kan geven dat hij gereed is te lossen.
2. De enkele woorden "aan order" worden geacht de order van de afzender aan te geven.
(Zie ook: artt. 412, 923, 934 BW Boek 8; artt. 110, 191, 347 WvK)

Art. 920

Verhandelbaarheid cognossement bij goederenvervoer over binnenwateren

De verhandelbare exemplaren van een cognossement, waarin is vermeld hoeveel van deze exemplaren in het geheel zijn afgegeven, gelden alle voor één en één voor alle.
(Zie ook: artt. 45, 413, 942 BW Boek 8)

Art. 921
1. Het cognossement bewijst, behoudens tegenbewijs, dat de vervoerder de zaken heeft ontvangen en wel wat hun aard betreft, zoals deze daarin in het algemeen zijn omschreven en overigens zoals deze daarin naar aantal, gewicht of maat zijn vermeld. Tegenbewijs tegen het cognossement wordt niet toegelaten, wanneer het is overgedragen aan een derde te goeder trouw. *(Bewijskracht cognossement bij goederenvervoer over binnenwateren)*
2. Indien in het cognossement de clausule: "aard, aantal, maat of gewicht onbekend" of enige andere clausule van dergelijke strekking is opgenomen, binden zodanige in het cognossement voorkomende vermeldingen omtrent de zaken de vervoerder niet, tenzij bewezen wordt, dat hij de aard, het aantal, de maat of het gewicht der zaken heeft gekend of had behoren te kennen.
3. Een cognossement, dat de uiterlijk zichtbare staat of gesteldheid van de zaak niet vermeldt, levert, behoudens tegenbewijs dat ook jegens een derde mogelijk is, een vermoeden op dat de vervoerder die zaak voor zover uiterlijk zichtbaar in goede staat of gesteldheid heeft ontvangen.
4. Ondertekening door de afzender van het cognossement of van een afschrift daarvan houdt op zichzelf niet in, dat hij de juistheid erkent van de aantekeningen die de vervoerder daarop ten aanzien van de zaken plaatste.
(Zie ook: artt. 11, 90 BW Boek 3; artt. 48, 414, 916, 1124 BW Boek 8)

Art. 922
1. Verwijzingen in het cognossement worden geacht slechts die bedingen daarin te voegen, die voor degeen, jegens wie daarop een beroep wordt gedaan, duidelijk kenbaar zijn. *(Verwijzingen in cognossement bij goederenvervoer over binnenwateren)*

2. Een dergelijk beroep is slechts mogelijk voor hem, die op schriftelijk verlangen van degeen jegens wie dit beroep kan worden gedaan of wordt gedaan, aan deze onverwijld die bedingen heeft doen toekomen.
3. Nietig is ieder beding, waarbij van het tweede lid van dit artikel wordt afgeweken. *(Dwingend recht)*
(Zie ook: art. 11 BW Boek 3; art. 231 BW Boek 6; artt. 12, 48, 415, 1122 BW Boek 8)

Art. 923
Een cognossement aan order wordt geleverd op de wijze als aangegeven in afdeling 2 van Titel 4 van Boek 3. *(Levering cognossement bij goederenvervoer over binnenwateren)*
(Zie ook: artt. 93, 94 BW Boek 3; artt. 49, 416, 920 BW Boek 8; artt. 110, 191 WvK)

Art. 924
Levering van het cognossement vòòr de aflevering van de daarin vermelde zaken door de vervoerder geldt als levering van die zaken.
(Zie ook: art. 607 BW Boek 7; artt. 50, 417, 923 BW Boek 8)

Art. 925
De vervoerder is verplicht de plek van inlading en lossing tijdig aan te wijzen; in geval van tijdbevrachting is echter artikel 897 van toepassing en in geval van reisbevrachting artikel 926. *(Verplichtingen vervoerder bij goederenvervoer over binnenwateren)*
(Zie ook: artt. 418, 929, 930, 931, 933 BW Boek 8)

Art. 926
1. In geval van reisbevrachting is de bevrachter verplicht de plek van inlading en lossing tijdig aan te wijzen. *(Verplichtingen bevrachter bij goederenvervoer over binnenwateren)*

2. Hij moet daartoe aanwijzen een plek, waar het schip veilig kan komen, liggen, laden of lossen en waarvandaan het veilig kan vertrekken.
3. Indien de aangewezen plek niet beschikbaar is, lopen laad- en lostijd zoals zij gelopen zouden hebben wanneer deze plek wel beschikbaar zou zijn geweest.
4. Wanneer de bevrachter niet aan deze verplichting voldoet, is de vervrachter zonder dat enige aanmaning is vereist bevoegd zelf de plek van inlading of lossing aan te wijzen.
5. Indien de bevrachter meer dan één plek aanwijst, geldt de tijd nodig voor het verhalen als gebruikte laad- of lostijd. De kosten van verhalen zijn voor zijn rekening.
6. De bevrachter staat er voor in, dat het schip op de plek, die hij op grond van het eerste lid ter inlading of lossing aanwijst, veilig kan komen, liggen, laden of lossen en daarvandaan veilig kan vertrekken. Indien deze plek blijkt niet aan deze vereisten te voldoen, is de bevrachter slechts in zoverre niet aansprakelijk als de schipper, door de hem gegeven aanwijzing op te volgen, onredelijk handelde.
(Zie ook: artt. 419, 925, 927, 972 BW Boek 8)

Art. 927
Wanneer in geval van reisbevrachting de bevrachter de bevoegdheid heeft laad- of loshaven nader aan te wijzen, is artikel 926 van overeenkomstige toepassing. *(Schakelbepaling)*
(Zie ook: artt. 420, 972 BW Boek 8)

Art. 928

Kosten en tijdverlies bij ruimtebevrachting bij goederenvervoer over binnenwateren

In geval van ruimtebevrachting zijn alle kosten en tijdverlet, veroorzaakt om het schip de plek waar het ter beschikking moet worden gesteld te doen bereiken, ten laste van de bevrachter. De vergoeding voor tijdverlet zal niet minder bedragen dan het overliggeld voor de gebezigde uren.

(Zie ook: artt. 892, 931 t/m 933, 972 BW Boek 8)

Art. 929

Verplichtingen vervoerder bij inlading/lossing bij goederenvervoer over binnenwateren

1. De vervoerder is verplicht het schip ter inlading en ter lossing beschikbaar te stellen.

Verplichtingen afzender bij inlading/lossing

2. De afzender is verplicht de zaken aan boord van het schip te laden en te stuwen en de ontvanger is verplicht hen uit het schip te lossen. Wanneer de vervoerder daarbij aanwijzingen geeft voor de veiligheid van de vaart of ter voorkoming van schade zijn zij verplicht deze op te volgen.

Art. 929a

Losstandaard bij goederenvervoer over binnenwateren

1. De vervoerder stelt het schip aan de afzender ter beschikking met ten minste de krachtens de Waterwet en bij algemene maatregel van bestuur bepaalde losstandaard. Zodra met het laden een aanvang is gemaakt, wordt het schip geacht aan dit vereiste te voldoen.

2. De afzender en de ontvanger – en in geval zij van een overslaginstallatie gebruik maken in hun plaats de exploitant daarvan – zijn jegens elkaar en jegens de vervoerder verplicht de voor ieder van hen krachtens de Wet milieubeheer of de Waterwet en bij algemene maatregel van bestuur voorgeschreven maatregelen met betrekking tot het laden en lossen van het schip te treffen. Voor zover het betreft hun onderlinge verplichtingen kunnen de afzender en de ontvanger anders overeenkomen dan uit de vorige volzin voortvloeit.

Dwingend recht

3. Nietig is ieder beding, waarbij van het eerste of tweede lid op andere wijze wordt afgeweken dan volgens het laatste gedeelte van de vorige zin geoorloofd is.

Art. 930

Aanvang laadtijd bij goederenvervoer over binnenwateren

1. De laadtijd gaat in op de dag volgende op die waarop de vervoerder aan de afzender of aan een door deze aangewezen persoon het schip heeft gemeld.

2. Indien het de afzender bekend is, dat het schip zich op de dag van het sluiten van de overeenkomst in de laadplaats bevindt, wordt de vervoerder beschouwd als op die dag de in het eerste lid bedoelde melding te hebben verricht.

(Zie ook: artt. 919, 925, 931 t/m 933 BW Boek 8)

Art. 931

Laadtijd/overligtijd/overliggeld bij goederenvervoer over binnenwateren

1. Voor zover de vervoerder verplicht is tot laden, is hij gehouden zulks in de overeengekomen laadtijd te doen.

2. Voor zover de afzender verplicht is tot laden of stuwen, staat hij er voor in dat zulks in de overeengekomen laadtijd geschiedt.

3. Wanneer overligtijd is bedongen, is de afzender gerechtigd deze tijd na afloop van de laadtijd voor inlading en stuwing te bezigen.

4. Bepaalt de vervoerovereenkomst overliggeld, doch niet de overligtijd, dan wordt deze tijd vastgesteld op vier opeenvolgende dagen of, als op de ligplek een ander aantal redelijk of gebruikelijk is, op dit aantal.

5. De laadtijd wordt verkort met het aantal uren, dat de belading eerder is aangevangen of de vervoerder het schip op verlangen van de afzender eerder voor belading beschikbaar hield dan het tijdstip, waarop ingevolge het eerste lid van artikel 930 de laadtijd inging. Hij wordt verlengd met het aantal uren, dat het schip na aanvang van de werktijd op de dag, waarop de laadtijd inging, nog niet voor belading beschikbaar was.

6. Laadtijd, bedongen overligtijd en de in het vierde lid bedoelde overligdagen worden, voor zover de afzender tot laden of stuwen verplicht is, verlengd met de uren, dat niet kan worden geladen of gestuwd door schuld van de vervoerder of door omstandigheden gelegen in het schip of in het materiaal van het schip waarvan de vervoerder of de afzender zich bedient. Zij nemen een einde, wanneer belading en stuwing zijn beëindigd.

(Zie ook: artt. 442, 896, 907, 908, 925, 933 BW Boek 8)

Art. 932

Overliggeld/schadevergoeding bij goederenvervoer over binnenwateren

1. De afzender is gehouden tot betaling van overliggeld voor de overligtijd met uitzondering van de uren vermeld in de eerste zin van het zesde lid van artikel 931. Hij is bovendien verplicht de vervoerder de schade te vergoeden wanneer, door welke oorzaak dan ook, vervoer van zaken van de betrokken of van een andere afzender op de onderhavige reis wordt verlengd ten gevolge van vertraging in de aanvang of het verloop van dit vervoer, ontstaan doordat de afzender belading en stuwing niet had voltooid in de laadtijd en de bedongen of wettelijke overligtijd. Deze

schadevergoeding zal niet minder bedragen dan het overliggeld over het aantal uren, waarmee het vervoer is verlengd.
2. De wettelijke bepalingen omtrent boetebedingen zijn niet van toepassing op bedingen met betrekking tot overliggeld.
(Zie ook: art. 91 BW Boek 6)
3. Schuldenaren van overliggeld en een mogelijkerwijs uit hoofde van het tweede lid van artikel 931 verschuldigde schadevergoeding zijn tot betaling daarvan hoofdelijk verbonden.
(Zie ook: artt. 6, 102 BW Boek 6)
4. Voorts gelden de regels, zo nodig vastgesteld bij algemene maatregel van bestuur, ten aanzien van het aantal der laad- en losdagen, de berekening van de laad-, los- en overligtijd, het bedrag van het overliggeld, de wijze, waarop het gewicht der te vervoeren of vervoerde zaken wordt bepaald, de duur van de werktijd en de uren, waarop deze begint en eindigt, voor zover niet bij plaatselijke verordening andere uren van aanvang en einde zijn bepaald, en de vergoeding voor of het meetellen van nachten, zaterdagen, zondagen en daarmede geheel of gedeeltelijk gelijkgestelde dagen, indien des nachts of op genoemde dagen geladen, gestuwd of gelost wordt, alsmede het begin van laad- en lostijd en de dagen en uren, waarop kennisgevingen van laad- of losgereedheid kunnen worden gedaan.
(Zie ook: artt. 422, 896, 907, 925, 930, 933, 947, 956, 997 BW Boek 8; Blltb 1991)

Art. 933
De artikelen 930, 931 en 932 vinden overeenkomstige toepassing op lossen. Schakelbepaling
(Zie ook: artt. 483, 919, 947 BW Boek 8)

Art. 934
1. Behalve in geval van tijd- of reisbevrachting is de vervoerder wanneer, nadat de inlading een aanvang heeft genomen, het schip vergaat of zodanig beschadigd blijkt te zijn, dat het herstel, nodig voor de uitvoering van de overeenkomst, niet zonder ingrijpende maatregel mogelijk is, na lossing van de zaken bevoegd de overeenkomst te beëindigen, mits hij dit zo spoedig mogelijk doet; een maatregel tot herstel, die lossing van de gehele lading noodzakelijk maakt, wordt daarbij vermoed een ingrijpende maatregel te zijn. Einde vervoerovereenkomst bij goederenvervoer over binnenwateren
2. Vermoed wordt dat het vergaan of de beschadiging van het schip is te wijten aan een omstandigheid, die voor rekening van de vervoerder komt; voor rekening van de vervoerder komen die omstandigheden, die in geval van beschadiging van door hem vervoerde zaken voor zijn rekening komen.
3. De vervoerder verwittigt, zo mogelijk, de afzender, de geadresseerde en degeen aan wie hij volgens de bepalingen van een mogelijkerwijs afgegeven cognossement bericht van gereedheid tot lossen moet zenden.
(Zie ook: art. 919 BW Boek 8)
4. Het vijfde, het zesde en het zevende lid van artikel 914 zijn van toepassing. Schakelbepaling
(Zie ook: artt. 424, 860, 935, 936, 1718 BW Boek 8)

Art. 935
1. In geval van tijd- of reisbevrachting is de vervrachter, mits hij dit zo spoedig mogelijk doet, bevoegd de overeenkomst geheel of met betrekking tot een gedeelte der zaken al dan niet uitdrukkelijk op te zeggen, wanneer het schip, zonder dat het vergaan is, zodanig beschadigd blijkt te zijn, dat het, naar het oordeel van de vervrachter, het herstel, nodig voor de uitvoering van de overeenkomst, niet waard is of dit herstel binnen redelijke tijd niet mogelijk is. Opzegging vervoerovereenkomst bij goederenvervoer over binnenwateren
2. Wanneer in geval van reisbevrachting de vervrachter reeds aan boord ontvangen zaken, zij het niet in het bevrachte schip, ondanks de beëindiging van de overeenkomst, naar hun bestemming vervoert, wordt dit vervoer vermoed op grond van de oorspronkelijke overeenkomst plaats te vinden.
3. Door de opzegging eindigt de overeenkomst, doch ten aanzien van reeds aan boord ontvangen zaken, eerst na lossing van die zaken.
4. Ten aanzien van reeds ten vervoer ontvangen zaken wordt vermoed, dat de beschadiging van het schip is te wijten aan een omstandigheid, die voor rekening van de vervrachter komt; voor rekening van de vervrachter komen die omstandigheden, die in geval van beschadiging van door hem vervoerde zaken voor zijn rekening komen.
5. De vervrachter verwittigt, zo spoedig als dit mogelijk is, de bevrachter, de geadresseerde en degeen aan wie hij bericht van gereedheid tot lossen moet zenden.
6. Het vijfde, het zesde en het zevende lid van artikel 914 zijn van toepassing met dien verstande, dat in geval van tijdbevrachting vracht verschuldigd blijft tot op het tijdstip van de lossing der zaken. Schakelbepaling
(Zie ook: artt. 425, 860, 892, 934, 936, 949, 972 BW Boek 8)

Art. 936
1. In geval van tijd- of reisbevrachting eindigt de overeenkomst met het vergaan van het schip. Einde vervoerovereenkomst door vergaan schip bij goederenvervoer over binnenwateren

art. 8:937   13 Burgerlijk Wetboek Boek 8

2. Ten aanzien van reeds ten vervoer ontvangen zaken wordt vermoed, dat het vergaan van het schip is te wijten aan een omstandigheid, die voor rekening van de vervrachter komt; voor rekening van de vervrachter komen die omstandigheden, die in geval van beschadiging van door hem vervoerde zaken voor zijn rekening komen.

3. Vervoert de vervrachter ondanks het vergaan van het schip zaken die reeds aan boord waren ontvangen alsnog naar hun bestemming, dan wordt in geval van reisbevrachting dit vervoer vermoed op grond van de oorspronkelijke overeenkomst plaats te vinden.

4. De vervrachter verwittigt, zo spoedig als dit mogelijk is, de bevrachter, de geadresseerde en degene aan wie hij bericht van gereedheid tot lossen moet zenden.

Schakelbepaling   5. Het vijfde, het zesde en het zevende lid van artikel 914 zijn van toepassing.
(Zie ook: artt. 426, 892, 934, 935, 972 BW Boek 8)

Art. 937

Bevoegdheden afzender tot geven aanwijzingen bij goederenvervoer over binnenwateren

1. De afzender is, tenzij een cognossement is afgegeven, bevoegd zichzelf of een ander als geadresseerde aan te wijzen, een gegeven aanduiding van de geadresseerde te wijzigen, orders omtrent de aflevering te geven of te wijzigen dan wel aflevering van ten vervoer ontvangen zaken vóór de aankomst ter bestemming te verlangen, voor zover de vervoerder aan deze aanwijzingen redelijkerwijs kan voldoen en mits hij de vervoerder en de belanghebbenden bij de overige lading ter zake schadeloos stelt. Hij is verplicht tot bijdragen in een avarij-grosse, wanneer de avarij-grosse handeling plaatshad met het oog op een omstandigheid, waarvan reeds vóór de aflevering is gebleken. Wanneer het schip naar een niet eerder overeengekomen plaats of plek is gevaren, is hij verplicht de vervoerder terzake bovendien een redelijke vergoeding te geven.

2. Hij kan deze rechten niet uitoefenen, wanneer door het opvolgen van zijn aanwijzingen de reis zou worden vertraagd.

3. Deze rechten van de afzender vervallen al naarmate de geadresseerde op de losplek zaken ter lossing aanneemt of de geadresseerde van de vervoerder schadevergoeding verlangt omdat deze zaken niet aflevert.

Schakelbepaling   4. Zaken, die ingevolge het eerste lid zijn afgeleverd, worden aangemerkt als ter bestemming afgeleverde zaken en in de bepalingen van deze afdeling nopens de aflevering van zaken, alsmede de artikelen 955, 956 en 957 zijn van toepassing.
(Zie ook: artt. 440, 610, 913, 938, 947, 1020, 1125 BW Boek 8; art. 12 CMR; art. 15 LVW)

Art. 938

Bevoegdheden cognossementshouder bij goederenvervoer over binnenwateren

1. Indien een cognossement is afgegeven, is uitsluitend de in artikel 940 bedoelde houder daarvan en dan alleen tegen afgifte van alle verhandelbare exemplaren van dit cognossement, bevoegd, voor zover de vervoerder hieraan redelijkerwijs kan voldoen, aflevering van alle daarop vermelde zaken gezamenlijk vóór de aankomst ter bestemming te verlangen, mits hij de vervoerder en de belanghebbenden bij de overige lading terzake schadeloos stelt. Hij is verplicht tot bijdragen in een avarij-grosse, wanneer de avarij-grosse handeling plaats had met het oog op een omstandigheid, waarvan reeds vóór de aflevering is gebleken. Wanneer het schip naar een niet eerder overeengekomen plaats of plek is gevaren, is hij verplicht de vervoerder ter zake bovendien een redelijke vergoeding te geven.

2. Hij kan dit recht niet uitoefenen, wanneer door de voortijdige aflevering de reis zou worden vertraagd.

3. Zaken, die ingevolge het eerste lid zijn afgeleverd, worden aangemerkt als ter bestemming afgeleverde zaken en de bepalingen van deze afdeling nopens de aflevering van zaken, alsmede de artikelen 955, 956 en 957 zijn van toepassing.
(Zie ook: artt. 440, 610, 913, 920, 947, 1020, 1125 BW Boek 8)

Art. 939

Recht geadresseerde tot vordering aflevering bij goederenvervoer over binnenwateren

Indien geen cognossement doch aan de afzender een vrachtbrief die een geadresseerde vermeldt is afgegeven, heeft ook deze geadresseerde jegens de vervoerder het recht aflevering van de zaken overeenkomstig de op de vervoerder rustende verplichtingen te vorderen; daarbij zijn de artikelen 903, 905 en 906 van overeenkomstige toepassing.
(Zie ook: artt. 937, 1126 BW Boek 8)

Art. 940

Recht regelmatige cognossementshouder tot vordering aflevering bij goederenvervoer over binnenwateren

1. Indien een cognossement is afgegeven, heeft uitsluitend de regelmatige houder daarvan, tenzij hij niet op rechtmatige wijze houder is geworden, jegens de vervoerder onder het cognossement het recht aflevering van de zaken overeenkomstig de op de vervoerder rustende verplichtingen te vorderen; daarbij zijn de artikelen 903, 905 en 906 van overeenkomstige toepassing.

2. Jegens de houder van het cognossement, die niet de afzender was, is de vervoerder onder cognossement gehouden aan en kan hij een beroep doen op de bedingen van dit cognossement. Jegens iedere houder van het cognossement kan hij de uit het cognossement duidelijk kenbare rechten tot betaling geldend maken. Jegens de houder van het cognossement, die ook de afzender was, kan de vervoerder zich bovendien op de bedingen van de vervoerovereenkomst en op zijn persoonlijke verhouding tot de afzender beroepen.
(Zie ook: art. 86 BW Boek 3; artt. 51, 441, 917, 922, 938, 941, 943, 951 BW Boek 8; art. 115 WvK)

Art. 941
1. Indien bij toepassing van artikel 943 verscheidene personen als vervoerder onder het cognossement moeten worden aangemerkt zijn dezen jegens de in artikel 940 eerste lid bedoelde cognossementhouder hoofdelijk verbonden.

Hoofdelijke verbondenheid bij goederenvervoer over binnenwateren

2. In het in het eerste lid genoemde geval is ieder der vervoerders gerechtigd de uit het cognossement blijkende rechten jegens de cognossementhouder uit te oefenen en is deze jegens iedere vervoerder gekweten tot op het opeisbare bedrag dat hij op grond van het cognossement aan één hunner heeft voldaan. Titel 7 van Boek 3 is niet van toepassing.
(Zie ook: artt. 6, 102 BW Boek 6; artt. 442, 917, 922, 944 BW Boek 8; artt. 146, 221 WvK)

Art. 942
Van de houders van verschillende exemplaren van hetzelfde cognossement heeft hij het beste recht, die houder is van het exemplaar, waarvan ná de gemeenschappelijke voorman, die houder was van al die exemplaren, het eerst een ander houder is geworden te goeder trouw en onder bezwarende titel.
(Zie ook: art. 11 BW Boek 3; artt. 52, 460, 919, 920, 940, 955 BW Boek 8)

Beste recht bij goederenvervoer over binnenwateren

Art. 943
1. Onverminderd de overige leden van dit artikel worden als vervoerder onder het cognossement aangemerkt hij die het cognossement ondertekende of voor wie een ander dit ondertekende alsmede hij wiens formulier voor het cognossement is gebezigd. Is het cognossement niet of op onleesbare wijze ondertekend, dan wordt de wederpartij van de afzender als vervoerder onder het cognossement aangemerkt.

Vervoerder onder cognossement bij goederenvervoer over binnenwateren

2. Indien ander de schipper of een ander voor hem het cognossement ondertekende, wordt naast degenen genoemd in het eerste lid, die tijd- of reisbevrachter, die vervoerder is bij de laatste overeenkomst in de keten der exploitatieovereenkomsten als bedoeld in afdeling 1 van titel 5, als vervoerder onder het cognossement aangemerkt. Indien het schip in rompbevrachting is uitgegeven wordt naast deze eventuele tijd- of reisbevrachter ook de laatste rompbevrachter als vervoerder onder het cognossement aangemerkt. Is het schip niet in rompbevrachting uitgegeven, dan wordt naast de hiergenoemde eventuele tijd- of reisbevrachter ook de eigenaar als vervoerder onder het cognossement aangemerkt.
3. In afwijking van de vorige leden wordt uitsluitend de laatste rompbevrachter, onderscheidenlijk de eigenaar, als vervoerder onder het cognossement aangemerkt indien het cognossement uitsluitend deze rompbevrachter, onderscheidenlijk de eigenaar, uitdrukkelijk als zodanig aanwijst en, in geval van aanwijzing van de rompbevrachter, bovendien diens identiteit uit het cognossement duidelijk kenbaar is.
4. Dit artikel laat het tweede lid van artikel 861 onverlet.
5. Nietig is ieder beding, waarbij van dit artikel wordt afgeweken.
(Zie ook: artt. 12, 217, 461, 827, 897, 941, 945, 990 BW Boek 8; artt. 100, 178 WvK)

Dwingend recht

Art. 944
1. Het eerste lid, eerste volzin van artikel 943 vindt geen toepassing indien een daar als vervoerder onder het cognossement aangemerkte persoon bewijst dat hij die het cognossement voor hem ondertekende daarbij de grenzen zijner bevoegdheid overschreed of dat het formulier zonder zijn toestemming is gebezigd. Desalniettemin wordt een in het eerste lid, eerste volzin van artikel 943 bedoelde persoon als vervoerder onder het cognossement aangemerkt, indien de houder van het cognossement bewijst dat op het ogenblik van uitgifte van het cognossement, op grond van een verklaring of gedraging van hem voor wie is ondertekend of wiens formulier is gebezigd, redelijkerwijze mocht worden aangenomen, dat hij die ondertekende daartoe bevoegd was of dat het formulier met toestemming was gebezigd.
2. In afwijking van het eerste lid wordt de rederij als vervoerder onder het cognossement aangemerkt indien haar boekhouder door ondertekening van het cognossement de grenzen zijner bevoegdheid overschreed, doch zij wordt niet gebonden jegens de eerste houder van het cognossement die op het ogenblik van uitgifte daarvan wist dat de boekhouder de grenzen zijner bevoegdheid overschreed.
(Zie ook: artt. 711, 179 BW Boek 8)
3. Een beroep op het tweede lid van artikel 943 is mogelijk ook indien de schipper door ondertekening van het cognossement of door een ander de bevoegdheid te geven dit namens hem te ondertekenen, de grenzen zijner bevoegdheid overschreed, doch dergelijk beroep staat niet open aan de eerste houder van het cognossement die op het ogenblik van uitgifte daarvan wist dat de schipper de grenzen zijner bevoegdheid overschreed.
(Zie ook: artt. 217, 462, 827, 861 BW Boek 8)
4. Het derde lid vindt eveneens toepassing indien hij die namens de schipper het cognossement ondertekende daarbij de grenzen zijner bevoegdheid overschreed.

Art. 945

Verhaal door vervrachter bij goederenvervoer over binnenwateren

1. Is een vervrachter ingevolge artikel 943 tot meer gehouden dan waartoe hij uit hoofde van zijn bevrachting is verplicht of ontving hij minder dan waartoe hij uit dien hoofde is gerechtigd, dan heeft hij - mits de ondertekening van het cognossement of de afgifte van het formulier plaatsvond krachtens het in de bevrachting bepaalde, dan wel op verzoek van de bevrachter - deswege op deze laatste verhaal.
2. Hetzelfde geldt voor een ingevolge het eerste lid aangesproken bevrachter, die op zijn beurt vervrachter is.
(Zie ook: artt. 480, 972 BW Boek 8)

Art. 946

Kwijting cognossement bij goederenvervoer over binnenwateren

1. De houder van het cognossement, die zich tot ontvangst van de zaken heeft aangemeld, is verplicht, voordat hij deze heeft ontvangen, het cognossement van kwijting te voorzien en aan de vervoerder af te geven.
(Zie ook: art. 481 BW Boek 8)
2. Hij is gerechtigd het cognossement tot zekerheid der afgifte daarvan bij een, in geval van geschil op verzoek van de meest gerede partij door de rechter aan te wijzen, derde in bewaring te geven totdat de zaken afgeleverd zijn.
(Zie ook: art. 481 BW Boek 8)
3. Tenzij het cognossement in overeenstemming met het eerste lid van kwijting is voorzien en aan de vervoerder is afgegeven, is de ontvanger verplicht naarmate van de aflevering van de zaken ontvangstbewijzen daarvoor af te geven, voor zover althans dit de aflevering niet op onredelijke wijze vertraagt.
(Zie ook: artt. 481, 955 BW Boek 8; art. 627 Rv)

Art. 947

Verschuldigdheid vracht bij goederenvervoer over binnenwateren

1. Een derde gedeelte van de vracht, berekend over de ten vervoer ontvangen zaken, - of, wanneer een beding als "franco vracht tegen ontvangstbewijs" is gemaakt, twee derde gedeelte daarvan - is verschuldigd op het ogenblik, dat de vervoerder de zaken ten vervoer ontvangt of, wanneer door hem een vrachtbrief of cognossement wordt afgegeven, bij het afgeven hiervan. De overige vracht is verschuldigd na aflevering van de zaken ter bestemming of ter plaatse, waar de vervoerder hen met inachtneming van artikel 937 of artikel 938 afleverde. Is de vracht bepaald naar gewicht of omvang der zaken, dan wordt hij berekend naar deze gegevens bij aflevering.
2. Wanneer zaken weliswaar worden afgeleverd, doch niet ter bestemming, is distantievracht verschuldigd. Deze wordt berekend aan de hand van het door de zaken afgelegde gedeelte van het vervoer en de door de vervoerder gemaakte kosten. Hierbij wordt rekening gehouden met de gehele duur en lengte van het vervoer en het totaal van de daarvoor door de vervoerder te maken kosten.
3. Vracht, die in één som voor alle zaken is bepaald, is, ook wanneer slechts een gedeelte van die zaken ter bestemming is afgeleverd, in zijn geheel verschuldigd.
4. Vracht, die vooruit te voldoen is of verdiend is, is en blijft - behalve in geval van tijdbevrachting - in zijn geheel verschuldigd, ook wanneer de zaken niet ter bestemming worden afgeleverd.
(Zie ook: art. 892 BW Boek 8)
5. Zaken, die niet zijn afgeleverd, worden desalniettemin aangemerkt als afgeleverde zaken voor zover het niet afleveren het gevolg is van de aard of een gebrek van de zaken, dan wel van een handeling of nalaten van een rechthebbende op of de afzender, geadresseerde of ontvanger van de zaken.
6. Wanneer de vracht in het cognossement op een lager bedrag is vastgesteld dan in de vervoerovereenkomst, is het verschil aan de vervoerder vooruit te voldoen.
7. Wanneer de afzender niet de vóór het begin van het vervoer verschuldigde vracht heeft voldaan, is de vervoerder bevoegd het vertrek van het schip op te schorten. Met toestemming van de rechter is hij gerechtigd tot het nemen van de in de artikelen 955 en 957 genoemde maatregelen. Gaat hij hiertoe over, dan zijn deze artikelen alsmede artikel 956 van toepassing. De afzender is verplicht de vervoerder de schade te vergoeden, wanneer, door welke oorzaak dan ook, vervoer van zaken van de betrokken of van een andere afzender op de onderhavige reis wordt verlengd ten gevolge van deze opschorting. Deze schadevergoeding zal niet minder bedragen dan het overliggeld over het aantal uren, waarmee het vervoer is verlengd.
(Zie ook: artt. 29, 484, 914, 916, 940, 954, 1128, 1194 BW Boek 8; art. 16 LVW)

Art. 948

Vervoer zaken voor eigen rekening bij goederenvervoer over binnenwateren

Voor zaken die door een opvarende voor eigen rekening in strijd met enig wettelijk verbod worden vervoerd is de hoogste vracht verschuldigd die ten tijde van de inlading voor soortgelijke zaken kon worden bedongen. Deze vracht is verschuldigd ook wanneer de zaken niet ter bestemming worden afgeleverd en de ontvanger is met de verscheper hoofdelijk voor deze vracht verbonden.
(Zie ook: artt. 6, 102 BW Boek 6; artt. 5, 485, 947 BW Boek 8; art. 372 WvK)

Art. 949
Onder voorbehoud van de laatste zinsnede van het zesde lid van artikel 935 is in geval van tijdbevrachting vracht niet verschuldigd over de tijd, dat de bevrachter het schip niet overeenkomstig de bedingen van de bevrachting te zijner beschikking heeft
a. ten gevolge van beschadiging daarvan, dan wel
b. doordat de vervrachter in de nakoming van zijn verplichtingen tekort schiet,
mits het schip meer dan 24 aaneengesloten uren niet ter beschikking van de bevrachter staat.
(Zie ook: artt. 486, 892, 947, 972 BW Boek 8)

Verschuldigdheid vracht bij goederenvervoer over binnenwateren

Art. 950
1. Bij tijdbevrachting komen de brandstof voor de voortstuwingsinstallaties en de smeerolie, de havenrechten en soortgelijke rechten en uitgaven, die verschuldigd worden ten gevolge van uitgevoerde reizen en het vervoeren van zaken, ten laste van de bevrachter. De overige lasten der exploitatie van het schip komen ten laste van de vervrachter.
2. Bij vletten komen de havengelden ten laste van de vervrachter, tenzij het schip zich begeeft naar een andere gemeente. In dat geval komen de havengelden, verschuldigd in de andere gemeente, alsmede de havengelden, verschuldigd na terugkeer in de oorspronkelijke gemeente, ten laste van de bevrachter.
(Zie ook: artt. 487, 892, 972 BW Boek 8)

Kosten ten laste van bevrachter bij goederenvervoer over binnenwateren

Art. 951
Onverminderd het omtrent avarij-grosse bepaalde en onverminderd afdeling 1 van Titel 4 van Boek 6 zijn de afzender en de ontvanger en, indien een cognossement is afgegeven, de in artikel 940 bedoelde houder daarvan, hoofdelijk verbonden de vervoerder de schade te vergoeden, geleden doordat deze zich als zaakwaarnemer inliet met de behartiging van de belangen van een rechthebbende op ten vervoer ontvangen zaken dan wel doordat de kapitein of de schipper zijn in de artikelen 261 of 860 genoemde verplichtingen is nagekomen.
(Zie ook: artt. 6, 102 BW Boek 6; artt. 222, 488, 832, 904, 914, 980, 1129, 1195, 1714 BW Boek 8)

Hoofdelijke verbondenheid jegens vervoerder bij goederenvervoer over binnenwateren

Art. 952
Slechts een schriftelijk en ondubbelzinnig daartoe strekkend beding ontheft de afzender van zijn verplichtingen terzake van het vervoer.
(Zie ook: art. 20 LVW)

Ontheffing afzender van verplichtingen bij goederenvervoer over binnenwateren

Art. 953
1. De vervoerder is verplicht de bedragen, die als rembours op de zaak drukken, bij aflevering van de zaak van de ontvanger te innen en vervolgens aan de afzender af te dragen. Wanneer hij aan deze verplichting, door welke oorzaak dan ook, niet voldoet, is hij verplicht het bedrag van het rembours aan de afzender te vergoeden, doch indien deze geen of minder schade leed, ten hoogste tot op het bedrag van de geleden schade.
2. De ontvanger, die ten tijde van de aflevering weet dat een bedrag als rembours op de zaak drukt, is verplicht aan de vervoerder het door deze aan de afzender verschuldigde bedrag te voldoen.
(Zie ook: artt. 954, 1130 BW Boek 8; art. 21 CMR)

Rembours bij goederenvervoer over binnenwateren

Art. 954
1. De vervoerder is gerechtigd afgifte van zaken, die hij in verband met de vervoerovereenkomst onder zich heeft, te weigeren aan ieder, die uit anderen hoofde dan de vervoerovereenkomst recht heeft op aflevering van die zaken, tenzij op de zaken beslag is gelegd en uit de vervolging van dit beslag een verplichting tot afgifte aan de beslaglegger voortvloeit.
2. De vervoerder kan het recht van retentie uitoefenen op zaken, die hij in verband met de vervoerovereenkomst onder zich heeft, voor hetgeen hem verschuldigd is of zal worden ter zake van het vervoer van die zaken alsmede voor hetgeen als bijdrage in avarij-grosse op die zaken verschuldigd is of zal worden. Hij kan dit recht tevens uitoefenen voor hetgeen bij wijze van rembours op de zaak drukt. Indien een cognossement is afgegeven, kan hij dit recht slechts uitoefenen voor wat hem door de ontvanger verschuldigd is of zal worden, tenzij het cognossement bepaalt, dat de vracht of andere vorderingen terzake van het vervoer door de afzender moeten worden voldaan; in dat geval kan hij de zaken terughouden, totdat de afzender aan zijn verplichtingen voldoet. Dit retentierecht vervalt zodra aan de vervoerder is betaald het bedrag waarover geen geschil bestaat en voldoende zekerheid is gesteld voor de betaling van die bedragen, waaromtrent wel geschil bestaat of welker hoogte nog niet kan worden vastgesteld. De vervoerder behoeft echter geen zekerheid te aanvaarden voor hetgeen bij wijze van rembours op de zaak drukt.
3. De in dit artikel aan de vervoerder toegekende rechten komen hem niet toe jegens een derde, indien hij op het tijdstip dat hij de zaak ten vervoer ontving, reden had te twijfelen aan de bevoegdheid van de afzender jegens die derde hem de zaak ten vervoer ter beschikking te stellen.
(Zie ook: artt. 48, 290, 291 BW Boek 3; artt. 51, 52 BW Boek 6; artt. 30, 69, 222, 489, 571, 832, 953, 956, 980, 1131, 1196 BW Boek 8; art. 631 Rv)

Recht vervoerder tot weigeren afgifte zaken bij goederenvervoer over binnenwateren
Retentierecht

Art. 955

Opslag vervoerde zaken bij goederenvervoer over binnenwateren

1. Voor zover, nadat zo nodig de in artikel 933 bedoelde melding is geschied, hij die jegens de vervoerder recht heeft op aflevering van vervoerde zaken, niet opkomt, weigert deze te ontvangen of deze niet met de vereiste spoed in ontvangst neemt, voor zover op zaken beslag is gelegd, alsmede indien de vervoerder gegronde redenen heeft aan te nemen, dat een houder van een cognossement die als ontvanger opkomt, desalniettemin niet tot de aflevering gerechtigd is, is de vervoerder gerechtigd deze zaken voor rekening en gevaar van de rechthebbende bij een derde op te slaan in een daarvoor geschikte bewaarplaats of lichter. Op zijn verzoek kan de rechter bepalen, dat hij deze zaken, desgewenst ook in het schip, onder zichzelf kan houden of andere maatregelen daarvoor kan treffen. Hij is verplicht de afzender zo spoedig mogelijk op de hoogte te stellen.
2. De derde-bewaarnemer en de ontvanger zijn jegens elkaar verbonden, als ware de omtrent de bewaring gesloten overeenkomst mede tussen hen aangegaan. De bewaarnemer is echter niet gerechtigd tot afgifte dan na schriftelijke toestemming daartoe van hem, die de zaken in bewaring gaf.
(Zie ook: art. 600 BW Boek 7; artt. 227, 490, 569, 837, 914, 930, 931, 932, 933, 934, 935, 936, 937, 938, 942, 946, 954, 956, 957, 980, 1132, 1197 BW Boek 8; art. 628 Rv; art. 17 LVW)

Art. 956

Recht vervoerder op overliggeld/schadevergoeding bij goederenvervoer over binnenwateren

De vervoerder blijft in het geval van de artikelen 954 of 955, zolang hij de zaken niet heeft opgeslagen, voor ieder uur oponthoud gerechtigd tot overliggeld of, indien hij meer schade lijdt, tot volledige schadevergoeding.
(Zie ook: artt. 914, 932, 937, 938, 947, 980 BW Boek 8)

Art. 957

Machtiging tot verkoop bij goederenvervoer over binnenwateren

1. In geval van toepassing van artikel 955 kan de vervoerder, de bewaarnemer dan wel hij, die jegens de vervoerder recht heeft op de aflevering, op zijn verzoek door de rechter worden gemachtigd de zaken geheel of gedeeltelijk op de door deze te bepalen wijze te verkopen.
2. De bewaarnemer is verplicht de vervoerder zo spoedig mogelijk van de voorgenomen verkoop op de hoogte te stellen; de vervoerder heeft deze verplichting jegens degeen, die jegens hem recht heeft op de aflevering van de zaken, en jegens degeen aan wie hij volgens artikel 933 melding moet doen.
3. De opbrengst van het verkochte wordt in de consignatiekas gestort voor zover zij niet strekt tot voldoening van de kosten van opslag en verkoop alsmede, binnen de grenzen der redelijkheid, van de gemaakte kosten. Tenzij op de zaken beslag is gelegd voor een geldvordering, moet aan de vervoerder uit het in bewaring te stellen bedrag worden voldaan hetgeen hem verschuldigd is terzake van het vervoer, op grond van een remboursbeding, alsmede een bijdrage in avarijgrosse; voor zover deze vorderingen nog niet vaststaan, zal de opbrengst of een gedeelte daarvan op door de rechter te bepalen wijze tot zekerheid voor deze vorderingen strekken.
4. De in de consignatiekas gestorte opbrengst treedt in de plaats van de zaken.
(Zie ook: art. 51 BW Boek 6; art. 632 Rv; art. 18 LVW)

Art. 958

Verplichtingen vervoerder bij verlies/schade bij goederenvervoer over binnenwateren

Indien er zekerheid of vermoeden bestaat, dat er verlies of schade is, moeten de vervoerder en hij, die jegens de vervoerder recht heeft op de aflevering, elkaar over en weer in redelijkheid alle middelen verschaffen om het onderzoek van de zaak en het natellen van de colli mogelijk te maken.
(Zie ook: artt. 493, 960, 980, 1134, 1199 BW Boek 8)

Art. 959

Gerechtelijk onderzoek naar afgeleverde zaken bij goederenvervoer over binnenwateren

1. Zowel de vervoerder als hij die jegens de vervoerder recht heeft op de aflevering is bevoegd bij de aflevering van zaken de rechter te verzoeken een gerechtelijk onderzoek te doen plaatshebben naar het gewicht, de maat of enige andere omstandigheid, die van belang is bij de vaststelling van de vracht, alsmede naar de toestand waarin de zaken worden afgeleverd; tevens zijn zij bevoegd de rechter te verzoeken de daarbij bevonden verliezen of schaden gerechtelijk te doen begroten.
2. Indien dit onderzoek in tegenwoordigheid of na behoorlijke oproeping van de wederpartij heeft plaatsgehad, wordt het uitgebrachte rapport vermoed juist te zijn.
(Zie ook: artt. 494, 961, 980, 1135 BW Boek 8; art. 633 Rv)

Art. 960

Gerechtelijk onderzoek naar oorzaak verlies/schade bij goederenvervoer over binnenwateren

1. Zowel de vervoerder als hij die jegens de vervoerder recht heeft op de aflevering is, wanneer hij verliezen of schaden van zaken vermoedt, bevoegd de rechter te verzoeken bij of terstond na de aflevering daarvan en desgewenst aan boord van het schip, een gerechtelijk onderzoek te doen plaatshebben naar de oorzaak daarvan.

2. Indien dit onderzoek in tegenwoordigheid of na behoorlijke oproeping van de wederpartij heeft plaatsgehad, wordt het uitgebrachte rapport vermoed juist te zijn.
(Zie ook: artt. 495, 980, 1135 BW Boek 8; art. 633 Rv)

Art. 961
1. De kosten van gerechtelijk onderzoek, als bedoeld in de artikelen 959 en 960, moeten worden voldaan door de aanvrager.

2. De rechter kan deze kosten en door het onderzoek geleden schade geheel of gedeeltelijk ten laste van de wederpartij van de aanvrager brengen, ook al zouden daardoor de bedragen genoemd in de in artikel 905 bedoelde algemene maatregel van bestuur worden overschreden.
(Zie ook: artt. 496, 980, 1136 BW Boek 8; art. 633 Rv)

Kosten gerechtelijk onderzoek bij goederenvervoer over binnenwateren

Afdeling 3
Overeenkomst van personenvervoer over binnenwateren

Art. 970
1. De overeenkomst van personenvervoer in de zin van deze titel is de overeenkomst van personenvervoer, al dan niet tijd- of reisbevrachting zijnde, waarbij de ene partij (de vervoerder) zich tegenover de andere partij verbindt aan boord van een schip een of meer personen (reizigers) en al dan niet hun bagage uitsluitend over binnenwateren te vervoeren. Vervoer tussen wal en schip als bedoeld in artikel 501 onder *a* wordt niet als vervoer over binnenwateren aangemerkt. De overeenkomst van personenvervoer aan boord van een luchtkussenvoertuig noch de overeenkomst van personenvervoer als omschreven in artikel 100 is een overeenkomst van personenvervoer in de zin van deze afdeling.

2. Hutbagage in de zin van deze afdeling is de bagage, met uitzondering van levende dieren die de reiziger in zijn hut heeft, die hij in zijn bezit, onder zijn toezicht of in zijn macht heeft, alsmede de bagage die hij aan boord heeft van een met hem als bagage ten vervoer aangenomen voertuig of schip, doch niet dit voertuig of schip zelf.

3. Handbagage in de zin van deze afdeling is de bagage, met uitzondering van levende dieren, die de reiziger als gemakkelijk mee te voeren, draagbare dan wel met de hand verrijdbare zaken op of bij zich heeft.
(Zie ook: art. 1141 BW Boek 8)

4. Bij algemene maatregel van bestuur kunnen zaken die geen hut- of handbagage zijn voor de toepassing van bepalingen van deze afdeling als hut- of handbagage worden aangewezen, dan wel bepalingen van deze afdeling niet van toepassing worden verklaard op zaken, die hut- of handbagage zijn.
(Zie ook: art. 418 BW Boek 7; artt. 1, 4, 8, 80, 361, 500, 971, 1140, 1750 BW Boek 8)

Vervoerovereenkomst bij personenvervoer over binnenwateren

Nadere regels

Art. 971
Vervoer over binnenwateren omvat
a. met betrekking tot personen of hun hut- of handbagage de tijd dat de reiziger of zijn hut- of handbagage aan boord van het schip verblijft, de tijd van inscheping of ontscheping, alsmede, onder voorbehoud van artikel 501, de tijd dat de reiziger of zijn hut- of handbagage te water wordt vervoerd tussen wal en schip of tussen schip en wal, indien de prijs hiervan in de vracht is inbegrepen of het voor dit hulpvervoer gebezigde schip door de vervoerder ter beschikking van de reiziger is gesteld. Vervoer over binnenwateren van personen omvat echter niet de tijd dat de reiziger verblijft op een ponton, een steiger, een veerstoep of enig schip dat ligt tussen de wal en het schip aan boord waarvan hij vervoerd zal worden of werd, in een stationsgebouw, op een kade of enige andere haveninstallatie;
b. met betrekking tot hut- of handbagage bovendien de tijd dat de reiziger verblijft op een ponton, een steiger, een veerstoep of enig schip dat ligt tussen de wal en het schip aan boord waarvan hij vervoerd zal worden of werd, in een stationsgebouw, op een kade of enige andere haveninstallatie, indien die bagage is overgenomen door de vervoerder en niet weer aan de reiziger is afgeleverd;
c. met betrekking tot bagage die noch hut- noch handbagage is, de tijd tussen het overnemen daarvan door de vervoerder hetzij te land, hetzij aan boord en de aflevering door de vervoerder.
(Zie ook: artt. 8, 102, 501, 970, 1142, 1143 BW Boek 8)

Werkingssfeer

Art. 972
1. Tijd- of reisbevrachting in de zin van deze afdeling is de overeenkomst van personenvervoer, waarbij de vervoerder (de vervrachter) zich verbindt tot vervoer aan boord van een schip dat hij daartoe, anders dan bij wijze van rompbevrachting, in zijn geheel en al dan niet op tijdbasis (tijdbevrachting of reisbevrachting) ter beschikking stelt van zijn wederpartij (de bevrachter).

2. De in afdeling 2 van titel 10 in het bijzonder voor het geval van bevrachting gegeven bepalingen, alsmede artikel 894 zijn op deze bevrachting van overeenkomstige toepassing.
(Zie ook: artt. 373, 503, 892, 897, 909, 926, 927, 928, 935, 936, 945, 949, 950, 990, 1093, 1144, 1752 BW Boek 8)

Tijd- of reisbevrachting

Art. 973

Schakelbepaling

De wetsbepalingen omtrent huur, bewaarneming en bruikleen zijn op terbeschikkingstelling van een schip ten vervoer, anders dan bij wijze van rompbevrachting, niet van toepassing.
(Zie ook: art. 600 BW Boek 7; artt. 1584, 1777 BW Boek 7A; artt. 374, 503, 893, 990, 1094, 1145 BW Boek 8)

Art. 974

Aansprakelijkheid vervoerder bij dood/letsel reiziger bij personenvervoer over binnenwateren

1. De vervoerder is aansprakelijk voor schade veroorzaakt door dood of letsel van de reiziger, indien een voorval dat hiertoe leidde zich voordeed tijdens het vervoer en voor zover dit voorval is veroorzaakt door een omstandigheid die een zorgvuldig vervoerder heeft kunnen vermijden of door een omstandigheid waarvan zulk een vervoerder de gevolgen heeft kunnen verhinderen.
2. Vermoed wordt dat een zorgvuldig vervoerder de omstandigheid die leidde tot schipbreuk, aanvaring, stranding, ontploffing of brand heeft kunnen vermijden, alsmede dat zulk een vervoerder heeft kunnen verhinderen dat deze omstandigheid tot een dergelijk voorval leidde.
3. Gebrekkigheid of slecht functioneren van het schip of van het materiaal waarvan hij zich voor het vervoer bedient, wordt aangemerkt als een omstandigheid die een zorgvuldig vervoerder heeft kunnen vermijden en waarvan hij de gevolgen heeft kunnen verhinderen.
4. Bij de toepassing van dit artikel wordt slechts dan rekening gehouden met een gedraging van een derde, indien geen andere omstandigheid, die mede tot het voorval leidde, voor rekening van de vervoerder is.
(Zie ook: artt. 95, 107, 108 BW Boek 6; artt. 81, 82, 105, 504, 971, 981, 982, 985, 1147, 1148 BW Boek 8; artt. 24, 29 LVW)

Art. 975

Aansprakelijkheid vervoerder bij verlies/schade bagage bij personenvervoer over binnenwateren

1. De vervoerder is aansprakelijk voor schade veroorzaakt door geheel of gedeeltelijk verlies dan wel beschadiging van hut- of handbagage met uitzondering van een zaak, die zich aan boord van een als bagage ten vervoer aangenomen voertuig of schip bevindt, indien een voorval dat hiertoe leidde zich voordeed tijdens het vervoer en voor zover dit voorval is veroorzaakt door een omstandigheid die een zorgvuldig vervoerder heeft kunnen vermijden of waarvan zulk een vervoerder de gevolgen heeft kunnen verhinderen.

Schakelbepaling

2. Het tweede en derde lid van artikel 974 zijn van toepassing.
3. Bij de toepassing van dit artikel wordt slechts dan rekening gehouden met een gedraging van een derde, indien geen andere omstandigheid, die mede tot het voorval leidde, voor rekening van de vervoerder is.
4. Dit artikel laat de artikelen 545 en 1006 onverlet.
(Zie ook: artt. 8, 106, 505, 506, 970, 971, 976, 980, 981, 982, 985, 1150, 1753 BW Boek 8; art. 31 LVW)

Art. 976

Onder voorbehoud van artikel 975 is de vervoerder aansprakelijk voor schade veroorzaakt door geheel of gedeeltelijk verlies dan wel beschadiging van bagage, indien een voorval dat hiertoe leidde zich voordeed tijdens het vervoer en voor zover dit voorval is veroorzaakt door een omstandigheid die een zorgvuldig vervoerder heeft kunnen vermijden of waarvan zulk een vervoerder de gevolgen heeft kunnen verhinderen.
(Zie ook: artt. 8, 506, 971, 980, 981, 982, 985, 1150, 1750 BW Boek 8; art. 25 LVW)

Art. 977

Uitsluiting aansprakelijkheid vervoerder bij personenvervoer over binnenwateren

De vervoerder is niet aansprakelijk in geval van verlies of beschadiging overkomen aan geldstukken, verhandelbare documenten, goud, zilver, juwelen, sieraden, kunstvoorwerpen of andere zaken van waarde, tenzij deze zaken van waarde aan de vervoerder in bewaring zijn gegeven en hij overeengekomen is hen in zekerheid te zullen bewaren.
(Zie ook: art. 600 BW Boek 7; artt. 507, 982, 1151 BW Boek 8)

Art. 978

De vervoerder is terzake van door de reiziger aan boord gebrachte zaken die hij, indien hij hun aard of gesteldheid had gekend, niet aan boord zou hebben toegelaten en waarvoor hij geen bewijs van ontvangst heeft afgegeven, geen enkele schadevergoeding verschuldigd indien de reiziger wist of behoorde te weten, dat de vervoerder de zaken niet ten vervoer zou hebben toegelaten; de reiziger is alsdan aansprakelijk voor alle kosten en schaden voor de vervoerder voortvloeiend uit de aanbieding ten vervoer of uit het vervoer zelf.
(Zie ook: artt. 107, 508, 979, 1152 BW Boek 8)

Art. 979

Aansprakelijkheid reiziger bij personenvervoer over binnenwateren

Onverminderd artikel 978 en onverminderd artikel 179 van Boek 6 is de reiziger verplicht de vervoerder de schade te vergoeden die hij of zijn bagage deze berokkende, behalve voor zover deze schade is veroorzaakt door een omstandigheid die een zorgvuldig reiziger niet heeft kunnen vermijden en voor zover zulk een reiziger de gevolgen daarvan niet heeft kunnen verhinderen. De reiziger kan niet om zich van zijn aansprakelijkheid te ontheffen beroep doen op de hoedanigheid of een gebrek van zijn bagage.
(Zie ook: artt. 8, 114, 509, 1153 BW Boek 8)

Art. 980
1. Onverminderd de bepalingen van deze afdeling zijn op het vervoer van bagage de artikelen 895, 903 eerste en tweede lid, 904 eerste lid, 910 eerste en tweede lid, 911, 912, 914, 951 en 954 tot en met 961 van toepassing. De in artikel 954 toegekende rechten en het in artikel 957 toegekende recht tot het zich laten voldoen uit het in bewaring te stellen bedrag van kosten terzake van het vervoer, kunnen worden uitgeoefend voor alles wat de wederpartij van de vervoerder of de reiziger aan de vervoerder verschuldigd is.
2. Partijen hebben de vrijheid af te wijken van in het eerste lid op hun onderlinge verhouding toepasselijk verklaarde bepalingen.
(Zie ook: artt. 8, 510, 890, 1154, 1710 t/m 1722, 1750 BW Boek 8)

Schakelbepaling

Art. 981
Op de overeenkomst van personenvervoer zijn de artikelen 511 tot en met 516 van overeenkomstige toepassing.
(Zie ook: art. 986 BW Boek 8)

Art. 982
1. Behoudens de artikelen 974 tot en met 977 is de vervoerder niet aansprakelijk voor schade ontstaan door een handeling, onachtzaamheid of nalatigheid van de kapitein of de schipper, een ander lid van de bemanning, de loods of de ondergeschikten van de vervoerder, gepleegd bij de navigatie van het schip.

Aansprakelijkheid vervoerder voor handelingen navigatie bij personenvervoer over binnenwateren

2. Behoudens de artikelen 974 tot en met 977 wordt generlei afwijking van de koers tot redding of poging tot redding van mensenlevens of goederen en generlei redelijke afwijking van de koers beschouwd als een schending van enige vervoerovereenkomst en de vervoerder is niet aansprakelijk voor enig verlies of enige schade daardoor ontstaan.
(Zie ook: artt. 6, 261, 517, 860, 901, 1780 BW Boek 8)

Art. 983
1. De aansprakelijkheid van de vervoerder is in geval van dood, letsel of vertraging van de reiziger en in geval van verlies, beschadiging of vertraging van diens bagage beperkt tot een bij of krachtens algemene maatregel van bestuur te bepalen bedrag of bedragen.

Uitsluiting aansprakelijkheid vervoerder bij personenvervoer over binnenwateren

2. Dit artikel laat de titels 7 en 12 van dit boek onverlet.
(Zie ook: artt. 85, 110, 518, 1157 BW Boek 8; Besl.art. 983 BW Boek 8)

Art. 984
1. De vervoerder kan zich niet beroepen op enige beperking van zijn aansprakelijkheid voor zover de schade is ontstaan uit zijn eigen handeling of nalaten, geschied hetzij met het opzet die schade te veroorzaken, hetzij roekeloos en met de wetenschap dat die schade er waarschijnlijk uit zou voortvloeien.

Aansprakelijkheid vervoerder bij schade door eigen handelen/nalaten bij personenvervoer over binnenwateren

2. Nietig is ieder beding, waarbij van dit artikel wordt afgeweken.
(Zie ook: artt. 12, 111, 519, 906, 1158 BW Boek 8)

Dwingend recht

Art. 985
Nietig is ieder vóór het aan de reiziger overkomen voorval of vóór het verlies of beschadiging van bagage gemaakt beding, waarbij de ingevolge de artikelen 974 tot en met 977 op de vervoerder drukkende aansprakelijkheid of bewijslast wordt verminderd op andere wijze dan in deze afdeling is voorzien.
(Zie ook: artt. 12, 84, 112, 520, 1149, 1150 BW Boek 8)

Art. 986
Op de overeenkomst van personenvervoer over binnenwateren zijn de artikelen 521 tot en met 528 van overeenkomstige toepassing.
(Zie ook: art. 981 BW Boek 8)

Schakelbepaling

Afdeling 4
Enige bijzondere overeenkomsten

Art. 990
1. Onder de overeenkomst (rompbevrachting), waarbij de ene partij (de rompvervrachter) zich verbindt een schip uitsluitend op binnenwateren terbeschikking te stellen van haar wederpartij (de rompbevrachter) zonder daarover nog enige zeggenschap te houden, ligt de exploitatie van het schip in handen van de rompbevrachter en geschiedt zij voor diens rekening.

Overeenkomst rompbevrachting bij vervoer over binnenwateren

2. Artikel 894 is van overeenkomstige toepassing.
(Zie ook: artt. 217, 228, 530, 532, 827, 838, 892, 893, 943, 972, 973, 991, 992, 994, 998, 1730 BW Boek 8)

Art. 991
1. Op de overeenkomst, waarbij de ene partij zich verbindt een schip, anders dan bij wijze van rompbevrachting, uitsluitend op binnenwateren terbeschikking te stellen van de andere partij

Begripsbepalingen

voor andere doeleinden dan het aan boord daarvan opslaan of het daarmee vervoeren van zaken of personen zijn de bepalingen nopens avarij-grosse alsmede de bepalingen van deze titel en, indien het een zeeschip betreft, de artikelen 361 tot en met 366 van overeenkomstige toepassing.
2. Partijen hebben de vrijheid af te wijken van in het eerste lid op hun onderlinge verhouding toepasselijk verklaarde bepalingen.
(Zie ook: artt. 2, 4, 531, 532, 610, 880, 890, 970, 998, 1020, 1730 BW Boek 8)

Art. 992

Ligovereenkomst

1. De ligovereenkomst is de overeenkomst, waarbij de ene partij (de vervrachter) zich verbindt een schip anders dan bij wijze van rompbevrachting uitsluitend op binnenwateren ter beschikking te stellen van de andere partij (de bevrachter), teneinde aan boord daarvan zaken te laden, op te slaan en daaruit te lossen.
2. De ligovereenkomst kan voor bepaalde of voor onbepaalde tijd worden aangegaan. Indien zij voor bepaalde tijd is aangegaan en na afloop van die tijd stilzwijgend wordt verlengd, wordt zij vermoed een voor onbepaalde tijd aangegane overeenkomst te zijn.
3. Op de ligovereenkomst zijn de bepalingen nopens avarij-grosse alsmede de bepalingen van deze titel en, indien het een zeeschip betreft, de artikelen 361 tot en met 366 van overeenkomstige toepassing, met dien verstande, dat partijen de vrijheid hebben in hun onderlinge verhouding van deze bepalingen af te wijken.
(Zie ook: artt. 2, 4, 610, 880, 890, 893, 916, 937, 938, 998, 1020, 1730 BW Boek 8)

Art. 993

Opzegging van ligovereenkomst

1. Indien de ligovereenkomst voor onbepaalde tijd is aangegaan, kan zij door de bevrachter zonder termijn en door de vervrachter met een termijn van tenminste zeven dagen worden opgezegd.
2. Bij opzegging door de vervrachter moet het schip na afloop van de door deze gestelde termijn door de bevrachter zijn gelost.
3. De ligprijs is verschuldigd tot en met de dag, waarop de lossing is voltooid, doch in elk geval tot en met de tweede dag volgend op de dag van de opzegging door de bevrachter.
4. De opzegging geschiedt door een mondelinge of schriftelijke kennisgeving of enig ander bericht, waarvan de ontvangst duidelijk aantoonbaar is.
(Zie ook: artt. 992, 1730 BW Boek 8)

Art. 994

Overeenkomst liggen en/of varen

1. De overeenkomst voor liggen en/of varen is de overeenkomst, waarbij de ene partij (de vervrachter) zich verbindt een schip, anders dan bij wijze van rompbevrachting, uitsluitend op binnenwateren ter beschikking te stellen van de andere partij (de bevrachter) en waarbij de bevrachter de keuze heeft het schip slechts te laten liggen of het, na een tijd van liggen, te laten varen.
2. Het liggen wordt beheerst door het omtrent de ligovereenkomst bepaalde; op het varen zijn de bepalingen nopens avarij-grosse, alsmede de bepalingen van deze titel en, indien het een zeeschip betreft, de artikelen 361 tot en met 366 van overeenkomstige toepassing.
(Zie ook: artt. 2, 4, 610, 880, 890, 892, 916, 937, 938, 970, 1020, 1730 BW Boek 8)

Art. 995

Recht tot gedeeltelijk lossen bij vervoer over binnenwateren

De bevrachter heeft het recht het schip gedeeltelijk te lossen en daarna te laten varen. In dat geval is hij de vracht verschuldigd, die bij varen met de volle lading verschuldigd zou zijn geweest.
(Zie ook: artt. 937, 938, 994, 1730 BW Boek 8)

Art. 996

Ligtijd bij vervoer over binnenwateren

1. De vervrachter kan, wanneer geen bepaalde ligtijd is overeengekomen, met een termijn van ten minste zeven dagen de ligtijd beëindigen door een mondelinge of schriftelijke kennisgeving aan de bevrachter, dan wel door enig ander bericht, waarvan de ontvangst duidelijk aantoonbaar is. Deelt de bevrachter aan de vervrachter niet binnen 48 uur na ontvangst van deze kennisgeving mede, dat hij het schip wenst te laten varen, dan gaat na afloop van deze termijn van 48 uur de lostijd in.
2. De ligprijs is verschuldigd tot en met de dag, waarop de lossing is voltooid, doch in elk geval tot en met de tweede dag volgend op de dag, waarop de vervrachter de in het eerste lid bedoelde mededeling deed.
(Zie ook: artt. 993, 1730 BW Boek 8)

Art. 997

Aanvang reis bij vervoer over binnenwateren

1. Indien de bevrachter het schip wenst te laten varen is de vervrachter verplicht uiterlijk op de eerste werkdag volgende op die, waarop hij daarvan kennisgeving heeft ontvangen, de reis aan te vangen. Wordt hij in de aanvaarding van de reis door de bevrachter opgehouden, dan is deze verplicht hem op de voet van artikel 932 schade te vergoeden.
2. Kan de reis door omstandigheden, die de vervrachter niet toe te rekenen zijn en die reeds bestonden ten tijde van de opdracht tot varen, niet worden aangevangen of vervolgd, dan blijft, zolang de verhindering duurt, de ligprijs verschuldigd.
(Zie ook: artt. 994, 995, 1730 BW Boek 8)

Art. 998
Voor de toepassing van de bepalingen van deze afdeling wordt ter beschikkingstelling van een en eenzelfde schip ter zee en op binnenwateren beschouwd als terbeschikkingstelling op binnenwateren, mits de terbeschikkingstelling ter zee kennelijk ondergeschikt is aan die op binnenwateren.
(Zie ook: artt. 4, 370, 500, 532, 890, 970, 1730 BW Boek 8)

Werkingssfeer

Titel 11
Ongevallen

Afdeling 1
Aanvaring

Art. 1000
Onder binnenschepen worden in deze afdeling mede verstaan draagvleugelboten, vlotten, veerponten, beweegbare delen van schipbruggen, baggermolens, drijvende kranen, elevatoren en alle drijvende werktuigen, pontons of materiaal van soortgelijke aard, die voldoen aan de in de artikelen 1 en 3 ten aanzien van binnenschepen vermelde vereisten.
(Zie ook: art. 780 BW Boek 8)

Begripsbepalingen

Art. 1001
Aanvaring is de aanraking van schepen met elkaar.
(Zie ook: art. 540 BW Boek 8; art. 785 WvK)

Aanvaring

Art. 1002
Het in deze afdeling omtrent aanvaring bepaalde vindt - voor zover niet afdeling 1 van titel 6 van toepassing is - eveneens toepassing indien schade door een binnenschip is veroorzaakt zonder dat een aanvaring plaatshad.
(Zie ook: artt. 541, 1000 BW Boek 8)

Begripsbepalingen

Art. 1003
Indien een binnenschip door een aanvaring schade heeft veroorzaakt, wordt de aansprakelijkheid voor deze schade geregeld door deze afdeling, voor zover althans niet afdeling 1 van titel 6 van toepassing is.
(Zie ook: art. 162 BW Boek 6; artt. 3, 542, 827 BW Boek 8; artt. 168, 169 WvSr)

Aansprakelijkheid bij schade binnenschip bij aanvaring

Art. 1004
1. Verplichting tot schadevergoeding op grond van deze afdeling bestaat slechts indien de schade is veroorzaakt door schuld. Er bestaat geen wettelijk vermoeden van schuld terzake van een aanvaring, doch het schip, dat in aanraking komt met een andere, zo nodig behoorlijk verlichte, vaste of te bekwamer plaats vastgemaakte zaak, geen schip zijnde, is aansprakelijk voor de schade, tenzij blijkt dat de schade niet is veroorzaakt door schuld van het schip.
(Zie ook: art. 546 BW Boek 8)
2. Indien de schade is veroorzaakt door toeval, indien zij is toe te schrijven aan overmacht of indien haar oorzaken niet kunnen worden vastgesteld, wordt zij gedragen door hen, die haar hebben geleden.
(Zie ook: art. 543 BW Boek 8)
3. In geval van slepen is ieder binnenschip, dat deel uitmaakt van een sleep, slechts aansprakelijk indien er schuld aan zijn zijde is.

Schadevergoedingsverplichting bij aanvaring

Art. 1005
Indien de schade is veroorzaakt door de schuld van één binnenschip, is de eigenaar van dit schip verplicht de schade te vergoeden.
(Zie ook: art. 162 BW Boek 6; artt. 544, 827, 1793 BW Boek 8; art. 635 Rv; artt. 168, 169 WvSr)

Schuld van één binnenschip bij aanvaring

Art. 1006
1. Indien twee of meer binnenschepen gezamenlijk door hun schuld schade hebben veroorzaakt, zijn de eigenaren daarvan zonder hoofdelijkheid aansprakelijk voor de schade, toegebracht aan medeschuldige schepen en aan goederen, die zich aan boord daarvan bevinden, en hoofdelijk voor alle overige schade.
2. Is de aansprakelijkheid niet hoofdelijk, dan zijn de eigenaren van de schepen, die gezamenlijk door hun schuld de schade hebben veroorzaakt, tegenover de benadeelden aansprakelijk in verhouding tot het gewicht van de schuld van hun schepen; indien echter de omstandigheden meebrengen, dat die verhouding niet kan worden vastgesteld of indien blijkt dat de schuld van deze schepen gelijkwaardig is, wordt de aansprakelijkheid in gelijke delen verdeeld.
3. Is de aansprakelijkheid hoofdelijk, dan moet elk der aansprakelijke eigenaren zijn door het tweede lid van dit artikel vastgestelde aandeel in de betaling aan de schuldeiser voor zijn rekening nemen. Onder voorbehoud van de artikelen 880 en 364 heeft hij, die meer dan zijn aandeel heeft betaald, voor het overschot verhaal op zijn medeschuldenaren die minder dan hun aandeel hebben betaald. Verlies, veroorzaakt door het onvermogen van een der eigenaren van de me-

Schuld van meerdere binnenschepen bij aanvaring

deschuldige schepen om te betalen, wordt over de andere eigenaren omgeslagen in de door het tweede lid van dit artikel vastgestelde verhouding.
(Zie ook: artt. 1, 2 BW Boek 3; artt. 6, 10, 13 BW Boek 6; artt. 106, 505, 545, 975, 1794 BW Boek 8; art. 635 Rv)

Art. 1007

Schuld van een loods bij aanvaring

De krachtens deze afdeling bestaande aansprakelijkheid wordt niet opgeheven ingeval de schade is veroorzaakt door de schuld van een loods, zelfs niet als het gebruik van deze verplicht is.
(Zie ook: art. 547 BW Boek 8)

Afdeling 2
Hulpverlening

Art. 1010

Hulpverlening door binnenschip bij ongevallen

De hulpverlening door binnenschepen en de hulp aan binnenschepen, aan zich aan boord daarvan bevindende zaken of aan van een binnenschip afkomstige in bevaarbaar water of welk ander water dan ook driftige, aangespoelde of gezonken zaken worden geregeld door afdeling 2 van titel 6, met dien verstande dat hetgeen in die afdeling voor de reder is bepaald, wanneer het een binnenschip betreft, geldt voor de eigenaar daarvan en hetgeen voor de kapitein is bepaald, wanneer het een binnenschip betreft, geldt voor de schipper daarvan.
(Zie ook: artt. 211, 224, 550, 821, 834, 1020, 1820 BW Boek 8; artt. 636, 637 Rv)

Afdeling 3
Avarij-grosse

Art. 1020

Avarij-grosse

1. Avarij-grosse zijn de opofferingen en uitgaven redelijkerwijs verricht of gedaan bij aanwezigheid van bijzondere omstandigheden met het doel een binnenschip en de goederen aan boord daarvan uit een gemeenschappelijk gevaar, hoe of door wiens toedoen dit ook zij ontstaan, te redden.
2. Verlies van passagegeld is geen avarij-grosse.
(Zie ook: artt. 3, 7, 382, 389, 397, 398, 423, 440, 488, 489, 491, 531, 610, 821, 823, 824, 832, 834, 835, 904, 913, 914, 937, 938, 951, 957, 991, 994, 1830 BW Boek 8; art. 638 t/m 642 Rv)

Art. 1021

Werkingssfeer

1. Avarij-grosse wordt aan hem, die haar leed, vergoed door de eigenaar van het binnenschip, de belanghebbende bij de vracht, de ontvanger van de lading en de eigenaren van de overige zich aan boord bevindende zaken met uitzondering van postzendingen, mondvoorraden, passagiersbagage, zelfs wanneer geregistreerd, en van persoonlijke bezittingen.
2. In afwijking van het eerste lid draagt een motorrijtuig of schip, dat door een vervoerder in verband met een overeenkomst van personenvervoer aan boord van het binnenschip wordt vervoerd, bij in de avarij-grosse.
(Zie ook: art. 612 BW Boek 8)

Art. 1022

Vergoedingen in avarij-grosse

De vergoedingen in avarij-grosse en de dragende waarden der in de avarij-grosse bijdragende belangen worden bovendien bepaald met inachtneming van de Rijnregels I.V.R, nader omschreven bij algemene maatregel van bestuur.
(Zie ook: art. 613 BW Boek 8; Besl.art. ag 1022 BW Boek 8; Besl.art. 1022 BW Boek 8)

Afdeling 4
Gevaarlijke stoffen aan boord van een binnenschip

Art. 1030

Begripsbepalingen

In deze afdeling wordt verstaan onder:
a. *"gevaarlijke stof"*: een stof die als zodanig bij algemene maatregel van bestuur is aangewezen; de aanwijzing kan worden beperkt tot bepaalde concentraties van de stof, tot bepaalde in de algemene maatregel van bestuur te omschrijven gevaren die aan de stof verbonden zijn, en tot bepaalde daarin te omschrijven situaties waarin de stof zich bevindt;
b. *"schip"*: binnenschip, niet zijnde een luchtkussenvoertuig;
c. *"schade"*:
$1°$. schade veroorzaakt door dood of letsel van enige persoon veroorzaakt door een gevaarlijke stof;
$2°$. andere schade buiten het schip aan boord waarvan de gevaarlijke stof zich bevindt, veroorzaakt door die gevaarlijke stof, met uitzondering van verlies van of schade met betrekking tot andere schepen of zeeschepen en zaken aan boord daarvan, indien die schepen of zeeschepen deel uitmaken van een sleep, waarvan ook dit schip deel uitmaakt, of hecht met dit schip in een eenheid zijn gekoppeld;

3°. de kosten van preventieve maatregelen en verlies of schade veroorzaakt door zulke maatregelen;
d. "preventieve maatregel": iedere redelijke maatregel ter voorkoming of beperking van schade door wie dan ook genomen met uitzondering van de overeenkomstig deze afdeling aansprakelijke persoon nadat een gebeurtenis heeft plaatsgevonden;
e. "gebeurtenis": elk feit of elke opeenvolging van feiten met dezelfde oorzaak, waardoor schade ontstaat of waardoor een ernstige en onmiddellijke dreiging van schade ontstaat;
f. "eigenaar": hij die de zeggenschap heeft over het gebruik van het schip aan boord waarvan de gevaarlijke stof zich bevindt. De persoon die in een register waarin het schip te boek staat, als eigenaar van het schip is ingeschreven, of, bij gebreke van enige teboekstelling, de persoon die het schip in eigendom heeft, wordt aangemerkt als eigenaar, tenzij hij bewijst dat ten tijde van de gebeurtenis een door hem bij name genoemde ander de zeggenschap over het gebruik van het schip had of dat op dat tijdstip een ander zonder zijn toestemming en zonder dat hij zulks redelijkerwijs kon voorkomen de zeggenschap over het gebruik van het schip had.
(Zie ook: art. 197 BW Boek 6; artt. 3, 620, 1210, 1670 BW Boek 8; Uitv.besl. Agsm)

Art. 1031

1. Deze afdeling is niet van toepassing, indien de eigenaar jegens degene die de vordering instelt, aansprakelijk is uit hoofde van een exploitatieovereenkomst of jegens deze persoon een beroep op een exploitatieovereenkomst heeft.
2. Deze afdeling is van toepassing op de periode waarin een gevaarlijke stof zich aan boord van een schip bevindt, daaronder begrepen de periode vanaf het begin van de inlading van de gevaarlijke stof in het schip tot het einde van de lossing van die stof uit het schip.
3. Deze afdeling is niet van toepassing op schade veroorzaakt wanneer het schip uitsluitend wordt gebruikt in een niet voor publiek toegankelijk gebied en zulk gebruik een onderdeel vormt van een in dat gebied plaatsvindende bedrijfsuitoefening.
4. Op zich overeenkomstig het tweede lid aan boord bevindende stoffen als bedoeld in artikel 175 van Boek 6 is dat artikel niet van toepassing, tenzij zich het geval van het derde lid voordoet.
(Zie ook: artt. 621, 1211, 1671 BW Boek 6)

Werkingssfeer

Art. 1032

1. Indien een gevaarlijke stof zich bevindt in een vervoermiddel dat zich aan boord van een schip bevindt zonder dat de gevaarlijke stof uit dit gestapelde vervoermiddel wordt gelost, zal de gevaarlijke stof voor die periode geacht worden zich alleen aan boord van genoemd schip te bevinden.
2. Indien een gevaarlijke stof zich bevindt in een schip dat wordt gesleept door een ander schip of door een zeeschip of wordt voortbewogen door een ander schip of door een zeeschip, dat hecht met dit schip in een eenheid gekoppeld is, zal de gevaarlijke stof geacht worden zich alleen aan boord van laatstgenoemd schip of zeeschip te bevinden.
3. Gedurende de handelingen bedoeld in artikel 1033, vijfde lid, onderdelen *c, d* en *e*, zal de gevaarlijke stof geacht worden:
a. in afwijking van het eerste lid, zich alleen aan boord van het gestapelde vervoermiddel te bevinden;
b. in afwijking van het tweede lid, zich alleen aan boord van eerstgenoemd schip te bevinden.
(Zie ook: artt. 622, 1212, 1672 BW Boek 8)

Gevaarlijke stoffen bij vervoer over binnenwateren

Art. 1033

1. Hij die ten tijde van een gebeurtenis eigenaar is van een schip aan boord waarvan zich een gevaarlijke stof bevindt, is aansprakelijk voor de schade door die stof veroorzaakt ten gevolge van die gebeurtenis. Bestaat de gebeurtenis uit een opeenvolging van feiten met dezelfde oorzaak, dan rust de aansprakelijkheid op degene die ten tijde van het eerste feit eigenaar was.
2. De eigenaar is niet aansprakelijk indien:
a. de schade is veroorzaakt door een oorlogshandeling, vijandelijkheden, burgeroorlog, opstand of natuurgebeuren van uitzonderlijke, onvermijdelijke en onweerstaanbare aard;
b. de schade uitsluitend is veroorzaakt door een handelen of nalaten van een derde, niet zijnde een persoon genoemd in het vijfde lid, onderdeel *a*, geschied met het opzet de schade te veroorzaken;
c. de afzender of enige andere persoon niet heeft voldaan aan zijn verplichting hem in te lichten over de gevaarlijke aard of de stof, en noch de eigenaar, noch de in het vijfde lid, onderdeel *a*, genoemde personen wisten of hadden behoren te weten dat deze gevaarlijk was.
3. Indien de eigenaar bewijst dat de schade geheel of gedeeltelijk het gevolg is van een handelen of nalaten van de persoon die de schade heeft geleden, met het opzet de schade te veroorzaken, of van de schuld van die persoon, kan hij geheel of gedeeltelijk worden ontheven van zijn aansprakelijkheid tegenover die persoon.
4. De eigenaar kan voor schade slechts uit anderen hoofde dan deze afdeling worden aangesproken in het geval van het tweede lid, onderdeel *c*, alsmede in het geval dat hij uit hoofde van arbeidsovereenkomst kan worden aangesproken.
5. Behoudens de artikelen 1034 en 1035 zijn voor schade niet aansprakelijk:

Aansprakelijkheid eigenaar bij vervoer van gevaarlijke stoffen

a. de ondergeschikten, vertegenwoordigers of lasthebbers van de eigenaar of de leden van de bemanning,
b. de loods en ieder ander die, zonder bemanningslid te zijn, ten behoeve van het schip werkzaamheden verricht,
c. zij die anders dan tegen een uitdrukkelijk en redelijk verbod vanwege het schip in hulp verlenen aan het schip, de zich aan boord daarvan bevindende zaken of de opvarenden,
d. zij die op aanwijzing van een bevoegde overheidsinstantie hulp verlenen aan het schip, de zich aan boord daarvan bevindende zaken of de opvarenden,
e. zij die preventieve maatregelen nemen met uitzondering van de eigenaar,
f. de ondergeschikten, vertegenwoordigers of lasthebbers van de in dit lid, onderdelen b, c, d en e, van aansprakelijkheid vrijgestelde personen, tenzij de schade is ontstaan uit hun eigen handelen of nalaten, geschied hetzij met het opzet die schade te veroorzaken, hetzij roekeloos en met de wetenschap dat die schade er waarschijnlijk uit zou voortvloeien.
6. De eigenaar heeft, voor zover niet anders is overeengekomen, verhaal op de in het vijfde lid bedoelde personen, doch uitsluitend indien dezen ingevolge het slot van dit lid voor de schade kunnen worden aangesproken.
(Zie ook: artt. 170, 172, 175 BW Boek 6; artt. 623, 1032, 1213, 1673 BW Boek 8)

Art. 1034

Aansprakelijkheid derde bij vervoer van gevaarlijke stoffen

1. Indien de eigenaar bewijst dat de gevaarlijke stof tijdens de periode bedoeld in artikel 1031, tweede lid, is geladen of gelost onder de uitsluitende verantwoordelijkheid van een door hem bij name genoemde ander dan de eigenaar of zijn ondergeschikte, vertegenwoordiger of lasthebber, zoals de afzender of ontvanger, is de eigenaar niet aansprakelijk voor de schade als gevolg van een gebeurtenis tijdens het laden of lossen van de gevaarlijke stof en is die ander voor deze schade aansprakelijk overeenkomstig deze afdeling.
2. Indien echter de gevaarlijke stof tijdens de periode bedoeld in artikel 1031, tweede lid, is geladen of gelost onder de gezamenlijke verantwoordelijkheid van de eigenaar en een door de eigenaar bij name genoemde ander, zijn de eigenaar en die ander hoofdelijk aansprakelijk overeenkomstig deze afdeling voor de schade als gevolg van een gebeurtenis tijdens het laden of lossen van de gevaarlijke stof.
3. Indien is geladen of gelost door een persoon in opdracht of ten behoeve van de vervoerder of een ander, zoals de afzender of de ontvanger, is niet deze persoon, maar de vervoerder of die ander aansprakelijk.
4. Indien een ander dan de eigenaar op grond van het eerste of het tweede lid aansprakelijk is, kan die ander geen beroep doen op artikel 1033, vierde lid en vijfde lid, onderdeel b.
5. Indien een ander dan de eigenaar op grond van het eerste of het tweede lid aansprakelijk is, zijn ten aanzien van die ander titel 12 alsmede de artikelen 642a tot en met 642z van het Wetboek van Burgerlijke Rechtsvordering van overeenkomstige toepassing, met dien verstande dat in geval van hoofdelijke aansprakelijkheid:
a. de beperking van aansprakelijkheid krachtens titel 12 geldt voor het geheel der naar aanleiding van eenzelfde gebeurtenis ontstane vorderingen gericht tegen beiden;
b. een fonds gevormd door één van hen overeenkomstig artikel 642c van het Wetboek van Burgerlijke Rechtsvordering wordt aangemerkt als door beiden te zijn gevormd en zulks ten aanzien van de vorderingen waarvoor het fonds werd gesteld.
6. In de onderlinge verhouding tussen de eigenaar en de in het tweede lid van dit artikel genoemde ander is de eigenaar niet tot vergoeding verplicht dan in geval van schuld van hemzelf of van zijn ondergeschikten, vertegenwoordigers of lasthebbers.
7. Dit artikel is niet van toepassing als tijdens de periode, bedoeld in artikel 1031, tweede lid, is geladen of gelost onder de uitsluitende of gezamenlijke verantwoordelijkheid van een persoon, genoemd in artikel 1033, vijfde lid, onderdeel c, d of e.
(Zie ook: artt. 624, 1214, 1674 BW Boek 8)

Art. 1035

Aansprakelijkheid afzender bij vervoer van gevaarlijke stoffen

Indien ingevolge artikel 1033, tweede lid, onderdeel c, de eigenaar niet aansprakelijk is, is de afzender of andere persoon aansprakelijk overeenkomstig deze afdeling en zijn te diens aanzien titel 12 alsmede de artikelen 642a tot en met 642z van het Wetboek van Burgerlijke Rechtsvordering van overeenkomstige toepassing. De afzender of andere persoon kan geen beroep doen op artikel 1033, vierde lid.
(Zie ook: artt. 625, 1215, 1675 BW Boek 8)

Art. 1036

Onderscheid oorzaken schade door gevaarlijke stoffen

Indien schade veroorzaakt door de gevaarlijke stof redelijkerwijs niet kan worden gescheiden van schade anderszins veroorzaakt, zal de gehele schade worden aangemerkt als schade in de zin van deze afdeling.
(Zie ook: artt. 626, 1216, 1676 BW Boek 8)

13 Burgerlijk Wetboek Boek 8 — art. 8:1062

Art. 1037
1. Wanneer door een gebeurtenis schade is veroorzaakt door gevaarlijke stoffen aan boord van meer dan één schip, dan wel aan boord van een schip en een zeeschip of een luchtkussenvoertuig, zijn de eigenaren en de reder of de exploitant van de daarbij betrokken schepen, het zeeschip of het luchtkussenvoertuig, onverminderd het in artikel 1033, tweede en derde lid, en artikel 1034, afdeling 4 van titel 6 en afdeling 1 van titel 14 bepaalde, hoofdelijk aansprakelijk voor alle schade waarvan redelijkerwijs niet kan worden aangenomen dat zij veroorzaakt is door gevaarlijke stoffen aan boord van één of meer bepaalde schepen, zeeschip of luchtkussenvoertuig. — *Hoofdelijke aansprakelijkheid bij schade door gevaarlijke stoffen aan boord van meerdere schepen*

2. Het bepaalde in het eerste lid laat onverlet het beroep op beperking van aansprakelijkheid van de reder, eigenaar of exploitant krachtens titel 7 of titel 12, dan wel de artikelen 1218 tot en met 1220, ieder tot het voor hem geldende bedrag.
(Zie ook: artt. 627, 1217, 1677 BW Boek 8)

Titel 12
Beperking van aansprakelijkheid van eigenaren van binnenschepen

Art. 1060
1. De eigenaar van een binnenschip en de hulpverlener kunnen door het stellen van één of meer fondsen als bedoeld in artikel 642c van het Wetboek van Burgerlijke Rechtsvordering hun aansprakelijkheid beperken voor de in artikel 1062 genoemde vorderingen. — *Beperking aansprakelijkheid eigenaar en hulpverlener bij binnenschip*
(Zie ook: art. 3 BW Boek 8)

2. Onder eigenaar worden in deze titel mede verstaan de bevrachter, de huurder en de beheerder van een binnenschip met inbegrip van degene in wiens handen de exploitatie van een binnenschip is gelegd.
(Zie ook: artt. 880, 892, 994 BW Boek 8)

3. Onder hulpverlener wordt in deze titel een ieder verstaan die werkzaamheden verricht in onmiddellijk verband met hulpverlening, waaronder in deze titel mede worden verstaan de in artikel 1062, eerste lid, onder *d*, *e* en *f*, genoemde werkzaamheden of maatregelen.
(Zie ook: artt. 1010, 1063, lid 1 sub a BW Boek 8; art. 785 WvK)

4. Onder binnenschepen worden in deze titel mede verstaan draagvleugelboten, veerponten en kleine vaartuigen, baggermolens, drijvende kranen, elevatoren en alle andere drijvende en verplaatsbare werktuigen, pontons of materiaal van soortgelijke aard, die voldoen aan de in de artikelen 1 en 3 van dit boek ten aanzien van binnenschepen vermelde vereisten.

5. Een binnenschip in aanbouw wordt voor de toepassing van deze titel mede als binnenschip aangemerkt te het ogenblik of dat de stapelloop aanvangt. Een luchtkussenvoertuig wordt voor de toepassing van deze titel niet als binnenschip aangemerkt.
(Zie ook: art. 750 BW Boek 8; art. 642a Rv)

Art. 1061
1. Indien een vordering als genoemd in artikel 1062 wordt gericht tegen enige persoon voor wiens handeling, onachtzaamheid of nalatigheid de eigenaar of de hulpverlener in beginsel aansprakelijk is, heeft deze persoon de in deze titel verleende bevoegdheid tot beperking van zijn aansprakelijkheid. — *Beperking aansprakelijkheid bij binnenschip*

2. De verzekeraar van de aansprakelijkheid voor vorderingen, waarvoor op grond van deze titel beperking van aansprakelijkheid mogelijk is, kan zich in dezelfde mate als zijn verzekerde op die beperking beroepen.
(Zie ook: art. 751 BW Boek 8)

Art. 1062
1. Onder voorbehoud van de artikelen 1063 en 1064 bestaat de bevoegdheid tot beperking van aansprakelijkheid voor de hierna genoemde vorderingen ingesteld hetzij op grond van overeenkomst, hetzij buiten overeenkomst en zelfs wanneer de aansprakelijkheid uitsluitend voortvloeit uit eigendom of bezit van of een voorrecht op het schip of uit het feit, dat dit onder hoede of toezicht is van hem die zich op de beperking van aansprakelijkheid beroept:
a. vorderingen terzake van dood of letsel, dan wel terzake van verlies van of schade aan zaken (met inbegrip van schade aan kunstwerken van havens, aan dokken, waterwegen, sluizen, bruggen en hulpmiddelen voor de scheepvaart), opgekomen aan boord van het binnenschip of in rechtstreeks verband met de exploitatie van het binnenschip of met werkzaamheden ter hulpverlening, alsmede voor vorderingen terzake van schade tengevolge van een of ander;
b. vorderingen terzake van schade ontstaan door vertraging bij het vervoer van lading, reizigers of hun bagage;
c. vorderingen terzake van andere schade ontstaan door inbreuk op enig niet op overeenkomst gegrond vermogensrecht en opgekomen in rechtstreeks verband met de exploitatie van het binnenschip of met werkzaamheden ter hulpverlening;

d. vorderingen terzake van het vlotbrengen, verwijderen, vernietigen of onschadelijk maken van een zee- of binnenschip dat is gezonken, schipbreuk heeft geleden, gestrand of verlaten is, met inbegrip van alles wat aan boord van zulk een schip is of is geweest;
e. vorderingen terzake van het verwijderen, vernietigen of onschadelijk maken van de lading van het binnenschip;
f. vorderingen van een persoon terzake van maatregelen genomen om schade te voorkomen of te verminderen voor welke schade de daarvoor aansprakelijke persoon zijn aansprakelijkheid op grond van deze titel zou kunnen beperken, alsmede voor vorderingen terzake van verdere schade door zulke maatregelen geleden, één en ander echter met uitzondering van dusdanige vorderingen van deze aansprakelijke persoon zelf.
2. Aansprakelijkheid voor de in het eerste lid genoemde vorderingen kan worden beperkt, ook indien deze, al dan niet op grond van een overeenkomst, zijn ingesteld bij wijze van verhaal of vrijwaring. De aansprakelijkheid voor de vorderingen in het eerste lid genoemd onder d, e of f, kan echter niet worden beperkt voor zover deze vorderingen betrekking hebben op een vergoeding verschuldigd op grond van een overeenkomst met de aansprakelijke persoon.
(Zie ook: art. 752 BW Boek 8)

Art. 1063

1. Deze titel is niet van toepassing op:
a. vorderingen uit hoofde van hulpverlening of bijdrage in avarij-grosse;
(Zie ook: artt. 1010, 1020 BW Boek 8)
b. vorderingen onderworpen aan enig internationaal verdrag of enige wet, die de beperking van aansprakelijkheid voor kernschade regelt of verbiedt;
c. vorderingen tegen de exploitant van een nucleair binnenschip terzake van kernschade;
d. vorderingen uit hoofde van arbeidsovereenkomst tegen de eigenaar of de hulpverlener ingesteld door zijn ondergeschikten of hun rechtverkrijgenden voor zover deze vorderingen werkzaamheden betreffen in verband met het binnenschip of de hulpverlening, al naar gelang de aansprakelijkheid van de eigenaar of de hulpverlener voor deze vorderingen uit hoofde van de op de arbeidsovereenkomst toepasselijke wet niet of slechts tot een hoger bedrag dan op grond van deze titel het geval ware, kan worden beperkt.
2. Wanneer iemand die op grond van deze titel bevoegd is zijn aansprakelijkheid te beperken, gerechtigd is tegen een schuldeiser een vordering geldend te maken, die voortkomt uit hetzelfde voorval, zullen de respectieve vorderingen met elkaar worden verrekend en wordt de beperking van aansprakelijkheid slechts toegepast op het daarna mogelijkerwijs overblijvende saldo.
(Zie ook: art. 753 BW Boek 8)

Art. 1064

Beperking aansprakelijkheid bij binnenschip

Niemand is gerechtigd zijn aansprakelijkheid te beperken, indien bewezen is dat de schade is ontstaan door zijn eigen handeling of nalaten, geschied hetzij met het opzet die schade te veroorzaken, hetzij roekeloos en met de wetenschap dat die schade er waarschijnlijk uit zou voortvloeien.
(Zie ook: artt. 388, 754, 906 BW Boek 8; art. 642c Rv)

Art. 1065

Maximering bedrag aansprakelijkheid bij binnenschip

Het bedrag waartoe de aansprakelijkheid uit hoofde van deze titel voor vorderingen, naar aanleiding van éénzelfde voorval ontstaan, kan worden beperkt (het bedrag van het fonds), wordt berekend naar bij algemene maatregel van bestuur vast te stellen maatstaven welke verschillend kunnen zijn voor verschillende soorten schepen en voor een hulpverlener. Daarbij kunnen met betrekking tot de in artikel 1062, eerste lid, bedoelde vorderingen verschillende fondsen worden voorzien.
(Zie ook: art. 755 BW Boek 8; artt. 642c, 642t Rv; Uitv.besl.art. 1065 BW Boek 8)

Art. 1066

Werkingssfeer

1. De beperking van aansprakelijkheid als vastgesteld krachtens de in artikel 1065 bedoelde algemene maatregel van bestuur geldt voor het geheel der naar aanleiding van éénzelfde voorval ontstane vorderingen, met dien verstande dat zij niet zijn vorderingen als bedoeld in het tweede lid, gericht tegen
a. de persoon of personen genoemd in het tweede lid van artikel 1060 en enige persoon voor wiens handeling, onachtzaamheid of nalatigheid dezen in beginsel aansprakelijk zijn, of
b. de eigenaar van een binnenschip die van dat schip uit hulp verleent, en de hulpverlener of hulpverleners die van dat schip uit hun werkzaamheden verricht of verrichten en enige persoon voor wiens handeling, onachtzaamheid of nalatigheid deze personen in beginsel aansprakelijk zijn, of
c. de hulpverlener of hulpverleners aan een binnenschip die niet van een zee- of binnenschip uit werkzaamheden verricht of verrichten of die werkzaamheden verricht of verrichten uitsluitend op het binnenschip waaraan of met betrekking waartoe hulp wordt verleend, en enige persoon voor wiens handeling, onachtzaamheid of nalatigheid deze personen in beginsel aansprakelijk zijn.
2. De beperking van aansprakelijkheid als vastgesteld krachtens de in artikel 1065 bedoelde algemene maatregel van bestuur voor vorderingen terzake van dood of letsel van reizigers van

een binnenschip geldt voor het geheel der naar aanleiding van éénzelfde voorval ontstane vorderingen gericht tegen de persoon of de personen die in de in artikel 1060, tweede lid, genoemde betrekking staan tot dat schip, en enige persoon voor wiens handeling, onachtzaamheid of nalatigheid dezen in beginsel aansprakelijk zijn.
(Zie ook: artt. 758, 1061 BW Boek 8; art. 642d Rv)

IV
Wegvervoersrecht

Titel 13
Wegvervoer

Afdeling 1
Algemene bepalingen

Art. 1080
1. Bij algemene maatregel van bestuur kunnen zaken, die geen voertuigen zijn, voor de toepassing van bepalingen van deze titel als voertuig worden aangewezen, dan wel bepalingen van deze titel niet van toepassing worden verklaard op zaken, die voertuigen zijn.
2. Een takelwagen is niet een voertuig in de zin van deze titel.
(Zie ook: art. 20 BW Boek 8)
3. Een overeenkomst, waarbij de ene partij zich tegenover de andere partij verbindt een voertuig te besturen, dat hem daartoe door die andere partij ter beschikking is gesteld, is niet een overeenkomst van vervoer in de zin van deze titel.
(Zie ook: artt. 1090, 1140, 1720, 1754 BW Boek 8; art. 1 CMR)

Begripsbepalingen

Art. 1081
Op de exploitatie van een voertuig zijn de artikelen 361 tot en met 366 van overeenkomstige toepassing, met dien verstande dat deze artikelen eveneens van overeenkomstige toepassing zijn wanneer degene op wie krachtens artikel 2 eerste en tweede lid van de Wet Aansprakelijkheidsverzekering Motorrijtuigen de verplichting tot verzekering rust, de in artikel 6 dier wet bedoelde verzekeraar of een ondergeschikte van een dezer buiten overeenkomst wordt aangesproken. De artikelen 361 tot en met 366 zijn bovendien van overeenkomstige toepassing, indien het Waarborgfonds Motorverkeer, genoemd in artikel 23 van eerdervermelde wet, dan wel het bureau, genoemd in het zesde lid van artikel 2 van die wet, of een ondergeschikte van een dezer buiten overeenkomst wordt aangesproken.
(Zie ook: artt. 31, 71, 91, 116, 880 BW Boek 8; art. 28 CMR)

Schakelbepaling

Afdeling 2
Overeenkomst van goederenvervoer over de weg

Art. 1090
De overeenkomst van goederenvervoer in de zin van deze titel is de overeenkomst van goederenvervoer, al dan niet tijd- of reisbevrachting zijnde, waarbij de ene partij (de vervoerder) zich tegenover de andere partij (de afzender) verbindt door middel van een voertuig zaken uitsluitend over de weg en anders dan over spoorwegen te vervoeren.
(Zie ook: art. 418 BW Boek 8; artt. 20, 40, 370, 890, 1170, 1710 BW Boek 8; art. 1 CMR; art. 25 LVW)

Vervoerovereenkomst van goederenvervoer over de weg

Art. 1091
Vervoer over de weg van zaken omvat voor de toepassing van artikel 1098 tweede lid, in afwijking van het elders bepaalde, het tijdvak dat het voertuig zich aan boord van een ander vervoermiddel en niet op de weg bevindt, doch dit slechts ten aanzien van zaken die daarbij niet uit dat voertuig werden uitgeladen.
(Zie ook: artt. 1142, 1171 BW Boek 8; art. 2 CMR)

Werkingssfeer

Art. 1092
Deze afdeling is niet van toepassing op overeenkomsten tot lijkbezorging, overeenkomsten tot het vervoeren van verhuisgoederen of overeenkomsten tot het vervoeren van poststukken door of in opdracht van een verlener van de universele postdienst, bedoeld in de Postwet 2009 of onder een internationale postovereenkomst, ter uitvoering van de universele postdienst bedoeld in de Postwet 2009. Onder voorbehoud van artikel 1154 is deze afdeling niet van toepassing op overeenkomsten tot het vervoeren van bagage.
(Zie ook: artt. 8, 370, 890, 1170 BW Boek 8; art. 1 CMR)

Poststukken bij goederenvervoer over de weg

Art. 1093
1. Tijd- of reisbevrachting in de zin van deze afdeling is de overeenkomst van goederenvervoer, waarbij de vervoerder zich verbindt tot vervoer door middel van een voertuig, dat hij daartoe

Tijd-/reisbevrachting bij goederenvervoer over de weg

in zijn geheel met bestuurder en al dan niet op tijdbasis (tijdbevrachting of reisbevrachting) ter beschikking stelt van de afzender.
2. Onder "vervrachter" is in deze afdeling de in het eerste lid genoemde vervoerder, onder "bevrachter" de aldaar genoemde afzender te verstaan.
(Zie ook: artt. 373, 892, 1144 BW Boek 8; art. 1 CMR)

Art. 1094

Werkingssfeer

De wetsbepalingen omtrent huur, bewaarneming en bruikleen zijn op terbeschikkingstelling van een voertuig met bestuurder, ten einde door middel daarvan zaken te vervoeren, niet van toepassing.
(Zie ook: art. 600 BW Boek 7; artt. 1584, 1777 BW Boek 7A; artt. 374, 503, 893, 973, 1145 BW Boek 8)

Art. 1095

Verplichtingen vervoerder bij goederenvervoer over de weg

De vervoerder is verplicht ten vervoer ontvangen zaken ter bestemming af te leveren en wel in de staat waarin hij hen heeft ontvangen.
(Zie ook: artt. 21, 378, 895, 1096, 1099, 1100, 1101, 1102, 1103, 1105, 1107, 1138, 1173 BW Boek 8; art. 17 CMR; art. 25 LVW)

Art. 1096

Onverminderd artikel 1095 is de vervoerder verplicht ten vervoer ontvangen zaken zonder vertraging te vervoeren.
(Zie ook: artt. 22, 379, 896, 1099, 1100, 1101, 1103, 1105, 1107, 1138, 1154, 1174 BW Boek 8; artt. 17, 19 CMR)

Art. 1097

Verplichtingen vervrachter bij goederenvervoer over de weg

1. In geval van bevrachting is de vervrachter verplicht de bestuurder opdracht te geven binnen de grenzen door de overeenkomst gesteld de orders van de bevrachter op te volgen. De vervrachter staat ervoor in, dat de bestuurder de hem gegeven opdracht nakomt.
2. De bevrachter staat in voor schade die de vervrachter lijdt door de plaatselijke gesteldheid van de plekken, waarheen hij de bestuurder met het voertuig op grond van het eerste lid ter inlading of lossing beveelt te gaan en hij is slechts in zoverre voor die schade niet aansprakelijk, als de bestuurder, door de hem gegeven orders op te volgen, onredelijk handelde.
(Zie ook: artt. 380, 419, 897, 926, 1144 BW Boek 8)

Art. 1098

Aansprakelijkheid vervoerder bij overmacht bij goederenvervoer over de weg

1. De vervoerder is niet aansprakelijk voor schade ontstaan door een beschadiging, voor zover deze is veroorzaakt door een omstandigheid die een zorgvuldig vervoerder niet heeft kunnen vermijden en voor zover zulk een vervoerder de gevolgen daarvan niet heeft kunnen verhinderen.

2. De vervoerder kan niet om zich van zijn aansprakelijkheid te ontheffen beroep doen op de gebrekkigheid van het voertuig of van het materiaal waarvan hij zich bedient, tenzij dit laatste door de afzender, de geadresseerde of de ontvanger te zijner beschikking is gesteld. Onder materiaal wordt niet begrepen een schip, luchtvaartuig of spoorvoertuig, waarop het voertuig zich bevindt.

3. Onder beschadiging worden mede verstaan geheel of gedeeltelijk verlies van zaken, vertraging, alsmede ieder ander schade veroorzakend feit.
(Zie ook: art. 76 BW Boek 6; artt. 23, 381, 383, 898, 1100, 1101, 1102, 1175 BW Boek 8; artt. 17, 76 CMR; art. 29 LVW)

Art. 1099

Aansprakelijkheid vervoerder bij bijzondere risico's bij goederenvervoer over de weg

Onverminderd de artikelen 1100 en 1101 is de vervoerder, die de op hem uit hoofde van de artikelen 1095 en 1096 rustende verplichtingen niet nakwam, desalniettemin voor de daardoor ontstane schade niet aansprakelijk, voor zover dit niet nakomen het gevolg is van de bijzondere risico's verbonden aan een of meer van de volgende omstandigheden:
a. het vervoer van de zaken in een onoverdekt voertuig, wanneer dit uitdrukkelijk is overeengekomen en op de vrachtbrief is vermeld;
b. behandeling, lading, stuwing of lossing van de zaken door de afzender, de geadresseerde of personen, die voor rekening van de afzender of de geadresseerde handelen;
c. de aard van bepaalde zaken zelf, die door met deze aard zelf samenhangende oorzaken zijn blootgesteld aan geheel of gedeeltelijk verlies of aan beschadiging, in het bijzonder door ontvlamming, ontploffing, smelting, breuk, corrosie, bederf, uitdroging, lekkage, normaal kwaliteitsverlies, of optreden van ongedierte of knaagdieren;
(Zie ook: artt. 383, 900 BW Boek 8)
d. hitte, koude, temperatuurverschillen of vochtigheid van de lucht, doch slechts indien niet is overeengekomen dat het vervoer zal plaatsvinden met een voertuig speciaal ingericht om de zaken aan invloed daarvan te onttrekken;
(Zie ook: art. 899 BW Boek 8)
e. onvolledigheid of gebrekkigheid van de adressering, cijfers, letters of merken der colli;
(Zie ook: art. 383 BW Boek 8)

art. 8:1103

f. het feit dat het vervoer een levend dier betreft.
(Zie ook: artt. 382, 383, 899, 900, 1100, 1176, 1178 BW Boek 8; art. 17 CMR)

Art. 1100
1. Wanneer de vervoerder bewijst dat, gelet op de omstandigheden van het geval, het niet nakomen van de op hem uit hoofde van de artikelen 1095 en 1096 rustende verplichtingen een gevolg heeft kunnen zijn van een of meer der in artikel 1099 genoemde bijzondere risico's, wordt vermoed, dat het niet nakomen daaruit voortvloeit. Degene, die jegens de vervoerder recht heeft op de zaken, kan evenwel bewijzen, dat dit niet nakomen geheel of gedeeltelijk niet door een van deze risico's is veroorzaakt. — *Bewijsvermoeden bijzondere risico's bij goederenvervoer over de weg*

2. Het hierboven genoemde vermoeden bestaat niet in het in artikel 1099 onder *a* genoemde geval, indien zich een ongewoon groot tekort voordoet dan wel een ongewoon groot verlies van colli.

3. Indien in overeenstemming met het door partijen overeengekomene het vervoer plaatsvindt door middel van een voertuig, speciaal ingericht om de zaken te onttrekken aan de invloed van hitte, koude, temperatuurverschillen of vochtigheid van de lucht, kan de vervoerder ter ontheffing van zijn aansprakelijkheid ten gevolge van deze invloed slechts een beroep doen op artikel 1099 onder *c*, indien hij bewijst, dat alle maatregelen waartoe hij, rekening houdende met de omstandigheden, verplicht was, zijn genomen met betrekking tot de keuze, het onderhoud en het gebruik van deze inrichtingen en dat hij zich heeft gericht naar de bijzondere instructies bedoeld in het vijfde lid.

4. De vervoerder kan slechts beroep doen op artikel 1099 onder *f*, indien hij bewijst dat alle maatregelen, waartoe hij normaliter, rekening houdende met de omstandigheden, verplicht was, zijn genomen en dat hij zich heeft gericht naar de bijzondere instructies bedoeld in het vijfde lid.

5. De bijzondere instructies, bedoeld in het derde en het vierde lid van dit artikel, moeten aan de vervoerder vóór de aanvang van het vervoer zijn gegeven, hij moet deze uitdrukkelijk hebben aanvaard en zij moeten, indien voor dit vervoer een vrachtbrief is afgegeven, daarop zijn vermeld. De enkele vermelding op de vrachtbrief levert te dezer zake geen bewijs op.
(Zie ook: artt. 382, 899, 900, 1177, 1178 BW Boek 8; art. 18 CMR)

Art. 1101
Wanneer de vervoerder bewijst dat het niet nakomen van de op hem uit hoofde van de artikelen 1095 en 1096 rustende verplichtingen niet nakwam, wordt ten aanzien van — *Aansprakelijkheid vervoerder voor niet/slecht verpakte zaken bij goederenvervoer over de weg*

a. zaken, die onverpakt zijn, terwijl zij gelet op hun aard of de wijze van vervoer, verpakt hadden behoren te zijn, dan wel zaken die, gelet op hun aard of de wijze van vervoer, niet voldoende of niet doelmatig zijn verpakt;

b. onverpakte zaken, die niet vallen onder de omschrijving onder *a* gegeven, indien de vervoerder bewijst, dat gelet op de omstandigheden van het geval het niet nakomen een gevolg heeft kunnen zijn van het bijzondere risico verbonden aan het onverpakt zijn,

vermoed dat de vervoerder noch de omstandigheid, die het niet nakomen veroorzaakte, heeft kunnen vermijden, noch de gevolgen daarvan heeft kunnen verhinderen en dat het niet nakomen niet is ontstaan door een of meer der in het tweede lid van artikel 1098 voor rekening van de vervoerder gebrachte omstandigheden.
(Zie ook: artt. 383, 900 BW Boek 8)

Art. 1102
1. Nietig is ieder beding, waarbij de ingevolge artikel 1095 op de vervoerder drukkende aansprakelijkheid of bewijslast op andere wijze wordt vermeerderd of verminderd dan in deze afdeling is voorzien, tenzij dit beding uitdrukkelijk en anders dan door een verwijzing naar in een ander geschrift voorkomende bedingen, is aangegaan bij een in het bijzonder ten aanzien van het voorgenomen vervoer aangegane en in een afzonderlijk geschrift neergelegde overeenkomst. — *Dwingend recht*

2. Bovendien is nietig ieder beding, waarbij de ingevolge artikel 1095 op de vervoerder drukkende aansprakelijkheid of bewijslast op andere wijze wordt vermeerderd of verminderd dan in deze afdeling is voorzien, wanneer dit beding

a. voorkomt in enig document, dat door een vermelding daarop is aangeduid als transportbrief of

b. tussen de vervoerder en de ontvanger is aangegaan bij de aflevering van de zaak.
(Zie ook: artt. 12, 382, 384, 385, 386, 902, 1099, 1122, 1179 BW Boek 8; art. 41 CMR; art. 32 LVW)

Art. 1103
1. Voor zover de vervoerder aansprakelijk is wegens niet nakomen van de op hem uit hoofde van de artikelen 1095 en 1096 rustende verplichtingen, heeft de afzender geen ander recht dan betaling te vorderen van een bedrag, dat wordt berekend met inachtneming van de waarde welke zaken als de ten vervoer ontvangene zouden hebben gehad zoals, ten tijde waarop en ter plaatse waar zij zijn afgeleverd of zij hadden moeten zijn afgeleverd. — *Maximering aansprakelijkheid vervoerder bij goederenvervoer over de weg*

2. De in het eerste lid genoemde waarde wordt berekend naar de koers op de goederenbeurs of, wanneer er geen dergelijke koers is, naar de gangbare martkwaarde of, wanneer ook deze ontbreekt, naar de normale waarde van zaken van dezelfde aard en hoedanigheid.
(Zie ook: artt. 387, 388, 903, 1102, 1106, 1107, 1115, 1126, 1154, 1180 BW Boek 8; artt. 23, 25, 27 CMR)

Hoofdelijke verbondenheid bij goederenvervoer over de weg

Art. 1104
Indien met betrekking tot een zaak een schadevergoeding uit hoofde van artikel 1129 is verschuldigd, wordt deze aangemerkt als een waardevermindering van die zaak.
(Zie ook: art. 198 BW Boek 6; artt. 389, 904, 1012, 1115, 1126, 1154, 1181 BW Boek 8)

Maximering bedrag aansprakelijkheid bij goederenvervoer over de weg

Art. 1105
Voor zover de vervoerder aansprakelijk is wegens niet nakomen van de op hem uit hoofde van de artikelen 1095 en 1096 rustende verplichtingen, is hij niet aansprakelijk boven bij of krachtens algemene maatregel van bestuur te bepalen bedragen.
(Zie ook: artt. 388, 905, 1115, 1126, 1136, 1182 BW Boek 8; art. 24 CMR; Besl.art. 1105 BW Boek 8)

Inhoud vrachtbrief bij goederenvervoer over de weg

Dwingend recht

Art. 1106
1. De afzender kan, mits de vervoerder hierin toestemt en tegen betaling van een overeen te komen bedrag, op de vrachtbrief een waarde van de zaken aangeven, die het maximum, vermeld in de in artikel 1105 genoemde algemene maatregel van bestuur, overschrijdt. In dat geval treedt het aangegeven bedrag in de plaats van dit maximum.
2. Nietig is ieder beding, ook indien het wordt aangegaan op de wijze als voorzien in het eerste lid van artikel 1102, waarbij het aldus aangegeven bedrag hoger wordt gesteld dan de in het eerste lid van artikel 1103 genoemde waarde.
(Zie ook: artt. 12, 388, 1115, 1126, 1183 BW Boek 8; artt. 23, 24 CMR)

Bedrag bijzonder belang bij aflevering bij goederenvervoer over de weg

Art. 1107
1. De afzender kan, mits de vervoerder hierin toestemt en tegen betaling van een overeen te komen bedrag, door vermelding op de vrachtbrief het bedrag van een bijzonder belang bij de aflevering voor het geval van verlies of beschadiging van vervoerde zaken en voor dat van overschrijding van een overeengekomen termijn van aflevering daarvan, vaststellen.
2. Indien een bijzonder belang bij de aflevering is aangegeven, kan, indien de vervoerder aansprakelijk is wegens niet nakomen van de op hem uit hoofde van de artikelen 1095 en 1096 rustende verplichtingen, onafhankelijk van de schadevergoedingen genoemd in de artikelen 1103 tot en met 1106 en tot ten hoogste eenmaal het bedrag van het aangegeven belang, een schadevergoeding worden gevorderd gelijk aan de bewezen bijkomende schade.
(Zie ook: artt. 1115, 1126, 1184 BW Boek 8; artt. 23, 26 CMR)

Aansprakelijkheid vervoerder door eigen handeling/nalaten

Dwingend recht

Art. 1108
1. De vervoerder kan zich niet beroepen op enige beperking van zijn aansprakelijkheid, voor zover de schade is ontstaan uit zijn eigen handeling of nalaten, geschied hetzij met het opzet die schade te veroorzaken, hetzij roekeloos en met de wetenschap dat die schade er waarschijnlijk uit zou voortvloeien.
2. Nietig is ieder beding, waarbij van dit artikel wordt afgeweken.
(Zie ook: artt. 12, 388, 906, 1115, 1126, 1158, 1185 BW Boek 8; art. 29 CMR; art. 34 LVW)

Opzegging vervoerovereenkomst door afzender bij goederenvervoer over de weg

Art. 1109
1. De afzender is bevoegd de overeenkomst op te zeggen, wanneer hem door de vervoerder is medegedeeld dat geen voertuig op de overeengekomen plaats of tijd voor het vervoer aanwezig is of zal kunnen zijn.
2. Hij kan deze bevoegdheid slechts uitoefenen terstond na ontvangst van deze mededeling.
3. Indien bij gebreke van de ontvangst van een mededeling, als bedoeld in het eerste lid, het de afzender uit anderen hoofde bekend is, dat het voertuig niet op de overeengekomen plaats of tijd voor het vervoer aanwezig is of kan zijn, is hij, zonder dat enige ingebrekestelling is vereist, bevoegd de overeenkomst op te zeggen, doch slechts binnen een redelijke termijn nadat hem dit bekend is geworden; gelijke bevoegdheid komt hem toe, indien hem na ontvangst van een mededeling, als bedoeld in het eerste lid, uit anderen hoofde bekend wordt, dat het voertuig op grond van andere omstandigheden dan welke de vervoerder tot zijn mededeling brachten, niet op de overeengekomen plaats of tijd voor het vervoer aanwezig is of kan zijn.
4. De opzegging geschiedt door een mondelinge of schriftelijke kennisgeving of enig ander bericht, waarvan de ontvangst duidelijk aantoonbaar is, en de overeenkomst eindigt op het ogenblik van ontvangst daarvan.
5. Indien de vervoerder gehouden is de schade, die de afzender door de opzegging lijdt, te vergoeden, zal deze vergoeding niet meer bedragen dan de vracht voor het overeengekomen vervoer, of, in geval van tijdbevrachting, voor terbeschikkingstelling van het voertuig gedurende 24 uur.
(Zie ook: artt. 390, 1098, 1144, 1186, 1713 BW Boek 8)

Art. 1110
De afzender is verplicht de vervoerder de schade te vergoeden die deze lijdt doordat de overeengekomen zaken, door welke oorzaak dan ook, niet op de overeengekomen plaats en tijd te zijner beschikking zijn.
(Zie ook: artt. 24, 64, 391, 907, 1187, 1714 BW Boek 8)

Schadevergoedingsplicht afzender bij goederenvervoer over de weg

Art. 1111
1. Alvorens zaken ter beschikking van de vervoerder zijn gesteld is de afzender bevoegd de overeenkomst op te zeggen. Hij is verplicht aan de vervoerder de vracht, die voor het vervoer van de zaken was overeengekomen, te voldoen.

2. De opzegging geschiedt door een mondelinge of schriftelijke kennisgeving of enig ander bericht, waarvan de ontvangst duidelijk aantoonbaar is, en de overeenkomst eindigt op het ogenblik van ontvangst daarvan.

3. Dit artikel is niet van toepassing ingeval van tijdbevrachting.
(Zie ook: artt. 25, 65, 392, 908, 1116, 1188, 1716 BW Boek 8)

Opzegging vervoerovereenkomst door afzender bij goederenvervoer over de weg

Art. 1112
1. Zijn bij het verstrijken van de tijd, waarbinnen de zaken ter beschikking van de vervoerder moeten zijn gesteld, door welke oorzaak dan ook, in het geheel geen zaken ter beschikking, dan is de vervoerder, zonder dat enige ingebrekestelling is vereist, bevoegd de overeenkomst op te zeggen. De afzender is verplicht hem de vracht, die voor het vervoer van de zaken was overeengekomen, te voldoen.

2. De opzegging geschiedt door een mondelinge of schriftelijke kennisgeving of enig ander bericht, waarvan de ontvangst duidelijk aantoonbaar is, en de overeenkomst eindigt op het ogenblik van ontvangst daarvan.

3. Dit artikel is niet van toepassing in geval van tijdbevrachting.
(Zie ook: artt. 392, 908, 110, 1115, 1144, 1189, 1716 BW Boek 8)

Opzegging vervoerovereenkomst door vervoerder bij goederenvervoer over de weg

Art. 1113
1. Zijn bij het verstrijken van de tijd, waarbinnen de zaken ter beschikking van de vervoerder moeten zijn gesteld, door welke oorzaak dan ook, de overeengekomen zaken slechts gedeeltelijk ter beschikking van de vervoerder, dan is deze, zonder dat enige ingebrekestelling is vereist, bevoegd de overeenkomst op te zeggen, dan wel de reis te aanvaarden.

2. De afzender is op verlangen van de vervoerder in geval van opzegging van de overeenkomst verplicht tot lossing van de reeds gestuwde zaken of, in geval de vervoerder de reis aanvaardt en het vertrek van het voertuig zonder herstuwing van de reeds gestuwde zaken niet mogelijk is, tot deze herstuwing. Hij is verplicht de vervoerder de vracht, die voor het vervoer van de niet ter beschikking zijnde of ten gevolge van de opzegging niet vervoerde zaken was overeengekomen, te voldoen en deze bovendien de schade te vergoeden, die hij lijdt ten gevolge van de opzegging, van de aanvaarding van de reis, dan wel van lossing of herstuwing van reeds ingenomen zaken.

3. De opzegging geschiedt door een mondelinge of schriftelijke kennisgeving of enig ander bericht, waarvan de ontvangst duidelijk aantoonbaar is, en de overeenkomst eindigt op het ogenblik van ontvangst daarvan.

4. Dit artikel is niet van toepassing in geval van tijdbevrachting.
(Zie ook: artt. 392, 908, 1110, 1115, 1144, 1190, 1716 BW Boek 8)

Art. 1114
1. De afzender is verplicht de vervoerder omtrent de zaken alsmede omtrent de behandeling daarvan tijdig al die opgaven te doen, waartoe hij in staat is of behoort te zijn, en waarvan hij weet of behoort te weten, dat zij voor de vervoerder van belang zijn, tenzij hij mag aannemen dat de vervoerder deze gegevens kent.
(Zie ook: art. 1154 BW Boek 8)

2. De afzender is verplicht de gegevens, die hij volgens het eerste lid aan de vervoerder moet verstrekken, zo mogelijk op of aan de te vervoeren zaken of derzelver verpakking duidelijk aan te brengen en wel zodanig, dat zij in normale omstandigheden tot het einde van het vervoer leesbaar zullen blijven.
(Zie ook: art. 1154 BW Boek 8)

3. De vervoerder is niet gehouden, doch wel gerechtigd, te onderzoeken of de hem gedane opgaven juist en volledig zijn.
(Zie ook: art. 1154 BW Boek 8)

4. Is bij het verstrijken van de tijd waarbinnen de zaken ter beschikking van de vervoerder moeten zijn gesteld, door welke oorzaak dan ook, niet of slechts gedeeltelijk voldaan aan de in het eerste of tweede lid van dit artikel genoemde verplichtingen van de afzender, dan zijn, behalve in het geval van tijdbevrachting, de artikelen 1112 en 1113 van overeenkomstige toepassing.
(Zie ook: artt. 26, 66, 394, 399, 910, 1115, 1116, 1118, 1191 BW Boek 8)

Informatieplicht afzender bij goederenvervoer over de weg

Art. 1115

Schadevergoedingsplicht bij ontbreken/onjuistheid/onvolledigheid documenten bij goederenvervoer over de weg

1. De afzender is verplicht de vervoerder de schade te vergoeden die deze lijdt doordat, door welke oorzaak dan ook, niet naar behoren aanwezig zijn de documenten en inlichtingen, die van de zijde van de afzender vereist zijn voor het vervoer dan wel ter voldoening aan vóór de aflevering van de zaken te vervullen douane- en andere formaliteiten.

2. De vervoerder is verplicht redelijke zorg aan te wenden, dat de documenten, die in zijn handen zijn gesteld niet verloren gaan of onjuist worden behandeld. Een door hem ter zake verschuldigde schadevergoeding zal die, verschuldigd uit hoofde van de artikelen 1103 tot en met 1108 in geval van verlies van de zaken, niet overschrijden.

3. De vervoerder is niet gehouden, doch wel gerechtigd, te onderzoeken of de hem gedane opgaven juist en volledig zijn.

4. Zijn bij het verstrijken van de tijd, waarbinnen de in het eerste lid genoemde documenten en inlichtingen aanwezig moeten zijn, deze, door welke oorzaak dan ook, niet naar behoren aanwezig, dan zijn, behalve in het geval van tijdbevrachting, de artikelen 1112 en 1113 van overeenkomstige toepassing.

(Zie ook: artt. 27, 67, 395, 911, 1192 BW Boek 8; art. 11 CMR)

Art. 1116

Opzegging vervoerovereenkomst door wederpartij bij goederenvervoer over de weg

1. Wanneer vóór of bij de aanbieding van de zaken aan de vervoerder omstandigheden aan de zijde van een der partijen zich opdoen of naar voren komen, die haar wederpartij bij het sluiten van de overeenkomst niet behoefde te kennen, doch die, indien zij haar wel bekend waren geweest, redelijkerwijs voor haar grond hadden opgeleverd de vervoerovereenkomst niet of op andere voorwaarden aan te gaan, is deze wederpartij bevoegd de overeenkomst op te zeggen.

2. De opzegging geschiedt door een mondelinge of schriftelijke kennisgeving of enig ander bericht, waarvan de ontvangst duidelijk aantoonbaar is, en de overeenkomst eindigt op het ogenblik van ontvangst daarvan.

3. Naar maatstaven van redelijkheid en billijkheid zijn partijen na opzegging der overeenkomst verplicht elkaar de daardoor geleden schade te vergoeden.

(Zie ook: artt. 95, 258, 277 BW Boek 6; artt. 28, 68, 396, 912, 1111, 1154, 1193 BW Boek 8)

Art. 1117

Schadevergoedingsplicht bij buitengewone schade bij goederenvervoer over de weg

1. De afzender is verplicht de vervoerder de buitengewone schade te vergoeden, die materiaal dat hij deze ter beschikking stelde of zaken die deze ten vervoer ontving, dan wel de behandeling daarvan, de vervoerder berokkenen, behalve voor zover deze schade is veroorzaakt door een omstandigheid die voor rekening van de vervoerder komt; voor rekening van de vervoerder komen die omstandigheden, die in geval van beschadiging van door hem vervoerde zaken voor zijn rekening komen.

2. Dit artikel laat artikel 1118 onverlet.

(Zie ook: artt. 397, 913, 1154, 1715, 1719 BW Boek 8; artt. 10, 22 CMR)

Art. 1118

Gevaarlijke zaken bij goederenvervoer over de weg

1. Zaken ten aanzien waarvan de afzender, door welke oorzaak dan ook, niet aan zijn verplichtingen uit hoofde van het eerste en tweede lid van artikel 1114 voldeed, mogen door de vervoerder op het ogenblik en op iedere plaats worden gelost, vernietigd of op andere wijze onschadelijk gemaakt, doch dit slechts dan wanneer zij onmiddellijk dreigend gevaar opleveren. De vervoerder is terzake geen enkele schadevergoeding verschuldigd en de afzender is aansprakelijk voor alle kosten en schaden voor de vervoerder voortvloeiende uit de aanbieding ten vervoer, uit het vervoer of uit deze maatregelen zelf.

2. Indien de vervoerder op grond van het eerste lid gerechtigd is tot lossen, vernietigen of op andere wijze onschadelijk maken van zaken, is de afzender op verlangen van de vervoerder en wanneer hem dit redelijkerwijs mogelijk is, verplicht deze maatregel te nemen.

3. Door het treffen van de in het eerste of tweede lid bedoelde maatregel eindigt de overeenkomst met betrekking tot de daar genoemde zaken, doch, indien deze alsnog worden gelost, eerst na deze lossing. De vervoerder verwittigt de afzender en zo mogelijk degeen aan wie de zaken moeten worden afgeleverd. Dit lid is niet van toepassing met betrekking tot zaken, die de vervoerder na het treffen van de in het eerste lid bedoelde maatregel alsnog naar hun bestemming vervoert.

4. Op de feitelijke aflevering is het tussen partijen overeengekomene als mede het in deze afdeling nopens de aflevering van zaken bepaalde van toepassing. De artikelen 1132, 1133, 1137 en 1138 zijn van overeenkomstige toepassing.

5. Nietig is ieder beding, waarbij van het eerste of het tweede lid van dit artikel wordt afgeweken.

(Zie ook: artt. 12, 398, 423, 914, 1117, 1154, 1716, 1718 BW Boek 8; art. 22 CMR)

Art. 1119
1. Zowel de afzender als de vervoerder kunnen ter zake van het vervoer een vrachtbrief opmaken en verlangen dat deze of een mogelijkerwijs door hun wederpartij opgemaakte vrachtbrief door hun wederpartij wordt getekend en aan hen wordt afgegeven. De ondertekening kan worden gedrukt of door een stempel dan wel enig ander kenmerk van oorsprong worden vervangen.
2. Op de vrachtbrief worden volgens de daarop mogelijkerwijs voorkomende aanwijzingen de volgende aanduidingen vermeld:
   a. de afzender, als hoedanig slechts één persoon kan worden genoemd;
   b. de ten vervoer ontvangen zaken;
   c. de plaats waar de vervoerder de zaken ten vervoer heeft ontvangen;
   d. de plaats waarheen de vervoerder op zich neemt de zaken te vervoeren;
   e. de geadresseerde, als hoedanig slechts één persoon kan worden genoemd;
   f. de vervoerder;
   g. al hetgeen overigens aan afzender en vervoerder gezamenlijk goeddunkt.
3. De aanduidingen vermeld in het tweede lid onder *a* tot en met *e* worden in de vrachtbrief opgenomen aan de hand van door de afzender te verstrekken gegevens. De afzender staat in voor de juistheid, op het ogenblik van inontvangstneming van de zaken, van deze gegevens. De aanduiding van de vervoerder wordt in de vrachtbrief opgenomen aan de hand van door deze te verstrekken gegevens en de vervoerder staat in voor de juistheid hiervan.
4. Partijen zijn verplicht elkaar de schade te vergoeden, die zij lijden door het ontbreken van in het tweede lid genoemde gegevens.
(Zie ook: artt. 399, 915, 1122, 1126 BW Boek 8; artt. 4, 5, 6, 7 CMR)

Opstellen vrachtbrief bij goederenvervoer over de weg

Art. 1120
De vervoerder is niet gehouden, doch vóór de afgifte van de vrachtbrief aan de afzender wel gerechtigd, te onderzoeken of de daarop omtrent de zaken vermelde gegevens juist, nauwkeurig en volledig zijn. Hij is bevoegd zijn bevindingen ten aanzien van de zaken op de vrachtbrief aan te tekenen.
(Zie ook: artt. 395, 911, 1124 BW Boek 8; art. 8 CMR)

Onderzoek juistheid gegevens vrachtbrief bij goederenvervoer over de weg

Art. 1121
Wanneer te vervoeren zaken moeten worden geladen in verschillende voertuigen of wanneer het verschillende soorten zaken of afzonderlijke partijen betreft, hebben afzender zowel als vervoerder het recht te eisen, dat er evenveel vrachtbrieven worden opgemaakt als er voertuigen moeten worden gebruikt of als er soorten of partijen zaken zijn.
(Zie ook: art. 1122 BW Boek 8; art. 5 CMR)

Eén vrachtbrief per voertuig bij goederenvervoer over de weg

Art. 1122
1. Tenzij tussen hen een bevrachting is aangegaan, wordt op verlangen van afzender of vervoerder, mits dit te kennen is gegeven alvorens zaken ter beschikking van de vervoerder worden gesteld, de vrachtbrief voor deze zaken opgesteld in de vorm van een transportbrief. Aan de bovenvoorzijde van de vrachtbrief wordt alsdan met duidelijk leesbare letters het woord "transportbrief" geplaatst.
2. De transportbrief wordt opgemaakt in overeenstemming met de vereisten genoemd in artikel 1119 en artikel 1121.
3. Verwijzingen in de transportbrief worden geacht slechts die bedingen daarin in te voegen, die voor degene, jegens wie daarop een beroep wordt gedaan, duidelijk kenbaar zijn. Een dergelijk beroep is slechts mogelijk voor hem, die op schriftelijk verlangen van degene jegens wie dit beroep kan worden gedaan of wordt gedaan, aan deze onverwijld die bedingen heeft doen toekomen.
(Zie ook: artt. 415, 922 BW Boek 8)
4. Indien beide partijen zulks verlangen, kan ook in geval van bevrachting een transportbrief worden opgemaakt. Deze moet dan voldoen aan de in dit artikel gestelde eisen.
5. Nietig is ieder beding, waarbij van dit artikel wordt afgeweken.
(Zie ook: art. 11 BW Boek 3; artt. 12, 399, 916, 1102, 1119, 1120, 1121, 1123, 1124, 1125 BW Boek 8)

Transportbrief bij goederenvervoer over de weg

Dwingend recht

Art. 1123
1. Indien een transportbrief is afgegeven, wordt, onder voorbehoud van het tweede lid van dit artikel, de rechtsverhouding tussen de vervoerder enerzijds en de afzender of de geadresseerde anderzijds beheerst door de bedingen van deze transportbrief.
2. Indien een vervoerovereenkomst is gesloten en bovendien een transportbrief is afgegeven, wordt de rechtsverhouding tussen de vervoerder en de afzender door de bedingen van de vervoerovereenkomst en niet door die van deze transportbrief beheerst. De transportbrief strekt hun dan slechts, en dit onder voorbehoud van artikel 1124, tot bewijs van de ontvangst der zaken door de vervoerder.
(Zie ook: artt. 47, 410, 917, 1102, 1122 BW Boek 8; art. 13 CMR)

Rechtsverhouding vervoerder en afzender/geadresseerde bij goederenvervoer over de weg

Art. 1124

Bewijskracht vrachtbrief bij goederenvervoer over de weg

1. In de vrachtbrief vervatte gegevens omtrent de ten vervoer ontvangen zaken leveren geen bewijs op jegens de vervoerder, tenzij het gegevens betreft waarvan een zorgvuldig vervoerder de juistheid kan beoordelen.
2. Bevat de vrachtbrief een door de vervoerder afzonderlijk ondertekende verklaring dat hij de juistheid erkent van in die verklaring genoemde gegevens omtrent de ten vervoer ontvangen zaken, dan wordt tegenbewijs daartegen niet toegelaten.
3. Een vrachtbrief, die de uiterlijk zichtbare staat of gesteldheid van de zaak niet vermeldt, levert geen vermoeden op, dat de vervoerder die zaak, voor zover uiterlijk zichtbaar, in goede staat of gesteldheid heeft ontvangen.
4. Door de vervoerder op de vrachtbrief geplaatste aantekeningen, genoemd in artikel 1120, binden de afzender niet. Bevat echter de vrachtbrief een door de afzender afzonderlijk ondertekende verklaring, dat hij de juistheid van die aantekeningen erkent, dan wordt tegenbewijs daartegen niet toegelaten.

(Zie ook: artt. 11, 90 BW Boek 3; artt. 48, 414, 921, 1119, 1123, 1126 BW Boek 8; art. 9 CMR)

Art. 1125

Goederenvervoer over de weg, bevoegdheid afzender tot geven instructies

1. De afzender is bevoegd zichzelf of een ander als geadresseerde aan te wijzen, een gegeven aanduiding van de geadresseerde te wijzigen, orders omtrent de aflevering te geven of te wijzigen dan wel aflevering vóór de aankomst ter bestemming van zonder transportbrief ten vervoer ontvangen zaken of, wanneer een transportbrief is afgegeven, van alle daarop vermelde zaken, te verlangen.
2. De uitvoering van deze instructies moet mogelijk zijn op het ogenblik, dat de instructies de persoon, die deze moet uitvoeren, bereiken en zij mag noch de normale bedrijfsuitvoering van de vervoerder beletten, noch schade toebrengen aan de vervoerder of belanghebbenden bij de overige lading. Doet zij dit laatste desalniettemin, dan is de afzender verplicht de geleden schade te vergoeden. Wanneer het voertuig naar een niet eerder overeengekomen plaats is gereden, is hij verplicht de vervoerder terzake bovendien een redelijke vergoeding te geven.
3. Deze rechten van de afzender vervallen al naarmate de geadresseerde op de losplaats zaken aanneemt of de geadresseerde van de vervoerder schadevergoeding verlangt omdat deze zaken niet aflevert.
4. Zaken, die ingevolge het eerste lid zijn afgeleverd, worden aangemerkt als ter bestemming afgeleverde zaken en de bepalingen van deze afdeling nopens de aflevering van zaken, alsmede de artikelen 1132, 1133, 1137 en 1138 zijn van toepassing.

(Zie ook: artt. 440, 937, 938 BW Boek 8; art. 12 CMR)

Art. 1126

Recht geadresseerde tot vordering aflevering bij goederenvervoer over de weg

Indien aan de afzender een vrachtbrief is afgegeven, die een geadresseerde vermeldt, heeft ook deze geadresseerde jegens de vervoerder het recht aflevering van zaken overeenkomstig de op de vervoerder rustende verplichtingen te vorderen; daarbij zijn de artikelen 1103-1108 van overeenkomstige toepassing.

(Zie ook: artt. 441, 939, 940, 1119 BW Boek 8; art. 13 CMR)

Art. 1127

Ontvangstbewijs bij goederenvervoer over de weg

De ontvanger is verplicht terstond na de aflevering van de zaken een ontvangstbewijs daarvoor af te geven.

(Zie ook: art. 946 BW Boek 8)

Art. 1128

Verschuldigdheid vracht bij goederenvervoer over de weg

1. Vracht is - behalve in geval van tijdbevrachting - verschuldigd op het ogenblik, dat de vervoerder de zaken ten vervoer ontvangt of, wanneer een vrachtbrief wordt afgegeven, bij het afgeven hiervan.
2. Vracht, die vooruit te voldoen is of voldaan is, is en blijft - behalve in geval van tijdbevrachting - in zijn geheel verschuldigd, ook wanneer de zaken niet ter bestemming worden afgeleverd.

(Zie ook: art. 1093 BW Boek 8)

3. Wanneer de afzender niet aan zijn uit dit artikel voortvloeiende verplichtingen heeft voldaan, is de vervoerder bevoegd het vervoer van de betrokken zaak op te schorten. Met toestemming van de rechter is hij gerechtigd tot het nemen van de in de artikelen 1132 en 1133 genoemde maatregelen. Gaat hij hiertoe over, dan zijn deze artikelen van toepassing.

(Zie ook: artt. 29, 484, 947, 1194 BW Boek 8)

Art. 1129

Hoofdelijke verbondenheid bij goederenvervoer over de weg

Onverminderd afdeling 1 van Titel 4 van Boek 6 zijn de afzender en de ontvanger hoofdelijk verbonden de vervoerder de schade te vergoeden, geleden doordat deze zich als zaakwaarnemer inliet met de behartiging van de belangen van een rechthebbende op ten vervoer ontvangen zaken.

(Zie ook: artt. 6, 102 BW Boek 6; artt. 488, 951, 1104, 1154, 1195, 1714 BW Boek 8; artt. 14, 16 CMR)

Art. 1130
1. De vervoerder is verplicht de bedragen, die als rembours op de zaak drukken, bij aflevering van de zaak van de ontvanger te innen en vervolgens aan de afzender af te dragen. Wanneer hij aan deze verplichting, door welke oorzaak dan ook, niet voldoet, is hij verplicht het bedrag van het rembours aan de afzender te vergoeden, doch indien deze geen of minder schade leed, ten hoogste tot op het bedrag van de geleden schade.

2. De ontvanger, die ten tijde van de aflevering weet dat een bedrag als rembours op de zaak drukt, is verplicht aan de vervoerder het door deze aan de afzender verschuldigde bedrag te voldoen.

(Zie ook: artt. 953, 1131, 1714 BW Boek 8; art. 21 CMR)

Rembours bij goederenvervoer over de weg

Art. 1131
1. De vervoerder is gerechtigd afgifte van zaken of documenten, die hij in verband met de vervoerovereenkomst onder zich heeft, te weigeren aan ieder, die uit anderen hoofde dan de vervoerovereenkomst recht heeft op aflevering daarvan, tenzij daarop beslag is gelegd en uit de vervolging van dit beslag een verplichting tot afgifte aan de beslaglegger voortvloeit.

2. De vervoerder kan het recht van retentie uitoefenen op zaken of documenten, die hij in verband met de vervoerovereenkomst onder zich heeft, voor hetgeen hem verschuldigd is of zal worden terzake van het vervoer van die zaken. Hij kan dit recht tevens uitoefenen voor hetgeen bij wijze van rembours op de zaak drukt. Dit retentierecht vervalt zodra aan de vervoerder is betaald het bedrag waarover geen geschil bestaat en voldoende zekerheid is gesteld voor de betaling van die bedragen, waaromtrent wel geschil bestaat of welker hoogte nog niet kan worden vastgesteld. De vervoerder behoeft echter geen zekerheid te aanvaarden voor hetgeen bij wijze van rembours op de zaak drukt.

3. De in dit artikel aan de vervoerder toegekende rechten komen hem niet toe jegens een derde, indien hij op het tijdstip dat hij de zaak of het document ten vervoer ontving, reden had te twijfelen aan de bevoegdheid van de afzender jegens die derde hem die zaak of dat document ten vervoer ter beschikking te stellen.

(Zie ook: artt. 48, 290, 291 BW Boek 3; artt. 51, 52 BW Boek 6; artt. 30, 69, 489, 954, 1128, 1154, 1196 BW Boek 8; art. 631 Rv; art. 13 CMR)

Recht vervoerder tot weigeren afgifte zaken/documenten bij goederenvervoer over de weg
Retentierecht

Art. 1132
1. Voor zover hij die jegens de vervoerder recht heeft op aflevering van vervoerde zaken niet opkomt, weigert deze te ontvangen of deze niet met de vereiste spoed in ontvangst neemt, of voor zover op zaken beslag is gelegd, is de vervoerder gerechtigd deze zaken voor rekening en gevaar van de rechthebbende bij een derde op te slaan in een daarvoor geschikte bewaarplaats. Op zijn verzoek kan de rechter bepalen dat hij deze zaken, desgewenst ook in het voertuig, onder zichzelf kan houden of andere maatregelen daarvoor kan treffen. Hij is verplicht de afzender zo spoedig mogelijk op de hoogte te stellen.

2. De derde-bewaarnemer en de ontvanger zijn jegens elkaar verbonden, als ware de omtrent de bewaring gesloten overeenkomst mede tussen hen aangegaan. De bewaarnemer is echter niet gerechtigd tot afgifte dan na schriftelijke toestemming daartoe van hem, die de zaken in bewaring gaf.

(Zie ook: art. 600 BW Boek 7; artt. 490, 569, 955, 1118, 1125, 1133, 1154, 1197 BW Boek 8; art. 628 Rv; artt. 15, 16 CMR)

Opslaan vervoerde zaken bij goederenvervoer over de weg

Art. 1133
1. In geval van toepassing van artikel 1132, kan de vervoerder, de bewaarnemer dan wel hij die jegens de vervoerder recht heeft op de aflevering, op zijn verzoek door de rechter worden gemachtigd de zaken geheel of gedeeltelijk op de door deze te bepalen wijze te verkopen.

2. De bewaarnemer is verplicht de vervoerder zo spoedig mogelijk van de voorgenomen verkoop op de hoogte te stellen; de vervoerder heeft deze verplichting jegens degene, die jegens hem recht heeft op de aflevering van de zaken.

3. De opbrengst van het verkochte wordt in de consignatiekas gestort voor zover zij niet strekt tot voldoening van de kosten van opslag en verkoop alsmede, binnen de grenzen der redelijkheid, van de gemaakte kosten. Tenzij op de zaken beslag is gelegd voor een geldvordering, moet aan de vervoerder uit het in bewaring te stellen bedrag worden voldaan hetgeen hem verschuldigd is ter zake van het vervoer of op grond van een remboursbeding; voor zover deze vorderingen nog niet vast staan, zal de opbrengst of een gedeelte daarvan op door de rechter te bepalen wijze tot zekerheid voor deze vorderingen strekken.

4. De in de consignatiekas gestorte opbrengst treedt in de plaats van de zaken.

(Zie ook: artt. 51, 63, 67, 70 BW Boek 6; art. 600 BW Boek 7; artt. 491, 957, 1118, 1125, 1128, 1138, 1154, 1198, 1710 BW Boek 8; art. 623 Rv; art. 16 CMR; art. 18 LVW)

Machtiging tot verkoop zaken bij goederenvervoer over de weg

Art. 1134
Indien er zekerheid of vermoeden bestaat, dat er verlies of schade is, moeten de vervoerder en hij, die jegens de vervoerder recht heeft op de aflevering, elkaar over en weer in redelijkheid

Verplichtingen partijen bij verlies/schade bij goederenvervoer over de weg

alle middelen verschaffen om het onderzoek van de zaak en het natellen van de colli mogelijk te maken.
(Zie ook: artt. 493, 958, 1100, 1199 BW Boek 8; art. 30 CMR)

Art. 1135

Gerechtelijk onderzoek naar toestand afgeleverde zaken bij goederenvervoer over de weg

1. Zowel de vervoerder als hij die jegens de vervoerder recht heeft op de aflevering is bevoegd bij de aflevering van zaken de rechter te verzoeken een gerechtelijk onderzoek te doen plaatshebben naar de toestand waarin deze worden afgeleverd; tevens zijn zij bevoegd de rechter te verzoeken de daarbij bevonden verliezen of schaden gerechtelijk te doen begroten.

2. Indien dit onderzoek in tegenwoordigheid of na behoorlijke oproeping van de wederpartij heeft plaatsgehad, wordt het uitgebrachte rapport vermoed juist te zijn.
(Zie ook: artt. 494, 495, 959, 960, 1154 BW Boek 8; art. 633 Rv)

Art. 1136

Kosten gerechtelijk onderzoek bij goederenvervoer over de weg

1. De kosten van gerechtelijk onderzoek, als bedoeld in artikel 1135, moeten worden voldaan door de aanvrager.

2. De rechter kan deze kosten en door het onderzoek geleden schade geheel of gedeeltelijk ten laste van de wederpartij van de aanvrager brengen, ook al zouden daardoor de bedragen genoemd in de in artikel 1105 bedoelde algemene maatregel van bestuur worden overschreden.
(Zie ook: artt. 496, 961, 1154 BW Boek 8; art. 633 Rv)

Art. 1137

Recht om opnieuw aflevering te verlangen bij goederenvervoer over de weg

Indien binnen één jaar nadat de vervoerder aan degeen, die jegens hem recht op aflevering van zaken heeft, schadevergoeding heeft uitgekeerd ter zake van het niet afleveren van deze zaken, deze zaken of enige daarvan alsnog onder de vervoerder blijken te zijn of te zijn gekomen, is de vervoerder verplicht de afzender of die geadresseerde, die daartoe bij aangetekende brief het verlangen uitte, van deze omstandigheid bij aangetekende brief op de hoogte te brengen en heeft de afzender respectievelijk de geadresseerde gedurende dertig dagen na ontvangst van deze mededeling het recht tegen verrekening van de door hem ontvangen schadevergoeding opnieuw aflevering van deze zaken te verlangen. Hetzelfde geldt, indien de vervoerder terzake van het niet afleveren geen schadevergoeding heeft uitgekeerd, met dien verstande dat de termijn van één jaar begint met de aanvang van de dag volgende op die, waarop de zaken hadden moeten zijn afgeleverd.
(Zie ook: artt. 1118, 1125, 1138, 1154, 1200 BW Boek 8; art. 20 CMR)

Art. 1138

Schakelbepaling

Met betrekking tot ten vervoer ontvangen zaken, die de vervoerder onder zich heeft, doch ten aanzien waarvan hij niet meer uit hoofde van de vervoerovereenkomst tot aflevering is verplicht, is artikel 1133 van overeenkomstige toepassing met dien verstande, dat uit de opbrengst van het verkochte bovendien aan de vervoerder moet worden voldaan het bedrag, dat deze mogelijkerwijs voldeed ter zake van zijn aansprakelijkheid wegens het niet nakomen van de op hem uit hoofde van de artikelen 1095 en 1096 rustende verplichtingen.
(Zie ook: artt. 1118, 1125, 1154, 1201 BW Boek 8; art. 20 CMR)

Afdeling 3
Overeenkomst van personenvervoer over de weg

Art. 1139

Werkingssfeer

Deze afdeling is slechts van toepassing voor zover Verordening (EU) Nr. 181/2001 van het Europees Parlement en de Raad van 16 februari 2011 betreffende de rechten van autobus- en touringcarpassagiers en tot wijziging van Verordening (EG) nr. 2006/2004 (Pb EU L 55) niet van toepassing is.

Art. 1140

Vervoerovereenkomst bij personenvervoer over de weg

1. De overeenkomst van personenvervoer in de zin van deze titel is de overeenkomst van personenvervoer, al dan niet tijd- of reisbevrachting zijnde, waarbij de ene partij (de vervoerder) zich tegenover de andere partij verbindt aan boord van een voertuig een of meer personen (reizigers) en al dan niet hun bagage uitsluitend over de weg en anders dan over spoorwegen te vervoeren.

2. De overeenkomst van personenvervoer als omschreven in artikel 100 is niet een overeenkomst van personenvervoer in de zin van deze afdeling.
(Zie ook: art. 418 BW Boek 7; artt. 8, 361, 1081, 500, 970, 1080, 1750 BW Boek 8)

Art. 1141

Handbagage bij personenvervoer over de weg

1. Handbagage in de zin van deze afdeling is de bagage met inbegrip van levende dieren, die de reiziger als gemakkelijk mee te voeren, draagbare dan wel met de hand verrijdbare zaken op of bij zich heeft.

2. Bij algemene maatregel van bestuur kunnen zaken, die geen handbagage zijn, voor de toepassing van bepalingen van deze afdeling als handbagage worden aangewezen, dan wel bepalingen van deze afdeling niet van toepassing worden verklaard op zaken, die handbagage zijn.
(Zie ook: artt. 8, 100, 970 BW Boek 8)

Art. 1142

1. Vervoer over de weg van personen omvat uitsluitend de tijd dat de reiziger aan boord van het voertuig is, terwijl dit zich op de weg bevindt. Bovendien omvat het de tijd van zijn instappen daarin of uitstappen daaruit. Tijdvak bij personenvervoer over de weg

2. Vervoer over de weg van personen omvat voor de toepassing van artikel 1148 tweede lid, in afwijking van het elders bepaalde, het tijdvak dat het voertuig zich aan boord van een ander vervoermiddel en niet op de weg bevindt, doch dit slechts ten aanzien van de reiziger die zich aan boord van dat voertuig bevindt of die daar in- of uitstapt.
(Zie ook: artt. 101, 102, 121, 501, 971, 1091, 1171 BW Boek 8)

Art. 1143

1. Vervoer over de weg van handbagage omvat uitsluitend de tijd dat deze aan boord van het voertuig is terwijl dit zich op de weg bevindt. Bovendien omvat het de tijd van inlading daarin en uitlading daaruit.

2. Voor bagage, die geen handbagage is, omvat het vervoer over de weg de tijd tussen het overnemen daarvan door de vervoerder en de aflevering door de vervoerder.

3. Vervoer over de weg van bagage omvat voor de toepassing van artikel 1150 tweede lid, in afwijking van het elders bepaalde, het tijdvak dat het voertuig, aan boord waarvan de bagage zich bevindt, zich aan boord van een ander vervoermiddel en niet op de weg bevindt, doch dit slechts ten aanzien van bagage, die zich aan boord van dat voertuig bevindt of die daarin wordt ingeladen of daaruit wordt uitgeladen.
(Zie ook: artt. 8, 103, 501, 971 BW Boek 8)

Art. 1144

1. Tijd- of reisbevrachting in de zin van deze afdeling is de overeenkomst van personenvervoer, waarbij de vervoerder (vervrachter) zich verbindt tot vervoer aan boord van een voertuig, dat hij daartoe in zijn geheel met bestuurder en al dan niet op tijdbasis (tijdbevrachting of reisbevrachting) ter beschikking stelt van zijn wederpartij (bevrachter). Tijd-/reisbevrachting bij personenvervoer over de weg

2. De artikelen 1093, 1097, 1109, 1112 en 1113 zijn op deze bevrachting van overeenkomstige toepassing. Schakelbepaling
(Zie ook: artt. 373, 502, 892, 972, 1752 BW Boek 8)

Art. 1145

De wetsbepalingen omtrent huur, bewaarneming en bruikleen zijn op terbeschikkingstelling van een voertuig met bestuurder, ten einde aan boord daarvan personen te vervoeren, niet van toepassing. Werkingssfeer
(Zie ook: art. 600 BW Boek 7; artt. 1584, 1777 BW Boek 7A; artt. 374, 503, 893, 973, 1094 BW Boek 8)

Art. 1146
[Vervallen]

Art. 1147

De vervoerder is aansprakelijk voor schade veroorzaakt door dood of letsel van de reiziger ten gevolge van een ongeval dat in verband met en tijdens het vervoer aan de reiziger is overkomen. Aansprakelijkheid vervoerder bij dood/letsel reiziger bij personenvervoer over de weg
(Zie ook: artt. 95, 107, 108 BW Boek 6; artt. 81, 105, 504, 974 BW Boek 8; art. 24 LVW)

Art. 1148

1. De vervoerder is niet aansprakelijk voor schade door dood of letsel van de reiziger veroorzaakt, voor zover het ongeval dat hiertoe leidde, is veroorzaakt door een omstandigheid die een zorgvuldig vervoerder niet heeft kunnen vermijden en voor zover zulk een vervoerder de gevolgen daarvan niet heeft kunnen verhinderen. Aansprakelijkheid vervoerder bij overmacht bij personenvervoer over de weg

2. Lichamelijke of geestelijke tekortkomingen van de bestuurder van het voertuig alsmede gebrekkigheid of slecht functioneren van het voertuig of van het materiaal, waarvan hij zich voor het vervoer bedient, worden aangemerkt als een omstandigheid die een zorgvuldig vervoerder heeft kunnen vermijden en waarvan zulk een vervoerder de gevolgen heeft kunnen verhinderen. Onder materiaal wordt niet begrepen een schip, luchtvaartuig of spoorvoertuig, aan boord waarvan het voertuig zich bevindt.

3. Bij de toepassing van dit artikel wordt slechts dan rekening gehouden met een gedraging van een derde, indien geen andere omstandigheid, die mede tot het ongeval leidde, voor rekening van de vervoerder is.
(Zie ook: artt. 82, 105, 504, 974, 1142, 1174, 1155 BW Boek 8; art. 29 LVW)

Art. 1149

Dwingend recht

Nietig is ieder vóór het aan de reiziger overkomen ongeval gemaakt beding waarbij de ingevolge artikel 1147 op de vervoerder drukkende aansprakelijkheid of bewijslast wordt verminderd op andere wijze dan in deze afdeling is voorzien.
(Zie ook: artt. 12, 84, 112, 520, 985 BW Boek 8)

Art. 1150

Aansprakelijkheid vervoerder bij verlies/beschadiging bagage bij personenvervoer over de weg

1. De vervoerder is aansprakelijk voor schade veroorzaakt door geheel of gedeeltelijk verlies dan wel beschadiging van bagage voor zover dit verlies of deze beschadiging is ontstaan tijdens het vervoer en is veroorzaakt door een omstandigheid die een zorgvuldig vervoerder heeft kunnen vermijden of waarvan zulk een vervoerder de gevolgen heeft kunnen verhinderen. Voor schade veroorzaakt door geheel of gedeeltelijk verlies dan wel beschadiging van handbagage is hij bovendien aansprakelijk voor zover dit verlies of deze beschadiging is veroorzaakt door een aan de reiziger overkomen ongeval, dat voor rekening van de vervoerder komt.
2. Lichamelijke of geestelijke tekortkomingen van de bestuurder van het voertuig alsmede gebrekkigheid of slecht functioneren van het voertuig of van het materiaal waarvan hij zich voor het vervoer bedient, worden aangemerkt als een omstandigheid die een zorgvuldig vervoerder heeft kunnen vermijden en waarvan zulk een vervoerder de gevolgen heeft kunnen verhinderen. Onder materiaal wordt niet begrepen een schip, luchtvaartuig of spoorwagon, aan boord waarvan het voertuig zich bevindt.
3. Bij de toepassing van het eerste lid wordt ten aanzien van handbagage slechts dan rekening gehouden met een gedraging van een derde, indien geen andere omstandigheid, die mede tot het voorval leidde, voor rekening van de vervoerder is.

Dwingend recht

4. Nietig is ieder vóór het verlies of de beschadiging van bagage gemaakt beding, waarbij de ingevolge dit artikel op de vervoerder drukkende aansprakelijkheid of bewijslast op andere wijze wordt verminderd dan in deze afdeling is voorzien.
(Zie ook: artt. 8, 12, 106, 505, 506, 520, 975, 976, 985, 1143, 1154, 1155, 1750, 1753 BW Boek 8; artt. 25, 31 LVW)

Art. 1151

Uitsluiting aansprakelijkheid vervoerder bij personenvervoer over de weg

De vervoerder is niet aansprakelijk in geval van verlies of beschadiging overkomen aan geldstukken, verhandelbare documenten, goud, zilver, juwelen, sieraden, kunstvoorwerpen of andere zaken van waarde, tenzij deze zaken van waarde aan de vervoerder in bewaring zijn gegeven en hij overeengekomen is hen in zekerheid te zullen bewaren.
(Zie ook: art. 600 BW Boek 7; artt. 507, 977 BW Boek 8)

Art. 1152

De vervoerder is terzake van door de reiziger aan boord van het voertuig gebrachte zaken die hij, indien hij hun aard of gesteldheid had gekend, niet aan boord van het voertuig zou hebben toegelaten en waarvoor hij geen bewijs van ontvangst heeft afgegeven, geen enkele schadevergoeding verschuldigd indien de reiziger wist of behoorde te weten, dat de vervoerder de zaken niet ten vervoer zou hebben toegelaten; de reiziger is alsdan aansprakelijk voor alle kosten en schaden die voor de vervoerder voortvloeiend uit de aanbieding ten vervoer of uit het vervoer zelf.
(Zie ook: artt. 107, 508, 978, 1153 BW Boek 8)

Art. 1153

Schadevergoedingsplicht reiziger bij personenvervoer over de weg

Onverminderd artikel 1152 en onverminderd artikel 179 van Boek 6 is de reiziger verplicht de vervoerder de schade te vergoeden die hij of zijn bagage deze berokkende, behalve voor zover deze schade is veroorzaakt door een omstandigheid die een zorgvuldig reiziger niet heeft kunnen vermijden en voor zover zulk een reiziger de gevolgen daarvan niet heeft kunnen verhinderen. De reiziger kan niet om zich van zijn aansprakelijkheid te ontheffen beroep doen op de hoedanigheid of een gebrek van zijn bagage.
(Zie ook: artt. 8, 114, 979, 1150 BW Boek 8)

Art. 1154

Schakelbepaling

1. Onverminderd de bepalingen van deze afdeling zijn op het vervoer van bagage de artikelen 1095, 1096, 1103 , 1104, 1114 eerste, tweede en derde lid, 1115 eerste, tweede en derde lid, 1116 tot en met 1118, 1129 en 1131 tot en met 1138 van toepassing. De in artikel 1131 toegekende rechten en het in artikel 1133 en artikel 1138 toegekende recht tot het zich laten voldoen uit het in bewaring stellen bedrag van kosten terzake van het vervoer, kunnen worden uitgeoefend voor alles wat de wederpartij van de vervoerder of de reiziger aan de vervoerder verschuldigd is.
2. Partijen hebben de vrijheid af te wijken van in het eerste lid op hun onderlinge verhouding toepasselijk verklaarde bepalingen.
(Zie ook: artt. 8, 510, 980, 1092, 1710 t/m 1722, 1750 BW Boek 8)

Art. 1155

Schuld of nalatigheid vervoerder bij personenvervoer over de weg

Indien de vervoerder bewijst dat schuld of nalatigheid van de reiziger schade heeft veroorzaakt of daartoe heeft bijgedragen, kan de aansprakelijkheid van de vervoerder daarvoor geheel of gedeeltelijk worden opgeheven.
(Zie ook: artt. 83, 109, 513, 981 BW Boek 8; art. 29 LVW)

Art. 1156
Indien personen bij wier hulp de vervoerder bij de uitvoering van zijn verbintenis gebruik maakt, op verzoek van de reiziger diensten bewijzen, waartoe de vervoerder niet is verplicht, worden zij aangemerkt als te handelen in opdracht van de reiziger aan wie zij deze diensten bewijzen.
(Zie ook: artt. 109, 514, 981 BW Boek 8)

Diensten op verzoek reiziger bij personenvervoer over de weg

Art. 1157
De aansprakelijkheid van de vervoerder is in geval van dood, letsel of vertraging van de reiziger en in geval van verlies, beschadiging of vertraging van diens bagage beperkt tot een bij of krachtens algemene maatregel van bestuur te bepalen bedrag of bedragen.
(Zie ook: artt. 85, 110, 518, 983 BW Boek 8; Besl.art. 1157 BW Boek 8)

Maximering bedrag aansprakelijkheid vervoerder bij personenvervoer over de weg

Art. 1158
1. De vervoerder kan zich niet beroepen op enige beperking van zijn aansprakelijkheid, voor zover de schade is ontstaan uit zijn eigen handeling of nalaten, geschied hetzij met het opzet die schade te veroorzaken, hetzij roekeloos en met de wetenschap, dat die schade er waarschijnlijk uit zou voortvloeien.
2. Nietig is ieder beding, waarbij van dit artikel wordt afgeweken.
(Zie ook: artt. 12, 111, 519, 984 BW Boek 8)

Schade door eigen handelen/nalaten vervoerder bij personenvervoer over de weg
Dwingend recht

Art. 1159
1. In geval van verlies of beschadiging van bagage wordt de vordering tot schadevergoeding gewaardeerd naar de omstandigheden.

2. In geval van aan de reiziger overkomen letsel of van de dood van de reiziger zijn de artikelen 107 en 108 van Boek 3 niet van toepassing op de vorderingen die vervoerder als wederpartij van een andere vervoerder tegen deze instelt.
(Zie ook: artt. 105, 106, 109 BW Boek 6; artt. 85, 113, 521, 986 BW Boek 8; art. 24 LVW)

Schadevergoeding bij verlies/beschadiging bagage bij personenvervoer over de weg

Art. 1160
De wederpartij van de vervoerder is verplicht deze de schade te vergoeden die hij lijdt doordat de reiziger, door welke oorzaak dan ook, niet tijdig ten vervoer aanwezig is.
(Zie ook: artt. 86, 522, 986 BW Boek 8)

Schadevergoedingsplicht wederpartij bij personenvervoer over de weg

Art. 1161
De wederpartij van de vervoerder is verplicht deze de schade te vergoeden die hij lijdt doordat de documenten met betrekking tot de reiziger, die van haar zijde voor het vervoer vereist zijn, door welke oorzaak dan ook, niet naar behoren aanwezig zijn.
(Zie ook: artt. 87, 523, 986 BW Boek 8)

Art. 1162
1. Wanneer vóór of tijdens het vervoer omstandigheden aan de zijde van de wederpartij van de vervoerder of de reiziger zich opdoen of naar voren komen, die de vervoerder bij het sluiten van de overeenkomst niet behoefde te kennen, doch die, indien zij hem wel bekend waren geweest, redelijkerwijs voor hem grond hadden opgeleverd de vervoerovereenkomst niet of op andere voorwaarden aan te gaan, is de vervoerder bevoegd de overeenkomst op te zeggen en de reiziger uit het voertuig te verwijderen.
2. De opzegging geschiedt door een mondelinge of schriftelijke kennisgeving aan de wederpartij van de vervoerder of aan de reiziger en de overeenkomst eindigt op het ogenblik van ontvangst van de eerst ontvangen kennisgeving.
3. Naar maatstaven van redelijkheid en billijkheid zijn partijen na op zegging der overeenkomst verplicht elkaar de daardoor geleden schade te vergoeden.
(Zie ook: artt. 258, 277 BW Boek 6; artt. 88, 524, 986 BW Boek 8)

Opzegging vervoerovereenkomst door vervoerder bij bijzondere omstandigheden bij personenvervoer over de weg

Art. 1163
1. Wanneer vóór of tijdens het vervoer omstandigheden aan de zijde van de vervoerder zich opdoen of naar voren komen, die diens wederpartij bij het sluiten van de overeenkomst niet behoefde te kennen, doch die, indien zij haar wel bekend waren geweest, redelijkerwijs voor haar grond hadden opgeleverd de vervoerovereenkomst niet of op andere voorwaarden aan te gaan, is deze wederpartij van de vervoerder bevoegd de overeenkomst op te zeggen.
2. De opzegging geschiedt door een mondelinge of schriftelijke kennisgeving en de overeenkomst eindigt op het ogenblik van ontvangst daarvan.
3. Naar maatstaven van redelijkheid en billijkheid zijn partijen na opzegging der overeenkomst verplicht elkaar de daardoor geleden schade te vergoeden.
(Zie ook: artt. 258, 277 BW Boek 6; artt. 89, 525, 986 BW Boek 8)

Opzegging vervoerovereenkomst door wederpartij bij bijzondere omstandigheden bij personenvervoer over de weg

Art. 1164
Wanneer de reiziger na verlaten van het voertuig niet tijdig terugkeert, kan de vervoerder de overeenkomst beschouwen als op dat tijdstip te zijn geëindigd.
(Zie ook: artt. 526, 986 BW Boek 8)

Beëindiging vervoerovereenkomst bij personenvervoer over de weg

Art. 1165

Opzegging vervoerovereenkomst door wederpartij bij personenvervoer over de weg

1. De wederpartij van de vervoerder is steeds bevoegd de overeenkomst op te zeggen. Zij is verplicht de vervoerder de schade te vergoeden die deze ten gevolge van de opzegging lijdt.

2. Zij kan dit recht niet uitoefenen, wanneer daardoor de reis van het voertuig zou worden vertraagd.
3. De opzegging geschiedt door een mondelinge of schriftelijke kennisgeving en de overeenkomst eindigt op het ogenblik van ontvangst daarvan.
(Zie ook: artt. 90, 527, 986 BW Boek 8)

Art. 1166

Plaatsbewijs/ontvangstbewijs bagage bij personenvervoer over de weg
Dwingend recht
Schakelbepaling

1. Wordt ter zake van het vervoer een plaatsbewijs, een ontvangstbewijs voor bagage of enig soortgelijk document afgegeven, dan is de vervoerder verplicht daarin op duidelijke wijze zijn naam en woonplaats te vermelden.
2. Nietig is ieder beding, waarbij van het eerste lid van dit artikel wordt afgeweken.
3. De artikelen 56 tweede lid, 75 eerste lid en 186 eerste lid van Boek 2 zijn niet van toepassing.
(Zie ook: artt. 12, 100, 528, 986 BW Boek 8; art. 5 LVW)

Afdeling 4
Verhuisovereenkomst

Art. 1170

Wegvervoer bij verhuisovereenkomst

1. De verhuisovereenkomst in de zin van deze titel is de overeenkomst van goederenvervoer, waarbij de vervoerder (de verhuizer) zich tegenover de afzender (de opdrachtgever) verbindt verhuisgoederen te vervoeren, hetzij uitsluitend in een gebouw of woning, hetzij uitsluitend ten dele in een gebouw of woning en ten dele over de weg, hetzij uitsluitend over de weg. Vervoer over spoorwegen wordt niet als vervoer over de weg beschouwd.
2. Verhuisgoederen in de zin van deze titel zijn zaken die zich in een overdekte ruimte bevinden en die tot de stoffering, meubilering of inrichting van die ruimte bestemd zijn en als zodanig reeds zijn gebruikt met uitzondering van die zaken die volgens verkeersopvatting niet tot de gebruikelijke inhoud van die ruimte behoren.
(Zie ook: art. 5 BW Boek 3)
3. Indien partijen overeenkomen, dat het geheel van het vervoer over de weg zal worden beheerst door het geheel van de rechtsregelen, die het zouden beheersen, wanneer het andere zaken dan verhuisgoederen zou betreffen, wordt deze overeenkomst niet als verhuisovereenkomst aangemerkt.
(Zie ook: art. 418 BW Boek 7; artt. 20, 40, 370, 890, 1090, 1092, 1710 BW Boek 8; art. 1 CMR)

Art. 1171

Vervoer over de weg van verhuisgoederen omvat voor de toepassing van artikel 1175 tweede lid, in afwijking van het elders bepaalde, het tijdvak dat het voertuig aan boord waarvan de verhuisgoederen zich bevinden, zich aan boord van een ander vervoermiddel en niet op de weg bevindt, doch dit slechts ten aanzien van verhuisgoederen, die daarbij niet uit dat voertuig werden uitgeladen.
(Zie ook: artt. 1091, 1142 BW Boek 8; art. 2 CMR)

Art. 1172

Verplichtingen verhuizer bij verhuisovereenkomst

De verhuizer is verplicht verhuisgoederen, die gelet op hun aard of de wijze van vervoer, ingepakt behoren te worden of uit elkaar genomen behoren te worden, in te pakken dan wel uit elkaar te nemen en ter bestemming uit te pakken, dan wel in elkaar te zetten.
(Zie ook: art. 1173 BW Boek 8)

Art. 1173

1. De verhuizer is verplicht de verhuisgoederen ter bestemming af te leveren en wel in de staat, waarin zij hem uit hoofde van artikel 1172 ter verpakking of demontage, dan wel in de staat, waarin zij hem ten vervoer ter beschikking zijn gesteld.
2. Onder afleveren wordt in deze afdeling verstaan het plaatsen van de verhuisgoederen ter bestemming op de daartoe mogelijkerwijs aangeduide plek en zulks, bij toepassing van artikel 1172, na hen te hebben uitgepakt of in elkaar gezet.
(Zie ook: artt. 21, 378, 895, 1095, 1174 t/m 1179, 1182, 1184, 1194, 1201 BW Boek 8)

Art. 1174

Onverminderd artikel 1173 is de verhuizer verplicht een aangevangen verhuizing zonder vertraging te voltooien.
(Zie ook: artt. 22, 379, 896, 1096, 1172, 1175 t/m 1178, 1180, 1182, 1201 BW Boek 8)

Art. 1175

Aansprakelijkheid verhuizer bij overmacht bij verhuisovereenkomst

1. Bij niet nakomen van de op hem uit hoofde van de artikelen 1173 en 1174 rustende verplichtingen is de verhuizer desalniettemin voor de daardoor ontstane schade niet aansprakelijk, voor zover dit niet nakomen is veroorzaakt door een omstandigheid die een zorgvuldig verhuizer

niet heeft kunnen vermijden en voor zover zulk een verhuizer de gevolgen daarvan niet heeft kunnen verhinderen.
2. De verhuizer kan niet om zich van zijn aansprakelijkheid uit hoofde van de artikelen 1173 of 1174 te ontheffen beroep doen op:
a. de gebrekkigheid van het voertuig dat voor de verhuizing wordt gebezigd;
b. de gebrekkigheid van het materiaal, waarvan hij zich bedient, tenzij dit door de opdrachtgever te zijner beschikking is gesteld; onder materiaal wordt niet begrepen een schip, luchtvaartuig of spoorvoertuig, waarop het voertuig, dat voor de verhuizing wordt gebezigd, zich bevindt;
c. de gebrekkigheid van steunpunten benut voor de bevestiging van hijswerktuigen;
d. enig door toedoen van derden, wier handelingen niet voor rekening van de opdrachtgever komen, aan de verhuisgoederen overkomen ongeval.
3. Het eerste lid van dit artikel is eveneens van toepassing ten aanzien van aansprakelijkheid van de verhuizer uit anderen hoofde dan van de artikelen 1173 of 1174.
(Zie ook: artt. 23, 383, 898, 1098, 1171, 1178 BW Boek 8)

Schakelbepaling

Art. 1176
Onverminderd de artikelen 1177 en 1178 is de verhuizer, die de op hem uit hoofde van de artikelen 1173 en 1174 rustende verplichtingen niet nakwam, desalniettemin voor de daardoor ontstane schade niet aansprakelijk, voor zover dit niet nakomen het gevolg is van de bijzondere risico's verbonden aan een of meer van de volgende omstandigheden:
a. het inpakken of uit elkaar nemen, dan wel het uitpakken of in elkaar zetten van verhuisgoederen door de opdrachtgever of met behulp van enige persoon of enig middel door de opdrachtgever daartoe eigener beweging ter beschikking gesteld;
b. de keuze door de opdrachtgever - hoewel de verhuizer hem een andere mogelijkheid aan de hand deed - van een wijze van verpakking of uitvoering van de verhuisovereenkomst, die verschilt van wat voor de overeengekomen verhuizing gebruikelijk is;
c. de aanwezigheid onder de verhuisgoederen van zaken waarvoor de verhuizer, indien hij op de hoogte was geweest van hun aanwezigheid en hun aard, bijzondere maatregelen zou hebben getroffen;
d. de aard of de staat van de verhuisgoederen zelf, die door met deze aard of staat zelf samenhangende oorzaken zijn blootgesteld aan geheel of gedeeltelijk verlies of aan beschadiging.
(Zie ook: artt. 383, 899, 900, 1099, 1177 BW Boek 8)

Aansprakelijkheid verhuizer bij bijzondere risico's bij verhuisovereenkomst

Art. 1177
Wanneer de verhuizer bewijst dat, gelet op de omstandigheden van het geval, het niet nakomen van de op hem uit hoofde van de artikelen 1173 en 1174 rustende verplichtingen een gevolg heeft kunnen zijn van een of meer der in artikel 1176 genoemde bijzondere risico's, wordt vermoed, dat het niet nakomen daaruit voortvloeit.
(Zie ook: artt. 900, 1100, 1176 BW Boek 8)

Bewijsvermoeden bijzondere risico's bij verhuisovereenkomst

Art. 1178
1. Wanneer de verhuizer de op hem uit hoofde van de artikelen 1173 en 1174 rustende verplichtingen niet nakwam, wordt ten aanzien van:
a. levende dieren;
b. geld, geldswaardige papieren, juwelen, uit edelmetaal vervaardigde of andere kostbare kleinodiën
vermoed dat de verhuizer noch de omstandigheid, die het niet nakomen veroorzaakte, heeft kunnen vermijden, noch de gevolgen daarvan heeft kunnen verhinderen en dat het niet nakomen niet is ontstaan door een of meer der in het tweede lid van artikel 1175 voor rekening van de verhuizer gebrachte omstandigheden.
2. De verhuizer kan geen beroep doen op het eerste lid onder b, indien de opdrachtgever hem de daar genoemde zaken afzonderlijk en onder opgave van hoeveelheid en waarde vóór het begin der verhuizing overhandigde.
(Zie ook: artt. 900, 1100, 1176 BW Boek 8)

Bewijsvermoeden aansprakelijkheid ten aanzien van levende dieren en kostbaarheden bij verhuisovereenkomst

Art. 1179
1. Nietig is ieder beding, waarbij de ingevolge artikel 1173 op de verhuizer drukkende aansprakelijkheid of bewijslast op andere wijze wordt verminderd dan in deze afdeling is voorzien.
2. Wanneer het verhuisgoederen betreft, die door hun karakter of gesteldheid een bijzondere overeenkomst rechtvaardigen, staat het partijen in afwijking van het eerste lid vrij de op de verhuizer drukkende aansprakelijkheid of bewijslast te verminderen, doch slechts wanneer dit beding uitdrukkelijk en anders dan door een verwijzing naar een ander geschrift voorkomende bedingen is aangegaan bij een in het bijzonder ten aanzien van de voorgenomen verhuizing aangegane en in een afzonderlijk geschrift neergelegde overeenkomst.
(Zie ook: artt. 12, 382, 385, 902, 1102, 1180 t/m 1182 BW Boek 8)

Dwingend recht

Art. 1180
Voor zover de verhuizer aansprakelijk is wegens niet nakomen van de op hem uit hoofde van de artikelen 1173 en 1174 rustende verplichtingen heeft de opdrachtgever geen ander recht dan te zijner keuze te vorderen betaling van een redelijk bedrag voor herstel van beschadigd

Voldoening bedrag schadevergoeding bij verhuisovereenkomst

verhuisgoed, dan wel betaling van een bedrag, dat wordt berekend met inachtneming van de waarde welke verhuisgoederen als die, waarop de verhuisovereenkomst betrekking heeft, zouden hebben gehad, zoals, ten tijde waarop en ter plaatse waar, zij zijn afgeleverd of zij hadden moeten zijn afgeleverd.
(Zie ook: artt. 388, 903, 1179, 1183, 1184, 1103, 1192 BW Boek 8)

Art. 1181

Waardevermindering verhuisgoed bij verhuisovereenkomst

Indien met betrekking tot een verhuisgoed een schadevergoeding uit hoofde van artikel 1195 is verschuldigd, wordt deze aangemerkt als een waardevermindering van dat verhuisgoed.
(Zie ook: artt. 389, 904, 1104, 1179, 1184, 1192 BW Boek 8)

Art. 1182

Maximering bedrag aansprakelijkheid bij verhuisovereenkomst

Voor zover de verhuizer aansprakelijk is wegens niet nakomen van de op hem uit hoofde van de artikelen 1173 en 1174 rustende verplichtingen, is hij niet aansprakelijk boven bij of krachtens algemene maatregel van bestuur te bepalen bedragen. Bij of krachtens deze maatregel kan worden vastgesteld welk bedrag van de geleden schade voor risico van de opdrachtgever blijft.
(Zie ook: artt. 388, 905, 1105, 1179, 1183, 1184, 1192 BW Boek 8; Besl.art. 1182 BW Boek 8)

Art. 1183

1. De opdrachtgever kan, mits de verhuizer hierin toestemt en tegen betaling van een overeen te komen bedrag, schriftelijk een waarde van de verhuisgoederen aangeven, die het maximum, vermeld in de in artikel 1182 genoemde algemene maatregel van bestuur, overschrijdt. In dat geval treedt het aangegeven bedrag in de plaats van dit maximum.

Dwingend recht

2. Nietig is ieder beding waarbij het aldus aangegeven bedrag hoger wordt gesteld dan het hoogste der in artikel 1180 genoemde bedragen.
(Zie ook: artt. 12, 388, 1106, 1184, 1192 BW Boek 8)

Art. 1184

Vaststelling bedrag bijzonder belang bij aflevering bij verhuisovereenkomst

1. De opdrachtgever kan, mits de verhuizer hierin toestemt en tegen betaling van een overeen te komen bedrag, schriftelijk het bedrag van een bijzonder belang bij de aflevering voor het geval van verlies of beschadiging van vervoerd verhuisgoed en voor dat van overschrijding van een overeengekomen termijn van aanvang of einde der verhuizing vaststellen.
2. Indien een bijzonder belang bij de aflevering is aangegeven, kan, indien de verhuizer aansprakelijk is wegens niet nakomen van de op hem uit hoofde van artikel 1173 rustende verplichting dan wel op grond van overschrijding van een overeengekomen termijn van aanvang of einde der verhuizing, onafhankelijk van de schadevergoedingen genoemd in de artikelen 1180 tot en met 1183 en tot ten hoogste eenmaal het bedrag van het aangegeven belang, een schadevergoeding worden gevorderd gelijk aan de bewezen bijkomende schade.
(Zie ook: artt. 1107, 1186, 1192 BW Boek 8)

Art. 1185

Aansprakelijkheid verhuizer voor schade door eigen handeling/nalaten

1. De verhuizer kan zich niet beroepen op enige beperking van zijn aansprakelijkheid, voor zover de schade is ontstaan uit zijn eigen handeling of nalaten, geschied hetzij met het opzet die schade te veroorzaken, hetzij roekeloos en met de wetenschap dat die schade er waarschijnlijk uit zou voortvloeien.

Dwingend recht

2. Nietig is ieder beding, waarbij van dit artikel wordt afgeweken.
(Zie ook: artt. 12, 388, 906, 1108, 1158, 1192 BW Boek 8)

Art. 1186

Opzegging door opdrachtgever bij verhuisovereenkomst

1. De opdrachtgever is bevoegd de overeenkomst op te zeggen, wanneer hem door de verhuizer is medegedeeld, dat hij niet op de overeengekomen plaats en tijd met de verhuizing een aanvang kan of zal kunnen maken.
2. Hij kan deze bevoegdheid slechts uitoefenen terstond na ontvangst van deze mededeling.
3. Indien bij gebreke van de ontvangst van een mededeling, als bedoeld in het eerste lid, het de opdrachtgever uit anderen hoofde bekend is, dat de verhuizer niet op de overeengekomen plaats of tijd met de verhuizing een aanvang maakt of kan maken, is hij, zonder dat enige ingebrekestelling is vereist, bevoegd de overeenkomst op te zeggen, doch slechts binnen een redelijke termijn, nadat hem dit bekend is geworden; gelijke bevoegdheid komt hem toe, indien hem na ontvangst van een mededeling, als bedoeld in het eerste lid, uit anderen hoofde bekend wordt, dat de verhuizer op grond van andere omstandigheden dan welke hem tot zijn mededeling brachten niet met de verhuizing op de overeengekomen plaats of tijd een aanvang maakt of kan maken.
4. De opzegging geschiedt door een mondelinge of schriftelijke kennisgeving en de overeenkomst eindigt op het ogenblik van ontvangst daarvan.

Verhuisovereenkomst, maximering aansprakelijkheid verhuizer

5. Indien de verhuizer gehouden is de schade, die de opdrachtgever door de opzegging lijdt, te vergoeden, zal deze vergoeding, behoudens artikel 1184, niet meer bedragen dan de overeengekomen verhuisprijs.
(Zie ook: artt. 390, 1109, 1713 BW Boek 8)

Art. 1187
De opdrachtgever is verplicht de verhuizer de schade te vergoeden, die deze lijdt doordat de overeengekomen verhuisgoederen, door welke oorzaak dan ook, niet op de overeengekomen plaats en tijd te zijner beschikking zijn.
(Zie ook: artt. 24, 391, 907, 1110, 1714 BW Boek 8)

Schadevergoedingsplicht opdrachtgever bij verhuisovereenkomst

Art. 1188
1. Alvorens verhuisgoederen ter beschikking van de verhuizer zijn gesteld, is de opdrachtgever bevoegd de overeenkomst op te zeggen. Hij is verplicht aan de verhuizer de daardoor geleden schade te vergoeden.
2. De opzegging geschiedt door een mondelinge of schriftelijke kennisgeving en de overeenkomst eindigt op het ogenblik van ontvangst daarvan.
(Zie ook: artt. 25, 392, 908, 1111, 1716 BW Boek 8)

Opzegging door opdrachtgever bij verhuisovereenkomst

Art. 1189
1. Zijn bij het verstrijken van de tijd, waarbinnen de verhuisgoederen ter beschikking van de verhuizer moeten zijn gesteld, door welke oorzaak dan ook, in het geheel geen verhuisgoederen ter beschikking, dan is de verhuizer, zonder dat enige ingebrekestelling is vereist, bevoegd de overeenkomst op te zeggen. De opdrachtgever is verplicht hem de daardoor geleden schade te vergoeden.
2. De opzegging geschiedt door een mondelinge of schriftelijke kennisgeving en de overeenkomst eindigt op het ogenblik van ontvangst daarvan.
(Zie ook: artt. 392, 908, 1112, 1192, 1716 BW Boek 8)

Opzegging door verhuizer bij verhuisovereenkomst

Art. 1190
1. Zijn bij het verstrijken van de tijd, waarbinnen de verhuisgoederen ter beschikking van de verhuizer moeten zijn gesteld, door welke oorzaak dan ook, de overeengekomen verhuisgoederen slechts gedeeltelijk ter beschikking, dan is de verhuizer op verlangen van de opdrachtgever desalniettemin verplicht de wel ter beschikking gestelde goederen te verhuizen.
2. De opdrachtgever is verplicht de verhuizer de daardoor geleden schade te vergoeden.
(Zie ook: artt. 392, 908, 1113, 1716 BW Boek 8)

Verplichtingen verhuizer bij verhuisovereenkomst

Art. 1191
1. De opdrachtgever is verplicht de verhuizer omtrent de verhuisgoederen alsmede omtrent de behandeling daarvan tijdig al die opgaven te doen, waartoe hij in staat is of behoort te zijn, en waarvan hij weet of behoort te weten, dat zij voor de verhuizer van belang zijn, tenzij hij mag aannemen dat de verhuizer deze gegevens kent.
2. De verhuizer is niet gehouden, doch wel gerechtigd, te onderzoeken of de hem gedane opgaven juist en volledig zijn.
(Zie ook: artt. 26, 394, 910, 1114, 1192 BW Boek 8)

Informatieplicht opdrachtgever bij verhuisovereenkomst

Art. 1192
1. De opdrachtgever is verplicht de verhuizer de schade te vergoeden die deze lijdt doordat, door welke oorzaak dan ook, niet naar behoren aanwezig zijn de documenten en inlichtingen, die blijkens mededeling door de verhuizer van de zijde van de opdrachtgever vereist zijn voor de verhuizing dan wel ter voldoening aan vóór de aflevering van de verhuisgoederen te vervullen douane- en andere formaliteiten.
2. De verhuizer is verplicht redelijke zorg aan te wenden, dat de documenten, die in zijn handen zijn gesteld, niet verloren gaan of onjuist worden behandeld. Een terzake door hem verschuldigde schadevergoeding zal die, verschuldigd uit hoofde van de artikelen 1180 tot en met 1185 in geval van verlies van de verhuisgoederen, niet overschrijden.
3. De verhuizer is niet gehouden, doch wel gerechtigd, te onderzoeken of de hem gedane opgaven juist en volledig zijn.
4. Zijn bij het verstrijken van de tijd, waarbinnen de in het eerste lid genoemde documenten en inlichtingen aanwezig moeten zijn, deze, door welke oorzaak dan ook, niet naar behoren aanwezig, dan zijn de artikelen 1189 en 1190 van overeenkomstige toepassing.
(Zie ook: artt. 27, 395, 911, 1115 BW Boek 8)

Schadevergoedingsplicht opdrachtgever bij ontbrekende/onjuiste documenten bij verhuisovereenkomst

Art. 1193
1. Wanneer vóór of bij de aanbieding van de verhuisgoederen aan de verhuizer omstandigheden aan de zijde van één der partijen zich opdoen of naar voren komen, die haar wederpartij bij het sluiten van de overeenkomst niet behoefde te kennen, doch die, indien zij haar wel bekend waren geweest, redelijkerwijs voor haar grond hadden opgeleverd de verhuisovereenkomst niet of op andere voorwaarden aan te gaan, is deze wederpartij bevoegd de overeenkomst op te zeggen.
2. De opzegging geschiedt door een mondelinge of schriftelijke kennisgeving en de overeenkomst eindigt op het ogenblik van ontvangst daarvan.
3. Naar maatstaven van redelijkheid en billijkheid zijn partijen na opzegging der overeenkomst verplicht elkaar de daardoor geleden schade te vergoeden.
(Zie ook: artt. 95, 258, 277 BW Boek 6; artt. 28, 396, 912, 1116, 1188 BW Boek 8)

Opzegging door wederpartij bij bijzondere omstandigheden bij verhuisovereenkomst

Art. 1194

Verschuldigdheid verhuisprijs bij verhuisovereenkomst

1. De verhuisprijs is verschuldigd op het ogenblik, dat de verhuizer de verhuisgoederen ter bestemming aflevert.

2. Indien partijen overeenkwamen, dat de verhuisprijs vóór het vertrek van het voertuig, waarin de verhuisgoederen zijn geladen, zal worden betaald en de opdrachtgever niet aan deze verplichting heeft voldaan, is de verhuizer bevoegd het vervoer van de betrokken verhuisgoederen op te schorten en is hij met toestemming van de rechter gerechtigd tot het nemen van de in de artikelen 1197 en 1198 genoemde maatregelen. Gaat hij hiertoe over, dan zijn deze artikelen van toepassing.
(Zie ook: artt. 29, 484, 947, 1128, 1173 BW Boek 8)

Art. 1195

Schadevergoedingsplicht opdrachtgever jegens verhuizer bij verhuisovereenkomst

Onverminderd afdeling 1 van Titel 4 van Boek 6 is de opdrachtgever verplicht de verhuizer de schade te vergoeden, geleden doordat deze zich als zaakwaarnemer inliet met de behartiging van de belangen van een rechthebbende op verhuisgoederen.
(Zie ook: artt. 6, 102 BW Boek 6; artt. 844, 951, 1129, 1181, 1714 BW Boek 8)

Art. 1196

Retentierecht verhuizer bij verhuisovereenkomst

De verhuizer heeft geen retentierecht op verhuisgoederen en documenten, die hij in verband met de verhuisovereenkomst onder zich heeft.
(Zie ook: artt. 30, 489, 954, 1131, 1194 BW Boek 8)

Art. 1197

Opslaan verhuisgoederen bij verhuisovereenkomst

1. Voor zover de opdrachtgever niet opkomt, weigert verhuisgoederen te ontvangen of deze niet met de vereiste spoed in ontvangst neemt, of voor zover op verhuisgoederen beslag is gelegd, is de verhuizer gerechtigd deze verhuisgoederen voor rekening en gevaar van de rechthebbende bij een derde op te slaan in een daarvoor geschikte bewaarplaats. Op zijn verzoek kan de rechter bepalen dat hij deze verhuisgoederen, desgewenst ook in het voor de verhuizing gebezigde voertuig, onder zichzelf kan houden of andere maatregelen daarvoor kan treffen. Hij is verplicht de opdrachtgever zo spoedig mogelijk op de hoogte te stellen.

2. De derde-bewaarnemer en de opdrachtgever zijn jegens elkaar verbonden, als ware de omtrent de bewaring gesloten overeenkomst mede tussen hen aangegaan. De bewaarnemer is echter niet gerechtigd tot afgifte dan na schriftelijke toestemming daartoe van hem, die de verhuisgoederen in bewaring gaf.
(Zie ook: art. 600 BW Boek 7; artt. 490, 955, 1132, 1173, 1194, 1198 BW Boek 8; art. 628 Rv)

Art. 1198

Machtiging tot verkoop verhuisgoederen bij verhuisovereenkomst

1. In geval van toepassing van artikel 1197 kan de verhuizer, de bewaarnemer dan wel de opdrachtgever door de rechter op zijn verzoek worden gemachtigd de verhuisgoederen geheel of gedeeltelijk op de door deze te bepalen wijze te verkopen.

2. De bewaarnemer is verplicht de verhuizer zo spoedig mogelijk van de voorgenomen verkoop op de hoogte te stellen; de verhuizer heeft deze verplichting jegens de opdrachtgever.

3. De opbrengst van het verkochte wordt in de consignatiekas gestort, voor zover zij niet strekt tot voldoening van de kosten van opslag en verkoop, alsmede, binnen de grenzen der redelijkheid, van de gemaakte kosten. Tenzij op de zaken beslag is gelegd voor een geldvordering, moet aan de verhuizer uit het in bewaring te stellen bedrag worden voldaan hetgeen hem verschuldigd is terzake van de verhuizing; voor zover deze vordering nog niet vaststaat, zal de opbrengst of een gedeelte daarvan op door de rechter te bepalen wijze tot zekerheid voor deze vordering strekken.

4. De in de consignatiekas gestorte opbrengst treedt in de plaats van de verhuisgoederen.
(Zie ook: artt. 51, 63, 67, 70 BW Boek 6; art. 600 BW Boek 7; artt. 491, 957, 1133, 1194, 1201, 1710 BW Boek 8; art. 632 Rv)

Art. 1199

Verplichtingen bij verlies/schade bij verhuisovereenkomst

Indien er zekerheid of vermoeden bestaat, dat er verlies of schade is, moeten de verhuizer en de opdrachtgever elkaar over en weer in redelijkheid alle middelen verschaffen om het onderzoek van de verhuisgoederen mogelijk te maken.
(Zie ook: artt. 493, 958, 1134 BW Boek 8)

Art. 1200

Recht opdrachtgever om opnieuw aflevering te verlangen bij verhuisovereenkomst

Indien binnen drie jaren nadat de verhuizer aan de opdrachtgever schadevergoeding heeft uitgekeerd terzake van het niet afleveren van verhuisgoederen, deze verhuisgoederen of enige daarvan alsnog onder de verhuizer blijken te zijn of te zijn gekomen, is de verhuizer verplicht de opdrachtgever van deze omstandigheid bij aangetekende brief op de hoogte te brengen en heeft de opdrachtgever gedurende dertig dagen na ontvangst van deze mededeling het recht tegen verrekening van de door hem ontvangen schadevergoeding opnieuw aflevering van deze verhuisgoederen te verlangen. Hetzelfde geldt, indien de verhuizer terzake van het niet afleveren geen schadevergoeding heeft uitgekeerd, met dien verstande dat de termijn van drie jaren begint

met de aanvang van de dag volgende op die, waarop de verhuisgoederen hadden moeten zijn afgeleverd.
(Zie ook: artt. 1137, 1201 BW Boek 8)

Art. 1201

Met betrekking tot verhuisgoederen, die de verhuizer onder zich heeft, doch ten aanzien waarvan hij niet meer uit hoofde van de verhuisovereenkomst tot aflevering is verplicht, is artikel 1198 van overeenkomstige toepassing met dien verstande, dat uit de opbrengst van het verkochte bovendien aan de verhuizer moet worden voldaan het bedrag, dat deze mogelijkerwijs voldeed terzake van zijn aansprakelijkheid wegens het niet nakomen van de op hem uit hoofde van de artikelen 1173 en 1174 rustende verplichtingen.
(Zie ook: art. 1138 BW Boek 8)

Schakelbepaling

Titel 14
Ongevallen

Afdeling 1
Gevaarlijke stoffen aan boord van een voertuig

Art. 1210

In deze afdeling wordt verstaan onder:

Begripsbepalingen

a. *"gevaarlijke stof"*: een stof die als zodanig bij algemene maatregel van bestuur is aangewezen; de aanwijzing kan worden beperkt tot bepaalde concentraties van de stof, tot bepaalde in de algemene maatregel van bestuur te omschrijven gevaren die aan de stof verbonden zijn, en tot bepaalde daarin te omschrijven situaties waarin de stof zich bevindt;

b. *"schade"*:
1°. schade veroorzaakt door dood of letsel van enige persoon veroorzaakt door een gevaarlijke stof;
2°. andere schade buiten het voertuig aan boord waarvan de gevaarlijke stof zich bevindt, veroorzaakt door die gevaarlijke stof, met uitzondering van verlies van of schade met betrekking tot andere voertuigen en zaken aan boord daarvan, indien die voertuigen deel uitmaken van een sleep, waarvan ook dit voertuig deel uitmaakt;
3°. de kosten van preventieve maatregelen en verlies of schade veroorzaakt door zulke maatregelen;

c. *"preventieve maatregel"*: iedere redelijke maatregel ter voorkoming of beperking van schade door wie dan ook genomen met uitzondering van de overeenkomstig deze afdeling aansprakelijke persoon nadat een gebeurtenis heeft plaatsgevonden;

d. *"gebeurtenis"*: elk feit of elke opeenvolging van feiten met dezelfde oorzaak, waardoor schade ontstaat of waardoor een ernstige en onmiddellijke dreiging van schade ontstaat;

e. *"exploitant"*: hij die de zeggenschap heeft over het gebruik van het voertuig aan boord waarvan de gevaarlijke stof zich bevindt. Hij aan wie een kenteken als bedoeld in artikel 36, eerste lid, van de Wegenverkeerswet 1994 is opgegeven, of, bij gebreke daarvan, de eigenaar van het voertuig, wordt aangemerkt als exploitant, tenzij hij bewijst dat ten tijde van de gebeurtenis een door hem bij name genoemde ander de zeggenschap over het gebruik van het voertuig had of dat op dat tijdstip een ander zonder zijn toestemming en zonder dat hij zulks redelijkerwijs kon voorkomen de zeggenschap over het gebruik van het voertuig had.
(Zie ook: art. 197 BW Boek 6; artt. 620, 1030, 1670 BW Boek 8; Uitv.besl. Agsm)

Art. 1211

1. Deze afdeling is niet van toepassing, indien de exploitant jegens degene die de vordering instelt, aansprakelijk is uit hoofde van een exploitatieovereenkomst of jegens deze persoon een beroep op een exploitatieovereenkomst heeft.

Werkingssfeer

2. Deze afdeling is van toepassing op de periode waarin een gevaarlijke stof zich in een voertuig bevindt, daaronder begrepen de periode vanaf het begin van de inlading van de gevaarlijke stof in het voertuig tot het einde van de lossing van die stof uit het voertuig.
3. Deze afdeling is niet van toepassing op schade veroorzaakt wanneer het voertuig uitsluitend wordt gebruikt op een niet voor publiek toegankelijk terrein en zulk gebruik een onderdeel vormt van een op dat terrein plaatsvindende bedrijfsuitoefening.
4. Op zich overeenkomstig het tweede lid aan boord bevindende stoffen als bedoeld in artikel 175 van Boek 6 is dat artikel niet van toepassing, tenzij zich het geval van het derde lid voordoet.
5. Onverminderd het in het derde lid bepaalde is deze afdeling van overeenkomstige toepassing op luchtkussenvoertuigen, waar ook gebruikt.
(Zie ook: artt. 621, 1031, 1671 BW Boek 8)

Art. 1212

1. Indien een gevaarlijke stof zich bevindt in een vervoermiddel dat zich aan boord van een voertuig bevindt zonder dat de gevaarlijke stof uit dit gestapelde vervoermiddel wordt gelost,

Gevaarlijke stoffen aan boord van gestapeld vervoermiddel

zal de gevaarlijke stof voor die periode geacht worden zich alleen aan boord van genoemd voertuig te bevinden.
2. Indien een gevaarlijke stof zich bevindt in een voertuig dat wordt voortbewogen door een ander voertuig, zal de gevaarlijke stof geacht worden zich alleen aan boord van het laatstgenoemde voertuig te bevinden.
3. Gedurende de handelingen bedoeld in artikel 1213, vijfde lid, onderdelen c, d en e, zal de gevaarlijke stof geacht worden:
a. in afwijking van het eerste lid, zich alleen aan boord van het gestapelde vervoermiddel te bevinden;
b. in afwijking van het tweede lid, zich alleen aan boord van eerstgenoemd voertuig te bevinden.
(Zie ook: artt. 622, 1032, 1672 BW Boek 8)

Art. 1213

Aansprakelijkheid exploitant bij gevaarlijke stoffen aan boord

1. Hij die ten tijde van een gebeurtenis exploitant is van een voertuig aan boord waarvan zich een gevaarlijke stof bevindt, is aansprakelijk voor de schade door die stof veroorzaakt ten gevolge van die gebeurtenis. Bestaat de gebeurtenis uit een opeenvolging van feiten met dezelfde oorzaak, dan rust de aansprakelijkheid op degene die ten tijde van het eerste feit exploitant was.
2. De exploitant is niet aansprakelijk indien:
a. de schade is veroorzaakt door een oorlogshandeling, vijandelijkheden, burgeroorlog, opstand of natuurgebeuren van uitzonderlijke, onvermijdelijke en onweerstaanbare aard;
b. de schade uitsluitend is veroorzaakt door een handelen of nalaten van een derde, niet zijnde een persoon genoemd in het vijfde lid, onderdeel *a*, geschied met het opzet de schade te veroorzaken;
c. de afzender of enige andere persoon niet heeft voldaan aan zijn verplichting hem in te lichten over de gevaarlijke aard van de stof, en noch de exploitant, noch de in het vijfde lid, onderdeel *a*, genoemde personen wisten of hadden behoren te weten dat deze gevaarlijk was.
3. Indien de exploitant bewijst dat de schade geheel of gedeeltelijk het gevolg is van een handelen of nalaten van de persoon die de schade heeft geleden, met het opzet de schade te veroorzaken, of van de schuld van die persoon, kan hij geheel of gedeeltelijk worden ontheven van zijn aansprakelijkheid tegenover die persoon.
4. De exploitant kan voor schade slechts uit anderen hoofde dan deze afdeling worden aangesproken in het geval van het tweede lid, onderdeel *c*, alsmede in het geval dat hij uit hoofde van een arbeidsovereenkomst kan worden aangesproken. In het geval van het tweede lid, onderdeel *c*, kan de exploitant deze aansprakelijkheid beperken als ware hij op grond van deze afdeling aansprakelijk.
5. Behoudens de artikelen 1214 en 1215 zijn voor schade niet aansprakelijk:
a. de ondergeschikten, vertegenwoordigers of lasthebbers van de exploitant;
b. ieder die ten behoeve van het voertuig werkzaamheden verricht;
c. zij die anders dan tegen een uitdrukkelijk en redelijk verbod vanwege het voertuig in hulp verlenen aan het voertuig, de zich aan boord daarvan bevindende zaken of personen,
d. zij die op aanwijzing van een bevoegde overheidsinstantie hulp verlenen aan het voertuig, de zich aan boord daarvan bevindende zaken of personen,
e. zij die preventieve maatregelen nemen met uitzondering van de exploitant,
f. de ondergeschikten, vertegenwoordigers of lasthebbers van de in dit lid, onderdelen *b, c, d* en *e*, van aansprakelijkheid vrijgestelde personen, tenzij de schade is ontstaan uit hun eigen handelen of nalaten, geschied hetzij met het opzet de schade te veroorzaken, hetzij roekeloos en met de wetenschap dat die schade er waarschijnlijk uit zou voortvloeien.
6. De exploitant heeft, voor zover niet anders is overeengekomen, verhaal op de in het vijfde lid bedoelde personen, doch uitsluitend indien dezen ingevolge het slot van dit lid voor de schade kunnen worden aangesproken.
(Zie ook: artt. 170, 172, 175 BW Boek 6; artt. 623, 1033, 1673 BW Boek 8)

Art. 1214

Aansprakelijkheid derde bij gevaarlijke stoffen aan boord

1. Indien de exploitant bewijst dat de gevaarlijke stof tijdens de periode bedoeld in artikel 1211, tweede lid, is geladen of gelost onder de uitsluitende verantwoordelijkheid van een door hem bij name genoemde ander dan de exploitant of zijn ondergeschikte, vertegenwoordiger of lasthebber, zoals de afzender of ontvanger, is de exploitant niet aansprakelijk voor de schade als gevolg van een gebeurtenis tijdens het laden of lossen van de gevaarlijke stof en is die ander voor deze schade aansprakelijk overeenkomstig deze afdeling.
2. Indien echter de gevaarlijke stof tijdens de periode bedoeld in artikel 1211, tweede lid, is geladen of gelost onder de gezamenlijke verantwoordelijkheid van de exploitant en een door de exploitant bij name genoemde ander, zijn de exploitant en die ander hoofdelijk aansprakelijk overeenkomstig deze afdeling voor de schade als gevolg van een gebeurtenis tijdens het laden of lossen van de gevaarlijke stof.
3. Indien is geladen of gelost door een persoon in opdracht of ten behoeve van de vervoerder of een ander, zoals de afzender of de ontvanger, is niet deze persoon, maar de vervoerder of die ander aansprakelijk.

4. Indien een ander dan de exploitant op grond van het eerste of het tweede lid aansprakelijk is, kan die ander geen beroep doen op artikel 1213, vierde lid en vijfde lid, onderdeel b.
5. Indien een ander dan de exploitant op grond van het eerste of het tweede lid aansprakelijk is, zijn ten aanzien van die ander de artikelen 1218 tot en met 1220 van overeenkomstige toepassing, met dien verstande dat in geval van hoofdelijke aansprakelijkheid:
a. de beperking van aansprakelijkheid als bepaald krachtens artikel 1218, eerste lid, geldt voor het geheel der naar aanleiding van eenzelfde gebeurtenis ontstane vorderingen gericht tegen beiden;
b. een fonds gevormd door één van hen overeenkomstig artikel 1219 wordt aangemerkt als door beiden te zijn gevormd en zulks ten aanzien van de vorderingen waarvoor het fonds werd gesteld.
6. In de onderlinge verhouding tussen de exploitant en de in het tweede lid van dit artikel genoemde ander is de exploitant niet tot vergoeding verplicht dan in geval van schuld van hemzelf of van zijn ondergeschikten, vertegenwoordigers of lasthebbers.
7. Dit artikel is niet van toepassing als tijdens de periode, bedoeld in artikel 1211, tweede lid, is geladen of gelost onder de uitsluitende of gezamenlijke verantwoordelijkheid van een persoon, genoemd in artikel 1213, vijfde lid, onderdeel c, d of e.
(Zie ook: artt. 624, 1034, 1674 BW Boek 8)

Art. 1215

Indien ingevolge artikel 1213, tweede lid, onderdeel c, de exploitant niet aansprakelijk is, is de afzender of andere persoon aansprakelijk overeenkomstig deze afdeling en zijn te diens aanzien de artikelen 1218 tot en met 1220 van overeenkomstige toepassing. De afzender of andere persoon kan geen beroep doen op artikel 1213, vierde lid. *(Zie ook: artt. 625, 1035, 1675 BW Boek 8)*	Aansprakelijkheid afzender bij gevaarlijke stoffen aan boord

Art. 1216

Indien schade veroorzaakt door de gevaarlijke stof redelijkerwijs niet kan worden gescheiden van schade anderszins veroorzaakt, zal de gehele schade worden aangemerkt als schade in de zin van deze afdeling. *(Zie ook: artt. 626, 1036, 1676 BW Boek 8)*	Scheiden van oorzaken bij gevaarlijke stoffen aan boord

Art. 1217

1. Wanneer door een gebeurtenis schade is veroorzaakt door gevaarlijke stoffen aan boord van meer dan één voertuig, dan wel aan boord van een voertuig of luchtkussenvoertuig en een zeeschip, een binnenschip of een spoorrijtuig, zijn de exploitanten van de daarbij betrokken voertuigen, de reder of de eigenaar van het daarbij betrokken zeeschip of het binnenschip en de exploitant van de spoorweg waarop de gebeurtenis met het daarbij betrokken spoorrijtuig plaatsvond, onverminderd het in artikel 1213, tweede en derde lid, en artikel 1214, afdeling 4 van titel 6, afdeling 4 van titel 11 en afdeling 4 van titel 19 bepaalde, hoofdelijk aansprakelijk voor alle schade waarvan redelijkerwijs niet kan worden aangenomen dat zij veroorzaakt is door gevaarlijke stoffen aan boord van één of meer bepaalde voertuigen, luchtkussenvoertuigen, zeeschip of binnenschip, of spoorrijtuig dat gebruikt werd op een bepaalde spoorweg. **2.** Het bepaalde in het eerste lid laat onverlet het beroep op beperking van aansprakelijkheid van de exploitant, reder of eigenaar krachtens deze afdeling, titel 7 of titel 12, dan wel de artikelen 1678 tot en met 1680, ieder tot het voor hem geldende bedrag. *(Zie ook: artt. 627, 1037, 1677 BW Boek 8)*	Hoofdelijke aansprakelijkheid bij gevaarlijke stoffen aan boord

Art. 1218

1. De exploitant kan zijn aansprakelijkheid per gebeurtenis beperken tot een bij of krachtens algemene maatregel van bestuur te bepalen bedrag of bedragen die verschillend kunnen zijn voor vorderingen ter zake van dood of letsel en andere vorderingen. **2.** De exploitant is niet gerechtigd zijn aansprakelijkheid te beperken indien de schade is ontstaan uit zijn eigen handelen of nalaten, geschied hetzij met het opzet die schade te veroorzaken, hetzij roekeloos en met de wetenschap dat die schade er waarschijnlijk uit zou voortvloeien. *(Zie ook: artt. 627, 1037, 1677 BW Boek 8; Uitv.besl. Agsm)*	Beperking bedrag aansprakelijkheid exploitant bij gevaarlijke stoffen aan boord

Art. 1219

Ten einde zich te kunnen beroepen op de in artikel 1218 bedoelde beperking van aansprakelijkheid moet de exploitant een fonds of fondsen vormen overeenkomstig artikel 1220. *(Zie ook: artt. 627, 1037, 1677 BW Boek 8)*	Vorming schadefonds(en) door exploitant bij gevaarlijke stoffen aan boord

Art. 1220

1. Hij die gebruik wenst te maken van de hem in artikel 1218 gegeven bevoegdheid tot beperking van zijn aansprakelijkheid, verzoekt een rechtbank die bevoegd is kennis te nemen van de vorderingen tot vergoeding van schade, het bedrag waartoe zijn aansprakelijkheid is beperkt, vast te stellen en te bevelen dat tot een procedure ter verdeling van dit bedrag zal worden overgegaan.	Vaststelling maximum bedrag aansprakelijkheid exploitant bij gevaarlijke stoffen aan boord

2. Op het verzoek en de procedure ter verdeling zijn de artikelen 642a, tweede tot en met vierde lid, 642b, 642c, 642e, eerste lid, 642f tot en met 642t, eerste lid, en 642u tot en met 642z van het Wetboek van Burgerlijke Rechtsvordering van overeenkomstige toepassing.
3. Indien het krachtens artikel 1218, eerste lid, bepaalde bedrag voor vorderingen ter zake van dood of letsel onvoldoende is voor volledige vergoeding van deze vorderingen, worden deze vorderingen in evenredigheid gekort en zal het krachtens artikel 1218, eerste lid, bepaalde bedrag voor andere vorderingen naar evenredigheid worden verdeeld onder die vorderingen en de vorderingen ter zake van dood of letsel, voor zover deze onvoldaan zouden zijn.
4. De vorderingen van de exploitant ter zake van door hem vrijwillig en binnen de grenzen der redelijkheid gedane uitgaven en gebrachte offers ter voorkoming of beperking van schade staan in rang gelijk met andere vorderingen op het krachtens artikel 1218, eerste lid, bepaalde bedrag voor andere vorderingen dan die ter zake van dood of letsel.
(Zie ook: artt. 627, 1037, 1677 BW Boek 8)

V
Luchtrecht

Titel 15
Het luchtvaartuig

Afdeling 1
Rechten op luchtvaartuigen

Art. 1300
Begripsbepalingen In deze titel wordt verstaan onder:
a. het Verdrag van Genève: het op 19 juni 1948 te Genève tot stand gekomen Verdrag betreffende de internationale erkenning van rechten op luchtvaartuigen (Trb. 1952, 86);
b. Verdragsstaat: een staat waarvoor het Verdrag van Genève van kracht is;
c. verdragsregister: een buiten Nederland gehouden register als bedoeld in artikel I, eerste lid, onder ii, van het Verdrag van Genève;
d. de openbare registers: de openbare registers, bedoeld in afdeling 2 van titel 1 van Boek 3.
(Zie ook: art. 287 BW Boek 3; art. 1576 BW Boek 7A; artt. 3a, 191, 781 BW Boek 8; artt. 584a, 729 Rv; art. 59a FW)

Art. 1301
Werkingssfeer De in deze afdeling aan de eigenaar opgelegde verplichtingen rusten, indien het luchtvaartuig toebehoort aan meer personen, aan een vennootschap onder firma, aan een commanditaire vennootschap of aan een rechtspersoon, mede op iedere mede-eigenaar, beherende vennoot of bestuurder.
(Zie ook: artt. 44, 129, 239, 291 BW Boek 2; artt. 192, 782 BW Boek 8; art. 447a WvSr)

Art. 1302
[Vervallen]

Art. 1303
Teboekstelling van lucht-vaartuig 1. Teboekstelling is slechts mogelijk indien
a. het luchtvaartuig een Nederlands luchtvaartuig is in de zin van de Wet luchtvaart, en
b. het luchtvaartuig ten minste een bij algemene maatregel van bestuur vastgesteld gewicht heeft.
2. Teboekstelling is niet mogelijk van een luchtvaartuig dat reeds teboekstaat in de openbare registers, in een verdragsregister of in enig soortgelijk buitenlands register.
3. In afwijking van het tweede lid is teboekstelling van een in een verdragsregister of in enig soortgelijk register teboekstaand luchtvaartuig mogelijk, wanneer de eigenaar de eigendom van het luchtvaartuig heeft verkregen door toewijzing na een executie, welke in Nederland heeft plaatsgevonden.
4. De teboekstelling wordt verzocht door de eigenaar van het luchtvaartuig. Hij moet daarbij ter inschrijving overleggen een door hem ondertekende verklaring, dat naar zijn beste weten het luchtvaartuig voor teboekstelling vatbaar is. Deze verklaring behoeft de goedkeuring van de rechter.
(Zie ook: art. 389ter WvSr)
5. De teboekstelling in de openbare registers heeft geen rechtsgevolg, wanneer aan de vereisten van de voorgaande leden van dit artikel niet is voldaan.
6. Bij het verzoek tot teboekstelling wordt woonplaats gekozen in Nederland. Deze woonplaats wordt in het verzoek tot teboekstelling vermeld en kan door een andere in Nederland gelegen woonplaats worden vervangen.
(Zie ook: artt. 10, 15 BW Boek 2; artt. 194, 784 BW Boek 8; artt. 4, 624 Rv; IIV&W; Maatr. lv 1996)

Art. 1304
1. De teboekstelling wordt slechts doorgehaald *Doorhaling teboekstelling van luchtvaartuig*
a. op verzoek van degene die in de openbare registers als eigenaar vermeld staat;
b. op aangifte van de eigenaar of ambtshalve
1°. als het luchtvaartuig heeft opgehouden als zodanig te bestaan;
2°. als van het luchtvaartuig gedurende twee maanden na het laatste vertrek geen tijding is ontvangen, zonder dat dit aan een algemene storing in de berichtgeving kan worden geweten;
3°. als het luchtvaartuig niet of niet meer de hoedanigheid van Nederlands luchtvaartuig heeft;
4°. als het luchtvaartuig, na een executie in een Verdragsstaat buiten Nederland, welke plaatsvond overeenkomstig het Verdrag van Genève, in een verdragsregister teboekstaat.
2. In de in het eerste lid, onder b, genoemde gevallen is de eigenaar van het luchtvaartuig tot het doen van aangifte verplicht binnen drie maanden nadat de reden tot doorhaling zich heeft voorgedaan.
3. Wanneer ten aanzien van het luchtvaartuig inschrijvingen of voorlopige aantekeningen ten gunste van derden bestaan, geschiedt, behalve in het geval, genoemd in het eerste lid, onderdeel b, onder 4°, doorhaling slechts wanneer geen dezer derden zich daartegen verzet.
4. Doorhaling geschiedt slechts na op verzoek van de meest gerede partij verleende machtiging van de rechter.
(Zie ook: artt. 195, 786 BW Boek 8; art. 624 Rv; art. 447a WvSr)

Art. 1305
De enige zakelijke rechten waarvan een in de openbare registers teboekstaand luchtvaartuig *Zakelijke rechten van luchtvaartuig*
het voorwerp kan zijn, zijn de eigendom, de hypotheek en de zakelijke rechten, bedoeld in de artikelen 1308 en 1309.
(Zie ook: art. 227 BW Boek 3; art. 1 BW Boek 5; artt. 197, 788 BW Boek 8; art. 24 Kadw)

Art. 1306
1. Een in de openbare registers teboekstaand luchtvaartuig is een registergoed. *Registergoed van luchtvaartuig*
2. Bij de toepassing van artikel 301 van Boek 3 ter zake van akten die op de voet van artikel 89, eerste en vierde lid, van Boek 3 zijn bestemd voor de levering van zodanig luchtvaartuig, kan de in het eerstgenoemde artikel bedoelde uitspraak van de Nederlandse rechter niet worden ingeschreven, zolang zij niet in kracht van gewijsde is gegaan.
(Zie ook: artt. 199, 790 BW Boek 8)

Art. 1307
Eigendom en hypotheek op een teboekstaand luchtvaartuig worden door een bezitter te goeder *Eigendom en hypotheek van luchtvaartuig*
trouw verkregen door een onafgebroken bezit van vijf jaren.
(Zie ook: artt. 201, 791 BW Boek 8)

Art. 1308
Op een teboekstaand luchtvaartuig kan een zakelijk recht worden gevestigd, bestaande in het *Koop van teboekstaand luchtvaartuig*
recht van de houder van het luchtvaartuig om na betaling van een zeker bedrag of na vervulling van enige andere voorwaarde de eigendom daarvan krachtens een door hem reeds gesloten of nog te sluiten koopovereenkomst te verkrijgen. In de notariële akte bestemd voor de vestiging van dit recht, wordt duidelijk het aan dit recht onderworpen luchtvaartuig vermeld.
(Zie ook: art. 1305 BW Boek 8; art. 584p Rv)

Art. 1309
1. Op een teboekstaand luchtvaartuig kan een zakelijk recht worden gevestigd, bestaande in *Huur van luchtvaartuig*
het recht van de houder tot gebruik van het luchtvaartuig uit een huurovereenkomst die voor ten minste zes maanden is gesloten. In de notariële akte bestemd voor de vestiging van dit recht, wordt duidelijk het aan dit recht onderworpen luchtvaartuig vermeld.
2. De huurovereenkomst geldt als titel voor de vestiging. Indien de huurovereenkomst in een notariële akte is neergelegd, die aan de eisen voor een akte van levering voldoet, geldt deze akte als akte van levering.
3. Op een huurovereenkomst ter zake van een teboekstaand luchtvaartuig is artikel 226 van Boek 7 niet van toepassing.
(Zie ook: art. 1305 BW Boek 8; art. 584p Rv)

Art. 1310
Onverminderd het bepaalde in artikel 260, eerste lid, van Boek 3 wordt in de notariële akte *Vermelding hypotheek in notariële akte van luchtvaartuig*
waarbij hypotheek wordt verleend op een teboekstaand luchtvaartuig, duidelijk het aan de hypotheek onderworpen luchtvaartuig vermeld.
(Zie ook: artt. 202, 792 BW Boek 8; art. 24 Kadw; art. 59a FW)

Art. 1311
De door hypotheek gedekte vordering neemt rang na de vorderingen, genoemd in de artikelen *Voorrang hypotheekvordering van luchtvaartuig*
1315 en 1317, doch vóór alle andere vorderingen waaraan bij deze of enige andere wet een voorrecht is toegekend.
(Zie ook: artt. 21, 279 BW Boek 3; artt. 204, 794 BW Boek 8)

Art. 1312
Werkingssfeer — Indien de vordering rente draagt, strekt de hypotheek mede tot zekerheid voor de renten der hoofdsom, vervallen gedurende de laatste drie jaren voorafgaand aan het begin van de uitwinning en gedurende de loop hiervan. Artikel 263 van Boek 3 is niet van toepassing.
(Zie ook: artt. 205, 795 BW Boek 8)

Art. 1313
Toepasselijkheid art. 177 Boek 3 BW bij luchtvaartuig — Op hypotheek op een aandeel in een teboekstaand luchtvaartuig is artikel 177 van Boek 3 niet van toepassing; de hypotheek blijft na vervreemding of toedeling van het luchtvaartuig in stand.
(Zie ook: artt. 206, 796 BW Boek 8)

Art. 1314
Toepasselijkheid Boek 3 BW en artt. 544-548 Rv bij teboekstaand luchtvaartuig — Op een hypotheek op een teboekstaand luchtvaartuig zijn de artikelen 234, 261, 264, 265, 266 en 268-273 van Boek 3 en de artikelen 544-548 van het Wetboek van Burgerlijke Rechtsvordering niet van toepassing.
(Zie ook: artt. 207, 797 BW Boek 8)

Afdeling 2
Voorrechten op luchtvaartuigen

Art. 1315
Voorrang kosten bij uitwinning van luchtvaartuig — In geval van uitwinning van een luchtvaartuig dat teboekstaat in de openbare registers of in een verdragsregister, worden de kosten van uitwinning, de kosten van bewaking tijdens deze uitwinning, de kosten na het beslag gemaakt tot behoud van het luchtvaartuig, daaronder begrepen de kosten van herstellingen die onontbeerlijk waren voor het behoud daarvan, alle andere kosten in het belang van de schuldeisers gemaakt tijdens de executie, alsmede de kosten van de gerechtelijke rangregeling en verdeling van de opbrengst onder de schuldeisers uit de opbrengst van de verkoop voldaan boven alle andere vorderingen waaraan bij deze of enige andere wet een voorrecht is toegekend.
(Zie ook: art. 278 BW Boek 3; artt. 210, 820, 1311, 1317 BW Boek 8)

Art. 1316
Schakelbepaling — Artikel 292 van Boek 3 en de artikelen 60, tweede lid, eerste zin, derde lid en vierde lid, en 299b, derde tot en met vijfde lid, van de Faillissementswet zijn niet van toepassing op luchtvaartuigen die teboekstaan in de openbare registers of in een verdragsregister.
(Zie ook: artt. 210a, 810a BW Boek 8)

Art. 1317
Bijzondere voorrechten bij luchtvaartuig — 1. Boven alle andere vorderingen waaraan bij deze of enige andere wet een voorrecht is toegekend zijn, behoudens artikel 1315, op een luchtvaartuig dat op het tijdstip van het ontstaan van de hierna genoemde vorderingen teboekstaat in de openbare registers of in een verdragsregister, bevoorrecht:
a. de vorderingen tot betaling van hulploon voor aan het luchtvaartuig verleende hulp;
b. de vorderingen tot betaling van buitengewone kosten, noodzakelijk voor het behoud van het luchtvaartuig.
2. Het eerste lid geldt slechts indien de hulp of de handeling tot behoud is beëindigd in Nederland of in een Verdragsstaat welks wetgeving aan de vorderingen, ontstaan vanwege deze handelingen, een voorrecht met zaaksgevolg toekent.
3. Artikel 284 van Boek 3 is niet van toepassing.
(Zie ook: art. 278 BW Boek 3; artt. 211, 821, 1311, 1318, 1319, 1320 BW Boek 8; art. 92 Kadw; artt. 59a, 299 FW)

Art. 1318
Rangorde bijzondere voorrechten bij luchtvaartuig — De bevoorrechte vorderingen, genoemd in artikel 1317, nemen onderling rang naar de omgekeerde volgorde van de tijdstippen waarop de gebeurtenissen plaatsvonden, waardoor zij ontstonden.
(Zie ook: artt. 213, 823 BW Boek 8)

Art. 1319
Behoud voorrecht schuldeiser bij luchtvaartuig — De schuldeiser die een voorrecht heeft op grond van artikel 1317, vervolgt zijn recht op het luchtvaartuig, in wiens handen dit zich ook bevinde.
(Zie ook: art. 48 BW Boek 3; artt. 215, 825 BW Boek 8)

Art. 1320
Tenietgaan verleende voorrechten bij luchtvaartuig — 1. De krachtens deze afdeling op een luchtvaartuig verleende voorrechten gaan teniet door verloop van drie maanden, tenzij binnen die termijn het voorrecht is ingeschreven in de openbare registers of het verdragsregister waarin het luchtvaartuig teboekstaat, en bovendien het bedrag der vordering in der minne is vastgesteld dan wel langs gerechtelijke weg erkenning van het voorrecht en deszelfs omvang is gevorderd.
2. In geval van executoriale verkoop gaan de voorrechten mede teniet op het tijdstip waarop het proces-verbaal van verdeling wordt gesloten.

3. De in het eerste lid genoemde termijn begint met de aanvang van de dag volgende op die, waarop de hulpverlening of de handeling tot behoud waardoor de vordering is ontstaan, is beëindigd.
4. Voorrechten als bedoeld in artikel 1317 kunnen worden ingeschreven in de openbare registers. Artikel 24, eerste lid, van Boek 3 is niet van toepassing.
(Zie ook: art. 279 BW Boek 3; artt. 217, 827 BW Boek 8; art. 32 Kadw)

Afdeling 3
Slotbepaling

Art. 1321
Behoeven de in deze titel geregelde onderwerpen in het belang van een goede uitvoering van de wet nadere regeling, dan geschiedt dit bij of krachtens algemene maatregel van bestuur, onverminderd de bevoegdheid tot regeling krachtens de Kadasterwet.
(Zie ook: artt. 231, 841 BW Boek 8; art. 447a WvSr; IIV&W)

Nadere regels

Titel 16
Exploitatie

Afdeling 1
Algemene bepalingen

Art. 1340
Op de exploitatie van een luchtvaartuig zijn, onverminderd de artikelen 1360, eerste lid, en 1402, eerste lid, de artikelen 361 tot en met 366 van overeenkomstige toepassing met dien verstande dat ook hij van wiens hulp de vervoerder bij de uitvoering van zijn verbintenis gebruik maakte, mits hij handelde in de werkzaamheden waartoe hij werd gebruikt, een beroep kan doen op artikel 365.
(Zie ook: art. 76 BW Boek 6)

Schakelbepaling

Art. 1341
In deze titel wordt, voor zover het betreft vervoer van personen en bagage, onder een luchtvaartuig tevens een luchtkussenvoertuig verstaan.
(Zie ook: art. 1 BW Boek 8)

Gelijkstelling luchtkussenvoertuig bij exploitatie luchtvoertuig

Art. 1342
In deze titel wordt onder aangegeven bagage verstaan de bagage die door of namens de reiziger, voordat hij zijn luchtreis onderneemt, aan de vervoerder ten vervoer wordt overhandigd.
(Zie ook: artt. 8, 1394, 1395 BW Boek 8)

Bagage bij exploitatie luchtvoertuig

Art. 1343
1. Verwijzingen in een vervoerdocument worden geacht slechts die bedingen daarin te voegen, die voor degene, jegens wie daarop een beroep wordt gedaan, duidelijk kenbaar zijn.
(Zie ook: art. 41 BW Boek 3; art. 231 BW Boek 6)
2. Een dergelijk beroep is slechts mogelijk voor hem, die op schriftelijk verlangen van degeen jegens wie dit beroep kan worden gedaan of wordt gedaan, aan deze onverwijld die bedingen heeft doen toekomen.
3. Nietig is ieder beding waarbij van het tweede lid van dit artikel wordt afgeweken.

Verwijzingen in vervoerdocument bij exploitatie luchtvoertuig

Dwingend recht

Art. 1344
Het luchtvervoer, achtereenvolgens door verschillende vervoerders te bewerkstelligen, wordt voor de toepassing van deze titel geacht een enkel luchtvervoer te vormen, wanneer het door de partijen als een enkele handeling is beschouwd, onverschillig of het in de vorm van een enkele overeenkomst dan wel in de vorm van een reeks van overeenkomsten is gesloten.

Werkingssfeer

Art. 1345
1. In deze titel wordt, behoudens het bepaalde in het vierde lid van dit artikel, onder de vervoerder mede verstaan de feitelijke vervoerder, met dien verstande dat de feitelijke vervoerder slechts onderworpen is aan de bepalingen van deze titel voor wat betreft het door hem verrichte deel van het vervoer.
(Zie ook: art. 76 BW Boek 6)
2. Onder feitelijk vervoerder wordt verstaan hij die zonder vervoerder of opvolgend vervoerder als bedoeld in de artikelen 1350, 1352, 1390, 1392 of 1420 te zijn, doch met diens toestemming, het gehele in deze titel bedoelde vervoer of een deel daarvan verricht.
3. De in het tweede lid bedoelde toestemming wordt vermoed te zijn verleend.
4. Een eigen handeling of nalaten van de vervoerder of een eigen handeling of nalaten van degenen van wier hulp hij bij de uitvoering van zijn verbintenis gebruik maakte, mits gepleegd in de werkzaamheden waartoe zij werden gebruikt, kan niet leiden tot een aansprakelijkheid van de feitelijke vervoerder groter dan de in of krachtens de artikelen 1359, 1399 en 1400 vastgestelde aansprakelijkheid. Een door de vervoerder aangegaan beding dat zijn aansprakelijkheid

uitbreidt buiten deze titel of waarin deze afstand doet van enig hem door of krachtens deze titel toegekend recht of waarbij een bijzonder belang bij de aflevering wordt vastgesteld als bedoeld in artikel 1359, eerste lid, en 1400, tweede lid, bindt de feitelijke vervoerder uitsluitend indien hij heeft toegestemd in een dergelijk beding.

5. Opdrachten als bedoeld in artikel 1373 hebben slechts uitwerking als zij tot de vervoerder zijn gericht.

Art. 1346
Toepasselijkheid Europese verordening bij exploitatie luchtvoertuig

Afdeling 3 van deze titel is slechts van toepassing voorzover niet Verordening (EG) nr. 2027/97 van de Raad betreffende de aansprakelijkheid van luchtvervoerders bij ongevallen, zoals gewijzigd bij Verordening (EG) nr. 889/2002 van het Europees Parlement en de Raad van 13 mei 2002 (PbEG L140) van toepassing is.

Art. 1347
Rekeneenheid bij exploitatie luchtvoertuig

De rekeneenheid, genoemd in deze titel, is het bijzondere trekkingsrecht, zoals dat is omschreven door het Internationale Monetaire Fonds. De bedragen in deze titel genoemd worden omgerekend in euro's naar de koers van de dag van betaling, danwel, bij een ter zake gerechtelijke procedure, naar die van de dag van de uitspraak. De waarde in euro's, uitgedrukt in bijzondere trekkingsrechten, wordt berekend volgens de waarderingsmethode die door het Internationale Monetaire Fonds op de dag van omrekening wordt toegepast voor zijn eigen verrichtingen en transacties.

Afdeling 2
Overeenkomst van goederenvervoer door de lucht

Art. 1350
Vervoerovereenkomst bij goederenvervoer door de lucht

1. De overeenkomst van goederenvervoer in de zin van deze titel is de overeenkomst van goederenvervoer, al dan niet tijd- of reisbevrachting zijnde, waarbij de ene partij (de vervoerder) zich tegenover de andere partij (de afzender) verbindt aan boord van een luchtvaartuig zaken uitsluitend door de lucht te vervoeren.
(Zie ook: artt. 370, 890, 1092, 1390 BW Boek 8)

Poststukken bij goederenvervoer door de lucht

2. Deze afdeling is niet van toepassing op overeenkomsten tot het vervoeren van postzendingen door of in opdracht van de verlener van de universele postdienst, bedoeld in de Postwet 2009 of onder een internationale postovereenkomst. Onder voorbehoud van artikel 1395 is deze afdeling niet van toepassing op overeenkomsten tot het vervoer van bagage.

Art. 1351
Tijdvak bij goederenvervoer door de lucht

1. Vervoer door de lucht omvat de tijd dat de zaken zich onder de hoede van de vervoerder bevinden.
(Zie ook: artt. 1391, 1394, 1395, 1406 BW Boek 8)

2. Het vervoer door de lucht omvat niet enig vervoer te land, ter zee of op de binnenwateren, bewerkstelligd buiten een luchthaven. Wanneer zodanig vervoer echter plaats heeft ter uitvoering van de luchtvervoerovereenkomst in verband met het inladen, de aflevering of de overlading, wordt schade vermoed het gevolg te zijn van een voorval tijdens het luchtvervoer. Wanneer een vervoerder, zonder toestemming van de afzender, het vervoer dat tussen de partijen is overeengekomen als luchtvervoer geheel of gedeeltelijk vervangt door een andere wijze van vervoer, wordt deze andere wijze van vervoer geacht deel uit te maken van het tijdvak van het luchtvervoer.

Art. 1352
Tijd-/reisbevrachting bij goederenvervoer door de lucht

Tijd- of reisbevrachting in de zin van deze afdeling is de overeenkomst van goederenvervoer, waarbij de vervoerder (de vervrachter) zich verbindt tot vervoer aan boord van een luchtvaartuig, dat hij daartoe, anders dan bij een overeenkomst waarbij de ene partij zich verbindt een luchtvaartuig ter beschikking te stellen van haar wederpartij zonder daarover nog enige zeggenschap te houden, geheel of gedeeltelijk en al dan niet op tijdbasis (tijdbevrachting of reisbevrachting) ter beschikking houdt van de afzender (de bevrachter).
(Zie ook: artt. 373, 972, 1144, 1365, 1392 BW Boek 8)

Art. 1353
Verplichtingen vervoerder bij goederenvervoer door de lucht

1. De vervoerder is verplicht ten vervoer ontvangen zaken ter bestemming af te leveren en wel in de staat waarin hij deze heeft ontvangen.
(Zie ook: artt. 21, 378, 895, 1095, 1173, 1356 BW Boek 8)

Aansprakelijkheid vervoerder

2. De vervoerder is niet aansprakelijk, voorzover hij bewijst dat de schade uitsluitend het gevolg is van één of meer van de volgende omstandigheden:
a. de aard of een eigen gebrek van de zaken;
b. gebrekkige verpakking van de zaken door een ander dan de vervoerder of degenen, van wier hulp hij bij de uitvoering van zijn verbintenis gebruik maakte;
c. een oorlogshandeling of een gewapend conflict;
d. een overheidsdaad verricht in verband met de invoer, uitvoer of doorvoer van de zaken.

Art. 1354
1. De vervoerder is verplicht ten vervoer ontvangen zaken zonder vertraging te vervoeren.
(Zie ook: art. 76 BW Boek 6; artt. 108, 981, 1340, 1345, 1356, 1396 BW Boek 8)
2. De vervoerder is niet aansprakelijk voor schade voortvloeiend uit vertraging, indien hij en degenen van wier hulp hij bij de uitvoering van zijn verbintenis gebruik maakte, alle maatregelen hebben genomen, die redelijkerwijs gevergd konden worden om de schade te vermijden of het hem en hun onmogelijk was die maatregelen te nemen.

Vertraging bij goederenvervoer door de lucht

Art. 1355
1. Indien de vervoerder bewijst dat schuld of nalatigheid van de persoon die schadevergoeding vordert of van de persoon aan wie hij zijn rechten ontleent, de schade heeft veroorzaakt of daartoe heeft bijgedragen, is de vervoerder geheel of gedeeltelijk ontheven van zijn aansprakelijkheid jegens die persoon voorzover die schuld of nalatigheid de schade heeft veroorzaakt of daartoe heeft bijgedragen.
(Zie ook: art. 101 BW Boek 6; artt. 83, 109, 513, 1155, 1397 BW Boek 8)
2. Dit artikel is van toepassing op alle aansprakelijkheidsbepalingen in deze afdeling.

Uitsluiting aansprakelijkheid vervoerder bij goederenvervoer door de lucht

Schakelbepaling

Art. 1356
Elk beding, strekkende om de vervoerder te ontheffen van zijn aansprakelijkheid uit hoofde van deze afdeling of om een lagere grens van aansprakelijkheid vast te stellen dan die welke krachtens deze afdeling is bepaald, is nietig, doch de nietigheid van dit beding heeft niet de nietigheid ten gevolge van de overeenkomst die onderworpen blijft aan deze titel.
(Zie ook: art. 41 BW Boek 3; art. 1398 BW Boek 8)

Dwingend recht

Art. 1357
1. Voor zover de vervoerder aansprakelijk is wegens niet nakomen van de op hem uit hoofde van artikel 1353 of artikel 1354 rustende verplichtingen, heeft de afzender geen ander recht dan betaling te vorderen van een bedrag, dat wordt berekend met inachtneming van de waarde welke zaken als de ten vervoer ontvangene zouden hebben gehad zoals, ten tijde waarop en ter plaatse waar, zij zijn afgeleverd of zij hadden moeten zijn afgeleverd.
(Zie ook: artt. 387, 388, 903, 1103, 1180, 1395 BW Boek 8)
2. De in het eerste lid genoemde waarde wordt berekend naar de koers op de goederenbeurs of, wanneer er geen dergelijke koers is, naar de gangbare marktwaarde of, wanneer ook deze ontbreekt, naar de normale waarde van zaken van dezelfde aard en hoedanigheid.

Maximering bedrag aansprakelijkheid vervoerder bij goederenvervoer door de lucht

Art. 1358
Indien met betrekking tot een zaak een schadevergoeding uit hoofde van artikel 1377 is verschuldigd, wordt deze aangemerkt als een waardevermindering van die zaak.
(Zie ook: art. 198 BW Boek 6; artt. 389, 904, 1104, 1181, 1377, 1395 BW Boek 8)

Hoofdelijke verbondenheid bij goederenvervoer door de lucht

Art. 1359
1. Bij het luchtvervoer van zaken is de aansprakelijkheid van de vervoerder in geval van vernieling, verlies, beschadiging of vertraging beperkt tot een bij algemene maatregel van bestuur te bepalen bedrag of bedragen, zulks behoudens bijzondere verklaring omtrent belang bij de aflevering, gedaan door de afzender bij de afgifte van de zaken aan de vervoerder en tegen betaling van een mogelijkerwijs verhoogd tarief. In dat geval is de vervoerder verplicht te betalen tot het bedrag van de opgegeven som, tenzij hij bewijst dat deze het werkelijk belang van de afzender bij de aflevering te boven gaat.
(Zie ook: art. 76 BW Boek 6; art. 1399 BW Boek 8)
2. Bij vernieling, verlies, beschadiging of vertraging van een gedeelte van de zaken of van enig daarin opgenomen voorwerp wordt ter bepaling van de aansprakelijkheidsgrens van de vervoerder alleen in aanmerking genomen het totale gewicht van het betrokken collo of van de betrokken colli. Indien evenwel de vernieling, het verlies, de beschadiging of de vertraging van een gedeelte van de zaken of van enig daarin opgenomen voorwerp, de waarde van andere colli, gedekt door dezelfde luchtvrachtbrief of hetzelfde ontvangstbewijs of als die niet zijn uitgegeven, door dezelfde gegevens zoals die zijn vastgelegd in een ander middel bedoeld in artikel 1365, tweede lid, beïnvloedt, wordt het totale gewicht van deze colli in aanmerking genomen ter bepaling van de aansprakelijkheidsgrens.
3. Het eerste en het tweede lid zijn niet van toepassing op een eventuele aansprakelijkheid van de vervoerder voor de kosten van het geding met de partij tegen wie hij zich op deze bepalingen kan beroepen, inclusief rente, tenzij de vervoerder schriftelijk hetzij binnen een termijn van zes maanden na de datum van het voorval waardoor de schade werd veroorzaakt, hetzij vóór de aanvang van het proces, wanneer dit na die termijn is aanhangig gemaakt, een bedrag aan de eiser heeft aangeboden even groot als of groter dan het bedrag van de toegewezen schadevergoeding met uitsluiting van genoemde kosten van het geding.

Aansprakelijkheidsgrens vervoerder bij goederenvervoer door de lucht

Art. 1360
1. Indien een geding op grond van schade als bedoeld in deze afdeling aanhangig wordt gemaakt tegen een persoon van wiens hulp de vervoerder bij de uitvoering van zijn verbintenis gebruik maakte, zal deze, indien hij bewijst dat hij heeft gehandeld in de werkzaamheden waartoe hij

Aansprakelijkheidsgrens derde bij goederenvervoer door de lucht

werd gebruikt, zich kunnen beroepen op de aansprakelijkheidsgrens waarop de vervoerder zich krachtens artikel 1359 kan beroepen.
(Zie ook: artt. 76, 257 BW Boek 6; artt. 72, 365, 1340, 1402 BW Boek 8)
2. Het totale bedrag van de schadevergoeding, welke in dat geval van de vervoerder en de in het eerste lid bedoelde persoon kan worden verkregen, mag de in artikel 1359 vermelde grens niet overschrijden.

Art. 1361

Schadevergoedingsplicht afzender bij goederenvervoer door de lucht

De afzender is verplicht de vervoerder de schade te vergoeden die deze lijdt doordat de overeengekomen zaken, door welke oorzaak dan ook, niet op de overeengekomen plaats en tijd te zijner beschikking zijn.
(Zie ook: artt. 24, 391, 907, 1110, 1187 BW Boek 8)

Art. 1362

Opzegging vervoerovereenkomst door afzender bij goederenvervoer door de lucht

1. Alvorens zaken ter beschikking van de vervoerder zijn gesteld, is de afzender bevoegd de overeenkomst op te zeggen.
(Zie ook: artt. 25, 392, 908, 1111 BW Boek 8)

2. Zijn bij het verstrijken van de tijd, waarbinnen de zaken ter beschikking van de vervoerder moeten zijn gesteld, door welke oorzaak dan ook, in het geheel geen zaken ter beschikking van de vervoerder, dan is deze, zonder dat enige ingebrekestelling is vereist, bevoegd de overeenkomst op te zeggen.
3. Zijn bij het verstrijken van de in het tweede lid bedoelde tijd, door welke oorzaak dan ook, de overeengekomen zaken slechts gedeeltelijk ter beschikking van de vervoerder dan is deze, zonder dat enige ingebrekestelling is vereist, bevoegd de overeenkomst op te zeggen dan wel de reis te aanvaarden.
4. De opzegging geschiedt door een kennisgeving, waarvan de ontvangst duidelijk aantoonbaar is en de overeenkomst eindigt op het ogenblik van de ontvangst daarvan doch wat betreft gedeeltelijk ter beschikking gestelde zaken niet vóór het einde der vervoerperiode daarvan.
5. De afzender is verplicht de vervoerder de schade te vergoeden die deze lijdt tengevolge van de opzegging of van de aanvaarding van de reis.
6. Dit artikel is niet van toepassing ingeval van tijdbevrachting.

Art. 1363

Opzegging vervoerovereenkomst door wederpartij bij goederenvervoer door de lucht

1. Wanneer vóór of bij de aanbieding van de zaken aan de vervoerder omstandigheden aan de zijde van een van de partijen zich opdoen of naar voren komen, die haar wederpartij bij het sluiten van de overeenkomst niet behoefde te kennen, maar die, indien zij haar wel bekend waren geweest, redelijkerwijs voor haar grond hadden opgeleverd de vervoerovereenkomst niet of op andere voorwaarden aan te gaan, is deze wederpartij bevoegd de overeenkomst op te zeggen.
(Zie ook: artt. 248, 258 BW Boek 6; artt. 396, 912, 1116, 1193, 1407 BW Boek 8)
2. De opzegging geschiedt door een kennisgeving, waarvan de ontvangst duidelijk aantoonbaar is en de overeenkomst eindigt op het ogenblik van ontvangst daarvan.
3. Naar maatstaven van redelijkheid en billijkheid zijn partijen na opzegging van de overeenkomst verplicht elkaar de daardoor geleden schade te vergoeden.

Art. 1364

Schadevergoedingsplicht afzender bij goederenvervoer door de lucht

De afzender is verplicht de vervoerder de buitengewone schade te vergoeden, die materiaal dat hij deze ter beschikking stelde of zaken die deze ten vervoer ontving, dan wel de behandeling daarvan, de vervoerder berokkenden, behalve voor zover deze schade is veroorzaakt door een omstandigheid die voor rekening van de vervoerder komt; voor rekening van de vervoerder komen die omstandigheden, die in geval van beschadiging van door hem vervoerde zaken voor zijn rekening komen.
(Zie ook: art. 1117 BW Boek 8)

Art. 1365

Uitreiking luchtvrachtbrief bij goederenvervoer door de lucht

1. Bij het vervoer van zaken moet een luchtvrachtbrief worden uitgereikt, die in elk geval een aanduiding van het gewicht van de zending dient te bevatten.
(Zie ook: artt. 1352, 1359, 1367, 1368, 1371, 1372, 1376, 1411 BW Boek 8)
2. De uitreiking van een luchtvrachtbrief kan worden vervangen door het gebruik van ieder ander middel waardoor de gegevens betreffende het te verrichten vervoer worden vastgelegd. Indien van zodanig ander middel gebruik wordt gemaakt, reikt de vervoerder aan de afzender, op diens verzoek, een ontvangstbewijs uit dat identificatie van de zending mogelijk maakt en toegang geeft tot de door die andere middelen vastgelegde gegevens.
3. Indien nodig voor de vervulling van de formaliteiten van douane, politie en andere overheidsinstanties, kan van de afzender worden verlangd dat hij een document uitreikt dat de aard van de zaken aanduidt. Deze bepaling schept voor de vervoerder geen enkele verplichting, verbintenis of daaruit voortvloeiende aansprakelijkheid.
4. Het eerste lid geldt niet tussen partijen bij een bevrachting.

Art. 1366
1. De luchtvrachtbrief wordt door de afzender opgemaakt in drie oorspronkelijke exemplaren.
(Zie ook: artt. 528, 986, 1166, 1368, 1372 BW Boek 8)

2. Het eerste exemplaar bevat de vermelding «voor de vervoerder»; het wordt getekend door de afzender. Het tweede exemplaar bevat de vermelding «voor de afzender»; het wordt getekend door de afzender en de vervoerder. Het derde exemplaar wordt getekend door de vervoerder en door hem, na ontvangst van de zaken, aan de afzender overhandigd.

3. De handtekening van de vervoerder en die van de afzender kunnen worden gedrukt of vervangen door een stempel dan wel langs elektronische weg worden gezet.

4. Indien, op verzoek van de afzender, de vervoerder de luchtvrachtbrief opmaakt, wordt hij vermoed te handelen namens de afzender.

5. De artikelen 56, tweede lid, 75, eerste lid, en 186, eerste lid, van Boek 2 zijn niet van toepassing.

Exemplaren luchtvrachtbrief bij goederenvervoer door de lucht

Art. 1367
Wanneer er verscheidene colli zijn:
a. heeft de vervoerder het recht van de afzender te verlangen dat hij aparte luchtvrachtbrieven opmaakt;
b. heeft de afzender het recht van de vervoerder te verlangen dat hij aparte ontvangstbewijzen uitreikt, wanneer gebruik wordt gemaakt van de in artikel 1365, tweede lid, bedoelde middelen.
(Zie ook: artt. 1368, 1372 BW Boek 8)

Afzonderlijke luchtvrachtbrieven bij verscheidene colli bij goederenvervoer door de lucht

Art. 1368
Niet-inachtneming van de artikelen 1365 tot en met 1367 doet niet af aan het bestaan of de geldigheid van de vervoerovereenkomst, die desondanks onderworpen zal zijn aan de bepalingen van deze titel met inbegrip van die betreffende de beperking van de aansprakelijkheid.

Geldigheid vervoerovereenkomst bij goederenvervoer door de lucht

Art. 1369
1. De afzender staat in voor de juistheid van de bijzonderheden en verklaringen betreffende de zaken die door of namens hem in de luchtvrachtbrief zijn opgenomen of die door of namens hem aan de vervoerder zijn verstrekt voor opneming in het ontvangstbewijs of in de gegevens vastgelegd door de andere middelen bedoeld in artikel 1365, tweede lid. De vorige zin is eveneens van toepassing in het geval waarin de namens de afzender handelende persoon tevens namens de vervoerder handelt.
(Zie ook: artt. 411, 916, 1119, 1366 BW Boek 8)

2. De afzender is aansprakelijk voor alle schade die door de vervoerder of door enige andere persoon jegens wie de vervoerder aansprakelijk is, wordt geleden als gevolg van de onnauwkeurigheid, onjuistheid of onvolledigheid van de bijzonderheden en verklaringen die door of namens de afzender zijn verstrekt.

3. Behoudens het bepaalde in het eerste en tweede lid van dit artikel is de vervoerder aansprakelijk voor alle schade die door de afzender of door enige andere persoon jegens wie de afzender aansprakelijk is, wordt geleden als gevolg van de onnauwkeurigheid, onjuistheid of onvolledigheid van de bijzonderheden en verklaringen die door of namens de vervoerder zijn opgenomen in het ontvangstbewijs of in de gegevens vastgelegd door de andere middelen bedoeld in artikel 1365, tweede lid.

Aansprakelijkheid afzender voor juistheid luchtvrachtbrief bij goederenvervoer door de lucht

Art. 1370
1. De afzender is verplicht de vervoerder omtrent de zaken alsmede omtrent de behandeling daarvan tijdig al die opgaven te doen, waartoe hij in staat is of behoort te zijn en waarvan hij weet of behoort te weten dat zij voor de vervoerder van belang zijn, tenzij hij mag aannemen dat de vervoerder die gegevens kent.
(Zie ook: art. 76 BW Boek 6; artt. 20, 394, 395, 910, 1114, 1191, 1395 BW Boek 8)

2. De afzender is verplicht de inlichtingen en de documenten te verschaffen die vóór de aflevering van de zaken aan de geadresseerde nodig zijn om aan de formaliteiten inzake douane, politie of andere overheidsinstanties te voldoen. De afzender is jegens de vervoerder aansprakelijk voor alle schade die het gevolg is van het ontbreken, de onvolledigheid of de onnauwkeurigheid van die inlichtingen en documenten, behoudens in geval de schade is veroorzaakt door schuld van de vervoerder of van degenen van wier hulp hij bij de uitvoering van zijn verbintenis gebruik maakte.

3. De vervoerder is verplicht redelijke zorg aan te wenden dat de documenten, die in zijn handen zijn gesteld, niet verloren gaan of onjuist worden behandeld. Een door hem terzake verschuldigde schadevergoeding zal die, verschuldigd uit hoofde van de artikelen 1357, 1358 en 1359 in geval van verlies van de zaken, niet overschrijden.

4. De vervoerder is niet gehouden te onderzoeken of de hem gedane opgaven en de hem verschafte inlichtingen en documenten juist of voldoende zijn.

5. Is bij het verstrijken van de tijd, waarbinnen de zaken ter beschikking van de vervoerder moeten zijn gesteld, door welke oorzaak dan ook, niet of slechts gedeeltelijk voldaan aan de in het eerste lid bedoelde verplichting van de afzender of zijn bij het verstrijken van de tijd waar-

Informatieplicht afzender bij goederenvervoer door de lucht binnen de in het tweede lid bedoelde documenten en inlichtingen aanwezig moeten zijn, deze, door welke oorzaak dan ook, niet naar behoren aanwezig, dan zijn, behalve in geval van tijdbevrachting, het tweede, derde, vierde en vijfde lid van artikel 1362 van overeenkomstige toepassing.

Art. 1371

Bewijskracht luchtvrachtbrief/ontvangstbewijs bij goederenvervoer door de lucht

1. De luchtvrachtbrief of het ontvangstbewijs strekt, behoudens tegenbewijs, tot bewijs van het sluiten van de overeenkomst, van de ontvangst van de zaken en van de vervoervoorwaarden die erin worden vermeld.
(Zie ook: art. 1365 BW Boek 8)
2. Opgaven in de luchtvrachtbrief of het ontvangstbewijs betreffende het gewicht, de afmetingen en de verpakking van de zaken, als ook die betreffende het aantal colli, hebben kracht van bewijs behoudens tegenbewijs; die betreffende de hoeveelheid, de omvang en de toestand van de zaken strekken tegenover de vervoerder slechts tot bewijs, voor zover zij door deze juist zijn bevonden in tegenwoordigheid van de afzender en dit juist bevinden is vastgesteld in de luchtvrachtbrief of het ontvangstbewijs of indien het betreft opgaven omtrent de uiterlijke staat van de zaken.

Art. 1372

Schakelbepaling

De artikelen 1365, eerste, tweede en vierde lid, 1366 en 1367 zijn niet van toepassing op het vervoer, dat in bijzondere omstandigheden buiten elke normale uitoefening van het luchtvaartbedrijf plaats heeft.
(Zie ook: art. 1411 BW Boek 8)

Art. 1373

Beschikkingsrecht afzender bij goederenvervoer door de lucht

1. Onder voorwaarde dat hij al de uit de vervoerovereenkomst voortvloeiende verplichtingen nakomt, heeft de afzender het recht over de zaken te beschikken hetzij door deze op de luchthaven van vertrek of van bestemming terug te nemen, hetzij door deze tijdens de reis bij landing op te houden, hetzij door deze op de plaats van bestemming of tijdens de reis te doen afleveren aan een ander dan de oorspronkelijk aangewezen geadresseerde, hetzij door terugzending te vragen naar de luchthaven van vertrek, voor zover de uitoefening van dat recht geen nadeel toebrengt aan de vervoerder of aan de andere afzenders en met de verplichting de daaruit voortvloeiende kosten te vergoeden.
(Zie ook: artt. 1345, 1375, 1376 BW Boek 8)
2. Indien uitvoering van de opdrachten van de afzender onmogelijk is, moet de vervoerder hem daarvan onmiddellijk in kennis stellen.
3. Indien de vervoerder de opdrachten van de afzender inzake de beschikking over de zaken uitvoert zonder overlegging te vorderen van het aan deze uitgereikte exemplaar van de luchtvrachtbrief of het ontvangstbewijs, is hij, behoudens zijn recht van verhaal op de afzender, aansprakelijk voor de schade die daardoor veroorzaakt mocht worden aan de regelmatige houder van de luchtvrachtbrief of van het ontvangstbewijs.
4. Het recht van de afzender eindigt op het moment waarop dat van de geadresseerde overeenkomstig artikel 1374 begint. Indien evenwel de geadresseerde de zaken weigert, of indien hij niet kan worden bereikt, herkrijgt de afzender zijn beschikkingsrecht.

Art. 1374

Recht geadresseerde tot vordering aflevering bij goederenvervoer door de lucht

1. Tenzij de afzender het hem ingevolge artikel 1373 toekomende recht heeft uitgeoefend, heeft de geadresseerde het recht onmiddellijk na aankomst van de zaken op de plaats van bestemming van de vervoerder aflevering van de zaken te vorderen tegen betaling van de verschuldigde bedragen en onder naleving van de vervoervoorwaarden.
(Zie ook: artt. 1375, 1376 BW Boek 8)
2. Tenzij anders is bedongen, moet de vervoerder de geadresseerde onmiddellijk in kennis stellen van de aankomst van de zaken.
3. Indien het verlies van de zaken door de vervoerder wordt erkend, of indien de zaken na afloop van een termijn van zeven kalenderdagen, nadat zij hadden moeten aankomen, niet zijn aangekomen, is de geadresseerde gerechtigd de rechten die uit de overeenkomst voortvloeien, jegens de vervoerder geldend te maken.

Art. 1375

Rechten afzender/geadresseerde bij goederenvervoer door de lucht

De afzender en de geadresseerde kunnen alle rechten doen gelden die hun onderscheidenlijk in de artikelen 1373 en 1374 zijn toegekend, ieder op zijn eigen naam, onverschillig of zij handelen in hun eigen belang of dat van een ander, onder voorwaarde dat zij de door de vervoerovereenkomst opgelegde verplichtingen nakomen.
(Zie ook: art. 1376 BW Boek 8)

Art. 1376

Werkingssfeer

1. De artikelen 1373, 1374 en 1375 laten de verhouding tussen de afzender en de geadresseerde onderling en de verhouding van derden, die hun rechten ontlenen aan de afzender of de geadresseerde, onverlet.
(Zie ook: art. 1365 BW Boek 8)
2. Van de in het eerste lid genoemde artikelen kan alleen worden afgeweken door een uitdrukkelijke bepaling in de luchtvrachtbrief of in het ontvangstbewijs.

Art. 1377
Onverminderd afdeling 1 van Titel 4 van Boek 6 zijn de afzender en de geadresseerde hoofdelijk verbonden de vervoerder de schade te vergoeden, geleden doordat deze zich als zaakwaarnemer inliet met de behartiging van de belangen van een rechthebbende op ten vervoer ontvangen zaken.
(Zie ook: artt. 6, 198 BW Boek 6; artt. 488, 951, 1129, 1195, 1358, 1395 BW Boek 8)

Hoofdelijke verbondenheid bij goederenvervoer door de lucht

Art. 1378
1. De vervoerder is gerechtigd afgifte van zaken, die hij in verband met de vervoerovereenkomst onder zich heeft, te weigeren aan ieder, die uit anderen hoofde dan de vervoerovereenkomst recht heeft op aflevering van die zaken, tenzij op de zaken beslag is gelegd en uit de vervolging van dit beslag een verplichting tot afgifte aan de beslaglegger voortvloeit.
(Zie ook: art. 298 BW Boek 3; artt. 489, 954, 1131, 1395 BW Boek 8)
2. Het in het eerste lid aan de vervoerder toegekende recht komt hem niet toe jegens een derde, indien hij op het tijdstip dat hij de zaak ten vervoer ontving, reden had te twijfelen aan de bevoegdheid van de afzender jegens die derde hem de zaak ten vervoer ter beschikking te stellen.

Recht vervoerder om afgifte zaken te weigeren bij goederenvervoer door de lucht

Art. 1379
1. Voor zover hij die jegens de vervoerder recht heeft op aflevering van vervoerde zaken niet opkomt, weigert deze te ontvangen of deze niet met de vereiste spoed in ontvangst neemt, voor zover op zaken beslag is gelegd, alsmede indien de vervoerder gegronde redenen heeft aan te nemen dat hij die als gerechtigde opkomt desalniettemin tot de aflevering gerechtigd is, is de vervoerder gerechtigd deze zaken voor rekening en gevaar van de rechthebbende bij een derde op te slaan in een daarvoor geschikte bewaarplaats. Op zijn verzoek kan de rechter bepalen dat hij deze zaken onder zichzelf kan houden of andere maatregelen daarvoor kan treffen.
(Zie ook: art. 600 BW Boek 7; artt. 490, 955, 1132, 1395 BW Boek 8)
2. De derde-bewaarnemer en de ontvanger zijn jegens elkaar verbonden, als ware de omtrent de bewaring gesloten overeenkomst mede tussen hen aangegaan. De bewaarnemer is echter niet gerechtigd tot afgifte dan na schriftelijke toestemming daartoe van hem, die de zaken in bewaring gaf.
3. De vervoerder is verplicht voor rekening van de rechthebbende de afzender en tevens de ontvanger zo spoedig mogelijk door een kennisgeving, waarvan de ontvangst duidelijk aantoonbaar is, in kennis te stellen van de opslag en van de aanleiding daartoe.

Vervoerde zaken bij goederenvervoer door de lucht

Art. 1380
1. In geval van toepassing van artikel 1379 kan de vervoerder, de bewaarnemer dan wel hij, die jegens de vervoerder recht heeft op de aflevering, op zijn verzoek door de rechter worden gemachtigd de zaken geheel of gedeeltelijk op de door deze te bepalen wijze te verkopen.
(Zie ook: art. 67 BW Boek 6; artt. 491, 957, 1133, 1395 BW Boek 8)
2. De bewaarnemer is verplicht de vervoerder zo spoedig mogelijk van de voorgenomen verkoop op de hoogte te stellen; de vervoerder heeft deze verplichting jegens de afzender en jegens degene die jegens hem recht heeft op de aflevering van de zaken.
3. De opbrengst van het verkochte wordt in de consignatiekas gestort voor zover zij niet strekt tot voldoening van de kosten van opslag en verkoop alsmede, binnen de grenzen der redelijkheid, van de gemaakte kosten. Tenzij op de zaken beslag is gelegd voor een geldvordering, moet aan de vervoerder uit het in bewaring te stellen bedrag worden voldaan hetgeen hem verschuldigd is terzake van het vervoer; voor zover deze vorderingen nog niet vaststaan, zal de opbrengst of een gedeelte daarvan op door de rechter te bepalen wijze tot zekerheid voor deze vorderingen strekken.
4. De in de consignatiekas gestorte opbrengst treedt in de plaats van de zaken.

Machtiging tot verkoop zaak bij goederenvervoer door de lucht

Art. 1381
De kosten van sortering van de zaken, voor zover nodig voor de juiste aflevering, zijn voor rekening van de vervoerder.

Kosten sortering vervoerde zaken bij goederenvervoer door de lucht

Art. 1382
In geval van aanneming door de geadresseerde van de zaken zonder protest wordt vermoed dat deze in goede staat en in overeenstemming met het vervoerdocument of met de gegevens vastgelegd door de andere middelen bedoeld in artikel 1365, tweede lid, zijn afgeleverd.
(Zie ook: art. 414 BW Boek 8)

Afgeleverde zaken bij goederenvervoer door de lucht

Afdeling 3
Overeenkomst van personenvervoer door de lucht

Art. 1390
De overeenkomst van personenvervoer in de zin van deze titel is de overeenkomst van personenvervoer, al dan niet tijd- of reisbevrachting zijnde, waarbij de ene partij (de vervoerder)

Vervoerovereenkomst bij personenvervoer door de lucht

zich tegenover de andere partij verbindt aan boord van een luchtvaartuig een of meer personen (reizigers) en al dan niet hun bagage uitsluitend door de lucht te vervoeren.
(Zie ook: artt. 500, 970, 1140, 1350 BW Boek 8)

Art. 1391

Tijdperk bij personenvervoer door de lucht

Het tijdperk van het luchtvervoer van personen en hun niet aangegeven bagage omvat de tijd, dat de reiziger zich aan boord van het luchtvaartuig bevindt, alsmede de tijd van enige handeling verband houdend met het aan boord gaan en het verlaten van het luchtvaartuig.
(Zie ook: artt. 501, 1351, 1406 BW Boek 8)

Art. 1392

Tijd-/reisbevrachting bij personenvervoer door de lucht

Tijd- of reisbevrachting in de zin van deze afdeling is de overeenkomst van personenvervoer, waarbij de vervoerder (de vervrachter) zich verbindt tot vervoer aan boord van een luchtvaartuig dat hij daartoe, anders dan bij een overeenkomst waarbij de ene partij zich verbindt een luchtvaartuig ter beschikking te stellen van haar wederpartij zonder daarover nog enige zeggenschap te houden, in zijn geheel en al dan niet op tijdbasis (tijdbevrachting of reisbevrachting) ter beschikking stelt van zijn wederpartij (de bevrachter).
(Zie ook: artt. 502, 972, 1144, 1352 BW Boek 8)

Art. 1393

Aansprakelijkheid vervoerder bij dood/letsel reiziger bij personenvervoer door de lucht

De vervoerder is aansprakelijk voor schade veroorzaakt door dood of letsel van de reiziger, indien het ongeval dat de schade veroorzaakte, plaats vond tijdens de in artikel 1391 omschreven periode.
(Zie ook: artt. 105, 504, 974, 1147, 1399 BW Boek 8)

Art. 1394

Aansprakelijkheid vervoerder bij vernieling/verlies/beschadiging bagage bij personenvervoer door de lucht

1. De vervoerder is aansprakelijk voor schade veroorzaakt door vernieling, verlies of beschadiging van aangegeven bagage indien het voorval dat de schade veroorzaakte, plaats vond tijdens de in artikel 1351 omschreven periode. De vervoerder is evenwel niet aansprakelijk voorzover de schade voortvloeide uit de aard of het eigen gebrek van de bagage.
(Zie ook: art. 76 BW Boek 6; artt. 106, 505, 975, 976, 1342 BW Boek 8)
2. De vervoerder is aansprakelijk voor schade veroorzaakt door vernieling, verlies of beschadiging van niet aangegeven bagage, daaronder begrepen persoonlijke bezittingen, indien de schade voortvloeide uit zijn schuld of die van degenen van wier hulp hij bij de uitvoering van zijn verbintenis gebruik maakte.

Art. 1395

Schakelbepaling

1. Onverminderd deze afdeling zijn op het vervoer van aangegeven bagage de artikelen 1351, 1357, 1358, 1370, 1377, 1378, 1379 en 1380 van overeenkomstige toepassing.
(Zie ook: art. 1342 BW Boek 8)
2. Partijen hebben de vrijheid af te wijken van in het eerste lid op hun onderlinge verhouding toepasselijk verklaarde bepalingen.

Art. 1396

Aansprakelijkheid vervoerder bij vertraging bij personenvervoer door de lucht

1. De vervoerder is aansprakelijk voor schade voortvloeiende uit vertraging in het luchtvervoer.
(Zie ook: art. 76 BW Boek 6; artt. 108, 515, 981, 1340, 1354, 1398 BW Boek 8)

2. De vervoerder is niet aansprakelijk voor schade voorvloeiend uit vertraging, indien hij en degenen van wier hulp hij bij de uitvoering van zijn verbintenis gebruik maakte alle maatregelen hebben genomen, die redelijkerwijs gevergd konden worden om de schade te vermijden of het hem en hun onmogelijk was die maatregelen te nemen.

Art. 1397

Uitsluiting aansprakelijkheid vervoerder bij personenvervoer door de lucht

1. Indien de vervoerder bewijst dat schuld of nalatigheid van de persoon die schadevergoeding vordert of van de persoon aan wie hij zijn rechten ontleent, de schade heeft veroorzaakt of daartoe heeft bijgedragen, is de vervoerder geheel of gedeeltelijk ontheven van zijn aansprakelijkheid jegens die persoon voorzover die schuld of nalatigheid de schade heeft veroorzaakt of daartoe heeft bijgedragen.
(Zie ook: art. 101 BW Boek 6; artt. 83, 109, 513, 1155, 1355 BW Boek 8)
2. Indien schadevergoeding wordt gevorderd wegens dood of letsel van een reiziger door een ander dan die reiziger, is de vervoerder eveneens geheel of gedeeltelijk ontheven van zijn aansprakelijkheid voorzover hij bewijst dat de schuld of nalatigheid van die reiziger de schade heeft veroorzaakt of daartoe heeft bijgedragen.

Schakelbepaling

3. Dit artikel is van toepassing op alle aansprakelijkheidsbepalingen in deze afdeling, daaronder begrepen artikel 1399, eerste lid.

Art. 1398

Dwingend recht

1. Elk beding strekkende om de vervoerder te ontheffen van zijn aansprakelijkheid uit hoofde van deze afdeling of om een lagere grens van aansprakelijkheid vast te stellen dan die, welke krachtens deze afdeling is bepaald, is nietig, doch de nietigheid van dit beding heeft niet de nietigheid ten gevolge van de overeenkomst, die onderworpen blijft aan deze titel.

2. Deze bepaling laat artikel 1395, tweede lid, onverlet.
(Zie ook: art. 41 BW Boek 3; art. 1356 BW Boek 8)

Art. 1399
1. Voor schade bedoeld in artikel 1393 die een bij algemene maatregel van bestuur te bepalen bedrag of bedragen niet te boven gaat, kan de vervoerder zijn aansprakelijkheid niet beperken of uitsluiten.

Aansprakelijkheidsbeperking vervoerder bij schade bij personenvervoer door de lucht

2. De vervoerder is niet aansprakelijk voor schade bedoeld in artikel 1393 voorzover deze een bij algemene maatregel van bestuur te bepalen bedrag of bedragen te boven gaat, indien hij bewijst dat:
   a. de schade niet te wijten was aan de schuld of nalatigheid van hem of van degenen van wier hulp hij bij de uitvoering van zijn verbintenis gebruik maakte; of
   b. de schade uitsluitend te wijten was aan de schuld of nalatigheid van een derde.
3. Artikel 1359, derde lid, is van overeenkomstige toepassing.

Art. 1400
1. In geval van schade veroorzaakt door vertraging als bedoeld in artikel 1396 bij het vervoer van reizigers, is de aansprakelijkheid van de vervoerder beperkt tot een bij algemene maatregel van bestuur te bepalen bedrag of bedragen.

Aansprakelijkheidsbeperking vervoerder bij vertraging bij personenvervoer door de lucht

2. Bij het vervoer van bagage is de aansprakelijkheid van de vervoerder in geval van vernieling, verlies, beschadiging of vertraging beperkt tot een bij algemene maatregel van bestuur te bepalen bedrag of bedragen zulks behoudens bijzondere verklaring omtrent belang bij de aflevering gedaan door de reiziger bij de afgifte van de aangegeven bagage aan de vervoerder en tegen betaling van een mogelijkerwijs verhoogd tarief. In dat geval is de vervoerder verplicht te betalen tot het bedrag van de opgegeven som, tenzij hij bewijst dat deze het werkelijk belang van de reiziger bij de aflevering te boven gaat.
3. Artikel 1359, derde lid, is van overeenkomstige toepassing.

Schakelbepaling

Art. 1401
De in artikel 1400 vermelde aansprakelijkheidsgrenzen zijn niet van toepassing, indien wordt bewezen dat de schade het gevolg is van een eigen handeling of nalaten van de vervoerder of van enige persoon van wiens hulp hij bij de uitvoering van zijn verbintenis gebruik maakte, welke plaats vond hetzij met het opzet schade te veroorzaken, hetzij roekeloos en met de wetenschap, dat schade er waarschijnlijk uit zou voortvloeien; in geval van een eigen handeling of nalaten van een persoon als hiervoor bedoeld moet tevens worden bewezen dat deze handelde in de uitoefening van de werkzaamheden waartoe hij werd gebruikt.
(Zie ook: art. 76 BW Boek 6; artt. 111, 519, 984, 1158 BW Boek 8)

Schade door eigen handelen/nalaten vervoerder bij personenvervoer door de lucht

Art. 1402
1. Indien een geding op grond van schade als bedoeld in deze afdeling aanhangig wordt gemaakt tegen een persoon van wiens hulp de vervoerder bij de uitvoering van zijn verbintenis gebruik maakte, zal deze, indien hij bewijst dat hij in de werkzaamheden waartoe hij werd gebruikt heeft gehandeld, zich kunnen beroepen op de aansprakelijkheidsgrenzen waarop de vervoerder zich krachtens de artikelen 1399 en 1400 kan beroepen.
(Zie ook: art. 257 BW Boek 6; artt. 72, 365, 1360 BW Boek 8)

Aansprakelijkheidsgrens derde bij personenvervoer door de lucht

2. Het totale bedrag van de schadevergoeding, welke in dat geval van de vervoerder en de in het eerste lid bedoelde persoon kan worden verkregen, mag de in artikel 1399 en artikel 1400 vermelde grenzen niet overschrijden.
3. Het eerste en het tweede lid zijn niet van toepassing indien wordt bewezen dat de schade het gevolg is van een eigen handeling of nalaten van de in het eerste lid bedoelde persoon, welke plaats vond hetzij met het opzet schade te veroorzaken, hetzij roekeloos en met de wetenschap dat schade er waarschijnlijk uit zou voortvloeien.

Art. 1403
In geval van aan de reiziger overkomen letsel en van de dood van de reiziger zijn de artikelen 107 en 108 van Boek 6 niet toepassing op de vorderingen die de vervoerder als wederpartij van een andere vervoerder tegen deze laatste instelt.
(Zie ook: artt. 85, 521, 986, 1159 BW Boek 8)

Toepasselijkheid artt. 107 en 108 Boek 6 BW bij personenvervoer door de lucht

Art. 1404
De wederpartij van de vervoerder is verplicht deze de schade te vergoeden die hij lijdt doordat de reiziger, door welke oorzaak dan ook, niet tijdig ten vervoer aanwezig is.
(Zie ook: artt. 86, 522, 986, 1160 BW Boek 8)

Schadevergoedingsverplichtingen wederpartij bij personenvervoer door de lucht

Art. 1405
De wederpartij van de vervoerder is verplicht deze de schade te vergoeden die hij lijdt doordat de documenten met betrekking tot de reiziger, die van haar zijde voor het vervoer vereist zijn, door welke oorzaak dan ook, niet naar behoren aanwezig zijn.
(Zie ook: artt. 87, 532, 986, 1161 BW Boek 8)

Art. 1406

Schadevergoedingsplicht reiziger bij personenvervoer door de lucht

1. Onverminderd artikel 179 van Boek 6 is de reiziger verplicht de vervoerder de schade te vergoeden, die hij of zijn bagage heeft berokkend en zulks door het blote feit, dat de gebeurtenis, die de schade veroorzaakte, plaats vond gedurende de in artikel 1391 omschreven periode, of wat betreft aangegeven bagage de in artikel 1351 omschreven periode.
(Zie ook: art. 114 BW Boek 8)
2. De schade wordt aangemerkt het door de vervoerder naar zijn redelijk oordeel vast te stellen bedrag te belopen, maar indien de vervoerder meent dat de schade meer dan 227 euro beloopt, moet hij zulks bewijzen.

Art. 1407

Opzegging vervoerovereenkomst door vervoerder bij personenvervoer door de lucht

1. Wanneer vóór of tijdens het vervoer omstandigheden aan de zijde van de wederpartij van de vervoerder of de reiziger zich opdoen of naar voren komen, die de vervoerder bij het sluiten van de overeenkomst niet behoefde te kennen, maar die, indien zij hem wel bekend waren geweest, redelijkerwijs voor hem grond hadden opgeleverd de vervoerovereenkomst niet of op andere voorwaarden aan te gaan, is de vervoerder bevoegd de overeenkomst op te zeggen en de reiziger uit het luchtvaartuig te verwijderen.
(Zie ook: artt. 248, 258 BW Boek 6; artt. 88, 524, 986, 1162, 1363 BW Boek 8)
2. De opzegging geschiedt door een kennisgeving aan de wederpartij van de vervoerder of aan de reiziger en de overeenkomst eindigt op het ogenblik van ontvangst van de eerst ontvangen kennisgeving.
3. Naar maatstaven van redelijkheid en billijkheid zijn partijen na opzegging van de overeenkomst verplicht elkaar de daardoor geleden schade te vergoeden.

Art. 1408

Opzegging vervoerovereenkomst door wederpartij bij personenvervoer door de lucht

1. Wanneer vóór of tijdens het vervoer omstandigheden aan de zijde van de vervoerder zich opdoen of naar voren komen, die diens wederpartij bij het sluiten van de overeenkomst niet behoefde te kennen, maar die, indien zij haar wel bekend waren geweest, redelijkerwijs voor haar grond hadden opgeleverd de vervoerovereenkomst niet of op andere voorwaarden aan te gaan, is deze wederpartij van de vervoerder bevoegd de overeenkomst op te zeggen.
(Zie ook: artt. 248, 258 BW Boek 6; artt. 89, 525, 986, 1163 BW Boek 8)
2. De opzegging geschiedt door een kennisgeving en de overeenkomst eindigt op het ogenblik van ontvangst daarvan.
3. Naar maatstaven van redelijkheid en billijkheid zijn partijen na opzegging der overeenkomst verplicht elkaar de daardoor geleden schade te vergoeden.

Art. 1409

Beëindiging vervoerovereenkomst wegens niet tijdig terugkeren reiziger bij personenvervoer door de lucht

Wanneer de reiziger na het verlaten van het luchtvaartuig niet tijdig terugkeert, kan de vervoerder de overeenkomst beschouwen als op dat tijdstip te zijn geëindigd.
(Zie ook: artt. 526, 986, 1164 BW Boek 8)

Art. 1410

Recht tot opzegging vervoerovereenkomst door wederpartij bij personenvervoer door de lucht

1. De wederpartij van de vervoerder is steeds bevoegd de overeenkomst op te zeggen. Zij is verplicht de vervoerder de schade te vergoeden die deze ten gevolge van de opzegging lijdt.
(Zie ook: artt. 90, 527, 986, 1165 BW Boek 8)
2. Zij kan dit recht niet uitoefenen, wanneer daardoor de reis van het luchtvaartuig zou worden vertraagd.
3. De opzegging geschiedt door een kennisgeving en de overeenkomst eindigt op het ogenblik van ontvangst daarvan.

Art. 1411

Uitreiking vervoerovereenkomst bij personenvervoer door de lucht

1. Bij het vervoer van reizigers moet een individueel of collectief vervoersdocument worden uitgereikt.
(Zie ook: artt. 528, 986, 1166, 1365 BW Boek 8)
2. De uitreiking van het in het eerste lid bedoelde vervoersdocument kan worden vervangen door het gebruik van ieder ander middel waardoor de gegevens betreffende de reis worden vastgelegd. Indien van zodanig ander middel gebruik wordt gemaakt, biedt de vervoerder aan de aldus vastgelegde gegevens in schriftelijke vorm aan de reiziger uit te reiken.
3. De vervoerder reikt aan de reiziger een identificatielabel uit voor elk stuk aangegeven bagage.
4. Aan de reiziger wordt een schriftelijke mededeling verstrekt inhoudende dat wanneer deze titel van toepassing is hij de aansprakelijkheid van de vervoerders regelt en kan beperken ter zake van dood of letsel en in geval van vernieling, verlies of beschadiging van bagage, alsmede in geval van vertraging.
5. Niet-inachtneming van het bepaalde in de voorgaande leden doet niet af aan het bestaan en of de geldigheid van de vervoerovereenkomst, die desondanks onderworpen zal zijn aan de bepalingen van deze titel met inbegrip van die betreffende de beperking van de aansprakelijkheid.
6. Het eerste lid geldt niet tussen partijen bij een bevrachting.

7. De artikelen 56, tweede lid, 75, eerste lid, en 186, eerste lid, van Boek 2 zijn niet van toepassing. — Schakelbepaling

8. Dit artikel is niet van toepassing op het vervoer dat in bijzondere omstandigheden buiten elke normale uitoefening van het luchtvaartbedrijf plaats vindt. — Werkingssfeer

Art. 1412
De reiziger heeft het recht onmiddellijk na aankomst ter plaatse van zijn bestemming van de vervoerder te vorderen hem de bagage af te leveren.
(Zie ook: art. 1374 BW Boek 8) — Recht op vordering bagage bij personenvervoer door de lucht

Art. 1413
Onverminderd afdeling 1 van Titel 4 van Boek 6 is de wederpartij van de vervoerder verplicht de vervoerder de schade te vergoeden, geleden doordat deze zich als zaakwaarnemer inliet met de behartiging van de belangen van de reiziger met betrekking tot diens bagage.
(Zie ook: art. 198 BW Boek 6; artt. 1358, 1377, 1395 BW Boek 8) — Werkingssfeer

Art. 1414
In geval van aanneming door de reiziger van de aangegeven bagage zonder protest wordt vermoed dat deze in goede staat en in overeenstemming met de gegevens vastgelegd door de andere middelen bedoeld in artikel 1411, tweede lid, is afgeleverd.
(Zie ook: art. 1382 BW Boek 8) — Aanneming bagage bij personenvervoer door de lucht

Afdeling 4
Opvolgend vervoer

Art. 1420
1. In de gevallen dat het vervoer wordt beheerst door artikel 1344 en dat het bewerkstelligd moet worden achtereenvolgens door verschillende vervoerders, is elke vervoerder die reizigers, bagage of andere zaken aanneemt onderworpen aan de in deze titel gegeven bepalingen; hij wordt aangemerkt als één der partijen die de vervoerovereenkomst hebben gesloten voor zover die overeenkomst betrekking heeft op het deel van het vervoer, dat onder zijn toezicht is bewerkstelligd. — Aansprakelijkheid bij opvolgend luchtvervoer

2. In geval van zodanig vervoer hebben de reiziger of enige andere persoon die een van deze afgeleid recht heeft op schadevergoeding enkel verhaal op de vervoerder, die het vervoer heeft bewerkstelligd gedurende hetwelk het ongeval of de vertraging plaats vond, behalve in het geval dat de eerste vervoerder bij uitdrukkelijk beding de aansprakelijkheid voor het gehele vervoer op zich heeft genomen.

3. Indien het bagage en andere zaken betreft kan de reiziger respectievelijk de afzender de eerste vervoerder aanspreken; de reiziger of de geadresseerde die het recht op afgifte heeft of de reiziger heeft verhaal tegen de laatste vervoerder; zij kunnen daarenboven de vervoerder aanspreken die het vervoer heeft bewerkstelligd gedurende hetwelk de vernieling, het verlies, de beschadiging of de vertraging plaats had. Deze vervoerders zijn hoofdelijk aansprakelijk tegenover de reiziger, de afzender en de geadresseerde.

VI
Vervoer langs spoorstaven

Titel 18
Overeenkomst van goederenvervoer over spoorwegen

Afdeling 1
Algemene bepalingen

Art. 1550
1. De overeenkomst van goederenvervoer in de zin van deze titel is de overeenkomst van goederenvervoer, waarbij de ene partij (de vervoerder) zich tegenover de andere partij (de afzender) verbindt tot het vervoer van zaken uitsluitend over spoorwegen. Partijen kunnen bedingen dat de onderhavige titel van toepassing is op het vervoer over de weg of binnenwateren dat in aanvulling op het vervoer over spoorwegen plaats vindt.
(Zie ook: artt. 41, 47 BW Boek 8; art. 309 WvK; artt. 58, 59, 60 Rv; artt. 3a, 4 WAM) — Overeenkomst bij goederenvervoer over spoorwegen

2. Deze titel is niet van toepassing op overeenkomsten tot het vervoer van postzendingen door of in opdracht van de houder van een concessie, bedoeld in de Postwet of onder een internationale postovereenkomst. — Werkingssfeer

3. Deze titel is niet van toepassing op overeenkomsten tot het vervoer van bagage.

Art. 1551
Voor de toepassing van deze titel wordt verstaan onder: — Goederenvervoer over spoorwegen

a. de vervoerder: de contractuele vervoerder met wie de afzender de vervoerovereenkomst heeft gesloten, of een opvolgende vervoerder, die op grond van de vervoerovereenkomst aansprakelijk is;
b. ondervervoerder: een vervoerder die niet de vervoerovereenkomst heeft gesloten met de afzender, maar aan wie de onder a bedoelde vervoerder de uitvoering van het vervoer over spoorwegen, geheel of gedeeltelijk, heeft toevertrouwd;
c. intermodale transporteenheid: containers, wissellaadbakken, opleggers of andere soortgelijke bij intermodaal vervoer gebruikte laadeenheden.
d. VSG: Regeling vervoer over de spoorweg van gevaarlijke stoffen.

Art. 1552
Toepasselijkheid bepalingen over huur/bewaarneming en bruikleen bij goederenvervoer over spoorwegen

De wetsbepalingen omtrent huur, bewaarneming en bruikleen zijn niet van toepassing op terbeschikkingstelling van een spoorvoertuig ten einde door middel daarvan zaken te vervoeren in dier voege dat degene die het spoorvoertuig ter beschikking stelt, verplicht is voor de voortbeweging daarvan zorg te dragen.

Art. 1553
Dwingend recht

Elk beding dat middellijk of onmiddellijk afwijkt van het in deze titel en in artikel 1727 bepaalde is nietig, tenzij de vervoerovereenkomst niet onder bezwarende titel is gesloten. De nietigheid van dergelijke bedingen heeft niet de nietigheid van de overige bedingen van de vervoerovereenkomst tot gevolg. Niettemin kan een vervoerder een zwaardere aansprakelijkheid en zwaardere verplichtingen op zich nemen dan uit deze titel voortvloeien.

Afdeling 2
Sluiting en uitvoering van de vervoerovereenkomst

Art. 1554
Sluiting en uitvoering overeenkomst bij goederenvervoer over spoorwegen

1. Op grond van de vervoerovereenkomst is de vervoerder verplicht de zaken naar de plaats van bestemming te vervoeren en ze daar aan de geadresseerde af te leveren.
(Zie ook: art. 46 BW Boek 8)

2. De vervoerovereenkomst moet worden vastgelegd in een vrachtbrief. Het ontbreken, de onregelmatigheid of het verlies van de vrachtbrief tast evenwel noch het bestaan, noch de geldigheid van de vervoerovereenkomst aan, die onderworpen blijft aan deze titel.
3. De vrachtbrief wordt door de afzender en de vervoerder ondertekend. De handtekening kan vervangen worden door een stempel of elke andere daartoe geëigende methode.
4. De vervoerder moet de aanneming ten vervoer op de vrachtbrief op de geëigende wijze bevestigen en de afzender het vrachtbriefduplicaat overhandigen.
5. De vrachtbrief heeft niet de betekenis van een cognossement.
6. Voor iedere zending moet een vrachtbrief worden opgemaakt. Behoudens indien anders is overeengekomen tussen de afzender en de vervoerder, kan een vrachtbrief slechts betrekking hebben op de lading van één spoorwagen.
7. De vrachtbrief, met inbegrip van de duplicaat-vrachtbrief, kan ook worden opgesteld in de vorm van elektronische registratie van gegevens, die kunnen worden omgezet in leesbare lettertekens. De voor de registratie en verwerking van de gegevens gebruikte procedures moeten uit functioneel oogpunt gelijkwaardig zijn, in het bijzonder wat betreft de bewijskracht van de vrachtbrief, die door deze elektronische gegevens wordt gevormd.

Art. 1555
Inhoud vrachtbrief bij goederenvervoer over spoorwegen

1. De vrachtbrief moet de volgende aanduidingen bevatten:
a. de plaats en datum van het opmaken ervan;
b. de naam en het adres van de afzender;
c. de naam en het adres van de vervoerder die de vervoerovereenkomst gesloten heeft;
d. de naam en het adres van degene aan wie de zaken daadwerkelijk ten vervoer werden afgegeven, indien dit niet de in c vermelde vervoerder is;
e. de plaats en datum waarop de zaken in ontvangst werden genomen;
f. de plaats van de aflevering;
g. de naam en het adres van de geadresseerde;
h. de omschrijving van de aard der zaken en de verpakkingswijze, en voor gevaarlijke zaken hun omschrijving in de VSG voorgeschreven voor het internationale spoorwegvervoer van gevaarlijke zaken;
i. het aantal colli en de voor identificatie van stukgoedzendingen vereiste bijzondere merktekens en nummers;
j. het wagennummer, in geval van vervoer van volledige wagenlading;
k. het nummer van het op eigen wielen rollend spoorvoertuig dat als te vervoeren zaak ten vervoer wordt aangeboden;

l. bovendien, bij intermodale laadeenheden, de categorie, het nummer of de voor hun identificatie vereiste andere kenmerken;
m. de brutomassa of de op andere wijze uitgedrukte hoeveelheid der zaken;
n. een nauwkeurige lijst van de door overheidsinstanties voorgeschreven bescheiden die bij de vrachtbrief zijn gevoegd of ter beschikking van de vervoerder zijn gesteld bij een nader omschreven instantie of bij een in de overeenkomst vermelde instelling;
o. de op het vervoer betrekking hebbende kosten (vrachtprijs, bijkomende kosten en andere kosten die vanaf het sluiten van de overeenkomst tot aan de aflevering ontstaan) voorzover zij door de geadresseerde moeten worden betaald of bij een andere aanduiding dat de kosten verschuldigd zijn door de geadresseerde.
2. In voorkomend geval moet de vrachtbrief bovendien de volgende aanduidingen bevatten:
a. In geval van vervoer door opvolgende vervoerders: de tot aflevering der zaken verplichte vervoerder, voorzover die met zijn instemming is ingeschreven op de vrachtbrief;
b. de kosten die de afzender voor zijn rekening neemt;
c. het bedrag van het bij de aflevering van de zaken te innen rembours;
d. de aangegeven waarde der zaken en het bedrag van het bijzonder belang bij de aflevering;
e. de overeengekomen afleveringstermijn;
f. de lijst van aan de vervoerder overhandigde bescheiden, niet opgesomd in lid 1, onder n;
g. de vermeldingen door de afzender van het aantal en de beschrijving van de door hem op de wagen aangebrachte verzegelingen.
3. In de vrachtbrief kunnen de partijen bij de vervoerovereenkomst andere aanduidingen opnemen die zij nuttig achten.

Art. 1556
1. De afzender is aansprakelijk voor alle kosten en schade, die bij de vervoerder ontstaan ten gevolge van:
a. aanduidingen door de afzender op de vrachtbrief die onnauwkeurig, onjuist of onvolledig zijn of die op een andere dan de voor hen voorgeschreven plaats vermeld werden of
b. het verzuimen door de afzender om door de VSG voorgeschreven aanduidingen te vermelden.
2. Indien de vervoerder aanduidingen op de vrachtbrief vermeldt op verzoek van de afzender, wordt hij geacht te handelen in naam van de afzender, behoudens tegenbewijs.

Aansprakelijkheid afzender bij goederenvervoer over spoorwegen

Art. 1557
Wanneer de afzender heeft verzuimd de door de VSG voorgeschreven aanduidingen te vermelden, kan de vervoerder op elk ogenblik, al naargelang de omstandigheden vereisen, de zaken uitladen, vernietigen of onschadelijk maken zonder dat dit aanleiding geeft tot enige schadeloosstelling, behalve indien hij bij de aanneming ten vervoer van de zaken kennis had van de gevaarlijke aard van de zaken.

Uitladen goederen na verzuim afzender bij goederenvervoer over spoorwegen

Art. 1558
1. Behoudens andersluidend beding tussen de afzender en de vervoerder moeten de kosten (vrachtprijs, bijkomende kosten en andere kosten, die vanaf het sluiten van de overeenkomst tot de aflevering ontstaan) door de afzender worden betaald.
2. Wanneer, op grond van een beding tussen de afzender en de vervoerder, de kosten ten laste van de geadresseerde worden gelegd en wanneer de geadresseerde noch de vrachtbrief in ontvangst genomen heeft, noch zijn rechten uit de vervoerovereenkomst overeenkomstig artikel 1565 lid 3 heeft doen gelden, noch de vervoerovereenkomst overeenkomstig artikel 1566 heeft gewijzigd, blijven de kosten ten laste van de afzender.

Kosten overeenkomst bij goederenvervoer over spoorwegen

Art. 1559
1. De vervoerder heeft steeds het recht te onderzoeken of de vervoervoorwaarden vervuld zijn en of de zending overeenstemt met de door de afzender op de vrachtbrief vermelde gegevens. Wanneer dit onderzoek betrekking heeft op de inhoud van de zending vindt het voorzover mogelijk plaats in aanwezigheid van de rechthebbende; in het geval dat dit niet mogelijk is, doet de vervoerder beroep op twee onafhankelijke getuigen.
2. Indien de zending niet overeenstemt met de aanduidingen op de vrachtbrief of indien de voorschriften met betrekking tot het voorwaardelijk ten vervoer toelaten van de zaken niet zijn nageleefd, moet het resultaat van het onderzoek vermeld worden op het blad van de vrachtbrief dat de zaken vergezelt, en eveneens op de duplicaat-vrachtbrief, indien de vervoerder daar nog over beschikt. In dat geval komen de kosten van het onderzoek ten laste van de zaak, tenzij deze onmiddellijk betaald worden.
3. Wanneer de afzender zorg draagt voor de belading, kan hij eisen dat de vervoerder de staat van de zaken en van hun verpakking onderzoekt, alsook de juistheid van de op de vrachtbrief vermelde aanduidingen over het aantal colli, hun merktekens en nummers alsmede de brutomassa of de op andere wijze uitgedrukte hoeveelheid. De vervoerder is daartoe slechts verplicht, wanneer hem de daarvoor geëigende middelen ter beschikking staan. De vervoerder kan de kosten van het onderzoek terugvorderen. Het resultaat van de onderzoekingen wordt op de vrachtbrief vermeld.

Onderzoeksrecht vervoerder bij goederenvervoer over spoorwegen

1067

Art. 1560

Bewijskracht vrachtbrief bij goederenvervoer over spoorwegen

1. De vrachtbrief levert volledig bewijs, behoudens tegenbewijs, van het sluiten en de inhoud van de vervoerovereenkomst, alsmede van het ten vervoer aannemen van de zaken door de vervoerder.
2. Wanneer de vervoerder zorg heeft gedragen voor de belading, levert de vrachtbrief volledig bewijs, behoudens tegenbewijs, van de staat der zaken en hun verpakking zoals vermeld op de vrachtbrief of bij ontstentenis daarvan het bewijs van hun uiterlijk goede staat bij het ten vervoer aannemen door de vervoerder en de juistheid van de vermeldingen op de vrachtbrief over het aantal der colli, hun merktekens en nummers alsmede de brutomassa of de op andere wijze uitgedrukte hoeveelheid.
3. Wanneer de afzender zorg heeft gedragen voor de belading, levert de vrachtbrief alleen volledig bewijs, behoudens tegenbewijs, van de staat der zaken en hun verpakking, zoals vermeld op de vrachtbrief en bij ontstentenis daarvan het bewijs van hun uiterlijk goede staat en de juistheid van de in lid 2 opgesomde vermeldingen, in het geval dat de vervoerder deze heeft onderzocht en het resultaat van zijn onderzoek op de vrachtbrief heeft genoteerd.
4. De vrachtbrief levert evenwel niet volledig bewijs op in het geval dat zij een met redenen omkleed voorbehoud bevat. Een voorbehoud kan met name gemotiveerd worden door het feit dat de vervoerder niet over geëigende middelen beschikte om te onderzoeken of de zending beantwoordt aan de gegevens op de vrachtbrief.

Art. 1561

Laden en lossen bij goederenvervoer over spoorwegen

1. Afzender en vervoerder komen onderling overeen wie van hen het laden en lossen der zaken moet uitvoeren. Bij gebreke van een dergelijk beding ligt voor het laden en lossen van stukgoed de verplichting bij de vervoerder, terwijl voor wagenladingen de verplichting voor het laden bij de afzender ligt en die voor het lossen na de aflevering bij de geadresseerde.

Aansprakelijkheid voor gebrekkige belading bij goederenvervoer over spoorwegen

2. De afzender is aansprakelijk voor alle gevolgen van de gebrekkige belading die hij heeft uitgevoerd en hij moet met name de door dit feit door de vervoerder geleden schade vergoeden. Het bewijs van de gebrekkige belading rust op de vervoerder.

Art. 1562

Afleveringstermijn bij goederenvervoer over spoorwegen

De afzender is jegens de vervoerder aansprakelijk voor alle schade en kosten veroorzaakt door het ontbreken of de gebrekkigheid van de verpakking, tenzij het gebrek uiterlijk zichtbaar was of de vervoerder er kennis van had bij het ten vervoer aannemen van de zaken en hij daarvoor geen voorbehoud maakte.

Art. 1563

Bescheiden/inlichtingen bij vrachtbrief bij goederenvervoer over spoorwegen

1. Met het oog op het naleven van de vereiste douane- of andere voorschriften van overheidsinstanties moet de afzender voorafgaand aan de aflevering van de zaken bij de vrachtbrief de noodzakelijke bescheiden voegen of deze aan de vervoerder ter beschikking stellen en hem alle gewenste inlichtingen verschaffen.
2. De vervoerder is niet gehouden na te gaan of deze bescheiden en inlichtingen juist en volledig zijn. De afzender is jegens de vervoerder aansprakelijk voor alle schade ontstaan door het ontbreken, de onvolledigheid of de onregelmatigheid van de bescheiden en inlichtingen, behalve in geval van schuld van de vervoerder.
3. De vervoerder is aansprakelijk voor de gevolgen van het verlies of het onregelmatig gebruik van de op de vrachtbrief vermelde en bijgevoegde of hem overhandigde bescheiden, tenzij het verlies of de door het onregelmatig gebruik van deze bescheiden veroorzaakte schade het gevolg is van omstandigheden die de vervoerder niet kon vermijden of waarvan hij de gevolgen niet kon verhinderen. De eventuele schadevergoeding bedraagt evenwel niet meer dan die in geval van verlies van de zaken.
4. De afzender, door een vermelding op de vrachtbrief, of de geadresseerde, door een opdracht overeenkomstig artikel 1566 lid 3 kan vragen:
   a. dat bij het naleven van de vereiste douane- of andere overheidsvoorschriften hijzelf aanwezig is ofwel zich door een vertegenwoordigen door een gevolmachtigde om alle inlichtingen te verschaffen en de ter zake dienende opmerkingen te maken;
   b. dat hijzelf de vereiste douane- of andere overheidsvoorschriften naleeft of hen doet naleven door een gevolmachtigde;
   c. dat, wanneer hijzelf of zijn gevolmachtigde bij het naleven van de vereiste douane- of andere overheidsvoorschriften aanwezig is of deze laatste zelf naleeft, hij de douane- en andere kosten betaalt.
   In deze gevallen mogen noch de afzender, noch de geadresseerde die het recht heeft over de zaken te beschikken, of hun gevolmachtigde de zaken in bezit nemen.
5. Indien de afzender een plaats heeft aangewezen voor het naleven van de vereiste douane- of andere overheidsvoorschriften waar dat krachtens de geldende voorschriften niet mogelijk is of indien hij voor het naleven van deze voorschriften een andere, onuitvoerbare handelwijze heeft voorgeschreven, handelt de vervoerder op de volgens hem voor de rechthebbende voordeligste wijze en deelt hij de genomen maatregelen mee aan de afzender.

6. De vervoerder kan evenwel overeenkomstig de bepalingen van lid 5 handelen, indien de geadresseerde de vrachtbrief niet in ontvangst heeft genomen binnen de termijn die is voorgeschreven door de op de plaats van bestemming geldende voorschriften.
7. De afzender moet voldoen aan de overheidsvoorschriften voor wat betreft de verpakking en de afdekking van de zaken. Indien de afzender de zaken niet overeenkomstig deze voorschriften heeft verpakt of afgedekt, kan de vervoerder daarvoor zorgen; de daardoor ontstane kosten komen ten laste van de zaken.

Art. 1564
1. De afzender en de vervoerder komen de afleveringstermijn overeen. Bij gebreke van een beding hieromtrent kan de afleveringstermijn nochtans nooit langer zijn dan die welke volgt uit de leden 2 tot en met 4.

Afleveringstermijn bij goederenvervoer over spoorwegen

2. Behoudens de leden 3 en 4 belopen de maximum afleveringstermijnen:
termijn van verzenden 12 uren;
termijn van vervoeren 24 uren.
3. De vervoerder kan toeslagtermijnen van bepaalde duur vaststellen: bij buitengewone omstandigheden die een ongebruikelijke verkeerstoename of ongebruikelijke moeilijkheden voor de bedrijfsuitvoering tot gevolg hebben, dan wel bij ladingen die bestemd zijn voor stations die slechts eenmaal per dag of niet dagelijks worden bediend.
De duur van de toeslagtermijnen moet opgenomen zijn in de Algemene vervoervoorwaarden.
4. De afleveringstermijn begint te lopen vanaf de aanneming ten vervoer van de zaken; hij wordt verlengd met de duur van een niet door de schuld van de vervoerder veroorzaakt oponthoud. De afleveringstermijn wordt geschorst op zaterdagen, zondagen en wettelijke feestdagen.

Art. 1565
1. De vervoerder moet de vrachtbrief afgeven en de zaken afleveren aan de geadresseerde op de voor de aflevering voorziene plaats tegen kwijting en betaling van de uit de vervoerovereenkomst voortvloeiende vorderingen.

Afgifte tegen kwijting/betaling vorderingen bij goederenvervoer over spoorwegen

2. Met de aflevering aan de geadresseerde worden, wanneer zulks overeenkomstig de op de plaats van bestemming geldende voorschriften geschiedt, gelijkgesteld:
a. de afgifte van de zaken aan de douane of belastingsinstanties in hun expeditie- of opslagruimten, wanneer die zich niet onder de hoede van de vervoerder bevinden;
b. de opslag van de zaken bij de vervoerder of de inbewaringgeving ervan bij een expediteur of in een openbare douane-entrepot.
3. Na de aankomst van de zaken op de plaats van aflevering kan de geadresseerde aan de vervoerder verzoeken hem de vrachtbrief te overhandigen en aan hem de zaken af te leveren. Indien het verlies van de zaken is vastgesteld of indien de zaken niet binnen de in artikel 1577 bedoelde termijn aangekomen zijn, kan de geadresseerde in eigen naam zijn rechten uit de vervoerovereenkomst jegens de vervoerder doen gelden.
4. De rechthebbende kan de ontvangst van de zaken weigeren, zelfs na de inontvangstname van de vrachtbrief en het betalen van vorderingen voortvloeiend uit de vervoerovereenkomst, zolang niet is overgegaan tot de onderzoeken waar hij om heeft verzocht met het oog op het vaststellen van de beweerde schade.
5. Overigens vindt de aflevering van de zaken plaats overeenkomstig de op de plaats van aflevering geldende voorschriften.
6. Indien de zaken aan de geadresseerde zijn afgeleverd zonder voorafgaande inning van het rembours dat rust op de zaken, is de vervoerder gehouden de afzender de schade te vergoeden tot ten hoogste het bedrag van het rembours, onverminderd zijn regres op de geadresseerde.

Art. 1566
1. De afzender heeft het recht om over de zaken te beschikken en de vervoerovereenkomst door nadere opdrachten te wijzigen. Met name kan hij vragen aan de vervoerder
a. de zaken niet verder te vervoeren;
b. de aflevering uit te stellen;
c. de zaken aan een andere dan de op de vrachtbrief vermelde geadresseerde af te leveren;
d. de zaken op een andere dan de op de vrachtbrief vermelde plaats af te leveren.

Rechten afzender bij goederenvervoer over spoorwegen

2. Het recht van de afzender tot het wijzigen van de vervoerovereenkomst vervalt, zelfs wanneer hij de duplicaat-vrachtbrief in zijn bezit heeft, in de gevallen waarin de geadresseerde
a. de vrachtbrief in ontvangst genomen heeft;
b. de zaken aangenomen heeft;
c. zijn rechten overeenkomstig artikel 1565 lid 3 heeft doen gelden;
d. overeenkomstig lid 3 bevoegd is nadere opdrachten te geven; vanaf dat ogenblik moet de vervoerder de nadere opdrachten en aanwijzingen van de geadresseerde opvolgen.
3. Het recht tot het wijzigen van de vervoerovereenkomst komt aan de geadresseerde toe vanaf het ogenblik dat de vrachtbrief opgemaakt wordt, tenzij door de afzender anders aangegeven is op de vrachtbrief.

Rechten geadresseerde bij goederenvervoer over spoorwegen

4. Het recht van de geadresseerde tot het wijzigen van de vervoerovereenkomst vervalt wanneer hij:
a. de vrachtbrief in ontvangst heeft genomen;
b. de zaken heeft aangenomen;
c. zijn rechten overeenkomstig artikel 1565 lid 3 heeft doen gelden;
d. overeenkomstig lid 5 voorgeschreven heeft de zaken af te leveren aan een derde, en wanneer deze zijn rechten overeenkomstig artikel 1565 lid 3 heeft doen gelden.
5. Indien de geadresseerde heeft voorgeschreven de zaken aan een derde af te leveren, is deze laatste niet bevoegd om de vervoerovereenkomst te wijzigen.

Art. 1567

Wijziging vervoerovereenkomst door afzender bij goederenvervoer over spoorwegen

1. Wanneer de afzender of in geval van artikel 1566 lid 3 de geadresseerde de vervoerovereenkomst wil wijzigen door latere opdrachten, moet hij de vervoerder de duplicaat-vrachtbrief aanbieden waarop de wijzigingen aangebracht moeten zijn.

2. De afzender of in geval van artikel 1566 lid 3 de geadresseerde moet de vervoerder alle kosten en de schade vergoeden die voortvloeien uit het uitvoeren van de latere wijzigingen.

3. Het uitvoeren van latere wijzigingen moet mogelijk, geoorloofd en redelijk zijn op het ogenblik waarop de opdrachten aan degene die deze moet uitvoeren, bereiken en mag met name noch de gebruikelijke bedrijfsuitoefening van de vervoerderonderneming belemmeren, noch de afzenders en geadresseerden van andere zendingen benadelen.

4. De latere wijzigingen mogen niet een splitsing van de zending tot gevolg hebben.

5. Wanneer de vervoerder, rekening houdend met de bepalingen genoemd in lid 3, de ontvangen instructies niet kan uitvoeren, moet hij onmiddellijk diegene die om de wijzigingen verzoekt, daarvan in kennis stellen.

6. In geval van schuld van de vervoerder is hij aansprakelijk voor de gevolgen van het niet of gebrekkig uitvoeren van een latere wijziging. De eventuele schadevergoeding bedraagt evenwel niet meer dan die in geval van verlies van de zaken.

7. De vervoerder die gevolg geeft aan latere wijzigingen van de afzender zonder het overleggen van de duplicaat-vrachtbrief te eisen, is jegens de geadresseerde aansprakelijk voor de daaruit voortvloeiende schade, indien de duplicaat-vrachtbrief aan deze laatste is overhandigd. De eventuele schadevergoeding bedraagt evenwel niet meer dan die in geval van verlies van de zaken.

Art. 1568

Belemmering vervoer bij goederenvervoer over spoorwegen

1. In geval van een belemmering in het vervoer beslist de vervoerder of het de voorkeur verdient de zaken verder te vervoeren dan wel of het in het belang is van de beschikkingsgerechtigde hem om instructies te verzoeken, waarbij hij aan hem alle nuttige inlichtingen waarover hij beschikt, meedeelt.

2. Indien een verder vervoer niet mogelijk is, verzoekt de vervoerder de beschikkingsgerechtigde om instructies. Indien de vervoerder deze instructies niet tijdig kan verkrijgen, moet hij die maatregelen treffen welke hem het voordeligst lijken voor de belangen van beschikkingsgerechtigde.

Art. 1569

1. In geval van een belemmering in de aflevering moet de vervoerder de afzender daarvan onverwijld op de hoogte stellen en moet hij hem om instructies verzoeken, tenzij de afzender door een vermelding op de vrachtbrief gevraagd heeft om in geval van een belemmering in de aflevering de zaken terug te zenden.

2. Wanneer de belemmering in de aflevering wegvalt, voordat instructies van de afzender de vervoerder bereiken, worden de zaken afgeleverd bij de geadresseerde. De afzender moet daarvan onverwijld in kennis worden gesteld.

3. In geval de geadresseerde weigert de zaken in ontvangst te nemen, is de afzender gerechtigd tot het geven van instructies, zelfs indien hij de duplicaat-vrachtbrief niet kan overleggen.

4. Wanneer de belemmering in de aflevering optreedt, nadat de geadresseerde de vervoerovereenkomst overeenkomstig artikel 1566 leden 3 en 5 gewijzigd heeft, moet de vervoerder deze geadresseerde inlichten.

Art. 1570

Recht vervoerder op kostenvergoeding bij goederenvervoer over spoorwegen

1. De vervoerder heeft recht op vergoeding van de kosten veroorzaakt door:
a. het inwinnen van instructies,
b. het uitvoeren van de ontvangen instructie,
c. het niet of niet tijdig ontvangen van door hem verzochte instructie,
d. het nemen van een beslissing overeenkomstig artikel 1568 lid 1, zonder instructies gevraagd te hebben,
tenzij deze kosten door zijn schuld veroorzaakt zijn. Hij kan met name de vrachtprijs voor het werkelijk gereden vervoertraject in rekening brengen en aanspraak maken op de daarmee overeenstemmende afleveringstermijn.

2. In de gevallen bedoeld in artikel 1568 lid 2 en in artikel 1569 lid 1 kan de vervoerder de zaken onmiddellijk en op kosten van de rechthebbende lossen. Na het lossen wordt het vervoer geacht beëindigd te zijn. De vervoerder bewaart vervolgens de zaken voor rekening van de rechthebbende. Hij kan de zaken evenwel toevertrouwen aan een derde en is dan slechts aansprakelijk voor de oordeelkundige keuze van die derde. De zaken blijven belast met de uit de vervoerovereenkomst voortvloeiende schuldvorderingen en alle andere kosten.
3. In geval van toepassing van lid 2 is artikel 1133 van overeenkomstige toepassing. Schakelbepaling
4. Indien in geval van belemmeringen in het vervoer of in de aflevering de afzender binnen redelijke tijd geen instructies meedeelt en de belemmering in het vervoer of in de aflevering niet opgelost kan worden overeenkomstig de bepalingen van de leden 2 en 3, kan de vervoerder de zaken op kosten van de afzender terugzenden of, indien zulks gerechtvaardigd is, vernietigen.

Afdeling 3
Aansprakelijkheid

Art. 1571
1. De vervoerder is aansprakelijk voor de schade ten gevolge van geheel of gedeeltelijk verlies of beschadiging van de zaken vanaf de aanneming ten vervoer tot aan de aflevering, alsmede ten gevolge van de vertraging in de aflevering. Aansprakelijkheid vervoerder bij verlies/beschadiging bij goederenvervoer over spoorwegen
(Zie ook: art. 23 BW Boek 8)
2. De vervoerder is van deze aansprakelijkheid ontheven voorzover het verlies, de beschadiging of de vertraging in de aflevering is veroorzaakt door schuld van de rechthebbende, door een opdracht van de rechthebbende die niet het gevolg is van de schuld van de vervoerder, door eigen gebrek van de zaak (inwendig bederf, gewichtsverlies, enz.) of door omstandigheden die de vervoerder niet kon vermijden en waarvan hij de gevolgen niet kon verhinderen. Gebrekkigheid of slecht functioneren van het materiaal waarvan de vervoerder zich bedient, daaronder begrepen de spoorweginfrastructuur, wordt niet beschouwd als een omstandigheid die de vervoerder niet kon vermijden en waarvan hij de gevolgen niet kon verhinderen.
3. De vervoerder is van deze aansprakelijkheid ontheven, voorzover het verlies of de beschadiging een gevolg is van de bijzondere risico's, verbonden aan een of meer van de volgende feiten:
a. het vervoer in open wagens, verricht krachtens een beding dat is opgenomen in op de vervoerovereenkomst toepasselijke algemene vervoervoorwaarden en uitdrukkelijk is overeengekomen en vermeld op de vrachtbrief; behalve voor de schade veroorzaakt door weersomstandigheden aan de zaken, worden de zaken geladen in intermodale transporteenheden en in gesloten wegvoertuigen die op spoorwagens vervoerd worden, niet beschouwd als vervoerd in open wagens; indien de afzender dekkleden voor het vervoer van zaken in open wagens gebruikt, heeft de vervoerder dezelfde aansprakelijkheid als die bij het vervoer in open wagens zonder dekkleden, zelfs als het zaken betreft die volgens de Algemene vervoervoorwaarden niet in open wagens worden vervoerd;
b. het ontbreken of de gebrekkigheid van de verpakking bij zaken die door hun aard onderhevig zijn aan verliezen of beschadigingen, wanneer ze niet of gebrekkig zijn verpakt;
c. het laden van de zaken door de afzender of het lossen door de geadresseerde;
d. de aard van bepaalde zaken die door met deze aard zelf samenhangende oorzaken zijn blootgesteld aan geheel of gedeeltelijk verlies of aan beschadiging zoals in het bijzonder breuk, roest, inwendig en spontaan bederf, uitdroging, vermindering in massa;
e. de onjuiste, onnauwkeurige of onvolledige aanduiding of nummering van de colli;
f. het vervoer van levende dieren;
g. vervoer dat krachtens de toepasselijke bepalingen of op de vrachtbrief vermelde bedingen tussen de afzender en de vervoerder uitgevoerd moet worden onder begeleiding, indien het verlies of de beschadiging het gevolg is van een gevaar dat de begeleiding had moeten vermijden.

Art. 1572
1. In geval van een vervoer van op eigen wielen rollende spoorvoertuigen die als te vervoeren zaak ten vervoer worden aangeboden, is de vervoerder aansprakelijk voor de schade ten gevolge van het verlies of beschadiging van de spoorvoertuigen en de bestanddelen daarvan vanaf de aanneming ten vervoer tot de aflevering alsmede voor de schade ten gevolge van de overschrijding van afleveringstermijn, tenzij hij bewijst dat de schade niet door zijn schuld veroorzaakt is. Aansprakelijkheid voor verlies/beschadiging spoorvoertuigen/losse onderdelen bij goederenvervoer over spoorwegen
2. De vervoerder is niet aansprakelijk voor schade die het gevolg is van het verlies van de losse bestanddelen waarvan geen melding wordt gemaakt of beide zijden van het voertuig of die niet opgenomen zijn in de inventaris die het voertuig begeleidt.

Art. 1573

Rechten afzender bij goederenvervoer over spoorwegen

1. Het bewijs dat het verlies, de beschadiging of de vertraging in de aflevering door een van de in artikel 1571 lid 2 genoemde feiten is veroorzaakt, rust op de vervoerder.

2. Wanneer de vervoerder bewijst dat het verlies of de beschadiging, gelet op de omstandigheden van het geval, kan zijn ontstaan uit één of meer van de in artikel 1571 lid 3 genoemde bijzondere risico's, wordt vermoed dat het verlies of de beschadiging daardoor is veroorzaakt. De rechthebbende heeft evenwel het recht te bewijzen dat de schade geheel of gedeeltelijk niet door een van deze risico's is veroorzaakt.

3. Het vermoeden volgens lid 2 is niet van toepassing in het geval bedoeld in artikel 1571 lid 3, onder a, indien het een ongewoon groot verlies of een verlies van colli betreft.

Art. 1574

Aansprakelijkheid bij meerdere vervoerders bij goederenvervoer over spoorwegen

Wanneer een vervoer dat het onderwerp vormt van één en dezelfde vervoerovereenkomst, door meer opvolgende vervoerders wordt verricht, treedt iedere vervoerder door het overnemen van de zaken met de vrachtbrief toe tot de vervoerovereenkomst overeenkomstig de bepalingen van de vrachtbrief en neemt hij de daaruit voortvloeiende verplichtingen op zich. In dit geval is iedere vervoerder aansprakelijk voor de uitvoering van het vervoer op het gehele vervoertraject tot aan de aflevering.
(Zie ook: artt. 41, 47 BW Boek 8)

Art. 1575

Aansprakelijkheid bij inschakeling ondervervoerder bij goederenvervoer over spoorwegen

1. Wanneer de vervoerder de uitvoering van het vervoer geheel of gedeeltelijk heeft toevertrouwd aan een ondervervoerder, al dan niet op grond van een aan hem in de vervoerovereenkomst toegekende bevoegdheid, blijft de vervoerder niettemin aansprakelijk voor het volledige vervoer.

2. Alle bepalingen van deze titel die betrekking hebben op de aansprakelijkheid van de vervoerder zijn ook van toepassing op de aansprakelijkheid van de ondervervoerder met betrekking tot het door hem verrichte vervoer. Wanneer een vordering wordt ingesteld tegen zijn ondergeschikten en andere personen van wier diensten de ondervervoerder gebruik maakt bij de uitvoering van het vervoer, zijn de artikelen 1584 en 1587 van toepassing.

3. Een bijzondere overeenkomst waarin de vervoerder verplichtingen op zich neemt die niet op hem rusten krachtens deze titel, of waarin hij afziet van rechten die hem ingevolge deze titel zijn toegekend, is niet bindend voor de ondervervoerder die hiermee niet uitdrukkelijk en schriftelijk heeft ingestemd. Ongeacht of de ondervervoerder deze overeenkomst al dan niet heeft aanvaard, blijft de vervoerder niettemin gebonden aan de uit deze bijzondere overeenkomst voortvloeiende verplichtingen of afstand van rechten.

4. Wanneer en voorzover de vervoerder en de ondervervoerder aansprakelijk zijn, zijn zij hoofdelijk aansprakelijk.

5. Het totale bedrag van de schadevergoeding verschuldigd door de vervoerder, de ondervervoerder alsmede door hun ondergeschikten en andere personen van wier diensten zij gebruik maken voor de uitvoering van het vervoer is niet hoger dan de in deze titel voorgeschreven maximumbedragen.

6. Dit artikel doet geen afbreuk aan de mogelijke regresrechten tussen de vervoerder en de ondervervoerder.

Art. 1576

Aansprakelijkheid na doorzending bij goederenvervoer over spoorwegen

Wanneer een zending, die overeenkomstig deze titel verzonden is, eveneens overeenkomstig deze titel is doorgezonden en wanneer na deze doorzending een gedeeltelijk verlies of een schade is vastgesteld, wordt vermoed dat het gedeeltelijk verlies of de schade is ontstaan tijdens de laatste vervoerovereenkomst, indien de zending onder de hoede van de vervoerder is gebleven en is doorgezonden in dezelfde toestand waarin zij op de plaats van doorzending is aangekomen.

Art. 1577

Verloren gegane zaken bij goederenvervoer over spoorwegen

1. De rechthebbende kan zonder nader bewijs de zaken als verloren beschouwen, wanneer zij niet binnen 30 dagen na afloop van de afleveringstermijn aan de geadresseerde zijn afgeleverd of te zijner beschikking zijn gesteld.

2. De rechthebbende kan bij het ontvangen van de schadevergoeding voor de verloren zaken schriftelijk verzoeken er onverwijld in kennis van te worden gesteld in geval de zaken zijn teruggevonden binnen een jaar na de betaling van de schadevergoeding. De vervoerder bevestigt dit verzoek schriftelijk.

3. Binnen dertig dagen na ontvangst van de in lid 2 bedoelde kennisgeving kan de rechthebbende verzoeken dat de zaken aan hem worden afgeleverd tegen betaling van de schuldvorderingen die uit de vrachtbrief voortvloeien en tegen terugbetaling van de ontvangen schadevergoeding, onder aftrek, in voorkomend geval, van de kosten die in deze schadevergoeding begrepen zouden zijn geweest. Hij behoudt niettemin zijn in artikelen 1581 en 1583 bedoelde rechten op schadevergoeding voor overschrijding van de afleveringstermijn.

4. Bij gebreke van een in lid 2 bedoeld verzoek of van binnen de in lid 3 bedoelde termijn gegeven instructies, of indien de zaken meer dan een jaar na de betaling van de schadevergoeding

teruggevonden zijn, beschikt de vervoerder daarover overeenkomstig de wetten en voorschriften die gelden op de plaats waar de zaken zich bevinden.

Art. 1578
1. In geval van geheel of gedeeltelijk verlies van de zaken moet de vervoerder, met uitsluiting van elke andere schadevergoeding, een schadevergoeding betalen berekend volgens de beursprijs, bij gebreke daarvan volgens de marktprijs en, bij gebreke van beide, volgens de gebruikelijke waarde van zaken van dezelfde aard en kwaliteit op de dag en de plaats waar de zaken in ontvangst zijn genomen.

Schadevergoeding bij verlies van zaken bij goederenvervoer over spoorwegen

2. De schadevergoeding bedraagt niet meer dan 17 rekeneenheden per ontbrekend kilogram brutomassa. De rekeneenheid is het bijzondere trekkingsrecht zoals dat is omschreven door het Internationale Monetaire Fonds. De bedragen genoemd in het eerste lid worden omgerekend in Nederlands geld naar de koers van de dag, waarop de betaling wordt verricht. De waarde van het Nederlandse geld, uitgedrukt in bijzondere trekkingsrechten, wordt berekend volgens de waarderingsmethode die door het Internationale Monetaire Fonds op de dag van omrekening wordt toegepast voor zijn eigen verrichtingen en transacties.
3. In geval van verlies van een op eigen wielen rollend spoorvoertuig dat als te vervoeren zaak ten vervoer is aangeboden of van verlies van een intermodale transporteenheid of van hun bestanddelen, is de schadevergoeding, met uitsluiting van elke andere schadevergoeding, beperkt tot de gebruikelijke waarde van het spoorvoertuig of de intermodale transporteenheid of van hun bestanddelen op de dag en de plaats van het verlies. Indien het niet mogelijk is de dag of de plaats van het verlies vast te stellen, is de schadevergoeding beperkt tot de gebruikelijke waarde op de dag en de plaats van de inontvangstneming.
4. De vervoerder moet bovendien de vrachtprijs en de overige ter zake van het vervoer van de verloren zaken betaalde bedragen terugbetalen, met uitzondering van de accijnzen op zaken die vervoerd worden onder opschorting van die accijnzen.

Art. 1579
1. Met betrekking tot zaken, die ingevolge hun aard in het algemeen een gewichtsverlies ondergaan tijdens het vervoer, is de vervoerder, ongeacht de lengte van het afgelegde traject, slechts aansprakelijk voor het gedeelte van het verlies dat meer bedraagt dan:
a. twee procent van de massa voor vloeibare of in vochtige toestand aangeboden zaken;
b. één procent van de massa voor droge zaken.

Aansprakelijkheid bij gewichtsverlies bij goederenvervoer over spoorwegen

2. Op de in lid 1 bedoelde beperking van de aansprakelijkheid kan geen beroep worden gedaan, indien wordt bewezen, dat het verlies, gelet op de omstandigheden van het geval, geen gevolg is van oorzaken, die de afwijking rechtvaardigen.
3. In het geval dat meer colli met één enkele vrachtbrief zijn vervoerd, wordt het gewichtsverlies berekend voor iedere collo, wanneer de massa ervan bij vertrek afzonderlijk op de vrachtbrief is vermeld of op andere wijze kan worden vastgesteld.
4. In geval van geheel verlies van de zaak of in geval van verlies van colli vindt voor de berekening van de schadevergoeding geen aftrek plaats wegens gewichtsverlies tijdens het vervoer.
5. Dit artikel laat de artikelen 1571 en 1573 onverlet.

Art. 1580
1. In geval van beschadiging van de zaken moet de vervoerder, met uitsluiting van elke andere schadevergoeding, een schadevergoeding betalen gelijk aan de waardevermindering van de zaken. Dit bedrag wordt berekend door op de overeenkomstig artikel 1578 bepaalde waarde van de zaken die het op de plaats van bestemming vastgestelde percentage van de waardevermindering toe te passen.

Schadevergoeding bij beschadiging van zaken bij goederenvervoer over spoorwegen

2. De schadevergoeding bedraagt niet meer dan:
a. indien de gehele zending door de beschadiging in waarde is verminderd, het in geval van geheel verlies te betalen bedrag;
b. indien slechts een gedeelte van de zending door de beschadiging in waarde is verminderd, het in geval van verlies van het in waarde verminderde gedeelte te betalen bedrag.
3. In geval van beschadiging van een op eigen wielen rollend spoorvoertuig dat als te vervoeren zaak ten vervoer is aangeboden of van beschadiging van een intermodale transporteenheid of van hun bestanddelen wordt de aansprakelijkheid beperkt tot de herstelkosten, met uitsluiting van elke andere schadevergoeding. De schadevergoeding bedraagt niet meer dan het in geval van verlies te betalen bedrag.
4. De vervoerder moet bovendien de in artikel 1578 lid 4 vermelde kosten in de in lid 1 bepaalde verhouding terugbetalen.

Art. 1581
1. Indien een schade, met inbegrip van een beschadiging, voortvloeit uit het overschrijden van de afleveringstermijn, moet de vervoerder een schadevergoeding betalen die niet meer bedraagt dan het viervoud van de vrachtprijs.

Schade bij overschrijden afleveringstermijn bij goederenvervoer over spoorwegen

2. In geval van geheel verlies van de zaken komt de in lid 1 bedoelde schadevergoeding niet bovenop die bedoeld in artikel 1578.

3. In geval van gedeeltelijk verlies van de zaken bedraagt de in lid 1 bepaalde schadevergoeding niet meer dan het viervoud van de vrachtprijs van het niet verloren gedeelte van de zending.
4. In geval van beschadiging van zaken die niet het gevolg is van de overschrijding van de afleveringstermijn komt, in voorkomend geval, de in lid 1 bedoelde schadevergoeding bovenop die bedoeld in artikel 1580.
5. In geen geval kan de som van de in lid 1 bedoelde schadevergoeding en die van de artikelen 1578 en 1580 hoger zijn dan de schadevergoeding die verschuldigd is in geval van geheel verlies van de zaken.
6. Wanneer de afleveringstermijn overeenkomstig artikel 1564 lid 1 is vastgesteld bij overeenkomst, kan daarin in een van lid 1 afwijkende regeling tot schadevergoeding voorzien worden. Indien in dit geval de in artikel 1564 leden 2 tot en met 4 bedoelde afleveringstermijnen overschreden worden, kan de rechthebbende hetzij de schadevergoeding uit de bovenvermelde overeenkomst verlangen, hetzij de schadevergoeding die in de leden 1 tot en met 5 is voorzien.

Art. 1582

Vaststellen waarde hoger dan voorgeschreven maximumbedrag bij goederenvervoer over spoorwegen

De afzender en de vervoerder kunnen overeenkomen dat de afzender in de vrachtbrief een waarde der zaken opneemt die het in artikel 1578 lid 2 voorgeschreven maximumbedrag overschrijdt. In dat geval treedt het aangegeven bedrag in de plaats van dit maximumbedrag.

Art. 1583

Bijzonder belang bij aflevering bij goederenvervoer over spoorwegen

De afzender en de vervoerder kunnen overeenkomen dat de afzender een bijzonder belang bij de aflevering aangeeft door op de vrachtbrief een bedrag in cijfers te vermelden voor het geval van verlies of beschadiging en het geval van overschrijding van de afleveringstermijn. In geval van aangifte van een belang bij aflevering kan boven op de in de artikelen 1578, 1580 en 1581 bedoelde schadevergoedingen de vergoeding van de overige bewezen schade verlangd worden tot ten hoogste het bedrag van het aangegeven belang.

Art. 1584

Schade bij handeling/nalaten vervoerder bij goederenvervoer over spoorwegen

De in de artikelen 1563 lid 3, 1567 leden 6 en 7, 1578, 1580 tot en met 1583 bedoelde beperkingen van aansprakelijkheid zijn niet van toepassing, indien is bewezen dat de schade is ontstaan uit een handeling of nalaten van de vervoerder geschied hetzij met het opzet die schade te veroorzaken, hetzij roekeloos en met de wetenschap dat die schade er waarschijnlijk uit zal voortvloeien.

Art. 1585

Bewijsstukken voor schadevergoeding bij goederenvervoer over spoorwegen

Indien de rechthebbende niet binnen een hem gestelde redelijke termijn de voor de definitieve regeling van de vordering nodige bewijsstukken aan de vervoerder overlegt, loopt de rente over de schadevergoeding niet tussen de afloop van deze termijn en de daadwerkelijke overlegging van de stukken.

Art. 1586

Aansprakelijkheid vervoerder voor ondergeschikten bij goederenvervoer over spoorwegen

De vervoerder is aansprakelijk voor zijn ondergeschikten en voor andere personen van wier diensten hij gebruik maakt bij de uitvoering van het vervoer, wanneer deze ondergeschikten of andere personen handelen in de uitoefening van hun werkzaamheden. De beheerders van de spoorweginfrastructuur waarop het vervoer wordt verricht, worden beschouwd als personen van wier diensten de vervoerder gebruik maakt bij de uitvoering van het vervoer.
(Zie ook: art. 170 BW Boek 6)

Art. 1587

Voorwaarden vordering wegens aansprakelijkheid bij goederenvervoer over spoorwegen

1. In alle gevallen waar deze titel van toepassing is, kan tegen de vervoerder slechts een vordering wegens aansprakelijkheid, ongeacht de rechtsgrond, worden ingesteld onder de voorwaarden en beperkingen van deze titel.
2. Hetzelfde geldt voor een vordering ingesteld tegen de ondergeschikten en de andere personen voor wie de vervoerder krachtens artikel 1586 aansprakelijk is.

Afdeling 4
Uitoefening van rechten

Art. 1588

Rechten bij gedeeltelijk verlies/beschadiging bij goederenvervoer over spoorwegen

1. Wanneer een gedeeltelijk verlies of een beschadiging door de vervoerder wordt ontdekt of vermoed of door de rechthebbende wordt beweerd, moet de vervoerder onverwijld en zo mogelijk in aanwezigheid van de rechthebbende een proces-verbaal opmaken dat naargelang de aard van de schade, de toestand van de zaken en zo mogelijk de omvang, de oorzaak en het tijdstip van ontstaan van de schade vermeldt.
2. Een afschrift van dit proces-verbaal moet kosteloos aan de rechthebbende worden verstrekt.
3. Wanneer de rechthebbende niet met de vermeldingen in het proces-verbaal instemt, is artikel 1135 van overeenkomstige toepassing.

Art. 1589
1. Vorderingen buiten rechte met betrekking tot de vervoerovereenkomst moeten schriftelijk worden ingediend bij de vervoerder tegen wie de rechtsvordering kan worden ingesteld.
2. Vorderingen buiten rechte kunnen ingediend worden door de personen die gerechtigd zijn rechtsvorderingen in te stellen tegen de vervoerder.
3. De afzender die een vordering buiten rechte indient, moet de duplicaat-vrachtbrief overleggen. Bij gebreke daarvan moet hij de machtiging van de geadresseerde overleggen of bewijzen dat deze laatste de zaken heeft geweigerd.
4. De geadresseerde die een vordering buiten rechte indient, moet de vrachtbrief overleggen, indien deze aan hem is afgegeven.
5. De vrachtbrief, de duplicaat-vrachtbrief en de overige bescheiden die de rechthebbende bij zijn vordering buiten rechte wil voegen, moeten worden overgelegd in origineel of in voorkomend geval op verzoek van de vervoerder, in een naar behoren gewaarmerkt afschrift.
6. Bij de regeling van de vordering buiten rechte kan de vervoerder de overlegging van het origineel van de vrachtbrief, de duplicaat-vrachtbrief of het remboursbewijs verlangen om er de regeling op te vermelden.

Vordering buiten rechte bij goederenvervoer over spoorwegen

Art. 1590
1. Behoudens de leden 3 en 4, zijn tot het instellen van de op de vervoerovereenkomst gegronde rechtsvorderingen gerechtigd:
a. de afzender tot het tijdstip waarop de geadresseerde
i. de vrachtbrief in ontvangst heeft genomen,
ii. de zaken heeft aangenomen of
iii. de hem krachtens artikel 1565 lid 3 of artikel 1566 lid 3 toekomende rechten heeft doen gelden;
b. de geadresseerde vanaf het tijdstip waarop hij
i. de vrachtbrief in ontvangst heeft genomen,
ii. de zaken heeft aangenomen of
iii. de hem krachtens artikel 1565 lid 3 of artikel 1566 lid 3 toekomende rechten heeft doen gelden.
2. Het recht van de geadresseerde om een rechtsvordering in te stellen, vervalt zodra de door hem overeenkomstig artikel 1566 lid 5 aangewezen persoon de vrachtbrief in ontvangst heeft genomen, de zaken heeft aangenomen of de hem krachtens artikel 1565 lid 3 toekomende rechten heeft doen gelden.
3. De rechtsvordering tot terugbetaling van een bedrag dat op grond van de vervoerovereenkomst betaald is, komt slechts toe aan degene die de betaling heeft gedaan.
4. De rechtsvordering met betrekking tot rembours komt slechts toe aan de afzender.
5. Om rechtsvorderingen in te stellen moet de afzender de duplicaat-vrachtbrief overleggen. Bij gebreke daarvan moet hij een machtiging van de geadresseerde overleggen of bewijzen dat deze laatste de zaken heeft geweigerd. Indien nodig moet de afzender het bewijs leveren van het ontbreken of het verlies van de vrachtbrief.
6. Om rechtsvorderingen in te stellen moet de geadresseerde de vrachtbrief overleggen, indien deze aan hem is afgegeven.

Bevoegdheid instellen rechtsvordering bij goederenvervoer over spoorwegen

Art. 1591
1. Behoudens de leden 3 en 4, kunnen de op de vervoerovereenkomst gegronde rechtsvorderingen uitsluitend worden ingesteld tegen de eerste of laatste vervoerder of tegen de vervoerder die dat deel van het vervoer verrichtte gedurende welke het feit dat tot de rechtsvordering heeft geleid, zich heeft voorgedaan.
2. Wanneer in geval het vervoer wordt verricht door opvolgende vervoerders, de vervoerder die de zaken moet afleveren met zijn instemming is ingeschreven op de vrachtbrief, kan overeenkomstig lid 1 de rechtsvordering tegen hem worden ingesteld, zelfs als hij de zaken of de vrachtbrief niet heeft ontvangen.
3. De rechtsvordering tot terugbetaling van een krachtens de vervoerovereenkomst betaald bedrag kan worden ingesteld tegen de vervoerder die dit bedrag heeft geïnd of tegen degene ten voordele van wie dit bedrag is geïnd.
4. De rechtsvordering ter zake van rembours kan alleen worden ingesteld tegen de vervoerder die de zaken op de plaats van afzending ten vervoer heeft aangenomen.
5. De rechtsvordering kan tegen een andere dan de in de leden 1 en 4 bedoelde vervoerders worden ingesteld als tegeneis of als verweer in een geding over een op dezelfde vervoerovereenkomst gegronde vordering.
6. Voorzover deze titel van toepassing is op de ondervoerder, kan tegen hem eveneens een rechtsvordering worden ingesteld.
7. Indien de eiser de keuze heeft tussen meer vervoerders, vervalt zijn keuzerecht zodra de rechtsvordering tegen een van hen is ingesteld; dit geldt eveneens indien de eiser de keuze heeft tussen een of meer vervoerders en een ondervervoerder.

Instellen rechtsvordering bij goederenvervoer over spoorwegen

Art. 1592

Vermoeden van tijdige ontvangst/ontvangst in goede staat bij goederenvervoer over spoorwegen

1. Door de inontvangstneming van de zaken door de rechthebbende wordt deze vermoed de zaken in goede staat en op tijd te hebben ontvangen.

2. Dit vermoeden kan slechts worden weerlegd:
   a. in geval van gedeeltelijk verlies of beschadiging, indien
   i. het verlies of de beschadiging overeenkomstig artikel 1588 is vastgesteld vóór de inontvangstneming van de zaken door de rechthebbende;
   ii. de vaststelling, die overeenkomstig artikel 1588 had moeten geschieden, slechts door de schuld van de vervoerder achterwege is gebleven;
   b. in geval van uiterlijk niet waarneembare schade, die is vastgesteld na de inontvangstneming van de zaken door de rechthebbende, indien deze
   i. de vaststelling overeenkomstig artikel 1588 onmiddellijk na de ontdekking van de schade en uiterlijk binnen zeven dagen bij een van de in artikel 1591 lid 1 bedoelde vervoerders heeft doen gelden;
   ii. bovendien bewijst, dat de schade tussen de aanneming ten vervoer van de zaken en de aflevering is ontstaan;
   c. in geval van overschrijding van de afleveringstermijn, indien de rechthebbende zijn rechten binnen zestig dagen bij een van de in artikel 1591 lid 1 bedoelde vervoerders heeft doen gelden;
   d. indien de rechthebbende bewijst dat de schade is ontstaan uit een handeling of nalaten van de vervoerder geschied hetzij met het opzet die schade te veroorzaken, hetzij roekeloos en met de wetenschap dat die schade er waarschijnlijk uit zal voortvloeien.

3. Indien de zaken overeenkomstig artikel 1576 doorgezonden zijn, vervallen de vorderingen uit een der voorafgaande vervoerovereenkomsten in geval van gedeeltelijk verlies of beschadiging als betrof het een enkele overeenkomst.

Afdeling 5
Onderlinge betrekkingen tussen de vervoerders

Art. 1593

Onderlinge betrekkingen vervoerders bij goederenvervoer over spoorwegen

1. Elke vervoerder moet aan de betrokken vervoerders het hun toekomende aandeel betalen van de kosten of andere uit de vervoerovereenkomst ontstane schuldvorderingen, die hij ofwel bij vertrek, ofwel bij aankomst heeft geïnd of had moeten innen. De wijze van betaling wordt in een overeenkomst tussen de vervoerders vastgelegd.

2. Artikel 1560 is eveneens van toepassing op de betrekkingen tussen opvolgende vervoerders.

Art. 1594

Recht van regres bij goederenvervoer over spoorwegen

1. De vervoerder die krachtens deze titel een schadevergoeding heeft betaald, heeft recht van regres jegens de bij het vervoer betrokken vervoerders overeenkomstig de volgende bepalingen:
   a. de vervoerder die de schade heeft veroorzaakt, is daarvoor alleen aansprakelijk;
   b. wanneer de schade is veroorzaakt door meer vervoerders, is ieder van hen aansprakelijk voor de door hem veroorzaakte schade; is deze toedeling niet mogelijk, dan wordt de schadevergoeding onder hen volgens onderdeel c verdeeld;
   c. indien niet kan worden bewezen welke vervoerder de schade heeft veroorzaakt, wordt de schadevergoeding onder alle bij het vervoer betrokken vervoerders verdeeld, met uitsluiting van hen die bewijzen, dat de schade niet door hen is veroorzaakt; de verdeling geschiedt naar evenredigheid van het aandeel in de vrachtprijs dat aan iedere vervoerder toekomt.

2. In geval van onvermogen om te betalen van een van de vervoerders wordt het te zijnen laste komende en door hem niet betaalde aandeel onder de andere bij het vervoer betrokken vervoerders verdeeld naar evenredigheid van het aandeel in de vrachtprijs dat aan ieder van hen toekomt.

Art. 1595

[Dit artikel is gewijzigd in verband met de invoering van digitaal procederen. Zie voor de procedures en gerechten waarvoor digitaal procederen geldt het Overzicht gefaseerde inwerkingtreding op www.rijksoverheid.nl/KEI.]

Uitoefening regres bij goederenvervoer over spoorwegen

1. De gegrondheid van de betaling verricht door de vervoerder die krachtens artikel 1594 het regres uitoefent, kan niet betwist worden door de vervoerder tegen wie het bedoeld regres wordt uitgeoefend, wanneer de schadevergoeding door de rechter is vastgesteld en wanneer deze laatstgenoemde vervoerder, naar behoren opgeroepen, de mogelijkheid is geboden tot tussenkomst in het geding. De rechter bij wie de hoofdvordering aanhangig is, stelt de termijnen voor de bezorging of betekening van het oproepingsbericht en voor de tussenkomst vast.

2. De vervoerder die het regres uitoefent, moet zijn vordering instellen in één en hetzelfde geding tegen alle vervoerders met wie hij geen schikking heeft getroffen, op straffe van verlies van regres jegens de niet opgeroepen vervoerders.

3. De rechter beslist in één uitspraak over alle bij hem aanhangige regresvorderingen.

13 Burgerlijk Wetboek Boek 8 — art. 8:1670

4. Regresvorderingen kunnen niet aanhangig worden gemaakt door het instellen van een rechtsvordering in het geding dat de rechthebbende heeft ingesteld om schadevergoeding te verlangen op grond van de vervoerovereenkomst.
[Voor overige gevallen luidt het artikel als volgt:]

Artikel 1595
1. De gegrondheid van de betaling verricht door de vervoerder die krachtens artikel 1594 het regres uitoefent, kan niet betwist worden door de vervoerder tegen wie het bedoeld regres wordt uitgeoefend, wanneer de schadevergoeding door de rechter is vastgesteld en wanneer deze laatstgenoemde vervoerder, naar behoren gedagvaard, de mogelijkheid is geboden tot tussenkomst in het geding. De rechter bij wie de hoofdvordering aanhangig is, stelt de termijnen voor de betekening van de dagvaarding en voor de tussenkomst vast.
2. De vervoerder die het regres uitoefent, moet zijn vordering instellen in één en hetzelfde geding tegen alle vervoerders met wie hij geen schikking heeft getroffen, op straffe van verlies van regres jegens de niet gedagvaarde vervoerders.
3. De rechter beslist in één uitspraak over alle bij hem aanhangige regresvorderingen.
4. Regresvorderingen kunnen niet aanhangig worden gemaakt door het instellen van een rechtsvordering in het geding dat de rechthebbende heeft ingesteld om schadevergoeding te verlangen op grond van de vervoerovereenkomst.

Art. 1596
De vervoerders kunnen onderling overeenkomsten afsluiten die afwijken van de artikelen 1593 en 1594.

Afwijkende overeenkomst tussen vervoerders bij goederenvervoer over spoorwegen

Titel 19
Ongevallen

Afdeling 1
Aansprakelijkheid voor spoorvoertuigen en spoorweginfrastructuur

Art. 1661
1. De aansprakelijkheid op grond van artikel 173 van Boek 6 ten aanzien van een spoorvoertuig, dat bij een spoorwegonderneming in gebruik is, rust op die spoorwegonderneming. Is het spoorvoertuig in gebruik bij een bedrijf van andere aard, dan rust deze aansprakelijkheid op dit andere bedrijf. Wordt het spoorvoertuig gebruikt door het ter beschikking te stellen voor gebruik in de uitoefening van het bedrijf van een ander, dan rust die aansprakelijkheid op die ander.
2. De aansprakelijkheid op grond van artikel 174 van Boek 6 ten aanzien van de spoorweginfrastructuur rust op de beheerder.

Aansprakelijkheid bij ongevallen bij goederenvervoer over spoorwegen

Afdeling 2
Gevaarlijke stoffen aan boord van een spoorrijtuig

Art. 1670
In deze afdeling wordt verstaan onder:
a. *"gevaarlijke stof"*: een stof die als zodanig bij algemene maatregel van bestuur is aangewezen; de aanwijzing kan worden beperkt tot bepaalde concentraties van de stof, tot bepaalde in de algemene maatregel van bestuur te omschrijven gevaren die aan de stof verbonden zijn, en tot bepaalde daarin te omschrijven situaties waarin de stof zich bevindt;
b. *"spoorvoertuig"*: elk voertuig, ingericht om op spoorstaven te rijden;
c. *"schade"*:
1°. schade veroorzaakt door dood of letsel van enige persoon veroorzaakt door een gevaarlijke stof;
2°. andere schade buiten het spoorvoertuig aan boord waarvan de gevaarlijke stof zich bevindt, veroorzaakt door de gevaarlijke stof, met uitzondering van een verlies van of schade met betrekking tot andere spoorvoertuigen en zaken aan boord daarvan, indien die spoorvoertuigen deel uitmaken van een trein, waarvan ook dit spoorvoertuig deel uitmaakt;
3°. de kosten van preventieve maatregelen en verlies of schade veroorzaakt door zulke maatregelen;
d. *"preventieve maatregel"*: iedere redelijke maatregel ter voorkoming of beperking van schade door wie dan ook genomen met uitzondering van de overeenkomstig deze afdeling aansprakelijke persoon nadat een gebeurtenis heeft plaatsgevonden;

Begripsbepalingen

e. *"gebeurtenis"*: elk feit of elke opeenvolging van feiten met dezelfde oorzaak, waardoor schade ontstaat of waardoor een ernstige en onmiddellijke dreiging van schade ontstaat.
(Zie ook: art. 197 BW Boek 6; artt. 620, 1030, 1210 BW Boek 8; Uitv.besl. Agsm)

Art. 1671

Werkingssfeer

1. Deze afdeling is niet van toepassing, indien de spoorwegonderneming jegens degene die de vordering instelt, aansprakelijk is uit hoofde van een exploitatieovereenkomst of jegens deze persoon een beroep op een exploitatieovereenkomst heeft.
2. Deze afdeling is van toepassing op de periode waarin een gevaarlijke stof zich in een spoorvoertuig bevindt, daaronder begrepen de periode vanaf het begin van de inlading van de gevaarlijke stof in het spoorvoertuig tot het einde van de lossing van die stof uit het spoorvoertuig.
3. Deze afdeling is niet van toepassing op schade veroorzaakt wanneer het spoorvoertuig uitsluitend wordt gebruikt op een niet voor publiek toegankelijk terrein en zulk gebruik een onderdeel vormt van een op dat terrein plaatsvindende bedrijfsuitoefening.
4. Op zich overeenkomstig het tweede lid aan boord bevindende stoffen als bedoeld in artikel 175 van Boek 6 is dat artikel niet van toepassing, tenzij zich het geval van het derde lid voordoet.
(Zie ook: artt. 621, 1031, 1211 BW Boek 8)

Art. 1672

Gevaarlijke stof aan boord van een spoorrijtuig

Indien een gevaarlijke stof zich bevindt in een vervoermiddel dat zich aan boord van een spoorvoertuig bevindt zonder dat de gevaarlijke stof uit dit gestapelde vervoermiddel wordt gelost, zal de gevaarlijke stof voor die periode geacht worden zich alleen aan boord van genoemd spoorvoertuig te bevinden. Gedurende de handelingen bedoeld in artikel 1673, vijfde lid, onderdelen c, d en e, echter zal de gevaarlijke stof geacht worden zich alleen aan boord van het gestapelde vervoermiddel te bevinden.
(Zie ook: artt. 622, 1032, 1212 BW Boek 8)

Art. 1673

Aansprakelijkheid spoorwegonderneming bij gevaarlijke stoffen aan boord spoorrijtuig

1. De spoorwegonderneming die ten tijde van een gebeurtenis met een spoorvoertuig aan boord waarvan zich een gevaarlijke stof bevindt, de zeggenschap heeft over het gebruik van dat spoorvoertuig, is aansprakelijk voor de schade door deze stof veroorzaakt ten gevolge van deze gebeurtenis. Indien de gevaarlijke stof zich bevindt in een spoorvoertuig, voortbewogen door middel van tractie, berust de zeggenschap over het gebruik van dat spoorvoertuig bij de spoorwegonderneming die de zeggenschap over de tractie heeft. Bestaat de gebeurtenis uit een opeenvolging van feiten met dezelfde oorzaak, dan rust de aansprakelijkheid op de spoorwegonderneming die ten tijde van het eerste feit de zeggenschap over het gebruik van het spoorvoertuig had.
2. De spoorwegonderneming is niet aansprakelijk indien:
   a. de schade is veroorzaakt door een oorlogshandeling, vijandelijkheden, burgeroorlog, opstand of natuurgebeuren van uitzonderlijke, onvermijdelijke en onweerstaanbare aard;
   b. de schade uitsluitend is veroorzaakt door een handelen of nalaten van een derde, niet zijnde een persoon genoemd in het vijfde lid, onderdeel *a*, geschied met het opzet de schade te veroorzaken;
   c. de afzender of enige andere persoon niet heeft voldaan aan zijn verplichting hem in te lichten over de gevaarlijke aard van de stof, en noch de spoorwegonderneming, noch de in het vijfde lid, onderdeel *a*, genoemde personen wisten of hadden behoren te weten dat deze gevaarlijk was.
3. Indien de spoorwegonderneming bewijst dat de schade geheel of gedeeltelijk het gevolg is van een handelen of nalaten van de persoon die de schade heeft geleden, met het opzet de schade te veroorzaken, of van de schuld van die persoon, kan hij geheel of gedeeltelijk worden ontheven van zijn aansprakelijkheid tegenover die persoon.
4. De spoorwegonderneming kan voor schade slechts uit anderen hoofde dan deze afdeling worden aangesproken in het geval van het tweede lid, onderdeel c, alsmede in het geval dat hij uit hoofde van arbeidsovereenkomst kan worden aangesproken. In het geval van het tweede lid, onderdeel c, kan de spoorwegonderneming deze aansprakelijkheid beperken als ware hij op grond van deze afdeling aansprakelijk.
5. Behoudens de artikelen 1674 en 1675 zijn voor schade niet aansprakelijk:
   a. de ondergeschikten, vertegenwoordigers of lasthebbers van de spoorwegonderneming,
   b. ieder die ten behoeve van het spoorrijtuig werkzaamheden verricht,
   c. zij die anders dan tegen een uitdrukkelijk en redelijk verbod vanwege de spoorwegonderneming in hulp verlenen aan het spoorrijtuig, de zich aan boord daarvan bevindende zaken of personen,
   d. zij die op aanwijzing van een bevoegde overheidsinstantie hulp verlenen aan het spoorrijtuig, de zich aan boord daarvan bevindende zaken of personen,
   e. zij die preventieve maatregelen nemen met uitzondering van de spoorwegonderneming,
   f. de ondergeschikten, vertegenwoordigers of lasthebbers van de in dit lid, onderdelen *b*, *c*, *d* en *e*, van aansprakelijkheid vrijgestelde personen, tenzij de schade is ontstaan uit hun eigen

13 Burgerlijk Wetboek Boek 8   art. 8:1677

handelen of nalaten, geschied hetzij met het opzet die schade te veroorzaken, hetzij roekeloos en met de wetenschap dat die schade er waarschijnlijk uit zou voortvloeien.
6. De spoorwegonderneming heeft, voor zover niet anders is overeengekomen, verhaal op de in het zesde lid bedoelde personen, doch uitsluitend indien dezen ingevolge het slot van dit lid voor de schade kunnen worden aangesproken.
(Zie ook: artt. 170, 172, 175 BW Boek 6; artt. 623, 1033, 1213, 1672 BW Boek 8)
7. Voor de toepassing van dit en het volgende artikel wordt de beheerder van de door de spoorwegonderneming gebruikte spoorweginfrastructuur begrepen onder de in lid 5 onder a bedoelde personen.

Art. 1674
1. Indien de spoorwegonderneming bewijst dat de gevaarlijke stof tijdens de periode bedoeld in artikel 1671, tweede lid, is geladen of gelost onder de uitsluitende verantwoordelijkheid van een door hem bij name genoemde ander dan de spoorwegonderneming of zijn ondergeschikte, vertegenwoordiger of lasthebber, zoals de afzender of ontvanger, is de spoorwegonderneming niet aansprakelijk voor de schade als gevolg van een gebeurtenis tijdens het laden of lossen van de gevaarlijke stof en is die ander voor deze schade aansprakelijk overeenkomstig deze afdeling.
(Zie ook: art. 182 BW Boek 6)

Uitsluiting aansprakelijkheid spoorwegonderneming bij gevaarlijke stoffen aan boord spoorrijtuig

2. Indien echter de gevaarlijke stof tijdens de periode bedoeld in artikel 1671, tweede lid, is geladen of gelost onder de gezamenlijke verantwoordelijkheid van de spoorwegonderneming en een door de spoorwegonderneming bij name genoemde ander, zijn de spoorwegonderneming en die ander hoofdelijk aansprakelijk overeenkomstig deze afdeling voor de schade als gevolg van een gebeurtenis tijdens het laden of lossen van de gevaarlijke stof.
3. Indien is geladen of gelost door een persoon in opdracht of ten behoeve van de vervoerder of van een ander, zoals de afzender of de ontvanger, is niet deze persoon, maar de vervoerder of die ander aansprakelijk.
4. Indien een ander dan de spoorwegonderneming op grond van het eerste of het tweede lid aansprakelijk is, kan die ander geen beroep doen op artikel 1673, vijfde lid en zesde lid, onderdeel b.
5. Indien een ander dan de spoorwegonderneming op grond van het eerste of het tweede lid aansprakelijk is, zijn ten aanzien van die ander de artikelen 1678 tot en met 1680 van overeenkomstige toepassing, met dien verstande dat in geval van hoofdelijke aansprakelijkheid:
a. de beperking van aansprakelijkheid als bepaald krachtens artikel 1678, eerste lid, geldt voor het geheel der naar aanleiding van eenzelfde gebeurtenis ontstane vorderingen gericht tegen beiden;
b. een fonds gevormd door één van hen overeenkomstig artikel 1679 wordt aangemerkt als door beiden te zijn gevormd en zulks ten aanzien van de vorderingen waarvoor het fonds werd gesteld.
6. In de onderlinge verhouding tussen de spoorwegonderneming en de in het tweede lid van dit artikel genoemde ander is de spoorwegonderneming niet tot vergoeding verplicht dan in geval van schuld van hemzelf of van zijn ondergeschikten, vertegenwoordigers of lasthebbers.
7. Dit artikel is niet van toepassing als tijdens de periode, bedoeld in artikel 1671, tweede lid, is geladen of gelost onder de uitsluitende of gezamenlijke verantwoordelijkheid van een persoon, genoemd in artikel 1673, zesde lid, onderdeel c, d of e.
(Zie ook: artt. 624, 1034, 1214 BW Boek 8)

Art. 1675
Indien ingevolge artikel 1673, derde lid, onderdeel c, de spoorwegonderneming niet aansprakelijk is, is de afzender of andere persoon aansprakelijk overeenkomstig deze afdeling en zijn te diens aanzien de artikelen 1678 tot en met 1680 van overeenkomstige toepassing. De afzender of andere persoon kan geen beroep doen op artikel 1673, vijfde lid.
(Zie ook: artt. 625, 1035, 1215 BW Boek 8)

Aansprakelijkheid afzender/derde bij gevaarlijke stoffen aan boord spoorrijtuig

Art. 1676
Indien schade veroorzaakt door de gevaarlijke stof redelijkerwijs niet kan worden gescheiden van schade anderszins veroorzaakt, zal de gehele schade worden aangemerkt als schade in de zin van deze afdeling.
(Zie ook: artt. 626, 1036, 1216 BW Boek 8)

Schadeoorzaken bij gevaarlijke stoffen aan boord spoorrijtuig

Art. 1677
1. Wanneer door een gebeurtenis schade is veroorzaakt door gevaarlijke stoffen aan boord van een of meer spoorvoertuigen en een of meer voertuigen dan wel luchtkussenvoertuigen, zijn de spoorwegondernemingen die over het gebruik van die spoorvoertuigen de zeggenschap hadden, en de exploitanten van die voertuigen of luchtkussenvoertuigen, onverminderd het bepaalde in artikel 1673, tweede en derde lid, en artikel 1674 en afdeling 1 van titel 14 bepaalde, hoofdelijk aansprakelijk voor alle schade waarvan redelijkerwijs niet kan worden aangenomen dat zij veroorzaakt is door gevaarlijke stoffen aan boord van een bepaald spoorvoertuig of aan boord van een bepaald voertuig of luchtkussenvoertuig.
(Zie ook: art. 182 BW Boek 6)

Hoofdelijke aansprakelijkheid bij gevaarlijke stoffen aan boord spoorrijtuig

1079

2. Het bepaalde in het eerste lid laat onverlet het beroep op beperking van aansprakelijkheid van de spoorwegonderneming of exploitant van dat voertuig of luchtkussenvoertuig krachtens deze afdeling of de artikelen 1218 tot en met 1220, ieder tot het voor hem geldende bedrag.
(Zie ook: artt. 627, 1037, 1217 BW Boek 8)

Art. 1678

Beperking aansprakelijkheid bij gevaarlijke stoffen aan boord spoorrijtuig

1. De spoorwegonderneming kan zijn aansprakelijkheid per gebeurtenis beperken tot een bij of krachtens algemene maatregel van bestuur te bepalen bedrag of bedragen die verschillend kunnen zijn voor vorderingen ter zake van dood of letsel en andere vorderingen.

2. De spoorwegonderneming is niet gerechtigd zijn aansprakelijkheid te beperken indien de schade is ontstaan uit zijn eigen handelen of nalaten, geschied hetzij met het opzet die schade te veroorzaken, hetzij roekeloos en met de wetenschap dat die schade er waarschijnlijk uit zou voortvloeien.
(Zie ook: artt. 1217, 1218 BW Boek 8; Uitv.besl. Agsm)

Art. 1679

Schadefonds(en) bij gevaarlijke stoffen aan boord spoorrijtuig

Ten einde zich te kunnen beroepen op de in artikel 1678 bedoelde beperking van aansprakelijkheid moet de spoorwegonderneming een fonds of fondsen vormen overeenkomstig artikel 1680.
(Zie ook: artt. 1217, 1219 BW Boek 8)

Art. 1680

Vaststelling bedrag aansprakelijkheid exploitant door rechtbank

1. Hij die gebruik wenst te maken van de hem in artikel 1678 gegeven bevoegdheid tot beperking van zijn aansprakelijkheid, verzoekt een rechtbank die bevoegd is kennis te nemen van de vorderingen tot vergoeding van schade, het bedrag waartoe zijn aansprakelijkheid is beperkt, vast te stellen en te bevelen dat tot een procedure ter verdeling van dit bedrag zal worden overgegaan.
(Zie ook: artt. 1217, 1220 BW Boek 8)
2. Op het verzoek en de procedure ter verdeling zijn de artikelen 642a, tweede tot en met vierde lid, 642b, 642c, 642e, eerste lid, 642f tot en met 642t, eerste lid, en 642u tot en met 642z van het Wetboek van Burgerlijke Rechtsvordering van overeenkomstige toepassing.
3. Indien het krachtens artikel 1678, eerste lid, bepaalde bedrag voor vorderingen ter zake van dood of letsel onvoldoende is voor volledige vergoeding van deze vorderingen, worden deze vorderingen in evenredigheid gekort en zal het krachtens artikel 1678, eerste lid, bepaalde bedrag voor andere vorderingen naar evenredigheid worden verdeeld onder die vorderingen en de vorderingen ter zake van dood of letsel, voor zover deze onvoldaan zouden zijn.
4. De vorderingen van de spoorwegonderneming ter zake van door hem vrijwillig en binnen de grenzen der redelijkheid gedane uitgaven en gebrachte offers ter voorkoming of beperking van schade staan in rang gelijk met andere vorderingen op het krachtens artikel 1678, eerste lid, bepaalde bedrag voor andere vorderingen dan die ter zake van dood of letsel.

VII
Slotbepalingen

Titel 20
Verjaring en verval

Afdeling 1
Algemene bepalingen

Art. 1700

Verjaring/verval rechtsvorderingen bij verkeer en vervoer
Dwingend recht

1. Een beding, waarbij een wettelijke termijn van verjaring of verval wordt gewijzigd, wordt aangemerkt als een beding ter wijziging van de aansprakelijkheid van hem, aan wie een beroep op deze termijn toekomt.
2. Behoudens artikel 1701 is ieder beding nietig, waarbij van het vorige lid wordt afgeweken.
(Zie ook: artt. 12, 382 BW Boek 8)

Art. 1701

Verlenging verjaring/verval rechtsvordering bij verkeer en vervoer

Een termijn, bij afloop waarvan een rechtsvordering verjaart of vervalt, kan worden verlengd bij overeenkomst tussen partijen, gesloten nadat het feit, dat de rechtsvordering heeft doen ontstaan, heeft plaatsgehad. In afwijking van het eerste lid van artikel 1700 wordt een dergelijke verlenging niet aangemerkt als een wijziging van aansprakelijkheid van hem aan wie een beroep op een dergelijke termijn toekomt.
(Zie ook: art. 1712 BW Boek 8)

Art. 1702

Opzettelijk verborgen houden van schuld bij verkeer en vervoer

Het feit, dat een schuldenaar opzettelijk het bestaan van de schuld voor de schuldeiser verborgen houdt, is niet van invloed op een termijn van verjaring of verval.

Afdeling 2
Goederenvervoer

Art. 1710
In artikel 1711 en in de artikelen 1713 tot en met 1720 wordt verstaan onder:
a. vervoerovereenkomst: een overeenkomst van goederenvervoer als genoemd in de afdelingen 1 van titel 2, 2 van titel 5, 2 van titel 10, 2 van titel 13 dan wel 4 van titel 13.
b. vervoerder: een vervoerder bij een vervoerovereenkomst.
(Zie ook: art. 1170 BW boek 8)
c. afzender: een afzender, cognossementhouder, geadresseerde of ontvanger bij een vervoerovereenkomst.
d. dag van aflevering: dag waarop de onder de vervoerovereenkomst te vervoeren of vervoerde zaken uit het vervoermiddel zijn afgeleverd, dan wel, indien zij niet zijn afgeleverd, onder de al dan niet tot uitvoering gekomen vervoerovereenkomst hadden moeten zijn afgeleverd. Worden zaken na voortijdige beëindiging van de vervoerovereenkomst alsnog door de vervoerder in feite afgeleverd, dan geldt de dag dezer feitelijke aflevering als dag van aflevering. Worden zaken op grond van de artikelen 491, 957, 1133 of 1198 dan wel enig beding van dusdanige strekking verkocht, dan geldt de dag van de verkoop als dag van aflevering.
(Zie ook: artt. 25, 392, 398, 424, 425, 426, 908, 914, 934, 935, 936, 1111, 1118, 1188, 1712, 1722 BW Boek 8)

Begripsbepalingen

Art. 1711
Behoudens de artikelen 1712 en 1720 verjaart een op een vervoerovereenkomst gegronde rechtsvordering door verloop van één jaar.
(Zie ook: art. 306 BW Boek 3; artt. 1713, 1714, 1750 BW Boek 8; art. 32 CMR; art. 36 LVW)

Verjaring op vervoerovereenkomst gegronde rechtsvordering bij goederenvervoer

Art. 1712
1. De vervoerder bij een vervoerovereenkomst onder cognossement, als bedoeld in artikel 377, is in ieder geval van alle aansprakelijkheid, welke dan ook, met betrekking tot de vervoerde zaken ontheven, tenzij een rechtsvordering wordt ingesteld binnen één jaar, welke termijn begint met de aanvang van de dag volgende op de dag van aflevering of de dag waarop de zaken hadden moeten zijn afgeleverd.
2. In afwijking van het eerste lid kunnen rechtsvorderingen tot verhaal op een derde zelfs na afloop van de in dat lid genoemde termijn worden ingesteld gedurende een termijn van drie maanden, te rekenen van de dag waar op degene die een zodanige rechtsvordering tot verhaal instelt ten aanzien van het van hemzelf gevorderde de zaak heeft geregeld of waarop hij te dien aanzien in rechte is aangesproken.
3. De in het eerste lid bedoelde termijn kan worden verlengd bij overeenkomst tussen partijen, gesloten nadat de gebeurtenis die de rechtsvordering heeft doen ontstaan, heeft plaats gehad.
(Zie ook: artt. 382, 1701, 1711, 1720 BW Boek 8)

Termijn op vervoerovereenkomst onder cognossement gegronde rechtsvordering bij goederenvervoer

Art. 1713
1. Behoudens artikel 1716 en in afwijking van artikel 1717 begint in geval van een door een afzender tegen een vervoerder ingestelde rechtsvordering terzake van niet terbeschikkingstelling van het vervoermiddel of niet aanwezig zijn daarvan, de in artikel 1711 genoemde termijn met de aanvang van de dag, volgende op de dag dat het vervoermiddel ter beschikking gesteld had moeten zijn.
2. Het eerste lid is van overeenkomstige toepassing in geval van een door een afzender tegen een vervoerder ingestelde rechtsvordering terzake van het niet aanvangen van een verhuizing.
(Zie ook: artt. 390, 1109, 1186 BW Boek 8)

Verjaringstermijn rechtsvordering afzender tegen vervoerder bij goederenvervoer

Art. 1714
In afwijking van artikel 1717 en behoudens artikel 1719 begint de in artikel 1711 genoemde termijn met de aanvang van de dag, volgende op de dag van aflevering, indien het een rechtsvordering betreft terzake van:
a. ten vervoer ter beschikking stellen of ontvangen van bepaalde zaken, verschaffen van opgaven, inlichtingen of documenten betreffende deze zaken, betrachten van zorg ten aanzien van deze documenten, adresseren van bepaalde zaken of aanbrengen van gegevens op die zaken of op hun verpakking;
b. laden, behandelen, stuwen, herstuwen, vervoeren, lossen, opslaan, vernietigen of onschadelijk maken van bepaalde zaken dan wel berokkenen van schade door die zaken of door in- of uitladen daarvan;
c. afleveren van bepaalde zaken, verschaffen van middelen tot onderzoek en natellen daarvan, betalen van vracht daarover of van onkosten of extra-vergoedingen in verband met deze zaken, vergoeden van de in de artikelen 488, 951, 1129 of 1195 bedoelde schade en in innen en afdragen van remboursgelden;

Afwijkende verjaringstermijn rechtsvordering gegrond op vervoerovereenkomst bij goederenvervoer

d. invullen, aanvullen, dateren, ondertekenen of afgeven van een cognossement, vrachtbrief, ontvangstbewijs of een soortgelijk document.
(Zie ook: artt. 1710, 1715, 1716 BW Boek 8)

Art. 1715

Schakelbepaling

In afwijking van artikel 1717 en behoudens artikel 1719 is op een rechtsvordering door de vervoerder of de afzender ingesteld met betrekking tot materiaal, dat van de zijde van de afzender ter beschikking moet worden gesteld of is gesteld, artikel 1714 van overeenkomstige toepassing met dien verstande, dat in geval de vervoerder volgens de overeenkomst niet tot teruggave van het materiaal verplicht is onder de dag van aflevering daarvan mede wordt verstaan de dag waarop dit materiaal te zijner beschikking werd gesteld.

Art. 1716

Aanvang verjaringstermijn rechtsvordering gegrond op vervoerovereenkomst bij goederenvervoer

In afwijking van de artikelen 1713 en 1717 begint de in artikel 1711 genoemde termijn in geval van een rechtsvordering terzake van schade geleden door opzegging of door voortijdige beëindiging van de vervoerovereenkomst zonder opzegging, met de aanvang van de dag volgende op de dag dat de overeenkomst eindigt.
(Zie ook: artt. 25, 392, 1111 t/m 1113, 1188 t/m 1190 BW Boek 8)

Art. 1717

Aanvang verjaringstermijn rechtsvordering gegrond op tijd-/reisbevrachting bij goederenvervoer

Behoudens de artikelen 1713 tot en met 1716, 1718, 1719 en 1822 begint in geval van een rechtsvordering gegrond op een tijdbevrachting de in artikel 1711 genoemde termijn met de aanvang van de dag, volgende op die waarop de uitvoering van de overeenkomst is geëindigd; in geval van een rechtsvordering gegrond op een reisbevrachting begint deze termijn met de aanvang van de dag volgende op die waarop de reis, naar aanleiding waarvan de vordering is ontstaan, is geëindigd.
(Zie ook: artt. 373, 892, 1193 BW Boek 8)

Art. 1718

Aanvang verjaringstermijn rechtsvordering bij schadevergoeding wegens schenden informatieverplichting bij goederenvervoer

In afwijking van artikel 1717 begint de in artikel 1711 genoemde termijn in geval van een rechtsvordering tot schadevergoeding, verschuldigd doordat aan een verplichting tot verwittigen of op de hoogte stellen niet werd voldaan, met de aanvang van de dag volgende op de dag waarop deze verplichting ontstond.
(Zie ook: art. 1721 BW Boek 8)

Art. 1719

Aanvang verjaringstermijn rechtsvordering bij schadevergoeding voor verlies/beschadiging vervoermiddel bij goederenvervoer

In afwijking van de artikelen 1714, 1715 en 1717 begint in geval van een door een vervoerder ingestelde rechtsvordering tot vergoeding van schade geleden door verlies of beschadiging van een vervoermiddel de in artikel 1711 genoemde termijn met de aanvang van de dag, volgende op die waarop het verlies of de beschadiging plaatsvond.

Art. 1720

Nieuwe termijn verjaring/verval bij verhaal vervoerder/afzender op partij bij exploitatieovereenkomst

1. Behoudens artikel 1712 begint ten behoeve van een vervoerder of een afzender, voor zover deze verhaal zoekt op een partij bij een exploitatieovereenkomst, als bedoeld in artikel 361, voor hetgeen door hem aan een derde is verschuldigd, een nieuwe termijn van verjaring of verval, welke drie maanden beloopt; deze termijn begint met de aanvang van de dag, volgende op de eerste der volgende dagen:
a. de dag waarop hij, die verhaal zoekt, aan de tot hem gerichte vordering heeft voldaan of
b. de dag waarop hij, die verhaal zoekt, terzake in rechte is aangesproken of
c. de dag waarop de verjaring, waarop hij, die verhaal zoekt, beroep zou kunnen doen, is gestuit of
d. de dag waarop de termijn van de verjaring of het verval van de rechtsvordering waarvoor verhaal wordt gezocht, is verlopen, waarbij geen rekening wordt gehouden met een mogelijkerwijs door partijen overeengekomen verlenging.
2. Het eerste lid kan er niet toe leiden, dat de voor rechtsvorderingen, gegrond op de desbetreffende exploitatieovereenkomst, geldende termijn van verjaring of verval eerder verstrijkt ten aanzien van de rechtsvordering tot verhaal die op die exploitatieovereenkomst is gegrond.
3. Voor de toepassing van dit artikel wordt een overeenkomst, waarbij door de ene partij een vervoermiddel anders dan bij wijze van bevrachting en anders dan bij wijze van een overeenkomst als bedoeld in artikel 1080 derde lid, ter beschikking wordt gesteld van haar wederpartij, als exploitatieovereenkomst aangemerkt en worden de partijen bij die overeenkomst aangemerkt als vervoerder en afzender.
(Zie ook: artt. 1741, 1754 BW Boek 8)

Art. 1721

Vervallen/verjaren rechtsvordering in verschillende termijnen bij goederenvervoer

1. Indien uit hoofde van de artikelen 1710 tot en met 1720 enige rechtsvordering in verschillende termijnen verjaart of vervalt dan wel te haren aanzien het begin van de termijn, waarbinnen de rechtsvordering verjaart of vervalt, verschilt, geldt die bepaling die de termijn van verjaring of verval het laatst doet eindigen.

13 Burgerlijk Wetboek Boek 8 — art. 8:1740

2. Het vorige lid laat artikel 1712 onverlet.

Art. 1722
1. De artikelen 1710 tot en met 1721 zijn van toepassing op overeenkomsten van gecombineerd goederenvervoer, met dien verstande, dat onder afzender mede de houder van een CT-document wordt verstaan en onder dag van aflevering, de dag van aflevering onder de overeenkomst van gecombineerd goederenvervoer. — *Werkingssfeer*

2. Indien bij een overeenkomst van gecombineerd goederenvervoer aan hem die de rechtsvordering instelt niet bekend is waar de omstandigheid, die tot de rechtsvordering aanleiding gaf, is opgekomen, wordt die der in aanmerking komende bepalingen van verjaring of verval toegepast die voor hem de gunstigste is.

3. Nietig is ieder beding, waarbij van het tweede lid van dit artikel wordt afgeweken. — *Dwingend recht*

(Zie ook: artt. 12, 40 BW Boek 8)

Art. 1727
1. Een rechtsvordering gegrond op een overeenkomst tot goederenvervoer over spoorwegen verjaart door verloop van één jaar. De verjaringstermijn bedraagt evenwel twee jaar indien de rechtsvordering: — *Verjaring rechtsvordering bij goederenvervoer over spoorwegen*

a. strekt tot betaling van een door de vervoerder van de geadresseerde geïnd rembours;
b. strekt tot betaling van de opbrengst van een door de vervoerder verrichte verkoop;
c. gegrond is op een schade ontstaan uit een handeling of nalaten geschied hetzij met opzet die schade te veroorzaken, hetzij roekeloos en met de wetenschap dat die schade er waarschijnlijk uit zal voortvloeien;
d. gegrond is op één van de aan de doorzending voorafgaande vervoerovereenkomsten, in het geval bedoeld in artikel 1576.

2. De verjaring neemt een aanvang bij rechtsvorderingen:
a. tot schadevergoeding wegens geheel verlies: op de dertigste dag na afloop van de afleveringstermijn;
b. tot schadevergoeding wegens gedeeltelijk verlies, beschadiging of overschrijding van de aflevering: op de dag van de aflevering;
c. in alle overige gevallen: op de dag waarop het recht kan worden uitgeoefend.
De als begin van de verjaringstermijn vermelde dag is nimmer in deze termijn begrepen.

3. Ingeval overeenkomstig artikel 1589 een schriftelijke vordering buiten rechte met de nodige bewijsstukken is ingediend, is de verjaring geschorst tot de dag waarop de vervoerder de vordering schriftelijk afwijst en de bijgevoegde stukken terugzendt. Bij gedeeltelijke erkenning van de vordering begint de verjaringstermijn weer te lopen voor het nog betwiste gedeelte van de vordering. Het bewijs van de ontvangst van de vordering of van het antwoord en van de teruggave van de stukken rust op de partij die zich daarop beroept. Latere vorderingen buiten rechte met dezelfde inhoud schorsen de verjaring niet.

Afdeling 3
Bijzondere exploitatieovereenkomsten

Art. 1730
1. Een rechtsvordering gegrond op een overeenkomst, als bedoeld in afdeling 4 van titel 5 of afdeling 4 van titel 10, verjaart door verloop van één jaar. — *Verjaringstermijn rechtsvordering gegrond op exploitatie zee- of binnenschip bij bijzondere exploitatie-overeenkomsten*

2. De artikelen 1710, 1713 tot en met 1722 en 1750 tot en met 1754 zijn van overeenkomstige toepassing. — *Schakelbepaling*

(Zie ook: artt. 531, 991, 992, 994 BW Boek 8)

Afdeling 4
Overeenkomst tot het doen vervoeren van goederen

Art. 1740
1. Behoudens artikel 1741 verjaart een op een overeenkomst tot het doen vervoeren van goederen gegronde rechtsvordering door verloop van negen maanden. — *Verjaringstermijn rechtsvordering bij overeenkomst goederenvervoer*

(Zie ook: art. 60 BW Boek 8)

2. De in het eerste lid bedoelde termijn begint te lopen met de aanvang van de dag, volgende op de dag van aflevering. Voor de vaststelling van deze dag vindt artikel 1710 onder d overeenkomstige toepassing. Is de rechtsvordering echter gegrond op artikel 62 of op artikel 63, dan wel op enig beding van gelijke strekking, dan begint deze termijn met de aanvang van de dag, volgende op die waarop de opdrachtgever wist, dat de expediteur niet aan zijn verplichting tot het doen van mededelingen voldeed.

3. Is de rechtsvordering gegrond op artikel 65 of artikel 68, dan begint de termijn met de aanvang van de dag, volgende op de dag dat de overeenkomst tot het doen vervoeren van goederen eindigt.
(Zie ook: art. 1711 BW Boek 8)

Art. 1741

Afwijkende verjarings-/vervaltermijn rechtsvordering bij overeenkomst goederenvervoer

1. Ten behoeve van een partij bij een overeenkomst tot het doen vervoeren van goederen, voor zover deze verhaal zoekt op haar wederpartij voor hetgeen door haar aan een derde is verschuldigd, begint een nieuwe termijn van verjaring of verval, welke drie maanden beloopt; deze termijn begint met de aanvang van de dag, volgende op de eerste der volgende dagen:
   a. de dag waarop hij, die verhaal zoekt, aan de tot hem gerichte vordering heeft voldaan of
   b. de dag waarop hij, die verhaal zoekt, terzake in rechte is aangesproken of
   c. de dag waarop de verjaring, waar op hij, die verhaal zoekt, beroep zou kunnen doen, is gestuit of
   d. de dag waarop de termijn van de verjaring of het verval van de rechtsvordering waarvoor verhaal wordt gezocht, is verlopen, waarbij geen rekening wordt gehouden met een mogelijkerwijs door partijen overeengekomen verlenging.
2. Het eerste lid kan er niet toe leiden, dat de voor rechtsvorderingen, gegrond op de desbetreffende overeenkomst tot het doen vervoeren van goederen, geldende termijn van verjaring of verval eerder verstrijkt ten aanzien van de rechtsvordering tot verhaal die op die overeenkomst tot het doen vervoeren van goederen is gegrond.
(Zie ook: artt. 60, 1720, 1754 BW Boek 8)

Afdeling 5
Vervoer van personen

Art. 1750

Verjaringstermijn rechtsvordering gegrond op overeenkomst personenvervoer

1. Behoudens de artikelen 1751 tot en met 1754 verjaart een op een overeenkomst van personenvervoer, als genoemd in de afdelingen 4 van titel 2, 5 van titel 2, 3 van titel 10 en 3 van titel 13, gegronde rechtsvordering door verloop van één jaar, welke termijn begint met de aanvang van de dag, volgende op die waarop de reiziger het vervoermiddel heeft verlaten of had moeten verlaten.
2. In afwijking van het eerste lid zijn op de verjaring van een rechtsvordering terzake van het vervoer van bagage, geen hut- of handbagage in de zin van de artikelen 100, 500, 970 of 1141, noch een als bagage ten vervoer aangenomen voertuig of schip of levend dier zijnde, de artikelen 1710 tot en met 1722 van overeenkomstige toepassing.
(Zie ook: artt. 8, 510, 980, 1154 BW Boek 8)

Art. 1750a

Verjaringstermijn rechtsvordering bij dood/letsel reiziger en verlies/schade bagage bij personenvervoer

1. Elke rechtsvordering tot schadevergoeding op grond van afdeling 3 van titel 5, die voortvloeit uit dood of letsel van de reiziger, of uit verlies of beschadiging van de bagage, verjaart na een termijn van twee jaar.

2. De verjaringstermijn begint te lopen:
   a. bij letsel, vanaf de datum van ontscheping van de reiziger;
   b. bij overlijden tijdens het vervoer, vanaf de datum waarop de reiziger had moeten ontschepen en, in geval van een tijdens het vervoer opgelopen letsel dat de dood van de reiziger na zijn ontscheping tot gevolg heeft, vanaf de datum van het overlijden; de verjaringstermijn mag evenwel niet langer zijn dan 3 jaar te rekenen vanaf de datum van ontscheping;
   c. bij verlies of beschadiging van bagage, vanaf de ontschepingsdatum of de datum waarop deze had moeten plaatsvinden, waarbij de laatste van die twee data in aanmerking wordt genomen.
3. Verlenging of stuiting van de verjaring heeft niet tot gevolg dat een rechtsvordering uit hoofde van afdeling 3 van titel 5 kan worden ingesteld na verloop van een van de volgende termijnen:
   a. een termijn van vijf jaar te rekenen vanaf de datum van de ontscheping van de reiziger of de datum waarop die had moeten plaatsvinden, waarbij de laatste van die twee data in aanmerking wordt genomen; dan wel, indien eerder
   b. een termijn van drie jaar te rekenen vanaf de datum waarop de eiser op de hoogte was van het door het incident veroorzaakte letsel, verlies of schade of hiervan redelijkwijze op de hoogte had moeten zijn.
4. Ongeacht de bepalingen van de leden 1, 2 en 3 van dit artikel kan de verjaringstermijn worden verlengd op grond van een verklaring van de vervoerder of een overeenkomst die tussen de partijen wordt gesloten nadat de grond voor een aanspraak is ontstaan. Deze verklaring of overeenkomst wordt schriftelijk opgesteld.

Art. 1751
1. Een rechtsvordering jegens de vervoerder terzake van aan een reiziger overkomen letsel verjaart door verloop van drie jaren, welke termijn begint met de aanvang van de dag, volgende op de dag van het de reiziger overkomen voorval of ongeval.
2. Een rechtsvordering jegens de vervoerder terzake van dood van een reiziger verjaart door verloop van drie jaren, welke termijn begint met de aanvang van de dag, volgende op de dag van overlijden van de reiziger, doch welke niet langer loopt dan vijf jaren beginnend met de aanvang van de dag, volgende op de dag van het de reiziger overkomen voorval of ongeval.
(Zie ook: artt. 81, 105, 504, 974, 1174 BW Boek 8; art. 36 LVW)

Verjaringstermijn rechtsvordering bij letsel/dood reiziger bij personenvervoer

Art. 1752
In geval van bevrachting strekkende tot het vervoer van personen zijn de artikelen 1713 eerste lid, 1716 tot en met 1719 en 1721 van overeenkomstige toepassing.
(Zie ook: artt. 502, 927, 1144 BW Boek 8)

Schakelbepaling

Art. 1753
1. Een rechtsvordering jegens een vervoerder terzake van dood of letsel van de reiziger of terzake van hut- of handbagage in de zin van artikel 100, 500, 970 of artikel 1141, dan wel terzake van een als bagage ten vervoer aangenomen voertuig, schip of levend dier vervalt indien de rechthebbende niet binnen een termijn van drie maanden aan de vervoerder kennis heeft gegeven van het aan de reiziger overkomen voorval of ongeval.
2. De in het eerste lid genoemde termijn begint met de aanvang van de dag, volgende op de dag van het voorval of ongeval.
3. Het eerste lid van dit artikel blijft buiten toepassing indien
a. de rechthebbende binnen de in het eerste lid genoemde termijn schriftelijk bij de vervoerder een vordering heeft ingediend;
b. het voorval of ongeval te wijten is aan schuld van de vervoerder;
c. van het voorval of ongeval geen kennis is gegeven of niet binnen de in het eerste lid genoemde termijn kennis is gegeven, het één of het ander door omstandigheden, die niet voor rekening van de rechthebbende komen;
d. de vervoerder binnen de in het eerste lid genoemde termijn uit anderen hoofde kennis had van het voorval of ongeval.
4. Voor de toepassing van dit artikel wordt een omstandigheid als bedoeld in de artikelen 106 eerste lid onder b, 505, 975 en 1150 aangemerkt als een aan de reiziger overkomen voorval of ongeval.

Vervaltermijn rechtsvordering bij letsel/dood reiziger bij personenvervoer

Art. 1754
1. Ten behoeve van een vervoerder van personen, een wederpartij van een zodanige vervoerder of een reiziger, voor zover deze verhaal zoekt op een partij bij een exploitatieovereenkomst, als bedoeld in artikel 361, dan wel op een reiziger voor hetgeen door hem aan een derde is verschuldigd, begint een nieuwe termijn van verjaring of verval, welke drie maanden beloopt; deze termijn begint met de aanvang van de dag, volgende op de dag van eerste der volgende dagen:
a. de dag waarop hij, die verhaal zoekt, aan de tot hem gerichte vordering heeft voldaan of
b. de dag waarop hij, die verhaal zoekt, terzake in rechte is aangesproken of
c. de dag waarop de verjaring, waarop hij, die verhaal zoekt, beroep zou kunnen doen, is gestuit of
d. de dag waarop de termijn van de verjaring of het verval van de rechtsvordering waarvoor verhaal wordt gezocht, is verlopen, waarbij geen rekening wordt gehouden met een mogelijkerwijs door partijen overeengekomen verlenging.
2. Het eerste lid kan er niet toe leiden, dat de voor rechtsvorderingen, gegrond op de desbetreffende exploitatieovereenkomst, geldende termijn van verjaring of verval eerder verstrijkt ten aanzien van de rechtsvordering tot verhaal die op de exploitatieovereenkomst is gegrond.
3. Voor de toepassing van dit artikel wordt een overeenkomst, waarbij door de ene partij een vervoermiddel anders dan bij wijze van bevrachting en anders dan bij wijze van een overeenkomst als bedoeld in artikel 1080 derde lid, ter beschikking wordt gesteld van haar wederpartij, als exploitatieovereenkomst aangemerkt en worden de partijen bij die overeenkomst aangemerkt als vervoerder en diens wederpartij of reiziger.
(Zie ook: artt. 1720, 1741 BW Boek 8)

Afwijkende verval-/verjaringstermijn bij verhaal door betrokken partij bij personenvervoer

Afdeling 7
Rederij

Art. 1770
Een rechtsvordering tussen de leden ener rederij als zodanig en tussen deze leden en de boekhouder als zodanig verjaart door verloop van vijf jaren.
(Zie ook: artt. 160, 770 BW Boek 8)

Verjaringstermijn onderlinge rechtsvordering bij rederij

Afdeling 8
Rechtsvorderingen jegens kapitein of schipper

Art. 1780

Verjaringstermijn rechtsvordering tegen kapitein/schipper

1. Een rechtsvordering tegen een kapitein of schipper terzake van schade door hem toegebracht in de uitoefening van zijn werkzaamheden verjaart door verloop van twee jaren, welke termijn begint met de aanvang van de dag, volgende op de dag waarop het schadeveroorzakende voorval plaatsvond.
2. Het eerste lid is niet van toepassing op rechtsvorderingen van de werkgever van de kapitein of de schipper.

(Zie ook: artt. 1790, 1793 BW Boek 8)

Afdeling 9
Aanvaring

Art. 1790

Verjaringstermijn rechtsvordering tot schadevergoeding zeeschepen bij aanvaring

Een rechtsvordering tot vergoeding van schade veroorzaakt door een voorval, als bedoeld in afdeling 1 van titel 6, verjaart, indien zij niet op een overeenkomst is gegrond, door verloop van twee jaren, welke termijn begint met de aanvang van de dag, volgende op de dag van dit voorval.

(Zie ook: artt. 540, 541, 1792 BW Boek 8)

Art. 1791

Verjaringstermijn rechtsvordering tot verhaal overschot zeeschepen bij aanvaring

Een rechtsvordering tot verhaal van een overschot, als bedoeld in het derde lid van artikel 545, verjaart door verloop van één jaar, welke termijn begint met de aanvang van de dag, volgende op die waarop de betaling van het overschot heeft plaatsgehad.

(Zie ook: art. 1794 BW Boek 8)

Art. 1792

Verlenging verjaringstermijn rechtsvordering tot schadevergoeding zeeschepen bij aanvaring

1. De verjaringstermijn, genoemd in artikel 1790, wordt verlengd met de dagen, gedurende welke het aansprakelijk geachte schip niet in beslag kon worden genomen binnen de staat, waarin de schuldeiser woont of de hoofdzetel van zijn bedrijf is gevestigd, met dien verstande echter dat
   a. indien het schip binnen de termijn, gesteld in artikel 1790, aldus in beslag kon worden genomen, deze termijn met niet meer dan drie maanden wordt verlengd;
   b. indien het schip niet binnen de termijn, gesteld in artikel 1790 aldus in beslag kon worden genomen, deze termijn eindigt met de aanvang van de dag, volgende op die waarop drie maanden zijn verlopen sinds het eerste tijdstip, waarop dit beslag mogelijk was en in ieder geval met de aanvang van de dag, volgende op die waarop vijf jaren zijn verlopen sinds het tijdstip van het voorval, bedoeld in afdeling 1 van titel 6.
2. Indien een rechtsvordering als bedoeld in artikel 1790 wordt ingesteld vóór de aanvang van de dag, volgende op die waarop vijf jaren zijn verlopen sinds het tijdstip van het voorval, bedoeld in afdeling 1 van titel 6, wordt vermoed dat het aansprakelijk geachte schip voordien niet in beslag kon worden genomen binnen de staat, waarin de schuldeiser woont of de hoofdzetel van zijn bedrijf is gevestigd.
3. Bij de toepassing van dit artikel wordt geen rekening gehouden met een mogelijkerwijs door partijen overeengekomen verlenging van de in artikel 1790 gestelde termijn.

Art. 1793

Verjaringstermijn rechtsvordering tot schadevergoeding binnenschepen bij aanvaring

Een rechtsvordering tot vergoeding van schade veroorzaakt door een voorval, als bedoeld in afdeling 1 van titel 11, verjaart, indien zij niet op een overeenkomst is gegrond, door verloop van twee jaren, welke termijn begint met de aanvang van de dag, volgende op de dag van dit voorval.

(Zie ook: artt. 1001, 1002 BW Boek 8)

Art. 1794

Verjaringstermijn rechtsvordering tot verhaal overschot binnenschepen bij aanvaring

1. Een rechtsvordering tot verhaal van een overschot, als bedoeld in het derde lid van artikel 1006, verjaart door verloop van één jaar.

2. De termijn van deze verjaring begint met de aanvang van de dag, volgende op die waarop het bedrag van de hoofdelijke aansprakelijkheid is vastgesteld bij een in kracht van gewijsde gegaan vonnis. Indien zulk een vaststelling niet is geschied, begint de termijn van deze verjaring met de aanvang van de dag, volgende op die waarop de tot het verhaal aanleiding gevende betaling heeft plaatsgevonden. Indien de rechtsvordering betrekking heeft op de verdeling van het aandeel van een onvermogende medeschuldenaar, begint de termijn van deze verjaring echter te lopen met de aanvang van de dag, volgende op die waarop de rechthebbende kennis heeft gekregen van het onvermogen van zijn medeschuldenaar.

Afdeling 10
Hulpverlening

Art. 1820
1. Een rechtsvordering ter zake van betaling als bedoeld in artikel 551, onder e, verjaart door verloop van twee jaren, welke termijn begint met de aanvang van de dag waarop de hulpverlening is beëindigd.
2. Onverminderd het in artikel 1701 bepaalde kan de in het eerste lid bedoelde termijn worden verlengd door een verklaring van hem die de verjaring kan inroepen, gedaan nadat het feit dat de rechtsvordering heeft doen ontstaan heeft plaatsgehad.
3. In afwijking van het eerste lid kunnen rechtsvorderingen tot verhaal op een derde zelfs na afloop van de in dat lid genoemde termijn worden ingesteld gedurende een termijn van drie maanden, te rekenen van de dag waarop degene die een zodanige rechtsvordering tot verhaal instelt ten aanzien van het van hemzelf gevorderde een regeling heeft getroffen of waarop hij te dien aanzien in rechte is aangesproken.

Verjaringstermijn rechtsvordering bij hulpverlening bij ongevallen

Art. 1821-1823
[Vervallen]

Afdeling 11
Avarij-grosse

Art. 1830
1. Een rechtsvordering tot berekening en omslag van een avarij-grosse, en die tot benoeming van een dispacheur hiertoe, verjaart door verloop van één jaar.

Verjaringstermijn rechtsvordering tot berekening/omslag bij avarij-grosse

2. De termijn van deze verjaring begint met de aanvang van de dag, volgende op de dag van het einde van de onderneming.
3. Indien de avarij-grosse geheel of gedeeltelijk uit hulploon bestaat en de vordering tot betaling van dit hulploon is ingesteld binnen de daarvoor in de artikelen 1820 en 1823 gestelde termijn, doch na verloop van een termijn van negen maanden, beginnende met de aanvang van de dag, volgende op die waarop de in het eerste lid genoemde termijn aanvangt, verjaren de in het eerste lid genoemde rechtsvorderingen door verloop van een termijn van drie maanden, welke termijn begint met de aanvang van de dag, volgende op die waarop de vordering tot betaling van hulploon is ingesteld.
(Zie ook: artt. 610, 1020 BW Boek 8)

Art. 1831
Het recht homologatie dan wel herziening van een berekening en omslag van een avarij-grosse (dispache) te verzoeken vervalt door verloop van zes jaren, welke termijn begint met de aanvang van de dag, volgende op die waarop de dispache of een uittreksel daarvan aan belanghebbenden is medegedeeld.
(Zie ook: art. 639 Rv)

Vervaltermijn recht op homologatie/herziening berekening en omslag bij avarij-grosse

Art. 1832
1. Een rechtsvordering tot betaling van een bijdrage in avarij-grosse verjaart door verloop van één jaar.

Verjaringstermijn rechtsvordering tot betaling bijdrage bij avarij-grosse

2. De termijn van deze verjaring begint met de aanvang van de dag, volgende op die waarop de dispache of een uittreksel daarvan aan dan wel, indien een verzoek tot herziening der dispache is gedaan, de naar aanleiding daarvan opgestelde dispache of een uittreksel daarvan aan partijen is medegedeeld of aan dezen is medegedeeld, dat deze dispache ter griffie van de rechtbank is gedeponeerd, doch in geval van homologatie eerst op de dag dat de dispache bij in kracht van gewijsde gegane beschikking is gehomologeerd.
(Zie ook: artt. 389, 904 BW Boek 8)

Afdeling 12
Gevaarlijke stoffen aan boord van een zeeschip, een binnenschip, een voertuig en een spoorvoertuig

Art. 1833
Een rechtsvordering tot vergoeding van schade uit hoofde van de afdelingen 4 van titel 6, 4 van titel 11, 1 van titel 14 en 4 van titel 19 verjaart door verloop van drie jaren na de aanvang van de dag, volgende op die waarop de benadeelde bekend was of redelijkerwijze bekend had behoren te zijn met de schade en de daarvoor aansprakelijke persoon en in ieder geval door verloop van tien jaren na de gebeurtenis waardoor de schade is ontstaan. Indien de gebeurtenis bestond uit

Verjaringstermijn rechtsvordering bij gevaarlijke stoffen aan boord

een opeenvolging van feiten met dezelfde oorzaak, loopt de termijn van tien jaren vanaf de dag waarop het laatste van die feiten plaatsvond.
(Zie ook: art. 306 BW Boek 3)

Art. 1833a
Een rechtsvordering tot vergoeding van schade uit hoofde van afdeling 5 van titel 6 vervalt door verloop van drie jaren na de aanvang van de dag waarop de schade is ontstaan en in ieder geval door verloop van zes jaren na de gebeurtenis waardoor de schade is ontstaan. Indien de gebeurtenis bestond uit een opeenvolging van feiten met dezelfde oorzaak, loopt de termijn van zes jaren vanaf de dag waarop het eerste van die feiten plaatsvond.

Afdeling 12a
Vorderingen ter zake van kosten van het lokaliseren, markeren en opruimen van een wrak

Art. 1833b

Vorderingen opruimen wrak

Het recht kosten uit hoofde van afdeling 6 van titel 6 te verhalen vervalt wanneer niet binnen drie jaar na de datum waarop het gevaar is vastgesteld in overeenstemming met afdeling 6 van titel 6 een vordering wordt ingesteld. In geen geval kunnen vorderingen echter worden ingesteld na zes jaar na de datum van het maritiem ongeval dat tot het wrak heeft geleid. Indien het maritiem ongeval bestaat uit een reeks feiten, loopt de termijn van zes jaar vanaf de datum van het eerste feit.

Afdeling 13
Luchtrecht

Art. 1834

Vervaltermijn rechtsvordering jegens luchtvervoerder bij schade bagage bij luchtvervoer

1. Een vordering jegens een luchtvervoerder terzake van beschadiging van aangegeven bagage of andere zaken vervalt indien de rechthebbende niet onverwijld na de ontdekking ervan en in ieder geval, wanneer het aangegeven bagage betreft, binnen een termijn van zeven dagen en, wanneer het andere zaken betreft, binnen een termijn van veertien dagen aan de vervoerder protest doet. Deze termijn vangt aan op de dag volgende op de dag van de aanneming van de zaken.
2. Een vordering jegens een luchtvervoerder terzake van vertraging in het vervoer van bagage of andere zaken vervalt indien de rechthebbende niet binnen een termijn van eenentwintig dagen aan de vervoerder protest doet. Deze termijn vangt aan op de dag volgende op de dag dat de bagage of andere zaken te zijner beschikking zijn gesteld.
3. Elk protest moet worden ingebracht door middel van een op het luchtvervoerbewijs te stellen schriftelijk voorbehoud of door enig ander document verzonden binnen de voor het protest voorgeschreven termijn.
4. Het eerste noch het tweede lid van dit artikel is van toepassing in geval van bedrog van de vervoerder.
5. In dit artikel worden onder «dagen» niet werkdagen maar kalenderdagen verstaan.

Art. 1835

Vervaltermijn rechtsvordering terzake van een luchtvervoerovereenkomst

Iedere vordering terzake van een overeenkomst van luchtvervoer vervalt door verloop van twee jaren, welke termijn aanvangt met de dag volgend op de dag van aankomst van het luchtvaartuig ter bestemming of de dag, waarop het luchtvaartuig had moeten aankomen of van de onderbreking van het luchtvervoer.

Art. 1836

Verjarings-/vervaltermijn rechtsvordering terzake van vervoerovereenkomst bij gecombineerd goederenvervoer

Dwingend recht

1. Indien bij een overeenkomst van gecombineerd goederenvervoer aan hem die de rechtsvordering instelt niet bekend is waar de omstandigheid, die tot de rechtsvordering aanleiding gaf, is opgekomen, wordt die der in aanmerking komende bepalingen van verjaring of verval toegepast die voor hem de gunstigste is.

2. Nietig is ieder beding, waarbij van het eerste lid van dit artikel wordt afgeweken.
(Zie ook: art. 41 BW Boek 3; art. 1722 BW Boek 8)

Algemene Slotbepaling

Slotbepaling

Slotbepalingen

1. De Algemene termijnenwet is niet van toepassing op de termijnen gesteld in de afdelingen 2 van titel 5, 4 van titel 5, 2 van titel 10 en 4 van titel 10.
2. In de in het eerste lid genoemde afdelingen worden onder dag verstaan alle kalenderdagen met uitzondering van de Zondag, de Nieuwjaarsdag, de Christelijke tweede Paas- en Pinksterdagen, de beide Kerstdagen, de Hemelvaartsdag en de dag waarop de verjaardag van de Koning wordt gevierd.

Inhoudsopgave

Boek 10	Internationaal privaatrecht	Art. 1
Titel 1	Algemene bepalingen	Art. 1
Titel 2	De naam	Art. 18
Titel 3	Het huwelijk	Art. 27
Afdeling 1	Voltrekking en erkenning van de geldigheid van huwelijken	Art. 27
Afdeling 2	Rechtsbetrekkingen tussen de echtgenoten	Art. 34a
Afdeling 3	Enkele bepalingen inzake het huwelijksvermogensregime	Art. 42
Afdeling 4	Ontbinding van het huwelijk en scheiding van tafel en bed	Art. 54
Titel 4	Het geregistreerd partnerschap	Art. 60
Afdeling 1	Het aangaan van een geregistreerd partnerschap in Nederland	Art. 60
Afdeling 2	De erkenning van een buiten Nederland aangegaan geregistreerd partnerschap	Art. 61
Afdeling 3	Rechtsbetrekkingen tussen de geregistreerde partners	Art. 63a
Afdeling 4	Enkele bepalingen inzake het partnerschapsvermogensregime	Art. 70
Afdeling 5	Beëindiging in Nederland van een geregistreerd partnerschap	Art. 86
Afdeling 6	Erkenning van een buiten Nederland tot stand gekomen beëindiging van een geregistreerd partnerschap	Art. 88
Afdeling 7	Levensonderhoud	Art. 90
Afdeling 8	Overgangsrecht	Art. 91
Titel 5	Afstamming	Art. 92
Afdeling 1	Familierechtelijke betrekkingen door geboorte	Art. 92
Afdeling 2	Familierechtelijke betrekkingen door erkenning of gerechtelijke vaststelling van het vaderschap	Art. 95
Afdeling 3	Familierechtelijke betrekkingen door wettiging	Art. 98
Afdeling 4	De inhoud van familierechtelijke betrekkingen uit hoofde van afstamming	Art. 99
Afdeling 5	Erkenning van buitenlands tot stand gekomen rechterlijke beslissingen en rechtsfeiten	Art. 100
Afdeling 6	Overgangsrecht	Art. 102
Titel 6	Adoptie	Art. 103
Afdeling 1	Algemene bepalingen	Art. 103
Afdeling 2	De in Nederland uit te spreken adoptie	Art. 105
Afdeling 3	Erkenning van een buitenlandse adoptie	Art. 107
Afdeling 4	Overgangsrecht	Art. 112
Titel 7	Overige onderwerpen van familierecht	Art. 113
Afdeling 1	Ouderlijke verantwoordelijkheid en bescherming van kinderen	Art. 113
Afdeling 2	Internationale ontvoering van kinderen	Art. 114
Afdeling 3		
Afdeling 4	Levensonderhoud	Art. 116
Titel 8	Corporaties	Art. 117
Titel 9	Vertegenwoordiging	Art. 125
Titel 10	Goederenrecht	Art. 126
Afdeling 1	Algemene bepalingen	Art. 126
Afdeling 2	Het goederenrechtelijke regime met betrekking tot zaken	Art. 127
Afdeling 3	Het goederenrechtelijke regime met betrekking tot vorderingsrechten	Art. 134
Afdeling 4	Het goederenrechtelijke regime met betrekking tot aandelen	Art. 137
Afdeling 5	Het goederenrechtelijke regime met betrekking tot giraal overdraagbare effecten	Art. 140
Titel 11	Trustrecht	Art. 142
Titel 12	Erfrecht	Art. 145
Titel 13	Verbintenissen uit overeenkomst	Art. 153
Titel 14	Verbintenissen uit andere bron dan overeenkomst	Art. 157
Titel 15	Enkele bepalingen met betrekking tot het zeerecht, het binnenvaartrecht en het luchtrecht	Art. 160
Titel 16	Arbitrage	Art. 166

Burgerlijk Wetboek Boek 10[1]

Burgerlijk Wetboek Boek 10, Internationaal Privaatrecht

Boek 10
Internationaal privaatrecht

Titel 1
Algemene bepalingen

Art. 1

Werkingssfeer van internationaal privaatrecht

De in dit Boek en andere wettelijke regelingen vervatte regels van internationaal privaatrecht laten de werking van voor Nederland bindende internationale en communautaire regelingen onverlet.

Art. 2

Ambtshalve toepassing van internationaal privaatrecht

De regels van internationaal privaatrecht en het door die regels aangewezen recht worden ambtshalve toegepast.

Art. 3

Procederen in internationaal privaatrecht

Op de wijze van procederen ten overstaan van de Nederlandse rechter is het Nederlandse recht van toepassing.

Art. 4

Voorvraag in internationaal privaatrecht

Indien de vraag welke rechtsgevolgen aan een feit toekomen bij wijze van voorvraag in verband met een andere, aan vreemd recht onderworpen vraag moet worden beantwoord, wordt de voorvraag beschouwd als een zelfstandige vraag.

Art. 5

Toepassing van het recht van een staat in internationaal privaatrecht

Onder de toepassing van het recht van een staat wordt verstaan de toepassing van de rechtsregels die in die staat gelden met uitzondering van het internationaal privaatrecht.

Art. 6

Toepassing vreemd recht in internationaal privaatrecht

Vreemd recht wordt niet toegepast, voor zover de toepassing ervan kennelijk onverenigbaar is met de openbare orde.

Art. 7

Bepalingen van bijzonder dwingend recht in internationaal privaatrecht

1. Bepalingen van bijzonder dwingend recht zijn bepalingen aan de inachtneming waarvan een staat zo veel belang hecht voor de handhaving van zijn openbare belangen, zoals zijn politieke, sociale of economische organisatie, dat zij moeten worden toegepast op elk geval dat onder de werkingssfeer ervan valt, ongeacht welk recht overigens van toepassing is.
2. De toepassing van het recht waarnaar een verwijzingsregel verwijst, blijft achterwege, voor zover in het gegeven geval bepalingen van Nederlands bijzonder dwingend recht toepasselijk zijn.
3. Bij de toepassing van het recht waarnaar een verwijzingsregel verwijst, kan gevolg worden toegekend aan bepalingen van bijzonder dwingend recht van een vreemde staat waarmee het geval nauw is verbonden. Bij de beslissing of aan deze bepalingen gevolg moet worden toegekend, wordt rekening gehouden met hun aard en strekking alsmede met de gevolgen die uit het toepassen of het niet toepassen van deze bepalingen zouden voortvloeien.

Art. 8

Verondersteld nauwe band in internationaal privaatrecht

1. Het recht dat is aangewezen door een wettelijke regel die berust op een veronderstelde nauwe band met dat recht, blijft bij uitzondering buiten toepassing, indien, gelet op alle omstandigheden van het geval, kennelijk de in die regel veronderstelde nauwe band slechts in zeer geringe mate bestaat, en met een ander recht een veel nauwere band bestaat. In dat geval wordt dat andere recht toegepast.
2. Lid 1 is niet van toepassing in geval van een geldige rechtskeuze van partijen.

Art. 9

Toekenning rechtsgevolgen in internationaal privaatrecht

Aan een feit waaraan rechtsgevolgen toekomen naar het recht dat toepasselijk is volgens het internationaal privaatrecht van een betrokken vreemde staat, kunnen, ook in afwijking van het naar Nederlands internationaal privaatrecht toepasselijke recht, in Nederland dezelfde rechtsgevolgen worden toegekend voor zover de niet-toekenning van zodanige gevolgen een onaan-

---

1 Inwerkingtredingsdatum: 01-01-2012; zoals laatstelijk gewijzigd bij: Stb. 2018, 332.

vaardbare schending zou zijn van het bij partijen levende gerechtvaardigde vertrouwen of van de rechtszekerheid.

Art. 10
Voor zover een rechtskeuze is toegelaten, dient deze uitdrukkelijk te zijn gedaan of anderszins voldoende duidelijk te blijken.

Toelating rechtskeuze in internationaal privaatrecht

Art. 11
1. Of een natuurlijke persoon minderjarig is en in hoeverre hij bekwaam is rechtshandelingen te verrichten, wordt bepaald door zijn nationale recht. Indien de betrokken persoon de nationaliteit van meer dan een staat bezit en hij in een van deze staten zijn gewone verblijfplaats heeft, geldt het recht van die staat als zijn nationale recht. Heeft hij zijn gewone verblijfplaats niet in een van deze staten, dan geldt als zijn nationale recht het recht van de staat van zijn nationaliteit, waarmee hij alle omstandigheden in aanmerking genomen het nauwst verbonden is.
2. Ten aanzien van een meerzijdige rechtshandeling die valt buiten het toepassingsgebied van de Verordening (EG) Nr. 593/2008 van het Europees Parlement en de Raad van 17 juni 2008 inzake het recht dat van toepassing is op verbintenissen uit overeenkomst (Rome I) (PbEU L 177) is artikel 13 van die Verordening van overeenkomstige toepassing op het beroep op handelingsonbekwaamheid of handelingsonbevoegdheid van een natuurlijk persoon die partij is bij die rechtshandeling.

Minderjarigheid in internationaal privaatrecht

Handelingsonbekwaamheid of onbevoegdheid in internationaal privaatrecht

Art. 12
1. Een rechtshandeling is wat de vorm betreft geldig indien zij voldoet aan de vormvereisten van het recht dat op de rechtshandeling zelf van toepassing is, of van het recht van de staat waar de rechtshandeling is verricht.
2. Een rechtshandeling die is verricht tussen personen die zich in verschillende staten bevinden, is wat de vorm betreft geldig indien zij voldoet aan de vormvereisten van het recht dat op de rechtshandeling zelf van toepassing is, of van het recht van een van die staten, of van het recht van de staat waar een van die personen zijn gewone verblijfplaats heeft.
3. Indien de rechtshandeling is verricht door een vertegenwoordiger, wordt onder een staat als bedoeld in de leden 1 en 2, verstaan de staat waar de vertegenwoordiger zich ten tijde van het verrichten van de rechtshandeling bevindt, of waar deze op dat tijdstip zijn gewone verblijfplaats heeft.

Vormvereisten rechtshandeling in internationaal privaatrecht

Art. 13
Het recht dat een rechtsverhouding of rechtsfeit beheerst, is tevens van toepassing voor zover het ten aanzien van die rechtsverhouding of dat rechtsfeit wettelijke vermoedens vestigt of regels over de verdeling van de bewijslast bevat.

Wettelijke vermoedens en verdeling bewijslast in internationaal privaatrecht

Art. 14
Of een recht of rechtsvordering is verjaard of vervallen, wordt bepaald door het recht dat van toepassing is op de rechtsverhouding waaruit dat recht of die rechtsvordering is ontstaan.

Verjaren of vervallen rechtsvorderingen in internationaal privaatrecht

Art. 15
1. Indien het nationale recht van een natuurlijke persoon van toepassing is en de staat van de nationaliteit van de betrokken persoon twee of meer rechtsstelsels kent die van toepassing zijn op verschillende categorieën personen of in verschillende gebiedsdelen, bepalen de in die staat ter zake geldende regels welk van die rechtsstelsels van toepassing is.
2. Indien het recht van de gewone verblijfplaats van een natuurlijke persoon van toepassing is en de staat van de gewone verblijfplaats van de betrokken persoon twee of meer rechtsstelsels kent die van toepassing zijn op verschillende categorieën personen, bepalen de in die staat ter zake geldende regels welk van die rechtsstelsels van toepassing is.
3. Indien de in de leden 1 en 2 bedoelde regels in een staat ontbreken of in de gegeven omstandigheden niet tot aanwijzing van een toepasselijk rechtsstelsel leiden, wordt het rechtsstelsel van die staat toegepast waarmee de betrokken persoon alle omstandigheden in aanmerking genomen het nauwst verbonden is.

Toepasselijkheid meerdere rechtsstelsels in internationaal privaatrecht

Art. 16
1. Indien het nationale recht van een natuurlijke persoon van toepassing is en de betrokken persoon staatloos is of zijn nationaliteit niet kan worden vastgesteld, geldt als zijn nationale recht het recht van de staat waar hij zijn gewone verblijfplaats heeft.
2. De rechten welke deze persoon vroeger heeft verkregen en welke uit de persoonlijke staat voortvloeien, in het bijzonder de rechten voortvloeiende uit het huwelijk, worden geëerbiedigd.

Staatloosheid of onbekende nationaliteit in internationaal privaatrecht

Art. 17
1. De persoonlijke staat van een vreemdeling aan wie een verblijfsvergunning als bedoeld in artikel 28 of artikel 33 van de Vreemdelingenwet 2000 is verleend, van een vreemdeling aan wie een verblijfsdocument is afgegeven waarop een aantekening als bedoeld in artikel 45c van die wet is geplaatst, alsmede van een vreemdeling die een overeenkomstige verblijfsstatus in het buitenland heeft verkregen, wordt beheerst door het recht van zijn woonplaats, of, indien hij geen woonplaats heeft, door het recht van zijn verblijfplaats.

Vreemdeling met verblijfsvergunning in internationaal privaatrecht

2. De rechten welke deze vreemdeling vroeger heeft verkregen en welke uit de persoonlijke staat voortvloeien, in het bijzonder de rechten voortvloeiende uit het huwelijk, worden geëerbiedigd.

Titel 2
De naam

Art. 18

De naam in internationaal privaatrecht

Deze titel geeft mede uitvoering aan de op 5 september 1980 te München tot stand gekomen Overeenkomst inzake het recht dat van toepassing is op geslachtsnamen en voornamen (Trb. 1981, 72).

Art. 19

Naam van vreemdeling

1. De geslachtsnaam en de voornamen van een vreemdeling worden bepaald door het recht van de staat waarvan hij de nationaliteit heeft. Onder recht zijn mede begrepen de regels van internationaal privaatrecht. Uitsluitend voor de vaststelling van de geslachtsnaam en de voornaam worden de omstandigheden waarvan deze afhangen beoordeeld naar dat recht.
2. Indien de vreemdeling de nationaliteit van meer dan een staat bezit en hij in een van deze staten zijn gewone verblijfplaats heeft, geldt het recht van die staat als zijn nationale recht. Heeft de betrokken persoon zijn gewone verblijfplaats niet in een van deze staten, dan geldt als zijn nationale recht het recht van de staat van zijn nationaliteit waarmee hij, alle omstandigheden in aanmerking genomen, het nauwst is verbonden.

Art. 20

Naam bij Nederlandse nationaliteit

De geslachtsnaam en de voornamen van een persoon die de Nederlandse nationaliteit bezit, worden, ongeacht de vraag of hij nog een andere nationaliteit heeft, bepaald door het Nederlandse recht. Dit geldt ook indien vreemd recht van toepassing is op de familierechtelijke betrekkingen waarvan het ontstaan of het tenietgaan gevolg kan hebben voor de geslachtsnaam.

Art. 21

Naam bij meerdere nationaliteiten

Een persoon die de nationaliteit van meer dan een staat bezit, kan de ambtenaar van de burgerlijke stand verzoeken op zijn geboorteakte een latere vermelding te plaatsen van de naam die hij voert in overeenstemming met het niet toegepaste recht van een van die Staten.

Art. 22

Naam bij verandering van nationaliteit

1. In geval van verandering van nationaliteit is het recht van de staat van de nieuwe nationaliteit van toepassing, daaronder begrepen de regels van dat recht betreffende de gevolgen van de nationaliteitsverandering voor de naam.

Naam bij verkrijging Nederlandse nationaliteit

2. De verkrijging van de Nederlandse nationaliteit door een vreemdeling brengt geen wijziging in diens geslachtsnaam en voornamen, behoudens artikel 25, onder b, van dit Boek en de artikelen 6 lid 5 en 12 van de Rijkswet op het Nederlanderschap.

Art. 23

Opstellen akte bij vaststelling naam vreemdeling

1. Indien de ambtenaar van de burgerlijke stand bij het opstellen van een akte waarin de geslachtsnaam en de voornamen van een vreemdeling moeten worden opgenomen het Nederlandse recht toepast omdat hij de inhoud van het recht dat op de vaststelling van die namen toepasselijk is niet kan vaststellen, deelt hij zijn beslissing onverwijld mede aan de officier van justitie in het arrondissement waarin de rechtbank is gelegen waar de akte in de registers van de burgerlijke stand is opgenomen.
2. De aldus opgemaakte akte kan met overeenkomstige toepassing van artikel 24 van Boek 1 op verzoek van iedere belanghebbende of op vordering van het openbaar ministerie worden verbeterd. Het verzoek van een belanghebbende wordt met toepassing van de Wet op de rechtsbijstand van rechtswege kosteloos behandeld.

Art. 24

Erkenning van buiten Nederland vastgestelde naam

1. Indien de geslachtsnaam of de voornamen van een persoon ter gelegenheid van de geboorte buiten Nederland zijn vastgelegd of als gevolg van een buiten Nederland tot stand gekomen wijziging in de persoonlijke staat zijn gewijzigd en zijn neergelegd in een overeenkomstig de plaatselijke voorschriften door een bevoegde instantie opgemaakte akte, worden de aldus vastgelegde of gewijzigde geslachtsnaam of voornamen in Nederland erkend. De erkenning kan niet wegens onverenigbaarheid met de openbare orde worden geweigerd op de enkele grond dat een ander recht is toegepast dan uit de bepalingen van deze wet zou zijn gevolgd.
2. Lid 1 laat onverlet de toepassing van artikel 25 van dit Boek.

Art. 25

Toepassing van art. 5 Boek 1 BW

1. Ter zake van de toepassing van artikel 5 van Boek 1 geldt het volgende:
a. Indien een kind buiten Nederland rechtsgeldig is erkend of gewettigd, door deze erkenning of wettiging in familierechtelijke betrekkingen tot de erkenner is komen te staan en daarbij het Nederlanderschap heeft verkregen of behouden, en indien de geslachtsnaam van dat kind niet is bepaald met inachtneming van een naamskeuze in de zin van artikel 5 lid 2 van Boek 1, kunnen de moeder en de erkenner gezamenlijk alsnog, tot twee jaar na de erkenning of de wettiging, verklaren welke van hun beider geslachtsnamen het kind zal hebben. Heeft het kind

op het tijdstip van de erkenning of de wettiging de leeftijd van zestien jaren bereikt, dan kan het, tot twee jaar na de erkenning of de wettiging, zelf alsnog verklaren van wie van beide ouders het de geslachtsnaam zal hebben.

b. Indien een kind dat tijdens zijn minderjarigheid door een Nederlander is erkend of zonder erkenning door wettiging het kind van een Nederlander is geworden, door optie het Nederlanderschap verkrijgt en op het tijdstip van de optie tot zijn beide ouders in familierechtelijke betrekkingen staat, kunnen de ouders ter gelegenheid van de optie gezamenlijk verklaren welke van hun beider geslachtsnamen het kind zal hebben. Heeft het kind op het tijdstip van de optie de leeftijd van zestien jaren bereikt, dan verklaart het zelf of het de geslachtsnaam van de vader of of moeder zal hebben.

c. Indien een kind als gevolg van een buiten Nederland uitgesproken adoptie het Nederlanderschap heeft verkregen en indien de geslachtsnaam van dat kind na de adoptie niet is bepaald met inachtneming van een naamskeuze in de zin van artikel 5 lid 3 van Boek 1, kunnen de ouders alsnog, tot twee jaar nadat de uitspraak in kracht van gewijsde is gegaan, gezamenlijk verklaren welke van hun beider geslachtsnamen het kind zal hebben. Heeft het kind op het tijdstip waarop de uitspraak in kracht van gewijsde gaat de leeftijd van zestien jaren bereikt, dan kan het, tot twee jaar na dat tijdstip, zelf alsnog verklaren of het de geslachtsnaam van de vader of de moeder zal hebben.

d. De in artikel 5 lid 4 van Boek 1 bedoelde verklaring houdende naamskeuze kan voor de geboorte van het kind worden afgelegd indien ten minste een van de ouders op het tijdstip van de verklaring het Nederlanderschap bezit.

e. Indien een buiten Nederland geboren kind door geboorte in familierechtelijke betrekking tot de beide ouders staat en het Nederlanderschap bezit, en indien de geslachtsnaam van dat kind in de geboorteakte niet is bepaald met inachtneming van een naamskeuze in de zin van artikel 5 lid 4 van Boek 1, kunnen de ouders gezamenlijk alsnog, tot twee jaar na de geboorte, verklaren welke van hun beider geslachtsnamen het kind zal hebben.

f. Indien het ouderschap van een kind buiten Nederland rechtsgeldig is vastgesteld en dat kind daardoor het Nederlanderschap heeft verkregen of behouden, en indien de geslachtsnaam van dat kind na de vaststelling van het ouderschap niet is bepaald met inachtneming van een naamskeuze in de zin van artikel 5, tweede lid, van Boek 1 van het Burgerlijk Wetboek, kunnen de moeder en de persoon wiens ouderschap gerechtelijk is vastgesteld alsnog, tot twee jaar na het tijdstip waarop de gerechtelijke beslissing houdende vaststelling van het ouderschap in kracht van gewijsde gaat, gezamenlijk verklaren welke van hun beider geslachtsnamen het kind zal hebben. Heeft het kind op het tijdstip waarop de beslissing houdende vaststelling van het ouderschap in kracht van gewijsde gaat, de leeftijd van zestien jaar bereikt, dan kan het, tot twee jaar na dat tijdstip, zelf alsnog verklaren van wie van beide ouders het de geslachtsnaam zal hebben.

g. Voor de in dit lid onder a – f bedoelde mogelijkheden tot naamskeuze is het onverschillig of het kind naast de Nederlandse nog een andere nationaliteit bezit.

2. In het geval onder b wordt de verklaring houdende naamskeuze afgelegd ten overstaan van de ambtenaar van de burgerlijke stand van de gemeente waar de optie voor het Nederlanderschap in ontvangst wordt genomen. In de overige gevallen kan de verklaring houdende naamskeuze worden afgelegd ten overstaan van iedere ambtenaar van de burgerlijke stand.

Art. 26
De vermelding van de geslachtsnamen en de voornamen in akten van de burgerlijke stand die vóór 1 januari 1990 in de registers zijn opgenomen, wordt op verzoek van een belanghebbende in overeenstemming met de bepalingen van deze titel gewijzigd. Heeft het verzoek betrekking op een vreemdeling, dan moet de wijziging blijken uit een door een bevoegde autoriteit van het land waarvan hij de nationaliteit bezit opgemaakt stuk. De wijzigingen worden aangebracht door de plaatsing van een latere vermelding.

Overgangsregeling bij namen vóór 1990

Titel 3
Het huwelijk

Afdeling 1
Voltrekking en erkenning van de geldigheid van huwelijken

Art. 27
Deze afdeling geeft uitvoering aan het op 14 maart 1978 te 's-Gravenhage tot stand gekomen Verdrag inzake de voltrekking en de erkenning van de geldigheid van huwelijken (Trb. 1987, 137). Zij is van toepassing op de huwelijksvoltrekking in Nederland indien, in verband met de nationaliteit of de woonplaats van de aanstaande echtgenoten, met betrekking tot de vraag welk recht de vereisten tot het aangaan van het huwelijk beheerst een keuze moet worden gedaan, alsmede op de erkenning in Nederland van in het buitenland voltrokken huwelijken. Zij is niet van toepassing op de bevoegdheid van de ambtenaar van de burgerlijke stand.

Huwelijk in internationaal privaatrecht

Art. 28

Voltrekking van huwelijk bij verschillende nationaliteiten

Het huwelijk wordt voltrokken indien ieder der aanstaande echtgenoten voldoet aan de vereisten tot het aangaan van een huwelijk van het Nederlandse recht.

Art. 29
[Vervallen]

Art. 30

Voltrekking van huwelijk in Nederland bij verschillende nationaliteiten

Wat de vorm betreft kan een huwelijk in Nederland slechts worden voltrokken ten overstaan van de ambtenaar van de burgerlijke stand met inachtneming van het Nederlandse recht, behoudens de bevoegdheid van buitenlandse diplomatieke en consulaire ambtenaren om, in overeenstemming met de voorschriften van het recht van de door hen vertegenwoordigde staat, aan de voltrekking van huwelijken mede te werken indien geen der partijen uitsluitend of mede de Nederlandse nationaliteit bezit.

Art. 31

Erkenning van buiten Nederland gesloten huwelijk

1. Een buiten Nederland gesloten huwelijk dat ingevolge het recht van de staat waar de huwelijksvoltrekking plaatsvond rechtsgeldig is of nadien rechtsgeldig is geworden, wordt als zodanig erkend.

2. Een buiten Nederland ten overstaan van een diplomatieke of consulaire ambtenaar voltrokken huwelijk dat voldoet aan de vereisten van het recht van de staat die de ambtenaar vertegenwoordigt, wordt als rechtsgeldig erkend tenzij die voltrekking in de staat waar zij plaatsvond niet was toegestaan.

3. Voor de toepassing van de leden 1 en 2 worden onder recht mede begrepen de regels van internationaal privaatrecht.

4. Een huwelijk wordt vermoed rechtsgeldig te zijn, indien een huwelijksverklaring is afgegeven door een bevoegde autoriteit.

Art. 32

Erkenning van huwelijk bij onverenigbaarheid met openbare orde

Ongeacht artikel 31 van dit Boek wordt aan een buiten Nederland gesloten huwelijk erkenning onthouden, indien deze erkenning kennelijk onverenigbaar is met de openbare orde en in ieder geval indien een der echtgenoten op het tijdstip van de sluiting van dat huwelijk:

a. reeds gehuwd was of een geregistreerd partnerschap had gesloten met een persoon die de Nederlandse nationaliteit bezat of zelf de Nederlandse nationaliteit bezat of in Nederland zijn gewone verblijfplaats had, tenzij het eerder gesloten huwelijk of geregistreerd partnerschap is ontbonden of nietig verklaard;

b. aan de andere echtgenoot in rechte lijn verwant was of de broer of zuster van die echtgenoot was, hetzij door bloedverwantschap, hetzij door adoptie, tenzij deze familierechtelijke betrekking later is verbroken vanwege het ontbreken van biologische verwantschap of herroeping van de adoptie;

c. niet de leeftijd van achttien jaar had bereikt, tenzij de echtgenoten op het moment dat erkenning van het huwelijk gevraagd wordt beiden de leeftijd van achttien jaar hebben bereikt;

d. geestelijk niet in staat was zijn toestemming te geven, tenzij deze daartoe wel in staat is op het moment dat de erkenning van het huwelijk gevraagd wordt en uitdrukkelijk met de erkenning van het huwelijk instemt; of

e. niet vrijelijk zijn toestemming tot het huwelijk had gegeven, tenzij deze uitdrukkelijk met de erkenning van het huwelijk instemt.

Art. 33

Hoofd- of voorvraag bij erkenning huwelijk

De artikelen 31 en 32 van dit Boek zijn van toepassing ongeacht of over de erkenning van de rechtsgeldigheid van een huwelijk als hoofdvraag, dan wel als voorvraag in verband met een andere vraag wordt beslist.

Art. 34

Overgangsregeling bij huwelijksvoltrekkingen vóór 1990

1. Deze afdeling is niet van toepassing op de erkenning van de geldigheid van huwelijken die zijn voltrokken voor 1 januari 1990.

2. Huwelijken die na 1 januari 1990 en voor 15 januari 1999 ten overstaan van buitenlandse diplomatieke en consulaire ambtenaren in overeenstemming met het recht van de door hen vertegenwoordigde staat zijn voltrokken worden, onverminderd artikel 6 van dit Boek, als geldig aangemerkt indien de ene partij uitsluitend of mede de Nederlandse nationaliteit bezit en de andere partij uitsluitend of mede de nationaliteit van de door de diplomatieke of consulaire ambtenaar vertegenwoordigde staat.

3. Artikel 30 van dit Boek is van toepassing op huwelijken die na 15 januari 1999 ten overstaan van buitenlandse diplomatieke en consulaire ambtenaren zijn voltrokken.

Afdeling 2
Rechtsbetrekkingen tussen de echtgenoten

Art. 34a
In deze afdeling wordt onder «de Verordening (EU) nr. 2016/1103» verstaan: de Verordening (EU) nr. 2016/1103 van de Raad van 24 juni 2016 tot uitvoering van de nauwere samenwerking op het gebied van de bevoegdheid, het toepasselijke recht en de erkenning en tenuitvoerlegging van beslissingen op het gebied van huwelijksvermogensstelsels (PbEU 2016, L 183).

Verordening (EU) nr. 2016/1103

Art. 35
1. De persoonlijke rechtsbetrekkingen tussen de echtgenoten onderling die niet worden begrepen onder de Verordening (EU) nr. 2016/1103, worden beheerst door het recht dat de echtgenoten voor of tijdens het huwelijk, al dan niet met wijziging van een eerdere aanwijzing, hebben aangewezen.
2. De echtgenoten kunnen slechts een van de volgende rechtsstelsels aanwijzen:
   a. het recht van de staat van een gemeenschappelijke nationaliteit van de echtgenoten, of
   b. het recht van de staat waar zij elk hun gewone verblijfplaats hebben.
3. Een aanwijzing als bedoeld in dit artikel is, wat de vorm betreft, geldig indien de vormvoorschriften voor de aanwijzing van het recht dat toepasselijk is op het huwelijksvermogensregime van de echtgenoten in acht zijn genomen.

Aanwijzing toepasselijk recht bij echtgenoten met verschillende nationaliteit

Art. 36
Bij gebreke van een aanwijzing van het toepasselijke recht worden de persoonlijke rechtsbetrekkingen tussen de echtgenoten onderling die niet worden begrepen onder de Verordening (EU) nr. 2016/1103 beheerst:
a. door het recht van de staat van de gemeenschappelijke nationaliteit van de echtgenoten, of bij gebreke daarvan
b. door het recht van de staat waar zij elk hun gewone verblijfplaats hebben, of bij gebreke daarvan
c. door het recht van de staat waarmee zij, alle omstandigheden in aanmerking genomen, het nauwst zijn verbonden.

Rechtsbetrekkingen tussen echtgenoten met verschillende nationaliteit

Art. 37
Indien de echtgenoten een nationaliteit gemeenschappelijk hebben, geldt voor de toepassing van artikel 36 van dit Boek als hun gemeenschappelijke nationale recht het recht van die nationaliteit, ongeacht of zij beiden of een hunner nog een andere nationaliteit bezitten. Bezitten de echtgenoten meer dan een gemeenschappelijke nationaliteit, dan worden zij geacht geen gemeenschappelijke nationaliteit te bezitten.

Toepasselijk recht bij gemeenschappelijke nationaliteit

Art. 38
Indien een aanwijzing als bedoeld in artikel 35 van dit Boek of een wijziging in de in artikel 36 van dit Boek genoemde omstandigheden leidt tot toepasselijkheid van een ander recht dan het voorheen toepasselijke, is dat andere recht toepasselijk vanaf het tijdstip van die aanwijzing of wijziging.

Wijziging van toepasselijk recht bij echtgenoten met verschillende nationaliteit

Art. 39-41
[Vervallen]

Afdeling 3
Enkele bepalingen inzake het huwelijksvermogensregime

Art. 42
1. In deze afdeling wordt onder de Verordening (EU) nr. 2016/1103 verstaan: de Verordening (EU) nr. 2016/1103 van de Raad van 24 juni 2016 tot uitvoering van de nauwere samenwerking op het gebied van de bevoegdheid, het toepasselijke recht en de erkenning en tenuitvoerlegging van beslissingen op het gebied van huwelijksvermogensstelsels
2. In aanvulling op de Verordening (EU) nr. 2016/1103 zijn de bepalingen van deze afdeling van toepassing.

Art. 43-44
[Vervallen]

Art. 45
Een echtgenoot wiens huwelijksvermogensregime wordt beheerst door vreemd recht kan in het in artikel 116 van Boek 1 bedoelde register een notariële akte doen inschrijven, inhoudende een verklaring dat het huwelijksvermogensregime niet wordt beheerst door het Nederlandse recht.

Notariële akte bij vreemd huwelijksvermogensregime

Art. 46
[Vervallen]

Art. 47

Verrekening of vergoeding bij voordeel uit vreemd huwelijksvermogensregime

Heeft een der echtgenoten door de toepassing op een buitenslands gelegen vermogensbestanddeel van een krachtens het internationaal privaatrecht van het land van ligging aangewezen recht een voordeel genoten dat hem niet zou zijn toegekomen indien het op grond van de Verordening (EU) nr. 2016/1103 aangewezen recht zou zijn toegepast, dan kan de andere echtgenoot daarvan verrekening of vergoeding vorderen bij de in verband met de beëindiging of wijziging van het huwelijksvermogensregime plaatsvindende afrekening.

Art. 48-50
[Vervallen]

Art. 51

1. Of een echtgenoot bij echtscheiding of scheiding van tafel en bed recht heeft op een gedeelte van de door de andere echtgenoot opgebouwde pensioenrechten, wordt beheerst door het recht dat van toepassing is op het huwelijksvermogensregime van de echtgenoten, behoudens artikel 1 lid 7 van de Wet verevening pensioenrechten bij scheiding.
2. Het voorgaande lid is van toepassing op de verevening van pensioenrechten van echtgenoten die na 1 maart 2001 van tafel en bed zijn gescheiden of wier huwelijk na 1 maart 2001 is ontbonden.

Art. 52
[Vervallen]

Art. 53

Geldigheid van aanwijzing van toepasselijk huwelijksvermogensregime vóór 1 september 1992

Een aanwijzing door de echtgenoten van het op hun huwelijksvermogensregime toepasselijke recht, of de wijziging van een zodanige aanwijzing, welke is geschied voor 1 september 1992, kan niet als ongeldig worden beschouwd op de enkele grond dat de wet een zodanige aanwijzing toen niet regelde. Dit geldt niet voor de gevallen dat op het huwelijksvermogensregime de bepalingen van het op 17 juli 1905 te 's-Gravenhage tot stand gekomen Verdrag betreffende de wetsconflicten met betrekking tot de gevolgen van het huwelijk ten opzichte van de rechten en verplichtingen der echtgenoten in hun persoonlijke betrekkingen en ten opzichte van hun goederen (Stb. 1912, 285) toepasselijk waren en de aanwijzing geschiedde voor 23 augustus 1977.

Afdeling 4
Ontbinding van het huwelijk en scheiding van tafel en bed

Art. 54

Ontbinding van huwelijk en scheiding van tafel en bed in internationaal privaatrecht

Deze afdeling geeft mede uitvoering aan:
a. het op 1 juni 1970 te 's-Gravenhage tot stand gekomen Verdrag inzake de erkenning van echtscheidingen en scheidingen van tafel en bed (Trb. 1979, 131); en
b. het op 8 september 1967 te Luxemburg tot stand gekomen Verdrag inzake de erkenning van beslissingen betreffende de huwelijksband (Trb. 1979, 130).

Art. 55

Bevoegdheid van Nederlandse rechter bij ontbinding van internationaal huwelijk

Ontbinding van het huwelijk en scheiding van tafel en bed kunnen in Nederland uitsluitend worden uitgesproken door de Nederlandse rechter.

Art. 56

Toepasselijk recht bij ontbinding van internationaal huwelijk

1. Of ontbinding van het huwelijk of scheiding van tafel en bed kan worden uitgesproken en op welke gronden, wordt bepaald door het Nederlandse recht.

2. In afwijking van lid 1 wordt het recht van de staat van een gemeenschappelijke vreemde nationaliteit van de echtgenoten toegepast indien in het geding:
a. door de echtgenoten gezamenlijk een keuze voor dit recht is gedaan of een dergelijke keuze van een van de echtgenoten onweersproken is gebleven; of
b. door een van de echtgenoten een keuze voor dit recht is gedaan en beide echtgenoten een werkelijke maatschappelijke band met het land van die gemeenschappelijke nationaliteit hebben.
3. Een rechtskeuze als bedoeld in het vorige lid moet uitdrukkelijk zijn gedaan of anderszins voldoende duidelijk blijken uit de in het verzoekschrift of het verweerschrift gebruikte bewoordingen.

Art. 57

Erkenning van in buitenland ontbonden huwelijk

1. Een in het buitenland na een behoorlijke rechtspleging verkregen ontbinding van het huwelijk of scheiding van tafel en bed wordt in Nederland erkend, indien zij is tot stand gekomen door de beslissing van een rechter of andere autoriteit en indien aan die rechter of andere autoriteit daartoe rechtsmacht toekwam.
2. Een in het buitenland verkregen ontbinding van het huwelijk of scheiding van tafel en bed die niet voldoet aan één of meer van de in lid 1 gestelde voorwaarden wordt nochtans in Nederland erkend, indien duidelijk blijkt dat de wederpartij hetzij tijdens de buitenlandse procedure

uitdrukkelijk of stilzwijgend met die ontbinding of scheiding van tafel en bed heeft ingestemd, dan wel na afloop de procedure in de uitspraak heeft berust.

Art. 58
Een ontbinding van het huwelijk in het buitenland die uitsluitend door een eenzijdige verklaring van een der echtgenoten is tot stand gekomen, wordt erkend indien: *Erkenning van in buitenland ontbonden huwelijk na eenzijdige verklaring*
a. de ontbinding in deze vorm overeenstemt met een nationaal recht van de echtgenoot, die het huwelijk eenzijdig heeft ontbonden;
b. de ontbinding in de staat waar zij geschiedde rechtsgevolg heeft; en
c. duidelijk blijkt dat de andere echtgenoot uitdrukkelijk of stilzwijgend met de ontbinding heeft ingestemd dan wel daarin heeft berust.

Art. 59
Ongeacht de artikelen 57 en 58 van dit Boek wordt aan een in het buitenland tot stand gekomen ontbinding van het huwelijk erkenning onthouden indien deze erkenning kennelijk onverenigbaar is met de openbare orde. *Onverenigbaarheid van in buitenland ontbonden huwelijk met openbare orde*

Titel 4
Het geregistreerd partnerschap

Afdeling 1
Het aangaan van een geregistreerd partnerschap in Nederland

Art. 60
1. Het aangaan van een geregistreerd partnerschap in Nederland is onderworpen aan de bepalingen van artikel 80a van Boek 1. *Geregistreerd partnerschap in internationaal privaatrecht*
2. De bevoegdheid van elk van de partners om in Nederland een geregistreerd partnerschap aan te gaan wordt beheerst door het Nederlandse recht.
3. Wat de vorm betreft kan een geregistreerd partnerschap in Nederland slechts rechtsgeldig worden aangegaan ten overstaan van de ambtenaar van de burgerlijke stand met inachtneming van het Nederlandse recht, behoudens de bevoegdheid van buitenlandse diplomatieke en consulaire ambtenaren om, in overeenstemming met de voorschriften van het recht van de door hen vertegenwoordigde staat, aan het aangaan van geregistreerde partnerschappen mede te werken indien geen der partijen uitsluitend of mede de Nederlandse nationaliteit bezit.

Afdeling 2
De erkenning van een buiten Nederland aangegaan geregistreerd partnerschap

Art. 61
1. Een buiten Nederland aangegaan geregistreerd partnerschap dat ingevolge het recht van de staat waar het geregistreerd partnerschap is aangegaan rechtsgeldig is of nadien rechtsgeldig is geworden, wordt als zodanig erkend. *Erkenning van in buitenland aangegaan geregistreerd partnerschap*
2. Een buiten Nederland ten overstaan van een diplomatieke of consulaire ambtenaar aangegaan geregistreerd partnerschap dat voldoet aan de vereisten van het recht van de staat die die ambtenaar vertegenwoordigt, wordt als rechtsgeldig erkend tenzij het aangaan in de staat waar dit plaatsvond niet was toegestaan.
3. Voor de toepassing van de leden 1 en 2 worden onder recht mede begrepen de regels van internationaal privaatrecht.
4. Een geregistreerd partnerschap wordt vermoed rechtsgeldig te zijn, indien een verklaring omtrent het geregistreerd partnerschap is afgegeven door een bevoegde autoriteit.
5. Ongeacht de leden 1 en 2 kan een buiten Nederland aangegaan geregistreerd partnerschap slechts als zodanig worden erkend indien het een wettelijk geregelde samenlevingsvorm betreft van twee personen die een nauwe persoonlijke betrekking onderhouden, welke samenlevingsvorm ten minste:
a. door een ter plaatse van het aangaan bevoegde autoriteit is geregistreerd;
b. het bestaan van een huwelijk of andere wettelijk geregelde samenlevingsvorm met een derde uitsluit; en
c. verplichtingen tussen de partners in het leven roept die in hoofdzaak overeenstemmen met die welke verbonden zijn aan het huwelijk.

Art. 62
Ongeacht artikel 61 van dit Boek wordt aan een buiten Nederland aangegaan geregistreerd partnerschap erkenning onthouden, indien deze erkenning kennelijk onverenigbaar is met de openbare orde. *Onverenigbaarheid van in buitenland aangegaan geregistreerd partnerschap met openbare orde*

Art. 63
Erkenning van buitenlands geregistreerd partnerschap als hoofdvraag of voorvraag

De artikelen 61 en 62 van dit Boek zijn van toepassing, ongeacht of over de erkenning van de rechtsgeldigheid van een geregistreerd partnerschap als hoofdvraag, dan wel als voorvraag in verband met een andere vraag wordt beslist.

Afdeling 3
Rechtsbetrekkingen tussen de geregistreerde partners

Art. 63a
Verordening (EU) nr. 2016/110

In deze afdeling wordt onder «de Verordening (EU) nr. 2016/1104» verstaan de Verordening (EU) nr. 2016/1104 van de Raad van 24 juni 2016 tot uitvoering van de nauwere samenwerking op het gebied van de bevoegdheid, het toepasselijke recht en de erkenning en tenuitvoerlegging van beslissingen op het gebied van de vermogensrechtelijke gevolgen van geregistreerde partnerschappen.

Art. 64
Aanwijzing toepasselijk recht op rechtsbetrekkingen tussen geregistreerd partners

1. De persoonlijke rechtsbetrekkingen tussen de partners onderling die niet worden begrepen onder de Verordening (EU) nr. 2016/1104, worden beheerst door het recht dat de partners voor of tijdens het geregistreerd partnerschap, al dan niet met wijziging van een eerdere aanwijzing, hebben aangewezen.
2. De partners kunnen slechts een rechtsstelsel aanwijzen dat het instituut van het geregistreerd partnerschap kent.
3. Een aanwijzing als bedoeld in dit artikel is, wat de vorm betreft, geldig indien de vormvoorschriften voor de aanwijzing van het recht dat toepasselijk is op het vermogensregime van de partners, in acht zijn genomen.

Art. 65
Toepasselijk recht op rechtsbetrekkingen tussen geregistreerd partners bij ontbreken aanwijzing

Bij gebreke van een aanwijzing van het toepasselijke recht worden de persoonlijke rechtsbetrekkingen die niet worden begrepen onder de Verordening (EU) nr. 2016/1104 tussen partners die in Nederland een geregistreerd partnerschap zijn aangegaan, beheerst door het Nederlandse recht. Zijn de partners buiten Nederland een geregistreerd partnerschap aangegaan, dan worden deze persoonlijke rechtsbetrekkingen tussen hen beheerst door het recht, met inbegrip van het internationaal privaatrecht, van de staat waar het geregistreerd partnerschap is aangegaan.

Art. 66
Wijziging toepasselijk recht bij geregistreerd partners

Indien een aanwijzing als bedoeld in artikel 64 leidt tot toepasselijkheid van een ander recht dan het voorheen toepasselijke, is dat andere recht toepasselijk vanaf het tijdstip van die aanwijzing.

Art. 67-69
[Vervallen]

Afdeling 4
Enkele bepalingen inzake het partnerschapsvermogensregime

Art. 70

1. In deze afdeling wordt onder de Verordening (EU) nr. 2016/1104 verstaan: de Verordening (EU) nr. 2016/1104 van de Raad van 24 juni 2016 tot uitvoering van de nauwere samenwerking op het gebied van de bevoegdheid, het toepasselijke recht en de erkenning en tenuitvoerlegging van beslissingen op het gebied van de vermogensrechtelijke gevolgen van geregistreerde partnerschappen.
2. In aanvulling op de Verordening (EU) nr. 2016/1104 zijn de bepalingen van deze afdeling van toepassing.

Art. 71-78
[Vervallen]

Art. 79
Notariële akte inhoudende toepassing van vreemd recht op partnerschapsvermogensregime

Een partner wiens partnerschapsvermogensregime wordt beheerst door vreemd recht, kan in het artikel 116 van Boek 1 bedoelde register een notariële akte doen inschrijven, inhoudende een verklaring dat het partnerschapsvermogensregime niet wordt beheerst door het Nederlandse recht.

Art. 80
[Vervallen]

Art. 81
Verrekening van voordeel naar vreemd recht bij wijziging van partnerschapsvermogensregime

Heeft een der partners, door de toepassing op een buitenlands gelegen vermogensbestanddeel van een krachtens het internationaal privaatrecht van het land van ligging aangewezen recht, ten opzichte van de andere partner een voordeel genoten dat hem niet zou zijn toegekomen indien het op grond van de Verordening (EU) nr. 2016/1104 aangewezen recht zou zijn toegepast, dan kan die andere partner daarvan verrekening of vergoeding vorderen bij de in verband met de beëindiging of wijziging van het partnerschapsvermogensregime tussen de partners plaatsvindende afrekening.

Art. 82-84
[Vervallen]

Art. 85
Of een partner bij beëindiging van het geregistreerd partnerschap met wederzijds goedvinden of door ontbinding recht heeft op een gedeelte van de door de andere partner opgebouwde pensioenrechten, wordt beheerst door het recht dat van toepassing is op het partnerschapsvermogensregime van de partners, behoudens het bepaalde in artikel 1 lid 7 van de Wet verevening pensioenrechten bij scheiding.

Pensioenrechten na beëindiging geregistreerd partnerschap bij vreemd recht

Afdeling 5
Beëindiging in Nederland van een geregistreerd partnerschap

Art. 86
Of een in Nederland aangegaan geregistreerd partnerschap in Nederland kan worden beëindigd met wederzijds goedvinden of door ontbinding en op welke gronden, wordt bepaald door het Nederlandse recht.

Beëindiging geregistreerd partnerschap naar Nederlands recht

Art. 87
1. Of een buiten Nederland aangegaan geregistreerd partnerschap in Nederland kan worden beëindigd met wederzijds goedvinden of door ontbinding en op welke gronden, wordt bepaald door het Nederlandse recht.

Beëindiging van buiten Nederland aangegaan geregistreerd partnerschap

2. In afwijking van lid 1 is het recht van de staat waar het geregistreerd partnerschap is aangegaan toepasselijk indien in de door partners gesloten overeenkomst omtrent de beëindiging met wederzijds goedvinden van het geregistreerd partnerschap gezamenlijk een keuze voor dit recht is gedaan.
3. In afwijking van lid 1 is ten aanzien van de beëindiging door ontbinding het recht van de staat waar het geregistreerd partnerschap is aangegaan toepasselijk indien in het geding:
a. door de partners gezamenlijk een keuze voor dit recht is gedaan of een dergelijke keuze door een van de partners onweersproken is gebleven; of
b. door een van beide partners een keuze voor dit recht is gedaan en beide partners een werkelijke maatschappelijke band met die staat hebben.
4. Het Nederlandse recht bepaalt de wijze waarop de beëindiging met wederzijds goedvinden of de ontbinding van het buiten Nederland aangegane geregistreerd partnerschap geschiedt.

Afdeling 6
Erkenning van een buiten Nederland tot stand gekomen beëindiging van een geregistreerd partnerschap

Art. 88
1. Een buiten Nederland tot stand gekomen beëindiging met wederzijds goedvinden van het geregistreerd partnerschap wordt erkend indien zij aldaar rechtsgeldig tot stand is gebracht.

Erkenning van buiten Nederland tot stand gekomen beëindiging van geregistreerd partnerschap

2. Een buiten Nederland na een behoorlijke rechtspleging verkregen beëindiging door ontbinding van het geregistreerd partnerschap wordt in Nederland erkend indien zij is tot stand gekomen door de beslissing van een rechter of andere autoriteit aan wie daartoe rechtsmacht toekwam.
3. Een buiten Nederland verkregen beëindiging door ontbinding van het geregistreerd partnerschap, die niet voldoet aan een of meer van de in het vorige lid gestelde voorwaarden, wordt nochtans in Nederland erkend indien duidelijk blijkt dat de wederpartij in de buitenlandse procedure uitdrukkelijk of stilzwijgend hetzij tijdens die procedure heeft ingestemd met, hetzij zich na die procedure heeft neergelegd bij de ontbinding.

Art. 89
Ongeacht artikel 88 van dit Boek wordt aan een in het buitenland tot stand gekomen beëindiging van het geregistreerd partnerschap erkenning onthouden indien deze erkenning kennelijk onverenigbaar is met de openbare orde.

Onverenigbaarheid van buitenlandse beëindiging van geregistreerd partnerschap met openbare orde

Afdeling 7
Levensonderhoud

Art. 90

Verplichting tot levensonderhoud bij geregistreerd partnerschap naar internationaal privaatrecht

Het recht dat van toepassing is op verplichtingen tot levensonderhoud gedurende het geregistreerd partnerschap en na beëindiging daarvan wordt bepaald door
a. het op 23 november 2007 te 's-Gravenhage tot stand gekomen Protocol inzake het recht dat van toepassing is op onderhoudsverplichtingen (PbEU L 331/17), of
b. het op 2 oktober 1973 te 's-Gravenhage tot stand gekomen Verdrag inzake de wet die van toepassing is op onderhoudsverplichtingen (Trb. 1974, 86).

Afdeling 8
Overgangsrecht

Art. 91

Overgangsbepalingen

1. Deze titel is niet van toepassing op geregistreerde partnerschappen die voor 1 januari 2005 zijn aangegaan.
2. In afwijking van lid 1 is artikel 85 van dit Boek van toepassing op de verevening van pensioenrechten ingeval het geregistreerde partnerschap na 1 januari 2005 is beëindigd.

Titel 5
Afstamming

Afdeling 1
Familierechtelijke betrekkingen door geboorte

Art. 92

Toepasselijk recht op familierechtelijke betrekkingen door geboorte

1. Of een kind door geboorte in familierechtelijke betrekkingen komt te staan tot de vrouw uit wie het is geboren en de met haar gehuwde of gehuwd geweest zijnde persoon of de persoon met wie zij door een geregistreerd partnerschap is verbonden of verbonden is geweest, wordt bepaald door het recht van de staat van de gemeenschappelijke nationaliteit van de vrouw en die persoon of, indien dit ontbreekt, door het recht van de staat waar de vrouw en die persoon elk hun gewone verblijfplaats hebben, of indien ook dit ontbreekt, door het recht van de staat van de gewone verblijfplaats van het kind.
2. Wanneer de persoon, genoemd in lid 1, en de vrouw een nationaliteit gemeenschappelijk hebben, geldt voor de toepassing van lid 1 als hun nationale recht het recht van die nationaliteit, ongeacht of zij beiden dan wel een hunner nog een andere nationaliteit bezitten. Bezitten de echtgenoten of geregistreerde partners meer dan een gemeenschappelijke nationaliteit, dan worden zij geacht geen gemeenschappelijke nationaliteit te bezitten.
3. Voor de toepassing van lid 1 is bepalend het tijdstip van de geboorte van het kind, dan wel indien het huwelijk of geregistreerd partnerschap van de ouders voordien is ontbonden, dat van de ontbinding.

Art. 93

Toepasselijk recht op ontkenning van familierechtelijke betrekkingen

1. Of familierechtelijke betrekkingen als bedoeld in artikel 92 van dit Boek in een gerechtelijke procedure tot gegrondverklaring van een ontkenning kunnen worden tenietgedaan, wordt bepaald door het recht dat ingevolge dat artikel op het bestaan van die betrekkingen toepasselijk is.
2. Is volgens het in lid 1 bedoelde recht ontkenning niet of niet meer mogelijk, dan kan de rechter, indien zulks in het belang is van het kind en de ouders en het kind een daartoe strekkend gezamenlijk verzoek doen, een ander in artikel 92 van dit Boek genoemd recht toepassen, dan wel het recht toepassen van de staat van de gewone verblijfplaats van het kind ten tijde van de ontkenning of het Nederlandse recht.
3. Ongeacht het ingevolge lid 1 of lid 2 toepasselijke recht is in de daar bedoelde gerechtelijke procedure artikel 212 van Boek 1 van toepassing.
4. Of familierechtelijke betrekkingen tussen een kind en de met zijn moeder gehuwd of gehuwd geweest zijnde persoon of de persoon met wie zijn moeder door een geregistreerd partnerschap is verbonden of verbonden is geweest door een verklaring houdende ontkenning door de moeder ten overstaan van de ambtenaar van de burgerlijke stand kunnen worden tenietgedaan, wordt bepaald door het recht dat ingevolge artikel 92 van dit Boek op het bestaan van die betrekkingen toepasselijk is. Onverminderd de leden 1 en 2 kan een zodanige verklaring slechts worden afgelegd indien de met de moeder gehuwde of gehuwd geweest zijnde nog levende persoon respectievelijk de persoon met wie de moeder door een geregistreerd partnerschap is verbonden of de nog in levende zijn persoon met wie zij door een partnerschap verbonden is geweest erin toestemt en indien tegelijkertijd familierechtelijke betrekkingen tussen het kind en een andere persoon ontstaan of worden gevestigd.

Art. 94
1. Of tussen een vrouw en het buiten huwelijk of geregistreerd partnerschap uit haar geboren kind door geboorte familierechtelijke betrekkingen ontstaan, wordt bepaald door het recht van de staat van de nationaliteit van de vrouw. Bezit de vrouw de nationaliteit van meer dan een staat, dan is bepalend het nationale recht volgens hetwelk zodanige betrekkingen ontstaan. In elk geval ontstaan zodanige betrekkingen indien de vrouw haar gewone verblijfplaats in Nederland heeft.
2. Voor de toepassing van lid 1 is bepalend het tijdstip van de geboorte.
3. De leden 1 en 2 laten onverlet de op 12 september 1962 te Brussel tot stand gekomen Overeenkomst betreffende de vaststelling van betrekkingen tussen het onwettige kind en zijn moeder (Trb. 1963, 93).

Toepasselijk recht op familierechtelijke betrekkingen van buiten huwelijk geboren kind

Afdeling 2
Familierechtelijke betrekkingen door erkenning of gerechtelijke vaststelling van het vaderschap

Art. 95
1. Of erkenning door een persoon familierechtelijke betrekkingen doet ontstaan tussen hem en een kind, wordt, wat betreft de bevoegdheid van die persoon en de voorwaarden voor erkenning, bepaald door het recht van de staat waarvan die persoon de nationaliteit bezit. Bezit de persoon, genoemd in de eerste volzin, de nationaliteit van meer dan een staat, dan is bepalend het nationale recht volgens hetwelk de erkenning mogelijk is. Indien volgens het nationale recht van die persoon erkenning niet of niet meer mogelijk is, is bepalend het recht van de staat van de gewone verblijfplaats van het kind. Is zij ook volgens dat recht niet of niet meer mogelijk, dan is bepalend het recht van de staat waarvan het kind de nationaliteit bezit. Bezit het kind de nationaliteit van meer dan een staat, dan is bepalend het nationale recht volgens hetwelk de erkenning mogelijk is. Is zij ook volgens dat recht niet of niet meer mogelijk, dan is bepalend het recht van de staat van de gewone verblijfplaats van de persoon, genoemd in de eerste volzin.
2. De akte van erkenning en de latere vermelding van de erkenning vermelden het recht dat ingevolge lid 1 is toegepast.
3. Ongeacht het ingevolge lid 1 toepasselijke recht, is op de toestemming van de moeder, onderscheidenlijk het kind, tot de erkenning toepasselijk het recht van de staat waarvan de moeder, onderscheidenlijk het kind, de nationaliteit bezit. Bezit de moeder, onderscheidenlijk het kind, de nationaliteit van meer dan een staat, dan is toepasselijk het nationale recht volgens hetwelk toestemming is vereist. Bezit de moeder, onderscheidenlijk het kind, de Nederlandse nationaliteit, dan is het Nederlandse recht van toepassing, zulks ongeacht of de moeder, onderscheidenlijk het kind naast de Nederlandse nationaliteit nog een andere nationaliteit bezit. Indien het toepasselijke recht de erkenning niet kent, is toepasselijk het recht van de staat van de gewone verblijfplaats van de moeder, onderscheidenlijk het kind. Het op de toestemming toepasselijke recht bepaalt tevens of bij gebreke van toestemming deze kan worden vervangen door een rechterlijke beslissing.
4. Voor de toepassing van de voorgaande leden is bepalend het tijdstip van de erkenning en de toestemming.

Toepasselijk recht op familierechtelijke betrekkingen bij erkenning

Art. 96
Of en op welke wijze een erkenning kan worden tenietgedaan, wordt, wat betreft de bevoegdheid van de persoon die het kind heeft erkend en de voorwaarden voor de erkenning, bepaald door het ingevolge artikel 95 lid 1 van dit Boek toegepaste recht, en wat betreft de toestemming van de moeder, onderscheidenlijk het kind, door het recht dat ingevolge artikel 95 lid 3 van dit Boek toepasselijk is.

Tenietdoen van erkenning in internationaal privaatrecht

Art. 97
1. Of en onder welke voorwaarden ouderschap van een persoon gerechtelijk kan worden vastgesteld, wordt bepaald door het recht van de staat van de gemeenschappelijke nationaliteit van die persoon en de moeder of, indien dit ontbreekt, door het recht van de staat waar die persoon en de moeder elk hun gewone verblijfplaats hebben of, indien ook dit ontbreekt, door het recht van de staat van de gewone verblijfplaats van het kind.
2. Wanneer de persoon, genoemd in lid 1, en de moeder een nationaliteit gemeenschappelijk hebben, geldt voor de toepassing van lid 1 als hun gemeenschappelijke nationale recht het recht van die nationaliteit, ongeacht of zij beiden of een hunner nog een andere nationaliteit bezitten. Bezitten zij meer dan een gemeenschappelijke nationaliteit, dan worden zij geacht geen gemeenschappelijke nationaliteit te bezitten.
3. Voor de toepassing van lid 1 is bepalend het tijdstip van de indiening van het verzoek. Is de persoon, genoemd in lid 1, of de moeder op dat tijdstip overleden, dan is, bij gebreke van een gemeenschappelijke nationaliteit op het tijdstip van zijn overlijden, toepasselijk het recht van de staat waar die persoon en de moeder op dat tijdstip elk hun gewone verblijfplaats hadden

Toepasselijk recht op vaststelling ouderschap

of, indien ook dat ontbreekt, het recht van de staat van de gewone verblijfplaats van het kind op het tijdstip van de indiening van het verzoek.

Afdeling 3
Familierechtelijke betrekkingen door wettiging

Art. 98

Familierechtelijke betrekkingen door wettiging

1. Of een kind door het huwelijk van een van zijn ouders, dan wel door een nadien genomen beslissing van een rechterlijke of andere bevoegde autoriteit, wordt gewettigd, wordt bepaald door de op 10 december 1970 te Rome tot stand gekomen Overeenkomst inzake wettiging door huwelijk (Trb. 1972, 61).
2. Indien toepassing van lid 1 niet leidt tot de wettiging, kunnen familierechtelijke betrekkingen door wettiging worden gevestigd volgens het recht van de staat van de gewone verblijfplaats van het kind.
3. De leden 1 en 2 gelden niet indien een van de ouders de Nederlandse nationaliteit bezit en het huwelijk niet geldig is voltrokken in overeenstemming met de artikelen 30 en 31 van dit Boek.
4. Voor de toepassing van de voorgaande leden is bepalend het tijdstip van het huwelijk van de ouders, dan wel, bij de totstandkoming van de familierechtelijke betrekkingen door de beslissing van een rechterlijke of andere bevoegde autoriteit, het tijdstip van de indiening van het verzoek of de vordering.

Afdeling 4
De inhoud van familierechtelijke betrekkingen uit hoofde van afstamming

Art. 99

Inhoud van familierechtelijke betrekkingen uit hoofde van afstamming in internationaal privaatrecht

1. Onverminderd hetgeen ten aanzien van bijzondere onderwerpen is bepaald, wordt de inhoud van de familierechtelijke betrekkingen tussen ouders en kind bepaald door het recht van de staat van de gemeenschappelijke nationaliteit van de ouders of, indien dit ontbreekt, door het recht van de staat waar de ouders elk hun gewone verblijfplaats hebben of, indien ook dit ontbreekt, door het recht van de staat van de gewone verblijfplaats van het kind.
2. Bestaan alleen familierechtelijke betrekkingen tussen de moeder en het kind, dan wordt de inhoud van deze familierechtelijke betrekkingen bepaald door het recht van de staat van de gemeenschappelijke nationaliteit van de moeder en het kind. Bij gebreke van een gemeenschappelijke nationaliteit wordt zij bepaald door het recht van de staat van de gewone verblijfplaats van het kind.
3. Wanneer de ouders, onderscheidenlijk de moeder en het kind een nationaliteit gemeenschappelijk hebben, geldt voor de toepassing van lid 1, onderscheidenlijk lid 2 als hun nationale recht het recht van die nationaliteit, ongeacht of zij beiden of een hunner nog een andere nationaliteit bezitten. Bezitten de ouders, onderscheidenlijk de moeder en het kind meer dan een gemeenschappelijke nationaliteit, dan worden zij geacht geen gemeenschappelijke nationaliteit te bezitten.

Afdeling 5
Erkenning van buitenslands tot stand gekomen rechterlijke beslissingen en rechtsfeiten

Art. 100

Erkenning van buitenlands tot stand gekomen rechterlijke beslissingen

1. Een buitenslands tot stand gekomen onherroepelijke rechterlijke beslissing waarbij familierechtelijke betrekkingen uit hoofde van afstamming zijn vastgesteld of gewijzigd, wordt in Nederland van rechtswege erkend, tenzij:
a. er voor de rechtsmacht van de rechter kennelijk onvoldoende aanknoping bestond met de rechtssfeer van diens land;
b. aan die beslissing kennelijk geen behoorlijk onderzoek of behoorlijke rechtspleging is voorafgegaan, of
c. de erkenning van die beslissing kennelijk onverenigbaar is met de openbare orde.
2. De erkenning van de beslissing kan, ook wanneer daarbij een Nederlander betrokken is, niet wegens onverenigbaarheid met de openbare orde worden geweigerd op de enkele grond dat daarop een ander recht is toegepast dan uit deze titel zou zijn gevolgd.
3. De beslissing is niet vatbaar voor erkenning indien zij onverenigbaar is met een onherroepelijk geworden beslissing van de Nederlandse rechter inzake de vaststelling of wijziging van dezelfde familierechtelijke betrekkingen.
4. De voorgaande leden laten de toepassing van de in artikel 98 lid 1 van dit Boek bedoelde overeenkomst onverlet.

art. 10:106

Art. 101
1. Artikel 100 leden 1, onder b en c, 2 en 3 van dit Boek is van overeenkomstige toepassing op buitenslands tot stand gekomen rechtsfeiten of rechtshandelingen waarbij familierechtelijke betrekkingen zijn vastgesteld of gewijzigd, welke zijn neergelegd in een door een bevoegde instantie overeenkomstig de plaatselijke voorschriften opgemaakte akte.
2. De weigeringsgrond, bedoeld in artikel 100 lid 1, onderdeel c, van dit Boek doet zich met betrekking tot de erkenning in elk geval voor
a. indien deze is verricht door een Nederlander die naar Nederlands recht niet bevoegd zou zijn het kind te erkennen;
b. indien, wat de toestemming van de moeder of het kind betreft, niet is voldaan aan de vereisten van het recht dat ingevolge artikel 95 lid 3, van dit Boek toepasselijk is, of
c. indien de akte kennelijk op een schijnhandeling betrekking heeft.
3. De voorgaande leden laten de toepassing van de in artikel 98 lid 1, van dit Boek genoemde Overeenkomst onverlet.

Schakelbepaling

Afdeling 6
Overgangsrecht

Art. 102
Deze afdeling is van toepassing op rechtsbetrekkingen die na 1 januari 2003 zijn vastgesteld of gewijzigd alsmede op de erkenning van na 1 januari 2003 buitenslands vastgestelde of gewijzigde rechtsbetrekkingen.

Overgangsbepalingen

Titel 6
Adoptie

Afdeling 1
Algemene bepalingen

Art. 103
Voor de toepassing van deze titel wordt onder het Haags Adoptieverdrag 1993 verstaan: het op 29 mei 1993 te 's-Gravenhage tot stand gekomen verdrag inzake de bescherming van kinderen en de samenwerking op het gebied van de interlandelijke adoptie (Trb. 1993, 97).

Adoptie naar internationaal privaatrecht

Art. 104
Onverminderd het Haags Adoptieverdrag 1993, de Wet van 14 mei 1998 tot uitvoering van het op 29 mei 1993 te 's-Gravenhage tot stand gekomen Verdrag inzake de bescherming van kinderen en de samenwerking op het gebied van de interlandelijke adoptie (Stb. 1998, 302) en de Wet opneming buitenlandse kinderen ter adoptie, wordt in deze titel onder adoptie verstaan de beslissing van een bevoegde autoriteit waarbij familierechtelijke betrekkingen tussen een minderjarig kind en twee personen tezamen of een persoon alleen tot stand worden gebracht.

Definitie

Afdeling 2
De in Nederland uit te spreken adoptie

Art. 105
1. Op een in Nederland uit te spreken adoptie is, behoudens lid 2, het Nederlandse recht van toepassing.
2. Op de toestemming dan wel de raadpleging of de voorlichting van de ouders van het kind of van andere personen of instellingen is toepasselijk het recht van de staat waarvan het kind de nationaliteit bezit. Bezit het kind de nationaliteit van meer dan een staat, dan is toepasselijk het recht volgens hetwelk toestemming dan wel raadpleging of voorlichting vereist is. Bezit het kind de Nederlandse nationaliteit, dan is het Nederlandse recht van toepassing, ongeacht of het kind naast de Nederlandse nationaliteit nog een andere nationaliteit bezit.
3. Indien het ingevolge lid 2 op de toestemming dan wel raadpleging of voorlichting toepasselijke recht de adoptie niet kent, is het Nederlandse recht van toepassing. Het ingevolge dit lid toepasselijke recht bepaalt tevens of bij gebreke van toestemming deze kan worden vervangen door een rechterlijke beslissing.
4. Op de herroeping van een in Nederland uitgesproken adoptie is het Nederlandse recht van toepassing.

Toepassing Nederlands recht op adoptie

Art. 106
Een in Nederland uitgesproken adoptie heeft, wat betreft het ontstaan en de verbreking van familierechtelijke betrekkingen, de rechtsgevolgen die daaraan worden toegekend door het Nederlandse recht.

Rechtsgevolgen van in Nederland uitgesproken adoptie

Afdeling 3
Erkenning van een buitenlandse adoptie

Art. 107

Adopties buiten het Haags Adoptieverdrag 1993

Deze afdeling heeft betrekking op adopties waarop het Haags Adoptieverdrag 1993 niet van toepassing is.

Art. 108

Erkenning van rechtswege van buitenlandse adoptie

1. Een buitenlands gegeven beslissing waarbij een adoptie tot stand is gekomen, wordt in Nederland van rechtswege erkend indien zij is uitgesproken door:
   a. een ter plaatse bevoegde autoriteit van de staat waar de adoptiefouders en het kind zowel ten tijde van het verzoek tot adoptie als ten tijde van de uitspraak hun gewone verblijfplaats hadden; of
   b. een ter plaatse bevoegde autoriteit van de staat waar hetzij de adoptiefouders, hetzij het kind zowel ten tijde van het verzoek tot adoptie als ten tijde van de uitspraak hun gewone verblijfplaats hadden.
2. Aan een beslissing houdende adoptie wordt erkenning onthouden indien:
   a. aan die beslissing kennelijk geen behoorlijk onderzoek of behoorlijke rechtspleging is voorafgegaan, of
   b. in het geval, bedoeld in lid 1, onder b, de beslissing niet is erkend in de staat waar het kind, onderscheidenlijk de staat waar de adoptiefouders zowel ten tijde van het verzoek tot adoptie als ten tijde van de uitspraak hun gewone verblijfplaats hadden; of
   c. de erkenning van die beslissing kennelijk onverenigbaar is met de openbare orde.
3. Op de in lid 2, onder c, genoemde grond wordt aan een beslissing houdende adoptie in elk geval erkenning onthouden indien de beslissing kennelijk op een schijnhandeling betrekking heeft.
4. De erkenning van de beslissing kan, ook wanneer daarbij een Nederlander betrokken is, niet op de in lid 2, onder c, genoemde grond worden geweigerd enkel omdat daarop een ander recht is toegepast dan uit de bepalingen van afdeling 2 zou zijn gevolgd.

Art. 109

Erkenning van buitenlandse adoptie

1. Een buitenlands gegeven beslissing waarbij een adoptie tot stand is gekomen en die is uitgesproken door een ter plaatse bevoegde autoriteit van de staat waar het kind zowel ten tijde van het verzoek tot adoptie als ten tijde van de uitspraak zijn gewone verblijfplaats had, terwijl de adoptiefouders hun gewone verblijfplaats in Nederland hadden, wordt erkend indien:
   a. de bepalingen van de Wet opneming buitenlandse kinderen ter adoptie in acht zijn genomen,
   b. de erkenning van de adoptie in het kennelijk belang van het kind is, en
   c. erkenning niet op een grond, bedoeld in artikel 108 lid 2 of lid 3 van dit Boek, zou worden onthouden.
2. Een adoptie als bedoeld in lid 1 wordt slechts erkend indien de rechter heeft vastgesteld dat aan de in dat lid genoemde voorwaarden voor erkenning is voldaan. Toepasselijk is de procedure van artikel 26 van Boek 1.
3. De rechter die vaststelt dat aan de voorwaarden voor erkenning van de adoptie is voldaan, geeft ambtshalve een last tot toevoeging van een latere vermelding van de adoptie aan de daarvoor in aanmerking komende akte van de burgerlijke stand. De artikelen 25 lid 6, 25c lid 3 en 25g lid 2 van Boek 1 zijn van overeenkomstige toepassing.

Art. 110

Inhoud van erkenning van buitenlandse adoptie

1. De erkenning, bedoeld in de artikelen 108 en 109 van dit Boek, houdt tevens in de erkenning van:
   a. de familierechtelijke betrekkingen tussen het kind en zijn adoptiefouders en, in voorkomend geval, de bloedverwanten van zijn adoptiefouders;
   b. het gezag van de adoptiefouders over het kind;
   c. de verbreking van de voordien bestaande familierechtelijke betrekkingen tussen het kind en zijn moeder en vader, onderscheidenlijk de bloedverwanten van zijn moeder en vader, indien de adoptie dit gevolg heeft in de staat waar zij plaatsvond.
2. Ingeval de adoptie in de staat waar zij plaatsvond niet tot gevolg heeft dat de voordien bestaande familierechtelijke betrekkingen worden verbroken, mist de adoptie ook in Nederland dat gevolg.

Art. 111

Omzetting in adoptie naar Nederlands recht

In het in artikel 110 lid 2 van dit Boek bedoelde geval kan, indien het kind in Nederland gewone verblijfplaats heeft en daar voor permanent verblijf bij de adoptiefouders is toegelaten, een verzoek tot omzetting in een adoptie naar Nederlands recht worden ingediend. Artikel 11 lid 2 van de Wet tot uitvoering van het op 29 mei 1993 te 's-Gravenhage tot stand gekomen Verdrag inzake de bescherming van kinderen en de samenwerking op het gebied van de interlandelijke adoptie, is van overeenkomstige toepassing. Artikel 105 lid 2 van dit Boek is van overeenkomstige toepassing op de toestemming van de ouders wier toestemming tot de adoptie vereist was.

Afdeling 4
Overgangsrecht

Art. 112
Deze titel is van toepassing op verzoeken tot adoptie die vanaf 1 januari 2004 in Nederland zijn ingediend en op de erkenning van adopties die vanaf 1 januari 2004 buitenlands tot stand zijn gekomen.

Overgangsbepalingen

Titel 7
Overige onderwerpen van familierecht

Afdeling 1
Ouderlijke verantwoordelijkheid en bescherming van kinderen

Art. 113
Op de bescherming van kinderen zijn van toepassing:
a. het op 5 oktober 1961 te 's-Gravenhage tot stand gekomen Verdrag betreffende de bevoegdheid der autoriteiten en de toepasselijke wet inzake de bescherming van minderjarigen (Trb. 1968, 101),
b. de Verordening (EG) nr. 2201/2003 van de Raad van de Europese Unie van 27 november 2003 betreffende de bevoegdheid en de erkenning en tenuitvoerlegging van beslissingen in huwelijkszaken en inzake de ouderlijke verantwoordelijkheid, en tot intrekking van verordening (EG) nr. 1347/2000 (PbEU L 338), en
c. de Uitvoeringswet internationale kinderbescherming.

Ouderlijke verantwoordelijkheid en bescherming van kinderen naar internationaal privaatrecht

Afdeling 2
Internationale ontvoering van kinderen

Art. 114
Op internationale ontvoering van kinderen zijn van toepassing:
a. het op 20 mei 1980 te Luxemburg tot stand gekomen Europese Verdrag betreffende de erkenning en de tenuitvoerlegging van beslissingen inzake het gezag over kinderen en betreffende het herstel van het gezag over kinderen (Trb. 1980, 134),
b. het op 25 oktober 1980 te 's-Gravenhage tot stand gekomen Verdrag inzake de burgerrechtelijke aspecten van internationale ontvoering van kinderen (Trb. 1987, 139),
c. de in artikel 113, onder b, van dit Boek genoemde verordening, en
d. de Wet van 2 mei 1990 tot uitvoering van het op 20 mei 1980 Luxemburg tot stand gekomen Europese Verdrag betreffende de erkenning en de tenuitvoerlegging van beslissingen inzake het gezag over kinderen en betreffende het herstel van het gezag over kinderen, uitvoering van het op 25 oktober 1980 te 's-Gravenhage tot stand gekomen Verdrag inzake de burgerrechtelijke aspecten van internationale ontvoering van kinderen alsmede algemene bepalingen met betrekking tot verzoeken tot teruggeleiding van ontvoerde kinderen over de Nederlandse grens en de uitvoering daarvan (Stb. 1990, 202).

Internationale ontvoering van kinderen

Afdeling 3
(gereserveerd)

Afdeling 4
Levensonderhoud

Art. 116
Het recht dat toepasselijk is op verplichtingen tot levensonderhoud wordt bepaald door:
a. het op 23 november 2007 te 's-Gravenhage tot stand gekomen Protocol inzake het recht dat van toepassing is op onderhoudsverplichtingen (PbEU L 331/17),
b. het op 2 oktober 1973 te 's-Gravenhage tot stand gekomen Verdrag inzake de wet die van toepassing is op onderhoudsverplichtingen (Trb. 1974, 86), of
c. het op 24 oktober 1956 te 's-Gravenhage tot stand gekomen Verdrag nopens de wet welke op alimentatieverplichtingen jegens kinderen toepasselijk is (Trb. 1956, 144).

Verplichting tot levensonderhoud in het internationaal privaatrecht

Titel 8
Corporaties

Art. 117
In deze titel wordt verstaan onder

Begripsbepalingen

art. 10:118

a. corporatie: een vennootschap, vereniging, coöperatie, onderlinge waarborgmaatschappij, stichting en ieder ander als zelfstandige eenheid of organisatie naar buiten optredend lichaam en samenwerkingsverband;
b. functionaris: hij die, zonder orgaan te zijn, krachtens het op de corporatie toepasselijke recht en haar statuten of samenwerkingsovereenkomst bevoegd is deze te vertegenwoordigen.

Art. 118
Toepasselijk recht bij corporaties
Een corporatie die ingevolge de oprichtingsovereenkomst of akte van oprichting haar zetel of, bij gebreke daarvan, haar centrum van optreden naar buiten ten tijde van de oprichting, heeft op het grondgebied van de staat naar welks recht zij is opgericht, wordt beheerst door het recht van die staat.

Art. 119
Onderwerpen van toepasselijk recht op corporaties
Het op een corporatie toepasselijke recht beheerst naast de oprichting in het bijzonder de volgende onderwerpen:
a. het bezit van rechtspersoonlijkheid, of van de bevoegdheid drager te zijn van rechten en verplichtingen, rechtshandelingen te verrichten en in rechte op te treden;
b. het inwendig bestel van de corporatie en alle daarmee verband houdende onderwerpen;
c. de bevoegdheid van organen en functionarissen van de corporatie om haar te vertegenwoordigen;
d. de aansprakelijkheid van bestuurders, commissarissen en andere functionarissen als zodanig jegens de corporatie;
e. de vraag wie naast de corporatie, voor de handelingen waardoor de corporatie wordt verbonden, aansprakelijk is uit hoofde van een bepaalde hoedanigheid zoals die van oprichter, vennoot, aandeelhouder, lid, bestuurder, commissaris of andere functionaris van de corporatie;
f. de beëindiging van het bestaan van de corporatie.

Art. 120
Zetelverplaatsing in het internationaal privaatrecht
Indien een rechtspersoonlijkheid bezittende corporatie haar statutaire zetel verplaatst naar een ander land en het recht van de staat van de oorspronkelijke zetel en dat van de staat van de nieuwe zetel op het tijdstip van de zetelverplaatsing het voortbestaan van de corporatie als rechtspersoon erkennen, wordt haar voortbestaan als rechtspersoon ook naar Nederlands recht erkend. Vanaf de zetelverplaatsing beheerst het recht van de staat van de nieuwe zetel de in artikel 119 van dit Boek bedoelde onderwerpen, behoudens indien ingevolge dat recht daarop het recht van de staat van de oorspronkelijke zetel van toepassing blijft.

Art. 121
Faillissement van door buitenlands recht beheerste corporatie
1. In afwijking van de artikelen 118 en 119 van dit Boek zijn de artikelen 138 en 149 van Boek 2 van toepassing dan wel van overeenkomstige toepassing op de aansprakelijkheid van bestuurders en commissarissen van een ingevolge artikel 118 of artikel 120 van dit Boek door buitenlands recht beheerste corporatie die in Nederland aan de heffing van vennootschapsbelasting onderworpen is, indien de corporatie in Nederland failliet wordt verklaard. Als bestuurders zijn eveneens aansprakelijk degenen die met de leiding van de in Nederland verrichte werkzaamheden zijn belast.
2. De rechtbank die het faillissement heeft uitgesproken is bevoegd tot de kennisneming van alle vorderingen uit hoofde van lid 1.

Art. 122
Strijd met openbare orde bij buitenlandse corporatie
1. Het openbaar ministerie kan de rechtbank te Utrecht verzoeken voor recht te verklaren dat het doel of de werkzaamheid van een corporatie die niet is een Nederlandse rechtspersoon in strijd is met de openbare orde als bedoeld in artikel 20 van Boek 2.
2. De verklaring werkt voor en tegen een ieder met ingang van de eerste dag na de dag van de uitspraak. De verklaring wordt door de zorg van de griffier geplaatst in de Staatscourant. Is de corporatie in het handelsregister ingeschreven, dan wordt de verklaring aldaar eveneens ingeschreven.
3. De rechter kan de in Nederland gelegen goederen van de corporatie desverlangd onder bewind stellen. Artikel 22 van Boek 2 is van overeenkomstige toepassing.
4. De in Nederland gelegen goederen van een corporatie ten aanzien waarvan de rechter een verklaring voor recht als bedoeld in lid 1 heeft gegeven, worden vereffend door een of meer door hem te benoemen vereffenaars. De artikelen 23 tot en met 24 van Boek 2 zijn van overeenkomstige toepassing.

Art. 123
Verboden buitenlandse corporatie
Een corporatie die niet is een Nederlandse rechtspersoon en is vermeld in de lijst, bedoeld in artikel 2 lid 3 van Verordening (EG) nr. 2580/2001 van de Raad van de Europese Unie van 27 december 2001 (PbEG L 344) inzake specifieke beperkende maatregelen tegen bepaalde personen en entiteiten met het oog op de strijd tegen terrorisme, of in Bijlage 1 van Verordening (EG) nr. 881/2002 van de Raad van de Europese Unie van 27 mei 2002 (PbEG L 139) tot vaststelling van bepaalde specifieke beperkende maatregelen tegen sommige personen en entiteiten die banden hebben met Usama bin Laden, het Al-Qau'ida-netwerk en de Taliban, en tot intrekking van Verordening (EG) nr. 467/2001 van de Raad tot instelling van een verbod op de uitvoer

van bepaalde goederen en diensten naar Afghanistan, tot versterking van het verbod op vluchten en verlenging van de bevriezing van tegoeden en andere financiële middelen ten aanzien van de Taliban in Afghanistan, of is vermeld en met een ster aangemerkt in de Bijlage bij het Gemeenschappelijk Standpunt nr. 2001/931 van de Raad van de Europese Unie van 27 december 2001 (PbEG L 344) betreffende de toepassing van specifieke maatregelen ter bestrijding van het terrorisme, is van rechtswege verboden en niet bevoegd tot het verrichten van rechtshandelingen.

Art. 124
Deze titel laat onverlet hetgeen bepaald is bij de Wet op de formeel buitenlandse vennootschappen.

Toepasselijkheid Wet op de formeel buitenlandse vennootschappen

Titel 9
Vertegenwoordiging

Art. 125
1. Het recht dat toepasselijk is op vertegenwoordiging wordt bepaald door het op 14 maart 1978 te 's-Gravenhage tot stand gekomen Verdrag betreffende het toepasselijke recht op vertegenwoordiging (Trb. 1978, 138).
2. Het verdrag is voor Nederland niet van toepassing op vertegenwoordiging inzake verzekeringen.

Vertegenwoordiging in het internationaal privaatrecht

Titel 10
Goederenrecht

Afdeling 1
Algemene bepalingen

Art. 126
1. Deze titel laat onverlet het op 1 juli 1985 te 's-Gravenhage tot stand gekomen Verdrag inzake het recht dat toepasselijk is op trusts en inzake de erkenning van trusts (Trb. 1985, 141), alsmede titel 11 van dit Boek. Onverminderd hetgeen voortvloeit uit dat verdrag en die titel, is een rechtshandeling die strekt tot een door Nederlands recht beheerste overdracht aan de trustee van een trust als bedoeld in artikel 142 van dit Boek welke wordt beheerst door buitenlands recht, niet om ongeldige titel op de enkele grond dat die rechtshandeling tot doel heeft dat goed over te dragen tot zekerheid of de strekking mist het goed na de overdracht in het vermogen van de verkrijger te doen vallen.
2. Deze titel laat onverlet Richtlijn 2014/60/EU van het Europees Parlement en de Raad van 15 mei 2014 betreffende de teruggave van cultuurgoederen die op onrechtmatige wijze buiten het grondgebied van een lidstaat zijn gebracht en houdende wijziging van Verordening (EU) nr. 1024/2012 (PbEU 2014, L 159) alsmede de bepalingen ter implementatie van deze richtlijn in het Burgerlijk Wetboek, Wetboek van Burgerlijke Rechtsvordering en de Wet tot behoud van cultuurbezit.

Goederenrecht in het internationaal privaatrecht

Afdeling 2
Het goederenrechtelijke regime met betrekking tot zaken

Art. 127
1. Behoudens voor zover in de leden 2 en 3 anders is bepaald, wordt het goederenrechtelijke regime met betrekking tot een zaak beheerst door het recht van de staat op welks grondgebied de zaak zich bevindt.
2. Behoudens artikel 160 van dit Boek wordt het goederenrechtelijke regime met betrekking tot teboekstaande schepen beheerst door het recht van de staat waar het schip teboekstaat.
3. Het goederenrechtelijke regime met betrekking tot teboekstaande luchtvaartuigen en luchtvaartuigen die uitsluitend staan ingeschreven in een nationaliteitsregister als bedoeld in artikel 17 van het op 7 december 1944 te Chicago tot stand gekomen Verdrag inzake de internationale burgerluchtvaart, Stb. 1947, H 165, wordt beheerst door het recht van de staat waar het luchtvaartuig teboekstaat of in het nationaliteitsregister is ingeschreven.
4. Het in de vorige leden bedoelde recht bepaalt in het bijzonder:
a. of een zaak roerend of onroerend is;
b. wat een bestanddeel van een zaak is;
c. of een zaak vatbaar is voor overdracht van de eigendom ervan of vestiging van een recht erop;
d. welke vereisten aan een overdracht of vestiging worden gesteld;

Goederenrechtelijk regime met betrekking tot zaken

e. welke rechten op een zaak kunnen rusten en welke de aard en de inhoud van deze rechten zijn;
f. op welke wijze die rechten ontstaan, zich wijzigen, overgaan en tenietgaan en welke hun onderlinge verhouding is.

5. Voor de toepassing van het vorige lid is, wat betreft de verkrijging, de vestiging, de overgang, de wijziging of het tenietgaan van rechten op een zaak, bepalend het tijdstip waarop de daarvoor noodzakelijke rechtsfeiten geschieden.

6. De voorgaande leden zijn van overeenkomstige toepassing in het geval van overdracht en van vestiging van rechten op zakelijke rechten.

Art. 128

Eigendomsvoorbehoud in het internationaal privaatrecht

1. De goederenrechtelijke gevolgen van een eigendomsvoorbehoud worden beheerst door het recht van de staat op welks grondgebied de zaak zich op het tijdstip van levering bevindt. Zulks laat onverlet de verbintenissen die volgens het op het beding van eigendomsvoorbehoud toepasselijke recht, daaruit kunnen voortvloeien.

2. In afwijking van de eerste zin van lid 1 kunnen partijen overeenkomen dat de goederenrechtelijke gevolgen van een eigendomsvoorbehoud van een voor uitvoer bestemde zaak worden beheerst door het recht van de staat van bestemming indien op grond van dat recht het eigendomsrecht niet zijn werking verliest totdat de prijs volledig is betaald. De aldus overeengekomen aanwijzing heeft slechts gevolg indien de zaak daadwerkelijk in de aangewezen staat van bestemming wordt ingevoerd.

3. De voorgaande leden zijn van overeenkomstige toepassing op de goederenrechtelijke gevolgen van leasing van zaken die bestemd zijn voor gebruik in het buitenland.

Art. 129

Recht van retentie in het internationaal privaatrecht

Onverminderd artikel 163, aanhef en onder a, van dit Boek worden het ontstaan en de inhoud van een recht van retentie bepaald door het recht dat de daaraan ten grondslag liggende rechtsverhouding beheerst. Een recht van retentie kan slechts geldend worden gemaakt voor zover het recht van de staat op welks grondgebied de zaak zich bevindt, zulks toelaat.

Art. 130

Overbrenging van een zaak naar een andere staat

Rechten op een zaak die overeenkomstig het ingevolge deze titel toepasselijke recht zijn verkregen of gevestigd, blijven daarop rusten, ook indien die zaak wordt overgebracht naar een andere staat. Deze rechten kunnen niet worden uitgeoefend op een wijze die onverenigbaar is met het recht van de staat op welks grondgebied de zaak zich ten tijde van die uitoefening bevindt.

Art. 131

Verkrijging van zaak van beschikkingsonbevoegde in het internationaal privaatrecht

De rechtsgevolgen van de verkrijging van een zaak van een beschikkingsonbevoegde worden beheerst door het recht van de staat op welks grondgebied de zaak zich ten tijde van de verkrijging bevond.

Art. 132

Onvrijwillig verlies van een zaak in het internationaal privaatrecht

1. Indien het bezit van een zaak onvrijwillig is verloren en na dit verlies onbekend is in welke staat de zaak zich bevindt, worden de rechtsgevolgen van goederenrechtelijke rechtshandelingen, door de eigenaar of zijn rechtsopvolger verricht, beheerst door het recht van de staat op welks grondgebied de zaak zich voor het bezitsverlies bevond.

2. Is in het in het vorige lid bedoelde geval het verlies door een verzekering gedekt, dan bepaalt het recht dat de verzekeringsovereenkomst beheerst, of en op welke wijze de eigendom op de verzekeraar overgaat.

Art. 133

Overeenkomst van internationaal vervoer

1. Het goederenrechtelijke regime met betrekking tot een zaak die krachtens een overeenkomst van internationaal vervoer wordt vervoerd, wordt beheerst door het recht van de staat van bestemming.

2. Indien het in lid 1 bedoelde vervoer plaatsvindt ter uitvoering van een koopovereenkomst of een andere overeenkomst die verplicht tot overdracht van de vervoerde zaak, of ter uitvoering van een tot vestiging van rechten op die zaak verplichtende overeenkomst, wordt, in afwijking van lid 1 een aanwijzing van het op de bedoelde overeenkomst toepasselijke recht, opgenomen in die overeenkomst, geacht mede betrekking te hebben op het goederenrechtelijke regime met betrekking tot de vervoerde zaak.

Afdeling 3
Het goederenrechtelijke regime met betrekking tot vorderingsrechten

Art. 134

Goederenrechtelijk regime met betrekking tot vorderingsrechten

Indien een vordering belichaamd is in een stuk, bepaalt het recht van de staat op welks grondgebied het stuk zich bevindt, of de vordering een vordering op naam dan wel een vordering aan toonder is.

Art. 135
1. De vatbaarheid van een vordering op naam voor overdracht dan wel voor vestiging daarop van rechten wordt beheerst door het recht dat op de vordering van toepassing is.

2. Voor het overige wordt het goederenrechtelijke regime met betrekking tot een vordering op naam beheerst door het recht dat op de tot overdracht of vestiging van rechten verplichtende overeenkomst toepasselijk is. Dat recht bepaalt in het bijzonder:
a. welke vereisten aan een overdracht of vestiging worden gesteld;
b. wie gerechtigd is tot uitoefening van de in de vordering besloten rechten;
c. welke rechten op de vordering kunnen rusten en welke de aard en de inhoud van deze rechten zijn;
d. op welke wijze die rechten zich wijzigen, overgaan en tenietgaan en welke hun onderlinge verhouding is.

3. De betrekkingen tussen de cessionaris, onderscheidenlijk de gerechtigde, en de schuldenaar, de voorwaarden waaronder de overdracht van een vordering op naam dan wel de vestiging daarop van een recht aan de schuldenaar kan worden tegengeworpen, alsmede de vraag of de schuldenaar door betaling is bevrijd, worden beheerst door het recht dat op de vordering van toepassing is.

Vorderingen op naam in het internationaal privaatrecht

Art. 136
1. Het goederenrechtelijke regime met betrekking tot een vordering aan toonder wordt beheerst door het recht van de staat op welks grondgebied het toonderstuk zich bevindt. Artikel 135 leden 1 en 2 van dit Boek is van overeenkomstige toepassing op de vraag welke onderwerpen door dat recht worden beheerst.

2. De betrekkingen tussen de verkrijger en de schuldenaar, de voorwaarden waaronder de overdracht van de vordering dan wel de vestiging daarop van een recht aan de schuldenaar kan worden tegengeworpen, alsmede de vraag of de schuldenaar door betaling is bevrijd, worden beheerst door het recht dat op de vordering van toepassing is.

3. De artikelen 130 en 131 van dit Boek zijn van overeenkomstige toepassing op vorderingen aan toonder.

Vorderingen aan toonder in het internationaal privaatrecht

Schakelbepaling

Afdeling 4
Het goederenrechtelijke regime met betrekking tot aandelen

Art. 137
Indien een aandeelbewijs is volgens het recht dat van toepassing is op de in dat stuk vermelde uitgevende vennootschap, bepaalt het recht van de staat op welks grondgebied het aandeelbewijs zich bevindt, of het een aandeel op naam dan wel een aandeel aan toonder is.

Goederenrechtelijk regime met betrekking tot aandelen

Art. 138
1. Het goederenrechtelijke regime met betrekking tot een aandeel op naam wordt beheerst door het recht dat van toepassing is op de vennootschap die het aandeel uitgeeft dan wel heeft uitgegeven. Artikel 135 leden 1 en 2 van dit Boek is van overeenkomstige toepassing op de vraag welke onderwerpen door dat recht worden beheerst.

2. In afwijking van lid 1 kan met betrekking tot aandelen op naam in een Nederlandse naamloze vennootschap waaraan, ter bevordering van de verhandelbaarheid aan een gereglementeerde buitenlandse effectenbeurs een in de staat van vestiging van de beurs gebruikelijke vorm is gegeven, door de uitgevende vennootschap worden bepaald dat het goederenrechtelijke regime wordt beheerst door het recht van de staat van vestiging van de betrokken beurs dan wel het recht van de staat waarin met instemming van de betrokken beurs leveringen en andere goederenrechtelijke rechtshandelingen betreffende de aandelen kunnen of moeten worden verricht.

3. Een aanwijzing van het toepasselijke recht als in lid 2 bedoeld dient uitdrukkelijk, op voor belanghebbenden kenbare wijze, te worden gedaan. Tevens dient deze aanwijzing te worden bekendgemaakt in twee landelijk verspreide Nederlandse dagbladen.

4. De betrekkingen tussen de aandeelhouder, onderscheidenlijk de gerechtigde, en de vennootschap, alsmede de voorwaarden waaronder de overdracht dan wel de vestiging van een recht aan de vennootschap kan worden tegengeworpen, worden beheerst door het recht dat van toepassing is op de vennootschap die het aandeel heeft uitgegeven.

Aandelen op naam in het internationaal privaatrecht

Art. 139
1. Het goederenrechtelijke regime met betrekking tot een aandeel aan toonder wordt beheerst door het recht van de staat waar het toonderstuk zich bevindt. Artikel 135 leden 1 en 2 van dit Boek is van overeenkomstige toepassing op de vraag welke onderwerpen door dat recht worden beheerst.

2. De betrekkingen tussen de aandeelhouder, onderscheidenlijk de gerechtigde, en de vennootschap, alsmede de voorwaarden waaronder de overdracht dan wel de vestiging van een recht aan de vennootschap kan worden tegengeworpen, worden beheerst door het recht dat van toepassing is op de vennootschap.

Aandelen aan toonder in het internationaal privaatrecht

Schakelbepaling	3. De artikelen 130 en 131 van dit Boek zijn van overeenkomstige toepassing op aandelen aan toonder.

Afdeling 5
Het goederenrechtelijke regime met betrekking tot giraal overdraagbare effecten

Art. 140

Goederenrechtelijk regime met betrekking tot giraal overdraagbare effecten	Indien een aandeel behoort tot een verzameling van effecten die giraal overdraagbaar zijn, is op het goederenrechtelijke regime met betrekking tot dat aandeel afdeling 4 niet van toepassing voor zover de bepalingen daarvan afwijken van artikel 141 van dit Boek.

Art. 141

Toepasselijk recht op giraal overdraagbare effecten	1. Het goederenrechtelijke regime met betrekking tot giraal overdraagbare effecten wordt beheerst door het recht van de staat op welks grondgebied de rekening waarin de effecten worden geadministreerd, wordt gehouden. 2. Het in het vorige lid bedoelde recht bepaalt in het bijzonder: a. welke rechten op de effecten kunnen rusten en welke de aard en de inhoud van deze rechten zijn; b. welke vereisten aan de overdracht of de vestiging van de onder a bedoelde rechten worden gesteld; c. wie gerechtigd is tot de uitoefening van de in de effecten besloten rechten; d. op welke wijze de onder a bedoelde rechten zich wijzigen, overgaan en tenietgaan en welke hun onderlinge verhouding is; e. de executie.

Titel 11
Trustrecht

Art. 142

Trustrecht in het internationaal privaatrecht	Voor de toepassing van deze titel wordt verstaan onder: a. het Haags Trustverdrag 1985: het op 1 juli 1985 te 's-Gravenhage tot stand gekomen Verdrag inzake het recht dat toepasselijk is op trusts en inzake de erkenning van trusts (Trb. 1985 141); b. trust: een trust als omschreven in artikel 2 van het Haags Trustverdrag 1985, die door een wilsuiting in het leven is geroepen en waarvan blijkt uit een geschrift.

Art. 143

Inschrijving trustrecht	Met betrekking tot een goed ter zake waarvan inschrijvingen kunnen plaatsvinden in een ingevolge de wet gehouden register en dat behoort tot de trustgoederen die een afgescheiden vermogen vormen, kan de trustee verlangen dat een inschrijving geschiedt op zijn naam en in zijn hoedanigheid van trustee, of op een zodanige andere wijze dat van het bestaan van de trust blijkt.

Art. 144

Toepasselijkheid Haags Trustverdrag	Bepalingen van Nederlands recht inzake eigendomsoverdracht, zekerheidsrecht of de bescherming van schuldeisers in geval van insolventie laten de in artikel 11 van het Haags Trustverdrag 1985 omschreven rechtsgevolgen van de erkenning van een trust onverlet.

Titel 12
Erfrecht

Art. 145

Erfrecht in het internationaal privaatrecht	1. Voor de toepassing van deze titel wordt verstaan onder de verordening erfrecht: de verordening (EU) nr. 650/2012 van het Europees Parlement en de Raad van 4 juli 2012 betreffende de bevoegdheid, het toepasselijke recht, de erkenning en de tenuitvoerlegging van beslissingen en de aanvaarding en de tenuitvoerlegging van authentieke akten op het gebied van erfopvolging, alsmede betreffende de instelling van een Europese erfrechtverklaring (PbEU 2012, L 201). 2. Voor de toepassing van deze titel wordt verstaan onder het Haags Erfrechtverdrag 1989: het op 1 augustus 1989 te 's-Gravenhage tot stand gekomen Verdrag inzake het recht dat van toepassing is op erfopvolging (Trb. 1994, 49).

Art. 146

[Vervallen]

Art. 147

Benadeling door buitenlands vermogensbestanddeel	1. Indien een der gerechtigden in een te vereffenen nalatenschap ten opzichte van een andere gerechtigde wordt benadeeld door de toepassing op een buitenlands gelegen vermogensbestanddeel van een krachtens het internationaal privaatrecht van het land van ligging aangewezen recht, worden de goederen, aldus overeenkomstig dat recht door die andere gerechtigde of door derden verkregen, als geldig verkregen erkend.

2. De benadeelde gerechtigde kan echter vorderen dat ter gelegenheid van de vereffening van de nalatenschap tussen hem en de bevoordeelde gerechtigde een verrekening plaatsvindt tot ten hoogste het ondervonden nadeel. Verrekening is uitsluitend mogelijk met betrekking tot goederen van de nalatenschap dan wel door vermindering van een last.
3. In de voorgaande leden wordt onder gerechtigde verstaan een erfgenaam, een legataris of een lastbevoordeelde.

Art. 148
De herroeping door de erflater van alle eerder door hem gemaakte uiterste wilsbeschikkingen wordt vermoed mede te omvatten een eerder door hem gedane aanwijzing van het recht dat de vererving van zijn nalatenschap beheerst. *Herroeping van aanwijzing erfrecht*

Art. 149
1. De vereffening van de nalatenschap wordt door het Nederlandse recht beheerst indien de erflater zijn laatste gewone verblijfplaats in Nederland had. In het bijzonder zijn van toepassing de Nederlandse voorschriften inzake de gehoudenheid van de door het volgens het Haags Erfrechtverdrag 1989 toepasselijke recht aangewezen erfgenamen voor de schulden van de erflater en de voorwaarden waaronder zij hun gehoudenheid kunnen uitsluiten of beperken. *Vereffenen nalatenschap naar Nederlands recht*
2. De wijze waarop de verdeling van de nalatenschap tot stand wordt gebracht, wordt door het Nederlandse recht beheerst indien de erflater zijn laatste gewone verblijfplaats in Nederland had, tenzij de deelgenoten gezamenlijk het recht van een ander land aanwijzen. Met de eisen van het goederenrecht van de plaats van ligging der activa wordt rekening gehouden.

Art. 150
1. De taak en de bevoegdheden van een door de erflater aangewezen vereffenaar worden door het Nederlandse recht beheerst indien de erflater zijn laatste gewone verblijfplaats in Nederland had. *Vereffenaar van nalatenschap naar Nederlands recht*
2. De rechter kan op verlangen van een belanghebbende voorzieningen treffen om te waarborgen dat met betrekking tot de vererving van de in Nederland gelegen bestanddelen van de nalatenschap het volgens het Haags Erfrechtverdrag 1989 toepasselijke recht wordt in acht genomen. Hij kan bevelen dat in verband daarmee zekerheden worden gesteld.

Art. 151
1. De verordening erfrecht laat onverlet het op 5 oktober 1961 te 's-Gravenhage tot stand gekomen Verdrag inzake de wetsconflicten betreffende de vorm van testamentaire beschikkingen (Trb. 1980, 50). Het recht dat van toepassing is op de vorm van uiterste wilsbeschikkingen wordt bepaald door dit verdrag. *Vormvereisten uiterste wilsbeschikking in het internationaal privaatrecht*
2. Een mondelinge testamentaire beschikking welke, behoudens in buitengewone omstandigheden, is gemaakt door een Nederlander die niet tevens een andere nationaliteit bezit, wordt in Nederland niet erkend.

Art. 152
1. De artikelen 147 en 148 zijn van toepassing op de erfopvolging van personen wier overlijden na 1 oktober 1996 heeft plaatsgevonden. Op de erfopvolging van personen wier overlijden op of na 17 augustus 2015 heeft plaatsgevonden is artikel 147 alleen van toepassing als het vermogensbestanddeel waarop de verrekening betrekking heeft, ligt in een staat die niet gebonden is door de verordening erfrecht. *Werkingssfeer*
2. Indien de erflater voor 1 oktober 1996 het op zijn erfopvolging toepasselijke recht heeft aangewezen, wordt die aanwijzing als geldig beschouwd indien zij voldoet aan de vereisten van artikel 5 van het Haags Erfrechtverdrag 1989.
3. Indien de partijen bij een overeenkomst inzake erfopvolging voor 1 oktober 1996 het op die overeenkomst toepasselijke recht hebben aangewezen, wordt die aanwijzing als geldig beschouwd indien zij voldoet aan de vereisten van artikel 11 van het Haags Erfrechtverdrag 1989.
4. Onverminderd de voorgaande leden kan een aanwijzing door de erflater van het op de vererving van zijn nalatenschap toepasselijke recht of de wijziging van een zodanige aanwijzing, welke is geschied voor 1 oktober 1996, niet als ongeldig worden beschouwd op de enkele grond dat de wet een zodanige aanwijzing toen niet regelde.
5. De artikelen 149 en 150 zijn uitsluitend van toepassing op de erfopvolging van personen wier overlijden na 1 oktober 1996 en vóór 17 augustus 2015 heeft plaatsgevonden.

Titel 13
Verbintenissen uit overeenkomst

Art. 153
Voor de toepassing van deze titel wordt verstaan onder de verordening «Rome I»: de verordening (EG) nr. 593/2008 van het Europees Parlement en de Raad van 17 juni 2008 inzake het recht dat van toepassing is op verbintenissen uit overeenkomst (Rome I) (Pb EU L 177). *Verbintenissen uit overeenkomst in het internationaal privaatrecht*

Art. 154
Toepassing van 'Rome I'
Op verbintenissen die buiten de werkingssfeer van de verordening «Rome I» en de terzake geldende verdragen vallen en die als verbintenissen uit overeenkomst kunnen worden aangemerkt, zijn de bepalingen van de verordening «Rome I» van overeenkomstige toepassing.

Art. 155
Rechtskeuze in 'Rome I'
In de gevallen bedoeld in artikel 7 lid 3, tweede alinea, van de verordening «Rome I», kunnen partijen een rechtskeuze maken overeenkomstig artikel 3 van de verordening «Rome I».

Art. 156
Verzekeringsovereenkomsten in 'Rome I'
Voor de toepassing van artikel 7 lid 4, onder b, van de verordening «Rome I» worden verzekeringsovereenkomsten voor de dekking van risico's waarvoor een lidstaat een verplichting oplegt om een verzekering af te sluiten, beheerst door het recht van de lidstaat die de verzekeringsplicht oplegt.

Titel 14
Verbintenissen uit andere bron dan overeenkomst

Art. 157
Verbintenissen anders dan uit overeenkomst in het internationaal privaatrecht
Voor de toepassing van deze titel wordt verstaan onder de Verordening «Rome II» : de Verordening (EG) nr. 864/2007 van het Europees Parlement en de Raad van 11 juli 2007 betreffende het recht dat van toepassing is op niet-contractuele verbintenissen (Rome II) (PbEU L 199).

Art. 158
Toepassing van 'Rome II'
1. De Verordening «Rome II» laat onverlet:
a. het op 4 mei 1971 te 's-Gravenhage tot stand gekomen Verdrag inzake de wet die van toepassing is op verkeersongevallen op de weg (Trb. 1971, 118); en
b. het op 2 oktober 1973 te 's-Gravenhage tot stand gekomen Verdrag betreffende de wet welke van toepassing is op de aansprakelijkheid wegens produkten (Trb. 1974, 84).

Art. 159
Onrechtmatige daad buiten de werkingssfeer van 'Rome II'
Op verbintenissen die buiten de werkingssfeer van de verordening «Rome II» en de terzake geldende verdragen vallen en die als onrechtmatige daad kunnen worden aangemerkt, zijn de bepalingen van de Verordening «Rome II» van overeenkomstige toepassing, met dien verstande dat op verbintenissen voortvloeiend uit de uitoefening van Nederlands openbaar gezag Nederlands recht van toepassing is.

Titel 15
Enkele bepalingen met betrekking tot het zeerecht, het binnenvaartrecht en het luchtrecht

Art. 160
Verdeling van opbrengst van een teboekstaand schip in het internationaal privaatrecht
1. Indien in Nederland in geval van faillissement of van uitwinning de opbrengst van een teboekstaand schip moet worden verdeeld, wordt de vraag of, en zo ja, tot welke omvang, een daarbij geldend gemaakte vordering bestaat, beantwoord naar het recht dat die vordering beheerst.
2. Of een vordering als bedoeld in het voorgaande lid bevoorrecht is en welke de omvang, de rangorde en de gevolgen van dat voorrecht zijn, wordt beslist naar het recht van de staat waar het schip ten tijde van de aanvang van het faillissement of de uitwinning teboekstond. Evenwel wordt bij de bepaling van de rangorde van vorderingen slechts aan die vorderingen voorrang toegekend boven door hypotheek gedekte vorderingen, die ook naar Nederlands recht een zodanige voorrang genieten.
3. Aan een vordering die naar het daarop toepasselijke recht niet op het schip bevoorrecht is, wordt geen voorrang toegekend.
4. De leden 2 en 3 zijn van overeenkomstige toepassing op de verhaalbaarheid van een vordering op het schip.

Art. 161
Toepasselijk recht op exploitatieovereenkomst van een schip
1. De vraag of een partij bij een overeenkomst tot exploitatie van een schip, of een persoon in haar dienst of anderszins te haren behoeve werkzaam, dan wel een eigenaar van of belanghebbende bij vervoerde of te vervoeren zaken, die buiten overeenkomst wordt aangesproken, zich kan beroepen op een door hemzelf of door een ander in de keten der exploitatieovereenkomsten gesloten overeenkomst, wordt beantwoord naar het recht dat op de buiten overeenkomst ingestelde vordering van toepassing is.
2. Evenwel wordt in de verhouding tussen twee partijen bij eenzelfde exploitatieovereenkomst de in het voorgaande lid bedoelde vraag beantwoord naar het recht dat op die overeenkomst van toepassing is.

Art. 162
1. Bij vervoer van zaken onder cognossement wordt de vraag of, en zo ja, onder welke voorwaarden, naast degene die het cognossement ondertekende of voor wie een ander het ondertekende, een derde als vervoerder onder het cognossement verbonden of gerechtigd is, als ook de vraag wie drager is van de uit het cognossement voortvloeiende rechten en verplichtingen jegens de vervoerder, beantwoord naar het recht van de staat waarin de haven gelegen is, waar uit hoofde van de overeenkomst moet worden gelost, ongeacht een door de partijen bij de vervoerovereenkomst gedane rechtskeuze. *Vervoer onder cognossement in het internationaal privaatrecht*

2. Evenwel worden de in lid 1 bedoelde vragen beantwoord naar het recht van de staat waarin de haven van inlading gelegen is, wat betreft de verplichtingen ter zake van het ter beschikking stellen van de overeengekomen zaken, de plaats, de wijze en de duur van de inlading.

Art. 163
Ongeacht het op de overeenkomst tot vervoer van zaken toepasselijke recht, is het recht van de staat waarin de haven gelegen is, waar de zaken ter lossing worden aangevoerd van toepassing op de vragen: *Zeerecht/binnenvaartrecht/luchtrecht, ter lossing aangevoerde zaken*

a. of, en in hoeverre, de vervoerder een recht van retentie op de zaken heeft, en

b. of, en met welke gevolgen, de vervoerder dan wel degene die jegens de vervoerder recht heeft op aflevering van de zaken, bevoegd is een gerechtelijk onderzoek te doen instellen naar de toestand waarin de zaken worden afgeleverd en, indien verlies van of schade aan de zaken of een gedeelte daarvan wordt vermoed, een gerechtelijk onderzoek te doen instellen naar de oorzaken daarvan, waaronder begrepen een begroting van de schade of het verlies.

Art. 164
Voor zover de aansprakelijkheid ter zake van een aanvaring in volle zee niet wordt bestreken door de Verordening «Rome II», is daarop van toepassing het recht van de staat waar de vordering wordt ingesteld. De eerste zin is eveneens van toepassing indien schade door een zeeschip is veroorzaakt zonder dat een aanvaring plaats had. *Aansprakelijkheid bij aanvaring op volle zee*

Art. 165
1. De rechten, genoemd in het op 19 juni 1948 te Genève tot stand gekomen Verdrag betreffende internationale erkenning van rechten op luchtvaartuigen (Trb. 1952, 86) worden erkend onder de voorwaarden en met de gevolgen in dat verdrag vermeld. *Erkenning Verdrag van Genève*

2. Deze erkenning werkt niet ten nadele van een beslagleggende crediteur of van de koper ter executie, wanneer de vestiging of overdracht van bedoelde rechten geschiedde door de geëxecuteerde, terwijl hij kennis droeg van het beslag.

Titel 16
Arbitrage

Art. 166
In afwijking van artikel 154 is een overeenkomst tot arbitrage materieel geldig als zij geldig is naar het recht dat partijen hebben gekozen of naar het recht van de plaats van arbitrage of, indien partijen geen rechtskeuze hebben gedaan, naar het recht dat van toepassing is op de rechtsbetrekking waarop de arbitrageovereenkomst betrekking heeft. *Arbitrage*

Art. 167
Indien een Staat, andere publiekrechtelijke rechtspersoon of staatsonderneming partij is bij een overeenkomst tot arbitrage, kan hij geen beroep doen op zijn wet of regelgeving teneinde zijn bekwaamheid of bevoegdheid tot het aangaan van de overeenkomst tot arbitrage of de vatbaarheid van het geschil voor beslissing door arbitrage te betwisten, indien de wederpartij deze regeling kende noch behoorde te kennen. *Arbitrage, overheid partij*

Wet op de collectieve arbeidsovereenkomst [1]

Wet van 24 december 1927, houdende nadere regeling van de Collectieve Arbeidsovereenkomst

Wij WILHELMINA, bij de gratie Gods, Koningin der Nederlanden, Prinses van Oranje-Nassau, enz., enz., enz.
Allen, die deze zullen zien of hooren lezen, salut! doen te weten:
Alzoo Wij in overweging genomen hebben, dat het wenschelijk is nadere regelen te stellen betreffende de collectieve arbeidsovereenkomst;
Zoo is het, dat Wij, den Raad van State gehoord, en met gemeen overleg der Staten-Generaal, hebben goedgevonden en verstaan, gelijk Wij goedvinden en verstaan bij deze:

Art. 1
[1.] Onder collectieve arbeidsovereenkomst wordt verstaan de overeenkomst, aangegaan door een of meer werkgevers of een of meer vereenigingen met volledige rechtsbevoegdheid van werkgevers en een of meer vereenigingen met volledige rechtsbevoegdheid van werknemers, waarbij voornamelijk of uitsluitend worden geregeld arbeidsvoorwaarden, bij arbeidsovereenkomsten in acht te nemen.
[2.] Zij kan ook betreffen aannemingen van werk en overeenkomsten van opdracht. Hetgeen in deze wet omtrent arbeidsovereenkomsten, werkgevers en werknemers is bepaald, vindt dan overeenkomstige toepassing.
[3.] Nietig is het beding, waarbij een werkgever verplicht wordt arbeiders van een bepaald ras of met een bepaalde godsdienst, levensbeschouwelijke of politieke overtuiging of leden van een bepaalde vereniging in dienst te nemen of waarbij hij zich verplicht, te weigeren hen in dienst te nemen.

Begripsbepalingen

Art. 2
Eene vereeniging van werkgevers of van werknemers is slechts bevoegd tot het aangaan van collectieve arbeidsovereenkomsten, indien de statuten der vereeniging deze bevoegdheid met name noemen.

Cao, bevoegdheid vakorganisatie

Art. 3
Eene collectieve arbeidsovereenkomst kan slechts worden aangegaan bij eene authentieke of onderhandsche akte.

Cao, akte

Art. 4
Eene vereeniging, welke eene collectieve arbeidsovereenkomst heeft aangegaan, draagt zorg dat ieder harer leden, die bij de overeenkomst betrokken is, zoo spoedig mogelijk den woordelijken inhoud der overeenkomst in zijn bezit heeft. Indien door de partijen bij eene toelichting op de collectieve arbeidsovereenkomst is opgesteld, geldt deze verplichting ook ten aanzien van de toelichting.

Cao, exemplaar voor leden

Art. 5
In geval van wijziging van de collectieve arbeidsovereenkomst en van uitdrukkelijke verlenging van haren duur vinden de bepalingen van de twee voorgaande artikelen overeenkomstige toepassing.

Cao, wijziging en verlenging

Art. 6
Eene wijziging van bepalingen in de statuten eener vereeniging, welke het nakomen, het wijzigen, het verlengen of het opzeggen van collectieve arbeidsovereenkomsten betreffen, werkt niet ten aanzien van eene vóór de statutenwijziging door de vereeniging aangegane collectieve arbeidsovereenkomst, tenzij de andere partijen bij die overeenkomst daarin toestemmen.

Cao, wijziging statuten vakorganisatie

Art. 7
[1.] Wanneer het tijdstip, waarop de werking der collectieve arbeidsovereenkomst aanvangt, niet bij de overeenkomst zelve is bepaald, vangt die werking aan met ingang van den vijftienden dag, volgende op dien, waarop de overeenkomst is aangegaan.
[2.] Wanneer bij de collectieve arbeidsovereenkomst niet anders is bepaald, strekt hare werking zich, van het tijdstip waarop deze aanvangt, mede uit over op dat tijdstip reeds aangegane arbeidsovereenkomsten.

Cao, aanvang werking

Art. 8
[1.] Eene vereeniging, welke eene collectieve arbeidsovereenkomst heeft aangegaan, is gehouden te bevorderen, in de mate als de goede trouw medebrengt, dat hare leden de daarbij te hunnen aanzien gestelde bepalingen nakomen.

Cao, nakoming door leden vakorganisatie

---

1 Inwerkingtredingsdatum: 01-09-1928; zoals laatstelijk gewijzigd bij: Stb. 2006, 706.

[2.] De vereeniging staat voor hare leden slechts in, voor zooverre zulks in de overeenkomst is bepaald.

Art. 9

Cao, gebondenheid

[1.] Allen, die tijdens den duur der collectieve arbeidsovereenkomst, te rekenen van het tijdstip waarop zij is aangegaan, lid zijn of worden eener vereeniging, welke de overeenkomst heeft aangegaan, en bij de overeenkomst zijn betrokken, zijn door die overeenkomst gebonden.

[2.] Zij zijn tegenover elk der partijen bij de collectieve arbeidsovereenkomst gehouden al datgene, wat te hunnen aanzien bij die overeenkomst is bepaald, te goeder trouw ten uitvoer te brengen, als hadden zij zelve zich daartoe verbonden.

Art. 10

Cao, gebondenheid bij einde lidmaatschap

[1.] De leden eener vereeniging, die door eene collectieve arbeidsovereenkomst gebonden zijn, blijven ook na het verlies van het lidmaatschap door die overeenkomst gebonden.

[2.] Die gebondenheid eindigt, wanneer de overeenkomst na het verlies van het lidmaatschap wordt gewijzigd. In geval van verlenging van de overeenkomst na het verlies van het lidmaatschap duurt de gebondenheid voort tot het tijdstip, waarop de overeenkomst zonder deze verlenging zou zijn geëindigd.

Art. 11

Cao, ontbinding vakorganisatie

Ontbinding eener vereeniging, welke eene collectieve arbeidsovereenkomst heeft aangegaan, heeft geen invloed op de rechten en verplichtingen, welke uit die overeenkomst voortvloeien.

Art. 12

Dwingend recht

[1.] Elk beding tusschen een werkgever en een werknemer, strijdig met eene collectieve arbeidsovereenkomst door welke zij beiden gebonden zijn, is nietig; in plaats van zoodanig beding gelden de bepalingen der collectieve arbeidsovereenkomst.

[2.] De nietigheid kan steeds worden ingeroepen door elk der partijen bij de collectieve arbeidsovereenkomst.

Art. 13

Cao

Bij gebreke van bepalingen in eene arbeidsovereenkomst omtrent aangelegenheden, geregeld in eene collectieve arbeidsovereenkomst door welke zoowel de werkgever als de werknemer gebonden zijn, gelden de bepalingen der collectieve arbeidsovereenkomst.

Art. 14

Cao, ongeorganiseerde werknemers

Wanneer bij de collectieve arbeidsovereenkomst niet anders is bepaald, is de werkgever, die door die overeenkomst gebonden is, verplicht, tijdens den duur dier overeenkomst hare bepalingen omtrent arbeidsvoorwaarden ook na te komen bij de arbeidsovereenkomsten, als in de collectieve arbeidsovereenkomst bedoeld, welke hij aangaat met werknemers, die door de collectieve arbeidsovereenkomst niet gebonden zijn.

Art. 14a

Cao, overgang onderneming

[1.] Door de overgang van een onderneming, als bedoeld in artikel 662 van Boek 7 van het Burgerlijk Wetboek, gaan de rechten en verplichtingen welke op dat tijdstip voor de werkgever in de onderneming ten aanzien van daar werkzame werknemers voortvloeien uit bepalingen omtrent arbeidsvoorwaarden van een collectieve arbeidsovereenkomst waaraan hij gebonden is, van rechtswege over op de verkrijger van de onderneming.

[2.] De rechten en verplichtingen die ingevolge het eerste lid overgaan, eindigen op het tijdstip waarop de verkrijger ten aanzien van de arbeid, verricht door de in het eerste lid bedoelde werknemers, gebonden wordt aan een na de overgang van de onderneming tot stand gekomen collectieve arbeidsovereenkomst dan wel op het tijdstip waarop de verkrijger ten aanzien van die arbeid krachtens een na de overgang genomen besluit tot verbindendverklaring op grond van artikel 2 van de Wet op het algemeen verbindend en het onverbindend verklaren van bepalingen van collectieve arbeidsovereenkomsten verplicht wordt bepalingen na te komen van een collectieve arbeidsovereenkomst. De rechten en verplichtingen eindigen voorts zodra de op het tijdstip van de overgang lopende geldingsduur van de collectieve arbeidsovereenkomst verstrijkt.

3. In afwijking van het eerste en het tweede lid zijn op de rechten en verplichtingen van de werkgever die voortvloeien uit een bepaling in een collectieve arbeidsovereenkomst, die betrekking heeft op een pensioenregeling als bedoeld in artikel 1 van de Pensioenwet, dan wel een spaarregeling als bedoeld in artikel 3 van de Pensioen- en spaarfondsenwet zoals dat artikel luidde op de dag voorafgaand aan de inwerkingtreding van de Pensioenwet, de artikelen 663 en 664 van Boek 7 van het Burgerlijk Wetboek van toepassing.

Art. 15

Cao, schadevergoeding

Eene vereeniging, welke eene collectieve arbeidsovereenkomst heeft aangegaan, kan, indien eene der andere partijen bij die overeenkomst of een der leden van dezen handelt in strijd met eene harer of zijner verplichtingen, vergoeding vorderen niet alleen voor de schade, welke zij zelve dientengevolge lijdt, doch ook voor die, welke hare leden lijden.

Art. 16

Cao, immateriële schade

Voor zover de schade in ander nadeel dan vermogensschade bestaat, zal als vergoeding een naar billijkheid te bepalen bedrag verschuldigd zijn.

14 Wet op de collectieve arbeidsovereenkomst — art. 27

Art. 17
Bij de collectieve arbeidsovereenkomst kan met betrekking tot de schadevergoeding eene voorziening worden getroffen, welke afwijkt van het bepaalde bij de twee voorgaande artikelen. — *Aanvullend recht*

Art. 18
Eene collectieve arbeidsovereenkomst kan niet voor langeren tijd dan vijf jaren worden aangegaan; behoudens verlenging, zoodanig dat de partijen nimmer langer verbonden zijn dan vijf achtereenvolgende jaren, te rekenen van het tijdstip waarop de verlenging wordt overeengekomen. — *Cao, duur maximaal 5 jaar*

Art. 19
[1.] Wanneer eene collectieve arbeidsovereenkomst voor een bepaalden tijd is aangegaan, wordt zij, zoo niet bij de overeenkomst anders is bepaald, geacht telkens voor gelijken tijd, doch ten hoogste voor een jaar, te zijn verlengd, behoudens opzegging; de termijn van opzegging is, tenzij bij de overeenkomst anders is bepaald, een twaalfde gedeelte van den tijd, waarvoor zij oorspronkelijk is aangegaan. — *Cao, verlenging*

[2.] Wanneer de tijd, waarvoor eene collectieve arbeidsovereenkomst wordt aangegaan, niet bij de overeenkomst is bepaald, wordt zij geacht te zijn aangegaan voor een jaar met verlenging telkens voor gelijken tijd, behoudens opzegging tenminste eene maand vóór het einde van het jaar.

Art. 20
De opzegging van eene collectieve arbeidsovereenkomst moet worden gedaan aan alle partijen bij die overeenkomst. Zij kan slechts geschieden bij aangeteekenden brief of bij deurwaardersexploit. — *Cao, opzegging*

Art. 21
Wanneer bij de collectieve arbeidsovereenkomst niet anders is bepaald, heeft eene opzegging door eene der partijen ten gevolge dat de overeenkomst voor alle partijen eindigt. — *Cao, einde*

Art. 22
[Bevat wijzigingen in andere regelgeving.]

Art. 23
[Bevat wijzigingen in andere regelgeving.]

Art. 24
[Bevat wijzigingen in andere regelgeving.]

Art. 25
De gevolgen van eene collectieve arbeidsovereenkomst, van kracht bij de inwerkingtreding van deze wet, worden beoordeeld naar het voordien geldende recht, totdat na die inwerkingtreding de overeenkomst wordt gewijzigd of haar duur uitdrukkelijk wordt verlengd, in welk geval voor het vervolg de bepalingen van deze wet toepassing vinden. — *Overgangsbepalingen*

Art. 26
Ten aanzien van vereenigingen, welke op het tijdstip van de inwerkingtreding dezer wet partij zijn of in de twee daaraan voorafgaande jaren partij geweest zijn bij eene collectieve arbeidsovereenkomst, vindt artikel 2 eerst twee jaren na die inwerkingtreding toepassing.

Art. 27
[1.] Deze wet treedt in werking op een door Ons te bepalen tijdstip. — *Inwerkingtreding*

[2.] Zij kan worden aangehaald onder den titel: "Wet op de collectieve arbeidsovereenkomst". — *Citeertitel*

Wet op het algemeen verbindend en het onverbindend verklaren van bepalingen van collectieve arbeidsovereenkomsten[1]

Wet van 25 mei 1937, tot het algemeen verbindend en het onverbindend verklaren van bepalingen van collectieve arbeidsovereenkomsten

Wij WILHELMINA, bij de gratie Gods, Koningin der Nederlanden, Prinses van Oranje-Nassau, enz., enz., enz.
Allen, die deze zullen zien of hooren lezen, salut! doen te weten:
Alzoo Wij in overweging genomen hebben, dat het wenschelijk is regelen vast te stellen betreffende het algemeen verbindend en het onverbindend verklaren van bepalingen van collectieve arbeidsovereenkomsten;
Zoo is het, dat Wij, den Raad van State gehoord, en met gemeen overleg der Staten-Generaal, hebben goedgevonden en verstaan, gelijk Wij goedvinden en verstaan bij deze:

Art. 1
Deze wet verstaat onder:
a. "Onze Minister": Onze Minister van Sociale Zaken;
b. "verbindendverklaring": de in artikel 2 bedoelde algemeen verbindendverklaring;
c. "verbindend verklaarde bepalingen": bepalingen eener collectieve arbeidsovereenkomst, welke ingevolge artikel 2 algemeen verbindend zijn verklaard.

Art. 2
1. Onze Minister kan bepalingen van eene collectieve arbeidsovereenkomst, die in het geheele land of in een gedeelte des lands voor eene - naar zijn oordeel belangrijke - meerderheid van de in een bedrijf werkzame personen gelden, in het geheele land of in dat gedeelte des lands algemeen verbindend verklaren. Deze bepalingen zijn dan, behalve in de gevallen door Onzen Minister uitgezonderd, binnen dat gebied verbindend voor alle werkgevers en werknemers ten aanzien van arbeidsovereenkomsten, die naar den aard van den arbeid, waarop zij betrekking hebben, onder de collectieve arbeidsovereenkomst vallen of zouden vallen, hetzij deze arbeidsovereenkomsten op het tijdstip, waarop de werking der verbindendverklaring aanvangt, reeds gesloten zijn, hetzij zij daarna gesloten worden.
2. De verbindendverklaring geschiedt, behoudens voor commissies als bedoeld in artikel 671a, tweede lid, van Boek 7 van het Burgerlijk Wetboek en fondsen, die uit hun aard een meer permanent karakter dragen en ten aanzien waarvan een langer tijdvak kan gelden, voor een tijdvak van ten hoogste twee jaren behoudens verlenging. Het tijdstip, waarop de werking der verbindendverklaring eindigt, kan daarbij niet later worden gesteld dan het vroegste tijdstip, waarop de collectieve arbeidsovereenkomst, hetzij ingevolge het bij die overeenkomst bepaalde, hetzij ingevolge artikel 19 der Wet op de collectieve arbeidsovereenkomst zou kunnen eindigen.
3. Verbindendverklaring heeft geen terugwerkende kracht.
4. Indien de verbindend verklaarde bepalingen aannemingen van werk en overeenkomsten van opdracht betreffen, vindt hetgeen in deze wet omtrent arbeidsovereenkomsten, werkgevers en werknemers is bepaald, overeenkomstige toepassing.
5. Van de verbindendverklaring zijn uitgesloten bepalingen eener collectieve arbeidsovereenkomst, die ten doel hebben:
a. de beslissing van den rechter omtrent twistgedingen uit te sluiten;
b. dwang uit te oefenen op werkgevers of werknemers om zich bij eene vakvereeniging van werkgevers of werknemers aan te sluiten;
c. eene ongelijke behandeling van georganiseerden en ongeorganiseerden teweeg te brengen;
d. de werknemers te betrekken bij de handhaving van regelingen betreffende de prijzen, die voor goederen of diensten door de werkgevers aan derden gevorderd zullen worden, en betreffende de voorwaarden, waaronder door de werkgevers aan derden zal worden geleverd.
6. Verbindend verklaarde bepalingen gelden ook ten aanzien van werknemers, die in het kader van transnationale dienstverrichting als bedoeld in artikel 1, eerste lid, van de Wet arbeidsvoorwaarden gedetacheerde werknemers in de Europese Unie, tijdelijk in Nederland arbeid verrichten en wier arbeidsovereenkomst wordt beheerst door een ander recht dan het Nederlandse recht, indien deze bepalingen betrekking hebben op:

---

1   Inwerkingtredingsdatum: 01-10-1937; zoals laatstelijk gewijzigd bij: Stb. 2018, 424.

a. maximale werktijden en minimale rusttijden;
b. het minimum aantal vakantiedagen, gedurende welke de verplichting van de werkgever om loon te betalen bestaat, en extra vergoedingen in verband met vakantie;
c. minimumloon,
waarbij tot dit minimumloon in ieder geval behoren:
1. het geldende periodeloon in de schaal;
2. de van toepassing zijnde arbeidsduurverkorting per week/maand/jaar/periode;
3. toeslagen voor overwerk, verschoven uren, onregelmatigheid, waaronder feestdagentoeslag en ploegentoeslag;
4. tussentijdse loonsverhoging;
5. kostenvergoeding: reiskosten en reistijdvergoeding, pensioenkosten en andere kosten noodzakelijk vanwege de uitoefening van de functie;
6. periodieken;
7. eindejaarsuitkeringen;
8. extra vergoedingen in verband met vakantie,
en waarbij niet tot dit minimumloon behoren: aanspraken op aanvullende bedrijfspensioenregelingen en op bovenwettelijke sociale zekerheidsaanspraken en vergoedingen boven het loon voor door de werknemer in verband met de detachering te maken onkosten voor reizen, huisvesting of voeding;
d. voorwaarden voor het ter beschikking stellen van werknemers;
e. gezondheid, veiligheid en hygiëne op het werk;
f. beschermende maatregelen met betrekking tot de arbeidsvoorwaarden en arbeidsomstandigheden van kinderen, jongeren en van zwangere of pas bevallen werkneemsters;
g. gelijke behandeling van mannen en vrouwen, alsmede andere bepalingen inzake niet-discriminatie.
7. Bij algemene maatregel van bestuur kunnen nadere regels worden gesteld met betrekking tot het zesde lid.

Art. 2a

Cao, nakoming bij overgang onderneming

1. Door de overgang van een onderneming, als bedoeld in artikel 662 van Boek 7 van het Burgerlijk Wetboek, gaan de rechten en verplichtingen welke op dat tijdstip voor de werkgever in die onderneming ten aanzien van daar werkzame werknemers voortvloeien uit bepalingen omtrent arbeidsvoorwaarden welke hij krachtens een besluit tot verbindendverklaring op grond van artikel 2 van deze wet verplicht is na te komen, van rechtswege over op de verkrijger van de onderneming.
2. De rechten en verplichtingen die ingevolge het eerste lid overgaan, eindigen op het tijdstip waarop de verkrijger ten aanzien van de arbeid, verricht door de in het eerste lid bedoelde werknemers, gebonden wordt aan een na de overgang van de onderneming tot stand gekomen collectieve arbeidsovereenkomst dan wel op het tijdstip waarop de verkrijger ten aanzien van die arbeid krachtens een na de overgang genomen besluit tot verbindendverklaring op grond van artikel 2 van deze wet, verplicht wordt bepalingen van een collectieve arbeidsovereenkomst na te komen. De rechten en verplichtingen eindigen voorts zodra de werking der verbindendverklaring eindigt.

Art. 3

Dwingend recht

1. Elk beding tusschen den werkgever en den werknemer, strijdig met verbindend verklaarde bepalingen, is nietig; in plaats van zoodanig beding gelden de verbindend verklaarde bepalingen.
2. De nietigheid kan steeds worden ingeroepen door vereenigingen met volledige rechtsbevoegdheid van werkgevers of werknemers, waarvan leden partij zijn bij eene arbeidsovereenkomst, waarop de verbindend verklaarde bepalingen van toepassing zijn.
3. Bij gebreke van bepalingen in eene arbeidsovereenkomst omtrent aangelegenheden, geregeld in verbindend verklaarde bepalingen, gelden die verbindend verklaarde bepalingen.
4. De in het tweede lid bedoelde vereenigingen kunnen van werkgevers of werknemers, die in strijd handelen met verbindend verklaarde bepalingen, vergoeding vorderen van de schade, die zij of hare leden daardoor lijden. Voor zover de schade in ander nadeel dan vermogensschade bestaat, zal als vergoeding een naar billijkheid te bepalen bedrag verschuldigd zijn.

Art. 4

Cao, verzoek tot verbindendverklaring

1. De verbindendverklaring kan alleen geschieden op verzoek van één of meer werkgevers of één of meer vereenigingen van werkgevers of werknemers, die partij zijn bij de collectieve arbeidsovereenkomst.
2. De indiening van een verzoek tot verbindendverklaring en de inbreng van bedenkingen als bedoeld in het derde lid geschieden met inachtneming van de daaromtrent door Onze Minister gegeven voorschriften, waarbij kan worden bepaald dat de indiening van het verzoek en de inbreng van bedenkingen uitsluitend langs elektronische weg kunnen geschieden. Indien Onze Minister bepaalt dat dit uitsluitend langs elektronische weg kan geschieden, dan kan hij tevens bepalen in welke gevallen dit uitzondering kan leiden.

3. Door Onzen Minister wordt van de indiening van het verzoek mededeeling gedaan in de *Staatscourant.* Daarbij wordt een termijn bepaald, binnen welken bedenkingen schriftelijk bij hem kunnen worden ingebracht.
4. Onze Minister kan omtrent het verzoek tot verbindendverklaring in overleg treden met de Stichting van de Arbeid.
5. Voor de behandeling van een verzoek tot verbindendverklaring is door den aanvrager eene vergoeding verschuldigd, volgens een door Onzen Minister vast te stellen tarief. Onze Minister kan vorderen, dat de aanvrager voor de voldoening van die kosten eene waarborgsom stort.

Art. 4a
1. De verlenging van de verbindendverklaring, bedoeld in artikel 2, tweede lid, eerste zin, kan alleen geschieden op verzoek van alle werkgevers of verenigingen van werkgevers en werknemers, die partij zijn bij de collectieve arbeidsovereenkomst.   *Cao, verlenging verbindendverklaring*
2. De verlenging van de verbindendverklaring geschiedt voor ten hoogste een jaar.
3. De artikelen 4, tweede lid en derde lid, eerste zin, en 5, tweede lid, zijn van overeenkomstige toepassing.   *Schakelbepaling*

Art. 5
1. Het besluit, waarbij de verbindendverklaring wordt uitgesproken, houdt in: *Cao, besluit omtrent verbindendverklaring*
a. eene opgaaf van de bepalingen, waarop de verbindendverklaring betrekking heeft;
b. eene opgaaf van het tijdstip, waarop de verbindendverklaring begint te werken en dat, waarop hare werking eindigt;
c. voor zoover noodig eene omschrijving van het gebied, waar en van de werkzaamheden, waarop de verbindend verklaarde bepalingen van toepassing zijn.
2. Van een besluit omtrent verbindendverklaring wordt mededeling gedaan door plaatsing in de *Staatscourant.*
3. Van de verbindendverklaring wordt aanteekening gehouden in een register, dat ingericht is volgens voorschriften door Onzen Minister gegeven. De collectieve arbeidsovereenkomsten, waarvan bepalingen verbindend zijn verklaard, worden als bijlagen bij het register bewaard.
4. Het in het vorige lid bedoelde register met bijlagen ligt voor een ieder kosteloos ter inzage. Schriftelijke inlichtingen, het register betreffende, worden tegen betaling der kosten vanwege Onzen Minister aan een ieder verstrekt.

Art. 6
1. Onze Minister is bevoegd te allen tijde de verbindendverklaring in te trekken.   *Cao, intrekking verbindendverklaring*
2. Indien Onze Minister overweegt de verbindendverklaring van bepalingen van eene collectieve arbeidsovereenkomst in te trekken, geeft hij daarvan kennis aan hen, die bij de collectieve arbeidsovereenkomst partij zijn en stelt hen in de gelegenheid hunne bezwaren daartegen schriftelijk of mondeling kenbaar te maken. Voorts kan Onze Minister ter zake in overleg treden met de Stichting van de Arbeid.
3. Intrekking van de verbindendverklaring heeft geen terugwerkende kracht.
4. Van de intrekking wordt aanteekening gehouden in het register, bedoeld in artikel 5, derde lid.

Art. 7
Het bepaalde in de artikelen 2 tot en met 6 vindt overeenkomstige toepassing, indien de verbindendverklaring betreft wijzigingen in de bepalingen van collectieve arbeidsovereenkomsten, die ingevolge artikel 2 algemeen verbindend zijn verklaard.   *Cao, wijziging*

Art. 7a
1. Indien een verzoek is gedaan aan Onze Minister om een uitzondering te maken op de algemeen verbindend verklaarde bepalingen van een collectieve arbeidsovereenkomst, beslist Onze Minister op dit verzoek niet eerder dan op het moment dat die bepalingen van de collectieve arbeidsovereenkomst algemeen verbindend zijn verklaard.   *Cao, verzoek om uitzondering*
2. Indien tegen een besluit inzake het al dan niet maken van een uitzondering op de algemeen verbindend verklaarde bepalingen van een collectieve arbeidsovereenkomst bezwaar is gemaakt, beslist Onze Minister op dat bezwaar, in afwijking van artikel 7:10, eerste lid, van de Algemene wet bestuursrecht, binnen veertien weken gerekend vanaf de dag na die waarop de termijn voor het indienen van het bezwaarschrift is verstreken.

Art. 8
1. Onze Minister kan bepalingen van eene collectieve arbeidsovereenkomst onverbindend verklaren, indien het algemeen belang zulks vereischt.   *Cao, onverbindendverklaring*
2. Indien Onze Minister overweegt één of meer bepalingen van eene collectieve arbeidsovereenkomst onverbindend te verklaren, geeft hij daarvan kennis aan hen, die bij de collectieve arbeidsovereenkomst partij zijn en stelt hen in de gelegenheid hunne bedenkingen daartegen schriftelijk of mondeling kenbaar te maken.
3. Onverbindendverklaring heeft geen terugwerkende kracht.

4. Van het besluit, waarbij de onverbindendverklaring wordt uitgesproken, wordt mededeling gedaan door plaatsing in de *Staatscourant*. Van de onverbindendverklaring wordt aantekening gehouden in het register, bedoeld in artikel 5, derde lid.

Art. 9

Cao, gevolgen onverbindendeverklaring

1. Bij onverbindendverklaring van eene bepaling van eene collectieve arbeidsovereenkomst wordt deze bepaling geacht geen deel meer uit te maken van de collectieve arbeidsovereenkomst.
2. Elk op het tijdstip van het in werking treden der onverbindendverklaring bestaand beding tusschen een werkgever en een werknemer, berustende op de onverbindend verklaarde bepaling, is nietig.

Art. 10

Cao, onderzoek naar naleving

1. Indien een of meer vereenigingen van werkgevers of van werknemers, op wier verzoek een verbindendverklaring is uitgesproken, het vermoeden gegrond achten, dat in een onderneming een of meer der verbindend verklaarde bepalingen niet worden nageleefd, kunnen zij met het oog op het instellen van een rechtsvordering, als bedoeld in artikel 3, Onze Minister verzoeken een onderzoek daarnaar te doen instellen. Onze Minister draagt het onderzoek op aan daartoe door hem aangewezen onder hem ressorterende ambtenaren. Onze Minister verstrekt een verslag aan de vereniging, die om het onderzoek heeft gevraagd over hetgeen uit het onderzoek is gebleken. Daarbij kunnen gegevens worden verwerkt betreffende het in die onderneming naleven van de Wet minimumloon en minimumvakantiebijslag, de Wet allocatie arbeidskrachten door intermediairs, de Wet arbeidsvoorwaarden gedetacheerde werknemers in de Europese Unie, de Arbeidstijdenwet en de daarop berustende bepalingen, of de Arbeidsomstandighedenwet en de daarop berustende bepalingen. Het verslag bevat geen gegevens waaruit de identiteit van een in het onderzoek betrokken werknemer kan worden afgeleid.
2. Indien een naar het oordeel van Onze Minister in aanmerking komende rechtspersoon met volledige rechtsbevoegdheid die door een of meer vereenigingen van werkgevers of van werknemers is belast of mede is belast met het toezicht op de naleving van algemeen verbindend verklaarde bepalingen van een collectieve arbeidsovereenkomst, het vermoeden gegrond acht, dat in een onderneming een of meer van die verbindend verklaarde bepalingen niet worden nageleefd, kan hij met het oog op dat toezicht op de naleving Onze Minister verzoeken een onderzoek daarnaar te doen instellen. Onze Minister draagt het onderzoek op aan daartoe door hem aangewezen onder hem ressorterende ambtenaren. Onze Minister verstrekt een verslag aan de rechtspersoon, die om het onderzoek heeft gevraagd over hetgeen uit het onderzoek is gebleken. Daarbij kunnen gegevens worden verwerkt betreffende het in die onderneming naleven van de Wet minimumloon en minimumvakantiebijslag, de Wet allocatie arbeidskrachten door intermediairs, de Wet arbeidsvoorwaarden gedetacheerde werknemers in de Europese Unie, de Arbeidstijdenwet en de daarop berustende bepalingen, of de Arbeidsomstandighedenwet en de daarop berustende bepalingen. Het verslag bevat geen gegevens waaruit de identiteit van een in het onderzoek betrokken werknemer kan worden afgeleid.
3. Titel 5.2 van de Algemene wet bestuursrecht is van overeenkomstige toepassing.
4. Bij ministeriële regeling kunnen nadere regels worden gesteld met betrekking tot het in het eerste en tweede lid genoemde verslag.

Art. 10a

Cao, handhaving arbeidsvoorwaarden en -omstandigheden gedetacheerde werknemers

1. [Dit lid is nog niet in werking getreden.]

2. [Dit lid is nog niet in werking getreden.]
3. Onze Minister is bevoegd om op verzoek van een of meer vereenigingen van werkgevers of van werknemers bij algemene maatregel van bestuur aangewezen gegevens over dienstverrichters, dan wel de voor de uitbetaling van het loon verantwoordelijke natuurlijke personen of rechtspersonen, bedoeld in de Wet arbeidsvoorwaarden gedetacheerde werknemers in de Europese Unie, die in het kader van de administratieve samenwerking, bedoeld in artikel 4 van die wet, verkregen zijn van andere lidstaten, of die worden verwerkt door de door Onze Minister aangewezen ambtenaren op grond van artikel 4, tweede lid, van die wet en in verband met het toezicht op de naleving, bedoeld in artikel 5 van die wet, te verstrekken om na te gaan of algemeen verbindend verklaarde bepalingen van collectieve arbeidsovereenkomsten die gelden voor gedetacheerde werknemers, worden nageleefd.
4. Onze Minister is bevoegd om op verzoek van een rechtspersoon met volledige rechtsbevoegdheid, die door de organisaties van werkgevers en werknemers is belast of mede is belast met het toezicht op de naleving van collectieve arbeidsovereenkomsten bij algemene maatregel van bestuur aangewezen gegevens over dienstverrichters, dan wel de voor de uitbetaling van het loon verantwoordelijke natuurlijke personen of rechtspersonen, bedoeld in de Wet arbeidsvoorwaarden gedetacheerde werknemers in de Europee Unie, die in het kader van de administratieve samenwerking, bedoeld in artikel 4 van die wet verkregen zijn van andere lidstaten, of die worden verwerkt door de door Onze Minister aangewezen ambtenaren op grond van

15 Wet op verbindend en onverbindend verklaren van de CAO art. 16

artikel 4, tweede lid, van die wet en in verband met het toezicht op de naleving, bedoeld in artikel 5 van die wet, te verstrekken ten behoeve van de uitvoering van het toezicht op de naleving van collectieve arbeidsovereenkomsten, die gelden voor gedetacheerde werknemers.

Art. 10b
Indien Onze Minister heeft vastgesteld dat de Stichting van de Arbeid heeft opgehouden te bestaan of de haar krachtens deze wet toekomende taak te vervullen, treden voor de toepassing van de artikelen 4, vierde lid, en 6, tweede lid, tweede volzin, in haar plaats de krachtens artikel 17, eerste lid, van de Wet op de loonvorming door Ons aangewezen centrale organisaties van werkgevers en van werknemers.   Cao, Stichting van de Arbeid

Art. 10c
Onze Minister kan een onder hem ressorterende ambtenaar mandaat verlenen tot het uitoefenen van de bevoegdheden, bedoeld in de artikelen 2, eerste lid, en 6, eerste lid.   Cao, mandatering bevoegdheden

Art. 11
[Bevat wijzigingen in andere regelgeving.]

Art. 12
[Bevat wijzigingen in andere regelgeving.]

Art. 13
[Bevat wijzigingen in andere regelgeving.]

Art. 14
Hetgeen nog ter voorbereiding van het in werking treden van deze wet en tot hare uitvoering noodig is, wordt bij algemeenen maatregel van bestuur geregeld.   Nadere regels

Art. 15
Deze wet kan worden aangehaald onder den titel: "Wet op het algemeen verbindend en het onverbindend verklaren van bepalingen van collectieve arbeidsovereenkomsten".   Citeertitel

Art. 16
Deze wet treedt in werking op een door Ons te bepalen tijdstip.   Inwerkingtreding

Wet melding collectief ontslag[1]

Wet van 24 maart 1976, houdende regelen inzake melding van collectief ontslag

Wij Juliana, bij de gratie Gods, Koningin der Nederlanden, Prinses van Oranje-Nassau, enz., enz., enz.

Allen, die deze zullen zien of horen lezen, saluut! doen te weten:

Alzo Wij in overweging genomen hebben, dat het wenselijk is werkgevers die voornemens zijn tot collectief ontslag van werknemers over te gaan, te verplichten dit te melden;

Zo is het, dat Wij, de Raad van State gehoord, en met gemeen overleg der Staten-Generaal, hebben goedgevonden en verstaan, gelijk Wij goedvinden en verstaan bij deze:

§ 1
Algemene bepalingen

Art. 1
1. In deze wet wordt verstaan onder: *Begripsbepalingen*
a. *Onze Minister*, Onze Minister van Sociale Zaken en Werkgelegenheid;
b. *werkgever* en *werknemer*: partijen bij een arbeidsovereenkomst als bedoeld in artikel 610, eerste lid, van Boek 7 van het Burgerlijk Wetboek;
c. *het Uitvoeringsinstituut werknemersverzekeringen*: het Uitvoeringsinstituut werknemersverzekeringen, genoemd in hoofdstuk 5 van de Wet structuur uitvoeringsorganisatie werk en inkomen;
d. *commissie*: de commissie, bedoeld in artikel 671a, tweede lid, van Boek 7 van het Burgerlijk Wetboek;
e. *werkgebied*: een door Onze Minister vastgesteld gebied.
2. Bij ministeriële regeling kunnen categorieën van personen, voor de toepassing van deze wet, gelijk worden gesteld met werknemers als bedoeld in het eerste lid, onderdeel b.

Art. 2
1. Deze wet is niet van toepassing op het beëindigen van: *Werkingssfeer*
a. een arbeidsovereenkomst uitsluitend om redenen die de persoon van de werknemer betreffen;
b. een arbeidsovereenkomst tijdens de proeftijd.
2. Deze wet is voorts niet van toepassing op het beëindigen van arbeidsovereenkomsten wegens het aflopen van de seizoenarbeid voor het verrichten waarvan zij werden aangegaan. Onze Minister kan arbeid aanwijzen, die voor de toepassing van de vorige volzin in ieder geval als seizoenarbeid wordt beschouwd. Een zodanige aanwijzing wordt in de *Nederlandse Staatscourant* bekend gemaakt.

§ 2
Verplichting tot melding collectief ontslag

Art. 3
1. Een werkgever die voornemens is de arbeidsovereenkomsten van ten minste twintig werknemers, werkzaam in één werkgebied, op een of meer binnen een tijdvak van drie maanden gelegen tijdstippen te beëindigen, meldt dit ter tijdige raadpleging schriftelijk aan de belanghebbende verenigingen van werknemers. Een gelijke schriftelijke melding doet hij aan het Uitvoeringsinstituut werknemersverzekeringen; in geval van faillissement of toepassing ten aanzien van hem van de schuldsaneringsregeling natuurlijke personen alleen op verzoek van het Uitvoeringsinstituut werknemersverzekeringen. *Collectief ontslag, verplichte melding*
2. De raadpleging, bedoeld in het eerste lid, heeft ten minste betrekking op de mogelijkheden om de collectieve ontslagen te voorkomen of in aantal te verminderen alsook op de mogelijkheid de gevolgen ervan te verzachten, door het nemen van sociale begeleidingsmaatregelen, meer bepaald om bij te dragen tot de herplaatsing of de omscholing van de werknemers ten aanzien van wie bij de werkgever het voornemen bestaat de arbeidsovereenkomst te beëindigen.
3. Als belanghebbende vereniging van werknemers wordt beschouwd een vereniging van werknemers, die in de onderneming werkzame personen onder haar leden telt, krachtens haar statuten ten doel heeft de belangen van haar leden als werknemers te behartigen, als zodanig in de betrokken onderneming of bedrijfstak werkzaam is, voorts ten minste twee jaar in het bezit is van rechtspersoonlijkheid en als zodanig aan de werkgever bekend is. Deze bekendheid *Collectief ontslag, vereniging van werknemers*

---

[1] Inwerkingtredingsdatum: 01-12-1976; zoals laatstelijk gewijzigd bij: Stb. 2017, 484.

art. 4 — 16 Wet melding collectief ontslag

wordt verondersteld, indien de vereniging aan de werkgever schriftelijk heeft te kennen gegeven dat zij prijs stelt op meldingen van voornemens als bedoeld in het eerste lid.

Art. 4

Collectief ontslag, te verstrekken gegevens

1. De werkgever doet bij de meldingen, bedoeld in artikel 3, eerste lid, opgave van de overwegingen die tot het daar bedoelde voornemen hebben geleid.
2. De werkgever doet bij de meldingen voorts zo nauwkeurig mogelijk opgave van:
   a. het aantal werknemers wier arbeidsovereenkomsten hij voornemens is te beëindigen, met een onderverdeling naar beroep of functie, leeftijd en geslacht, alsmede het aantal werknemers dat hij gewoonlijk in dienst heeft;
   b. het tijdstip of de tijdstippen waarop hij de arbeidsovereenkomsten volgens zijn voornemen zal beëindigen.
   c. de criteria die aangelegd zullen worden bij het selecteren van de voor ontslag in aanmerking komende werknemers;
   d. de wijze van berekening van eventuele afvloeiingsuitkeringen;
   e. de wijze waarop hij voornemens is de arbeidsovereenkomsten met zijn werknemers te beëindigen.
3. De werkgever doet de melding aan het Uitvoeringsinstituut werknemersverzekeringen vergezeld gaan van een afschrift van de melding aan de belanghebbende verenigingen van werknemers. Hij zendt aan deze verenigingen een afschrift van de melding aan het Uitvoeringsinstituut werknemersverzekeringen.
4. Ten slotte geeft de werkgever bij de melding aan het Uitvoeringsinstituut werknemersverzekeringen op:
   a. of voor de onderneming waarin de betrokken werknemers werkzaam zijn, een ondernemingsraad is ingesteld;
   b. of het voornemen van de werkgever verband houdt met een besluit als bedoeld in artikel 25, eerste lid, van de Wet op de ondernemingsraden; en zo ja,
   c. het tijdstip waarop de ondernemingsraad over het betrokken besluit is of zal worden geraadpleegd, dan wel daarvan in kennis gesteld en geraadpleegd over de uitvoering daarvan.
5. De werkgever houdt het Uitvoeringsinstituut werknemersverzekeringen op de hoogte van de raadpleging van de belanghebbende verenigingen van werknemers en van de ondernemingsraad.

Werkingssfeer

6. Het derde tot en met vijfde lid zijn niet van toepassing op het beëindigen van een arbeidsovereenkomst ten gevolge van faillissement van de werkgever of toepassing ten aanzien van hem van de schuldsaneringsregeling natuurlijke personen.

Art. 5

Collectief ontslag, ontbrekende gegevens

Indien bij een melding aan het Uitvoeringsinstituut werknemersverzekeringen de ingevolge artikel 4, eerste t/m vierde lid vereiste gegevens niet volledig zijn verstrekt, zendt het Uitvoeringsinstituut werknemersverzekeringen aan de werkgever een schriftelijke mededeling, aangevende welke gegevens nog ontbreken. Zolang de ontbrekende gegevens niet zijn verstrekt, wordt de melding geacht niet te zijn gedaan.

Art. 5a

Collectief ontslag, wachttijd

1. De arbeidsovereenkomst kan niet eerder door de werkgever worden opgezegd, op verzoek van de werkgever door de rechter worden ontbonden of op initiatief van de werkgever door middel van een beëindigingsovereenkomst worden beëindigd, dan een maand nadat het voornemen daartoe is gemeld, tenzij uit een verklaring van de belanghebbende verenigingen van werknemers blijkt dat zij zijn geraadpleegd en dat zij zich met de beëindigingen kunnen verenigen.
2. Het eerste lid is niet van toepassing indien een arbeidsovereenkomst wordt beëindigd ten gevolge van het faillissement van de werkgever of toepassing ten aanzien van hem van de schuldsaneringsregeling natuurlijke personen.

Art. 6

Collectief ontslag, behandeling UWV of commissie

1. Het Uitvoeringsinstituut werknemersverzekeringen of de commissie neemt verzoeken om toestemming tot het mogen opzeggen van de arbeidsovereenkomsten van werknemers niet eerder in behandeling, dan wel neemt verzoeken waarop het nog niet heeft beslist niet verder in behandeling dan nadat:
   a. de werkgever aan de verplichting tot melding heeft voldaan; en
   b. uit een schriftelijke verklaring van de werkgever blijkt dat de belanghebbende verenigingen van werknemers en de ondernemingsraad zijn geraadpleegd.
2. Het Uitvoeringsinstituut werknemersverzekeringen of de commissie kan de verplichting tot raadpleging, bedoeld in het eerste lid, onderdeel b, buiten toepassing laten indien de werkgever aannemelijk maakt dat de naleving hiervan de herplaatsing van de met ontslag bedreigde werknemers of de werkgelegenheid van de overige werknemers in de betrokken onderneming in gevaar zou brengen.
3. Een besluit als bedoeld in het tweede lid behoeft de goedkeuring van Onze Minister. De goedkeuring kan slechts worden onthouden wegens strijd met het recht of het algemeen belang.

Art. 6a

1. Een verzoek van de werkgever om de arbeidsovereenkomst met een werknemer om bedrijfseconomische redenen te ontbinden kan de rechter slechts inwilligen, indien hij zich ervan heeft vergewist of het verzoek verband houdt met een voorgenomen beëindiging als bedoeld in artikel 3, eerste lid, en zo ja, of bij het verzoekschrift een schriftelijke verklaring is gevoegd van: *[Collectief ontslag, bedrijfseconomische redenen]*
   a. het Uitvoeringsinstituut werknemersverzekeringen waaruit blijkt dat aan de verplichting tot melding is voldaan; en
   b. de werkgever waaruit blijkt dat de belanghebbende verenigingen van werknemers en de ondernemingsraad zijn geraadpleegd.
2. Indien niet is voldaan aan de verplichting tot raadpleging, bedoeld in het eerste lid, onderdeel b, kan de rechter een verzoek om de arbeidsovereenkomst te ontbinden slechts inwilligen, zo nodig met buiten toepassing laten van de termijn, bedoeld in artikel 5a, eerste lid, indien de werkgever aannemelijk maakt dat de naleving van die verplichting de herplaatsing van de met ontslag bedreigde werknemers of de werkgelegenheid van de overige werknemers in de betrokken onderneming in gevaar zou brengen.

§ 3
Gevolgen van niet-naleving meldingsplicht

Art. 7

1. De opzegging door de werkgever, behoudens in het geval het Uitvoeringsinstituut werknemersverzekeringen of de commissie daarvoor toestemming heeft verleend met toepassing van artikel 6, tweede en derde lid, en een op initiatief van de werkgever gesloten beëindigingsovereenkomst kunnen op verzoek van de werknemer door de kantonrechter worden vernietigd, indien: *[Collectief ontslag, vernietigingsgronden]*
   a. de werkgever niet aan de verplichting tot melding heeft voldaan;
   b. de werkgever de belanghebbende verenigingen van werknemers en de ondernemingsraad, niet heeft geraadpleegd; of
   c. niet is voldaan aan artikel 5a, eerste lid.
2. In plaats van de opzegging door de werkgever of de beëindigingsovereenkomst te vernietigen, kan de kantonrechter op verzoek van de werknemer aan hem ten laste van de werkgever een billijke vergoeding toekennen.
3. De werknemer kan tot twee maanden na de dag waarop hij redelijkerwijs op de hoogte had kunnen zijn van het feit dat de werkgever niet heeft voldaan aan één of meer verplichtingen als bedoeld in het eerste lid, maar uiterlijk tot zes maanden na de opzegging van de arbeidsovereenkomst of het aangaan van de beëindigingovereenkomst een verzoek doen als bedoeld in het eerste of tweede lid.
4. Elk beding waarbij de bevoegdheid, bedoeld in het eerste of tweede lid, wordt uitgesloten of beperkt, is nietig.

Art. 7a

Voor de toepassing van deze wet wordt de werkgever geacht aan de verplichting tot raadpleging van een belanghebbende vereniging van werknemers te hebben voldaan indien deze vereniging: *[Collectief ontslag, raadpleging werknemersvereniging]*
a. geen gevolg geeft aan een schriftelijke uitnodiging daartoe van de werkgever, mits die uitnodiging ten minste twee weken voor de datum van het overleg door de vereniging is ontvangen; of
b. schriftelijk heeft aangegeven af te zien van raadpleging.

§ 4
Slotbepalingen

Art. 8

Ieder die uit hoofde van zijn functie bij een vereniging van werknemers of in een commissie die het Uitvoeringsinstituut werknemersverzekeringen van advies dient, kennis neemt van een melding als bedoeld in artikel 3, eerste lid is verplicht tot geheimhouding van deze melding en van de inhoud daarvan, indien de werkgever dit bij die melding, onder opgave van redenen, uitdrukkelijk heeft verzocht. Deze verplichting vervalt zodra de verzoeken om toestemming tot het mogen opzeggen van de arbeidsovereenkomst of verzoeken om ontbinding van de arbeidsovereenkomst in behandeling worden genomen, dan wel zoveel eerder als daaromtrent overeenstemming wordt bereikt tussen de werkgever en de verenigingen van werknemers aan welke de melding is gedaan. *[Collectief ontslag, geheimhoudingsplicht]*

Art. 9

1. Deze wet kan worden aangehaald als: Wet melding collectief ontslag. *[Citeertitel]*
2. Zij treedt in werking op een door Ons te bepalen tijdstip. *[Inwerkingtreding]*

Wet arbeid en zorg[1]

Wet van 16 november 2001 tot vaststelling van regels voor het tot stand brengen van een nieuw evenwicht tussen arbeid en zorg in de ruimste zin (Wet arbeid en zorg)

Wij Beatrix, bij de gratie Gods, Koningin der Nederlanden, Prinses van Oranje-Nassau, enz. enz. enz.
Allen, die deze zullen zien of horen lezen, saluut! doen te weten:
Alzo Wij in overweging genomen hebben, dat het wenselijk is regels vast te stellen, waarin een nieuw evenwicht tot stand wordt gebracht tussen arbeid en zorg in de ruimste zin;
Zo is het, dat Wij, de Raad van State gehoord, en met gemeen overleg der Staten-Generaal, hebben goedgevonden en verstaan, gelijk Wij goedvinden en verstaan bij deze:

Hoofdstuk 1
Algemene bepalingen

De begrippen werkgever en werknemer

Art. 1:1
Tenzij anders is bepaald, wordt voor de toepassing van deze wet verstaan onder: *Begripsbepalingen*
a. werkgever: degene die een ander krachtens arbeidsovereenkomst naar burgerlijk recht of   *Definitie werkgever*
publiekrechtelijke aanstelling arbeid laat verrichten;
b. werknemer: de ander, bedoeld in onderdeel a.   *Definitie werknemer*

Het begrip loon

Art. 1:2
1. Tenzij anders is bepaald, wordt voor de toepassing van deze wet verstaan onder loon: de   *Definitie loon*
naar tijdruimte vastgestelde vergoeding die de werkgever aan de werknemer verschuldigd is voor de bedongen arbeid.
2. Voor de toepassing van deze wet wordt, indien het loon op andere wijze dan naar tijdruimte is vastgesteld, als loon beschouwd het gemiddelde loon dat de werknemer, wanneer hij geen gebruik had gemaakt van een door deze wet gegeven recht op verlof, gedurende die tijd had kunnen verdienen.

Overige begrippen

Art. 1:3
1. Voor de toepassing van deze wet wordt verstaan onder: *Begripsbepalingen*
a. Arbeidsongeschiktheidsfonds: het fonds, bedoeld in artikel 112 van de Wet financiering sociale verzekeringen;
b. Algemeen Werkloosheidsfonds: het fonds, bedoeld in artikel 93 van de Wet financiering sociale verzekeringen;
c. Uitvoeringsinstituut werknemersverzekeringen: het Uitvoeringsinstituut werknemersverzekeringen, genoemd in hoofdstuk 5 van de Wet structuur uitvoeringsorganisatie werk en inkomen;
d. militair ambtenaar: de militair ambtenaar, bedoeld in artikel 1, eerste en tweede lid, van de Militaire Ambtenarenwet 1931;
e. Onze Minister: Onze Minister van Sociale Zaken en Werkgelegenheid.
2. Voor de toepassing van deze wet is sprake van ongehuwd samenwonen als twee ongehuwde personen een gezamenlijke huishouding voeren. Van een gezamenlijke huishouding als bedoeld in de eerste volzin is sprake indien de betrokkenen hun hoofdverblijf hebben in dezelfde woning en blijk geven zorg te dragen voor elkaar door middel van het leveren van een bijdrage in de kosten van de huishouding danwel op andere wijze in elkaars verzorging voorzien.
3. Voor de toepassing van deze wet wordt verstaan onder levensbedreigend ziek: de gezondheidssituatie die zo ernstig is dat volgens objectieve medische maatstaven het leven van de persoon op korte termijn ernstig gevaar loopt.
4. Voor de toepassing van deze wet wordt verstaan onder hulpbehoevend: de toestand van een persoon waardoor deze ten behoeve van zelfredzaamheid, participatie, beschermd wonen

---
1   Inwerkingtredingsdatum: 01-12-2001; zoals laatstelijk gewijzigd bij: Stb. 2018, 451.

of opvang hulp nodig heeft die niet in het kader van een hulpverlenend beroep wordt geboden en die de gebruikelijke hulp overstijgt.

Gelijkstelling met een collectieve arbeidsovereenkomst

Art. 1:4

Gelijkstelling regeling bestuursorgaan met cao

Voor de toepassing van deze wet en de daarop berustende bepalingen wordt met een collectieve arbeidsovereenkomst gelijkgesteld een regeling door of namens een daartoe bevoegd bestuursorgaan.

Werkingsduur, regeling bestuursorgaan of regeling met ondernemingsraad/personeelsvertegenwoordiging

Art. 1:5

Afwijkende regeling

Voor de toepassing van de artikelen 4:7 en 5:16 geldt een afwijkende regeling door of namens een daartoe bevoegd bestuursorgaan of een afwijkende regeling waaromtrent de werkgever schriftelijk overeenstemming heeft bereikt met de ondernemingsraad, of bij het ontbreken daarvan, met de personeelsvertegenwoordiging, voor vijf jaren vanaf het tijdstip waarop die regeling ingaat, indien geen termijn van ten hoogste vijf jaren is bepaald. Indien geen termijn is bepaald gaat bij wijziging van de regeling waarvan de in de eerste zin bedoelde afwijking deel uitmaakt binnen het in die zin bedoelde tijdvak, ten aanzien van de afwijking een nieuw tijdvak in op het tijdstip van inwerkingtreding van de wijziging.

Hoofdstuk 3
Zwangerschap, bevalling, adoptie en pleegzorg

Afdeling 1
Het recht op verlof in verband met zwangerschap, bevalling, adoptie en pleegzorg

§ 1
Verlofvorm

Zwangerschaps- en bevallingsverlof

Art. 3:1

Zwangerschaps- en bevallingsverlof

Zwangerschapsverlof, recht op

1. De vrouwelijke werknemer heeft in verband met haar bevalling recht op zwangerschaps- en bevallingsverlof.
2. Het recht op zwangerschapsverlof bestaat vanaf zes weken voor de dag na de vermoedelijke datum van bevalling, of vanaf tien weken voor die dag indien het een zwangerschap van meer dan één kind betreft, zoals aangegeven in een aan de werkgever overgelegde schriftelijke verklaring van een arts of verloskundige, tot en met de dag van de bevalling. Het zwangerschapsverlof gaat in uiterlijk vier weken voor de dag na de vermoedelijke datum van bevalling of uiterlijk acht weken voor die dag indien het een zwangerschap van meer dan één kind betreft.

Bevallingsverlof, recht op

3. Het bevallingsverlof gaat in op de dag na de bevalling en bedraagt tien aaneengesloten weken vermeerderd met het aantal dagen dat het zwangerschapsverlof tot en met de vermoedelijke datum van bevalling, dan wel, indien eerder gelegen, tot en met de werkelijke datum van bevalling, minder dan zes weken heeft bedragen of, indien het een zwangerschap van meer dan een kind betreft, minder dan tien weken heeft bedragen.
4. Voor de toepassing van het derde lid worden dagen waarover de vrouwelijke werknemer op grond van artikel 29a, tweede lid, van de Ziektewet ziekengeld heeft genoten in de periode dat zij recht heeft op zwangerschapsverlof, maar dat verlof nog niet is ingegaan, aangemerkt als dagen waarover zij zwangerschapsverlof heeft genoten.
5. Als een kind tijdens het bevallingsverlof vanwege zijn medische toestand in een ziekenhuis is opgenomen, wordt het bevallingsverlof verlengd met het aantal opnamedagen, te rekenen vanaf de achtste dag van opname tot en met de laatste dag van het bevallingsverlof tot een maximum van tien weken. De in de eerste zin bedoelde verlenging van het bevallingsverlof is uitsluitend van toepassing voor zover de ziekenhuisopname langer duurt dan het aantal dagen waarmee het bevallingsverlof als gevolg van de werkelijke datum van bevalling op grond van het derde lid wordt verlengd.
6. In afwijking van het derde lid kan de vrouwelijke werknemer de werkgever verzoeken het bevallingsverlof op te delen na 6 weken waarop het recht op dat verlof is ingegaan. De vrouwelijke werknemer kan dit deel van het verlof opnemen gedurende het tijdvak van 30 weken, welk tijdvak aanvangt de dag nadat het bevallingsverlof is opgedeeld. Het verzoek wordt gedaan uiterlijk drie weken nadat het verlof is ingegaan.

17 Wet arbeid en zorg art. 3:2

7. De omvang van het bevallingsverlof dat is opgedeeld en dat later wordt opgenomen is gelijk aan de arbeidsduur per week ten tijde van het bevallingsverlof dat volgt na de werkelijke datum van de bevalling.
8. De werkgever stemt uiterlijk twee weken nadat het verzoek, bedoeld in het zesde lid, is gedaan in met het verzoek, tenzij een zwaarwegend bedrijfs- of dienstbelang zich hiertegen verzet.
9. Ingeval van toepassing van het vijfde lid, ziet het verzoek, bedoeld in het zesde lid, op de periode na afloop van de verlenging, bedoeld in het vijfde lid.

Art. 3:1a Overgang bevallingsverlof

1. Indien op de dag van de bevalling dan wel tijdens het bevallingsverlof de vrouwelijke werknemer overlijdt en een akte van geboorte van haar kind is opgemaakt heeft haar partner, indien deze werknemer is als bedoeld in artikel 3:6, recht op het resterende bevallingsverlof met behoud van loon.   *Overgangsrecht bevallingsverlof*
2. Voor de toepassing van dit hoofdstuk wordt als partner aangemerkt degene die:
a. ten tijde van het overlijden van de moeder met haar was gehuwd of een geregistreerd partnerschap was aangegaan; of
b. het kind heeft erkend.
3. De duur van het resterende bevallingsverlof wordt berekend overeenkomstig artikel 3:1, derde en vijfde lid. Artikel 3:1, zesde lid, is van overeenkomstige toepassing op het opnemen van het resterende bevallingsverlof, met dien verstande dat in plaats van «vrouwelijke werknemer» telkens wordt gelezen: partner.
4. De partner, die werknemer is als bedoeld in artikel 3:6, heeft ook recht op verlof met behoud van loon, indien de moeder van het kind een gelijkgestelde was als bedoeld in artikel 3:6, een zelfstandige of een beroepsbeoefenaar op arbeidsovereenkomst als bedoeld in artikel 3:17, eerste lid, of geen recht had op bevallingsverlof of een uitkering als bedoeld in afdeling 2 van hoofdstuk 3.
5. De werkgever kan het op grond van het eerste of vierde lid voldane loon binnen zes weken na afloop van het resterende bevallingsverlof in rekening brengen bij het Uitvoeringsinstituut werknemersverzekeringen. De werkgever verstrekt genoemd instituut een afschrift van de akte van geboorte van het kind en van de akte van overlijden van de moeder. Het loon wordt door het Uitvoeringsinstituut werknemersverzekeringen aan de werkgever betaald zonder dat dit bij beschikking is vastgesteld, indien redelijkerwijs mag worden aangenomen dat aan een beschikking geen behoefte bestaat.
6. Indien het verzoek, bedoeld in het vijfde lid, niet tijdig wordt gedaan, wordt de vergoeding van het op grond van het eerste of vierde lid voldane loon uitsluitend toegekend voor zover het tijdvak waarover dit loon in rekening wordt gebracht, valt in het jaar voorafgaand aan de datum van het verzoek. Het Uitvoeringsinstituut werknemersverzekeringen kan in bijzondere gevallen ten gunste van de werkgever afwijken van de eerste zin.
7. Indien de moeder gelijkgestelde, zelfstandige of beroepsbeoefenaar op arbeidsovereenkomst was, wordt de duur van het verlof gelijkgesteld aan de duur van het resterende recht op uitkering, bedoeld in afdeling 2 van hoofdstuk 3. Indien de moeder geen recht had op bevallingsverlof of een uitkering als bedoeld in afdeling 2 van hoofdstuk 3, eindigt het verlof van de partner tien weken na de dag waarop het kind is geboren. Artikel 3:1, vijfde lid, is van overeenkomstige toepassing.
8. De partner meldt het overlijden van de moeder en de opname van het verlof uiterlijk op de tweede dag volgend op haar overlijden bij zijn werkgever. De partner verstrekt de werkgever binnen vier weken na het overlijden van de moeder een afschrift van de akte van geboorte van het kind en van de akte van overlijden van de moeder.

Adoptieverlof

Art. 3:2

1. De werknemer heeft in verband met de adoptie van een kind recht op verlof zonder behoud van loon.   *Adoptieverlof, recht op*
2. Het recht op verlof in verband met adoptie bestaat gedurende een tijdvak van zesentwintig weken en bedraagt ten hoogste zes aaneengesloten weken. Het recht bestaat vanaf vier weken vóór de eerste dag dat de feitelijke opneming ter adoptie een aanvang heeft genomen of zal nemen, zoals die dag is aangeduid in een door de werknemer aan de werkgever overgelegd document waaruit blijkt dat een kind ter adoptie is of zal worden opgenomen.
3. Indien als gevolg van een adoptieverzoek tegelijkertijd twee of meer kinderen feitelijk ter adoptie worden opgenomen, bestaat het recht op verlof slechts ten aanzien van één van die kinderen.
4. In afwijking van het tweede lid, eerste zin, kan de werknemer de werkgever verzoeken om het verlof te spreiden gedurende een tijdvak van zesentwintig weken. De werkgever kan dit verzoek afwijzen, indien zwaarwegende bedrijfs- of dienstbelangen zich hiertegen verzetten.

1131

art. 3:3

Pleegzorgverlof, recht op

5. Het eerste, tweede, derde en vierde lid en de artikelen 3:3, derde lid, 3:4 en 3:5 zijn van overeenkomstige toepassing op de werknemer die een pleegkind opneemt als bedoeld in artikel 5:1, tweede lid, onder d.

§ 2
Melding

Meldingsverplichting

Art. 3:3

Melding aan werkgever

1. De vrouwelijke werknemer meldt aan de werkgever:
   a. de dag met ingang waarvan zij het zwangerschapsverlof opneemt uiterlijk drie weken voor die dag;
   b. haar bevalling uiterlijk op de tweede dag volgend op die van de bevalling.
2. De werknemer die op grond van artikel 3:1 of 3:1a verlof geniet meldt de werkgever de dag waarop het kind vanwege zijn medische toestand tijdens het voornoemde verlof in het ziekenhuis is opgenomen alsmede wanneer de opname is beëindigd. Uiterlijk op de laatste dag van het in de eerste zin bedoelde verlof geeft het ziekenhuis op verzoek van de werknemer een verklaring af, waarin de gehele duur van de opname van het kind in het ziekenhuis tijdens het verlof staat vermeld. De werknemer verstrekt deze verklaring onverwijld aan de werkgever.
3. De werknemer meldt aan de werkgever het opnemen van het verlof in verband met adoptie zo mogelijk uiterlijk drie weken voor de dag van ingang van het verlof onder opgave van de omvang van het verlof. Bij de melding worden documenten gevoegd waaruit blijkt dat een kind ter adoptie is of zal worden opgenomen.

§ 3
Nadere voorschriften

Compensatie met vakantie-aanspraken

Art. 3:4

Geen verrekening met vakantie

Dagen of gedeelten van dagen waarop de werknemer zijn arbeid niet verricht wegens het verlof, bedoeld in de artikelen 3:1, 3:1a en 3:2, kunnen niet worden aangemerkt als vakantie.

§ 4
Mate van gebondenheid

Art. 3:5

Dwingend recht

1. Behoudens het tweede lid kan van deze afdeling niet ten nadele van de werknemer worden afgeweken.

Uitzondering bij buitengewone omstandigheden

2. In geval van buitengewone omstandigheden als bedoeld in de Coördinatiewet uitzonderingstoestanden kan Onze Minister van Defensie voor de militaire ambtenaar afwijken of doen afwijken van de artikelen 3:1, 3:1a en 3:2.

Afdeling 2
Uitkering in verband met zwangerschap, bevalling, adoptie en pleegzorg

§ 1
De werknemer en de gelijkgestelde

Begrippen werknemer, gelijkgestelde en werkgever

Art. 3:6

1. Voor de toepassing van deze paragraaf wordt verstaan onder:

Werknemer
a. werknemer: de werknemer, bedoeld in artikel 1:1, onderdeel b, met uitzondering van degene die op grond van de Eerste Afdeling, Paragraaf 2, van de Ziektewet geen werknemer in de zin van die wet is;

Gelijkgestelde
b. gelijkgestelde: degene die geen werknemer is als bedoeld in artikel 1:1, onderdeel b, doch
1°. op grond van de Eerste Afdeling, Paragraaf 2, van de Ziektewet, met uitzondering van artikel 8a, wel werknemer in de zin van die wet is, of
2°. op grond van hoofdstuk 7 van de Wet werk en inkomen naar arbeidsvermogen recht heeft op de loongerelateerde uitkering van de werkhervattingsuitkering gedeeltelijk arbeidsgeschikten;

Werkgever
c. werkgever: de werkgever, bedoeld in artikel 1:1, onderdeel a, of de artikelen 10, 11 of 12 van de Ziektewet.

17 Wet arbeid en zorg — art. 3:9

2. Voor de toepassing van deze paragraaf wordt mede verstaan onder:
a. werknemer: de werknemer, bedoeld in artikel 1:1, onderdeel b, die vrijwillig verzekerd is als bedoeld in de Tweede Afdeling, Hoofdstuk IV, van de Ziektewet; — *Werknemer*
b. gelijkgestelde: degene die geen werknemer is als bedoeld in onderdeel a doch wel vrijwillig verzekerd is als bedoeld in de Tweede Afdeling, Hoofdstuk IV, van de Ziektewet. — *Gelijkgestelde*

Recht op uitkering voor de werknemer

Art. 3:7
1. De vrouwelijke werknemer heeft gedurende de periode dat het zwangerschaps- en bevallingsverlof wordt genoten overeenkomstig artikel 3:1, tweede, derde en vijfde lid, recht op uitkering. — *Recht op uitkering*
2. De werknemer heeft gedurende de periode dat het verlof in verband met adoptie of de opname van een pleegkind wordt genoten overeenkomstig artikel 3:2, tweede lid of vijfde lid, recht op uitkering.

Recht op uitkering in verband met zwangerschap en bevalling voor de vrouwelijke gelijkgestelde

Art. 3:8
1. De vrouwelijke gelijkgestelde heeft in verband met haar zwangerschap en bevalling recht op uitkering gedurende ten minste zestien weken, overeenkomstig het tweede en derde lid. — *Zestien weken recht op uitkering*
2. Het recht op uitkering in verband met zwangerschap vangt aan zes weken voor de dag na de vermoedelijke datum van bevalling, of tien weken voor die dag indien het een zwangerschap van meer dan één kind betreft, zoals aangegeven in een schriftelijke verklaring van een arts of verloskundige, tot en met de dag van de bevalling. Indien de vrouwelijke gelijkgestelde dat wenst vangt het recht op uitkering in verband met zwangerschap aan op een later tijdstip, doch uiterlijk vier weken voor de dag na de vermoedelijke datum van bevalling of uiterlijk acht weken voor die dag indien het een zwangerschap van meer dan één kind betreft. — *Aanvang recht op uitkering tijdens zwangerschapsverlof*
3. Het recht op uitkering in verband met bevalling vangt aan op de dag na de bevalling en bedraagt tien aaneengesloten weken vermeerderd met het aantal dagen dat de uitkering in verband met zwangerschap tot en met de vermoedelijke datum van bevalling, dan wel, indien eerder gelegen, tot en met de werkelijke datum van bevalling, minder dan zes weken heeft bedragen of, indien het een zwangerschap van meer dan een kind betreft, minder dan tien weken heeft bedragen. — *Aanvang recht op uitkering tijdens bevallingsverlof*
4. Voor de toepassing van het derde lid worden dagen waarover de vrouwelijke gelijkgestelde ziekengeld heeft genoten in de periode dat zij recht heeft op uitkering in verband met zwangerschap maar die uitkering nog niet is ingegaan, aangemerkt als dagen waarover zij uitkering in verband met zwangerschap heeft genoten.
5. Als een kind tijdens de periode waarop een recht op uitkering in verband met bevalling bestaat vanwege zijn medische toestand in het ziekenhuis is opgenomen, wordt het recht op uitkering in verband met bevalling verlengd met de tijd dat het kind in het ziekenhuis heeft doorgebracht vanaf de achtste dag van opname tot en met de laatste dag waarop het recht op uitkering bestaat tot een maximum van tien weken. De in de eerste zin bedoelde verlenging van het recht op uitkering in verband met de bevalling is uitsluitend van toepassing voor zover de aldaar bedoelde ziekenhuisopname langer duurt dan het aantal dagen waarmee de uitkering in verband met de bevalling als gevolg van de werkelijke datum van bevalling op grond van het derde lid wordt verlengd. Artikel 3:3, tweede lid, is van overeenkomstige toepassing.

Recht op uitkering in verband met adoptie of pleegzorg voor de gelijkgestelde

Art. 3:9
1. De gelijkgestelde heeft in verband met de adoptie van een kind recht op uitkering. — *Recht op uitkering bij adoptie*
2. Het recht op uitkering in verband met adoptie bedraagt ten hoogste zes aaneengesloten weken gedurende een tijdvak van zesentwintig weken. Het tijdvak van zesentwintig weken gaat in vier weken vóór de eerste dag dat de feitelijke opneming ter adoptie een aanvang heeft genomen of zal nemen, zoals die dag is aangeduid in een door de werknemer aan de werkgever overgelegd document waaruit blijkt dat een kind ter adoptie is of zal worden opgenomen. — *Duur en aanvang recht op uitkering adoptieverlof*
3. Indien als gevolg van een adoptieverzoek tegelijkertijd twee of meer kinderen feitelijk ter adoptie worden opgenomen, bestaat het recht op uitkering slechts ten aanzien van één van die kinderen.
4. Het eerste, tweede en derde lid zijn van overeenkomstige toepassing op de werknemer die een pleegkind opneemt als bedoeld in artikel 5:1, tweede lid, onder d. — *Recht op uitkering bij opnemen pleegkind*

Recht op uitkering bij nawerking

Art. 3:10

Recht op uitkering na beëindigen werkrelatie

1. Een recht op uitkering als bedoeld in de artikelen 3:7, eerste lid, en 3:8, eerste en vijfde lid, komt mede toe aan de vrouw wier bevalling waarschijnlijk is onderscheidenlijk plaatsvindt, binnen een periode van tien weken na het tijdstip dat zij niet langer werknemer of gelijkgestelde is als bedoeld in artikel 3:6, eerste lid.
2. Een recht op uitkering als bedoeld in de artikelen 3:7, tweede lid, en 3:9, eerste lid, komt mede toe aan de persoon die, op de eerste dag dat een kind feitelijk ter adoptie is opgenomen, korter dan tien weken geen werknemer of gelijkgestelde meer is als bedoeld in artikel 3:6, eerste lid.
3. Het tweede lid is van overeenkomstige toepassing op de persoon die een pleegkind opneemt als bedoeld in artikel 5:1, tweede lid, onder d.
4. Het eerste tot en met derde lid zijn niet van toepassing indien het een gelijkgestelde betreft als bedoeld in artikel 3.6, eerste lid, onderdeel b, onder 2°.

De aanvraag van uitkering via de werkgever

Art. 3:11

Aanvraag uitkering bij UWV door werkgever

1. De vrouwelijke werknemer of gelijkgestelde, die in aanmerking wenst te komen voor toekenning van een uitkering in verband met zwangerschap en bevalling doet de aanvraag daartoe door tussenkomst van de werkgever bij het Uitvoeringsinstituut werknemersverzekeringen uiterlijk twee weken voor de datum van ingang van het zwangerschapsverlof onderscheidenlijk de datum waarop zij het recht op uitkering wil laten ingaan. Bij die aanvraag wordt gemeld:
a. de vermoedelijke datum van bevalling;
b. de datum waarop het zwangerschapsverlof ingaat dan wel de datum waarop de gelijkgestelde het recht op uitkering wil laten ingaan.
Indien het bevallingsverlof van de vrouwelijke werknemer of het recht op uitkering van de vrouwelijke werknemer of gelijkgestelde wordt verlengd op grond van artikel 3:1, vijfde lid, onderscheidenlijk 3:8, vijfde lid, brengt de werkgever het Uitvoeringsinstituut werknemersverzekeringen daarvan op de hoogte. De werkgever verstrekt aan het Uitvoeringsinstituut werknemersverzekeringen de op verzoek van de vrouwelijke werknemer of gelijkgestelde door het ziekenhuis af te geven verklaring, bedoeld in artikel 3:3, tweede lid.
2. Het Uitvoeringsinstituut werknemersverzekeringen kan de werknemer, uiterlijk binnen een jaar na het tijdstip waarop de uitkering geëindigd is, een verklaring vragen van een arts of verloskundige over de vermoedelijke datum van bevalling, welke is opgemaakt uiterlijk twee weken voor de datum van ingang van het zwangerschapsverlof onderscheidenlijk twee weken voor de datum waarop de vrouwelijke werknemer het recht op uitkering wil laten ingaan.
3. De werknemer of gelijkgestelde, die in aanmerking wenst te komen voor toekenning van een uitkering in verband met adoptie of pleegzorg, doet de aanvraag daartoe door tussenkomst van de werkgever bij het Uitvoeringsinstituut werknemersverzekeringen uiterlijk twee weken voor de datum van ingang van het verlof in verband met adoptie of pleegzorg onderscheidenlijk de datum waarop hij het recht op uitkering wil laten ingaan. Bij die aanvraag worden documenten gevoegd waaruit blijkt dat een kind ter adoptie of pleegzorg is of zal worden opgenomen en wanneer die opneming ter adoptie of pleegzorg heeft plaatsgevonden of zal plaatsvinden. Bij die aanvraag wordt de datum waarop het verlof in verband met adoptie of pleegzorg ingaat gemeld dan wel de datum waarop hij het recht op uitkering wil laten ingaan.
4. Indien de aanvraag niet tijdig wordt gedaan, wordt de uitkering uitsluitend toegekend voor zover het tijdvak waarin sprake was van recht op uitkering in verband met zwangerschap en bevalling, adoptie of pleegzorg, valt in het jaar voorafgaand aan de datum van aanvraag. Het Uitvoeringsinstituut werknemersverzekeringen kan in bijzondere gevallen ten gunste van de werknemer of gelijkgestelde afwijken van de eerste zin.

De rechtstreekse aanvraag van uitkering

Art. 3:12

Rechtstreekse aanvraag uitkering bij UWV

1. Indien de vrouwelijke gelijkgestelde, die in aanmerking wenst te komen voor toekenning van een uitkering in verband met zwangerschap en bevalling, geen werkgever heeft, doet zij de aanvraag daartoe bij het Uitvoeringsinstituut werknemersverzekeringen uiterlijk twee weken voor de datum waarop zij het recht op uitkering wil laten ingaan. Artikel 3:11, eerste lid, tweede volzin, is van toepassing. Indien het recht op uitkering van de vrouwelijke gelijkgestelde, bedoeld in de eerste volzin, wordt verlengd op grond van artikel 3:8, vijfde lid, brengt zij het Uitvoeringsinstituut werknemersverzekeringen daarvan op de hoogte. Artikel 3:3, tweede lid, tweede volzin, is van overeenkomstige toepassing. De vrouwelijke gelijkgestelde verstrekt aan het Uitvoerings-

instituut werknemersverzekeringen de op haar verzoek door het ziekenhuis af te geven verklaring, bedoeld in artikel 3:3, tweede lid.
2. Het Uitvoeringsinstituut werknemersverzekeringen kan de vrouwelijke gelijkgestelde, uiterlijk binnen een jaar na het tijdstip waarop de uitkering geëindigd is, een verklaring vragen van een arts of verloskundige over de vermoedelijke datum van bevalling, welke is opgemaakt uiterlijk twee weken voor de datum van ingang van het zwangerschapsverlof onderscheidenlijk twee weken voor de datum waarop de vrouwelijke werknemer het recht op uitkering wil laten ingaan.
3. Indien de gelijkgestelde, die in aanmerking wenst te komen voor toekenning van uitkering in verband met adoptie of pleegzorg, geen werkgever heeft, doet hij de aanvraag daartoe bij het Uitvoeringsinstituut werknemersverzekeringen uiterlijk twee weken voor ingang van de datum waarop hij het recht op uitkering wil laten ingaan. Artikel 3:11, derde lid, tweede en derde volzin, is van toepassing.
4. Indien de aanvraag niet tijdig wordt gedaan, wordt de uitkering uitsluitend toegekend voor zover het tijdvak waarin sprake was van recht op uitkering in verband met zwangerschap en bevalling, adoptie of pleegzorg, valt in het jaar voorafgaand aan de datum van aanvraag. Het Uitvoeringsinstituut werknemersverzekeringen kan in bijzondere gevallen ten gunste van de gelijkgestelde afwijken van de eerste zin.
5. Voor de toepassing van dit artikel wordt onder gelijkgestelde mede verstaan degene die recht op uitkering heeft op grond van artikel 3:10.

De hoogte van de uitkering

Art. 3:13
1. De uitkering, bedoeld in deze paragraaf, bedraagt per dag het dagloon.
2. Voor de berekening van de uitkering waarop op grond van deze paragraaf recht bestaat, wordt als dagloon beschouwd 1/261 deel van het loon, bedoeld in hoofdstuk 3 van de Wet financiering sociale verzekeringen, dat de werknemer of de gelijkgestelde, bedoeld in artikel 3:6, dan wel de betrokkene, bedoeld in artikel 3:10, in de periode van één jaar, die eindigt op de laatste dag van het tweede aangiftetijdvak voorafgaande aan het aangiftetijdvak waarin het recht op uitkering op grond van deze paragraaf is ontstaan, verdiende in de dienstbetrekking waaruit dat recht is ontstaan, doch ten hoogste het bedrag, bedoeld in artikel 17, eerste lid, van de Wet financiering sociale verzekeringen, met betrekking tot een loontijdvak van een dag.
3. In afwijking van het tweede lid, wordt, indien de gelijkgestelde, bedoeld in artikel 3:6, eerste lid, direct voorafgaand aan het recht op uitkering op grond van deze wet of de betrokkene, bedoeld in artikel 3:10, voorafgaand aan het recht op uitkering op grond van deze wet, een recht op uitkering heeft gehad op grond van de Ziektewet of Werkloosheidswet, met uitzondering van artikel 18 en hoofdstuk IV, of de Wet werk en inkomen naar arbeidsvermogen, voor de hoogte van het dagloon uitgegaan van het dagloon zoals dat op grond van de Ziektewet, Werkloosheidswet, of Wet werk en inkomen naar arbeidsvermogen is vastgesteld en herzien.
4. Bij algemene maatregel van bestuur worden ten aanzien van de vaststelling en de herziening van het dagloon, bedoeld in het tweede en derde lid, nadere en zo nodig afwijkende regels gesteld, onder meer over de vaststelling en herziening van het dagloon wanneer de dienstbetrekking in het tweede lid, korter heeft geduurd dan het jaar, bedoeld in dat lid en over de vaststelling van het dagloon voor de vrijwillig verzekerde, bedoeld in artikel 3:6, tweede lid, van deze wet.
5. Op een op grond van dit artikel vastgesteld dagloon, is artikel 16 van de Ziektewet van overeenkomstige toepassing.
6. Indien het recht op uitkering op grond van de Werkloosheidswet van:
a. de gelijkgestelde die als gelijkgestelde wordt aangemerkt op grond van de artikelen 3:6, eerste lid, van deze wet en 7, onderdeel a, van de Ziektewet; of
b. de betrokkene, bedoeld in artikel 3:10, die voorafgaand aan de uitkering op grond van deze wet een uitkering op grond van de Werkloosheidswet heeft gehad,
is gebaseerd op de Werkloosheidswet zoals deze luidde voor inwerkingtreding van artikel XXVI, onderdeel S, van de Wet werk en zekerheid, dan blijft artikel 3:13, zoals dat luidde voor de inwerkingtreding van artikel XIV, onderdeel B, van de Verzamelwet SZW 2015 van toepassing en wordt in het tweede lid «op grond van de artikelen 15 en 16 van de Ziektewet en de daarop berustende bepalingen» gelezen als: op grond van de artikelen 15 en 16 van de Ziektewet en de daarop berustende bepalingen zoals deze luidden op de dag voor de inwerkingtreding van de artikelen XXVI, onderdeel S en XXVIII, onderdeel A, van de Wet werk en zekerheid.
7. Indien het recht op uitkering op grond van de Werkloosheidswet van de gelijkgestelde, die als gelijkgestelde wordt aangemerkt op grond van de artikelen 3:6, eerste lid, of 3:10 van deze wet en 8, onderdeel a, van de Ziektewet, en die persoon direct voorafgaand aan de uitkering op grond van de Ziektewet een recht op uitkering had op grond van de Werkloosheidswet, is gebaseerd op de Werkloosheidswet zoals deze luidde voor inwerkingtreding van de artikelen XXVI, onderdeel S en XXVIII, onderdeel A, van de Wet werk en zekerheid, dan blijft artikel 3:13 van deze wet, zoals deze luidde voor de inwerkingtreding van artikel XIV, onderdeel B,

Hoogte uitkering, dagloon
Dagloon, berekening

van de Verzamelwet SZW 2015 en van artikel XXVIII, onderdeel A, van de Wet werk en zekerheid van toepassing.
8. Het zesde tot en met achtste lid vervallen met ingang van een bij koninklijk besluit te bepalen tijdstip.

De uitbetaling van de uitkering

Art. 3:14

Uitbetaling uitkering

1. De betaling geschiedt als regel in tijdvakken van een maand.
2. De uitkering wordt betaald over iedere dag, doch niet over de zaterdagen en de zondagen.
3. De artikelen 40, 41, 47a, 48 en 85 van de Ziektewet zijn van overeenkomstige toepassing.

Art. 3:14a Opschorting betaling bij vertrek naar onbekende bestemming

Opschorting betaling aan instellingen bij vertrek uitkeringsgerechtigde naar onbekende bestemming

1. Is van de aanvrager of ontvanger van een uitkering in verband met zwangerschap en bevalling bij het Uitvoeringsinstituut werknemersverzekeringen een adres in Nederland bekend, terwijl in de basisregistratie personen ambtshalve is opgenomen dat hij is vertrokken naar een onbekend land van verblijf, dan verzoekt het Uitvoeringsinstituut werknemersverzekeringen hem de afwijkende registratie in de basisregistratie personen binnen een redelijke termijn ongedaan te laten maken.
2. Wanneer na afloop van deze termijn, de afwijkende registratie niet is beëindigd of als uit de basisregistratie personen niet blijkt dat het college van burgemeester en wethouders van de desbetreffende gemeente de gegevens over het adres in onderzoek heeft genomen, schort het Uitvoeringsinstituut werknemersverzekeringen de betaling van de uitkering aan de persoon, die recht heeft op de uitkering, op.
3. De opschorting wordt beëindigd zodra is vastgesteld dat de persoon, bedoeld in het tweede lid, in het buitenland woont of verblijft of dat een adres in Nederland in de basisregistratie personen is opgenomen.
4. Indien het onderzoek van het college van burgemeester en wethouders is afgerond en de persoon, bedoeld in het tweede lid, in de basisregistratie personen ambtshalve opgenomen blijft met gegevens over het vertrek uit Nederland, schort het Uitvoeringsinstituut werknemersverzekeringen de betaling van de uitkering op tot verblijf in het buitenland kan worden vastgesteld of een adres in Nederland in de basisregistratie personen is opgenomen.

Financiering

Art. 3:15

[Vervallen]

Van overeenkomstige toepassing zijnde artikelen

Art. 3:16

Schakelbepalingen

1. Met betrekking tot een uitkering op grond van deze paragraaf zijn de volgende artikelen van de Ziektewet en de op die artikelen berustende bepalingen van overeenkomstige toepassing:
a. ter zake van het recht op uitkering: de artikelen 19a, 19b, 19c en 87c;
b. ter zake van herziening of intrekking: artikel 30a;
c. ter zake van overlijden: de artikelen 1, tweede tot en met zevende lid, en 35;
d. ter zake van oproeping en ondervraging: artikel 37;
e. ter zake van ontheffing in verband met gemoedsbezwaren: artikel 43;
f. ter zake van maatregelen: artikel 45, eerste lid, onderdelen e, h, i, j en r, en tweede tot en met zesde lid;
g. ter zake van de inlichtingenverplichting: artikel 49;
h. ter zake van de uitvoering: de artikelen 51, 53 tot en met 55 en 59;
i. ter zake van de termijn waarbinnen op het bezwaarschrift moet zijn beslist: artikel 74;
j. ter zake van het beroep in cassatie: artikel 75c;
k. [vervallen;]
l. ter zake van de toepasselijkheid van de Algemene termijnenwet: artikel 89;
m. ter zake van terugvordering: de artikelen 33 tot en met 34a;
n. ter zake van vervreemding, verpanding en volmacht tot ontvangst: artikel 50;
o. ter zake van bestuurlijke boeten: de artikelen 45a, 45g en 45h;
p. ter zake van het afzien van het horen van de belanghebbende: artikel 72d.
2. De strafbepaling van artikel 84, eerste lid, van de Wet structuur uitvoeringsorganisatie werk en inkomen is van overeenkomstige toepassing.
3. In afwijking van het eerste lid, is op de werknemer en de gelijkgestelde, bedoeld in artikel 3:6, tweede lid, artikel 43 van de Ziektewet niet van overeenkomstige toepassing en zijn van artikel 55 van de Ziektewet alleen de eerste volzin van het eerste lid en het zevende lid van overeenkomstige toepassing.

4. Artikel 35, derde lid, van de Ziektewet is van overeenkomstige toepassing ongeacht of het recht op uitkering met ingang van de dag na het overlijden binnen een maand zou zijn geëindigd.

§ 2
De zelfstandige en de beroepsbeoefenaar op arbeidsovereenkomst

Art. 3:17 Het begrip zelfstandige en beroepsbeoefenaar op arbeidsovereenkomst

1. Voor de toepassing van deze paragraaf wordt verstaan onder:

a. beroepsbeoefenaar op arbeidsovereenkomst: de werknemer, bedoeld in artikel 1:1, onderdeel b, die op grond van artikel 6, eerste lid, onderdeel c, van de Ziektewet, geen werknemer in de zin van die wet is;

b. zelfstandige: de persoon die de pensioengerechtigde leeftijd, bedoeld in artikel 7a, eerste lid, van de Algemene Ouderdomswet, nog niet heeft bereikt, die:

1°. in Nederland woont en die winst uit onderneming geniet, tenzij hij de onderneming niet voor eigen rekening feitelijk drijft;
2°. niet in Nederland woont en die belastbare winst uit onderneming geniet als bedoeld in afdeling 7.2, van de Wet inkomstenbelasting 2001, tenzij hij de onderneming niet voor eigen rekening feitelijk drijft;
3°. anders dan uit dienstbetrekking inkomsten uit tegenwoordige arbeid geniet;
4°. anders dan in dienstbetrekking arbeid verricht ten behoeve van een lichaam waarin hij een aanmerkelijk belang heeft;
5°. directeur-grootaandeelhouder is en het werk tot stand brengt uitsluitend voor rekening en risico van de onderneming van de rechtspersoon waarvan hij directeur-grootaandeelhouder is;
6°. anders dan in dienstbetrekking of als zelfstandige als bedoeld in de onderdelen 1° tot en met 5° meewerkt in de onderneming van een echtgenoot of geregistreerde partner;

c. winst uit onderneming: de belastbare winst uit onderneming, bedoeld in paragraaf 3.2.1 van de Wet inkomstenbelasting 2001, vermeerderd met de ondernemersaftrek, bedoeld in paragraaf 3.2.4 van die wet, en de MKB-winstvrijstelling, bedoeld in paragraaf 3.2.5, van die wet;

d. dienstbetrekking: een dienstbetrekking in de zin van de Ziektewet;

e. aanmerkelijk belang: aanmerkelijk belang als bedoeld in hoofdstuk 4 van de Wet inkomstenbelasting 2001;

f. inkomsten uit tegenwoordige arbeid: het gezamenlijke bedrag van:
1°. het belastbaar loon uit tegenwoordige arbeid, bedoeld in afdeling 3.3 van de Wet inkomstenbelasting 2001;
2°. het belastbaar loon ter zake van het in Nederland verrichten van arbeid, bedoeld in afdeling 7.2 van de Wet inkomstenbelasting 2001;
3°. het belastbaar resultaat uit overige werkzaamheden, bedoeld in afdeling 3.4 van de Wet inkomstenbelasting 2001, behoudens voor zover het een werkzaamheid betreft als bedoeld in de artikelen 3.91, eerste lid, onderdelen a en b, en 3.92 van de Wet inkomstenbelasting 2001; en
4°. het belastbaar resultaat uit overige werkzaamheden in Nederland, bedoeld in afdeling 7.2, van de Wet inkomstenbelasting 2001, behoudens voor zover het een werkzaamheid betreft als bedoeld in de artikelen 3.91, eerste lid, onderdelen a en b, en 3.92 van de Wet inkomstenbelasting 2001.

2. Door Onze Minister worden, in overeenstemming met Onze Minister van Financiën, regels gesteld omtrent hetgeen onder directeur-grootaandeelhouder als bedoeld in het eerste lid onderdeel 5°, wordt verstaan.

> *Recht op uitkering voor de zelfstandige, de beroepsbeoefenaar op arbeidsovereenkomst en de partner, bedoeld in artikel 3:1a, tweede lid*

Art. 3:18

1. De vrouwelijke beroepsbeoefenaar op arbeidsovereenkomst heeft gedurende de periode dat het zwangerschaps- en bevallingsverlof wordt genoten overeenkomstig artikel 3:1, tweede lid, derde lid, recht op uitkering. Artikel 3:1, vijfde lid, en artikel 3:3, tweede lid, tweede volzin, zijn van overeenkomstige toepassing.

2. De vrouwelijke zelfstandige heeft in verband met haar zwangerschap en bevalling recht op uitkering gedurende ten minste zestien weken. Artikel 3:1, vijfde lid, en artikel 3:3, tweede lid, tweede volzin, zijn van overeenkomstige toepassing.

3. Het recht op uitkering in verband met zwangerschap vangt aan zes weken voor de dag na de vermoedelijke datum van bevalling, of tien weken voor die dag indien het een zwangerschap van meer dan één kind betreft, zoals aangegeven in een schriftelijke verklaring van een arts of verloskundige, tot en met de dag van de bevalling. Indien de vrouwelijke zelfstandige dat wenst, vangt het recht op uitkering in verband met zwangerschap aan op een later tijdstip, doch uiterlijk vier weken voor de dag na de vermoedelijke datum van bevalling of uiterlijk acht weken voor die dag indien het een zwangerschap van meer dan één kind betreft.

4. Het recht op uitkering in verband met bevalling vangt aan op de dag na de bevalling en bedraagt tien aaneengesloten weken vermeerderd met het aantal dagen dat de uitkering in verband met zwangerschap tot en met de vermoedelijke datum van bevalling, dan wel, indien eerder gelegen, tot en met de werkelijke datum van bevalling, minder dan zes weken heeft bedragen of, indien het een zwangerschap van meer dan een kind betreft, minder dan tien weken heeft bedragen.

5. Voor de toepassing van het vierde lid worden dagen waarover de vrouwelijke zelfstandige ziekengeld heeft genoten in de periode dat zij recht heeft op uitkering in verband met zwangerschap maar die uitkering nog niet is ingegaan, aangemerkt als dagen waarover zij uitkering in verband met zwangerschap heeft genoten.

6. Geen recht op uitkering heeft de vreemdeling die niet rechtmatig in Nederland verblijf houdt in de zin van artikel 8, onderdeel a tot en met e en l, van de Vreemdelingenwet 2000

Nadere regels

7. Bij algemene maatregel van bestuur kan worden afgeweken van het zesde lid ten aanzien van:
   a. vreemdelingen die rechtmatig in Nederland arbeid verrichten, dan wel hebben verricht;
   b. vreemdelingen die, na rechtmatig verblijf te hebben gehouden in de zin van artikel 8, onder a tot en met e en l, van de Vreemdelingenwet 2000 rechtmatig in Nederland verblijf hebben als bedoeld in artikel 8, onder g of h, van de Vreemdelingenwet 2000.

8. Zo nodig in afwijking van het zesde en het zevende lid en de daarop berustende bepalingen, bestaat recht op een uitkering voor de persoon voor wie dit recht voortvloeit uit de toepassing van bepalingen van een verdrag of van een besluit van een volkenrechtelijke organisatie en bestaat geen recht op een uitkering voor de persoon op wie op grond van een verdrag of een besluit van een volkenrechtelijke organisatie de wetgeving van een andere mogendheid van toepassing is.

9. Bij of krachtens algemene maatregel van bestuur kan, in afwijking van het zesde lid en van artikel 3:17, eerste lid, uitbreiding dan wel beperking worden gegeven aan de kring van verzekerden.

10. De zelfstandige, de beroepsbeoefenaar op arbeidsovereenkomst, of de persoon wiens arbeidsverhouding gelijkgesteld is met een dienstbetrekking als bedoeld in artikel 4 of 5 van de Ziektewet, en die partner is als bedoeld in artikel 3:1a, tweede lid, heeft, indien de moeder overlijdt tijdens de periode, waarin recht op uitkering bestaat op grond van artikel 3:7, 3:8 of 3:18, recht op uitkering gedurende het resterende aantal weken waarover voor de moeder nog recht op uitkering zou bestaan, met dien verstande dat artikel 3:1, vijfde lid, van overeenkomstige toepassing is.

11. De zelfstandige, de beroepsbeoefenaar op arbeidsovereenkomst of de persoon wiens arbeidsverhouding gelijkgesteld is met een dienstbetrekking als bedoeld in artikel 4 of 5 van de Ziektewet, en die partner is als bedoeld in artikel 3:1a, tweede lid, heeft recht op uitkering, indien de moeder, die geen recht had op bevallingsverlof of een uitkering als bedoeld in afdeling 2 van hoofdstuk 3, overlijdt voordat tien weken na de dag van de geboorte van het kind zijn verstreken. Het recht bestaat vanaf de dag van overlijden en eindigt tien weken na de dag van de geboorte van het kind, met dien verstande dat artikel 3:1, vijfde lid, van overeenkomstige toepassing is.

Art. 3:19-3:20

[Vervallen]

Uitkering terzake van vervanging

Art. 3:21

Uitkering ter zake vervanging

1. De vrouwelijke zelfstandige of vrouwelijke beroepsbeoefenaar op arbeidsovereenkomst kan een recht op uitkering op grond van artikel 3:18, tezamen met het recht op vakantie-uitkering daarover, genieten in de vorm van een uitkering ter zake van vervanging.

Voorwaarden

2. Toekenning van een uitkering ter zake van vervanging, bedoeld in het eerste lid, is uitsluitend mogelijk:
   a. indien ter vervanging van de vrouwelijke zelfstandige of vrouwelijke beroepsbeoefenaar op arbeidsovereenkomst een persoon werkzaam is gedurende de periode dat het recht op uitkering bestaat, en
   b. de persoon die als vervanger werkzaam is, ter beschikking wordt gesteld door een rechtspersoonlijkheid bezittende instelling, die zich krachtens haar statuten ten doel stelt arbeidskrachten ter beschikking te stellen.

Aanvraag van uitkering

Art. 3:22
1. De vrouwelijke zelfstandige of de vrouwelijke beroepsbeoefenaar op arbeidsovereenkomst, die in aanmerking wenst te komen voor toekenning van een uitkering in verband met zwangerschap en bevalling, doet de aanvraag daartoe bij het Uitvoeringsinstituut werknemersverzekeringen uiterlijk twee weken voor de datum van ingang van het zwangerschapsverlof. Bij die aanvraag wordt gemeld:
Aanvraag uitkering
   a. de vermoedelijke datum van bevalling, onder overlegging van de verklaring van een arts of van een verloskundige waarin die datum is aangegeven;
   b. de datum waarop het zwangerschapsverlof, respectievelijk het recht op uitkering, bedoeld in artikel 3:18, tweede lid, ingaat;
   c. of zij de uitkering wil genieten in de vorm van een uitkering ter zake van vervanging.
2. Indien de aanvraag niet tijdig wordt gedaan, wordt de uitkering uitsluitend toegekend voor zover het tijdvak waarin sprake was van recht op uitkering in verband met zwangerschap en bevalling, valt in het jaar voorafgaand aan de aanvraag. Het Uitvoeringsinstituut werknemersverzekeringen kan in bijzondere gevallen ten gunste van de vrouwelijke zelfstandige of de vrouwelijke beroepsbeoefenaar op arbeidsovereenkomst afwijken van de eerste zin.
Niet tijdige aanvraag uitkering
3. De aanvraag voor de uitkering, bedoeld in artikel 3:18, tiende of elfde lid, doet de partner, bedoeld in artikel 3:1a, tweede lid, uiterlijk twee weken na de datum van het overlijden bij het Uitvoeringsinstituut werknemersverzekeringen. Bij de aanvraag wordt een afschrift van de akte van overlijden van de moeder en van de akte van geboorte van het kind gevoegd.
4. Het Uitvoeringsinstituut werknemersverzekeringen kan in bijzondere gevallen ten gunste van de partner, bedoeld in artikel 3:1a, tweede lid, afwijken van de termijn bedoeld in het derde lid.
5. De vrouwelijke zelfstandige, de vrouwelijke beroepsbeoefenaar op arbeidsovereenkomst of de partner, bedoeld in artikel 3:1a, tweede lid, die zelfstandige of beroepsbeoefenaar op arbeidsovereenkomst is of de persoon wiens arbeidsverhouding gelijk is gesteld met een dienstbetrekking als bedoeld in artikel 4 of 5 van de Ziektewet verstrekt in voorkomend geval aan het Uitvoeringsinstituut werknemersverzekeringen de verklaring, bedoeld in artikel 3:3, tweede lid.

De hoogte van de uitkering

Art. 3:23
1. De uitkering in verband met zwangerschap en bevalling wordt overeenkomstig artikel 8 van de Wet arbeidsongeschiktheidsverzekering zelfstandigen berekend naar de grondslag met dien verstande dat bij de overeenkomstige toepassing van het derde lid van dat artikel voor «intreden van zijn arbeidsongeschiktheid als beroepsbeoefenaar» wordt gelezen: de ingangsdatum van het recht op uitkering.
Hoogte uitkering
2. De uitkering, bedoeld in het eerste lid, bedraagt per dag 100% van de grondslag.
3. Zo nodig in afwijking van het tweede lid en van artikel 3:29, derde lid, onder b, bedraagt de uitkering in verband met zwangerschap en bevalling 100% van het minimumloon, bedoeld in artikel 8, eerste lid, onderdeel a, van de Wet minimumloon en minimumvakantiebijslag, indien de vrouwelijke zelfstandige in het kalenderjaar voorafgaand aan het jaar waarin het recht op uitkering ontstaat als zelfstandige, aan werkzaamheden voor één of meer ondernemingen tenminste het aantal uren heeft besteed dat is vermeld in artikel 3.6, eerste lid, van de Wet inkomstenbelasting 2001.
4. De uitkering in verband met het overlijden van de moeder bedraagt voor de partner, bedoeld in artikel 3:18, tiende of elfde lid, 100% van het minimumloon, bedoeld in artikel 8, eerste lid, aanhef en onderdeel a, van de Wet minimumloon en minimumvakantiebijslag.

De hoogte van de uitkering terzake van vervanging

Art. 3:24
De uitkering ter zake van vervanging bedraagt de grondslag, bedoeld in artikel 3:23, eerste lid, vermeerderd met het bedrag aan premies en aan inkomensafhankelijke bijdrage als bedoeld in artikel 42 van de Zorgverzekeringswet, dat het Uitvoeringsinstituut werknemersverzekeringen bij uitbetaling als uitkering in verband met zwangerschap en bevalling daarover verschuldigd zou zijn.
Hoogte uitkering ter zake vervanging

De uitbetaling van de uitkering

Art. 3:25
1. De betaling geschiedt als regel in tijdvakken van een maand.
Uitbetaling uitkering
2. De uitkering wordt betaald over iedere dag, doch niet over de zaterdagen en de zondagen.

art. 3:27

3. De uitkering ter zake van vervanging wordt uitbetaald aan de instelling bedoeld in artikel 3:21, tweede lid, onderdeel b.
4. De artikelen 55, tweede tot en met vijfde lid, 55a, 57, 62 en 66 van de Wet arbeidsongeschiktheidsverzekering zelfstandigen zijn van overeenkomstige toepassing.

Financiering

Art. 3:26
[Vervallen]

Van overeenkomstige toepassing zijnde artikelen

Art. 3:27

Schakelbepalingen

1. Met betrekking tot een uitkering op grond van deze paragraaf zijn de volgende artikelen van de Wet arbeidsongeschiktheidsverzekering zelfstandigen en de op die artikelen berustende bepalingen van overeenkomstige toepassing:
   a. ter zake van het recht op uitkering: de artikelen 7a, 7b, 7c, 19, vierde en vijfde lid, 19a, 21a, 21b, 21c en 101g;
   b. ter zake van herziening of intrekking: artikel 18;
   c. ter zake van de vakantie-uitkering: de artikelen 25 tot en met 27, 40 en 60;
   d. ter zake van oproeping en ondervraging: de artikelen 41, eerste lid, en 42;
   e. ter zake van maatregelen: de artikelen 45, artikel 46, eerste lid, onderdelen d en k, en 47;
   f. ter zake van de inlichtingenverplichting: artikel 70;
   g. ter zake van de uitvoering: artikel 81;
   h. ter zake van de termijn waarbinnen op het bezwaarschrift moet zijn beslist: artikel 96, eerste lid;
   i. ter zake van het beroep in cassatie: artikel 98;
   j. [vervallen;]
   k. ter zake van terugvordering: artikel 63, met dien verstande dat bij algemene maatregel van bestuur kan worden bepaald dat, in afwijking van het eerste lid van dat artikel, onder bij dat besluit te bepalen omstandigheden, een uitkering ter zake van vervanging niet wordt teruggevorderd;
   l. ter zake van vervreemding, verpanding en volmacht tot ontvangst: artikel 66;
   m. ter zake van bestuurlijke boeten: de artikelen 48, 54 en 54a;
   n. ter zake van het afzien van het horen van de belanghebbende: artikel 95b.
2. De strafbepaling van artikel 84, eerste lid, van de Wet structuur uitvoeringsorganisatie werk en inkomen is van overeenkomstige toepassing.
3. Artikel 56 van de Wet arbeidsongeschiktheidsverzekering zelfstandigen is van overeenkomstige toepassing op een uitkering op grond van deze paragraaf met uitzondering van de uitkering ter zake van vervanging.
4. Ter zake van overlijden zijn de artikelen 1, tweede tot en met zevende lid, 61 en 67, onderdeel b, van de Wet arbeidsongeschiktheidsverzekering zelfstandigen van overeenkomstige toepassing met dien verstande dat:
   a. het derde lid van artikel 61 wordt toegepast ongeacht of het recht op uitkering met ingang van de dag na het overlijden binnen een maand zou zijn geëindigd;
   b. indien een uitkering is toegekend in de vorm van een uitkering ter zake van vervanging, de overlijdensuitkering wordt betaald overeenkomstig het eerste lid van artikel 61, als was de uitkering toegekend als uitkering in verband met zwangerschap en bevalling of adoptie. Het zevende lid van artikel 61 blijft daarbij buiten toepassing.
5. Het Uitvoeringsinstituut werknemersverzekeringen handelt overeenkomstig artikel 45 van de Wet arbeidsongeschiktheidsverzekering zelfstandigen indien de vrouwelijke beroepsbeoefenaar op arbeidsovereenkomst of de vrouwelijke zelfstandige zich niet houdt aan het voorschrift, bedoeld in artikel 3:22, eerste lid.
6. Op de instelling, bedoeld in artikel 3:21, tweede lid, onderdeel b, is artikel 70, eerste lid, van de Wet arbeidsongeschiktheidsverzekering zelfstandigen van overeenkomstige toepassing.

§ 3
Slotbepalingen

Controlevoorschriften

Art. 3:28

Controlevoorschriften UWV

Het Uitvoeringsinstituut werknemersverzekeringen kan controlevoorschriften vaststellen. Deze voorschriften mogen niet verder gaan dan strikt noodzakelijk is voor een juiste uitvoering van deze afdeling.

Samenloop

Art. 3:29
1. Indien een persoon over dezelfde periode op grond van dezelfde paragraaf zowel recht heeft op een uitkering in verband met zwangerschap en bevalling als op een uitkering in verband met adoptie of pleegzorg, wordt haar de uitkering in verband met adoptie of pleegzorg of ter zake van vervanging in verband met adoptie of pleegzorg niet uitbetaald.

Samenloop uitkeringen

Indien een persoon over dezelfde periode op grond van dezelfde paragraaf zowel recht heeft op een uitkering in verband met adoptie als op een uitkering in verband met pleegzorg wordt hem de uitkering in verband met pleegzorg of ter zake van vervanging in verband met pleegzorg niet uitbetaald.

2. Indien een persoon over dezelfde periode zowel recht heeft op een uitkering op grond van paragraaf 1 als op een uitkering op grond van paragraaf 2 van deze afdeling, wordt hem de uitkering op grond van paragraaf 2 uitbetaald voorzover deze de uitkering op grond van paragraaf 1 van deze afdeling overtreft. Indien de uitkering op grond van paragraaf 1 geheel of gedeeltelijk wordt geweigerd op grond van enig handelen of nalaten dat de betrokkene kan worden verweten, wordt voor de toepassing van dit lid die uitkering in aanmerking genomen alsof die weigering niet heeft plaatsgevonden.

3. Indien een vrouwelijke zelfstandige of een vrouwelijke beroepsbeoefenaar op arbeidsovereenkomst over eenzelfde periode zowel recht heeft op een uitkering op grond van paragraaf 1, als op een uitkering op grond van paragraaf 2 van deze afdeling, worden haar, in afwijking van het tweede lid, zowel de uitkering op grond van paragraaf 1, als de uitkering op grond van paragraaf 2 uitbetaald, mits de vrouwelijke zelfstandige of de vrouwelijke beroepsbeoefenaar op arbeidsovereenkomst niet vrijwillig verzekerd is als bedoeld in de Tweede Afdeling, Hoofdstuk IV, van de Ziektewet en voor zover:
a. werkzaamheden als vrouwelijke zelfstandige of vrouwelijke beroepsbeoefenaar op arbeidsovereenkomst worden verricht; en
b. de uitkering op grond van paragraaf 1 en de uitkering op grond van paragraaf 2 samen niet meer bedragen dan 100% van de som van de inkomsten uit of in verband met arbeid die de vrouwelijke zelfstandige of de vrouwelijke beroepsbeoefenaar op arbeidsovereenkomst ontving op de dag direct voorafgaande aan de dag waarop recht op uitkering op grond van afdeling 2, paragraaf 1, en de uitkering op grond van afdeling 2, paragraaf 2, ontstaat.

4. Indien een gelijkgestelde als bedoeld in artikel 3:6, eerste lid, onderdeel b, onder 2°, over dezelfde periode tevens uit andere hoofde recht heeft op één of meerdere uitkeringen op grond van paragraaf 1, wordt de uitkering van de gelijkgestelde uitbetaald voorzover deze uitkering samen met de andere uitkeringen niet meer bedraagt dan 100% van het dagloon dat ten grondslag ligt aan de loongerelateerde uitkering van de werkhervattingsuitkering gedeeltelijk arbeidsgeschikten.

5. Indien een persoon over dezelfde periode zowel recht heeft op een uitkering op grond van paragraaf 1 van deze afdeling als op arbeidsongeschiktheidsuitkering op grond van de Wet op de arbeidsongeschiktheidsverzekering wordt eerstgenoemde uitkering uitbetaald voorzover deze samen met de arbeidsongeschiktheidsuitkering niet meer bedraagt dan het hoogste van de daglonen, die aan die uitkeringen ten grondslag liggen.

6. Indien een persoon over dezelfde periode zowel recht heeft op een uitkering op grond van paragraaf 2 van deze afdeling als op een arbeidsongeschiktheidsuitkering op grond van de Wet arbeidsongeschiktheidsverzekering zelfstandigen, wordt:
a. indien de grondslag van de eerstgenoemde uitkering lager is dan de grondslag van de arbeidsongeschiktheidsuitkering of daaraan gelijk is, de eerstgenoemde uitkering uitbetaald voorzover deze samen met de arbeidsongeschiktheidsuitkering niet meer bedraagt dan de grondslag van de arbeidsongeschiktheidsuitkering;
b. indien de grondslag van de eerstgenoemde uitkering hoger is dan de grondslag van de arbeidsongeschiktheidsuitkering, de eerstgenoemde uitkering uitbetaald voorzover deze samen met de arbeidsongeschiktheidsuitkering niet meer bedraagt dan de grondslag van de eerstgenoemde uitkering;
c. indien het recht op eerstgenoemde uitkering ontstaat in het tijdvak van 52 weken bedoeld in artikel 7, tweede lid, van de Wet arbeidsongeschiktheidsverzekering zelfstandigen, in afwijking van de onderdelen a en b, de eerstgenoemde uitkering uitbetaald voorzover deze de arbeidsongeschiktheidsuitkering overtreft.

7. Voor de toepassing van het tweede tot en met zesde lid wordt onder arbeidsongeschiktheidsuitkering op grond van de Wet op de arbeidsongeschiktheidsverzekering, arbeidsongeschiktheidsuitkering op grond van de Wet arbeidsongeschiktheidsverzekering zelfstandigen, uitkering op grond van paragraaf 1 van deze afdeling en uitkering op grond van paragraaf 2 van deze afdeling tevens verstaan de vakantie-uitkering waarop uit hoofde van die arbeidsongeschiktheidsuitkeringen en die uitkeringen recht bestaat, voor zover die vakantie-uitkering over dezelfde periode is berekend.

8. Indien de arbeidsongeschiktheidsuitkering geheel of gedeeltelijk wordt geweigerd op grond van enig handelen of nalaten dat de betrokkene kan worden verweten, wordt voor de toepassing van het vierde en vijfde lid de arbeidsongeschiktheidsuitkering in aanmerking genomen alsof die weigering niet heeft plaatsgevonden.

Overgangsrecht zelfstandigen en beroepsbeoefenaren op arbeidsovereenkomst

Art. 3:30

Overgangsbepalingen

1. Op de zelfstandige, bedoeld in artikel 3:17, onderdeel a, zoals dat luidde op de dag voorafgaand aan de inwerkingtreding van artikel II, onderdeel D, van de Wet einde toegang verzekering WAZ, van wie de vermoedelijke of feitelijke bevallingsdatum valt binnen 40 weken na de inwerkingtreding van dat artikel dan wel die binnen 40 weken na de inwerkingtreding van dat artikel feitelijk een kind ter adoptie of pleegzorg heeft opgenomen, blijft hoofdstuk 3, afdeling 2, paragraaf 2, zoals dat luidde op de dag voorafgaand aan de inwerkingtreding van artikel II, onderdeel D, van de Wet einde toegang verzekering WAZ van toepassing met betrekking tot die bevalling dan wel die opneming.
2. Op de beroepsbeoefenaar op arbeidsovereenkomst, bedoeld in artikel 3:17, onderdeel b, zoals dat onderdeel luidde op de dag voorafgaand aan de inwerkingtreding van artikel II, onderdeel D, van de Wet einde toegang verzekering WAZ, die binnen 40 weken na de inwerkingtreding van dat artikel feitelijk een kind ter adoptie of pleegzorg heeft opgenomen, blijft hoofdstuk 3, afdeling 2, paragraaf 2, zoals dat luidde voorafgaand aan de inwerkingtreding van artikel II, onderdeel D, van de Wet einde toegang verzekering WAZ van toepassing met betrekking tot die opneming.
3. In afwijking van het eerste en tweede lid komen de onder toepassing van dit artikel te betalen uitkeringen en de uitvoeringskosten met betrekking tot die uitkeringen ten laste van het Arbeidsongeschiktheidsfonds.

Overgangsrecht in verband met zwangerschap- en bevallingsverlof en de uitkering van anderen dan de vrouwelijke werknemer

Art. 3:31

Overgangsrecht i.v.m. zwangerschaps- en bevallingsverlof

1. Indien de vrouwelijke werknemer op het tijdstip waarop de Wet van 17 december 2014 houdende modernisering regelingen voor verlof en arbeidstijden (Stb. 565) in werking treedt reeds met zwangerschaps- of bevallingsverlof is, blijven op dat verlof afdeling 1 en afdeling 2, paragraaf 1, van dit hoofdstuk van toepassing zoals die luidden op de dag voorafgaande aan het tijdstip van inwerkingtreding van genoemde wet.
2. Indien de vrouwelijke gelijkgestelde, de vrouwelijke zelfstandige en de vrouwelijke beroepsbeoefenaar op arbeidsovereenkomst op het tijdstip waarop de in het eerste lid bedoelde wet in werking treedt een uitkering heeft in verband met haar zwangerschap of bevalling blijft op die uitkering afdeling 2, paragrafen 2 en 3, van dit hoofdstuk van toepassing zoals die luidde op de dag voorafgaande aan het tijdstip van inwerkingtreding van de in het eerste lid genoemde wet.
3. Het recht op verlof, bedoeld in artikel 3:1a, eerste of vierde lid, en het recht op uitkering, bedoeld in artikel 3:18, tiende of elfde lid, zijn van toepassing op de partner, bedoeld in artikel 3:1a, tweede lid, indien de moeder bevallingsverlof of een uitkering als bedoeld in artikel 3.18 geniet, ingegaan voor de datum van inwerkingtreding van artikel I, onderdeel Ca, van de Wet van 17 december 2014 houdende modernisering regelingen voor verlof en arbeidstijden (Stb. 565) en de moeder na dat tijdstip overlijdt.

Hoofdstuk 4
Kort verzuimverlof en geboorteverlof

§ 1
Verlofvormen

Calamiteiten- en ander kort verzuimverlof

Art. 4:1

Calamiteitenverlof

1. De werknemer heeft recht op verlof met behoud van loon voor een korte, naar billijkheid te berekenen tijd, wanneer hij zijn arbeid niet kan verrichten wegens:
  a. onvoorziene omstandigheden die een onmiddellijke onderbreking van de arbeid vergen;
  b. zeer bijzondere persoonlijke omstandigheden;
  c. een door wet of overheid, zonder geldelijke vergoeding, opgelegde verplichting, waarvan de vervulling niet in zijn vrije tijd kon plaatsvinden;
  d. de uitoefening van het actief kiesrecht.

2. Onder zeer bijzondere persoonlijke omstandigheden worden in ieder geval begrepen: — *Zeer persoonlijke omstandigheden*
a. de bevalling van de echtgenote, de geregistreerde partner of de persoon met wie de werknemer ongehuwd samenwoont;
b. het overlijden en de lijkbezorging van een van zijn huisgenoten of een van zijn bloed- en aanverwanten in de rechte lijn en in de tweede graad van de zijlijn;
c. spoedeisend, onvoorzien of redelijkerwijze niet buiten werktijd om te plannen arts- of ziekenhuisbezoek door de werknemer of de noodzakelijke begeleiding daarbij van de personen, bedoeld in artikel 5:1;
d. noodzakelijke verzorging op de eerste ziektedag van de personen, bedoeld in artikel 5:1.

Art. 4:2 Geboorteverlof
1. Na de bevalling van de echtgenote, de geregistreerde partner, de persoon met wie de werknemer ongehuwd samenwoont of degene van wie de werknemer het kind erkent, heeft de werknemer gedurende een tijdvak van vier weken, te rekenen vanaf de eerste dag na de bevalling, recht op geboorteverlof met behoud van loon van eenmaal de arbeidsduur per week. — *Geboorteverlof*
2. Indien de arbeidsovereenkomst of de publiekrechtelijke aanstelling wordt beëindigd voordat het geboorteverlof volledig is genoten, heeft de werknemer, indien hij een nieuwe arbeidsovereenkomst of publiekrechtelijke aanstelling aangaat, tegenover de nieuwe werkgever aanspraak op het verlof dat nog niet is opgenomen, met inachtneming van dit hoofdstuk.
3. Indien de arbeidsovereenkomst of publiekrechtelijke aanstelling wordt beëindigd, is de werkgever verplicht aan de werknemer, op diens verzoek, een verklaring uit te reiken waaruit blijkt op hoeveel geboorteverlof de werknemer aanspraak heeft.

Art. 4:2a-4:2c
[Treden in werking per 01-07-2020]

§ 2
Melding en informatie

Meldingsverplichting

Art. 4:3
1. De werknemer meldt vooraf aan de werkgever dat hij het verlof, bedoeld in de artikelen 4:1 en 4:2, opneemt onder opgave van de reden. Indien dit niet mogelijk is, meldt de werknemer het opnemen van het verlof zo spoedig mogelijk aan de werkgever onder opgave van de reden. — *Melding opname verlof*
2. Het verlof van de militaire ambtenaar vangt niet aan of eindigt in ieder geval zodra de werkgever aan hem kenbaar maakt dat hij tegen het opnemen van het verlof onderscheidenlijk de voortzetting daarvan een zodanig zwaarwegend dienstbelang heeft, dat het belang van de militaire ambtenaar daarvoor naar maatstaven van redelijkheid en billijkheid moet wijken. — *Militaire ambtenaar*

Informatieverplichting

Art. 4:4
De werkgever kan achteraf van de werknemer verlangen dat hij aannemelijk maakt dat hij zijn arbeid niet heeft kunnen verrichten wegens een van de redenen genoemd in de artikelen 4:1 en 4:2. — *Informatieplicht werknemer*

§ 3
Loonvoorschriften

Art. 4:5
1. Indien de werknemer op grond van enige wettelijk voorgeschreven verzekering of krachtens enige verzekering of uit enig fonds waarin de deelneming is overeengekomen bij of voortvloeit uit de arbeidsovereenkomst of publiekrechtelijke aanstelling, een geldelijke uitkering toekomt, wordt het loon verminderd met het bedrag van die uitkering. — *Vermindering loon*
2. Het loon wordt verminderd met het bedrag van de door de werkgever vergoede onkosten die de werknemer door het niet verrichten van zijn arbeid heeft bespaard.

§ 4
Nadere voorschriften

Compensatie met vakantie-aanspraken

Art. 4:6
1. Dagen of gedeelten van dagen waarop de werknemer zijn arbeid niet verricht wegens het verlof, bedoeld in artikel 4:1, kunnen slechts indien in een voorkomend geval de werknemer — *Aanmerken verlofdagen als vakantiedagen*

ermee instemt worden aangemerkt als vakantie, met dien verstande dat de werknemer ten minste recht houdt op het wettelijk minimum aan vakantie-aanspraken.
2. Dagen of gedeelten van dagen waarop de werknemer zijn arbeid niet verricht wegens het verlof, bedoeld in artikel 4:2, kunnen niet worden aangemerkt als vakantie.

§ 5
Mate van gebondenheid

Recht met afwijkingsmogelijkheden

Art. 4:7

Afwijken bij cao/or 1. Van artikel 4:1, voor wat betreft de loonbetaling, en de artikelen 4:4 tot en met 4:6 kan uitsluitend ten nadele van de werknemer worden afgeweken bij collectieve arbeidsovereenkomst of bij regeling door of namens een daartoe bevoegd bestuursorgaan dan wel, indien geen collectieve arbeidsovereenkomst of regeling van toepassing is of terzake geen bepaling bevat, indien de werkgever terzake schriftelijke overeenstemming heeft bereikt met de ondernemingsraad of, bij het ontbreken daarvan, met de personeelsvertegenwoordiging, met dien verstande dat de werknemer bij afwijking van artikel 4:6 ten minste recht houdt op het wettelijke minimum aan vakantie-aanspraken.

Dwingend recht 2. Van de artikelen 4:2 tot en met 4:3 kan niet ten nadele van een werknemer worden afgeweken.

Hoofdstuk 5
Kort- en langdurend zorgverlof

Afdeling 1
Kortdurend zorgverlof

§ 1
Verlofvorm

Kortdurend zorgverlof

Art. 5:1

Kortdurend zorgverlof 1. De werknemer heeft recht op verlof voor de noodzakelijke verzorging in verband met ziekte van een persoon als bedoeld in het tweede lid.
2. Onder een persoon als bedoeld in het eerste lid, wordt verstaan:
a. de echtgenoot, de geregistreerde partner of de persoon met wie de werknemer ongehuwd samenwoont;
b. een kind tot wie de werknemer als ouder in een familierechtelijke betrekking staat;
c. een kind van de echtgenoot, de geregistreerde partner of de persoon met wie de werknemer ongehuwd samenwoont;
d. een pleegkind dat blijkens de basisregistratie personen op hetzelfde adres woont als de werknemer en dat hij als pleegouder als bedoeld in artikel 1.1 van de Jeugdwet verzorgt;
e. een bloedverwant in de eerste of tweede graad;
f. degene die, zonder dat er sprake is van een arbeidsrelatie, deel uitmaakt van de huishouding van de werknemer; of
g. degene met wie de werknemer anderszins een sociale relatie heeft, voor zover de te verlenen verzorging rechtstreeks voortvloeit uit die relatie en redelijkerwijs door de werknemer moet worden verleend.

Duur verlof

Art. 5:2

Duur zorgverlof Het verlof bedraagt in elke periode van 12 achtereenvolgende maanden ten hoogste twee maal de arbeidsduur per week. De periode van 12 maanden gaat in op de eerste dag waarop het verlof wordt genoten.

§ 2
Melding en informatie

Meldingsverplichting

Art. 5:3

Melding opname verlof De werknemer meldt vooraf aan de werkgever dat hij het verlof, bedoeld in artikel 5:1 opneemt onder opgave van de reden. Indien dit niet mogelijk is, meldt de werknemer het opnemen van het verlof zo spoedig mogelijk aan de werkgever onder opgave van de reden. Bij die melding geeft de werknemer ook de omvang, de wijze van opneming en de vermoedelijke duur van het verlof aan.

Ingang verlof/zwaarwegend bedrijfs- of dienstbelang

Art. 5:4
1. Het verlof gaat in op het tijdstip waarop de werknemer het opnemen ervan meldt aan de werkgever.
2. Het verlof vangt niet aan of eindigt in ieder geval zodra de werkgever aan de werknemer kenbaar maakt dat hij tegen het opnemen van het verlof onderscheidenlijk de voortzetting daarvan een zodanig zwaarwegend bedrijfs- of dienstbelang heeft, dat het belang van de werknemer daarvoor naar maatstaven van redelijkheid en billijkheid moet wijken.
3. Een werkgever die nadat een melding door de werknemer, niet zijnde een militaire ambtenaar, hem bereikt heeft en naar aanleiding daarvan geen beroep doet op een zwaarwegend bedrijfs- of dienstbelang, kan dit nadien evenmin.

Ingang verlof

Zwaarwegend bedrijfs- of dienstbelang

Informatieverplichting

Art. 5:5
De werkgever kan achteraf van de werknemer verlangen dat hij aannemelijk maakt dat hij zijn arbeid niet heeft verricht in verband met de noodzakelijke verzorging van een persoon als bedoeld in artikel 5:1.

Informatieplicht werknemer

§ 3
Loonvoorschriften

Loondoorbetaling

Art. 5:6
1. Voorzover het loon niet meer bedraagt dan het bedrag, bedoeld in artikel 17, eerste lid, van de Wet financiering sociale verzekeringen, met betrekking tot een loontijdvak van een dag, behoudt de werknemer, die anders dan op grond van een publiekrechtelijke aanstelling arbeid verricht, gedurende het verlof, bedoeld in artikel 5:1, recht op 70% van het loon, maar ten minste op het voor hem geldende wettelijke minimumloon.
2. Het eerste lid is van overeenkomstige toepassing op de werknemer, die arbeid verricht op grond van een publiekrechtelijke aanstelling.

Loondoorbetaling

Nadere loonvoorschriften

Art. 5:7
1. Indien de werknemer op grond van enige wettelijk voorgeschreven verzekering of krachtens enige verzekering of uit enig fonds waarin de deelneming is overeengekomen bij of voortvloeit uit de arbeidsovereenkomst of publiekrechtelijke aanstelling, een geldelijke uitkering toekomt, wordt het loon verminderd met het bedrag van die uitkering.
2. Het loon wordt verminderd met het bedrag van de door de werkgever vergoede onkosten die de werknemer door het niet verrichten van zijn arbeid heeft bespaard.

Vermindering loon

§ 4
Nadere voorschriften

Samenloop

Art. 5:8
Indien zowel de in artikel 4:1 als de in artikel 5:1 gestelde voorwaarden worden vervuld, eindigt het in artikel 4:1 bedoelde verlof na één dag.

Samenloop verloven

Afdeling 2
Langdurend zorgverlof

§ 1
Verlofvorm

Langdurend zorgverlof

Art. 5:9

Langdurend zorgverlof — De werknemer heeft recht op verlof zonder behoud van loon voor:
a. de verzorging van een persoon als bedoeld in artikel 5:1, tweede lid, die levensbedreigend ziek is; of
b. de noodzakelijke verzorging van een persoon als bedoeld in artikel 5:1, tweede lid, die ziek of hulpbehoevend is.

Omvang verlof

Art. 5:10

Omvang en duur verlof — Het verlof bedraagt in elke periode van twaalf achtereenvolgende maanden ten hoogste zesmaal de arbeidsduur per week. De periode van twaalf maanden gaat in op de eerste dag waarop het verlof wordt genoten.

§ 2
Verlening, ingang en einde van verlof, informatie

Verzoek, zwaarwegend bedrijfs- of dienstbelang

Art. 5:11

Verzoek om verlof
1. De werknemer dient het verzoek om verlof ten minste twee weken voor het beoogde tijdstip van ingang van het verlof schriftelijk in bij de werkgever onder opgave van de reden, de persoon die verzorging behoeft, het tijdstip van ingang, de omvang, de voorgenomen duur van het verlof en de spreiding van de uren over de week of het anderszins overeengekomen tijdvak.
2. De werknemer verstrekt desgevraagd aan de werkgever schriftelijk aanvullende informatie waarover hij redelijkerwijs en op korte termijn kan beschikken teneinde aannemelijk te maken dat is voldaan aan de op grond van artikel 5:9 geldende voorwaarden. De werkgever doet een schriftelijk verzoek tot het verstrekken van aanvullende informatie binnen een week nadat het verzoek om verlof bij hem is ingediend.
3. De werkgever willigt het verzoek om verlof van de werknemer in, tenzij hij tegen het opnemen van het verlof een zodanig zwaarwegend bedrijfs- of dienstbelang heeft, dat het belang van de werknemer daarvoor naar maatstaven van redelijkheid en billijkheid moet wijken.
4. Een werkgever die geen beroep doet op een zwaarwegend bedrijfs- of dienstbelang, kan dit nadien evenmin, tenzij het een militaire ambtenaar betreft.
5. Indien de werkgever overweegt het verzoek om verlof niet of niet geheel in te willigen, pleegt hij overleg met de werknemer over diens verzoek. De beslissing op het verzoek om verlof wordt door de werkgever schriftelijk aan de werknemer medegedeeld. Indien de werkgever het verzoek niet of niet geheel inwilligt, wordt dit onder opgave van redenen aan de werknemer medegedeeld.
6. Indien de werkgever niet een week voor het beoogde tijdstip van ingang van het verlof de beslissing op het verzoek schriftelijk heeft medegedeeld aan de werknemer, gaat het verlof in overeenkomstig het verzoek van de werknemer. Zolang de werknemer niet heeft voldaan aan een verzoek van de werkgever om informatie als bedoeld in het tweede lid, wordt de in de eerste volzin bedoelde periode verlengd met het aantal dagen dat de werknemer niet heeft voldaan aan het verzoek van de werkgever.

Ingang van het verlof

Art. 5:12

Ingang verlof
1. Het verlof bedoeld in artikel 5:9 gaat niet in voordat ten minste twee weken zijn verstreken nadat de werknemer het verzoek om verlof bedoeld in artikel 5:11 heeft ingediend.
2. In afwijking van het eerste lid kan het verlof op verzoek van de werknemer ingaan op een eerder tijdstip indien de werkgever daarmee instemt.

Einde van het verlof

Art. 5:13

Einde verlof
1. Het verlof eindigt met het verstrijken van de duur waarvoor het verlof is verleend.

2. Indien voor het verstrijken van de in het eerste lid bedoelde verlofduur de persoon ten behoeve van wiens verzorging het verlof is verleend overlijdt, dan wel niet langer niet langer in een omstandigheid verkeert als bedoeld in artikel 5:9, eindigt het verlof met ingang van de dag na die waarop deze omstandigheid zich heeft voorgedaan.

§ 3
Samenloop

Art. 5:14
Indien het verzoek om langdurend zorgverlof wordt ingewilligd, kan het daaraan voorafgaand kortdurend zorgverlof bedoeld in artikel 5:1 op verzoek van de werknemer en met inachtneming van artikel 5:12, tweede lid, geheel of gedeeltelijk worden aangemerkt als langdurend zorgverlof.

Samenloop verloven

Afdeling 3
Nadere voorschriften

Compensatie met vakantie-aanspraken

Art. 5:15
Dagen of gedeelten van dagen waarop de werknemer zijn arbeid niet verricht wegens het verlof, bedoeld in artikel 5:1 of artikel 5:9, kunnen niet worden aangemerkt als vakantie.

Geen verrekening met vakantiedagen

Recht met afwijkingsmogelijkheden

Art. 5:16
Van dit hoofdstuk kan uitsluitend ten nadele van de werknemer worden afgeweken bij collectieve arbeidsovereenkomst of bij regeling door of namens een daartoe bevoegd bestuursorgaan dan wel, indien geen collectieve arbeidsovereenkomst of regeling van toepassing is of terzake geen bepaling bevat, indien de werkgever terzake schriftelijke overeenstemming heeft bereikt met de ondernemingsraad of bij het ontbreken daarvan, met de personeelsvertegenwoordiging met dien verstande dat de werknemer bij afwijking van artikel 5:15 ten minste recht houdt op het wettelijke minimum aan vakantie-aanspraken.

Afwijken bij cao/or

Hoofdstuk 6
Ouderschapsverlof

§ 1
Verlofvorm

Ouderschapsverlof

Art. 6:1
1. De werknemer die als ouder in familierechtelijke betrekking staat tot een kind, heeft recht op verlof zonder behoud van loon. Indien de werknemer met ingang van hetzelfde tijdstip tot meer dan één kind in familierechtelijke betrekking komt te staan, bestaat er ten aanzien van ieder van die kinderen recht op verlof.
2. De werknemer die blijkens de basisregistratie personen op hetzelfde adres woont als een kind en duurzaam de verzorging en de opvoeding van dat kind als eigen kind op zich heeft genomen, heeft recht op verlof zonder behoud van loon. Indien de werknemer met het oog op adoptie met ingang van hetzelfde tijdstip de verzorging en opvoeding van meer dan één kind op zich heeft genomen, bestaat er ten aanzien van ieder van die kinderen recht op verlof. In alle andere gevallen waarin de in de eerste volzin gestelde voorwaarden voor meer dan één kind met ingang van hetzelfde tijdstip worden vervuld, bestaat er slechts recht op één keer verlof.
3. Indien de arbeid buiten Nederland wordt verricht heeft de werknemer recht op het verlof bedoeld in dit artikel, tenzij een zwaarwegend bedrijfs- of dienstbelang zich hiertegen verzet.

Recht op ouderschapsverlof

Art. 6:1a Bescherming tegen benadeling
De werkgever mag de werknemer niet benadelen wegens de omstandigheid dat de werknemer in of buiten rechte het recht op verlof, bedoeld in artikel 6:1, geldend maakt of ter zake bijstand heeft verleend.

Geen benadeling bij ouderschapsverlof

Omvang verlof

Art. 6:2
1. Het aantal uren verlof waarop de werknemer ten hoogste recht heeft bedraagt zesentwintig maal de arbeidsduur per week.

Duur verlof

2. Indien de arbeidsverhouding wordt beëindigd voordat het verlof volledig is genoten, heeft de werknemer, indien hij een nieuwe arbeidsverhouding aangaat, tegenover de nieuwe werkgever aanspraak op het resterende deel van het verlof met inachtneming van dit hoofdstuk. De werkgever is in dat geval verplicht aan de werknemer, op diens verzoek, een verklaring uit te reiken waaruit blijkt op hoeveel verlof de werknemer nog aanspraak heeft.

Diensttijd

Art. 6:3

[Vervallen]

Leeftijd kind

Art. 6:4

Kind jonger dan acht jaar
Geen recht op verlof als bedoeld in artikel 6:1 bestaat na de datum waarop het kind de leeftijd van acht jaren heeft bereikt.

§ 2
Melding

Meldingsverplichting

Art. 6:5

Melding voornemen opnemen verlof

1. De werknemer meldt het voornemen om verlof op te nemen ten minste twee maanden voor het tijdstip van ingang van het verlof schriftelijk aan de werkgever onder opgave van de periode, het aantal uren verlof per week of als de arbeidsduur over een ander tijdvak is overeengekomen over dat tijdvak en de spreiding daarvan over de week of het anderszins overeengekomen tijdvak.
2. De tijdstippen van ingang en einde van het verlof kunnen afhankelijk worden gesteld van de datum van de bevalling, van het einde van het bevallingsverlof of van de aanvang van de verzorging.
3. De werkgever kan, na overleg met de werknemer, de door deze gewenste wijze van invulling van het verlof op grond van een zwaarwegend bedrijfs- of dienstbelang wijzigen, tot vier weken voor het tijdstip van ingang van het verlof.

Intrekking of wijziging melding

Art. 6:6

Verzoek tot niet opnemen verlof

1. De werkgever stemt in met een verzoek van de werknemer om het verlof niet op te nemen of niet voort te zetten als gevolg van het opnemen van het zwangerschaps- of bevallingsverlof, bedoeld in artikel 3:1, eerste lid, het verlof, bedoeld in artikel 3:1a, eerste lid of vierde lid, of het adoptieverlof, bedoeld in artikel 3:2, eerste lid. In dat geval wordt het recht op verlof opgeschort. De werkgever hoeft aan het verzoek niet met ingang van een vroeger tijdstip gevolg te geven dan vier weken na het verzoek.
2. De werkgever stemt in met een verzoek van de werknemer om het verlof niet op te nemen of niet voort te zetten als gevolg van onvoorziene omstandigheden, tenzij een zwaarwegend bedrijfs- of dienstbelang zich hiertegen verzet. Indien de werkgever instemt met het verzoek wordt het recht op verlof opgeschort. De derde zin van het eerste lid is van toepassing.

§ 3
Nadere voorschriften

Compensatie met vakantie-aanspraken

Art. 6:7

Geen verrekening met vakantiedagen
Dagen of gedeelten van dagen waarop de werknemer zijn arbeid niet verricht wegens het verlof, bedoeld in artikel 6:1, kunnen niet worden aangemerkt als vakantie.

§ 4
Mate van gebondenheid

Recht met afwijkingsmogelijkheden

Art. 6:8
Van de artikelen 6:1, derde lid, 6:4, 6:5, eerste lid, ten aanzien van het tijdstip van de melding, en tweede lid, en 6:6, tweede lid, kan uitsluitend ten nadele van de werknemer worden afgeweken bij collectieve arbeidsovereenkomst.

Afwijking bij cao

Dwingend recht

Art. 6:9
Behoudens artikel 6:8 kan van dit hoofdstuk niet ten nadele van de werknemer worden afgeweken.

Dwingend recht

§ 5
Overgangsrecht

Art. 6:10 Overgangsrecht in verband met ouderschapsverlof
Indien de werknemer op het tijdstip waarop de Wet van 17 december 2014 houdende wijziging van de Wet arbeid en zorg en de Wet aanpassing arbeidsduur in verband met vergroting van de gebruiksmogelijkheden van deze wetten, alsmede technische aanpassing van de Arbeidstijdenwet en actualisering van het overgangsrecht met betrekking tot de Wet arbeid en zorg (Stb. 565) in werking treedt, zijn voornemen tot het opnemen van het ouderschapsverlof, bedoeld in artikel 6:1, heeft gemeld aan zijn werkgever en die heeft ingestemd met de invulling daarvan, blijven op dat verlof de artikelen van hoofdstuk 6 van toepassing zoals die luidden op de dag voorafgaande aan het tijdstip inwerkingtreding van die wet.

Overgangsbepalingen i.v.m. ouderschapsverlof

Hoofdstuk 7
Levensloopregeling

Begrippen

Art. 7:1
In dit hoofdstuk wordt verstaan onder:
a. levensloopregeling: een regeling als bedoeld in artikel 39d van de Wet op de loonbelasting 1964;
b. uitvoerder: een bank, een verzekeraar of een beheerder van een beleggingsinstelling als bedoeld in artikel 19g, derde lid, van de Wet op de loonbelasting 1964, zoals dit artikellid op 31 december 2011 luidde.

Levensloopregeling, definitie

Recht op deelname

Art. 7:2
1. De werknemer heeft onder bij en krachtens de Wet op de loonbelasting 1964 gestelde voorwaarden elk kalenderjaar recht deel te nemen aan een levensloopregeling.
2. De werkgever draagt het op verzoek van de werknemer ter zake van een levensloopregeling ingehouden loon af aan de door de werknemer aangewezen uitvoerder.
3. Bij het in het tweede lid bedoelde verzoek geeft de werknemer kennis aan de werkgever van de hoogte van het per kalenderjaar in te houden en af te dragen loon.
4. De werkgever willigt het verzoek in uiterlijk met ingang van de aanvang van de derde kalendermaand na de indiening ervan.
5. De werknemer kan het in het tweede lid bedoelde verzoek slechts een keer per jaar doen, met dien verstande dat de werknemer te allen tijde kan verzoeken om de inhoudingen en afdrachten te beëindigen.

Levensloopregeling, recht op deelname

Mate van gebondenheid

Art. 7:3
Van dit hoofdstuk kan niet ten nadele van de werknemer worden afgeweken.

Dwingend recht

Hoofdstuk 8
Slotbepalingen

Evaluatiebepaling

Art. 8:1
Evaluatie Onze Minister zendt, in overeenstemming met Onze Minister van Justitie en Onze Minister van Binnenlandse Zaken en Koninkrijksrelaties, binnen drie jaar na de inwerkingtreding van deze wet aan de Staten-Generaal een verslag over de doeltreffendheid en de effecten van deze wet in de praktijk.

Inwerkingtreding

Art. 8:2
Inwerkingtreding Deze wet treedt in werking op een bij koninklijk besluit te bepalen tijdstip dat voor de verschillende artikelen of onderdelen daarvan verschillend kan worden vastgesteld.

Citeertitel

Art. 8:3
Citeertitel Deze wet wordt aangehaald als: Wet arbeid en zorg.

Wetboek van Koophandel[1]

Algemeene bepaling

Art. 1
Het Burgerlijk Wetboek is, voor zoo verre daarvan bij dit Wetboek niet bijzonderlijk is afgeweken, ook op de in dit Wetboek behandelde onderwerpen toepasselijk. — Toepasselijkheid BW

Eerste Boek
Van den koophandel in het algemeen

Eerste titel
Van kooplieden en van daden van koophandel

Art. 2-5
[Vervallen]

Tweede titel
Vervallen.

Art. 6-13
[Vervallen]

Derde titel
Van de vennootschap onder ene firma en van die bij wijze van geldschieting of "en commandite" genaamd

Art. 14
[Vervallen]

Art. 15
De in dezen titel genoemde vennootschappen worden geregeerd door de overeenkomsten van partijen, door dit Wetboek en door het Burgerlijk Regt. — Van toepassing zijnde regelen

Art. 16
De vennootschap onder eene firma is de maatschap, tot de uitoefening van een bedrijf onder eenen gemeenschappelijken naam aangegaan. — Vennootschap onder firma
(Zie ook: art. 436 BW Boek 1; art. 345 BW Boek 2; artt. 192, 782, 1301 BW Boek 8)

Art. 17
[1.] Elk der vennooten, die daarvan niet is uitgesloten, is bevoegd ten name der vennootschap te handelen, gelden uit te geven en te ontvangen, en de vennootschap aan derden, en derden aan de vennootschap te verbinden. — Handelingsbevoegdheid vennoten
[2.] Handelingen welke niet tot de vennootschap betrekkelijk zijn, of tot welke de vennooten volgens de overeenkomst onbevoegd zijn, worden onder deze bepaling niet begrepen.

Art. 18
In vennootschappen onder eene firma is elk der vennooten, wegens de verbindtenissen der vennootschap, hoofdelijk verbonden. — Hoofdelijke aansprakelijkheid
(Zie ook: art. 6 t/m 14 BW Boek 6)

Art. 19
[1.] De vennootschap bij wijze van geldschieting, anders *en commandite* genaamd, wordt aangegaan tusschen eenen persoon, of tusschen meerdere hoofdelijk verbonden vennoten, en eenen of meer andere personen als geldschieters. — Commanditaire vennootschap
[2.] Eene vennootschap kan alzoo te gelijker tijd zijn eene vennootschap onder eene firma, ten aanzien van de vennooten onder de firma, en eene vennootschap bij wijze van geldschieting, ten aanzien van den geldschieter. — Tegelijk vennootschap en c.v.
[3.] De vennootschap bij wijze van geldschieting heeft geen in aandelen verdeeld kapitaal. — Geen aandelenkapitaal

Art. 20
[1.] Behoudens de uitzondering, in het tweede lid van art. 30 voorkomende, mag de naam van den vennoot bij wijze van geldschieting in de firma niet worden gebezigd. — Stille vennoot
[2.] Deze vennoot mag geene daad van beheer verrigten of in de zaken van de vennootschap werkzaam zijn, zelfs niet uit kracht eener volmagt.

---

1 Inwerkingtredingsdatum: 01-10-1838; zoals laatstelijk gewijzigd bij: Stb. 2014, 540.

[3.] Hij draagt niet verder in de schade dan ten beloope der gelden, welke hij in de vennootschap heeft ingebragt of heeft moeten inbrengen, zonder dat hij immer tot teruggave van genotene winsten verpligt zij.

Art. 21
Aansprakelijkheid stille vennoot
De vennoot bij wijze van geldschieting, die de bepalingen van het eerste of van het tweede lid van het vorige artikel overtreedt, is wegens alle de schulden en verbindtenissen van de vennootschap hoofdelijk verbonden.
(Zie ook: art. 6 t/m 14 BW Boek 6)

Art. 22
Authentieke of onderhandse akte
De vennootschappen onder eene firma moeten worden aangegaan bij authentieke of bij onderhandsche akte, zonder dat het gemis eener akte aan derden kan worden tegengeworpen.
(Zie ook: art. 183 Rv)

Art. 23
Inschrijving handelsregister
De vennooten onder eene firma zijn verpligt de vennootschap te doen inschrijven in het handelsregister, overeenkomstig de daarvoor geldende wettelijke bepalingen.

Art. 24-28
[Vervallen]

Art. 29
Omvang werking vóór inschrijving
Zoolang de inschrijving in het handelsregister niet is geschied, zal de vennootschap onder eene firma, ten aanzien van derden, worden aangemerkt als algemeen voor alle zaken, als aangegaan voor eenen onbepaalden tijd, en als geenen der vennooten uitsluitende van het regt om voor de firma te handelen en te teekenen.

Art. 30
Voortzetting ontbonden vennootschap
[1.] De firma van eene ontbondene vennootschap kan, het zij uit kracht der overeenkomst, het zij indien de gewezen vennoot, wiens naam in de firma voorkwam, daarin uitdrukkelijk toestemt, of, bij overlijden, deszelfs erfgenamen zich niet daartegen verzetten, door eenen of meer personen worden aangehouden, welke, ten blijke daarvan, eene akte moeten uitbrengen, en dezelve doen inschrijven in het handelsregister, overeenkomstig de daarvoor geldende wettelijke bepalingen.
[2.] De bepaling van het eerste lid van art. 20 is niet toepasselijk, indien de afgetredene, van vennoot onder eene firma, vennoot bij wijze van geldschieting is geworden.

Art. 31
Inschrijving van veranderingen
De ontbinding eener vennootschap onder eene firma vóór den tijd bij de overeenkomst bepaald, of door afstand of opzegging tot stand gebragt, derzelver verlenging na verloop van het bepaalde tijdstip, mitsgaders alle veranderingen in de oorspronkelijke overeenkomst gemaakt, welke derden aangaan, zijn aan de voormelde inschrijving onderworpen.

Art. 32
Vereffening bij ontbinding
[1.] Bij de ontbinding der vennootschap zullen de vennoten, die het regt van beheer hebben gehad, de zaken der gewezen vennootschap moeten vereffenen in naam der zelfde firma, ten zij bij de overeenkomst anders ware bepaald, of de gezamenlijke vennooten (die bij wijze van geldschieting niet daaronder begrepen), hoofdelijk en bij meerderheid van stemmen, eenen anderen vereffenaar hadden benoemd.
[2.] Indien de stemmen staken beschikt de rechtbank, zoodanig als zij in het belang der ontbondene vennootschap meest geraden zal achten.

Art. 33
Invordering tekorten bij vennoten
Indien de staat der kas van de ontbondene vennootschap niet toereikt om de opeischbare schulden te betalen, zullen zij, die met de vereffening belast zijn, de benoodigde penningen kunnen vorderen, welke door elk der vennooten, voor zijn aandeel in de vennootschap, zullen moeten worden ingebragt.

Art. 34
Voorlopige verdeling kasgelden
De gelden die gedurende de vereffening uit de kas der vennootschap kunnen gemist worden, zullen voorloopig worden verdeeld.

Art. 35-58
[Vervallen]

Vierde titel
Van beurzen van koophandel en tussenpersonen

Eerste afdeeling
Van beurzen van koophandel

Art. 59
Beurs van koophandel
De beurs van koophandel is de zamenkomst van kooplieden, schippers, tussenpersonen, kassiers en andere personen tot den koophandel in betrekking staande. Zij heeft plaats op gezag van het plaatselijk bestuur.

Art. 60
[1.] Uit de handelingen en afspraken, ter beurze gesloten, worden opgemaakt de bepaling van den wisselkoers, de prijs der koopmanschappen, der assurantien, der zeevrachten, der kosten van vervoer te water en te lande, der binnen- en buitenlandsche obligatien, fondsen en andere papieren, die voor bepaling van koers vatbaar zijn.
[2.] Deze onderscheidene koersen of prijzen worden volgens plaatselijke reglementen of gebruiken opgemaakt.

Bepaling koersen en prijzen

Art. 61
Het uur van het aangaan en afloopen der beurs, en alles wat de goede orde aldaar betreft, wordt door plaatselijke reglementen bepaald.

Beurstijden

Tweede afdeeling
Van tussenpersonen

Art. 62
1. Onder tussenpersoon wordt verstaan degene die:
a. zijn bedrijf maakt van het verlenen van bemiddeling bij het totstandbrengen en het sluiten van overeenkomsten in opdracht en op naam van personen tot wie hij niet in een vaste dienstbetrekking staat;
b. beherend vennoot van een vennootschap of bestuurder van een rechtspersoon is die haar bedrijf maakt van het verrichten van de in onderdeel a genoemde handelingen, of
c. in arbeidsovereenkomst staande tot een persoon, vennootschap of rechtspersoon als bedoeld in dit artikel, namens zijn werkgever de in onderdeel a genoemde handelingen verricht.
2. Het in het eerste lid bedoelde bedrijf kan mede omvatten het bemonsteren en waarderen van goederen en het uitbrengen van deskundigenberichten.

Definitie tussenpersoon

Art. 63-67a
[Vervallen]

Art. 68
De tussenpersoon is verplicht van iedere door hem gesloten overeenkomst aantekening te houden; hij doet van de aantekening aan ieder der partijen terstond een door hem gewaarmerkt afschrift toekomen.

Aantekening overeenkomst

Art. 68a
[Vervallen]

Art. 68b
[1.] Tenzij hij daarvan door partijen is ontslagen, is de tussenpersoon verplicht van elke door hem op monster verkochte partij goederen het monster, voorzien van een duidelijk herkenningsteken, te bewaren gedurende een redelijke termijn overeenkomstig de gebruiken in de handel.
[2.] De rechter kan aan een tussenpersoon de overlegging van het door hem bewaarde monster in rechte bevelen teneinde dit te bezichtigen en hij kan daaromtrent zijn toelichting vorderen.

Monsters

Art. 69
De tussenpersoon die een door hem verhandelde wisselbrief of ander handelspapier aan de koper ter hand stelt, staat in voor de echtheid van de zich daarop bevindende handtekening van de verkoper.

Instaan voor echtheid

Art. 70
De artikelen 68, 68b en 69 zijn van overeenkomstige toepassing op de vennootschap en de rechtspersoon die bemiddeling door middel van tussenpersonen tot bedrijf hebben.

Toepasselijkheid artikelen

Art. 71-73
[Vervallen]

Derde afdeeling
Van de agentuurovereenkomst

Art. 74-74s
[Vervallen]

Vierde afdeeling
Van de handelsreizigersovereenkomst

Art. 75-75c
[Vervallen]

Vijfde titel
Van commissionairs

Art. 76-99a
[Vervallen]

Zesde titel
Van wisselbrieven en orderbriefjes

Eerste afdeeling
Van de uitgifte en den vorm van den wisselbrief

Art. 100

Inhoud wisselbrief

De wisselbrief behelst:
1°. de benaming "wisselbrief", opgenomen in den tekst zelf en uitgedrukt in de taal, waarin de titel is gesteld;
2°. de onvoorwaardelijke opdracht tot betaling van een bepaalde som;
3°. den naam van dengene, die betalen moet (betrokkene);
4°. de aanwijzing van den vervaldag;
5°. die van de plaats, waar de betaling moet geschieden;
6°. den naam van dengene, aan wien of aan wiens order de betaling moet worden gedaan;
7°. de vermelding van de dagteekening, alsmede van de plaats, waar de wisselbrief is getrokken;
8°. de handteekening van dengene, die den wisselbrief uitgeeft (trekker).

Art. 101

Ontbreken vereiste
[1.] De titel, waarin éene der vermeldingen, in het voorgaande artikel aangegeven, ontbreekt, geldt niet als wisselbrief, behoudens in de hieronder genoemde gevallen:

Zichtwissel
[2.] De wisselbrief, waarvan de vervaldag niet is aangewezen, wordt beschouwd als betaalbaar op zicht.

Domicilie betrokkene
[3.] Bij gebreke van een bijzondere aanwijzing wordt de plaats, aangegeven naast den naam van den betrokkene, geacht te zijn de plaats van betaling en tevens de plaats van het domicilie des betrokkenen.

Plaats ondertekening
[4.] De wisselbrief, welke niet de plaats aanwijst, waar hij is getrokken, wordt geacht te zijn onderteekend in de plaats, aangegeven naast den naam des trekkers.

Art. 102

Diverse wissels
[1.] De wisselbrief kan aan de order van den trekker luiden.
[2.] Hij kan worden getrokken op den trekker zelf.
[3.] Hij kan worden getrokken voor rekening van eenen derde. De trekker wordt geacht voor zijne eigene rekening te hebben getrokken, indien uit den wisselbrief of uit den adviesbrief niet blijkt, voor wiens rekening zulks is geschied.

Art. 102a

Incassowissel
[1.] Wanneer de trekker op den wisselbrief de vermelding "waarde ter incasseering", "ter incasso", "in lastgeving", of eenige andere vermelding met zich brengend een bloote opdracht tot inning, heeft geplaatst, kan de nemer alle uit den wisselbrief voortvloeiende rechten uitoefenen, maar hij kan dezen niet anders endosseeren dan bijwege van lastgeving.
[2.] Bij een zoodanigen wisselbrief kunnen de wisselschuldenaren aan den houder slechts de verweermiddelen tegenwerpen, welke aan den trekker zouden kunnen worden tegengeworpen.
[3.] De opdracht, vervat in een incasso-wisselbrief, eindigt niet door den dood of de latere onbekwaamheid van den lastgever.

Art. 103

Plaats van betaling
Een wisselbrief kan betaalbaar zijn aan de woonplaats van eenen derde, hetzij in de plaats, waar de betrokkene zijn domicilie heeft, hetzij in een andere plaats.

Art. 104

Renteclausule
[1.] In eenen wisselbrief, betaalbaar op zicht of een zekeren tijd na zicht, kan de trekker bepalen, dat de som rente draagt. In elken anderen wisselbrief wordt deze clausule voor niet geschreven gehouden.
[2.] De rentevoet moet in den wisselbrief worden aangegeven. Bij gebreke hiervan wordt de renteclausule voor niet geschreven gehouden.
[3.] De rente loopt te rekenen van de dagteekening van den wisselbrief, tenzij een andere dag is aangegeven.

Art. 105

Verschillen in bedragaanduiding
[1.] De wisselbrief, waarvan het bedrag voluit in letters en tevens in cijfers is geschreven, geldt, in geval van verschil, ten beloope van de som, voluit in letters geschreven.
[2.] De wisselbrief, waarvan het bedrag meermalen is geschreven, hetzij voluit in letters, hetzij in cijfers, geldt, in geval van verschil, slechts ten beloope van de kleinste som.

Art. 106
Indien de wisselbrief handteekeningen bevat van personen, die onbekwaam zijn zich door middel van eenen wisselbrief te verbinden, valsche handteekeningen, of handteekeningen van verdichte personen, of handteekeningen, welke, onverschillig om welke andere reden, de personen, die die handteekeningen hebben geplaatst of in wier naam zulks is geschied, niet kunnen verbinden, zijn de verbintenissen der andere personen, wier handteekeningen op den wisselbrief voorkomen, desniettemin geldig.
Geldige en ongeldige handtekeningen

Art. 107
Ieder, die zijne handteekening op eenen wisselbrief plaatst als vertegenwoordiger van eenen persoon, voor wien hij niet de bevoegdheid had te handelen, is zelf krachtens den wisselbrief verbonden, en heeft, betaald hebbende, dezelfde rechten, als de beweerde vertegenwoordigde zou hebben gehad. Hetzelfde geldt ten aanzien van den vertegenwoordiger, die zijne bevoegdheid heeft overschreden.
Handtekeningen als vertegenwoordiger

Art. 108
[1.] De trekker staat in voor de acceptatie en voor de betaling.
[2.] Hij kan zijne verplichting, voor de acceptatie in te staan, uitsluiten; elke clausule, waarbij hij de verplichting, voor de betaling in te staan, uitsluit, wordt voor niet-geschreven gehouden.
Garantie van trekker

Art. 109
Indien een wisselbrief, onvolledig ten tijde der uitgifte, is volledig gemaakt in strijd met de aangegane overeenkomsten, kan de niet-naleving van die overeenkomsten niet worden tegengeworpen aan den houder, die de wissel te goeder trouw heeft verkregen.
Volledig gemaakte wissel

Art. 109a
De trekker is verplicht, ter keuze van den nemer, den wisselbrief te stellen betaalbaar aan den nemer zelven, of aan eenigen anderen persoon, in beide gevallen aan order of zonder bijvoeging van order dan wel met bijvoeging van eene uitdrukking, als bedoeld in artikel 110, tweede lid.
Betaalbaarstelling

Art. 109b
De trekker, of degene voor wiens rekening de wisselbrief is getrokken, is verplicht zorg te dragen, dat de betrokkene, ten vervaldage, in handen hebbe het noodige fonds tot betaling, zelfs indien de wisselbrief bij eenen derde is betaalbaar gesteld, met dien verstande echter, dat de trekker zelf in alle gevallen aan den houder en de vroegere endossanten persoonlijk verantwoordelijk blijft.
Fondsbezorging

Art. 109c
De betrokkene wordt geacht, het noodige fonds in handen te hebben, indien hij bij het vervallen van den wisselbrief of op het tijdstip, waarop ingevolge het derde lid van artikel 142 de houder regres kan nemen, aan den trekker of aan dengene voor wiens rekening is getrokken, eene opeischbare som schuldig is, ten minste gelijkstaande met het beloop van den wisselbrief.
Solvabiliteit betrokkene

Tweede afdeeling
Van het endossement

Art. 110
[1.] Elke wisselbrief, ook die welke niet uitdrukkelijk aan order luidt, kan door middel van endossement worden overgedragen.
[2.] Indien de trekker in den wisselbrief de woorden: "niet aan order" of een soortgelijke uitdrukking heeft opgenomen, kan het stuk slechts worden overgedragen in den vorm en met de gevolgen van een gewone cessie. Een op zulk een wisselbrief geplaatst endossement geldt als een gewone cessie.
[3.] Het endossement kan worden gesteld zelfs ten voordeele van den betrokkene, al of niet acceptant, van den trekker, of van elken anderen wisselschuldenaar. Deze personen kunnen den wisselbrief opnieuw endosseeren.
Endossement

Art. 111
[1.] Het endossement moet onvoorwaardelijk zijn. Elke daarin opgenomen voorwaarde wordt voor niet-geschreven gehouden.
[2.] Het gedeeltelijke endossement is nietig.
[3.] Het endossement aan toonder geldt als endossement in blanco.
Edossement, dwingend recht

Art. 112
[1.] Het endossement moet worden gesteld op den wisselbrief of op een daaraan vastgehecht blad (verlengstuk). Het moet worden onderteekend door den endossant.
[2.] Het endossement kan den geëndosseerde onvermeld laten of bestaan uit de enkele handteekening van den endossant (endossement in blanco). In het laatste geval moet het endossement, om geldig te zijn, op de rugzijde van den wisselbrief of op het verlengstuk worden gesteld.
Plaats endossement

Art. 113
[1.] Door het endossement worden alle uit den wisselbrief voortvloeiende rechten overgedragen.
[2.] Indien het endossement in blanco is, kan de houder:
Overdracht rechten
Blanco endossement

art. 114

1°. het blanco invullen, hetzij met zijn eigen naam, hetzij met den naam van een anderen persoon;
2°. den wisselbrief wederom in blanco of aan een anderen persoon endosseeren;
3°. den wisselbrief aan eenen derde overgeven, zonder het blanco in te vullen en zonder hem te endosseeren.

Art. 114

Verplichting endossant
[1.] Tenzij het tegendeel bedongen is, staat de endossant in voor de acceptatie en voor de betaling.

Verbod endossement
[2.] Hij kan een nieuw endossement verbieden; in dat geval staat hij tegenover de personen, aan wie de wisselbrief later is geëndosseerd, niet in voor de acceptatie en voor de betaling.

Art. 115

Rechtmatig houder
[1.] Hij, die eenen wisselbrief onder zich heeft, wordt beschouwd als de rechtmatige houder, indien hij van zijn recht doet blijken door een ononderbroken reeks van endossementen, zelfs indien het laatste endossement in blanco is gesteld. De doorgehaalde endossementen worden te dien aanzien voor niet geschreven gehouden. Wanneer een endossement in blanco door een ander endossement is gevolgd, wordt de onderteekenaar van dit laatste geacht den wisselbrief door een endossement in blanco verkregen te hebben.

Verloren wisselbrief
[2.] Indien iemand, op welke wijze dan ook, het bezit van den wisselbrief heeft verloren, is de houder, die van zijn recht doet blijken op de wijze, bij het voorgaande lid aangegeven, niet verplicht den wisselbrief af te geven, indien hij deze te goeder trouw heeft verkregen.

Art. 116

Bescherming houder
Zij, die uit hoofde van den wisselbrief worden aangesproken, kunnen de verweermiddelen, gegrond op hun persoonlijke verhouding tot den trekker of tot vroegere houders, niet aan den houder tegenwerpen, tenzij deze bij de verkrijging van den wisselbrief desbewust ten nadeele van den schuldenaar heeft gehandeld.

Art. 117

Incasso-endossement
[1.] Wanneer het endossement de vermelding bevat: "waarde ter incasseering", "ter incasso", "in lastgeving", of eenige andere vermelding, met zich brengende een bloote opdracht tot inning, kan de houder alle uit den wisselbrief voortvloeiende rechten uitoefenen, maar hij kan dezen niet anders endosseeren dan bij wege van lastgeving.
[2.] De wisselschuldenaren kunnen in dat geval aan den houder slechts de verweermiddelen tegenwerpen, welke aan den endossant zouden kunnen worden tegengeworpen.
[3.] De opdracht, vervat in een incasso-endossement, eindigt niet door den dood of door de latere onbekwaamheid van den lastgever.

Art. 118

Pand-endossement
[1.] Wanneer een endossement de vermelding bevat: "waarde tot zekerheid", "waarde tot pand", of eenige andere vermelding, welke inpandgeving met zich brengt, kan de houder alle uit den wisselbrief voortvloeiende rechten uitoefenen, maar een door hem gesteld endossement geldt slechts als endossement bij wege van lastgeving.
[2.] De wisselschuldenaren kunnen den houder de verweermiddelen, gegrond op hun persoonlijke verhouding tot den endossant, niet tegenwerpen, tenzij de houder bij de ontvangst van den wisselbrief desbewust ten nadeele van den schuldenaar heeft gehandeld.

Art. 119

Endossement na vervaldag
[1.] Een endossement, gesteld na den vervaldag, heeft dezelfde gevolgen als een endossement, gesteld vóór den vervaldag. Echter heeft het endossement, gesteld na het protest van non-betaling of na het verstrijken van den termijn, voor het opmaken van het protest bepaald, slechts de gevolgen eener gewone cessie.

Ongedateerd endossement
[2.] Behoudens tegenbewijs wordt het endossement zonder dagteekening geacht te zijn gesteld vóór het verstrijken van den termijn, voor het opmaken van het protest bepaald.

Derde afdeeling
Van de acceptatie

Art. 120

Aanbod ter acceptatie
De wisselbrief kan tot den vervaldag door den houder of door iemand, die hem enkel onder zich heeft, aan den betrokkene te zijner woonplaats ter acceptatie worden aangeboden.

Art. 121

Verplichte aanbieding
[1.] In elken wisselbrief kan de trekker, al dan niet met vaststelling van een termijn, bepalen, dat deze ter acceptatie moet worden aangeboden.

Verboden aanbieding
[2.] Hij kan in den wisselbrief de aanbieding ter acceptatie verbieden, behoudens in wisselbrieven, betaalbaar bij eenen derde, of betaalbaar in een andere plaats dan die van het domicilie des betrokkenen of betaalbaar een zekeren tijd na zicht.
[3.] Hij kan ook bepalen, dat de aanbieding ter acceptatie niet kan plaats hebben vóór een bepaalden dag.

[4.] Tenzij de trekker heeft verklaard, dat de wisselbrief niet vatbaar is voor acceptatie, kan elke endossant, al dan niet met vaststelling van eenen termijn, bepalen, dat hij ter acceptatie moet worden aangeboden.

Art. 122
[1.] Wisselbrieven, betaalbaar een zekeren tijd na zicht, moeten ter acceptatie worden aangeboden binnen een jaar na hunne dagteekening. *Termijn aanbieding*
[2.] De trekker kan dezen termijn verkorten of verlengen.
[3.] De endossanten kunnen deze termijnen verkorten.

Art. 123
[1.] De betrokkene kan verzoeken, dat hem een tweede aanbieding wordt gedaan den dag, volgende op de eerste. Belanghebbenden zullen zich er niet op mogen beroepen, dat aan dit verzoek geen gevolg is gegeven, tenzij het verzoek in het protest is vermeld. *Verzoek tot tweede aanbieding*
[2.] De houder is niet verplicht, den ter acceptatie aangeboden wisselbrief aan den betrokkene af te geven.

Art. 124
[1.] De acceptatie wordt op den wisselbrief gesteld. Zij wordt uitgedrukt door het woord: "geaccepteerd", of door een soortgelijk woord; zij wordt door den betrokkene onderteekend. De enkele handteekening van den betrokkene, op de voorzijde van den wisselbrief gesteld, geldt als acceptatie. *Wijze van acceptatie*
[2.] Wanneer de wisselbrief betaalbaar is een zekeren tijd na zicht, of wanneer hij krachtens een uitdrukkelijk beding ter acceptatie moet worden aangeboden binnen een bepaalden termijn, moet de acceptatie als dagteekening inhouden den dag, waarop zij is geschied, tenzij de houder dien van de aanbieding eischt. Bij gebreke van dagteekening moet de houder dit verzuim door een tijdig protest doen vaststellen, op straffe van verlies van zijn recht van regres op de endossanten en op den trekker, die fonds heeft bezorgd.

Art. 125
[1.] De acceptatie is onvoorwaardelijk, maar de betrokkene kan haar beperken tot een gedeelte van de som. *Onvolledige acceptatie*
[2.] Elke andere wijziging, door den acceptant met betrekking tot het in den wisselbrief vermelde aangebracht, geldt als weigering van acceptatie. De acceptant is echter gehouden overeenkomstig den inhoud zijner acceptatie.

Art. 126
[1.] Wanneer de trekker den wisselbrief op een andere plaats dan die van het domicilie des betrokkenen heeft betaalbaar gesteld, zonder eenen derde aan te wijzen, bij wien de betaling moet worden gedaan, kan de betrokkene dezen bij de acceptatie aanwijzen. Bij gebreke van zoodanige aanwijzing wordt de acceptant geacht zich verbonden te hebben zelf te betalen op de plaats van betaling. *In blanco gedomicilieerde wissel*
[2.] Indien de wisselbrief betaalbaar is aan het domicilie des betrokkenen, kan deze, in de acceptatie, een adres aanwijzen, in dezelfde plaats, waar de betaling moet worden gedaan.

Art. 127
[1.] Door de acceptatie verbindt de betrokkene zich, den wisselbrief op den vervaldag te betalen. *Gevolg acceptatie*
[2.] Bij gebreke van betaling heeft de houder, al ware hij de trekker, tegen den acceptant een rechtstreeksche vordering, uit den wisselbrief voortspruitend, voor al hetgeen kan worden gevorderd krachtens de artikelen 147 en 148.

Art. 127a
Hij, die het noodige fonds in handen heeft, bijzonderlijk bestemd tot de betaling van eenen getrokken wisselbrief, is, op straffe van schadevergoeding jegens den trekker, tot de acceptatie verplicht. *Verplichte acceptatie*

Art. 127b
[1.] Belofte om eenen wisselbrief te zullen accepteeren geldt niet als acceptatie, maar geeft aan den trekker eene rechtsvordering tot schadevergoeding tegen den belover, die weigert zijne belofte gestand te doen. *Belofte tot acceptatie*
[2.] Deze schade bestaat in de kosten van protest en herwissel, wanneer de wisselbrief voor des trekkers eigene rekening was getrokken.
[3.] Wanneer de trekking voor rekening van eenen derde was gedaan, bestaat de schade in de kosten van protest en herwissel, en in het beloop van hetgeen de trekker, uit hoofde van de bekomene toezegging van den belover, aan dien derde, op het crediet van den wisselbrief, heeft voorgeschoten.

Art. 127c
De trekker is verplicht aan den betrokkene tijdig kennis of advies te geven van den door hem getrokken wisselbrief, en, bij nalatigheid daarvan, gehouden tot vergoeding van de kosten, door weigering van acceptatie of betaling uit dien hoofde gevallen. *Kennisgeving getrokken wissel*

Art. 127d
Indien de wisselbrief voor rekening van eenen derde is getrokken, is deze alleen daarvoor aan den acceptant verbonden. *Voor derde getrokken wissel*

Art. 128

Doorhaling acceptatie
[1.] Indien de betrokkene zijn op den wisselbrief gestelde acceptatie heeft doorgehaald vóór de teruggave van den wisselbrief, wordt de acceptatie geacht te zijn geweigerd. Behoudens tegenbewijs wordt de doorhaling geacht te zijn geschied vóór de teruggave van den wisselbrief.
[2.] Indien echter de betrokkene van zijne acceptatie schriftelijk heeft doen blijken aan den houder of aan iemand, wiens handteekening op den wisselbrief voorkomt, is hij tegenover dezen gehouden overeenkomstig den inhoud van zijne acceptatie.

Vierde afdeeling
Van het aval

Art. 129

Wisselborgtocht
[1.] De betaling van eenen wisselbrief kan voor het geheel of een gedeelte van de wisselsom door eenen borgtocht (aval) worden verzekerd.
[2.] Deze borgtocht kan door eenen derde, of zelfs door iemand, wiens handteekening op den wisselbrief voorkomt, worden gegeven.
(Zie ook: art. 202 t/m 204 WvK)

Art. 130

Vorm van aval
[1.] Het aval wordt op den wisselbrief of op een verlengstuk gesteld.
[2.] Het wordt uitgedrukt door de woorden: "goed voor aval" of door een soortgelijke uitdrukking; het wordt door den avalgever onderteekend.
[3.] De enkele handteekening van den avalgever, gesteld op de voorzijde van den wisselbrief, geldt als aval, behalve wanneer de handteekening die is van den betrokkene of van den trekker.
[4.] Het kan ook geschieden bij een afzonderlijk geschrift of bij een brief, vermeldende de plaats, waar het is gegeven.
[5.] In het aval moet worden vermeld, voor wien het is gegeven. Bij gebreke hiervan wordt het geacht voor den trekker te zijn gegeven.

Art. 131

Gevolgen van aval
[1.] De avalgever is op dezelfde wijze verbonden als degenen, voor wien het aval is gegeven.
[2.] Zijne verbintenis is geldig, zelfs indien, wegens een andere oorzaak dan een vormgebrek, de door hem gewaarborgde verbintenis nietig is.
[3.] Door te betalen verkrijgt de avalgever de rechten, welke krachtens den wisselbrief kunnen worden uitgeoefend tegen dengene, voor wien het aval is gegeven en tegen degenen, die tegenover dezen krachtens den wisselbrief verbonden zijn.

Vijfde afdeeling
Van den vervaldag

Art. 132

Vervaldag
[1.] Een wisselbrief kan worden getrokken:
op zicht;
op een zekeren tijd na zicht;
op een zekeren tijd na dagteekening;
op een bepaalden dag.
[2.] Wisselbrieven met anders bepaalde vervaldagen of in termijnen betaalbaar zijn nietig.

Art. 133

Zichtwissels
[1.] De wisselbrief, getrokken op zicht, is betaalbaar bij de aanbieding. Hij moet ter betaling worden aangeboden binnen een jaar na zijne dagteekening. De trekker kan dezen termijn verkorten of verlengen. De endossanten kunnen deze termijnen verkorten.
[2.] De trekker kan voorschrijven, dat een wisselbrief niet ter betaling mag worden aangeboden vóór een bepaalden dag. In dat geval loopt de termijn van aanbieding van dien dag af.

Art. 134

Nazichtwissels
[1.] De vervaldag van eenen wisselbrief, getrokken op een zekeren tijd na zicht, wordt bepaald, hetzij door de dagteekening der acceptatie, hetzij door die van het protest.
[2.] Bij gebreke van protest wordt de niet-gedagteekende acceptatie ten aanzien van den acceptant geacht te zijn gedaan op den laatsten dag van den termijn, voor de aanbieding ter acceptatie voorgeschreven.

Art. 135

Bepaling vervaldag
[1.] De wisselbrief, getrokken op een of meer maanden na dagteekening of na zicht, vervalt op den overeenkomstigen dag van de maand, waarin de betaling moet worden gedaan. Bij gebreke van een overeenkomstigen dag vervalt een zoodanige wisselbrief op den laatsten dag van die maand.
[2.] Bij eenen wisselbrief, getrokken op een of meer maanden en een halve maand na dagteekening of na zicht, worden eerst de geheele maanden gerekend.

[3.] Is de vervaldag bepaald op het begin, het midden (half Januari, half Februari enz.) of op het einde van eene maand, dan wordt onder die uitdrukkingen verstaan: de eerste, de vijftiende, de laatste van die maand.
[4.] Onder de uitdrukkingen: "acht dagen", "vijftien dagen", moet worden verstaan niet ééne of twee weken, maar een termijn van acht of van vijftien dagen.
[5.] De uitdrukking "halve maand" duidt eenen termijn van vijftien dagen aan.

Art. 136
[1.] De vervaldag van eenen wisselbrief, betaalbaar op een bepaalden dag, in eene plaats, waar de tijdrekening een andere is dan die van de plaats van uitgifte, wordt geacht te zijn vastgesteld volgens de tijdrekening van de plaats van betaling. *Verschillende tijdberekeningen*
[2.] De dag van uitgifte van eenen wisselbrief, getrokken tusschen twee plaatsen met verschillende tijdrekening en betaalbaar een zekeren tijd na dagteekening, wordt herleid tot den overeenkomstigen dag van de tijdrekening van de plaats van betaling en de vervaldag wordt dienovereenkomstig vastgesteld.
[3.] De termijnen van aanbieding der wisselbrieven worden berekend overeenkomstig de bepalingen van het voorgaande lid.
[4.] Dit artikel is niet van toepassing, indien uit eene in den wisselbrief opgenomen clausule of uit zijne bewoordingen een afwijkende bedoeling kan worden afgeleid.

Zesde afdeeling
Van de betaling

Art. 137
[1.] De houder van eenen wisselbrief, betaalbaar op een bepaalden dag of een zekeren tijd na dagteekening of na zicht, moet dezen ter betaling aanbieden, hetzij den dag, waarop hij betaalbaar is, hetzij eenen der twee daaropvolgende werkdagen. *Aanbod ter betaling*
[2.] De aanbieding van eenen wisselbrief aan eene verrekeningskamer geldt als aanbieding ter betaling. Bij algemeenen maatregel van bestuur zullen de instellingen worden aangewezen, die in den zin van dezen Titel als verrekeningskamers worden beschouwd.

Art. 138
[1.] Buiten het geval, in artikel 167b vermeld, kan de betrokkene, den wisselbrief betalende, vorderen, dat hem deze, van behoorlijke kwijting van den houder voorzien, wordt uitgeleverd. *Uitlevering*
[2.] De houder mag niet weigeren een gedeeltelijke betaling aan te nemen. *Gedeeltelijke betaling*
[3.] In geval van gedeeltelijke betaling kan de betrokkene vorderen, dat van die betaling op den wisselbrief melding wordt gemaakt en dat hem daarvoor kwijting wordt gegeven.

Art. 139
[1.] De houder van eenen wisselbrief kan niet genoodzaakt worden, vóór den vervaldag betaling te ontvangen. *Betaling vóór vervaldag*
[2.] De betrokkene, die vóór den vervaldag betaalt, doet zulks op eigen verantwoordelijkheid.
[3.] Hij, die op den vervaldag betaalt, is deugdelijk gekweten, mits er zijnerzijds geen bedrog plaats heeft of grove schuld aanwezig is. Hij is gehouden, de regelmatigheid van de reeks van endossementen, maar niet de handteekening der endossanten te onderzoeken. *Betaling op vervaldag*
[4.] Indien hij, niet bevrijdend betaald hebbende, verplicht wordt, ten tweede male te betalen, heeft hij verhaal op allen die de wissel niet te goeder trouw hebben verkregen. *Verhaalrecht*

Art. 140
[1.] Een wisselbrief, waarvan de betaling is bedongen in ander geld dan dat van de plaats van betaling, kan worden betaald in het geld van het land volgens zijne waarde op den vervaldag. Indien de schuldenaar in gebreke is, kan de houder te zijner keuze vorderen, dat de wisselsom betaald wordt in het geld van het land volgens den koers, hetzij van den vervaldag, hetzij van den dag van betaling. *Wissels in vreemd geld*
[2.] De waarde van het vreemde geld wordt bepaald volgens de gebruiken van de plaats van betaling. De trekker kan echter voorschrijven, dat het te betalen bedrag moet worden berekend volgens een in den wisselbrief voorgeschreven koers.
[3.] Het bovenstaande is niet van toepassing, indien de trekker heeft voorgeschreven, dat de betaling moet geschieden in een bepaald aangeduid geld (clausule van werkelijke betaling in vreemd geld).
[4.] Indien het bedrag van den wisselbrief is aangegeven in geld, hetwelk dezelfde benaming, maar eene verschillende waarde heeft in het land van uitgifte en in dat van betaling, wordt men vermoed het geld van de plaats van betaling te hebben bedoeld.

Art. 141
Bij gebreke van aanbieding ter betaling van den wisselbrief binnen den termijn, bij artikel 137 vastgesteld, heeft elke schuldenaar de bevoegdheid, het bedrag te bevoegder plaatse in consignatie te geven, op kosten en onder verantwoordelijkheid van den houder. *Consignatie wisselbedrag*

Zevende afdeeling
Van het recht van regres in geval van non-acceptatie of non-betaling

Art. 142

Regresrecht

[1.] De houder kan zijn recht van regres op de endossanten, den trekker en de andere wisselschuldenaren uitoefenen:
Op den vervaldag:
indien de betaling niet heeft plaats gehad;
(Zie ook: art. 10 BW Boek 6; art. 866 BW Boek 7)
[2.] Zelfs vóór den vervaldag:
1°. indien de acceptatie geheel of gedeeltelijk is geweigerd;
2°. in geval van faillissement van den betrokkene, al of niet acceptant, of het ten aanzien van hem van toepassing verklaren van de schuldsaneringsregeling natuurlijke personen en van het oogenblik af, waarop eene hem verleende surséance van betaling is ingegaan;
3°. in geval van faillissement van den trekker of het ten aanzien van hem van toepassing verklaren van de schuldsaneringsregeling natuurlijke personen van een niet voor acceptatie vatbaren wisselbrief.
(Zie ook: art. 4 FW)

Art. 143

Protesten

[1.] De weigering van acceptatie of van betaling moet worden vastgesteld bij authentieke acte (protest van non-acceptatie of van non-betaling).

Protesten van non-acceptatie

[2.] Het protest van non-acceptatie moet worden opgemaakt binnen de termijnen, voor de aanbieding ter acceptatie vastgesteld. Indien, in het geval bij artikel 123, lid 1, voorzien, de eerste aanbieding heeft plaats gehad op den laatsten dag van den termijn, kan het protest nog op den volgenden dag worden gedaan.

Protest van non-betaling

[3.] Het protest van non-betaling van eenen wisselbrief, betaalbaar op een bepaalden dag of zekeren tijd na dagteekening of na zicht, moet worden gedaan op éénen der twee werkdagen, volgende op den dag, waarop de wisselbrief betaalbaar is. Indien het eenen wisselbrief, betaalbaar op zicht, betreft, moet het protest worden gedaan, overeenkomstig de bepalingen bij het voorgaande lid vastgesteld voor het opmaken van het protest van non-acceptatie.
[4.] Het protest van non-acceptatie maakt de aanbieding ter betaling en het protest van non-betaling overbodig.
[5.] In geval van benoeming van bewindvoerders op verzoek van den betrokkene, al of niet acceptant, tot surséance van betaling kan de houder zijn recht van regres niet uitoefenen, dan nadat de wisselbrief ter betaling aan den betrokkene is aangeboden en protest is opgemaakt.
[6.] Indien de betrokkene, al of niet acceptant, is failliet verklaard, of indien de trekker van eenen wisselbrief, welke niet vatbaar is voor acceptatie, is failliet verklaard, kan de houder, voor de uitoefening van zijn recht van regres, volstaan met overlegging van het vonnis, waarbij het faillissement is uitgesproken.
7. Het zesde lid is van overeenkomstige toepassing indien de schuldsaneringsregeling natuurlijke personen van toepassing is verklaard.
(Zie ook: art. 4 FW)

Art. 143a

Plaats van betaling en protest

[1.] De betaling van eenen wisselbrief moet gevraagd en het daarop volgende protest gedaan worden ter woonplaats van den betrokkene.
[2.] Indien de wisselbrief getrokken is om in eene andere aangewezene woonplaats of door eenen anderen aangewezen persoon, hetzij in dezelfde, hetzij in eene andere gemeente te worden betaald, moet de betaling gevraagd en het protest opgemaakt worden ter aangewezene woonplaats of aan den aangewezen persoon.
[3.] Artikel 54 van het Wetboek van Burgerlijke Rechtsvordering is van overeenkomstige toepassing.

Art. 143b

Wijze doen van protest

[1.] De protesten, zowel van non-acceptatie als van non-betaling, worden gedaan door een deurwaarder. Deze kan zich desverkiezende doen vergezellen door een of twee getuigen.

Inhoud protest

[2.] De protesten behelzen:
1°. een letterlijk afschrift van den wisselbrief, van de acceptatie, van de endossementen, van het aval en van de adressen daarop gesteld;
2°. de vermelding dat zij de acceptatie of betaling aan de personen, of ter plaatse in het voorgaand artikel gemeld, afgevraagd en niet bekomen hebben;
3°. de vermelding van de opgegevene reden van non-acceptatie of non-betaling;
4°. de aanmaning om het protest te teekenen, en de redenen van weigering;
5°. de vermelding, dat hij, deurwaarder, wegens die non-acceptatie of non-betaling heeft geprotesteerd.

[3.] Indien het protest een vermisten wisselbrief betreft, volstaat, in plaats van het bepaalde onder 1°. van het voorgaande lid, eene zoo nauwkeurig mogelijke omschrijving van den inhoud des wisselbriefs.

Art. 143c
De deurwaarders zijn verplicht, op straffe van schadevergoeding, afschrift van het protest te laten, en hiervan melding in het afschrift te maken, en hetzelve, naar orde des tijds, in te schrijven in een bijzonder register, genommerd en gewaarmerkt door de kantonrechter van de rechtbank van het arrondissement waarin hun woonplaats is gelegen, en om wijders, zulks begeerd wordende, een of meer afschriften van het protest aan de belanghebbenden te leveren.   *Afschrift protest*

Art. 143d
Als protest van non-acceptatie, onderscheidenlijk van non-betaling geldt de door dengene, aan wien de acceptatie of de betaling wordt afgevraagd, met toestemming van den houder op den wisselbrief gestelde, gedagteekende en onderteekende verklaring, dat hij dezelve weigert, tenzij de trekker heeft aangeteekend, dat hij een authentiek protest verlangt.   *Andere wijze van protest*

Art. 144
[1.] De houder moet van de non-acceptatie of van de non-betaling kennis geven aan zijnen endossant en aan den trekker binnen de vier werkdagen, volgende op den dag van het protest of, indien de wisselbrief getrokken is met de clausule zonder kosten, volgende op dien der aanbieding. Elke endossant moet binnen de twee werkdagen, volgende op den dag van ontvangst der kennisgeving, de door hem ontvangen kennisgeving aan zijnen endossant mededeelen, met aanwijzing van de namen en adressen van degenen, die de voorafgaande kennisgevingen hebben gedaan, en zoo vervolgens, teruggaande tot den trekker. Deze termijnen loopen van de ontvangst der voorafgaande kennisgeving af.   *Kennisgeving van protest*
[2.] Indien overeenkomstig het voorgaande lid eene kennisgeving is gedaan aan iemand, wiens handteekening op den wisselbrief voorkomt, moet gelijke kennisgeving binnen denzelfden termijn aan diens avalgever worden gedaan.
[3.] Indien een endossant zijn adres niet of op onleesbare wijze heeft aangeduid, kan worden volstaan met kennisgeving aan den voorafgaanden endossant.
[4.] Hij, die eene kennisgeving heeft te doen, kan zulks doen in iederen vorm, zelfs door enkele terugzending van den wisselbrief.
[5.] Hij moet bewijzen, dat hij de kennisgeving binnen den vastgestelden termijn heeft gedaan. Deze termijn wordt gehouden te zijn in acht genomen, wanneer een brief, die de kennisgeving behelst, binnen den genoemden termijn ter post is bezorgd.
[6.] Hij, die de kennisgeving niet binnen den bovenvermelden termijn doet, stelt zich niet bloot aan verval van zijn recht; hij is, indien daartoe aanleiding bestaat, verantwoordelijk voor de schade, door zijne nalatigheid veroorzaakt, zonder dat echter de schadevergoeding de wisselsom kan te boven gaan.

Art. 145
[1.] De trekker, een endossant of een avalgever kan, door de clausule "zonder kosten", "zonder protest", of een andere soortgelijke op den wisselbrief gestelde en onderteekende clausule, den houder van het opmaken van een protest van non-acceptatie of van non-betaling, ter uitoefening van zijn recht van regres, ontslaan.   *Clausule zonder protest*
[2.] Deze clausule ontslaat den houder niet van de aanbieding van den wisselbrief binnen de voorgeschreven termijnen, noch van het doen van de kennisgevingen. Het bewijs van de niet-inachtneming der termijnen moet worden geleverd door dengene, die zich daarop tegenover den houder beroept.
[3.] Is de clausule door den trekker gesteld, dan heeft zij gevolgen ten aanzien van allen, wier handteekeningen op den wisselbrief voorkomen; is zij door eenen endossant of door eenen avalgever gesteld, dan heeft zij gevolgen alleen voor dezen endossant of avalgever. Indien de houder, ondanks de door den trekker gestelde clausule, toch protest doet opmaken, zijn de kosten daarvan voor zijne rekening. Indien de clausule van eenen endossant of eenen avalgever afkomstig is, kunnen de kosten van het protest, indien dit is opgemaakt, op allen, wier handteekeningen op den wisselbrief voorkomen, worden verhaald.

Art. 146
[1.] Allen, die eenen wisselbrief hebben getrokken, geaccepteerd, geëndosseerd, of voor aval geteekend, zijn hoofdelijk tegenover den houder verbonden. Bovendien is ook de derde, voor wiens rekening de wisselbrief is getrokken en die de waarde daarvoor heeft genoten, jegens den houder aansprakelijk.   *Hoofdelijke aansprakelijkheid*
[2.] De houder kan deze personen, zoowel ieder afzonderlijk, als gezamenlijk, aanspreken, zonder verplicht te zijn de volgorde, waarin zij zich hebben verbonden, in acht te nemen.
[3.] Hetzelfde recht komt toe aan ieder, wiens handteekening op den wisselbrief voorkomt en die dezen, ter voldoening aan zijnen regresplicht, heeft betaald.
[4.] De vordering, ingesteld tegen éénen der wisselschuldenaren, belet niet de anderen aan te spreken, al hadden dezen zich later verbonden dan de eerst aangesprokene.

Art. 146a

Rechten op fonds

[1.] De houder van eenen geprotesteerden wisselbrief heeft in geen geval eenig recht op het fonds, dat de betrokkene van den trekker in handen heeft.

[2.] Indien de wisselbrief niet is geaccepteerd, behooren die penningen, bij faillissement van den trekker of indien ten aanzien van hem de schuldsaneringsregeling natuurlijke personen van toepassing is verklaard, aan diens boedel.

[3.] In geval van acceptatie, blijft het fonds, tot het beloop van den wisselbrief, aan den betrokkene, behoudens de verplichting van dezen om jegens den houder aan zijne acceptatie te voldoen.

Art. 147

Vorderingen uit hoofde van regres

[1.] De houder kan van dengene, tegen wien hij zijn recht van regres uitoefent, vorderen:

1°. de som van den niet-geaccepteerden of niet betaalden wisselbrief met de rente, zoo deze bedongen is;

2°. de wettelijke rente, te rekenen van de vervaldag, voor wissels die in Nederland uitgegeven en betaalbaar zijn, en een rente van zes ten honderd, te rekenen van de vervaldag, voor alle overige wissels;

3°. de kosten van protest, die van de gedane kennisgevingen alsmede de andere kosten.

[2.] Zoo de uitoefening van het recht van regres vóór den vervaldag plaats heeft, wordt op de wisselsom eene korting toegepast. Deze korting wordt berekend volgens het officiëele disconto (bankdisconto), geldende ter woonplaats van den houder, op den dag van de uitoefening van het recht van regres.

Art. 148

Vorderingen uit hoofde van regresplicht

Hij, die ter voldoening aan zijnen regresplicht den wisselbrief heeft betaald, kan van degenen, die tegenover hem regresplichtig zijn, vorderen:

1°. het geheele bedrag, dat hij betaald heeft;

2°. de wettelijke rente, te rekenen van de dag der betaling, voor wissels die in Nederland uitgegeven en betaalbaar zijn, en een rente van zes ten honderd, te rekenen van de dag der betaling, voor alle overige wissels;

3°. de door hem gemaakte kosten.

Art. 149

Vorderen afgifte wisselbrief

[1.] Elke wisselschuldenaar, tegen wien het recht van regres wordt of kan worden uitgeoefend, kan, tegen betaling ter voldoening aan zijnen regresplicht, de afgifte vorderen van den wisselbrief met het protest, alsmede een voor voldaan geteekende rekening.

Doorhaling endossementen

[2.] Elke endossant, die ter voldoening aan zijnen regresplicht den wisselbrief heeft betaald, kan zijn endossement en dat van de volgende endossanten doorhalen.

Art. 150

Regres bij gedeeltelijke acceptatie

Bij gedeeltelijke acceptatie kan degene, die ter voldoening aan zijnen regresplicht het niet geaccepteerde gedeelte van de wisselsom heeft betaald, vorderen, dat die betaling op den wisselbrief wordt vermeld en dat hem daarvan kwijting wordt gegeven. De houder moet hem daarenboven uitleveren een voor eensluidend geteekend afschrift van den wisselbrief, alsmede het protest, om hem de uitoefening van zijn verdere regresrechten mogelijk te maken.

Art. 151

Herwissel

[1.] Ieder, die een recht van regres kan uitoefenen, kan, tenzij het tegendeel bedongen is, zich de vergoeding bezorgen door middel van een nieuwen wisselbrief (herwissel), getrokken op zicht op éénen van degenen, die tegenover hem regresplichtig zijn en betaalbaar te diens woonplaats.

[2.] De herwissel omvat, behalve de bedragen in de artikelen 147 en 148 aangegeven, de bedragen van provisie en het zegel van den herwissel.

[3.] Indien de herwissel door den houder is getrokken, wordt het bedrag bepaald volgens den koers van eenen zichtwissel, getrokken van de plaats, waar de oorspronkelijke wisselbrief betaalbaar was, op de woonplaats van den regresplichtige. Indien de herwissel is getrokken door eenen endossant, wordt het bedrag bepaald volgens den koers van eenen zichtwissel, getrokken van de woonplaats van den trekker van den herwissel op de woonplaats van den regresplichtige.

Art. 152

Verval regresrecht

[1.] Na afloop van de termijnen vastgesteld:

voor de aanbieding van eenen wisselbrief getrokken op zicht of zekeren tijd na zicht;

voor het opmaken van het protest van non-acceptatie of van non-betaling;

voor de aanbieding ter betaling in geval van beding zonder kosten,

vervalt het recht van den houder tegen de endossanten, tegen den trekker, en tegen de andere wisselschuldenaren, met uitzondering van den acceptant.

[2.] Bij gebreke van aanbieding ter acceptatie binnen den door den trekker voorgeschreven termijn, vervalt het recht van regres van den houder, zoowel wegens non-betaling als wegens non-acceptatie, tenzij uit de bewoordingen van den wisselbrief blijkt, dat de trekker zich slechts heeft willen bevrijden van zijne verplichting, voor de acceptatie in te staan.

[3.] Indien de bepaling van eenen termijn voor de aanbieding in een endossement is vervat, kan alleen de endossant daarop een beroep doen.

Art. 152a
[1.] De wisselbrief van non-acceptatie of van non-betaling zijnde geprotesteerd, is niettemin de trekker, al ware het protest niet intijds gedaan, tot vrijwaring gehouden, tenzij hij bewees, dat de betrokkene op den vervaldag het noodige fonds tot betaling des wisselbriefs in handen had. Indien het vereischte fonds slechts gedeeltelijk aanwezig was, is de trekker voor het ontbrekende gehouden.
[2.] Was de wisselbrief niet geaccepteerd, dan is, ingeval van niet tijdig protest, de trekker, op straffe van tot vrijwaring te zijn gehouden, verplicht, den houder af te staan en over te dragen de vordering op het fonds, dat de betrokkene van hem ten vervaldage heeft in handen gehad, en zulks tot het beloop van den wisselbrief; en hij moet aan den houder, te diens koste, de noodige bewijzen verschaffen om die vordering te doen gelden. Indien de trekker in staat van faillissement is verklaard of ten aanzien van hem de schuldsaneringsregeling natuurlijke personen van toepassing is verklaard, zijn de curatoren onderscheidenlijk de bewindvoerders in zijnen boedel tot dezelfde verplichtingen gehouden, ten ware deze mochten verkiezen, den houder als schuldeischer, voor het beloop van den wisselbrief, toe te laten.

Gehoudenheid trekker tot vrijwaring

Art. 153
[1.] Wanneer de aanbieding van den wisselbrief of het opmaken van het protest binnen de voorgeschreven termijnen wordt verhinderd door een onoverkomelijk beletsel (wettelijk voorschrift van eenigen Staat of ander geval van overmacht), worden deze termijnen verlengd.
[2.] De houder is verplicht, van de overmacht onverwijld aan zijnen endossant kennis te geven, en deze kennisgeving gedagteekend en onderteekend op den wisselbrief of op een verlengstuk te vermelden; voor het overige zijn de bepalingen van artikel 144 toepasselijk.
[3.] Na het ophouden van de overmacht moet de houder onverwijld den wisselbrief ter acceptatie of ter betaling aanbieden en, indien daartoe aanleiding bestaat, protest doen opmaken.
[4.] Indien de overmacht meer dan dertig dagen, te rekenen van den vervaldag, aanhoudt, kan het recht van regres worden uitgeoefend, zonder dat de aanbieding of het opmaken van protest noodig is.
[5.] Voor wisselbrieven, getrokken op zicht of op zekeren tijd na zicht, loopt de termijn van dertig dagen van den dag, waarop de houder, al ware het vóór het einde van den aanbiedingstermijn, van de overmacht aan zijnen endossant heeft kennis gegeven; voor wisselbrieven, getrokken op zekeren tijd na zicht, wordt de termijn van dertig dagen verlengd met den zichttermijn, in den wisselbrief aangegeven.
[6.] Feiten, welke voor den houder, of voor dengene, dien hij met de aanbieding van den wisselbrief of met het opmaken van het protest belastte, van zuiver persoonlijken aard zijn, worden niet beschouwd als gevallen van overmacht.

Invloed overmacht op termijnen

Achtste afdeeling
Van de tusschenkomst

1
Algemeene bepalingen

Art. 154
[1.] De trekker, een endossant, of een avalgever, kan iemand aanwijzen om, in geval van nood, te accepteeren of te betalen.
[2.] Onder de hierna vastgestelde voorwaarden kan de wisselbrief worden geaccepteerd of betaald door iemand, die tusschenkomst voor eenen schuldenaar, op wien recht van regres kan worden uitgeoefend.
[3.] De interveniënt kan een derde zijn, zelfs de betrokkene, of een reeds krachtens den wisselbrief verbonden persoon, behalve de acceptant.
[4.] De interveniënt geeft binnen den termijn van twee werkdagen van zijne tusschenkomst kennis aan dengene, voor wien hij tusschenkwam. In geval van niet-inachtneming van dien termijn is hij, indien daartoe aanleiding bestaat, verantwoordelijk voor de schade, door zijne nalatigheid veroorzaakt, zonder dat echter de schadevergoeding de wisselsom kan te boven gaan.

Tussenkomst in het algemeen

2
Acceptatie bij tusschenkomst

Art. 155
[1.] De acceptatie bij tusschenkomst kan plaats hebben in alle gevallen, waarin de houder van eenen voor acceptatie vatbaren wisselbrief vóór den vervaldag recht van regres kan uitoefenen.
[2.] Wanneer op den wisselbrief iemand is aangewezen om dezen, in geval van nood, ter plaatse van betaling te accepteeren of te betalen, kan de houder zijn recht tegen dengene, die de aanwijzing heeft gedaan en tegen hen, die daarna hunne handteekeningen op den wisselbrief hebben

Acceptatie bij tussenkomst

geplaatst, niet vóór den vervaldag uitoefenen, tenzij hij den wisselbrief aan den aangewezen persoon heeft aangeboden, en van diens weigering tot acceptatie protest is opgemaakt.
[3.] In de andere gevallen van tusschenkomst kan de houder de acceptatie bij tusschenkomst weigeren. Indien hij haar echter aanneemt, verliest hij zijn recht van regres, hetwelk hem vóór den vervaldag toekomt tegen dengene, voor wien de acceptatie is gedaan, en tegen hen, die daarna hunne handteekeningen op den wisselbrief hebben geplaatst.

Art. 156

Vormvereisten — De acceptatie bij tusschenkomst wordt op den wisselbrief vermeld; zij wordt door den interveniënt onderteekend. Zij wijst aan, voor wien zij is geschied; bij gebreke van die aanwijzing wordt zij geacht voor den trekker te zijn geschied.

Art. 157

Gevolgen — [1.] De acceptant bij tusschenkomst is tegenover den houder en tegenover de endossanten, die den wisselbrief hebben geëndosseerd na dengene, voor wien de tusschenkomst is geschied, op dezelfde wijze als deze laatste verbonden.
[2.] Niettegenstaande de acceptatie bij tusschenkomst kunnen degene, voor wien zij werd gedaan en degenen, die tegenover dezen regresplichtig zijn, van den houder, indien daartoe aanleiding bestaat, tegen terugbetaling van de bij artikel 147 aangewezen som, de afgifte van den wisselbrief, van het protest en van een voor voldaan geteekende rekening vorderen.

3
Betaling bij tusschenkomst

Art. 158

Betaling bij tussenkomst — [1.] De betaling bij tusschenkomst kan plaats hebben in alle gevallen, waarin, hetzij op den vervaldag, hetzij vóór den vervaldag, de houder recht van regres heeft.
[2.] De betaling moet de geheele som beloopen, welke degene, voor wien zij heeft plaats gehad, moest voldoen.
[3.] Zij moet plaats hebben uiterlijk op den dag volgende op den laatsten dag, waarop het protest van non-betaling kan worden opgemaakt.

Art. 159

Termijn aanbieding en opmaken protest — [1.] Indien de wisselbrief is geaccepteerd door interveniënten, wier domicilie ter plaatse van betaling is gevestigd, of indien personen, wier domicilie in dezelfde plaats is gevestigd, zijn aangeduid om in geval van nood te betalen, moet de houder den wisselbrief aan al die personen aanbieden, en, indien daartoe aanleiding bestaat, protest van non-betaling doen opmaken uiterlijk op den dag volgende op den laatsten dag, waarop dit kan geschieden.
[2.] Bij gebreke van protest binnen dien termijn zijn degene, die het noodadres heeft gesteld of voor wien de wisselbrief is geaccepteerd, en de latere endossanten van hunne verbintenis bevrijd.

Art. 160

Verlies recht van regres — De houder, die weigert de betaling bij tusschenkomst aan te nemen, verliest zijn recht van regres op hen, die daardoor zouden zijn bevrijd.

Art. 161

Kwijting — [1.] De betaling bij tusschenkomst moet worden vastgesteld door eene kwijting, geplaatst op den wisselbrief met aanwijzing van dengene, voor wien zij is gedaan. Bij gebreke van die aanwijzing wordt de betaling geacht voor den trekker te zijn gedaan.
[2.] De wisselbrief en het protest, indien dit is opgemaakt, moeten worden uitgeleverd aan hem, die bij tusschenkomst betaalt.

Art. 162

Rechtgevolgen betaling bij tussenkomst — [1.] Hij, die bij tusschenkomst betaalt, verkrijgt de rechten, uit den wisselbrief voortvloeiende, tegen dengene, voor wien hij heeft betaald, en tegen degenen, die tegenover dezen laatste krachtens den wisselbrief verbonden zijn. Hij mag echter den wisselbrief niet opnieuw endosseeren.
[2.] De endossanten, volgende op dengene, voor wien de betaling heeft plaats gehad, zijn bevrijd.
[3.] Indien zich meer personen tot de betaling bij tusschenkomst aanbieden, heeft de voorkeur de betaling, welke het grootste aantal bevrijdingen teweegbrengt. De interveniënt, die desbewust in strijd hiermede handelt, verliest zijn recht van regres tegen hen, die anders zouden zijn bevrijd.

Negende afdeeling
Van wisselexemplaren, wisselafschriften en vermiste wisselbrieven

1
Wisselexemplaren

Art. 163

Wisselexemplaren — [1.] De wisselbrief kan in meer gelijkluidende exemplaren worden getrokken.

[2.] Die exemplaren moeten in den tekst zelf van den titel worden genummerd, bij gebreke waarvan elk exemplaar wordt beschouwd als een afzonderlijke wisselbrief.
[3.] Iedere houder van eenen wisselbrief, waarin niet is vermeld, dat deze in een enkel exemplaar getrokken is, kan op zijne kosten de levering van meer exemplaren vorderen. Te dien einde moet hij zich tot zijn onmiddellijken endossant wenden, die verplicht is zijne medewerking te verleenen om zijn eigen endossant aan te spreken, en zoo vervolgens, teruggaande tot den trekker. De endossanten zijn verplicht, de endossementen ook op de nieuwe exemplaren aan te brengen.

Art. 164
[1.] De betaling, op één der exemplaren gedaan, bevrijdt, ook al ware niet bedongen, dat die betaling de kracht der andere exemplaren te niet doet. Echter blijft de betrokkene verbonden wegens elk geaccepteerd exemplaar, dat hem niet is uitgeleverd. — *Bevrijdende betaling*
[2.] De endossant, die de exemplaren aan verschillende personen heeft overgedragen, alsook de latere endossanten, zijn verbonden wegens alle exemplaren, die hunne handteekening dragen en die niet zijn uitgeleverd.

Art. 165
[1.] Hij, die één der exemplaren ter acceptatie heeft gezonden, moet op de andere exemplaren den naam van den persoon aanwijzen, in wiens handen dat exemplaar zich bevindt. Deze is verplicht, dit aan den rechtmatigen houder van een ander exemplaar uit te leveren. — *Verplichte uitlevering*
[2.] Weigert hij dit, dan kan de houder slechts zijn recht van regres uitoefenen, nadat hij door een protest heeft doen vaststellen:
1°. dat het ter acceptatie gezonden exemplaar hem desgevraagd niet is uitgeleverd;
2°. dat hij de acceptatie of de betaling op een ander exemplaar niet heeft kunnen verkrijgen.

2
Wisselafschriften

Art. 166
[1.] Elke houder van eenen wisselbrief heeft het recht, daarvan afschriften te vervaardigen. — *Wisselafschriften*
[2.] Het afschrift moet het oorspronkelijke nauwkeurig weergeven met de endossementen en alle andere vermeldingen, die er op voorkomen. Het moet aangeven, waar het afschrift ophoudt.
[3.] Het kan worden geëndosseerd en voor aval geteekend op dezelfde wijze en met dezelfde gevolgen, als het oorspronkelijke.

Art. 167
[1.] Het afschrift moet dengene, in wiens handen het oorspronkelijke stuk zich bevindt, vermelden. Deze is verplicht het oorspronkelijke stuk aan den rechtmatigen houder van het afschrift uit te leveren. — *Verplichte uitlevering oorspronkelijke stuk*
[2.] Weigert hij dit, dan kan de houder zijn recht van regres tegen hen, die het afschrift hebben geëndosseerd of voor aval geteekend, slechts uitoefenen, nadat hij door een protest heeft doen vaststellen, dat het oorspronkelijke stuk hem desgevraagd niet is uitgeleverd.
[3.] Indien na het laatste daarop geplaatste endossement, alvorens het afschrift is vervaardigd, het oorspronkelijke stuk de clausule draagt: "van hier af geldt het endossement slechts op de copie", of eenige andere soortgelijke clausule, is een nadien op het oorspronkelijk stuk geplaatst endossement nietig.

3
Vermiste wisselbrieven

Art. 167a
Degene die een wisselbrief, waarvan hij houder was, vermist, kan met inachtneming van artikel 49, derde lid, van Boek 6 van het Burgerlijk Wetboek van de betrokkene betaling vragen. — *Vermiste wissels*

Art. 167b
Degene die een wisselbrief waarvan hij houder was, en welke is vervallen, en, zoveel nodig, geprotesteerd, vermist, kan met inachtneming van artikel 49, derde lid, van Boek 6 van het Burgerlijk Wetboek, zijn rechten alleen tegen de acceptant en tegen de trekker uitoefenen. — *Vermiste vervallen wissels*

Tiende afdeeling
Van veranderingen

Art. 168
In geval van verandering van den tekst van eenen wisselbrief, zijn zij, die daarna hunne handteekeningen op den wisselbrief geplaatst hebben, volgens den veranderden tekst verbonden; zij, die daarvoor hunne handteekeningen op den wisselbrief geplaatst hebben, zijn verbonden volgens den oorspronkelijken tekst. — *Verandering in tekst*

art. 168a

18 Wetboek van Koophandel

Elfde afdeeling
Van verjaring

Art. 168a

Tenietgaan wisselschuld — Behoudens de bepaling van het volgende artikel gaat wisselschuld te niet door alle middelen van schuldbevrijding, bij het Burgerlijk Wetboek aangewezen.

Art. 169

Verjaringstermijn
[1.] Alle rechtsvorderingen, welke uit den wisselbrief tegen den acceptant voortspruiten, verjaren door een tijdsverloop van drie jaren, te rekenen van den vervaldag.
[2.] De rechtsvorderingen van den houder tegen de endossanten en tegen den trekker verjaren door een tijdsverloop van een jaar, te rekenen van de dagteekening van het tijdig opgemaakte protest of, ingeval van de clausule zonder kosten, van den vervaldag.
[3.] De rechtsvorderingen van de endossanten tegen elkander en tegen den trekker verjaren door tijdsverloop van zes maanden, te rekenen van den dag, waarop de endossant ter voldoening aan zijnen regresplicht den wisselbrief heeft betaald, of van den dag, waarop hij zelf in rechte is aangesproken.
[4.] De in het eerste lid bedoelde verjaring kan niet worden ingeroepen door den acceptant, indien of voor zoover hij fonds heeft ontvangen of zich ongerechtvaardigd zou hebben verrijkt; evenmin kan de in het tweede en derde lid bedoelde verjaring worden ingeroepen door den trekker, indien of voor zoover hij geen fonds heeft bezorgd noch door den trekker of de endossanten, die zich ongerechtvaardigd zouden hebben verrijkt; alles onverminderd het bepaalde in artikel 306 van Boek 3 van het Burgerlijk Wetboek.

Art. 170

Stuiting van verjaring
[1.] De stuiting der verjaring is slechts van kracht tegen dengene, ten aanzien van wien de stuitingshandeling heeft plaats gehad.

Afwijking van BW
[2.] Op de in het vorige artikel bedoelde verjaringen is artikel 321, eerste lid, onder *a-d* van Boek 3 van het Burgerlijk Wetboek niet van toepassing; in de gevallen bedoeld in artikel 321, eerste lid, onder *b* en *c*, van Boek 3 van het Burgerlijk Wetboek heeft de onbekwame of rechthebbende wiens rechtsvordering is verjaard, verhaal op de wettelijke vertegenwoordiger of bewindvoerder.

Twaalfde afdeeling
Algemene bepalingen

Art. 171

Verval op wettelijke feestdag
[1.] De betaling van eenen wisselbrief, waarvan de vervaldag een wettelijke feestdag is, kan eerst worden gevorderd op den eerstvolgenden werkdag. Evenzoo kunnen alle andere handelingen met betrekking tot wisselbrieven, met name de aanbieding ter acceptatie en het protest, niet plaats hebben dan op eenen werkdag.
[2.] Wanneer ééne van die handelingen moet worden verricht binnen een zekeren termijn, waarvan de laatste dag een wettelijke feestdag is, wordt deze termijn verlengd tot den eersten werkdag, volgende op het einde van dien termijn. De tusschenliggende feestdagen zijn begrepen in de berekening van den termijn.

Art. 171a

Wettelijke feestdagen — Als wettelijke feestdag in den zin van deze Afdeeling worden beschouwd de Zondag, de Nieuwjaarsdag, de Christelijke tweede Paasch- en Pinksterdagen, de beide Kerstdagen, de Hemelvaartsdag en de verjaardag van de Koning.

Art. 172

Aanvang termijnen — In de wettelijke of bij overeenkomst vastgestelde termijnen is niet begrepen de dag, waarop deze termijnen beginnen te loopen.

Art. 173

Geen respijt — Geen enkele respijtdag, noch wettelijke, noch rechterlijke, is toegestaan.

Dertiende afdeeling
Van orderbriefjes

Art. 174

Inhoud orderbriefje — Het orderbriefje behelst:
1°. hetzij de orderclausule, hetzij de benaming "orderbriefje" of "promesse aan order", opgenomen in den tekst zelf, en uitgedrukt in de taal, waarin de titel is gesteld;
2°. de onvoorwaardelijke belofte een bepaalde som te betalen;
3°. de aanwijzing van den vervaldag;
4°. die van de plaats, waar de betaling moet geschieden;
5°. den naam van dengene, aan wien of aan wiens order de betaling moet worden gedaan;

6°. de vermelding van de dagteekening, alsmede van de plaats, waar het orderbiljet is onderteekend;
7°. de handteekening van hem, die den titel uitgeeft (onderteekenaar).

Art. 175
[1.] De titel, waarin ééne der vermeldingen, in het voorgaande artikel aangegeven, ontbreekt, geldt niet als orderbriefje, behoudens in de hieronder genoemde gevallen. — *Geen orderbriefje*
[2.] Het orderbriefje, waarvan de vervaldag niet is aangewezen, wordt beschouwd als betaalbaar op zicht. — *Betaalbaar op zicht*
[3.] Bij gebreke van een bijzondere aanwijzing wordt de plaats van de onderteekening van den titel geacht te zijn de plaats van betaling en tevens de plaats van het domicilie van den onderteekenaar. — *Plaatsbepaling*
[4.] Het orderbriefje, dat de plaats van zijne onderteekening niet vermeldt, wordt geacht te zijn onderteekend in de plaats, aangegeven naast den naam van den onderteekenaar.

Art. 176
[1.] Voor zooverre zij niet onvereenigbaar zijn met den aard van het orderbriefje, zijn daarop toepasselijk de bepalingen over wisselbrieven betreffende: — *Toepasselijkheid wisselrecht*
het endossement (artikelen 110-119);
den vervaldag (artikelen 132-136);
de betaling (artikelen 137-141);
het recht van regres in geval van non-betaling (artikelen 142-149, 151-153);
de betaling bij tusschenkomst (artikelen 154, 158-162);
de wisselafschriften (artikelen 166 en 167);
de vermiste wisselbrieven (artikel 167a);
de veranderingen (artikel 168);
de verjaring (artikelen 168a en 169-170);
de feestdagen, de berekening der termijnen en het verbod van respijtdagen (artikelen 171, 171a, 172 en 173).
[2.] Eveneens zijn op het orderbriefje toepasselijk de bepalingen betreffende den wisselbrief, betaalbaar bij eenen derde of in een andere plaats dan die van het domicilie van den betrokkene (artikelen 103 en 126), de renteclausule (artikel 104), de verschillen in de vermelding met betrekking tot de som, welke moet worden betaald (artikel 105), de gevolgen van het plaatsen eener handteekening onder de omstandigheden bedoeld in artikel 106, die van de handteekening van eenen persoon, die handelt zonder bevoegdheid of die zijne bevoegdheid overschrijdt (artikel 107), en den wisselbrief in blanco (artikel 109).
[3.] Eveneens zijn op het orderbriefje toepasselijk de bepalingen betreffende het aval (artikelen 129-131); indien overeenkomstig hetgeen is bepaald bij artikel 130, laatste lid, het aval niet vermeldt, voor wien het is gegeven, wordt het geacht voor rekening van den onderteekenaar van het orderbriefje te zijn gegeven.

Art. 177
[1.] De onderteekenaar van een orderbriefje is op dezelfde wijze verbonden als de acceptant van eenen wisselbrief. — *Plichten ondertekenaar*
[2.] De orderbriefjes, betaalbaar zekeren tijd na zicht, moeten ter teekening voor "gezien" aan den onderteekenaar worden aangeboden binnen den bij artikel 122 vastgestelden termijn. De zichttermijn loopt van de dagteekening van het visum, hetwelk door den onderteekenaar op het orderbriefje moet worden geplaatst. De weigering van dezen zijn visum te plaatsen, moet worden vastgesteld door een protest (artikel 124), van welks dagteekening de zichttermijn begint te loopen.

Zevende titel
Van chèques, en van promessen en quitantiën aan toonder

Eerste afdeeling
Van de uitgifte en den vorm van de chèque

Art. 178
De chèque behelst: — *Inhoud cheque*
1°. de benaming "chèque", opgenomen in den tekst zelf en uitgedrukt in de taal, waarin de titel is gesteld;
2°. de onvoorwaardelijke opdracht tot betaling van een bepaalde som;
3°. den naam van dengene, die betalen moet (betrokkene);
4°. de aanwijzing van de plaats, waar de betaling moet geschieden;
5°. de vermelding van de dagteekening, alsmede van de plaats, waar de chèque is getrokken;
6°. de handteekening van dengene, die de chèque uitgeeft (trekker).

Art. 179

Geen cheque [1.] De titel, waarin ééne der vermeldingen, in het voorgaande artikel aangegeven, ontbreekt, geldt niet als chèque, behoudens in de hieronder genoemde gevallen.

Plaatsbepaling [2.] Bij gebreke van een bijzondere aanwijzing, wordt de plaats, aangegeven naast den naam van den betrokkene, geacht te zijn de plaats van betaling. Indien meerdere plaatsen zijn aangegeven naast den naam van den betrokkene, is de chèque betaalbaar op de eerstaangegeven plaats.
[3.] Bij gebreke van die aanwijzingen of van iedere andere aanwijzing, is de chèque betaalbaar in de plaats, waar het hoofdkantoor van den betrokkene is gevestigd.
[4.] De chèque, welke niet de plaats aanwijst, waar zij is getrokken, wordt geacht te zijn onderteekend in de plaats, aangegeven naast den naam des trekkers.

Art. 180

Cheque op bankier De chèque moet worden getrokken op eenen bankier, die fonds onder zich heeft ter beschikking van den trekker, en krachtens een uitdrukkelijke of stilzwijgende overeenkomst, volgens welke de trekker het recht heeft per chèque over dat fonds te beschikken. In geval van niet-inachtneming van die voorschriften blijft de titel echter als chèque geldig.

Art. 181

Geen acceptatie De chèque kan niet worden geaccepteerd. Eene vermelding van acceptatie, op de chèque gesteld, wordt voor niet geschreven gehouden.

Art. 182

Betaalbaarstelling [1.] De chèque kan betaalbaar worden gesteld:
aan een met name genoemden persoon, met of zonder uitdrukkelijke clausule: "aan order";
aan een met name genoemden persoon, met de clausule: "niet aan order", of een soortgelijke clausule;
aan toonder.
[2.] De chèque, betaalbaar gesteld aan een met name genoemden persoon, met de vermelding: "of aan toonder", of een soortgelijke uitdrukking, geldt als chèque aan toonder.
[3.] De chèque zonder vermelding van den nemer geldt als chèque aan toonder.

Art. 183

Cheque aan: order trekker, voor rekening derde [1.] De chèque kan aan de order van den trekker luiden.

[2.] De chèque kan worden getrokken voor rekening van eenen derde. De trekker wordt geacht voor zijn eigene rekening te hebben getrokken, indien uit de chèque of uit den adviesbrief niet blijkt, voor wiens rekening zulks is geschied.

Op trekker [3.] De chèque kan op den trekker zelf getrokken worden.

Art. 183a

Incassocheque [1.] Wanneer de trekker op de chèque de vermelding "waarde ter incasseering", "ter incasso", "in lastgeving" of eenige andere vermelding, met zich brengend een bloote opdracht tot inning, heeft geplaatst, kan de nemer alle uit de chèque voortvloeiende rechten uitoefenen, maar hij kan deze niet anders overdragen dan bijwege van lastgeving.
[2.] Bij een zoodanige chèque kunnen de chèqueschuldenaren aan den houder slechts de verweermiddelen tegenwerpen, welke aan den trekker zouden kunnen worden tegengeworpen.
[3.] De opdracht, vervat in een incasso-chèque, eindigt niet door dood of latere onbekwaamheid van den lastgever.

Art. 184

Geen renteclausule Eene in de chèque opgenomen renteclausule wordt voor niet geschreven gehouden.

Art. 185

Gedomicilieerde cheque De chèque kan betaalbaar zijn aan de woonplaats van eenen derde, hetzij in de plaats, waar de betrokkene zijn domicilie heeft, hetzij in een andere plaats.

Art. 186

Verschil in bedragaanduiding [1.] De chèque, waarvan het bedrag voluit in letters en tevens in cijfers is geschreven, geldt, in geval van verschil, ten beloope van de som, voluit in letters geschreven.
[2.] De chèque, waarvan het bedrag meermalen is geschreven, hetzij voluit in letters, hetzij in cijfers, geldt, in geval van verschil, slechts ten beloope van de kleinste som.

Art. 187

Geldige en ongeldige handtekeningen Indien de chèque handteekeningen bevat van personen, die onbekwaam zijn zich door middel van een chèque te verbinden, valsche handteekeningen of handteekeningen van verdichte personen, of handteekeningen, welke, onverschillig om welke andere reden, de personen, die die handteekeningen hebben geplaatst of in wier naam zulks is geschied, niet kunnen verbinden, zijn de verbintenissen der andere personen, wier handteekeningen op de chèque voorkomen, desniettemin geldig.

Art. 188

Handtekening als vertegenwoordiger Ieder, die zijne handteekening op eene chèque plaatst als vertegenwoordiger van eenen persoon, voor wien hij niet de bevoegdheid had te handelen, is zelf krachtens de chèque verbonden, en heeft, betaald hebbende, dezelfde rechten, als de beweerde vertegenwoordigde zou hebben gehad. Hetzelfde geldt ten aanzien van den vertegenwoordiger, die zijne bevoegdheid heeft overschreden.

Art. 189
De trekker staat in voor de betaling. Elke clausule, waarbij hij deze verplichting uitsluit, wordt voor niet geschreven gehouden. — *Garantie van trekker*

Art. 190
Indien eene chèque, onvolledig ten tijde der uitgifte, is volledig gemaakt in strijd met de aangegane overeenkomsten, kan de niet-naleving van die overeenkomsten niet worden tegengeworpen aan den houder, die de cheque te goeder trouw heeft verkregen. — *Volledig gemaakte cheque*

Art. 190a
De trekker, of degene voor wiens rekening de chèque is getrokken, is verplicht zorg te dragen dat het noodige fonds tot betaling op den dag der aanbieding in handen van den betrokkene zij, zelfs indien de chèque bij eenen derde is betaalbaar gesteld, onverminderd de verplichting van den trekker overeenkomstig artikel 189. — *Fondsbezorging*

Art. 190b
De betrokkene wordt geacht, het noodige fonds in handen te hebben, indien hij bij de aanbieding van de chèque aan den trekker of aan dengene voor wiens rekening is getrokken, een opeischbare som schuldig is, ten minste gelijkstaande met het beloop van de chèque. — *Solvabiliteit betrokkene*

Tweede afdeeling
Van de overdracht

Art. 191
[1.] De chèque, die betaalbaar is gesteld aan een met name genoemden persoon met of zonder uitdrukkelijke clausule: "aan order", kan door middel van endossement worden overgedragen. — *Wijze van overdracht*
[2.] De chèque, die betaalbaar is gesteld aan een met name genoemden persoon met de clausule: "niet aan order", of een soortgelijke clausule, kan slechts worden overgedragen in den vorm en met de gevolgen van een gewone cessie. Een op zulk een chèque geplaatst endossement geldt als een gewone cessie.
[3.] Het endossement kan worden gesteld zelfs ten voordeele van den trekker of van iederen anderen chèqueschuldenaar. Deze personen kunnen de chèque opnieuw endosseeren.

Art. 192
[1.] Het endossement moet onvoorwaardelijk zijn. Elke daarin opgenomen voorwaarde wordt voor niet geschreven gehouden. — *Endossement*
[2.] Het gedeeltelijke endossement is nietig.
[3.] Eveneens is nietig het endossement van den betrokkene.
[4.] Het endossement aan toonder geldt als endossement in blanco.
[5.] Het endossement aan den betrokkene geldt slechts als kwijting, behoudens wanneer de betrokkene meer kantoren heeft en wanneer het endossement is gesteld ten voordeele van een ander kantoor dan dat, waarop de chèque is getrokken.

Art. 193
[1.] Het endossement moet gesteld worden op de chèque of op een vastgehecht blad (verlengstuk). Het moet worden onderteekend door den endossant. — *Plaats endossement*
[2.] Het endossement kan den geëndosseerde onvermeld laten, of bestaan uit de enkele handteekening van den endossant (endossement in blanco). In het laatste geval moet het endossement om geldig te zijn, op de rugzijde van de chèque of op het verlengstuk worden gesteld.

Art. 194
[1.] Door het endossement worden alle uit de chèque voortvloeiende rechten overgedragen. — *Overdracht rechten*
[2.] Indien het endossement in blanco is, kan de houder: — *Endossement in blanco*
1°. het blanco invullen, hetzij met zijn eigen naam, hetzij met den naam van een anderen persoon;
2°. de chèque wederom in blanco of aan een anderen persoon endosseeren;
3°. de chèque aan eenen derde overgeven, zonder het blanco in te vullen, en zonder haar te endosseeren.

Art. 195
[1.] Tenzij het tegendeel bedongen is, staat de endossant in voor de betaling. — *Instaan voor betaling*
[2.] Hij kan een nieuw endossement verbieden; in dat geval staat hij tegenover de personen, aan wie de chèque later is geëndosseerd, niet in voor de betaling. — *Verbod endossement*

Art. 196
Hij, die een door endossement overdraagbare chèque onder zich heeft, wordt beschouwd als de rechtmatige houder, indien hij van zijn recht doet blijken door een ononderbroken reeks van endossementen, zelfs indien het laatste endossement in blanco is gesteld. De doorgehaalde endossementen worden te dien aanzien voor niet geschreven gehouden. Wanneer een endos- — *Rechtmatige houder*

sement in blanco door een ander endossement is gevolgd, wordt de onderteekenaar van dit laatste geacht, de chèque door het endossement in blanco verkregen te hebben.

Art. 197

Endossement op toonder-cheque
Een op eene chèque aan toonder voorkomend endossement maakt den endossant verantwoordelijk overeenkomstig de bepalingen betreffende het recht van regres; het maakt overigens den titel niet tot eene chèque aan order.

Art. 198

Verloren cheque
Indien iemand, op welke wijze dan ook, het bezit van de chèque heeft verloren, is de houder, in wiens handen de chèque zich bevindt, niet verplicht de chèque af te geven, indien hij deze te goeder trouw heeft verkregen en zulks onverschillig of het betreft eene chèque aan toonder, dan wel een voor endossement vatbare chèque, ten aanzien van welke de houder op de wijze in artikel 196 voorzien van zijn recht doet blijken.

Art. 199

Bescherming houder
Zij, die uit hoofde van de chèque worden aangesproken, kunnen de verweermiddelen, gegrond op hun persoonlijke verhouding tot den trekker of tot vroegere houders, niet aan den houder tegenwerpen, tenzij deze bij de verkrijging van de chèque desbewust ten nadeele van den schuldenaar heeft gehandeld.

Art. 200

Incasso-endossement
[1.] Wanneer het endossement de vermelding bevat: "waarde ter incasseering", "ter incasso", "in lastgeving" of eenige andere vermelding, met zich brengend een bloote opdracht tot inning, kan de houder alle uit de chèque voortvloeiende rechten uitoefenen, maar hij kan deze niet anders endosseeren dan bijwege van lastgeving.
[2.] De chèqueschuldenaren kunnen in dat geval aan den houder slechts de verweermiddelen tegenwerpen, welke aan den endossant zouden kunnen worden tegengeworpen.
[3.] De opdracht, vervat in een incasso-endossement, eindigt niet door den dood of door de latere onbekwaamheid van den lastgever.

Art. 201

Endossement na aanbiedingstermijn
[1.] Het endossement, na het protest of de daarmede gelijkstaande verklaring, of na het einde van den aanbiedingstermijn op de chèque gesteld, heeft slechts de gevolgen eener gewone cessie.
Endossement zonder datum
[2.] Behoudens tegenbewijs, wordt het endossement zonder dagteekening geacht te zijn gesteld vóór het protest of de daarmede gelijkstaande verklaringen, of vóór het verstrijken van den in het voorgaande lid bedoelden termijn.

Derde afdeeling
Van het aval

Art. 202

Borgtocht
[1.] De betaling van de chèque kan zoowel voor haar geheele bedrag als voor een gedeelte daarvan door eenen borgtocht (aval) worden verzekerd.
[2.] Deze borgtocht kan door eenen derde, behalve door den betrokkene, of zelfs door iemand, wiens handteekening op de chèque voorkomt, worden gegeven.

Art. 203

Vorm van aval
[1.] Het aval wordt op de chèque of op een verlengstuk gesteld.
[2.] Het wordt uitgedrukt door de woorden: "goed voor aval", of door een soortgelijke uitdrukking; het wordt door den avalgever onderteekend.
[3.] De enkele handteekening van den avalgever, gesteld op de voorzijde van de chèque, geldt als aval, behalve wanneer de handteekening die is van den trekker.
[4.] Het kan ook geschieden bij een afzonderlijk geschrift of bij een brief, vermeldende de plaats, waar het is gegeven.
[5.] In het aval moet worden vermeld, voor wien het is gegeven. Bij gebreke hiervan wordt het geacht voor den trekker te zijn gegeven.

Art. 204

Gevolgen van aval
[1.] De avalgever is op dezelfde wijze verbonden als degene, voor wien het aval is gegeven.
[2.] Zijne verbintenis is geldig, zelfs indien, wegens een andere oorzaak dan een vormgebrek de door hem gewaarborgde verbintenis nietig is.
[3.] Door te betalen verkrijgt de avalgever de rechten, welke krachtens de chèque kunnen worden uitgeoefend tegen dengene, voor wien het aval is gegeven en tegen degenen, die tegenover dezen krachtens de chèque verbonden zijn.

Vierde afdeeling
Van de aanbieding en van de betaling

Art. 205

Betaalbaar op zicht
[1.] De chèque is betaalbaar op zicht. Elke vermelding van het tegendeel wordt voor niet geschreven gehouden.

[2.] De chèque, die ter betaling wordt aangeboden vóór den dag, vermeld als datum van uitgifte, is betaalbaar op den dag van de aanbieding.

Art. 206
[1.] De chèque, die in hetzelfde land uitgegeven en betaalbaar is, moet binnen den termijn van acht dagen ter betaling worden aangeboden. Indien echter uit de chèque zelve blijkt, dat zij bestemd is om in een ander land te circuleeren, wordt deze termijn verlengd, hetzij tot twintig, hetzij tot zeventig dagen, al naar gelang zij bestemd was in hetzelfde of in een ander werelddeel te circuleeren. Te dien aanzien worden de chèques, uitgegeven en betaalbaar in een land in Europa en bestemd om te circuleeren in een kustland van de Middellandsche Zee of omgekeerd, beschouwd als bestemd om te circuleeren in hetzelfde werelddeel. *(Termijnen aanbieding ter betaling)*

[2.] De chèque, uitgegeven in het Rijk in Europa en betaalbaar in Nederlandsch-Indië, Suriname of Curaçao, of omgekeerd, moet ter betaling aangeboden worden binnen den tijd van zeventig dagen.

[3.] De chèque, die uitgegeven is in een ander land dan dat, waar zij betaalbaar is, moet worden aangeboden binnen een termijn, hetzij van twintig dagen, hetzij van zeventig dagen, naar gelang de plaats van uitgifte en de plaats van betaling gelegen zijn in hetzelfde of in een ander werelddeel.

[4.] Te dien aanzien worden de chèques, uitgegeven in een land in Europa en betaalbaar in een kustland van de Middellandsche Zee of omgekeerd, beschouwd als uitgegeven en betaalbaar in hetzelfde werelddeel.

[5.] De bovengenoemde termijnen beginnen te loopen van den dag, op de chèque als datum van uitgifte vermeld.

Art. 207
De dag van uitgifte van eene chèque, getrokken tusschen twee plaatsen met verschillende tijdrekening, wordt herleid tot den overeenkomstigen dag van de tijdrekening van de plaats van betaling. *(Tijdrekening plaats van betaling)*

Art. 208
[1.] De aanbieding aan eene verrekeningskamer geldt als aanbieding ter betaling. *(Aanbieding aan verrekeningskamer)*

[2.] Bij algemeenen maatregel van bestuur zullen de instellingen worden aangewezen, die in den zin van dezen Titel als verrekeningskamers worden beschouwd.

Art. 209
[1.] De herroeping van de chèque is slechts van kracht na het einde van den termijn van aanbieding. *(Herroeping)*

[2.] Indien geene herroeping plaats heeft, kan de betrokkene zelfs na het einde van dien termijn betalen.

Art. 210
Noch de dood van den trekker, noch zijn na de uitgifte opkomende onbekwaamheid zijn van invloed op de gevolgen van de chèque. *(Geen invloed op gevolgen cheque)*

Art. 211
[1.] Buiten het geval, in artikel 227a vermeld, kan de betrokkene de chèque betalende, vorderen, dat hem deze, van behoorlijke kwijting van den houder voorzien, wordt uitgeleverd. *(Vorderen afgifte cheque)*

[2.] De houder mag niet weigeren een gedeeltelijke betaling aan te nemen. *(Gedeeltelijke betaling)*

[3.] In geval van gedeeltelijke betaling kan de betrokkene vorderen, dat van die betaling op de chèque melding wordt gemaakt en dat hem daarvoor kwijting wordt gegeven.

Art. 212
[1.] De betrokkene, die een door endossement overdraagbare chèque betaalt, is gehouden de regelmatigheid van de reeks van endossementen, maar niet de handteekening der endossanten te onderzoeken. *(Onderzoek door betrokkene)*

[2.] Indien hij, niet bevrijdend betaald hebbende, verplicht wordt, ten tweede male te betalen, heeft hij verhaal op allen die de cheque niet te goeder trouw hebben verkregen. *(Verhaalsrecht)*

Art. 213
[1.] Eene chèque, waarvan de betaling is bedongen in ander geld dan dat van de plaats van betaling, kan binnen den termijn van aanbieding worden betaald in het geld van het land volgens zijne waarde op den dag van betaling. Indien de betaling niet heeft plaats gehad bij de aanbieding, kan de houder te zijner keuze vorderen, dat de chèquesom voldaan wordt in het geld van het land volgens den koers, hetzij van den dag van aanbieding, hetzij van den dag van betaling. *(Cheque in vreemd geld)*

[2.] De waarde van het vreemde geld wordt bepaald volgens de gebruiken van de plaats van betaling. De trekker kan echter voorschrijven, dat het te betalen bedrag moet worden berekend volgens een in de chèque voorgeschreven koers.

[3.] Het bovenstaande is niet van toepassing, indien de trekker heeft voorgeschreven, dat de betaling moet geschieden in een bepaald aangeduid geld (clausule van werkelijke betaling in vreemd geld).

[4.] Indien het bedrag van de chèque is aangegeven in geld, hetwelk dezelfde benaming maar een verschillende waarde heeft in het land van uitgifte en in dat van betaling, wordt men vermoed het geld van de plaats van betaling te hebben bedoeld.

Vijfde afdeeling
Van de gekruiste chèque en van de verrekeningschèque

Art. 214

Gekruiste cheque

[1.] De trekker of de houder van eene chèque kan deze kruisen met de in het volgende artikel genoemde gevolgen.
[2.] De kruising geschiedt door het plaatsen van twee evenwijdige lijnen op de voorzijde van de chèque. Zij kan algemeen zijn of bijzonder.
[3.] De kruising is algemeen, indien zij tusschen de twee lijnen geen enkele aanwijzing bevat, of wel de vermelding: "bankier", of een soortgelijk woord; zij is bijzonder, indien de naam van eenen bankier voorkomt tusschen de twee lijnen.
[4.] De algemeene kruising kan worden veranderd in een bijzondere, maar de bijzondere kruising kan niet worden veranderd in een algemeene.
[5.] De doorhaling van de kruising of van den naam van den aangewezen bankier wordt geacht niet te zijn geschied.

Art. 215

Gekruiste cheque, gevolgen

[1.] Eene chèque met algemeene kruising kan door den betrokkene slechts worden betaald aan eenen bankier of aan eenen cliënt van den betrokkene.
[2.] Eene chèque met bijzondere kruising kan door den betrokkene slechts worden betaald aan den aangewezen bankier of, indien deze de betrokkene is, slechts aan een zijner cliënten. Echter kan de aangegeven bankier de chèque ter incasseering aan een anderen bankier overdragen.
[3.] Een bankier mag een gekruiste chèque slechts in ontvangst nemen van een van zijne cliënten of van een anderen bankier. Hij mag haar niet innen voor rekening van andere personen dan deze.
[4.] Een chèque, welke meer dan één bijzondere kruising draagt, mag door den betrokkene slechts worden betaald, indien er niet meer dan twee kruisingen zijn, waarvan de ééne strekt tot inning door eene verrekeningskamer.
[5.] De betrokkene of de bankier, die de bovenstaande bepalingen niet naleeft, is verantwoordelijk voor de schade tot beloop van het bedrag van de chèque.

Art. 216

Verrekeningscheque

[1.] De trekker, alsmede de houder van eene chèque, kan verbieden, dat deze in baar geld betaald wordt door op de voorzijde in schuinsche richting te vermelden: "in rekening te brengen", of een soortgelijke uitdrukking op te nemen.
[2.] In dat geval mag de chèque den betrokkene slechts aanleiding geven tot eene boeking (rekening-courant, giro of schuldvergelijking). De boeking geldt als betaling.
[3.] De doorhaling van de vermelding: "in rekening te brengen" wordt geacht niet te zijn geschied.
[4.] De betrokkene, die de bovenstaande bepalingen niet naleeft, is verantwoordelijk voor de schade tot beloop van het bedrag van de chèque.

Zesde afdeeling
Van het recht van regres in geval van non-betaling

Art. 217

Regresrecht

De houder kan zijn recht van regres uitoefenen op de endossanten, den trekker en de andere chèqueschuldenaren, indien de chèque, tijdig aangeboden, niet wordt betaald en indien de weigering van betaling wordt vastgesteld:
1°. hetzij door een authentieke akte (protest);
2°. hetzij door eene verklaring van den betrokkene, gedagteekend en geschreven op de chèque onder vermelding van den dag van aanbieding;
3°. hetzij door een gedagteekende verklaring van eene verrekeningskamer, waarbij vastgesteld wordt, dat de chèque tijdig aangeboden en niet betaald is.

Art. 217a

Gehoudenheid trekker tot vrijwaring

[1.] Indien de non-betaling van de chèque door protest of een daarmede gelijkstaande verklaring is vastgesteld, is niettemin de trekker, al ware het protest niet in tijds gedaan of de met protest gelijkstaande verklaring niet in tijds afgegeven, tot vrijwaring gehouden, tenzij hij bewees, dat de betrokkene op den dag der aanbieding het noodige fonds tot betaling van de chèque in handen had. Indien het vereischte fonds slechts gedeeltelijk aanwezig was, is de trekker voor het ontbrekende gehouden.

[2.] In geval van niet tijdig protest of niet tijdige met protest gelijkstaande verklaring is de trekker, op straffe van tot vrijwaring te zijn gehouden, verplicht, den houder af te staan en over te dragen de vordering op het fonds, dat de betrokkene van hem op den dag der aanbieding heeft in handen gehad, en zulks tot het beloop van de chèque; en hij moet aan den houder, te diens koste, de noodige bewijzen verschaffen om die vordering te doen gelden. Indien de trekker in staat van faillissement is verklaard of ten aanzien van hem de schuldsaneringsregeling natuurlijke personen van toepassing is verklaard, zijn de curatoren onderscheidenlijk de bewindvoerders in zijnen boedel tot dezelfde verplichtingen gehouden, ten ware deze mochten verkiezen, den houder als schuldeischer, voor het beloop van de chèque, toe te laten.

Art. 218
[1.] Het protest of de daarmede gelijkstaande verklaring moet worden gedaan vóór het einde van den termijn van aanbieding. — *Tijd voor protest*
[2.] Indien de aanbieding plaats heeft op den laatsten dag van den termijn, kan het protest of de daarmede gelijkstaande verklaring op den eerstvolgenden werkdag worden gedaan.

Art. 218a
[1.] De betaling van eene chèque moet gevraagd en het daaropvolgend protest gedaan worden ter woonplaatse van den betrokkene. — *Plaats van betaling*
[2.] Indien de chèque getrokken is om in een andere aangewezen woonplaats of door een anderen aangewezen persoon, hetzij in dezelfde, hetzij in een andere gemeente te worden betaald, moet de betaling gevraagd en het protest opgemaakt worden ter aangewezene woonplaats of aan den aangewezen persoon.
[3.] Artikel 54 van het Wetboek van Burgerlijke Rechtsvordering is van overeenkomstige toepassing.

Art. 218b
[1.] Het protest van non-betaling wordt gedaan door een deurwaarder. Deze kan zich desverkiezende doen vergezellen door een of twee getuigen. — *Wijze van protest*
[2.] Het protest behelst: — *Inhoud protest*
1°. een letterlijk afschrift van de chèque, van de endossementen, van het aval en van de adressen daarop gesteld;
2°. de vermelding dat zij de betaling aan de personen, of ter plaatse in het voorgaand artikel gemeld, afgevraagd en niet bekomen hebben;
3°. de vermelding van de opgegeven reden van non-betaling;
4°. de aanmaning om het protest te teekenen, en de redenen van weigering;
5°. de vermelding, dat hij, deurwaarder, wegens die non-betaling heeft geprotesteerd.
[3.] Indien het protest een vermiste chèque betreft, volstaat, in plaats van het bepaalde onder 1°. van het voorgaande lid, een zoo nauwkeurig mogelijke omschrijving van den inhoud der chèque.

Art. 218c
De deurwaarders zijn verplicht, op straffe van schadevergoeding, afschrift van het protest te laten, en hiervan melding in het afschrift te maken, en hetzelve, naar orde des tijds, in te schrijven in een bijzonder register, genommerd en gewaarmerkt door de kantonrechter van de rechtbank van het arrondissement waarin hun woonplaats is gelegen, en om wijders, zulks begeerd wordende, een of meer afschriften van het protest aan de belanghebbenden te leveren. — *Afschrift protest*

Art. 219
[1.] De houder moet van de non-betaling kennisgeven aan zijnen endossant en aan den trekker binnen de vier werkdagen, volgende op den dag van het protest of de daarmede gelijkstaande verklaring en, indien de chèque getrokken is met de clausule zonder kosten, volgende op dien der aanbieding. Elke endossant moet binnen de twee werkdagen, volgende op den dag van den ontvangst der kennisgeving, de door hem ontvangen kennisgeving aan zijnen endossant mededeelen, met aanwijzing van de namen en adressen van degenen, die de voorafgaande kennisgevingen hebben gedaan, en zoo vervolgens, teruggaande tot den trekker. Deze termijnen loopen van de ontvangst der voorafgaande kennisgeving af. — *Kennisgeving van non-betaling*
[2.] Indien overeenkomstig het voorgaande lid eene kennisgeving is gedaan aan iemand, wiens handteekening op de chèque voorkomt, moet gelijke kennisgeving binnen denzelfden termijn aan diens avalgever worden gedaan.
[3.] Indien een endossant zijn adres niet of op onleesbare wijze heeft aangeduid, kan worden volstaan met kennisgeving aan den voorafgaanden endossant.
[4.] Hij, die eene kennisgeving heeft te doen, kan zulks doen in iederen vorm, zelfs door enkele terugzending van de chèque.
[5.] Hij moet bewijzen, dat hij de kennisgeving binnen den vastgestelden termijn heeft gedaan. Deze termijn wordt gehouden te zijn in acht genomen, wanneer een brief, die de kennisgeving behelst, binnen den genoemden termijn ter post is bezorgd.
[6.] Hij, die de kennisgeving niet binnen den bovenvermelden termijn doet, stelt zich niet bloot aan verval van zijn recht, hij is, indien daartoe aanleiding bestaat, verantwoordelijk voor

de schade, door zijne nalatigheid veroorzaakt, zonder dat echter de schadevergoeding de chèquesom kan te boven gaan.

Art. 220

Clausule zonder protest

[1.] De trekker, een endossant of een avalgever kan door de clausule "zonder kosten", "zonder protest", of een andere soortgelijke op de chèque gestelde en onderteekende clausule, den houder van het opmaken van een protest of een daarmede gelijkstaande verklaring ter uitoefening van zijn recht van regres ontslaan.

[2.] Deze clausule ontslaat den houder niet van de aanbieding van de chèque binnen de voorgeschreven termijnen, noch van het doen van de kennisgevingen. Het bewijs van de niet-inachtneming der termijnen moet worden geleverd door dengene, die zich daarop tegenover den houder beroept.

[3.] Is de clausule door den trekker gesteld, dan heeft zij gevolgen ten aanzien van allen, wier handteekeningen op de chèque voorkomen; is zij door eenen endossant of door eenen avalgever gesteld, dan heeft zij gevolgen alleen voor dezen endossant of avalgever. Indien de houder, ondanks de door den trekker gestelde clausule, toch de weigering van betaling doet vaststellen door protest of een daarmede gelijkstaande verklaring, zijn de kosten daarvan voor zijne rekening. Indien de clausule van eenen endossant of eenen avalgever afkomstig is, kunnen de kosten van het protest of van de daarmede gelijkstaande verklaring, indien een akte van dien aard is opgesteld, op allen, wier handteekeningen op de chèque voorkomen, worden verhaald.

Art. 221

Hoofdelijke aansprakelijkheid

[1.] Allen, die uit hoofde van eene chèque verbonden zijn, zijn hoofdelijk jegens den houder verbonden. Bovendien is ook de derde, voor wiens rekening de chèque is getrokken en die de waarde daarvoor heeft genoten, jegens den houder aansprakelijk.

[2.] De houder kan deze personen, zoowel ieder afzonderlijk, als gezamenlijk, aanspreken, zonder verplicht te zijn de volgorde, waarin zij zich hebben verbonden, in acht te nemen.

[3.] Hetzelfde recht komt toe aan ieder, wiens handteekening op de chèque voorkomt en die deze, ter voldoening aan zijnen regresplicht, heeft betaald.

[4.] De vordering, ingesteld tegen éénen der chèqueschuldenaren, belet niet de anderen aan te spreken, al hadden dezen zich later verbonden dan de eerst aangesprokene.

Art. 221a

Houder geen recht op fonds

[1.] De houder van eene chèque, waarvan de non-betaling door protest of een daarmede gelijk staande verklaring is vastgesteld, heeft in geen geval eenig recht op het fonds, dat de betrokkene van den trekker in handen heeft.

[2.] Bij faillissement van den trekker of indien ten aanzien van hem van de schuldsaneringsregeling natuurlijke personen van toepassing is verklaard behooren die penningen aan diens boedel.

Art. 222

Vordering uit hoofde van regres

De houder kan van dengene, tegen wien hij zijn recht van regres uitoefent, vorderen:
1°. de som van de niet betaalde chèque;
2°. de wettelijke rente, te rekenen van de dag der aanbieding, voor chèques die in Nederland uitgegeven en betaalbaar zijn, en een rente van zes ten honderd, te rekenen van de dag der aanbieding, voor alle overige chèques;
3°. de kosten van protest of van de daarmede gelijkstaande verklaring, die van de gedane kennisgevingen, alsmede de andere kosten.

Art. 223

Vordering uit hoofde van regresplicht

Hij, die ter voldoening aan zijnen regresplicht de chèque heeft betaald, kan van degenen, die tegenover hem regresplichtig zijn, vorderen:
1°. het geheele bedrag, dat hij betaald heeft;
2°. de wettelijke rente, te rekenen van de dag der betaling, voor chèques die in Nederland uitgegeven en betaalbaar zijn, en een rente van zes ten honderd, te rekenen van de dag der betaling, voor alle overige chèques;
3°. de door hem gemaakte kosten.

Art. 224

Vorderen afgifte cheque

[1.] Elke chèqueschuldenaar, tegen wien het recht van regres wordt of kan worden uitgeoefend, kan, tegen betaling ter voldoening aan zijnen regresplicht, de afgifte vorderen van de chèque met het protest, of de daarmede gelijkstaande verklaring, alsmede een voor voldaan geteekende rekening.

Doorhaling endossementen

[2.] Elke endossant, die ter voldoening aan zijnen regresplicht, de chèque heeft betaald, kan zijn endossement en dat van de volgende endossanten doorhalen.

Art. 225

Invloed overmacht op termijnen

[1.] Wanneer de aanbieding van de chèque, het opmaken van het protest, of de daarmede gelijkstaande verklaring, binnen de voorgeschreven termijnen wordt verhinderd door een onoverkomelijk beletsel (wettelijk voorschrift van eenigen Staat of ander geval van overmacht), worden deze termijnen verlengd.

[2.] De houder is verplicht van de overmacht onverwijld aan zijnen endossant kennis te geven, en deze kennisgeving, gedagteekend en onderteekend op de chèque of op een verlengstuk te vermelden; voor het overige zijn de bepalingen van artikel 219 toepasselijk.
[3.] Na ophouden van de overmacht moet de houder onverwijld de chèque ter betaling aanbieden, en, indien daartoe aanleiding bestaat, de weigering van betaling doen vaststellen door protest of een daarmede gelijkstaande verklaring.
[4.] Indien de overmacht meer dan vijftien dagen aanhoudt, te rekenen van den dag, waarop de houder, al ware het vóór het einde van den aanbiedingstermijn, van de overmacht aan zijnen endossant heeft kennis gegeven, kan het recht van regres worden uitgeoefend, zonder dat de aanbieding of het opmaken van protest of de daarmede gelijkstaande verklaring noodig zijn.
[5.] Feiten, welke voor den houder of voor dengene, dien hij met de aanbieding van de chèque of met het opmaken van het protest of de daarmede gelijkstaande verklaring belastte, van zuiver persoonlijken aard zijn, worden niet beschouwd als gevallen van overmacht.

Zevende afdeeling
Van chèque-exemplaren en vermiste chèques

Art. 226
Behoudens de chèques aan toonder, kan elke chèque, uitgegeven in een land en betaalbaar in een ander land of in een overzeesch gebied van hetzelfde land en omgekeerd, of wel uitgegeven en betaalbaar in een zelfde overzeesch gebied of in verschillende overzeesche gebieden van hetzelfde land, in meer gelijkluidende exemplaren worden getrokken. Wanneer eene chèque in meer exemplaren is getrokken, moeten die exemplaren in den tekst zelf van den titel worden genummerd bij gebreke waarvan elk exemplaar wordt beschouwd als een afzonderlijke chèque. — Cheque-exemplaren

Art. 227
[1.] De betaling op één der exemplaren gedaan, bevrijdt, ook al ware niet bedongen, dat die betaling de kracht der andere exemplaren te niet doet. — Bevrijdende betaling
[2.] De endossant, die de exemplaren aan verschillende personen heeft overgedragen, alsook de latere endossanten, zijn verbonden wegens alle exemplaren, die hunne handteekening dragen en die niet zijn uitgeleverd.

Art. 227a
Degene die de cheque waarvan hij houder was, vermist, kan met inachtneming van artikel 49, derde lid, van Boek 6 van het Burgerlijk Wetboek van de betrokkene betaling vragen. — Vermiste cheque

Art. 227b
Degene die de een cheque waarvan hij houder was, en welke is vervallen en, zoveel nodig, geprotesteerd, vermist, kan met inachtneming van artikel 49, derde lid, van Boek 6 van het Burgerlijk Wetboek zijn rechten alleen tegen de trekker uitoefenen. — Vermiste vervallen cheque

Achtste afdeeling
Van veranderingen

Art. 228
In geval van verandering van den tekst van eene chèque zijn zij, die daarna hunne handteekeningen op de chèque geplaatst hebben, volgens den veranderden tekst verbonden; zij, die daarvoor hunne handteekeningen op de chèque geplaatst hebben, zijn verbonden volgens den oorspronkelijken tekst. — Veranderingen in tekst

Negende afdeeling
Van verjaring

Art. 228a
Behoudens de bepalingen van het volgende artikel gaat schuld uit eene chèque te niet door alle middelen van schuldbevrijding, bij het Burgerlijk Wetboek aangewezen. — Tenietgaan chequeschuld

Art. 229
[1.] De regresvorderingen van den houder tegen de endossanten, den trekker en de andere chèqueschuldenaren, verjaren door een tijdsverloop van zes maanden, te rekenen van het einde van den termijn van aanbieding. — Verjaringstermijnen
[2.] De regresvorderingen van de verschillende chèqueschuldenaren tegen elkander, die gehouden zijn tot de betaling van eene chèque, verjaren door een tijdsverloop van zes maanden, te rekenen van den dag, waarop de chèqueschuldenaar ter voldoening aan zijnen regresplicht de chèque heeft betaald, of van den dag, waarop hij zelf in rechte is aangesproken.
[3.] De in het eerste en tweede lid bedoelde verjaring kan niet worden ingeroepen door den trekker, indien of voor zoover hij geen fonds heeft bezorgd noch door den trekker of de endossanten, die zich ongerechtvaardigd zouden hebben verrijkt; alles onverminderd het bepaalde in artikel 306 van Boek 3 van het Burgerlijk Wetboek.

Art. 229a

Stuiting verjaring
[1.] De stuiting der verjaring is slechts van kracht tegen dengene, ten aanzien van wien de stuitingshandeling heeft plaats gehad.

Afwijking van BW
[2.] Op de in het vorige artikel bedoelde verjaringen is artikel 321, eerste lid, onder a-d van Boek 3 van het Burgerlijk Wetboek niet van toepassing; in de gevallen bedoeld in artikel 321, eerste lid, onder b en c, van Boek 3 van het Burgerlijk Wetboek heeft de onbekwame of rechthebbende, wiens rechtsvordering is verjaard, verhaal op de wettelijke vertegenwoordiger of bewindvoerder.

Tiende afdeeling
Algemeene bepalingen

Art. 229abis

Gelijkstelling met bankiers
Met bankiers, genoemd in de voorafgaande Afdeelingen van dezen Titel worden gelijkgesteld alle personen of instellingen, die in hun werkzaamheid regelmatig gelden ter onmiddellijke beschikking van anderen houden.

Art. 229b

[1.] De aanbieding en het protest van eene chèque kunnen niet plaats hebben dan op eenen werkdag.

Einde termijn op werkdag
[2.] Wanneer de laatste dag van den termijn, door de wet gesteld voor het verrichten van handelingen nopens de chèque, met name voor de aanbieding en voor het opmaken van het protest of een daarmede gelijkstaande verklaring, een wettelijke feestdag is, wordt deze termijn verlengd tot den eersten werkdag, volgende op het einde van dien termijn. De tusschenliggende feestdagen zijn begrepen in de berekening van den termijn.

Art. 229bbis

Wettelijke feestdag
Als wettelijke feestdag in den zin van deze Afdeeling worden beschouwd de Zondag, de Nieuwjaarsdag, de Christelijke tweede Paasch- en Pinksterdagen, de beide Kerstdagen, de Hemelvaartsdag en de verjaardag van de Koning.

Art. 229c

Aanvangsdatum termijnen
In de termijnen, bij de voorafgaande Afdeelingen van dezen Titel voorzien, is niet begrepen de dag, waarop deze termijnen beginnen te loopen.

Art. 229d

Geen respijtdag
Geen enkele respijtdag, noch wettelijke, noch rechterlijke, is toegestaan.

Art. 229dbis

[Vervallen]

Elfde afdeeling
Van quitantiën en promessen aan toonder

Art. 229e

Juiste dagtekening
Quitantiën en promessen aan toonder moeten de juiste dagteekening der oorspronkelijke uitgifte bevatten.

Art. 229f

Kwitantie aan toonder
De oorspronkelijke uitgever van quitantiën aan toonder, door eenen derde betaalbaar, is jegens iederen houder voor de voldoening aansprakelijk gedurende tien dagen na de dagteekening, die dag niet daaronder begrepen.

Art. 229g

Aansprakelijkheid uitgever
[1.] De verantwoordelijkheid van den oorspronkelijken uitgever blijft echter voortduren, tenzij hij bewees, dat hij, gedurende den bij het vorige artikel bepaalden tijd, fonds ten beloope van het uitgegeven papier bij den persoon, op wien hetzelve is afgegeven, heeft gehad.

[2.] De oorspronkelijke uitgever is, op straffe van voortduring van zijne verantwoordelijkheid, verpligt den houder af te staan en over te dragen de vordering op het fonds, dat de persoon, op wien het papier is afgegeven van hem ten vervaldage heeft in handen gehad, en zulks ten beloope van het uitgegeven papier; en hij moet aan den houder, te diens koste, de noodige bewijzen verschaffen om die vordering te doen gelden. Indien de oorspronkelijke uitgever in staat van faillissement is verklaard of ten aanzien van hem de schuldsaneringsregeling natuurlijke personen van toepassing is verklaard, zijn de curatoren onderscheidenlijk de bewindvoerders in zijnen boedel tot dezelfde verpligtingen gehouden, ten ware deze mogten verkiezen, den houder als schuldeischer, ten beloope van het uitgegeven papier, toe te laten.

Art. 229h

Aansprakelijkheid van in-betalinggevers
Buiten den oorspronkelijken uitgever, blijft een ieder die het voormeld papier in betaling heeft gegeven, gedurende den tijd van drie dagen daarna, de dag der uitgifte niet daaronder begrepen, aansprakelijk jegens dengenen die het van hem heeft ontvangen.

Art. 229i

[**1.**] De houder eener promesse aan toonder is verpligt voldoening te vorderen binnen den tijd van drie dagen na den dag, op welken hij dat papier heeft in betaling genomen, die dag niet daaronder gerekend, en hij moet, bij wanbetaling, binnen een gelijken termijn daarna, de promesse ter intrekking aanbieden aan dengenen die hem dezelve heeft in betaling gegeven, alles op verbeurte van zijn verhaal tegen denzelven, doch onverminderd zijn regt tegen dengenen die de promesse heeft geteekend.

[**2.**] Indien bij de promesse de dag is uitgedrukt op welken dezelve betaalbaar is, begint de termijn van drie dagen eerst te loopen daags na den uitgedrukten betaaldag.

Promesse aan toonder

Art. 229j

Indien de laatste dag van eenigen termijn, waaromtrent in deze Afdeeling eenige bepaling voorkomt, invalt op eenen wettelijken feestdag in den zin van art. 229b bis, blijft de verpligting en verantwoordelijkheid voortduren tot en met den eersten daaropvolgenden dag, welke geen wettelijke feestdag is.

Laatste dag van termijn

Art. 229k

[**1.**] Alle regtsvordering tegen de in deze Afdeeling vermelde uitgevers van papier, of tegen hen, die buiten den oorspronkelijken uitgever het papier in betaling hebben gegeven, verjaart door tijdsverloop van zes maanden, te rekenen van den dag der oorspronkelijke uitgifte.

[**2.**] De in het vorig lid bedoelde verjaring kan niet worden ingeroepen door den uitgever, indien of voor zoover hij geen fonds heeft bezorgd noch door den uitgever of door hen, die buiten den oorspronkelijken uitgever het papier in betaling hebben gegeven, voor zoover ze zich ongeregtvaardigd zouden hebben verrijkt; alles onverminderd het bepaalde in artikel 306 van Boek 3 van het Burgerlijk Wetboek.

[**3.**] Op de in dit artikel genoemde verjaringen is het tweede lid van art. 229a van toepassing.

Verjaring rechtsvorderingen

Achtste titel
Van reclame of terugvordering in geval van faillissement

Art. 230-245
[Vervallen]

Negende titel
[Vervallen]

Art. 246-286
[Vervallen]

Tiende titel
[Vervallen]

Eerste afdeeling
[Vervallen]

Art. 287-298
[Vervallen]

Tweede afdeeling
[Vervallen]

Art. 299-301
[Vervallen]

Derde afdeeling
[Vervallen]

Art. 302-308
[Vervallen]

Tweede Boek
Van de regten en verpligtingen uit scheepvaart voortspruitende

Algemeene Bepaling

Art. 309

Begripsbepalingen

1. De betekenis van begrippen voorkomende in Boek 8 van het Burgerlijk Wetboek, met uitzondering van die voorkomende in de artikelen 5, 6, 7 en 10, geldt evenzeer voor dit wetboek.

Eerste titel
Van zeeschepen

Art. 310

Schepen

In de eerste tot en met derde titel van dit boek worden onder schepen uitsluitend verstaan zeeschepen.

Art. 311

Nederlands schip, vereisten

1. Een schip is een Nederlands schip indien voldaan wordt aan de volgende vereisten:
a. het schip is eigendom van een of meer:
1°. natuurlijke personen die de nationaliteit bezitten van een lidstaat van de Europese Unie, van een andere staat die partij is bij de Overeenkomst betreffende de Europese Economische Ruimte, van Zwitserland of die worden gelijkgesteld met EU-onderdanen ingevolge het van het Gemeenschapsrecht afgeleide recht;
2°. vennootschappen waarop het recht van een lidstaat van de Europese Unie, van een van de landen, eilanden of gebieden, bedoeld in artikel 299, tweede tot en met vijfde lid en zesde lid, onder c, van het EG-Verdrag, van een andere staat die partij is bij de Overeenkomst betreffende de Europese Economische Ruimte of van Zwitserland toepasselijk is;
3°. rechtspersonen, niet zijnde een vennootschap als bedoeld onder 2°, waarop het recht van een lidstaat van de Europese Unie, van een van de landen, eilanden of gebieden, bedoeld in artikel 299, tweede tot en met vijfde lid en zesde lid, onder c, van het EG-Verdrag, van een andere staat die partij is bij de Overeenkomst betreffende de Europese Economische Ruimte of van Zwitserland toepasselijk is;
4°. natuurlijke personen, vennootschappen of rechtspersonen niet bedoeld onder 1°, 2°, onderscheidenlijk 3°, die aanspraak kunnen maken op het Europese recht van vrije vestiging ingevolge een overeenkomst tussen de Europese Unie en een derde staat;
b. de eigenaar heeft in Nederland een hoofdvestiging of nevenvestiging in de zin van de Handelsregisterwet 2007;
c. een of meer natuurlijke personen die in Nederland kantoor houden zijn namens de eigenaar verantwoordelijk voor het schip, de kapitein en de overige leden van de bemanning, alsmede voor de daarmee verband houdende aangelegenheden en zijn dienaangaande alleen of tezamen beslissingsbevoegd en beschikken over vertegenwoordigingsbevoegdheid, en
d. een of meer van de natuurlijke personen als bedoeld onder c of, bij verhindering, een plaatsvervanger is bij voortduring bereikbaar en beschikt over bevoegdheden om onverwijld te kunnen handelen in situaties waarin dat geboden is.
2. Ingeval een schip eigendom is van een natuurlijke persoon die tevens kapitein is van dat schip is dat schip een Nederlands schip indien wordt voldaan aan het eerste lid, onderdeel a, onder 1° of onder 4° en onderdeel b, en er in Nederland aan de wal een vertegenwoordiger van die eigenaar is die bij voortduring bereikbaar is en beschikt over bevoegdheden om onverwijld te kunnen handelen in situaties waarin dat geboden is.
3. Ingeval de eigenaar de verantwoordelijkheid voor het beheer van zijn schip overdraagt aan een vennootschap als bedoeld in het eerste lid, onderdeel a, onder 2°, of onder 4°, en het beheer van dat schip voor rekening van de eigenaar geschiedt, is dat schip een Nederlands schip indien die vennootschap voldoet aan de vereisten, bedoeld in het eerste lid, onderdelen b tot en met d. De eigenaar behoeft in dat geval niet te voldoen aan het eerste lid, onderdelen b tot en met d. Indien de eigenaar niet voldoet aan het eerste lid, onderdeel b, kiest hij woonplaats ten kantore van de vestiging in Nederland van de vennootschap waaraan het beheer is overgedragen.
4. Een schip dat uitsluitend anders dan in de uitoefening van een beroep of bedrijf wordt gebruikt, is een Nederlands schip indien wordt voldaan aan het eerste lid, onderdeel a, onder 1°, onder 3° of onder 4° en er in Nederland aan de wal een natuurlijk persoon is met voldoende volmacht van de eigenaar om onverwijld te kunnen handelen in situaties waarin dat geboden is.

(Zie ook: artt. 319, 319b WvK; artt. 26, 64, 175, 285 BW Boek 2; artt. 171, 194 BW Boek 8)

Art. 311a

Verklaring t.b.v. de teboekstelling

1. Door of namens Onze Minister van Verkeer en Waterstaat wordt ten behoeve van de teboekstelling, bedoeld in artikel 194 van Boek 8 van het Burgerlijk Wetboek, op verzoek van de reder aan deze een verklaring afgegeven, dat met betrekking tot zijn schip wordt voldaan aan de in

artikel 311 genoemde vereisten. Indien met betrekking tot een schip niet langer wordt voldaan aan de in artikel 311 genoemde vereisten wordt deze verklaring door Onze Minister van Verkeer en Waterstaat ingetrokken. Van deze intrekking wordt, nadat de beroepstermijn is verstreken of, indien beroep is ingesteld, op het beroep is beslist, onverwijld mededeling gedaan aan de in artikel 6 van de Kadasterwet bedoelde bewaarder van het kadaster en de openbare registers van het kantoor waar het schip te boek staat.
2. Bij algemene maatregel van bestuur kunnen regels worden gesteld betreffende de schriftelijke bewijsstukken en andere gegevens die de reder bij de aanvraag van de verklaring, bedoeld in het eerste lid, dient te verstrekken, alsmede betreffende het toezicht op het voldoen aan de in artikel 311 genoemde vereisten.
(Zie ook: Bnz)
3. De kosten van aanvraag en afgifte van een verklaring als bedoeld in de eerste volzin van het eerste lid, komen ten laste van de aanvrager. Het tarief voor deze kosten wordt vastgesteld bij regeling van Onze Minister van Verkeer en Waterstaat.
(Zie ook: Rts 2005)

Art. 311b
1. Met het toezicht op de naleving van het bij of krachtens de artikelen 311 en 311a bepaalde, zijn belast de bij besluit van Onze Minister van Verkeer en Waterstaat aangewezen ambtenaren. — Toezicht
2. Van een besluit als bedoeld in het eerste lid wordt mededeling gedaan door plaatsing in de *Staatscourant*. — Publicatie
3. De toezichthoudende ambtenaren zijn bevoegd inlichtingen te verlangen, voor zover dat voor de vervulling van hun taak redelijkerwijs nodig is. — Inlichtingen
(Zie ook: Besl.aanw.atnr)

Art. 312
Een schip, dat hier te lande is of wordt gebouwd, wordt als een Nederlandsch schip beschouwd, totdat de bouwer het heeft opgeleverd aan hem, voor wiens rekening het is of wordt gebouwd, of wel het voor eigen rekening in de vaart heeft gebracht. — In Nederland gebouwd schip

Art. 313-318v
[Vervallen]

Art. 319
Op zeevissersschepen zijn de artikelen 311 en 312 niet van toepassing. — Werkingssfeer
(Zie ook: art. 374 WvK; artt. 2, 172 BW Boek 8)

Art. 319a
[Vervallen]

Art. 319b
De bepalingen van de artikelen 311 en 312 zijn niet van toepassing op schepen, aan het Rijk of eenig openbaar lichaam toebehoorende, welke tot den openbaren dienst zijn bestemd. — Tot openbare dienst bestemde schepen

Tweede titel

Art. 320-339
[Vervallen]

Art. 340
In deze titel wordt verstaan onder Nederlands schip: een schip dat Nederlands is op grond van artikel 311 van dit boek, dan wel op grond van artikel 5 van de Wet nationaliteit zeeschepen in rompbevrachting. — Nederlands schip

Art. 340a-340g
[Vervallen]

Derde titel
Van den kapitein

Art. 341
Onder opvarenden worden in dezen titel verstaan allen, die zich aan boord bevinden, buiten den kapitein. — Opvarenden

Art. 341a-341b
[Vervallen]

Art. 342
De kapitein is verplicht met zoodanige bekwaamheid en nauwgezetheid en met zoodanig beleid te handelen als voor eene behoorlijke vervulling zijner taak noodig is. — Verplichtingen kapitein

Art. 343
[1.] De kapitein is verplicht de gebruikelijke regels en de bestaande voorschriften ter verzekering van de zeewaardigheid en de veiligheid van het schip, van de veiligheid der opvarenden en der zaken aan boord, met nauwgezetheid op te volgen.

art. 344 18 Wetboek van Koophandel

[2.] Hij onderneemt de reis niet, tenzij het schip tot het volvoeren daarvan geschikt, naar behooren uitgerust en voldoende bemand is.

Art. 344
De kapitein is verplicht overal waar de wet, de gewoonte of de voorzichtigheid dit gebiedt, zich van een loods te bedienen.

Art. 345
De kapitein mag gedurende de vaart of bij dreigend gevaar het schip niet verlaten, tenzij zijne afwezigheid volstrekt noodzakelijk is of de zorg voor lijfsbehoud hem daartoe dwingt.

Art. 346
[Vervallen]

Art. 347
Scheepspapieren enz.
[1.] De kapitein moet aan boord voorzien zijn van:
den zeebrief, den meetbrief en een uittreksel uit de registratie voor schepen als bedoeld in artikel 101, eerste lid, van de Kadasterwet vermeldende tenminste de gegevens, bedoeld in artikel 85, tweede lid, onder *a, c, d, e, f, g* en *j*, van die wet, alsmede de gegevens omtrent niet doorgehaalde voorlopige aantekeningen, met dien verstande dat, ingeval dat uittreksel meer dan één dag vóór die van het laatste vertrek van het schip uit een Nederlandse haven is afgegeven, op dat uittreksel een verklaring van de bewaarder van het kadaster en de openbare registers moet voorkomen dat sedert de afgifte de op dat uittreksel vermelde gegevens blijkens de stukken, ingeschreven in de desbetreffende openbare registers tot op de dag vóór die van het vertrek, geen wijziging hebben ondergaan;
het manifest der lading, de charter-partij en de cognossementen, dan wel afschriften van die stukken;
de Nederlandsche wetten en reglementen op de reis van toepassing, en alle verdere noodige papieren.
[2.] Ten aanzien van de charter-partij en de cognossementen geldt deze verplichting niet in de door Ons te omschrijven omstandigheden.

Art. 348
Scheepsdagboek
[1.] De kapitein zorgt, dat aan boord een scheepsdagboek (*dagregister* of *journaal*) wordt gehouden, waarin alles van eenig belang, dat op de reis voorvalt, nauwkeurig wordt opgeteekend.

Machinedagboek
[2.] De kapitein van een schip, dat door mechanische kracht wordt voortbewogen, zorgt bovendien, dat door een lid van het machinekamer-personeel een machine-dagboek wordt gehouden.

Art. 349
Vereisten dagboeken
[1.] Op Nederlandse schepen mogen alleen dagboeken in gebruik worden genomen, welke blad voor blad zijn genummerd.
[2.] De dagboeken worden, zo mogelijk, dagelijks bijgehouden, gedagtekend en door de kapitein en de zeevarende, die hij met het houden van het boek heeft belast, ondertekend.
[3.] Bij of krachtens algemene maatregel van bestuur worden regels gesteld met betrekking tot het inrichten van de dagboeken.
(Zie ook: Bds 1970)

Art. 350
Inzage dagboeken
De kapitein, de eigenaar en de rompbevrachter zijn verplicht aan belanghebbenden op hunne aanvrage inzage en, tegen betaling van de kosten, afschrift van de dagboeken te geven.

Art. 351
Melding adviezen in dagboek
Wanneer de kapitein zich in zaken van aanbelang met leden van de bemanning heeft beraden, wordt van de hem gegeven adviezen in het scheepsdagboek melding gemaakt.

Art. 352
[Vervallen]

Art. 353
Scheepsverklaring
[1.] Na aankomst in een haven kan de kapitein door een notaris eene scheepsverklaring doen opmaken omtrent de voorvallen der reis.
(Zie ook: art. 37 WNA)
[2.] Indien het schip of de zaken aan boord schade hebben geleden of eenig buitengewoon voorval heeft plaats gehad, is de kapitein verplicht binnen 48 uren na aankomst, in de plaats van aankomst of in een nabijgelegen plaats althans eene voorloopige verklaring te doen opmaken. Eene voorloopige verklaring moet binnen acht dagen door eene volledige verklaring worden gevolgd.
[3.] De kapitein heeft zich te wenden in het Koninkrijk buiten Europa tot het bevoegde gezag en buiten het Koninkrijk tot den Nederlandschen consulairen ambtenaar of, bij ontstentenis van zoodanigen ambtenaar, tot het bevoegde gezag.
[4.] De notaris is verplicht van scheepsverklaringen tegen betaling der kosten afschrift uit te reiken aan ieder die het verlangt.

18 Wetboek van Koophandel

Art. 354

[1.] Bij het berekenen van de in artikel 353 genoemde wettelijke termijn tellen de Zondag en de daarmede gelijkgestelde dagen en, in het buitenland, de aldaar algemeen erkende wettelijke feestdagen niet mede.

[2.] Met den Zondag worden gelijkgesteld de Nieuwjaarsdag, de Christelijke tweede Paasch- en Pinksterdagen, de beide Kerstdagen en de Hemelvaartsdag.

Berekening wettelijke termijn

Art. 355

De door den kapitein aan te wijzen zeevarenden zijn verplicht bij het opmaken van de scheepsverklaring hunne medewerking te verleenen door van hunne bevinding verklaring af te leggen.

Medewerking aan scheepsverklaring

Art. 356

De beoordeeling van de bewijskracht van scheepsdagboeken en scheepsverklaringen, ten aanzien van de daarin vermelde voorvallen der reis, is voor ieder geval aan den rechter overgelaten.

Bewijskracht

Art. 357

De kapitein is bevoegd, indien dit tot behoud van schip of lading noodzakelijk is, scheepstoebehooren en bestanddeelen van de lading zoowel over boord te werpen als te verbruiken.

Overboord werpen of verbruiken

Art. 358

De kapitein is in geval van nood gedurende de reis bevoegd, levensmiddelen, welke in het bezit zijn van opvarenden of tot de lading behooren, tegen schadevergoeding tot zich te nemen, ten einde die te verbruiken in het belang van allen die zich aan boord bevinden.

Bevoegdheid t.a.v. levensmiddelen

Art. 358a

[1.] De kapitein is verplicht aan personen, die in gevaar verkeeren, en in het bijzonder, als zijn schip bij eene aanvaring betrokken is geweest, aan de andere daarbij betrokken schepen en de personen, die zich aan boord dier schepen bevinden, de hulp te verleenen, waartoe hij bij machte is, zonder zijn eigen schip en de opvarenden daarvan aan ernstig gevaar bloot te stellen.

Verplichting hulpverlening

[2.] Hij is bovendien verplicht, voor zooverre hem dit mogelijk is, aan de andere bij de aanvaring betrokken schepen op te geven den naam van zijn schip, van de haven waar het thuis behoort en van de havens van waar het komt en waarheen het bestemd is.

Opgeven naam, enz. van schip

[3.] Niet-nakoming van deze verplichtingen door den kapitein geeft geen aanspraak tegen hem, die uit welken hoofde dan ook verantwoordelijk is voor het optreden van de kapitein.

Art. 358b

[1.] De kapitein van een Nederlandsch, naar Nederland bestemd schip, in eene buitenlandsche haven vertoevend, is verplicht, zich daar bevindende, hulpbehoevende Nederlandsche zeelieden, voorzoover aan boord voor hen plaats is, op verlangen van den Nederlandschen consulairen ambtenaar of, waar deze ontbreekt, van de plaatselijke overheid, naar Nederland over te brengen.

Hulpbehoevende Nederlandse zeelieden

[2.] De kosten hiervan zijn voor rekening van den Staat. De vaststelling dier kosten geschiedt op den grondslag door Ons te bepalen.

Art. 359

De kapitein heeft de zorg voor alles wat met het beladen en het lossen van het schip in verband staat, voor zooverre niet andere personen daarmee zijn belast.

Samenstelling bemanning, enz.

Art. 360-366

[Vervallen]

Art. 367

De kapitein, vernemende dat de vlag, waaronder hij vaart, onvrij is geworden, is verplicht in de meest in de nabijheid gelegen onzijdige haven binnen te loopen en aldaar te blijven liggen, totdat hij op veilige wijze kan vertrekken of van hem die daartoe bevoegd is stellige orders om te vertrekken heeft ontvangen.

Binnenlopen onzijdige haven

Art. 368

Indien den kapitein blijkt, dat de haven, waarheen het schip is bestemd, wordt geblokkeerd, is hij verplicht in de meest geschikte in de nabijheid gelegen haven binnen te loopen.

Geblokkeerde haven

Art. 369

[Vervallen]

Art. 370

De kapitein mag van den koers, welken hij moet volgen, afwijken ter redding van menschenlevens.

Afwijken van koers

Art. 371

[Vervallen]

Art. 371a

Indien gedurende de reis iemand aan boord wordt ontdekt, die niet in het bezit is van een geldig reisbiljet en niet bereid of niet in staat is op eerste aanmaning van den kapitein vracht te betalen, heeft deze het recht hem aan boord werk te laten verrichten, waartoe hij in staat is, en hem bij de eerste gelegenheid die zich voordoet van boord te verwijderen.

Verstekeling

art. 372

18 Wetboek van Koophandel

Art. 372

Geen goederenvervoer voor eigen rekening
Noch de kapitein, noch een opvarende mag voor eigen rekening goederen in het schip vervoeren, tenzij krachtens overeenkomst met of verlof van de eigenaar en, indien het schip is vervracht, ook van den bevrachter.

Art. 373
[Vervallen]

Art. 374

Zeevissersschepen
[1.] Artikel 347, het tweede lid van artikel 348 en artikel 349, eerste lid, zijn niet van toepassing op zeevissersschepen.

Aan boord noodzakelijke papieren
[2.] Aan boord moeten aanwezig zijn een uittreksel uit de registratie voor schepen als bedoeld in artikel 101, eerste lid, van de Kadasterwet vermeldende tenminste de gegevens, bedoeld in artikel 85, tweede lid, onder *a*, *c*, *d*, *e*, *f*, *g* en *j*, van die wet, alsmede de gegevens omtrent niet doorgehaalde voorlopige aantekeningen, welk uittreksel op een zodanig tijdstip moet zijn afgegeven door de bewaarder van het kadaster en de openbare registers dat de daarin vermelde gegevens overeenstemmen met die welke in de registratie voor schepen ten aanzien van het betrokken schip staan vermeld ten tijde van het uitvaren van dat schip, en de wetten en reglementen op deze schepen van toepassing.

Art. 375-387
[Vervallen]

Art. 388

Afgeven scheepspapieren
Na afloop van eene reis is de kapitein verplicht de scheepspapieren aan de werkgever af te geven tegen ontvangstbewijs.

Art. 389-392a
[Vervallen]

Vierde titel
Van de schepelingen

§ 1
Algemeene bepalingen

Art. 393-395
[Vervallen]

§ 2
Van de arbeidsovereenkomst tot de vaart ter zee

Art. 396-450d
[Vervallen]

§ 3
Van de monsterrol en het monsterboekje

Art. 450e-451j
[Vervallen]

§ 4
Van de schepelingen ter visscherij

Art. 452
[Vervallen]

§ 5
Van de schepelingen ter zeevisserij die een arbeidsovereenkomst met de zeewerkgever hebben gesloten

Art. 452a-452p
[Vervallen]

§ 6
Van de kapitein en de schepelingen ter zeevisserij die een maatschapsovereenkomst hebben gesloten

Art. 452q
[1.] De maatschapsovereenkomst moet, op straffe van nietigheid, schriftelijk worden aangegaan. In de maatschapsovereenkomst wordt bepaald, wie van de maten de kapitein zal zijn.

Maatschapsovereenkomst schriftelijk aangaan anders nietig

[2.] Artikel 400, onder 1°-4°, onder 5°, met dien verstande dat in plaats van "waarin de schepeling in dienst zal treden" wordt gelezen: waarin de maat op het schip werkzaam zal zijn en onder 6°, zomede artikel 401, eerste lid, zijn van overeenkomstige toepassing.
[3.] De overeenkomst moet een regeling bevatten omtrent de wijze waarop ieders aandeel in de opbrengst van de maatschap (besomming) zal worden bepaald.
[4.] Tevens moet de maatschapsovereenkomst behelzen de wijze van haar beëindiging, namelijk:

Wijzen van beëindiging

a. indien de overeenkomst voor onbepaalde tijd wordt aangegaan, de inhoud van artikel 434, eerste lid, met dien verstande dat daarin in plaats van "arbeidsovereenkomst" gelezen wordt: maatschapsverhouding;
b. indien de overeenkomst voor bepaalde tijd wordt aangegaan, de dag waarop de overeenkomst eindigt met vermelding van de inhoud van artikel 431 met dien verstande dat in plaats van "arbeidsovereenkomst" wordt gelezen: maatschapsverhouding.
c. indien de overeenkomst bij de reis wordt aangegaan, de haven overeengekomen voor de beëindiging van de maatschapsverhouding met vermelding van de inhoud van artikel 432, tweede lid, met dien verstande dat daarin in plaats van "arbeidsovereenkomst" gelezen wordt: maatschapsverhouding en, indien de haven een Nederlandse haven is, met vermelding van de inhoud van het eerste of tweede lid van artikel 433, naar gelang de haven al of niet met name is genoemd, met dien verstande dat in dat artikel in plaats van "arbeidsovereenkomst" gelezen wordt: maatschapsverhouding en in plaats van "zeewerkgever" elke vennoot.
[5.] Nietig is een beding waarbij een maat wordt beperkt in zijn vrijheid, na het einde van de maatschapsovereenkomst, arbeid te verrichten.

Art. 452r
[1.] Vanaf het ogenblik dat de kapitein het schip buitengaats brengt tot aan het ogenblik dat het schip in Nederland weer binnengaats wordt gebracht, is de kapitein bevoegd om als vertegenwoordiger van een maatschap op te treden.

Kapitein vertegenwoordigt maatschap buitengaats

[2.] Ten aanzien van de maatschapskapitein zijn de artikelen 364 en 375 tot en met 392 niet van toepassing.

Art. 452s
Schepelingendienst mag uitsluitend worden verricht door hen die in de monsterrol zijn genoemd.

Schepelingendienst

Art. 452t
Van overeenkomstige toepassing zijn de artikelen 405, 407, eerste-zesde lid, voorzover het de verblijven, de kombuis en andere ruimten voor de voeding betreft, met dien verstande dat in artikel 407, eerste lid, voor "zeewerkgever" wordt gelezen: eigenaar, de artikelen 411, 412 en 416, met dien verstande dat in het laatstgenoemde artikel voor "in dienst van de zeewerkgever" moet worden gelezen: deel uitmakend van de maatschap, en voor "zeewerkgever": maatschap.

Toepasselijke bepalingen

Art. 452u
De artikelen 444, 451, 451a, 451d en 451e zijn van overeenkomstige toepassing met dien verstande dat in de artikelen 451, 451a en 451e in plaats van «zeewerkgever» wordt gelezen: eigenaar, of ingeval van rompbevrachting: rompbevrachter, en in artikel 451d, tweede lid: maatschap, dat in plaats van «arbeidsovereenkomst» wordt gelezen: maatschapsovereenkomst en dat in plaats van «loon» wordt gelezen: aandeel in de besomming.

Toepasselijke bepalingen

Art. 452v
Na het eindigen van een reis is de schepeling gedurende drie werkdagen gehouden op verlangen van de kapitein mede te werken tot het opmaken van een scheepsverklaring.

Medewerking schepeling scheepsverklaring

Art. 452w
Bij overeenkomst kunnen partijen niet afwijken van het bepaalde in artikel 452q en de in artikel 452t genoemde artikelen 407, eerste-zesde lid, 411, 412 en 416.

Artt. 452q, 407, eerste-zesde lid, 411, 412 en 416 dwingend recht

Vijfde titel
Van vervrachting en bevrachting van schepen

§ 1
Algemeene bepalingen

Art. 453-459a
[Vervallen]

§ 2
Tijd-bevrachting

Art. 460-465
[Vervallen]

Vijfde titel A
Van het vervoer van goederen

§ 1
Algemeene bepalingen

Art. 466-517d
[Vervallen]

§ 2
Vaste lijnen

Art. 517e-517ij
[Vervallen]

§ 3
Tijd-bevrachting

Art. 517z-518g
[Vervallen]

§ 4
Reis-bevrachting

Art. 518h-520f
[Vervallen]

§ 5
Vervoer van stukgoederen

Art. 520g-520t
[Vervallen]

Vijfde titel B
Van het vervoer van personen

§ 1
Algemeene bepalingen

Art. 521-533c
[Vervallen]

§ 2
Vaste lijnen

Art. 533d-533mbis
[Vervallen]

§ 3
Tijd-bevrachting

Art. 533n-533p
[Vervallen]

§ 4
Reis-bevrachting

Art. 533q-533u
[Vervallen]

§ 5
Vervoer van enkele personen

[Vervallen] **Art. 533v-533z**

Zesde titel
Van aanvaring

[Vervallen] **Art. 534-544a**

Zevende titel
Van hulp en berging

[Vervallen] **Art. 545-576**

Achtste titel
Van bodemerij

[Vervallen] **Art. 577-591**

Negende titel
[Vervallen]

Eerste afdeeling
[Vervallen]

[Vervallen] **Art. 592-618**

Tweede afdeeling
[Vervallen]

[Vervallen] **Art. 619-623**

Derde afdeeling
[Vervallen]

[Vervallen] **Art. 624-634**

Vierde afdeeling
[Vervallen]

[Vervallen] **Art. 635-662**

Vijfde afdeeling
[Vervallen]

[Vervallen] **Art. 663-680**

Zesde afdeeling
[Vervallen]

[Vervallen] **Art. 681-685a**

Tiende titel
[Vervallen]

Art. 686-695
[Vervallen]

Elfde titel
[Vervallen]

Art. 696-740
[Vervallen]

Elfde titel A
Van de beperking der aansprakelijkheid

Art. 740a-740j
[Vervallen]

Twaalfde titel
[Vervallen]

Art. 741-747
[Vervallen]

Dertiende titel
Van de binnenvaart

Eerste afdeling
Binnenschepen en voorwerpen aan boord daarvan

§ 1
Rechten op binnenschepen

Art. 748-765n
[Vervallen]

§ 2
Voorrechten op binnenschepen

Art. 766-774
[Vervallen]

§ 3
Voorrechten op voorwerpen aan boord van binnenschepen

Art. 775-779
[Vervallen]

Tweede afdeeling
Van den eigenaar en den gebruiker van een binnenschip

Art. 780-781
[Vervallen]

Derde afdeeling
Van den schipper en de schepelingen

Art. 782

Verplichtingen schipper [1.] De schipper is verplicht de gebruikelijke regels en de bestaande voorschriften ter verzekering van de deugdelijkheid en de veiligheid van het schip voor de vaart op binnenwateren, van de veiligheid der opvarenden en der zaken aan boord met nauwgezetheid op te volgen.
[2.] Hij onderneemt de reis niet, tenzij het schip tot het volvoeren daarvan geschikt, naar behooren uitgerust en voldoende bemand is.
(Zie ook: Bbsd)

Art. 783

[1.] De schipper kan na aankomst in eene haven door een notaris eene scheepsverklaring doen opmaken omtrent de voorvallen der reis. Buiten Nederland wendt hij zich tot den Nederlandschen consulairen ambtenaar of, bij ontstentenis van zoodanigen ambtenaar, tot het bevoegde gezag.
[2.] De notaris en de consulaire ambtenaar zijn verplicht van scheepsverklaringen tegen betaling van kosten afschrift uit te reiken aan ieder, die het verlangt.

Doen opmaken van scheepsverklaring

Art. 784
[Vervallen]

Art. 785

[1.] De schipper is verplicht aan personen, die in gevaar verkeeren, en in het bijzonder, als zijn schip bij eene aanvaring betrokken is geweest, aan de andere daarbij betrokken schepen en de personen, die zich aan boord dier schepen bevinden, de hulp te verleenen, waartoe hij bij machte is zonder zijn eigen schip en de opvarenden daarvan aan ernstig gevaar bloot te stellen.
[2.] Hij is bovendien verplicht, voor zooverre hem dit mogelijk is, aan de andere bij de aanvaring betrokken schepen op te geven den naam van zijn schip, van de plaats, waar het thuis behoort, van de plaats, vanwaar het komt en waarheen het bestemd is, alsmede inzage te verstrekken van het bewijs van inschrijving in het register.
[3.] Niet-nakoming van deze verplichtingen door den schipper geeft geen aanspraak jegens hem, die uit welken hoofde dan ook verantwoordelijk is voor het optreden van de schipper.

Verplichting hulpverlening

Verplichte opgaven bij aanvaring

Art. 786-787
[Vervallen]

Vierde afdeeling
Van vervrachting en bevrachting van binnenschepen in het algemeen

Art. 788-808
[Vervallen]

Vijfde afdeeling
Van het vervoer van goederen

Art. 809-854
[Vervallen]

§ 2
Beurtvaart

Art. 855-873
[Vervallen]

§ 3
Reisbevrachting

Art. 874-906
[Vervallen]

§ 4
Bevrachting voor liggen en/of varen

Art. 907-918
[Vervallen]

Zesde afdeeling
Van het vervoer van personen

Art. 919-924
[Vervallen]

Zevende afdeeling
Van het sleepen van binnenschepen

Art. 925-935
[Vervallen]

Achtste afdeeling
Van aanvaring

Art. 936-949
[Vervallen]

Negende afdeeling
Van hulp en berging

Art. 950
[Vervallen]

Tiende afdeeling
Van avarijen

Art. 951
[Vervallen]

Afdeling 10A
Van de beperking der aansprakelijkheid

Art. 951a-951g
[Vervallen]

Elfde afdeeling
[Vervallen]

Art. 952-957
[Vervallen]

Algemene slotbepaling

Art. 958
De Algemene termijnenwet is niet van toepassing op de termijnen, gesteld in de hierna genoemde onderdelen van dit wetboek:
van het eerste boek:
Artikel 82 tweede lid, Titel IV derde en vierde afdeling en de Titels VI en VII;
van het tweede boek:
de Titels III, IV en Titel IX derde afdeling.
Zij is echter wel van toepassing op de termijnen, gesteld in de artikelen 419 en 451e.

Nederlandse corporate governance code[1]

Preambule

De Nederlandse corporate governance code (hierna: de Code) richt zich op de governance van beursgenoteerde vennootschappen en geeft een richtsnoer voor effectieve samenwerking en bestuur. Governance gaat over besturen en beheersen, over verantwoordelijkheid en zeggenschap en over toezicht en verantwoording. Het doel van de Code is het met of in relatie tot wet- en regelgeving bewerkstelligen van een deugdelijk en transparant stelsel van checks and balances binnen Nederlandse beursgenoteerde vennootschappen en het daartoe reguleren van de verhoudingen tussen het bestuur, de raad van commissarissen en de algemene vergadering/aandeelhouders. Naleving van de Code draagt bij aan het vertrouwen in goed en verantwoord bestuur van vennootschappen en hun inbedding in de maatschappij.

De Code is voor het eerst vastgesteld in 2003 en eenmalig gewijzigd in 2008. Op verzoek van het Christelijk Nationaal Vakverbond, Eumedion, de Federatie Nederlandse Vakbeweging, Euronext NV, de Vereniging van Effectenbezitters, de Vereniging van Effecten Uitgevende Ondernemingen en de Vereniging VNO-NCW is de Code aangepast door de Monitoring Commissie Corporate Governance Code (hierna: de Commissie). Voortschrijdende ontwikkelingen, de tijdgeest en overlap met wetgeving zijn aanleiding geweest om de Code aan te passen. Onderhavige Code vervangt de Code uit 2008.

Reikwijdte
De Code is van toepassing op:
i. alle vennootschappen met statutaire zetel in Nederland waarvan de aandelen of certificaten van aandelen zijn toegelaten tot de handel op een gereglementeerde markt of een daarmee vergelijkbaar systeem; en
ii. alle grote vennootschappen met statutaire zetel in Nederland (> € 500 miljoen balanswaarde) waarvan de aandelen of certificaten zijn toegelaten tot de handel op een multilaterale handelsfaciliteit of een daarmee vergelijkbaar systeem.
Voor de toepassing van de Code worden met houders van aandelen gelijk gesteld de houders van certificaten van aandelen die met medewerking van de vennootschap zijn uitgegeven. De Code is niet van toepassing op een beleggingsinstelling of instelling voor collectieve belegging in effecten die geen beheerder is in de zin van artikel 1:1 Wet op het financieel toezicht.

Inhoud van de Code
De Code bevat principes en best practice bepalingen die de verhouding reguleren tussen het bestuur, de raad van commissarissen en de algemene vergadering/aandeelhouders. De principes en bepalingen zijn gericht op de invulling van verantwoordelijkheden voor lange termijn waardecreatie, beheersing van risico's, effectief bestuur en toezicht, beloningen en in de relatie met (de algemene vergadering van) aandeelhouders en *stakeholders*. De principes kunnen worden opgevat als breed gedragen algemene opvattingen over goede corporate governance. De principes zijn uitgewerkt in best practice bepalingen. Deze bepalingen bevatten normen voor het gedrag van bestuurders, commissarissen en aandeelhouders. Zij geven de 'best practice' weer en zijn een invulling van de algemene beginselen van goede corporate governance. Vennootschappen kunnen hiervan gemotiveerd afwijken. De voorwaarden voor afwijking worden hierna onder 'Naleving van de Code' toegelicht.
De verhouding tussen de vennootschap en haar werknemers (-vertegenwoordigers) is bij wet geregeld. In de Code komt deze verhouding aan bod in bepalingen die betrekking hebben op cultuur en de contacten tussen de raad van commissarissen en het medezeggenschapsorgaan.

Uitgangspunten
De Code berust op het uitgangspunt dat de vennootschap een lange termijn samenwerkingsverband is van diverse bij de vennootschap betrokken *stakeholders*. *Stakeholders* zijn groepen en individuen die direct of indirect het bereiken van de doelstellingen van de vennootschap beïnvloeden of er door worden beïnvloed: werknemers, aandeelhouders en andere kapitaalverschaffers, toeleveranciers, afnemers en andere belanghebbenden. Het bestuur en de raad van commissarissen hebben een verantwoordelijkheid voor de afweging van deze belangen en zijn doorgaans gericht op de continuïteit van de vennootschap en de met haar verbonden onderneming. Daarbij streeft de vennootschap naar het creëren van waarde op de lange termijn. *Stakeholders* moeten erop kunnen vertrouwen dat hun belangen op zorgvuldige wijze worden mee-

---

1   Inwerkingtredingsdatum: 01-01-2017.

gewogen, omdat dit een voorwaarde is voor hen om binnen en met de vennootschap samen te werken. Goed ondernemerschap en goed toezicht zijn essentiële voorwaarden voor stakeholders voor het vertrouwen in het bestuur en het toezicht. Daaronder zijn begrepen integer en transparant handelen door het bestuur en het afleggen van verantwoording over het toezicht door de raad van commissarissen. Bepalend voor de werking van de Code is niet de mate waarin deze naar de letter wordt nageleefd, maar de mate waarin de intenties van de Code leidend zijn voor het doen en laten van alle betrokkenen.

Aandeelhouders en institutionele beleggers
Aandeelhouders kunnen bij hun handelen hun eigen belangen nastreven, zolang zij zich ten opzichte van de vennootschap, haar organen en hun mede-aandeelhouders gedragen naar maatstaven van redelijkheid en billijkheid. Hieronder valt de bereidheid om met de vennootschap en mede-aandeelhouders in dialoog te gaan. Hoe groter het belang is dat een aandeelhouder in de vennootschap houdt, des te groter is zijn verantwoordelijkheid jegens de vennootschap, mede-aandeelhouders en andere *stakeholders*. Institutionele beleggers zijn verantwoordelijk jegens hun achterliggende begunstigden om op zorgvuldige en transparante manier te beoordelen op welke wijze zij gebruik maken van hun rechten als aandeelhouder van vennootschappen.

Verhouding met wetgeving
De Code is door zelfregulering tot stand gekomen. Hij is van en voor de partijen die door de Code worden geadresseerd. Zelfregulering houdt in dat men zonder tussenkomst van de overheid zelf regels opstelt waar men zich aan verbindt, door deze uit te voeren, te handhaven en actueel te houden. Het vormt een aanvulling op overheidsregulering. De Code moet bezien worden in samenhang met (nationale en Europese) wetgeving en jurisprudentie op het terrein van corporate governance. De toegevoegde waarde van de Code, als instrument van zelfregulering, is dat de Code zich meer richt op het gedrag van bestuurders, commissarissen en aandeelhouders.
Bij de aanpassing van de Code is uitgegaan van de geldende wetgeving en jurisprudentie over de externe en interne verhoudingen van vennootschappen en is rekening gehouden met de relevante ontwikkelingen op het terrein van corporate governance. Bij de formulering van de principes en best practice bepalingen is overlap met wetgeving zoveel mogelijk voorkomen. Ter wille van de leesbaarheid en de onderlinge samenhang van de Code, is een zekere overlap tussen wetgeving en de Code onvermijdelijk. Ook omdat de Code een aanvulling kan zijn op wat wettelijk is voorgeschreven.

One-tier bestuursstructuur
Van oudsher kent Nederland een dualistisch bestuursmodel (*two-tier* bestuursstructuur). Hierop is de Code gericht. Bij een vennootschap met een *two-tier* bestuursstructuur zijn bestuur en toezicht verdeeld over twee vennootschapsorganen, namelijk het bestuur en de raad van commissarissen. Hoofdstuk 5 heeft betrekking op vennootschappen met een *one-tier* bestuursstructuur. Een one-tier bestuursstructuur kent één bestuur waarvan uitvoerende bestuurders en niet uitvoerende bestuurders deel uitmaken. Laatstgenoemden houden dan toezicht op de uitvoerende bestuurders. Er zijn dan geen commissarissen. Niet uitvoerende bestuurders en uitvoerende bestuurders dragen gezamenlijk bestuursverantwoordelijkheid. Van belang is dat onafhankelijk toezicht door niet uitvoerende bestuurders voldoende geborgd is.

Naleving van de Code

Het bestuur en de raad van commissarissen zijn verantwoordelijk voor de corporate governance van de vennootschap en voor de naleving van deze Code. Naleving van de Code is gebaseerd op het 'pas toe of leg uit'-principe. Anders dan wetgeving biedt de Code flexibiliteit, omdat deze ruimte biedt om af te wijken van de principes en best practice bepalingen. Het bestuur en de raad van commissarissen leggen aan de algemene vergadering verantwoording af over de naleving van de Code en voorzien eventuele afwijkingen van de principes en best practice bepalingen van een inhoudelijke en inzichtelijke uitleg.
De hoofdlijnen van de corporate governance van de vennootschap worden elk jaar, mede aan de hand van de principes die in deze Code zijn genoemd, in een afzonderlijk hoofdstuk in het bestuursverslag uiteengezet of op de website van de vennootschap geplaatst. Daar geeft de vennootschap uitdrukkelijk aan in hoeverre zij de in deze Code opgenomen principes en best practice bepalingen opvolgt en zo niet, waarom en in hoeverre zij daarvan afwijkt.
Van belang is dat de uitleg bij afwijking in ieder geval de volgende elementen bevat:
  i. de wijze waarop de vennootschap is afgeweken van het principe of de best practice bepaling;
  ii. de redenen voor afwijking;
  iii. indien de afwijking tijdelijk is en langer dan één boekjaar duurt, wordt aangegeven wanneer de vennootschap voornemens is het principe of de best practice bepaling weer na te leven; en

19 Code Corporate Governance

iv. in voorkomend geval, een beschrijving van de alternatieve maatregel die is genomen en een uiteenzetting hoe die maatregel de doelstelling van het principe respectievelijk de best practice bepaling bereikt, of een verduidelijking hoe de maatregel bijdraagt tot een goede corporate governance van de vennootschap.

Aandeelhouders, bedrijven die zijn gespecialiseerd in rating van de corporate governance van beursvennootschappen en adviseurs over het gebruik van stemrecht op aandelen dienen zich een zorgvuldig oordeel te vormen over de redengeving voor elk van de afwijkingen van de principes en de best practice bepalingen. Zowel aandeelhouders als het bestuur en de raad van commissarissen dienen open te staan om met elkaar in gesprek te gaan over de reden waarom een principe of best practice bepaling niet is toegepast. Het is aan de aandeelhouders om het bestuur en de raad van commissarissen over de naleving van de Code ter verantwoording te roepen. Uitgangspunt hierbij is de erkenning dat corporate governance een kwestie van maatwerk is en dat afwijkingen gerechtvaardigd kunnen zijn. Vennootschappen en aandeelhouders hebben een gedeelde verantwoordelijkheid om zelfregulering volgens het 'pas toe of leg uit'-principe goed te laten werken zodat het een effectief alternatief kan vormen voor wetgeving.

Hoofdstuk 1
Lange termijn waardecreatie

Principe 1.1
Lange termijn waardecreatie

Het bestuur is verantwoordelijk voor de continuïteit van de vennootschap en de met haar verbonden onderneming. Het bestuur richt zich op de lange termijn waardecreatie van de vennootschap en de met haar verbonden onderneming en weegt daartoe de in aanmerking komende belangen van de stakeholders. De raad van commissarissen houdt toezicht op het bestuur terzake.

Lange termijn waardecreatie

1.1.1
Strategie voor lange termijn waardecreatie

Het bestuur ontwikkelt een visie op lange termijn waardecreatie van de vennootschap en de met haar verbonden onderneming en formuleert een daarbij passende strategie. Afhankelijk van de marktdynamiek kunnen korte termijn aanpassingen van de strategie nodig zijn.
Bij het vormgeven van de strategie wordt in ieder geval aandacht besteed aan:
i. de implementatie en haalbaarheid van de strategie;
ii. het door de vennootschap gevolgde bedrijfsmodel en de markt waarin de vennootschap en de met haar verbonden onderneming opereren;
iii. kansen en risico's voor de vennootschap;
iv. de operationele en financiële doelen van de vennootschap en de invloed ervan op de toekomstige positie in relevante markten;
v. de belangen van de *stakeholders*; en
vi. andere voor de vennootschap en de met haar verbonden onderneming relevante aspecten van ondernemen, zoals milieu, sociale en personeelsaangelegenheden, de keten waarin de onderneming opereert, eerbiediging van mensenrechten en bestrijding van corruptie en omkoping.

Lange termijn waardecreatie, strategie

1.1.2
Betrokkenheid raad van commissarissen

Het bestuur betrekt de raad van commissarissen tijdig bij het formuleren van de strategie ter realisatie van lange termijn waardecreatie. Het bestuur legt verantwoording af aan de raad van commissarissen over de strategie en de toelichting daarop.

Lange termijn waardecreatie, betrokkenheid RvC

1.1.3
Rol raad van commissarissen

De raad van commissarissen houdt toezicht op de wijze waarop het bestuur de strategie voor lange termijn waardecreatie uitvoert. De raad van commissarissen bespreekt regelmatig de strategie, de uitvoering van de strategie en de daarmee samenhangende voornaamste risico's. In het verslag van de raad van commissarissen legt de raad verantwoording af over de wijze waarop de raad van commissarissen betrokken was bij de totstandkoming en toezicht houdt op de uitvoering van de strategie.

Lange termijn waardecreatie, rol RvC

19 Code Corporate Governance

1.1.4
Verantwoording bestuur

Lange termijn waardecreatie, verantwoording bestuur

In het bestuursverslag geeft het bestuur een toelichting op zijn visie op lange termijn waardecreatie en op de strategie ter realisatie daarvan en licht toe op welke wijze in het afgelopen boekjaar daaraan is bijgedragen. Daarbij wordt zowel van de korte als lange termijn ontwikkelingen verslag gedaan.

Principe 1.2
Risicobeheersing

Risicobeheersing

De vennootschap beschikt over adequate interne risicobeheersings- en controlesystemen. Het bestuur is verantwoordelijk voor het identificeren en beheersen van de risico's verbonden aan de strategie en de activiteiten van de vennootschap.

1.2.1
Risicobeoordeling

Risicobeoordeling door bestuur

Het bestuur inventariseert en analyseert de risico's die verbonden zijn aan de strategie en de activiteiten van de vennootschap en de met haar verbonden onderneming. Zij stelt de risicobereidheid vast en besluit welke maatregelen tegenover de risico's worden gezet.

1.2.2
Implementatie

Risicobeheersings- en controlesystemen, implementatie van

Op basis van de risicobeoordeling ontwerpt, implementeert en onderhoudt het bestuur adequate interne risicobeheersings- en controlesystemen. Deze systemen worden voor zover relevant geïntegreerd in de werkprocessen binnen de vennootschap en de met haar verbonden onderneming en zijn bekend bij diegenen voor wier werk zij relevant zijn.

1.2.3
Monitoring werking

Risicobeheersings- en controlesystemen, monitoring werking van

Het bestuur monitort de werking van de interne risicobeheersings- en controlesystemen en voert ten minste jaarlijks een systematische beoordeling uit van de opzet en de werking van de systemen. Deze monitoring heeft betrekking op alle materiële beheersingsmaatregelen, gericht op strategische, operationele, compliance en verslaggevingsrisico's. Hierbij wordt onder meer rekening gehouden met geconstateerde zwaktes, misstanden en onregelmatigheden, signalen van klokkenluiders, geleerde lessen en bevindingen van de interne audit functie en externe accountant. Waar nodig worden verbeteringen in interne risicobeheersingsen controlesystemen doorgevoerd.

Principe 1.3
Interne audit functie

Interne audit functie

De interne audit functie heeft als taak de opzet en de werking van de interne risicobeheersings- en controlesystemen te beoordelen. Het bestuur is verantwoordelijk voor de interne audit functie. De raad van commissarissen houdt toezicht op de interne audit functie en heeft regelmatig contact met diegene die de functie vervult.

1.3.1
Benoeming en ontslag

Interne auditor, benoeming en ontslag leidinggevende

Het bestuur benoemt en ontslaat de leidinggevende interne auditor. Zowel de benoeming als het ontslag van de leidinggevende interne auditor wordt, samen met een advies van de auditcommissie, ter goedkeuring voorgelegd aan de raad van commissarissen.

1.3.2
Beoordeling interne audit functie

Interne audit functie, beoordeling

Het bestuur beoordeelt jaarlijks de wijze waarop de interne audit functie de taak uitvoert en betrekt hierbij het oordeel van de auditcommissie.

1.3.3
Werkplan van de interne audit functie

De interne audit functie stelt een werkplan op en betrekt hierbij het bestuur, de auditcommissie en de externe accountant. Het werkplan wordt ter goedkeuring voorgelegd aan het bestuur en vervolgens aan de raad van commissarissen. In dit werkplan wordt aandacht besteed aan de interactie met de externe accountant.

Interne audit functie, werkplan

1.3.4
Uitvoering werkzaamheden

De interne audit functie beschikt over voldoende middelen om het werkplan uit te voeren en heeft toegang tot informatie die voor de uitvoering van haar werkzaamheden van belang is. De interne audit functie heeft direct toegang tot de auditcommissie en de externe accountant. Vastgelegd wordt op welke wijze de auditcommissie door de interne audit functie wordt geïnformeerd.

Interne audit functie, uitvoering werkzaamheden

1.3.5
Rapportages bevindingen

De interne audit functie rapporteert onderzoeksresultaten aan het bestuur, rapporteert de kern van de resultaten aan de auditcommissie en informeert de externe accountant. In de onderzoeksresultaten van de interne audit functie wordt in ieder geval aandacht besteed aan:
i. gebreken in de effectiviteit van de interne risicobeheersings- en controlesystemen;
ii. bevindingen en observaties die van wezenlijke invloed zijn op het risicoprofiel van de vennootschap en de met haar verbonden onderneming; en
iii. tekortkomingen in de opvolging van aanbevelingen van de interne audit functie.

Interne audit functie, rapportages

1.3.6
Ontbreken interne audit dienst

Indien voor de interne audit functie geen interne audit dienst is ingericht, beoordeelt de raad van commissarissen jaarlijks, mede op basis van een advies van de auditcommissie, of adequate alternatieve maatregelen zijn getroffen en beziet of behoefte bestaat om een interne audit dienst in te richten. De raad van commissarissen neemt de conclusies alsmede eventuele aanbevelingen en alternatief getroffen maatregelen die daaruit voortkomen, op in het verslag van de raad van commissarissen.

Interne audit functie, werkwijze bij ontbreken van

Principe 1.4
Verantwoording over risicobeheersing

Het bestuur legt verantwoording af over de effectiviteit van de opzet en de werking van de interne risicobeheersings- en controlesystemen.

Risicobeheersing, verantwoording over

1.4.1
Verantwoording aan raad van commissarissen

Het bestuur bespreekt de effectiviteit van de opzet en de werking van de interne risicobeheersings- en controlesystemen als bedoeld in best practice bepalingen 1.2.1 tot en met 1.2.3 met de auditcommissie en legt daarover verantwoording af aan de raad van commissarissen.

Risicobeheersing, verantwoording door bestuur aan RvC over

1.4.2
Verantwoording in het bestuursverslag

Het bestuur legt in het bestuursverslag verantwoording af over:
i. de uitvoering van het risicobeoordeling en beschrijft de voornaamste risico's waarvoor de vennootschap zich geplaatst ziet in relatie tot haar risicobereidheid. Hierbij kan gedacht worden aan strategische, operationele, *compliance* en verslaggevingsrisico's;
ii. de opzet en werking van de interne risicobeheersings- en controlesystemen over het afgelopen boekjaar;
iii. eventuele belangrijke tekortkomingen in de interne risicobeheersings- en controlesystemen die in het boekjaar zijn geconstateerd, welke eventuele significante wijzigingen in die systemen zijn aangebracht, welke eventuele belangrijke verbeteringen van die systemen zijn voorzien en dat deze onderwerpen besproken zijn met de auditcommissie en de raad van commissarissen; en

Risicobeheersing, verantwoording in bestuursverslag over

19 Code Corporate Governance

iv. de gevoeligheid van de resultaten van de vennootschap voor materiële wijzigingen in externe omstandigheden.

1.4.3
Verklaring van het bestuur

Risicobeheersing, verklaring bestuur in bestuursverslag over

Het bestuur verklaart in het bestuursverslag met een duidelijke onderbouwing dat:
i. het verslag in voldoende mate inzicht geeft in tekortkomingen in de werking van de interne risicobeheersings- en controlesystemen;
ii. voornoemde systemen een redelijke mate van zekerheid geven dat de financiële verslaggeving geen onjuistheden van materieel belang bevat;
iii. het naar de huidige stand van zaken gerechtvaardigd is dat de financiële verslaggeving is opgesteld op going concern basis; en
iv. in het verslag de materiële risico's en onzekerheden zijn vermeld die relevant zijn ter zake van de verwachting van de continuïteit van de vennootschap voor een periode van twaalf maanden na opstelling van het verslag.

Principe 1.5
Rol raad van commissarissen

RvC, rol van

De raad van commissarissen houdt toezicht op het beleid van het bestuur en de algemene gang van zaken in de vennootschap en de met haar verbonden onderneming. Hierbij richt de raad zich tevens op de effectiviteit van de interne risicobeheersings- en controlesystemen van de vennootschap en de integriteit en kwaliteit van de financiële verslaggeving.

1.5.1
Taken en verantwoordelijkheden auditcommissie

RvC, taken auditcommissie t.b.v. besluitvorming door

De auditcommissie bereidt de besluitvorming van de raad van commissarissen voor over het toezicht op de integriteit en kwaliteit van de financiële verslaggeving van de vennootschap en op de effectiviteit van de interne risicobeheersings- en controlesystemen van de vennootschap. Zij richt zich onder meer op het toezicht op het bestuur ten aanzien van:
i. de relatie met en de naleving van aanbevelingen en opvolging van opmerkingen van de interne auditor en de externe accountant;
ii. de financiering van de vennootschap;
iii. de toepassing van informatie- en communicatietechnologie door de vennootschap, waaronder risico's op het gebied van *cybersecurity*; en
iv. het belastingbeleid van de vennootschap.

1.5.2
Aanwezigheid bestuur, interne auditor en externe accountant bij overleg auditcommissie

Auditcommissie, aanwezigen bij

De bestuurder verantwoordelijk voor financiële zaken, de interne auditor en de externe accountant zijn aanwezig bij de vergaderingen van de auditcommissie, tenzij de auditcommissie anders bepaalt. De auditcommissie bepaalt of en wanneer de voorzitter van het bestuur bij haar vergaderingen aanwezig is.

1.5.3
Verslag auditcommissie

Auditcommissie, verslag aan RvC door

De auditcommissie brengt verslag uit aan de raad van commissarissen over de beraadslaging en bevindingen. In dit verslag wordt in ieder geval vermeld:
i. de wijze waarop de effectiviteit van de opzet en de werking van de interne risicobeheersings- en controlesystemen, bedoeld in best practice bepalingen 1.2.1 tot en met 1.2.3 is beoordeeld;
ii. de wijze waarop de effectiviteit van het interne en externe audit proces is beoordeeld;
iii. materiële overwegingen inzake de financiële verslaggeving; en
iv. de wijze waarop materiële risico's en onzekerheden, bedoeld in best practice bepaling 1.4.3, zijn geanalyseerd en besproken en wat de belangrijkste bevindingen van de auditcommissie zijn.

1.5.4
Raad van commissarissen

De raad van commissarissen bespreekt de onderwerpen waarover de auditcommissie op basis van best practice bepaling 1.5.3 verslag uitbrengt.

Auditcommissie, bespreking door RvC van verslag

Principe 1.6
Benoeming en beoordeling functioneren externe accountant

De raad van commissarissen doet de voordracht tot benoeming van de externe accountant aan de algemene vergadering en houdt toezicht op het functioneren van de externe accountant.

Externe accountant, benoeming en beoordeling van

1.6.1
Functioneren & benoeming

De auditcommissie rapporteert jaarlijks aan de raad van commissarissen over het functioneren van en de ontwikkelingen in de relatie met de externe accountant. De auditcommissie geeft advies aan de raad van commissarissen over de voordracht van benoeming of herbenoeming danwel ontslag van de externe accountant en bereidt de selectie van de externe accountant voor. Bij voornoemde werkzaamheden betrekt de auditcommissie de observaties van het bestuur. Mede op grond hiervan bepaalt de raad van commissarissen zijn voordracht aan de algemene vergadering tot benoeming van de externe accountant.

Externe accountant, rol auditcommissie m.b.t. functioneren en benoeming

1.6.2
Informeren externe accountant over functioneren

De raad van commissarissen licht de externe accountant op hoofdlijnen in over de rapportages omtrent zijn functioneren.

Externe accountant, informeren

1.6.3
Opdracht

De auditcommissie doet een voorstel aan de raad van commissarissen voor de opdracht voor controle van de jaarrekening aan de externe accountant. Het bestuur faciliteert dit. Bij het formuleren van de opdracht is aandacht voor de reikwijdte van het accountantsonderzoek, de te hanteren materialiteit en het honorarium van het accountantsonderzoek. De raad van commissarissen stelt de opdracht vast.

Externe accountant, opdracht door RvC aan

1.6.4
Verantwoording

De belangrijkste conclusies van de raad van commissarissen over de voordracht en de uitkomsten van het selectieproces van de externe accountant worden aan de algemene vergadering meegedeeld.

Externe accountant, verantwoording door RvC m.b.t.

1.6.5
Vertrek van de externe accountant

De vennootschap publiceert een persbericht bij een tussentijds beëindiging van de relatie met de externe accountantsorganisatie. In het persbericht wordt de reden van de tussentijdse beëindiging toegelicht.

Externe accountant, vertrek van

Principe 1.7
Uitvoering werkzaamheden externe accountant

De auditcommissie bespreekt met de externe accountant het auditplan en de bevindingen van de externe accountant naar aanleiding van zijn uitgevoerde werkzaamheden. Het bestuur en de raad van commissarissen onderhouden reguliere contacten met de externe accountant.

Externe accountant, uitvoering werkzaamheden

1.7.1
Informatievoorziening aan externe accountant

Het bestuur draagt zorg voor dat de externe accountant tijdig alle informatie ontvangt die nodig is voor de uitvoering van zijn werkzaamheden. Het bestuur stelt de externe accountant in de gelegenheid om op de verstrekte informatie te reageren.

Externe accountant, informatievoorziening aan

19 Code Corporate Governance

1.7.2
Auditplan en bevindingen externe accountant

Externe accountant, bespreking auditplan en bevindingen door

De externe accountant bespreekt het concept auditplan met het bestuur, alvorens het aan de auditcommissie voor te leggen. De auditcommissie bespreekt jaarlijks met de externe accountant:
i. de reikwijdte en materialiteit van het auditplan en de belangrijkste risico's van de jaarverslaggeving die de externe accountant heeft benoemd in het auditplan; en
ii. mede aan de hand van de daaraan ten grondslag liggende documenten, de bevindingen en de uitkomsten van de controlewerkzaamheden bij de jaarrekening en de *management letter*.

1.7.3
Publicatie financiële berichten

De auditcommissie beoordeelt of, en zo ja op welke wijze de externe accountant wordt betrokken bij de inhoud en publicatie van financiële berichten anders dan de jaarrekening.

1.7.4
Overleg met externe accountant buiten aanwezigheid bestuur

Externe accountant, overleg tussen auditcommissie en

De auditcommissie overlegt zo vaak als zij dit noodzakelijk acht, doch ten minste eenmaal per jaar, buiten aanwezigheid van het bestuur met de externe accountant.

1.7.5
Inzage discussiepunten tussen externe accountant en bestuur

Externe accountant, inzage door RvC in discussiepunten tussen bestuur en

De raad van commissarissen krijgt inzage in de belangrijkste discussiepunten tussen de externe accountant en het bestuur naar aanleiding van de concept management letter dan wel het concept accountantsverslag.

1.7.6
Aanwezigheid externe accountant bij vergaderingen raad van commissarissen

Externe accountant, aanwezigheid bij vergaderingen RvC van

De externe accountant woont in ieder geval de vergadering van de raad van commissarissen bij waarin het verslag van de externe accountant van het onderzoek van de jaarrekening wordt besproken.

Hoofdstuk 2
Effectief bestuur en toezicht

Principe 2.1
Samenstelling en omvang

Bestuur en RvC, samenstelling en omvang

Het bestuur en de raad van commissarissen zijn zodanig samengesteld dat benodigde deskundigheid, achtergrond, competenties en – in het geval van de raad van commissarissen – onafhankelijkheid aanwezig zijn om hun taken naar behoren te kunnen vervullen. De omvang van beide organen is daarop toegesneden.

2.1.1
Profielschets

RvC, profielschets

De raad van commissarissen stelt een profielschets op, rekening houdend met de aard en de activiteiten van de met de vennootschap verbonden onderneming. In de profielschets wordt ingegaan op:
i. de gewenste deskundigheid en achtergrond van de commissarissen;
ii. de gewenste gemengde samenstelling van de raad van commissarissen, bedoeld in best practice bepaling 2.1.5;
iii. de omvang van de raad van commissarissen; en
iv. de onafhankelijkheid van de commissarissen.
De profielschets wordt op de website van de vennootschap geplaatst.

2.1.2
Personalia

RvC, personalia

Van elke commissaris wordt in het verslag van de raad van commissarissen opgave gedaan van:
i. geslacht;

19 Code Corporate Governance

ii. leeftijd;
iii. nationaliteit;
iv. hoofdfunctie;
v. nevenfuncties voor zover deze relevant zijn voor de vervulling van de taak als commissaris;
vi. tijdstip van eerste benoeming; en
vii. de lopende termijn waarvoor de commissaris is benoemd.

2.1.3
Executive committee

Indien het bestuur werkt met een *executive committee*, houdt het bestuur rekening met de checks and balances die onderdeel uitmaken van het *two-tier* systeem. Dit betekent onder meer het waarborgen van deskundigheid en verantwoordelijkheden van het bestuur en een adequate informatievoorziening aan de raad van commissarissen. De raad van commissarissen houdt hier toezicht op en heeft daarbij specifiek aandacht voor de dynamiek en de verhouding tussen het bestuur en het *executive committee*.
In het bestuursverslag wordt verantwoording afgelegd over:
i. de keuze voor het werken met een *executive committee*;
ii. de rol, taak en samenstelling van het *executive committee*; en
iii. de wijze waarop het contact tussen de raad van commissarissen en het executive committee is vormgegeven.

Executive committee, rol RvC bij

2.1.4
Deskundigheid

Elke commissaris en elke bestuurder beschikt over de specifieke deskundigheid die noodzakelijk is voor de vervulling van zijn taak. Elke commissaris dient geschikt te zijn om de hoofdlijnen van het totale beleid te beoordelen.

RvC, deskundigheid

2.1.5
Diversiteitsbeleid

De raad van commissarissen stelt een diversiteitsbeleid op voor de samenstelling van het bestuur, de raad van commissarissen en, indien aanwezig, het *executive committee*. In het beleid wordt ingegaan op de concrete doelstellingen ten aanzien van diversiteit en de voor de vennootschap relevante aspecten van diversiteit, zoals nationaliteit, leeftijd, geslacht en achtergrond inzake opleiding en beroepservaring.

RvC en bestuur, diversiteitsbeleid voor samenstelling van

2.1.6
Verantwoording over diversiteit

In de corporate governance verklaring worden het diversiteitsbeleid en de uitvoering daarvan toegelicht. Hierbij wordt ingegaan op:
i. de doelstellingen van het beleid;
ii. de wijze waarop het beleid is uitgevoerd; en
iii. de resultaten van het beleid in het afgelopen boekjaar.
Indien de samenstelling van het bestuur en de raad van commissarissen afwijkt van de doelstellingen van het diversiteitsbeleid van de vennootschap en/of van het streefcijfer voor de verhouding man-vrouw, indien en voorzover dit bij of krachtens de wet is bepaald, wordt in de corporate governance verklaring tevens toegelicht wat de stand van zaken is, welke maatregelen worden genomen om de nagestreefde situatie wel te bereiken en op welke termijn.

Diversiteitsbeleid, verantwoording over

2.1.7
Onafhankelijkheid raad van commissarissen

De raad van commissarissen is zodanig samengesteld dat de leden ten opzichte van elkaar, het bestuur en welk deelbelang dan ook onafhankelijk en kritisch kunnen opereren.
Om de onafhankelijkheid te borgen, is de raad van commissarissen samengesteld met inachtneming van het volgende:
i. op maximaal één commissaris is een van de criteria van toepassing zoals bedoeld in best practice bepaling 2.1.8 onderdelen i. tot en met v.;
ii. het aantal commissarissen waarop de criteria van toepassing zijn zoals bedoeld in best practice bepaling 2.1.8 is tezamen minder dan de helft van het totaal aantal commissarissen; en

RvC, onafhankelijkheid

iii. per aandeelhouder, of groep van verbonden aandeelhouders, die direct of indirect meer dan tien procent van de aandelen in het kapitaal van de vennootschap houdt, is maximaal één commissaris die kan gelden als met hem verbonden of hem vertegenwoordigend als bedoeld in best practice bepaling 2.1.8, onderdelen vi. en vii.

2.1.8
Onafhankelijkheid commissarissen

Commissarissen, onafhankelijkheid

Een commissaris is niet onafhankelijk indien de betrokken commissaris, dan wel zijn echtgenoot, geregistreerde partner of andere levensgezel, pleegkind of bloed- of aanverwant tot in de tweede graad:
i. in de vijf jaar voorafgaand aan de benoeming werknemer of bestuurder van de vennootschap (inclusief gelieerde vennootschappen als bedoeld in artikel 5:48 Wet op het financieel toezicht) is geweest;
ii. een persoonlijke financiële vergoeding van de vennootschap of van een aan haar gelieerde vennootschap ontvangt, anders dan de vergoeding die voor de als commissaris verrichte werkzaamheden wordt ontvangen en voor zover zij niet past in de normale uitoefening van het bedrijf;
iii. in het jaar voorafgaand aan de benoeming een belangrijke zakelijke relatie met de vennootschap of een aan haar gelieerde vennootschap heeft gehad. Daaronder worden in ieder geval begrepen het geval dat de commissaris, of een kantoor waarvan hij aandeelhouder, vennoot, medewerker of adviseur is, is opgetreden als adviseur van de vennootschap (consultant, externe accountant, notaris of advocaat) en het geval dat de commissaris bestuurder of medewerker is van een bankinstelling waarmee de vennootschap een duurzame en significante relatie onderhoudt;
iv. bestuurder is van een vennootschap waarin een bestuurder van de vennootschap waarop hij toezicht houdt commissaris is;
v. gedurende de voorgaande twaalf maanden tijdelijk heeft voorzien in het bestuur bij belet en ontstentenis van bestuurders;
vi. een aandelenpakket in de vennootschap houdt van ten minste tien procent, daarbij meegerekend het aandelenbezit van natuurlijke personen of juridische lichamen die met hem samenwerken op grond van een uitdrukkelijke of stilzwijgende, mondelinge of schriftelijke overeenkomst;
vii. bestuurder of commissaris is bij of anderszins vertegenwoordiger is van een rechtspersoon die direct of indirect ten minste tien procent van de aandelen in de vennootschap houdt, tenzij het gaat om groepsmaatschappijen.

2.1.9
Onafhankelijkheid voorzitter raad van commissarissen

RvC, onafhankelijkheid voorzitter van

De voorzitter van de raad van commissarissen is geen voormalig bestuurder van de vennootschap en is onafhankelijk in de zin van best practice bepaling 2.1.8.

2.1.10
Verantwoording onafhankelijkheid commissarissen

Commissarissen, verantwoording over onafhankelijkheid van

Het verslag van de raad van commissarissen vermeldt dat naar het oordeel van de raad is voldaan aan de eisen voor onafhankelijkheid, bedoeld in best practice bepalingen 2.1.7 tot en met 2.1.9 en geeft daarbij aan, indien van toepassing, welke commissaris(sen) de raad als niet-onafhankelijk beschouwt.

Principe 2.2
Benoeming, opvolging en evaluatie

Bestuurders en commissarissen, benoeming, opvolging en evaluatie van

De raad van commissarissen draagt zorg voor een formele en transparante procedure voor het benoemen en herbenoemen van bestuurders en commissarissen en voor een gedegen plan voor opvolging. Daarbij wordt rekening gehouden met het diversiteitsbeleid. Het functioneren van het bestuur en de raad van commissarissen als collectief en het functioneren van individuele bestuurders en commissarissen wordt regelmatig geëvalueerd.

2.2.1
Benoemings- en herbenoemingstermijnen bestuurders

Bestuurders, (her)benoemingstermijnen van

Een bestuurder wordt benoemd voor een periode van maximaal vier jaar. Herbenoeming kan telkens voor een periode van maximaal vier jaar plaatsvinden en wordt tijdig voorbereid. Bij voorbereiding van de benoeming of herbenoeming worden de doelstellingen ten aanzien van diversiteit uit best practice bepaling 2.1.5 in overweging genomen.

2.2.2
Benoemings- en herbenoemingstermijnen commissarissen

Een commissaris wordt benoemd voor een periode van vier jaar en kan daarna éénmalig voor een periode van vier jaar worden herbenoemd. De commissaris kan nadien wederom worden herbenoemd voor een benoemingstermijn van twee jaar die daarna met maximaal twee jaar kan worden verlengd. Herbenoeming na een periode van acht jaar wordt gemotiveerd in het verslag van de raad van commissarissen. Bij benoeming of herbenoeming wordt de profielschets, bedoeld in best practice bepaling 2.1.1, in acht genomen.

_{Commissarissen, (her)benoemingstermijnen van}

2.2.3
Tussentijds aftreden

Een commissaris of bestuurder treedt tussentijds af bij onvoldoende functioneren, structurele onverenigbaarheid van belangen of wanneer dit anderszins naar het oordeel van de raad van commissarissen is geboden. Bij tussentijds aftreden van een bestuurder of commissaris brengt de vennootschap een persbericht uit waarin de reden voor vertrek wordt genoemd.

_{Commissaris en bestuurder, tussentijds aftreden van}

2.2.4
Opvolging

De raad van commissarissen draagt zorg voor dat de vennootschap over een gedegen plan beschikt voor de opvolging van bestuurders en commissarissen, dat is gericht op het in balans houden van de benodigde deskundigheid, ervaring en diversiteit. Bij het opstellen van het plan wordt de profielschets van de raad van commissarissen, bedoeld in best practice bepaling 2.1.1, in acht genomen. Tevens stelt de raad van commissarissen een rooster van aftreden vast om zoveel mogelijk te voorkomen dat commissarissen tegelijk aftreden. Het rooster van aftreden wordt op de website van de vennootschap geplaatst.

_{Commissarissen en bestuurders, opvolging van}

2.2.5
Taken selectie- en benoemingscommissie

De selectie- en benoemingscommissie bereidt de besluitvorming van de raad van commissarissen voor en brengt verslag uit aan de raad van commissarissen van haar beraadslagingen en bevindingen.
De selectie- en benoemingscommissie richt zich in ieder geval op:
i. het opstellen van selectiecriteria en benoemingsprocedures inzake bestuurders en commissarissen;
ii. de periodieke beoordeling van de omvang en samenstelling van het bestuur en de raad van commissarissen en het doen van een voorstel voor een profielschets van de raad van commissarissen;
iii. de periodieke beoordeling van het functioneren van individuele bestuurders en commissarissen en de rapportage hierover aan de raad van commissarissen;
iv. het opstellen van een plan voor de opvolging van bestuurders en commissarissen;
v. het doen van voorstellen voor (her)benoemingen; en
vi. het toezicht op het beleid van het bestuur inzake selectiecriteria en benoemingsprocedures voor het hoger management.

_{Selectie- en benoemingscommissie, taken van}

2.2.6
Evaluatie raad van commissarissen

De raad van commissarissen evalueert ten minste eenmaal per jaar buiten aanwezigheid van het bestuur zijn eigen functioneren, het functioneren van de afzonderlijke commissies van de raad en dat van de individuele commissarissen, en bespreekt de conclusies die aan de evaluatie worden verbonden. Hierbij wordt aandacht besteed aan:
i. inhoudelijke aspecten, de onderlinge interactie en de interactie met het bestuur;
ii. zaken die zich in de praktijk hebben voorgedaan waaruit lessen kunnen worden getrokken; en
iii. het gewenste profiel, de samenstelling, competenties en deskundigheid van de raad van commissarissen.

_{RvC, evaluatie eigen functioneren door}

… **19 Code Corporate Governance**

2.2.7
Evaluatie bestuur

RvC, evaluatie bestuur door
De raad van commissarissen evalueert ten minste eenmaal per jaar buiten aanwezigheid van het bestuur zowel het functioneren van het bestuur als collectief als dat van de individuele bestuurders en bespreekt de conclusies die aan de evaluatie worden verbonden, zulks mede in het licht van opvolging van bestuurders. Ook het bestuur evalueert ten minste eenmaal per jaar zijn eigen functioneren als collectief en dat van de individuele bestuurders.

2.2.8
Verantwoording evaluatie

RvC, verantwoording evaluatie door
Het verslag van de raad van commissarissen vermeldt:
i. op welke wijze de evaluatie van de raad van commissarissen, de afzonderlijke commissies en de individuele commissarissen heeft plaatsgevonden;
ii. op welke wijze de evaluatie van het bestuur en de individuele bestuurders heeft plaatsgevonden; en
iii. wat is of wordt gedaan met de conclusies van de evaluaties.

Principe 2.3
Inrichting raad van commissarissen en verslag

RvC, inrichting
De raad van commissarissen draagt zorg dat hij effectief functioneert. De raad van commissarissen stelt commissies in om de besluitvorming van de raad voor te bereiden. Het voorgaande doet geen afbreuk aan de verantwoordelijkheid van de raad van commissarissen als orgaan en van de individuele leden van de raad van commissarissen voor het inwinnen van informatie en het vormen van een onafhankelijk oordeel.

2.3.1
Reglement raad van commissarissen

RvC, reglement
De taakverdeling binnen de raad van commissarissen, alsmede de werkwijze van de raad worden neergelegd in een reglement. De raad van commissarissen neemt in het reglement een passage op over zijn omgang met het bestuur, de algemene vergadering, indien aanwezig, het medezeggenschapsorgaan en, indien ingesteld, het *executive committee*. Het reglement wordt op de website van de vennootschap geplaatst.

2.3.2
Instellen commissies

Commissies RvC, instellen
Indien de raad van commissarissen uit meer dan vier leden bestaat, stelt hij uit zijn midden een auditcommissie, een remuneratiecommissie en een selectie- en benoemingscommissie in. Onverlet de collegiale verantwoordelijkheid van de raad, is het de taak van deze commissies om de besluitvorming van de raad van commissarissen voor te bereiden. Indien de raad van commissarissen besluit om geen audit-, remuneratie- of een selectie- en benoemingscommissie in te stellen, dan gelden de best practice bepalingen die betrekking hebben op deze commissie(s) voor de gehele raad van commissarissen.

2.3.3
Reglementen commissies

Commissies RvC, reglementen
De raad van commissarissen stelt voor de audit-, remuneratie en selectie- en benoemingscommissie een reglement op. Het reglement geeft aan wat de rol en verantwoordelijkheid van de desbetreffende commissie zijn, haar samenstelling is en op welke wijze zij haar taak uitoefent. De reglementen worden op de website van de vennootschap geplaatst.

2.3.4
Samenstelling commissies

Commissies RvC, samenstelling
Het voorzitterschap van de audit- of remuneratiecommissie wordt niet vervuld door de voorzitter van de raad van commissarissen, noch door een voormalig bestuurder van de vennootschap. Meer dan de helft van de leden van de commissies is onafhankelijk in de zin van best practice bepaling 2.1.8.

2.3.5
Verslag commissies

De raad van commissarissen ontvangt van elk van de commissies een verslag van de beraadslagingen en bevindingen. In het verslag van de raad van commissarissen doet de raad verslag van de uitvoering van de taakopdracht van de commissies in het boekjaar. Daarin wordt vermeld de samenstelling van de commissies, het aantal vergaderingen van de commissies en de belangrijkste onderwerpen die in de vergaderingen aan de orde zijn gekomen.

Commissies RvC, verslag

2.3.6
Voorzitter raad van commissarissen

De voorzitter van de raad van commissarissen ziet er in ieder geval op toe dat:
i. de contacten van de raad van commissarissen met het bestuur, indien aanwezig, het medezeggenschapsorgaan en de algemene vergadering naar behoren verlopen;
ii. de raad van commissarissen een vicevoorzitter kiest;
iii. voldoende tijd bestaat voor de beraadslaging en besluitvorming door de raad van commissarissen;
iv. commissarissen tijdig alle informatie ontvangen die nodig is voor de goede uitoefening van hun taak;iv. commissarissen tijdig alle informatie ontvangen die nodig is voor de goede uitoefening van hun taak;
v. de raad en zijn commissies naar behoren functioneren;
vi. individuele bestuurders en commissarissen ten minste jaarlijks worden beoordeeld op hun functioneren;
vii. commissarissen en bestuurders hun introductieprogramma volgen;
viii. commissarissen en bestuurders hun opleidings- of trainingsprogramma volgen;
ix. het bestuur de activiteiten ten aanzien van cultuur uitvoert;
x. de raad van commissarissen signalen uit de met de vennootschap verbonden onderneming opvangt en zorgt dat (vermoedens van) materiële misstanden en onregelmatigheden onverwijld aan de raad van commissarissen worden gerapporteerd;
xi. de algemene vergadering ordelijk en efficiënt verloopt;
xii. effectieve communicatie met aandeelhouders plaats kan vinden; en
xiii. de raad van commissarissen tijdig en nauw betrokken wordt bij een fusie- of overnameproces.
De voorzitter van de raad van commissarissen heeft regelmatig overleg met de voorzitter van het bestuur.

RvC, voorzitter

2.3.7
Vicevoorzitter raad van commissarissen

De vicevoorzitter van de raad van commissarissen vervangt bij gelegenheid de voorzitter.

RvC, vicevoorzitter

2.3.8
Gedelegeerd commissaris

Een gedelegeerd commissaris is een commissaris met een bijzondere taak. De delegatie kan niet verder gaan dan de taken die de raad van commissarissen zelf heeft en omvat niet het besturen van de vennootschap. Zij strekt tot intensiever toezicht en advies en meer geregeld overleg met het bestuur. Het gedelegeerd commissariaat is slechts van tijdelijke aard. De delegatie kan niet de taak en bevoegdheid van de raad van commissarissen wegnemen. De gedelegeerd commissaris blijft lid van de raad van commissarissen en doet regelmatig verslag van de uitvoering van zijn bijzondere taak aan de voltallige raad.

Commissaris, gedelegeerd

2.3.9
Tijdelijke bestuursfunctie commissaris

De commissaris die tijdelijk voorziet in het bestuur bij belet en ontstentenis van bestuurders treedt uit de raad van commissarissen om de bestuurstaak op zich te nemen.

Commissaris, tijdelijke bestuursfunctie

2.3.10
Secretaris van de vennootschap

De raad van commissarissen wordt ondersteund door de secretaris van de vennootschap. De secretaris:

Secretaris van de vennootschap

19 Code Corporate Governance

　　　　　　　　　　i. ziet erop toe dat de juiste procedures worden gevolgd en dat wordt gehandeld in overeenstemming met de wettelijke en statutaire verplichtingen;
　　　　　　　　　　ii. faciliteert de informatievoorziening van het bestuur en de raad van commissarissen; en
　　　　　　　　　　iii. ondersteunt de voorzitter van de raad van commissarissen in de organisatie van de raad, waaronder de informatievoorziening, agendering van vergaderingen, evaluaties en opleidingsprogramma's.
　　　　　　　　　　De secretaris wordt, al dan niet op initiatief van de raad van commissarissen, benoemd en ontslagen door het bestuur, na verkregen goedkeuring door de raad van commissarissen.
　　　　　　　　　　Indien de secretaris ook werkzaamheden verricht voor het bestuur en signaleert dat de belangen van het bestuur en de raad van commissarissen uiteenlopen, waardoor onduidelijk is welke belangen de secretaris dient te behartigen, meldt hij dit bij de voorzitter van de raad van commissarissen.

　　　　　　　　　　　　　　　　　　　2.3.11
　　　　　　　　　　　　　　　　Verslag raad van commissarissen

RvC, verslag　　　　　　　　Een verslag van de raad van commissarissen maakt deel uit van de jaarstukken van de vennootschap. In dit verslag legt de raad van commissarissen verantwoording af over het uitgeoefende toezicht in het afgelopen boekjaar, waarbij in ieder geval verslag wordt gedaan over de onderwerpen, bedoeld in de best practice bepalingen 1.1.3, 2.1.2, 2.1.10, 2.2.8, 2.3.5 en 2.4.4, en indien van toepassing over de onderwerpen, bedoeld in best practice bepalingen 1.3.6 en 2.2.2.

　　　　　　　　　　　　　　　　　　Principe 2.4
　　　　　　　　　　　　　　Besluitvorming en functioneren

Besluitvorming en functioneren, taak Rvc en bestuur t.a.v.　　Het bestuur en de raad van commissarissen dragen zorg voor een evenwichtige en effectieve besluitvorming waarbij rekening wordt gehouden met de belangen van stakeholders. Door het bestuur wordt een goede en tijdige informatievoorziening opgezet. Het bestuur en de raad van commissarissen houden hun kennis en vaardigheden op peil en besteden voldoende tijd aan hun taken en verantwoordelijkheden. Zij zorgen ervoor dat zij bij de uitoefening van hun taken over informatie beschikken die nodig is voor een goede besluitvorming.

　　　　　　　　　　　　　　　　　　　2.4.1
　　　　　　　　　　　Stimuleren openheid & aanspreekbaarheid

Stimuleren door bestuur en RvC van openheid en aanspreekbaarheid　　Het bestuur en de raad van commissarissen zijn elk verantwoordelijk voor het stimuleren van openheid en aanspreekbaarheid binnen het orgaan waar zij deel van uitmaken en de organen onderling.

　　　　　　　　　　　　　　　　　　　2.4.2
　　　　　　　　　　　　　　　　　Nevenfuncties

Nevenfuncties van bestuurders en commissarissen　　Bestuurders en commissarissen melden nevenfuncties vooraf aan de raad van commissarissen en minimaal jaarlijks worden de nevenfuncties in de vergadering van de raad van commissarissen besproken. De aanvaarding van een commissariaat door een bestuurder behoeft de goedkeuring van de raad van commissarissen.

　　　　　　　　　　　　　　　　　　　2.4.3
　　　　　　　　　　Aanspreekpunt voor functioneren van commissarissen en bestuurders

Functioneren van bestuurders en commissarissen, aanspreekpunt voor　　De voorzitter van de raad van commissarissen is namens de raad het voornaamste aanspreekpunt voor het bestuur, commissarissen en voor aandeelhouders over het functioneren van bestuurders en commissarissen. De vicevoorzitter fungeert als aanspreekpunt voor individuele commissarissen en bestuurders over het functioneren van de voorzitter.

　　　　　　　　　　　　　　　　　　　2.4.4
　　　　　　　　　　Aanwezigheid bij vergaderingen raad van commissarissen

RvC, afwezigheid bij vergaderingen　　Commissarissen worden geacht aanwezig te zijn bij vergaderingen van de raad van commissarissen en bij vergaderingen van commissies waarvan zij deel uitmaken. Indien commissarissen frequent afwezig zijn bij deze vergaderingen, worden zij daarop aangesproken. Het verslag van de raad van commissarissen vermeldt het aanwezigheidspercentage van elke commissaris bij de vergaderingen van de raad van commissarissen en van de commissies.

2.4.5
Introductieprogramma commissarissen

Alle commissarissen volgen een op de functie toegesneden introductieprogramma. Het introductieprogramma besteedt in ieder geval aandacht aan algemene financiële, sociale en juridische zaken, de financiële verslaggeving door de vennootschap, de specifieke aspecten die eigen zijn aan de desbetreffende vennootschap en haar ondernemingsactiviteiten, de cultuur en - indien aanwezig - de relatie met het medezeggenschapsorgaan en de verantwoordelijkheden van een commissaris.

Introductieprogramma commissarissen

2.4.6
Ontwikkeling

Het bestuur en de raad van commissarissen beoordelen ieder jaarlijks voor hun eigen orgaan op welke onderdelen commissarissen en bestuurders gedurende hun benoemingsperiode behoefte hebben aan training of opleiding.

Bestuur en RvC, training en opleiding van

2.4.7
Waarborgen informatievoorziening

Het bestuur draagt zorg voor het instellen en handhaven van interne procedures die ervoor zorgen dat alle relevante informatie tijdig bij het bestuur en bij de raad van commissarissen bekend is. De raad van commissarissen houdt toezicht op de instelling en uitvoering van deze procedures.

Informatievoorziening, waarborgen m.b.t.

2.4.8
Verantwoordelijkheid commissarissen voor inwinnen informatie

De raad van commissarissen en iedere commissaris afzonderlijk heeft een eigen verantwoordelijkheid om van het bestuur, de interne audit functie, de externe accountant en – indien aanwezig – het medezeggenschapsorgaan de informatie in te winnen die de raad van commissarissen nodig heeft om zijn taak als toezichthoudend orgaan goed te kunnen uitoefenen.

Informatie inwinnen, verantwoordelijkheid commissarissen m.b.t.

2.4.9
Inwinnen informatie bij functionarissen en externen

Indien de raad van commissarissen dit geboden acht, kan hij informatie inwinnen van functionarissen en externe adviseurs van de vennootschap. De vennootschap stelt hiertoe de benodigde middelen ter beschikking. De raad van commissarissen kan verlangen dat bepaalde functionarissen en externe adviseurs bij zijn vergaderingen aanwezig zijn.

Informatie inwinnen bij functionarissen en externen

Principe 2.5
Cultuur

Het bestuur is verantwoordelijk voor het vormgeven van een cultuur die is gericht op lange termijn waardecreatie van de vennootschap en de met haar verbonden onderneming. De raad van commissarissen houdt toezicht op de activiteiten van het bestuur ter zake.

Cultuur, rol bestuur en RvC bij vormgeven

2.5.1
Verantwoordelijkheid bestuur voor cultuur

Het bestuur stelt voor de vennootschap en de met haar verbonden onderneming waarden vast die bijdragen aan een cultuur gericht op lange termijn waardecreatie en bespreekt deze met de raad van commissarissen. Het bestuur is verantwoordelijk voor de inbedding en het onderhouden van de waarden in de vennootschap en de met haar verbonden onderneming. Daarbij wordt onder meer aandacht besteed aan:
i. de strategie en het bedrijfsmodel;
ii. de omgeving waarin de onderneming opereert; en
iii. de bestaande cultuur binnen de onderneming en of het gewenst is daar wijzigingen in aan te brengen.
Het bestuur stimuleert gedrag dat aansluit bij de waarden en draagt deze waarden uit door het tonen van voorbeeldgedrag.

Cultuur, verantwoordelijkheid bestuur voor

19 Code Corporate Governance

2.5.2
Gedragscode

Gedragscode

Het bestuur stelt een gedragscode op en ziet toe op de werking en de naleving ervan door zichzelf en de werknemers van de vennootschap. Het bestuur informeert de raad van commissarissen over de bevindingen en observaties ten aanzien van de werking en de naleving. De gedragscode wordt op de website van de vennootschap geplaatst.

2.5.3
Medezeggenschap

Cultuur, rol medezeggenschapsorgaan m.b.t.

Indien de vennootschap een medezeggenschapsorgaan heeft ingesteld, wordt in het overleg tussen het bestuur, de raad van commissarissen en het medezeggenschapsorgaan ook gesproken over gedrag en cultuur in de vennootschap en de met haar verbonden onderneming.

2.5.4
Verantwoording over cultuur

Cultuur, verantwoording door bestuur over

In het bestuursverslag geeft het bestuur een toelichting op:
i. de waarden en de wijze waarop deze worden ingebed in de vennootschap en de met haar verbonden onderneming; en
ii. de werking en naleving van de gedragscode.

Principe 2.6
Misstanden en onregelmatigheden

Misstanden en onregelmatigheden

Het bestuur en de raad van commissarissen zijn alert op signalen van (vermoedens van) misstanden en onregelmatigheden. Het bestuur stelt een procedure in zodat meldingen van (vermoedens van) misstanden en onregelmatigheden kunnen worden gedaan en geeft adequate opvolging aan deze meldingen. De raad van commissarissen houdt toezicht op het bestuur ter zake.

2.6.1
Regeling voor melden van (vermoedens van) misstanden en onregelmatigheden

Misstanden en onregelmatigheden, regeling voor melden

Het bestuur stelt een regeling op voor het melden van (vermoedens van) misstanden en onregelmatigheden binnen de vennootschap en de met haar verbonden onderneming. De regeling wordt op de website van de vennootschap geplaatst. Het bestuur draagt zorg dat werknemers zonder gevaar voor hun rechtspositie de mogelijkheid hebben een melding te doen.

2.6.2
Informeren voorzitter raad van commissarissen

Misstanden en onregelmatigheden, informeren RvC over

De voorzitter van de raad van commissarissen wordt door het bestuur onverwijld geïnformeerd over signalen van (vermoedens van) materiële misstanden en onregelmatigheden binnen de vennootschap en de met haar verbonden onderneming.
Wanneer (het vermoeden van) een misstand of onregelmatigheid het functioneren van een bestuurder betreft, kan een werknemer dit rechtstreeks aan de voorzitter van de raad van commissarissen melden.

2.6.3
Melding externe accountant

Misstanden en onregelmatigheden, melding door externe accountant over

De externe accountant informeert de voorzitter van de auditcommissie onverwijld wanneer hij bij de uitvoering van zijn opdracht een misstand of onregelmatigheid constateert of vermoedt. Wanneer (het vermoeden van) een misstand of onregelmatigheid het functioneren van een bestuurder betreft, meldt de externe accountant dit aan voorzitter van de raad van commissarissen.

2.6.4
Toezicht door raad van commissarissen

Misstanden en onregelmatigheden, toezicht RvC op meldingsprocedure van

De raad van commissarissen houdt toezicht op de werking van de meldingsprocedure van (vermoedens van) misstanden en onregelmatigheden, op passend en onafhankelijk onderzoek

19 Code Corporate Governance

naar signalen van misstanden en onregelmatigheden en, indien een misstand of onregelmatigheid is geconstateerd, een adequate opvolging van eventuele aanbevelingen tot herstelacties.
Om de onafhankelijkheid van onderzoek te borgen heeft de raad van commissarissen in gevallen waarin het bestuur zelf betrokken is, de mogelijkheid om zelf een onderzoek te initiëren naar signalen van misstanden en onregelmatigheden en dit onderzoek aan te sturen.

Principe 2.7
Voorkomen belangenverstrengeling

Elke vorm van belangenverstrengeling tussen de vennootschap en haar bestuurders of commissarissen wordt vermeden. Om te vermijden dat belangenverstrengeling plaats vindt, worden adequate maatregelen getroffen. De raad van commissarissen is verantwoordelijk voor de besluitvorming over de omgang met belangenverstrengeling bij bestuurders, commissarissen en grootaandeelhouders in relatie tot de vennootschap. | Belangenverstrengeling, voorkomen van

2.7.1
Voorkomen belangenverstrengeling

Bestuurders en commissarissen zijn alert op belangenverstrengeling en zullen in ieder geval: | Belangenverstrengeling, rol bestuurders en commissarissen bij voorkomen van
i. niet in concurrentie met de vennootschap treden;
ii. geen (substantiële) schenkingen van de vennootschap voor zichzelf, voor hun echtgenoot, geregistreerde partner of een andere levensgezel, pleegkind of bloed- of aanverwant tot in de tweede graad vorderen of aannemen;
iii. ten laste van de vennootschap geen ongerechtvaardigde voordelen verschaffen aan derden;
iv. geen zakelijke kansen die aan de vennootschap toekomen benutten voor zichzelf of voor hun echtgenoot, geregistreerde partner of een andere levensgezel, pleegkind of bloed- of aanverwant tot in de tweede graad.

2.7.2
Reglement

Het reglement van de raad van commissarissen bevat regels voor de wijze waarop omgegaan dient te worden met belangenverstrengeling, waaronder tegenstrijdig belang, van bestuurders en commissarissen in relatie tot de vennootschap. Het reglement beschrijft voor welke transacties goedkeuring van de raad van commissarissen is vereist. Tevens stelt de vennootschap regels op voor het bezit van en transacties in effecten door bestuurders en commissarissen anders dan die uitgegeven door de vennootschap. | Belangenverstrengeling, regels in Reglement m.b.t.

2.7.3
Melding

Een tegenstrijdig belang kan bestaan wanneer de vennootschap voornemens is een transactie aan te gaan met een rechtspersoon: | Belangenverstrengeling, melding van
i. waarin een bestuurder of commissaris persoonlijk een materieel financieel belang houdt; of
ii. waarvan een bestuurder of commissaris een familierechtelijke verhouding heeft met een bestuurder of commissaris van de vennootschap.
Een bestuurder meldt een potentieel tegenstrijdig belang bij een transactie die van materiële betekenis is voor de vennootschap en/of voor de desbetreffende bestuurder onverwijld aan de voorzitter van de raad van commissarissen en aan de overige leden van het bestuur. De bestuurder verschaft daarover alle relevante informatie, inclusief de voor de situatie relevante informatie inzake zijn echtgenoot, geregistreerde partner of een andere levensgezel, pleegkind en bloed- en aanverwanten tot in de tweede graad.
Een commissaris meldt een potentieel tegenstrijdig belang bij een transactie die van materiële betekenis is voor de vennootschap en/of voor de desbetreffende commissaris onverwijld aan de voorzitter van de raad van commissarissen en verschaft daarover alle relevante informatie, inclusief de voor de situatie relevante informatie inzake zijn echtgenoot, geregistreerde partner of een andere levensgezel, pleegkind en bloed- en aanverwanten tot in de tweede graad. Indien de voorzitter van de raad van commissarissen een potentieel tegenstrijdig belang heeft, meldt hij dit onverwijld aan de vicevoorzitter van de raad van commissarissen.
De raad van commissarissen besluit buiten aanwezigheid van de betrokken bestuurder of commissaris of sprake is van een tegenstrijdig belang.

19 Code Corporate Governance

2.7.4
Verantwoording transacties bestuurders en commissarissen

Transacties bestuurders en commissarissen, verantwoording

Alle transacties waarbij tegenstrijdige belangen van bestuurders of commissarissen spelen, worden tegen op de markt gebruikelijke condities overeengekomen. Besluiten tot het aangaan van transacties waarbij tegenstrijdige belangen van bestuurders of commissarissen spelen die van materiële betekenis zijn voor de vennootschap en/of voor de desbetreffende bestuurders of commissarissen behoeven goedkeuring van de raad van commissarissen. Dergelijke transacties worden gepubliceerd in het bestuursverslag, met vermelding van het tegenstrijdig belang en de verklaring dat best practice bepalingen 2.7.3 en 2.7.4 zijn nageleefd.

2.7.5
Verantwoording transacties grootaandeelhouder

Transacties grootaandeelhouders, verantwoording

Alle transacties tussen de vennootschap en natuurlijke of rechtspersonen die ten minste tien procent van de aandelen in de vennootschap houden, worden tegen op de markt gebruikelijke condities overeengekomen. Besluiten tot het aangaan van transacties met deze personen die van materiële betekenis zijn voor de vennootschap en/of voor deze personen behoeven goedkeuring van de raad van commissarissen. Dergelijke transacties worden gepubliceerd in het bestuursverslag, met de verklaring dat best practice bepaling 2.7.5 is nageleefd.

2.7.6
Persoonlijke leningen

Persoonlijke leningen aan bestuurders en commissarissen

De vennootschap verstrekt aan haar bestuurders en commissarissen geen persoonlijke leningen, garanties en dergelijke, tenzij in de normale uitoefening van het bedrijf en tegen de daarvoor voor het gehele personeel geldende voorwaarden en na goedkeuring van de raad van commissarissen. Leningen worden niet kwijtgescholden.

Principe 2.8
Overnamesituaties

Overnamesituaties

Bij een overnamebod op de (certificaten van) aandelen in de vennootschap, bij een onderhands bod op een bedrijfsonderdeel of een deelneming waarvan de waarde de in artikel 2:107a, lid 1, onderdeel c, BW bedoelde grens overschrijdt, en/of bij andere ingrijpende wijzigingen in de structuur van de vennootschap, zorgen zowel het bestuur als de raad van commissarissen voor een zorgvuldige weging van de betrokken belangen van de stakeholders en het voorkomen van belangenverstrengeling voor commissarissen of bestuurders. Het bestuur en de raad van commissarissen laten zich bij hun handelen leiden door het belang van de vennootschap en de daarmee verbonden onderneming.

2.8.1
Betrekken raad van commissarissen

Overnamebod, betrokkenheid RvC bij

Wanneer een overnamebod op de (certificaten van) aandelen in de vennootschap wordt voorbereid, bij een onderhands bod op een bedrijfsonderdeel of een deelneming waarvan de waarde de in artikel 2:107a, lid 1, onderdeel c, BW bedoelde grens overschrijdt, en/of bij een andere ingrijpende wijziging in de structuur van de vennootschap, draagt het bestuur zorg dat de raad van commissarissen tijdig en nauw wordt betrokken bij het overnameproces en/of de wijziging van de structuur.

2.8.2
Informeren raad van commissarissen over verzoek tot inzage door concurrerende bieder

Overnamebod, informeren RvC over verzoek tot inzage bij

Indien op de (certificaten van) aandelen in de vennootschap een overnamebod is aangekondigd of uitgebracht en het bestuur een verzoek van een derde concurrerende bieder ontvangt om inzage te verschaffen in de gegevens van de vennootschap, dan bespreekt het bestuur dit verzoek onverwijld met de raad van commissarissen.

2.8.3
Standpunt bestuur ten aanzien van onderhands bod

Onderhands bod, standpunt bestuur t.a.v.

Indien een onderhands bod op een bedrijfsonderdeel of een deelneming waarvan de waarde de in artikel 2:107a, lid 1, onderdeel c, BW bedoelde grens overschrijdt in de openbaarheid is gebracht, deelt het bestuur van de vennootschap zo spoedig mogelijk zijn standpunt over het bod, alsmede de motivering van dit standpunt, openbaar mede.

Hoofdstuk 3
Beloningen

Principe 3.1
Beloningsbeleid bestuur

Het beloningsbeleid voor bestuurders is duidelijk en begrijpelijk, is gericht op lange termijn waardecreatie van de vennootschap en de met haar verbonden onderneming en houdt rekening met de interne beloningsverhoudingen binnen de onderneming. Het beloningsbeleid zet bestuurders niet aan tot gedrag in hun eigen belang noch tot het nemen van risico's die niet passen binnen de geformuleerde strategie en de vastgestelde risicobereidheid. De raad van commissarissen is verantwoordelijk voor het formuleren van het beloningsbeleid en de implementatie daarvan.

Beloningsbeleid bestuur

3.1.1
Voorstel beloningsbeleid

De remuneratiecommissie doet een duidelijk en begrijpelijk voorstel aan de raad van commissarissen betreffende het te voeren beloningsbeleid voor het bestuur. De raad van commissarissen legt het beleid ter vaststelling voor aan de algemene vergadering.

Beloningsbeleid, voorstel

3.1.2
Beloningsbeleid

Bij het formuleren van het beloningsbeleid worden in ieder geval de volgende aspecten in overweging genomen:
i. de doelstellingen voor de strategie ter uitvoering van lange termijn waardecreatie, zoals bedoeld in best practice bepaling 1.1.1;
ii. vooraf uitgevoerde scenarioanalyses;
iii. de beloningsverhoudingen binnen de vennootschap en de met haar verbonden onderneming;
iv. de ontwikkeling van de beurskoers van de aandelen;
v. een passende verhouding van het variabele deel van de beloning ten opzichte van het vaste deel. Het variabele deel van de beloning is gekoppeld aan vooraf vastgestelde en meetbare prestatiecriteria, die overwegend een lange termijn karakter hebben;
vi. indien aandelen worden toegekend, de voorwaarden waaronder dit gebeurt. Aandelen worden ten minste voor een periode van vijf jaar na toekenning aangehouden; en
vii. indien opties worden toegekend, de voorwaarden waaronder dit gebeurt en de voorwaarden waaronder de opties vervolgens kunnen worden uitgeoefend. Opties worden in ieder geval de eerste drie jaar na toekenning niet uitgeoefend.

Beloningsbeleid, overwegingen bij

3.1.3
Beloning executive committee

Indien het bestuur werkt met een *executive committee*, informeert het bestuur de raad van commissarissen over de beloning van de leden van het *executive committee*, niet zijnde statutair bestuurders. Het bestuur bespreekt deze beloning jaarlijks met de raad van commissarissen.

Beloning executive comitee

Principe 3.2
Vaststelling beloningen bestuur

De raad van commissarissen stelt de beloning van de individuele bestuurders vast, binnen de grenzen van het door de algemene vergadering vastgestelde beloningsbeleid. De remuneratiecommissie bereidt de besluitvorming van de raad van commissarissen voor over de vaststelling van beloningen. Een ontoereikende vervulling van taken wordt niet beloond.

Beloningen bestuur, vaststelling

3.2.1
Voorstel remuneratiecommissie

De remuneratiecommissie doet een voorstel aan de raad van commissarissen inzake de beloningen van individuele bestuurders. Het voorstel wordt in overeenstemming met het beloningsbeleid opgesteld en gaat in ieder geval in op de beloningsstructuur, de hoogte van de vaste en variabele beloningscomponenten, de gehanteerde prestatiecriteria, de uitgevoerde scenarioana-

Beloningen bestuur, voorstel renumeratiecommissie inzake

19 Code Corporate Governance

lyses en de beloningsverhoudingen binnen de vennootschap en de met haar verbonden onderneming.

3.2.2
Visie bestuurders eigen beloning

Beloning, visie bestuurder m.b.t. eigen

Bij het formuleren van het voorstel voor de beloningen van bestuurders neemt de remuneratiecommissie kennis van de visie van de individuele bestuurders met betrekking tot de hoogte en structuur van hun eigen beloning. De remuneratiecommissie vraagt de bestuurders hierbij aandacht te besteden aan de aspecten, bedoeld in best practice bepaling 3.1.2.

3.2.3
Ontslagvergoeding

Ontslagvergoeding

De vergoeding bij ontslag bedraagt maximaal eenmaal het jaarsalaris (het "vaste" deel van de beloning). Een ontslagvergoeding wordt niet uitgekeerd wanneer de overeenkomst voortijdig wordt beëindigd op initiatief van de bestuurder of wanneer de bestuurder ernstig verwijtbaar dan wel nalatig heeft gehandeld.

Principe 3.3
Beloning raad van commissarissen

Beloning RvC

De raad van commissarissen doet aan de algemene vergadering een duidelijk en begrijpelijk voorstel voor een passende eigen beloning. De beloning voor commissarissen stimuleert een adequate uitoefening van de functie en is niet afhankelijk van de resultaten van de vennootschap.

3.3.1
Tijdsbesteding en verantwoordelijkheid

Beloning RvC reflecteert tijdsbesteding en verantwoordelijkheid

De beloning van de commissarissen reflecteert de tijdsbesteding en de verantwoordelijkheden van de functie.

3.3.2
Beloning commissarissen

Beloning commissarissen

Aan een commissaris worden bij wijze van beloning geen aandelen en/of rechten op aandelen toegekend.

3.3.3
Aandelenbezit

Aandelenbezit commissarissen

Het aandelenbezit van een commissaris in de vennootschap waarvan hij commissaris is, is ter belegging op de lange termijn.

Principe 3.4
Verantwoording uitvoering beloningsbeleid

Beloningsbeleid, verantwoording over uitvoering

In het remuneratierapport legt de raad van commissarissen op een inzichtelijke wijze verantwoording af over de uitvoering van het beloningsbeleid. Het rapport wordt geplaatst op de website van de vennootschap.

3.4.1
Remuneratierapport

Beloningsbeleid, renumeratierapport over

De remuneratiecommissie bereidt het remuneratierapport voor. In dit rapport wordt, naast hetgeen de wet vereist, op inzichtelijke wijze in ieder geval verslag gedaan:
 i. van de wijze waarop het beloningsbeleid in het afgelopen boekjaar in praktijk is gebracht;
 ii. van de wijze waarop de uitvoering van het beloningsbeleid bijdraagt aan lange termijn waardecreatie;
 iii. dat scenarioanalyses in overweging zijn genomen;
 iv. van de beloningsverhoudingen binnen de vennootschap en de met haar verbonden onderneming en indien van toepassing de wijzigingen in deze verhoudingen ten opzichte van voorgaande boekjaar;
 v. indien een bestuurder een variabele beloning ontvangt, de wijze waarop deze beloning bijdraagt aan lange termijn waardecreatie, de vooraf vastgestelde en meetbare prestatiecriteria

waarvan de variabele beloning afhankelijk is gesteld en de relatie tussen de beloning en de prestatie; en
vi. indien een (voormalig) bestuurder een ontslagvergoeding ontvangt, de reden voor deze vergoeding.

3.4.2
Overeenkomst bestuurder

De belangrijkste elementen van de overeenkomst van een bestuurder met de vennootschap worden na het sluiten daarvan op de website van de vennootschap geplaatst in een inzichtelijk overzicht, uiterlijk bij de oproeping voor de algemene vergadering waar de benoeming van de bestuurder wordt voorgesteld. | Beloning, plaatsing op website van overeenkomst met bestuurder over

Hoofdstuk 4
Algemene vergadering

Principe 4.1
De algemene vergadering

De algemene vergadering kan een zodanige invloed uitoefenen op het beleid van het bestuur en de raad van commissarissen van de vennootschap, dat zij een volwaardige rol speelt in het systeem van *checks and balances* binnen de vennootschap. Goede corporate governance veronderstelt een volwaardige deelname van aandeelhouders aan de besluitvorming in de algemene vergadering. | Algemene vergadering

4.1.1
Toezicht raad van commissarissen

Het toezicht van de raad van commissarissen op het bestuur omvat mede het toezicht op de verhouding met aandeelhouders. | Aandeelhouders, toezicht RvC op verhouding met

4.1.2
Vergaderorde

De voorzitter van de algemene vergadering is verantwoordelijk voor een goede vergaderorde teneinde een zinvolle discussie in de vergadering te faciliteren. | Algemene vergadering, rol voorzitter m.b.t. vergaderorde tijdens

4.1.3
Agenda

Op de agenda van de algemene vergadering wordt vermeld, welke punten ter bespreking en welke punten ter stemming zijn. De volgende onderwerpen worden als aparte agendapunten behandeld: | Algemene vergadering, agenda
i. materiële wijzigingen in de statuten;
ii. voorstellen omtrent de benoeming van bestuurders en commissarissen;
iii. het reservering- en dividendbeleid van de vennootschap (de hoogte en bestemming van reservering, de hoogte van het dividend en de dividendvorm);
iv. het voorstel tot uitkering van dividend;
v. de goedkeuring van het door het bestuur gevoerde beleid (décharge van bestuurders);
vi. de goedkeuring van het door de raad van commissarissen uitgeoefende toezicht (décharge van commissarissen);
vii. elke substantiële verandering in de corporate governance structuur van de vennootschap en in de naleving van deze Code; en
viii. de benoeming van de externe accountant.

4.1.4
Voorstel tot goedkeuring of machtiging

Een voorstel tot goedkeuring of machtiging door de algemene vergadering wordt schriftelijk toegelicht. Het bestuur gaat in de toelichting in op alle feiten en omstandigheden die relevant zijn voor de te verlenen goedkeuring of machtiging. De toelichting bij de agenda wordt op de website van de vennootschap geplaatst. | Bijeenkomsten en presentaties

4.1.5
Toelichting aandeelhouder bij uitoefening agenderingsrecht

Indien een aandeelhouder een onderwerp op de agenda heeft laten plaatsen, licht hij dit ter vergadering toe en beantwoordt hij zo nodig vragen hierover.

4.1.6
Agendering door aandeelhouder

Een aandeelhouder oefent het agenderingsrecht slechts uit nadat hij daaromtrent in overleg is getreden met het bestuur. Wanneer één of meer aandeelhouders het voornemen hebben de agendering te verzoeken van een onderwerp dat kan leiden tot wijziging van de strategie van de vennootschap, bijvoorbeeld door het ontslag van één of meer bestuurders of commissarissen, wordt het bestuur in de gelegenheid gesteld een redelijke termijn in te roepen om hierop te reageren (de responstijd). De mogelijkheid van het inroepen van de responstijd geldt ook voor een voornemen als hiervoor bedoeld dat strekt tot rechterlijke machtiging voor het bijeenroepen van een algemene vergadering op grond van artikel 2:110 BW. De desbetreffende aandeelhouder respecteert de door het bestuur ingeroepen responstijd, bedoeld in best practice bepaling 4.1.7.

4.1.7
Inroepen responstijd

Indien het bestuur een responstijd inroept, is dit een redelijke periode die niet langer duurt dan 180 dagen, gerekend vanaf het moment waarop het bestuur door één of meer aandeelhouders op de hoogte wordt gesteld van het voornemen tot agendering tot aan de dag van de algemene vergadering waarop het onderwerp zou moeten worden behandeld. Het bestuur gebruikt de responstijd voor nader beraad en constructief overleg, in ieder geval met de desbetreffende aandeelhouder(s), en verkent de alternatieven. Aan het einde van de responstijd doet het bestuur verslag van dit overleg en de verkenning aan de algemene vergadering. De raad van commissarissen ziet hierop toe.
De responstijd wordt per algemene vergadering slechts eenmaal ingeroepen, geldt niet ten aanzien van een aangelegenheid waarvoor reeds eerder een responstijd is ingeroepen en geldt evenmin wanneer een aandeelhouder als gevolg van een geslaagd openbaar bod over ten minste driekwart van het geplaatst kapitaal beschikt.

4.1.8
Aanwezigheid voorgedragen bestuurders en commissarissen

Bestuurders en commissarissen die worden voorgedragen voor benoeming zijn aanwezig tijdens de algemene vergadering waar over hun voordracht wordt gestemd.

4.1.9
Aanwezigheid externe accountant

De externe accountant kan over zijn verklaring omtrent de getrouwheid van de jaarrekening worden bevraagd door de algemene vergadering. De externe accountant woont daartoe deze vergadering bij en is bevoegd daarin het woord te voeren.

4.1.10
Verslag algemene vergadering

Het verslag van de algemene vergadering wordt uiterlijk drie maanden na afloop van de vergadering op verzoek ter beschikking gesteld aan de aandeelhouders, waarna aandeelhouders gedurende de daaropvolgende drie maanden de gelegenheid hebben op het verslag te reageren. Het verslag wordt vervolgens vastgesteld op de wijze die in de statuten is bepaald.

Principe 4.2
Informatieverschaffing en voorlichting

Het bestuur en de raad van commissarissen dragen zorg voor een adequate informatieverschaffing en voorlichting aan de algemene vergadering.

4.2.1
Motivering beroep zwaarwichtig belang

Indien het bestuur en de raad van commissarissen met een beroep op een zwaarwichtig belang der vennootschap de algemene vergadering niet alle verlangde informatie verstrekken, wordt dit beroep gemotiveerd toegelicht.

4.2.2
Beleid bilaterale contacten met aandeelhouders

De vennootschap formuleert een beleid op hoofdlijnen inzake bilaterale contacten met aandeelhouders en plaatst dit beleid op haar website.

4.2.3
Bijeenkomsten en presentaties

Analistenbijeenkomsten, analistenpresentaties, presentaties aan (institutionele) beleggers en persconferenties worden vooraf via de website van de vennootschap en persberichten aangekondigd. Analistenbijeenkomsten en presentaties aan beleggers vinden niet plaats kort voor de publicatie van de reguliere financiële informatie. Alle aandeelhouders kunnen deze bijeenkomsten en presentaties gelijktijdig volgen door middel van webcasting, telefoon, of anderszins. De presentaties worden na afloop van de bijeenkomsten op de website van de vennootschap geplaatst.

Bijeenkomsten en presentaties

4.2.4
Plaatsing informatie op afzonderlijk gedeelte website

De vennootschap plaatst en actualiseert de voor aandeelhouders relevante informatie die zij krachtens het op haar van toepassing zijnde vennootschapsrecht en effectenrecht dient te publiceren of deponeren op een afzonderlijk gedeelte van de website van de vennootschap.

Informatie voor aandeelhouders plaatsen op afzonderlijk deel website

4.2.5
Contacten bestuur met pers en analisten

De contacten tussen het bestuur enerzijds en de pers en financieel analisten anderzijds worden zorgvuldig en met inachtneming van de toepasselijke wet- en regelgeving behandeld en gestructureerd. De vennootschap verricht geen handelingen die de onafhankelijkheid van analisten ten opzichte van de vennootschap en vice versa aantasten.

Pers en analisten, contacten van bestuur met

4.2.6
Overzicht beschermingsmaatregelen

Het bestuur geeft in het bestuursverslag een overzicht van alle uitstaande of potentieel inzetbare beschermingsmaatregelen tegen een overname van zeggenschap over de vennootschap en geeft daarbij aan onder welke omstandigheden en door wie deze beschermingsmaatregelen naar verwachting kunnen worden ingezet.

Beschermingsmaatregelen, overzicht van

Principe 4.3
Uitbrengen van stemmen

Deelname van zoveel mogelijk aandeelhouders aan de besluitvorming in de algemene vergadering is in het belang van de *checks and balances* van de vennootschap. De vennootschap stelt, voor zover het in haar mogelijkheid ligt, aandeelhouders in de gelegenheid op afstand te stemmen en met alle (andere) aandeelhouders te communiceren.

Stemmen tijdens algemene vergadering

4.3.1
Stemmen naar eigen inzicht

Een aandeelhouder stemt naar eigen inzicht. Van een aandeelhouder die gebruik maakt van stemadviezen van derden wordt verwacht dat hij zich een eigen oordeel vormt over het stembeleid of de door deze adviseur verstrekte stemadviezen.

Stemmen naar eigen inzicht

4.3.2
Verstrekken stemvolmachten of steminstructies

Stemvolmachten of steminstructies, verstrekken door aandeelhouder van

De vennootschap biedt aandeelhouders en andere stemgerechtigden de mogelijkheid om voorafgaand aan de algemene vergadering stemvolmachten respectievelijk steminstructies aan een onafhankelijke derde te verstrekken.

4.3.3
Ontnemen bindende karakter voordracht of ontslag

Benoeming of ontslag, ontnemen bindend karakter aan

De algemene vergadering van een niet-structuurvennootschap kan een besluit tot het ontnemen van het bindende karakter aan een voordracht tot benoeming van een bestuurder of commissaris en/of een besluit tot ontslag van een bestuurder of commissaris nemen bij volstrekte meerderheid van de uitgebrachte stemmen. Aan deze meerderheid kan de eis worden gesteld dat zij een bepaald gedeelte van het geplaatste kapitaal vertegenwoordigt, welk deel niet hoger dan een derde wordt gesteld. Indien dit gedeelte ter vergadering niet is vertegenwoordigd, maar een volstrekte meerderheid van de uitgebrachte stemmen het besluit tot het ontnemen van het bindende karakter aan de voordracht of tot het ontslag steunt, dan kan in een nieuwe vergadering die wordt bijeengeroepen het besluit bij volstrekte meerderheid van stemmen worden genomen, onafhankelijk van het op deze vergadering vertegenwoordigd gedeelte van het kapitaal.

4.3.4
Stemrecht financieringspreferente aandelen

Stemrecht op financieringspreferente aandelen

Het stemrecht op financieringspreferente aandelen wordt gebaseerd op de reële waarde van de kapitaalinbreng.

4.3.5
Publiceren stembeleid institutionele beleggers

Stembeleid van institutionele beleggers, publiceren van

Institutionele beleggers (pensioenfondsen, verzekeraars, beleggingsinstellingen, vermogensbeheerders) plaatsen jaarlijks in ieder geval op hun website hun beleid ten aanzien van het uitoefenen van het stemrecht op aandelen die zij houden in beursvennootschappen.

4.3.6
Verslag uitvoering stembeleid institutionele beleggers

Stembeleid van institutionele beleggers, verslag uitvoering van

Institutionele beleggers plaatsen jaarlijks op hun website en/of in hun bestuursverslag een verslag van de uitvoering van hun beleid voor het uitoefenen van het stemrecht in het desbetreffende boekjaar. Daarnaast brengen zij ten minste eenmaal per kwartaal op hun website verslag uit of en hoe zij als aandeelhouders hebben gestemd op algemene vergaderingen. Dit verslag wordt op de website van de insitutionele belegger geplaatst.

Principe 4.4
Certificering van aandelen

Certificering van aandelen

Certificering van aandelen kan een middel zijn om te voorkomen dat door absenteïsme ter algemene vergadering een (toevallige) meerderheid van aandeelhouders de besluitvorming naar haar hand zet. Certificering van aandelen wordt niet gebruikt als beschermingsmaatregel. Het bestuur van het administratiekantoor verleent aan certificaathouders die daarom vragen onder alle omstandigheden en onbeperkt stemvolmachten. De aldus gevolmachtigde certificaathouders kunnen het stemrecht naar eigen inzicht uitoefenen. Het bestuur van het administratiekantoor geniet het vertrouwen van de certificaathouders. Certificaathouders hebben de mogelijkheid om kandidaten voor het bestuur van het administratiekantoor aan te bevelen. De vennootschap verstrekt aan het administratiekantoor geen informatie die niet openbaar is gemaakt.

4.4.1
Bestuur administratiekantoor

Administratiekantoor, bestuur

Het bestuur van het administratiekantoor geniet het vertrouwen van certificaathouders en opereert onafhankelijk van de vennootschap die de certificaten heeft uitgegeven. De administratievoorwaarden bepalen in welke gevallen en onder welke voorwaarden certificaathouders het administratiekantoor kunnen verzoeken een vergadering van certificaathouders bijeen te roepen.

4.4.2
Benoeming bestuurders

De bestuurders van het administratiekantoor worden benoemd door het bestuur van het administratiekantoor, na aankondiging van de vacature op de website van het administratiekantoor. De vergadering van certificaathouders kan aan het bestuur van het administratiekantoor personen voor benoeming tot bestuurder aanbevelen. In het bestuur van het administratiekantoor nemen geen (voormalig) bestuurders, (voormalig) commissarissen, werknemers of vaste adviseurs van de vennootschap zitting.

Administratiekantoor, benoeming bestuurders van

4.4.3
Benoemingstermijn bestuur

Een bestuurder kan tweemaal voor een periode van vier jaar zitting hebben in het bestuur van het administratiekantoor en nadien tweemaal voor een periode van twee jaar. Herbenoeming na een periode van acht jaar wordt gemotiveerd in het verslag van het bestuur van het administratiekantoor.

Administratiekantoor, benoemingstermijn bestuurder van

4.4.4
Aanwezigheid op de algemene vergadering

Het bestuur van het administratiekantoor is aanwezig op de algemene vergadering en geeft daarin, desgewenst, een verklaring over zijn voorgenomen stemgedrag.

Administratiekantoor, aanwezigheid op algemene vergadering van bestuur

4.4.5
Uitoefening stemrecht

Bij de uitoefening van zijn stemrechten richt het administratiekantoor zich primair naar het belang van de certificaathouders en houdt het rekening met het belang van de vennootschap en de met haar verbonden onderneming.

Stemrecht, uitoefening door administratiekantoor van

4.4.6
Periodiek verslag

Het administratiekantoor doet periodiek, doch ten minste eenmaal per jaar, verslag van zijn activiteiten. Het verslag wordt op de website van de vennootschap geplaatst.

Administratiekantoor, periodiek verslag van

4.4.7
Inhoud verslag

In het onder best practice bepaling 4.4.6 bedoelde verslag wordt ten minste aandacht besteed aan:
i. het aantal gecertificeerde aandelen, alsmede een toelichting op wijzigingen daarin;
ii. de in het boekjaar verrichte werkzaamheden;
iii. het stemgedrag in de gedurende het boekjaar gehouden algemene vergaderingen;
iv. het door het administratiekantoor vertegenwoordigde percentage van de uitgebrachte stemmen tijdens de onder iii. bedoelde vergaderingen;
v. de beloning van de bestuursleden van het administratiekantoor;
vi. het aantal gehouden vergaderingen van het bestuur alsmede de belangrijkste onderwerpen die daarbij aan de orde zijn geweest;
vii. de kosten van de activiteiten van het administratiekantoor;
viii. de eventueel door het administratiekantoor ingewonnen externe adviezen;
ix. de (neven)functies van de bestuurders; en
x. de contactgegevens van het administratiekantoor.

Administratiekantoor, inhoud van verslag

4.4.8
Stemvolmachten

Het administratiekantoor verleent zonder enige beperkingen en onder alle omstandigheden stemvolmachten aan certificaathouders die daar om vragen. Iedere certificaathouder kan het administratiekantoor een bindende steminstructie geven voor de aandelen die het administratiekantoor voor hem houdt.

Stemvolmachten administratiekantoor

Hoofdstuk 5
One-tier bestuursstructuur

Principe 5.1
One-tier bestuursstructuur

One-tier bestuurs-structuur

De samenstelling en het functioneren van het bestuur waarvan zowel uitvoerende als niet uitvoerende bestuurders deel uitmaken moeten zodanig zijn dat het toezicht door niet uitvoerende bestuurders naar behoren kan worden uitgevoerd en onafhankelijk toezicht is gewaarborgd.

5.1.1
Samenstelling bestuur

One-tier bestuur, samenstelling

Het bestuur bestaat in meerderheid uit niet uitvoerende bestuurders. De onafhankelijkheidsvereisten in de zin van best practice bepalingen 2.1.7 en 2.1.8 zijn van toepassing op de niet uitvoerende bestuurders.

5.1.2
Voorzitter van het bestuur

One-tier bestuur, voorzitter

De voorzitter van het bestuur leidt de vergaderingen van het bestuur. Hij ziet er op toe dat het bestuur als collectief alsmede de commissies van het bestuur evenwichtig zijn samengesteld en naar behoren functioneren.

5.1.3
Onafhankelijkheid voorzitter van het bestuur

One-tier bestuur, onafhankelijkheid voorzitter

De voorzitter van het bestuur is geen uitvoerende bestuurder (geweest) van de vennootschap en is onafhankelijk in de zin van best practice bepaling 2.1.8.

5.1.4
Samenstelling commissies

One-tier bestuur, samenstelling commissie

Uitsluitend niet uitvoerende bestuurders maken deel uit van de commissies, bedoeld in best practice bepaling 2.3.2. Het voorzitterschap van de audit- of remuneratiecommissie wordt niet vervuld door de voorzitter van het bestuur, noch door een voormalig uitvoerende bestuurder van de vennootschap.

5.1.5
Verantwoording toezicht niet uitvoerende bestuurders

One-tier bestuur, verantwoording toezicht niet-uitvoerende bestuurders

De niet uitvoerende bestuurders leggen verantwoording af over het uitgeoefende toezicht in het afgelopen boekjaar, waarbij in ieder geval verslag wordt gedaan over de onderwerpen, bedoeld in de best practice bepalingen 1.1.3, 2.1.2, 2.1.10, 2.2.8, 2.3.5 en 2.4.4, en indien van toepassing van de onderwerpen, bedoeld in best practice bepalingen 1.3.6 en 2.2.2.

Inwerkingtreding

1. Deze Code treedt in werking vanaf het boekjaar beginnend op of na 1 januari 2017. De Commissie beveelt vennootschappen aan het hoofdstuk in het bestuursverslag over de hoofdlijnen van de corporate governance structuur en de naleving van deze Code als afzonderlijk agendapunt ter bespreking aan de algemene vergadering in 2018 voor te leggen.
2. Waar principes respectievelijk best practice bepalingen in deze Code ten opzichte van de Code die in 2008 is vastgesteld, wijzigingen verlangen in regelingen, reglementen, procedures of anderszins schriftelijke vastleggingen, wordt een vennootschap geacht onderhavige Code na te leven, indien deze wijzigingen uiterlijk op 31 december 2017 zijn geïmplementeerd.
3. De benoemingstermijn van commissarissen, zoals opgenomen in best practice bepaling 2.2.2, is gewijzigd ten opzichte van de Code die in 2008 is vastgesteld. Best practice bepaling 2.2.2 geldt niet:
i. voor commissarissen die op de datum van inwerkingtreding van onderhavige Code reeds zitting hebben voor een termijn langer dan acht jaar, zolang voldaan wordt aan best practice bepaling III.3.5 van de Code die in 2008 is vastgesteld; en
ii. voor commissarissen die tijdens een algemene vergadering in 2017 voor herbenoeming van een derde termijn van vier jaren zullen opgaan, zolang voldaan wordt aan best practice bepaling III.3.5 van de Code die in 2008 is vastgesteld.

19 Code Corporate Governance

Toelichting op enkele principes en best practice bepalingen

Preambule - Reikwijdte van de Code

Van de reikwijdte van de Code zijn uitgezonderd beleggingsinstellingen en instellingen voor collectieve belegging in effecten die in een groep onder centrale leiding staan en deze centrale leiding onder de reikwijdte van de Code valt.

1.1 Lange termijn waardecreatie

Van bestuurders en commissarissen wordt verwacht dat zij duurzaam handelen door zich bij de uitoefening van hun taken te richten op creatie van waarde op de lange termijn. Bij het bepalen van de strategie en het nemen van beslissingen staat de houdbaarheid daarvan op de lange termijn centraal en worden belangen van stakeholders zorgvuldig gewogen. Eveneens verlangt lange termijn waardecreatie bewustzijn van en anticiperen op ontwikkelingen in nieuwe technologieën en veranderingen in business modellen. Voldoende oog voor de bredere context waarin de met de vennootschap verbonden onderneming opereert, draagt bij aan het bestendig succes en sluit daarmee aan bij het belang van de vennootschap.
Er zijn situaties denkbaar waarin de focus op de lange termijn niet langer aan de orde is voor een vennootschap, bijvoorbeeld in geval van faillissement of bij een overname, en het bestaansrecht van de vennootschap eindigt is. De vennootschap leeft de Code dan na door uitleg te geven waarom lange termijn waardecreatie niet (langer) aan de orde is.

1.1.1 Strategie voor lange termijn waardecreatie

De in best practice bepaling 1.1.1, onderdeel vi, genoemde voorbeelden van relevante aspecten van ondernemen, sluiten aan bij de onderwerpen die zijn opgenomen in de Europese Richtlijn inzake bekendmaking niet-financiële informatie en diversiteit.[2] In aanvulling op de onderwerpen uit de richtlijn is in onderdeel vi opgenomen 'de keten waarbinnen de vennootschap opereert'. De OESO-richtlijnen voor Multinationale Ondernemingen bieden vennootschappen bij internationaal zakendoen handvatten voor invulling van de ketenverantwoordelijkheid.

1.1.2 Betrokkenheid raad van commissarissen

Onder 'formuleren van de strategie' wordt ook verstaan het aanbrengen van materiële wijzigingen in de strategie.

1.2 Risicobeheersing

Onder de in het kader van Principe 1.2 te identificeren en te beheersen risico's vallen zowel interne als externe risico's, waaronder ook de beloningsstructuur van bestuurders en werknemers.
De interne risicobeheersings- en controlesystemen dienen te zijn toegesneden op de desbetreffende vennootschap. Dit geeft kleinere beursvennootschappen de mogelijkheid om met minder omvangrijke procedures te volstaan.

1.3.6 Ontbreken interne audit dienst

Het uitgangspunt is dat vennootschappen voor de uitvoering van de taak van de interne audit functie, een interne audit dienst inrichten. Mocht van dit uitgangspunt worden afgeweken, bijvoorbeeld als de omvang van de vennootschap zich daarvoor niet leent, dan kan uitbesteding een adequaat alternatief zijn. Ook in het geval van uitbesteding, blijven de raad van commissarissen en de auditcommissie betrokken bij de taakuitvoering van de interne audit functie, zoals is bepaald in best practice bepalingen 1.3.1 tot en met 1.3.5.

1.4.2 Verantwoording in het bestuursverslag

Op basis van best practice bepaling 1.4.2 omschrijft het bestuur in het bestuursverslag de opzet en werking van de interne risicobeheersings- en controlesystemen. Op grond van onderdeel i neemt de vennootschap in haar jaarverslag een beschrijving op van de voornaamste risico's waarmee zij in aanraking komt bij de uitvoering van haar taken. Het gaat daarbij niet zozeer

---

2 Richtlijn 2014/95/EU van het Europees Parlement en van de Raad van 22 oktober 2014 tot wijziging van richtlijn 2013/34/ EU met betrekking tot de bekendmaking van niet-financiële informatie en informatie inzake diversiteit door bepaalde grote ondernemingen en groepen (PbEU 2014, L 330).

om een uitputtende uiteenzetting van alle mogelijke risico's, maar om een weergave van de belangrijkste risico's waarvoor de vennootschap zich geplaatst ziet. De beschrijving van de voornaamste risico's in onderdeel i sluit aan bij de in artikel 2:391 Burgerlijk Wetboek (verder: BW) voorgeschreven risicoparagraaf en op de beschrijving van wezenlijke risico's in het kader van 5:25c Wet op het financieel toezicht.

Bij best practice bepaling 1.4.2, onderdeel ii, ligt het in de rede dat het bestuur in de beschrijving van de opzet en werking van de interne risicobeheersings- en controlesystemen aangeeft welk raamwerk of normenkader (bijvoorbeeld het COSO raamwerk voor interne beheersing) is gehanteerd bij de evaluatie van het interne risicobeheersings- en controlesysteem.

1.4.3 Verklaring van het bestuur

Het bestuur verklaart op basis van best practice bepaling 1.4.3 in voldoende mate inzage te hebben gegeven in de risico's en blikt daarbij tevens vooruit naar de risico's die relevant zijn voor de continuïteit van de vennootschap. Het betreft zowel gesignaleerde materiële tekortkomingen als materiële risico's en onzekerheden die redelijkerwijs zijn te voorzien op het moment dat de verklaring wordt gegeven.

1.5.1 Taken en verantwoordelijkheden auditcommissie

Het merendeel van de taken die aan de auditcommissie toekomt, vloeit al voort uit wetgeving en is niet herhaald in de Code. Specifiek wordt gewezen op artikel 39 van Europese Audit Richtlijn nr. 2006/43/EG.[3] Dit artikel wordt geïmplementeerd in Nederlandse wetgeving: artikel 2, tweede lid, van het Besluit van 26 juli 2008.[4] Ook eisen voor de samenstelling en aanwezige deskundigheid met betrekking tot het opstellen en de controle van de jaarrekening worden opgenomen in artikel 2 van voornoemd besluit.

In sommige gevallen, in het bijzonder bij vennootschappen die actief zijn in de financiële sector, is er naast een auditcommissie ook een risicocommissie ingesteld. Artikel 39, vierde lid, van voornoemde richtlijn bepaalt dat in het bestuursverslag opgave wordt gedaan indien een ander orgaan is aangewezen dat taken van de auditcommissie uitvoert en wat de samenstelling van het betreffende orgaan is.

2.1.3 Executive committee

Onder *executive committee* wordt verstaan een commissie die nauw betrokken is bij de besluitvorming van het bestuur en waar naast leden van het bestuur ook leden van het senior management deel van uitmaken. Best practice bepaling 2.1.3 en de overige bepalingen waar de term *executive commitee* wordt gebruikt, zijn eveneens van toepassing in het geval een andere benaming wordt gebruikt dan *executive committee*, maar de functie in feite dezelfde is.

2.1.4 Deskundigheid

Van belang is dat in het bestuur en de raad van commissarissen ook voldoende deskundigheid aanwezig is om tijdig kansen en risico's te signaleren die gepaard kunnen gaan met vernieuwingen in business modellen en technologieën.

De eis van financiële deskundigheid binnen de raad van commissarissen is opgenomen in wetgeving. Op basis van Europese Audit Richtlijn nr. 2006/43/EG[5] is ten minste één lid van de auditcommissie deskundig met betrekking tot het opstellen en de controle van de jaarrekening. Dit artikel wordt geïmplementeerd in Nederlandse wetgeving: artikel 2, derde lid, van het Besluit van 26 juli 2008.[6]

---

3   Richtlijn nr. 2006/43/EG van het Europees Parlement en de Raad van de Europese Unie van 17 mei 2006 betreffende de wettelijke controles van jaarrekeningen en geconsolideerde jaarrekeningen, tot wijziging van de Richtlijnen nr. 78/660/EEG en houdende de intrekking van Richtlijn nr. 84/253/EEG (Pb L 157 van 9 juni 2006, p. 87). Richtlijn 2006/43/EG is laatstelijk gewijzigd met Richtlijn nr. 2014/56/EU van 16 april 2014 (PbEU 2014, L 158).

4   Besluit van 26 juli 2008 tot uitvoering van artikel 41 van Richtlijn nr. 2006/43/EG van het Europees Parlement en de Raad van de Europese Unie van 17 mei 2006 betreffende de wettelijke controles van jaarrekeningen en geconsolideerde jaarrekeningen, tot wijziging van de Richtlijnen nr. 78/660/EEG en nr. 83/349/EEG van de Raad van de Europese Gemeenschappen en houdende intrekking van Richtlijn nr. 84/253/EEG van de Raad van de Europese Gemeenschappen (Stb. 2008, 323).

5   Idem voetnoot 3.

6   Idem voetnoot 4.

2.1.5 Diversiteitsbeleid & 2.1.6 Verantwoording over diversiteit

Diversiteit wordt ook geadresseerd in de Richtlijn inzake bekendmaking niet-financiële informatie en diversiteit.[7] Deze richtlijn wordt geïmplementeerd in Nederlandse wetgeving. De Code gaat echter verder dan voornoemde richtlijn. Best practice bepaling 2.1.5 bepaalt dat vennootschappen moeten verantwoorden welke maatregelen zijn en worden genomen indien de doelstellingen van het diversiteitsbeleid niet zijn behaald. Daarnaast vallen alleen grote vennootschappen die onder de reikwijdte van de Code vallen onder de reikwijdte van voornoemde richtlijn.
Het wettelijk vastgelegde streefcijfer van ten minste dertig procent man-vrouw diversiteit in het bestuur en de raad van commissarissen is per 1 januari 2016 vervallen. Thans is wetgeving aanhangig om het wettelijk streefcijfer in artikel 2:166 BW opnieuw in te stellen tot 2020.[8]

2.1.7 Onafhankelijkheid raad van commissarissen

Best practice bepaling 2.1.7, onderdeel ii, bepaalt dat de meerderheid van de commissarissen onafhankelijk is. Dit voorschrift mag niet worden ondermijnd door stemverhoudingen binnen de raad van commissarissen, indien wordt gewerkt met een regeling voor meervoudig stemrecht op grond van artikel 2:140, vierde lid, BW.

2.2.2 Benoemings- en herbenoemingstermijnen commissarissen

De effectiviteit van de raad van commissarissen wordt bepaald door de samenstelling, waarbij omvang, deskundigheid, diversiteit en onafhankelijkheid bepalend zijn. Bij herbenoeming wordt kritisch gekeken of de betreffende commissaris met gepaste afstand toezicht houdt en of de nodige kennis en ervaring in de raad van commissarissen aanwezig zijn. Een benoemingstermijn van twee keer vier jaar voor commissarissen is het uitgangspunt, benoeming nadien wordt gemotiveerd in het verslag van de raad van commissarissen.

2.2.3 Tussentijds aftreden

Deze bepaling laat onverlet dat bij niet-structuurvennootschappen de algemene vergadering commissarissen te allen tijde kan schorsen of ontslaan. Op grond van de structuurregeling kan de algemene vergadering van structuurvennootschappen het vertrouwen in de gehele raad van commissarissen opzeggen. Het opzeggen van vertrouwen heeft het onmiddellijk ontslag van de leden van de raad tot gevolg.

2.2.6 Evaluatie raad van commissarissen & 2.2.7 Evaluatie bestuur

Doel van de evaluaties is een kritische reflectie op het functioneren van commissarissen en bestuurders. Periodieke evaluatie kan de kwaliteit van het functioneren van de raad van commissarissen en het bestuur bevorderen en eraan bijdragen dat bij voorbereiding van de (her)benoeming van een commissaris of een bestuurder de juiste keuzes worden gemaakt, ook in verband met de gepaste (diverse) samenstelling van de raad van commissarissen en het bestuur. De wijze waarop evaluatie zal plaatsvinden kan, naar keuze van de vennootschap, verschillen. Evaluatie kan collectief plaatsvinden, op individuele basis tussen de voorzitter en de leden afzonderlijk, of met hulp van een externe adviseur. Iedere commissaris en bestuurder moet zich tijdens de evaluatie in vertrouwen kunnen uitspreken.

2.3.5 Verslag commissies

In het verslag wordt een inhoudelijke toelichting gegeven op de belangrijkste onderwerpen die in de vergaderingen van de commissies aan de orde zijn gekomen.

2.4 Besluitvorming en functioneren

Van bestuurders wordt verlangd dat zij actief informatie verstrekken aan de raad van commissarissen. Evenzo wordt van commissarissen verlangd dat zij actief informatie verzamelen om hun toezichthoudende rol goed te kunnen vervullen.

---

7 Idem voetnoot 2.
8 Kamerstukken II 2015-2016, 34 435, nr. 2.

2.5 Cultuur

Cultuur kan worden gedefinieerd als de normen en waarden die impliciet en expliciet leidend zijn bij het handelen en het gedrag dat daaruit voortvloeit. Cultuur is een referentiekader op basis waarvan het eigen handelen en dat van anderen wordt beoordeeld. Een gezonde cultuur helpt misstanden en onregelmatigheden te voorkomen.
De Code adresseert cultuur, maar schrijft niet voor wat cultuur precies is of zou moeten zijn. Het is aan het bestuur om invulling aan cultuur te geven. Bij het vormgeven van cultuur wordt rekening gehouden met het bestaan van verschillende subculturen binnen de onderneming.

2.6 Misstanden en onregelmatigheden

Principe 2.6 en bijbehorende best practice bepalingen zijn gericht op het melden van vermoedens van misstanden en onregelmatigheden. Op basis van de Wet huis voor klokkenluiders is een werkgever bij wie in de regel ten minste vijftig personen werkzaam zijn, ook verplicht een procedure vast te stellen voor het omgaan met het melden van een vermoeden van een misstand binnen zijn organisatie. De wet is van toepassing op vermoedens van misstanden waarbij een maatschappelijk belang in het geding is.[9] De reikwijdte van het principe en de best practice bepalingen in de Code is breder, omdat deze ook gericht zijn op het melden van onregelmatigheden. De mogelijkheid om meldingen te kunnen doen geldt voor alle onderdelen van de met de vennootschap verbonden onderneming, ongeacht of de activiteiten van de onderneming in Nederland of buiten Nederland plaatsvinden.

2.7 Voorkomen belangenverstrengeling

In Boek 2 BW[10] is het begrip tegenstrijdig belang geduid als een situatie waarin in het geval van beraadslaging en besluitvorming een direct of indirect persoonlijk belang van een bestuurder of commissaris en het belang van de vennootschap strijdig zijn. Het begrip belangenverstrengeling in de Code richt zich op het voorkomen van belangenverstrengeling in het algemeen, ongeacht of er sprake is van beraadslaging of besluitvorming. Daarnaast wordt in de Code een verdere invulling gegeven aan de tegenstijdig belangregeling in de wet.

2.8.3 Standpunt bestuur ten aanzien van onderhands bod

Een onderhands bod wordt in ieder geval als 'niet serieus' aangemerkt wanneer evident is dat de bieder niet over voldoende financiële middelen ter dekking van het bod beschikt of wanneer geen redelijk denkende en verstandige aandeelhouder zou willen dat het bestuur het bod aanvaardt, bijvoorbeeld omdat de hoogte van het bod in geen verhouding staat tot de werkelijke waarde of de marktwaarde van het bedrijfsonderdeel of de deelneming.

3.1.2 Beloningsbeleid & 3.2.1 Voorstel remuneratiecommissie

Onder scenarioanalyses wordt verstaan dat de raad van commissarissen bij het opstellen van het beloningsbeleid en voorafgaand aan de vaststelling van de beloning van individuele bestuurders een analyse maakt van mogelijke uitkomsten van de variabele beloningscomponenten en de gevolgen daarvan voor de beloning van de bestuurders. De raad van commissarissen stelt vast of de uitkomst van de scenarioanalyses leidt tot een passende beloning en of er maatregelen nodig zijn om de beloning te begrenzen.

3.2.2 Visie bestuurders eigen beloning

De visie van bestuurders op hun eigen beloning is bestemd voor de remuneratiecommissie en maakt geen onderdeel uit van de verantwoording over de uitvoering van het beloningsbeleid.

3.4.1 Remuneratierapport

De wettelijke eisen aan het remuneratierapport zijn neergelegd in de artikelen 2:383c tot en met 2:383e BW. Best practice bepaling 3.1.4, onderdeel iv, bepaalt dat informatie over de beloningsverhoudingen binnen de vennootschap en de met haar verbonden onderneming onderdeel is van het remuneratierapport. Toegelicht wordt wat de verhouding is tussen de beloning van de bestuurders en een door de vennootschap vast te stellen representatieve referentiegroep.

---

9   Artikel 1, onderdeel d, Wet huis voor klokkenluiders.
10 Artikel 2:129, zesde lid, BW en artikel 2:140, vijfde lid, BW.

Ook wordt toegelicht of er wijzigingen zijn in deze verhoudingen ten opzichte van het voorgaande boekjaar.
Ook materiële vergoedingen die in uitzonderlijke gevallen worden toegekend, maken onderdeel uit van het remuneratierapport.

4.1.9 Aanwezigheid externe accountant

De voorzitter van de algemene vergadering ziet er op toe dat er ruimte is om de externe accountant te bevragen. De aanwezigheid van de externe accountant in de algemene vergadering doet geen afbreuk aan de algemene verantwoordingsplicht van het bestuur en de raad van commissarissen aan de algemene vergadering, alsmede hun plicht om – tenzij een zwaarwegend belang zich daartegen verzet – aan de algemene vergadering alle gevraagde inlichtingen te verschaffen. De externe accountant kan alleen bevraagd worden over zijn controlewerkzaamheden en over zijn verklaring bij de jaarrekening. De inhoud van de jaarrekening is de primaire verantwoordelijkheid van het bestuur. Het ligt in de rede dat de externe accountant participeert in de voorbereiding van de algemene vergadering. Verwezen wordt naar praktijkhandreiking 1118 van de NBA over het optreden van de externe accountant in de algemene vergadering.

4.2.1 Motivering beroep zwaarwichtig belang

Artikel 2:107, tweede lid, BW bepaalt dat het bestuur en de raad van commissarissen de algemene vergadering alle verlangde inlichtingen verschaffen, tenzij een zwaarwichtig belang der vennootschap zich daartegen verzet. In aanvulling daarop bepaalt best practice bepaling 4.2.1 dat een beroep op zwaarwichtig belang gemotiveerd wordt toegelicht.

4.3.1 Stemmen naar eigen inzicht

Voor zover een aandeelhouder bij de uitoefening van zijn stemrecht gebruik maakt van een stemadviseur, ligt het in de rede dat hij zich ervan vergewist dat de stemadviseur het principe van hoor en wederhoor respecteert.

4.3.4 Stemrecht financieringspreferente aandelen

Best practice bepaling 4.3.4 is met name bedoeld voor toekomstige uitgiftes van financieringspreferente aandelen. Dat neemt niet weg dat het bestuur en de raad van commissarissen met de houders van de bestaande financieringspreferente aandelen kunnen overeenkomen om de huidige zeggenschap op de financieringspreferente aandelen aan te passen.

5.1 One-tier bestuursstructuur

De Code is toegeschreven op vennootschappen met een *two-tier* bestuursstructuur, maar is ook van toepassing op vennootschappen met een *one-tier* bestuursstructuur. In aanvulling op hoofdstukken 1 tot en met 4, bevat hoofdstuk 5 een principe en vijf best practice bepalingen die specifiek van toepassing zijn op vennootschappen met een *one-tier* bestuursstructuur. Bepalingen in de Code die betrekking hebben op commissarissen zijn van toepassing op niet uitvoerende bestuurders, onverminderd de overige verantwoordelijkheden die deze niet uitvoerende bestuurders hebben. Waar dat niet mogelijk is, geldt het 'pas toe of leg uit'-principe.

5.1.1 Samenstelling bestuur

De onafhankelijkheidsvereisten voor commissarissen gelden onverkort voor niet uitvoerende bestuurders. In best practice bepaling 2.1.8, onderdeel i, is bepaald dat een commissaris niet onafhankelijk is, wanneer hij in de vijf jaar voorafgaand aan benoeming werknemer of bestuurder is geweest. Voor de vennootschap met een one-tier board bestuursstructuur wordt met 'bestuurder' bedoeld 'uitvoerende bestuurder'.

5.1.2 Voorzitter van het bestuur

Taken die in hoofdstukken 1 tot en met 4 van de Code specifiek aan de voorzitter van de raad van commissarissen zijn toebedeeld, komen bij een vennootschap met een *one-tier* bestuursstructuur toe aan de voorzitter van het bestuur.

5.1.4 Samenstelling commissies

Van belang is dat een weloverwogen keuze wordt gemaakt over de rapportagelijnen van commissies.

5.1.5 Verantwoording toezicht niet uitvoerende bestuurders

De verantwoording door niet uitvoerende bestuurders kan deel uitmaken van het bestuursverslag dan wel in een apart verslag worden opgenomen. Het verslag wordt bij of met de jaarstukken gepubliceerd.

Wet controle op rechtspersonen[1]

Wet van 8 mei 2003, houdende regels over de documentatie van vennootschappen (Wet documentatie vennootschappen)

Wij Beatrix, bij de gratie Gods, Koningin der Nederlanden, Prinses van Oranje-Nassau, enz. enz. enz.
Allen, die deze zullen zien of horen lezen, saluut! doen te weten:
Alzo Wij in overweging genomen hebben, dat het wenselijk is de documentatie van gegevens over vennootschappen te regelen ten behoeve van de afgifte van verklaringen van geen bezwaar door de Minister van Justitie op grond van Boek 2 van het Burgerlijk Wetboek, alsmede het gebruik van bedoelde gegevens ten behoeve van de voorkoming en bestrijding van het misbruik van vennootschappen, waaronder het plegen van misdrijven en overtredingen van financieel-economische aard door of door middel van vennootschappen;
Zo is het, dat Wij, de Raad van State gehoord, en met gemeen overleg der Staten-Generaal, hebben goedgevonden en verstaan, gelijk Wij goedvinden en verstaan bij deze:

Paragraaf 1
Algemene bepalingen

Art. 1
In deze wet en de daarop berustende bepalingen wordt verstaan onder: *Begripsbepalingen*
a. Onze Minister: Onze Minister van Justitie;
b. registratie: de verzameling van gegevens die verwerkt worden ten behoeve van het doeleinde beschreven in artikel 2, eerste lid;
c. gegeven: persoonsgegevens als bedoeld in artikel 4, aanhef en onder 1, van de Algemene verordening gegevensbescherming en elk ander gegeven dat verband houdt met het bestuur van een vennootschap;
d. risicomelding: verstrekking uit de registratie die een constatering van een verhoogd risico op misbruik van een rechtspersoon bevat en waarvan de risicoanalyse, die bestaat uit gegevens uit de registratie die in samenhang worden gepresenteerd, onderdeel is;
e. rechtspersoon:
1°. naamloze vennootschap, besloten vennootschap met beperkte aansprakelijkheid, coöperatie, onderlinge waarborgmaatschappij, vereniging met volledige rechtsbevoegdheid, stichting, Europese naamloze vennootschap, Europese coöperatieve vennootschap, Europees economisch samenwerkingsverband, die de statutaire zetel in Nederland heeft; en
2°. onderneming die toebehoort aan een buitenlandse rechtspersoon die een hoofd- of nevenvestiging in Nederland heeft als bedoeld in artikel 5, onderdeel d, van de Handelsregisterwet 2007;
f. vaste gebruiker: de instantie of persoon met een publiekrechtelijke taak die is aangewezen conform artikel 6, tweede lid.

Art. 2
1. Onze Minister controleert rechtspersonen met het oog op de voorkoming en bestrijding   *Vennootschappen, con-*
van misbruik van rechtspersonen, waaronder het plegen van misdrijven en overtredingen van   *trole*
financieel-economische aard door of door middel van deze rechtspersonen.
2. Onze Minister verwerkt gegevens in de registratie met het oog op het in het eerste lid genoemde doel.
3. De gegevens, bedoeld in het tweede lid, kunnen worden gebruikt voor het doen van een risicomelding over een rechtspersoon.

Art. 2a
1. Het Uitvoeringsinstituut werknemersverzekeringen en de rijksbelastingdienst verstrekken   *Vennootschappen, gege-*
op zijn verzoek aan Onze Minister de gegevens die deze behoeft ter uitvoering van de taak,   *vensverstrekking door*
bedoeld in artikel 2, eerste lid.   *UWV*
2. De gegevensverstrekking ingevolge het eerste lid geschiedt kosteloos.

---

1   Inwerkingtredingsdatum: 01-01-2005; zoals laatstelijk gewijzigd bij: Stb. 2018, 228.

Paragraaf 2
Bronnen van de registratie

Art. 3

Vennootschappen, bronnen van registratie

1. In de registratie kunnen, met het oog op het in artikel 2, eerste lid, bedoelde doeleinde, gegevens worden opgenomen die afkomstig zijn van:
a. het handelsregister;
b. de dossiers ten behoeve van de uitvoering van de artikelen 138, tiende lid, 50a, 53a, 248, tiende lid en 300a van Boek 2 van het Burgerlijk Wetboek;
c. openbare registers bij de wet ingesteld; en
d. openbare informatie.
2. Tevens kunnen in de registratie daartoe gegevens worden opgenomen, indien de daarop van toepassing zijnde wetgeving dat toestaat die afkomstig zijn van:
a. de Justitiële Informatiedienst;
b. het Uitvoeringsinstituut werknemersverzekeringen;
c. Onze Minister van Financiën, voorzover het gegevens betreft die verwerkt worden door de rijksbelastingdienst;
d. de in artikel 1, onderdeel f, van de Wet politiegegevens bedoelde bestuursorganen, voorzover het politiegegevens betreft;
e. de politie en de Koninklijke marechaussee, die worden verwerkt met het oog op de politietaak, bedoeld in de artikelen 3 en 4, eerste lid, van de Politiewet 2012;
f. bij algemene maatregel van bestuur aan te wijzen bestuursorganen, toezichthouders en diensten of personen, belast met de opsporing van strafbare feiten;
g. de basisregistratie personen.
3. Op verstrekkingen uit het handelsregister als bedoeld in het eerste lid, onder a, aan de registratie is artikel 28, derde lid, van de Handelsregisterwet 2007 van toepassing.
4. De gegevensverstrekking ingevolge het eerste lid, onder b, c en d en ingevolge het tweede lid, geschiedt kosteloos voorzover het overheidsorganen betreft, voorzover bij of krachtens de wet niet anders is bepaald.

Paragraaf 3
De inhoud van de registratie

Art. 4

Vennootschappen, inhoud van registratie

1. In de registratie worden gegevens opgenomen over de oprichters, de aandeelhouders, de commissarissen, de leden – voor zover deze bestuurlijke functies vervullen –, de bestuurders en de vertegenwoordigers van een rechtspersoon.
2. In de registratie kunnen gegevens worden opgenomen over andere personen die het beleid van de rechtspersoon bepalen of mede kunnen bepalen.
3. In de registratie kunnen gegevens worden opgenomen over de echtgenoot, geregistreerd partner of levensgezel, de ouders, kinderen en kleinkinderen van de in het eerste en tweede lid bedoelde personen, indien dat nodig is in verband met de analyse van het bestuurdersnetwerk van de rechtspersoon.
4. Bij algemene maatregel van bestuur wordt bepaald welke categorieën gegevens over de personen als bedoeld in het eerste tot en met derde lid kunnen worden opgenomen.
5. In de registratie kunnen verwijzingen worden opgenomen over:
a. de bronnen, bedoeld in artikel 3, eerste lid, onder b, c en d, en het tweede lid, teneinde verdere gegevens voor het doel van de registratie te kunnen opvragen en
b. de vaste gebruikers, opdat Onze Minister gegevens kan verstrekken ter gelegenheid van een wijziging in de registratie.

Paragraaf 4
Het verstrekken van gegevens uit de registratie

Art. 5

Vennootschappen, publieke gegevensverstrekking uit registratie

1. Onze Minister kan uit eigen beweging of desgevraagd, ter uitvoering van de taak, bedoeld in artikel 2, eerste lid, in individuele gevallen risicomeldingen doen aan bij algemene maatregel van bestuur aan te wijzen bestuursorganen, diensten, toezichthouders en andere personen, belast met de opsporing van strafbare feiten, onderscheidenlijk het toezicht op de naleving van wetgeving.
2. Gegevens over de echtgenoot, geregistreerd partner of levensgezel, de ouders, kinderen en kleinkinderen van de in artikel 4, eerste en tweede lid bedoelde personen worden alleen in een risicomelding opgenomen, indien dat nodig is voor de onderbouwing van die risicomelding.

3. Een ieder die krachtens deze wet de beschikking krijgt over gegevens met betrekking tot een derde die zijn neergelegd in een risicomelding is verplicht tot geheimhouding daarvan, tenzij bij algemene maatregel van bestuur mededeling wordt toegestaan.
4. Van het doen van een risicomelding wordt aantekening gehouden. Deze aantekening wordt gedurende twee jaren bewaard.
5. Het bestuursorgaan dat een risicomelding ontvangt, kan gedurende twee jaren gebruik maken van die melding.
6. Indien binnen de in het vierde lid bedoelde gebruikstermijn geen gebruik is gemaakt van de risicomelding, verwijdert het ontvangende bestuursorgaan na ommekomst van deze termijn de risicomelding uit zijn administratie.

Art. 6
1. Onze Minister kan uit eigen beweging of desgevraagd ter uitvoering van de in artikel 2, eerste lid, bedoelde taak in individuele gevallen gegevens die in de registratie zijn opgenomen verstrekken aan: — *Vennootschappen, individuele gegevensverstrekking uit registratie*
a. de vaste gebruikers, die deze in verband met de uitoefening van hun taak behoeven, over de personen ten aanzien van wie zij zulks kenbaar hebben gemaakt;
b. aan een persoon die met de opsporing van strafbare feiten is belast, wanneer uit de gegevens zelf een redelijk vermoeden voortvloeit dat een bepaalde persoon een strafbaar feit heeft begaan.
c. andere instanties of personen met een publiekrechtelijke taak die deze in verband met de uitoefening van hun taak behoeven.
2. Bij algemene maatregel van bestuur wordt vastgesteld welke instanties of personen met een publiekrechtelijke taak als vaste gebruikers worden aangemerkt alsmede voor welk doeleinde.
3. Indien verstrekking van persoonsgegevens uit de registratie plaatsvindt aan de in het eerste lid, onder c, genoemde andere instanties of personen, wordt van die verstrekking en het doeleinde daarvan aantekening gehouden. De aantekening wordt gedurende vijf jaren bewaard.
4. Ten behoeve van een verkennend onderzoek als bedoeld in artikel 126gg van het Wetboek van Strafvordering kunnen de gegevens uit de registratie worden verstrekt of anderszins verwerkt in samenhang met andere verzameling van persoonsgegevens, zonder beperking tot het individuele geval voor zover dit noodzakelijk is voor dat onderzoek.

Art. 7
1. Onze Minister kan ter uitvoering van de in artikel 2, eerste lid, bedoelde taak in individuele gevallen ten behoeve van het doen van een risicomelding, bedoeld in artikel 5, eerste lid, desgevraagd of uit eigen beweging gegevens verstrekken die afkomstig zijn van: — *Vennootschappen, verstrekking gegevens Justitiële Informatiedienst/UWV/politie/marechaussee*
a. de Justitiële Informatiedienst;
b. het Uitvoeringsinstituut werknemersverzekeringen;
c. de politie en de Koninklijke marechaussee.
2. In afwijking van artikel 67, eerste lid, van de Algemene wet inzake rijksbelastingen, artikel 67, eerste lid, van de Invorderingswet 1990 en artikel 10, eerste lid, van de Registratiewet 1970 kan Onze Minister ter uitvoering van de in artikel 2, eerste lid, bedoelde taak in individuele gevallen ten behoeve van het doen van een risicomelding desgevraagd of uit eigen beweging gegevens verstrekken die afkomstig zijn van de rijksbelastingdienst.
3. Voor andere doelen dan genoemd in het eerste en tweede lid worden geen gegevens verstrekt die afkomstig zijn van: — *Vennootschappen, niet-toelaatbare gegevensverstrekking*
a. de Justitiële Informatiedienst;
b. het Uitvoeringsinstituut werknemersverzekeringen;
c. de politie en de Koninklijke marechaussee;
d. Onze Minister van Financiën, voorzover het gegevens betreft die verstrekt worden door de rijksbelastingdienst;
e. bestuursorganen en diensten die met de opsporing van strafbare feiten of met het toezicht op financiële instellingen zijn belast, als bedoeld in artikel 3, tweede lid, onder e.

Art. 8
1. Uit de registratie kunnen gegevens worden verstrekt aan instanties in een ander land, die aldaar een publiekrechtelijke functie vervullen die verband houdt met het doel van de registratie. — *Vennootschappen, gegevensverstrekking aan buitenland*
2. Indien in dat land geen passende waarborgen als bedoeld in artikel 46 van de Algemene verordening gegevensbescherming worden geboden en waar betrokkenen niet beschikken over afdwingbare rechten en doeltreffende rechtsmiddelen, kunnen persoonsgegevens slechts worden verstrekt in het geval dat aan nader bij algemene maatregel van bestuur te stellen eisen is voldaan.

Paragraaf 5
Het verwijderen van gegevens uit de registratie

Art. 9

Vennootschappen, verwijdering gegevens uit registratie

1. Persoonsgegevens worden uit de registratie verwijderd uiterlijk acht jaren na ontbinding van de rechtspersoon met betrekking tot welke zij in de registratie zijn opgenomen.

2. Er vindt ten minste eenmaal per jaar een onderzoek plaats naar de noodzaak om de opname van de in artikel 4 bedoelde gegevens in de registratie en de in artikel 4, vierde lid, bedoelde verwijzingen, te handhaven. Indien de noodzaak is komen te vervallen, worden de gegevens en de verwijzingen, uit de registratie verwijderd.

Paragraaf 6
Wijzigingen in andere regelingen

Art. 10
[Wijzigt Boek 2 van het Burgerlijk Wetboek.]

Art. 11
[Wijzigt de Wet politieregisters.]

Paragraaf 7
Slotbepalingen

Art. 12

Vennootschappen, evaluatie minister

Onze Minister brengt jaarlijks een openbaar verslag uit over het functioneren van de registratie, onder vermelding van het aantal malen dat gegevens verstrekt zijn aan instanties of personen als bedoeld in artikel 5, derde lid, alsmede onder aanduiding van de instanties en personen en de doeleinden van de verstrekking.

Art. 13
Onze Minister van Justitie zendt binnen twee jaren na de inwerkingtreding van deze wet aan de Staten-Generaal een verslag over de doeltreffendheid en de effecten van deze wet in de praktijk.

Art. 14

Citeertitel

Deze wet wordt aangehaald als: Wet controle op rechtspersonen.

Art. 15

Inwerkingtreding

Deze wet treedt in werking op een bij koninklijk besluit te bepalen tijdstip.

Handelsregisterwet 2007[1]

Wet van 22 maart 2007, houdende regels omtrent een basisregister van ondernemingen en rechtspersonen (Handelsregisterwet 2007)

Wij Beatrix, bij de gratie Gods, Koningin der Nederlanden, Prinses van Oranje-Nassau, enz. enz. enz.

Allen, die deze zullen zien of horen lezen, saluut! doen te weten:

Alzo Wij in overweging genomen hebben, dat het ter bevordering van een goede vervulling van publiekrechtelijke taken wenselijk is om het handelsregister uit te breiden en om te vormen tot een basisregister van ondernemingen en rechtspersonen;

Zo is het, dat Wij, de Raad van State gehoord, en met gemeen overleg der Staten-Generaal, hebben goedgevonden en verstaan, gelijk Wij goedvinden en verstaan bij deze:

Hoofdstuk 1
Begripsbepalingen

Art. 1

1. In deze wet en de daarop rustende bepalingen wordt verstaan onder: *Begripsbepalingen*
   a. Onze Minister: Onze Minister van Economische Zaken en Klimaat;
   b. onderneming: een onderneming als bedoeld in artikel 5;
   c. rechtspersoon: een rechtspersoon als bedoeld in artikel 6;
   d. publiekrechtelijke rechtspersoon: een publiekrechtelijke rechtspersoon als bedoeld in artikel 1 van Boek 2 van het Burgerlijk Wetboek;
   e. kerkgenootschap: een kerkgenootschap als bedoeld in artikel 2 van Boek 2 van het Burgerlijk Wetboek;
   f. basisregister: een verzameling gegevens waarvan bij wet is bepaald dat deze authentieke gegevens bevat;
   g. authentiek gegeven: een in een basisregister opgenomen gegeven dat bij of krachtens wet als authentiek wordt aangemerkt;
   h. handelsregister: het register, bedoeld in artikel 2;
   i. Kamer: de Kamer van Koophandel, genoemd in artikel 2 van de Wet op de Kamer van Koophandel;
   j. vestiging: een gebouw of complex van gebouwen waar duurzame uitoefening van de activiteiten van een onderneming of rechtspersoon plaatsvindt;
   k. hoofdvestiging: een door een onderneming of een rechtspersoon als zodanig aangemerkte vestiging;
   l. nevenvestiging: een vestiging niet zijnde de hoofdvestiging;
   m. hoofdnederzetting: een in Nederland gelegen nevenvestiging van een buiten Nederland gevestigde onderneming of rechtspersoon of, indien er meer nevenvestigingen zijn, de door een onderneming of rechtspersoon als hoofdnederzetting aangemerkte nevenvestiging;
   n. verordening 2137/85: verordening (EEG) nr. 2137/85 van de Raad van de Europese Gemeenschappen van 25 juli 1985 tot instelling van Europese economische samenwerkingsverbanden (EESV) (PbEG L 199);
   o. verordening 2157/2001: verordening (EG) nr. 2157/2001 van de Raad van de Europese Unie van 8 oktober 2001 betreffende het statuut van de Europese vennootschap (SE) (PbEG L 294).
2. Onder publiekrechtelijke rechtspersoon wordt mede verstaan een Europese groepering voor territoriale samenwerking als bedoeld in artikel 1 van verordening (EG) nr. 1082/2006 van het Europees Parlement en de Raad van de Europese Unie van 5 juli 2006 betreffende een Europese groepering voor territoriale samenwerking (EGTS) (PbEU L 210).

Hoofdstuk 2
Het handelsregister

§ 2.1
Instellen handelsregister

Art. 2

Er is een handelsregister van ondernemingen en rechtspersonen: *Instelling handelsregister*

---

[1] Inwerkingtredingsdatum: 01-01-2008; zoals laatstelijk gewijzigd bij: Stb. 2018, 487.

a. ter bevordering van de rechtszekerheid in het economisch verkeer;
b. voor de verstrekking van gegevens van algemene, feitelijke aard omtrent de samenstelling van ondernemingen en rechtspersonen ter bevordering van de economische belangen van handel, industrie, ambacht en dienstverlening;
c. voor het registreren van alle ondernemingen en rechtspersonen als onderdeel van de gegevenshuishouding die bijdraagt aan het efficiënt functioneren van de overheid.

Art. 3

Kamer van Koophandel Verwerkingsverantwoordelijke

1. Het handelsregister wordt gehouden door de Kamer.
2. Ten aanzien van verwerkingen ten behoeve van het handelsregister is de Kamer verwerkingsverantwoordelijke.
3. De Kamer kan met machtiging van Onze Minister werkzaamheden laten verrichten door een verwerker.

Art. 4

Systeembeschrijving

1. Onze Minister stelt bij ministeriële regeling een systeembeschrijving vast. De systeembeschrijving geeft de inrichting en werking van het handelsregister aan.

Beschikbaarheid, werking en beveiliging

2. De Kamer draagt zorg voor een goede beschikbaarheid, werking en beveiliging van het handelsregister.

§ 2.2
Inhoud handelsregister

Art. 5

In te schrijven ondernemingen

In het handelsregister worden de volgende ondernemingen ingeschreven:
a. een onderneming die in Nederland is gevestigd en die toebehoort aan een naamloze vennootschap, een besloten vennootschap met beperkte aansprakelijkheid, een vennootschap onder firma, een commanditaire vennootschap, een maatschap, een rederij, een coöperatie, een onderlinge waarborgmaatschappij, een vereniging, een stichting, een kerkgenootschap of een publiekrechtelijke rechtspersoon;
b. een onderneming die in Nederland gevestigd is en die toebehoort aan een natuurlijke persoon;
c. een onderneming die toebehoort aan een Europese naamloze vennootschap, een Europese coöperatieve vennootschap of een Europees economisch samenwerkingverband die volgens haar statuten haar zetel in Nederland heeft;
d. een onderneming die toebehoort aan een buitenlandse rechtspersoon die een hoofd- of een nevenvestiging in Nederland heeft;
e. een onderneming die in Nederland is gevestigd en die toebehoort aan een ander dan genoemd in onderdeel a tot en met d.

Art. 6

In te schrijven rechtspersonen

1. In het handelsregister worden de volgende rechtspersonen die volgens hun statuten hun zetel in Nederland hebben ingeschreven:
a. een naamloze vennootschap, een besloten vennootschap met beperkte aansprakelijkheid, een Europese naamloze vennootschap, een Europees economisch samenwerkingsverband, een Europese coöperatieve vennootschap, een coöperatie en een onderlinge waarborgmaatschappij;
b. een vereniging met volledige rechtsbevoegdheid, een vereniging van eigenaars, een stichting en overige privaatrechtelijke rechtspersonen;
c. een publiekrechtelijke rechtspersoon, met dien verstande dat in plaats van de Staat de ministeries, bedoeld in artikel 2.1, eerste lid, van de Comptabiliteitswet 2016 en de dienstonderdelen van een ministerie die overeenkomstig artikel 2.20 van de Comptabiliteitswet 2016 zijn aangewezen worden ingeschreven.
2. Een vereniging zonder volledige rechtsbevoegdheid kan worden ingeschreven.
3. Bij algemene maatregel van bestuur wordt bepaald op welke wijze de organisatie waarvan een of meer kerkgenootschappen deel uitmaken, wordt ingeschreven in het handelsregister en tevens kan worden bepaald of en in hoeverre zelfstandige onderdelen of lichamen waarin zij zijn verenigd moeten worden ingeschreven in het handelsregister.
4. De voordracht voor een krachtens het derde lid vast te stellen algemene maatregel van bestuur wordt niet eerder gedaan dan vier weken nadat het ontwerp aan beide kamers der Staten-Generaal is overgelegd.

Art. 7

Onderneming toebehorend aan rechtspersoon

Indien aan een rechtspersoon als bedoeld in artikel 6 een onderneming toebehoort die als zodanig overeenkomstig artikel 5 moet worden ingeschreven, geldt de inschrijving van de onderneming tevens als inschrijving van de rechtspersoon.

Art. 8

Aanwijzing andere rechtspersonen

Bij algemene maatregel van bestuur:
a. kunnen andere rechtspersonen worden aangewezen die worden ingeschreven in het handelsregister indien dit noodzakelijk is voor het toereikend functioneren van het handelsregister;
b. kan nader worden bepaald wanneer sprake is van een onderneming.

Art. 9
In het handelsregister worden over een onderneming opgenomen: *Gegevens onderneming*
a. een door de Kamer toegekend uniek nummer;
b. de handelsnaam of de handelsnamen;
c. de datum van aanvang, voortzetting of beëindiging;
d. degene aan wie de onderneming toebehoort;
e. de vestigingen.

Art. 10
1. In het handelsregister worden over degene aan wie een onderneming toebehoort, indien deze een rechtspersoon is, de in artikel 12 genoemde gegevens opgenomen.   *Gegevens van degene aan wie een onderneming toebehoort*

2. In het handelsregister worden over degene aan wie een onderneming toebehoort, indien deze een natuurlijke persoon is, opgenomen:
a. het burgerservicenummer, bedoeld in artikel 1, onderdeel b, van de Wet algemene bepalingen burgerservicenummer, het geslacht, de geboorteplaats en het geboorteland;
b. de naam;
c. het adres;
d. de geboortedatum;
e. de datum van overlijden.

3. In het handelsregister worden over degene aan wie een onderneming toebehoort, die geen rechtspersoon en geen natuurlijke persoon is, opgenomen:
a. een door de Kamer toegekend uniek nummer;
b. de naam;
c. de datum van aanvang, voortzetting of beëindiging;
d. de rechtsvorm;
e. de leden, maten of vennoten, met uitzondering van de commanditaire vennoten, en:
1°. indien deze natuurlijke personen zijn,
- het burgerservicenummer, bedoeld in artikel 1, onderdeel b, van de Wet algemene bepalingen burgerservicenummer, het geslacht, de geboorteplaats en het geboorteland,
- de naam,
- het adres,
- de geboortedatum,
- de datum van overlijden;
2°. indien deze geen natuurlijke personen zijn,
- een door een kamer toegekend uniek nummer;
- de naam;
- de rechtsvorm en de statutaire zetel,
- de datum van aanvang of beëindiging.

Art. 11
1. In het handelsregister worden over een vestiging van een onderneming opgenomen: *Handelsregister, gegevens vestiging onderneming*
a. een door de Kamer toegekend uniek nummer;
b. de handelsnaam of handelsnamen;
c. het post- en bezoekadres;
d. de datum van ingebruikname en beëindiging.

2. Indien een onderneming meerdere vestigingen heeft, wordt in het handelsregister opgenomen welke vestiging de hoofdvestiging of de hoofdnederzetting is.

Art. 12
In het handelsregister worden over een rechtspersoon opgenomen: *Gegevens rechtspersoon*
a. een door de Kamer toegekend uniek nummer;
b. de naam;
c. de rechtsvorm en de statutaire zetel;
d. de datum van aanvang of beëindiging.

Art. 13
In het handelsregister worden over een activiteit van een rechtspersoon waaraan geen onderneming toebehoort opgenomen: *Gegevens activiteit rechtspersoon zonder onderneming*
a. een door de Kamer toegekend uniek nummer voor de activiteiten van de rechtspersoon, tenzij er sprake is van een publiekrechtelijke rechtspersoon;
b. de datum van aanvang, voortzetting of beëindiging;
c. de vestigingen.

Art. 14
1. In het handelsregister worden over een vestiging van een rechtspersoon waaraan geen onderneming toebehoort opgenomen: *Handelsregister, gegevens vestiging rechtspersoon*
a. een door de Kamer toegekend uniek nummer;
b. de naam;
c. het post- en bezoekadres;

d. de datum van ingebruikname of beëindiging.
2. Indien een rechtspersoon meerdere vestigingen heeft, wordt in het handelsregister opgenomen welke vestiging de hoofdvestiging of de hoofdnederzetting is.

Art. 15

Authentieke gegevens De in artikel 9 tot en met 14 genoemde gegevens zijn authentieke gegevens.

Art. 16

Herkomst gegevens 1. In het handelsregister worden gegevens opgenomen die noodzakelijk zijn voor een goede vastlegging en verstrekking van de in artikel 9 tot en met 14 bedoelde gegevens en gegevens omtrent de herkomst van die gegevens.
2. In het handelsregister wordt indien een authentiek gegeven in onderzoek is, een aantekening opgenomen dat het gegeven in onderzoek is.

Art. 16a

Volmacht voor privaatrechtelijke rechtshandelingen 1. In het handelsregister wordt de door een publiekrechtelijke rechtspersoon verleende volmacht tot het verrichten van privaatrechtelijke rechtshandelingen opgenomen.
2. Artikel 25 is niet van toepassing op de in het eerste lid bedoelde gegevens.

Art. 17

Opnemen andere gegevens 1. Bij algemene maatregel van bestuur kan worden bepaald:
a. dat andere gegevens dan de in artikel 9 tot en met 14 genoemde gegevens in het handelsregister worden opgenomen of dat bescheiden bij het handelsregister worden gedeponeerd voor zover dit van belang is voor de in artikel 2, onderdeel a en b, genoemde doelen en er geen gewichtige redenen zijn die zich daartegen verzetten;
b. dat in het handelsregister opgenomen gegevens worden overgenomen uit een ander basisregister;
c. dat voor de in artikel 6, eerste lid, onderdeel c, en artikel 6, derde lid bedoelde rechtspersonen bepaalde in artikel 12, 13 en 14 bedoelde gegevens niet behoeven te worden ingeschreven.
2. De voordracht voor een krachtens het eerste lid vast te stellen algemene maatregel van bestuur wordt niet eerder gedaan dan vier weken nadat het ontwerp aan beide kamers der Staten-Generaal is overgelegd.

Hoofdstuk 3
De inschrijving in het handelsregister

Art. 18

Handelsregister, inschrijfprocedure 1. Tot het doen van opgave ter inschrijving in het handelsregister is verplicht degene aan wie een onderneming toebehoort, of, indien het de inschrijving betreft van een rechtspersoon als bedoeld in artikel 6, eerste lid, onderdeel a en b, het tweede lid en derde lid, ieder der bestuurders van de rechtspersoon.
2. Indien het eerste lid niet van toepassing is, is tot het doen van opgave ter inschrijving in het handelsregister verplicht degene die belast is met de dagelijkse leiding van een onderneming of rechtspersoon.
3. Indien geen van de in het eerste lid bedoelde personen in Nederland is gevestigd, is tot het doen van de opgave tevens verplicht degene die in Nederland belast is met de dagelijkse leiding van een onderneming of rechtspersoon.
4. Indien een onderneming of rechtspersoon buiten Nederland is gevestigd, is tot het doen van de opgave tevens verplicht degene die belast is met de dagelijkse leiding van de hoofdnederzetting of, indien die er niet is, de door de onderneming of rechtspersoon aangewezen gevolmachtigde handelsagent.
5. Tot het doen van opgave ter inschrijving in het handelsregister is een publiekrechtelijke rechtspersoon verplicht.
6. Bij algemene maatregel van bestuur kunnen andere personen worden aangewezen die verplicht of bevoegd zijn tot het doen van daarbij aangewezen opgaven.

Art. 19

Handelsregister, inschrijving in 1. De daartoe verplichte personen doen, met inachtneming van het bij algemene maatregel van bestuur bepaalde, de opgaven die de Kamer nodig heeft om ervoor te zorgen dat de in artikel 9 tot en met 14 en 16a, eerste lid, genoemde en de in artikel 17, onderdeel a, bedoelde gegevens te allen tijde juist en volledig in het handelsregister worden ingeschreven zijn.
2. Het eerste lid is van overeenkomstige toepassing op het deponeren van bescheiden.
3. Op berichtenverkeer met betrekking tot enige inschrijving of doorhaling in het handelsregister tussen de Kamer en een onderneming, niet zijnde een dienstverrichter als bedoeld in artikel 1 van de Dienstenwet die onder de reikwijdte van die wet valt, zijn de paragrafen 3.3, 3.4 en artikel 5, tweede lid, van de Dienstenwet van overeenkomstige toepassing.
4. Regels die op grond van artikel 5, derde lid, van de Dienstenwet bij of krachtens algemene maatregel van bestuur zijn gesteld, zijn van overeenkomstige toepassing op berichtenverkeer als bedoeld in het derde lid.
5. Het derde en vierde lid zijn niet van toepassing op:

21 Handelsregisterwet 2007

a. uitwisseling van gegevens of bescheiden die betrekking hebben op procedures van bezwaar, beroep of andere rechterlijke procedures of vormen van geschilbeslechting;
b. het verrichten van betalingen.

Art. 19a
1. Bij algemene maatregel van bestuur wordt voor daarbij aangewezen rechtspersonen bepaald dat voor daarbij aangewezen bescheiden waarvan bij of krachtens de wet is voorgeschreven dat die bij het handelsregister worden gedeponeerd, deponering daarvan uitsluitend langs elektronische weg plaatsvindt en worden regels gesteld over de wijze waarop die deponering moet plaatsvinden.

Handelsregister, deponering langs elektronische weg

2. Voor aangewezen bescheiden als bedoeld in het eerste lid, waarvan de inhoud betrekking heeft op enig boekjaar, wordt bij de in het eerste lid bedoelde algemene maatregel van bestuur tevens bepaald vanaf welk boekjaar de in het eerste lid bedoelde verplichting daarop van toepassing is.
3. De Kamer draagt zorg voor het langs elektronische weg kunnen ontvangen van aangewezen bescheiden als bedoeld in het eerste lid op de in dat lid genoemde algemene maatregel van bestuur vastgestelde wijze.
4. Bij algemene maatregel van bestuur kan worden bepaald dat de Kamer ondersteunende voorzieningen beschikbaar stelt, voor zover dit ten behoeve van het deponeren van op grond van het eerste lid aangewezen bescheiden door op grond van het eerste lid aangewezen rechtspersonen noodzakelijk is.

Art. 20
1. De opgave voor de eerste inschrijving van een onderneming wordt gedaan binnen een periode van twee weken, die begint een week vóór en eindigt een week ná de aanvang van de bedrijfsuitoefening. De opgave voor de eerste inschrijving van een rechtspersoon wordt gedaan binnen één week na het plaatsvinden van het feit ten gevolge waarvan de verplichting tot inschrijving ontstaat.

Handelsregister, termijn inschrijving

2. De andere voorgeschreven opgaven worden gedaan uiterlijk een week na het plaatsvinden van het feit ten gevolge waarvan de verplichting tot de opgave ontstaat.
3. De verplichting tot het doen van een opgave eindigt zodra die opgave is gedaan door iemand anders die daartoe verplicht of bevoegd was of, voor zover de Kamer bevoegd is tot het wijzigen van gegevens, zodra de Kamer de desbetreffende wijziging heeft ingeschreven.
4. Bij of krachtens algemene maatregel van bestuur worden regels gesteld over:

Nadere regels

a. de wijze waarop gegevens in het handelsregister worden opgenomen;
b. de termijnen voor het opnemen van gegevens in het handelsregister;
c. de actualiteit van het overnemen van een gegeven uit een ander basisregister.
5. Met toepassing van artikel 28, eerste lid, laatste zinsnede, van de Dienstenwet is paragraaf 4.1.3.3. van de Algemene wet bestuursrecht niet van toepassing op een opgave ter inschrijving in het handelsregister.

Hoofdstuk 4
De verstrekking en het gebruik van gegevens

§ 4.1
De verstrekking van gegevens, algemeen

Art. 21
1. De in artikel 9, 10, met uitzondering van het tweede lid, onderdeel a en het derde lid, onderdeel e, onder 1°, eerste gedachtestreepje, 11, 12, 13, 14, 16, tweede lid, en 16a, eerste lid, genoemde gegevens, de in artikel 17, onderdeel a, bedoelde gegevens, en de krachtens wettelijk voorschrift gedeponeerde bescheiden kunnen door een ieder worden ingezien.

Handelsregister, inzage gegevens

2. Een handtekening kan niet in elektronische vorm worden ingezien.

Art. 22
1. De Kamer verstrekt op elektronisch verzoek, indien gewenst in elektronische vorm, een afschrift van of uittreksel uit de gegevens en bescheiden, bedoeld in artikel 21.

Handelsregister, gegevensverstrekking

2. De Kamer verstrekt op elektronisch verzoek gegevens van algemene, feitelijke aard omtrent de samenstelling van ondernemingen en rechtspersonen uit het handelsregister ter bevordering van de economische belangen van handel, industrie, ambacht en dienstverlening. Bij het verstrekken van gegevens omtrent de samenstelling van ondernemingen en rechtspersonen worden deze gegevens niet gerangschikt naar natuurlijke personen.
3. Een verzoek als bedoeld in het eerste of tweede lid wordt mede door een kamer in behandeling genomen indien het op andere dan elektronische wijze is gedaan.
4. In afwijking van het eerste lid verstrekt de Kamer een handtekening niet in elektronische vorm.

Art. 23

Nadere regels

Bij algemene maatregel van bestuur kunnen ter bescherming van de persoonlijke levenssfeer van de personen die in het handelsregister staan ingeschreven voor daarbij aangewezen gegevens of bescheiden of categorieën van gegevens of bescheiden, beperkingen worden vastgesteld ten aanzien van het bepaalde in de artikelen 21, 22 en 28.

§ 4.2
Publicatie inschrijvingen

Art. 24

Handelsregister, mededeling inschrijving

1. Heeft de opgave van een gegeven ter inschrijving in het handelsregister betrekking op een naamloze vennootschap, een besloten vennootschap met beperkte aansprakelijkheid, een Europese naamloze vennootschap, een Europees economisch samenwerkingsverband, een Europese coöperatieve vennootschap of een andere bij algemene maatregel van bestuur aangewezen rechtspersoon of vennootschap, dan draagt de Kamer er zorg voor dat daarvan zo spoedig mogelijk mededeling wordt gedaan in een door Onze Minister aangewezen publicatieblad of een ander, even doeltreffend instrument, dat ten minste het gebruik van een systeem omvat dat in chronologische volgorde via een centraal elektronisch platform toegang tot de openbaar gemaakte informatie biedt.
2. Het eerste lid is mede van toepassing op een wijziging van het ingeschrevene en op een deponering van bescheiden.

Nadere regels

3. Bij algemene maatregel van bestuur kunnen gegevens en bescheiden worden aangewezen waarvoor het eerste of tweede lid niet geldt.

§ 4.3
Derdenwerking

Art. 25

Handelsregister, derdenwerking

1. Op een feit dat door inschrijving of deponering moet worden bekendgemaakt, kan tegenover derden die daarvan onkundig waren geen beroep worden gedaan zolang de inschrijving of deponering en, voor zover van toepassing, de in artikel 24 bedoelde mededeling niet hebben plaatsgevonden.
2. Indien de derde aantoont dat hij onmogelijk kennis heeft kunnen nemen van een mededeling als bedoeld in artikel 24 kan hij zich erop beroepen dat hij van het bekendgemaakte feit onkundig was, mits dit beroep betrekking heeft op hetgeen heeft plaatsgevonden binnen vijftien dagen nadat de mededeling was geschied. De Algemene Termijnenwet is op deze termijn niet van toepassing.
3. Degene aan wie een onderneming toebehoort, de ingeschreven rechtspersoon of degene die enig feit heeft opgegeven of verplicht is enig feit op te geven, kan aan derden die daarvan onkundig waren niet de onjuistheid of onvolledigheid van de inschrijving of van de in artikel 24 bedoelde mededeling tegenwerpen. Met de inschrijving wordt de deponering van bescheiden gelijkgesteld.
4. Dit artikel is niet van toepassing ten aanzien van:
   a. artikel 811, tweede lid, van Boek 7 van het Burgerlijk Wetboek;
   b. opgaven betreffende aangelegenheden die ingevolge enig wettelijk voorschrift – niet zijnde Boek 2 van het Burgerlijk Wetboek, verordening 2137/85 of verordening 2157/2001 – ook op andere wijze worden bekend gemaakt;
   c. de bij algemene maatregel van bestuur aangewezen gegevens.

Art. 26

Handelsregister, mededeling EG

De Kamer draagt zorg voor mededeling aan het Bureau voor officiële publicaties der Europese Gemeenschappen als bedoeld in artikel 39, tweede lid, van verordening 2137/85 en artikel 14, derde lid, van verordening 2157/2001.

§ 4.4
Verplichte vermelding nummer

Art. 27

Handelsregister, verplichte vermelding inschrijvingsnummer

1. De volgende in het handelsregister ingeschreven ondernemingen of rechtspersonen zorgen ervoor dat op alle van die onderneming of die rechtspersoon uitgaande brieven, orders, facturen, offertes en andere aankondigingen, met uitzondering van reclames, is vermeld onder welk nummer deze in het handelsregister is ingeschreven:
   a. de in artikel 5 en 6, eerste lid, onderdeel a, genoemde ondernemingen en rechtspersonen;
   b. de in artikel 6, eerste lid, onderdeel b, genoemde rechtspersonen, tenzij stukken uitgaan van een rechtspersoon waaraan geen onderneming toebehoort.

2. Het in het eerste lid bedoelde nummer is het nummer, bedoeld in artikel 9, onderdeel a, of in artikel 13, onderdeel a.
3. Bij ministeriële regeling kan vrijstelling worden verleend van het in het eerste lid bepaalde. Een vrijstelling kan niet worden verleend:
   a. aan Europese economische samenwerkingsverbanden;
   b. voor zover het betreft brieven en orders, aan naamloze vennootschappen, besloten vennootschappen met beperkte aansprakelijkheid en Europese naamloze vennootschappen.

Hoofdstuk 5
Verstrekking van gegevens aan bestuursorganen en gebruik van gegevens door bestuursorganen

§ 5.1
Verstrekking aan bestuursorganen

Art. 28

1. De in artikel 10, tweede lid, onderdeel a, en derde lid, onderdeel e, onder 1°, eerste gedachtestreepje, en artikel 16, eerste lid, genoemde gegevens kunnen door een bestuursorgaan als bedoeld in artikel 1:1, eerste lid, onderdeel a, van de Algemene wet bestuursrecht worden ingezien.   *Handelsregister, gegevensverstrekking aan bestuursorganen*
2. Artikel 22 is van overeenkomstige toepassing op verstrekking van gegevens als bedoeld in het eerste lid.
3. Bij het verstrekken van gegevens omtrent de samenstelling van ondernemingen en rechtspersonen aan een bestuursorgaan als bedoeld in artikel 1:1, eerste lid, onderdeel a, van de Algemene wet bestuursrecht of rechtspersoon met een overheidstaak als bedoeld in artikel 1, onder a, van de Wet bevordering integriteitsbeoordelingen door het openbaar bestuur worden deze gegevens uitsluitend gerangschikt naar natuurlijke personen indien het verzoek daartoe wordt gedaan door:
   a. Onze Minister van Veiligheid en Justitie ten behoeve van de taak, bedoeld in artikel 2, eerste lid, van de Wet controle op rechtspersonen of ten behoeve van de uitvoering van de Vreemdelingenwet 2000;
   b. een officier van justitie ten behoeve van de opsporing van strafbare feiten;
   c. de rijksbelastingdienst voor de uitvoering van zijn taken;
   d. het Uitvoeringsinstituut werknemersverzekeringen of de Sociale verzekeringsbank, bedoeld in de Wet structuur uitvoeringsorganisatie werk en inkomen, of Onze Minister van Sociale Zaken en Werkgelegenheid voor de uitvoering van hun bij of krachtens wet opgedragen taken;
   e. burgemeesters en wethouders voor de uitvoering van de Wet gemeentelijke schulphulpverlening, Participatiewet, de Wet inkomensvoorziening oudere en gedeeltelijk arbeidsongeschikte werkloze werknemers en de Wet inkomensvoorziening oudere en gedeeltelijk arbeidsongeschikte gewezen zelfstandigen;
   f. het Bureau bevordering integriteitsbeoordelingen door het openbaar bestuur ten behoeve van het geven van een advies als bedoeld in artikel 9 van de Wet bevordering integriteitsbeoordelingen door het openbaar bestuur en een bestuursorgaan als bedoeld in artikel 1:1, eerste lid, onderdeel a, van de Algemene wet bestuursrecht of rechtspersoon met een overheidstaak als bedoeld in artikel 1, onder a, van die wet, in het geval waarin hij bevoegd is tot toepassing van de Wet bevordering integriteitsbeoordelingen door het openbaar bestuur;
   g. de Autoriteit Consument en Markt voor de uitvoering van haar taken;
   h. de raad van bestuur van de Autoriteit Financiële Markten voor de uitvoering van zijn taken;
   i. [vervallen;]
   j. [vervallen;]
   k. Onze Minister van Sociale Zaken en Werkgelegenheid en de colleges van burgemeester en wethouders voor hun taak, bedoeld in artikel 1.47a van de Wet kinderopvang.

Art. 29
Vervallen

§ 5.2
Gebruik door bestuursorganen

Art. 30

1. Een bestuursorgaan als bedoeld in artikel 1:1, eerste lid, onderdeel a, van de Algemene wet bestuursrecht dat bij de vervulling van zijn taak informatie over een onderneming of rechtspersoon nodig heeft die in de vorm van een authentiek gegeven beschikbaar is in het handelsregister, gebruikt voor die informatie dat gegeven.   *Handelsregister, gebruik door bestuursorganen*
2. Het eerste lid is niet van toepassing indien:
   a. in het handelsregister is opgenomen dat een gegeven in onderzoek is;

b. het bestuursorgaan een melding doet als bedoeld in artikel 32, eerste lid;
c. bij wettelijk voorschrift anders is bepaald;
d. een goede vervulling van de taak van het bestuursorgaan door de onverkorte toepassing van het eerste lid wordt belet.

§ 5.3
Eenmalige gegevensverstrekking

Art. 31

Handelsregister, eenmalige gegevensverstrekking

Een onderneming of rechtspersoon aan wie door een bestuursorgaan als bedoeld in artikel 1:1, eerste lid, onderdeel a, van de Algemene wet bestuursrecht een gegeven wordt gevraagd, waarop artikel 30, eerste lid, van toepassing is, behoeft dat gegeven niet mede te delen, behoudens voor zover het gegeven noodzakelijk wordt geacht voor een deugdelijke vaststelling van de identiteit van de onderneming of rechtspersoon.

Hoofdstuk 6
Wijziging van de in het handelsregister opgenomen gegevens

Art. 32
[Treedt in werking op nader te bepalen tijdstip]

Art. 33

Handelsregister, melden wijziging gegevens

Indien de melding betrekking heeft op een gegeven dat ingevolge artikel 17, onderdeel b, uit een ander register is overgenomen, zendt de kamer deze melding aan de beheerder van het register waaruit dit gegeven afkomstig is.

Art. 34

Handelsregister, wijziging gegevens in onderzoek

1. Indien een melding als bedoeld in artikel 32, eerste lid, niet is doorgezonden naar de beheerder van een ander register, tekent de Kamer binnen een bij ministeriële regeling vastgestelde termijn aan dat het gegeven in onderzoek is, tenzij de Kamer binnen deze termijn beslist over de wijziging van dat gegeven.
2. Indien een gegeven in onderzoek is, beslist de Kamer over wijziging van dat gegeven.
3. Indien een beslissing, bedoeld in het eerste of tweede lid, leidt tot wijziging van de gegevens, doet de Kamer onverwijld schriftelijk mededeling aan een tot opgave verplichte persoon.
4. De Kamer verwijdert de aantekening dat een gegeven in onderzoek is indien een besluit als bedoeld in het tweede lid niet tot wijziging van gegevens leidt.

Art. 35

Schakelbepaling

De beslissing, bedoeld in artikel 34, tweede lid, geldt als een besluit in de zin van de Algemene wet bestuursrecht.

Art. 36

Handelsregister, bezwaar/beroep tegen wijziging

1. Indien tegen een beslissing, bedoeld in artikel 34, eerste en tweede lid, bezwaar wordt gemaakt of beroep wordt ingesteld, tekent, voor zover dit nog niet het geval is, de Kamer in het handelsregister aan dat een gegeven in onderzoek is.
2. Nadat op het bezwaar of beroep onherroepelijk is beslist, schrijft de Kamer indien nodig een wijziging in het handelsregister in en verwijdert de Kamer de aantekening dat een gegeven in onderzoek is.

Art. 37

Schakelbepaling

Op een melding als bedoeld in artikel 32, tweede lid, zijn de artikelen 33, 34, tweede en derde lid, 35 en 36 van overeenkomstige toepassing.

Art. 38

Schakelbepaling

1. Indien de Kamer gerede twijfel heeft over de juistheid van authentieke gegevens, zijn de artikelen 33 tot en met 36 van overeenkomstige toepassing.
2. Bij algemene maatregel van bestuur kunnen niet-authentieke gegevens worden aangewezen waarop het eerste lid van overeenkomstige toepassing is.
3. Op een verzoek als bedoeld in de artikelen 16 en 17 van de Algemene verordening gegevensbescherming, zijn de artikelen 33 tot en met 36 van overeenkomstige toepassing.

Art. 39

Nadere regels

Bij of krachtens algemene maatregel van bestuur worden nadere regels gesteld met betrekking tot:
a. de melding, bedoeld in artikel 32;
b. de doorzending van de melding, bedoeld in artikel 33;
c. het plaatsen van de aantekening in onderzoek, bedoeld in artikel 34, eerste lid;
d. het besluit over de melding, bedoeld in artikel 34, tweede lid;
e. de gegevens die over de terugmelding en het onderzoek in het register worden opgenomen ingevolge artikel 16, eerste lid;
f. de criteria om een inschrijving te weigeren.

Hoofdstuk 7
Kwaliteitscontrole van het handelsregister

Art. 40
De Kamer treft maatregelen die ertoe strekken te waarborgen dat het handelsregister juist, actueel en volledig is.

Handelsregister, kwaliteitswaarborgen

Art. 41
1. De Kamer laat eens per drie jaar de uitvoering van deze wet alsmede de juistheid van de in het handelsregister opgenomen gegevens controleren door een accountant als bedoeld in artikel 393 van Boek 2 van het Burgerlijk Wetboek.
2. Bij of krachtens algemene maatregel van bestuur kunnen nadere regels betreffende de controle worden gesteld, waaronder regels omtrent de elementen die de controle moet bevatten.
3. De Kamer zendt aan Onze Minister een afschrift van de controleresultaten en maakt deze controleresultaten openbaar. Onze Minister zendt een uittreksel van deze controleresultaten aan de Autoriteit persoonsgegevens.
4. Indien uit de controle, bedoeld in het eerste lid, blijkt dat niet voldaan wordt aan bij of krachtens algemene maatregel van bestuur te stellen voorwaarden, laat de Kamer binnen een jaar een hercontrole uitvoeren op die onderdelen die bij de eerdere controle niet voldeden aan de gestelde voorwaarden. Het tweede lid is van overeenkomstige toepassing.
5. De in het eerste lid bedoelde accountant heeft ten behoeve van een controle als bedoeld in het eerste of derde lid inzage in het handelsregister. De Kamer verleent hiertoe de nodige medewerking.
6. Eenieder die is betrokken bij een controle als bedoeld in het eerste of vierde lid is verplicht tot geheimhouding van de gegevens waarover hij de beschikking heeft gekregen, behoudens voor zover enig wettelijk voorschrift hem tot mededeling verplicht of uit zijn taak de noodzaak tot mededeling voortvloeit.
7. Bij ministeriële regeling worden regels gesteld over de vergoeding van de kosten van de controle. Een hercontrole als bedoeld in het vierde lid wordt niet vergoed.

Handelsregister, Kwaliteitscontrole

Art. 41a
1. De Kamer stelt een protocol op, dat betrekking heeft op:
a. de beschikbaarheid, werking en beveiliging van het handelsregister, bedoeld in artikel 4, tweede lid;
b. de juistheid, actualiteit en volledigheid van het handelsregister, bedoeld in artikel 40, eerste lid;
c. de controle, bedoeld in artikel 41, eerste lid;
d. de procedure voor de behandeling van klachten, bedoeld in artikel 48.
2. Het protocol behoeft de goedkeuring van Onze Minister.
3. De goedkeuring kan worden onthouden wegens strijd met het recht of het algemeen belang.

Handelsregister, kwaliteitsprotocol

Hoofdstuk 8
Toezicht en handhaving

§ 8.1
[Vervallen]

Art. 42-46
[Vervallen]

§ 8.2
Handhaving

Art. 47
Het is verboden te handelen in strijd met dan wel niet te voldoen aan een bij of krachtens deze wet gestelde verplichting tot het doen van een opgave ter inschrijving in het handelsregister.

Handelsregister, handhaving

§ 8.3
Klachtenbehandeling

Art. 48
De Kamer draagt zorg voor een procedure voor de behandeling van klachten over de uitvoering van deze wet. Bij de behandeling van klachten wordt de procedure, bedoeld in titel 9.1 van de Algemene wet bestuursrecht gevolgd.

Handelsregister, klachtenbehandeling

Hoofdstuk 9
Financiën

Art. 49

Handelsregister, Inschrijfvergoeding

1. Bij algemene maatregel van bestuur kan worden bepaald dat een onderneming of rechtspersoon die een opgave doet tot eerste inschrijving in het handelsregister daarvoor eenmalig een vergoeding verschuldigd is (inschrijfvergoeding). De voordracht voor deze algemene maatregel van bestuur wordt niet eerder gedaan dan vier weken nadat het ontwerp aan beide kamers der Staten-Generaal is overgelegd.
2. Bij of krachtens algemene maatregel van bestuur worden voorschriften vastgesteld voor het bepalen van de hoogte van de inschrijfvergoeding waarbij rechtsvorm van de onderneming of rechtspersoon en de wijze waarop opgave wordt gedaan in aanmerking kunnen worden genomen.
3. Zelfstandige onderdelen van een kerkgenootschap en lichamen waarin zij zijn verenigd zijn de inschrijfvergoeding, bedoeld in het eerste lid, niet verschuldigd bij een opgave ter inschrijving ingevolge artikel 6, derde lid.
4. De inschrijfvergoeding is verschuldigd zonder dat deze bij beschikking is vastgesteld.
5. Bij algemene maatregel van bestuur wordt de betalingstermijn vastgesteld.

Art. 50

Handelsregister, kosten inzage/verstrekking gegevens

1. Voor de inzage of de verstrekking van gegevens is een bij of krachtens algemene maatregel van bestuur te bepalen vergoeding verschuldigd, welke kan variëren naar de wijze van inzage of verstrekking van gegevens en de hoeveelheid gegevens.
2. Artikel 9, derde lid, van de Wet hergebruik van overheidsinformatie is van toepassing op de vergoeding, bedoeld in het eerste lid.
3. De verplichting tot betaling van een vergoeding als bedoeld in het eerste lid geldt niet indien het verzoek om gegevens wordt gedaan door de directeur-generaal van de statistiek op grond van artikel 33, vierde lid, van de Wet op het Centraal bureau voor de statistiek.
4. De in het eerste lid bedoelde vergoeding is verschuldigd zonder dat dit bij beschikking is vastgesteld.
5. Bij algemene maatregel van bestuur wordt de betalingstermijn vastgesteld.

Art. 50a

Handelsregister, dwangbevel tot betaling van vergoeding of bijdrage

Een kamer is bevoegd de betaling van een vergoeding of bijdrage af te dwingen door het uitvaardigen van een dwangbevel.

Hoofdstuk 10
Overige bepalingen

Art. 51

Nadere regels

Indien in deze wet geregelde of daarmee verband houdende onderwerpen in het belang van een goede uitvoering van de wet of in het belang van de uitvoering van een bindend besluit van de Raad van de Europese Unie of de Commissie van de Europese Gemeenschappen regeling of nadere regeling behoeven, kan deze geschieden bij algemene maatregel van bestuur.

Art. 52

Handelsregister, overleg Minister met gebruikers

Onze Minister overlegt periodiek met een representatieve vertegenwoordiging van de gebruikers van het handelsregister over de inhoud, de inrichting, de werking en de beveiliging van het handelsregister.

Hoofdstuk 11
Wijziging andere wetten

Art. 53
[Wijzigt de Wet op de kamers van koophandel en fabrieken 1997.]

Art. 54
[Wijzigt de Wet op de economische delicten.]

Art. 55
[Wijzigt de Wet op de bedrijfsorganisatie.]

Art. 55a
[Wijzigt het Burgerlijk Wetboek Boek 2 en de Wet op de formeel buitenlandse vennootschappen.]

Art. 55b
[Wijzigt het Burgerlijk Wetboek Boek 6.]

Art. 55c
[Wijzigt het Wetboek van Koophandel.]

Art. 55d
[Wijzigt de Wet documentatie vennootschappen.]

Art. 55e
[Wijzigt de Uitvoeringswet verordening Europese coöperatieve vennootschap, de Uitvoeringswet verordening Europese vennootschap en de Uitvoeringswet Verordening tot instelling van Europese economische samenwerkingsverbanden.]

Art. 55f
[Wijzigt de Kieswet.]

Art. 55g
[Wijzigt de Wet nationaliteit zeeschepen in rompbevrachting.]

Art. 55h
[Wijzigt de Uitvoeringswet Visserijverdrag 1967.]

Art. 55i
[Wijzigt de Wet inkomensvoorziening oudere en gedeeltelijk arbeidsongeschikte gewezen zelfstandigen, de Wet inkomensvoorziening oudere en gedeeltelijk arbeidsongeschikte werkloze werknemers, de Wet structuur uitvoeringsorganisatie werk en inkomen, de Wet werk en bijstand en de Wet werk en inkomen kunstenaars.]

Hoofdstuk 12
Overgangs- en slotbepalingen

Art. 56
De Handelsregisterwet 1996 vervalt.   *Uitschakelbepaling*

Art. 57
1. Opgaven ter inschrijving in het handelsregister en deponering van bescheiden waartoe de verplichting ontstaat als gevolg van de inwerkingtreding van deze wet, worden gedaan binnen 18 maanden na inwerkingtreding van deze wet.   *Overgangsbepalingen*
2. Indien op het tijdstip van inwerkingtreding van deze wet in het handelsregister gegevens staan ingeschreven die niet op grond van een wettelijk voorschrift behoeven te worden ingeschreven, haalt de Kamer die gegevens binnen drie maanden na het eerder genoemde tijdstip door.

Art. 58
Bij ministeriële regeling kunnen, in overeenstemming met Onze betrokken Ministers, gegevens worden aangewezen die eenmalig worden gebruikt om ondernemingen en rechtspersonen die thans niet in het handelsregister zijn opgenomen, in te schrijven in het handelsregister.

Art. 59
1. In afwijking van artikel 30 kunnen gedurende zes jaar na de inwerkingtreding van artikel 30 bij ministeriële regeling, in overeenstemming met Onze betrokken Ministers, bestuursorganen worden aangewezen voor wie de in artikel 30 genoemde verplichting uitsluitend geldt.
2. In afwijking van artikel 32 kunnen gedurende zes jaar na de inwerkingtreding van artikel 32 bij ministeriële regeling, in overeenstemming met Onze betrokken Ministers, bestuursorganen worden aangewezen voor wie de in artikel 32 genoemde verplichting uitsluitend geldt.

Art. 60
In afwijking van artikel 41 geschiedt de controle, bedoeld in artikel 41, gedurende zes jaar na de inwerkingtreding van artikel 41, eens per twee jaar.

Art. 61
Bij algemene maatregel van bestuur kan gedurende vier jaar na inwerkingtreding van artikel 2, met het oog op een goede invoering van deze wet regels stellen waarbij zo nodig kan worden afgeweken van het bepaalde bij en krachtens deze wet.

Art. 62
[Wijzigt deze wet.]

Art. 62a
[Wijzigt de Postwet.]

Art. 62b
[Wijzigt kamerstuk 30536.]

Art. 63
Onze Minister zendt binnen vier jaar na de inwerkingtreding van deze wet aan de Staten-Generaal een verslag over de doeltreffendheid en de effecten van deze wet in de praktijk.   *Handelsregister, evaluatie wet*

Art. 64
De artikelen van deze wet treden in werking op een bij koninklijk besluit te bepalen tijdstip, dat voor verschillende artikelen en onderdelen daarvan verschillend kan worden vastgesteld.   *Inwerkingtreding*

Art. 65
Deze wet wordt aangehaald als: Handelsregisterwet met vermelding van het jaartal van het Staatsblad waarin zij zal worden geplaatst.   *Citeertitel*

Handelsregisterbesluit 2008[1]

Besluit van 18 juni 2008, houdende de vaststelling van een nieuw Handelsregisterbesluit 2008 (Handelsregisterbesluit 2008)

Wij Beatrix, bij de gratie Gods, Koningin der Nederlanden, Prinses van Oranje-Nassau, enz. enz. enz.
Op voordracht van de Staatssecretaris van Economische Zaken van 12 februari 2008 nr. WJZ/8012689;
Gelet op artikelen 6, derde lid, 8, onderdeel b, 17, eerste lid, 18, achtste lid, 19, eerste lid, 20, vierde lid, 23, 24, derde lid, 24, 25, vierde lid, onderdeel c, 38, tweede lid en 39 van de Handelsregisterwet 2007;
De Raad van State gehoord (advies van 14 maart 2008, nr. W10.02.0067/III)
Gezien het nader rapport van de Staatssecretaris van Economische Zaken van 13 juni 2008 WJZ8066664;
Hebben goedgevonden en verstaan:

Hoofdstuk 1
Begripsbepalingen

Art. 1

1. In dit besluit en de daarop berustende bepalingen wordt verstaan onder: *Begripsbepalingen*
a. wet: de Handelsregisterwet 2007;
b. werkzame personen: de al dan niet in dienst van de betrokken onderneming werkzame werknemers, de meewerkende eigenaren en de meewerkende gezinsleden van een eigenaar, steeds voorzover zij doorgaans ten minste 15 uur per week werkzaam zijn;
c. verordening 1435/2003: de verordening (EG) nr. 1435/2003 van de Raad van de Europese Unie van 22 juli 2003 betreffende het statuut van de Europese coöperatieve vennootschap (SCE) (PbEU L 207);
d. richtlijn 68/151/EEG: richtlijn (EEG) nr. 68/151 van de Raad van de Europese Gemeenschappen van 9 maart 1968 met betrekking tot de openbaarmakingsvereisten voor bepaalde soorten ondernemingen (PbEG 1968 L 65);
e. melding: een melding als bedoeld in artikel 32, eerste of tweede lid, van de wet;
f. persoonlijke gegevens:
1°. indien deze betrekking hebben op een natuurlijk persoon, de gegevens, genoemd in artikel 10, tweede lid van de wet, de geslachtsaanduiding en de handtekening;
2°. indien deze betrekking hebben op een rechtspersoon naar Nederlands recht, het nummer genoemd in artikel 12, onderdeel a, van de wet, de naam en het bezoekadres;
3°. indien deze betrekking hebben op een rederij, maatschap, vennootschap onder firma of commanditaire vennootschap naar Nederlands recht, het nummer genoemd in artikel 10, derde lid onderdeel a, van de wet, de naam en het bezoekadres;
4°. indien deze betrekking hebben op een rechtspersoon of vennootschap naar buitenlands recht, de naam, het bezoekadres, het nummer waaronder de rechtspersoon of vennootschap in het buitenlandse register is ingeschreven, de naam van dat register en de plaats en het land waar het register wordt gehouden.
2. In dit besluit en de daarop berustende bepalingen wordt mede verstaan onder:
a. handtekening: een elektronische handtekening als bedoeld in artikel 3, onderdelen 10, 11 en 12, van verordening (EU) nr. 910/2014 van het Europees Parlement en de Raad van 23 juli 2014 betreffende elektronische identificatie en vertrouwensdiensten voor elektronische transacties in de interne markt en tot intrekking van richtlijn 1999/93/EG (PbEU 2014, L 257);
b. commissaris: een lid van een toezichthoudend orgaan.

Art. 2

1. Van een onderneming is sprake indien een voldoende zelfstandig optredende organisatorische   *Onderneming, definitie*
eenheid van één of meer personen bestaat waarin door voldoende inbreng van arbeid of middelen, ten behoeve van derden diensten of goederen worden geleverd of werken tot stand worden gebracht met het oogmerk daarmee materieel voordeel te behalen.
2. Van een onderneming is geen sprake indien er naar het oordeel van de Kamer onvoldoende omvang van activiteiten of omzet is.

---
1   Inwerkingtredingsdatum: 01-07-2008; zoals laatstelijk gewijzigd bij: Stb. 2017, 75.

Hoofdstuk 2
Opgave ter inschrijving

Art. 3

Handelsregister, opgave ter inschrijving

1. Voor het doen van een opgave ter inschrijving in het handelsregister bij de Kamer wordt gebruik gemaakt van een door de Kamer vastgesteld formulier dat kosteloos verkrijgbaar is.
2. De Kamer kan ermee instemmen dat een opgave op andere wijze geschiedt dan in het eerste lid bepaald.
3. Voor zover de Kamer niet op grond van de Dienstenwet of artikel 19 van de wet zorg draagt voor de mogelijkheid tot elektronische uitwisseling van gegevens en bescheiden, draagt de Kamer er zorg voor dat gegevens en bescheiden langs elektronische weg ontvangen kunnen worden indien voor die gegevens en bescheiden een plicht tot neerlegging bestaat op grond van richtlijn nr. 68/151/EEG van de Raad van de Europese Gemeenschappen van 9 maart 1968 strekkende tot het coördineren van de waarborgen, welke in de Lid-Staten worden verlangd van de vennootschappen in de zin van de tweede alinea van artikel 58 van het Verdrag, om de belangen te beschermen zowel van de deelnemers in deze vennootschappen als van derden, zulks ten einde die waarborgen gelijkwaardig te maken (PbEG L 65).
4. Een wijziging van de richtlijn, genoemd in het derde lid, gaat voor de toepassing van het bij of krachtens dit besluit bepaalde gelden met ingang van de dag waarop aan de betrokken wijzigingsrichtlijn uitvoering moet zijn gegeven.

Art. 4

Handelsregister, onderzoek inschrijving

1. De Kamer onderzoekt of een opgave afkomstig is van iemand die tot het doen ervan bevoegd is, en of de opgave juist is, tenzij in Nederland of een andere lidstaat van de Europese Unie of van de Europese Economische Ruimte reeds onderzoek naar gelijkwaardige eisen is verricht en hieruit blijkt dat de opgave aan de eisen voldoet.
2. De Kamer kan bij een onderzoek nadere bewijsstukken vragen.
3. Indien de Kamer ervan overtuigd is dat de opgave is gedaan door iemand die tot het doen ervan bevoegd is en van oordeel is dat de opgave juist is, gaat zij onverwijld over tot inschrijving.

Art. 5

Handelsregister, gronden weigering inschrijving

1. De Kamer weigert om tot inschrijving over te gaan indien zij er niet van overtuigd is dat de opgave afkomstig is van een tot opgave bevoegd persoon.
2. De Kamer kan weigeren om tot inschrijving over te gaan indien:
a. de opgave strijdig is met een wettelijk voorschrift, het recht, de openbare orde of de goede zeden;
b. de opgave innerlijk strijdig of onvolledig is;
c. de opgave strijdig is met de reeds over de onderneming of rechtspersoon opgenomen gegevens;
d. de opgave strijdig is met gegevens uit een ander basisregister;
e. de Kamer gerede twijfel heeft over de juistheid van de opgave.
3. Indien de Kamer degene die de opgave doet in de gelegenheid heeft gesteld de opgave aan te vullen of te wijzigen, stelt zij indien nodig de opgave weer ter beschikking van degene die de opgave heeft gedaan.

Art. 6

Handelsregister, verplichte opgave ter inschrijving

1. Tot het doen van een opgave ter inschrijving in het handelsregister van alle gegevens betreffende de onderneming of rechtspersoon is verplicht:
a. de bestuurder van een publiekrechtelijke rechtspersoon;
b. de bestuurder van een rechtspersoon, bedoeld in artikelen 24 tot en met 26;
c. de beheerder in Nederland, bedoeld in artikel 24, derde lid, 25, derde lid, onderdeel b, en 26, derde lid, onderdeel b;
d. de bewindvoerder, bedoeld in artikel 37, eerste lid, onder a.

Handelsregister, verstrekking gegevens ter inschrijving

2. Tot het doen van een opgave ter inschrijving van de volgende gegevens is verplicht:
a. betreffende de aankondigingen krachtens artikel 390 van Boek 1 van het Burgerlijk Wetboek, hij die met de bekendmaking ervan is belast;
b. betreffende de aankondigingen ingevolge de Wet op het financieel toezicht, hij die met de bekendmaking ervan in de Staatscourant is belast;
c. betreffende het bedrag van het geplaatste kapitaal, bedoeld in artikel 22, tweede lid, en 25, derde lid, onderdeel c en vierde lid, de houder van het register, bedoeld in artikel 1:107 van de Wet op het financieel toezicht, indien de daartoe verplichte personen een melding hebben gedaan op grond van artikel 5:34 van de Wet op het financieel toezicht;
d. betreffende de ontbinding van een vennootschap of rechtspersoon en betreffende de voltooiing van de vereffening van een Europees economisch samenwerkingsverband of van een vennootschap of rechtspersoon als bedoeld in de artikelen 24, 25 en 26, de vereffenaar van een ontbonden vennootschap of rechtspersoon;
e. betreffende een uitspraak als bedoeld in artikel 37 en 39, eerste lid, de griffier van het rechtscollege dat de uitspraak heeft gedaan.

Art. 7
Bij de opgave ter inschrijving van een Europese naamloze vennootschap, een Europees economisch samenwerkingsverband en een Europese coöperatieve vennootschap worden tevens gegevens en bewijsstukken overgelegd waaruit blijkt dat voldaan is aan de voorwaarden voor inschrijving ingevolge verordening 2137/85, verordening 2157/2001 en verordening 1435/2003.

Handelsregister, opgave ter inschrijving Europese vennootschap

Hoofdstuk 3
In te schrijven rechtspersonen

Art. 8
1. In het handelsregister wordt een kerkgenootschap als bedoeld in artikel 2 van Boek 2 van het Burgerlijk Wetboek, dat geen deel uitmaakt van een organisatie als bedoeld in artikel 6, derde lid, van de wet, ingeschreven.
2. In het handelsregister wordt een kerkgenootschap als bedoeld in artikel 2, van Boek 2, van het Burgerlijk Wetboek, dat deel uitmaakt van een organisatie als bedoeld in artikel 6, derde lid, van de wet, die geen rechtspersoonlijkheid heeft, ingeschreven.

Handelsregister, inschrijving kerkgenootschap

Hoofdstuk 4
Op te nemen gegevens

§ 1
Algemene gegevens

Art. 9
1. Een wijziging van hetgeen in het handelsregister is opgenomen, wordt opgegeven met vermelding van de datum waarop de wijziging is ingegaan.
2. De Kamer vermeldt zo mogelijk de datum waarop de wijziging is ingegaan indien tot wijziging wordt besloten op grond van de artikelen 34 tot en met 36 van de wet.
3. In het handelsregister wordt, indien een gegeven geen derdenwerking heeft ingevolge artikel 50, een aantekening opgenomen dat het gegeven geen derdenwerking heeft.

Handelsregister, algemene gegevens

Art. 10
In het handelsregister worden indien degene aan wie een onderneming toebehoort is ingeschreven in een buitenlands register voor ondernemingen, opgenomen, het registratienummer uit dat register, de naam van het register en de plaats en het land waar het register gehouden wordt.

Handelsregister, inschrijving in buitenlands register

§ 2
Algemene gegevens van de onderneming

Art. 11
In het handelsregister worden over een onderneming opgenomen:
a. het aantal werkzame personen, onderverdeeld naar vestiging, op de eerste werkdag na 30 april van enig kalenderjaar;
b. een korte aanduiding van de uitgeoefende activiteit of activiteiten;
c. de naam van de berichtenbox van het centraal loket, bedoeld in artikel 5, eerste lid, onderdeel a, onder 2° van de Dienstenwet.

Handelsregister, algemene gegevens onderneming

Art. 11a
1. Een onderneming zonder vestiging in Nederland kan worden ingeschreven in het handelsregister, indien de activiteiten van de onderneming in Nederland zelfstandig zouden kwalificeren als een onderneming in de zin van artikel 2.
2. In het handelsregister wordt over een onderneming zonder vestiging in Nederland het adres opgenomen waarop degene aan wie de onderneming toebehoort fysiek bereikbaar is.

Handelsregister, onderneming zonder vestiging in Nederland

Art. 12
1. Indien een onderneming één of meer gevolmachtigde handelsagenten heeft die in Nederland werkzaam zijn, dan worden hun persoonlijke gegevens en de inhoud van hun volmacht in het handelsregister opgenomen.
2. In het handelsregister kunnen gegevens over overige gevolmachtigden van een onderneming worden opgenomen. In dat geval worden hun persoonlijke gegevens en de inhoud van hun volmacht opgenomen.

Handelsregister, gevolmachtigde handelsagenten in Nederland

Art. 13
In het handelsregister worden over een onderneming die toebehoort aan een rechtspersoon in oprichting opgenomen, de persoonlijke gegevens van ieder die handelt namens deze rechtspersoon in oprichting.

Handelsregister, onderneming van rechtspersoon in oprichting

§ 3
Algemene gegevens van een rechtspersoon

Art. 14

Handelsregister, algemene gegevens rechtspersoon

In het handelsregister kunnen gegevens over gevolmachtigden van een rechtspersoon worden opgenomen. In dat geval worden hun persoonlijke gegevens en de inhoud van hun volmacht opgenomen.

Art. 15

Handelsregister, op te nemen gegevens rechtspersoon

1. In het handelsregister worden over een rechtspersoon opgenomen:
   a. een korte aanduiding van de uitgeoefende activiteit of activiteiten;
   b. het postadres.
2. In het handelsregister worden over een rechtspersoon waaraan geen onderneming toebehoort en die geen vestiging heeft, opgenomen:
   a. het bezoekadres;
   b. het telefoonnummer, het faxnummer, het e-mailadres en het internetadres;
   c. de naam van de berichtenbox van het centraal loket, bedoeld in artikel 5, eerste lid, onderdeel a, onder 2° van de Dienstenwet.

§ 4
Specifieke gegevens afhankelijk van de rechtsvorm

§ 4.1
Eenmanszaak

Art. 16

Handelsregister, gegevens eenmanszaak

In het handelsregister worden indien een onderneming toebehoort aan een natuurlijk persoon de handtekening en de geslachtsaanduiding van deze persoon opgenomen.

§ 4.2
Vennootschap onder firma, commanditaire vennootschap, maatschap en rederij

Art. 17

Handelsregister, gegevens v.o.f./c.v./maatschap/rederij

In het handelsregister worden over een vennootschap onder firma, een commanditaire vennootschap of een maatschap opgenomen:
a. van iedere maat of niet-commanditaire vennoot, de datum van zijn toetreding en uittreding en
1° indien deze een natuurlijk persoon is, de geslachtsaanduiding en de handtekening;
2° indien deze een rechtspersoon of vennootschap naar Nederlands recht is, het bezoekadres;
3° indien deze een rechtspersoon of vennootschap naar buitenlands recht is, het bezoekadres, het nummer waaronder de rechtspersoon of vennootschap in het buitenlandse register is ingeschreven, de naam van dat register en de plaats en het land waar het register wordt gehouden;
b. de duur waarvoor de vennootschap of maatschap is aangegaan.

Art. 18

Handelsregister, overige op te nemen gegevens c.v.

In het handelsregister worden over een commanditaire vennootschap, naast de gegevens van artikel 17, opgenomen:
a. het aantal commanditaire vennoten;
b. het geldbedrag en de waarde van de goederen die de commanditaire vennoten gezamenlijk aan de vennootschap ter beschikking hebben gesteld of overeengekomen zijn ter beschikking te zullen stellen.

Art. 19

Handelsregister, gegevens v.o.f./c.v./maatschap m.b.t. rechten van derden

In het handelsregister wordt voorts over een vennootschap onder firma, een commanditaire vennootschap of een maatschap opgenomen al hetgeen de overeenkomst bevat ter bepaling van de rechten van derden.

Art. 20

Handelsregister, op te nemen gegevens rederij

In het handelsregister worden over een rederij opgenomen:
a. van ieder lid van de rederij, de datum van zijn toetreding en uittreding en
1° indien deze een natuurlijk persoon is, de geslachtsaanduiding en de handtekening;
2° indien deze een rechtspersoon of vennootschap naar Nederlands recht is, het bezoekadres;
3° indien deze een rechtspersoon of vennootschap naar buitenlands recht is, het bezoekadres, het nummer waaronder de rechtspersoon of vennootschap in het buitenlandse register is ingeschreven, de naam van dat register en de plaats en het land waar het register wordt gehouden;
b. de persoonlijke gegevens van de boekhouder, de datum waarop hij bij de rederij als zodanig in en uit functie is getreden;
c. de bevoegdheid van de boekhouder om de rederij te vertegenwoordigen.

§ 4.3
Rechtspersonen, Vennootschappen en het Europees economisch samenwerkingsverband

§ 4.3.1
[Gereserveerd]

Art. 21 [Gereserveerd]

§ 4.3.2
NV, BV, Europese NV en Europese Coöperatieve Vennootschap

Art. 22
1. In het handelsregister worden over een naamloze vennootschap, een besloten vennootschap met beperkte aansprakelijkheid, een Europese naamloze vennootschap of een Europese coöperatieve vennootschap opgenomen:
    a. de persoonlijke gegevens van iedere bestuurder en commissaris, van ieder lid van het besturend orgaan, of van ieder lid van het leidinggevende orgaan, de datum waarop hij bij de vennootschap als zodanig in en uit functie is getreden en of hij bevoegd is de vennootschap alleen of gezamenlijk handelend met een of meer anderen te vertegenwoordigen;
    b. de persoonlijke gegevens van anderen dan de bestuurders aan wie de statuten de bevoegdheid tot vertegenwoordiging toekennen en de inhoud van de bevoegdheid;
    c. het geplaatste kapitaal en het gestorte deel ervan;
    d. [vervallen;]
    e. de persoonlijke gegevens met uitzondering van de handtekening van de houder van alle aandelen in het kapitaal van de vennootschap of van een deelgenoot in een huwelijksgemeenschap dan wel een gemeenschap van een geregistreerd partnerschap waartoe alle aandelen in het kapitaal van de vennootschap behoren, de aandelen gehouden door de vennootschap of haar dochtermaatschappijen niet meegeteld;
    f. indien zulks het geval is, dat de statuten van de vennootschap beantwoorden aan de artikelen 158 tot en met 161 en 164 of de artikelen 268 tot en met 271 en 274 van boek 2 van het Burgerlijk Wetboek.
2. Indien een vennootschap als bedoeld in het eerste lid een beleggingsmaatschappij met veranderlijk kapitaal als bedoeld in artikel 76a van Boek 2 van het Burgerlijk Wetboek is, wordt het bedrag opgegeven van het ingeschreven kapitaal op de eerste werkdag na 30 april. Tussentijds kunnen in het handelsregister wijzigingen van het ingeschreven kapitaal worden opgegeven.
3. In het handelsregister wordt over een naamloze vennootschap, een Europese naamloze vennootschap en een Europese coöperatieve vennootschap opgenomen:
    a. het maatschappelijk kapitaal en wordt het bedrag van het geplaatste kapitaal en het gestorte deel ervan, bedoeld in het eerste lid, onderdeel c, onderverdeeld naar soort, indien er verschillende soorten aandelen zijn;
    b. indien niet volgestorte aandelen zijn uitgegeven, de persoonlijke gegevens met uitzondering van de handtekening van de houders van zulke aandelen, met vermelding van het aandelenbezit van iedere houder en van het daarop gestorte bedrag.
4. In het handelsregister wordt opgenomen of een bestuurder al dan niet uitvoerend is.

Handelsregister, gegevens NV/BV/Europese NV/Europese Coöperatieve vennootschap

§ 4.3.3
Europees economisch samenwerkingsverband

Art. 23
1. In het handelsregister worden over een Europees economisch samenwerkingsverband opgenomen:
    a. de persoonlijke gegevens van iedere bestuurder en commissaris en de datum waarop hij in en uit functie is getreden, en of hij bevoegd is het samenwerkingsverband alleen of gezamenlijk handelend met een of meer anderen te vertegenwoordigen;
    b. indien een beding is gemaakt als bedoeld in artikel 26, tweede lid, tweede alinea, van verordening 2137/85, de inhoud van dat beding;
    c. indien een bestuurder niet een natuurlijke persoon is, de persoonlijke gegevens van een ieder die als vertegenwoordiger in de zin van artikel 19, tweede lid, van verordening 2137/85 is aangewezen en de datum waarop hij als vertegenwoordiger is aangewezen.
2. Bij het handelsregister wordt gedeponeerd een authentiek afschrift of een door een opgaveplichtige gewaarmerkt afschrift van de oprichtingsovereenkomst in de Nederlandse, Duitse, Engelse of Franse taal.

Handelsregister, gegevens Europees economisch samenwerkingsverband

§ 4.3.4
Niet-Nederlandse rechtspersonen en vennootschappen

Art. 24

Handelsregister, gegevens niet-Nederlandse rechtspersonen en vennootschappen

1. Indien een in Nederland gevestigde onderneming of een in Nederland gelegen nevenvestiging van een buiten Nederland gevestigde onderneming toebehoort aan een vennootschap als bedoeld in richtlijn 68/151/EEG, opgericht naar het recht van een andere staat dan Nederland en die staat partij is bij de Overeenkomst betreffende de Europese Economische Ruimte, zijn de artikelen 15, 22 en 23 niet van toepassing.
2. In het handelsregister wordt over een vennootschap als bedoeld in het eerste lid opgenomen, de persoonlijke gegevens van iedere bestuurder en commissaris, de datum waarop hij in en uit functie is getreden en of hij bevoegd is de vennootschap alleen of handelend met een of meer anderen te vertegenwoordigen.
3. In het handelsregister worden over de in het eerste lid bedoelde onderneming of nevenvestiging opgenomen, de persoonlijke gegevens van de bij de onderneming of de hoofdnederzetting werkzame beheerder of een andere vergelijkbare gevolmachtigde, zijn functie en de datum waarop hij bij de onderneming of de hoofdnederzetting als zodanig in en uit functie is getreden en de inhoud van zijn volmacht.
4. Bij het handelsregister wordt gedeponeerd een authentiek afschrift of een door een opgaveplichtige gewaarmerkt afschrift van de oprichtingsakte van de vennootschap en van de statuten, indien deze in een afzonderlijke akte zijn opgenomen in de Nederlandse, Duitse, Engelse of Franse taal.
5. Bij het handelsregister wordt telkens het meest recente exemplaar van de boekhoudbescheiden van de vennootschap gedeponeerd, voor zover en in de vorm waarin de vennootschap deze in het land van haar statutaire zetel openbaar moet maken, in de Nederlandse, Duitse, Engelse of Franse taal.

Art. 25

Handelsregister, gegevens niet-Nederlandse rechtspersonen en vennootschappen opgericht naar niet-EER-recht

1. Indien een in Nederland gevestigde onderneming of een in Nederland gelegen nevenvestiging van een buiten Nederland gevestigde onderneming toebehoort aan een vennootschap opgericht naar het recht van een staat die geen partij is bij de Overeenkomst betreffende de Europese Economische Ruimte, met een rechtsvorm die vergelijkbaar is met een vennootschap als bedoeld in richtlijn 68/151/EEG, zijn de artikelen 15, 22 en 23 niet van toepassing.
2. In het handelsregister worden over een vennootschap als bedoeld in het eerste lid opgenomen:
a. de persoonlijke gegevens van iedere bestuurder en commissaris van de vennootschap, de datum waarop hij bij de vennootschap als zodanig in en uit functie is getreden, of hij bevoegd is de vennootschap alleen of gezamenlijk handelend met een of meer anderen te vertegenwoordigen en de inhoud van zijn bevoegdheid;
b. onder het recht van welk land de vennootschap valt.
3. In het handelsregister worden over de in het eerste lid bedoelde onderneming of nevenvestiging opgenomen:
a. indien de hoofdvestiging van de onderneming buiten Nederland is gelegen, het post- en bezoekadres van de hoofdvestiging van de onderneming;
b. de persoonlijke gegevens van de bij de onderneming of de hoofdnederzetting werkzame beheerder of een andere vergelijkbare gevolmachtigde, zijn functie en de datum waarop hij bij de onderneming of de hoofdnederzetting als zodanig in en uit functie is getreden, en de inhoud van zijn volmacht;
c. het bedrag van het geplaatste kapitaal van de vennootschap op de eerste werkdag na 30 april van de vennootschap.
4. In aanvulling op de opgave, bedoeld in het derde lid, onder c, kunnen in het handelsregister tussentijds wijzigingen van het ingeschreven kapitaal worden opgegeven.
5. Artikel 24, vierde en vijfde lid, zijn van overeenkomstige toepassing.

Art. 26

Handelsregister, gegevens niet-Nederlandse rechtspersonen en vennootschappen opgericht naar recht van ander land dan Nederland

1. Indien een in Nederland gevestigde onderneming of een in Nederland gelegen nevenvestiging van een buiten Nederland gevestigde onderneming toebehoort aan een vennootschap of rechtspersoon opgericht naar het recht van een ander land dan Nederland, niet zijnde een vennootschap als bedoeld in de artikelen 24 en 25, zijn de artikelen 15 en 18 tot en met 23 niet van toepassing.

2. In het handelsregister worden over de in het eerste lid bedoelde vennootschap of rechtspersoon opgenomen:
a. de persoonlijke gegevens van iedere vennoot, bestuurder en commissaris van de vennootschap of rechtspersoon, de datum waarop hij bij de vennootschap of rechtspersoon als zodanig in en uit functie is getreden, of hij bevoegd is de vennootschap of rechtspersoon alleen of gezamenlijk met een of meer anderen te vertegenwoordigen en de inhoud van zijn bevoegdheid;
b. onder het recht van welk land de vennootschap of rechtspersoon valt.

3. In het handelsregister worden over de in het eerste lid bedoelde onderneming of nevenvestiging opgenomen:
a. indien de hoofdvestiging van de onderneming buiten Nederland is gelegen, het post- en bezoekadres van de hoofdvestiging van de onderneming en hetgeen ingevolge de wetgeving van het desbetreffende land omtrent de onderneming in het register aldaar wordt opgenomen of op andere wijze wordt openbaar gemaakt;
b. de persoonlijke gegevens van de bij de onderneming of de hoofdnederzetting werkzame beheerder of een andere dergelijke gevolmachtigde, zijn functie, de datum waarop hij bij de onderneming of de hoofdnederzetting als zodanig in en uit functie is getreden en de inhoud van zijn volmacht.
4. Artikel 24, vierde lid, voor zover het een rechtspersoon betreft, en vijfde lid, zijn van overeenkomstige toepassing.
5. In afwijking van het tweede lid, onderdeel a, worden over een rechtspersoon met meer dan 20 vennoten, niet de in dat lid genoemde gegevens opgenomen over de vennoten die niet aan de Nederlandse vestiging van de rechtspersoon zijn verbonden.

Art. 27
1. In geval van wijziging van de oprichtingsovereenkomst van een Europees economisch samenwerkingsverband en van de statuten van een rechtspersoon als bedoeld in de artikelen 24 tot en met 26 wordt gedeponeerd:
a. een authentiek afschrift van de notariële akte die van de wijziging is opgemaakt of, indien van de wijziging geen notariële akte is opgemaakt, een door een opgaveplichtige gewaarmerkt afschrift van de wijziging;
b. een doorlopende tekst van de oprichtingsovereenkomst en van de statuten zoals die tengevolge van de aangebrachte wijziging luiden.
2. Deze bescheiden zijn in de Nederlandse, Duitse, Engelse of Franse taal.

Handelsregister, wijziging oprichtingsovereenkomst van Europees economisch samenwerkingsverband

§ 4.3.5
Vereniging, coöperatie, onderlinge waarborgmaatschappij en stichting

Art. 28
1. In het handelsregister worden over een vereniging met volledige rechtsbevoegdheid, coöperatie of onderlinge waarborgmaatschappij opgenomen:
a. de persoonlijke gegevens van iedere bestuurder en commissaris en de datum waarop hij in en uit functie is getreden en of hij bevoegd is de rechtspersoon alleen of gezamenlijk handelend met een of meer anderen te vertegenwoordigen;
b. de persoonlijke gegevens van anderen dan de bestuurders aan wie de statuten bevoegdheid tot vertegenwoordiging toekennen, en de inhoud van de bevoegdheid.
2. In het handelsregister wordt opgenomen dat de statuten van een coöperatie of onderlinge waarborgmaatschappij beantwoorden aan de artikelen 63f tot en met 63j van Boek 2 van het Burgerlijk Wetboek, indien zulks het geval is.
3. Indien een vereniging zonder volledige rechtsbevoegdheid in het handelsregister wordt ingeschreven, worden de gegevens bedoeld in het eerste lid in het handelsregister opgenomen.

Handelsregister, gegevens vereniging/coöperatie/onderlinge waarborgmaatschappij/stichting

Art. 29
In het handelsregister worden over een stichting opgenomen:
a. de persoonlijke gegevens van iedere bestuurder en ieder lid van het toezichthoudend orgaan en de datum waarop hij bij de stichting als zodanig in en uit functie is getreden, of hij bevoegd is de stichting alleen of gezamenlijk handelend met een of meer anderen te vertegenwoordigen;
b. de persoonlijke gegevens van anderen dan de bestuurders aan wie de statuten bevoegdheid tot vertegenwoordiging toekennen, en de inhoud van de bevoegdheid.

Handelsregister, gegevens stichting

§ 4.3.6
Vereniging van eigenaars

Art. 30
In het handelsregister worden over een vereniging van eigenaars opgenomen:
a. de persoonlijke gegevens van iedere bestuurder en de datum waarop hij in en uit functie is getreden, en de inhoud van zijn bevoegdheid de vereniging te vertegenwoordigen.
b. een authentiek afschrift van de notariële akte, dan wel een authentiek uittreksel van de notariële akte bevattende de statuten;
c. een authentiek afschrift van de notariële akte van wijziging en de gewijzigde statuten.

Handelsregister, gegevens vereniging van eigenaars

§ 4.3.7
Kerkgenootschap

Art. 31

Handelsregister, gegevens kerkgenootschap

1. In het handelsregister wordt over een organisatie met rechtspersoonlijkheid waarvan een of meer kerkgenootschappen deel uitmaken als bedoeld in artikel 6, derde lid van de wet opgenomen:
   a. het post- en bezoekadres;
   b. het telefoonnummer, het faxnummer, het e-mailadres en het internetadres.
2. In het handelsregister worden over een kerkgenootschap, als bedoeld in artikel 8, eerste dan wel tweede lid, opgenomen:
   a. het post- en bezoekadres;
   b. het telefoonnummer, het faxnummer, het e-mailadres en het internetadres;
3. Als gegevens, als bedoeld in artikel 17, eerste lid, onderdeel c, van de wet worden voor kerkgenootschappen en lichamen, in de zin van artikel 2 van Boek 2 van het Burgerlijk Wetboek aangewezen:
   a. de statutaire zetel, bedoeld in artikel 12, onderdeel c, van de wet;
   b. de datum van aanvang, bedoeld in artikel 12, onderdeel d, van de wet;
   c. de datum van aanvang, bedoeld in artikel 13, onderdeel b, van de wet;
   d. de gegevens, bedoeld in artikel 13, onderdeel c, en artikel 14 van de wet.
4. In het handelsregister kunnen over een kerkgenootschap of een zelfstandig onderdeel daarvan, in de zin van artikel 2 van Boek 2 van het Burgerlijk Wetboek worden opgenomen:
   a. de naam;
   b. het post- en bezoekadres;
   c. het telefoonnummer, het faxnummer, het e-mailadres en het internetadres;
   d. de gegevens, genoemd in het derde lid.

§ 4.3.7a
Pensioenfondsen

Art. 31a

Handelsregister, gegevens pensioenfonds

In het handelsregister wordt over een pensioenfonds als bedoeld in artikel 1 van de Pensioenwet opgenomen of een bestuurder al dan niet uitvoerend is.

§ 4.3.8
Overige privaatrechtelijke rechtspersonen

Art. 32

Handelsregister, gegevens overige privaatrechtelijke rechtspersonen

In het handelsregister worden over overige privaatrechtelijke rechtspersonen als bedoeld in artikel 6, eerste lid, onderdeel b, van de wet opgenomen:
a. de persoonlijke gegevens van ieder lid van het besturend en toezichthoudend orgaan en de datum waarop hij in en uit functie is getreden, of hij bevoegd is de rechtspersoon alleen of gezamenlijk handelend met een of meer anderen te vertegenwoordigen en de inhoud van deze bevoegdheid;
b. de persoonlijke gegevens van anderen dan de bestuurders aan wie de statuten of reglementen bevoegdheid tot vertegenwoordiging toekennen, en de inhoud van de bevoegdheid;
c. de oprichtingsakte of statuten, waaruit de rechtspersoonlijkheid blijkt.

§ 4.3.9
Publiekrechtelijke rechtspersoon

Art. 33

Handelsregister, gegevens publiekrechtelijke rechtspersoon

Als gegevens als bedoeld in artikel 17, eerste lid, onderdeel c, van de wet, worden voor publiekrechtelijke rechtspersonen aangewezen:
a. de statutaire zetel, bedoeld in artikel 12, onderdeel c, van de wet;
b. de datum van aanvang, bedoeld in artikel 12, onderdeel d, of artikel 13, onderdeel b, van de wet.

Art. 34

Handelsregister, op te nemen gegevens publiekrechtelijke rechtspersoon

In het handelsregister worden over een onderneming die toebehoort aan een publiekrechtelijke rechtspersoon opgenomen, de naam van iedere bestuurder en ieder lid van het toezichthoudend orgaan, of hij bevoegd is de rechtspersoon te vertegenwoordigen en de inhoud van deze bevoegdheid.

§ 5
Vestiging

Art. 35
In het handelsregister worden over een vestiging opgenomen:
a. het telefoonnummer, het faxnummer, het e-mailadres en het internetadres;
b. een korte aanduiding van de uitgeoefende activiteit of activiteiten.

Handelsregister, gegevens vestiging

§ 5a
Functionarissen

Art. 35a
Over een bestuurder of een gevolmachtigde of een andere functionaris die niet een natuurlijk persoon is en die niet is ingeschreven in het handelsregister kan een door de Kamer toe te kennen uniek nummer worden opgenomen. De Belastingdienst verstrekt daartoe op verzoek van de Kamer de bij hem bekende nummers van deze gevolmachtigden of functionarissen.

Handelsregister, uniek nummer bestuurder/gevolmachtigde

§ 6
Bijzondere gegevens

Art. 36
1. Indien een minderjarige, aan wie een onderneming toebehoort, die niet-commanditair vennoot of lid van een rederij is, handlichting heeft verkregen, worden in het handelsregister opgenomen, de datum waarop de handlichting is verkregen en de bevoegdheden die de minderjarige daarbij zijn toegekend.
2. Bij de opgave ter inschrijving wordt de datum van uitgave en het nummer van de Staatscourant overgelegd waarin de rechterlijke beschikking inzake de handlichting is openbaar gemaakt, of een authentiek afschrift van de beschikking met vermelding van de dagtekening en het nummer van die Staatscourant.

Handelsregister, handlichting

Art. 37
In geval van onderbewindstelling als bedoeld in titel 18 of titel 19 van Boek 1 of titel 5, afdeling 7, van Boek 4 van het Burgerlijk Wetboek, artikel 8, onder b, of 29, eerste lid, onder b, van de Wet op de economische delicten van een onderneming, een aandeel in een vennootschap of in een rederij worden in het handelsregister opgenomen:
a. de persoonlijke gegevens van de bewindvoerder en de datum waarop hij in en uit functie is getreden;
b. de rechterlijke beslissingen inzake zijn bevoegdheid als bedoeld in de artikelen 437, tweede lid, en 441, tweede lid, onderdeel f, en derde lid, van Boek 1 van het Burgerlijk Wetboek;
c. de omstandigheid of het bewind is ingesteld in het belang van de rechthebbende, in het belang van een ander dan de rechthebbende, dan wel zowel in het belang van de rechthebbende als van een of meer anderen of in een gemeenschappelijk belang zoals bedoeld in artikel 167 van Boek 4 Burgerlijk Wetboek, de bevoegdheden van de bewindvoerder zoals geregeld in de uiterste wil overeenkomstig artikel 171 lid 1 en de rechterlijke beslissing inzake de bevoegdheid van de bewindvoerder als bedoeld in artikel 171 lid 2 van Boek 4 Burgerlijk Wetboek;
d. de aanvang en het einde van het bewind.

Handelsregister, onderbewindstelling

Art. 38
In geval van curatele van degene aan wie een onderneming toebehoort, van een vennoot of lid van een rederij, worden in het handelsregister opgenomen alle aankondigingen die krachtens artikel 390 van Boek 1 van het Burgerlijk Wetboek in de Staatscourant worden opgenomen.

Handelsregister, curatele

Art. 39
In het handelsregister worden opgenomen:
a. de rechterlijke uitspraak houdende faillietverklaring, verlening van surseance van betaling of het van toepassing verklaren van de schuldsaneringsregeling natuurlijke personen betreffende degene die als eigenaar van een onderneming, als vennoot of als lid van een rederij in het handelsregister is ingeschreven of betreffende een ingeschreven rechtspersoon;
b. de vernietiging van een zodanige uitspraak;
c. het einde van het faillissement, de surseance van betaling of de toepassing van de schuldsaneringsregeling natuurlijke personen;
d. in geval van faillietverklaring, verlening van surseance van betaling of het van toepassing verklaren van de schuldsaneringsregeling natuurlijke personen: de naam en het adres van de rechter-commissaris, en van de curator of de bewindvoerder.

Handelsregister, faillissement/surseance/schuldsanering

Art. 40
1. In het handelsregister wordt de ontbinding van een vennootschap of rechtspersoon opgenomen, onder vermelding van datum van de ontbinding, de persoonlijke gegevens, de bevoegdheid van ieder der vereffenaars en de datum waarop hij vereffenaar is geworden.

Handelsregister, ontbinding vennootschap/rechtspersoon

2. Indien de ontbinding een vennootschap betreft als bedoeld in artikel 24 worden in het handelsregister opgenomen de bevoegdheden van de vereffenaars, indien die in het land waar de vennootschap is gevestigd openbaar gemaakt moeten worden. Indien de ontbinding een vennootschap of rechtspersoon als bedoeld in de artikelen 25 en 26 betreft, worden mede opgenomen de bevoegdheden van de vereffenaars.

Handelsregister, voltooiing vereffening Europees economisch samenwerkingsverband

3. De voltooiing van de vereffening van een Europees economisch samenwerkingsverband of van een vennootschap of rechtspersoon als bedoeld in de artikelen 24, 25 en 26, wordt in het handelsregister opgenomen.

Handelsregister, aankondiging op grond van Wet financieel toezicht

Art. 41
Alle aankondigingen die ingevolge de Wet op het financieel toezicht in de Staatscourant worden opgenomen, worden tevens opgenomen in het handelsregister.

§ 7
Ondersteunende gegevens

Handelsregister, ondersteunende gegevens

Art. 42
In het handelsregister worden over de melding en het onderzoek alle gegevens opgenomen die de Kamer noodzakelijk acht voor het functioneren van het register.

Hoofdstuk 5
Gegevens uit andere basisregisters afkomstig

Handelsregister, gegevens basisregistratie personen

Art. 43
De persoonlijke gegevens van natuurlijke personen, met uitzondering van de handtekening, worden overgenomen uit de basisregistratie personen, met inbegrip van de datum waarop wijzigingen van die gegevens zijn ingegaan.

Handelsregister, termijn verwerking gegevens basisregistratie personen

Art. 44
De gegevens die worden overgenomen uit de basisregistratie personen verschillen ten hoogste 72 uur met de gegevens in die basisregistratie.

Hoofdstuk 6
Wijzigen van opgenomen gegevens

Handelsregister, wijziging gegevens

Art. 45
1. De melding wordt gedaan door middel van een bij ministeriële regeling vastgesteld formulier.

2. De melding bevat ten minste:
a. het unieke nummer, bedoeld in artikel 12, onderdeel a, van de wet, van de rechtspersoon die de melding doet;
b. de naam, het telefoonnummer en het correspondentieadres van een contactpersoon voor de melding;
c. voorzover bekend, alle op de melding betrekking hebbende unieke nummers bedoeld in artikel 9 tot en met 14 van de wet;
d. het gegeven waarop de melding betrekking heeft;
e. indien mogelijk een indicatie van het juiste gegeven met onderbouwende stukken;
f. de datum van de melding en de datum van de constatering van de vermoedelijke onjuistheid van het gegeven.
3. Indien de melding betrekking heeft op een onderneming of rechtspersoon die niet in het register is opgenomen wordt dat op het formulier aangegeven.
4. Indien de melding betrekking heeft op een gegeven dat is overgenomen uit een ander basisregister, zendt de Kamer de melding binnen één werkdag door aan de beheerder van dat register.

Art. 46

Handelsregister, aantekening onderzoek

Een aantekening, dat een gegeven in onderzoek is, wordt geplaatst bij het gegeven waarop de melding betrekking heeft.

Art. 47

Handelsregister, informeren bestuursorgaan over wijziging gegevens

De Kamer informeert het bestuursorgaan dat een melding heeft gedaan over:
a. het besluit dat de Kamer neemt naar aanleiding van de melding;
b. het feit dat tegen het onder a bedoelde besluit bezwaar is gemaakt en de beslissing op dat bezwaar;
c. het feit dat beroep is ingediend en de onherroepelijk geworden rechterlijke uitspraak in dat beroep.

Art. 48
Als gegevens als bedoeld in artikel 38, tweede lid, van de wet worden de in hoofdstuk 4 genoemde gegevens aangewezen.

Handelsregister, niet-authentieke gegevens

Art. 49
Indien bij rechterlijke uitspraak hetgeen in het handelsregister is opgenomen geheel of gedeeltelijk onrechtmatig is verklaard, doet de Kamer op verzoek van een belanghebbende daarvan aantekening in het register.

Handelsregister, aantekening m.b.t. onrechtmatig verklaarde gegevens

Hoofdstuk 7
Uitzondering derdenwerking

Art. 50
Als gegevens bedoeld in artikel 25, vierde lid, onderdeel c, van de wet, worden alle gegevens aangewezen over een onderneming of rechtspersoon die voor het eerst is opgenomen in het handelsregister zonder een opgave door een daartoe bevoegd persoon, zolang de handtekening van degene die tot het doen van opgave verplicht is, niet in het handelsregister is opgenomen.

Handelsregister, uitzondering derdenwerking

Hoofdstuk 8
Verstrekking van gegevens

Art. 51
1. Het adres van een:
a. bestuurder, gewezen bestuurder,
b. commissaris of gewezen commissaris,
c. gevolmachtigde of gewezen gevolmachtigde,
d. enig aandeelhouder of gewezen enig aandeelhouder,
e. houder of gewezen houder van niet volgestorte aandelen,
f. vereffenaar of gewezen vereffenaar of
g. beheerder of gewezen beheerder, bedoeld in artikel 24, derde lid, artikel 25, derde lid, onder b, of artikel 26, derde lid, onder b
van een rechtspersoon kan niet worden ingezien, behalve door bestuursorganen, als bedoeld in artikel 1:1, eerste lid, onderdeel a, van de Algemene wet bestuursrecht, advocaten, deurwaarders, notarissen en de in artikel 28, derde lid, van de wet genoemde organisaties.

Handelsregister, verstrekking gegevens

2. Het eerste lid is niet van toepassing op bestuurders van verenigingen zonder volledige rechtsbevoegdheid, verenigingen van eigenaars en overige privaatrechtelijke rechtspersonen, bedoeld in artikel 6, eerste lid, onderdeel b, van de wet.
3. Het adres van een natuurlijk persoon kan op zijn verzoek worden afgeschermd tegen inzage door anderen dan bestuursorganen, als bedoeld in artikel 1:1, eerste lid, onderdeel a, van de Algemene wet bestuursrecht, advocaten, deurwaarders, notarissen en de in artikel 28, derde lid, van de wet genoemde organisaties, indien:
a. er sprake is van een waarschijnlijke dreiging;
b. het woonadres in het handelsregister niet kan worden ingezien met betrekking tot een andere onderneming;
c. betrokkene niet beschikt over een openbaar telefoonnummer;
d. deze persoon zelf maatregelen heeft genomen om de bekendheid van zijn adres te verminderen, en
e. het belang van afscherming zwaarder weegt dan de rechtszekerheid in het economisch verkeer.

Art. 52
1. Als rechtspersonen en vennootschappen, bedoeld in artikel 24, eerste lid, van de wet, worden aangewezen:
a. de Europese coöperatieve vennootschap;
b. de vennootschappen, bedoeld in artikelen 24 en 25;
c. de vennootschappen bedoeld in artikel 17, voor zover de niet-commanditaire vennoten daarvan kapitaalvennootschappen naar buitenlands recht zijn.

Handelsregister, aanwijzing niet-Nederlandse rechtspersonen en vennootschappen

2. Als gegevens en bescheiden, bedoeld in artikel 24, derde lid, van de wet, worden aangewezen, alle gegevens ten aanzien waarvan geen publicatieplicht geldt op grond van een bindend besluit van de Raad van de Europese Unie of de Europese Commissie.

Art. 53
[Wijzigt dit besluit.]

Hoofdstuk 9
Slotartikelen

Art. 54
Inwerkingtreding De artikelen van dit besluit treden in werking op een bij koninklijk besluit te bepalen tijdstip dat voor de verschillende artikelen of onderdelen daarvan verschillend kan worden vastgesteld.

Art. 55
Citeertitel Dit besluit wordt aangehaald als: Handelsregisterbesluit met vermelding van het jaartal van het Staatsblad waarin het zal worden geplaatst.

Wet op de ondernemingsraden[1]

Wet van 28 januari 1971, houdende nieuwe regelen omtrent de medezeggenschap van de werknemers in de onderneming door middel van ondernemingsraden

Wij JULIANA, bij de gratie Gods, Koningin der Nederlanden, Prinses van Oranje-Nassau, enz., enz., enz.

Allen, die deze zullen zien of horen lezen, saluut! doen te weten:
Alzo Wij in overweging genomen hebben, dat het wenselijk is nieuwe regelen te stellen omtrent de medezeggenschap van de werknemers in de onderneming door middel van ondernemingsraden;
Zo is het, dat Wij, de Raad van State gehoord, en met gemeen overleg der Staten-Generaal, hebben goedgevonden en verstaan, gelijk Wij goedvinden en verstaan bij deze:

Hoofdstuk I
Algemene bepalingen

Art. 1

1. Voor de toepassing van het bij of krachtens deze wet bepaalde wordt verstaan onder:
a. Onze Minister: Onze Minister van Sociale Zaken en Werkgelegenheid;
b. Raad: De Sociaal-Economische Raad, bedoeld in de Wet op de Sociaal-Economische Raad;
c. onderneming: elk in de maatschappij als zelfstandige eenheid optredend organisatorisch verband waarin krachtens arbeidsovereenkomst of krachtens publiekrechtelijke aanstelling arbeid wordt verricht;
d. ondernemer: de natuurlijke persoon of de rechtspersoon die een onderneming in stand houdt;
e. bestuurder: hij die alleen dan wel te zamen met anderen in een onderneming rechtstreeks de hoogste zeggenschap uitoefent bij de leiding van de arbeid;
f. bedrijfscommissie: de bevoegde bedrijfscommissie, bedoeld in de artikelen 37 en 46.

2. Voor de toepassing van het bij of krachtens deze wet bepaalde wordt onder in de onderneming werkzame personen verstaan: degenen die in de onderneming werkzaam zijn krachtens een publiekrechtelijke aanstelling bij dan wel krachtens een arbeidsovereenkomst met de ondernemer die de onderneming in stand houdt. Personen die in meer dan één onderneming van dezelfde ondernemer werkzaam zijn, worden geacht uitsluitend werkzaam te zijn in die onderneming van waaruit hun werkzaamheden worden geleid.

3. Voor de toepassing van het bij of krachtens deze wet bepaalde wordt onder in de onderneming werkzame personen mede verstaan:
a. degenen die in het kader van werkzaamheden van de onderneming daarin ten minste 24 maanden werkzaam zijn krachtens een uitzendovereenkomst als bedoeld in artikel 690 van Titel 7.10 van het Burgerlijk Wetboek, en
b. degenen die krachtens een publiekrechtelijke aanstelling bij dan wel krachtens arbeidsovereenkomst met de ondernemer werkzaam zijn in een door een andere ondernemer in stand gehouden onderneming.

4. Voor de toepassing van het bij of krachtens deze wet bepaalde worden de bestuurder of de bestuurders van een onderneming geacht niet te behoren tot de in de onderneming werkzame personen.

Hoofdstuk II
De instelling van ondernemingsraden

Art. 2

1. De ondernemer die een onderneming in stand houdt waarin in de regel ten minste 50 personen werkzaam zijn, is in het belang van het goed functioneren van die onderneming in al haar doelstellingen verplicht om ten behoeve van het overleg met en de vertegenwoordiging van de in de onderneming werkzame personen een ondernemingsraad in te stellen en jegens deze raad de voorschriften, gesteld bij of krachtens deze wet, na te leven.

2. Indien in een onderneming na de instelling van een ondernemingsraad niet langer in de regel ten minste 50 personen werkzaam zijn, houdt de ondernemingsraad van rechtswege op

Begripsbepalingen

Ondernemingsraad, instelling

---

1 Inwerkingtredingsdatum: 01-04-1971; zoals laatstelijk gewijzigd bij: Stb. 2018, 476.

te bestaan bij het eindigen van de lopende zittingsperiode van die raad, tenzij de ondernemer toepassing geeft aan artikel 5a, tweede lid.

Art. 3

Ondernemingsraad, meerdere ondernemingen

1. De ondernemer die twee of meer ondernemingen in stand houdt waarin tezamen in de regel ten minste 50 personen werkzaam zijn stelt voor alle of voor een aantal van die ondernemingen tezamen een gemeenschappelijke ondernemingsraad in indien dit bevorderlijk is voor een goede toepassing van deze wet in de betrokken ondernemingen.
2. Het eerste lid is van overeenkomstige toepassing ten aanzien van in een groep verbonden ondernemers, die twee of meer ondernemingen in stand houden, waarin tezamen in de regel ten minste 50 personen werkzaam zijn. De betrokken ondernemers wijzen een tot hun groep behorende ondernemer aan, die voor de toepassing van deze wet namens hen als ondernemer optreedt ten opzichte van de gemeenschappelijke ondernemingsraad.
3. De ondernemingen waarvoor een gemeenschappelijke ondernemingsraad is ingesteld, worden beschouwd als één onderneming in de zin van deze wet.

Art. 4

Ondernemingsraad, onderdelen van onderneming

1. De ondernemer die een onderneming in stand houdt waarin in de regel ten minste 50 personen werkzaam zijn stelt voor een onderdeel van die onderneming een afzonderlijke ondernemingsraad in indien dit bevorderlijk is voor een goede toepassing van deze wet in de onderneming.
2. Het onderdeel waarvoor een afzonderlijke ondernemingsraad is ingesteld, wordt beschouwd als een onderneming in de zin van deze wet.

Art. 5

Ondernemingsraad, ontheffing instelling

1. De Raad kan, indien bijzondere omstandigheden een goede toepassing van deze wet in de betrokken onderneming in de weg staan, aan een ondernemer op diens verzoek ten aanzien van een door hem in stand gehouden onderneming schriftelijk voor ten hoogste vijf jaren ontheffing verlenen van de verplichting tot het instellen van een ondernemingsraad. De Raad kan een dergelijke ontheffing uitsluitend verlenen indien voor wat betreft de informatie aan en de raadpleging van werknemers over de in het zesde lid genoemde onderwerpen door de ondernemer voorzieningen zijn getroffen om te waarborgen dat wordt voldaan aan het zevende en achtste lid.
2. De Raad stelt de verenigingen van werknemers, bedoeld in artikel 9, tweede lid, onder a, in de gelegenheid over het verzoek om ontheffing te worden gehoord.
3. Aan een ontheffing kunnen voorschriften worden verbonden.
4. Zolang op een verzoek om ontheffing niet onherroepelijk is beslist, geldt de in artikel 2, eerste lid, bedoelde verplichting niet.
5. In dit artikel wordt verstaan onder:
a. informatie: het verstrekken van gegevens door de ondernemer aan de werknemers opdat zij kennis kunnen nemen van het onderwerp en het kunnen bestuderen;
b. raadpleging: de gedachtewisseling en de totstandbrenging van een dialoog tussen de werknemers en de ondernemer.
6. Informatie en raadpleging behelzen:
a. informatie over de recente en de waarschijnlijke ontwikkeling van de activiteiten en de economische situatie van de onderneming;
b. informatie en raadpleging over de situatie, de structuur en de waarschijnlijke ontwikkeling van de werkgelegenheid binnen de onderneming, alsmede over eventuele geplande anticiperende maatregelen met name in geval van bedreiging van de werkgelegenheid;
c. informatie en raadpleging over beslissingen die ingrijpende veranderingen voor de arbeidsorganisatie of de arbeidsovereenkomsten kunnen meebrengen.
7. Het tijdstip en de wijze van informatieverstrekking alsmede de inhoud van de informatie moeten zodanig zijn dat de werknemers de informatie adequaat kunnen bestuderen en zo nodig de raadpleging kunnen voorbereiden.
8. Raadpleging geschiedt:
a. op een tijdstip, met middelen en met een inhoud die passend zijn;
b. op het relevante niveau van directie en vertegenwoordiging, afhankelijk van het te bespreken onderwerp;
c. op basis van de door de ondernemer te verstrekken informatie en van het advies dat de werknemers kunnen uitbrengen;
d. op zodanige wijze dat de werknemers met de ondernemer kunnen samenkomen en een met redenen omkleed antwoord op hun advies kunnen krijgen;
e. met het doel een akkoord te bereiken over de in het zesde lid, onder c, bedoelde beslissingen, die onder de bevoegdheden van de ondernemer vallen.

Art. 5a

Ondernemingsraad, verplichting instelling op grond van cao

1. Het bij of krachtens deze wet bepaalde is mede van toepassing wanneer een ondernemer op grond van een collectieve arbeidsovereenkomst of een regeling van arbeidsvoorwaarden vastgesteld door een publiekrechtelijk orgaan verplicht is voor een door hem in stand gehouden

onderneming een ondernemingsraad in te stellen. Wanneer de collectieve arbeidsovereenkomst of een regeling van arbeidsvoorwaarden vastgesteld door een publiekrechtelijk orgaan de ondernemer niet langer verplicht tot het instellen van de ondernemingsraad, houdt deze van rechtswege op te bestaan bij het eindigen van de lopende zittingsperiode van die raad, tenzij de ondernemer toepassing geeft aan het tweede lid.

2. De ondernemer kan voor een door hem in stand gehouden onderneming, ten aanzien waarvan hij niet langer een verplichting bestaat tot het instellen van een ondernemingsraad, besluiten vrijwillig een ondernemingsraad in te stellen of in stand te houden. Het bij of krachtens deze wet bepaalde is van toepassing, zodra de ondernemer dat besluit schriftelijk heeft meegedeeld aan de bedrijfscommissie. De ondernemer kan deze ondernemingsraad op grond van een belangrijke wijziging van de omstandigheden opheffen bij het eindigen van de lopende zittingsperiode van die raad. De ondernemer deelt zijn besluit tot opheffing van de ondernemingsraad schriftelijk mee aan de bedrijfscommissie.

Ondernemingsraad, vrijwillige instelling

Hoofdstuk III
Samenstelling en werkwijze van de ondernemingsraden

Art. 6
1. Een ondernemingsraad bestaat uit leden die door de in de onderneming werkzame personen rechtstreeks uit hun midden worden gekozen. Hun aantal bedraagt in een onderneming
met minder dan 50 personen 3 leden;
met 50 tot 100 personen 5 leden;
met 100 tot 200 personen 7 leden;
met 200 tot 400 personen 9 leden;
met 400 tot 600 personen 11 leden;
met 600 tot 1000 personen 13 leden;
met 1000 tot 2000 personen 15 leden;
en zo vervolgens bij elk volgend duizendtal personen 2 leden meer, tot ten hoogste 25 leden. De ondernemingsraad kan met toestemming van de ondernemer in zijn reglement zowel een afwijkend aantal leden vaststellen, als bepalen dat voor een of meer leden van de ondernemingsraad een plaatsvervanger wordt gekozen. Een plaatsvervangend ondernemingsraadslid heeft dezelfde rechten en verplichtingen als het lid dat hij vervangt.
2. Kiesgerechtigd zijn de personen die gedurende ten minste 6 maanden in de onderneming werkzaam zijn geweest.
3. Verkiesbaar tot lid van de ondernemingsraad zijn de personen die gedurende ten minste een jaar in de onderneming werkzaam zijn geweest.
4. De ondernemer en de ondernemingsraad kunnen, indien dit bevorderlijk is voor een goede toepassing van deze wet in de onderneming, gezamenlijk een of meer groepen van personen die anders dan op grond van een arbeidsovereenkomst met de ondernemer, dan wel krachtens publiekrechtelijke aanstelling regelmatig in de onderneming arbeid verrichten, aanmerken als in de onderneming werkzame personen, dan wel een of meer groepen van die personen niet langer aanmerken als in de onderneming werkzame personen. Komen de ondernemer en de ondernemingsraad niet tot overeenstemming, dan kan ieder van hen een beslissing van de kantonrechter vragen.
5. De ondernemingsraad kan in zijn reglement afwijken van hetgeen in het tweede en derde lid van dit artikel ten aanzien van de diensttijd is bepaald indien dit bevorderlijk is voor een goede toepassing van deze wet in de onderneming.
6. Tijdens een zittingsperiode van de ondernemingsraad kan geen wijziging worden gebracht in het aantal leden van de raad op grond van vermeerdering of vermindering van het aantal in de onderneming werkzame personen.

Ondernemingsraad, samenstelling

Art. 7
De ondernemingsraad kiest uit zijn midden een voorzitter en een of meer plaatsvervangende voorzitters. De voorzitter, of bij diens verhindering een plaatsvervangende voorzitter, vertegenwoordigt de ondernemingsraad in rechte.

Ondernemingsraad, voorzitter

Art. 8
1. De ondernemingsraad maakt een reglement waarin de onderwerpen worden geregeld die bij of krachtens deze wet ter regeling aan de ondernemingsraad zijn opgedragen of overgelaten. Het reglement bevat geen bepalingen die in strijd zijn met de wet of die een goede toepassing van deze wet in de weg staan. Alvorens het reglement vast te stellen, stelt de ondernemingsraad de ondernemer in de gelegenheid zijn standpunt kenbaar te maken. De ondernemingsraad verstrekt onverwijld een exemplaar van het vastgestelde reglement aan de ondernemer.
2. De Raad kan ten aanzien van de inhoud van het reglement bij verordening nadere regelen stellen voor alle of een groep van ondernemingen. In het laatste geval wordt de betrokken bedrijfscommissie gehoord. Een verordening van de Raad behoeft de goedkeuring van Onze Minister. Een goedgekeurde verordening wordt in de *Staatscourant* bekend gemaakt.

Ondernemingsraad, reglement

art. 9

23 Wet op de ondernemingsraden

3. Indien de Raad een verordening als bedoeld in het tweede lid vaststelt, brengen de betrokken ondernemingsraden binnen een jaar na de bekendmaking van de goedgekeurde verordening in de *Staatscourant*, de bepalingen in hun reglement die in strijd zijn met deze verordening daarmee in overeenstemming.

Art. 9

Ondernemingsraad, verkiezing leden

1. De verkiezing van leden van de ondernemingsraad geschiedt bij geheime schriftelijke stemming en aan de hand van een of meer kandidatenlijsten.
2. Een kandidatenlijst kan worden ingediend door:
   a. een vereniging van werknemers, die in de onderneming werkzame kiesgerechtigde personen onder haar leden telt, krachtens haar statuten ten doel heeft de belangen van haar leden als werknemers te behartigen en als zodanig in de betrokken onderneming of bedrijfstak werkzaam is en voorts ten minste twee jaar in het bezit is van volledige rechtsbevoegdheid, mits zij met haar leden in de onderneming over de samenstelling van de kandidatenlijst overleg heeft gepleegd. Ten aanzien van een vereniging die krachtens haar statuten geacht kan worden een voortzetting te zijn van een of meer andere verenigingen met volledige rechtsbevoegdheid van werknemers, wordt de duur van de volledige rechtsbevoegdheid van die vereniging of verenigingen voor de vaststelling van de tijdsduur van twee jaar mede in aanmerking genomen;
   b. iedere in de onderneming werkzame kiesgerechtigde persoon of groep van personen, niet zijnde lid van een vereniging als bedoeld onder a welke een kandidatenlijst heeft ingediend.
3. De ondernemingsraad kan in zijn reglement bepalen, dat voor bepaalde groepen van in de onderneming werkzame personen, dan wel voor bepaalde onderdelen van de onderneming afzonderlijke kandidatenlijsten worden ingediend, ten einde als grondslag te dienen voor de verkiezing door de betrokken personen of onderdelen van een tevens in het reglement te bepalen aantal leden van de ondernemingsraad. Indien de ondernemingsraad van deze bevoegdheid gebruik heeft gemaakt, gelden de in het tweede lid ten aanzien van het indienen van kandidatenlijsten gestelde eisen voor iedere aangewezen groep of ieder aangewezen onderdeel afzonderlijk.
4. De ondernemingsraad treft, indien dit bevorderlijk is voor een goede toepassing van deze wet in de onderneming, voorzieningen in zijn reglement opdat de verschillende groepen van de in de onderneming werkzame personen zoveel mogelijk in de ondernemingsraad vertegenwoordigd kunnen zijn.

Art. 10

Nadere regels

De ondernemingsraad stelt in zijn reglement nadere regelen betreffende de kandidaatstelling, de inrichting van de verkiezingen en de vaststelling van de uitslag daarvan, alsmede betreffende de vervulling van tussentijdse vacatures in de ondernemingsraad.

Art. 11

Ondernemingsraad, bekendmaking uitslag verkiezing
Ondernemingsraad, bekendmaking namen leden

1. De ondernemingsraad draagt er zorg voor, dat de uitslag van de verkiezingen bekend wordt gemaakt aan de ondernemer, aan de in de onderneming werkzame personen, alsmede aan degenen die kandidatenlijsten hebben ingediend.
2. Hij draagt er zorg voor, dat de namen en de functies in de onderneming van de leden van de ondernemingsraad blijvend worden vermeld op een plaats die vrij toegankelijk is voor alle in de onderneming werkzame personen, op zodanige wijze dat daarvan gemakkelijk kennis kan worden genomen.

Art. 12

Ondernemingsraad, zittingsperiode leden

1. De leden van de ondernemingsraad treden om de drie jaren tegelijk af. Zij zijn terstond herkiesbaar.
2. De ondernemingsraad kan, in afwijking van het eerste lid, in zijn reglement bepalen, dat de leden om de twee jaren of om de vier jaren tegelijk aftreden, dan wel om de twee jaren voor de helft aftreden. De ondernemingsraad kan voorts beperkingen vaststellen ten aanzien van de herkiesbaarheid.
3. Wanneer een lid van de ondernemingsraad ophoudt in de onderneming werkzaam te zijn, eindigt van rechtswege zijn lidmaatschap van de ondernemingsraad.
4. De leden van de ondernemingsraad kunnen te allen tijde als zodanig ontslag nemen. Zij geven daarvan schriftelijk kennis aan de voorzitter en aan de ondernemer.
5. Hij die optreedt ter vervulling van een tussentijds opengevallen plaats, treedt af op het tijdstip waarop degene in wiens plaats hij komt had moeten aftreden.

Art. 13

Ondernemingsraad, vrijstelling werkzaamheden leden

1. Op verzoek van de ondernemer of van de ondernemingsraad kan de kantonrechter voor een door hem te bepalen termijn een lid van de ondernemingsraad uitsluiten van alle of bepaalde werkzaamheden van de ondernemingsraad. Het verzoek kan uitsluitend worden gedaan, door de ondernemer op grond van het feit dat het betrokken ondernemingsraadlid het overleg van de ondernemingsraad met de ondernemer ernstig belemmert, en door de ondernemingsraad op grond van het feit dat de betrokkene de werkzaamheden van de ondernemingsraad ernstig belemmert.

2. Alvorens een verzoek in te dienen stelt de verzoeker de betrokkene in de gelegenheid over het verzoek te worden gehoord. De ondernemer en de ondernemingsraad stellen elkaar in kennis van een overeenkomstig het eerste lid ingediend verzoek.

Art. 14
1. De ondernemingsraad regelt in zijn reglement zijn werkwijze.

Ondernemingsraad, inhoud reglement

2. Het reglement bevat in ieder geval voorschriften omtrent:
a. de gevallen waarin de ondernemingsraad ten behoeve van de uitoefening van zijn taak bijeenkomt;
b. de wijze van bijeenroeping van de ondernemingsraad;
c. het aantal leden dat aanwezig moet zijn om een vergadering te kunnen houden;
d. de uitoefening van het stemrecht in de vergaderingen;
e. de voorziening in het secretariaat;
f. het opmaken en het bekendmaken aan de ondernemer, de leden van de ondernemingsraad en aan de andere in de onderneming werkzame personen van de agenda van de vergaderingen van de ondernemingsraad;
g. het tijdstip waarop de ondernemer, de leden van de ondernemingsraad en de andere in de onderneming werkzame personen uiterlijk in kennis dienen te worden gesteld van de agenda, welk tijdstip niet later kan worden gesteld dan 7 dagen vóór de vergadering, behoudens in spoedeisende gevallen;
h. het opmaken en het bekendmaken aan de ondernemer, de leden van de ondernemingsraad en aan de andere in de onderneming werkzame personen van de verslagen van de vergaderingen van de ondernemingsraad en van het jaarverslag van de ondernemingsraad.

Art. 15
1. De ondernemingsraad kan de commissies instellen die hij voor de vervulling van zijn taak redelijkerwijze nodig heeft. De ondernemingsraad legt zijn voornemen om een commissie in te stellen schriftelijk voor aan de ondernemer, met vermelding van de taak, samenstelling, bevoegdheden en werkwijze van de door hem in te stellen commissie. Bij bezwaar van de ondernemer kan de ondernemingsraad een beslissing van de kantonrechter vragen.

Ondernemingsraad, commissies

2. De ondernemingsraad kan met inachtneming van het eerste lid vaste commissies instellen voor de behandeling van door hem aangewezen onderwerpen. De ondernemingsraad kan in het instellingsbesluit van een vaste commissie zijn rechten en bevoegdheden ten aanzien van deze onderwerpen, met uitzondering van de bevoegdheid tot het voeren van rechtsgedingen, geheel of gedeeltelijk aan de betrokken commissie overdragen. In een vaste commissie kunnen naast een meerderheid van leden van de ondernemingsraad ook andere in de onderneming werkzame personen zitting hebben.
3. De ondernemingsraad kan met inachtneming van het eerste lid voor onderdelen van de onderneming onderdeelcommissies instellen voor de behandeling van de aangelegenheden van die onderdelen. De ondernemingsraad kan in het instellingsbesluit van een onderdeelcommissie aan deze commissie de bevoegdheid toekennen tot het plegen van overleg met degene die de leiding heeft van het betrokken onderdeel. In dat geval gaan de rechten en bevoegdheden van de ondernemingsraad ten aanzien van de aangelegenheden van het onderdeel, met uitzondering van de bevoegdheid tot het voeren van rechtsgedingen, over naar de onderdeelcommissie, tenzij de ondernemingsraad besluit een bepaalde aangelegenheid zelf te behandelen. In een onderdeelcommissie kunnen naast een of meer leden van de ondernemingsraad uitsluitend in het betrokken onderdeel werkzame personen zitting hebben.
4. De ondernemingsraad kan met inachtneming van het eerste lid voorbereidingscommissies instellen ter voorbereiding van door de ondernemingsraad te behandelen onderwerpen. Een voorbereidingscommissie kan geen rechten of bevoegdheden van de ondernemingsraad uitoefenen. Een voorbereidingscommissie kan slechts voor een bepaalde, door de ondernemingsraad in het instellingsbesluit te vermelden, tijd worden ingesteld. In een voorbereidingscommissie kunnen naast een of meer leden van de ondernemingsraad ook andere in de onderneming werkzame personen zitting hebben.
5. Ten aanzien van de leden van door de ondernemingsraad ingestelde commissies, die geen lid zijn van de ondernemingsraad, is artikel 13 van overeenkomstige toepassing.

Art. 16
1. De ondernemingsraad kan een of meer deskundigen uitnodigen tot het bijwonen van een vergadering van die raad, met het oog op de behandeling van een bepaald onderwerp. Hij kan een zodanige uitnodiging ook doen aan een of meer bestuurders van de onderneming, dan wel aan een of meer personen als bedoeld in artikel 24, tweede lid.

Ondernemingsraad, deskundigen

2. De leden van de ondernemingsraad kunnen in de vergadering aan de in het eerste lid bedoelde personen inlichtingen en adviezen vragen.
3. Een deskundige kan eveneens worden uitgenodigd een schriftelijk advies uit te brengen.
4. De voorgaande leden zijn van overeenkomstige toepassing ten aanzien van de commissies van de ondernemingsraad.

Art. 17

Ondernemingsraad, voorzieningen

1. De ondernemer is verplicht de ondernemingsraad, de commissies van die raad, en, indien de ondernemer aan de ondernemingsraad een secretaris heeft toegevoegd, de secretaris van die raad het gebruik toe te staan van de voorzieningen waarover hij als zodanig kan beschikken en die de ondernemingsraad, de commissies en de secretaris van die raad voor de vervulling van hun taak redelijkerwijze nodig hebben. De ondernemer stelt de ondernemingsraad en de commissies van die raad in staat de in de onderneming werkzame personen te raadplegen en stelt deze personen in de gelegenheid hieraan hun medewerking te verlenen, een en ander voor zover dat redelijkerwijs noodzakelijk is voor de vervulling van de taak van de raad en de commissies.

Ondernemingsraad, vergaderingen

2. De ondernemingsraad en de commissies van die raad vergaderen zoveel mogelijk tijdens de normale arbeidstijd.
3. De leden van de ondernemingsraad en de leden van de commissies van die raad behouden voor de tijd gedurende welke zij ten gevolge van het bijwonen van een vergadering van de ondernemingsraad of van een commissie van die raad niet de bedongen arbeid hebben verricht, hun aanspraak op loon dan wel bezoldiging.

Art. 18

Ondernemingsraad, beraad/overleg

1. De ondernemer is verplicht de leden van de ondernemingsraad en de leden van de commissies van die raad, gedurende een door de ondernemer en de ondernemingsraad gezamenlijk vast te stellen aantal uren per jaar, in werktijd en met behoud van loon dan wel bezoldiging de gelegenheid te bieden voor onderling beraad en overleg met andere personen over aangelegenheden waarbij zij in de uitoefening van hun taak zijn betrokken, alsmede voor kennisneming van de arbeidsomstandigheden in de onderneming.

Ondernemingsraad, scholing/vorming

2. De ondernemer is verplicht de leden van de ondernemingsraad en de leden van een vaste commissie of onderdeelcommissie, bedoeld in artikel 15, tweede lid, onderscheidenlijk derde lid, gedurende een door de ondernemer en de ondernemingsraad gezamenlijk vast te stellen aantal dagen per jaar, in werktijd en met behoud van loon dan wel bezoldiging de gelegenheid te bieden de scholing en vorming van voldoende kwaliteit te ontvangen welke zij in verband met de vervulling van hun taak nodig oordelen.

Ondernemingsraad, vaststelling aantal uren en dagen

3. De ondernemer en de ondernemingsraad stellen het aantal uren, bedoeld in het eerste lid, en het aantal dagen, bedoeld in het tweede lid, vast op een zodanig aantal als de betrokken leden van de ondernemingsraad en van de commissies van die raad voor de vervulling van hun taak redelijkerwijze nodig hebben. Daarbij wordt in acht genomen dat het aantal uren niet lager vastgesteld kan worden dan zestig per jaar en het aantal dagen:
   a. voor leden van een in het tweede lid bedoelde commissie die niet tevens lid zijn van de ondernemingsraad, niet lager vastgesteld kan worden dan drie per jaar;
   b. voor leden van de ondernemingsraad die niet tevens lid zijn van een in het tweede lid bedoelde commissie, niet lager vastgesteld kan worden dan vijf per jaar; en
   c. voor leden van de ondernemingsraad die tevens lid zijn van een commissie, niet lager vastgesteld kan worden dan acht per jaar.
4. De ondernemingsraad, alsmede ieder lid van de ondernemingsraad of van een commissie van die raad kan de kantonrechter verzoeken te bepalen dat de ondernemer gevolg dient te geven aan hetgeen is bepaald in het eerste, het tweede en het derde lid.

Art. 19

[Vervallen]

Art. 20

Ondernemingsraad, geheimhoudingsplicht

1. De leden van de ondernemingsraad en de leden van de commissies van die raad, alsmede de overeenkomstig artikel 16 geraadpleegde deskundigen zijn verplicht tot geheimhouding van alle zaken- en bedrijfsgeheimen die zij in hun hoedanigheid vernemen, alsmede van alle aangelegenheden ten aanzien waarvan de ondernemer, dan wel de ondernemingsraad of de betrokken commissie hun geheimhouding heeft opgelegd of waarvan zij, in verband met opgelegde geheimhouding, het vertrouwelijk karakter moeten begrijpen. Het voornemen om geheimhouding op te leggen wordt zoveel mogelijk vóór de behandeling van de betrokken aangelegenheid meegedeeld. Degene die de geheimhouding oplegt, deelt daarbij tevens mee, welke schriftelijk of mondeling verstrekte gegevens onder de geheimhouding vallen en hoelang deze dient te duren, alsmede of er personen zijn ten aanzien van wie de geheimhouding niet in acht behoeft te worden genomen.
2. Het eerste lid is van overeenkomstige toepassing ten aanzien van degenen die met het secretariaat van de ondernemingsraad of van een commissie van die raad zijn belast.
3. De in het eerste lid bedoelde verplichting geldt niet tegenover hen die ingevolge een rechterlijke opdracht zijn belast met een onderzoek naar de gang van zaken in de onderneming.
4. De in het eerste lid bedoelde verplichting geldt voorts niet tegenover hem die door een lid van de ondernemingsraad of door een lid van een commissie van die raad wordt benaderd voor overleg, mits de ondernemer, onderscheidenlijk degene die geheimhouding heeft opgelegd, vooraf toestemming heeft gegeven voor het overleg met de betrokken persoon en deze laatste

schriftelijk heeft verklaard, dat hij zich ten aanzien van de betrokken aangelegenheid tot geheimhouding verplicht. In dat geval is ten aanzien van de bedoelde persoon het eerste lid van overeenkomstige toepassing.
5. Een weigering de in het vorige lid bedoelde toestemming te verlenen, wordt door de ondernemer, onderscheidenlijk door degene die geheimhouding heeft opgelegd, met redenen omkleed.
6. De plicht tot geheimhouding vervalt niet door beëindiging van het lidmaatschap van de ondernemingsraad of van de betrokken commissie, noch door beëindiging van de werkzaamheden van de betrokkene in de onderneming.
7. De ondernemingsraad, alsmede ieder lid van de ondernemingsraad of van een commissie van die raad, alsmede een overeenkomstig artikel 16 geraadpleegde deskundige en ieder die met het secretariaat van de ondernemingsraad of van een commissie van die raad is belast kan de kantonrechter verzoeken de opgelegde geheimhouding op te heffen op de grond dat de ondernemer bij afweging van de betrokken belangen niet in redelijkheid tot het opleggen van geheimhouding had kunnen besluiten.

Art. 21
De ondernemer draagt er zorg voor, dat de in de onderneming werkzame personen die staan of gestaan hebben op een kandidatenlijst als bedoeld in artikel 9, alsmede de leden en de gewezen leden van de ondernemingsraad en van de commissies van die raad niet uit hoofde van hun kandidaatstelling of van hun lidmaatschap van de ondernemingsraad of van een commissie van die raad worden benadeeld in hun positie in de onderneming. Indien de ondernemer aan de ondernemingsraad een secretaris heeft toegevoegd is de eerste volzin op die secretaris van overeenkomstige toepassing. Op degene die het initiatief neemt of heeft genomen tot het instellen van een ondernemingsraad is de eerste volzin van overeenkomstige toepassing. De ondernemingsraad, alsmede iedere in de onderneming werkzame persoon als in de eerste tot en met derde volzin bedoeld, kan de kantonrechter verzoeken te bepalen dat de ondernemer gevolg dient te geven aan hetgeen in de eerste tot en met derde volzin is bepaald. Ten aanzien van personen die krachtens publiekrechtelijke aanstelling in onderneming werkzaam zijn, treedt een andere kamer van de rechtbank in de plaats van de kantonrechter.

Ondernemingsraad, bescherming positie leden

Art. 22
1. De kosten die redelijkerwijze noodzakelijk zijn voor de vervulling van de taak van de ondernemingsraad en de commissies van die raad komen ten laste van de ondernemer.
2. Met inachtneming van het bepaalde in het eerste lid komen de kosten van het overeenkomstig artikel 16 en artikel 23a, zesde lid, raadplegen van een deskundige door de ondernemingsraad of een commissie van die raad, alsmede de kosten van het voeren van rechtsgedingen door de ondernemingsraad slechts ten laste van de ondernemer, indien hij van de te maken kosten vooraf in kennis is gesteld. De eerste volzin is niet van toepassing wanneer uitvoering is gegeven aan het vierde lid.
3. Met inachtneming van het eerste lid komen de kosten van scholing en vorming, bedoeld in artikel 18, tweede lid, ten laste van de ondernemer. De Raad kan voor verschillende kosten verbonden aan scholing en vorming richtbedragen vaststellen.
4. De ondernemer kan in overeenstemming met de ondernemingsraad de kosten die de ondernemingsraad en de commissies van die raad in enig jaar zullen maken, voor zover deze geen verband houden met artikel artikelen 17 en 18, eerste lid, vaststellen op een bepaald bedrag, dat de ondernemingsraad naar eigen inzicht kan besteden. Kosten waardoor het hier bedoelde bedrag zou worden overschreden, komen slechts ten laste van de ondernemer voor zover hij in het dragen daarvan toestemt.

Ondernemingsraad, kosten

Art. 22a
In rechtsgedingen tussen de ondernemer en de ondernemingsraad kan de ondernemingsraad niet in de proceskosten worden veroordeeld.

Ondernemingsraad, proceskosten

Hoofdstuk IV
Het overleg met de ondernemingsraad

Art. 23
1. De ondernemer en de ondernemingsraad komen met elkaar bijeen binnen twee weken nadat hetzij de ondernemingsraad hetzij de ondernemer daarom onder opgave van redenen heeft verzocht.
2. In de in het eerste lid bedoelde overlegvergaderingen worden de aangelegenheden, de onderneming betreffende, aan de orde gesteld, ten aanzien waarvan hetzij de ondernemer, hetzij de ondernemingsraad overleg wenselijk acht of waarover ingevolge het bij of krachtens deze wet bepaalde overleg tussen de ondernemer en de ondernemingsraad moet plaatsvinden. In ondernemingen waarin in de regel ten minste 100 personen werkzaam zijn, worden ten minste eenmaal per jaar in de overlegvergadering in ieder geval besproken de hoogte en de inhoud van de in artikel 31d, eerste en tweede lid, bedoelde arbeidsvoorwaardelijke regelingen en afspraken, en de ontwikkeling van de beloningsverhoudingen ten opzichte van het voorgaande

Ondernemingsraad, overleg met ondernemer

jaar per verschillende groep van de in de onderneming werkzame personen. De ondernemingsraad is bevoegd omtrent de bedoelde aangelegenheden voorstellen te doen en standpunten kenbaar te maken. Onder de aangelegenheden, de onderneming betreffende, is niet begrepen het beleid ten aanzien van, alsmede de uitvoering van een bij of krachtens een wettelijk voorschrift aan de ondernemer opgedragen publiekrechtelijke taak, behoudens voor zover deze uitvoering de werkzaamheden van de in de onderneming werkzame personen betreft.

3. De ondernemingsraad is ook buiten de overlegvergadering bevoegd aan de ondernemer voorstellen te doen omtrent de in het tweede lid bedoelde aangelegenheden. Een dergelijk voorstel wordt schriftelijk en voorzien van een toelichting aan de ondernemer voorgelegd. De ondernemer beslist over het voorstel niet dan nadat daarover ten minste éénmaal overleg is gepleegd in een overlegvergadering. Na het overleg deelt de ondernemer zo spoedig mogelijk schriftelijk en met redenen omkleed aan de ondernemingsraad mee, of en in hoeverre hij overeenkomstig het voorstel zal besluiten.

4. Het overleg wordt voor de ondernemer gevoerd door de bestuurder van de onderneming. Wanneer een onderneming meer dan één bestuurder heeft, bepalen dezen te zamen wie van hen overleg pleegt met de ondernemingsraad.

5. De in het vorige lid bedoelde bestuurder kan zich in geval van verhindering of ten aanzien van een bepaald onderwerp laten vervangen door een medebestuurder. Heeft de onderneming geen meerhoofdig bestuur, dan kan de bestuurder zich bij verhindering doen vervangen door een persoon als bedoeld in artikel 24, tweede lid, of door een in de onderneming werkzame persoon die beschikt over bevoegdheden om namens de ondernemer overleg te voeren met de ondernemingsraad.

6. De bestuurder of degene die hem vervangt kan zich bij het overleg laten bijstaan door een of meer medebestuurders, personen als bedoeld in artikel 24, tweede lid, of in de onderneming werkzame personen.

7. Ten aanzien van de overlegvergadering, bedoeld in het tweede lid, tweede zin, is artikel 24, tweede en derde lid, van overeenkomstige toepassing.

Art. 23a

Ondernemingsraad, overlegvergadering

1. Een overlegvergadering kan slechts worden gehouden, indien ten aanzien van de ondernemingsraad wordt voldaan aan de bepalingen die ingevolge het reglement van de ondernemingsraad gelden voor het houden van een vergadering van die raad. Alle leden van de ondernemingsraad kunnen in de vergadering het woord voeren.

2. De overlegvergadering wordt, tenzij de ondernemer en de ondernemingsraad te zamen een andere regeling treffen, beurtelings geleid door de bestuurder of degene die hem ingevolge artikel 23, vijfde lid, vervangt en de voorzitter of de plaatsvervangende voorzitter van de ondernemingsraad.

3. De secretaris van de ondernemingsraad treedt op als secretaris van de overlegvergadering, tenzij de ondernemer en de ondernemingsraad te zamen een andere persoon als secretaris aanwijzen.

4. De agenda van de overlegvergadering bevat de onderwerpen die door de ondernemer of door de ondernemingsraad bij de secretaris voor het overleg zijn aangemeld. Het verslag van de overlegvergadering behoeft de goedkeuring van de ondernemer en de ondernemingsraad.

5. De ondernemer en de ondernemingsraad maken gezamenlijk afspraken over de gang van zaken bij de overlegvergadering en over de wijze en het tijdstip waarop de agenda en het verslag van de overlegvergadering aan de in de onderneming werkzame personen bekend worden gemaakt.

6. Ten aanzien van de overlegvergadering zijn de artikelen 17 en 22 van overeenkomstige toepassing. Zowel de ondernemingsraad als de ondernemer kan een of meer deskundigen uitnodigen tot het bijwonen van een overlegvergadering, indien dit voor de behandeling van een bepaald onderwerp redelijkerwijze nodig is. Zij stellen elkaar hiervan tijdig vooraf in kennis.

Art. 23b

Ondernemingsraad, overlegvergadering

1. Tijdens een overlegvergadering kunnen zowel door de ondernemer als door de ondernemingsraad besluiten worden genomen.

2. Een overlegvergadering wordt door de voorzitter geschorst, wanneer de ondernemer of de ondernemingsraad ten aanzien van een bepaald onderwerp afzonderlijk beraad wenselijk acht.

Art. 23c

Overeenkomstige toepassing

Indien de ondernemingsraad aan een onderdeelcommissie de bevoegdheid heeft toegekend tot het plegen van overleg met degene die de leiding heeft van het betrokken onderdeel, zijn ten aanzien van dat overleg de artikelen 17, 22, 23, 23a, tweede, vierde en zesde lid, 23b, 24, eerste lid, 25, 27, 28, 31a, eerste, zesde en zevende lid, 31b en 31c van overeenkomstige toepassing. In dit overleg kunnen geen aangelegenheden worden behandeld die in het overleg met de ondernemingsraad worden behandeld.

Art. 24
1. In de overlegvergadering wordt ten minste tweemaal per jaar de algemene gang van zaken van de onderneming besproken. De ondernemer doet in dit kader mededeling over besluiten die hij in voorbereiding heeft met betrekking tot de aangelegenheden als bedoeld in de artikelen 25 en 27. Daarbij worden afspraken gemaakt wanneer en op welke wijze de ondernemingsraad in de besluitvorming wordt betrokken.

2. Indien de onderneming in stand wordt gehouden door een naamloze vennootschap, een besloten vennootschap met beperkte aansprakelijkheid, een coöperatie of een onderlinge waarborgmaatschappij, zijn bij de in het eerste lid bedoelde besprekingen de commissarissen van de vennootschap, de coöperatie of de onderlinge waarborgmaatschappij, als die er zijn, dan wel een of meer vertegenwoordigers uit hun midden aanwezig. Wordt ten minste de helft van de aandelen van de vennootschap middellijk of onmiddellijk voor eigen rekening gehouden door een andere vennootschap, dan rust de hiervoor bedoelde verplichting op de bestuurders van de laatstbedoelde vennootschap, dan wel op een of meer door hen aangewezen vertegenwoordigers. Wordt de onderneming in stand gehouden door een vereniging of een stichting, dan zijn de bestuursleden van die vereniging of die stichting, dan wel een of meer vertegenwoordigers uit hun midden aanwezig. De ondernemingsraad kan in een bepaald geval besluiten, dat aan dit lid geen toepassing behoeft te worden gegeven.

3. Het in het vorige lid bepaalde geldt niet ten aanzien van een onderneming die in stand wordt gehouden door een ondernemer die ten minste vijf ondernemingen in stand houdt waarvoor een ondernemingsraad is ingesteld waarop de bepalingen van deze wet van toepassing zijn, dan wel door een ondernemer die deel uitmaakt van in een groep verbonden ondernemers die te zamen ten minste vijf ondernemingsraden hebben ingesteld waarop de bepalingen van deze wet van toepassing zijn.

Hoofdstuk IVA
Bijzondere bevoegdheden van de ondernemingsraad

Art. 25
1. De ondernemingsraad wordt door de ondernemer in de gelegenheid gesteld advies uit te brengen over elk door hem voorgenomen besluit tot:

a. overdracht van de zeggenschap over de onderneming of een onderdeel daarvan;
b. het vestigen van, dan wel het overnemen of afstoten van de zeggenschap over, een andere onderneming, alsmede het aangaan van, het aanbrengen van een belangrijke wijziging in of het verbreken van duurzame samenwerking met een andere onderneming, waaronder begrepen het aangaan, in belangrijke mate wijzigen of verbreken van een belangrijke financiële deelneming vanwege of ten behoeve van een dergelijke onderneming;
c. beëindiging van de werkzaamheden van de onderneming of van een belangrijk onderdeel daarvan;
d. belangrijke inkrimping, uitbreiding of andere wijziging van de werkzaamheden van de onderneming;
e. belangrijke wijziging in de organisatie van de onderneming, dan wel in de verdeling van bevoegdheden binnen de onderneming;
f. wijziging van de plaats waar de onderneming haar werkzaamheden uitoefent;
g. het groepsgewijze werven of inlenen van arbeidskrachten;
h. het doen van een belangrijke investering ten behoeve van de onderneming;
i. het aantrekken van een belangrijk krediet ten behoeve van de onderneming;
j. het verstrekken van een belangrijk krediet en het stellen van zekerheid voor belangrijke schulden van een andere ondernemer, tenzij dit geschiedt in de normale uitoefening van werkzaamheden in de onderneming;
k. invoering of wijziging van een belangrijke technologische voorziening;
l. het treffen van een belangrijke maatregel in verband met de zorg van de onderneming voor het milieu, waaronder begrepen het treffen of wijzigen van een beleidsmatige, organisatorische en administratieve voorziening in verband met het milieu;
m. vaststelling van een regeling met betrekking tot het zelf dragen van het risico, bedoeld in artikel 40, eerste lid, van de Wet financiering sociale verzekeringen;
n. het verstrekken en het formuleren van een adviesopdracht aan een deskundige buiten de onderneming betreffende een der hiervoor bedoelde aangelegenheden.

Het onder *b* bepaalde, alsmede het onder n bepaalde, voor zover dit betrekking heeft op een aangelegenheid als bedoeld onder b, is niet van toepassing wanneer de andere onderneming in het buitenland gevestigd is of wordt en redelijkerwijs niet te verwachten is dat het voorgenomen besluit zal leiden tot een besluit als bedoeld onder c-f ten aanzien van een onderneming die door de ondernemer in Nederland in stand wordt gehouden.

2. De ondernemer legt het te nemen besluit schriftelijk aan de ondernemingsraad voor. Het advies moet op een zodanig tijdstip worden gevraagd, dat het van wezenlijke invloed kan zijn op het te nemen besluit.
3. Bij het vragen van advies wordt aan de ondernemingsraad een overzicht verstrekt van de beweegredenen voor het besluit, alsmede van de gevolgen die het besluit naar te verwachten valt voor de in de onderneming werkzame personen zal hebben en van de naar aanleiding daarvan voorgenomen maatregelen.
4. De ondernemingsraad brengt met betrekking tot een voorgenomen besluit als bedoeld in het eerste lid geen advies uit dan nadat over de betrokken aangelegenheid ten minste éénmaal overleg is gepleegd in een overlegvergadering. Ten aanzien van de bespreking van het voorgenomen besluit in de overlegvergadering is artikel 24, tweede lid, van overeenkomstige toepassing.
5. Indien na het advies van de ondernemingsraad een besluit als in het eerste lid bedoeld wordt genomen, wordt de ondernemingsraad door de ondernemer zo spoedig mogelijk van het besluit schriftelijk in kennis gesteld. Indien het advies van de ondernemingsraad niet of niet geheel is gevolgd, wordt aan de ondernemingsraad tevens meegedeeld, waarom van dat advies is afgeweken. Voor zover de ondernemingsraad daarover nog niet heeft geadviseerd, wordt voorts het advies van de ondernemingsraad ingewonnen over de uitvoering van het besluit.
6. Tenzij het besluit van de ondernemer overeenstemt met het advies van de ondernemingsraad, is de ondernemer verplicht de uitvoering van zijn besluit op te schorten tot een maand na de dag waarop de ondernemingsraad van het besluit in kennis is gesteld. De verplichting vervalt wanneer de ondernemingsraad zulks te kennen geeft.

Art. 26

Ondernemingsraad, beroep tegen besluit ondernemer

1. De ondernemingsraad kan bij de ondernemingskamer van het gerechtshof Amsterdam beroep instellen tegen een besluit van de ondernemer als bedoeld in artikel 25, vijfde lid, hetzij wanneer dat besluit niet in overeenstemming is met het advies van de ondernemingsraad, hetzij wanneer feiten of omstandigheden bekend zijn geworden, die, waren zij aan de ondernemingsraad bekend geweest ten tijde van het uitbrengen van zijn advies, aanleiding zouden kunnen zijn geweest om dat advies niet uit te brengen zoals het is uitgebracht.
2. Het beroep wordt ingeleid door indiening van een verzoek, binnen een maand nadat de ondernemingsraad van het in het eerste lid bedoelde besluit in kennis is gesteld.
3. De ondernemer wordt van het ingestelde beroep in kennis gesteld.
4. Het beroep kan uitsluitend worden ingesteld ter zake dat de ondernemer bij afweging van de betrokken belangen niet in redelijkheid tot zijn besluit had kunnen komen.
5. De ondernemingskamer behandelt het verzoek met de meeste spoed. Alvorens te beslissen kan zij, ook ambtshalve, deskundigen, alsmede in de onderneming werkzame personen horen. Indien de ondernemingskamer het beroep gegrond bevindt, verklaart zij dat de ondernemer bij afweging van de betrokken belangen niet in redelijkheid tot het betrokken besluit had kunnen komen. Zij kan voorts, indien de ondernemingsraad daarom heeft verzocht, een of meer van de volgende voorzieningen treffen:
    a. het opleggen van de verplichting aan de ondernemer om het besluit geheel of ten dele in te trekken, alsmede om aan te wijzen gevolgen van dat besluit ongedaan te maken;
    b. het opleggen van een verbod aan de ondernemer om handelingen te verrichten of te doen verrichten ter uitvoering van het besluit of van onderdelen daarvan.
Een voorziening van de ondernemingskamer kan door derden verworven rechten niet aantasten.
6. Het is verboden een verplichting of een verbod als bedoeld in het vorige lid niet na te komen, onderscheidenlijk te overtreden.
7. De ondernemingskamer kan haar beslissing op een verzoek tot het treffen van voorzieningen voor een door haar te bepalen termijn aanhouden, indien beide partijen daarom verzoeken, dan wel indien de ondernemer op zich neemt het besluit waartegen beroep is ingesteld, in te trekken of te wijzigen, of bepaalde gevolgen van het besluit ongedaan te maken.
8. Nadat het verzoekschrift is ingediend kan de ondernemingskamer, zo nodig onverwijld, voorlopige voorzieningen treffen. Het vijfde lid, vierde en vijfde volzin, en het zesde lid, zijn van overeenkomstige toepassing.
9. Van een beschikking van de ondernemingskamer staat uitsluitend beroep in cassatie open.

Art. 27

Ondernemingsraad, instemming met besluit ondernemer

1. De ondernemer behoeft de instemming van de ondernemingsraad voor elk door hem voorgenomen besluit tot vaststelling, wijziging of intrekking van:
    a. regelingen op grond van een pensioenovereenkomst, een winstdelingsregeling of een spaarregeling;
    b. een arbeids- en rusttijdenregeling of een vakantieregeling;
    c. een belonings- of een functiewaarderingssysteem;
    d. een regeling op het gebied van de arbeidsomstandigheden, het ziekteverzuim of het reintegratiebeleid;
    e. een regeling op het gebied van het aanstellings-, ontslag- of bevorderingsbeleid;
    f. een regeling op het gebied van de personeelsopleiding;

g. een regeling op het gebied van de personeelsbeoordeling;
h. een regeling op het gebied van het bedrijfsmaatschappelijk werk;
i. een regeling op het gebied van het werkoverleg;
j. een regeling op het gebied van de behandeling van klachten;
k. een regeling omtrent het verwerken van alsmede de bescherming van de persoonsgegevens van de in de onderneming werkzame personen;
l. een regeling inzake voorzieningen die gericht zijn op of geschikt zijn voor waarneming van of controle op aanwezigheid, gedrag of prestaties van de in de onderneming werkzame personen;
m. een procedure voor het omgaan met het melden van een vermoeden van een misstand, als bedoeld in artikel 2, eerste lid, van de Wet Huis voor klokkenluiders;
een en ander voor zover betrekking hebbende op alle of een groep van de in de onderneming werkzame personen.
2. De ondernemer legt het te nemen besluit schriftelijk aan de ondernemingsraad voor. Hij verstrekt daarbij een overzicht van de beweegredenen voor het besluit, alsmede van de gevolgen die het besluit naar te verwachten valt voor de in de onderneming werkzame personen zal hebben. De ondernemingsraad beslist niet dan nadat over de betrokken aangelegenheid ten minste éénmaal overleg is gepleegd in een overlegvergadering. Na het overleg deelt de ondernemingsraad zo spoedig mogelijk schriftelijk en met redenen omkleed zijn beslissing aan de ondernemer mee. Na de beslissing van de ondernemingsraad deelt de ondernemer zo spoedig mogelijk schriftelijk aan de ondernemingsraad mee welk besluit hij heeft genomen en met ingang van welke datum hij dat besluit zal uitvoeren.
3. De in het eerste lid bedoelde instemming is niet vereist, voor zover de betrokken aangelegenheid voor de onderneming reeds inhoudelijk is geregeld in een collectieve arbeidsovereenkomst of een regeling van arbeidsvoorwaarden vastgesteld door een publiekrechtelijk orgaan. Instemming is eveneens niet vereist voor zover ter zake van een aangelegenheid als bedoeld in het eerste lid, onderdeel a, sprake is van verplichte deelneming in een bedrijfstakpensioenfonds als bedoeld in artikel 1 van de Pensioenwet.
4. Heeft de ondernemer voor het voorgenomen besluit geen instemming van de ondernemingsraad verkregen, dan kan hij de kantonrechter toestemming vragen om het besluit te nemen. De kantonrechter geeft slechts toestemming, indien de beslissing van de ondernemingsraad om geen instemming te geven onredelijk is, of het voorgenomen besluit van de ondernemer gevergd wordt door zwaarwegende bedrijfsorganisatorische, bedrijfseconomische of bedrijfssociale redenen.
5. Een besluit als bedoeld in het eerste lid, genomen zonder de instemming van de ondernemingsraad of de toestemming van de kantonrechter, is nietig, indien de ondernemingsraad tegenover de ondernemer schriftelijk een beroep op de nietigheid heeft gedaan. De ondernemingsraad kan slechts een beroep op de nietigheid doen binnen een maand nadat hetzij de ondernemer hem zijn besluit overeenkomstig de laatste volzin van het tweede lid heeft meegedeeld, hetzij - bij gebreke van deze mededeling - de ondernemingsraad is gebleken dat de ondernemer uitvoering of toepassing geeft aan zijn besluit.
6. De ondernemingsraad kan de kantonrechter verzoeken de ondernemer te verplichten zich te onthouden van handelingen die strekken tot uitvoering of toepassing van een nietig besluit als bedoeld in het vijfde lid. De ondernemer kan de kantonrechter verzoeken te verklaren dat de ondernemingsraad ten onrechte een beroep heeft gedaan op nietigheid als bedoeld in het vijfde lid.
7. Onder regelingen op grond van een pensioenovereenkomst als bedoeld in het eerste lid, onderdeel a, worden mede verstaan regelingen opgenomen in een uitvoeringsovereenkomst als bedoeld in artikel 1 van de Pensioenwet of een uitvoeringsreglement als bedoeld in onderdeel b van de definitie van uitvoeringsreglement in artikel 1 van de Pensioenwet, die van invloed zijn op de pensioenovereenkomst waaronder in ieder geval worden begrepen: regelingen over de wijze waarop de verschuldigde premie wordt vastgesteld, de maatstaven voor en de voorwaarden waaronder toeslagverlening plaatsvindt en de keuze voor onderbrenging bij een bepaalde pensioenuitvoerder, pensioeninstelling uit een andere lidstaat of verzekeraar met zetel buiten Nederland als bedoeld in artikel 23, eerste lid, van de Pensioenwet.

Art. 28
1. De ondernemingsraad bevordert zoveel als in zijn vermogen ligt de naleving van de voor de onderneming geldende voorschriften op het gebied van de arbeidsvoorwaarden, alsmede van de voorschriften op het gebied van de arbeidsomstandigheden en arbeids- en rusttijden van de in de onderneming werkzame personen.
2. De ondernemingsraad bevordert voorts naar vermogen het werkoverleg, alsmede het overdragen van bevoegdheden in de onderneming, zodat de in de onderneming werkzame personen zoveel mogelijk worden betrokken bij de regeling van de arbeid in het onderdeel van de onderneming waarin zij werkzaam zijn.

Ondernemingsraad, bevordering naleving arbeidsvoorwaarden en arbeidsomstandigheden

Ondernemingsraad, bevordering werkoverleg

art. 29

Ondernemingsraad, waken tegen discriminatie

3. De ondernemingsraad waakt in het algemeen tegen discriminatie in de onderneming en bevordert in het bijzonder de gelijke behandeling van mannen en vrouwen alsmede de inschakeling van gehandicapten en minderheden in de onderneming.

Ondernemingsraad, bevordering zorg voor milieu

4. De ondernemingsraad bevordert naar vermogen de zorg van de onderneming voor het milieu, waaronder begrepen het treffen of wijzigen van beleidsmatige, organisatorische en administratieve voorzieningen in verband met het milieu.

Art. 29

Ondernemingsraad, benoeming bestuursleden instellingen

De ondernemingsraad heeft het recht, al dan niet uit zijn midden, een door de ondernemer te bepalen aantal, maar ten minste de helft, te benoemen van de bestuursleden van door de ondernemer ten behoeve van in de onderneming werkzame personen opgerichte instellingen, behoudens voor zover bij of krachtens de wet op andere wijze in het bestuur van een instelling is voorzien.

Art. 30

Ondernemingsraad, advisering over benoeming en ontslag bestuurder

1. De ondernemingsraad wordt door de ondernemer in de gelegenheid gesteld advies uit te brengen over elk door hem voorgenomen besluit tot benoeming of ontslag van een bestuurder van de onderneming.
2. Het advies moet op een zodanig tijdstip worden gevraagd, dat het van wezenlijke invloed kan zijn op het te nemen besluit.
3. De ondernemer stelt de ondernemingsraad in kennis van de beweegredenen voor het besluit en verstrekt voorts in het geval van een benoeming gegevens waaruit de ondernemingsraad zich een oordeel kan vormen over de betrokkene, in verband met diens toekomstige functie in de onderneming. Artikel 25, vierde lid en vijfde lid, eerste en tweede volzin, is van overeenkomstige toepassing.

Hoofdstuk IVB
Het verstrekken van gegevens aan de ondernemingsraad

Art. 31

Ondernemingsraad, verstrekken gegevens door ondernemer

1. De ondernemer is verplicht desgevraagd aan de ondernemingsraad en aan de commissies van die raad tijdig alle inlichtingen en gegevens te verstrekken die deze voor de vervulling van hun taak redelijkerwijze nodig hebben. De inlichtingen en gegevens worden desgevraagd schriftelijk verstrekt.
2. De ondernemer is verplicht aan de ondernemingsraad bij het begin van iedere zittingsperiode schriftelijk gegevens te verstrekken omtrent:
a. de rechtsvorm van de ondernemer, waarbij indien de ondernemer een niet-publiekrechtelijke rechtspersoon is, mede de statuten van die rechtspersoon moeten worden verstrekt;
b. indien de ondernemer een natuurlijke persoon, een maatschap of een niet-rechtspersoonlijkheid bezittende vennootschap is: de naam en de woonplaats van onderscheidenlijk die persoon, de maten of de beherende vennoten;
c. indien de ondernemer een rechtspersoon is: de naam en de woonplaats van de commissarissen of de bestuursleden;
d. indien de ondernemer deel uitmaakt van een aantal in een groep verbonden ondernemers: de ondernemers die deel uitmaken van die groep, de zeggenschapsverhoudingen waardoor zij onderling zijn verbonden, alsmede de naam en de woonplaats van degenen die ten gevolge van de bedoelde verhoudingen feitelijke zeggenschap over de ondernemer kunnen uitoefenen;
e. de ondernemers of de instellingen met wie de ondernemer, anders dan uit hoofde van zeggenschapsverhoudingen als bedoeld onder *d*, duurzame betrekkingen onderhoudt die van wezenlijk belang kunnen zijn voor het voortbestaan van de onderneming, alsmede de naam en de woonplaats van degenen die ten gevolge van zodanige betrekkingen feitelijke zeggenschap over de ondernemer kunnen uitoefenen;
f. de organisatie van de onderneming, de naam en de woonplaats van de bestuurders en van de belangrijkste overige leidinggevende personen, alsmede de wijze waarop de bevoegdheden tussen de bedoelde personen zijn verdeeld.
3. Het tweede lid, onderdeel d, strekt zich ook uit tot de ondernemer die deel uitmaakt van een internationale groep van ondernemingen. Het tweede lid, onderdeel e, strekt zich ook uit tot de ondernemer die anders dan uit hoofde van zeggenschapsverhoudingen als bedoeld in de vorige zin, duurzame betrekkingen met buitenlandse ondernemers of instellingen onderhoudt.
4. De ondernemer is verplicht de ondernemingsraad zo spoedig mogelijk in kennis te stellen van wijzigingen die zich in de in het tweede lid bedoelde gegevens hebben voorgedaan.

Art. 31a

Ondernemingsraad, verstrekken financiële gegevens door ondernemer

1. De ondernemer verstrekt, mede ten behoeve van de bespreking van de algemene gang van zaken van de onderneming, ten minste tweemaal per jaar aan de ondernemingsraad mondeling of schriftelijk algemene gegevens omtrent de werkzaamheden en de resultaten van de onderneming in het verstreken tijdvak, in het bijzonder met betrekking tot aangelegenheden als bedoeld in artikel 25.

2. Indien de onderneming in stand wordt gehouden door een stichting of vereniging als bedoeld in artikel 360, derde lid, van boek 2 van het Burgerlijk Wetboek, een coöperatie, een onderlinge waarborgmaatschappij, een naamloze vennootschap of een besloten vennootschap met beperkte aansprakelijkheid, verstrekt de ondernemer zo spoedig mogelijk na de vaststelling van zijn jaarrekening een exemplaar van de jaarrekening en het bestuursverslag in de Nederlandse taal en de daarbij te voegen overige gegevens, als bedoeld in artikel 392 van Boek 2 van het Burgerlijk Wetboek, ter bespreking aan de ondernemingsraad. De mededeling die een rechtspersoon ingevolge artikel 362, zesde lid, laatste volzin, van Boek 2 van het Burgerlijk Wetboek moet verstrekken geschiedt gelijktijdig met die aan de algemene vergadering.
3. Indien de financiële gegevens van een ondernemer die deel uitmaakt van in een groep verbonden ondernemers zijn opgenomen in een geconsolideerde jaarrekening als bedoeld in artikel 405 van Boek 2 van het Burgerlijk Wetboek, verstrekt de ondernemer ter bespreking aan de ondernemingsraad deze geconsolideerde jaarrekening, het bestuursverslag en de overige gegevens, bedoeld in artikel 392 van dat boek, van de rechtspersoon die de geconsolideerde jaarrekening heeft opgesteld. Indien de financiële gegevens van zulk een ondernemer niet in een geconsolideerde jaarrekening zijn opgenomen, verstrekt de ondernemer in plaats hiervan ter bespreking aan de ondernemingsraad schriftelijke gegevens waaruit de ondernemingsraad zich een inzicht kan vormen in het gezamenlijke resultaat van de ondernemingen van die groep ondernemers.
4. Indien de jaarrekening van de ondernemer betrekking heeft op meer dan één onderneming, verstrekt de ondernemer aan de ondernemingsraad tevens schriftelijke gegevens waaruit deze zich een inzicht kan vormen in de mate waarin de onderneming waarvoor hij is ingesteld tot het gezamenlijke resultaat van de ondernemingen heeft bijgedragen. Het voorgaande is van overeenkomstige toepassing, indien een geconsolideerde jaarrekening, als bedoeld in het derde lid, wordt verstrekt.
5. Indien de onderneming in stand wordt gehouden door een ondernemer op wie het tweede lid van dit artikel niet van toepassing is, verstrekt de ondernemer bij algemene maatregel van bestuur aangewezen vervangende schriftelijke gegevens ter bespreking aan de ondernemingsraad. Het derde en vierde lid van dit artikel zijn van overeenkomstige toepassing.
6. De ondernemer doet, mede ten behoeve van de bespreking van de algemene gang van zaken van de onderneming, ten minste tweemaal per jaar aan de ondernemingsraad mondeling of schriftelijk mededeling omtrent zijn verwachtingen ten aanzien van de werkzaamheden en de resultaten van de onderneming in het komende tijdvak, in het bijzonder met betrekking tot aangelegenheden als bedoeld in artikel 25, alsmede met betrekking tot alle investeringen in binnenland en buitenland.
7. Indien de ondernemer met betrekking tot de onderneming een meerjarenplan, dan wel een raming of een begroting van inkomsten of uitgaven pleegt op te stellen, wordt dat plan, onderscheidenlijk die raming of die begroting, dan wel een samenvatting daarvan, met een toelichting aan de ondernemingsraad verstrekt en in de bespreking betrokken. Het derde en vierde lid van dit artikel zijn van overeenkomstige toepassing.

Art. 31b
1. De ondernemer verstrekt, mede ten behoeve van de bespreking van de algemene gang van zaken van de onderneming, ten minste éénmaal per jaar aan de ondernemingsraad schriftelijk algemene gegevens inzake de aantallen en de verschillende groepen van de in de onderneming werkzame personen, alsmede het door hem in het afgelopen jaar ten aanzien van die personen gevoerde sociale beleid, in het bijzonder met betrekking tot aangelegenheden als bedoeld in de artikelen 27, 28 en 29. Deze gegevens worden kwantitatief zodanig gespecificeerd dat daaruit blijkt welke uitwerking de verschillende onderdelen van het sociale beleid hebben gehad voor afzonderlijke bedrijfsonderdelen en functiegroepen.
2. De ondernemer doet daarbij tevens mondeling of schriftelijk mededeling van zijn verwachtingen ten aanzien van de ontwikkeling van de personeelsbezetting in het komende jaar, alsmede van het door hem in dat jaar te voeren sociale beleid, in het bijzonder met betrekking tot aangelegenheden als bedoeld in de artikelen 27, 28 en 29.
3. De ondernemer verstrekt, mede ten behoeve van de bespreking van de algemene gang van zaken van de onderneming, tevens ten minste éénmaal per jaar aan de ondernemingsraad schriftelijk algemene gegevens inzake de op grond van een uitzendovereenkomst in de onderneming werkzame personen en doet daarbij tevens mondeling of schriftelijk mededeling ten aanzien van de te verwachten ontwikkelingen wat betreft het aantal op basis van een uitzendovereenkomst werkzame personen in het komende jaar.

Art. 31c
De ondernemer doet aan de ondernemingsraad zo spoedig mogelijk mededeling van zijn voornemen tot het verstrekken van een adviesopdracht aan een deskundige buiten de onderneming, met betrekking tot een aangelegenheid als bedoeld in artikel 27.

Art. 31d

Ondernemingsraad, informatierecht inkomen topkader/bestuur/toezichthouder

1. De ondernemer verstrekt, mede ten behoeve van de bespreking van de algemene gang van zaken van de onderneming, ten minste eenmaal per jaar aan de ondernemingsraad schriftelijk informatie over de hoogte en inhoud van de arbeidsvoorwaardelijke regelingen en afspraken per verschillende groep van de in de onderneming werkzame personen.
2. De ondernemer verstrekt daarbij tevens schriftelijke informatie over de hoogte en inhoud van de arbeidsvoorwaardelijke regelingen en afspraken met het bestuur dat de rechtspersoon vertegenwoordigt en het totaal van de vergoedingen, dat wordt verstrekt aan het toezichthoudend orgaan, bedoeld in artikel 24, tweede lid.
3. Ten aanzien van het eerste en tweede lid wordt inzichtelijk gemaakt met welk percentage deze arbeidsvoorwaardelijke regelingen en afspraken zich verhouden tot elkaar en tot die van het voorgaande jaar.
4. Indien een groep, als bedoeld in het eerste lid, het bestuur of het toezichthoudend orgaan, bedoeld in het tweede lid, uit minder dan vijf personen bestaat, is het mogelijk om voor de toepassing van deze leden twee of meer functies samen te voegen, zodat een groep van ten minste vijf personen ontstaat.
5. De ondernemer is verplicht de ondernemingsraad zo spoedig mogelijk in kennis te stellen van belangrijke wijzigingen die in deze regelingen en afspraken worden aangebracht.
6. Dit artikel is uitsluitend van toepassing op ondernemingen waarin in de regel ten minste 100 personen werkzaam zijn.

Art. 31e

Ondernemingsraad, toepasselijkheid informatierecht

De artikelen 23, tweede lid, tweede zin, en 31d zijn niet van toepassing op:
a. de besloten vennootschap met beperkte aansprakelijkheid waarvan een van de bestuurders of commissarissen een natuurlijk persoon is die een direct of indirect belang heeft in de rechtspersoon overeenkomstig artikel 4.6 van de Wet inkomstenbelasting 2001, of
b. de rechtspersoon waarop de artikelen 396 of 397 van titel 9 van Boek 2 van het Burgerlijk Wetboek van toepassing zijn.

Art. 31f

Informatieplicht ondernemer m.b.t. voorgenomen wijzigingen van uitvoeringsovereenkomsten

De ondernemer is verplicht de ondernemingsraad zo spoedig mogelijk schriftelijk te informeren over elke voorgenomen vaststelling, wijziging of intrekking van een uitvoeringsovereenkomst als bedoeld in artikel 1 van de Pensioenwet of een uitvoeringsreglement als bedoeld in onderdeel b van de definitie van uitvoeringsreglement in artikel 1 van de Pensioenwet.

Hoofdstuk IVC
Verdere bevoegdheden van de ondernemingsraad

Art. 32

Aanvullend recht

1. Bij collectieve arbeidsovereenkomst of een regeling van arbeidsvoorwaarden vastgesteld door een publiekrechtelijk orgaan kunnen aan de ondernemingsraad of aan de ondernemingsraden van de bij die overeenkomst of die regeling betrokken onderneming of ondernemingen verdere bevoegdheden dan in deze wet genoemd worden toegekend.
2. Bij schriftelijke overeenkomst tussen de ondernemer en de ondernemingsraad kunnen aan de ondernemingsraad meer bevoegdheden dan de in deze wet genoemde worden toegekend en kunnen aanvullende voorschriften over de toepassing van het bij of krachtens deze wet bepaalde worden gegeven. De ondernemer zendt een afschrift van de overeenkomst aan de bedrijfscommissie.
3. Indien aan de ondernemingsraad op grond van dit artikel een adviesrecht of instemmingsrecht is toegekend, is het advies of de instemming van de ondernemingsraad niet vereist, voor zover de aangelegenheid voor de onderneming reeds inhoudelijk is geregeld in een collectieve arbeidsovereenkomst of in een regeling, vastgesteld door een publiekrechtelijk orgaan.
4. Indien in de overeenkomst aan de ondernemingsraad een recht op advies of instemming wordt gegeven over andere voorgenomen besluiten dan genoemd in de artikelen 25 onderscheidenlijk 27, zijn de artikelen 26 onderscheidenlijk 27, vierde tot en met zesde lid, van overeenkomstige toepassing.

Art. 32a-32c

[Vervallen]

Hoofdstuk V
De centrale ondernemingsraden en de groepsondernemingsraden

Art. 33

Centrale ondernemingsraad, instelling

1. De ondernemer die twee of meer ondernemingsraden heeft ingesteld stelt tevens voor de door hem in stand gehouden ondernemingen een centrale ondernemingsraad in indien dit bevorderlijk is voor een goede toepassing van deze wet ten aanzien van deze ondernemingen.

23 Wet op de ondernemingsraden — art. 35b

2. De ondernemer die meer dan twee ondernemingsraden heeft ingesteld stelt voor een aantal van de door hem in stand gehouden ondernemingen een groepsondernemingsraad in indien dit bevorderlijk is voor een goede toepassing van deze wet ten aanzien van deze ondernemingen.

3. Het eerste en tweede lid zijn van overeenkomstige toepassing ten aanzien van in een groep verbonden ondernemers, die te zamen twee of meer ondernemingsraden hebben ingesteld. De betrokken ondernemers wijzen een tot hun groep behorende ondernemer aan, die voor de toepassing van deze wet namens hen als ondernemer optreedt ten opzichte van de centrale ondernemingsraad of de groepsondernemingsraad.

Groepsondernemingsraad, instelling
Overeenkomstige toepassing

Art. 34

1. Een centrale ondernemingsraad bestaat uit leden, gekozen door de betrokken ondernemingsraden uit de leden van elk van die raden. Voor ieder lid kan een plaatsvervanger worden gekozen, die dezelfde rechten en verplichtingen heeft als het lid dat hij vervangt.

2. Indien een of meer groepsondernemingsraden zijn ingesteld, kan de centrale ondernemingsraad in zijn reglement bepalen, dat die raad, in afwijking van het bepaalde in het eerste lid, geheel of ten dele zal bestaan uit leden, gekozen door de betrokken groepsondernemingsraden uit de leden van die raden. Voor ieder aldus gekozen lid kan een plaatsvervanger worden gekozen, die dezelfde rechten en verplichtingen heeft als het lid dat hij vervangt.

3. Het aantal leden dat uit elke ondernemingsraad of groepsondernemingsraad kan worden gekozen, wordt vastgesteld in het reglement van de centrale ondernemingsraad. Het reglement bevat voorts voorzieningen dat de verschillende groepen van de in de betrokken ondernemingen werkzame personen zoveel mogelijk in de centrale ondernemingsraad vertegenwoordigd zijn. De betrokken ondernemingsraden of groepsondernemingsraden worden over de vaststelling van de betrokken bepalingen van het reglement gehoord.

4. Een centrale ondernemingsraad kan in zijn reglement bepalen dat van die raad, behalve de in het derde lid bedoelde leden, ook deel kunnen uitmaken vertegenwoordigers van ondernemingen die door de in artikel 33 bedoelde ondernemer of ondernemers in stand worden gehouden, maar ten aanzien waarvan geen verplichting tot het instellen van een ondernemingsraad geldt. De centrale ondernemingsraad regelt in zijn reglement het aantal en de wijze van verkiezing van de bedoelde vertegenwoordigers.

5. Wanneer een lid van een centrale ondernemingsraad of zijn plaatsvervanger ophoudt lid te zijn van de ondernemingsraad of van de groepsondernemingsraad die hem heeft gekozen, eindigt van rechtswege zijn lidmaatschap van de centrale ondernemingsraad. Het zelfde geldt wanneer een vertegenwoordiger van een onderneming als bedoeld in het vierde lid ophoudt in de betrokken onderneming werkzaam te zijn. De uitsluiting, bedoeld in artikel 13, van een ondernemingsraadlid of van een groepsondernemingsraadlid, die tevens lid is van een centrale ondernemingsraad, heeft tot gevolg dat de betrokkene ook van deelname aan de werkzaamheden van de centrale ondernemingsraad is uitgesloten.

6. Ten aanzien van de centrale ondernemingsraad zijn de artikelen 7, 8, 10-14, 15, eerste, tweede, vierde en vijfde lid, en 16-22 van overeenkomstige toepassing.

7. Ten aanzien van een groepsondernemingsraad zijn de voorgaande leden, met uitzondering van het tweede lid, van overeenkomstige toepassing.

Centrale ondernemingsraad/groepsondernemingsraad, samenstelling

Overeenkomstige toepassing

Art. 35

1. Ten aanzien van de centrale ondernemingsraden en de groepsondernemingsraden zijn de artikelen 22a tot en met 32, met uitzondering van de artikelen 23c en 24, derde lid, van overeenkomstige toepassing, met dien verstande dat door die raden uitsluitend aangelegenheden worden behandeld die van gemeenschappelijk belang zijn voor alle of voor de meerderheid van de ondernemingen waarvoor zij zijn ingesteld en ongeacht of ten aanzien van die aangelegenheden bevoegdheden toekomen aan de afzonderlijke ondernemingsraden.

2. Indien bevoegdheden ten aanzien van aangelegenheden als bedoeld in het eerste lid toekomen aan afzonderlijke ondernemingsraden, gaan deze over naar de centrale ondernemingsraad, onderscheidenlijk de groepsondernemingsraad, met dien verstande dat een groepsondernemingsraad geen aangelegenheden behandelt die door de centrale ondernemingsraad worden behandeld.

Centrale ondernemingsraad/groepsondernemingsraad, bevoegdheden

Hoofdstuk VA
De medezeggenschap in kleine ondernemingen

Art. 35a

[Vervallen]

Art. 35b

1. De ondernemer die een onderneming in stand houdt waarin in de regel ten minste 10 personen maar minder dan 50 personen werkzaam zijn en waarvoor geen ondernemingsraad of een personeelsvertegenwoordiging is ingesteld, is verplicht de in deze onderneming werkzame personen tenminste tweemaal per kalenderjaar in de gelegenheid te stellen gezamenlijk met hem bijeen te komen. Hij is voorts verplicht met de in de onderneming werkzame personen

Medezeggenschap in onderneming zonder ondernemingsraad of personeelsvertegenwoordiging

1263

bijeen te komen, wanneer tenminste een vierde van hen daartoe een met redenen omkleed verzoek doet.
2. In de in het eerste lid bedoelde vergaderingen worden de aangelegenheden, de onderneming betreffende, aan de orde gesteld ten aanzien waarvan de ondernemer of in de onderneming werkzame personen overleg wenselijk achten. Iedere in de onderneming werkzame persoon is bevoegd omtrent deze aangelegenheden voorstellen te doen en standpunten kenbaar te maken.
3. Indien de onderneming niet zelf bestuurt, wordt het overleg voor hem gevoerd door de bestuurder van de onderneming. De ondernemer en de bestuurder kunnen zich bij verhindering laten vervangen door een in de onderneming werkzame persoon die bevoegd is om namens de ondernemer overleg met de werknemers te voeren.
4. In de in het eerste lid bedoelde vergaderingen wordt tenminste eenmaal per jaar de algemene gang van zaken van de onderneming besproken. De ondernemer verstrekt daartoe mondeling of schriftelijk algemene gegevens omtrent de werkzaamheden en de resultaten van de onderneming in het afgelopen jaar, alsmede omtrent zijn verwachtingen dienaangaande in het komende jaar. Voor zover de ondernemer verplicht is zijn jaarrekening en bestuursverslag ter inzage van een ieder neer te leggen, worden in de Nederlandse taal gestelde exemplaren van deze jaarstukken ter bespreking aan de in de onderneming werkzame personen verstrekt. De ondernemer verstrekt voorts mondeling of schriftelijk algemene gegevens inzake het door hem ten aanzien van de in de onderneming werkzame personen gevoerde en te voeren sociale beleid.
5. De in de onderneming werkzame personen worden door de ondernemer, in een vergadering als bedoeld in het eerste lid, in de gelegenheid gesteld advies uit te brengen over elk door hem voorgenomen besluit dat kan leiden tot verlies van de arbeidsplaats of tot een belangrijke verandering van de arbeid, de arbeidsvoorwaarden of de arbeidsomstandigheden van tenminste een vierde van de in de onderneming werkzame personen. Het advies wordt op een zodanig tijdstip gevraagd dat het van wezenlijke invloed kan zijn op het te nemen besluit. De in de eerste volzin bedoelde verplichting geldt niet, indien en voor zover de betrokken aangelegenheid voor de onderneming reeds inhoudelijk geregeld is in een collectieve arbeidsovereenkomst of in een regeling, vastgesteld door een publiekrechtelijk orgaan.

Informatieplicht ondernemer over pensioen
6. De ondernemer is verplicht desgevraagd aan de in de onderneming werkzame personen alle inlichtingen en gegevens te verstrekken inzake de arbeidsvoorwaarde pensioen die zij redelijkerwijze nodig hebben ten behoeve van de in het eerste lid bedoelde vergaderingen. De inlichtingen of gegevens worden schriftelijk verstrekt, indien de ondernemer deze schriftelijk beschikbaar heeft.
7. De ondernemer is verplicht de in de onderneming werkzame personen zo spoedig mogelijk te informeren over elke voorgenomen vaststelling, wijziging of intrekking van een uitvoeringsovereenkomst als bedoeld in artikel 1 van de Pensioenwet of een uitvoeringsreglement als bedoeld in onderdeel b van de definitie van uitvoeringsreglement in artikel 1 van de Pensioenwet. De informatie wordt schriftelijk verstrekt, indien de ondernemer de informatie schriftelijk beschikbaar heeft.
8. De in de voorgaande leden bedoelde verplichtingen gelden niet ten aanzien van personen die nog geen zes maanden in de onderneming werkzaam zijn. Zij vervallen wanneer de ondernemer met toepassing van artikel 5a een ondernemingsraad heeft ingesteld, maar treden weer in werking wanneer de ondernemingsraad op grond van artikel 5a, eerste lid, ophoudt te bestaan of overeenkomstig het tweede lid van dat artikel is opgeheven.

Art. 35c

Personeelsvertegenwoordiging in onderneming met minder dan 50 personen
1. De ondernemer die een onderneming in stand houdt waarin in de regel ten minste 10 personen maar minder dan 50 personen werkzaam zijn en waarvoor geen ondernemingsraad is ingesteld, kan een personeelsvertegenwoordiging instellen, bestaande uit ten minste drie personen die rechtstreeks gekozen zijn bij geheime schriftelijke stemming door en uit in de onderneming werkzame personen.
2. Op verzoek van de meerderheid van de in de onderneming werkzame personen stelt de ondernemer de in het eerste lid bedoelde personeelsvertegenwoordiging in.
3. Indien toepassing is gegeven aan het eerste lid, is artikel 5a, tweede lid, derde en vierde volzin, van overeenkomstige toepassing. De artikelen 7, 13, 17, 18, eerste en tweede lid, 21, 22, eerste lid, tweede lid, voor zover het betreft de kosten van het voeren van rechtsgedingen, derde en vierde lid, 22a, 27, eerste lid, onderdeel b, voor zover het betreft een arbeids- en rusttijdenregeling, en onderdeel d, derde tot en met zesde lid, 31, eerste lid, 32, 35b, vierde en vijfde lid, behoudens de in dat lid bedoelde arbeidsomstandigheden, en zevende lid, en 36 zijn van overeenkomstige toepassing.
4. De ondernemer legt een voorgenomen besluit als bedoeld in artikel 27, eerste lid, onderdeel b, voor zover het betreft een arbeids- en rusttijdenregeling, en onderdeel d, schriftelijk aan de personeelsvertegenwoordiging voor. Hij verstrekt daarbij een overzicht van de beweegredenen voor het besluit, alsmede van de gevolgen die het besluit naar te verwachten valt voor de in de onderneming werkzame personen zal hebben. De personeelsvertegenwoordiging beslist niet dan nadat over de betrokken aangelegenheid ten minste éénmaal met de ondernemer overleg

is gepleegd. Na het overleg deelt de personeelsvertegenwoordiging zo spoedig mogelijk schriftelijk en met redenen omkleed zijn beslissing aan de ondernemer mee. Na de beslissing van de personeelsvertegenwoordiging deelt de ondernemer zo spoedig mogelijk schriftelijk aan de personeelsvertegenwoordiging mee welk besluit hij heeft genomen en met ingang van welke datum hij dat besluit zal uitvoeren.
5. De personeelsvertegenwoordiging kan met toestemming van de ondernemer commissies instellen of deskundigen uitnodigen. Ten aanzien van het uitnodigen van deskundigen is toestemming niet vereist, wanneer de deskundige geen kosten in rekening brengt of wanneer de kosten door de personeelsvertegenwoordiging bestreden worden uit een bedrag als bedoeld in artikel 22, derde lid. Heeft de ondernemer toestemming gegeven voor het raadplegen van een deskundige, dan komen de kosten daarvan te zijnen laste.
6. Inlichtingen en gegevens bestemd voor de personeelsvertegenwoordiging, die volgens artikel 31, eerste lid, schriftelijk moeten worden verstrekt, mogen door de ondernemer ook mondeling worden verstrekt. In afwijking hiervan wordt informatie met betrekking tot de arbeidsvoorwaarde pensioen altijd schriftelijk verstrekt, indien de ondernemer de informatie schriftelijk beschikbaar heeft.
7. De ondernemer is verplicht met de personeelsvertegenwoordiging in overleg te treden over de arbeidsvoorwaarde pensioen, indien de personeelsvertegenwoordiging daartoe een met redenen omkleed verzoek doet.

Art. 35d
1. De ondernemer die een onderneming in stand houdt waarin in de regel minder dan 10 personen werkzaam zijn en waarvoor geen ondernemingsraad is ingesteld, kan een personeelsvertegenwoordiging, als bedoeld in artikel 35c, eerste lid, instellen.

Personeelsvertegenwoordiging in onderneming met minder dan 10 personen

2. De artikelen 5a, tweede lid, derde en vierde volzin, 7, 13, 17, 18, eerste en tweede lid, 21, 22, eerste lid, tweede lid, voor zover het betreft de kosten van het voeren van rechtsgedingen, en derde lid, 22a, 27, eerste lid, onderdeel b, voor zover het betreft een arbeids- en rusttijdenregeling, onderdeel d, derde tot en met zesde lid, 31, eerste lid, 32 en 36 zijn van overeenkomstige toepassing.
3. Artikel 35c, vierde lid, is van overeenkomstige toepassing, en het vijfde en zesde lid zijn van toepassing.

Hoofdstuk VI
De algemene geschillenregeling

Art. 36
1. Iedere belanghebbende kan de kantonrechter verzoeken te bepalen dat de ondernemer of de ondernemingsraad gevolg dient te geven aan hetgeen bij of krachtens deze wet is bepaald omtrent het instellen of in stand houden van een ondernemingsraad, het vaststellen van een voorlopig of een definitief reglement van de ondernemingsraad, de kandidaatstelling voor en de verkiezing van de leden van de ondernemingsraad, alsmede omtrent het bekend maken van agenda's en verslagen van vergaderingen, een en ander voor zover dit van de ondernemer of de ondernemingsraad afhangt.

Ondernemingsraad, geschillenregeling

2. De ondernemingsraad en de ondernemer kunnen de kantonrechter verzoeken te bepalen dat de ondernemer, onderscheidenlijk de ondernemingsraad gevolg dient te geven aan hetgeen overigens bij of krachtens deze wet is bepaald, een en ander voor zover dit van de ondernemer onderscheidenlijk de ondernemingsraad afhangt.
3. Een verzoekschrift aan de kantonrechter met betrekking tot de naleving van artikel 25 ten aanzien van een besluit als in dat artikel bedoeld, wordt niet ontvankelijk verklaard, indien blijkt dat de ondernemingsraad voor of na de indiening van het verzoekschrift tegen dat besluit beroep heeft ingesteld bij de ondernemingskamer van het gerechtshof Amsterdam.
4. Een verzoek aan de kantonrechter op grond van artikel 27, vierde en zesde lid is niet ontvankelijk indien met betrekking tot dezelfde aangelegenheid een eis is gesteld als bedoeld in de Arbeidsomstandighedenwet.
5. De kantonrechter kan in zijn uitspraak aan de ondernemer, onderscheidenlijk de ondernemingsraad de verplichting opleggen om bepaalde handelingen te verrichten of na te laten. Het is de ondernemer verboden een zodanige verplichting niet na te komen. Wanneer de ondernemingsraad een zodanige verplichting niet nakomt, kan de kantonrechter de ondernemingsraad ontbinden, onder oplegging van de verplichting aan die raad tot het doen verkiezen van een nieuwe ondernemingsraad. Blijft de ondernemingsraad in gebreke, dan kan de kantonrechter de ondernemer machtigen tot het doen verkiezen van een nieuwe ondernemingsraad te doen verkiezen.
6. De voorgaande leden zijn van overeenkomstige toepassing ten aanzien van de naleving van hetgeen bij of krachtens deze wet is bepaald met betrekking tot een centrale ondernemingsraad en een groepsondernemingsraad.

art. 36a

Ondernemingsraad, geschillenregeling

Art. 36a

Iedere in de onderneming werkzame persoon, met uitzondering van een persoon als bedoeld in artikel 35b, achtste lid, alsmede een vereniging van werknemers, die één of meer in de onderneming werkzame personen onder haar leden telt, die krachtens haar statuten ten doel heeft de belangen van haar leden als werknemers te behartigen en als zodanig in de betrokken onderneming of bedrijfstak werkzaam is en voorts tenminste twee jaar in het bezit is van volledige rechtsbevoegdheid, kan de kantonrechter verzoeken te bepalen dat de ondernemer gevolg dient te geven aan artikel 35b.

Hoofdstuk VII
De bedrijfscommissies

Art. 37

Bedrijfscommissie, instelling

1. Voor groepen van ondernemingen worden door de Raad, ter behandeling van aangelegenheden betreffende de ondernemingsraden, de centrale ondernemingsraden, de groepsondernemingsraden van deze ondernemingen, de personeelsvertegenwoordiging en de vergadering als bedoeld in artikel 35b, commissies ingesteld, bedrijfscommissies genaamd.
2. Een bedrijfscommissie bestaat uit een door de Raad na overleg met de in artikel 38 bedoelde organisaties van ondernemers en van werknemers te bepalen even aantal leden, ten minste zes bedragende, en een gelijk aantal plaatsvervangende leden.

Art. 38

Bedrijfscommissie, benoeming

1. De leden en de plaatsvervangende leden van een bedrijfscommissie worden voor de helft benoemd door de door de Raad daartoe aangewezen representatieve organisatie of organisaties van ondernemers en voor de helft door de door de Raad daartoe aangewezen representatieve organisatie of organisaties van werknemers.
2. De Raad bepaalt het aantal leden en plaatsvervangende leden dat elke aangewezen organisatie kan benoemen.

Art. 39

Bedrijfscommissie, samenstelling/werkwijze

1. De Raad stelt bij verordening nadere regelen omtrent de samenstelling en de werkwijze van de bedrijfscommissies. Daarbij wordt aan deze commissies de bevoegdheid verleend commissies, al dan niet uit haar midden, in te stellen. De bedrijfscommissie kan de aldus ingestelde commissies machtigen haar bevoegdheden uit te oefenen.

Bedrijfscommissie, voorzitter

2. De Raad stelt voorts regelen omtrent het voorzitterschap van de bedrijfscommissies. Daarbij wordt aan deze commissies de bevoegdheid toegekend, een voorzitter buiten de leden der commissie te kiezen, al dan niet met stemrecht.

Art. 40

Bedrijfscommissie, verslaggeving

1. Iedere bedrijfscommissie brengt jaarlijks aan Onze Minister en aan de Raad verslag uit van haar werkzaamheden in het afgelopen kalenderjaar.

Nadere regels

2. Onze Minister kan regelen stellen ten aanzien van de verslaggeving.

Art. 41

Bedrijfscommissie, kosten

1. De kosten van een bedrijfscommissie worden, voor zover daarin niet op andere wijze wordt voorzien, door de in artikel 38 bedoelde organisaties van ondernemers en werknemers gedragen, naar evenredigheid van het aantal leden dat zij benoemen.
2. Wanneer een organisatie in gebreke blijft binnen de termijn, door de bedrijfscommissie gesteld, haar bijdrage in de kosten van de bedrijfscommissie te voldoen, kan de Raad de aanwijzing van die organisatie intrekken, onverminderd de aansprakelijkheid van de organisatie tot het betalen van haar aandeel in de reeds gemaakte kosten. Door de intrekking vervalt het lidmaatschap van de bedrijfscommissie van de door die organisatie benoemde leden en plaatsvervangende leden, te rekenen van het tijdstip waarop het besluit van de Raad bij de bedrijfscommissie inkomt.

Art. 42

Schakelbepaling

Ten aanzien van de voorzitters, de leden en de plaatsvervangende leden van de bedrijfscommissies, alsmede ten aanzien van de personen die met het secretariaat van een bedrijfscommissie zijn belast, is artikel 20, eerste en zesde lid, van overeenkomstige toepassing.

Art. 43-45

[Vervallen]

Art. 46

Bedrijfscommissie, aanwijzing

1. Indien voor de behandeling van aangelegenheden betreffende een ondernemingsraad, een centrale ondernemingsraad, een groepsondernemingsraad, een personeelsvertegenwoordiging of een vergadering als bedoeld in artikel 35b meer dan één bedrijfscommissie bevoegd zou zijn, wijst de Raad de commissie aan die voor de behandeling van de betrokken aangelegenheden als de krachtens deze wet bevoegde commissie zal optreden.
2. Indien een ondernemer of een aantal in een groep verbonden ondernemers meerdere ondernemingen in stand houdt waarvoor meer dan één bedrijfscommissie bevoegd zou zijn, kan de Raad voor die ondernemingen een afzonderlijke bedrijfscommissie instellen dan wel de

commissie aanwijzen die voor de behandeling van de aangelegenheden betreffende de ondernemingsraden, personeelsvertegenwoordigingen en vergaderingen als bedoeld in artikel 35b van deze ondernemingen als de krachtens deze wet bevoegde commissie optreedt.

Hoofdstuk VIIA
Bijzondere taak Sociaal-Economische Raad

Art. 46a
Onverminderd hetgeen hem is toebedeeld in deze wet en de daarop berustende bepalingen, heeft de Raad tot taak de medezeggenschap in ondernemingen te bevorderen.

Medezeggenschap, taak Sociaal-Economische Raad bij

Art. 46b-46c
[Vervallen]

Hoofdstuk VII B
Bijzondere bepalingen voor ondernemingsraden bij de overheid

Art. 46d
Ten aanzien van een onderneming, waarin uitsluitend of nagenoeg uitsluitend krachtens publiekrechtelijke aanstelling arbeid wordt verricht, gelden de volgende bijzondere bepalingen:
a. Voor de toepassing van deze wet wordt als bestuurder in de zin van deze wet niet aangemerkt
1°. bij een ministerie: de minister of een staatssecretaris;
2°. bij een provincie: de commissaris van de Koning, een lid van gedeputeerde staten of een lid van provinciale staten;
3°. bij een gemeente: de burgemeester, een lid van het college van burgemeester en wethouders of een lid van de gemeenteraad;
4°. bij een waterschap: de voorzitter, een lid van het dagelijks bestuur van een waterschap of een lid van het algemeen bestuur;
5°. bij de Kamers der Staten-Generaal: de voorzitter van de Kamer of een lid;
6°. bij de Raad van State: de vice-president of een lid;
7°. bij de Algemene Rekenkamer: de president of een lid van de Algemene Rekenkamer;
8°. bij de Nationale ombudsman: de Nationale ombudsman of een substituut-ombudsman.
b. Voor de toepassing van artikel 23, tweede lid, zijn onder de aangelegenheden de onderneming betreffende niet begrepen de publiekrechtelijke vaststelling van taken van publiekrechtelijke lichamen en onderdelen daarvan, noch het beleid ten aanzien van en de uitvoering van die taken, behoudens voor zover het betreft de gevolgen daarvan voor de werkzaamheden van de in de onderneming werkzame personen.
c. Voor de toepassing van onderdeel b bij de rechtbanken, de gerechtshoven, de Centrale Raad van Beroep en het College van Beroep voor het bedrijfsleven, zijn onder de aangelegenheden de onderneming betreffende tevens niet begrepen het beleid ten aanzien van en de uitvoering van de rechterlijke taken als bedoeld in artikel 23, tweede en derde lid, van de Wet op de rechterlijke organisatie, behoudens voorzover het de gevolgen daarvan betreft voor de werkzaamheden van de in de onderneming werkzame personen.
d. De in de artikelen 5, 8, tweede en derde lid, 37, 38, 39 en 41, tweede lid, van deze wet aan de Raad toegekende bevoegdheden worden uitgeoefend door de Minister van Binnenlandse Zaken.
e. Voor de toepassing van artikel 38, eerste lid, kunnen behalve een representatieve organisatie of organisaties van ondernemers ook een of meerdere ministers aangewezen worden.
f. De verordenende bevoegdheid van de Raad, met uitzondering van de bevoegdheid genoemd in artikel 46a, strekt zich niet uit tot ondernemingen waarin uitsluitend of nagenoeg uitsluitend krachtens publiekrechtelijke aanstelling arbeid wordt verricht.
g. Indien op grond van het bepaalde in onderdeel d de Minister van Binnenlandse Zaken een bedrijfscommissie heeft ingesteld, dient deze onverminderd het bepaalde in artikel 40, eerste lid, aan de Minister van Binnenlandse Zaken verslag uit te brengen. De Minister van Binnenlandse Zaken doet dit verslag toekomen aan de betrokken werkgevers of verenigingen van werkgevers en de centrales van overheidspersoneel, verenigd in de Raad voor het Overheidspersoneelsbeleid.
h. Voor het behandelen van en beslissen op verzoeken als bedoeld in artikelen 27 en 36, ter zake van een rechtbank, is bevoegd de kantonrechter werkzaam bij de volgende rechtbank:
1°. terzake van de rechtbank Amsterdam: de rechtbank Noord-Holland;
2°. terzake van de rechtbank Den Haag: de rechtbank Rotterdam;
3°. ter zake van de rechtbank Gelderland: de rechtbank Overijssel;
4°. terzake van de rechtbank Limburg: de rechtbank Oost-Brabant;
5°. terzake van de rechtbank Midden-Nederland: de rechtbank Noord-Nederland
6°. terzake van de rechtbank Noord-Holland: de rechtbank Amsterdam;
7°. ter zake van de rechtbank Noord-Nederland: de rechtbank Midden-Nederland;

Ondernemingsraad, overheid

8°. terzake van de rechtbank Oost-Brabant: de rechtbank Zeeland-West-Brabant;
9°. ter zake van de rechtbank Overijssel: de rechtbank Gelderland;
10°. terzake van de rechtbank Rotterdam: de rechtbank Den Haag;
11°. terzake van de rechtbank Zeeland-West-Brabant: de rechtbank Limburg.
i. Een beroep als bedoeld in artikel 26, eerste lid, ter zake van het gerechtshof Amsterdam, wordt ingesteld bij het gerechtshof Den Haag.

Art. 46e

Ondernemingsraad, bevoegdheden minister BiZa

1. De in artikel 46d aan de Minister van Binnenlandse Zaken toegekende bevoegdheden worden uitgeoefend na overleg met de betrokken werkgevers of verenigingen van werkgevers en de centrales van overheidspersoneel, verenigd in de Raad voor het Overheidspersoneelsbeleid.
2. In het in het eerste lid bedoelde overleg hebben de centrales van overheidspersoneel evenveel stemmen als de betrokken werkgevers of verenigingen van werkgevers.
3. Voor een besluit als bedoeld in de artikelen 8, tweede en derde lid en 39 van deze Wet behoeft Onze Minister van Binnenlandse Zaken de instemming van twee derde van de deelnemers aan het in het eerste lid bedoelde overleg. Voor een besluit als bedoeld in de artikelen 5, 37, 38 en 41, tweede lid, van deze Wet behoeft Onze Minister van Binnenlandse Zaken de instemming van de meerderheid van de deelnemers aan het in het eerste lid bedoelde overleg.

Hoofdstuk VIII
Overgangs- en slotbepalingen

Art. 47

Nadere regels

Bij of krachtens algemene maatregel van bestuur kunnen nadere regelen worden gesteld ter bevordering van een goede uitvoering van deze wet.

Art. 48

Ondernemingsraad, voorlopig reglement

1. De ondernemer op wie de verplichting tot het instellen van een ondernemingsraad rust, treft bij voorlopig reglement, voor zover nodig, de voorzieningen die tot de bevoegdheid van de ondernemingsraad behoren, totdat de ondernemingsraad zelf die bevoegdheid uitoefent. De vereniging of verenigingen van werknemers, bedoeld in artikel 9, tweede lid, onder a, worden over het voorlopige reglement gehoord.
2. Ten aanzien van het voorlopige reglement is artikel 8, eerste lid, eerste en tweede volzin en tweede lid, van overeenkomstige toepassing. Het voorlopige reglement vervalt op het tijdstip waarop de ondernemingsraad het in artikel 8 bedoelde reglement heeft vastgesteld.
3. De voorgaande leden zijn van overeenkomstige toepassing ten aanzien van de ondernemer of de ondernemers die een centrale ondernemingsraad of een groepsondernemingsraad hebben ingesteld.

Art. 49

Ondernemingsraad, inlichtingen omtrent functioneren

1. De ondernemer op wie de verplichting tot het instellen van een of meer ondernemingsraden rust, alsmede de betrokken ondernemingsraden, verstrekken desgevraagd aan een daartoe door Onze Minister aangewezen onder hem ressorterende ambtenaar inlichtingen omtrent het instellen en het functioneren van deze ondernemingsraden.
2. Het eerste lid is van overeenkomstige toepassing ten aanzien van de ondernemer of de ondernemers die een centrale ondernemingsraad of een groepsondernemingsraad hebben ingesteld, alsmede ten aanzien van die raden.

Art. 49a

[Vervallen]

Art. 50

Overgangsbepalingen

Voor de jaren 2006 en 2007 wordt in artikel 25, eerste lid, onderdeel m, voor «artikel 40, aanhef en eerste lid, onderdeel b» gelezen: artikel 122d, tweede lid.

Art. 51

De bedrijfscommissies, door de Raad ingesteld krachtens de Wet op de Ondernemingsraden (*Stb.* 1950, K 174), worden geacht door de Raad te zijn ingesteld krachtens deze wet.

Art. 52

[Vervallen]

Art. 53

Werkingssfeer

1. Deze wet is niet van toepassing op de in de Wet op het hoger onderwijs en wetenschappelijk onderzoek bedoelde openbare academische ziekenhuizen, Koninklijke Nederlandse Akademie van Wetenschappen en Koninklijke Bibliotheek noch op de Nederlandse organisatie voor wetenschappelijk onderzoek. De wet stelt regels omtrent het besluit van het bestuur van een bekostigde instelling voor hoger onderwijs als bedoeld in artikel 1.2, onderdeel a, van de Wet op het hoger onderwijs en wetenschappelijk onderzoek of deze wet met uitzondering van Hoofdstuk VII B al dan niet van toepassing is op die instelling.
2. Bij algemene maatregel van bestuur kan op voordracht van de Minister van Onderwijs, Cultuur en Wetenschap worden bepaald dat de in de eerste volzin van het eerste lid opgenomen

uitzondering niet geldt voor één of meer van bedoelde instellingen. Daarbij kan tevens worden bepaald dat Hoofdstuk VII B van deze wet niet van toepassing is.
3. Hoofdstuk VII B is niet van toepassing op openbare instellingen als bedoeld in de Wet educatie en beroepsonderwijs.
4. [Wijzigt de Wet op het hoger onderwijs en wetenschappelijk onderzoek en de Wet op de Nederlandse organisatie voor wetenschappelijk onderzoek.]

Art. 53a
Deze wet is niet van toepassing op het Ministerie van Defensie en de daaronder ressorterende diensten, bedrijven of instellingen.

Werkingssfeer, Ministerie van Defensie

Art. 53b
Deze wet is niet van toepassing op de rechterlijke ambtenaren werkzaam bij de Hoge Raad.

Werkingssfeer, rechterlijke ambtenaren Hoge Raad

Art. 53c
Deze wet is niet van toepassing op:
a. de leden van de Raad van State;
b. de leden van de Algemene Rekenkamer;
c. de Nationale ombudsman en de substituut-ombudsmannen.

Werkingssfeer, Raad van State/Algemene Rekenkamer/ombudsman

Art. 54
1. Deze wet kan worden aangehaald als Wet op de ondernemingsraden.
2. Zij treedt in werking op een door Ons te bepalen tijdstip.

Citeertitel
Inwerkingtreding

Wet op het financieel toezicht[1]

Wet van 28 september 2006, houdende regels met betrekking tot de financiële markten en het toezicht daarop (Wet op het financieel toezicht)

Wij Beatrix, bij de gratie Gods, Koningin der Nederlanden, Prinses van Oranje-Nassau, enz. enz. enz.
Allen, die deze zullen zien of horen lezen, saluut! doen te weten:
Alzo Wij in overweging genomen hebben, dat de hervorming van het toezicht op de financiële markten naar een functioneel ingericht toezicht, herziening van de wetgeving met betrekking tot dat toezicht noodzakelijk maakt;
Zo is het, dat Wij, de Raad van State gehoord, en met gemeen overleg der Staten-Generaal, hebben goedgevonden en verstaan, gelijk Wij goedvinden en verstaan bij deze:

1
Algemeen deel

Hoofdstuk 1.1
Inleidende bepalingen

Afdeling 1.1.1
Definities

Art. 1:1
In deze wet en de daarop berustende bepalingen wordt, voorzover niet anders is bepaald, verstaan onder:

Begripsbepalingen

aanbieden:
a. het in de uitoefening van een beroep of bedrijf rechtstreeks of middellijk doen van een voldoende bepaald voorstel tot het als wederpartij aangaan van een overeenkomst met een consument inzake een financieel product dat geen financieel instrument, premiepensioenvordering of verzekering is of het in de uitoefening van een beroep of bedrijf aangaan, beheren of uitvoeren van een dergelijke overeenkomst;
b. het in de uitoefening van een beroep of bedrijf rechtstreeks of middellijk doen van een voldoende bepaald voorstel tot het als wederpartij aangaan van een overeenkomst waarbij een premiepensioenvordering ontstaat of het in de uitoefening van een beroep of bedrijf aangaan, beheren of uitvoeren van een dergelijke overeenkomst;
c. het in de uitoefening van een beroep of bedrijf rechtstreeks of middellijk doen van een voldoende bepaald voorstel tot het als wederpartij aangaan van een overeenkomst inzake een verzekering of het in de uitoefening van een beroep of bedrijf aangaan, beheren of uitvoeren van een dergelijke overeenkomst; of
d. het rechtstreeks of middellijk doen van een voldoende bepaald voorstel tot het als wederpartij aangaan van een overeenkomst inzake een recht van deelneming in een beleggingsinstelling of een icbe of het rechtstreeks of middellijk vragen of verkrijgen van gelden of andere goederen van een cliënt ter deelneming in een beleggingsinstelling of een icbe;
aanbieder: degene die aanbiedt;
aangewezen staat: een staat die op grond van deze wet is aangewezen als staat waar toezicht wordt uitgeoefend op afwikkelondernemingen, beleggingsinstellingen, clearinginstellingen, natura-uitvaartverzekeraars onderscheidenlijk wisselinstellingen dat in voldoende mate waarborgen biedt ten aanzien van de belangen die deze wet beoogt te beschermen;
aanmeldingstermijn: de periode gedurende welke de effecten waarop een openbaar bod betrekking heeft, kunnen worden aangemeld;
accountant: een accountant als bedoeld in artikel 393, eerste lid, van Boek 2 van het Burgerlijk Wetboek;
adviseren:
a. het in de uitoefening van een beroep of bedrijf aanbevelen van een of meer specifieke financiële producten, met uitzondering van premiepensioenvorderingen, verzekeringen en financiële instrumenten, aan een bepaalde consument; of

---

[1] Inwerkingtredingsdatum: 01-01-2007; zoals laatstelijk gewijzigd bij: Stb. 2018, 503.

b. het in de uitoefening van een beroep of bedrijf aanbevelen van een of meer specifieke overeenkomsten waarbij een premiepensioenvordering ontstaat, van een of meer specifieke verzekeringen of van een of meer specifieke financiële instrumenten aan een bepaalde cliënt;
adviseur: degene die adviseert;
Afwikkelingsraad: de Afwikkelingsraad, genoemd in artikel 42 van de verordening gemeenschappelijk afwikkelingsmechanisme;
afwikkeldiensten: werkzaamheden, gericht op:
a. het doorzenden door een ander dan een aanbieder van communicatienetwerken van door betalers langs elektronische weg gedane verzoeken aan hun betaaldienstverleners om onmiddellijke bevestiging dat de door de betalers geïnitieerde betaalopdrachten aan de door de betaaldienstverleners gestelde voorwaarden voldoen;
b. het goedkeuren van verzoeken als bedoeld onder a, namens een betalende betaaldienstverlener; of
c. het salderen;
afwikkelonderneming: degene die afwikkeldiensten verleent;
afwikkelonderneming met zetel in een niet-aangewezen staat: afwikkelonderneming met zetel in een staat buiten Nederland die niet op grond van artikel 2:3.0c, derde lid, is aangewezen als staat waar toezicht op afwikkelondernemingen wordt uitgeoefend dat in voldoende mate waarborgen biedt ten aanzien van de belangen die deze wet beoogt te beschermen;
Agentschap: het agentschap, bedoeld in artikel 1, eerste lid, van verordening nr. (EG) 713/2009 van het Europees Parlement en de Raad van 13 juli 2009 tot oprichting van het Agentschap voor de samenwerking tussen energieregulators (Pb EU 2009, L 211);
algoritmische handel: handel in financiële instrumenten waarbij een computeralgoritme automatisch en met weinig of geen menselijk ingrijpen individuele parameters van orders bepaalt, niet zijnde een systeem dat wordt gebruikt voor:
a. het uitsluitend routeren van orders naar een of meer handelsplatformen;
b. het verwerken van orders waarbij geen sprake is van het bepalen van handelsparameters;
c. de bevestiging van orders; of
d. het na de handel verwerken van uitgevoerde transacties;
Autoriteit Financiële Markten: Stichting Autoriteit Financiële Markten;
bank: een kredietinstelling als bedoeld in artikel 4 van de verordening kapitaalvereisten, niet zijnde een kredietunie met zetel in Nederland, met dien verstande dat, tenzij anders bepaald, met een bank wordt gelijkgesteld de houder van een vergunning als bedoeld in artikel 3:4;
bankspaardeposito eigen woning: spaarrekening eigen woning als bedoeld in artikel 10bis.5 van de Wet inkomstenbelasting 2001;
basisbetaalrekening: een betaalrekening, met inbegrip van bijbehorende betaalinstrumenten, waarbij debetstand niet mogelijk is;
beëindigingsrecht: een recht om een overeenkomst te beëindigen of om verplichtingen uit hoofde van een overeenkomst te versnellen, voortijdig te beëindigen of te verrekenen, dan wel een soortgelijk beding dat een verplichting van een partij bij de overeenkomst opschort, wijzigt of nietig verklaart of een beding dat het ontstaan belet van een verplichting uit hoofde van de overeenkomst die anders zou zijn ontstaan;
beheerder van een beleggingsinstelling: degene die in de uitoefening van een beroep of bedrijf het beheer voert over een of meer beleggingsinstellingen;
beheerder van een icbe: degene die in de uitoefening van een beroep of bedrijf het beheer voert over een of meer icbe's;
beheren van een beleggingsinstelling: als beheerder verrichten van de werkzaamheden, bedoeld in bijlage I van de richtlijn beheerders van alternatieve beleggingsinstellingen;
beheren van een individueel vermogen: in de uitoefening van een beroep of bedrijf, anders dan als beheerder van een beleggingsinstelling of beheerder van icbe, op discretionaire basis voeren van het beheer over financiële instrumenten die toebehoren aan een persoon dan wel over aan deze persoon toebehorende middelen ter belegging in financiële instrumenten op grond van een door deze persoon gegeven opdracht;
beleggerscompensatiestelsel: een stelsel omtrent een garantie voor vorderingen van beleggers in verband met beleggingsverrichtingen op banken, beleggingsondernemingen of financiële instellingen waaraan het is toegestaan beleggingsdiensten te verlenen, tegen het risico dat deze financiële ondernemingen hun verplichtingen met betrekking tot die vorderingen niet kunnen nakomen;
beleggingsfonds: een niet in een beleggingsmaatschappij ondergebracht vermogen waarin ter collectieve belegging gevraagde of verkregen gelden of andere goederen zijn of worden opgenomen teneinde de deelnemers in de opbrengst van de beleggingen te doen delen;
beleggingsinstelling: beleggingsinstelling als bedoeld in artikel 4, eerste lid, onderdeel a, van de richtlijn beheerders van alternatieve beleggingsinstellingen in de vorm van een beleggingsfonds of een beleggingsmaatschappij;

24 Wet op het financieel toezicht (uittreksel)

art. 1:1

beleggingsinstelling met zetel in een niet-aangewezen staat: een beleggingsinstelling met zetel buiten Nederland in een staat, niet zijnde een lidstaat, die niet op grond van artikel 2:66, eerste lid, is aangewezen als staat waar toezicht wordt uitgeoefend op beleggingsinstellingen dat in voldoende mate waarborgen biedt ten aanzien van de belangen die deze wet beoogt te beschermen;
beleggingsmaatschappij: een rechtspersoon die gelden of andere goederen ter collectieve belegging vraagt of verkrijgt teneinde de deelnemers in de opbrengst van de beleggingen te doen delen, niet zijnde een maatschappij voor collectieve belegging in effecten;
beleggingsobject:
a. een zaak, een recht op een zaak of een recht op het al dan niet volledige rendement in geld of een gedeelte van de opbrengst van een zaak, niet zijnde een product als bedoeld in de onderdelen b tot en met i van de definitie van financieel product in dit artikel, welke anders dan om niet wordt verkregen, bij welke verkrijging aan de verkrijger een rendement in geld in het vooruitzicht wordt gesteld en waarbij het beheer van de zaak hoofdzakelijk wordt uitgevoerd door een ander dan de verkrijger; of
b. een ander bij algemene maatregel van bestuur aan te wijzen recht;
beleggingsonderneming: degene die een beleggingsdienst verleent of een beleggingsactiviteit verricht;
beleggingsonderneming in de zin van de verordening kapitaalvereisten: een beleggingsonderneming die een beleggingsonderneming is als bedoeld in artikel 4, eerste lid, punt 2, van de verordening kapitaalvereisten;
beleggingsonderneming met systematische interne afhandeling: beleggingsonderneming die op georganiseerde, frequente, systematische en aanzienlijke basis voor eigen rekening buiten een georganiseerde handelsfaciliteit, gereglementeerde markt of multilaterale handelsfaciliteit orders van cliënten uitvoert zonder een multilateraal systeem te exploiteren en waarbij de vooraf bepaalde limieten voor frequente en systematische basis en voor een aanzienlijke basis beiden worden overschreden of de beleggingsonderneming ervoor kiest om onder de regeling voor beleggingsondernemingen met systematische interne afhandeling te vallen;
bemiddelaar: degene die bemiddelt;
bemiddelen:
a. alle werkzaamheden in de uitoefening van een beroep of bedrijf gericht op het als tussenpersoon tot stand brengen van een overeenkomst inzake een ander financieel product dan een financieel instrument, krediet, premiepensioenvordering of verzekering tussen een consument en een aanbieder;
b. alle werkzaamheden in de uitoefening van een beroep of bedrijf gericht op het als tussenpersoon tot stand brengen van een overeenkomst inzake krediet tussen een consument en een aanbieder of op het assisteren bij het beheer en de uitvoering van een dergelijke overeenkomst;
c. alle werkzaamheden in de uitoefening van een beroep of bedrijf gericht op het als tussenpersoon tot stand brengen van een overeenkomst waarbij een premiepensioenvordering ontstaat tussen een cliënt en een premiepensioeninstelling of op het assisteren bij het beheer en de uitvoering van een dergelijke overeenkomst; of
d. alle werkzaamheden in de uitoefening van een beroep of bedrijf gericht op het als tussenpersoon tot stand brengen van een verzekering tussen een cliënt en een verzekeraar of op het assisteren bij het beheer en de uitvoering van een verzekering;
e. het in de uitoefening van beroep of bedrijf op basis van criteria die een cliënt via een website of andere media kiest, verstrekken van informatie aan een cliënt over een of meer financiële producten, met uitzondering van een financieel instrument of het opstellen van een ranglijst van het desbetreffende financieel product, met inbegrip van prijsvergelijkingen of productvergelijkingen, of het verstrekken van een korting op de premie of de rente, indien de cliënt via een website of andere media het desbetreffende financieel product kan afsluiten;
betaaldienst: bedrijfswerkzaamheid als bedoeld in de bijlage bij de richtlijn betaaldiensten;
betaaldienstagent: persoon die bij de uitvoering van betaaldiensten voor rekening van een betaalinstelling of elektronischgeldinstelling optreedt;
betaaldienstgebruiker: persoon die in de hoedanigheid van betaler, betalingsbegunstigde of beide van een betaaldienst gebruik maakt;
betaaldienstverlener: degene die zijn bedrijf maakt van het verlenen van betaaldiensten;
betaalinitiatiedienst: een dienst voor het initiëren van een betaalopdracht op verzoek van de betaaldienstgebruiker, met betrekking tot een betaalrekening die bij een andere betaaldienstverlener wordt aangehouden;
betaalinitiatiedienstverlener: een betaaldienstverlener die de in bijlage I, punt 7, van de richtlijn betaaldiensten, bedoelde bedrijfsactiviteiten uitoefent;
betaalinstelling: een betaaldienstverlener waaraan een vergunning als bedoeld in artikel 2:3a is verleend;

betaalinstrument: gepersonaliseerd instrument of gepersonaliseerde instrumenten of het geheel van procedures, overeengekomen tussen de betaaldienstgebruiker en de betaaldienstverlener, waarvan gebruik wordt gemaakt voor het initiëren van een betaalopdracht;
betaalopdracht: door een betaler of betalingsbegunstigde aan zijn betaaldienstverlener gegeven opdracht om een betalingstransactie uit te voeren;
betaalrekening: op naam van een of meer betaaldienstgebruikers aangehouden rekening die voor de uitvoering van betalingstransacties wordt gebruikt, als bedoeld in artikel 4 van de richtlijn betaaldiensten;
betaler: persoon die houder is van een betaalrekening en een betalingstransactie vanaf die betaalrekening toestaat, hetzij bij ontbreken van een betaalrekening, een persoon die een betaalopdracht geeft;
betalingsbegunstigde: persoon die de beoogde ontvanger is van de geldmiddelen waarop een betalingstransactie betrekking heeft;
betalingssysteem: een geldovermakingssysteem met formele en gestandaardiseerde regelingen en gemeenschappelijke regels voor de verwerking, clearing of afwikkeling van betalingstransacties;
betalingstransactie: door de betaler of de betalingsbegunstigde geïnitieerde handeling waarbij geldmiddelen worden gedeponeerd, overgemaakt of opgenomen, ongeacht of er onderliggende verplichtingen tussen de betaler en de betalingsbegunstigde zijn;
bewaarder: degene die belast is met de bewaring van de activa van een beleggingsinstelling of icbe;
bewindvoerder:
a. de autoriteit in een andere lidstaat die bevoegd is tot de toepassing van een afwikkelingsinstrument en de uitoefening van afwikkelingsbevoegdheden, bedoeld in de richtlijn herstel en afwikkeling van banken en beleggingsondernemingen;
b. de autoriteit in een andere lidstaat die bevoegd is tot de toepassing van een afwikkelingsinstrument en de uitoefening van afwikkelingsbevoegdheden die vergelijkbaar zijn met de in hoofdstuk 3A:2 bedoelde maatregelen;
c. degene die is aangewezen door de bestuurlijke of rechterlijke instanties in een andere lidstaat om andere saneringsmaatregelen met betrekking tot banken, beleggingsondernemingen of verzekeraars uit te voeren;
bieder: een natuurlijk persoon, rechtspersoon of vennootschap, dan wel enig naar buitenlands recht daarmee vergelijkbaar lichaam of samenwerkingsverband, door wie of namens wie al dan niet tezamen met een of meer andere natuurlijke personen, rechtspersonen, vennootschappen of daarmee vergelijkbare lichamen of samenwerkingsverbanden een openbaar bod wordt voorbereid of uitgebracht, dan wel is uitgebracht;
bijdragende onderneming: bijdragende onderneming als bedoeld in artikel 1 van de Pensioenwet;
bijkantoor:
a. duurzaam in een andere staat dan de staat van de zetel aanwezige onderdelen zonder rechtspersoonlijkheid van een financiële onderneming die geen verzekeraar is; of
b. duurzaam in een andere staat dan de staat van de zetel aanwezige onderdelen zonder rechtspersoonlijkheid van een verzekeraar alsmede elke andere duurzame aanwezigheid van een verzekeraar, beheerd door eigen personeel van de verzekeraar of door een zelfstandig persoon die is gemachtigd duurzaam voor de verzekeraar op te treden;
binnenlandse fusie: fusie tussen icbe's met zetel in Nederland waarvan ten minste een van de betrokken beheerders een beheerder van een icbe is die op grond van artikel 2:123, vijfde lid, in een andere lidstaat rechten van deelneming mag aanbieden in een door hem beheerde icbe met zetel in Nederland;
buitenlandse beheerder van een beleggingsinstelling: beheerder van een beleggingsinstelling, niet zijnde een Nederlandse beheerder van een beleggingsinstelling;
burgerservicenummer: het burgerservicenummer, bedoeld in artikel 1, onderdeel b, van de Wet algemene bepalingen burgerservicenummer;
centrale kredietinstelling: een bank die met betrekking tot een groep banken tot welke groep die bank zelf ook behoort, het beleid mede bepaalt;
clearinginstelling: degene die zijn bedrijf maakt van het sluiten van overeenkomsten betreffende financiële instrumenten met een centrale tegenpartij die optreedt als exclusieve wederpartij bij deze overeenkomsten, waarvan de bedingen die de kern van de prestaties aangeven overeenkomen met de bedingen die deel uitmaken van overeenkomsten, gesloten door derden of door hemzelf in zijn hoedanigheid van partij, op een handelsplatform en die in de laatstbedoelde overeenkomsten de kern van de prestaties aangeven;
clearinginstelling met zetel in een niet-aangewezen staat: een clearinginstelling met zetel in een staat buiten Nederland die niet op grond van artikel 2:6, tweede lid, is aangewezen als staat waar toezicht op clearinginstellingen wordt uitgeoefend dat in voldoende mate waarborgen biedt ten aanzien van de belangen die deze wet beoogt te beschermen;

co-assurantie binnen de Unie: een directe schadeverzekering betreffende grote risico's, in co-assurantie gesloten, waarbij:
a. de schadeverzekeraar die als eerste schadeverzekeraar optreedt, zijn verplichtingen uit hoofde van de schadeverzekering is aangegaan vanuit een vestiging in een andere lidstaat dan de lidstaat waarin ten minste een van de overige co-assuradeuren zulks heeft gedaan; en
b. het risico in een lidstaat is gelegen;
consument: een niet in de uitoefening van zijn bedrijf of beroep handelende natuurlijke persoon aan wie een financiële onderneming een financiële dienst verleent;
coördinator: de coördinator, die ingevolge artikel 10, eerste lid, van de richtlijn financiële conglomeraten verantwoordelijk is voor de coördinatie en de uitoefening van het aanvullend toezicht op een financieel conglomeraat;
datarapporteringsdienst:
a. het in de uitoefening van beroep of bedrijf exploiteren van een goedgekeurde publicatieregeling als bedoeld in artikel 4, eerste lid, onderdeel 52, van de richtlijn markten voor financiële instrumenten 2014;
b. het in de uitoefening van beroep of bedrijf verstrekken van een consolidated tape als bedoeld in artikel 4, eerste lid, onderdeel 53, van de richtlijn markten voor financiële instrumenten 2014;
c. het in de uitoefening van beroep of bedrijf exploiteren van een goedgekeurd rapporteringsmechanisme als bedoeld in artikel 4, eerste lid, onderdeel 54, van de richtlijn markten voor financiële instrumenten 2014;
datarapporteringsdienstverlener: degene die een datarapporteringsdienst verleent;
deelnemende onderneming: een moederonderneming, een onderneming die een richtlijndeelneming bezit of een onderneming die met een andere onderneming verbonden is door het feit dat zij daarover een centrale leiding uitoefent krachtens een door deze ondernemingen gesloten overeenkomst of een bepaling in de statuten van een of meer van deze ondernemingen, dan wel door het feit dat de bestuurs-, leidinggevende, of toezichthoudende organen van deze ondernemingen gedurende het boekjaar en tot de opstelling van de geconsolideerde jaarrekening in meerderheid bestaan uit dezelfde personen;
deelnemer: aandeelhouder of deelgerechtigde in een beleggingsinstelling of icbe;
deposito: een tegoed dat wordt gevormd door op een rekening staande gelden of dat tijdelijk uit normale banktransacties voortvloeit, en dat een bank onder de toepasselijke wettelijke en contractuele voorwaarden dient terug te betalen, met inbegrip van een termijndeposito en een spaardeposito, met uitzondering van een tegoed waarvan:
a. het bestaan alleen kan worden aangetoond met behulp van een financieel instrument, tenzij het een spaarproduct betreft dat wordt belichaamd in certificaat van deposito dat op naam luidt en dat op 2 juli 2014 bestond in een lidstaat;
b. de hoofdsom niet a pari terugbetaalbaar is;
c. de hoofdsom alleen a pari terugbetaalbaar is uit hoofde van een door de bank of door een derde verstrekte garantie of overeenkomst;
depositogarantiestelsel: een stelsel omtrent een garantie voor vorderingen van depositohouders op banken tegen het risico dat deze banken hun verplichtingen met betrekking tot die vorderingen niet kunnen nakomen;
digitale inhoud: in digitale vorm geproduceerde of geleverde goederen of in digitale vorm geproduceerde en verleende diensten die uitsluitend binnen een technisch apparaat kunnen worden gebruikt of verbruikt, en waarbij op geen enkele wijze fysieke goederen of diensten worden gebruikt of verbruikt;
directe elektronische toegang: een voorziening waarbij een cliënt of lid van een handelsplatform of een deelnemer aan een handelsplatform een persoon toestaat van zijn handelscode gebruik te maken, zodat die persoon in staat is orders met betrekking tot een financieel instrument langs elektronische weg direct aan een handelsplatform door te geven, met inbegrip van:
a. een voorziening waarbij de persoon van de infrastructuur van de cliënt, de deelnemer of het lid gebruik maakt en de verbindingssystemen die door de cliënt, de deelnemer of het lid beschikbaar worden gesteld om de orders door te geven; of
b. een voorziening waarbij de infrastructuur, bedoeld in onderdeel a, niet door de persoon wordt gebruikt;
dochteronderneming:
a. dochteronderneming als bedoeld in artikel 22, eerste tot en met vijfde lid, van de richtlijn jaarrekening; of
b. een onderneming waarin, naar het oordeel van de Nederlandsche Bank, een moederonderneming feitelijk een overheersende invloed uitoefent;
waarbij een dochteronderneming van een dochteronderneming eveneens wordt aangemerkt als dochteronderneming van de moederonderneming;
doelvennootschap: de instelling waarvan effecten zijn uitgegeven waarop een openbaar bod is aangekondigd, wordt uitgebracht of dient te worden uitgebracht;

duurzame drager: een hulpmiddel dat een persoon in staat stelt om aan hem persoonlijk gerichte informatie op te slaan op een wijze die deze informatie toegankelijk maakt voor toekomstig gebruik gedurende een periode die is afgestemd op het doel waarvoor de informatie kan dienen, en die een ongewijzigde reproductie van de opgeslagen informatie mogelijk maakt;
effect:
a. een verhandelbaar aandeel of een ander daarmee gelijk te stellen verhandelbaar waardebewijs of recht niet zijnde een appartementsrecht;
b. een verhandelbare obligatie of een ander verhandelbaar schuldinstrument; of
c. elk ander door een rechtspersoon, vennootschap of instelling uitgegeven verhandelbaar waardebewijs waarmee een in onderdeel a of b bedoeld effect door uitoefening van de daaraan verbonden rechten of door conversie kan worden verworven of dat in geld wordt afgewikkeld;
eigenwoningschuld: eigenwoningschuld als bedoeld in artikel 10bis.9 van de Wet inkomstenbelasting 2001;
elektronisch geld: geldswaarde die elektronisch of magnetisch is opgeslagen die een vordering op de uitgever vertegenwoordigt, die is uitgegeven in ruil voor ontvangen geld om betalingstransacties te verrichten als bedoeld in artikel 4, punt 5, van de richtlijn betaaldiensten, en waarmee betalingen kunnen worden verricht aan een andere persoon dan de uitgever;
elektronische weg: elektronische apparatuur voor de verwerking, met inbegrip van digitale compressie, opslag en verzending van gegevens via draden, radio, optische technologieën of andere elektromagnetische middelen;
elektronischecommunicatiedienst: een dienst als bedoeld in artikel 2, onderdeel c, van richtlijn 2002/21/EG van het Europees Parlement en de Raad van 7 maart 2002 inzake een gemeenschappelijk regelgevingskader voor elektronischecommunicatienetwerken en -diensten (PbEU 2002, L 108);
elektronischecommunicatienetwerk: een netwerk als bedoeld in artikel 2, onderdeel a, van richtlijn 2002/21/EG van het Europees Parlement en de Raad van 7 maart 2002 inzake een gemeenschappelijk regelgevingskader voor elektronischecommunicatienetwerken en -diensten (PbEU 2002, L 108);
elektronischgeldinstelling: degene die zijn bedrijf maakt van de uitgifte van elektronisch geld;
entiteit voor risico-acceptatie: instelling, niet zijnde een verzekeraar, die door een verzekeraar overgedragen risico's accepteert en de acceptatie van die risico's uitsluitend financiert door van derden gelden aan te trekken terzake waarvan de terugbetalingsverplichtingen zijn achtergesteld bij de betalingsverplichtingen die ontstaan uit het accepteren van de overgedragen risico's;
entiteit voor risico-acceptatie met zetel in een niet-aangewezen staat: entiteit voor risico-acceptatie met zetel in een staat die geen lidstaat is die niet op grond van artikel 2:54d, tweede lid, is aangewezen als staat waar toezicht op entiteiten voor risico-acceptatie wordt uitgeoefend dat in voldoende mate waarborgen biedt ten aanzien van de belangen die deze wet beoogt te beschermen;
EU-moederinstelling: een EU-moederinstelling als bedoeld in artikel 4, eerste lid, onderdeel 29, van de verordening kapitaalvereisten;
EU-moederonderneming:
a. een EU-moederinstelling;
b. een financiële holding die geen dochteronderneming is van een bank of beleggingsonderneming met zetel in een lidstaat of van een financiële holding of gemengde financiële holding met zetel in een lidstaat; of
c. een gemengde financiële moederholding die geen dochteronderneming is van een bank of beleggingsonderneming waaraan een vergunning is verleend in een lidstaat of van een financiële holding of gemengde financiële holding met zetel in een lidstaat;
Europese bank: bank met zetel in een andere lidstaat die aldaar voor de uitoefening van haar bedrijf een vergunning heeft;
Europese beleggingsinstelling:
a. beleggingsinstelling die een vergunning heeft of geregistreerd is in een lidstaat; of
b. beleggingsinstelling met zetel in een lidstaat anders dan bedoeld onder a;
Europese beleggingsonderneming: beleggingsonderneming met zetel in een andere lidstaat die aldaar voor de uitoefening van haar bedrijf een vergunning heeft;
Europese herverzekeraar: herverzekeraar met zetel in een andere lidstaat die aldaar een vergunning heeft voor de uitoefening van zijn bedrijf die overeenkomt met die in artikel 2:26a;
Europese levensverzekeraar of schadeverzekeraar: levensverzekeraar of schadeverzekeraar met zetel in een andere lidstaat die aldaar een vergunning heeft voor de uitoefening van zijn bedrijf als bedoeld in artikel 14 van de richtlijn solvabiliteit II;
Europese toezichthoudende autoriteiten: de Europese Autoriteit voor effecten en markten, de Europese Autoriteit voor verzekeringen en bedrijfspensioenen en de Europese Bankautoriteit;
feeder-beleggingsinstelling: beleggingsinstelling als bedoeld in artikel 4, eerste lid, onderdeel m, van de richtlijn beheerders van alternatieve beleggingsinstellingen;

feeder-icbe: een icbe die ten minste 85 procent van het beheerd vermogen belegt in rechten van deelneming in een master-icbe;
financieel conglomeraat: een financieel conglomeraat als bedoeld in artikel 2, punt 14, van de richtlijn financiële conglomeraten;
financieel instrument:
a. effect;
b. geldmarktinstrument;
c. recht van deelneming in een beleggingsinstelling of icbe, niet zijnde een effect;
d. optie, future, swap, rentetermijncontract of ander derivatencontract dat betrekking heeft op effecten, valuta, rentevoeten of rendementen, emissierechten, of andere afgeleide instrumenten, indexen of maatstaven en dat kan worden afgewikkeld door middel van materiële aflevering of in contanten;
e. optie, future, swap, termijncontract of ander derivatencontract dat betrekking heeft op grondstoffen en in contanten moet of mag worden afgewikkeld naar keuze van een van de partijen, tenzij de reden het in gebreke blijven is of een andere gebeurtenis die beëindiging van het contract tot gevolg heeft;
f. optie, future, swap of ander derivatencontract dat betrekking heeft op grondstoffen, dat kan worden afgewikkeld door middel van materiële levering en wordt verhandeld op een georganiseerde handelsfaciliteit, gereglementeerde markt of een multilaterale handelsfaciliteit met uitzondering van een voor de groothandel bestemd energieproduct verhandeld op een georganiseerde handelsfaciliteit dat door middel van materiële levering moet worden afgewikkeld;
g. andere optie, future, swap of termijncontract dan bedoeld onder f of ander derivatencontract dat betrekking heeft op grondstoffen, kan worden afgewikkeld door middel van materiële levering en niet voor commerciële doeleinden bestemd is, en dat de kenmerken van andere afgeleide financiële instrumenten heeft;
h. afgeleid instrument voor de overdracht van kredietrisico;
i. financieel contract ter verrekening van verschillen;
j. optie, future, swap, termijncontract of ander derivatencontract met betrekking tot klimaatvariabelen, vrachttarieven, inflatiepercentages of andere officiële economische statistieken, en dat contant moet, of, op verzoek van één der partijen, kan worden afgewikkeld, anderszins dan op grond van een verzuim of een ander ontbindend element of ander derivatencontract met betrekking tot activa, rechten, verbintenissen, indices of maatregelen dan hiervoor vermeld en dat de kenmerken van andere afgeleide financiële instrumenten bezit, waarbij onder meer in aanmerking wordt genomen of deze financiële instrumenten op een georganiseerde handelsfaciliteit, gereglementeerde markt of multilaterale handelsfaciliteit worden afgewikkeld;
k. emissierecht bestaande uit een eenheid waarvan is vastgesteld dat deze in overeenstemming is met de vereisten van Richtlijn 2003/87/EG van het Europees Parlement en de Raad van 13 oktober 20013 tot vaststelling van een regeling voor de handel in broeikasgasemissierechten binnen de Gemeenschap en tot wijziging van Richtlijn 96/61/EG van de Raad (PbEU 2003, L 275);
financieel product:
a. een beleggingsobject;
b. een betaalrekening met inbegrip van de daaraan verbonden betaalfaciliteiten;
c. elektronisch geld;
d. een financieel instrument;
e. krediet;
f. een spaarrekening met inbegrip van de daaraan verbonden spaarfaciliteiten;
g. een verzekering die geen herverzekering is;
h. een premiepensioenvordering; of
i. een bij algemene maatregel van bestuur aan te wijzen ander product;
financiële dienst:
a. aanbieden;
b. adviseren over andere financiële producten dan financiële instrumenten;
c. beheren van een beleggingsinstelling of beheren van een icbe;
d. bemiddelen;
e. herverzekeringsbemiddelen;
f. optreden als clearinginstelling;
g. optreden als gevolmachtigde agent of ondergevolmachtigde agent; of
h. verlenen van een beleggingsdienst;
i. verrichten van een beleggingsactiviteit;
financiëledienstverlener: degene die een ander financieel product dan een financieel instrument aanbiedt, die adviseert over een ander financieel product dan een financieel instrument of die bemiddelt, herverzekeringsbemiddelt, optreedt als gevolmachtigd agent of optreedt als ondergevolmachtigde agent;

financiële holding: een financiële instelling die als dochterondernemingen uitsluitend of hoofdzakelijk banken, beleggingsondernemingen in de zin van de verordening kapitaalvereisten of financiële instellingen heeft, van welke dochterondernemingen er ten minste één een bank of één beleggingsonderneming in de zin van de verordening kapitaalvereisten is, en die geen gemengde financiële holding is;
financiële instelling: degene die, geen bank zijnde, in hoofdzaak zijn bedrijf maakt van het verrichten van een of meer van de werkzaamheden, bedoeld onder 2 tot en met 12 en 15 in bijlage I bij de richtlijn kapitaalvereisten, of van het verwerven of houden van deelnemingen;
financiële onderneming:
a. een afwikkelonderneming;
b. een bank;
c. een beheerder van een beleggingsinstelling;
d. een beheerder van een icbe;
e. een beleggingsinstelling;
f. een beleggingsonderneming;
g. een betaaldienstverlener;
h. een bewaarder;
i. een clearinginstelling;
j. een entiteit voor risico-acceptatie;
k. een financiëledienstverlener;
l. een financiële instelling;
m. een icbe;
n. een kredietunie;
o. een pensioenbewaarder;
p. een premiepensioeninstelling;
q. een verzekeraar; of
r. [vervallen door verlettering;]
s. een wisselinstelling.
fonds voor collectieve belegging in effecten: niet in een maatschappij voor collectieve belegging in effecten ondergebracht vermogen waarin ter collectieve belegging gevraagde of verkregen gelden of andere goederen zijn of worden opgenomen teneinde de deelnemers in de opbrengst van de beleggingen te doen delen;
gecontroleerde onderneming:
a. dochtermaatschappij als bedoeld in artikel 24a van Boek 2 van het Burgerlijk Wetboek; of
b. onderneming waarover een persoon overheersende zeggenschap kan uitoefenen;
gedelegeerde verordening markten voor financiële instrumenten 2014 inzake organisatorische eisen: gedelegeerde verordening (EU) nr. 2017/565 van de Commissie van 25 april 2016 houdende aanvulling van Richtlijn 2014/65/EU van het Europees Parlement en de Raad wat betreft de door beleggingsondernemingen in acht te nemen organisatorische eisen en voorwaarden voor de bedrijfsuitoefening en wat betreft de definitie van begrippen voor de toepassing van genoemde richtlijn (PbEU 2017, L 87);
gekwalificeerde belegger:
a. professionele belegger, tenzij deze heeft verzocht om als niet-professionele belegger te worden behandeld overeenkomstig bijlage II, afdeling I, van de richtlijn markten voor financiële instrumenten 2014 en artikel 45, derde lid, onderdeel a, van de gedelegeerde verordening markten voor financiële instrumenten 2014 inzake organisatorische eisen;
b. een persoon die op verzoek wordt behandeld als professionele belegger overeenkomstig bijlage II, afdelingen I en II, van de richtlijn markten voor financiële instrumenten 2014; of
c. een in aanmerking komende tegenpartij, tenzij deze heeft verzocht om als niet-professionele belegger te worden behandeld overeenkomstig artikel 45, derde lid, aanhef en onderdeel a, van de gedelegeerde verordening markten voor financiële instrumenten 2014 inzake organisatorische eisen;
gekwalificeerde deelneming: een rechtstreeks of middellijk belang van ten minste tien procent van het geplaatste kapitaal van een onderneming of het rechtstreeks of middellijk kunnen uitoefenen van ten minste tien procent van de stemrechten in een onderneming, of het rechtstreeks of middellijk kunnen uitoefenen van een daarmee vergelijkbare zeggenschap in een onderneming, waarbij bij het bepalen van het aantal stemrechten dat iemand in een onderneming heeft, tot diens stemrechten mede worden gerekend de stemmen waarover hij beschikt of geacht wordt te beschikken op grond van artikel 5:45;
geldmiddelen: chartaal geld, giraal geld of elektronisch geld;
geldwisseltransactie: transactie waarbij munten of bankbiljetten worden omgewisseld tegen andere munten of bankbiljetten en waarbij de geldmiddelen niet op een betaalrekening worden aangehouden;
gemeentelijke kredietbank: een aanbieder van krediet, opgericht door een of meer gemeenten;

24 Wet op het financieel toezicht (uittreksel)

gemengde financiële holding: gemengde financiële holding als bedoeld in artikel 2, punt 15, van de richtlijn financiële conglomeraten;
gemengde holding: een moederonderneming die geen bank, financiële holding of gemengde financiële holding is en die ten minste één bank of één beleggingsonderneming in de zin van de verordening kapitaalvereisten als dochteronderneming heeft;
gemengde verzekeringsholding: een moederonderneming die geen gemengde financiële holding, herverzekeraar, levensverzekeraar, schadeverzekeraar of verzekeringsholding is, en die een herverzekeraar, levensverzekeraar of schadeverzekeraar met zetel in een lidstaat als dochteronderneming heeft;
geoorloofde debetstand: door een aanbieder van krediet aan een consument toegestaan debetsaldo van een rekening;
georganiseerde handelsfaciliteit: een multilateraal systeem, niet zijnde een gereglementeerde markt of multilaterale handelsfaciliteit, waarin meerdere koopintenties en verkoopintenties van derden met betrekking tot obligaties, gestructureerde financiële producten, emissierechten en afgeleide financiële instrumenten op zodanige wijze op elkaar inwerken dat daaruit een overeenkomst voortvloeit;
geregistreerde gedekte obligatie: obligatie, behorend tot een categorie die:
a. is opgenomen in een lijst waarvan de gegevens door de Europese Commissie op grond van artikel 52, vierde lid, van de richtlijn beleggingsinstellingen ter beschikking zijn gesteld aan het publiek, of
b. is geregistreerd overeenkomstig artikel 3:33a, eerste lid, en is opgenomen in een openbaar register als bedoeld in artikel 1:107, eerste lid;
gereglementeerde entiteit: een gereglementeerde entiteit als bedoeld in artikel 2, punt 4, van de richtlijn financiële conglomeraten;
gereglementeerde informatie: informatie die een uitgevende instelling of een persoon die zonder toestemming van de uitgevende instelling de toelating van haar effecten tot de handel op een gereglementeerde markt heeft aangevraagd, algemeen verkrijgbaar stelt op grond van artikel 5:25c tot en met 5:25e of 5:25h;
gereglementeerde markt: multilateraal systeem dat meerdere koop- en verkoopintenties van derden met betrekking tot financiële instrumenten – binnen dit systeem en volgens de niet-discretionaire regels van dit systeem – samenbrengt of het samenbrengen daarvan vergemakkelijkt op zodanige wijze dat er een overeenkomst uit voortvloeit met betrekking tot financiële instrumenten die volgens de regels en de systemen van die markt tot de handel zijn toegelaten, en dat regelmatig en overeenkomstig de geldende regels inzake de vergunningverlening en het doorlopende toezicht werkt;
gevolmachtigde agent: degene die optreedt als gevolmachtigde agent;
grensoverschrijdende fusie: een fusie tussen
a. een icbe met zetel in Nederland en een icbe met zetel in een andere lidstaat; of
b. icbe's met zetel in Nederland die opgaan in een nieuw op te richten icbe met zetel in een andere lidstaat;
groepstoezichthouder: een toezichthouder of toezichthoudende instantie die is aangewezen ingevolge de criteria, bedoeld in artikel 247 van de richtlijn solvabiliteit II;
grondstoffenderivaat: een financieel instrument als bedoeld in:
a. onderdeel c van de definitie van effect met betrekking tot een grondstof of een onderliggende waarde als bedoeld in onderdeel j van de definitie van financieel instrument;
b. de onderdelen e, f, g en j van de definitie van financieel instrument;
grote risico's:
a. de risico's die behoren tot de in de bij deze wet behorende Bijlage branches genoemde branches Casco rollend spoorwegmaterieel, Luchtvaartuigcasco, Casco zee- en binnenschepen, Vervoerde zaken, Aansprakelijkheid luchtvaartuigen en Aansprakelijkheid zee- en binnenschepen;
b. de risico's die behoren tot de in de bij deze wet behorende Bijlage branches genoemde branches Krediet en Borgtocht, voorzover de verzekeringnemer handelt in de uitoefening van een beroep of bedrijf en het risico daarop betrekking heeft; of
c. de risico's die behoren tot de in de bij deze wet behorende Bijlage branches genoemde branches Voertuigcasco, Brand en Natuurevenementen, Andere schaden aan zaken, Aansprakelijkheid motorrijtuigen, Aansprakelijkheid wegvervoer, Algemene aansprakelijkheid en diverse geldelijke verliezen, voorzover de verzekeringnemer voldoet aan ten minste twee van de volgende vereisten:
1°. de waarde van de activa volgens de balans bedraagt meer dan € 6.200.000;
2°. de netto-omzet over het voorafgaande boekjaar bedraagt meer dan € 12.800.000;
3°. het gemiddeld aantal werknemers over het voorafgaande boekjaar bedraagt meer dan 250; waarbij bovengenoemde vereisten, indien de verzekeringnemer deel uitmaakt van een groep waarvan de geconsolideerde jaarrekening overeenkomstig de richtlijn jaarrekening wordt opgesteld, worden toegepast op basis van de geconsolideerde jaarrekening en indien de verzeke-

ringnemer deel uitmaakt van een samenwerkingsverband, bovengenoemde vereisten gelden voor de participanten in het samenwerkingsverband gezamenlijk;
handelen voor eigen rekening: met eigen kapitaal handelen in financiële instrumenten, hetgeen resulteert in het uitvoeren van transacties;
handelsplatform:
a. georganiseerde handelsfaciliteit;
b. gereglementeerde markt; of
c. multilaterale handelsfaciliteit;
handelsportefeuille: handelsportefeuille als bedoeld in artikel 4 van de verordening kapitaalvereisten;
hefboomfinanciering: methode als bedoeld in artikel 4, eerste lid, onderdeel v, van de richtlijn beheerders van alternatieve beleggingsinstellingen;
herverzekeraar: degene die zijn bedrijf maakt van het sluiten van herverzekeringen voor eigen rekening en het afwikkelen van die herverzekeringen;
herverzekeraar met zetel in een niet-aangewezen staat: herverzekeraar met zetel in een staat die geen lidstaat is die niet op grond van artikel 2:26d, derde lid, of krachtens artikel 172 van de richtlijn solvabiliteit II is aangewezen als staat waar toezicht op herverzekeraars wordt uitgeoefend dat in voldoende mate waarborgen biedt ten aanzien van de belangen die deze wet beoogt te beschermen;
herverzekering: verzekering waarbij risico's worden geaccepteerd:
a. door een verzekeraar en die worden overgedragen door een verzekeraar;
b. door een herverzekeraar en die worden overgedragen door een instelling voor bedrijfspensioenvoorziening als bedoeld in artikel 6, eerste lid, van de richtlijn instellingen voor bedrijfspensioenvoorziening, of een daarmee overeenkomende instelling met zetel in een staat die geen lidstaat is;
herverzekeringsbemiddelaar: degene die herverzekeringsbemiddelt;
herverzekeringsbemiddelen: alle werkzaamheden in de uitoefening van een beroep of bedrijf gericht op het als tussenpersoon tot stand brengen van een overeenkomst waarbij risico's uit overeenkomsten inzake een verzekering worden overgenomen of op het assisteren bij het beheer en de uitvoering van een dergelijke overeenkomst;
hypothecair krediet:
a. overeenkomst inzake krediet met een consument, bij het aangaan waarvan een recht van hypotheek wordt gevestigd of die wordt gewaarborgd door een andere vergelijkbare zekerheid op voor bewoning bestemde onroerende zaken, strekkende tot verhaal bij voorrang van de vordering tot voldoening van de door de consument verschuldigde betaling, dan wel met betrekking waartoe reeds een zodanig recht is gevestigd of die gewaarborgd wordt door een recht op voor bewoning bestemde onroerende zaken;
b. overeenkomst inzake krediet met een consument voor het verkrijgen of het behouden van eigendomsrechten betreffende grond of een bestaand of gepland gebouw;
IAS-verordening: verordening (EG) nr. 1606/2002 van het Europees Parlement en de Raad van de Europese Unie van 19 juli 2002 betreffende de toepassing van internationale standaarden voor jaarrekeningen (PbEG L 243);
in aanmerking komende tegenpartij:
a. bank;
b. beheerder van een beleggingsinstelling of beheerder van een icbe;
c. beheerder van een pensioenfonds of van een daarmee vergelijkbare rechtspersoon of vennootschap;
d. beleggingsinstelling of icbe;
e. beleggingsonderneming;
f. nationaal of regionaal overheidslichaam of overheidslichaam die de overheidsschuld beheert;
g. centrale bank;
h. financiële instelling;
i. internationale of supranationale publiekrechtelijke organisatie of daarmee vergelijkbare internationale organisatie;
j. pensioenfonds of daarmee vergelijkbare rechtspersoon of vennootschap;
k. verzekeraar;
icbe: maatschappij voor collectieve belegging in effecten of fonds voor collectieve belegging in effecten, in de vorm van:
a. een instelling als bedoeld in artikel 1, tweede lid, van de richtlijn instellingen voor collectieve belegging in effecten;
b. een feeder-icbe; of
c. een master-icbe die ten minste twee feeder-icbe's als deelnemer heeft en waarvan de rechten van deelneming verhandelbaar zijn en op verzoek van de deelnemers ten laste van de activa direct of indirect worden ingekocht of terugbetaald];
institutionele belegger:

a. beleggingsinstelling;
b. icbe;
c. levensverzekeraar;
d. pensioenfonds; of
e. premiepensioeninstelling;
intragroepsovereenkomsten en -posities: elke overeenkomst en de daaruit voortvloeiende financiële verhoudingen tussen een financiële onderneming in een richtlijngroep en hetzij een ander richtlijngroepslid hetzij een met een richtlijngroepslid in een formele of feitelijke zeggenschapsstructuur verbonden persoon;
krediet:
a. het aan een consument ter beschikking stellen van een geldsom, ter zake waarvan de consument gehouden is een of meer betalingen te verrichten;
b. het aan een consument verlenen van een dienst of verschaffen van het genot van een roerende zaak, financieel instrument of beleggingsobject, dan wel het aan een consument van een derde ter beschikking stellen van een geldsom ter zake van het aan die consument verlenen van een dienst of verschaffen van het genot van een roerende zaak, financieel instrument of beleggingsobject, ter zake waarvan de consument gehouden is een of meer betalingen te verrichten, met uitzondering van doorlopende dienstverlening en doorlopende levering van dezelfde soort roerende zaken, financieel instrumenten of beleggingsobjecten, waarbij de consument gehouden is in termijnen te betalen zolang de doorlopende dienstverlening of doorlopende levering plaatsvindt;
kredietunie: coöperatie waarvan de leden op grond van hun beroep of bedrijf zijn toegelaten tot het lidmaatschap van de coöperatie, die haar bedrijf maakt van:
a. het bij haar leden aantrekken van opvorderbare gelden; en
b. het voor eigen rekening verrichten van kredietuitzettingen aan haar leden ten behoeve van de beroeps- of bedrijfsuitoefening van die leden;
levensverzekeraar: degene die zijn bedrijf maakt van het sluiten van levensverzekeringen voor eigen rekening en het afwikkelen van die levensverzekeringen;
levensverzekering: een levensverzekering als bedoeld in artikel 975 van Boek 7 van het Burgerlijk Wetboek, met dien verstande dat de prestatie van de levensverzekeraar uitsluitend in geld geschiedt, of een natura-uitvaartverzekering als bedoeld in dit artikel;
lidstaat: een staat die lid is van de Europese Unie alsmede een staat, niet zijnde een lidstaat van de Europese Unie, die partij is bij de Overeenkomst betreffende de Europese Economische Ruimte;
lidstaat van herkomst van de beheerder van een beleggingsinstelling: lidstaat waar de beheerder zijn zetel heeft of de in overeenstemming met hoofdstuk VII van de richtlijn beheerders van alternatieve beleggingsinstellingen vastgestelde referentielidstaat van de beheerder;
lidstaat van herkomst van de beleggingsinstelling:
a. lidstaat waar de beleggingsinstelling een vergunning heeft of geregistreerd is of, indien van toepassing, de lidstaat waar de beleggingsinstelling voor de eerste keer een vergunning heeft gekregen of geregistreerd is; of
b. lidstaat waar de beleggingsinstelling zijn zetel heeft, indien de beleggingsinstelling niet onder onderdeel a valt;
limietorder: een order om een financieel instrument tegen de opgegeven limietkoers of een betere koers en voor een gespecificeerde omvang te kopen of te verkopen;
maatschappij voor collectieve belegging in effecten: rechtspersoon voor collectieve belegging in effecten die gelden of andere goederen ter collectieve belegging vraagt of verkrijgt teneinde de deelnemers in de opbrengst van de beleggingen te doen delen;
marketmaker: persoon die op de financiële markten doorlopend blijk geeft van de bereidheid voor eigen rekening te handelen door financiële instrumenten tegen door hem vastgestelde prijzen te kopen en te verkopen;
marktexploitant: persoon die een gereglementeerde markt beheert of exploiteert;
master-beleggingsinstelling: een beleggingsinstelling als bedoeld in artikel 4, eerste lid, onderdeel y, van de richtlijn beheerders van alternatieve beleggingsinstellingen;
master-icbe: een icbe die:
a. ten minste een feeder-icbe onder haar deelnemers heeft;
b. zelf geen feeder-icbe is; en
c. niet belegt in rechten van deelneming in een feeder-icbe;
moedermaatschappij: een rechtspersoon die een of meer dochtermaatschappijen heeft als bedoeld in artikel 24a van Boek 2 van het Burgerlijk Wetboek;
moederonderneming:
a. moederonderneming als bedoeld in artikel 22, eerste tot en met vijfde lid, van de richtlijn jaarrekening; of
b. een onderneming die, naar het oordeel van de Nederlandsche Bank, feitelijk een overheersende invloed op een andere onderneming uitoefent;

multilateraal systeem: een systeem of faciliteit waarin meerdere koopintenties en verkoopintenties van derden met betrekking tot financiële instrumenten op elkaar kunnen inwerken;
multilaterale handelsfaciliteit: een multilateraal systeem dat meerdere koop- en verkoopintenties van derden met betrekking tot financiële instrumenten, binnen dit systeem en volgens de niet-discretionaire regels, samenbrengt op zodanige wijze dat er een overeenkomst uit voortvloeit overeenkomstig de geldende regels inzake de vergunningverlening en het doorlopende toezicht;
natura-uitvaartverzekeraar: degene die, geen levensverzekeraar zijnde, zijn bedrijf maakt van het sluiten van natura-uitvaartverzekeringen voor eigen rekening en het afwikkelen van die natura-uitvaartverzekeringen;
natura-uitvaartverzekeraar met zetel in een niet-aangewezen staat: een natura-uitvaartverzekeraar met zetel in een staat buiten Nederland die niet op grond van artikel 2:50, tweede lid, is aangewezen als staat waar toezicht op natura-uitvaartverzekeraars wordt uitgeoefend dat in voldoende mate waarborgen biedt ten aanzien van de belangen die deze wet beoogt te beschermen;
natura-uitvaartverzekering: een verzekering in verband met de verzorging van de uitvaart van een natuurlijke persoon waarbij de verzekeraar zich verbindt tot het leveren van een prestatie die niet tevens inhoudt het doen van een geldelijke uitkering;
Nederlandsche Bank: De Nederlandsche Bank N.V.;
Nederlandse bank: bank met zetel in Nederland die voor de uitoefening van haar bedrijf een vergunning heeft;
Nederlandse beheerder van een beleggingsinstelling: beheerder van een beleggingsinstelling, welke beheerder:
a. zetel in Nederland heeft;
b. een vergunning heeft als bedoeld in artikel 2:65 en zetel heeft in een staat, niet zijnde een lidstaat, die niet door onze Minister op grond van artikel 2:66 is aangewezen; of
c. Nederland in overeenstemming met artikel 2:69a heeft aangewezen als de referentielidstaat;
Nederlandse beleggingsinstelling: beleggingsinstelling met zetel in Nederland;
Nederlandse beleggingsonderneming: een beleggingsonderneming in de zin van de verordening kapitaalvereisten met zetel in Nederland, die voor de uitoefening van haar bedrijf een vergunning heeft;
Nederlandse EU-moederbank: Nederlandse moederbank die zelf geen dochteronderneming is van een Nederlandse of Europese bank of beleggingsonderneming of van een financiële holding of gemengde financiële holding met zetel in een lidstaat;
Nederlandse EU-moederbeleggingsonderneming: moederbeleggingsonderneming met zetel in Nederland die zelf geen dochteronderneming is van een beleggingsonderneming, bank of van een financiële holding met zetel in een lidstaat;
Nederlandse financiële EU-moederholding: financiële holding met zetel in Nederland die geen dochteronderneming is van een Nederlandse of Europese bank of beleggingsonderneming of van een financiële holding of gemengde financiële holding met zetel in een lidstaat;
Nederlandse financiële moederholding: financiële holding met zetel in Nederland die zelf geen dochteronderneming is van een Nederlandse bank of Nederlandse beleggingsonderneming of van een financiële holding of gemengde financiële holding met zetel in Nederland;
Nederlandse gemengde financiële EU-moederholding: Nederlandse gemengde financiële moederholding die geen dochteronderneming is van een bank of beleggingsonderneming waaraan een vergunning is verleend in een lidstaat of van een financiële holding of gemengde financiële holding met zetel in een lidstaat;
Nederlandse gemengde financiële moederholding: gemengde financiële holding met zetel in Nederland die zelf geen dochteronderneming is van een Nederlandse bank of Nederlandse beleggingsonderneming of van een financiële holding of gemengde financiële holding met zetel in Nederland;
Nederlandse herverzekeraar, levensverzekeraar of schadeverzekeraar: herverzekeraar, levensverzekeraar of schadeverzekeraar met zetel in Nederland die voor de uitoefening van zijn bedrijf een vergunning heeft als bedoeld in artikel 14 van de richtlijn solvabiliteit II;
Nederlandse moederbank: bank met zetel in Nederland die een beleggingsonderneming, bank of financiële instelling als dochteronderneming heeft of die een deelneming heeft in een dergelijke financiële onderneming en die zelf geen dochteronderneming is van een andere Nederlandse beleggingsonderneming, Nederlandse bank, financiële holding of gemengde financiële holding met zetel in Nederland;
Nederlandse moederbeleggingsonderneming: beleggingsonderneming met zetel in Nederland die een beleggingsonderneming, bank of financiële instelling als dochteronderneming heeft of die een deelneming heeft in een dergelijke financiële onderneming en die zelf geen dochteronderneming is van een andere Nederlandse beleggingsonderneming, Nederlandse bank of financiële holding met zetel in Nederland;
nevendienst:
a. bewaring en beheer van financiële instrumenten voor rekening van cliënten, met inbegrip van bewaarneming en daarmee samenhangende diensten zoals contanten- of zekerhedenbeheer

en met uitsluiting van het aanhouden van effectenrekeningen bovenaan de houderschapsketen als bedoeld in afdeling A, onder 2, van de bijlage bij de verordening centrale effectenbewaarinstellingen;
  b. het verstrekken van kredieten of leningen aan een belegger om deze in staat te stellen een transactie in financiële instrumenten te verrichten, bij welke transactie de onderneming die het krediet of de lening verstrekt, als partij optreedt;
  c. advisering aan ondernemingen inzake kapitaalstructuur, bedrijfsstrategie en daarmee samenhangende aangelegenheden, alsmede advisering en dienstverrichting op het gebied van fusies en overnames van ondernemingen;
  d. valutawisseldiensten voorzover deze samenhangen met het verrichten van beleggingsdiensten;
  e. onderzoek op beleggingsgebied en financiële analyse of andere vormen van algemene aanbevelingen in verband met transacties in financiële instrumenten;
  f. dienst in verband met het overnemen van financiële instrumenten;
  g. beleggingsdienst of -activiteit alsmede nevendienst die verband houden met de onderliggende waarde van de financiële instrumenten, als bedoeld in de definitie van financieel instrument onder e, f, g of i voor zover deze in verband staan met het verlenen van beleggings- of nevendiensten;
niet-Europese bank: bank met zetel in een staat die geen lidstaat is die aldaar voor de uitoefening van haar bedrijf een vergunning heeft;
niet-Europese beleggingsinstelling: beleggingsinstelling, niet zijnde een Europese beleggingsinstelling;
niet-Europese beleggingsonderneming: beleggingsonderneming waaraan een vergunning is verleend in een staat die geen lidstaat is waar naar het oordeel van de Nederlandsche Bank het prudentieel toezicht ten minste gelijkwaardig is aan het prudentieel toezicht op grond van deze wet;
niet-Europese herverzekeraar, levensverzekeraar of schadeverzekeraar: herverzekeraar, levensverzekeraar of schadeverzekeraar met zetel in een staat die geen lidstaat is die aldaar een vergunning heeft voor de uitoefening van zijn bedrijf;
niet-professionele belegger: een cliënt die niet een professionele belegger is;
onderbemiddelaar: een bemiddelaar die bemiddelt voor een andere bemiddelaar;
ondergevolmachtigde agent: degene die optreedt als ondergevolmachtigde agent;
onderneming die nevenactiviteiten verricht: een onderneming die activiteiten verricht die ten opzichte van de hoofdactiviteiten van een beleggingsonderneming of bank het karakter van ondersteunende activiteit hebben;
Onze Minister: Onze Minister van Financiën;
openbaar bod: een door middel van een openbare mededeling gedaan aanbod als bedoeld in artikel 217, eerste lid, van Boek 6 van het Burgerlijk Wetboek op effecten, dan wel een uitnodiging tot het doen van een aanbod op effecten, waarbij de bieder het oogmerk heeft deze effecten te verwerven;
optreden als gevolmachtigde agent: het in de uitoefening van een beroep of bedrijf als gevolmachtigde van een verzekeraar voor diens rekening sluiten van een verzekering met een cliënt;
optreden als ondergevolmachtigde agent: het in de uitoefening van een beroep of bedrijf op grond van een ondervolmacht afgegeven door een gevolmachtigde agent of door een ondergevolmachtigde agent als gevolmachtigde van een verzekeraar voor diens rekening sluiten van een verzekering met een cliënt;
opvorderbare gelden: deposito's of andere terugbetaalbare gelden als bedoeld in de definitie van kredietinstelling in artikel 4 van de verordening kapitaalvereisten;
overwegende zeggenschap: het kunnen uitoefenen van ten minste 30 procent van de stemrechten in een algemene vergadering van een naamloze vennootschap;
personen met wie in onderling overleg wordt gehandeld: natuurlijke personen, rechtspersonen of vennootschappen met wie, onderscheidenlijk waarmee wordt samengewerkt op grond van een overeenkomst met als doel het verwerven van een overwegende zeggenschap in een naamloze vennootschap of, indien de samenwerking geschiedt met de doelvennootschap, het dwarsbomen van het welslagen van een aangekondigd openbaar bod op die vennootschap; de volgende categorieën natuurlijke personen, rechtspersonen of vennootschappen worden in elk geval geacht in onderling overleg te handelen:
  1°. rechtspersonen of vennootschappen die met elkaar deel uitmaken van een groep als bedoeld in artikel 24b van boek 2 van het Burgerlijk Wetboek;
  2°. natuurlijke personen, rechtspersonen of vennootschappen en de door hen gecontroleerde ondernemingen;
persoon: een natuurlijke persoon of rechtspersoon;
pensioenbewaarder: rechtspersoon die belast is met de bewaring van het vermogen van een premiepensioeninstelling of een pensioenfonds voor zover dat voortvloeit uit de uitvoering van pensioenregelingen;

pensioendeelnemer: natuurlijke persoon die op grond van zijn beroepswerkzaamheden gerechtigd zal zijn pensioenuitkeringen te ontvangen overeenkomstig de bepalingen van een pensioenregeling;
pensioenfonds:
a. een bedrijfstakpensioenfonds als bedoeld in artikel 1 van de Pensioenwet;
b. een ondernemingspensioenfonds als bedoeld in artikel 1 van de Pensioenwet;
c. een algemeen pensioenfonds als bedoeld in artikel 1 van de Pensioenwet; of
d. een beroepspensioenfonds als bedoeld in artikel 1 van de Wet verplichte beroepspensioenregeling alsmede het pensioenfonds, bedoeld in artikel 113a, eerste lid, van de Wet op het notarisambt;
pensioengerechtigde: natuurlijke persoon die pensioenuitkeringen ontvangt;
pensioenregeling: overeenkomst, trustakte of voorschriften waarin bepaald is welke pensioenuitkeringen worden toegezegd en onder welke voorwaarden;
pensioenuitkering: uitkering die wordt uitbetaald bij het bereiken of naar verwachting bereiken van de pensioendatum, of, wanneer deze een aanvulling op die uitkering vormen en op bijkomende wijze worden verstrekt, in de vorm van betalingen bij overlijden, arbeidsongeschiktheid of beëindiging van de werkzaamheid, dan wel in de vorm van ondersteunende betalingen of diensten in geval van ziekte, behoeftigheid of overlijden;
pensioenvermogen: het vermogen inzake een pensioenregeling;
plaatselijke onderneming: degene die uitsluitend voor eigen rekening of voor rekening van beleggingsondernemingen die tot die markten zijn toegelaten, of deze beleggingsondernemingen een prijs geeft voorzover de uitvoering en afwikkeling van de transacties geschieden onder de verantwoordelijkheid van en worden gegarandeerd door een clearinginstelling met zetel in Nederland, handelt op de markten voor:
a. opties ter verwerving of vervreemding van financiële instrumenten;
b. rechten op overdracht op termijn van goederen of gelijkwaardige instrumenten die gericht zijn op verrekening in geld;
c. andere afgeleide financiële instrumenten; of
d. financiële instrumenten waarop de afgeleide financiële instrumenten, bedoeld in de onderdelen a tot en met c, betrekking hebben, uitsluitend om posities op markten voor die afgeleide financiële instrumenten af te dekken;
premie: de in geld uitgedrukte prestatie door de verzekeringnemer te leveren uit hoofde van een verzekering, daaronder niet begrepen de assurantiebelasting;
premiepensioeninstelling: onderneming die is opgericht met als doel om premieregelingen en andere regelingen waarbij de premiepensioeninstelling geen verzekeringstechnisch risico draagt uit te voeren welke op grond van de toepasselijke wetgeving zijn aangemerkt als arbeidsgerelateerde pensioenregelingen;
premiepensioenvordering: vordering van een pensioendeelnemer of pensioengerechtigde op een premiepensioeninstelling vanwege een toegezegde pensioeninstelling;
premieregeling: pensioenregeling inzake een vastgestelde premie die uiterlijk op de pensioendatum wordt omgezet in een pensioenuitkering en waarbij de betaalde premie wordt belegd tot aan de datum van omzetting in een pensioenuitkering;
professionele belegger:
a. bank;
b. beheerder van een beleggingsinstelling;
c. beheerder van een icbe;
d. beheerder van een pensioenfonds of van een daarmee vergelijkbare rechtspersoon of vennootschap;
e. beleggingsinstelling;
f. beleggingsonderneming;
g. nationaal of regionaal overheidslichaam of overheidslichaam dat de overheidsschuld beheert;
h. centrale bank;
i. financiële instelling;
j. internationale of supranationale publiekrechtelijke organisatie of daarmee vergelijkbare internationale organisatie;
k. icbe;
l. marktmaker;
m. onderneming wiens belangrijkste activiteit bestaat uit het beleggen in financiële instrumenten, het verrichten van securitisaties of andere financiële transacties;
n. pensioenfonds of daarmee vergelijkbare rechtspersoon of vennootschap;
o. persoon of vennootschap die voor eigen rekening handelt in grondstoffen en grondstoffenderivaten;
p. plaatselijke onderneming;
q. rechtspersoon of vennootschap die aan twee van de volgende omvangvereisten voldoet:
1°. een balanstotaal van ten minste € 20 000 000;

24 Wet op het financieel toezicht (uittreksel)   art. 1:1

2°. een netto-omzet van ten minste € 40 000 000;
3°. een eigen vermogen van ten minste € 2 000 000;
r. verzekeraar;
professionele marktpartij:
a. gekwalificeerde belegger;
b. dochteronderneming van een gekwalificeerde belegger die wordt betrokken in het toezicht op geconsolideerde basis op de gekwalificeerde belegger; of
c. andere bij algemene maatregel van bestuur als professionele marktpartij aangewezen persoon of vennootschap;
prospectusverordening: verordening (EG) nr. 809/2004 van de Commissie van de Europese Gemeenschappen van 29 april 2004 tot uitvoering van Richtlijn 2003/71/EG van het Europees Parlement en de Raad van de Europese Unie wat de in het prospectus te verstrekken informatie, de vormgeving van het prospectus, de opneming van informatie door middel van verwijzing, de publicatie van het prospectus en de verspreiding van advertenties betreft (PbEU L 149);
provisie: beloning of vergoeding, in welke vorm dan ook, voor het bemiddelen of adviseren ter zake van een financieel product of het verlenen van een beleggingsdienst of nevendienst;
raamovereenkomst voor betaaldiensten: overeenkomst die de uitvoering beheerst van afzonderlijke en opeenvolgende betalingstransacties en die de verplichtingen en voorwaarden voor de opening van een betaalrekening kan omvatten;
rechtsbijstandverzekeraar: een schadeverzekeraar die de branche Rechtsbijstand uitoefent;
reclame-uiting: iedere vorm van informatieverstrekking die dient ter aanprijzing van of een wervend karakter kent ter zake van een bepaalde financiële dienst of een bepaald financieel product;
registerhouder:
a. voorzover het register betrekking heeft op financiële ondernemingen die werkzaamheden mogen verrichten ingevolge de afdelingen 2.2A.1 tot en met 2.2.4B en 2.3A.1 tot en met 2.3.4A en op gegevens die op grond van het Deel Prudentieel toezicht financiële ondernemingen worden geregistreerd: de Nederlandsche Bank;
b. voorzover het register betrekking heeft op financiële ondernemingen die werkzaamheden mogen verrichten ingevolge de afdelingen 2.2.5 tot en met 2.2.13 en 2.3.5 tot en met 2.3.8 en op gegevens die op grond van het Deel Gedragstoezicht financiële ondernemingen of het Deel Gedragstoezicht financiële markten worden geregistreerd: de Autoriteit Financiële Markten;
rekeninginformatiedienst: een online dienst voor het verstrekken van geconsolideerde informatie over een of meer betaalrekeningen die de betaaldienstgebruiker bij een andere betaaldienstverlener of bij meer dan één betaaldienstverlener aanhoudt;
rekeninginformatiedienstverlener: een betaaldienstverlener die de in bijlage I, onder punt 8, van de richtlijn betaaldiensten bedoelde bedrijfsactiviteiten uitoefent;
relevante toezichthoudende instanties: relevante bevoegde autoriteiten als bedoeld in artikel 2, punt 17, van de richtlijn financiële conglomeraten;
richtlijn beheerders van alternatieve beleggingsinstellingen: richtlijn nr. 2011/61/EU van het Europees Parlement en de Raad van de Europese Unie van 8 juni 2011 inzake beheerders van alternatieve beleggingsinstellingen en tot wijziging van de Richtlijnen 2003/41/EG en 2009/65/EG en van de Verordeningen (EG) Nr. 1060/2009 en (EU) Nr. 1095/2010 (PbEU 2011, L 174);
richtlijn betaaldiensten: richtlijn 2015/2366 EU van het Europees Parlement en de Raad van 25 november 2015 betreffende betaaldiensten in de interne markt, houdende wijziging van de Richtlijnen 2002/65/EG, 2009/110/EG en 2013/36/EU en Verordening (EU) nr. 1093/2010 en houdende intrekking van Richtlijn 2007/64/EG (PbEU 2015, L 337);
richtlijn betaalrekeningen: richtlijn nr. 2014/92/EU van het Europees Parlement en de Raad van 23 juli 2014 betreffende de vergelijkbaarheid van de in verband met betaalrekeningen aangerekende vergoedingen, het overstappen naar een andere betaalrekening en de toegang tot betaalrekeningen met basisfuncties (PbEU 2014, L 257);
richtlijn depositogarantiestelsels: richtlijn nr. 2014/49/EU van het Europees Parlement en de Raad van 16 april 2014 inzake de depositogarantiestelsels (herschikking) (PbEU 2014, L 173);
richtlijn financiële conglomeraten: richtlijn 2002/87/EG van het Europees Parlement en de Raad van 16 december 2002 betreffende het aanvullende toezicht op kredietinstellingen, verzekeringsondernemingen en beleggingsondernemingen in een financieel conglomeraat en tot wijziging van de Richtlijnen 73/239/EEG, 79/267/EEG, 92/49/EEG, 92/96/EEG, 93/6/EEG en 93/22/EEG van de Raad en van de Richtlijnen 98/78/EG en 2000/12/EG van het Europees Parlement en de Raad (PbEU 2002, L 35);
richtlijn financiëlezekerheidsovereenkomsten: richtlijn nr. 2002/47/EG van het Europees parlement en de Raad van 6 juni 2002 betreffende financiëlezekerheidsovereenkomsten (PbEU 2002, L 168);
richtlijn herstel en afwikkeling van banken en beleggingsondernemingen: richtlijn nr. 2014/59/EU van het Europees parlement en de Raad van 15 mei 2014 betreffende de totstandbrenging van een kader voor het herstel en de afwikkeling van kredietinstellingen en beleggingsondernemingen

en tot wijziging van Richtlijn 82/891/EEG van de Raad en de Richtlijnen 2001/24/EG, 2002/47/EG, 2004/25/EG, 2005/56/EG, 2007/36/EG, 2011/35/EU, 2012/30/EU en 2013/36/EU en Verordeningen (EU) nr. 1093/2010 en (EU) nr. 648/2012, van het Europees parlement en de Raad (PbEU 2014, L 173);
richtlijn hypothecair krediet: richtlijn 2014/17/EU van het Europees Parlement en de Raad van 4 februari 2014 inzake kredietovereenkomsten voor consumenten met betrekking tot voor bewoning bestemde onroerende goederen en tot wijziging van de Richtlijnen 2008/48/EG en 2013/36/EU en Verordening (EU) nr. 1093/2010 (PbEU 2014. L 60/34);
richtlijn instellingen voor bedrijfspensioenvoorziening: richtlijn 2016/2341/EU van het Europees Parlement en de Raad van 14 december 2016 betreffende de werkzaamheden van en het toezicht op instellingen voor bedrijfspensioenvoorziening (IBPV's) (PbEU 2016, L 354);
richtlijn instellingen voor collectieve belegging in effecten: richtlijn nr. 2009/65/EG van het Europees Parlement en de Raad van de Europese Unie van 13 juli 2009 tot coördinatie van de wettelijke en bestuursrechtelijke bepalingen betreffende bepaalde instellingen voor collectieve belegging in effecten (icbe's) (PbEU 2009, L 302);
richtlijn jaarrekening: richtlijn 2013/34/EU van het Europees Parlement en de Raad van 26 juni 2013 betreffende de jaarlijkse financiële overzichten, geconsolideerde financiële overzichten en aanverwante verslagen van bepaalde ondernemingsvormen, tot wijziging van Richtlijn 2006/43/EG van het Europees Parlement en de Raad en tot intrekking van Richtlijnen 78/660/EEG en 83/349/EEG van de Raad (PbEU 2013, L 182);
richtlijn kapitaalvereisten: richtlijn 2013/36/EU van het Europees Parlement en de Raad van 26 juni 2103 betreffende toegang tot het bedrijf van kredietinstellingen en het prudentieel toezicht op kredietinstellingen en beleggingsondernemingen, tot wijziging van Richtlijn 2002/87/EG en tot intrekking van de Richtlijnen 2006/48/EG en 2006/49/EG (PbEU 2013, L 176);
richtlijn markten voor financiële instrumenten: richtlijn nr. 2004/39/EG van het Europese Parlement en de Raad van de Europese Unie van 21 april 2004 betreffende markten voor financiële instrumenten, tot wijziging van de Richtlijnen 85/611/EEG en 93/6/EEG van de Raad en van Richtlijn 2000/12/EG van het Europees Parlement en de Raad en houdende intrekking van Richtlijn 93/22/EEG van de Raad (PbEU L 145);
richtlijn markten voor financiële instrumenten 2014: richtlijn nr. 2014/65/EU van het Europees Parlement en de Raad van 15 mei 2014 betreffende markten voor financiële instrumenten en tot wijziging van richtlijn 2002/92/EG en richtlijn 2011/61/EU (herschikking) (PbEU 2014, L 173);
richtlijn prospectus: richtlijn nr. 2003/71/EG van het Europees Parlement en de Raad van de Europese Unie van 4 november 2003 betreffende het prospectus dat gepubliceerd moet worden wanneer effecten aan het publiek worden aangeboden of tot de handel worden toegelaten en tot wijziging van richtlijn nr. 2001/34/EG (PbEG L 345);
richtlijn solvabiliteit II: richtlijn 2009/138/EG van het Europees Parlement en de Raad van 25 november 2009 betreffende de toegang tot en uitoefening van het verzekerings- en het herverzekeringsbedrijf (Solvabiliteit II) (herschikking) (PbEU 2009, L 335);
richtlijn transparantie: richtlijn nr. 2004/109/EG van het Europees Parlement en de Raad van de Europese Unie van 15 december 2004 betreffende de transparantievereisten die gelden voor informatie over uitgevende instellingen waarvan effecten tot de handel op een gereglementeerde markt zijn toegelaten en tot wijziging van Richtlijn 2001/34/EG (PbEU L 390);
richtlijn verzekeringsdistributie: richtlijn nr. 2016/97/EU van het Europees Parlement en de Raad van 20 januari 2016 betreffende verzekeringsdistributie (herschikking) (PbEU 2016, L 26);
richtlijndeelneming:
a. een deelneming als bedoeld in artikel 24c, eerste lid, eerste volzin, of tweede lid, van Boek 2 van het Burgerlijk Wetboek;
b. een rechtstreeks of middellijk belang van twintig procent of meer in het geplaatst kapitaal van een onderneming, of het rechtstreeks of middellijk kunnen uitoefenen van twintig procent of meer van de stemrechten in een onderneming; of
c. indien het een verzekeringsrichtlijngroep betreft: een deelneming als bedoeld in onderdeel b of een rechtstreeks of middellijk belang in het geplaatst kapitaal van een onderneming dan wel het rechtstreeks of middellijk kunnen uitoefenen van de stemrechten in een onderneming waarop naar het oordeel van de Nederlandsche Bank feitelijk een significante invloed wordt uitgeoefend;
richtlijngroep:
a. het geheel van een moederonderneming, haar dochterondernemingen, andere ondernemingen waarin de moederonderneming of een of meer van haar dochterondernemingen een deelneming heeft; of
b. ondernemingen die zijn verbonden door een centrale leiding die bestaat krachtens een met deze ondernemingen gesloten overeenkomst of een bepaling in de statuten van een of meer van deze ondernemingen, dan wel door het feit dat de bestuurs-, leidinggevende, of toezicht-

houdende organen van deze ondernemingen gedurende het boekjaar en tot de opstelling van de geconsolideerde jaarrekening in meerderheid bestaan uit dezelfde personen;
richtlijngroepslid: een onderneming die behoort tot een richtlijngroep;
risicoconcentratie: alle door de richtlijngroepsleden in een financieel conglomeraat ingenomen potentieel verliesgevende posities die groot genoeg zijn om de solvabiliteit of de financiële positie in het algemeen van de gereglementeerde entiteiten in het conglomeraat in gevaar te brengen;
salderen: vaststellen van geldelijke vorderingen of verplichtingen van betaaldienstverleners uit hoofde van betaalopdrachten van betaaldienstgebruikers;
saneringsmaatregel:
a. de toepassing van een afwikkelingsinstrument of de uitoefening van afwikkelingsbevoegdheden als bedoeld in de richtlijn herstel en afwikkeling van banken en beleggingsondernemingen;
b. de toepassing van een afwikkelingsinstrument of de uitoefening van afwikkelingsbevoegdheden, bedoeld in hoofdstuk 3A.2 of een daarmee vergelijkbare maatregelen die zijn genomen in een andere lidstaat;
c. een maatregel, anders dan bedoeld in de onderdelen a en b, genomen in een andere lidstaat, die enigerlei optreden van de aldaar bevoegde instanties behelst en bestemd is om de financiële positie van een bank of een verzekeraar in stand te houden of te herstellen, en van dien aard is dat de maatregel bestaande rechten van derden aantast;
schadeverzekeraar: degene die zijn bedrijf maakt van het sluiten van schadeverzekeringen voor eigen rekening en het afwikkelen van die schadeverzekeringen;
schadeverzekering:
a. schadeverzekering als bedoeld in artikel 944 van Boek 7 van het Burgerlijk Wetboek, niet zijnde een natura-uitvaartverzekering;
b. ongevallenverzekering; of
c. sommenverzekering als bedoeld in artikel 964 van Boek 7 van het Burgerlijk Wetboek, niet zijnde een levensverzekering of een financieel instrument,
met dien verstande dat voor de toepassing van deze wet een verzekering slechts als schadeverzekering wordt aangemerkt indien sprake is van een uitkeringsplicht ten gevolge van een onzeker voorval of een onzekere omstandigheid waardoor de verzekerde in zijn belangen wordt getroffen;
staat waar het risico is gelegen:
a. de staat waar de zaken waarop een schadeverzekering betrekking heeft zich bevinden, indien de schadeverzekering betrekking heeft op een onroerende zaak, dan wel op een onroerende zaak en op de inhoud daarvan, voorzover deze door dezelfde schadeverzekering wordt gedekt;
b. de staat van registratie, van voertuigen of vaartuigen van om het even welke aard waarop een schadeverzekering betrekking heeft;
c. de staat waar een verzekeringnemer een verzekering heeft gesloten, indien het een schadeverzekering betreft met een looptijd van vier maanden of minder die betrekking heeft op tijdens een reis of vakantie gelopen risico's, ongeacht de branche;
d. in alle andere gevallen van schadeverzekering, de staat waar de verzekeringnemer zijn gewone verblijfplaats heeft, of, indien de verzekeringnemer een rechtspersoon is, de staat waar zich elke duurzame, vaste inrichting van deze rechtspersoon bevindt waarop de verzekering betrekking heeft;
subfonds: administratief afgescheiden gedeelte van het vermogen van een beleggingsinstelling of icbe waarvoor een separaat beleggingsbeleid wordt gevoerd en waarin specifiek voor dat gedeelte ter collectieve belegging gevraagde of verkregen gelden of andere goederen zijn of worden opgenomen teneinde de deelnemers in de opbrengst van de beleggingen te doen delen onder specifiek voor dat gedeelte geldende voorwaarden;
techniek van hoogfrequente algoritmische handel: een algoritmische handelstechniek die wordt gekenmerkt door:
a. een infrastructuur die is bedoeld om netwerklatenties en andere latenties te minimaliseren, daaronder begrepen ten minste een van de volgende faciliteiten voor het invoeren van algoritmische orders: co-locatie, proximity hosting of directe elektronische toegang met hoge snelheid;
b. het initiëren, genereren, geleiden of uitvoeren van orders door het systeem, zonder menselijk ingrijpen, voor afzonderlijke handelstransacties of orders; en
c. een groot aantal orders, noteringen of annuleringen binnen de handelsdag;
techniek voor communicatie op afstand: ieder middel dat, zonder gelijktijdige fysieke aanwezigheid van een financiële onderneming en een consument of cliënt, kan worden gebruikt voor het verlenen van financiële diensten;
toezichthoudende instantie: een buitenlandse overheidsinstantie of een buitenlandse van overheidswege aangewezen instantie, die is belast met het toezicht op financiële markten of op personen die op die markten werkzaam zijn;
toezichthouder: de Nederlandsche Bank of de Autoriteit Financiële Markten, ieder voor zover belast met de uitoefening van taken ingevolge deze wet;

uitbesteden: het door een financiële onderneming verlenen van een opdracht aan een derde tot het ten behoeve van die financiële onderneming verrichten van werkzaamheden:
   a. die deel uitmaken van of voortvloeien uit het uitoefenen van haar bedrijf of het verlenen van financiële diensten; of
   b. die deel uitmaken van de wezenlijke bedrijfsprocessen ter ondersteuning daarvan;
uitgevende instelling: een ieder die effecten heeft uitgegeven of voornemens is effecten uit te geven;
uitvoering van orders voor rekening van cliënten: in de uitoefening van beroep of bedrijf optreden om overeenkomsten te sluiten tot verkoop of aankoop van een of meer financiële instrumenten voor rekening van cliënten met inbegrip van het sluiten van overeenkomsten tot verkoop van door een bank of beleggingsonderneming uitgegeven financiële instrumenten op het tijdstip van de uitgifte ervan;
uitvoeringskosten: uitgaven die rechtstreeks verband houden met de uitvoering van een order met betrekking tot een financieel instrument en die ten laste komen van de cliënt;
uitvoeringsverordening instellingen voor collectieve belegging in effecten: verordening (EU) nr. 584/2010 van de Europese Commissie van 1 juli 2010 tot uitvoering van Richtlijn 2009/65/EG van het Europees Parlement en de Raad van de Europese Unie wat betreft de vorm en inhoud van de gestandaardiseerde kennisgeving en icbe-verklaring, het gebruik van elektronische communicatie tussen bevoegde autoriteiten voor kennisgevingsdoeleinden, alsook procedures voor onderzoeken en verificaties ter plaatse en de uitwisseling van informatie tussen bevoegde autoriteiten (PbEU L 176);
vangnetregeling: het beleggerscompensatiestelsel of het depositogarantiestelsel;
verbonden agent: persoon die, onder de volledige en onvoorwaardelijke verantwoordelijkheid van slechts één beleggingsonderneming voor wier rekening hij optreedt de beleggingsdiensten als bedoeld in onderdeel a, d, e of f van de definitie van verlenen van een beleggingsdienst verleent en deze diensten of nevendiensten bij cliënten aanbeveelt;
verbonden onderneming: een dochteronderneming, een andere onderneming waarin een richtlijndeelneming bestaat of een onderneming die met een andere onderneming verbonden is door een door die andere onderneming uitgeoefende centrale leiding krachtens een door deze ondernemingen gesloten overeenkomst of een bepaling in de statuten van een of meer van deze ondernemingen, dan wel door het feit dat de bestuurs-, leidinggevende, of toezichthoudende organen van deze ondernemingen gedurende het boekjaar en tot de opstelling van de geconsolideerde jaarrekening in meerderheid bestaan uit dezelfde personen;
verlenen van een beleggingsdienst:
   a. in de uitoefening van een beroep of bedrijf ontvangen en doorgeven van orders van cliënten met betrekking tot financiële instrumenten;
   b. in de uitoefening van beroep of bedrijf voor rekening van die cliënten uitvoeren van orders met betrekking tot financiële instrumenten;
   c. beheren van een individueel vermogen;
   d. in de uitoefening van beroep of bedrijf adviseren over financiële instrumenten;
   e. in de uitoefening van beroep of bedrijf overnemen of plaatsen van financiële instrumenten bij aanbieding ervan als bedoeld in hoofdstuk 5.1 met plaatsingsgarantie;
   f. in de uitoefening van beroep of bedrijf plaatsen van financiële instrumenten bij aanbieding ervan als bedoeld in hoofdstuk 5.1 zonder plaatsingsgarantie;
vermogensbeheerder: degene die een individueel vermogen beheert;
verordening 1227/2011: verordening (EU) nr. 1227/2011 van het Europees Parlement en de Raad van 25 oktober 2011 betreffende de integriteit en transparantie van de groothandelsmarkt voor energie (PbEU 2011, L 326), alsmede de door de Europese Commissie vastgestelde gedelegeerde en uitvoeringshandelingen op grond van verordening 1227/2011;
verordening (EU) nr. 1093/2010: verordening (EU) nr. 1093/2010 van het Europees Parlement en de Raad van 24 november 2010 tot oprichting van een Europese toezichthoudende autoriteit (Europese Bankautoriteit), tot wijziging van Besluit nr. 716/2009/EG en tot intrekking van Besluit 2009/78/EG van de Commissie (PbEU 2010, L 331);
verordening (EU) nr. 1095/2010: verordening (EU) nr. 1095/2010 van het Europees Parlement en de Raad van de Europese Unie van 24 november 2010 tot oprichting van een Europese toezichthoudende autoriteit (Europese Autoriteit voor effecten en markten) tot wijziging van Besluit nr. 7176/2009/EG en tot intrekking van Besluit 2009/78/EG van de Commissie (Pb EU 2010, L 331);
verordening bankentoezicht: verordening (EU) Nr. 1024/2013 van de Raad van 15 oktober 2013 waarbij aan de Europese Centrale Bank specifieke taken worden opgedragen betreffende het beleid inzake het prudentieel toezicht op kredietinstellingen (PbEU 2013, L 287);
verordening centrale effectenbewaarinstellingen: verordening (EU) nr. 909/2014 van het Europees parlement en de Raad van 23 juli 2014 betreffende de verbetering van de effectenafwikkeling in de Europese Unie, betreffende centrale effectenbewaarinstellingen en tot wijziging van Richtlijnen 98/26/EG en 2014/65/EU en Verordening (EU) nr. 236/2012 (PbEU 2014, L 257);

verordening essentiële-informatiedocumenten: verordening (EU) nr. 1286/2014 van het Europees Parlement en de Raad van 26 november 2014 over essentiële-informatiedocumenten voor verpakte retailbeleggingsproducten en verzekeringsgebaseerde beleggingsproducten (PRIIP's) (PbEU 2014, L 352);
verordening gemeenschappelijk afwikkelingsmechanisme: verordening (EU) nr. 806/2014 van het Europees parlement en de Raad van 15 juli 2014 tot vaststelling van eenvormige regels en een eenvormige procedure voor de afwikkeling van kredietinstellingen en bepaalde beleggingsondernemingen in het kader van een gemeenschappelijk afwikkelingsmechanisme en een gemeenschappelijk bankenafwikkelingsfonds en tot wijziging van Verordening (EU) nr. 1093/2010 van het Europees parlement en de Raad (PbEU 2014, L 225);
verordening grensoverschrijdende betalingen: verordening (EG) Nr. 924/2009 van het Europees Parlement en de Raad van 16 september 2009 betreffende grensoverschrijdende betalingen in de Gemeenschap en tot intrekking van Verordening (EG) nr. 2560/2001 (PbEU L 266);
verordening kapitaalvereisten: verordening (EU) nr. 575/2013 van het Europees Parlement en de Raad van 26 juni 2013 betreffende prudentiële vereisten voor kredietinstellingen en beleggingsondernemingen en tot wijziging van Verordening (EU) nr. 648/2012 (PbEU 2013, L 176);
verordening markten voor financiële instrumenten: verordening (EU) nr. 600/2014 van het Europees parlement en de Raad van 15 mei 2014 betreffende markten in financiële instrumenten en tot wijziging van Verordening (EU) nr. 648/2012 (PbEU 2014, L 173);
verordening marktmisbruik: verordening (EU) nr. 596/2014 van het Europees Parlement en de Raad van 16 april 2014 betreffende marktmisbruik (PbEU 2014, L 173/1);
verordening ratingbureaus: verordening (EG) nr. 1060/2009 van het Europees Parlement en de Raad van 16 september 2009 inzake ratingbureaus (PbEU L 302);
verrichten van diensten:
a. voor zover het entiteiten voor risico-acceptatie betreft: het door een entiteit voor risico-acceptatie accepteren van een risico dat is gelegen in een andere staat dan de vestiging van waaruit het risico wordt geaccepteerd;
b. voor zover het verzekeraars betreft:
1°. het door een herverzekeraar sluiten van een herverzekering betreffende een risico dat is gelegen in een andere staat dan die waar de vestiging van waaruit de verzekering wordt gesloten;
2°. het door een levensverzekeraar sluiten van een levensverzekering vanuit een vestiging, gelegen in een andere staat dan die waar de verzekeringnemer zijn gewone verblijfplaats heeft, of waar zich, indien de verzekeringnemer een rechtspersoon is, de vestiging van deze rechtspersoon bevindt waarop de verzekering betrekking heeft;
3°. het door een natura-uitvaartverzekeraar sluiten van een natura-uitvaartverzekering vanuit een vestiging, gelegen in een andere staat dan die waar de verzekeringnemer zijn gewone verblijfplaats heeft;
4°. het door een schadeverzekeraar sluiten van een schadeverzekering betreffende een risico dat is gelegen in een andere staat dan de vestiging van waaruit de verzekering wordt gesloten;
verrichten van beleggingsactiviteit:
a. in de uitoefening van beroep of bedrijf handelen voor eigen rekening;
b. in de uitoefening van een beroep of bedrijf exploiteren van een georganiseerde handelsfaciliteit;
c. in de uitoefening van een beroep of bedrijf exploiteren van een multilaterale handelsfaciliteit;
vertegenwoordiger van een verzekeraar: degene die door een levensverzekeraar, natura-uitvaartverzekeraar of schadeverzekeraar is aangesteld om hem te vertegenwoordigen in een andere staat dan de staat van de zetel van die verzekeraar bij de uitoefening van de bevoegdheden van die verzekeraar en bij de naleving van de voorschriften die in eerstbedoelde staat voor die verzekeraar gelden;
verzekeraar: herverzekeraar, levensverzekeraar, natura-uitvaartverzekeraar of schadeverzekeraar;
verzekeraar met beperkte risico-omvang: een verzekeraar die ingevolge artikel 4, 7 of 10 van de richtlijn solvabiliteit II is uitgesloten van het toepassingsgebied van die richtlijn en geen gebruik heeft gemaakt van de mogelijkheid, bedoeld in artikel 4, vijfde lid, van die richtlijn om een vergunning aan te vragen of te behouden;
verzekering:
a. herverzekering;
b. levensverzekering;
c. natura-uitvaartverzekering; of
d. schadeverzekering;
verzekering met een beleggingscomponent: een levensverzekering, met uitzondering van een levensverzekering die uitsluitend uitkeert bij overlijden, een verzekering die fiscaal gefaciliteerd is om te voorzien in een pensioeninkomen of een natura-uitvaartverzekering, waarbij de afkoopwaarde of de uitkering van de verzekering afhankelijk is van ontwikkelingen op de financiële markten of andere markten;

art. 1:2

24 Wet op het financieel toezicht (uittreksel)

verzekeringsholding: een moederonderneming die geen gemengde financiële holding is, een herverzekeraar, levensverzekeraar of schadeverzekeraar met zetel in een lidstaat als dochteronderneming heeft en die uitsluitend of hoofdzakelijk richtlijndeelnemingen houdt in dochterondernemingen die herverzekeraars, levensverzekeraars of schadeverzekeraars zijn;
verzekeringsrichtlijngroep: een richtlijngroep als bedoeld in artikel 213, tweede lid, onderdelen a tot en met d, van de richtlijn solvabiliteit II;
vestiging: bijkantoor of zetel;
vordering uit hoofde van verzekering:
a. een rechtstreekse vordering op de verzekeraar van een verzekerde, verzekeringnemer, begunstigde of benadeelde, met inbegrip van een vordering ter zake van voor deze personen gereserveerde bedragen, zo lang nog niet alle elementen van de vordering bekend zijn;
b. een vordering tot teruggave van premies die een verzekeraar heeft ontvangen in de niet beantwoorde verwachting dat een overeenkomst van verzekering zou worden afgesloten dan wel heeft ontvangen op grond van een verzekering die is ontbonden of vernietigd; of
c. een vordering uit hoofde van een overeenkomst tot kapitalisatieverrichtingen of tot beheer over collectieve pensioenfondsen als bedoeld onder punten 6 en 7 van de opsomming betreffende het bedrijf van levensverzekeraar in de Bijlage branches bij deze wet, met inbegrip van een vordering tot teruggave van betalingen voor verrichtingen die een verzekeraar heeft ontvangen in de niet beantwoorde verwachting dat een overeenkomst tot kapitalisatieverrichtingen of tot beheer over collectieve pensioenfondsen zou worden gesloten dan wel heeft ontvangen op grond van een overeenkomst tot kapitalisatieverrichtingen of beheer die is ontbonden of vernietigd;
wisselinstelling: degene die zijn bedrijf maakt van het verrichten van wisseltransacties;
wisselinstelling met zetel in een niet-aangewezen staat: een wisselinstelling met zetel in een staat buiten Nederland die niet op grond van artikel 2:54l, tweede lid, is aangewezen als staat waar toezicht op wisselinstellingen wordt uitgeoefend dat in voldoende mate waarborgen biedt ten aanzien van de belangen die deze wet beoogt te beschermen;
wisseltransactie:
a. een geldwisseltransactie;
b. het uitbetalen van munten of bankbiljetten op vertoon van een creditcard of tegen inlevering van een document als bedoeld in artikel 1:5a, tweede lid, onderdeel g;
c. een bij algemene maatregel van bestuur aan te wijzen andere aanverwante activiteit;
zetel: de plaats waar een onderneming volgens haar statuten of reglementen is gevestigd of, indien zij geen rechtspersoon is, de plaats waar die onderneming haar hoofdvestiging heeft.

Afdeling 1.1.2
Reikwijdte met betrekking tot financiële ondernemingen

§ *1.1.2.1*
Algemeen

Art. 1:2

Werkingssfeer

1. Deze wet, met uitzondering van dit deel en de hoofdstukken 5.1, 5.1a, 5.3, 5.5 en de afdelingen 5.9.1, 5.9.2 en 5.9.3, is niet van toepassing op de Europese Centrale Bank handelend in haar hoedanigheid van monetaire autoriteit, de centrale banken van de lidstaten, nationale instellingen van de lidstaten met een soortgelijke functie, overheidsinstellingen van de lidstaten die zijn belast met of betrokken bij het beheer van de overheidsschuld, internationale publiekrechtelijke instellingen waarin of waaraan een of meer lidstaten deelnemen en die tot doel hebben middelen bijeen te brengen en financiële bijstand te verlenen ten behoeve van hun leden die te maken hebben met of bedreigd worden door ernstige financiële problemen en instellingen als bedoeld in artikel 2, vijfde lid, van de richtlijn kapitaalvereisten.
2. In afwijking van het eerste lid zijn dit deel en het deel Gedragstoezicht financiële ondernemingen van toepassing op het verlenen van betaaldiensten en de uitgifte van elektronisch geld door:
a. de Europese Centrale Bank en de centrale banken van de lidstaten;
b. lidstaten alsmede de regionale of lokale overheden van de lidstaten.

Art. 1:3

Toepasselijkheid

Voor de toepassing van het ingevolge deze wet bepaalde wordt onder financiële onderneming mede verstaan de persoon die behoort tot een van de categorieën van financiële ondernemingen en die niet tot doel heeft het maken van winst.

Art. 1:3a

Toepasselijkheid

1. De bij of krachtens een verordening als bedoeld in artikel 1:24, derde lid, 1:25, derde lid, of 1:25a, tweede lid, gestelde regels worden, voor zover de Nederlandsche Bank, de Autoriteit Financiële Markten of de Autoriteit Consument en Markt met de uitvoering of handhaving van

die regels is belast, voor de toepassing van deze wet gelijkgesteld met bij of krachtens deze wet gestelde regels.
2. De artikelen 1:75 en 1:76 zijn van overeenkomstige toepassing op de uitvoering en handhaving van de regels die zijn gesteld bij of krachtens de verordening (EU) nr. 648/2012 van het Europees parlement en de Raad van 4 juli 2012 betreffende otc-derivaten, centrale tegenpartijen en transactieregisters (PbEU 2012, L 201) en de verordening centrale effectenbewaarinstellingen.
3. Een besluit van de Nederlandsche Bank, de Autoriteit Financiële Markten of de Autoriteit Consument en Markt, genomen op grond van bij of krachtens een verordening als bedoeld in artikel 1:24, derde lid, 1:25, derde lid, of 1:25a, tweede lid, gestelde regels, wordt voor de toepassing van de artikelen 8:6 en 8:105 van de Algemene wet bestuursrecht gelijkgesteld met een besluit op grond van deze wet, niet zijnde een besluit waartegen ingevolge artikel 4 van bijlage 2 van de Algemene wet bestuursrecht beroep kan worden ingesteld bij het College van Beroep voor het bedrijfsleven.
4. Bij of krachtens algemene maatregel van bestuur kunnen voor de goede uitvoering van een verordening als bedoeld in artikel 1:24, derde lid, 1:25, derde lid, of 1:25a, tweede lid, nadere regels worden gesteld met betrekking tot de in die verordening geregelde onderwerpen.

§ 1.1.2.2
Afwikkelondernemingen, betaaldienstverleners, clearinginstellingen, elektronischgeldinstellingen en banken

Art. 1:4
De Nederlandsche Bank is geen afwikkelonderneming, clearinginstelling of bank in de zin van deze wet. *Werkingssfeer m.b.t. DNB*

Art. 1:5
Deze wet is niet van toepassing op: *Werkingssfeer m.b.t. uit-*
a. de uitgifte van betaalinstrumenten als bedoeld in artikel 1:5a, tweede lid, onderdeel k; *gifte betaalinstrumenten*
b. de uitgifte van geldswaarden die worden gebruikt om betalingstransacties te verrichten als *en geldswaarden*
bedoeld in artikel 1:5a, tweede lid, onderdeel l.

§ 1.1.2.2a
Betaaldiensten

Art. 1:5a
1. De bij of krachtens de wet gestelde regels zijn slechts van toepassing op betaaldiensten *Werkingssfeer m.b.t.*
aangeboden in Nederland, tenzij in die regels anders is bepaald. *betaaldiensten*
2. Onder het verlenen van betaaldiensten in de zin van deze wet wordt niet verstaan:
a. het uitsluitend met chartaal geld en zonder tussenkomst van derden rechtstreeks door de betaler aan de betalingsbegunstigde verrichten van betalingstransacties;
b. het verrichten van betalingstransacties tussen de betaler en de betalingsbegunstigde, die worden uitgevoerd via een handelsagent die krachtens een overeenkomst gemachtigd is om voor rekening van alleen de betaler of alleen de betalingsbegunstigde de verkoop of aankoop van goederen of diensten via onderhandelingen tot stand te brengen of te sluiten;
c. het in de uitoefening van een bedrijf of beroep vervoeren, ophalen, verwerken of leveren van chartaal geld;
d. het verrichten van betalingstransacties die bestaan uit het niet in de uitoefening van een bedrijf of beroep ophalen en leveren van chartaal geld in het kader van een activiteit zonder winstoogmerk of voor liefdadigheidsdoeleinden;
e. het verlenen van diensten waarbij chartaal geld door de begunstigde aan de betaler wordt verstrekt als onderdeel van een betalingstransactie in de vorm van een betaling voor de aankoop van goederen of diensten, indien de betaler vlak voor de uitvoering van die betalingstransactie om die verstrekking heeft verzocht;
f. het verrichten van geldwisseltransacties;
g. het verrichten van betalingstransacties met een van de volgende documenten die door een betaaldienstverlener zijn uitgegeven met de bedoeling geldmiddelen beschikbaar te stellen aan een betalingsbegunstigde:
1°. papieren cheques als bedoeld in het Verdrag van Genève van 19 maart 1931 tot invoering van een eenvormige wet op cheques;
2°. papieren cheques vergelijkbaar met de papieren cheques, bedoeld onder 1°, die vallen onder het recht van lidstaten die geen partij zijn bij het Verdrag van Genève van 19 maart 1931 tot invoering van een eenvormige wet op cheques;
3°. papieren wissels als bedoeld in het Verdrag van Genève van 7 juni 1930 dat voorziet in een eenvormige wet op wisselbrieven en orderbriefjes;

4°. papieren wissels vergelijkbaar met de papieren wissels, bedoeld onder 3°, die vallen onder het recht van de lidstaten die geen partij zijn bij het Verdrag van Genève van 7 juni 1930 tot invoering van een eenvormige wet op wisselbrieven en orderbriefjes;
5°. papieren tegoedbonnen;
6°. papieren reischeques;
7°. papieren postwissels als omschreven door de Wereldpostunie, in 1874 opgericht bij het Verdrag van Bern;
h. het onverminderd artikel 5:88 verrichten van betalingstransacties binnen een betalings- of een effectenafwikkelingssysteem, of tussen afwikkelondernemingen, centrale tegenpartijen als bedoeld in artikel 212a, onderdeel c, van de Faillissementswet, clearinginstellingen, centrale banken van de lidstaten, andere deelnemers van een van de bedoelde systemen, en betaaldienstverleners;
i. betalingstransacties in verband met dienstverlening op effecten, met inbegrip van uitkeringen van dividend en andere inkomsten in verband met effecten, en aflossing en verkoop, uitgevoerd door personen als bedoeld in onderdeel h of door beleggingsondernemingen, banken, of door andere instellingen aan welke de bewaarneming van financiële instrumenten is toegestaan;
j. het verlenen van diensten door technische dienstverleners ter ondersteuning van het verlenen van betaaldiensten zonder dat de technische dienstverlener op enig moment in het bezit komt van de over te maken geldmiddelen, daarbij inbegrepen het verwerken en opslaan van gegevens, diensten ter bescherming van het vertrouwen en het privéleven, authenticatie van gegevens en entiteiten, het aanbieden van informatietechnologie- en communicatienetwerken, en het aanbieden en onderhouden van voor betaaldiensten gebruikte automaten en instrumenten, met uitzondering van betaalinitiatiediensten en rekeninginformatiediensten;
k. het verlenen van diensten die gebaseerd zijn op specifieke betaalinstrumenten:
1°. waarmee de houder uitsluitend in de bedrijfsgebouwen van de uitgever of binnen een beperkt netwerk van dienstverleners die een directe handelsovereenkomst met een uitgever hebben, goederen of diensten kan aanschaffen;
2°. die uitsluitend gebruikt kunnen worden voor de aanschaf van een zeer beperkte reeks goederen of diensten; of
3°. die uitsluitend in Nederland worden aangeboden met het oog op het bereiken van specifieke doelen die zijn vastgelegd in sociale of fiscale regelgeving en waarmee specifieke goederen of diensten kunnen worden aangeschaft bij leveranciers die een handelsovereenkomst met de uitgever hebben;
l. het verrichten van betalingstransacties door een aanbieder van elektronischecommunicatienetwerken of -diensten die gezamenlijk met de betaling voor de elektronischecommunicatiediensten in rekening worden gebracht bij een abonnee:
1°. voor de aankoop van digitale inhoud en spraakgestuurde diensten, ongeacht het voor de aankoop of gebruik van de digitale inhoud gebruikte apparaat; of
2°. in het kader van een liefdadigheidsactiviteit of voor de aankoop van toegangs- of plaatsbewijzen en waarbij voor de transactie gebruik wordt gemaakt van een elektronisch apparaat, mits de waarde per betalingstransactie niet meer dan € 50 bedraagt en:
1°. de totale waarde van de betalingstransacties voor een abonnee per maand niet meer dan € 300 bedraagt; of
2°. ingeval een abonnee zijn rekening bij de aanbieder van elektronischecommunicatienetwerken of -diensten voorfinanciert, de totale waarde van de betalingstransacties niet meer dan € 300 per maand bedraagt;
m. het verrichten van betalingstransacties die voor eigen rekening worden uitgevoerd tussen betaaldienstverleners, hun agenten of hun bijkantoren;
n. het verrichten van betalingstransacties en daarmee verbonden diensten tussen een moederonderneming en haar dochteronderneming, of tussen dochterondernemingen van dezelfde moederonderneming, zonder tussenkomst van een andere dan een tot dezelfde richtlijngroep behorende betaaldienstverlener; of
o. het opnemen van chartaal geld uit een geldautomaat, voor zover de exploitant van de geldautomaat geen andere betaaldiensten verleent en handelt namens een of meer betaaldienstverleners, en voor zover deze exploitant geen partij is bij de raamovereenkomst voor betaaldiensten van degene die de geldmiddelen van een betaalrekening opneemt. Met dien verstande dat aan de cliënt de informatie over eventuele kosten voor geldopname ingevolge artikel 4:22 wordt verstrekt, zowel voor de geldopname als na ontvangst van het chartaal geld aan het einde van de transactie na de geldopname.
3. Bij of krachtens algemene maatregel van bestuur kunnen regels worden gesteld met betrekking tot een verplichting tot het doen van een kennisgeving aan de Nederlandsche Bank door verleners van diensten, bedoeld in het tweede lid, onderdelen k en l.

§ 1.1.2.3
Verzekeraars

Art. 1:6
1. Deze wet is niet van toepassing op: *Werkingssfeer m.b.t. verzekeringsbedrijven*
a. de Sociale Verzekeringsbank;
b. het Uitvoeringsinstituut werknemersverzekeringen, bedoeld in hoofdstuk 5 van de Wet structuur uitvoeringsorganisatie werk en inkomen;
c. Wlz-uitvoerders als bedoeld in artikel 1.1.1 van de Wet langdurige zorg en ziekenfondsen die overeenkomstig de Ziekenfondswet waren toegelaten;
d. onderlinge waarborgmaatschappijen met zetel in Nederland en ondernemingen op onderlinge grondslag met zetel buiten Nederland die uitsluitend schadeverzekeringen aangaan met betrekking tot schade, veroorzaakt door of ontstaan uit gewapend conflict, burgeroorlog, opstand, binnenlandse onlusten, oproer en muiterij; en
e. ondernemingen die geen andere branche uitoefenen dan de branche Hulpverlening en daarbij uitsluitend dekking verlenen in geval van een ongeval met of een defect aan een wegvoertuig, indien ingevolge de dekking de hulp bij een ongeval of defect in Nederland of direct over de grens beperkt is tot:
1°. technische hulp ter plaatse, waarvoor de onderneming in de regel eigen personeel of uitrusting gebruikt;
2°. het vervoer van het wegvoertuig naar de dichtstbijzijnde of meest geschikte plaats van reparatie, alsmede het eventuele vervoer van de bestuurder en passagiers, doorgaans met hetzelfde hulpmiddel, naar de dichtstbijzijnde plaats vanwaar zij hun reis met andere middelen kunnen voortzetten;
3°. het vervoer van het wegvoertuig, eventueel met de bestuurder en passagiers, naar hun woonplaats, hun plaats van vertrek of hun oorspronkelijke bestemming binnen Nederland; en, voorzover de dekking zich mede uitstrekt tot een ongeval of defect in het buitenland, indien de hulp beperkt is tot de onder 1° en 2° bedoelde verrichtingen, de bestuurder of een passagier lid is van de onderneming en de hulp of het vervoer van het voertuig enkel op vertoon van een bewijs van lidmaatschap, zonder betaling van extra premie, wordt uitgevoerd door een soortgelijke, in de betrokken staat werkzame organisatie die zich hiertoe op basis van wederkerigheid heeft verplicht.
2. Indien bij een levensverzekering naast de verplichting tot het doen van geldelijke uitkeringen, verplichtingen van andere aard worden aanvaard, of bij die levensverzekering verplichtingen worden aanvaard in verband met voorvallen waarvan het ontstaan onzeker is en die een natuurlijke persoon treffen, verliest het bedrijf van levensverzekeraar zijn karakter niet en worden deze verplichtingen niet beschouwd te zijn aangegaan in de uitoefening van het bedrijf van schadeverzekeraar.

Art. 1:6a
1. Deze wet, met uitzondering van dit deel en de hoofdstukken 5.1, 5.3 en 5.5, is niet van toepassing op herverzekeraars die ingevolge het tweede lid zijn aangewezen.   *Werkingssfeer m.b.t. herverzekeraars*
2. Onze Minister kan, indien hij dit vanuit maatschappelijk oogpunt noodzakelijk acht, herverzekeraars aanwijzen die zijn opgericht ingevolge overeenkomsten tussen levensverzekeraars, schadeverzekeraars of natura-uitvaartverzekeraars, welke overeenkomsten zijn gericht op het bundelen van vorderingen uit hoofde van herverzekering, zonder welke overeenkomsten het op de markt niet mogelijk zou zijn voor bedoelde risico's een adequate herverzekeringsdekking te verkrijgen.
3. Het besluit tot aanwijzing kan door Onze Minister worden ingetrokken indien hij de aanwijzing niet langer vanuit maatschappelijk oogpunt noodzakelijk acht, de overeenkomsten niet langer zijn gericht op het bundelen van vorderingen uit hoofde van verzekering, of het niet langer onmogelijk is voor bedoelde risico's ook zonder de desbetreffende overeenkomsten een adequate risicodekking te verkrijgen.

Art. 1:7
De herverzekeraars, levensverzekeraars en schadeverzekeraars, verenigd onder de naam Lloyd's, te Londen, Verenigd Koninkrijk, worden voor de toepassing van deze wet tezamen als een herverzekeraar, een levensverzekeraar of een schadeverzekeraar beschouwd.   *Werkingssfeer m.b.t. Lloyd's*

Art. 1:8
1. Als de uitoefening van het bedrijf van levensverzekeraar of het bedrijf van schadeverzekeraar wordt niet beschouwd het sluiten of afwikkelen van levensverzekeringen onderscheidenlijk schadeverzekeringen voor eigen rekening door een pensioenfonds voorzover dat pensioenfonds daarvoor een pensioenovereenkomst uitvoert als bedoeld in artikel 1 van de Pensioenwet of een beroepspensioenregeling als bedoeld in artikel 1 van de Wet verplichte beroepspensioenregeling.   *Werkingssfeer m.b.t. pensioenfondsen en beroepspensioenfondsen*
2. Als de uitoefening van het bedrijf van levensverzekeraar of het bedrijf van schadeverzekeraar wordt niet beschouwd het sluiten of afwikkelen van levensverzekeringen onderscheidenlijk

schadeverzekeringen voor eigen rekening door ondernemingen die voor eigen rekening geen andere levensverzekeringen of schadeverzekeringen sluiten of afwikkelen dan die welke dienen ter uitvoering van een pensioenovereenkomst met een directeur-grootaandeelhouder als bedoeld in artikel 1 van de Pensioenwet.

3. Als de uitoefening van het bedrijf van herverzekeraar wordt niet beschouwd het sluiten of afwikkelen van herverzekeringen voor eigen rekening door een pensioenfonds voor zover dat pensioenfonds risico's accepteert van andere pensioenfondsen die door laatstbedoelde pensioenfondsen zijn geaccepteerd in het kader van het sluiten of afwikkelen van pensioenovereenkomsten als bedoeld in artikel 1 van de Pensioenwet of beroepspensioenregelingen als bedoeld in artikel 1 van de Wet verplichte beroepspensioenregeling.

Art. 1:9

Werkingssfeer m.b.t. natura-uitvaartverzekeraars

1. Op een verzekeraar die een vergunning heeft als bedoeld in artikel 2:37, eerste lid, of artikel 2:40 voor de uitoefening van het bedrijf van levensverzekeraar in de branche Levensverzekering algemeen en op grond daarvan het bedrijf van natura-uitvaartverzekeraar uitoefent, zijn uitsluitend de bepalingen inzake de uitoefening van het bedrijf van levensverzekeraar van toepassing.

2. Op een verzekeraar die een vergunning als bedoeld in artikel 2:48, eerste lid, of 2:50, eerste lid, heeft voor de uitoefening van het bedrijf van natura-uitvaartverzekeraar zijn uitsluitend de bepalingen inzake de uitoefening van het bedrijf van natura-uitvaartverzekeraar van toepassing.

Art. 1:10

Werkingssfeer m.b.t. bepaalde schadeverzekeraars en natura-uitvaartverzekeraars

Bij algemene maatregel van bestuur wordt bepaald welke van de ingevolge deze wet gestelde regels met betrekking tot het uitoefenen van het bedrijf van schadeverzekeraar en het bedrijf van natura-uitvaartverzekeraar, onder daarbij te stellen voorwaarden, niet van toepassing zijn op verzekeraars die behoren tot een van de volgende categorieën:

a. schadeverzekeraars met zetel in Nederland die zich beperken tot het sluiten en afwikkelen van exportkredietverzekeringen voor rekening of met garantie van de Staat der Nederlanden;

b. verenigingen en onderlinge waarborgmaatschappijen van beperkte omvang met zetel in Nederland die het bedrijf van natura-uitvaartverzekeraar uitoefenen.

Art. 1:11

Werkingssfeer m.b.t. schadeverzekeraars met zetel in Zwitserland

Voor toepassing van het bij of krachtens deze wet bepaalde ten aanzien van het bedrijf van schadeverzekeraar wordt de Zwitserse Bondsstaat aangemerkt als lidstaat, met dien verstande dat met betrekking tot bepaalde onderwerpen bij of krachtens algemene maatregel van bestuur afwijkende regels kunnen worden gesteld.

§ 1.1.2.4
Beleggingsinstellingen en icbe's

Art. 1:12

[Vervallen]

Art. 1:13

Werkingssfeer m.b.t. beleggingsinstellingen en icbe's

1. Het ingevolge deze wet bepaalde ten aanzien van beleggingsinstellingen die een beleggingsfonds of een beleggingsmaatschappij met aparte beheerder zijn en ten aanzien van icbe's die een fonds voor collectieve belegging in effecten of een maatschappij voor collectieve belegging in effecten met aparte beheerder zijn, is gericht tot hun beheerders.

2. Het ingevolge deze wet bepaalde ten aanzien van beheerders van beleggingsinstellingen is van overeenkomstige toepassing op beleggingsmaatschappijen die geen aparte beheerder hebben. Het ingevolge deze wet bepaalde ten aanzien van beheerders van icbe's is van overeenkomstige toepassing op maatschappijen voor collectieve belegging in effecten die geen aparte beheerder hebben, met uitzondering van de artikelen 1:60, eerste lid, 2:69b, eerste lid, onderdeel a, 2:69c, 2:71, 2:72, 3:57, 3:95, en 4:59.

3. Het ingevolge deze wet bepaalde met betrekking tot beheerders van beleggingsinstellingen die in Nederland beleggingsinstellingen beheren of rechten van deelneming in beleggingsinstellingen aanbieden, beleggingsinstellingen die in Nederland rechten van deelneming aanbieden, beheerders van de bedoelde beleggingsinstellingen en aan de bedoelde beleggingsinstellingen verbonden bewaarders is van overeenkomstige toepassing op beheerders van beleggingsinstellingen die in Nederland rechten van deelneming in beleggingsinstellingen hebben aangeboden, beleggingsinstellingen die in Nederland rechten van deelneming hebben aangeboden en aan de bedoelde beleggingsinstellingen verbonden bewaarders. Het ingevolge deze wet bepaalde met betrekking tot icbe's die in Nederland rechten van deelneming aanbieden, beheerders van die icbe's en aan die icbe's verbonden bewaarders is van overeenkomstige toepassing op icbe's die in Nederland rechten van deelneming hebben aangeboden, beheerders van die icbe's en aan die icbe's verbonden bewaarders.

4. Het ingevolge deze wet bepaalde ten aanzien van een beleggingsinstelling, een beleggingsfonds, een icbe of een fonds voor collectieve belegging in effecten is van overeenkomstige toepassing op een subfonds.

Art. 1:13a

1. Het ingevolge deze wet bepaalde ten aanzien van beheerders van beleggingsinstellingen is niet van toepassing op:

a. entiteiten als bedoeld in artikel 2, derde lid, onderdeel b, van de richtlijn beheerders van alternatieve beleggingsinstellingen;

b. holdings als bedoeld in artikel 4, eerste lid, onderdeel o, van de richtlijn beheerders van alternatieve beleggingsinstellingen;

c. supranationale organisaties en daarmee vergelijkbare internationale organisaties die een beleggingsinstelling beheren voor zover de beleggingsinstelling in het algemeen belang handelt;

d. nationale, regionale en lokale overheden van de lidstaten en organen of andere instellingen die fondsen ter ondersteuning van socialezekerheids- en pensioenstelsels beheren;

e. werknemersparticipatie- of werknemersspaarplannen;

f. entiteiten met als enig doel het verrichten van securitisaties of securitisatietransacties als bedoeld in artikel 1, tweede lid, van Verordening (EG) nr. 24/2009 van de Europese Centrale Bank van 19 december 2008 houdende statistieken betreffende de activa en passiva van lege financiële instellingen die securitisatietransacties verrichten (PbEU 2009, L 15), alsmede het verrichten van andere werkzaamheden ter vervulling van dat doel; en

g. beheerders van beleggingsinstellingen voor zover zij beleggingsinstellingen beheren waarin uitsluitend wordt belegd door de beheerders, hun moedermaatschappijen, hun dochtermaatschappijen of andere dochtermaatschappijen van de moedermaatschappijen, indien deze beheerders, moedermaatschappijen of dochtermaatschappijen zelf geen beleggingsinstelling zijn.

2. In afwijking van artikel 1:2, eerste lid, is het ingevolge dit deel en de hoofdstukken 5.1, 5.1a, 5.3 en 5.5 bepaalde ten aanzien van beheerders van beleggingsinstellingen niet van toepassing op de centrale banken van de lidstaten.

Art. 1:13b

1. Het ingevolge deze wet bepaalde is, onverminderd het tweede lid, ten aanzien van beheerders van beleggingsinstellingen, niet van toepassing op het in Nederland aanbieden van rechten van deelneming in een beleggingsinstelling of beheren van een Nederlandse beleggingsinstelling, door een beheerder van een beleggingsinstelling met zetel in een staat die door Onze Minister is aangewezen op grond van artikel 2:66, eerste lid, of door een beheerder van een beleggingsinstelling met zetel in een niet-aangewezen staat, indien:

a. rechten van deelneming uitsluitend worden aangeboden aan gekwalificeerde beleggers;

b. de staat waar de beheerder van de beleggingsinstelling is gevestigd niet op de lijst van niet-coöperatieve landen en gebieden van de Financial Action Task Force of diens opvolger staat; en

c. de Autoriteit Financiële Markten en de toezichthoudende instantie van de staat waar de beheerder van een beleggingsinstelling zijn gevestigd een samenwerkingsovereenkomst hebben gesloten die ten minste een efficiënte informatie-uitwisseling waarborgt en die de Autoriteit Financiële Markten in staat stelt haar toezichthoudende taken op grond van deze wet uit te voeren.

2. De artikelen 3:74c, 4:37l tot en met 4:37o, 4:37q tot en met 4:37z, 5:19a en 5:25c zijn van overeenkomstige toepassing op het in Nederland aanbieden van rechten van deelneming in een beleggingsinstelling of beheren van een Nederlandse beleggingsinstelling, door een beheerder van een beleggingsinstelling met zetel in een staat die door Onze Minister is aangewezen op grond van artikel 2:66, eerste lid, of door een beheerder van een beleggingsinstelling met zetel in een niet-aangewezen staat.

3. Het ingevolge deze wet bepaalde ten aanzien van beheerders van beleggingsinstellingen is niet van toepassing op een vergunninghoudende beheerder van een beleggingsinstelling met zetel in een andere lidstaat, die in Nederland rechten van deelneming aanbiedt in een door hem beheerde beleggingsinstelling met zetel in een staat die geen lidstaat is of in een door hem beheerde feeder-beleggingsinstelling met zetel in een lidstaat met een niet-Europese master-beleggingsinstelling of met een Europese master-beleggingsinstelling die niet wordt beheerd door een vergunninghoudende Europese beheerder, indien:

a. rechten van deelneming uitsluitend worden aangeboden aan gekwalificeerde beleggers;

b. de staat waar de beleggingsinstelling is gevestigd niet op de lijst van niet-coöperatieve landen en gebieden van de Financial Action Task Force of diens opvolger staat;

c. de toezichthoudende instantie van de lidstaat waar de beheerder van de beleggingsinstelling is gevestigd en de toezichthoudende instantie van de staat waar de beleggingsinstelling is gevestigd een samenwerkingsovereenkomst hebben gesloten die ten minste een efficiënte informatie-uitwisseling waarborgt en die de toezichthoudende instantie van de lidstaat waar de beheerder van een beleggingsinstelling is gevestigd in staat stelt haar toezichthoudende taken uit te voeren; en

d. de vergunninghoudende beheerder voorafgaand aan de aanbieding zoals bedoeld in de aanhef van dit lid aan de Autoriteit Financiële Markten meldt dat hij voornemens is die aanbieding te doen, onder gelijktijdige verstrekking van een verklaring van de toezichthouder van

art. 1:14

zijn lidstaat van herkomst dat hij ten aanzien van die beleggingsinstelling een vergunning voor het aanbieden van rechten van deelneming in of voor het beheren van beleggingsinstellingen onder de richtlijn beheerders van alternatieve beleggingsinstellingen heeft.
4. Bij of krachtens algemene maatregel van bestuur kunnen nadere regels worden gesteld met betrekking tot de in het eerste lid, onderdeel c, en derde lid, onderdeel c, bedoelde samenwerkingsovereenkomsten.

Art. 1:14

Werkingssfeer m.b.t. beleggingsinstellingen en icbe's

Het ingevolge deze wet bepaalde ten aanzien van icbe's is niet van toepassing op:
a. icbe's die op grond van hun statuten of fondsreglementen leningen aan mogen gaan boven het door de richtlijn instellingen voor collectieve belegging in effecten gestelde maximum en beleggingsbeleid mogen voeren dat ruimer is dan de uit de richtlijn instellingen voor collectieve belegging in effecten voortvloeiende beperkingen; en
b. beleggingsmaatschappijen die dochterondernemingen voornamelijk beleggen in andere objecten dan financiële instrumenten als bedoeld in artikel 4:60, eerste lid.

Afdeling 1.1.3
Reikwijdte met betrekking tot financiële diensten

§ 1.1.3.1
Algemeen

Art. 1:15

Werkingssfeer m.b.t. financiële diensten

Deze wet, met uitzondering van dit deel en het Deel Gedragstoezicht financiële markten, is niet van toepassing op:
a. het verlenen van financiële diensten, met uitzondering van het aanbieden van rechten van deelneming in beleggingsinstellingen of icbe's, door pensioenfondsen voorzover zij die financiële diensten verlenen aan de bedrijfstak, onderneming, dan wel beroepsgroep waarmee zij zijn verbonden; en
b. het beheren van individuele vermogens ten behoeve van pensioenfondsen als bedoeld in onderdeel a of daaraan gelieerde fondsen door personen die zijn verbonden aan het fonds waaraan deze financiële dienst wordt verleend.

Art. 1:15a

Werkingssfeer m.b.t. financiële diensten

1. Het ingevolge deze wet bepaalde ten aanzien van cliënten is van overeenkomstige toepassing ten aanzien van personen aan wie een financiële onderneming voornemens is een financiële dienst te verlenen.
2. Het ingevolge deze wet bepaalde ten aanzien van consumenten is van overeenkomstige toepassing ten aanzien van niet in de uitoefening van hun bedrijf of beroep handelende natuurlijke personen aan wie een financiële onderneming voornemens is een financiële dienst te verlenen.

§ 1.1.3.2
Diensten van de informatiemaatschappij

Art. 1:16

Werkingssfeer m.b.t. diensten van de informatiemaatschappij

1. Deze wet, met uitzondering van de artikelen 2:36, tweede tot en met vierde lid, 2:38, 2:39 en 2:46, is niet van toepassing op financiële diensten die kunnen worden aangemerkt als dienst van de informatiemaatschappij als bedoeld in artikel 15d, derde lid, van Boek 3 van het Burgerlijk Wetboek en die worden verleend door een financiële onderneming vanuit een vestiging in een andere lidstaat.
2. Indien ter bescherming van een van de belangen, bedoeld in het zesde lid, onderdeel a, van artikel V van de Aanpassingswet richtlijn inzake elektronische handel, maatregelen noodzakelijk zijn, kan Onze Minister zonodig met toepassing van het zesde lid van dat artikel besluiten dat het Deel Gedragstoezicht financiële ondernemingen en de daarop gebaseerde bepalingen geheel of gedeeltelijk, in afwijking van het eerste lid, van toepassing is op een bepaalde financiële dienst als bedoeld in dat lid.

Art. 1:17

Werkingssfeer m.b.t. diensten van de informatiemaatschappij

Onder het verlenen van een financiële dienst in Nederland wordt mede verstaan het verlenen van een financiële dienst die kan worden aangemerkt als dienst van de informatiemaatschappij als bedoeld in artikel 15d, derde lid, van Boek 3 van het Burgerlijk Wetboek in een andere lidstaat door een financiële onderneming vanuit een vestiging in Nederland.

§ 1.1.3.3
Het verlenen van beleggingsdiensten en verrichten van beleggingsactiviteiten

Art. 1:18
Deze wet, met uitzondering van het deel Gedragstoezicht financiële markten, is niet van toepassing op het verlenen van beleggingsdiensten en het verrichten van beleggingsactiviteiten voorzover:
a. deze uitsluitend worden verleend aan of verricht voor de onderneming waarvan de beleggingsonderneming dochtermaatschappij is, voor haar dochtermaatschappijen of voor een andere dochtermaatschappij van de onderneming waarvan zij dochtermaatschappij is;
b. deze uitsluitend bestaan uit het beheren van een werknemersparticipatieplan met betrekking tot financiële instrumenten;
c. deze worden verleend of verricht door levensverzekeraars, schadeverzekeraars of herverzekeraars;
d. het beleggingsdiensten betreft die worden verleend door personen die deze financiële diensten als incidentele activiteit verrichten in het kader van een andere beroepsactiviteit die aan wettelijke of bestuursrechtelijke voorschriften of aan een beroepscode is onderworpen en op grond daarvan niet is verboden;
e. het adviseren betreft inzake transacties in financiële instrumenten in het kader van het uitoefenen van een andere beroepsactiviteit en er niet specifiek voor deze financiële dienst wordt betaald;
f. exploitanten met een verplichting tot naleving van de bij of krachtens Richtlijn nr. 2003/87/EG van het Europees Parlement en de Raad van 13 oktober 2003 tot vaststelling van een regeling voor de handel in broeikasgasemissierechten binnen de Gemeenschap en tot wijziging van Richtlijn 96/61/EG van de Raad (PbEU 2003, L 275) gestelde regels, die bij het handelen in emissierechten geen orders van cliënten uitvoeren en die uitsluitend handelen voor eigen rekening, tenzij zij een techniek van hoogfrequente algoritmische handel toepassen;
g. het beleggingsactiviteiten betreft door personen die uitsluitend handelen voor eigen rekening in andere financiële instrumenten dan grondstoffenderivaten, emissierechten of van emissierechten afgeleide instrumenten, tenzij deze personen:
1°. marketmaker zijn;
2°. leden of deelnemers zijn van een gereglementeerde markt of een multilaterale handelsfaciliteit dan wel directe elektronische toegang hebben tot een handelsplatform, met uitzondering van niet-financiële entiteiten die op een handelsplatform transacties verrichten waarvan objectief kan worden aangetoond dat zij risico's verminderen die rechtstreeks verband houden met de commerciële bedrijvigheid of de activiteiten met betrekking tot het beheer van de kasmiddelen van de niet-financiële entiteiten of van de groepen waartoe zij behoren;
3°. een techniek van hoogfrequente algoritmische handel toepassen; of
4°. voor eigen rekening handelen, indien zij orders van cliënten uitvoeren;
h. deze worden verleend of verricht door personen die handelen voor eigen rekening, met inbegrip van marketmakers, in grondstoffenderivaten, emissierechten of van emissierechten afgeleide instrumenten, met uitzondering van personen die handelen voor eigen rekening bij het uitvoeren van orders van cliënten, of door personen die beleggingsdiensten verlenen in grondstoffenderivaten, emissierechten of van emissierechten afgeleide instrumenten aan de cliënten of leveranciers van hun hoofdbedrijf, indien:
1°. op groepsbasis beschouwd dit handelen of deze dienst afzonderlijk en op geaggregeerde basis een nevenactiviteit van hun hoofdbedrijf is;
2°. het hoofdbedrijf van de groep niet bestaat uit het verlenen van beleggingsdiensten, het verrichten van beleggingsactiviteiten, het uitoefenen van het bedrijf van bank of het optreden als marketmaker met betrekking tot grondstoffenderivaten;
3°. geen techniek van hoogfrequente algoritmische handel wordt toegepast; en
4°. jaarlijks aan de Autoriteit Financiële Markten wordt gemeld dat van de in dit onderdeel opgenomen uitzondering gebruik wordt gemaakt.

Art. 1:19
1. Het ingevolge deze wet bepaalde met betrekking tot de onderdelen a en b van de definitie van verlenen van een beleggingsdienst in artikel 1:1 is niet van toepassing op:
a. de inkoop of verkoop van rechten van deelneming in beleggingsinstellingen door de beheerders van de beleggingsinstellingen; en
b. de inkoop of verkoop van rechten van deelneming in icbe's door de beheerders van de icbe's.
2. De artikelen 3:17, derde lid, 3:18, 3:53, eerste en derde lid, 3:57, eerste tot en met derde lid en vijfde tot en met zevende lid, 4:11, eerste en derde lid en met vijfde lid, 4:14, eerste en tweede lid, 4:16, 4:18a tot en met 4:18e, 4:19, 4:20, eerste tot en met derde en zesde lid, 4:22, eerste lid, 4:23, eerste, derde tot en met zesde lid, 4:24, 4:25, 4:87, 4:89, 4:90 en 4:91n, eerste tot en met derde en zesde lid, zijn van overeenkomstige toepassing op het verrichten van een activiteit of het verlenen van een dienst als bedoeld in artikel 2:67a, tweede lid, door een

beheerder van een beleggingsinstelling of op het verrichten van een activiteit of het verlenen van een dienst als bedoeld in artikel 2:69c, tweede lid, door een beheerder van een icbe.

Art. 1:19a

Werkingssfeer, transmissiesysteembeheerders

1. Deze wet, met uitzondering van de afdelingen 5.9.1, 5.9.2 en 5.9.3, is niet van toepassing op:

a. transmissiesysteembeheerders als bedoeld in artikel 2, onderdeel 4, van richtlijn 2009/72/EG van het Europees Parlement en de Raad van 13 juli 2009 betreffende gemeenschappelijke regels voor de interne markt voor elektriciteit en tot intrekking van Richtlijn 2003/54/EG (PbEU 2009, L 211) of artikel 2, onderdeel 4, van Richtlijn 2009/73/EG van het Europees Parlement en de Raad van 13 juli 2009 betreffende gemeenschappelijke regels voor de interne markt voor aardgas en tot intrekking van Richtlijn 2003/55/EG (PbEU 2009, L 211) bij de uitvoering van hun taken ingevolge:

1°. de in de aanhef genoemde richtlijnen;

2°. verordening (EG) nr. 714/2009 van het Europees Parlement en de Raad van 13 juli 2009 betreffende de voorwaarden voor toegang tot het net voor grensoverschrijdende handel in elektriciteit en tot intrekking van de verordening (EG) nr. 1228/2003 (PbEU 2009, L 211);

3°. verordening (EG) nr. 715/2009 van het Europees Parlement en de Raad van 13 juli 2009 betreffende de voorwaarden voor de toegang tot aardgastransmissienetten en tot intrekking van de verordening (EG) nr. 1775/2005 (PbEU 2009, L 211); of

4°. de overeenkomstig de onder 2° en 3° bedoelde verordeningen vastgestelde netwerkcodes of richtsnoeren;

b. personen die optreden in naam van transmissiesysteembeheerders teneinde de in onderdeel a bedoelde taken uit te voeren;

c. exploitanten of beheerders van een mechanisme voor de balancering van de energiestromen dan wel van een pijpleidingnetwerk of van een systeem voor het in evenwicht houden van de energielevering en energieafname;

en, voor zover de in dit lid bedoelde personen beleggingsdiensten verlenen of beleggingsactiviteiten verrichten met betrekking tot grondstoffenderivaten ten behoeve van de in die onderdelen bedoelde activiteiten.

2. Het eerste lid is niet van toepassing op het exploiteren van een platform voor de secundaire handel in financiële transmissierechten.

Art. 1:19b

Werkingssfeer, beleggingsondernemingen

1. Het ingevolge deze wet bepaalde ten aanzien van beleggingsondernemingen is niet van toepassing op een centrale effectenbewaarinstelling als bedoeld in artikel 2, eerste lid, onderdeel 1, van de verordening centrale effectenbewaarinstellingen die beschikt over een vergunning als bedoeld in artikel 16, eerste lid, van die verordening.

2. In afwijking van het eerste lid is het ingevolge deze wet bepaalde ten aanzien van beleggingsondernemingen, met uitzondering van afdeling 1.6.1, paragraaf 2.2.12.1, paragraaf 3.3.11.1 en de artikelen 4:9.0a en 4:83, van overeenkomstige toepassing op een centrale effectenbewaarinstelling als bedoeld in het eerste lid die naast het verlenen van diensten als bedoeld in de bijlage, afdelingen A en B, van de verordening centrale effectenbewaarinstellingen beleggingsdiensten verleent of beleggingsactiviteiten verricht.

Art. 1:19c

Werkingssfeer beleggingsondernemingen met zetel in buitenland

Deze wet, met uitzondering van de hoofdstukken 5.1 en 5.3 tot en met 5.8, is niet van toepassing op beleggingsondernemingen met zetel in een staat die geen lidstaat is, die:

a. uitsluitend op initiatief van een cliënt met zetel of woonplaats in Nederland, beleggingsdiensten verlenen aan of beleggingsactiviteiten verrichten voor die cliënt; of

b. beleggingsdiensten verlenen aan of beleggingsactiviteiten verrichten voor in aanmerking komende tegenpartijen of professionele beleggers als bedoeld in bijlage II, afdeling I, van de richtlijn markten voor financiële instrumenten 2014, voor zover zij zijn opgenomen in het register dat de Europese Autoriteit voor effecten en markten bijhoudt in overeenstemming met artikel 48 van de verordening markten voor financiële instrumenten.

§ 1.1.3.4
Financiële diensten met betrekking tot krediet

Art. 1:20

Werkingssfeer financiële diensten met betrekking tot krediet

1. Deze wet is niet van toepassing op:

a. het krachtens een wettelijke bepaling aanbieden van krediet met een doelstelling van algemeen belang aan een beperkt publiek,

1°. rentevrij of tegen een lagere dan op de markt gebruikelijke rentevoet, of

2°. tegen een rentevoet die niet hoger is dan de op de markt gebruikelijke rentevoet en onder voorwaarden die voor de consument gunstiger zijn dan de op de markt gebruikelijke voorwaarden;

b. financiële diensten met betrekking tot krediet dat door een werkgever als nevenactiviteit wordt aangeboden aan uitsluitend zijn werknemers,
1°. rentevrij of tegen een lagere dan op de markt gebruikelijke rentevoet, of
2°. tegen een rentevoet die niet hoger is dan de op de markt gebruikelijke rentevoet en onder voorwaarden die voor de consument gunstiger zijn dan de op de markt gebruikelijke voorwaarden;
c. financiële diensten met betrekking tot krediet, niet zijnde hypothecair krediet, bestaande uit een overeenkomst van huur en verhuur of waartoe een zodanige overeenkomst behoort, tenzij deze betrekking heeft op bij algemene maatregel van bestuur aan te wijzen zaken en de strekking heeft dat het verschaffen van het genot van de zaak waarop de overeenkomst betrekking heeft, al dan niet door verlenging van die overeenkomst of het aangaan van een nieuwe overeenkomst, langer dan zes maanden zal duren;
d. financiële diensten met betrekking tot krediet, niet zijnde hypothecair krediet, bestaande uit het in ontvangst nemen van roerende zaken van een consument tegen het ter beschikking stellen van een geldsom aan de consument, voorzover de vordering op de consument tot terugbetaling teniet gaat indien de betreffende roerende zaken door de financiële onderneming te gelde worden gemaakt;
e. financiële diensten met betrekking tot krediet, niet zijnde hypothecair krediet, dat binnen drie maanden dient te worden afgelost en terzake waarvan slechts onbetekenende kosten aan de consument in rekening worden gebracht;
f. bij algemene maatregel van bestuur te bepalen gevallen waarin financiële diensten met betrekking tot krediet, zonder rente of andere kosten, dat door een financiëledienstverlener wordt verleend ten behoeve van de betaling van kosten gericht op het tot stand brengen van een overeenkomst met betrekking tot een financieel product, ter zake waarvan een verbod geldt voor het verschaffen of ontvangen van bepaalde provisies op grond van artikel 4:25a, eerste lid, onderdeel b.
2. Deze wet, met uitzondering van de artikelen 4:19, 4:22, 4:33 en 4:35, is niet van toepassing op financiële diensten met betrekking tot een geoorloofde debetstand waarbij de consument is gehouden binnen een maand af te lossen.

§ 1.1.3.5
Financiële diensten met betrekking tot verzekeringen

Art. 1:21
Deze wet is niet van toepassing op:
a. bemiddelen in verzekeringen, voorzover:
1°. incidenteel advies wordt verstrekt aan een cliënt in de context van een andere hoofdberoepswerkzaamheid dan bemiddelen in verzekeringen;
2°. beroepshalve schadegevallen worden afgehandeld voor een verzekeraar; of
3°. het schaderegeling en schade-expertise betreft.
b. financiële diensten met betrekking tot verzekeringen ter dekking van risico's of met betrekking tot verplichtingen die zijn gelegen in een staat die geen lidstaat is.

Werkingssfeer financiële diensten met betrekking tot verzekeringen

Art. 1:22
Het bepaalde ingevolge de artikelen 4:9, eerste, tweede, vierde en vijfde lid, 4:10, 4:11, tweede en derde lid, 4:13, eerste en tweede lid, 4:15, eerste en tweede lid, 4:19, 4:20, eerste lid, 4:23, eerste tot en met derde lid, en 4:73, eerste tot en met vijfde lid, is van overeenkomstige toepassing op het bemiddelen in verzekeringen en het herverzekeringsbemiddelen vanuit Nederland ten behoeve van cliënten die hun gewone verblijfplaats hebben in een andere lidstaat.

Werkingssfeer financiële diensten met betrekking tot verzekeringen

Afdeling 1.1.4
Aantastbaarheid van rechtshandelingen

Art. 1:23
1. De rechtsgeldigheid van een privaatrechtelijke rechtshandeling welke is verricht in strijd met de bij of krachtens deze wet gestelde regels is niet uit dien hoofde aantastbaar, behalve voorzover in deze wet anders is bepaald.
2. Indien een verordening als bedoeld in artikel 1:24, derde lid, 1:25, derde lid, of 1:25a, tweede lid, niet dwingend regelt of de rechtsgeldigheid van een privaatrechtelijke rechtshandeling welke is verricht in strijd met de regels die zijn gesteld bij of krachtens die verordening uit dien hoofde aantastbaar is, is de rechtsgeldigheid van een dergelijke rechtshandeling niet uit dien hoofde aantastbaar.

Aantastbaarheid van rechtshandelingen

Hoofdstuk 1.2
Toezichthouders

Afdeling 1.2.1
Algemene bepalingen

§ 1.2.1.1
Taakstelling

Art. 1:24

Financiële ondernemingen, prudentieel toezicht

1. Prudentieel toezicht is gericht op de soliditeit van financiële ondernemingen en de stabiliteit van het financiële stelsel.

2. De Nederlandsche Bank heeft, op de grondslag van deze wet en met inachtneming van de verordening bankentoezicht, tot taak het prudentieel toezicht op financiële ondernemingen uit te oefenen en te beslissen omtrent de toelating van financiële ondernemingen tot de financiële markten, alsmede bepaalde financiële ondernemingen af te wikkelen.

3. De Nederlandsche Bank kan, indien een verordening als bedoeld in artikel 288 van het Verdrag betreffende de werking van de Europese Unie betrekking heeft op de soliditeit van op de financiële markten werkzame ondernemingen of de stabiliteit van het financiële stelsel, bij algemene maatregel van bestuur worden belast met de uitvoering en handhaving van de bij of krachtens die verordening gestelde regels.

4. Bij ministeriële regeling kunnen ter uitvoering van bindende EU-rechtshandelingen nadere regels worden gesteld met betrekking tot de wijze waarop de Nederlandsche Bank de taak, bedoeld in het tweede lid, uitoefent.

5. De Nederlandsche Bank heeft, gelet op de bevoegdheid van de Autoriteit persoonsgegevens als bedoeld in artikel 21a van de Uitvoeringswet Algemene verordening gegevensbescherming, niet tot taak toezicht op betaaldienstverleners uit te oefenen voor zover dat betrekking heeft op de naleving van het bepaalde krachtens artikel 3:17, zevende lid.

Art. 1:25

Financiële ondernemingen, gedragstoezicht

1. Gedragstoezicht is, mede in het belang van de stabiliteit van het financiële stelsel, gericht op ordelijke en transparante financiëlemarktprocessen, zuivere verhoudingen tussen marktpartijen en zorgvuldige behandeling van cliënten.

2. De Autoriteit Financiële Markten heeft, op de grondslag van deze wet, tot taak het gedragstoezicht op financiële markten uit te oefenen en te beslissen omtrent de toelating van financiële ondernemingen tot die markten.

3. De Autoriteit Financiële Markten kan, indien een verordening als bedoeld in artikel 288 van het Verdrag betreffende de werking van de Europese Unie betrekking heeft op ordelijke en transparante financiëlemarktprocessen, zuivere verhoudingen tussen marktpartijen of zorgvuldige behandeling van cliënten, bij algemene maatregel van bestuur tevens worden belast met de uitvoering en handhaving van de bij of krachtens die verordening gestelde regels.

Nadere regels

4. Bij ministeriële regeling kunnen ter uitvoering van bindende EU-rechtshandelingen nadere regels worden gesteld met betrekking tot de wijze waarop de Autoriteit Financiële Markten de taak, bedoeld in het tweede lid, uitoefent.

Art. 1:25a

Autoriteit Consument en Markt, taak

1. De Autoriteit Consument en Markt, genoemd in artikel 2, eerste lid, van de Instellingswet Autoriteit Consument en Markt, heeft, op de grondslag van deze wet, tot taak het toezicht op de naleving van de artikelen 5:88 en 5:88a uit te oefenen. Artikel 12j van de Instellingswet Autoriteit Consument en Markt is niet van toepassing.

2. De Autoriteit Consument en Markt, genoemd in artikel 2, eerste lid, van de Instellingswet Autoriteit Consument en Markt, kan, indien een verordening als bedoeld in artikel 288 van het Verdrag betreffende de werking van de Europese Unie mededingingsrechtelijke bepalingen bevat betreffende de financiële markten, bij algemene maatregel van bestuur worden belast met uitvoering en handhaving van bij of krachtens die verordening gestelde regels. Artikel 12j van de Instellingswet Autoriteit Consument en Markt is niet van toepassing.

3. De artikelen 1:49, 1:55, eerste lid, 1:56, eerste, tweede en zesde lid, 1:58, eerste tot en met vierde lid, 1:65, eerste en vijfde lid, 1:73, tweede, derde en vierde lid, 1:74, derde, vierde en vijfde lid, 1:79, met uitzondering van het eerste lid, onderdeel d, 1:80, met uitzondering van onderdeel d, 1:81 artikel 1:82 en afdeling 1.5.1., met uitzondering van artikel 1:93a, zijn van overeenkomstige toepassing.

4. Artikel 1:47, eerste en derde lid, is van overeenkomstige toepassing op het gebruik van de bevoegdheden, bedoeld in de artikelen 1:75, 1:79 en 1:80, door de Autoriteit Consument en Markt met dien verstande dat zowel de Nederlandsche Bank als de Autoriteit Financiële Markten hun zienswijze naar voren kunnen brengen.

5. Artikel 1:59 is van overeenkomstige toepassing, met dien verstande dat onder de aanwijzing, bedoeld in het eerste lid van dat artikel een bindende aanwijzing als bedoeld in artikel 1 van de Instellingswet Autoriteit en Markt wordt verstaan.
6. Artikel 1:75 is van overeenkomstige toepassing, met dien verstande dat onder de aanwijzing, bedoeld in het eerste lid van dat artikel een bindende aanwijzing als bedoeld in artikel 1 van de Instellingswet Autoriteit en Markt wordt verstaan en dat onder de aanwijzing, bedoeld in het tweede lid van artikel 1:75 een zelfstandige last als bedoeld in artikel 1 van de Instellingswet Autoriteit en Markt wordt verstaan, niet zijnde een bindende aanwijzing als bedoeld in laatstgenoemd artikel.
7. De ambtenaren, bedoeld in artikel 12a, eerste lid, van de Instellingswet Autoriteit Consument en Markt, beschikken voor de uitoefening van het toezicht, bedoeld in het eerste lid, niet over de bevoegdheden, genoemd in de artikelen 5:18 en 5:19 van de Algemene wet bestuursrecht.

Art. 1:25b

1. Onze Minister kan beleidsregels vaststellen ten aanzien van de toepassing door de toezichthouders van het bepaalde in de hoofdstukken 1.2 en 1.3.   *Nadere regels*
2. De beleidsregels worden in de Staatscourant bekendgemaakt.

Art. 1:25c

Indien een verordening als bedoeld in artikel 288 van het Verdrag betreffende de werking van de Europese Unie verplicht tot aanwijzing van een orgaan op het terrein van de financiële markten waarbij buitengerechtelijke geschillenprocedures kunnen worden aangespannen, wordt bij algemene maatregel van bestuur het ter zake bevoegde orgaan aangewezen.   *Buitengerechtelijke geschillenprocedures, aanwijzing bevoegd orgaan*

Art. 1:25d

1. De Nederlandsche Bank, de leden van haar directie en raad van commissarissen en haar werknemers zijn niet aansprakelijk voor schade veroorzaakt door een handelen of nalaten in de uitoefening van een op grond van een wettelijk voorschrift opgedragen taak of verleende bevoegdheid, tenzij deze schade in belangrijke mate het gevolg is van een opzettelijk onbehoorlijke taakuitoefening of een opzettelijk onbehoorlijke uitoefening van bevoegdheden of in belangrijke mate te wijten is aan grove schuld.   *De Nederlandsche Bank, aansprakelijkheid*
2. De Autoriteit Financiële Markten, de leden van haar bestuur en raad van toezicht en haar werknemers zijn niet aansprakelijk voor schade veroorzaakt door een handelen of nalaten in de uitoefening van een op grond van een wettelijk voorschrift opgedragen taak of verleende bevoegdheid, tenzij deze schade in belangrijke mate het gevolg is van een opzettelijk onbehoorlijke taakuitoefening of een opzettelijk onbehoorlijke uitoefening van bevoegdheden of in belangrijke mate te wijten is aan grove schuld.   *Autoriteit Financiële Markten, aansprakelijkheid*
3. Het eerste lid is van overeenkomstige toepassing op de leden van het bestuur en, indien van toepassing, de leden van het toezichthoudend orgaan, alsmede de werknemers van: *Werkingssfeer*
a. het Depositogarantiefonds, genoemd in artikel 3:259a;
b. het Afwikkelingsfonds, genoemd in artikel 3A:86;
c. een overbruggingsinstelling als bedoeld in artikel 3:159t, tweede lid, of 3A:37 3A:112;
d. een rechtspersoon als bedoeld in artikel 3A:38 3A:113;
e. een entiteit voor activa- en passivabeheer als bedoeld in artikel 3A:41 3A:117; alsmede op:
f. een curator als bedoeld in artikel 1:76;
g. een bijzondere bewindvoerder als bedoeld in artikel 1:76a;
h. een bijzondere bestuurder als bedoeld in artikel 3A:49 3A:120.

§ 1.2.1.2
Institutionele bepalingen

Art. 1:26

1. Het bestuur van de Autoriteit Financiële Markten bestaat uit ten minste drie en ten hoogste vijf leden. De voorzitter en de andere leden van het bestuur worden bij koninklijk besluit benoemd. Elke benoeming geschiedt voor ten hoogste vier jaren. De raad van toezicht kan voor elke benoeming van een lid van het bestuur een niet-bindende voordracht bij Onze Minister indienen. Herbenoeming in dezelfde functie kan tweemaal en telkens voor ten hoogste vier jaren plaatsvinden.   *AFM, bestuur*
2. De voorzitter en de andere leden van het bestuur kunnen door Onze Minister worden geschorst of bij koninklijk besluit worden ontslagen, indien zij niet meer voldoen aan de eisen voor de uitoefening van hun functie of daarin op ernstige wijze zijn tekortgeschoten. Ontslag vindt voorts plaats op eigen verzoek.
3. Onze Minister draagt zorg voor de mededeling in de Staatscourant van de in dit artikel bedoelde benoemingen, schorsingen en ontslagen.
4. Voorafgaand aan het opmaken van de voordracht door de raad van toezicht stelt de raad van toezicht, het bestuur gehoord, een functieprofiel op.

art. 1:27

24 Wet op het financieel toezicht (uittreksel)

5. De salarissen en de regelingen ten aanzien van pensioen en vergoeding van onkosten van de voorzitter en de andere leden van het bestuur worden vastgesteld door de raad van toezicht en behoeven de instemming van Onze Minister.

Art. 1:27

AFM, raad van toezicht

1. De Autoriteit Financiële Markten heeft een raad van toezicht.
2. De raad van toezicht ziet toe op het beleid van het bestuur en de algemene gang van zaken en staat het bestuur met raad ter zijde.
3. De raad van toezicht bestaat uit ten minste drie en ten hoogste vijf leden. De voorzitter en de andere leden van de raad van toezicht worden door Onze Minister benoemd. Elke benoeming geschiedt voor ten hoogste vier jaren. De raad van toezicht kan voor elke benoeming een niet-bindende voordracht bij Onze Minister indienen. Herbenoeming kan tweemaal en telkens voor ten hoogste vier jaren plaatsvinden.
4. De voorzitter en de andere leden van de raad van toezicht kunnen door Onze Minister worden geschorst en ontslagen wegens ongeschiktheid of onbekwaamheid voor de vervulde functie dan wel wegens andere zwaarwegende in de persoon van de betrokkene gelegen redenen. Ontslag vindt voorts plaats op eigen verzoek.
5. Onze Minister draagt zorg voor de mededeling in de Staatscourant van de in dit artikel bedoelde benoemingen, schorsingen en ontslagen.
6. Voorafgaand aan het opmaken van de voordracht door de raad van toezicht stelt de raad van toezicht een functieprofiel op.

Art. 1:27a

AFM, samenstelling directie/raad van commissarissen/bestuur/raad van toezicht

1. De directie en de raad van commissarissen van de Nederlandsche Bank alsmede het bestuur en de raad van toezicht van de Autoriteit Financiële Markten bestaan uit personen wier betrouwbaarheid buiten twijfel staat en die geschikt zijn voor de uitoefening van hun functies.
2. De raad van commissarissen onderscheidenlijk de raad van toezicht maakt een met redenen omklede beoordeling van de betrouwbaarheid en geschiktheid van een persoon als bedoeld in het eerste lid.
3. Er is een profielschets voor de directie en de raad van commissarissen van de Nederlandsche Bank. De profielschets wordt opgesteld door de raad van commissarissen, de directie gehoord, en behoeft de instemming van Onze Minister onderscheidenlijk de aandeelhouder.
4. Er is een profielschets voor het bestuur en de raad van toezicht van de Autoriteit Financiële Markten. De profielschets wordt opgesteld door de raad van toezicht, het bestuur gehoord, en behoeft de instemming van Onze Minister.

§ 1.2.1.3
Regelgevende bevoegdheid

Art. 1:28

Financiële toezichthouder, regelgevende bevoegdheid

1. Indien ingevolge deze wet aan de toezichthouder de bevoegdheid wordt toegekend om algemeen verbindende voorschriften vast te stellen, gaat de toezichthouder daartoe niet over dan nadat hij een daarvoor in aanmerking komende representatieve vertegenwoordiging van onder zijn toezicht staande ondernemingen heeft geraadpleegd.
2. In geval van bijzondere omstandigheden is de Nederlandsche Bank bevoegd tijdelijke algemeen verbindende voorschriften vast te stellen in het belang van de stabiliteit van het financiële stelsel. Het eerste lid is niet van toepassing.
3. In geval van bijzondere omstandigheden is de Autoriteit Financiële Markten, mede in het belang van de stabiliteit van het financiële stelsel, bevoegd tijdelijke algemeen verbindende voorschriften vast te stellen ter bevordering van de ordelijke en transparante financiëlemarktprocessen, bedoeld in artikel 1:25. Het eerste lid is niet van toepassing.
4. De toezichthouder stelt Onze Minister onverwijld in kennis van door hem vastgestelde algemeen verbindende voorschriften.

Art. 1:29

Financiële toezichthouder, vervanging door toezichthouder vastgestelde regels door ministeriële regeling

1. Indien de door de toezichthouder vastgestelde algemeen verbindende voorschriften naar het oordeel van Onze Minister in strijd zijn met de wet, een verdrag of een bindend besluit van een volkenrechtelijke organisatie, en de toezichthouder de geconstateerde onvolkomenheid na overleg niet heeft weggenomen, stelt Onze Minister bij ministeriële regeling regels voor het desbetreffende onderwerp, onder gelijktijdige intrekking van de door de toezichthouder voor het desbetreffende onderwerp vastgestelde algemeen verbindende voorschriften.
2. Indien de door de toezichthouder vastgestelde algemeen verbindende voorschriften een onredelijke belasting voor de financiële markten tot gevolg hebben, en de toezichthouder de geconstateerde onvolkomenheid na overleg niet heeft weggenomen, kan Onze Minister bij ministeriële regeling regels stellen voor het desbetreffende onderwerp, onder gelijktijdige intrekking van de door de toezichthouder voor het desbetreffende onderwerp vastgestelde algemeen verbindende voorschriften.

3. Indien Onze Minister op grond van het eerste of tweede lid voorschriften vaststelt doet hij zo spoedig mogelijk een voordracht tot wijziging van de algemene maatregel van bestuur waarin aan de toezichthouder de bevoegdheid is toegekend algemeen verbindende voorschriften vast te stellen.
4. Indien de door de toezichthouder ingevolge artikel 1:28, tweede of derde lid, vastgestelde algemeen verbindende voorschriften naar het oordeel van Onze Minister in strijd zijn met de wet, een verdrag, een bindend besluit van een volkenrechtelijke organisatie of een onredelijke belasting voor de financiële markten tot gevolg hebben, en de toezichthouder de geconstateerde onvolkomenheid na overleg niet onverwijld heeft weggenomen, kan Onze Minister die algemeen verbindende voorschriften intrekken.

Art. 1:29a
Bij ministeriële regeling kunnen, met inachtneming van hetgeen dienaangaande in bindende EU-rechtshandelingen is bepaald, regels worden gesteld met betrekking tot door de toezichthouder te publiceren algemene informatie over de wijze van uitoefening van het toezicht op grond van deze wet, met inbegrip van relevante regelgeving.

Nadere regels

Afdeling 1.2.2
Informatievoorziening, sturing en toezicht

Art. 1:30
1. De Kaderwet zelfstandige bestuursorganen is van toepassing op de Nederlandsche Bank en de Autoriteit Financiële Markten, met uitzondering van:
a. voor de Autoriteit Financiële Markten: de artikelen 21, 22, 28, eerste lid, en 33;
b. voor de Nederlandsche Bank: de artikelen 21, 22, 28, eerste lid, 32, 33 en 34, eerste lid.
2. Het eerste lid heeft mede betrekking op de taken die de Nederlandsche Bank en de Autoriteit Financiële Markten op grond van de daarvoor geldende wettelijke regelingen in de openbare lichamen Bonaire, Sint Eustatius en Saba uitvoeren.
3. In afwijking van het eerste en tweede lid is de Kaderwet zelfstandige bestuursorganen niet van toepassing op de taken die de Nederlandsche Bank op grond van de artikelen 3 en 4, eerste lid, onderdelen b en d, van de Bankwet 1998 en artikel 4 van de Wet geldstelsel BES uitvoert.

DNB/AFM, toepasselijkheid Kaderwet zelfstandige bestuursorganen

Art. 1:31-1:36
[Vervallen]

Art. 1:37
1. De toezichthouder legt een voorgenomen statutenwijziging ter voorafgaande instemming voor aan Onze Minister. De artikelen 10:29 tot en met 10:31 van de Algemene wet bestuursrecht zijn van overeenkomstige toepassing.
2. De instemming, bedoeld in het eerste lid, kan worden geweigerd:
a. indien de statuten na wijziging onvoldoende zijn afgestemd op het in deze wet bepaalde;
b. indien de statuten na wijziging onvoldoende waarborgen bieden voor een onafhankelijke taakvervulling door de toezichthouder;
c. wegens strijd met het recht of het algemeen belang.

Financiële toezichthouder, statutenwijziging

Art. 1:38-1:41
[Vervallen]

Art. 1:42
1. Onze Minister kan aan de toezichthouder de gegevens of inlichtingen vragen die nodig zijn voor een onderzoek naar de toereikendheid van deze wet of de wijze waarop de toezichthouder deze wet uitvoert of heeft uitgevoerd, indien dat ter wille van het toezicht nodig blijkt.
2. De toezichthouder verstrekt aan Onze Minister de in het eerste lid bedoelde gegevens of inlichtingen, tenzij het vertrouwelijke gegevens of inlichtingen betreft in de zin van artikel 1:89, eerste lid, die:
a. betrekking hebben op of herleidbaar zijn tot een afzonderlijke persoon of vennootschap, met uitzondering van gegevens of inlichtingen die betrekking hebben op of herleidbaar zijn tot een afzonderlijke financiële onderneming:
1°. waaraan een vergunning op grond van het Deel Markttoegang financiële ondernemingen is verleend of die een verklaring van ondertoezichtstelling als bedoeld in artikel 3:110 heeft verkregen of waarvan die vergunning onderscheidenlijk die verklaring is ingetrokken of vervallen; en
2°. ten aanzien waarvan surséance van betaling is verleend of die in staat van faillissement is verklaard of op grond van een rechterlijke uitspraak is ontbonden;
b. betrekking hebben op ondernemingen die betrokken zijn of zijn geweest bij een poging een financiële onderneming in staat te stellen haar bedrijf voort te zetten; of
c. zijn ontvangen van een toezichthoudende instantie of zijn verkregen naar aanleiding van een verificatie bij een in een andere staat gelegen bijkantoor van een financiële onderneming met zetel in Nederland, en niet de uitdrukkelijke instemming is verkregen van die toezichthou-

Informatievoorziening door toezichthouder aan Minister

dende instantie of van de toezichthoudende instantie van de staat waar de verificatie ter plaatse is verricht.

3. Onze Minister kan een derde opdragen de gegevens of inlichtingen die hem ingevolge het tweede lid zijn verstrekt te onderzoeken en aan hem verslag uit te brengen. Tevens kan Onze Minister de derde die in zijn opdracht handelt, machtigen namens hem gegevens of inlichtingen in te winnen, in welk geval het eerste en tweede lid van overeenkomstige toepassing zijn.

4. Onze Minister gebruikt de gegevens of inlichtingen die hij ingevolge het tweede of derde lid heeft verkregen uitsluitend voor het vormen van zijn oordeel over de toereikendheid van deze wet of de wijze waarop de toezichthouder deze wet uitvoert of heeft uitgevoerd.

5. Onze Minister en degenen die in zijn opdracht handelen zijn verplicht tot geheimhouding van de op grond van het tweede lid ontvangen gegevens of inlichtingen.

6. Niettegenstaande het vierde en vijfde lid kan Onze Minister de aan de gegevens of inlichtingen ontleende bevindingen en de daaruit getrokken conclusies aan de beide kamers der Staten-Generaal mededelen en de conclusies in algemene zin uit het onderzoek openbaar maken.

7. De Wet openbaarheid van bestuur, de Wet Nationale Ombudsman, en titel 9.2 van de Algemene wet bestuursrecht zijn niet van toepassing met betrekking tot de in dit artikel bedoelde gegevens of inlichtingen die Onze Minister of de in zijn opdracht werkende derde onder zich heeft.

Art. 1:43-1:45
[Vervallen]

Hoofdstuk 1.3
Samenwerking toezichthouders

Afdeling 1.3.1
Samenwerking toezichthouders nationaal

Art. 1:46

Financiële toezichthouder, samenwerking bij vaststelling algemeen verbindende voorschriften en beleidsregels

1. De toezichthouders werken samen met het oog op de vaststelling van algemeen verbindende voorschriften en beleidsregels opdat deze, voorzover zij betrekking hebben op onderwerpen die zowel tot het prudentieel toezicht als tot het gedragstoezicht behoren, zoveel mogelijk gelijkluidend zijn.

2. Tot de in het eerste lid bedoelde onderwerpen worden in elk geval gerekend:
a. het gebruik van de bevoegdheden, genoemd in afdeling 1.4.2;
b. het beloningsbeleid, bedoeld in hoofdstuk 1.7;
c. de betrouwbaarheid, bedoeld in de artikelen 3:9 en 4:10;
d. de geschiktheid, bedoeld in de artikelen 3:8 en 4:9;
e. de beheerste en integere bedrijfsvoering, bedoeld in de artikelen 3:17, tweede lid, onderdelen a en b, en 4:14, tweede lid, onderdelen a en b; en
f. bij algemene maatregel van bestuur aan te wijzen andere onderwerpen.

Art. 1:47

Financiële toezichthouder, naar voren brengen zienswijze door andere toezichthouder voor treffen maatregel

1. De toezichthouder neemt geen besluit tot het treffen van een in het tweede lid genoemde maatregel dan nadat hij aan de andere toezichthouder een redelijke termijn heeft geboden om daarover zijn zienswijze naar voren te brengen. De eerste volzin is niet van toepassing indien de andere toezichthouder geen toezicht uitoefent op de naleving van deze wet door de desbetreffende persoon of onderneming.

2. De maatregelen zijn:
a. de benoeming van een curator op grond van artikel 1:76 of een bijzondere bewindvoerder op grond van artikel 1:76a;
b. de intrekking van een vergunning op grond van artikel 1:104, eerste lid, aanhef en onderdeel b, c, d, e, f of j;
c. het opleggen van het verbod, bedoeld in artikel 1:58, tweede en derde lid, 1:58a, tweede lid, 1:58b, tweede lid, 1:58c, derde lid, 1:59, tweede lid, 1:67, eerste lid, 1:77, eerste lid, derde volzin, 4:4, eerste lid, of 4:4a;
d. de aanwijzing op grond van artikel 1:75, strekkende tot het doen heenzenden van een persoon die het beleid van een financiële onderneming bepaalt of mede bepaalt of strekkende tot het doen heenzenden van een persoon die onderdeel is van een orgaan dat belast is met het toezicht op het beleid en de algemene gang van zaken van een financiële onderneming; en
e. de intrekking van de aanwijzing op grond van artikel 2:105, vierde lid, indien het een financiële onderneming betreft waarop de Nederlandsche Bank prudentieel toezicht uitoefent.

3. De zienswijze wordt schriftelijk naar voren gebracht, tenzij onverwijlde spoed, gelet op de betrokken belangen, zich daartegen verzet. In dat geval kan worden volstaan met een mondeling naar voren gebrachte zienswijze, met dien verstande dat deze zo spoedig mogelijk schriftelijk wordt bevestigd. Indien de toezichthouder een besluit als bedoeld in het eerste lid neemt dat afwijkt van de door de andere toezichthouder naar voren gebrachte zienswijze, wordt zulks met de redenen voor de afwijking in de motivering van het besluit vermeld. De zienswijze of de schriftelijke bevestiging van een mondeling gegeven zienswijze vormt een integraal onderdeel van het besluit tot het treffen van een toezichtmaatregel.

4. Het eerste en derde lid zijn van overeenkomstige toepassing op het opstellen van een ontwerpbesluit tot intrekking van een vergunning op grond van artikel 1:104, vijfde lid, het aanvragen van het faillissement op grond van artikel 212k of artikel 213b van de Faillissementswet. **Schakelbepaling**

Art. 1:47a
De Autoriteit Financiële Markten raadpleegt de Nederlandsche Bank of de Europese Centrale Bank, indien deze bevoegd is toezicht uit te oefenen op grond van de artikelen 4 en 6 van de verordening bankentoezicht, alvorens zij een vergunning verleent aan een beleggingsonderneming die: **AFM, raadpleging DNB bij vergunningverlening beleggingsonderneming**
a. dochtermaatschappij is van een bank, levensverzekeraar of schadeverzekeraar waaraan in een lidstaat een vergunning is verleend;
b. dochtermaatschappij is van een moedermaatschappij van een bank, levensverzekeraar of schadeverzekeraar waaraan in een lidstaat een vergunning is verleend;
c. onder zeggenschap staat van een persoon die tevens zeggenschap uitoefent over een bank, levensverzekeraar of schadeverzekeraar waaraan in een lidstaat een vergunning is verleend.

Art. 1:47b
1. De Nederlandsche Bank stelt de Autoriteit Financiële Markten in de gelegenheid advies uit te brengen alvorens zij een verklaring van geen bezwaar als bedoeld in artikel 3:95 verleent, indien de aanvrager: **DNB, advies bij aanvraag verklaring geen bezwaar**
a. een beheerder van een icbe of een beleggingsonderneming is waaraan door de Autoriteit Financiële Markten een vergunning is verleend als bedoeld in artikel 2:69b, tweede lid, onderscheidenlijk artikel 2:96;
b. de moedermaatschappij is van een beheerder van een icbe of een beleggingsonderneming als bedoeld onder a;
c. een persoon is die zeggenschap heeft over een beheerder van een icbe of een beleggingsonderneming als bedoeld onder a.
2. Het eerste lid is van overeenkomstige toepassing op het opstellen van een ontwerpbesluit als bedoeld in artikel 15 van de verordening bankentoezicht.

Art. 1:47c
1. Indien de toezichthouder op grond van deze wet dient te oordelen over de geschiktheid van een persoon die het dagelijks beleid van een bank of verzekeraar bepaalt of zal bepalen of die onderdeel uitmaakt of zal uitmaken van een orgaan dat is belast met het toezicht op het beleid en de algemene gang van zaken van de bank of verzekeraar, vraagt hij onverwijld, onder toezending van de benodigde gegevens, de andere toezichthouder daarover advies. **AFM, beoordeling geschiktheid**
2. Indien de toezichthouder voornemens is te oordelen dat een persoon als bedoeld in het eerste lid over de ingevolge deze wet vereiste geschiktheid beschikt, stelt hij, onder toezending van de relevante gegevens, de andere toezichthouder van het voorgenomen oordeel in kennis.
3. Indien de toezichthouder voornemens is te oordelen dat de betrouwbaarheid buiten twijfel staat van een persoon die het beleid van een financiële onderneming bepaalt, zal bepalen, mede bepaalt of mede zal bepalen of van een persoon die onderdeel uitmaakt of zal uitmaken van een orgaan dat is belast met het toezicht op het beleid en de algemene gang van zaken van de financiële onderneming, stelt hij, onder toezending van de relevante gegevens, de andere toezichthouder van het voorgenomen oordeel in kennis.
4. Nadat de andere toezichthouder, na kennisname van het voorgenomen oordeel als bedoeld in het tweede en derde lid, heeft meegedeeld dat hij geen aanleiding ziet een bindende aanbeveling als bedoeld in artikel 1:49 te doen, kan de toezichthouder het oordeel of een daarmee samenhangend besluit aan de financiële onderneming bekendmaken.
5. Het vierde lid is niet van toepassing indien de beoordeling geschiedt in het kader van de in artikel 6 van de verordening bankentoezicht bedoelde bijstand aan de Europese Centrale Bank.

Art. 1:48
1. Indien de Nederlandsche Bank in het kader van de behandeling van een in artikel 2:3.0b, 2:3.0d, 2:3.0g, 2:3b, 2:13, 2:22, 2:32, 2:33, 2:42, 2:43, 2:54h, 3:33 of 3:110, vierde of vijfde lid, bedoelde aanvraag dient te beoordelen of de aanvrager zal voldoen aan het bij of krachtens het Deel Gedragstoezicht financiële ondernemingen bepaalde vraagt zij, alvorens op de aanvraag te beslissen of een ontwerpbesluit als bedoeld in artikel 14 van de verordening bankentoezicht op te stellen, daarover advies aan de Autoriteit Financiële Markten. **Financiële toezichthouder, advies bij aanvraag vergunning/instemming**
2. Indien de Autoriteit Financiële Markten in het kader van de behandeling van een in artikel 2:3i, 2:67, 2:67b, 2:68, 2:69c of 2:99 bedoelde aanvraag dient te beoordelen of de aanvrager zal voldoen aan het bij of krachtens het Deel Prudentieel toezicht financiële ondernemingen bepaalde vraagt zij, alvorens te beslissen op die aanvraag, daarover advies aan de Nederlandsche Bank.

3. De toezichthouder wiens advies als bedoeld in het eerste of tweede lid wordt gevraagd, brengt het advies schriftelijk uit binnen zes weken na het verzoek.
4. Indien de Autoriteit Financiële Markten in het kader van een aanvraag van instemming als bedoeld in artikel 2:122, 2:127 of 2:130 of in het kader van een melding van een wijziging als bedoeld in artikel 4:26, eerste of tweede lid, dient te beoordelen of de financiële positie van de aanvrager onderscheidenlijk de betrokken financiële onderneming toereikend is, vraagt zij daarover advies aan de Nederlandsche Bank. De Nederlandsche Bank brengt het advies schriftelijk uit binnen drie weken na het verzoek.
5. Indien de toezichthouder die het advies heeft gevraagd overweegt af te wijken van het advies stelt hij de toezichthouder die het advies heeft gegeven in de gelegenheid om het advies mondeling toe te lichten.
6. Het advies, bedoeld in het eerste, tweede of vierde lid, maakt deel uit van het besluit ten aanzien van de vergunning of instemming of het in het eerste lid bedoelde ontwerpbesluit.

Art. 1:49

Financiële toezichthouder, bindende aanbeveling

1. Indien een toezichthouder, eigener beweging dan wel naar aanleiding van een in kennisstelling als bedoeld in artikel 1:47c, tweede lid, constateert dat een persoon die het dagelijks beleid bepaalt of zal bepalen van een bank of verzekeraar waaraan door de andere toezichthouder of de Europese Centrale Bank een vergunning is of wordt verleend of die onderdeel uitmaakt of zal uitmaken van een orgaan dat is belast met het toezicht op het beleid en de algemene gang van zaken van de bank of verzekeraar, niet of niet langer over de ingevolge deze wet vereiste geschiktheid beschikt, kan hij een bindende aanbeveling doen aan de andere toezichthouder omtrent de inhoud van een te geven oordeel of te nemen besluit inzake de geschiktheid van die persoon dan wel tot het treffen van een maatregel als bedoeld in afdeling 1.4.2.
2. Indien een toezichthouder, eigener beweging dan wel naar aanleiding van een in kennisstelling als bedoeld in artikel 1:47c, derde lid, constateert dat de betrouwbaarheid van een persoon die het beleid bepaalt, zal bepalen, mede bepaalt of mede zal bepalen van een financiële onderneming waaraan door de andere toezichthouder of de Europese Centrale Bank een vergunning is of wordt verleend of van een persoon die onderdeel uitmaakt of zal uitmaken van een orgaan dat is belast met het toezicht op het beleid en de algemene gang van zaken van die financiële onderneming, niet of niet langer buiten twijfel staat, kan hij een bindende aanbeveling doen aan de andere toezichthouder omtrent de inhoud van een te geven oordeel of te nemen besluit inzake de betrouwbaarheid van die persoon dan wel tot het treffen van een maatregel als bedoeld in afdeling 1.4.2.
3. Een bindende aanbeveling als bedoeld in het eerste en tweede lid is met redenen omkleed en wordt schriftelijk ingediend, tenzij onverwijlde spoed, gelet op de betrokken belangen, zich daartegen verzet. In dat geval kan worden volstaan met een met redenen omklede mondelinge aanbeveling, met dien verstande dat deze zo spoedig mogelijk schriftelijk wordt bevestigd.
4. De toezichthouder tot wie de bindende aanbeveling, bedoeld in het eerste en tweede lid, is gericht, geeft daaraan zo spoedig mogelijk uitvoering. De met redenen omklede schriftelijke aanbeveling of de schriftelijke bevestiging van de met redenen omklede mondelinge aanbeveling, vormt een integraal onderdeel van een besluit waarbij uitvoering is gegeven aan die bindende aanbeveling.
5. Het eerste en tweede lid zijn niet van toepassing indien de Europese Centrale Bank op grond van de artikelen 4 en 6 van de verordening bankentoezicht bevoegd is te besluiten of oordelen over de geschiktheid en betrouwbaarheid van personen als bedoeld in het eerste of tweede lid. Alsdan kan de Autoriteit Financiële Markten haar constatering mededelen aan de Europese Centrale Bank of aan de Nederlandsche Bank een bindende aanbeveling doen omtrent de inhoud van een te geven oordeel of het in het kader van in artikel 6 van de verordening bankentoezicht bedoelde bijstand aan de Europese Centrale Bank. De bindende aanbeveling vormt een integraal onderdeel van het te geven oordeel.

Art. 1:50

Nadere regels

Bij ministeriële regeling kunnen met het oog op een goede uitvoering van bindende EU-rechtshandelingen met betrekking tot financiële markten of op die markten werkzame personen regels worden gesteld met betrekking tot de samenwerking tussen de Nederlandsche Bank en de Autoriteit Financiële Markten.

Art. 1:50a

Nadere regels

Bij of krachtens algemene maatregel van bestuur kunnen met het oog op een goede uitvoering van de in de artikelen 1:24 tot en met 1:25a bedoelde taken nadere regels worden gesteld met betrekking tot de samenwerking tussen de toezichthouders en de samenwerking met de Autoriteit Consument en Markt.

Afdeling 1.3.2
Samenwerking met andere lidstaten algemeen

§ 1.3.2.1
Samenwerking en uitwisseling van gegevens en inlichtingen

Art. 1:51
1. De toezichthouder werkt samen met een toezichthoudende instantie van een andere lidstaat of een afwikkelingsautoriteit als bedoeld in artikel 3, eerste lid, van de richtlijn herstel en afwikkeling van banken en beleggingsondernemingen, indien dat voor het vervullen van zijn taken op grond van deze wet of voor de taakuitoefening van die instantie of autoriteit nodig is.
2. De toezichthouder neemt bij de uitoefening van zijn taak de gevolgen in overweging die zijn besluiten, met name in noodsituaties, kunnen hebben voor de stabiliteit van het financiële stelsel van alle andere betrokken lidstaten, uitgaande van de op het desbetreffende tijdstip beschikbare informatie.
3. De toezichthouder verstrekt op verzoek van een toezichthoudende instantie of afwikkelingsautoriteit als bedoeld in het eerste lid alle gegevens en inlichtingen die voor de taakuitoefening van die toezichthoudende instantie of afwikkelingsautoriteit nodig zijn.

4. Indien het verzoek betrekking heeft op een beheerder van een beleggingsinstelling, een beheerder van een icbe, een beleggingsinstelling, een beleggingsonderneming of een icbe, kan de Autoriteit Financiële Markten slechts besluiten de verstrekking van gegevens of inlichtingen achterwege te laten, indien:
a. voor hetzelfde feit en tegen dezelfde persoon in Nederland reeds een gerechtelijke procedure aanhangig is gemaakt;
b. tegen dezelfde persoon en voor hetzelfde feit in Nederland reeds een onherroepelijke vonnis is gewezen.
5. Indien het verzoek betrekking heeft op een beheerder van een beleggingsinstelling, een beheerder van een icbe, een beleggingsinstelling of een icbe, kan de Autoriteit Financiële Markten tevens besluiten de verstrekking van gegevens of inlichtingen achterwege te laten, indien de verstrekking van de gegevens of inlichtingen zich niet zou verdragen met de Nederlandse soevereiniteit, de nationale veiligheid of de openbare orde.
6. De Autoriteit Financiële Markten stelt de toezichthoudende instantie van de andere lidstaat van haar met redenen omklede beslissing, bedoeld in het vierde of vijfde lid, in kennis.
7. De Autoriteit Financiële Markten verstrekt op verzoek aan een toezichthoudende instantie van een andere lidstaat waar een marktexploitant waaraan een vergunning als bedoeld in artikel 5:26, eerste lid, is verleend, passende voorzieningen treft om de toegang tot de handel in zijn systeem voor in die lidstaat gevestigde leden of deelnemers op afstand te faciliteren, onverwijld de namen van de leden van of deelnemers aan de desbetreffende gereglementeerde markt.

Art. 1:51a
1. De Nederlandsche Bank werkt ten behoeve van het toezicht, bedoeld in afdeling 3.6.2, samen met de betrokken toezichthoudende instanties van andere lidstaten. In het kader daarvan verstrekt de Nederlandsche Bank aan die toezichthoudende instantie desgevraagd, met inachtneming van artikel 1:90, eerste tot en met derde lid, alle relevante informatie.
2. De Nederlandsche Bank verstrekt eigener beweging aan de betrokken toezichthoudende instanties van andere lidstaten alle essentiële informatie voor de vervulling van hun taak ten behoeve van het toezicht, bedoeld in afdeling 3.6.2.
3. Onder essentiële informatie als bedoeld in het tweede lid, worden in elk geval verstaan gegevens over:
a. de juridische structuur, het bestuur en de organisatiestructuur van de groep, met inbegrip van alle gereguleerde entiteiten, niet-gereguleerde dochterondernemingen en significante bijkantoren die tot de groep behoren, alsmede de toezichthoudende instanties van andere lidstaten die toezicht houden op de gereglementeerde entiteiten van de groep;
b. procedures voor de verzameling van informatie bij de beleggingsondernemingen en banken van de groep, alsmede voor de verificatie van deze informatie;
c. ontwikkelingen bij beleggingsondernemingen, banken of andere ondernemingen van de groep die ernstige nadelige gevolgen voor de beleggingsondernemingen of banken zouden kunnen hebben;
d. belangrijke sancties en bijzondere maatregelen die de Nederlandsche Bank of de toezichthoudende instanties van andere lidstaten ten aanzien van de in afdeling 3.6.2 bedoelde financiële ondernemingen hebben getroffen.
4. Indien de Nederlandsche Bank toezicht houdt op een Nederlandse beleggingsonderneming of Nederlandse bank die een dochteronderneming is van een EU-moederbeleggingsonderneming of een EU-moederbank en informatie nodig heeft over de invoering van benaderingen of me-

thodieken zoals beschreven ingevolge deze wet en die informatie reeds is verstrekt aan de toezichthoudende instantie die toezicht houdt op die EU-moederbeleggingsonderneming of EU-moederbank richt zij zich eerst tot deze toezichthoudende instantie.
5. De Nederlandsche Bank overlegt, voordat zij een besluit neemt dat van belang is voor de toezichthoudende taken als bedoeld in afdeling 3.6.2 van een andere betrokken toezichthoudende instantie, met die instantie over:
a. veranderingen in het aandeelhouderschap, de organisatie of de bestuursstructuur van beleggingsondernemingen en banken in de groep; en
b. belangrijke sancties of bijzondere maatregelen.
6. De Nederlandsche Bank vraagt advies aan de toezichthoudende instantie van een andere lidstaat die toezicht houdt op geconsolideerde basis, voordat zij een besluit neemt over het opleggen van een sanctie of maatregel als bedoeld in het vijfde lid, onderdeel b.
7. De Nederlandsche Bank kan het inwinnen van advies als bedoeld in het zesde lid in spoedeisende gevallen achterwege laten. In dat geval deelt zij de toezichthoudende instanties van andere lidstaten haar besluit onverwijld mede.
8. Indien de Nederlandsche Bank in haar hoedanigheid van centrale bank kennis krijgt van een situatie als bedoeld in artikel 1:93a waarschuwt zij onverwijld de toezichthoudende instantie van de lidstaat die belast is met het toezicht op geconsolideerde basis en deelt zij alle informatie mede die voor de uitoefening van diens taken noodzakelijk is.

Art. 1:51b

AFM, informatieverstrekking aan toezichthouder andere lidstaat

1. De toezichthouder verstrekt eigener beweging aan de betrokken toezichthoudende instanties van andere lidstaten onverwijld alle informatie die voor de vervulling van de taak van die toezichthoudende instanties op grond van de richtlijn instellingen voor collectieve beleggingen in effecten nodig is.
2. De Autoriteit Financiële Markten verstrekt onverwijld aan de toezichthoudende instantie van de lidstaat van de zetel van de icbe informatie over onregelmatigheden bij de beheerder met zetel in Nederland van een icbe, die van wezenlijke invloed kunnen zijn op een goede taakuitoefening door de beheerder met betrekking tot de icbe en over het niet voldoen door de beheerder aan hetgeen ingevolge deze wet is bepaald.
3. De Autoriteit Financiële Markten verstrekt onverwijld aan de toezichthoudende instantie van de lidstaat van de zetel van de beheerder van een icbe informatie over onregelmatigheden bij de icbe met zetel in Nederland, die van wezenlijke invloed kunnen zijn op een goede taakuitoefening door de beheerder met zetel in een andere lidstaat of op het door de beheerder kunnen voldoen aan de eisen van de richtlijn instellingen voor collectieve beleggingen in effecten.
4. De Autoriteit Financiële Markten stelt de toezichthoudende instantie van de andere lidstaat in kennis van wijzigingen van de gegevens, bedoeld in artikel 2:122, tweede lid, of van een wijziging van het beleggerscompensatiestelsel.

Art. 1:51c

DNB, aanmerking bijkantoor als significant

1. De Nederlandsche Bank kan de toezichthoudende instantie van een andere lidstaat die toezicht houdt op geconsolideerde basis op een in Nederland gelegen bijkantoor van een bank of beleggingsonderneming met zetel in een andere lidstaat of, indien geen toezicht op geconsolideerde basis wordt uitgeoefend, de toezichthoudende instantie van de lidstaat van de zetel van de bank of de beleggingsonderneming, verzoeken dat bijkantoor als significant aan te merken.
2. Het verzoek vermeldt de redenen waarom het bijkantoor als significant kan worden aangemerkt, en met name:
a. indien het een bank betreft, of het marktaandeel in deposito's van het in Nederland gelegen bijkantoor meer dan 2 procent bedraagt;
b. de vermoedelijke gevolgen van een opschorting of beëindiging van de werkzaamheden van een beleggingsonderneming of bank als bedoeld in het eerste lid voor de liquiditeit van de markt en de betalings-, clearing- en afwikkelingssystemen in Nederland; of
c. de omvang en het belang van het bijkantoor, wat het aantal cliënten betreft, binnen het bancaire of financiële stelsel in Nederland.
3. Indien de Nederlandsche Bank toezicht houdt op een beleggingsonderneming of bank met zetel in Nederland of toezicht op geconsolideerde basis houdt op een Nederlandse beleggingsonderneming of Nederlandse bank en een verzoek ontvangt van een toezichthoudende instantie van een andere lidstaat om een in die lidstaat gelegen bijkantoor van deze financiële onderneming als significant aan te merken, neemt zij nadat overeenstemming met de andere betrokken toezichthoudende instanties is bereikt over de kwalificatie van het bijkantoor als significant een besluit over de kwalificatie van een bijkantoor als significant.
4. Indien binnen twee maanden na een verzoek aan de Nederlandsche Bank, bedoeld in het eerste lid, geen besluit over de kwalificatie van een bijkantoor is genomen, beslist de Nederlandsche Bank, uiterlijk twee maanden daarna of het bijkantoor significant is. Bij deze beslissing houdt de Nederlandsche Bank rekening met de standpunten en voorbehouden van de betrokken toezichthoudende instanties.

5. De Nederlandsche Bank zendt een besluit, bedoeld in het derde en vierde lid, aan de betrokken toezichthoudende instanties.

Art. 1:51d
1. Indien de Nederlandsche Bank toezicht houdt op een beleggingsonderneming of bank met zetel in Nederland, zendt zij de toezichthoudende instantie van een lidstaat waar een significant bijkantoor van deze financiële onderneming is gelegen de informatie, bedoeld in artikel 1:51a, derde lid, onderdelen c en d, en voert zij de toezichtactiviteiten, bedoeld in artikel 3:278b, eerste lid, onderdeel c, in samenwerking met die toezichthoudende instantie uit. — DNB, toezicht op significant bijkantoor

2. Indien de Nederlandsche Bank toezicht houdt op een in Nederland gelegen significant bijkantoor van een beleggingsonderneming of bank met zetel in een andere lidstaat, werkt zij, in de uitvoering van de toezichttaken, bedoeld in artikel 3:278b, eerste lid, onderdeel c, samen met de toezichthoudende instantie van de zetel en de desbetreffende financiële onderneming.

Art. 1:51e
Bij ministeriële regeling kunnen ter uitvoering van bindende EU-rechtshandelingen nadere regels worden gesteld met betrekking tot de samenwerking tussen de toezichthouder en de toezichthoudende instanties van andere lidstaten en de verstrekking van gegevens of inlichtingen door de toezichthouder aan die toezichthoudende instanties. — DNB, Europese Bankenautoriteit

Art. 1:52
1. De toezichthouder kan ten behoeve van de uitvoering van zijn taak op grond van deze paragraaf van een ieder inlichtingen vorderen, indien dat voor de vervulling van de taak van een toezichthoudende instantie in een andere lidstaat nodig is. — Financiële toezichthouder, vorderen inlichtingen ten behoeve van toezichthouder andere lidstaat

2. De artikelen 5:13 en 5:20 van de Algemene wet bestuursrecht zijn van overeenkomstige toepassing. — Schakelbepaling

Art. 1:53
De Nederlandsche Bank vordert de voor het verzekeringsrichtlijngroepstoezicht benodigde inlichtingen slechts rechtstreeks van de ondernemingen in de verzekeringsrichtlijngroep, indien die inlichtingen eerst van de Nederlandse herverzekeraar, levensverzekeraar of schadeverzekeraar zijn gevorderd, maar niet of niet tijdig zijn verkregen. — DNB, verstrekking informatie aan toezichthouder andere lidstaat

Art. 1:54
[Vervallen]

Art. 1:54a
Indien een marktexploitant waaraan een vergunning als bedoeld in artikel 5:26, eerste lid, is verleend in een andere lidstaat voorzieningen heeft getroffen waardoor het voor deelnemers of leden van het handelsplatform mogelijk is om vanuit die lidstaat daarop te handelen, en de werkzaamheden van het handelsplatform van aanzienlijk belang zijn voor de werking van de effectenmarkten en de bescherming van de beleggers in die lidstaat, maakt de Autoriteit Financiële Markten, onverminderd artikel 1:51, afspraken met de relevante toezichthoudende instanties in die lidstaat over de uitoefening van haar toezicht. — Financiële toezichthouder, samenwerking met toezichthouder andere lidstaat

§ 1.3.2.1.a
Colleges van toezichthouders

Art. 1:54b
1. Indien de Nederlandsche Bank ingevolge afdeling 3.6.2 op geconsolideerde basis toezicht houdt op een Nederlandse beleggingsonderneming of Nederlandse bank richt zij een college van toezichthouders op om de uitoefening van de taken, bedoeld in de artikelen 1:93a en 3:278b te vergemakkelijken, met inachtneming van artikel 1:90, eerste tot en met derde lid, en te zorgen voor passende coördinatie en samenwerking met relevante toezichthoudende instanties van andere lidstaten. — DNB, oprichting college van toezichthouders

2. Onverminderd het eerste lid richt de Nederlandsche Bank, indien zij toezicht houdt op een beleggingsonderneming of bank met zetel in Nederland die in andere lidstaten uitsluitend daar gelegen bijkantoren heeft waarvan ten minste een als significant is aangemerkt, in samenwerking met de betrokken toezichthoudende instanties van de lidstaten waar een significant bijkantoor is gelegen, een college van toezichthouders op om de samenwerking, bedoeld in de artikelen 1:51 en 1:51d, te vergemakkelijken.

3. De Nederlandsche Bank beslist welke betrokken toezichthoudende instanties deelnemen aan een bijeenkomst of activiteit van het college van toezichthouders.

4. De Nederlandsche Bank houdt bij haar beslissing, bedoeld in het derde lid, rekening met de relevantie van de te plannen of te coördineren toezichtactiviteit voor de betrokken toezichthoudende instanties en in het bijzonder met de gevolgen die deze beslissing kan hebben voor de stabiliteit van het financiële stelsel in de betrokken lidstaten en met de verplichtingen op grond van artikel 1:51d.

5. Indien de Nederlandsche Bank toezicht houdt op een beleggingsonderneming of bank, bedoeld in het tweede lid, stelt zij, met inachtneming van afdeling 1.5.1, de Europese Bankenautoriteit in kennis van de toezichtactiviteiten van het college van toezichthouders, met inbegrip van de toezichtactiviteiten in noodsituaties, en deelt de Europese Bankenautoriteit alle informatie mede die voor de convergentie van het toezicht van bijzonder belang is.

Nadere regels
6. Bij algemene maatregel van bestuur kunnen nadere regels worden gesteld met betrekking tot de taken van de Nederlandsche Bank binnen het college van toezichthouders.

Art. 1:54c
DNB, deelname aan college van toezichthouders
De Nederlandsche Bank neemt deel aan het betrokken college van toezichthouders, indien zij toezicht houdt op een dochteronderneming van een EU-moederbeleggingsonderneming, een EU-moederbank, een financiële EU-moederholding, of een in Nederland gelegen significant bijkantoor van een beleggingonderneming of bank als bedoeld in artikel 1:51c. Zij kan ook deelnemen in haar hoedanigheid van centrale bank.

§ 1.3.2.2
Samenwerking in het kader van toezicht op de naleving

Art. 1:55
Financiële toezichthouder, toezicht op naleving bij financiële onderneming met bijkantoor in andere lidstaat
1. Indien een beheerder van een beleggingsinstelling, beheerder van een icbe, beleggingsonderneming, bemiddelaar in hypothecair krediet, betaalinstelling, datarapporteringsdienstverlener, elektronischgeldinstelling, herverzekeraar, bank, levensverzekeraar of schadeverzekeraar met zetel in Nederland een bijkantoor heeft in een andere lidstaat, kan de toezichthouder ten behoeve van het toezicht op de naleving van deze wet door die financiële onderneming:
a. de toezichthoudende instantie van de andere lidstaat verzoeken om bij het bijkantoor gegevens of inlichtingen te verifiëren; of
b. na kennisgeving aan de toezichthoudende instantie van de andere lidstaat zelf bij het bijkantoor gegevens of inlichtingen verifiëren of doen verifiëren.
Indien het een bijkantoor van een bank of beleggingsonderneming in de zin van de verordening kapitaalvereisten betreft, kan de toezichthouder tevens verzoeken om een onderzoek of dat onderzoek zelf verrichten of doen verrichten.
2. Indien de Nederlandsche Bank ten behoeve van het toezicht op geconsolideerde basis als bedoeld in hoofdstuk 3.6 gegevens of inlichtingen wenst te verifiëren bij een in een andere lidstaat gevestigde onderneming, kan zij ten behoeve van dat toezicht:
a. de toezichthoudende instantie van de andere lidstaat verzoeken om bij die onderneming gegevens of inlichtingen te verifiëren;
b. na kennisgeving aan de toezichthoudende instantie van de andere lidstaat zelf bij die onderneming gegevens of inlichtingen verifiëren of doen verifiëren.
3. Indien de toezichthouder ten behoeve van het toezicht op een beheerder van een icbe of een icbe, gegevens of inlichtingen wenst te verifiëren of een onderzoek wenst te verrichten bij een in een andere lidstaat gevestigde onderneming kan hij in overeenstemming met de artikelen 6 tot en met 11 van de uitvoeringsverordening instellingen voor collectieve belegging in effecten:
a. de toezichthoudende instantie van de andere lidstaat verzoeken om bij die onderneming gegevens of inlichtingen te verifiëren of te onderzoeken; of
b. na instemming van de toezichthoudende instantie van de andere lidstaat zelf bij die onderneming gegevens of inlichtingen verifiëren of doen verifiëren of een onderzoek verrichten of doen verrichten.

Schakelbepaling
4. Het eerste lid is van overeenkomstige toepassing ten aanzien van betaaldienstagenten.
5. Het derde lid is van overeenkomstige toepassing ten aanzien beheerders van beleggingsinstellingen en beleggingsinstellingen.

Art. 1:55a
Nederlandsche bank, verificatie van inlichtingen
De Nederlandsche Bank kan de inlichtingen, bedoeld in artikel 1:74, eerste lid, zelf dan wel door middel van de personen, bedoeld in artikel 1:72, eerste lid, ter plaatse verifiëren bij:
a. de aan het verzekeringsrichtlijngroepstoezicht, bedoeld in artikel 3:285, onderworpen verzekeraar;
b. verbonden ondernemingen van deze verzekeraar;
c. de moederondernemingen van deze verzekeraar; of
d. verbonden ondernemingen van een moederonderneming van deze verzekeraar.

Art. 1:56
Financiële toezichthouder, toezicht op naleving bij financiële onderneming in andere lidstaat en bijkantoor in Nederland
1. Indien een beheerder van een beleggingsinstelling, beheerder van een icbe, beleggingsonderneming, betaaldienstverlener, datarapporteringsdienstverlener, elektronischgeldinstelling, herverzekeraar, bank, levensverzekeraar of schadeverzekeraar met zetel in een andere lidstaat een bijkantoor heeft in Nederland, kan de toezichthoudende instantie van die andere lidstaat, na de toezichthouder in kennis te hebben gesteld, bij het bijkantoor gegevens of inlichtingen verifiëren die nodig zijn voor de uitoefening van het toezicht op die beheerder van een beleggingsinstelling, beheerder van een icbe, beleggingsonderneming, betaaldienstverlener, datarapporteringsdienstverlener, elektronischgeldinstelling, herverzekeraar, bank, levensverzekeraar of schadeverzekeraar. Indien het een bijkantoor van een bank of beleggingsonderneming in de

zin van de verordening kapitaalvereisten of een bijkantoor van een herverzekeraar, levensverzekeraar of schadeverzekeraar in de zin van de richtlijn solvabiliteit II betreft, kan de toezichthoudende instantie van de andere lidstaat tevens een onderzoek verrichten.
2. De toezichthoudende instantie van de andere lidstaat kan voorts de toezichthouder verzoeken bij het bijkantoor gegevens of inlichtingen te verifiëren die nodig zijn voor de uitoefening van het toezicht op die beheerder van een beleggingsinstelling, beheerder van een icbe, beleggingsonderneming, betaaldienstverlener, datarapporteringsdienstverlener, elektronischgeldinstelling, herverzekeraar, bank, levensverzekeraar of schadeverzekeraar. De toezichthouder geeft aan dit verzoek gevolg, of stelt de toezichthoudende instantie van de andere lidstaat in de gelegenheid om bij het bijkantoor gegevens of inlichtingen te verifiëren of te doen verifiëren. Indien het een bijkantoor van een bank of beleggingsonderneming in de zin van de verordening kapitaalvereisten betreft, kan de toezichthoudende instantie van de andere lidstaat tevens verzoeken om een onderzoek en in de gelegenheid worden gesteld om een onderzoek te verrichten of doen verrichten.
3. Indien een toezichthoudende instantie van een andere lidstaat ten behoeve van het toezicht op de naleving van de richtlijn instellingen voor collectieve belegging in effecten of de richtlijn inzake beheerders van alternatieve beleggingsinstellingen bij een in Nederland gevestigde onderneming gegevens of inlichtingen wenst te verifiëren of een onderzoek te verrichten, kan zij de Autoriteit Financiële Markten verzoeken dat te doen. De Autoriteit Financiële Markten geeft aan dit verzoek gevolg of geeft de toezichthoudende instantie gelegenheid gegevens of inlichtingen te verifiëren, te doen verifiëren of een onderzoek te verrichten of doen verrichten.
4. Indien een toezichthoudende instantie van een andere lidstaat ten behoeve van het toezicht op geconsolideerde basis op een bank met zetel in die lidstaat gegevens of inlichtingen wenst te verifiëren bij een in Nederland gevestigde onderneming, kan zij de Nederlandsche Bank verzoeken dat te doen. De Nederlandsche Bank geeft aan dit verzoek gevolg, of geeft de toezichthoudende instantie gelegenheid om de gegevens of inlichtingen te verifiëren of te doen verifiëren.
5. Indien een toezichthoudende instantie van een andere lidstaat ten behoeve van het toezicht op een verzekeringsrichtlijngroep gegevens of inlichtingen wenst te verifiëren bij een onderneming met zetel in Nederland die deel uitmaakt van die verzekeringsrichtlijngroep, verricht de Nederlandsche Bank een door die toezichthoudende instantie verzochte verificatie of doet zij die verificatie verrichten binnen het kader van haar bevoegdheden of verleent zij toestemming aan die toezichthoudende instantie om de verificatie zelf te verrichten of te doen verrichten. De toezichthoudende instantie van de andere lidstaat kan aan de verificatie deelnemen indien zij die niet zelf verricht. De Nederlandsche Bank stelt de groepstoezichthouder in kennis van het gevolg dat aan het verzoek tot verificatie is gegeven.
6. De toezichthouder kan ten behoeve van een verificatie of onderzoek als bedoeld in het eerste of tweede lid bij het bijkantoor onderscheidenlijk bij de onderneming inlichtingen vorderen. De artikelen 5:13, 5:17 en 5:20 van de Algemene wet bestuursrecht zijn van overeenkomstige toepassing.
7. Het eerste, tweede en vierde lid zijn van overeenkomstige toepassing ten aanzien van betaaldienstagenten van betaaldienstverleners met zetel in een andere lidstaat, die beschikken over een door de toezichthoudende instantie van die lidstaat verleende vergunning voor het verlenen van betaaldiensten.
8. Het eerste, tweede en zesde lid zijn van overeenkomstige toepassing ten aanzien van agenten van elektronischgeldinstellingen met zetel in een andere lidstaat die beschikken over een door de toezichthoudende instantie van die lidstaat verleende vergunning die het toestaat betaaldiensten te verlenen, en personen aan wie werkzaamheden zijn uitbesteed door elektronischgeldinstellingen met zetel in een andere lidstaat.
9. Het eerste, tweede en vierde lid zijn van overeenkomstige toepassing op verzekeraars met zetel in een andere lidstaat die werkzaamheden hebben uitbesteed aan een persoon die in Nederland is gevestigd.
10. Indien twee of meer toezichthoudende instanties gezamenlijk bij een herverzekeraar, levensverzekeraar of schadeverzekeraar gegevens of inlichtingen verifiëren of een onderzoek verrichten als bedoeld in het eerste lid, kan de Europese Autoriteit voor verzekeringen en bedrijfspensioenen deelnemen aan een inspectie ter plaatse.

Schakelbepaling

Art. 1:56a
1. Indien een beleggingsonderneming met zetel in een andere lidstaat een bijkantoor heeft in Nederland, kan de Autoriteit Financiële Markten, op verzoek van de toezichthoudende instantie van die andere lidstaat, bij het bijkantoor door een deskundige gegevens of inlichtingen doen verifiëren of een onderzoek doen verrichten.
2. Indien een beleggingsonderneming met zetel in Nederland een lid op afstand is van een gereglementeerde markt waaraan in een andere lidstaat een vergunning is verleend, kan de toezichthoudende instantie van die andere lidstaat, na kennisgeving aan de Autoriteit Financiële Markten, zelf bij dit lid gegevens of inlichtingen verifiëren of doen verifiëren of een onderzoek verrichten.

Verificatie van toezichtsinformatie door deskundige

Art. 1:56b

Financiële toezichthouder, weigeren verzoek om samenwerking bij verrichten onderzoek

1. De Autoriteit Financiële Markten kan slechts weigeren te voldoen aan een verzoek om samenwerking bij het verrichten van een onderzoek of aan een verzoek, als bedoeld in artikel 1:56, voor zover het betreft een verzoek met betrekking tot een beheerder van een beleggingsinstelling, een beheerder van een icbe, een beleggingsinstelling, een beleggingsonderneming of een icbe, of artikel 1:56a, indien:
  a. voor hetzelfde feit en tegen dezelfde persoon in Nederland reeds een gerechtelijke procedure aanhangig is gemaakt;
  b. tegen dezelfde persoon en voor hetzelfde feit in Nederland reeds een onherroepelijke vonnis is gewezen.
2. Indien het verzoek betrekking heeft op een beheerder van een beleggingsinstelling, beheerder van een icbe, beleggingsinstelling of icbe, kan de Autoriteit Financiële Markten tevens weigeren te voldoen aan een verzoek om samenwerking bij het verrichten van een onderzoek of aan een verzoek als bedoeld in artikel 1:56, indien het onderzoek of de verificatie van gegevens of inlichtingen zich niet zou verdragen met de Nederlandse soevereiniteit, de nationale veiligheid of de openbare orde.
3. De Autoriteit Financiële Markten stelt de toezichthoudende instantie van de andere lidstaat van haar met redenen omklede beslissing in kennis.

Art. 1:57

DNB, verificatie richtlijngroepslid in Nederland op verzoek toezichthouder andere lidstaat

1. Indien een toezichthoudende instantie van een andere lidstaat ten behoeve van het toezicht, bedoeld in afdeling 3.6.4, verzoekt gegevens of inlichtingen te verifiëren betreffende een richtlijngroepslid met zetel in Nederland, geeft de Nederlandsche Bank aan dit verzoek gevolg of stelt zij de betrokken toezichthoudende instantie in de gelegenheid om de gegevens of inlichtingen te verifiëren of te doen verifiëren.
2. De Nederlandsche Bank kan ten behoeve van een verificatie als bedoeld in het eerste lid inlichtingen vorderen. De artikelen 5:13, 5:17 en 5:20 van de Algemene wet bestuursrecht zijn van overeenkomstige toepassing.

§ 1.3.2.3
Samenwerking in het kader van handhaving

Art. 1:58

Samenwerking in het kader van handhaving, kennisgeving geen gevolg beheerder aan aanwijzing toezichthouder

1. Indien een beheerder van een beleggingsinstelling met zetel in een andere lidstaat, een beheerder van een icbe met zetel in een andere lidstaat, een bank, levensverzekeraar of schadeverzekeraar met zetel in een andere lidstaat die vanuit een bijkantoor in Nederland zijn bedrijf uitoefent of financiële diensten verleent dan wel diensten verricht naar Nederland, geen gevolg geeft aan een door de toezichthouder gegeven aanwijzing als bedoeld in artikel 1:75, stelt de toezichthouder de toezichthoudende instantie van de andere lidstaat daarvan in kennis.
2. De toezichthouder kan, onverminderd de artikelen 1:79 en 1:80, en na de toezichthoudende instantie van de lidstaat waar de financiële onderneming haar zetel heeft daarvan in kennis te hebben gesteld, het besluit nemen dat de betrokken financiële onderneming geen nieuwe overeenkomsten in Nederland mag afsluiten, indien deze niet voldoet aan hetgeen bij of krachtens deze wet is bepaald:
  a. in weerwil van de *maatregelen, getroffen door* de toezichthoudende instantie van de lidstaat waar de financiële onderneming haar zetel heeft;
  b. in het geval deze maatregelen ontoereikend zijn; of
  c. in het geval de toezichthoudende instantie, bedoeld in onderdeel a, geen maatregelen heeft getroffen.
3. De toezichthouder kan, onverminderd de artikelen 1:79 en 1:80, en na de toezichthoudende instantie van de lidstaat waar de beheerder van een beleggingsinstelling of de beheerder van een icbe zijn zetel heeft daarvan in kennis te hebben gesteld, het besluit nemen dat de betrokken beheerder van een beleggingsinstelling of beheerder van een icbe niet langer een bepaalde beleggingsinstelling met zetel in Nederland onderscheidenlijk een bepaalde icbe met zetel in Nederland mag beheren, indien deze niet voldoet aan hetgeen bij of krachtens deze wet is bepaald:
  a. in weerwil van de maatregelen, getroffen door de toezichthoudende instantie van de lidstaat waar de beheerder van een beleggingsinstelling of de beheerder van een icbe zijn zetel heeft;
  b. in het geval deze maatregelen ontoereikend zijn; of
  c. in het geval de toezichthoudende instantie, bedoeld in onderdeel a, geen maatregelen heeft getroffen.
4. De toezichthouder doet van een op grond van het tweede en derde lid genomen besluit mededeling in de Staatscourant zodra de beroepstermijn is verstreken of, indien beroep is ingesteld, zodra onherroepelijk op het beroep is beslist.

Schakelbepaling

5. Het eerste en tweede lid zijn van overeenkomstige toepassing op:
  a. bemiddelaars in verzekeringen of hypothecair krediet met zetel in een andere lidstaat;

b. betaaldienstverleners, met dien verstande dat onder bijkantoor mede wordt verstaan betaaldienstagent;
c. elektronischgeldinstellingen met zetel in een andere lidstaat, met dien verstande dat onder bijkantoor mede wordt verstaan betaaldienstagent of persoon aan wie werkzaamheden zijn uitbesteed;
d. financiëledienstverleners met zetel in een andere lidstaat die het bedrijf van financiële instelling, bank of verzekeraar uitoefenen; en
e. herverzekeringsbemiddelaars met zetel in een andere lidstaat.
6. Het eerste tot en met derde lid zijn van overeenkomstige toepassing op beheerders van beleggingsinstellingen met zetel in een andere lidstaat die geen lidstaat is waarbij een andere lidstaat als referentielidstaat in overeenstemming met hoofdstuk VII van de richtlijn beheerders van alternatieve beleggingsinstellingen is vastgesteld.
7. Indien onmiddellijk optreden noodzakelijk is om de rechten van de cliënt te beschermen, kan de toezichthouder in afwijking van het tweede lid het besluit nemen dat een betrokken bemiddelaar in verzekeringen of herverzekeringsbemiddelaar met zetel in een andere lidstaat niet meer mag bemiddelen in Nederland.

Art. 1:58a
1. Indien een beleggingsonderneming met zetel in een andere lidstaat die door middel van dienstverrichting of vanuit een bijkantoor in Nederland beleggingsdiensten verleent of beleggingsactiviteiten verricht in Nederland niet voldoet aan de op grond van het Deel Gedragstoezicht Financiële Ondernemingen of het Deel Gedragstoezicht Financiële Markten opgelegde verplichtingen, stelt de toezichthouder de toezichthoudende instantie van de andere lidstaat daarvan in kennis.

Samenwerking in het kader van handhaving, kennisgeving niet voldoen beleggingsonderneming aan Gedragtoezicht Financiële Ondernemingen/Markten

2. De toezichthouder kan, onverminderd de artikelen 1:79 en 1:80, en na de toezichthoudende instantie van de lidstaat waar de beleggingsonderneming haar zetel heeft daarvan in kennis te hebben gesteld, het besluit nemen dat de beleggingsonderneming geen nieuwe overeenkomsten in Nederland mag afsluiten, indien zij blijft handelen op een wijze die de belangen van beleggers of de ordelijke werking van de financiële markten kennelijk schaadt:
a. in weerwil van de maatregelen, getroffen door de toezichthoudende instantie van de lidstaat waar zij haar zetel heeft;
b. in het geval deze maatregelen ontoereikend zijn; of
c. in het geval de toezichthoudende instantie, bedoeld in onderdeel a, geen maatregelen heeft getroffen.
3. Artikel 1:58, vierde lid, is van overeenkomstige toepassing.

Schakelbepaling

Art. 1:58b
1. Indien een beleggingsonderneming met zetel in een andere lidstaat die vanuit een bijkantoor in Nederland beleggingsdiensten verleent of beleggingsactiviteiten verricht geen gevolg geeft aan een door de toezichthouder gegeven aanwijzing als bedoeld in artikel 1:75, stelt de toezichthouder de toezichthoudende instantie van de andere lidstaat daarvan in kennis.

Samenwerking in het kader van handhaving, kennisgeving geen gevolg beleggingsonderneming aan aanwijzing toezichthouder

2. In het geval, bedoeld in het eerste lid, kan de toezichthouder tevens het besluit nemen dat de betrokken beleggingsonderneming geen nieuwe overeenkomsten in Nederland mag afsluiten, onverminderd de artikelen 1:79 en 1:80.
3. Artikel 1:58, vierde lid, is van overeenkomstige toepassing.

Schakelbepaling

Art. 1:58c
1. Indien een marktexploitant met zetel in een andere lidstaat die zijn voorzieningen ter beschikking stelt voor in Nederland gevestigde leden of deelnemers op afstand niet voldoet aan de op grond van het Deel Gedragstoezicht Financiële Ondernemingen of het Deel Gedragstoezicht Financiële Markten opgelegde verplichtingen, stelt de toezichthouder de toezichthoudende instantie van de andere lidstaat daarvan in kennis.

Samenwerking in het kader van handhaving, kennisgeving niet voldoen marktexploitant aan Gedragtoezicht Financiële Ondernemingen/Markten

2. Het eerste lid is van overeenkomstige toepassing op een beleggingsonderneming met zetel in een andere lidstaat die in Nederland een georganiseerde handelsfaciliteit of multilaterale handelsfaciliteit exploiteert.
3. De toezichthouder kan, onverminderd de artikelen 1:79 en 1:80, en na de toezichthoudende instantie van de lidstaat waar de beleggingsonderneming of de marktexploitant haar onderscheidenlijk zijn zetel heeft daarvan in kennis te hebben gesteld, het besluit nemen dat de betrokken beleggingsonderneming of marktexploitant haar onderscheidenlijk zijn voorzieningen niet beschikbaar mag stellen voor in Nederland gevestigde leden of deelnemers op afstand, indien zij onderscheidenlijk hij blijft handelen op een wijze die de belangen van beleggers, of de ordelijke werking van de financiële markten kennelijk schaadt:
a. in weerwil van de maatregelen, getroffen door de toezichthoudende instantie van de lidstaat waar zij onderscheidenlijk hij haar zetel heeft;

art. 1:58d | 24 Wet op het financieel toezicht (uittreksel)

b. in het geval deze maatregelen ontoereikend zijn; of
c. in het geval de toezichthoudende instantie, bedoeld in onderdeel a, geen maatregelen heeft getroffen.

Schakelbepaling

4. Artikel 1:58, vierde lid, is van overeenkomstige toepassing.

Art. 1:58d

Samenwerking in het kader van handhaving, kennisgeving aanwijzing door toezichthouder

1. Indien de toezichthouder een aanwijzing als bedoeld in artikel 1:75 geeft aan een herverzekeraar met zetel in een andere lidstaat die vanuit een in Nederland gelegen bijkantoor zijn bedrijf uitoefent of diensten verricht naar Nederland, stelt de toezichthouder tegelijkertijd de toezichthoudende instantie van de andere lidstaat daarvan in kennis.

Schakelbepaling

2. Artikel 1:58, tweede en vierde lid, is van overeenkomstige toepassing.

Art. 1:58e

Samenwerking in het kader van handhaving, toezicht DNB op verzekeringsholding met zetel in Nederland

1. Indien de Nederlandsche Bank groepstoezichthouder is, kan zij jegens een gemengde financiële holding of verzekeringsholding met zetel in Nederland die deel uitmaakt van een verzekeringsrichtlijngroep artikel 1:75 toepassen indien die holding of een van de verzekeraars die deel uitmaken van de groep in strijd handelt met het bepaalde in hoofdstuk 3.6. Artikel 1:75 is eveneens van toepassing indien aan bedoelde bepalingen weliswaar wordt voldaan maar de solvabiliteit toch in gevaar zou kunnen worden gebracht dan wel de intragroepsovereenkomsten en -posities of de risicoconcentraties de financiële positie van de verzekeraars in die groep bedreigen.

2. Indien de Nederlandsche Bank geen groepstoezichthouder is, kan zij op verzoek van de groepstoezichthouder jegens een gemengde financiële holding of verzekeringsholding met zetel in Nederland die deel uitmaakt van een verzekeringsrichtlijngroep de artikelen 1:75, 1:79 tot en met 1:81, 1:85 en het bepaalde in hoofdstuk 3.6. overeenkomstig toepassen indien een van de verzekeraars die deel uitmaken van die groep in strijd handelt met voorschriften van andere lidstaten die strekken tot uitvoering van het bepaalde in hoofdstuk II van de richtlijn solvabiliteit II. Artikel 1:75 is eveneens van overeenkomstige toepassing indien aan bedoelde bepalingen weliswaar wordt voldaan maar de solvabiliteit toch in gevaar zou kunnen worden gebracht dan wel de intragroepsovereenkomsten en -posities of de risicoconcentraties de financiële positie van de verzekeraars in die groep bedreigen.

Art. 1:59

Financiële toezichthouder, handhaving bij financiële onderneming in Nederland en bijkantoor in andere lidstaat

1. Indien een beheerder van een beleggingsinstelling, beheerder van een icbe, beleggingsonderneming, bemiddelaar in verzekeringen, betaalinstelling, elektronischgeldinstelling, herverzekeraar, herverzekeringsbemiddelaar, bank, levensverzekeraar, premiepensioeninstelling of schadeverzekeraar met zetel in Nederland die vanuit een bijkantoor in een andere lidstaat zijn onderscheidenlijk haar bedrijf uitoefent of financiële diensten verleent dan wel diensten verricht naar een andere lidstaat niet voldoet aan in die andere lidstaat geldende wettelijke voorschriften, geeft de toezichthouder na daartoe een kennisgeving van de toezichthoudende instantie van die andere lidstaat te hebben ontvangen, zo spoedig mogelijk een aanwijzing aan de betrokken beheerder van een beleggingsinstelling, beheerder van een icbe, beleggingsonderneming, bemiddelaar in verzekeringen, betaalinstelling, elektronischgeldinstelling, herverzekeraar, herverzekeringsbemiddelaar, bank, levensverzekeraar, premiepensioeninstelling of schadeverzekeraar om binnen een door de toezichthouder gestelde redelijke termijn de in de aanwijzingsbeschikking bepaalde gedragslijn te volgen, ten einde de strijdigheid met de in die andere lidstaat geldende wettelijke voorschriften te beëindigen.

2. Indien niet of onvoldoende gevolg is gegeven aan de aanwijzing, kan de toezichthouder, na die toezichthoudende instantie daarvan in kennis te hebben gesteld, het besluit nemen dat de betrokken beheerder van een beleggingsinstelling, beheerder van een icbe, beleggingsonderneming, bemiddelaar in verzekeringen, betaalinstelling, elektronischgeldinstelling, herverzekeraar, herverzekeringsbemiddelaar, bank, levensverzekeraar, premiepensioeninstelling of schadeverzekeraar geen nieuwe overeenkomsten mag afsluiten respectievelijk niet meer mag bemiddelen in die andere lidstaat.

3. De toezichthouder doet aan de toezichthoudende instantie van de andere lidstaat zo spoedig mogelijk mededeling van de maatregelen genomen op grond van het eerste of tweede lid.

4. Het eerste tot en met derde lid zijn van overeenkomstige toepassing indien er een wezenlijk risico bestaat dat een bank als bedoeld in het eerste lid niet langer zal voldoen aan de wettelijke voorschriften, bedoeld in dat lid.

Schakelbepaling

5. Het eerste tot en met derde lid zijn van overeenkomstige toepassing ten aanzien van betaaldienstagenten.

Art. 1:59.0a

Beperking vrije beschikking over activa pensioenbewaarder door DNB

De Nederlandsche Bank kan de vrije beschikking over de activa door een pensioenbewaarder met zetel in Nederland beperken of verbieden op verzoek van een instantie die toezicht houdt op een instelling voor bedrijfspensioenvoorziening als bedoeld in artikel 6, eerste lid, van de richtlijn instellingen voor bedrijfspensioenvoorziening.

24 Wet op het financieel toezicht (uittreksel)

Art. 1:59a
1. De Autoriteit Financiële Markten stelt een feeder-icbe met zetel in Nederland onverwijld in kennis van de genomen besluiten, getroffen maatregelen en geconstateerde overtredingen van hetgeen ingevolge de artikelen 4:57a tot en met 4:57c, 4:61, 4:61a en 4:61b, is bepaald en alle meldingen op grond van artikel 4:27 die betrekking hebben op de master-icbe met zetel in Nederland waarin de feeder-icbe deelneemt of, indien van toepassing, de beheerder, bewaarder of accountant van de master-icbe.
2. De Autoriteit Financiële Markten doet aan de toezichthoudende instantie van de lidstaat van de zetel van de feeder-icbe onverwijld mededeling van de genomen besluiten, getroffen maatregelen en geconstateerde overtredingen van hetgeen ingevolge de artikelen 4:57a tot en met 4:57c, 4:61, 4:61a en 4:61b, is bepaald en alle meldingen op grond van artikel 4:27 die betrekking hebben op de master-icbe met zetel in Nederland of, indien van toepassing, haar accountant, beheerder, of bewaarder. De Autoriteit Financiële Markten zendt een afschrift van de mededeling aan de feeder-icbe.

AFM, informatieverstrekking aan feeder-icbe

§ 1.3.2.4
Raadplegen in het kader van overige procedures en kennis geven van bepaalde besluiten

Art. 1:60
1. De Autoriteit Financiële Markten raadpleegt de toezichthoudende instantie van de desbetreffende lidstaat of de Europese Centrale Bank alvorens een vergunning wordt verleend aan een beheerder van een beleggingsinstelling of een beheerder van een icbe die:
a. een dochtermaatschappij is van een beheerder van een beleggingsinstelling, beheerder van een icbe, beleggingsonderneming, herverzekeraar, bank, levensverzekeraar of schadeverzekeraar waaraan in een andere lidstaat een vergunning is verleend;
b. een dochtermaatschappij is van een moedermaatschappij van een beheerder van een beleggingsinstelling, beheerder van een icbe, beleggingsonderneming, herverzekeraar, bank, levensverzekeraar of schadeverzekeraar waaraan in een andere lidstaat een vergunning is verleend;
c. onder zeggenschap staat van een persoon die tevens zeggenschap uitoefent over een beheerder van een beleggingsinstelling, beheerder van een icbe, beleggingsonderneming, herverzekeraar, bank, levensverzekeraar of schadeverzekeraar waaraan in een andere lidstaat een vergunning is verleend.
2. De Autoriteit Financiële Markten raadpleegt de toezichthoudende instantie van de desbetreffende lidstaat of de Europese Centrale Bank alvorens een vergunning wordt verleend aan een beleggingsonderneming die:
a. een dochtermaatschappij is van een beleggingsonderneming, marktexploitant, herverzekeraar, bank, levensverzekeraar of schadeverzekeraar waaraan in een andere lidstaat een vergunning is verleend;
b. een dochtermaatschappij is van een moedermaatschappij van een beleggingsonderneming, herverzekeraar, bank, levensverzekeraar of schadeverzekeraar waaraan in een andere lidstaat een vergunning is verleend;
c. onder zeggenschap staat van een persoon die tevens zeggenschap uitoefent over een beleggingsonderneming, herverzekeraar, bank, levensverzekeraar of schadeverzekeraar waaraan in een andere lidstaat een vergunning is verleend.
3. De Autoriteit Financiële Markten raadpleegt de toezichthoudende instantie van de desbetreffende lidstaat alvorens een vergunning wordt verleend aan een marktexploitant die:
a. een dochtermaatschappij is van een herverzekeraar, bank, levensverzekeraar of schadeverzekeraar waaraan in een andere lidstaat een vergunning is verleend;
b. een dochtermaatschappij is van een moedermaatschappij van een herverzekeraar, bank, levensverzekeraar of schadeverzekeraar waaraan in een andere lidstaat een vergunning is verleend;
c. onder zeggenschap staat van een persoon die tevens zeggenschap uitoefent over een bank, herverzekeraar, levensverzekeraar of schadeverzekeraar waaraan in een andere lidstaat een vergunning is verleend.
4. De Nederlandsche Bank raadpleegt de toezichthoudende instantie van de desbetreffende lidstaat alvorens een vergunning wordt verleend aan een bank die:
a. een dochtermaatschappij is van een bank, beleggingsonderneming of verzekeraar waaraan een vergunning is verleend door of die onder direct toezicht staat van die toezichthoudende instantie;
b. een dochtermaatschappij is van een moedermaatschappij van een bank, beleggingsonderneming of verzekeraar waaraan een vergunning is verleend door of die onder direct toezicht staat van die toezichthoudende instantie;
c. onder zeggenschap staat van een persoon die tevens zeggenschap uitoefent over een bank, beleggingsonderneming of verzekeraar waaraan een vergunning is verleend door of die onder direct toezicht staat van die toezichthoudende instantie.

Financiële toezichthouder, raadplegen toezichthouder andere lidstaat voor verlening vergunning

art. 1:60a

24 Wet op het financieel toezicht (uittreksel)

5. De Nederlandsche Bank raadpleegt de toezichthoudende instantie van de desbetreffende lidstaat alvorens een vergunning als bedoeld in artikel 14 van de richtlijn solvabiliteit II wordt verleend aan een herverzekeraar, levensverzekeraar of schadeverzekeraar die:
a. een dochtermaatschappij is van een beleggingsonderneming, herverzekeraar, bank, levensverzekeraar of schadeverzekeraar waaraan in een andere lidstaat een vergunning is verleend;
b. een dochtermaatschappij is van een moedermaatschappij van een beleggingsonderneming, herverzekeraar, bank, levensverzekeraar of schadeverzekeraar waaraan in de andere lidstaat een vergunning is verleend;
c. onder zeggenschap staat van een natuurlijke persoon of rechtspersoon die tevens zeggenschap uitoefent over een beleggingsonderneming, herverzekeraar, bank, levensverzekeraar of schadeverzekeraar waaraan in een andere lidstaat een vergunning is verleend.

Art. 1:60a

AFM, raadplegen toezichthouder andere lidstaat i.v.m. aanvraag beheer collectieve belegging

1. De Autoriteit Financiële Markten raadpleegt de toezichthoudende instantie van de lidstaat van de zetel van de beheerder van een icbe alvorens zij besluit niet in te stemmen met de aanvraag, bedoeld in artikel 2:72, tweede lid.

2. De Autoriteit Financiële Markten verstrekt binnen tien werkdagen op verzoek van de toezichthoudende instantie van de lidstaat waar een beheerder van een icbe met zetel in Nederland voornemens is een icbe te beheren nadere informatie met betrekking tot:
a. de reikwijdte van de verleende vergunning aan de beheerder;
b. afspraken met betrekking tot het uitbesteden van werkzaamheden, bedoeld in artikel 4:16; of
c. de overeenkomst inzake beheer en bewaring, bedoeld in artikel 4:43.

Art. 1:61

Financiële toezichthouder, kennisgeving intrekking vergunning financiële onderneming aan toezichthouder andere lidstaat

1. De toezichthouder stelt de toezichthoudende instanties van de lidstaten waar een financiële onderneming met zetel in Nederland vanuit een bijkantoor haar bedrijf uitoefent of financiële diensten verleent dan wel waarnaar een financiële onderneming diensten verricht zo spoedig mogelijk in kennis van de intrekking van de aan die financiële onderneming verleende vergunning, bedoeld in artikel 2:11, eerste lid, 2:69b of 2:96.
2. De toezichthouder stelt de toezichthoudende instanties van de lidstaten in kennis van de intrekking van een aan een verzekeraar met zetel in Nederland verleende vergunning, bedoeld in artikel 2:26a, eerste lid, of 2:27, eerste lid.
3. De Autoriteit Financiële Markten raadpleegt de toezichthoudende instantie van de lidstaat waar de beheerder van een icbe met zetel in Nederland vanuit een bijkantoor of via het verrichten van diensten zijn werkzaamheden verricht alvorens de vergunning van de beheerder van een icbe, bedoeld in artikel 2:69b, in te trekken.
4. De Autoriteit Financiële Markten stelt de toezichthoudende instantie van de lidstaat waar de beheerder van een icbe vanuit een bijkantoor of via het verrichten van diensten zijn werkzaamheden verricht, in kennis van een wijziging van de aan de beheerder van een icbe verleende vergunning en van eventuele beperkingen met betrekking tot de typen icbe's die de beheerder van een icbe mag beheren.
5. De Autoriteit Financiële Markten stelt de toezichthoudende instantie van de lidstaat waar rechten van deelneming in een icbe met zetel in Nederland vanuit een bijkantoor of door middel van het verrichten van diensten worden aangeboden en, indien de beheerder van een icbe zijn zetel in een andere lidstaat heeft, de toezichthoudende instantie van de lidstaat van de zetel van de beheerder van een icbe in kennis van de intrekking van een verleende vergunning als bedoeld in artikel 2:69b en van andere maatregelen die jegens de icbe zijn genomen.

Financiële toezichthouder, bekendmaking intrekking vergunning financiële onderneming in andere lidstaat en bijkantoor in Nederland

6. Indien een financiële onderneming met zetel in een andere lidstaat vanuit een bijkantoor in Nederland haar bedrijf uitoefent of financiële diensten verleent dan wel diensten verricht naar Nederland en de toezichthoudende instantie van die lidstaat de toezichthouder in kennis heeft gesteld van de intrekking van de vergunning van die financiële onderneming door die toezichthoudende instantie, maakt de toezichthouder deze kennisgeving openbaar.

Art. 1:62

DNB, advies toezichthouder andere lidstaat bij verlening verklaring van geen bezwaar

De Nederlandsche Bank stelt de toezichthoudende instantie van de desbetreffende lidstaat in de gelegenheid advies uit te brengen alvorens een verklaring van geen bezwaar als bedoeld in artikel 3:95 wordt verleend, indien de aanvrager:
a. een beheerder van een icbe, beleggingsonderneming, herverzekeraar, bank, levensverzekeraar, schadeverzekeraar of betaalinstelling is waaraan in een andere lidstaat een vergunning is verleend;
b. de moedermaatschappij is van een beheerder van een icbe, beleggingsonderneming, herverzekeraar, bank, levensverzekeraar, schadeverzekeraar of betaalinstelling als bedoeld onder a; of

24 Wet op het financieel toezicht (uittreksel) art. 1:65

c. een persoon is die anderszins zeggenschap heeft over een beheerder van een icbe, beleggingsonderneming, herverzekeraar, bank, levensverzekeraar, schadeverzekeraar of betaalinstelling als bedoeld onder a.

Art. 1:63
1. De Nederlandsche Bank stelt de toezichthoudende instantie van de lidstaat, bedoeld in artikel 3:60, eerste lid, in de gelegenheid advies uit te brengen alvorens zij een ontheffing als bedoeld in dat artikel verleent aan een levensverzekeraar of schadeverzekeraar.

DNB, samenwerking met toezichthouder andere lidstaat bij verlening/intrekking ontheffing

2. Alvorens een ontheffing als bedoeld in artikel 3:60, eerste lid, in te trekken, verzoekt de Nederlandsche Bank de toezichthoudende instantie van de desbetreffende lidstaat die aan dezelfde financiële onderneming een overeenkomstige ontheffing heeft verleend, deze ontheffing in te trekken op het door de toezichthouder voorgestelde tijdstip.
3. Indien de toezichthoudende instantie van de lidstaat, bedoeld in artikel 3:60, eerste lid, hierom verzoekt, trekt de Nederlandsche Bank een ontheffing als bedoeld in dat artikel in op het door die toezichthoudende instantie voorgestelde tijdstip.
4. Nadat de Nederlandsche Bank een ontheffing als bedoeld in artikel 3:60, eerste lid, heeft verleend of ingetrokken, stelt zij de toezichthoudende instantie van de desbetreffende lidstaat hiervan op de hoogte.

Art. 1:64
Indien een financiële instelling met zetel in Nederland die een verklaring van ondertoezichtstelling heeft niet langer voldoet aan artikel 3:110, derde tot en met zesde lid, stelt de Nederlandsche Bank de toezichthoudende instanties van andere lidstaten waar die financiële instelling vanuit een bijkantoor haar bedrijf uitoefent of financiële diensten verleent, dan wel waarnaar zij diensten verricht, daarvan in kennis.

DNB, kennisgeving aan toezichthouder andere lidstaat dat financiële onderneming niet meer voldoet aan bepalingen ondertoezichtstelling

§ 1.3.2.5
Informatieverstrekking door de Nederlandsche Bank aan toezichthoudende instanties van andere lidstaten in verband met herverzekeraars, levensverzekeraars of schadeverzekeraars met zetel in een staat die geen lidstaat is

Art. 1:64a
De Nederlandsche Bank stelt de desbetreffende toezichthoudende instanties van de andere lidstaten in kennis van een vergunning die ingevolge deze wet voor het uitoefenen van het bedrijf van herverzekeraar, levensverzekeraar of schadeverzekeraar is verleend aan een dochtermaatschappij van een onderneming waarop het recht van toepassing is van een staat die geen lidstaat is. In een kennisgeving als bedoeld in de vorige volzin wordt de structuur van de groep vermeld.

DNB, informatieverstrekking aan toezichthoudende instanties van andere lidstaten over vergunningverlening aan herverzekeraars

Art. 1:64b
De Nederlandsche Bank stelt de desbetreffende toezichthoudende instanties van de andere lidstaten in kennis van een verleende verklaring van geen bezwaar als bedoeld in artikel 3:95 voor een gekwalificeerde deelneming in een herverzekeraar, levensverzekeraar of schadeverzekeraar, indien door de gekwalificeerde deelneming de herverzekeraar, levensverzekeraar of schadeverzekeraar een dochteronderneming wordt van een onderneming waarop het recht van toepassing is van een staat die geen lidstaat is.

DNB, informatieverstrekking aan toezichthoudende instanties van andere lidstaten over verklaring van geen bezwaar m.b.t. herverzekeraars

Afdeling 1.3.3
Samenwerking met toezichthoudende instanties van staten die geen lidstaat zijn

Art. 1:65
1. De toezichthouder kan aan een toezichthoudende instantie of een bij afwikkeling betrokken autoriteit van een staat die geen lidstaat is, vertrouwelijke gegevens of inlichtingen verstrekken, voor zover de uitwisseling voor de taakuitoefening van die instantie of autoriteit nodig is. Artikel 1:90, eerste tot en met derde lid, is van overeenkomstige toepassing.

Financiële toezichthouder, samenwerking met toezichthouders van staten die geen lidstaat zijn

2. De Autoriteit Financiële Markten kan vertrouwelijke gegevens of inlichtingen met betrekking tot een beleggingsonderneming, een handelsplatform of een marktexploitant verstrekken aan de volgende personen of instanties in een staat die geen lidstaat is:
a. een persoon die in die staat is belast met de wettelijke controle van de jaarrekening van financiële ondernemingen of marktexploitanten, of met het beheer van compensatiestelsels, voorzover de verstrekking geschiedt ten behoeve van de uitoefening van de taken van de desbetreffende persoon;
b. een instantie die in die staat is belast met het toezicht op personen die zijn belast met de wettelijke controle van de jaarrekening van een financiële onderneming of van een marktexploitant;

c. een persoon die in die staat is betrokken bij de liquidatie en het faillissement van een beleggingsonderneming of een soortgelijke procedure;
d. een instantie die in die staat is belast met het toezicht op personen die zijn betrokken bij de liquidatie en het faillissement van beleggingsondernemingen en andere soortgelijke procedures;
e. een instantie die in die staat is belast met het toezicht op personen die op markten voor emissierechten actief zijn teneinde zich een totaalbeeld van de financiële en contante markten te kunnen vormen;
f. een instantie die in die staat is belast met het toezicht op personen die op markten voor landbouwgrondstoffenderivaten actief zijn teneinde zich een totaalbeeld van de financiële en spotmarkten te kunnen vormen.
3. De Autoriteit Financiële Markten kan slechts toepassing geven aan het tweede lid indien met betrekking tot de gegevens en inlichtingen volgens het recht van de desbetreffende staat ten minste gelijkwaardige waarborgen gelden ten aanzien van geheimhouding als op grond van artikel 1:90, eerste lid, en voor zover de uitwisseling ten behoeve van de uitoefening van de taken door de desbetreffende persoon of instantie geschiedt.
4. Voor zover de gegevens en inlichtingen, als bedoeld in het tweede lid, zijn verkregen van een toezichthoudende instantie van een staat die geen lidstaat is, verstrekt de Autoriteit Financiële Markten deze niet aan een persoon of instantie als bedoeld in het tweede lid, tenzij de toezichthoudende instantie waarvan de gegevens en inlichtingen zijn verkregen uitdrukkelijk heeft ingestemd met de verstrekking van de gegevens en inlichtingen en in voorkomend geval heeft ingestemd met het gebruik voor een ander doel dan waarvoor de gegevens en inlichtingen zijn verstrekt.
5. De toezichthouder zendt onverwijld nadat met een instantie of autoriteit als bedoeld in het eerste lid of een persoon of instantie als bedoeld in het tweede lid een overeenkomst is gesloten teneinde gegevens en inlichtingen te kunnen uitwisselen, een afschrift van de overeenkomst aan Onze Minister.
6. Bij ministeriële regeling kunnen ter uitvoering van bindende EU-rechtshandelingen nadere regels worden gesteld met betrekking tot het eerste tot en met vierde lid.

Art. 1:66

1. Indien een herverzekeraar, levensverzekeraar of schadeverzekeraar met zetel in een staat die geen lidstaat is bij het verrichten van diensten naar Nederland vanuit een andere lidstaat geen gevolg geeft aan een door de Nederlandsche Bank gegeven aanwijzing als bedoeld in artikel 1:75, stelt deze de toezichthoudende instantie van die lidstaat daarvan in kennis.
2. Artikel 1:58, tweede en vierde lid, is van overeenkomstige toepassing.

Art. 1:67

1. Indien een clearinginstelling of natura-uitvaartverzekeraar met zetel in een andere staat geen gevolg geeft aan een door de toezichthouder gegeven aanwijzing als bedoeld in artikel 1:75, kan de toezichthouder indien dat noodzakelijk is, het besluit nemen dat de betrokken clearinginstelling of natura-uitvaartverzekeraar geen nieuwe overeenkomsten in Nederland mag afsluiten door middel van het verrichten van diensten, onverminderd de artikelen 1:79 en 1:80.
2. Artikel 1:58, vierde lid, is van overeenkomstige toepassing.

Art. 1:68

1. De toezichthouder kan voor de uitvoering van verdragen tot uitwisseling van gegevens of inlichtingen, dan wel voor de uitvoering van met toezichthoudende instanties gesloten overeenkomsten tot uitwisseling van gegevens of inlichtingen als bedoeld in artikel 1:65, van een ieder inlichtingen vorderen.
2. De artikelen 5:13 en 5:20 van de Algemene wet bestuursrecht zijn van overeenkomstige toepassing.

Afdeling 1.3.4
Samenwerking en uitwisseling van gegevens en inlichtingen met Europese instanties

Art. 1:69

1. De toezichthouder werkt samen met de Europese Commissie, de Europese toezichthoudende autoriteiten, de Europese Centrale Bank in haar hoedanigheid van toezichthoudende autoriteit, de Afwikkelingsraad, het Gemengd Comité van de Europese toezichthoudende autoriteiten en het Europees Comité voor systeemrisico's, indien dat voor de vervulling van zijn taak op grond van deze wet of de vervulling van de taken van die instanties nodig is.
2. De toezichthouder verstrekt met inachtneming van artikel 1:90, eerste tot en met derde lid, de Europese Commissie, de Europese toezichthoudende autoriteiten, de Europese Centrale Bank in haar hoedanigheid van toezichthoudende autoriteit, de Afwikkelingsraad, het Gemengd Comité en het Europees Comité voor systeemrisico's alle gegevens en inlichtingen die voor de vervulling van hun taken nodig zijn.

3. Bij ministeriële regeling kunnen ter uitvoering van bindende EU-rechtshandelingen nadere regels worden gesteld met betrekking tot de samenwerking en geschillenbeslechting binnen het Europees Systeem voor financieel toezicht en de verstrekking van gegevens en inlichtingen aan tot dat systeem behorende instanties, de Europese Centrale Bank in haar hoedanigheid van toezichthoudende autoriteit, de Afwikkelingsraad, of de Europese Commissie.

Art. 1:70

Financiële toezichthouder, inlichtingen vorderen i.v.m. samenwerking met Europese instanties

1. De toezichthouder kan ten behoeve van de uitvoering van zijn taak op grond van artikel 1:69 van een ieder inlichtingen vorderen, indien dat voor de vervulling van een taak van de Europese Commissie, de Europese toezichthoudende autoriteiten, de Europese Centrale Bank in haar hoedanigheid van toezichthoudende autoriteit, de Afwikkelingsraad, het Gemengd Comité van de Europese toezichthoudende autoriteiten of het Europees Comité voor systeemrisico's nodig is.
2. De artikelen 5:13 en 5:20 van de Algemene wet bestuursrecht zijn van overeenkomstige toepassing.

Art. 1:71

Financieel toezicht, bijstand bij onderzoeken en inspecties door personen aangewezen door DNB

1. Met het verlenen van bijstand bij onderzoeken of inspecties als bedoeld in de artikelen 11 en 12 van de verordening bankentoezicht en de artikelen 35 en 36 van de verordening gemeenschappelijk afwikkelingsmechanisme zijn belast de op grond van artikel 1:72 door de Nederlandsche Bank aangewezen personen. Zij zijn bevoegd van een ieder medewerking aan bedoelde onderzoeken en inspecties te vorderen.
2. De in het eerste lid bedoelde personen zijn tevens bevoegd bedrijfsruimten, boeken of bescheiden te verzegelen.
3. De artikelen 5:12, 5:13, 5:15 tot en met 5:17 en 5:20 van de Algemene wet bestuursrecht zijn van overeenkomstige toepassing.

Hoofdstuk 1.4
Toezicht en handhaving

Afdeling 1.4.1
Toezicht op de naleving

Art. 1:72

Financieel toezicht, aanwijzing personen die belast zijn met toezicht op naleving

1. Met het toezicht op de naleving van de bij en krachtens deze wet gestelde regels zijn belast de bij besluit van de toezichthouder aangewezen personen.
2. Van een besluit als bedoeld in het eerste lid wordt mededeling gedaan door plaatsing in de Staatscourant.

Art. 1:73

Financieel toezicht, gebruik bevoegdheden personen die belast zijn met toezicht op naleving

1. De personen, bedoeld in artikel 1:72, eerste lid, beschikken niet over de bevoegdheden, genoemd in de artikelen 5:18 en 5:19 van de Algemene wet bestuursrecht.
2. Voorzover de door de Autoriteit Financiële Markten op grond van artikel 1:72 aangewezen personen voor het uitoefenen van het gedragstoezicht ten aanzien van financiële ondernemingen waaraan de Nederlandsche Bank een vergunning heeft verleend, gegevens nodig hebben over aspecten van de bedrijfsvoering, bedoeld in artikel 3:17, tweede lid, onderdeel a of b, maken deze personen geen gebruik van hun bevoegdheden op grond van de artikelen 5:15, 5:16 of 5:17 van de Algemene wet bestuursrecht, dan nadat de Nederlandsche Bank is verzocht deze gegevens te verstrekken en is gebleken dat de Nederlandsche Bank niet aan dit verzoek tegemoet kan komen.
3. Voorzover de door de Nederlandsche Bank op grond van artikel 1:72 aangewezen personen voor het uitoefenen van het prudentieel toezicht ten aanzien van financiële ondernemingen waaraan de Autoriteit Financiële Markten een vergunning heeft verleend, gegevens nodig hebben over aspecten van de bedrijfsvoering als bedoeld in artikel 4:14, tweede lid, onderdeel a of b, maken de door de Nederlandsche Bank op grond van artikel 1:72 aangewezen personen geen gebruik van hun bevoegdheden op grond van de artikelen 5:15, 5:16 of 5:17 van de Algemene wet bestuursrecht, dan nadat de Autoriteit Financiële Markten is verzocht deze gegevens te verstrekken en is gebleken dat de Autoriteit Financiële Markten niet aan dit verzoek tegemoet kan komen.
4. Van het tweede en derde lid kan, na overleg met de andere toezichthouder, worden afgeweken indien sprake is van een redelijk vermoeden van een overtreding van het bij of krachtens deze wet gestelde en onverwijlde spoed, gelet op de betrokken belangen, dat vereist.

Art. 1:74

Financiële toezichthouder, vorderen inlichtingen ten behoeve van toezicht op naleving

1. De toezichthouder kan ten behoeve van de uitoefening van een taak ingevolge deze wet van een ieder inlichtingen vorderen.

2. De artikelen 5:13 en 5:20 van de Algemene wet bestuursrecht zijn van overeenkomstige toepassing.
3. Voorzover de Autoriteit Financiële Markten voor het uitoefenen van het gedragstoezicht ten aanzien van financiële ondernemingen waaraan de Nederlandsche Bank een vergunning heeft verleend, gegevens nodig heeft over aspecten van de bedrijfsvoering, bedoeld in artikel 3:17, tweede lid, onderdeel a en b, vordert de Autoriteit Financiële Markten geen inlichtingen, dan nadat de Nederlandsche Bank is verzocht deze gegevens te verstrekken en is gebleken dat de Nederlandsche Bank niet aan dit verzoek tegemoet kan komen.
4. Voorzover de Nederlandsche Bank voor het uitoefenen van het prudentieel toezicht ten aanzien van financiële ondernemingen waaraan de Autoriteit Financiële Markten een vergunning heeft verleend, gegevens nodig heeft over aspecten van de bedrijfsvoering, bedoeld in artikel 4:14, tweede lid, onderdeel a of b, vordert de Nederlandsche Bank geen inlichtingen, dan nadat de Autoriteit Financiële Markten is verzocht deze gegevens te verstrekken en is gebleken dat de Autoriteit Financiële Markten niet aan dit verzoek tegemoet kan komen.
5. Van het derde en vierde lid kan, na overleg met de andere toezichthouder, worden afgeweken indien sprake is van een redelijk vermoeden van een overtreding van de regels bij of krachtens deze wet gesteld en onverwijlde spoed, gelet op de betrokken belangen, dat vereist.

Afdeling 1.4.2
Handhaving

Art. 1:75

Financiële toezichthouder, aanwijzing aan financiële onderneming over te volgen gedragslijn

1. De toezichthouder of de Europese Centrale Bank, indien deze bevoegd is toezicht uit te oefenen op grond van de artikelen 4 en 6 van de verordening bankentoezicht, kan een persoon die niet voldoet aan hetgeen bij of krachtens deze wet is bepaald, door middel van het geven van een aanwijzing verplichten om binnen een door de toezichthouder, onderscheidenlijk de Europese Centrale Bank, gestelde redelijke termijn ten aanzien van in de aanwijzingsbeschikking aan te geven punten een bepaalde gedragslijn te volgen.
2. De Nederlandsche Bank of de Europese Centrale Bank, indien deze bevoegd is toezicht uit te oefenen op grond van de artikelen 4 en 6 van de verordening bankentoezicht, kan een aanwijzing als bedoeld in het eerste lid eveneens aan een financiële onderneming geven indien zij tekenen ontwaart van een ontwikkeling die het eigen vermogen, de solvabiliteit of de liquiditeit, onderscheidenlijk de technische voorzieningen, van die financiële onderneming in gevaar kan brengen.
3. Een aanwijzing op grond van het eerste of tweede lid aan een bank of beleggingsonderneming als bedoeld in artikel 3A:2, of overeenkomstig artikel 30 van de richtlijn herstel en afwikkeling van banken en beleggingondernemingen aan een EU-moederonderneming kan strekken tot het opleggen van een maatregel als bedoeld in artikel 27, eerste lid, onderdelen a, b, d, e, f, of h, of artikel 28 van de richtlijn herstel en afwikkeling van banken en beleggingsondernemingen.
4. Een op grond van het eerste of tweede lid aan een persoon gegeven aanwijzing strekt niet tot aantasting van overeenkomsten tussen die persoon en derden.
5. Het vierde lid is niet van toepassing op overeenkomsten tussen een financiële onderneming of een aan het hoofd van een groep als bedoeld in artikel 1:1 staande groepsmaatschappij en een onder haar verantwoordelijkheid werkzame natuurlijk persoon, voor zover de aanwijzing betrekking heeft op Hoofdstuk 1.7.

Art. 1:75a

Financiële toezichthouder, maatregelen bij overtreding voorschriften

1. De toezichthouder of, al naar gelang de bevoegdheidsverdeling op grond van de artikelen 4 en 6 van de verordening bankentoezicht, de Europese Centrale Bank kan bij overtreding door een bank of beleggingsonderneming als bedoeld in artikel 3A:2, of overeenkomstig artikel 30 van de richtlijn herstel en afwikkeling van banken en beleggingondernemingen door een EU-moederonderneming van voorschriften gesteld bij of krachtens:
 – de artikelen 2:11, 2:15, 2:20, 2:25, 2:26, 2:108, 2:110, 2:112, 2:114;
 – het Deel Prudentieel toezicht financiële ondernemingen, het Deel Gedragstoezicht financiële ondernemingen of de verordening kapitaalvereisten, indien overtreding van het voorschrift is gerangschikt in de derde boetecategorie, bedoeld in artikel 1:81, tweede lid; of
 – de artikelen 3 tot en met 7, 14 tot en met 17 en 24, 25 en 26 van de verordening markten voor financiële instrumenten;
 de volgende maatregelen treffen ten aanzien van die bank of beleggingsonderneming:

24 Wet op het financieel toezicht (uittreksel)

a. voorschrijven dat bepaalde besluiten ter goedkeuring aan de algemene vergadering worden voorgelegd, of, indien daaraan niet binnen de gestelde termijn wordt voldaan, deze zelf daartoe bijeenroepen;
b. vereisen dat de juridische of operationele structuur van de onderneming wordt gewijzigd.
2. Het eerste lid is van overeenkomstige toepassing indien de overtreding in de nabije toekomst waarschijnlijk is wegens een snel verslechterende financiële toestand van de onderneming, te beoordelen met inachtneming van de voorwaarden, bedoeld in artikel 27, eerste lid, aanhef, van de richtlijn herstel en afwikkeling van banken en beleggingsondernemingen.

Art. 1:76

1. De toezichthouder kan besluiten een of meer personen te benoemen als curator ten aanzien van alle of bepaalde organen of vertegenwoordigers van een financiële onderneming indien die financiële onderneming niet voldoet aan hetgeen ingevolge deze wet is bepaald.

Financiële toezichthouder, benoeming curator ten aanzien van financiële onderneming

2. Het besluit ingevolge het eerste lid wordt slechts genomen:
a. nadat door de financiële onderneming niet of niet volledig binnen de gestelde termijn aan een aanwijzing als bedoeld in artikel 1:75, eerste lid, gevolg is gegeven; of
b. indien de in het eerste lid bedoelde overtreding een adequate functioneren van de financiële onderneming ernstig in gevaar brengt en die financiële onderneming voorafgaand in de gelegenheid is gesteld haar zienswijze naar voren te brengen over het voorgenomen besluit; of
c. indien de in het eerste lid bedoelde overtreding de belangen van consumenten of, indien het financiële instrumenten of verzekeringen betreft, de belangen van cliënten met uitzondering van professionele beleggers ernstig in gevaar brengt en die financiële onderneming voorafgaand in de gelegenheid is gesteld haar zienswijze naar voren te brengen over het voorgenomen besluit.
3. Onverminderd het eerste en tweede lid kan de Nederlandsche Bank besluiten een of meer personen te benoemen als curator ten aanzien van alle of bepaalde organen of vertegenwoordigers van een financiële onderneming indien zij bij die financiële onderneming tekenen ontwaart van een ontwikkeling die het eigen vermogen, de solvabiliteit of de liquiditeit, onderscheidenlijk de technische voorzieningen, van die financiële onderneming in gevaar kunnen brengen.
4. Het besluit ingevolge het derde lid wordt slechts genomen:
a. nadat door de financiële onderneming niet of niet volledig binnen de gestelde termijn aan een aanwijzing als bedoeld in artikel 1:75, tweede lid, gevolg is gegeven; of
b. indien onverwijld ingrijpen noodzakelijk is en de financiële onderneming voorafgaand in de gelegenheid is gesteld haar zienswijze naar voren te brengen over het voorgenomen besluit.
5. Het benoemingsbesluit bevat onder meer een beschrijving van de belangen waardoor de curator zich dient te laten leiden. De toezichthouder benoemt de curator voor ten hoogste een jaar, met de mogelijkheid om deze termijn telkens voor ten hoogste een jaar te verlengen; de verlenging wordt terstond van kracht. Met ingang van het tijdstip waarop het besluit tot benoeming van de curator aan de financiële onderneming is bekendgemaakt mogen de desbetreffende organen of vertegenwoordigers hun bevoegdheden slechts uitoefenen na goedkeuring door de curator en met inachtneming van de opdrachten van de curator.
6. De toezichthouder onderscheidenlijk de Europese Centrale Bank kan de curator verzoeken om tijdens of bij beëindiging van zijn werkzaamheden schriftelijk verslag te doen van zijn werkzaamheden en van de financiële positie van de financiële onderneming.
7. Tegen een besluit van een curator kan administratief beroep worden ingesteld bij de toezichthouder.
8. Na de benoeming van een curator:
a. verlenen de organen en de vertegenwoordigers van de financiële onderneming de curator alle medewerking;
b. kan de toezichthouder de betrokken organen of vertegenwoordigers van de financiële onderneming toestaan bepaalde rechtshandelingen zonder goedkeuring te verrichten;
c. kan de toezichthouder te allen tijde de door hem aangewezen curator vervangen;
d. is voor schade ten gevolge van handelingen, die zijn verricht in strijd met een besluit als bedoeld in het eerste of derde lid, elke persoon die deel uitmaakt van het orgaan van de financiële onderneming dat deze handelingen verrichtte, hoofdelijk aansprakelijk tegenover de financiële onderneming, tenzij het verrichten van deze handelingen niet aan hem is te verwijten en hij niet nalatig is geweest in het treffen van maatregelen om de gevolgen daarvan af te wenden;
e. zijn de handelingen, bedoeld in onderdeel d, voorzover deze rechtshandelingen zijn, vernietigbaar, indien de wederpartij wist of behoorde te weten dat de vereiste goedkeuring ontbrak.
9. Zodra de omstandigheid, bedoeld in het eerste of derde lid niet langer aanwezig is, trekt de toezichthouder het besluit tot benoeming van de curator in. De toezichthouder maakt het besluit tot intrekking onverwijld bekend aan de financiële onderneming.
10. Het eerste, tweede en vijfde tot en met negende lid zijn van overeenkomstige toepassing op een ieder die in of vanuit Nederland bedrijfsmatig opvorderbare gelden van het publiek aantrekt, ter beschikking verkrijgt of ter beschikking heeft.

Schakelbepaling

art. 1:76a

Financiële toezichthouder, benoeming bijzondere bewindvoerder

Art. 1:76a

1. De toezichthouder of, al naar gelang de bevoegdheidsverdeling op grond van de artikelen 4 en 6 van de verordening bankentoezicht, de Europese Centrale Bank kan bij een bank of beleggingsonderneming als bedoeld in artikel 3A:2, of overeenkomstig artikel 30 van de richtlijn herstel en afwikkeling van banken en beleggingondernemingen bij een EU-moederonderneming een of meer bijzondere bewindvoerders benoemen om het bestuur van de onderneming of leden daarvan tijdelijk te vervangen, indien een aanwijzing op grond van artikel 1:75 die strekt tot het opleggen van een maatregel als bedoeld in artikel 28 van de richtlijn herstel en afwikkeling van banken en beleggingsondernemingen, niet volstaat, de toepassing van artikel 1:76 niet toereikend is en er sprake is van:
   a. een aanzienlijk verslechterende financiële toestand;
   b. een overtreding die is gerangschikt in de derde boetecategorie, bedoeld in artikel 1:81, tweede lid; of
   c. een ernstige schending van de statuten van de onderneming.
2. Bij het besluit tot benoeming van een bijzondere bewindvoerder wordt, met inachtneming van artikel 29, vijfde lid, van de richtlijn herstel en afwikkeling van banken en beleggingsondernemingen, bepaald welke rol, taken en bevoegdheden aan de bijzondere bewindvoerder worden toegekend.
3. De toezichthouder onderscheidenlijk de Europese Centrale Bank maakt het besluit tot benoeming van een bijzondere bewindvoerder openbaar.
4. Artikel 1:76, vijfde lid, tweede volzin, zesde en zevende lid, is van overeenkomstige toepassing.

Art. 1:76aa

Benoeming bijzondere bewindvoerders premiepensioeninstelling door DNB

1. De Nederlandsche Bank kan bij een premiepensioeninstelling een of meer bijzondere bewindvoerders benoemen om het bestuur van de onderneming geheel of gedeeltelijk te vervangen, indien:
   a. een aanwijzing op grond van artikel 1:75 niet volstaat;
   b. de toepassing van artikel 1:76 niet toereikend is; en
   c. zij dat noodzakelijk acht ter bescherming van de belangen van de deelnemers aan en de pensioengerechtigden van een pensioenregeling.
2. Bij het besluit tot benoeming van een bijzondere bewindvoerder wordt bepaald welke rol, taken en bevoegdheden aan de bijzondere bewindvoerder worden toegekend.
3. De toezichthouder maakt het besluit tot benoeming van een bijzondere bewindvoerder openbaar.
4. Artikel 1:76, vijfde lid, tweede volzin, zesde en zevende lid, is van overeenkomstige toepassing.

Art. 1:76b

Toepasselijkheid maatregelen financieel toezichthouder

1. Een ten aanzien van een in artikel 3A:2 bedoelde entiteit getroffen maatregel als bedoeld in de artikelen 1:75, eerste lid, met betrekking tot een in artikel 3:17 bedoeld herstelplan, 1:75, derde lid, 1:75a, 1:76 of 1:76a, of een gebeurtenis die daarmee rechtstreeks verband houdt, is voor de toepassing van een overeenkomst waarbij die entiteit partij is, indien deze voortgaat met zowel de voldoening aan de verplichtingen die voortvloeien uit de bedingen in de overeenkomst die de kern van de prestaties weergeven, als het verschaffen van zekerheden, geen:
   a. afdwingingsgrond als bedoeld in artikel 2, eerste lid, onderdeel l, van de richtlijn financiëlezekerheidsovereenkomsten;
   b. grond voor uitoefening van een beëindigingsrecht;
   c. grond voor verwerving van het bezit van, uitoefening van de zeggenschap over of uitoefening of vestiging van een zekerheidsrecht op een goed in eigendom van de entiteit; of
   d. grond voor afbreuk aan de rechten van de entiteit uit de overeenkomst.
2. Het eerste lid is van overeenkomstige toepassing op een overeenkomst die is aangegaan door een entiteit in de groep waarvan de entiteit als bedoeld in het eerste lid deel uitmaakt en die kruiselingse tekortkomingsbepalingen bevat.
3. Het eerste lid, onderdelen a en b, is van overeenkomstige toepassing op een overeenkomst die is aangegaan door een dochteronderneming van de entiteit als bedoeld in het eerste lid en die verplichtingen omvat die door een andere entiteit in de groep waarvan de entiteit als bedoeld in het eerste lid deel uitmaakt, zijn gegarandeerd of anderszins worden gewaarborgd.
4. Een maatregel of een gebeurtenis als bedoeld in het eerste lid laat onverlet:
   a. een overboekingsopdracht die is gegeven aan een systeem of systeemexploitant als bedoeld in artikel 212a, onderdeel b, onderscheidenlijk onderdeel q, van de Faillissementswet, een centrale tegenpartij of centrale bank;
   b. een aan een systeem of systeemexploitant als bedoeld in onderdeel a gegeven opdracht tot verrekening, of een uit een dergelijke opdracht voortvloeiende betaling, levering, verrekening of andere rechtshandeling die benodigd is om de opdracht volledig uit te voeren; of
   c. rechten en verplichtingen die voor de entiteit zijn ontstaan in verband met zijn deelname aan het systeem.

5. Dit artikel is een bepaling van bijzonder dwingend recht als bedoeld in artikel 9 van verordening (EG) nr. 593/2008 van het Europees parlement en de Raad van 17 juni 2008 inzake het recht dat van toepassing is op verbintenissen uit overeenkomst (PbEU 2008, L 177).

Art. 1:76c
Indien een systeemexploitant als bedoeld in artikel 212a, onderdeel q, van de Faillissementswet een goed overdraagt met de bedoeling een vorm van zekerheid te verschaffen aan een andere systeemexploitant in verband met een interoperabel systeem en op deze overdracht artikel 84, derde lid, van Boek 3 van het Burgerlijk Wetboek niet van toepassing is, worden de in verband met die zekerheid bestaande rechten van de systeemexploitant die de zekerheid verstrekte, niet aangetast door insolventieprocedures ten aanzien van de systeemexploitant aan wie de zekerheid werd verstrekt.

Systeemexploitant, geen aantasting rechten door insolventieprocedures

Art. 1:76d
1. De Autoriteit Financiële Markten kan aan een beleggingsonderneming die niet voldoet aan het ingevolge deze wet bepaalde ten aanzien van beleggingsondernemingen, tijdelijk de bevoegdheid ontzeggen om deelnemer of lid te zijn van een handelsplatform.

Financiële toezichthouder, tijdelijke ontzegging bevoegdheid beleggingsonderneming

2. Een ontzegging als bedoeld in het eerste lid kan worden opgelegd voor de duur van ten hoogste een jaar en kan eenmaal met ten hoogste een jaar worden verlengd.

Art. 1:77
1. Indien een financiële onderneming van de toezichthouder of de Europese Centrale Bank een aanwijzing als bedoeld in artikel 1:75 heeft gekregen met betrekking tot de bedrijfsvoering of haar financiële positie, en die financiële onderneming hieraan niet of onvoldoende gevolg heeft gegeven, kan de toezichthouder dan wel de Europese Centrale Bank besluiten niet langer toe te staan dat die financiële onderneming vanuit het bijkantoor of de vestiging of door middel van het verrichten van diensten haar bedrijf uitoefent of financiële diensten verleent in de andere staat. De toezichthouder of de Europese Centrale Bank doet mededeling van dit besluit aan de toezichthoudende instantie van de betrokken staat. Vanaf het tijdstip van deze mededeling is het de financiële onderneming verboden nog langer vanuit het bijkantoor of de vestiging of door middel van het verrichten van diensten haar bedrijf uit te oefenen of diensten te verlenen in de andere staat.

Financiële toezichthouder, intrekking instemming uitoefening bedrijf in andere lidstaat

2. Indien een verzekeraar een aanwijzing als bedoeld in artikel 1:75 heeft gekregen met betrekking tot de geschiktheid of betrouwbaarheid van de vertegenwoordiger van de verzekeraar of van een persoon die het dagelijks beleid van die verzekeraar bepaalt, en de verzekeraar hieraan niet of onvoldoende gevolg heeft gegeven, is het eerste lid van overeenkomstige toepassing.

Schakelbepaling

Art. 1:77a
De Autoriteit Financiële Markten kan de beheerder van een beleggingsinstelling of de beheerder van een icbe door middel van een aanwijzing verplichten om in het algemeen belang of in het belang van de deelnemers de inschrijving, inkoop of terugbetaling van rechten van deelneming op te schorten.

Financiële toezichthouder, tijdelijk verbod aanbieden deelnemingsrechten in beleggingsinstellingen

Art. 1:77b
1. De Autoriteit Financiële Markten kan ter uitvoering van een daartoe strekkend verzoek van de Europese Autoriteit voor effecten en markten overeenkomstig artikel 9 van Verordening (EU) Nr. 1095/1020 het aanbieden van deelnemingsrechten in de hierna bedoelde beleggingsinstellingen in een lidstaat tijdelijk verbieden:
a. beleggingsinstellingen die worden beheerd door een beheerder van een beleggingsinstelling waarvan Nederland referentielidstaat in de zin van artikel 2:69a is;
b. niet-Europese beleggingsinstellingen die worden beheerd door een beheerder van een beleggingsinstelling met zetel in Nederland die geen vergunning als bedoeld in artikel 37 van de richtlijn beheerders van alternatieve beleggingsinstellingen heeft of aan wie het niet anderszins is toegestaan om in een andere lidstaat actief te zijn.

Financiële toezichthouder, verbod aanbieden deelnemingsrechten

2. De Autoriteit Financiële Markten kan ter uitvoering van een daartoe strekkend verzoek van de Europese Autoriteit voor effecten en markten overeenkomstig artikel 9 van Verordening (EU) Nr. 1095/1020 aan een beheerder van een beleggingsinstelling waarvan Nederland referentielidstaat in de zin van artikel 2:69a is, tijdelijk beperkingen opleggen met betrekking tot het beheer van een beleggingsinstelling.

Financiële toezichthouder, beperking beheer beleggingsinstelling

Art. 1:77c
De toezichthouder kan, overeenkomstig het bepaalde ingevolge artikel 17 van de verordening essentiële-informatiedocumenten, in de gevallen, bedoeld in het tweede lid van dat artikel, een verbod of beperking opleggen met betrekking tot:
a. het aanbieden van of bemiddelen in verzekeringen met een beleggingscomponent; of
b. het verlenen van andere financiële diensten door een verzekeraar.

Financiële toezichthouder, bevoegdheden o.g.v. artikel 17 verordening essentiële-informatiedocumenten

Art. 1:77d

Financiële toezichthouder, aanwijzingen handelsplatform of beleggingsonderneming met systematische interne afhandeling

1. De Autoriteit Financiële Markten kan degene die een handelsplatform exploiteert of een beleggingsonderneming met systematische interne afhandeling door middel van het geven van een aanwijzing verplichten om de handel in een financieel instrument op te schorten of te onderbreken, indien dit noodzakelijk is voor de bescherming van de belangen van de beleggers in dit financieel instrument of de ordelijke handel daarin.
2. De Autoriteit Financiële Markten verplicht degene die een handelsplatform exploiteert of een beleggingsonderneming met systematische interne afhandeling door middel van het geven van een aanwijzing om de handel in een financieel instrument op te schorten of te onderbreken, indien:

   a. de handel in dat financieel instrument op een ander handelsplatform is opgeschort overeenkomstig artikel 4:91da, eerste lid, of artikel 5:32g, eerste lid, als gevolg van vermoedelijke overtreding van de verordening marktmisbruik of van een overnamebod, tenzij dit de bescherming van de belangen van de beleggers in dit financieel instrument of het ordelijk verloop van de handel daarin aanzienlijk zou kunnen schaden;

   b. zij door toezichthoudende instanties van een andere lidstaat in kennis wordt gesteld van een besluit tot opschorting of onderbreking van de handel in dat financieel instrument op een handelsplatform of door een beleggingsonderneming met systematische interne afhandeling in die lidstaat als gevolg van een vermoedelijke overtreding van de verordening marktmisbruik of van een overnamebod, tenzij dit de bescherming van de belangen van de beleggers in dit financieel instrument of het ordelijk verloop van de handel daarin aanzienlijk zou kunnen schaden.

3. Indien de Autoriteit Financiële Markten op grond van het eerste of tweede lid een aanwijzing geeft tot het opschorten of onderbreken van de handel in een financieel instrument doet zij hetzelfde voor afgeleide financiële instrumenten als bedoeld in de onderdelen d tot en met j van de definitie van financieel instrument in artikel 1:1 die verband houden met dat financieel instrument of daarnaar verwijzen, indien dit noodzakelijk is ter ondersteuning van de doelstellingen van de opschorting of onderbreking van de handel in het onderliggende financieel instrument.
4. In afwijking van artikel 1:97 maakt de Autoriteit Financiële Markten een besluit als bedoeld in het eerste lid onverwijld openbaar en stelt de toezichthoudende instanties van de overige lidstaten daarvan in kennis.

Art. 1:77e

Financiële toezichthouder, bevoegde rechtbank uitsluitingsverzoek

1. De Autoriteit Financiële Markten kan de Rechtbank Rotterdam verzoeken om een financieel instrument uit te sluiten van de handel op een handelsplatform of door een beleggingsonderneming met systematische interne afhandeling nadat zij met betrekking tot dat financieel instrument een aanwijzing als bedoeld in artikel 1:77d, eerste of tweede lid, heeft gegeven.
2. De Autoriteit Financiële Markten maakt de beslissing van de Rechtbank Rotterdam onverwijld openbaar en stelt de toezichthoudende instanties van de overige lidstaten daarvan in kennis.

Art. 1:77f

Financiële toezichthouder, verbod of beperking o.g.v. artikel 42 verordening markten voor financiële instrumenten

De toezichthouder kan, overeenkomstig het bepaalde ingevolge artikel 42 van de verordening markten voor financiële instrumenten, indien is voldaan aan de voorwaarden van het tweede lid, eerste volzin, van dat artikel, een verbod of beperking opleggen om:

a. een financieel instrument of een gestructureerde deposito als bedoeld in artikel 4, eerste lid, onderdeel 43, van de richtlijn markten voor financiële instrumenten 2014 op de markt te brengen, te verspreiden of te verkopen; of

b. een andere beleggingsdienst te verlenen, een andere beleggingsactiviteit te verrichten of diensten te verlenen ten aanzien van gestructureerde deposito's.

Art. 1:78

Financiële toezichthouder, accountant/actuaris niet langer bevoegd tot afleggen verklaringen

1. Indien een accountant of actuaris niet of niet meer de nodige waarborgen biedt dat deze zijn taak met betrekking tot de financiële onderneming naar behoren zal kunnen vervullen, kan de toezichthouder ten aanzien van deze accountant of actuaris bepalen dat hij niet langer bevoegd is de in deze wet bedoelde verklaringen met betrekking tot die financiële onderneming af te leggen.
2. De toezichthouder maakt het besluit, bedoeld in het eerste lid, bekend aan de financiële onderneming.

Art. 1:79

Financiële toezichthouder, oplegging last onder dwangsom

1. De toezichthouder kan een last onder dwangsom opleggen terzake van een overtreding van:

   a. voorschriften, gesteld ingevolge de in de bijlage bij dit artikel genoemde artikelen;

   b. voorschriften met betrekking tot het toezicht op financiële markten of op die markten werkzame personen, gesteld ingevolge een bij algemene maatregel van bestuur aangewezen verordening als bedoeld in artikel 288 van het Verdrag betreffende de werking van de Europese Unie;

   c. de verordening ratingbureaus; en

24 Wet op het financieel toezicht (uittreksel)   art. 1:82

d. artikel 5:20 van de Algemene wet bestuursrecht.
2. Bij ministeriële regeling kunnen regels worden gesteld met betrekking tot de uitoefening van de bevoegdheid, bedoeld in het eerste lid. *Nadere regels*

Art. 1:80
De toezichthouder kan een bestuurlijke boete opleggen terzake van overtreding van: *Financiële toezichthouder, oplegging bestuurlijke boete*
a. voorschriften, gesteld ingevolge de in de bijlage bij dit artikel genoemde artikelen;
b. voorschriften met betrekking tot het toezicht op financiële markten of op die markten werkzame personen, gesteld ingevolge een bij algemene maatregel van bestuur aangewezen verordening als bedoeld in artikel 288 van het Verdrag betreffende de werking van de Europese Unie;
c. de verordening ratingbureaus; en
d. artikel 5:20 van de Algemene wet bestuursrecht.

Art. 1:80a
De toezichthouder kan aan de houder van een vergunning voor het uitoefenen van het bedrijf van bank als bedoeld in artikel 2:11, van een vergunning voor het verlenen van beleggingsdiensten of het verrichten van beleggingsactiviteiten als bedoeld in artikel 2:99, of van een vergunning voor het uitoefenen van het bedrijf van centrale effectenbewaarinstelling in de zin van de verordening centrale effectenbewaarinstellingen, een boete opleggen van de derde categorie, bedoeld in artikel 1:81, tweede lid, indien de vergunninghouder bij de aanvraag van de vergunning: *Financiële toezichthouder, opleggen boete van de derde categorie*
a. onjuiste of onvolledige gegevens heeft verstrekt, en kennis omtrent de juiste en volledige gegevens tot een andere beslissing zou hebben geleid; of
b. omstandigheden of feiten heeft verzwegen op grond waarvan, zo zij voor het tijdstip waarop de vergunning werd verleend zich hadden voorgedaan of bekend waren geweest, de vergunning zou zijn geweigerd.

Art. 1:81
1. Het bedrag van de bestuurlijke boete wordt bepaald bij algemene maatregel van bestuur, met dien verstande dat de bestuurlijke boete voor een afzonderlijke overtreding ten hoogste € 20 000 000, of, in gevallen bedoeld in het vierde lid, ten hoogste € 40 000 000 bedraagt. *Financiële toezichthouder, bedrag bestuurlijke boete*
2. De algemene maatregel van bestuur, bedoeld in het eerste lid, bepaalt bij elke daarin omschreven overtreding het maximale bedrag van de deswege op te leggen bestuurlijke boete. De overtredingen worden gerangschikt in categorieën naar zwaarte van de overtreding met de daarbij behorende basisbedragen, minimumbedragen en maximumbedragen. Daarbij wordt de volgende indeling gebruikt.

Categorie	Basisbedrag	Minimumbedrag	Maximumbedrag
1	€ 10 000,-	€ 0,-	€ 10 000,-
2	€ 500 000,-	€ 0,-	€ 1 000 000,-
3	€ 2 500 000,-	€ 0,-	€ 5 000 000,-.

3. Ter uitvoering van bindende EU-rechtshandelingen kunnen bij algemene maatregel van bestuur voor bij die maatregel aan te geven overtredingen de basis- en maximumbedragen van de tweede en derde categorie worden verhoogd, met dien verstande dat:
a. het maximumbedrag van de boete voor een afzonderlijke overtreding van een voorschrift dat is gerangschikt in de tweede categorie wordt vastgesteld op € 2 500 000;
b. het maximumbedrag van de boete voor een afzonderlijke overtreding van een voorschrift dat is gerangschikt in de derde categorie wordt vastgesteld op € 10 000 000, € 15 000 000 of € 20 000 000;
c. het basisbedrag voor een overtreding wordt vastgesteld op de helft van het maximumbedrag voor die overtreding.
4. Indien ten tijde van het plegen van de overtreding nog geen vijf jaren zijn verstreken sinds het opleggen van een bestuurlijke boete aan de overtreder ter zake van eenzelfde overtreding, bedraagt de bestuurlijke boete voor een afzonderlijke overtreding ten hoogste tweemaal het ingevolge het tweede of derde lid toepasselijke maximumbedrag.

Art. 1:82
1. In afwijking van artikel 1:81 bedraagt de bestuurlijke boete voor een afzonderlijke overtreding van een voorschrift gerangschikt in de derde categorie ten hoogste 10% van de netto-omzet van de overtreder in het boekjaar voorafgaande aan de beschikking waarmee de bestuurlijke boete wordt opgelegd, indien dit meer is dan tweemaal het ingevolge artikel 1:81, tweede of derde lid, toepasselijke maximumbedrag. *Financiële toezichthouder, afwijkingen bedrag bestuurlijke boete*
2. Ter uitvoering van bindende EU-rechtshandelingen kan bij algemene maatregel van bestuur voor bij die maatregel aan te geven overtredingen:

a. het percentage bedoeld in het eerste lid worden verhoogd tot 15%;
b. worden bepaald dat voor een overtreding van een voorschrift gerangschikt in de tweede categorie een boete kan worden opgelegd van ten hoogste 5% van de netto-omzet van de overtreder in het boekjaar voorafgaande aan de beschikking waarmee de bestuurlijke boete wordt opgelegd, indien dit meer is dan tweemaal het ingevolge artikel 1:81, tweede of derde lid, toepasselijke maximumbedrag.

3. Indien de bestuurlijke boete wordt opgelegd aan een onderneming die opgenomen is in een groep met een geconsolideerde jaarrekening, worden bij de berekening van de netto-omzet de totaalbedragen gehanteerd uit de geconsolideerde jaarrekening van de uiteindelijke moederonderneming.

Art. 1:83

Financiële toezichthouder, afwijkingen bedrag bestuurlijke boete

Voorts kan de toezichthouder in afwijking van artikel 1:81 een bestuurlijke boete opleggen van ten hoogste driemaal het bedrag van het voordeel dat de overtreder door de overtreding heeft verkregen.

Art. 1:84
[Vervallen]

Art. 1:85

Bestuurlijke boete, schorsende werking bezwaar of beroep

1. Indien tegen een besluit tot het opleggen van een bestuurlijke boete bezwaar of beroep wordt aangetekend, schorst dit de verplichting tot betaling van de boete totdat de beroepstermijn is verstreken of, indien beroep is ingesteld, op het beroep is beslist.
2. De schorsing van de verplichting tot betaling schorst niet de berekening van de wettelijke rente.

Art. 1:86

Schorsen van stemrechten

Bij overtreding van van het gestelde in de artikelen 2:11, eerste lid, 3:5, eerste lid, 3:95, eerste lid, of 3:103, eerste lid, kan de toezichthouder of de Europese Centrale Bank, indien deze bevoegd is toezicht uit te oefenen op grond van de artikelen 4 en 6 van de verordening bankentoezicht, besluiten tot schorsing van de uitoefening van de stemrechten in bijzijn aan de deelneming in de bank of beleggingsonderneming door aandeelhouders of vennoten die voor de overtreding verantwoordelijk zijn. Het besluit tot oplegging regelt de duur van de schorsing.

Art. 1:87

Ontzeggen bevoegdheden bij datarapporteringsdienstverlener

1. De toezichthouder of de Europese Centrale Bank, indien deze bevoegd is toezicht uit te oefenen op grond van de artikelen 4 en 6 van de verordening bankentoezicht, kan bij overtreding van een voorschrift dat op grond van artikel 1:81 beboetbaar is met een boete van de derde categorie, de overtreder of, indien de overtreding is begaan door een rechtspersoon, de natuurlijke personen die tot de betrokken gedraging opdracht hebben gegeven of daar feitelijk leiding aan hebben gegeven, de bevoegdheid ontzeggen om bij een datarapporteringsdienstverlener, financiële onderneming of marktexploitant bepaalde functies uit te oefenen.
2. Een ontzegging als bedoeld in het eerste lid kan, onverminderd het derde lid, worden opgelegd voor de duur van ten hoogste een jaar en eenmaal met ten hoogste een jaar worden verlengd.
3. Een ontzegging om bij een datarapporteringsdienstverlener, financiële onderneming of marktexploitant een functie als beleidsbepaler of medebeleidsbepaler uit te oefenen kan voor onbepaalde tijd worden opgelegd, indien ten tijde van het plegen van de overtreding nog geen vijf jaren zijn verlopen sedert het opleggen aan betrokkene van een bestuurlijke sanctie ter zake van eenzelfde overtreding.
4. Bij algemene maatregel van bestuur kan, voor zover een verordening als bedoeld in artikel 1:24, derde lid, 1:25, derde lid, of 1:25a, tweede lid, daartoe verplicht, voor bij die maatregel aan te geven bepalingen worden bepaald dat een ontzegging als bedoeld in het eerste lid tevens betrekking kan hebben op de bevoegdheid om bij andere ondernemingen dan die, genoemd in het eerste lid, bepaalde functies uit te oefenen.

Art. 1:88

Ontzegging bevoegdheid handelen voor eigen rekening

1. De toezichthouder kan wegens overtreding van artikel 14 of artikel 15 van de verordening marktmisbruik een natuurlijk persoon tijdelijk de bevoegdheid ontzeggen om te handelen voor eigen rekening.
2. Een ontzegging als bedoeld in het eerste lid kan worden opgelegd voor de duur van ten hoogste een jaar en kan eenmaal met ten hoogste een jaar verlengd worden.

Art. 1:88a

Nadere regels

Bij algemene maatregel van bestuur kunnen nadere regels worden gesteld over de uitoefening van de bevoegdheden geregeld in dit hoofdstuk.

Hoofdstuk 1.5
Geheimhoudingsplicht, uitzonderingen dienaangaande en publicatiemogelijkheden

Afdeling 1.5.1
Geheimhoudingsplicht en uitzonderingen dienaangaande

Art. 1:89
1. Het is een ieder die uit hoofde van de toepassing van deze wet of van ingevolge deze wet genomen besluiten enige taak vervult of heeft vervuld, verboden van vertrouwelijke gegevens of inlichtingen die ingevolge deze wet dan wel ingevolge titel 5.2 van de Algemene wet bestuursrecht zijn verstrekt of verkregen of van een persoon of instantie als bedoeld in artikel 1:90, eerste lid, onderscheidenlijk 1:91, eerste lid, zijn ontvangen, verder of anders gebruik te maken of daaraan verder of anders bekendheid te geven dan voor de uitvoering van zijn taak of door deze wet wordt geëist. — *Financieel toezicht, geheimhoudingsplicht*
2. In afwijking van het eerste lid kan de toezichthouder met gebruikmaking van vertrouwelijke gegevens of inlichtingen verkregen bij de uitvoering van zijn taak op grond van deze wet, mededelingen doen, indien deze niet kunnen worden herleid tot afzonderlijke personen.
3. Het eerste lid is van overeenkomstige toepassing op personen die betrokken zijn of zijn geweest bij de vervulling van enige taak ingevolge deze wet, dan wel anderszins de beschikking verkrijgen over gegevens of inlichtingen als bedoeld in het eerste lid.
4. In afwijking van het derde lid kunnen personen als bedoeld in het derde lid mededeling doen van gegevens of inlichtingen met betrekking tot de toepassing van hoofdstuk 3A.2, indien de noodzaak tot mededeling voortvloeit uit toepassing van dat hoofdstuk en mededeling geschiedt in zodanige vorm dat het niet kan worden herleid tot afzonderlijke personen of met de uitdrukkelijke en voorafgaande toestemming van de Nederlandsche Bank.

Art. 1:90
1. De toezichthouder kan, in afwijking van artikel 1:89, eerste lid, vertrouwelijke gegevens of inlichtingen verkregen bij de uitvoering van zijn taak op grond van deze wet, verstrekken aan de andere toezichthouder, het Depositogarantiefonds, genoemd in artikel 3:259a, het Afwikkelingsfonds, genoemd in 3A:68, of een toezichthoudende of bij afwikkeling betrokken instantie in een andere lidstaat, alsmede aan een instantie als bedoeld in artikel 56, onderdelen b, c of d, van de richtlijn kapitaalvereisten, of een persoon of instantie als bedoeld in artikel 83, tweede lid, onderdeel k, en artikel 84, vierde lid, onderdeel b, van de richtlijn herstel en afwikkeling van banken en beleggingsondernemingen, tenzij: — *Financiële toezichthouder, verstrekking vertrouwelijke gegevens/inlichtingen aan andere toezichthouder of toezichthouder andere lidstaat*
a. het doel waarvoor de vertrouwelijke gegevens of inlichtingen zullen worden gebruikt onvoldoende bepaald is;
b. het beoogde gebruik van de vertrouwelijke gegevens of inlichtingen niet past in het kader van het toezicht op financiële markten of op personen die op die markten werkzaam zijn;
c. de verstrekking van de vertrouwelijke gegevens of inlichtingen zich niet zou verdragen met de Nederlandse wet of de openbare orde;
d. de geheimhouding van de vertrouwelijke gegevens of inlichtingen niet in voldoende mate is gewaarborgd;
e. de verstrekking van de vertrouwelijke gegevens of inlichtingen redelijkerwijs in strijd is of zou kunnen komen met de belangen die deze wet beoogt te beschermen; of
f. onvoldoende is gewaarborgd dat de vertrouwelijke gegevens of inlichtingen niet zullen worden gebruikt voor een ander doel dan waarvoor deze worden verstrekt.
2. Voorzover de gegevens of inlichtingen, bedoeld in het eerste lid, zijn verkregen van een toezichthoudende of bij afwikkeling betrokken instantie in een andere lidstaat, verstrekt de toezichthouder deze niet aan de andere toezichthouder of aan een andere toezichthoudende instantie in een andere lidstaat, tenzij de toezichthoudende instantie in een andere lidstaat waarvan de gegevens of inlichtingen zijn verkregen uitdrukkelijk heeft ingestemd met de verstrekking van de gegevens of inlichtingen en in voorkomend geval heeft ingestemd met het gebruik voor een ander doel dan waarvoor de gegevens of inlichtingen zijn verstrekt.
3. Indien een toezichthoudende of bij afwikkeling betrokken instantie in een andere lidstaat aan de toezichthouder die de vertrouwelijke gegevens of inlichtingen op grond van het eerste of tweede lid heeft verstrekt, verzoekt om die vertrouwelijke gegevens of inlichtingen te mogen gebruiken voor een ander doel dan waarvoor zij zijn verstrekt, willigt de toezichthouder dat verzoek slechts in:
a. indien het beoogde gebruik niet in strijd is met het eerste of tweede lid; of
b. voorzover die toezichthoudende instantie op een andere wijze dan in deze wet voorzien vanuit Nederland met inachtneming van de daarvoor geldende wettelijke procedures voor dat andere doel de beschikking over die gegevens of inlichtingen zou kunnen verkrijgen; en
c. na overleg met Onze Minister van Justitie indien het in de aanhef bedoelde verzoek betrekking heeft op een onderzoek naar strafbare feiten.

art. 1:91 24 Wet op het financieel toezicht (uittreksel)

4. De Autoriteit Financiële Markten dan wel het organisatieonderdeel van de Nederlandsche Bank dat is belast met de in artikel 1:24 genoemde taak kan vertrouwelijke informatie of gegevens verstrekken aan het organisatieonderdeel van de Nederlandsche Bank dat is belast met het vervullen van haar monetaire taak, voorzover de vertrouwelijke gegevens of inlichtingen dienstig zijn voor de uitoefening van die taak.

5. Onverminderd artikel 1:89, eerste lid, verstrekt de toezichthouder eigener beweging of desgevraagd de vertrouwelijke gegevens of inlichtingen aan de andere toezichthouder of aan Onze Minister, die deze met het oog op de stabiliteit van het financiële stelsel behoeft. Artikel 1:42, vijfde en zevende lid, is van overeenkomstige toepassing.

Schakelbepaling
6. Het eerste tot en met derde lid is van overeenkomstige toepassing op het uitwisselen van vertrouwelijke gegevens of inlichtingen tussen de met verschillende taken belaste organisatieonderdelen van de toezichthouder. De toezichthouder waarborgt dat bovenstaande informatie-uitwisseling plaatsvindt met inachtneming van het geheimhoudingsregime dat ingevolge Europese richtlijnen op de desbetreffende gegevens of inlichtingen van toepassing is.

7. Het eerste tot en met derde lid is van overeenkomstige toepassing op het uitwisselen van vertrouwelijke gegevens en inlichtingen met de Europese Commissie, Europese toezichthoudende autoriteiten, de Afwikkelingsraad, het Gemengd Comité van de Europese toezichthoudende autoriteiten en het Europees Comité voor systeemrisico's.

8. Het eerste tot en met derde lid is van overeenkomstige toepassing op het uitwisselen van vertrouwelijke gegevens en inlichtingen tussen de toezichthouder en de Europese Centrale Bank in haar hoedanigheid van toezichthoudende autoriteit.

9. De toezichthouder verstrekt op verzoek, in afwijking van artikel 1:89, eerste lid, vertrouwelijke gegevens of inlichtingen verkregen bij de uitvoering van zijn taak op grond van deze wet, aan een tijdelijke enquêtecommissie van het Europees Parlement, bedoeld in artikel 226 van het Verdrag betreffende de werking van de Europese Unie.

Art. 1:91

Financiële toezichthouder, personen aan wie vertrouwelijke gegevens verstrekt kunnen worden
1. De toezichthouder kan, in afwijking van artikel 1:89, eerste lid, vertrouwelijke gegevens of inlichtingen verkregen bij de uitvoering van de hem ingevolge deze wet opgedragen taak, verstrekken aan een persoon als bedoeld in de onderdelen a, b, c en d voorzover de gegevens of inlichtingen dienstig zijn voor de uitoefening van zijn taak:
   a. een rechter-commissaris die ingevolge artikel 223a van de Faillissementswet is benoemd;
   b. een bewindvoerder die ingevolge artikel 215, tweede lid, van de Faillissementswet is benoemd;
   c. een rechter-commissaris die ingevolge artikel 14 van de Faillissementswet is benoemd;
   d. een curator die ingevolge artikel 14 van de Faillissementswet is aangesteld.

2. De toezichthouder verstrekt geen vertrouwelijke gegevens of inlichtingen als bedoeld in het eerste lid:
   a. indien de verstrekking van de vertrouwelijke gegevens of inlichtingen redelijkerwijs in strijd is of zou kunnen komen met de belangen die deze wet beoogt te beschermen;
   b. indien de vertrouwelijke gegevens of inlichtingen zijn verkregen van de andere toezichthouder, de Europese Centrale Bank of een toezichthoudende instantie, en deze niet instemt met het verstrekken van de vertrouwelijke gegevens of inlichtingen.

3. De curator die is aangesteld in het faillissement van een beleggingsonderneming of marktexploitant kan, in afwijking van artikel 1:89, eerste lid, vertrouwelijke gegevens of inlichtingen als bedoeld in het eerste lid verstrekken aan de rechtbank, voorzover die geen betrekking hebben op derden en dit voor de afwikkeling van het faillissement nodig is.

4. De curator die is aangesteld in het faillissement van een financiële onderneming, niet zijnde een beleggingsonderneming of marktexploitant, kan, in afwijking van artikel 1:89, eerste lid, vertrouwelijke gegevens of inlichtingen als bedoeld in het eerste lid verstrekken aan de rechtbank, voorzover die geen betrekking hebben op een onderneming die betrokken is of betrokken is geweest bij een poging de failliete onderneming in staat te stellen haar bedrijf voort te zetten.

5. Artikel 1:89, eerste lid, laat onverlet de toepasselijkheid van de bepalingen van het Wetboek van Burgerlijke Rechtsvordering welke betrekking hebben op het als getuige of als partij in een comparitie van partijen dan wel als deskundige in burgerlijke zaken afleggen van een verklaring omtrent gegevens of inlichtingen verkregen bij de vervulling van zijn ingevolge deze wet opgedragen taak, voorzover het gaat om vertrouwelijke gegevens of inlichtingen omtrent een financiële onderneming die in staat van faillissement is verklaard of op grond van een rechterlijke uitspraak is ontbonden.

6. Bij een faillissement of gerechtelijke ontbinding van een beleggingsonderneming of marktexploitant is het vijfde lid niet van toepassing op vertrouwelijke gegevens of inlichtingen die betrekking hebben op derden. Bij een faillissement of gerechtelijke ontbinding van een financiële onderneming, niet zijnde een beleggingsonderneming of marktexploitant, is het vijfde lid niet van toepassing op vertrouwelijke gegevens of inlichtingen die betrekking hebben op een onderneming die betrokken is of betrokken is geweest bij een poging de desbetreffende onderneming in staat te stellen haar bedrijf voort te zetten.

Art. 1:92
1. De toezichthouder kan, in afwijking van artikel 1:89, eerste lid, vertrouwelijke gegevens of inlichtingen verkregen bij de uitvoering van de hem ingevolge deze wet opgedragen taak, verstrekken aan een instantie die is belast met de uitoefening van strafvorderlijke bevoegdheden of aan een deskundige die door een dergelijke instantie met een opdracht is belast, voorzover de verlangde gegevens of inlichtingen noodzakelijk zijn voor de uitvoering van die opdracht.

Financiële toezichthouder, verstrekking vertrouwelijke gegevens aan instantie belast met uitoefening strafvorderlijke bevoegdheden

2. Indien de instantie, bedoeld in het eerste lid, het voornemen heeft toepassing te geven aan de bevoegdheid tot het bij de toezichthouder vorderen van de uitlevering van een voor inbeslagneming vatbaar voorwerp of aan de bevoegdheid tot het vorderen van de inzage of het afschrift van bescheiden als bedoeld in artikel 96a, 105 of 126a van het Wetboek van Strafvordering, of artikel 18 of 19 van de Wet op de economische delicten, en de vordering betreft vertrouwelijke gegevens of inlichtingen als bedoeld in artikel 1:89, eerste lid, stelt die instantie voorafgaand aan de uitoefening van haar bevoegdheid de toezichthouder in de gelegenheid zijn zienswijze hierover kenbaar te maken.

Art. 1:93
1. De toezichthouder kan, in afwijking van artikel 1:89, eerste lid, vertrouwelijke gegevens of inlichtingen verkregen bij de vervulling van de hem ingevolge deze wet opgedragen taak, verstrekken aan:

Financiële toezichthouder, overige instanties waaraan vertrouwelijke gegevens verstrekt kunnen worden

a. de Europese Centrale Bank, een buitenlandse nationale centrale bank of een andere buitenlandse instantie die is belast met een soortgelijke taak, handelend in haar hoedanigheid van monetaire autoriteit, voor zover de gegevens of inlichtingen dienstig zijn voor de uitoefening van haar wettelijke taken, waaronder de monetaire taak en de daarmee samenhangende beschikbaarstelling van liquide middelen, de uitoefening van toezicht op betalings- clearing- en afwikkelsystemen en de waarborging van de stabiliteit van het financiële stelsel, of voor de taakuitoefening van een andere buitenlandse instantie die is belast met het toezicht op betalingssystemen;
b. een accountant die is belast met de wettelijke controle van de jaarrekening van een financiële onderneming, voorzover de vertrouwelijke gegevens of inlichtingen betrekking hebben op die financiële onderneming en noodzakelijk zijn voor de controle;
c. een actuaris die is belast met de wettelijke controle van een financiële onderneming, voorzover de vertrouwelijke gegevens of inlichtingen betrekking hebben op die financiële onderneming en noodzakelijk zijn voor de controle;
d. de marktexploitant, de beleggingsonderneming die een multilaterale handelsfaciliteit exploiteert of de houder van een met een gereglementeerde markt of een multilaterale handelsfaciliteit vergelijkbaar systeem uit een lidstaat is met het oog op de controle op de naleving van de voor die markt te hanteren regels; of
e. de Nederlandse Zorgautoriteit, voorzover de gegevens of inlichtingen dienstig zijn voor de uitoefening van haar wettelijke taken;
f. de Algemene Inlichtingen- en Veiligheidsdienst, de Belastingdienst, de Fiscale Inlichtingen- en Opsporingsdienst, de Nationale Politie, het Bureau Financieel Toezicht, de Financiële Inlichtingen Eenheid, de kansspelautoriteit en het Openbaar Ministerie, voor zover de gegevens of inlichtingen dienstig zijn voor de uitoefening van hun wettelijke taken;
g. de Autoriteit Consument en Markt en het Agentschap, voor zover de gegevens of inlichtingen dienstig zijn voor de uitoefening van hun taken op grond van verordening 1227/2011;
h. een clearinginstelling of afwikkelonderneming, voor zover de vertrouwelijke gegevens of inlichtingen betrekking hebben op het in gebreke blijven van een marktdeelnemer of de voorzienbare mogelijkheid daartoe en verstrekking in het belang is van het functioneren van de clearinginstelling of afwikkelonderneming;
i. de Autoriteit Consument en Markt, voor zover de gegevens en inlichtingen dienstig zijn voor de uitoefening van de haar op grond van artikel 1:25a opgedragen taak tot het houden van toezicht op de naleving van de artikelen 5:88 en 5:88a dan wel voor de uitoefening van haar taken ingevolge de Mededingingswet, voor zover deze betrekking hebben op de mededinging bij het verlenen van betaaldiensten, en de toezichthouder de gegevens of inlichtingen heeft verkregen bij de uitoefening van het toezicht op het verlenen van betaaldiensten;
j. de Autoriteit Persoonsgegevens, voor zover de gegevens of inlichtingen dienstig zijn voor de uitoefening van haar wettelijke taken en betrekking hebben op betaaldiensten en de toezichthouder de gegevens of inlichtingen heeft verkregen bij de uitoefening van het toezicht op het verlenen van betaaldiensten;
j. Onze Minister van Justitie en Veiligheid, voor zover de gegevens of inlichtingen dienstig zijn voor de uitoefening van zijn taken op grond van artikel 2, eerste lid, van de Wet controle op rechtspersonen.
2. De toezichthouder verstrekt geen vertrouwelijke gegevens of inlichtingen op grond van het eerste lid indien:
a. het doel waarvoor de vertrouwelijke gegevens of inlichtingen zullen worden gebruikt onvoldoende bepaald is;

b. het beoogde gebruik van de vertrouwelijke gegevens of inlichtingen niet past in het kader van het toezicht op financiële markten of op personen die op die markten werkzaam zijn;
c. de verstrekking van de vertrouwelijke gegevens of inlichtingen zich niet zou verdragen met de Nederlandse wet of de openbare orde;
d. de geheimhouding van de vertrouwelijke gegevens of inlichtingen niet in voldoende mate is gewaarborgd;
e. de verstrekking van de vertrouwelijke gegevens of inlichtingen redelijkerwijs in strijd is of zou kunnen komen met de belangen die deze wet beoogt te beschermen; of
f. onvoldoende is gewaarborgd dat de vertrouwelijke gegevens of inlichtingen niet zullen worden gebruikt voor een ander doel dan waarvoor deze worden verstrekt.

3. Voorzover de gegevens of inlichtingen, bedoeld in het eerste lid, zijn verkregen van een toezichthoudende instantie, verstrekt de toezichthouder deze niet aan de andere toezichthouder of aan een andere toezichthoudende instantie, tenzij de toezichthoudende instantie waarvan de gegevens of inlichtingen zijn verkregen uitdrukkelijk heeft ingestemd met de verstrekking van de gegevens of inlichtingen en in voorkomend geval heeft ingestemd met het gebruik voor een ander doel dan waarvoor de gegevens of inlichtingen zijn verstrekt.

4. Indien een instantie of persoon als bedoeld in het eerste lid aan de toezichthouder die de vertrouwelijke gegevens of inlichtingen op grond van dat lid heeft verstrekt, verzoekt om die vertrouwelijke gegevens of inlichtingen te mogen gebruiken voor een ander doel dan waarvoor zij zijn verstrekt, willigt de toezichthouder dat verzoek slechts in:
a. indien het beoogde gebruik niet in strijd is met het eerste, tweede of derde lid; of
b. voorzover die instantie of persoon op een andere wijze dan in deze wet voorzien met inachtneming van de daarvoor geldende wettelijke procedures voor dat andere doel de beschikking over die gegevens of inlichtingen zou kunnen verkrijgen; en
c. na overleg met Onze Minister van Justitie indien het in de aanhef bedoelde verzoek betrekking heeft op een onderzoek naar strafbare feiten.

Art. 1:93a

Financiële toezichthouder, kennisgeving noodsituaties

Indien de Nederlandsche Bank ingevolge afdeling 3.6.2. toezicht houdt op geconsolideerde basis op een Nederlandse beleggingsonderneming of Nederlandse bank dan wel toezicht houdt op een financiële onderneming binnen een groep waarop geconsolideerd toezicht wordt gehouden, brengt zij Onze Minister en de instanties, bedoeld in artikel 1:93, eerste lid, onderdeel a, onverwijld op de hoogte van noodsituaties, waaronder ongunstige ontwikkelingen op de financiële markten, die de liquiditeit van de markt en de stabiliteit van het financiële stelsel in de lidstaat waar financiële ondernemingen binnen de groep die in het geconsolideerd toezicht betrokken zijn hun zetel hebben, kunnen aantasten en deelt zij alle informatie mede die voor de uitoefening van hun taken noodzakelijk is.

Art. 1:93b

Financiële toezichthouder, gegevensverstrekking AFM–DNB

1. De Autoriteit Financiële Markten kan, indien zij is aangewezen als contactpunt als bedoeld in artikel 79, eerste lid, vijfde volzin, van de richtlijn markten voor financiële instrumenten 2014, in afwijking van artikel 1:90, eerste lid, vertrouwelijke gegevens of inlichtingen verkregen bij de uitvoering van haar taak als contactpunt, verstrekken aan de Nederlandsche Bank of de Europese Centrale Bank.

2. Voorzover de gegevens of inlichtingen, bedoeld in het eerste lid, zijn verkregen van een toezichthoudende instantie in een andere lidstaat, verstrekt de Autoriteit Financiële Markten deze niet aan instanties of personen als bedoeld in artikel 1:91, eerste lid, onderdelen a tot en met f, artikel 1:92, eerste lid, en 1:93, eerste lid, onderdelen a tot en met e, tenzij de desbetreffende toezichthoudende instantie waarvan de gegevens of inlichtingen zijn verkregen uitdrukkelijk heeft ingestemd met de verstrekking van de gegevens en in voorkomend geval heeft ingestemd met het gebruik voor een ander doel dan waarvoor de gegevens of inlichtingen zijn verstrekt. De Autoriteit Financiële Markten kan de gegevens of inlichtingen in naar behoren gemotiveerde omstandigheden ook zonder de uitdrukkelijke instemming van de desbetreffende toezichthoudende instantie voor een ander doel dan waarvoor zij zijn verstrekt, verstrekken aan de in de vorige volzin bedoelde personen of instanties. In dit laatste geval stelt de Autoriteit Financiële Markten de toezichthoudende instantie waarvan de gegevens of inlichtingen zijn verkregen hiervan terstond in kennis.

Art. 1:93c

Financiële toezichthouder, gegevensverstrekking aan ACM o.g.v. Wet handhaving consumentenbescherming

1. De Autoriteit Financiële Markten kan, in afwijking van artikel 1:89, eerste lid, vertrouwelijke gegevens of inlichtingen verkregen bij de vervulling van de haar ingevolge deze wet opgedragen taak, verstrekken aan de Autoriteit Consument en Markt, voor zover deze gegevens of inlichtingen dienstig zijn voor de uitoefening haar taken op grond van de Wet handhaving consumentenbescherming.

2. Artikel 1:93, tweede tot en met vierde lid, met uitzondering van het tweede lid, onderdeel b, is van overeenkomstige toepassing.

3. De Autoriteit Financiële Markten waarborgt dat informatie-uitwisseling op grond van dit artikel plaatsvindt met inachtneming van het geheimhoudingsregime dat ingevolge Europese richtlijnen of verordeningen op de desbetreffende gegevens of inlichtingen van toepassing is.

Art. 1:93d

1. De Nederlandsche Bank verstrekt eigener beweging aan Onze Minister relevante informatie met betrekking tot een aanvraag of tot een voornemen tot verlening of intrekking van een verklaring van geen bezwaar als bedoeld in artikel 3:95, eerste lid, indien de desbetreffende deelneming belangrijke gevolgen heeft of kan hebben voor de inrichting of goede werking van het financiële stelsel. *[DNB, informatieverstrekking bij mutatie verklaring van geen bezwaar]*

2. Artikel 1:42, zevende lid, is van overeenkomstige toepassing op de in het eerste lid bedoelde informatie.

Art. 1:93e

1. De toezichthouder verstrekt, in afwijking van artikel 1:89, eerste lid, vertrouwelijke gegevens of inlichtingen verkregen bij de vervulling van de hem ingevolge deze wet opgedragen taak, aan de Algemene Rekenkamer, voor zover de gegevens of inlichtingen naar het oordeel van de Algemene Rekenkamer noodzakelijk zijn voor de uitoefening van haar wettelijke taak op grond van artikel 7.24 van de Comptabiliteitswet 2016. Artikel 1:93, derde lid, is van overeenkomstige toepassing. *[DNB, verstrekking vertrouwelijke gegevevens/inlichtingen in kader taakvervulling]*

2. De Algemene Rekenkamer is verplicht tot geheimhouding van de op grond van het eerste lid ontvangen vertrouwelijke gegevens of inlichtingen en kan die slechts openbaar maken indien deze niet herleid kunnen worden tot afzonderlijke personen.

Art. 1:93f

1. De toezichthouder verstrekt, in afwijking van artikel 1:89, eerste lid, vertrouwelijke gegevens of inlichtingen verkregen bij de vervulling van de hem ingevolge deze wet opgedragen taak, aan een commissie als bedoeld in artikel 2, tweede lid, van de Wet op de parlementaire enquête 2008, voor zover de gegevens of inlichtingen naar het oordeel van die commissie noodzakelijk zijn voor de vervulling van haar taak. Artikel 1:93, derde lid, is van overeenkomstige toepassing. *[Toezichthouder, verstrekken vertrouwelijke gegevens aan parlementaire enquêtecommissie]*

2. De commissie, bedoeld in het eerste lid, is verplicht tot geheimhouding van de op grond van het eerste lid ontvangen vertrouwelijke gegevens of inlichtingen en kan die slechts openbaar maken indien deze niet te herleiden zijn tot afzonderlijke personen.

Afdeling 1.5.2
Publicatiemogelijkheden van de toezichthouders

Art. 1:94

1. De toezichthouder kan met een openbare verklaring overtreding en de naam van de overtreder openbaar maken bij een overtreding: *[Financiële toezichthouder, uitvaardiging openbare waarschuwing]*

a. als bedoeld in artikel 1:80a van een overtreding van een voorschrift, gesteld bij of krachtens het Deel Prudentieel toezicht financiële ondernemingen, indien die overtreding is gerangschikt in de derde boetecategorie, bedoeld in artikel 1:81, tweede lid, en is begaan door een bank of een beleggingsonderneming in de zin van de verordening kapitaalvereisten;

b. van artikel 1:74, voor zover het betreft een vordering om inlichtingen voor het opstellen van een afwikkelingsplan als bedoeld in artikel 3A:10 of artikel 9 van de verordening gemeenschappelijk afwikkelingsmechanisme;

c. van de artikelen 3:53, eerste lid en 3:57, eerste lid, of een overtreding van een voorschrift gesteld bij of krachtens het Deel Gedragstoezicht financiële ondernemingen, indien die overtreding is gerangschikt in de derde boetecategorie, bedoeld in artikel 1:81, tweede lid, en is begaan door een beheerder van een beleggingsinstelling of van een instelling voor collectieve belegging in effecten;

d. van een voorschrift, gesteld bij of krachtens het Deel Gedragstoezicht financiële ondernemingen, indien die overtreding is gerangschikt in de derde boetecategorie, bedoeld in artikel 1:81, tweede lid, en is begaan door een beleggingsonderneming of een datarapporteringsdienstverlener;

e. van een voorschrift, gesteld bij of krachtens het Deel Gedragstoezicht financiële ondernemingen, indien die overtreding is gerangschikt in de derde boetecategorie, bedoeld in artikel 1:81, tweede lid, en is begaan door een bemiddelaar in verzekeringen of verzekeraar en de overtreding betrekking heeft op een verzekering met een beleggingscomponent;

f. van een voorschrift, gesteld bij of krachtens hoofdstuk 5.1;

g. van een voorschrift, gesteld bij of krachtens hoofdstuk 5.1a, 5.2, 5.3 of 5.9, indien de overtreding is gerangschikt in de derde boetecategorie, bedoeld in artikel 1:81, tweede lid, met uitzondering van een overtreding als bedoeld in de artikelen 5:25c, zesde tot en met negende lid, en 5:36, en de overtreding is begaan door een uitgevende instelling als bedoeld in de hoofdstukken 5.1a en 5.3 of een meldingsplichtige als bedoeld in artikel 5:33, eerste lid, onderdeel c; of

h. van een ander voorschrift waarvoor dit ter uitvoering van een bindende EU-rechtshandeling bij algemene maatregel van bestuur is bepaald.

2. De toezichthouder kan met een openbare waarschuwing elke overtreding van een ingevolge deze wet gesteld voorschrift of verbod en de naam van de overtreder openbaar maken, indien dat naar het oordeel van de toezichthouder nodig is om het publiek snel en effectief te informeren teneinde schade te voorkomen of te beperken.

Art. 1:95

<!-- margin: Financiële toezichthouder, kennisgeving uitvaardiging openbare waarschuwing aan overtreder -->

De toezichthouder maakt op grond van artikel 1:94 geen gegevens openbaar, voor zover:
a. die gegevens herleidbaar zijn tot een natuurlijk persoon en bekendmaking van zijn persoonsgegevens onevenredig zou zijn;
b. betrokken partijen in onevenredige mate schade zou worden berokkend;
c. een lopend strafrechtelijk onderzoek of een lopend onderzoek door de toezichthouder naar mogelijke overtredingen zou worden ondermijnd;
d. de stabiliteit van het financiële stelsel in gevaar zou worden gebracht; of
e. openbaarmaking in strijd is of zou kunnen komen met de belangen die deze wet beoogt te beschermen.

Art. 1:96
[Vervallen]

Art. 1:97

<!-- margin: Financiële toezichthouder, openbaarmaking besluit opleggen bestuurlijke sanctie -->

1. De toezichthouder maakt een besluit tot het opleggen van een bestuurlijke sanctie ingevolge deze wet openbaar. De openbaarmaking geschiedt zodra het besluit onherroepelijk is geworden. Indien tegen het besluit bezwaar, beroep of hoger beroep is ingesteld, maakt de toezichthouder de uitkomst daarvan tezamen met het besluit openbaar.

2. In aanvulling op artikel 5:2, eerste lid, onderdeel a, van de Algemene wet bestuursrecht wordt onder bestuurlijke sanctie mede verstaan: het door de toezichthouder wegens een overtreding beëindigen of beperken van een recht of bevoegdheid alsmede het opleggen van een verbod.

3. In afwijking van het eerste lid maakt de toezichthouder een besluit tot het opleggen van een bestuurlijke boete zo spoedig mogelijk openbaar, indien het een bestuurlijke boete betreft ter zake overtreding van:
a. een voorschrift dat op grond van artikel 1:81 is gerangschikt in de derde categorie;
b. in bij algemene maatregel van bestuur te bepalen gevallen: een voorschrift dat op grond van artikel 1:81 is gerangschikt in de tweede categorie.

4. De toezichthouder maakt in afwijking van het eerste lid een besluit tot het opleggen van een last onder dwangsom ingevolge deze wet zo spoedig mogelijk openbaar, indien een dwangsom wordt verbeurd.

5. De toezichthouder maakt de indiening van een bezwaar of de instelling van een beroep of hoger beroep tegen een besluit als bedoeld in het derde of vierde lid, alsmede de beslissing op bezwaar en de uitkomst van dat beroep of hoger beroep, zo spoedig mogelijk openbaar, tenzij het besluit op grond van artikel 1:98 niet openbaar is gemaakt.

Art. 1:98

<!-- margin: Financiële toezichthouder, uitstel/achterwege laten van openbaarmaking besluit opleggen bestuurlijke sanctie -->

1. Openbaarmaking op grond van artikel 1:97 wordt uitgesteld of geschiedt in zodanige vorm dat de openbaar te maken gegevens niet herleidbaar zijn tot afzonderlijke personen, voor zover:
a. die gegevens herleidbaar zijn tot een natuurlijk persoon en bekendmaking van zijn persoonsgegevens onevenredig zou zijn;
b. betrokken partijen in onevenredige mate schade zou worden berokkend;
c. een lopend strafrechtelijk onderzoek of een lopend onderzoek door de toezichthouder naar mogelijke overtredingen zou worden ondermijnd; of
d. de stabiliteit van het financiële stelsel in gevaar zou worden gebracht.

2. Openbaarmaking op grond van artikel 1:97 blijft achterwege, indien openbaarmaking overeenkomstig het eerste lid:
a. onevenredig zou zijn gezien de geringe ernst van de overtreding, tenzij het een besluit tot het opleggen van een bestuurlijke boete betreft;
b. niet in overeenstemming is met het doel van de opgelegde bestuurlijke sanctie, tenzij het een besluit tot het opleggen van een bestuurlijke boete betreft; of
c. de stabiliteit van het financiële stelsel in gevaar zou brengen.

Art. 1:99

<!-- margin: Financiële toezichthouder, termijn openbaarmaking besluit opleggen bestuurlijke sanctie -->

1. Alvorens over te gaan tot openbaarmaking van gegevens die tot afzonderlijke personen herleidbaar zijn op grond van deze afdeling, neemt de toezichthouder een besluit tot openbaarmaking. Dit besluit bevat de openbaar te maken gegevens en de wijze en termijn waarop de openbaarmaking zal plaatsvinden.

2. Onverminderd artikel 4:11 van de Algemene wet bestuursrecht kan de toezichthouder bij het nemen van een besluit op grond van artikel 1:94 de toepassing van artikel 4:8 van de Algemene wet bestuursrecht achterwege laten, indien van de belanghebbende geen adres bekend is en het adres ook niet met een redelijke inspanning kan worden verkregen.

Art. 1:100
1. De toezichthouder gaat pas over tot openbaarmaking op grond van deze afdeling, nadat vijf werkdagen zijn verstreken na de dag waarop het besluit tot openbaarmaking aan de belanghebbende is bekendgemaakt.
2. In afwijking van het eerste lid gaat de toezichthouder pas over tot openbaarmaking op grond van artikel 1:94, eerste lid, nadat het besluit tot openbaarmaking onherroepelijk is.
3. Indien wordt verzocht om een voorlopige voorziening als bedoeld in artikel 8:81 van de Algemene wet bestuursrecht om openbaarmaking op grond van deze afdeling te voorkomen, wordt de openbaarmaking opgeschort totdat de voorzieningenrechter uitspraak heeft gedaan.
4. De toezichthouder beëindigt het openbaar beschikbaar houden van gegevens die tot afzonderlijke personen herleidbaar zijn op grond van artikel 1:94, tweede lid, of 1:97, eerste lid, onverwijld indien en voor zover:
a. het besluit tot openbaarmaking wordt ingetrokken; of
b. het besluit tot openbaarmaking door de bestuursrechter onherroepelijk is vernietigd.
5. In de gevallen, bedoeld in het vierde lid, biedt de toezichthouder de belanghebbende aan de intrekking of de vernietiging openbaar te maken.
6. In afwijking van artikel 1:97, vijfde lid, zijn het vierde en vijfde lid van overeenkomstige toepassing op een besluit tot openbaarmaking op grond van artikel 1:97, derde of vierde lid, voor zover de openbaarmaking in strijd met artikel 1:98 heeft plaatsgevonden.

Art. 1:100a
1. In afwijking van artikel 1:100, eerste en tweede lid, en van artikel 1:97, eerste lid, kan de toezichthouder op een kortere termijn en zo nodig onverwijld overgaan tot openbaarmaking, voor zover:
a. bescherming van de belangen die deze wet beoogt te beschermen geen verder uitstel toelaat; of
b. de overtreder zelf informatie openbaar heeft gemaakt over de overtreding of het besluit tot het opleggen van een bestuurlijke sanctie waarop de openbaarmaking betrekking heeft, en versnelde openbaarmaking in het belang van het publiek noodzakelijk is ter bescherming van het vertrouwen in het toezicht op de financiële markten.
2. In de gevallen bedoeld in het eerste lid kan de toezichthouder tevens besluiten dat artikel 1:100, derde lid, buiten toepassing blijft.
3. De toezichthouder verricht een redelijke inspanning om de betrokkene voorafgaand aan de openbaarmaking in kennis te stellen van de voorgenomen openbaarmaking.
4. Bij openbaarmaking van een besluit tot het opleggen van een bestuurlijke sanctie is artikel 1:97, vijfde lid, van overeenkomstige toepassing.

Art. 1:101
1. Indien wordt verzocht om een voorlopige voorziening als bedoeld in artikel 8:81 van de Algemene wet bestuursrecht om openbaarmaking op grond van deze afdeling te voorkomen, vindt het onderzoek ter zitting plaats met gesloten deuren.
2. Indien de voorzieningenrechter openbaarmaking op grond van deze afdeling heeft verboden, of indien op grond van artikel 1:98 nog geen tot afzonderlijke personen herleidbare openbaarmaking heeft plaatsgevonden, vindt het horen van belanghebbenden terzake van het bezwaar tegen het besluit tot openbaarmaking of het besluit tot het opleggen van de bestuurlijke sanctie niet in het openbaar plaats.
3. Indien de voorzieningenrechter openbaarmaking op grond van deze afdeling heeft verboden, of indien op grond van artikel 1:98 nog geen tot afzonderlijke personen herleidbare openbaarmaking heeft plaatsgevonden, en beroep of hoger beroep wordt ingesteld tegen het besluit tot openbaarmaking of het besluit tot het opleggen van de bestuurlijke sanctie, vindt het onderzoek ter zitting plaats met gesloten deuren.

Financieel toezicht, openbaarheid zitting voorzieningenrechter

Hoofdstuk 1.6
Procedures

Afdeling 1.6.1
Vergunningen

Art. 1:102
1. Bij of krachtens algemene maatregel van bestuur worden regels gesteld met betrekking tot de wijze waarop de aanvraag wordt ingediend.
2. Aan de vergunning kunnen voorschriften worden verbonden en beperkingen worden gesteld met het oog op de belangen die het desbetreffende deel beoogt te beschermen.
3. De toezichthouder beslist of stelt een ontwerpbesluit op binnen dertien weken na ontvangst van de vergunningaanvraag.
4. In afwijking van het derde lid beslist de toezichthouder binnen acht weken op een aanvraag van een vergunning voor een bewaarder en een vergunning voor een icbe.

Nadere regels

Financieel toezicht, aanvraag vergunning

5. In afwijking van het derde lid beslist de toezichthouder binnen zesentwintig weken na ontvangst op de aanvraag van een vergunning voor een beheerder van een beleggingsinstelling. De aanvrager wordt geïnformeerd over een langere termijn dan dertien weken.
6. In afwijking van het derde lid stelt de toezichthouder, indien de aanvraag betrekking heeft op een vergunning als bedoeld in artikel 2:11, binnen zesentwintig weken een ontwerpbesluit als bedoeld in artikel 2:12, eerste lid, op, dan wel beslist hij binnen die termijn met toepassing van artikel 2:12, derde lid.
7. In afwijking van het derde lid beslist de toezichthouder binnen zesentwintig weken op een aanvraag van een vergunning voor het verlenen van datarapporteringsdiensten. De aanvrager wordt geïnformeerd over een langere termijn dan dertien weken.
7. De toezichthouder bericht de aanvrager onverwijld van de ontvangst van de aanvraag.

Art. 1:103

Financiële toezichthouder, aanhouding beslissing aanvraag vergunning

1. In afwijking van artikel 1:102, derde of zesde lid, houdt de toezichthouder de beslissing of het ontwerpbesluit op een aanvraag tot het verlenen van een vergunning aan, indien er tevens een aanvraag tot verlening van een verklaring van geen bezwaar als bedoeld in artikel 3:95, eerste lid, onderdeel b of c, is ingediend, uiterlijk tot zes weken na het tijdstip waarop de beschikking inzake de verklaring van geen bezwaar is bekendgemaakt. Indien binnen die termijn een verzoek om voorlopige voorziening terzake van die beschikking is gedaan, houdt de toezichthouder de beslissing of het ontwerpbesluit aan tot twee weken na het tijdstip waarop op dat verzoek is beslist.
2. De toezichthouder beslist of stelt een ontwerpbesluit op in elk geval binnen zes maanden na ontvangst van de vergunningaanvraag.
3. In afwijking van het tweede lid stelt de toezichthouder, indien de aanvraag betrekking heeft op een vergunning als bedoeld in artikel 2:11, in elk geval binnen achtenveertig weken een ontwerpbesluit als bedoeld in artikel 2:12, eerste lid, op, dan wel beslist hij in elk geval binnen die termijn met toepassing van artikel 2:12, derde lid.

Werkingssfeer

4. In afwijking van het tweede lid van artikel 1:102, derde lid, wordt de termijn waarbinnen de toezichthouder een beslissing omtrent een vergunning neemt opgeschort indien artikel 2:67b, zesde lid, van toepassing is.

Art. 1:104

Financiële toezichthouder, wijzigen/intrekken vergunning

1. De toezichthouder kan een door hem verleende vergunning wijzigen, geheel of gedeeltelijk intrekken of beperken, dan wel daaraan nadere voorschriften verbinden, indien:
a. de vergunninghouder daartoe een aanvraag heeft ingediend;
b. de vergunninghouder, naar later blijkt, bij de aanvraag van de vergunning onjuiste of onvolledige gegevens heeft verstrekt, en kennis omtrent de juiste en volledige gegevens tot een andere beslissing zou hebben geleid;
c. de vergunninghouder omstandigheden of feiten heeft verzwegen op grond waarvan, zo zij voor het tijdstip waarop de vergunning werd verleend zich hadden voorgedaan of bekend waren geweest, de vergunning zou zijn geweigerd;
d. de vergunninghouder niet meer voldoet aan de bij of krachtens deze wet gestelde regels dan wel niet meer voldoet aan de aan de vergunning verbonden voorschriften of gestelde beperkingen;
e. de vergunninghouder geen gebruik van de vergunning heeft gemaakt binnen een termijn van twaalf maanden na vergunningverlening;
f. de vergunninghouder de vergunningplichtige activiteit heeft beëindigd, de houder van een vergunning als bedoeld in artikel 3:4, een beleggingsonderneming, betaalinstelling, datarapporteringsdienstverlener, elektronischgeldinstelling of wisselinstelling is die haar bedrijf gedurende meer dan zes maanden heeft gestaakt of een entiteit voor risico-acceptatie is die haar bedrijf waarvoor zij een vergunning heeft, gedurende meer dan zes maanden heeft gestaakt, een levensverzekeraar dan wel schadeverzekeraar is die zijn bedrijf in een branche waarvoor hij een vergunning heeft, gedurende meer dan zes maanden heeft gestaakt, een natura-uitvaartverzekeraar is die zijn bedrijf waarvoor hij een vergunning heeft, gedurende meer dan zes maanden heeft gestaakt, een herverzekeraar is die zijn bedrijf in een herverzekeringsactiviteit waarvoor hij een vergunning heeft, gedurende meer dan zes maanden heeft gestaakt of een bemiddelaar in hypothecair krediet is die zijn bedrijf waarvoor hij een vergunning heeft, gedurende meer dan zes maanden heeft gestaakt;
g. de vergunninghouder de onderneming ten behoeve waarvan de vergunning is verleend, geheel of gedeeltelijk overdraagt;
h. de vergunninghouder overlijdt indien het een natuurlijke persoon betreft of wordt ontbonden indien het een rechtspersoon of personenvennootschap betreft;
i. uit de verklaring omtrent de getrouwheid, deel uitmakende van de overige gegevens, bedoeld in artikel 3:71, eerste lid, of de verklaring, bedoeld in de artikelen 3:72, zevende lid, 3:81, derde lid, of 3:86, eerste of tweede lid, niet blijkt dat de jaarrekening of de staten bedoeld in artikel 3:72, eerste of derde lid, een getrouw beeld geeft of geven van de grootte en de samenstelling van het vermogen van de onderneming en van het resultaat over het desbetreffende boekjaar;

j. de vergunninghouder in staat van faillissement is komen te verkeren of ten aanzien van hem de schuldsanering natuurlijke personen van toepassing is verklaard, indien door een rechterlijke beschikking een of meer goederen van de vergunninghouder onder bewind zijn gesteld als bedoeld in artikel 380, 409 of 431 van Boek 1 van het Burgerlijk Wetboek of indien de ondercuratelestelling van de vergunninghouder is uitgesproken;
k. de vergunninghouder een bemiddelaar in hypothecair krediet, een betaalinstelling, een datarapporteringsdienstverlener of een elektronischgeldinstelling is die uitdrukkelijk te kennen heeft gegeven haar bedrijf niet of niet langer te zullen uitoefenen;
l. de vergunninghouder een betaalinstelling of elektronischgeldinstelling is die door de voortzetting van het uitoefenen van haar bedrijf een bedreiging vormt voor de stabiliteit van of het vertrouwen in het betalingssysteem;
m. de vergunninghouder een datarapporteringsdienstverlener is die de bij of krachtens de verordening markten voor financiële instrumenten gestelde regels op ernstige wijze en stelselmatig heeft overtreden; of
n. de vergunninghouder een betaalinstelling of elektronischgeldinstelling is die de Nederlandsche Bank niet in kennis heeft gesteld van belangrijke ontwikkelingen die verband houden met de voorwaarden voor verlening van de vergunning;
n. de vergunninghouder niet voldoet aan de verplichting tot betaling van een bedrag ingevolge artikel 15, eerste lid, van de Wet bekostiging financieel toezicht 2019;
o. de vergunninghouder niet of niet meer voldoet aan de bij of krachtens de Wet ter voorkoming van witwassen en financieren van terrorisme gestelde regels; of
p. doorhaling of beëindiging heeft plaatsgevonden van de inschrijving van de vergunninghouder in het handelsregister als bedoeld in artikel 1, eerste lid, onderdeel h van de Handelsregisterwet 2007.

2. De toezichthouder trekt de door hem verleende vergunning in indien: Financiële toezichthouder,
a. de vergunninghouder een verzekeraar is die niet voldoet aan het minimumkapitaalvereiste,   intrekking vergunning
bedoeld in artikel 3:53, vierde lid, en de Nederlandsche Bank het financieel kortetermijnplan, bedoeld in artikel 3:136, eerste lid, duidelijk ontoereikend acht;
b. de vergunninghouder een verzekeraar is en het financieel kortetermijnplan, waarmee de Nederlandsche Bank heeft ingestemd, niet binnen drie maanden na de in artikel 3:53, zesde lid, bedoelde constatering is uitgevoerd; of
c. hij heeft ingestemd met een portefeuilleoverdracht als bedoeld in de artikelen 3:112, 3:113 en 3:114.
3. De toezichthouder kan bij het besluit tot intrekking van een vergunning tevens bepalen dat de financiële onderneming binnen een door de toezichthouder te stellen termijn het bedrijf geheel of gedeeltelijk afwikkelt. Bij een afwikkeling, al dan niet bepaald door de toezichthouder, wordt de financiële onderneming of de curator in faillissement van de financiële onderneming aangemerkt als vergunninghoudende onderneming.
4. Het eerste en derde lid zijn van overeenkomstige toepassing op door Onze Minister verleende vergunningen.
5. Indien de vergunning is verleend aan een bank, niet zijnde de houder van een vergunning als bedoeld in artikel 3:4, zijn het eerste en tweede lid van overeenkomstige toepassing, met dien verstande dat de Nederlandsche Bank in dat geval in plaats van een besluit als bedoeld in het eerste of tweede lid te nemen, een ontwerpbesluit van die strekking opstelt voor de Europese Centrale Bank.

Art. 1:104a
Een overdrager van een financiële onderneming ten aanzien waarvan toepassing is gegeven   Financiële onderneming,
aan afdeling 3.5.4A wordt aangemerkt als houder van de aan die onderneming verleende vergunning.   overdracht vergunning

Art. 1:105
1. Het bij of krachtens deze afdeling met betrekking tot een vergunning bepaalde is van overeenkomstige toepassing op: Schakelbepaling
a. een verklaring van ondertoezichtstelling als bedoeld in artikel 3:110;
b. een verklaring van geen bezwaar als bedoeld in artikel 5:32d;
c. een ontheffing als bedoeld in de artikelen 2:3.0a, 2:3.0c, tiende lid, 2:3.0f, vijfde lid, 2:3.0g, vierde lid, 2:54i, 2:55, 2:60, 2:67b, 2:75, 2:80, 2:86, 2:92, 2:96, 3:35, vijfde lid, 3:5, 3:6, 3:7, 4:3, 5:26 en 5:81, voor zover het een ontheffing betreft van artikel 5:74, eerste lid, of artikel 5:79, met dien verstande dat de ontheffing ook geheel of gedeeltelijk kan worden verleend;
d. een instemming als bedoeld in artikel 3:116 met dien verstande dat indien een toezichthoudende instantie van een andere lidstaat advies of instemming over de voorgenomen overdracht geeft, de beslistermijn wordt opgeschort met maximaal de termijn die die toezichthoudende instantie ter beschikking staat ingevolge artikel 3:118, vijfde lid.
2. Op een andere ontheffing dan bedoeld in het eerste lid, onderdeel c, is artikel 1:102, eerste lid, van overeenkomstige toepassing. Bij ministeriële regeling kunnen regels worden gesteld

met betrekking tot de voorschriften die aan deze ontheffing kunnen worden verbonden. Deze ontheffing kan worden ingetrokken.

Art. 1:106

Financiële toezichthouder, opschorting behandeling aanvraag/kennisgeving ter uitvoering Europees besluit

1. Ter uitvoering van een daartoe strekkend bindend besluit van de Europese Commissie of van de Raad van de Europese Unie met betrekking tot een staat die geen lidstaat is, schort de toezichthouder respectievelijk Onze Minister, in afwijking van artikel 1:102, geheel of gedeeltelijk op:

a. de behandeling van aanvragen van een vergunning voor het uitoefenen van het bedrijf van bank, levensverzekeraar of schadeverzekeraar of voor het verlenen van financiële diensten als beheerder van een beleggingsinstelling, beheerder van een icbe of beleggingsonderneming, die rechtstreeks of middellijk zijn ingediend door financiële ondernemingen waarop het recht van toepassing is van een staat die geen lidstaat is;

b. de behandeling van aanvragen van een verklaring van geen bezwaar als bedoeld in artikel 3:95 die rechtstreeks of middellijk zijn ingediend door financiële ondernemingen waarop het recht van toepassing is van een staat die geen lidstaat is;

c. de behandeling van kennisgevingen als bedoeld in artikel 3:103 die rechtstreeks of middellijk zijn ingediend door financiële ondernemingen waarop het recht van toepassing is van een staat die geen lidstaat is.

Werkingssfeer

2. Het eerste lid is niet van toepassing op:

a. aanvragen van een vergunning ten behoeve van het oprichten van dochtermaatschappijen die tevens dochtermaatschappijen zijn van een financiële onderneming die in een lidstaat een vergunning heeft voor het uitoefenen van het bedrijf van bank, levensverzekeraar, schadeverzekeraar of voor het verlenen van financiële diensten als beheerder van een beleggingsinstelling, beheerder van een icbe of beleggingsonderneming;

b. aanvragen voor een verklaring van geen bezwaar voor gekwalificeerde deelnemingen die tevens gekwalificeerde deelnemingen zijn van een financiële onderneming die in een lidstaat een vergunning heeft voor het uitoefenen van een bedrijf van bank, levensverzekeraar, schadeverzekeraar of voor het verlenen van financiële diensten als beheerder van een beleggingsinstelling, beheerder van een icbe of beleggingsonderneming.

Financiële toezichthouder, kennisgeving aanvraag vergunning/verklaring van geen bezwaar financiële onderneming staat die geen lidstaat is

3. Indien in een staat die geen lidstaat is de markttoegang en de concurrentiemogelijkheden voor financiële ondernemingen met zetel in een lidstaat beperkter zijn dan voor financiële ondernemingen met een zetel in een staat die geen lidstaat is, stelt de toezichthouder de Europese Commissie desgevraagd in kennis van:

a. aanvragen voor een vergunning voor het uitoefenen van het bedrijf van bank, levensverzekeraar, schadeverzekeraar of voor het verlenen van financiële diensten als beheerder van een beleggingsinstelling, beheerder van een icbe of beleggingsonderneming, die rechtstreeks of middellijk zijn ingediend door een financiële onderneming waarop het recht van toepassing is van de staat die geen lidstaat is;

b. aanvragen voor een verklaring van geen bezwaar voor gekwalificeerde deelnemingen in een bank, beheerder van een beleggingsinstelling, beheerder van een icbe of beleggingsonderneming, levensverzekeraar of schadeverzekeraar die rechtstreeks of middellijk zijn ingediend door financiële ondernemingen waarop het recht van toepassing is van de staat die geen lidstaat is, ten gevolge waarvan die bank, beleggingsonderneming, levensverzekeraar of schadeverzekeraar dochtermaatschappij zou worden van de aanvrager.

Afdeling 1.6.1a
Verklaringen van geen bezwaar als bedoeld in de artikelen 3:95 tot en met 3:97

Art. 1:106a

Schakelbepaling

Het bij of krachtens de artikelen 1:102, eerste en tweede lid, 1:104 en 1:106 met betrekking tot een vergunning bepaalde is van overeenkomstige toepassing op een verklaring van geen bezwaar als bedoeld in de artikelen 3:95 tot en met 3:97.

Art. 1:106b

Verklaring van geen bezwaar, aanvraag

1. De Nederlandsche Bank zendt binnen twee werkdagen na ontvangst van de aanvraag van een verklaring van geen bezwaar en van alle gegevens en bescheiden, bedoeld in artikel 3:95, tweede lid, en artikel 3:96, tweede lid, een schriftelijke ontvangstbevestiging aan de aanvrager.

2. Op de aanvraag van een verklaring van geen bezwaar voor een gekwalificeerde deelneming in een bank, niet zijnde de houder van een vergunning als bedoeld in artikel 3:4, stelt de Nederlandsche Bank binnen vijfenveertig werkdagen na de ontvangstbevestiging als bedoeld in het eerste lid, een ontwerpbesluit als bedoeld in artikel 15 van de verordening bankentoezicht op.

3. Op alle andere aanvragen van een verklaring van geen bezwaar beslist de Nederlandsche Bank binnen zestig werkdagen na de ontvangstbevestiging als bedoeld in het eerste lid, onverminderd artikel 1:106c. De Nederlandsche Bank informeert de aanvrager over de datum waarop zij uiterlijk beslist.

4. Indien het een aanvraag betreft als bedoeld in artikel 1:62 voor een verklaring van geen bezwaar als bedoeld in artikel 3:95, vermeldt de Nederlandsche Bank in haar besluit of ontwerpbesluit het advies van de toezichthoudende instantie van de desbetreffende lidstaat.

Art. 1:106c

1. De Nederlandsche Bank kan de aanvrager binnen vijftig werkdagen na de ontvangstbevestiging als bedoeld in artikel 1:106b, eerste lid, schriftelijk om aanvullende informatie verzoeken indien dit voor de beoordeling van de aanvraag noodzakelijk is. Het verzoek vermeldt welke aanvullende informatie dient te worden verstrekt. *Verklaring van geen bezwaar, verzoek om aanvullende informatie*
2. De Nederlandsche Bank zendt binnen twee werkdagen na ontvangst van de aanvullende informatie als bedoeld in het eerste lid een schriftelijke ontvangstbevestiging aan de aanvrager.
3. Indien de Nederlandsche Bank heeft verzocht om aanvullende informatie als bedoeld in het eerste lid kan zij de beslistermijn, bedoeld in artikel 1:106b, tweede en derde lid, eenmalig met ten hoogste twintig werkdagen opschorten.
4. In afwijking van het derde lid kan de Nederlandsche Bank de beslistermijn met ten hoogste dertig werkdagen opschorten indien:
   a. de aanvrager zijn zetel heeft of onder toezicht staat in een staat die geen lidstaat is; of
   b. de aanvrager geen beleggingsonderneming, herverzekeraar, beheerder van een icbe, bank, levensverzekeraar, premiepensioeninstelling, schadeverzekeraar of entiteit voor risico-acceptatie met zetel in Nederland of een andere lidstaat is.
5. Indien de Nederlandsche Bank heeft verzocht om aanvullende informatie als bedoeld in het eerste lid, informeert zij de aanvrager over de datum waarop zij of de Europese Centrale Bank uiterlijk beslist.

Art. 1:106d

Indien de Nederlandsche Bank of de Europese Centrale Bank de aanvraag niet binnen de beslistermijn, bedoeld in artikel 1:106b of 1:106c, heeft afgewezen, wordt de verklaring van geen bezwaar geacht te zijn verleend. Paragraaf 4.1.3.3 van de Algemene wet bestuursrecht is van overeenkomstige toepassing op aanvragen die door de Nederlandsche Bank niet binnen de beslistermijn zijn afgewezen. *Verklaring van geen bezwaar, beslistermijn*

Art. 1:106e

De Nederlandsche Bank kan een termijn stellen waarbinnen de verwerving of vergroting van de gekwalificeerde deelneming, bedoeld in artikel 3:95, of de handeling, bedoeld in artikel 3:96, dient te zijn voltooid. Deze termijn kan door de Nederlandsche Bank worden verlengd. *Verklaring van geen bezwaar, termijnstelling gekwalificeerde deelneming*

Afdeling 1.6.2
Registratie

Art. 1:107

1. Er is een openbaar register dat wordt gehouden door de registerhouder en in ieder geval wordt gepubliceerd op een daartoe geschikte website. De registerhouder draagt zorg voor het goed functioneren van het register en verricht de inschrijving en doorhaling daarin op zodanige wijze dat uit het register is op te maken vanaf welk tijdstip, welke activiteiten de ingeschreven financiële ondernemingen mogen verrichten, met inbegrip van de eventueel gestelde beperkingen, alsmede de staat van de zetel. *Financieel toezicht, openbaar register*
2. De registerhouder draagt onverwijld zorg voor de inschrijving van:
   a. financiële ondernemingen:
   1°. waaraan een vergunning ingevolge deze wet of een ontheffing als bedoeld in artikel 2:3.0b, vierde lid, 2:3.0g, vierde lid, 2:3.0l, vierde lid, 2:54i, 2:55, 2:60, 2:67b, 2:75, 2:80, 2:86, 2:92, 2:96, 3:5, 3:6, 3:7, 3A:40, 4:3, 5:26, of 5:81, voor zover het een ontheffing betreft van artikel 5:74, eerste lid, of artikel 5:79, is verleend;
   2°. waarop een vrijstelling van toepassing is, indien zij ingevolge een voorschrift dat aan die vrijstelling is verbonden de toezichthouder in kennis hebben gesteld van hun voornemen om de desbetreffende diensten te verlenen;
   3°. waaraan het anderszins ingevolge deze wet is toegestaan vanuit een in Nederland gelegen bijkantoor of door middel van dienstverrichting naar Nederland, hun bedrijf uit te oefenen of financiële diensten te verlenen;
   4°. waaraan een verklaring van ondertoezichtstelling is verleend;
   5°. die een melding hebben gedaan als bedoeld in artikel 2:66a, derde lid, onderdeel a;
   6°. waaraan een verbod ingevolge artikel 1:58, tweede en derde lid, 1:58a, tweede lid, 1:58b, tweede lid, 1:58c, derde lid, 1:59, tweede lid, 1:67, eerste lid, 1:77, eerste lid, derde volzin, 2:3.0e, 2:3.0j, 2:3.0n, 4:4, eerste lid, of 4:4a is opgelegd;
   7°. die aangesloten onderneming zijn als bedoeld in artikel 2:105;
   8°. waarop de vangnetregeling, bedoeld in afdeling 3.5.6, van toepassing is;
   9°. waarmee een overeenkomst in de zin van artikel 4:37m, tweede lid, is afgesloten of die worden beheerd door beheerders van beleggingsinstelling of beheerders van icbe's waaraan

een vergunning is verleend of die een melding hebben gedaan als bedoeld in artikel 2:66a, derde lid, onderdeel a; deze financiële ondernemingen worden, indien van toepassing, in het register opgenomen bij de betreffende beheerder;
10°. die zich hebben gemeld als beleggingsmaatschappij of maatschappij voor collectieve belegging in effecten met veranderlijk kapitaal;
11°. die zijn aangemeld overeenkomstig artikel 2:81, tweede lid, onderdeel b; deze worden in het register opgenomen bij de betrokken aanbieder of aanbieders;
12°. die ingevolge artikel 2:99 of 4:26 aan de Autoriteit Financiële Markten hebben gemeld voornemens te zijn het bedrijf van beleggingsonderneming met systematische interne afhandeling uit te oefenen;
13°. die zijn aangemeld overeenkomstig artikel 2:97, vijfde lid, aanhef en onderdeel b; deze worden in het register opgenomen bij de betrokken beleggingsonderneming; en
14°. die hun bedrijf afwikkelen overeenkomstig artikel 1:104, derde lid;
b. datarapporteringsdienstverleners waaraan een vergunning ingevolge deze wet is verleend;
c. marktexploitanten waaraan een vergunning of een ontheffing ingevolge deze wet is verleend;
d. kredietbeoordelingsbureaus waaraan ingevolge artikel 3:57, tweede lid, een erkenning is verleend;
e. aanbieders van diensten die krachtens artikel 1:5a, derde lid, verplicht zijn tot het doen van een kennisgeving aan de Nederlandsche Bank.
3. Onverminderd het eerste lid draagt de toezichthouder onverwijld zorg voor de inschrijving van:
a. de naam en woonplaats van de vertegenwoordiger in Nederland van een verzekeraar met bijkantoor in Nederland of die diensten verricht naar Nederland;
b. de aard van de overeenkomsten van levensverzekering voorzover het levensverzekeraars betreft die door middel van dienstverrichting hun bedrijf in Nederland uitoefenen, dan wel de aard van de risico's van schadeverzekering voorzover het entiteiten voor risicoacceptatie, herverzekeraars of schadeverzekeraars betreft die door middel van dienstverrichting hun bedrijf in Nederland uitoefenen;
c. de gegevens die moeten worden gemeld op grond van:
1°. hoofdstuk 5.3, met dien verstande dat deze gegevens worden ingeschreven binnen een werkdag volgend op de werkdag waarop de registerhouder de betreffende melding heeft ontvangen en met uitzondering van adresgegevens van meldingsplichtige natuurlijke personen;
2°. artikel 17, eerste en achtste lid, van de verordening marktmisbruik, met inbegrip van het tijdstip waarop de informatie door de uitgevende instelling openbaar is gemaakt; en
3°. artikel 19 van de verordening marktmisbruik, met uitzondering van de adresgegevens van de meldingsplichtigen;
d. prospectussen die op grond van artikel 5:9 zijn goedgekeurd;
e. de namen van de staten die Onze Minister heeft aangewezen ingevolge de artikelen 2:6, 2:26d, 2:50, 2:54l en 2:66, alsmede de namen van de staten die de Europese Commissie heeft aangewezen ingevolge artikel 172, tweede lid, van de richtlijn solvabiliteit II;
f. de lidstaten waarnaar een ingeschreven verzekeraar bevoegd is diensten te verlenen en de namen van de natuurlijke personen die het beleid van de verzekeraar bepalen;
g. de lidstaten waarnaar een ingeschreven herverzekeringsbemiddelaar bevoegd is diensten te verlenen en de namen van de natuurlijke personen die het beleid van de herverzekeringsbemiddelaar bepalen;
h. de lidstaten waarin een ingeschreven bemiddelaar in verzekeringen bevoegd is te bemiddelen en de namen van de natuurlijke personen die het beleid van de bemiddelaar bepalen;
i. de naam van de verzekeraar voor wie de volmacht van een ingeschreven gevolmachtigde agent of ondergevolmachtigde agent geldt en de namen van de natuurlijke personen die het beleid van de gevolmachtigde agent of de ondergevolmachtigde agent bepalen;
j. de financiële producten ten aanzien waarvan een ingeschreven financiëledienstverlener ingevolge deze wet diensten mag verlenen, alsmede de aard van de desbetreffende diensten;
k. de marktexploitant of de beleggingsonderneming waaraan het ingevolge een besluit als bedoeld in artikel 1:58c, derde lid, niet is toegestaan hun voorzieningen in Nederland beschikbaar te stellen voor in Nederland gevestigde leden of deelnemers op afstand;
l. multilaterale handelsfaciliteiten die overeenkomstig artikel 4:91ea, eerste lid, zijn geregistreerd als mkb-groeimarkt, indien vanuit deze bijkantoren diensten worden aangeboden in een andere lidstaat;
m. de naam en woonplaats van de vertegenwoordiger van een beleggingsonderneming met zetel in een staat die geen lidstaat is die in Nederland uitsluitend beleggingsdiensten verleent aan professionele beleggers als bedoeld in bijlage II, afdeling I, van de richtlijn markten voor financiële instrumenten 2014 of in aanmerking komende tegenpartijen;
n. betaaldienstagenten en de bijkantoren van een betaalinstelling, en een bijkantoor van een elektronischgeldinstelling met zetel in Nederland, indien vanuit dit bijkantoor betaaldiensten worden aangeboden in een andere lidstaat;

o. biedingsberichten die op grond van de artikelen 5:74 en 5:76 zijn goedgekeurd alsmede openbare mededelingen die ingevolge de bij of krachtens artikelen 5:25m, vijfde lid, en 5:76, tweede lid, gestelde regels door de Autoriteit Financiële Markten zijn ontvangen;
p. betaaldienstagenten van een elektronischgeldinstelling met zetel in Nederland;
q. uitgevende banken als bedoeld in artikel 3:33a, eerste lid;
r. categorieën geregistreerde gedekte obligaties ten aanzien waarvan de Nederlandsche Bank heeft besloten om deze op grond van artikel 3:33a, eerste lid, te registreren, waarbij wordt vermeld of de categorie geregistreerde gedekte obligaties voldoet aan artikel 129 van de verordening kapitaalvereisten en waarbij voor iedere uitgifte van obligaties de uitgiftedatum, looptijd en de nominale waarde van die obligaties worden weergegeven.
4. Indien van toepassing wordt bij doorhaling vermeld dat het desbetreffende besluit nog niet onherroepelijk is.

Art. 1:108
1. De registerhouder houdt de in artikel 1:107 bedoelde gegevens gedurende ten minste vijf jaar voor een ieder kosteloos ter inzage in het register. De registerhouder verstrekt aan een ieder desgevraagd, tegen betaling van de kostprijs, afschriften uit het register.

Financieel toezicht, inzage in/afschrift uit register

2. Bij ministeriële regeling kunnen regels worden gesteld met betrekking tot de inrichting en werking van het register.

Nadere regels

Art. 1:109
[Vervallen]

Art. 1:109a
De Autoriteit Financiële Markten houdt een lijst bij van gereglementeerde markten waarvoor Onze Minister een vergunning als bedoeld in artikel 5:26, eerste lid, heeft verleend en zendt deze lijst aan de overige lidstaten en aan de Europese Autoriteit voor effecten en markten.

Financiële toezichthouder, lijst gereglementeerde markten

Art. 1:109b
1. De Autoriteit Financiële Markten publiceert op haar website in een taal die in de internationale financiële kringen gebruikelijk is:

AFM, publiceren van informatie

a. de informatie, bedoeld in artikel 30 van de richtlijn 2010/42/EU van de Europese Commissie van 1 juli 2010 tot uitvoering van Richtlijn 2009/65/EG van het Europees Parlement en de Raad van de Europese Unie ten aanzien van sommige bepalingen betreffende fusies van fondsen, master-feeder constructies en de kennisgevingsprocedure (PbEU L 176); en
b. alle actuele regelgeving, administratieve procedures en overige informatie die relevant is voor het aanvragen van een vergunning voor een icbe en het aanbieden van rechten van deelneming in een icbe.
2. De Autoriteit Financiële Markten publiceert de informatie, bedoeld in het eerste lid, onderdeel a, in de vorm van een verhalende beschrijving en een reeks van referenties of links naar brondocumenten.

Afdeling 1.6.3
[Vervallen]

Art. 1:110
[Vervallen]

Hoofdstuk 1.7
Beloningsbeleid

Afdeling 1.7.1
Definities en reikwijdte

Art. 1:111
In dit hoofdstuk wordt verstaan onder:

Beloningsbeleid, begripsbepalingen

variabele beloning: het deel van de totale beloning dat geen vaste beloning is;
vaste beloning: het deel van de totale beloning dat bestaat uit onvoorwaardelijke financiële of niet-financiële voordelen zoals uitgewerkt in het beloningsbeleid van de onderneming of in overeenkomsten ten behoeve van het verrichten van werkzaamheden voor de onderneming.

Art. 1:112
1. De afdelingen 1.7.2 en 1.7.3 zijn van toepassing op financiële ondernemingen waarop artikel 3:17, 4:14 of 4:15 van toepassing is.

Beloningsbeleid werkingssfeer

2. De afdelingen 1.7.4 tot en met 1.7.6 zijn van toepassing op financiële ondernemingen met zetel in Nederland en financiële ondernemingen die ingevolge het deel Markttoegang financiële ondernemingen vergunningplichtig zijn voor activiteiten van een bijkantoor in Nederland.

Art. 1:113

Beloningsbeleid, toepasselijkheid

1. Een financiële onderneming met zetel in Nederland draagt er zorg voor dat de in de afdelingen 1.7.4 tot en met 1.7.6 opgenomen regels ook door haar dochterondernemingen worden toegepast.
2. Een financiële onderneming met zetel in Nederland waarop artikel 3:17, 4:14 of 4:15 van toepassing is draagt er tevens zorg voor dat haar dochterondernemingen een beloningsbeleid voeren dat in overeenstemming is met de eisen van afdeling 1.7.2. Afdeling 1.7.3 is van overeenkomstige toepassing, met dien verstande dat aan de in die afdeling geregelde openbaarmakings- en informatieverplichtingen zowel door de financiële onderneming als door de dochteronderneming uitvoering mag worden gegeven.

5
Deel Gedragstoezicht financiële markten

Hoofdstuk 5.1
Regels voor het aanbieden van effecten

Afdeling 5.1.1
Inleidende bepaling

Art. 5:1

Begripsbepalingen

Voor de toepassing van het ingevolge dit hoofdstuk bepaalde wordt verstaan onder:
a. aanbieden van effecten aan het publiek: het doen van een tot meer dan een persoon gericht voldoende bepaald aanbod als bedoeld in artikel 217, eerste lid, van Boek 6 van het Burgerlijk Wetboek, tot het aangaan van een overeenkomst tot het kopen of anderszins verkrijgen van effecten dan wel een uitnodiging tot het doen van een aanbod op dergelijke effecten, alsmede het plaatsen van effecten via financiële intermediairs, als bedoeld in artikel 2, eerste lid, onderdeel d, van de richtlijn prospectus;
b. aanbieder: degene die effecten aan het publiek aanbiedt;
c. aanbiedingsprogramma: programma dat de mogelijkheid opent voor het gedurende een daarin bepaalde periode doorlopend of periodiek aanbieden van effecten zonder aandelenkarakter of van de effecten, bedoeld in onderdeel d, onder 2°, van eenzelfde categorie of klasse;
d. effect met een aandelenkarakter:
1°. door een rechtspersoon, vennootschap of instelling uitgegeven verhandelbaar aandeel of een ander met een aandeel gelijk te stellen verhandelbaar waardebewijs of recht; of
2°. elk ander door een rechtspersoon, vennootschap of instelling uitgegeven verhandelbaar waardebewijs waarmee, door uitoefening van het aan dit waardebewijs verbonden recht, door conversie of omruiling een ander effect met een aandelenkarakter als bedoeld onder 1° kan worden verworven, indien het verhandelbare waardebewijs is uitgegeven door de rechtspersoon, vennootschap of instelling, of door een daarmee in een groep verbonden groepsmaatschappij, die ook het te verwerven effect met een aandelenkarakter heeft uitgegeven;
e. effect zonder aandelenkarakter: effect dat geen effect met een aandelenkarakter is, te onderscheiden in de volgende categorieën:
1°. door een rechtspersoon, vennootschap of instelling uitgegeven verhandelbaar waardebewijs, waarmee door uitoefening van het daaraan verbonden recht, door conversie of omruiling een ander effect kan worden verworven en dat niet is uitgegeven door de rechtspersoon, vennootschap of instelling, of door een daarmee in een groep verbonden groepsmaatschappij, die ook het te verwerven effect met een aandelenkarakter heeft uitgegeven;
2°. door een rechtspersoon, vennootschap of instelling uitgegeven verhandelbaar waardebewijs dat door uitoefening van het daaraan verbonden recht, recht geeft op een afwikkeling in geld;
3°. ieder overig effect dat geen effect met een aandelenkarakter is;
f. kleine en middelgrote onderneming: een onderneming die volgens de meest recente jaarrekening of geconsolideerde jaarrekening aan ten minste twee van de volgende drie criteria voldoet:
1°. een gemiddeld aantal werknemers gedurende het boekjaar van minder dan 250;
2°. een balanstotaal van ten hoogste € 43 000 000;
3°. een jaarlijkse netto-omzet van ten hoogste € 50 000 000;
g. onderneming met beperkte beurswaarde: op een gereglementeerde markt toegelaten onderneming die op basis van de eindejaarskoersen van de voorgaande drie kalenderjaren een gemiddelde beurswaarde had van minder dan € 100 000 000.

Art. 5:1a

Werkingssfeer

1. Het ingevolge dit hoofdstuk bepaalde is niet van toepassing op geldmarktinstrumenten met een looptijd van minder dan 12 maanden.
2. Dit hoofdstuk is niet van toepassing op het aanbieden aan het publiek of het doen toelaten tot de handel op een gereglementeerde markt van:

a. rechten van deelneming in een beleggingsinstelling die op verzoek van de houder ten laste van de activa direct of indirect worden ingekocht of terugbetaald; of
b. rechten van deelneming in een icbe.

Art. 5:1b
Onverminderd de Algemene verordening gegevensbescherming en de Uitvoeringswet Algemene verordening gegevensbescherming, deelt een beleggingsonderneming of bank de kwalificatie van haar cliënten als professionele beleggers op verzoek aan de uitgevende instelling mede.

Financiële onderneming, verstrekking kwalificatie van cliënten als professionele beleggers

Afdeling 5.1.2
Verbod en uitzonderingen

Art. 5:2
Het is verboden in Nederland effecten aan te bieden aan het publiek of effecten te doen toelaten tot de handel op een in Nederland gelegen of functionerende gereglementeerde markt, tenzij ter zake van de aanbieding of de toelating een prospectus algemeen verkrijgbaar is dat is goedgekeurd door de Autoriteit Financiële Markten of door een toezichthoudende instantie van een andere lidstaat.

Effecten, verbod aanbieden tenzij goedkeuring AFM/toezichthoudende instantie andere lidstaat

Art. 5:3
1. Artikel 5:2 is niet van toepassing op het aanbieden van effecten aan het publiek, indien:
a. uitsluitend aan gekwalificeerde beleggers wordt aangeboden;
b. in Nederland aan minder dan 150 personen, niet zijnde gekwalificeerde beleggers, wordt aangeboden;
c. indien de aangeboden effecten slechts kunnen worden verworven tegen een tegenwaarde van ten minste € 100 000 per belegger;
d. de nominale waarde per effect ten minste € 100 000 bedraagt; of
e. de totale tegenwaarde van de aanbieding van effecten in de Europese Economische Ruimte aan het publiek minder dan € 100.000 bedraagt, welk grensbedrag berekend wordt over een periode van twaalf maanden.
2. Het verbod, bedoeld in artikel 5:2 is voorts niet van toepassing op het aanbieden aan het publiek van de volgende categorieën effecten:
a. aandelen of certificaten van aandelen die zijn uitgegeven ter vervanging van reeds uitgegeven aandelen of certificaten van aandelen van dezelfde categorie of klasse, indien de uitgifte van deze nieuwe waardebewijzen geen verhoging van het geplaatst kapitaal tot gevolg heeft;
b. effecten die worden aangeboden bij een overname door middel van een openbaar bod tot ruil, indien een document algemeen verkrijgbaar is dat informatie bevat die gelijkwaardig is aan de informatie die het prospectus bevat;
c. effecten die worden aangeboden of toegewezen dan wel toe te wijzen zijn bij een fusie of splitsing, indien een document beschikbaar is dat informatie bevat die gelijkwaardig is aan de informatie die het prospectus bevat;
d. dividenden die aan aandeelhouders worden uitbetaald in de vorm van certificaten van aandelen of aandelen van dezelfde categorie of klasse als de waardebewijzen uit hoofde waarvan die dividenden worden betaald, indien een document beschikbaar wordt gesteld dat informatie bevat over het aantal en de kenmerken van de aangeboden waardebewijzen en de redenen voor en de bijzonderheden van de aanbieding; of
e. effecten die door een werkgever of door een met die werkgever in een groep verbonden rechtspersoon, vennootschap of instelling, worden aangeboden of toegewezen dan wel toe te wijzen zijn aan huidige of voormalige bestuurders, huidige of voormalige leden van de raad van commissarissen of huidige of voormalige werknemers, indien een document beschikbaar wordt gesteld dat informatie bevat over het aantal aangeboden effecten, de kenmerken van de effecten, de redenen voor de aanbieding en de bijzonderheden daarvan, en die werkgever of de met de werkgever in een groep verbonden rechtspersoon, vennootschap of instelling haar zetel of hoofdkantoor:
– in de Europese Economische Ruimte heeft; of
– buiten de Europese Economische Ruimte heeft en haar effecten tot de handel op een gereglementeerde markt zijn toegelaten; of
– buiten de Europese Economische Ruimte heeft en haar effecten tot de handel op een markt van een derde land worden toegelaten indien er adequate documentatie – waaronder het beschikbaar gestelde document – ten minste beschikbaar is in een taal die in internationale financiële kringen gebruikelijk is en de Europese Commissie voor de betrokken markt in het derde land een gelijkwaardigheidsbesluit als bedoeld in artikel 4, eerste lid, van de richtlijn prospectus conform de procedure bedoeld in artikel 24, tweede lid, van de richtlijn prospectus heeft genomen.

Effecten, uitzonderingen op verbod aanbieden aan publiek

Art. 5:3a

Autoriteit Financiële Markten, verzoek aan Europese Commissie betreffende verklaring juridisch en toezichthoudend kader niet-lidstaat

1. De Autoriteit Financiële Markten kan de Europese Commissie verzoeken om te verklaren dat het juridische en toezichthoudende kader van een staat die geen lidstaat is, verzekert dat een in die staat toegestane gereglementeerde markt aan juridisch bindende voorschriften beantwoordt, die voor de doeleinden van de toepassing van de vrijstelling, bedoeld in artikel 5:3, tweede lid, onderdeel e, gelijkwaardig zijn aan de vereisten welke voortvloeien uit de verordening marktmisbruik en titel III van de richtlijn markten voor financiële instrumenten 2014 alsmede uit de richtlijn transparantie, en de gereglementeerde markt in die staat aan effectief toezicht en effectieve handhaving is onderworpen.

2. De Autoriteit Financiële Markten motiveert bij het indienen van het verzoek, bedoeld in artikel 5:3a, eerste lid, waarom het juridische en toezichthoudende kader van de betrokken staat die geen lidstaat is als gelijkwaardig moet worden beschouwd en verstrekt daartoe relevante informatie aan de Europese Commissie.

Art. 5:4

Effecten, uitzonderingen op verbod toelaten handel

1. Artikel 5:2 is niet van toepassing op het toelaten tot de handel op een in Nederland gelegen of functionerende gereglementeerde markt van:

   a. aandelen of certificaten van aandelen die, bezien over een periode van twaalf maanden, minder dan tien procent vertegenwoordigen van het aantal aandelen of certificaten van aandelen van dezelfde categorie of klasse die reeds zijn toegelaten tot de handel op dezelfde in Nederland gelegen of functionerende gereglementeerde markt;

   b. aandelen of certificaten van aandelen die zijn uitgegeven ter vervanging van aandelen of certificaten van aandelen van dezelfde categorie of klasse die reeds zijn toegelaten tot de handel op dezelfde gereglementeerde markt, en waarvan de uitgifte niet leidt tot een verhoging van het geplaatst kapitaal;

   c. effecten die worden aangeboden bij een overname door middel van een openbaar bod tot ruil, indien een document beschikbaar is dat informatie bevat die gelijkwaardig is aan de informatie die het prospectus bevat;

   d. effecten die worden aangeboden of zijn dan wel zullen worden toegewezen in verband met een fusie of splitsing, indien een document beschikbaar is dat informatie bevat die gelijkwaardig is aan de informatie die het prospectus bevat;

   e. aandelen of certificaten daarvan die kosteloos worden aangeboden of zijn dan wel zullen worden toegewezen aan de aandeelhouders of als dividend worden uitgekeerd in de vorm van aandelen of certificaten daarvan van dezelfde categorie of klasse als de waardebewijzen waarop zij worden uitgekeerd, indien deze waardebewijzen van dezelfde categorie of klasse zijn als de waardebewijzen die reeds tot de handel op dezelfde gereglementeerde markt zijn toegelaten en een document beschikbaar wordt gesteld dat informatie bevat over het aantal aangeboden waardebewijzen, de kenmerken van de waardebewijzen, de redenen voor de aanbieding en de bijzonderheden daarvan;

   f. effecten die door een werkgever of een met die werkgever in een groep verbonden rechtspersoon, vennootschap of instelling worden aangeboden of toegewezen dan wel zullen worden toegewezen, aan zijn huidige of voormalige bestuurders, huidige of voormalige leden van de raad van commissarissen of huidige of voormalige werknemers, indien die effecten van dezelfde categorie of klasse zijn als de effecten die reeds tot de handel op dezelfde gereglementeerde markt zijn toegelaten en een document beschikbaar wordt gesteld dat informatie bevat over het aantal aangeboden effecten, de kenmerken van de effecten, de redenen voor de aanbieding en de bijzonderheden daarvan;

   g. aandelen of certificaten daarvan die voortkomen uit de conversie of omruiling van andere effecten of uit de uitoefening van rechten verbonden aan andere effecten, indien die aandelen of certificaten daarvan van dezelfde categorie of klasse zijn als de aandelen of certificaten daarvan die reeds tot de handel op dezelfde gereglementeerde markt zijn toegelaten; of

   h. effecten die reeds tot de handel op een andere gereglementeerde markt zijn toegelaten indien:

   1°. die effecten, of effecten van dezelfde categorie of klasse, gedurende meer dan achttien maanden toegelaten zijn tot de handel op die andere gereglementeerde markt;

   2°. voorzover het effecten betreft die voor het eerst tot de handel op een gereglementeerde markt worden toegelaten na inwerkingtreding van de richtlijn prospectus, bij de toelating tot de handel op die andere gereglementeerde markt een goedgekeurd prospectus is uitgebracht dat conform artikel 5:21 algemeen verkrijgbaar is gesteld;

   3°. het prospectus voor die effecten, indien deze na 30 juni 1983 voor het eerst tot de notering zijn toegelaten is goedgekeurd overeenkomstig richtlijn nr. 80/390/EEG van de Raad van de Europese Gemeenschappen van 17 maart 1980 tot coördinatie van de eisen gesteld aan de opstelling van, het toezicht op en de verspreiding van het prospectus dat gepubliceerd moet worden voor de toelating van effecten tot de officiële notering aan een effectenbeurs (PbEG L 100) of richtlijn nr. 2001/34/EG van het Europees Parlement en de Raad van de Europese Unie van 28 mei 2001 betreffende de toelating van effecten tot de officiële notering aan een effecten-

beurs en de informatie die over deze effecten moet worden gepubliceerd (PbEG L 184), tenzij het bepaalde onder 2° van toepassing is;
4°. de geldende verplichtingen inzake handel op die andere gereglementeerde markt zijn vervuld;
5°. degene die verzoekt om toelating van effecten tot de handel op de gereglementeerde markt, een samenvatting algemeen verkrijgbaar stelt in een taal die wordt aanvaard door de Autoriteit Financiële Markten;
6°. de samenvatting op de in artikel 5:21 bedoelde wijze algemeen verkrijgbaar wordt gesteld; en
7°. de inhoud van de samenvatting voldoet aan artikel 5:14 en in de samenvatting vermeld wordt waar het meest recente prospectus te verkrijgen is en waar de uitgevende instelling de financiële informatie op grond van zijn doorlopende informatieverplichtingen ter beschikking stelt.
2. De Autoriteit Financiële Markten kan met het oog op de belangen die artikel 5:2 beoogt te beschermen, bepalen dat het eerste lid, aanhef en onderdeel g, niet van toepassing is ten aanzien van aandelen of certificaten daarvan die voortkomen uit de conversie of omruiling van andere effecten of uit de uitoefening van rechten verbonden aan andere effecten, indien ten aanzien van die andere effecten ook reeds artikel 5:3, eerste lid, of 5:4, eerste lid, of een vrijstelling op grond van artikel 5:5, eerste lid, van toepassing is of is geweest.

Art. 5:5
1. Bij ministeriële regeling kan vrijstelling worden geregeld van dit hoofdstuk.

Effecten, vrijstelling verbod aanbieden

2. Indien aan een vrijstelling het voorschrift wordt verbonden dat ter zake van een aanbieding van effecten aan het publiek die niet uitsluitend aan gekwalificeerde beleggers wordt gedaan, of ter zake van een toelating van effecten tot de handel op een gereglementeerde markt waarvoor geen prospectus algemeen verkrijgbaar behoeft te worden gesteld dat is goedgekeurd door de Autoriteit Financiële Markten, zulks wordt vermeld bij het aanbod, in reclame-uitingen en in documenten waarin een dergelijke aanbieding of toelating in het vooruitzicht wordt gesteld, wordt deze vermelding gedaan op door de Autoriteit Financiële Markten vast te stellen wijze.

Afdeling 5.1.3
Aanbieden van effecten aan het publiek en het toelaten van effecten op een gereglementeerde markt

§ *5.1.3.1*
Goedkeuringsbevoegdheid

Art. 5:6
1. De Autoriteit Financiële Markten is bevoegd tot goedkeuring van een prospectus, indien de uitgevende instelling zetel heeft in Nederland en het een aanbieding van effecten aan het publiek of een toelating van effecten tot de handel op een gereglementeerde markt betreft:

Prospectus, goedkeuringsbevoegdheid AFM

a. in Nederland of in een andere lidstaat van effecten met een aandelenkarakter;
b. in Nederland van effecten zonder aandelenkarakter als bedoeld in artikel 5:1, onderdeel e, onder 1° en 2°;
c. in Nederland of in een andere lidstaat van effecten zonder aandelenkarakter als bedoeld in artikel 5:1, onderdeel e, onder 3°, met een nominale waarde per effect die kleiner is dan € 1.000; of
d. in Nederland van effecten zonder aandelenkarakter als bedoeld in artikel 5:1, onderdeel e, onder 3°, met een nominale waarde per effect van ten minste € 1.000.
2. De Autoriteit Financiële Markten is tevens bevoegd tot goedkeuring van een prospectus indien het een aanbieding van effecten aan het publiek of een toelating van effecten tot de handel op een gereglementeerde markt betreft:
a. van effecten met een aandelenkarakter of effecten zonder aandelenkarakter als bedoeld in artikel 5:1, onderdeel e, onder 3°, met een nominale waarde per effect die kleiner is dan € 1.000:
1°. in Nederland door een uitgevende instelling met zetel in een staat die geen lidstaat is;
2°. in Nederland of in een andere lidstaat door een uitgevende instelling met zetel in een staat die geen lidstaat is indien bij een eerdere aanbieding van die effecten aan het publiek of een toelating van die effecten tot de handel op een gereglementeerde markt is gekozen voor goedkeuring door de Autoriteit Financiële Markten; of
3°. in Nederland of in een andere lidstaat door een uitgevende instelling met zetel in een staat die geen lidstaat is, indien bij een eerdere aanbieding van die effecten aan het publiek of een toelating van die effecten tot de handel op een gereglementeerde markt een ander heeft gekozen voor goedkeuring door een toezichthoudende instantie van een andere lidstaat en de uitgevende instelling met betrekking tot de aanbieding van die effecten aan het publiek of de toelating van die effecten tot de handel op een gereglementeerde markt kiest voor goedkeuring door de Autoriteit Financiële Markten;

b. van effecten zonder aandelenkarakter als bedoeld in artikel 5:1, onderdeel e, onder 1° en 2° of effecten zonder aandelenkarakter als bedoeld in artikel 5:1, onderdeel e, onder 3°, met een nominale waarde per effect van ten minste € 1.000:
1°. In een andere lidstaat door een uitgevende instelling met zetel in Nederland;
2°. in Nederland door een uitgevende instelling met zetel in een andere lidstaat; of
3°. in Nederland of in een andere lidstaat door een uitgevende instelling met zetel in een staat die geen lidstaat is.
3. Voorzover het eerste lid, aanhef en onderdeel c of d, of het tweede lid betrekking heeft op effecten zonder aandelenkarakter waarvan de nominale waarde niet luidt in euro's, wordt voor de toepassing van de in die bepalingen genoemde grensbedragen de nominale waarde van de effecten omgerekend in euro's, waarbij een omgerekende waarde van nagenoeg € 1.000 wordt gelijkgesteld aan € 1.000.

Art. 5:7

Prospectus, goedkeuringsverzoek door toezichthoudende instantie andere lidstaat

De Autoriteit Financiële Markten is tevens bevoegd tot goedkeuring van een prospectus, indien een toezichthoudende instantie van een andere lidstaat die bevoegd is om het prospectus goed te keuren de Autoriteit Financiële Markten heeft verzocht om het prospectus goed te keuren en de Autoriteit Financiële Markten daarmee heeft ingestemd.

Art. 5:8

Prospectus, goedkeuringsverzoek aan toezichthoudende instantie andere lidstaat

1. Indien de Autoriteit Financiële Markten op grond van artikel 5:6, eerste of tweede lid, bevoegd is om een prospectus goed te keuren, kan zij een toezichthoudende instantie van een andere lidstaat verzoeken een besluit omtrent de goedkeuring van het prospectus te nemen. Indien die instantie daarmee instemt en de Europese Autoriteit voor effecten en markten vooraf in kennis is gesteld, besluit de Autoriteit Financiële Markten de aanvraag niet verder te behandelen en doet zij daarvan mededeling aan de aanvrager. Vanaf het tijdstip van de mededeling is de Autoriteit Financiële Markten niet langer bevoegd om het prospectus goed te keuren.
2. De Autoriteit Financiële Markten stelt de aanvrager en Onze Minister binnen drie werkdagen in kennis van een verzoek dat zij krachtens het eerste lid heeft gedaan.
3. Indien de toezichthoudende instantie van de andere lidstaat heeft ingestemd met het nemen van een besluit omtrent de goedkeuring van het prospectus, zendt de Autoriteit Financiële Markten de op de aanvraag betrekking hebbende documenten onverwijld door naar die instantie.

§ 5.1.3.2
Goedkeuring van het prospectus

Art. 5:9

Prospectus, voorwaarden goedkeuring

1. De Autoriteit Financiële Markten verleent goedkeuring van een prospectus indien wordt voldaan aan:
a. de artikelen 5:13 tot en met 5:19;
b. de artikelen 3 tot en met 23, 25, 26, met uitzondering van het vijfde lid, en 28 van de prospectusverordening; en
c. artikel 4, eerste lid, tweede volzin, van de verordening ratingbureaus.
2. De Autoriteit Financiële Markten kan, indien zij bevoegd is op grond van artikel 5:6 of 5:7, goedkeuring van het prospectus verlenen aan een uitgevende instelling met zetel in een staat die geen lidstaat is indien:
a. die instelling het prospectus heeft opgesteld in overeenstemming met de wetgeving van de staat van haar zetel;
b. die instelling het prospectus heeft opgesteld conform door internationale organisaties van effectentoezichthouders opgestelde internationale standaarden, met inbegrip van standaarden voor de informatievoorziening; en
c. de doorlopende informatievereisten omtrent het bedrijf van de uitgevende instelling, met inbegrip van informatie van financiële aard, gelijkwaardig zijn aan de voorschriften van de richtlijn prospectus.
3. Bij algemene maatregel van bestuur kan worden bepaald wat onder gelijkwaardig in de zin van het tweede lid, onderdeel c, wordt verstaan.

Art. 5:9a

Prospectus, goedkeuringsbesluit

1. De Autoriteit Financiële Markten maakt na ontvangst van een aanvraag van goedkeuring haar besluit omtrent de goedkeuring binnen tien werkdagen bekend aan de aanvrager.
2. De in het eerste lid bedoelde termijn bedraagt ten hoogste twintig werkdagen, indien het een effectenuitgevende instelling betreft waarvan nog geen effecten zijn aangeboden aan het publiek of toegelaten tot de handel op een gereglementeerde markt.
3. Indien de door de aanvrager ingediende documenten onvolledig zijn of ingevolge artikel 3, derde alinea, 22, eerste lid, derde alinea, 23, eerste lid of derde lid, tweede alinea, van de prospectusverordening aanvullende informatie nodig is voor de beoordeling van het vermogen, de financiële positie, het resultaat of de vooruitzichten van de instelling of de aan de effecten verbonden rechten en plichten, stelt de Autoriteit Financiële Markten de aanvrager hiervan

binnen de termijn, bedoeld in het eerste of, indien van toepassing, het tweede lid op de hoogte en stelt zij hem binnen een door haar te stellen termijn in de gelegenheid om de aanvraag aan te vullen. Indien de aanvrager niet binnen de gestelde termijn de aanvraag heeft aangevuld, kan de Autoriteit Financiële Markten besluiten de aanvraag niet verder te behandelen.
4. Indien de aanvrager overeenkomstig het derde lid, eerste volzin, door de Autoriteit Financiële Markten in de gelegenheid is gesteld om de aanvraag aan te vullen, gaan de termijnen, bedoeld in het eerste en tweede lid, opnieuw in, te rekenen vanaf het tijdstip waarop de aanvrager de aanvullende informatie heeft verstrekt.
5. Artikel 4:5 van de Algemene wet bestuursrecht blijft buiten toepassing.

Art. 5:10
1. Indien de Autoriteit Financiële Markten een prospectus heeft goedgekeurd, verstrekt zij op aanvraag van de uitgevende instelling of van de met het opstellen van het prospectus belaste persoon aan de toezichthoudende instantie van iedere andere lidstaat waar de desbetreffende effecten aan het publiek worden aangeboden of waar toelating van die effecten tot de handel op een gereglementeerde markt wordt aangevraagd, een verklaring dat het prospectus in overeenstemming met de richtlijn prospectus is opgesteld, alsmede een afschrift van het goedgekeurde prospectus. De kennisgeving gaat desgevraagd vergezeld van een vertaling van de samenvatting. Tegelijk met het verstrekken van de kennisgeving aan de toezichthoudende instantie van een andere lidstaat, verstrekt de Autoriteit Financiële Markten de kennisgeving aan de uitgevende instelling of de voor het opstellen van het prospectus verantwoordelijke persoon die om het versturen van de kennisgeving heeft verzocht.

Prospectus, verklaring goedkeuring voor toezichthoudende instantie andere lidstaat

2. De Autoriteit Financiële Markten verstrekt de verklaring, bedoeld in het eerste lid, en het afschrift van het goedgekeurde prospectus binnen drie werkdagen na ontvangst van de aanvraag. Indien de aanvraag wordt gedaan voordat goedkeuring is verleend, verstrekt de Autoriteit Financiële Markten de verklaring binnen een werkdag nadat goedkeuring is verleend.
3. Indien van toepassing vermeldt de verklaring, bedoeld in het eerste lid, tevens dat de Autoriteit Financiële Markten, met inachtneming van artikel 5:18, derde en vierde lid, heeft toegestaan dat bepaalde informatie niet in het prospectus behoeft te worden opgenomen alsmede de redenen daarvoor.
4. Het eerste tot en met derde lid zijn van overeenkomstige toepassing op een door de Autoriteit Financiële Markten goedgekeurd document ter aanvulling van het prospectus als bedoeld in artikel 5:23.
5. De Autoriteit Financiële Markten verstrekt de Europese Autoriteit voor effecten en markten een exemplaar van het prospectus, van elk eventueel supplement daarop en, indien van toepassing, de verklaring, bedoeld in het eerste lid.

§ 5.1.3.3
Reikwijdte van een in een andere lidstaat goedgekeurd prospectus

Art. 5:11
1. Een uitgevende instelling, aanbieder of aanvrager van de toelating van effecten tot de handel op een gereglementeerde markt die beschikt over een prospectus dat is goedgekeurd door een toezichthoudende instantie van een andere lidstaat, kan de desbetreffende effecten in Nederland aan het publiek aanbieden of doen toelaten tot de handel op een in Nederland gelegen of functionerende gereglementeerde markt, indien de Autoriteit Financiële Markten en de Europese Autoriteit voor effecten en markten een verklaring dat het prospectus in overeenstemming met de richtlijn prospectus is opgesteld en een afschrift van het goedgekeurde prospectus hebben ontvangen van de toezichthoudende instantie van die andere lidstaat.

Prospectus, verklaring goedkeuring verleend door toezichthoudende instantie in andere lidstaat

2. De verklaring, bedoeld in het eerste lid, vermeldt, indien van toepassing, dat artikel 8, tweede of derde lid, van de richtlijn prospectus of de regelgeving van een lidstaat ter implementatie daarvan is toegepast alsmede de redenen daarvoor.
3. De Autoriteit Financiële Markten houdt op een daartoe geschikte website bij:
a. een actuele lijst van ontvangen verklaringen als bedoeld in het eerste lid;
b. een actuele lijst van verklaringen dat het document ter aanvulling op het prospectus in overeenstemming met de richtlijn prospectus is opgesteld, ontvangen van toezichthoudende instanties uit andere lidstaten; en
c. indien van toepassing, hyperlinks naar de websites waar deze prospectussen en documenten ter aanvulling op het prospectus algemeen verkrijgbaar worden gesteld.

§ 5.1.3.4
Procedure inzake het opstellen van het prospectus en de in het prospectus op te nemen gegevens

Art. 5:12
Werkingssfeer De artikelen 5:13 tot en met 5:18, 5:20 en 5:21 zijn uitsluitend van toepassing met betrekking tot aanbiedingen van effecten aan het publiek en toelatingen van effecten tot de handel op een gereglementeerde markt terzake waarvan de Autoriteit Financiële Markten op grond van artikel 5:6 of 5:7 bevoegd is tot de goedkeuring van het prospectus.

Art. 5:13
Prospectus, inhoud 1. Het prospectus bevat alle gegevens die, gelet op de aard van de uitgevende instelling en van de aan het publiek aangeboden of tot de handel op de gereglementeerde markt toegelaten effecten, van belang zijn voor het vormen van een verantwoord oordeel over het vermogen, de financiële positie, het resultaat en de vooruitzichten van de uitgevende instelling en de eventuele garant en de rechten welke aan deze effecten verbonden zijn, waaronder de gegevens, bedoeld in de artikelen 3 tot en met 23 van de prospectusverordening en de bij die artikelen behorende bijlagen.
2. De gegevens, bedoeld in het eerste lid, zijn niet met elkaar in strijd of in tegenspraak met andere bij de Autoriteit Financiële Markten aanwezige informatie omtrent de uitgevende instelling, aanbieder of aanvrager van toelating van effecten tot de handel op de gereglementeerde markt en worden gepresenteerd in een vorm die voor een redelijk geïnformeerd en zorgvuldig handelend persoon begrijpelijk zijn.
3. Het prospectus vermeldt of de verantwoordelijkheid voor de in een prospectus verstrekte informatie berust bij de uitgevende instelling, haar leidinggevend of toezichthoudend orgaan of het bestuur, de aanbieder, de aanvrager van de toelating tot de handel op een gereglementeerde markt of de garant.

Art. 5:14
Prospectus, samenvatting 1. De samenvatting verstrekt op beknopte wijze en in niet-technische bewoordingen de kerngegevens bedoeld in artikel 2, eerste lid, onderdeel s, van de richtlijn prospectus in de taal waarin het prospectus oorspronkelijk is opgesteld. In combinatie met het prospectus verschaffen de vorm en inhoud van de samenvatting van het prospectus de nodige gegevens over de wezenlijke elementen van de betreffende effecten om beleggers te helpen wanneer zij overwegen in die effecten te investeren. De samenvatting wordt opgesteld in het gemeenschappelijk formaat bedoeld in artikel 5, tweede lid, van de richtlijn prospectus, zodat zij makkelijk vergeleken kan worden met de samenvattingen betreffende soortgelijke effecten.
2. De samenvatting bevat de waarschuwing dat:
a. de samenvatting gelezen moet worden als een inleiding op het prospectus;
b. een beslissing om in de effecten te beleggen gebaseerd moet zijn op de bestudering van het gehele prospectus door degene die in de effecten belegt;
c. indien een vordering met betrekking tot de informatie in het prospectus bij een rechterlijke instantie aanhangig wordt gemaakt, de eiser in de procedure eventueel volgens de nationale wetgeving van de lidstaten de kosten voor de vertaling van het prospectus draagt voordat de vordering wordt ingesteld; en
d. degenen die de samenvatting, met inbegrip van een vertaling ervan, hebben ingediend en om een verklaring als bedoeld in artikel 5:10, eerste lid, hebben verzocht, uitsluitend aansprakelijk kunnen worden gesteld, indien de samenvatting gelezen in samenhang met de andere delen van het prospectus misleidend, onjuist of inconsistent is, of indien de samenvatting gelezen in samenhang met de andere delen van het prospectus, niet de kerngegevens bevat om beleggers te helpen wanneer zij overwegen in die effecten te investeren.

Art. 5:15
Prospectus, registratiedocument/verrichtingsnota/samenvatting 1. Het prospectus wordt opgesteld in:
a. een enkel document dat, naast een samenvatting die voldoet aan artikel 5:14, ten minste de gegevens bevat, bedoeld in het eerste lid van artikel 5:13; of
b. de drie hierna genoemde afzonderlijke documenten:
1°. een registratiedocument dat gegevens bevat over de uitgevende instelling;
2°. een verrichtingsnota die gegevens bevat over de effecten die aan het publiek worden aangeboden of waarvoor een aanvraag tot toelating tot de handel op een gereglementeerde markt wordt ingediend; en
3°. een samenvatting die voldoet aan artikel 5:14.
2. De uitgevende instelling die in het bezit is van een registratiedocument dat reeds is goedgekeurd, stelt alleen dan een nieuwe verrichtingsnota en een samenvatting op, indien effecten aan het publiek worden aangeboden of tot een gereglementeerde markt worden toegelaten.
3. Indien zich na de goedkeuring van het meest actuele registratiedocument of van enig document ter aanvulling van het prospectus overeenkomstig artikel 5:23 een verandering of recente

ontwikkeling van betekenis heeft voorgedaan die de beoordeling van de aanbieding door degene die in effecten belegt zou kunnen beïnvloeden, bevat de verrichtingsnota, bedoeld in het tweede lid, de gegevens die in een registratiedocument moeten worden vermeld, tenzij die gegevens in een document ter aanvulling op het registratiedocument overeenkomstig artikel 5:23 zijn verstrekt. De verrichtingsnota en de samenvatting vormen tezamen met het in het tweede lid bedoelde registratiedocument een nieuw prospectus. De verrichtingsnota en de samenvatting worden afzonderlijk goedgekeurd.

Art. 5:16

1. Een uitgevende instelling, aanbieder of aanvrager van toelating van effecten tot de handel op een gereglementeerde markt kan het prospectus opstellen in de vorm van een basisprospectus dat, voorzover van toepassing, de in de artikelen 5:13 en 5:14 bedoelde informatie bevat, indien het betreft: *Prospectus, basisprospectus*

a. effecten zonder aandelenkarakter die worden aangeboden of uitgegeven in het kader van een aanbiedingsprogramma; of
b. effecten zonder aandelenkarakter die doorlopend of periodiek door banken worden aangeboden of uitgegeven indien:
1°. de opbrengsten van de aanbieding of toelating van de effecten overeenkomstig de toepasselijke wettelijke bepalingen worden belegd in activa die afdoende dekking vormen voor de verplichtingen die tot de vervaldag uit de bedoelde effecten voortvloeien; en
2°. deze opbrengsten bij faillissement van de betrokken bank bij voorrang worden gebruikt om het kapitaal en de verschuldigde rente terug te betalen, onverminderd het bepaalde in richtlijn nr. 2001/24/EG van het Europees Parlement en de Raad van de Europese Unie van 4 april 2001 betreffende de sanering en de liquidatie van kredietinstellingen (PbEG L 125).

2. Indien een uitgevende instelling de definitieve voorwaarden van een aanbieding van effecten aan het publiek niet in het basisprospectus en evenmin in een document ter aanvulling van het prospectus heeft vermeld, stelt zij deze bij een aanbieding van effecten aan het publiek of toelating van effecten tot de handel op een gereglementeerde markt algemeen verkrijgbaar en deponeert zij de definitieve voorwaarden zo spoedig mogelijk bij de Autoriteit Financiële Markten, voorzover mogelijk voor de aanvang van de aanbieding van effecten aan het publiek of de toelating van effecten tot de handel op een gereglementeerde markt. *Prospectus, deponeren definitieve voorwaarden zonder basisprospectus*

3. De Autoriteit Financiële Markten deelt de definitieve voorwaarden mee aan de Europese Autoriteit voor effecten en markten en deponeert de definitieve voorwaarden zo spoedig mogelijk bij de toezichthoudende instanties van de andere lidstaten waaraan zij een verklaring als bedoeld in artikel 5:10, eerste lid, heeft verstrekt, voor zover mogelijk voor de aanvang van de aanbieding van effecten aan het publiek of de toelating van effecten tot de handel op een gereglementeerde markt.

4. De definitieve voorwaarden, bedoeld in het tweede lid, hebben het formaat bedoeld in artikel 5, vijfde lid van de richtlijn prospectus, en bevatten uitsluitend gegevens die betrekking hebben op de verrichtingsnota. De definitieve voorwaarden worden niet gebruikt om het basisprospectus aan te vullen. Artikel 5:18, eerste lid, is van overeenkomstige toepassing.

Art. 5:17

1. Indien in het prospectus informatie door middel van verwijzing wordt opgenomen, wordt verwezen naar eerder of gelijktijdig met het prospectus algemeen verkrijgbaar gestelde documenten die door de Autoriteit Financiële Markten, of, indien van toepassing, door een bevoegde toezichthoudende instantie van een andere lidstaat, in overeenstemming met de richtlijn prospectus of de richtlijn transparantie, zijn goedgekeurd of bij de Autoriteit Financiële Markten of de instantie van een andere lidstaat zijn gedeponeerd. *Prospectus, informatie door middel van verwijzing*

2. De informatie waarnaar in het prospectus wordt verwezen, is de meest recente die de uitgevende instelling algemeen verkrijgbaar heeft gesteld.

3. In de samenvatting wordt geen informatie door middel van verwijzing opgenomen.

4. Bij opneming van informatie door middel van verwijzing in het prospectus wordt een lijst met de gebruikte verwijzingen verstrekt opdat degene die in effecten belegt specifieke gegevens gemakkelijk kan terugvinden.

Art. 5:18

1. Indien de uitgevende instelling of de aanbieder de definitieve prijs of ruilverhouding waartegen de effecten aan het publiek zullen worden aangeboden en het definitieve aantal effecten dat zal worden aangeboden niet in het prospectus vermeldt, vermeldt het prospectus de criteria of de voorwaarden aan de hand waarvan deze gegevens zullen worden vastgesteld of, in het geval nog geen definitieve prijs is vermeld, een maximumprijs. *Prospectus, criteria/voorwaarden prijsvaststelling en maximumprijs*

2. De uitgevende instelling of de aanbieder deponeert bij de Autoriteit Financiële Markten de gegevens met betrekking tot de definitieve prijs waartegen de effecten aan het publiek zullen worden aangeboden en het definitieve aantal aan te bieden effecten en stelt deze gegevens algemeen verkrijgbaar overeenkomstig artikel 5:21, derde lid.

3. De Autoriteit Financiële Markten kan ontheffing verlenen van de ingevolge dit hoofdstuk of de prospectusverordening in het prospectus op te nemen informatie, indien: *Prospectus, ontheffing informatieplicht*

art. 5:19   24 Wet op het financieel toezicht (uittreksel)

a. openbaarmaking van die informatie in strijd is met het algemeen belang;

b. openbaarmaking van die informatie de uitgevende instelling ernstig zou schaden, en het achterwege blijven van de vermelding het publiek niet kan misleiden ten aanzien van feiten en omstandigheden die van essentieel belang zijn om tot een verantwoord oordeel te kunnen komen over de uitgevende instelling, de aanbieder, aanvrager van de toelating van effecten tot de handel op een gereglementeerde markt, of in voorkomend geval de garant of over de rechten die verbonden zijn aan de effecten waarop het prospectus betrekking heeft; of

c. dergelijke informatie van minder belang is, uitsluitend voor een specifieke aanbieding van effecten aan het publiek of een toelating van effecten tot de handel op een gereglementeerde markt bedoeld is en niet van zodanige aard is dat zij invloed heeft op de beoordeling van de financiële positie en vooruitzichten van de uitgevende instelling, de aanbieder, aanvrager van de toelating van effecten tot de handel op een gereglementeerde markt of, in voorkomend geval, de garant.

4. Indien de ingevolge de artikelen 3 tot en met 22 van de prospectusverordening in het prospectus te vermelden gegevens niet aansluiten bij de activiteiten dan wel de rechtsvorm van de uitgevende instelling of bij de effecten waarop het prospectus betrekking heeft, neemt de uitgevende instelling, indien zij daarover beschikt, gegevens in het prospectus op die gelijkwaardig zijn aan de vereiste gegevens, zonder afbreuk te doen aan de adequate informatievoorziening aan beleggers.

Art. 5:19

Prospectus, taalcriterium

1. Een prospectus ten behoeve van het in Nederland aanbieden van effecten aan het publiek of het toelaten van effecten tot de handel op een in Nederland gelegen of functionerende gereglementeerde markt ten aanzien waarvan de Autoriteit Financiële Markten tot goedkeuring bevoegd is, wordt, ongeacht of deze effecten ook in andere lidstaten worden aangeboden, opgesteld in de Nederlandse taal of in een taal die in de internationale financiële kringen gebruikelijk is.

2. Een prospectus ten behoeve van het in Nederland aanbieden van effecten aan het publiek of het toelaten van effecten tot de handel op een in Nederland gelegen of functionerende gereglementeerde markt ten aanzien waarvan een toezichthoudende instantie van een andere lidstaat tot goedkeuring bevoegd is, wordt opgesteld in de Nederlandse taal of in een taal die in de internationale financiële kringen gebruikelijk is. Indien het prospectus in een andere dan de Nederlandse taal is opgesteld, kan de Autoriteit Financiële Markten verlangen dat de samenvatting in de Nederlandse taal wordt vertaald.

3. Een prospectus ten behoeve van het in een andere lidstaat aanbieden van effecten aan het publiek of het toelaten van effecten tot de handel op een in een andere lidstaat gelegen of functionerende gereglementeerde markt ten aanzien waarvan de Autoriteit Financiële Markten tot goedkeuring bevoegd is, wordt opgesteld in de Nederlandse taal of in een taal die in de internationale financiële kringen gebruikelijk is.

4. Een prospectus ten behoeve van het toelaten van effecten zonder aandelenkarakter met een nominale waarde per eenheid van ten minste € 100.000 tot de handel op een in een andere lidstaat gelegen of functionerende gereglementeerde markt ten aanzien waarvan de Autoriteit Financiële Markten tot goedkeuring bevoegd is, of ten behoeve van het toelaten van effecten zonder aandelenkarakter met een nominale waarde per eenheid van ten minste € 100.000 tot de handel op een in Nederland gelegen of functionerende gereglementeerde markt ten aanzien waarvan de toezichthoudende instantie van een andere lidstaat tot goedkeuring bevoegd is, wordt opgesteld in een taal die door de Autoriteit Financiële Markten en de toezichthoudende instantie van de andere lidstaat wordt aanvaard of een taal die in de internationale financiële kringen gebruikelijk is.

Art. 5:19a

Prospectus, op te nemen gegevens

Indien een beleggingsinstelling een prospectus ingevolge dit deel dient op te stellen, neemt de beheerder van de beleggingsinstelling de bij of krachtens algemene maatregel van bestuur te bepalen gegevens op in het prospectus of in een gelijktijdig met het prospectus algemeen verkrijgbaar te stellen document.

§ 5.1.3.5
Reclame-uitingen, algemeenverkrijgbaarstelling van het prospectus en geldigheidsduur van het prospectus

Art. 5:20

Prospectus, reclame

1. Een uitgevende instelling, aanbieder of aanvrager van de toelating van effecten tot de handel op een gereglementeerde markt draagt er zorg voor dat een reclame-uiting die betrekking heeft op het aanbieden van effecten aan het publiek of op de toelating van effecten tot de handel op de gereglementeerde markt:

a. vermeldt dat er een prospectus algemeen verkrijgbaar is of wordt gesteld en waar het prospectus kan worden verkregen; en *b.* als reclame-uiting herkenbaar is en informatie bevat die niet onjuist of misleidend is en in overeenstemming is met de informatie die in het prospectus is of wordt opgenomen.

2. Een uitgevende instelling, aanbieder of aanvrager van de toelating van effecten tot de handel op een gereglementeerde markt doet geen mondelinge of schriftelijke mededelingen die betrekking hebben op de aanbieding van effecten aan het publiek of de toelating van effecten tot de handel op de gereglementeerde markt die niet overeenstemmen met de informatie die in het prospectus is vermeld.

3. Een uitgevende instelling, aanbieder of aanvrager van toelating van effecten tot de handel op een gereglementeerde markt neemt de door hem tot gekwalificeerde beleggers en andere personen gerichte essentiële informatie, met inbegrip van in het kader van bijeenkomsten betreffende aanbiedingen van effecten aan het publiek of toelatingen van effecten tot de handel op een gereglementeerde markt verstrekte informatie die van belang is voor de beoordeling van het vermogen, de financiële positie, het resultaat en de vooruitzichten van de uitgevende instelling en de aan de effecten verbonden rechten, op in het prospectus of, overeenkomstig artikel 5:23, in een document ter aanvulling van het prospectus. *Prospectus, aanvullend document*

4. Indien op grond van artikel 5:3, 5:4 of 5:5, of indien van toepassing, op grond van het recht van een andere lidstaat, ter zake van een aanbieding van effecten aan het publiek of een toelating van effecten tot de handel op een gereglementeerde markt geen prospectus algemeen verkrijgbaar behoeft te worden gesteld, vindt het in het eerste lid en met het derde lid bepaalde geen toepassing en wordt de in het derde lid bedoelde informatie verstrekt aan diegenen waartoe de aanbieding van effecten aan het publiek is gericht. *Prospectus, alternatieve informatieverstrekking*

5. Indien ter zake van een aanbieding van effecten aan het publiek artikel 5:3, eerste lid, aanhef en onderdeel b, c, d of e van toepassing is, vermeldt de aanbieder bij het aanbod, in reclameuitingen en in documenten waarin het aanbod in het vooruitzicht wordt gesteld:
a. dat geen prospectus algemeen verkrijgbaar wordt gesteld dat is goedgekeurd door de Autoriteit Financiële Markten; en
b. dat de aanbieding niet onder toezicht staat van de Autoriteit Financiële Markten.
De Autoriteit Financiële Markten stelt de wijze vast waarop de vermelding wordt gedaan.

Art. 5:21

1. Na goedkeuring kan het prospectus door de uitgevende instelling, aanbieder of aanvrager van de toelating van effecten tot de handel op een gereglementeerde markt, algemeen verkrijgbaar worden gesteld. De algemeenverkrijgbaarstelling vindt plaats binnen een redelijke termijn voorafgaand aan en uiterlijk bij aanvang van de aanbieding van effecten aan het publiek of de toelating van de betrokken effecten tot de handel op de gereglementeerde markt. *Prospectus, algemeenverkrijgbaarstelling*

2. In geval van een eerste aanbieding aan het publiek van effecten als bedoeld in artikel 5:1, onderdeel d, onder 1°, die nog niet tot de handel op een gereglementeerde markt zijn toegelaten en die voor de eerste keer tot de handel op een gereglementeerde markt zullen worden toegelaten, stelt de uitgevende instelling of aanbieder van effecten tot de handel op een gereglementeerde markt het prospectus ten minste zes werkdagen voor het einde van de aanbieding algemeen verkrijgbaar.

3. De uitgevende instelling, aanbieder of aanvrager van toelating van effecten tot de handel op een gereglementeerde markt stelt het prospectus algemeen verkrijgbaar door middel van:
a. publicatie in een landelijk verspreid dagblad in de lidstaat waar de aanbieding van effecten aan het publiek wordt gedaan of waar de toelating van effecten tot de handel op de gereglementeerde markt wordt aangevraagd, mits het prospectus ook elektronisch wordt gepubliceerd overeenkomstig onderdeel c;
b. een drukwerk dat kosteloos kan worden verkregen ten kantore van de marktexploitant waar de effecten tot de handel worden toegelaten, of ten kantore van de uitgevende instelling en ten kantore van de beleggingsonderneming die de effecten plaatst of anderszins werkzaam is bij de totstandkoming van transacties in de desbetreffende effecten, mits het prospectus ook elektronisch wordt gepubliceerd overeenkomstig onderdeel c;
c. plaatsing op de website van de uitgevende instelling of, in voorkomend geval, op de website van de beleggingsonderneming die de effecten plaatst of anderszins werkzaam is bij de totstandkoming van transacties in de desbetreffende effecten;
d. plaatsing op de website van de marktexploitant waar de toelating van de effecten tot de handel werd aangevraagd; of
e. plaatsing op de website van de Autoriteit Financiële Markten, indien deze mogelijkheid wordt geboden.

4. Indien het prospectus op de wijze, bedoeld in artikel 5:15, eerste lid, onderdeel b, is opgesteld, kunnen de verschillende documenten die het prospectus omvat afzonderlijk algemeen verkrijgbaar worden gesteld op de in het derde lid bepaalde wijze. In elk afzonderlijk algemeen verkrijgbaar gesteld document wordt vermeld waar de andere delen van het prospectus kunnen worden verkregen.

5. De vorm en inhoud van het algemeen verkrijgbaar gestelde prospectus of de documenten ter aanvulling daarvan stemmen steeds geheel overeen met de vorm en inhoud van het prospectus dat door de Autoriteit Financiële Markten is goedgekeurd.
6. Indien het prospectus uitsluitend elektronisch algemeen verkrijgbaar is gesteld, verstrekt de uitgevende instelling, aanbieder of aanvrager van de toelating van effecten tot de handel op een gereglementeerde markt of de effecteninstelling aan een ieder die daarom verzoekt kosteloos een schriftelijk afschrift van het prospectus.
7. Indien in het prospectus informatie door middel van verwijzing als bedoeld in artikel 5:17 is opgenomen, kunnen de documenten waarnaar wordt verwezen, onverminderd het bepaalde in het eerste tot en met het vijfde lid, afzonderlijk algemeen verkrijgbaar worden gesteld. In elk afzonderlijk algemeen verkrijgbaar gesteld document wordt vermeld waar de andere delen van het prospectus kunnen worden verkregen.

Art. 5:22

Prospectus, geldigheidsduur

1. Een prospectus is gedurende twaalf maanden na goedkeuring geldig voor aanbiedingen van effecten aan het publiek dan wel voor de toelatingen van effecten tot de handel op een gereglementeerde markt, indien het, voorzover van toepassing, wordt aangevuld met de ingevolge artikel 5:23 vereiste documenten.
2. In geval van een aanbiedingsprogramma is het eerder ingediende basisprospectus geldig gedurende een periode van ten hoogste twaalf maanden na goedkeuring.
3. Het basisprospectus is voor de in artikel 5:16, eerste lid, onderdeel b, bedoelde effecten zonder aandelenkarakter geldig vanaf goedkeuring tot het tijdstip waarop de betrokken effecten niet langer doorlopend of periodiek worden uitgegeven.
4. Een eerder gedeponeerd en goedgekeurd registratiedocument als bedoeld in artikel 5:15, eerste lid, onderdeel b, onder 1°, is geldig voor een periode van ten hoogste twaalf maanden na goedkeuring van het registratiedocument. Het registratiedocument dat vergezeld gaat van de eventueel overeenkomstig artikel 5:15, derde lid, geactualiseerde verrichtingsnota en de samenvatting of dat vergezeld gaat van een verrichtingsnota en samenvatting en geactualiseerd is met een document ter aanvulling van het prospectus als bedoeld in artikel 5:23, eerste lid, vormt een geldig prospectus.

§ 5.1.3.6
Informatieverplichtingen na goedkeuring van het prospectus

Art. 5:23

Prospectus, aanvulling bij nieuwe ontwikkeling/vergissingen/onjuistheid

1. Indien tussen het tijdstip van de goedkeuring van een prospectus en de definitieve afsluiting van de aanbieding of, in voorkomend geval, het tijdstip waarop de handel in de desbetreffende effecten op een gereglementeerde markt aanvangt indien dat tijdstip later valt, zich een belangrijke nieuwe ontwikkeling voordoet die verband houdt met de informatie in het goedgekeurde prospectus of indien in het prospectus een materiële vergissing of onjuistheid wordt geconstateerd die van invloed kan zijn op de beoordeling van de effecten, stelt de uitgevende instelling, aanbieder of aanvrager van de toelating van de effecten tot de handel op de gereglementeerde markt een document ter aanvulling van het prospectus op.
2. Het in het eerste lid bedoelde document behoeft de goedkeuring van de Autoriteit Financiële Markten of van een toezichthoudende instantie van een andere lidstaat.
3. Indien de Autoriteit Financiële Markten op grond van artikel 5:6 of 5:7 een prospectus heeft goedgekeurd is zij bevoegd een document ter aanvulling van het prospectus goed te keuren. De Autoriteit Financiële Markten neemt binnen zeven werkdagen na ontvangst van het document het besluit omtrent de goedkeuring van het document en maakt dit onverwijld bekend aan de aanvrager. Het document maakt, na goedkeuring door de Autoriteit Financiële Markten, deel uit van het prospectus. Artikel 4:5 van de Algemene wet bestuursrecht blijft buiten toepassing.
4. De samenvatting, bedoeld in artikel 5:14, en de eventuele vertaling daarvan worden zo nodig door de uitgevende instelling, aanbieder of aanvrager van de toelating van de effecten tot de handel op de gereglementeerde markt aangevuld met de nieuwe in het document ter aanvulling van het prospectus opgenomen informatie.
5. Het document ter aanvulling van het prospectus, bedoeld in het eerste lid wordt algemeen verkrijgbaar gesteld overeenkomstig artikel 5:21, derde lid.
6. Indien terzake van een aanbieding van effecten aan het publiek in Nederland een document ter aanvulling van het prospectus algemeen verkrijgbaar is gesteld, heeft degene die terzake van deze effecten een overeenkomst inzake het kopen of verkrijgen van deze effecten is aangegaan of een aanbod heeft gericht op het aangaan van een overeenkomst inzake het kopen of verkrijgen van deze effecten, het recht om binnen twee werkdagen na de publicatie van dat document de overeenkomst te ontbinden of het aanbod te herroepen, op voorwaarde dat de in het eerste lid bedoelde nieuwe ontwikkeling, vergissing of onjuistheid zich voor de definitieve afsluiting van de aanbieding aan het publiek en de levering van de effecten voordeed. Deze termijn kan door

de uitgevende instelling of aanbieder worden verlengd. Het document ter aanvulling van het prospectus vermeldt de uiterste datum waarop van dat recht gebruik kan worden gemaakt.
7. Indien een prospectus is goedgekeurd door de Autoriteit Financiële Markten en de effecten terzake waarvan het prospectus is goedgekeurd in een andere lidstaat aan het publiek worden aangeboden of zijn toegelaten tot de handel op een gereglementeerde markt, voldoet de Autoriteit Financiële Markten aan een verzoek van de Europese Autoriteit voor effecten en markten of van de toezichthoudende instantie van die andere lidstaat om een document ter aanvulling van het prospectus te laten opstellen.

§ 5.1.3.7
Aanvullende bevoegdheden voor de Autoriteit Financiële Markten bij aanbieden van effecten

Art. 5:24
[Vervallen]

Art. 5:25
1. De Autoriteit Financiële Markten kan overeenkomstige toepassing geven aan artikel 1:75, eerste lid, ten aanzien van een uitgevende instelling, aanbieder of aanvrager van de toelating van effecten tot de handel op een gereglementeerde markt, indien die uitgevende instelling, aanbieder of aanvrager niet voldoet aan het ingevolge dit hoofdstuk of de prospectusverordening bepaalde.

Effecten, aanwijzing AFM

2. Een op grond van het eerste lid gegeven aanwijzing strekt niet tot aantasting van overeenkomsten tussen de uitgevende instelling, aanbieder of aanvrager van toelating van effecten tot de handel op een gereglementeerde markt waaraan de aanwijzing is gegeven en derden.

Hoofdstuk 5.1a
Regels voor informatievoorziening door uitgevende instellingen

Afdeling 5.1a.1
Afdeling 5.1a.1 Informatieverplichtingen voor uitgevende instellingen waarvan effecten zijn toegelaten tot de handel op een gereglementeerde markt en waarvan Nederland lidstaat van herkomst is

§ 5.1a.1.1
Inleidende bepalingen

Art. 5:25a
1. Voor de toepassing van dit hoofdstuk wordt, voor zover nodig in afwijking van artikel 1:1, verstaan onder:

Begripsbepalingen

a. *aandeelhouder*: degene die middellijk of onmiddellijk houder is, al dan niet voor eigen rekening, van aandelen of certificaten van aandelen in een uitgevende instelling;
b. *accountant*: een accountant als bedoeld in artikel 393, eerste lid, van Boek 2 van het Burgerlijk Wetboek of indien een uitgevende instelling zetel heeft in een andere lidstaat een externe accountant die, op grond van de wetgeving van die lidstaat ter implementatie van artikel 34 van de richtlijn jaarrekening, bevoegd is tot controle van de jaarrekening;
c. *lidstaat van herkomst*: lidstaat van herkomst als bedoeld in artikel 2, eerste lid, onderdeel i, van de richtlijn transparantie;
d. *obligatie*: effect als bedoeld in onderdeel b van de definitie van effect in artikel 1:1, niet zijnde een effect dat met een aandeel gelijk te stellen is of dat door middel van conversie of door uitoefening van een daaraan verbonden recht recht geeft tot het verkrijgen van aandelen of met aandelen gelijk te stellen waardepapieren.
2. Een uitgevende instelling maakt haar lidstaat van herkomst bekend op de wijze zoals is bepaald bij of krachtens de artikelen 5:25m, 5:25p en 5:25w.
3. Een uitgevende instelling maakt haar lidstaat van herkomst bekend door, voor zover van toepassing, de toezichthoudende instantie van de lidstaat waar zij haar zetel heeft, de toezichthoudende instantie van de lidstaat van herkomst en de toezichthoudende instanties van alle lidstaten waar de effecten van de uitgevende instelling zijn toegelaten tot de handel op een gereglementeerde markt van haar lidstaat van herkomst in kennis te stellen.
4. Het tweede lid is niet van toepassing op een uitgevende instelling die overeenkomstig artikel 2, eerste lid, onderdeel i, van de richtlijn transparantie haar lidstaat van herkomst heeft gekozen en de toezichthoudende instantie van deze lidstaat van herkomst hiervan voor 27 november 2015 in kennis heeft gesteld, tenzij de uitgevende instelling op of na 27 november 2015 een andere lidstaat van herkomst kiest.

Art. 5:25b

Toepasselijkheid

1. Deze afdeling is uitsluitend van toepassing op uitgevende instellingen waarvan effecten zijn toegelaten tot een gereglementeerde markt en waarvan Nederland lidstaat van herkomst is.
2. Indien certificaten van aandelen zijn toegelaten tot de handel op een gereglementeerde markt, wordt voor de toepassing van dit hoofdstuk de instelling die de onderliggende aandelen heeft uitgegeven aangemerkt als uitgevende instelling, voor zover die certificaten met haar medewerking zijn uitgegeven.

Werkingssfeer

3. Dit hoofdstuk is niet van toepassing op:
   a. beleggingsinstellingen waarvan de rechten van deelneming op verzoek van de deelnemers ten laste van de activa direct of indirect worden ingekocht of terugbetaald; en
   b. icbe's.
4. In afwijking van het eerste lid is artikel 5:25a, tweede en derde lid, eveneens van toepassing op uitgevende instellingen met een andere lidstaat van herkomst waarvan effecten slechts zijn toegelaten tot de handel op een in Nederland gelegen gereglementeerde markt.

§ 5.1a.1.2
Periodieke verplichtingen voor uitgevende instellingen

Art. 5:25c

Uitgevende instelling, periodieke verplichting

1. Binnen vier maanden na afloop van het boekjaar stelt een uitgevende instelling haar opgemaakte jaarlijkse financiële verslaggeving algemeen verkrijgbaar. De jaarlijkse financiële verslaggeving wordt gedurende een periode van ten minste tien jaar beschikbaar gehouden voor het publiek.
2. De jaarlijkse financiële verslaggeving omvat:
   a. de door een accountant gecontroleerde jaarrekening;
   b. het bestuursverslag; en
   c. verklaringen van de bij de uitgevende instelling als ter zake verantwoordelijk aangewezen personen, met duidelijke vermelding van naam en functie, van het feit dat, voor zover hun bekend,
   1°. de jaarrekening een getrouw beeld geeft van de activa, de passiva, de financiële positie en de winst of het verlies van de uitgevende instelling en de gezamenlijk in de consolidatie opgenomen ondernemingen; en
   2°. het bestuursverslag een getrouw beeld geeft omtrent de toestand op de balansdatum, de gang van zaken gedurende het boekjaar van de uitgevende instelling en van de met haar verbonden ondernemingen waarvan de gegevens in haar jaarrekening zijn opgenomen en dat in het bestuursverslag de wezenlijke risico's waarmee de uitgevende instelling wordt geconfronteerd, zijn beschreven.
3. Indien de uitgevende instelling zetel heeft in Nederland wordt voor de toepassing van dit artikel verstaan onder:
   a. de jaarrekening: de jaarrekening, bedoeld in artikel 361 van Boek 2 van het Burgerlijk Wetboek alsmede de gegevens die op grond van artikel 392, eerste lid, van Boek 2 van het Burgerlijk Wetboek hieraan moeten worden toegevoegd;
   b. het bestuursverslag: het bestuursverslag, bedoeld in artikel 391 van Boek 2 van het Burgerlijk Wetboek.
4. Indien de uitgevende instelling zetel heeft in een andere lidstaat wordt voor de toepassing van dit artikel verstaan onder:
   a. de jaarrekening: de jaarrekening die met inachtneming van het recht van die lidstaat ter uitvoering van de richtlijn jaarrekening en, voor zover toepasselijk, overeenkomstig artikel 3 van de IAS-verordening goedgekeurde voorschriften is opgemaakt, alsmede de door de accountant, die belast was met de controle van die jaarrekening, ondertekende en gedagtekende verklaring over de door hem uitgevoerde controle en, indien de uitgevende instelling tevens moederonderneming in de zin van de richtlijn jaarrekening is, de jaarrekening die is opgesteld met inachtneming van het recht van die lidstaat ter uitvoering van de richtlijn jaarrekening;
   b. het bestuursverslag: het bestuursverslag dat is opgesteld met inachtneming van het recht van die lidstaat ter uitvoering van de artikelen 19 en 20 van de richtlijn jaarrekening.
5. Indien de uitgevende instelling zetel heeft in een staat die geen lidstaat is en Nederland lidstaat van herkomst is, geeft de uitgevende instelling ten aanzien van de jaarrekening en het bestuursverslag overeenkomstige toepassing aan het derde lid.
6. Indien een beleggingsinstelling de jaarlijkse financiële verslaggeving ingevolge dit deel opstelt, neemt de beheerder van de beleggingsinstelling de bij of krachtens algemene maatregel van bestuur te bepalen gegevens op in de jaarlijkse financiële verslaggeving of in een gelijktijdig met de jaarlijkse financiële verslaggeving algemeen verkrijgbaar te stellen document.
7. Indien tussen het algemeen verkrijgbaar stellen van de jaarlijkse financiële verslaggeving en de vaststelling daarvan, feiten of omstandigheden blijken die onontbeerlijk zijn voor het vormen van een verantwoord oordeel omtrent het vermogen, het resultaat, de solvabiliteit en

de liquiditeit van de uitgevende instelling als bedoeld in artikel 362, zesde lid, eerste volzin, van Boek 2 van het Burgerlijk Wetboek, stelt de uitgevende instelling onverwijld een bericht hieromtrent algemeen verkrijgbaar.
8. Indien de vastgestelde jaarlijkse financiële verslaggeving afwijkt van de opgemaakte jaarlijkse financiële verslaggeving, stelt de uitgevende instelling na vaststelling onverwijld een bericht hieromtrent algemeen verkrijgbaar.
9. Indien de uitgevende instelling een mededeling als bedoeld in artikel 362, zesde lid, van Boek 2 van het Burgerlijk Wetboek doet, stelt de uitgevende instelling deze mededeling onverwijld algemeen verkrijgbaar.

Art. 5:25d
1. Zo spoedig mogelijk, doch uiterlijk drie maanden na afloop van de eerste zes maanden van het boekjaar maakt een uitgevende instelling de halfjaarlijkse financiële verslaggeving op en stelt zij deze algemeen verkrijgbaar. De halfjaarlijkse financiële verslaggeving wordt gedurende een periode van ten minste tien jaar beschikbaar gehouden voor het publiek.

Uitgevende instelling, halfjaarlijkse financiële verslaggeving

2. De halfjaarlijkse financiële verslaggeving omvat:
a. de halfjaarrekening;
b. het halfjaarlijks bestuursverslag; en
c. verklaringen van de bij de uitgevende instelling als ter zake verantwoordelijk aangewezen personen, met duidelijke vermelding van naam en functie, van het feit dat, voor zover hun bekend,:
1°. de halfjaarrekening een getrouw beeld geeft van de activa, de passiva, de financiële positie en de winst of het verlies van de uitgevende instelling en de gezamenlijke in de consolidatie opgenomen ondernemingen; en
2°. het halfjaarlijks bestuursverslag een getrouw overzicht geeft van de in het achtste en, voor zover van toepassing, negende lid bedoelde informatie.
3. Indien de halfjaarlijkse financiële verslaggeving is gecontroleerd of beperkt is beoordeeld door een accountant wordt de door hem ondertekende en gedagtekende verklaring of beoordeling samen met de halfjaarlijkse financiële verslaggeving algemeen verkrijgbaar gesteld.
4. Indien de halfjaarlijkse financiële verslaggeving niet door een accountant is gecontroleerd of beperkt is beoordeeld, wordt dat door de uitgevende instelling in haar halfjaarlijks bestuursverslag vermeld.
5. De halfjaarrekening van een uitgevende instelling met zetel in Nederland:
a. wordt opgemaakt met inachtneming van de ter zake overeenkomstig artikel 3 van de IAS-verordening goedgekeurde voorschriften, indien de uitgevende instelling op grond van Titel 9 van Boek 2 van het Burgerlijk Wetboek verplicht is een geconsolideerde jaarrekening op te maken; of
b. bevat de verkorte balans, de verkorte winst- en verliesrekening en de toelichtingen daarop, indien de uitgevende instelling niet verplicht is een geconsolideerde jaarrekening op te maken.
6. De halfjaarrekening van een uitgevende instelling met zetel in een andere lidstaat:
a. wordt opgemaakt met inachtneming van de ter zake overeenkomstig artikel 3 van de IAS-verordening goedgekeurde voorschriften, indien de uitgevende instelling naar het recht van die lidstaat verplicht is een geconsolideerde jaarrekening op te maken; of
b. bevat de verkorte balans, de verkorte winst- en verliesrekening en de toelichtingen daarop, indien de uitgevende instelling niet verplicht is een geconsolideerde jaarrekening op te maken.
7. Bij het opmaken van de verkorte balans en de verkorte winst- en verliesrekening, bedoeld in het vijfde lid, onderdeel b en zesde lid, onderdeel b, past de uitgevende instelling dezelfde beginselen en grondslagen inzake indeling en waardering toe als bij de jaarlijkse financiële verslaggeving.
8. Het halfjaarlijks bestuursverslag bevat ten minste een opsomming van belangrijke gebeurtenissen die zich de eerste zes maanden van het desbetreffende boekjaar hebben voorgedaan en het effect daarvan op de halfjaarrekening, alsmede een beschrijving van de voornaamste risico's en onzekerheden voor de overige zes maanden van het desbetreffende boekjaar.
9. Indien van een uitgevende instelling aandelen zijn toegelaten tot de handel op een gereglementeerde markt, bevat het halfjaarlijks bestuursverslag eveneens de belangrijkste transacties met verbonden partijen.
10. Indien de uitgevende instelling zetel heeft in een staat die geen lidstaat is en Nederland lidstaat van herkomst is, geeft de uitgevende instelling ten aanzien van de halfjaarrekening en het halfjaarlijks bestuursverslag overeenkomstige toepassing aan het vijfde en het zevende lid.

Art. 5:25e
Binnen zes maanden na afloop van het boekjaar stelt een uitgevende instelling die actief is in de sectoren, bedoeld in artikel 41 van de richtlijn jaarrekening, haar opgemaakte jaarlijkse verslag over betalingen aan overheden algemeen verkrijgbaar. Het verslag wordt gedurende een periode van ten minste tien jaar beschikbaar gehouden voor het publiek.

Uitgevende instelling, beschikbaar stellen verslag over betalingen aan overheden

Art. 5:25f
[Vervallen]

Art. 5:25g

Reikwijdte

1. De artikelen 5:25c en 5:25d zijn niet van toepassing op staten, regionale of lokale overheidslichamen, internationaalrechtelijke organisaties waarbij lidstaten zijn aangesloten, de Europese Centrale Bank, het Europees Stabiliteitsmechanisme, elk ander mechanisme dat is gecreëerd met als doel de financiële stabiliteit van de Europese monetaire unie te bewaren door middel van het verlenen van tijdelijke financiële bijstand aan de lidstaten die de euro als munt hebben en de nationale centrale banken van lidstaten.

2. De artikelen 5:25c en 5:25d zijn niet van toepassing op uitgevende instellingen die uitsluitend obligaties of andere effecten zonder aandelenkarakter als bedoeld in artikel 5:1, onderdeel e, uitgeven met een nominale waarde per eenheid van ten minste € 100 000 of de tegenwaarde daarvan, op de datum van uitgifte, in een andere munteenheid.

3. In afwijking van het tweede lid zijn de artikelen 5:25c en 5:25d niet van toepassing op uitgevende instellingen die uitsluitend obligaties uitgeven die tot de handel op een gereglementeerde markt in de Europese Unie zijn toegelaten en waarvan de nominale waarde per eenheid ten minste € 50 000 bedraagt of de tegenwaarde daarvan, op de datum van uitgifte, in een andere munteenheid, en die al voor 31 december 2010 tot de handel op een gereglementeerde markt in de Europese Unie waren toegelaten, zulks voor de looptijd van deze obligaties.

§ 5.1a.1.3
Incidentele verplichtingen voor uitgevende instellingen

Art. 5:25h

Uitgevende instelling, incidentele verplichting

1. Een uitgevende instelling waarvan aandelen tot de handel op een gereglementeerde markt zijn toegelaten stelt onverwijld informatie omtrent wijzigingen in de rechten die aan door haar uitgegeven aandelen van een bepaalde klasse zijn verbonden algemeen verkrijgbaar. De eerste volzin is van overeenkomstige toepassing op door de uitgevende instelling uitgegeven rechten op het verwerven van aandelen.

2. Een uitgevende instelling waarvan andere effecten, dan bedoeld in het eerste lid, eerste volzin, zijn toegelaten tot de handel op een gereglementeerde markt, stelt onverwijld informatie omtrent wijzigingen in de rechten van houders van de eerstgenoemde effecten algemeen verkrijgbaar. Onder wijzigingen in de rechten van houders als bedoeld in de eerste volzin worden eveneens verstaan wijzigingen in de voorwaarden die verbonden zijn aan de effecten, indien die wijzigingen van invloed kunnen zijn op die rechten.

Art. 5:25i

[Vervallen]

Afdeling 5.1a.2
Regels voor uitgevende instellingen met Nederland als lidstaat van herkomst

§ 5.1a.2.1
Inleidende bepalingen

Art. 5:25j

Reikwijdte

1. Deze afdeling is uitsluitend van toepassing op uitgevende instellingen waarvan effecten zijn toegelaten tot de handel op een gereglementeerde markt en waarvan Nederland lidstaat van herkomst is.

2. In afwijking van het eerste lid is artikel 5:25ka, eerste tot en met vierde lid, uitsluitend van toepassing op uitgevende instellingen waarvan aandelen zijn toegelaten tot de handel op een gereglementeerde markt en die zetel hebben in Nederland.

3. In afwijking van het eerste lid is artikel 5:25k, vierde lid, onderdelen a en b, niet van toepassing op uitgevende instellingen waarvan effecten zijn toegelaten tot de handel op een gereglementeerde markt, die Nederland als lidstaat van herkomst hebben en die zetel hebben in Nederland.

§ 5.1a.2.2
Specifieke informatie voor aandeelhouders en obligatiehouders

Art. 5:25k

Uitgevende instelling, informatie voor aandeelhouders/obligatiehouders

1. Een uitgevende instelling behandelt aandeelhouders die zich in gelijke omstandigheden bevinden op dezelfde wijze bij het geven van informatie en bij het doorberekenen van daarmee gepaard gaande kosten.

2. Het is een uitgevende instelling verboden een aandeelhouder te beletten zijn rechten door middel van verstrekking van een volmacht uit te oefenen.

3. Een uitgevende instelling stelt in Nederland faciliteiten en informatie ter beschikking aan haar aandeelhouders ten behoeve van de uitoefening van hun rechten en zorgt ervoor dat de integriteit van gegevens bij die uitoefening gewaarborgd blijft.
4. Een uitgevende instelling:
a. stelt bij de oproeping voor de algemene vergadering de aandeelhouders in kennis van de plaats, het tijdstip en de agenda van de algemene vergadering alsmede het recht om de vergadering bij te wonen;
b. stelt uiterlijk bij aanvang van de algemene vergadering de aandeelhouders in kennis van het totale aantal aandelen en stemmen;
c. stelt aan iedere aandeelhouder die stemrecht heeft in de algemene vergadering al dan niet op verzoek een volmachtformulier ter beschikking;
d. verstrekt een volmacht aan een bank tot het voldoen van de vorderingen die de aandeelhouders op haar hebben;
e. maakt berichten bekend of verspreidt circulaires die betrekking hebben op de vaststelling en de betaling van dividenden; en
f. verschaft informatie aan aandeelhouders over de uitgifte van nieuwe aandelen, waarbij tevens informatie wordt verstrekt over eventuele regelingen voor de toewijzing, inschrijving, of conversie.
5. Een uitgevende instelling kan informatie langs elektronische weg aan de aandeelhouders verzenden, indien:
a. de algemene vergadering hiermee heeft ingestemd;
b. de verzending langs elektronische weg niet afhankelijk is van de locatie van de zetel of woonplaats van een aandeelhouder of een persoon als bedoeld in artikel 5:45, eerste tot en met zesde, achtste of negende lid;
c. voorzieningen zijn getroffen opdat de aandeelhouder of de persoon die stemrecht uit kan oefenen, daadwerkelijk wordt ingelicht; en
d. een aandeelhouder of een natuurlijke persoon, rechtspersoon of vennootschap als bedoeld in artikel 5:45, eerste tot en met zesde lid, de mogelijkheid wordt geboden om de informatie desgewenst op papier te ontvangen.

Art. 5:25kbis
Indien een houder van aandelen in een uitgevende instelling met zetel in Nederland verzoekt ter behandeling een onderwerp op te nemen in de agenda van de algemene vergadering, vermeldt de houder in het verzoek het percentage in het geplaatst kapitaal dat de aandelen vertegenwoordigen waarover hij overeenkomstig de artikelen 5:33 en 5:45 en de daarop berustende bepalingen beschikt of geacht wordt te beschikken. In het verzoek vermeldt de houder tevens het percentage in het geplaatst kapitaal dat de financiële instrumenten, waarover hij beschikt en die een shortpositie met betrekking tot de aandelen inhouden, vertegenwoordigen. Wordt het verzoek door twee of meerdere houders gedaan dan vermelden zij de bedoelde percentages in het geplaatst kapitaal die zij gezamenlijk vertegenwoordigen. Bij of krachtens algemene maatregel van bestuur kunnen regels worden gesteld met betrekking tot de bepaling van een shortpositie als bedoeld in dit artikel.

Uitgevende instelling, verzoek tot in behandeling nemen onderwerp

Art. 5:25ka
1. Een uitgevende instelling stelt uiterlijk op de tweeënveertigste dag voor de dag van de algemene vergadering de aandeelhouders via haar website in kennis van de volgende informatie:
a. de oproeping tot de algemene vergadering, onder vermelding van de plaats, het tijdstip, de agenda en het recht om de vergadering bij te wonen;
b. voor zover van toepassing, aan de algemene vergadering voor te leggen documenten;
c. de aan de algemene vergadering voor te leggen ontwerpbesluiten, of indien geen ontwerpbesluit aan de algemene vergadering zal worden voorgelegd, een toelichting van het bestuur van de uitgevende instelling met betrekking tot ieder te behandelen onderwerp;
d. voor zover van toepassing, door aandeelhouders ingediende ontwerpbesluiten met betrekking tot door hen ter behandeling ingediende onderwerpen die zijn opgenomen in de agenda van de algemene vergadering, alsmede de op grond van artikel 5:25k bis door die aandeelhouders verstrekte informatie met betrekking tot verplichte melding van het percentage in het geplaatste kapitaal dat de aandelen en financiële instrumenten waarover die aandeelhouders beschikken, alleen of gezamenlijk, vertegenwoordigen;
e. voor zover van toepassing, een volmachtformulier en een formulier voor uitoefening van het stemrecht per brief.
2. Een uitgevende instelling stelt uiterlijk op de tweeënveertigste dag voor de dag van de algemene vergadering de aandeelhouders via haar website in kennis van het totale aantal aandelen en stemrechten op de dag van de oproeping. Indien het totale aantal aandelen en stemrechten op de registratiedatum, bedoeld in artikel 119 van Boek 2 van het Burgerlijk Wetboek gewijzigd is, stelt de uitgevende instelling op de eerste werkdag na de registratiedatum de aandeelhouders via haar website tevens in kennis van het totale aantal aandelen en stemrechten op de registratiedatum.

Uitgevende instelling, informatie m.b.t. algemene vergadering van aandeelhouders

art. 5:25l

24 Wet op het financieel toezicht (uittreksel)

3. Uiterlijk 15 dagen na de dag van de algemene vergadering plaatst de uitgevende instelling de overeenkomstig artikel 120, vierde of vijfde lid van boek 2 van het Burgerlijk Wetboek vastgestelde stemmingsresultaten op haar website.

4. De uitgevende instelling houdt de overeenkomstig dit artikel op de website geplaatste informatie gedurende tenminste een jaar daarop toegankelijk.

5. Indien de oproeping van de algemene vergadering, bedoeld in het eerste en tweede lid, plaatsvindt onder toepassing van een bepaling in de statuten als bedoeld in artikel 115, derde lid, van Boek 2 van het Burgerlijk Wetboek, dan stelt de uitgevende instelling, in afwijking van het eerste en tweede lid, de aandeelhouders uiterlijk op de dag van de oproeping in kennis van de in die leden bedoelde informatie.

Art. 5:25l

Uitgevende instelling, informatie voor obligatiehouders

1. Een uitgevende instelling behandelt obligatiehouders die zich in gelijke omstandigheden bevinden op dezelfde wijze bij het geven van informatie en bij het doorberekenen van daarmee gepaard gaande kosten.

2. Het is een uitgevende instelling met zetel in Nederland verboden een obligatiehouder te beletten zijn rechten door middel van verstrekking van een volmacht uit te oefenen.

3. Een uitgevende instelling stelt in Nederland faciliteiten en informatie ter beschikking aan haar obligatiehouders ten behoeve van de uitoefening van hun rechten en zorgt ervoor dat de integriteit van gegevens bij die uitoefening gewaarborgd blijft.

4. Een uitgevende instelling:

a. roept een vergadering van obligatiehouders bijeen door middel van de bekendmaking van berichten of verspreiding van circulaires, en stelt hen daarbij in kennis van de plaats, het tijdstip en de agenda van de vergadering, van de rechten inzake conversie, omruiling of aflossing van de obligaties, van de regelingen omtrent inschrijving voor de vergadering alsmede van het recht om de vergadering bij te wonen;

b. stelt aan iedere obligatiehouder die stemrecht heeft in een vergadering van obligatiehouders gelijktijdig al dan niet op verzoek een volmachtformulier ter beschikking; en

c. verstrekt een volmacht aan een bank tot het voldoen van de vorderingen die de obligatiehouders op de uitgevende instelling hebben.

5. Een vergadering van obligatiehouders vindt in Nederland plaats. Indien alleen houders van obligaties met een nominale waarde per eenheid van ten minste € 100 000 worden uitgenodigd, kan de uitgevende instelling ook een vergaderplaats in een andere lidstaat kiezen, mits in die lidstaat alle nodige faciliteiten en informatie ter beschikking worden gesteld opdat deze obligatiehouders hun rechten kunnen uitoefenen. De uitgevende instelling kan een vergaderplaats in een andere lidstaat kiezen als alleen houders van obligaties met een nominale waarde per eenheid van ten minste € 50 000 of de tegenwaarde daarvan, op de datum van uitgifte, in een andere munteenheid, worden uitgenodigd, en die obligaties al voor 31 december 2010 tot de handel op een gereglementeerde markt in de Europese Unie waren toegelaten, zulks voor de looptijd van deze obligaties, mits in die andere lidstaat alle nodige faciliteiten en informatie ter beschikking worden gesteld opdat deze obligatiehouders hun rechten kunnen uitoefenen.

6. Een uitgevende instelling kan informatie langs elektronische weg aan de obligatiehouders verzenden, indien:

a. een vergadering van obligatiehouders hiermee heeft ingestemd;

b. de verzending langs elektronische weg niet afhankelijk is van de locatie van de zetel of woonplaats van een obligatiehouder of diens gevolmachtigde;

c. voorzieningen zijn getroffen zodat de houder van een obligatie daadwerkelijk wordt ingelicht; en

d. een obligatiehouder de mogelijkheid wordt geboden om de informatie desgewenst op papier te ontvangen.

§ 5.1a.2.3
Wijze van algemeen verkrijgbaar stellen en deponeren van informatie

Art. 5:25m

Uitgevende instelling, algemeenverkrijgbaarheid gereglementeerde informatie

1. Een uitgevende instelling stelt gereglementeerde informatie op niet-discriminatoire wijze algemeen verkrijgbaar. De uitgevende instelling maakt daarbij gebruik van media waarvan redelijkerwijs mag worden aangenomen dat een snelle en doeltreffende verspreiding van de gereglementeerde informatie in alle lidstaten is gewaarborgd.

2. De algemeenverkijgbaarstelling, bedoeld in het eerste lid, vindt plaats door middel van een persbericht dat gelijktijdig wordt uitgebracht in Nederland alsmede in elke andere lidstaat waar de door de uitgevende instelling uitgegeven financiële instrumenten met haar instemming zijn toegelaten tot de handel op een gereglementeerde markt of waar ter zake van die instrumenten met haar instemming verzocht is om toelating tot de handel op een dergelijke markt.

3. Indien het gereglementeerde informatie betreft als bedoeld in artikel 5:25c, 5:25d of 5:25e, kan de uitgevende instelling in het persbericht volstaan met een aankondiging waarin wordt

24 Wet op het financieel toezicht (uittreksel)   art. 5:25p

verwezen naar de website van de uitgevende instelling waar de informatie volledig beschikbaar is.
4. Onze Minister wijst een instantie aan die zorg draagt voor de centrale opslag van gereglementeerde informatie.
5. De uitgevende instelling zendt de gereglementeerde informatie gelijktijdig met de algemeenverkrijgbaarstelling aan de instantie, bedoeld in het vierde lid, alsmede indien deze niet als zodanig is aangewezen aan de Autoriteit Financiële Markten.
6. De uitgevende instelling brengt geen kosten in rekening voor het algemeen verkrijgbaar stellen van de gereglementeerde informatie.
7. Indien door een persoon zonder toestemming van de uitgevende instelling om toelating tot de handel op een gereglementeerde markt van door de uitgevende instelling uitgegeven effecten is verzocht, rusten de bij of krachtens het eerste, tweede, vijfde en zesde lid geldende verplichtingen op die persoon.
8. Het eerste en tweede lid zijn niet van toepassing op uitgevende instellingen waarvan uitsluitend de handel zijn toegelaten op ten hoogste een in een andere lidstaat gelegen of functionerende gereglementeerde markt.
9. De Autoriteit Financiële Markten, zendt gereglementeerde informatie als bedoeld in artikel 5:25c, negende lid, binnen drie dagen na de toezending als bedoeld in het vijfde lid aan het handelsregister.

Werkingssfeer

Schakelbepaling

Art. 5:25n
[Vervallen]

Art. 5:25o
1. Een uitgevende instelling met zetel in Nederland zendt binnen vijf dagen na vaststelling van de jaarrekening de vastgestelde jaarrekening aan de Autoriteit Financiële Markten.
2. Een uitgevende instelling met zetel in Nederland die de jaarrekening niet binnen zes maanden na afloop van het boekjaar heeft vastgesteld, doet daarvan onverwijld mededeling aan de Autoriteit Financiële Markten.
3. De Autoriteit Financiële Markten zendt binnen drie dagen na de toezending, bedoeld in het eerste lid, of de mededeling, bedoeld in het tweede lid, de jaarrekening aan het handelsregister, bedoeld in artikel 394, eerste of tweede lid, van Boek 2 van het Burgerlijk Wetboek. Indien het een mededeling betreft als bedoeld in het tweede lid, wordt de opgemaakte jaarrekening, bedoeld in artikel 5:25c, aan het handelsregister toegestuurd onder vermelding van het feit dat deze niet is vastgesteld.
4. Gelijktijdig met de jaarrekening zendt de uitgevende instelling aan de Autoriteit Financiële Markten het bestuursverslag, bedoeld in artikel 391 van Boek 2 van het Burgerlijk Wetboek, en de gegevens die op grond van artikel 392 van Boek 2 van het Burgerlijk Wetboek aan de jaarrekening en het bestuursverslag worden toegevoegd.
5. Gelijktijdig met de jaarrekening zendt de Autoriteit Financiële Markten het bestuursverslag en de overige gegevens, bedoeld in het vierde lid, aan het handelsregister.

Uitgevende instelling, termijnen verslaglegging

§ 5.1a.2.4
Taal van de informatie

Art. 5:25p
1. Een uitgevende instelling stelt de gereglementeerde informatie met betrekking tot effecten die uitsluitend tot de handel op een in Nederland gelegen of functionerende gereglementeerde markt zijn toegelaten, algemeen verkrijgbaar in de Nederlandse of Engelse taal.
2. Een uitgevende instelling stelt de gereglementeerde informatie met betrekking tot effecten die zowel zijn toegelaten tot de handel op een in Nederland gelegen of functionerende gereglementeerde markt als tot de handel op een gereglementeerde markt in een andere lidstaat, algemeen verkrijgbaar:
a. in de Nederlandse of Engelse taal; en
b. in een taal die door de toezichthoudende instantie van die andere lidstaat wordt aanvaard of een taal die in de internationale financiële kringen gebruikelijk is.
3. Een uitgevende instelling stelt de gereglementeerde informatie met betrekking tot effecten die niet in Nederland maar in een andere lidstaat zijn toegelaten tot de handel op een gereglementeerde markt, algemeen verkrijgbaar:
a. in een taal die door de toezichthoudende instantie van die lidstaat wordt aanvaard; of
b. in een taal die in internationale financiële kringen gebruikelijk is.
4. De artikelen 362, zevende lid, 391, eerste lid, 394, eerste en vierde lid, 403, eerste lid, onderdelen d en e, en 408, eerste lid, onderdeel d, van Boek 2 van het Burgerlijk Wetboek zijn met betrekking tot de in die artikelen geregelde taalkeuze niet van toepassing op gereglementeerde informatie, gesteld in een taal als bedoeld in het eerste, tweede of derde lid.
5. Een uitgevende instelling stelt de gereglementeerde informatie met betrekking tot effecten met een nominale waarde per eenheid van ten minste € 100 000 of, indien het effecten in een

Uitgevende instelling, taal informatieverstrekking

1357

andere munteenheid dan de euro betreft, met een nominale waarde per eenheid die op de datum van uitgifte omgerekend ten minste gelijk is aan € 100 000, die tot de handel op een in Nederland of in een andere lidstaat gelegen of functionerende gereglementeerde markt zijn toegelaten, in afwijking van het tweede lid, algemeen verkrijgbaar:
a. in een taal die door de toezichthoudende instantie van die lidstaat wordt aanvaard; of
b. in een taal die in internationale financiële kringen gebruikelijk is.
6. Een uitgevende instelling stelt de gereglementeerde informatie met betrekking tot effecten met een nominale waarde per eenheid van ten minste € 50 000 of, indien het effecten in een andere munteenheid dan de euro betreft, met een nominale waarde per eenheid die op datum van uitgifte omgerekend ten minste gelijk is aan € 50 000, die al voor 31 december 2010 tot de handel op een in Nederland of in een andere lidstaat gelegen of functionerende gereglementeerde markt zijn toegelaten, in afwijking van het tweede lid, zulks voor de looptijd van deze obligaties, algemeen verkrijgbaar:
a. in een taal die door de toezichthoudende instantie van die lidstaat wordt aanvaard; of
b. in een taal die in internationale financiële kringen gebruikelijk is.
7. Indien de effecten, bedoeld in het eerste tot en met het vijfde lid, zonder toestemming van de uitgevende instelling tot de handel op een gereglementeerde markt zijn toegelaten, rusten de verplichtingen, bedoeld in het eerste tot en met vierde lid, op de persoon die om de toelating heeft verzocht.

Afdeling 5.1a.3
Algemeenverkrijgbaarstelling informatie bij andere lidstaat van herkomst

Art. 5:25q

Uitgevende instelling, algemeenverkrijgbaarstelling informatie bij andere lidstaat

Een uitgevende instelling met een andere lidstaat van herkomst waarvan effecten zijn toegelaten tot de handel op een in Nederland gelegen of functionerende gereglementeerde markt en niet op een in een andere lidstaat gelegen of functionerende gereglementeerde markt, stelt de gereglementeerde informatie met betrekking tot die effecten die zij naar het recht van die lidstaat algemeen verkrijgbaar moet stellen, tevens algemeen verkrijgbaar op de wijze zoals is bepaald bij of krachtens de artikelen 5:25m en 5:25w.

Afdeling 5.1a.4
Toezicht op de naleving, vrijstellingen, ontheffingen en nadere regels

Art. 5:25r

AFM, informatie van accountants

1. Indien de Autoriteit Financiële Markten op grond van artikel 5:16 van de Algemene wet bestuursrecht inlichtingen van een accountant vordert met betrekking tot door hem uitgevoerde controles als bedoeld in dit hoofdstuk, vormt de verstrekking van deze inlichtingen geen inbreuk op diens wettelijke of contractuele geheimhoudingsplicht.
2. De medewerking van een accountant aan een vordering als bedoeld in de vorige volzin leidt voor hem niet tot aansprakelijkheid.

Art. 5:25s

Schakelbepaling

1. Artikel 1:75, eerste lid, is van overeenkomstige toepassing ten aanzien van een uitgevende instelling of persoon die zonder toestemming van een uitgevende instelling om toelating van effecten van die uitgevende instelling tot de handel op een gereglementeerde markt heeft verzocht, indien die uitgevende instelling of persoon niet voldoet aan het bepaalde bij of krachtens de artikelen 5:25c, eerste lid, 5:25d, eerste of derde lid, 5:25e, 5:25h, 5:25m, eerste, vijfde of zevende lid, 5:25p, 5:25q, 5:25v, derde lid, of 5:25w.
2. Een op grond van artikel 1:75, eerste lid, gegeven aanwijzing ten aanzien van een uitgevende instelling of persoon als bedoeld in het eerste lid, strekt niet tot aantasting van overeenkomsten tussen de uitgevende instelling of persoon waaraan zij is gegeven en derden.

Art. 5:25t

AFM, openbaarmaking gegevens

Gegevens die de Autoriteit Financiële Markten heeft ontvangen van een toezichthoudende instantie van een andere lidstaat worden alleen openbaar gemaakt met de uitdrukkelijke toestemming van die toezichthoudende instantie en worden uitsluitend gebruikt voor doeleinden waarmee deze instantie heeft ingestemd.

Art. 5:25u

Nadere regels

Bij ministeriële regeling kan vrijstelling worden verleend van de artikelen 5:25c en 5:25d aan uitgevende instellingen waarvan bepaalde klassen van obligaties zijn toegelaten tot een in Nederland gelegen of functionerende gereglementeerde markt ter uitvoering van de artikelen 8, tweede en derde lid, en 30, derde en vierde lid, van de richtlijn transparantie.

Art. 5:25v

Uitgevende instelling, eisen financiële verslaggeving

1. Uitgevende instellingen met zetel in een staat die geen lidstaat is en waarvan Nederland lidstaat van herkomst is kunnen hun op grond van artikel 5:25c, eerste lid, algemeen verkrijgbaar te stellen jaarlijkse financiële verslaggeving en hun op grond van artikel 5:25d, eerste lid, algemeen

verkrijgbaar te stellen halfjaarlijkse financiële verslaggeving opmaken overeenkomstig de in die staat geldende wettelijke voorschriften, indien die voorschriften voldoen aan de vereisten, gesteld in een op grond van artikel 23, vierde of zevende lid, van de richtlijn transparantie genomen bindend besluit van de Europese Commissie. De overige leden van artikel 5:25c of 5:25d blijven buiten toepassing.

2. Bij ministeriële regeling kan vrijstelling worden verleend van artikel 5:25e, 5:25h, 5:25k, 5:25l, 5:34, 5:35, 5:38, eerste lid, of 5:47, aanhef en onderdeel b, aan uitgevende instellingen met zetel in een staat die geen lidstaat is en waarvan Nederland lidstaat van herkomst is: *Nadere regels*

a. indien het recht in die staat tenminste aan die bepalingen gelijkwaardige verplichtingen bevat en op de naleving daarvan toezicht wordt uitgeoefend dat in voldoende mate waarborgen biedt ter bescherming van de belangen die de bedoelde bepalingen beogen te beschermen, of

b. ter uitvoering van een op grond van artikel 23 van de richtlijn transparantie genomen bindend besluit van de Europese Commissie.

3. Een uitgevende instelling als bedoeld in het tweede lid stelt de informatie die zij naar het recht van de staat van haar zetel openbaar moet maken tevens algemeen verkrijgbaar overeenkomstig het bepaalde ingevolge het bepaalde bij of krachtens de artikelen 5:25m, 5:25p en 5:25w en zendt deze gereglementeerde informatie gelijktijdig met de algemeenverkrijgbaarstelling aan de instantie, bedoeld in artikel 5:25m, vierde lid, alsmede, indien deze niet als zodanig is aangewezen, aan de Autoriteit Financiële Markten.

Art. 5:25w

1. Bij algemene maatregel van bestuur kunnen nadere regels worden gesteld met betrekking tot in dit hoofdstuk geregelde onderwerpen ter uitvoering van een bindend besluit van de Europese Commissie dat gebaseerd is op de richtlijn transparantie.   *Nadere regels*

2. Bij algemene maatregel van bestuur kunnen nadere regels worden gesteld met betrekking tot de inhoud en het deponeren van het verslag, bedoeld in artikel 5:25e, en de wijze van opslag van gereglementeerde informatie door de instantie, bedoeld in artikel 5:25m, vierde lid.

Hoofdstuk 5.2
Regels voor toegang tot de Nederlandse financiële markten voor marktexploitanten en voor het exploiteren of beheren van een gereglementeerde markt

Afdeling 5.2.1
Toegang tot de Nederlandse financiële markten voor marktexploitanten

Art. 5:25x

In dit hoofdstuk en de daarop berustende bepalingen wordt onder gereglementeerde markt mede verstaan een platform voor de veiling van emissierechten als bedoeld in hoofdstuk VII van Verordening (EU) nr. 1031/2010 van de Europese Commissie van 12 november 2010 inzake de tijdstippen, het beheer en andere aspecten van de veiling van broeikasgasemissierechten overeenkomstig Richtlijn 2003/87/EG van het Europees Parlement en de Raad tot vaststelling van een regeling voor de handel in broeikasgasemissierechten binnen de Gemeenschap (PbEU L 302).   *Werkingssfeer*

Art. 5:26

1. Het is verboden in Nederland zonder een daartoe door Onze Minister verleende vergunning een gereglementeerde markt te exploiteren of te beheren.   *Marktexploitanten, vergunningplicht*

2. Het eerste lid is niet van toepassing op het exploiteren of beheren van een gereglementeerde markt met zetel in een andere lidstaat waarvoor door de toezichthoudende instantie van die andere lidstaat een vergunning is verleend voor zover de marktexploitant in Nederland passende voorzieningen treft om de in Nederland gevestigde leden of deelnemers op afstand beter in staat te stellen toegang te krijgen tot deze markt en erop te handelen.

3. Onze Minister kan op aanvraag geheel of gedeeltelijk ontheffing verlenen van het eerste lid, indien de aanvrager aantoont dat de doeleinden die dit hoofdstuk beoogt te bereiken anderszins worden bereikt.

Art. 5:27

1. Onze Minister verleent op aanvraag een vergunning als bedoeld in artikel 5:26, eerste lid, indien de aanvrager aantoont dat de marktexploitant zijn zetel heeft in Nederland en dat zal worden voldaan aan het bepaalde ingevolge: *Marktexploitanten, eisen vergunningverlening*

a. artikel 5:29 met betrekking tot de geschiktheid en de betrouwbaarheid van de in dat artikel bedoelde personen;

b. de artikelen 5:30 en 5:32, eerste lid, met betrekking tot de regels van de gereglementeerde markt;

c. artikel 5:30, aanhef en onderdeel f, met betrekking tot de financiële middelen om een ordelijke werking van de gereglementeerde markt te bevorderen;

d. de artikelen 5:30a tot en met 5:30e met betrekking tot de organisatorische eisen en regels om een ordelijke werking van en de continuïteit van de dienstverlening op de gereglementeerde markt te waarborgen;
e. artikel 5:32a, eerste lid, onderdeel a, met betrekking tot de regels inzake de toelating van financiële instrumenten tot de handel op de gereglementeerde markt; en
f. artikel 5:32b met betrekking tot de regels inzake de toegang tot de gereglementeerde markt.
2. De aanvraag van de vergunning geschiedt onder opgave van bij of krachtens algemene maatregel van bestuur te bepalen gegevens.
3. De marktexploitant draagt er zorg voor dat de in het eerste lid bedoelde regels, hun toepassing en de controle op de naleving van die regels, zullen voldoen aan hetgeen nodig is met het oog op de belangen die deze wet beoogt te beschermen.
4. De marktexploitant meldt elke voorgenomen wijziging in de regels, bedoeld in het eerste lid, of in de controle op de naleving daarvan en van elke voorgenomen wijziging met betrekking tot onderwerpen waarover ingevolge de in het eerste lid genoemde artikelen gegevens worden verstrekt aan de Autoriteit Financiële Markten.

Nadere regels

5. Bij of krachtens algemene maatregel van bestuur kan worden bepaald welke gegevens bij de wijzigingen als bedoeld in het vierde lid worden verstrekt, hoe de melding plaatsvindt en, indien van toepassing, onder welke voorwaarden de wijzigingen ten uitvoer mogen worden gelegd.
6. Van een besluit tot verlening van een vergunning als bedoeld in het eerste lid en van de intrekking daarvan doet Onze Minister mededeling in de Staatscourant.

Afdeling 5.2.2
Het exploiteren of beheren van een gereglementeerde markt

Art. 5:28

Marktexploitanten, definitie marktexploitant

Voor de toepassing van het ingevolge deze afdeling bepaalde wordt onder «marktexploitant» verstaan: een marktexploitant waaraan een vergunning als bedoeld in artikel 5:26, eerste lid, is verleend.

Art. 5:29

Marktexploitanten, dagelijks beleid

1. Het dagelijks beleid van een marktexploitant wordt bepaald door personen die geschikt zijn in verband met de uitoefening van het bedrijf van de gereglementeerde markt. Indien binnen de marktexploitant een orgaan is belast met toezicht op het beleid en de algemene gang van zaken van de gereglementeerde markt, wordt dit toezicht gehouden door personen die geschikt zijn in verband met de uitoefening van dit toezicht.
2. Het beleid van de marktexploitant wordt bepaald of mede bepaald door personen wier betrouwbaarheid buiten twijfel staat. Indien binnen de marktexploitant een orgaan is belast met toezicht op het beleid en de algemene gang van zaken van de gereglementeerde markt, wordt dit toezicht gehouden door personen wier betrouwbaarheid buiten twijfel staat.
3. De betrouwbaarheid van een persoon als bedoeld in het tweede lid staat buiten twijfel wanneer dat eenmaal door een toezichthouder voor de toepassing van deze wet is vastgesteld, zolang niet een wijziging in de relevante feiten of omstandigheden een redelijke aanleiding geeft tot een nieuwe beoordeling.

Nadere regels

4. Bij of krachtens algemene maatregel van bestuur worden regels gesteld met betrekking tot de wijze waarop wordt vastgesteld of de betrouwbaarheid van een persoon als bedoeld in het tweede lid buiten twijfel staat en welke feiten en omstandigheden daarbij in aanmerking worden genomen, alsmede met betrekking tot de misdrijven die, indien begaan door die persoon, met het oog op de belangen die de wet beoogt te beschermen, tot de vaststelling leiden dat de betrouwbaarheid van die persoon niet buiten twijfel staat.
5. De marktexploitant meldt aan de Autoriteit Financiële Markten de naam, het adres en de woonplaats van de personen, bedoeld in het eerste of tweede lid, en de wijzigingen met betrekking tot deze gegevens voor zover deze betrekking hebben op de personen, bedoeld in het eerste of tweede lid.
6. De marktexploitant legt een voorgenomen wijziging van de in het tweede lid bedoelde personen ter instemming voor aan de Autoriteit Financiële Markten.

Art. 5:29a

Marktexploitanten, dagelijks beleid nadere regels

1. De samenstelling en het functioneren van het bestuur van een marktexploitant en, voor zover aanwezig, van het orgaan dat binnen de onderneming is belast met toezicht op het beleid en de algemene gang van zaken, voldoet aan het bepaalde ingevolge artikel 45, tweede tot en met zesde lid, van de richtlijn markten voor financiële instrumenten 2014, met dien verstande dat:
a. het bepaalde in artikel 45, tweede lid, met uitzondering van de eerste alinea, van die richtlijn alleen toepassing vindt indien een marktexploitant significant is;
b. de artikelen 132a, 142a, 242a en 252a van Boek 2 van het Burgerlijk Wetboek niet van toepassing zijn op significante marktexploitanten als bedoeld in onderdeel a; en

c. voor de toepassing van het bepaalde in het tweede lid van artikel 45 van de richtlijn markten voor financiële instrumenten 2014 als uitvoerende bestuursfunctie worden aangemerkt de functies van bestuurder en van uitvoerend bestuurder, indien de bestuurstaken bij een rechtspersoon zijn verdeeld over uitvoerende bestuurders en niet-uitvoerende bestuurders, en als niet-uitvoerende bestuursfunctie worden aangemerkt de functies van commissaris en van niet-uitvoerende bestuurder, indien de bestuurstaken bij een rechtspersoon zijn verdeeld over uitvoerende bestuurders en niet-uitvoerende bestuurders.
2. De Autoriteit Financiële Markten kan leden van het bestuur van een gereglementeerde markt toestemming verlenen om een extra aanvullende niet-uitvoerende bestuursfunctie te vervullen dan op grond van artikel 45, tweede lid, onderdeel a, van de richtlijn markten voor financiële instrumenten 2014 is toegestaan.
3. Bij of krachtens algemene maatregel van bestuur wordt bepaald wanneer een marktexploitant als bedoeld in het eerste lid, gezien zijn omvang, interne organisatie en aard, schaal en complexiteit van werkzaamheden, significant is en kunnen nadere regels worden gesteld betreffende de geschiktheid van de personen, bedoeld in artikel 5:29, eerste lid, alsmede betreffende de samenstelling en het functioneren van het bestuur en van het orgaan belast met toezicht, bedoeld in het eerste lid.

Art. 5:30

1. Een marktexploitant zorgt ervoor dat de gereglementeerde markt:

a. beschikt over regels en procedures voor het signaleren en beheersen van potentiële negatieve gevolgen voor de exploitatie of de goede werking van de gereglementeerde markt of voor haar deelnemers van conflicten tussen de belangen van de gereglementeerde markt, de eigenaars of de marktexploitant;

b. adequaat is toegerust voor de beheersing van de risico's waaraan zij is blootgesteld door in ieder geval te beschikken over regels en procedures om alle risico's van betekenis voor de exploitatie te signaleren en doeltreffende maatregelen te treffen om deze risico's te beperken;

c. beschikt over regels en procedures voor een gezond beheer van de technische werking van het systeem en over doeltreffende voorzorgsmaatregelen om met systeemstoringen verband houdende risico's te ondervangen;

d. beschikt over transparante, niet-discretionaire regels en procedures die voor een billijke en ordelijke handel zorgen, alsmede over objectieve criteria voor de doelmatige uitvoering van orders;

e. beschikt over doeltreffende regels en procedures voor een doelmatige en tijdige afhandeling van via haar systemen uitgevoerde transacties; en

f. beschikt over voldoende financiële middelen om een ordelijke werking van de markt te bevorderen, gelet op de aard en omvang van de op de markt uitgevoerde transacties en de aard en omvang van de risico's waaraan zij is blootgesteld.

2. Bij of krachtens algemene maatregel van bestuur kunnen regels worden gesteld met betrekking tot het in het eerste lid, onderdeel f, bepaalde.

3. De marktexploitant voert geen orders van cliënten uit voor eigen rekening op een door hem geëxploiteerde gereglementeerde markt.

Art. 5:30a

1. Een marktexploitant zorgt ervoor dat de door hem geëxploiteerde gereglementeerde markt beschikt over systemen, procedures en regelingen om:

a. te waarborgen dat zijn handelssystemen voldoende capaciteit hebben om volumepieken in orders en orderberichten op te vangen, in staat zijn een ordelijke handel onder zeer gespannen marktomstandigheden te waarborgen, volledig zijn getest om te waarborgen dat aan deze voorwaarden wordt voldaan;

b. de continuïteit van de bedrijfsuitoefening te waarborgen teneinde de continuïteit van de dienstverlening te waarborgen in geval van een storing van zijn handelssystemen;

c. orders af te wijzen die van tevoren vastgestelde volumedrempels en prijsdrempels overschrijden of duidelijk foutief zijn;

d. deelnemers en leden te verplichten algoritmen te testen waarbij zij omgevingen aanbiedt om deze tests te faciliteren; en

e. in uitzonderlijke gevallen een transactie te kunnen annuleren, wijzigen of corrigeren.

2. De marktexploitant beschikt over parameters die ertoe kunnen leiden dat de handel tijdelijk wordt stilgelegd of beperkt, indien op de gereglementeerde markt of op een aanverwante markt gedurende een korte periode aanzienlijke koersbewegingen in een financieel instrument zijn. De marktexploitant stelt de Autoriteit Financiële Markten in kennis van deze parameters en elke materiële wijziging daarvan.

3. De marktexploitant stelt de Autoriteit Financiële Markten in kennis van het stilleggen van de handel van een financieel instrument op de gereglementeerde markt, indien de gereglementeerde markt van essentieel belang is voor de liquiditeit van het financieel instrument.

Marktexploitanten, eisen gereglementeerde markt

Marktexploitanten, vereiste systemen/procedures/regelingen

4. Bij de toepassing van dit artikel neemt de marktexploitant de ingevolge artikel 48, twaalfde lid, onderdelen a, b en g, van de richtlijn markten voor financiële instrumenten 2014 gestelde regels in acht.
5. Bij of krachtens algemene maatregel van bestuur kunnen nadere regels worden gesteld met betrekking tot de systemen, procedures en regelingen, bedoeld in het eerste lid, de parameters, bedoeld in het tweede lid, en de kennisgeving aan de Autoriteit Financiële Markten, bedoeld in het tweede en derde lid.

Art. 5:30b

1. Een marktexploitant zorgt ervoor dat de door hem geëxploiteerde gereglementeerde markt:
a. overeenkomsten sluit met beleggingsondernemingen die op de door hem geëxploiteerde gereglementeerde markt een marketmakingstrategie uitvoeren en over regelingen beschikt die waarborgen dat met een voldoende aantal beleggingsondernemingen overeenkomsten worden gesloten die hen verplicht om concurrerende biedprijzen en laatprijzen af te geven zodat de markt op regelmatige en frequente basis van liquiditeit wordt voorzien, indien dit vereiste geschikt is voor de aard en de omvang van de handel op de gereglementeerde markt;
b. door middel van markeringen van deelnemers of leden kan aangeven welke orders het resultaat zijn van algoritmische handel, welke algoritmen voor de totstandkoming van de orders zijn gebruikt en welke personen de orders hebben geïnitieerd en verstrekt deze informatie op verzoek aan de Autoriteit Financiële Markten;
c. beschikt over transparante, billijke en niet-discriminerende regels inzake co-locatiediensten;
d. beschikt over transparante, billijke en niet-discriminerende vergoedingsstructuren, met inbegrip van uitvoeringsvergoedingen, nevenvergoedingen en eventuele kortingen, die geen stimulansen inhouden om orders te plaatsen, te wijzigen of te annuleren of transacties uit te voeren op een wijze die leiden tot onordelijke handelsomstandigheden of marktmisbruik; en
e. verplichtingen tot marketmaking oplegt voor specifieke aandelen of een samenstelling van aandelen in ruil voor eventuele kortingen in de vergoedingsstructuur.
2. Voor de toepassing van dit artikel wordt een beleggingsonderneming die zich bezighoudt met algoritmische handel en die als deelnemer aan of lid van een handelsplatform voor eigen rekening handelt, geacht een marketmakingstrategie uit te voeren, indien zij onder meer gelijktijdig op een of meerdere handelsplatformen concurrerende vaste biedprijzen en laatprijzen voor financiële instrumenten afgeeft teneinde de gehele markt op regelmatige en frequente basis te voorzien van liquiditeit.
3. Bij de toepassing van dit artikel neemt de marktexploitant de ingevolge artikel 48, twaalfde lid, onderdelen d en f, van de richtlijn markten voor financiële instrumenten 2014 gestelde regels in acht.
4. Bij of krachtens algemene maatregel van bestuur kunnen nadere regels worden gesteld met betrekking tot de inhoud van de overeenkomst, bedoeld in het eerste lid, onderdeel a, en de vorm en inhoud van de op verzoek van de Autoriteit Financiële Markten te verstrekken informatie, bedoeld in het eerste lid, onderdeel b.

Art. 5:30c

Marktexploitanten, eisen voor toestaan directe elektronische toegang

1. Een marktexploitant die op een door hem geëxploiteerde gereglementeerde markt directe elektronische toegang toestaat:
a. beschikt over systemen, procedures en regelingen om te waarborgen dat directe elektronische toegang uitsluitend wordt verleend door deelnemers of leden van de gereglementeerde markt, waaraan door de Europese Centrale Bank of de Nederlandsche Bank een vergunning is verleend voor het uitoefenen van het bedrijf van bank of beleggingsonderneming;
b. stelt normen vast met betrekking tot risicocontroles en drempels voor de handel via directe elektronische toegang;
c. is in staat om onderscheid te maken tussen orders of handelstransacties van een persoon die van directe elektronische toegang gebruik maakt en andere orders of handelstransacties van de betrokken deelnemer of het betrokken lid en, indien nodig, om eerstgenoemde orders of handelstransacties afzonderlijk stop te zetten; en
d. beschikt over regels om de verlening van directe elektronische toegang op te schorten of te beëindigen, indien de persoon die gebruik maakt van directe elektronische toegang niet aan dit artikel voldoet.
2. Een deelnemer of lid als bedoeld in het eerste lid, onderdeel a, die directe elektronische toegang verleent tot een gereglementeerde markt beschikt over interne procedures om de passendheid van directe elektronische toegang voor personen die hiervan gebruik willen maken te toetsen en draagt er zorg voor dat bij het uitvoeren van orders en handelstransacties via directe elektronische toegang de toepasselijke regels worden nageleefd.
3. Bij de toepassing van dit artikel neemt de marktexploitant de ingevolge artikel 48, twaalfde lid, onderdeel c, van de richtlijn markten voor financiële instrumenten 2014 gestelde regels in acht.

Art. 5:30d
1. Een marktexploitant past met inachtneming van de ingevolge artikel 49, derde en vierde lid, van de richtlijn markten voor financiële instrumenten 2014 gestelde regels regelingen toe met betrekking tot de minimale verhandelingseenheid voor aandelen, representatieve certificaten, beursverhandelde rechten van deelneming in beleggingsinstellingen en icbe's, certificaten en soortgelijke financiële instrumenten.
2. Bij of krachtens algemene maatregel van bestuur kunnen nadere regels worden gesteld met betrekking tot de regelingen, bedoeld in het eerste lid.

Schakelbepaling, artikel 49 richtlijn markten voor financiële instrumenten 2014

Art. 5:30e
1. Een marktexploitant en deelnemers aan of leden van de door hem geëxploiteerde gereglementeerde markt synchroniseren de beursklokken die zij gebruiken om de datum en tijd van aan te melden verrichtingen te registreren.
2. De marktexploitant en deelnemers aan of leden van de door hem geëxploiteerde gereglementeerde markt nemen bij de toepassing van dit artikel de ingevolge artikel 50, tweede lid, van de richtlijn markten voor financiële instrumenten 2014 gestelde regels in acht.

Marktexploitanten, synchroniseren beursklokken

Art. 5:31
1. Indien een marktexploitant werkzaamheden uitbesteedt aan een derde, draagt de marktexploitant er zorg voor dat deze derde de ingevolge dit deel met betrekking tot die werkzaamheden van toepassing zijnde regels naleeft.
2. Bij of krachtens algemene maatregel van bestuur:
a. kunnen in verband met het toezicht op de naleving van het ingevolge dit deel bepaalde, regels worden gesteld met betrekking tot het uitbesteden van werkzaamheden door markexploitanten;
b. kunnen regels worden gesteld met betrekking tot de beheersing van risico's die verband houden met het uitbesteden van werkzaamheden door marktexploitanten; en
c. kunnen regels worden gesteld met betrekking tot de tussen marktexploitanten en derden te sluiten overeenkomsten met betrekking tot het uitbesteden van werkzaamheden.
3. Een marktexploitant is niet met personen verbonden in een formele of feitelijke zeggenschapstructuur die in zodanige mate ondoorzichtig is dat deze een belemmering vormt of kan vormen voor het adequaat toezicht op de naleving van deze wet door de marktexploitant.
4. Een marktexploitant is niet met personen verbonden in een formele of feitelijke zeggenschapstructuur indien het recht van een staat die geen lidstaat is, dat op die personen van toepassing is, een belemmering vormt of kan vormen voor het adequaat uitoefenen van toezicht op de naleving van deze wet door de marktexploitant.

Marktexploitanten, uitbesteding aan derden

Nadere regels

Art. 5:32
1. Een marktexploitant stelt effectieve regels en procedures vast om er regelmatig op toe te zien of de leden van of deelnemers aan de gereglementeerde markt deze regels doorlopend naleven, en past deze regels toe.
2. De marktexploitant ziet toe op de orders, met inbegrip van de verrichte transacties en annuleringen, die de deelnemers of leden via de gereglementeerde markt verrichten, opdat hij inbreuken op de regels en procedures, bedoeld in het eerste lid, handelsvoorwaarden die de ordelijke werking van de markt verstoren, gedragingen die op marktmisbruik kunnen wijzen of systeemstoringen met betrekking tot een financieel instrument, kan vaststellen.
3. De marktexploitant meldt ernstige inbreuken als bedoeld in het tweede lid aan de Autoriteit Financiële Markten.
4. De marktexploitant verstrekt onverwijld de toepasselijke informatie aan de Autoriteit Financiële Markten, het Openbaar Ministerie of opsporingsambtenaren die bevoegd zijn op grond van de Wet op de economische delicten en verleent haar volledige medewerking aan de Autoriteit Financiële Markten, het Openbaar Ministerie of deze opsporingsambtenaren bij het onderzoeken of vervolgen van gedragingen die op marktmisbruik kunnen wijzen die zich in of via zijn systemen hebben voorgedaan.

Marktexploitanten, regels voor toezicht

Art. 5:32a
1. Een marktexploitant stelt met inachtneming van de ingevolge artikel 51, zesde lid, van de richtlijn markten voor financiële instrumenten 2014 gestelde regels duidelijke en transparante regels vast:
a. inzake de toelating van financiële instrumenten tot de handel op de gereglementeerde markt;
b. om te verifiëren dat uitgevende instellingen die financiële instrumenten hebben uitgegeven die tot de handel op de gereglementeerde markt worden toegelaten hun verplichtingen betreffende de initiële, doorlopende of incidentele informatieverstrekking nakomen;
c. die de toegang van de leden van of deelnemers aan de gereglementeerde markt tot openbaar gemaakte informatie vergemakkelijken; en
d. om regelmatig te verifiëren of de tot de handel op de gereglementeerde markt toegelaten financiële instrumenten aan de toelatingsvoorwaarden voldoen.
2. De marktexploitant zorgt voor een doeltreffende handhaving van de in het eerste lid bedoelde regels.

Marktexploitanten, regels voor toelating financiële instrumenten

3. De marktexploitant kan effecten die reeds zijn toegelaten tot de handel op een andere gereglementeerde markt zonder toestemming van de uitgevende instelling toelaten tot de handel op de gereglementeerde markt indien ten aanzien van die effecten is voldaan aan hoofdstuk 5.1. De marktexploitant stelt de uitgevende instelling van de toelating in kennis.
4. Een uitgevende instelling is niet verplicht de in het eerste lid, onderdeel b, bedoelde informatie te verstrekken aan een marktexploitant die zonder haar toestemming haar effecten tot de handel heeft toegelaten.

Art. 5:32b

Marktexploitanten, regels voor toegang tot handel/lidmaatschap gereglementeerde markt

1. Een marktexploitant zorgt voor op objectieve criteria gebaseerde, transparante en niet-discriminerende regels met betrekking tot de toegang tot de handel op of het lidmaatschap van de gereglementeerde markt, en zorgt voor een doeltreffende handhaving van deze regels.

2. De regels, bedoeld in het eerste lid, bevatten verplichtingen voor de leden van of deelnemers aan de gereglementeerde markt die voortvloeien uit:
   a. de oprichting en het beheer van de gereglementeerde markt;
   b. de regels inzake transacties op de gereglementeerde markt;
   c. de beroepsnormen die gelden voor het personeel van de op de gereglementeerde markt werkzaam zijnde beleggingsondernemingen;
   d. de door de gereglementeerde markt vastgestelde voorwaarden voor leden of deelnemers die geen beleggingsonderneming zijn;
   e. de regels en procedures voor de clearing en afwikkeling van transacties die op de gereglementeerde markt zijn uitgevoerd.

3. De regels, bedoeld in het eerste lid, voorzien in de mogelijkheid van rechtstreekse deelneming of deelneming op afstand van beleggingsondernemingen.

Nadere regels

4. Bij of krachtens algemene maatregel van bestuur kunnen regels worden gesteld met betrekking tot de regels, bedoeld in het eerste lid.

5. De marktexploitant neemt geen verplichtingen op in de regels, bedoeld in het eerste lid, die in strijd zijn met de belangen die deze wet beoogt te beschermen.

Art. 5:32c

Marktexploitanten, toelating lid/deelnemer gereglementeerde markt

Als lid van of deelnemer aan een gereglementeerde markt ten behoeve waarvan een vergunning als bedoeld in artikel 5:26, eerste lid, is verleend, kunnen slechts worden toegelaten:
a. beleggingsondernemingen;
b. banken;
c. personen die:
1°. daartoe geschikt zijn en wier betrouwbaarheid buiten twijfel staat;
2°. over toereikende bekwaamheden en bevoegdheden voor de handel beschikken;
3°. voor zover van toepassing, adequate organisatorische regelingen hebben getroffen;
4°. over voldoende middelen beschikken voor de activiteiten die zij als lid of deelnemer vervullen, rekening houdend met de verschillende financiële regelingen die de marktexploitant eventueel heeft vastgesteld om de adequate afwikkeling van transacties te garanderen.

Art. 5:32d

Marktexploitanten, verklaring van geen bezwaar

1. Het is verboden, anders dan na verkregen verklaring van geen bezwaar, een gekwalificeerde deelneming te houden, te verwerven of te vergroten dan wel enige zeggenschap verbonden aan een gekwalificeerde deelneming uit te oefenen in een marktexploitant.

2. Onze Minister verleent op aanvraag een verklaring van geen bezwaar voor een handeling als bedoeld in het eerste lid, tenzij:
   a. de handeling ertoe zou kunnen leiden of zou leiden dat de betrokken marktexploitant in een formele of feitelijke zeggenschapsstructuur wordt verbonden met personen die in zodanige mate ondoorzichtig is dat deze een belemmering zou vormen voor het adequaat uitoefenen van de controle op de naleving van de voor de gereglementeerde markt geldende regels;
   b. de handeling zou kunnen leiden of zou leiden tot een invloed op de betrokken marktexploitant of effect op de door hem geëxploiteerde of beheerde gereglementeerde markt die een bedreiging vormt voor de belangen die deze wet beoogt te beschermen; of
   c. de handeling een bedreiging voor de gezonde en prudente bedrijfsvoering van de marktexploitant zou kunnen vormen.

3. Van de afgifte van een verklaring van geen bezwaar als bedoeld in het eerste lid wordt mededeling gedaan in de Staatscourant, behoudens voor zover de publicatie zou kunnen leiden of zou leiden tot onevenredige bevoordeling of benadeling van belanghebbenden.

4. Onze Minister kan aan de verklaring van geen bezwaar beperkingen stellen en voorschriften verbinden op grond van de in het tweede lid genoemde overwegingen.

5. Indien het houden, het verwerven of het vergroten van een gekwalificeerde deelneming als bedoeld in het eerste lid is verricht zonder dat voor die handeling een verklaring van geen bezwaar is verkregen of de aan de verklaring van geen bezwaar gestelde beperkingen in acht zijn genomen, maakt degene die deze handeling heeft verricht deze binnen een door Onze Minister te bepalen termijn ongedaan dan wel neemt hij de beperkingen alsnog in acht binnen een door

Onze Minister te bepalen termijn. Deze verplichting vervalt op het tijdstip waarop en voor zover voor de desbetreffende handeling alsnog een verklaring van geen bezwaar wordt verleend dan wel de niet in acht genomen beperkingen worden ingetrokken.
6. Indien het uitoefenen van enige zeggenschap verbonden aan een gekwalificeerde deelneming in een marktexploitant geschiedt, zonder dat voor het houden van de gekwalificeerde deelneming dan wel voor het uitoefenen van die zeggenschap een verklaring van geen bezwaar is verkregen dan wel de aan de verklaring van geen bezwaar gestelde beperkingen in acht zijn genomen, is een mede door de uitgeoefende zeggenschap tot stand gekomen besluit vernietigbaar. Het besluit kan worden vernietigd op vordering van Onze Minister dan wel van de marktexploitant waarin zeggenschap is uitgeoefend. Het besluit wordt in dat geval door de rechtbank binnen wier rechtsgebied de marktexploitant is gevestigd, vernietigd indien het besluit zonder dat de desbetreffende zeggenschap zou zijn uitgeoefend anders zou hebben geluid dan wel niet zou zijn genomen, tenzij voor het tijdstip van de uitspraak alsnog een verklaring van geen bezwaar wordt verleend, of de niet in acht genomen beperkingen worden ingetrokken. De rechtbank regelt voor zover nodig de gevolgen van de vernietiging.
7. Indien aan een verklaring van geen bezwaar als bedoeld in het eerste lid voorschriften zijn verbonden of beperkingen zijn gesteld, neemt de houder van de verklaring van geen bezwaar de voorschriften of beperkingen in acht.

Art. 5:32e

Een marktexploitant biedt beleggingsondernemingen met zetel in een andere lidstaat die een door de toezichthoudende instantie van die lidstaat verleende vergunning hebben voor het verlenen van beleggingsdiensten als bedoeld in onderdeel b van de definitie van verlenen van een beleggingsdienst in artikel 1:1 of het verrichten van beleggingsactiviteiten als bedoeld in onderdeel a van de definitie van verrichten van een beleggingsactiviteit in artikel 1:1, en die aan de overige voorwaarden voor lidmaatschap of deelname voldoen, de mogelijkheid om aan de handel op de gereglementeerde markt waarvoor een vergunning als bedoeld in artikel 5:26, eerste lid, is verleend, deel te nemen:
a. vanuit een bijkantoor in Nederland; of
b. anders dan vanuit een bijkantoor in Nederland, indien de handelsprocedures en -systemen van de gereglementeerde markt geen fysieke aanwezigheid vergen voor het verrichten van transacties op die markt.

Marktexploitanten, deelneming aan gereglementeerde markt aan beleggingsondernemingen in andere lidstaat

Art. 5:32f

1. Een marktexploitant die voornemens is om in een andere lidstaat passende voorzieningen te treffen waardoor in die lidstaat gevestigde leden of deelnemers beter in staat zijn toegang te krijgen tot deze markt en daarop te handelen, deelt dit voornemen aan de Autoriteit Financiële Markten mede.
2. De Autoriteit Financiële Markten stelt, binnen een maand na ontvangst van de mededeling, bedoeld in het eerste lid, de desbetreffende lidstaat in kennis van het voornemen.

Marktexploitanten, kennisgeving AFM van voornemens toegang in andere lidstaat

Art. 5:32g

1. Een marktexploitant kan de handel op een door hem geëxploiteerde gereglementeerde markt in een financieel instrument niet opschorten, niet onderbreken of een financieel instrument niet van de handel uitsluiten, indien het financieel instrument niet aan de regels van de gereglementeerde markt voldoet, indien een dergelijke maatregel de belangen van de beleggers of de ordelijke werking van de gereglementeerde markt aanzienlijk zou kunnen schaden.
2. De marktexploitant die de handel in een financieel instrument opschort, onderbreekt of een financieel instrument van de handel uitsluit, doet hetzelfde voor afgeleide financiële instrumenten als bedoeld in de onderdelen d tot en met j van de definitie van financieel instrument in artikel 1:1 die verband houden met dat financieel instrument, indien dit noodzakelijk is ter ondersteuning van de doelstellingen van de opschorting, onderbreking of uitsluiting van het onderliggende financieel instrument.
3. De marktexploitant die de handel in een financieel instrument en eventueel hiermee verband houdende afgeleide financiële instrumenten opschort, onderbreekt of van de handel uitsluit, maakt deze beslissing openbaar en stelt de Autoriteit Financiële Markten daarvan in kennis.
4. Bij de toepassing van het eerste en tweede lid neemt de marktexploitant de ingevolge artikel 52, tweede lid, van de richtlijn markten voor financiële instrumenten 2014 gestelde regels in acht en bij de toepassing van het derde lid neemt de marktexploitant de ingevolge artikel 52, derde lid, van die richtlijn gestelde regels in acht.

Marktexploitanten, verbod opschorten/onderbreken/uitsluiten handel financieel instrument

Art. 5:32h-5:32j
[Vervallen]

Art. 5:32k

1. Een marktexploitant maakt de prijs, de omvang en het tijdstip van de via de gereglementeerde markt uitgevoerde transacties in de tot de handel toegelaten aandelen openbaar.
2. De marktexploitant maakt de informatie, bedoeld in het eerste lid, openbaar tegen redelijke commerciële voorwaarden en binnen een tijdsspanne die real time zo dicht mogelijk benadert.

Marktexploitant, openbaarmaking prijzen

3. De Autoriteit Financiële Markten kan, op aanvraag, de marktexploitant toestaan om de in het eerste lid bedoelde openbaarmaking uit te stellen op basis van de soort of de omvang van de transactie, indien:
a. zij heeft ingestemd met de voorgenomen voorzieningen voor de uitgestelde openbaarmaking; en
b. de marktexploitant duidelijke informatie over deze voorzieningen verstrekt aan de marktdeelnemers en het beleggerspubliek.
4. De marktexploitant die aan beleggingsondernemingen die ingevolge artikel 4:91n de de prijs, de omvang en het tijdstip van de uitgevoerde transacties openbaar moeten maken, toegang verleent tot de voorzieningen die zij gebruikt om de in het eerste lid bedoelde informatie openbaar te maken, doet dit tegen redelijke commerciële voorwaarden en op niet-discriminerende basis.

Nadere regels
5. Bij algemene maatregel van bestuur kan worden bepaald dat het eerste tot en met het vierde lid van overeenkomstige toepassing zijn ten aanzien van andere financiële instrumenten dan aandelen.

Werkingssfeer
6. Het eerste lid is niet van toepassing ten aanzien van rechten van deelneming in:
a. een beleggingsinstelling die op verzoek van de houder ten laste van de activa direct of indirect worden ingekocht of terugbetaald; en
b. een icbe.

Art. 5:32l

Marktexploitant, informatieverstrekking over eigendomsstructuur aan AFM
1. Een marktexploitant:
a. verstrekt aan de Autoriteit Financiële Markten informatie betreffende zijn eigendomsstructuur en die van de door hem geëxploiteerde of beheerde gereglementeerde markt, in het bijzonder over de identiteit en omvang van belangen van partijen die in een positie verkeren om invloed van betekenis op de bedrijfsvoering van de gereglementeerde markt uit te oefenen;
b. meldt elke eigendomsoverdracht die aanleiding geeft tot een wijziging in de kring van de personen die invloed van betekenis op de exploitatie van de gereglementeerde markt uitoefenen aan de Autoriteit Financiële Markten; en
c. maakt de in onderdelen a en b bedoelde informatie openbaar.
2. De marktexploitant verstrekt periodiek aan de Autoriteit Financiële Markten een lijst van de leden van en deelnemers aan de gereglementeerde markt.
3. De marktexploitant legt een voorgenomen wijziging als bedoeld in het eerste lid, onderdeel b, ter instemming voor aan de Autoriteit Financiële Markten.
4. De Autoriteit Financiële Markten stemt in met een voorgenomen wijziging als bedoeld in het eerste lid, onderdeel b, tenzij deze wijziging een objectieve en aantoonbare bedreiging voor de gezonde en prudente bedrijfsvoering van de gereglementeerde markt zou kunnen vormen.

Art. 5:32m

Marktexploitant, gebruikmaking systemen voor de afwikkeling van transacties in financiële instrumenten
Een marktexploitant zal de gebruikmaking van systemen voor de afwikkeling van de op de betrokken gereglementeerde markten verrichte transacties in financiële instrumenten niet verbieden, tenzij:
a. de koppelingen en voorzieningen tussen het door de betrokken leden of deelnemers gekozen systeem en andere systemen of faciliteiten, de doelmatige en economische afwikkeling van de betrokken transacties niet kunnen worden gegarandeerd; of
b. de technische voorwaarden voor de afwikkeling van de op die markt uitgevoerde transacties via het aangewezen systeem naar het oordeel van de Autoriteit Financiële Markten geen goede en ordelijke werking van de financiële markten mogelijk maken.

Hoofdstuk 5.3
Regels voor het melden van stemmen, kapitaal, zeggenschap en kapitaalbelang in uitgevende instellingen

Afdeling 5.3.1
Inleidende bepaling

Art. 5:33

Begripsbepalingen
1. In dit hoofdstuk en de daarop berustende bepalingen wordt, indien van toepassing in afwijking van artikel 1:1, verstaan onder:
a. uitgevende instelling:
1°. een naamloze vennootschap naar Nederlands recht waarvan aandelen als bedoeld in onderdeel b, onder 1° of 2°, zijn toegelaten tot de handel op een gereglementeerde markt;
2°. een rechtspersoon met een andere lidstaat van herkomst waarvan aandelen als bedoeld in onderdeel b, onder 1° of 2°, slechts zijn toegelaten tot de handel op een gereglementeerde markt waarvoor een vergunning als bedoeld in artikel 5:26, eerste lid, is verleend;

3°. een rechtspersoon opgericht naar het recht van een staat die geen lidstaat is waarvan aandelen als bedoeld in onderdeel b, onder 1° of 2°, zijn toegelaten tot de handel op een gereglementeerde markt waarvoor een vergunning als bedoeld in artikel 5:26, eerste lid, is verleend;
b. aandeel:
1°. een verhandelbaar aandeel als bedoeld in artikel 79, eerste lid, van Boek 2 van het Burgerlijk Wetboek;
2°. een certificaat van een aandeel of een ander met een certificaat van een aandeel gelijk te stellen verhandelbaar waardebewijs;
3°. elk ander verhandelbaar waardebewijs, niet zijnde een optie als bedoeld onder 4°, ter verwerving van een onder 1° bedoeld aandeel of van een onder 2° bedoeld waardebewijs;
4°. een optie ter verwerving van een onder 1° bedoeld aandeel of van een onder 2° bedoeld waardebewijs;
c. meldingsplichtige: een persoon die ingevolge dit hoofdstuk verplicht is tot het doen van een melding;
d. stemmen: stemmen die op aandelen kunnen worden uitgebracht, met inbegrip van rechten ingevolge een overeenkomst tot verkrijging van stemmen;
e. kapitaal: het geplaatste kapitaal van een uitgevende instelling;
f. substantiële deelneming: ten minste 3 procent van de aandelen of het kunnen uitbrengen van ten minste 3 procent van de stemmen, waarbij tot het aantal stemmen dat een persoon kan uitbrengen mede worden gerekend de stemmen waarover hij beschikt of wordt geacht te beschikken op grond van artikel 5:45;
g. drempelwaarde: een percentage van het kapitaal of de stemmen, waarvan het bereiken, overschrijden of onderschrijden door een persoon die aandelen houdt of verwerft, of stemmen kan uitbrengen of verwerft, leidt tot een verplichting tot het doen van een melding ingevolge dit hoofdstuk.
2. In dit hoofdstuk en de daarop berustende bepalingen wordt onder uitgevende instelling niet verstaan:
a. een beleggingsmaatschappij waarvan de rechten van deelneming op verzoek van de deelnemers ten laste van de activa van deze beleggingsmaatschappij direct of indirect worden ingekocht of terugbetaald; of
b. een maatschappij voor collectieve belegging in effecten.
3. Bij algemene maatregel van bestuur kan worden bepaald wat onder een optie als bedoeld in het eerste lid, onderdeel b, onder 4°, wordt verstaan.

Nadere regels

Afdeling 5.3.2
Meldingen door uitgevende instellingen betreffende het kapitaal en de stemmen

Art. 5:34
1. Een uitgevende instelling meldt onverwijld aan de Autoriteit Financiële Markten het totaal van de wijzigingen van haar kapitaal waardoor dit kapitaal ten opzichte van de vorige melding ingevolge dit artikel met een procent of meer is gewijzigd. De uitgevende instelling kan tevens aan de Autoriteit Financiële Markten op een tijdstip voorafgaand aan het tijdstip van de in het tweede lid bedoelde periodieke melding de overige wijzigingen van haar kapitaal melden.
2. De uitgevende instelling meldt periodiek aan de Autoriteit Financiële Markten het totaal van de wijzigingen van haar kapitaal waarvoor geen verplichting tot melding bestaat op grond van het eerste lid, eerste volzin, voorzover zij deze wijzigingen niet reeds heeft gemeld overeenkomstig het eerste lid, tweede volzin. Bij algemene maatregel van bestuur worden de periode waarop de melding betrekking heeft en de termijn waarbinnen de melding moet hebben plaatsgevonden vastgesteld.

Melding aan AFM, wijziging kapitaal

Art. 5:35
1. Een uitgevende instelling meldt onverwijld aan de Autoriteit Financiële Markten elke wijziging in haar stemmen die niet voortvloeit uit een wijziging als bedoeld in artikel 5:34, tweede lid. Indien een wijziging in de stemmen voortvloeit uit een wijziging als bedoeld in artikel 5:34, eerste lid, tweede volzin, kan de uitgevende instelling deze wijziging gelijktijdig met die wijziging melden aan de Autoriteit Financiële Markten.
2. De uitgevende instelling meldt periodiek aan de Autoriteit Financiële Markten het totaal van de wijzigingen in de stemmen waarvoor geen verplichting tot onverwijlde melding bestaat ingevolge het eerste lid, eerste volzin, voorzover zij deze wijzigingen niet reeds heeft gemeld overeenkomstig het eerste lid, tweede volzin. Bij algemene maatregel van bestuur worden de periode waarop de melding betrekking heeft en de termijn waarbinnen de melding moet hebben plaatsgevonden vastgesteld.
3. De uitgevende instelling meldt onverwijld aan de Autoriteit Financiële Markten elke uitgifte of intrekking met haar medewerking van aandelen als bedoeld in artikel 5:33, eerste lid, onderdeel b, onder 2°, voorzover deze betrekking heeft op een procent of meer van haar kapitaal. De uitgevende instelling kan tevens aan de Autoriteit Financiële Markten op elk tijdstip voorafgaand

Melding aan AFM, wijziging stemmen

Melding aan AFM, wijziging uitgifte/intrekking aandelen

aan het tijdstip van de in het vierde lid bedoelde periodieke melding elke overige uitgifte of intrekking van aandelen als bedoeld in artikel 5:33, eerste lid, onderdeel b, onder 2°, melden.

4. Een uitgevende instelling meldt periodiek aan de Autoriteit Financiële Markten het totaal met haar medewerking uitgegeven of ingetrokken aandelen als bedoeld in artikel 5:33, eerste lid, onderdeel b, onder 2°, waarvoor geen verplichting tot onverwijlde melding bestaat ingevolge het derde lid, eerste volzin, voorzover zij deze niet reeds heeft gemeld overeenkomstig het derde lid, tweede volzin. Bij algemene maatregel van bestuur worden de periode waarop de melding betrekking heeft en de termijn waarbinnen de melding moet hebben plaatsgevonden vastgesteld.

Art. 5:36

Melding aan AFM, kapitaal/stemmen/uitgeven aandelen door nieuwe uitgevende instelling

Een naamloze vennootschap naar Nederlands recht of een rechtspersoon die is opgericht naar het recht van een staat die geen lidstaat is en die een uitgevende instelling wordt, meldt onverwijld aan de Autoriteit Financiële Markten haar onderscheidenlijk zijn kapitaal en haar onderscheidenlijk zijn stemmen, alsmede de met haar onderscheidenlijk zijn medewerking uitgegeven aandelen als bedoeld in artikel 5:33, eerste lid, onderdeel b, onder 2°.

Art. 5:37

Nadere regels

Bij algemene maatregel van bestuur worden regels gesteld met betrekking tot de gegevens die bij een melding als bedoeld in deze afdeling dienen te worden verstrekt en de wijze van melden.

Afdeling 5.3.3
Meldingen door aandeelhouders en andere stemgerechtigden betreffende wijzigingen in zeggenschap en kapitaalbelang

Art. 5:38

Melding aan AFM, over-/onderschrijding drempelwaarde percentage kapitaal/stemmen

1. Een ieder die de beschikking krijgt of verliest over aandelen waardoor, naar hij weet of behoort te weten, het percentage van het kapitaal waarover hij beschikt een drempelwaarde bereikt, overschrijdt dan wel onderschrijdt, meldt dat onverwijld aan de Autoriteit Financiële Markten.

2. Een ieder die de beschikking krijgt of verliest over stemmen waardoor, naar hij weet of behoort te weten, het percentage van de stemmen waarover hij beschikt een drempelwaarde bereikt, overschrijdt dan wel onderschrijdt, meldt dat onverwijld aan de Autoriteit Financiële Markten.

3. Een ieder die de beschikking krijgt of verliest over financiële instrumenten die een shortpositie met betrekking tot de aandelen vertegenwoordigen waardoor, naar hij weet of behoort te weten, de shortpositie waarover hij beschikt, uitgedrukt in het percentage van het kapitaal, een drempelwaarde bereikt, overschrijdt dan wel onderschrijdt, meldt dat onverwijld aan de Autoriteit Financiële Markten. Bij of krachtens algemene maatregel van bestuur kunnen regels worden gesteld met betrekking tot de bepaling van een shortpositie als bedoeld in dit lid.

4. De drempelwaarden, bedoeld in het eerste, tweede en derde lid, zijn: 3 procent, 5 procent, 10 procent, 15 procent, 20, procent, 25 procent, 30 procent, 40 procent, 50 procent, 60 procent, 75 procent en 95 procent.

5. Bij algemene maatregel van bestuur kan worden bepaald in welke gevallen een meldingsplichtige behoort te weten dat hij een drempelwaarde bereikt, overschrijdt dan wel onderschrijdt.

Art. 5:39

Melding aan AFM, verwerking in register van over-/onderschrijding drempelwaarde

1. Een ieder wiens percentage van het kapitaal of van de stemmen waarover hij beschikt, naar hij weet of behoort te weten, een drempelwaarde bereikt, overschrijdt dan wel onderschrijdt als gevolg van een wijziging die ingevolge een melding als bedoeld in artikel 5:34 of 5:35 door de Autoriteit Financiële Markten in het register, bedoeld in artikel 1:107, is verwerkt, meldt dat aan de Autoriteit Financiële Markten. De melding vindt plaats uiterlijk op de vierde handelsdag na de in de vorige volzin bedoelde verwerking in het register. Bij algemene maatregel van bestuur kan worden bepaald wat onder handelsdag wordt verstaan.

2. Een ieder die beschikt over financiële instrumenten die een shortpositie met betrekking het kapitaal vertegenwoordigen, welke shortpositie, uitgedrukt in het percentage van het kapitaal, naar hij weet of behoort te weten, een drempelwaarde bereikt, overschrijdt dan wel onderschrijdt als gevolg van een wijziging die ingevolge een melding als bedoeld in artikel 5:34 of 5:35 door de Autoriteit Financiële Markten in het register, bedoeld in artikel 1:107, is verwerkt, meldt dat aan de Autoriteit Financiële Markten. De melding vindt plaats uiterlijk op de vierde handelsdag na de in de vorige volzin bedoelde verwerking in het register. Bij algemene maatregel van bestuur kan worden bepaald wat onder handelsdag wordt verstaan en kunnen regels worden gesteld met betrekking tot de bepaling van een shortpositie als bedoeld in dit lid.

3. De drempelwaarden, bedoeld in het eerste en tweede lid, eerste volzin, zijn: 3 procent, 5 procent, 10 procent, 15 procent, 20, procent, 25 procent, 30 procent, 40 procent, 50 procent, 60 procent, 75 procent en 95 procent.

Nadere regels

4. Bij algemene maatregel van bestuur kan worden bepaald in welke gevallen een meldingsplichtige behoort te weten dat hij een drempelwaarde bereikt, overschrijdt dan wel onderschrijdt.

Art. 5:40
Een ieder die de beschikking krijgt of verliest over een of meer aandelen met een bijzonder statutair recht inzake de zeggenschap in een uitgevende instelling, meldt dat onverwijld aan de Autoriteit Financiële Markten. Aan deze verplichting is voldaan, indien terzake van hetzelfde feit een melding is gedaan op grond van artikel 5:38, eerste lid.

Melding aan AFM, verkrijging/verliezen aandelen met bijzonder statutair recht

Art. 5:41
1. Een ieder wiens substantiële deelneming ten opzichte van zijn vorige melding, naar hij weet of behoort te weten, een drempelwaarde bereikt, overschrijdt dan wel onderschrijdt als gevolg van een afwijkende samenstelling door een omwisseling van aandelen als bedoeld in artikel 5:33, eerste lid, onderdeel b, onder 3° of 4°, of een financieel instrument of contract als bedoeld in artikel 5:45, tiende lid, in aandelen als bedoeld in artikel 5:33, eerste lid, onderdeel b, onder 1° of 2°, dan wel als gevolg van een omwisseling van aandelen als bedoeld in artikel 5:33, eerste lid, onderdeel b, onder 1°, in aandelen als bedoeld in artikel 5:33, eerste lid, onderdeel b, onder 2° meldt dat uiterlijk binnen 4 handelsdagen na de datum waarop hij dit weet of behoort te weten aan de Autoriteit Financiële Markten. Indien deze verplichting op een bestuurder of commissaris rust, is hieraan voldaan indien terzake van hetzelfde feit een melding is gedaan op grond van artikel 5:48, zesde of zevende lid.

Melding aan AFM, drempelwaarde substantiële deelneming

2. Een ieder wiens substantiële deelneming ten opzichte van diens vorige melding, naar hij weet of behoort te weten, een drempelwaarde bereikt, overschrijdt dan wel onderschrijdt als gevolg van een afwijkende samenstelling door de uitoefening van rechten ingevolge een overeenkomst tot verkrijging van stemmen meldt dat uiterlijk binnen 4 handelsdagen na de datum waarop hij dit weet of behoort te weten aan de Autoriteit Financiële Markten. Indien deze verplichting op een bestuurder of commissaris rust, is hieraan voldaan indien terzake van hetzelfde feit een melding is gedaan op grond van artikel 5:48, zevende lid.

3. De drempelwaarden, bedoeld in het eerste en tweede lid zijn: 3 procent, 5 procent, 10 procent, 15 procent, 20 procent, 25 procent, 30 procent, 40 procent, 50 procent, 60 procent, 75 procent en 95 procent.

4. Bij algemene maatregel van bestuur kan worden bepaald wat onder handelsdag wordt verstaan en in welke gevallen een meldingsplichtige behoort te weten dat hij een drempelwaarde bereikt, overschrijdt dan wel onderschrijdt.

Nadere regels

Art. 5:42
Een ieder die ophoudt een gecontroleerde onderneming te zijn en die beschikt over een substantiële deelneming of een of meer aandelen met een bijzonder statutair recht inzake de zeggenschap in een uitgevende instelling, meldt dat onverwijld aan de Autoriteit Financiële Markten.

Melding aan AFM, ophouden dochtermaatschappij te zijn

Art. 5:43
1. Een ieder die op het tijdstip waarop een naamloze vennootschap naar Nederlands recht een uitgevende instelling wordt, naar hij weet of behoort te weten, beschikt over een substantiële deelneming of een of meer aandelen met een bijzonder statutair recht inzake de zeggenschap in deze uitgevende instelling, meldt dat onverwijld aan de Autoriteit Financiële Markten.

Melding aan AFM, nieuwe naamloze vennootschap

2. Een ieder die op het tijdstip waarop een rechtspersoon die is opgericht naar het recht van een staat die geen lidstaat is een uitgevende instelling wordt, naar hij weet of behoort te weten, beschikt over een substantiële deelneming in deze uitgevende instelling, meldt dat onverwijld aan de Autoriteit Financiële Markten.

Melding aan AFM, nieuwe rechtspersoon opgericht naar recht van niet-lidstaat

3. Bij algemene maatregel van bestuur kan worden bepaald in welke gevallen een meldingsplichtige behoort te weten dat hij beschikt over een substantiële deelneming in een uitgevende instelling.

Art. 5:44
Bij algemene maatregel van bestuur worden regels gesteld met betrekking tot de gegevens die bij een melding als bedoeld in deze afdeling dienen te worden verstrekt en de wijze van melden.

Nadere regels

Afdeling 5.3.4
Bijzondere bepalingen en uitzonderingen op de meldingsplicht betreffende wijzigingen in zeggenschap en kapitaalbelang

Art. 5:45
1. Iemand beschikt over de aandelen die hij houdt, alsmede over de stemmen die hij kan uitbrengen als houder van aandelen.

Meldingsplicht, toerekening

2. Iemand beschikt over de stemmen die hij als vruchtgebruiker of pandhouder kan uitbrengen, indien het toepasselijke recht daarin voorziet en is voldaan aan de daarvoor geldende wettelijke vereisten.

3. Iemand wordt geacht te beschikken over de aandelen die zijn gecontroleerde onderneming houdt, alsmede over de stemmen die zijn gecontroleerde onderneming kan uitbrengen. Een gecontroleerde onderneming wordt geacht niet te beschikken over aandelen of stemmen.

4. Iemand wordt geacht te beschikken over de aandelen die door een derde voor zijn rekening worden gehouden, alsmede over de stemmen die deze derde kan uitbrengen.
5. Iemand wordt geacht te beschikken over de stemmen waarover een derde beschikt, indien hij met deze derde een overeenkomst heeft gesloten die voorziet in een duurzaam gemeenschappelijk beleid inzake het uitbrengen van de stemmen.
6. Iemand wordt geacht te beschikken over de stemmen waarover een derde beschikt met wie hij een overeenkomst heeft gesloten waarin een tijdelijke en betaalde overdracht van deze stemmen is geregeld.
7. De beheerder van een beleggingsfonds of de beheerder van een fonds voor collectieve belegging in effecten wordt geacht te beschikken over de aandelen die de bewaarder houdt en de daaraan verbonden stemmen. De rechtspersoon die de juridische eigendom van een beleggingsfonds of een fonds voor collectieve belegging in effecten houdt, wordt geacht niet te beschikken over de aandelen of stemmen.
8. Aandelen en stemmen die deel uitmaken van een gemeenschap worden toegerekend aan de deelgenoten in deze gemeenschap in evenredigheid met hun gerechtigdheid daarin. In afwijking van de vorige volzin worden stemmen die deel uitmaken van een wettelijke gemeenschap van goederen als bedoeld in artikel 93 van Boek 1 van het Burgerlijk Wetboek toegerekend aan de echtgenoot van wiens zijde de stemmen in de gemeenschap zijn gevallen als bedoeld in artikel 97 van Boek 1 van het Burgerlijk Wetboek.
9. Iemand wordt geacht te beschikken over de stemmen die hij als gevolmachtigde naar eigen goeddunken kan uitbrengen.
10. Iemand wordt geacht te beschikken over de aandelen alsmede de daaraan verbonden stemmen indien hij:
a. een financieel instrument houdt waarvan de waardestijging mede afhankelijk is van de waardestijging van aandelen of daaraan verbonden uitkeringen en op grond waarvan hij geen recht heeft op verwerving van een aandeel als bedoeld in artikel 5:33, eerste lid, onderdeel b;
b. op basis van een optie verplicht kan worden om aandelen als bedoeld in artikel 5:33, eerste lid, onderdeel b, te kopen; of
c. een ander contract heeft gesloten op grond waarvan hij een met een aandeel als bedoeld in artikel 5:33, eerste lid, onderdeel b, vergelijkbare economische positie heeft.

Werkingssfeer

11. Het derde lid is, volgens bij algemene maatregel van bestuur te stellen regels, niet van toepassing op degene wiens gecontroleerde onderneming:
a. een beheerder of beheerder van een icbe is die de stemmen die zijn verbonden aan de aandelen die worden gehouden door de beleggingsinstelling of icbe waarover hij het beheer voert, dan wel de stemmen waarover hij ingevolge het zevende lid, eerste volzin, wordt geacht te beschikken, naar eigen goeddunken kan uitbrengen; of
b. een vermogensbeheerder is die de stemmen die zijn verbonden aan de aandelen waarover hij het beheer voert naar eigen goeddunken kan uitbrengen.
12. Het vijfde lid is niet van toepassing op een melding als bedoeld in artikel 5:43a.

Art. 5:46

Melding aan AFM, uitzonderingen op meldingsplicht

1. De verplichtingen, bedoeld in afdeling 5.3.3, zijn, voorzover de aandelen en de daaraan verbonden stemmen in de uitoefening van hun bedrijf en gedurende een korte periode worden gehouden, niet van toepassing op:
a. clearinginstellingen, voorzover zij niet ook het bedrijf van bank of elektronischgeldinstelling uitoefenen;
b. afwikkelende instanties als bedoeld in artikel 212a, onderdeel d, van de Faillissementswet; en
c. nationale centrale banken die onderdeel uitmaken van het Europees Stelsel van Centrale Banken, bedoeld in artikel 282, eerste lid, van het Verdrag betreffende de werking van de Europese Unie, voorzover de stemmen niet worden uitgebracht.
2. De verplichtingen, bedoeld in afdeling 5.3.3, zijn niet van toepassing op:
a. bewaarnemers van aandelen, voor zover de aandelen en de daaraan verbonden stemmen worden gehouden in de uitoefening van hun bedrijf en de bewaarnemers de aan deze aandelen verbonden stemmen niet naar eigen goeddunken kunnen uitbrengen;
b. personen, voor zover die werkzaamheden verrichten als bedoeld in onderdeel a van de definitie van verrichten van een beleggingsactiviteit in artikel 1:1, die de beschikking krijgen of verliezen over aandelen en de daaraan verbonden stemmen waardoor, naar zij weten of behoren te weten, het percentage van het kapitaal of de stemmen waarover zij beschikken de drempelwaarde van drie procent of vijf procent bereikt, overschrijdt of onderschrijdt, voorzover deze geen invloed uitoefenen in het bestuur van de desbetreffende uitgevende instelling en in hun lidstaat van herkomst als bedoeld in artikel 5:25a, eerste lid, onderdeel c, een vergunning hebben voor de uitoefening van hun bedrijf;
c. personen die in het kader van de stabilisatie zoals omschreven in hoofdstuk III van verordening (EG) nr. 2273/2003 van de Commissie van de Europese Gemeenschappen van 22 december 2003 tot uitvoering van Richtlijn 2003/6/EG van het Europees Parlement en de Raad wat de

uitzonderingsregeling voor terugkoopprogramma's en voor de stabilisatie van financiële instrumenten betreft (PbEU 2003, L 336) de beschikking krijgen of verliezen over aandelen en de daaraan verbonden stemmen, voor zover de stemmen niet worden uitgebracht of anderszins worden gebruikt om invloed uit te oefenen in het bestuur van de uitgevende instelling.
3. Voor het vaststellen of de drempelwaarden, bedoeld in de artikelen 5:38, vierde lid, of 5:39, derde lid, worden bereikt of overschreden, worden aandelen en de daaraan verbonden stemmen die tot de handelsportefeuille van één van de hierna te noemen financiële ondernemingen behoren niet in aanmerking genomen, voor zover deze aandelen of stemmen niet meer dan vijf procent bedragen in het kapitaal of de stemmen van een uitgevende instelling en indien de stemmen niet worden uitgebracht of anderszins worden gebruikt om invloed uit te oefenen in het bestuur van de uitgevende instelling:
Vaststellen drempelwaarden, financiële ondernemingen waarvan aandelen/stemmen niet in aanmerking genomen worden

a. financiële ondernemingen die voor het uitoefenen van het bedrijf van bank een door de Europese Centrale Bank of de Nederlandsche Bank verleende vergunning hebben;
b. financiële ondernemingen die voor het uitoefenen van het bedrijf van financiële instelling een door de Nederlandsche Bank op grond van het Deel Prudentieel toezicht financiële ondernemingen verleende verklaring van ondertoezichtstelling hebben;
c. financiële ondernemingen die voor het verlenen van beleggingsdiensten of verrichten van beleggingsactiviteiten een door de Autoriteit Financiële Markten op grond van het Deel Markttoegang financiële ondernemingen verleende vergunning hebben;
d. beleggingsondernemingen met zetel in een andere lidstaat die van de toezichthoudende instantie van die andere lidstaat een vergunning hebben verkregen als bedoeld in artikel 5, eerste lid, eerste volzin, van richtlijn nr. 2004/39/EEG van het Europees Parlement en van de Raad van de Europese Unie van 21 april 2004 betreffende markten voor financiële instrumenten, tot wijziging van de richtlijnen nr. 85/611/EEG en nr. 93/6/EEG van de Raad en richtlijn nr. 2000/12/EG van het Europees Parlement en de Raad en houdende intrekking van richtlijn nr. 93/22/EEG van de Raad (PbEU L 145);
e. banken met zetel in een andere lidstaat die van de toezichthoudende instantie van die andere lidstaat een vergunning hebben verkregen als bedoeld in artikel 8, eerste lid, van de richtlijn kapitaalvereisten; en
f. financiële instellingen met zetel in een andere lidstaat die voor de uitoefening van hun bedrijf een door de toezichthoudende instantie van die lidstaat verleende verklaring van ondertoezichtstelling hebben die overeenkomt met de verklaring, bedoeld in artikel 3:110.
4. Bij algemene maatregel van bestuur kunnen regels worden gesteld met betrekking tot het eerste, tweede of derde lid.
5. Indien een in het eerste, tweede of derde lid bedoelde onderneming of instelling op het tijdstip waarop het eerste, tweede of derde lid niet langer van toepassing is de aandelen nog houdt dan wel de stemmen nog kan uitbrengen, wordt zij geacht op dat tijdstip de beschikking te hebben verkregen over deze aandelen en stemmen.

Art. 5:46a
De verplichtingen, bedoeld in de artikelen 5:38, derde lid, en 5:39, tweede lid, zijn niet van toepassing op:
Melding aan AFM, uitzonderingen

a. transacties die in verband met activiteiten als bedoeld in artikel 2, eerste lid, onderdeel k, van Verordening (EU) nr. 236/2012 van het Europees Parlement en de Raad van 14 maart 2012 betreffende short selling en bepaalde aspecten van kredietverzuimswaps (PbEU 2012, L 86) worden verricht door personen die voldoen aan de in dat artikel genoemde voorwaarden;
b. personen als bedoeld in artikel 17, vierde lid, van de in onderdeel a genoemde verordening die voldoen aan de in dat artikel genoemde voorwaarden;
c. personen als bedoeld in artikel 5:46, eerste lid.

Art. 5:47
Met betrekking tot aandelen of stemmen in een rechtspersoon die is opgericht naar het recht van een staat die geen lidstaat is en waarvan aandelen zijn toegelaten tot de handel op een gereglementeerde markt waarvoor een vergunning als bedoeld in artikel 5:26, eerste lid, is verleend en voor welke rechtspersoon Nederland een lidstaat van ontvangst is als bedoeld in artikel 2, eerste lid, onderdeel n, van richtlijn nr. 2004/109/EG van het Europees Parlement en de Raad van de Europese Unie van 15 december 2004 betreffende de transparantievereisten die gelden voor informatie over uitgevende instellingen waarvan effecten tot de handel op een gereglementeerde markt zijn toegelaten en tot wijziging van richtlijn 2001/34/EG (PbEU L 390):
Rechtspersoon die is opgericht naar het recht van niet-lidstaat, uitzonderingen meldingsplicht

a. zijn de artikelen 5:40, 5:41 en 5:42 niet van toepassing;
b. gelden, in afwijking van artikel 5:38, vierde lid, voor de in artikel 5:38, eerste en tweede lid, genoemde verplichtingen tot het doen van een melding de drempelwaarden 5 procent en 10 procent, indien de meldingsplichtige een uitgevende instelling is die verplicht is tot melding als gevolg van het verkrijgen of verliezen van de beschikking over eigen aandelen; en
c. gelden, in afwijking van de artikelen 5:38, vierde lid, en 5:39, derde lid, voor de in de artikelen 5:38, eerste en tweede lid, en 5:39, eerste lid, genoemde verplichtingen tot het doen van een

melding de drempelwaarden 5 procent, 10 procent, 15 procent, 20 procent, 25 procent, 30 procent, 50 procent en 75 procent.

Afdeling 5.3.5
Meldingen door bestuurders en commissarissen betreffende zeggenschap en kapitaalbelang

Art. 5:48

Uitgevende instelling, definitie
1. In dit artikel en de daarop berustende bepalingen wordt, in afwijking van artikel 5:33, eerste lid, onderdeel a, onder uitgevende instelling verstaan: een naamloze vennootschap naar Nederlands recht waarvan aandelen als bedoeld in artikel 5:33, eerste lid, onderdeel b, onder 1° of 2°, zijn toegelaten tot de handel op een gereglementeerde markt.

Gelieerde uitgevende instelling, definitie
2. In dit artikel en de daarop berustende bepalingen wordt onder gelieerde uitgevende instelling verstaan: elke andere uitgevende instelling:
1°. waarmee de uitgevende instelling in een groep is verbonden of waarin de uitgevende instelling een deelneming heeft en waarvan de meest recent vastgestelde omzet ten minste 10 procent van de geconsolideerde omzet van de uitgevende instelling bedraagt;
2°. die rechtstreeks of middellijk meer dan 25 procent van het kapitaal van de uitgevende instelling verschaft.

Melding aan AFM, bezit aandelen/stemmen van bestuurder/commissaris
3. Een bestuurder of commissaris van een uitgevende instelling meldt aan de Autoriteit Financiële Markten de aandelen en stemmen in de uitgevende instelling en de gelieerde uitgevende instellingen waarover hij beschikt. Deze meldingen worden gedaan binnen twee weken na de aanwijzing of benoeming als bestuurder of commissaris.
4. Een bestuurder of commissaris van een naamloze vennootschap die een uitgevende instelling wordt in de zin van het eerste lid, meldt onverwijld aan de Autoriteit Financiële Markten de aandelen en stemmen in de uitgevende instelling en de gelieerde uitgevende instellingen waarover hij beschikt. Aan de verplichting op grond van de vorige volzin is voldaan, indien terzake van hetzelfde feit een melding is gedaan op grond van artikel 5:43, eerste lid.
5. Een bestuurder of commissaris van een uitgevende instelling ten opzichte waarvan een andere naamloze vennootschap een gelieerde uitgevende instelling wordt in de zin van het tweede lid, meldt onverwijld aan de Autoriteit Financiële Markten de aandelen en stemmen in de desbetreffende gelieerde uitgevende instelling waarover hij beschikt. Aan de verplichting op grond van de vorige volzin is voldaan, indien terzake van hetzelfde feit een melding is gedaan op grond van artikel 5:43.
6. Een bestuurder of commissaris van een uitgevende instelling meldt onverwijld aan de Autoriteit Financiële Markten elke wijziging in de aandelen in de uitgevende instelling en de gelieerde uitgevende instellingen waarover hij beschikt. Aan de verplichting op grond van de vorige volzin is voldaan, indien terzake van hetzelfde feit een melding is gedaan op grond van artikel 5:38, eerste lid, of 5:40, eerste volzin.
7. Een bestuurder of commissaris van een uitgevende instelling meldt onverwijld aan de Autoriteit Financiële Markten elke wijziging in de stemmen in de uitgevende instelling en de gelieerde uitgevende instellingen waarover hij beschikt. Aan de verplichting op grond van de vorige volzin is voldaan, indien terzake van hetzelfde feit een melding is gedaan op grond van artikel 5:38, tweede lid.
8. Een uitgevende instelling meldt het feit dat een bestuurder of commissaris niet langer in functie is onverwijld aan de Autoriteit Financiële Markten.
9. Indien een bestuurder van een uitgevende instelling een rechtspersoon is, zijn het derde lid tot en met het achtste lid van overeenkomstige toepassing op de natuurlijke personen die het dagelijks beleid van deze rechtspersoon bepalen, alsmede op de natuurlijke personen die toezicht houden op het beleid van het bestuur en de algemene gang van zaken in deze rechtspersoon.
10. Bij algemene maatregel van bestuur worden regels gesteld met betrekking tot de gegevens die bij een melding als bedoeld in dit artikel dienen te worden verstrekt en de wijze van melden.

Afdeling 5.3.6
Registratie van meldingen

Art. 5:49

Melding aan AFM, melding en registratie bezit aandelen/stemmen van bestuurder/commissaris
1. Behoudens het bepaalde in het derde lid, doet de Autoriteit Financiële Markten, nadat zij een melding heeft ontvangen, onverwijld mededeling van deze melding aan de desbetreffende uitgevende instelling en aan de meldingsplichtige. De in de eerste volzin bedoelde mededeling strekt voor de meldingsplichtige tot bewijs dat deze aan zijn verplichting tot het doen van een melding heeft voldaan.
2. De Autoriteit Financiële Markten doet onverwijld na de in artikel 1:107, derde lid, onderdeel c, onder 1°, bedoelde verwerking in het register mededeling van de inhoud van de melding aan de desbetreffende uitgevende instelling.

3. Indien de Autoriteit Financiële Markten de verwerking van een melding in het register, bedoeld in artikel 1:107, heeft opgeschort op grond van artikel 5:51, tweede lid, verwerkt zij de in het tweede lid bedoelde gegevens, in afwijking van artikel 1:107, derde lid, onderdeel c, onder 1°, in elk geval in dat register binnen een werkdag volgend op de werkdag waarop de gevorderde inlichtingen zijn verkregen dan wel, indien de gevorderde inlichtingen niet zijn verkregen, zodra zij verwerking in dat register mogelijk acht. De Autoriteit Financiële Markten doet in dat geval onverwijld na de in de vorige volzin bedoelde verwerking mededeling van de melding aan de meldingsplichtige en mededeling van de inhoud van de melding aan de desbetreffende uitgevende instelling. De in de tweede volzin bedoelde mededeling strekt voor de meldingsplichtige tot bewijs dat deze aan zijn verplichting tot het doen van een melding heeft voldaan.

Afdeling 5.3.7
Overige regels

Art. 5:50
Indien een uitgevende instelling, op grond van een mededeling als bedoeld in artikel 5:49, tweede lid, of derde lid, tweede volzin, vermoedt dat een onjuiste melding is gedaan, stelt zij de Autoriteit Financiële Markten daarvan onverwijld in kennis.

Melding aan AFM, kennisgeving onjuiste melding

Art. 5:51
1. De Autoriteit Financiële Markten kan degene die een onjuiste melding heeft gedaan of ten onrechte geen melding heeft gedaan door middel van het geven van een aanwijzing verplichten om binnen een door haar gestelde redelijke termijn alsnog een juiste melding te doen.
2. De Autoriteit Financiële Markten kan de verwerking van een melding in het register, bedoeld in artikel 1:107, voor de duur van het vorderen van inlichtingen als bedoeld in artikel 1:74 opschorten. Zij doet mededeling van de opschorting aan de desbetreffende uitgevende instelling en de desbetreffende meldingsplichtige.
3. Indien een melding onjuist is en de melding niet is hersteld of indien een melding ten onrechte niet is gedaan en de juiste melding achterwege blijft, kan de Autoriteit Financiële Markten de naar haar oordeel juiste gegevens in het register bedoeld in artikel 1:107 opnemen, nadat zij daarvan mededeling heeft gedaan aan de desbetreffende uitgevende instelling en de desbetreffende meldingsplichtige.

Melding aan AFM, onjuiste melding

Art. 5:52
1. Indien een melding waartoe dit hoofdstuk verplicht niet overeenkomstig dit hoofdstuk is gedaan, kan de rechtbank van de plaats waar de desbetreffende uitgevende instelling haar zetel heeft op vordering van degene die krachtens het tweede lid daartoe bevoegd is, de in het vierde lid genoemde maatregelen treffen. Indien een melding betrekking heeft op een uitgevende instelling die haar zetel buiten Nederland heeft, is de rechtbank Den Haag bevoegd.
2. Tot het instellen van de vordering zijn bevoegd:
a. houders van aandelen die alleen of gezamenlijk beschikken over een substantiële deelneming;
b. houders van een of meer aandelen met een bijzonder statutair recht inzake de zeggenschap in de uitgevende instelling; en
c. de desbetreffende uitgevende instelling.
3. De bevoegdheid om de vordering in te stellen vervalt door verloop van drie maanden vanaf de dag waarop degene die bevoegd is de vordering in te stellen van de overtreding kennis heeft genomen of heeft kunnen nemen.
4. De maatregelen, bedoeld in het eerste lid, zijn:
a. veroordeling van de desbetreffende meldingsplichtige tot melding overeenkomstig dit hoofdstuk;
b. schorsing van het recht op uitbrengen van de stemmen in de desbetreffende uitgevende instelling waarover de meldingsplichtige beschikt gedurende een door de rechtbank te bepalen periode van ten hoogste drie jaren;
c. schorsing van een besluit van de algemene vergadering van de desbetreffende uitgevende instelling totdat over een maatregel als bedoeld in onderdeel d onherroepelijk is beslist;
d. vernietiging van een besluit van de algemene vergadering van de desbetreffende uitgevende instelling, indien aannemelijk is dat dit besluit niet zou zijn genomen indien de stemmen waarover de desbetreffende meldingsplichtige beschikt niet zouden zijn uitgebracht; of
e. een bevel aan de desbetreffende meldingsplichtige om zich gedurende een door de rechtbank te bepalen periode van ten hoogste vijf jaren te onthouden van het verkrijgen van de beschikking over aandelen of stemmen van de desbetreffende uitgevende instelling.
5. Een maatregel als bedoeld in het vierde lid, onderdeel b of e, geldt niet voor aandelen die ten titel van beheer worden gehouden door een ander dan de desbetreffende meldingsplichtige, tenzij de desbetreffende meldingsplichtige bevoegd is om zich deze aandelen te verschaffen of te bepalen hoe de daaraan verbonden stemmen worden uitgeoefend.
6. De rechtbank regelt zo nodig de gevolgen van de door haar getroffen maatregelen.

Melding aan AFM, maatregelen bij onjuiste melding

7. De rechtbank kan op vordering van degene die de oorspronkelijke vordering heeft ingesteld of van degene tegen wie de maatregel is gericht de periode, bedoeld in het vierde lid, onderdeel b of e, verkorten.
8. Een maatregel als bedoeld in het vierde lid, onderdeel d, kan niet uitvoerbaar bij voorraad worden verklaard.
9. Indien de vordering, bedoeld in het eerste lid, betrekking heeft op aandelen die niet door de desbetreffende meldingsplichtige zelf worden gehouden of op stemmen die hij niet zelf als aandeelhouder, pandhouder of vruchtgebruiker kan uitbrengen, roept de eiser de desbetreffende houder, pandhouder of vruchtgebruiker in het geding op, zo deze aan de eiser bekend is.
10. Een onmiddellijke voorziening bij voorraad kan slechts worden gevorderd bij de voorzieningenrechter van de rechtbank die op grond van het eerste lid bevoegd is. De vordering kan slechts betrekking hebben op de maatregelen, bedoeld in het vierde lid, onderdelen a, b, c en e. Het vijfde en negende lid zijn van overeenkomstige toepassing.

Hoofdstuk 5.4
Regels voor het optreden op markten in financiële instrumenten

Afdeling 5.4.1
[Vervallen]

Art. 5:53
[Vervallen]

Afdeling 5.4.2
[Vervallen]

Art. 5:54-5:55
[Vervallen]

§ 5.4.2.1
[Vervallen]

Art. 5:56-5:58a
[Vervallen]

§ 5.4.2.2
[Vervallen]

Art. 5:59-5:65
[Vervallen]

§ 5.4.2.3
[Vervallen]

Art. 5:66-5:67
[Vervallen]

Art. 5:68

Financiële onderneming met verklaring ondertoezichtstelling, integriteitsregels bedrijfsvoering

1. Een vestiging in Nederland van een bank, beheerder, beheerder van een icbe, beleggingsinstelling, icbe, beleggingsonderneming, clearinginstelling, financiële instelling die een verklaring van ondertoezichtstelling als bedoeld in artikel 3:110, eerste lid, heeft, pensioenfonds, premiepensioeninstelling of verzekeraar houdt zich aan bij of krachtens algemene maatregel van bestuur te stellen regels met betrekking tot een integere bedrijfsvoering ten aanzien van haar optreden op markten in financiële instrumenten. Deze regels strekken er in elk geval toe dat de in de vorige volzin bedoelde onderneming:
   a. interne voorschriften vaststelt met betrekking tot het omgaan met voorwetenschap respectievelijk met betrekking tot privé-transacties in financiële instrumenten door bestuurders en personeelsleden;
   b. effectieve regels en procedures vaststelt voor het melden van inbreuken op de verordening marktmisbruik;
   c. belangenverstrengeling die te maken heeft met transacties in financiële instrumenten beheerst; en
   d. adequate controlemechanismen heeft ten behoeve van de naleving van de in de aanhef bedoelde regels.

Nadere regels

2. Bij ministeriële regeling kan vrijstelling worden geregeld van het eerste lid.

3. De Autoriteit Financiële Markten kan op aanvraag geheel of gedeeltelijk, al dan niet voor bepaalde tijd, ontheffing verlenen van het ingevolge het eerste lid bepaalde, indien de aanvrager aantoont dat daaraan redelijkerwijs niet volledig kan worden voldaan en dat de doeleinden die dit artikel beoogt te bereiken anderszins voldoende worden bereikt.

Financiële onderneming met verklaring ondertoezichtstelling, ontheffing integriteitsregels bedrijfsvoering

Art. 5:69
Met betrekking tot de naleving van het ingevolge artikel 5:68 bepaalde is artikel 1:75, eerste lid, van overeenkomstige toepassing ten aanzien van pensioenfondsen.

Schakelbepaling

Hoofdstuk 5.5
Openbaar bod op effecten

Afdeling 5.5.1
Regels omtrent verplichte biedingen

Art. 5:70
1. Een ieder die alleen of tezamen met personen met wie in onderling overleg wordt gehandeld, rechtstreeks of middellijk, overwegende zeggenschap verkrijgt in een naamloze vennootschap met zetel in Nederland waarvan aandelen of met medewerking van de naamloze vennootschap uitgegeven certificaten van aandelen, zijn toegelaten tot de handel op een gereglementeerde markt, brengt een openbaar bod uit op alle aandelen en op alle met medewerking van de naamloze vennootschap uitgegeven certificaten van aandelen en kondigt dit na afloop van de in artikel 5:72, eerste lid, bedoelde periode onverwijld aan dan wel op een eerder tijdstip.
2. De artikelen 1:72 en 1:74 zijn niet van toepassing op deze afdeling.

Openbaar overnamebod, verplicht bod

Art. 5:71
1. Artikel 5:70, eerste lid, is niet van toepassing op degene die:
a. overwegende zeggenschap verkrijgt in een naamloze vennootschap die een maatschappij voor collectieve belegging in effecten is of een beleggingsmaatschappij is, waarvan de rechten van deelneming, op verzoek van de deelnemers, ten laste van de activa direct of indirect worden ingekocht of terugbetaald;
b. overwegende zeggenschap verkrijgt door gestanddoening van een openbaar bod dat was gericht tot alle aandelen van een naamloze vennootschap of tot alle met medewerking van een vennootschap uitgegeven certificaten van aandelen van de naamloze vennootschap, indien hij als gevolg van de gestanddoening meer dan 50 procent van de stemrechten in de algemene vergadering van de naamloze vennootschap kan uitoefenen;
c. een van de doelvennootschap onafhankelijke rechtspersoon is die ten doel heeft het behartigen van de belangen van de doelvennootschap en de met haar verbonden onderneming en die de aandelen na aankondiging van een openbaar bod voor de duur van maximaal twee jaar gaat houden ter bescherming van de doelvennootschap;
d. een van de doelvennootschap onafhankelijke rechtspersoon is die met medewerking van de vennootschap certificaten van aandelen heeft uitgegeven;
e. overwegende zeggenschap verkrijgt in het kader van een overdracht van het belang dat overwegende zeggenschap verschaft binnen een groep als bedoeld in artikel 24b van Boek 2 van het Burgerlijk Wetboek of tussen een rechtspersoon of vennootschap en zijn of haar dochtermaatschappij;
f. overwegende zeggenschap verkrijgt in een naamloze vennootschap waaraan voorlopig surseance van betaling is verleend of die in staat van faillissement is verklaard;
g. overwegende zeggenschap verkrijgt door erfopvolging;
h. overwegende zeggenschap verkrijgt gelijktijdig met de verkrijging van overwegende zeggenschap in dezelfde naamloze vennootschap door één of meer andere natuurlijke personen, rechtspersonen of vennootschappen, met dien verstande dat de in artikel 5:70, eerste lid, bedoelde verplichting rust op degene die de meeste stemrechten kan uitoefenen;
i. overwegende zeggenschap houdt op het tijdstip dat de aandelen of de met medewerking van de vennootschap uitgegeven certificaten van aandelen voor de eerste maal tot de handel op een gereglementeerde markt worden toegelaten;
j. bewaarnemer van aandelen is, voorzover deze de aan de aandelen verbonden stemrechten niet naar eigen goeddunken kan uitbrengen;
k. overwegende zeggenschap verkrijgt door het aangaan van een huwelijk of van een geregistreerd partnerschap met een persoon die reeds overwegende zeggenschap in de desbetreffende naamloze vennootschap heeft.
2. Bij algemene maatregel van bestuur kunnen nadere regels worden gesteld met betrekking tot het eerste lid, aanhef en onderdelen c en d.
3. Artikel 5:70, eerste lid, is niet van toepassing op de Staat der Nederlanden of een ingevolge artikel 6:2, vierde lid, aangewezen rechtspersoon, die in het algemeen belang overwegende zeggenschap in een financiële onderneming verkrijgt.

Openbaar bod, vrijstellingen biedplicht

Nadere regels

Werkingssfeer

Art. 5:72

Openbaar bod, gratieregeling/vervallen biedplicht

1. De verplichting tot het uitbrengen van een openbaar bod vervalt indien degene op wie zij rust overwegende zeggenschap verliest binnen dertig dagen na het verkrijgen daarvan, tenzij:
   a. het verlies van de overwegende zeggenschap het gevolg is van overdracht van een belang aan een natuurlijke persoon, rechtspersoon of vennootschap die een beroep kan doen op artikel 5:71, eerste lid; of
   b. degene op wie de verplichting rust in deze periode zijn stemrechten heeft uitgeoefend.
2. De ondernemingskamer van het gerechtshof Amsterdam kan op verzoek van degene op wie de verplichting tot uitbrengen van een openbaar bod rust de periode, bedoeld in het eerste lid, met maximaal zestig dagen verlengen. De ondernemingskamer neemt bij zijn beslissing alle betrokken belangen in acht.
3. De ondernemingskamer kan op verzoek van de doelvennootschap, iedere houder van aandelen van de doelvennootschap en iedere houder van met medewerking van de doelvennootschap uitgegeven certificaten van aandelen bepalen dat degene die overwegende zeggenschap verkrijgt als bedoeld in artikel 5:70, eerste lid, niet verplicht is tot het uitbrengen van een openbaar bod als in dat lid bedoeld bod, indien de financiële toestand van de doelvennootschap en de met haar verbonden onderneming daartoe aanleiding geeft.
4. Het eerste en tweede lid zijn van overeenkomstige toepassing op degene die bij het verkrijgen van overwegende zeggenschap op grond van artikel 5:71, eerste lid, onderdeel h, was uitgezonderd van de verplichting tot het uitbrengen van een openbaar bod en welke uitzondering is komen te vervallen, met dien verstande dat de termijn van dertig dagen ingaat op het tijdstip waarop de uitzondering is komen te vervallen.

Art. 5:72a

Afbouwen belang binnen beperkte tijd

1. Degene die overwegende zeggenschap verkrijgt in een vennootschap als bedoeld in artikel 5:70, eerste lid, doet daarover onverwijld een openbare mededeling.
2. Indien een natuurlijke persoon, rechtspersoon of vennootschap als bedoeld in het eerste lid de overwegende zeggenschap verliest op de wijze, bedoeld in artikel 5:72, eerste lid, of een verzoek doet als bedoeld in artikel 5:72, tweede of derde lid, doet hij daarover eveneens onverwijld een openbare mededeling alsmede over de uitspraak van de ondernemingskamer, bedoeld in artikel 5:72, tweede of derde lid.

Art. 5:73

Openbaar bod, sancties bij overtreding biedingsregels

1. Indien artikel 5:70 wordt overtreden legt de ondernemingskamer van het gerechtshof Amsterdam op verzoek van de doelvennootschap, iedere houder van aandelen van de doelvennootschap, iedere houder van met medewerking van de doelvennootschap uitgegeven certificaten van aandelen of een rechtspersoon als bedoeld in artikel 305a van Boek 3 van het Burgerlijk Wetboek aan een degene die overwegende zeggenschap heeft verworven een bevel op tot het uitbrengen van een openbaar bod overeenkomstig het bij of krachtens dit hoofdstuk bepaalde.
2. De ondernemingskamer kan op verzoek van de in het eerste lid bedoelde verzoeker tevens de volgende maatregelen treffen:
   a. schorsing van de uitoefening van het stemrecht door degene die overwegende zeggenschap heeft verworven gedurende een door de ondernemingskamer te bepalen periode;
   b. een verbod aan degene die overwegende zeggenschap heeft verworven op deelname aan de algemene vergadering gedurende een door de ondernemingskamer te bepalen periode;
   c. tijdelijke overdracht ten titel van beheer van aandelen door degene die overwegende zeggenschap heeft verworven;
   d. schorsing of vernietiging van besluiten van de algemene vergadering.
3. De ondernemingskamer kan op verzoek van de in het eerste lid genoemde personen en degene die overwegende zeggenschap heeft verworven een bevel geven aan degene op wie de overwegende zeggenschap rust om binnen een door de ondernemingskamer te bepalen periode het belang dat hem overwegende zeggenschap verschaft af te bouwen, indien:
   a. de verplichting tot het uitbrengen van een openbaar bod leidt tot een concentratie in de zin van artikel 3 van verordening (EG) nr. 139/2004 van de Raad van de Europese Unie van 20 januari 2004 betreffende de controle op concentraties van ondernemingen (de «EG-concentratieverordening») (PbEU L 24) en de Europese Commissie deze onverenigbaar heeft verklaard met de interne markt op basis van artikel 8, derde lid, van de genoemde verordening,
   b. de Autoriteit Consument en Markt een vergunning in de zin van artikel 41 van de Mededingingswet heeft geweigerd, of
   c. in een geval als bedoeld in artikel 39, tweede lid, onderdeel a, van de Mededingingswet de vergunning niet binnen vier weken is aangevraagd, dan wel de aanvraag om een vergunning is ingetrokken.
4. Op verzoek van degene die het verzoek, bedoeld in het eerste lid, heeft ingediend, kan de ondernemingskamer een voorlopige voorziening treffen.
5. De ondernemingskamer kan op verzoek van de in het eerste lid genoemde personen, aan de personen, bedoeld in artikel 5:72a, eerste of tweede lid, een bevel geven tot het doen van een

openbare mededeling als bedoeld in artikel 5:72a, eerste of tweede lid. Het vierde lid is van overeenkomstige toepassing.
6. De ondernemingskamer regelt zo nodig de gevolgen van de door haar getroffen maatregelen.
7. Tegen beschikkingen van de ondernemingskamer uit hoofde van dit artikel staat uitsluitend beroep in cassatie open.

Afdeling 5.5.2
Uitbrengen van een openbaar bod en de bevoegdheid tot goedkeuren van een biedingsbericht

Art. 5:74
1. Het is verboden een openbaar bod uit te brengen op effecten die zijn toegelaten tot de handel op een gereglementeerde markt waarvoor een vergunning als bedoeld in artikel 5:26, eerste lid, is verleend, tenzij voorafgaand aan het bod een biedingsbericht algemeen verkrijgbaar is gesteld dat is goedgekeurd door de Autoriteit Financiële Markten of door een toezichthoudende instantie van een andere lidstaat. — *Openbaar bod, noodzaak biedingsbericht*

2. De Autoriteit Financiële Markten kan het biedingsbericht goedkeuren, indien: — *Biedingsbericht, goedkeuringsbevoegdheid AFM*
a. de doelvennootschap zetel heeft in Nederland en de effecten zijn toegelaten tot de handel op een gereglementeerde markt waarvoor een vergunning als bedoeld in artikel 5:26, eerste lid, is verleend;
b. de doelvennootschap zetel heeft in een andere lidstaat, de effecten zijn toegelaten tot de handel op een gereglementeerde markt waarvoor een vergunning als bedoeld in artikel 5:26, eerste lid, is verleend en de effecten niet tevens in die andere lidstaat zijn toegelaten tot de handel op een gereglementeerde markt;
c. de doelvennootschap zetel heeft in een andere lidstaat, de effecten zijn toegelaten tot de handel op een gereglementeerde markt waarvoor een vergunning als bedoeld in artikel 5:26, eerste lid, is verleend en tevens in een andere lidstaat dan waar de doelvennootschap zetel heeft en de effecten het eerst tot de handel zijn toegelaten op een gereglementeerde markt in Nederland;
d. de doelvennootschap zetel heeft in een andere lidstaat, de effecten gelijktijdig en voor het eerst zijn toegelaten tot de handel op een gereglementeerde markt waarvoor een vergunning als bedoeld in artikel 5:26, eerste lid, is verleend en in een andere lidstaat dan waar de doelvennootschap zetel heeft en de doelvennootschap voor goedkeuring door de Autoriteit Financiële Markten heeft gekozen;
e. de doelvennootschap zetel heeft in een andere staat, niet zijnde een lidstaat, en de effecten zijn toegelaten tot de handel op een gereglementeerde markt waarvoor een vergunning als bedoeld in artikel 5:26, eerste lid, is verleend;
f. de doelvennootschap een beleggingsinstelling is waarvan de rechten van deelneming op verzoek van de houder ten laste van de activa direct of indirect worden ingekocht of terugbetaald, zetel heeft in een andere lidstaat, de effecten zijn toegelaten tot de handel op een gereglementeerde markt waarvoor een vergunning als bedoeld in artikel 5:26, eerste lid, is verleend, en de effecten tevens in die lidstaat zijn toegelaten tot de handel op een gereglementeerde markt.
3. Indien het tweede lid, onderdeel d, van toepassing is, stelt de doelvennootschap de Autoriteit Financiële Markten, de desbetreffende toezichthoudende instantie in de lidstaat waar de gereglementeerde markt is gelegen, alsmede de marktexploitant waaraan een vergunning als bedoeld in artikel 5:26, eerste lid, is verleend en de desbetreffende marktexploitant van de in een andere lidstaat gelegen gereglementeerde markt op de eerste handelsdag in kennis van haar keuze. De doelvennootschap maakt deze keuze openbaar met inachtneming van artikel 5:25m.
4. De bieder neemt in elke openbare mededeling met betrekking tot het openbaar bod een verwijzing op naar het goedgekeurde biedingsbericht.

Afdeling 5.5.3
Voorschriften indien de Autoriteit Financiële Markten bevoegd is het biedingsbericht goed te keuren

Art. 5:75
1. Deze afdeling is van toepassing op openbare biedingen terzake waarvan de Autoriteit Financiële Markten ingevolge artikel 5:74, tweede lid, het biedingsbericht kan goedkeuren. — *Werkingssfeer*
2. Artikel 5:76, tweede lid, aanhef en onderdeel a, is mede van toepassing op openbare biedingen op effecten die zijn uitgegeven door een doelvennootschap die zetel heeft in Nederland welke zijn toegelaten tot de handel op een gereglementeerde markt.
3. In afwijking van het eerste lid is artikel 5:76, tweede lid, aanhef en onderdeel c, van toepassing op openbare biedingen terzake waarvan het biedingsbericht is goedgekeurd door een toezichthoudende instantie van een andere lidstaat.

Art. 5:76

Biedingsbericht, voorwaarden goedkeuring
1. De Autoriteit Financiële Markten keurt een biedingsbericht goed indien het voldoet aan bij algemene maatregel van bestuur te stellen regels met betrekking tot de gegevens die in het biedingsbericht worden opgenomen.

Nadere regels
2. Bij of krachtens algemene maatregel van bestuur kunnen met het oog op een adequate functionering van de effectenmarkten of de positie van de beleggers op die markten regels worden gesteld met betrekking tot:
   a. de voorbereiding van, het aankondigen van, het uitbrengen van, het verloop van de procedure van, de gestanddoening van en te verstrekken informatie omtrent een openbaar bod;
   b. de door een bieder te leveren tegenprestatie, en
   c. het stellen van aanvullende eisen aan een biedingsbericht dat is goedgekeurd door een toezichthoudende instantie van een andere lidstaat, alsmede met betrekking tot het verschaffen van een biedingsbericht.

Art. 5:77

Biedingsbericht, procedure goedkeuring
1. De Autoriteit Financiële Markten maakt binnen tien werkdagen na ontvangst van de aanvraag van goedkeuring van het biedingsbericht haar besluit omtrent de goedkeuring bekend aan de aanvrager.
2. Ingeval artikel 4:5 van de Algemene wet bestuursrecht wordt toegepast gaat de termijn, bedoeld in het eerste lid, in op het moment dat de aanvrager van goedkeuring de aanvullende informatie heeft verstrekt. Artikel 4:15 van de Algemene wet bestuursrecht is niet van toepassing. De aanvrager wordt binnen een termijn van tien werkdagen na het indienen van de aanvraag in kennis gesteld van de uitnodiging, bedoeld in artikel 4:5 van de Algemene wet bestuursrecht.

Art. 5:78

Biedingsbericht, termijn mededeling door bieder na goedkeuring
Binnen zes werkdagen nadat een besluit houdende goedkeuring aan hem bekend is gemaakt, brengt de bieder zijn bod uit door het goedgekeurde biedingsbericht algemeen verkrijgbaar te stellen of doet hij een openbare mededeling dat hij geen openbaar bod zal uitbrengen.

Afdeling 5.5.4
Aanvullende voorschriften, vrijstelling en ontheffing

Art. 5:78a

Biedingsbericht, goedkeuring AFM
De artikelen 5:79, 5:80a en 5:80b zijn van toepassing op openbare biedingen ter zake waarvan de Autoriteit Financiële Markten ingevolge artikel 5:74, tweede lid, het biedingsbericht kan goedkeuren.

Art. 5:79

Openbaar bod, verbod verwerving dezelfde soort effecten tegen gunstiger voorwaarden
Indien de bieder zijn openbaar bod gestand heeft gedaan, is het hem gedurende een periode van een jaar nadat het biedingsbericht algemeen verkrijgbaar is gesteld niet toegestaan effecten van de soort waarop het openbaar bod betrekking had, direct of indirect, te verwerven tegen voor de rechthebbende van die effecten gunstiger voorwaarden dan volgens het openbaar bod.

Art. 5:80

Openbaar bod, verbod verlening medewerking bij strijdigheid met regels
1. Artikel 1:75, eerste lid, is van overeenkomstige toepassing ten aanzien van een bieder of doelvennootschap, indien die bieder of doelvennootschap niet voldoet aan de bij of krachtens de artikelen 5:74, eerste lid, 5:76, tweede lid, 5:78 of 5:79 gestelde regels.
2. Indien de Autoriteit Financiële Markten constateert dat een openbaar bod in strijd met de bij of krachtens dit hoofdstuk gestelde regels wordt voorbereid, aangekondigd, of uitgebracht, kan hij een daarbij betrokken beleggingsonderneming door het geven van een aanwijzing gelasten zich te onthouden van medewerking aan het openbaar bod.

Nadere regels
3. Bij algemene maatregel van bestuur kunnen nadere regels worden gesteld met betrekking tot de bevoegdheid op grond van het tweede lid.

Art. 5:80a

Openbaar bod, billijke prijs
1. Degene die verplicht is een openbaar bod uit te brengen brengt dit uit tegen een billijke prijs.
2. De billijke prijs is de hoogste prijs die tijdens het jaar voorafgaande aan de aankondiging van het verplichte bod door de bieder of door de personen met wie deze in onderling overleg handelt voor effecten van dezelfde categorie of klasse als waarop het verplichte bod betrekking heeft is betaald.

Nadere regels
3. Bij algemene maatregel van bestuur wordt bepaald wat de billijke prijs is, indien:
   a. door de bieder of de personen met wie deze in onderling overleg handelt effecten worden verkregen voor een hogere prijs dan de billijke prijs;
   b. door de bieder in de periode van een jaar voorafgaand aan de aankondiging van het verplichte bod geen effecten zijn verworven van dezelfde categorie of klasse als waarop het verplichte bod betrekking heeft.
4. De billijke prijs luidt in effecten, geld of een combinatie van effecten en geld. Bij algemene maatregel van bestuur worden hieromtrent nadere regels gesteld.

Art. 5:80b
1. Indien de verplichting bestaat tot het uitbrengen van een openbaar bod, kan de ondernemingskamer van het gerechtshof Amsterdam op verzoek van de bieder, de doelvennootschap, een andere houder van aandelen van de doelvennootschap of een houder van met medewerking van de doelvennootschap uitgegeven certificaten een billijke prijs vaststellen, waarbij kan worden afgeweken van het bij of krachtens artikel 5:80a, tweede of derde lid, bepaalde.
2. Het verzoek wordt met redenen omkleed en vermeldt in welk opzicht de billijke prijs moet worden aangepast. Het verzoek wordt ingediend uiterlijk twee weken nadat het bod is uitgebracht. De ondernemingskamer behandelt het verzoek met de meeste spoed.
3. Het verzoek is niet ontvankelijk indien de billijke prijs op grond van artikel 5:80a, tweede of derde lid, minder dan 10 procent afwijkt van de gemiddelde beurskoers tijdens de periode van drie maanden voorafgaand aan de indiening van het verzoek.
4. De ondernemingskamer kan het verzoek alleen toewijzen als de verzoeker door de billijke prijs, bedoeld in artikel 5:80a, onevenredig in zijn belang wordt getroffen.
5. Bij algemene maatregel van bestuur kunnen nadere regels worden gesteld met betrekking tot de gevolgen van de toewijzing van een verzoek voor het verloop van de procedure en de te verstrekken informatie omtrent een openbaar bod.

Openbaar bod, verzoek aan Ondernemingskamer afwijkende prijs als billijke prijs vast te stellen

Nadere regels

Art. 5:81
1. Bij algemene maatregel van bestuur kan vrijstelling worden verleend van het bij of krachtens artikel 5:70 bepaalde. Aan een vrijstelling kunnen beperkingen worden gesteld en voorschriften worden verbonden met het oog op een adequaat functioneren van de effectenmarkten en de positie van de beleggers daarop. De voordracht voor de algemene maatregel van bestuur bedoeld in de eerste volzin wordt niet eerder gedaan dan vier weken nadat het ontwerp aan beide kamers der Staten-Generaal is overgelegd.
2. Bij ministeriële regeling kan vrijstelling worden verleend van het bij of krachtens artikel 5:74, eerste lid, 5:76, eerste en tweede lid of van artikel 5:79 bepaalde. Aan een vrijstelling kunnen beperkingen worden gesteld en voorschriften worden verbonden met het oog op een adequaat functioneren van de effectenmarkten en de positie van de beleggers daarop.
3. De Autoriteit Financiële Markten kan op verzoek, geheel of gedeeltelijk, ontheffing verlenen van het bij of krachtens artikel 5:74, eerste lid, 5:76, eerste en tweede lid, 5:78 of 5:79 bepaalde, indien de aanvrager aantoont dat daaraan redelijkerwijs niet kan worden voldaan en de doeleinden die deze artikelen beogen te bereiken anderszins voldoende worden bereikt.

Openbaar bod, vrijstellingen/ontheffingen

Art. 5:82
Een krachtens artikel 5:71, tweede lid, 5:76, tweede lid, 5:80a, derde of vierde lid, of 5:80b, vijfde lid, vastgestelde algemene maatregel van bestuur wordt aan beide kamers der Staten-Generaal overgelegd. Hij treedt in werking op een tijdstip dat nadat vier weken na de overlegging zijn verstreken bij koninklijk besluit wordt vastgesteld, tenzij binnen die termijn door of namens een der kamers of door ten minste een vijfde van het grondwettelijk aantal leden van een der kamers de wens te kennen wordt gegeven dat de inwerkingtreding van de algemene maatregel van bestuur bij wet wordt geregeld. In dat geval wordt een daartoe strekkend voorstel van wet zo spoedig mogelijk ingediend. Indien het voorstel van wet wordt ingetrokken of indien een van de beide kamers van de Staten-Generaal besluit het voorstel niet aan te nemen, wordt de algemene maatregel van bestuur ingetrokken.

Openbaar bod, voorhangprocedure nadere regels

Art. 5:83
Een ontheffing van het verbod, bedoeld in artikel 6a, eerste lid, van de Wet toezicht effectenverkeer 1995 of de vereisten, bedoeld in artikel 6a, derde lid, van de Wet toezicht effectenverkeer 1995 die is verleend op grond van artikel 6c, eerste lid, van de Wet toezicht effectenverkeer 1995 berust vanaf het tijdstip van inwerkingtreding van de Wet op het financieel toezicht op artikel 5:81, derde lid.

Openbaar bod, juridische grondslag ontheffing verbod

Hoofdstuk 5.6
Regels over het toepassen van een gedragscode door institutionele beleggers

Art. 5:86
1. Een institutionele belegger met zetel in Nederland en een belegd vermogen waartoe aandelen of certificaten van aandelen behoren die zijn toegelaten tot de handel op een gereglementeerde markt, een multilaterale handelsfaciliteit of een met een gereglementeerde markt of multilaterale handelsfaciliteit vergelijkbaar systeem uit een staat die geen lidstaat is doet mededeling over de naleving van de principes en best practice bepalingen van de op grond van artikel 391, vijfde lid, van Boek 2 van het Burgerlijk Wetboek aangewezen gedragscode, die zijn gericht tot de institutionele belegger. Indien de institutionele belegger die principes of best practice bepalingen in het laatst afgesloten boekjaar niet of niet geheel heeft nageleefd of niet voornemens is deze in het lopende en daarop volgende boekjaar geheel na te leven, doet hij daarvan gemotiveerd opgave.

Institutionele belegger, melding naleving gedragscode

2. De institutionele belegger doet de mededeling en opgave, bedoeld in het eerste lid, ten minste eenmaal per boekjaar:
a. in zijn bestuursverslag;
b. op zijn website; of
c. aan het adres van iedere deelnemer of cliënt die daarmee vooraf uitdrukkelijk heeft ingestemd.
3. Onder deelnemer in de zin van het tweede lid wordt tevens verstaan een deelnemer als bedoeld in artikel 1 van de Pensioenwet of artikel 1 van de Wet verplichte beroepspensioenregeling.
4. Artikel 1:25 is niet van toepassing op de voorgaande leden.

Art. 5:87

Nadere regels

Bij ministeriële regeling kan vrijstelling worden geregeld van artikel 5:86.

Hoofdstuk 5.7
Regels voor de toegang tot betalingssystemen

Art. 5:88

Betalingssysteem, toegang

1. Onverminderd het bepaalde in Hoofdstuk 3 en 4 van de Mededingingswet, wordt de toegang van betaaldienstverleners tot een betalingssysteem niet afhankelijk gesteld van andere regels dan regels die objectief, niet-discriminerend en evenredig zijn en noodzakelijk zijn voor de bescherming van het betalingssysteem tegen specifieke risico's en voor de bescherming van de financiële en operationele stabiliteit van het betalingssysteem.
2. Een aanbieder van een betalingssysteem stelt het gebruik van het systeem door betaaldienstverleners, betaaldienstgebruikers en andere aanbieders van betalingssystemen in ieder geval niet afhankelijk van:
a. voorwaarden die de effectieve deelname aan een ander betalingssysteem belemmeren;
b. voorwaarden die, wat de rechten, plichten en aanspraken van een deelnemer aan het betalingssysteem betreft, een ongelijke behandeling inhouden van betaaldienstverleners met een vergunning op grond van artikel 2:3b, eerste lid, en betaaldienstverleners waarop een vrijstelling als bedoeld in artikel 2:3d van toepassing is; of
c. enigerlei beperking op grond van de institutionele status.
3. Het eerste en tweede lid zijn niet van toepassing op:
a. systemen als bedoeld in artikel 212a, onderdeel b, van de Faillissementswet;
b. betalingssystemen waaraan slechts betaaldienstverleners deelnemen die deel uitmaken van een richtlijngroep.
4. Een aan een systeem als bedoeld in artikel 212a, onderdeel b, van de Faillissementswet deelnemende betaaldienstverlener die toestaat dat een vergunninghoudende betaaldienstverlener via het systeem overboekingsopdrachten doorgeeft, biedt deze mogelijkheid desgevraagd overeenkomstig het eerste lid op objectieve, evenredige en onder niet-discriminerende voorwaarden aan andere vergunninghoudende of geregistreerde betaaldienstverleners.
5. In geval van een weigering verstrekt de aan een betalingssysteem deelnemende betaaldienstverlener de verzoekende betaaldienstverlener een opgave van de redenen voor de weigering. De deelnemende betaaldienstverlener verstrekt een afschrift van deze opgave aan de Autoriteit Consument en Markt.

Art. 5:88a

Toegang betaalinstelling tot betaalrekeningsdiensten, objectieve voorwaarden

1. Onverminderd het bepaalde in hoofdstukken 3 en 4 van de Mededingingswet, zijn de voorwaarden die door banken worden verbonden aan de toegang van betaalinstellingen tot betaalrekeningsdiensten objectief, niet-discriminerend en evenredig. Deze toegang is voldoende om betaalinstellingen in staat te stellen op onbelemmerde en efficiënte wijze betaaldiensten aan te bieden.
2. Een weigering van toegang wordt door de bank onder volledige opgave van redenen gemeld bij de Autoriteit Consument en Markt.
3. Het eerste en tweede lid zijn van overeenkomstige toepassing op de toegang van betaaldienstverleners die geheel of gedeeltelijk zijn vrijgesteld van artikel 2:3a, eerste lid.

Hoofdstuk 5.8
Toezicht op ratingbureaus

Art. 5:89

Toezicht op ratingbureaus, aanwijzing toezichthouder

1. Onze Minister wijst de toezichthouder aan die belast is met het toezicht op de naleving van de verordening ratingbureaus.

2. Indien toepassing is gegeven aan het eerste lid, zijn met het toezicht op de naleving van de verordening ratingbureaus belast de bij besluit van de toezichthouder aangewezen personen.
3. De artikelen 1:72, tweede lid, 1:73, 1:74 en artikel 1:75, eerste en vierde lid, zijn van overeenkomstige toepassing.

Faillissementswet[1]

Wet van 30 september 1893, op het faillissement en de surséance van betaling

In naam van Hare Majesteit WILHELMINA, bij de gratie Gods, Koningin der Nederlanden, Prinses van Oranje-Nassau, enz., enz., enz.
Wij EMMA, Koningin-Weduwe, Regentes van het Koninkrijk;
Allen, die deze zullen zien of hooren lezen, saluut! doen te weten:
Alzoo Wij in overweging genomen hebben, dat de wettelijke bepalingen omtrent het faillissement en de surséance van betaling herziening vereischen;
Zoo is het, dat Wij, den Raad van State gehoord, en met gemeen overleg der Staten-Generaal, hebben goedgevonden en verstaan, gelijk Wij goedvinden en verstaan bij deze:

Titel I
Van faillissement

Eerste afdeling
Van de faillietverklaring

Art. 1
1. De schuldenaar, die in de toestand verkeert dat hij heeft opgehouden te betalen, wordt, hetzij op eigen aangifte, hetzij op verzoek van een of meer zijner schuldeisers, bij rechterlijk vonnis in staat van faillissement verklaard. — *Eigen aangifte verzoek schuldeisers*
2. De faillietverklaring kan ook worden uitgesproken, om redenen van openbaar belang, op verzoek van het Openbaar Ministerie. — *Vordering OM*
(Zie ook: artt. 136, 164, 246, 274 BW Boek 2; artt. 276, 277 BW Boek 3; art. 340 WvSr; art. 65 t/m 80 WTV; art. 31 t/m 40 WTK)

Art. 2
1. De faillietverklaring geschiedt door de rechtbank van de woonplaats des schuldenaars. — *Relatieve competentie*
(Zie ook: art. 10 BW Boek 1; artt. 27, 66, 177, 284 BW Boek 2)
2. Indien de schuldenaar zich buiten het Rijk in Europa heeft begeven, is de rechtbank zijner laatste woonplaats bevoegd.
3. Ten aanzien van vennoten onder ene firma is de rechtbank, binnen welker gebied het kantoor der vennootschap is gevestigd, mede bevoegd.
4. Indien de schuldenaar binnen het Rijk in Europa geen woonplaats heeft, doch aldaar een beroep of bedrijf uitoefent, is de rechtbank, binnen welker gebied hij een kantoor heeft, bevoegd.
5. Wordt in het geval van het vierde lid door meer dan één daartoe bevoegde rechtbank op verschillende dagen de faillietverklaring uitgesproken, dan heeft alleen de eerst gedane uitspraak rechtsgevolgen. Heeft de uitspraak van verschillende rechtbanken op dezelfde dag plaats, dan heeft alleen de uitspraak van de rechtbank, die in de wet van 10 augustus 1951, *Stb.* 347 het eerst genoemd wordt, rechtsgevolgen.

Art. 3
1. Indien een verzoek tot faillietverklaring een natuurlijke persoon betreft en hij geen verzoek heeft ingediend tot het uitspreken van de toepassing van de schuldsaneringsregeling bedoeld in titel III, geeft de griffier de schuldenaar terstond bij brief kennis dat hij binnen veertien dagen na de dag van de verzending van die brief alsnog een verzoek als bedoeld in artikel 284 kan indienen. — *Verzoek faillietverklaring en verzoek toepassing schuldsaneringsregeling*
2. De behandeling van het verzoek tot faillietverklaring wordt geschorst totdat de in het eerste lid bedoelde termijn is verstreken.
(Zie ook: artt. 3b, 15b FW)

Art. 3a
1. Indien een verzoek tot faillietverklaring en een verzoek tot het uitspreken van de toepassing van de schuldsaneringsregeling bedoeld in titel III gelijktijdig aanhangig zijn, komt eerst het laatste in behandeling. — *Voorrang verzoek toepassing schuldsaneringsregeling*
2. De behandeling van het verzoek tot faillietverklaring wordt geschorst totdat bij in kracht van gewijsde gegane uitspraak is beslist op het verzoek tot het uitspreken van de toepassing van de schuldsaneringsregeling.
(Zie ook: art. 236 Rv)

---

1 Inwerkingtredingsdatum: 29-09-1895; zoals laatstelijk gewijzigd bij: Stb. 2019, 25.

3. Het verzoek tot faillietverklaring vervalt van rechtswege door de uitspraak tot de definitieve toepassing van de schuldsaneringsregeling.
(Zie ook: artt. 3b, 7, 284, 287, 288 FW)

Art. 3b

Toepasselijkheid De artikelen 3 en 3a blijven buiten toepassing indien een verzoek tot faillietverklaring een schuldenaar betreft ten aanzien van wie de schuldsaneringsregeling van toepassing is.
(Zie ook: art. 312 FW)

Art. 4

Aangifte tot faillietverklaring 1. De aangifte tot faillietverklaring wordt gedaan en het verzoek daartoe ingediend ter griffie en met de meeste spoed in raadkamer behandeld. Het Openbaar Ministerie wordt daarop gehoord. Indien de aangifte tot faillietverklaring wordt gedaan door een natuurlijk persoon, stelt de griffier deze terstond ervan in kennis dat hij, onverminderd artikel 15b, eerste lid, een verzoek als bedoeld in artikel 284 kan indienen.
(Zie ook: art. 5 FW)

Gehuwde schuldenaar 2. Een schuldenaar die gehuwd is of een geregistreerd partnerschap is aangegaan kan slechts aangifte doen met medewerking van zijn echtgenoot onderscheidenlijk geregistreerde partner tenzij iedere gemeenschap tussen echtgenoten onderscheidenlijk geregistreerde partners, is uitgesloten.
(Zie ook: art. 6 FW; artt. 80a, 97, 98 BW Boek 1)

3. Ten aanzien ener vennootschap onder ene firma, moet de aangifte inhouden de naam en de woonplaats van elk der hoofdelijk voor het geheel verbonden vennoten.
(Zie ook: art. 16 WvK)

4. De aangifte of het verzoek tot faillietverklaring bevat zodanige gegevens dat de rechter kan beoordelen of hem rechtsmacht toekomt op grond van de verordening, genoemd in artikel 5, derde lid.
(Zie ook: artt. 136, 164, 246, 274 BW Boek 2; artt. 3, 10, 19 IW 1990; artt. 65, 78 WTV; art. 31 Wtk 1992)

Vonnis van faillietverklaring 5. Het vonnis van faillietverklaring wordt ter openbare zitting uitgesproken en is bij voorraad, op de minuut uitvoerbaar, niettegenstaande enige daartegen gerichte voorziening.

Art. 5

Indienen door advocaat 1. De verzoeken, bedoeld in het vorige artikel en in de artikelen 5a, 8, 9, 10, 11, 15c, tweede lid, 67, 155, 166, 198 en 206, worden ingediend door een advocaat.
(Zie ook: art. 283 FW)

2. Het eerste lid is niet van toepassing op een hoger beroep dat wordt ingesteld tegen een beschikking van de rechter-commissaris, houdende machtiging aan de curator tot opzegging van een arbeidsovereenkomst.

Verordening insolventieprocedures 3. Verzoeken op de voet van de artikelen 46, 72, tweede lid, onder e, en 77, vierde lid, van de verordening (EU) 2015/848 van het Europees Parlement en de Raad van 20 mei 2015 betreffende insolventieprocedures (PbEU 2015, L 141) worden ingediend door een advocaat.

Art. 5a

Verzoek opening groepscoördinatieprocedure 1. Een verzoek tot opening van een groepscoördinatieprocedure als bedoeld in artikel 61 van de in artikel 5, derde lid, genoemde verordening kan worden gedaan door een insolventiefunctionaris bij de rechtbank, aangewezen in artikel 2.

2. Tegen een beslissing van de rechtbank als bedoeld in artikel 77, vierde lid, van de in artikel 5, derde lid, genoemde verordening, kan een bij de groepscoördinatieprocedure betrokken insolventiefunctionaris gedurende acht dagen, na de dag waarop die beslissing is genomen, in hoger beroep komen.

3. Het hoger beroep wordt ingesteld bij verzoek, in te dienen ter griffie van het rechtscollege dat bevoegd is van de zaak kennis te nemen.

4. De rechter beveelt in geval van een mondelinge behandeling de oproeping van de verzoeker in hoger beroep, de bij de groepscoördinatieprocedure betrokken coördinator en de in eerste aanleg in de procedure verschenen belanghebbenden.

5. De griffier zendt onverwijld een afschrift van de beslissing op het verzoek, bedoeld in het derde lid, aan de rechtbank.

Art. 6

Oproeping schuldenaar 1. De rechtbank kan bevelen, dat de schuldenaar worde opgeroepen, om in persoon of bij gemachtigde gehoord te worden. De griffier doet de oproeping op de wijze, bij algemene maatregel van bestuur te bepalen. Is buiten Nederland een hoofdinsolventieprocedure geopend op de voet van artikel 3, eerste lid, van de in artikel 5, derde lid, genoemde verordening, dan stelt de griffier de insolventiefunctionaris of de schuldenaar als bedoeld in artikel 2, onder 3, van de in artikel 5, derde lid, genoemde verordening in de hoofdinsolventieprocedure onverwijld schriftelijk in kennis van de aanvraag onder mededeling dat deze zijn zienswijze binnen een daartoe door de rechter bepaalde termijn kenbaar kan maken.

2. Indien de schuldenaar, die is opgeroepen om gehoord te worden, gehuwd is of een geregistreerd partnerschap is aangegaan, is zijn echtgenoot onderscheidenlijk geregistreerde partner mede bevoegd om in persoon of bij gemachtigde te verschijnen.
(Zie ook: art. 4 FW)

3. De faillietverklaring wordt uitgesproken, indien summierlijk blijkt van het bestaan van feiten of omstandigheden, welke aantonen, dat de schuldenaar in de toestand verkeert dat hij heeft opgehouden te betalen, en, zo een schuldeiser het verzoek doet, ook van het vorderingsrecht van deze. — *Voorwaarden voor faillietverklaring*

4. Ontleent de Nederlandse rechter zijn rechtsmacht aan de in artikel 5, derde lid, genoemde verordening, dan wordt in het vonnis van faillietverklaring vermeld of het een hoofdinsolventieprocedure dan wel een territoriale insolventieprocedure in de zin van de verordening betreft.

Art. 7

1. Hangende het onderzoek kan de rechtbank de verzoeker desverlangd verlof verlenen de boedel te doen verzegelen. Zij kan daaraan de voorwaarde van zekerheidstelling tot een door haar te bepalen bedrag, verbinden. — *Verzegeling boedel*
(Zie ook: art. 51 WNA)

2. De verzegeling geschiedt door een bij dit verlof aan te wijzen notaris. Buiten de verzegeling blijven zaken die onder artikel 21 vallen; in het proces-verbaal wordt een korte beschrijving daarvan opgenomen.
(Zie ook: art. 93 FW; artt. 616, 658 Rv; art. 199 WvSr)

Art. 8

1. De schuldenaar, die in staat van faillissement is verklaard, nadat hij op de aanvraag tot faillietverklaring is gehoord, heeft gedurende acht dagen, na de dag der uitspraak, recht van hoger beroep. — *Verzet en hoger beroep door schuldenaar*
(Zie ook: art. 345 Rv; art. 69 Wet RO)

2. Zo hij niet is gehoord, heeft hij gedurende veertien dagen, na de dag der uitspraak, recht van verzet. Indien hij tijdens de uitspraak zich niet binnen het Rijk in Europa bevindt, wordt die termijn verlengd tot een maand.
(Zie ook: art. 143 Rv)

3. Van het vonnis, op het verzet gewezen, kan hij gedurende acht dagen, na de dag der uitspraak, in hoger beroep komen.

4. Het verzet of hoger beroep wordt ingesteld door indiening van een verzoek ter griffie van het rechtscollege, dat van de zaak kennis moet nemen. De voorzitter bepaalt terstond dag en uur voor de behandeling.
(Zie ook: art. 5 FW)

5. De schuldenaar, de schuldeiser die het faillissement heeft verzocht, en, in geval van verzet, de curator, worden opgeroepen op de wijze bepaald in de artikelen 271 tot en met 277 van het Wetboek van Burgerlijke Rechtsvordering.

6. De behandeling geschiedt op de wijze bij artikel 4 voorgeschreven.
(Zie ook: artt. 154, 219 FW)

Art. 9

1. Bij afwijzing van de aangifte of aanvraag tot faillietverklaring bestaat recht van hoger beroep, gedurende acht dagen na de dag der afwijzing. — *Hoger beroep bij afwijzing of vernietiging*

2. Hetzelfde geldt bij vernietiging der faillietverklaring ten gevolge van verzet, in welk geval van het hoger beroep door de griffier van het gerechtshof, waarbij het is aangebracht, onverwijld wordt kennis gegeven aan de griffier van de rechtbank die de vernietiging heeft uitgesproken.

3. De instelling en behandeling van het hoger beroep geschiedt op de wijze in de artikelen 4 en 6 voorgeschreven.
(Zie ook: art. 5 FW; art. 69 Wet RO)

Art. 10

1. Elk schuldeiser, met uitzondering van hem die de faillietverklaring heeft verzocht, en elk belanghebbende heeft tegen de faillietverklaring recht van verzet gedurende acht dagen na de dag der uitspraak. — *Verzet door schuldeisers en belanghebbenden*

2. Het verzet wordt ingesteld door indiening van een verzoek ter griffie van het rechtscollege, dat de faillietverklaring heeft uitgesproken.
(Zie ook: art. 5 FW)

3. De voorzitter bepaalt terstond dag en uur voor de behandeling.

4. De schuldenaar, de schuldeiser die het faillissement heeft verzocht, de curator en de schuldeiser of belanghebbende die het verzet heeft ingesteld, worden opgeroepen op de wijze bepaald in de artikelen 271 tot en met 277 van het Wetboek van Burgerlijke Rechtsvordering.

5. De behandeling geschiedt op de wijze bij artikel 4 voorgeschreven.
(Zie ook: art. 209 FW; art. 376 Rv)

Art. 11

Hoger beroep na afwijzing verzet
1. De schuldeiser of de belanghebbende, wiens in het vorige artikel bedoeld verzet door de rechtbank is afgewezen, heeft recht van hoger beroep, gedurende acht dagen na de dag der afwijzing.

Hoger beroep na vernietiging
2. Hetzelfde geldt, bij vernietiging der faillietverklaring door de rechtbank ten gevolge van dat verzet, voor de schuldenaar, de schuldeiser, die de faillietverklaring verzocht heeft, en het Openbaar Ministerie, in welk geval tevens het tweede lid van artikel 9 van toepassing is.
3. De instelling en behandeling van het hoger beroep geschiedt op de wijze in de artikelen 4 en 6 voorgeschreven.
(Zie ook: art. 5 FW)
4. Is het verzet bij het gerechtshof gedaan, dan is hoger beroep uitgesloten.
(Zie ook: art. 345 Rv)

Art. 12

Beroep in cassatie
1. Van het arrest, door het gerechtshof gewezen, kunnen de schuldenaar, de schuldeiser die de faillietverklaring verzocht, de in art. 10 bedoelde schuldeiser of belanghebbende en het Openbaar Ministerie, gedurende acht dagen na de dag der uitspraak, in cassatie komen.
2. Het beroep in cassatie wordt aangebracht en behandeld op de wijze bepaald in de artikelen 426 tot en met 429 van het Wetboek van Burgerlijke Rechtsvordering.
3. Indien de cassatie is gericht tegen een arrest, houdende vernietiging van het vonnis van faillietverklaring, geeft de griffier van de Hoge Raad van het verzoek tot cassatie onverwijld kennis aan de griffier van het gerechtshof dat de vernietiging heeft uitgesproken.
(Zie ook: artt. 187, 211, 221 FW; art. 99 Wet RO; art. 428 Rv)

Art. 13

Gevolgen van vernietiging
1. Indien ten gevolge van verzet, hoger beroep of cassatie de faillietverklaring wordt vernietigd, blijven niettemin geldig en verbindend voor de schuldenaar de handelingen, door de curator verricht vóór of op de dag, waarop aan het voorschrift tot aankondiging overeenkomstig artikel 15 is voldaan.
(Zie ook: art. 168 FW)

Gevolgen aanwending rechtsmiddel
2. Hangende het verzet, het hoger beroep of de cassatie kan geen raadpleging over een akkoord plaats hebben, noch tot de vereffening van de boedel buiten toestemming van de schuldenaar worden overgegaan.
(Zie ook: artt. 141, 173, 248 FW)

Art. 13a

Gevolgen vernietiging faillissement voor opgezegde arbeidsovereenkomsten
Indien de faillietverklaring wordt vernietigd wordt de opzegging van een arbeidsovereenkomst door een curator, in afwijking van artikel 13, eerste lid, met terugwerkende kracht beheerst door de wettelijke of overeengekomen regels die van toepassing zijn buiten faillissement, met dien verstande dat de termijnen, bedoeld in artikel 686a, vierde lid, van Boek 7 van het Burgerlijk Wetboek, aanvangen op het tijdstip waarop het faillissement wordt vernietigd.

Art. 14

Inhoud vonnis faillietverklaring
1. Het vonnis van faillietverklaring houdt in de benoeming van een of meer leden van de rechtbank tot rechter-commissaris in het faillissement, en de aanstelling van een of meer curators. De rechter die de faillietverklaring uitspreekt, geeft in de uitspraak tevens last aan de curator tot het openen van aan de gefailleerde gerichte brieven en telegrammen. De rechtbank vermeldt op het vonnis het tijdstip van de faillietverklaring tot op de minuut nauwkeurig.
(Zie ook: artt. 64, 68, 70, 73, 167 FW; art. 13 GW)

Kennisgeving aan postvervoerbedrijf
2. Van de faillietverklaring wordt door de griffier onverwijld kennis gegeven aan het postvervoerbedrijf of de postvervoerbedrijven die zijn aangewezen als verlener van de universele postdienst, alsmede de andere geregistreerde postvervoerbedrijven, bedoeld in de Postwet 2009. In de kennisgeving wordt melding gemaakt van de in het vorige lid bedoelde last.
(Zie ook: art. 99 FW)

Publicatie uittreksel vonnis
3. Een uittreksel uit het vonnis van faillietverklaring, houdende vermelding van de naam, de woonplaats of het kantoor en het beroep van de gefailleerde, van de naam van de rechter-commissaris, van de naam en de woonplaats of het kantoor des curators, van de dag der uitspraak, alsmede van de naam, het beroep en de woonplaats of het kantoor van ieder lid der voorlopige commissie uit de schuldeisers, zo er een benoemd is, wordt door de curator onverwijld geplaatst in de *Nederlandsche Staatscourant*.

Kennisgeving
4. Op verzoek van een insolventiefunctionaris of een schuldenaar als bedoeld in artikel 2, onder 3 en 5, van de in artikel 5, derde lid, genoemde verordening geeft de griffier van de rechtbank Den Haag onverwijld in de Staatscourant kennis van de in artikel 28 van die verordening bedoelde gegevens. Een zodanige kennisgeving vindt in elk geval plaats wanneer de schuldenaar in Nederland een vestiging heeft in de zin van artikel 2, onder 10, van de in de eerste zin bedoelde verordening. De gegevens, bedoeld in de eerste zin, worden aan de griffier verstrekt in de Nederlandse, Engelse, Duitse of Franse taal.
(Zie ook: artt. 167, 193, 248 FW; artt. 51, 303 BW Boek 2; art. 27 Hrbeg)

Art. 14b
Benoemt de rechtbank meerdere rechters-commissarissen, dan zijn zij zowel afzonderlijk als tezamen bevoegd om de in deze wet genoemde bevoegdheden uit te oefenen.

Rechters-commissarissen afzonderlijk en gezamenlijk bevoegd

Art. 15
1. Zodra een vonnis van faillietverklaring ten gevolge van verzet, hoger beroep of cassatie is vernietigd, en in de twee eerste gevallen de termijn, om in hoger beroep of in cassatie te komen, verstreken is zonder dat daarvan gebruik is gemaakt, wordt door de griffier van het rechtscollege, dat de vernietiging heeft uitgesproken, van die uitspraak kennis gegeven aan de curator en aan het postvervoerbedrijf of de postvervoerbedrijven die zijn aangewezen als verlener van de universele postdienst, alsmede de andere geregistreerde postvervoerbedrijven, bedoeld in de Postwet 2009.
(Zie ook: art. 99 FW)
2. Gelijke kennisgeving geschiedt, in geval van vernietiging van een vonnis van faillietverklaring in hoger beroep of cassatie, aan de griffier van de rechtbank, die het vonnis heeft gewezen.
3. De rechter, die de vernietiging van een vonnis van faillietverklaring uitspreekt, stelt tevens het bedrag vast van de faillissementskosten en van het salaris des curators. Hij brengt dit bedrag ten laste van degene, die de faillietverklaring heeft aangevraagd, van de schuldenaar, of van beide in de door de rechter te bepalen verhouding. Tegen deze beslissing staat geen rechtsmiddel open. Een bevelschrift van tenuitvoerlegging zal daarvan worden uitgegeven ten behoeve van de curator.
(Zie ook: artt. 71, 99, 168, 248 FW)

Kennisgeving in aankondiging van vernietiging

Kosten

Art. 15a
Wordt faillietverklaring in hoger beroep of in cassatie uitgesproken met vernietiging van een vonnis of arrest, waarbij de aangifte of aanvrage tot faillietverklaring werd afgewezen, dan geeft de griffier van het rechtscollege, dat de faillietverklaring uitspreekt, van die uitspraak kennis aan de griffier van de rechtbank, waarbij de aangifte of aanvrage is ingediend.

Faillietverklaring in hoger beroep of cassatie

Art. 15b
1. Indien redelijkerwijs niet geoordeeld kan worden dat de gefailleerde wegens hem toe te rekenen omstandigheden binnen de termijn bedoeld in artikel 3, eerste lid, geen verzoek tot het van toepassing verklaren van de schuldsaneringsregeling heeft ingediend of indien het faillissement is uitgesproken op eigen aangifte van de schuldenaar, kan de rechtbank, totdat de verificatievergadering is gehouden of, indien de verificatievergadering achterwege blijft, totdat de rechter-commissaris de beschikkingen als bedoeld in artikel 137a, eerste lid, heeft gegeven, op verzoek van de gefailleerde diens faillissement opheffen onder het gelijktijdig uitspreken van de toepassing van de schuldsaneringsregeling bedoeld in titel III.
2. De gefailleerde dient daartoe een verzoek als bedoeld in artikel 284 in bij de rechtbank waar de aangifte of het verzoek tot faillietverklaring werd ingediend. Het derde lid van artikel 284 is niet van toepassing.
3. Het eerste lid is niet van toepassing:
a. indien het faillissement is uitgesproken terwijl de schuldsaneringsregeling ten aanzien van de schuldenaar van toepassing was;
b. indien de schuldenaar in staat van faillissement verkeert door beëindiging van de toepassing van de schuldsaneringsregeling;
c. indien het faillissement is uitgesproken op grond van artikel 340, vierde lid.
4. Alvorens te beslissen kan de rechtbank de gefailleerde, de rechter-commissaris en de curator oproepen om te worden gehoord. Artikel 6, tweede lid, is van toepassing.
5. Bij toewijzing van het verzoek, spreekt de rechtbank de definitieve toepassing van de schuldsaneringsregeling uit.
6. Van de opheffing van het faillissement wordt door de griffier kennis gegeven in de aankondiging die is voorgeschreven in artikel 293. Indien in het faillissement overeenkomstig artikel 108 reeds het tijdstip voor de verificatievergadering was bepaald, zal in de aankondiging tevens mededeling worden gedaan dat die verificatievergadering niet zal worden gehouden.
(Zie ook: artt. 4, 19, 108, 247a, 287, 288, 312, 338, 350 FW)

Opheffing faillissement op verzoek gefailleerde onder gelijktijdig uitspreken toepassing schuldsaneringsregeling

Art. 15c
1. Tegen het vonnis, houdende uitspraak tot de opheffing van het faillissement en tot de toepassing van de schuldsaneringsregeling, kunnen noch door schuldeisers noch door andere belanghebbenden rechtsmiddelen worden ingesteld.
2. Indien de toepassing van de schuldsaneringsregeling niet is uitgesproken, heeft de gefailleerde gedurende acht dagen na de dag van de uitspraak het recht van hoger beroep. Het hoger beroep wordt ingesteld door onder indiening van een verzoek ter griffie van het gerechtshof, dat van de zaak kennis moet nemen. De griffier van het gerechtshof geeft van die indiening onverwijld kennis aan de griffier van de rechtbank.
3. De voorzitter bepaalt terstond dag en uur voor de behandeling, welke zal moeten plaatshebben binnen twintig dagen na de dag van de indiening van het verzoek. De uitspraak vindt niet

Beroep tegen uitspraak betreffende toepassing schuldsaneringsregeling

later plaats dan op de achtste dag na die van de behandeling van het verzoek ter zitting. Van het arrest van het gerechtshof wordt door de griffier onverwijld mededeling gedaan aan de griffier van de rechtbank.
4. Indien het gerechtshof het faillissement handhaaft, kan de schuldenaar gedurende acht dagen na die van de uitspraak in cassatie komen. Het beroep in cassatie wordt ingesteld door indiening van een verzoek ter griffie van de Hoge Raad. De voorzitter bepaalt terstond dag en uur voor de behandeling. De griffier van de Hoge Raad geeft van het beroep in cassatie en van de uitspraak van de Hoge Raad onverwijld kennis aan de griffier van de rechtbank.
5. Zolang niet op het verzoek bedoeld in artikel 15b, tweede lid, is beslist en, indien de schuldsaneringsregeling niet is uitgesproken, hangende het hoger beroep of de cassatie, kan in het faillissement geen raadpleging over een akkoord plaatshebben, noch tot uitdeling aan de schuldeisers worden overgegaan.
(Zie ook: artt. 247b, 292 FW)

Art. 15d

Regels bij opheffing faillissement onder gelijktijdig uitspreken toepassing schuldsaneringsregeling

1. Indien het faillissement wordt opgeheven onder het gelijktijdig uitspreken van de toepassing van de schuldsaneringsregeling, gelden de volgende regelen:
a. handelingen door de curator tijdens het faillissement verricht, blijven geldend en verbindend;
b. boedelschulden, gedurende het faillissement ontstaan, gelden ook in de schuldsaneringsregeling als boedelschulden;
c. in het faillissement ingediende vorderingen gelden als ingediend in de schuldsaneringsregeling.
2. Het tijdstip, waarop de termijnen vermeld in de artikelen 43 en 45 aanvangen, wordt berekend met ingang van de dag van de faillietverklaring.
(Zie ook: artt. 247c, 312 FW)

Art. 16

Kosteloze behandeling of opheffing

1. Indien niet voldoende baten beschikbaar zijn voor de voldoening van de faillissementskosten en de overige boedelschulden, kan de rechtbank, op voordracht van de rechter-commissaris en na de schuldeiserscommissie, zo die er is, gehoord te hebben, bevelen, hetzij de kosteloze behandeling, hetzij, na verhoor van behoorlijke oproeping van de gefailleerde, en in dit geval bij beschikking in het openbaar uit te spreken, de opheffing van het faillissement.
(Zie ook: art. 74 FW)

Kosten

2. De rechter, die de opheffing van het faillissement beveelt, stelt tevens het bedrag van de faillissementskosten vast en - zo daartoe gronden aanwezig zijn - van het salaris van de curator. Hij brengt deze bedragen ten laste van de schuldenaar. Zij worden bij voorrang boven alle andere schulden voldaan.
(Zie ook: art. 71 FW)
3. Tegen deze vaststelling staat geen rechtsmiddel open. Een bevelschrift van tenuitvoerlegging zal daarvan worden uitgegeven ten behoeve van de curator.
(Zie ook: art. 85 FW)
4. In afwijking van hetgeen in het tweede lid is bepaald, komen de kosten van de in deze titel bevolen publicaties, voorzover deze niet uit de boedel kunnen worden voldaan, ten laste van de Staat. De griffier van het rechtscollege dat de opheffing heeft bevolen, draagt zorg voor de voldoening van het door de rechtbank vast te stellen bedrag dat ten laste van de Staat komt.
(Zie ook: artt. 17, 18, 19, 168 FW; art. 19 BW Boek 2)

Art. 17

Vrijstelling griffiekosten

Het bevel tot kosteloze behandeling van het faillissement heeft ten gevolge vrijstelling van griffiekosten.
(Zie ook: art. 168 FW)

Art. 18

Wijze publicatie opheffing; rechtsmiddelen nieuw verzoek

De beschikking, bevelende de opheffing van het faillissement, wordt op dezelfde wijze openbaar gemaakt als het vonnis van faillietverklaring en daartegen kunnen de schuldenaar en de schuldeisers op dezelfde wijze en binnen dezelfde termijnen opkomen, als bepaald is ten aanzien van het vonnis, waarbij een faillietverklaring wordt geweigerd. Indien na een dergelijke opheffing opnieuw aangifte of – binnen drie jaar – aanvraag tot faillietverklaring wordt gedaan, is de schuldenaar of de aanvrager verplicht aan te tonen, dat er voldoende baten aanwezig zijn om de kosten van het faillissement te bestrijden.
(Zie ook: artt. 14, 168 FW; artt. 51, 303 BW Boek 2; art. 27 Hregb)

Art. 19

Openbaar register

1. Er wordt een centraal openbaar register bijgehouden, ten behoeve waarvan de griffier van de rechtbank, voor ieder faillissement afzonderlijk, met vermelding van de dagtekening, de volgende gegevens inschrijft:
1°. een uittreksel van de rechterlijke beslissingen, waarbij de faillietverklaring uitgesproken of de uitgesprokene weder opgeheven is;
(Zie ook: artt. 2, 8, 12 FW)
2°. de summiere inhoud en de homologatie van het akkoord;
(Zie ook: artt. 138, 150, 271 FW)

3°. de ontbinding van het akkoord;
(Zie ook: artt. 165, 280 FW)
4°. het bedrag van de uitdelingen bij vereffening;
(Zie ook: artt. 179, 192 FW)
5°. de opheffing van het faillissement ingevolge artikel 15b of artikel 16;
6°. de rehabilitatie;
(Zie ook: artt. 206, 212 FW)
7°. de vereisten vermeld in artikel 24, tweede lid, van de in artikel 5, derde lid, genoemde verordening;
8°. bij of krachtens algemene maatregel van bestuur aan te wijzen stukken.
2. Omtrent vorm en inhoud van het centrale register worden door Ons bij algemene maatregel van bestuur nadere regels gegeven.
3. De griffier is verplicht aan ieder kosteloze inzage van het centrale register en tegen betaling een uittreksel daaruit te verstrekken.
(Zie ook: art. 24 BW Boek 3; artt. 222a, 294 FW; Besl.art. 19 FW; Aanw.besl.Rvr.FW)
4. De griffier geeft de in het eerste lid genoemde gegevens door aan Onze Minister van Justitie of een bij algemene maatregel van bestuur aan te wijzen ander orgaan ten behoeve van het centrale register.

Art. 19a
Door Onze Minister van Justitie of, indien ingevolge artikel 19, vierde lid, een ander orgaan is aangewezen, door dat orgaan, wordt het centrale register gehouden, waarin de in artikel 19, eerste lid, genoemde gegevens worden ingeschreven.

Centraal faillissementsregister

Art. 19b
In het geval, bedoeld in artikel 14, vierde lid, worden de gegevens met betrekking tot de daar bedoelde insolventieprocedure door de griffier van de rechtbank Den Haag ingeschreven in het register.

Inschrijving gegevens insolventieprocedure in openbaar register

Tweede afdeling
Van de gevolgen der faillietverklaring

Art. 20
Het faillissement omvat het gehele vermogen van de schuldenaar ten tijde van de faillietverklaring, alsmede hetgeen hij gedurende het faillissement verwerft.
(Zie ook: art. 276 BW Boek 3)

Algeheel beslag

Art. 21
Niettemin blijven buiten het faillissement:
1°. de zaken vermeld in artikel 447, nrs. 1-3, van het Wetboek van Burgerlijke Rechtsvordering, de toerusting van de leden van de krijgsmacht volgens hun dienst en rang en het auteursrecht in de gevallen, waarin het niet vatbaar is voor beslag; alsmede hetgeen in het eerste lid van artikel 448 van genoemd Wetboek omschreven is, tenzij in het faillissement schuldeisers opkomen wegens vorderingen, vermeld in het tweede lid van dat artikel;
2°. hetgeen de gefailleerde door persoonlijke werkzaamheid, of als bezoldiging wegens een ambt of bediening, of als soldij, gagement, pensioen of onderstand, gedurende het faillissement verkrijgt, indien en voorzover de rechter-commissaris zulks bepaalt;
(Zie ook: art. 100 FW)
3°. de gelden, die aan de gefailleerde verstrekt worden ter voldoening aan een wettelijke onderhoudsplicht;
(Zie ook: artt. 81, 157, 169, 182, 392, 404 BW Boek 1; art. 120 AW)
4°. een door de rechter-commissaris te bepalen bedrag uit de opbrengst van het in artikel 253l, eerste en tweede lid, van Boek 1 van het Burgerlijk Wetboek bedoelde vruchtgenot, ter bestrijding van de in artikel 253l, derde lid van Boek 1 van dat wetboek vermelde lasten en van de kosten van verzorging en opvoeding van het kind.
(Zie ook: artt. 63, 67 FW)
5°. het ingevolge artikel 642c van het Wetboek van Burgerlijke Rechtsvordering in de kas der gerechtelijke consignaties gestorte bedrag;
(Zie ook: art. 642a Rv)
6°. de goederen bedoeld in artikel 60a, derde lid;
7°. een aanspraak op het tegoed van een lijfrenterekening of op de waarde van een lijfrentebeleggingsrecht als bedoeld in artikel 1.7, eerste lid, onderdeel b, van de Wet inkomstenbelasting 2001 voor zover de ter zake ingelegde bedragen voor de heffing van de inkomstenbelasting in aanmerking konden worden genomen voor de bepaling van het belastbare inkomen uit werk en woning.
(Zie ook: artt. 7, 93, 395 FW)

Buiten faillissement vallende goederen

Art. 22

Uitbreiding begrip gefailleerde

In het vorige artikel wordt onder «gefailleerde» mede begrepen de echtgenoot of de geregistreerde partner van de in enige gemeenschap van goederen gehuwde onderscheidenlijk als partner geregistreerde.
(Zie ook: art. 61 FW; artt. 80a, 93, 114, 130, 131 BW Boek 2)

Art. 22a

Rechten m.b.t. levensverzekering die buiten de boedel vallen

1. Ten aanzien van een overeenkomst van levensverzekering vallen voorts buiten de boedel:
a. het recht op het doen afkopen van een levensverzekering voorzover de begunstigde of de verzekeringnemer door afkoop onredelijk benadeeld wordt;
b. het recht om de begunstiging te wijzigen, tenzij de wijziging geschiedt ten behoeve van de boedel en de begunstigde of de verzekeringnemer daardoor niet onredelijk benadeeld wordt;
c. het recht om de verzekering te belenen.

Toestemming tot uitoefenen rechten m.b.t. levensverzekering

2. Voor de uitoefening van het recht op het doen afkopen en het recht om de begunstiging te wijzigen, behoeft de curator de toestemming van de rechter-commissaris, die daarbij zonodig vaststelt tot welk bedrag deze rechten mogen worden uitgeoefend. Slechts met schriftelijke toestemming van de verzekeringnemer is de curator bevoegd tot overdracht van de verzekering.

Vervallen wijziging begunstigde levensverzekering

3. Indien de curator de begunstiging heeft gewijzigd, vervalt deze wijziging met de beëindiging van het faillissement.
(Zie ook: art. 295 FW; art. 215 BW Boek 4)

4. Indien de begunstiging na de faillietverklaring onherroepelijk wordt, kan deze onherroepelijkheid niet aan de boedel worden tegengeworpen. De verzekeraar is verplicht een uitkering, waarop de begunstiging betrekking heeft, onder zich te houden. Voor zover vaststaat dat de begunstiging niet zal worden gewijzigd, blijven de eerste en de tweede volzin buiten toepassing. Ten aanzien van de begunstigde is artikel 69 van overeenkomstige toepassing.

5. In afwijking van het vierde lid, tweede zin, kan de verzekeraar een betaling aan de begunstigde tegenwerpen aan de boedel, voorzover de curator niet bewijst dat de verzekeraar op het tijdstip van betaling op de hoogte was van het faillissement of van een daaraan voorafgegaan beslag ten laste van de verzekeringnemer. In dat geval heeft de curator verhaal op de begunstigde.

Art. 23

Verlies beschikking en beheer

Door de faillietverklaring verliest de schuldenaar van rechtswege de beschikking en het beheer over zijn tot het faillissement behorend vermogen, te rekenen van de dag waarop de faillietverklaring wordt uitgesproken, die dag daaronder begrepen.
(Zie ook: artt. 28, 52, 193, 228 FW; artt. 17, 84 BW Boek 3; art. 415 BW Boek 7; art. 1683 BW Boek 7A; art. 11 Wet RO; art. 16 Advw)

Art. 24

Na faillietverklaring ontstane verbintenissen

Voor verbintenissen van de schuldenaar, na de faillietverklaring ontstaan, is de boedel niet aansprakelijk dan voorzover deze ten gevolge daarvan is gebaat.
(Zie ook: artt. 52, 228 FW; artt. 31, 209, 276 BW Boek 6; art. 1681 BW Boek 7A)

Art. 25

Vorderingen tegen en door curator ingesteld

1. Rechtsvorderingen, welke rechten of verplichtingen tot de failliete boedel behorende ten onderwerp hebben, worden zowel tegen als door de curator ingesteld.
(Zie ook: art. 126 Rv)

2. Indien zij, door of tegen de gefailleerde ingesteld of voortgezet, een veroordeling van de gefailleerde ten gevolge hebben, heeft die veroordeling tegenover de failliete boedel geen rechtskracht.
(Zie ook: artt. 28, 30, 68, 122, 126, 228, 231 FW)

Art. 26

Vordering tot voldoening verbintenis uit de boedel

Rechtsvorderingen, die voldoening van een verbintenis uit de boedel ten doel hebben, kunnen gedurende het faillissement ook tegen de gefailleerde op geen andere dan een in artikel 110 bepaalde wijze worden ingesteld.
(Zie ook: artt. 122, 126, 231 FW)

Art. 27

Door schuldenaar reeds ingestelde vordering

1. Indien de rechtsvordering tijdens de faillietverklaring aanhangig en door de schuldenaar ingesteld is, wordt het geding ten verzoeke van de verweerder geschorst, ten einde deze gelegenheid te geven, binnen een door de rechter te bepalen termijn, de curator tot overneming van het geding op te roepen.

2. Zo deze aan die oproeping geen gevolg geeft, heeft de verweerder het recht ontslag van de instantie te vragen; bij gebreke daarvan kan het geding tussen de gefailleerde en de verweerder worden voortgezet, buiten bezwaar van de boedel.

3. Ook zonder opgeroepen te zijn, is de curator bevoegd het proces te allen tijde over te nemen en de gefailleerde buiten het geding te doen stellen.
(Zie ook: artt. 30, 68, 231 FW; art. 225 Rv)

Art. 28
1. Indien de rechtsvordering tijdens de faillietverklaring aanhangig en tegen de schuldenaar ingesteld is, is de eiser bevoegd schorsing te verzoeken, ten einde, binnen een door de rechter te bepalen termijn, de curator in het geding te roepen.
2. Door zijn verschijning neemt deze het proces over en is de gefailleerde van rechtswege buiten het geding.
3. Indien de curator verschijnende dadelijk in de eis toestemt, zijn de proceskosten van de tegenpartij geen boedelschuld.
(Zie ook: art. 237 Rv)
4. Zo de curator niet verschijnt, is op het tegen de gefailleerde te verkrijgen vonnis de bepaling van het tweede lid van artikel 25 niet toepasselijk.
(Zie ook: artt. 23, 30, 68, 231 FW; art. 225 Rv)

Tegen schuldenaar reeds ingestelde vordering

Art. 29
Voorzover tijdens de faillietverklaring aanhangige rechtsvorderingen voldoening ener verbintenis uit de boedel ten doel hebben, wordt het geding na de faillietverklaring geschorst, om alleen dan voortgezet te worden, indien de verificatie der vordering betwist wordt. In dit geval wordt hij, die de betwisting doet, in de plaats van de gefailleerde, partij in het geding.
(Zie ook: artt. 30, 122, 126 FW; art. 225 Rv)

Aanhangige vordering tot voldoening verbintenis uit de boedel

Art. 30
1. Indien vóór de faillietverklaring de stukken van het geding tot het geven van een beslissing aan de rechter zijn overgelegd, zijn het tweede lid van artikel 25 en de artikelen 27-29 niet toepasselijk.
(Zie ook: artt. 45, 225, 229 Rv)
2. De artikelen 27-29 worden weer toepasselijk, indien het geding voor de rechter, bij wie het aanhangig is, ten gevolge van zijn beslissing wordt voortgezet.
(Zie ook: art. 232 Rv)

Stukken voor beslissing overgelegd

Art. 31
Indien een geding door of tegen de curator, of ook in het geval van artikel 29 tegen een schuldeiser wordt voortgezet, kan door de curator of door die schuldeiser de nietigheid worden ingeroepen van handelingen, door de schuldenaar vóór zijn faillietverklaring in het geding verricht, zo bewezen wordt dat deze door die handelingen de schuldeisers desbewust heeft benadeeld en dat dit aan zijn tegenpartij bekend was.
(Zie ook: art. 42 FW)

Nietigheid handelingen van schuldenaar

Art. 32
De artikelen 27 tot en met 31 zijn van overeenkomstige toepassing met betrekking tot rechtsvorderingen betreffende zaken of recht waarover de schuldenaar het beheer en de beschikking heeft verloren door de opening van een in Nederland op grond van artikel 19 van de verordening, genoemd in artikel 5, derde lid, te erkennen insolventieprocedure.

Schakelbepaling

Art. 33
1. Het vonnis van faillietverklaring heeft ten gevolge, dat alle gerechtelijke tenuitvoerlegging op enig deel van het vermogen van de schuldenaar, vóór het faillissement aangevangen, dadelijk een einde neemt, en dat, ook van hetzelfde ogenblik af, geen vonnis bij lijfsdwang kan worden ten uitvoer gelegd.
(Zie ook: artt. 34, 57, 195 FW; artt. 430, 585 Rv)
2. Gelegde beslagen vervallen; de inschrijving van een desbetreffende verklaring van de rechter-commissaris machtigt de bewaarder van de openbare registers tot doorhaling. Het beslag herleeft, zodra het faillissement een einde neemt ten gevolge van vernietiging of opheffing van het faillissement, mits het goed dan nog tot de boedel behoort. Indien de inschrijving van het beslag in de openbare registers is doorgehaald, vervalt de herleving, indien niet binnen veertien dagen na de herleving een exploot is ingeschreven, waarbij van de herleving mededeling aan de schuldenaar is gedaan.
(Zie ook: art. 17 BW Boek 3; artt. 8, 38 Kadw)
3. Indien de schuldenaar zich in gijzeling bevindt, wordt hij ontslagen, zodra het vonnis van faillietverklaring in kracht van gewijsde is gegaan, behoudens toepassing van artikel 87.
4. Het bepaalde bij dit artikel geldt niet voor lijfsdwang bij vonnissen, beschikkingen en authentieke akten, waarbij een uitkering tot levensonderhoud, krachtens het Boek 1 van het Burgerlijk Wetboek verschuldigd, daaronder begrepen het verschuldigde voor verzorging en opvoeding van een minderjarige en voor levensonderhoud en studie van een meerderjarige die de leeftijd van een en twintig jaren niet heeft bereikt, is bevolen of toegezegd, alsmede beschikkingen, waarbij een uitkering, krachtens artikel 85 lid 2 van Boek 1 van het Burgerlijk Wetboek door de ene partner aan de andere partner verschuldigd, is bevolen, alsmede besluiten op grond van paragraaf 6.5 van de Participatiewet.
(Zie ook: art. 230 FW; artt. 585, 611e Rv; art. 576 WvSv; art. 72 WTV)

Verval gerechtelijke tenuitvoerlegging

Ontslag uit gijzeling

Lijfsdwang in zaken levensonderhoud

Art. 33a
[Vervallen]

Art. 34

Reeds vastgestelde goederen

Indien vóór het faillissement van de schuldenaar de uitwinning zijner goederen zo ver was gevorderd, dat de dag van de verkoop reeds was bepaald, kan de curator, op machtiging van de rechter-commissaris, de verkoop voor rekening van de boedel laten voortgaan.
(Zie ook: artt. 67, 72 FW; artt. 449, 515, 570 Rv)

Art. 35

Schuldenaar kan niet meer leveren

1. Indien op de dag van de faillietverklaring nog niet alle handelingen die voor een levering door de schuldenaar nodig zijn, hebben plaatsgevonden, kan de levering niet geldig meer geschieden.
(Zie ook: artt. 86, 196 BW Boek 2; artt. 89, 98, 120, 186, 236, 260 BW Boek 3)

2. Heeft de schuldenaar voor de dag van de faillietverklaring een toekomstig goed bij voorbaat geleverd, dan valt dit goed, indien het eerst na de aanvang van die dag door hem is verkregen, in de boedel, tenzij het gaat om nog te velde staande vruchten of beplantingen die reeds voor de faillietverklaring uit hoofde van een zakelijk recht of een huur- of pachtovereenkomst aan de schuldenaar toekwamen.
(Zie ook: artt. 97, 237, 266 BW Boek 3)

Vermoeden bekendheid faillietverklaring

3. Voor de toepassing van de artikelen 86 en 238 van Boek 3 van het Burgerlijk Wetboek wordt degene die van de schuldenaar heeft verkregen, geacht na de bekendmaking van de faillietverklaring, bedoeld in artikel 14, derde lid, diens onbevoegdheid te hebben gekend.
(Zie ook: art. 52 FW)

Art. 35a

Verkoop registergoed zonder kwalitatief beding

Indien een beding als bedoeld in artikel 252 van Boek 6 van het Burgerlijk Wetboek op de dag van de faillietverklaring nog niet in de openbare registers was ingeschreven, kan de curator het registergoed ten aanzien waarvan het is gemaakt, vrij van het beding overeenkomstig de artikelen 101 of 176 verkopen.

Art. 35b

Gift van schuldenaar

Aan een gift, door de schuldenaar gedaan onder een opschortende voorwaarde of een opschortende tijdsbepaling, die op de dag van de faillietverklaring nog niet was vervuld of verschenen, kan de begiftigde generlei recht tegen de boedel ontlenen.

Art. 36

Verlenging verjarings- en vervaltermijn

1. Wanneer een verjaringstermijn betreffende een rechtsvordering, als bedoeld in artikel 26, zou aflopen gedurende het faillissement of binnen zes maanden na het einde daarvan, loopt de termijn voort totdat zes maanden na het einde van het faillissement zijn verstreken.

2. Het eerste lid is van overeenkomstige toepassing op van rechtswege aanvangende vervaltermijnen.

Art. 36a

Termijnverlenging i.v.m. standpuntbepaling curator

Wanneer een termijn die vóór de faillietverklaring uit hoofde van artikel 55, tweede lid, van Boek 3 of artikel 88 van Boek 6 van het Burgerlijk Wetboek aan de schuldenaar was gesteld, ten tijde van de faillietverklaring nog niet was verstreken, loopt de termijn voort voorzover dit redelijkerwijze noodzakelijk is om de curator in staat te stellen zijn standpunt te bepalen. De wederpartij kan de curator daartoe een nieuwe redelijke termijn stellen.
(Zie ook: art. 99 FW)

Art. 37

Wederkerige overeenkomsten

1. Indien een wederkerige overeenkomst ten tijde van de faillietverklaring zowel door de schuldenaar als door zijn wederpartij in het geheel niet of slechts gedeeltelijk is nagekomen en de curator zich niet binnen een hem daartoe schriftelijk door de wederpartij gestelde redelijke termijn bereid verklaart de overeenkomst gestand te doen, verliest de curator het recht zijnerzijds nakoming van de overeenkomst te vorderen.
(Zie ook: artt. 55, 69 BW Boek 3; artt. 40, 80, 87, 88, 263, 265 BW Boek 6; artt. 20, 40 BW Boek 7)

2. Indien de curator zich wel tot nakoming van de overeenkomst bereid verklaart, is hij verplicht bij die verklaring voor deze nakoming zekerheid te stellen.
(Zie ook: art. 51 BW Boek 6)

3. De vorige leden zijn niet van toepassing op overeenkomsten waarbij de gefailleerde slechts verbintenissen op zich heeft genomen tot door hem persoonlijk te verrichten handelingen.
(Zie ook: artt. 68, 78, 236 FW; artt. 404, 659 BW Boek 7)

Art. 37a

Concurrente vorderingen

Voor vorderingen die de wederpartij uit hoofde van ontbinding of vernietiging van een vóór de faillietverklaring met de schuldenaar gesloten overeenkomst op deze heeft verkregen, of die strekken tot schadevergoeding ter zake van tekortschieten in de nakoming van een vóór de faillietverklaring op deze verkregen vordering, kan zij als concurrent schuldeiser in het faillissement opkomen.
(Zie ook: art. 108 FW; art. 53 BW Boek 3; artt. 87, 271 BW Boek 6)

Art. 37b
1. Een wederpartij is niet bevoegd de nakoming van zijn verbintenis die voortvloeit uit een overeenkomst tot het geregeld afleveren van gas, water, elektriciteit of verwarming, benodigd voor de eerste levensbehoeften of voor het voortzetten van de door de schuldenaar gedreven onderneming, jegens de schuldenaar op te schorten wegens het door de schuldenaar niet nakomen van een vóór de faillietverklaring ontstane verbintenis tot betaling van een geldsom.
2. Een tekortkoming door de schuldenaar in de nakoming van een verbintenis als in het eerste lid bedoeld, die plaatsvond vóór de faillietverklaring, levert geen grond op voor ontbinding van een overeenkomst als bedoeld in het eerste lid.
3. Een beroep door de wederpartij op een beding dat het faillissement, de aanvraag van het faillissement of het leggen van beslag door een derde grond oplevert voor ontbinding van een overeenkomst als bedoeld in het eerste lid, dan wel dat die overeenkomst daardoor van rechtswege zal zijn ontbonden, is slechts toegelaten met goedvinden van de curator.
(Zie ook: artt. 237b, 304 FW; artt. 262, 265 BW Boek 4)

Tekortkomingen schuldenaar vóór faillietverklaring

Art. 38
Indien in het geval van artikel 37 de levering van waren, die ter beurze op termijn worden verhandeld, bedongen is tegen een vastgesteld tijdstip of binnen een bepaalde termijn, en dit tijdstip invalt of die termijn verstrijkt na de faillietverklaring, wordt de overeenkomst door de faillietverklaring ontbonden en kan de wederpartij van de gefailleerde zonder meer voor schadevergoeding als concurrent schuldeiser opkomen. Lijdt de boedel door de ontbinding schade, dan is de wederpartij verplicht deze te vergoeden.
(Zie ook: art. 237 FW; art. 269 BW Boek 6; art. 59 WvK)

Termijnhandel

Art. 38a
1. Indien de gefailleerde huurkoper is, kan zowel de curator als de verkoper de huurkoop dan wel scheepshuurkoop ontbonden verklaren.
2. Deze ontbinding heeft dezelfde gevolgen als ontbinding der overeenkomst wegens het niet nakomen door de koper van zijn verplichtingen.
3. De verkoper kan voor het hem verschuldigde bedrag als concurrent schuldeiser opkomen.
(Zie ook: artt. 232, 237a FW; art. 269 BW Boek 6; artt. 1576h, 1576t BW Boek 7A; artt. 800, 810 BW Boek 8)

Huurkoop

Art. 39
1. Indien de gefailleerde huurder is, kan zowel de curator als de verhuurder de huur tussentijds doen eindigen, mits de opzegging geschiede tegen een tijdstip, waarop dergelijke overeenkomsten naar plaatselijk gebruik eindigen. Bovendien moet bij de opzegging de daarvoor overeengekomen of gebruikelijke termijn in acht genomen worden, met dien verstande echter, dat een termijn van drie maanden in elk geval voldoende zal zijn. Zijn er huurpenningen vooruitbetaald, dan kan de huur niet eerder opgezegd worden, dan tegen de dag, waarop de termijn, waarvoor vooruitbetaling heeft plaats gehad, eindigt. Van de dag der faillietverklaring af is de huurprijs boedelschuld.
2. Indien de gefailleerde pachter is, vindt het bovenstaande overeenkomstige toepassing.
(Zie ook: artt. 68, 78, 238, 284 FW; art. 269 BW Boek 6; artt. 201, 217, 228, 271, 290 BW Boek 7)

Beëindiging huurovereenkomst

Beëindiging pachtovereenkomst

Art. 40
1. Werknemers in dienst van de gefailleerde kunnen de arbeidsovereenkomst opzeggen en hun kan wederkerig door de curator de arbeidsovereenkomst worden opgezegd, en wel met inachtneming van de overeengekomen of wettelijke termijnen, met dien verstande echter dat in elk geval de arbeidsovereenkomst kan worden opgezegd met een termijn van zes weken.
2. Van de dag der faillietverklaring af zijn het loon en de met de arbeidsovereenkomst samenhangende premieschulden boedelschuld.
3. Dit artikel is van overeenkomstige toepassing op agentuurovereenkomsten.
(Zie ook: artt. 68, 239, 284 FW; artt. 428, 437, 669 BW Boek 7; art. 6 BBA 1945; art. 2 WMCO)

Beëindiging arbeidsovereenkomst

Beëindiging agentuurovereenkomst

Art. 41
1. Erfenissen, gedurende het faillissement aan de gefailleerde opkomende, worden door de curator niet anders aanvaard dan onder voorrecht van boedelbeschrijving.
(Zie ook: art. 20 FW; artt. 185, 190 BW Boek 4)
2. Tot het verwerpen ener nalatenschap behoeft de curator machtiging van de rechter-commissaris.
(Zie ook: art. 72 FW; artt. 190, 191 BW Boek 4)

Aanvaarden of verwerpen erfenis

Art. 42
1. De curator kan ten behoeve van de boedel elke rechtshandeling die de schuldenaar vóór de faillietverklaring onverplicht heeft verricht en waarvan deze bij dit verrichten wist of behoorde te weten dat daarvan benadeling van de schuldeisers het gevolg zou zijn, door een buitengerechtelijke verklaring vernietigen. Artikel 50, tweede lid, van Boek 3 van het Burgerlijk Wetboek is niet van toepassing.

Door schuldenaar onverplicht verrichte rechtshandeling (Faillissementspauliana)

… art. 43 · 25 Faillissementswet

2. Een rechtshandeling anders dan om niet, die hetzij meerzijdig is, hetzij eenzijdig en tot een of meer bepaalde personen gericht, kan wegens benadeling slechts worden vernietigd, indien ook degenen met of jegens wie de schuldenaar de rechtshandeling verrichtte, wisten of behoorden te weten dat daarvan benadeling van de schuldeisers het gevolg zou zijn.
3. Wordt een rechtshandeling om niet wegens benadeling vernietigd, dan heeft de vernietiging ten aanzien van de bevoordeelde, die wist noch behoorde te weten dat van de rechtshandeling benadeling van de schuldeisers het gevolg zou zijn, geen werking, voorzover hij aantoont dat hij ten tijde van de faillietverklaring niet ten gevolge van de rechtshandeling gebaat was.
(Zie ook: artt. 24, 31, 43, 49, 51, 169 FW; art. 45 BW Boek 3; art. 340 WvSr)

Art. 43

Vermoeden wetenschap benadeling schuldeisers

1. Indien de rechtshandeling waardoor de schuldeisers zijn benadeeld, is verricht binnen een jaar voor de faillietverklaring en de schuldenaar zich niet reeds voor de aanvang van die termijn daartoe had verplicht, wordt de aan het slot van artikel 42, eerste lid, eerste zin, bedoelde wetenschap, behoudens tegenbewijs, vermoed aan beide zijden te bestaan:
1°. bij overeenkomsten, waarbij de waarde der verbintenis aan de zijde van de schuldenaar aanmerkelijk die der verbintenis aan de andere zijde overtreft;
(Zie ook: artt. 341, 343 WvSr)
2°. bij rechtshandelingen ter voldoening van of zekerheidstelling voor een niet opeisbare schuld;
(Zie ook: art. 227 BW Boek 3; artt. 25, 39 BW Boek 6; artt. 341, 343 WvSr)
3°. bij rechtshandelingen, door de schuldenaar die een natuurlijk persoon is, verricht met of jegens:
a. zijn echtgenoot, zijn pleegkind of een bloed- of aanverwant tot in de derde graad;
(Zie ook: art. 3 BW Boek 1)
b. een rechtspersoon waarin hij, zijn echtgenoot, zijn pleegkind of een bloed- of aanverwant tot in de derde graad bestuurder of commissaris is, dan wel waarin deze personen, afzonderlijk of tezamen, als aandeelhouder rechtstreeks of middellijk voor ten minste de helft van het geplaatste kapitaal deelnemen;
4°. bij rechtshandelingen, door de schuldenaar die rechtspersoon is, verricht met of jegens een natuurlijk persoon,
a. die bestuurder of commissaris van de rechtspersoon is, dan wel met of jegens diens echtgenoot, pleegkind of bloed- of aanverwant tot in de derde graad:
b. die al dan niet tezamen met zijn echtgenoot, zijn pleegkinderen en zijn bloed- of aanverwanten tot in de derde graad, als aandeelhouder rechtstreeks of middellijk voor ten minste de helft van het geplaatste kapitaal deelneemt;
c. wiens echtgenoot, pleegkinderen of bloed- of aanverwanten tot in de derde graad, afzonderlijk of tezamen, als aandeelhouder rechtstreeks of middellijk voor tenminste de helft van het geplaatste kapitaal deelnemen;
5°. bij rechtshandelingen, door de schuldenaar die rechtspersoon is, verricht met of jegens een andere rechtspersoon, indien
a. een van deze rechtspersonen bestuurder is van de andere;
b. een bestuurder, natuurlijk persoon, van een van deze rechtspersonen, of diens echtgenoot, pleegkind of bloed- of aanverwant tot in de derde graad, bestuurder is van de andere;
c. een bestuurder, natuurlijk persoon, of een commissaris van een van deze rechtspersonen, of diens echtgenoot, pleegkind of bloed- of aanverwant tot in de derde graad, afzonderlijk of tezamen, als aandeelhouder rechtstreeks of middellijk voor ten minste de helft van het geplaatste kapitaal deelneemt in de andere;
d. in beide rechtspersonen voor ten minste de helft van het geplaatste kapitaal rechtstreeks of middellijk wordt deelgenomen door dezelfde rechtspersoon, dan wel dezelfde natuurlijke persoon, al dan niet tezamen met zijn echtgenoot, zijn pleegkinderen en zijn bloed- of aanverwanten tot in de derde graad;
6°. bij rechtshandelingen, door de schuldenaar die rechtspersoon is, verricht met of jegens een groepsmaatschappij.
(Zie ook: art. 24b BW Boek 2)
(Zie ook: artt. 49, 249 FW)
2. Met een echtgenoot wordt een geregistreerde partner of een andere levensgezel gelijkgesteld.
(Zie ook: art. 432 BW Boek 1)
3. Onder pleegkind wordt verstaan hij die duurzaam als eigen kind is verzorgd en opgevoed.
(Zie ook: art. 45 FW; art. 46 BW Boek 3)
4. Onder bestuurder, commissaris of aandeelhouder wordt mede verstaan hij die minder dan een jaar vóór de rechtshandeling bestuurder, commissaris of aandeelhouder is geweest.
5. Indien de bestuurder van een rechtspersoon-bestuurder zelf een rechtspersoon is, wordt deze rechtspersoon met de rechtspersoon-bestuurder gelijkgesteld.

Toepasselijkheid Burgerlijk Wetboek

6. Artikel 138, tiende lid, van boek 2 van het Burgerlijk Wetboek is van toepassing ingeval de schuldenaar een rechtspersoon is.

Art. 45
In geval van benadeling door een rechtshandeling om niet, die de schuldenaar heeft verricht binnen één jaar vóór de faillietverklaring, wordt vermoed dat hij wist of behoorde te weten dat benadeling van de schuldeisers het gevolg van de rechtshandeling zou zijn.
(Zie ook: artt. 42, 43, 49 FW; art. 47 BW Boek 3; art. 1703 BW Boek 7A; artt. 341, 343 WvSr)

Vermoeden wetenschap benadeling schuldeisers (omkering bewijslast)

Art. 47
De voldoening door de schuldenaar aan een opeisbare schuld kan alleen dan worden vernietigd, wanneer wordt aangetoond, hetzij dat hij die de betaling ontving, wist dat het faillissement van de schuldenaar reeds aangevraagd was, hetzij dat de betaling het gevolg was van overleg tussen de schuldenaar en de schuldeiser, dat ten doel had laatstgenoemde door die betaling boven andere schuldeisers te begunstigen.
(Zie ook: artt. 49, 52 FW; artt. 27, 111 BW Boek 6; artt. 341, 343 WvSr)

Vernietiging voldoening opeisbare schuld

Art. 48
1. Krachtens het vorige artikel kan geen terugvordering geschieden van hem, die als houder van een papier aan order of toonder, uit hoofde zijner rechtsverhouding tot vroegere houders, tot aanneming der betaling verplicht was.
2. In dit geval is hij, te wiens bate het papier is uitgegeven, verplicht de door de schuldenaar betaalde som aan de boedel terug te geven, wanneer wordt aangetoond, hetzij dat hij bij de uitgifte van het papier de in het vorig artikel genoemde wetenschap bezat, hetzij dat de uitgifte het gevolg was van een overleg als in dat artikel bedoeld.
(Zie ook: art. 49 FW; artt. 137, 142, 176, 217, 229i WvK)

Order- en toonderpapieren

Art. 49
1. Rechtsvorderingen, gegrond op de bepalingen der artikelen 42-48, worden ingesteld door de curator.
2. Niettemin kunnen de schuldeisers op gronden, aan die bepalingen ontleend, de toelating ener vordering bestrijden.
(Zie ook: artt. 25, 68, 122 FW)

Inroepen nietigheid door curator
Bestrijding toelating door schuldeisers

Art. 50
Beëindiging van het faillissement door de homologatie van een akkoord doet de rechtsvorderingen in het vorige artikel bedoeld vervallen, tenzij het akkoord boedelafstand inhoudt, in welk geval zij ten behoeve van de schuldeisers vervolgd of ingesteld kunnen worden door de vereffenaars.
(Zie ook: artt. 138, 152, 193, 194 FW)

Gevolg einde faillissement door homologatie akkoord

Art. 51
1. Hetgeen door de vernietigde rechtshandeling uit het vermogen van de schuldenaar gegaan is, moet door hen jegens wie de vernietiging werkt, aan de curator worden teruggegeven met inachtneming van afdeling 2 van titel 4 van Boek 6 van het Burgerlijk Wetboek.
(Zie ook: art. 423 FW)
2. Rechten, door derden te goeder trouw anders dan om niet op de terug te geven goederen verkregen, worden geëerbiedigd. Tegen een derde te goeder trouw die om niet heeft verkregen, heeft geen terugvordering plaats voorzover hij aantoont dat hij ten tijde van de faillietverklaring niet ten gevolge van de rechtshandeling gebaat was.
(Zie ook: art. 455 BW Boek 3)
3. Het door de schuldenaar uit hoofde van de vernietigde rechtshandeling ontvangene of de waarde daarvan, wordt door de curator teruggegeven, voorzover de boedel erdoor is gebaat. Voor het tekortkomende kunnen zij jegens wie de vernietiging werkt, als concurrent schuldeiser opkomen.
(Zie ook: artt. 24, 42 FW; art. 45 BW Boek 3)

Gevolgen vernietiging rechtshandeling

Bescherming derde te goeder trouw

Art. 52
1. Voldoening na de faillietverklaring doch vóór de bekendmaking daarvan, aan de gefailleerde gedaan, tot nakoming van verbintenissen jegens deze vóór de faillietverklaring ontstaan, bevrijdt hem, die haar deed, tegenover de boedel, zolang zijn bekendheid met de faillietverklaring niet bewezen wordt.
2. Voldoening, als in het vorig lid bedoeld, na de bekendmaking der faillietverklaring aan de gefailleerde gedaan, bevrijdt tegenover de boedel alleen dan, wanneer hij, die haar deed, bewijst dat de bekendmaking der faillietverklaring te zijner woonplaats langs de weg der wettelijke aankondiging nog niet bekend kon zijn, behoudens het recht van de curator om aan te tonen, dat zij hem toch bekend was.
3. In elk geval bevrijdt voldoening aan de gefailleerde de schuldenaar tegenover de boedel, voorzover hetgeen door hem voldaan werd ten bate van de boedel is gekomen.
(Zie ook: artt. 23, 42, 47, 240 FW; art. 34 BW Boek 4)

Voldoening aan gefailleerde

Art. 53
1. Hij die zowel schuldenaar als schuldeiser van de gefailleerde is, kan zijn schuld met zijn vordering op de gefailleerde verrekenen, indien beide zijn ontstaan vóór de faillietverklaring of voortvloeien uit handelingen, vóór de faillietverklaring met de gefailleerde verricht.

Beroep op verrekening

2. De vordering op de gefailleerde wordt zonodig berekend naar de regels in de artikelen 130 en 131 gesteld.
3. De curator kan geen beroep doen op artikel 136 van Boek 6 van het Burgerlijk Wetboek.
(Zie ook: artt. 205, 234 FW; artt. 127, 130 BW Boek 6)

Art. 54

Schuldoverneming

1. Niettemin is degene die een schuld aan de gefailleerde of een vordering op de gefailleerde vóór de faillietverklaring van een derde heeft overgenomen, niet bevoegd tot verrekening, indien hij bij de overneming niet te goeder trouw heeft gehandeld.
2. Na de faillietverklaring overgenomen vorderingen of schulden kunnen niet worden verrekend.
(Zie ook: artt. 204, 235 FW; art. 155 BW Boek 6)

Art. 55

Verrekening met order- of toonderpapier

De schuldenaar van de gefailleerde die zijn schuld wil verrekenen met een vordering aan order of toonder, is gehouden te bewijzen dat hij het papier reeds op het ogenblik der faillietverklaring te goeder trouw had verkregen.
(Zie ook: artt. 123, 234 FW; art. 118 BW Boek 3)

Art. 56

Verdeling gemeenschap

Hij die met de gefailleerde deelgenoot is in een gemeenschap waarvan tijdens het faillissement een verdeling plaatsvindt, kan toepassing van artikel 184, eerste lid, van Boek 3 van het Burgerlijk Wetboek verlangen, ook als de schuld van de gefailleerde aan de gemeenschap er een is onder een nog niet vervulde opschortende voorwaarde. De artikelen 130 en 131 zijn van toepassing.
(Zie ook: art. 235 FW; art. 116 BW Boek 3)

Art. 57

Hypotheek- en pandhouder

1. Pand- en hypotheekhouders kunnen hun recht uitoefenen, alsof er geen faillissement was.
(Zie ook: artt. 268, 270, 273, 274 BW Boek 3; art. 544 Rv)
2. Bij de verdeling kunnen uit eigen hoofde mede de beperkt gerechtigden opkomen, wier recht vóór de faillietverklaring was gevestigd, maar door de executie door een pand- of hypotheekhouder is vervallen, voor hun recht op schadevergoeding, bedoeld in artikel 282 van Boek 3 van het Burgerlijk Wetboek.
(Zie ook: art. 18 FW)
3. Bij de verdeling van de opbrengst oefent de curator ten behoeve van de boedel mede de rechten uit, die de wet aan beslagleggers op het goed toekent. Hij is gehouden mede de belangen te behartigen van de bevoorrechte schuldeisers die in rang boven de voormelde pand- en hypotheekhouders en beperkt gerechtigden gaan.
(Zie ook: artt. 23, 68, 69 FW; artt. 236, 260, 269, 270, 272, 284, 285 BW Boek 3; artt. 482, 490c Rv)
4. Zo een rangregeling nodig is, wordt deze verzocht aan de voorzieningenrechter van de rechtbank waarvan de rechter-commissaris in het faillissement lid is. De verdeling geschiedt ten overstaan van deze rechter-commissaris op de wijze voorgeschreven in het Wetboek van Burgerlijke Rechtsvordering.
(Zie ook: artt. 33, 58, 59a, 110, 132 , 180, 182, 188 FW; artt. 481, 552 Rv)

Art. 58

Termijn voor uitoefening recht

1. De curator kan de pand- en hypotheekhouders een redelijke termijn stellen om tot uitoefening van hun rechten overeenkomstig het vorige artikel over te gaan. Heeft de pand- of hypotheekhouder het onderpand niet binnen deze termijn verkocht, dan kan de curator de goederen opeisen en met toepassing van de artikelen 101 of 176 verkopen, onverminderd het recht van de pand- en hypotheekhouders op de opbrengst. De rechter-commissaris is bevoegd de termijn op verzoek van de pand- of hypotheekhouder een of meer malen te verlengen.
(Zie ook: art. 188 FW; art. 268 BW Boek 3)
2. De curator kan een met pand of hypotheek bezwaard goed tot op het tijdstip van de verkoop lossen tegen voldoening van hetgeen waarvoor het pand- of hypotheekrecht tot zekerheid strekt, alsmede van de reeds gemaakte kosten van executie.
(Zie ook: art. 59a FW; art. 249 BW Boek 3)

Art. 59

Ontoereikende opbrengst

Indien de opbrengst niet toereikend is om een pand- of hypotheekhouder of een dergenen wier beperkt recht door de executie is vervallen, te voldoen, kan hij voor het ontbrekende als concurrent schuldeiser in de boedel opkomen.
(Zie ook: artt. 37a, 38, 38a, 57, 59a, 110, 132, 180 FW)

Art. 59a

Hypotheek op luchtvaartuig

1. De artikelen 57-59 zijn niet van toepassing wanneer de hypotheek rust op een luchtvaartuig dat te boek staat in de openbare registers, bedoeld in afdeling 2 van titel 1 van Boek 3 van het Burgerlijk Wetboek, of in een verdragsregister als bedoeld in artikel 1300 onder *d* van Boek 8 van het Burgerlijk Wetboek.

Voorrecht

2. Hypotheekhouders wier rechten rusten op luchtvaartuigen als bedoeld in het vorige lid, en andere schuldeisers die op grond van artikel 1317 van Boek 8 van het Burgerlijk Wetboek een

voorrecht op het luchtvaartuig hebben, kunnen hun recht uitoefenen, alsof er geen faillissement was. Artikel 57, tweede en derde lid, is van overeenkomstige toepassing.
3. De curator kan deze schuldeisers een redelijke termijn stellen om tot uitoefening van hun rechten overeenkomstig het vorige lid over te gaan. Heeft de schuldeiser het luchtvaartuig niet binnen deze termijn verkocht, dan kan de curator het luchtvaartuig verkopen. De rechter-commissaris is bevoegd de termijn op verzoek van de schuldeiser een of meer malen te verlengen. *(Zie ook: artt. 67, 182 FW)*   Termijn voorrecht

4. Op verkoop door de curator zijn de artikelen 584d en 584f-584q van het Wetboek van Burgerlijke Rechtsvordering van overeenkomstige toepassing, met dien verstande dat de curator wordt aangemerkt als beslaglegger uit hoofde van een vordering die niet van enige voorrang is voorzien, en dat met het vonnis van faillietverklaring wordt gehandeld als voorgeschreven voor het proces-verbaal van beslag.
5. De rechter-commissaris in het faillissement kan in dat geval bepalen dat een door hem vast te stellen gedeelte van de algemene faillissementskosten als kosten van de executie in de zin van artikel 584n van het Wetboek van Burgerlijke Rechtsvordering zal gelden.
6. De curator kan het luchtvaartuig tot op het tijdstip van de verkoop lossen tegen voldoening van het daarop verschuldigde, alsmede van de reeds gemaakte kosten van executie.
7. Artikel 59 is van overeenkomstige toepassing.

Art. 60
1. De schuldeiser die retentierecht heeft op een aan de schuldenaar toebehorende zaak, verliest dit recht niet door de faillietverklaring.   Retentierecht blijft bestaan
(Zie ook: art. 20 FW; art. 53 BW Boek 3)
2. De zaak kan door de curator worden opgeëist en met toepassing van artikel 101 of 176 worden verkocht, onverminderd de voorrang, aan de schuldeiser in artikel 292 van Boek 3 van het Burgerlijk Wetboek toegekend. De curator kan ook, voorzover dit in het belang is van de boedel, de zaak in de boedel terugbrengen door voldoening van de vordering waarvoor het retentierecht kan worden uitgeoefend.   Bevoegdheid curator
3. De schuldeiser kan de curator een redelijke termijn stellen om tot toepassing van het vorige lid over te gaan. Heeft de curator de zaak niet binnen deze termijn verkocht, dan kan de schuldeiser haar verkopen met overeenkomstige toepassing van de bepalingen betreffende parate executie door een pandhouder of, als het een registergoed betreft, die betreffende parate executie door een hypotheekhouder. De rechter-commissaris is bevoegd de termijn op verzoek van de curator een of meer malen te verlengen.   Termijnstelling: parate executie
(Zie ook: art. 67 FW; artt. 248, 268 BW Boek 3)
4. Betreft het een registergoed, dan dient de schuldeiser, op straffe van verval van het recht van parate executie, binnen veertien dagen na het verstrijken van de in het vorige lid bedoelde termijn, aan de curator bij exploot aan te zeggen dat hij tot executie overgaat, en dit exploot in de openbare registers te doen inschrijven.   Registergoed
(Zie ook: artt. 68, 110, 113, 119, 132, 143, 145, 157, 173b, 180 , 182, 190, 230, 232, 257 FW; artt. 17, 24, 290 BW Boek 3; art. 52 BW Boek 6)

Art. 60a
1. Indien tot het vermogen van de gefailleerde onder bewind staande goederen behoren en zich schuldeisers ter verificatie hebben aangemeld, die deze goederen onbelast met het bewind kunnen uitwinnen, zal de curator deze goederen van de bewindvoerder opeisen, onder zijn beheer nemen en te gelde maken, voorzover dit voor de voldoening van deze schuldeisers uit de opbrengst nodig is. Door de opeising eindigt het bewind over het goed. De opbrengst wordt overeenkomstig deze wet onder deze schuldeisers verdeeld, voorzover zij zijn geverifieerd. De curator draagt hetgeen na deze verdeling van de opbrengst over is, aan de bewindvoerder af, tenzij de andere schuldeisers de onder bewind staande goederen onder de last van het bewind kunnen uitwinnen in welk geval het restant overeenkomstig deze wet onder deze laatste schuldeisers verdeeld wordt.   Goederen onder bewind
2. Indien zich slechts schuldeisers ter verificatie hebben aangemeld die de goederen onder de last van het bewind kunnen uitwinnen, worden deze goederen door de curator overeenkomstig de artikelen 101 of 176 onder die last verkocht.
3. Buiten de gevallen, bedoeld in de vorige leden, blijven de onder bewind staande goederen buiten het faillissement en wordt slechts aan de curator uitgekeerd wat de goederen netto aan vruchten hebben opgebracht.
4. De bewindvoerder is te allen tijde, zodra de curator dit verlangt, verplicht aan deze rekening en verantwoording af te leggen.
(Zie ook: art. 68 FW; artt. 380, 409, 418, 420, 431 BW Boek 1; artt. 22 , 94a BW Boek 2; artt. 168, 181, 204, 221 BW Boek 3; art. 1066 BW Boek 4; art. 710 Rv)

Art. 60b
1. Zijn krachtens het vorige artikel goederen buiten het faillissement gebleven en heeft de bewindvoerder opgehouden de schuldeisers te betalen die deze goederen onbelast met bewind kunnen uitwinnen, dan kan de rechtbank die de faillietverklaring heeft uitgesproken op verzoek   Beheer en vereffening goederen

van ieder van deze schuldeisers die niet in het faillissement kan opkomen, de curator opdragen ook het beheer van deze goederen op zich te nemen en voor de vereffening te hunnen behoeve zorg te dragen.
2. De bepalingen betreffende faillietverklaring en faillissement zijn van overeenkomstige toepassing.

Art. 61

Rechten echtgenoot van schuldenaar

De echtgenoot of geregistreerde partner van de schuldenaar neemt alle goederen die hem toebehoren en niet in de huwelijksgemeenschap onderscheidenlijk de gemeenschap van het geregistreerd partnerschap vallen, terug.
(Zie ook: art. 229 FW; artt. 80, 93, 114, 130, 131, 148 BW Boek 1)

Art. 62

[Vervallen]

Art. 63

Faillissement bij gemeenschap van goederen

1. Het faillissement van de persoon die in enige gemeenschap van goederen gehuwd is of in enige gemeenschap van goederen een geregistreerd partnerschap is aangegaan, wordt als faillissement van die gemeenschap behandeld. Het omvat, behoudens de uitzonderingen van artikel 21, alle goederen, die in de gemeenschap vallen, en strekt ten behoeve van alle schuldeisers, die op de goederen der gemeenschap verhaal hebben. Goederen die de gefailleerde buiten de gemeenschap heeft, strekken slechts tot verhaal van schulden die daarop verhaald zouden kunnen worden, indien er generlei gemeenschap was.
2. Bij het faillissement van een schuldenaar die in gemeenschap van goederen gehuwd is of die in gemeenschap van goederen een geregistreerd partnerschap is aangegaan, zijn de bepalingen van deze wet omtrent handelingen door de schuldenaar verricht, toepasselijk op de handelingen waardoor de gemeenschap wettig verbonden is, onverschillig wie van de echtgenoten onderscheidenlijk van de geregistreerde partners deze verrichtte.
(Zie ook: art. 42 FW; artt. 80, 93, 114 BW Boek 1)

Art. 63a

Afkoelingsperiode voor verhaal door derden

1. De rechter-commissaris kan op verzoek van elke belanghebbende of ambtshalve bij schriftelijke beschikking een afkoelingsperiode afkondigen, waarin elke bevoegdheid van derden, met uitzondering van boedelschuldeisers, tot verhaal op tot de boedel behorende goederen of tot de opeising van goederen die zich in de macht van de gefailleerde of de curator bevinden, voor een periode van ten hoogste twee maanden niet dan met zijn machtiging kan worden uitgeoefend. De rechter-commissaris kan deze periode eenmaal verlengen met een periode van ten hoogste twee maanden.
(Zie ook: art. 313 Fw)
2. De rechter-commissaris kan zijn beschikking beperken tot bepaalde derden en voorwaarden verbinden zowel aan zijn beschikking als aan de machtiging van een derde tot uitoefening van een aan deze toekomende bevoegdheid.
3. Indien een derde ter zake van zijn bevoegdheid een redelijke termijn aan de curator stelt, wordt deze termijn geschorst tijdens de afkoelingsperiode.
(Zie ook: artt. 58, 60 FW)
4. De afkoelingsperiode kan ook op verlangen van de aanvrager van het faillissement of van de schuldenaar worden afgekondigd door de rechter die de faillietverklaring uitspreekt. De afkoelingsperiode die tegelijkertijd wordt afgekondigd met de faillietverklaring heeft gevolgen vanaf de dag waarop de faillietverklaring wordt uitgesproken, die dag daaronder begrepen.
(Zie ook: artt. 67, 212b, 241a FW; art. 426 Rv)

Art. 63b

Pandrecht tijdens afkoelingsperiode

1. Ingeval de schuldenaar overeenkomstig artikel 239, eerste lid, van Boek 3 van het Burgerlijk Wetboek een pandrecht heeft gevestigd op een vordering op naam of op het vruchtgebruik van een zodanige vordering, blijft de pandhouder tijdens de afkoelingsperiode bevoegd de mededeling, bedoeld in artikel 239, derde lid, van dat Boek te doen en betalingen in ontvangst te nemen.
2. Artikel 490b, tweede lid, van het Wetboek van Burgerlijke Rechtsvordering, is van overeenkomstige toepassing, met dien verstande dat de pandhouder het volledige bedrag bij de bewaarder stort.
(Zie ook: art. 241b FW; art. 239 BW Boek 3)

Art. 63c

Beslag tijdens afkoelingsperiode

1. Tijdens de afkoelingsperiode kan de ontvanger die een beslag heeft gelegd als bedoeld in artikel 22, derde lid, Invorderingswet 1990, niet tot uitwinning overgaan, tenzij de rechter-commissaris anders beslist.
2. Een beslag als bedoeld in artikel 22, derde lid, van de Invorderingswet 1990 dat tijdens de afkoelingsperiode wordt gelegd op een zaak die zich op de bodem van de gefailleerde bevindt en die niet aan hem toebehoort, kan niet worden tegengeworpen aan de eigenaar van de zaak of, als daarop een pandrecht van een ander rust, aan die ander, indien deze voordat het beslag was gelegd bij deurwaardersexploot aanspraak heeft gemaakt op afgifte van de zaak.
(Zie ook: art. 241c FW)

Art. 63d
Van de goederen in de boedel bedoeld in artikel 63a, eerste lid, zijn uitgezonderd de goederen die uit hoofde van een financiëlezekerheidsovereenkomst als bedoeld in artikel 51 van Boek 7 van het Burgerlijk Wetboek zijn verpand.

Uitgezonderde goederen bij financiëlezekerheidsovereenkomst

Art. 63e
1. In afwijking van de artikelen 23 en 35 werkt de faillietverklaring van een schuldenaar uit hoofde van een financiëlezekerheidsovereenkomst als bedoeld in artikel 51 van Boek 7 van het Burgerlijk Wetboek niet terug tot aan het begin van de dag waarop zij wordt uitgesproken, ten aanzien van een door de schuldenaar voor het tijdstip van faillietverklaring gesloten financiëlezekerheidsovereenkomst of een overdracht, vestiging van een pandrecht of een opdracht tot verrekening op grond daarvan.
2. De artikelen 23, 24, 35, 53, eerste lid, 54, tweede lid, van deze wet, alsmede artikel 72, aanhef en onder a, van Boek 3 van het Burgerlijk Wetboek, kunnen niet aan derden worden tegengeworpen ten aanzien van een door een schuldenaar op het tijdstip van faillietverklaring gesloten financiëlezekerheidsovereenkomst als bedoeld in artikel 51 van Boek 7 van het Burgerlijk Wetboek, een overdracht of vestiging van een pandrecht op grond van een financiëlezekerheidsovereenkomst, alsmede elke rechtshandeling op grond van een financiëlezekerheidsovereenkomst vanwege verbintenissen van de schuldenaar die na het tijdstip van faillietverklaring zijn ontstaan, mits de betreffende rechtshandeling plaatsvindt op de dag van faillietverklaring en de wederpartij kan aantonen dat deze ten tijde van de rechtshandeling de faillietverklaring niet kende of behoorde te kennen.

Voorwaarden faillietverklaring bij financiëlezekerheidsovereenkomst

Derde afdeling
Van het bestuur over de failliete boedel

§ 1
Van de rechter-commissaris

Art. 64
De rechter-commissaris houdt toezicht op het beheer en de vereffening van de failliete boedel.
(Zie ook: artt. 14, 68, 87, 173, 223a FW)

Taak R-C

Art. 65
Alvorens in enige zaak, het beheer of de vereffening des faillieten boedels betreffende, een beslissing te geven, is de rechtbank verplicht de rechter-commissaris te horen.

Horen van R-C

Art. 66
1. De rechter-commissaris is bevoegd ter ophelderung van alle omstandigheden, het faillissement betreffende, getuigen te horen of een onderzoek van deskundigen te bevelen. Voorts kan de rechter-commissaris een deskundige benoemen voor zover dit nodig is voor de goede en effectieve vervulling van het toezicht op het beheer en de vereffening van de failliete boedel. De kosten in verband met de benoeming van de deskundige komen ten laste van de boedel.
(Zie ook: artt. 64, 223b FW)
2. De getuigen worden bij exploot opgeroepen namens de rechter-commissaris. Artikel 177 van het Wetboek van Burgerlijke Rechtsvordering is van overeenkomstige toepassing.
3. Bij niet-verschijning of weigering om de eed of getuigenis af te leggen, zijn de artikelen 171, 172, 173, eerste lid, eerste volzin, tweede en derde lid, 174 en 175 van het Wetboek van Burgerlijke Rechtsvordering toepasselijk.
4. De echtgenoot of gewezen echtgenoot van de gefailleerde of degene met wie de gefailleerde een geregistreerd partnerschap is of was aangegaan, de kinderen en verdere afkomelingen en de ouders en grootouders van de gefailleerde kunnen zich van het geven van getuigenis verschonen.
(Zie ook: art. 165 Rv; art. 217 WvSv)

Horen van getuigen

Weigerachtige getuigen

Verschoningsrecht

Art. 67
1. Van alle beschikkingen van de rechter-commissaris is gedurende vijf dagen hoger beroep op de rechtbank mogelijk, te rekenen vanaf de dag waarop de beschikking is gegeven. De rechtbank beslist na verhoor of behoorlijke oproeping van de belanghebbenden.
Niettemin staat geen hoger beroep open van de beschikkingen, vermeld in de artikelen 21, 2° en 4°, 34, 58, eerste lid, 59a, derde lid, 60, derde lid, 68, tweede lid, 73a, tweede lid, 75a, 79, 93a, 94, 98, 100, 102, 125, 127, eerste en tweede lid, 137a, eerste lid, 174, 175, tweede lid, 176, eerste en tweede lid, 177, 179 en 180.
2. In afwijking van het eerste lid vangt in het geval van hoger beroep tegen een machtiging van de rechter-commissaris aan de curator tot opzegging van een arbeidsovereenkomst de termijn van vijf dagen aan op de dag dat de werknemer die het beroep instelt van de machtiging kennis heeft kunnen nemen. Op straffe van vernietigbaarheid wijst de curator de werknemer bij de opzegging op de mogelijkheid van beroep en op de termijn daarvan. Het beroep op de vernietigbaarheid geschiedt door een buitengerechtelijke verklaring aan de curator, en kan

Hoger beroep

art. 68 — 25 Faillissementswet

worden gedaan gedurende veertien dagen, te rekenen vanaf de dag waarop de arbeidsovereenkomst is opgezegd.
3. Bij algemene maatregel van bestuur kunnen beschikkingen van de rechter-commissaris en van de rechtbank worden aangewezen die uiterlijk de werkdag volgend op de dag van de uitspraak worden ingeschreven in het centraal openbaar register, bedoeld in artikel 19. Bij of krachtens algemene maatregel van bestuur kan worden bepaald welke informatie van de aangewezen beschikking langs de hiervoor genoemde weg wordt ingeschreven.

§ 2
Van de curator

Art. 68

Taak curator

1. De curator is belast met het beheer en de vereffening van de failliete boedel.
2. De curator:
   a. beziet bij het beheer en de vereffening van de failliete boedel of er sprake is van onregelmatigheden die het faillissement, althans mede, hebben veroorzaakt, de vereffening van de failliete boedel bemoeilijken of het tekort in het faillissement hebben vergroot;
   b. informeert hierover de rechter-commissaris vertrouwelijk; en
   c. doet, zo hij of de rechter-commissaris dit nodig acht, melding of aangifte van onregelmatigheden bij de bevoegde instanties.

Machtiging van R-C

3. Alvorens in rechte op te treden, behalve waar het verificatiegeschillen betreft, alsmede in de gevallen van de artikelen 37, 39, 40, 58, tweede lid, 60, tweede en derde lid, en 60a, eerste lid, behoeft de curator machtiging van de rechter-commissaris.
4. Ingeval in Nederland geen secundaire insolventieprocedure is geopend, wordt de machtiging tot beëindiging van arbeidsovereenkomsten, bedoeld in artikel 13 van de in artikel 5, derde lid, genoemde verordening op verzoek van de insolventiefunctionaris in de hoofdinsolventieprocedure verleend door de rechter-commissaris van de rechtbank, aangewezen in artikel 2. De rechtbank benoemt de rechter-commissaris binnen vijf werkdagen na ontvangst van dit machtigingsverzoek.

Art. 69

Beroep op R-C

1. Ieder der schuldeisers, de commissie uit hun midden benoemd en ook de gefailleerde kunnen door het indienen van een verzoek tegen elke handeling van de curator bij de rechter-commissaris opkomen, of van deze een bevel uitlokken, dat de curator een bepaalde handeling verricht of een voorgenomen handeling nalate. Niettemin staat geen beroep open tegen de beslissing van de curator om al dan niet melding of aangifte van onregelmatigheden te doen, als bedoeld in artikel 68, tweede lid, onder c.
2. De rechter-commissaris beslist, na de curator gehoord te hebben, binnen drie dagen.

Art. 70

Regeling bij meer curatoren

1. Indien meer dan één curator benoemd is, wordt voor de geldigheid hunner handelingen toestemming van de meerderheid of bij staking van stemmen een beslissing van de rechter-commissaris vereist.
(Zie ook: art. 224 FW)
2. De curator, aan wie bij het vonnis van faillietverklaring een bepaalde werkkring is aangewezen, is binnen de grenzen daarvan zelfstandig tot handelen bevoegd.

Art. 71

Salaris curator

1. Onverminderd het bepaalde in artikel 15, derde lid, wordt het salaris van de curator in elk faillissement door de rechtbank vastgesteld.
2. In geval van akkoord wordt het salaris bij het vonnis van homologatie bepaald.
3. Bij of krachtens algemene maatregel van bestuur kunnen nadere regels worden gesteld over de financiering van de werkzaamheden van de curator, bedoeld in artikel 68, tweede lid.

Art. 72

Aansprakelijkheid bij ontbreken machtiging

1. Het ontbreken van de machtiging van de rechter-commissaris, waar die vereist is, of de niet-inachtneming van de bepalingen vervat in de artikelen 78 en 79, heeft, voor zoveel derden betreft, geen invloed op de geldigheid van de door de curator verrichte handeling. De curator is deswege alleen jegens de gefailleerde en de schuldeisers aansprakelijk.

Vernietigbaarheid opzegging arbeidsovereenkomst

2. In afwijking van het eerste lid is de opzegging van een arbeidsovereenkomst door de curator zonder dat de rechter-commissaris daarvoor de machtiging, bedoeld in artikel 68, derde lid, heeft gegeven, vernietigbaar. Daarnaast is de curator jegens de gefailleerde en de werknemer aansprakelijk. Het beroep op de vernietigbaarheid geschiedt door een buitengerechtelijke verklaring aan de curator, en kan worden gedaan gedurende vijf dagen, te rekenen vanaf de dag waarop de arbeidsovereenkomst is opgezegd.
(Zie ook: artt. 34, 41, 68, 98, 103, 104 FW; art. 162 BW Boek 6)

Art. 73

Ontslag curator; benoeming medecurator

1. De rechtbank heeft de bevoegdheid de curator te allen tijde, na hem gehoord of behoorlijk opgeroepen te hebben, te ontslaan en door een ander te vervangen, of hem een of meer mede-

curators toe te voegen, een en ander hetzij op voordracht van de rechter-commissaris, hetzij op een met redenen omkleed verzoek van een of meer schuldeisers, de commissie uit hun midden, of de gefailleerde.
(Zie ook: artt. 65, 74, 85 FW)

2. De ontslagen curator legt rekening en verantwoording van zijn beheer af aan de in zijn plaats benoemde curator. *Verantwoording beheer*
(Zie ook: artt. 78, 162, 193 FW; art. 771 Rv)

Art. 73a
1. De curator brengt, telkens na verloop van drie maanden, een verslag uit over de toestand van de boedel. De curator legt zijn verslag neder ter griffie van de rechtbank, ter kosteloze inzage van een ieder. De neerlegging geschiedt kosteloos. *Periodiek verslag curator*
(Zie ook: art. 107 FW)

2. De termijn, bedoeld in het vorige lid, kan door de rechter-commissaris worden verlengd.
3. In zijn verslag geeft de curator aan hoe hij zich heeft gekweten van zijn taak, bedoeld in artikel 68, tweede lid, onder a en c.

§ 3
Van de schuldeiserscommissie

Art. 74
1. Bij het vonnis tot faillietverklaring of bij een latere beschikking kan de rechtbank, gelet op de omvang of de aard van het faillissement, een voorlopige schuldeiserscommissie instellen die de curator van advies dient, zolang niet tot de benoeming van een definitieve schuldeiserscommissie is beslist. De commissie bestaat uit een oneven aantal leden en vertegenwoordigt belangrijke groepen van schuldeisers. *Voorlopige commissie*
(Zie ook: artt. 69, 167, 173a, 174 FW)

2. Indien een lid van de voorlopige commissie zijn benoeming niet aanneemt, bedankt of overlijdt, voorziet de rechtbank, uit een voordracht van een dubbeltal door de rechter-commissaris, in de daardoor ontstane vacature.

Art. 75
1. Hetzij al of niet een voorlopige schuldeiserscommissie is benoemd, raadpleegt de rechter-commissaris op de verificatievergadering de schuldeisers, na afloop der verificatie, over de benoeming van een definitieve commissie. Zo de vergadering deze wenselijk acht, gaat hij dadelijk tot de benoeming over. Deze commissie bestaat uit een oneven aantal leden en vertegenwoordigt belangrijke groepen van schuldeisers. *Definitieve commissie*

2. Een verslag van het hieromtrent verhandelde wordt in het proces-verbaal der vergadering opgenomen.
3. Indien een lid van de definitieve commissie zijn benoeming niet aanneemt, bedankt of overlijdt, voorziet de rechter-commissaris in de daardoor ontstane vacature.
(Zie ook: artt. 67, 173b FW)

Art. 75a
1. De rechtbank dan wel de rechter-commissaris kan bij het instellen van de voorlopige of definitieve schuldeiserscommissie een reglement vaststellen over de werkwijze van de schuldeiserscommissie. Dit reglement wordt op passende wijze bekend gemaakt. *Reglement werkwijze schuldeiserscommissie*
2. Na het instellen van de voorlopige of definitieve schuldeiserscommissie beslist de rechtbank dan wel de rechter-commissaris over het ontslag van leden van de schuldeiserscommissie.

Art. 76
De commissie kan te allen tijde raadpleging van de boeken, bescheiden en andere gegevensdragers, op het faillissement betrekking hebbende, vorderen. De curator is verplicht aan de commissie alle van hem verlangde inlichtingen te verstrekken. *Bevoegdheden commissie*
(Zie ook: artt. 92, 105 FW)

Art. 77
Tot het inwinnen van het advies der commissie vergadert de curator met haar, zo dikwijls hij het nodig acht. In deze vergaderingen zit hij voor en voert hij de pen. *Inwinnen advies commissie*

Art. 78
1. De curator is verplicht het advies der commissie in te winnen, alvorens een rechtsvordering in te stellen of een aanhangige voort te zetten of zich tegen een ingestelde of aanhangige rechtsvordering te verdedigen, behalve waar het geldt verificatiegeschillen; omtrent het al of niet voortzetten van het bedrijf des gefailleerden; alsmede in de gevallen van de artikelen 37, 39, 40, 58, tweede lid, 73, tweede lid, 100, 101, 175, laatste lid en 177, en in het algemeen omtrent de wijze van vereffening en tegeldemaking van de boedel en het tijdstip en het bedrag der te houden uitdelingen. *Inwinnen advies commissie, verplichting curator tot*

art. 79 25 Faillissementswet

2. Dit advies wordt niet vereist, wanneer de curator de commissie tot het uitbrengen daarvan, met inachtneming van een bekwamen termijn, ter vergadering heeft opgeroepen en er geen advies wordt uitgebracht.
(Zie ook: artt. 25, 27, 28, 49a, 68, 72, 84, 104, 140, 141, 173a FW)

Art. 79

Advies commissie, geen gebondenheid curator aan

De curator is niet gebonden aan het advies der commissie. Zo hij zich daarmede niet verenigt, geeft hij hiervan onmiddellijk kennis aan de commissie, die de beslissing van de rechter-commissaris kan inroepen. Zo zij verklaart dit te doen, is de curator verplicht de uitvoering van de voorgenomen, met het advies der commissie strijdige, handeling gedurende drie dagen op te schorten.
(Zie ook: artt. 67, 69, 72 FW)

§ 4
Van de vergaderingen der schuldeisers

Art. 80

R-C voorzitter
Verplichte tegenwoordigheid curator

1. In de vergaderingen der schuldeisers is de rechter-commissaris voorzitter.
2. De tegenwoordigheid van de curator of van iemand, die hem met goedvinden van de rechter-commissaris vervangt, is verplicht.
(Zie ook: artt. 116, 141, 178 FW)

Art. 80a

Vergadering schuldeisers fysiek, schriftelijk of via elektronische weg

De rechter-commissaris bepaalt of een vergadering van schuldeisers fysiek, dan wel schriftelijk of met gebruikmaking van een elektronisch communicatiemiddel plaatsvindt.

Art. 81

Stemrecht

1. Op de vergaderingen van schuldeisers worden de besluiten genomen met volstrekte meerderheid van stemmen der aanwezige schuldeisers. Voor elke € 45 brengt ieder schuldeiser één stem uit. Voor vorderingen of overschietende gedeelten van vorderingen, beneden € 45, wordt mede één stem uitgebracht.
(Zie ook: artt. 145, 146, 218, 265 FW)
2. Splitsing van vorderingen, na de faillietverklaring gedaan, doet geen stemrecht verwerven.

Art. 82

Stemrecht tijdens vergadering der schuldeisers

Stemgerechtigd zijn de erkende en de voorwaardelijk toegelaten schuldeisers, alsmede de toonder ener ten name van "toonder" geverifieerde schuldvordering.
(Zie ook: artt. 121, 125, 130, 134 FW)

Art. 83

Vertegenwoordiging van schuldeiser

1. De schuldeisers kunnen ter vergadering verschijnen in persoon, bij schriftelijk gevolmachtigde of bij advocaat.
2. Ten behoeve van de schuldeisers, die zich op een vergadering hebben doen vertegenwoordigen, worden alle oproepingen voor latere vergaderingen en alle kennisgevingen aan de gevolmachtigde gedaan, ten ware zij de curator schriftelijk verzoeken, dat die oproepingen en kennisgevingen aan hen zelve of aan een anderen gevolmachtigde geschieden.
(Zie ook: artt. 142, 150, 168, 178, 183 FW)

Art. 84

Niet door wet voorgeschreven vergaderingen

1. Behalve de door deze wet voorgeschreven vergaderingen, wordt er een vergadering van schuldeisers gehouden, zo dikwijls de rechter-commissaris dit nodig oordeelt of hem daartoe door de schuldeiserscommissie of door ten minste vijf schuldeisers, vertegenwoordigende één vijfde deel der erkende en der voorwaardelijk toegelaten schuldvorderingen, een met redenen omkleed verzoek wordt gedaan.
2. In elk geval bepaalt de rechter-commissaris dag, uur en plaats der vergadering, waartoe de stemgerechtigde schuldeisers ten minste tien dagen van te voren door de curator schriftelijk worden opgeroepen, vermeldende het in de vergadering te behandelen onderwerp.
(Zie ook: artt. 67, 74, 108, 141, 178 FW)

§ 5
Van de rechterlijke beschikkingen

Art. 85

Beschikkingen in hoogste ressort

Alle beschikkingen in zaken, het beheer of de vereffening des failleten boedels betreffende, worden door de rechtbank in het hoogste ressort gewezen, behalve in de gevallen waarin het tegendeel is bepaald.
(Zie ook: artt. 8, 67, 154, 211, 219, 243, 272 FW; artt. 54, 55 Wet RO)

Art. 86
Alle beschikkingen in zaken, het beheer of de vereffening des faillieten boedels betreffende, ook die welke niet uitgaan van de rechtbank, zijn uitvoerbaar bij voorraad en op de minuut, tenzij het tegendeel is bepaald.
(Zie ook: artt. 4, 67, 87 FW; artt. 233, 234 Rv)

Uitvoerbaar bij voorraad

Vierde afdeling
Van de voorzieningen na de faillietverklaring en van het beheer des curators

Art. 87
1. De rechtbank kan bij het vonnis van faillietverklaring of te allen tijde daarna, doch in het laatste geval niet dan op voordracht van de rechter-commissaris, of op verzoek van de curator of van een of meer der schuldeisers en na de rechter-commissaris gehoord te hebben, bevelen, dat de gefailleerde, wegens het niet nakomen van verplichtingen welke de wet hem in verband met zijn faillissement oplegt, dan wel wegens gegronde vrees voor het niet nakomen van zodanige verplichtingen, in verzekerde bewaring worde gesteld, hetzij in een huis van bewaring, hetzij in zijn eigen woning onder het opzicht van een ambtenaar van politie, aangesteld voor de uitvoering van de politietaak, of een andere ambtenaar, voorzover die ambtenaar behoort tot een categorie die daartoe door Onze Minister van Justitie is aangewezen.
2. Het bevel hiertoe wordt door het Openbaar Ministerie ten uitvoer gelegd.
3. Dit bevel is voor niet langer dan dertig dagen geldig, te rekenen van de dag waarop het ten uitvoer is gelegd. Aan het einde van die termijn kan de rechtbank, op voordracht van de rechter-commissaris of op een verzoek en na verhoor als in het eerste lid bedoeld, het bevel voor ten hoogste dertig dagen verlengen. Daarna kan hetzelfde telkens op dezelfde wijze voor ten hoogste dertig dagen geschieden.
4. De in het eerste lid bedoelde ambtenaar die door het Openbaar Ministerie is aangewezen om zijn medewerking te verlenen aan de tenuitvoerlegging van het bevel, is bevoegd elke plaats te betreden, voorzover dat redelijkerwijs voor de vervulling van zijn taak nodig is.
(Zie ook: artt. 33, 85, 106 FW)

Inverzekerdebewaringstelling

Art. 88
1. De rechtbank heeft de bevoegdheid, op voordracht van de rechter-commissaris, of op verzoek van de gefailleerde, deze uit de verzekerde bewaring te ontslaan, met of zonder zekerheidstelling, dat hij te allen tijde op de eerste oproeping zal verschijnen.
2. Het bedrag der zekerheidstelling wordt door de rechtbank bepaald en komt bij niet-verschijning des gefailleerden ten voordele des boedels.
(Zie ook: artt. 85, 106 FW)

Ontslag uit bewaring

Zekerheidstelling

Art. 89
[Vervallen]

Art. 90
1. In alle gevallen, waarin de tegenwoordigheid van de gefailleerde bij deze of gene bepaalde werkzaamheid, de boedel betreffende, vereist wordt, zal hij, zo hij zich in verzekerde bewaring bevindt, op last van de rechter-commissaris uit de bewaarplaats kunnen worden overgebracht.
2. De last hiertoe wordt door het Openbaar Ministerie ten uitvoer gelegd.
(Zie ook: artt. 67, 105, 106, 116, 144, 152, 155 FW)

Overbrenging gefailleerde

Art. 91
Gedurende het faillissement mag de gefailleerde zonder toestemming van de rechter-commissaris zijn woonplaats niet verlaten.
(Zie ook: artt. 67, 106 FW)

Toestemming tot verlaten woonplaats

Art. 92
De curator zorgt, dadelijk na de aanvaarding zijner betrekking, door alle nodige en gepaste middelen voor de bewaring des boedels. Hij neemt onmiddellijk de bescheiden en andere gegevensdragers, gelden, kleinodiën, effecten en andere papieren van waarde tegen ontvangbewijs onder zich. Hij is bevoegd de gelden aan de ontvanger voor de gerechtelijke consignatiën in bewaring te geven.
(Zie ook: artt. 93, 94, 95, 102, 103, 193 FW; art. 15a BW Boek 3; art. 445 Rv; artt. 341, 343 WvSr)

Bewaring van boedel

Art. 93
1. De curator doet, zo hij of de rechter-commissaris dit nodig acht, dadelijk de boedel verzegelen door een notaris.
2. Buiten de verzegeling blijven, doch worden in het proces-verbaal kortelijk beschreven, de goederen vermeld in de artikelen 21, nr. 1 en 92, alsmede de voorwerpen tot het bedrijf van de gefailleerde vereist, indien dit wordt voortgezet.
(Zie ook: artt. 7, 67, 98 FW; art. 658 Rv)

Verzegeling boedel

Buiten verzegeling vallende goederen

Art. 93a

Toegang curator

De curator heeft toegang tot elke plaats, voorzover dat redelijkerwijs voor de vervulling van zijn taak nodig is. De rechter-commissaris is bevoegd tot het geven van een machtiging als bedoeld in artikel 2 van de Algemene wet op het binnentreden.
(Zie ook: art. 67 FW)

Art. 94

Boedelbeschrijving

1. De curator gaat zo spoedig mogelijk over tot het opmaken van een beschrijving des faillieten boedels.
2. De boedelbeschrijving kan ondershands worden opgemaakt en de waardering door de curator geschieden, een en ander onder goedkeuring van de rechter-commissaris.
3. De leden der voorlopige schuldeiserscommissie zijn bevoegd bij de beschrijving tegenwoordig te zijn.
(Zie ook: artt. 67, 74 FW; art. 671 Rv)

Art. 95

Boedelbeschrijving, staat van buiten faillissement vallende goederen

Van de goederen, vermeld in artikel 21, nr. 1, wordt een staat aan de beschrijving gehecht; die, vermeld in artikel 92, worden in de beschrijving opgenomen.

Art. 96

Opmaken staat baten en schulden

De curator gaat dadelijk na de beschrijving van de boedel over tot het opmaken van een staat, waaruit de aard en het bedrag van de baten en schulden des boedels, de namen en woonplaatsen der schuldeisers, alsmede het bedrag der vorderingen van ieder hunner blijken.
(Zie ook: artt. 94, 105, 214 FW)

Art. 97

Nederlegging beschrijving en staat ter griffie

1. Door de curator gewaarmerkte afschriften van de boedelbeschrijving en van de staat, vermeld in het voorgaande artikel, worden ter kosteloze inzage van een ieder neergelegd ter griffie van de rechtbank van het arrondissement waarin zich de woonplaats, het kantoor of het verblijf van de gefailleerde bevindt, naar gelang de faillietverklaring is uitgesproken door het rechterlijk college van de woonplaats, het kantoor of het verblijf van de gefailleerde.
(Zie ook: artt. 107, 114 FW)
2. De neerlegging geschiedt kosteloos.
(Zie ook: art. 17 FW)

Art. 98

Voortzetting bedrijf van gefailleerde

De curator is bevoegd het bedrijf van de gefailleerde voort te zetten. Indien er geen commissie uit de schuldeisers is benoemd, heeft hij daartoe de machtiging van de rechter-commissaris nodig.
(Zie ook: artt. 67, 72, 74, 78, 93, 98, 173 FW)

Art. 99

Opening poststukken van gefailleerde

1. De curator opent krachtens de last bedoeld in artikel 14, de brieven en telegrammen aan de gefailleerde gericht. Die, welke niet op de boedel betrekking hebben, stelt hij terstond aan de gefailleerde ter hand. Het postvervoerbedrijf of de postvervoerbedrijven die zijn aangewezen als verlener van de universele postdienst, alsmede de andere geregistreerde postvervoerbedrijven, bedoeld in de Postwet 2009 is, na van de griffier ontvangen kennisgeving, verplicht de curator de brieven en telegrammen, voor de gefailleerde bestemd, af te geven, totdat de curator of de rechter-commissaris haar van die verplichting ontslaat of zij de kennisgeving ontvangt, bedoeld in artikel 15. De rechterlijke last tot het openen van brieven en telegrammen verliest zijn kracht op het in de vorige zin bedoelde tijdstip waarop de verplichting van de administratie tot afgifte van brieven en telegrammen eindigt.
(Zie ook: art. 14 lid 2, 67 FW; art. 13 GW)
2. Protesten, exploten, verklaringen en termijnstellingen betreffende de boedel geschieden door en aan de curator.
(Zie ook: art. 57 FW; artt. 37, 50, 55, 69 BW Boek 3; artt. 88, 265 BW Boek 6; artt. 143, 176, 217 WvK)

Art. 100

Uitkering tot levensonderhoud

De curator is bevoegd naar omstandigheden een door de rechter-commissaris vast te stellen som ter voorziening in het levensonderhoud van de gefailleerde en zijn huisgezin uit te keren.
(Zie ook: artt. 21, 67, 78, 173 FW)

Art. 101

Bevoegdheid tot vervreemding

1. De curator is bevoegd om goederen te vervreemden.

2. De bepaling van artikel 176 is toepasselijk.
(Zie ook: art. 175 FW)

Art. 102

Bewaring gelden, enz.

1. De curator houdt alle gelden, kleinodiën, effecten en andere papieren van waarde onder zijn onmiddellijke bewaring, tenzij door de rechter-commissaris een andere wijze van bewaring wordt bepaald.

2. Gerede gelden, die voor het beheer niet nodig zijn, worden door de curator belegd ten name van de boedel op de wijze door de rechter-commissaris goed te keuren. *Belegging gelden*
(Zie ook: artt. 67, 92, 103 FW)

Art. 103
Over gelden, kleinodiën, effecten en andere papieren van waarde, die, volgens bepaling van de rechter-commissaris, door een derde worden bewaard, en over belegde gelden mag de curator niet anders beschikken dan door middel van door de rechter-commissaris voor gezien getekende stukken. *Beschikking over gelden*
(Zie ook: art. 102 FW)

Art. 104
De curator is, na ingewonnen advies van de schuldeiserscommissie, zo die er is, en onder goedkeuring van de rechter-commissaris, bevoegd vaststellingsovereenkomsten of schikkingen aan te gaan. *Vaststellingsovereenkomsten of schikkingen*
(Zie ook: artt. 67, 72 FW; art. 900 BW Boek 7)

Art. 105
1. De gefailleerde is verplicht de curator, de schuldeiserscommissie en de rechter-commissaris alle inlichtingen te verschaffen als dit van hem wordt verlangd, op de wijze als daarbij is bepaald. De gefailleerde licht de curator eigener beweging in over feiten en omstandigheden waarvan hij weet of behoort te weten dat deze voor de omvang, het beheer of de vereffening van de boedel van belang zijn. *Verschaffen van inlichtingen*
2. De gefailleerde die in het buitenland vermogensbestanddelen heeft, zoals banktegoeden of onroerend goed, is verplicht:
a. de curator daarover in te lichten; en
b. alle medewerking te verlenen, waaronder zo nodig de verschaffing van een volmacht, om de curator de beschikking te geven over die buitenlandse vermogensbestanddelen.
3. Indien de gefailleerde in enige gemeenschap van goederen is gehuwd of in enige gemeenschap van goederen een geregistreerd partnerschap is aangegaan, rust de plicht om inlichtingen te geven op ieder van de echtgenoten onderscheidenlijk van de geregistreerde partners voor zover het faillissement de gemeenschap betreft.

Art. 105a
1. De gefailleerde verleent de curator alle medewerking aan het beheer en de vereffening van de boedel. *Medewerking met curator*
2. De gefailleerde draagt terstond de administratie en de daartoe behorende boeken, bescheiden en andere gegevensdragers volledig en ongeschonden aan de curator over. Zo nodig stelt de gefailleerde de curator alle middelen ter beschikking om de inhoud binnen redelijke termijn leesbaar te maken.
3. Indien de gefailleerde in enige gemeenschap van goederen is gehuwd of in enige gemeenschap van goederen een geregistreerd partnerschap is aangegaan, rust de plicht om medewerking te verlenen op ieder van de echtgenoten onderscheidenlijk van de geregistreerde partners voor zover het faillissement de gemeenschap betreft.

Art. 105b
1. Derden met inbegrip van accountantsorganisaties en een externe accountant, die in de uitoefening van hun beroep of bedrijf, op welke wijze dan ook, de administratie van de gefailleerde geheel of gedeeltelijk onder zich hebben, stellen die administratie en de daartoe behorende boeken, bescheiden en andere gegevensdragers desgevraagd volledig en ongeschonden aan de curator ter beschikking, zo nodig met inbegrip van de middelen om de inhoud binnen redelijke tijd leesbaar te maken. *Terbeschikkingstelling administratie aan curator*
2. In afwijking van artikel 60 kunnen derden geen beroep op een retentierecht doen ten aanzien van de administratie van de gefailleerde die zij in de uitoefening van hun beroep of bedrijf, op welke wijze dan ook, onder zich hebben als de curator die administratie op grond van het eerste lid heeft opgevraagd.
3. Elk beding dat strijdig is met het bepaalde in het eerste of tweede lid is nietig.

Art. 106
1. Bij het faillissement van een rechtspersoon zijn de bepalingen van de artikelen 87 tot en met 92, 105, eerste en tweede lid, alsmede 105a, eerste en tweede lid, op bestuurders en commissarissen toepasselijk alsmede op eenieder die in de drie jaar voorafgaande aan het faillissement bestuurder of commissaris was. *Toepasselijkheid op bestuurders en commissarissen rechtspersoon*
2. Met een bestuurder wordt voor de toepassing van het eerste lid gelijkgesteld:
a. degene die het beleid van de rechtspersoon heeft bepaald of mede heeft bepaald als ware hij bestuurder;
b. de bestuurder van een of meer rechtspersonen alsmede de vennoot van een of meer vennootschappen onder firma of commanditaire vennootschappen die bestuurder is of zijn van de failliete rechtspersoon.
3. Bij het faillissement van een vennootschap onder firma of een commanditaire vennootschap zijn de eerste twee leden van overeenkomstige toepassing.

Art. 106a

Civielrechtelijk bestuursverbod

1. Op vordering van de curator of op verzoek van het openbaar ministerie kan de rechtbank een bestuursverbod opleggen aan de bestuurder van een in artikel 3 van Boek 2 van het Burgerlijk Wetboek genoemde rechtspersoon, de gewezen bestuurder daaronder begrepen, als tijdens of in de drie jaren voorafgaand aan het uitspreken van het faillissement van die rechtspersoon:

    a. door de rechter bij onherroepelijk geworden uitspraak is geoordeeld dat hij voor zijn handelen of nalaten bij die rechtspersoon aansprakelijk is, als bedoeld in de artikelen 138 of 248 van Boek 2 van het Burgerlijk Wetboek;

    b. de bestuurder doelbewust namens de rechtspersoon rechtshandelingen heeft verricht, toegelaten of mogelijk gemaakt waardoor schuldeisers aanmerkelijk zijn benadeeld en die overeenkomstig de artikelen 42 of 47 bij onherroepelijk geworden uitspraak door de rechter zijn vernietigd;

    c. de bestuurder, ondanks een verzoek van de curator, in ernstige mate is tekortgeschoten in de nakoming van zijn informatie- of medewerkingsverplichtingen, bedoeld in deze wet, jegens de curator;

    d. de bestuurder, hetzij als zodanig, hetzij als natuurlijke persoon handelend in de uitoefening van een beroep of bedrijf, ten minste tweemaal eerder betrokken was bij een faillissement van een rechtspersoon en hem daarvan een persoonlijk verwijt treft; of

    e. aan de rechtspersoon of de bestuurder ervan een boete wegens een vergrijp als bedoeld in de artikelen 67d, 67e of 67f van de Algemene wet inzake rijksbelastingen is opgelegd en deze beschikking onherroepelijk is.

2. Een bestuursverbod kan mede worden uitgesproken jegens de bestuurder van een of meer rechtspersonen die bestuurder is of zijn als bedoeld in het eerste lid.

3. De rijksbelastingdienst verstrekt op verzoek aan het openbaar ministerie of de curator de voor de toepassing van het eerste lid, onderdeel e, benodigde gegevens.

4. Met uitzondering van het eerste lid, onderdeel a, en het tweede lid, zijn de vorige leden van overeenkomstige toepassing op een natuurlijke persoon die handelt of heeft gehandeld in de uitoefening van een beroep of bedrijf.

Art. 106b

Civielrechtelijk bestuursverbod, gevolgen van

1. Een bestuurder aan wie een bestuursverbod is opgelegd, kan gedurende vijf jaar nadat de uitspraak in kracht van gewijsde is gegaan, of zoveel korter als in de uitspraak is bepaald, niet tot bestuurder of commissaris van een in artikel 3 van Boek 2 van het Burgerlijk Wetboek genoemde rechtspersoon worden benoemd. Een benoeming tot bestuurder of commissaris in weerwil van een onherroepelijk opgelegd bestuursverbod is nietig.

2. Tenzij in de uitspraak anders is bepaald, vormt het bestuursverbod voor betrokkene tevens een beletsel voor de uitoefening van zijn functie als bestuurder of commissaris bij alle op grond van artikel 106c, tweede lid, in de procedure betrokken rechtspersonen.

3. De griffier van de rechtbank, of in geval van hoger beroep, van het gerechtshof, biedt de onherroepelijke uitspraak waarin een bestuursverbod is opgelegd met bekwame spoed aan de Kamer van Koophandel aan, die terstond tot inschrijving van de betrokken bestuurder uit het Handelsregister overgaat. Tevens wordt het bestuursverbod, voor de duur waarvoor het is opgelegd, geregistreerd bij het Handelsregister.

4. De rechtbank regelt zo nodig alle overige gevolgen van het door haar uitgesproken bestuursverbod.

5. De rechtbank kan ter verzekering van de naleving van haar uitspraak een dwangsom opleggen. Wordt de dwangsom verbeurd, dan komt deze toe aan de boedel of, als daarvan geen sprake is, aan de staat. De Minister van Veiligheid en Justitie kan de ontvangen gelden besteden naar door hem te bepalen doeleinden van faillissementsfraudebestrijding.

6. Een uitspraak houdende oplegging van een bestuursverbod kan niet uitvoerbaar bij voorraad worden verklaard.

Art. 106c

Civielrechtelijk bestuursverbod, nadere regels bij verzoek of vordering tot

1. Bij een verzoek of vordering tot het opleggen van een bestuursverbod wordt een uittreksel uit het Handelsregister overgelegd van de overige rechtspersonen, bedoeld in artikel 3 van Boek 2 van het Burgerlijk Wetboek, waarvan de betrokkene bestuurder of commissaris is. De Kamer van Koophandel verstrekt dit uittreksel op verzoek van de curator of het openbaar ministerie.

2. De rechtbank stelt de in het vorige lid bedoelde rechtspersonen in de gelegenheid om hun zienswijze over het gevraagde bestuursverbod en de mogelijke gevolgen daarvan naar voren te brengen. Daarbij kunnen zij niet worden vertegenwoordigd door de bestuurder jegens wie een bestuursverbod is gevorderd of verzocht, tenzij deze de enige bestuurder van de betrokken rechtspersoon is.

3. Indien een bestuursverbod ertoe leidt dat een rechtspersoon zonder bestuurder of commissaris komt te verkeren, kan de rechtbank overgaan tot de tijdelijke aanstelling van een of meer bestuurders of commissarissen wier bezoldiging door de rechtbank wordt vastgesteld en voor rekening van de rechtspersoon komt.

4. De rechtbank bij wie een verzoek of vordering tot het opleggen van een bestuursverbod aanhangig is, kan de desbetreffende bestuurder of commissaris op verzoek van het openbaar ministerie of op vordering van de curator schorsen en zo nodig voorzien in de tijdelijke aanstelling van een of meer bestuurders of commissarissen.
5. De schorsing en de tijdelijke aanstelling van een of meer bestuurders of commissarissen kan in elke stand van het geding worden verzocht of gevorderd. Zij gelden voor ten hoogste de duur van het geding.
6. De schorsing of de tijdelijke aanstelling van een of meer bestuurders of commissarissen wordt, voor de duur van de schorsing of tijdelijke aanstelling, ingeschreven in het Handelsregister.

Art. 106d
1. Voor de toepassing van de artikelen 106a tot en met 106c wordt als bestuurder tevens aangemerkt degene die het beleid van de rechtspersoon heeft bepaald of mede heeft bepaald als ware hij bestuurder. — *Civielrechtelijk bestuursverbod voor feitelijk bestuurder*
2. Voor de toepassing van de artikelen 106a tot en met 106c wordt met bestuurder gelijk gesteld de uitvoerende bestuurder en met de commissaris de niet uitvoerende bestuurder, indien de bestuurstaken zijn verdeeld over uitvoerende en niet uitvoerende bestuurders.

Art. 106e
De artikelen 106a tot en met 106d zijn van overeenkomstige toepassing op bestuurders, gewezen bestuurders, commissarissen en feitelijk leidinggevenden bij een Europees Economisch samenwerkingsverband, een Europese vennootschap en een Europese coöperatieve vennootschap met statutaire zetel in Nederland. — *Civielrechtelijk bestuursverbod, toepasselijkheid op Europese rechtspersonen met statutaire zetel in Nederland*

Art. 107
1. De griffier is verplicht aan elke schuldeiser op diens verzoek en op diens kosten afschrift te geven van de stukken, die ingevolge enige bepaling dezer wet ter griffie worden neergelegd of zich aldaar bevinden. — *Afschrift van stukken*
(Zie ook: art. 183 FW)
2. Evenzo is de griffier verplicht aan een ieder op diens verzoek en op diens kosten afschrift af te geven van de stukken waarvan een ieder ingevolge enige bepaling van deze wet ter griffie inzage kan verkrijgen.
(Zie ook: artt. 73a, 97, 114, 137, 148, 215, 226, 253, 263, 269 FW; art. 13 WTBZ)

Vijfde afdeling
Van de verificatie der schuldvorderingen

Art. 108
De rechter-commissaris bepaalt na het in kracht van gewijsde gaan van het vonnis van faillietverklaring zo nodig dag, uur en plaats van een of meer verificatievergaderingen, alsmede de wijze waarop wordt vergaderd overeenkomstig artikel 80a.

Art. 109
1. De curator geeft van de beschikking, bedoeld in artikel 108, onmiddellijk schriftelijk kennis aan alle bekende schuldeisers. — *Kennisgeving*
2. De curator stelt alle bekende schuldeisers zo spoedig mogelijk nadat het vonnis tot faillietverklaring in kracht van gewijsde is gegaan schriftelijk op de hoogte van de dag waarop uiterlijk de schuldvorderingen moeten worden ingediend, alsmede dat de vordering niet voor verificatie in aanmerking komt, wanneer niet aan deze voorwaarde wordt voldaan.

Art. 110
1. De indiening der schuldvorderingen geschiedt door of bij de curator door de overlegging ener rekening of andere schriftelijke verklaring, aangevende de aard en het bedrag der vordering, vergezeld van de bewijsstukken of een afschrift daarvan, en van een opgave, of op voorrecht, pand, hypotheek of retentierecht aanspraak wordt gemaakt. — *Wijze van indienen vorderingen*
2. De schuldeisers zijn bevoegd van de curator een ontvangbewijs te vorderen.
(Zie ook: artt. 36, 108, 127, 173a, 178, 186, 257 FW; artt. 227, 276, 290 BW Boek 3; art. 642l Rv; art. 169 WTV)
3. Indien de curator een overeenkomst als bedoeld in artikel 907, eerste lid, van Boek 7 van het Burgerlijk Wetboek heeft gesloten die door de rechter verbindend is verklaard, kunnen de gerechtigden onder de overeenkomst die niet de in artikel 908, tweede lid, van Boek 7 van het Burgerlijk Wetboek bedoelde mededeling hebben gedaan, hun vordering krachtens de overeenkomst uitsluitend indienen op de wijze als in deze overeenkomst is bepaald. In afwijking van artikel 907, zesde lid, van Boek 7 van het Burgerlijk Wetboek kan de overeenkomst als bedoeld in de eerste zin, bepalen dat een vordering vervalt indien een gerechtigde onder de overeenkomst deze vordering niet indient binnen een termijn van ten minste drie maanden na de aanvang van de dag, volgende op die waarop de in artikel 908, tweede lid, van Boek 7 van het Burgerlijk

art. 110a   25 Faillissementswet

Wetboek bedoelde termijn is verstreken. Op de vorderingen als bedoeld in de eerste zin, zijn de artikelen 128, 133 en 136 van overeenkomstige toepassing

Art. 110a

Standaardformulier schuldeiser

Indien sprake is van een onvolledig ingevuld standaardformulier als bedoeld in artikel 55 van de in artikel 5, derde lid, genoemde verordening, wordt de schuldeiser door de curator in de gelegenheid gesteld het standaardformulier aan te vullen.

Art. 111

Onderzoek door curator

De curator toetst de ingezonden rekeningen aan de administratie en opgaven van de gefailleerde, treedt, als hij tegen de toelating ener vordering bezwaar heeft, met de schuldeiser in overleg, en is bevoegd van deze overlegging van ontbrekende stukken alsook inzage van zijn administratie en van de oorspronkelijke bewijsstukken te vorderen.
(Zie ook: artt. 105, 173a, 258 FW; art. 10 BW Boek 2; art. 15a BW Boek 3; art. 642l Rv)

Art. 112

Voorlopig erkende en betwiste vorderingen

De curator brengt de vorderingen, die hij goedkeurt, op een lijst van voorlopig erkende schuldvorderingen, en de vorderingen, die hij betwist, op een afzonderlijke lijst, vermeldende de gronden der betwisting.
(Zie ook: artt. 119, 259 FW; art. 642l Rv)

Art. 113

Voorrecht, pand, hypotheek, retentierecht

In de lijsten, bedoeld in het vorige artikel, wordt elke vordering omschreven, en aangegeven of zij naar de mening van de curator bevoorrecht of door pand of hypotheek gedekt is, of wel ter zake der vordering retentierecht kan worden uitgeoefend. Betwist de curator alleen de voorrang, of het retentierecht, zo wordt de vordering op de lijst der voorlopig erkende schuldvorderingen gebracht met aantekening van deze betwisting en de gronden daarvan.
(Zie ook: artt. 57, 119, 143 FW; artt. 227, 276, 290 BW Boek 3)

Art. 114

Nederlegging afschriftlijsten

1. Van ieder der lijsten, in artikel 112 bedoeld, wordt een afschrift door de curator ter griffie van de rechtbank neergelegd, om aldaar gedurende de zeven aan de verificatievergadering voorafgaande dagen kosteloos ter inzage te liggen van een ieder.
(Zie ook: artt. 97, 107, 173a, 173c, 178 FW)
2. De neerlegging geschiedt kosteloos.

Art. 115

Kennisgeving neerlegging; oproeping ter vergadering

Van de krachtens artikel 114 gedane neerlegging der lijsten geeft de curator aan alle bekende schuldeisers schriftelijk bericht, waarbij hij een nadere oproeping tot de verificatievergadering voegt en tevens vermeldt of een ontwerp-akkoord door de gefailleerde ter griffie is neergelegd.
(Zie ook: artt. 108, 139 FW)

Art. 116

Inlichtingen gefailleerde op vergadering

De gefailleerde neemt op een door de rechter-commissaris te bepalen wijze aan de verificatievergadering deel, ten einde aldaar alle inlichtingen over de oorzaken van het faillissement en de staat van de boedel te geven, die hem door de rechter-commissaris gevraagd worden. De schuldeisers kunnen de rechter-commissaris verzoeken omtrent bepaalde door hen op te geven punten inlichtingen aan de gefailleerde te vragen. De vragen aan de gefailleerde gesteld en de door hem gegeven antwoorden worden in het proces-verbaal opgetekend.
(Zie ook: artt. 80, 117 FW; art. 194 WvSr)

Art. 117

Toepasselijkheid op bestuurders en commissarissen rechtspersoon

1. De in artikel 116 bedoelde verplichtingen van de gefailleerde rusten bij het faillissement van een rechtspersoon op elk van de in artikel 106, eerste en tweede lid, bedoelde personen als zij door de curator worden opgeroepen tot bijwoning van de verificatievergadering.
2. Het eerste lid is van overeenkomstige toepassing op een vennootschap onder firma en een commanditaire vennootschap.

Art. 118

[Vervallen]

Art. 119

Behandeling vorderingen ter vergadering

1. Tijdens de verificatievergadering, dan wel, nadere verificatievergadering, worden de schuldeisers door of namens de rechter-commissaris behoorlijk geïnformeerd over de lijsten van voorlopig erkende en voorlopig betwiste schuldvorderingen. Heeft reeds publicatie van een lijst plaatsgevonden, dan kan de rechter-commissaris volstaan met verwijzing daarnaar. Ieder der op de lijsten voorkomende schuldeisers is bevoegd de curator omtrent elke vordering en haar plaatsing op een der lijsten inlichtingen te vragen, of wel haar juistheid, de beweerde voorrang of het beweerde retentierecht te betwisten, of te verklaren, dat hij zich bij de betwisting van de curator aansluit.
(Zie ook: artt. 80, 112, 124 FW)
2. De curator is bevoegd op de door hem gedane voorlopige erkenning of betwisting terug te komen, of wel te vorderen, dat de schuldeiser de deugdelijkheid zijner noch door de curator, noch door een der schuldeisers betwiste schuldvordering onder ede bevestige; indien de oor-

spronkelijke schuldeiser overleden is, zullen de rechthebbenden onder ede moeten verklaren, dat zij te goeder trouw geloven dat de schuld bestaat en onvoldaan is.
(Zie ook: art. 120 FW; art. 207 WvSr)
3. De rechter-commissaris kan bepalen dat er een nadere verificatievergadering wordt gehouden. De rechter-commissaris stelt dag, uur, plaats en wijze waarop wordt vergaderd vast. De curator stelt de bekende schuldeisers hiervan schriftelijk in kennis.

Verdaging vergadering

Art. 120
1. De eed, bedoeld in het tweede lid van het vorige artikel, wordt in persoon of door een daartoe bijzonder gevolmachtigde afgelegd in handen van de rechter-commissaris, hetzij onmiddellijk op de vergadering, hetzij op een latere door de rechter-commissaris te bepalen dag. De volmacht kan ondershands worden verleend.
(Zie ook: art. 121 FW; art. 60 BW Boek 3)
2. Indien de schuldeiser, aan wie de eed is opgedragen, niet ter vergadering aanwezig is, geeft de griffier hem onmiddellijk kennis van de eedsopdracht en van de voor de eedsaflegging bepaalde dag.
3. De rechter-commissaris geeft de schuldeiser een verklaring van de eedsaflegging, tenzij de eed wordt afgelegd in een vergadering van schuldeisers, in welk geval van de aflegging aantekening wordt gehouden in het proces-verbaal dier vergadering.
(Zie ook: art. 17 FW)

Eedaflegging

Art. 121
1. De vorderingen, welke niet betwist worden, worden overgebracht op een in het proces-verbaal op te nemen lijst van erkende schuldeisers. Op het papier aan order en aan toonder wordt door de curator de erkenning aangetekend.
(Zie ook: art. 134 FW; artt. 100, 174, 178 WvK)
2. De schuldvorderingen, van welke de curator de beëdiging heeft gevorderd, worden voorwaardelijk toegelaten, totdat door het al of niet afleggen van de eed, op de bij het eerste lid van artikel 120 bedoelden tijd, over haar toelating definitief zal zijn beslist.
(Zie ook: artt. 84, 125, 145 FW)
3. Het proces-verbaal der vergadering wordt ondertekend door de rechter-commissaris en de griffier.
(Zie ook: art. 148 FW)
4. De in het proces-verbaal der vergadering opgetekende erkenning ener vordering heeft in het faillissement kracht van gewijsde zaak. Alleen op grond van bedrog kan de curator vernietiging daarvan vorderen.
(Zie ook: artt. 148, 196 FW; art. 44 BW Boek 3; art. 326 WvSr)

Lijst van erkende schuldeisers

Voorwaardelijk toegelaten vorderingen

Proces-verbaal der vergadering

Gevolg erkenning vordering

Art. 122
1. In geval van betwisting beproeft de rechter-commissaris een schikking. Indien hij partijen niet kan verenigen, en voorzover het geschil niet reeds aanhangig is, verwijst hij partijen naar een door hem te bepalen zitting van de rechtbank, zonder dat daartoe een dagvaarding wordt vereist.
(Zie ook: artt. 17, 26, 29, 67, 122a, 126 FW; art. 106 Rv; art. 9 WTBZ)
2. De advocaten, die voor partijen optreden, verklaren dit bij de oproeping der zaak ter zitting.
3. Verschijnt de schuldeiser, die de verificatie vraagt, op de bepaalde zitting niet of heeft hij het griffierecht niet tijdig voldaan, dan wordt hij geacht zijn aanvraag te hebben ingetrokken; verschijnt hij die de betwisting doet niet of heeft hij het griffierecht niet tijdig voldaan, dan wordt hij geacht zijn betwisting te laten varen en erkent de rechter de vordering. Artikel 127a, derde en vierde lid, van het Wetboek van burgerlijke rechtsvordering is van overeenkomstige toepassing.
4. Schuldeisers, die ter verificatievergadering geen betwisting hebben gedaan, kunnen in het geding zich niet voegen noch tussenkomen.
(Zie ook: art. 119 FW)

Betwisting

Renvooi-procedure

Art. 122a
1. Wanneer de betwisting door de curator is gedaan, wordt de loop van het rechtsgeding van rechtswege geschorst door het in kracht van gewijsde gaan van de homologatie van een akkoord in het faillissement, tenzij de stukken van het geding reeds tot het geven van een beslissing aan de rechter zijn overgelegd, in welk geval de vordering, indien zij wordt erkend, geacht wordt in het faillissement erkend te zijn, terwijl ten aanzien van de beslissing omtrent de kosten van het geding de schuldenaar in de plaats treedt van de curator.
2. Het geding wordt hervat in de stand waarin dit zich bij de schorsing bevond doordat een der partijen, met instemming van de andere partij, een daartoe strekkende akte ter rolle neemt, dan wel bij exploot verklaart dat het geding wordt hervat.
3. De partij die bij het in het tweede lid bedoelde exploot verklaart dat het geding wordt hervat, roept daarbij de andere partij op tegen de dag waarop zij de zaak ter rolle wil doen dienen. Voor deze oproeping moeten de voor de dagvaarding voorgeschreven termijnen in acht worden genomen. Partijen stellen opnieuw advocaat.

Schorsing bij homologatie van akkoord

4. Wanneer de betwisting is gedaan door een mede-schuldeiser, kan het geding, nadat de homologatie van een akkoord in het faillissement in kracht van gewijsde is gegaan, door partijen worden voortgezet uitsluitend ten einde de rechter te doen beslissen over de proceskosten.

Art. 123
Bewijs betwiste vordering
De schuldeiser, wiens vordering betwist wordt, is tot staving daarvan tot geen nader of meerder bewijs gehouden, dan hij tegen de gefailleerde zelf zoude moeten leveren.
(Zie ook: art. 55 FW; art. 149 Rv)

Art. 124
Kennisgeving betwisting en verwijzing
1. Indien de schuldeiser, wiens vordering betwist wordt, niet ter vergadering aanwezig is, geeft de griffier hem onmiddellijk kennis van de gedane betwisting en verwijzing.
2. De schuldeiser kan zich in het geding op het ontbreken dier kennisgeving niet beroepen.
(Zie ook: art. 120 FW)

Art. 125
Voorwaardelijke toelating/erkenning
Vorderingen, die betwist worden, kunnen door de rechter-commissaris voorwaardelijk worden toegelaten tot een bedrag door hem te bepalen. Wanneer de voorrang betwist wordt, kan deze door de rechter-commissaris voorwaardelijk worden erkend.
(Zie ook: artt. 67, 82, 84, 119, 142, 145, 164, 181 FW)

Art. 126
Betwisting door gefailleerde
1. Ook de gefailleerde is bevoegd, onder summiere opgaaf zijner gronden, tegen de toelating ener vordering, hetzij voor het geheel, hetzij voor een gedeelte, of tegen de erkenning van de beweerde voorrang, zich te verzetten. In dit geval geschiedt in het proces-verbaal aantekening van de betwisting en van haar gronden, zonder verwijzing van partijen naar de rechtbank, en zonder dat daardoor de erkenning der vordering in het faillissement wordt verhinderd.

Geen betwisting
2. Betwisting, waarvoor geen gronden worden opgegeven, of welke niet de gehele vordering omvat en toch niet uitdrukkelijk aanwijst, welk deel wordt erkend, en welk betwist, wordt niet als betwisting aangemerkt.
(Zie ook: artt. 119, 159, 197 FW)

Art. 127
Later ingediende vorderingen
1. Vorderingen worden uiterlijk veertien dagen voor de dag van de eerste verificatievergadering, bedoeld in artikel 108, ingediend bij de curator, tenzij de rechter-commissaris anders bepaalt.
2. De rechter-commissaris kan, na raadpleging van de curator en na afweging van de gerechtvaardigde belangen van de gezamenlijke schuldeisers, bepalen dat de na in het eerste lid bedoelde termijn wordt aangepast. Artikel 109 is van overeenkomstige toepassing op deze beschikking.
3. Een vordering ingediend na de dag, bedoeld in het eerste lid, wordt niet voor verificatie in behandeling genomen.
4. De uiterste dag waarop de vorderingen worden ingediend, wordt door de griffier ingeschreven in het register, bedoeld in artikel 19.

Art. 128
Interesten
Interesten, na de faillietverklaring lopende, kunnen niet geverifieerd worden, tenzij door pand of hypotheek gedekt. In dit geval worden zij pro memorie geverifieerd. Voorzover de interesten op de opbrengst van het onderpand niet batig gerangschikt worden, kan de schuldeiser uit deze verificatie geen rechten ontlenen.
(Zie ook: art. 260 FW; art. 263 BW Boek 3; art. 119 BW Boek 6; art. 1804 BW Boek 7A)

Art. 129
Vordering onder ontbindende voorwaarde
Een vordering onder een ontbindende voorwaarde wordt voor het gehele bedrag geverifieerd, onverminderd de werking der voorwaarde, wanneer zij vervuld wordt.
(Zie ook: art. 260 FW; art. 21 BW Boek 6; art. 483a Rv)

Art. 130
Vordering onder opschortende voorwaarde
1. Een vordering onder een opschortende voorwaarde kan geverifieerd worden voor haar waarde op het ogenblik der faillietverklaring.
2. Indien de curator en de schuldeisers het niet eens kunnen worden over deze wijze van verificatie, wordt zodanige vordering voor het volle bedrag voorwaardelijk toegelaten.
(Zie ook: artt. 53, 57, 82, 142, 145, 261 FW; art. 21 BW Boek 6; art. 483b Rv)

Art. 131
Waardebepaling nog niet opeisbare vorderingen
1. Een vordering, waarvan het tijdstip der opeisbaarheid onzeker is, of welke recht geeft op periodieke uitkeringen, wordt geverifieerd voor haar waarde op de dag der faillietverklaring.
(Zie ook: art. 40 BW Boek 6)
2. Alle schuldvorderingen, vervallende binnen één jaar na de dag, waarop het faillissement is aangevangen, worden behandeld, alsof zij op dat tijdstip opeisbaar waren. Alle later dan één jaar daarna vervallende schuldvorderingen worden geverifieerd voor de waarde, die zij hebben na verloop van een jaar sedert de aanvang van het faillissement.
(Zie ook: art. 40 BW Boek 6; art. 1809 BW Boek 7A; art. 142 WvK)
3. Bij de berekening wordt uitsluitend gelet op het tijdstip en de wijze van aflossing, het kansgenot, waar dit bestaat, en, indien de vordering rentedragend is, op de bedongen rentevoet.
(Zie ook: art. 262 FW; art. 1811 BW Boek 7A; artt. 57, 543 WvK; art. 483c Rv)

25 Faillissementswet

Art. 132
1. Schuldeisers, wier vorderingen door pand, hypotheek of retentierecht gedekt of op een bepaald voorwerp bevoorrecht zijn, maar die kunnen aantonen dat een deel hunner vordering vermoedelijk niet batig gerangschikt zal kunnen worden op de opbrengst der verbonden goederen, kunnen verlangen dat hun voor dat deel de rechten van concurrente schuldeisers worden toegekend met behoud van hun recht van voorrang.
2. Het bedrag waarvoor pand- en hypotheekhouders batig gerangschikt kunnen worden, wordt bepaald met inachtneming van artikel 483e van het Wetboek van Burgerlijke Rechtsvordering met dien verstande dat voor het tijdstip van het opmaken van de staat in de plaats treedt de aanvang van de dag waarop de faillietverklaring werd uitgesproken.
(Zie ook: artt. 57, 60, 113, 143, 180 FW; artt. 227, 236, 260, 290 BW Boek 3)

— Vermoedelijk niet batig gerangschikt gedeelte

Art. 133
Vorderingen, waarvan de waarde onbepaald, onzeker, niet in Nederlands geld of in het geheel niet in geld is uitgedrukt, worden geverifieerd voor hun geschatte waarde in Nederlands geld.
(Zie ook: art. 260 FW)

— Verificatie geschatte waarde

Art. 134
Schuldvorderingen aan toonder kunnen ten name van «toonder» geverifieerd worden. Iedere ten name van «toonder» geverifieerde vordering wordt als de vordering van een afzonderlijk schuldeiser beschouwd.
(Zie ook: artt. 82, 260 FW)

— Verificatie t.n.v. toonder

Art. 135
[Vervallen]

Art. 136
1. Indien van hoofdelijke schuldenaren een of meer in staat van faillissement verkeren, kan de schuldeiser in het faillissement van die schuldenaar, onderscheidenlijk in het faillissement van ieder dier schuldenaren opkomen voor en betaling ontvangen over het gehele bedrag, hem ten tijde der faillietverklaring nog verschuldigd, totdat zijn vordering ten volle zal zijn gekweten.
2. Een hoofdelijke schuldenaar kan, zo nodig voorwaardelijk, worden toegelaten voor de bedragen waarvoor hij op de gefailleerde, krachtens hun onderlinge rechtsverhouding als hoofdelijke medeschuldenaren, een vordering heeft verkregen of zal verkrijgen. De toelating geschiedt echter slechts:
a. voorzover de schuldeiser daarvoor zelf niet kan opkomen of, hoewel hij het kan, niet opkomt;
b. voor het geval de schuldeiser gedurende het faillissement voor het gehele bedrag waarvoor hij is opgekomen, wordt voldaan;
c. voorzover om een andere reden de toelating geen voor de concurrente schuldeisers nadelige invloed heeft op de aan hen uit te keren percenten.
(Zie ook: artt. 160, 180, 241, 260 FW; art. 6 BW Boek 6; art. 850 BW Boek 7)

— Hoofdelijke schuldenaren

Art. 137
1. Na afloop der verificatie brengt de curator verslag uit over de stand van de boedel, en geeft hij daaromtrent alle door de schuldeisers verlangde inlichtingen. Het verslag wordt, met het proces-verbaal der verificatievergadering, na afloop dier vergadering ter griffie nedergelegd ter kosteloze inzage van een ieder. De neerlegging geschiedt kosteloos.
(Zie ook: art. 107 FW)
2. Zowel de curator, als de schuldeisers en de gefailleerde kunnen na de neerlegging van het proces-verbaal, aan de rechtbank verbetering daarvan verzoeken, indien uit de stukken zelve blijkt dat in het proces-verbaal een vergissing is geslopen.

— Verslag curator; p-v verificatievergadering

— Verzoek verbetering p-v

Vijfde afdeling A

Vereenvoudigde afwikkeling van faillissement

Art. 137a
1. Indien aannemelijk is dat de beschikbare baten niet voldoende zijn om daaruit de concurrente vorderingen geheel of gedeeltelijk te voldoen, kan de rechter-commissaris op verzoek van de curator dan wel ambtshalve bepalen dat afhandeling van concurrente vorderingen achterwege blijft en dat geen verificatievergadering wordt gehouden.
2. De curator geeft van de in het eerste lid bedoelde beschikking onmiddellijk aan alle bekende schuldeisers schriftelijk kennis en doet daarvan aankondiging in de Staatscourant.
3. Ingeval de in het eerste lid bedoelde beschikking is gegeven, is deze afdeling van toepassing. De vijfde afdeling vindt geen toepassing. Op niet-concurrente vorderingen zijn de artikelen 128 tot en met 136 van de vijfde afdeling van overeenkomstige toepassing. De zesde en de zevende afdeling vinden geen toepassing, tenzij hierna anders is bepaald.

— Afzien van afhandeling concurrente vorderingen; geen verificatievergadering

— Schakelbepaling

Art. 137b
1. De curator gaat na welke vorderingen bevoorrecht zijn of door pand, hypotheek of retentierecht gedekt zijn.

— Bevoorrechte en gedekte vorderingen

art. 137c

Betwisting vordering

2. Indien de curator een vordering dan wel de aan een vordering verbonden voorrang betwist, geeft hij de desbetreffende schuldeiser daarvan bericht en treedt hij met hem in overleg ter regeling van dit geschil.
3. Indien de curator geen overeenstemming bereikt met de in het vorige lid bedoelde schuldeiser, legt hij het geschil aan de rechter-commissaris voor. Artikel 122, eerste, tweede en derde lid, is van overeenkomstige toepassing.
4. De gefailleerde is bevoegd zijn bezwaren tegen een vordering dan wel tegen de aan een vordering verbonden voorrang aan de curator kenbaar te maken, die, als hij de bezwaren niet kan wegnemen, deze aan de rechter-commissaris voorlegt. Artikel 126 is van overeenkomstige toepassing.

Art. 137c

Te gelde maken boedel

1. De curator gaat over tot tegeldemaking van de boedel. De artikelen 175, tweede lid, 176 en 177 zijn van overeenkomstige toepassing.

Uitdelingslijst

2. De curator maakt een uitdelingslijst op. De lijst houdt in een staat van de ontvangsten en uitgaven (daaronder begrepen het salaris van de curator), de namen van de schuldeisers die een bevoorrechte of door pand, hypotheek of retentierecht gedekte vordering hebben, het bedrag van ieders vordering en de daarop te ontvangen uitkering.
3. Voor de vorderingen waarover een geschil als bedoeld in artikel 122 aanhangig is, trekt de curator op de lijst percenten over het volle bedrag uit, alsmede percenten voor in verband daarmee nog aan te wenden kosten. Artikel 194 is van overeenkomstige toepassing.
(Zie ook: art. 101 FW)

Art. 137d

Goedkeuring uitdelingslijst door R-C

1. De curator legt de uitdelingslijst ter goedkeuring aan de rechter-commissaris voor.

2. De curator legt een afschrift van de door de rechter-commissaris goedgekeurde lijst alsmede een verslag over de toestand van de boedel ter griffie van de rechtbank neder om aldaar gedurende tien dagen kosteloos ter inzage te liggen voor een ieder.
3. Van de neerlegging doet de curator aankondiging in de Staatscourant.
4. De curator geeft daarvan schriftelijk bericht aan alle bekende schuldeisers, met mededeling dat de uitdelingslijst geen betrekking heeft op concurrente vorderingen.
5. Artikel 182 is van overeenkomstige toepassing.
(Zie ook: artt. 180, 183 FW)

Art. 137e

Verzet tegen uitdelingslijst

1. Gedurende de in artikel 137d, tweede lid, genoemde termijn kan iedere schuldeiser in verzet komen tegen de ter griffie nedergelegde uitdelingslijst door inlevering van een met redenen omkleed bezwaarschrift ter griffie; hem wordt door de griffier een bewijs van ontvangst gegeven.
2. Het bezwaarschrift wordt als bijlage bij de uitdelingslijst gevoegd.
3. Het verzet door een concurrente schuldeiser kan niet worden gegrond op het enkele feit dat zijn vordering niet op de ter griffie nedergelegde uitdelingslijst is geplaatst.
4. De artikelen 185 en 187 zijn van overeenkomstige toepassing.
(Zie ook: art. 184 FW)

Art. 137f

Uitkering

1. Na afloop van de termijn, genoemd in artikel 137d, tweede lid, of, indien verzet is gedaan, nadat de beschikking op het verzet in kracht van gewijsde is gegaan, verkeert de boedel van rechtswege in staat van insolventie en gaat de curator over tot het doen van de vastgestelde uitkering.
2. De artikelen 188, 189, 190, 192 en 193 zijn van overeenkomstige toepassing.

Art. 137g

Verificatievergadering

1. Indien tijdens de vereffening baten opkomen die van zodanige omvang zijn dat uit de opbrengst daarvan ook concurrente vorderingen geheel of gedeeltelijk kunnen worden voldaan, bepaalt de rechter-commissaris dat alsnog een verificatievergadering wordt gehouden en stelt daartoe dag, uur, plaats en wijze waarop wordt vergaderd, overeenkomstig artikel 80a, vast, alsmede de dag waarop uiterlijk de vorderingen ingediend moeten worden. Artikel 108 is van toepassing.
2. De curator geeft van de in het vorige lid genoemde beschikking onmiddellijk aan alle bekende schuldeisers kennis en doet daarvan aankondiging in de Staatscourant.
3. De vijfde, zesde en zevende afdeling zijn van toepassing.
(Zie ook: art. 194 FW)

Zesde afdeling
Van het akkoord

Art. 138

Recht aanbieding akkoord

De gefailleerde is bevoegd aan zijn gezamenlijke schuldeisers een akkoord aan te bieden. De gefailleerde mist deze bevoegdheid indien de curator een overeenkomst als bedoeld in artikel

907, eerste lid, van Boek 7 van het Burgerlijk Wetboek heeft gesloten en bij de rechter een verzoek als bedoeld in dit lid is ingediend, tenzij onherroepelijk vaststaat dat dit verzoek niet tot toewijzing zal leiden. Indien de gefailleerde overeenkomstig artikel 139 een ontwerp van een akkoord ter griffie van de rechtbank heeft neergelegd, kan geen verzoek als bedoeld in artikel 907, eerste lid, van Boek 7 van het Burgerlijk Wetboek worden ingediend, tenzij het akkoord is verworpen, de homologatie van het akkoord onherroepelijk is geweigerd of door de rechter de ontbinding van het akkoord is uitgesproken.
(Zie ook: artt. 50, 75, 170, 202 FW)

Art. 139
1. Indien de gefailleerde een ontwerp van akkoord, ten minste acht dagen vóór de vergadering tot verificatie der schuldvorderingen, ter griffie van de rechtbank heeft neergelegd, ter kosteloze inzage van een ieder, wordt daarover in die vergadering na afloop der verificatie dadelijk geraadpleegd en beslist, behoudens de bepaling van artikel 141.   *Behandeling ontwerpakkoord*
2. Een afschrift van het ontwerp van akkoord moet, gelijktijdig met de nederlegging ter griffie, worden toegezonden aan de curator en aan ieder der leden van de voorlopige schuldeiserscommissie.   *Toezending afschrift*
(Zie ook: artt. 107, 115, 253 FW)

Art. 140
De curator en de schuldeiserscommissie brengen ieder afzonderlijk ter vergadering of zo spoedig mogelijk daarna een schriftelijk advies uit over het aangeboden akkoord.   *Advies over akkoord*
(Zie ook: artt. 17, 64 FW)

Art. 141
De raadpleging en beslissing worden tot een volgende door de rechter-commissaris op ten hoogste drie weken later te bepalen vergadering uitgesteld: *Uitstel behandeling akkoord*
1°. indien staande de vergadering een definitieve schuldeiserscommissie is benoemd, niet bestaande uit dezelfde personen als de voorlopige, en de meerderheid der verschenen schuldeisers van haar een schriftelijk advies over het aangeboden akkoord verlangt;
(Zie ook: art. 75 FW)
2°. indien het ontwerp van akkoord niet tijdig ter griffie is neergelegd en de meerderheid der verschenen schuldeisers zich voor uitstel verklaart.
(Zie ook: artt. 81, 139 FW)
(Zie ook: art. 13 FW)

Art. 142
Wanneer de raadpleging en stemming over het akkoord, ingevolge de bepalingen van het voorgaande artikel, worden uitgesteld tot een nadere vergadering, wordt daarvan door de curator onverwijld aan de niet op de verificatievergadering verschenen, erkende of voorwaardelijk toegelaten schuldeisers kennis gegeven, bij brieven vermeldende de summiere inhoud van het akkoord.   *Kennisgeving van uitstel*
(Zie ook: art. 83 FW)

Art. 143
1. Van de stemming over het akkoord zijn uitgesloten de schuldeisers aan wier vordering voorrang verbonden is daaronder begrepen diegenen, wier voorrang betwist wordt, tenzij zij, vóór de aanvang der stemming, van hun voorrang ten behoeve van de boedel afstand mochten doen.   *Van stemming uitgesloten*
2. Deze afstand maakt hen tot concurrente schuldeisers, ook voor het geval het akkoord niet mocht worden aangenomen.   *Gevolgen van afstand*
(Zie ook: artt. 57, 113, 119, 132, 257 FW; artt. 227, 236, 260, 276, 283, 288, 290 BW Boek 3)

Art. 144
De gefailleerde is bevoegd tot toelichting en verdediging van het akkoord op te treden en het, staande de raadpleging, te wijzigen.   *Toelichting, verdediging, wijziging*
(Zie ook: artt. 152, 265 FW)

Art. 145
Tot het aannemen van het akkoord wordt vereist de toestemming van de gewone meerderheid van de ter vergadering verschenen erkende en voorwaardelijk toegelaten concurrente schuldeisers, die tezamen ten minste de helft van het bedrag van de door geen voorrang gedekte erkende en voorwaardelijk toegelaten schuldvorderingen vertegenwoordigen.   *Vereiste meerderheid*
(Zie ook: artt. 81, 125, 130, 134, 143, 218, 268 FW; art. 345 WvSr)

Art. 146
In afwijking van artikel 145 kan de rechter-commissaris op verzoek van de schuldenaar of de curator bij gemotiveerde beschikking een aangeboden akkoord vaststellen als ware het aangenomen, indien   *Afwijken van vereiste meerderheid*
a. drie vierde van de ter vergadering verschenen erkende en voorwaardelijk toegelaten concurrente schuldeisers voor het akkoord hebben gestemd; en
b. de verwerping van het akkoord het gevolg is van het tegenstemmen van een of meer schuldeisers die, alle omstandigheden in aanmerking genomen en in het bijzonder het percentage

dat die schuldeisers, zou de boedel worden vereffend, naar verwachting aan betaling op hun vordering zullen ontvangen, in redelijkheid niet tot dit stemgedrag hebben kunnen komen.

Art. 147
Geen invloed latere veranderingen — Latere veranderingen, in het getal der schuldeisers of in het bedrag der vorderingen, hebben geen invloed op de geldigheid van de aanneming, vaststelling of verwerping van het akkoord.
(Zie ook: artt. 157, 268 FW)

Art. 148
Inhoud proces-verbaal vergadering
1. Het proces-verbaal der vergadering vermeldt de inhoud van het akkoord, de namen der verschenen stemgerechtigde schuldeisers, de door ieder hunner uitgebrachte stem, de uitslag der stemming en al wat verder op de vergadering is voorgevallen. Het wordt ondertekend door de rechter-commissaris en de griffier.
(Zie ook: art. 121 FW; art. 13 WTBZ)

Inzage ter griffie
2. Gedurende acht dagen kan een ieder ter griffie kosteloze inzage van het proces-verbaal verkrijgen.
(Zie ook: artt. 107, 121, 269 FW)

Art. 149
Verzoek verbetering proces-verbaal — Zowel de schuldeisers, die vóór gestemd hebben, als de gefailleerde, kunnen gedurende acht dagen na afloop der vergadering aan de rechtbank verbetering van het proces-verbaal verzoeken, indien uit de stukken zelve blijkt dat het akkoord door de rechter-commissaris ten onrechte als verworpen is beschouwd.
(Zie ook: artt. 150, 270 FW)

Art. 150
Bepaling zitting voor homologatie
1. Indien het akkoord is aangenomen of vastgesteld, bepaalt de rechter-commissaris vóór het sluiten der vergadering de zitting, waarop de rechtbank de homologatie zal behandelen.
2. Bij toepassing van artikel 149 geschiedt de bepaling van de zitting door de rechtbank in haar beschikking. Van deze beschikking geeft de curator aan de schuldeisers schriftelijk kennis.
(Zie ook: art. 83 FW)
3. De zitting zal gehouden worden ten minste acht en ten hoogste veertien dagen na de stemming over het akkoord of, bij toepassing van artikel 149, na de beschikking van de rechtbank.

Art. 151
Indiening bezwaren — Gedurende die tijd kunnen de schuldeisers aan de rechter-commissaris schriftelijk de redenen opgeven, waarom zij weigering der homologatie wenselijk achten.
(Zie ook: art. 153 FW)

Art. 152
Homologatie, uiteenzetting gronden op zitting m.b.t.
1. Op de bepaalde dag wordt ter openbare zitting door de rechter-commissaris een schriftelijk rapport uitgebracht, en kan ieder der schuldeisers in persoon, bij schriftelijk gemachtigde of bij advocaat de gronden uiteenzetten, waarop hij de homologatie wenst of haar bestrijdt.
2. De gefailleerde is mede bevoegd, tot verdediging zijner belangen op te treden.
(Zie ook: artt. 90, 144, 155, 271 FW)

Art. 153
Spoed bij beslissingen
1. Op dezelfde dag, of anders zo spoedig mogelijk, geeft de rechtbank haar met redenen omklede beschikking.
(Zie ook: art. 155 FW)
2. Zij zal de homologatie weigeren:

Redenen weigering homologatie
1°. indien de baten des boedels, de som, bij het akkoord bedongen, aanmerkelijk te boven gaan;
(Zie ook: art. 60 FW)
2°. indien de nakoming van het akkoord niet voldoende is gewaarborgd;
(Zie ook: art. 165 FW)
3°. indien het akkoord door bedrog, door begunstiging van een of meer schuldeisers of met behulp van andere oneerlijke middelen is tot stand gekomen, onverschillig of de gefailleerde dan wel een ander daartoe heeft medegewerkt.
(Zie ook: art. 44 BW Boek 3; artt. 326, 344, 345 WvSr)
(Zie ook: art. 158 FW)
3. Zij kan ook op andere gronden en ook ambtshalve de homologatie weigeren.
(Zie ook: artt. 151, 272 FW)

Art. 154
Hoger beroep — Binnen acht dagen na de beschikking van de rechtbank kunnen, zo de homologatie is geweigerd, zowel de schuldeisers, die vóór het akkoord stemden, als de gefailleerde; zo de homologatie is toegestaan, de schuldeisers, die tegenstemden of bij de stemming afwezig waren, tegen die beschikking in hoger beroep komen. In het laatste geval hebben ook de schuldeisers, die vóór stemden, ditzelfde recht, doch alleen op grond van het ontdekken na de homologatie van handelingen als in artikel 153 onder 3°. genoemd.
(Zie ook: artt. 85, 272 FW; art. 69 Wet RO)

Art. 155
1. Het hoger beroep wordt ingesteld door indiening van een verzoek ter griffie van het gerechtshof, dat van de zaak moet kennis nemen. De voorzitter bepaalt terstond dag en uur voor de behandeling, welke zal moeten plaats hebben binnen twintig dagen. Van het hoger beroep wordt door de griffier van het rechtscollege, waarbij het is aangebracht, onverwijld kennis gegeven aan de griffier van de rechtbank, die de beschikking omtrent de homologatie heeft gegeven.
2. Op de behandeling van het hoger beroep zijn, met uitzondering van het bepaalde omtrent de rechter-commissaris, artikel 152 en artikel 153, eerste lid, toepasselijk.
(Zie ook: artt. 5, 272 FW; art. 9 WTBZ)

Hoger beroep door indiening verzoek ter griffie

Art. 156
Cassatie wordt binnen dezelfde termijnen en op dezelfde wijze aangetekend en behandeld.
(Zie ook: artt. 12, 272 FW; art. 426 Rv)

Cassatie

Art. 157
Het gehomologeerde akkoord is verbindend voor alle geen voorrang hebbende schuldeisers, zonder uitzondering, onverschillig of zij al dan niet in het faillissement opgekomen zijn.
(Zie ook: artt. 57, 147, 159, 163, 273 FW)

Verbindendheid akkoord

Art. 158
Na verwerping of weigering van de homologatie van het akkoord kan de gefailleerde in hetzelfde faillissement geen akkoord meer aanbieden.
(Zie ook: artt. 153, 170, 173, 281 FW)

Geen tweede aanbieding

Art. 159
Het in kracht van gewijsde gegane vonnis van homologatie levert, in verband met het proces-verbaal der verificatie, ten behoeve der erkende vorderingen, voorzover zij niet door de gefailleerde overeenkomstig artikel 126 betwist zijn, een voor tenuitvoerlegging vatbare titel op tegen de schuldenaar en de tot het akkoord als borgen toegetreden personen.
(Zie ook: artt. 107, 196, 274 FW; art. 430 Rv)

Voor executie vatbare titel

Art. 160
Niettegenstaande het akkoord behouden de schuldeisers al hun rechten tegen de borgen en andere medeschuldenaren van de schuldenaar. De rechten, welke zij op goederen van derden kunnen uitoefenen, blijven bestaan als ware geen akkoord tot stand gekomen.
(Zie ook: artt. 136, 241, 272 FW; art. 6 BW Boek 6; art. 850 BW Boek 7A)

Akkoord alleen t.b.v. gefailleerde

Art. 161
Zodra de homologatie van het akkoord in kracht van gewijsde is gegaan, eindigt het faillissement. De curator draagt zorg voor de bekendmaking daarvan in de Staatscourant.
(Zie ook: artt. 50, 167, 193, 206, 276 FW)

Einde faillissement

Art. 161a
Na beëindiging van het faillissement overeenkomstig artikel 161 zijn verifieerbare vorderingen die niet binnen de termijn van artikel 127 zijn ingediend ter verificatie niet langer afdwingbaar, tenzij de schuldeiser redelijkerwijs niet in staat was de vordering binnen de bedoelde termijn voor verificatie in te dienen.

Verifieerbare vorderingen niet langer afdwingbaar

Art. 162
1. Nadat de homologatie in kracht van gewijsde is gegaan, is de curator verplicht, ten overstaan van de rechter-commissaris rekening en verantwoording aan de schuldenaar te doen.
(Zie ook: artt. 73, 193 FW; art. 771 Rv)
2. Indien bij het akkoord geen andere bepalingen deswege zijn gemaakt, geeft de curator aan de schuldenaar tegen behoorlijke kwijting af alle goederen, gelden, boeken en papieren tot de boedel behorende.
(Zie ook: art. 92 FW)

Rekening en verantwoording

Afdracht goederen enz.

Art. 163
1. Het bedrag, waarop geverifieerde schuldeisers, krachtens een erkend voorrecht, aanspraak kunnen maken, alsmede de kosten van het faillissement, moeten in handen van de curator worden gestort, tenzij deswege door de schuldenaar zekerheid wordt gesteld. Zolang hieraan niet is voldaan, is de curator verplicht alle goederen en gelden tot de boedel behorende onder zich te houden, totdat dit bedrag en de bedoelde kosten aan de daarop rechthebbenden zijn voldaan.
(Zie ook: art. 121 FW)
2. Wanneer één maand na het in kracht van gewijsde gaan van het vonnis van homologatie is verlopen, zonder dat vanwege de schuldenaar de voldoening van een en ander is geschied, zal de curator daartoe overgaan uit de voorhanden baten van de boedel.
3. Het bedrag in het eerste lid bedoeld, en het deel daarvan, aan ieder schuldeiser krachtens zijn recht van voorrang toe te kennen, wordt desnodig door de rechter-commissaris begroot.
(Zie ook: art. 67 FW)

Zekerheid voor preferente vorderingen

Art. 164
Voor zoveel betreft vorderingen, waarvan het voorrecht voorwaardelijk erkend is, bepaalt de in het vorige artikel bedoelde verplichting van de schuldenaar zich tot het stellen van zekerheid

Voorwaardelijk erkend voorrecht

en is de curator bij gebreke daarvan slechts gehouden tot het reserveren uit de baten des boedels van het bedrag waarop het voorrecht aanspraak geeft.
(Zie ook: artt. 125, 130, 136, 189 FW; art. 51 BW Boek 6)

Art. 165

Vordering tot ontbinding
1. Ontbinding van het gehomologeerde akkoord kan door elke schuldeiser gevorderd worden, jegens wie de schuldenaar in gebreke blijft aan de inhoud daarvan te voldoen.
(Zie ook: artt. 153, 159 FW; art. 265 BW Boek 6)

Bewijslast
2. Op de schuldenaar rust het bewijs, dat aan het akkoord is voldaan.
(Zie ook: art. 150 Rv)

Uitstel
3. De rechter kan, ook ambtshalve, de schuldenaar uitstel van ten hoogste één maand verlenen, om alsnog aan zijn verplichtingen te voldoen.
(Zie ook: art. 280 FW)

Art. 166

Wijze van behandeling
De vordering tot ontbinding van het akkoord wordt op dezelfde wijze aangebracht en beslist, als ten aanzien van het verzoek tot faillietverklaring in de artikelen 4, 6-9 en 12 is voorgeschreven.
(Zie ook: artt. 5, 280 FW)

Art. 167

Heropening faillissement
1. In het vonnis, waarbij de ontbinding van het akkoord wordt uitgesproken, wordt tevens heropening van het faillissement bevolen met benoeming van een rechter-commissaris en curator, alsmede van een schuldeiserscommissie, indien er in het faillissement reeds een geweest is.
2. Bij voorkeur zullen daartoe de personen gekozen worden, die vroeger in het faillissement die betrekkingen hebben waargenomen.

Bekendmaking
3. De curator draagt zorg voor de bekendmaking van het vonnis op de wijze in artikel 14, derde lid, voorgeschreven.
(Zie ook: artt. 14, 19, 165, 280 FW)

Art. 168

Toepasselijkheid bepalingen
1. De artikelen 13, eerste lid, 15-18 en die, welke vervat zijn in de tweede, derde en vierde afdeling van deze titel, zijn bij heropening van het faillissement toepasselijk.
2. Evenzo zijn toepasselijk de bepalingen van de afdeling over de verificatie der schuldvorderingen, met dien verstande dat afdwingbaarheid van de vorderingen, bedoeld in artikel 161a, herleeft en zij ter verificatie ingediend kunnen worden, en de verificatie overigens beperkt blijft tot de schuldvorderingen die niet reeds vroeger geverifieerd zijn.

Oproep reeds geverifieerde schuldeisers
3. Niettemin worden ook de reeds geverifieerde schuldeisers tot bijwoning der verificatievergadering opgeroepen en hebben zij het recht de vorderingen, waarvoor toelating verzocht wordt, te betwisten.
(Zie ook: art. 83 FW)

Art. 169

Tussentijdse handelingen van schuldenaar
De handelingen, door de schuldenaar in de tijd tussen de homologatie van het akkoord en de heropening van het faillissement verricht, zijn voor de boedel verbindend, behoudens de toepassing van artikel 42 en volgende zo daartoe gronden zijn.
(Zie ook: artt. 23, 131 FW)

Art. 170

Geen tweede aanbieding akkoord
1. Na de heropening van het faillissement kan niet opnieuw een akkoord aangeboden worden.
2. De curator gaat zonder verwijl tot de vereffening over.
(Zie ook: art. 173 FW)

Art. 171

Voldoening akkoordpercentage
1. Indien tijdens de heropening jegens enige schuldeisers reeds geheel of gedeeltelijk aan het akkoord is voldaan, worden bij de verdeling aan de nieuwe schuldeisers en diegene onder de oude, die nog geen voldoening ontvingen, de bij het akkoord toegezegde percenten, en wordt aan hen, die gedeeltelijke betaling ontvingen, hetgeen aan het toegezegde bedrag nog ontbreekt, vooruitbetaald.
2. In hetgeen alsdan nog overschiet, wordt door alle schuldeisers, zo oude als nieuwe, gelijkelijk gedeeld.
(Zie ook: art. 179 FW)

Art. 172

Voldoening akkoordpercentage bij opnieuw faillietverklaring
Het vorige artikel is eveneens toepasselijk, indien de boedel van de schuldenaar, terwijl door hem aan het akkoord nog niet volledig is voldaan, opnieuw in staat van faillissement wordt verklaard.

Art. 172a

Schakelbepaling
De bepalingen van deze afdeling zijn van overeenkomstige toepassing in het geval dat een akkoord wordt aangeboden op de voet van artikel 47, eerste lid, van de verordening, genoemd in artikel 5, derde lid.

Zevende afdeling
Van de vereffening des boedels

Art. 173
1. Indien geen nadere verificatievergadering is bepaald of op de verificatievergadering geen akkoord is aangeboden of indien het aangeboden akkoord verworpen of de homologatie definitief geweigerd is, verkeert de boedel van rechtswege in staat van insolventie. *Staat van insolventie*
(Zie ook: artt. 139, 145, 153, 170 FW)
2. De artikelen 98 en 100 houden op van toepassing te zijn, wanneer vaststaat, dat het bedrijf van de gefailleerde niet overeenkomstig de volgende artikelen zal worden voortgezet of wanneer de voortzetting wordt gestaakt.

Art. 173a
1. Indien ter verificatievergadering geen akkoord is aangeboden of indien het aangeboden akkoord is verworpen, kan de curator of een ter vergadering aanwezige schuldeiser voorstellen, dat het bedrijf van de gefailleerde worde voortgezet. *Voorstel voortzetting bedrijf*
(Zie ook: art. 98 FW)
2. De commissie uit de schuldeisers, indien deze er is, en, zo het voorstel is gedaan door een schuldeiser, de curator geven hun advies over dit voorstel.
(Zie ook: artt. 74, 79 FW)
3. Op verlangen van de curator of van een der aanwezige schuldeisers, stelt de rechter-commissaris de beraadslaging en beslissing over het voorstel uit, tot een op ten hoogste veertien dagen later te bepalen vergadering. *Uitstel*
4. De curator geeft onverwijld aan de schuldeisers, die niet ter vergadering aanwezig waren, schriftelijk kennis van deze nadere vergadering, waarin het ingediend voorstel wordt vermeld en hun tevens de bepaling van artikel 114 wordt herinnerd. *Kennisgeving door curator*

Art. 173b
1. Het voorstel is aangenomen, indien schuldeisers, vertegenwoordigende meer dan de helft der erkende en voorwaardelijk toegelaten schuldvorderingen, welke niet door pand, hypotheek of retentierecht zijn gedekt, zich daarvóór verklaren. *Meerderheid vereist voor voorstel*
(Zie ook: artt. 57, 119, 132, 143 FW)
2. In dit geval vindt, indien een schuldeiserscommissie niet bestaat, artikel 75 overeenkomstige toepassing.
3. Het proces-verbaal der vergadering vermeldt de namen der verschenen schuldeisers, de door ieder hunner uitgebrachte stem, de uitslag der stemming en al wat verder ter vergadering is voorgevallen. *Inhoud proces-verbaal*
4. Gedurende acht dagen kan een ieder ter griffie kosteloos inzage van het proces-verbaal vragen. *Inzage proces-verbaal*

Art. 173c
1. Indien binnen acht dagen, nadat de homologatie van een akkoord definitief is geweigerd, de curator of een schuldeiser bij de rechter-commissaris een voorstel indient tot voortzetting van het bedrijf van de gefailleerde, zal de rechter-commissaris op door hem terstond te bepalen dag, uur, plaats en, overeenkomstig artikel 80a, wijze waarop een vergadering van schuldeisers beleggen ten einde over het voorstel te doen beraadslagen en beslissen. *Vergadering over voortzetting bedrijf*
(Zie ook: artt. 153, 175 FW)
2. De curator roept de schuldeisers schriftelijk en ten minste tien dagen vóór de vergadering op. De oproeping bevat het ingediende voorstel en wijst de schuldeisers op het bepaalde in artikel 114.
(Zie ook: art. 109 FW)
3. Artikel 173a, tweede lid, alsmede artikel 173b zijn van toepassing.

Art. 173d
De curator en de schuldeisers kunnen gedurende acht dagen na afloop der vergadering aan de rechtbank vragen, alsnog te verklaren, dat het voorstel is aangenomen of verworpen, indien uit de stukken zelve blijkt, dat de rechter-commissaris dit ten onrechte als verworpen of aangenomen heeft beschouwd. *Ten onrechte als verworpen of aangenomen beschouwd*

Art. 174
1. De rechter-commissaris kan op verzoek van een schuldeiser of van de curator gelasten, dat de voortzetting van het bedrijf worde gestaakt. Op dit verzoek worden gehoord de schuldeiserscommissie, indien deze er is, alsmede de curator, als het verzoek niet door hem is gedaan. *Staking voortzetting bedrijf*
(Zie ook: artt. 67, 74 FW)
2. Bovendien kan de rechter-commissaris ieder schuldeiser en de schuldenaar horen.

Art. 175
1. Indien een voorstel tot voortzetting van het bedrijf niet of niet tijdig wordt gedaan of indien het wordt verworpen, of de voortzetting wordt gestaakt, gaat de curator onmiddellijk over tot *Vereffening en verkoop*

vereffening en tegeldemaking van alle baten des boedels, zonder dat daartoe de toestemming of medewerking des gefailleerden nodig is.
(Zie ook: art. 101 FW)

Enig huisraad 2. Niettemin kan de gefailleerde enig huisraad, door de rechter-commissaris aan te wijzen, worden gelaten.
(Zie ook: artt. 21, 67, 78 FW)

Verkoop bij voortzetting bedrijf 3. Ook in geval van voortzetting van het bedrijf kunnen baten van de boedel, welke voor de voortzetting niet nodig zijn, worden te gelde gemaakt.

Art. 176

Wijze van verkoop 1. De goederen worden in het openbaar of met toestemming van de rechter-commissaris ondershands verkocht. Geen toestemming van de rechter-commissaris is vereist voor zover blijkens de boedelbeschrijving de waarde van te verkopen goederen gezamenlijk niet meer bedraagt dan € 2.000, eerder door de curator verkochte goederen daarbij in aanmerking nemend.
(Zie ook: art. 101 FW)

Beschikking over andere baten 2. Over alle niet spoedig of in het geheel niet voor vereffening vatbare baten beschikt de curator op de wijze door de rechter-commissaris goed te keuren.
(Zie ook: artt. 58, 60, 67, 78 FW)

Art. 177

Vergoeding voor diensten gefailleerde De curator kan ten behoeve der vereffening van de diensten des gefailleerden gebruik maken, tegen een door de rechter-commissaris vast te stellen vergoeding.
(Zie ook: artt. 21, 67, 78, 98, 100, 173 FW)

Art. 178

Vergadering over wijze van vereffening Nadat de boedel insolvent is geworden, kan de rechter-commissaris, op door hem te bepalen dag, uur, plaats en, overeenkomstig artikel 80a, bepaalde wijze, een vergadering van schuldeisers beleggen om hen zo nodig te raadplegen over de wijze van vereffening van de boedel.
(Zie ook: artt. 67, 78, 83 FW)

Art. 179

Uitdeling aan schuldeisers Zo dikwijls er, naar het oordeel van de rechter-commissaris, voldoende gerede penningen aanwezig zijn, beveelt deze een uitdeling aan de geverifieerde schuldeisers en aan de schuldeisers, bedoeld in het derde lid van artikel 110, ten aanzien van wie een beslissing is genomen over hetgeen hun krachtens de in dat lid bedoelde overeenkomst toekomt.
(Zie ook: artt. 67, 190 FW)

Art. 180

Uitdelingslijst 1. De curator maakt telkens de uitdelingslijst op en onderwerpt die aan de goedkeuring van de rechter-commissaris. De lijst houdt in een staat der ontvangsten en uitgaven (daaronder begrepen het salaris van de curator), de namen der schuldeisers, het geverifieerde bedrag van hun vorderingen dan wel het bedrag van de vorderingen waarop zij als gerechtigden onder de in artikel 110, derde lid, bedoelde overeenkomst aanspraak maken, benevens de daarop te ontvangen uitkering.
(Zie ook: art. 67 FW; art. 91 WTBZ)

2. Voor de concurrente schuldeisers worden de door de rechter-commissaris te bepalen percenten uitgetrokken. Voor de schuldeisers die voorrang hebben, ongeacht of deze betwist wordt, en die niet reeds overeenkomstig artikel 57 of 60 lid 3 voldaan zijn wordt het bedrag uitgetrokken waarvoor zij batig gerangschikt kunnen worden op de opbrengst der goederen waarop hun voorrang betrekking heeft. Zo dit minder is dan het gehele bedrag van hun vorderingen, worden voor het ontbrekende - zo de goederen waarop hun vordering betrekking heeft nog niet verkocht zijn, voor hun hele vordering - gelijke percenten als voor de concurrente schuldeisers uitgetrokken.
(Zie ook: artt. 67, 132, 189, 192 FW)

Art. 181

Voorwaardelijk toegelaten vorderingen Voor de voorwaardelijk toegelaten schuldvorderingen worden op de uitdelingslijst de percenten over het volle bedrag uitgetrokken.
(Zie ook: artt. 121, 125, 130, 136, 189 FW)

Art. 182

Omslag faillissementskosten 1. De algemene faillissementskosten worden omgeslagen over ieder deel van de boedel, met uitzondering van hetgeen na een executie overeenkomstig artikel 57 of artikel 60, derde lid, tweede zin, toekomt aan de pand- of hypotheekhouders, aan de schuldeisers met retentierecht en aan de beperkt gerechtigden, huurders en pachters wier recht door de executie is vervallen of verloren gegaan, maar met inbegrip van hetgeen krachtens een zodanige executie aan de curator is uitgekeerd ten behoeve van een schuldeiser die boven een of meer van voormelde personen bevoorrecht was.
(Zie ook: artt. 227, 236, 260, 264, 282, 290 BW Boek 3)

Uitzonderingen 2. De in het vorige lid genoemde uitzondering geldt eveneens ten aanzien van luchtvaartuigen, welke overeenkomstig de bepaling van artikel 59a door een schuldeiser zelf zijn verkocht.

Art. 183
1. De door de rechter-commissaris goedgekeurde uitdelingslijst ligt gedurende tien dagen ter griffie van de rechtbank ter kosteloze inzage van de schuldeisers. — *Terinzagelegging uitdelingslijst*
(Zie ook: artt. 67, 107, 187 FW; art. 9 WTBZ)
2. Van de neerlegging wordt door de zorg van de curator aan ieder van de erkende en voorwaardelijk toegelaten schuldeisers, alsmede aan de schuldeisers als bedoeld in artikel 110, derde lid, schriftelijk kennis gegeven, met vermelding van het voor hem uitgetrokken bedrag.
(Zie ook: art. 83 FW)
3. Van de neerlegging wordt door zorg van de curator aankondiging gedaan in het nieuwsblad of de nieuwsbladen bedoeld in artikel 14, terwijl daarvan bovendien aan ieder der erkende en voorwaardelijk toegelaten schuldeisers, alsmede aan de schuldeisers als bedoeld in artikel 110, derde lid, schriftelijk kennis wordt gegeven, met vermelding van het voor hem uitgetrokken bedrag.

Art. 184
1. Gedurende de in het vorige artikel genoemde termijn kan ieder schuldeiser in verzet komen tegen de uitdelingslijst, door inlevering van een met redenen omkleed bezwaarschrift ter griffie; hem wordt door de griffier een bewijs van ontvangst afgegeven. — *Bezwaarschrift tegen uitdelingslijst*
2. Het bezwaarschrift wordt als bijlage bij de lijst gevoegd.
(Zie ook: art. 9 WTBZ)

Art. 185
1. Zo er verzet gedaan is, bepaalt de rechter-commissaris, onmiddellijk na afloop van de termijn van inzage, de dag, waarop het ter openbare zitting behandeld zal worden. Deze beschikking ligt ter griffie ter kosteloze inzage van een ieder. Bovendien doet de griffier daarvan aan de opposanten en de curator schriftelijk mededeling. De dag van behandeling mag niet later gesteld worden dan veertien dagen na afloop van de termijn van artikel 183. — *Behandeling bezwaarschrift*
2. Op de bepaalde dag wordt ter openbare zitting door de rechter-commissaris een schriftelijk rapport uitgebracht, en kan de curator en ieder der schuldeisers in persoon, bij schriftelijk gemachtigde of bij advocaat de gronden uiteenzetten ter verdediging of bestrijding van de uitdelingslijst.
(Zie ook: art. 152 FW)
3. Op dezelfde dag, of anders zo spoedig mogelijk, geeft de rechtbank haar met redenen omklede beschikking.

Art. 186
[Vervallen]

Art. 187
1. Van de beschikking der rechtbank kan binnen acht dagen, nadat zij is gegeven, beroep in cassatie worden ingesteld door de curator en door iedere schuldeiser. — *Beroep in cassatie*
2. Het beroep wordt ingesteld door indiening van een verzoek ter griffie van de Hoge Raad. De Voorzitter bepaalt terstond dag en uur voor de behandeling, welke zal moeten plaats hebben binnen twintig dagen. De griffier geeft van het beroep onverwijld kennis aan de griffier van de rechtbank, welke de beschikking op het verzet heeft gegeven.
3. Het beroep wordt ter openbare zitting behandeld. De curator en alle schuldeisers kunnen aan de behandeling deelnemen.
4. Door verloop van de termijn van artikel 183, of, zo verzet is gedaan, doordat de beschikking op het verzet in kracht van gewijsde is gegaan, wordt de uitdelingslijst verbindend. — *Verbindend worden uitdelingslijst*
(Zie ook: art. 195 FW)

Art. 188
1. Door levering ingevolge verkoop door de curator en de voldoening van de koopprijs gaan alle op het verkochte goed rustende hypotheken teniet en vervallen de beperkte rechten die niet tegen alle geverifieerde schuldeisers ingeroepen kunnen worden. — *Tenietgaan rechten*
2. De rechter-commissaris geeft desverlangd aan de koper een verklaring af van dit tenietgaan en vervallen. De verklaring kan bij of na de levering in de registers worden ingeschreven. Zij machtigt dan de bewaarder der registers tot doorhaling van de betrokken inschrijvingen. — *Verklaring*
3. Op verkoop, door de curator, van tot de boedel behorende schepen, is artikel 578 van het Wetboek van Burgerlijke Rechtsvordering toepasselijk. — *Verkoop van schepen*
(Zie ook: artt. 57, 67, 132, 180 FW; artt. 17, 273 BW Boek 3; artt. 219, 829 BW Boek 8; artt. 8, 18, 48 Kadw)

Art. 189
1. De uitdeling, uitgetrokken voor een voorwaardelijk toegelaten schuldeiser, wordt niet uitgekeerd, zolang niet omtrent zijn vordering beslist zal zijn. Blijkt het ten slotte dat hij niets of minder te vorderen heeft, dan komen de voor hem bestemde gelden geheel of ten dele ten bate van de andere schuldeisers. — *Voorwaardelijk toegelaten schuldeisers*

art. 190

Vorderingen met betwiste voorrang	**2.** Uitdelingen bestemd voor vorderingen, welker voorrang betwist wordt, worden, voorzover zij meer bedragen dan de percenten over de concurrente vorderingen uit te keren, gereserveerd tot na de uitspraak over de voorrang. *(Zie ook: artt. 125, 130, 136, 192, 194 FW)*

Art. 190

Uitkering onder aftrek van reeds ontvangene	Indien enig goed met betrekking waartoe een schuldeiser voorrang heeft, wordt verkocht nadat hem ingevolge artikel 179 in verband met het slot van artikel 180, reeds een uitkering is gedaan, wordt hem bij een volgende uitdeling het bedrag waarvoor hij op de opbrengst van goed batig gerangschikt is, niet anders uitgekeerd dan onder aftrek van de percenten die hij reeds tevoren over dit bedrag ontving. *(Zie ook: artt. 59, 132 FW)*

Art. 191
[Vervallen]

Art. 192

Onverwijlde uitkering; storting in consignatiekas	Na afloop van de termijn van inzage, bedoeld bij artikel 183, of na uitspraak van het vonnis op het verzet, is de curator verplicht de vastgestelde uitkering onverwijld te doen. De uitkeringen, waarover niet binnen één maand daarna is beschikt of welke ingevolge artikel 189 gereserveerd zijn, worden door hem in de kas der gerechtelijke consignatiën gestort.

Art. 193

Einde faillissement	**1.** Zodra aan de geverifieerde schuldeisers het volle bedrag hunner vorderingen is uitgekeerd, of zodra de slotuitdelingslijst verbindend is geworden, neemt het faillissement een einde, behoudens de bepaling van artikel 194. Door de curator geschiedt daarvan aankondiging op de wijze bij artikel 14 bepaald. *(Zie ook: artt. 50, 61, 187, 195, 206 FW; artt. 51, 303 BW Boek 2)*
Rekening en verantwoording	**2.** Na verloop van een maand doet de curator rekening en verantwoording van zijn beheer aan de rechter-commissaris. *(Zie ook: art. 73 FW; art. 771 Rv)*
Afgifte bescheiden	**3.** De boeken en papieren, door de curator in de boedel gevonden, worden door hem tegen behoorlijk bewijs aan de schuldenaar afgegeven. *(Zie ook: art. 92 FW)*

Art. 194

Verdeling nakomende baten	Indien na de slotuitdeling ingevolge artikel 189 gereserveerde uitdelingen aan de boedel terugvallen, of mocht blijken dat er nog baten van de boedel aanwezig zijn, welke ten tijde der vereffening niet bekend waren, gaat de curator, op bevel van de rechtbank, tot vereffening en verdeling daarvan over op de grondslag van de vroegere uitdelingslijsten. *(Zie ook: artt. 167, 195 FW; art. 23c BW Boek 2)*

Achtste afdeling
Van de rechtstoestand des schuldenaars na afloop van de vereffening

Art. 195

Rechten schuldeisers na vereffening	Door het verbindend worden der slotuitdelingslijst herkrijgen de schuldeisers voor hun vorderingen, in zover deze onvoldaan zijn gebleven, hun rechten van executie op de goederen van de schuldenaar. *(Zie ook: artt. 33, 187, 193, 202 FW)*

Art. 196

Kracht van gewijsde; executoriale titel	De in het vierde lid van artikel 121 bedoelde erkenning ener vordering heeft kracht van gewijsde zaak tegen de schuldenaar; het proces-verbaal der verificatievergadering levert voor de daarin als erkend vermelde vorderingen de voor tenuitvoerlegging vatbare titel op tegen de schuldenaar. *(Zie ook: artt. 159, 274 FW; artt. 236, 430 Rv)*

Art. 197

Door gefailleerde betwiste vordering	De bepaling van het vorige artikel geldt niet voorzover de vordering door de gefailleerde overeenkomstig artikel 126 betwist is. *(Zie ook: art. 159 FW)*

Negende afdeeling
[Vervallen]

Art. 198-202
[Vervallen]

Tiende afdeling
Bepalingen van internationaal recht

Art. 203
Schuldeisers, die na de faillietverklaring hun vordering geheel of gedeeltelijk afzonderlijk verhaald hebben op in het buitenland zich bevindende, aan hen niet bij voorrang verbonden, goederen van de in Nederland gefailleerde schuldenaar, zijn verplicht het aldus verhaalde aan de boedel te vergoeden.
(Zie ook: artt. 20, 251 FW; art. 95 BW Boek 6; art. 431 Rv)

Verhaal op goederen in buitenland

Art. 204
1. De schuldeiser, die zijn vordering tegen de gefailleerde, geheel of gedeeltelijk, aan een derde overdraagt, ten einde deze in de gelegenheid te stellen die vordering, geheel of gedeeltelijk, afzonderlijk of bij voorrang te verhalen op in het buitenland zich bevindende goederen van de gefailleerde, is verplicht het aldus verhaalde aan de boedel te vergoeden.
2. De overdracht wordt, behoudens tegenbewijs, vermoed met dit doel te zijn geschied, als zij is gedaan met de wetenschap, dat de faillietverklaring reeds was aangevraagd of aangevraagd zou worden.
(Zie ook: artt. 54, 251, 359a FW; art. 695 BW Boek 6)

Verhaal op goederen in het buitenland

Art. 205
1. Gelijke verplichting tot vergoeding jegens de boedel rust op hem die zijn vordering of zijn schuld geheel of gedeeltelijk aan een derde overdraagt, die daardoor in staat wordt gesteld in het buitenland een door deze wet niet toegelaten verrekening in te roepen.
2. Het tweede lid van het vorige artikel is hier toepasselijk.
(Zie ook: artt. 53, 251 FW; artt. 695, 127 BW Boek 6)

Schuldvergelijking vergoedingsplicht

Elfde afdeling
Van rehabilitatie

Art. 206
Nadat het faillissement overeenkomstig de artikelen 161 of 193 geëindigd is, is de schuldenaar of zijn erfgenamen bevoegd een verzoek van rehabilitatie in te leveren bij de rechtbank, die het faillissement heeft berecht.
(Zie ook: art. 5 FW)

Verzoek om rehabilitatie

Art. 207
De schuldenaar of zijn erfgenamen zijn tot dit verzoek niet ontvankelijk, tenzij bij het verzoekschrift zij overgelegd het bewijs, waaruit blijkt, dat alle erkende schuldeisers, ten genoegen van elk hunner, zijn voldaan.
(Zie ook: art. 193 FW)

Niet-ontvankelijkheid verzoek

Art. 208
Van het verzoek wordt aankondiging gedaan in de Staatscourant.
(Zie ook: art. 14 FW)

Aankondiging verzoek

Art. 209
1. Ieder erkend schuldeiser is bevoegd om binnen de tijd van twee maanden na voorschreven aankondiging verzet tegen het verzoek te doen, door inlevering van een met redenen omkleed bezwaarschrift ter griffie; hem wordt door de griffier een bewijs van ontvangst afgegeven.
2. Dit verzet zal alleen daarop kunnen gegrond zijn, dat door de verzoeker niet behoorlijk aan het voorschrift van artikel 207 is voldaan.
(Zie ook: art. 10 FW)

Verzet tegen verzoek

Art. 210
Na verloop van de voormelde twee maanden zal de rechtbank, om het even of er verzet of geen verzet is gedaan, op de conclusie van het Openbaar Ministerie het verzoek toestaan of weigeren.
(Zie ook: art. 324 Rv)

Beslissing op verzoek

Art. 211
Van de beslissing der rechtbank wordt noch hoger beroep, noch cassatie toegelaten.

Geen hoger beroep of cassatie

Art. 212
Het vonnis, waarbij de rehabilitatie wordt toegestaan, wordt ter openbare zitting uitgesproken, terwijl mede daarvan aantekening geschiedt in het in artikel 19 bedoelde register.

Uitspraak; aantekening in openbaar register

Afdeling 11A
Van het definitieve karakter van de afwikkeling van betalingen en effectentransacties in betalings- en afwikkelingssystemen

Art. 212a
Voor de toepassing van deze afdeling en afdeling 11AA wordt verstaan onder:

Begripsbepalingen

a. instelling:
1°. een bank als bedoeld in artikel 1:1 van de Wet op het financieel toezicht;
2°. een financiële instelling die een verklaring van ondertoezichtstelling als bedoeld in artikel 3:110, eerste lid, van de Wet op het financieel toezicht heeft;
3°. een beleggingsonderneming als bedoeld in artikel 1:1 van de Wet op het financieel toezicht;
4°. een centrale tegenpartij, indien deze in het kader van deelname aan het systeem op grond van een overboekingsopdracht tegoeden in financiële instrumenten verkrijgt;
5°. een overheidsinstantie of onderneming met overheidsgarantie;
6°. een ieder, bedoeld in artikel 3:4 van de Wet op het financieel toezicht, die een vergunning heeft als bedoeld in artikel 2:11 van die wet;
7°. een clearinginstelling als bedoeld in artikel 1:1 van de Wet op het financieel toezicht;
8°. degene die een vergunning heeft verkregen ingevolge artikel 3:4 van de Wet op het financieel toezicht;
b. systeem:
1°. een door de Minister van Financiën op grond van artikel 212d aangewezen systeem;
2°. een formele overeenkomst waarop het recht van een lidstaat van de Europese Unie of een andere staat die partij is bij de Overeenkomst betreffende de Europese Economische Ruimte van toepassing is en die door een andere lidstaat van de Europese Unie als systeem in de zin van richtlijn nr. 98/26/EG van het Europees Parlement en de Raad van de Europese Unie van 19 mei 1998 (PbEG L 166) is aangemeld bij de Europese Autoriteit voor effecten en markten; of
(Zie ook: art. 71 Wtk 1992)
3°. een formele overeenkomst tussen twee of meer deelnemers, de systeemexploitant, een afwikkelende instantie, een centrale tegenpartij, een verrekeningsinstituut of een indirecte deelnemer niet meegerekend, met gemeenschappelijke regels en standaardprocedures voor de clearing of het uitvoeren van overboekingsopdrachten tussen de deelnemers, waarop het recht van een staat die geen lidstaat van de Europese Unie of partij bij de Overeenkomst betreffende de Europese Economische Ruimte is van toepassing is, indien op het systeem toezicht wordt uitgeoefend door een toezichthouder die voldoet aan bij algemene maatregel van bestuur te bepalen voorwaarden;
c. centrale tegenpartij: een lichaam dat tussen de instellingen die deelnemen aan een systeem, in staat en dat optreedt als de exclusieve tegenpartij van deze instellingen met betrekking tot hun overboekingsopdrachten;
d. afwikkelende instantie: een lichaam dat aan instellingen of centrale tegenpartijen die deelnemen aan systemen, afwikkelingsrekeningen beschikbaar stelt via welke overboekingsopdrachten binnen die systemen worden afgewikkeld;
e. verrekeningsinstituut: een lichaam dat verantwoordelijk is voor de berekening van de netto posities van de instellingen, een eventuele centrale tegenpartij of een eventuele afwikkelende instantie;
f. deelnemer: een instelling, een centrale tegenpartij, een afwikkelende instantie een systeemexploitant, dan wel een verrekeningsinstituut;
g. centrale bank: een centrale bank van een lidstaat van de Europese Unie, de centrale bank van een andere Staat die partij is bij de Overeenkomst betreffende de Europese Economische Ruimte, dan wel de Europese Centrale Bank;
h. bijkantoor: een duurzaam in een andere staat dan de staat van de zetel aanwezig onderdeel zonder rechtspersoonlijkheid van een instelling;
i. financieel instrument: een financieel instrument als bedoeld in artikel 1:1 van de Wet op het financieel toezicht;
j. overboekingsopdracht: een opdracht door een deelnemer om door middel van een boeking op de rekeningen van een bank, een centrale bank, een centrale tegenpartij of een afwikkelende instantie een geldsom ter beschikking van een ontvanger te stellen, of iedere opdracht die resulteert in het op zich nemen of het nakomen van een betalingsverplichting zoals gedefinieerd in de regels van het systeem of in een andere overeenkomst, dan wel een opdracht door een deelnemer om door middel van een boeking in een register of anderszins, de rechten op of de rechten ten aanzien van één of meer financiële instrumenten over te boeken;
k. insolventieprocedure: elke collectieve maatregel waarin de wetgeving van een lidstaat of van een derde land voorziet, met het oog op de liquidatie of de sanering van de deelnemer indien een dergelijke maatregel gepaard gaat met opschorting van, of oplegging van beperkingen aan overboekingen en betalingen;
l. verrekening: het in één nettovordering of nettoverplichting omzetten van vorderingen en verplichtingen die voortvloeien uit overboekingsopdrachten die een deelnemer geeft aan of ontvangt van, dan wel die deelnemers geven aan of ontvangen van, één of meer andere deelnemers, met als gevolg dat er alleen een nettovordering of een nettoverplichting ontstaat;

m. afwikkelingsrekening: een rekening bij een centrale bank, een afwikkelende instantie of een centrale tegenpartij, die gebruikt wordt voor het houden van geld of financiële instrumenten en waarmee ook transacties tussen deelnemers aan een systeem worden afgewikkeld;
n. werkdag: de periode voor afwikkeling zowel overdag als 's nachts, en die alle gebeurtenissen omvat die tijdens de bedrijfscyclus van een systeem plaatsvinden;
o. interoperabele systemen: twee of meer systemen waarvan de systeemexploitanten een onderlinge regeling hebben getroffen voor de uitvoering tussen de systemen van overboekingsopdrachten;
p. systeemexploitant: een entiteit die wettelijk aansprakelijk is voor de werking van een systeem.

Art. 212b

1. Het tijdstip waarop de faillietverklaring is uitgesproken is, in afwijking van de artikelen 23 en 35, tevens het tijdstip van waaraf de faillietverklaring van een deelnemer werkt ten aanzien van een door die deelnemer gegeven overboekingsopdracht, opdracht tot verrekening of enige uit een dergelijke opdracht voortvloeiende betaling, levering, verrekening of andere rechtshandeling die benodigd is om de opdracht volledig in het systeem of op grond van een andere overeenkomst uit te voeren of rechten en verplichtingen die voor een deelnemer zijn ontstaan ingevolge of in verband met zijn deelname aan het systeem of het zijn van partij bij een andere overeenkomst waarop het recht van een staat die geen lidstaat van de Europese Unie of partij bij de Overeenkomst betreffende de Europese Economische Ruimte is van toepassing is, indien op de overeenkomst toezicht wordt uitgeoefend door een toezichthouder die voldoet aan bij algemene maatregel van bestuur te bepalen voorwaarden. De rechtbank vermeldt dit tijdstip tot op de minuut nauwkeurig op het vonnis. *Terugwerking faillietverklaring deelnemer t.a.v. overboekingsopdracht of opdracht tot verrekening*

2. In afwijking van artikel 63a, geldt de afkoelingsperiode niet voor een bevoegdheid tot verhaal op tot de boedel behorende goederen of tot opeising van goederen die zich in de macht van de gefailleerde of de curator bevinden, noch voor de goederen waarop een dergelijke bevoegdheid betrekking heeft, indien die bevoegdheid is toegekend aan een centrale bank of, in verband met deelname aan het systeem of het zijn van partij bij een andere overeenkomst als bedoeld in het eerste lid, aan een andere deelnemer aan het systeem of partij bij een andere overeenkomst als bedoeld in het eerste lid. *Gevallen waarin afkoelingsperiode niet geldt*

3. De artikelen 23, 24, 35, 53, eerste lid, en 54, tweede lid, van deze wet, alsmede artikel 72, aanhef en onder a, van boek 3 van het Burgerlijk Wetboek, kunnen niet aan derden worden tegengeworpen ten aanzien van een door een deelnemer na het tijdstip van faillietverklaring van die deelnemer gegeven overboekingsopdracht, opdracht tot verrekening of enige uit een dergelijke opdracht voortvloeiende betaling, levering, verrekening of andere rechtshandeling die benodigd is om de opdracht volledig uit te voeren, indien de opdracht in het systeem of op grond van een andere overeenkomst als bedoeld in het eerste lid wordt uitgevoerd binnen een werkdag als omschreven in de regels van het systeem of in de andere overeenkomst als bedoeld in het eerste lid, gedurende welke de faillietverklaring heeft plaatsgevonden en de systeemexploitant kan aantonen dat deze op het tijdstip waarop deze opdrachten onherroepelijk worden de faillietverklaring niet kende of behoorde te kennen. *Terugwerking faillietverklaring deelnemer t.a.v. overboekingsopdracht of opdracht tot verrekening*

4. Het eerste en het derde lid zijn van overeenkomstige toepassing op de toekenning en op de uitoefening van een bevoegdheid als bedoeld in het tweede lid alsmede in geval van een faillietverklaring van een systeemexploitant van een interoperabel systeem die geen deelnemer is. *Overeenkomstige toepassing*

5. Bij interoperabele systemen stelt elk door de minister van Financiën aangewezen systeem in zijn eigen regels het tijdstip van invoering en het tijdstip van onherroepelijkheid in dat systeem zodanig vast dat er zoveel mogelijk voor wordt gezorgd dat de regels van alle betrokken interoperabele systemen in dit opzicht gecoördineerd worden. Tenzij zulks in de regels van de systemen die van de operabele systeem deel uitmaken uitdrukkelijk is bepaald, laten de regels van de andere systemen waarmee een systeem interoperabel is, de in dat systeem gehanteerde regels over het tijdstip van invoering en onherroepelijkheid onverlet.

Art. 212c

1. De griffier van de rechtbank stelt De Nederlandsche Bank N.V. terstond in kennis van de faillietverklaring van een deelnemer. *Inkennisstelling faillietverklaring*

2. De Nederlandsche Bank N.V. stelt daarna terstond de door de Minister van Financiën op grond van artikel 212d aangewezen systemen, alsmede de bevoegde autoriteiten van de overige lidstaten van de Europese Unie en van de andere staten die partij zijn bij de Overeenkomst betreffende de Europese Economische Ruimte, alsmede het Europees Comité voor systeemrisico's en de Europese autoriteit voor effecten en markten, in kennis van de faillietverklaring.

3. Bij algemene maatregel van bestuur worden tevens regels gesteld met betrekking tot de inkennisstelling door De Nederlandsche Bank N.V. van de faillietverklaring aan een systeem als bedoeld in artikel 212a, onderdeel b, onder 3°. Die regels kunnen bepalen dat deelnemers gegevens aan De Nederlandsche Bank N.V. verstrekken die De Nederlandsche Bank N.V. in staat stellen aan deze verplichting van inkennisstelling te voldoen.

Art. 212d

Aanwijzing formele overeenkomst als systeem

1. De Minister van Financiën kan, De Nederlandsche Bank N.V. gehoord, als systeem aanwijzen een formele overeenkomst tussen drie of meer deelnemers, de systeemexploitant, een afwikkelende instantie, een centrale tegenpartij, een verrekeningsinstituut of een indirecte deelnemer niet meegerekend, met gemeenschappelijke regels en standaardprocedures voor de clearing of het uitvoeren van overboekingsopdrachten tussen de deelnemers, mits:
   a. de deelnemers het Nederlandse recht hebben gekozen als het recht dat op die overeenkomst van toepassing is; en
   b. ten minste een van de deelnemers zijn hoofdvestiging in Nederland heeft.
2. Indien dit noodzakelijk is met het oog op het vermijden van systeemrisico's, kan de Minister van Financiën, De Nederlandsche Bank N.V. gehoord, als systeem aanwijzen een formele overeenkomst tussen twee deelnemers, een afwikkelende instantie, een centrale tegenpartij, een verrekeningsinstituut of een indirecte deelnemer niet meegerekend, met gemeenschappelijke regels en standaardprocedures voor het uitvoeren van overboekingsopdrachten tussen de deelnemers, mits:
   a. de deelnemers het Nederlandse recht hebben gekozen als het recht dat op die overeenkomst van toepassing is; en
   b. ten minste een van de deelnemers zijn hoofdvestiging in Nederland heeft.
3. Een tussen interoperabele systemen gesloten overeenkomst vormt geen systeem.
4. Aan de beschikking tot aanwijzing als systeem en aan de beschikking tot aanwijzing als systeemexploitant kan de Minister van Financiën voorschriften verbinden.
5. De systeemexploitant stelt De Nederlandsche Bank N.V. in kennis van de instellingen die direct of indirect deelnemer aan het systeem zijn, alsmede van elke aanvang of beëindiging van deelname door een instelling aan het systeem. De Nederlandsche Bank N.V. ontvangt de informatie namens de Minister van Financiën.
6. Van een beschikking als bedoeld in het eerste lid wordt in de Staatscourant mededeling gedaan.
7. De Minister van Financiën meldt de aangewezen systemen aan bij de Europese autoriteit voor effecten en markten.
(Zie ook: Aanw.syst. FW)
8. Een instelling deelt desgevraagd een ieder die een gerechtvaardigd belang heeft mee aan welke systemen de instelling deelneemt en verstrekt informatie over de belangrijkste regels die gelden voor de werking van die systemen.

Art. 212e

Insolventieprocedure

Ingeval een insolventieprocedure wordt geopend tegen een deelnemer, worden de rechten en de verplichtingen die zij uit of in verband met deelname aan een systeem heeft, bepaald door het recht waardoor dat systeem wordt beheerst.

Art. 212f

[Vervallen]

Afdeling 11AA
Van het faillissement van een bank

§ 1
In Nederland gevestigde bank en buiten de Europese Economische Ruimte gevestigde bank met bijkantoor in Nederland

Art. 212g

Faillissement bankkredietinstellingen; toepasselijkheid

1. Voor de toepassing van deze afdeling wordt verstaan onder:
   a. bank: bank als bedoeld in artikel 1:1 van de Wet op het financieel toezicht;
   b. liquidatieprocedure: een collectieve procedure, het faillissement daaronder begrepen, geopend in een lidstaat, die het te gelde maken van de activa van een bank en het op toepasselijke wijze verdelen van de opbrengst onder de schuldeisers, aandeelhouders of leden behelst, en die noodzakelijkerwijs een optreden van administratieve of rechterlijke instanties behelst, daaronder begrepen de collectieve procedure die wordt afgesloten met een gerechtelijk akkoord of een andere maatregel van dezelfde strekking;
   c. lidstaat: een staat die lid is van de Europese Unie alsmede een staat, niet zijnde een lidstaat van de Europese Unie, die partij is bij de overeenkomst betreffende de Europese Economische Ruimte (Trb. 1992, 132);
   d. lidstaat van herkomst: de lidstaat waar aan een bank de vergunning voor de uitoefening van haar bedrijf is verleend;
   e. bevoegde instanties: de administratieve of rechterlijke instanties die bevoegd zijn ter zake van liquidatieprocedures;
   f. bevoegde autoriteit:

1°. een bevoegde autoriteit als bedoeld in artikel 4, eerste lid, onderdeel 40, van verordening (EU) nr. 575/2013 van het Europees Parlement en de Raad van 26 juni 2013 betreffende prudentiële vereisten voor kredietinstellingen en beleggingsondernemingen en tot wijziging van Verordening (EU) nr. 648/2012 (PbEU 2013, L 176); of
2°. een afwikkelingsautoriteit in de zin van artikel 2, eerste lid, onderdeel 18, van de richtlijn 2014/59/EU van het Europees Parlement en de Raad van 15 mei 2014 betreffende de totstandbrenging van een kader voor het herstel en de afwikkeling van kredietinstellingen en beleggingsondernemingen en tot wijziging van Richtlijn 82/891/EEG van de Raad en de Richtlijnen 2001/24/EEG, 2002/47/EG, 2001/35/EU, 2012/30EU en 2013/136/EU en de Verordeningen (EU) nr. 1093/2010 en (EU) nr. 648/2012, van het Europees Parlement en de Raad (PbEU 2014, L 173), met betrekking tot uit hoofde van die richtlijn genomen maatregelen;
g. curator: de curator of elke andere persoon of ander orgaan, aangewezen door de bevoegde instanties van een andere lidstaat dan Nederland of door een bestuursorgaan van de bank om de liquidatieprocedure uit te voeren;
h. financiële instrumenten: instrumenten, bedoeld in artikel 1:1 van de Wet op het financieel toezicht;
i. deposito: een deposito als bedoeld in artikel 1:1 van de Wet op het financieel toezicht;
j. gegarandeerd deposito: een deposito voor zover dit voor vergoeding ingevolge het depositogarantiestelsel, bedoeld in artikel 3:259, tweede lid, van de Wet op het financieel toezicht in aanmerking komt;
k. deposito-overeenkomst: de overeenkomst op grond waarvan een depositohouder een deposito houdt bij een bank;
l. overnemer: degene die deposito-overeenkomsten, activa of passiva anders dan uit hoofde van deposito-overeenkomsten overneemt, degene die bereid is zulks te doen en degene die onderzoekt of hij daartoe bereid is;
m. in aanmerking komend deposito: deposito dat valt onder de werking van het depositogarantiestelsel, bedoeld in artikel 3:259, tweede lid, van de Wet op het financieel toezicht;
n. kleine, middelgrote en micro-ondernemingen: kleine, middelgrote en mirco-ondernemingen als met betrekking tot het criterium jaaromzet gedefinieerd in de aanbeveling van de Europese Commissie van 6 mei 2003 betreffende de definitie van kleine, middelgrote en micro-ondernemingen, (PbEU 2003, L 124/16);
o. verordening gemeenschappelijk afwikkelingsmechanisme: verordening (EU) nr. 806/2014 van het Europees parlement en de Raad van 15 juli 2014 tot vaststelling van eenvormige regels en een eenvormige procedure voor de afwikkeling van kredietinstellingen en bepaalde beleggingsondernemingen in het kader van een gemeenschappelijk afwikkelingsmechanisme en een gemeenschappelijk bankenafwikkelingsfonds en tot wijziging van Verordening (EU) nr. 1093/2010 van het Europees parlement en de Raad (PbEU 2014, L 225);
p. verordening bankentoezicht: verordening (EU) Nr. 1024/2013 van de Raad van 15 oktober 2013 waarbij aan de Europese Centrale Bank specifieke taken worden opgedragen betreffende het beleid inzake het prudentieel toezicht op kredietinstellingen (PbEU 2013, L 287).
2. Voor de toepassing van deze afdeling is een bank gevestigd in:
a. de staat waar de statutaire zetel is, indien het een rechtspersoon betreft die overeenkomstig het toepasselijke recht een statutaire zetel heeft; en
b. de staat waar haar zij haar hoofdbestuur heeft en zij feitelijk werkzaam is, indien het een andere bank betreft dan de bank, bedoeld in onderdeel a.
(Zie ook: art. 284 FW)

Art. 212h
1. In afwijking van artikel 2, eerste lid, geschiedt de faillietverklaring van een in Nederland gevestigde bank door de rechtbank Amsterdam.

Faillissement kredietinstelling, bevoegdheid rechtbank

2. Een in een andere lidstaat dan Nederland gevestigde bank die daar een vergunning heeft verkregen kan in Nederland niet in staat van faillissement worden verklaard.
3. Het eerste lid is, in afwijking van artikel 2, tweede tot en met vierde lid, van overeenkomstige toepassing op de faillietverklaring van:
a. een in een andere lidstaat dan Nederland gevestigde kredietinstelling die in die lidstaat geen vergunning heeft verkregen, en die haar bedrijf uitoefent vanuit een in Nederland gelegen bijkantoor; en
b. een in een staat die geen lidstaat is gevestigde kredietinstelling die haar bedrijf uitoefent vanuit een in Nederland gelegen bijkantoor.

Art. 212ha
1. De Nederlandsche Bank kan de rechtbank Amsterdam verzoeken ten aanzien van een bank of een beleggingsonderneming als bedoeld in artikel 3A:2, onderdeel b, van de Wet op het financieel toezicht het faillissement uit te spreken indien is voldaan aan de voorwaarden bedoeld in artikel 18, eerste lid, onderdelen a en b, van de verordening gemeenschappelijk afwikkelingsmechanisme.

Faillissementsaanvraag bank

art. 212hb   25 Faillissementswet

2. Een ander dan De Nederlandsche Bank N.V. kan niet het faillissement van een bank die een door de Europese Centrale Bank of De Nederlandsche Bank N.V. verleende vergunning heeft aanvragen.
3. Een bank die een door de Europese Centrale Bank of De Nederlandsche Bank N.V. verleende vergunning heeft kan aangifte doen van haar eigen faillissement. In dat geval stelt de rechtbank de Europese Centrale Bank of De Nederlandsche Bank N.V., al naar gelang de bevoegdheidsverdeling op grond van de artikelen 4 en 6 van de verordening bankentoezicht, in staat te worden gehoord alvorens te beslissen op de aangifte.

Art. 212hb
Bevoegdheid Rechtbank Amsterdam
Indien het belang van de gezamenlijke schuldeisers bij de afwikkeling van een bank met zetel in Nederland die niet een door de Europese Centrale Bank of De Nederlandsche Bank N.V. verleende vergunning heeft een bijzondere voorziening behoeft kan de rechtbank Amsterdam op verzoek van De Nederlandsche Bank N.V. het faillissement uitspreken.

Art. 212hc
[Vervallen]

Art. 212hd
Procedure behandeling faillissementsverzoek
De Nederlandsche Bank N.V. zendt een afschrift van het verzoekschrift aan de bank en geeft kennis van de inhoud van het verzoekschrift aan de bevoegde autoriteiten van de andere lidstaten waar een bijkantoor van de bank is gelegen of waarnaar zij diensten verricht vanuit haar vestigingen in een andere lidstaat.

Art. 212he
Behandeling met spoed van faillissementsverzoek
De rechtbank behandelt het verzoek van De Nederlandsche Bank N.V. tot het uitspreken van het faillissement of een aangifte door de bank met de meeste spoed op een niet openbare zitting op de voet van de rechtspleging in burgerlijke zaken, voorzover daarvan bij deze wet niet is afgeweken.

Art. 212hf
Verweer tegen faillissementsverzoek
1. De bank onderscheidenlijk de beleggingsonderneming kan, na in gelegenheid te zijn gesteld te worden gehoord, zich verweren tegen het oordeel van de Nederlandsche Bank N.V. dat is voldaan aan de voorwaarden bedoeld in artikel 212ha, eerste lid.
2. Ingeval een bank zich heeft verweerd tegen een oordeel als bedoeld in het eerste lid, verklaart de rechtbank dat verweer uitsluitend dan gegrond indien De Nederlandsche Bank N.V. in redelijkheid niet tot dat oordeel heeft kunnen komen.

Art. 212hg
Faillissement
De rechtbank spreekt het faillissement uit indien summierlijk blijkt dat zich een situatie, als bedoeld in artikel 212ha, eerste lid, voordoet.

Art. 212hga
Faillissement, benoeming R-C en curatoren
1. Bij het uitspreken van het faillissement benoemt de rechtbank een van haar leden tot rechter-commissaris en benoemt zij een of meer curatoren. De Nederlandsche Bank N.V. kan voor de benoeming van de curator of curatoren voordrachten doen.
2. Indien het verzoek wordt toegewezen, wordt de beschikking op een openbare zitting uitgesproken en wordt een uittreksel ervan onverwijld door de curator bekendgemaakt in de Staatscourant, het Publicatieblad van de Europese Unie, alsmede in ten minste twee door de rechtbank aan te wijzen Nederlandse dagbladen en ten minste twee door de rechtbank aan te wijzen landelijke dagbladen van iedere lidstaat waar een bijkantoor van de bank is gelegen of waarnaar zij diensten verricht. De uittreksels vermelden naam en zetel van de bank, de woonplaats of het kantoor van de curator alsmede de datum van de beschikking. De publicatie in de landelijke dagbladen geschiedt in de officiële taal of talen van de betrokken lidstaat. In de bekendmaking in het Publicatieblad van de Europese Unie en de landelijke dagbladen van iedere lidstaat waar de bank een bijkantoor heeft of waarnaar zij diensten verricht wordt daarenboven vermeld dat op het faillissement, behoudens uitzonderingen, Nederlands recht van toepassing is, de rechtsgrondslag, of de Europese Centrale Bank dan wel De Nederlandsche Bank N.V. de bevoegde toezichthouder is, alsmede de uiterste datum waarop tegen de beschikking beroep in cassatie kan worden ingesteld met vermelding van het volledige adres van de Hoge Raad en het onderwerp van de beschikking.

Art. 212hga*
1. De rechtbank kan tegelijk met het uitspreken van het faillissement, of daarna op verzoek van de curator aan de curator een machtiging verlenen die strekt tot het doen overgaan aan een derde van het geheel of een gedeelte van de verbintenissen van de bank, welke zij in de uitoefening van het bedrijf van bank tot het ter beschikking krijgen van gelden is aangegaan.
2. De toestemming of medewerking van een ander dan de derde is niet vereist.

Art. 212hgb
1. De rechtbank kan tegelijk met het uitspreken van het faillissement, of daarna op verzoek van de curator, aan de curator een machtiging verlenen die strekt tot wijziging, bij de overgang van verbintenissen die de bank met zetel in Nederland in de uitoefening van haar bedrijf als bank tot het ter beschikking verkrijgen van gelden is aangegaan, van die verbintenissen, met

1424

dien verstande dat de bedingen in overeenkomsten waaruit de volgende vorderingen voortvloeien daarbij niet kunnen worden gewijzigd:
a. vorderingen die door pand of hypotheek op goederen van de bank zijn gedekt;
b. termijnen van huurkoop;
c. vorderingen tot nakoming van financiëlezekerheidsovereenkomst als bedoeld in artikel 2, eerste lid, onderdeel a, van de richtlijn financiëlezekerheidsovereenkomsten; of
d. de verplichtingen die voortvloeien uit corresponderende posities en daarmee samenhangende cliëntposities als bedoeld in hoofdstuk 3b van de Wet giraal effectenverkeer, alsmede de verplichtingen met betrekking tot het stellen van zekerheid in verband met de betreffende derivatenposities, voor wat betreft de verplichtingen jegens cliënten beperkt tot de verplichtingen die kunnen worden voldaan uit het derivatenvermogen, bedoeld in artikel 49g, eerste lid, van die wet.
2. De verbintenissen kunnen overgaan met uitsluiting van enig met deze rechten en verplichtingen samenhangend recht op schadevergoeding.
3. Indien de curator na het uitspreken van het faillissement het verzoek doet, behandelt de rechtbank het verzoek met de meeste spoed op een niet openbare terechtzitting op de voet van rechtspleging in burgerlijke zaken. De Nederlandsche Bank N.V. wordt gehoord.
4. Indien de rechtbank de machtiging verleent, bepaalt de rechtbank de duur van de machtiging op ten hoogste anderhalf jaar. De curator kan verlenging van de geldigheidsduur voor telkens ten hoogste anderhalf jaar verzoeken. Zolang bij het verstrijken van de geldigheidsduur van de machtiging op een verzoek tot verlenging niet is beschikt, wordt de machtiging gehandhaafd.
5. Indien een curator voornemens is over te gaan tot overdracht van verbintenissen die een bank met zetel in Nederland en in de uitoefening van haar bedrijf als bank tot het ter beschikking verkrijgen van gelden heeft aangegaan, vraagt hij daaromtrent advies van De Nederlandsche Bank N.V.. Indien de curator toestemming als bedoeld in artikel 176 vraagt, legt hij daarbij dit advies over.

Art. 212hgc
1. Zodra de overgang van rechten en verplichtingen heeft plaatsgevonden, maakt de curator de overgang en, ingeval de overeenkomst is gewijzigd, de wijzigingen bekend door plaatsing in de Staatscourant en in ten minste drie dagbladen die door de rechtbank kunnen zijn aangewezen. Ingeval de rechtbank geen dagbladen heeft aangewezen, kan de curator de overgang en de wijzigingen ook op andere wijze bekendmaken.
2. De overdracht en de wijzigingen worden ten aanzien van alle andere belanghebbenden dan de bank en de derde van kracht met ingang van de tweede dag, volgende op die van de dagtekening van de Staatscourant waarin de bekendmaking is geplaatst.
3. De Nederlandsche Bank N.V. deelt de overdracht en de wijzigingen mede aan de toezichthoudende instanties waar een bijkantoor van de bank is gelegen of waarnaar hij diensten verricht vanuit zijn vestigingen in lidstaten.

Art. 212hi
1. Een beschikking als bedoeld in artikel 212hb, 212hga, eerste lid, of 212hgb, eerste lid, is uitvoerbaar bij voorraad.
2. Artikel 10 is niet van toepassing.

Beschikking uitvoerbaar bij voorraad

Art. 212hj-212hr
[Vervallen]

Art. 212i
De Nederlandsche Bank N.V. kan een verzoek om een bank in staat van faillissement te verklaren zonder tussenkomst van een advocaat indienen.
(Zie ook: artt. 5, 283 FW)

Verzoek door DBN tot faillietverklaring bank zonder tussenkomst advocaat

Art. 212j
De Nederlandsche Bank N.V. zendt een afschrift van haar verzoekschrift aan de bank en geeft van de inhoud daarvan kennis aan:
a. de bevoegde autoriteiten van de andere lidstaten waar de bank een bijkantoor heeft of waarheen zij diensten verricht vanuit de vestigingen in de Europese Unie, indien het een in Nederland gevestigde bank betreft;
b. de bevoegde autoriteiten van de andere Lidstaten waarheen zij diensten verricht vanuit een bijkantoor in Nederland indien het een buiten de Europese Unie gevestigde bank betreft.

Afschrift verzoekschrift tot faillietverklaring

Art. 212k
De Nederlandsche Bank N.V. stelt een ontwerpbesluit als bedoeld in artikel 1:104, vijfde lid, van de Wet op het financieel toezicht op of trekt de vergunning van de bank in, indien deze op het tijdstip van de faillietverklaring nog een vergunning heeft.

Intrekken vergunning bank

Art. 212l
Indien op een bank of beleggingsonderneming een maatregel als bedoeld in de afdeling 3A.1.5 van de Wet op het financiële toezicht van toepassing is tegelijkertijd met een eigen aangifte door de bank of beleggingsonderneming, vervalt de eigen aangifte van rechtswege.

Art. 212m-212ma
[Vervallen]

Art. 212n

Inkennisstelling andere lidstaten

Na de inkennisstelling, bedoeld in artikel 212c, stelt De Nederlandsche Bank N.V. onverwijld de bevoegde autoriteiten van alle andere lidstaten in kennis van het vonnis tot faillietverklaring, alsmede van de mogelijke gevolgen daarvan in het desbetreffende geval.
(Zie ook: artt. 212c, 213q FW)

Art. 212o

Bekendmaking in PbEU

1. Onverminderd artikel 14, derde lid, plaatst de curator het uittreksel van het vonnis van faillietverklaring in het Publicatieblad van de Europese Unie, alsmede in ten minste twee landelijke dagbladen van iedere andere lidstaat dan Nederland waar de bank een bijkantoor heeft of waarheen zij diensten verricht.
(Zie ook: art. 213h FW)
2. In aanvulling op de gegevens, bedoeld in artikel 14, vermeldt de curator dat het Nederlandse recht, behoudens uitzonderingen, van toepassing is.
3. De curator kan verzoeken dat het faillissement wordt ingeschreven in een openbaar register in een andere lidstaat.
4. De kosten van inschrijving op de voet van het derde lid zijn boedelschuld.

Art. 212p

Kennisgeving aan schuldeisers

1. De curator geeft van het vonnis tot faillietverklaring onmiddellijk aan alle bekende schuldeisers schriftelijk kennis.
2. De curator die op de voet van artikel 109 aan alle bekende schuldeisers kennis geeft van de in dat artikel bedoelde beschikkingen, deelt daarbij tevens mede wat de gevolgen zijn van het indienen van een vordering na het verstrijken van de termijn, bedoeld in artikel 109, eerste lid, alsmede artikel 127, eerste en tweede lid, en dat schuldeisers, daaronder begrepen de schuldeisers met een voorrecht of zakelijk zekerheidsrecht, hun vorderingen bij de curator moeten indienen, met, in het voorkomende geval, de opgave dat op een voorrecht of zakelijk zekerheidsrecht aanspraak wordt gemaakt.
3. De curator stelt alle bekende schuldeisers regelmatig op passende wijze in kennis van in ieder geval het verloop van de procedure.

Art. 212q

Formulier kennisgeving

1. De kennisgeving, bedoeld in artikel 212p, eerste lid, aan een bekende schuldeiser met gewone verblijfplaats of woonplaats in een lidstaat, geschiedt in het Nederlands met een formulier dat in alle officiële talen van de Europese Unie het opschrift draagt «Oproep tot indiening van opmerkingen betreffende schuldvorderingen. Termijnen».
2. Elke schuldeiser met gewone verblijfplaats of woonplaats in een lidstaat kan zijn vordering en schriftelijke opmerkingen betreffende zijn vordering indienen in een officiële taal van die lidstaat met een verklaring met als opschrift in de Nederlandse taal «Indiening van een vordering» onderscheidenlijk «Indiening van opmerkingen betreffende een vordering».
3. De curator kan een vertaling in het Nederlands van het stuk waarbij de vordering wordt ingediend en van de opmerkingen betreffende de vordering verlangen.

Art. 212r

Onbekendheid met faillietverklaring

In afwijking van artikel 52, tweede lid, bevrijdt voldoening na de bekendmaking van de faillietverklaring van een bank die geen natuurlijk persoon is tegenover de boedel indien degene die haar deed, bewijst dat hij niet bekend was met de faillietverklaring.

Art. 212ra

Bevoorrechte status gegarandeerde deposito's

1. De volgende vorderingen worden verhaald op de boedel na de vorderingen, genoemd in artikel 288 van Boek 3 van het Burgerlijk Wetboek en voor de vorderingen van concurrente schuldeisers, in de volgende volgorde:
a. vorderingen ter zake van gegarandeerde deposito's, met inbegrip van vorderingen van het Depositogarantiefonds die op grond van artikel 3:261, vijfde lid, van de Wet op het financieel toezicht in de rechten van de depositohouder ter zake van een vordering op de betalingsonmachtige kredietinstelling is getreden, alsmede vorderingen van het Depositogarantiefonds als bedoeld in artikel 3:265e, vierde lid, van de Wet op het financieel toezicht;
b. vorderingen ter zake van het gedeelte van in aanmerking komende deposito's dat groter is dan het bedrag van de vergoeding dat krachtens artikel 3:259, derde lid, onderdeel b, van de Wet op het financieel toezicht is vastgesteld, welke deposito's worden aangehouden door natuurlijke personen en door micro-, kleine en middelgrote ondernemingen, alsmede van deposito's, aangehouden door natuurlijke personen en door micro-, kleine en middelgrote ondernemingen die in aanmerking komende deposito's zouden zijn indien zij niet waren aangehouden in buiten de Europese Unie gelegen bijkantoren van banken met zetel in de Europese Unie.
2. Zowel binnen onderdeel a als binnen onderdeel b van het eerste lid hebben de vorderingen onderling een gelijke rang.

Art. 212rb
1. Onmiddellijk na de vorderingen van concurrente schuldeisers en voor vorderingen die op enige grond zijn achtergesteld op concurrente schuldeisers, worden vorderingen uit schuldinstrumenten als bedoeld in artikel 2, eerste lid, onderdeel 48, onder ii, van richtlijn 2014/59/EU van het Europees Parlement en de Raad van 15 mei 2014 betreffende de totstandbrenging van een kader voor het herstel en de afwikkeling van kredietinstellingen en beleggingsondernemingen en tot wijziging van Richtlijn 82/891/EEG van de Raad en de Richtlijnen 2001/24/EG, 2002/47/EG, 2004/25/EG, 2005/56/EG, 2007/36/EG, 2011/35/EU, 2012/30/EU en 2013/36/EU en de Verordeningen (EU) nr. 1093/2010 en (EU) nr. 648/2012, van het Europees Parlement en de Raad (PbEU 2014, L 173), die voldoen aan de criteria, genoemd in artikel 108, tweede lid, van die richtlijn, verhaald op de boedel.
2. De vorderingen uit schuldinstrumenten, bedoeld in het eerste lid, hebben onderling een gelijke rang.
3. Dit artikel is van toepassing op een gefailleerde die ten tijde van de uitgifte van de schuldinstrumenten een entiteit was als bedoeld in artikel 1, eerste lid, onderdelen a tot en met d, van richtlijn 2014/59/EU van het Europees Parlement en de Raad van 15 mei 2014 betreffende de totstandbrenging van een kader voor het herstel en de afwikkeling van kredietinstellingen en beleggingsondernemingen en tot wijziging van Richtlijn 82/891/EEG van de Raad en de Richtlijnen 2001/24/EG, 2002/47/EG, 2004/25/EG, 2005/56/EG, 2007/36/EG, 2011/35/EU, 2012/30/EU en 2013/36/EU en de Verordeningen (EU) nr. 1093/2010 en (EU) nr. 648/2012, van het Europees Parlement en de Raad (PbEU 2014, L 173).

§ 2
Bepalingen van internationaal privaatrecht

Art. 212s
1. Een in een andere lidstaat van herkomst dan Nederland genomen beslissing tot opening van een liquidatieprocedure met betrekking tot een bank wordt van rechtswege erkend. *Internationaal privaatrecht*
2. De beslissing heeft rechtsgevolgen binnen Nederland vanaf het tijdstip dat zij rechtsgevolgen heeft in de lidstaat van herkomst.

Art. 212t
De beslissing tot opening van een liquidatieprocedure, de liquidatieprocedure zelf en de rechtsgevolgen van de liquidatieprocedure worden beheerst door het recht van de lidstaat waar de liquidatieprocedure is geopend, tenzij de wet anders bepaalt. *Opening liquidatieprocedure*

Art. 212u
1. De beslissing tot opening van een liquidatieprocedure laat onverlet het goederenrechtelijke recht van een schuldeiser of een derde op een goed of goederen, zowel bepaalde goederen als gehelen van onbepaalde goederen met een wisselende samenstelling, die toebehoren aan de bank en die zich op het tijdstip waarop de beslissing tot opening van de liquidatieprocedure rechtsgevolgen heeft, bevinden op het grondgebied van een andere lidstaat dan de lidstaat van herkomst. *Opening liquidatieprocedure, nadere regels*
2. Voor de toepassing van het eerste lid wordt onder goederenrechtelijk recht in ieder geval verstaan: *Toepasselijkheid*
a. het recht een goed te gelde te maken of te laten maken en te worden voldaan uit de opbrengst van of de inkomsten uit het goed, in het bijzonder op grond van een recht van pand of recht van hypotheek;
b. het uitsluitende recht een vordering te innen, in het bijzonder op grond van een pandrecht op de vordering of op grond van een cessie tot zekerheid van de vordering;
c. het recht om een goed van een ieder die het zonder recht houdt op te eisen, van dat goed afgifte te verlangen of van dat goed een ongestoord genot te verlangen;
d. het goederenrechtelijke recht om van een goed de vruchten te trekken.
3. Voor de toepassing van het eerste lid wordt met een goederenrechtelijk recht gelijk gesteld met in een openbaar register ingeschreven recht tot verkrijging van een goederenrechtelijk recht als bedoeld in het eerste lid dat aan derden kan worden tegengeworpen.
4. Voor de toepassing van dit artikel is de lidstaat waar een goed zich bevindt:
a. met betrekking tot registergoederen en rechten op registergoederen: de lidstaat onder het gezag waarvan het desbetreffende register wordt gehouden;
b. met betrekking tot zaken, voor zover niet vallend onder onderdeel a: de lidstaat op het grondgebied waarvan de zaak zich bevindt;
c. met betrekking tot schuldvorderingen, de lidstaat op het grondgebied waarvan de derdeschuldenaar is gevestigd.

Art. 212v
1. Ingeval de bank een zaak heeft gekocht, laat de beslissing tot opening van een liquidatieprocedure onverlet de op een eigendomsvoorbehoud berustende rechten van de verkoper, indien de zaak waarop het eigendomsvoorbehoud betrekking heeft zich op het tijdstip waarop de be- *Eigendomsvoorbehoud*

slissing tot opening van een liquidatieprocedure rechtsgevolgen heeft, bevindt op het grondgebied van een andere lidstaat dan de lidstaat van herkomst.
2. Ingeval de bank een zaak heeft verkocht, is de beslissing tot opening van een liquidatieprocedure geen grond voor ontbinding of beëindiging van de overeenkomst tot verkoop, en belet de liquidatieprocedure de koper niet de eigendom van de gekochte zaak te verkrijgen, indien de zaak zich op het tijdstip waarop de beslissing tot opening van de liquidatieprocedure rechtsgevolgen heeft, bevindt op het grondgebied van een andere lidstaat dan de lidstaat van herkomst.

Toepasselijkheid 3. Artikel 212u, vierde lid, is van overeenkomstige toepassing.

Art. 212w
Bevoegdheid schuldeisers Indien degene die zowel schuldeiser als schuldenaar is van de bank bevoegd is zijn schuld te verrekenen met de vordering op de bank op grond van het recht dat van toepassing is op de vordering van de bank, laat de beslissing tot opening van de liquidatieprocedure de bedoelde bevoegdheid onverlet.

Art. 212x
Benadeling schuldeisers De artikelen 212u tot en met 212w staan er niet aan in de weg dat een vordering wordt ingesteld tot nietigheid, vernietiging of het niet kunnen worden tegengeworpen van een rechtshandeling wegens de benadeling van het geheel van schuldeisers welke van die rechtshandeling het gevolg is.

Art. 212ij
Gevolgen liquidatieprocedure In afwijking van artikel 212t worden de gevolgen van een liquidatieprocedure voor arbeidsovereenkomsten en andere rechtsverhoudingen ter zake van het verrichten van arbeid uitsluitend beheerst door het recht van de lidstaat dat op die overeenkomst of rechtsverhouding van toepassing is.

Art. 212z
Toepasselijk recht In afwijking van artikel 212t worden de gevolgen van een liquidatieprocedure voor een overeenkomst die het recht geeft op het genot of de verkrijging van een onroerende zaak uitsluitend beheerst door het recht van de lidstaat op het grondgebied waarvan de onroerende zaak is gelegen. Dit recht bepaalt of een zaak roerend dan wel onroerend is.

Art. 212aa
Toepasselijk recht In afwijking van artikel 212t worden de gevolgen van een liquidatieprocedure voor de rechten van de bank op een registergoed beheerst door het recht van de lidstaat onder het gezag waarvan het register wordt gehouden.

Art. 212bb
Toepasselijk recht In afwijking van artikel 212t worden, onverminderd artikel 212hh, de gevolgen van een liquidatieprocedure voor de rechten en verplichtingen van deelnemers aan een gereglementeerde markt als bedoeld in artikel 4, eerste lid, onderdeel 21, van richtlijn 2014/65/EU van het Europees Parlement en de Raad van 15 mei 2014 betreffende markten voor financiële instrumenten en tot wijziging van Richtlijn 2002/92/EG en Richtlijn 2011/61/EU (PbEU 2014, L 173) uitsluitend beheerst door het recht dat op die markt van toepassing is.

Art. 212cc
Toepasselijk recht In afwijking van artikel 212t wordt de rechtsgeldigheid van een rechtshandeling, onder bezwarende titel aangegaan door de bank na het tijdstip van opening van een liquidatieprocedure, waarmee zij beschikt over een registergoed of effecten of andere waardepapieren waarvan het bestaan of de overdracht inschrijving in een wettelijk voorgeschreven register of op een wettelijk voorgeschreven rekening veronderstelt, of die zijn geplaatst in een door het recht van een lidstaat beheerst gecentraliseerd effectendepot, beheerst door het recht van de lidstaat onder het gezag waarvan het register, de rekening of het depot wordt gehouden dan wel, indien het een onroerende zaak betreft, door het recht van de lidstaat waar de onroerende zaak is gelegen.

Art. 212dd
Toepasselijk recht In afwijking van artikel 212t worden de gevolgen van de liquidatieprocedure voor een aanhangige rechtsvordering betreffende een goed waarover de bank het beheer en de beschikking heeft verloren, uitsluitend beheerst door het recht van de lidstaat waar het rechtsgeding aanhangig is.

Art. 212ee
Opening liquidatieprocedure; toepasselijkheid Artikel 212t is niet van toepassing op regels betreffende de nietigheid, de vernietigbaarheid van voor het geheel van schuldeisers nadelige rechtshandelingen en evenmin op de regels die bepalen of dergelijke rechtshandelingen kunnen worden tegengeworpen, indien degene die voordeel heeft gehad bij die rechtshandeling bewijst dat:
a. die rechtshandeling wordt beheerst door het recht van een andere lidstaat dan de lidstaat van herkomst; en
b. dat recht in het gegeven geval niet voorziet in de mogelijkheid dat die rechtshandeling wordt aangetast onderscheidenlijk niet kan worden tegengeworpen.

Art. 212ff
In afwijking van artikel 212t worden de gevolgen van een liquidatieprocedure voor een overeenkomst tot verrekening als bedoeld in artikel 212a, onderdeel m, uitsluitend beheerst door het recht dat van toepassing is op die overeenkomst.

Toepasselijk recht

Art. 212gg
In afwijking van artikel 212t worden, onverminderd artikel 212hh, de gevolgen van een liquidatieprocedure voor een overeenkomst waarbij de ene partij, de koper, zich verbindt tot een latere overdracht van een gelijke hoeveelheid activa van dezelfde soort aan de verkoper, uitsluitend beheerst door het recht van de lidstaat dat van toepassing is op die overeenkomst.

Toepasselijk recht

Art. 212hh
In afwijking van artikel 212t worden de gevolgen van een liquidatieprocedure voor het uitoefenen van het rechten op financiële instrumenten waarvan het bestaan of de overdracht inschrijving in een register, op een rekening of in een in een lidstaat bijgehouden of gesitueerd gecentraliseerd effectendepot verondersteld, uitsluitend beheerst door het recht van de lidstaat waar het register, de rekening of het gecentraliseerde effectendepot waar deze rechten zijn ingeschreven, wordt bijgehouden of is gesitueerd.

Toepasselijk recht

Art. 212ii
1. Behoudens de bevoegdheid tot het aanwenden van een dwangmaatregel en de bevoegdheid tot het doen van een uitspraak in een geding of een geschil heeft de curator uit een andere lidstaat van herkomst dan Nederland in Nederland de bevoegdheden die hij in de lidstaat van herkomst heeft. De wijze van uitoefenen van deze bevoegdheden in Nederland wordt beheerst door het Nederlandse recht.
2. De curator kan personen aanwijzen om hem te vertegenwoordigen of anderszins bij te staan.
3. Indien op grond van het recht van de lidstaat van herkomst personen zijn aangewezen om de curator te vertegenwoordigen of anderszins bij te staan, kunnen zij de bevoegdheden die zij hebben op grond van het recht van die lidstaat uitoefenen op het grondgebied van Nederland.

Bevoegdheid curator uit andere lidstaat

Art. 212jj
1. Voor het bewijs van aanwijzing van de curator uit een andere lidstaat dan Nederland volstaat een voor eensluidend gewaarmerkt afschrift van het aanwijzingsbesluit of van ieder ander door de bevoegde instanties van de lidstaat gegeven schriftelijke verklaring.
2. De curator uit een andere lidstaat dan Nederland toont op verlangen van een ieder tegenover wie hij zijn bevoegdheden wenst uit te oefenen een vertaling in de Nederlandse taal van het afschrift.

Bewijs aanduiding curator uit andere lidstaat

Art. 212kk
Op verzoek van een curator uit een andere lidstaat dan Nederland worden de gegevens met betrekking tot een liquidatieprocedure, geopend in een andere lidstaat dan Nederland, door de griffier van de rechtbank Den Haag ingeschreven in het register, bedoeld in artikel 19, eerste lid.
(Zie ook: art. 19 FW)

Inschrijving gegevens liquidatieprocedure in register Rechtbank Den Haag

Art. 212ll
Indien het faillissement is uitgesproken van een bank die niet is gevestigd in een staat van de Europese Unie of een staat die partij is bij de Overeenkomst betreffende de Europese Economische Ruimte en een bijkantoor in Nederland heeft, stelt de griffier van de rechtbank De Nederlandsche Bank N.V. onverwijld in kennis van de inhoud van de beschikking, alsmede van de mogelijke gevolgen daarvan in het desbetreffende geval. De Nederlandsche Bank N.V. stelt daarna onverwijld de bevoegde autoriteiten van de andere lidstaten van de Europese Unie en van de andere staten die partij zijn bij de Overeenkomst betreffende de Europese Economische Ruimte in kennis van de beschikking, alsmede van de mogelijke gevolgen daarvan in het desbetreffende geval. De Nederlandsche Bank N.V. stelt de bevoegde autoriteiten van de andere lidstaten van de Europese Unie en van de andere staten die partij zijn bij Overeenkomst betreffende de Europese Economische Ruimte in kennis van de beschikking en van de beëindiging van de faillietverklaring.

Inkennisstelling DNB

Art. 212mm
1. Indien een bank die niet is gevestigd in een lidstaat van de Europese Unie of een staat die partij is bij de Overeenkomst betreffende de Europese Economscue Ruimte en een bijkantoor heeft in Nederland en een of meer bijkantoren in andere lidstaten, trachten zowel de rechtbank als de Nederlandsche Bank hun optreden te coördineren met de bevoegde instanties onderscheidenlijk de bevoegde autoriteiten van die andere lidstaten.
2. In het in het eerste lid bedoelde geval tracht de in Nederland benoemde curator zijn optreden te coördineren met de curatoren in de andere lidstaten waarin aan de financiële onderneming een vergunning is verleend.

Bijkantoren in andere lidstaten

art. 212nn

Verslag curator, nadere regels m.b.t.

Art. 212nn
De curator kan in de verslagen, bedoeld in artikel 73a, geen gegevens of inlichtingen opnemen die betrekking hebben op derden die betrokken zijn of zijn geweest bij pogingen de bank in staat te stellen zijn bedrijf voort te zetten.
(Zie ook: art. 213ee FW)

Toepasselijkheid bijzondere bankenregime

Art. 212nna
Indien De Nederlandsche Bank N.V. gebruik heeft gemaakt van een bevoegdheid op grond van afdeling 3A.2.5 van de Wet op het financieel toezicht ten aanzien van een entiteit als bedoeld in artikel 3A:2, onderdelen c tot en met g, van die wet, is afdeling 11AA, met uitzondering van de artikelen 212r en 212k, van overeenkomstige toepassing op het faillissement van die entiteit.

Afdeling 11AB
Van het faillissement van een beleggingsonderneming in de zin van de verordening kapitaalvereisten

Schakelbepaling

Art. 212oo
De artikelen 212h, eerste lid, 212ha tot en met 212hq, 212i, 212j, en 212l tot en met 212nn zijn van overeenkomstige toepassing op een beleggingsonderneming in de zin van de verordening kapitaalvereisten als bedoeld in artikel 1:1 van de Wet op het financieel toezicht, met dien verstande dat in artikel 212ha voor «artikel 2:11» wordt gelezen: 2:96.

Afdeling 11B
Van het faillissement van een verzekeraar

§ 1
Definities

Begripsbepalingen

Art. 213
Voor de toepassing van deze afdeling wordt verstaan onder:
a. verzekeraar: een schadeverzekeraar of levensverzekeraar als bedoeld in onderdeel d respectievelijk onderdeel e;
b. overeenkomst van schadeverzekering: een overeenkomst van schadeverzekering als bedoeld in artikel 1:1 van de Wet op het financieel toezicht;
c. overeenkomst van levensverzekering: een overeenkomst van levensverzekering als bedoeld in artikel 1:1 van de Wet op het financieel toezicht;
d. schadeverzekeraar: een schadeverzekeraar als bedoeld in artikel 1:1 van de Wet op het financieel toezicht die onder het toepassingsgebied van de richtlijn solvabiliteit II valt;
e. levensverzekeraar: een levensverzekeraar als bedoeld in artikel 1:1 van de Wet op het financieel toezicht die onder het toepassingsgebied van de richtlijn solvabiliteit II valt;
f. zetel: de plaats waar een verzekeraar of een moedermaatschappij van een verzekeraar volgens zijn of haar statuten of reglementen is gevestigd of, indien deze geen rechtspersoon is, de plaats waar die verzekeraar of die moedermaatschappij zijn of haar hoofdvestiging heeft;
g. bijkantoor: een duurzame aanwezigheid van een verzekeraar, met uitzondering van de zetel, beheerd door eigen personeel van de verzekeraar of door een zelfstandig persoon die is gemachtigd duurzaam voor de verzekeraar op te treden;
h. liquidatieprocedure: een collectieve procedure, het faillissement daaronder begrepen, geopend in een lidstaat van de Europese Unie, die het te gelde maken van de activa van een verzekeraar en het op toepasselijke wijze verdelen van de opbrengst onder de schuldeisers, aandeelhouders of leden behelst, en die noodzakelijkerwijs een optreden van de administratieve of rechterlijke instanties van die lidstaat behelst, daaronder begrepen de collectieve procedure die wordt afgesloten met een gerechtelijk akkoord of een andere maatregel van dezelfde strekking, ongeacht of de procedure op insolventie berust en ongeacht of de procedure op eigen aangifte van de verzekeraar dan wel op verzoek van een ander is geopend;
i. lidstaat: een staat die lid is van de Europese Unie of een staat, niet zijnde een lidstaat van de Europese Unie, die partij is bij de op 2 mei 1992 tot stand gekomen overeenkomst betreffende de Europese Economische Ruimte (Trb. 1992, 132);
j. lidstaat van herkomst: de lidstaat waar de verzekeraar zijn zetel heeft;
k. bevoegde instanties: de administratieve of rechterlijke instanties die bevoegd zijn ter zake van liquidatieprocedures;
l. toezichthoudende autoriteit: de instantie die in een lidstaat bij of krachtens de wet met het toezicht op het verzekeringsbedrijf is belast;
m. curator: de curator of elke andere persoon of ander orgaan, aangewezen door de bevoegde instanties van een andere lidstaat dan Nederland of door een bestuursorgaan van de verzekeraar om de liquidatieprocedure uit te voeren;

n. vordering uit hoofde van verzekering: de rechtstreekse vordering op de verzekeraar uit hoofde van een overeenkomst van verzekering of een overeenkomst tot kapitalisatieverrichtingen of beheer over collectieve pensioenfondsen als bedoeld onder punten 6 en 7 van de opsomming betreffende het bedrijf van levensverzekeraar in de Bijlage branches bij de Wet op het financieel toezicht;
o. overnemer: degene die activa of passiva overneemt, degene die bereid is zulks te doen of degene die onderzoekt of hij daartoe bereid is;
p. richtlijn solvabiliteit II: richtlijn 2009/138/EG van het Europees Parlement en de Raad van 25 november 2009 betreffende de toegang tot en uitoefening van het verzekerings- en het herverzekeringsbedrijf (Solvabiliteit II) (herschikking) (PbEU 2009, L 335);
q. moedermaatschappij: een moedermaatschappij als bedoeld in artikel 1:1 van de Wet op het financieel toezicht.
(Zie ook: art. art. 284 FW)

§ 2
Verzekeraars met zetel in Nederland, verzekeraars zonder vergunning met zetel in een andere lidstaat dan Nederland en verzekeraars met zetel buiten de Europese Unie met bijkantoor in Nederland

Art. 213a
1. In afwijking van artikel 2, eerste lid, geschiedt de faillietverklaring van een verzekeraar met zetel in Nederland door de rechtbank Amsterdam.
2. Een verzekeraar met zetel in een in een andere lidstaat dan Nederland die daar een vergunning heeft verkregen kan in Nederland niet in staat van faillissement worden verklaard.
3. Het eerste lid is, in afwijking van artikel 2, tweede tot en met vierde lid, van overeenkomstige toepassing op de faillietverklaring van:
a. een verzekeraar met zetel in een andere lidstaat dan Nederland die in die lidstaat geen vergunning heeft verkregen, en die zijn bedrijf uitoefent vanuit een in Nederland gelegen bijkantoor; en
b. een verzekeraar met zetel in een staat die geen lidstaat is, en die zijn bedrijf uitoefent vanuit een in Nederland gelegen bijkantoor.

Faillietverklaring verzekeraar met zetel in Nederland
Verzekeraar met zetel in andere lidstaat dan Nederland
Schakelbepaling

Art. 213abis
1. De Nederlandsche Bank N.V. kan de rechtbank Amsterdam verzoeken ten aanzien van een verzekeraar het faillissement uit te spreken indien is voldaan aan de voorwaarden, bedoeld in artikel, 3A:85, eerste lid, onderdelen a en b, van de Wet op het financieel toezicht.
2. De omstandigheid dat De Nederlandsche Bank N.V. de vergunning van een verzekeraar heeft ingetrokken, staat niet eraan in de weg dat ten aanzien van die verzekeraar toepassing wordt gegeven aan deze afdeling.
3. Een ander dan De Nederlandsche Bank N.V. kan niet het faillissement van een verzekeraar die een door De Nederlandsche Bank N.V. verleende vergunning heeft of heeft gehad aanvragen.
4. De Nederlandsche Bank N.V. overlegt bij het verzoek, bedoeld in het eerste lid, een advies over de uitvoering van het faillissement door de curator.

Verzoekaanvraag DNB tot faillissement verzekeraar

Art. 213ab
Indien het belang van de gezamenlijke schuldeisers bij de afwikkeling van het bedrijf van een verzekeraar die niet een door De Nederlandsche Bank N.V. verleende vergunning heeft een bijzondere voorziening behoeft, kan de rechtbank Amsterdam, onverminderd artikel 1, eerste lid, op verzoek van De Nederlandsche Bank N.V. het faillissement uitspreken.

Belang gezamenlijke schuldeisers

Art. 213ac
[Vervallen]

Art. 213ad
De Nederlandsche Bank N.V. zendt een afschrift van het verzoekschrift aan de verzekeraar en geeft kennis van de inhoud van het verzoekschrift aan de toezichthoudende instanties van de andere lidstaten waar een bijkantoor van de verzekeraar is gelegen of waarnaar hij diensten verricht vanuit zijn vestigingen in een andere lidstaat.

Afschrift verzoekschrift tot faillissementsverklaring

Art. 213ad1
1. De rechtbank is bevoegd inzage te nemen of te doen nemen, door daartoe door haar aangewezen deskundigen, van zakelijke gegevens en bescheiden van de betrokken verzekeraar.
2. Degene die de gegevens onder zich heeft, verstrekt de gegevens en bescheiden binnen een door de rechtbank te bepalen termijn.

Art. 213ae
De rechtbank behandelt het verzoek van De Nederlandsche Bank N.V. tot het uitspreken van het faillissement of een aangifte door de verzekeraar met de meeste spoed op een niet openbare

Behandeling met spoed van faillissementsverzoek

zitting op de voet van de rechtspleging in burgerlijke zaken, voor zover daarvan bij deze wet niet is afgeweken.

Art. 213af

Verweer tegen faillissementsverzoek

1. De verzekeraar kan, na in de gelegenheid te zijn gesteld te worden gehoord, zich verweren tegen het oordeel van De Nederlandsche Bank N.V. dat zich een situatie als bedoeld in artikel 213a bis voordoet.
2. Ingeval een verzekeraar zich heeft verweerd tegen een beslissing of oordeel als bedoeld in het eerste lid, verklaart de rechtbank dat verweer uitsluitend dan gegrond indien De Nederlandsche Bank N.V. in redelijkheid niet tot die beslissing of dat oordeel heeft kunnen komen.

Art. 213ag

Uitspraak faillissement

1. De rechtbank spreekt het faillissement uit indien summierlijk blijkt dat zich een situatie, als bedoeld in artikel 213a bis, eerste lid, voordoet.
2. Bij het uitspreken van het faillissement benoemt de rechtbank een van haar leden tot rechter-commissaris en benoemt zij een of meer curatoren. De Nederlandsche Bank N.V. kan voor de benoeming van curatoren voordrachten doen.
3. Indien het verzoek wordt toegewezen, wordt de beschikking op een openbare zitting uitgesproken en wordt een uittreksel ervan onverwijld door de curator bekendgemaakt in de Staatscourant, het Publicatieblad van de Europese Unie, alsmede in ten minste twee door de rechtbank aan te wijzen Nederlandse dagbladen en ten minste twee door de rechtbank aan te wijzen landelijke dagbladen van iedere lidstaat waar een bijkantoor van de verzekeraar is gelegen of waarnaar hij diensten verricht. De uittreksels vermelden naam en zetel van de desbetreffende verzekeraar, de woonplaats of het kantoor van de curator alsmede de datum van de beschikking. De publicatie in de landelijke dagbladen geschiedt in de officiële taal of talen van de betrokken lidstaat. In de bekendmaking in het Publicatieblad van de Europese Unie en de landelijke dagbladen van iedere lidstaat waar de verzekeraar een bijkantoor heeft of waarnaar hij diensten verricht wordt daarenboven vermeld dat op het faillissement, behoudens uitzonderingen, Nederlands recht van toepassing is, de rechtsgrondslag, dat De Nederlandsche Bank N.V. de bevoegde toezichthouder is, alsmede de uiterste datum waarop tegen de beschikking beroep in cassatie kan worden ingesteld met vermelding van het volledige adres van de Hoge Raad en het onderwerp van de beschikking.

Art. 213aga

1. De rechtbank kan tegelijk met het uitspreken van het faillissement, of daarna op verzoek van de curator aan de curator een machtiging verlenen die strekt tot het doen overgaan aan een derde van rechten en verplichtingen krachtens overeenkomst van verzekering die de verzekeraar heeft gesloten.
2. De toestemming of medewerking van een ander dan de derde is niet vereist.

Art. 213agb

1. De rechtbank kan tegelijk met het uitspreken van het faillissement, of daarna op verzoek van de curator, aan de curator een machtiging verlenen die strekt bij de overgang op een derde van rechten en verplichtingen krachtens overeenkomst van verzekering die de verzekeraar heeft gesloten, tot wijziging van die overeenkomst van verzekering.
2. De rechten en verplichtingen kunnen overgaan met uitsluiting van enig met de rechten en verplichtingen samenhangend recht op schadevergoeding.
3. Een wijziging als bedoeld in het eerste lid die betrekking heeft op een levensverzekering kan niet tot gevolg hebben dat aan verzekeringnemers meer verplichtingen worden opgelegd.
4. Ingeval de curator na het uitspreken van het faillissement het verzoek doet, behandelt de rechtbank het verzoek met de meeste spoed op een niet openbare terechtzitting op de voet van rechtspleging in burgerlijke zaken. De Nederlandsche Bank N.V. wordt gehoord.
5. Indien de rechtbank de machtiging verleent, bepaalt de rechtbank de duur van de machtiging op ten hoogste anderhalf jaar. Voor het verstrijken van de termijn kan de curator verlenging van de geldigheidsduur voor telkens ten hoogste anderhalf jaar verzoeken. Zolang bij het verstrijken van de geldigheidsduur van de machtiging op een verzoek tot verlenging niet is beschikt, wordt de machtiging gehandhaafd.
6. Indien een curator voornemens is over te gaan tot overgang van rechten en verplichtingen krachtens overeenkomst van verzekering, vraagt hij daaromtrent advies van De Nederlandsche Bank N.V.. Indien de curator toestemming als bedoeld in artikel 176 vraagt, legt hij daarbij dit advies over.

Art. 213agc

1. Zodra de overgang van rechten en verplichtingen heeft plaatsgevonden, maakt de curator de overgang en, ingeval de overeenkomst is gewijzigd, de wijzigingen bekend door plaatsing in de Staatscourant en in ten minste drie dagbladen, die door de rechtbank kunnen zijn aangewezen.
2. De overgang en de wijzigingen worden ten aanzien van alle andere belanghebbenden dan de verzekeraar en de derde van kracht met ingang van de tweede dag, volgende op die van de dagtekening van de Staatscourant waarin de bekendmaking is geplaatst.

3. De Nederlandsche Bank N.V. deelt de overgang en de wijzigingen mede aan de toezichthoudende instanties waar een bijkantoor van de verzekeraar is gelegen of waarnaar hij diensten verricht vanuit zijn vestigingen in lidstaten.

Art. 213ah
Een beschikking als bedoeld in de artikelen 213agb en 213aga, eerste lid, is uitvoerbaar bij voorraad. <!-- margin: Beschikking uitvoerbaar bij voorraad -->

Art. 213ai-213aq
[Vervallen]

Art. 213ar
1. Onverminderd artikel 1 kan De Nederlandsche Bank N.V. de rechtbank Amsterdam verzoeken het faillissement uit te spreken ten aanzien van een moedermaatschappij met zetel in Nederland van een verzekeraar als bedoeld in artikel 213abis, eerste lid, indien zich ten aanzien van die verzekeraar een situatie als bedoeld in dat artikel voordoet en De Nederlandsche Bank N.V. oordeelt dat: <!-- margin: Faillissementsverzoek t.a.v. moedermaatschappij met zetel in Nederland van verzekeraar -->
a. er ten aanzien van de moedermaatschappij tekenen zijn van een gevaarlijke ontwikkeling met betrekking tot het eigen vermogen, de solvabiliteit of de liquiditeit, onderscheidenlijk de technische voorzieningen, en redelijkerwijs is te voorzien dat die ontwikkeling niet voldoende of niet tijdig ten goede zal keren; en
b. het faillissement voor de afwikkeling van die verzekeraar of de groep, bedoeld in artikel 3:159a, onderdeel d, van de Wet op het financieel toezicht, waartoe de verzekeraar behoort nodig is.
2. Indien ten aanzien van een verzekeraar en diens moedermaatschappij de situaties, bedoeld in het eerste lid, zich voordoen, kan een ander dan De Nederlandsche Bank N.V. het faillissement van de moedermaatschappij niet aanvragen.
3. In afwijking van artikel 2, eerste lid, geschiedt de faillietverklaring van een moedermaatschappij op een verzoek van De Nederlandsche Bank N.V. als bedoeld in het eerste lid door de rechtbank Amsterdam.
4. Indien een ander dan De Nederlandsche Bank N.V. het faillissement verzoekt van een moedermaatschappij met zetel in Nederland van een verzekeraar als bedoeld in artikel 213abis, eerste lid, stelt de rechtbank De Nederlandsche Bank N.V. in staat te worden gehoord alvorens te beslissen op de aangifte of het verzoek tot faillietverklaring.
5. De artikelen 213ac tot en met 213ap zijn van overeenkomstige toepassing op een verzoek als bedoeld in het eerste lid, met dien verstande dat voor de toepassing van de artikelen 213af en 213ag voor «artikel 213abis, eerste lid,» wordt gelezen: «artikel 213ar, eerste lid,».

Art. 213b
De Nederlandsche Bank N.V. kan een verzoek om een verzekeraar in staat van faillissement te verklaren zonder tussenkomst van een advocaat indienen. <!-- margin: Faillissement, verzoek door DNB -->

Art. 213c
De Nederlandsche Bank N.V. zendt een afschrift van haar verzoekschrift aan de verzekeraar en geeft van de inhoud daarvan kennis aan: <!-- margin: Kennisgevingen -->
a. indien het een verzekeraar met zetel in Nederland betreft, de toezichthoudende autoriteiten van de andere lidstaten waar de verzekeraar een bijkantoor heeft of waarheen hij diensten verricht vanuit de vestigingen in de Europese Unie;
b. indien het een verzekeraar met zetel buiten de Europese Unie betreft, de toezichthoudende autoriteiten van de andere lidstaten waarheen hij diensten verricht vanuit een bijkantoor in Nederland en, indien een andere toezichthoudende autoriteit in de Europese Unie is belast met het toezicht op de solvabiliteitsmarge van de betrokken verzekeraar, die toezichthoudende autoriteit.
(Zie ook: art. 212j FW)

Art. 213d
1. Op een vordering of verzoek tot faillietverklaring van een verzekeraar, eigen aangifte daaronder begrepen, wordt niet beslist dan nadat de rechter de Nederlandsche Bank N.V. in de gelegenheid heeft gesteld haar mening daaromtrent kenbaar te maken. <!-- margin: Horen PVK -->
(Zie ook: art. 212k FW)
2. de Nederlandsche Bank N.V. trekt de vergunning van de verzekeraar in, indien deze op het tijdstip van faillietverklaring nog een vergunning heeft. <!-- margin: Intrekken vergunning verzekeraar -->

Art. 213e
Indien op een verzekeraar een maatregel als bedoeld in de afdeling 3A.34 van de Wet op het financieel toezicht van toepassing is tegelijkertijd met een eigen aangifte door de verzekeraar, vervalt de eigen aangifte van rechtswege. <!-- margin: Schorsing verzoek tot faillietverklaring i.v.m. noodregeling -->

Art. 213f
[Vervallen]

Art. 213g

Inkennisstelling PVK
1. De griffier stelt de Nederlandsche Bank N.V. onverwijld in kennis van de vonnis tot faillietverklaring en van de machtiging, bedoeld in artikel 212ag bis, eerste lid.
(Zie ook: artt. 212c, 212n FW)

Inkennisstelling toezichthouders in andere lidstaten
2. de Nederlandsche Bank N.V. stelt onverwijld daarna de toezichthoudende autoriteiten van alle andere lidstaten in kennis van het vonnis tot faillietverklaring, van de overgang, bedoeld in artikel 213aga, en van de machtiging, bedoeld in artikel 212agb, alsmede van de mogelijke gevolgen daarvan in het desbetreffende geval.

Art. 213h

Publicatie uittreksel vonnis
1. Onverminderd artikel 14, eerste lid, plaatst de curator een uittreksel van het vonnis tot faillietverklaring in het Publicatieblad van de Europese Gemeenschappen en in een of meer door de rechter-commissaris aan te wijzen dagbladen.
2. In aanvulling op de gegevens, bedoeld in artikel 14, vermeldt de curator dat het Nederlandse recht, behoudens uitzonderingen, van toepassing is.

Art. 213i

Inkennisstelling bekende schuldeisers
1. De curator geeft van het vonnis tot faillietverklaring, van de overgang, bedoeld in artikel 213aga, en van de machtiging, bedoeld in artikel 212agb, eerste lid, onmiddellijk aan alle bekende schuldeisers schriftelijk kennis.
2. De curator die op de voet van artikel 109 aan alle bekende schuldeisers kennis geeft van de in dat artikel bedoelde beschikkingen, deelt daarbij tevens mede wat de gevolgen zijn van het indienen van een vordering na het verstrijken van de termijn, bedoeld in artikel 109, eerste lid, alsmede artikel 127, eerste en tweede lid, en dat schuldeisers, daaronder begrepen de schuldeisers met een voorrecht of zakelijk zekerheidsrecht, hun vorderingen bij de curator moeten indienen, met, in het voorkomende geval, de opgave dat op een voorrecht of zakelijk zekerheidsrecht aanspraak wordt gemaakt. Aan schuldeisers met een vordering uit hoofde van verzekering vermeldt de kennisgeving voorts welke de belangrijkste gevolgen van de faillietverklaring voor de overeenkomsten uit hoofde van verzekering zijn, en de rechten en verplichtingen van de verzekerde en anderen in verband met de overeenkomst van verzekering.

Art. 213j

Taal kennisgeving
1. De kennisgeving, bedoeld in artikel 213i, eerste lid, aan een bekende schuldeiser met gewone verblijfplaats of woonplaats in een lidstaat, die een vordering uit hoofde van verzekering heeft, geschiedt in een officiële taal van die lidstaat.
2. De kennisgeving, bedoeld in artikel 213i, eerste lid, aan een bekende schuldeiser met gewone verblijfplaats of woonplaats in een lidstaat, die een andere vordering heeft dan de vordering, bedoeld in het eerste lid, geschiedt in het Nederlands met een formulier dat in alle officiële talen van de Unie het opschrift draagt «Oproep tot indiening van schuldvorderingen. Termijnen».
3. Elke schuldeiser met gewone verblijfplaats of woonplaats in een lidstaat kan zijn vordering en schriftelijke opmerkingen betreffende zijn vordering indienen in een officiële taal van die lidstaat met een vertaling met als opschrift in de Nederlandse taal «Indiening van een vordering», onderscheidenlijk «Indiening van opmerkingen betreffende een vordering».

Art. 213k

Informeren over verloop procedure
1. De curator stelt alle bekende schuldeisers regelmatig op passende wijze in kennis van in ieder geval het verloop van de procedure.
(Zie ook: artt. 73a, 212p lid 3 FW)
2. de Nederlandsche Bank N.V. stelt de toezichthoudende autoriteiten van de andere lidstaten die zulks verzoeken in kennis van het verloop van de procedure.

Art. 213ka

1. Indien de wederpartij van de verzekeraar zich heeft verbonden tot het betalen van premie in termijnen en zij op het tijdstip van faillietverklaring de laatste termijn nog niet heeft voldaan en indien tevens een onzeker voorval waarop de overeenkomst van verzekering betrekking heeft zich op dat tijdstip nog kan voordoen, kan de curator eigener beweging of op schriftelijk verzoek van de wederpartij met toestemming van de rechter-commissaris verklaren of de overeenkomst wordt nagekomen, en, zo ja, of de wederpartij de voldoening van premies kan opschorten dan wel dat zij dient door te gaan met de voldoening van de premies. Artikel 37 is niet van toepassing.
2. Indien de voldoening van de premies wordt opgeschort, wordt, ingeval de verzekering een spaarelement bevat, de verhoging van het gespaarde bedrag dienovereenkomstig opgeschort.
3. Indien de curator verklaart dat de overeenkomst wordt nagekomen en de rechten en verplichtingen krachtens de overeenkomst van verzekering nadien niet overgaan op een derde, en indien tevens de wederpartij na de verklaring premies heeft voldaan, heeft, ingeval de verzekering een spaarelement bevat, de wederpartij een vordering tot teruggave van de na de verklaring voldane premies, voor zover deze premies niet hebben geleid tot een evenredige verhoging van het gespaarde bedrag na de verklaring. Ingeval de premies zijn voldaan aan de boedel, is de verplichting tot teruggave van de premies boedelschuld. Ingeval de na de verklaring voldane

premies hebben geleid tot een evenredige verhoging van het gespaarde bedrag, is deze verhoging boedelschuld.
4. De rechter-commissaris kan de toestemming, bedoeld in het eerste lid, zowel per overeenkomst als voor een groep overeenkomsten geven.

Art. 213kaa
1. De curator kan eigener beweging of op schriftelijk verzoek van de wederpartij met toestemming van de rechter-commissaris de verzekering beëindigen met inachtneming van een termijn van drie maanden, indien:
a. de wederpartij van de verzekeraar op het tijdstip van de faillietverklaring aan haar verplichting tot het betalen van premie volledig heeft voldaan;
b. het een verzekering betreft op grond waarvan alleen dan een uitkering wordt gedaan indien zich een onzeker voorval voordoet voorafgaand aan een in de overeenkomst bepaald tijdstip; en
c. een onzeker voorval waarop de verzekering betrekking heeft zich nog kan voordoen.
2. Artikel 213ka, vierde lid, is van overeenkomstige toepassing.

Art. 213l
1. In afwijking van artikel 131, tweede lid, worden vorderingen uit hoofde van een verzekering, vervallende na de dag waarop het faillissement is aangevangen, geverifieerd voor de waarde die zij hebben op de dag van de aanvang van het faillissement.
2. In afwijking van het eerste lid worden vorderingen uit hoofde van een verzekering, vervallende na de dag waarop het faillissement is aangevangen, op grond een overeenkomst waarbij de wederpartij van de verzekeraar zich heeft verbonden tot het betalen van premie in termijnen en de wederpartij op het tijdstip van de faillietverklaring de laatste termijn nog niet heeft voldaan, geverifieerd voor de waarde die zij hebben op de dag van de verificatie.
3. Een vordering ter zake van de verwezenlijking na de faillietverklaring van een risico dat is verzekerd krachtens een overeenkomst van verzekering wordt geverifieerd voor haar waarde op de dag dat het risico zich verwezenlijkt.
4. Bij of krachtens algemene maatregel van bestuur kunnen regels worden gesteld met betrekking tot de waardering van activa en passiva in geval van een faillietverklaring op grond van deze afdeling.

Art. 213m
1. In geval van een faillietverklaring op grond van deze afdeling worden de boedelschulden, al naar gelang de aard van de betrokken boedelschuld hetzij omgeslagen over ieder deel van de boedel, hetzij uitsluitend van een bepaalde bate van de boedel afgetrokken. Onder boedelschulden vallen in ieder geval de kosten van inschrijving in een openbaar register in een andere lidstaat dan Nederland. Boedelschulden
2. Onverminderd het bepaalde in het eerste lid en behoudens vorderingen door pand of hypotheek gedekt, worden in geval van faillissement van een schadeverzekeraar de volgende vorderingen verhaald op de boedel in de volgende volgorde: Rangregeling vorderingen schadeverzekeraar
a. de vorderingen uit hoofde van verzekering betreffende periodieke uitkeringen ter zake van ziekte, letsel of overlijden van natuurlijke personen, ontstaan uit of krachtens overeenkomsten van schadeverzekering, met uitzondering evenwel van uitkeringen, krachtens overeenkomst van herverzekering aan een andere verzekeraar verschuldigd, en van uitkeringen ter zake van pensioenen, toegezegd aan werknemers of gewezen werknemers van de verzekeraar of aan hun nabestaanden;
b. de vorderingen van werknemers en gewezen werknemers alsmede de vorderingen van hun nabestaanden met betrekking tot reeds vervallen termijnen van pensioen voorzover de vordering niet ouder is dan een jaar;
c. de vorderingen van werknemers, niet zijnde bestuurders van de verzekeraar bij wie zij in dienst zijn, en gewezen werknemers alsmede de vorderingen van hun nabestaanden met betrekking tot in de toekomst tot uitkering komende termijnen van toegezegd pensioen;
d. de vorderingen van werknemers met betrekking tot het loon over het voorafgaande jaar en hetgeen over het lopende jaar is verschuldigd, benevens het bedrag van de verhoging van dat loon ingevolge artikel 625 van Boek 7 van het Burgerlijk Wetboek alsmede het bedrag van de uitgaven, door de werknemer voor de verzekeraar als werkgever gedaan, en de bedragen, door de verzekeraar aan de werknemer krachtens titel 10 van Boek 7 van het Burgerlijk Wetboek in verband met de beëindiging van de arbeidsovereenkomst verschuldigd;
e. de vorderingen uit hoofde van verzekering betreffende niet-periodieke uitkeringen ter zake van ziekte, letsel of overlijden van natuurlijke personen, ontstaan uit of krachtens overeenkomsten van schadeverzekering, met uitzondering evenwel van uitkeringen, krachtens overeenkomst van herverzekering aan een andere verzekeraar verschuldigd;
f. de vorderingen uit hoofde van verzekering betreffende uitkeringen ter zake van andere dan in de onderdelen a en e bedoelde schaden, ontstaan uit overeenkomsten van schadeverzekering;

g. de vorderingen tot teruggave van bedragen die zonder rechtsgrond zijn betaald of aan de betaling waarvan de rechtsgrond is komen te ontvallen, welke betaling heeft plaatsgevonden in de veronderstelling dat daarmee premies zijn betaald;
h. de vorderingen tot vergoeding van de schade die schuldeisers met een vordering als bedoeld in de onderdelen a en e lijden doordat de bedragen die zij hebben ontvangen uit hoofde van die vorderingen niet toereikend zijn om hen te brengen in de toestand waarin zij zouden hebben verkeerd indien de verzekeraar niet in staat van faillissement was verklaard.

Rangregeling vorderingen levensverzekeraar

3. Onverminderd het bepaalde in het eerste lid en behoudens vorderingen door pand of hypotheek gedekt, worden ingeval het faillissement van een levensverzekeraar de volgende vorderingen verhaald op de boedel in de volgende volgorde:
a. de vorderingen van werknemers en gewezen werknemers alsmede de vorderingen van hun nabestaanden met betrekking tot reeds vervallen termijnen van pensioen, voorzover de vordering niet ouder is dan een jaar;
b. de vorderingen van werknemers, niet zijnde bestuurders van de verzekeraar waarbij zij in dienst zijn, en gewezen werknemers alsmede de vorderingen van hun nabestaanden met betrekking tot in de toekomst tot uitkering komende termijnen van toegezegd pensioen;
c. de vorderingen van werknemers met betrekking tot het loon over het voorafgaande jaar en hetgeen over het lopende jaar verschuldigd is, benevens het bedrag van de verhoging van dat loon ingevolge artikel 625 van Boek 7 van het Burgerlijk Wetboek alsmede het bedrag van de uitgaven, door de werknemer voor de verzekeraar gedaan, en de bedragen, door de verzekeraar aan de werknemer krachtens titel 10 van Boek 7 van het Burgerlijk Wetboek in verband met de beëindiging van de arbeidsovereenkomst verschuldigd;
d. de vorderingen uit hoofde van verzekering en rechten betreffende uitkeringen, die zijn ontstaan of nog zullen ontstaan uit overeenkomsten van levensverzekering;
e. de vorderingen tot teruggave van bedragen die zonder rechtsgrond zijn betaald of aan de betaling waarvan de rechtsgrond is komen te ontvallen, welke betaling heeft plaatsgevonden in de veronderstelling dat daarmee premies dan wel vergoedingen voor verrichtingen zijn betaald;
f. de vorderingen tot vergoeding van de schade die schuldeisers met een vordering als bedoeld in de onderdeel d lijden doordat de bedragen die zij hebben ontvangen uit hoofde van die vorderingen niet toereikend zijn om hen te brengen in de toestand waarin zij zouden hebben verkeerd indien de verzekeraar niet in staat van faillissement was verklaard.
4. Onder de vorderingen, bedoeld in het tweede lid, onderdelen a, e en f, en derde lid, onderdeel d, worden mede verstaan de vorderingen ter zake van uitkeringen krachtens lopende overeenkomsten van verzekering, ontstaan op of na de dag waarop de noodregeling is uitgesproken.

Redenen van voorrang

5. Vorderingen die niet worden genoemd in het tweede en derde lid, worden eerst dan voldaan indien de vorderingen, bedoeld in het tweede en derde lid zijn voldaan en indien vaststaat dat in de toekomst zodanige vorderingen niet meer zullen ontstaan, naar evenredigheid van elke vordering, behoudens de door de wet erkende redenen van voorrang.
6. De in het vijfde lid bedoelde redenen van voorrang gelden zowel voor vorderingen van schuldeisers met gewone verblijfplaats, woonplaats of statutaire zetel in Nederland als voor soortgelijke vorderingen van schuldeisers met gewone verblijfplaats, woonplaats of statutaire zetel in een andere lidstaat dan Nederland.

Art. 213ma

1. De curator vraagt de rechter-commissaris toestemming voor het doen van tussentijdse periodieke uitkeringen onderscheidenlijk een eenmalige uitkering voorafgaand aan de slotuitdeling, op opeisbare vorderingen:
a. betreffende uitkeringen, ontstaan krachtens overeenkomsten van levensverzekering;
b. ontstaan krachtens overeenkomsten van schadeverzekering betreffende uitkeringen ter zake van letsel, ziekte of overlijden van natuurlijke personen;
c. betreffende reeds vervallen termijnen ter zake van pensioenen, toegezegd aan werknemers of gewezen werknemers van de verzekeraar of aan hun nabestaanden;
d. ontstaan krachtens overeenkomsten van verzekering anders dan die, bedoeld in de onderdelen a tot en met c, indien deze het bedrag van € 12.500 te boven gaan, en indien het verzekerde risico zich heeft verwezenlijkt voorafgaand aan de negentigste dag na de faillietverklaring.
2. Onder een vordering als bedoeld in het eerste lid wordt mede verstaan een vordering die een begunstigde heeft doordat hij voorafgaand aan de faillietverklaring gebruik heeft gemaakt van zijn recht de verzekering of het pensioen geheel of gedeeltelijk door de verzekeraar te doen afkopen.
3. De curator doet het verzoek, bedoeld in het eerste lid, met betrekking tot vorderingen die reeds voor de dag van de faillietverklaring opeisbaar zijn geworden, uiterlijk op de negentigste dag na de faillietverklaring.
4. De curator vraagt de rechter-commissaris op verzoek van de begunstigde of de verzekeringnemer tevens toestemming voor het doen van een tussentijdse uitkering voorafgaand aan de slotuitdeling op een vordering die een schuldeiser heeft doordat degene die het recht heeft de

verzekering of het pensioen geheel of gedeeltelijk door de verzekeraar af te doen kopen van dat recht na de faillietverklaring gebruik heeft gemaakt, indien het eerst na de verificatievergadering doen van een uitkering naar maatstaven van redelijkheid en billijkheid onaanvaardbare gevolgen zou hebben.
5. Indien het risico zich na de faillietverklaring heeft verwezenlijkt, vraagt de curator slechts toestemming indien de vordering ter verificatie is ingediend.
6. De curator vraagt tevens toestemming met betrekking tot de hoogte, en, in geval van periodieke uitkeringen, de frequentie daarvan.

Art. 213mb
In afwijking van artikel 213ma vraagt de curator geen toestemming voor het doen van een tussentijdse uitkering als bedoeld in artikel 213ma voorafgaand aan de slotuitdeling op:
a. vorderingen die het Zorginstituut ingevolge artikel 31, eerste lid, van de Zorgverzekeringswet gehouden is te voldoen aan de verzekerde;
b. vorderingen van het Zorginstituut waarin dat instituut op grond van artikel 31, tweede lid, van de Zorgverzekeringswet is gesubrogeerd;
c. vorderingen van een benadeelde als bedoeld in artikel 1 van de Wet aansprakelijkheidsverzekering motorrijtuigen die ter zake van dezelfde schade ingevolge artikel 25, eerste lid, onderdeel d, van die wet een recht op schadevergoeding geldend kan maken tegen het Waarborgfonds Motorverkeer;
d. vorderingen tot verhaal die het Waarborgfonds Motorverkeer op grond van artikel 27, eerste lid, tweede alinea, tweede zin, van de Wet aansprakelijkheidsverzekering motorrijtuigen heeft;
e. vorderingen die ontstaan, dan wel opeisbaar of onvoorwaardelijk zijn geworden louter door of in verband met het aanvragen van het faillissement of de faillietverklaring dan wel door een handelen of nalaten van de curator; en
f. vorderingen waarbij voor het ontstaan dan wel het opeisbaar of onvoorwaardelijk worden wilsovereenstemming met de verzekeraar of een wilsuiting van een derde is vereist, en die wilsovereenstemming of wilsuiting eerst na de faillietverklaring plaatsvindt.

Art. 213mc
1. In zijn verzoek maakt de curator aannemelijk dat het percentage dat de desbetreffende schuldeisers op hun vordering ontvangen als gevolg van de tussentijdse uitkering of de wijziging is gebaseerd op een prudente schatting van het percentage dat de schuldeisers of hun vordering zouden hebben ontvangen na de verificatievergadering indien geen tussentijdse uitkeringen waren gedaan onderscheidenlijk deze niet waren gewijzigd.
2. De rechter-commissaris geeft toestemming tenzij hij oordeelt dat de curator het bepaalde in het eerste lid niet aannemelijk heeft gemaakt.

Art. 213md
1. De curator doet de tussentijdse uitkeringen waarvoor de rechter-commissaris toestemming heeft gegeven.
2. In afwijking van het eerste lid doet de curator, indien tot aan de faillietverklaring op vorderingen, bedoeld in artikel 213ma, eerste lid, aanhef en onderdeel a tot en met d, een of meer periodieke uitkeringen zijn gedaan, zonder toestemming van de rechter-commissaris tussentijdse uitkeringen totdat de rechter-commissaris heeft beslist op een verzoek om toestemming dat is gedaan gedurende de eerste negentig dagen na de dag van de faillietverklaring, per periode voor hetzelfde bedrag als het bedrag dat de schuldeiser voorafgaand aan de faillietverklaring in eenzelfde periode ontving.

Art. 213me
1. De curator vraagt toestemming voor het doen van een uitkering als bedoeld in artikel 213ma aan ten behoeve van:
a. natuurlijke personen; en
b. rechtspersonen die op het tijdstip dat de vordering opeisbaar wordt een micro-onderneming of kleine onderneming drijven als bedoeld in artikel 3, eerste onderscheidenlijk tweede lid van de richtlijn 2014/34/EU van het Europees Parlement en van de Raad van 26 juni 2013 betreffende de jaarlijkse financiële overzichten, geconsolideerde financiële overzichten en aanverwante verslagen van bepaalde ondernemingsvormen, tot wijziging van Richtlijn 2006/43/EG van het Europees Parlement en de Raad en tot intrekking van Richtlijnen 78/660/EEG en 83/349/EEG van de Raad.
2. De curator doet aan een schuldeiser die niet een persoon is als bedoeld in het eerste lid een uitkering indien de rechter-commissaris op verzoek van die schuldeiser of een belanghebbende daartoe beslist. De rechter-commissaris beslist daartoe indien het eerst na de verificatievergadering doen van een uitkering naar maatstaven van redelijkheid en billijkheid onaanvaardbare gevolgen zou hebben.

Art. 213mf
1. Een belanghebbende die van oordeel is dat de curator in strijd met artikel 213ma of 213me, eerste lid, geen toestemming aan de rechter-commissaris vraagt voor het doen van een tussen-

tijdse uitkering, kan de rechter-commissaris verzoeken de curator te bevelen een tussentijdse uitkering te doen.
2. De rechter-commissaris beslist, na de curator te hebben gehoord, binnen drie dagen.
3. Wanneer de rechter-commissaris het verzoek toewijst, bepaalt hij tevens de hoogte van de tussentijdse uitkering, en, in geval van periodieke uitkeringen, de frequentie daarvan.

Art. 213mg
Artikel 213ma is niet van toepassing indien een schuldeiser een vordering heeft als bedoeld in artikel 213ma op zowel de verzekeraar die in staat van faillissement is verklaard als een andere verzekeraar ter zake van dezelfde schade.

Art. 213mh
1. Indien het bedrag dat een schuldeiser aan tussentijdse periodieke uitkeringen heeft ontvangen groter is dan het bedrag waarvoor zijn vordering wordt geverifieerd, en voorafgaand aan de verificatievergadering vorderingen uit hoofde van verzekering zijn overgedragen aan een overnemer, heeft de curator, indien hij niet anders is overeengekomen met de overnemer, ter zake van het bedrag dat hij niet meer kan verrekenen doordat de vorderingen uit hoofde van verzekering en activa zijn overgedragen, een vordering op de overnemer.
2. De overnemer kan het bedrag dat hij op de vordering, bedoeld in het eerste lid, heeft voldaan aan de curator, in termijnen in mindering brengen op de uitkeringen die hij is verschuldigd uit hoofde van de op hem overgegane overeenkomst van verzekering met de desbetreffende schuldeiser.

Art. 213mi
Voor zover de boedel een vordering heeft op een schuldeiser omdat deze aan tussentijdse uitkeringen meer heeft ontvangen dan het bedrag waarvoor zijn vordering wordt geverifieerd, is deze vordering nihil, tenzij een schuldeiser meer aan tussentijdse uitkeringen heeft ontvangen dan het bedrag waarvoor zijn vordering wordt geverifieerd doordat hij niet te goeder trouw is.

Art. 213mj
De curator kan met toestemming van de rechter-commissaris een tussentijdse periodieke uitkering beëindigen of de hoogte of de frequentie daarvan wijzigen.

Art. 213mk
In afwijking van artikel 67:
a. kan beroep tegen een beschikking van de rechter-commissaris waarbij toestemming voor het doen van een tussentijdse uitkering wordt gegeven of geweigerd of waarbij een bevel als bedoeld in artikel 213mf wordt gegeven worden ingesteld door de belanghebbende wiens vordering het betreft, de curator en De Nederlandsche Bank N.V..
b. beslist de rechtbank na verhoor of behoorlijke oproeping van de belanghebbende, de curator en De Nederlandsche Bank N.V.; en
c. wordt de beschikking door de rechtbank in hoogste ressort gewezen.

§ 3
Bepalingen van internationaal privaatrecht

Art. 213n

Erkenning beslissing in andere lidstaat
1. Een in een andere lidstaat van herkomst dan Nederland genomen beslissing tot opening van een liquidatieprocedure met betrekking tot een verzekeraar wordt van rechtswege erkend.
2. De beslissing heeft rechtsgevolgen binnen Nederland vanaf het tijdstip dat zij rechtsgevolgen heeft in de lidstaat van herkomst.

Art. 213o

Recht staat van herkomst
De beslissing tot opening van een liquidatieprocedure, de liquidatieprocedure zelf en de rechtsgevolgen van de liquidatieprocedure worden beheerst door het recht van de lidstaat van herkomst, tenzij de wet anders bepaalt.

Art. 213p

Goederenrechtelijk recht
1. De beslissing tot opening van een liquidatieprocedure laat onverlet het goederenrechtelijke recht van een schuldeiser of een derde op een goed of goederen, zowel bepaalde goederen als gehelen met een wisselende samenstelling van onbepaalde goederen, die toebehoren aan de verzekeraar en die zich op het tijdstip waarop de beslissing tot opening van de liquidatieprocedure rechtsgevolgen heeft, bevinden op het grondgebied van een andere lidstaat dan de lidstaat van herkomst.

Definitie
2. Voor de toepassing van het eerste lid wordt onder goederenrechtelijk recht in ieder geval verstaan:
a. het recht een goed te gelde te maken of te laten maken en te worden voldaan uit de opbrengst van of de inkomsten uit het goed, in het bijzonder op grond van een recht van pand of recht van hypotheek;
b. het uitsluitende recht een vordering te innen, in het bijzonder op grond van een pandrecht op de vordering of op grond van een cessie tot zekerheid van de vordering;

c. het recht om een goed van een ieder die het zonder recht houdt op te eisen, van dat goed afgifte te verlangen of van dat goed een ongestoord genot te verlangen;
d. het goederenrechtelijke recht om van een goed de vruchten te trekken.
3. Voor de toepassing van het eerste lid wordt met een goederenrechtelijk recht gelijk gesteld het in een openbaar register ingeschreven recht tot verkrijging van een goederenrechtelijk recht als bedoeld in het eerste lid, dat aan derden kan worden tegengeworpen. Gelijkstelling
4. Voor de toepassing van dit artikel is de lidstaat waar een goed zich bevindt:
a. met betrekking tot registergoederen en rechten op registergoederen: de lidstaat onder het gezag waarvan het desbetreffende register wordt gehouden;
b. met betrekking tot zaken, voorzover niet vallend onder onderdeel a: de lidstaat op het grondgebied waarvan de zaak zich bevindt;
c. met betrekking tot schuldvorderingen, de lidstaat op het grondgebied waarvan de derde-schuldenaar zijn statutaire zetel heeft.

Art. 213q
1. Ingeval de verzekeraar een zaak heeft gekocht, laat de beslissing tot opening van een liquidatieprocedure onverlet de op een eigendomsvoorbehoud berustende rechten van de verkoper, indien de zaak waarop het eigendomsvoorbehoud betrekking heeft zich op het tijdstip waarop de beslissing tot opening van een liquidatieprocedure rechtsgevolgen heeft, bevindt op het grondgebied van een andere lidstaat dan de lidstaat van herkomst. Uitoefenen recht op eigendomsvoorbehoud
(Zie ook: artt. 212v, 213s FW)
2. Ingeval de verzekeraar een zaak heeft verkocht, is de beslissing tot opening van een liquidatieprocedure geen grond voor ontbinding of beëindiging van de overeenkomst tot verkoop, en belet de liquidatieprocedure de koper niet de eigendom van de gekochte zaak te verkrijgen, indien de zaak zich op het tijdstip waarop de beslissing tot opening van de liquidatieprocedure rechtsgevolgen heeft, bevindt op het grondgebied van een andere lidstaat dan de lidstaat van herkomst.
3. Artikel 3:241, vierde lid, van de Wet op het financieel toezicht is van overeenkomstige toepassing.

Art. 213r
Indien degene die zowel schuldeiser als schuldenaar is van de verzekeraar bevoegd is zijn schuld te verrekenen met de vordering op de verzekeraar op grond van het recht dat van toepassing is op de vordering van de verzekeraar, laat de beslissing tot opening van de liquidatieprocedure de bedoelde bevoegdheid onverlet. Bevoegdheid verrekenen schuld

Art. 213s
De artikelen 213p tot en met 213r staan er niet aan in de weg dat een vordering wordt ingesteld tot nietigheid, vernietiging of het niet kunnen worden tegengeworpen van een rechtshandeling wegens de benadeling van het geheel van schuldeisers welke van die rechtshandeling het gevolg is. Actio Pauliana

Art. 213t
In afwijking van artikel 213o worden de gevolgen van een liquidatieprocedure voor arbeidsovereenkomsten en andere rechtsverhoudingen ter zake van het verrichten van arbeid uitsluitend beheerst door het recht van de lidstaat dat op die overeenkomst of rechtsverhouding van toepassing is. Recht lidstaat; arbeidsovereenkomst

Art. 213u
In afwijking van artikel 213o worden de gevolgen van een liquidatieprocedure voor een overeenkomst die het recht geeft op het genot of de verkrijging van een onroerende zaak uitsluitend beheerst door het recht van de lidstaat op het grondgebied waarvan de onroerende zaak is gelegen. Recht lidstaat; onroerende zaak

Art. 213v
In afwijking van artikel 213o worden de gevolgen van een liquidatieprocedure voor de rechten van de verzekeraar op een registergoed beheerst door het recht van de lidstaat onder het gezag waarvan het register wordt gehouden. Recht lidstaat; registergoed

Art. 213w
1. In afwijking van artikel 213o worden, onverminderd artikel 213p, de gevolgen van een liquidatieprocedure voor de rechten en verplichtingen van deelnemers aan een gereglementeerde markt als bedoeld in artikel 4, eerste lid, onderdeel 21, van richtlijn 2014/65/EU van het Europees Parlement en de Raad van 15 mei 2014 betreffende markten voor financiële instrumenten en tot wijziging van Richtlijn 2002/92/EG en Richtlijn 2011/61/EU (PbEU 2014, L 173) uitsluitend beheerst door het recht dat op die markt van toepassing is. Gereglementeerde markt
2. Het eerste lid staat er niet aan in de weg dat een vordering wordt ingesteld tot nietigheid, vernietiging of het niet kunnen worden tegengeworpen van een rechtshandeling wegens de benadeling van het geheel van schuldeisers die van die rechtshandeling het gevolg is.
3. Voor de toepassing van het eerste lid op een liquidatieprocedure met betrekking tot een verzekeraar, wordt onder gereglementeerde markt mede verstaan een in een staat die geen lidstaat is gelegen financiële markt die aan de volgende voorwaarden voldoet: Gereglementeerde markt bij liquidatieprocedure m.b.t. verzekeraar

a. de markt is, in geval van een verzekeraar met zetel in Nederland of een verzekeraar met zetel in een staat die geen lidstaat is met een bijkantoor in Nederland, aangewezen door de Minister van Financiën of is, in geval van een verzekeraar met zetel in een andere lidstaat, erkend door een daartoe bevoegde autoriteit van die lidstaat en voldoet voorts aan vereisten die vergelijkbaar zijn met die van richtlijn 2014/65/EU van het Europees Parlement en de Raad van 15 mei 2014 betreffende markten voor financiële instrumenten en tot wijziging van Richtlijn 2002/92/EG en Richtlijn 2011/61/EU (PbEU 2014, L 173); en

b. de financiële instrumenten die op de markt worden verhandeld, zijn van een kwaliteit die vergelijkbaar is met die van de instrumenten die worden verhandeld op de gereglementeerde markten van Nederland, onderscheidenlijk de markten van de andere lidstaat.

Art. 213x

Recht lidstaat; rechtsgeldigheid na saneringsmaatregel verrichte rechtshandeling

In afwijking van artikel 213o wordt de rechtsgeldigheid van een rechtshandeling, onder bezwarende titel aangegaan door de verzekeraar na het tijdstip van opening van een liquidatieprocedure, waarmee hij beschikt over een registergoed of effecten of andere waardepapieren waarvan het bestaan of de overdracht inschrijving in een wettelijk voorgeschreven register of op een wettelijk voorgeschreven rekening veronderstelt, of die zijn geplaatst in een door het recht van een lidstaat beheerst gecentraliseerd effectendepot, beheerst door het recht van de lidstaat onder het gezag waarvan het register, de rekening of het depot wordt gehouden dan wel, indien het een onroerende zaak betreft, door het recht van de lidstaat waar de onroerende zaak is gelegen.

Art. 213ij

Recht lidstaat; lopende rechtsvordering betreffende goed dat in boedel valt

In afwijking van artikel 213o worden de gevolgen van de liquidatieprocedure voor een aanhangige rechtsvordering betreffende een goed waarover de verzekeraar het beheer en de beschikking heeft verloren, uitsluitend beheerst door het recht van de lidstaat waar het rechtsgeding aanhangig is.

Art. 213z

Actio Pauliana

Artikel 213o is niet van toepassing op regels betreffende de nietigheid, de vernietigbaarheid of van voor het geheel van schuldeisers nadelige rechtshandelingen en evenmin op de regels die bepalen of dergelijke rechtshandelingen kunnen worden tegengeworpen, indien degene die voordeel heeft gehad bij de rechtshandeling bewijst dat:

a. die rechtshandeling wordt beheerst door het recht van een andere lidstaat dan de lidstaat van herkomst; en

b. dat recht in het gegeven geval niet voorziet in de mogelijkheid dat die rechtshandeling wordt aangetast respectievelijk niet kan worden tegengeworpen.

Art. 213aa

Bevoegdheden curator uit andere lidstaat

1. Behoudens de bevoegdheid tot het aanwenden van een dwangmaatregel en de bevoegdheid tot het doen van een uitspraak in een geding of een geschil heeft de curator uit een andere lidstaat van herkomst dan Nederland in Nederland de bevoegdheden die hij in de lidstaat van herkomst heeft. De wijze van uitoefenen van deze bevoegdheden in Nederland wordt beheerst door het Nederlandse recht.

Uitvoering bevoegdheden

2. Indien op grond van het recht van de lidstaat van herkomst personen zijn aangewezen om de curator te vertegenwoordigen of anderszins bij te staan, kunnen zij de bevoegdheden die zij hebben op grond van het recht van die lidstaat uitoefenen op het grondgebied van Nederland.

Art. 213bb

Afschrift als bewijs van aanwijzing

1. Voor het bewijs van aanwijzing van de curator uit een andere lidstaat dan Nederland volstaat een voor eensluidend gewaarmerkt afschrift van het aanwijzingsbesluit of van ieder ander door de bevoegde instanties van de lidstaat van herkomst gegeven schriftelijke verklaring.

Vertaling afschrift

2. De curator uit een andere lidstaat dan Nederland toont op verlangen van een ieder tegenover wie hij zijn bevoegdheden wenst uit te oefenen een vertaling in de Nederlandse taal van het afschrift.

Art. 213cc

Faillissementsregister

Op verzoek van een curator uit een andere lidstaat dan Nederland worden de gegevens met betrekking tot een liquidatieprocedure, geopend in een andere lidstaat dan Nederland, door de griffier van de rechtbank Den Haag ingeschreven in het register, bedoeld in artikel 19, eerste lid.

Art. 213dd

Coördinatie optreden

1. Indien een verzekeraar met zetel buiten de Europese Unie een bijkantoor heeft in Nederland en een of meer bijkantoren in andere lidstaten, trachten zowel de rechtbank als de Nederlandsche Bank N.V. hun optreden te coördineren met de bevoegde instanties onderscheidenlijk de toezichthoudende autoriteiten van de andere lidstaten waarin aan de verzekeraar een vergunning is verleend.

2. In het in het eerste lid bedoelde geval tracht de in Nederland benoemde curator zijn optreden te coördineren met de curatoren in die andere lidstaten.

Art. 213ee
De curator kan in de verslagen, bedoeld in artikel 73a, geen gegevens of inlichtingen opnemen die betrekking hebben op derden die betrokken zijn of zijn geweest bij pogingen de verzekeraar in staat te stellen haar bedrijf voort te zetten.

Verslag curator, nadere regels

§ 4
Verzekeraars met beperkte risico-omvang

Art. 213ff
Deze paragraaf is van toepassing op verzekeraars met beperkte risico-omvang als bedoeld in artikel 1:1 van de Wet op het financieel toezicht.

Werkingssfeer

Art. 213gg
De artikelen 213a, eerste lid, 213b, 213d, 213e, 213i en 213k, eerste lid, zijn van overeenkomstige toepassing op verzekeraars met beperkte risico-omvang.

Schakelbepaling

Art. 213hh
De Nederlandsche Bank N.V. zendt een afschrift van haar verzoekschrift, bedoeld in artikel 213b, aan de verzekeraar met beperkte risico-omvang en geeft van de inhoud daarvan kennis aan:
a. indien het een verzekeraar met beperkte risico-omvang met zetel in Nederland betreft, de toezichthoudende autoriteiten van de staten die zijn aangewezen op grond van artikel 2:50, tweede lid, van de Wet op het financieel toezicht waar de verzekeraar met beperkte risico-omvang een bijkantoor heeft of waarheen hij diensten verricht vanuit vestigingen in op grond van dat artikel aangewezen staten;
b. indien het een verzekeraar met beperkte risico-omvang met zetel in een andere staat betreft, de toezichthoudende autoriteiten van andere staten die zijn aangewezen op grond van artikel 2:50 van de Wet op het financiële toezicht waarheen hij diensten verricht vanuit een bijkantoor in Nederland.

Verzekeraar met beperkte risico-omvang

Art. 213ii
1. De griffier stelt de Nederlandsche Bank N.V. onverwijld in kennis van de beslissing tot faillietverklaring.
2. De Nederlandsche Bank N.V. stelt onverwijld daarna de toezichthoudende autoriteiten van de andere staten die zijn aangewezen op grond van artikel 2:50 van de Wet op het financiële toezicht in kennis van het vonnis tot faillietverklaring, alsmede van de mogelijke gevolgen daarvan in het desbetreffende geval.

Faillietverklaring, kennisgeving aan DNB

Art. 213jj
De Nederlandsche Bank N.V. stelt de toezichthoudende autoriteiten van de staten die zijn aangewezen op grond van artikel 2:50 van de Wet op het financiële toezicht die zulks verzoeken in kennis van het verloop van de procedure.

Faillietverklaring, kennisgeving aan toezichthoudende autoriteiten

Art. 213kk
1. In geval van faillietverklaring van een natura-uitvaartverzekeraar op grond van deze paragraaf worden de boedelschulden, al naar gelang de aard van de betrokken boedelschuld hetzij over ieder deel van de boedel omgeslagen, hetzij uitsluitend van een bepaalde bate van de boedel afgetrokken.
2. Onverminderd het bepaalde in het eerste lid en behoudens vorderingen door pand en hypotheek gedekt, worden de volgende vorderingen verhaald op de boedel in de volgende volgorde:
a. de vorderingen van werknemers en gewezen werknemers alsmede de vorderingen van hun nabestaanden met betrekking tot reeds vervallen termijnen van pensioenen, voorzover de vordering niet ouder is dan een jaar;
b. de vorderingen van werknemers, niet zijnde bestuurders van de natura-uitvaartverzekeraar waarbij zij in dienst zijn, en gewezen werknemers alsmede de vorderingen van hun nabestaanden met betrekking tot in de toekomst tot uitkering komende termijnen van toegezegd pensioen;
c. de vorderingen van werknemers met betrekking tot het loon over het voorafgaande jaar en hetgeen over het lopende jaar verschuldigd is, benevens het bedrag van de verhoging van dat loon ingevolge artikel 625 van Boek 7 van het Burgerlijk Wetboek alsmede het bedrag van de uitgaven, door de werknemer voor de natura-uitvaartverzekeraar als werkgever gedaan, en de bedragen, door de natura-uitvaartverzekeraar aan de werknemer krachtens artikel 10 van Boek 7 van het Burgerlijk Wetboek in verband met de beëindiging van de arbeidsovereenkomst verschuldigd;
d. de vorderingen en rechten betreffende prestaties, die zijn ontstaan of nog zullen ontstaan uit een natura-uitvaartverzekering, gesloten vanuit een vestiging in Nederland.
3. Artikel 213m, vierde tot en met zesde lid, is van overeenkomstige toepassing.
4. In geval van faillietverklaring van een levensverzekeraar met beperkte risico-omvang op grond van deze paragraaf is artikel 213m, eerste, derde en vierde tot en met zesde lid, van overeenkomstige toepassing.

Faillietverklaring, omslag boedelschulden

Schakelbepaling

art. 214

5. In geval van faillietverklaring van een schadeverzekeraar met beperkte risico-omvang op grond van deze paragraaf is artikel 213m, eerste, derde en vierde tot en met zesde lid, van overeenkomstige toepassing.

Titel II
Van surseance van betaling

Eerste afdeling
Van de verlening van surseance van betaling en haar gevolgen

Art. 214

Surseance van betaling

1. De schuldenaar die voorziet, dat hij met het betalen van zijn opeisbare schulden niet zal kunnen voortgaan, kan surseance van betaling aanvragen.
2. Hij zal zich daartoe, onder overlegging van een door behoorlijke bescheiden gestaafde staat als bedoeld in artikel 96, bij verzoekschrift, door hemzelf en zijn advocaat ondertekend, wenden tot de rechtbank, aangewezen in artikel 2. Het verzoekschrift bevat zodanige gegevens dat de rechter kan beoordelen of hem rechtsmacht toekomt op grond van de verordening, genoemd in artikel 5, derde lid.
3. Bij het verzoekschrift kan een ontwerp van een akkoord worden gevoegd.
(Zie ook: artt. 219, 281a FW)
4. Surseance van betaling wordt niet verleend aan een natuurlijke persoon die geen zelfstandig beroep of bedrijf uitoefent, noch aan een bank als bedoeld in artikel 212g, eerste lid, onderdeel a, noch aan een verzekeraar als bedoeld in artikel 213.
(Zie ook: artt. 223, 247 FW; art. 65 Wtv 1993; art. 31 Wtk 1992)

Art. 215

Terinzagelegging

1. Het verzoekschrift met bijbehorende stukken wordt ter griffie van de rechtbank neergelegd, ter kosteloze inzage van een ieder. Indien de schuldenaar een moedermaatschappij met zetel in Nederland van een verzekeraar met een vergunning als bedoeld in artikel 2:26a, 2:27 of 2:54a van de Wet op het financieel toezicht is stelt de griffier van de rechtbank De Nederlandsche Bank N.V. terstond in kennis van de neerlegging.
(Zie ook: artt. 107, 249, 252 FW)

Voorlopige verlening; oproeping schuldeisers

2. De rechtbank zal dadelijk de gevraagde surseance voorlopig verlenen en een of meer bewindvoerders benoemen, ten einde met de schuldenaar het beheer over diens zaken te voeren. Bovendien beveelt de rechtbank, dat de bekende schuldeisers, benevens de schuldenaar, en indien de schuldenaar een moedermaatschappij met zetel in Nederland van een verzekeraar met een vergunning als bedoeld in artikel 2:26a, 2:27 of 2:54a van de Wet op het financieel toezicht is, De Nederlandsche Bank N.V., tegen een door de rechtbank op korte termijn bepaalde dag, door de griffier bij brieven worden opgeroepen, ten einde, alvorens beslist wordt omtrent het definitief verlenen van de gevraagde surseance, op het verzoekschrift te worden gehoord. Behalve de dag worden uur en plaats der bijeenkomst daarbij vermeld, alsmede of een ontwerp van akkoord bij het verzoekschrift is gevoegd. Artikel 6, eerste lid, derde zin, en vierde lid, is van overeenkomstige toepassing.
(Zie ook: artt. 222, 225, 281c FW)

Art. 215a

Voorlopige verlening; verzet schuldeisers

1. Elke schuldeiser heeft tegen de voorlopige verlening van surseance recht van verzet gedurende acht dagen na de dag waarop de surseance voorlopig is verleend op grond van het ontbreken van internationale bevoegdheid bedoeld in artikel 5, eerste lid, van de verordening, genoemd in artikel 5, derde lid.

Voorlopige verlening; kosten intrekking

2. De rechter, die een voorlopige verlening van surseance intrekt, stelt tevens het bedrag vast van de kosten van de surseance van betaling en van het salaris van de bewindvoerder. Hij brengt dit bedrag ten laste van de schuldenaar. Tegen deze beslissing staat geen rechtsmiddel open. Een bevelschrift van tenuitvoerlegging zal daarvan worden uitgegeven ten behoeve van de bewindvoerder.

Art. 216

Aankondiging verzoek om surseance

De griffier doet van de indiening van het verzoek, van de voorlopige verlening van surseance en het tijdstip daarvan tot op de minuut nauwkeurig, van de naam en de rechter-commissaris zo die is benoemd, van de namen en woonplaatsen der benoemde bewindvoerders en van de overeenkomstig het tweede lid van het voorgaande artikel bepaalde dag onmiddellijk aankondiging in de Staatscourant. Indien bij het verzoekschrift een ontwerp van akkoord is gevoegd, wordt daarvan in de aankondiging melding gemaakt.
(Zie ook: artt. 219, 221, 245, 252, 278 FW; artt. 51, 303 BW Boek 2; art. 27 Hregb)

Art. 217

Aanvang surseance

De surseance wordt geacht te zijn ingegaan bij de aanvang van de dag, waarop zij voorlopig is verleend.
(Zie ook: art. 215 FW)

Art. 218
1. Ten bepaalden dage hoort de rechtbank in raadkamer de schuldenaar, de rechter-commissaris zo die is benoemd, de bewindvoerders en de in persoon bij schriftelijk gemachtigde of bij advocaat opgekomen schuldeisers. Iedere schuldeiser is bevoegd om, zelfs zonder opgeroepen te zijn, op te komen. — Behandeling in raadkamer
(Zie ook: art. 281e FW)
2. De rechtbank kan de schuldenaar definitief surseance verlenen, tenzij zich daartegen verklaren hetzij houders van meer dan één vierde van het bedrag der ter vergadering vertegenwoordigde, in artikel 233 bedoelde, schuldvorderingen, hetzij meer dan één derde der houders van zodanige vorderingen. — Benodigde stemmen voor afwijzing
(Zie ook: artt. 81, 145, 223 FW)
3. Over de toelating tot de stemming beslist, bij verschil, de rechtbank.
4. Surseance kan nimmer definitief worden verleend, indien er gegronde vrees bestaat, dat de schuldenaar zal trachten de schuldeisers tijdens de surseance te benadelen of het vooruitzicht niet bestaat, dat hij na verloop van tijd zijn schuldeisers zal kunnen bevredigen. — Gronden voor niet-verlening
(Zie ook: art. 242 FW)
5. De rechtbank, het verzoek afwijzende, kan bij dezelfde beschikking de schuldenaar in staat van faillissement verklaren. Wordt het faillissement niet uitgesproken, dan blijft de voorlopig verleende surseance gehandhaafd tot de beschikking der rechtbank in kracht van gewijsde is gegaan. — Faillietverklaring
(Zie ook: artt. 242, 277 FW)
6. Indien een aanvrage tot faillietverklaring, niet zijnde een verzoek als bedoeld in artikel 213ar, en een verzoek tot surseance gelijktijdig aanhangig zijn, komt eerst het verzoek tot surseance in behandeling. Indien een aanvrage tot faillietverklaring als bedoeld in artikel 213ar en een verzoek tot surseance gelijktijdig aanhangig zijn, komt eerst de aanvrage tot faillietverklaring in behandeling. — Eerst behandeling surseance
7. De beschikking op het verzoek is met redenen omkleed en wordt uitgesproken ter openbare zitting. — Beschikking in het openbaar
(Zie ook: art. 20 Wet RO)
8. In afwijking van het vijfde lid stelt de rechtbank De Nederlandsche Bank N.V. in staat te worden gehoord alvorens een moedermaatschappij met zetel in Nederland van een verzekeraar als bedoeld in artikel 213abis, eerste lid, in staat van faillissement te verklaren.

Art. 219
1. Gedurende acht dagen na de dag der uitspraak heeft, in geval van afwijzing van het verzoek, de schuldenaar, of, ingeval de surseance verleend is, iedere schuldeiser, die zich niet vóór het verlenen daarvan heeft verklaard, recht van hoger beroep. — Hoger beroep
2. Het hoger beroep wordt ingesteld door indiening van een verzoek ter griffie van het gerechtshof, dat van de zaak kennis moet nemen. De voorzitter bepaalt terstond dag en uur voor de behandeling. — Verzoekschrift
(Zie ook: art. 283 FW)
3. Indien het hoger beroep door een schuldeiser is ingesteld, geeft deze uiterlijk op de vierde dag volgende op die, waarop hij zijn verzoek heeft gedaan, aan de advocaat, die het verzoek tot surseance heeft ingediend, bij deurwaardersexploot kennis van het hoger beroep en van de tijd voor de behandeling bepaald. Deze kennisgeving geldt voor oproeping van de schuldenaar. — Kennisgeving
4. De griffier van het gerechtshof doet van het hoger beroep en van de tijd, voor de behandeling bepaald, aankondiging in de Staatscourant. Tevens geeft hij van het ingestelde hoger beroep aan de griffier der rechtbank kennis, neemt van deze de in artikel 214 bedoelde stukken over en legt die op zijn griffie voor een ieder ter kosteloze inzage.

Art. 220
1. Bij de behandeling van het hoger beroep wordt het verzoek niet opnieuw in stemming gebracht, maar ieder schuldeiser is bevoegd in persoon, bij schriftelijk gemachtigde of bij advocaat aan de bestrijding of verdediging van de uitspraak, waartegen het beroep gericht is, deel te nemen. — Wijze van behandeling
2. De behandeling heeft plaats in raadkamer; het arrest wordt uitgesproken ter openbare zitting.

Art. 221
1. Van het arrest, door het gerechtshof gewezen, kan, ingeval van afwijzing van het verzoek, de schuldenaar, of, ingeval de surseance is verleend, iedere schuldeiser, die zich niet vóór het verlenen daarvan heeft verklaard, gedurende acht dagen na de dag der uitspraak, in cassatie komen. — Beroep in cassatie
2. Het beroep in cassatie wordt ingesteld bij een verzoekschrift, in te dienen ter griffie van de Hoge Raad. De voorzitter bepaalt terstond dag en uur voor de behandeling.
(Zie ook: art. 283 FW)
3. De griffier van de Hoge Raad doet van het beroep in cassatie en van de tijd, voor de behandeling bepaald, aankondiging in de Staatscourant. Tevens geeft hij van het ingestelde beroep

kennis aan de griffier van het gerechtshof, neemt van deze de in artikel 214 bedoelde stukken over en legt die op zijn griffie voor een ieder ter kosteloze inzage.

Schakelbepaling
4. De bepalingen van het derde lid van artikel 219 en van het tweede lid van artikel 220 vinden overeenkomstige toepassing.

Art. 222
Uitvoerbaar bij voorraad
1. De beschikking, waarbij de surseance definitief wordt toegestaan, is bij voorraad uitvoerbaar, niettegenstaande enige daartegen gerichte voorziening.
(Zie ook: artt. 4, 86 FW)

Aankondiging
2. Zij wordt aangekondigd op de wijze, in artikel 216 voorgeschreven.

Art. 222a
Openbaar register surseance
1. Bij elke rechtbank wordt door de griffier een openbaar register aangehouden, waarin hij voor iedere surseance van betaling afzonderlijk, achtereenvolgens, met vermelding van de dagtekening, inschrijft:
1°. een uittreksel van de rechterlijke beslissingen, waarbij voorlopig of definitief surseance van betaling is verleend, waarbij deze is verlengd of waarbij de surseance van betaling is ingetrokken;
(Zie ook: artt. 215, 218, 220, 223, 242 FW)
2°. de benoeming van een rechter-commissaris;
(Zie ook: art. 223a FW)
3°. de summiere inhoud en de homologatie van het akkoord;
(Zie ook: artt. 252, 272 FW)
4°. de ontbinding van het akkoord;
(Zie ook: art. 280 FW)
5°. de vereisten vermeld in artikel 24, tweede lid, van de in artikel 5, derde lid, genoemde verordening.
2. Omtrent vorm en inhoud van het register worden bij algemene maatregel van bestuur nadere regels gegeven.
3. De griffier is verplicht aan ieder kosteloze inzage van het register en tegen betaling een uittreksel daaruit te verstrekken.
(Zie ook: artt. 19, 294 FW; Brsb; Aanw.besl.Rvr.FW)
4. De griffier geeft de in het eerste lid onder 1° tot en met 5° genoemde gegevens door aan Onze Minister van Justitie of een bij algemene maatregel van bestuur aan te wijzen ander orgaan ten behoeve van het in artikel 222b genoemde centrale register.

Art. 222b
Centraal surseanceregister
1. Door onze Minister van Justitie of, indien ingevolge artikel 222a, vierde lid, een ander orgaan is aangewezen, door dat orgaan, wordt een centraal register gehouden, waarin de in artikel 222a, eerste lid, onder 1° tot en met 5° genoemde gegevens worden ingeschreven.
2. Omtrent vorm en inhoud van het register worden bij algemene maatregel van bestuur nadere regels gegeven.
3. Een ieder heeft kosteloos inzage in het register en kan tegen betaling een uittreksel daaruit verkrijgen.

Art. 223
Duur surseance
1. Bij het definitief verlenen der surseance bepaalt de rechtbank haar duur ten hoogste op anderhalf jaar. Indien de surseance is geëindigd door het verloop van de termijn waarvoor zij is verleend, doen de bewindvoerders daarvan aankondiging in de Staatscourant.

Verlenging surseance
2. Vóór het einde der surseance kan door de schuldenaar eenmaal of meermalen haar verlenging voor ten hoogste anderhalf jaar worden gevraagd. Het verzoek wordt behandeld op dezelfde wijze als een verzoek tot verlening van surseance. Zolang bij afloop der surseance op een verzoek tot verlenging nog niet is beschikt, blijft de surseance gehandhaafd. De door de rechtbank gewezen beschikking wordt bekendgemaakt op de wijze als in het eerste lid is bepaald.
(Zie ook: artt. 275, 283 FW)

Art. 223a
Benoeming R-C
Bij het voorlopig verlenen der surseance of bij een latere beschikking kan de rechtbank een harer leden tot rechter-commissaris benoemen, teneinde de bewindvoerders op hun verzoek van advies te dienen.

Art. 223b
Getuigenverhoor; deskundigenonderzoek
1. Op verzoek van de bewindvoerders is de rechter-commissaris bevoegd ter opheldering van alle omstandigheden, de surseance betreffende, getuigen te horen of een onderzoek van deskundigen te bevelen. De getuigen worden bij exploot opgeroepen namens de rechter-commissaris. Artikel 177 van het Wetboek van Burgerlijke Rechtsvordering is van overeenkomstige toepassing.
(Zie ook: art. 66 FW)

Weigerachtige getuigen
2. Bij niet-verschijning of weigering om de eed of getuigenis af te leggen, zijn de artikelen 171, 172, 173, eerste lid, eerste volzin, tweede en derde lid, 174 en 175 van het Wetboek van Burgerlijke Rechtsvordering toepasselijk.

Verschoningsrecht
3. De echtgenoot of gewezen echtgenoot van de schuldenaar of degene met wie de schuldenaar een geregistreerd partnerschap is of was aangegaan, de kinderen en verdere afkomelingen en

de ouders en grootouders van de schuldenaar kunnen zich van het geven van getuigenis verschonen.
(Zie ook: art. 165 Rv; art. 217 WvSv)

Art. 224
1. Indien meer dan één bewindvoerder is benoemd, wordt voor de geldigheid hunner handelingen toestemming der meerderheid of bij staking van stemmen een beslissing van de rechter-commissaris zo die is benoemd of, bij gebreke van dien, van de voorzieningenrechter der rechtbank vereist. Het tweede lid van artikel 70 vindt overeenkomstige toepassing. — *Meerdere bewindvoerders*
2. De rechtbank kan te allen tijde een bewindvoerder, na hem gehoord of behoorlijk opgeroepen te hebben, ontslaan en door een ander vervangen of hem één of meer bewindvoerders toevoegen, een en ander op verzoek van hemzelf, van de andere bewindvoerders of van één of meer schuldeisers, op voordracht van de rechter-commissaris zo die is benoemd, dan wel ambtshalve. — *Ontslag of toevoeging bewindvoerder*
(Zie ook: artt. 215, 226 FW)

Art. 225
1. Bij het voorlopig verlenen der surseance kan de rechtbank zodanige bepalingen maken, als zij ter beveiliging van de belangen der schuldeisers nodig oordeelt. — *Beveiliging belangen schuldeisers*
2. Zij kan dit ook gedurende de surseance doen op voordracht van de rechter-commissaris zo die is benoemd, op verzoek van de bewindvoerders of van één of meer schuldeisers dan wel ambtshalve.
(Zie ook: artt. 226, 283 FW)

Art. 226
1. Bij het voorlopig verlenen der surseance kan de rechtbank één of meer deskundigen benoemen teneinde binnen een door haar te bepalen termijn, die zo nodig kan worden verlengd, een onderzoek naar de staat van de boedel in te stellen en een beredeneerd verslag van hun bevinding uit te brengen. Het laatste lid van artikel 225 vindt overeenkomstige toepassing. — *Deskundigenverslag*
2. Het verslag van de deskundigen bevat een met redenen omkleed oordeel over de betrouwbaarheid van de door de schuldenaar overgelegde staat en bescheiden, en over de vraag of er vooruitzicht bestaat, dat de schuldenaar na verloop van tijd zijn schuldeisers zal kunnen bevredigen. Het verslag geeft zo mogelijk de maatregelen aan, welke tot die bevrediging kunnen leiden.
(Zie ook: art. 218 FW)
3. De deskundigen leggen hun verslag neder ter griffie van de rechtbank, ter kosteloze inzage van een ieder. De neerlegging geschiedt kosteloos.
4. Het laatste lid van artikel 224 vindt ten aanzien van de deskundigen overeenkomstige toepassing.
(Zie ook: art. 250 FW; art. 194 Rv)

Art. 227
1. De bewindvoerders brengen, telkens na verloop van drie maanden, een verslag uit over de toestand van de boedel. Met dit verslag wordt gehandeld, gelijk in het derde lid van artikel 226 is voorgeschreven. — *Periodiek verslag van bewindvoerders*
2. De termijn, bedoeld in het vorige lid, kan door de rechter-commissaris zo die is benoemd of, bij gebreke van dien, de rechtbank worden verlengd.
(Zie ook: art. 73a FW)

Art. 228
1. Gedurende de surseance is de schuldenaar onbevoegd enige daad van beheer of beschikking betreffende de boedel te verrichten zonder medewerking, machtiging of bijstand van de bewindvoerders. Indien de schuldenaar in strijd daarmede gehandeld heeft, zijn de bewindvoerders bevoegd alles te doen, wat vereist wordt, om de boedel te dier zake schadeloos te houden. — *Medewerking bewindvoerders vereist*
(Zie ook: artt. 242, 249 FW)
2. Voor verbintenissen van de schuldenaar, zonder medewerking, machtiging of bijstand van de bewindvoerders na de aanvang der surseance ontstaan, is de boedel niet aansprakelijk, dan voorzover deze tengevolge daarvan is gebaat.
(Zie ook: artt. 23, 238, 239 FW)

Art. 229
1. Indien de schuldenaar in enige gemeenschap gehuwd is of in enige gemeenschap een geregistreerd partnerschap is aangegaan, worden onder de boedel de baten en lasten van die gemeenschap begrepen. — *Baten en lasten huwelijksgemeenschap*
2. Artikel 61 vindt overeenkomstige toepassing.
(Zie ook: artt. 93, 123, 128, 129, 132 BW Boek 1)

Art. 230
1. Gedurende de surseance kan de schuldenaar niet tot betaling zijner in artikel 233 bedoelde schulden worden genoodzaakt en blijven alle tot verhaal van die schulden aangevangen executies geschorst. — *Opschorting betaling*
2. De gelegde beslagen vervallen en de schuldenaar, die zich in gijzeling bevindt, wordt daaruit ontslagen, zodra de uitspraak, houdende definitieve verlening der surseance of homologatie van het akkoord, in kracht van gewijsde is gegaan, beide tenzij de rechtbank op verzoek van de — *Verval beslagen en gijzeling*

bewindvoerders reeds een vroeger tijdstip daarvoor heeft bepaald. De inschrijving van een desbetreffende, op verzoek van de bewindvoerders af te geven verklaring van de rechter-commissaris of, zo geen rechter-commissaris is benoemd, van de voorzieningenrechter van de rechtbank, machtigt de bewaarder van de openbare registers tot doorhaling.

Uitzondering preferente vorderingen
3. Het in de voorgaande leden bepaalde vindt geen toepassing ten aanzien van executies en beslagen ten behoeve van vorderingen waaraan voorrang is verbonden, voorzover het de goederen betreft, waarop de voorrang rust.
(Zie ook: artt. 227, 236, 260, 276, 282, 288 BW Boek 3)
4. Ter zake van schulden waarvoor het eerste lid geldt, is artikel 36 van overeenkomstige toepassing.
(Zie ook: art. 33 FW)

Art. 231

Aanhangige rechtsvorderingen
1. De surseance stuit de loop niet van reeds aanhangige rechtsvorderingen, noch belet het instellen van nieuwe.
(Zie ook: art. 25 FW; art. 254 Rv)
2. Indien niettemin de rechtsgedingen blotelijk betreffen de vordering van betaling ener schuld, door de schuldenaar erkend, en de eiser geen belang heeft om vonnis te verkrijgen, teneinde rechten tegen derden te doen gelden, kan de rechter, na van de erkenning der schuld akte te hebben verleend, het uitspreken van het vonnis opschorten tot na het einde der surseance.

Medewerking bewindvoerders vereist
3. De schuldenaar kan, voor zoveel betreft rechtsvorderingen, welke rechten of verplichtingen tot de boedel behorende ten onderwerp hebben, noch eisende, noch verwerende in rechte optreden, zonder medewerking der bewindvoerders.
(Zie ook: art. 27 FW)

Art. 231a

Schakelbepaling
Artikel 231 is van overeenkomstige toepassing met betrekking tot rechtsvorderingen betreffende een goed of recht waarover de schuldenaar het beheer en de beschikking heeft verloren door de opening van een in Nederland op grond van artikel 19 van de verordening, genoemd in artikel 5, derde lid, te erkennen insolventieprocedure.

Art. 232

Vorderingen buiten surseance vallende
De surseance werkt niet ten aanzien van:
1°. vorderingen waaraan voorrang is verbonden, behoudens voorzover zij niet verhaald kunnen worden op de goederen waarop de voorrang rust;
(Zie ook: art. 230 FW)
2°. vorderingen wegens kosten van levensonderhoud of van verzorging of opvoeding, verschuldigd krachtens de wet en vastgesteld bij overeenkomst of rechterlijke uitspraak, behoudens voorzover het gaat om vóór de aanvang der surseance vervallen termijnen, waarvan de rechtbank het bedrag heeft vastgesteld, waarvoor de surseance werkt;
(Zie ook: artt. 157, 158, 392, 401, 404 BW Boek 1)
3°. termijnen van huurkoop en van scheepshuurkoop.
(Zie ook: art. 237a FW; art. 1576h BW Boek 7A; art. 800 BW Boek 8)

Art. 233

Gelijke behandeling schuldeisers
De betaling van alle andere schulden, bestaande vóór de aanvang der surseance, kan, zolang de surseance duurt, niet anders plaats hebben dan aan alle schuldeisers gezamenlijk, in evenredigheid hunner vorderingen.

Art. 234

Beroep op schuldvergelijking
1. Hij die zowel schuldenaar als schuldeiser van de boedel is, kan zijn schuld met zijn vordering op de boedel verrekenen, indien beide zijn ontstaan vóór de aanvang van de surseance of voortvloeien uit een handeling vóór de aanvang van de surseance met de schuldenaar verricht.
2. De vordering op de schuldenaar wordt zo nodig berekend naar de regels in de artikelen 261 en 262 gesteld.
3. Van de zijde van de boedel kan geen beroep worden gedaan op artikel 136 van Boek 6 van het Burgerlijk Wetboek.
(Zie ook: art. 53 FW)

Art. 235

Geen beroep op schuldvergelijking
1. Niettemin is degene die een schuld aan de boedel of een vordering op de boedel vóór de aanvang van de surseance van een derde heeft overgenomen, niet bevoegd tot verrekening, indien hij bij de overneming niet te goeder trouw heeft gehandeld.
2. Na de aanvang van de surseance overgenomen vorderingen of schulden kunnen niet worden verrekend.
3. De artikelen 55 en 56 zijn van overeenkomstige toepassing.
(Zie ook: art. 54 FW)

Art. 236

Wederkerige overeenkomsten
1. Indien een wederkerige overeenkomst bij de aanvang van de surseance zowel door de schuldenaar als door zijn wederpartij in het geheel niet of slechts gedeeltelijk is nagekomen en de schuldenaar en de bewindvoerder zich niet binnen een hun daartoe schriftelijk door de we-

derpartij gestelde redelijke termijn bereid verklaren de overeenkomst gestand te doen, verliezen zij het recht hunnerzijds nakoming van de overeenkomst te vorderen.
2. Indien de schuldenaar en de bewindvoerder zich wel tot nakoming van de overeenkomst bereid verklaren, zijn zij verplicht desverlangd voor deze nakoming zekerheid te stellen.
3. De vorige leden zijn niet van toepassing op overeenkomsten waarbij de schuldenaar slechts verbintenissen op zich heeft genomen tot door hem persoonlijk te verrichten handelingen.
(Zie ook: art. 37 FW)

Art. 236a
Voor vorderingen die de wederpartij uit hoofde van ontbinding of vernietiging van een vóór de aanvang van de surseance met de schuldenaar gesloten overeenkomst op deze heeft verkregen, of die strekken tot schadevergoeding ter zake van tekortschieten in de nakoming van een vóór de aanvang van de surseance op deze verkregen vordering, kan zij opkomen op de voet, in artikel 233 bepaald.

Ontbindings- of vernietigingsvordering

(Zie ook: art. 37a FW)

Art. 237
Indien in het geval van artikel 236 de levering van waren, die ter beurze op termijn worden verhandeld, bedongen is tegen een vastgesteld tijdstip of binnen een bepaalde termijn, en dit tijdstip invalt of die termijn verstrijkt na de aanvang van de surseance, wordt de overeenkomst door de voorlopige verlening van surseance ontbonden en kan de wederpartij van de schuldenaar zonder meer voor schadevergoeding opkomen op de voet, in artikel 233 bepaald. Lijdt de boedel door de ontbinding schade dan is de wederpartij verplicht deze te vergoeden.

Invloed surseance op termijnhandel

(Zie ook: art. 38 FW)

Art. 237a
1. Zodra de surseance een aanvang heeft genomen, kan zowel de schuldenaar, die huurkoper is, als de verkoper de huurkoop dan wel scheepshuurkoop ontbonden verklaren.

Ontbinding (scheeps)huurkoopovereenkomst

(Zie ook: art. 1576e BW Boek 7A)
2. Deze ontbinding heeft dezelfde gevolgen als ontbinding der overeenkomst wegens het niet nakomen door de koper van zijn verplichtingen.
3. De verkoper kan voor het hem verschuldigde bedrag opkomen op de voet als in artikel 233 bepaald.
(Zie ook: artt. 38a, 232 FW; art. 1576h BW Boek 7A; artt. 800, 810 BW Boek 8)

Art. 237b
1. Een wederpartij is niet bevoegd de nakoming van zijn verbintenis die voortvloeit uit een overeenkomst tot het geregeld afleveren van gas, water, elektriciteit of verwarming, benodigd voor de eerste levensbehoeften of voor het voortzetten van de door de schuldenaar gedreven onderneming, jegens de schuldenaar op te schorten wegens het door de schuldenaar niet nakomen van een vóór de surseance ontstane verbintenis tot betaling van een geldsom.

Tekortkomingen schuldenaar vóór aanvang surseance

2. Een tekortkoming door de schuldenaar in de nakoming van een verbintenis als in het eerste lid bedoeld, die plaatsvond vóór de verlening van de surseance, levert geen grond op voor ontbinding van een overeenkomst als bedoeld in het eerste lid.
3. Een beroep door de wederpartij op een beding dat verlening van de surseance, de aanvraag van de surseance of het leggen van beslag grond oplevert voor ontbinding van een overeenkomst als bedoeld in het eerste lid, dan wel dat die overeenkomst daardoor van rechtswege zal zijn ontbonden, is slechts toegelaten met goedvinden van de schuldenaar en de bewindvoerder.
(Zie ook: artt. 37b, 304 FW; artt. 262, 265 BW Boek 2)

Art. 238
1. Zodra de surseance een aanvang heeft genomen, kan de schuldenaar, die huurder is, met inachtneming van het bij artikel 228 bepaalde, de huur tussentijds doen eindigen, mits de opzegging geschiede tegen een tijdstip, waarop dergelijke overeenkomsten naar plaatselijk gebruik eindigen. Bovendien moet bij de opzegging de daarvoor overeengekomen of gebruikelijke termijn in acht genomen worden, met dien verstande echter, dat een termijn van drie maanden in elk geval voldoende zal zijn. Zijn de huurpenningen vooruit betaald, dan kan de huur niet eerder worden opgezegd dan tegen de dag, waarop de termijn, waarvoor vooruitbetaling heeft plaats gehad, eindigt.

Beëindiging huur

2. Van de aanvang der surseance af is de huurprijs boedelschuld.

Boedelschuld

3. Indien de schuldenaar pachter is, vindt het bovenstaande overeenkomstige toepassing.

Pacht

(Zie ook: artt. 39, 236 FW)

Art. 239
1. Zodra de surseance een aanvang heeft genomen, kan de schuldenaar, met inachtneming van het bij artikel 228 bepaalde, aan werknemers in zijn dienst, de arbeidsovereenkomst opzeggen, met inachtneming van de overeengekomen of wettelijke termijnen, met dien verstande echter, dat in elk geval de arbeidsovereenkomst kan worden geëindigd door opzegging met een termijn van zes weken of, indien de termijn, omschreven in artikel 672 lid 2 van Boek 7 van het Burgerlijk Wetboek langer is dan zes weken, met inachtneming van die termijn.

Opzegging arbeidsovereenkomst

2. Zodra de surseance een aanvang heeft genomen, behoeft bij opzegging der arbeidsovereenkomst door werknemers in dienst van de schuldenaar het bepaalde in artikel 672 lid 4 van Boek 7 van het Burgerlijk Wetboek niet in acht te worden genomen.

Boedelschuld
3. Van de aanvang der surseance af zijn het loon en de met de arbeidsovereenkomst samenhangende premieschulden boedelschuld.

Opzegging agentuurovereenkomsten
4. Dit artikel is van overeenkomstige toepassing op agentuurovereenkomsten.
(Zie ook: artt. 40, 236 FW)

Art. 240

Betaling aan de schuldenaar
1. Voldoening nadat de surseance voorlopig is verleend doch vóór de bekendmaking daarvan, aan de schuldenaar gedaan, ter vervulling van verbintenissen jegens deze vóórdien ontstaan, bevrijdt hem, die haar deed, tegenover de boedel, zolang zijn bekendheid met de voorlopige verlening van de surseance niet bewezen wordt.
2. Voldoening, als in het vorig lid bedoeld, nà de bekendmaking aan de schuldenaar gedaan, bevrijdt tegenover de boedel alleen dan, wanneer hij, die haar deed, bewijst, dat de voorlopige verlening van de surseance te zijner woonplaats langs de weg der wettelijke aankondiging nog niet bekend kon zijn, behoudens het recht van bewindvoerders om aan te tonen, dat zij hem toch bekend was.
3. In elk geval bevrijdt voldoening aan de schuldenaar hem, die haar deed, tegenover de boedel, voorzover hetgeen door hem voldaan werd ten bate van de boedel is gekomen.
(Zie ook: artt. 52, 216 FW)

Art. 241

Medeschuldenaar; borg
De surseance werkt niet ten voordele van de borgen en andere medeschuldenaren.
(Zie ook: artt. 136, 160 FW; art. 6 BW Boek 6; art. 850 BW Boek 7)

Art. 241a

Afkoelingsperiode voor verhaal door derden
1. De rechtbank kan op verzoek van elke belanghebbende of ambtshalve bij schriftelijke beschikking een afkoelingsperiode afkondigen, waarin elke bevoegdheid van derden, met uitzondering van boedelschuldeisers, tot verhaal op tot de boedel behorende goederen of tot de opeising van goederen die zich in de macht van de schuldenaar bevinden, voor een periode van ten hoogste twee maanden, niet kan worden uitgeoefend dan met machtiging van de rechtbank of, zo een rechter-commissaris is benoemd, van deze. De rechtbank kan deze periode eenmaal verlengen met een periode van ten hoogste twee maanden.
2. De rechtbank kan haar beschikking beperken tot bepaalde derden en daaraan voorwaarden verbinden. De rechtbank en rechter-commissaris kunnen voorwaarden verbinden aan een door hen gegeven machtiging van een derde tot uitoefening van een aan deze toekomende bevoegdheid.
3. Indien een derde ter zake van zijn bevoegdheid een redelijke termijn aan de curator stelt, wordt deze termijn geschorst tijdens de afkoelingsperiode.
(Zie ook: art. 63a FW)
4. De afkoelingsperiode kan ook op verlangen van de schuldenaar worden afgekondigd door de rechter die de surseance verleent. De afkoelingsperiode die wordt afgekondigd met de verlening van de surseance wordt geacht te zijn ingegaan bij de aanvang van de dag waarop de surseance voorlopig is verleend.

Art. 241b

Pandrecht tijdens afkoelingsperiode
1. Ingeval de schuldenaar overeenkomstig artikel 239, eerste lid, van Boek 3 van het Burgerlijk Wetboek een pandrecht heeft gevestigd op een vordering op naam of op het vruchtgebruik van een zodanige vordering, blijft de pandhouder tijdens de afkoelingsperiode bevoegd de mededeling, bedoeld in artikel 239, derde lid, van dat Boek, te doen en betalingen in ontvangst te nemen.
2. Artikel 490b, tweede lid, van het Wetboek van Burgerlijke Rechtsvordering, is van overeenkomstige toepassing, met dien verstande dat de pandhouder het volledige bedrag bij de bewaarder stort.
(Zie ook: art. 63b FW)

Art. 241c

Beslag tijdens afkoelingsperiode
1. Tijdens de afkoelingsperiode kan de ontvanger die een beslag heeft gelegd als bedoeld in artikel 22, derde lid, Invorderingswet 1990, niet tot uitwinning overgaan, tenzij de rechtbank of de rechter-commissaris zo die is benoemd, anders beslist.
2. Een beslag als bedoeld in artikel 22, derde lid, van de Invorderingswet 1990 dat tijdens de afkoelingsperiode wordt gelegd op een zaak die zich op de bodem van de schuldenaar bevindt en die niet aan hem toebehoort, kan niet worden tegengeworpen aan de eigenaar van de zaak of, als daarop een pandrecht van een ander rust, aan die ander, indien deze voordat het beslag was gelegd bij deurwaardersexploot aanspraak heeft gemaakt op afgifte van de zaak.
(Zie ook: art. 63c FW)

Art. 241d

Uitgezonderde verpande goederen bij financiëlezekerheidsovereenkomst
Van de goederen als bedoeld in artikel 241a, eerste lid, zijn uitgezonderd de goederen die uit hoofde van een financiëlezekerheidsovereenkomst als bedoeld in artikel 51 van Boek 7 van het Burgerlijk Wetboek zijn verpand.

Art. 241e
1. In afwijking van artikel 217 werkt het verlenen van surseance aan een schuldenaar uit hoofde van een financiëlezekerheidsovereenkomst als bedoeld in artikel 51 van Boek 7 van het Burgerlijk Wetboek niet terug tot aan het begin van de dag waarop zij voorlopig is verleend, ten aanzien van een door de schuldenaar voor het tijdstip van het verlenen van surseance gesloten financiëlezekerheidsovereenkomst of een overdracht, vestiging van een pandrecht of een opdracht tot verrekening op grond daarvan.

2. De artikelen 217, 228, tweede lid, 234, eerste lid, 235, tweede lid, van deze wet, kunnen niet aan derden worden tegengeworpen ten aanzien van een door een schuldenaar na het tijdstip van het verlenen van surseance gesloten financiëlezekerheidsovereenkomst als bedoeld in artikel 51 van Boek 7 van het Burgerlijk Wetboek, een overdracht of vestiging van een pandrecht op grond van een financiëlezekerheidsovereenkomst, alsmede elke rechtshandeling op grond van een financiëlezekerheidsovereenkomst vanwege verbintenissen van de schuldenaar die na het tijdstip van het verlenen van surseance zijn ontstaan, mits de betreffende rechtshandeling plaatsvindt op de dag van het verlenen van surseance en de wederpartij kan aantonen dat deze ten tijde van de rechtshandeling het verlenen van surseance niet kende of behoorde te kennen.

Voorwaarden surseance bij financiëlezekerheidsovereenkomst

Art. 242
1. Nadat de surseance is verleend, kan zij, op voordracht van de rechter-commissaris zo die is benoemd, op verzoek van de bewindvoerders, van één of meer der schuldeisers of ook ambtshalve door de rechtbank worden ingetrokken:

Intrekking surseance

1°. indien de schuldenaar zich, gedurende de loop der surseance, aan kwade trouw in het beheer van de boedel schuldig maakt;
(Zie ook: art. 283 FW)
2°. indien hij zijn schuldeisers tracht te benadelen;
(Zie ook: art. 218 FW)
3°. indien hij handelt in strijd met artikel 228, eerste lid;
4°. indien hij nalaat te doen, wat in de bepalingen, door de rechtbank bij het verlenen der surseance of later gesteld, aan hem is opgelegd of wat naar het oordeel der bewindvoerders door hem in het belang des boedels moet worden gedaan;
5°. indien, hangende de surseance, de staat des boedels zodanig blijkt te zijn, dat handhaving der surseance niet langer wenselijk is of het vooruitzicht, dat de schuldenaar na verloop van tijd zijn schuldeisers zal kunnen bevredigen, blijkt niet te bestaan.
(Zie ook: art. 218 FW)

2. In de gevallen, vermeld onder 1° en 5°, zijn de bewindvoerders verplicht de intrekking te vragen.

3. De verzoeker, de schuldenaar en de bewindvoerders worden gehoord of behoorlijk opgeroepen. De oproeping geschiedt door de griffier tegen een door de rechtbank te bepalen dag. De beschikking is met redenen omkleed.

4. Indien op grond van dit artikel de surseance wordt ingetrokken, kan bij dezelfde beschikking de faillietverklaring van de schuldenaar worden uitgesproken. Wordt het faillissement niet uitgesproken, dan blijft de surseance gehandhaafd tot de beschikking der rechtbank in kracht van gewijsde is gegaan.
(Zie ook: artt. 247, 276, 283 FW)

Faillietverklaring

5. In afwijking van het vierde lid stelt de rechtbank De Nederlandsche Bank N.V. in staat te worden gehoord alvorens de faillietverklaring uit te spreken van een moedermaatschappij met zetel in Nederland van een verzekeraar als bedoeld in artikel 213abis, eerste lid.

Art. 243
1. Gedurende acht dagen na de dag der beschikking heeft, in geval van intrekking der surseance, de schuldenaar, en, ingeval de intrekking der surseance geweigerd is, hij, die het verzoek tot intrekking heeft gedaan, recht van hoger beroep tegen de beschikking der rechtbank.

Hoger beroep

2. Het hoger beroep wordt ingesteld door indiening van een verzoek ter griffie van het gerechtshof, dat van de zaak moet kennis nemen. De griffier van het gerechtshof geeft van die indiening terstond kennis aan die van de rechtbank.

3. De voorzitter van het gerechtshof bepaalt terstond dag en uur voor de behandeling van het verzoek. De griffier roept ten spoedigste hen, die het verzoek tot intrekking hebben gedaan, de schuldenaar en de bewindvoerders schriftelijk tegen de bepaalde dag op.

4. De beschikking van het gerechtshof wordt door de griffier terstond medegedeeld aan die van de rechtbank.
(Zie ook: art. 283 FW)

Art. 244
1. Gedurende acht dagen na de beschikking van het gerechtshof kan de daarbij in het ongelijk gestelde partij in cassatie komen.

Beroep in cassatie

2. Het beroep in cassatie wordt ingesteld door indiening van een verzoek ter griffie van de Hoge Raad. De griffier van de Hoge Raad geeft van die indiening terstond kennis aan die van de rechtbank.

3. De voorzitter van de Hoge Raad bepaalt terstond dag en uur voor de behandeling van het verzoek. De griffier roept ten spoedigste de partijen schriftelijk tegen de bepaalde dag op. De beschikking van de Hoge Raad wordt door de griffier terstond medegedeeld aan die van de rechtbank.

Art. 245
Aankondiging intrekking
Zodra een beschikking, waarbij de surseance is ingetrokken, in kracht van gewijsde is gegaan, wordt zij aangekondigd, gelijk is voorgeschreven in artikel 216.
(Zie ook: art. 222a FW; artt. 51, 303 BW Boek 2)

Art. 246
Uitstel verhoor schuldeisers
1. Indien de rechtbank van oordeel is, dat de behandeling van het verzoek tot intrekking van de surseance niet zal zijn beëindigd vóór de dag, waarop de schuldeisers of, indien van toepassing, De Nederlandsche Bank N.V. krachtens artikel 215, tweede lid, worden gehoord, gelast zij, dat de griffier de schuldeisers schriftelijk zal mededelen, dat dit verhoor op die dag niet zal worden gehouden.
2. Zo nodig bepaalt zij later de dag waarop dit verhoor alsnog zal plaats vinden; de schuldeisers of, indien van toepassing, De Nederlandsche Bank N.V. worden door de griffier schriftelijk opgeroepen.

Art. 247
Intrekkingsverzoek schuldenaar
1. De schuldenaar is steeds bevoegd aan de rechtbank de intrekking van de surseance te verzoeken, op grond dat de toestand des boedels hem weer in staat stelt zijn betalingen te hervatten. De bewindvoerders en, indien het een definitief verleende surseance betreft, de schuldeisers worden gehoord of behoorlijk opgeroepen.
2. Deze oproeping geschiedt schriftelijk door de griffier tegen een door de rechtbank te bepalen dag.
(Zie ook: artt. 242, 272, 283 FW)

Art. 247a
Intrekking voorlopige surseance onder gelijktijdig uitspreken toepassing schuldsaneringsregeling
1. Uiterlijk op de achtste dag voorafgaande aan de dag bepaald overeenkomstig artikel 215, tweede lid, doch in ieder geval niet later dan twee maanden na de dag waarop de surseance voorlopig is verleend, kan de rechtbank op verzoek van de schuldenaar, zijnde een natuurlijke persoon, de hem voorlopig verleende surseance intrekken onder het gelijktijdig uitspreken van de toepassing van de schuldsaneringsregeling bedoeld in titel III.
2. De schuldenaar zal zich daartoe met een verzoek als bedoeld in artikel 284 wenden tot de rechtbank die de surseance voorlopig heeft verleend.
3. Alvorens te beslissen kan de rechtbank de schuldenaar, de rechter-commissaris en de bewindvoerder oproepen om te worden gehoord.
4. Artikel 6, tweede lid, is van toepassing.
5. Bij toewijzing van het verzoek, spreekt de rechtbank de definitieve toepassing van de schuldsaneringsregeling uit.
6. Van de intrekking van de voorlopig verleende surseance wordt door de griffier kennis gegeven in de aankondiging die is voorgeschreven in artikel 293. In die aankondiging wordt tevens mededeling gedaan dat het verhoor van de schuldeisers, bepaald overeenkomstig artikel 215, tweede lid, niet zal worden gehouden. Indien op de voet van artikel 255 of 264 reeds een tijdstip was bepaald voor de raadpleging en stemming over een akkoord, wordt in die aankondiging mededeling gedaan dat die raadpleging en stemming niet zullen plaatsvinden.

Art. 247b
Beroep tegen uitspraak m.b.t. intrekking voorlopig verleende surseance
1. Tegen het vonnis, houdende uitspraak tot de intrekking van de voorlopig verleende surseance en tot de toepassing van de schuldsaneringsregeling, kunnen noch door schuldeisers noch door andere belanghebbenden rechtsmiddelen worden ingesteld.
2. Indien het verzoek tot de toepassing van de schuldsaneringsregeling is afgewezen, heeft de schuldenaar gedurende acht dagen na de dag van de uitspraak het recht van hoger beroep. Het hoger beroep wordt ingesteld door indiening van een verzoek ter griffie van het gerechtshof, dat van de zaak kennis moet nemen. De griffier van het gerechtshof geeft van de indiening onverwijld kennis aan de griffier van de rechtbank.
3. De voorzitter bepaalt terstond dag en uur voor de behandeling, welke zal moeten plaatshebben binnen twintig dagen na de dag van de indiening van het verzoek. De uitspraak vindt niet later plaats dan op de achtste dag na die van de behandeling van het verzoek ter zitting. Van het arrest van het gerechtshof wordt door de griffier onverwijld mededeling gedaan aan de griffier van de rechtbank.
4. De schuldenaar kan van de uitspraak van het gerechtshof gedurende acht dagen na die van de uitspraak in cassatie komen. Het beroep in cassatie wordt ingesteld door indiening van een verzoek ter griffie van de Hoge Raad. De voorzitter bepaalt terstond dag en uur voor de behandeling. De griffier van de Hoge Raad geeft van het beroep in cassatie en van de uitspraak van de Hoge Raad onverwijld kennis aan de griffier van de rechtbank.
5. Zolang niet op het verzoek bedoeld in artikel 247a, tweede lid, is beslist en, indien de schuldsaneringsregeling niet is uitgesproken, hangende het hoger beroep of de cassatie, kan de

surseance van betaling niet definitief worden verleend en kan geen raadpleging over een akkoord plaatshebben.

Art. 247c

1. Indien de surseance van betaling wordt ingetrokken onder het gelijktijdig uitspreken van de toepassing van de schuldsaneringsregeling, gelden de volgende regelen:

Regels m.b.t. intrekking voorlopig verleende surseance

a. de bewindvoerder in de schuldsaneringsregeling oefent de bevoegdheid uit, in artikel 228, eerste lid, tweede volzin, aan de bewindvoerder in de surseance toegekend;
b. boedelschulden, gedurende de toepassing van de surseance ontstaan, gelden ook in de toepassing van de schuldsaneringsregeling als boedelschulden;
c. in de surseance ingediende vorderingen gelden als ingediend in de schuldsaneringsregeling.

2. Artikel 249, eerste lid, onder 1° en 4°, is van overeenkomstige toepassing.

Art. 247d

In het geval van een verzoek tot omzetting als bedoeld in artikel 51, eerste lid, van de verordening, genoemd in artikel 5, derde lid, zijn, wanneer het de omzetting in een faillissement betreft, de artikelen 242, derde lid, en 243 tot en met 246 dan wel, wanneer het de omzetting in een toepassing van de schuldsaneringsregeling betreft, de artikelen 247a, derde tot en met vijfde lid, 247b, eerste lid, en 247c van overeenkomstige toepassing.

Verzoek tot omzetting

Art. 248

1. Gedurende een surseance kan faillietverklaring behoudens de mogelijkheid van artikel 213ar niet rauwelijks worden verzocht.
2. Indien ingevolge een der bepalingen van deze titel een faillietverklaring uitgesproken wordt, vindt artikel 14 overeenkomstige toepassing; wordt ingevolge die bepalingen een faillissement vernietigd, dan vinden de artikelen 13 en 15 overeenkomstige toepassing.
(Zie ook: artt. 51, 303 BW Boek 2)

Faillietverklaring

Art. 249

1. Indien de faillietverklaring wordt uitgesproken ingevolge een der bepalingen van deze titel of wel binnen één maand na het einde der surseance, gelden de volgende regelen:
1°. het tijdstip, waarop de termijnen vermeld in de artikelen 43 en 45 van deze wet en in de artikelen 138, zesde lid, en 248, zesde lid, van boek 2 van het Burgerlijk Wetboek aanvangen, wordt berekend van de aanvang der surseance af;
2°. de curator oefent de bevoegdheid uit, in het eerste lid van artikel 228 aan de bewindvoerders toegekend;
3°. handelingen, door de schuldenaar met medewerking, machtiging of bijstand van de bewindvoerders verricht, worden beschouwd als handelingen van de curator en boedelschulden, gedurende de surseance ontstaan, zullen ook in het faillissement als boedelschulden gelden;
4°. de boedel is niet aansprakelijk voor verbintenissen van de schuldenaar, zonder medewerking, machtiging of bijstand van de bewindvoerders gedurende de surseance ontstaan, dan voorzover deze ten gevolge daarvan gebaat is.
2. Is opnieuw surseance verzocht, binnen één maand na afloop van een vroeger verleende, dan geldt hetgeen in het eerste lid is bepaald mede voor het tijdvak der eerstvolgende surseance.

Opvolgend faillissement

Hernieuwd surseanceverzoek

Art. 249a

Indien de faillietverklaring van een beleggingsonderneming als bedoeld in artikel 1:1 van de Wet op het financieel toezicht, van een financiële instelling die een verklaring van ondertoezichtstelling als bedoeld in artikel 3:110 van die wet heeft, of van een persoon die een vergunning heeft ingevolge artikel 3:4, eerste lid van die wet, wordt uitgesproken ingevolge een bepaling van deze titel of binnen een maand na het einde van een surseance van betaling die aan een dergelijke onderneming is verleend, wordt de uitvoering van de vangnetregeling die werd uitgevoerd tijdens de surseance van betaling voortgezet tijdens het faillissement op de voet van afdeling 3.5.6 van die wet.

Faillissement kredietinstellingen, toepasselijkheid afdeling 3.5.6 Wet op het financieel toezicht

Art. 250

1. Het loon van de deskundigen, benoemd ingevolge de bepaling van artikel 226, en van de bewindvoerders wordt bepaald door de rechtbank en bij voorrang voldaan.
(Zie ook: artt. 71, 180, 272 FW)
2. Dit laatste is ook van toepassing op hun verschotten en op die, door de griffier ten gevolge van de bepalingen van deze titel gedaan.
(Zie ook: artt. 216, 219, 221, 242, 244, 246, 247 FW)

Betaling loon en voorschotten

Art. 250a

[Vervallen]

Art. 251

De bepalingen van internationaal recht van de artikelen 203-205 vinden bij surseance overeenkomstige toepassing.

Toepasselijkheid internationaal recht

Tweede afdeling
Van het akkoord

Art. 252

Recht aanbieding akkoord
De schuldenaar is bevoegd bij of na het verzoek tot surseance aan hen, die vorderingen hebben, ten aanzien waarvan de surseance werkt, een akkoord aan te bieden.
(Zie ook: artt. 138, 214, 232 FW)

Art. 253

Nederlegging ontwerpakkoord
1. Het ontwerp van akkoord wordt, indien het niet ingevolge artikel 215 ter griffie van de rechtbank berust, aldaar neergelegd ter kosteloze inzage van een ieder.

Toezending afschrift
2. Een afschrift moet zodra mogelijk aan de bewindvoerders en de deskundigen worden toegezonden.
(Zie ook: art. 139 FW)

Art. 254

Verval ontwerpakkoord
Het ontwerp van akkoord vervalt, indien, voordat het vonnis van homologatie van het akkoord in kracht van gewijsde is gegaan, een rechterlijke beslissing houdende beëindiging der surseance in kracht van gewijsde gaat.
(Zie ook: artt. 242, 247 FW)

Art. 255

Behandeling ontwerpakkoord
1. Indien het ontwerp van akkoord tegelijk met het verzoekschrift tot verlening van surseance ter griffie is nedergelegd, kan de rechtbank, de rechter-commissaris zo die is benoemd en bewindvoerders gehoord, gelasten, dat de in artikel 218 bedoelde behandeling van het verzoek niet zal plaats hebben, in welk geval zij tevens zal vaststellen:
1°. de dag, waarop uiterlijk de schuldvorderingen, ten aanzien waarvan de surseance werkt, bij de bewindvoerders moeten worden ingediend;
2°. dag en uur, waarop over het aangeboden akkoord ten overstaan van de rechter-commissaris of, bij gebreke van dien, in raadkamer zal worden geraadpleegd en beslist.
2. Tussen de dagen, onder 1°. en 2°. vermeld, moeten ten minste veertien dagen verlopen.
3. Indien de rechtbank van deze bevoegdheid geen gebruik maakt of het ontwerp van akkoord niet tegelijk met het verzoekschrift tot het verlenen van surseance ter griffie is nedergelegd, zal de rechtbank de rechter-commissaris zo die is benoemd en, bewindvoerders gehoord, de dagen en uren, in het eerste lid bedoeld, vaststellen zodra de beschikking, waarbij de surseance definitief is verleend, kracht van gewijsde heeft verkregen of, indien het ontwerp van akkoord eerst daarna ter griffie is nedergelegd, dadelijk na die nederlegging.

Art. 256

Aankondiging nederlegging ontwerpakkoord
1. De bewindvoerders doen dadelijk zowel van de in het vorige artikel bedoelde beschikking als van de neerlegging ter griffie van het ontwerp van akkoord – tenzij deze reeds ingevolge artikel 216 is bekend gemaakt – aankondiging in de Staatscourant.
(Zie ook: art. 253 FW; artt. 51, 303 BW Boek 2)

Kennisgeving
2. Zij geven tevens van een en ander bij brieven kennis aan alle bekende schuldeisers. Daarbij wordt op het bepaalde bij artikel 257, tweede lid, gewezen.

Verschijning schuldeisers
3. De schuldeisers kunnen verschijnen in persoon, bij schriftelijk gemachtigde of bij advocaat.

Kosten
4. De bewindvoerders kunnen vorderen, dat de schuldenaar hun een door hen te bepalen bedrag ter bestrijding van de kosten dezer aankondigingen en kennisgevingen vooraf ter hand stelt.

Art. 257

Wijze indiening vorderingen
1. De indiening der schuldvorderingen geschiedt bij de bewindvoerders door de overlegging ener rekening of andere schriftelijke verklaring, aangevende de aard en het bedrag der vordering, vergezeld van de bewijsstukken of een afschrift daarvan.

Preferente vorderingen
2. Vorderingen, ten aanzien waarvan de surseance niet werkt, komen voor indiening niet in aanmerking. Heeft nochtans indiening plaats gehad, dan werkt de surseance ook ten aanzien van die vorderingen en gaat een aan de vordering verbonden voorrecht, retentierecht, pandrecht of hypotheek verloren. Een en ander geldt niet voor zover de vordering vóór de aanvang der stemming wordt teruggenomen.
(Zie ook: art. 232 FW)

Ontvangbewijs
3. De schuldeisers zijn bevoegd van de bewindvoerders een ontvangbewijs te vorderen.
(Zie ook: art. 110 FW)

Art. 257a

Schakelbepaling
Artikel 110a is van overeenkomstige toepassing.

Art. 258

Onderzoek der vorderingen
De bewindvoerders toetsen de ingezonden rekeningen aan de administratie en opgaven van de schuldenaar, treden, als zij tegen de toelating ener vordering bezwaar hebben, met de schuldeiser in overleg, en zijn bevoegd van deze overlegging van ontbrekende stukken alsook raadpleging van zijn administratie en van de oorspronkelijke bewijsstukken te vorderen.
(Zie ook: art. 111 FW; art. 10 BW Boek 2; art. 15a BW Boek 3; art. 642l Rv)

Art. 259
De bewindvoerders brengen de bij hen ingediende vorderingen op een lijst, vermeldende de namen en woonplaatsen der schuldeisers, het bedrag en de omschrijving der vorderingen, alsmede of en in hoever de bewindvoerders die vorderingen erkennen of betwisten.
(Zie ook: artt. 112, 263, 281d FW; art. 642l Rv)

Lijst van vorderingen

Art. 260
1. Een rentedragende vordering wordt op de lijst gebracht met bijrekening der rente tot de aanvang der surseance.
(Zie ook: art. 128 FW; art. 119 BW Boek 6; art. 1804 BW Boek 7A)
2. De artikelen 129, 133-135 en 136, eerste en tweede lid, vinden overeenkomstige toepassing.

Bijrekening rente

Toepasselijke bepalingen

Art. 261
1. Een vordering onder een opschortende voorwaarde kan op de lijst gebracht worden voor haar waarde bij de aanvang der surseance.
2. Indien de bewindvoerders en de schuldeisers het niet eens kunnen worden over deze waardebepaling, wordt zodanige vordering voor het volle bedrag voorwaardelijk toegelaten.
(Zie ook: art. 130 FW; art. 21 BW Boek 6)

Vordering onder opschortende voorwaarde

Voorwaardelijke toelating

Art. 262
1. Een vordering, waarvan het tijdstip der opeisbaarheid onzeker is, of welke recht geeft op periodieke uitkeringen, wordt op de lijst gebracht voor haar waarde bij de aanvang der surseance.
2. Alle schuldvorderingen, vervallende binnen één jaar na de aanvang der surseance, worden behandeld, alsof zij op dat tijdstip opeisbaar waren. Alle later dan één jaar daarna vervallende schuldvorderingen worden op de lijst gebracht voor de waarde, die zij hebben na verloop van een jaar na dat tijdstip.
3. Bij de berekening wordt uitsluitend gelet op het tijdstip en de wijze van aflossing, het kansgenot, waar dit bestaat, en, indien de vordering rentedragend is, op de bedongen rentevoet.
(Zie ook: art. 131 FW; art. 40 BW Boek 6; art. 1809 BW Boek 7A)

Waardebepaling nog niet opeisbare vorderingen

Art. 263
1. Van de in artikel 259 bedoelde lijst wordt een afschrift door de bewindvoerders ter griffie van de rechtbank neergelegd, om aldaar gedurende de zeven dagen voorafgaande aan de vergadering, in artikel 255 bedoeld, kosteloos ter inzage te liggen voor een ieder.
2. De neerlegging geschiedt kosteloos.
(Zie ook: art. 114 FW)

Neerlegging lijst

Art. 264
1. De rechter-commissaris zo die is benoemd of, bij gebreke van dien, de rechtbank kan, op verzoek van de bewindvoerders of ambtshalve, de raadpleging en stemming over het akkoord tot een latere dag uitstellen.
2. Artikel 256 vindt alsdan overeenkomstige toepassing.
(Zie ook: art. 281c FW)

Uitstel behandeling akkoord

Art. 265
1. Ter vergadering brengen zowel de bewindvoerders als de deskundigen, zo die er zijn, schriftelijk verslag uit over het aangeboden akkoord. Artikel 144 vindt overeenkomstige toepassing.
(Zie ook: artt. 81, 127, 140 FW)
2. Vorderingen, na afloop van de in artikel 255, 1°., genoemde termijn, doch uiterlijk twee dagen vóór de dag, waarop de vergadering zal worden gehouden, bij de bewindvoerders ingediend, worden op daartoe ter vergadering gedaan verzoek op de lijst geplaatst, indien noch de bewindvoerders, noch een der aanwezige schuldeisers daartegen bezwaar maken.
(Zie ook: artt. 127, 191 FW)
3. Vorderingen, daarna ingediend, worden niet op de lijst geplaatst.
4. De bepalingen van de twee voorgaande leden zijn niet toepasselijk, indien de schuldeiser buiten het Rijk in Europa woont en daardoor verhinderd was zich eerder aan te melden.
5. Ingeval van bezwaar, als in het tweede lid bedoeld, of van geschil over het al of niet aanwezig zijn der verhindering, in het vierde lid bedoeld, beslist de rechter-commissaris zo die is benoemd of bij gebreke van dien de rechtbank, na de vergadering te hebben geraadpleegd.

Verslag bewindvoerders en deskundigen

Later ingediende vorderingen

Art. 266
1. De bewindvoerders zijn bevoegd ter vergadering op elke door hen gedane erkenning of betwisting terug te komen.
(Zie ook: artt. 119, 259 FW)
2. Zowel de schuldenaar als ieder verschenen schuldeiser kan een door de bewindvoerders geheel of gedeeltelijk erkende vordering betwisten.
3. Betwistingen of erkenningen, op de vergadering gedaan, worden op de lijst aangetekend.

Betwisting of erkenning

Art. 267
De rechter-commissaris zo die is benoemd of bij gebreke van dien de rechtbank bepaalt of en tot welk bedrag de schuldeisers, wier vorderingen betwist zijn, tot de stemming zullen worden toegelaten.

Toelating tot stemming

Art. 268

Vereiste meerderheid

1. Tot het aannemen van het akkoord wordt vereist de toestemming van de gewone meerderheid van de ter vergadering verschenen erkende en toegelaten schuldeisers, die tezamen ten minste de helft van het bedrag van de erkende en toegelaten schuldvorderingen vertegenwoordigen. Geen toestemming is vereist van een erkende of toegelaten schuldeiser, voorzover zijn schuldvordering is gegrond op een verbeurde dwangsom.
(Zie ook: art. 281e FW; art. 611a Rv)
2. Artikel 147 is van overeenkomstige toepassing.
(Zie ook: art. 145 FW; art. 345 WvSr)

Art. 268a

Afwijken van vereiste meerderheid

In afwijking van artikel 268 kan de rechtbank of, zo die is benoemd, de rechter-commissaris op verzoek van de schuldenaar of de bewindvoerder bij gemotiveerde beschikking een aangeboden akkoord vaststellen als ware het aangenomen, indien:
a. drie vierde van de ter vergadering verschenen erkende en toegelaten schuldeisers voor het akkoord hebben gestemd; en
b. de verwerping van het akkoord het gevolg is van het tegenstemmen van een of meer schuldeisers die, alle omstandigheden in aanmerking genomen en in het bijzonder het percentage dat die schuldeisers, zou de boedel worden vereffend, naar verwachting aan betaling op hun vordering zullen ontvangen, in redelijkheid niet tot dit stemgedrag hebben kunnen komen.
(Zie ook: artt. 269b, 332 FW)

Art. 269

Inhoud en bijlage proces-verbaal

1. Het proces-verbaal van het verhandelde vermeldt de inhoud van het akkoord, de namen der verschenen stemgerechtigde schuldeisers, de door ieder hunner uitgebrachte stem, de uitslag der stemming en al wat verder is voorgevallen. De door de bewindvoerders opgemaakte lijst van schuldeisers, zoals zij tijdens de raadpleging is aangevuld of gewijzigd, wordt, door de rechter-commissaris zo die is benoemd en bij gebreke van dien, door de voorzieningenrechter en de griffier gewaarmerkt, aan het proces-verbaal gehecht.
(Zie ook: art. 281e FW)
2. Gedurende acht dagen kan een ieder ter griffie kosteloos inzage van het proces-verbaal verkrijgen.
(Zie ook: art. 148 FW)

Art. 269a

Kennisgeving verwerping; verzoek verbetering proces-verbaal

Indien ten overstaan van een rechter-commissaris is geraadpleegd en beslist en het akkoord verworpen is verklaard, stelt de rechter-commissaris de rechtbank onverwijld in kennis van deze verwerping door toezending van het ontwerp van akkoord en het in artikel 269 bedoelde proces-verbaal. Zowel de schuldeisers, die vóór gestemd hebben, als de schuldenaar kunnen gedurende acht dagen na afloop der vergadering aan de rechtbank verbetering van het proces-verbaal verzoeken, indien uit de stukken zelve blijkt dat het akkoord door de rechter-commissaris ten onrechte als verworpen is beschouwd.
(Zie ook: art. 149 FW)

Art. 269b

Bepaling zitting ter homologatie

1. Indien het akkoord is aangenomen of vastgesteld, bepaalt de rechter-commissaris vóór het sluiten der vergadering de zitting, waarop de rechtbank de homologatie zal behandelen.
2. Bij toepassing van artikel 269a geschiedt de bepaling van de zitting door de rechtbank in haar beschikking. Van deze beschikking geven de bewindvoerders schriftelijk kennis aan de schuldeisers.
3. De zitting zal gehouden worden ten minste acht en ten hoogste veertien dagen na de stemming over het akkoord of, bij toepassing van artikel 269a, na de beschikking der rechtbank.
4. Gedurende die tijd kunnen de schuldeisers aan de rechter-commissaris schriftelijk de redenen opgeven, waarom zij weigering der homologatie wenselijk achten.
(Zie ook: art. 150 FW)

Art. 270

Verzoek verbetering proces-verbaal

1. Indien de raadpleging en beslissing over het akkoord in raadkamer der rechtbank heeft plaats gehad, kunnen zowel de schuldeisers, die vóór gestemd hebben, als de schuldenaar gedurende acht dagen na afloop der stemming aan het gerechtshof verbetering van het proces-verbaal verzoeken, indien uit de stukken zelve blijkt, dat het akkoord door de rechtbank ten onrechte als verworpen is beschouwd.
(Zie ook: art. 149 FW)

Vaststelling dag behandeling homologatie

2. Indien het gerechtshof het proces-verbaal verbetert, bepaalt het bij zijn beschikking de dag, waarop de rechtbank de homologatie zal behandelen, welke dag gesteld wordt op niet vroeger dan acht en niet later dan veertien dagen na de beschikking. Van deze beschikking geven de bewindvoerders schriftelijk kennis aan de schuldeisers. Deze beschikking brengt van rechtswege vernietiging mede van een ingevolge artikel 277 uitgesproken faillissement.
(Zie ook: artt. 281e, 283 FW)

Art. 271
1. Indien het akkoord is aangenomen, wordt op de bepaalde dag ter openbare zitting door de rechter-commissaris zo die is benoemd een schriftelijk rapport uitgebracht en kunnen zowel de bewindvoerders als elke schuldeiser de gronden uiteenzetten, waarop zij de homologatie wensen of haar bestrijden. Artikel 152, tweede lid, vindt overeenkomstige toepassing.
Behandeling homologatie

2. De rechtbank kan bepalen, dat de behandeling der homologatie op een latere, terstond door haar vast te stellen, dag zal plaats vinden.

Art. 272
1. De rechtbank geeft zo spoedig mogelijk haar met redenen omklede beschikking.
Beslissing rechtbank weigering homologatie

2. Zij zal de homologatie weigeren:
1°. indien de baten van de boedel de bij het akkoord bedongen som te boven gaan;
(Zie ook: artt. 153, 226 FW)
2°. indien de nakoming van het akkoord niet voldoende is gewaarborgd;
3°. indien het akkoord door bedrog, door begunstiging van één of meer schuldeisers of met behulp van andere oneerlijke middelen is tot stand gekomen, onverschillig of de schuldenaar dan wel een ander daartoe heeft medegewerkt;
(Zie ook: artt. 344, 345 WvSr)
4°. indien het loon en de verschotten van de deskundigen en de bewindvoerders niet in handen van de bewindvoerders zijn gestort of daarvoor zekerheid is gesteld.
(Zie ook: art. 250 FW)

3. Zij kan ook op andere gronden en ook ambtshalve de homologatie weigeren.
(Zie ook: art. 153 FW)

4. De rechtbank, de homologatie weigerende, kan bij dezelfde beschikking de schuldenaar in staat van faillissement verklaren. Wordt het faillissement niet uitgesproken, dan eindigt de surseance zodra de beschikking, waarbij de homologatie geweigerd is, in kracht van gewijsde is gegaan. Van deze beëindiging doen de bewindvoerders aankondiging op de in artikel 216 voorgeschreven wijze.
Faillietverklaring
(Zie ook: artt. 170, 277 FW)

5. In afwijking van het vierde lid stelt de rechtbank De Nederlandsche Bank N.V. in staat te worden gehoord alvorens een moedermaatschappij met zetel in Nederland van een verzekeraar als bedoeld in artikel 213abis, eerste lid, in staat van faillissement te verklaren.

6. De artikelen 154-156 en 160 vinden overeenkomstige toepassing.
(Zie ook: artt. 222a, 281e lid 5, 283 FW)

Art. 273
Het gehomologeerde akkoord is verbindend voor alle schuldeisers te wier aanzien de surseance werkt.
Verbindendheid akkoord
(Zie ook: artt. 157, 232 FW)

Art. 274
Het in kracht van gewijsde gegane vonnis van homologatie levert, in verband met het in artikel 269 bedoelde proces-verbaal, ten behoeve der door de schuldenaar niet betwiste vorderingen een voor tenuitvoerlegging vatbare titel op tegen de schuldenaar en de tot het akkoord als borgen toegetreden personen.
Voor tenuitvoerlegging vatbare titel
(Zie ook: artt. 159, 196 FW; art. 430 Rv)

Art. 275
Zolang niet over het aangeboden akkoord uiteindelijk is beslist, eindigt de surseance niet door verloop van de termijn, waarvoor zij is verleend.
Verlenging surseancetermijn
(Zie ook: artt. 161, 223 FW)

Art. 276
De surseance neemt een einde zodra de homologatie in kracht van gewijsde is gegaan. Van deze beëindiging doen de bewindvoerders aankondiging op de in artikel 216 voorgeschreven wijze.
Einde surseance
(Zie ook: art. 242 FW)

Art. 277
De rechtbank kan, wanneer het akkoord niet wordt aangenomen, de schuldenaar bij vonnis in staat van faillissement verklaren. De rechtbank stelt de Nederlandsche Bank N.V. in staat te worden gehoord alvorens een moedermaatschappij met zetel in Nederland van een verzekeraar als bedoeld in artikel 213abis, eerste lid, in staat van faillissement te verklaren. Wordt het faillissement niet uitgesproken, dan eindigt de surseance zodra de termijn, in artikel 269a dan wel in artikel 270 bedoeld, ongebruikt verstreken is of verbetering van het proces-verbaal geweigerd is. Van deze beëindiging doen de bewindvoerders aankondiging op de in artikel 216 voorgeschreven wijze.
Faillietverklaring
(Zie ook: artt. 218, 242, 248, 272, 281 FW)

Art. 278

Hoger beroep tegen faillietverklaring

1. Indien de rechtbank de schuldenaar in staat van faillissement heeft verklaard, heeft deze recht van hoger beroep tegen de faillietverklaring gedurende acht dagen na de dag waarop de termijn van artikel 269a dan wel van artikel 270 ongebruikt verstreken is of verbetering van het proces-verbaal geweigerd is.
2. Het hoger beroep wordt ingesteld door indiening van een verzoek ter griffie van het gerechtshof, dat van de zaak kennis moet nemen. De voorzitter bepaalt terstond dag en uur van de behandeling.
3. De griffier doet van het hoger beroep en van dag en uur, voor de behandeling bepaald, aankondiging in de Staatscourant. Elke schuldeiser is bevoegd bij de behandeling op te komen.
(Zie ook: artt. 219, 283 FW)

Art. 279

Beroep in cassatie

1. Tot het instellen van het beroep in cassatie is, indien het gerechtshof de faillietverklaring handhaaft, de schuldenaar en, indien het gerechtshof de faillietverklaring vernietigt, elke in hoger beroep opgekomen schuldeiser bevoegd.
2. Het beroep in cassatie wordt binnen dezelfde termijn en op dezelfde wijze als het hoger beroep ingesteld en behandeld, met dien verstande, dat de aankondiging in de Staatscourant wordt vervangen door een exploot, binnen vier dagen na de aantekening van het beroep uit te brengen aan de wederpartij.
(Zie ook: artt. 221, 283 FW)

Art. 280

Ontbinding akkoord

1. Ten aanzien van de ontbinding van het akkoord vinden de artikelen 165 en 166 overeenkomstige toepassing.
2. Bij het vonnis, waarbij de ontbinding van het akkoord wordt uitgesproken, wordt de schuldenaar tevens in staat van faillissement verklaard.
(Zie ook: art. 283 FW)
3. In afwijking van het tweede lid stelt de rechtbank De Nederlandsche Bank N.V. in staat te worden gehoord alvorens een moedermaatschappij met zetel in Nederland van een verzekeraar als bedoeld in artikel 213abis, eerste lid, in staat van faillissement te verklaren.

Art. 281

Geen tweede akkoord

1. In een faillissement, uitgesproken krachtens de artikelen 272, 277 of 280 kan een akkoord niet worden aangeboden.
(Zie ook: art. 170 FW)

Verordening insolventieprocedures

2. De bepalingen van deze afdeling zijn van overeenkomstige toepassing in het geval dat een akkoord wordt aangeboden op de voet van artikel 47, eerste lid, van de verordening, genoemd in artikel 5, derde lid.

Tweede afdeling A
Bijzondere bepalingen

Art. 281a

Staat met vermelding groepen schuldeisers

1. Indien er meer dan 10 000 schuldeisers zijn, behoeven op de staat, welke de schuldenaar krachtens artikel 214 bij zijn verzoek moet overleggen, de namen en woonplaatsen der schuldeisers, alsmede het bedrag der vorderingen van ieder hunner, niet te worden vermeld, doch kan worden volstaan met vermelding van de verschillende groepen van crediteuren, al naar gelang van de aard hunner vorderingen, en van het globale aantal en het globale bedrag van de gezamenlijke vorderingen van iedere groep.
2. Indien het aantal schuldeisers niet meer dan 10 000, doch wel meer dan 5000 bedraagt, kan de rechtbank toestaan dat de schuldenaar een staat overeenkomstig het vorige lid overlegt.

Art. 281b

Treffen van voorzieningen

1. Indien blijkt dat het aantal schuldeisers meer dan 5000 bedraagt, kan de rechtbank op verzoek van de bewindvoerders de voorzieningen treffen, omschreven in de artikelen 281c-281f.
2. De voorzieningen krachtens de artikelen 281d en e kunnen slechts gezamenlijk worden getroffen.

Art. 281c

Oproeping schuldeisers

De rechtbank kan bepalen dat de oproepingen van de schuldeisers, bedoeld in de artikelen 215, vierde lid, 216a, tweede lid, tweede zin, 256, tweede lid, en 264, tweede lid, niet bij brieven, doch door aankondigingen in de Staatscourant en wel in een of meer door de rechtbank aan te wijzen nieuwsbladen zullen plaatsvinden. In dat geval bepaalt de rechtbank tevens op welke datum uiterlijk deze aankondigingen moeten geschieden en welke punten in de aankondigingen moeten worden opgenomen.

Art. 281d

Kleine vorderingen niet op lijst

De rechtbank kan bepalen, dat bepaalde soorten van vorderingen of vorderingen beneden een bepaald bedrag - dat echter niet hoger zal mogen zijn dan € 450 - niet op de lijst bedoeld in artikel 259, zullen behoeven te worden geplaatst.

Art. 281e

1. De rechtbank kan een commissie van vertegenwoordiging benoemen, bestaande uit ten minste 9 leden. Bij de samenstelling van de commissie wordt er op gelet, dat daarin personen zitting hebben die geacht kunnen worden de belangrijkste groepen van de schuldeisers te vertegenwoordigen. *(Commissie van vertegenwoordiging)*
2. Bij de stemmingen, bedoeld in de artikelen 218 en 268, hebben alleen de leden van de commissie stemrecht. *(Stemrecht)*
3. Surseance kan niet definitief worden verleend, indien zich daartegen verklaren meer dan een vierde van de ter vergadering, waarin daarover moet worden beslist, verschenen leden der commissie.
4. Tot het aannemen van een akkoord wordt vereist de toestemming van drie vierde van de ter vergadering, waarin daarover moet worden beslist, verschenen leden der commissie. Indien ter vergadering niet ten minste twee derde van de leden verschenen is, wordt de stemming over het akkoord tot een latere dag uitgesteld. Een nadere oproeping van de schuldeisers is niet vereist, doch de leden der commissie zullen door de bewindvoerders bij brieven tot de volgende vergadering worden opgeroepen. In deze vergadering wordt de stemming gehouden onafhankelijk van het aantal verschenen leden der commissie. *(Vereiste meerderheid)*
5. Voor de toepassing van de artikelen 269, eerste lid, eerste zin, 270 en 272, en voor de overeenkomstige toepassing van artikel 154 wordt telkens in plaats van "schuldeisers" gelezen "leden der commissie" en voor de toepassing van artikel 271 in plaats van "elke schuldeiser": elke schuldeiser en elk lid der commissie. *(Toepasselijkheid op commissieleden)*

Art. 281f

Indien te voorzien is dat er meer dan één uitkering aan de schuldeisers zal moeten geschieden, kan de rechtbank bij de homologatie van het akkoord bepalen, dat bij de eerste uitkering aan de schuldeisers een of meer papieren aan toonder zullen worden ter hand gesteld en dat betaling van de volgende uitkeringen uitsluitend door middel van aanbieding van zodanig papier zal kunnen worden gevorderd. *(Tweede uitkering op papier aan toonder)*

Tweede afdeling B
Van de verlening van surseance van betaling aan een beleggingsonderneming en een financiële instelling die een verklaring van ondertoezichtstelling heeft of een andere instelling

Art. 281g

De artikelen 212a, onderdelen b tot en met f, en 212b tot en met 212f zijn van overeenkomstige toepassing op de verlening van surseance van betaling aan: *(Verlening van surseance van betaling aan een beleggingsonderneming en een financiële instelling, toepasselijkheid afdeling 11A Rv op)*
a. een beleggingsonderneming als bedoeld in artikel 1:1 van de Wet op het financieel toezicht;
b. een financiële instelling als bedoeld in artikel 1:1 van de Wet op het financieel toezicht die een verklaring van ondertoezichtstelling als bedoeld in artikel 3:110 heeft;
c. een centrale tegenpartij, indien deze in het kader van deelname aan het systeem op grond van een overboekingsopdracht effectentegoeden verkrijgt;
d. een overheidsinstantie of onderneming met overheidsgarantie;
e. een beleggingsonderneming met zetel in een staat die niet een lidstaat is die haar bedrijf uitoefent vanuit een in Nederland gelegen bijkantoor, met dien verstande dat:
– voor «artikel 23» wordt gelezen: artikel 217;
– voor «artikel 24» wordt gelezen: artikel 228, tweede lid;
– voor «artikel 53, eerste lid,» wordt gelezen: artikel 234, eerste lid; en
– voor «artikel 54, tweede lid,» wordt gelezen: artikel 235, tweede lid.

Art. 281h

Afdeling 3.5.6 van de Wet op het financieel toezicht is van overeenkomstige toepassing op een surseance van betaling die wordt verleend aan een beleggingsonderneming als bedoeld in artikel 1:1 van die wet of een financiële instelling die een verklaring van ondertoezichtstelling als bedoeld in artikel 3:110 van die wet heeft. *(Faillissement kredietinstellingen, toepasselijkheid afdeling 3.5.6 Wet op het financieel toezicht)*

Derde afdeling
Slotbepalingen

Art. 282

Tegen de beslissingen van de rechter, ingevolge de bepalingen van deze titel gegeven, staat geen hogere voorziening open, behalve in de gevallen, waarin het tegendeel is bepaald, en behoudens de mogelijkheid van cassatie in het belang der wet. *(Openstaande rechtsmiddelen)*

Art. 283

1. De verzoeken, te doen ingevolge de artikelen 219, 223, 225, 242, 243, 247, 247b, tweede lid, 270, 272, laatste lid, 278 en 280, eerste lid, moeten door een advocaat zijn ondertekend, behalve wanneer een verzoek wordt gedaan door de bewindvoerders. *(Verzoeken door procureur)*

art. 284

Beroep in cassatie door advocaat

2. Een verzoek op de voet van artikel 51, eerste lid, van de in artikel 5, derde lid, genoemde verordening wordt ingediend door een advocaat.
3. Voor het instellen van beroep in cassatie is steeds de medewerking nodig van een advocaat bij de Hoge Raad.
(Zie ook: art. 407 Rv)

Titel III
Schuldsaneringsregeling natuurlijke personen

Eerste afdeling
Het uitspreken van de toepassing van de schuldsaneringsregeling

Art. 284

Verzoek tot toepassing schuldsaneringsregeling

1. Een natuurlijke persoon kan, indien redelijkerwijs is te voorzien dat hij niet zal kunnen voortgaan met het betalen van zijn schulden of indien hij in de toestand verkeert dat hij heeft opgehouden te betalen, verzoeken de toepassing van de schuldsaneringsregeling uit te spreken.
2. Hij zal zich daartoe bij een door hem of een gevolmachtigde ondertekend verzoekschrift wenden tot de rechtbank, aangewezen in artikel 2. Indien de gevolmachtigde niet als advocaat is ingeschreven, moet een geschrift waaruit de volmacht blijkt, bij het verzoekschrift worden overgelegd. Artikel 4, vierde lid, is van overeenkomstige toepassing.
3. Een gehuwde schuldenaar of een schuldenaar die een geregistreerd partnerschap is aangegaan kan het verzoek slechts doen met medewerking van zijn echtgenoot onderscheidenlijk zijn geregistreerde partner, tenzij iedere gemeenschap van goederen tussen de echtgenoten onderscheidenlijk de geregistreerde partners is uitgesloten.
4. Een verzoek als bedoeld in het eerste lid kan ten behoeve van een natuurlijke persoon ook worden gedaan door burgemeester en wethouders van de gemeente waar die persoon woon- of verblijfplaats heeft.
5. De schuldsaneringsregeling natuurlijke personen kan niet van toepassing worden verklaard op een verzekeraar als bedoeld in artikel 213, noch op een bank als bedoeld in artikel 212g, onderdeel a.
(Zie ook: artt. 1, 4, 6, 63, 213, 288, 361 FW; artt. 97, 98 BW Boek 1)

Art. 285

Bijlagen verzoekschrift

1. In het verzoekschrift of in een daarbij te voegen bijlage worden opgenomen:
a. een staat als bedoeld in artikel 96;
b. een opgave van de goederen van de schuldenaar, met vermelding van eventueel daarop rustende rechten van pand en hypotheek en retentierechten die daarop uitgeoefend kunnen worden;
c. een gespecificeerde opgave van de inkomsten van de schuldenaar, hoe ook genaamd en ongeacht de titel van verkrijging, die de schuldenaar pleegt te verwerven of kan verwerven, onder vermelding van de wijzigingen die daarin over de eerstvolgende drie jaar redelijkerwijs voorzienbaar zijn;
d. een gespecificeerde opgave van de vaste lasten van de schuldenaar;
e. indien de schuldenaar is gehuwd of een geregistreerd partnerschap is aangegaan, een opgave van de gegevens, bedoeld onder c en d betreffende de echtgenoot onderscheidenlijk de geregistreerde partner;
f. een met redenen omklede verklaring dat er geen reële mogelijkheden zijn om tot een buitengerechtelijke schuldregeling te komen, alsmede over welke aflossingsmogelijkheden de verzoeker beschikt, afgegeven door het college van burgemeester en wethouders van de gemeente van de woon- of verblijfplaats van de schuldenaar of een persoon als bedoeld in artikel 48, eerste lid, onderdeel c, van de Wet op het consumentenkrediet. Het college kan deze bevoegdheid mandateren aan een gemeentelijke kredietbank als bedoeld in de Wet financieel toezicht , aan instellingen als bedoeld in artikel 48, eerste lid, onderdeel b, van de Wet op het consumentenkrediet of aan krachtens het eerste lid, onderdeel d, van dat artikel aangewezen natuurlijke personen of rechtspersonen, dan wel categorieën daarvan;
g. een opgave van de aard en het bedrag van de vorderingen ter zake waarvan de schuldenaar zich als borg of anderszins als medeschuldenaar heeft verbonden;
h. indien de schuldenaar aan zijn schuldeisers een buitengerechtelijke schuldregeling heeft aangeboden die niet is aanvaard, de inhoud van het ontwerp van de schuldregeling, de reden waarom de schuldregeling niet is aanvaard alsmede met welke middelen, bij aanvaarding van de schuldregeling, bevrediging van de schuldeisers zou kunnen plaatsvinden;
i. een opgave van andere gegevens van belang om een zo getrouw mogelijk beeld te bieden van de vermogens- en inkomenspositie van de schuldenaar en van de mogelijkheden voor schuldsanering.
2. De colleges van burgemeester en wethouders, een daartoe gemandateerde kredietbank, een daartoe gemandateerde instelling als bedoeld in artikel 48, onderdeel b, van de Wet op het

art. 287a

consumentenkrediet of een daartoe aangewezen natuurlijke persoon of rechtspersoon zijn verplicht hun medewerking te verlenen aan de afgifte van verklaringen als bedoeld in het eerste lid, onderdeel f.

Art. 286
Het verzoekschrift met bijbehorende stukken, bedoeld in artikel 285, eerste lid, worden ter griffie van de rechtbank neergelegd en zijn vanaf de uitspraak tot de toepassing van de schuldsaneringsregeling ter kosteloze inzage van een ieder. De neerlegging geschiedt kosteloos.

Nederlegging en terinzagelegging verzoekschrift

Art. 287
1. De rechtbank zal met de meeste spoed op het verzoek uitspraak doen. De uitspraak geschiedt bij vonnis. Artikel 6, eerste lid, derde zin, en vierde lid, is van overeenkomstige toepassing. De toepassing van de schuldsaneringsregeling gaat in bij de aanvang van de dag waarop de rechter die toepassing heeft uitgesproken.
2. Indien in of bij het verzoekschrift gegevens als bedoeld in artikel 285, eerste lid, ontbreken, kan de rechtbank de schuldenaar een termijn van ten hoogste een maand gunnen om de ontbrekende gegevens te verstrekken. De griffier brengt het orgaan of de persoon, bedoeld in artikel 285, tweede lid, hiervan onverwijld op de hoogte. Indien na deze termijn nog steeds gegevens ontbreken, wordt de schuldenaar niet-ontvankelijk verklaard.
3. Het vonnis, bedoeld in het eerste lid houdt in de benoeming van een rechter-commissaris en een bewindvoerder.
4. De rechtbank is in spoedeisende zaken bevoegd, gelet op de belangen van partijen, een voorlopige voorziening bij voorraad te geven. De voorlopige voorziening wordt gevraagd in het verzoek of, indien dit al is ingediend, door indiening van een afzonderlijk verzoek daartoe. De artikelen 256, 257 en 258 van het Wetboek van Burgerlijke Rechtsvordering zijn van overeenkomstige toepassing. Op hoger beroep zijn de artikelen 358 tot en met 362 van het Wetboek van Burgerlijke Rechtsvordering van toepassing.
5. De rechtbank geeft in het vonnis, bedoeld in het eerste lid, last aan de bewindvoerder tot het openen van aan de schuldenaar gerichte brieven en telegrammen gedurende een termijn van dertien maanden. De bewindvoerder kan gedurende de toepassing van de schuldsaneringsregeling de rechter-commissaris verzoeken om wijziging van de termijn of om een nieuwe last gedurende een bepaalde termijn.
(Zie ook: art. 293 lid 2 FW)
6. Indien het verzoek op de voet van artikel 284, vierde lid, door burgemeester en wethouders is ingediend, wordt het verzoek niet toegewezen dan nadat de schuldenaar is opgeroepen om te worden gehoord. Dit geldt niet voor zover het verzoek strekt tot het geven van een voorlopige voorziening bij voorraad.
7. Indien het verzoek op de voet van artikel 284, vierde lid, door burgemeester en wethouders is ingediend en in het verzoek of in een daarbij gevoegde bijlage gegevens als bedoeld in artikel 285, eerste lid, ontbreken, stelt de rechtbank burgemeester en wethouders in de gelegenheid om binnen een termijn van een maand de ontbrekende gegevens te verstrekken.

Uitspraak op verzoekschrift

Art. 287a
1. De schuldenaar kan in het verzoekschrift, bedoeld in artikel 284, eerste lid, de rechtbank verzoeken één of meer schuldeisers die weigert of weigeren mee te werken aan een vóór indiening van het verzoekschrift aangeboden schuldregeling, te bevelen in te stemmen met deze schuldregeling.
(Zie ook: art. 292 FW; art. 561 Sv)
2. De rechtbank stelt terstond dag, uur en plaats vast waarop zij de schuldenaar en schuldeiser of schuldeisers op wie het verzoek betrekking heeft, zal horen, onverminderd artikel 287, tweede lid.
3. De oproeping van de schuldenaar en de schuldeiser of schuldeisers geschiedt schriftelijk door de griffier. De rechter kan nader bepalen hoe deze oproeping geschiedt.
4. De rechtbank doet op de dag van de zitting of anders uiterlijk op de achtste dag daarna uitspraak op het verzoek. De uitspraak geschiedt bij vonnis.
5. De rechtbank wijst het verzoek toe indien de schuldeiser in redelijkheid niet tot weigering van instemming met de schuldregeling heeft kunnen komen, in aanmerking genomen de onevenredigheid tussen het belang dat hij heeft bij uitoefening van de bevoegdheid tot weigering en de belangen van de schuldenaar of de overige schuldeisers die door de weigering worden geschaad. Artikel 300, lid 1, van Boek 3 van het Burgerlijk Wetboek is van toepassing.
6. Indien de rechtbank het verzoek toewijst, veroordeelt de rechtbank de schuldeiser die instemming met de schuldregeling heeft geweigerd, in de kosten.
7. De rechtbank wijst het verzoek af indien de schuldbemiddeling niet wordt uitgevoerd door een persoon of instelling als bedoeld in artikel 48, eerste lid, van de Wet op het consumentenkrediet.
8. Indien de rechtbank het verzoek afwijst, beslist zij op het verzoek tot toepassing van de schuldsaneringsregeling, indien de schuldenaar het verzoek daartoe handhaaft.

Instemming met schuldenregeling

Horen schuldenaar/schuldeiser

Uitspraak rechtbank

Overeenkomstige toepassing

Toewijzing verzoek

Afwijzing verzoek

1459

Art. 287b

Voorlopige voorziening

1. Voorafgaand aan de behandeling van het verzoek, bedoeld in artikel 287a, eerste lid, kan de schuldenaar onderscheidenlijk kunnen burgemeester en wethouders indien een verzoek op de voet van artikel 284, vierde lid, is ingediend, in het verzoek, bedoeld in artikel 284, eerste lid, de rechtbank verzoeken een voorlopige voorziening te geven indien er sprake is van een bedreigende situatie.
2. Onder een bedreigende situatie, als bedoeld in het eerste lid, wordt verstaan gedwongen woningontruiming, beëindiging van de levering van gas, elektra of water of opzegging dan wel ontbinding van de zorgverzekering.
3. Artikel 287a, tweede, derde, vierde en zevende lid, is van toepassing.
4. De voorlopige voorziening strekt tot het van toepassing verklaren van de artikelen 304 of 305 alsmede tot een verbod tot het opzeggen of ontbinden van de zorgverzekering.
5. De voorlopige voorziening wordt uitgesproken voor de duur van maximaal zes maanden.
6. Een gemeentelijke kredietbank als bedoeld in de Wet financieel toezicht of een persoon of instelling als bedoeld in artikel 48, eerste lid, van de Wet op het consumentenkrediet die namens de schuldenaar de buitengerechtelijke schuldregeling uitvoert, brengt na afloop van de voorziening, bedoeld in het eerste lid, verslag uit aan de rechtbank.

Art. 288

Afwijzing verzoek tot toepassen schuldsaneringsregeling

1. Het verzoek, bedoeld in artikel 284, eerste lid, wordt slechts toegewezen indien voldoende aannemelijk is:
  a. dat de schuldenaar niet zal kunnen voortgaan met het betalen van zijn schulden;
  b. dat de schuldenaar ten aanzien van het ontstaan of onbetaald laten van zijn schulden in de vijf jaar voorafgaand aan de dag waarop het verzoek is ingediend, te goeder trouw is geweest; en
  c. dat de schuldenaar de uit de schuldsaneringsregeling voortvloeiende verplichtingen naar behoren zal nakomen en zich zal inspannen zoveel mogelijk baten voor de boedel te verwerven.
2. Het verzoek wordt evenwel afgewezen:
  a. indien de schuldsaneringsregeling reeds op de schuldenaar van toepassing is;
  b. indien de poging tot een buitengerechtelijke schuldregeling niet is uitgevoerd door een persoon of instelling als bedoeld in artikel 48, eerste lid, van de Wet op het consumentenkrediet;
  c. indien de schuldenaar schulden heeft welke voortvloeien uit een onherroepelijke veroordeling als bedoeld in artikel 358, vierde lid, ter zake van een of meer misdrijven, welke veroordeling onherroepelijk is geworden binnen vijf jaar voor de dag van indiening van het verzoek, tenzij de rechter aanleiding ziet een langere termijn in acht te nemen; of
  d. indien minder dan tien jaar voorafgaande aan de dag waarop het verzoek is ingediend, ten aanzien van de schuldenaar de schuldsaneringsregeling van toepassing is geweest, tenzij deze toepassing is beëindigd op grond van artikel 350, derde lid, onder a of b of op grond van artikel 350, derde lid, onder d, om redenen die de schuldenaar niet waren toe te rekenen.
(Zie ook: artt. 350, 358 FW)
3. Het verzoek kan in afwijking van het eerste lid, onder b, en het tweede lid, onder c, worden toegewezen indien voldoende aannemelijk is dat de schuldenaar de omstandigheden die bepalend zijn geweest voor het ontstaan of onbetaald laten van zijn schulden, onder controle heeft gekregen.
(Zie ook: art. 350 FW)
4. Het van toepassing verklaren van de schuldsaneringsregeling kan niet worden geweigerd uitsluitend op grond dat er geen of onvoldoende vooruitzicht bestaat dat schuldeisers algehele of gedeeltelijke betaling op hun vorderingen zullen ontvangen.
5. Indien het verzoek wordt afgewezen, kan de schuldenaar niet ambtshalve in staat van faillissement worden verklaard.
(Zie ook: artt. 3a, 292 FW)

Art. 289

Verificatievergadering

1. Het vonnis waarbij de toepassing van de schuldsaneringsregeling wordt uitgesproken, kan tevens de vaststelling inhouden van de dag, uur en plaats waarop de verificatievergadering zal worden gehouden.
2. Indien de dag, uur en plaats waarop de verificatievergadering zal worden gehouden niet in het vonnis, bedoeld in het eerste lid, zijn vastgesteld, kunnen deze op een later tijdstip door de rechter-commissaris worden vastgesteld, ambtshalve, of op verzoek van de schuldenaar of van de bewindvoerder.
(Zie ook: art. 329 FW)
3. Indien de rechtbank of de rechter-commissaris de verificatievergadering bepaalt, wordt daarbij tevens de dag vastgesteld waarop uiterlijk de schuldvorderingen bij de bewindvoerder moeten worden ingediend.
4. Tussen de in het derde lid bedoelde dag en de dag van de verificatievergadering moeten ten minste veertien dagen verlopen.

5. De verificatievergadering zal niet eerder worden gehouden dan twee maanden na de dag van de uitspraak tot toepassing van de schuldsaneringsregeling.

Art. 290
1. De rechter die de toepassing van de schuldsaneringsregeling uitspreekt, kan in deze uitspraak tevens voorzieningen treffen die hij ter beveiliging van de belangen van de schuldeisers nodig oordeelt. *Voorzieningen ter beveiliging belangen schuldeisers*
2. De rechter-commissaris kan dit ook terwijl de schuldsaneringsregeling van toepassing is op verzoek van de bewindvoerder of van één of meer schuldeisers dan wel ambtshalve.
(Zie ook: art. 225 FW)

Art. 291
1. De rechter kan in de uitspraak tot de toepassing van de schuldsaneringsregeling één of meer deskundigen benoemen ten einde binnen een door hem te bepalen termijn, die zo nodig kan worden verlengd, een onderzoek naar de staat van de boedel in te stellen en een beredeneerd verslag van hun bevindingen uit te brengen. Het tweede lid van artikel 290 vindt overeenkomstige toepassing. *Onderzoek deskundigen naar staat boedel*
2. Het verslag bevat een met redenen omkleed oordeel over de betrouwbaarheid van de door de schuldenaar overgelegde staat en bescheiden. *Deskundigenverslag*

Art. 292
1. Tegen de uitspraak tot toewijzing van het verzoek om een bevel tot instemming met een schuldregeling, bedoeld in artikel 287a, eerste lid, kunnen de schuldeisers die het verzoek betrof gedurende acht dagen na de dag van de uitspraak in hoger beroep komen. *Hoger beroep*
2. Tegen de uitspraak tot toepassing van de schuldsaneringsregeling kan noch door schuldeisers noch door andere belanghebbenden verzet, hoger beroep of cassatie worden ingesteld, onverminderd overeenkomstige toepassing van artikel 215a.
3. Tegen de uitspraak tot afwijzing van het verzoek tot toepassing van de schuldsaneringsregeling kan de schuldenaar gedurende acht dagen na de dag van de uitspraak in hoger beroep komen. Wanneer het verzoek tevens een verzoek inhield als bedoeld in het eerste lid, wordt dit verzoek eveneens aan het gerechtshof voorgelegd.
4. Het hoger beroep wordt ingesteld door indiening van een verzoek ter griffie van het gerechtshof, dat van de zaak kennis moet nemen. De voorzitter bepaalt terstond dag en uur voor de behandeling, welke zal moeten plaatshebben binnen twintig dagen na de dag van de indiening van het verzoek. De uitspraak vindt niet later plaats dan op de achtste dag na die van de behandeling van het verzoek ter zitting.
5. Van het arrest, waarbij het verzoek van de schuldenaar bedoeld in de eerste zin van het derde lid, en indien van toepassing tevens het verzoek bedoeld in de tweede zin van het derde lid, door het gerechtshof is afgewezen, kan de schuldenaar gedurende acht dagen na die van de uitspraak in cassatie komen.
6. Van het arrest, waarbij het verzoek van de schuldeisers bedoeld in het eerste lid, door het gerechtshof is afgewezen, kunnen deze schuldeisers gedurende acht dagen na die van de uitspraak in cassatie komen.
7. Het beroep in cassatie wordt ingesteld door indiening van een verzoek ter griffie van de Hoge Raad.
8. Indien het verzoek van de schuldenaar in hoger beroep of cassatie wordt verworpen, kan de schuldenaar niet ambtshalve in staat van faillissement worden verklaard.
9. Wordt de toepassing van de schuldsaneringsregeling pas in hoger beroep of cassatie uitgesproken, dan geeft de griffier van het rechtscollege daarvan onverwijld kennis aan de griffier van de rechtbank, waarbij de schuldenaar zijn verzoek heeft ingediend. De rechtbank gaat terstond na die kennisgeving over tot benoeming van een rechter-commissaris en een bewindvoerder.

Art. 293
1. De griffier van de rechtbank doet van de uitspraak tot de toepassing van de schuldsaneringsregeling, van de naam, de woonplaats en het beroep van de schuldenaar, van de naam van de rechter-commissaris, van de naam en de woonplaats of het kantoor van de bewindvoerder alsmede van de dagen, uur en plaats bedoeld in artikel 289, onverwijld aankondiging in de Staatscourant. *Openbaarmaking uitspraak*
2. De griffier van de rechtbank geeft van de toepassing van de schuldsaneringsregeling onverwijld kennis aan het postvervoerbedrijf of de postvervoerbedrijven die zijn aangewezen als verlener van de universele postdienst, alsmede de andere geregistreerde postvervoerbedrijven, bedoeld in de Postwet 2009. In de kennisgeving wordt melding gemaakt van de in artikel 287, vijfde lid, bedoelde last. *Kennisgeving aan postvervoerbedrijf*
(Zie ook: artt. 329, 340, 345, 348, 350, 352, 356 FW)

Art. 294
1. Bij elke rechtbank wordt door de griffier een openbaar register gehouden, waarin hij, voor iedere van toepassing verklaarde schuldsaneringsregeling afzonderlijk, achtereenvolgens, met vermelding van de dagtekening, inschrijft: *Inschrijving schuldsaneringsregeling in openbaar register*

a. een uittreksel van de rechterlijke uitspraken tot toepassing van de schuldsaneringsregeling en tot beëindiging daarvan;
b. de beëindiging en de herleving van de toepassing van de schuldsaneringsregeling bedoeld in artikel 312;
c. de summiere inhoud en de homologatie van het akkoord;
d. de ontbinding van het akkoord;
e. het bedrag van de uitdelingen;
f. de summiere inhoud van de uitspraak bedoeld in artikel 354 en 354a;
g. de datum waarop de schuldsaneringsregeling ingevolge het bepaalde in artikel 356, tweede lid, is geëindigd;
h. de vereisten vermeld in artikel 24, tweede lid, van de in artikel 5, derde lid, genoemde verordening.

2. Omtrent vorm en inhoud van het register worden bij algemene maatregel van bestuur nadere regels gegeven.
3. De griffier is verplicht aan een ieder kosteloze inzage van het register en tegen betaling een uittreksel daaruit te verstrekken.
(Zie ook: artt. 19, 222a, 287, 338, 340, 343, 349, 350, 356 FW)
4. De griffier geeft de in het eerste lid, onder a tot en met h, genoemde gegevens door aan Onze Minister van Justitie of een bij algemene maatregel van bestuur aan te wijzen ander orgaan ten behoeve van het in artikel 294a genoemde centrale register.
(Zie ook: Aanw.besl. RR; Brs)

Art. 294a

Centraal register schuldsaneringsregelingen

1. Door onze Minister van Justitie of, indien ingevolge artikel 294, vierde lid, een ander orgaan is aangewezen, door dat orgaan wordt een centraal register gehouden, waarin de in artikel 294, eerste lid, onder a tot en met h, genoemde gegevens worden ingeschreven.
2. Omtrent vorm en inhoud van het register worden bij algemene maatregel van bestuur nadere regels gegeven.
3. Een ieder heeft kosteloos inzage in het register en kan tegen betaling een uittreksel daaruit verkrijgen.
(Zie ook: artt. 19a, 222b FW)

Art. 294b

Uittreksel verzoekschrift schuldsaneringsregeling

De griffier geeft voor iedere van toepassing verklaarde schuldsaneringsregeling een uittreksel van het verzoekschrift met bijlagen op grond van artikel 285 door aan Onze Minister van Justitie of, indien ingevolge artikel 294, vierde lid, een ander orgaan is aangewezen, dat orgaan ter inschrijving in het in artikel 294a bedoelde register. Onze Minister van Justitie onderscheidenlijk het orgaan, bedoeld in de eerste zin, stelt vast welke gegevens in het uittreksel worden opgenomen. Artikel 294a, derde lid, is op het uittreksel niet van toepassing.

Tweede afdeling
De gevolgen van de toepassing van de schuldsaneringsregeling

Art. 295

Boedel

1. De boedel omvat de goederen van de schuldenaar ten tijde van de uitspraak tot de toepassing van de schuldsaneringsregeling, alsmede de goederen die hij tijdens de toepassing van die regeling verkrijgt.
2. Van het inkomen en van periodieke uitkeringen onder welke benaming ook die de schuldenaar verkrijgt, wordt, onverminderd het derde lid, slechts buiten de boedel gelaten een bedrag gelijk aan de beslagvrije voet bedoeld in artikel 475d van het Wetboek van Burgerlijke Rechtsvordering.
3. De rechter-commissaris kan op verzoek van de schuldenaar, de bewindvoerder dan wel ambtshalve bij schriftelijke beschikking het bedrag, bedoeld in het tweede lid, verhogen met een in die beschikking vast te stellen nominaal bedrag. De rechter-commissaris kan aan zijn beschikking voorwaarden verbinden en terugwerkende kracht verlenen.
4. Buiten de boedel vallen voorts:
a. de goederen die de schuldenaar, anders dan om niet, verkrijgt krachtens een tijdens de toepassing van de schuldsaneringsregeling tot stand gekomen overeenkomst indien de met die verkrijging samenhangende prestatie van de schuldenaar niet ten laste van de boedel komt;
b. de inboedel, voorzover niet bovenmatig, bedoeld in artikel 5 van Boek 3 van het Burgerlijk Wetboek;
c. hetgeen is vermeld in artikel 21, onder 1°, 3°, 5°, 6° en 7°;
d. het door de rechter of door de rechter-commissaris overeenkomstig artikel 21, onder 4°, vastgestelde bedrag.
5. Niettemin valt een goed als bedoeld in het vierde lid, onder a, in de boedel indien de waarde van dat goed de waarde van de met de verkrijging samenhangende prestatie aanmerkelijk overtreft. Artikel 22a is van overeenkomstige toepassing.

6. Ten aanzien van het tweede en vierde lid, onder c en d, is artikel 22 van overeenkomstige toepassing. Artikel 22a is van overeenkomstige toepassing.
(Zie ook: artt. 297, 311, 312, 315, 329, 324, 343, 350 FW)

Art. 295a
[Vervallen]

Art. 296
1. Door de uitspraak tot de toepassing van de schuldsaneringsregeling verliest de schuldenaar van rechtswege:
a. de bevoegdheid om over de tot de boedel behorende goederen te beschikken;
b. de bevoegdheid om ten aanzien van die goederen feitelijke handelingen te verrichten en toe te laten.
2. De schuldenaar is verplicht alle goederen die tot de boedel behoren op verzoek van de bewindvoerder aan hem af te leveren.
3. De rechter-commissaris kan op verzoek van de schuldenaar of de bewindvoerder dan wel ambtshalve bij schriftelijke beschikking ten aanzien van bepaaldelijk daartoe aan te wijzen goederen bepalen dat de schuldenaar daarover het beheer heeft.
(Zie ook: art. 311 FW)

Bevoegdheden schuldenaar na de uitspraak tot toepassing schuldsaneringsregeling

Art. 297
1. Onverminderd het bepaalde in artikel 296 is de schuldenaar zelfstandig bevoegd tot het verrichten van rechtshandelingen.

2. De schuldenaar behoeft nietemin de toestemming van de bewindvoerder voor de volgende rechtshandelingen:
a. het aangaan van een overeenkomst inzake krediet in de zin van de Wet op het financieel toezicht;
b. overeenkomsten waarbij hij zich als borg of anderszins als medeschuldenaar verbindt, zich voor een derde sterk maakt of zich tot zekerheidstelling voor de schuld van een derde verbindt;
c. giften, met uitzondering van de gebruikelijke, voorzover niet bovenmatig.
3. Een rechtshandeling in strijd met het tweede lid verricht, is vernietigbaar. Slechts de bewindvoerder kan deze vernietigingsgrond inroepen.
(Zie ook: art. 312 FW; art. 50 BW Boek 3)

Bevoegdheid schuldenaar tot verrichten rechtshandelingen

Vernietigbaarheid rechtshandeling

Art. 298
[Vervallen]

Art. 299
1. De schuldsaneringsregeling werkt ten aanzien van:
a. vorderingen op de schuldenaar die ten tijde van de uitspraak tot de toepassing van de schuldsaneringsregeling bestaan;
b. vorderingen op de schuldenaar die na de uitspraak tot de toepassing van de schuldsaneringsregeling ontstaan uit hoofde van ontbinding of vernietiging van een vóór die uitspraak met de schuldenaar gesloten overeenkomst;
c. vorderingen die strekken tot schadevergoeding ter zake van tekortschieten na de uitspraak tot de toepassing van de schuldsaneringsregeling in de nakoming van een vóór die uitspraak op de schuldenaar verkregen verbintenis;
d. vorderingen op de schuldenaar die na de uitspraak tot de toepassing van de schuldsaneringsregeling ontstaan door de vervulling van een vóór die uitspraak overeengekomen ontbindende voorwaarde;
e. na de uitspraak tot de toepassing van de schuldsaneringsregeling onvoldaan gebleven vorderingen op de schuldenaar die ontstaan krachtens artikel 10 van Boek 6 van het Burgerlijk Wetboek uit hoofde van een ten tijde van de uitspraak tot de toepassing van de schuldsaneringsregeling reeds bestaande rechtsbetrekking.
2. Rechtsvorderingen die voldoening van een vordering uit de boedel ten doel hebben, kunnen gedurende de toepassing van de schuldsaneringsregeling ook tegen de schuldenaar op geen andere wijze worden ingesteld dan door aanmelding ter verificatie.
3. De artikelen 57 tot en met 59a zijn van overeenkomstige toepassing.
(Zie ook: art. 301 FW)

Vorderingen ten aanzien waarvan schuldsaneringsregeling werkt

Art. 299a
1. De schuldsaneringsregeling werkt niet ten aanzien van vorderingen uit hoofde van studieschulden waarop hoofdstuk 6 of hoofdstuk 10a van de Wet studiefinanciering 2000 van toepassing is, behoudens voorzover die vorderingen betrekking hebben op de in artikel 6.8 van die wet bedoelde achterstallige schulden die bestaan ten tijde van de uitspraak tot de toepassing van de schuldsaneringsregeling.
2. Zolang de schuldsaneringsregeling van toepassing is, wordt de aflosfase bedoeld in artikel 6.7 onderscheidenlijk 10a.4 van de Wet studiefinanciering 2000 opgeschort. Gedurende deze periode is over de studieschuld geen rente verschuldigd.

Vorderingen uit hoofde van studieschulden

Art. 299b

Retentierecht

1. De schuldeiser die retentierecht heeft op een aan de schuldenaar toebehorende zaak, verliest dit recht niet door het van toepassing verklaren van de schuldsaneringsregeling.
2. De bewindvoerder kan, voorzover dit in het belang is van de boedel, de zaak in de boedel terugbrengen door voldoening van de vordering waarvoor het retentierecht kan worden uitgeoefend.

Parate executie

3. De schuldeiser kan de bewindvoerder een redelijke termijn stellen om tot toepassing van het tweede lid over te gaan. Heeft de bewindvoerder niet binnen deze termijn de zaak in de boedel teruggebracht, dan kan de schuldeiser haar verkopen met overeenkomstige toepassing van de bepalingen betreffende parate executie door een pandhouder of, als het een registergoed betreft, die betreffende parate executie door een hypotheekhouder. De rechter-commissaris is bevoegd de termijn op verzoek van de bewindvoerder een of meermalen te verlengen.
4. Betreft het een registergoed, dan dient de schuldeiser, op straffe van verval van het recht van parate executie, binnen veertien dagen na het verstrijken van de in het derde lid bedoelde termijn, aan de bewindvoerder bij exploot aan te zeggen dat hij tot executie overgaat, en dit exploot in de openbare registers te doen inschrijven.
5. De bewindvoerder kan de schuldeiser die overeenkomstig het derde lid het recht van parate executie kan uitoefenen, een redelijk termijn stellen daartoe over te gaan. Heeft de schuldeiser de zaak niet binnen deze termijn verkocht, dan kan de bewindvoerder haar opeisen en met toepassing van artikel 326 of 347, tweede lid, verkopen, onverminderd de voorrang, aan de schuldeiser in artikel 292 van Boek 3 van het Burgerlijk Wetboek toegekend. De rechter-commissaris is bevoegd de termijn op verzoek van de schuldeiser een of meermalen te verlengen.

(Zie ook: artt. 60, 315, 332 lid 2 FW)

Art. 300

Borgen en andere medeschuldenaren

De schuldsaneringsregeling werkt niet ten voordele van borgen en andere medeschuldenaren.
(Zie ook: artt. 136, 160, 241 FW; art. 6 BW Boek 6; art. 850 BW Boek 7)

Art. 301

Inkomenbeslag en betaling door huurder, pachter, curator

1. Een vordering van de ontvanger als bedoeld in artikel 19 van de Invorderingswet 1990 (Stb. 221) is niet toegelaten.

Schorsing aangevangen executies

2. Alle ten tijde van de uitspraak tot de toepassing van de schuldsaneringsregeling tot verhaal van zijn schulden aangevangen executies worden geschorst.

Vervallen gelegde beslagen

3. De gelegde beslagen vervallen met ingang van de dag waarop de toepassing van de schuldsaneringsregeling is uitgesproken. De inschrijving van een desbetreffende, op verzoek van de bewindvoerder af te geven verklaring van de rechter-commissaris machtigt de bewaarder van de openbare registers tot doorhaling.
4. Een vervallen beslag herleeft, zodra de toepassing de schuldsaneringsregeling eindigt op grond van het bepaalde in artikel 350, derde lid, onder b, mits het goed dan nog tot de boedel behoort. Indien de inschrijving van het beslag in de openbare registers is doorgehaald, vervalt de herleving, indien niet binnen veertien dagen na de herleving een exploot is ingeschreven, waarbij van de herleving mededeling aan de schuldenaar is gedaan.

Executies en beslagen t.b.v. door pand of hypotheek gedekte vorderingen

5. Het tweede, derde en vierde lid zijn eveneens van toepassing ten aanzien van executies en beslagen, aangevangen of gelegd ten behoeve van vorderingen welke door pand of hypotheek zijn gedekt, voorzover die executies en beslagen niet zijn aangevangen en gelegd op goederen, welke voor die vorderingen bijzonderlijk zijn verbonden.

(Zie ook: artt. 299, 338, 347 FW)

Art. 302

Ontslag gijzeling schuldenaar

Indien de schuldenaar zich in gijzeling bevindt, is hij daaruit van rechtswege ontslagen door de uitspraak tot toepassing van de schuldsaneringsregeling, tenzij de gijzeling plaatsvindt anders dan wegens een vordering ten aanzien waarvan de schuldsaneringsregeling werkt.
(Zie ook: artt. 33, 87, 230, 287 FW)

Art. 303

Verschuldigd zijn wettelijke of bedongen rente

1. Met ingang van de dag van de uitspraak tot de toepassing van de schuldsaneringsregeling is de schuldenaar wettelijke noch bedongen rente verschuldigd over vorderingen ten aanzien waarvan de schuldsaneringsregeling werkt.
2. De renteverplichting herleeft met terugwerkende kracht zodra de toepassing van de schuldsaneringsregeling is beëindigd op voet van artikel 312, tweede lid, of met ingang van de dag waarop de uitspraak tot beëindiging van de schuldsaneringsregeling krachtens artikel 350, derde lid, onder c tot en met g, in kracht van gewijsde is gegaan.
3. De rechtbank kan in de uitspraak tot toepassing van de schuldsaneringsregeling of bij beschikking het eerste lid buiten toepassing verklaren ten aanzien van rente die verschuldigd is over een vordering waarvoor een hypotheek tot zekerheid strekt die is gevestigd op het registergoed waarin de schuldenaar woonachtig is, indien dat in het belang van de boedel is. De rechter-commissaris kan dit op verzoek van de bewindvoerder bij schriftelijke beschikking

verklaren indien dit in het belang van de boedel is, nadat de schuldsaneringsregeling van toepassing is verklaard.

Art. 304
1. Een wederpartij is niet bevoegd de nakoming van zijn verbintenis die voortvloeit uit een overeenkomst tot het geregeld afleveren van gas, water, elektriciteit of verwarming, benodigd voor de eerste levensbehoeften, jegens de schuldenaar op te schorten wegens het door de schuldenaar niet nakomen van een verbintenis tot betaling van een geldsom die is ontstaan vóór de uitspraak tot de toepassing van de schuldsaneringsregeling. *(Overeenkomst tot geregeld afleveren gas, water, elektriciteit of verwarming)*
2. Een tekortkoming in de nakoming van de schuldenaar als in het eerste lid bedoeld, die plaatsvond vóór de uitspraak tot de toepassing van de schuldsaneringsregeling, levert geen grond op voor ontbinding van een overeenkomst als bedoeld in het eerste lid.
3. Een beroep door de wederpartij op een beding dat een uitspraak tot de toepassing van de schuldsaneringsregeling grond oplevert voor ontbinding van een overeenkomst als bedoeld in het eerste lid, dan wel dat die overeenkomst daardoor van rechtswege zal zijn ontbonden, is slechts toegelaten met goedvinden van de bewindvoerder.

(Zie ook: artt. 37b, 237b FW; artt. 262, 265 BW Boek 6)

Art. 305
1. Indien de schuldenaar huurder is, kan de bewindvoerder, of met diens machtiging de schuldenaar, de huur tussentijds doen eindigen, mits de opzegging geschiedt overeenkomstig de opzegtermijnen van de artikelen 228, lid 2, 271, lid 2, en 293, lid 2, van Boek 7 van het Burgerlijk Wetboek. Bovendien moet bij de opzegging de daarvoor overeengekomen of gebruikelijke termijn in acht genomen worden, met dien verstande echter, dat een termijn van drie maanden in elk geval voldoende zal zijn. Zijn de huurpenningen vooruit betaald, dan kan de huur niet eerder worden opgezegd dan tegen de dag, waarop de termijn, waarvoor vooruitbetaling heeft plaats gehad, eindigt. *(Opzegging huur)*
2. Een tekortkoming door de schuldenaar in de nakoming van een financiële verplichting, voortvloeiend uit de huurovereenkomst met betrekking tot zijn woonruimte, welke tekortkoming plaatsvond vóór de uitspraak tot de toepassing van de schuldsaneringsregeling, levert geen grond op voor opzegging of ontbinding van de huurovereenkomst. Is een vonnis tot ontruiming van de woonruimte wegens een dergelijke tekortkoming uitgesproken vóór de uitspraak tot toepassing van de schuldsaneringsregeling, dan wordt de tenuitvoerlegging van het vonnis opgeschort voor de duur van de schuldsaneringsregeling, mits de lopende huurpenningen tijdig worden voldaan. De huurovereenkomst wordt voor de duur van de schuldsaneringsregeling verlengd.
3. De verhuurder is bevoegd de huur tussentijds te beëindigen indien de schuldenaar jegens de verhuurder een verplichting die ontstaat na de uitspraak tot de toepassing van de schuldsaneringsregeling, niet nakomt, mits de opzegging geschiedt tegen een tijdstip, waarop dergelijke overeenkomsten naar plaatselijk gebruik eindigen. De tweede en derde volzin van het eerste lid zijn van toepassing.
4. Indien de schuldenaar pachter is, vinden het eerste, tweede en derde lid overeenkomstige toepassing.

(Zie ook: artt. 39, 238, 311, 316 FW; artt. 1584, 1607, 1623b BW Boek 7A)

Art. 306
Een betaling ten laste van niet tot de boedel behorende goederen van de schuldenaar verricht, op vorderingen ten aanzien waarvan de schuldsaneringsregeling werkt, is nietig. *(Nietigheid betaling ten laste niet tot de boedel behorende goederen)*

Art. 307
1. Hij die zowel schuldenaar als schuldeiser is van de persoon ten aanzien van wie de schuldsaneringsregeling is uitgesproken, kan zijn schuld met zijn vordering ten aanzien waarvan de schuldsaneringsregeling werkt, slechts verrekenen indien beide zijn ontstaan vóór de uitspraak tot de toepassing van de schuldsaneringsregeling. *(Verrekenen schuld)*
2. Artikel 53, tweede en derde lid, is van overeenkomstige toepassing.

Art. 308
Een betaling door de schuldenaar anders dan ten laste van de boedel verricht, wordt niet toegerekend op een vordering ten aanzien waarvan de schuldsaneringsregeling werkt. *(Betaling anders dan ten laste van de boedel)*

(Zie ook: art. 306 FW)

Art. 309
[Vervallen]

Art. 309a
Van de goederen als bedoeld in artikel 309, eerste lid, zijn uitgezonderd de goederen die uit hoofde van een financiëlezekerheidsovereenkomst als bedoeld in artikel 51 van Boek 7 van het Burgerlijk Wetboek zijn verpand. *(Uitgezonderde verpande goederen bij financiëlezekerheidsovereenkomst)*

Art. 310

Betaling niet tot de boedel behorende vorderingen tot betaling geldsom

1. De rechter-commissaris kan op verzoek van de bewindvoerder, van de schuldenaar dan wel ambtshalve bij schriftelijke beschikking bepalen dat betaling op niet tot de boedel behorende vorderingen van de schuldenaar tot betaling van een geldsom, moet geschieden aan de bewindvoerder. De rechter-commissaris kan de beschikking beperken tot een bepaalde periode en tot bepaalde vorderingen.
2. De bewindvoerder brengt de schuldenaren die het aangaat bij brief van de beschikking bedoeld in het eerste lid op de hoogte.
3. De door de bewindvoerder ingevolge het eerste lid ontvangen gelden behoren niet tot de boedel. De bewindvoerder voert ter zake een afzonderlijke administratie.
4. De bewindvoerder voldoet uit de door hem ingevolge het eerste lid ontvangen gelden voor en namens de schuldenaar vorderingen ten aanzien waarvan de schuldsaneringsregeling niet werkt en die ter voldoening door de rechter-commissaris zijn aangewezen.

(Zie ook: art. 315 FW)

Art. 311

Bevoegdheid uitoefening zelfstandig beroep of bedrijf voort te zetten

1. De rechter-commissaris kan op verzoek van de bewindvoerder of de schuldenaar dan wel ambtshalve bij schriftelijke beschikking bepalen dat de schuldenaar gedurende een in die beschikking vast te stellen periode bevoegd is ten behoeve van de boedel de uitoefening van zijn zelfstandig beroep of bedrijf voort te zetten. De rechter-commissaris kan een periode telkens verlengen en aan zijn beschikking voorwaarden verbinden.
2. Een beschikking als bedoeld in het eerste lid heeft tot gevolg dat de schuldenaar bevoegd is alle handelingen waartoe de bewindvoerder toestemming heeft gegeven en die voor de normale uitoefening van het beroep of bedrijf nodig zijn, te verrichten.
3. Vorderingen die voortvloeien uit een voortzetting van de uitoefening van het beroep of bedrijf waartoe de schuldenaar op grond van dit artikel bevoegd is, waaronder te begrijpen de verschuldigde huurpenningen, voorzover aan die voortzetting toe te rekenen, zijn boedelschulden.

(Zie ook: artt. 98, 295, 296, 305, 315 FW)

Art. 312

Faillietverklaring tijdens toepassing schuldsaneringsregeling

1. Gedurende de toepassing van de schuldsaneringsregeling kan de schuldenaar in staat van faillissement worden verklaard ter zake van vorderingen ten aanzien waarvan de schuldsaneringsregeling niet werkt.
2. Door de faillietverklaring van de schuldenaar eindigt de toepassing van de schuldsaneringsregeling van rechtswege. Van de beëindiging wordt door de curator melding gemaakt in de publicatie bedoeld in artikel 14, derde lid.
3. Indien tengevolge van verzet, hoger beroep of cassatie de faillietverklaring wordt vernietigd, herleeft de toepassing van de schuldsaneringsregeling van rechtswege. Daarvan wordt melding gemaakt in de aankondiging bedoeld in artikel 15, eerste lid, tweede volzin. Artikel 15d, eerste lid, is van overeenkomstige toepassing.

(Zie ook: artt. 6, 294, 295, 297, 303, 320, 343, 350, 359 FW)

Art. 313

Overeenkomstige toepassing

1. De artikelen 24 tot en met 31, 34 tot en met 38a, 40 tot en met 52, 54 tot en met 56 en 60a tot en met 63a zijn van overeenkomstige toepassing.
2. De in de eerste volzin van artikel 63a, eerste lid, bedoelde beslissing kan ook op verzoek van de schuldenaar dan wel ambtshalve worden gegeven door de rechter die de toepassing van de schuldsaneringsregeling uitspreekt.

Derde afdeling
Het bestuur over de boedel

Art. 314

Toezicht R-C op taken bewindvoerder

1. De rechter-commissaris houdt toezicht op de vervulling door de bewindvoerder van de door hem ingevolge deze titel te verrichten taken.
2. De artikelen 65 en 66 zijn van overeenkomstige toepassing.

(Zie ook: art. 64 FW)

Art. 315

Hoger beroep tegen beschikkingen R-C

1. Van alle beschikkingen van de rechter-commissaris staat gedurende vijf dagen hoger beroep op de rechtbank open. De rechtbank beslist na verhoor of behoorlijke oproeping van de belanghebbenden.
2. Niettemin kan geen hoger beroep worden ingesteld tegen de beschikkingen die zijn genomen overeenkomstig de artikelen 21, onder 4, 34, 58, eerste lid, 59a, derde lid, 94, tweede lid, 102, tweede lid, 125, 176, tweede lid, en de beschikkingen bedoeld in de artikelen 287, vijfde lid, 289, tweede lid, 290, tweede lid, 295, derde lid, 296, derde lid, artikel 299b, derde en vijfde lid,

25 Faillissementswet — art. 320

310, eerste lid, 311, eerste lid, 316, tweede lid, 318, tweede lid, 320, tweede en vierde lid, 324, derde lid, 328a, tweede lid, 328b, vierde lid, 332, vierde lid en 347, tweede lid.
(Zie ook: artt. 67, 361 FW)

Art. 316
1. De bewindvoerder is belast met: — *Taken bewindvoerder*
   a. het toezicht op de naleving door de schuldenaar van diens verplichtingen die uit de schuldsaneringsregeling voortvloeien;
   b. het beheer en de vereffening van de boedel.
2. Alvorens in rechte op te treden, behalve waar het verificatiegeschillen betreft, alsmede in de gevallen van de artikelen 37, 40, 58, tweede lid, 59a, zesde lid, 305, 326, eerste lid, en 349, eerste lid, behoeft de bewindvoerder machtiging van de rechter-commissaris. Artikel 72 is van overeenkomstige toepassing.
(Zie ook: artt. 68, 315 FW)

Art. 317
1. Ieder der schuldeisers van vorderingen waarvoor de schuldsaneringsregeling werkt en de schuldenaar kunnen door het indienen van een verzoek tegen elke handeling van de bewindvoerder bij de rechter-commissaris opkomen, of van deze een bevel uitlokken dat de bewindvoerder een bepaalde handeling zal verrichten of een voorgenomen handeling zal nalaten. — *Opkomen tegen handeling bewindvoerder*
2. De rechter-commissaris beslist, na de bewindvoerder te hebben gehoord, binnen drie dagen op het verzoek.
(Zie ook: art. 69 FW)

Art. 318
1. De bewindvoerder brengt binnen twee maanden na de uitspraak tot toepassing van de schuldsaneringsregeling en uiterlijk tien dagen voor de dag waarop de verificatievergadering zal worden gehouden een verslag uit over de toestand van de boedel en vervolgens telkens na verloop van zes maanden een verslag over de voortgang van de schuldsaneringsregeling. De bewindvoerder legt zijn verslag neer ter griffie van de rechtbank, ter kosteloze inzage van schuldeisers. De neerlegging geschiedt kosteloos. — *Verslag bewindvoerder over toestand boedel en uitvoering saneringsplan*
2. De in het eerste lid bedoelde termijn van zes maanden, kan op verzoek van de bewindvoerder of ambtshalve door de rechter-commissaris worden gewijzigd.
(Zie ook: artt. 73a, 315 FW)

Art. 319
1. De rechtbank is bevoegd de bewindvoerder, na hem gehoord of behoorlijk opgeroepen te hebben, te ontslaan en door een ander te vervangen, hetzij op voordracht van de rechter-commissaris hetzij op een met redenen omkleed verzoek van de bewindvoerder, een of meer schuldeisers dan wel de schuldenaar. — *Ontslag en vervanging bewindvoerder*
2. De ontslagen bewindvoerder legt rekening en verantwoording af aan de in zijn plaats benoemde bewindvoerder. — *Afleggen rekening en verantwoording*
(Zie ook: art. 73 FW)

Art. 320
1. De rechtbank stelt het salaris van de bewindvoerder vast in het vonnis bedoeld in artikel 354, eerste lid. — *Vaststellen salaris bewindvoerder; voorschotverlening*
2. De rechter-commissaris kan op verzoek van de bewindvoerder tijdens de toepassing van de schuldsaneringsregeling telkens voor een daarbij vast te stellen periode een voorschot op het salaris toekennen.
3. Indien de toepassing van de schuldsaneringsregeling wordt beëindigd op de voet van artikel 350 of artikel 354a, stelt de rechtbank daarbij tevens het salaris vast.
4. Eindigt de toepassing van de schuldsaneringsregeling op grond van het bepaalde in artikel 312, tweede lid, dan stelt de rechtbank het salaris vast zodra de uitspraak tot faillietverklaring in kracht van gewijsde is gegaan.
5. In geval van een akkoord wordt het salaris bij het vonnis van homologatie bepaald.
6. Het salaris van de bewindvoerder wordt vastgesteld volgens bij algemene maatregel van bestuur te stellen regels.
7. Het salaris van de bewindvoerder is schuld van de boedel en wordt bij voorrang voldaan boven alle andere schulden en boven een betaling bedoeld in artikel 295, vijfde lid. Het in de vorige volzin bepaalde is ook van toepassing op de verschotten en op de publicaties die ingevolge deze titel zijn voorgeschreven. — *Voorrang salaris, voorschotten en kosten publicaties boven andere schulden*
8. De kosten van de ingevolge deze titel voorgeschreven publicaties die niet uit de boedel kunnen worden voldaan, en het salaris van deskundigen komen ten laste van de Staat. De griffier van de rechtbank waarbij de schuldenaar zijn verzoek tot het uitspreken van de toepassing van de schuldsaneringsregeling heeft ingediend, draagt zorg voor de voldoening van het door de rechter die het eindsalaris van de bewindvoerder bepaalt, vast te stellen bedrag dat ten laste van de Staat komt. — *Salaris deskundigen en kosten overige publicaties*
(Zie ook: art. 71 FW; Bsal.bw; Bsal.bs)

Art. 321
De artikelen 85 en 86 zijn van overeenkomstige toepassing.

Vierde afdeling
De voorzieningen na de uitspraak tot de toepassing van de schuldsaneringsregeling en de taak van de bewindvoerder

Art. 322
Kennisgeving verificatievergadering

De bewindvoerder geeft van de dagen, uur en plaats bedoeld in artikel 289 onverwijld aan alle bekende schuldeisers bij brieven kennis. Indien de schuldenaar een ontwerp van akkoord ter griffie heeft neergelegd, wordt daarvan eveneens melding gemaakt.

Art. 323
Bewaring boedel door bewindvoerder

De bewindvoerder zorgt, dadelijk na zijn benoeming, door alle nodige en gepaste middelen voor de bewaring van de boedel. Tenzij de rechter-commissaris anders bepaalt, neemt de bewindvoerder de tot de boedel behorende bescheiden en andere gegevensdragers, gelden, kleinodiën, effecten en andere papieren van waarde tegen ontvangstbewijs onder zich, behoudens voorzover het beheer daarover op grond van een beslissing als bedoeld in artikel 296, derde lid, toekomt aan de schuldenaar.
(Zie ook: art. 92 FW)

Art. 324
Boedelbeschrijving

1. Artikel 94, eerste en tweede lid, is van overeenkomstige toepassing.
2. Van de goederen bedoeld in artikel 295, vierde lid, wordt een staat aan de beschrijving gehecht.
3. De rechter-commissaris kan bepalen dat de bewindvoerder een staat opmaakt als bedoeld in artikel 96 ter vervanging van de staat bedoeld in artikel 285, eerste lid, onder a.
(Zie ook: art. 315 FW)

Art. 325
Neerlegging afschrift boedelbeschrijving en staat van baten en schulden

Een afschrift van de boedelbeschrijving en, indien toepassing is gegeven aan artikel 324, derde lid, van de staat in dat artikellid bedoeld, worden ter kosteloze inzage van een ieder neergelegd ter griffie van de rechtbank die de schuldsaneringsregeling van toepassing heeft verklaard. De neerlegging geschiedt kosteloos.
(Zie ook: art. 97 FW)

Art. 326
[Vervallen]

Art. 327
Toepasselijkheid artikelen op schuldsaneringsregeling

De artikelen 99 en 102 tot en met 105b en 107 zijn van overeenkomstige toepassing.

Vijfde afdeling
Verificatie van vorderingen

Art. 328
Toepasselijkheid artikelen op verificatie van vorderingen
Verificatie van renten t.a.v. door pand of hypotheek gedekte vorderingen

1. Op de verificatie van vorderingen zijn de artikelen 110 tot en met 116, 119 tot en met 127 (in welk laatste artikel in de plaats van 108 wordt gelezen: 289, derde lid) en 129 tot en met 137 van overeenkomstige toepassing.
2. Renten, na de uitspraak tot de toepassing van de schuldsaneringsregeling lopende ten aanzien van door pand of hypotheek gedekte vorderingen, worden pro memorie geverifieerd. Voorzover de renten op de opbrengst daarvan niet batig gerangschikt worden, kan de schuldeiser aan deze verificatie geen rechten ontlenen.
(Zie ook: artt. 289, 303 FW)

Art. 328a
Verificatievergadering

1. De rechter-commissaris kan de bewindvoerder verzoeken hem binnen acht dagen na dagtekening van het verzoek te melden of hij de verificatie van de vorderingen wenst voor te leggen aan de verificatievergadering. In het bevestigende geval stelt de rechter-commissaris dag, uur en plaats vast waarop de verificatievergadering zal worden gehouden en geeft de bewindvoerder hiervan onverwijld kennis aan alle bekende schuldeisers en de schuldenaar bij schriftelijke oproeping, tenzij de rechter-commissaris anders bepaalt.
2. Indien de bewindvoerder geen verificatievergadering wenst, kan de rechter-commissaris bepalen dat de verificatievergadering slechts pro forma gehouden zal worden op een door hem te bepalen dag en plaats en dat de vorderingen als geverifieerd zullen gelden zoals door de bewindvoerder in overeenstemming met de artikelen 112, 113 en 114 aangegeven, tenzij een schuldeiser binnen acht dagen na dagtekening van de in de tweede volzin bedoelde oproeping mededeling doet aan de rechtbank dat hij gebruik wenst te maken van zijn bevoegdheid als bedoeld in de artikelen 116, tweede zin, en 119, eerste lid. De bewindvoerder geeft van deze

beschikking onmiddellijk kennis aan alle bekende schuldeisers en de schuldenaar bij schriftelijke oproeping, tenzij de rechter-commissaris anders bepaalt.
3. Ontvangt de rechtbank een mededeling van een of meer schuldeisers als bedoeld in het tweede lid, dan stelt de rechter-commissaris een dag, uur en plaats vast waarop de verificatievergadering zal worden gehouden. De bewindvoerder geeft hiervan onverwijld kennis aan alle bekende schuldeisers en de schuldenaar bij schriftelijke oproeping, tenzij de rechter-commissaris anders bepaalt.
4. In geval van het tweede lid ligt een afschrift van de lijsten als bedoeld in artikel 114 ter griffie van de rechtbank ter inzage gedurende acht dagen na dagtekening van de kennisgeving van de pro forma zitting dan wel, indien een verificatievergadering wordt gehouden, tot de dag van die vergadering.
5. Met ingang van de dag van de pro forma zitting, gelden de vorderingen als geverifieerd zoals door de bewindvoerder ingevolge artikel 112 vastgesteld.

Art. 328b
1. Vorderingen, na afloop van de in artikel 289, derde lid, genoemde termijn, doch uiterlijk twee dagen vóór de dag waarop de verificatievergadering zal worden gehouden bij de bewindvoerder ingediend, worden op daartoe ter vergadering gedaan verzoek geverifieerd, indien noch de bewindvoerder noch een van de aanwezige schuldeisers daartegen bezwaar maakt.
2. Vorderingen, ingediend na het in het eerste lid genoemde tijdstip, worden niet geverifieerd.
3. De bepalingen van het eerste en tweede lid zijn niet toepasselijk, indien de schuldeiser buiten het Rijk in Europa woont en daardoor verhinderd was zich eerder aan te melden.
4. In geval van bezwaar, zoals in het eerste lid bedoeld, of van verhindering, zoals in het derde lid bedoeld, beslist de rechter-commissaris na raadpleging van de verificatievergadering.

Art. 328c
1. Aan schuldeisers die ten gevolge van hun verzuim om op te komen pas geverifieerd worden nadat er reeds een uitdeling heeft plaats gehad, wordt uit de nog voorhanden baten een bedrag vooruitbetaald, evenredig aan hetgeen door de overige erkende schuldeisers reeds is ontvangen.
2. Schuldeisers met voorrang verliezen die voorrang voorzover de opbrengst van de zaak, waaraan die voorrang kleefde, bij een vroegere uitdelingslijst aan andere schuldeisers bij voorrang is toegekend.

Zesde afdeling
Het akkoord

Art. 329
1. De schuldenaar is bevoegd ten aanzien van vorderingen waarvoor de schuldsaneringsregeling werkt aan de schuldeisers van die vorderingen een akkoord aan te bieden. — Aanbieding akkoord
2. Het ontwerp van een akkoord wordt ter griffie van de rechtbank neergelegd ter kosteloze inzage van een ieder. De neerlegging geschiedt kosteloos. — Nederlegging akkoord
3. Aanbieding van een akkoord is ook toegelaten indien een akkoord eerder tijdens de toepassing van de schuldsaneringsregeling is verworpen of de homologatie is geweigerd. De in de vorige volzin bedoelde bevoegdheid kan één keer worden uitgeoefend. — Aanbieding akkoord na vaststelling saneringsplan
4. De rechter-commissaris stelt dadelijk na nederlegging van het akkoord dag, uur en plaats vast waarop over het aangeboden akkoord ten overstaan van hem zal worden geraadpleegd en beslist. — Aanbieding akkoord voor vaststelling saneringsplan
5. Indien er nog geen dag, uur en plaats voor een verificatievergadering is bepaald, stelt de rechter-commissaris deze vast overeenkomstig artikel 289, tweede lid en het vijfde lid. Over het akkoord wordt in de vergadering na afloop van de verificatie dadelijk geraadpleegd en beslist. — Vaststelling verificatievergadering
6. De bewindvoerder geeft van de nederlegging en, indien van toepassing, van de dag bedoeld in het vijfde lid, onverwijld schriftelijk kennis aan alle bekende schuldeisers. Indien het vijfde lid van toepassing is, doet de bewindvoerder tevens onverwijld aankondiging in de Staatscourant van de nederlegging en van de dag bedoeld in dat lid. — Kennisgeving

Art. 330
Het ontwerp van een akkoord vervalt: — Vervallen ontwerpakkoord
a. indien de toepassing van de schuldsaneringsregeling niet wordt uitgesproken;
b. indien, voordat het vonnis van homologatie van het akkoord in kracht van gewijsde is gegaan, een rechterlijke uitspraak tot beëindiging van de toepassing van de schuldsaneringsregeling in kracht van gewijsde gaat;
c. indien de toepassing van de schuldsaneringsregeling eindigt op grond van het bepaalde in artikel 312, tweede lid.
(Zie ook: art. 350 FW)

Art. 331
[Vervallen]

Art. 332

Toelichting, verdediging en wijziging akkoord op vergadering

1. De schuldenaar is ter vergadering bevoegd tot toelichting en verdediging van het akkoord op te treden en het, staande de raadpleging, te wijzigen.

Bevoegdheid tot stemmen over akkoord

2. Tot stemming over het akkoord zijn bevoegd de schuldeisers van vorderingen ten aanzien waarvan de schuldsaneringsregeling werkt. Pandhouders, hypotheekhouders en schuldeisers als bedoeld in artikel 299b zijn tot stemmen bevoegd, indien zij vóór de aanvang van de stemming van hun recht van parate executie afstand doen. Zij herkrijgen dat recht niet, ongeacht of het akkoord wordt aanvaard, verworpen of overeenkomstig het vierde lid wordt vastgesteld.

Vereisten voor aannemen akkoord

3. Tot het aannemen van het akkoord wordt vereist:
a. de toestemming van de gewone meerderheid van de ter vergadering verschenen schuldeisers van erkende en voorwaardelijk toegelaten vorderingen waaraan voorrang is verbonden, welke tezamen ten minste de helft van het totale bedrag van hun vorderingen vertegenwoordigen; en
b. de toestemming van de gewone meerderheid van de ter vergadering verschenen erkende en voorwaardelijk toegelaten concurrente schuldeisers, welke tezamen ten minste de helft van het totale bedrag van hun vorderingen vertegenwoordigen.

Vaststellen akkoord door R-C

4. In afwijking van het derde lid kan de rechter-commissaris op verzoek van de schuldenaar of de bewindvoerder bij gemotiveerde beschikking een aangeboden akkoord vaststellen als ware het aangenomen, indien:
a. drie vierde van de ter vergadering verschenen schuldeisers van erkende en voorwaardelijk toegelaten vorderingen waaraan voorrang is verbonden en drie vierde van de concurrente schuldeisers voor het akkoord hebben gestemd; en
b. de verwerping van het akkoord het gevolg is van het tegenstemmen van een of meer ter vergadering verschenen schuldeisers die, alle omstandigheden in aanmerking genomen en in het bijzonder het percentage dat die schuldeisers, zou de toepassing van de schuldsaneringsregeling worden voortgezet, naar verwachting aan betaling op hun vorderingen zullen ontvangen, in redelijkheid niet tot dit stemgedrag hebben kunnen komen.

Inhoud proces-verbaal vergadering

5. Het proces-verbaal van de vergadering vermeldt de inhoud van het akkoord, de namen van de verschenen stemgerechtigde schuldeisers, de door ieder hunner uitgebrachte stem, de uitslag van de stemming en, indien toepassing is gegeven aan het vierde lid, de beschikking van de rechter-commissaris.
6. Artikel 149 is van overeenkomstige toepassing.
(Zie ook: artt. 57, 145, 268, 315 FW)

Art. 333
[Vervallen]

Art. 333a

Schakelbepaling akkoord

De bepalingen van deze paragraaf zijn van overeenkomstige toepassing in het geval dat een akkoord wordt aangeboden op de voet van artikel 47, eerste lid, van de verordening, genoemd in artikel 5, derde lid.

Art. 334
[Vervallen]

Art. 335

Bepaling terechtzitting door R-C

1. Is een akkoord aangenomen of vastgesteld, dan bepaalt de rechter-commissaris vóór het sluiten van de verificatievergadering dag en tijd voor de zitting waarop de rechtbank achtereenvolgens zal behandelen:
a. verzoeken, indien deze op de voet van artikel 149 zijn ingediend;
b. de homologatie van het akkoord, indien een akkoord is aangenomen of vastgesteld.
2. De zitting zal gehouden worden ten minste acht en ten hoogste veertien dagen na de dag waarop de verificatievergadering heeft plaatsgevonden. Artikel 151 is van overeenkomstige toepassing.
(Zie ook: art. 337 FW)
3. Is een akkoord afgewezen, dan wordt de schuldsaneringregeling voortgezet, tenzij artikel 350 van toepassing is.

Art. 336
[Vervallen]

Art. 337

Verslag R-C op terechtzitting

1. Op de openbare zitting, bepaald ingevolge artikel 335, eerste lid, wordt door de rechter-commissaris verslag uitgebracht.

Standpunt schuldeisers

2. Ieder van de schuldeisers ten aanzien van wier vorderingen de schuldsaneringsregeling werkt, kan in persoon, bij schriftelijk gemachtigde of bij advocaat de gronden uiteenzetten waarop hij de homologatie van een akkoord wenst of haar bestrijdt.

Verdediging belangen schuldenaar

3. De schuldenaar is bevoegd tot verdediging van zijn belangen op te treden.
(Zie ook: artt. 149, 152, 271, 339, 341, 342 FW)

25 Faillissementswet

Art. 338
1. Op de dag van de zitting bedoeld in artikel 337, of anders uiterlijk op de achtste dag daarna, doet de rechtbank uitspraak.
2. Zij zal, voorzover van toepassing, eerst bij met redenen omklede beschikking uitspraak doen op verzoeken als bedoeld in artikel 149 en tot homologatie van het akkoord dan wel tot weigering daarvan. Artikel 153, tweede en derde lid, is van overeenkomstige toepassing.
3. Indien de homologatie wordt geweigerd, kan de rechter de schuldenaar niet in staat van faillissement verklaren. De schuldsaneringsregeling wordt voortgezet, tenzij artikel 350 van toepassing is.

Termijn uitspraak

Art. 339
1. Ten aanzien van de uitspraak tot weigering dan wel verlening van homologatie, zijn de artikelen 154, 155, eerste lid, en 156 van overeenkomstige toepassing, met dien verstande dat het recht van hoger beroep en cassatie slechts toekomt aan schuldeisers die op de zitting bedoeld in artikel 337 zijn verschenen.
2. Op de behandeling van het hoger beroep zijn de artikelen 337, tweede en derde lid, en 338, eerste lid, van overeenkomstige toepassing.
3. Wordt de homologatie in hoger beroep of cassatie vernietigd, dan geeft de griffier van het rechtscollege daarvan onverwijld kennis aan de griffier van de rechtbank.

Uitspraak tot weigering of verlening van homologatie; hoger beroep of cassatie

Art. 340
1. De toepassing van de schuldsaneringsregeling eindigt van rechtswege zodra de homologatie in kracht van gewijsde is gegaan. Van de beëindiging doet de bewindvoerder aankondiging in de Staatscourant.
2. Het gehomologeerde akkoord is verbindend voor alle schuldeisers ten aanzien van wier vorderingen de schuldsaneringsregeling werkt, onverschillig of zij al dan niet in de schuldsaneringsregeling opgekomen zijn.
3. De artikelen 159, 160 en 162 tot en met 166 zijn van overeenkomstige toepassing.
4. Bij het vonnis waarbij de ontbinding van het akkoord wordt uitgesproken, kan de schuldenaar tevens in staat van faillissement worden verklaard indien er baten beschikbaar zijn om daaruit vorderingen geheel of gedeeltelijk te voldoen.
5. In een faillissement, uitgesproken overeenkomstig het vierde lid, kan geen akkoord worden aangeboden.
(Zie ook: artt. 157, 161, 276, 294, 312 FW)

Beëindiging toepassing schuldsaneringsregeling

Verbindendheid akkoord

Overeenkomstige toepassing

Art. 341-346
[Vervallen]

Zevende afdeling
De vereffening van de boedel

Art. 347
1. Zodra de toepassing van de schuldsaneringsregeling is uitgesproken, verkeert de boedel van rechtswege in staat van insolventie en gaat de bewindvoerder over tot vereffening en tegeldemaking van de tot de boedel behorende goederen voor zover daaromtrent in de uitspraak of door de rechter-commissaris niet anders is bepaald, zonder dat daartoe toestemming of medewerking van de schuldenaar nodig is.
2. De goederen worden ondershands verkocht, tenzij de rechter-commissaris bepaalt dat de verkoop in het openbaar zal geschieden.
3. Artikel 176, tweede lid, is van overeenkomstige toepassing.
(Zie ook: artt. 173, 301, 315 FW)

Vereffening en tegeldemaking boedel na in kracht van gewijsde gaan saneringsplan

Art. 348
De rechter-commissaris kan op verzoek van de schuldenaar, bewindvoerder of een schuldeiser alsmede ambtshalve op een door hem te bepalen dag, uur en plaats een vergadering van schuldeisers beleggen, teneinde hen zo nodig te raadplegen over de wijze van vereffening van de boedel alsmede over andere onderwerpen de schuldsanering betreffende en zo nodig verificatie te doen plaatsvinden van de schuldvorderingen die na afloop van de ingevolge artikel 289, derde lid, bepaalde termijn zijn ingediend en niet reeds overeenkomstig artikel 328b geverifieerd zijn. De bewindvoerder handelt ten opzichte van deze vorderingen overeenkomstig de bepalingen van de artikelen 111 tot en met 114. Hij roept de schuldeisers ten minste tien dagen vóór de vergadering, bij brieven op waarin het onderwerp van de vergadering wordt vermeld en hun tevens de bepaling van artikel 114 wordt herinnerd.
(Zie ook: art. 178 FW)

Vergadering van schuldeisers

Art. 349
1. Zo dikwijls er voldoende gerede penningen aanwezig zijn, gaat de bewindvoerder over tot een uitdeling aan de geverifieerde schuldeisers.

Uitdeling aan geverifieerde schuldeisers

Niettemin vindt geen uitdeling plaats, indien de verkoop van een goed nog moet plaatsvinden en daarop pand of hypotheek rust of ten aanzien van dat goed voorrang geldt als bedoeld in artikel 292 van Boek 3 van het Burgerlijk Wetboek, dan wel op dat bepaalde goed een voorrecht rust.

Indien een goed als bedoeld in de vorige volzin in de boedel valt nadat een uitdeling heeft plaatsgevonden, heeft dat geen invloed op de geldigheid van die uitdeling.

2. De uitdeling geschiedt naar evenredigheid van ieders vordering, met dien verstande dat, zolang de vorderingen waaraan voorrang is verbonden niet volledig zijn voldaan, daarop een twee keer zo groot percentage wordt betaald als op de concurrente vorderingen.

3. Voor de toepassing van het tweede lid worden de vorderingen van de schuldeisers die voorrang hebben, ongeacht of deze wordt betwist, en die niet reeds overeenkomstig artikel 57 of 299b, derde lid, voldaan zijn, bepaald op het bedrag waarvoor zij batig gerangschikt kunnen worden op de opbrengst der goederen waarop hun voorrang betrekking heeft. Zo dit minder is dan het gehele bedrag van hun vorderingen, worden zij voor het ontbrekende als concurrent behandeld.

Opmaking uitdelingslijst

4. De bewindvoerder maakt telkens een uitdelingslijst op. De lijst houdt in een staat van de ontvangsten en uitgaven, de namen van de schuldeisers, het geverifieerde bedrag van ieders vordering, benevens de daarop te ontvangen uitkering.

5. De artikelen 181, 182 (in welk artikel in de plaats van 60, derde lid, tweede zin, wordt gelezen: 299b, derde lid, tweede volzin), 183, 184, 185, 187 tot en met 189, 192, 328c en 349aa zijn van overeenkomstige toepassing.

(Zie ook: artt. 179, 294 lid 1 sub f, 316, 356 FW)

Art. 349aa

1. De schuldeiser van wie de vordering niet of voor een te laag bedrag is geverifieerd, ook al was dit overeenkomstig zijn opgave, kan bij de overeenkomstige toepassing van artikel 184 in verzet komen. De schuldeiser dient daartoe een bezwaarschrift in met het verzoek om de geverifieerd te worden uiterlijk twee dagen vóór die waarop het verzet ter openbare zitting zal behandeld worden. Voorts dient de schuldeiser de vordering of het niet-geverifieerde deel van de vordering in bij de curator en voegt een afschrift daarvan bij het bezwaarschrift.

2. De verificatie, bedoeld in het vorige lid, vindt plaats zoals bepaald bij artikel 119 en volgende, ter openbare zitting, bestemd voor de behandeling van het verzet en voordat met de behandeling van het verzet een aanvang wordt gemaakt.

3. Indien dit verzet alleen verificatie als schuldeiser tot doel heeft, en niet tevens door anderen verzet is gedaan, komen de kosten van het verzet ten laste van deze schuldeiser.

4. Door een schuldeiser bedoeld in artikel 110, derde lid, kan niet het in het eerste lid bedoelde verzet worden gedaan.

Achtste afdeling
Termijn en beëindiging van de toepassing van de schuldsaneringsregeling

Art. 349a

Termijn schuldsaneringsregeling

1. De termijn van de schuldsaneringsregeling bedraagt drie jaar, te rekenen van de dag van de uitspraak tot de toepassing van de schuldsaneringsregeling, die dag daaronder begrepen. In afwijking daarvan kan de rechter de termijn op ten hoogste vijf jaar stellen, indien voor de gehele termijn tevens een nominaal bedrag wordt vastgesteld als bedoeld in artikel 295, derde lid.

2. De rechter-commissaris kan bij schriftelijke beschikking de termijn ambtshalve, dan wel op verzoek van de bewindvoerder, de schuldenaar, of een of meer schuldeisers wijzigen. De termijn bedraagt ten hoogste vijf jaar. De bewindvoerder geeft van de gewijzigde termijn onverwijld kennis aan de schuldeisers. De rechter-commissaris dient de schuldenaar in de gelegenheid stellen te worden gehoord, alvorens te beslissen de termijn te verlengen.

3. Onder dezelfde voorwaarden kan de rechtbank in het kader van artikel 350 of 352 de termijn ambtshalve dan wel op voordracht van de rechter-commissaris of op verzoek van de bewindvoerder, schuldenaar of een of meer schuldeisers wijzigen. Tegen dit vonnis kunnen de schuldeisers die om de wijziging gevraagd hebben en kan de schuldenaar gedurende acht dagen na de dag van de uitspraak in hoger beroep komen. Artikel 351, tweede tot en met vijfde lid, is van toepassing.

Art. 350

Beëindiging schuldsaneringsregeling

1. De rechtbank kan de toepassing van de schuldsaneringsregeling beëindigen op voordracht van de rechter-commissaris of op verzoek van de bewindvoerder, van de schuldenaar dan wel van een of meer schuldeisers. Zij kan zulks ook ambtshalve doen.

2. Alvorens te beslissen roept de rechtbank de schuldenaar op teneinde door haar te worden gehoord. Tevens kan zij schuldeisers en de bewindvoerder daartoe oproepen.

3. Een beëindiging bedoeld in het eerste lid geschiedt indien:

a. de vorderingen ten aanzien waarvan de schuldsaneringsregeling werkt, zijn voldaan;
b. de schuldenaar in staat is zijn betalingen te hervatten;

c. de schuldenaar een of meer van zijn uit de schuldsaneringsregeling voortvloeiende verplichtingen niet naar behoren nakomt of door zijn doen of nalaten de uitvoering van de schuldsaneringsregeling anderszins belemmert dan wel frustreert;
d. de schuldenaar bovenmatige schulden doet of laat ontstaan;
e. de schuldenaar tracht zijn schuldeisers te benadelen;
f. feiten en omstandigheden bekend worden die op het tijdstip van de indiening van het verzoek tot toelating tot de schuldsaneringsregeling reeds bestonden en die reden zouden zijn geweest het verzoek af te wijzen overeenkomstig artikel 288, eerste en tweede lid;
g. de schuldenaar aannemelijk maakt niet in staat te zijn aan zijn uit de schuldsaneringsregeling voortvloeiende verplichtingen te voldoen.
(Zie ook: artt. 303, 320 FW)
4. De uitspraak geschiedt bij vonnis. In de gevallen bedoeld in het derde lid, onder a en b, en bij het ontbreken van enige baten voor uitdeling, blijft verificatie van vorderingen alsmede het opmaken van en uitdelingslijst achterwege en eindigt de schuldsanering door het in kracht van gewijsde gaan van het vonnis.
5. Indien de beëindiging geschiedt op grond van het bepaalde in het derde lid, onder c tot en met g, en er baten beschikbaar zijn om daaruit vorderingen geheel of gedeeltelijk te voldoen, verkeert de schuldenaar van rechtswege in staat van faillissement zodra de uitspraak in kracht van gewijsde is gegaan. De rechtbank benoemt terstond een rechter-commissaris en een curator.
6. Van de beëindiging wordt door de bewindvoerder aankondiging gedaan in de Staatscourant of, indien het vijfde lid toepassing vindt, door de curator in de publicatie bedoeld in artikel 14, derde lid.

Art. 351
1. Van het vonnis bedoeld in artikel 350 heeft, in geval van beëindiging van de toepassing van de schuldsaneringsregeling, de schuldenaar, of, in geval de beëindiging van de toepassing van de schuldsaneringsregeling geweigerd is, hij die het verzoek tot die beëindiging heeft gedaan, gedurende acht dagen na de dag van de uitspraak recht van hoger beroep. — *Hoger beroep tegen beëindiging toepassing schuldsaneringsregeling*
2. Het hoger beroep wordt ingesteld door indiening van een verzoek ter griffie van het gerechtshof dat van de zaak kennis moet nemen. De griffier van het gerechtshof geeft van die indiening onverwijld kennis aan de griffier van de rechtbank.
(Zie ook: art. 351 FW)
3. De voorzitter bepaalt terstond dag en uur voor de behandeling, welke zal moeten plaatsvinden binnen twintig dagen na de dag van de indiening van het verzoek.
4. De uitspraak vindt niet later plaats dan op de achtste dag na die van de behandeling van het verzoek ter zitting. Van het arrest van het gerechtshof wordt door de griffier onverwijld mededeling gedaan aan de griffier van de rechtbank.
5. Gedurende acht dagen na het arrest van het gerechtshof kan de daarbij in het ongelijk gestelde partij in cassatie komen. Het beroep in cassatie wordt ingesteld door indiening van een verzoek ter griffie van de Hoge Raad. De griffier van de Hoge Raad geeft van die indiening en van het arrest van de Hoge Raad onverwijld kennis aan de griffier van de rechtbank.

Art. 351a
Uiterlijk drie maanden voordat de termijn volgend uit artikel 349a afloopt, brengt de bewindvoerder verslag uit aan de rechter-commissaris over de wijze waarop de schuldenaar gedurende de schuldsaneringsregeling aan zijn verplichtingen heeft voldaan. — *Verslag bewindvoerder aan R-C*

Art. 352
1. Indien de toepassing van de schuldsaneringsregeling niet reeds is beëindigd, bepaalt de rechtbank op voordracht van de rechter-commissaris, op verzoek van de bewindvoerder dan wel van de schuldenaar hetzij ambtshalve uiterlijk een maand vóór het einde van de termijn bedoeld in artikel 349a, dag, uur en plaats voor de zitting waarop de beëindiging van de toepassing van de schuldsaneringsregeling wordt behandeld. — *Bepaling tijdstip terechtzitting behandeling beëindiging toepassing schuldsaneringsregeling*
2. De zitting zal niet eerder dan veertien dagen en niet later dan eenentwintig dagen na de beschikking van de rechtbank gehouden worden.
3. De bewindvoerder doet van de dag, uur, en plaats onverwijld aankondiging in de Staatscourant.

Art. 353
1. Voor de zitting, bepaald ingevolge artikel 352, kunnen de bewindvoerder en de schuldenaar schriftelijk worden opgeroepen. De schuldenaar en bewindvoerder worden opgeroepen indien twijfel bestaat of de schuldenaar in de nakoming van een of meer uit de schuldsaneringsregeling voortvloeiende verplichtingen niet toerekenbaar is tekortgeschoten. — *Schriftelijk verslag bewindvoerder*
2. De rechtbank kan iedere verschenen schuldeiser in de gelegenheid stellen in persoon, bij schriftelijk gemachtigde of bij advocaat het woord te voeren. — *Spreekrecht schuldeisers*

Art. 354
1. Op de dag van de zitting, of anders uiterlijk op de achtste dag daarna, doet de rechtbank bij vonnis uitspraak of de schuldenaar in de nakoming van een of meer uit de schuldsaneringsre- — *Termijn uitspraak rechtbank; tekortkoming*

geling voortvloeiende verplichtingen is tekortgeschoten en, indien er sprake is van een tekortkoming, of deze aan de schuldenaar kan worden toegerekend.

2. Ingeval van een toerekenbare tekortkoming, kan de rechter daarbij bepalen dat de tekortkoming, gezien haar bijzondere aard of geringe betekenis, buiten beschouwing blijft.

Art. 354a

Beëindiging schuldsaneringsregeling door rechtbank

1. Indien nog geen dag voor de verificatievergadering is bepaald en minstens een jaar is verstreken sinds de uitspraak tot toepassing van de schuldsaneringsregeling, kan de rechtbank op voordracht van de rechter-commissaris, op verzoek van de bewindvoerder dan wel van de schuldenaar een dag bepalen voor de zitting waarop de beëindiging van de toepassing van de schuldsaneringsregeling wordt behandeld. De rechtbank bepaalt die zitting slechts als de voordracht of het verzoek vergezeld gaat van een beredeneerde verklaring van de bewindvoerder omtrent de vraag of redelijkerwijs niet de verwachting bestaat dat de schuldenaar op zodanige wijze aan zijn verplichtingen kan voldoen dat voortzetting van de schuldsaneringsregeling gerechtvaardigd is. De rechter-commissaris kan de bewindvoerder bevelen deze verklaring op te stellen en aan de rechtbank en de betrokken partijen te doen toekomen.

(Zie ook: artt. 294, 320 FW)

2. De rechtbank beëindigt de schuldsanering slechts indien redelijkerwijs niet de verwachting bestaat dat de schuldenaar op zodanige wijze aan zijn verplichtingen kan voldoen dat voortzetting van de schuldsaneringsregeling gerechtvaardigd is en van omstandigheden als bedoeld in artikel 350, derde lid, onder c tot en met g niet is gebleken.

Nader onderzoek

3. De rechtbank kan een of meer keren haar beslissing aanhouden voor nader onderzoek. De rechtbank bepaalt de dag waarop de schuldsaneringsregeling eindigt.

Aankondiging in Staatscourant

4. De bewindvoerder doet van de dag, uur en plaats onverwijld aankondiging in de Staatscourant.

Art. 355

Hoger beroep

1. Van het vonnis, bedoeld in artikel 354 en in artikel 354a, kunnen de schuldeisers en de schuldenaar gedurende acht dagen na de dag van de uitspraak in hoger beroep komen.

2. Artikel 351, tweede tot en met vijfde lid, is van toepassing.

Art. 356

Slotuitdelingslijst

1. De bewindvoerder gaat, zodra de uitspraak bedoeld in artikel 354 in kracht van gewijsde is gegaan, onverwijld over tot het opmaken van een slotuitdelingslijst. Geen slotuitdelingslijst wordt opgemaakt indien de rechtbank de toepassing van de schuldsaneringsregeling heeft beëindigd op grond van artikel 354a.

2. De toepassing van de schuldsaneringsregeling is van rechtswege beëindigd zodra de slotuitdelingslijst verbindend is geworden dan wel, indien de rechtbank de toepassing van de schuldsaneringsregeling heeft beëindigd op grond van artikel 354a, zodra de uitspraak tot de beëindiging in kracht van gewijsde is gegaan. De bewindvoerder doet daarvan aankondiging in de Staatscourant.

(Zie ook: art. 294 FW)

Rekening en verantwoording beheer bewindvoerder

3. Na verloop van een maand na de beëindiging doet de bewindvoerder rekening en verantwoording van zijn beheer aan de rechter-commissaris.

(Zie ook: artt. 193, 349 FW)

Toepasselijkheid art. 194

4. Artikel 194 is van toepassing.

Art. 357

[Vervallen]

Art. 358

Onvoldaan gebleven vordering niet afdwingbaar

1. Door de beëindiging van de toepassing van de schuldsaneringsregeling op grond van artikel 356, tweede lid, is een vordering ten aanzien waarvan de schuldsaneringsregeling werkt, voorzover deze onvoldaan is gebleven, niet langer afdwingbaar, onverschillig of de schuldeiser al dan niet in de schuldsaneringsregeling is opgekomen en onverschillig of de vordering al dan niet is geverifieerd.

Toerekenbaar tekortschieten schuldenaar

2. Het eerste lid is niet van toepassing indien de rechter in het vonnis bedoeld in artikel 354 heeft vastgesteld dat de schuldenaar toerekenbaar is tekortgeschoten en de rechter daarbij geen toepassing heeft gegeven aan het tweede lid van artikel 354.

(Zie ook: artt. 358a, 361 FW; art. 3 BW Boek 6)

3. Het eerste lid is tevens van toepassing op boedelschulden, bedoeld in artikel 15d, eerste lid, onder b, voor zover deze niet uit de boedel van de schuldsaneringsregeling voldaan kunnen worden.

4. Onverminderd artikel 288, tweede lid, onder c, is bij beëindiging van de schuldsaneringsregeling het eerste lid niet van toepassing ten aanzien van vorderingen die voortvloeien uit een in kracht van gewijsde gegane strafrechtelijke veroordeling

a. tot betaling van een geldboete als bedoeld in artikel 9, eerste lid, onder 4, van het Wetboek van Strafrecht,

b. tot betaling van een geldbedrag ter ontneming van wederrechtelijk verkregen voordeel als bedoeld in artikel 36e van het Wetboek van Strafrecht,

25 Faillissementswet art. 359a

c. tot betaling van een geldbedrag ten behoeve van het slachtoffer als bedoeld in artikel 36f van het Wetboek van Strafrecht, of
d. tot betaling van een schadevergoeding aan een benadeelde partij alsbedoeld in artikel 51a Wetboek van Strafvordering.
Met een vordering onder dit lid wordt gelijkgesteld een vordering die voortvloeit uit een in kracht van gewijsde gegane veroordeling tot betaling van schadevergoeding die is vastgesteld door de burgerlijke rechter nadat de strafrechter die over het misdrijf of de overtreding heeft geoordeeld, heeft vastgesteld dat de vordering tot betaling van schadevergoeding of een deel daarvan slechts bij de burgerlijke rechter kan worden aangebracht.
(Zie ook: art. 76a Sr; art. 3.13 WIB 2001)
5. Het eerste lid is niet van toepassing ten aanzien van een vordering waarvoor een hypotheek tot zekerheid strekt, die is gevestigd op het registergoed waarin de schuldenaar woonachtig is, indien op de rente van deze vordering artikel 303, derde lid, van toepassing is.
6. Het eerste lid is niet van toepassing indien de schuldenaar tijdens de toepassing van de schuldsaneringsregeling is overleden.

Negende afdeling
Bijzondere bepalingen

Art. 358a
1. Indien na de beëindiging van de toepassing van de schuldsaneringsregeling waardoor het rechtsgevolg bedoeld in artikel 358, eerste lid, is ingetreden, blijkt dat zich voordien feiten of omstandigheden hebben voorgedaan die grond zouden hebben opgeleverd voor de beëindiging van de toepassing van de schuldsaneringsregeling op de voet van artikel 350, derde lid, onder e, kan de rechter op verzoek van iedere belanghebbende bepalen dat artikel 358, eerste lid, verder geen toepassing vindt. — Buiten toepassing laten art. 358 lid 3 door rechter
2. Alvorens te beslissen roept de rechtbank de schuldenaar op ten einde door haar te worden gehoord. — Horen schuldenaar
3. Van het vonnis kan gedurende acht dagen na de uitspraak in hoger beroep worden gekomen. Het hoger beroep wordt ingesteld door indiening van een verzoek ter griffie van het gerechtshof, dat van de zaak kennis moet nemen. — Hoger beroep
4. Gedurende acht dagen na het arrest van het gerechtshof kan beroep in cassatie worden ingesteld. Het beroep in cassatie wordt ingesteld door indiening van een verzoek ter griffie van de Hoge Raad. — Cassatie
5. Zodra de uitspraak bedoeld in het eerste lid in kracht van gewijsde is gegaan, doet de griffier van het gerecht dat deze uitspraak heeft gedaan daarvan onverwijld aankondiging in de Staatscourant. — Aankondiging uitspraak rechtbank
(Zie ook: art. 361 FW)

Art. 359
1. Indien de faillietverklaring van de schuldenaar tijdens de toepassing van de schuldsaneringsregeling wordt uitgesproken of indien de schuldenaar ingevolge artikel 350, vijfde lid, in staat van faillissement komt te verkeren, gelden de volgende regelen: — Regels indien faillietverklaring wordt uitgesproken tijdens toepassing schuldsaneringsregeling
a. handelingen tijdens de toepassing van de schuldsaneringsregeling door de bewindvoerder verricht, blijven geldend en verbindend;
b. boedelschulden, gedurende de toepassing van de schuldsaneringsregeling ontstaan, gelden als boedelschulden in het faillissement;
c. nieuwe schulden, gedurende de toepassing van de schuldsaneringsregeling ontstaan, niet zijnde boedelschulden, gelden als in het faillissement verifieerbare schulden.
d. in de schuldsaneringsregeling ingediende vorderingen gelden als ingediend in het faillissement;
e. rentevorderingen als bedoel in artikel 303 moeten alsnog worden ingediend.
2. De curator oefent de bevoegdheid uit, in artikel 297, derde lid, aan de bewindvoerder toegekend. — Bevoegdheid curator tot inroepen vernietigbaarheid rechtshandeling
3. Het tijdstip, waarop de termijnen vermeld in de artikelen 43 en 45 aanvangen, wordt berekend met ingang van de dag van de uitspraak tot de toepassing van de schuldsaneringsregeling.
(Zie ook: artt. 15d, 247c, 312, 338, 350 FW)

Art. 359a
De artikelen 203 tot en met 205 zijn van overeenkomstige toepassing. — Overeenkomstige toepassing

Tiende afdeling
Slotbepalingen

Art. 360

Hoger beroep; cassatie in belang der wet

Tegen de beslissingen van de rechter, ingevolge de bepalingen van deze titel gegeven, staat geen hogere voorziening open, behalve in de gevallen, waarin het tegendeel is bepaald, en behoudens de mogelijkheid van cassatie in het belang der wet.
(Zie ook: art. 282 FW)

Art. 361

Ondertekening verzoeken door procureur

1. De verzoeken, te doen ingevolge de artikelen 292, eerste en derde lid, 315, eerste lid, 348, 349a, tweede lid, 350, eerste lid, 351, eerste lid, 355, eerste lid, en 358a, eerste lid, moeten door een advocaat zijn ondertekend, behalve wanneer een verzoek wordt gedaan door de bewindvoerder of, bij een verzoek ingevolge artikel 350, eerste lid, door de schuldenaar.

2. Verzoeken op de voet van artikel 46 van de in artikel 5, derde lid, genoemde verordening worden ingediend door een advocaat.
(Zie ook: art. 283 FW; art. 407 Rv)

Instellen beroep in cassatie

3. Voor het instellen van beroep in cassatie is steeds de medewerking nodig van een advocaat bij de Hoge Raad.

Algemene slotbepaling

Art. 362

Toepasselijkheid Algemene termijnenwet
Toepasselijkheid Rv

1. De Algemene termijnenwet is niet van toepassing op de termijnen, gesteld in de artikelen 39, 40, 238, 239 en 305.

2. De derde titel van het eerste boek van het Wetboek van Burgerlijke Rechtsvordering is niet van toepassing op verzoeken ingevolge deze wet.

Terugvordering staatssteun

3. De rechtbank weigert homologatie van een akkoord, bedoeld in deze wet, indien het akkoord niet voorziet in de terugbetaling van de staatssteun die ingevolge een Commissiebesluit als bedoeld in artikel 1 van de Wet terugvordering staatssteun moet worden teruggevorderd.

Handelsnaamwet[1]

Wet van 5 juli 1921, houdende bepalingen omtrent de handelsnaam

Wij WILHELMINA, bij de gratie Gods, Koningin der Nederlanden, Prinses van Oranje-Nassau, enz., enz., enz.
Allen, die deze zullen zien of hooren lezen, salut! doen te weten:
Alzoo Wij in overweging genomen hebben, dat het noodzakelijk is wettelijke bepalingen vast te stellen omtrent den handelsnaam;
Zoo is het, dat Wij, den Raad van State gehoord, en met gemeen overleg der Staten-Generaal, hebben goedgevonden en verstaan, gelijk Wij goedvinden en verstaan bij deze:

Art. 1
Onder handelsnaam verstaat deze wet de naam waaronder een onderneming wordt gedreven. — *Handelsnaam*

Art. 2
De handelsnaam gaat over bij erfopvolging en is vatbaar voor overdracht, doch een en ander slechts in verbinding met de onderneming, die onder die naam wordt gedreven. — *Overgang handelsnaam*

Art. 3
1. Het is de eigenaar ener onderneming verboden een handelsnaam te voeren, die in strijd met de waarheid aanduidt, dat de onderneming, geheel of gedeeltelijk aan een ander zou toebehoren. — *Misleiding omtrent de eigendom onderneming*
2. Het eerste lid is mede van toepassing, indien de in de handelsnaam voorkomende aanduiding slechts in zo geringe mate van de naam van die ander afwijkt, dat dientengevolge bij het publiek verwarring van deze met de eigenaar der onderneming, te duchten is.
3. Het eerste lid is niet van toepassing, indien de handelsnaam en de onderneming afkomstig zijn van iemand, die die naam heeft gevoerd niet in strijd met deze wet.

Art. 4
1. Het is verboden een handelsnaam te voeren, die in strijd met de waarheid aanduidt, dat de onderneming zou toebehoren aan een of meer personen, handelende als een vennootschap onder een firma, als een vennootschap en commandite of een rederij, of wel aan een naamloze vennootschap, een besloten vennootschap met beperkte aansprakelijkheid, een onderlinge waarborgmaatschappij, een coöperatie, een vereniging of een stichting. — *Misleiding omtrent de rechtsvorm onderneming*
2. In de handelsnaam duidt de vermelding van meer dan één persoon, ook al worden hun namen niet genoemd, aan, dat de onderneming toebehoort aan personen, handelende als een vennootschap onder een firma; de woorden "en compagnie", dat de onderneming toebehoort aan personen, handelende als een vennootschap onder een firma of aan een of meer personen, handelende als een vennootschap *en commandite*; het woord "maatschappij", dat de onderneming toebehoort aan een naamloze vennootschap, aan een besloten vennootschap met beperkte aansprakelijkheid of aan een vereniging, en het woord "fonds" aan een stichting; alles voor zover niet uit de handelsnaam in zijn geheel het tegendeel blijkt.
3. Het eerste lid is niet van toepassing, indien de handelsnaam wordt gevoerd door één persoon zonder vennoten, en die naam en de onderneming afkomstig zijn van een vennootschap onder een firma of van een vennootschap *en commandite*, die die handelsnaam heeft gevoerd niet in strijd met deze wet.

Art. 5
Het is verboden een handelsnaam te voeren, die, vóórdat de onderneming onder die naam werd gedreven, reeds door een ander rechtmatig gevoerd werd, of die van diens handelsnaam slechts in geringe mate afwijkt, een en ander voor zover dientengevolge, in verband met de aard der beide ondernemingen en de plaats, waar zij gevestigd zijn, bij het publiek verwarring tussen die ondernemingen te duchten is. — *Verbod verwarringwekkende handelsnaam*

Art. 5a
Het is verboden een handelsnaam te voeren, die het merk bevat, waarop een ander een uitsluitend recht tot onderscheiding van zijn fabrieks- of handelswaren recht heeft, dan wel een aanduiding, die van zodanig merk slechts in geringe mate afwijkt, voor zover dientengevolge bij het publiek verwarring omtrent de herkomst van de waren te duchten is. — *Verbod op grond van ouder merk*

Art. 5b
Het is verboden een handelsnaam te voeren, welke een onjuiste indruk geeft van de onder die naam gedreven onderneming, voor zover dientengevolge misleiding van het publiek te duchten is. — *Misleiding omtrent aard van de onderneming*

---

1 Inwerkingtredingsdatum: 15-10-1922; zoals laatstelijk gewijzigd bij: Stb. 2016, 290.

Art. 6

Verzoek belanghebbende aan kantonrechter tot wijziging handelsnaam

1. Indien een handelsnaam wordt gevoerd in strijd met deze wet, kan ieder belanghebbende, onverminderd zijn vordering krachtens titel 3 van Boek 6 van het Burgerlijk Wetboek, de kantonrechter verzoeken degene die de verboden handelsnaam voert, te veroordelen, daarin zodanige door de rechter te bepalen wijziging aan te brengen, dat de gestelde onrechtmatigheid wordt opgeheven.
2. Het verzoekschrift wordt gericht tot de rechtbank van het arrondissement waarin de onderneming is gevestigd, die onder de verboden handelsnaam wordt gedreven. Is de onderneming buiten het rijk in Europa gevestigd, doch heeft zij in dat rijk een filiaal of bijkantoor, of wordt zij aldaar vertegenwoordigd door een gevolmachtigde handelsagent, dan is de rechtbank van het arrondissement waarin dat filiaal of bijkantoor of die handelsagent is gevestigd, bevoegd. Indien volgens de voorgaande bepalingen geen rechtbank bevoegd is, is de rechtbank van het arrondissement waarin de woonplaats des verzoekers is gelegen bevoegd. Is de onderneming in meer dan één arrondissement gevestigd, dan is bevoegd de rechtbank van elk van deze arrondissementen, ter keuze van de verzoeker. Hetzelfde geldt ingeval de onderneming buiten het rijk in Europa is gevestigd, doch in meer dan één arrondissement een filiaal of bijkantoor heeft of door een gevolmachtigde handelsagent vertegenwoordigd wordt. Het verzoekschrift wordt behandeld door de kantonrechter.
3. Het verzoekschrift wordt aan de wederpartij betekend. De kantonrechter beschikt niet op het verzoekschrift dan na verhoor of behoorlijke oproeping van partijen.
4. De griffier zendt een afschrift van de beslissing van de kantonrechter aan partijen. Binnen een maand na de dag van de verzending van dit afschrift kan door hem, die daarbij geheel of gedeeltelijk in het ongelijk is gesteld, hoger beroep worden ingesteld bij het gerechtshof, dat in raadkamer beslist. Het derde lid vindt overeenkomstige toepassing.
5. De griffier zendt een afschrift van de beslissing van de het gerechtshof aan partijen. Binnen één maand na de dag van de verzending van dit afschrift kan door hem, die daarbij geheel of gedeeltelijk in het ongelijk is gesteld, beroep in cassatie worden ingesteld. Het daartoe strekkend verzoekschrift wordt aan de wederpartij betekend.
6. De rechter kan de voorlopige tenuitvoerlegging van zijn beschikking bevelen.

Art. 6a

Verzoek tot wijziging door Kamer van Koophandel

1. Het verzoek bedoeld in het eerste lid van het vorige artikel kan ook gedaan worden door de Kamer van Koophandel.
2. De Kamer van Koophandel, binnen welker ressort de ingevolge artikel 6, tweede lid, bevoegde rechter zetelt, is tot het doen van het verzoek bevoegd.
3. Het verzoekschrift wordt door de griffier toegezonden aan de eigenaar van de onderneming, van welke wijziging van de handelsnaam wordt verzocht, en zo nodig aan andere belanghebbenden. De kantonrechter beslist niet dan na verhoor of behoorlijke oproeping van degenen aan wie het verzoekschrift is toegezonden.
4. Het vierde, vijfde en zesde lid van het vorige artikel vinden overeenkomstige toepassing.

Art. 6b

Zekerheidstelling

De voorzieningenrechter kan op vordering van eiser tijdelijke voortzetting van de vermeende strijd met de artikelen 5 of 5a toestaan onder de voorwaarde dat de verweerder zekerheid stelt voor vergoeding van de door eiser geleden schade.

Art. 6c

Schadevergoeding

1. Indien een handelsnaam wordt gevoerd in strijd met de artikelen 5 of 5a, kan de rechter in passende gevallen de schadevergoeding vaststellen als een forfaitair bedrag.
2. De rechter kan op vordering van degene die de handelsnaam voert gelasten dat op kosten van degene die heeft gehandeld in strijd met de artikelen 3 tot en met 5b passende maatregelen worden getroffen tot verspreiding van informatie over de uitspraak.

Art. 7

Strafbaar feit

1. Hij die een handelsnaam voert in strijd met deze wet, wordt gestraft met een geldboete van de tweede categorie.
2. Het feit wordt beschouwd als overtreding.
3. Indien tijdens het plegen van de overtreding nog geen twee jaren zijn verlopen sedert een vroegere veroordeling van de schuldige wegens gelijke overtreding onherroepelijk is geworden, kan hechtenis van ten hoogste veertien dagen of geldboete van de tweede categorie worden opgelegd. Onder vroegere veroordeling wordt mede verstaan een vroegere veroordeling door een strafrechter in een andere lidstaat van de Europese Unie wegens soortgelijke feiten.

Verval van recht tot strafvordering

4. De ambtenaar van het openbaar ministerie kan, alvorens tot vervolging van het strafbaar feit over te gaan, degene die de verboden handelsnaam voert, de wijziging mededelen, die de ambtenaar nodig voorkomt om de onrechtmatigheid van de handelsnaam op te heffen; daarbij wordt een bekwame termijn gesteld om die wijziging aan te brengen. Wordt die wijziging binnen de gestelde termijn aangebracht, dan is het recht tot strafvordering vervallen.

Art. 8

[Vervallen]

Art. 9
[Bevat wijzigingen in andere regelgeving.]

Slot- en overgangsbepalingen

Art. 10
Deze wet kan worden aangehaald onder de titel "Handelsnaamwet". **Citeertitel**

Art. 11
1. Deze wet treedt in werking op een door Ons te bepalen tijdstip. **Inwerkingtreding**
2. Indien bij het in werking treden dezer wet een handelsnaam wordt gevoerd in strijd met deze wet kan te dier zake gedurende vier maanden na dat tijdstip geen rechtsmiddel worden aangewend.
3. Wanneer de uitdrukking "niet in strijd met deze wet" aan het slot van artikelen 3 en 4 betreft het voeren van een handelsnaam vóór het in werking treden dezer wet, betekent zij: niet in strijd met deze wet, indien zij tijdens het voeren van de handelsnaam van kracht geweest ware.

Auteurswet[1]

Wet van 23 september 1912, houdende nieuwe regeling van het auteursrecht

Wij WILHELMINA, bij de gratie Gods, Koningin der Nederlanden, Prinses van Oranje-Nassau, enz., enz., enz.
Allen, die deze zullen zien of hooren lezen, salut! doen te weten:
Alzoo Wij in overweging genomen hebben, dat het wenschelijk is eene nieuwe regeling van het auteursrecht vast te stellen;
Zoo is het, dat Wij, den Raad van State gehoord, en met gemeen overleg der Staten-Generaal, hebben goedgevonden en verstaan, gelijk Wij goedvinden en verstaan bij deze:

Hoofdstuk I
Algemeene bepalingen

§ 1
De aard van het auteursrecht

Art. 1
Het auteursrecht is het uitsluitend recht van den maker van een werk van letterkunde, wetenschap of kunst, of van diens rechtverkrijgenden, om dit openbaar te maken en te verveelvoudigen, behoudens de beperkingen, bij de wet gesteld.

Begripsbepalingen

Art. 2
1. Het auteursrecht gaat over bij erfopvolging en is vatbaar voor gehele of gedeeltelijke overdracht.
2. De maker, of zijn rechtverkrijgende, kan aan een derde een licentie verlenen voor het geheel of een gedeelte van een het auteursrecht.
3. De levering vereist voor gehele of gedeeltelijke overdracht, alsmede de verlening van een exclusieve licentie, geschiedt bij een daartoe bestemde akte. De overdracht of de verlening van een exclusieve licentie omvat alleen die bevoegdheden die in de akte staan vermeld of die uit de aard en de strekking van de titel of licentieverlening noodzakelijkerwijs voortvloeien.
4. Het auteursrecht dat toekomt aan de maker van een werk, alsmede, na het overlijden van de maker, het auteursrecht op niet openbaar gemaakte werken dat toekomt aan degene die het als erfgenaam of legataris van de maker heeft verkregen, is niet vatbaar voor beslag.
5. Het derde lid, tweede volzin, en het vierde lid zijn niet van toepassing op een maker als bedoeld in artikel 7 en 8.

Overgang en overdracht auteursrecht

§ 2
De maker van het werk

Art. 3
[Vervallen]

Art. 4
1. Behoudens bewijs van het tegendeel wordt voor den maker gehouden hij die op of in het werk als zoodanig is aangeduid, of bij gebreke van zulk eene aanduiding, degene, die bij de openbaarmaking van het werk als maker daarvan is bekend gemaakt door hem, die het openbaar maakt.
2. Wordt bij het houden van een niet in druk verschenen mondelinge voordracht geen mededeling omtrent de maker gedaan, dan wordt, behoudens bewijs van het tegendeel, voor de maker gehouden hij die de mondelinge voordracht houdt.

Vermoeden van makerschap

Art. 5
1. Van een werk van letterkunde, wetenschap of kunst, hetwelk bestaat uit afzonderlijke werken van twee of meer personen, wordt, onverminderd het auteursrecht op ieder werk afzonderlijk, als de maker aangemerkt degene, onder wiens leiding en toezicht het gansche werk is tot stand gebracht, of bij gebreke van dien, degene, die de verschillende werken verzameld heeft.
2. Als inbreuk op het auteursrecht op het gansche werk wordt beschouwd het verveelvoudigen of openbaar maken van eenig daarin opgenomen afzonderlijk werk, waarop auteursrecht bestaat, door een ander dan den maker daarvan of diens rechtverkrijgenden.

Verzamelwerk

---

[1] Inwerkingtredingsdatum: 01-11-1912; zoals laatstelijk gewijzigd bij: Stb. 2018, 302.

3. Is zulk een afzonderlijk werk niet te voren openbaar gemaakt, dan wordt, tenzij tusschen partijen anders is overeengekomen, als inbreuk op het auteursrecht op het gansche werk beschouwd het vervelvoudigen of openbaar maken van dat afzonderlijk werk door den maker daarvan of diens rechtverkrijgenden, indien daarbij niet het werk vermeld wordt, waarvan het deel uitmaakt.

Art. 6

Onder leiding en toezicht — Indien een werk is tot stand gebracht naar het ontwerp van een ander en onder diens leiding en toezicht, wordt deze als de maker van dat werk aangemerkt.

Art. 7

Werkgeversauteursrecht — Indien de arbeid, in dienst van een ander verricht, bestaat in het vervaardigen van bepaalde werken van letterkunde, wetenschap of kunst, dan wordt, tenzij tusschen partijen anders is overeengekomen, als de maker van die werken aangemerkt degene, in wiens dienst de werken zijn vervaardigd.

Art. 8

Werken door instellingen e.d. openbaar gemaakt — Indien eene openbare instelling, eene vereeniging, stichting of vennootschap, een werk als van haar afkomstig openbaar maakt, zonder daarbij eenig natuurlijk persoon als maker er van te vermelden, wordt zij, tenzij bewezen wordt, dat de openbaarmaking onder de bedoelde omstandigheden onrechtmatig was, als de maker van dat werk aangemerkt.

Art. 9

Gedrukte werken zonder naamsvermelding auteur — Indien op of in eenig in druk verschenen exemplaar van het werk de maker niet, of niet met zijn waren naam, is vermeld, kan tegenover derden het auteursrecht ten behoeve van den rechthebbende worden uitgeoefend door dengene, die op of in dat exemplaar van het werk als de uitgever ervan is aangeduid, of bij gebreke van zoodanige aanduiding, door dengene, die op of in het exemplaar van het werk als de drukker ervan is vermeld.

§ 3
De werken, waarop auteursrecht bestaat

Art. 10

Werken — 1. Onder werken van letterkunde, wetenschap of kunst verstaat deze wet:
1°. boeken, brochures, nieuwsbladen, tijdschriften en andere geschriften;
2°. tooneelwerken en dramatisch-muzikale werken;
3°. mondelinge voordrachten;
4°. choreografische werken en pantomimes;
5°. muziekwerken met of zonder woorden;
6°. teeken-, schilder-, bouw- en beeldhouwwerken, lithografieën, graveer- en andere plaatwerken;
7°. aardrijkskundige kaarten;
8°. ontwerpen, schetsen en plastische werken, betrekkelijk tot de bouwkunde, de aardrijkskunde, de plaatsbeschrijving of andere wetenschappen;
9°. fotografische werken;
10. filmwerken;
11°. werken van toegepaste kunst en tekeningen en modellen van nijverheid;
12°. computerprogramma's en het voorbereidend materiaal;
en in het algemeen ieder voortbrengsel op het gebied van letterkunde, wetenschap of kunst, op welke wijze of in welken vorm het ook tot uitdrukking zij gebracht.

Bewerking — 2. Verveelvoudigingen in gewijzigde vorm van een werk van letterkunde, wetenschap of kunst, zoals vertalingen, muziekschikkingen, verfilmingen en andere bewerkingen, zoomede verzamelingen van verschillende werken, worden, onverminderd het auteursrecht op het oorspronkelijke werk, als zelfstandige werken beschermd.

Databanken — 3. Verzamelingen van werken, gegevens of andere zelfstandige elementen, systematisch of methodisch geordend, en afzonderlijk met elektronische middelen of anderszins toegankelijk, worden, onverminderd andere rechten op de verzameling en onverminderd het auteursrecht of andere rechten op de in de verzameling opgenomen werken, gegevens of andere elementen, als zelfstandige werken beschermd.

Art. 11

Overheidsregelingen en overheidsbeslissingen — Er bestaat geen auteursrecht op wetten, besluiten en verordeningen, door de openbare macht uitgevaardigd, noch op rechterlijke uitspraken en administratieve beslissingen.

§ 4
Het openbaar maken

Art. 12

Openbaarmaken — 1. Onder de openbaarmaking van een werk van letterkunde, wetenschap of kunst wordt mede verstaan:
1°. de openbaarmaking van eene verveelvoudiging van het geheel of een gedeelte van het werk;

2°. de verbreiding van het geheel of een gedeelte van het werk of van eene verveelvoudiging daarvan, zoolang het niet in druk verschenen is;
3°. het verhuren of uitlenen van het geheel of een gedeelte van een exemplaar van het werk met uitzondering van bouwwerken en werken van toegepaste kunst, of van een verveelvoudiging daarvan die door de rechthebbende of met zijn toestemming in het verkeer is gebracht;
4°. de voordracht, op- of uitvoering of voorstelling in het openbaar van het geheel of een gedeelte van het werk of van eene verveelvoudiging daarvan;
5°. het uitzenden van een in een radio- of televisieprogramma opgenomen werk door middel van een satelliet of een andere zender of een omroepnetwerk als bedoeld in artikel 1.1 van de Mediawet 2008.
2. Onder verhuren als bedoeld in het eerste lid, onder 3°, wordt verstaan het voor een beperkte tijd en tegen een direct of indirect economisch of commercieel voordeel voor gebruik ter beschikking stellen. — *Verhuren*
3. Onder uitlenen als bedoeld in het eerste lid, onder 3°, wordt verstaan het voor een beperkte tijd en zonder direct of indirect economisch of commercieel voordeel voor gebruik ter beschikking stellen door voor het publiek toegankelijke instellingen. — *Uitlenen*
4. Onder een voordracht, op- of uitvoering of voorstelling in het openbaar wordt mede begrepen die in besloten kring, tenzij deze zich beperkt tot de familie-, vrienden- of daaraan gelijk te stellen kring, en voor de toegang tot de voordracht, op- of uitvoering of voorstelling geen betaling, in welke vorm ook, geschiedt. Hetzelfde geldt voor een tentoonstelling. — *Familiekring, vriendenkring*
5. Onder een voordracht, op- of uitvoering of voorstelling in het openbaar wordt niet begrepen die welke uitsluitend dient tot het onderwijs dat vanwege de overheid of vanwege een rechtspersoon zonder winstoogmerk wordt gegeven, voor zover de voordracht, op- of uitvoering of voorstelling deel uitmaakt van het schoolwerkplan of leerplan voor zover van toepassing, of tot een wetenschappelijk doel. — *Onderwijs*
6. Als afzonderlijke openbaarmaking wordt niet beschouwd de gelijktijdige uitzending van een in een radio- of televisieprogramma opgenomen werk door hetzelfde organisme dat dat programma oorspronkelijk uitzendt. — *Uitzonderingen*
7. Onder het uitzenden van een in een radio- of televisieprogramma opgenomen werk door middel van een satelliet wordt verstaan de handeling waarbij de programmadragende signalen voor ontvangst door het publiek onder controle en verantwoordelijkheid van de omroeporganisatie worden ingevoerd in een ononderbroken mededelingenketen die naar de satelliet en terug naar de aarde voert. Indien de programmadragende signalen in gecodeerde vorm worden uitgezonden, is er sprake van het uitzenden van een in een radio- of televisieprogramma opgenomen werk door middel van een satelliet, indien de middelen voor het decoderen van de uitzending door of met toestemming van de omroeporganisatie ter beschikking van het publiek worden gesteld. — *Satellietuitzendingen*

Art. 12a
1. Indien de maker het verhuurrecht, bedoeld in artikel 12, eerste lid, onder 3°, met betrekking tot een op een fonogram vastgelegd werk van letterkunde, wetenschap of kunst aan de producent daarvan heeft overgedragen, is de producent de maker een billijke vergoeding verschuldigd voor de verhuur. — *Vergoedingsplicht fonogrammenproducent bij verhuren*
2. Van het in het eerste lid bedoelde recht op een billijke vergoeding kan geen afstand worden gedaan.

Art. 12b
Indien een exemplaar van een werk van letterkunde, wetenschap of kunst door of met toestemming van de maker of zijn rechtverkrijgende voor de eerste maal in een van de lidstaten van de Europese Unie of in een staat die partij is bij de Overeenkomst betreffende de Europese Economische Ruimte in het verkeer is gebracht door eigendomsoverdracht, dan vormt het anderszins in het verkeer brengen van dat exemplaar, met uitzondering van verhuur en uitlening, geen inbreuk op het auteursrecht. — *Uitputting*

§ 5
Het verveelvoudigen

Art. 13
Onder de verveelvoudiging van een werk van letterkunde, wetenschap of kunst wordt mede verstaan de vertaling, de muziekschikking, de verfilming of tooneelbewerking en in het algemeen iedere geheele of gedeeltelijke bewerking of nabootsing in gewijzigden vorm, welke niet als een nieuw, oorspronkelijk werk moet worden aangemerkt. — *Verveelvoudigen*

Art. 13a
Onder de verveelvoudiging van een werk van letterkunde, wetenschap of kunst wordt niet verstaan de tijdelijke reproductie die van voorbijgaande of incidentele aard is, en die een integraal en essentieel onderdeel vormt van een technisch procédé dat wordt toegepast met als enig doel
a) de doorgifte in een netwerk tussen derden door een tussenpersoon of — *Tijdelijke reproductie van voorbijgaande of incidentele aard*

b) een rechtmatig gebruik van een werk mogelijk te maken, en die geen zelfstandige economische waarde bezit.

Art. 14
Geluid- of beeldvastlegging

Onder het verveelvoudigen van een werk van letterkunde, wetenschap of kunst wordt mede verstaan het vastleggen van dat werk of een gedeelte daarvan op enig voorwerp dat bestemd is om een werk ten gehore te brengen of te vertonen.

§ 6
De beperkingen van het auteursrecht

Art. 15
Overneming door de pers

1. Als inbreuk op het auteursrecht op een werk van letterkunde, wetenschap of kunst wordt niet beschouwd het overnemen van berichten of artikelen over actuele economische, politieke, godsdienstige of levensbeschouwelijke onderwerpen alsmede van werken van dezelfde aard die in een dag-, nieuws- of weekblad, tijdschrift, radio- of televisieprogramma of ander medium dat eenzelfde functie vervult, zijn openbaar gemaakt, indien:
1°. het overnemen geschiedt door een dag-, nieuws- of weekblad of tijdschrift, in een radio- of televisieprogramma of ander medium dat een zelfde functie vervult;
2°. artikel 25 in acht wordt genomen;
3°. de bron, waaronder de naam van de maker, op duidelijke wijze wordt vermeld; en
4°. het auteursrecht niet uitdrukkelijk is voorbehouden.
2. Dit artikel is mede van toepassing op het overnemen in een andere taal dan de oorspronkelijke.

Art. 15a
Citeren

1. Als inbreuk op het auteursrecht op een werk van letterkunde, wetenschap of kunst wordt niet beschouwd het citeren uit een werk in een aankondiging, beoordeling, polemiek of wetenschappelijke verhandeling of voor een uiting met een vergelijkbaar doel mits:
1°. het werk waaruit geciteerd wordt rechtmatig openbaar gemaakt is;
2°. het citeren in overeenstemming is met hetgeen naar de regels van het maatschappelijk verkeer redelijkerwijs geoorloofd is en aantal en omvang der geciteerde gedeelten door het te bereiken doel zijn gerechtvaardigd;
3°. artikel 25 in acht wordt genomen; en
4°. voor zover redelijkerwijs mogelijk, de bron, waaronder de naam van de maker, op duidelijke wijze wordt vermeld.
2. Onder citeren wordt in dit artikel mede begrepen het citeren in de vorm van persoverzichten uit in een dag-, nieuws- of weekblad of tijdschrift verschenen artikelen.
3. Dit artikel is mede van toepassing op het citeren in een andere taal dan de oorspronkelijke.

Art. 15b
Werk vanwege de overheid openbaar gemaakt

Als inbreuk op het auteursrecht op een door of vanwege de openbare macht openbaar gemaakt werk van letterkunde, wetenschap of kunst, waarvan de openbare macht de maker of rechtverkrijgende is, wordt niet beschouwd verdere openbaarmaking of verveelvoudiging daarvan, tenzij het auteursrecht, hetzij in het algemeen bij wet, besluit of verordening, hetzij in een bepaald geval blijkens mededeling op het werk zelf of bij de openbaarmaking daarvan uitdrukkelijk is voorbehouden. Ook als een zodanig voorbehoud niet is gemaakt, behoudt de maker echter het uitsluitend recht, zijn werken, die door of vanwege de openbare macht zijn openbaar gemaakt, in een bundel verenigd te doen verschijnen.

Art. 15c
Leenvergoeding

1. Als inbreuk op het auteursrecht op een werk van letterkunde, wetenschap of kunst wordt niet beschouwd het uitlenen als bedoeld in artikel 12, eerste lid, onder 3°, van het geheel of een gedeelte van een exemplaar van het werk of van een verveelvoudiging daarvan die door de rechthebbende of met zijn toestemming in het verkeer is gebracht, mits degene die de uitlening verricht of doet verrichten een billijke vergoeding betaalt. De eerste zin is niet van toepassing op een werk als bedoeld in artikel 10, eerste lid, onder 12° tenzij dat werk onderdeel uitmaakt van een van gegevens voorziene informatiedrager en uitsluitend dient om die gegevens toegankelijk te maken.

Onderwijs en wetenschap

2. Instellingen van onderwijs en instellingen van onderzoek en de aan die instellingen verbonden bibliotheken en de Koninklijke Bibliotheek in haar hoedanigheid van onderzoeksinstelling zijn vrijgesteld van de betaling van een vergoeding voor uitlenen als bedoeld in het eerste lid.

Openbare bibliotheekvoorzieningen

3. Openbare bibliotheekvoorzieningen, die in overwegende mate door gemeenten, provincies, het rijk of het openbaar lichaam Bonaire, Sint Eustatius of Saba worden gesubsidieerd of in stand gehouden, zijn voor het uitlenen van op basis van de artikelen 15i of 15j, eerste lid, onder 1° of 2°, omgezette werken of een onder artikel 15k door een toegelaten entiteit ingevoerd omgezet werk aan bij die voorzieningen ingeschreven personen met een handicap, vrijgesteld van betaling van de vergoeding, bedoeld in het eerste lid.

4. De in het eerste lid bedoelde vergoeding is niet verschuldigd indien de betalingsplichtige kan aantonen dat de maker of diens rechtverkrijgende afstand heeft gedaan van het recht op een billijke vergoeding. De maker of diens rechtverkrijgende dient de afstand schriftelijk mee te delen aan de in de artikelen 15d en 15f bedoelde rechtspersonen. *Hoogte leenvergoeding*

Art. 15d
De hoogte van de in artikel 15c, eerste lid, bedoelde vergoeding wordt vastgesteld door een door Onze Minister van Justitie in overeenstemming met Onze Minister van Onderwijs, Cultuur en Wetenschappen aan te wijzen stichting waarvan het bestuur zodanig is samengesteld dat de belangen van de makers of hun rechtverkrijgenden en de ingevolge artikel 15c, eerste lid, betalingsplichtigen op evenwichtige wijze worden behartigd. De voorzitter van het bestuur van deze stichting wordt benoemd door Onze Minister van Justitie in overeenstemming met Onze Minister van Onderwijs, Cultuur en Wetenschappen. Het aantal bestuursleden van deze stichting dient oneven te zijn. *Hoogte leenvergoeding*

Art. 15e
Geschillen met betrekking tot de in artikel 15c, eerste lid, bedoelde vergoeding worden in eerste aanleg bij uitsluiting beslist door de rechtbank Den Haag. *Bevoegde rechter*

Art. 15f
1. De betaling van de in artikel 15c bedoelde vergoeding dient te geschieden aan een door Onze Minister van Justitie in overeenstemming met Onze Minister van Onderwijs, Cultuur en Wetenschappen aan te wijzen naar hun oordeel representatieve rechtspersoon, die met uitsluiting van anderen belast is met de inning en de verdeling van deze vergoeding. In aangelegenheden betreffende de vaststelling van de hoogte van de vergoeding en de inning daarvan alsmede de uitoefening van het uitsluitende recht vertegenwoordigt de in de vorige zin bedoelde rechtspersoon de rechthebbenden in en buiten rechte. *Betaling aan incasso- organisatie*
2. De rechtspersoon, bedoeld in het eerste lid, staat onder toezicht van het College van Toezicht, bedoeld in de Wet toezicht collectieve beheersorganisaties auteurs- en naburige rechten.
3. De verdeling van de geïnde vergoedingen geschiedt overeenkomstig een reglement, dat is opgesteld door de rechtspersoon, bedoeld in het eerste lid, en dat is goedgekeurd door het College van Toezicht, bedoeld in de Wet toezicht collectieve beheersorganisaties auteurs- en naburige rechten.

Art. 15g
Degene die tot betaling van de in artikel 15c, eerste lid, bedoelde vergoeding verplicht is, is gehouden, voor zover geen ander tijdstip is overeengekomen, vóór 1 april van ieder kalenderjaar aan de in artikel 15f, eerste lid, bedoelde rechtspersoon opgave te doen van het aantal rechtshandelingen, bedoeld in artikel 15c. Hij is voorts gehouden desgevraagd aan deze rechtspersoon onverwijld de bescheiden of andere informatiedragers ter inzage te geven, waarvan kennisneming noodzakelijk is voor de vaststelling van de verschuldigdheid en de hoogte van de vergoeding. *Opgave aantal uitleningen*

Art. 15h
Tenzij anders overeengekomen, wordt niet als inbreuk op het auteursrecht op een werk van letterkunde, wetenschap of kunst beschouwd het door middel van een besloten netwerk beschikbaar stellen van een werk dat onderdeel uitmaakt van verzamelingen van voor het publiek toegankelijke bibliotheken, onderwijsinstellingen en musea of archieven die niet het behalen van een direct of indirect economisch of commercieel voordeel nastreven, door middel van daarvoor bestemde terminals in de gebouwen van die instellingen aan individuele leden van het publiek voor onderzoek of privé-studie. *Raadpleging in bibliotheken, onderwijsinstellingen, musea en archieven*

Art. 15i
1. Als inbreuk op het auteursrecht op een werk van letterkunde, wetenschap of kunst wordt niet beschouwd de verveelvoudiging of openbaarmaking die uitsluitend bestemd is voor mensen met een handicap, mits deze direct met de handicap verband houdt, van niet commerciële aard is en wegens die handicap noodzakelijk is, onverminderd het bepaalde in artikel 15j. *Handicap*
2. Voor de verveelvoudiging of openbaarmaking, bedoeld in het eerste lid, is ten behoeve van de maker of diens rechtverkrijgenden een billijke vergoeding verschuldigd. *Billijke vergoeding*

Art. 15j
1. Als inbreuk op het auteursrecht op een werk van letterkunde, wetenschap of kunst, wordt niet beschouwd iedere handeling die noodzakelijk is voor: *Omzetting voor leesgehandicapte, geen inbreuk*
1°. het omzetten van een gepubliceerd geschrift in een voor een leesgehandicapte toegankelijke vorm door een leesgehandicapte of een namens hem optredende persoon, mits de leesgehandicapte rechtmatig toegang heeft tot het gepubliceerde geschrift, het omgezette werk uitsluitend bestemd is voor gebruik door de leesgehandicapte en de integriteit van het gepubliceerde geschrift zoveel mogelijk geëerbiedigd wordt;
2°. het omzetten van een gepubliceerd geschrift in een voor een leesgehandicapte toegankelijke vorm door een toegelaten entiteit, mits de toegelaten entiteit rechtmatig toegang heeft tot het gepubliceerde geschrift, het omgezette werk uitsluitend bestemd is voor gebruik door een leesgehandicapte, en de integriteit van het gepubliceerde geschrift zoveel mogelijk geëerbiedigd wordt; en

3°. het openbaar maken van een omgezet werk als bedoeld onder 2, door een toegelaten entiteit aan een leesgehandicapte woonachtig in of een andere toegelaten entiteit gevestigd in een lidstaat van de Europese Unie of een staat die partij is bij het Leesgehandicaptenverdrag, mits de openbaarmaking geschiedt met het oog op uitsluitend gebruik door de leesgehandicapte en plaatsvindt zonder winstoogmerk.
2. Bij overeenkomst kan niet worden afgeweken van het in het eerste lid bepaalde.
3. Bij algemene maatregel van bestuur kan worden bepaald dat de in Nederland gevestigde toegelaten entiteit voor het omzetten of openbaar maken, bedoeld in het eerste lid, onder 2° en 3°, ten behoeve van de maker of diens rechtverkrijgenden een billijke vergoeding is verschuldigd. Daarbij kunnen nadere regels worden gegeven en voorwaarden worden gesteld.

Art. 15k

Omgezet werk, invoer

Als inbreuk op het auteursrecht op een werk van letterkunde, wetenschap of kunst wordt niet beschouwd de invoer door een leesgehandicapte of een toegelaten entiteit van een omgezet werk door een toegelaten entiteit in een andere lidstaat van de Europese Unie of een staat die partij is bij het Leesgehandicaptenverdrag. Hier kan niet van worden afgeweken bij overeenkomst.

Art. 15l

Omgezet werk, waarborgen toegelaten entiteit

1. Een toegelaten entiteit die een omgezet werk grensoverschrijdend openbaar maakt op basis van artikel 15j, eerste lid, onder 3°, dan wel invoert op basis van artikel 15k, heeft beleid om te waarborgen dat zij:
1°. omgezette werken uitsluitend openbaar maakt aan leesgehandicapten of andere toegelaten entiteiten;
2°. passende maatregelen neemt om de ongeoorloofde verveelvoudiging of openbaarmaking van omgezette werken te ontmoedigen;
3°. getuigt van de nodige zorgvuldigheid bij, en registers bijhoudt van, de handelingen die zij uitvoert met gepubliceerde geschriften en omgezette werken; en
4°. op haar website, in voorkomend geval, of via andere online- of offlinekanalen, informatie publiceert en actualiseert over de manier waarop zij voldoet aan de verplichtingen van het bepaalde onder 1° tot en met 3°;
2. Een toegelaten entiteit die een omgezet werk grensoverschrijdend openbaar maakt op basis van artikel 15j, eerste lid, onder 3°, dan wel invoert op basis van artikel 15k, verstrekt desgevraagd aan een leesgehandicapte, een andere toegelaten entiteit of de maker of diens rechtverkrijgenden:
1°. de lijst met omgezette werken, alsmede de beschikbare vormen; en
2°. de naam en de contactgegevens van de toegelaten entiteiten waarmee zij omgezette werken heeft uitgewisseld.

Art. 15m

Begripsbepalingen art. 15j, 15k en 15l

Voor de toepassing van de artikelen 15j, 15k en 15l wordt verstaan onder:
a. *leesgehandicapte:* een persoon
1°. die blind is;
2°. met een visuele handicap die niet zodanig kan worden verbeterd dat de persoon het gezichtsvermogen krijgt dat wezenlijk gelijkwaardig is aan dat van een persoon zonder een dergelijke handicap en waardoor de persoon niet in staat is in wezenlijk dezelfde mate als een persoon zonder een dergelijke handicap gedrukte werken te lezen;
3°. met een waarnemings- of andere leeshandicap waardoor de persoon niet in staat is in wezenlijk dezelfde mate als een persoon zonder een dergelijke handicap gedrukte werken te lezen; of
4°. die anderszins, ten gevolge van een fysieke handicap, niet in staat is een boek vast te houden of te hanteren, dan wel scherp te zien of zijn ogen te bewegen in een mate die gewoonlijk voor het lezen noodzakelijk wordt geacht;
b. *gepubliceerd geschrift:* een werk van letterkunde, wetenschap of kunst in de vorm van een boek, dagblad, krant, tijdschrift of ander soort geschrift, notaties met inbegrip van bladmuziek en daarmee samenhangende illustraties, op om het even welke drager, met inbegrip van audioformaten, dat wordt beschermd door het auteursrecht en dat is openbaar gemaakt;
c. *omgezet werk:* een werk dat in een alternatieve vorm is omgezet waarmee dat werk voor een leesgehandicapte toegankelijk wordt, onder meer om de toegang tot het werk voor die leesgehandicapte even eenvoudig en gemakkelijk te maken als voor personen zonder leeshandicap;
d. *toegelaten entiteit:* een entiteit die door een lidstaat is gemachtigd of erkend om zonder winstoogmerk onderwijs, opleiding, aangepast lezen of toegang tot informatie aan leesgehandicapten te bieden. Hieronder wordt mede verstaan openbare instellingen of organisaties zonder winstoogmerk die leesgehandicapten dezelfde diensten aanbieden als een van hun hoofdactiviteiten, institutionele verplichtingen of in het kader van hun taken van openbaar belang;
e. *Leesgehandicaptenverdrag:* het op 27 juni 2013 te Marrakesh tot stand gekomen Verdrag van Marrakesh tot bevordering van de toegang tot gepubliceerde werken voor personen die blind zijn, visueel gehandicapt of anderszins een leeshandicap hebben.

Art. 16
1. Als inbreuk op het auteursrecht op een werk van letterkunde, wetenschap of kunst wordt niet beschouwd de verveelvoudiging of openbaarmaking van gedeelten ervan uitsluitend ter toelichting bij het onderwijs, voor zover dit door het beoogde, niet-commerciële doel wordt gerechtvaardigd, mits:

Overneming t.b.v. onderwijs

1°. het werk waaruit is overgenomen rechtmatig openbaar gemaakt is;
2°. het overnemen in overeenstemming is met hetgeen naar de regels van het maatschappelijk verkeer redelijkerwijs geoorloofd is;
3°. artikel 25 in acht wordt genomen;
4°. Voor zover redelijkerwijs mogelijk, de bron, waaronder de naam van de maker, op duidelijke wijze wordt vermeld; en
5°. aan de maker of zijn rechtverkrijgenden een billijke vergoeding wordt betaald.
2. Waar het geldt een kort werk of een werk als bedoeld in artikel 10, eerste lid onder 6°., onder 9°. of onder 11°. mag voor hetzelfde doel en onder dezelfde voorwaarden het gehele werk worden overgenomen.
3. Waar het het overnemen in een compilatiewerk betreft, mag van dezelfde maker niet meer worden overgenomen dan enkele korte werken of korte gedeelten van zijn werken, en waar het geldt werken als bedoeld in artikel 10, eerste lid onder 6°., onder 9°. of onder 11°. niet meer dan enkele van die werken en in zodanige verveelvoudiging, dat deze door haar grootte of door de werkwijze, volgens welke zij vervaardigd is, een duidelijk verschil vertoont met het oorspronkelijke met dien verstande, dat wanneer van deze werken er twee of meer verenigd openbaar zijn gemaakt, die verveelvoudiging slechts ten aanzien van een daarvan geoorloofd is.

Compilatiewerk

4. De bepalingen van dit artikel zijn mede van toepassing ten aanzien van het overnemen in een andere taal dan de oorspronkelijke.

Art. 16a
Als inbreuk op het auteursrecht op een werk van letterkunde, wetenschap of kunst wordt niet beschouwd een korte opname, weergave en mededeling ervan in het openbaar in een foto-, film-, radio- of televisiereportage voor zover zulks voor het behoorlijk weergeven van de actuele gebeurtenis welke het onderwerp der reportage uitmaakt, gerechtvaardigd is en mits, voor zover redelijkerwijs mogelijk, de bron, waaronder de naam van de maker, duidelijk wordt vermeld.

Reportages van actuele gebeurtenissen

Art. 16b
1. Als inbreuk op het auteursrecht op een werk van letterkunde, wetenschap of kunst wordt niet beschouwd de verveelvoudiging welke beperkt blijft tot enkele exemplaren en welke uitsluitend dient tot eigen oefening, studie of gebruik van de natuurlijke persoon die zonder direct of indirect commercieel oogmerk de verveelvoudiging vervaardigt of tot het verveelvoudigen uitsluitend ten behoeve van zichzelf opdracht geeft.

Privé fotokopiëren

2. Waar het geldt een dag-, nieuws- of weekblad of een tijdschrift of een boek of de partituur of de partijen van een muziekwerk en de in die werken opgenomen andere werken, blijft die verveelvoudiging bovendien beperkt tot een klein gedeelte van het werk, behalve indien het betreft:

Klein gedeelte

a. werken, waarvan naar redelijkerwijs mag worden aangenomen geen nieuwe exemplaren tegen betaling, in welke vorm ook, aan derden ter beschikking zullen worden gesteld;
b. in een dag-, nieuws- of weekblad of tijdschrift verschenen korte artikelen, berichten of andere stukken.
3. Waar het geldt een werk, als bedoeld bij artikel 10, eerste lid, onder 6°, moet de verveelvoudiging door haar grootte of door de werkwijze, volgens welke zij vervaardigd is, een duidelijk verschil vertonen met het oorspronkelijke werk.
4. Indien een ingevolge dit artikel toegelaten verveelvoudiging heeft plaatsgevonden, mogen de vervaardigde exemplaren niet zonder toestemming van de maker of zijn rechtverkrijgenden aan derden worden afgegeven, tenzij de afgifte geschiedt ten behoeve van een rechterlijke of bestuurlijke procedure.

Geen afgifte aan derden

5. Bij algemene maatregel van bestuur kan worden bepaald dat voor de verveelvoudiging, bedoeld in het eerste lid, ten behoeve van de maker of diens rechtverkrijgenden een billijke vergoeding is verschuldigd. Daarbij kunnen nadere regelen worden gegeven en voorwaarden worden gesteld.

Billijke vergoeding

6. Dit artikel is niet van toepassing op het reproduceren, bedoeld in artikel 16c, noch op het nabouwen van bouwwerken.

Reproduceren en bouwwerken

Art. 16c
1. Als inbreuk op het auteursrecht op een werk van letterkunde, wetenschap of kunst wordt niet beschouwd het reproduceren van het werk of een gedeelte ervan op een voorwerp dat bestemd is om een werk ten gehore te brengen, te vertonen of weer te geven, mits het reproduceren geschiedt zonder direct of indirect commercieel oogmerk en uitsluitend dient tot eigen oefening, studie of gebruik van de natuurlijke persoon die de reproductie vervaardigt.

Audio-, video- en elektronisch privé kopiëren

art. 16d

Billijke vergoeding

2. Voor het reproduceren, bedoeld in het eerste lid, is ten behoeve van de maker of diens rechtverkrijgenden een billijke vergoeding verschuldigd. De verplichting tot betaling van de vergoeding rust op de fabrikant of de importeur van de voorwerpen, bedoeld in het eerste lid.
3. Voor de fabrikant ontstaat de verplichting tot betaling van de vergoeding op het tijdstip dat de door hem vervaardigde voorwerpen in het verkeer kunnen worden gebracht. Voor de importeur ontstaat deze verplichting op het tijdstip van invoer.
4. De verplichting tot betaling van de vergoeding vervalt indien de ingevolge het tweede lid betalingsplichtige een voorwerp als bedoeld in het eerste lid uitvoert.
5. De vergoeding is slechts eenmaal per voorwerp verschuldigd.

AMvB

6. Bij algemene maatregel van bestuur kunnen nadere regelen worden gegeven met betrekking tot de voorwerpen ten aanzien waarvan de vergoeding, bedoeld in het tweede lid, verschuldigd is. Bij algemene maatregel van bestuur kunnen voorts nadere regelen worden gegeven en voorwaarden worden gesteld ter uitvoering van het bepaalde in dit artikel met betrekking tot de hoogte, verschuldigdheid en vorm van de billijke vergoeding.
7. Indien een ingevolge dit artikel toegelaten reproductie heeft plaatsgevonden, mogen voorwerpen als bedoeld in het eerste lid niet zonder toestemming van de maker of zijn rechtverkrijgenden aan derden worden afgegeven, tenzij de afgifte geschiedt ten behoeve van een rechterlijke of bestuurlijke procedure.

Databank

8. Dit artikel is niet van toepassing op het verveelvoudigen van een met elektronische middelen toegankelijke verzameling als bedoeld in artikel 10, derde lid.

Art. 16d

Betaling aan incasso-organisatie

1. De betaling van de in artikel 16c bedoelde vergoeding dient te geschieden aan een door Onze Minister van Justitie aan te wijzen, naar zijn oordeel representatieve rechtspersoon, die belast is met de inning en de verdeling van deze vergoeding overeenkomstig een reglement, dat is opgesteld door deze rechtspersoon, en dat is goedgekeurd door het College van Toezicht, bedoeld in de Wet toezicht collectieve beheersorganisaties auteurs- en naburige rechten. In aangelegenheden betreffende de inning en vergoeding vertegenwoordigt deze rechtspersoon de makers of hun rechtverkrijgenden in en buiten rechte.
2. De rechtspersoon, bedoeld in het eerste lid, staat onder toezicht van het College van Toezicht, bedoeld in de Wet toezicht collectieve beheersorganisaties auteurs- en naburige rechten.

Art. 16e

Hoogte van de vergoeding

De hoogte van de in artikel 16c bedoelde vergoeding wordt vastgesteld door een door Onze Minister van Justitie aan te wijzen stichting waarvan het bestuur zodanig is samengesteld dat de belangen van de makers of hun rechtverkrijgenden en de ingevolge artikel 16c, tweede lid, betalingsplichtigen op evenwichtige wijze worden behartigd. De voorzitter van het bestuur van deze stichting wordt benoemd door Onze Minister van Justitie.

Art. 16f

Opgave aantal en speelduur geïmporteerde of vervaardigde voorwerpen

Degene die tot betaling van de in artikel 16c bedoelde vergoeding verplicht is, is gehouden onverwijld of binnen een met de in artikel 16d, eerste lid, bedoelde rechtspersoon overeengekomen tijdvak opgave te doen aan deze rechtspersoon van het aantal van de door hem geïmporteerde of vervaardigde voorwerpen, bedoeld in artikel 16c, eerste lid. Hij is voorts gehouden aan deze rechtspersoon op diens aanvrage onverwijld die bescheiden ter inzage te geven, waarvan kennisneming noodzakelijk is voor de vaststelling van de verschuldigdheid en de hoogte van de vergoeding.

Art. 16g

Competentie

Geschillen met betrekking tot de vergoeding, bedoeld in de artikelen 15i, 15j, 16, 16b, 16c en 16h, worden in eerste aanleg bij uitsluiting beslist door de rechtbank Den Haag.

Art. 16ga

Verplichtingen koper

1. De verkoper van de in artikel 16c, eerste lid bedoelde voorwerpen is gehouden aan de in artikel 16d, eerste lid, bedoelde rechtspersoon op diens aanvraag onverwijld die bescheiden ter inzage te geven waarvan de kennisneming noodzakelijk is om vast te stellen of de in artikel 16c, tweede lid, bedoelde vergoeding door de fabrikant of de importeur betaald is.
2. Indien de verkoper niet kan aantonen dat de vergoeding door de fabrikant of de importeur betaald is, is hij verplicht tot betaling daarvan aan de in artikel 16d, eerste lid, bedoelde rechtspersoon, tenzij uit de in het eerste lid genoemde bescheiden blijkt wie de fabrikant of de importeur is.

Art. 16h

Geen inbreuk, mits vergoeding wordt betaald

1. Een reprografische verveelvoudiging van een artikel in een dag-, nieuws- of weekblad of een tijdschrift of van een klein gedeelte van een boek en van de in zo'n werk opgenomen andere werken wordt niet beschouwd als inbreuk op het auteursrecht, mits voor deze verveelvoudiging een vergoeding wordt betaald.
2. Een reprografische verveelvoudiging van het gehele werk wordt niet beschouwd als inbreuk op het auteursrecht, indien van een boek naar redelijkerwijs mag worden aangenomen geen nieuwe exemplaren tegen betaling, in welke vorm dan ook, aan derden ter beschikking worden gesteld, mits voor deze verveelvoudiging een vergoeding wordt betaald.

3. Bij algemene maatregel van bestuur kan worden bepaald dat ten aanzien van de verveelvoudiging van werken als bedoeld bij artikel 10, eerste lid, onder 1°, van het in een of meer der voorgaande leden bepaalde mag worden afgeweken ten behoeve van de uitoefening van de openbare dienst, alsmede ten behoeve van de vervulling van taken waarmee in het algemeen belang werkzame instellingen zijn belast. Daarbij kunnen nadere regels worden gegeven en nadere voorwaarden worden gesteld.

Art. 16i
De vergoeding, bedoeld in artikel 16h, wordt berekend over iedere pagina waarop een werk als bedoeld in het eerste en tweede lid van dat artikel reprografisch verveelvoudigd is.
Bij algemene maatregel van bestuur wordt de hoogte van de vergoeding vastgesteld en kunnen nadere regelen en voorwaarden worden gesteld. *Berekening vergoeding*

Art. 16j
Een met inachtneming van artikel 16h vervaardigde reprografische verveelvoudiging mag, zonder toestemming van de maker of zijn rechtverkrijgende, alleen worden afgegeven aan personen die in dezelfde onderneming, organisatie of instelling werkzaam zijn, tenzij de afgifte geschiedt ten behoeve van een rechterlijke of administratieve procedure. *Afgifte binnen eigen organisatie*

Art. 16k
De verplichting tot betaling van de vergoeding, bedoeld in artikel 16h, vervalt door verloop van drie jaar na het tijdstip waarop de verveelvoudiging vervaardigd is.
De vergoeding is niet verschuldigd indien de betalingsplichtige kan aantonen dat de maker of diens rechtverkrijgende afstand heeft gedaan van het recht op de vergoeding. *Verval betalingsverplichtingen*

Art. 16l
1. De betaling van de vergoeding, bedoeld in artikel 16h, dient te geschieden aan een door Onze Minister van Justitie aan te wijzen, naar zijn oordeel representatieve rechtspersoon, die met uitsluiting van anderen belast is met de inning en de verdeling van deze vergoeding. *Stichting Reprorecht*
2. In aangelegenheden betreffende de inning van de vergoeding vertegenwoordigt de rechtspersoon, bedoeld in het eerste lid, de makers of hun rechtverkrijgenden in en buiten rechte.
3. De rechtspersoon, bedoeld in het eerste lid, hanteert voor de verdeling van de geïnde vergoedingen een reglement. Het reglement behoeft de goedkeuring van het College van Toezicht, bedoeld in de Wet toezicht collectieve beheersorganisaties auteurs- en naburige rechten.
4. De rechtspersoon, bedoeld in het eerste lid, staat onder toezicht van het College van Toezicht, bedoeld in de Wet toezicht collectieve beheersorganisaties auteurs- en naburige rechten.
5. Het eerste en tweede lid vinden geen toepassing voorzover degene die tot betaling van de vergoeding verplicht is, kan aantonen dat hij met de maker of zijn rechtverkrijgende overeengekomen is dat hij de vergoeding rechtstreeks aan deze zal betalen.

Art. 16m
Degene die de vergoeding, bedoeld in artikel 16h, dient te betalen aan de rechtspersoon, bedoeld in artikel 16l, eerste lid, is gehouden aan deze opgave te doen van het totale aantal reprografische verveelvoudigingen dat hij per jaar maakt. *Opgave aantal reprografische verveelvoudigingen*
De opgave, bedoeld in het eerste lid, behoeft niet gedaan te worden, indien per jaar minder dan een bij algemene maatregel van bestuur te bepalen aantal reprografische verveelvoudigingen gemaakt wordt.

Art. 16n
1. Als inbreuk op het auteursrecht op een werk van letterkunde, wetenschap of kunst wordt niet beschouwd de verveelvoudiging door voor het publiek toegankelijke bibliotheken, onderwijsinstellingen en musea of archieven die niet het behalen van een direct of indirect economisch of commercieel voordeel nastreven, indien die verveelvoudiging geschiedt met als enig doel: *Restauratie e.d.*
1°. het exemplaar van het werk te restaureren;
2°. bij dreiging van verval van het exemplaar van het werk een verveelvoudiging daarvan te behouden voor de instelling;
3°. het werk raadpleegbaar te houden als de technologie waarmee het toegankelijk gemaakt kan worden in onbruik raakt.
2. De in het eerste lid bedoelde verveelvoudigingen zijn slechts geoorloofd indien:
1°. de exemplaren van het werk deel uitmaken van de verzameling van de voor het publiek toegankelijke bibliotheken, onderwijsinstellingen en musea of archieven die een beroep op deze beperking doen; en
2°. artikel 25 in acht wordt genomen.

Art. 16o
1. Als inbreuk op het auteursrecht op een werk van letterkunde, wetenschap of kunst als bedoeld in artikel 10, eerste lid, onder 1, 5 of 10, wordt niet beschouwd de reproductie of beschikbaarstelling door voor het publiek toegankelijke bibliotheken, onderwijsinstellingen en musea, alsmede archieven en instellingen voor cinematografisch of audiovisueel erfgoed die niet het behalen van een direct of indirect economisch of commercieel voordeel nastreven, van een werk dat voor het eerst in een lidstaat van de Europese Unie of in een staat die partij is bij de Overeenkomst betreffende de Europese Economische Ruimte openbaar gemaakt werk mits: *Verweesde werken in bibliotheken, onderwijsinstellingen, musea, archieven e.d.*

a. het werk deel uitmaakt van de eigen verzameling van de hiervoor bedoelde organisaties;
b. de rechthebbende op het werk na een zorgvuldig onderzoek als bedoeld in artikel 16p niet is geïdentificeerd en opgespoord; en
c. de reproductie en beschikbaarstelling geschiedt in het kader van de uitoefening van een publieke taak, in het bijzonder het behouden en restaureren van de werken en het verstrekken van voor culturele en onderwijsdoeleinden bestemde toegang tot de werken uit de eigen verzameling van de hiervoor bedoelde organisaties.

2. Indien aan twee of meer personen het auteursrecht toekomt op het werk en na een zorgvuldige onderzoek niet alle rechthebbenden zijn geïdentificeerd en opgespoord, kan het werk alleen worden gereproduceerd en beschikbaar gesteld indien de opgespoorde rechthebbende met betrekking tot de rechten waarover hij beschikt daarvoor toestemming verleent. De organisaties, genoemd in het eerste lid, vermelden bij de beschikbaarstelling de geïdentificeerde, maar niet opgespoorde rechthebbende(n).

3. Een werk dat niet eerder is openbaar gemaakt, kan worden gereproduceerd en beschikbaar gesteld, overeenkomstig het eerste lid, indien het werk met toestemming van de rechthebbende in de in het eerste lid onder a bedoelde verzameling is opgenomen en redelijkerwijs aannemelijk is dat de rechthebbende zich niet tegen de reproductie en beschikbaarstelling zou verzetten.

4. De organisaties, genoemd in het eerste lid, mogen met de reproductie en beschikbaarstelling inkomsten genereren op voorwaarde dat deze inkomsten uitsluitend dienen ter vergoeding van de kosten van de digitalisering en beschikbaarstelling van de in het eerste lid bedoelde werken.

Art. 16p

Onderzoek

1. Het zorgvuldig onderzoek naar de rechthebbende, als bedoeld in artikel 16o, eerste lid, onder b, wordt uitgevoerd door voor ieder werk als bedoeld in artikel 16o, eerste lid, en voor ieder daarin opgenomen werk van letterkunde, wetenschap of kunst de voor de desbetreffende categorie van werken geschikte bronnen voor het opsporen van rechthebbenden te raadplegen. Op voordracht van Onze Minister van Onderwijs, Cultuur en Wetenschap worden bij algemene maatregel van bestuur regels gegeven ten aanzien van de bij het onderzoek te raadplegen bronnen.

2. Het onderzoek vindt plaats in de lidstaat waarin het werk voor het eerst is openbaar gemaakt. Voor filmwerken vindt het onderzoek plaats in de lidstaat waar de producent zijn zetel of gewone woonplaats heeft.

3. Voor een werk als bedoeld in artikel 16o, derde lid, vindt het onderzoek plaats in de lidstaat waar de organisatie die het werk met toestemming van de rechthebbende in de eigen verzameling heeft opgenomen, is gevestigd.

4. Indien er aanwijzingen zijn dat informatie over de rechthebbende aanwezig is in een andere lidstaat, worden ook de in die lidstaat voor een zorgvuldig onderzoek voorgeschreven bronnen geraadpleegd.

5. De organisaties, bedoeld in artikel 16o, eerste lid, houden bij welke bronnen in het kader van het onderzoek zijn geraadpleegd en welke informatie hieruit is voortgekomen. De organisaties verstrekken de volgende gegevens aan een op voordracht van Onze Minister van Onderwijs, Cultuur en Wetenschap bij of krachtens algemene maatregel van bestuur aan te wijzen instantie, ten behoeve van doorgeleiding aan het Harmonisatiebureau voor de Interne Markt:
a. de resultaten van het zorgvuldig onderzoek dat door de organisaties is verricht en dat tot de conclusie heeft geleid dat het werk verweesd is;
b. de wijze waarop het werk zal worden gebruikt;
c. de contactgegevens van de organisaties; en
d. voor zover van toepassing, iedere wijziging in de status van het werk.
Op voordracht van Onze Minister van Onderwijs, Cultuur en Wetenschap worden bij of krachtens algemene maatregel van bestuur nadere regels gesteld over de aan te leveren gegevens en de wijze van aanleveren.

6. Voor verweesde werken opgenomen in de databank van het Harmonisatiebureau, genoemd in het vijfde lid, is voor de reproductie en beschikbaarstelling als bedoeld in artikel 16o, eerste lid, een zorgvuldig onderzoek als bedoeld in artikel 16o, eerste lid, onder b, niet noodzakelijk.

Art. 16q

Beëindiging status verweesd werk

Het gebruik van een werk van letterkunde, wetenschap of kunst overeenkomstig artikel 16o, eerste lid, wordt beëindigd indien een rechthebbende met betrekking tot de rechten waar hij over beschikt, gebruik maakt van de mogelijkheid om de status van verweesd werk te beëindigen. De organisaties bedoeld in artikel 16o, eerste lid, zijn aan de rechthebbende een billijke vergoeding verschuldigd voor het gebruik dat op grond van artikel 16o van het werk is gemaakt.

Art. 16r

Beschikbaarstelling

Voor de toepassing van de artikelen 16o, 16p, 16q en 17 wordt onder beschikbaarstelling verstaan het, per draad of draadloos, beschikbaar stellen van een werk van letterkunde, wetenschap of kunst voor het publiek op zodanige wijze dat de leden van het publiek op een door hen gekozen individuele plaats en tijd toegang hebben tot het werk.

Art. 17

Als inbreuk op een werk van letterkunde, wetenschap of kunst als bedoeld in artikel 10, eerste lid, onder 5 of 10, wordt niet beschouwd de reproductie of beschikbaarstelling door een publieke media-instelling als bedoeld in Hoofdstuk 2 van de Mediawet 2008 van een in een lidstaat van de Europese Unie of in een staat die partij is bij de Overeenkomst betreffende de Europese Economische Ruimte openbaar gemaakt werk als bedoeld in artikel 16o, eerste lid, onder b, dat door de publieke media-instelling is geproduceerd vóór 1 januari 2003 en is gearchiveerd. De artikelen 16o tot en met 16r zijn van overeenkomstige toepassing.

Verweesde werken en publieke media-instellingen

Art. 17a

Bij algemene maatregel van bestuur kunnen in het algemeen belang regelen worden gesteld nopens de uitoefening van het recht van de maker van een werk of zijn rechtverkrijgenden met betrekking tot de openbaarmaking van een werk door uitzending van een radio- of televisieprogramma via radio of televisie, of een ander medium dat eenzelfde functie vervult. De algemene maatregel van bestuur, bedoeld in de eerste volzin, kan bepalen, dat zodanig werk in Nederland mag worden openbaar gemaakt zonder voorafgaande toestemming van de maker of zijn rechtverkrijgenden, indien de uitzending plaats vindt vanuit Nederland dan wel vanuit een staat die geen partij is bij de Overeenkomst betreffende de Europese Economische Ruimte. Zij die bevoegd zijn een werk zonder voorafgaande toestemming openbaar te maken, zijn desalniettemin verplicht de rechten van de maker, bedoeld in artikel 25, te eerbiedigen en aan de maker of zijn rechtverkrijgenden een billijke vergoeding te betalen, welke bij gebreke van overeenstemming op vordering van de meest gerede partij door de rechter zal worden vastgesteld, die tevens het stellen van zekerheid kan bevelen. Het hiervoor bepaalde is niet van toepassing op het uitzenden van een in een radio- of televisieprogramma opgenomen werk door middel van een satelliet.

Openbaarmaking door radio- en tv-uitzendingen, nadere regels

Art. 17b

1. Tenzij anders is overeengekomen, sluit de bevoegdheid tot openbaarmaking door uitzending van een radio- of televisieprogramma via radio of televisie, of een ander medium dat eenzelfde functie vervult niet in de bevoegdheid het werk vast te leggen.
2. De omroeporganisatie die bevoegd is tot de openbaarmaking, bedoeld in het eerste lid, is echter gerechtigd met haar eigen middelen en uitsluitend voor uitzending van haar eigen radio- of televisieprogramma's het ter uitzending bestemde werk tijdelijk vast te leggen. De omroeporganisatie, die dientengevolge gerechtigd is tot vastlegging, is desalniettemin verplicht de rechten van de maker van het werk, bedoeld in artikel 25, te eerbiedigen.
3. Vastleggingen die met inachtneming van het tweede lid zijn vervaardigd en een uitzonderlijke documentaire waarde bezitten, mogen in officiële archieven worden bewaard.

Vastlegging van door radio of tv uit te zenden werken

Art. 17c

Als inbreuk op het auteursrecht op een werk van letterkunde of kunst wordt niet beschouwd de gemeentezang en de instrumentale begeleiding daarvan tijdens een eredienst.

Zang en muziek tijdens eredienst

Art. 17d

Een krachtens artikel 15j, derde lid, artikel 16b, vijfde lid, artikel 16c, zesde lid, artikel 16h, derde lid, artikel 16m, tweede lid, artikel 17a, artikel 29a, vierde lid, of artikel 29a, vijfde lid, vastgestelde algemene maatregel van bestuur of een wijziging daarvan treedt niet eerder in werking dan acht weken na datum van uitgifte van het Staatsblad waarin hij is geplaatst. Van de plaatsing wordt onverwijld mededeling gedaan aan de beide Kamers der Staten-Generaal.

Tijdstip inwerkingtreding AMvB's

Art. 18

Als inbreuk op het auteursrecht op een werk als bedoeld in artikel 10, eerste lid, onder 6°, of op een werk, betrekkelijk tot de bouwkunde als bedoeld in artikel 10, eerste lid, onder 8°, dat is gemaakt om permanent in openbare plaatsen te worden geplaatst, wordt niet beschouwd de verveelvoudiging of openbaarmaking van afbeeldingen van het werk zoals het zich aldaar bevindt. Waar het betreft het overnemen in een compilatiewerk, mag van dezelfde maker niet meer worden overgenomen dan enkele van zijn werken.

Werken in openbare plaatsen

Art. 18a

Als inbreuk op het auteursrecht op een werk van letterkunde, wetenschap of kunst wordt niet beschouwd de incidentele verwerking ervan als onderdeel van ondergeschikte betekenis in een ander werk.

Incidentele verwerking van ondergeschikte betekenis

Art. 18b

Als inbreuk op het auteursrecht op een werk van letterkunde, wetenschap of kunst wordt niet beschouwd de openbaarmaking of verveelvoudiging ervan in het kader van een karikatuur, parodie of pastiche mits het gebruik in overeenstemming is met hetgeen naar de regels van het maatschappelijk verkeer redelijkerwijs geoorloofd is.

Parodie

Art. 19

1. Als inbreuk op het auteursrecht op een portret wordt niet beschouwd de verveelvoudiging daarvan door, of ten behoeve van, den geportretteerde of, na diens overlijden, zijne nabestaanden.

Portretten ingevolge opdracht vervaardigd

2. Bevat eene zelfde afbeelding het portret van twee of meer personen, dan staat die verveelvoudiging aan ieder hunner ten aanzien van andere portretten dan zijn eigen slechts vrij met toestemming van die andere personen of, gedurende tien jaren na hun overlijden, van hunne nabestaanden.
3. Ten aanzien van een fotografisch portret wordt mede niet als inbreuk op het auteursrecht beschouwd het openbaar maken daarvan in een nieuwsblad of tijdschrift door of met toestemming van een der personen, in het eerste lid genoemd, mits daarbij de naam des makers, voor zoover deze op of bij het portret is aangeduid, vermeld wordt.
4. Dit artikel is slechts van toepassing ten aanzien van portretten, welke vervaardigd zijn ingevolge eene opdracht, door of vanwege de geportretteerde personen, of te hunnen behoeve aan den maker gegeven.

Art. 20

Openbaarmaking niet zonder toestemming geportretteerde

1. Tenzij anders is overeengekomen is degene, wien het auteursrecht op een portret toekomt, niet bevoegd dit openbaar te maken zonder toestemming van den geportretteerde of, gedurende tien jaren na diens overlijden, van diens nabestaanden.
2. Bevat eene zelfde afbeelding het portret van twee of meer personen, dan is ten aanzien van de gansche afbeelding de toestemming vereischt van alle geportretteerden of, gedurende tien jaren na hun overlijden, van hunne nabestaanden.
3. Het laatste lid van het voorgaande artikel is van toepassing.

Art. 21

Portretten zonder opdracht vervaardigd

Is een portret vervaardigd zonder daartoe strekkende opdracht, den maker door of vanwege den geportretteerde, of te diens behoeve, gegeven, dan is openbaarmaking daarvan door dengene, wien het auteursrecht daarop toekomt, niet geoorloofd, voor zoover een redelijk belang van den geportretteerde of, na zijn overlijden, van een zijner nabestaanden zich tegen de openbaarmaking verzet.

Art. 22

Verveelvoudiging en openbaarmaking op last van justitie

1. In het belang van de openbare veiligheid alsmede ter opsporing van strafbare feiten mogen afbeeldingen van welke aard ook door of vanwege de justitie worden verveelvoudigd of openbaar gemaakt.
2. Als inbreuk op het auteursrecht op een werk van letterkunde, wetenschap of kunst wordt niet beschouwd het overnemen ervan ten behoeve van de openbare veiligheid of om het goede verloop van een bestuurlijke, parlementaire of gerechtelijke procedure of de berichtgeving daarover te waarborgen.

Art. 23

Tentoonstellen en afbeelden in catalogus

Tenzij anders overeengekomen, is de eigenaar, bezitter of houder van een teken-, schilder-, bouw- of beeldhouwwerk of een werk van toegepaste kunst bevoegd dat werk te verveelvoudigen of openbaar te maken voor zover dat noodzakelijk is voor openbare tentoonstelling of openbare verkopen van dat werk, een en ander met uitsluiting van enig ander commercieel gebruik.

Art. 24

Rechten schilder na auteursrecht overdracht

Tenzij anders is overeengekomen blijft de maker van eenig schilderwerk, niettegenstaande de overdracht van zijn auteursrecht, bevoegd gelijke schilderwerken te vervaardigen.

Art. 24a

Rechtmatige gebruiker databank

1. Als inbreuk op het auteursrecht op een verzameling als bedoeld in artikel 10, derde lid, wordt niet beschouwd de verveelvoudiging, vervaardigd door de rechtmatige gebruiker van de verzameling, die noodzakelijk is om toegang te verkrijgen tot en normaal gebruik te maken van de verzameling.
2. Indien de rechtmatige gebruiker slechts gerechtigd is tot het gebruik van een deel van de verzameling geldt het eerste lid slechts voor de toegang tot en het normaal gebruik van dat deel.
3. Bij overeenkomst kan niet ten nadele van de rechtmatige gebruiker worden afgeweken van het eerste en tweede lid.

Art. 25

Persoonlijkheidsrechten

1. De maker van een werk heeft, zelfs nadat hij zijn auteursrecht heeft overgedragen, de volgende rechten:
a. het recht zich te verzetten tegen openbaarmaking van het werk zonder vermelding van zijn naam of andere aanduiding als maker, tenzij het verzet zou zijn in strijd met de redelijkheid;
b. het recht zich te verzetten tegen de openbaarmaking van het werk onder een andere naam dan de zijne, alsmede tegen het aanbrengen van enige wijziging in de benaming van het werk of in de aanduiding van de maker, voor zover deze op of in het werk voorkomen, dan wel in verband daarmede zijn openbaar gemaakt;
c. het recht zich te verzetten tegen elke andere wijziging in het werk, tenzij deze wijziging van zodanige aard is, dat het verzet zou zijn in strijd met de redelijkheid;
d. het recht zich te verzetten tegen elke misvorming, verminking of andere aantasting van het werk, welke nadeel zou kunnen toebrengen aan de eer of de naam van de maker of aan zijn waarde in deze hoedanigheid.

2. De in het eerste lid genoemde rechten komen, na het overlijden van de maker tot aan het vervallen van het auteursrecht, toe aan de door de maker bij uiterste wilsbeschikking aangewezene.   *Uiterste wilsbeschikking*
3. Van het recht, in het eerste lid, onder *a* genoemd kan afstand worden gedaan. Van de rechten onder *b* en *c* genoemd kan afstand worden gedaan voor zover het wijzigingen in het werk of in de benaming daarvan betreft.   *Wijzigingsbevoegdheid*
4. Heeft de maker van het werk het auteursrecht overgedragen dan blijft hij bevoegd in het werk zodanige wijzigingen aan te brengen als hem naar de regels van het maatschappelijk verkeer te goeder trouw vrijstaan. Zolang het auteursrecht voortduurt komt gelijke bevoegdheid toe aan de door de maker bij uiterste wilsbeschikking aangewezene, als redelijkerwijs aannemelijk is, dat ook de maker die wijzigingen zou hebben goedgekeurd.

Art. 25a
In deze paragraaf worden onder nabestaanden verstaan de ouders, de echtgenoot of de geregistreerde partner en de kinderen. De aan de nabestaanden toekomende bevoegdheden kunnen zelfstandig door ieder van hen worden uitgeoefend. Bij verschil van mening kan de rechter een voor hen bindende beslissing geven.   *Nabestaanden van geportretteerden*

Hoofdstuk Ia
De exploitatieovereenkomst

Art. 25b
1. Dit hoofdstuk is van toepassing op een overeenkomst die de verlening van exploitatiebevoegdheid ten aanzien van het auteursrecht van de maker aan een wederpartij tot hoofddoel heeft, tenzij artikel 3.28 van het Benelux-verdrag inzake de Intellectuele Eigendom (merken en tekeningen of modellen) van toepassing is.   *Exploitatieovereenkomst*
2. Artikel 25f, eerste en tweede lid, is van toepassing op een overeenkomst waarbij de maker het auteursrecht geheel of gedeeltelijk overdraagt of waarbij door de maker een exclusieve licentie is verleend.
3. Dit hoofdstuk is niet van toepassing op de maker als bedoeld in de artikelen 7 en 8.
4. Dit hoofdstuk is van overeenkomstige toepassing op de natuurlijke persoon die het auteursrecht als erfgenaam of legataris van de maker heeft verkregen.

Art. 25c
1. De maker heeft recht op een in de overeenkomst te bepalen billijke vergoeding voor de verlening van exploitatiebevoegdheid.   *Billijke vergoeding*
2. Onze Minister van Onderwijs, Cultuur en Wetenschap kan, een bij algemene maatregel van bestuur, op voordracht van Onze voornoemde Minister, aan te wijzen adviesorgaan gehoord, de hoogte van een billijke vergoeding vaststellen voor een specifieke branche en voor een bepaalde periode na overleg met Onze Minister van Veiligheid en Justitie. De vaststelling van een billijke vergoeding geschiedt met inachtneming van het belang van het behoud van de culturele diversiteit, de toegankelijkheid van cultuur, een doelstelling van sociaal beleid en het belang van de consument.
3. Onze Minister van Onderwijs, Cultuur en Wetenschap gaat alleen over tot vaststelling als bedoeld in het tweede lid op gezamenlijk verzoek van een in de desbetreffende branche bestaande vereniging van makers en een exploitant of een vereniging van exploitanten. Het verzoek bevat een gezamenlijk gedragen advies inzake een billijke vergoeding, alsmede een duidelijke afbakening van de branche waarop het verzoek betrekking heeft.
4. Een vereniging als bedoeld in het derde lid is representatief en onafhankelijk. Uit de statuten van de vereniging blijkt dat zij tot doel heeft Onze Minister van Onderwijs, Cultuur en Wetenschap een advies als bedoeld in het derde lid uit te brengen.
5. Bij of krachtens algemene maatregel van bestuur kunnen nadere regels worden gesteld in verband met de indiening van het verzoek door verenigingen van makers en exploitanten en de vaststelling van een billijke vergoeding door de Minister van Onderwijs, Cultuur en Wetenschap.
6. Indien de maker exploitatiebevoegdheden heeft verleend ten aanzien van een exploitatie op een ten tijde van sluiting van de overeenkomst nog onbekende wijze en de wederpartij gaat hiertoe over, is hij de maker hiervoor een aanvullende billijke vergoeding verschuldigd. Is de bevoegdheid door de wederpartij van de maker overgedragen aan een derde die tot de bedoelde exploitatie overgaat, dan kan de maker de aanvullende billijke vergoeding van de derde vorderen.

Art. 25d
1. De maker kan in rechte een aanvullende billijke vergoeding vorderen van zijn wederpartij, indien de overeengekomen vergoeding gelet op de wederzijdse prestaties een ernstige onevenredigheid vertoont in verhouding tot de opbrengst van de exploitatie van het werk.   *Bestsellerbepaling*
2. Indien de ernstige onevenredigheid tussen de vergoeding van de maker en de opbrengst van de exploitatie van het werk is ontstaan nadat het auteursrecht door de wederpartij van de

maker aan een derde is overgedragen, kan de maker de vordering als bedoeld in het eerste lid tegen de derde instellen.

Art. 25e

Onvoldoende exploitatie

1. De maker kan de overeenkomst geheel of gedeeltelijk ontbinden indien de wederpartij het auteursrecht op het werk niet binnen een redelijke termijn na het sluiten van de overeenkomst in voldoende mate exploiteert of, na het aanvankelijk verrichten van exploitatiehandelingen, het auteursrecht niet langer in voldoende mate exploiteert. De voorgaande zin is niet van toepassing indien het aan de maker is toe te rekenen dat het auteursrecht binnen de termijn niet in voldoende mate wordt geëxploiteerd of indien de wederpartij een zodanig zwaarwichtig belang heeft bij instandhouding van de overeenkomst dat het belang van de maker daarvoor naar maatstaven van redelijkheid en billijkheid moet wijken.
2. Indien het auteursrecht aan meerdere makers toebehoort en de bijdrage van de maker geen scheidbaar werk vormt, kan de maker de overeenkomst alleen ontbinden met instemming van de andere makers. Indien een maker zijn instemming onthoudt en de overige makers hierdoor onevenredig worden benadeeld, kan de ontbinding van de overeenkomst uitsluitend in rechte geschieden.
3. Voorzover exploitatie door de wederpartij niet blijvend onmogelijk is, ontstaat de bevoegdheid tot ontbinding van de overeenkomst pas nadat de maker aan de wederpartij schriftelijk een redelijke termijn heeft gegund het werk alsnog in voldoende mate te exploiteren en exploitatie binnen deze termijn uitblijft.
4. Op verzoek van de maker verstrekt de wederpartij voor het verstrijken van de termijn bedoeld in het derde lid hem een schriftelijke opgave van de omvang van de exploitatie.
5. In overeenstemming met artikel 6:267 BW vindt ontbinding van de overeenkomst plaats door een schriftelijke verklaring van de maker aan de wederpartij. Op vordering van de maker kan de ontbinding van de overeenkomst ook door de rechter worden uitgesproken.
6. Indien het auteursrecht door de wederpartij van de maker is overgedragen aan een derde, kan de maker zijn uit de ontbinding voortvloeiende rechten ook tegen deze derde geldend maken, nadat hij deze zo spoedig mogelijk schriftelijk van de ontbinding mededeling heeft gedaan.
7. Indien de wederpartij of de derde niet binnen een hem gestelde redelijke termijn tot teruglevering van het auteursrecht overgaat, kan de rechter op vordering van de maker een in de gegeven omstandigheden redelijk bedrag vaststellen dat de wederpartij dan wel de derde aan de maker dient te vergoeden, naast de mogelijk aan de maker verschuldigde schadevergoeding.

Art. 25f

Onredelijk bezwarende bedingen

1. Een beding dat voor een onredelijk lange of onvoldoende bepaalde termijn aanspraken op de exploitatie van toekomstige werken van de maker inhoudt, is vernietigbaar.
2. Een beding dat, gelet op de aard en inhoud van de overeenkomst, de wijze waarop de overeenkomst tot stand is gekomen, de wederzijds kenbare belangen van partijen of de overige omstandigheden van het geval, voor de maker onredelijk bezwarend is, is vernietigbaar.
3. Indien door de wederpartij is bedongen dat de overeenkomst tussentijds kan worden opgezegd, geldt deze bevoegdheid onder gelijke voorwaarden eveneens voor de maker.

Art. 25fa

De maker van een kort werk van wetenschap waarvoor het onderzoek geheel of gedeeltelijk met Nederlandse publieke middelen is bekostigd, heeft het recht om dat werk na verloop van een redelijke termijn na de eerste openbaarmaking ervan, om niet beschikbaar te stellen voor het publiek, mits de bron van de eerste openbaarmaking daarbij op duidelijke wijze wordt vermeld.

Art. 25g

Geschillencommissie

1. Onze Minister van Veiligheid en Justitie kan een geschillencommissie aanwijzen voor de beslechting van geschillen tussen een maker en zijn wederpartij of een derde inzake de toepassing van artikel 25c, eerste en zesde lid, 25d, 25e of 25f.
2. Wordt het geschil niet binnen drie maanden nadat afschrift van de uitspraak van de geschillencommissie aan partijen werd verzonden bij de rechter aanhangig gemaakt, dan wordt hetgeen in de uitspraak is vastgesteld na het verstrijken van deze termijn geacht te zijn overeengekomen tussen partijen.
3. Een geschil kan ook ten behoeve van makers aanhangig worden gemaakt door een stichting of vereniging met volledige rechtsbevoegdheid voorzover zij de belangen van makers ingevolge haar statuten behartigt.
4. Bij of krachtens algemene maatregel van bestuur kunnen nadere regels worden gesteld omtrent de financiering, samenstelling, inrichting, procedures, bekostiging, werkwijze van en toezicht op de geschillencommissie.

Art. 25h

Dwingend recht en IPR

1. Van het bepaalde in dit hoofdstuk kan door de maker geen afstand worden gedaan.
2. Ongeacht het recht dat de overeenkomst beheerst, zijn de bepalingen van dit hoofdstuk van toepassing indien:

a. de overeenkomst bij gebreke van een rechtskeuze zou worden beheerst door Nederlands recht, of;
b. de exploitatiehandelingen geheel of in overwegende mate in Nederland plaatsvinden of dienen plaats te vinden.

Hoofdstuk II
De uitoefening en de handhaving van het auteursrecht en bepalingen van strafrecht

Art. 26
Indien aan twee of meer personen een gemeenschappelijk auteursrecht op een zelfde werk toekomt, kan, tenzij anders is overeengekomen, de handhaving van dit recht door ieder hunner geschieden.

Handhaving gemeenschappelijk auteursrecht

Art. 26a
1. Het recht om toestemming te verlenen voor de gelijktijdige, ongewijzigde en onverkorte uitzending van een in een radio- of televisieprogramma opgenomen werk door een omroepnetwerk als bedoeld in artikel 1.1 van de Mediawet 2008 kan uitsluitend worden uitgeoefend door rechtspersonen die zich ingevolge hun statuten ten doel stellen de belangen van rechthebbenden door de uitoefening van het aan hen toekomende hiervoor bedoelde recht te behartigen.
2. De in het eerste lid bedoelde rechtspersonen zijn ook bevoegd de belangen te behartigen van rechthebbenden die daartoe geen opdracht hebben gegeven, indien het betreft de uitoefening van dezelfde rechten als in de statuten vermeld. Indien meerdere rechtspersonen zich blijkens hun statuten de behartiging van de belangen van dezelfde categorie rechthebbenden ten doel stellen, kan de rechthebbende een van hen aanwijzen als bevoegd tot de behartiging van zijn belangen. Voor rechthebbenden die geen opdracht hebben gegeven als bedoeld in de tweede zin gelden de rechten en verplichtingen die voortvloeien uit een overeenkomst die een tot de uitoefening van dezelfde rechten bevoegde rechtspersoon heeft gesloten met betrekking tot de in het eerste lid bedoelde uitzending, onverkort.
3. Vorderingen jegens de in het eerste lid bedoelde rechtspersoon terzake van de door deze geïnde gelden vervallen door verloop van drie jaren na de aanvang van de dag volgende op die waarop de in het eerste lid bedoelde uitzending heeft plaatsgevonden.
4. Dit artikel is niet van toepassing op rechten als bedoeld in het eerste lid die toekomen aan een omroeporganisatie met betrekking tot haar eigen uitzendingen.

Uitoefening van het recht om toestemming te geven voor kabeluitzending

Art. 26b
Partijen zijn verplicht de onderhandelingen over de toestemming voor de gelijktijdige, ongewijzigde en onverkorte uitzending, bedoeld in artikel 26a, eerste lid, te goeder trouw te voeren en niet zonder geldige reden te verhinderen of te belemmeren.

Onderhandelingen over de toestemming

Art. 26c
1. Indien over de gelijktijdige, ongewijzigde en onverkorte uitzending, bedoeld in artikel 26a, eerste lid, geen overeenstemming kan worden bereikt, kan iedere partij een beroep doen op een of meer bemiddelaars. De bemiddelaars worden zodanig geselecteerd dat over hun onafhankelijkheid en onpartijdigheid in redelijkheid geen twijfel kan bestaan.
2. De bemiddelaars verlenen bijstand bij het voeren van de onderhandelingen en zijn bevoegd aan de partijen voorstellen te betekenen. Tot drie maanden na de dag van ontvangst van de voorstellen van de bemiddelaars kan een partij zijn bezwaren tegen deze voorstellen betekenen aan de andere partij. De voorstellen van de bemiddelaars binden de partijen, tenzij binnen in de vorige zin bedoelde termijn door een van hen bezwaren zijn betekend. De voorstellen en de bezwaren worden aan de partijen betekend overeenkomstig het bepaalde in de eerste titel, zesde afdeling, van het eerste boek van het Wetboek van Burgerlijke Rechtsvordering.

Bemiddelaars

Art. 26d
De rechter kan op vordering van de maker, tussenpersonen wier diensten door derden worden gebruikt om inbreuk op het auteursrecht te maken, bevelen de diensten die worden gebruikt om die inbreuk te maken, te staken.

Verbod tegen tussenpersoon

Art. 26e
De voorzieningenrechter kan op vordering van de maker of zijn rechtverkrijgende tijdelijke voortzetting van de vermeende inbreuk toestaan onder de voorwaarde dat zekerheid wordt gesteld voor vergoeding van de door de maker of zijn rechtverkrijgende geleden schade. Onder dezelfde voorwaarden kan de rechter voortzetting van de dienstverlening door de tussenpersoon als bedoeld in artikel 26d toestaan.

Zekerheidstelling in plaats van verbod

Art. 27
1. Niettegenstaande de gehele of gedeeltelijke overdracht van zijn auteursrecht blijft de maker bevoegd een rechtsvordering ter verkrijging van schadevergoeding in te stellen tegen degene, die inbreuk op het auteursrecht heeft gemaakt.
2. In passende gevallen kan de rechter de schadevergoeding vaststellen als een forfaitair bedrag.

Schadevergoeding na auteursrechtoverdracht

art. 27a

3. De in het eerste lid bedoelde rechtsvordering ter verkrijging van schadevergoeding wegens inbreuk op het auteursrecht komt na het overlijden van de maker toe aan zijn erfgenamen of legatarissen tot aan het vervallen van het auteursrecht.

Art. 27a

Winstafdracht

1. Naast schadevergoeding kan de maker of zijn rechtverkrijgende vorderen dat degene die inbreuk op het auteursrecht heeft gemaakt, wordt veroordeeld de door deze ten gevolge van de inbreuk genoten winst af te dragen en dienaangaande rekening en verantwoording af te leggen.

Licentienemer

2. De maker of diens rechtverkrijgende kan de in het eerste lid bedoelde vorderingen of een van deze ook namens of mede namens een licentienemer instellen, onverminderd de bevoegdheid van deze laatste in een al of niet namens hem of mede namens hem door de maker of diens rechtverkrijgende ingesteld geding tussen te komen om rechtstreeks de door hem geleden schade vergoed te krijgen of om zich een evenredig deel van de door de verweerder af te dragen winst te doen toewijzen. De in het eerste lid bedoelde vorderingen of een van deze kan een licentienemer slechts instellen als hij de bevoegdheid daartoe van de maker of diens rechtverkrijgende heeft bedongen.

Art. 28

Recht op afgifte voorwerpen en gelden

1. Het auteursrecht geeft aan de gerechtigde de bevoegdheid om roerende zaken, die geen registergoederen zijn en die in strijd met dat recht zijn openbaar gemaakt of een niet geoorloofde verveelvoudiging vormen of die materialen of werktuigen zijn die voornamelijk bij de schepping of vervaardiging van deze zaken zijn gebruikt, als zijn eigendom op te eisen dan wel onttrekking aan het verkeer, vernietiging of onbruikbaarmaking daarvan te vorderen. Teneinde tot vernietiging of onbruikbaarmaking over te gaan, kan de gerechtigde de afgifte van deze zaken vorderen.

2. Gelijke bevoegdheid tot opeising bestaat:
a. ten aanzien van het bedrag van de toegangsgelden betaald voor het bijwonen van een voordracht, een op- of uitvoering of een tentoonstelling of voorstelling, waardoor inbreuk op het auteursrecht wordt gemaakt;
b. ten aanzien van andere gelden waarvan aannemelijk is dat zij zijn verkregen door of als gevolg van inbreuk op het auteursrecht.

3. De bepalingen van het Wetboek van Burgerlijke Rechtsvordering betreffende beslag en executie tot afgifte van roerende zaken die geen registergoederen zijn, zijn van toepassing. Bij samenloop met een ander beslag gaat degene die beslag heeft gelegd krachtens dit artikel voor.

4. De maatregelen, bedoeld in het eerste lid, worden op kosten van de verweerder uitgevoerd, tenzij bijzondere redenen dit beletten.

5. Ten aanzien van onroerende zaken, schepen of luchtvaartuigen, waardoor inbreuk op een auteursrecht wordt gemaakt, kan de rechter op vordering van de gerechtigde gelasten dat de verweerder daarin zodanige wijziging zal aanbrengen dat de inbreuk wordt opgeheven.

6. Tenzij anders is overeengekomen, heeft de licentienemer het recht de uit het eerste tot en met vijfde lid voortvloeiende bevoegdheden uit te oefenen, voor zover deze strekken tot bescherming van de rechten waarvan de uitoefening hem is toegestaan.

7. Gelijke bevoegdheid als bedoeld in het eerste lid bestaat ten aanzien van de inrichtingen, producten en onderdelen als bedoeld in artikel 29a alsmede de reproducties van werken als bedoeld in artikel 29b, die geen registergoederen zijn.

8. Bij de beoordeling van de maatregelen die de gerechtigde of diens licentienemer kan vorderen ingevolge de bevoegdheden, genoemd in het eerste, tweede en zevende lid, houdt de rechter rekening met de noodzakelijke evenredigheid tussen de ernst van de inbreuk en de gevorderde maatregelen en met de belangen van derden.

9. De rechter kan op vordering van de gerechtigde degene die inbreuk op diens recht heeft gemaakt, bevelen al hetgeen hem bekend is omtrent de herkomst en distributiekanalen van de goederen of diensten die inbreuk maken, aan de gerechtigde mee te delen en alle daarop betrekking hebbende gegevens aan deze te verstrekken. Onder dezelfde voorwaarden kan dit bevel worden gegeven aan een derde die op commerciële schaal inbreukmakende goederen in zijn bezit heeft of gebruikt, die op commerciële schaal diensten verleent die bij de inbreuk worden gebruikt, of die door een van deze derden is aangewezen als zijnde betrokken bij de productie, fabricage of distributie van deze goederen of bij het verlenen van deze diensten. Deze derde kan zich verschonen van het verstrekken van informatie die bewijs zou vormen van deelname aan een inbreuk op een recht van intellectuele eigendom door hem zelf of door de andere in artikel 165, derde lid, Wetboek van Burgerlijke Rechtsvordering bedoelde personen.

10. De rechter kan op vordering van de gerechtigde gelasten dat op kosten van degene die inbreuk op diens auteursrecht heeft gemaakt passende maatregelen worden getroffen tot verspreiding van informatie over de uitspraak.

Art. 29

Voorwerpen voor eigen gebruik

1. De in artikel 28, eerste lid, bedoelde bevoegdheid kan niet worden uitgeoefend ten aanzien van zaken die onder personen berusten, die niet in soortgelijke zaken handeldrijven en deze

uitsluitend voor eigen gebruik hebben verkregen, tenzij zij zelf inbreuk op het betreffende auteursrecht hebben gemaakt.
2. De vordering, bedoeld in artikel 28, vijfde lid, kan slechts worden ingesteld tegen de eigenaar of houder van de zaak, die schuld heeft aan de inbreuk op het betreffende auteursrecht.

Art. 29a

1. Voor de toepassing van dit artikel wordt onder «technische voorzieningen» verstaan technologie, inrichtingen of onderdelen die in het kader van hun normale werking dienen voor het voorkomen of beperken van handelingen ten aanzien van werken, die door de maker of zijn rechtverkrijgenden niet zijn toegestaan. Technische voorzieningen worden geacht «doeltreffend» te zijn indien het gebruik van een beschermd werk door de maker of zijn rechtverkrijgenden wordt beheerst door middel van toegangscontrole of door toepassing van een beschermingsprocédé zoals encryptie, vervorming of andere transformatie van het werk of een kopieerbeveiliging die de beoogde bescherming bereikt. *Technische beschermingsmaatregelen*

2. Degene, die doeltreffende technische voorzieningen omzeilt en dat weet of redelijkerwijs behoort te weten, handelt onrechtmatig. *Onrechtmatige daad (1)*

3. Degene die diensten verricht of inrichtingen, producten of onderdelen vervaardigt, invoert, distribueert, verkoopt, verhuurt, adverteert of voor commerciële doeleinden bezit die: *Onrechtmatige daad (2)*
a) aangeboden, aangeprezen of in de handel gebracht worden met het doel om de beschermende werking van doeltreffende technische voorzieningen te omzeilen, of
b) slechts een commercieel beperkt doel of nut hebben anders dan het omzeilen van de beschermende werking van doeltreffende technische voorzieningen, of
c) vooral ontworpen, vervaardigd of aangepast worden met het doel het omzeilen van de doeltreffende technische voorzieningen mogelijk of gemakkelijker te maken,
handelt onrechtmatig.

4. Bij algemene maatregel van bestuur kunnen regelen worden vastgesteld die de maker of zijn rechtverkrijgenden er toe verplichten aan de gebruiker van een werk van letterkunde, wetenschap of kunst voor doeleinden als omschreven in de artikelen 15i, 16, 16b, 16c, 16h, 16n, 17b en 22 van deze wet de nodige middelen te verschaffen om van deze beperkingen te profiteren, mits de gebruiker rechtmatig toegang tot het door de technische voorziening beschermde werk heeft. Het bepaalde in de voorgaande zin geldt niet ten aanzien van werken die onder contractuele voorwaarden aan gebruikers beschikbaar worden gesteld op een door hen individueel gekozen plaats en tijd. *AMvB*

5. Bij algemene maatregel van bestuur kunnen regels worden vastgesteld die de maker of zijn rechtverkrijgende er toe verplichten aan de gebruiker van een werk van letterkunde, wetenschap of kunst voor het gebruik als omschreven in artikel 15j, van deze wet de nodige middelen te verschaffen om van deze beperkingen te profiteren, mits de gebruiker rechtmatig toegang tot het werk heeft dat door de technische voorziening is beschermd.

Art. 29b

1. Degene die opzettelijk en zonder daartoe gerechtigd te zijn elektronische informatie betreffende het beheer van rechten verwijdert of wijzigt, of werken van letterkunde, wetenschap of kunst waaruit op ongeoorloofde wijze dergelijke informatie is verwijderd of waarin op ongeoorloofde wijze dergelijke informatie is gewijzigd, verspreidt, ter verspreiding invoert, uitzendt of anderszins openbaar maakt, en weet of redelijkerwijs behoort te weten dat hij zodoende aanzet tot inbreuk op het auteursrecht, dan wel een dergelijke inbreuk mogelijk maakt, vergemakkelijkt of verbergt, handelt onrechtmatig. *Manipulatie van elektronische informatie betreffende het beheer van rechten*

2. Onder «informatie betreffende het beheer van rechten» wordt in dit artikel verstaan alle door de maker of zijn rechtverkrijgenden verstrekte informatie welke verbonden is met een verveelvoudiging van een werk of bij de openbaarmaking van een werk bekend wordt gemaakt, die dient ter identificatie van het werk, dan wel van de maker of zijn rechtverkrijgenden, of informatie betreffende de voorwaarden voor het gebruik van het werk, alsmede de cijfers of codes waarin die informatie is vervat.

Art. 30

Indien iemand zonder daartoe gerechtigd te zijn een portret openbaar maakt gelden ten aanzien van het recht van den geportretteerde dezelfde bepalingen als in de artikelen 28 en 29 met betrekking tot het auteursrecht zijn gesteld. *Portretrecht; beslag*

Art. 30a

1. Voor het als bedrijf verleenen van bemiddeling in zake muziekauteursrecht, al of niet met het oogmerk om winst te maken, is de toestemming vereischt van Onzen Minister van Justitie. *Bemiddeling inzake muziekauteursrecht; Buma*

2. Onder het verleenen van bemiddeling inzake muziekauteursrecht wordt verstaan het, al of niet op eigen naam, ten behoeve van de makers van muziekwerken of hunne rechtverkrijgenden, sluiten of ten uitvoer leggen van overeenkomsten betreffende de uitvoering in het openbaar of de uitzending in een radio- of televisieprogramma, door tekens, geluid of beelden, van die werken, of hunne verveelvoudigingen, in hun geheel of gedeeltelijk.

art. 30b

3. Met de uitvoering of de uitzending in een radio- of televisieprogramma van muziekwerken wordt gelijkgesteld de uitvoering of de uitzending in een radio- of televisieprogramma van dramatisch-muzikale werken, choreografische werken en pantomimes en hunne verveelvoudigingen, indien deze ten gehoore worden gebracht zonder te worden vertoond.
4. Overeenkomsten als bedoeld bij het tweede lid, welke worden aangegaan zonder dat de ingevolge het eerste lid vereischte ministerieele toestemming is verkregen, zijn nietig.
5. Bij algemene maatregel van bestuur worden nadere voorschriften gegeven omtrent de toestemming bedoeld in het eerste lid.
6. Het toezicht op degene die de ministeriële toestemming heeft verkregen wordt uitgeoefend door het College van Toezicht, bedoeld in de Wet toezicht collectieve beheersorganisaties auteurs- en naburige rechten.

Art. 30b

Voorwaarden aan administratie belangenorganisatie

1. Op verzoek van een of meer naar het oordeel van Onze Minister van Justitie en van Onze Minister van Economische Zaken representatieve organisaties van bedrijfs- of beroepsgenoten die rechtspersonen met volledige rechtsbevoegdheid zijn en die ten doel hebben de behartiging van belangen van personen die beroeps- of bedrijfsmatig werken van letterkunde, wetenschap of kunst invoeren in Nederland, openbaar maken of verveelvoudigen, kunnen voornoemde ministers gezamenlijk bepalen dat door hen aangewezen beroeps- of bedrijfsgenoten verplicht zijn hun administratie te voeren op een nader door hen aan te geven wijze.
2. Hij die de in het vorige lid bedoelde verplichting niet nakomt, wordt gestraft met een geldboete van de tweede categorie. Het feit is een overtreding.

Art. 31

Opzettelijke inbreuk (1)

Hij, die opzettelijk inbreuk maakt op eens anders auteursrecht, wordt gestraft met gevangenisstraf van ten hoogste zes maanden of geldboete van de vierde categorie.

Art. 31a

Opzettelijke inbreuk (2)

Hij die opzettelijk een voorwerp waarin met inbreuk op eens anders auteursrecht een werk is vervat,
a. openlijk ter verspreiding aanbiedt,
b. ter verveelvoudiging of ter verspreiding voorhanden heeft,
c. invoert, doorvoert, uitvoert of
d. bewaart uit winstbejag
wordt gestraft met gevangenisstraf van ten hoogste één jaar of geldboete van de vijfde categorie.

Art. 31b

Piraterij

Hij die van het plegen van de misdrijven, als bedoeld in de artikelen 31 en 31a, zijn beroep maakt of het plegen van deze misdrijven als bedrijf uitoefent, wordt gestraft met gevangenisstraf van ten hoogste vier jaar of geldboete van de vijfde categorie.

Art. 32

Inbreuk te kwader trouw

Hij die een voorwerp waarvan hij redelijkerwijs kan vermoeden dat daarin met inbreuk op eens anders auteursrecht een werk is vervat,
a. openlijk ter verspreiding aanbiedt;
b. ter verveelvoudiging of ter verspreiding voorhanden heeft;
c. invoert, doorvoert, uitvoert of
d. bewaart uit winstbejag
wordt gestraft met geldboete van de derde categorie.

Art. 32a

Kraakmiddelen

Hij die opzettelijk middelen die uitsluitend bestemd zijn om het zonder toestemming van de maker of zijn rechtverkrijgende verwijderen van of het ontwijken van een technische voorziening ter bescherming van een werk als bedoeld in artikel 10, eerste lid, onder 12°, te vergemakkelijken
a. openlijk ter verspreiding aanbiedt,
b. ter verspreiding voorhanden heeft,
c. invoert, doorvoert, uitvoert of
d. bewaart uit winstbejag
wordt gestraft met gevangenisstraf van ten hoogste zes maanden of geldboete van de vierde categorie.

Art. 33

Misdrijven

De feiten strafbaar gesteld in de artikelen 31, 31a, 31b, 32 en 32a zijn misdrijven.

Art. 34

Inbreuk op persoonlijkheidsrechten

1. Hij die opzettelijk in enig werk van letterkunde, wetenschap of kunst, waarop auteursrecht bestaat, in de benaming daarvan of in de aanduiding van de maker wederrechtelijk enige wijziging aanbrengt of wel met betrekking tot een zodanig werk op enige andere wijze, welke nadeel zou kunnen toebrengen aan de eer of de naam van de maker of aan zijn waarde in deze hoedanigheid, het werk aantast, wordt gestraft met gevangenisstraf van ten hoogste zes maanden of geldboete van de vierde categorie.
2. Het feit is een misdrijf.

Art. 35
1. Hij die zonder daartoe gerechtigd te zijn een portret in het openbaar ten toon stelt of op andere wijze openbaar maakt, wordt gestraft met geldboete van de vierde categorie. *Inbreuk op portretrecht*
2. Het feit is eene overtreding.

Art. 35a
1. Hij die, zonder dat de vereischte toestemming van Onzen Minister van Justitie is verkregen, handelingen verricht, die behooren tot een bedrijf als bedoeld bij artikel 30a, wordt gestraft met geldboete van de vierde categorie. *Onbevoegde bemiddeling inzake muziekauteursrecht*
2. Het feit wordt beschouwd als eene overtreding.

Art. 35b
1. Hij die in een schriftelijke aanvrage of opgave, dienende om in het bedrijf van degene, die met toestemming van Onzen Minister van Justitie bemiddeling verleent inzake muziekauteursrecht, te worden gebezigd bij de vaststelling van het wegens auteursrecht verschuldigde, opzettelijk een onjuiste of onvolledige mededeling doet, wordt gestraft met hechtenis van ten hoogste drie maanden of of geldboete van de derde categorie. *Onjuiste opgave aan Buma*
2. Het feit is een overtreding.

Art. 35c
Degene die een schriftelijke opgave aan de in artikel 16d, eerste lid, bedoelde rechtspersoon, dienende voor de vaststelling van het op grond van artikel 16c verschuldigde, opzettelijk nalaat dan wel in een dergelijke opgave opzettelijk een onjuiste of onvolledige mededeling doet, wordt gestraft met hechtenis van ten hoogste drie maanden of geldboete van de derde categorie. Het feit wordt beschouwd als een overtreding. *Onjuiste opgave aan Thuiskopie*

Art. 35d
Degene die een opgave als bedoeld in artikel 15g opzettelijk nalaat dan wel in een dergelijke opgave opzettelijk een onjuiste mededeling doet, wordt gestraft met hechtenis van ten hoogste drie maanden of geldboete van de derde categorie. Het feit wordt beschouwd als een overtreding. *Onjuiste opgave aan Leenrecht*

Art. 36
1. De door den strafrechter verbeurd verklaarde verveelvoudigingen worden vernietigd; echter kan de rechter bij het vonnis bepalen, dat zij aan dengene, wien het auteursrecht toekomt, zullen worden afgegeven, indien deze zich daartoe ter griffie aanmeldt binnen eene maand nadat de uitspraak in kracht van gewijsde is gegaan. *Verbeurdverklaarde verveelvoudigingen*
2. Door de afgifte gaat de eigendom van de verveelvoudigingen op den rechthebbende over. De rechter zal kunnen gelasten, dat die afgifte niet zal geschieden dan tegen eene bepaalde, door den rechthebbende te betalen vergoeding, welke ten bate komt van den Staat.

Art. 36a
De opsporingsambtenaren kunnen te allen tijde tot het opsporen van bij deze wet strafbaar gestelde feiten inzage vorderen van alle bescheiden of andere gegevensdragers waarvan inzage voor de vervulling van hun taak redelijkerwijze nodig is, bij hen die in de uitoefening van hun beroep of bedrijf werken van letterkunde, wetenschap of kunst invoeren, doorvoeren, uitvoeren, openbaar maken of verveelvoudigen. *Bevoegdheden opsporingsambtenaren*

Art. 36b
1. De opsporingsambtenaren zijn bevoegd, tot het opsporen van de bij deze wet strafbaar gestelde feiten en ter inbeslagneming van hetgeen daarvoor vatbaar is, elke plaats te betreden. *Binnentreding opsporingsambtenaren*
2. Indien hun de toegang wordt geweigerd, verschaffen zij zich die desnoods met inroeping van de sterke arm.
3. In woningen treden zij tegen de wil van de bewoner niet binnen dan op vertoon van een schriftelijke bijzondere last van of in tegenwoordigheid van een officier van justitie of een hulpofficier van justitie. Van dit binnentreden wordt door hen binnen vierentwintig uren procesverbaal opgemaakt.

Art. 36c
[Vervallen]

Hoofdstuk III
De duur van het auteursrecht

Art. 37
1. Het auteursrecht vervalt door verloop van 70 jaren, te rekenen van de 1e januari van het jaar, volgende op het sterfjaar van de maker. *Duur van het auteursrecht*
2. De duur van een gemeenschappelijk auteursrecht op een zelfde werk, aan twee of meer personen als gezamenlijke makers daarvan toekomende, wordt berekend van de 1e januari van het jaar, volgende op het sterfjaar van de langstlevende hunner.

Art. 38
1. Het auteursrecht op een werk, ten aanzien waarvan de maker niet is aangeduid of niet op zodanige wijze dat zijn identiteit buiten twijfel staat, vervalt door verloop van 70 jaren, te rekenen *Bijzondere regelingen*

van de 1e januari van het jaar, volgende op dat, waarin de eerste openbaarmaking van het werk rechtmatig heeft plaatsgehad.
2. Hetzelfde geldt ten aanzien van werken, waarvan een openbare instelling, een vereniging, stichting of vennootschap als maker wordt aangemerkt, tenzij de natuurlijke persoon, die het werk heeft gemaakt, als zodanig is aangeduid op of in exemplaren van het werk, die zijn openbaar gemaakt.
3. Indien de maker vóór het verstrijken van de in het eerste lid genoemde termijn zijn identiteit openbaart, zal de duur van het auteursrecht op dat werk worden berekend naar de bepalingen van artikel 37.

Art. 39

Verval van auteursrecht

Voor werken, waarvan de duur van het auteursrecht niet wordt berekend naar de bepalingen van artikel 37 en die niet binnen 70 jaren na hun totstandkoming op rechtmatige wijze zijn openbaar gemaakt, vervalt het auteursrecht.

Art. 40

Duur auteursrecht op een filmwerk

Het auteursrecht op een filmwerk vervalt door verloop van 70 jaren, te rekenen van de 1e januari van het jaar, volgende op het sterfjaar van de langstlevende van de volgende personen: de hoofdregisseur, de scenarioschrijver, de schrijver van de dialogen en degene die ten behoeve van het filmwerk de muziek heeft gemaakt.

Art. 40a

Auteursrecht bij verschillende personen

Indien in het geval van een muziekwerk met woorden het auteursrecht op de muziek en het auteursrecht op de woorden berusten bij verschillende personen, vervalt het auteursrecht door verloop van 70 jaren, te rekenen van de 1e januari van het jaar volgende op het sterfjaar van de langstlevende van hen.

Art. 41

Werken die in verschillende banden e.d. zijn verschenen

Ten aanzien van werken, in verschillende banden, delen, nummers of afleveringen verschenen, wordt voor de toepassing van artikel 38 iedere band, deel, nummer of aflevering als een afzonderlijk werk aangemerkt.

Art. 42

Auteursrecht, verstreken in land van oorsprong

In afwijking voor zooverre van de bepalingen van dit hoofdstuk kan in Nederland geenerlei beroep worden gedaan op auteursrecht, waarvan de duur in het land van oorsprong van het werk reeds verstreken is. Het in de eerste zin bepaalde geldt niet voor werken waarvan de maker onderdaan is van een lid-staat van de Europese Unie of een staat die partij is bij de Overeenkomst betreffende de Europese Economische Ruimte van 2 mei 1992.

Hoofdstuk IV
Bijzondere bepalingen betreffende het volgrecht

Art. 43

Originelen van kunstwerken en professionele kunsthandelaar, begripsbepalingen

In dit hoofdstuk en de daarop berustende bepalingen wordt verstaan onder:
a. originelen van kunstwerken:
1°. een werk van grafische of beeldende kunst, zoals afbeeldingen, collages, schilderingen, tekeningen, gravures, prenten, lithografieën, beeldhouwwerken, tapisserieën, keramische werken, glaswerk en foto's, voor zover dit door de maker zelf is vervaardigd, of het een exemplaar betreft dat anderszins als origineel van een kunstwerk wordt beschouwd.
2°. exemplaren van werken als bedoeld in onder 1°, die door de maker zelf of op zijn gezag in een beperkte oplage zijn vervaardigd.
b. professionele kunsthandelaar: de natuurlijke persoon of rechtspersoon die zijn beroep of bedrijf maakt van de koop of verkoop van originelen van kunstwerken of van het als tussenpersoon tot stand brengen van koopovereenkomsten met betrekking tot originelen van kunstwerken.

Art. 43a

Volgrecht

1. Het volgrecht is het recht van de maker en van zijn rechtverkrijgenden krachtens erfopvolging om bij iedere verkoop van een origineel van een kunstwerk waarbij een professionele kunsthandelaar is betrokken, met uitzondering van de eerste vervreemding door de maker, een vergoeding te ontvangen.
2. Het volgrecht is niet overdraagbaar, uitgezonderd in het geval van overdracht krachtens legaat.
3. Van het volgrecht kan geen afstand worden gedaan.
4. De vergoeding bedoeld in het eerste lid is opeisbaar vanaf het tijdstip dat de koopprijs van het origineel van het kunstwerk opeisbaar is, doch uiterlijk vanaf drie maanden na het totstandkomen van de koopovereenkomst.

Art. 43b

AMvB

Bij algemene maatregel van bestuur wordt de hoogte van de vergoeding, bedoeld in artikel 43a, eerste lid, vastgesteld en kunnen regelen worden gesteld omtrent de verschuldigdheid van de vergoeding.

Art. 43c
1. De verplichting tot betaling van de vergoeding, bedoeld in artikel 43a, eerste lid, rust op de bij de verkoop betrokken professionele kunsthandelaar. Indien meer dan één professionele kunsthandelaar bij een verkoop is betrokken, zijn zij hoofdelijk voor deze vergoeding aansprakelijk. *Betalingsverplichting*
2. Een rechtsvordering tot betaling van de vergoeding bedoeld in artikel 43a, eerste lid, verjaart door verloop van vijf jaren na de aanvang van de dag, volgende op die waarop de rechthebbende zowel met de opeisbaarheid van de vergoeding als met de tot de betaling van de vergoeding verplichte persoon bekend is geworden, en in ieder geval door verloop van twintig jaren na het tijdtip waarop de vergoeding opeisbaar is geworden.

Art. 43d
De gerechtigde op het volgrecht kan gedurende drie jaar na het tijdstip waarop de vergoeding bedoeld in artikel 43a, eerste lid, opeisbaar is geworden, van degene die verplicht is tot betaling van de vergoeding alle inlichtingen verlangen die noodzakelijk zijn om de betaling van de vergoeding veilig te stellen. *Inlichtingen*

Art. 43e
1. Het volgrecht vervalt op het tijdstip waarop het auteursrecht vervalt. *Verval volgrecht*
2. In afwijking van het eerste lid is bij een verkoop van een origineel van een kunstwerk tot 1 januari 2010 de vergoeding, bedoeld in artikel 43a, eerste lid, niet verschuldigd aan de rechtverkrijgenden van de maker krachtens erfopvolging.
3. Bij algemene maatregel van bestuur kan de in het tweede lid bedoelde periode worden verlengd tot uiterlijk 1 januari 2012.

Art. 43f
Onverminderd het bepaalde in artikel 43g is dit hoofdstuk van toepassing op originelen van kunstwerken die op 1 januari 2006 in ten minste één lidstaat van de Europese Unie of een staat die partij is bij de Overeenkomst betreffende de Europese Economische Ruimte van 2 mei 1992 beschermd worden door de nationale wetgeving op het gebied van het auteursrecht. *Volgrecht originelen, reikwijdte*

Art. 43g
1. Dit hoofdstuk is van toepassing op makers van originelen van kunstwerken die: *Volgrecht makers, reikwijdte*
a. onderdaan zijn van één van de lidstaten van de Europese Unie en hun rechtverkrijgenden;
b. onderdaan zijn van een staat die partij is bij de Overeenkomst betreffende de Europese Economische Ruimte van 2 mei 1992 en hun rechtverkrijgenden; of
c. hun gewone verblijfplaats in Nederland hebben en hun rechtverkrijgenden.
2. Dit hoofdstuk is voorts van toepassing op makers van originelen van kunstwerken en hun rechtverkrijgenden die onderdaan zijn van een staat, niet zijnde een lidstaat van de Europese Unie of van een staat die partij is bij de Overeenkomst betreffende de Europese Economische Ruimte van 2 mei 1992, in de mate waarin en de duur waarvoor die staat het volgrecht erkent ten behoeve van makers van originelen van kunstwerken uit de lidstaten van de Europese Unie en de staten die partij zijn bij de Overeenkomst betreffende de Europese Economische Ruimte van 2 mei 1992 en hun rechtverkrijgenden.

Art. 44-45
[Vervallen]

Hoofdstuk V
Bijzondere bepalingen betreffende filmwerken

Art. 45a
1. Onder filmwerk wordt verstaan een werk dat bestaat uit een reeks beelden met of zonder geluid, ongeacht de wijze van vastlegging van het werk, indien het is vastgelegd. *Filmwerk*
2. Onverminderd het in de artikelen 7 en 8 bepaalde worden als de makers van een filmwerk aangemerkt de natuurlijke personen die tot het ontstaan van het filmwerk een daartoe bestemde bijdrage van scheppend karakter hebben geleverd.
3. Producent van het filmwerk is de natuurlijke of rechtspersoon die verantwoordelijk is voor de totstandbrenging van het filmwerk met het oog op de exploitatie daarvan. *Filmproducent*

Art. 45b
Indien een van de makers zijn bijdrage tot het filmwerk niet geheel tot stand wil of kan brengen, kan hij zich, tenzij schriftelijk anders overeengekomen is, niet verzetten tegen het gebruik door de producent van die bijdrage, voor zover deze reeds tot stand is gebracht, ten behoeve van de voltooiing van het filmwerk. Voor de door hem tot stand gebrachte bijdrage geldt hij als maker in de zin van artikel 45a. *Onvoltooide bijdragen*

Art. 45c
Het filmwerk geldt als voltooid op het tijdstip waarop het vertoningsgereed is. Tenzij schriftelijk anders overeengekomen is, beslist de producent wanneer het filmwerk vertoningsgereed is. *Voltooiing filmwerk*

Art. 45d

Filmwerk, overdracht

1. Tenzij de makers en de producent van een filmwerk schriftelijk anders zijn overeengekomen, worden de makers geacht aan de producent het recht overgedragen te hebben om vanaf het in artikel 45c bedoelde tijdstip het filmwerk te verhuren en anderszins openbaar te maken, dit te verveelvoudigen in de zin van artikel 14, er ondertitels bij aan te brengen en de teksten ervan na te synchroniseren. Het vorenstaande geldt niet ten aanzien van degene die ten behoeve van het filmwerk de muziek heeft gemaakt en degene die de bij de muziek behorende tekst heeft gemaakt. Ongeacht de wijze van overdracht is de producent aan de makers voor de overdracht van rechten en de exploitatie van het filmwerk een billijke vergoeding verschuldigd. Van het recht op een billijke vergoeding kan geen afstand worden gedaan.

Filmwerk, vergoeding uitzending

2. Onverminderd het in artikel 26a bepaalde is een ieder die het filmwerk uitzendt of doet uitzenden of op enige andere wijze mededeelt aan het publiek, per draad of draadloos, met uitzondering van de beschikbaarstelling van het filmwerk op zodanige wijze dat het filmwerk voor de leden van het publiek op een door hen individueel gekozen plaats en tijd toegankelijk is, aan de hoofdregisseur en de scenarioschrijver van het filmwerk die deze rechten aan de producent heeft overgedragen een proportionele billijke vergoeding verschuldigd. Van het recht op een proportionele billijke vergoeding kan geen afstand worden gedaan.

3. Het recht op de vergoeding bedoeld in het tweede lid wordt uitgeoefend door representatieve rechtspersonen die zich ingevolge hun statuten ten doel stellen de belangen van hoofdregisseurs of scenarioschrijvers te behartigen door de uitoefening van dat recht. Artikel 26a, tweede en derde lid, is van overeenkomstige toepassing.

4. Degene die de in het tweede lid bedoelde vergoeding verschuldigd is, is gehouden aan de rechtspersonen bedoeld in het derde lid de bescheiden of andere informatiedragers ter inzage te geven, waarvan de kennisneming noodzakelijk is voor de vaststelling van de verschuldigdheid, de hoogte en de verdeling van de vergoeding.

5. Bij algemene maatregel van bestuur kunnen nadere regels worden gegeven over de uitoefening van het recht bedoeld in het tweede lid.

6. Het recht op een proportionele billijke vergoeding bedoeld in het tweede lid is niet van toepassing op een filmwerk waarvan de exploitatie als zodanig niet het hoofddoel is.

7. Artikel 25d en artikel 25e zijn van overeenkomstige toepassing. Artikel 25c, tweede tot en met zesde lid, en artikel 25g zijn van overeenkomstige toepassing op de billijke vergoeding bedoeld in het eerste lid.

Art. 45e

Recht op vermelding naam

Iedere maker heeft met betrekking tot het filmwerk naast de rechten, bedoeld in artikel 25, eerste lid, onder b, c en d, het recht

a. zijn naam op de daarvoor gebruikelijke plaats in het filmwerk te doen vermelden met vermelding van zijn hoedanigheid of zijn bijdrage aan het filmwerk;

b. te vorderen dat het onder a bedoelde gedeelte van het filmwerk mede wordt vertoond;

c. zich te verzetten tegen vermelding van zijn naam op het filmwerk, tenzij dit verzet in strijd met de redelijkheid zou zijn.

Art. 45f

Vermoeden afstand van wijzigingsrecht

De maker wordt, tenzij schriftelijk anders overeengekomen is, verondersteld tegenover de producent afstand gedaan te hebben van het recht zich te verzetten tegen wijzigingen als bedoeld in artikel 25, eerste lid onder c, in zijn bijdrage.

Art. 45g

Auteursrecht op eigen bijdrage

Iedere maker behoudt, tenzij schriftelijk anders overeengekomen is, het auteursrecht op zijn bijdrage, indien deze een van het filmwerk scheidbaar werk vormt. Na het in artikel 45c bedoelde tijdstip mag iedere maker, tenzij schriftelijk anders overeengekomen is, zijn bijdrage afzonderlijk openbaar maken en verveelvoudigen, mits hij daardoor geen schade toebrengt aan de exploitatie van het filmwerk.

Hoofdstuk VI
Bijzondere bepalingen betreffende computerprogramma's

Art. 45h

Verhuurrecht

Voor het openbaar maken door middel van verhuren van het geheel of een gedeelte van een werk als bedoeld in artikel 10, eerste lid, onder 12°, of van een verveelvoudiging daarvan die door de rechthebbende of met zijn toestemming in het verkeer is gebracht, is de toestemming van de maker of zijn rechtverkrijgende vereist.

Art. 45i

Verveelvoudiging

Onverminderd het bepaalde in artikel 13 wordt onder het verveelvoudigen van een werk als bedoeld in artikel 10, eerste lid, onder 12°, mede verstaan het laden, het in beeld brengen, de uitvoering, de transmissie of de opslag, voor zover voor deze handelingen het verveelvoudigen van dat werk noodzakelijk is.

Art. 45j
Tenzij anders is overeengekomen, wordt niet als inbreuk op het auteursrecht op een werk als bedoeld in artikel 10, eerste lid, onder 12°, beschouwd de verveelvoudiging, vervaardigd door de rechtmatige verkrijger van een exemplaar van eerder genoemd werk, die noodzakelijk is voor het met dat werk beoogde gebruik. De verveelvoudiging, als bedoeld in de eerste zin, die geschiedt in het kader van het laden, het in beeld brengen of het verbeteren van fouten, kan niet bij overeenkomst worden verboden.

Verveelvoudiging door rechtmatige gebruiker

Art. 45k
Als inbreuk op het auteursrecht op een werk als bedoeld in artikel 10, eerste lid, onder 12°, wordt niet beschouwd de verveelvoudiging, vervaardigd door de rechtmatige gebruiker van eerder genoemd werk, die dient als reservekopie indien zulks voor het met dat werk beoogde gebruik noodzakelijk is.

Reservekopie

Art. 45l
Hij die bevoegd is tot het verrichten van de in artikel 45i bedoelde handelingen, is mede bevoegd tijdens deze handelingen de werking van dat werk waar te nemen, te bestuderen en te testen teneinde de daaraan ten grondslag liggende ideeën en beginselen te achterhalen.

Analyse

Art. 45m
1. Als inbreuk op het auteursrecht op een werk als bedoeld in artikel 10, eerste lid, onder 12°, worden niet beschouwd het verveelvoudigen van een kopie van dat werk en het vertalen van de codevorm daarvan, indien deze handelingen onmisbaar zijn om de informatie te verkrijgen die nodig is om de interoperabiliteit van een onafhankelijk vervaardigd computerprogramma met andere computerprogramma's tot stand te brengen, mits:
a. deze handelingen worden verricht door een persoon die op rechtmatige wijze de beschikking heeft gekregen over een exemplaar van het computerprogramma of door een door hem daartoe gemachtigde derde;
b. de gegevens die noodzakelijk zijn om de interoperabiliteit tot stand te brengen niet reeds snel en gemakkelijk beschikbaar zijn voor de onder *a* bedoelde personen;
c. deze handelingen beperkt blijven tot die onderdelen van het oorspronkelijke computerprogramma die voor het tot stand brengen van de interoperabiliteit noodzakelijk zijn.
2. Het is niet toegestaan de op grond van het eerste lid verkregen informatie:
a. te gebruiken voor een ander doel dan het tot stand brengen van de interoperabiliteit van het onafhankelijk vervaardigde computerprogramma;
b. aan derden mede te delen, tenzij dit noodzakelijk is voor het tot stand brengen van de interoperabiliteit van het onafhankelijk vervaardigde computerprogramma;
c. te gebruiken voor de ontwikkeling, de produktie of het in de handel brengen van een computerprogramma, dat niet als een nieuw, oorspronkelijk werk kan worden aangemerkt of voor andere, op het auteursrecht inbreuk makende handelingen.

Analyse om tot interoperabele computerprogramma's te komen

Art. 45n
De artikelen 16b en 16c zijn niet van toepassing op werken als bedoeld in artikel 10, eerste lid, onder 12°.

Computerprogramma's en beperkingen in AW

Hoofdstuk VII
Bescherming van na het verstrijken van de beschermingsduur openbaar gemaakte werken

Art. 45o
1. Hij die een niet eerder uitgegeven werk voor de eerste maal rechtmatig openbaar maakt na het verstrijken van de duur van het auteursrecht, geniet het in artikel 1 genoemde uitsluitende recht.

2. Het in het eerste lid genoemde recht vervalt door verloop van 25 jaren, te rekenen van de 1e januari van het jaar, volgende op dat, waarin de eerste openbaarmaking van dat werk rechtmatig heeft plaatsgehad.

3. Het in het eerste lid en in het tweede lid bepaalde geldt tevens voor niet eerder uitgegeven werken die nooit door het auteursrecht zijn beschermd en waarvan de maker meer dan 70 jaren geleden is overleden.

Bescherming van na het verstrijken van de beschermingsduur openbaar gemaakte werken

Hoofdstuk VIII
Overgangs- en slotbepalingen

Art. 46
1. Bij het in werking treden van deze wet vervalt de wet van 28 Juni 1881 *(Staatsblad* nr. 124), tot regeling van het auteursrecht.

Uitschakelbepaling

art. 47

Uitschakelbepaling, uitzondering

2. Echter blijft artikel 11 van laatstgenoemde wet van kracht ten aanzien van werken en vertalingen, vóór bedoeld tijdstip ingezonden.

Art. 47

Gedeeltelijke terugwerkende kracht van de wet

1. Deze wet is van toepassing op alle werken van letterkunde, wetenschap of kunst, welke hetzij vóór, hetzij na haar in werking treden voor de eerste maal, of binnen dertig dagen na de eerste uitgave in een ander land, zijn uitgegeven in Nederland, alsmede op alle zodanige niet of niet aldus uitgegeven werken, welker makers zijn Nederlanders.
2. Voor de toepassing van het voorgaande lid worden met Nederlanders gelijkgesteld de makers die geen Nederlander zijn maar die hun gewone verblijfplaats in Nederland hebben, voor zover het betreft niet uitgegeven werken of werken die zijn uitgegeven nadat de maker zijn gewone verblijfplaats in Nederland heeft verkregen.
3. Een werk is uitgegeven in de zin van dit artikel wanneer het met toestemming van de maker in druk is verschenen of in het algemeen wanneer met toestemming van de maker een zodanig aanbod van exemplaren daarvan, van welke aard ook, heeft plaatsgevonden dat daardoor, gelet op de aard van het werk, wordt voorzien in de redelijke behoeften van het publiek.
4. De opvoering van een toneelwerk of muziek-dramatisch werk, de uitvoering van een muziekwerk, de vertoning van een filmwerk, de voordracht of de uitzending in een radio- of televisieprogramma van een werk en de tentoonstelling van een kunstwerk worden niet als een uitgave aangemerkt.
5. Ten aanzien van bouwwerken en van werken van beeldende kunst die daarmede één geheel vormen, wordt het bouwen van het bouwwerk of het aanbrengen van het werk van beeldende kunst als uitgave aangemerkt.
6. Onverminderd het bepaalde in de voorgaande leden is deze wet van toepassing op filmwerken, indien de producent daarvan in Nederland zijn zetel of zijn gewone verblijfplaats heeft.

Art. 47a

Werken uit Noord-Oost-Indië en Nederlands-Nieuw-Guinea

Deze wet blijft van toepassing op alle werken van letterkunde, wetenschap of kunst, welke voor de eerste maal vóór 27 december 1949 in Nederlandsch-Indië of vóór 1 oktober 1962 in Nederlands-Nieuw-Guinea door of vanwege de maker zijn uitgegeven.

Art. 47b

Toepassing op satellietuitzendingen

1. Deze wet is van toepassing op het uitzenden van een in een radio- of televisieprogramma opgenomen werk door middel van een satelliet, indien de handeling, bedoeld in artikel 12, zevende lid, in Nederland plaatsvindt.
2. Deze wet is voorts van toepassing op het uitzenden van een in een radio- of televisieprogramma opgenomen werk door middel van een satelliet, indien:

   a. de handeling, bedoeld in artikel 12, zevende lid, plaatsvindt in een land dat niet tot de Europese Unie behoort of dat niet partij is bij de Overeenkomst betreffende de Europese Economische Ruimte van 2 mei 1992;

   b. het land waar de handeling, bedoeld in artikel 12, zevende lid, plaatsvindt niet het niveau van bescherming biedt, voorzien in hoofdstuk II van richtlijn nr. 93/83/EEG van de Raad van de Europese Gemeenschappen van 27 september 1993 tot coördinatie van bepaalde voorschriften betreffende het auteursrecht en naburige rechten op het gebied van de satellietomroep en de doorgifte via de kabel (PbEG L 248); en

   c. hetzij de programmadragende signalen naar de satelliet worden doorgezonden vanuit een grondstation in Nederland, hetzij een omroeporganisatie, die in Nederland haar hoofdvestiging heeft, opdracht heeft gegeven tot de uitzending en geen gebruik wordt gemaakt van een grondstation in een lid-staat van de Europese Unie of in een staat die partij is bij de Overeenkomst betreffende de Europese Economische Ruimte van 2 mei 1992.

Art. 48

Reeds vervallen auteursrechten

Deze wet erkent geen auteursrecht op werken, waarop het auteursrecht op het tijdstip van haar in werking treden krachtens een der artikelen 13 of 14 der wet van 28 Juni 1881 (*Staatsblad* nr. 124), tot regeling van het auteursrecht, was vervallen, noch op werken, waarvan op bedoeld tijdstip het kopijrecht vervallen was krachtens artikel 3 der wet van den 25sten Januari 1817 (*Staatsblad* nr. 5), de rechten bepalende die in de Nederlanden, ten opzichte van het drukken en uitgeven van letter- en kunstwerken, kunnen worden uitgeoefend.

Art. 49

Handhaving auteursrechten steunend op de vorige wet

Het auteursrecht, verkregen krachtens de wet van 28 Juni 1881 (*Staatsblad* nr. 124), tot regeling van het auteursrecht, zoomede het kopijrecht of eenig recht van dezen aard, onder eene vroegere wetgeving verkregen en door genoemde wet gehandhaafd, blijft na het in werking treden van deze wet gehandhaafd.

Art. 50-50b

[Vervallen]

Art. 50c
1. Hij die vóór 1 september 1912, niet in strijd met de bepalingen van de wet van 28 juni 1881 (*Stb.* 124) tot regeling van het auteursrecht, noch met die van enig tractaat in Nederland of Nederlandsch-Indië enige verveelvoudiging van een werk van letterkunde, wetenschap of kunst, niet zijnde een nadruk van het geheel of een gedeelte van een zodanig werk, als bedoeld bij artikel 10, 1°, 2°, 5° of 7°, heeft uitgegeven, verliest door het in werking treden van deze wet niet de bevoegdheid om de vóór dat tijdstip uitgegeven verveelvoudiging, ook wat betreft later vervaardigde exemplaren, te verspreiden en te verkopen. Deze bevoegdheid gaat over bij erfopvolging en is vatbaar voor geheele of gedeeltelijke overdracht. Het tweede lid van artikel 47 vindt overeenkomstige toepassing.

Verspreiding van onder de vorige wet uitgegeven kopieën, behoudens rechterlijke opheffing der bevoegdheid of schadevergoeding

2. Niettemin kan de rechter, op het schriftelijk verzoek van dengene wien het auteursrecht op het oorspronkelijk werk toekomt, hetzij de in het eerste lid genoemde bevoegdheid geheel of gedeeltelijk opheffen, hetzij den verzoeker ter zake van de uitoefening dier bevoegdheid eene schadeloosstelling toekennen, een en ander volgens de bepalingen der beide volgende artikelen.

Art. 50d
1. Het verzoek tot gehele of gedeeltelijke opheffing van de in artikel 50c genoemde bevoegdheid kan slechts worden gedaan, indien na 1 november 1915 een nieuwe uitgave der verveelvoudiging heeft plaatsgehad. Het tweede lid van artikel 47 vindt overeenkomstige toepassing.

Voorwaarden waaronder de rechter al dan niet beslist tot opheffing der verspreidingsbevoegdheid

2. Het verzoekschrift wordt vóór het verstrijken van het kalenderjaar, volgende op dat, waarin die uitgave heeft plaatsgehad, ingediend bij de rechtbank Amsterdam. De griffier roept partijen op tegen een door de rechter te bepalen bekwame termijn. De zaak wordt in raadkamer behandeld.
3. Het verzoek tot opheffing der bevoegdheid wordt slechts ingewilligd, indien en voor zoover de rechter van oordeel is, dat het zedelijk belang des verzoekers door de verspreiding en den verkoop der verveelvoudiging wordt gekrenkt. Geschiedt het verzoek niet door den maker van het oorspronkelijk werk, dan wijst de rechter het af, indien het hem aannemelijk voorkomt, dat de maker die uitgave der verveelvoudiging heeft goedgevonden. De rechter wijst het verzoek ook af, indien de verzoeker pogingen heeft aangewend tot het bekomen eener schadeloosstelling van dengene die de bevoegdheid uitoefent. De rechter kan het verzoek afwijzen, indien door de opheffing degene die de bevoegdheid uitoefent, in verhouding tot het te beschermen belang des verzoekers, te zeer zou worden benadeeld. Indien de rechter de bevoegdheid geheel of gedeeltelijk opheft, bepaalt hij het tijdstip waarop die opheffing in werking treedt.
4. Bij zijne beslissing maakt de rechter zoodanige bepalingen als hij met het oog op de belangen van beide partijen en van een derde belanghebbenden billijk acht. Hij begroot de kosten op beide partijen en bepaalt in welke verhouding zij deze zullen dragen. Tegen de rechterlijke beslissingen, ingevolge dit artikel gegeven, staat geene hoogere voorziening open. Griffierechten zijn ter zake van de toepassing van dit artikel niet verschuldigd.

Art. 50e
1. Een schadeloosstelling ter zake van de uitoefening van de in artikel 50c genoemde bevoegdheid kan slechts worden toegekend, indien na 1 mei 1915 een nieuwe uitgave van de verveelvoudiging heeft plaatsgehad. Het tweede lid van artikel 47 vindt overeenkomstige toepassing.

Schadeloosstelling bij verspreiding

2. Het tweede en het vierde lid van het voorgaande artikel zijn van toepassing.

Art. 50f
[Vervallen]

Art. 51
1. De in deze wet voorziene beschermingstermijnen zijn met ingang van het tijdstip van inwerkingtreding van dit artikel van toepassing op werken die op 1 juli 1995 in ten minste één lidstaat van de Europese Unie of een staat die partij is bij de Overeenkomst betreffende de Europese Economische Ruimte van 2 mei 1992 beschermd worden door de nationale wetgeving op het gebied van het auteursrecht.

Overgangsbepalingen

2. Deze wet kan een op de dag vóór de dag van inwerkingtreding van dit artikel lopende beschermingstermijn niet verkorten.
3. Deze wet laat vóór het tijdstip van inwerkingtreding van dit artikel rechtmatig verrichte exploitatiehandelingen alsmede vóór dat tijdstip verworven rechten onverlet.
4. Hij die met betrekking tot een werk, waarvan de beschermingstermijn vóór het tijdstip van inwerkingtreding van dit artikel was verstreken en waarop met ingang van het tijdstip van inwerkingtreding van dit artikel deze wet weer van toepassing is, vóór 24 november 1993 rechtmatig exploitatiehandelingen heeft verricht, is bevoegd deze exploitatiehandelingen met ingang van het tijdstip van inwerkingtreding van dit artikel voort te zetten.
5. Rechten die op het tijdstip van inwerkingtreding van dit artikel herleven of verlengd worden komen tot het verval van deze rechten toe aan degene die laatste rechthebbende zou zijn geweest als de herleving of verlenging niet had plaatsgevonden, tenzij anders is overeengekomen.

art. 52

27 Auteurswet

Citeertitel
Art. 52
Deze wet kan worden aangehaald onder den titel "Auteurswet".

Inwerkingtreding
Art. 53
Deze wet treedt in het Rijk in Europa in werking op den eersten dag der maand volgende op die, waarin zij afgekondigd wordt.

Rijksoctrooiwet 1995[1]

Rijkswet van 15 december 1994, houdende regels met betrekking tot octrooien

Wij Beatrix, bij de gratie Gods, Koningin der Nederlanden, Prinses van Oranje-Nassau, enz. enz. enz.
Allen, die deze zullen zien of horen lezen, saluut! doen te weten:
Alzo Wij in overweging genomen hebben, dat door de daling van het aantal octrooiaanvragen in Nederland het bestaande systeem van octrooiverlening na vooronderzoek niet gehandhaafd kan worden en dat het wenselijk is te voorzien in een op eenvoudige wijze door registratie te verkrijgen octrooi;
Zo is het, dat Wij, de Raad van State van het Koninkrijk gehoord, en met gemeen overleg der Staten-Generaal, de bepalingen van het Statuut voor het Koninkrijk in acht genomen zijnde, hebben goedgevonden en verstaan, gelijk Wij goedvinden en verstaan bij deze:

Hoofdstuk 1
Algemene bepalingen

Art. 1
In deze rijkswet en de daarop berustende bepalingen wordt verstaan onder: **Begripsbepalingen**
Europees Octrooiverdrag: het op 5 oktober 1973 te München tot stand gekomen Verdrag inzake de verlening van Europese octrooien (Trb. 1975, 108, 1976, 101 en 2002, 64);
Europees octrooi: een krachtens het Europees Octrooiverdrag verleend octrooi, voor zover dat voor het Koninkrijk is verleend;
Europese octrooiaanvrage: een Europese octrooiaanvrage als bedoeld in het Europees Octrooiverdrag;
Samenwerkingsverdrag: het op 19 juni 1970 te Washington tot stand gekomen Verdrag tot samenwerking inzake octrooien (*Trb.* 1973, 20);
bureau: het bureau, bedoeld in artikel 15;
octrooiregister: het in artikel 19 van deze wet bedoelde register;
orde: de Orde van octrooigemachtigden, bedoeld in artikel 23d;
Onze Minister: Onze Minister van Economische Zaken;
biologisch materiaal: materiaal dat genetische informatie bevat en zichzelf kan repliceren of in een biologisch systeem kan worden gerepliceerd;
microbiologische werkwijze: iedere werkwijze waarbij microbiologisch materiaal wordt gebruikt, die op microbiologisch materiaal ingrijpt of die microbiologisch materiaal als resultaat heeft;
plantenras: een ras als bedoeld in artikel 5, tweede lid, van verordening (EG) nr. 2100/94 van de Raad van de Europese Unie van 27 juli 1994 inzake het communautaire kwekersrecht (PbEG L 227);
natuurlijke rijkdommen: de minerale en andere niet-levende rijkdommen van de zeebedding en de ondergrond, alsmede levende organismen die tot de sedentaire soort behoren, dat wil zeggen organismen die ten tijde dat zij geoogst kunnen worden, hetzij zich onbeweeglijk op of onder de zeebedding bevinden, hetzij zich niet kunnen verplaatsen dan in voortdurend fysiek contact met de zeebedding of de ondergrond;
Verdrag inzake octrooirecht: het op 1 juli 2000 te Genève tot stand gekomen Verdrag inzake octrooirecht (Trb. 2001, 120).

Art. 2
1. Vatbaar voor octrooi zijn uitvindingen op alle gebieden van de technologie die nieuw zijn, op uitvinderswerkzaamheid berusten en toegepast kunnen worden op het gebied van de nijverheid. **Octrooieerbare uitvindingen**
2. In de zin van het eerste lid worden in het bijzonder niet als uitvindingen beschouwd:
a. ontdekkingen, alsmede natuurwetenschappelijke theorieën en wiskundige methoden;
b. esthetische vormgevingen;
c. stelsels, regels en methoden voor het verrichten van geestelijke arbeid, voor het spelen of voor de bedrijfsvoering, alsmede computerprogramma's;
d. presentaties van gegevens.
3. Het tweede lid geldt alleen voor zover het betreft de aldaar genoemde onderwerpen of werkzaamheden als zodanig.

---

1 Inwerkingtredingsdatum: 01-04-1995; zoals laatstelijk gewijzigd bij: Stb. 1995, 51.

Art. 2a

Uitvindingen m.b.t. biologisch materiaal

1. Onder uitvindingen als bedoeld in artikel 2, eerste lid, worden ook verstaan uitvindingen die betrekking hebben op een voortbrengsel dat uit biologisch materiaal bestaat of dit bevat, of die betrekking hebben op een werkwijze waarmee biologisch materiaal wordt verkregen, bewerkt of gebruikt.

2. Onder uitvindingen als bedoeld in het eerste lid worden in ieder geval begrepen uitvindingen met betrekking tot:

   a. biologisch materiaal dat met behulp van een technische werkwijze uit zijn natuurlijke milieu wordt geïsoleerd of wordt verkregen, ook indien dat materiaal in de natuur voorhanden is,

   b. een deel van het menselijk lichaam dat wordt geïsoleerd of dat anderszins met behulp van een technische werkwijze wordt verkregen, met inbegrip van een sequentie of een partiële sequentie van een gen, ook indien de structuur van dat deel identiek is aan die van een natuurlijk deel,

   c. planten of dieren, mits de uitvoerbaarheid van die uitvinding zich in technisch opzicht niet beperkt tot een bepaald planten- of dierenras, of

   d. een microbiologische of andere technische werkwijze waarmee biologisch materiaal wordt verkregen, verwerkt of gebruikt, of een hierdoor verkregen voortbrengsel.

Art. 3

Niet-octrooieerbare uitvindingen

1. Niet vatbaar voor octrooi zijn:

   a. uitvindingen waarvan de commerciële exploitatie in strijd zou zijn met de openbare orde of goede zeden,

   b. het menselijk lichaam in de verschillende stadia van zijn vorming en zijn ontwikkeling, alsmede de loutere ontdekking van een van de delen ervan, met inbegrip van een sequentie of partiële sequentie van een gen,

   c. planten- of dierenrassen,

   d. werkwijzen van wezenlijk biologische aard, geheel bestaand uit natuurlijke verschijnselen zoals kruisingen of selecties, voor de voortbrenging van planten of dieren alsmede de hierdoor verkregen voortbrengselen,

   e. uitvindingen waardoor inbreuk wordt gemaakt op de artikelen 3, 8, onderdeel j, 15, vijfde lid, en 16, vijfde lid, van het Biodiversiteitsverdrag;

   f. methoden van behandeling van het menselijk of dierlijke lichaam door chirurgische ingrepen of geneeskundige behandeling en diagnosemethoden die worden toegepast op het menselijke of dierlijke lichaam, met uitzondering van voortbrengselen, met name stoffen of samenstellingen, voor de toepassing van een van deze methoden.

2. Onder uitvindingen waarvan de commerciële exploitatie in strijd zou zijn met de openbare orde of goede zeden als bedoeld in het eerste lid, onderdeel a, worden in ieder geval verstaan:

   a. werkwijzen voor het klonen van mensen,

   b. werkwijzen tot wijziging van de germinale genetische identiteit van de mens,

   c. het gebruik van menselijke embryo's,

   d. werkwijzen tot wijziging van de genetische identiteit van dieren die geëigend zijn deze te doen lijden zonder aanzienlijk medisch nut voor mens of dier op te leveren, alsmede de hierdoor verkregen voortbrengselen en

   e. werkwijzen die het leven of de gezondheid van mensen, dieren of planten in gevaar brengen of die ernstige schade voor het milieu veroorzaken.

3. Commerciële exploitatie van een uitvinding is niet strijdig met de openbare orde of goede zeden op grond van het loutere feit dat de exploitatie bij of krachtens wettelijk voorschrift is verboden.

4. Bij algemene maatregel van rijksbestuur kan de lijst, bedoeld in het tweede lid, worden aangevuld met andere uitvindingen waarvan de commerciële exploitatie in strijd wordt geacht met de openbare orde of de goede zeden.

Art. 4

Nieuwheid

1. Een uitvinding wordt als nieuw beschouwd, indien zij geen deel uitmaakt van de stand van de techniek.

2. De stand van de techniek wordt gevormd door al hetgeen voor de dag van indiening van de octrooiaanvrage openbaar toegankelijk is gemaakt door een schriftelijke of mondelinge beschrijving, door toepassing of op enige andere wijze.

3. Tot de stand van de techniek behoort tevens de inhoud van eerder ingediende octrooiaanvragen, die op of na de in het tweede lid bedoelde dag overeenkomstig artikel 31 in het octrooiregister zijn ingeschreven.

4. Tot de stand van de techniek behoort voorts de inhoud van Europese octrooiaanvragen en van internationale aanvragen als bedoeld in artikel 153, derde tot en met vijfde lid, van het Europees Octrooiverdrag, waarvan de datum van indiening, die geldt voor de toepassing van artikel 54, tweede en derde lid, van dat verdrag, ligt voor de in het tweede lid bedoelde dag, en die op of na die dag zijn gepubliceerd op grond van artikel 93 van dat verdrag onderscheidenlijk van artikel 21 van het Samenwerkingsverdrag.

5. Niettegenstaande het bepaalde in het eerste tot en met vierde lid zijn tot de stand van de techniek behorende stoffen of samenstellingen vatbaar voor octrooi, voor zover zij bestemd zijn voor de toepassing van een van de in artikel 3, onderdeel f, bedoelde methoden, mits de toepassing daarvan voor enige in dat lid bedoelde methode niet tot de stand van de techniek behoort.
6. Onverminderd het eerste tot en met het vierde lid, zijn stoffen of samenstellingen als bedoeld in het vijfde lid, vatbaar voor octrooi voor een specifieke toepassing in een werkwijze als bedoeld in artikel 3, onderdeel f, mits die toepassing niet tot de stand van de techniek behoort.

Art. 5

1. Voor de toepassing van artikel 4 blijft een openbaarmaking van de uitvinding buiten beschouwing, indien deze niet eerder is geschied dan zes maanden voor de dag van indiening van de octrooiaanvrage als direct of indirect gevolg van:
a. een kennelijk misbruik ten opzichte van de aanvrager of diens rechtsvoorganger, of
b. het feit, dat de aanvrager of diens rechtsvoorganger de uitvinding heeft tentoongesteld op van overheidswege gehouden of erkende tentoonstellingen in de zin van het Verdrag inzake Internationale Tentoonstellingen, ondertekend te Parijs op 22 november 1928, zoals dat is gewijzigd, laatstelijk bij Protocol van 30 november 1972 (*Trb.* 1973, 100), op voorwaarde dat de aanvrager bij de indiening van zijn aanvrage verklaart dat de uitvinding inderdaad is tentoongesteld en een bewijsstuk daarvoor overlegt binnen een bij algemene maatregel van rijksbestuur vast te stellen termijn en overeenkomstig bij algemene maatregel van rijksbestuur te stellen voorschriften.
2. De erkenning van overheidswege van tentoonstellingen in Nederland geschiedt door Onze Minister en die van tentoonstellingen in Curaçao en Sint Maarten door de regering van Curaçao respectievelijk van Sint Maarten.
3. De tentoonstellingen in Nederland en die in de Nederlandse Antillen die voor de inwerkingtreding van de Rijkswet aanpassing rijkswetten aan de oprichting van de nieuwe landen zijn erkend door Onze Minister van Economische Zaken respectievelijk door de regering van de Nederlandse Antillen gelden na de inwerkingtreding van die rijkswet als tentoonstellingen als bedoeld in artikel 5, tweede lid.

Art. 6

Een uitvinding wordt als het resultaat van uitvinderswerkzaamheid aangemerkt, indien zij voor een deskundige niet op een voor de hand liggende wijze voortvloeit uit de stand van de techniek. Indien documenten als bedoeld in artikel 4, derde en vierde lid, tot de stand van de techniek behoren, worden deze bij de beoordeling van de uitvinderswerkzaamheid buiten beschouwing gelaten.

Beperking van de omvang van de stand der techniek

Uitvindingshoogte

Art. 7

Een uitvinding wordt als vatbaar voor toepassing op het gebied van de nijverheid aangemerkt, indien het onderwerp daarvan kan worden vervaardigd of toegepast op enig gebied van de nijverheid, de landbouw daaronder begrepen.

Vatbaarheid voor toepassing op het gebied van de nijverheid

Art. 8

Onverminderd de artikelen 11, 12 en 13 wordt de aanvrager als uitvinder beschouwd en uit dien hoofde als degene die aanspraak heeft op octrooi.

Aanvrager geldt als uitvinder

Art. 9

1. Degene die in een der landen, aangesloten bij de Internationale Unie tot bescherming van de industriële eigendom of aangesloten bij de Wereld Handelsorganisatie, overeenkomstig de in dat land geldende wetten, en degene die, overeenkomstig de tussen twee of meer voornoemde landen gesloten verdragen, octrooi of een gebruikscertificaat dan wel bescherming van een gebruiksmodel heeft aangevraagd, geniet gedurende een termijn van twaalf maanden na de dag van die aanvrage in Nederland, Curaçao en Sint Maarten een recht van voorrang ter verkrijging van octrooi voor datgene, waarvoor door hem de in de aanhef bedoelde bescherming werd aangevraagd. Met een der landen als bedoeld in de eerste volzin wordt gelijkgesteld een land dat op grond van een mededeling van de bevoegde autoriteit in dat land een recht van voorrang erkent onder gelijkwaardige voorwaarden en met gelijkwaardige rechtsgevolgen als die, bedoeld in het op 20 maart 1883 te Parijs tot stand gekomen Verdrag tot bescherming van de industriële eigendom (Trb. 1974, 225 en Trb. 1980, 31). Het voorgaande vindt overeenkomstige toepassing ten aanzien van degene, die een uitvinderscertificaat heeft aangevraagd, indien de betrokken wetgeving de keus laat tussen verkrijging van zodanig certificaat of een octrooi.
2. Onder aanvrage in de zin van het eerste lid wordt iedere aanvrage verstaan, waarvan de datum van indiening kan worden vastgesteld, ongeacht het verdere lot van die aanvrage.
3. Indien de rechthebbende meer aanvragen voor hetzelfde onderwerp heeft ingediend, komt voor het recht van voorrang slechts de eerst ingediende in aanmerking. Niettemin kan het recht van voorrang ook berusten op een later ingediende aanvrage ter verkrijging van bescherming in hetzelfde land, mits de eerst ingediende aanvrage voor de indiening van de latere aanvrage is ingetrokken, vervallen of afgewezen zonder ter kennis van het publiek te zijn gebracht en zonder rechten te hebben laten bestaan en mits zij nog niet als grondslag heeft gediend voor

Recht van voorrang

de inroeping van een recht van voorrang. Indien een recht van voorrang, berustend op een later ingediende aanvrage, is ingeroepen, zal de eerst ingediende aanvrage niet meer als grondslag kunnen dienen voor de inroeping van een recht van voorrang.
4. De voorrang heeft voor de toepassing van de artikelen 4, tweede, derde en vierde lid, en 6 ten gevolge, dat de aanvrage waarvoor dit recht bestaat, wordt aangemerkt als te zijn ingediend op de dag van indiening van de aanvrage waarop het recht van voorrang berust.
5. De aanvrager kan een beroep doen op meer dan één recht van voorrang, zelfs wanneer de rechten van voorrang uit verschillende landen afkomstig zijn. Ook kan de aanvrage, waarbij een beroep op een of meer rechten van voorrang wordt gedaan, elementen bevatten, waarvoor in de conclusies van de aanvrage, waarvan de voorrang wordt ingeroepen, geen rechten werden verlangd, mits de tot de laatste aanvrage behorende stukken het betrokken voortbrengsel of de betrokken werkwijze voldoende nauwkeurig aangeven.
6. Degene die van het recht van voorrang gebruik wil maken, moet daarop schriftelijk beroep doen bij de indiening van de aanvrage of binnen zestien maanden na de datum van indiening van de aanvrage waarop hij zich beroept, onder vermelding van die datum van indiening en van het land waarin of waarvoor deze werd ingediend.
7. Een verbetering van of toevoeging aan een eerder ingeroepen recht van voorrang moet worden verzocht binnen zestien maanden na de datum van indiening van de aanvrage waarop hij zich beroept.
8. Binnen zestien maanden na indiening van de aanvrage waarop hij zich beroept als bedoeld in het zesde en zevende lid, moet hij het nummer alsmede een in de Nederlandse, Franse, Duitse of Engelse taal gesteld afschrift van de aanvrage waarop hij zich beroept of een vertaling van die aanvrage in een van de talen aan het bureau verstrekken, tenzij die eerdere aanvrage bij het bureau of het bureau, bedoeld in artikel 99, is ingediend, alsmede, als hij niet degene is die de aanvrage, op grond waarvan de voorrang wordt ingeroepen heeft ingediend, een document waaruit zijn rechten blijken. Het bureau kan verlangen dat de in de vorige volzin bedoelde vertaling wordt gewaarmerkt indien het bureau redelijke twijfel heeft ten aanzien van de juistheid van die vertaling.
9. Het recht van voorrang vervalt, indien niet aan het zesde, zevende of achtste lid is voldaan.

Art. 10

Ontbreken van rechts- gevolg i.v.m. inroepen van recht

1. Indien voor een uit hoofde van deze rijkswet verleend octrooi de voorrang is ingeroepen van een eerder uit hoofde van deze rijkswet ingediende octrooiaanvrage, heeft het op genoemde aanvrage verleende octrooi geen rechtsgevolgen, voor zover het betrekking heeft op dezelfde uitvinding als eerstgenoemd octrooi.
2. Vorderingen ter vaststelling van het ontbreken van rechtsgevolg als bedoeld in het eerste lid kunnen door een ieder worden ingesteld.
3. Artikel 75, vierde lid, achtste lid, eerste volzin, en negende lid, is van overeenkomstige toepassing.

Art. 11

Uitvinding ontleend aan een ander

De aanvrager heeft geen aanspraak op octrooi, voor zover de inhoud van zijn aanvrage aan hetgeen reeds door een ander vervaardigd of toegepast werd of wel aan beschrijvingen, tekeningen of modellen van een ander, zonder diens toestemming, ontleend is. Deze laatste behoudt, voor zover hetgeen ontleend werd voor octrooi vatbaar is, zijn aanspraak op octrooi. Voor de toepassing van artikel 4, derde en vierde lid, op het onderwerp van een aanvrage, ingediend door degene aan wie ontleend is, blijft de door de ontlener ingediende aanvrage buiten beschouwing.

Art. 12

Uitvinding in dienstbe- trekking

1. Indien de uitvinding, waarvoor octrooi wordt aangevraagd, is gedaan door iemand die in dienst van een ander een betrekking bekleedt, heeft hij aanspraak op octrooi, tenzij de aard van de betrekking medebrengt, dat hij zijn bijzondere kennis aanwendt tot het doen van uitvindingen van dezelfde soort als die waarop de octrooiaanvrage betrekking heeft. In het laatstbedoelde geval komt de aanspraak op octrooi toe aan de werkgever.
2. Indien de uitvinding, waarvoor octrooi wordt aangevraagd, is gedaan door iemand die in het kader van een opleiding bij een ander werkzaamheden verricht, komt de aanspraak op octrooi toe aan degene bij wie de werkzaamheden worden verricht, tenzij de uitvinding geen verband houdt met het onderwerp van de werkzaamheden.
3. Indien de uitvinding is gedaan door iemand die in dienst van een universiteit, hogeschool of onderzoeksinstelling onderzoek verricht, komt de aanspraak op octrooi toe aan de betrokken universiteit, hogeschool of onderzoeksinstelling.
4. Voor de toepassing van artikel 4, derde en vierde lid, op het onderwerp van een aanvrage, ingediend door de in het eerste lid, laatste volzin, bedoelde werkgever dan wel door degene die de gelegenheid biedt om werkzaamheden te verrichten als bedoeld in het tweede lid, blijft een door de niet gerechtigde ingediende octrooiaanvrage buiten beschouwing.
5. Van het in het eerste, tweede en derde lid bepaalde kan bij schriftelijke overeenkomst worden afgeweken.

6. Ingeval de uitvinder niet geacht kan worden in het door hem genoten loon of de door hem genoten geldelijke toelage of in een bijzondere door hem te ontvangen uitkering vergoeding te vinden voor het gemis aan octrooi, is degene aan wie krachtens het eerste, tweede of derde lid, de aanspraak op octrooi toekomt, verplicht hem een, in verband met het geldelijke belang van de uitvinding en met de omstandigheden waaronder zij plaatshad, billijk bedrag toe te kennen. Een vorderingsrecht van de uitvinder krachtens dit lid vervalt na verloop van drie jaren sedert de datum waarop het octrooi is verleend.

Billijke vergoeding bij gemis aan octrooi

7. Elk beding, waarbij van het zesde lid wordt afgeweken, is nietig.

Art. 13
Indien een uitvinding is gedaan door verscheidene personen, die volgens een afspraak tezamen hebben gewerkt, hebben zij gezamenlijk aanspraak op octrooi.

Uitvinding in teamverband

Art. 14
1. Degene die de uitvinding heeft gedaan, waarvoor octrooi is aangevraagd, doch op grond van artikel 12, eerste, tweede of derde lid, of op grond van een overeenkomst, gesloten met de aanvrager of diens rechtsvoorgangers, geen aanspraak op octrooi kan doen gelden, heeft het recht in het octrooi als de uitvinder te worden vermeld.

Vermelding als uitvinder

2. Elk beding, waarbij van het vorige lid wordt afgeweken, is nietig.

Hoofdstuk 2
Behandeling van octrooiaanvragen

§ 1
Algemene bepalingen

Art. 15
1. Er is een bureau belast met de uitvoering van deze rijkswet en andere bij of krachtens wet of bindende internationale verplichtingen opgelegde taken. Het bureau heet Octrooicentrum Nederland. Het bureau is een instelling van Nederland en dient tevens, voor zover het octrooien betreft, voor Nederland Curaçao en Sint Maarten als centrale bewaarplaats als bedoeld in artikel 12 van de op 14 juli 1967 te Stockholm tot stand gekomen herziening van het op 20 maart 1883 te Parijs tot stand gekomen Verdrag tot bescherming van de industriële eigendom (Trb. 1969, 144).

Bureau als centrale bewaarplaats

2. Bij besluit van Onze Minister worden inrichting en werkwijze van het bureau bepaald.

Art. 16
Indien het bureau gedurende de laatste dag van enige ingevolge deze rijkswet door of jegens het bureau in acht te nemen termijn is gesloten, wordt die termijn voor de toepassing van deze rijkswet verlengd tot het einde van de eerstvolgende dag, waarop het bureau weer geopend is.

Verlenging termijnen i.v.m. sluiting van het bureau

Art. 17
1. Het bureau treedt op als ontvangend bureau in de zin van artikel 2, onder (xv), van het Samenwerkingsverdrag en verricht zijn werkzaamheden uit dien hoofde met inachtneming van de bepalingen van dat verdrag.

Ontvangend bureau als bedoeld in het Samenwerkingsverdrag

2. Bij of krachtens algemene maatregel van rijksbestuur worden, voor zover het Samenwerkingsverdrag daartoe de bevoegdheid verleent, het bedrag en de vervaldatum vastgesteld van taksen die op grond van het Samenwerkingsverdrag en het daarbij behorende Reglement mogen worden geheven. Bij algemene maatregel van rijksbestuur kunnen verdere regels worden gesteld ten aanzien van onderwerpen waarover het ontvangend bureau ingevolge genoemd Reglement bevoegd is voorschriften te geven.

Art. 18
De aanwijzing of, in voorkomend geval, de keuze van het Koninkrijk in een internationale aanvrage als bedoeld in artikel 2, onder (vii), van het Samenwerkingsverdrag zal worden aangemerkt als een verzoek van de aanvrager tot verkrijging van een Europees octrooi.

Aanwijzing of keuze als bedoeld in het Samenwerkingsverdrag

Art. 19
1. Het bureau is verantwoordelijk voor een octrooiregister waaruit de stand van zaken omtrent octrooiaanvragen en octrooien kan worden afgeleid en waaruit voor dit doel gegevens kunnen worden verstrekt aan derden.

Register

2. In het register worden ingevolge deze rijkswet gegevens betreffende octrooiaanvragen en octrooien ingeschreven. Het register is voor een ieder kosteloos ter inzage.

3. Bij algemene maatregel van rijksbestuur kunnen nadere regels worden gesteld omtrent het register. Daarbij kan worden bepaald dat de inschrijving van bepaalde gegevens in het register afhankelijk is van het betalen van een bedrag door degene die om inschrijving verzoekt.

4. Tegen betaling van bij of krachtens algemene maatregel van rijksbestuur vast te stellen bedragen kan een ieder het bureau verzoeken om schriftelijke inlichtingen omtrent dan wel gewaarmerkte uittreksels uit het octrooiregister of om stukken welke betrekking hebben op een in het octrooiregister ingeschreven octrooiaanvrage of octrooi, alsmede om afschriften van laatstgenoemde stukken.

Art. 20

Blad
1. Van alle gegevens die in het octrooiregister worden vermeld, wordt tevens melding gemaakt in een door het bureau periodiek uit te geven blad.
2. Bij algemene maatregel van rijksbestuur kunnen nadere regels worden gesteld omtrent het in het eerste lid bepaalde.

Art. 21

Kennisneming van stukken betreffende de aanvrage of het octrooi
1. Vanaf het tijdstip waarop de octrooiaanvrage in het octrooiregister is ingeschreven, kan een ieder kosteloos kennisnemen van alle op de aanvrage of het daarop verleende octrooi betrekking hebbende stukken die het bureau hebben bereikt of die het bureau aan de aanvrager of aan derden heeft doen uitgaan in het kader van de bepalingen van deze rijkswet. Het bureau maakt van al deze stukken zo spoedig mogelijk doch niet voor de inschrijving van de aanvrage in het octrooiregister melding in het in artikel 20 bedoelde blad.
2. Van stukken die betrekking hebben op een aanvrage die nog niet in het octrooiregister is ingeschreven, kan alleen met toestemming van de aanvrager kennis worden genomen. Zonder toestemming van de aanvrager kan daarvan nochtans kennis worden genomen, indien de betrokkene aantoont dat de aanvrager zich tegenover hem heeft beroepen op zijn aanvrage. Het in dit lid bepaalde geldt niet ten aanzien van de in paragraaf 3 van dit hoofdstuk bedoelde octrooiaanvragen.
3. Geen kennis kan worden genomen van de verklaring van degene die de uitvinding heeft gedaan, inhoudende dat hij geen prijs stelt op vermelding als uitvinder in het octrooi.

Art. 22

Verdrag inzake octrooirecht
1. Bij of krachtens algemene maatregel van rijksbestuur worden nadere regels gesteld ter uitvoering van het bepaalde bij of krachtens het Verdrag inzake octrooirecht inzake het uitwisselen van informatie tussen het bureau en de aanvrager of de houder van een octrooi.
2. Bij of krachtens algemene maatregel van rijksbestuur worden regels gesteld ter uitvoering van het bepaalde bij of krachtens het Verdrag inzake octrooirecht over wijzigingen ten aanzien van de aanvrager of de houder van een octrooi.

Art. 23

Herstel in de vorige toestand
1. Indien de aanvrager of de houder van een octrooi dan wel de houder van een Europees octrooi, ondanks het betrachten van alle in de gegeven omstandigheden geboden zorgvuldigheid, niet in staat is geweest een termijn ten opzichte van het bureau of het bureau bedoeld in artikel 99 in acht te nemen, wordt op zijn verzoek door het bureau de vorige toestand hersteld, indien het niet in acht nemen van de termijn ingevolge deze rijkswet rechtstreeks heeft geleid tot het verlies van enig recht of rechtsmiddel.
2. Het eerste lid is niet van toepassing op het niet in acht nemen van de hierna in het derde lid bedoelde termijn.
3. Het verzoek wordt binnen twee maanden, te rekenen vanaf de datum waarop de oorzaak van het niet in acht nemen van de termijn voor het verrichten van de desbetreffende handeling is weggenomen, doch uiterlijk binnen een termijn van een jaar na het verstrijken van de niet in acht genomen termijn, ingediend. De nog niet verrichte handeling moet uiterlijk gelijktijdig met het verzoek geschieden. Bij de indiening wordt een bij of krachtens algemene maatregel van rijksbestuur te bepalen bedrag betaald.
4. Het bureau tekent het herstel in het octrooiregister aan.
5. Degene, die in het tijdvak, gelegen tussen het verlies van het recht of het rechtsmiddel en het herstel in de vorige toestand, begonnen is met de vervaardiging of toepassing binnen Nederland, Curaçao of Sint Maarten in of voor zijn bedrijf van datgene, waarvoor tengevolge van het herstel een octrooi van kracht is, dan wel een begin van uitvoering heeft gegeven aan zijn voornemen daartoe, blijft niettegenstaande het octrooi bevoegd de in artikel 53, eerste lid, bedoelde handelingen te verrichten. Artikel 55, tweede en vierde lid, is van overeenkomstige toepassing.
6. Bij of krachtens algemene maatregel van rijksbestuur worden nadere regels gesteld over het herstel van het recht van voorrang.

§ 1a
Octrooigemachtigden

Art. 23a

Register van octrooigemachtigden
1. Het bureau is verantwoordelijk voor een register van octrooigemachtigden waaruit kan worden afgeleid wie voldoet aan de eisen van vakbekwaamheid van octrooigemachtigden en als octrooigemachtigde voor het bureau kan optreden en waaruit voor dit doel gegevens kunnen worden verstrekt aan derden.
2. In het register kan een ieder op aanvraag als octrooigemachtigde worden ingeschreven die met goed gevolg een examen heeft afgelegd en die gedurende ten minste drie jaren octrooiaanvragen heeft behandeld onder verantwoordelijkheid van een octrooigemachtigde, dan wel van

wie met goed gevolg een proeve van bekwaamheid is afgenomen. Het examen of de proeve van bekwaamheid is niet langer dan tien jaar voor het indienen van de aanvraag afgelegd.
3. Het bureau stelt de inrichting van het register vast. Het register is voor een ieder kosteloos ter inzage.
4. Het is anderen dan degenen die in het register van octrooigemachtigden zijn ingeschreven, verboden zichzelf in het economisch verkeer aan te duiden alsof zij in dat register zouden zijn ingeschreven.
5. De raad van toezicht kan op aanvraag ontheffing verlenen van de verplichting het examen of de proeve van bekwaamheid af te leggen of ten minste drie jaren octrooiaanvragen te behandelen onder verantwoordelijkheid van een octrooigemachtigde.
6. Bij of krachtens algemene maatregel van rijksbestuur worden nadere regels gesteld omtrent de aanvraag om inschrijving in het register, de aanvraag om een ontheffing, de beoordeling van de aanvraag door de raad van toezicht, het beroep bij het gerechtshof Den Haag tegen een afwijzend oordeel van de raad en de inschrijving in en de uitschrijving uit het register.
7. Bij of krachtens algemene maatregel van rijksbestuur worden nadere regels gesteld ter uitvoering van het bepaalde bij of krachtens het Verdrag inzake octrooirecht inzake vertegenwoordiging.

Art. 23b

1. Voor het bureau kunnen als gemachtigde slechts optreden personen die als octrooigemachtigde zijn ingeschreven in het register, bedoeld in artikel 23a, personen die op grond van artikel 1 van de Advocatenwet als advocaat zijn ingeschreven bij een rechtbank en personen die op grond van artikel 1 van de Advocatenlandsverordening of artikel 1 van de Advocatenwet BES als advocaat zijn ingeschreven bij het Gemeenschappelijk Hof van Justitie van Aruba, Curaçao en Sint Maarten en van Bonaire, Sint Eustatius en Saba. *Gemachtigden (algemeen)*
2. De directeur van het bureau kan van een advocaat inzage vorderen van de geviseerde akte van zijn beëdiging als advocaat voordat hij hem als gemachtigde voor het bureau toelaat.
3. De directeur van het bureau kan in bijzondere gevallen ook anderen dan de personen, bedoeld in het eerste lid, toestaan als gemachtigde voor het bureau op te treden, indien zij van een dergelijk optreden niet hun beroep maken of indien zij in een lidstaat van de Europese Unie of in een andere staat die partij is bij de Overeenkomst betreffende de Europese Economische Ruimte bevoegd zijn om als gemachtigde in octrooizaken op te treden en zij slechts in incidentele gevallen als gemachtigde voor het bureau optreden.
4. Tenzij bij of krachtens wet anders is bepaald, is een octrooigemachtigde of een persoon die onder zijn verantwoordelijkheid werkzaam is, verplicht tot geheimhouding van al hetgeen waarvan hij uit hoofde van zijn werkzaamheden als zodanig kennis neemt. Deze verplichting blijft bestaan na de beëindiging van de desbetreffende werkzaamheden.

Art. 23c

1. Er is een examencommissie voor het afnemen van het examen en de proeve van bekwaamheid, bedoeld in artikel 23a. *Examencommissie*
2. Op voordracht van het bestuur van de orde benoemt Onze Minister de leden van de examencommissie telkens voor een periode van twee jaar. Onze Minister kan een lid om gewichtige redenen tussentijds ontslaan. De benoeming en het ontslag van de leden van de examencommissie wordt bekendgemaakt in het blad, bedoeld in artikel 20.
3. De examencommissie bestaat uit ten minste zes personen. Een derde van de leden van de examencommissie is octrooigemachtigde, een derde is medewerker van het bureau en een derde is technisch of rechtsgeleerd deskundige, niet afkomstig uit de kring van octrooigemachtigden en medewerkers van het bureau. Ten hoogste de helft van de leden van de examencommissie kan tevens docent zijn van een opleiding voor toekomstige octrooigemachtigden.
4. De examencommissie kan uit haar midden commissies samenstellen ten behoeve van het in gedeelten afnemen van het examen of de proeve van bekwaamheid.
5. De examencommissie bepaalt het tijdstip van de aanmelding tot het examen en de proeve van bekwaamheid, bedoeld in het eerste lid, alsmede het tijdstip en de plaats waarop dit examen en deze proeve van bekwaamheid worden afgenomen. De examencommissie neemt een examen of proeve van bekwaamheid of een gedeelte daarvan niet af dan nadat degene van wie het examen of de proeve van bekwaamheid of het gedeelte daarvan wordt afgenomen, het daarvoor verschuldigde bedrag heeft betaald.
6. Bij of krachtens algemene maatregel van rijksbestuur worden nadere regels gesteld omtrent:
a. het toelaten tot het deelnemen aan en het afnemen van het examen en de proeve van bekwaamheid en het bedrag dat degene die aan een examen of proeve van bekwaamheid of een gedeelte daarvan wenst deel te nemen, verschuldigd is;
b. de kennis die wordt getoetst door het examen en de proeve van bekwaamheid, de uitwerking van de exameneisen door de examencommissie en de wijze waarop het examen of de proeve van bekwaamheid wordt afgenomen.

Art. 23d

Orde van octrooigemachtigden

1. Er is een Orde van octrooigemachtigden, die gevormd wordt door allen die zijn ingeschreven in het register, bedoeld in artikel 23a.
2. De orde heeft tot taak de bevordering van een goede beroepsuitoefening door de leden en van hun vakbekwaamheid. Haar taak omvat mede de zorg voor de eer en het aanzien van het beroep van octrooigemachtigde.
3. De orde is een openbaar lichaam als bedoeld in artikel 134 van de Grondwet.

Art. 23e

Bestuur van de orde

1. De algemene vergadering van de orde kiest uit haar midden een bestuur dat de dagelijkse leiding heeft over de orde en dat gerechtigd is tot het verrichten van daden van beheer en beschikking met betrekking tot het vermogen van de orde.
2. De leden van het bestuur treden om de twee jaar af. Zij zijn terstond herkiesbaar.
3. Het bestuur van de orde bestaat uit ten hoogste negen leden. De algemene vergadering van de orde wijst uit deze leden de voorzitter, secretaris en penningmeester van het bestuur aan.
4. De voorzitter of de secretaris van het bestuur vertegenwoordigt de orde in en buiten rechte.

Art. 23f

Raad van toezicht van de orde

1. De algemene vergadering van de orde kiest een raad van toezicht die aanvragen om opgenomen te worden in het register van octrooigemachtigden beoordeelt, die toezicht houdt op de wijze waarop octrooigemachtigden hun beroep uitoefenen en die belast is met tuchtrechtspraak in eerste aanleg.
2. De leden van de raad van toezicht treden om de twee jaar af. Zij zijn terstond herkiesbaar.
3. De raad van toezicht van de orde bestaat uit vijf leden en vijf plaatsvervangende leden.
4. De voorzitter van de raad van toezicht is een jurist die op voordracht van de algemene vergadering van de orde wordt benoemd door Onze Minister. De algemene vergadering van de orde wijst de secretaris van de raad van toezicht aan uit de leden van de raad.

Art. 23g

Onverenigbaarheid

1. Het lidmaatschap van het bestuur is niet verenigbaar met het lidmaatschap of het plaatsvervangend lidmaatschap van de raad van toezicht.
2. Het bestuur ontheft een lid of plaatsvervangend lid van de raad van toezicht van zijn functie, indien het lid of plaatsvervangend lid:
   a. vanwege ziekten of gebreken blijvend ongeschikt is zijn functie te vervullen;
   b. uitgeschreven is uit het register van octrooigemachtigden;
   c. in staat van faillissement is verklaard, onder de toepassing van de schuldsaneringsregeling natuurlijke personen is verklaard of onder curatele is gesteld;
   d. zich in voorlopige hechtenis bevindt;
   e. bij onherroepelijk geworden rechterlijke uitspraak wegens misdrijf is veroordeeld, dan wel hem bij een dergelijke uitspraak een maatregel is opgelegd die vrijheidsbeneming tot gevolg heeft.

Art. 23h

Huishoudelijk reglement en gedragsregels

1. De algemene vergadering van de orde stelt een huishoudelijk reglement en gedragsregels voor octrooigemachtigden vast.
2. Het huishoudelijk reglement regelt in ieder geval:
   a. de wijze waarop het bestuur en de raad van toezicht worden verkozen;
   b. het ontslag om gewichtige redenen van een lid van het bestuur;
   c. het houden van de vergaderingen van de orde;
   d. het bedrag van de contributie die de leden van de orde verschuldigd zijn vanwege hun lidmaatschap van de orde, en de termijn waarbinnen de contributie wordt voldaan.
3. De algemene vergadering stelt een verordening vast ten aanzien van de begeleiding van stagiaires door octrooigemachtigden, de wederzijdse verplichtingen van de octrooigemachtigde en de stagiaire en de benoeming door de raad van toezicht van een octrooigemachtigde als begeleider van een stagiaire die octrooiwerkzaamheden verricht buiten het kantoor van een octrooigemachtigde.
4. De algemene vergadering kan verordeningen vaststellen in het belang van de goede beroepsuitoefening van de leden. Deze verordeningen kunnen slechts betrekking hebben op:
   a. de wijze waarop de administratie van een octrooigemachtigde wordt ingericht, bijgehouden en bewaard;
   b. de samenwerking van octrooigemachtigden met andere octrooigemachtigden en met beoefenaren van een ander beroep;
   c. de publiciteit die octrooigemachtigden kunnen bedrijven omtrent hun werkzaamheden;
   d. het bijhouden van de kennis en het inzicht van octrooigemachtigden met betrekking tot het recht betreffende de industriële eigendom en het toezicht van de raad van toezicht daarop.
5. Verordeningen houden geen bepalingen in omtrent onderwerpen waarin bij of krachtens de wet is voorzien, bevatten geen verplichtingen of voorschriften die niet strikt noodzakelijk zijn voor de verwezenlijking van het doel dat met de verordening wordt beoogd en beperken

niet onnodig de marktwerking. Indien in het onderwerp van bepalingen van verordeningen wordt voorzien bij of krachtens de wet, houden deze bepalingen van rechtswege op te gelden.

Art. 23i
1. Het huishoudelijk reglement, de gedragsregels voor octrooigemachtigden en de verordeningen, alsmede iedere wijziging daarvan, worden na vaststelling onverwijld ter goedkeuring gezonden aan Onze Minister.
2. Onze Minister kan zijn goedkeuring onthouden aan het huishoudelijk reglement, de gedragsregels voor octrooigemachtigden en de verordeningen, alsmede een wijziging daarvan, indien zij bepalingen bevatten die in strijd zijn met het recht of het algemeen belang.
3. Na goedkeuring door Onze Minister worden het huishoudelijk reglement, de gedragsregels voor octrooigemachtigden en de verordeningen, alsmede een wijziging daarvan, geplaatst in het blad, bedoeld in artikel 20. Zij treden in werking met ingang van de eerste dag van de tweede maand na de dagtekening van het blad waarin zij worden geplaatst of zoveel eerder als zij zelf bepalen.
4. De octrooigemachtigden zijn gehouden het huishoudelijk reglement, de gedragsregels voor octrooigemachtigden en de verordeningen na te leven en de contributie die verschuldigd is vanwege het lidmaatschap van de orde binnen de daarvoor gestelde termijn te voldoen.

Goedkeuring reglement enz. door de minister

Art. 23j
1. De algemene vergadering van de orde stelt voor 1 oktober van ieder jaar een begroting vast voor het volgende kalenderjaar.
2. De algemene vergadering van de orde brengt jaarlijks aan Onze Minister voor 1 mei een financieel verslag uit dat vergezeld gaat van een verklaring omtrent de getrouwheid en de rechtmatigheid, afgegeven door een accountant als bedoeld in artikel 393 van Boek 2 van het Burgerlijk Wetboek.
3. De algemene vergadering van de orde stelt jaarlijks voor 1 mei een verslag op van de werkzaamheden, het gevoerde beleid in het algemeen en de doelmatigheid en doeltreffendheid van de werkzaamheden en werkwijze van de orde in het bijzonder in het afgelopen kalenderjaar. Het verslag wordt aan Onze Minister toegezonden.
4. De algemene vergadering van de orde stelt de in het tweede en derde lid bedoelde stukken algemeen verkrijgbaar.

Begroting en financieel verslag orde

Art. 23k
De algemene vergadering van de orde, het bestuur van de orde, de raad van toezicht en de examencommissie verstrekken desgevraagd aan Onze Minister de voor de uitoefening van zijn taak benodigde inlichtingen. Onze Minister kan inzage vorderen van zakelijke gegevens en bescheiden, voor zover dat voor de vervulling van zijn taak redelijkerwijs nodig is.

Verstrekken inlichtingen

Art. 23l
1. Ten minste eenmaal per jaar vergadert de orde over onderwerpen die voor octrooigemachtigden van belang zijn.
2. De vergaderingen van de orde, bedoeld in het eerste lid, zijn openbaar, tenzij de aanwezige leden van de orde om gewichtige redenen besluiten dat de vergadering geheel of gedeeltelijk met gesloten deuren zal plaatsvinden. De vergaderingen van het bestuur en de raad van toezicht van de orde zijn niet openbaar, behoudens in een geval als bedoeld in artikel 23s, vierde lid.

Vergadering orde

Art. 23m
1. Een octrooigemachtigde die in staat van faillissement is verklaard, ten aanzien van wie de schuldsaneringsregeling natuurlijke personen van toepassing is verklaard, of die onder curatele is gesteld, is gedurende het faillissement, de toepassing van de schuldsaneringsregeling natuurlijke personen of de curatele van rechtswege geschorst in de uitoefening van het recht als gemachtigde voor het bureau op te treden of bij de behandeling ter terechtzitting van geschillen het woord te voeren. Gedurende deze tijd is hij tevens van rechtswege geschorst als lid van de orde.
2. Ingeval een octrooigemachtigde niet in staat is de belangen te behartigen die hem in die hoedanigheid zijn toevertrouwd, dan wel ingeval hij overleden is, wijst de voorzitter van de raad van toezicht, indien niet reeds in de vervanging is voorzien, een octrooigemachtigde aan, die, zolang de voorzitter dit nodig oordeelt, de maatregelen neemt die onder de gegeven omstandigheden geboden zijn.

Schorsing octrooigemachtigde

Art. 23n
1. Een octrooigemachtigde die zich schuldig maakt aan enig handelen of nalaten dat in strijd is met de zorg die hij als octrooigemachtigde behoort te betrachten ten opzichte van degenen wier belangen hij als zodanig behartigt of behoort te behartigen, dat in strijd is met het huishoudelijk reglement of de verordeningen van de orde, of dat in strijd is met hetgeen een octrooigemachtigde betaamt, kan, onverminderd zijn aansprakelijkheid op grond van andere wettelijke voorschriften, worden onderworpen aan een van de maatregelen, genoemd in artikel 23u.
2. Als enig handelen of nalaten in strijd met hetgeen een octrooigemachtigde betaamt, wordt in ieder geval aangemerkt het in octrooiaangelegenheden samenwerken of in dienst nemen van een persoon:

Onzorgvuldig handelen octrooigemachtigde

a. van wie bekend is dat hem de inschrijving in het register, bedoeld in artikel 23a, is geweigerd omdat gegronde vrees bestaat dat hij zich schuldig zal maken aan enig handelen of nalaten als bedoeld in het eerste lid,
b. die ontzet is uit het recht om als gemachtigde voor het bureau op te treden, of
c. die, hoewel onbevoegd om als gemachtigde voor het bureau op te treden, er zijn gewoonte van maakt zich in Nederland, Curaçao of Sint Maarten voor te doen als een gemachtigde.

Art. 23o

Behandeling van tegen octrooigemachtigde gerezen bedenkingen

1. De raad van toezicht neemt een tegen een octrooigemachtigde gerezen bedenking in behandeling op een met redenen omklede schriftelijke klacht, bij hem ingediend.

2. Indien de voorzitter van het bestuur van de orde buiten het geval van een klacht op de hoogte is van een bedenking tegen een octrooigemachtigde of een advocaat, kan hij deze ter kennis van de raad van toezicht brengen. In dat geval behandelt de raad de bedenking als klacht en beschouwt hij de voorzitter van het bestuur van de orde als klager.

3. Indien het de raad van toezicht bekend is dat een advocaat zich bij de behandeling van octrooiaangelegenheden heeft schuldig gemaakt aan gedragingen als bedoeld in artikel 46 van de Advocatenwet, stelt hij de raad van toezicht, bedoeld in artikel 22 van die wet, van het arrondissement waarin de desbetreffende advocaat zijn praktijk uitoefent, hiervan op de hoogte.

Behandeling van tegen octrooigemachtigde gerezen bedenkingen (vervolg)

4. De raad van toezicht neemt een klacht niet in behandeling indien het voorval waarop de klacht betrekking heeft, ten minste vijf jaar voor de indiening van de klacht heeft plaatsgevonden.

Art. 23p

1. De secretaris van de raad van toezicht stelt de octrooigemachtigde tegen wie een klacht is ingediend onverwijld schriftelijk op de hoogte van de bedenking.

2. De voorzitter van de raad kan na een summier onderzoek, zo nodig na de klager en de desbetreffende octrooigemachtigde te hebben gehoord, de klacht terstond bij met redenen omklede beslissing afwijzen indien hij van oordeel is dat deze kennelijk niet-ontvankelijk, kennelijk ongegrond of van onvoldoende gewicht is.

3. Indien de voorzitter van de raad van oordeel is dat een klacht vatbaar is voor minnelijke schikking, roept hij de klager en de desbetreffende octrooigemachtigde op teneinde een zodanige schikking te beproeven. Indien een minnelijke schikking mogelijk blijkt, wordt deze op schrift gesteld en door de klager, de octrooigemachtigde en de voorzitter ondertekend.

4. De voorzitter van de raad brengt klachten, die niet in der minne zijn opgelost of die niet zijn afgewezen, onverwijld ter kennis van de raad van toezicht.

5. De secretaris van de raad zendt aan de klager en de desbetreffende octrooigemachtigde onverwijld bij aangetekende brief een afschrift van de beslissing van de voorzitter.

Art. 23q

Schriftelijk verzet

1. Tegen de beslissing van de voorzitter van de raad van toezicht tot afwijzing van een klacht kan de klager binnen veertien dagen na de dag van verzending van het afschrift van de beslissing schriftelijk verzet doen bij de raad van toezicht. Hij geeft daarbij gemotiveerd aan met welke overwegingen van de voorzitter van de raad hij zich niet kan verenigen en kan vragen over zijn verzet te worden gehoord.

2. Indien overeenkomstig het eerste lid verzet is gedaan tegen de beslissing van de voorzitter van de raad, wijst deze een ander lid van de raad aan om hem bij de behandeling van het verzet te vervangen.

3. Ten gevolge van het verzet vervalt de beslissing van de voorzitter van de raad, tenzij de raad het verzet niet-ontvankelijk of ongegrond verklaart.

4. Indien de raad van oordeel is dat de klacht kennelijk niet-ontvankelijk, kennelijk ongegrond of van onvoldoende gewicht is, kan hij zonder nader onderzoek het verzet niet-ontvankelijk of ongegrond verklaren, echter niet dan na de klager die daarom vroeg, in de gelegenheid te hebben gesteld te worden gehoord.

5. De beslissing tot niet-ontvankelijkverklaring of tot ongegrondverklaring van het verzet is met redenen omkleed. Daartegen staat geen rechtsmiddel open. De secretaris van de raad zendt aan de klager en de desbetreffende octrooigemachtigde onverwijld bij aangetekende brief een afschrift van de beslissing van de raad.

6. Indien de raad van oordeel is dat het verzet gegrond is, wordt de zaak in verdere behandeling genomen.

Art. 23r

Bedenking tegen (plaatsvervangend) lid raad van toezicht

1. Indien een bedenking een lid of plaatsvervangend lid van de raad van toezicht betreft, schorst de raad dit lid of plaatsvervangend lid in het recht zitting te hebben in de raad gedurende de tijd dat de bedenking behandeld wordt.

2. De artikelen 512 tot en met 519 van het Wetboek van Strafvordering zijn van overeenkomstige toepassing ten aanzien van de wraking en verschoning van een lid of plaatsvervangend lid van de raad.

Art. 23s
1. De raad van toezicht neemt geen beslissing dan na verhoor of behoorlijke oproeping van de octrooigemachtigde en van de klager of de voorzitter van het bestuur van de orde. De oproepingen geschieden bij aangetekende brief ten hoogste acht weken nadat de klacht ter kennis van de raad is gebracht op grond van artikel 23p, vierde lid, of nadat de raad de klacht in verdere behandeling heeft genomen op grond van artikel 23q, zesde lid, en ten minste twee weken voor het verhoor.
2. De octrooigemachtigde en de klager of de voorzitter van het bestuur van de orde zijn bevoegd zich te doen bijstaan door een raadsman. De secretaris van de raad stelt hen tijdig in de gelegenheid om kennis te nemen van de stukken die betrekking hebben op de zaak. Zij kunnen afschriften of uittreksels van die stukken vragen tegen vergoeding van de kostprijs.
3. De raad kan weigeren personen, die geen advocaat zijn, als raadsman toe te laten. In dat geval houdt de raad de zaak tot een volgende zitting aan.
4. De behandeling door de raad van een bedenking tegen een octrooigemachtigde geschiedt in een openbare zitting. De raad kan om gewichtige redenen bevelen dat de behandeling geheel of gedeeltelijk met gesloten deuren zal plaatsvinden.

Verdere procedurevoorschriften

Art. 23t
1. De raad van toezicht kan getuigen en deskundigen horen. Zij worden daartoe bij aangetekende brief opgeroepen en zijn verplicht aan de oproeping gevolg te geven.
2. Verschijnt een getuige of deskundige op de oproeping niet, dan doet de officier van justitie op verzoek van de raad hem dagvaarden. Verschijnt een getuige of deskundige op de dagvaarding niet, dan doet de officier van justitie op verzoek van de raad hem andermaal dagvaarden, desverzocht met bevel tot medebrenging. Artikel 556 van het Wetboek van Strafvordering is van overeenkomstige toepassing.
3. De voorzitter van de raad kan een getuige onder ede horen.
4. De getuige is verplicht op de gestelde vragen te antwoorden. De deskundige is gehouden zijn taak onpartijdig en naar beste weten te verrichten. Ten aanzien van de getuigen en deskundigen zijn de artikelen 217 tot en met 219 van het Wetboek van Strafvordering van overeenkomstige toepassing.
5. De getuigen en deskundigen ontvangen op verzoek op vertoon van hun oproeping of dagvaarding schadeloosstelling overeenkomstig het bij en krachtens artikel 57 van de Wet tarieven in burgerlijke zaken bepaalde.

Getuigen en deskundigen

Art. 23u
1. De raad van toezicht kan aan de octrooigemachtigde een van de volgende maatregelen opleggen, indien hij oordeelt dat een tegen de octrooigemachtigde gerezen bedenking gegrond is:
a. waarschuwing;
b. berisping;
c. schorsing in de uitoefening van het recht om als gemachtigde voor het bureau op te treden voor de tijd van ten hoogste vijf jaar;
d. ontzetting uit het recht om als gemachtigde voor het bureau op te treden.
2. Schorsing als bedoeld in het eerste lid, onder c, brengt voor de duur van de schorsing mee schorsing als lid van de orde en verlies van de betrekkingen, waarbij de hoedanigheid van octrooigemachtigde vereist is voor de verkiesbaarheid of benoembaarheid.

Maatregelen

Art. 23v
1. De beslissingen van de raad van toezicht zijn met redenen omkleed en worden in het openbaar uitgesproken. De raad beslist binnen zes weken nadat het onderzoek ter openbare zitting is gesloten.
2. De waarschuwing of berisping, bedoeld in artikel 23u, eerste lid, onder a en b, wordt door de voorzitter van de raad uitgesproken in een vergadering van de raad, waarvoor de octrooigemachtigde bij aangetekende brief wordt opgeroepen. Van de vergadering wordt proces-verbaal opgemaakt. De secretaris van de raad zendt een afschrift van het proces-verbaal bij aangetekende brief aan de octrooigemachtigde.
3. Indien een maatregel is opgelegd als bedoeld in artikel 23u kan de raad beslissen dat daarvan mededeling wordt gedaan in het blad, bedoeld in artikel 20, zodra de beslissing onherroepelijk is geworden. Een dergelijke mededeling wordt in ieder geval gedaan indien een maatregel als bedoeld in artikel 23u, eerste lid, onder c of d, is opgelegd.
4. De secretaris van de raad zendt bij aangetekende brief terstond een afschrift van de beslissing van de raad aan de octrooigemachtigde en, in voorkomend geval, aan de klager of de voorzitter van het bestuur van de orde, alsmede, indien bij de beslissing een maatregel is opgelegd, aan het bureau. In het afschrift van de beslissing worden de ter beschikking staande rechtsmiddelen vermeld.
5. In geval van oplegging van de maatregelen, bedoeld in artikel 23u, eerste lid, onder c en d, deelt de raad aan de betrokken octrooigemachtigde bij aangetekende brief nadat de beslissing onherroepelijk is geworden, de datum mee waarop de maatregel van kracht wordt.

Maatregelen (vervolg)

Art. 23w

Beroep

1. Tegen een beslissing van de raad van toezicht als bedoeld in artikel 23u kan een belanghebbende binnen dertig dagen na de dag van verzending van de brief, bedoeld in artikel 23v, vierde lid, beroep instellen bij het gerechtshof Den Haag.
2. Het beroep wordt ingesteld bij beroepschrift. De griffier van het gerechtshof geeft door toezending van een afschrift van het beroepschrift terstond kennis aan de raad van toezicht, aan het bureau en, voor zover het beroep niet door hem is ingesteld, aan de klager en aan de octrooigemachtigde.
3. Het gerechtshof behandelt de zaak opnieuw in volle omvang.
4. De artikelen 23s en 23t zijn van overeenkomstige toepassing op het beroep.
5. Tenzij het gerechtshof beslist dat het beroep niet ontvankelijk is of dat er geen aanleiding bestaat tot het opleggen van enige maatregel, legt het een maatregel op als bedoeld in artikel 23u.
6. Artikel 23v is van overeenkomstige toepassing op de beslissing van het gerechtshof, met dien verstande dat in plaats van «de raad van toezicht» wordt gelezen: het gerechtshof, in plaats van «voorzitter van de raad» wordt gelezen: vice-president van het gerechtshof, en in plaats van «secretaris van de raad»: griffier van het gerechtshof.
7. Tegen beslissingen van het gerechtshof is geen hogere voorziening toegelaten.

Art. 23x

Herziening

1. Van een beslissing van de raad van toezicht als bedoeld in artikel 23u en van een beslissing van het gerechtshof als bedoeld in artikel 23w, vijfde lid, kan door degene tegen wie de beslissing is genomen, herziening worden verzocht, indien een ernstig vermoeden bestaat dat op grond van enige omstandigheid, waarvan bij het nemen van de beslissing niet is gebleken, een andere beslissing zou zijn genomen, indien die omstandigheid bekend zou zijn geweest.
2. Van een beslissing tot oplegging van de maatregel, bedoeld in artikel 23u, eerste lid, onder d, kan door degene tegen wie de beslissing is genomen, wijziging worden verzocht na vijf jaar nadat de beslissing onherroepelijk is geworden.
3. Ten aanzien van de herziening, bedoeld in het eerste lid, en de wijziging, bedoeld in het tweede lid, is het gerechtshof Den Haag bevoegd. Deze procedures leiden niet tot het opleggen van een zwaardere maatregel. De artikelen 23s, 23t en 23w, tweede tot en met zevende lid, zijn van overeenkomstige toepassing op de herziening en de wijziging.

Art. 23y

Bezwaar

1. Een belanghebbende kan bij de examencommissie bezwaar maken tegen een beslissing als bedoeld in artikel 23c, vijfde lid, tegen een beslissing hem of haar niet toe te laten tot het examen of de proeve van bekwaamheid en tegen de beoordeling van het examen of de proeve van bekwaamheid.
2. Een belanghebbende kan bij de raad van toezicht bezwaar maken tegen een benoeming van een octrooigemachtigde als begeleider van een stagiaire als bedoeld in artikel 23h, derde lid.
3. De hoofdstukken 6 en 7 van de Algemene wet bestuursrecht zijn van overeenkomstige toepassing op het bezwaar, bedoeld in het eerste of tweede lid.
4. De curator kan de raad van toezicht verzoeken de schorsing, bedoeld in artikel 23m, eerste lid, op te heffen. De artikelen 23s, 23t en 23v, eerste lid, zijn van overeenkomstige toepassing op het verzoek tot opheffing van de schorsing. Indien de raad van toezicht de schorsing opheft, zendt de secretaris van de raad terstond een afschrift van de beslissing van de raad aan de curator, de betrokkene en het bureau.
5. Een belanghebbende kan tegen een beslissing op bezwaar als bedoeld in het eerste of tweede lid of tegen een beslissing op het verzoek als bedoeld in het vierde lid beroep instellen bij het gerechtshof Den Haag.
6. De artikelen 23s, 23t en 23v, eerste lid, en 23w, met uitzondering van het vijfde lid, zijn van overeenkomstige toepassing op het beroep.

Art. 23z

Verslag over doeltreffendheid en doelmatigheid orde

Onze Minister zendt binnen vijf jaar na de inwerkingtreding van paragraaf 1a van hoofdstuk 2 van deze wet en vervolgens telkens na vier jaar aan de Staten-Generaal een verslag over de doeltreffendheid en doelmatigheid van het functioneren van de orde.

§ 2
Verlening

Art. 24

Inhoud van de aanvrage

1. Een aanvrage om octrooi moet bij het bureau worden ingediend en moet:
a. de naam en het adres van de aanvrager vermelden;
b. de naam en de woonplaats vermelden van degene, die de uitvinding heeft gedaan, tenzij deze blijkens een bij de aanvrage gevoegde schriftelijke verklaring geen prijs stelt op vermelding als uitvinder in het octrooi;
c. een verzoek om verlening van een octrooi bevatten;

d. een korte aanduiding bevatten van datgene, waarop de uitvinding betrekking heeft;
e. vergezeld zijn van een beschrijving van de uitvinding, die aan het slot in één of meer conclusies een omschrijving geeft van datgene, waarvoor uitsluitend recht wordt verlangd;
f. vergezeld zijn van een uittreksel van de beschrijving.
2. Het uittreksel is alleen bedoeld als technische informatie; het kan in het bijzonder niet dienen voor de uitlegging van de omvang van de gevraagde bescherming en voor de toepassing van de artikelen 4, derde lid, en 75, tweede lid.
3. De aanvrage en de overige bescheiden zijn hetzij in het Nederlands hetzij in het Engels gesteld, met uitzondering van de conclusies die in het Nederlands zijn gesteld.
4. De aanvrage, de beschrijving van de uitvinding, de tekeningen en het uittreksel moeten voorts voldoen aan de overige, bij ministeriële regeling te stellen, voorschriften.
5. Bij de aanvrage dient een bewijsstuk te worden overgelegd waaruit blijkt dat aan het bureau een bedrag is betaald overeenkomstig een bij of krachtens algemene maatregel van rijksbestuur vastgesteld tarief.

Art. 25

1. De beschrijving van de uitvinding is duidelijk en volledig en wordt zodanig opgesteld dat de uitvinding daaruit door een deskundige kan worden begrepen en aan de hand daarvan kan worden toegepast. De omschrijving, gegeven in een of meer conclusies aan het slot van de beschrijving, is nauwkeurig. De beschrijving gaat zo nodig van daarmee overeenstemmende tekeningen vergezeld.

Beschrijving van de uitvinding

2. Indien een uitvinding betrekking heeft op biologisch materiaal dat niet openbaar toegankelijk is en in de beschrijving niet zodanig kan worden omschreven dat de uitvinding aan de hand daarvan door een deskundige kan worden toegepast, dan wel indien een uitvinding het gebruik van dergelijk biologisch materiaal impliceert, is de beschrijving slechts toereikend indien het biologisch materiaal uiterlijk op de dag van indiening van de aanvrage is gedeponeerd bij een bij of krachtens algemene maatregel van rijksbestuur aan te wijzen instelling.
3. Indien een uitvinding betrekking heeft op een sequentie of een partiële sequentie van een gen, bevat de beschrijving een concrete omschrijving van de functie en de industriële toepassing van deze sequentie of partiële sequentie. Ingeval voor de productie van een eiwit of partieel eiwit een sequentie of partiële sequentie van een gen is gebruikt, bevat de beschrijving van de industriële toepasbaarheid een precisering van het eiwit of partieel eiwit dat is geproduceerd en de functie daarvan.
4. Bij algemene maatregel van rijksbestuur worden nadere regels gesteld ten aanzien van:
a. de gegevens die in de aanvrage worden opgenomen met betrekking tot de kenmerken en identificatie van het gedeponeerde biologisch materiaal, en
b. de toegankelijkheid en beschikbaarheid van het gedeponeerde biologisch materiaal.

Art. 26
[Vervallen]

Art. 27

Elke aanvrage om octrooi mag slechts op een enkele uitvinding betrekking hebben of op een groep van uitvindingen, die zodanig onderling verbonden zijn, dat zij op een enkele algemene uitvindingsgedachte berusten. Bij algemene maatregel van rijksbestuur kunnen daarover nadere regels worden gesteld.

Eén octrooiaanvrage per uitvinding

Art. 28

1. De aanvrager kan zijn reeds ingediende aanvrage splitsen door voor een gedeelte van de inhoud daarvan een afzonderlijke aanvrage in te dienen. Deze aanvrage wordt, behalve voor de toepassing van de artikelen 30, eerste lid, 31, derde lid, en 32, tweede lid, aangemerkt te zijn ingediend op de dag van de oorspronkelijke aanvrage.

Splitsing van de aanvrage

2. De aanvrager kan de beschrijving, conclusies en tekeningen van zijn reeds ingediende aanvrage wijzigen.
3. Het onderwerp van de afgesplitste of de gewijzigde aanvrage moet gedekt worden door de inhoud van de oorspronkelijke aanvrage.
4. De splitsing of wijziging kan geschieden tot het tijdstip waarop de octrooiaanvrage ingevolge artikel 31, eerste of tweede lid, in het octrooiregister moet worden ingeschreven, met dien verstande dat voor de splitsing of wijziging een termijn van tenminste twee maanden na de verzending van de in artikel 34, vierde lid, bedoelde mededeling openstaat. Op verzoek van de aanvrager kan het bureau laatstgenoemde termijn verlengen tot vier maanden na de verzending van de in artikel 34, vierde lid, bedoelde mededeling.

Art. 29

1. Als datum van indiening van de aanvrage geldt die, waarop zijn overgelegd:
a. een expliciete of impliciete aanduiding dat de gegevens en bescheiden als een aanvraag zijn bedoeld,
b. gegevens waarmee de identiteit van de aanvrager kan worden vastgesteld of die het bureau in staat stellen in contact te treden met de aanvrager en

Datum van indiening van de aanvrage

c. gegevens die op het eerste gezicht een beschrijving van de uitvinding lijken te zijn, ongeacht de taal waarin de beschrijving is opgesteld.
2. Het bureau vermeldt de in het eerste lid bedoelde datum alsmede een nummer op de aanvrage en maakt deze zo spoedig mogelijk aan de aanvrager bekend.
3. Indien het bureau van oordeel is, dat de overgelegde gegevens en bescheiden niet voldoen aan het in het eerste lid bepaalde, stelt het bureau de aanvrager hiervan zo spoedig mogelijk in kennis en biedt het de aanvrager de gelegenheid binnen een bij algemene maatregel van rijksbestuur te stellen termijn de aanvrage aan te vullen.
4. Wanneer een ontbrekend deel van de beschrijving wordt ingediend bij het bureau binnen de krachtens het derde lid gestelde termijn, wordt dat deel van de beschrijving gevoegd bij de aanvrage en is de datum van indiening de datum waarop het bureau dat deel van de beschrijving heeft ontvangen of de datum waarop aan de in het eerste lid genoemde eisen is voldaan, indien deze datum later is dan de datum waarop het bureau het ontbrekende deel van de aanvraag heeft ontvangen.
5. Indien na het verstrijken van de in het derde lid bedoelde termijn de overgelegde bescheiden niet voldoen aan het in het eerste lid bepaalde, weigert het bureau tot vermelding van de in het eerste lid bedoelde datum over te gaan. Het maakt zijn beschikking zo spoedig mogelijk aan de aanvrager bekend.
6. Met een verwijzing naar een eerder ingediende aanvrage wordt voldaan aan het bepaalde in het eerste lid, onderdeel c. Bij of krachtens algemene maatregel van rijksbestuur worden nadere regels gesteld over het verwijzen naar een eerder ingediende aanvrage.

Art. 30

Schriftelijke kennisgeving aan de aanvrager van voorwaarden waaraan niet is voldaan

1. Indien niet is voldaan aan het bij en krachtens artikel 24 bepaalde, geeft het bureau daarvan binnen een maand na de in artikel 29, eerste lid, bedoelde datum van indiening of, in geval van afsplitsing van de aanvrage, binnen een maand na de datum van indiening van de afgesplitste aanvrage, schriftelijk kennis aan de aanvrager, onder opgave van de voorschriften waaraan niet is voldaan.
2. Indien de gebreken niet binnen drie maanden na verzending van de in het eerste lid bedoelde kennisgeving zijn hersteld of indien de aanvrager voordien heeft medegedeeld niet tot herstel te willen overgaan, besluit het bureau de aanvrage niet te behandelen. Het bureau maakt zijn beschikking zo spoedig mogelijk aan de aanvrager bekend.

Art. 31

Inschrijving van de aanvrage

1. Het bureau schrijft een octrooiaanvrage in het octrooiregister in zo spoedig mogelijk na verloop van achttien maanden:
a. na de in artikel 29, eerste lid, bedoelde datum van indiening of,
b. indien het een aanvrage betreft waarvoor een beroep is gedaan op een of meer rechten van voorrang, na de eerste datum van voorrang.
2. Op schriftelijk verzoek van de aanvrager vindt de inschrijving op een eerder tijdstip plaats.
3. De inschrijving van een afgesplitste aanvrage als bedoeld in artikel 28 geschiedt zo spoedig mogelijk na de indiening daarvan, doch niet eerder dan de inschrijving van de oorspronkelijke aanvrage.

Art. 32

Verzoek om onderzoek naar de stand van de techniek

1. De aanvrager verzoekt het bureau binnen uiterlijk dertien maanden na:
a. de in artikel 29, eerste lid, bedoelde datum van indiening of,
b. indien het een aanvrage betreft waarvoor een beroep is gedaan op een of meer rechten van voorrang, de eerste datum van voorrang, om een aan de verlening van het octrooi voorafgaand onderzoek naar de stand van de techniek met betrekking tot het onderwerp van de octrooiaanvrage.
Met het verzoek wordt aan het bureau een bedrag overeenkomstig een bij of krachtens algemene maatregel van rijksbestuur vastgesteld tarief betaald. Het verzoek wordt niet in behandeling genomen tot dit bedrag door het bureau is ontvangen.
2. Indien het een afgesplitste aanvrage betreft als bedoeld in artikel 28, wordt het in het eerste lid bedoeld verzoek gedaan binnen dertien maanden na de in het eerste lid bedoelde datum van indiening of voorrang van de oorspronkelijke aanvrage of, indien dat later is, binnen twee maanden na de indiening van de afgesplitste aanvrage.
3. Indien de aanvrager niet tijdig om het in het eerste lid genoemde onderzoek heeft verzocht of het in het eerste lid bedoelde bedrag niet door het bureau is ontvangen, besluit het bureau de aanvrage niet te behandelen. Het bureau maakt zijn beschikking zo spoedig mogelijk aan de aanvrager bekend.

Art. 33

[Vervallen]

Art. 34

Nieuwheidsonderzoek als bedoeld in het Samenwerkingsverdrag

1. Een onderzoek naar de stand van de techniek als bedoeld in artikel 32, eerste lid, wordt verricht door het bureau, waar nodig met inschakeling van het Europees Octrooibureau, bedoeld in het Europees Octrooiverdrag.

2. Indien de aanvrager daarom verzoekt, doet het bureau de aanvrage onderwerpen aan een onderzoek naar de stand van de techniek van internationaal type als bedoeld in artikel 15, vijfde lid, onder a, van het Samenwerkingsverdrag. Zulk een onderzoek naar de stand van de techniek wordt aangemerkt als een onderzoek naar de stand van de techniek als bedoeld in artikel 32, eerste lid.
3. Indien bij het onderzoek blijkt, dat de ingediende aanvrage niet voldoet aan het bij of krachtens artikel 27 bepaalde, wordt het uitgevoerd ten aanzien van die onderdelen van de aanvrage die betrekking hebben op de uitvinding of op de groep van uitvindingen als bedoeld in artikel 27, die als eerste in de conclusies wordt genoemd.
4. Het bureau deelt de aanvrager schriftelijk het resultaat van het onderzoek naar de stand van de techniek mede.
5. Indien toepassing is gegeven aan het derde lid, maakt het bureau daarvan in de mededeling, bedoeld in het vierde lid, melding onder vermelding van de uitvinding of groep van uitvindingen ten aanzien waarvan het onderzoek is uitgevoerd.

Art. 35

1. Indien het bureau van oordeel is dat het onderzoek naar de stand van de techniek wegens onduidelijkheid van de aanvrage niet uitvoerbaar is, geeft het bureau daarvan zo spoedig mogelijk schriftelijk en met redenen omkleed kennis aan de aanvrager.

Niet uitvoerbaar onderzoek naar de stand van de techniek

2. Indien de gebreken niet binnen twee maanden na verzending van de in het eerste lid bedoelde kennisgeving zijn hersteld of indien de aanvrager voordien heeft meegedeeld niet tot herstel te willen overgaan, besluit het bureau de aanvrage niet te behandelen. Het bureau maakt zijn beschikking zo spoedig mogelijk aan de aanvrager bekend.

Art. 36

1. Het bureau verleent het octrooi zodra de octrooiaanvrage in het octrooiregister is ingeschreven, doch niet eerder dan twee maanden of, indien artikel 28, vierde lid, tweede volzin, is toegepast, vier maanden na verzending van de in artikel 34, vierde lid, bedoelde mededeling. Het doet hiervan aantekening in het octrooiregister. Op verzoek van de aanvrager verleent het bureau het octrooi op een eerder tijdstip nadat het resultaat van het onderzoek naar de stand van de techniek als bedoeld in artikel 34, vierde lid, is verzonden.

Verlening van het octrooi na onderzoek naar de stand van de techniek

2. De octrooiverlening geschiedt door het plaatsen van een gedateerde aantekening op de aanvrage in de vorm waarin deze ingediend dan wel overeenkomstig de artikelen 28 of 30, tweede lid, is gewijzigd.
3. Het bureau geeft de bij de aanvrage behorende beschrijving en tekeningen bij wege van octrooischrift uit en verstrekt hiervan een gewaarmerkt afschrift aan de aanvrager.
4. Indien toepassing is gegeven aan artikel 34, derde lid, heeft het octrooi uitsluitend betrekking op die uitvinding of groep van uitvindingen als bedoeld in artikel 27, die als eerste in de conclusies wordt genoemd.
5. Het resultaat van het onderzoek naar de stand van de techniek wordt bij het octrooischrift gevoegd.
6. Een ingevolge dit artikel verleend octrooi blijft, behoudens eerder verval, afstand of vernietiging door de rechter, van kracht tot het verstrijken van een termijn van twintig jaren, te rekenen vanaf de in artikel 29, eerste lid , bedoelde datum van indiening.

Art. 37

[Vervallen]

Art. 38

1. Een ieder kan het bureau schriftelijk mededeling doen van gegevens betreffende een octrooiaanvrage of het daarop verleende octrooi. Het bureau deelt deze gegevens mede aan de aanvrager of de octrooihouder, voor zover zij niet van deze afkomstig zijn.

Schriftelijke mededeling van gegevens betreffende de aanvrage of het octrooi

2. Indien de in artikel 24, eerste lid, onder b, bedoelde vermelding van de uitvinder onjuist is, of door een ander dan de uitvinder is verklaard dat op vermelding als uitvinder in het octrooi geen prijs wordt gesteld, kunnen de aanvrager en de uitvinder gezamenlijk, onder betaling van een bij of krachtens algemene maatregel van rijksbestuur vast te stellen bedrag, het bureau schriftelijk verzoeken terzake de nodige verbeteringen aan te brengen. In voorkomend geval dient het verzoek vergezeld te zijn van de schriftelijke toestemming van de ten onrechte als uitvinder aangemerkte persoon.

Art. 39

1. De intrekking van een in het octrooiregister ingeschreven octrooiaanvrage heeft tegenover derden geen gevolg, zolang niet onherroepelijk is beslist op rechtsvorderingen ter zake van de aanvrage, die blijkens in het octrooiregister ingeschreven stukken zijn ingesteld.

Intrekking van de aanvrage

2. Wanneer ingevolge een onherroepelijke beslissing op een rechtsvordering als bedoeld in het eerste lid de aanspraak op octrooi toekomt of mede toekomt aan een ander dan de aanvrager, wordt de intrekking aangemerkt als niet te zijn geschied.
3. Het bureau doet van een intrekking aantekening in het octrooiregister.

§ 3
Geheimhouding van de inhoud van octrooiaanvragen

Art. 40

Kennisgeving aan aanvrager en minister van Defensie van mogelijke noodzaak van geheimhouding

1. Indien het bureau van oordeel is, dat het geheim blijven van de inhoud van een octrooiaanvrage in het belang van de verdediging van het Koninkrijk of zijn bondgenoten kan zijn, maakt het dit zo spoedig mogelijk, doch uiterlijk binnen drie maanden na de indiening van de aanvrage bekend. Onze Minister van Defensie kan ten aanzien van de beoordeling van de vraag, of zodanig belang aanwezig kan zijn, aanwijzingen geven aan het bureau.
2. Tegelijk met de bekendmaking als bedoeld in het eerste lid zendt het bureau afschrift van het besluit en van de tot de aanvrage behorende beschrijving en tekeningen aan Onze genoemde minister.
3. Ingeval het eerste lid toepassing vindt, wordt de inschrijving in het octrooiregister van de aanvrage opgeschort.

Art. 41

Minister van Defensie beslist over geheimhouding

1. Binnen acht maanden na indiening van een octrooiaanvrage als bedoeld in artikel 40 besluit Onze Minister van Defensie of de inhoud van de aanvrage in het belang van de verdediging van het Koninkrijk of zijn bondgenoten geheim moet blijven. Hij maakt zijn besluit aan het bureau bekend.
2. Een besluit dat de inhoud van de aanvrage geheim moet blijven heeft tot gevolg dat de inschrijving in het octrooiregister van de aanvrage blijft opgeschort tot drie jaren na de bekendmaking van het besluit.
3. De opschorting eindigt indien:
a. Onze genoemde minister besluit, dat de aanvrage niet geheim behoeft te blijven;
b. een besluit binnen de in het eerste lid genoemde termijn is uitgebleven.
4. Onze genoemde minister kan telkens binnen zes maanden voor het verstrijken van de termijn van opschorting deze termijn met drie jaren verlengen. Hij maakt zijn besluit aan het bureau bekend.
5. Onze genoemde minister kan te allen tijde besluiten dat de inhoud van de aanvrage niet langer geheim behoeft te blijven. Het besluit heeft tot gevolg dat de opschorting eindigt.
6. Van een besluit krachtens het eerste, derde, vierde of vijfde lid, doet het bureau onverwijld mededeling aan de aanvrager. Het deelt deze eveneens onverwijld mede indien een besluit is uitgebleven zoals bedoeld in het derde of vijfde lid.
7. Zolang de opschorting niet is geëindigd, zendt het bureau op verzoek van Onze genoemde minister aan deze afschrift van alle ter zake tussen het bureau en de aanvrager gewisselde stukken.
8. Indien de opschorting eindigt, geschiedt niettemin de inschrijving van de aanvrage in het octrooiregister, tenzij op verzoek van de aanvrager, niet voordat drie maanden zijn verstreken.

Art. 42

Staat vergoedt door geheimhouding geleden schade

1. De Staat verleent degene, ten aanzien van wiens octrooiaanvrage de artikelen 40, 41 of 46 zijn toegepast, op zijn verzoek vergoeding van schade, die hij door toepassing van die artikelen heeft geleden.
2. Het bedrag van de schadeloosstelling wordt vastgesteld na het eindigen van de opschorting. Ingeval echter verlenging van de termijn van opschorting krachtens artikel 41, derde lid, heeft plaatsgevonden, wordt het bedrag van de schadeloosstelling op verzoek van de aanvrager vastgesteld in gedeelten, waarvan het eerste betrekking heeft op de tijdsruimte vóór de aanvang van de eerste verlenging, de volgende op de tijdsruimte tussen twee opeenvolgende verlengingen en het laatste op de tijdsruimte vanaf de aanvang van de laatste verlenging tot het eindigen van de opschorting; de vaststelling geschiedt dan telkens na het verstrijken van de betrokken tijdsruimte.
3. De vaststelling geschiedt zo mogelijk door Onze Minister van Defensie en de aanvrager in onderling overleg. Indien binnen zes maanden na het einde van de tijdsruimte, waarover de vergoeding moet gelden, geen overeenstemming is bereikt, is artikel 58, zesde lid, eerste volzin, van overeenkomstige toepassing.

Art. 43

Verzoek om geheimhouding in het belang van een andere Staat

1. Indien een aanvrager verzoekt de inhoud van een octrooiaanvrage geheim te houden in het belang van de verdediging van een andere staat, dan wel de regering van die staat zodanig verzoek doet, zendt het bureau, mits de aanvrager schriftelijk heeft verklaard afstand te doen van alle vergoeding van schade, die hij door toepassing van dit artikel zou kunnen lijden, onverwijld afschrift van dat verzoek en van de tot de aanvrage behorende beschrijving en tekeningen, alsmede van de bedoelde afstandsverklaring, aan Onze Minister van Defensie. In dat geval wordt de inschrijving in het octrooiregister van de aanvrage opgeschort. Ingeval een afstandsverklaring ontbreekt, stelt het bureau Onze genoemde minister onverwijld van een en ander in kennis.
2. Binnen drie maanden na de indiening van het verzoek kan Onze genoemde minister, mits hem is gebleken, dat aan de aanvrager ook door de betrokken staat geheimhouding is opgelegd

en dat deze van die staat toestemming heeft verkregen een aanvrage onder geheimhouding in te dienen, besluiten, dat de inhoud der aanvrage in het belang van de verdediging van die staat geheim moet blijven. Het besluit wordt bekendgemaakt aan de aanvrager en aan het bureau.
3. Een besluit als bedoeld in het tweede lid heeft tot gevolg dat de inschrijving in het octrooiregister van de aanvrage blijft opgeschort, totdat Onze genoemde minister besluit dat de aanvrage niet langer geheim hoeft te blijven. Indien een besluit niet binnen de in het tweede lid bedoelde termijn is genomen, eindigt de opschorting.
4. Artikel 41, zevende en achtste lid, is ten aanzien van een aanvrage als in het eerste lid bedoeld van overeenkomstige toepassing.

Art. 44

1. Ingeval Onze Minister van Defensie van oordeel is, dat het belang van de verdediging van het Koninkrijk vordert, dat de Staat datgene, waarvoor octrooi wordt aangevraagd in een aanvrage, waarop artikel 40, 41 of 43 is toegepast, gebruikt, toepast dan wel doet gebruiken of toepassen, kan hij daartoe overgaan na het desbetreffende besluit bekend te hebben gemaakt. In dit besluit worden de handelingen, die de Staat moet kunnen verrichten of doen verrichten, nauwkeurig omschreven.
Gebruik door de Staat van hetgeen de geheim gehouden aanvrage behelst
2. De Staat betaalt de aanvrager een vergoeding voor het gebruik of de toepassing krachtens het eerste lid.
3. Het bedrag van deze vergoeding wordt zo mogelijk door Onze genoemde minister en de aanvrager in onderling overleg vastgesteld. Indien binnen zes maanden na de in het eerste lid bedoelde bekendmaking geen overeenstemming is bereikt, is artikel 58, zesde lid, eerste volzin, van overeenkomstige toepassing.

Art. 45

Indien de Staat zelf houder van een octrooiaanvrage is en Onze Minister van Defensie aan het bureau bekendmaakt, dat de inhoud daarvan in het belang van de verdediging van het Koninkrijk of zijn bondgenoten geheim moet blijven, wordt de inschrijving in het octrooiregister van de aanvrage opgeschort, totdat Onze genoemde minister aan het bureau bekendmaakt, dat de inhoud van de aanvrage niet langer geheim behoeft te blijven.
Staat zelf als houder van geheim te houden aanvrage

Art. 46

1. Een Europese octrooiaanvrage, waarvan de inhoud - naar de aanvrager weet of redelijkerwijs moet vermoeden - in het belang van de verdediging van het Koninkrijk of zijn bondgenoten geheim moet blijven, moet worden ingediend bij het bureau.
Geheim te houden Europese aanvrage
2. Het bureau zendt onverwijld afschrift van de tot de aanvrage behorende beschrijving en tekeningen aan Onze Minister van Defensie.
3. Uiterlijk drie weken voordat een Europese octrooiaanvraag moet worden doorgezonden naar het Europees Octrooibureau, maakt Onze genoemde minister aan het bureau bekend of de inhoud van de aanvrage in het belang van de verdediging van het Koninkrijk of zijn bondgenoten geheim moet blijven.
4. Indien een bekendmaking krachtens het derde lid in ontkennende zin is gedaan of indien een bekendmaking is uitgebleven, zendt het bureau de Europese octrooiaanvrage, met inachtneming van de hiervoor krachtens het Europees Octrooiverdrag geldende termijn, door aan het Europees Octrooibureau, bedoeld in dat verdrag.
5. Het bureau geeft van enige bekendmaking krachtens het derde lid of van het uitblijven daarvan onverwijld kennis aan de aanvrager.

§ 4
Omgezette Europese octrooiaanvragen

Art. 47

Een Europese octrooiaanvrage, die voldoet aan het bepaalde in artikel 80 van het Europees Octrooiverdrag en op grond van artikel 77, derde lid, van dat Verdrag wordt aangemerkt als te zijn ingetrokken en die, als bijlage bij een regelmatig verzoek tot omzetting in een aanvrage om octrooi in het Koninkrijk, bij het bureau is binnengekomen, hierna te noemen omgezette aanvrage, geldt als een tot het bureau gerichte en bij het bureau ingediende aanvrage om octrooi als bedoeld in artikel 24. Een verzoek tot omzetting is regelmatig als het met inachtneming van de bepalingen van het Achtste Deel, hoofdstuk I, van het Europees Octrooiverdrag tijdig gedaan en aan het bureau doorgezonden is.
Omzetting van Europese in nationale aanvrage

Art. 48

1. Op de omgezette aanvrage wordt de datum, waarop zij bij het bureau is binnengekomen, alsmede een volgnummer vermeld. Het bureau geeft hiervan zo spoedig mogelijk kennis aan de aanvrager.
Behandeling der omgezette aanvrage
2. Voor de omgezette aanvrage moet het in artikel 24, vijfde lid, bedoelde bewijs van betaling worden overgelegd binnen een termijn van drie maanden na de in het eerste lid bedoelde datum van binnenkomst. Indien de Europese octrooiaanvrage niet in het Nederlands is ingediend moet binnen dezelfde termijn een vertaling in het Nederlands van de oorspronkelijke stukken

van die aanvrage worden overgelegd. De vertaling maakt deel uit van de omgezette aanvrage; zij moet op verzoek van het bureau binnen een door dat bureau te stellen termijn worden gewaarmerkt. Indien niet tijdig is voldaan aan het in dit lid bepaalde, stelt het bureau de aanvrager eenmaal in de gelegenheid om binnen een door het bureau te stellen termijn zijn verzuim te herstellen. Indien de aanvrager zijn verzuim niet tijdig heeft hersteld, besluit het bureau de aanvrage niet te behandelen. Het bureau maakt zijn beschikking zo spoedig mogelijk aan de aanvrager bekend.

3. Op de omgezette aanvrage zijn de bij of krachtens artikel 24 gestelde vormvoorschriften niet van toepassing, voor zover zij afwijken van of een aanvulling betekenen op het bij of krachtens het Europees Octrooiverdrag bepaalde; in dat geval zijn laatstbedoelde bepalingen op de omgezette aanvrage van toepassing.

4. Zodra de aanvrager heeft voldaan aan het tweede lid gaat het bureau na of de aanvrage voldoet aan het bij en krachtens artikel 24 bepaalde of, indien van toepassing, de in het derde lid bedoelde bepalingen van het Europees Octrooiverdrag. Indien dat niet het geval is of indien het openbaar worden van de uitvinding in strijd zou zijn met de openbare orde of goede zeden, geeft het bureau hiervan zo spoedig mogelijk schriftelijk kennis aan de aanvrager, onder opgave van de voorschriften waaraan niet is voldaan. Artikel 30, tweede lid, is van overeenkomstige toepassing.

5. Voor de toepassing van de artikelen 31, eerste lid, 36, zesde lid, en 61, eerste lid, op de omgezette aanvrage wordt in plaats van "de in artikel 29, eerste lid, bedoelde datum van indiening" gelezen: de datum van indiening die de aanvrage ingevolge artikel 80 van het Europees Octrooiverdrag met inachtneming van de artikelen 61 of 76 van dat Verdrag bezit. In afwijking van artikel 32, eerste en tweede lid, kan een verzoek om een aan de verlening van het octrooi voorafgaand onderzoek naar de stand van de techniek met betrekking tot het onderwerp van de omgezette octrooiaanvrage of een daarvan afgesplitste aanvrage worden ingediend binnen twee maanden na de ingevolge artikel 48, eerste lid, op de omgezette aanvrage vermelde datum onderscheidenlijk binnen twee maanden na indiening van de afgesplitste aanvrage.

6. De in artikel 31 bedoelde inschrijving in het octrooiregister vindt niet eerder plaats dan nadat is vastgesteld dat aan de in het vierde lid bedoelde voorschriften is voldaan of de gebreken zijn hersteld.

Hoofdstuk 3
Bepalingen betreffende Europese octrooien

Art. 49

Rechtsgevolgen

1. Met inachtneming van het in deze rijkswet bepaalde hebben Europese octrooien vanaf de dag, waarop overeenkomstig artikel 97, derde lid, van het Europees Octrooiverdrag de vermelding van de verlening is gepubliceerd, dezelfde rechtsgevolgen en zijn zij aan hetzelfde recht onderworpen als de overeenkomstig artikel 36 van deze rijkswet verleende octrooien.

2. Een Europees octrooi blijft, behoudens eerder verval of vernietiging door de rechter, van kracht tot het verstrijken van een termijn van twintig jaren, te rekenen vanaf de datum van indiening, die de Europese octrooiaanvrage, die tot het betrokken Europees octrooi heeft geleid, ingevolge artikel 80 van het Europees Octrooiverdrag met inachtneming van de artikelen 61 of 76 van dat verdrag bezit.

Dag van indiening

3. Voor de toepassing van de artikelen 55, eerste lid, 57, vierde lid, en 77, eerste lid, op Europese octrooien geldt als dag van indiening: de datum van indiening die de Europese octrooiaanvrage, die tot het betrokken Europees octrooi heeft geleid, ingevolge artikel 80 van het Europees Octrooiverdrag met inachtneming van de artikelen 61 of 76 van dat verdrag bezit.

Art. 50

Herroeping van een Europees octrooi

1. Een Europees octrooi wordt geacht van de aanvang af geheel of gedeeltelijk niet de in de artikelen 53, 53a, 72 en 73 bedoelde rechtsgevolgen te hebben gehad naar gelang het octrooi geheel of gedeeltelijk is herroepen of beperkt.

2. De terugwerkende kracht van de herroeping heeft geen invloed op:

a. een beslissing, niet zijnde een voorlopige voorziening, ter zake van handelingen in strijd met het in de artikelen 53 en 53a bedoelde uitsluitend recht van de octrooihouder of van handelingen als bedoeld in de artikelen 72 en 73, die voor de herroeping in kracht van gewijsde is gegaan en ten uitvoer is gelegd;

b. een voor de herroeping gesloten overeenkomst, voor zover deze voor de herroeping is uitgevoerd; uit billijkheidsoverwegingen kan echter terugbetaling worden geëist van op grond van deze overeenkomst betaalde bedragen, en wel in de mate als door de omstandigheden gerechtvaardigd is.

3. Voor de toepassing van het tweede lid, onder b, wordt onder het sluiten van een overeenkomst mede verstaan het ontstaan van een licentie op een andere in de artikelen 56, tweede lid, 59 of 60 aangegeven wijze.

Art. 51
1. Het bureau doet van de overeenkomstig artikel 97, derde lid, van het Europees Octrooiverdrag bedoelde publikatie van de vermelding dat een Europees octrooi is verleend onverwijld aantekening in het octrooiregister.
2. Het bureau doet in het octrooiregister onverwijld aantekening van het instellen van een oppositieprocedure, een beperkingsprocedure of een herroepingsprocedure met betrekking tot een Europees octrooi, met vermelding van de datum waarop dit geschiedde en van beslissingen van het Europees Octrooibureau ter zake van deze procedures.

Aantekening van verlening en oppositie

Art. 52
1. Degene aan wie een Europees octrooi is verleend, doet het bureau, indien het octrooi is verleend in een andere taal dan het Engels, binnen een bij algemene maatregel van rijksbestuur te bepalen termijn een vertaling in het Nederlands of in het Engels toekomen van de tekst waarin het Europees Octrooibureau besluit dat octrooi te verlenen. Daarnaast doet degene aan wie een Europees octrooi is verleend het bureau binnen een bij algemene maatregel van rijksbestuur te bepalen termijn een vertaling in het Nederlands toekomen van de conclusies van het verleende octrooi. Bij indiening van de vertaling wordt een bedrag betaald, waarvan de hoogte en de termijn waarbinnen betaling geschiedt, bij algemene maatregel van rijksbestuur worden bepaald.
2. De in het eerste lid bedoelde vertalingen voldoen aan bij ministeriële regeling te stellen vormvoorschriften. Indien bij ontvangst binnen de in het eerste lid bedoelde termijn niet is voldaan aan een vormvoorschrift, geeft het bureau hiervan onverwijld kennis aan de octrooihouder onder opgave van het voorschrift waaraan niet is voldaan en van de termijn waarbinnen het geconstateerde gebrek kan worden opgeheven.
3. Onverwijld na ontvangst in behoorlijke vorm van de in het eerste lid bedoelde vertalingen doet het bureau daarvan aantekening in het octrooiregister.
4. Het Europees octrooi wordt geacht van de aanvang af niet de in artikel 49 bedoelde rechtsgevolgen te hebben gehad, indien:
a. binnen de in het eerste lid bedoelde termijnen de in het eerste lid bedoelde vertalingen niet door het bureau zijn ontvangen onderscheidenlijk het krachtens dat lid verschuldigde bedrag niet is betaald, of
b. binnen de in het tweede lid bedoelde termijn niet alsnog aan de opgegeven voorschriften is voldaan.
5. Indien zich een omstandigheid als bedoeld in het vierde lid voordoet, doet het bureau daarvan onverwijld aantekening in het octrooiregister.
6. Het eerste tot en met het vijfde lid zijn van overeenkomstige toepassing, indien in het Europees octrooi tijdens de oppositieprocedure of beperkingsprocedure wijziging is gekomen.
7. De octrooihouder kan te allen tijde het bureau een verbeterde vertaling doen toekomen onder betaling van een bedrag, waarvan de hoogte bij of krachtens algemene maatregel van rijksbestuur wordt bepaald. Het eerste lid, tweede volzin, het tweede en het derde lid zijn van toepassing.
8. Vanaf het tijdstip, waarop de in artikel 51, eerste lid, bedoelde aantekening in het octrooiregister is gedaan, kan een ieder kosteloos kennisnemen van alle op het Europees octrooi betrekking hebbende stukken die het bureau hebben bereikt of die het bureau aan de houder van het Europees octrooi of aan derden heeft doen uitgaan in het kader van de bepalingen van deze rijkswet. Het bureau maakt van al deze stukken zo spoedig mogelijk doch niet voor het in de eerste volzin bedoelde tijdstip melding in het in artikel 20 bedoelde blad.
9. Indien in de vertaling, bedoeld in het eerste of zevende lid, de beschermingomvang van de Europese octrooiaanvrage of het Europees octrooi beperkter is dan de bescherming die wordt geboden door die aanvrage of door dat octrooi in de procestaal, geldt die vertaling als authentieke tekst, behalve in geval van toepassing van artikel 75.
10. Indien een houder van een Europees octrooi een vermeende inbreukpleger schriftelijk op de hoogte stelt van de inbreuk op zijn octrooi, maakt de houder van dat octrooi op verzoek van een vermeende inbreukpleger een vertaling in het Nederlands van de tekst van het octrooi en verstrekt deze tekst aan de verzoeker.
11. De kosten van de vertalingen worden gedragen door de houder van een octrooi.

Nederlandse of Engelse vertaling van het octrooi

Sanctie

Kennisneming derden van Europees octrooi

Hoofdstuk 4
Rechtsgevolgen van het octrooi

§ 1
Rechten en verplichtingen van de octrooihouder

Art. 53
1. Een octrooi geeft de octrooihouder, behoudens de bepalingen van de artikelen 53a tot en met 60, het uitsluitend recht:

Uitsluitende rechten van de octrooihouder

art. 53a

a. het geoctrooieerde voortbrengsel in of voor zijn bedrijf te vervaardigen, te gebruiken, in het verkeer te brengen of verder te verkopen, te verhuren, af te leveren of anderszins te verhandelen, dan wel voor een of ander aan te bieden, in te voeren of in voorraad te hebben;
b. de geoctrooieerde werkwijze in of voor zijn bedrijf toe te passen of het voortbrengsel, dat rechtstreeks verkregen is door toepassing van die werkwijze, in of voor zijn bedrijf te gebruiken, in het verkeer te brengen of verder te verkopen, te verhuren, af te leveren of anderszins te verhandelen, dan wel voor een of ander aan te bieden, in te voeren of in voorraad te hebben.
2. Het uitsluitend recht wordt bepaald door de conclusies van het octrooischrift, waarbij de beschrijving en de tekeningen dienen tot uitleg van die conclusies.

Beperking van het uitsluitend recht
3. Het uitsluitend recht strekt zich niet uit over handelingen, uitsluitend dienende tot onderzoek van het geoctrooieerde, daaronder begrepen het door toepassing van de geoctrooieerde werkwijze rechtstreeks verkregen voortbrengsel. Het uitsluitend recht strekt zich evenmin uit tot de bereiding voor direct gebruik ten behoeve van individuele gevallen op medisch voorschrift van geneesmiddelen in apotheken, noch tot handelingen betreffende de aldus bereide geneesmiddelen.
4. Het uitvoeren van de noodzakelijke studies, tests en proeven met het oog op de toepassing van artikel 10, eerste tot en met vierde lid, van Richtlijn 2001/83/EG tot vaststelling van een communautair wetboek betreffende geneesmiddelen voor menselijk gebruik (PbEG L 311) of artikel 13, eerste tot en met het vijfde lid van Richtlijn 2001/82/EG tot vaststelling van een communautair wetboek betreffende geneesmiddelen voor diergeneeskundig gebruik (PbEG L 311) en de daaruit voortvloeiende praktische vereisten worden niet beschouwd als een inbreuk op octrooien met betrekking tot geneesmiddelen voor menselijk gebruik, respectievelijk geneesmiddelen voor diergeneeskundig gebruik.

Uitputting
5. Is een voortbrengsel als in het eerste lid, onder a of b, bedoeld, in Nederland, Curaçao of Sint Maarten rechtmatig in het verkeer gebracht, dan wel door de octrooihouder of met diens toestemming in één der Lid-Staten van de Europese Gemeenschap of in een andere staat die partij is bij de Overeenkomst betreffende de Europese Economische Ruimte in het verkeer gebracht, dan handelt de verkrijger of latere houder niet in strijd met het octrooi, door dit voortbrengsel in of voor zijn bedrijf te gebruiken, te verkopen, te verhuren, af te leveren of anderszins te verhandelen, dan wel voor een of ander aan te bieden, in te voeren of in voorraad te hebben.
6. Een voortbrengsel als in het eerste lid, onder a of b, bedoeld, dat voor de verlening van het octrooi, of, indien het een Europees octrooi betreft, voor de dag, waarop overeenkomstig artikel 97, derde lid, van het Europees Octrooiverdrag de vermelding van de verlening van het Europees octrooi is gepubliceerd, in een bedrijf is vervaardigd, mag niettegenstaande het octrooi ten dienste van dat bedrijf worden gebruikt.

Art. 53a

Uitsluitende rechten van de octrooihouder
1. Ten aanzien van een octrooi voor biologisch materiaal dat door de uitvinding bepaalde eigenschappen heeft verkregen, strekt het uitsluitend recht zich uit tot ieder biologisch materiaal dat hieruit door middel van propagatie of vermeerdering in dezelfde of in gedifferentieerde vorm wordt gewonnen en dat diezelfde eigenschappen heeft.
2. Ten aanzien van een octrooi voor een werkwijze voor de voortbrenging van biologisch materiaal dat door de uitvinding bepaalde eigenschappen heeft gekregen, strekt het uitsluitend recht zich uit tot het biologisch materiaal dat rechtstreeks door deze werkwijze wordt gewonnen en tot ander biologisch materiaal dat door middel van propagatie of vermeerdering in dezelfde of in gedifferentieerde vorm uit het rechtstreeks gewonnen biologisch materiaal wordt gewonnen en dat diezelfde eigenschappen heeft.
3. Ten aanzien van een octrooi voor een voortbrengsel dat uit genetische informatie bestaat of dat zulke informatie bevat, strekt het uitsluitend recht zich uit tot ieder materiaal waarin dit voortbrengsel wordt verwerkt en waarin de genetische informatie wordt opgenomen en haar functie uitoefent, onverminderd artikel 3, eerste lid, onderdeel b.

Art. 53b

Uitputting
1. Het recht, bedoeld in artikel 53a, strekt zich niet uit tot biologisch materiaal dat wordt gewonnen door propagatie of door vermeerdering van biologisch materiaal dat in Nederland, Curaçao of Sint Maarten rechtmatig in het verkeer is gebracht, dan wel door de octrooihouder of met diens toestemming in één van de lid-staten van de Europese Gemeenschap of in een andere staat die partij is bij de Overeenkomst betreffende de Europese Economische Ruimte in het verkeer is gebracht, indien de propagatie of vermeerdering noodzakelijkerwijs voortvloeit uit het gebruik waarvoor het biologisch materiaal in het verkeer is gebracht, mits het afgeleide materiaal vervolgens niet voor andere propagaties of vermeerderingen wordt gebruikt.
2. Het recht, bedoeld in artikel 53a, strekt zich evenmin uit over handelingen met biologisch materiaal die dienen tot het kweken, of ontdekken en ontwikkelen van andere plantenrassen.

Art. 53c

Farmer's privilege
1. In afwijking van artikel 53a houdt de verkoop of een andere vorm van in het verkeer brengen, door de octrooihouder of met diens toestemming, van plantaardig propagatiemateriaal aan een landbouwer voor agrarische exploitatiedoeleinden voor de laatste het recht in om de

voortbrengselen van zijn oogst voor verdere propagatie of vermeerdering door hemzelf op zijn eigen bedrijf te gebruiken met inachtneming van het bepaalde bij of krachtens artikel 14 van verordening (EG) nr. 2100/94 van de Raad van de Europese Unie van 27 juli 1994 inzake het communautaire kwekersrecht (PbEG L 227).

2. In afwijking van artikel 53a houdt de verkoop of een andere vorm van in het verkeer brengen, door de octrooihouder of met diens toestemming, van fokvee of dierlijk propagatiemateriaal aan een landbouwer voor de laatste het recht in om het door een octrooi beschermde vee voor agrarische doeleinden te gebruiken.

3. Onder gebruik voor agrarische doeleinden, bedoeld in het tweede lid, wordt in ieder geval verstaan het beschikbaar stellen van het dier of van dierlijk propagatiemateriaal voor het gebruik in het agrarisch bedrijf van de landbouwer, maar niet de verkoop in het kader van of met het oog op de commerciële fokkerij.

4. Bij algemene maatregel van rijksbestuur kunnen door Onze Minister, in overeenstemming met Onze Minister van Landbouw, Natuur en Voedselkwaliteit, nadere regels worden gesteld ten aanzien van het recht, bedoeld in het tweede of derde lid.

Art. 54

Het uitsluitend recht van de octrooihouder strekt zich niet uit tot:

a. het gebruik aan boord van schepen van andere landen van datgene, wat het voorwerp van zijn octrooi uitmaakt, in het schip zelf, in de machines, het scheepswant, de tuigage en andere bijbehorende zaken, wanneer die schepen tijdelijk of bij toeval in de wateren van Nederland, Curaçao of Sint Maarten verblijven, mits bedoeld gebruik uitsluitend zal zijn ten behoeve van het schip;

b. het gebruik van datgene, wat het voorwerp van zijn octrooi uitmaakt, in de constructie of werking van voor de voortbeweging in de lucht of te land dienende machines van andere landen, of van het toebehoren van die machines, wanneer deze tijdelijk of bij toeval in Nederland, Curaçao of Sint Maarten verblijven;

c. handelingen, vermeld in artikel 27 van het op 7 december 1944 te Chicago tot stand gekomen Verdrag inzake de internationale burgerlijke luchtvaart (*Stb.* 1947, H 165), mits deze handelingen betrekking hebben op een luchtvaartuig van een onder c van dat artikel bedoelde andere staat dan het Koninkrijk of een daartoe behorend land.

Beperking van het uitsluitend recht van de octrooihouder

Art. 55

1. Degene, die datgene waarvoor door een ander een octrooi is gevraagd, in Nederland, Curaçao of Sint Maarten reeds in of voor zijn bedrijf vervaardigde of toepaste of aan zijn voornemen tot zodanige vervaardiging of toepassing een begin van uitvoering had gegeven op de dag van indiening van die aanvrage of, indien de aanvrager voor die aanvrage een recht van voorrang geniet ingevolge artikel 9, eerste lid, dan wel ingevolge artikel 87 van het Europees Octrooiverdrag, op de dag van indiening van de aanvrage, waarop het recht van voorrang berust, blijft niettegenstaande het octrooi, als voorgebruiker bevoegd de in artikel 53, eerste lid, bedoelde handelingen te verrichten, tenzij hij zijn wetenschap ontleend heeft aan hetgeen reeds door de octrooiaanvrager vervaardigd of toegepast werd, of wel aan beschrijvingen, tekeningen of modellen van de octrooiaanvrager.

2. Het eerste lid is van overeenkomstige toepassing ten aanzien van dat deel van het aan Nederland, Curaçao of Sint Maarten grenzende continentaal plat, waarop het Koninkrijk soevereine rechten heeft, doch uitsluitend voor zover het handelingen betreft, gericht op en verricht tijdens het onderzoek naar de aanwezigheid van natuurlijke rijkdommen of het winnen daarvan.

3. Degene, die te goeder trouw datgene waarvoor aan een ander een Europees octrooi is verleend, reeds in of voor zijn bedrijf vervaardigde of toepaste of aan zijn voornemen tot zodanige vervaardiging of toepassing een begin van uitvoering had gegeven voor de datum waarop van een verbeterde vertaling als bedoeld in artikel 52, zevende lid, aantekening is gedaan in het octrooiregister, blijft niettegenstaande het octrooi bevoegd de in artikel 53, eerste lid, bedoelde handelingen te verrichten, voor zover deze handelingen geen inbreuk maken op het uitsluitend recht van de octrooihouder, welk recht in dit geval bepaald wordt door de inhoud van de conclusies van het octrooischrift en de voor de uitleg daarvan bedoelde beschrijving en tekeningen in de eerdere, gebrekkige vertaling in het Nederlands.

4. De in het eerste en het derde lid bedoelde bevoegdheden gaan alleen met het bedrijf op anderen over.

Recht van voorgebruik

Art. 56

1. Door een licentie wordt van de octrooihouder de bevoegdheid verkregen handelingen te verrichten, die volgens artikel 53 aan anderen dan hem niet vrijstaan. Die bevoegdheid strekt zich uit tot alle in bedoeld artikel vermelde handelingen en geldt voor de gehele duur van het octrooi, tenzij bij de verlening der licentie een minder omvangrijk recht is toegekend.

2. Een licentie ontstaat door een overeenkomst, door een aanvaarde uiterste wilsbeschikking of, overeenkomstig de artikelen 57 en 58, door een beschikking van Onze Minister of door een in kracht van gewijsde gegane rechterlijke uitspraak. De door een overeenkomst of aanvaarde wilsbeschikking ontstane licentie is tegenover derden geldig, nadat de titel in het octrooiregister

Gevolgen van licentieverlening

Ontstaan van een licentie

is ingeschreven. Voor de inschrijving is een bij of krachtens algemene maatregel van rijksbestuur vast te stellen bedrag verschuldigd.

Overgang van aanspraken jegens licentiehouder

3. Indien het recht op een vergoeding voor een licentie ingevolge artikel 75, achtste lid, of artikel 78, vierde lid, op een ander overgaat, wordt door de nieuwe rechthebbende aanspraak verkregen op een deel van de in het geheel voor de licentie betaalde en te betalen vergoeding in verhouding tot de tijd, gedurende welke de licentie in normale omstandigheden nog van kracht moet blijven. Is hetgeen de licentiehouder nog moet betalen niet voldoende om de nieuwe rechthebbende te verschaffen wat hem toekomt, dan heeft deze voor het ontbrekende verhaal op de vroegere.

4. Bij of krachtens algemene maatregel van rijksbestuur worden nadere regels gesteld over de aanvraag tot inschrijving van een licentie.

Art. 57

Verlening van licentie door minister in het algemeen belang

1. Onze Minister kan, indien het algemeen belang dit naar zijn oordeel vordert, onder een octrooi een licentie van een door hem nauwkeurig omschreven inhoud aan een door hem aangewezen persoon verlenen. Alvorens zijn beschikking te geven onderzoekt Onze Minister, tenzij de te dezen vereiste spoed zich daartegen verzet, of de octrooihouder bereid is de licentie onder redelijke voorwaarden vrijwillig te verlenen. Hij stelt daartoe de octrooihouder in de gelegenheid schriftelijk en, zo deze dit verzoekt, ook mondeling van zijn gevoelen te doen blijken. De beschikking wordt aan de octrooihouder en aan de verkrijger van de licentie bekendgemaakt. Bij zijn beschikking kan Onze Minister de verkrijger van de licentie het stellen van zekerheid binnen een bepaalde termijn opleggen. Het instellen van bezwaar en beroep heeft schorsende werking, tenzij de beschikking van Onze Minister op grond van de te dezen vereiste spoed anders bepaalt.

Gedwongen licentie wegens non usus

2. Indien noch de octrooihouder, noch een ander krachtens een hem verleende licentie na verloop van drie jaren na dagtekening van het octrooi in het Koninkrijk of in een andere, bij algemene maatregel van rijksbestuur aangewezen staat in werking heeft een inrichting van nijverheid, waarin te goeder trouw in voldoende mate het betrokken voortbrengsel wordt vervaardigd of de betrokken werkwijze wordt toegepast, is de octrooihouder verplicht de voor het in werking hebben van zodanige inrichting nodige licentie te verlenen, tenzij geldige redenen voor het ontbreken van zodanige inrichting blijken te bestaan. Voor de houder van een Europees octrooi ontstaat deze verplichting, indien niet na verloop van drie jaren na de dag, waarop overeenkomstig artikel 97, vierde lid, van het Europees Octrooiverdrag de vermelding van de verlening van het Europees octrooi is gepubliceerd, een inrichting van nijverheid als hiervoor bedoeld in werking is in Nederland, Curaçao of Sint Maarten of in een andere, bij algemene maatregel van rijksbestuur aangewezen staat.

3. Het tweede lid is niet van toepassing, indien de octrooihouder of een ander krachtens een hem verleende licentie in dat deel van het aan Nederland, Curaçao of Sint Maarten grenzende continentaal plat, waarop het Koninkrijk soevereine rechten heeft, in werking heeft een inrichting van nijverheid, waarin te goeder trouw in voldoende mate handelingen als in dat lid bedoeld worden verricht, mits die handelingen zijn gericht op en worden verricht tijdens het onderzoek naar de aanwezigheid van natuurlijke rijkdommen of het winnen daarvan.

Gedwongen licentie wegens afhankelijkheid

4. De octrooihouder is te allen tijde verplicht de licentie te verlenen welke nodig mocht zijn voor de toepassing van een octrooi, verleend op een aanvrage met een gelijke of latere dag van indiening of, indien voor de aanvrage een recht van voorrang bestaat, gelijke of latere voorrangsdatum, voor zover in het octrooi ten behoeve waarvan de licentie is gevraagd, een belangrijke technische vooruitgang van aanzienlijke economische betekenis is belichaamd; de octrooihouder is evenwel tot verlening van een licentie welke nodig mocht zijn voor de toepassing van een Europees octrooi eerst verplicht nadat de voor het instellen van oppositie tegen het Europees octrooi gestelde termijn is verstreken of een ingestelde oppositieprocedure is afgesloten. Een zodanige licentie strekt zich niet verder uit dan noodzakelijk is voor de toepassing van het octrooi van de verkrijger. Deze is verplicht aan de houder van het andere octrooi wederkerig licentie onder zijn octrooi te verlenen.

5. De octrooihouder verleent aan een kweker een licentie tegen een redelijke vergoeding, indien de kweker een kwekersrecht op een plantenras niet kan verkrijgen of exploiteren zonder inbreuk te maken op het octrooi van eerdere datum en de licentie noodzakelijk is voor de exploitatie van het te beschermen plantenras, dat een belangrijke technische vooruitgang van aanzienlijk economisch belang vertegenwoordigt ten opzichte van de door het octrooi beschermde uitvinding.

6. Indien aan een octrooihouder een licentie is verleend op grond van artikel 42, tweede lid, van de Zaaizaad- en Plantgoedwet, verleent de octrooihouder aan de houder van het kwekersrecht op diens verzoek onder redelijke voorwaarden een wederkerige licentie om de beschermde uitvinding te gebruiken.

Art. 57a

Gedwongen licentie (halfgeleiders)

In afwijking van artikel 57 kan een gedwongen licentie onder een octrooi op het gebied van de halfgeleiderstechnologie alleen worden verleend voor niet-commercieel gebruik door de overheid of voor het tegengaan van een gedraging waarvan na een rechterlijke of administratieve procedure is vastgesteld dat deze concurrentiebeperkend is.

Art. 58
1. Indien de licentie, bedoeld in artikel 57, tweede, vierde, vijfde of zesde lid, ten onrechte niet is verleend, wordt de licentie op vordering van de belanghebbende door de rechter verleend. Op verzoek van eiser wordt de dagvaarding door het bureau in het octrooiregister ingeschreven.

Verlening van gedwongen licentie door de rechter

2. Indien het octrooi op grond van deze rijkswet is verleend, is de eiser in zijn rechtsvordering niet ontvankelijk als hij niet bij dagvaarding als bijlage daarbij het resultaat van een door het bureau of het in het Europees Octrooiverdrag bedoelde Europees Octrooibureau ingesteld onderzoek naar de stand van de techniek met betrekking tot het onderwerp van het octrooi, ten behoeve waarvan de licentie is gevorderd, overlegt.
3. De verlening van een op grond van artikel 57, vierde lid, eerste volzin, gevorderde licentie kan met of zonder tijdsbepaling worden geschorst, indien binnen twee maanden na de betekening van de dagvaarding waarin de licentie is gevorderd, een vordering tot vernietiging van het octrooi, ten behoeve waarvan de licentie is gevorderd, is ingesteld.
4. De rechter kan bij de omschrijving van de verleende licentie afwijken van hetgeen gevraagd is en kan voorts de verkrijger van de licentie het stellen van zekerheid binnen een bepaalde termijn opleggen. Een op grond van artikel 57, vierde lid, eerste volzin, verleende licentie zal slechts kunnen worden overgedragen tezamen met het octrooi van de licentiehouder. Een op grond van artikel 57, vierde lid, eerste of derde volzin, verleende licentie vervalt niet doordat het octrooi, ten behoeve waarvan de licentie is verleend, als gevolg van het verstrijken van de in artikel 36, zesde lid, bedoelde termijn is geëindigd of met goed gevolg is opgeëist, doch vervalt wel voor zover het octrooi geheel of gedeeltelijk is vernietigd als resultaat van de in het derde lid bedoelde vordering.
5. Een besluit als bedoeld in artikel 57, eerste lid, of een in kracht van gewijsde gegane rechterlijke uitspraak wordt door het bureau in het octrooiregister ingeschreven. Is het stellen van zekerheid opgelegd, dan heeft de inschrijving niet plaats, voordat aan die verplichting is voldaan. Voor de inschrijving is een bij of krachtens algemene maatregel van rijksbestuur vast te stellen bedrag verschuldigd. De licentie werkt eerst na die inschrijving, maar dan ook tegenover hen, die na de inschrijving van de in het eerste lid bedoelde dagvaarding rechten op het octrooi hebben verkregen. Een ingeschreven licentie, die op grond van artikel 57, vierde lid, is verleend, werkt echter terug tot en met de dag waarop de dagvaarding is ingeschreven.

Inschrijving van de licentieverlening

6. Op vordering van de meest gerede partij bepaalt de rechter bij gebreke van overeenstemming de vergoeding, die de verkrijger van de licentie aan de octrooihouder dient te betalen. De rechter kan daarbij de verkrijger van de licentie het stellen van zekerheid binnen een bepaalde termijn opleggen, dan wel de op grond van artikel 57, eerste lid, of het vijfde lid van dit artikel bepaalde zekerheid bevestigen of wijzigen.

Vaststelling van bedrag van vergoeding

Art. 58a
1. Een op grond van artikel 57 verleende licentie is niet uitsluitend.
2. Een op grond van artikel 57 verleende licentie kan niet worden overgedragen dan tezamen met het gedeelte van de onderneming of de goodwill van het gedeelte van de onderneming, waarin de licentie wordt uitgeoefend.

Reikwijdte licentie
Overdracht licentie

3. Een op grond van artikel 57 verleende licentie kan worden ingetrokken wanneer, rekening houdend met een redelijke bescherming van de gerechtvaardigde belangen van de licentiehouder, de omstandigheden welke hebben geleid tot de verlening van de licentie ophouden te bestaan en het onwaarschijnlijk is dat zij herleven. De instantie welke de licentie heeft verleend onderzoekt op gemotiveerd verzoek het voortduren van bovengenoemde omstandigheden.

Intrekking licentie

Art. 59
1. Bij koninklijk besluit kan, indien het belang van de verdediging van het Koninkrijk dit vordert, op gemeenschappelijke voordracht van Onze Minister en van Onze minister, wie het rechtstreeks aangaat, worden bepaald, dat de Staat bevoegd is in dat besluit nauwkeurig te omschrijven handelingen, waartoe de houder van een in dat besluit aan te wijzen octrooi ingevolge de artikelen 53 en 53a uitsluitend gerechtigd is, zelf te verrichten of door anderen te doen verrichten. Deze bevoegdheid geldt voor de gehele duur van het octrooi, tenzij in het besluit een kortere duur is bepaald.

Bij KB te bepalen handelingen, door de Staat i.p.v. de octrooihouder te verrichten

2. Na het van kracht worden van een besluit als bedoeld in het eerste lid zal Onze minister, wie het rechtstreeks aangaat, zich met de octrooihouder verstaan omtrent de door de Staat aan deze te betalen vergoeding. Indien Onze minister, wie het rechtstreeks aangaat, hierover niet binnen zes maanden na het van kracht worden van het desbetreffende besluit met de octrooihouder tot overeenstemming is gekomen, is artikel 58, zesde lid, met uitzondering van het omtrent het stellen van zekerheid bepaalde, van overeenkomstige toepassing.

Art. 60

Ontstaan van licentie door uitspraak Arbitragecommissie of besluit minister ingevolge het Euratomverdrag

1. Onverminderd artikel 56, tweede lid, eerste volzin, ontstaat een licentie door:
a. een uitspraak van de Arbitrage-Commissie, bedoeld in artikel 20 van het Verdrag tot oprichting van de Europese Gemeenschap voor Atoomenergie (Euratom) (Trb. 1957, 92);
b. een besluit van Onze Minister ter uitvoering van artikel 21 van genoemd verdrag.

2. Ten aanzien van een licentie, ontstaan door een eindbeslissing als bedoeld in het eerste lid, onder a, is artikel 56, tweede lid, tweede en derde volzin, van overeenkomstige toepassing.
3. Ten aanzien van een besluit als bedoeld in het eerste lid, onder b, is artikel 58, eerste, vierde en vijfde lid, eerste, tweede en derde volzin, van overeenkomstige toepassing. Ten aanzien van een door zodanig besluit ontstane licentie is artikel 58, vijfde lid, vierde volzin, en zesde lid, van overeenkomstige toepassing.
4. Een licentie als bedoeld in het eerste lid geldt niet voor Curaçao en Sint Maarten.

§ 2
Jaartaks en afstand

Art. 61

Jaarlijkse betaling terzake van een (Europees) octrooi

1. Voor de instandhouding van een octrooi moet elk jaar, voor het eerst voor de aanvang van het vierde jaar na de in artikel 29, eerste lid, bedoelde datum van indiening, op de laatste dag van de maand waarin de aanvrage die tot octrooi heeft geleid is ingediend, of ingevolge artikel 28, eerste lid, wordt aangemerkt te zijn ingediend, aan het bureau een bij of krachtens algemene maatregel van rijksbestuur vast te stellen bedrag worden betaald.
2. Voor de instandhouding van een Europees octrooi moet elk jaar, voor het eerst na afloop van het in artikel 86, vierde lid, van het Europees Octrooiverdrag bedoelde jaar doch niet eerder dan voor de aanvang van het vierde jaar na de in artikel 80 van het Europees Octrooiverdrag bedoelde datum van indiening, aan het bureau een bedrag als in het eerste lid bedoeld worden betaald en wel op de laatste dag van de maand waarin de datum van indiening valt, die de Europese octrooiaanvrage, die tot het octrooi heeft geleid, ingevolge artikel 80 van het Europees Octrooiverdrag met inachtneming van de artikelen 61 of 76 van dat verdrag, bezit. Indien het voor de eerste maal verschuldigde bedrag zou moeten worden betaald binnen een termijn van twee maanden na de dag waarop overeenkomstig artikel 97, vierde lid, van het Europees Octrooiverdrag de vermelding van de verlening van het Europees octrooi is gepubliceerd, kan dit bedrag nog worden betaald op de laatste dag van de maand waarin deze termijn eindigt.
3. Bij betaling na de vervaldag zijn bij of krachtens algemene maatregel van rijksbestuur vast te stellen verhogingen verschuldigd.

Art. 62

Verval van rechtswege

Een octrooi vervalt van rechtswege, wanneer de in artikel 61 genoemde bedragen niet binnen zes kalendermaanden na de daar genoemde vervaldag zijn betaald. Van dit vervallen wordt in het octrooiregister van het bureau aantekening gedaan.

Art. 63

Afstand van het octrooi

1. Een octrooihouder kan geheel of gedeeltelijk afstand doen van zijn octrooi. De afstand heeft terugwerkende kracht overeenkomstig artikel 75, vijfde tot en met zevende lid.
2. De afstand geschiedt door de inschrijving van een daartoe strekkende akte in het octrooiregister. Het bureau schrijft de akte niet in zolang er personen zijn, die krachtens in het octrooiregister ingeschreven stukken rechten op het octrooi of licenties hebben verkregen of rechtsvorderingen, het octrooi betreffende, hebben ingesteld en deze personen tot de afstand geen toestemming hebben verleend.

§ 3
Het octrooi als deel van het vermogen

Art. 64

(Aanspraak op) octrooi vatbaar voor overdracht

1. Het octrooi en de aanspraak op octrooi zijn zowel voor wat betreft het volle recht als voor wat betreft een aandeel daarin vatbaar voor overdracht of andere overgang.
2. De overdracht en andere overgang van het octrooi of van het recht, voortvloeiende uit de octrooiaanvrage, kunnen door het bureau worden ingeschreven in het octrooiregister. Voor de inschrijving is een bij of krachtens algemene maatregel van rijksbestuur vast te stellen bedrag verschuldigd.

Art. 65

Overdrachtsakte

1. De levering, vereist voor de overdracht van het octrooi of het recht, voortvloeiende uit een octrooiaanvrage, geschiedt bij een akte, houdende de verklaring van de rechthebbende, dat hij het octrooi of het recht, voortvloeiende uit de octrooiaanvrage, aan de verkrijger overdraagt, en van deze, dat hij deze overdracht aanneemt.

2. Elk voorbehoud, de overdracht betreffende, moet in de akte omschreven zijn; bij gebreke daarvan geldt de overdracht voor onbeperkt.
3. De overdracht werkt tegenover derden eerst wanneer de akte in het octrooiregister is ingeschreven. Tot het doen verrichten van deze inschrijving zijn beide partijen gelijkelijk bevoegd.
4. Artikel 88 van Boek 3 van het Nederlandse Burgerlijk Wetboek is van toepassing.

Art. 66

1. Indien het octrooi aan verscheidene personen gezamenlijk toekomt, wordt hun onderlinge verhouding beheerst door hetgeen tussen hen bij overeenkomst is bepaald.

Mede-eigendom op een octrooi

2. Indien er geen overeenkomst is of indien in de overeenkomst niet anders is bepaald, heeft iedere rechthebbende de bevoegdheid de in artikel 53 genoemde handelingen te verrichten en tegen zulke handelingen alsmede handelingen als bedoeld in artikel 73, eerste en tweede lid, die onbevoegdelijk zijn verricht, ingevolge de artikelen 70 tot en met 73 op te treden, doch kan een licentie of toestemming als bedoeld in artikel 73, tweede lid, door de rechthebbenden slechts met gemeen goedvinden verleend worden.
3. Voor de betaling van de in artikel 61 genoemde bedragen zijn de rechthebbenden hoofdelijk verbonden.

Art. 67

1. Pandrecht op een octrooi wordt gevestigd bij een akte en werkt tegenover derden eerst wanneer de akte door het bureau in het octrooiregister is ingeschreven.

Pandrecht op een octrooi

2. De pandhouder is verplicht in een door hem ondertekende verklaring, bij het bureau ter inschrijving in te zenden, woonplaats te kiezen te 's-Gravenhage. Indien die keuze niet is gedaan, geldt het bureau als gekozen woonplaats.
3. Bedingen in de pandakte betreffende na inschrijving te verlenen licenties gelden van het ogenblik af, dat zij in het octrooiregister zijn aangetekend, ook tegenover derden. Bedingen betreffende vergoedingen voor licenties die op het ogenblik van de inschrijving reeds waren verleend, gelden tegenover de houder van de licentie na aanzegging aan deze bij deurwaardersexploit.
4. Akten, waaruit blijkt, dat het pandrecht heeft opgehouden te bestaan of krachteloos is geworden, worden door het bureau in het octrooiregister ingeschreven.
5. Bij of krachtens algemene maatregel van rijksbestuur worden nadere regels gesteld over de aanvraag tot inschrijving van een pandrecht.

Art. 68

1. Het beslag op een octrooi wordt gelegd en het proces-verbaal van inbeslagneming wordt door het bureau in het octrooiregister ingeschreven met overeenkomstige toepassing van de bepalingen van het Nederlandse Wetboek van Burgerlijke Rechtsvordering betreffende executoriaal en conservatoir beslag op onroerende zaken, met dien verstande dat in het proces-verbaal van inbeslagneming in plaats van de aard en de ligging van de onroerende zaak een aanduiding van het octrooi wordt opgenomen.

Beslag op een octrooi

2. Een vervreemding, bezwaring, onderbewindstelling of verlening van een licentie, totstandgekomen na de inschrijving van het proces-verbaal, kan tegen de beslaglegger niet worden ingeroepen.
3. De voor de inschrijving van het proces-verbaal nog niet betaalde licentievergoedingen vallen mede onder een op het octrooi gelegd beslag, nadat het ingeschreven beslag aan de houder van de licentie is betekend. Deze vergoedingen moeten worden betaald aan de notaris voor wie de executie zal plaatsvinden, mits dit bij de betekening uitdrukkelijk aan de licentiehouder is medegedeeld, en behoudens de rechten van derden die de executant moet eerbiedigen. Hetgeen aan de notaris wordt betaald, wordt tot de in artikel 69, tweede lid, bedoelde opbrengst gerekend. De artikelen 475i, 476 en 478 van het Nederlandse Wetboek van Burgerlijke Rechtsvordering zijn van overeenkomstige toepassing.
4. De inschrijving van het proces-verbaal van inbeslagneming kan worden doorgehaald:
a. krachtens een schriftelijke, ter inschrijving aangeboden verklaring van de deurwaarder dat hij in opdracht van de beslaglegger het beslag opheft of dat het beslag is vervallen;
b. krachtens een ter inschrijving aangeboden rechterlijke uitspraak die tot opheffing van het beslag strekt of het verval van het beslag vaststelt of meebrengt.
5. De artikelen 504a, 507a, 538 tot en met 540, 726, tweede lid, en 727 van het Nederlandse Wetboek van Burgerlijke Rechtsvordering zijn in geval van beslag op een octrooi van overeenkomstige toepassing.
6. Bij of krachtens algemene maatregel van rijksbestuur worden nadere regels gesteld over de aanvraag tot inschrijving van een beslag.

Art. 69

1. De verkoop van een octrooi door een pandhouder of een beslaglegger tot verhaal van een vordering geschiedt in het openbaar ten overstaan van een bevoegde notaris. De artikelen 508, 509, 513, eerste lid, 514, tweede en derde lid, 515 tot en met 519 en 521 tot en met 529 van het Nederlandse Wetboek van Burgerlijke Rechtsvordering zijn van overeenkomstige toepassing,

Verkoop van verpand of beslagen octrooi

met dien verstande dat hetgeen daar ten aanzien van hypotheken en hypotheekhouders is voorgeschreven geldt voor de op het octrooi rustende pandrechten en de pandhouders.
2. De verdeling van de opbrengst geschiedt met overeenkomstige toepassing van de artikelen 551 tot en met 552 van het Nederlandse Wetboek van Burgerlijke Rechtsvordering.

§ 4
Handhaving van het octrooi

Art. 70

Handhaving
1. De octrooihouder kan zijn octrooi handhaven jegens een ieder die, zonder daartoe gerechtigd te zijn, een der in artikel 53, eerste lid, genoemde handelingen verricht.

Overlegging van resultaat van onderzoek naar stand der techniek
2. De houder van een octrooi verleend op grond van deze rijkswet is in zijn rechtsvordering niet ontvankelijk als hij niet bij dagvaarding dan wel bij conclusie van eis in reconventie als bijlage daarbij en in kort geding op de terechtzitting het resultaat van een door het bureau of het in het Europees Octrooiverdrag bedoelde Europees Octrooibureau ingesteld onderzoek naar de stand van de techniek met betrekking tot het onderwerp van het octrooi overlegt.

Vertaling
3. De rechter kan de houder van een octrooi verzoeken om een vertaling in het Nederlands van het octrooi en een tijdstip vaststellen wanneer deze vertaling moet zijn overgelegd. De houder van een octrooi is in zijn rechtsvordering niet ontvankelijk als hij op dit tijdstip de vertaling niet heeft overgelegd.

Schadevergoeding
4. Schadevergoeding kan slechts worden gevorderd van hem, die wist of redelijkerwijs behoorde te weten dat zijn handelingen inbreuk maken.

Afdracht van genoten winst
5. Naast schadevergoeding kan worden gevorderd, dat de gedaagde veroordeeld wordt de door de inbreuk genoten winst af te dragen en dienaangaande rekening en verantwoording af te leggen; indien de rechter evenwel van oordeel is, dat de omstandigheden van het geval tot een zulk een veroordeling geen aanleiding geven, zal hij de gedaagde tot schadevergoeding kunnen veroordelen. In passende gevallen kan de rechter de schadevergoeding vaststellen als een forfaitair bedrag.

Licentienemers en pandhouders
6. De octrooihouder kan de vorderingen tot schadevergoeding of het afdragen van winst ook namens of mede namens licentienemers of pandhouders instellen, onverminderd de bevoegdheid van deze laatsten in een al of niet namens hen of mede namens hen door de octrooihouder aldus ingestelde vordering tussen te komen om rechtstreeks de door hen geleden schade vergoed te krijgen of zich een evenredig deel van de door de gedaagde af te dragen winst te doen toewijzen. Licentienemers en pandhouders kunnen slechts een zelfstandige vordering als bedoeld in het derde en vierde lid instellen, als zij de bevoegdheid daartoe van de octrooihouder hebben bedongen.

Roerende zaken waarmee inbreuk is gepleegd
7. De octrooihouder heeft de bevoegdheid roerende zaken waarmee een inbreuk op zijn recht wordt gemaakt als zijn eigendom op te vorderen dan wel de bevoegdheid onttrekking aan het verkeer, vernietiging of onbruikbaarmaking te vorderen van die zaken, en onttrekking aan het verkeer te vorderen van materialen en werktuigen die voornamelijk zijn gebruikt bij de voortbrenging van die zaken. De bepalingen van het Wetboek van Burgerlijke Rechtsvordering betreffende beslag en executie tot afgifte van roerende zaken zijn van toepassing. Bij samenloop met een ander beslag gaat degene die het beslag heeft gelegd krachtens dit artikel voor. Een vordering als bedoeld in de eerste volzin wordt op kosten van de gedaagde uitgevoerd, tenzij bijzondere redenen dit beletten. Bij de beoordeling van de vordering dient een afweging te worden gemaakt tussen de ernst van de inbreuk en de gevorderde maatregelen alsmede de belangen van derden.

Bewijslastomkering
8. Indien een rechtsvordering wordt ingesteld tot handhaving van een octrooi voor een werkwijze tot vervaardiging van een nieuw voortbrengsel, dan wordt vermoed, dat het betrokken voortbrengsel volgens de geoctrooieerde werkwijze is vervaardigd, tenzij door de gedaagde het tegendeel aannemelijk wordt gemaakt. Bij de beoordeling van de vraag of een voortbrengsel nieuw is, blijft de inhoud van in artikel 4, derde en vierde lid, bedoelde octrooiaanvragen buiten beschouwing.
9. De octrooihouder heeft de bevoegdheid een bevel te vorderen tot staking van diensten van tussenpersonen wier diensten door derden worden gebruikt om inbreuk op zijn recht te maken.
10. De octrooihouder heeft de bevoegdheid te vorderen dat degene die inbreuk op zijn recht heeft gemaakt wordt bevolen al hetgeen hem bekend is omtrent de herkomst en distributiekanalen van de zaken waarmee die inbreuk is gepleegd, aan hem mee te delen en alle daarop betrekking hebbende gegevens te verstrekken.
11. De octrooihouder heeft de bevoegdheid te vorderen dat bij tijdelijke voortzetting van de vermeende inbreuk aan deze voortzetting de voorwaarde wordt verbonden dat zekerheid wordt gesteld voor vergoeding van de door hem geleden schade. De octrooihouder komt die bevoegdheid eveneens toe bij voortzetting van de dienstverlening door een tussenpersoon als bedoeld in het achtste lid.
12. De octrooihouder heeft de bevoegdheid te vorderen dat de gedaagde wordt gelast op diens kosten passende maatregelen tot verspreiding van informatie over de uitspraak te treffen.

Art. 71

1. Behoudens het bepaalde in het vierde lid, kan de octrooihouder een redelijke vergoeding vorderen van hem, die in het tijdvak, gelegen tussen de inschrijving van de aanvrage die tot octrooi heeft geleid in het octrooiregister en de verlening van octrooi op die aanvrage of een daaruit ingevolge artikel 28 afgesplitste aanvrage, handelingen heeft verricht als vermeld in artikel 53, eerste lid, voor zover de octrooihouder daarvoor uitsluitende rechten heeft verkregen.

2. Behoudens het bepaalde in het vierde lid kan de octrooihouder eveneens een redelijke vergoeding vorderen van hem, die na de in het eerste lid bedoelde verlening van het octrooi handelingen als in dat lid bedoeld heeft verricht met voortbrengselen, die gedurende het aldaar genoemde tijdvak in het verkeer zijn gebracht. De octrooihouder kan een zelfde vergoeding vorderen van hem, die na de verlening van het octrooi ten dienste van zijn bedrijf voortbrengselen als bedoeld in artikel 53, eerste lid, onder a of b, dan wel in artikel 53a heeft gebruikt die in het eerste lid genoemde tijdvak in zijn bedrijf zijn vervaardigd.

3. De in het eerste en tweede lid bedoelde vergoeding is alleen verschuldigd voor handelingen die zijn verricht na verloop van dertig dagen nadat de betrokkene bij deurwaardersexploit, waarin nauwkeurig is aangegeven welk gedeelte van de octrooiaanvrage op die handelingen betrekking heeft, is gewezen op het krachtens dit artikel aan de octrooihouder toekomende recht.

4. Het krachtens dit artikel aan de octrooihouder toekomende recht strekt zich niet uit over handelingen, verricht door een daartoe krachtens artikel 55 of krachtens overeenkomst gerechtigde, alsmede handelingen met voortbrengselen, die hetzij voor de inschrijving in het octrooiregister van de betrokken octrooiaanvrage in het verkeer zijn gebracht, hetzij nadien door de aanvrager om octrooi of een gerechtigde als hiervoor bedoeld.

Art. 72

1. De houder van een Europees octrooi kan, behoudens het bepaalde in het vierde lid, een redelijke vergoeding vorderen van hem, die in het tijdvak, gelegen tussen de publikatie overeenkomstig artikel 93 van het Europees Octrooiverdrag van de aanvrage die tot octrooi heeft geleid en de in artikel 97, vierde lid, van dat verdrag bedoelde publikatie van de vermelding van de verlening van het Europees octrooi op die aanvrage of op een daaruit ingevolge artikel 76 van dit verdrag afgesplitste aanvrage, handelingen heeft verricht als vermeld in artikel 53, eerste lid, voor zover de octrooihouder daarvoor uitsluitende rechten heeft verkregen en de handelingen worden bestreken door de laatstelijk ingediende gepubliceerde conclusies.

2. Behoudens het bepaalde in het vierde lid kan de houder van een Europees octrooi eveneens een redelijke vergoeding vorderen van hem, die na de in het eerste lid bedoelde publikatie van de vermelding van de verlening van het Europees octrooi handelingen als in dat lid bedoeld heeft verricht met voortbrengselen, die gedurende het aldaar genoemde tijdvak in het verkeer zijn gebracht. De octrooihouder kan een zelfde vergoeding vorderen van hem, die na bedoelde publikatie ten dienste van zijn bedrijf voortbrengselen als bedoeld in artikel 53, eerste lid, onder a of b, dan wel in artikel 53a heeft gebruikt die in het eerste lid genoemde tijdvak in zijn bedrijf zijn vervaardigd.

3. De in het eerste en tweede lid bedoelde vergoeding is alleen verschuldigd voor handelingen, die zijn verricht na verloop van dertig dagen, nadat de betrokkene bij deurwaardersexploit is gewezen op het krachtens dit artikel aan de octrooihouder toekomende recht. Bij dit deurwaardersexploit, waarin nauwkeurig is aangegeven welk gedeelte van de octrooiaanvrage op die handelingen betrekking heeft, moet zijn betekend een vertaling in het Nederlands van de conclusies zoals vervat in de publikatie van de Europese octrooiaanvrage overeenkomstig artikel 93 van het Europees Octrooiverdrag. Indien een Nederlandse vertaling als hiervoor bedoeld reeds voor het uitbrengen van het deurwaardersexploit aan het bureau is toegezonden en daarvan aantekening gedaan is in het octrooiregister, kan de betekening van de vertaling achterwege blijven, mits in het exploit melding wordt gemaakt van de aantekening in het octrooiregister.

4. Het krachtens dit artikel aan de octrooihouder toekomende recht strekt zich niet uit over handelingen, verricht door een daartoe krachtens artikel 55 of krachtens overeenkomst gerechtigde, alsmede handelingen met voortbrengselen, die hetzij voor de in het eerste lid bedoelde publikatie van de aanvrage overeenkomstig artikel 93 van het Europees Octrooiverdrag in het verkeer zijn gebracht, hetzij nadien door de aanvrager van het octrooi of een gerechtigde als hiervoor bedoeld.

5. Het bureau gaat zo spoedig mogelijk over tot de in het derde lid bedoelde aantekening in het octrooiregister.

Art. 73

1. De octrooihouder kan de vorderingen die hem ten dienste staan bij de handhaving van zijn octrooi instellen tegen iedere persoon, die in Nederland, Curaçao of Sint Maarten in of voor zijn bedrijf middelen betreffende een wezenlijk bestanddeel van de uitvinding aan anderen dan hen, die krachtens de artikelen 55 tot en met 60 tot toepassing van de geoctrooieerde uitvinding bevoegd zijn, aanbiedt of levert voor de toepassing van de geoctrooieerde uitvinding in Neder-

land, Curaçao of Sint Maarten, een en ander mits die persoon weet dan wel het gezien de omstandigheden duidelijk is, dat die middelen voor die toepassing geschikt en bestemd zijn.
2. Het eerste lid geldt niet, indien het aanbieden of leveren geschiedt met toestemming van de octrooihouder. Dat lid geldt evenmin, indien de geleverde of aangeboden middelen algemeen in de handel verkrijgbare produkten zijn, tenzij de betrokkene degene aan wie hij levert aanzet tot het verrichten van in artikel 53, eerste lid, vermelde handelingen.
3. Artikel 70, vijfde lid, is van overeenkomstige toepassing.

Art. 74

Continentaal plat
De rechten en verplichtingen, voortvloeiende uit de artikelen 53 tot en met 60 en 64 tot en met 73, gelden mede in, op en boven dat deel van het aan Nederland, Curaçao of Sint Maarten grenzende continentaal plat, waarop het Koninkrijk soevereine rechten heeft, doch uitsluitend voor zover het betreft handelingen, gericht op en verricht tijdens het onderzoek naar de aanwezigheid van natuurlijke rijkdommen of het winnen daarvan.

Hoofdstuk 5
Vernietiging en opeising

Art. 75

Vernietiging van het octrooi
1. Een octrooi wordt door de rechter vernietigd voor zover:
a. hetgeen waarvoor octrooi is verleend ingevolge de artikelen 2 tot en met 7 niet vatbaar is voor octrooi dan wel, indien het een Europees octrooi betreft, het octrooi ingevolge de artikelen 52 tot en met 57 van het Europees Octrooiverdrag niet had behoren te worden verleend;
b. het octrooischrift niet een beschrijving bevat van de uitvinding, die, in voorkomend geval met toepassing van artikel 25, tweede en derde lid, zodanig duidelijk en volledig is dat een deskundige deze uitvinding kan toepassen;
c. het onderwerp van het octrooi niet wordt gedekt door de inhoud van de ingediende aanvrage of, indien het octrooi is verleend op een afgesplitste of gewijzigde aanvrage dan wel op een nieuwe Europese octrooiaanvrage die is ingediend overeenkomstig artikel 61 van het Europees Octrooiverdrag, door de inhoud van de oorspronkelijke aanvrage;
d. na octrooiverlening uitbreiding van de beschermingsomvang is opgetreden;
e. de houder van het octrooi daarop geen aanspraak had hetzij krachtens de bepalingen van hoofdstuk 1 van deze rijkswet hetzij, indien het een Europees octrooi betreft, krachtens artikel 60, eerste lid, van het Europees Octrooiverdrag.
2. Voor de toepassing van het eerste lid, onder a, wordt onder de stand van de techniek, bedoeld in artikel 54, derde lid, van het Europees Octrooiverdrag, mede begrepen de inhoud van uit hoofde van deze rijkswet ingediende octrooiaanvragen, waarvan de dag van indiening voor de datum van indiening van de desbetreffende Europese octrooiaanvrage, die voor de toepassing van dat lid geldt, ligt, en die eerst op of na die datum overeenkomstig artikel 31 zijn ingeschreven.
3. De rechtsvordering tot vernietiging komt in de in het eerste lid, onder a tot en met d, genoemde gevallen toe aan een ieder en in het eerste lid, onder e, genoemde geval aan degene, die krachtens de in dat onderdeel genoemde bepalingen aanspraak op het octrooi heeft. Indien laatstgenoemde zelf een octrooi voor de desbetreffende uitvinding heeft verkregen, komt de rechtsvordering tot vernietiging ook toe aan licentiehouders en pandhouders.
4. De dagvaarding moet binnen acht dagen na haar dagtekening in het octrooiregister worden ingeschreven. Bij gebreke van tijdige inschrijving is de eiser verplicht de schade te vergoeden, geleden door hen, die te goeder trouw na die termijn en voor de inschrijving rechten, waarop de vernietiging invloed uitoefent, hebben verkregen.

Terugwerkende kracht der vernietiging
5. Een octrooi wordt geacht van de aanvang af geheel of gedeeltelijk niet de in de artikelen 53, 53a, 71, 72 en 73 bedoelde rechtsgevolgen te hebben gehad naar gelang het octrooi geheel of gedeeltelijk is vernietigd.
6. De terugwerkende kracht van de nietigheid heeft geen invloed op:
a. een beslissing, niet zijnde een voorlopige voorziening, ter zake van handelingen in strijd met het in de artikelen 53 en 53a bedoelde uitsluitend recht van de octrooihouder of van handelingen als bedoeld in de artikelen 71, 72 en 73, die voor de vernietiging in kracht van gewijsde is gegaan en ten uitvoer is gelegd;
b. een voor de vernietiging gesloten overeenkomst, voor zover deze voor de vernietiging is uitgevoerd; uit billijkheidsoverwegingen kan echter terugbetaling worden geëist van op grond van deze overeenkomst betaalde bedragen in de mate als door de omstandigheden gerechtvaardigd is.
7. Voor de toepassing van het zesde lid, onder b, wordt onder het sluiten van een overeenkomst mede verstaan het ontstaan van een licentie op een andere in artikel 56, tweede lid, 59 of 60 aangegeven wijze.
8. Ingeval een octrooi wordt vernietigd op grond van het eerste lid, onder e, en degene, die krachtens de in dat onderdeel genoemde bepalingen aanspraak op het octrooi heeft, zelf een octrooi voor de desbetreffende uitvinding heeft verkregen, worden licenties, die te goeder trouw

van het vernietigde octrooi waren verkregen voor de inschrijving van de dagvaarding in het octrooiregister, aangemerkt als licentie van het bestaande octrooi, en verkrijgt de houder daarvan overeenkomstig artikel 56, derde lid, recht op de voor de licenties verschuldigde vergoeding. De houder van het vernietigde octrooi, die bij zijn aanvrage te goeder trouw was of die het octrooi voor de inschrijving van de dagvaarding te goeder trouw van een vroegere houder verkreeg, blijft in dat geval ten aanzien van het bestaande octrooi bevoegd tot toepassing van de uitvinding overeenkomstig artikel 55.
9. Zodra een eindbeslissing aangaande een vordering tot vernietiging in kracht van gewijsde is gegaan of de instantie is vervallen, wordt daarvan op verzoek van de meest gerede partij in het octrooiregister aantekening gedaan.

Art. 76
1. Degene die een rechtsvordering als bedoeld in artikel 75 tot vernietiging van een krachtens deze rijkswet verleend octrooi instelt, is in die vordering niet ontvankelijk als hij niet als bijlage bij dagvaarding dan wel bij conclusie van eis in reconventie het resultaat van een door het bureau uitgebracht advies omtrent de toepasselijkheid van de in artikel 75, eerste lid, genoemde nietigheidsgronden overlegt.
Ontvankelijkheid vordering

2. In kort geding kan de voorzieningenrechter bedoeld in artikel 80, tweede lid, degene die stelt dat een krachtens deze rijkswet verleend octrooi vernietigd behoort te worden, opdragen een advies van het bureau omtrent de toepasselijkheid van de in artikel 75, eerste lid, genoemde nietigheidsgronden over te leggen.

Art. 77
1. Voor zover een uit hoofde van deze rijkswet verleend octrooi betrekking heeft op een uitvinding, waarvoor aan dezelfde uitvinder of zijn rechtverkrijgende een Europees octrooi is verleend, terwijl de dag van indiening of in voorkomend geval de voorrangsdatum van de onderscheidene aanvragen om octrooi dezelfde is, heeft eerstbedoeld octrooi, voor zover het dezelfde uitvinding beschermt als het Europees octrooi, in Nederland, Curaçao en Sint Maarten, niet meer de in de artikelen 53, 53a, 71 en 73 bedoelde rechtsgevolgen vanaf de dag waarop:
Nederlands en Europees of Gemeenschapsoctrooi van dezelfde uitvinder

a. de voor het instellen van oppositie tegen het Europees octrooi vastgestelde termijn is verstreken zonder dat oppositie is ingesteld;
b. de oppositieprocedure is afgesloten, waarbij het Europees octrooi in stand is gebleven;
c. het octrooi uit hoofde van deze rijkswet is verleend, indien deze dag ligt na die onder a of b bedoeld, al naar het geval.
2. Het tenietgaan, op welke wijze ook, van het Europees octrooi op een later tijdstip laat het bepaalde in het vorige lid onverlet.
3. Vorderingen ter vaststelling van een in het eerste lid bedoeld verlies van rechtsgevolg kunnen door een ieder worden ingesteld.
4. Artikel 75, vierde lid, achtste lid, eerste volzin, en negende lid, is van overeenkomstige toepassing.

Art. 78
1. Een octrooi kan geheel, gedeeltelijk of wat betreft een aandeel daarin worden opgeëist door degene die krachtens artikel 11, 12 of 13 dan wel, indien het een Europees octrooi betreft, krachtens artikel 60, eerste lid, van het Europees Octrooiverdrag aanspraak of mede aanspraak heeft op dat octrooi.
Opeising van het octrooi

2. De dagvaarding moet in het octrooiregister worden ingeschreven.
3. De octrooihouder, die bij zijn aanvrage te goeder trouw was, of die het octrooi voor de inschrijving van de dagvaarding te goeder trouw van een vroegere houder verkreeg, blijft ten aanzien van de nieuwe octrooihouder bevoegd tot toepassing van de uitvinding op de voet als omschreven in artikel 55.
Octrooihouder te goeder trouw

4. Te goeder trouw voor de inschrijving verkregen licenties blijven geldig tegenover de nieuwe octrooihouder, die overeenkomstig artikel 56, derde lid, recht verkrijgt op de voor de licenties verschuldigde vergoeding.
5. Het derde en het vierde lid vinden niet van toepassing ingeval degene, die het octrooi met goed gevolg heeft opgeëist, reeds door zelf octrooi aan te vragen zijn aanspraken had doen gelden en de dagvaarding, waarbij de vordering tot opeising werd ingesteld, binnen drie maanden na de verlening van het octrooi of, indien het een Europees octrooi betreft, na de publikatie overeenkomstig artikel 97, vierde lid, van het Europees Octrooiverdrag van de vermelding van de verlening van het Europees octrooi in het octrooiregister was ingeschreven.
6. Pandrechten, door een vroegere octrooihouder gevestigd, zijn alleen geldig tegenover de nieuwe octrooihouder, indien zij te goeder trouw zijn verkregen en voor de inschrijving van de dagvaarding gevestigd. Zij zijn nimmer tegenover deze geldig in het geval, bedoeld in het vorige lid.
Pandrechten door vroegere octrooihouder gevestigd

7. De vordering, bedoeld in het eerste lid, verjaart, wanneer vijf jaren zijn verstreken na de dag van verlening van het octrooi of, indien het een Europees octrooi betreft, na de datum, waarop overeenkomstig artikel 97, vierde lid, van het Europees Octrooiverdrag de vermelding van de verlening van het Europees octrooi is gepubliceerd; nochtans kan degene, die bij het
Verjaring van de vordering

verkrijgen van het octrooi wist of had moeten weten, dat hij of de persoon, die het hem overdroeg, geen aanspraak had op het octrooi, zich niet op deze verjaring beroepen.
8. Zodra een eindbeslissing aangaande een vordering tot opeising in kracht van gewijsde is gegaan of de instantie is vervallen, wordt daarvan op verzoek van de meest gerede partij in het octrooiregister aantekening gedaan.

Art. 79

Strafbepaling inzake opzettelijke inbreuk op het recht van de octrooihouder

1. Hij die opzettelijk inbreuk maakt op het recht van de octrooihouder door het verrichten van een der in artikel 53, eerste lid, bedoelde handelingen, wordt gestraft met gevangenisstraf van ten hoogste zes maanden of geldboete van de vierde categorie.

2. Hij die van het plegen van het in het vorige lid bedoelde misdrijf zijn beroep maakt of het plegen van dit misdrijf als bedrijf uitoefent, wordt gestraft met gevangenisstraf van ten hoogste vier jaar of geldboete van de vijfde categorie.
3. Bij veroordeling kan door de rechter de openbaarmaking van zijn uitspraak worden gelast.
4. Indien voorwerpen verbeurd zijn verklaard, kan de octrooihouder vorderen, dat die voorwerpen hem worden afgegeven indien hij zich daartoe ter griffie aanmeldt binnen een maand nadat het vonnis in kracht van gewijsde is gegaan. Door deze afgifte gaat de eigendom van de voorwerpen op de octrooihouder over. De rechter zal kunnen gelasten, dat die afgifte niet zal geschieden dan tegen een door hem bepaalde, door de octrooihouder te betalen vergoeding, welke ten bate komt van de Staat.
5. De in dit artikel bedoelde strafbare feiten zijn misdrijven. Van deze misdrijven neemt in Nederland in eerste aanleg uitsluitend de rechtbank Den Haag kennis.

Hoofdstuk 6
Octrooirechtelijke geschillen

Art. 80

Bevoegde rechter

1. De rechtbank Den Haag is in eerste aanleg uitsluitend bevoegd voor:
a. vorderingen tot vaststelling van ontbreken van rechtsgevolg, vernietiging, vaststelling van een verlies van rechtsgevolg of opeising van octrooien, bedoeld in onderscheidenlijk de artikelen 10, 75, 77 en 78;
b. vorderingen tot opeising van Europese octrooiaanvragen;
c. vorderingen tot verlening van een licentie als bedoeld in artikel 58, eerste lid;
d. vorderingen tot vaststelling van een vergoeding als bedoeld in de artikelen 58, 59 en 60.
2. De rechtbank Den Haag en de voorzieningenrechter van die rechtbank zijn in eerste aanleg in Nederland uitsluitend bevoegd voor:
a. vorderingen, bedoeld in de artikelen 70, 71, 72 en 73;
b. vorderingen welke worden ingesteld door een ander dan de octrooihouder ten einde te doen vaststellen dat bepaalde door hem verrichte handelingen niet strijdig zijn met een octrooi.

Art. 81

Beroep tegen besluit o.g.v. deze wet

In afwijking van artikel 8:7 van de Algemene wet bestuursrecht, is voor beroepen ingesteld tegen besluiten op grond van deze wet de rechtbank Den Haag bevoegd.

Art. 82

Pleidooi door octrooigemachtigde

Bij de behandeling ter zitting van geschillen bedoeld in artikel 80 mogen octrooigemachtigden het woord voeren onverminderd de verantwoordelijkheid van de advocaat.

Art. 83

Voor andere geschillen geldt algemene rechterlijke competentie

1. Van alle andere geschillen dan in de artikelen 80 en 81 bedoeld wordt kennis genomen door de rechter die daartoe volgens de algemene regeling der rechtspraak bevoegd is.

2. Rechtsvorderingen, die gegrond zijn op artikel 12, zesde lid, worden aangemerkt als rechtsvorderingen met betrekking tot een arbeidsovereenkomst, tenzij de rechtsbetrekking tussen de bij het geschil betrokkenen niet wordt bepaald door een arbeidsovereenkomst.
3. Indien de rechter meent, dat op de beslissing van een geschil van invloed kan zijn een rechtsvordering, die op grond van artikel 10, 75, 77 of 78 is of zou kunnen worden ingesteld, kan hij de behandeling van het aanhangige geschil met of zonder tijdsbepaling schorsen. Gelijke bevoegdheid bezit hij, indien op de beslissing inzake zulk een rechtsvordering een uit anderen hoofde ingestelde rechtsvordering van invloed kan zijn.
4. De rechter kan de behandeling van een geschil ter zake van een Europees octrooi met of zonder tijdsbepaling schorsen, indien bij het Europees Octrooibureau tegen dat octrooi oppositie is ingesteld ingevolge artikel 99 van het Europees Octrooiverdrag.

Art. 84

Advies van het bureau omtrent nietigheidsgronden

1. Een ieder kan het bureau schriftelijk verzoeken een advies uit te brengen omtrent de toepasselijkheid van de in artikel 75, eerste lid, genoemde nietigheidsgronden op een krachtens deze rijkswet verleend octrooi.

2. Het verzoek bevat een gemotiveerde aanduiding van de aan artikel 75, eerste lid, ontleende bezwaren tegen het verleende octrooi waaromtrent een advies wordt verlangd.
3. Bij of krachtens algemene maatregel van rijksbestuur worden regels gesteld met betrekking tot de voor het advies verschuldigde vergoeding.

Art. 85
1. Het bureau stelt de in artikel 84 bedoelde verzoeker in de gelegenheid de geopperde bezwaren toe te lichten. Het bureau kan nietigheidsgronden die het baseert op het resultaat van het onderzoek naar de stand van de techniek als bedoeld in artikel 34, vierde lid, als bezwaren toevoegen. De houder van het desbetreffende octrooi wordt ten minste eenmaal in de gelegenheid gesteld op de bezwaren te reageren. — *Procedure bureau bij verzoek om advies*
2. Het bureau is bevoegd voor de inbreng van verzoeker en octrooihouder termijnen te stellen.
3. Het in artikel 84 bedoelde advies wordt zo spoedig mogelijk uitgebracht, doch uiterlijk binnen twee maanden nadat het bureau kennis heeft genomen van het standpunt van de verzoeker en de octrooihouder of, indien toepassing is gegeven aan het vorige lid, binnen twee maanden nadat de gestelde termijn is verstreken.

Art. 86
Het in artikel 84 bedoelde advies bestaat uit een gemotiveerde beoordeling van de in artikel 85, eerste lid, genoemde bezwaren. — *Advies is gemotiveerde beslissing*

Art. 87
1. Het bureau is verplicht de rechter alle inlichtingen en technische adviezen te verstrekken, die deze tot beslissing van aan zijn oordeel onderworpen rechtsvorderingen inzake octrooien mocht verlangen. — *Mededelingsplicht bureau aan rechter*
2. De waarde van adviezen als bedoeld in het eerste lid wordt gelijkgesteld met die van deskundigen als bedoeld in artikel 194 en volgende van het Wetboek van Burgerlijke Rechtsvordering.

Art. 88
De in artikel 80 bedoelde rechtbank treedt op als centrale instantie, belast met het ontvangen van rogatoire commissies en bevoegd tot het uitvoeren van genoemde commissies van het Europees Octrooibureau, bedoeld in regel 99 van het bij het Europees Octrooiverdrag behorende Uitvoeringsreglement. — *Rechtbank als centrale instantie*

Art. 89
Van alle rechterlijke uitspraken betreffende octrooien wordt door de griffier van het desbetreffende gerecht binnen één maand kosteloos een afschrift aan het bureau gezonden, en, indien het een Europees octrooi betreft, tevens aan het Europees Octrooibureau, bedoeld in het Europees Octrooiverdrag. — *Afschrift van uitspraken aan bureau en Europees Octrooibureau*

Hoofdstuk 7
Aanvullende beschermingscertificaten

Art. 90
Voor de toepassing van dit hoofdstuk, met uitzondering van artikel 98, en de daarop berustende bepalingen, wordt verstaan onder: — *Begripsbepalingen*
verordening: de verordening (EEG) nr. 1768/92 van de Raad van de Europese Gemeenschappen van 18 juni 1992 betreffende de invoering van een aanvullend beschermingscertificaat voor geneesmiddelen (*PbEG* L 182), zoals deze laatstelijk is gewijzigd bij verordening (EG) nr. 1901/2006 van het Europees Parlement en de Raad van de Europese Unie van 12 december 2006 betreffende geneesmiddelen voor pediatrisch gebruik en tot wijziging van Verordening (EEG) nr. 1768/92, Richtlijn 2001/20/EG, Richtlijn 2001/83/EG en Verordening (EG) nr. 726/2004 (PbEG L 378);
basisoctrooi: een octrooi als bedoeld in artikel 1, onder *c*, van de verordening;
certificaat: een aanvullend beschermingscertificaat als bedoeld in artikel 1, onder *d*, van de verordening;
aanvrage om verlenging van de duur van een certificaat: een aanvrage om verlenging van de duur van een reeds verleend certificaat als bedoeld in artikel 1, onder e, van de verordening.

Art. 91
De aanvrage om een certificaat en om verlenging van de duur van een certificaat worden bij het bureau ingediend. — *Indiening aanvraag certificaat*

Art. 92
Bij de aanvrage om een certificaat en om verlenging van de duur van een certificaat dient een bewijsstuk te worden overgelegd waaruit blijkt dat aan het bureau een bedrag is betaald overeenkomstig een bij of krachtens algemene maatregel van bestuur vastgesteld tarief. — *Kosten*

Art. 93
Met betrekking tot aanvragen om een certificaat en om verlenging van de duur van een certificaat zijn de artikelen 24, derde lid, en 38, eerste lid, van deze rijkswet van overeenkomstige toepassing. — *Inhoud van de aanvrage enz.*

Art. 94

Kennisgeving aan aanvrager dat niet aan alle voorwaarden is voldaan
Indien niet is voldaan aan het bij artikel 8 van de verordening of het bij de artikelen 92 en 93 van deze rijkswet bepaalde, geeft het bureau daarvan binnen twee maanden na de datum van indiening van de aanvraag om een certificaat dan wel om verlenging van de duur van een certificaat schriftelijk kennis aan de aanvrager, onder opgave van de voorschriften waaraan niet is voldaan.

Art. 95

Instandhoudingstaks
Voor de instandhouding van een aanvullend beschermingscertificaat moet elk jaar, voor het eerst vanaf het jaar waarin de wettelijke duur van het basisoctrooi is verstreken, aan het bureau een bij of krachtens algemene maatregel van bestuur vast te stellen bedrag worden betaald. Dit bedrag wordt uiterlijk voldaan op de laatste dag van de maand waarin de wettelijke duur van het basisoctrooi is verstreken. De artikelen 61, derde lid, en 62 van deze rijkswet zijn van overeenkomstige toepassing.

Art. 96

Publicatie
1. De in de artikelen 9, tweede en derde lid, 11 en 16 van de verordening voorgeschreven mededelingen geschieden in het in artikel 20 van deze rijkswet bedoelde blad.
2. Het bureau schrijft de in de artikelen 9, tweede en derde lid, 11 en 16 van de verordening bedoelde gegevens in het octrooiregister in.

Art. 97

Bekendmakingen
De artikelen 64 tot en met 69 zijn van overeenkomstige toepassing op certificaten.

Art. 98

Certificaat als deel van het vermogen
Indien een andere dan de in artikel 90 genoemde door de Raad van de Europese Gemeenschappen vastgestelde verordening betreffende aanvullende beschermingscertificaten in het belang van een goede uitvoering nadere regeling behoeft geschiedt dit bij algemene maatregel van bestuur. Daarbij kan worden voorzien in het opleggen van taksen, voor zover dat is toegelaten ingevolge de betrokken verordening.

Hoofdstuk 8
Bijzondere bepalingen voor Curaçao en Sint Maarten

Art. 99

Bureau voor de industriële eigendom
In Curaçao of Sint Maarten kan een bureau voor de industriële eigendom worden ingesteld. Dit bureau is een instelling van het betrokken land of de betrokken landen.

Art. 100

Octrooiaanvragen inwonenden Ned. Antillen
1. De aanvragen om een octrooi van inwonenden van Curaçao of Sint Maarten kunnen worden ingediend bij het aldaar ingestelde bureau voor de industriële eigendom.
2. Als datum van indiening van de aanvrage geldt die, waarop bij het betrokken bureau de in artikel 29, eerste lid, onder a, b en c, vermelde bescheiden zijn overgelegd. Artikel 29, tweede en derde lid, is van overeenkomstige toepassing.
3. Nadat het betrokken bureau de in het tweede lid bedoelde datum op de aanvrage heeft vermeld, zendt het de aanvrage met alle overgelegde bescheiden zo spoedig mogelijk door aan het bureau, bedoeld in artikel 1, tenzij het meent dat deze bescheiden niet voldoen aan het bij of krachtens artikel 24 bepaalde.
4. In het geval, bedoeld in het derde lid, geeft het betrokken bureau aan de aanvrager schriftelijk kennis van de vermeende gebreken, met het verzoek deze binnen een door het bureau te bepalen termijn te herstellen. Na het verstrijken van die termijn worden, onverschillig of aan het verzoek is voldaan, de door de aanvrager overgelegde bescheiden, alsmede een afschrift van het hem afgegeven ontvangstbewijs door het betrokken bureau zo spoedig mogelijk aan het bureau, bedoeld in artikel 1, toegezonden.

Hoofdstuk 9
Overgangs- en slotbepalingen

Art. 101

Verval van de Rijksoctrooiwet
De Rijksoctrooiwet vervalt met ingang van een bij koninklijk besluit te bepalen tijdstip.

Art. 102

Overgangsbepaling
1. Ten aanzien van octrooiaanvragen die zijn ingediend voor 1 april 1995 en van deze aanvragen afgesplitste octrooiaanvragen zijn de Rijksoctrooiwet en de artikelen 102a tot en met 102e van toepassing.
2. Ten aanzien van:
a. octrooiaanvragen, ingediend na de inwerkingtreding van deze rijkswet, met uitzondering van de in het eerste lid bedoelde afgesplitste octrooiaanvragen,
b. octrooien, verleend op de onder *a* bedoelde octrooiaanvragen en

c. licenties onder de onder *b* bedoelde octrooien is uitsluitend het bij en krachtens deze rijkswet bepaalde van toepassing.
3. Deze rijkswet is niet van toepassing op aanvragen om een certificaat als bedoeld in artikel 90 welke bij de Octrooiraad zijn ingediend voor de datum van inwerkingtreding van deze rijkswet.
4. De artikelen 95 en 97 zijn mede van toepassing op certificaten welke zijn verleend op aanvragen welke zijn ingediend voor de datum van inwerkingtreding van deze rijkswet.

Art. 102a

1. Op octrooiaanvragen ten aanzien waarvan het resultaat van het onderzoek naar de stand van de techniek aan de aanvrager is meegedeeld, maar de aanvraagafdeling van de Octrooiraad op de datum van inwerkingtreding van dit artikel nog geen besluit heeft genomen als bedoeld in artikel 24 van de Rijksoctrooiwet, verleent de Octrooiraad in afwijking van Hoofdstuk II, Afdeling II, van de die Rijkswet octrooi door het plaatsen van een gedateerde aantekening op de aanvrage in de vorm zoals deze door de aanvrager is ingediend of door hem nadien is gewijzigd.

Verlening octrooi door plaatsen gedateerde aantekening

2. Indien op de datum van inwerkingtreding van dit artikel het resultaat van het onderzoek naar de stand van de techniek nog niet aan de aanvrager is meegedeeld, wordt het octrooi verleend met ingang van twee maanden na de datum waarop het resultaat van het onderzoek van de stand van de techniek is meegedeeld aan de aanvrager, welke termijn op verzoek van de aanvrager door de Octrooiraad eenmaal met twee maanden kan worden verlengd.

Verlening octrooi twee maanden na uitbrengen nieuwheidsrapport

Art. 102b

1. In afwijking van Hoofdstuk II, Afdeling II, van de die Rijkswet verleent de Octrooiraad octrooi op octrooiaanvragen ten aanzien waarvan de aanvraagafdeling of de afdeling van beroep van de Octrooiraad na de inwerkingtreding van dit artikel op grond van artikel 24 of 24A van die Rijkswet besluit tot gehele of gedeeltelijke openbaarmaking, door het plaatsen van een gedateerde aantekening op de aanvrage in de vorm zoals deze door de aanvraagafdeling of de afdeling van beroep geschikt is bevonden voor verlening.

Beperking mogelijkheid oppositieprocedure in te stellen

2. Het octrooi begint te werken met ingang van de datum van het besluit tot gehele of gedeeltelijke openbaarmaking.

Art. 102c

1. Vanaf de datum van inwerkingtreding van artikel 102a is artikel 102a van overeenkomstige toepassing op octrooiaanvragen waarop de artikelen 29A tot en met 29F van de Rijksoctrooiwet van toepassing zijn, met dien verstande dat:
a. de Octrooiraad besluit tot verlening van het octrooi door het plaatsen van een gedateerde aantekening op de aanvrage, doch dat de inschrijving van de octrooiaanvrage in het octrooiregister en de verlening van het octrooi worden opgeschort, en
b. de artikelen 41 tot en met 45 op die octrooiaanvragen van overeenkomstige toepassing zijn.

Geheime octrooiaanvragen

2. Het eerste lid is van overeenkomstige toepassing op artikel 102b.

Art. 102d

1. Vanaf de datum van inwerkingtreding van dit artikel of, indien dat later is, vanaf de datum van verlening van het octrooi, hebben octrooien die zijn verleend op grond van de Rijksoctrooiwet of die worden verleend op grond van de artikelen 102a, 102b of 102c, in Nederland Curaçao en Sint Maarten dezelfde rechtsgevolgen als octrooien die zijn verleend op grond van artikel 36 en zijn daarop de bepalingen van deze rijkswet van toepassing, met dien verstande dat:
a. de toepassing van artikel 76 beperkt is tot octrooien die zijn verleend op grond van artikel 102a of 102c, eerste lid, en
b. de toepassing van de artikelen 84 tot en met 86 beperkt is tot octrooien die zijn verleend op grond van de artikelen 102a, 102b of 102c.

Rechtsgevolgen octrooien verleend op grond van ROW

2. Vanaf de datum van inwerkingtreding van dit artikel of, indien dat later is, vanaf de datum van verlening van het octrooi, hebben octrooien die zijn verleend op grond van de Rijksoctrooiwet of die worden verleend op grond van de artikelen 102a, 102b of 102c, in Aruba dezelfde rechtsgevolgen als octrooien die zijn verleend op grond van artikel 34 van de Landsverordening van Aruba van 5 mei 1997 houdende regels met betrekking tot octrooien (Octrooiverordening).

Art. 102e

1. Op een verzoek tot herstel in de vorige toestand dat is ingediend na de inwerkingtreding van dit artikel, is artikel 23 van de Rijksoctrooiwet 1995 van toepassing.

Verzoek tot herstel

2. Het bureau verleent op een octrooiaanvrage die na de inwerkingtreding van deze wet wordt hersteld in de vorige toestand, octrooi door het plaatsen van een gedateerde aantekening op de aanvrage in de vorm zoals deze door de aanvrager is ingediend of door hem nadien is gewijzigd.
3. Het octrooi begint te werken met ingang van de datum waarop het besluit tot herstel onherroepelijk is.

Art. 102f

Het openbare deel van de registers die worden gehouden op grond van de Rijksoctrooiwet maakt vanaf het tijdstip, bedoeld in artikel 101, deel uit van het register, bedoeld in artikel 19.

Overgang register ROW naar register bureau

Art. 103

Overgangsbepaling m.b.t. Europese octrooien

1. Vanaf de datum van inwerkingtreding van dit artikellid is ten aanzien van Europese octrooien, waarvan de vermelding van de verlening overeenkomstig artikel 97, vierde lid, van het Europees Octrooiverdrag is gepubliceerd voor de inwerkingtreding van deze rijkswet, en licenties onder deze octrooien, het bij en krachtens deze rijkswet bepaalde van toepassing.
2. Ten aanzien van Europese octrooien, waarvan de vermelding van de verlening overeenkomstig artikel 97, vierde lid, van het Europees Octrooiverdrag is gepubliceerd na de inwerkingtreding van deze rijkswet, en licenties onder deze octrooien, is uitsluitend het bij en krachtens deze rijkswet bepaalde van toepassing.

Art. 104
[Bevat wijzigingen in andere regelgeving.]

Art. 105
[Bevat wijzigingen in andere regelgeving.]

Art. 106
[Bevat wijzigingen in andere regelgeving.]

Art. 107
[Bevat wijzigingen in andere regelgeving.]

Art. 108

Afwijking i.v.m. licenties

1. De artikelen 57 tot en met 58a zijn van toepassing op licenties onder octrooien die zijn verleend op grond van de Rijksoctrooiwet of die worden verleend op grond van de artikelen 102a, 102b of 102c.
2. Indien voor de inwerkingtreding van deze rijkswet een verzoek tot verlening van een licentie overeenkomstig artikel 34, vijfde lid, van de Rijksoctrooiwet is ingediend, vindt het eerste lid geen toepassing.

Art. 109

Uitbreiding van de omvang van de stand der techniek

Tot de stand van de techniek, bedoeld in de artikelen 4 en 75, tweede lid, behoort tevens de inhoud van voor de inwerkingtreding van deze rijkswet ingediende octrooiaanvragen, die op of na de in artikel 4, tweede lid, van deze wet onderscheidenlijk artikel 80 van het Europees Octrooiverdrag bedoelde dag overeenkomstig artikel 22C van de Rijksoctrooiwet ter inzage worden gelegd of, indien terinzagelegging nog niet had plaatsgevonden, overeenkomstig artikel 25 van die rijkswet openbaar worden gemaakt.

Art. 110

Nadere regelgeving bij alg. maatregel van rijksbestuur

Indien in deze rijkswet geregelde onderwerpen in het belang van een goede uitvoering van deze rijkswet nadere regeling behoeven, kan deze geschieden bij algemene maatregel van rijksbestuur.

Art. 111

Inwerkingtreding

De artikelen van deze rijkswet treden in werking op een bij koninklijk besluit te bepalen tijdstip, dat voor de verschillende artikelen of onderdelen daarvan verschillend kan worden vastgesteld.

Art. 112

Citeertitel

Deze rijkswet wordt aangehaald als: Rijksoctrooiwet met vermelding van het jaartal van het *Staatsblad* waarin zij zal worden geplaatst.

Art. 113

Verbindendheid voor overzeese gebieden

1. Deze rijkswet is verbindend voor het Europese deel van Nederland en, behoudens hoofdstuk 7, voor Curaçao en Sint Maarten en Bonaire, Sint Eustatius en Saba.
2. Deze rijkswet is voor Aruba slechts verbindend voor zover het betreft de artikelen 40 tot en met 45, 59, 101, 102, eerste lid, artikel 102a tot en met 102f, 104 tot en met 108, 111 en 114. Voor de toepassing van de artikelen 40 tot en met 45 in Aruba wordt onder "bureau" verstaan het Bureau voor de Intellectuele Eigendom van Aruba.

Art. 114

Verklaring dat de onderlinge regeling tussen de rijksdelen wordt beëindigd

In Nederland kan bij wet en in Aruba, Curaçao en Sint Maarten kan bij landsverordening worden verklaard, dat de in deze rijkswet vervatte onderlinge regeling dient te worden beëindigd. Met ingang van het derde kalenderjaar na dat van afkondiging van zodanige wet of landsverordening verkrijgt deze rijkswet in Nederland de staat van wet en in Aruba, Curaçao en Sint Maarten de staat van landsverordening. Het bepaalde in de vorige volzinnen geldt niet met betrekking tot de artikelen 40 tot en met 45 en artikel 59.

Benelux-Verdrag inzake de intellectuele eigendom (merken en tekeningen of modellen)[1]

Het Koninkrijk België,
Het Groothertogdom Luxemburg,
Het Koninkrijk der Nederlanden,
Bezield door de wens:
- de verdragen, de eenvormige wetten en de wijzigingsprotocollen inzake Benelux merken en tekeningen of modellen te vervangen door een enkel verdrag waarin zowel het merkenrecht als het tekeningen- of modellenrecht systematisch en overzichtelijk geregeld worden;
- snelle en efficiënte procedures in te voeren voor de aanpassing van de Benelux-regelgeving aan de Gemeenschapsregelgeving en reeds door de drie Hoge Verdragsluitende Partijen bekrachtigde internationale verdragen;
- het Benelux-Merkenbureau en het Benelux-Bureau voor Tekeningen of Modellen te vervangen door de Benelux-Organisatie voor de Intellectuele Eigendom (merken, tekeningen of modellen) die door middel van beslissings- en uitvoeringsorganen met eigen en aanvullende bevoegdheden haar taak uitoefent;
- de nieuwe Organisatie een structuur te geven die de huidige opvattingen inzake internationale organisaties weerspiegelt en de onafhankelijkheid ervan, met name door middel van een protocol inzake voorrechten en immuniteiten, garandeert;
- de nieuwe Organisatie dichter bij het bedrijfsleven te brengen door de bevoegdheden ervan ten volle te benutten zodat ze nieuwe taken op het gebied van de intellectuele eigendom kan vervullen en decentrale bijkantoren kan oprichten;
- aan de nieuwe Organisatie, op niet-exclusieve basis, een evaluatiebevoegdheid en initiatierecht toe te kennen bij de aanpassing van het Benelux-recht inzake merken en tekeningen- of modellen;
Hebben besloten te dien einde een verdrag te sluiten en hebben hiertoe als hun Gevolmachtigden aangewezen:
Zijne Excellentie de Heer K. DE GUCHT, Minister van Buitenlandse Zaken,
Zijne Excellentie de Heer B. R. BOT, Minister van Buitenlandse Zaken,
Zijne Excellentie de Heer J. ASSELBORN, Minister van Buitenlandse Zaken,
die, na hun in goede en behoorlijke vorm bevonden volmachten te hebben overgelegd, de volgende bepalingen zijn overeengekomen:

Titel I
ALGEMENE EN INSTITUTIONELE BEPALINGEN

Art. 1.1 Afkortingen
In dit verdrag wordt verstaan onder:
- Verdrag van Parijs: het Verdrag van Parijs tot bescherming van de industriële eigendom van 20 maart 1883;
- Overeenkomst van Madrid: de Overeenkomst van Madrid betreffende de internationale inschrijving van merken van 14 april 1891;
- Protocol van Madrid: het Protocol bij de Overeenkomst van Madrid betreffende de internationale inschrijving van merken van 27 juni 1989;
- Overeenkomst van Nice: de Overeenkomst van Nice van 15 juni 1957 betreffende de internationale classificatie van de waren en diensten ten behoeve van de inschrijving van merken;
- Overeenkomst van 's-Gravenhage : de Overeenkomst van 's-Gravenhage betreffende het internationale depot van tekeningen of modellen van nijverheid van 6 november 1925;
- Uniemerkenverordening: de Verordening (EU) 2017/1001 van het Europees Parlement en de Raad van 14 juni 2017 inzake het Uniemerk (codificatie);
- Uniemerk: een merk van de Europese Unie zoals bedoeld in de Uniemerkenverordening;
- Uniewetgeving: wetgeving van de Europese Unie;
- Gemeenschapsmodellenverordening: de Verordening (EG) nr. 6/2002 van de Raad van 12 december 2001 betreffende Gemeenschapsmodellen;

Afkortingen

---

1 Inwerkingtredingsdatum: 01-09-2006; zoals laatstelijk gewijzigd bij: Trb. 2018, 220.

– TRIPS verdrag: de Overeenkomst inzake de handelsaspecten van de Intellectuele Eigendom van 15 april 1994; bijlage 1C bij de Overeenkomst tot oprichting van de Wereldhandelsorganisatie;
– Internationaal Bureau: het Internationaal Bureau voor de intellectuele eigendom, zoals opgericht bij het Verdrag van 14 juli 1967 tot oprichting van de Wereldorganisatie voor de intellectuele eigendom.

Art. 1.2 Organisatie

Organisatie

1. Er wordt een Benelux-Organisatie voor de Intellectuele Eigendom (merken en tekeningen of modellen), hierna te noemen „de Organisatie", ingesteld.
2. De organen van de Organisatie zijn:
a. het Comité van Ministers als bedoeld in het Verdrag tot instelling van de Benelux Unie, hierna te noemen „het Comité van Ministers";
b. de Raad van Bestuur van het Benelux-Bureau voor de Intellectuele Eigendom (merken en tekeningen of modellen), hierna te noemen „de Raad van Bestuur";
c. het Benelux-Bureau voor de Intellectuele Eigendom (merken en tekeningen of modellen), hierna te noemen „het Bureau".

Art. 1.3 Doelstellingen

Doelstellingen

De Organisatie heeft tot taak:
a. de uitvoering van dit verdrag en het uitvoeringsreglement;
b. de bevordering van de bescherming van merken en tekeningen of modellen in de Beneluxlanden;
c. de uitvoering van aanvullende taken op andere gebieden van het recht inzake de intellectuele eigendom, welke de Raad van Bestuur aanwijst;
d. voortdurende evaluatie en, indien nodig, aanpassing van het Benelux-recht inzake merken en tekeningen of modellen, in het licht onder meer van de internationale en communautaire ontwikkelingen.

Art. 1.4 Rechtspersoonlijkheid

Rechtspersoonlijkheid

1. De Organisatie bezit internationale rechtspersoonlijkheid ter uitoefening van de haar toebedeelde taken.
2. De Organisatie bezit nationale rechtspersoonlijkheid en heeft derhalve, op het grondgebied van de drie Benelux-landen, de rechtsbevoegdheid die aan nationale rechtspersonen is toegekend, voor zover nodig voor de uitoefening van haar taken en voor het bereiken van haar doelstellingen, in het bijzonder de bevoegdheid om contracten te sluiten, roerende en onroerende goederen te verwerven en te vervreemden, particuliere en openbare gelden te ontvangen en uit te geven en in rechte op te treden.
3. De Directeur-Generaal van het Bureau, hierna te noemen „de Directeur-Generaal", vertegenwoordigt de Organisatie in en buiten rechte.

Art. 1.5 Zetel

Zetel

1. De Organisatie heeft haar zetel te 's-Gravenhage .
2. Het Bureau is gevestigd te 's-Gravenhage .
3. Er kunnen elders bijkantoren van het Bureau worden gevestigd.

Art. 1.6 Voorrechten en immuniteiten

Voorrechten en immuniteiten

1. De voorrechten en immuniteiten welke nodig zijn voor de uitoefening van de taken en het bereiken van de doelstellingen van de Organisatie worden vastgelegd in een tussen de Hoge Verdragsluitende Partijen te sluiten protocol.
2. De Organisatie kan met een of meer der Hoge Verdragsluitende Partijen aanvullende overeenkomsten aangaan in verband met de vestiging van onderdelen van de Organisatie op het grondgebied van die staat of die staten, teneinde met betrekking tot die staat of die staten uitvoering te geven aan de bepalingen van het overeenkomstig het eerste lid vastgestelde protocol, alsmede andere regelingen treffen ter waarborging van een goede functionering van de Organisatie en ter beveiliging van haar belangen.

Art. 1.7 Bevoegdheden Comité van Ministers

Bevoegdheden Comité van Ministers

1. Het Comité van Ministers is bevoegd in dit verdrag de wijzigingen aan te brengen die noodzakelijk zijn om de conformiteit van dit verdrag met een internationaal verdrag of met de regelgeving van de Europese Unie inzake merken en tekeningen of modellen te verzekeren. De wijzigingen worden bekend gemaakt in het officiële publicatieblad van ieder der Hoge Verdragsluitende Partijen.
2. Het Comité van Ministers is bevoegd andere wijzigingen van dit verdrag, dan die bedoeld in het eerste lid, vast te stellen. Deze zullen aan de Hoge Verdragsluitende Partijen ter instemming of goedkeuring worden aangeboden.
3. Het Comité van Ministers is bevoegd, de Raad van Bestuur gehoord hebbende, de Directeur-Generaal te machtigen om namens de Organisatie te onderhandelen en, met zijn toestemming, overeenkomsten te sluiten met staten en met intergouvernementele organisaties.

Art. 1.8 Samenstelling en werkwijze Raad van Bestuur
1. De Raad van Bestuur is samengesteld uit door de Hoge Verdragsluitende Partijen aangewezen leden en wel één bestuurder en twee plaatsvervangende bestuurders per land.
2. Hij besluit met algemene stemmen.
3. Hij stelt zijn intern reglement vast.

Art. 1.9 Bevoegdheden Raad van Bestuur
1. De Raad van Bestuur is bevoegd voorstellen te doen aan het Comité van Ministers inzake wijzigingen van dit verdrag die noodzakelijk zijn om de conformiteit van dit verdrag met een internationaal verdrag of met regelgeving van de Europese Unie te verzekeren en inzake andere wijzigingen van dit verdrag die hij wenselijk acht.
2. Hij stelt het uitvoeringsreglement vast.
3. Hij stelt het huishoudelijke en het financiële reglement van het Bureau vast.
4. Hij wijst aanvullende taken, als bedoeld in artikel 1.3 onder c, op andere gebieden van het recht inzake de intellectuele eigendom aan.
5. Hij besluit over het vestigen van bijkantoren van het Bureau.
6. Hij benoemt de Directeur-Generaal en, de Directeur-Generaal gehoord, de Adjunct-Directeuren-Generaal en oefent te hunnen aanzien de disciplinaire bevoegdheden uit.
7. Hij stelt jaarlijks de begroting van inkomsten en van uitgaven vast, alsmede zonodig de wijzigingen of aanvullingen daarvan, en regelt in het financiële reglement de wijze waarop het toezicht op de begrotingen en op de uitvoering daarvan zal worden uitgeoefend. Hij stelt de door de Directeur-Generaal opgestelde jaarrekening vast.

Art. 1.10 Directeur-Generaal
1. De leiding van het Bureau berust bij de Directeur-Generaal die aan de Raad van Bestuur verantwoording is verschuldigd voor de werkzaamheden van het Bureau.
2. De Directeur-Generaal is bevoegd, de Raad van Bestuur gehoord hebbende, de uitoefening van bepaalde hem toekomende bevoegdheden te delegeren aan de Adjunct-Directeuren-Generaal.
3. De Directeur-Generaal en de Adjunct-Directeuren-Generaal zijn onderdaan van de lidstaten. De drie nationaliteiten zijn binnen de directie vertegenwoordigd.

Art. 1.11 Bevoegdheden Directeur-Generaal
1. De Directeur-Generaal doet voorstellen aan de Raad van Bestuur tot wijziging van het uitvoeringsreglement.
2. Hij neemt alle maatregelen, administratieve daaronder begrepen, om te zorgen voor een juiste uitvoering van de taken van het Bureau.
3. Hij voert het huishoudelijk en het financieel reglement van het Bureau uit en doet voorstellen aan de Raad van Bestuur tot wijziging hiervan.
4. Hij benoemt de personeelsleden en oefent de hiërarchische en disciplinaire bevoegdheden over hen uit.
5. Hij bereidt de begroting voor, voert deze uit en stelt de jaarrekeningen op.
6. Hij neemt alle andere maatregelen die hij wenselijk acht in het belang van het functioneren van het Bureau.

Art. 1.12 Financiën Organisatie
1. De lopende uitgaven van de Organisatie worden gedekt door haar ontvangsten.
2. De Raad van Bestuur kan bij de Hoge Verdragsluitende Partijen een bijdrage aanvragen, bestemd tot dekking van buitengewone uitgaven. Deze bijdrage wordt voor de helft door het Koninkrijk der Nederlanden en voor de helft door de Belgisch-Luxemburgse Economische Unie gedragen.

Art. 1.13 Bemiddeling nationale diensten
1. Over het bedrag van de taksen, geïnd terzake van door bemiddeling van de nationale diensten verrichte handelingen, wordt aan deze diensten een percentage uitgekeerd, bestemd tot dekking van de kosten welke deze handelingen meebrengen; dit percentage wordt vastgesteld bij uitvoeringsreglement.
2. Terzake van deze handelingen kunnen door de nationale regelgevingen geen nationale taksen worden vastgesteld.

Art. 1.14 Erkenning rechterlijke beslissingen
Het gezag van rechterlijke beslissingen die in een van de drie staten met toepassing van dit verdrag worden gegeven, wordt in de beide andere staten erkend, en de door de rechter uitgesproken doorhaling wordt door het Bureau op verzoek van de meest gerede partij verricht, indien:
a. het van de beslissing overgelegd afschrift, naar de wetgeving van het land waar deze beslissing is gegeven, aan de voor de echtheid van het afschrift nodige voorwaarden voldoet;
b. de beslissing niet meer vatbaar is voor verzet, noch hoger beroep, noch voor voorziening in cassatie.

Art. 1.15 Benelux-Gerechtshof

Benelux-Gerechtshof Het Benelux-Gerechtshof als bedoeld in artikel 1 van het Verdrag betreffende de instelling en het statuut van een Benelux-Gerechtshof, neemt kennis van de vragen van uitlegging van dit verdrag en het uitvoeringsreglement, met uitzondering van vragen van uitlegging betreffende het in artikel 1.6, eerste lid, bedoelde protocol inzake voorrechten en immuniteiten.

Art. 1.15bis Beroep

Beroep 1. Eenieder die partij is in een procedure die heeft geleid tot een eindbeslissing van het Bureau in de uitvoering van zijn officiële taken ter toepassing van de titels II, III en IV van dit verdrag, kan daartegen beroep instellen bij het Benelux-Gerechtshof teneinde een vernietiging of herziening van deze beslissing te verkrijgen. De termijn voor het instellen van beroep bedraagt twee maanden te rekenen vanaf de kennisgeving van de eindbeslissing.
2. De Organisatie kan in procedures voor het Benelux-Gerechtshof die beslissingen van het Bureau betreffen, worden vertegenwoordigd door een daartoe aangewezen personeelslid.

Art. 1.16 Toepassing

Toepassing De toepassing van dit verdrag is beperkt tot het grondgebied van het Koninkrijk België, het Groothertogdom Luxemburg en het Koninkrijk der Nederlanden in Europa, hierna te noemen „het Benelux-gebied".

Titel II
MERKEN

HOOFDSTUK 1
Geldigheid van een merk

Art. 2.1 Tekens die een merk kunnen vormen

Tekens die een merk kunnen vormen Merken kunnen worden gevormd door alle tekens, in het bijzonder woorden, waaronder namen van personen, of tekeningen, letters, cijfers, kleuren, vormen van waren of verpakkingen van waren, of geluiden, mits deze:
a. de waren of diensten van een onderneming kunnen onderscheiden van die van andere ondernemingen, en
b. in het register kunnen worden weergegeven op een wijze die de bevoegde autoriteiten en het publiek in staat stelt het voorwerp van de aan de houder ervan verleende bescherming duidelijk en nauwkeurig vast te stellen.

Art. 2.2 Verkrijging van het recht

Verkrijging van het recht Onverminderd het uit het Verdrag van Parijs of het TRIPS verdrag voortvloeiende recht op voorrang, wordt het uitsluitend recht op een merk ingevolge dit verdrag verkregen door de inschrijving van het merk, waarvan de aanvraag is verricht binnen het Benelux-gebied (Beneluxmerk) of voortvloeiend uit een inschrijving bij het Internationaal Bureau waarvan de bescherming zich uitstrekt tot het Beneluxgebied (internationaal merk).

Art. 2.2bis Absolute gronden voor weigering of nietigheid

Absolute gronden voor weigering of nietigheid 1. Worden niet ingeschreven of, indien ingeschreven, kunnen nietig worden verklaard:
a. tekens die geen merk kunnen vormen;
b. merken die elk onderscheidend vermogen missen;
c. merken die uitsluitend bestaan uit tekens of benamingen die in de handel kunnen dienen tot aanduiding van soort, hoedanigheid, hoeveelheid, bestemming, waarde, plaats van herkomst of tijdstip van vervaardiging van de waren of van verrichting van de dienst of andere kenmerken van de waren of diensten;
d. merken die uitsluitend bestaan uit tekens of benamingen die in het normale taalgebruik of in het bonafide en gevestigd handelsverkeer gebruikelijk zijn geworden;
e. tekens die uitsluitend bestaan uit:
i. de vorm die, of een ander kenmerk dat, door de aard van de waren wordt bepaald;
ii. de vorm van de waren die, of een ander kenmerk van de waren dat, noodzakelijk is om een technische uitkomst te verkrijgen;
iii. de vorm die, of een ander kenmerk dat, een wezenlijke waarde aan de waren geeft;
f. merken die in strijd zijn met de goede zeden of de openbare orde van één van de Beneluxlanden;
g. merken die tot misleiding van het publiek kunnen leiden, bijvoorbeeld ten aanzien van aard, hoedanigheid of plaats van herkomst van de waren of diensten;
h. merken die bij gebreke van goedkeuring van de bevoegde autoriteiten, krachtens artikel 6ter van het Verdrag van Parijs geweigerd of nietig verklaard moeten worden;
i. merken die van inschrijving zijn uitgesloten op grond van Uniewetgeving of het interne recht van een van de Benelux-landen, of op grond van internationale overeenkomsten waarbij de Europese Unie partij is of die werking hebben in een Benelux-land en die in bescherming van oorsprongsbenamingen en geografische aanduidingen voorzien;

j. merken die van inschrijving zijn uitgesloten ingevolge Uniewetgeving of internationale overeenkomsten waarbij de Europese Unie partij is en die in bescherming van traditionele aanduidingen voor wijn voorzien;
k. merken die van inschrijving zijn uitgesloten ingevolge Uniewetgeving of internationale overeenkomsten waarbij de Europese Unie partij is en die in bescherming van gegarandeerde traditionele specialiteiten voorzien;
l. merken die bestaan uit of de essentiële onderdelen reproduceren van een oudere plantenrasbenaming die is ingeschreven overeenkomstig Uniewetgeving of het interne recht van een van de Benelux-landen, of overeenkomstig internationale overeenkomsten waarbij de Europese Unie partij is of die werking hebben in een Benelux-land, ter bescherming van kweekproducten, en die betrekking hebben op kweekproducten van hetzelfde of een nauwverwant plantenras.
2. Een merk kan nietig worden verklaard wanneer de aanvraag om inschrijving van het merk te kwader trouw is ingediend.
3. Een merk wordt niet geweigerd op grond van lid 1, sub b, c of d, indien het merk, als gevolg van het gebruik dat ervan is gemaakt, vóór de datum van de aanvraag om inschrijving onderscheidend vermogen heeft verkregen. Een merk wordt niet om dezelfde redenen nietig verklaard indien het, voor de datum van de vordering tot nietigverklaring, als gevolg van het gebruik dat ervan is gemaakt, onderscheidend vermogen heeft verkregen.

Art. 2.2ter Relatieve gronden voor weigering of nietigheid

1. Een merk wordt wanneer daartegen oppositie wordt ingesteld niet ingeschreven of kan, indien ingeschreven, nietig worden verklaard indien:
a. het gelijk is aan een ouder merk en de waren of diensten waarvoor het merk is aangevraagd of ingeschreven, dezelfde zijn als de waren of diensten waarvoor het oudere merk is beschermd;
b. het gelijk is aan of overeenstemt met een ouder merk en betrekking heeft op gelijke of overeenstemmende waren of diensten en daardoor bij het publiek gevaar voor verwarring bestaat, ook wanneer die verwarring het gevolg is van associatie met het oudere merk.
2. Onder „oudere merken" in de zin van lid 1 worden verstaan:
a. merken waarvan de depotdatum voorafgaat aan de depotdatum van het merk, waarbij in voorkomend geval rekening wordt gehouden met het ten behoeve van die merken ingeroepen voorrangsrecht, en die behoren tot de volgende categorieën:
i. Beneluxmerken en internationale merken waarvan de bescherming zich uitstrekt tot het Benelux-gebied;
ii. Uniemerken, waaronder begrepen internationale merken waarvan de bescherming zich uitstrekt tot de Europese Unie;
b. Uniemerken waarvan overeenkomstig de Uniemerkenverordening op geldige wijze de anciënniteit wordt ingeroepen op grond van een onder a, sub i, bedoeld merk, ook al is van dit merk afstand gedaan of is het merk vervallen;
c. de aanvragen om inschrijving van merken als bedoeld onder a en b, mits deze zullen worden ingeschreven;
d. merken die op de depotdatum van de aanvraag om inschrijving van het merk of, in voorkomend geval, van het ten behoeve van de merkaanvraag ingeroepen voorrangsrecht, in het Benelux-gebied algemeen bekend zijn in de zin van artikel 6bis van het Verdrag van Parijs.
3. Voorts wordt een merk wanneer daartegen oppositie wordt ingesteld niet ingeschreven of kan het, indien ingeschreven, nietig worden verklaard:
a. indien het gelijk is aan of overeenstemt met een ouder merk ongeacht of de waren of diensten waarvoor het is aangevraagd of ingeschreven, gelijk aan, overeenstemmend of niet overeenstemmend zijn met die waarvoor het oudere merk ingeschreven is, wanneer het oudere merk bekend is in de Benelux-gebied, of, in geval van een Uniemerk, in de Europese Unie bekend is en door het gebruik, zonder geldige reden, van het jongere merk ongerechtvaardigd voordeel wordt getrokken uit of afbreuk wordt gedaan aan het onderscheidend vermogen of de reputatie van het oudere merk;
b. indien het door een gemachtigde of de vertegenwoordiger van de houder op eigen naam en zonder toestemming van de houder wordt aangevraagd, tenzij de gemachtigde of vertegenwoordiger zijn handelwijze rechtvaardigt;
c. indien en voor zover ingevolge de Uniewetgeving of het interne recht van een van de Beneluxlanden ter bescherming van oorsprongsbenamingen en geografische aanduidingen:
i. er reeds een aanvraag voor een oorsprongsbenaming of een geografische aanduiding was ingediend overeenkomstig de Uniewetgeving of het interne recht van een van de Beneluxlanden, vóór de datum van de aanvraag om inschrijving van het merk of de datum van het ten behoeve van de aanvraag ingeroepen voorrangsrecht, onder voorbehoud van latere inschrijving;
ii. die oorsprongsbenaming of geografische aanduiding de persoon die krachtens de toepasselijke wetgeving bevoegd is voor de uitoefening van de daaruit voortvloeiende rechten, machtigt om het gebruik van een later merk te verbieden.
4. Een merk hoeft niet te worden geweigerd of nietigverklaard wanneer de houder van het oudere merk of oudere recht erin toestemt dat het merk wordt ingeschreven.

Art. 2.2quater Gronden voor weigering of nietigverklaring voor slechts een deel van de waren of diensten

Indien een grond voor weigering van inschrijving of nietigverklaring van een merk slechts bestaat voor een deel van de waren of diensten waarvoor dit merk is gedeponeerd of ingeschreven, betreft de weigering van inschrijving of de nietigverklaring alleen die waren of diensten.

Art. 2.3-2.4
[Vervallen]

HOOFDSTUK 2
AANVRAAG, INSCHRIJVING EN VERNIEUWING

Art. 2.5 Aanvraag

1. De aanvraag van een Beneluxmerk geschiedt, hetzij bij de nationale diensten, hetzij bij het Bureau, met inachtneming van de in het uitvoeringsreglement gestelde vereisten en tegen betaling van de verschuldigde taksen. Er wordt onderzocht of de overgelegde stukken aan de voor het vaststellen van een depotdatum gestelde vereisten voldoen en de depotdatum wordt vastgesteld. Aan de aanvrager wordt onverwijld schriftelijk mededeling gedaan van de vastgestelde depotdatum dan wel van de gronden voor het niet toekennen van een depotdatum.
2. Indien bij de aanvraag niet is voldaan aan de overige in het uitvoeringsreglement gestelde vereisten, wordt de aanvrager hiervan onverwijld schriftelijk in kennis gesteld onder opgave van de voorschriften waaraan niet is voldaan en wordt hij in de gelegenheid gesteld daaraan alsnog te voldoen.
3. De aanvraag vervalt, indien niet binnen de gestelde termijn voldaan is aan de bepalingen van het uitvoeringsreglement.
4. Wanneer de aanvraag geschiedt bij een nationale dienst zendt deze de aanvraag door aan het Bureau, hetzij onverwijld na ontvangst van de aanvraag, hetzij nadat is vastgesteld dat de aanvraag voldoet aan de gestelde eisen.
5. Het Bureau publiceert, overeenkomstig de bepalingen van het uitvoeringsreglement, de aanvraag nadat aan de vereisten voor het vaststellen van een depotdatum is voldaan en de opgegeven waren of diensten conform artikel 2.5bis zijn ingedeeld.

Art. 2.5bis Aanduiding en classificatie van waren en diensten

1. De waren en diensten waarvoor een merkinschrijving wordt aangevraagd, worden ingedeeld volgens de in de Overeenkomst van Nice bedoelde classificatie (Classificatie van Nice).

2. De aanvrager omschrijft de waren en diensten waarvoor bescherming wordt gevraagd voldoende duidelijk en nauwkeurig opdat de bevoegde autoriteiten en de marktdeelnemers alleen op basis daarvan de omvang van de gevraagde bescherming kunnen bepalen.
3. Voor de toepassing van lid 2 kunnen de algemene aanduidingen in de klasseomschrijvingen van de Classificatie van Nice of andere algemene bewoordingen worden gebruikt op voorwaarde dat deze voldoen aan de in dit artikel gestelde basisvereisten van duidelijkheid en nauwkeurigheid.
4. Het Bureau wijst een aanvraag af met betrekking tot onduidelijke of onnauwkeurige aanduidingen of bewoordingen indien de aanvrager geen aanvaardbare formulering voorstelt binnen de daartoe door het Bureau gestelde termijn.
5. Het gebruik van algemene bewoordingen, met inbegrip van de algemene aanduidingen in de klasseomschrijvingen van de Classificatie van Nice, wordt geïnterpreteerd als betrekking hebbende op alle waren of diensten die duidelijk onder de letterlijke betekenis van de aanduiding of bewoording vallen. Het gebruik van deze aanduidingen of bewoordingen wordt niet geïnterpreteerd als betrekking hebbende op waren of diensten die niet aldus kunnen worden begrepen.
6. Wanneer de aanvrager verzoekt om inschrijving voor meer dan één klasse, groepeert de aanvrager de waren en diensten volgens de klassen van de Classificatie van Nice, waarbij elke groep wordt voorafgegaan door het nummer van de klasse waartoe deze groep van waren of diensten behoort, en presenteert hij deze in de volgorde van de klassen.
7. Waren en diensten worden niet geacht overeen te stemmen op grond van het feit dat zij in dezelfde klasse volgens de Classificatie van Nice voorkomen. Waren en diensten worden niet geacht niet overeen te stemmen op grond van het feit dat zij in verschillende klassen volgens de Classificatie van Nice voorkomen.

Art. 2.6 Beroep op voorrang

1. Het beroep op een recht van voorrang voortvloeiend uit het Verdrag van Parijs of het TRIPS verdrag wordt gedaan bij de aanvraag.
2. Het recht van voorrang als bedoeld in artikel 4 van het Verdrag van Parijs is eveneens van toepassing op dienstmerken.
3. Het beroep op een recht van voorrang kan tevens worden gedaan door een bijzondere verklaring af te leggen bij het Bureau, in de maand volgende op de aanvraag, met inachtneming

van de bij uitvoeringsreglement gestelde vormvereisten en tegen betaling van de verschuldigde taksen.
4. Het ontbreken van een dergelijk beroep doet het recht op voorrang vervallen.

Art. 2.7 Onderzoek
1. Het Bureau kan als dienst een onderzoek naar eerdere inschrijvingen aanbieden.   *Onderzoek*
2. De Directeur-Generaal stelt hiervan de modaliteiten vast.

Art. 2.8 Inschrijving
1. Onverminderd de toepassing van de artikelen 2.11, 2.14 en 2.16 wordt het aangevraagde merk, indien aan de in het uitvoeringsreglement gestelde vereisten is voldaan, voor de door de aanvrager vermelde waren of diensten ingeschreven. Het Bureau bevestigt de inschrijving aan de merkhouder.   *Inschrijving*
2. De aanvrager kan, indien aan alle in artikel 2.5 bedoelde vereisten is voldaan, het Bureau verzoeken, overeenkomstig de bepalingen van het uitvoeringsreglement, om onverwijld tot inschrijving van de aanvraag over te gaan. Op de aldus ingeschreven merken zijn de artikelen 2.11, 2.14 en 2.16 van toepassing, met dien verstande dat het Bureau bevoegd is tot de doorhaling van de inschrijving te besluiten.

Art. 2.9 Geldigheidsduur en vernieuwing
1. De inschrijving van een Beneluxmerk heeft een geldigheidsduur van 10 jaren, te rekenen vanaf de datum van indiening van de aanvraag.   *Geldigheidsduur en vernieuwing*
2. Het teken waaruit het merk bestaat mag niet worden gewijzigd, noch gedurende de inschrijving, noch ter gelegenheid van de vernieuwing daarvan.
3. De inschrijving kan voor verdere termijnen van 10 jaren worden vernieuwd door de merkhouder of eenieder die daartoe bij wet of bij overeenkomst gemachtigd is.
4. Vernieuwing geschiedt door betaling van de daartoe vastgestelde taks. Wanneer deze taks wordt betaald voor slechts een deel van de waren of diensten waarvoor het merk is ingeschreven, wordt de inschrijving enkel voor de betrokken waren of diensten vernieuwd. De taks dient betaald te worden binnen zes maanden onmiddellijk voorafgaand aan het verstrijken van de geldigheidsduur van de inschrijving of de latere vernieuwing daarvan. Bij gebreke daarvan kan de taks nog betaald worden binnen zes maanden onmiddellijk volgend op de datum van het verstrijken van de geldigheidsduur of de latere vernieuwing daarvan, indien gelijktijdig een extra taks wordt betaald.
5. Het Bureau herinnert de merkhouder ten minste zes maanden voordien aan het verstrijken van de inschrijving.
6. Het Bureau gebruikt voor deze herinnering de laatste aan het Bureau bekende contactgegevens van de merkhouder. Het niet-verzenden of niet-ontvangen van deze herinnering ontslaat de houder niet van de verplichtingen voortvloeiend uit lid 3 en 4. Daarop kan noch in rechte, noch ten opzichte van het Bureau beroep worden gedaan.
7. De vernieuwing gaat in vanaf de dag na de datum waarop de geldigheid van de inschrijving verstrijkt. Het Bureau tekent de vernieuwing aan in het register.

Art. 2.10 Internationale aanvraag
1. De internationale aanvragen van merken geschieden volgens de bepalingen van de Overeenkomst van Madrid en het Protocol van Madrid. De nationale taksen, bedoeld in artikel 8, onder (1), van de Overeenkomst van Madrid en het Protocol van Madrid, alsmede de taksen bedoeld in artikel 8, onder 7 (a), van het Protocol van Madrid, worden bij uitvoeringsreglement bepaald.   *Internationale aanvraag*
2. Onverminderd de toepassing van de artikelen 2.5bis, 2.13 en 2.18 schrijft het Bureau de internationale aanvragen in ten aanzien waarvan is verzocht de bescherming uit te strekken tot het Benelux-gebied.
3. De aanvrager kan het Bureau verzoeken, overeenkomstig de bepalingen van het uitvoeringsreglement, om onverwijld tot inschrijving over te gaan. Op de aldus ingeschreven merken is artikel 2.8, lid 2, van overeenkomstige toepassing.

HOOFDSTUK 3
TOETSING OP ABSOLUTE GRONDEN

Art. 2.11 Weigering op absolute gronden
1. Het Bureau weigert een merk in te schrijven indien naar zijn oordeel een van de in artikel 2.2bis, lid 1, bedoelde absolute gronden van toepassing is.   *Weigering op absolute gronden*
2. De weigering om tot inschrijving over te gaan moet het teken dat een merk vormt in zijn geheel betreffen.
3. Het Bureau geeft van zijn voornemen de inschrijving geheel of gedeeltelijk te weigeren, onder opgave van redenen, onverwijld schriftelijk kennis aan de aanvrager en stelt hem in de gelegenheid hierop binnen een bij uitvoeringsreglement gestelde termijn te antwoorden.
4. Indien de bezwaren van het Bureau tegen de inschrijving niet binnen de gestelde termijn zijn opgeheven, wordt de inschrijving van het merk geheel of gedeeltelijk geweigerd. Van de weigering geeft het Bureau onder opgave van redenen onverwijld schriftelijk kennis aan de

art. 2.13

aanvrager, onder vermelding van het in artikel 1.15bis genoemde rechtsmiddel tegen die beslissing.
5. De weigering wordt eerst definitief nadat de beslissing niet meer vatbaar is voor enig rechtsmiddel.

Art. 2.12
[Vervallen]

Art. 2.13 Weigering op absolute gronden van internationale aanvragen

Weigering op absolute gronden van internationale aanvragen

1. Artikel 2.11, lid 1 en 2, is van overeenkomstige toepassing op internationale aanvragen.

2. Het Bureau geeft van zijn voornemen de inschrijving te weigeren, onder opgave van redenen, zo spoedig mogelijk schriftelijk kennis aan het Internationaal Bureau door middel van een voorlopige gehele of gedeeltelijke weigering van bescherming van het merk en stelt de aanvrager daarbij in de gelegenheid hierop te antwoorden overeenkomstig het bepaalde bij uitvoeringsreglement. Artikel 2.11, lid 4 en 5, is van overeenkomstige toepassing.

HOOFDSTUK 4
OPPOSITIE

Art. 2.14 Instellen van de procedure

Instellen van de procedure

1. Binnen een termijn van twee maanden, te rekenen vanaf de publicatie van de aanvraag, kan op basis van de in artikel 2.2ter bedoelde relatieve gronden schriftelijk oppositie worden ingesteld bij het Bureau.
2. Oppositie kan worden ingesteld:
   a. in de in artikel 2.2ter, lid 1 en lid 3, sub a, bedoelde gevallen door de houders van oudere merken en de door deze houders gemachtigde licentiehouders;
   b. in het in artikel 2.2ter, lid 3, sub b, bedoelde geval door de daar bedoelde houders van merken. In dit geval kan tevens de in artikel 2.20ter, lid 1, sub b, bedoelde overdracht worden gevorderd;
   c. in het in artikel 2.2ter, lid 3, sub c, bedoelde geval door degenen die krachtens het toepasselijke recht de in deze bepaling bedoelde rechten mogen uitoefenen.
3. Een oppositie kan worden ingediend op grond van een of meer oudere rechten en op basis van een deel of het geheel van de waren of diensten waarvoor het oudere recht is beschermd of aangevraagd, en kan worden gericht tegen een deel of het geheel van de waren of diensten waarvoor het betwiste merk wordt aangevraagd.
4. De oppositie wordt pas geacht te zijn ingesteld, nadat de verschuldigde taksen zijn betaald.

Art. 2.15
[Vervallen]

Art. 2.16 Verloop van de procedure

Verloop van de procedure

1. Het Bureau behandelt de oppositie binnen een redelijke termijn overeenkomstig de bepalingen vastgelegd in het uitvoeringsreglement en met inachtneming van het beginsel van hoor en wederhoor.
2. De oppositieprocedure wordt opgeschort:
   a. indien de oppositie berust op artikel 2.14, lid 2, sub a, wanneer het oudere merk:
   i. nog niet is ingeschreven;
   ii. onverwijld is ingeschreven overeenkomstig artikel 2.8, lid 2, en het voorwerp is van een weigeringsprocedure op absolute gronden of een oppositie;
   iii. het voorwerp is van een vordering tot nietigverklaring of vervallenverklaring;
   b. indien de oppositie berust op artikel 2.14, lid 2, sub c, wanneer ze is gebaseerd op een aanvraag voor een oorsprongsbenaming of een geografische aanduiding, totdat daarover een definitieve beslissing is genomen;
   c. wanneer het betwiste merk:
   i. het voorwerp is van een weigeringsprocedure op absolute gronden;
   ii. onverwijld is ingeschreven overeenkomstig artikel 2.8, lid 2, en het voorwerp is van een gerechtelijke vordering tot nietigverklaring of vervallenverklaring;
   d. op gezamenlijk verzoek van partijen;
   e. indien de opschorting om andere redenen passend is.
3. De oppositieprocedure wordt afgesloten:
   a. wanneer de opposant niet langer de hoedanigheid heeft om op te kunnen treden;
   b. wanneer verweerder niet reageert op de ingestelde oppositie. In dit geval vervalt de aanvraag;
   c. wanneer aan de oppositie de grondslag is ontvallen hetzij omdat zij is ingetrokken, hetzij omdat de aanvraag waartegen oppositie is ingesteld is vervallen;
   d. wanneer het oudere merk of het oudere recht niet meer geldig is;
   e. indien de oppositie berust op artikel 2.14, lid 2, sub a, en de opposant binnen de gestelde termijn geen bewijsstukken van gebruik van zijn oudere merk als bedoeld in artikel 2.16bis heeft overgelegd.

In deze gevallen wordt een deel van de betaalde taksen gerestitueerd.
4. Nadat het onderzoek van de oppositie is beëindigd, neemt het Bureau zo spoedig mogelijk een beslissing. Indien de oppositie gegrond bevonden wordt, weigert het Bureau het merk geheel of gedeeltelijk in te schrijven of besluit het die in artikel 2.20ter, lid 1, sub b, bedoelde overdracht in het register aan te tekenen. In het tegengestelde geval wordt de oppositie afgewezen. Van de beslissing geeft het Bureau onverwijld schriftelijk kennis aan de partijen, onder vermelding van het in artikel 1.15bis genoemde rechtsmiddel tegen die beslissing. De beslissing van het Bureau wordt eerst definitief nadat ze niet meer vatbaar is voor enig rechtsmiddel. Het Bureau is geen partij bij een beroep tegen zijn beslissing.
5. De in het ongelijk gestelde partij wordt in de kosten verwezen. Deze worden vastgesteld conform het bepaalde in het uitvoeringsreglement. De kosten zijn niet verschuldigd indien de oppositie gedeeltelijk toegewezen wordt. De beslissing van het Bureau tot vaststelling van de kosten vormt executoriale titel; de gedwongen tenuitvoerlegging geschiedt volgens de bepalingen die van kracht zijn in de staat van executie.

Art. 2.16bis Niet-gebruik als verweer in een oppositieprocedure

1. Wanneer in een oppositieprocedure ingevolge artikel 2.14, lid 2, sub a, op de datum van indiening of voorrang van het jongere merk de periode van vijf jaar was verstreken waarbinnen het oudere merk normaal moet zijn gebruikt overeenkomstig artikel 2.23bis, levert de opposant, op verzoek van verweerder, het bewijs dat het oudere merk normaal is gebruikt overeenkomstig artikel 2.23bis in de periode van vijf jaar voorafgaand aan de datum van indiening of voorrang van het jongere merk, dan wel dat er geldige redenen voor het niet-gebruik bestonden.
2. Indien het oudere merk slechts is gebruikt voor een deel van de waren of diensten waarvoor het is ingeschreven, wordt het voor het in lid 1 bedoelde onderzoek van de oppositie geacht voor dat deel van de waren of diensten te zijn ingeschreven.
3. De leden 1 en 2 zijn ook van toepassing wanneer het oudere merk een Uniemerk is. In dat geval wordt het normale gebruik overeenkomstig artikel 18 van de Uniemerkenverordening vastgesteld.

Art. 2.17
[Vervallen]

Art. 2.18 Oppositie tegen internationale aanvragen

1. Tegen een internationale aanvraag waarvan is verzocht de bescherming uit te strekken tot het Benelux-gebied kan binnen een termijn van twee maanden, te rekenen vanaf de publicatie door het Internationaal Bureau, oppositie worden ingesteld bij het Bureau. De artikelen 2.14 tot en met 2.16bis zijn van overeenkomstige toepassing.
2. Het Bureau geeft onverwijld schriftelijk kennis aan het Internationaal Bureau van de ingediende oppositie onder vermelding van het bepaalde in de artikelen 2.14 tot en met 2.16bis evenals de daarop betrekking hebbende bepalingen uit het uitvoeringsreglement.

HOOFDSTUK 5
RECHTEN VAN DE HOUDER

Art. 2.19 Registratieplicht

1. Behoudens de houder van een algemeen bekend merk in de zin van artikel 6*bis* van het Verdrag van Parijs kan niemand, welke vordering hij ook instelt, in rechte bescherming inroepen voor een teken, dat als merk wordt beschouwd in de zin van artikel 2.1, tenzij hij zich kan beroepen op een inschrijving van het door hem aangevraagde merk.
2. In voorkomend geval wordt de niet-ontvankelijkheid ambtshalve door de rechter uitgesproken.
3. De bepalingen van deze titel laten onverlet het recht van gebruikers van een teken, dat niet als merk wordt beschouwd in de zin van artikel 2.1, om de bepalingen van het gemene recht in te roepen voor zover dit toestaat zich te verzetten tegen onrechtmatig gebruik van dit teken.

Art. 2.20 Rechten verbonden aan het merk

1. De in artikel 2.2 bedoelde inschrijving van een merk geeft de houder daar een uitsluitend recht op.
2. Onverminderd de rechten van houders die vóór de datum van indiening of datum van voorrang van het ingeschreven merk zijn verkregen en onverminderd de eventuele toepassing van het gemene recht betreffende de aansprakelijkheid uit onrechtmatige daad is de houder van een ingeschreven merk gerechtigd, iedere derde die niet zijn toestemming hiertoe heeft verkregen, te verhinderen gebruik te maken van een teken wanneer dit teken:
a. gelijk is aan het merk en in het economisch verkeer gebruikt wordt voor dezelfde waren of diensten als die waarvoor het merk is ingeschreven;
b. gelijk is aan of overeenstemt met het merk en in het economisch verkeer gebruikt wordt met betrekking tot gelijke of overeenstemmende waren of diensten als die waarvoor het merk is ingeschreven, indien daardoor bij het publiek gevaar voor verwarring bestaat, ook wanneer die verwarring het gevolg is van associatie met het oudere merk;

c. gelijk is aan of overeenstemt met het merk ongeacht of dat wordt gebruikt voor waren of diensten die gelijk aan, overeenstemmend of niet overeenstemmend zijn met die waarvoor het merk is ingeschreven, wanneer dit merk bekend is in het Benelux-gebied en door het gebruik in het economisch verkeer, zonder geldige reden, van het teken ongerechtvaardigd voordeel getrokken wordt uit of afbreuk wordt gedaan aan het onderscheidend vermogen of de reputatie van het merk;

d. gebruikt wordt anders dan ter onderscheiding van waren of diensten, indien door gebruik, zonder geldige reden, van dat teken ongerechtvaardigd voordeel wordt getrokken uit of afbreuk wordt gedaan aan het onderscheidend vermogen of de reputatie van het merk.

3. Met name kan krachtens lid 2, sub a tot en met c, worden verboden:

a. het aanbrengen van het teken op de waren of verpakking;

b. het aanbieden of in de handel brengen, of daartoe in voorraad hebben van waren of het aanbieden of verrichten van diensten onder het teken;

c. het invoeren of uitvoeren van waren onder het teken;

d. het gebruik van het teken als handels- of bedrijfsnaam of als deel van een handels- of bedrijfsnaam;

e. het gebruik van het teken in stukken voor zakelijk gebruik en in advertenties;

f. het gebruik van het teken in vergelijkende reclame op een wijze die in strijd is met Richtlijn 2006/114/EG van het Europees Parlement en de Raad van 12 december 2006 inzake misleidende reclame en vergelijkende reclame.

4. Onverminderd de rechten van houders die vóór de datum van indiening of de datum van voorrang van het ingeschreven merk zijn verkregen, heeft de houder van dat merk eveneens het recht te verhinderen dat derden in het economische verkeer waren binnenbrengen in het Benelux-gebied zonder dat deze daar in de vrije handel worden gebracht, wanneer deze waren, met inbegrip van de verpakking ervan, uit derde landen afkomstig zijn en zonder toestemming een merk dragen dat gelijk is aan het voor deze waren ingeschreven merk of in zijn belangrijkste onderdelen van dat merk kan worden onderscheiden.

Het recht van de houder van het merk op grond van de eerste alinea vervalt indien door de aangever of de houder van de waren tijdens de procedure om te bepalen of inbreuk is gemaakt op het ingeschreven merk, die is ingesteld overeenkomstig Verordening (EU) nr. 608/2013 van het Europees Parlement en de Raad van 12 juni 2013 inzake de handhaving van intellectuele-eigendomsrechten door de douane en tot intrekking van verordening (EG) nr. 1383/2003, het bewijs wordt geleverd dat de houder van het ingeschreven merk niet gerechtigd is om het op de markt brengen van de waren in het land van de eindbestemming te verbieden.

5. Wanneer het risico bestaat dat de verpakking, labels, etiketten, beveiligings- of echtheidskenmerken of alle andere middelen waarop het merk is aangebracht, kunnen worden gebruikt met betrekking tot waren of diensten en dit gebruik een inbreuk zou vormen op de rechten van de houder van een merk op grond van lid 2 en 3, heeft de houder van dat merk het recht de volgende handelingen te verbieden indien zij in het economische verkeer worden verricht:

a. het aanbrengen van een teken dat gelijk is aan of overeenstemt met het merk, op een verpakking, labels, etiketten, beveiligings- of echtheidskenmerken of alle andere middelen waarop het merk kan worden aangebracht;

b. het aanbieden, in de handel brengen of daartoe in voorraad hebben, of het invoeren of uitvoeren van verpakkingen, labels, etiketten, beveiligings- of echtheidskenmerken of alle andere middelen waarop het merk is aangebracht.

6. Het uitsluitend recht op een merk luidende in één der nationale of streektalen van het Beneluxgebied, strekt zich van rechtswege uit over zijn vertaling in een andere dezer talen. De beoordeling van de overeenstemming voortvloeiende uit vertalingen in een of meer aan het genoemde gebied vreemde talen geschiedt door de rechter.

Art. 2.20bis Weergave van merken in woordenboeken

Wanneer door de weergave van een merk in een woordenboek, een encyclopedie of een ander naslagwerk in gedrukte of elektronische vorm de indruk wordt gewekt dat het gaat om de soortnaam van de waren of diensten waarvoor het merk is ingeschreven, draagt de uitgever er op verzoek van de houder van het merk zorg voor dat de weergave van het merk onverwijld, en ingeval het een werk in gedrukte vorm betreft, uiterlijk bij de volgende uitgave van het werk, vergezeld gaat van de vermelding dat het een ingeschreven merk betreft.

Art. 2.20ter Verbod op het gebruik van een merk dat op naam van een gemachtigde of vertegenwoordiger is ingeschreven

1. Wanneer een merk zonder de toestemming van de houder is ingeschreven op naam van de gemachtigde of vertegenwoordiger van een persoon die de houder van dat merk is, is de houder gerechtigd een van beide of beide volgende handelingen te verrichten:

a. zich te verzetten tegen het gebruik van het merk door zijn gemachtigde of vertegenwoordiger;

b. de overdracht van de inschrijving te zijnen gunste te vorderen.

2. Lid 1 is niet van toepassing wanneer de gemachtigde of vertegenwoordiger zijn handelwijze rechtvaardigt.

Art. 2.21 Schadevergoeding en andere vorderingen

1. Onder dezelfde voorwaarden als in artikel 2.20, lid 2, kan de merkhouder op grond van zijn uitsluitend recht schadevergoeding eisen voor elke schade, die hij door het in die bepaling bedoelde gebruik lijdt.

2. De rechter die de schadevergoeding vaststelt:

a. houdt rekening met alle passende aspecten, zoals de negatieve economische gevolgen, waaronder winstderving, die de benadeelde partij heeft ondervonden, de onrechtmatige winst die de inbreukmaker heeft genoten en, in passende gevallen, andere elementen dan economische factoren, onder meer de morele schade die de merkhouder door de inbreuk heeft geleden; of

b. kan, als alternatief voor het bepaalde onder a, in passende gevallen de schadevergoeding vaststellen als een forfaitair bedrag, op basis van elementen als ten minste het bedrag aan royalty's of vergoedingen dat verschuldigd was geweest indien de inbreukmaker toestemming had gevraagd om het merk te gebruiken.

3. De rechter kan bij wijze van schadevergoeding op vordering van de merkhouder bevelen tot de afgifte aan de merkhouder, van de goederen die een inbreuk maken op een merkrecht, alsmede, in passende gevallen, van de materialen en werktuigen die voornamelijk bij de productie van die goederen zijn gebruikt. De rechter kan gelasten dat de afgifte niet plaatsvindt dan tegen een door hem vast te stellen, door de eiser te betalen vergoeding.

4. Naast of in plaats van een vordering tot schadevergoeding, kan de merkhouder een vordering instellen tot het afdragen van ten gevolge van het in artikel 2.20, lid 2, bedoelde gebruik genoten winst alsmede tot het afleggen van rekening en verantwoording dienaangaande. Indien de rechter van oordeel is dat dit gebruik niet te kwader trouw is of dat de omstandigheden van het geval tot zulk een veroordeling geen aanleiding geven, wijst hij de vordering af.

5. De merkhouder kan de vordering tot schadevergoeding of het afdragen van winst namens de licentiehouder instellen, onverminderd de aan deze laatste in artikel 2.32, lid 5 en 6, toegekende bevoegdheid.

6. De merkhouder kan een redelijke vergoeding vorderen van hem, die in het tijdvak gelegen tussen de datum van publicatie van de aanvraag en de datum van inschrijving van het merk, handelingen heeft verricht als vermeld in artikel 2.20, lid 2, voor zover de merkhouder daarvoor uitsluitende rechten heeft verkregen.

Art. 2.22 Nevenvorderingen

1. Onverminderd de aan de merkhouder wegens de inbreuk verschuldigde schadevergoeding en zonder schadeloosstelling van welke aard ook, kan de rechter op vordering van de merkhouder de terugroeping uit het handelsverkeer, de definitieve verwijdering uit het handelsverkeer of de vernietiging gelasten van de goederen die een inbreuk maken op een merkrecht, alsmede, in passende gevallen, van de materialen en werktuigen die voornamelijk bij de productie van die goederen zijn gebruikt. Deze maatregelen worden uitgevoerd op kosten van de inbreukmaker, tenzij bijzondere redenen dit beletten. Bij de beoordeling van een vordering als bedoeld in dit lid, wordt rekening gehouden met de evenredigheid tussen de ernst van de inbreuk en de gelaste maatregelen, alsmede met de belangen van derden.

2. De bepalingen van het nationale recht omtrent middelen van bewaring van zijn recht en omtrent rechterlijke tenuitvoerlegging van vonnissen en authentieke akten zijn van toepassing.

3. Voor zover het nationale recht hier niet in voorziet, kan de rechter op grond van deze bepaling tegen de vermeende inbreukmaker of tegen een tussenpersoon wiens diensten door een derde worden gebruikt om op een merkrecht inbreuk te maken, op vordering van de merkhouder een voorlopig bevel uitvaardigen:

a. strekkende tot het voorkomen van een dreigende inbreuk op een merkrecht, of

b. waardoor tijdelijk de voortzetting van de vermeende inbreuk op een merkrecht wordt verboden, indien wenselijk op straffe van een dwangsom, of

c. waarbij aan de voortzetting van de vermeende inbreuk op een merkrecht de voorwaarde wordt verbonden dat zekerheid wordt gesteld voor schadeloosstelling van de merkhouder.

4. De rechter kan op vordering van de merkhouder in een gerechtelijke procedure wegens inbreuk degene die inbreuk op diens recht heeft gemaakt, bevelen al hetgeen hem bekend is omtrent de herkomst en de distributiekanalen van de goederen en diensten, waarmee die inbreuk is gepleegd, aan de merkhouder mee te delen en alle daarop betrekking hebbende gegevens aan deze te verstrekken, voor zover die maatregel gerechtvaardigd en redelijk voorkomt.

5. Het in lid 4 bedoelde bevel kan eveneens worden opgelegd aan de persoon die de inbreukmakende goederen op commerciële schaal in zijn bezit heeft, de inbreukmakende diensten op commerciële schaal heeft gebruikt, of op commerciële schaal diensten die bij inbreukmakende handelingen worden gebruikt, heeft verleend.

6. De rechter kan op vordering van de merkhouder een bevel uitvaardigen tot staking van diensten van tussenpersonen wier diensten door derden worden gebruikt om inbreuk op zijn merkrecht te maken.

7. De rechter kan, op vordering van de eiser, gelasten dat op kosten van de inbreukmaker, passende maatregelen tot verspreiding van informatie over de uitspraak worden getroffen.

Art. 2.23 Beperking van het uitsluitend recht

Beperking van het uitsluitend recht

1. Een merk verleent de houder niet het recht een derde te verbieden om in het economisch verkeer gebruik te maken van:
   a. de naam of het adres van die derde, indien het om een natuurlijke persoon gaat;
   b. tekens of aanduidingen die geen onderscheidend vermogen hebben of die betrekking hebben op soort, hoedanigheid, hoeveelheid, bestemming, waarde, plaats van herkomst, tijdstip van vervaardiging van de waren of verrichting van de dienst of andere kenmerken van de waren of diensten;
   c. het merk met het oog op de identificatie van of de verwijzing naar waren of diensten als die van de houder van dat merk, in het bijzonder indien het gebruik van dat merk noodzakelijk is om de bestemming van een waar of dienst aan te duiden, met name als accessoire of onderdeel; één en ander voor zover het gebruik door de derde plaatsvindt volgens de eerlijke gebruiken in nijverheid en handel.
2. Een merk verleent de houder niet het recht een derde te verbieden om in het economisch verkeer gebruik te maken van een ouder recht van slechts plaatselijke betekenis, indien dat recht erkend is ingevolge de wettelijke bepalingen van één van de Benelux-landen en wordt gebruikt binnen de grenzen van het grondgebied waarin het erkend wordt.
3. Een merk verleent de houder niet het recht het gebruik daarvan te verbieden voor waren die onder dit merk door de houder of met diens toestemming in de Europese Economische Ruimte in de handel zijn gebracht, tenzij er voor de houder gegronde redenen zijn zich te verzetten tegen verdere verhandeling van de waren, met name wanneer de toestand van de waren, nadat zij in het de handel zijn gebracht, gewijzigd of verslechterd is.

Art. 2.23bis Normaal gebruik van het merk

Normaal gebruik van het merk

1. Een merk waarvan de houder vijf jaar nadat de inschrijvingsprocedure is voltooid, in het Beneluxgebied geen normaal gebruik heeft gemaakt voor de waren of diensten waarvoor het is ingeschreven, of waarvan gedurende een ononderbroken periode van vijf jaar geen gebruik is gemaakt, is vatbaar voor de beperkingen en sancties van de artikelen 2.16bis, leden 1 en 2, 2.23ter, 2.27, lid 2, en 2.30quinquies, leden 3 en 4, tenzij er een geldige reden is voor het niet-gebruik.
2. In het in artikel 2.8, lid 2, bedoelde geval, wordt de in lid 1 bedoelde termijn van vijf jaar berekend met ingang van de datum waarop het merk niet langer voorwerp kan zijn van een weigering op absolute gronden of een oppositie of, ingeval een weigering is uitgesproken of een oppositie is ingesteld, met ingang van de datum waarop een beslissing waardoor de door het Bureau opgeworpen bezwaren op absolute gronden worden opgeheven of de oppositie wordt beëindigd, onherroepelijk is geworden of de oppositie is ingetrokken.
3. Met betrekking tot inschrijvingen van internationale merken met werking in het Beneluxgebied wordt de in lid 1 bedoelde termijn van vijf jaar berekend met ingang van de datum waarop het merk niet langer kan worden geweigerd of daartegen niet langer oppositie kan worden ingesteld. Wanneer oppositie is ingesteld of wanneer kennis is gegeven van een weigering op absolute gronden, wordt de termijn berekend met ingang van de datum waarop een beslissing waardoor de oppositieprocedure wordt beëindigd, of een beslissing over de absolute weigeringsgronden onherroepelijk is geworden of waarop de oppositie is ingetrokken.
4. De aanvangsdatum van de in de leden 1 en 2 bedoelde termijn van vijf jaar wordt in het register opgenomen.
5. Als gebruik in de zin van lid 1 wordt eveneens beschouwd:
   a. het gebruik van het merk in een op onderdelen afwijkende vorm die het onderscheidend vermogen van het merk in de vorm waarin het is ingeschreven, niet wijzigt, ongeacht of het merk in de gebruikte vorm al dan niet ook op naam van de houder is ingeschreven;
   b. het aanbrengen van het merk op waren of de verpakking daarvan in het Benelux-gebied, uitsluitend met het oog op uitvoer.
6. Het gebruik van het merk met toestemming van de houder wordt als gebruik door de merkhouder beschouwd.

Art. 2.23ter Niet-gebruik als verweer in een inbreukprocedure

Niet-gebruik als verweer in een inbreukprocedure

De houder van een merk kan het gebruik van een teken alleen verbieden voor zover de rechten van de houder niet op grond van artikel 2.27, lid 2 tot en met 5, vervallen kunnen worden verklaard op het tijdstip waarop de vordering wegens inbreuk wordt ingesteld. Indien de verweerder daarom verzoekt, levert de houder van het merk het bewijs dat gedurende de periode van vijf jaar voorafgaand aan de datum waarop de vordering wordt ingesteld, normaal gebruik van het merk is gemaakt als bedoeld in artikel 2.23bis, voor de waren of diensten waarvoor het is ingeschreven, en die ter rechtvaardiging van de vordering worden aangehaald, dan wel dat er geldige redenen voor het niet-gebruik bestonden, op voorwaarde dat de procedure van inschrijving van het merk op de datum waarop de vordering wordt ingesteld, reeds ten minste vijf jaar geleden is afgerond.

Art. 2.23 quater Recht van de houder van een later ingeschreven merk om tussen te komen als verweer in een inbreukprocedure

1. In een inbreukprocedure is de houder van een merk niet gerechtigd het gebruik van een later ingeschreven merk te verbieden wanneer dat jongere merk niet nietig zou worden verklaard op grond van artikel 2.30quinques, lid 3, artikel 2.30sexies of artikel 2.30septies, lid 1.

2. In een inbreukprocedure is de houder van een merk niet gerechtigd het gebruik van een later ingeschreven Uniemerk te verbieden wanneer dat jongere merk niet nietig zou worden verklaard op grond van artikel 60, lid 1, 3 of 4, artikel 61, lid 1 of 2, of artikel 64, lid 2, van de Uniemerkenverordening.

3. Wanneer de houder van een merk overeenkomstig lid 1 of 2 niet gerechtigd is het gebruik van een later ingeschreven merk te verbieden, is de houder van dat later ingeschreven merk in een inbreukprocedure niet gerechtigd het gebruik van het oudere merk te verbieden, ofschoon dat ouder recht niet langer tegen het jongere merk kan worden ingeroepen.

Art. 2.24
[Vervallen]

Hoofdstuk 6
Beëindiging van het recht

Art. 2.25 Doorhaling op verzoek

1. De houder van een Benelux-merk kan te allen tijde doorhaling van zijn inschrijving verzoeken.
2. Indien evenwel een licentie is ingeschreven, kan doorhaling van de inschrijving van het merk alleen worden verricht op gezamenlijk verzoek van de merkhouder en de licentiehouder. Het in de vorige volzin bepaalde is van overeenkomstige toepassing in het geval een zakelijk recht of gedwongen tenuitvoerlegging is ingeschreven.
3. De doorhaling geldt voor het gehele Benelux-gebied.
4. Een tot een deel van het Benelux-gebied beperkte afstand van de uit een internationale aanvraag voortvloeiende bescherming geldt voor het gehele gebied, niettegenstaande enige door de houder afgelegde verklaring van het tegendeel.
5. De vrijwillige doorhaling kan tot één of meer van de waren of diensten waarvoor het merk is ingeschreven, worden beperkt.

Art. 2.26 Verval van het recht
Het recht op het merk vervalt:
a. door de vrijwillige doorhaling of het verstrijken van de geldigheidsduur van de inschrijving van het merk;
b. door de doorhaling of het verstrijken van de geldigheidsduur van de internationale inschrijving of door afstand van de bescherming in het Benelux-gebied, of overeenkomstig het in artikel 6 van de Overeenkomst en het Protocol van Madrid bepaalde, door het feit dat het merk geen wettelijke bescherming meer geniet in het land van oorsprong.

Art. 2.27 Vervallenverklaring van het recht

1. Een merk kan vervallen worden verklaard wanneer het, na de datum waarop het is ingeschreven:
a. door toedoen of nalaten van de merkhouder de in de handel gebruikelijke benaming is geworden van een waar of dienst waarvoor het is ingeschreven;
b. als gevolg van het gebruik dat ervan wordt gemaakt door de merkhouder, of met instemming van de merkhouder, voor de waren of diensten waarvoor het is ingeschreven, het publiek kan misleiden, met name wat betreft de aard, de hoedanigheid of de plaats van herkomst van deze waren of diensten.
2. Een merk kan tevens vervallen worden verklaard wanneer er geen normaal gebruik van is gemaakt overeenkomstig artikel 2.23bis.
3. Het verval van een merkrecht op grond van lid 2, kan niet meer worden ingeroepen, wanneer het merk in de periode tussen het verstrijken van de in artikel 2.23bis bedoelde periode van vijf jaren en de instelling van de vordering tot vervallenverklaring voor het eerst of opnieuw normaal is gebruikt.
Begin van gebruik of hernieuwd gebruik binnen drie maanden voorafgaand aan de instelling van de vordering tot vervallenverklaring wordt echter niet in aanmerking genomen, indien de voorbereiding van het begin van gebruik of van hernieuwd gebruik pas wordt getroffen nadat de merkhouder er kennis van heeft genomen dat een vordering tot vervallenverklaring zou kunnen worden ingesteld.
4. De houder van het merkrecht ten aanzien waarvan het verval ingevolge lid 3 niet meer kan worden ingeroepen, kan zich niet ingevolge 2.20, lid 1, sub a, b en c, verzetten tegen gebruik

art. 2.28

van een merk waarvan de aanvraag is verricht tijdens de periode waarin het oudere merkrecht vervallen kon worden verklaard op grond van lid 2.
5. De houder van het merkrecht ten aanzien waarvan het verval ingevolge lid 3 niet meer kan worden ingeroepen, kan niet overeenkomstig het in artikel 2.28, lid 2, bepaalde de nietigheid inroepen van de inschrijving van een merk, waarvan de aanvraag is verricht tijdens de periode waarin het oudere merkrecht vervallen kon worden verklaard op grond van lid 2.

Hoofdstuk 6bis
Procedure tot nietigverklaring of vervallenverklaring bij de rechter

Art. 2.28 Inroepen van nietigheid of verval bij de rechter

Inroepen van nietigheid of verval bij de rechter

1. De nietigheid op absolute gronden kan worden ingeroepen door iedere belanghebbende, met inbegrip van het Openbaar Ministerie.
2. De nietigheid op relatieve gronden kan worden ingeroepen door iedere belanghebbende, wanneer de houder van het oudere merk als bedoeld in artikel 2.2ter, lid 1 en 3, sub a of b, of degene die krachtens het toepasselijke recht de in artikel 2.2ter, lid 3, sub c, bedoelde rechten mag uitoefenen aan het geding deelneemt.
3. Wordt het geding tot nietigverklaring overeenkomstig lid 1 door het Openbaar Ministerie aanhangig gemaakt, dan zijn alleen de rechter te Brussel, 's-Gravenhage en te Luxemburg bevoegd.
Het aanhangig maken van het geding door het Openbaar Ministerie schorst ieder ander op dezelfde grondslag ingesteld geding.
4. Iedere belanghebbende kan het verval van het merkrecht inroepen.

Art. 2.29-2.30
[Vervallen]

Hoofdstuk 6ter
Procedure tot nietigverklaring of vervallenverklaring bij het Bureau

Art. 2.30bis Instellen van de vordering

Instellen van de vordering

1. Een vordering tot nietigverklaring of vervallenverklaring van de inschrijving van een merk kan bij het Bureau worden ingesteld:
a. op basis van de in artikel 2.2bis bedoelde absolute nietigheidsgronden en de in artikel 2.27 bedoelde vervalgronden door iedere natuurlijke of rechtspersoon en iedere groepering of entiteit die is opgericht ter behartiging van de belangen van fabrikanten, producenten, dienstverrichters, handelaren of consumenten, en die overeenkomstig het ter zake geldende recht bevoegd is in eigen naam in rechte op te treden;
b. op basis van de in artikel 2.2ter bedoelde relatieve nietigheidsgronden:
i. in de in artikel 2.2ter, lid 1 en 3, sub a, bedoelde gevallen door de houders van oudere merken en de door deze houders gemachtigde licentiehouders;
ii. in het in artikel 2.2ter, lid 3, sub b, bedoelde geval door de daar bedoelde houders van merken; in dit geval kan tevens de in artikel 2.20ter, lid 1, sub b, bedoelde overdracht worden gevorderd;
iii. in het in artikel 2.2ter, lid 3, sub c, bedoelde geval door degenen die krachtens het toepasselijke recht in deze bepaling bedoelde rechten mogen uitoefenen.
2. De vordering tot nietigverklaring of vervallenverklaring wordt pas geacht te zijn ingesteld, nadat de verschuldigde taksen zijn betaald.

Art. 2.30ter Verloop van de procedure

Verloop van de procedure

1. Het Bureau behandelt de vordering tot nietigverklaring of vervallenverklaring binnen een redelijke termijn overeenkomstig de bepalingen vastgelegd in het uitvoeringsreglement en met inachtneming van het beginsel van hoor en wederhoor.
2. De procedure wordt opgeschort:
a. indien de vordering is gebaseerd op artikel 2.30bis, lid 1, sub b, onder i, wanneer het oudere merk:
i. nog niet is ingeschreven;
ii. onverwijld is ingeschreven overeenkomstig artikel 2.8, lid 2, en het voorwerp is van een weigeringsprocedure op absolute gronden of een oppositie;
iii. het voorwerp is van een vordering tot nietigverklaring of vervallenverklaring;
b. indien de vordering is gebaseerd op artikel 2.30bis, lid 1, sub b, onder iii, wanneer ze is gebaseerd op een aanvraag voor een oorsprongsbenaming of een geografische aanduiding, totdat daarover een definitieve beslissing is genomen;
c. wanneer het betwiste merk:
i. nog niet is ingeschreven;
ii. onverwijld is ingeschreven overeenkomstig artikel 2.8, lid 2; en het voorwerp is van een weigeringsprocedure op absolute gronden of een oppositie;
iii. het voorwerp is van een gerechtelijke vordering tot nietigverklaring of vervallenverklaring;

d. op gezamenlijk verzoek van partijen;
e. indien de opschorting om andere redenen passend is.
3. De procedure wordt afgesloten:
a. wanneer de indiener niet langer de hoedanigheid heeft om op te kunnen treden;
b. wanneer verweerder niet reageert op de ingestelde vordering; in dit geval wordt de inschrijving doorgehaald;
c. wanneer aan de vordering de grondslag is ontvallen hetzij omdat zij is ingetrokken, hetzij omdat de inschrijving waartegen de vordering is ingesteld is vervallen;
d. wanneer de vordering is gebaseerd op artikel 2.30bis, lid 1, sub b, en het oudere merk of het oudere recht niet meer geldig is;
e. wanneer de vordering is gebaseerd op artikel 2.30bis, lid 1, sub b, onder i, en de indiener binnen de gestelde termijn geen bewijsstukken van gebruik van zijn oudere merk als bedoeld in artikel 2.30quinquies heeft overgelegd.
In deze gevallen wordt een deel van de betaalde taksen gerestitueerd.
4. Nadat het onderzoek van de vordering tot nietigverklaring of vervallenverklaring is beëindigd, neemt het Bureau zo spoedig mogelijk een beslissing. Indien de vordering gegrond bevonden wordt, haalt het Bureau de inschrijving geheel of gedeeltelijk door of besluit het de in artikel 2.20ter, lid 1, sub b, bedoelde overdracht in het register aan te tekenen. In het tegengestelde geval wordt de vordering afgewezen. Van de beslissing geeft het Bureau onverwijld schriftelijk kennis aan partijen, onder vermelding van het in artikel 1.15bis genoemde rechtsmiddel tegen die beslissing. De beslissing van het Bureau wordt eerst definitief nadat ze niet meer vatbaar is voor enig rechtsmiddel. Het Bureau is geen partij bij een beroep tegen zijn beslissing.
5. De in het ongelijk gestelde partij wordt in de kosten verwezen. Deze worden vastgesteld conform het bepaalde in het uitvoeringsreglement. De kosten zijn niet verschuldigd indien de vordering gedeeltelijk toegewezen wordt. De beslissing van het Bureau tot vaststelling van de kosten vormt executoriale titel; de gedwongen tenuitvoerlegging geschiedt volgens de bepalingen die van kracht zijn in de staat van executie.

Art. 2.30quater Vordering tot nietigverklaring of vervallenverklaring van internationale aanvragen

1. Tegen een internationale aanvraag waarvan is verzocht de bescherming uit te strekken tot het Benelux-gebied kan een vordering tot nietigverklaring of vervallenverklaring worden ingesteld bij het Bureau. De artikelen 2.30bis en 2.30ter zijn van overeenkomstige toepassing.

2. Het Bureau geeft onverwijld schriftelijk kennis aan het Internationaal Bureau van de ingediende vordering, onder vermelding van het bepaalde in de artikelen 2.30bis en 2.30ter, evenals de daarop betrekking hebbende bepalingen uit het uitvoeringsreglement.

Hoofdstuk 6quater
Verweermiddelen en reikwijdte van nietigheid en verval

Art. 2.30quinquies Niet-gebruik als verweer in een procedure tot nietigverklaring

1. Wanneer in een procedure tot nietigverklaring op basis van een ingeschreven merk met een vroegere datum van indiening of van voorrang de houder van het jongere merk daarom verzoekt, levert de houder van het oudere merk het bewijs dat in de periode van vijf jaar voorafgaand aan de datum van indiening van de vordering om nietigverklaring het oudere merk normaal is gebruikt overeenkomstig artikel 2.23bis voor de waren of diensten waarvoor het is ingeschreven en die ter rechtvaardiging van de vordering worden aangehaald, dan wel dat er geldige redenen voor het niet gebruik bestonden, op voorwaarde dat het inschrijvingsproces van het oudere merk op de datum van indiening van een vordering tot nietigverklaring minstens vijf jaar geleden is voltooid.
2. Wanneer de periode van vijf jaar waarin het oudere merk normaal moest zijn gebruikt overeenkomstig artikel 2.23bis, op de datum van indiening of voorrang van het jongere merk is verstreken, bewijst de houder van het oudere merk naast het op grond van lid 1 vereiste bewijs dat het merk in de periode van vijf jaar voorafgaand aan de datum van indiening of voorrang normaal was gebruikt dan wel dat er geldige redenen voor het niet-gebruik bestonden.
3. Bij gebreke van de in de leden 1 en 2 bedoelde bewijzen wordt een vordering tot nietigverklaring op basis van een ouder merk afgewezen.
4. Indien het oudere merk overeenkomstig artikel 2.23bis slechts is gebruikt voor een deel van de waren of diensten waarvoor het is ingeschreven, wordt het voor het onderzoek van de vordering tot nietigverklaring geacht alleen voor dat deel van de waren of diensten te zijn ingeschreven.
5. De leden 1 tot en met 4 zijn ook van toepassing wanneer het oudere merk een Uniemerk is. In dat geval wordt het normale gebruik overeenkomstig artikel 18 van de Uniemerkenverordening vastgesteld.

Art. 2.30sexies Ontbreken van onderscheidend vermogen of van bekendheid van een ouder merk waardoor nietigverklaring van een ingeschreven merk is uitgesloten

Een vordering tot nietigverklaring op basis van een ouder merk moet op de datum van de vordering tot nietigverklaring worden afgewezen indien zij op de datum van indiening of voorrang van het jongere merk niet zou zijn geslaagd om een van de volgende redenen:

a. het oudere merk, dat nietig kan worden verklaard krachtens artikel 2.2bis, lid 1, sub b, c of d, had nog geen onderscheidend vermogen verkregen als bedoeld in artikel 2.2bis, lid 3;

b. de vordering tot nietigverklaring is gebaseerd op artikel 2.2ter, lid 1, sub b, en het oudere merk had nog niet voldoende onderscheidend vermogen verkregen om de conclusie te staven dat er verwarring kon ontstaan in de zin van artikel 2.2ter, lid 1, sub b;

c. de vordering tot nietigverklaring is gebaseerd op artikel 2.2ter, lid 3, sub a, en het oudere merk was nog niet voldoende bekend in de zin van artikel 2.2ter, lid 3, sub a.

Art. 2.30septies Voorkoming van nietigverklaring wegens gedogen

1. De houder van een ouder merk als bedoeld in artikel 2.2ter, lid 2 of lid 3, sub a, die het gebruik van een ingeschreven jonger merk bewust heeft gedoogd gedurende vijf opeenvolgende jaren, kan niet langer op grond van het oudere merk vorderen dat het jongere merk nietig wordt verklaard voor de waren of diensten waarvoor dat jongere merk is gebruikt, tenzij het jongere merk te kwader trouw is gedeponeerd.

2. In het in lid 1 bedoelde geval kan de houder van een later ingeschreven merk geen bezwaar maken tegen het gebruik van het oudere recht, ofschoon dat recht niet langer aan het jongere merk kan worden tegengeworpen.

Art. 2.30octies Inroepen van de nietigheid of het verval van een merk waarop anciënniteit voor een Uniemerk is gebaseerd

Wanneer de anciënniteit van een ingevolge dit verdrag ingeschreven merk, waarvan de houder afstand heeft gedaan of dat hij heeft laten vervallen, wordt ingeroepen voor een Uniemerk, kan de nietigheid of het verval van het merk dat de basis vormt voor het inroepen van de anciënniteit, achteraf worden vastgesteld, mits dit merk nietig of vervallen had kunnen worden verklaard op het tijdstip waarop de houder daarvan afstand heeft gedaan of het heeft laten vervallen.

Art. 2.30nonies Reikwijdte van nietigheid en verval

1. De nietigheid of het verval betreffen het teken, dat het merk vormt, in zijn geheel.

2. Een vordering tot nietigverklaring of vervallenverklaring kan worden gericht tegen een deel of het geheel van de waren of diensten waarvoor het betwiste merk is ingeschreven en kan worden gebaseerd op een of meer oudere rechten, mits zij allemaal aan dezelfde houder toebehoren.

3. Indien een grond voor nietig- of vervallenverklaring van een merk slechts bestaat voor een deel van de waren of diensten waarvoor dit merk is ingeschreven, betreft de nietig- of vervallenverklaring alleen die waren of diensten.

4. Een ingeschreven merk wordt geacht de in dit verdrag bedoelde gevolgen niet te hebben gehad vanaf de datum van de vordering tot vervallenverklaring, voor zover de rechten van de houder vervallen zijn verklaard. In de beslissing over de vordering tot vervallenverklaring kan op verzoek van een van de partijen een vroegere datum worden vastgesteld waarop een van de gronden voor vervallenverklaring zich heeft voorgedaan.

5. Een ingeschreven merk wordt geacht de in dit verdrag bedoelde gevolgen vanaf het begin niet te hebben gehad, voor zover het merk nietig is verklaard.

Hoofdstuk 7
Merken als onderdeel van het vermogen

Art. 2.31 Overgang

1. Een merk kan onafhankelijk van de onderneming overgaan voor alle of een deel van de waren of diensten waarvoor het is ingeschreven.

2. Nietig is:
a. de overdracht onder levenden die niet schriftelijk is vastgelegd;
b. de overdracht of andere overgang die niet op het gehele Benelux-gebied betrekking heeft.

3. De overdracht van een onderneming in haar geheel houdt in dat ook het merk overgaat, tenzij het tegendeel is overeengekomen of duidelijk uit de omstandigheden blijkt. Deze bepaling is van toepassing op de verbintenis uit een overeenkomst tot overdracht van de onderneming.

Art. 2.32 Licentie

1. Het merk kan het voorwerp zijn van licenties voor alle of voor een deel van de waren of diensten waarvoor het is ingeschreven en voor het geheel of voor een deel van het Benelux-gebied. Een licentie kan al dan niet uitsluitend zijn.

2. De aan het merk verbonden rechten kunnen door de merkhouder worden ingeroepen tegen een licentiehouder die handelt in strijd met een van de bepalingen van de licentieovereenkomst inzake:
a. de duur daarvan;
b. de door de inschrijving gedekte vorm waarin het merk mag worden gebruikt;
c. de waren of diensten waarvoor de licentie is verleend;
d. het gebied waarin aanbrenging van het merk is toegestaan; of
e. de kwaliteit van de door de licentiehouder vervaardigde waren of verrichte diensten.
3. De doorhaling van de inschrijving van de licentie in het register vindt slechts plaats op gezamenlijk verzoek van de merkhouder en de licentiehouder.
4. Onverminderd het bepaalde in de licentieovereenkomst kan de licentiehouder een vordering wegens inbreuk op een merk alleen instellen met toestemming van de houder van dat merk. De houder van een exclusieve licentie kan deze vordering echter instellen indien de merkhouder, na daartoe te zijn aangemaand, niet zelf binnen een redelijke termijn een vordering wegens inbreuk instelt.
5. De licentiehouder is bevoegd in een door de merkhouder ingestelde vordering als bedoeld in artikel 2.21, lid 1 tot en met 4, tussen te komen om rechtstreeks door hem geleden schade vergoed te krijgen of zich een evenredig deel van de door de gedaagde genoten winst te doen toewijzen.
6. Een zelfstandige vordering als bedoeld in het vorige lid kan de licentiehouder slechts instellen, indien hij de bevoegdheid daartoe van de merkhouder heeft bedongen.
7. De licentiehouder heeft het recht de in artikel 2.22, lid 1, bedoelde bevoegdheden uit te oefenen, voor zover deze strekken tot bescherming van de rechten waarvan hem de uitoefening is toegestaan, indien hij daartoe toestemming van de merkhouder heeft verkregen.

Art. 2.32bis Zakelijke rechten en gedwongen tenuitvoerlegging
1. Een merk kan onafhankelijk van de onderneming in pand worden gegeven of het voorwerp vormen van een ander zakelijk recht.

Zakelijke rechten en gedwongen tenuitvoerlegging

2. Een merk kan het voorwerp vormen van gedwongen tenuitvoerlegging.

Art. 2.33 Derdenwerking
De overdracht of andere overgang van de licentie kan niet aan derden worden tegengeworpen dan na inschrijving van het depot van een uittreksel der akte, waaruit van die overgang of die licentie blijkt, of van een daarop betrekking hebbende, door de betrokken partijen ondertekende verklaring, mits dit depot is verricht met inachtneming van de bij uitvoeringsreglement gestelde vormvereisten en tegen betaling van de verschuldigde taksen. Het in de vorige volzin bepaalde is van overeenkomstige toepassing op de in artikel 2.32bis bedoelde zakelijke rechten en gedwongen tenuitvoerlegging.

Derdenwerking

Art. 2.33bis Aanvragen om een merk als vermogensbestanddeel
De artikelen 2.31 tot en met 2.33 zijn van toepassing op aanvragen om merken.

Aanvragen om een merk als vermogensbestanddeel

Hoofdstuk 8
Collectieve merken

Art. 2.34bis Collectieve merken
1. Een collectief merk is een merk dat bij de aanvraag als zodanig wordt aangewezen en op grond waarvan de waren of diensten van de leden van de vereniging die merkhouder is, onderscheiden kunnen worden van de waren of diensten van andere ondernemingen. Verenigingen van fabrikanten, producenten, dienstverrichters of handelaren die overeenkomstig het toepasselijke recht bevoegd zijn om in eigen naam drager te zijn van rechten en verplichtingen, overeenkomsten aan te gaan of andere rechtshandelingen te verrichten, en in rechte op te treden, alsmede publiekrechtelijke rechtspersonen, kunnen collectieve merken aanvragen.
2. In afwijking van artikel 2.2bis, lid 1, sub c, kunnen tekens of benamingen die in de handel kunnen dienen tot aanduiding van de plaats van herkomst van de waren of diensten, collectieve merken vormen. Een dergelijk collectief merk verleent de merkhouder niet het recht om een derde te verbieden om in het economisch verkeer deze tekens of aanduidingen te gebruiken, mits die derde ze volgens de eerlijke gebruiken in nijverheid en handel gebruikt. Met name kan een dergelijk merk niet worden ingeroepen tegen een derde die gerechtigd is een geografische benaming te gebruiken.
3. Collectieve merken zijn onderworpen aan alle bepalingen van dit verdrag die betrekking hebben op merken, tenzij in dit hoofdstuk anders is bepaald.

Collectieve merken

Art. 2.34ter Reglement inzake gebruik van een collectief merk
1. De aanvrager van een collectief merk moet bij de aanvraag het reglement inzake het gebruik daarvan indienen.

Reglement inzake gebruik van een collectief merk

2. Indien het evenwel gaat om een internationale aanvraag kan de aanvrager dit reglement nog indienen gedurende een termijn van zes maanden te rekenen vanaf de in artikel 3, sub (4), van de Overeenkomst en het Protocol van Madrid bedoelde kennisgeving van de internationale inschrijving.

3. Het reglement bepaalt ten minste welke personen het merk mogen gebruiken, onder welke voorwaarden iemand tot de vereniging behoort en onder welke voorwaarden, met inbegrip van sancties, het merk kan worden gebruikt. Het reglement van een in artikel 2.34bis, lid 2, bedoeld merk stelt het lidmaatschap van de vereniging die houder is van dat merk, open voor eenieder wiens waren of diensten uit het betrokken geografische gebied afkomstig zijn, mits hij aan alle andere voorwaarden van het reglement voldoet.

Art. 2.34quater Afwijzing van een aanvraag

Afwijzing van een aanvraag

1. Naast de in artikel 2.2bis bepaalde weigeringsgronden, met uitzondering van artikel 2.2bis, lid 1, sub c, met betrekking tot tekens of benamingen die in de handel tot aanduiding van de plaats van herkomst van de waren of diensten kunnen dienen, wordt een aanvraag om een collectief merk afgewezen indien niet is voldaan aan de bepalingen van artikel 2.34bis of 2.34ter of indien het reglement voor dat collectief merk strijdig is met de openbare orde of de goede zeden.

2. Een aanvraag om een collectief merk wordt eveneens afgewezen wanneer het publiek kan worden misleid inzake de aard of betekenis van het merk, met name wanneer het de indruk kan wekken iets anders te zijn dan een collectief merk.

3. De aanvraag wordt niet afgewezen wanneer de aanvrager door een wijziging van het reglement voor dat collectief merk voldoet aan de in de leden 1 en 2 gestelde eisen.

Art. 2.34quinquies Gebruik van collectieve merken

Gebruik van collectieve merken

Aan de vereisten van artikel 2.23bis wordt voldaan wanneer van een collectief merk overeenkomstig dat artikel normaal gebruik wordt gemaakt door iemand die daartoe bevoegd is.

Art. 2.34sexies Wijzigingen van het reglement inzake het gebruik van het collectieve merk

Wijzigingen van het reglement inzake het gebruik van het collectieve merk

1. De houder van het collectieve merk legt het Bureau elke wijziging van het reglement voor.

2. Wijzigingen van het reglement worden in het register vermeld tenzij het gewijzigde reglement niet voldoet aan artikel 2.34ter of een in artikel 2.34quater vermelde weigeringsgrond doet ontstaan.

3. Voor de toepassing van dit verdrag worden wijzigingen van het reglement pas van kracht vanaf de datum waarop die wijzigingen in het register worden vermeld.

Art. 2.34septies Personen die bevoegd zijn een vordering wegens inbreuk in te stellen

Personen die bevoegd zijn een vordering wegens inbreuk in te stellen

1. Artikel 2.32, leden 4 en 5, is van toepassing op eenieder die bevoegd is een collectief merk te gebruiken.

2. De houder van een collectief merk kan vergoeding eisen namens de personen die bevoegd zijn het merk te gebruiken, indien deze personen schade hebben geleden door onrechtmatig gebruik van het merk.

Art. 2.34octies Aanvullende gronden voor vervallenverklaring

Aanvullende gronden voor vervallenverklaring

In aanvulling op de in artikel 2.27 vermelde gronden worden de rechten van de houder van een collectief merk vervallen verklaard op de volgende gronden:

a. de merkhouder neemt geen redelijke maatregelen om te voorkomen dat het merk wordt gebruikt op een wijze die niet verenigbaar is met de voorwaarden van het reglement, met inbegrip van in het register vermelde wijzigingen daarvan;

b. het publiek kan worden misleid in de zin van artikel 2.34quater, lid 2, door de wijze waarop bevoegde personen het merk hebben gebruikt;

c. een wijziging van het reglement is, in strijd met artikel 2.34sexies, lid 2, in het register vermeld, tenzij de merkhouder door een nieuwe wijziging van het reglement voldoet aan de in dat artikel gestelde eisen.

Art. 2.34nonies Aanvullende gronden voor nietigverklaring

Aanvullende gronden voor nietigverklaring

In aanvulling op de gronden voor nietigverklaring in artikel 2.2bis, met uitzondering van artikel 2.2bis, lid 1, sub c, betreffende tekens of benamingen die in de handel kunnen dienen tot aanduiding van de plaats van herkomst van de waren of diensten, en in artikel 2.2ter, wordt een collectief merk nietig verklaard indien het in strijd met artikel 2.34quater is ingeschreven, tenzij de merkhouder door een wijziging van het reglement voldoet aan de in artikel 2.34quater gestelde eisen.

Hoofdstuk 8bis
Certificeringsmerken

Art. 2.35bis Certificeringsmerken
1. Een certificeringsmerk is een merk dat bij de aanvraag als zodanig wordt omschreven en op grond waarvan de waren of diensten die door de houder van het merk worden gecertificeerd met betrekking tot het materiaal, de wijze van vervaardiging van waren of verrichting van diensten, kwaliteit, nauwkeurigheid of andere kenmerken, met uitzondering van de geografische herkomst, kunnen worden onderscheiden van waren en diensten die niet als zodanig zijn gecertificeerd.
2. Een natuurlijke of rechtspersoon, met inbegrip van publiekrechtelijke instellingen, autoriteiten en instanties, kan certificeringsmerken aanvragen op voorwaarde dat die persoon geen activiteiten uitoefent waarbij waren worden geleverd of diensten worden verricht van het soort waarop het merk betrekking heeft.
3. Certificeringsmerken zijn onderworpen aan alle bepalingen van dit verdrag die betrekking hebben op merken, tenzij in dit hoofdstuk anders is bepaald.

Art. 2.35ter Reglement voor het gebruik van het certificeringsmerk
1. De aanvrager van een certificeringsmerk moet bij de aanvraag het reglement inzake het gebruik daarvan indienen.
2. Indien het evenwel gaat om een internationale aanvraag kan de aanvrager dit reglement nog deponeren gedurende een termijn van zes maanden te rekenen vanaf de in artikel 3, sub (4), van de Overeenkomst en het Protocol van Madrid bedoelde kennisgeving van de internationale inschrijving.
3. Het gebruiksreglement geeft aan welke personen het merk mogen gebruiken, welke kenmerken door het merk worden gecertificeerd, hoe de certificeringsinstantie deze kenmerken moet testen en hoe zij moet toezien op het gebruik van het merk. Dat reglement bepaalt tevens onder welke voorwaarden het merk kan worden gebruikt, alsmede welke sancties kunnen worden opgelegd.

Art. 2.35quater Afwijzing van de aanvraag
1. Naast de in artikel 2.2bis bepaalde weigeringsgronden wordt de aanvraag voor een certificeringsmerk afgewezen wanneer niet aan de in de artikelen 2.35bis en 2.35ter gestelde voorwaarden is voldaan of wanneer het gebruiksreglement strijdig is met de openbare orde of de goede zeden.
2. Een aanvraag voor een certificeringsmerk wordt eveneens afgewezen wanneer het publiek kan worden misleid over de aard of betekenis van het merk, in het bijzonder wanneer het de indruk kan wekken iets anders te zijn dan een certificeringsmerk.
3. De aanvraag wordt niet afgewezen wanneer de aanvrager door een wijziging van het gebruiksreglement voldoet aan de in leden 1 en 2 gestelde voorwaarden.

Art. 2.35quinquies Gebruik van het certificeringsmerk
Aan de vereisten van artikel 2.23bis wordt voldaan wanneer van een certificeringsmerk overeenkomstig dat artikel normaal gebruik wordt gemaakt door iemand die daartoe overeenkomstig het in artikel 2.35ter bedoelde gebruiksreglement bevoegd is.

Art. 2.35sexies Wijziging van het reglement voor gebruik van het merk
1. De houder van het certificeringsmerk legt elke wijziging van het gebruiksreglement voor aan het Bureau.
2. Wijzigingen van het reglement worden in het register vermeld tenzij het gewijzigde reglement niet voldoet aan artikel 2.35ter of een in artikel 2.35quater vermelde weigeringsgrond doet ontstaan.
3. Voor de toepassing van dit verdrag worden wijzigingen van het gebruiksreglement pas van kracht vanaf de datum waarop de wijziging in het register wordt vermeld.

Art. 2.35septies Overgang
In afwijking van artikel 2.31, lid 1, kan een certificeringsmerk alleen overgaan op een persoon die voldoet aan de vereisten van artikel 2.35bis, lid 2.

Art. 2.35octies Personen die een vordering wegens inbreuk kunnen instellen
1. Alleen de houder van een certificeringsmerk of een door hem specifiek daartoe gemachtigde persoon kan een vordering wegens inbreuk instellen.
2. De houder van een certificeringsmerk kan vergoeding eisen namens de personen die bevoegd zijn het merk te gebruiken, indien zij schade hebben geleden door onrechtmatig gebruik van het merk.

Art. 2.35nonies Aanvullende gronden voor vervallenverklaring
In aanvulling op de in artikel 2.27 vermelde gronden worden de rechten van de houder van een certificeringsmerk vervallen verklaard op de volgende gronden:
a. de houder voldoet niet langer aan de vereisten van artikel 2.35bis, lid 2;

art. 2.35decies

29 Benelux-Verdrag inzake de intellectuele eigendom

b. de houder neemt geen redelijke maatregelen om te voorkomen dat het merk wordt gebruikt op een wijze die niet verenigbaar is met de voorwaarden van het gebruiksreglement, met inbegrip van in het register vermelde wijzigingen daarvan;

c. het publiek kan worden misleid in de zin van artikel 2.35quater, lid 2, door de wijze waarop de merkhouder het merk heeft gebruikt;

d. een wijziging van het gebruiksreglement is, in strijd met artikel 2.35sexies, lid 2, in het register vermeld, tenzij de merkhouder door een nieuwe wijziging van het gebruiksreglement voldoet aan de in dat artikel gestelde eisen.

Art. 2.35decies Aanvullende gronden voor nietigverklaring

Aanvullende gronden voor nietigverklaring

In aanvulling op de in de artikelen 2.2bis artikel 2.2ter bedoelde gronden voor nietigverklaring wordt een certificeringsmerk dat in strijd met artikel 2.35quater is ingeschreven nietig verklaard, tenzij de merkhouder door een wijziging van het gebruiksreglement voldoet aan de vereisten van artikel 2.35quater.

TITEL III
TEKENINGEN OF MODELLEN

HOOFDSTUK 1
Tekeningen of modellen

Art. 3.1 Tekeningen of modellen

Tekeningen of modellen

1. Een tekening of model wordt beschermd voor zover de tekening of het model nieuw is en een eigen karakter heeft.
2. Als tekening of model wordt beschouwd het uiterlijk van een voortbrengsel of een deel ervan.
3. Het uiterlijk van een voortbrengsel wordt afgeleid uit de kenmerken van met name de lijnen, de omtrek, de kleuren, de vorm, de textuur of de materialen van het voortbrengsel zelf of de versiering ervan.
4. Onder voortbrengsel wordt verstaan elk op industriële of ambachtelijke wijze vervaardigd voorwerp, met inbegrip van onder meer onderdelen die zijn bestemd om tot een samengesteld voortbrengsel te worden samengevoegd, verpakkingen, uitvoering, grafische symbolen en typografische lettertypen. Computerprogramma's worden niet als voortbrengsel aangemerkt.

Art. 3.2 Uitzonderingen

Uitzonderingen

1. Van de bescherming uit hoofde van deze titel zijn uitgesloten:
a. de uiterlijke kenmerken van een voortbrengsel die uitsluitend door de technische functie worden bepaald;
b. de uiterlijke kenmerken van een voortbrengsel die noodzakelijkerwijs in precies dezelfde vorm en afmetingen gereproduceerd moeten worden om het voortbrengsel waarin de tekening of het model verwerkt is of waarop het toegepast is, mechanisch met een ander voortbrengsel te kunnen verbinden of om het in, rond of tegen een ander voortbrengsel te kunnen plaatsen, zodat elk van beide voortbrengselen zijn functie kan vervullen.
2. In afwijking van lid 1, sub b, worden de uiterlijke kenmerken van een voortbrengsel die tot doel hebben binnen een modulair systeem de meervoudige samenvoeging of verbinding van onderling verwisselbare voortbrengselen mogelijk te maken, beschermd door een modelrecht onder de in artikel 3.1, lid 1, gestelde voorwaarden.

Art. 3.3 Nieuwheid en eigen karakter

Nieuwheid en eigen karakter

1. Een tekening of model wordt als nieuw beschouwd, indien er geen identieke tekening of identiek model voor het publiek beschikbaar is gesteld vóór de datum van depot of vóór de datum van voorrang. Tekeningen of modellen worden geacht identiek te zijn, indien de kenmerken ervan slechts in onbelangrijke details verschillen.
2. Een tekening of model wordt geacht een eigen karakter te hebben, indien de algemene indruk die deze tekening of dit model bij de geïnformeerde gebruiker wekt, verschilt van de algemene indruk die bij die gebruiker wordt gewekt door tekeningen of modellen die voor het publiek beschikbaar zijn gesteld vóór de datum van depot of vóór de datum van voorrang. Bij de beoordeling van het eigen karakter wordt rekening gehouden met de mate van vrijheid van de ontwerper bij de ontwikkeling van de tekening of het model.
3. Voor de beoordeling van de nieuwheid en het eigen karakter wordt een tekening of model geacht voor het publiek beschikbaar te zijn gesteld, indien deze tekening of dit model is gepubliceerd na inschrijving of op andere wijze, of is tentoongesteld, in de handel is gebracht of anderszins openbaar is gemaakt, tenzij deze feiten bij een normale gang van zaken redelijkerwijs niet vóór de datum van depot of vóór de datum van voorrang ter kennis konden zijn gekomen van ingewijden in de betrokken sector, die in de Europese Gemeenschap of de Europese Economische Ruimte werkzaam zijn. De tekening of het model wordt echter niet geacht voor het publiek beschikbaar te zijn gesteld, louter omdat het onder uitdrukkelijke of stilzwijgende voorwaarde van geheimhouding aan een derde bekendgemaakt is.

4. Voor de beoordeling van de nieuwheid en het eigen karakter wordt beschikbaarstelling voor het publiek van een tekening of model waarvoor op grond van een inschrijving aanspraak op bescherming wordt gemaakt, niet in aanmerking genomen, indien, binnen twaalf maanden voorafgaand aan de datum van depot of de datum van voorrang:
a. de beschikbaarstelling is geschied door de ontwerper, zijn rechtverkrijgende of een derde op grond van door de ontwerper of diens rechtverkrijgende verstrekte informatie of genomen maatregelen, of
b. de beschikbaarstelling is geschied ten gevolge van misbruik jegens de ontwerper of diens rechtverkrijgende.
5. Onder het recht van voorrang wordt verstaan het recht als bedoeld in artikel 4 van het Verdrag van Parijs. Hierop kan een beroep gedaan worden door degene die op regelmatige wijze een aanvraag om een tekening of model of een gebruiksmodel heeft ingediend in een der landen die partij zijn bij genoemd verdrag of bij het TRIPS verdrag.

Art. 3.4 Onderdelen van samengestelde voortbrengselen
1. Een tekening die of model dat is toegepast op of verwerkt in een voortbrengsel dat een onderdeel van een samengesteld voortbrengsel vormt, wordt slechts geacht nieuw te zijn en een eigen karakter te hebben: **Onderdelen van samengestelde voortbrengselen**
a. voor zover het onderdeel, wanneer het in het samengestelde voortbrengsel is verwerkt, bij normaal gebruik van dit laatste zichtbaar blijft, en
b. voor zover deze zichtbare kenmerken van het onderdeel als zodanig aan de voorwaarden inzake nieuwheid en eigen karakter voldoen.
2. Onder samengesteld voortbrengsel wordt in deze titel verstaan een voortbrengsel dat bestaat uit meerdere onderdelen die vervangen kunnen worden, zodat het voortbrengsel uit elkaar gehaald en weer in elkaar gezet kan worden.
3. Normaal gebruik in de zin van lid 1, houdt het gebruik door de eindgebruiker in, met uitzondering van handelingen in verband met onderhoud of reparatie.

Art. 3.5 Verkrijging van het recht
1. Onverminderd het recht van voorrang wordt het uitsluitend recht op een tekening of model verkregen door de inschrijving van het depot, verricht binnen het Benelux-gebied bij het Bureau (Benelux-depot), of verricht bij het Internationaal Bureau (internationaal depot). **Verkrijging van het recht**
2. Indien bij samenloop van depots het eerste depot niet wordt gevolgd door de publicatie als bedoeld in artikel 3.11, lid 2, van dit verdrag of in artikel 6, onder 3 van de Overeenkomst van 's-Gravenhage, verkrijgt het latere depot de rang van eerste depot.

Art. 3.6 Restricties
Binnen de in artikelen 3.23 en 3.24, lid 2, gestelde grenzen wordt geen recht op een tekening of model verkregen door de inschrijving indien: **Restricties**
a. de tekening of het model in strijd is met een oudere tekening die of ouder model dat na de datum van depot of na de datum van voorrang voor het publiek beschikbaar is gesteld en vanaf een aan deze datum voorafgaand tijdstip beschermd wordt door een uitsluitend recht dat voortvloeit uit een Gemeenschapsmodel, de inschrijving van een Benelux-depot dan wel door een internationaal depot;
b. in de tekening of het model gebruik gemaakt wordt van een ouder merk zonder toestemming van de houder van dit merk;
c. in de tekening of het model gebruik gemaakt wordt van een reeds bestaand auteursrechtelijk beschermd werk zonder toestemming van de houder van dit auteursrecht;
d. de tekening of het model oneigenlijk gebruik vormt van een van de in artikel 6*ter* van het Verdrag van Parijs genoemde zaken;
e. de tekening of het model in strijd is met de goede zeden of de openbare orde van één der Benelux-landen;
f. de kenmerkende eigenschappen van de tekening of het model onvoldoende uit het depot blijken.

Art. 3.7 Opeising van een depot
1. Binnen een termijn van vijf jaren, te rekenen vanaf de datum van publicatie van de inschrijving van het depot, kan de ontwerper van de tekening of het model, dan wel degene die volgens artikel 3.8 als ontwerper wordt beschouwd, het recht op het Benelux-depot of de voor het Benelux-gebied uit het internationaal depot van de tekening of het model voortvloeiende rechten opeisen, indien het depot zonder zijn toestemming door een derde is verricht; om dezelfde redenen kan hij te allen tijde de nietigheid inroepen van de inschrijving van dat depot of van die rechten. De vordering tot opeising moet bij het Bureau worden ingeschreven op verzoek van de eiser, met inachtneming van de bij uitvoeringsreglement gestelde vormvereisten en tegen betaling van de verschuldigde taksen. **Opeising van een depot**
2. Indien de in lid 1 bedoelde deposant gehele of gedeeltelijke doorhaling heeft verzocht van de inschrijving van het Benelux-depot of afstand heeft gedaan van de rechten, die voor het Benelux-gebied uit het internationaal depot voortvloeien, heeft deze doorhaling of afstand geen werking ten aanzien van de ontwerper of van degene die volgens artikel 3.8 als ontwerper wordt

beschouwd onder voorbehoud van lid 3, mits het depot werd opgeëist binnen één jaar na de datum van publicatie van de doorhaling of afstand en vóór het verstrijken van de in lid 1 genoemde termijn van vijf jaren.
3. Indien in het tijdvak gelegen tussen de doorhaling of afstand bedoeld in lid 2, en de inschrijving van de vordering tot opeising, een derde te goeder trouw een voortbrengsel heeft geëxploiteerd dat hetzelfde uiterlijk vertoont of bij de geïnformeerde gebruiker geen andere algemene indruk wekt, wordt dit voortbrengsel als rechtmatig in het verkeer gebracht beschouwd.

Art. 3.8 Rechten van werk- en opdrachtgevers

Rechten van werk- en opdrachtgevers

1. Indien een tekening of model door een werknemer in de uitoefening van zijn functie werd ontworpen, wordt, behoudens andersluidend beding, de werkgever als ontwerper beschouwd.
2. Indien een tekening of model op bestelling is ontworpen, wordt, behoudens andersluidend beding, degene die de bestelling heeft gedaan als ontwerper beschouwd, mits de bestelling is gedaan met het oog op een gebruik in handel of nijverheid van het voortbrengsel waarin de tekening of het model is belichaamd.

HOOFDSTUK 2
DEPOT, INSCHRIJVING EN VERNIEUWING

Art. 3.9 Depot

Depot

1. Het Benelux-depot van tekeningen of modellen geschiedt hetzij bij de nationale diensten, hetzij bij het Bureau, met inachtneming van de bij uitvoeringsreglement gestelde vormvereisten en tegen betaling van de verschuldigde taksen. Het Benelux-depot kan één of meer tekeningen of modellen bevatten (respectievelijk enkelvoudig en meervoudig depot). Er wordt onderzocht of de overgelegde stukken aan de voor het vaststellen van een datum van depot gestelde vereisten voldoen en de datum van het depot wordt vastgesteld. Aan de deposant wordt onverwijld schriftelijk mededeling gedaan van de vastgestelde datum van depot dan wel van de gronden voor het niet toekennen van een depotdatum.
2. Indien bij het depot niet is voldaan aan de overige in het uitvoeringsreglement gestelde vereisten, wordt de deposant hiervan onverwijld schriftelijk in kennis gesteld, onder opgave van de voorschriften waaraan niet is voldaan en wordt hij in de gelegenheid gesteld daaraan alsnog te voldoen.
3. Het depot vervalt, indien niet binnen de gestelde termijn voldaan is aan de bepalingen van het uitvoeringsreglement.
4. Wanneer het depot geschiedt bij een nationale dienst, zendt deze het Benelux-depot door aan het Bureau, hetzij onverwijld na ontvangst van het depot, hetzij nadat is vastgesteld dat het depot voldoet aan de in lid 1 tot en met 3 gestelde vereisten.
5. Onverminderd de toepassing op Benelux-depots van artikel 3.13, kan het depot van een tekening of model geen aanleiding geven tot enig onderzoek naar de inhoud van het depot, waarvan de uitkomst de deposant door het Bureau zou kunnen worden tegengeworpen.

Art. 3.10 Beroep op voorrang

Beroep op voorrang

1. Het beroep op het recht van voorrang wordt gedaan bij het depot of door een bijzondere verklaring, af te leggen bij het Bureau in de maand, volgende op het depot, met inachtneming van de bij uitvoeringsreglement gestelde vormvereisten en tegen betaling van de verschuldigde taksen.
2. Het ontbreken van een dergelijk beroep doet het recht van voorrang vervallen.

Art. 3.11 Inschrijving

Inschrijving

1. Het Bureau schrijft onverwijld de Benelux-depots in, evenals de internationale depots die gepubliceerd zijn in het „Bulletin International des dessins ou modèles – International Design Gazette" ten aanzien waarvan de deposanten verzocht hebben dat zij hun werking zullen uitstrekken over het Benelux-gebied.
2. Onverminderd het bepaalde in artikelen 3.12 en 3.13, publiceert het Bureau overeenkomstig het uitvoeringsreglement zo spoedig mogelijk de inschrijvingen van Benelux-depots.
3. Indien de kenmerkende eigenschappen van de tekening of het model in de publicatie niet voldoende tot hun recht komen, kan de deposant, binnen de daartoe vastgestelde termijn, het Bureau verzoeken kosteloos een tweede publicatie te verrichten.
4. Vanaf de datum van publicatie van de tekening of het model kan het publiek kennis nemen van de inschrijving en van de bij het depot overgelegde stukken.

Art. 3.12 Opschorting publicatie op verzoek

Opschorting publicatie op verzoek

1. De deposant kan bij het verrichten van het Benelux-depot verzoeken de publicatie van de inschrijving op te schorten gedurende een periode die niet meer mag bedragen dan twaalf maanden te rekenen vanaf de datum van het depot of vanaf de datum waarop het recht van voorrang is ontstaan.
2. Indien de deposant gebruik maakt van de in lid 1 geboden mogelijkheid schort het Bureau de publicatie op conform het verzoek.

Art. 3.13 Strijd met openbare orde en goede zeden

1. Indien het Bureau oordeelt, dat op de tekening of het model artikel 3.6, sub e, van toepassing is schort hij de publicatie op.
2. Het Bureau stelt de deposant daarvan in kennis en verzoekt hem zijn depot binnen een termijn van twee maanden in te trekken.
3. Indien de belanghebbende na het verstrijken van deze termijn zijn depot niet heeft ingetrokken, weigert het Bureau de publicatie. Van de weigering tot publicatie geeft het Bureau onder opgave van redenen onverwijld schriftelijk kennis aan de deposant, onder vermelding van het in artikel 1.15bis genoemde rechtsmiddel tegen die beslissing.
4. De weigering tot publicatie wordt eerst definitief nadat de beslissing van het Bureau niet meer vatbaar is voor enig rechtsmiddel. Dit heeft de nietigheid van het depot tot gevolg.

Strijd met openbare orde en goede zeden

Art. 3.14 Geldigheidsduur en vernieuwing

1. De inschrijving van een Benelux-depot heeft een geldigheidsduur van vijf jaren te rekenen van de datum van het depot. Onverminderd het bepaalde in artikel 3.24, lid 2, kan de gedeponeerde tekening of het gedeponeerde model noch gedurende de inschrijving, noch ter gelegenheid van de vernieuwing daarvan worden gewijzigd.
2. De inschrijving kan voor vier achtereenvolgende termijnen van vijf jaren worden vernieuwd tot een maximale geldigheidsduur van 25 jaar.
3. Vernieuwing geschiedt door betaling van de daartoe vastgestelde taks. Deze taks dient betaald te worden binnen twaalf maanden voorafgaand aan het verstrijken van de geldigheidsduur van de inschrijving; het kan nog betaald worden binnen zes maanden die volgen op de datum van het verstrijken van de geldigheidsduur, indien gelijktijdig een extra taks wordt betaald. De vernieuwing heeft effect vanaf het verstrijken van de geldigheidsduur van de inschrijving.
4. De vernieuwing kan tot een deel van de in een meervoudig depot vervatte tekeningen of modellen worden beperkt.
5. Zes maanden voor het verstrijken van de geldigheidsduur van de eerste tot en met de vierde termijn van inschrijving herinnert het Bureau aan de datum van dat verstrijken door verzending van een kennisgeving aan de houder van de tekening of het model, en aan de derden van wie rechten op de tekening of het model in het register zijn ingeschreven.
6. Het Bureau verzendt deze kennisgevingen aan het laatste hem bekende adres van betrokkenen. Het niet-verzenden of niet-ontvangen van deze brieven ontslaat de houder niet van de verplichtingen voortvloeiende uit lid 3. Daarop kan noch in rechte noch ten opzichte van het Bureau beroep worden gedaan.
7. Het Bureau schrijft de vernieuwingen in en publiceert deze overeenkomstig het uitvoeringsreglement.

Geldigheidsduur en vernieuwing

Art. 3.15 Internationale depots

De internationale depots geschieden volgens de bepalingen van de Overeenkomst van 's-Gravenhage.

Internationale depots

HOOFDSTUK 3
RECHTEN VAN DE HOUDER

Art. 3.16 Beschermingsomvang

1. Onverminderd de toepassing van het gemene recht betreffende de aansprakelijkheid uit onrechtmatige daad, kan de houder van een tekening of model zich op grond van zijn uitsluitend recht verzetten tegen het gebruik van een voortbrengsel waarin de tekening of het model is verwerkt of waarop de tekening of het model is toegepast en dat hetzelfde uiterlijk vertoont als de gedeponeerde tekening of het gedeponeerde model, dan wel dat bij de geïnformeerde gebruiker geen andere algemene indruk wekt, rekening houdend met de mate van vrijheid van de ontwerper bij de ontwikkeling van de tekening of het model.
2. Onder gebruik wordt met name verstaan het vervaardigen, aanbieden, in de handel brengen, verkopen, leveren, verhuren, invoeren, uitvoeren, tentoonstellen, gebruiken of in voorraad hebben voor een van deze doeleinden.

Beschermingsomvang

Art. 3.17 Schadevergoeding en andere vorderingen

1. De houder kan op grond van het uitsluitend recht slechts schadevergoeding vorderen voor de in artikel 3.16 opgesomde handelingen, indien deze hebben plaatsgevonden na de in artikel 3.11 bedoelde publicatie, waarin de kenmerkende eigenschappen van de tekening of het model op voldoende wijze werden weergegeven.
2. De rechter die de schadevergoeding vaststelt:
   a. houdt rekening met alle passende aspecten, zoals de negatieve economische gevolgen, waaronder winstderving, die de benadeelde partij heeft ondervonden, de onrechtmatige winst die de inbreukmaker heeft genoten en, in passende gevallen, andere elementen dan economische factoren, onder meer de morele schade die de houder van het uitsluitend recht op een tekening of model door de inbreuk heeft geleden; of

Schadevergoeding en andere vorderingen

b. kan, als alternatief voor het bepaalde onder *a,* in passende gevallen de schadevergoeding vaststellen als een forfaitair bedrag, op basis van elementen als ten minste het bedrag aan royalty's of vergoedingen dat verschuldigd was geweest indien de inbreukmaker toestemming had gevraagd om de tekening of het model te gebruiken.

3. De rechter kan bij wijze van schadevergoeding op vordering van de houder van het uitsluitend recht op een tekening of model bevelen tot de afgifte aan deze houder, van de goederen die een inbreuk maken op een tekening- of modelrecht, alsmede, in passende gevallen, van de materialen en werktuigen die voornamelijk bij de productie van die goederen zijn gebruikt. De rechter kan gelasten dat de afgifte niet plaatsvindt dan tegen een door hem vast te stellen, door de eiser te betalen vergoeding.

4. Naast of in plaats van een vordering tot schadevergoeding, kan de houder van een uitsluitend recht op een tekening of model een vordering instellen tot het afdragen van ten gevolge van het in artikel 3.16, bedoelde gebruik genoten winst alsmede tot het afleggen van rekening en verantwoording dienaangaande. Indien de rechter van oordeel is dat dit gebruik niet te kwader trouw is of dat de omstandigheden van het geval tot zulk een veroordeling geen aanleiding geven, wijst hij de vordering af.

5. De houder van het uitsluitend recht op een tekening of model kan de vordering tot schadevergoeding of het afdragen van winst namens de licentiehouder instellen, onverminderd de aan deze laatste in artikel 3.26, lid 4, toegekende bevoegdheid.

6. Vanaf de datum van depot kan een redelijke vergoeding gevorderd worden van degene die met wetenschap van het depot handelingen heeft verricht als bedoeld in artikel 3.16, voor zover de houder daarvoor uitsluitende rechten heeft gekregen.

Art. 3.18 Nevenvorderingen

Nevenvorderingen

1. Onverminderd de aan de houder van een uitsluitend recht op een tekening of model wegens de inbreuk verschuldigde schadevergoeding en zonder schadeloosstelling van welke aard ook, kan de rechter op vordering van de houder van een uitsluitend recht op een tekening of model de terugroeping uit het handelsverkeer, de definitieve verwijdering uit het handelsverkeer of de vernietiging gelasten van de goederen die een inbreuk maken op een tekening- of modelrecht, alsmede, in passende gevallen, van de materialen en werktuigen die voornamelijk bij de productie van die goederen zijn gebruikt. Deze maatregelen worden uitgevoerd op kosten van de inbreukmaker, tenzij bijzondere redenen dit beletten. Bij de beoordeling van een vordering als bedoeld in dit lid, wordt rekening gehouden met de evenredigheid tussen de ernst van de inbreuk en de gelaste maatregelen, alsmede met de belangen van derden.

2. De bepalingen van het nationale recht omtrent de middelen van bewaring van zijn recht en omtrent de rechterlijke tenuitvoerlegging van vonnissen en authentieke akten zijn van toepassing.

3. Voor zover het nationale recht hier niet in voorziet, kan de rechter op grond van deze bepaling tegen de vermeende inbreukmaker of tegen een tussenpersoon wiens diensten door een derde worden gebruikt om op een tekening of modelrecht inbreuk te maken, op vordering van de houder van een uitsluitend recht op een tekening of model een voorlopig bevel uitvaardigen:
a. strekkende tot het voorkomen van een dreigende inbreuk op een tekening- of modelrecht, of
b. waardoor tijdelijk de voortzetting van de vermeende inbreuk op een tekening- of modelrecht wordt verboden, indien wenselijk op straffe van een dwangsom, of
c. waarbij aan de voortzetting van de vermeende inbreuk op een tekening- of modelrecht de voorwaarde wordt verbonden dat zekerheid wordt gesteld voor schadeloosstelling van de houder.

4. De rechter kan op vordering van de houder van een uitsluitend recht op een tekening of model in een gerechtelijke procedure wegens inbreuk degene die inbreuk op diens recht heeft gemaakt, bevelen al hetgeen hem bekend is omtrent de herkomst en de distributiekanalen van de goederen en diensten, waarmee die inbreuk is gepleegd, aan de houder mee te delen en alle daarop betrekking hebbende gegevens aan deze te verstrekken, voor zover die maatregel gerechtvaardigd en redelijk voorkomt.

5. Het in lid 4 bedoelde bevel kan eveneens worden opgelegd aan de persoon die de inbreukmakende goederen op commerciële schaal in zijn bezit heeft, de inbreukmakende diensten op commerciële schaal heeft gebruikt, of op commerciële schaal diensten die bij inbreukmakende handelingen worden gebruikt, heeft verleend.

6. De rechter kan op vordering van de houder van een uitsluitend recht op een tekening of model een bevel uitvaardigen tot staking van diensten van tussenpersonen wier diensten door derden worden gebruikt om inbreuk op zijn tekening- of modelrecht te maken.

7. De rechter kan, op vordering van de eiser, gelasten dat op kosten van de inbreukmaker, passende maatregelen tot verspreiding van informatie over de uitspraak worden getroffen.

Art. 3.19 Beperking van het uitsluitend recht

Beperking van het uitsluitend recht

1. Het uitsluitend recht op een tekening of model houdt niet in het recht zich te verzetten tegen:
a. handelingen in de particuliere sfeer en voor niet-commerciële doeleinden;

b. handelingen voor experimentele doeleinden;
c. handelingen bestaande in reproductie ter illustratie of ten behoeve van onderwijs, mits deze handelingen verenigbaar zijn met de eerlijke handelsgebruiken, zij niet zonder noodzaak afbreuk doen aan de normale exploitatie van de tekening of het model, en de bron wordt vermeld.
2. Het uitsluitend recht op een tekening of model houdt evenmin het recht in zich te verzetten tegen:
a. de uitrusting van in een ander land geregistreerde vaartuigen en luchtvaartuigen die zich tijdelijk binnen het Benelux-gebied bevinden;
b. de invoer in het Benelux-gebied van vervangingsonderdelen en toebehoren ter reparatie van dergelijke vervoermiddelen;
c. reparaties aan dergelijke vervoermiddelen.
3. Het uitsluitend recht op een tekening of model dat een onderdeel vormt van een samengesteld voortbrengsel houdt niet het recht in zich te verzetten tegen het gebruik van de tekening of het model voor reparatie van dit samengestelde voortbrengsel met de bedoeling het zijn oorspronkelijke uiterlijk terug te geven.
4. Het uitsluitend recht op een tekening of model houdt niet in het recht zich te verzetten tegen de in artikel 3.16 bedoelde handelingen die betrekking hebben op voortbrengselen die in één der lidstaten van de Europese Gemeenschap of van de Europese Economische Ruimte in het verkeer zijn gebracht door de houder of met diens toestemming, of tegen handelingen als bedoeld in artikel 3.20.
5. De vorderingen kunnen geen betrekking hebben op voortbrengselen die vóór de datum van het depot in het Benelux-gebied in het verkeer werden gebracht.

Art. 3.20 Recht van voorgebruik
1. Een recht van voorgebruik wordt toegekend aan de derde die, vóór de datum van het depot van een tekening of model of vóór de datum van voorrang, binnen het Benelux-gebied voortbrengselen heeft vervaardigd die hetzelfde uiterlijk vertonen als de gedeponeerde tekening of het gedeponeerde model, dan wel bij de geïnformeerde gebruiker geen andere algemene indruk wekken.
2. Hetzelfde recht wordt toegekend aan degene die onder dezelfde omstandigheden een begin heeft gemaakt met de uitvoering van zijn voornemen tot vervaardiging.
3. Dit recht wordt echter niet toegekend aan de derde, die de tekening of het model zonder toestemming van de ontwerper heeft nagemaakt.
4. Op grond van het recht van voorgebruik kan de houder daarvan de vervaardiging van bedoelde voortbrengselen voortzetten of, in het geval bedoeld in lid 2, een aanvang maken met deze vervaardiging en, niettegenstaande het uit de inschrijving voortvloeiende recht, alle andere in artikel 3.16 bedoelde handelingen verrichten, met uitzondering van invoer.
5. Het recht van voorgebruik kan slechts overgaan tezamen met het bedrijf waarin de handelingen, die hebben geleid tot het ontstaan van dat recht, hebben plaatsgevonden.

Recht van voorgebruik

HOOFDSTUK 4
DOORHALING, VERVAL EN NIETIGHEID

Art. 3.21 Doorhaling op verzoek
1. De houder van de inschrijving van een Benelux-depot kan te allen tijde de doorhaling van deze inschrijving verzoeken, behalve indien er rechten van derden bestaan, die bij overeenkomst zijn vastgelegd of in rechte worden vervolgd en welke ter kennis van het Bureau zijn gebracht.
2. Indien het een meervoudig depot betreft, kan de doorhaling betrekking hebben op een deel van de in dat depot vervatte tekeningen of modellen.
3. Indien een licentie is ingeschreven kan de doorhaling van de inschrijving van de tekening of het model slechts worden verricht op gezamenlijk verzoek van de houder van de inschrijving en de licentiehouder. Het in de vorige volzin bepaalde is van overeenkomstige toepassing in het geval een pandrecht of een beslag is ingeschreven.
4. De doorhaling geldt voor het gehele Benelux-gebied ondanks andersluidende verklaring.
5. De in dit artikel opgenomen bepalingen gelden eveneens ten aanzien van de afstand van de bescherming die voor het Benelux-gebied uit een internationaal depot voortvloeit.

Doorhaling op verzoek

Art. 3.22 Verval van het recht
Behoudens het bepaalde in artikel 3.7, lid 2, vervalt het uitsluitend recht op een tekening of model:
a. door vrijwillige doorhaling of door het verstrijken van de geldigheidsduur van de inschrijving van het Benelux-depot;
b. door het verstrijken van de geldigheidsduur van de inschrijving van het internationaal depot of door afstand van rechten, die voor het Benelux-gebied uit het internationaal depot voortvloeien of door ambtshalve doorhaling van het internationaal depot, bedoeld in artikel 6, vierde lid, onder c, van de Overeenkomst van 's-Gravenhage .

Verval van het recht

Art. 3.23 Inroepen van de nietigheid

Inroepen van de nietigheid

1. Iedere belanghebbende met inbegrip van het Openbaar Ministerie kan de nietigheid inroepen van de inschrijving van een tekening of model indien:
   a. de tekening of het model geen tekening of model is in de zin van artikel 3.1, lid 2 en 3;
   b. de tekening of het model niet voldoet aan de voorwaarden gesteld in artikel 3.1, lid 1, en de artikelen 3.3 en 3.4;
   c. de tekening of het model onder de toepassing van artikel 3.2 valt;
   d. door die inschrijving krachtens artikel 3.6, sub e of f, geen recht op een tekening of model wordt verkregen.

2. Enkel de deposant of houder van een uitsluitend recht op een tekening of model dat voortvloeit uit een inschrijving van een Gemeenschapsmodel, een Benelux-inschrijving, of een internationaal depot, kan de nietigheid inroepen van de inschrijving van een met zijn recht strijdig jonger depot van een tekening of model, indien krachtens artikel 3.6, sub a, door de inschrijving geen recht op de tekening of het model wordt verkregen.

3. Enkel de houder van een ouder merkrecht of de houder van een ouder auteursrecht kan de nietigheid van de inschrijving van het Benelux-depot of de voor het Benelux-gebied uit het internationaal depot van die tekening of dat model voortvloeiende rechten inroepen, indien krachtens artikel 3.6, sub b, respectievelijk sub c, geen recht op de tekening of het model wordt verkregen.

4. Enkel de belanghebbende kan de nietigheid van de inschrijving van de tekening of het model inroepen, indien krachtens artikel 3.6, sub d, geen recht op de tekening of het model wordt verkregen.

5. Enkel de ontwerper van een tekening of model als bedoeld in artikel 3.7, lid 1, kan onder de voorwaarden genoemd in dat artikel de nietigheid inroepen van de inschrijving van een depot van de tekening of het model, dat zonder zijn toestemming is verricht door een derde.

6. De inschrijving van het depot van een tekening of model kan ook na verval of afstand nietig worden verklaard.

7. Wordt het geding tot nietigverklaring door het Openbaar Ministerie aanhangig gemaakt, dan zijn alleen de rechter te Brussel, te 's-Gravenhage of te Luxemburg bevoegd. Het aanhangig maken van het geding door het Openbaar Ministerie schorst ieder ander op dezelfde grondslag ingesteld geding.

Art. 3.24 Reikwijdte van de nietig- en vervallenverklaring en de vrijwillige doorhaling

Reikwijdte van de nietig- en vervallenverklaring en de vrijwillige doorhaling

1. Behoudens het bepaalde in lid 2, hebben de nietigverklaring, de vrijwillige doorhaling en de afstand steeds betrekking op de gehele tekening of het gehele model.

2. Wanneer de inschrijving van het depot van een tekening of model op grond van artikel 3.6, sub b, c, d of e, en artikel 3.23, lid 1, sub b en c, nietig kan worden verklaard, kan het depot worden gehandhaafd in gewijzigde vorm, indien de tekening of het model in die vorm aan de beschermingsvoorwaarden voldoet en de identiteit ervan behouden blijft.

3. De handhaving bedoeld in lid 2, kan erin bestaan dat een verklaring van de houder dat hij gedeeltelijk afziet van aanspraken op het recht, of een rechterlijke beslissing waarbij het recht gedeeltelijk nietig is verklaard en die niet meer vatbaar is voor verzet noch voor hoger beroep noch voor voorziening in cassatie, wordt ingeschreven.

HOOFDSTUK 5
OVERGANG, LICENTIE EN ANDERE RECHTEN

Art. 3.25 Overgang

Overgang

1. Het uitsluitend recht op een tekening of model kan overgaan.
2. Nietig zijn:
   a. overdrachten onder levenden, die niet schriftelijk zijn vastgelegd;
   b. overdrachten of andere overgangen, die niet op het gehele Benelux-gebied betrekking hebben.

Art. 3.26 Licentie

Licentie

1. Het uitsluitend recht op een tekening of model kan voorwerp van een licentie zijn.

2. Het uitsluitend recht op een tekening of model kan door de houder daarvan ingeroepen worden tegen een licentiehouder die handelt in strijd met de bepalingen van de licentieovereenkomst inzake de duur daarvan, de door de inschrijving gedekte vorm waarin de tekening of het model mag worden gebruikt, de voortbrengselen waarvoor de licentie is verleend en de kwaliteit van de door de licentiehouder in het verkeer gebrachte voortbrengselen.

3. De doorhaling van de inschrijving van de licentie in het register vindt slechts plaats op gezamenlijk verzoek van de houder van de tekening of het model en de licentiehouder.

4. De licentiehouder is bevoegd in een door de houder van het uitsluitend recht op een tekening of model ingestelde vordering als bedoeld in artikel 3.17, lid 1 tot en met 4, tussen te komen om rechtstreeks de door hem geleden schade vergoed te krijgen of zich een evenredig deel van

de door de gedaagde genoten winst te doen toewijzen. Een zelfstandige vordering als bedoeld in artikel 3.17, lid 1 tot en met 4, kan de licentiehouder slechts instellen indien hij de bevoegdheid daartoe van de houder van het uitsluitend recht heeft bedongen.
5. De licentiehouder heeft het recht de in artikel 3.18, lid 1, bedoelde bevoegdheden uit te oefenen voor zover deze strekken tot bescherming van de rechten waarvan hem de uitoefening is toegestaan, indien hij daartoe toestemming van de houder van het uitsluitend recht op een tekening of model heeft verkregen.

Art. 3.27 Derdenwerking
De overdracht of andere overgang of de licentie kan niet aan derden worden tegengeworpen dan na inschrijving van het depot van een uittreksel van de akte, waaruit van die overgang of die licentie blijkt, of van een daarop betrekking hebbende door de betrokken partijen ondertekende verklaring, mits dit depot is verricht met inachtneming van de bij uitvoeringsreglement gestelde vormvereisten en tegen betaling van de verschuldigde taksen. Het in de vorige volzin bepaalde is van overeenkomstige toepassing op pandrechten en beslagen.

Derdenwerking

HOOFDSTUK 6
SAMENLOOP MET HET AUTEURSRECHT

Art. 3.28 Samenloop
1. Door de ontwerper van een krachtens de auteurswet beschermd werk aan een derde verleende toestemming tot het verrichten van een depot voor een tekening of model, waarin dat werk is belichaamd, houdt overdracht in van het op dit werk betrekking hebbende auteursrecht, voorzover bedoeld werk in die tekening of model is belichaamd.
2. De deposant van een tekening of model wordt vermoed tevens de houder te zijn van het desbetreffende auteursrecht; dit vermoeden geldt echter niet ten aanzien van de werkelijke ontwerper of zijn rechtverkrijgende.
3. Onverminderd de toepassing van artikel 3.25 houdt overdracht van het auteursrecht inzake een tekening of model tevens overdracht in van het recht op de tekening of het model en omgekeerd.

Samenloop

Art. 3.29 Auteursrecht van werk- en opdrachtgevers
Wanneer een tekening of model onder de omstandigheden als bedoeld in artikel 3.8 werd ontworpen, komt het auteursrecht inzake bedoelde tekening of model toe aan degene die overeenkomstig het in dat artikel bepaalde als de ontwerper wordt beschouwd.

Auteursrecht van werk- en opdrachtgevers

TITEL IV
OVERIGE BEPALINGEN

HOOFDSTUK 1
[Vervallen]

Art. 4.1-4.3
[Vervallen]

HOOFDSTUK 2
OVERIGE TAKEN VAN HET BUREAU

Art. 4.4 Taken
Het Bureau is, behalve met de in de voorgaande titels opgedragen taken, belast met:
a. het aanbrengen van wijzigingen in de depots en inschrijvingen, hetzij op verzoek van de houder, hetzij op grond van kennisgevingen van het Internationaal Bureau of van rechterlijke beslissingen, alsmede het zonodig daarvan verwittigen van het Internationaal Bureau;
b. het publiceren van de inschrijvingen van de Benelux-depots van merken en tekeningen of modellen en alle andere vermeldingen voorgeschreven bij uitvoeringsreglement;
c. het verstrekken op verzoek van iedere belanghebbende van afschriften van inschrijvingen.

Taken

Art. 4.4bis i-DEPOT
1. Het Bureau kan onder de naam „i-DEPOT" bewijs verstrekken van het bestaan van stukken op de datum van hun ontvangst.
2. De stukken worden gedurende een bepaalde termijn door het Bureau bewaard. Dit gebeurt onder strikte geheimhouding, tenzij de indiener daarvan uitdrukkelijk afstand doet.
3. De modaliteiten van deze dienst worden bij uitvoeringsreglement bepaald.

i-DEPOT

HOOFDSTUK 3
RECHTERLIJKE BEVOEGDHEID

Art. 4.5 Geschillenbeslechting

Geschillenbeslechting

1. Onverminderd het bepaalde in de artikelen 2.14 en 2.30bis, is alleen de rechter bevoegd uitspraak te doen in gedingen, welke op dit verdrag zijn gegrond.
2. De niet-ontvankelijkheid die voortvloeit uit het ontbreken van de inschrijving van een depot van het merk of de tekening of het model, wordt opgeheven door inschrijving of vernieuwing van de inschrijving van het merk of de tekening of het model tijdens het geding.
3. De rechter spreekt ambtshalve de doorhaling uit van de nietig of vervallen verklaarde inschrijvingen.

Art. 4.6 Territoriale bevoegdheid

Territoriale bevoegdheid

1. Behoudens uitdrukkelijk afwijkende overeenkomst wordt de territoriale bevoegdheid van de rechter inzake merken of tekeningen of modellen bepaald door de woonplaats van de gedaagde of door de plaats, waar de in geding zijnde verbintenis is ontstaan, is uitgevoerd of moet worden uitgevoerd. De plaats waar een merk of een tekening of model is gedeponeerd of ingeschreven kan in geen geval op zichzelf grondslag zijn voor het bepalen van de bevoegdheid.
2. Indien de hierboven gegeven regelen niet toereikend zijn ter bepaling van de territoriale bevoegdheid, kan de eiser de zaak bij de rechter van zijn woon- of verblijfplaats of, indien hij geen woon- of verblijfplaats binnen het Benelux-gebied heeft, naar keuze bij de rechter te Brussel, te 's-Gravenhage of te Luxemburg aanhangig maken.
3. De rechters passen de in lid 1 en 2 gegeven regelen ambtshalve toe en stellen hun bevoegdheid uitdrukkelijk vast.
4. De rechter, voor wie de hoofdvordering aanhangig is, neemt kennis van eisen in vrijwaring, van eisen tot voeging en tussenkomst en van incidentele eisen, alsmede van eisen in reconventie, tenzij hij onbevoegd is ten aanzien van het onderwerp van het geschil.
5. De rechters van één der drie landen verwijzen op vordering van een der partijen de geschillen, waarmede men zich tot hen heeft gewend, naar die van één der twee andere landen, wanneer deze geschillen daar reeds aanhangig zijn of wanneer zij verknocht zijn aan andere, aan het oordeel van deze rechters onderworpen geschillen. De verwijzing kan slechts worden gevorderd, wanneer de zaken in eerste aanleg aanhangig zijn. Zij geschiedt naar de rechter, bij wie de zaak het eerst bij een inleidende stuk aanhangig is gemaakt, tenzij een andere rechter terzake een eerdere uitspraak heeft gegeven, die niet louter een maatregel van orde is; in het eerste geval geschiedt de verwijzing naar die andere rechter.

HOOFDSTUK 4
OVERIGE BEPALINGEN

Art. 4.7 Rechtstreekse werking

Rechtstreekse werking

Onderdanen van Benelux-landen, alsmede onderdanen van landen welke geen deel uitmaken van de door het Verdrag van Parijs opgerichte Unie, die woonplaats hebben in het Benelux-gebied of aldaar een daadwerkelijke en wezenlijke nijverheids- of handelsonderneming hebben, kunnen ingevolge dit verdrag, voor dit gehele gebied, de toepassing te hunnen voordele inroepen van de bepalingen van het Verdrag van Parijs, van de Overeenkomst en het Protocol van Madrid, van de Overeenkomst van 's-Gravenhage en het TRIPS verdrag.

Art. 4.8 Ander toepasselijk recht

Ander toepasselijk recht

De bepalingen van dit verdrag doen geen afbreuk aan de toepassing van het Verdrag van Parijs, het TRIPS verdrag, de Overeenkomst en het Protocol van Madrid, de Overeenkomst van 's-Gravenhage alsmede de bepalingen van Belgisch, Luxemburgs of Nederlands recht, waaruit een verbod een merk te gebruiken voortvloeit.

Art. 4.8bis Toepasselijk recht op merken en tekeningen of modellen als vermogensbestanddeel

Toepasselijk recht op merken en tekeningen of modellen als vermogensbestanddeel

1. Een merk of een tekening of model wordt als vermogensbestanddeel in zijn geheel en voor het gehele Benelux-gebied beheerst door het interne recht van het Benelux-land waar, volgens het register:
   a. de houder op de datum van de aanvraag om inschrijving zijn woonplaats of zetel had;
   b. indien het bepaalde onder a. niet van toepassing is, de houder op de datum van de aanvraag om inschrijving een vestiging had.
2. Indien lid 1 niet van toepassing is, is het recht van het Koninkrijk der Nederlanden van toepassing.
3. Indien twee of meer personen als gezamenlijke houders zijn ingeschreven in het register, wordt lid 1 toegepast op de eerst genoemde gezamenlijke houder; zo dit niet mogelijk is, op de eerstvolgende gezamenlijke houders in volgorde van inschrijving. Indien lid 1 op geen van de gezamenlijke houders van toepassing is, is lid 2 van toepassing.

Art. 4.9 Taksen en termijnen
1. Alle voor handelingen bij of door het Bureau verschuldigde taksen worden bepaald bij uitvoeringsreglement.
2. Alle voor handelingen bij of door het Bureau geldende termijnen, die niet in het verdrag zijn bepaald, worden bepaald bij uitvoeringsreglement.

TITEL V
OVERGANGSBEPALINGEN

Art. 5.1 De Organisatie rechtsopvolger van de Bureaus
1. De Organisatie is de rechtsopvolger van het Benelux-Merkenbureau, ingesteld ingevolge artikel 1 van het Benelux-Verdrag inzake de warenmerken van 19 maart 1962, en van het Benelux-Bureau voor Tekeningen of Modellen, ingesteld ingevolge artikel 1 van het Benelux-Verdrag inzake tekeningen of modellen van 25 oktober 1966. Op de Organisatie gaan met ingang van de dag waarop dit verdrag in werking treedt, alle rechten en verplichtingen van het Benelux-Merkenbureau en het Benelux-Bureau voor Tekeningen of Modellen over.
2. Met ingang van de dag van inwerkingtreding van dit verdrag wordt het Protocol betreffende de rechtspersoonlijkheid van het Benelux-Merkenbureau en van het Benelux-Bureau voor tekeningen of modellen van 6 november 1981 ingetrokken.

Art. 5.2 Beëindiging van de Benelux-verdragen inzake merken, tekeningen of modellen
Met ingang van de dag waarop dit verdrag in werking treedt, worden het Benelux-Verdrag inzake de warenmerken van 19 maart 1962 en het Benelux-Verdrag inzake tekeningen of modellen van 25 oktober 1966 beëindigd.

Art. 5.3 Eerbiediging van de bestaande rechten
De rechten die onder de eenvormige Beneluxwet op de merken onderscheidenlijk de eenvormige Beneluxwet inzake tekeningen of modellen bestonden, worden gehandhaafd.

Art. 5.4 Openstelling per klasse van de oppositieprocedure
Artikel III van het protocol van 11 december 2001 houdende wijziging van de eenvormige Beneluxwet op de merken blijft van toepassing.

Art. 5.5 Eerste uitvoeringsreglement
In afwijking van het bepaalde in artikel 1.9, lid 2, zijn de Raad van Bestuur van het Benelux-Merkenbureau en de Raad van Bestuur van het Benelux-Bureau voor Tekeningen of Modellen bevoegd het eerste uitvoeringsreglement gezamenlijk vast te stellen.

TITEL VI
SLOTBEPALINGEN

Art. 6.1 Bekrachtiging
Dit verdrag zal worden bekrachtigd. De akten van bekrachtiging zullen worden nedergelegd bij de Regering van het Koninkrijk België.

Art. 6.2 Inwerkingtreding
1. Dit verdrag treedt, onverminderd het bepaalde in de leden 2 en 3, in werking op de eerste dag van de derde maand, volgende op de nederlegging van de derde akte van bekrachtiging.
2. [Vervallen.]
3. Artikel 5.5 wordt voorlopig toegepast.

Art. 6.3 Duur van het verdrag
1. Dit verdrag wordt gesloten voor onbepaalde tijd.
2. Dit verdrag kan worden opgezegd door ieder van de Hoge Verdragsluitende Partijen.
3. De opzegging wordt van kracht uiterlijk op de eerste dag van het vijfde jaar volgende op het jaar waarin de kennisgeving is ontvangen door de beide andere Hoge Verdragsluitende Partijen, of op een andere datum te bepalen door de Hoge Verdragsluitende Partijen gezamenlijk.

Art. 6.4 Protocol inzake voorrechten en immuniteiten
Het protocol inzake voorrechten en immuniteiten vormt een wezenlijk onderdeel van dit verdrag.

Art. 6.5 Uitvoeringsreglement
1. De uitvoering van dit verdrag wordt geregeld bij uitvoeringsreglement. De Directeur-Generaal maakt dit bekend door publicatie op de website van het Bureau.
2. Indien de tekst van dit verdrag en het uitvoeringsreglement met elkaar in strijd zijn, geeft de tekst van het verdrag de doorslag.
3. Wijzigingen in het uitvoeringsreglement treden niet eerder in werking dan na de in lid 1 genoemde publicatie.

art. 6.5

4. De Hoge Verdragsluitende Partijen maken deze wijzigingen eveneens in hun officiële publicatiebladen bekend.

Wegenverkeerswet 1994[1]

Wet van 21 april 1994, houdende vervanging van de Wegenverkeerswet

Wij Beatrix, bij de gratie Gods, Koningin der Nederlanden, Prinses van Oranje-Nassau, enz. enz. enz.
Allen, die deze zullen zien of horen lezen, saluut! doen te weten:
Alzo Wij in overweging genomen hebben, dat het wenselijk is de regels inzake het verkeer op de weg opnieuw vast te stellen;
Zo is het, dat Wij, de Raad van State gehoord, en met gemeen overleg der Staten-Generaal, hebben goedgevonden en verstaan, gelijk Wij goedvinden en verstaan bij deze:

Hoofdstuk XII
Civiele aansprakelijkheid

Art. 185

1. Indien een motorrijtuig waarmee op de weg wordt gereden, betrokken is bij een verkeersongeval waardoor schade wordt toegebracht aan, niet door dat motorrijtuig vervoerde, personen of zaken, is de eigenaar van het motorrijtuig of - indien er een houder van het motorrijtuig is - de houder verplicht om die schade te vergoeden, tenzij aannemelijk is dat het ongeval is te wijten aan overmacht, daaronder begrepen het geval dat het is veroorzaakt door iemand, voor wie onderscheidenlijk de eigenaar of de houder niet aansprakelijk is. — *Civiele aansprakelijkheid*
2. De eigenaar of houder die het motorrijtuig niet zelf bestuurt, is aansprakelijk voor de gedragingen van degene door wie hij dat motorrijtuig doet of laat rijden. — *Besturen onder toezicht*
3. Het eerste en het tweede lid vinden geen toepassing ten aanzien van schade, door een motorrijtuig toegebracht aan loslopende dieren, aan een ander motorrijtuig in beweging of aan personen en zaken die daarmee worden vervoerd. — *Dieren*
4. Dit artikel laat onverkort de uit andere wettelijke bepalingen voortvloeiende aansprakelijkheid.

---

[1] Inwerkingtredingsdatum: 01-01-1995; zoals laatstelijk gewijzigd bij: Stb. 2018, 247.

Mededingingswet[1]

Wet van 22 mei 1997, houdende nieuwe regels omtrent de economische mededinging (Mededingingswet)

Wij Beatrix, bij de gratie Gods, Koningin der Nederlanden, Prinses van Oranje-Nassau, enz. enz. enz.

Allen, die deze zullen zien of horen lezen, saluut! doen te weten:

Alzo Wij in overweging genomen hebben, dat het wenselijk is ter vervanging van de Wet economische mededinging nieuwe regels vast te stellen omtrent mededingingsafspraken en economische machtsposities, alsmede om regels te stellen omtrent toezicht op concentraties van ondernemingen, en daarbij zoveel mogelijk aan te sluiten bij de regels betreffende de mededinging krachtens het Verdrag tot oprichting van de Europese Gemeenschap;

Zo is het, dat Wij, de Raad van State gehoord, en met gemeen overleg der Staten-Generaal, hebben goedgevonden en verstaan, gelijk Wij goedvinden en verstaan bij deze:

Hoofdstuk 1
Begripsbepalingen

Art. 1

In deze wet en de daarop berustende bepalingen wordt verstaan onder:
a. Onze Minister: Onze Minister van Economische Zaken en Klimaat;
b. Autoriteit Consument en Markt: de Autoriteit Consument en Markt, genoemd in artikel 2, eerste lid, van de Instellingswet Autoriteit Consument en Markt;
c. [vervallen;]
d. Verdrag: het Verdrag betreffende de werking van de Europese Unie;
e. overeenkomst: een overeenkomst in de zin van artikel 101, eerste lid, van het Verdrag;
f. onderneming: een onderneming in de zin van artikel 101, eerste lid, van het Verdrag;
g. ondernemersvereniging: een ondernemersvereniging in de zin van artikel 101, eerste lid, van het Verdrag;
h. onderling afgestemde feitelijke gedragingen: onderling afgestemde feitelijke gedragingen in de zin van artikel 101, eerste lid, van het Verdrag;
i. economische machtspositie: positie van een of meer ondernemingen die hen in staat stelt de instandhouding van een daadwerkelijke mededinging op de Nederlandse markt of een deel daarvan te verhinderen door hun de mogelijkheid te geven zich in belangrijke mate onafhankelijk van hun concurrenten, hun leveranciers, hun afnemers of de eindgebruikers te gedragen;
j. [vervallen;]
k. verordening 1/2003: verordening (EG) nr. 1/2003 van de Raad van de Europese Unie van 16 december 2002 betreffende de uitvoering van de mededingingsregels van de artikelen 81 en 82 van het Verdrag (PbEG 2003, L 1);
l. verordening 139/2004: verordening (EG) nr. 139/2004 van de Raad van de Europese Unie van 20 januari 2004 betreffende de controle op concentraties van ondernemingen (PbEG L 24);
m. mededingingsverordening: verordening genoemd in de onderdelen k en l;
n. consumentenorganisaties: stichtingen of verenigingen met volledige rechtsbevoegdheid die krachtens hun statuten tot taak hebben het behartigen van de collectieve belangen van consumenten.

Begripsbepalingen

Hoofdstuk 2
De Autoriteit Consument en Markt

Art. 2

De Autoriteit Consument en Markt is belast met het toezicht op de naleving van het bij of krachtens deze wet bepaalde.

Autoriteit Consument en Markt

Art. 3

1. Onze Minister kan de Autoriteit Consument en Markt opdragen werkzaamheden te verrichten in het kader van de uitvoering van regelgeving op het gebied van de mededinging op grond van het Verdrag, voor zover daarin niet reeds bij of krachtens de wet is voorzien, alsmede werkzaamheden op het gebied van de mededinging in verband met andere verdragen of internationale afspraken.

Autoriteit Consument en Markt, instructies Minister aan

---

1 Inwerkingtredingsdatum: 03-10-1997; zoals laatstelijk gewijzigd bij: Stb. 2018, 489.

2. Onze Minister kan de Autoriteit Consument en Markt instructies geven met betrekking tot het verrichten van de in het eerste lid bedoelde werkzaamheden, alsmede met betrekking tot het door de Autoriteit Consument en Markt in te nemen standpunt in een adviescomité als bedoeld in artikel 14, tweede lid, van verordening 1/2003 en artikel 19, vierde lid, van verordening 139/2004, met dien verstande dat een instructie inzake een standpunt in een adviescomité geen betrekking heeft op de mededingingsaspecten van een individueel geval.

Art. 4

Autoriteit Consument en Markt, rapportage

1. Onze Minister kan, al dan niet op verzoek van een van Onze andere Ministers, de Autoriteit Consument en Markt opdragen een rapportage uit te brengen inzake de effecten voor de mededinging van voorgenomen of geldende regelgeving of van een voorgenomen of een geldend besluit.
2. Het uitbrengen van een rapportage aan een van Onze andere Ministers geschiedt door tussenkomst van Onze Minister.
3. Op verzoek van een of beide Kamers van de Staten-Generaal brengt de Autoriteit Consument en Markt met tussenkomst van Onze Minister een rapportage uit aan de beide Kamers der Staten-Generaal. Onze Minister zendt de rapportage onverwijld naar de beide Kamers der Staten-Generaal. Onze Minister kan de rapportage doen vergezellen van zijn bevindingen.

Art. 5

Autoriteit Consument en Markt, taken en bevoegdheden

Beleidsregels met betrekking tot de uitoefening van de in deze wet aan de Autoriteit Consument en Markt toegekende bevoegdheden kunnen betrekking hebben of mede betrekking hebben op de wijze waarop de Autoriteit Consument en Markt bij toepassing van artikel 6, derde lid, andere belangen dan economische belangen in zijn afweging moet betrekken.

Art. 5a

Autoriteit Consument en Markt, beleidsregels

1. De Autoriteit Consument en Markt legt voorgenomen beleidsregels met betrekking tot de uitoefening van de in deze wet aan haar toegekende bevoegdheden ten minste vier weken voor vaststelling daarvan aan Onze Minister voor.
2. Indien de voorgenomen beleidsregels naar het oordeel van Onze Minister in strijd zijn met het belang van een goede taakuitoefening door de Autoriteit Consument en Markt, deelt Onze Minister dit gemotiveerd mee aan de Autoriteit Consument en Markt binnen twee weken nadat de regels aan hem zijn voorgelegd.
3. Indien Onze Minister een kennisgeving als bedoeld in het tweede lid heeft gedaan, stelt de Autoriteit Consument en Markt de beleidsregels niet vast.
4. De Autoriteit Consument en Markt maakt door haar vastgestelde beleidsregels bekend in de Staatscourant.

Hoofdstuk 3
Mededingingsafspraken

§ 1
Verbod van mededingingsafspraken

Art. 6

Kartelverbod

1. Verboden zijn overeenkomsten tussen ondernemingen, besluiten van ondernemersverenigingen en onderling afgestemde feitelijke gedragingen van ondernemingen, die ertoe strekken of ten gevolge hebben dat de mededinging op de Nederlandse markt of een deel daarvan wordt verhinderd, beperkt of vervalst.
2. De krachtens het eerste lid verboden overeenkomsten en besluiten zijn van rechtswege nietig.
3. Het eerste lid geldt niet voor overeenkomsten, besluiten en onderling afgestemde feitelijke gedragingen die bijdragen tot verbetering van de productie of van de distributie of tot bevordering van de technische of economische vooruitgang, mits een billijk aandeel in de daaruit voortvloeiende voordelen de gebruikers ten goede komt, en zonder nochtans aan de betrokken ondernemingen
a. beperkingen op te leggen die voor het bereiken van deze doelstellingen niet onmisbaar zijn, of
b. de mogelijkheid te geven, voor een wezenlijk deel van de betrokken goederen en diensten de mededinging uit te schakelen.
4. Een onderneming of ondernemersvereniging die zich op het derde lid beroept, bewijst dat aan dat lid is voldaan.

Art. 7

Bagatelbepaling

1. Artikel 6, eerste lid, geldt niet voor overeenkomsten, besluiten en onderling afgestemde feitelijke gedragingen als bedoeld in dat artikel indien:
a. bij de desbetreffende overeenkomst of onderling afgestemde feitelijke gedraging niet meer dan acht ondernemingen betrokken zijn, dan wel bij de desbetreffende ondernemersvereniging niet meer dan acht ondernemingen betrokken zijn, en

art. 11

b. de gezamenlijke omzet in het voorafgaande kalenderjaar van de bij de desbetreffende overeenkomst of onderling afgestemde feitelijke gedraging betrokken ondernemingen dan wel de gezamenlijke omzet van de bij de desbetreffende ondernemersvereniging betrokken ondernemingen niet hoger is dan:
1°. € 5 500 000, indien daarbij uitsluitend ondernemingen zijn betrokken wier activiteiten zich in hoofdzaak richten op het leveren van goederen;
2°. € 1 100 000, in alle andere gevallen.
2. Onverminderd het eerste lid, geldt artikel 6, eerste lid, voorts niet voor overeenkomsten, besluiten en onderling afgestemde feitelijke gedragingen als bedoeld in dat artikel voor zover daarbij ondernemingen of ondernemersverenigingen betrokken zijn die daadwerkelijke of potentiële concurrenten zijn of een of meer van de relevante markten, indien:
a. het gezamenlijke marktaandeel van de bij de overeenkomst, het besluit of de onderling afgestemde feitelijke gedraging betrokken ondernemingen of ondernemersverenigingen op geen van de relevante markten waarop de overeenkomst, het besluit of de onderling afgestemde feitelijke gedraging van invloed is, groter is dan 10%, en
b. de overeenkomst, het besluit of de onderling afgestemde feitelijke gedraging de handel tussen lidstaten niet op merkbare wijze ongunstig kan beïnvloeden.
3. In geval van afzonderlijke overeenkomsten tussen een onderneming of een ondernemersvereniging en twee of meer andere ondernemingen, die dezelfde strekking hebben, worden voor de toepassing van het eerste lid die overeenkomsten tezamen beschouwd als één overeenkomst.
4. Bij algemene maatregel van bestuur kan worden bepaald, zo nodig onder voorschriften en beperkingen, dat artikel 6, eerste lid, niet van toepassing is op in die maatregel omschreven categorieën van overeenkomsten, besluiten of gedragingen als bedoeld in dat artikel, die in het algemeen vanuit een oogpunt van mededinging van duidelijk ondergeschikte betekenis zijn.
5. Het in het eerste lid, onder a, genoemde aantal en de in het eerste lid, onder b, genoemde bedragen kunnen bij algemene maatregel van bestuur worden gewijzigd.

Art. 8
1. De berekening van de omzet, bedoeld in artikel 7, eerste lid, onder b, geschiedt op de voet van het bepaalde in artikel 377, zesde lid, van boek 2 van het Burgerlijk Wetboek voor de netto-omzet.   *Omzet*
2. Indien een onderneming behoort tot een groep als bedoeld in artikel 24b van boek 2 van het Burgerlijk Wetboek worden voor de berekening van de omzet van die onderneming de omzetten van alle tot die groep behorende ondernemingen opgeteld. Bij deze berekening worden transacties tussen de tot die groep behorende ondernemingen buiten beschouwing gelaten.
3. Voor de berekening van de gezamenlijke omzet van de betrokken ondernemingen, bedoeld in artikel 7, eerste lid, onder b, worden de transacties tussen die ondernemingen buiten beschouwing gelaten.

Art. 9
1. De Autoriteit Consument en Markt kan op een overeenkomst tussen ondernemingen, een besluit van een ondernemersvereniging of een onderling afgestemde feitelijke gedraging van ondernemingen waarop krachtens artikel 7, eerste, tweede of vierde lid, artikel 6, eerste lid, niet van toepassing is, bij beschikking alsnog artikel 6, eerste lid, van toepassing verklaren, indien die overeenkomst, dat besluit of die gedraging gezien de marktverhoudingen op de relevante markt in aanzienlijke mate afbreuk doet aan de mededinging.   *Bagatelvrijstelling n.v.t.*
2. Op de voorbereiding van de beschikking is afdeling 3.4 van de Algemene wet bestuursrecht van toepassing.
3. De beschikking treedt niet eerder in werking dan zes weken na de datum van haar terinzagelegging overeenkomstig artikel 3:44, eerste lid, onderdeel a, van de Algemene wet bestuursrecht.

Art. 10
Artikel 6 geldt niet voor overeenkomsten, besluiten en gedragingen als bedoeld in dat artikel die rechtstreeks verbonden zijn aan een concentratie als bedoeld in artikel 27, en noodzakelijk zijn voor de verwezenlijking van de desbetreffende concentratie.   *Nevenrestricties*

§ 2
Uitzondering in verband met het vervullen van bijzondere taken

Art. 11
Voor overeenkomsten, besluiten en gedragingen als bedoeld in artikel 6, eerste lid, waarbij ten minste een onderneming of ondernemersvereniging betrokken is die bij wettelijk voorschrift of door een bestuursorgaan is belast met het beheer van diensten van algemeen economisch belang, geldt artikel 6, eerste lid, voor zover de toepassing van dat artikel de vervulling van de aan die onderneming of ondernemersvereniging toevertrouwde bijzondere taak niet verhindert.   *Vrijstelling i.v.m. bijzondere taken*

§ 3
Vrijstellingen

Art. 12

Doorwerking EG-(groeps)vrijstellingen

Artikel 6, eerste lid, geldt niet voor overeenkomsten tussen ondernemingen, besluiten van ondernemersverenigingen en onderling afgestemde feitelijke gedragingen van ondernemingen waarvoor krachtens een verordening van de Raad van de Europese Unie of een verordening van de Europese Commissie artikel 101, eerste lid, van het Verdrag buiten toepassing is verklaard.

Art. 13

Geen afwijking EG-regime

1. Artikel 6, eerste lid, geldt niet voor overeenkomsten tussen ondernemingen, besluiten van ondernemersverenigingen en onderling afgestemde feitelijke gedragingen van ondernemingen die de handel tussen de lid-staten van de Europese Unie niet ongunstig kunnen beïnvloeden of waardoor de mededinging binnen de gemeenschappelijke markt niet wordt verhinderd, beperkt of vervalst doch die, indien dat wel het geval zou zijn, zouden zijn vrijgesteld krachtens een verordening als bedoeld in artikel 12.
2. De Autoriteit Consument en Markt kan op een overeenkomst tussen ondernemingen, een besluit van een ondernemersvereniging of een onderling afgestemde feitelijke gedraging van ondernemingen waarop krachtens het eerste lid artikel 6, eerste lid, niet van toepassing is, bij beschikking alsnog artikel 6, eerste lid, van toepassing verklaren, indien zich omstandigheden voordoen als die welke krachtens de desbetreffende verordening kunnen leiden tot de buitentoepassingverklaring van die verordening.
3. Op de voorbereiding van de beschikking is afdeling 3.4 van de Algemene wet bestuursrecht van toepassing.
4. De beschikking treedt niet eerder in werking dan zes weken na de datum van haar terinzagelegging overeenkomstig artikel 3:44, eerste lid, onderdeel a, van de Algemene wet bestuursrecht.

Art. 14

Afspraken waarvoor een ontheffing geldt ex art. 85 lid 3 EG-Verdrag

Artikel 6, eerste lid, geldt niet voor overeenkomsten tussen ondernemingen, besluiten van ondernemersverenigingen en onderling afgestemde feitelijke gedragingen van ondernemingen waarvoor een op grond van artikel 101, derde lid, van het Verdrag verleende ontheffing geldt.

Art. 15

Vrijstelling voor categorieën afspraken

1. Bij algemene maatregel van bestuur kan worden bepaald, zo nodig onder voorschriften en beperkingen, dat artikel 6, eerste lid, niet geldt voor in die maatregel omschreven categorieën van overeenkomsten, besluiten en gedragingen als bedoeld in dat artikel, die bijdragen tot verbetering van de produktie of van de distributie of tot bevordering van de technische of economische vooruitgang, mits een billijk aandeel in de daaruit voortvloeiende voordelen de gebruikers ten goede komt, en zonder nochtans aan de betrokken ondernemingen
   a. beperkingen op te leggen die voor het bereiken van deze doelstellingen niet onmisbaar zijn, of
   b. de mogelijkheid te geven, voor een wezenlijk deel van de betrokken goederen en diensten de mededinging uit te schakelen.
2. In een algemene maatregel van bestuur als bedoeld in het eerste lid kan worden bepaald dat de Autoriteit Consument en Markt op een overeenkomst, besluit of gedraging waarvoor krachtens die maatregel artikel 6, eerste lid, niet geldt, bij beschikking alsnog artikel 6, eerste lid, van toepassing kan verklaren, indien wordt voldaan aan de in die algemene maatregel van bestuur genoemde vereisten.
3. Op de voorbereiding van de beschikking is afdeling 3.4 van de Algemene wet bestuursrecht van toepassing.
4. De beschikking treedt niet eerder in werking dan zes weken na de datum van haar terinzagelegging overeenkomstig artikel 3:44, eerste lid, onderdeel a, van de Algemene wet bestuursrecht.

Art. 16

Schakelbepaling

Artikel 6, eerste lid, geldt niet voor:
a. een collectieve arbeidsovereenkomst als bedoeld in artikel 1, eerste lid, van de Wet op de collectieve arbeidsovereenkomst,
b. een overeenkomst in een bedrijfstak tussen een of meer werkgeversorganisaties en een of meer werknemersorganisaties uitsluitend met betrekking tot pensioen als bedoeld in artikel 1 van de Pensioenwet,
c. een overeenkomst of besluit van een organisatie van beoefenaren van een vrij beroep houdende uitsluitend de deelname aan een beroepspensioenregeling als bedoeld in artikel 1 van de Wet verplichte beroepspensioenregeling, indien overeenkomstig artikel 5 van die wet, met betrekking tot een zodanige regeling een verzoek is ingediend tot verplichtstelling door Onze Minister van Sociale Zaken en Werkgelegenheid en het verzoek niet is afgewezen.

§ 4
[Vervallen]

Art. 17-23
[Vervallen]

Hoofdstuk 4
Economische machtsposities

§ 1
Verbod van misbruik van economische machtsposities

Art. 24
1. Het is ondernemingen verboden misbruik te maken van een economische machtspositie.
2. Het tot stand brengen van een concentratie als omschreven in artikel 27 wordt niet aangemerkt als het misbruik maken van een economische machtspositie.

Verbod misbruik machtspositie

§ 2
Uitzondering in verband met het vervullen van bijzondere taken

Art. 25
1. Voor zover de toepassing van artikel 24, eerste lid, de vervulling van bij wettelijk voorschrift of door een bestuursorgaan aan een onderneming opgedragen beheer van een dienst van algemeen economisch belang verhindert, kan de Autoriteit Consument en Markt op aanvraag verklaren dat artikel 24, eerste lid, niet van toepassing is op een daarbij aangewezen gedraging.
2. Een beschikking als bedoeld in het eerste lid kan onder beperkingen worden gegeven; aan een beschikking kunnen voorschriften worden verbonden.

Verbod misbruik machtspositie, verbod op

Hoofdstuk 4a
Financiële transparantie binnen bepaalde ondernemingen

Art. 25a
In dit hoofdstuk wordt verstaan onder:
a. richtlijn: richtlijn nr. 2006/111/EG van de Commissie van de Europese Gemeenschappen van 16 november 2006 (PbEG L 318) betreffende de doorzichtigheid in de financiële betrekkingen tussen lidstaten en openbare bedrijven en de financiële doorzichtigheid binnen bepaalde ondernemingen;
b. uitsluitend recht: een recht dat bij wettelijk voorschrift of bij besluit van een bestuursorgaan aan een onderneming wordt verleend, waarbij voor die onderneming het recht wordt voorbehouden om binnen een bepaald geografisch gebied een dienst te verrichten of een activiteit uit te oefenen;
c. bijzonder recht: een recht dat bij wettelijk voorschrift of bij besluit van een bestuursorgaan aan een beperkt aantal ondernemingen wordt verleend en waarbij binnen een bepaald geografisch gebied:
1°. het aantal van deze ondernemingen die een dienst mogen verrichten of een activiteit mogen uitoefenen op een andere wijze dan volgens objectieve, evenredige en niet-discriminerende criteria tot twee of meer wordt beperkt,
2°. verscheidene concurrerende ondernemingen die een dienst mogen verrichten of een activiteit mogen uitoefenen op een andere wijze dan volgens deze criteria worden aangewezen, of
3°. aan een of meer ondernemingen op een andere wijze dan volgens deze criteria voordelen worden toegekend waardoor enige andere onderneming aanzienlijk wordt belemmerd in de mogelijkheid om dezelfde activiteiten binnen hetzelfde geografische gebied onder in wezen gelijkwaardige voorwaarden uit te oefenen;
d. verschillende activiteiten: enerzijds producten of diensten met betrekking tot welke aan een onderneming een bijzonder of uitsluitend recht is verleend, of alle diensten van algemeen economisch belang waarmee een onderneming is belast en, anderzijds, elk ander afzonderlijk product met betrekking tot hetwelk of elke andere afzonderlijke dienst met betrekking tot welke de onderneming werkzaam is.

Begripsbepalingen

Art. 25b
1. Ondernemingen waaraan overeenkomstig artikel 106, eerste lid, van het Verdrag een bijzonder of uitsluitend recht is verleend of die overeenkomstig artikel 106, tweede lid, van het Verdrag met het beheer van een dienst van algemeen economisch belang zijn belast en met betrekking tot deze dienst in enigerlei vorm compensatie ontvangen, en die verschillende activiteiten uitvoeren, houden een zodanige administratie bij dat:

Administratieve verplichtingen bijzondere ondernemingen

a. de registratie van de lasten en baten van de verschillende activiteiten gescheiden zijn;
b. alle lasten en baten, op grond van consequent toegepaste en objectief te rechtvaardigen beginselen inzake kostprijsadministratie, correct worden toegerekend;
c. de beginselen inzake kostprijsadministratie volgens welke de administratie wordt gevoerd, duidelijk zijn vastgelegd.
2. De onderneming bewaart de in het eerste lid, onderdelen a, b en c, bedoelde gegevens gedurende vijf jaar, gerekend vanaf het einde van het boekjaar waarop de gegevens betrekking hebben.

Art. 25c
Gescheiden administratie
Artikel 25b, eerste lid, is niet van toepassing op activiteiten die onder de toepassing vallen van specifieke door de Europese Unie vastgestelde bepalingen inzake een gescheiden administratie, andere dan die van de richtlijn.

Art. 25d
Uitzonderingen
1. Artikel 25b, eerste lid, is voorts niet van toepassing op:
a. ondernemingen die diensten verrichten welke de handel tussen lidstaten niet op merkbare wijze ongunstig kunnen beïnvloeden;
b. ondernemingen waarvan de totale nettojaaromzet minder dan € 40 miljoen heeft bedragen gedurende de twee boekjaren voorafgaande aan het boekjaar waarin de onderneming een bijzonder of uitsluitend recht heeft genoten dat overeenkomstig artikel 106, eerste lid, van het Verdrag is verleend of waarin zij is belast met het beheer van een dienst van algemeen economisch belang overeenkomstig artikel 106, tweede lid, van het Verdrag;
c. ondernemingen die voor een redelijke periode met het beheer van een dienst van algemeen economisch belang belast zijn overeenkomstig artikel 106, tweede lid, van het Verdrag, indien de overheidssteun in enigerlei vorm, waaronder een subsidie, ondersteuning of compensatie, die zij ontvangen, was vastgesteld ingevolge een open, doorzichtige en niet-discriminerende procedure.
2. Voor de toepassing van het eerste lid, onderdeel b, wordt ten aanzien van openbare banken de nettojaaromzet vervangen door een balanstotaal van minder dan € 800 miljoen.
3. Het in het eerste lid, onderdeel b, en het in het tweede lid genoemde bedrag kunnen bij regeling van Onze Minister worden gewijzigd indien de wijziging voortvloeit uit een bindend besluit van een orgaan van de Europese Unie.

Art. 25e
Terbeschikkingstelling van gegevens
Indien de Europese Commissie verzoekt om terbeschikkingstelling van gegevens als bedoeld in artikel 25b, eerste lid, verstrekt de onderneming die dit aangaat, de Autoriteit Consument en Markt op diens verzoek binnen de door haar gestelde termijn de desbetreffende gegevens. De Autoriteit Consument en Markt doet de gegevens toekomen aan de Europese Commissie.

Art. 25f
Nadere regels
Indien de goede uitvoering van de richtlijn dat vereist, kunnen bij regeling van Onze Minister nadere regels worden gesteld inzake de toepassing van dit hoofdstuk.

Hoofdstuk 4b
Overheden en overheidsbedrijven

Art. 25g
Begripsbepalingen
1. In dit hoofdstuk en de daarop berustende bepalingen wordt verstaan onder overheidsbedrijf:
a. een onderneming met privaatrechtelijke rechtspersoonlijkheid, niet zijnde een personenvennootschap met rechtspersoonlijkheid, waarin een publiekrechtelijke rechtspersoon, al dan niet tezamen met een of meer andere publiekrechtelijke rechtspersonen, in staat is het beleid te bepalen;
b. een onderneming in de vorm van een personenvennootschap, waarin een publiekrechtelijke rechtspersoon deelneemt.
2. Een publiekrechtelijke rechtspersoon is alleen in staat in een onderneming het beleid te bepalen in de zin van het eerste lid, onder a:
a. indien hij, al dan niet tezamen met een of meer andere publiekrechtelijke rechtspersonen, beschikt over de meerderheid van de stemrechten, verbonden aan de door de rechtspersoon van de onderneming uitgegeven aandelen;
b. indien meer dan de helft van de leden van het bestuur of het toezichthoudend orgaan wordt benoemd door een of meer publiekrechtelijke rechtspersonen of door leden van aandeelhouders die een publiekrechtelijke rechtspersoon zijn;
c. indien de onderneming een dochtermaatschappij in de zin van artikel 24a van Boek 2 van het Burgerlijk Wetboek is van een rechtspersoon waarvoor onderdeel a of b van toepassing is; of
d. in andere gevallen, voor zover bij algemene maatregel van bestuur bepaald.

Art. 25h
Werkingssfeer
1. Dit hoofdstuk is niet van toepassing op:

a. openbare scholen als bedoeld in artikel 1 van de Wet op het primair onderwijs, artikel 1 van de Wet op de expertisecentra, en artikel 1 van de Wet op het voortgezet onderwijs;
b. openbare instellingen als bedoeld in artikel 1.1.1, onder c, van de Wet educatie en beroepsonderwijs;
c. openbare instellingen als bedoeld in artikel 1.1, onder h, van de Wet op het hoger onderwijs en wetenschappelijk onderzoek;
d. de instellingen, bedoeld in artikel 1.5 van de Wet op het hoger onderwijs en wetenschappelijk onderzoek, en de organisaties, bedoeld in artikel 3 van de TNO-wet en in artikel 2 van de Wet op de Nederlandse organisatie voor wetenschappelijk onderzoek;
e. publieke media-instellingen als bedoeld in artikel 1.1 van de Mediawet 2008.
2. Dit hoofdstuk is niet van toepassing op het aanbieden van goederen of diensten door bestuursorganen aan andere bestuursorganen of aan overheidsbedrijven voor zover deze goederen of diensten zijn bestemd voor de uitvoering van een publiekrechtelijke taak.
3. Dit hoofdstuk is niet van toepassing op bestuursorganen als bedoeld in artikel 1.1, eerste lid, onder b, van de Algemene wet bestuursrecht en op bestuursorganen van openbare lichamen van beroep en bedrijf die zijn ingesteld op grond van artikel 134 van de Grondwet.
4. Dit hoofdstuk is niet van toepassing indien het economische activiteiten van een bestuursorgaan betreft ten aanzien waarvan een maatregel is getroffen die naar het oordeel van het bestuursorgaan kan worden aangemerkt als een steunmaatregel die voldoet aan de criteria van artikel 107, eerste lid, van het Verdrag.
5. Dit hoofdstuk is niet van toepassing op economische activiteiten en op een bevoordeling als bedoeld in artikel 25j, welke plaatsvinden respectievelijk plaatsvindt in het algemeen belang.
6. De vaststelling van economische activiteiten en bevoordeling plaatsvinden respectievelijk plaatsvindt in het algemeen belang geschiedt voor provincies, gemeenten en waterschappen door provinciale staten, de gemeenteraad respectievelijk het algemeen bestuur en voor het Rijk en voor zelfstandige bestuursorganen als bedoeld in artikel 1, onderdeel a, van de Kaderwet zelfstandige bestuursorganen door de minister die het aangaat.

Art. 25i
1. Een bestuursorgaan dat economische activiteiten verricht, brengt de afnemers van een product of dienst ten minste de integrale kosten van dat product of die dienst in rekening.

Bestuursorgaan, in rekening brengen kosten

2. Het eerste lid is niet van toepassing:
a. indien de economische activiteiten strekken ter uitoefening van een bijzonder of uitsluitend recht in de zin van artikel 25a, onder c, respectievelijk b, en reeds voorschriften gelden omtrent de voor de desbetreffende activiteiten in rekening te brengen prijzen;
b. indien de economische activiteiten inhouden het verstrekken van gegevens die het bestuursorgaan heeft verkregen in het kader van de uitoefening bij of krachtens een publiekrechtelijke bevoegdheden of het verstrekken van gegevensbestanden die uit de genoemde gegevens zijn samengesteld;
c. op economische activiteiten die worden verricht door een onderneming die belast is met de uitvoering van de Wet sociale werkvoorziening, voor zover op deze activiteiten artikel 5 van die wet van toepassing is.
3. Bij de vaststelling van de integrale kosten, bedoeld in het eerste lid, wordt voor de financiering met vreemd vermogen en met eigen vermogen voor zover dat redelijkerwijs aan de economische activiteiten kan worden toegerekend, een bedrag in aanmerking genomen dat niet lager is dan de lasten die in het normale handelsverkeer gebruikelijk zijn voor de financiering van ondernemingen.
4. Op verzoek van de Autoriteit Consument en Markt toont een bestuursorgaan aan dat het heeft voldaan aan de in het eerste lid bedoelde verplichting.

Art. 25j
1. Een bestuursorgaan bevoordeelt niet een overheidsbedrijf, waarbij hij in de zin van artikel 25g, eerste lid, is betrokken, boven andere ondernemingen waarmee dat overheidsbedrijf in concurrentie treedt en kent evenmin een dergelijk overheidsbedrijf anderszins voordelen toe die verder gaan dan in het normale handelsverkeer gebruikelijk is.

Bestuursorgaan, verbod tot bevoordelen overheidsbedrijf

2. Als bevoordeling als bedoeld in het eerste lid wordt in ieder geval ook aangemerkt:
a. het toestaan van het gebruik door het overheidsbedrijf van de naam en het beeldmerk van de publiekrechtelijke rechtspersoon van het bestuursorgaan op een wijze waardoor verwarring bij het publiek is te duchten over de herkomst van goederen en diensten;
b. het leveren van goederen aan, het verrichten van diensten voor en het ter beschikking stellen van middelen aan het overheidsbedrijf tegen een vergoeding die lager is dan de integrale kosten.
3. Het eerste lid is niet van toepassing:
a. indien de bevoordeling verband houdt met economische activiteiten ter uitoefening van een bijzonder of uitsluitend recht in de zin van artikel 25a, onder c, respectievelijk b, en reeds voorschriften gelden omtrent de voor de desbetreffende activiteiten in rekening te brengen prijzen;
b. indien naar het oordeel van het bestuursorgaan de bevoordeling kan worden aangemerkt als een steunmaatregel die voldoet aan de criteria van artikel 87, eerste lid, van het Verdrag;

c. op economische activiteiten die worden verricht door een onderneming die belast is met de uitvoering van de Wet sociale werkvoorziening, voor zover op deze activiteiten artikel 5 van die wet van toepassing is.

Art. 25k

Bestuursorgaan, gegevensverstrekking

Een bestuursorgaan gebruikt gegevens die hij heeft verkregen in het kader van de uitvoering van zijn publiekrechtelijke bevoegdheden alleen voor economische activiteiten die niet dienen ter uitvoering van de publiekrechtelijke bevoegdheden, indien deze gegevens ook aan derden beschikbaar kunnen worden gesteld.

Art. 25l

Bestuursorgaan, scheiding publiekrechtelijke bevoegdheid van economische activiteit

Indien een bestuursorgaan een publiekrechtelijke bevoegdheid uitoefent ten aanzien van economische activiteiten die door hetzelfde of een ander bestuursorgaan van de desbetreffende publiekrechtelijke rechtspersoon worden verricht, wordt voorkomen dat dezelfde personen betrokken kunnen zijn bij zowel de uitoefening van de bevoegdheid als bij het verrichten van de economische activiteiten.

Art. 25m

Nadere regels

1. Bij of krachtens algemene maatregel van bestuur worden nadere regels gesteld inzake de toepassing van de artikelen 25i en 25j.
2. De in het eerste lid bedoelde nadere regels hebben in elk geval betrekking op de kosten die bij de in artikel 25i, eerste lid, bedoelde kostendoorberekening in aanmerking worden genomen en op beginselen voor de toerekening van indirecte kosten.
3. De nadere regels op grond van het eerste lid worden gesteld na overleg met:
a. de Minister van Binnenlandse Zaken en Koninkrijksrelaties voor zover de regels betrekking hebben op gemeenten of provincies, en
b. de Minister van Infrastructuur en Milieu voor zover de regels betrekking hebben op waterschappen.

Art. 25ma

Toepasselijkheid

Hoofdstuk 3 van de Instellingswet Autoriteit Consument en Markt is van toepassing op de handhaving van de bepalingen in dit hoofdstuk, met uitzondering van § 2. en de artikelen 12j, 12k, 12l, 12m, eerste lid, onderdelen a en b, en tweede lid, 12o en 12v van dat hoofdstuk.

Hoofdstuk 5
Concentraties

§ 1
Begripsbepalingen

Art. 26

Zeggenschap

Voor de toepassing van dit hoofdstuk wordt onder zeggenschap verstaan de mogelijkheid om op grond van feitelijke of juridische omstandigheden een beslissende invloed uit te oefenen op de activiteiten van een onderneming.

Art. 27

Concentratie

1. Onder een concentratie wordt verstaan:
a. het fuseren van twee of meer voorheen van elkaar onafhankelijke ondernemingen;
b. het direct of indirect verkrijgen van zeggenschap door
1°. een of meer natuurlijke personen of rechtspersonen die reeds zeggenschap over ten minste een onderneming hebben, of
2°. een of meer ondernemingen over een of meer andere ondernemingen of delen daarvan door middel van de verwerving van participaties in het kapitaal of van vermogensbestanddelen, uit hoofde van een overeenkomst of op enige andere wijze.
2. De totstandbrenging van een gemeenschappelijke onderneming die duurzaam alle functies van een zelfstandige economische eenheid vervult, is een concentratie in de zin van het eerste lid, onder b.

Art. 28

Geen concentratie

1. In afwijking van artikel 27 wordt niet als concentratie beschouwd:
a. het door banken, financiële instellingen of verzekeraars als bedoeld in artikel 1:1 van de Wet op het financieel toezicht, tot wier normale werkzaamheden de verhandeling van effecten voor eigen rekening of voor rekening van derden behoort, tijdelijk houden van deelnemingen die zij in een onderneming hebben verworven ten einde deze deelnemingen weer te verkopen, mits zij de aan deze deelnemingen verbonden stemrechten niet uitoefenen om het marktgedrag van deze onderneming te bepalen, of zij deze stemrechten slechts uitoefenen om de verkoop van deze deelnemingen voor te bereiden, en deze verkoop plaatsvindt binnen een jaar na de verwerving;
b. het verkrijgen van zeggenschap door:
1°. [vervallen;]
2°. [vervallen;]

3°. personen als bedoeld in 1:76, eerste lid, van de Wet op het financieel toezicht;
4°. bewindvoerders als bedoeld in 3:162, vierde lid, van de Wet op het financieel toezicht;
5°. personen als bedoeld in artikel 3:175, negende lid, van de Wet op het financieel toezicht;
c. het verwerven van participaties in het kapitaal als bedoeld in artikel 27, eerste lid, onder b, met inbegrip van participaties in een gemeenschappelijke onderneming als bedoeld in artikel 27, tweede lid, door participatiemaatschappijen mits de aan de deelname verbonden stemrechten slechts worden uitgeoefend om de volle waarde van deze beleggingen veilig te stellen.
2. De in het eerste lid, onder a, genoemde termijn kan op verzoek door de Autoriteit Consument en Markt worden verlengd wanneer de desbetreffende instellingen of verzekeraars aantonen dat de verkoop binnen de gestelde termijn redelijkerwijs niet mogelijk was.

§ 2
Toepassingsbereik concentratietoezicht

Art. 29
1. De bepalingen van dit hoofdstuk zijn van toepassing op concentraties waarbij de gezamenlijke omzet van de betrokken ondernemingen in het voorafgaande kalenderjaar meer bedroeg dan € 150.000.000, waarvan door ten minste twee van de betrokken ondernemingen ieder ten minste € 30 000 000 in Nederland is behaald.   **Drempels**
2. De in het eerste lid genoemde bedragen kunnen bij algemene maatregel van bestuur worden verhoogd.
3. Bij algemene maatregel van bestuur kunnen de in het eerste lid bedoelde bedragen voor een bij die algemene maatregel van bestuur te bepalen categorie van ondernemingen voor een periode van ten hoogste vijf jaar worden verlaagd. Deze periode kan telkens bij algemene maatregel van bestuur worden verlengd.
4. In afwijking van het eerste lid zijn voor pensioenfondsen in de zin van de Pensioenwet de bepalingen van dit hoofdstuk van toepassing op concentraties waarbij de gezamenlijke waarde van de bruto geboekte premies van de betrokken ondernemingen in het voorafgaande kalenderjaar meer bedroeg dan € 500.000.000 en daarvan door ten minste twee van de betrokken ondernemingen ieder ten minste € 100.000.000 is ontvangen van Nederlandse ingezetenen.

Art. 30
1. De berekening van de omzet, bedoeld in artikel 29, eerste lid, geschiedt op de voet van het bepaalde in artikel 377, zesde lid, van boek 2 van het Burgerlijk Wetboek voor de netto-omzet.   **Omzet**
2. Wanneer de concentratie tot stand wordt gebracht door middel van de verwerving van de zeggenschap over delen van een of meer ondernemingen, welke delen al dan niet eigen rechtspersoonlijkheid bezitten, wordt bij de berekening van de omzet, bedoeld in artikel 29, eerste lid, ten aanzien van de vervreemder of de vervreemders uitsluitend rekening gehouden met de omzet van de te vervreemden delen die voorwerp zijn van de transactie.
Twee of meer verwervingen als bedoeld in de eerste volzin die plaatsvinden binnen een door de Autoriteit Consument en Markt in aanmerking te nemen periode en die afhankelijk van elkaar zijn of op een economische wijze zodanig met elkaar zijn verbonden dat deze verwervingen als één verwerving zouden moeten worden beoordeeld, worden beschouwd als één concentratie die tot stand gebracht wordt op de dag van de laatste transactie.
3. Onverminderd het bepaalde in het tweede lid worden voor de berekening van de omzet van een betrokken onderneming als bedoeld in artikel 29, eerste lid, de omzetten van de volgende ondernemingen opgeteld:
a. de betrokken onderneming;
b. de ondernemingen waarin de betrokken onderneming rechtstreeks of middellijk:
1°. meer dan de helft van het kapitaal of de bedrijfsactiva bezit, dan wel
2°. de bevoegdheid heeft meer dan de helft van de stemrechten uit te oefenen, dan wel
3°. de bevoegdheid heeft meer dan de helft van de leden van de raad van toezicht of van bestuur, of van krachtens de wet tot vertegenwoordiging bevoegde organen te benoemen, dan wel
4°. het recht heeft de onderneming te leiden;
c. ondernemingen die in een betrokken onderneming over de in onderdeel b genoemde rechten of bevoegdheden beschikken;
d. ondernemingen waarin een in onderdeel c bedoelde onderneming over de in onderdeel b genoemde rechten of bevoegdheden beschikt;
e. ondernemingen waarbij ten minste twee ondernemingen als bedoeld in de onderdelen a tot en met d gezamenlijk over de in onderdeel b genoemde rechten of bevoegdheden beschikken.
4. Indien bij de concentratie betrokken ondernemingen gezamenlijk beschikken over de in het derde lid, onderdeel b, genoemde rechten of bevoegdheden, wordt voor de berekening van de omzet van de betrokken ondernemingen als bedoeld in artikel 29, eerste lid:
a. geen rekening gehouden met de omzet, die het resultaat is van de verkoop van producten en het leveren van diensten tussen de gemeenschappelijke onderneming en elk van de betrokken

ondernemingen of van enige andere met de betrokken onderneming verbonden onderneming als bedoeld in het derde lid, onderdelen b tot en met e;
b. rekening gehouden met de omzet die het resultaat is van de verkoop van produkten en het verlenen van diensten tussen de gemeenschappelijke onderneming en derde ondernemingen. Deze omzet wordt aan de ondernemingen toegerekend in verhouding tot hun deelnemingen in de gemeenschappelijke onderneming.
5. Voor de berekening van de gezamenlijke omzet van de betrokken ondernemingen, bedoeld in artikel 29, eerste lid, worden transacties tussen de in het derde lid bedoelde ondernemingen buiten beschouwing gelaten.

Art. 31

Omzet banken

1. Voor de toepassing van artikel 29, eerste lid, wordt ten aanzien van banken en financiële instellingen als bedoeld in artikel 1:1 van de Wet op het financieel toezicht de omzet vervangen door de som van de volgende, overeenkomstig de regels op grond van artikel 417 van Boek 2 van het Burgerlijk Wetboek, op de winst- en verliesrekening over het voorafgaande boekjaar opgenomen baten:
   a. rentebaten en soortgelijke baten;
   b. opbrengsten uit waardepapieren;
   c. ontvangen provisie;
   d. resultaat uit financiële transacties;
   e. overige bedrijfsopbrengsten;
na aftrek van de belasting over de toegevoegde waarde en andere rechtstreeks met de betrokken baten samenhangende belastingen.

Omzet verzekeraars

2. Voor verzekeraars in de zin van de Wet op het financieel toezicht en premiepensioeninstellingen in de zin van de Wet op het financieel toezicht wordt voor de toepassing van artikel 29, eerste lid, de omzet vervangen door de waarde van de bruto geboekte premies. De in artikel 29, eerste lid, omschreven omzet behaald in Nederland dient berekend te worden op basis van de bruto geboekte premies die zijn ontvangen van Nederlandse ingezetenen.

Art. 32-33
[Vervallen]

§ 3
Melding

Art. 34

Meldingsplicht en wachtperiode

1. Het is verboden een concentratie tot stand te brengen voordat het voornemen daartoe aan de Autoriteit Consument en Markt is gemeld en vervolgens vier weken zijn verstreken.
2. Geen melding kan worden gedaan indien een goedkeuring voor een concentratie als bedoeld in artikel 49a, eerste lid, van de Wet marktordening gezondheidszorg, dan wel een ontheffing als bedoeld in artikel 49d van die wet, ontbreekt.

Art. 35

Te verstrekken gegevens

1. Bij een melding worden de bij ministeriële regeling aangewezen gegevens verstrekt. Artikel 4:4 van de Algemene wet bestuursrecht is van overeenkomstige toepassing.

Aanvulling van de melding

2. Indien niet is voldaan aan het eerste lid of indien de verstrekte gegevens onvoldoende zijn voor de beoordeling van een melding, kan de Autoriteit Consument en Markt van de bij de concentratie betrokken partijen, aanvulling van de melding verlangen.

Art. 36

Publicatie

Van een ontvangen melding wordt door de Autoriteit Consument en Markt zo spoedig mogelijk mededeling gedaan in de *Staatscourant*.

Art. 37

Mededeling of voor concentratie vergunning is vereist

1. De Autoriteit Consument en Markt deelt binnen vier weken na het ontvangen van een melding mede of voor het tot stand brengen van de concentratie, waarop die melding betrekking heeft, een vergunning is vereist.

Belemmering daadwerkelijke mededinging

2. De Autoriteit Consument en Markt kan bepalen dat een vergunning is vereist voor een concentratie waarvan zij reden heeft om aan te nemen dat die de daadwerkelijke mededinging op de Nederlandse markt of een deel daarvan op significante wijze zou kunnen belemmeren, met name als het resultaat van het in het leven roepen of het versterken van een economische machtspositie.
3. Indien de melding betrekking heeft op een concentratie als bedoeld in artikel 27, tweede lid, waarmee de coördinatie van het concurrentiegedrag van de totstandbrengende ondernemingen wordt beoogd of totstandgebracht, betrekt de Autoriteit Consument en Markt bij haar besluit of een vergunning is vereist, tevens de criteria van artikel 6, eerste en derde lid.
4. De mededeling dat voor het totstandbrengen van de concentratie geen vergunning is vereist, kan onder voorwaarden worden gedaan, indien uit de terzake van de melding verstrekte gegevens en voorstellen zonder meer blijkt dat de in het tweede en derde lid bedoelde gevolgen kunnen worden vermeden indien aan die voorwaarden is voldaan.

5. Indien niet binnen vier weken toepassing is gegeven aan het eerste lid is voor de concentratie geen vergunning vereist. De in de vorige volzin bedoelde termijn vangt aan met ingang van de eerstvolgende dag na ontvangst van de melding die niet een zaterdag, zondag of algemeen erkende feestdag is in de zin van de Algemene termijnenwet.

Aanvang termijn; gevolg overschrijden termijn

6. Door een onvoorwaardelijke mededeling als bedoeld in het eerste lid, dat voor een concentratie geen vergunning is vereist, houdt het in artikel 34, eerste lid, vervatte verbod met betrekking tot die concentratie op te gelden. Ingeval van een mededeling als bedoeld in het vierde lid, blijft het in artikel 34 vervatte verbod gelden totdat aan de gestelde voorwaarden is voldaan. Voldoen partijen niet of niet tijdig aan de voorwaarden, dan is alsnog een vergunning vereist.

7. Van een mededeling van de Autoriteit Consument en Markt als bedoeld in het eerste lid wordt mededeling gedaan in de Staatscourant.

Art. 38

1. Indien niet is voldaan aan artikel 35, eerste lid, en de Autoriteit Consument en Markt binnen vijf werkdagen na de dag van ontvangst van de melding, degene die de melding heeft gedaan, heeft verzocht om toezending van de ontbrekende gegevens of documenten, vangt de in de artikelen 34, eerste lid, en 37, eerste en vijfde lid, bedoelde termijn van vier weken aan op de dag waarop die gegevens of documenten alsnog zijn verstrekt.

Aanvulling melding en opschorting wachtperiode

2. Onverminderd het eerste lid, wordt de in de artikelen 34, eerste lid, en 37, eerste en vijfde lid, bedoelde termijn van vier weken opgeschort met ingang van de dag waarop de Autoriteit Consument en Markt op grond van artikel 35, tweede lid, aanvulling van de melding verlangt tot de dag waarop de aanvulling door elk van de partijen van wie aanvulling is gevraagd, is gegeven.

3. De termijn kan voorts naar aanleiding van een met redenen omkleed verzoek van elk van degenen die de melding doen door de Autoriteit Consument en Markt eenmalig worden opgeschort indien dat naar haar oordeel in het belang van de behandeling van de melding is.

4. Een melding geldt als niet gedaan indien de in het tweede lid bedoelde aanvulling van gegevens niet heeft plaatsgevonden binnen zes maanden na de datum waarop het laatste verzoek tot aanvulling is gedaan en de termijn niet ingevolge het derde lid is opgeschort.

Art. 39

1. Artikel 34, eerste lid, geldt niet in geval van een openbaar overname of ruilaanbod gericht op het verkrijgen van een deelname in het kapitaal van een onderneming, mits daarvan onverwijld aan de Autoriteit Consument en Markt melding wordt gedaan, en de verkrijger de aan de deelname in het kapitaal verbonden stemrechten niet uitoefent.

Openbaar bod op aandelen

2. Indien de Autoriteit Consument en Markt ter zake van een melding als bedoeld in het eerste lid mededeelt dat op grond van artikel 37, eerste lid, een vergunning is vereist, dient de concentratie:

a. indien niet binnen vier weken na die mededeling een vergunning is aangevraagd, dan wel de aanvraag om een vergunning wordt ingetrokken of de vergunning wordt geweigerd, binnen dertien weken ongedaan te worden gemaakt;

b. indien de vergunning onder beperkingen wordt verleend of daaraan voorschriften worden verbonden, binnen dertien weken na de verlening daarmee in overeenstemming te worden gebracht.

3. De Autoriteit Consument en Markt kan, op verzoek van degene die een melding heeft gedaan als bedoeld in het eerste lid, bepalen dat, in afwijking van het eerste lid, de in dat lid bedoelde stemrechten mogen worden uitgeoefend om de volle waarde van diens belegging te handhaven.

Art. 40

1. De Autoriteit Consument en Markt kan om gewichtige redenen op verzoek van degene die een melding heeft gedaan, ontheffing verlenen van het in artikel 34, eerste lid, gestelde verbod.

Ontheffing melding en wachtperiode

2. Een ontheffing kan onder beperkingen worden verleend; aan een ontheffing kunnen voorschriften worden verbonden.

3. Indien de Autoriteit Consument en Markt na het verlenen van een ontheffing als bedoeld in het eerste lid ter zake van de betrokken melding mededeelt dat op grond van artikel 37, eerste lid, een vergunning is vereist, en de concentratie tot stand is gebracht voor de mededeling daarvan, dient de concentratie:

a. indien niet binnen vier weken na die mededeling een vergunning is aangevraagd, dan wel de aanvraag om een vergunning wordt ingetrokken of de vergunning wordt geweigerd, binnen dertien weken ongedaan te worden gemaakt;

b. indien de vergunning onder beperkingen wordt verleend of daaraan voorschriften worden verbonden, binnen dertien weken na de verlening daarmee in overeenstemming te worden gebracht.

§ 4
Vergunningen

Art. 41

Vergunningplicht 1. Het is verboden zonder vergunning een concentratie tot stand te brengen waarvoor ingevolge artikel 37 een vergunning is vereist.

Weigering 2. Een vergunning wordt geweigerd indien als gevolg van de voorgenomen concentratie de daadwerkelijke mededinging op de Nederlandse markt of een deel daarvan op significante wijze zou worden belemmerd, met name als het resultaat van het in het leven roepen of het versterken van een economische machtspositie. Artikel 37, derde lid, is van overeenkomstige toepassing indien de aanvraag om een vergunning betrekking heeft op een concentratie als bedoeld in artikel 27, tweede lid, waarmee de coördinatie van het concurrentiegedrag van de totstandbrengende ondernemingen wordt beoogd of totstandgebracht.

Diensten van algemeen economisch belang 3. Indien ten minste een van de bij een concentratie betrokken ondernemingen bij wettelijk voorschrift of door een bestuursorgaan is belast met het beheer van diensten van algemeen economisch belang, kan een vergunning slechts worden geweigerd indien de weigering van die vergunning de vervulling van de hun toevertrouwde taak niet verhindert.

4. Een vergunning kan onder beperkingen worden verleend; aan een vergunning kunnen voorschriften worden verbonden.

Art. 42

De aanvraag 1. Een aanvraag om vergunning wordt ingediend bij de Autoriteit Consument en Markt.
2. Bij ministeriële regeling kan worden bepaald welke gegevens bij een aanvraag dienen te worden verstrekt.
3. Van een ontvangen aanvraag wordt door de Autoriteit Consument en Markt zo spoedig mogelijk mededeling gedaan in de *Staatscourant*.

Art. 43
[Vervallen]

Art. 44

Beslistermijn 1. De Autoriteit Consument en Markt geeft haar beschikking op de aanvraag binnen dertien weken na ontvangst van die aanvraag. Het niet binnen dertien weken geven van een beschikking wordt gelijkgesteld met het verlenen van een vergunning.
2. Indien een aanvraag is ingediend voordat blijkens een mededeling van de Autoriteit Consument en Markt voor de desbetreffende concentratie een vergunning is vereist, wordt deze niet in behandeling genomen alvorens die mededeling is bekendgemaakt. De in het eerste lid genoemde termijn vangt aan op het moment van die bekendmaking.
3. Van de beschikking wordt mededeling gedaan in de *Staatscourant*.

Art. 45

Intrekking De Autoriteit Consument en Markt kan een vergunning intrekken indien de verstrekte gegevens zodanig onjuist waren dat op de aanvraag anders zou zijn beslist als de juiste gegevens wel bekend zouden zijn geweest.

Art. 46

Ontheffing 1. De Autoriteit Consument en Markt kan om gewichtige redenen op verzoek van degene die een vergunning heeft aangevraagd, ontheffing verlenen van het in artikel 41, eerste lid, gestelde verbod tot op die aanvraag onherroepelijk is beslist.
2. Een ontheffing kan onder beperkingen worden verleend; aan een ontheffing kunnen voorschriften worden verbonden.
3. Indien nadat een ontheffing is verleend als bedoeld in het eerste lid de aanvraag om een vergunning wordt ingetrokken of de vergunning wordt geweigerd, dient de concentratie, voor zover deze dan reeds is tot stand gebracht, binnen dertien weken ongedaan te worden gemaakt.
4. Indien de vergunning onder beperkingen wordt verleend of daaraan voorschriften worden verbonden, dient de concentratie, voor zover deze dan reeds is tot stand gebracht, binnen dertien weken daarmee in overeenstemming te worden gebracht.

Art. 47

Verlening vergunning wegens algemeen belang door Minister EZ 1. Onze Minister kan, nadat de Autoriteit Consument en Markt een vergunning voor het tot stand brengen van een concentratie heeft geweigerd, op een daartoe strekkende aanvraag besluiten die vergunning te verlenen indien naar zijn oordeel gewichtige redenen van algemeen belang die zwaarder wegen dan de te verwachten belemmering van de mededinging, daartoe nopen.
2. Een aanvraag als bedoeld in het eerste lid kan worden gedaan tot vier weken nadat de beschikking van de Autoriteit Consument en Markt om een vergunning te weigeren onherroepelijk is geworden.
3. Indien een aanvraag als bedoeld in het eerste lid is gedaan wordt de behandeling van beroepschriften inzake de beschikking van de Autoriteit Consument en Markt opgeschort, totdat op die aanvraag onherroepelijk is beslist.

Art. 48
Bij ministeriële regeling kan worden bepaald welke gegevens bij een tot Onze Minister gerichte aanvraag om een vergunning dienen te worden verstrekt. *Aanvraag gericht tot Minister EZ*

Art. 49
1. Onze Minister geeft zijn beschikking op een aanvraag, in overeenstemming met het gevoelen van de ministerraad, binnen twaalf weken na ontvangst van die aanvraag. *Beslistermijn*
2. Artikel 44, derde lid, is van overeenkomstige toepassing.

Hoofdstuk 5a
[Vervallen]

Art. 49a-49d
[Vervallen]

Hoofdstuk 6
Bevoegdheid tot doorzoeken in het kader van toezicht

Art. 50
1. De in artikel 12a, eerste lid, van de Instellingswet Autoriteit Consument en Markt bedoelde ambtenaren zijn bevoegd een woning zonder toestemming van de bewoner te doorzoeken, voor zover dat voor de uitoefening van de in artikel 5:17 van de Algemene wet bestuursrecht bedoelde bevoegdheden redelijkerwijs noodzakelijk is. *Doorzoeken woning in het kader van toezicht*
2. Zo nodig oefenen zij de bevoegdheid tot doorzoeken uit met behulp van de sterke arm.

Art. 51
1. Voor het doorzoeken, bedoeld in artikel 50, eerste lid, is een voorafgaande machtiging vereist van de rechter-commissaris, belast met de behandeling van strafzaken bij de rechtbank Rotterdam. De machtiging kan bij wijze van voorzorgsmaatregel worden gevraagd. De machtiging wordt zo mogelijk getoond. *Doorzoeken woning, machtiging R-C tot*
2. Artikel 171 van het Wetboek van Strafvordering is van overeenkomstige toepassing. De rechter-commissaris kan het openbaar ministerie horen alvorens te beslissen.
3. Tegen de beslissing van de rechter-commissaris staat voor zover het verzoek om een machtiging niet is toegewezen, voor de Autoriteit Consument en Markt binnen veertien dagen beroep open bij de rechtbank Rotterdam.
4. Het doorzoeken vindt plaats onder toezicht van de rechter-commissaris.

Art. 52
1. Een machtiging als bedoeld in artikel 51, eerste lid, is met redenen omkleed en ondertekend en vermeldt: *Doorzoeken woning, inhoud machtiging tot*
a. de naam van de rechter-commissaris die de machtiging heeft gegeven;
b. de naam of het nummer en de hoedanigheid van degene aan wie de machtiging is gegeven;
c. de wettelijke bepaling waarop de doorzoeking berust en het doel waartoe wordt doorzocht;
d. de dagtekening.
2. Indien het doorzoeken dermate spoedeisend is dat de machtiging niet tevoren op schrift kan worden gesteld, zorgt de rechter-commissaris zo spoedig mogelijk voor de opschriftstelling.
3. De machtiging blijft ten hoogste van kracht tot en met de derde dag na die waarop zij is gegeven.

Art. 53
1. De ambtenaar die een doorzoeking als bedoeld in artikel 50, eerste lid, heeft verricht, maakt op zijn ambtseed of -belofte een schriftelijk verslag op omtrent de doorzoeking. *Doorzoeken woning, ambtsedig verslag*
2. In het verslag vermeldt hij:
a. zijn naam of nummer en zijn hoedanigheid;
b. de dagtekening van de machtiging en de naam van de rechter-commissaris die de machtiging heeft gegeven;
c. de wettelijke bepaling waarop de doorzoeking berust;
d. de plaats waar is doorzocht en de naam van degene bij wie de doorzoeking is verricht;
e. het tijdstip waarop de doorzoeking is begonnen en is beëindigd;
f. hetgeen tijdens het doorzoeken is verricht en overigens is voorgevallen;
g. de namen of nummers en de hoedanigheid van de overige personen die aan de doorzoeking hebben deelgenomen.
3. Het verslag wordt uiterlijk op de vierde dag na die waarop de doorzoeking is beëindigd, toegezonden aan de rechter-commissaris die de machtiging heeft gegeven.
4. Een afschrift van het verslag wordt uiterlijk op de vierde dag na die waarop de doorzoeking is beëindigd, aan degene bij wie de doorzoeking is verricht, uitgereikt of toegezonden. Indien het doel waartoe is doorzocht daartoe noodzaakt, kan deze uitreiking of toezending worden uitgesteld. Uitreiking of toezending geschiedt in dat geval, zodra het belang van dit doel het toestaat. Indien het niet mogelijk is het afschrift uit te reiken of toe te zenden, houdt de rechter-

commissaris of de ambtenaar die de doorzoeking heeft verricht, het afschrift gedurende zes maanden beschikbaar voor degene bij wie de doorzoeking is verricht.

Art. 54-55
[Vervallen]

Hoofdstuk 7
Overtredingen verbod van mededingingsafspraken en verbod van misbruik van een economische machtspositie

§ 1
Bestuurlijke boete en last onder dwangsom

Art. 56

Bestuurlijke boete en last onder dwangsom

Ingeval van overtreding van artikel 6, eerste lid, of van artikel 24, eerste lid, kan de Autoriteit Consument en Markt de overtreder:
a. een bestuurlijke boete opleggen;
b. een last onder dwangsom opleggen.

Art. 57

Bestuurlijke boete, hoogte

1. De bestuurlijke boete bedraagt ten hoogste € 900.000 of, indien dat meer is, ten hoogste 10% van de omzet van de onderneming, dan wel, indien de overtreding door een ondernemersvereniging is begaan, van de gezamenlijke omzet van de ondernemingen die van de vereniging deel uitmaken.
2. Ingeval van overtreding van artikel 6, eerste lid, wordt voor de toepassing van het eerste lid het bedrag van de bestuurlijke boete die ten hoogste kan worden opgelegd, vermenigvuldigd met het aantal jaren dat de overtreding heeft geduurd met een maximum van vier jaar en een minimum van één jaar.
3. Voor de toepassing van het tweede lid
a. worden twaalf opvolgende maanden als jaar beschouwd, en
b. wordt een deel van een jaar afgerond op hele kalendermaanden waarbij een hele kalendermaand telt als eentwaalfde jaar.
4. Het bedrag van de bestuurlijke boete die ingevolge het eerste en tweede lid ten hoogste kan worden opgelegd wordt verhoogd met 100%, indien binnen een tijdvak van vijf jaar voorafgaand aan de dagtekening van het van de overtreding opgemaakte rapport, bedoeld in artikel 5:48, eerste lid, van de Algemene wet bestuursrecht, een aan die overtreder voor een eerdere overtreding van eenzelfde of een soortgelijk wettelijk voorschrift opgelegde bestuurlijke boete onherroepelijk is geworden.

Art. 58
[Vervallen]

Art. 58a

Last onder dwangsom als structurele maatregel

1. De last onder dwangsom kan worden opgelegd in de vorm van een structurele maatregel als bedoeld in artikel 7 van Verordening 1/2003, indien die maatregel evenredig is aan de gepleegde overtreding en noodzakelijk is om aan de overtreding daadwerkelijk een einde te maken. Een structurele maatregel kan uitsluitend worden opgelegd indien er niet een even effectieve maatregel ter correctie van de overtreding bestaat of indien een dergelijke maatregel voor de betrokken onderneming of ondernemersvereniging meer belastend zou zijn dan de structurele maatregel.

Schakelbepaling

2. Artikel 12r, tweede lid, van de Instellingswet Autoriteit Consument en Markt is niet van toepassing.

§ 2
[Vervallen]

Art. 59-61
[Vervallen]

§ 3
Beschikkingen

Art. 62

Opschorting termijn

1. De termijn, genoemd in artikel 5:51, eerste lid, van de Algemene wet bestuursrecht kan worden opgeschort met dertig dagen.
2. Van de opschorting wordt mededeling gedaan aan de overtreder.

Art. 63
[Vervallen]

31 Mededingingswet

Art. 64
1. De vervaltermijn, bedoeld in artikel 5:45 van de Algemene wet bestuursrecht wordt telkens gestuit door een handeling van de Autoriteit Consument en Markt ter verrichting van een onderzoek of procedure met betrekking tot de overtreding, alsmede door een dergelijke handeling van de Europese Commissie of van een mededingingsautoriteit van een andere lidstaat van de Europese Unie met betrekking tot een overtreding van de artikelen 101 en 102 van het Verdrag.
2. De stuiting van de vervaltermijn gaat in op de dag waarop tenminste één onderneming of ondernemersvereniging die aan de overtreding heeft deelgenomen, dan wel één van degenen, bedoeld in artikel 51, tweede lid, onder 2° van het Wetboek van Strafrecht, van de handeling schriftelijk in kennis wordt gesteld.
3. Op het moment van stuiting vangt de vervaltermijn opnieuw aan. De bevoegdheid, bedoeld in het eerste lid vervalt echter uiterlijk tien jaren nadat de overtreding heeft plaatsgevonden, verlengd met de periode waarin de vervaltermijn ingevolge artikel 5:45, derde lid, van de Algemene wet bestuursrecht wordt opgeschort.

Verjaringstermijn bestuurlijke boete

Art. 65-68a
[Vervallen]

Hoofdstuk 8
Overige overtredingen

§ 1
[Vervallen]

Art. 69-70
[Vervallen]

§ 1a
Overtreding verplichtingen inzake financiële transparantie

Art. 70a
1. De Autoriteit Consument en Markt kan ingeval van overtreding van artikel 25b, eerste of tweede lid, of van artikel 25e, eerste volzin, de overtreder:
a. een bestuurlijke boete opleggen van ten hoogste € 900.000 of, indien dat meer is, van ten hoogste 1% van de omzet van de onderneming dan wel, indien de overtreding door een ondernemersvereniging is begaan, van de gezamenlijke omzet van de ondernemingen die van de vereniging deel uitmaken;
b. een last onder dwangsom opleggen.
2. De bestuurlijke boete die ingevolge het eerste lid ten hoogste kan worden opgelegd wordt verhoogd met 100%, indien binnen een tijdvak van vijf jaar voorafgaand aan de dagtekening van het van de overtreding opgemaakte rapport, bedoeld in artikel 5:48, eerste lid, van de Algemene wet bestuursrecht, een aan die overtreder voor een eerdere overtreding van eenzelfde of een soortgelijk wettelijk voorschrift opgelegde bestuurlijke boete onherroepelijk is geworden.

Overtreding verplichtingen financiële transparantie

§ 1b
[Vervallen]

Art. 70b
[Vervallen]

§ 1c
Overtredingen van verplichtingen aangaande overheden en overheidsbedrijven

Art. 70c
1. De Autoriteit Consument en Markt kan ingeval van overtreding van artikel 25i, eerste lid, 25j, eerste lid, artikel 25k of artikel 25l:
a. verklaren dat zij de overtreding heeft vastgesteld, of
b. de overtreder een last onder dwangsom opleggen.
2. Van de beschikking wordt mededeling gedaan in de Staatscourant.

Overtreding verplichting tegenover overheid/overheidsbedrijf

§ 2
Overtredingen concentratietoezicht

Art. 71
1. Indien op grond van artikel 40, tweede lid, of van artikel 46, tweede lid, aan een ontheffing als in het desbetreffende artikel bedoeld verbonden voorschriften niet worden nageleefd, kan

Overtredingen concentratietoezicht

de Autoriteit Consument en Markt de overtreder een bestuurlijke boete opleggen van ten hoogste € 900.000 of, indien dat meer is, van ten hoogste 10% van de omzet van de onderneming dan wel, indien de overtreding door een ondernemersvereniging is begaan, van de gezamenlijke omzet van de ondernemingen die van de vereniging deel uitmaken.

2. De bestuurlijke boete die ingevolge het eerste lid ten hoogste kan worden opgelegd wordt verhoogd met 100%, indien binnen een tijdvak van vijf jaar voorafgaand aan de dagtekening van het van de overtreding opgemaakte rapport, bedoeld in artikel 5:48, eerste lid, van de Algemene wet bestuursrecht, een aan die overtreder voor een eerdere overtreding van eenzelfde of een soortgelijk wettelijk voorschrift opgelegde bestuurlijke boete onherroepelijk is geworden.

Art. 72
[Vervallen]

Art. 73

Onjuiste/onvolledige verstrekking bedrijfsgegevens

1. De Autoriteit Consument en Markt kan degene die onjuiste of onvolledige gegevens verstrekt bij een melding van een concentratie op grond van artikel 34, eerste lid, of bij een aanvraag om een vergunning voor het tot stand brengen van een concentratie als bedoeld in artikel 41, eerste lid, een bestuurlijke boete opleggen van ten hoogste € 900.000 of, indien dat meer is, van ten hoogste 1% van de omzet van de onderneming dan wel, indien de overtreding door een ondernemersvereniging is begaan, van de gezamenlijke omzet van de ondernemingen die van de vereniging deel uitmaken.

2. De bestuurlijke boete die ingevolge het eerste lid ten hoogste kan worden opgelegd wordt verhoogd met 100%, indien binnen een tijdvak van vijf jaar voorafgaand aan de dagtekening van het van de overtreding opgemaakte rapport, bedoeld in artikel 5:48, eerste lid, van de Algemene wet bestuursrecht, een aan die overtreder voor een eerdere overtreding van eenzelfde of een soortgelijk wettelijk voorschrift opgelegde bestuurlijke boete onherroepelijk is geworden.

Art. 74

Overtreding meldingsplicht

1. De Autoriteit Consument en Markt kan ingeval van overtreding van:
   1°. artikel 34, eerste lid,
   2°. artikel 39, tweede lid, onder a of b,
   3°. artikel 40, derde lid, onder a of b,
   4°. artikel 41, eerste lid,
   5°. artikel 46, derde of vierde lid, de overtreder,
   a. een bestuurlijke boete opleggen van ten hoogste € 900.000 of, indien dat meer is, van ten hoogste 10% van de omzet van de onderneming dan wel, indien de overtreding door een ondernemersvereniging is begaan, van de gezamenlijke omzet van de ondernemingen die van de vereniging deel uitmaken;
   b. een last onder dwangsom opleggen.

2. De bestuurlijke boete die ingevolge het eerste lid ten hoogste kan worden opgelegd wordt verhoogd met 100%, indien binnen een tijdvak van vijf jaar voorafgaand aan de dagtekening van het van de overtreding opgemaakte rapport, bedoeld in artikel 5:48, eerste lid, van de Algemene wet bestuursrecht, een aan die overtreder voor een eerdere overtreding van eenzelfde of een soortgelijk wettelijk voorschrift opgelegde bestuurlijke boete onherroepelijk is geworden.

Art. 75

Overtreding vergunningsvoorschriften

1. Indien op grond van artikel 37, vierde lid, opgelegde voorwaarden niet worden nageleefd of op grond van artikel 41 aan een vergunning verbonden voorschriften niet worden nageleefd, kan de Autoriteit Consument en Markt de overtreder:
   a. een bestuurlijke boete opleggen van ten hoogste € 900.000 of, indien dat meer is, van ten hoogste 10% van de omzet van de onderneming dan wel, indien de overtreding door een ondernemersvereniging is begaan, van de gezamenlijke omzet van de ondernemingen die van de vereniging deel uitmaken;
   b. een last onder dwangsom opleggen.

2. De bestuurlijke boete die ingevolge het eerste lid ten hoogste kan worden opgelegd wordt verhoogd met 100%, indien binnen een tijdvak van vijf jaar voorafgaand aan de dagtekening van het van de overtreding opgemaakte rapport, bedoeld in artikel 5:48, eerste lid, van de Algemene wet bestuursrecht, een aan die overtreder voor een eerdere overtreding van eenzelfde of een soortgelijk wettelijk voorschrift opgelegde bestuurlijke boete onherroepelijk is geworden.

Art. 75a-76
[Vervallen]

§ 2a
[Vervallen]

Art. 76a
[Vervallen]

§ 3
Procedure

Art. 77-81
[Vervallen]

Art. 82
1. De vervaltermijn, bedoeld in artikel 5:45 van de Algemene wet bestuursrecht wordt voor twee jaren gestuit door het instellen van een onderzoek met betrekking tot een overtreding.
2. De stuiting van de vervaltermijn gaat in op de dag waarop tenminste één onderneming of ondernemersvereniging die aan de overtreding heeft deelgenomen, dan wel één van degenen, bedoeld in artikel 51, tweede lid, onder 2° van het Wetboek van Strafrecht, van de handeling schriftelijk in kennis wordt gesteld.

Verjaringstermijn bestuurlijke boete

Art. 82a-82b
[Vervallen]

Hoofdstuk 9
[Vervallen]

Art. 83-87
[Vervallen]

Hoofdstuk 10
Toepassing van de EG-mededingingsregels

Art. 88
De Autoriteit Consument en Markt wordt aangemerkt als de mededingingsautoriteit voor Nederland in de zin van verordening 1/2003 en als bevoegde autoriteit in de zin van verordening 139/2004 en oefent de krachtens de verordeningen op grond van artikel 103 van het Verdrag bestaande bevoegdheid uit om de artikelen 101 en 102 van het Verdrag toe te passen, alsmede de krachtens artikel 104 van het Verdrag bestaande bevoegdheid om te beslissen over de toelaatbaarheid van mededingingsafspraken en over het misbruik maken van een machtspositie op de gemeenschappelijke markt.

Bevoegdheid Autoriteit Consument en Markt, EG-mededingingsregels

Art. 89
Ter zake van de uitoefening van de in artikel 88 bedoelde bevoegdheden zijn de hoofdstukken 6 en 7 van overeenkomstige toepassing.

Overeenkomstige toepassing

Art. 89a
1. De Autoriteit Consument en Markt oefent de krachtens artikel 29, tweede lid, van verordening 1/2003 bestaande bevoegdheid uit tot het buiten toepassing verklaren van een groepsvrijstelling.
2. Op de voorbereiding van de beschikking is afdeling 3.4 van de Algemene wet bestuursrecht van toepassing.
3. Een beschikking op grond van het eerste lid treedt niet eerder in werking dan zes weken na de datum van haar terinzagelegging overeenkomstig artikel 3:44, eerste lid, onderdeel a, van de Algemene wet bestuursrecht.

Bevoegdheid buiten toepassing verklaren groepsvrijstelling

Art. 89b
1. Met het verlenen van bijstand bij een inspectie op grond van een mededingingsverordening door de Europese Commissie, zijn belast de krachtens artikel 12a, eerste lid, van de Instellingswet Autoriteit Consument en Markt aangewezen ambtenaren.
2. Artikel 5:12 van de Algemene wet bestuursrecht is van overeenkomstige toepassing.
3. Bij verzet tegen een inspectie door de Europese Commissie, verlenen de aangewezen ambtenaren de nodige bijstand om de Europese Commissie in staat te stellen de inspectie te verrichten, zo nodig met behulp van de sterke arm.

Bijstand bij inspectie

Art. 89c
1. Voor het verlenen van de nodige bijstand indien een onderneming of ondernemersvereniging zich verzet tegen een inspectie op grond van een mededingingsverordening door de Europese Commissie is voor zover de inspectie een doorzoeking omvat, een voorafgaande machtiging vereist van de rechter-commissaris, belast met de behandeling van strafzaken bij de rechtbank Rotterdam. De machtiging wordt zo mogelijk getoond.
2. De rechter-commissaris gaat bij de toetsing van het verzoek tot machtiging na of de voorgenomen dwangmaatregelen niet willekeurig zijn of onevenredig zijn in verhouding tot het voorwerp van de inspectie, zoals is bepaald in de mededingingsverordeningen en het gemeenschapsrecht. Artikel 171 van het Wetboek van Strafvordering is van overeenkomstige toepassing. De rechter-commissaris kan het openbaar ministerie horen alvorens te beslissen.

Machtiging rechter-commissaris bij inspectie onderneming

3. Tegen de beslissing van de rechter-commissaris staat voor zover het verzoek om een machtiging niet is toegewezen, voor de Autoriteit Consument en Markt binnen veertien dagen beroep open bij de rechtbank Rotterdam.
4. De rechter-commissaris kan bij de inspectie aanwezig zijn.

Art. 89d

Machtiging rechter-commissaris bij inspectie elders

1. Voor het uitvoeren van een inspectie als bedoeld in artikel 21, eerste lid, van verordening 1/2003 door de Europese Commissie in andere gebouwen, terreinen en vervoermiddelen dan die van ondernemingen en ondernemersverenigingen, waaronder de woningen van directeuren, bestuurders en andere personeelsleden, is een voorafgaande machtiging vereist van de rechter-commissaris, belast met de behandeling van strafzaken bij de rechtbank Rotterdam. De machtiging wordt zo mogelijk getoond.
2. De rechter-commissaris toetst het verzoek tot machtiging overeenkomstig artikel 21, derde lid, van verordening 1/2003. Artikel 171 van het Wetboek van Strafvordering is van overeenkomstige toepassing. De rechter-commissaris kan het openbaar ministerie horen alvorens te beslissen.
3. Tegen de beslissing van de rechter-commissaris staat voor zover het verzoek om een machtiging niet is toegewezen, voor de Autoriteit Consument en Markt binnen veertien dagen beroep open bij de rechtbank Rotterdam.
4. De rechter-commissaris kan bij de inspectie aanwezig zijn.
5. Voor zover het een inspectie in een woning betreft, geldt dit artikel in afwijking van de artikelen 2, 3 en 8 van de Algemene wet op het binnentreden.

Art. 89e

Inhoud machtiging bijstand bij inspectie

1. Een machtiging als bedoeld in artikel 89c, eerste lid, of artikel 89d, eerste lid, is met redenen omkleed en ondertekend en vermeldt:
   a. de naam van de rechter-commissaris die de machtiging heeft gegeven;
   b. de naam of het nummer en de hoedanigheid van degene aan wie de machtiging is gegeven;
   c. de beschikking waarbij de Europese Commissie de inspectie heeft gelast;
   d. de dagtekening.
2. Indien een inspectie dermate spoedeisend is dat machtiging niet tevoren op schrift kan worden gesteld, zorgt de rechter-commissaris zo spoedig mogelijk voor de opschriftstelling.
3. De machtiging blijft ten hoogste van kracht tot en met de derde dag na die waarop zij is gegeven.
4. Voor zover het een inspectie in een woning betreft, geldt dit artikel in afwijking van artikel 6 van de Algemene wet op het binnentreden.

Art. 89f

Verslag inspectie

1. De ambtenaar die bijstand heeft verleend bij een inspectie in een woning of bij een doorzoeking van een andere plaats dan een woning, maakt op zijn ambtseed of -belofte een schriftelijk verslag op omtrent de inspectie.
2. In het verslag vermeldt hij:
   a. zijn naam of nummer en zijn hoedanigheid;
   b. de dagtekening van de machtiging en de naam van de rechter-commissaris die de machtiging heeft gegeven;
   c. de beschikking waarbij de Europese Commissie de inspectie heeft gelast;
   d. de plaats van de inspectie en de naam van degene bij wie de inspectie is verricht;
   e. de wijze van binnentreden en het tijdstip waarop de inspectie is begonnen en is beëindigd;
   f. hetgeen tijdens de inspectie is verricht en overigens is voorgevallen;
   g. de namen of nummers en de hoedanigheid van de overige personen die aan de inspectie hebben deelgenomen.
3. Het verslag wordt uiterlijk op de vierde dag na die waarop de inspectie is beëindigd, toegezonden aan de rechter-commissaris die de machtiging heeft gegeven.
4. Een afschrift van het verslag wordt uiterlijk op de vierde dag na die waarop de inspectie is beëindigd, aan degene bij wie de inspectie is verricht, uitgereikt of toegezonden. Indien het doel van de inspectie daartoe noodzaakt, kan deze uitreiking of toezending worden uitgesteld. Uitreiking of toezending geschiedt in dat geval, zodra het belang van dit doel het toestaat. Indien het niet mogelijk is het afschrift uit te reiken of toe te zenden, houdt de rechter-commissaris of de ambtenaar die de bijstand heeft verleend, het afschrift gedurende zes maanden beschikbaar voor degene bij wie de inspectie is verricht.
5. Voor zover het een inspectie in een woning betreft, geldt dit artikel in afwijking van de artikelen 10 en 11 van de Algemene wet op het binnentreden.

Art. 89g

Aanwijzing ambtenaren voor inspectie

1. Met het verrichten van een inspectie op grond van een mededingingsverordening door de Autoriteit Consument en Markt op verzoek van de Europese Commissie of op verzoek van een mededingingsautoriteit van een andere lidstaat van de Europese Unie, zijn belast de krachtens artikel 12a, eerste lid, van de Instellingswet Autoriteit Consument en Markt aangewezen ambtenaren.

31 Mededingingswet

art. 100

2. De aangewezen ambtenaren beschikken voor het verrichten van de inspectie over de bevoegdheden die hun ingevolge hoofdstuk 3, paragraaf 1, van de Instellingswet Autoriteit Consument en Markt en hoofdstuk 6 zijn toegekend ter uitoefening van het toezicht op de naleving.

Art. 89h-89j
[Vervallen]

Hoofdstuk 11
[Vervallen]

Art. 90-91
[Vervallen]

Hoofdstuk 12
Rechtsbescherming

Art. 92
[Vervallen]

Art. 93
1. Een consumentenorganisatie wordt geacht belanghebbende te zijn bij besluiten genomen op grond van deze wet. **Consumentenorganisatie**
2. De Autoriteit Consument en Markt kan bij toepassing van artikel 3.11, tweede lid van de Algemene wet bestuursrecht in zaken waarbij een consumentenorganisatie als bedoeld in het eerste lid belanghebbende is, om gewichtige redenen onderscheid maken tussen de overtreder en genoemde consumentenorganisatie bij de beoordeling van de vraag of op de zaak betrekking hebbende stukken of gedeelten van stukken ter inzage worden gelegd.

Hoofdstuk 12a
[Vervallen]

Art. 93a-93b
[Vervallen]

Hoofdstuk 13
Wijzigingen in andere wetten

Art. 94
[Wijzigt de Wet op de economische delicten.]

Art. 95
De Wet economische mededinging wordt ingetrokken.

Art. 96
[Wijzigt de Wet op de inkomstenbelasting 1964.]

Art. 97
[Wijzigt de Wet vervoer over zee.]

Art. 98
[Wijzigt de Wet bestuursrechtspraak bedrijfsorganisatie.]

Art. 99
[Wijzigt de Wet op de Raad van State.]

Hoofdstuk 14
Overgangsbepalingen

Art. 100
1. Voor de toepassing van verordening (EEG) nr. 4064/89 van de Raad van de Europese Gemeenschappen van 21 december 1989 betreffende de controle op concentraties van ondernemingen (PbEG 1990, L 257) ingevolge artikel 26, tweede lid, van verordening 139/2004, is artikel 88 van overeenkomstige toepassing. **Overgangsbepalingen**
2. Voor de toepassing van artikel 12, eerste lid, of artikel 13, vijfde en zesde lid, van verordening (EEG) nr. 4064/89 van de Raad van de Europese Gemeenschappen van 21 december 1989 betreffende de controle op concentraties van ondernemingen (PbEG 1990, L 257) ingevolge artikel 26, tweede lid, van verordening 139/2004, zijn onderscheidenlijk artikel 89g of de artikelen 89b, 89c, 89e en 89f van overeenkomstige toepassing.

Art. 101-105
[Vervallen]

art. 106
31 Mededingingswet

Toepasselijkheid

Art. 106
De straffen en maatregelen, gesteld op overtredingen van voorschriften gesteld bij of krachtens de Wet economische mededinging, die een economisch delict opleveren en die zijn begaan voor het tijdstip waarop artikel 94 in werking treedt, blijven van toepassing.

Hoofdstuk 15
Slotbepalingen

Inwerkingtreding

Art. 107
1. De hoofdstukken van deze wet treden in werking op een bij koninklijk besluit te bepalen tijdstip, dat voor de verschillende hoofdstukken of onderdelen daarvan verschillend kan worden vastgesteld.
2. [Vervallen.]
3. Artikel 32 vervalt twee jaar na het tijdstip van inwerkingtreding.

Art. 108
[Wijzigt deze wet.]

Art. 109
[Wijzigt deze wet.]

Citeertitel

Art. 110
Deze wet wordt aangehaald als: Mededingingswet.

Verdrag betreffende de Europese Unie[1]

Zijne Majesteit de Koning der Belgen, Hare Majesteit de Koningin van Denemarken, de President van de Bondsrepubliek Duitsland, de President van de Helleense Republiek, Zijne Majesteit de Koning van Spanje, de President van de Franse Republiek, de President van Ierland, de President van de Italiaanse Republiek, Zijne Koninklijke Hoogheid de Groothertog van Luxemburg, Hare Majesteit de Koningin der Nederlanden, de President van de Portugese Republiek, Hare Majesteit de Koningin van het Verenigd Koninkrijk van Groot-Brittannië en Noord-Ierland,

Vastbesloten een nieuwe etappe te markeren in het proces van Europese integratie waarmee een aanvang is gemaakt met de oprichting van de Europese Gemeenschappen,

Geïnspireerd door de culturele, religieuze en humanistische tradities van Europa, die ten grondslag liggen aan de ontwikkeling van de universele waarden van de onschendbare en onvervreemdbare rechten van de mens en van vrijheid, democratie, gelijkheid en de rechtsstaat,

Herinnerend aan het historisch belang van de beëindiging van de deling van het Europese continent en de noodzaak solide grondslagen voor de opbouw van het toekomstige Europa te leggen,

Bevestigend hun gehechtheid aan de beginselen van vrijheid, democratie en eerbiediging van de mensenrechten en de fundamentele vrijheden en van de rechtsstaat,

Bevestigend hun gehechtheid aan de sociale grondrechten zoals omschreven in het op 18 oktober 1961 te Turijn ondertekende Europees Sociaal Handvest en in het Gemeenschapshandvest van de sociale grondrechten van de werkenden van 1989,

Verlangend de solidariteit tussen hun volkeren te verdiepen met inachtneming van hun geschiedenis, cultuur en tradities,

Verlangend de democratische en doelmatige werking van de instellingen verder te ontwikkelen, teneinde hen in staat te stellen de hun toevertrouwde taken beter uit te voeren, in één enkel institutioneel kader,

Vastbesloten de versterking en de convergentie van hun economieën te verwezenlijken en een economische en monetaire unie tot stand te brengen met, overeenkomstig het bepaalde in dit Verdrag en het Verdrag betreffende de werking van de Europese Unie, één enkele en stabiele munteenheid,

Vastbesloten de economische en sociale vooruitgang van hun volkeren te bevorderen, met inachtneming van het beginsel van duurzame ontwikkeling en in het kader van de voltooiing van de interne markt en van versterkte cohesie en milieubescherming, en een beleid te voeren dat er borg voor staat dat de vooruitgang op het gebied van de economische integratie en de vooruitgang op andere terreinen gelijke tred met elkaar houden,

Vastbesloten voor de onderdanen van hun landen een gemeenschappelijk burgerschap in te voeren,

Vastbesloten een gemeenschappelijk buitenlands en veiligheidsbeleid te voeren met inbegrip van de geleidelijke bepaling van een gemeenschappelijk defensiebeleid dat tot een gemeenschappelijke defensie zou kunnen leiden, overeenkomstig de bepalingen van artikel 42, daarbij de Europese identiteit en onafhankelijkheid versterkend, teneinde vrede, veiligheid en vooruitgang in Europa en in de wereld te bevorderen,

Vastbesloten het vrije verkeer van personen te vergemakkelijken en tegelijkertijd tevens de veiligheid en zekerheid van hun volkeren te waarborgen, door een ruimte van vrijheid, veiligheid en rechtvaardigheid tot stand te brengen, overeenkomstig het bepaalde in dit Verdrag en het Verdrag betreffende de werking van de Europese Unie,

Vastbesloten te gaan met het proces van totstandbrenging van een steeds hechter verbond tussen de volkeren van Europa, waarin besluiten zo dicht mogelijk bij de burgers worden genomen in overeenstemming met het subsidiariteitsbeginsel,

Met het oog op verdere stappen die moeten worden gezet om de Europese integratie te bevorderen,

Hebben besloten een Europese Unie op te richten en hebben te dien einde als hun gevolmachtigden aangewezen:[2]

Die, na overlegging van hun in goede en behoorlijke vorm bevonden volmachten, overeenstemming hebben bereikt omtrent de volgende bepalingen:

---

1 Inwerkingtredingsdatum: 01-02-2003; zoals laatstelijk gewijzigd bij: Trb. 2012, 24.
2 [Red: De lijst van ondertekenaars is niet opgenomen.]

TITEL I
GEMEENSCHAPPELIJKE BEPALINGEN

Art. 1

Grondslag Europese Unie Bij dit Verdrag richten de Hoge Verdragsluitende Partijen tezamen een Europese Unie op, hierna „Unie" te noemen, waaraan de lidstaten bevoegdheden toedelen om hun gemeenschappelijke doelstellingen te bereiken.

Dit Verdrag markeert een nieuwe etappe in het proces van totstandbrenging van een steeds hechter verbond tussen de volkeren van Europa, waarin de besluiten in zo groot mogelijke openheid en zo dicht mogelijk bij de burger worden genomen.

De Unie is gegrond op dit Verdrag en op het Verdrag betreffende de werking van de Europese Unie (hierna „de Verdragen" te noemen). Deze twee Verdragen hebben dezelfde juridische waarde. De Unie treedt in de plaats van de Europese Gemeenschap, waarvan zij de opvolgster is.

Art. 2

Waarden Europese Unie De waarden waarop de Unie berust, zijn eerbied voor de menselijke waardigheid, vrijheid, democratie, gelijkheid, de rechtsstaat en eerbiediging van de mensenrechten, waaronder de rechten van personen die tot minderheden behoren. Deze waarden hebben de lidstaten gemeen in een samenleving die gekenmerkt wordt door pluralisme, nondiscriminatie, verdraagzaamheid, rechtvaardigheid, solidariteit en gelijkheid van vrouwen en mannen.

Art. 3

Doel Europese Unie 1. De Unie heeft als doel de vrede, haar waarden en het welzijn van haar volkeren te bevorderen.
2. De Unie biedt haar burgers een ruimte van vrijheid, veiligheid en recht zonder binnengrenzen, waarin het vrije verkeer van personen gewaarborgd is in combinatie met passende maatregelen met betrekking tot controles aan de buitengrenzen, asiel, immigratie, en voorkoming en bestrijding van criminaliteit.

Interne markt Europese Unie 3. De Unie brengt een interne markt tot stand. Zij zet zich in voor de duurzame ontwikkeling van Europa, op basis van een evenwichtige economische groei en van prijsstabiliteit, een sociale markteconomie met een groot concurrentievermogen die gericht is op volledige werkgelegenheid en sociale vooruitgang, en van een hoog niveau van bescherming en verbetering van de kwaliteit van het milieu. De Unie bevordert wetenschappelijke en technische vooruitgang.

De Unie bestrijdt sociale uitsluiting en discriminatie, en bevordert sociale rechtvaardigheid en bescherming, de gelijkheid van vrouwen en mannen, de solidariteit tussen generaties en de bescherming van de rechten van het kind.

De Unie bevordert de economische, sociale en territoriale samenhang, en de solidariteit tussen de lidstaten.

De Unie eerbiedigt haar rijke verscheidenheid van cultuur en taal en ziet toe op de instandhouding en de ontwikkeling van het Europese culturele erfgoed.

Economische en monetaire unie 4. De Unie stelt een economische en monetaire unie in die de euro als munt heeft.

5. In de betrekkingen met de rest van de wereld handhaaft de Unie haar waarden en belangen en zet zich ervoor in, en draagt zij bij tot de bescherming van haar burgers. Zij draagt bij tot de vrede, de veiligheid, de duurzame ontwikkeling van de aarde, de solidariteit en het wederzijds respect tussen de volkeren, de vrije en eerlijke handel, de uitbanning van armoede en de bescherming van de mensenrechten, in het bijzonder de rechten van het kind, alsook tot de strikte eerbiediging en ontwikkeling van het internationaal recht, met inbegrip van de inachtneming van de beginselen van het Handvest van de Verenigde Naties.
6. De Unie streeft deze doelstellingen met passende middelen na, naar gelang van de bevoegdheden die haar daartoe in de Verdragen zijn toegedeeld.

Art. 4

Bevoegdheden van lidstaten Europese Unie 1. Overeenkomstig artikel 5 behoren bevoegdheden die in de Verdragen niet aan de Unie zijn toegedeeld, toe aan de lidstaten.
2. De Unie eerbiedigt de gelijkheid van de lidstaten voor de Verdragen, alsmede hun nationale identiteit die besloten ligt in hun politieke en constitutionele basisstructuren, waaronder die voor regionaal en lokaal zelfbestuur. Zij eerbiedigt de essentiële staatsfuncties, met name de verdediging van de territoriale integriteit van de staat, de handhaving van de openbare orde en de bescherming van de nationale veiligheid. Met name de nationale veiligheid blijft de uitsluitende verantwoordelijkheid van elke lidstaat.
3. Krachtens het beginsel van loyale samenwerking respecteren de Unie en de lidstaten elkaar en steunen zij elkaar bij de vervulling van de taken die uit de Verdragen voortvloeien.

De lidstaten treffen alle algemene en bijzondere maatregelen die geschikt zijn om de nakoming van de uit de Verdragen of uit de handelingen van de instellingen van de Unie voortvloeiende verplichtingen te verzekeren.

De lidstaten vergemakkelijken de vervulling van de taak van de Unie en onthouden zich van alle maatregelen die de verwezenlijking van de doelstellingen van de Unie in gevaar kunnen brengen.

Art. 5
1. De afbakening van de bevoegdheden van de Unie wordt beheerst door het beginsel van bevoegdheidstoedeling. De uitoefening van die bevoegdheden wordt beheerst door de beginselen van subsidiariteit en evenredigheid.

2. Krachtens het beginsel van bevoegdheidstoedeling handelt de Unie enkel binnen de grenzen van de bevoegdheden die haar door de lidstaten in de Verdragen zijn toegedeeld om de daarin bepaalde doelstellingen te verwezenlijken. Bevoegdheden die in de Verdragen niet aan de Unie zijn toegedeeld, behoren toe aan de lidstaten.

3. Krachtens het subsidiariteitsbeginsel treedt de Unie op de gebieden die niet onder haar exclusieve bevoegdheid vallen, slechts op indien en voor zover de doelstellingen van het overwogen optreden niet voldoende door de lidstaten op centraal, regionaal of lokaal niveau kunnen worden verwezenlijkt, maar vanwege de omvang of de gevolgen van het overwogen optreden beter door de Unie kunnen worden bereikt.

De instellingen van de Unie passen het subsidiariteitsbeginsel toe overeenkomstig het Protocol betreffende de toepassing van de beginselen van subsidiariteit en evenredigheid. De nationale parlementen zien er volgens die in dat Protocol vastgelegde procedure op toe dat het subsidiariteitsbeginsel wordt geëerbiedigd.

4. Krachtens het evenredigheidsbeginsel gaan de inhoud en de vorm van het optreden van de Unie niet verder dan wat nodig is om de doelstellingen van de Verdragen te verwezenlijken.

De instellingen van de Unie passen het evenredigheidsbeginsel toe overeenkomstig het Protocol betreffende de toepassing van de beginselen van subsidiariteit en evenredigheid.

Bevoegdheidstoedeling Europese Unie

Art. 6
1. De Unie erkent de rechten, vrijheden en beginselen die zijn vastgesteld in het Handvest van de grondrechten van de Europese Unie van 7 december 2000, als aangepast op 12 december 2007 te Straatsburg, dat dezelfde juridische waarde als de Verdragen heeft.

De bepalingen van het Handvest houden geenszins een verruiming in van de bevoegdheden van de Unie zoals bepaald bij de Verdragen.

De rechten, vrijheden en beginselen van het Handvest worden uitgelegd overeenkomstig de algemene bepalingen van titel VII van het Handvest betreffende de uitlegging en toepassing ervan, waarbij de in het Handvest bedoelde toelichtingen, waarin de bronnen van deze bepalingen vermeld zijn, terdege in acht genomen worden.

2. De Unie treedt toe tot het Europees Verdrag tot bescherming van de rechten van de mens en de fundamentele vrijheden. Die toetreding wijzigt de bevoegdheden van de Unie, zoals bepaald in de Verdragen, niet.

3. De grondrechten, zoals zij worden gewaarborgd door het Europees Verdrag tot bescherming van de rechten van de mens en de fundamentele vrijheden en zoals zij voortvloeien uit de constitutionele tradities die de lidstaten gemeen hebben, maken als algemene beginselen deel uit van het recht van de Unie.

Handvest van de grondrechten binnen de Europese Unie

Art. 7
1. Op een met redenen omkleed voorstel van een derde van de lidstaten, het Europees Parlement of de Europese Commissie kan de Raad, na goedkeuring van het Europees Parlement, met een meerderheid van vier vijfden van zijn leden constateren dat er duidelijk gevaar bestaat voor een ernstige schending van de in artikel 2 bedoelde waarden door een lidstaat. Alvorens die constatering te doen, hoort de Raad de betrokken lidstaat en kan hij die lidstaat volgens dezelfde procedure aanbevelingen doen.

De Raad gaat regelmatig na of de redenen die tot zijn constatering hebben geleid nog bestaan.

2. De Europese Raad kan met eenparigheid van stemmen, op voorstel van een derde van de lidstaten of van de Europese Commissie, en na goedkeuring van het Europees Parlement, een ernstige en voortdurende schending van de in artikel 2 bedoelde waarden door een lidstaat constateren, na de lidstaat in kwestie om opmerkingen te hebben verzocht.

3. Wanneer de in lid 2 bedoelde constatering is gedaan, kan de Raad met gekwalificeerde meerderheid van stemmen besluiten tot schorsing van bepaalde rechten die uit de toepassing van de Verdragen op de lidstaat in kwestie voortvloeien, met inbegrip van de stemrechten van de vertegenwoordiger van de regering van die lidstaat in de Raad. De Raad houdt daarbij rekening met de mogelijke gevolgen van een dergelijke schorsing voor de rechten en verplichtingen van natuurlijke en rechtspersonen.

De verplichtingen van de lidstaat in kwestie uit hoofde van de Verdragen blijven in ieder geval verbindend voor die lidstaat.

4. De Raad kan naderhand met gekwalificeerde meerderheid van stemmen besluiten om krachtens lid 3 genomen maatregelen te wijzigen of in te trekken in verband met wijzigingen in de toestand die tot het opleggen van de maatregelen heeft geleid.

Constatering schending grondrechten binnen Europese Unie

5. De stemprocedures die in het kader van dit artikel gelden voor het Europees Parlement, de Europese Raad en de Raad worden vastgesteld in artikel 354 van het Verdrag betreffende de werking van de Europese Unie.

Art. 8

Betrekkingen met naburige landen Europese Unie

1. De Unie ontwikkelt met de naburige landen bijzondere betrekkingen, die erop gericht zijn een ruimte van welvaart en goed nabuurschap tot stand te brengen welke stoelt op de waarden van de Unie en welke gekenmerkt wordt door nauwe en vreedzame betrekkingen die gebaseerd zijn op samenwerking.
2. Voor de toepassing van lid 1 kan de Unie met de betrokken landen specifieke overeenkomsten sluiten. Die overeenkomsten kunnen wederkerige rechten en verplichtingen omvatten en tevens voorzien in de mogelijkheid gemeenschappelijk op te treden. Over de uitvoering van de overeenkomsten wordt op gezette tijden overleg gepleegd.

TITEL II
BEPALINGEN INZAKE DE DEMOCRATISCHE BEGINSELEN

Art. 9

Gelijkheidsbeginsel Europese Unie

De Unie eerbiedigt in al haar activiteiten het beginsel van gelijkheid van haar burgers, die gelijke aandacht genieten van haar instellingen, organen en instanties. Burger van de Unie is eenieder die de nationaliteit van een lidstaat bezit. Het burgerschap van de Unie komt naast het nationale burgerschap en treedt niet in de plaats daarvan.

Art. 10

Representatieve democratie binnen Europese Unie

1. De werking van de Unie is gegrond op de representatieve democratie.

2. De burgers worden op het niveau van de Unie rechtstreeks vertegenwoordigd in het Europees Parlement.
De lidstaten worden in de Europese Raad vertegenwoordigd door hun staatshoofd of hun regeringsleider en in de Raad door hun regering, die zelf democratische verantwoording verschuldigd zijn aan hun nationale parlement of aan hun burgers.
3. Iedere burger heeft het recht aan het democratisch bestel van de Unie deel te nemen. De besluitvorming vindt plaats op een zo open mogelijke wijze, en zo dicht bij de burgers als mogelijk is.
4. De politieke partijen op Europees niveau dragen bij tot de vorming van een Europees politiek bewustzijn en tot de uiting van de wil van de burgers van de Unie.

Art. 11

Contact burgers en representatieve organisaties met Europese Unie

1. De instellingen bieden de burgers en de representatieve organisaties langs passende wegen de mogelijkheid hun mening over alle onderdelen van het optreden van de Unie kenbaar te maken en daarover in het openbaar in discussie te treden.
2. De instellingen voeren een open, transparante en regelmatige dialoog met representatieve organisaties en met het maatschappelijk middenveld.
3. Ter wille van de samenhang en de transparantie van het optreden van de Unie pleegt de Europese Commissie op ruime schaal overleg met de betrokken partijen.
4. Wanneer ten minste één miljoen burgers van de Unie, afkomstig uit een significant aantal lidstaten, van oordeel zijn dat inzake een aangelegenheid een rechtshandeling van de Unie nodig is ter uitvoering van de Verdragen, kunnen zij het initiatief nemen de Europese Commissie te verzoeken binnen het kader van de haar toegedeelde bevoegdheden een passend voorstel daartoe in te dienen.
De procedures en voorwaarden voor de indiening van een dergelijk initiatief worden vastgesteld overeenkomstig artikel 24, eerste alinea, van het Verdrag betreffende de werking van de Europese Unie.

Art. 12

Bijdrage nationale parlementen aan Europese Unie

De nationale parlementen dragen actief bij tot de goede werking van de Unie:
a. door zich door de instellingen van de Unie te laten informeren en door zich ontwerpen van wetgevingshandelingen van de Unie te laten toezenden, overeenkomstig het Protocol betreffende de rol van de nationale parlementen in de Europese Unie;
b. door erop toe te zien dat het beginsel van subsidiariteit wordt geëerbiedigd overeenkomstig de procedures bedoeld in het Protocol betreffende de toepassing van de beginselen van subsidiariteit en evenredigheid;
c. door, in het kader van de ruimte van vrijheid, veiligheid en recht, deel te nemen aan de mechanismen voor de evaluatie van de uitvoering van het beleid van de Unie in die ruimte, overeenkomstig artikel 70 van het Verdrag betreffende de werking van de Europese Unie, en door betrokken te worden bij het politieke toezicht op Europol en de evaluatie van de activiteiten van Eurojust, overeenkomstig de artikelen 88 en 85 van dat Verdrag;

d. door deel te nemen aan de procedures voor de herziening van de Verdragen, overeenkomstig artikel 48 van dit Verdrag;
e. door zich in kennis te laten stellen van verzoeken om toetreding tot de Unie, overeenkomstig artikel 49 van dit Verdrag;
f. door deel te nemen aan de interparlementaire samenwerking tussen de nationale parlementen en met het Europees Parlement, overeenkomstig het Protocol betreffende de rol van de nationale parlementen in de Europese Unie.

TITEL III
BEPALINGEN BETREFFENDE DE INSTELLINGEN

Art. 13

1. De Unie beschikt over een institutioneel kader, dat ertoe strekt haar waarden uit te dragen, haar doelstellingen na te streven, haar belangen en de belangen van haar burgers en van de lidstaten te dienen, en de samenhang, de doeltreffendheid en de continuïteit van haar beleid en haar optreden te verzekeren.

Instellingen Europese Unie

De instellingen van de Unie zijn:
- het Europees Parlement,
- de Europese Raad,
- de Raad,
- de Europese Commissie, (hierna te noemen „de Commissie"),
- het Hof van Justitie van de Europese Unie,
- de Europese Centrale Bank
- de Rekenkamer

2. Iedere instelling handelt binnen de grenzen van de bevoegdheden die haar in de Verdragen zijn toegedeeld en volgens de daarin bepaalde procedures, voorwaarden en doelstellingen. De instellingen werken loyaal samen.
3. De bepalingen inzake de Europese Centrale Bank en de Rekenkamer alsmede nadere bepalingen inzake de andere instellingen staan in het Verdrag betreffende de werking van de Europese Unie.
4. Het Europees Parlement, de Raad en de Commissie worden bijgestaan door een Economisch en Sociaal Comité en een Comité van de Regio's, die een adviserende taak hebben.

Art. 14

1. Het Europees Parlement oefent samen met de Raad de wetgevingstaak en de begrotingstaak uit. Het oefent onder de bij de Verdragen bepaalde voorwaarden politieke controle en adviserende taken uit. Het kiest de voorzitter van de Commissie.

Europees Parlement

2. Het Europees Parlement bestaat uit vertegenwoordigers van de burgers van de Unie. Hun aantal bedraagt niet meer dan zevenhonderdvijftig, plus de voorzitter. De burgers zijn degressief evenredig vertegenwoordigd, met een minimum van zes leden per lidstaat. Geen enkele lidstaat krijgt meer dan zesennegentig zetels toegewezen.
De Europese Raad stelt met eenparigheid van stemmen op initiatief van en na goedkeuring door het Europees Parlement een besluit inzake de samenstelling van het Europees Parlement vast, met inachtneming van de in de eerste alinea genoemde beginselen.
3. De leden van het Europees Parlement worden door middel van rechtstreekse, vrije en geheime algemene verkiezingen voor een periode van vijf jaar gekozen.
4. Het Europees Parlement kiest uit zijn leden de voorzitter en het bureau.

Art. 15

1. De Europese Raad geeft de nodige impulsen voor de ontwikkeling van de Unie en bepaalt de algemene politieke beleidslijnen en prioriteiten. Hij oefent geen wetgevingstaak uit.

Europese Raad

2. De Europese Raad bestaat uit de staatshoofden en regeringsleiders van de lidstaten, zijn voorzitter en de voorzitter van de Commissie. De hoge vertegenwoordiger van de Unie voor buitenlandse zaken en veiligheidsbeleid neemt deel aan de werkzaamheden van de Europese Raad.
3. De Europese Raad wordt twee keer per half jaar door zijn voorzitter in vergadering bijeengeroepen. Indien de agenda zulks vereist, kunnen de leden van de Europese Raad besluiten zich elk te laten bijstaan door een minister en, wat de voorzitter van de Commissie betreft, door een lid van de Commissie. Indien de situatie zulks vereist, roept de voorzitter een buitengewone bijeenkomst van de Europese Raad bijeen.
4. Tenzij in de Verdragen anders is bepaald, spreekt de Europese Raad zich bij consensus uit.
5. De Europese Raad kiest zijn voorzitter met gekwalificeerde meerderheid van stemmen voor een periode van tweeënhalf jaar. De voorzitter is eenmaal herkiesbaar. Indien de voorzitter verhinderd is of op ernstige wijze tekortschiet, kan de Europese Raad volgens dezelfde procedure zijn mandaat beëindigen.
6. De voorzitter van de Europese Raad:
a. leidt en stimuleert de werkzaamheden van de Europese Raad;

b. zorgt, in samenwerking met de voorzitter van de Commissie en op basis van de werkzaamheden van de Raad Algemene Zaken, voor de voorbereiding en de continuïteit van de werkzaamheden van de Europese Raad;
c. bevordert de samenhang en de consensus binnen de Europese Raad;
d. legt na afloop van iedere bijeenkomst van de Europese Raad een verslag voor aan het Europees Parlement.

De voorzitter van de Europese Raad zorgt op zijn niveau en in zijn hoedanigheid voor de externe vertegenwoordiging van de Unie in aangelegenheden die onder het gemeenschappelijk buitenlands en veiligheidsbeleid vallen, onverminderd de aan de hoge vertegenwoordiger van de Unie voor buitenlandse zaken en veiligheidsbeleid toegedeelde bevoegdheden.

De voorzitter van de Europese Raad kan geen nationaal mandaat uitoefenen.

Art. 16

Wetgevings- en begrotingstaken binnen Europese Unie

1. De Raad oefent samen met het Europees Parlement de wetgevingstaak en de begrotingstaak uit. Hij oefent onder de bij de Verdragen bepaalde voorwaarden beleidsbepalende en coördinerende taken uit.
2. De Raad bestaat uit een vertegenwoordiger van iedere lidstaat op ministerieel niveau, die gemachtigd is om de regering van de lidstaat die hij vertegenwoordigt, te binden en om het stemrecht uit te oefenen.
3. Tenzij in de Verdragen anders is bepaald, besluit de Raad met gekwalificeerde meerderheid van stemmen.
4. Met ingang van 1 november 2014 wordt onder gekwalificeerde meerderheid van stemmen verstaan ten minste 55% van de leden van de Raad die ten minste vijftien in aantal zijn en lidstaten vertegenwoordigen waarvan de bevolking ten minste 65% uitmaakt van de bevolking van de Unie.
Een blokkerende minderheid moet ten minste uit vier leden van de Raad bestaan; in het andere geval wordt de gekwalificeerde meerderheid van stemmen geacht te zijn verkregen.
De overige bepalingen inzake de besluitvorming met gekwalificeerde meerderheid worden vastgesteld in artikel 238, lid 2, van het Verdrag betreffende de werking van de Europese Unie.
5. De overgangsbepalingen inzake de omschrijving van de gekwalificeerde meerderheid die tot en met 31 oktober 2014, respectievelijk tussen 1 november 2014 en 31 maart 2017 van toepassing zijn, worden vastgesteld in het Protocol betreffende de overgangsbepalingen.
6. De Raad komt in verschillende formaties bijeen; de lijst ervan wordt vastgesteld overeenkomstig artikel 236 van het Verdrag betreffende de werking van de Europese Unie.
De Raad Algemene Zaken zorgt voor de samenhang van de werkzaamheden van de verschillende Raadsformaties. De Raad Algemene Zaken bereidt de bijeenkomsten van de Europese Raad voor en volgt ze op, in samenspraak met de voorzitter van de Europese Raad en de Commissie.
De Raad Buitenlandse Zaken werkt het externe optreden van de Unie uit volgens de door de Europese Raad vastgestelde strategische lijnen en zorgt voor de samenhang in het optreden van de Unie.
7. Een Comité van permanente vertegenwoordigers van de regeringen der lidstaten is belast met de voorbereiding van de werkzaamheden van de Raad.
8. De Raad beraadslaagt en stemt in openbare zitting over een ontwerp van wetgevingshandeling. Daartoe wordt iedere Raadszitting gesplitst in twee delen, die respectievelijk gewijd worden aan beraadslagingen over de wetgevingshandelingen van de Unie en aan niet-wetgevingswerkzaamheden.
9. Het voorzitterschap van de andere Raadsformaties dan de formatie Buitenlandse Zaken wordt volgens een toerbeurtsysteem op basis van gelijkheid uitgeoefend door de vertegenwoordigers van de lidstaten in de Raad, onder de overeenkomstig artikel 236 van het Verdrag betreffende de werking van de Europese Unie vastgestelde voorwaarden.

Art. 17

Europese Commissie

1. De Commissie bevordert het algemeen belang van de Unie en neemt daartoe passende initiatieven. Zij ziet toe op de toepassing van zowel de Verdragen als de maatregelen die de instellingen krachtens deze Verdragen vaststellen. Onder de controle van het Hof van Justitie van de Europese Unie ziet zij toe op de toepassing van het recht van de Unie. Zij voert de begroting uit en beheert de programma's. Zij oefent onder de bij de Verdragen bepaalde voorwaarden coördinerende, uitvoerende en beheerstaken uit. Zij zorgt voor de externe vertegenwoordiging van de Unie, behalve wat betreft het gemeenschappelijk buitenlands en veiligheidsbeleid en de andere bij de Verdragen bepaalde gevallen. Zij neemt de initiatieven tot de jaarlijkse en meerjarige programmering van de Unie om interinstitutionele akkoorden tot stand te brengen.
2. Tenzij in de Verdragen anders is bepaald, kunnen wetgevingshandelingen van de Unie alleen op voorstel van de Commissie worden vastgesteld. Andere handelingen worden op voorstel van de Commissie vastgesteld in de gevallen waarin de Verdragen daarin voorzien.
3. De ambtstermijn van de Commissie bedraagt vijf jaar.
De leden van de Commissie worden op grond van hun algemene bekwaamheid en Europese inzet gekozen uit personen die alle waarborgen voor onafhankelijkheid bieden.

De Commissie oefent haar verantwoordelijkheden volkomen onafhankelijk uit. Onverminderd artikel 18, lid 2, vragen noch aanvaarden de leden van de Commissie instructies van enige regering, instelling, orgaan of instantie. Zij onthouden zich van iedere handeling die onverenigbaar is met het karakter van hun ambt of met de uitvoering van hun taak.

4. De Commissie die benoemd is voor de periode tussen de datum van inwerkingtreding van het Verdrag van Lissabon en 31 oktober 2014, bestaat uit één onderdaan van iedere lidstaat, met inbegrip van de voorzitter van de Commissie en van de hoge vertegenwoordiger van de Unie voor buitenlandse zaken en veiligheidsbeleid, die een van de vice-voorzitters van de Commissie is.

5. Vanaf 1 november 2014 bestaat de Commissie uit een aantal leden, met inbegrip van de voorzitter van de Commissie en de hoge vertegenwoordiger van de Unie voor buitenlandse zaken en veiligheidsbeleid, dat overeenstemt met twee derde van het aantal lidstaten, tenzij de Europese Raad met eenparigheid van stemmen besluit dit aantal te wijzigen.

De leden van de Commissie worden gekozen uit de onderdanen van de lidstaten volgens een toerbeurtsysteem dat wordt ingesteld bij strikte gelijkheid tussen de lidstaten dat toelaat de demografische en geografische verscheidenheid van de lidstaten te weerspiegelen. Dit systeem wordt door de Europese Raad met eenparigheid van stemmen vastgesteld overeenkomstig artikel 244 van het Verdrag betreffende de werking van de Europese Unie.

6. De voorzitter van de Commissie:
a. stelt de richtsnoeren vast met inachtneming waarvan de Commissie haar taak vervult;
b. beslist over de interne organisatie van de Commissie en waarborgt zodoende de samenhang, de doeltreffendheid en het collegiale karakter van haar optreden;
c. benoemt andere vice-voorzitters dan de hoge vertegenwoordiger van de Unie voor buitenlandse zaken en veiligheidsbeleid, uit de leden van de Commissie.

Een lid van de Commissie neemt ontslag indien de voorzitter hem daarom verzoekt. De hoge vertegenwoordiger van de Unie voor buitenlandse zaken en veiligheidsbeleid neemt ontslag overeenkomstig de procedure van artikel 18, lid 1, indien de voorzitter hem daarom verzoekt.

7. Rekening houdend met de verkiezingen voor het Europees Parlement en na passende raadplegingen, draagt de Europese Raad met gekwalificeerde meerderheid van stemmen bij het Europees Parlement een kandidaat voor het ambt van voorzitter van de Commissie voor. Deze kandidaat wordt door het Parlement bij meerderheid van zijn leden gekozen. Indien de kandidaat bij de stemming geen meerderheid behaalt, draagt de Europese Raad met gekwalificeerde meerderheid van stemmen binnen een maand een nieuwe kandidaat voor, die volgens dezelfde procedure door het Parlement wordt gekozen.

De Raad stelt in onderlinge overeenstemming met de verkozen voorzitter de lijst vast van de overige personen die hij voorstelt tot lid van de Commissie te benoemen. Zij worden gekozen op basis van de voordrachten van de lidstaten, overeenkomstig de in lid 3, tweede alinea en lid 5, tweede alinea, bepaalde criteria.

De voorzitter, de hoge vertegenwoordiger van de Unie voor buitenlandse zaken en veiligheidsbeleid en de overige leden van de Commissie worden als college ter goedkeuring onderworpen aan een stemming van het Europees Parlement. Op basis van deze goedkeuring wordt de Commissie door de Europese Raad met gekwalificeerde meerderheid van stemmen benoemd.

8. De Commissie legt als college verantwoording af aan het Europees Parlement. Het Europees Parlement kan overeenkomstig artikel 234 van het Verdrag betreffende de werking van de Europese Unie een motie van afkeuring tegen de Commissie aannemen. Indien een dergelijke motie wordt aangenomen, moeten de leden van de Commissie collectief ontslag nemen en moet ook de hoge vertegenwoordiger van de Unie voor buitenlandse zaken en veiligheidsbeleid zijn functie in de Commissie neerleggen.

Art. 18

Hoge vertegenwoordiger van Europese Unie

1. De Europese Raad benoemt met instemming van de voorzitter van de Commissie met gekwalificeerde meerderheid van stemmen de hoge vertegenwoordiger van de Unie voor buitenlandse zaken en veiligheidsbeleid. De Europese Raad kan zijn mandaat volgens dezelfde procedure beëindigen.

2. De hoge vertegenwoordiger voert het gemeenschappelijk buitenlands en veiligheidsbeleid van de Unie. Hij draagt met zijn voorstellen bij tot de uitwerking van dit beleid, dat hij als mandataris van de Raad ten uitvoer brengt. Hij handelt op dezelfde wijze ten aanzien van het gemeenschappelijk veiligheids-en defensiebeleid.

3. De hoge vertegenwoordiger zit de Raad Buitenlandse Zaken voor.

4. De hoge vertegenwoordiger is een van de vice-voorzitters van de Commissie. Hij ziet toe op de samenhang van het externe optreden van de Unie. In de Commissie is hij belast met de taken van de Commissie op het gebied van de externe betrekkingen en met de coördinatie van de overige aspecten van het externe optreden van de Unie. Bij de uitoefening van deze taken in de Commissie, en alleen binnen het bestek daarvan, is de hoge vertegenwoordiger onderworpen aan de procedures voor de werking van de Commissie, voor zover dit verenigbaar is met de leden 2 en 3.

Art. 19

Hof van Justitie

1. Het Hof van Justitie van de Europese Unie omvat het Hof van Justitie, het Gerecht en gespecialiseerde rechtbanken. Het verzekert de eerbiediging van het recht bij de uitlegging en toepassing van de Verdragen.

De lidstaten voorzien in de nodige rechtsmiddelen om daadwerkelijke rechtsbescherming op de onder het recht van de Unie vallende gebieden te verzekeren.

2. Het Hof van Justitie bestaat uit één rechter per lidstaat. Het wordt bijgestaan door advocaten-generaal.

Het Gerecht telt ten minste één rechter per lidstaat.

De rechters en de advocaten-generaal van het Hof van Justitie en de rechters van het Gerecht worden gekozen uit personen die alle waarborgen voor onafhankelijkheid bieden en voldoen aan de voorwaarden bedoeld in de artikelen 253 en 254 van het Verdrag betreffende de werking van de Europese Unie. Zij worden in onderlinge overeenstemming door de regeringen van de lidstaten voor zes jaar benoemd. De aftredende rechters en advocaten-generaal zijn herbenoembaar.

3. Het Hof van Justitie van de Europese Unie doet uitspraak overeenkomstig de Verdragen:
   a. inzake door een lidstaat, een instelling of een natuurlijke of rechtspersoon ingesteld beroep;
   b. op verzoek van de nationale rechterlijke instanties bij wijze van prejudiciële beslissing over de uitlegging van het recht van de Unie en over de geldigheid van de door de instellingen vastgestelde handelingen;
   c. in de overige bij de Verdragen bepaalde gevallen.

TITEL IV
BEPALINGEN INZAKE DE NAUWERE SAMENWERKING

Art. 20

Nauwere samenwerking lidstaten Europese Unie

1. De lidstaten die onderling een nauwere samenwerking wensen aan te gaan in het kader van de niet-exclusieve bevoegdheden van de Unie, kunnen gebruik maken van de instellingen van de Unie en die bevoegdheden uitoefenen op grond van de ter zake geldende bepalingen van de Verdragen, binnen de grenzen van en overeenkomstig het bepaalde in dit artikel en in de artikelen 326 tot en met 334 van het Verdrag betreffende de werking van de Europese Unie.

Met nauwere samenwerking wordt beoogd de verwezenlijking van de doelstellingen van de Unie te bevorderen, haar belangen te beschermen en haar integratieproces te versterken. Nauwere samenwerking staat te allen tijde open voor alle lidstaten, overeenkomstig artikel 328 van het Verdrag betreffende de werking van de Europese Unie.

2. Het besluit houdende machtiging om nauwere samenwerking aan te gaan wordt in laatste instantie vastgesteld door de Raad, wanneer deze constateert dat de met de nauwere samenwerking nagestreefde doelstellingen niet binnen een redelijke termijn door de Unie in haar geheel kunnen worden verwezenlijkt en mits ten minste negen lidstaten aan de nauwere samenwerking deelnemen. De Raad besluit overeenkomstig de in artikel 329 van het Verdrag betreffende de werking van de Europese Unie bepaalde procedure.

3. Alle leden van de Raad kunnen deelnemen aan de beraadslagingen van de Raad, maar alleen de leden van de Raad die de aan een nauwere samenwerking deelnemende lidstaten vertegenwoordigen, nemen deel aan de stemming. De stemprocedure wordt vastgesteld in artikel 330 van het Verdrag betreffende de werking van de Europese Unie.

4. De in het kader van een nauwere samenwerking vastgestelde handelingen zijn alleen verbindend voor de lidstaten die aan de nauwere samenwerking deelnemen. Zij worden niet beschouwd als een acquis dat door de kandidaatlidstaten van de Unie moet worden aanvaard.

TITEL V
ALGEMENE BEPALINGEN INZAKE HET EXTERN OPTREDEN VAN DE UNIE EN SPECIFIEKE BEPALINGEN BETREFFENDE HET GEMEENSCHAPPELIJK BUITENLANDS EN VEILIGHEIDSBELEID

HOOFDSTUK 1
ALGEMENE BEPALINGEN BETREFFENDE HET EXTERN OPTREDEN VAN DE UNIE

Art. 21

Extern optreden Europese Unie

1. Het internationaal optreden van de Unie berust op en is gericht op de wereldwijde verspreiding van de beginselen die aan de oprichting, de ontwikkeling en de uitbreiding van de Unie ten grondslag liggen: de democratie, de rechtsstaat, de universaliteit en de ondeelbaarheid van de mensenrechten en de fundamentele vrijheden, de eerbiediging van de menselijke waardigheid, de beginselen van gelijkheid en solidariteit en de naleving van de beginselen van het Handvest van de Verenigde Naties en het internationaal recht.

De Unie streeft ernaar betrekkingen te ontwikkelen en partnerschappen aan te gaan met derde landen en met de mondiale, internationale en regionale organisaties die de in de eerste alinea bedoelde beginselen delen. Zij bevordert multilaterale oplossingen voor gemeenschappelijke problemen, met name in het kader van de Verenigde Naties.

2. De Unie bepaalt en voert een gemeenschappelijk beleid en optreden en beijvert zich voor een hoge mate van samenwerking op alle gebieden van de internationale betrekkingen, met de volgende doelstellingen:

a. bescherming van haar waarden, fundamentele belangen, veiligheid, onafhankelijkheid en integriteit;
b. consolidering en ondersteuning van de democratie, de rechtsstaat, de mensenrechten en de beginselen van het internationaal recht;
c. handhaving van de vrede, voorkoming van conflicten en versterking van de internationale veiligheid, overeenkomstig de doelstellingen en de beginselen van het Handvest van de Verenigde Naties, de beginselen van de Slotakte van Helsinki en de doelstellingen van het Handvest van Parijs, met inbegrip van de beginselen betreffende de buitengrenzen;
d. ondersteuning van de duurzame ontwikkeling van de ontwikkelingslanden op economisch, sociaal en milieugebied, met uitbanning van de armoede als voornaamste doel;
e. stimulering van de integratie van alle landen in de wereldeconomie, onder meer door het geleidelijk wegwerken van belemmeringen voor de internationale handel;
f. het leveren van een bijdrage tot het uitwerken van internationale maatregelen ter bescherming en verbetering van de kwaliteit van het milieu en het duurzaam beheer van de mondiale natuurlijke rijkdommen, teneinde duurzame ontwikkeling te waarborgen;
g. het verlenen van hulp aan volkeren, landen en regio's die te kampen hebben met natuurrampen of door de mens veroorzaakte rampen; en
h. het bevorderen van een internationaal bestel dat gebaseerd is op intensievere multilaterale samenwerking, en van goed mondiaal bestuur.

3. De Unie eerbiedigt de in de leden 1 en 2 bedoelde beginselen en streeft de in deze leden genoemde doelstellingen na bij de bepaling en de uitvoering van het externe optreden op de verschillende door deze titel en het vijfde deel van het Verdrag betreffende de werking van de Europese Unie bestreken gebieden, alsmede van het overige beleid van de Unie wat de externe aspecten betreft.

De Unie ziet toe op de samenhang tussen de diverse onderdelen van haar externe optreden en tussen het externe optreden en het beleid van de Unie op andere terreinen. De Raad en de Commissie, hierin bijgestaan door de hoge vertegenwoordiger van de Unie voor buitenlandse zaken en veiligheidsbeleid, dragen zorg voor deze samenhang en werken daartoe samen.

Art. 22

1. De Europese Raad stelt op basis van de in artikel 21 vermelde beginselen en doelstellingen de strategische belangen en doelstellingen van de Unie vast.

De besluiten van de Europese Raad inzake de strategische belangen en doelstellingen van de Unie hebben betrekking op het gemeenschappelijk buitenlands en veiligheidsbeleid en op andere onderdelen van het externe optreden van de Unie. Deze besluiten kunnen de betrekkingen van de Unie met een land of een regio betreffen, of een thematische aanpak hebben. In de besluiten worden de geldigheidsduur ervan bepaald, alsmede de middelen die door de Unie en de lidstaten beschikbaar worden gesteld.

De Europese Raad besluit met eenparigheid van stemmen op aanbeveling van de Raad, welke aanbeveling door de Raad wordt vastgesteld volgens het voor elk gebied bepaalde. De besluiten van de Europese Raad worden uitgevoerd volgens de in de Verdragen neergelegde procedures.

2. De hoge vertegenwoordiger van de Unie voor buitenlandse zaken en veiligheidsbeleid, en de Commissie, kunnen gezamenlijk voorstellen bij de Raad indienen, in verband met het gemeenschappelijk buitenlands en veiligheidsbeleid respectievelijk het overige externe optreden van de Unie.

Internationale strategische belangen en doelstellingen Europese Unie

HOOFDSTUK 2
SPECIFIEKE BEPALINGEN BETREFFENDE HET GEMEENSCHAPPELIJK BUITENLANDS EN VEILIGHEIDSBELEID

AFDELING 1
GEMEENSCHAPPELIJKE BEPALINGEN

Art. 23
Het internationaal optreden van de Unie berust, voor de toepassing van dit hoofdstuk, op de beginselen, is gericht op de doelstellingen, en wordt uitgevoerd overeenkomstig de algemene bepalingen van hoofdstuk 1.

Beginselen Europese Unie in internationaal optreden

Art. 24

Bevoegdheid Europese Unie gemeenschappelijk buitenlands en veiligheidsbeleid

1. De bevoegdheid van de Unie met betrekking tot het gemeenschappelijk buitenlands en veiligheidsbeleid bestrijkt alle gebieden van het buitenlands beleid en alle vraagstukken die verband houden met de veiligheid van de Unie, met inbegrip van de geleidelijke bepaling van een gemeenschappelijk defensiebeleid dat kan leiden tot een gemeenschappelijke defensie.

Het gemeenschappelijk buitenlands en veiligheidsbeleid is aan specifieke regels en procedures onderworpen. Het wordt bepaald en uitgevoerd door de Europese Raad en door de Raad, die besluiten met eenparigheid van stemmen, tenzij in de Verdragen anders wordt bepaald. Wetgevingshandelingen kunnen niet worden vastgesteld. Aan het gemeenschappelijk buitenlands en veiligheidsbeleid wordt uitvoering gegeven door de hoge vertegenwoordiger van de Unie voor buitenlandse zaken en veiligheidsbeleid en door de lidstaten, overeenkomstig de Verdragen. De specifieke rol van het Europees Parlement en van de Commissie op dit gebied wordt bepaald in de Verdragen. Het Hof van Justitie van de Europese Unie is niet bevoegd ten aanzien van deze bepalingen, met uitzondering van zijn bevoegdheid toezicht te houden op de naleving van artikel 40 van dit Verdrag en de wettigheid van bepaalde besluiten na te gaan, als bepaald in artikel 275, tweede alinea, van het Verdrag betreffende de werking van de Europese Unie.

2. In het kader van de beginselen en de doelstellingen van haar extern optreden, bepaalt en voert de Europese Unie een gemeenschappelijk buitenlands en veiligheidsbeleid dat berust op de ontwikkeling van de wederzijdse politieke solidariteit van de lidstaten, de bepaling van de aangelegenheden van algemeen belang en de totstandbrenging van een steeds toenemende convergentie van het optreden van de lidstaten.

3. De lidstaten geven in een geest van loyaliteit en wederzijdse solidariteit hun actieve en onvoorwaardelijke steun aan het buitenlands en veiligheidsbeleid van de Unie en eerbiedigen het optreden van de Unie op dat gebied.

De lidstaten werken samen om hun wederzijdse politieke solidariteit te versterken en tot ontwikkeling te brengen. Zij onthouden zich van ieder optreden dat in strijd is met de belangen van de Unie of dat afbreuk zou kunnen doen aan de doeltreffendheid ervan als bundelende kracht in de internationale betrekkingen.

De Raad en de hoge vertegenwoordiger zien toe op de inachtneming van deze beginselen.

Art. 25

Uitvoering gemeenschappelijk buitenlands en veiligheidsbeleid door Europese Unie

De Unie voert het gemeenschappelijk buitenlands en veiligheidsbeleid uit door:
a. de algemene richtsnoeren vast te stellen;
b. besluiten vast te stellen ter bepaling van:
i. het door de Unie uit te voeren optreden;
ii. de door de Unie in te nemen standpunten;
iii. de wijze van uitvoering van de onder de punten i en ii bedoelde besluiten;
en
c. de systematische samenwerking tussen de lidstaten met betrekking tot de beleidsvoering te versterken.

Art. 26

Bevoegdheden Europese Raad gemeenschappelijk buitenlands en veiligheidsbeleid

1. De Europese Raad bepaalt wat de strategische belangen van de Unie zijn en stelt de doelstellingen en algemene richtsnoeren van het gemeenschappelijk buitenlands en veiligheidsbeleid vast, onder meer voor aangelegenheden met gevolgen op defensiegebied. Hij neemt de nodige besluiten.

Indien een internationale ontwikkeling dit vereist, wordt de Europese Raad door zijn voorzitter in buitengewone bijeenkomst bijeengeroepen, teneinde de strategische beleidslijnen van de Unie ten aanzien van deze ontwikkeling vast te stellen.

2. Op basis van de algemene richtsnoeren en strategische beleidslijnen van de Europese Raad, werkt de Raad het gemeenschappelijk buitenlands en veiligheidsbeleid uit en neemt hij de nodige besluiten voor het bepalen en uitvoeren van dat beleid.

De Raad en de hoge vertegenwoordiger van de Unie voor buitenlandse zaken en veiligheidsbeleid zien toe op de eenheid, de samenhang en de doeltreffendheid van het optreden van de Unie.

3. Het gemeenschappelijk buitenlands en veiligheidsbeleid wordt uitgevoerd door de hoge vertegenwoordiger en de lidstaten, die daartoe gebruik maken van de nationale middelen en die van de Unie.

Art. 27

Taak hoge vertegenwoordiger gemeenschappelijk buitenlands en veiligheidsbeleid

1. De hoge vertegenwoordiger van de Unie voor buitenlandse zaken en veiligheidsbeleid, die de Raad Buitenlandse Zaken voorzit, draagt door middel van zijn voorstellen bij tot de uitwerking van het gemeenschappelijk buitenlands en veiligheidsbeleid en waarborgt de uitvoering van de besluiten van de Europese Raad en van de Raad.

2. De hoge vertegenwoordiger vertegenwoordigt de Unie in aangelegenheden die onder het gemeenschappelijk buitenlands en veiligheidsbeleid vallen. Hij voert namens de Unie de politieke dialoog met derden en verwoordt in internationale organisaties en op internationale conferenties het standpunt van de Unie.

3. Bij de vervulling van zijn ambt wordt de hoge vertegenwoordiger bijgestaan door een Europese dienst voor extern optreden. Deze dienst werkt samen met de diplomatieke diensten van de lidstaten en is samengesteld uit ambtenaren uit de bevoegde diensten van het secretariaat-generaal van de Raad, van de Commissie en uit door de nationale diplomatieke diensten gedetacheerde personeelsleden. De inrichting en de werking van de Europese dienst voor extern optreden worden vastgesteld bij een besluit van de Raad. De Raad besluit op voorstel van de hoge vertegenwoordiger, na raadpleging van het Europees Parlement en na de instemming van de Commissie.

Art. 28
1. Wanneer een internationale situatie een operationeel optreden van de Unie vereist, neemt de Raad de nodige besluiten.

Indien zich een verandering van omstandigheden voordoet met een duidelijke invloed op een vraagstuk dat het voorwerp is van een dergelijk besluit, beziet de Raad de beginselen en de doelstellingen van dat besluit opnieuw en neemt hij de noodzakelijke besluiten.

2. Een in lid 1 bedoeld besluit bindt de lidstaten bij het innemen van standpunten en bij hun verdere optreden.

3. Telkens wanneer op grond van een besluit in de zin van lid 1 een nationale standpuntbepaling of nationale optreden wordt overwogen, wordt daarvan door de betrokken lidstaat op een zodanig tijdstip kennis gegeven dat zo nodig voorafgaand overleg binnen de Raad mogelijk is. De verplichting tot voorafgaande kennisgeving geldt niet voor maatregelen die slechts de nationale omzetting van de besluiten van de Raad vormen.

4. In geval van dwingende noodzaak voortvloeiend uit veranderingen in de situatie en bij gebreke van een herziening, als bedoeld in lid 1, van het besluit van de Raad, kunnen de lidstaten met spoed de noodzakelijke maatregelen nemen, rekening houdend met de algemene doelstellingen van dat besluit. De betrokken lidstaat stelt de Raad onverwijld van iedere zodanige maatregel in kennis.

5. In geval van ernstige moeilijkheden bij de uitvoering van een in dit artikel bedoeld besluit, legt een lidstaat deze voor aan de Raad, die daarover beraadslaagt en passende oplossingen zoekt. Deze mogen niet in strijd zijn met de doelstellingen van het in lid 1 bedoelde besluit noch afbreuk doen aan de doeltreffendheid ervan.

Art. 29
De Raad stelt besluiten vast waarin de aanpak van de Unie bepaald ten aanzien van een bepaalde aangelegenheid van geografische of thematische aard. De lidstaten dragen er zorg voor dat hun nationaal beleid met de standpunten van de Unie overeenstemt.

Art. 30
1. Iedere lidstaat, de hoge vertegenwoordiger van de Unie voor buitenlandse zaken en veiligheidsbeleid, of de hoge vertegenwoordiger met steun van de Commissie, kan ieder vraagstuk in verband met het gemeenschappelijk buitenlands en veiligheidsbeleid aan de Raad voorleggen en bij de Raad initiatieven voorleggen respectievelijk voorstellen indienen.

2. In gevallen waarin snelle besluitvorming is vereist, roept de hoge vertegenwoordiger, hetzij eigener beweging, hetzij op verzoek van een lidstaat binnen achtenveertig uur of, in geval van absolute noodzaak, op kortere termijn een buitengewone zitting van de Raad bijeen.

Art. 31
1. In het kader van dit hoofdstuk worden besluiten door de Europese Raad en de Raad met eenparigheid van stemmen genomen, tenzij in dit hoofdstuk anders is bepaald. Wetgevingshandelingen kunnen niet worden vastgesteld.

Ingeval een lid van de Raad zich van stemming onthoudt, kan dit lid zijn onthouding toelichten door op grond van onderhavige alinea een formele verklaring af te leggen. In dat geval is het lid niet verplicht het besluit toe te passen, doch aanvaardt het wel dat het besluit de Unie bindt. In een geest van wederzijdse solidariteit onthoudt de betrokken lidstaat zich van ieder optreden dat het optreden van de Unie krachtens genoemd besluit zou kunnen doorkruisen of belemmeren, en eerbiedigen de andere lidstaten dit standpunt. Indien de leden van de Raad die hun onthouding op deze wijze toelichten, ten minste een derde van de lidstaten vertegenwoordigen en de totale bevolking van de door hen vertegenwoordigde lidstaten ten minste een derde van de totale bevolking van de Unie uitmaakt, wordt het besluit niet vastgesteld.

2. In afwijking van lid 1 besluit de Raad met gekwalificeerde meerderheid van stemmen:
- wanneer hij een besluit vaststelt dat een optreden of een standpunt van de Unie bepaalt op grond van een besluit van de Europese Raad met betrekking tot de strategische belangen en doelstellingen van de Unie in de zin van artikel 22, lid 1;
- wanneer hij een besluit vaststelt dat een optreden of een standpunt van de Unie bepaalt, op voorstel van de hoge vertegenwoordiger van de Unie voor buitenlandse zaken en veiligheidsbe-

leid, dat wordt voorgelegd naar aanleiding van een specifiek verzoek dat de Europese Raad op eigen initiatief of op initiatief van de hoge vertegenwoordiger tot hem heeft gericht;
– bij de aanneming van een besluit waarmee uitvoering wordt gegeven aan een besluit dat een optreden of een standpunt van de Unie bepaalt;
– bij de benoeming van een speciale vertegenwoordiger overeenkomstig artikel 33.

Indien een lid van de Raad verklaart om vitale, nader genoemde, redenen van nationaal beleid voornemens te zijn zich te verzetten tegen de aanneming van een besluit dat met gekwalificeerde meerderheid van stemmen moet worden aangenomen, wordt niet tot stemming overgegaan. De hoge vertegenwoordiger tracht in nauw overleg met de betrokken lidstaat een aanvaardbare oplossing te bereiken. Indien dit niet tot resultaat leidt, kan de Raad met gekwalificeerde meerderheid van stemmen verlangen dat de aangelegenheid wordt voorgelegd aan de Europese Raad, die met eenparigheid van stemmen een besluit vaststelt.

3. De Europese Raad kan met eenparigheid van stemmen bij besluit bepalen dat de Raad in andere dan de in lid 2 genoemde gevallen met gekwalificeerde meerderheid van stemmen besluit.

4. De leden 2 en 3 zijn niet van toepassing op besluiten die gevolgen hebben op militair of defensiegebied.

5. Voor procedurekwesties neemt de Raad zijn besluiten met volstrekte meerderheid van stemmen van zijn leden.

Art. 32

Onderling overleg lidstaten over gemeenschappelijk buitenlands en veiligheidsbeleid Europese Unie

Tussen de lidstaten vindt onderling overleg plaats in de Europese Raad en in de Raad over elke aangelegenheid van algemeen belang op het gebied van het buitenlands en veiligheidsbeleid, teneinde een gemeenschappelijke aanpak te bepalen. Iedere lidstaat overlegt met de andere lidstaten in de Europese Raad of in de Raad alvorens internationaal op te treden of verbintenissen aan te gaan die gevolgen kunnen hebben voor de belangen van de Unie. De lidstaten dragen er door onderlinge afstemming van hun optreden zorg voor dat de Unie haar belangen en haar waarden op het internationale toneel kan doen gelden. De lidstaten zijn onderling solidair.

Wanneer de Europese Raad of de Raad een gemeenschappelijke aanpak van de Unie in de zin van de eerste alinea heeft bepaald, coördineren de hoge vertegenwoordiger van de Unie voor buitenlandse zaken en veiligheidsbeleid en de ministers van Buitenlandse Zaken van de lidstaten hun activiteiten in de Raad.

De diplomatieke missies van de lidstaten en de delegaties van de Unie in derde landen en bij internationale organisaties werken samen en dragen bij tot de formulering en de uitvoering van de gemeenschappelijke aanpak.

Art. 33

Speciale vertegenwoordiger gemeenschappelijk buitenlands en veiligheidsbeleid Europese Unie

De Raad kan, op voorstel van de hoge vertegenwoordiger van de Unie voor buitenlandse zaken en veiligheidsbeleid, een speciale vertegenwoordiger met een mandaat voor specifieke beleidsvraagstukken benoemen. De speciale vertegenwoordiger voert zijn mandaat uit onder het gezag van de hoge vertegenwoordiger.

Art. 34

Coördinatie van gemeenschappelijk buitenlands en veiligheidsbeleid Europese Unie

1. De lidstaten coördineren hun optreden in internationale organisaties en op internationale conferenties. Zij verdedigen in deze fora de standpunten van de Unie. De hoge vertegenwoordiger van de Unie voor buitenlandse zaken en veiligheidsbeleid organiseert de coördinatie.

In internationale organisaties en op internationale conferenties waaraan niet alle lidstaten deelnemen, verdedigen de wel deelnemende lidstaten de standpunten van de Unie.

2. Overeenkomstig artikel 24, lid 3, houden de lidstaten die zijn vertegenwoordigd in internationale organisaties of op internationale conferenties waar niet alle lidstaten vertegenwoordigd zijn, de niet vertegenwoordigde lidstaten en de hoge vertegenwoordiger op de hoogte van alle aangelegenheden van gemeenschappelijk belang.

Lidstaten die tevens lid zijn van de Veiligheidsraad van de Verenigde Naties plegen onderling overleg en houden de overige lidstaten en de hoge vertegenwoordiger volledig op de hoogte. Lidstaten die lid van de Veiligheidsraad zijn, verdedigen bij de uitoefening van hun functie de standpunten en belangen van de Unie, onverminderd de verantwoordelijkheden die krachtens het Handvest van de Verenigde Naties op hen rusten.

Wanneer de Unie een standpunt over een thema op de agenda van de Veiligheidsraad van de Verenigde Naties heeft bepaald, doen de lidstaten die daarin zitting hebben, het verzoek dat de hoge vertegenwoordiger wordt uitgenodigd om het standpunt van de Unie uiteen te zetten.

Art. 35

Naleving van gemeenschappelijk buitenlands en veiligheidsbeleid Europese Unie

De diplomatieke en consulaire missies van de lidstaten en de delegaties van de Unie in derde landen en op internationale conferenties, alsmede hun vertegenwoordigingen bij internationale organisaties voeren onderling overleg om te verzekeren dat de krachtens dit hoofdstuk vastgestelde besluiten die de standpunten en optredens van de Unie bepalen in acht worden genomen en ten uitvoer worden uitgelegd.

Zij intensiveren hun samenwerking door inlichtingen uit te wisselen en gezamenlijke evaluaties te verrichten.

Zij dragen bij tot de uitvoering van het recht op bescherming van de burgers van de Unie op het grondgebied van derde landen bedoeld in artikel 20, lid 2, onder c van het Verdrag betreffende de werking van de Europese Unie, alsmede van de overeenkomstig artikel 23 van dat Verdrag vastgestelde maatregelen.

Art. 36
De hoge vertegenwoordiger van de Unie voor buitenlandse zaken en veiligheidsbeleid raadpleegt het Europees Parlement regelmatig over de voornaamste aspecten en de fundamentele keuzen op het gebied van het gemeenschappelijk buitenlands en veiligheidsbeleid en het gemeenschappelijk veiligheids- en defensiebeleid en informeert het over de ontwikkeling van de beleidsmaatregelen. Hij ziet erop toe dat de opvattingen van het Europees Parlement naar behoren in aanmerking worden genomen. Bij de informatieverstrekking aan het Europees Parlement kunnen de speciale vertegenwoordigers worden ingeschakeld.

Het Europees Parlement kan vragen of aanbevelingen tot de Raad of de hoge vertegenwoordiger richten. Het wijdt twee maal per jaar een debat aan de vooruitgang die bij de tenuitvoerlegging van het gemeenschappelijk buitenlands en veiligheidsbeleid is geboekt met inbegrip van het gemeenschappelijk veiligheids- en defensiebeleid.

Raadpleging Europees Parlement over gemeenschappelijk buitenlands en veiligheidsbeleid

Art. 37
De Unie kan met één of meer staten of internationale organisaties overeenkomsten sluiten op de gebieden die onder dit hoofdstuk vallen.

Overeenkomsten over gemeenschappelijk buitenlands en veiligheidsbeleid Europese Unie

Art. 38
Onverminderd artikel 240 van het Verdrag betreffende de werking van de Europese Unie volgt een politiek en veiligheidscomité de internationale situatie op de onder het gemeenschappelijk buitenlands en veiligheidsbeleid vallende gebieden en draagt het bij tot het bepalen van het beleid door op verzoek van de Raad of van de hoge vertegenwoordiger van de Unie voor buitenlandse zaken en veiligheidsbeleid of op eigen initiatief adviezen aan de Raad uit te brengen. Het comité ziet ook toe op de tenuitvoerlegging van het overeengekomen beleid, onverminderd de bevoegdheden van de hoge vertegenwoordiger.

In het kader van dit hoofdstuk is het politiek en veiligheidscomité onder verantwoordelijkheid van de Raad en van de hoge vertegenwoordiger van de Unie voor buitenlandse zaken en veiligheidsbeleid belast met de politieke controle en de strategische leiding van crisisbeheersingsoperaties bedoeld in artikel 43. De Raad kan het comité voor het doel en de duur van een crisisbeheersingsoperatie, als bepaald door de Raad, machtigen passende besluiten te nemen over de politieke controle en strategische leiding van de operatie.

Politiek en veiligheidscomité Europese Unie

Art. 39
Overeenkomstig artikel 16 van het Verdrag betreffende de werking van de Europese Unie en in afwijking van lid 2 daarvan stelt de Raad een besluit vast inzake de voorschriften betreffende de bescherming van natuurlijke personen ten aanzien van de verwerking van persoonsgegevens door lidstaten, bij de uitoefening van activiteiten die binnen het toepassingsgebied van dit hoofdstuk vallen, alsmede de voorschriften betreffende het vrij verkeer van die gegevens. Op de naleving van deze voorschriften wordt toezicht uitgeoefend door onafhankelijke autoriteiten.

Bescherming persoonsgegevens in gemeenschappelijk buitenlands en veiligheidsbeleid Europese Unie

Art. 40
De uitvoering van het gemeenschappelijk buitenlands en veiligheidsbeleid heeft geen gevolgen voor de toepassing van de procedures en de respectieve omvang van de bevoegdheden van de instellingen waarin de Verdragen voorzien voor de uitoefening van de in de artikelen 3 tot en met 6 van het Verdrag betreffende de werking van de Europese Unie bedoelde bevoegdheden van de Europese Unie.

Evenmin heeft de uitvoering van de in deze artikelen bedoelde beleidsonderdelen gevolgen voor de toepassing van de procedures en de respectieve omvang van de bevoegdheden van de instellingen waarin de Verdragen voorzien voor de uitoefening van de bevoegdheden van de Unie op grond van dit hoofdstuk.

Gevolgen gemeenschappelijk buitenlands en veiligheidsbeleid Europese Unie

Art. 41
1. De administratieve uitgaven die voor de instellingen voortvloeien uit de uitvoering van dit hoofdstuk komen ten laste van de begroting van de Unie.

2. De beleidsuitgaven die voortvloeien uit de uitvoering van dit hoofdstuk komen eveneens ten laste van de begroting van de Unie, behalve wanneer het beleidsuitgaven betreft die voortvloeien uit operaties die gevolgen hebben op militair of defensiegebied en gevallen waarin de Raad met eenparigheid van stemmen anders besluit.

In de gevallen waarin de uitgaven niet ten laste komen van de begroting van de Unie, komen zij ten laste van de lidstaten volgens de bruto nationaal productverdeelsleutel, tenzij de Raad met eenparigheid van stemmen anders besluit. Lidstaten wier vertegenwoordiger in de Raad een formele verklaring krachtens artikel 31, lid 1, tweede alinea, heeft afgelegd, zijn niet verplicht

Uitgaven voor gemeenschappelijk buitenlands en veiligheidsbeleid

bij te dragen in de financiering van uitgaven die voortvloeien uit operaties die gevolgen hebben op militair of defensiegebied.
3. De Raad stelt bij besluit bijzondere procedures vast die waarborgen dat de op de begroting van de Unie opgevoerde kredieten voor de dringende financiering van initiatieven in het kader van het gemeenschappelijk buitenlands en veiligheidsbeleid, met name voor de voorbereiding van de in artikel 42, lid 1, en artikel 43 bedoelde missies, snel beschikbaar komen. De Raad besluit na raadpleging van het Europees Parlement.
De voorbereiding van de in artikel 42, lid 1, en artikel 43 bedoelde missies die niet ten laste komen van de begroting van de Unie, wordt gefinancierd uit een startfonds, gevormd door bijdragen van de lidstaten.
De Raad neemt, op voorstel van de hoge vertegenwoordiger van de Unie voor buitenlandse zaken en veiligheidsbeleid, met gekwalificeerde meerderheid de besluiten aan betreffende:
a. de instelling en vorming van het startfonds, met name ten aanzien van de in het fonds gestorte middelen;
b. het beheer van het startfonds;
c. de financiële controle.
Wanneer een overeenkomstig artikel 42, lid 1, en artikel 43 voorgenomen missie niet ten laste van de begroting van de Unie kan worden gebracht, machtigt de Raad de hoge vertegenwoordiger om dit fonds te gebruiken. De hoge vertegenwoordiger brengt de Raad verslag uit over de uitvoering van deze opdracht.

AFDELING 2
BEPALINGEN INZAKE HET GEMEENSCHAPPELIJK VEILIGHEIDS- EN DEFENSIEBELEID

Art. 42

Gemeenschappelijk veiligheids- en defensiebeleid Europese Unie

1. Het gemeenschappelijk veiligheids- en defensiebeleid is een integrerend deel van het gemeenschappelijk buitenlands en veiligheidsbeleid. Het voorziet de Unie van een operationeel vermogen dat op civiele en militaire middelen steunt. De Unie kan daarvan gebruik maken voor missies buiten het grondgebied van de Unie met het oog op vredeshandhaving, conflictpreventie en versterking van de internationale veiligheid overeenkomstig de beginselen van het Handvest van de Verenigde Naties. De uitvoering van deze taken berust op de door de lidstaten beschikbaar gestelde vermogens.
2. Het gemeenschappelijk veiligheids- en defensiebeleid omvat de geleidelijke bepaling van een gemeenschappelijk defensiebeleid van de Unie. Dit zal tot een gemeenschappelijke defensie leiden zodra de Europese Raad met eenparigheid van stemmen daartoe besluit. In dat geval beveelt hij de lidstaten aan een daartoe strekkend besluit aan te nemen overeenkomstig hun onderscheiden grondwettelijke bepalingen.
Het beleid van de Unie overeenkomstig deze afdeling laat het specifieke karakter van het veiligheids- en defensiebeleid van bepaalde lidstaten onverlet, eerbiedigt de uit het Noord-Atlantisch Verdrag voortvloeiende verplichtingen van bepaalde lidstaten waarvan de gemeenschappelijke defensie gestalte krijgt in de Noord-Atlantische Verdragsorganisatie (NAVO), en is verenigbaar met het in dat kader vastgestelde gemeenschappelijke veiligheids- en defensiebeleid.
3. De lidstaten stellen civiele en militaire vermogens ter beschikking van de Unie voor de uitvoering van het gemeenschappelijk veiligheids- en defensiebeleid, om zodoende bij te dragen aan het bereiken van de door de Raad bepaalde doelstellingen. Lidstaten die onderling multinationale troepenmachten vormen, kunnen deze troepenmachten tevens ter beschikking van het gemeenschappelijk veiligheids- en defensiebeleid stellen.
De lidstaten verbinden zich ertoe hun militaire vermogens geleidelijk te verbeteren. Het Agentschap op het gebied van de ontwikkeling van defensievermogens, onderzoek, aankopen en bewapening (hierna genoemd: „het Europees Defensieagentschap") bepaalt de operationele behoeften, bevordert maatregelen om in die behoeften te voorzien, draagt bij tot de vaststelling en, in voorkomend geval, tot de uitvoering van alle nuttige maatregelen om de industriële en technologische basis van de defensiesector te versterken, neemt deel aan het bepalen van een Europees beleid inzake vermogens en bewapening, en staat de Raad bij om de verbetering van de militaire vermogens te evalueren.
4. Besluiten betreffende het gemeenschappelijk veiligheids- en defensiebeleid, waaronder begrepen het opzetten van een missie als bedoeld in dit artikel, worden op voorstel van de hoge vertegenwoordiger van de Unie voor buitenlandse zaken en veiligheidsbeleid of op initiatief van een lidstaat door de Raad met eenparigheid van stemmen vastgesteld. De hoge vertegenwoordiger kan, in voorkomend geval samen met de Commissie, voorstellen om gebruik te maken van nationale middelen en van instrumenten van de Unie.
5. De Raad kan de uitvoering van een missie in het kader van de Unie toevertrouwen aan een groep lidstaten, teneinde de waarden van de Unie te beschermen en haar belangen te dienen. De uitvoering van een dergelijke missie wordt beheerst door artikel 44.

6. De lidstaten waarvan de militaire vermogens voldoen aan strengere criteria en die terzake verdergaande verbintenissen zijn aangegaan met het oog op de uitvoering van de meest veeleisende taken, stellen in het kader van de Unie een permanente gestructureerde samenwerking in. Deze samenwerking wordt beheerst door artikel 46. Zij laat de bepalingen van artikel 43 onverlet.

7. Indien een lidstaat op zijn grondgebied gewapenderhand wordt aangevallen, rust op de overige lidstaten de plicht deze lidstaat met alle middelen waarover zij beschikken hulp en bijstand te verlenen overeenkomstig artikel 51 van het Handvest van de Verenigde Naties. Dit laat het specifieke karakter van het veiligheids- en defensiebeleid van bepaalde lidstaten onverlet. De verbintenissen en de samenwerking op dit gebied blijven in overeenstemming met de in het kader van de Noord-Atlantische Verdragsorganisatie aangegane verbintenissen, die voor de lidstaten die er lid van zijn, de grondslag en het instrument van hun collectieve defensie blijft.

Art. 43

1. De in artikel 42, lid 1, bedoelde missies, waarbij de Unie civiele en militaire middelen kan inzetten, omvatten gezamenlijke ontwapeningsacties, humanitaire en reddingsmissies, advies en bijstand op militair gebied, conflictpreventie en vredeshandhaving, missies van strijdkrachten met het oog op crisisbeheersing, daaronder begrepen vredestichting, alsmede stabiliseringsoperaties na afloop van conflicten. Al deze taken kunnen bijdragen aan de strijd tegen het terrorisme, ook door middel van steun aan derde landen om het terrorisme op hun grondgebied te bestrijden.

Omvang missies gemeenschappelijk veiligheids- en defensiebeleid Europese Unie

2. De Raad regelt bij besluit de in lid 1 bedoelde missies en stelt doel en reikwijdte ervan vast, alsmede de algemene voorschriften voor de uitvoering ervan. De hoge vertegenwoordiger van de Unie voor buitenlandse zaken en veiligheidsbeleid draagt onder gezag van de Raad en in nauw en voortdurend contact met het politiek en veiligheidscomité zorg voor de coördinatie van de civiele en militaire aspecten van deze missies.

Art. 44

1. In het kader van de overeenkomstig artikel 43 vastgestelde besluiten kan de Raad de uitvoering van een missie toevertrouwen aan een groep lidstaten die dat willen en die over de nodige vermogens voor een dergelijke missie beschikken. Deze lidstaten regelen in samenspraak met de hoge vertegenwoordiger van de Unie voor buitenlandse zaken en veiligheidsbeleid onderling het beheer van de missie.

Uitvoering missies gemeenschappelijk veiligheids- en defensiebeleid Europese Unie

2. De lidstaten die aan de missie deelnemen, brengen de Raad regelmatig op eigen initiatief of op verzoek van een andere lidstaat op de hoogte van het verloop van de missie. De deelnemende lidstaten wenden zich onverwijld tot de Raad indien de uitvoering van de missie zwaarwegende gevolgen met zich meebrengt of een wijziging vereist van de doelstelling, de reikwijdte of de uitvoeringsbepalingen van de missie, zoals vastgesteld bij de in lid 1 bedoelde besluiten. In dat geval stelt de Raad de nodige besluiten vast.

Deelname aan missies gemeenschappelijk veiligheids- en defensiebeleid Europese Unie

Art. 45

1. Het in artikel 42, lid 3, bedoelde Europees Defensieagentschap, dat onder het gezag van de Raad ressorteert, heeft tot taak:

Europees Defensieagentschap

a. de na te streven militaire vermogens van de lidstaten te helpen bepalen en de nakoming van de door de lidstaten aangegane verbintenissen inzake vermogens te evalueren;

b. het harmoniseren van de operationele behoeften en het hanteren van doelmatige en onderling verenigbare aankoopmethoden te bevorderen;

c. multilaterale projecten voor te stellen die erop gericht zijn de doelstellingen met betrekking tot militaire vermogens te verwezenlijken, de door de lidstaten uit te voeren programma's te coördineren en samenwerkingsprogramma's te beheren;

d. het onderzoek inzake defensietechnologie te ondersteunen, alsmede gezamenlijk onderzoek naar en studie van technische oplossingen die voldoen aan toekomstige operationele behoeften, te coördineren en te plannen;

e. bij te dragen aan het bepalen en in voorkomend geval uitvoeren van alle nuttige maatregelen om de industriële en technologische basis van de defensiesector te versterken en de doelmatigheid van de militaire uitgaven te verbeteren.

2. Het Europees Defensieagentschap staat open voor alle lidstaten die daarvan deel wensen uit te maken. De Raad stelt met gekwalificeerde meerderheid een besluit vast houdende vastlegging van het statuut, de zetel en de voorschriften voor de werking van het Agentschap. In dat besluit wordt rekening gehouden met de mate van werkelijke deelneming aan de activiteiten van het Agentschap. Binnen het Agentschap worden specifieke groepen lidstaten gevormd die gezamenlijke projecten uitvoeren. Het Agentschap vervult zijn taken voor zover nodig in overleg met de Commissie.

Art. 46

Permanente gestructureerde samenwerking gemeenschappelijk veiligheids- en defensiebeleid Europese Unie

1. De lidstaten die wensen deel te nemen aan de in artikel 42, lid 6, bedoelde permanente gestructureerde samenwerking, die voldoen aan de criteria en die de verbintenissen inzake militaire vermogens als vermeld in het Protocol betreffende permanente gestructureerde samenwerking onderschrijven, stellen de Raad en de hoge vertegenwoordiger van de Unie voor buitenlandse zaken en veiligheidsbeleid in kennis van hun voornemen.

2. Binnen drie maanden na de in lid 1 bedoelde kennisgeving stelt de Raad een besluit tot instelling van de permanente gestructureerde samenwerking en tot opstelling van de lijst van deelnemende lidstaten vast. De Raad besluit met gekwalificeerde meerderheid van stemmen, na raadpleging van de hoge vertegenwoordiger.

3. Iedere lidstaat die in een later stadium aan de permanente gestructureerde samenwerking wenst deel te nemen, stelt de Raad en de hoge vertegenwoordiger van zijn voornemen in kennis. De Raad stelt een besluit vast houdende bevestiging van de deelneming van de betrokken lidstaat die aan de criteria voldoet en de verbintenissen onderschrijft als bedoeld in de artikelen 1 en 2 van het Protocol betreffende permanente gestructureerde samenwerking. De Raad besluit met gekwalificeerde meerderheid van stemmen, na raadpleging van de hoge vertegenwoordiger. Aan de stemming wordt alleen deelgenomen door de leden van de Raad die de deelnemende lidstaten vertegenwoordigen.
De gekwalificeerde meerderheid wordt vastgesteld overeenkomstig artikel 238, lid 3, onder a van het Verdrag betreffende de werking van de Europese Unie.

4. Indien een deelnemende lidstaat niet langer aan de criteria voldoet of zich niet langer kan houden aan de verbintenissen als bedoeld in de artikelen 1 en 2 van het Protocol betreffende permanente gestructureerde samenwerking, kan de Raad een besluit tot schorsing van de deelneming van deze lidstaat vaststellen.
De Raad besluit met gekwalificeerde meerderheid van stemmen. Aan de stemming wordt alleen deelgenomen door de leden van de Raad die de deelnemende lidstaten vertegenwoordigen, met uitzondering van de betrokken lidstaat.
De gekwalificeerde meerderheid wordt vastgesteld overeenkomstig artikel 238, lid 3, onder a van het Verdrag betreffende de werking van de Europese Unie.

5. Indien een lidstaat zijn deelneming aan de permanente gestructureerde samenwerking wenst te beëindigen, geeft hij daarvan kennis aan de Raad, die er akte van neemt dat de deelneming van de betrokken lidstaat afloopt.

6. Andere dan de in de leden 2 tot en met 5 bedoelde besluiten en aanbevelingen van de Raad in het kader van de permanente gestructureerde samenwerking worden met eenparigheid van stemmen vastgesteld. Voor de toepassing van dit lid wordt eenparigheid van stemmen alleen door de stemmen van de vertegenwoordigers van de deelnemende lidstaten gevormd.

TITEL VI
SLOTBEPALINGEN

Art. 47

Rechtspersoonlijkheid Europese Unie

De Unie bezit rechtspersoonlijkheid.

Art. 48

Herzieningsprocedure Verdragen Europese Unie

1. De Verdragen kunnen worden gewijzigd volgens een gewone herzieningsprocedure. Zij kunnen ook worden gewijzigd volgens vereenvoudigde herzieningsprocedures.

Gewone herzieningsprocedure

Gewone herzieningsprocedure Verdragen Europese Unie

2. De regering van iedere lidstaat, het Europees Parlement en de Commissie kunnen de Raad ontwerpen tot herziening van de Verdragen voorleggen. Die ontwerpen kunnen, onder andere, de door de Verdragen aan de Unie toegedeelde bevoegdheden uitbreiden of beperken. Zij worden door de Raad aan de Europese Raad toegezonden en worden ter kennis van de nationale parlementen gebracht.

3. Indien de Europese Raad, na raadpleging van het Europees Parlement en van de Commissie, met gewone meerderheid van stemmen besluit dat de voorgestelde wijzigingen worden besproken, roept de voorzitter van de Europese Raad een Conventie bijeen die is samengesteld uit vertegenwoordigers van de nationale parlementen, van de staatshoofden of regeringsleiders van de lidstaten, van het Europees Parlement en van de Commissie. Ook de Europese Centrale Bank wordt geraadpleegd in geval van institutionele wijzigingen op monetair gebied. De Conventie beziet de ontwerpen tot herziening en neemt bij consensus een aanbeveling aan ten behoeve van een Conferentie van vertegenwoordigers van de regeringen der lidstaten, als bepaald in lid 4.

De Europese Raad kan met gewone meerderheid van stemmen, na goedkeuring door het Europees Parlement, besluiten geen Conventie bijeen te roepen indien de reikwijdte van de wijzigin-

gen bijeenroeping niet rechtvaardigt. In dit laatste geval stelt de Europese Raad het mandaat van een Conferentie van vertegenwoordigers van de regeringen der lidstaten vast.
4. Een Conferentie van vertegenwoordigers van de regeringen der lidstaten wordt door de voorzitter van de Raad bijeengeroepen, teneinde in onderlinge overeenstemming de in de Verdragen aan te brengen wijzigingen vast te stellen.
De wijzigingen treden in werking nadat zij door alle lidstaten overeenkomstig hun onderscheiden grondwettelijke bepalingen zijn bekrachtigd.
5. Indien vier vijfde van de lidstaten een verdrag houdende wijziging van de Verdragen twee jaar na de ondertekening ervan hebben bekrachtigd en een of meer lidstaten moeilijkheden bij de bekrachtiging hebben ondervonden, bespreekt de Europese Raad de kwestie.

Vereenvoudigde herzieningsprocedures
6. De regering van een lidstaat, het Europees Parlement en de Commissie kunnen de Europese Raad ontwerpen tot gehele of gedeeltelijke herziening van de bepalingen van het derde deel van het Verdrag betreffende de werking van de Europese Unie over het intern beleid en optreden van de Unie voorleggen.

Vereenvoudigde herzieningsprocedure Verdragen Europese Unie

De Europese Raad kan een besluit nemen tot gehele of gedeeltelijke wijziging van de bepalingen van het derde deel van het Verdrag betreffende de werking van de Europese Unie. De Europese Raad besluit met eenparigheid van stemmen, na raadpleging van het Europees Parlement en van de Commissie alsmede van de Europese Centrale Bank in geval van institutionele wijzigingen op monetair gebied. Dit besluit treedt pas in werking na door de lidstaten overeenkomstig hun onderscheiden grondwettelijke bepalingen te zijn goedgekeurd.
Het in de tweede alinea bedoelde besluit kan geen uitbreiding van de door de Verdragen aan de Unie toegedeelde bevoegdheden inhouden.
7. Indien het Verdrag betreffende de werking van de Europese Unie of titel V van het onderhavige Verdrag voorschrijft dat de Raad op een bepaald gebied of in een bepaald geval met eenparigheid van stemmen besluit, kan de Europese Raad bij besluit bepalen dat de Raad op dat gebied of in dat geval met gekwalificeerde meerderheid van stemmen besluit. Deze alinea is niet van toepassing op besluiten die gevolgen hebben op militair of defensiegebied.
Indien het Verdrag betreffende de werking van de Europese Unie voorschrijft dat wetgevingshandelingen door de Raad volgens een bijzondere wetgevingsprocedure worden vastgesteld, kan de Europese Raad bij besluit bepalen dat die wetgevingshandelingen volgens de gewone wetgevingsprocedure worden vastgesteld.
Ieder initiatief van de Europese Raad op grond van de eerste of de tweede alinea wordt aan de nationale parlementen toegezonden. Indien binnen een termijn van zes maanden na die toezending door een nationaal parlement bezwaar wordt aangetekend, is het in de eerste of de tweede alinea bedoelde besluit niet vastgesteld. Indien geen bezwaar wordt aangetekend, kan de Europese Raad dat besluit vaststellen.
Voor de vaststelling van de in de eerste of de tweede alinea bedoelde besluiten, besluit de Europese Raad met eenparigheid van stemmen, na goedkeuring door het Europees Parlement, dat zich uitspreekt bij meerderheid van zijn leden.

Art. 49
Elke Europese staat die de in artikel 2 bedoelde waarden eerbiedigt en zich ertoe verbindt deze uit te dragen, kan verzoeken lid te worden van de Unie. Het Europees Parlement en de nationale parlementen worden van dit verzoek in kennis gesteld. De verzoekende staat richt zijn verzoek tot de Raad, die zich met eenparigheid van stemmen uitspreekt na de Commissie te hebben geraadpleegd en na goedkeuring van het Europees Parlement, dat zich uitspreekt bij meerderheid van zijn leden. Er wordt rekening gehouden met de door de Europese Raad overeengekomen criteria voor toetreding.
De voorwaarden voor de toelating en de uit die toelating voortvloeiende aanpassingen van de Verdragen waarop de Unie is gebaseerd, vormen het onderwerp van een akkoord tussen de lidstaten en de staat die het verzoek indient. Dit akkoord moet door alle overeenkomstsluitende staten worden bekrachtigd overeenkomstig hun onderscheiden grondwettelijke bepalingen.

Verzoek tot lidmaatschap Europese Unie

Art. 50
1. Een lidstaat kan overeenkomstig zijn grondwettelijke bepalingen besluiten zich uit de Unie terug te trekken.
2. De lidstaat die besluit zich terug te trekken, geeft kennis van zijn voornemen aan de Europese Raad. In het licht van de richtsnoeren van de Europese Raad sluit de Unie na onderhandelingen met deze staat een akkoord over de voorwaarden voor zijn terugtrekking, waarbij rekening wordt gehouden met het kader van de toekomstige betrekkingen van die staat met de Unie. Over dat akkoord wordt onderhandeld overeenkomstig artikel 218, lid 3, van het Verdrag betreffende de werking van de Europese Unie. Het akkoord wordt namens de Unie gesloten door de Raad, die met gekwalificeerde meerderheid van stemmen besluit, na goedkeuring door het Europees Parlement.

Terugtrekking lidstaat uit Europese Unie

3. De Verdragen zijn niet meer van toepassing op de betrokken staat met ingang van de datum van inwerkingtreding van het terugtrekkingsakkoord of, bij gebreke daarvan, na verloop van twee jaar na de in lid 2 bedoelde kennisgeving, tenzij de Europese Raad met instemming van de betrokken lidstaat met eenparigheid van stemmen tot verlenging van deze termijn besluit.
4. Voor de toepassing van de leden 2 en 3 nemen het lid van de Europese Raad en het lid van de Raad die de zich terugtrekkende lidstaat vertegenwoordigen, niet deel aan de beraadslagingen of aan de besluiten van de Europese Raad en van de Raad die hem betreffen.
De gekwalificeerde meerderheid wordt vastgesteld overeenkomstig artikel 238, lid 3, onder b van het Verdrag betreffende de werking van de Europese Unie.
5. Indien een lidstaat die zich uit de Unie heeft teruggetrokken, opnieuw om het lidmaatschap verzoekt, is op zijn verzoek de procedure van artikel 49 van toepassing.

Art. 51

Protocollen en bijlagen bij Verdragen Europese Unie

De protocollen en bijlagen bij de Verdragen maken een integrerend deel daarvan uit.

Art. 52

Toepassingsgebied verdragen

1. De Verdragen zijn van toepassing op het Koninkrijk België, de Republiek Bulgarije, de Tsjechische Republiek, het Koninkrijk Denemarken, de Bondsrepubliek Duitsland, de Republiek Estland, Ierland, de Helleense Republiek, het Koninkrijk Spanje, de Franse Republiek, de Republiek Kroatië, de Italiaanse Republiek, de Republiek Cyprus, de Republiek Letland, de Republiek Litouwen, het Groothertogdom Luxemburg, de Republiek Hongarije, de Republiek Malta, het Koninkrijk der Nederlanden, de Republiek Oostenrijk, de Republiek Polen, de Portugese Republiek, Roemenië, de Republiek Slovenië, de Slowaakse Republiek, de Republiek Finland, het Koninkrijk Zweden en het Verenigd Koninkrijk van Groot-Brittannië en Noord-Ierland.
2. Het territoriale toepassingsgebied van de Verdragen wordt omschreven in artikel 355 van het Verdrag betreffende de werking van de Europese Unie.

Art. 53

Duur Verdrag betreffende de Europese Unie

Dit Verdrag wordt voor onbeperkte tijd gesloten.

Art. 54

Bekrachtiging Verdrag betreffende de Europese Unie

1. Dit Verdrag zal door de Hoge Verdragsluitende Partijen worden bekrachtigd overeenkomstig hun onderscheiden grondwettelijke bepalingen. De akten van bekrachtiging zullen worden nedergelegd bij de regering van de Italiaanse Republiek.

Inwerkingtreding Verdrag betreffende de Europese Unie

2. Dit Verdrag treedt in werking op 1 januari 1993, mits alle akten van bekrachtiging zijn nedergelegd, of bij gebreke daarvan op de eerste dag van de maand die volgt op het nederleggen van de akte van bekrachtiging door de ondertekenende staat die als laatste deze handeling verricht.

Art. 55

Talen Verdrag betreffende de Europese Unie

1. Dit Verdrag, opgesteld in één exemplaar, in de Bulgaarse, de Deense, de Duitse, de Engelse, de Estse, de Finse, de Franse, de Griekse, de Hongaarse, de Ierse, de Italiaanse, de Kroatische, de Letse, de Litouwse, de Maltese, de Nederlandse, de Poolse, de Portugese, de Roemeense, de Sloveense, de Slowaakse, de Spaanse, de Tsjechische en de Zweedse taal, zijnde de teksten in elk van deze talen gelijkelijk authentiek, zal worden nedergelegd in het archief van de regering van de Italiaanse Republiek die een voor eensluidend gewaarmerkt afschrift daarvan toezendt aan de regeringen van de andere ondertekenende staten.
2. Dit Verdrag kan ook worden vertaald in andere talen die door de lidstaten zijn gekozen uit de talen die overeenkomstig hun constitutionele bestel op hun gehele grondgebied of een deel daarvan als officiële taal gelden. Van dergelijke vertalingen wordt door de betrokken lidstaat een gewaarmerkt afschrift nedergelegd in de archieven van de Raad.

Verdrag betreffende de werking van de Europese Unie[1]

Zijne Majesteit de Koning der Belgen, de President van de Bondsrepubliek Duitsland, de President van de Franse Republiek, de President van de Italiaanse Republiek, Hare Koninklijke Hoogheid de Groothertogin van Luxemburg, Hare Majesteit de Koningin der Nederlanden, [2]
Vastberaden de grondslagen te leggen voor een steeds hechter verbond tussen de Europese volkeren,
Besloten hebbende door gemeenschappelijk optreden de economische en sociale vooruitgang van hun staten te verzekeren en daartoe de barrières die Europa verdelen te verwijderen,
Vaststellende als wezenlijk doel van hun streven, een voortdurende verbetering van de omstandigheden waaronder hun volkeren leven en werken, te verzekeren,
Erkennende dat de verwijdering van de bestaande hinderpalen eensgezind optreden vereist teneinde de gestadige expansie, het evenwicht in het handelsverkeer en de eerlijkheid in de mededinging te waarborgen,
Verlangende de eenheid hunner volkshuishoudingen te versterken en de harmonische ontwikkeling daarvan te bevorderen door het verschil in niveau tussen de onderscheidene gebieden en de achterstand van de minder begunstigde gebieden te verminderen,
Geleid door de wens door middel van een gemeenschappelijke handelspolitiek bij te dragen tot de geleidelijke opheffing der beperkingen in het internationale handelsverkeer,
Wensende de verbondenheid van Europa met de landen overzee te bevestigen en verlangende de ontwikkeling van hun welvaart te verzekeren, overeenkomstig de beginselen van het Handvest der Verenigde Naties,
Vastbesloten door deze bundeling van krachten de waarborgen voor vrede en vrijheid te versterken en de overige Europese volkeren die hun idealen delen, oproepende zich bij hun streven aan te sluiten,
Vastbesloten het hoogst mogelijke kennisniveau voor hun volkeren na te streven door middel van ruime toegang tot onderwijs en door middel van de voortdurende vernieuwing daarvan,
Hebben te dien einde als hun gevolmachtigden aangewezen: [3]
Die, na overlegging van hun in goede en behoorlijke vorm bevonden volmachten, omtrent de volgende bepalingen overeenstemming hebben bereikt.

EERSTE DEEL
DE BEGINSELEN

Art. 1
1. Dit Verdrag regelt de werking van de Unie en bepaalt de gebieden, de afbakening en de voorwaarden van uitoefening van haar bevoegdheden.

2. Dit Verdrag en het Verdrag betreffende de Europese Unie vormen de Verdragen waarop de Unie is gegrondvest. Deze twee Verdragen, die dezelfde juridische waarde hebben, worden aangeduid met de term „de Verdragen".

Werkingssfeer Verdrag betreffende de werking van de Europese Unie

TITEL I
CATEGORIEËN EN GEBIEDEN VAN BEVOEGDHEDEN VAN DE UNIE

Art. 2
1. In de gevallen waarin bij de Verdragen op een bepaald gebied een exclusieve bevoegdheid aan de Unie wordt toegedeeld, kan alleen de Unie wetgevend optreden en juridisch bindende handelingen vaststellen, en kunnen de lidstaten zulks slechts zelf doen als zij daartoe door de Unie gemachtigd zijn of ter uitvoering van de handelingen van de Unie.
2. In de gevallen waarin bij de Verdragen op een bepaald gebied een bevoegdheid aan de Unie wordt toegedeeld die zij met de lidstaten deelt, kunnen de Unie en de lidstaten wetgevend optreden en juridisch bindende handelingen vaststellen. De lidstaten oefenen hun bevoegdheid uit voor zover de Unie haar bevoegdheid niet heeft uitgeoefend. De lidstaten oefenen hun bevoegdheid weer uit voor zover de Unie besloten heeft haar bevoegdheid niet meer uit te oefenen.

Bevoegdheden Europese Unie

---

1   Inwerkingtredingsdatum: 01-02-2003; zoals laatstelijk gewijzigd bij: Trb. 2012, 24.
2   [Red: De lijst van ondertekenaars is niet toegevoegd.]
3   [Red: De lijst van ondertekenaars is niet toegevoegd.]

3. De lidstaten coördineren hun economisch en werkgelegenheidsbeleid overeenkomstig de in dit Verdrag gestelde nadere regels, die de Unie bevoegd is vast te stellen.
4. De Unie is bevoegd om, overeenkomstig het Verdrag betreffende de Europese Unie, een gemeenschappelijk buitenlands en veiligheidsbeleid te bepalen en te voeren, met inbegrip van de geleidelijke bepaling van een gemeenschappelijk defensiebeleid.
5. Op bepaalde gebieden en onder de bij de Verdragen gestelde voorwaarden is de Unie bevoegd om het optreden van de lidstaten te ondersteunen, te coördineren of aan te vullen, zonder evenwel de bevoegdheid van de lidstaten op die gebieden over te nemen.
De juridisch bindende handelingen van de Unie die op grond van de bepalingen van de Verdragen over die gebieden worden vastgesteld, kunnen generlei harmonisatie van de wettelijke of bestuursrechtelijke bepalingen van de lidstaten inhouden.
6. De omvang en de voorwaarden voor de uitoefening van de bevoegdheden van de Unie worden geregeld door de bepalingen van de Verdragen over ieder van die gebieden.

Art. 3

Exclusieve bevoegdheden Europese Unie

1. De Unie is exclusief bevoegd op de volgende gebieden:
a. de douane-unie;
b. de vaststelling van mededingingsregels die voor de werking van de interne markt nodig zijn;
c. het monetair beleid voor de lidstaten die de euro als munt hebben;
d. de instandhouding van de biologische rijkdommen van de zee in het kader van het gemeenschappelijk visserijbeleid;
e. de gemeenschappelijke handelspolitiek.
2. De Unie is tevens exclusief bevoegd een internationale overeenkomst te sluiten indien een wetgevingshandeling van de Unie in die sluiting voorziet, indien die sluiting noodzakelijk is om de Unie in staat te stellen haar interne bevoegdheid uit te oefenen of wanneer die sluiting gemeenschappelijke regels kan aantasten of de strekking daarvan kan wijzigen.

Art. 4

Gedeelde bevoegdheden Europese Unie en lidstaten

1. De Unie heeft een met de lidstaten gedeelde bevoegdheid in de gevallen waarin haar in de Verdragen een bevoegdheid wordt toegedeeld die buiten de in de artikelen 3 en 6 bedoelde gebieden valt.
2. De gedeelde bevoegdheden van de Unie en de lidstaten betreffen in het bijzonder de volgende gebieden:
a. interne markt;
b. sociaal beleid, voor de in het onderhavige Verdrag genoemde aspecten;
c. economische, sociale en territoriale samenhang;
d. landbouw en visserij, met uitsluiting van de instandhouding van de biologische rijkdommen van de zee;
e. milieu;
f. consumentenbescherming;
g. vervoer;
h. trans-Europese netwerken;
i. energie;
j. de ruimte van vrijheid, veiligheid en recht;
k. gemeenschappelijke veiligheidsvraagstukken op het gebied van volksgezondheid, voor de in het onderhavige Verdrag genoemde aspecten.
3. Op het gebied van onderzoek, technologische ontwikkeling en de ruimte is de Unie bevoegd op te treden, en met name programma's vast te stellen en uit te voeren; de uitoefening van die bevoegdheid belet de lidstaten niet hun eigen bevoegdheid uit te oefenen.
4. Op het gebied van ontwikkelingssamenwerking en humanitaire hulp is de Unie bevoegd op te treden en een gemeenschappelijk beleid te voeren; de uitoefening van die bevoegdheid belet de lidstaten niet hun eigen bevoegdheid uit te oefenen.

Art. 5

Coördinatie beleid Europese Unie

1. De lidstaten coördineren hun economisch beleid binnen de Unie. Daartoe stelt de Raad maatregelen vast, met name globale richtsnoeren voor dat beleid.
Voor de lidstaten die de euro als munt hebben, gelden bijzondere bepalingen.
2. De Unie neemt maatregelen om te zorgen voor de coördinatie van het werkgelegenheidsbeleid van de lidstaten, met name door de richtsnoeren voor dat beleid te bepalen.
3. De Unie kan initiatieven nemen ter coördinatie van het sociaal beleid van de lidstaten.

Art. 6

Ondersteuning, coördinatie en aanvulling optreden lidstaten door Europese Unie

De Unie is bevoegd om het optreden van de lidstaten te ondersteunen, te coördineren of aan te vullen. Dit geldt voor de volgende gebieden wat hun Europese dimensie betreft:
a. bescherming en verbetering van de menselijke gezondheid;
b. industrie;
c. cultuur;
d. toerisme;
e. onderwijs, beroepsopleiding, jongeren en sport;

f. civiele bescherming;
g. administratieve samenwerking.

TITEL II
ALGEMEEN TOEPASSELIJKE BEPALINGEN

Art. 7
De Unie ziet toe op de samenhang tussen haar verschillende beleidsmaatregelen en optredens, rekening houdend met het geheel van haar doelstellingen en met inachtneming van het beginsel van bevoegdheidstoedeling.

Samenhang beleidsmaatregelen Europese Unie

Art. 8
Bij elk optreden streeft de Unie ernaar de ongelijkheden tussen mannen en vrouwen op te heffen en de gelijkheid van mannen en vrouwen te bevorderen.

Gelijkheid mannen en vrouwen binnen Europese Unie

Art. 9
Bij de bepaling en de uitvoering van haar beleid en optreden houdt de Unie rekening met de eisen in verband met de bevordering van een hoog niveau van werkgelegenheid, de waarborging van een adequate sociale bescherming, de bestrijding van sociale uitsluiting alsmede een hoog niveau van onderwijs, opleiding en bescherming van de menselijke gezondheid.

Werkgelegenheid, onderwijs en menselijke gezondheid binnen Europese Unie

Art. 10
Bij de bepaling en de uitvoering van haar beleid en optreden streeft de Unie naar bestrijding van iedere discriminatie op grond van geslacht, ras of etnische afkomst, godsdienst of overtuiging, handicap, leeftijd of seksuele gerichtheid.

Bestrijding discriminatie binnen Europese Unie

Art. 11
De eisen inzake milieubescherming moeten worden geïntegreerd in de omschrijving en uitvoering van het beleid en het optreden van de Unie in het bijzonder met het oog op het bevorderen van duurzame ontwikkeling.

Milieubescherming binnen EU

Art. 12
Met de eisen terzake van consumentenbescherming wordt rekening gehouden bij het bepalen en uitvoeren van het beleid en het optreden van de Unie op andere gebieden.

Consumentenbescherming binnen Europese Unie

Art. 13
Bij het formuleren en uitvoeren van het beleid van de Unie op het gebied van landbouw, visserij, vervoer, interne markt en onderzoek, technologische ontwikkeling en de ruimte, houden de Unie en de lidstaten ten volle rekening met hetgeen vereist is voor het welzijn van dieren als wezens met gevoel, onder eerbiediging van de wettelijke en bestuursrechtelijke bepalingen en gebruiken van de lidstaten met betrekking tot met name godsdienstige riten, culturele tradities en regionaal erfgoed.

Dierenwelzijn binnen Europese Unie

Art. 14
Onverminderd artikel 4 van het Verdrag betreffende de Europese Unie en de artikelen 93, 106 en 107 van dit Verdrag en gezien de plaats die de diensten van algemeen economisch belang in de gemeenschappelijke waarden van de Unie innemen, alsook de rol die zij vervullen bij het bevorderen van sociale en territoriale samenhang, dragen de Unie en de lidstaten er, in het kader van hun onderscheiden bevoegdheden en binnen het toepassingsgebied van de Verdragen, zorg voor dat deze diensten functioneren op basis van beginselen en, met name economische en financiële, voorwaarden die hen in staat stellen hun taken te vervullen. Het Europees Parlement en de Raad stellen volgens de gewone wetgevingsprocedure bij verordeningen deze beginselen en voorwaarden vast, onverminderd de bevoegdheid van de lidstaten om, met inachtneming van de Verdragen, dergelijke diensten te verstrekken, te laten verrichten en te financieren.

Diensten van algemeen economisch belang binnen de Europese Unie

Art. 15
1. Om goed bestuur te bevorderen en de deelneming van het maatschappelijk middenveld te waarborgen, werken de instellingen, organen en instanties van de Unie in een zo groot mogelijke openheid.
2. Het Europees Parlement, en de Raad wanneer hij beraadslaagt en stemt over een ontwerp van wetgevingshandeling, vergaderen in het openbaar.
3. Iedere burger van de Unie en iedere natuurlijke of rechtspersoon met verblijfplaats of statutaire zetel in een lidstaat heeft recht op toegang tot documenten van de instellingen, organen en instanties van de Unie, ongeacht de informatiedrager waarop zij zijn vastgelegd, volgens de beginselen en onder de voorwaarden die overeenkomstig het huidige lid worden bepaald.
Het Europees Parlement en de Raad bepalen bij verordeningen volgens de gewone wetgevingsprocedure de algemene beginselen en de beperkingen op grond van openbare of particuliere belangen betreffende dit recht op toegang tot documenten.
Elke instelling, orgaan of instantie zorgt voor transparantie in zijn of haar werkzaamheden en neemt in haar eigen reglement van orde specifieke bepalingen betreffende de toegang tot haar documenten op overeenkomstig de in de tweede alinea bedoelde verordeningen.

Openbaarheid van bestuur binnen Europese Unie

Ten aanzien van het Hof van Justitie van de Europese Unie, de Europese Centrale Bank en de Europese Investeringsbank, geldt het onderhavige lid alleen voor de uitoefening van hun administratieve taken.

Het Europees Parlement en de Raad zorgen voor de openbaarmaking van de stukken betreffende de wetgevingsprocedures overeenkomstig de voorwaarden van de in de tweede alinea bedoelde verordeningen.

Art. 16

Bescherming persoonsgegevens binnen Europese Unie

1. Eenieder heeft recht op bescherming van zijn persoonsgegevens.

2. Het Europees Parlement en de Raad stellen volgens de gewone wetgevingsprocedure de voorschriften vast betreffende de bescherming van natuurlijke personen ten aanzien van de verwerking van persoonsgegevens door de instellingen, organen en instanties van de Unie, alsook door de lidstaten, bij de uitoefening van activiteiten die binnen het toepassingsgebied van het recht van de Unie vallen, alsmede de voorschriften betreffende het vrij verkeer van die gegevens. Op de naleving van deze voorschriften wordt toezicht uitgeoefend door onafhankelijke autoriteiten.

De op basis van dit artikel vastgestelde voorschriften doen geen afbreuk aan de in artikel 39 van het Verdrag betreffende de Europese Unie bedoelde specifieke voorschriften.

Art. 17

Eerbiediging religie en levensbeschouwing binnen Europese Unie

1. De Unie eerbiedigt de status die kerken en religieuze verenigingen en gemeenschappen volgens het nationaal recht in de lidstaten hebben, en doet daaraan geen afbreuk.

2. De Unie eerbiedigt tevens de status die de levensbeschouwelijke en niet-confessionele organisaties volgens het nationaal recht hebben.

3. De Unie voert een open, transparante en regelmatige dialoog met die kerken en organisaties, onder erkenning van hun identiteit en hun specifieke bijdrage.

TWEEDE DEEL
NON-DISCRIMINATIE EN BURGERSCHAP VAN DE UNIE

Art. 18

Verbod discriminatie op grond van nationaliteit binnen Europese Unie

Binnen de werkingssfeer van de Verdragen en onverminderd de bijzondere bepalingen, daarin gesteld, is elke discriminatie op grond van nationaliteit verboden.

Het Europees Parlement en de Raad kunnen, volgens de gewone wetgevingsprocedure, regelingen treffen met het oog op het verbod van bedoelde discriminaties.

Art. 19

Bestrijding discriminatie binnen Europese Unie

1. Onverminderd de andere bepalingen van de Verdragen, kan de Raad, binnen de grenzen van de door de Verdragen aan de Unie verleende bevoegdheden, met eenparigheid van stemmen, volgens een bijzondere wetgevingsprocedure, en na goedkeuring door het Europees Parlement, passende maatregelen nemen om discriminatie op grond van geslacht, ras of etnische afstamming, godsdienst of overtuiging, handicap, leeftijd of seksuele geaardheid te bestrijden.

Communautaire stimuleringsmaatregelen binnen Europese Unie

2. Het Europees Parlement en de Raad kunnen, in afwijking van lid 1, volgens de gewone wetgevingsprocedure, stimuleringsmaatregelen van de Unie, harmonisatie van de wettelijke en bestuursrechtelijke bepalingen van de lidstaten uitgezonderd, de basisbeginselen vaststellen ter ondersteuning van de maatregelen die de lidstaten nemen om bij te dragen tot de verwezenlijking van de in lid 1 genoemde doelstellingen.

Art. 20

Burgerschap van Europese Unie

1. Er wordt een burgerschap van de Unie ingesteld. Burger van de Unie is een ieder die de nationaliteit van een lidstaat bezit. Het burgerschap van de Unie komt naast het nationale burgerschap doch komt niet in de plaats daarvan.

2. De burgers van de Unie genieten de rechten en hebben de plichten die bij de Verdragen zijn bepaald. Zij hebben, onder andere,

a. het recht zich vrij op het grondgebied van de lidstaten te verplaatsen en er vrij te verblijven;

b. het actief en passief kiesrecht bij de verkiezingen voor het Europees Parlement en bij de gemeenteraadsverkiezingen in de lidstaat waar zij verblijf houden, onder dezelfde voorwaarden als de onderdanen van die staat;

c. het recht op bescherming van de diplomatieke en consulaire instanties van iedere andere lidstaat op het grondgebied van derde landen waar de lidstaat waarvan zij onderdaan zijn, niet vertegenwoordigd is, onder dezelfde voorwaarden als de onderdanen van die lidstaat;

d. het recht om verzoekschriften tot het Europees Parlement te richten, zich tot de Europese ombudsman te wenden, alsook zich in een van de talen van de Verdragen tot de instellingen en de adviesorganen van de Unie te richten en in die taal antwoord te krijgen.

Deze rechten worden uitgeoefend onder de voorwaarden en binnen de grenzen welke bij de Verdragen en de maatregelen ter uitvoering daarvan zijn vastgesteld.

Art. 21
1. Iedere burger van de Unie heeft het recht vrij op het grondgebied van de lidstaten te reizen en te verblijven, onder voorbehoud van de beperkingen en voorwaarden die bij de Verdragen en de bepalingen ter uitvoering daarvan zijn vastgesteld. *Vrijheid van reis en verblijf binnen Europese Unie*
2. Indien een optreden van de Unie noodzakelijk blijkt om deze doelstelling te verwezenlijken en de Verdragen niet in de daartoe vereiste bevoegdheden voorzien, kunnen het Europees Parlement en de Raad, volgens de gewone wetgevingsprocedure bepalingen vaststellen die de uitoefening van de in lid 1 bedoelde rechten vergemakkelijken.
3. Ter verwezenlijking van dezelfde doelstellingen als in lid 1 genoemd en tenzij de Verdragen in de daartoe vereiste bevoegdheden voorzien, kan de Raad, volgens een bijzondere wetgevingsprocedure, maatregelen inzake sociale zekerheid en sociale bescherming vaststellen. De Raad besluit met eenparigheid van stemmen, na raadpleging van het Europees Parlement.

Art. 22
1. Iedere burger van de Unie die verblijf houdt in een lidstaat waarvan hij geen onderdaan is, bezit het actief en passief kiesrecht bij gemeenteraadsverkiezingen in de lidstaat waar hij verblijft, onder dezelfde voorwaarden als de onderdanen van die staat. Dit recht wordt uitgeoefend onder voorbehoud van de door de Raad met eenparigheid van stemmen, volgens een bijzondere wetgevingsprocedure, en na raadpleging van het Europees Parlement vastgestelde nadere regelingen; deze nadere regelingen kunnen voorzien in afwijkingen wanneer zulks gerechtvaardigd wordt door bijzondere problemen in een lidstaat. *Kiesrecht burgers Europese Unie*
2. Onverminderd artikel 223, lid 1, en de bepalingen ter uitvoering daarvan, heeft iedere burger van de Unie die verblijf houdt in een lidstaat waarvan hij geen onderdaan is, het actief en passief kiesrecht bij de verkiezingen voor het Europees Parlement in de lidstaat waar hij verblijft, onder dezelfde voorwaarden als de onderdanen van die staat. Dit recht wordt uitgeoefend onder voorbehoud van de door de Raad met eenparigheid van stemmen, volgens een bijzondere wetgevingsprocedure, en na raadpleging van het Europees Parlement vastgestelde nadere regelingen; deze nadere regelingen kunnen voorzien in afwijkingen wanneer zulks gerechtvaardigd wordt door bijzondere problemen in een bepaalde lidstaat.

Art. 23
Iedere burger van de Unie geniet op het grondgebied van derde landen waar de lidstaat waarvan hij onderdaan is, niet vertegenwoordigd is, de bescherming van de diplomatieke en consulaire instanties van iedere andere lidstaat, onder dezelfde voorwaarden als de onderdanen van die lidstaat. De lidstaten treffen de nodige voorzieningen en beginnen de internationale onderhandelingen die met het oog op deze bescherming vereist zijn. *Diplomatieke bescherming burgers Europese Unie*
De Raad kan, volgens een bijzondere wetgevingsprocedure en na raadpleging van het Europees Parlement, richtlijnen aannemen tot vaststelling van coördinatie- en samenwerkingsmaatregelen die nodig zijn om die bescherming te vergemakkelijken.

Art. 24
Het Europees Parlement en de Raad stellen volgens de gewone wetgevingsprocedure bij verordeningen de bepalingen vast voor de procedures en voorwaarden voor de indiening van een burgerinitiatief in de zin van artikel 11 van het Verdrag betreffende Europese Unie, met inbegrip van het minimum aantal lidstaten waaruit de burgers die het verzoek indienen, afkomstig dienen te zijn. *Rechten burgers Europese Unie*
Iedere burger van de Unie heeft het recht een verzoekschrift tot het Europees Parlement te richten overeenkomstig artikel 227.
Iedere burger van de Unie kan zich wenden tot de overeenkomstig artikel 228 ingestelde ombudsman.
Iedere burger van de Unie kan de in dit artikel of in artikel 13 van het Verdrag betreffende de Europese Unie genoemde instellingen of organen aanschrijven in een van de in artikel 55, lid 1, van het Verdrag betreffende de Europese Unie genoemde talen en ook in die taal antwoord krijgen.

Art. 25
De Commissie brengt om de drie jaar aan het Europees Parlement, de Raad en het Economisch en Sociaal Comité verslag uit over de toepassing van de bepalingen van dit deel van het Verdrag. In dat verslag wordt rekening gehouden met de ontwikkeling van de Unie. *Evaluatie non-discriminatie en burgerschap Europese Unie*
Op basis van dat verslag en onverminderd de overige bepalingen van de Verdragen, kan de Raad, na goedkeuring door het Europees Parlement, met eenparigheid van stemmen, volgens een bijzondere wetgevingsprocedure bepalingen ter aanvulling van de in artikel 20, lid 2, vermelde rechten vaststellen. Deze bepalingen treden pas in werking nadat zij door de lidstaten overeenkomstig hun onderscheiden grondwettelijke bepalingen zijn goedgekeurd.

DERDE DEEL
HET BELEID EN INTERN OPTREDEN VAN DE UNIE

TITEL I
DE INTERNE MARKT

Art. 26

Interne markt Europese Unie

1. De Unie stelt de maatregelen vast die ertoe bestemd zijn om de interne markt tot stand te brengen en de werking ervan te verzekeren, overeenkomstig de bepalingen terzake van de Verdragen.
2. De interne markt omvat een ruimte zonder binnengrenzen waarin het vrije verkeer van goederen, personen, diensten en kapitaal is gewaarborgd volgens de bepalingen van de Verdragen.
3. Op voorstel van de Commissie stelt de Raad de noodzakelijke beleidslijnen en voorwaarden vast om een evenwichtige vooruitgang in het geheel der betrokken sectoren te garanderen.

Art. 27

Volkshuishoudingen binnen interne markt Europese Unie

Bij het formuleren van haar voorstellen met het oog op de verwezenlijking van de doelstellingen van artikel 26 houdt de Commissie rekening met de inspanning die bepaalde volkshuishoudingen met verschillen in ontwikkeling zich moeten getroosten voor de instelling van de interne markt en kan zij passende bepalingen voorstellen.

Indien deze bepalingen de vorm van afwijkingen aannemen, dienen zij van tijdelijke aard te zijn en de werking van de interne markt zo weinig mogelijk te verstoren.

TITEL II
HET VRIJE VERKEER VAN GOEDEREN

Art. 28

Douane-unie van Europese Unie

1. De Unie omvat een douane-unie welke zich uitstrekt over het gehele goederenverkeer en welke zowel het verbod medebrengt van in- en uitvoerrechten en van alle heffingen van gelijke werking in het verkeer tussen de lidstaten onderling als de invoering van een gemeenschappelijk douanetarief voor hun betrekkingen met derde landen.
2. De bepalingen van artikel 30 en van hoofdstuk 3 van deze titel zijn van toepassing op de producten welke van oorsprong zijn uit de lidstaten alsook op de producten uit derde landen welke zich in de lidstaten in het vrije verkeer bevinden.

Art. 29

Producten binnen vrij verkeer Europese Unie

Als zich bevindend in het vrije verkeer in een lidstaat worden beschouwd: de producten uit derde landen waarvoor in genoemde staat de invoerformaliteiten zijn verricht en de verschuldigde douanerechten en heffingen van gelijke werking zijn voldaan en waarvoor geen gehele of gedeeltelijke teruggave van die rechten en heffingen is verleend.

HOOFDSTUK 1
DE DOUANE-UNIE

Art. 30

Verbod in- en uitvoerrechten binnen Europese Unie

In- en uitvoerrechten of heffingen van gelijke werking zijn tussen de lidstaten verboden. Zulks geldt eveneens voor douanerechten van fiscale aard.

Art. 31

Gemeenschappelijk douanetarief Europese Unie

De rechten van het gemeenschappelijk douanetarief worden door de Raad vastgesteld op voorstel van de Commissie.

Art. 32

Uitvoering van taken douane-unie door Europese Commissie

Bij de uitvoering van de taken die haar krachtens de bepalingen van dit hoofdstuk toevertrouwd zijn, laat de Commissie zich leiden door:

a. de noodzaak het handelsverkeer tussen de lidstaten en derde landen te bevorderen;

b. de ontwikkeling van de mededingingsvoorwaarden binnen de Unie in de mate waarin deze ontwikkeling het vermogen tot mededinging van de ondernemingen zal doen toenemen;

c. de behoeften van de Unie aan grondstoffen en halffabrikaten, waarbij zij ervoor waakt dat de mededingingsvoorwaarden met betrekking tot eindproducten tussen de lidstaten niet worden vervalst;

d. de noodzaak om ernstige verstoringen van het economisch leven der lidstaten te vermijden en een rationele ontwikkeling van de productie alsook een verruiming van het verbruik in de Unie te waarborgen.

HOOFDSTUK 2
DE DOUANESAMENWERKING

Art. 33
Binnen het toepassingsgebied van de Verdragen nemen het Europees Parlement en de Raad volgens de gewone wetgevingsprocedure maatregelen ter versterking van de douanesamenwerking tussen de lidstaten onderling en tussen de lidstaten en de Commissie.

Douanesamenwerking binnen Europese Unie

HOOFDSTUK 3
VERBOD OP KWANTITATIEVE BEPERKINGEN TUSSEN DE LIDSTATEN

Art. 34
Kwantitatieve invoerbeperkingen en alle maatregelen van gelijke werking zijn tussen de lidstaten verboden.

Verbod kwantitatieve invoerbeperkingen Europese Unie

Art. 35
Kwantitatieve uitvoerbeperkingen en alle maatregelen van gelijke werking zijn tussen de lidstaten verboden.

Verbod kwantitatieve uitvoerbeperkingen Europese Unie

Art. 36
De bepalingen van de artikelen 34 en 35 vormen geen beletsel voor verboden of beperkingen van invoer, uitvoer of doorvoer, welke gerechtvaardigd zijn uit hoofde van bescherming van de openbare zedelijkheid, de openbare orde, de openbare veiligheid, de gezondheid en het leven van personen, dieren of planten, het nationaal artistiek historisch en archeologisch bezit of uit hoofde van bescherming van de industriële en commerciële eigendom. Deze verboden of beperkingen mogen echter geen middel tot willekeurige discriminatie noch een verkapte beperking van de handel tussen de lidstaten vormen.

Toegestane in- en uitvoerbeperkingen Europese Unie

Art. 37
1. De lidstaten passen hun nationale monopolies van commerciële aard aan in dier voege dat elke discriminatie tussen de onderdanen van de lidstaten wat de voorwaarden van de voorziening en afzet betreft is uitgesloten.
De bepalingen van dit artikel zijn van toepassing op elk lichaam waardoor een lidstaat de invoer of de uitvoer tussen de lidstaten in rechte of in feite rechtstreeks of zijdelings beheerst, leidt of aanmerkelijk beïnvloedt. Deze bepalingen zijn eveneens van toepassing op de door een staat gedelegeerde monopolies.
2. De lidstaten onthouden zich ervan enige nieuwe maatregel te treffen welke tegen de in lid 1 vermelde beginselen indruist of de draagwijdte van de artikelen inzake het verbod op douanerechten en kwantitatieve beperkingen tussen lidstaten beperkt.
3. Wanneer er een monopolie van commerciële aard bestaat, dat een regeling ter vergemakkelijking van de afzet of van de valorisatie van landbouwproducten omvat, dienen bij de toepassing van de bepalingen van dit artikel gelijkwaardige waarborgen te worden gegeven voor de werkgelegenheid en de levensstandaard van de betrokken producenten.

Aanpassing nationale monopolies Europese Unie

TITEL III
LANDBOUW EN VISSERIJ

Art. 38
1. De Unie bepaalt een gemeenschappelijk landbouw- en visserijbeleid en voert dat uit.
De interne markt omvat mede de landbouw, de visserij en de handel in landbouwproducten. Onder landbouwproducten worden verstaan de voortbrengselen van bodem, veeteelt en visserij alsmede de producten in eerste graad van bewerking welke met de genoemde voortbrengselen rechtstreeks verband houden. Verwijzingen naar het gemeenschappelijk landbouwbeleid of naar de landbouw en het gebruik van de term landbouw worden geacht tevens te gelden als verwijzing naar de visserij, met inachtneming van de bijzondere kenmerken van de visserijsector.
2. Voorzover in de artikelen 39 tot en met 44 niet anders is bepaald, zijn de regels voor de instelling en de werking van de interne markt van toepassing op de landbouwproducten.
3. De producten welke vallen onder de bepalingen van de artikelen 39 tot en met 44 zijn vermeld in de lijst in bijlage I.
4. De werking en de ontwikkeling van de interne markt voor landbouwproducten dienen gepaard te gaan met de totstandkoming van een gemeenschappelijk landbouwbeleid.

Landbouw- en visserijbeleid binnen Europese Unie

Art. 39
1. Het gemeenschappelijk landbouwbeleid heeft ten doel:
a. de productiviteit van de landbouw te doen toenemen door de technische vooruitgang te bevorderen en door zowel de rationele ontwikkeling van de landbouwproductie als een optimaal gebruik van de productiefactoren, met name de arbeidskrachten, te verzekeren;

Gemeenschappelijk landbouwbeleid Europese Unie

b. aldus de landbouwbevolking een redelijke levensstandaard te verzekeren, met name door de verhoging van het hoofdelijk inkomen van hen die in de landbouw werkzaam zijn;
c. de markten te stabiliseren;
d. de voorziening veilig te stellen;
e. redelijke prijzen bij de levering aan verbruikers te verzekeren.

2. Bij het tot stand brengen van het gemeenschappelijk landbouwbeleid en van de daarvoor te treffen bijzondere voorzieningen zal rekening gehouden worden met:
a. de bijzondere aard van het landbouwbedrijf, welke voortvloeit uit de maatschappelijke structuur van de landbouw en uit de structurele en natuurlijke ongelijkheid tussen de verschillende landbouwgebieden;
b. de noodzaak de dienstige aanpassingen geleidelijk te doen verlopen;
c. het feit, dat de landbouwsector in de lidstaten nauw verweven is met de gehele economie.

Art. 40

Gemeenschappelijke ordening landbouwmarkten Europese Unie

1. Om de in artikel 39 gestelde doeleinden te bereiken wordt een gemeenschappelijke ordening van de landbouwmarkten tot stand gebracht.
Naar gelang van de producten neemt deze ordening een van de volgende vormen aan:
a. gemeenschappelijke regels inzake mededinging,
b. verplichte coördinatie van de verschillende nationale marktorganisaties,
c. een Europese marktorganisatie.

2. De gemeenschappelijke ordening in een der in lid 1 vermelde vormen kan alle maatregelen medebrengen welke noodzakelijk zijn om de in artikel 39 omschreven doelstellingen te bereiken, met name prijsregelingen, subsidies zowel voor de productie als voor het in de handel brengen der verschillende producten, systemen van voorraadvorming en opslag en gemeenschappelijke organisatorische voorzieningen voor de stabilisatie van de in- of uitvoer.
Zij moet zich beperken tot het nastreven van de in artikel 39 genoemde doeleinden en elke discriminatie tussen producenten of verbruikers van de Unie uitsluiten.
Een eventueel gemeenschappelijk prijsbeleid moet op gemeenschappelijke criteria en op eenvormige berekeningswijzen berusten.

3. Om de in lid 1 bedoelde gemeenschappelijke ordening aan haar doel te laten beantwoorden, kunnen een of meer oriëntatie- en garantiefondsen voor de landbouw in het leven worden geroepen.

Art. 41

Voorzieningen gemeenschappelijk landbouwbeleid Europese Unie

Teneinde de in artikel 39 omschreven doeleinden te bereiken, kunnen in het kader van het gemeenschappelijk landbouwbeleid met name voorzieningen worden getroffen met betrekking tot:
a. een doeltreffende coördinatie van hetgeen ondernomen wordt op het gebied van de beroepsopleiding, het landbouwkundig onderzoek en de landbouwkundige voorlichting, welke coördinatie gemeenschappelijk gefinancierde projecten of instellingen kan medebrengen,
b. gemeenschappelijke acties voor de ontwikkeling van het verbruik van bepaalde producten.

Art. 42

Mededinging binnen gemeenschappelijk landbouwbeleid Europese Unie

De bepalingen van het hoofdstuk over regels betreffende de mededinging zijn op de voortbrenging van en de handel in landbouwproducten slechts in zoverre van toepassing, als door het Europees Parlement en de Raad met inachtneming van de in artikel 39 vermelde doeleinden zal worden bepaald binnen het raam van de bepalingen en overeenkomstig de procedure van artikel 43, lid 2.
De Raad kan, op voorstel van de Commissie, machtiging geven tot het verlenen van steun:
a. ter bescherming van door structurele of natuurlijke omstandigheden benadeelde bedrijven;
b. in het kader van economische ontwikkelingsplannen.

Art. 43

Totstandkoming regelgeving landbouwbeleid Europese Unie

1. De Commissie doet voorstellen inzake de totstandbrenging en de uitvoering van het gemeenschappelijk landbouwbeleid, daarbij inbegrepen de vervanging van de nationale organisaties door een van de in artikel 40, lid 1, genoemde vormen van gemeenschappelijke ordening, alsook de uitvoering van de in deze titel speciaal vermelde maatregelen.
Deze voorstellen dienen rekening te houden met de onderlinge samenhang tussen de in deze titel genoemde landbouwvraagstukken.

2. Het Europees Parlement en de Raad stellen volgens de gewone wetgevingsprocedure en na raadpleging van het Economisch en Sociaal Comité de in artikel 40, lid 1, bedoelde gemeenschappelijke ordening van de landbouwmarkten in en stellen de overige bepalingen vast die nodig zijn om de doelstellingen van het gemeenschappelijk landbouw- en visserijbeleid na te streven.

3. De Raad stelt op voorstel van de Commissie de maatregelen vast voor de prijsbepaling, de heffingen, de steun en de kwantitatieve beperkingen, alsook voor de vaststelling en verdeling van de vangstmogelijkheden.

4. De in artikel 40, lid 1, genoemde gemeenschappelijke ordening kan overeenkomstig de bepalingen van het voorgaande lid in de plaats worden gesteld van de nationale marktorganisaties:

a. indien de gemeenschappelijke ordening aan de lidstaten welke tegen deze maatregelen gekant zijn en zelf over een nationale organisatie voor de betrokken productie beschikken, gelijkwaardige waarborgen biedt inzake de werkgelegenheid en de levensstand van de betrokken producenten, met inachtneming van het ritme van de mogelijke aanpassing en van de noodzakelijke specialisatie, en
b. indien deze ordening aan het handelsverkeer binnen de Unie analoge voorwaarden waarborgt als op een nationale markt bestaan.
5. Wanneer voor bepaalde grondstoffen een gemeenschappelijke ordening in het leven wordt geroepen, voordat er reeds een gemeenschappelijke ordening voor de overeenkomstige verwerkte producten bestaat, mogen de betrokken grondstoffen, gebruikt voor de producten die voor uitvoer naar derde landen zijn bestemd, van buiten de Unie worden ingevoerd.

Art. 44
Wanneer in een lidstaat een product onder een nationale marktorganisatie valt of onder een binnenlandse regeling van gelijke werking welke een gelijksoortige productie in een andere lidstaat bij de mededinging nadelig beïnvloedt, leggen de lidstaten een compenserende heffing op de invoer van dat product uit de lidstaat waar de organisatie of de regeling bestaat, tenzij deze staat een compenserende heffing op de uitvoer toepast.

De Commissie bepaalt de hoogte van deze heffingen zodanig als nodig is om het evenwicht te herstellen;
zij kan eveneens machtiging verlenen tot het nemen van andere maatregelen waarvan zij de voorwaarden en wijze van toepassing vaststelt.

Compenserende heffingen binnen landbouwbeleid Europese Unie

TITEL IV
HET VRIJE VERKEER VAN PERSONEN, DIENSTEN EN KAPITAAL

HOOFDSTUK 1
DE WERKNEMERS

Art. 45
1. Het verkeer van werknemers binnen de Unie is vrij.

Vrij verkeer werknemers binnen Europese Unie

2. Dit houdt de afschaffing in van elke discriminatie op grond van de nationaliteit tussen de werknemers der lidstaten, wat betreft de werkgelegenheid, de beloning en de overige arbeidsvoorwaarden.
3. Het houdt behoudens de uit hoofde van openbare orde, openbare veiligheid en volksgezondheid gerechtvaardigde beperkingen het recht in om,
a. in te gaan op een feitelijk aanbod tot tewerkstelling;
b. zich te dien einde vrij te verplaatsen binnen het grondgebied der lidstaten;
c. in een der lidstaten te verblijven teneinde daar een beroep uit te oefenen overeenkomstig de wettelijke en bestuursrechtelijke bepalingen welke voor de tewerkstelling van nationale werknemers gelden;
d. op het grondgebied van een lidstaat verblijf te houden, na er een betrekking te hebben vervuld, overeenkomstig de voorwaarden die zullen worden opgenomen in door de Commissie vast te stellen verordeningen.
4. De bepalingen van dit artikel zijn niet van toepassing op de betrekkingen in overheidsdienst.

Art. 46
Het Europees Parlement en de Raad stellen volgens de gewone wetgevingsprocedure en na raadpleging van het Economisch en Sociaal Comité, bij wege van richtlijnen of verordeningen de maatregelen vast welke nodig zijn om tot een vrij verkeer van werknemers te komen zoals dit in artikel 45 is omschreven, met name door:
a. het verzekeren van een nauwe samenwerking tussen de nationale bestuursinstellingen op het gebied van de arbeid;
b. het afschaffen van de administratieve procedures en handelwijzen, alsmede van de wachttijden voor het aanvaarden van aangeboden betrekkingen voortvloeiende hetzij uit de nationale wetgeving hetzij uit voordien tussen de lidstaten gesloten overeenkomsten, waarvan de handhaving een beletsel zou vormen voor het vrijmaken van het verkeer van de werknemers;
c. het afschaffen van alle wachttijden en andere beperkingen gesteld hetzij in de nationale wetgeving hetzij in voordien tussen de lidstaten gesloten overeenkomsten, welke aan de werknemers uit de overige lidstaten andere voorwaarden opleggen voor de vrije keuze van een betrekking dan aan de werknemers van het eigen land;
d. het instellen van organisatorische voorzieningen door welke de aanbiedingen van en de aanvragen om werk met elkaar in aanraking kunnen worden gebracht en door welke het evenwicht daarvan kan worden vergemakkelijkt onder voorwaarden welke ernstige gevaren voor de levensstandaard en de werkgelegenheid in de verschillende gebieden en industrieën uitsluiten.

Totstandkoming regelgeving vrij verkeer werknemers Europese Unie

Art. 47

Uitwisseling jeugdige werknemers Europese Unie

De lidstaten begunstigen de uitwisseling van jeugdige werknemers in het kader van een gemeenschappelijk programma.

Art. 48

Sociale zekerheid voor vrij verkeer van werknemers Europese Unie

Het Europees Parlement en de Raad stellen volgens de gewone wetgevingsprocedure de maatregelen vast welke op het gebied van de sociale zekerheid noodzakelijk zijn voor de totstandkoming van het vrije verkeer van werknemers met name door een stelsel in te voeren waardoor het mogelijk is voor al dan niet in loondienst werkzame migrerende werknemers en hun rechthebbenden te waarborgen:

a. dat, met het oog op het verkrijgen en het behoud van het recht op uitkeringen alsmede voor de berekening daarvan, al die tijdvakken worden bijeengeteld welke door de verschillende nationale wetgevingen in aanmerking worden genomen,

b. dat de uitkeringen aan personen die op het grondgebied van de lidstaten verblijven, zullen worden uitbetaald.

Wanneer een lid van de Raad verklaart dat een ontwerp van wetgevingshandeling als bedoeld in de eerste alinea afbreuk zou doen aan belangrijke aspecten van zijn socialezekerheidsstelsel, met name het toepassingsgebied, de kosten en de financiële structuur ervan, of gevolgen zou hebben voor het financiële evenwicht van dat stelsel, kan hij verzoeken dat de aangelegenheid wordt voorgelegd aan de Europese Raad. In dat geval wordt de gewone wetgevingsprocedure geschorst. Na bespreking zal de Europese Raad, binnen 4 maanden na die schorsing:

a. het ontwerp terugverwijzen naar de Raad, waardoor de schorsing van de gewone wetgevingsprocedure wordt beëindigd, of

b. niet handelen of de Commissie verzoeken een nieuw voorstel in te dienen; in dat geval wordt de aanvankelijk voorgestelde handeling geacht niet te zijn vastgesteld.

HOOFDSTUK 2
HET RECHT VAN VESTIGING

Art. 49

Vrijheid van vestiging Europese Unie

In het kader van de volgende bepalingen zijn beperkingen van de vrijheid van vestiging voor onderdanen van een lidstaat op het grondgebied van een andere lidstaat verboden. Dit verbod heeft eveneens betrekking op beperkingen betreffende de oprichting van agentschappen, filialen of dochterondernemingen door de onderdanen van een lidstaat die op het grondgebied van een lidstaat zijn gevestigd.

De vrijheid van vestiging omvat, behoudens de bepalingen van het hoofdstuk betreffende het kapitaal, de toegang tot werkzaamheden anders dan in loondienst en de uitoefening daarvan alsmede de oprichting en het beheer van ondernemingen, en met name van vennootschappen in de zin van de tweede alinea van artikel 54, overeenkomstig de bepalingen welke door de wetgeving van het land van vestiging voor de eigen onderdanen zijn vastgesteld.

Art. 50

Totstandkoming regelgeving vrijheid van vestiging Europese Unie

1. Teneinde de vrijheid van vestiging voor een bepaalde werkzaamheid te verwezenlijken, beslissen het Europees Parlement en de Raad volgens de gewone wetgevingsprocedure en na raadpleging van het Economisch en Sociaal Comité bij wege van richtlijnen.

2. Het Europees Parlement, de Raad en de Commissie oefenen de taken uit welke hun door bovenstaande bepalingen worden toevertrouwd, met name:

a. door in het algemeen bij voorrang die werkzaamheden te behandelen waarvoor de vrijheid van vestiging een bijzonder nuttige bijdrage levert ter ontwikkeling van de productie en van het handelsverkeer;

b. door het verzekeren van een nauwe samenwerking tussen de bevoegde nationale bestuursinstellingen teneinde de bijzondere omstandigheden van de verschillende betrokken werkzaamheden binnen de Unie te leren kennen;

c. door het afschaffen van die bestuursrechtelijke procedures en handelwijzen, voortvloeiende hetzij uit de nationale wetgeving hetzij uit voordien tussen de lidstaten gesloten akkoorden waarvan de handhaving een beletsel zou vormen voor de vrijheid van vestiging;

d. door ervoor te waken dat de werknemers van een der lidstaten welke op het grondgebied van een andere lidstaat te werk zijn gesteld, op dit grondgebied kunnen verblijven om er anders dan in loondienst werk te verrichten, wanneer zij voldoen aan de voorwaarden waaraan zij zouden moeten voldoen indien zij op het tijdstip waarop zij genoemde bezigheid willen opvatten, eerst in die staat zouden zijn aangekomen;

e. door de verwerving en de exploitatie mogelijk te maken van op het grondgebied van een lidstaat gelegen grondbezit door een onderdaan van een andere lidstaat, voorzover de beginselen van artikel 39, lid 2, niet worden aangetast;

f. door de geleidelijke opheffing der beperkingen van de vrijheid van vestiging in elke in behandeling genomen tak van werkzaamheid toe te passen enerzijds op de oprichtingsvoorwaarden

op het grondgebied van een lidstaat van agentschappen, filialen of dochterondernemingen en anderzijds op de toelatingsvoorwaarden voor het personeel van de hoofdvestiging tot de organen van beheer of toezicht van deze agentschappen, filialen of dochterondernemingen;
g. door, voorzover nodig, de waarborgen te coördineren welke in de lidstaten worden verlangd van de rechtspersonen in de zin van de tweede alinea van artikel 54, om de belangen te beschermen zowel van de deelnemers in die rechtspersonen als van derden, teneinde die waarborgen gelijkwaardig te maken;
h. door ervoor te zorgen dat de voorwaarden van vestiging niet worden vervalst als gevolg van steunmaatregelen van de lidstaten.

Art. 51
De bepalingen van dit hoofdstuk zijn, wat de betrokken lidstaat betreft, niet van toepassing op de werkzaamheden ter uitoefening van het openbaar gezag in deze staat, zelfs indien deze slechts voor een bepaalde gelegenheid geschieden.
Het Europees Parlement en de Raad kunnen, volgens de gewone wetgevingsprocedure, besluiten dat de bepalingen van dit hoofdstuk op bepaalde werkzaamheden niet van toepassing zijn.

Uitzondering op vrijheid van vestiging Europese Unie

Art. 52
1. De voorschriften van dit hoofdstuk en de maatregelen uit hoofde daarvan genomen doen niet af aan de toepasselijkheid van de wettelijke en bestuursrechtelijke bepalingen waarbij een bijzondere regeling is vastgesteld voor vreemdelingen welke bepalingen uit hoofde van de openbare orde, de openbare veiligheid en de volksgezondheid gerechtvaardigd zijn.
2. Het Europees Parlement en de Raad stellen volgens de gewone wetgevingsprocedure richtlijnen vast voor de coördinatie van voornoemde wettelijke en bestuursrechtelijke bepalingen.

Bijzondere regeling vreemdelingen en vrijheid van vestiging Europese Unie

Art. 53
1. Teneinde de toegang tot werkzaamheden, anders dan in loondienst, en de uitoefening daarvan te vergemakkelijken, stellen het Europees Parlement en de Raad volgens de gewone wetgevingsprocedure richtlijnen vast inzake de onderlinge erkenning van diploma's, certificaten en andere titels en inzake de coördinatie van de wettelijke en bestuursrechtelijke bepalingen van de lidstaten betreffende de toegang tot werkzaamheden anders dan in loondienst en de uitoefening daarvan.
2. Wat de geneeskundige, paramedische en farmaceutische beroepen betreft, is de geleidelijke afschaffing van de beperkingen afhankelijk van de coördinatie van de voorwaarden waaronder zij in de verschillende lidstaten worden uitgeoefend.

Totstandkoming regelgeving erkenning diploma's binnen Europese Unie

Art. 54
De vennootschappen welke in overeenstemming met de wetgeving van een lidstaat zijn opgericht en welke hun statutaire zetel, hun hoofdbestuur of hun hoofdvestiging binnen de Unie hebben, worden voor de toepassing van de bepalingen van dit hoofdstuk gelijkgesteld met de natuurlijke personen die onderdaan zijn van de lidstaten.
Onder vennootschappen worden verstaan maatschappen naar burgerlijk recht of handelsrecht, de coöperatieve verenigingen of vennootschappen daaronder begrepen, en de overige rechtspersonen naar publiek- of privaatrecht, met uitzondering van vennootschappen welke geen winst beogen.

Gelijkstelling rechtspersonen en natuurlijke personen Europese Unie

Art. 55
De lidstaten verlenen nationale behandeling wat betreft financiële deelneming door de onderdanen van de andere lidstaten in het kapitaal van rechtspersonen in de zin van artikel 54, onverminderd de toepassing der overige bepalingen van de Verdragen.

Financiële deelneming in rechtspersonen binnen Europese Unie

HOOFDSTUK 3
DE DIENSTEN

Art. 56
In het kader van de volgende bepalingen zijn de beperkingen op het vrij verrichten van diensten binnen de Unie verboden ten aanzien van de onderdanen der lidstaten die in een andere lidstaat zijn gevestigd dan die, waarin degene is gevestigd te wiens behoeve de dienst wordt verricht.
Het Europees Parlement en de Raad kunnen, volgens de gewone wetgevingsprocedure, de bepalingen van dit hoofdstuk van toepassing verklaren ten gunste van de onderdanen van een derde staat die diensten verrichten en binnen de Unie zijn gevestigd.

Vrijheid van dienstverlening binnen Europese Unie

Art. 57
In de zin van de Verdragen worden als diensten beschouwd de dienstverrichtingen welke gewoonlijk tegen vergoeding geschieden, voorzover de bepalingen, betreffende het vrije verkeer van goederen, kapitaal en personen op deze dienstverrichtingen niet van toepassing zijn.
De diensten omvatten met name werkzaamheden:
a. van industriële aard,
b. van commerciële aard,
c. van het ambacht,
d. van de vrije beroepen.

Definitie diensten

Onverminderd de bepalingen van het hoofdstuk betreffende het recht van vestiging, kan degene die de diensten verricht, daartoe zijn werkzaamheden tijdelijk uitoefenen in de lidstaat waar de dienst wordt verricht, onder dezelfde voorwaarden als die welke die lidstaat aan zijn eigen onderdanen oplegt.

Art. 58

1. Het vrije verkeer van de diensten op het gebied van het vervoer wordt geregeld door de bepalingen voorkomende in de titel betreffende het vervoer.

2. De liberalisatie van de door banken en verzekeringsmaatschappijen verrichte diensten waarmede kapitaalverplaatsingen gepaard gaan, moet worden verwezenlijkt in overeenstemming met de liberalisatie van het kapitaalverkeer.

Art. 59

1. Teneinde de vrijheid tot het verrichten van een bepaalde dienst te verwezenlijken, stellen het Europees Parlement en de Raad, volgens de gewone wetgevingsprocedure en na raadpleging van het Economisch en Sociaal Comité, richtlijnen vast.

2. De in lid 1 bedoelde richtlijnen hebben in het algemeen bij voorrang betrekking op de diensten welke rechtstreeks van invloed zijn op de productiekosten of waarvan de liberalisatie bijdraagt tot het vergemakkelijken van het goederenverkeer.

Art. 60

De lidstaten spannen zich in om bij de liberalisering der diensten verder te gaan dan waartoe zij op grond van de richtlijnen krachtens artikel 59, lid 1, verplicht zijn, indien hun algemene economische toestand en de toestand in de betrokken sector dit toelaten.

De Commissie doet de betrokken lidstaten daartoe aanbevelingen.

Art. 61

Zolang de beperkingen op het vrij verrichten van diensten niet zijn opgeheven, passen de lidstaten deze zonder onderscheid naar nationaliteit of naar verblijfplaats toe op al degenen die diensten verrichten als bedoeld in de eerste alinea van artikel 56.

Art. 62

De bepalingen van de artikelen 51 tot en met 54 zijn van toepassing op het onderwerp dat in dit hoofdstuk is geregeld.

HOOFDSTUK 4
KAPITAAL EN BETALINGSVERKEER

Art. 63

1. In het kader van de bepalingen van dit hoofdstuk zijn alle beperkingen van het kapitaalverkeer tussen lidstaten onderling en tussen lidstaten en derde landen verboden.

2. In het kader van de bepalingen van dit hoofdstuk zijn alle beperkingen van het betalingsverkeer tussen lidstaten onderling en tussen lidstaten en derde landen verboden.

Art. 64

1. Het bepaalde in artikel 63 doet geen afbreuk aan de toepassing op derde landen van beperkingen die op 31 december 1993 bestaan uit hoofde van het nationale recht of het recht van de Unie inzake het kapitaalverkeer naar of uit derde landen in verband met directe investeringen – met inbegrip van investeringen in onroerende goederen –, vestiging, het verrichten van financiële diensten of de toelating van waardepapieren tot de kapitaalmarkten. Voor beperkingen uit hoofde van nationaal recht in Bulgarije, Estland en Hongarije geldt als datum 31 december 1999. Voor beperkingen uit hoofde van nationaal recht in Kroatië geldt als datum 31 december 2002.

2. Hoewel het Europees Parlement en de Raad trachten de doelstelling van een niet aan beperkingen onderworpen vrij kapitaalverkeer tussen lidstaten en derde landen zoveel mogelijk te bereiken, stellen zij, onverminderd het bepaalde in de overige hoofdstukken van de Verdragen, volgens de gewone wetgevingsprocedure maatregelen vast betreffende het kapitaalverkeer naar of uit derde landen in verband met directe investeringen met inbegrip van investeringen in onroerende goederen –, vestiging, het verrichten van financiële diensten of de toelating van waardepapieren tot de kapitaalmarkten.

3. In afwijking van lid 2, kan alleen de Raad, volgens een bijzondere wetgevingsprocedure, met eenparigheid van stemmen en na raadpleging van het Europees Parlement, maatregelen vaststellen die in het recht van de Unie een achteruitgang op het gebied van de liberalisering van het kapitaalverkeer naar of uit derde landen vormen.

Art. 65
1. Het bepaalde in artikel 63 doet niets af aan het recht van de lidstaten:
 a. de terzake dienende bepalingen van hun belastingwetgeving toe te passen die onderscheid maken tussen belastingplichtigen die niet in dezelfde situatie verkeren met betrekking tot hun vestigingsplaats of de plaats waar hun kapitaal is belegd;
 b. alle nodige maatregelen te nemen om overtredingen van de nationale wetten en voorschriften tegen te gaan, met name op fiscaal gebied en met betrekking tot het bedrijfseconomisch toezicht op financiële instellingen, of te voorzien in procedures voor de kennisgeving van kapitaalbewegingen ter informatie van de overheid of voor statistische doeleinden, dan wel maatregelen te nemen die op grond van de openbare orde of de openbare veiligheid gerechtvaardigd zijn.
2. De bepalingen van dit hoofdstuk doen geen afbreuk aan de toepasbaarheid van beperkingen inzake het recht van vestiging welke verenigbaar zijn met de Verdragen.
3. De in de leden 1 en 2 bedoelde maatregelen en procedures mogen geen middel tot willekeurige discriminatie vormen, noch een verkapte beperking van het vrije kapitaalverkeer en betalingsverkeer als omschreven in artikel 63.
4. Bij ontstentenis van maatregelen als bedoeld in artikel 64, lid 3, kan de Commissie, of, bij ontstentenis van een besluit van de Commissie binnen drie maanden na de indiening van het verzoek door de betrokken lidstaat, kan de Raad een besluit vaststellen waarin wordt bepaald dat door een lidstaat jegens een of meer derde landen genomen beperkende belastingmaatregelen verenigbaar worden geacht met de Verdragen, voor zover deze stroken met de doelstellingen van de Unie en verenigbaar zijn met de goede werking van de interne markt. De Raad besluit met eenparigheid van stemmen, op verzoek van een lidstaat.

Art. 66
Wanneer, in uitzonderlijke omstandigheden, het kapitaalverkeer naar of uit derde landen ernstige moeilijkheden veroorzaakt of dreigt te veroorzaken voor de werking van de Economische en Monetaire Unie, kan de Raad op voorstel van de Commissie en na raadpleging van de Europese Centrale Bank ten aanzien van derde landen vrijwaringsmaatregelen nemen voor een periode van ten hoogste zes maanden, indien deze maatregelen strikt noodzakelijk zijn.

TITEL V
DE RUIMTE VAN VRIJHEID, VEILIGHEID EN RECHT

HOOFDSTUK 1
ALGEMENE BEPALINGEN

Art. 67
1. De Unie is een ruimte van vrijheid, veiligheid en recht, waarin de grondrechten en de verschillende rechtsstelsels en -tradities van de lidstaten worden geëerbiedigd.
2. De Unie zorgt ervoor dat aan de binnengrenzen geen personencontroles worden verricht en zij ontwikkelt een gemeenschappelijk beleid op het gebied van asiel, immigratie en controle aan de buitengrenzen, dat gebaseerd is op solidariteit tussen de lidstaten en dat billijk is ten aanzien van de onderdanen van derde landen. Voor de toepassing van deze titel worden staatlozen gelijkgesteld met onderdanen van derde landen.
3. De Unie streeft ernaar een hoog niveau van veiligheid te waarborgen, door middel van maatregelen ter voorkoming en bestrijding van criminaliteit, en van racisme en vreemdelingenhaat, maatregelen inzake coördinatie en samenwerking tussen de politiële en justitiële autoriteiten in strafzaken en andere bevoegde autoriteiten, alsmede door de wederzijdse erkenning van rechterlijke beslissingen in strafzaken en, zo nodig, door de onderlinge aanpassing van de strafwetgevingen.
4. De Unie vergemakkelijkt de toegang tot de rechter, met name door het beginsel van wederzijdse erkenning van gerechtelijke en buitengerechtelijke beslissingen in burgerlijke zaken.

Art. 68
De Europese Raad stelt de strategische richtsnoeren van de wetgevende en operationele programmering in de ruimte van vrijheid, veiligheid en recht vast.

Art. 69
Met betrekking tot de wetgevingsvoorstellen en -initiatieven die worden ingediend in het kader van de hoofdstukken 4 en 5 zien de nationale parlementen erop toe dat het subsidiariteitsbeginsel wordt geëerbiedigd, overeenkomstig het Protocol betreffende de toepassing van de beginselen van subsidiariteit en evenredigheid.

Art. 70
Onverminderd de artikelen 258, 259 en 260, kan de Raad op voorstel van de Commissie maatregelen vaststellen die bepalen dat de lidstaten in samenwerking met de Commissie een objectieve en onpartijdige evaluatie van de uitvoering, door de autoriteiten van de lidstaten, van het door deze titel bestreken beleid van de Unie verrichten, met name ter bevordering van

de volledige toepassing van het beginsel van wederzijdse erkenning. Het Europees Parlement en de nationale parlementen worden op de hoogte gebracht van de inhoud en de resultaten van die evaluatie.

Art. 71

Permanent comité binnenlandse veiligheid Europese Unie

Binnen de Raad wordt een permanent comité opgericht om ervoor te zorgen dat binnen de Unie de operationele samenwerking op het gebied van de binnenlandse veiligheid wordt bevorderd en versterkt. Onverminderd artikel 240 bevordert het comité de coördinatie van het optreden van de bevoegde autoriteiten van de lidstaten. De vertegenwoordigers van de betrokken organen en instanties van de Unie kunnen bij de werkzaamheden van het comité worden betrokken. Het Europees Parlement en de nationale parlementen worden over deze werkzaamheden geïnformeerd.

Art. 72

Uitzondering voor handhaving openbare orde en binnenlandse veiligheid lidstaten Europese Unie

Deze titel laat de uitoefening van de verantwoordelijkheid van de lidstaten voor de handhaving van de openbare orde en de bescherming van de binnenlandse veiligheid onverlet.

Art. 73

Samenwerking lidstaten Europese Unie betreffende nationale veiligheid

Het staat de lidstaten vrij onderling en onder hun verantwoordelijkheid vormen van samenwerking en coördinatie te organiseren zoals zij het passend achten tussen hun bevoegde overheidsdiensten die verantwoordelijk zijn voor het verzekeren van de nationale veiligheid.

Art. 74

Maatregelen voor administratieve samenwerking overheidsdiensten Europese Unie

De Raad stelt maatregelen vast voor de administratieve samenwerking tussen de diensten van de lidstaten die bevoegd zijn op de door deze titel bestreken gebieden, en tussen deze diensten en de Commissie. De Raad besluit op voorstel van de Commissie, onder voorbehoud van artikel 76, en na raadpleging van het Europees Parlement.

Art. 75

Terrorismebestrijding binnen Europese Unie

Indien zulks noodzakelijk is om de in artikel 67 genoemde doelstellingen te verwezenlijken, wat betreft de preventie en de bestrijding van terrorisme en aanverwante activiteiten, stellen het Europees Parlement en de Raad volgens de gewone wetgevingsprocedure bij verordeningen een kader vast voor beheersmaatregelen met betrekking tot het kapitaal- en betalingsverkeer, zoals het bevriezen van tegoeden, financiële activa of economische baten waarvan de bezitters, de eigenaars of de houders natuurlijke personen, rechtspersonen dan wel niet-statelijke groepen of entiteiten zijn.

De Raad stelt op voorstel van de Commissie maatregelen vast ter uitvoering van het in de eerste alinea bedoelde kader.

De in dit artikel bedoelde handelingen bevatten de nodige bepalingen inzake juridische waarborgen.

Art. 76

De in de hoofdstukken 4 en 5 bedoelde handelingen alsmede de in artikel 74 bedoelde maatregelen tot vaststelling van regels voor administratieve samenwerking op de door die hoofdstukken bestreken gebieden worden vastgesteld:
a. op voorstel van de Commissie, of
b. op initiatief van een kwart van de lidstaten.

HOOFDSTUK 2
BELEID INZAKE GRENSCONTROLES, ASIEL EN IMMIGRATIE

Art. 77

Personencontrole binnen Europese Unie

1. De Unie ontwikkelt een beleid dat tot doel heeft:
a. het voorkomen dat personen, ongeacht hun nationaliteit, bij het overschrijden van de binnengrenzen aan enige controle worden onderworpen;
b. te zorgen voor personencontrole en efficiënte bewaking bij het overschrijden van de buitengrenzen;
c. geleidelijk een geïntegreerd systeem voor het beheer van de buitengrenzen op te zetten.
2. Voor de toepassing van lid 1 stellen het Europees Parlement en de Raad volgens de gewone wetgevingsprocedure maatregelen vast voor:
a. het gemeenschappelijk beleid inzake visa en andere verblijfstitels van korte duur;
b. de controles waaraan personen bij het overschrijden van de buitengrenzen worden onderworpen;
c. de voorwaarden waaronder onderdanen van derde landen gedurende een korte periode vrij in de Unie kunnen reizen;
d. de geleidelijke invoering van een geïntegreerd systeem van beheer van de buitengrenzen;
e. het voorkomen dat personen, ongeacht hun nationaliteit, bij het overschrijden van de binnengrenzen aan enige controle worden onderworpen.

3. Indien een optreden van de Unie noodzakelijk blijkt om de uitoefening van het in artikel 20, lid 2, onder a, bedoelde recht te vergemakkelijken, kan de Raad, volgens een bijzondere wetgevingsprocedure, bepalingen inzake paspoorten, identiteitskaarten, verblijfsvergunningen en daarmee gelijkgestelde documenten vaststellen, tenzij de Verdragen in de daartoe vereiste bevoegdheden voorzien. De Raad besluit met eenparigheid van stemmen, na raadpleging van het Europees Parlement.
4. Dit artikel laat de bevoegdheid van de lidstaten inzake de geografische afbakening van hun grenzen overeenkomstig het internationaal recht onverlet.

Art. 78

1. De Unie ontwikkelt een gemeenschappelijk beleid inzake asiel, subsidiaire bescherming en tijdelijke bescherming, teneinde iedere onderdaan van een derde land die internationale bescherming behoeft, een passende status te verlenen en de naleving van het beginsel van non-refoulement te garanderen. Dit beleid moet in overeenstemming zijn met het Verdrag van Genève van 28 juli 1951 en het Protocol van 31 januari 1967 betreffende de status van vluchtelingen alsmede met de andere toepasselijke verdragen.

Procedure regelgeving asiel Europese Unie

2. Voor de toepassing van lid 1 stellen het Europees Parlement en de Raad volgens de gewone wetgevingsprocedure maatregelen vast voor een gemeenschappelijk Europees asielstelsel dat omvat:
a. een uniforme asielstatus voor onderdanen van derde landen die in de hele Unie geldt;
b. een uniforme subsidiaire-beschermingsstatus voor onderdanen van derde landen die, als zij geen asiel krijgen in de Europese Unie, internationale bescherming behoeven;
c. een gemeenschappelijk stelsel voor tijdelijke bescherming van ontheemden in geval van een massale toestroom;
d. gemeenschappelijke procedures voor toekenning of intrekking van de uniforme status van asiel of van subsidiaire bescherming;
e. criteria en instrumenten voor de vaststelling van de lidstaat die verantwoordelijk is voor de behandeling van een asielverzoek of van een verzoek om subsidiaire bescherming;
f. normen betreffende de voorwaarden inzake de opvang van asielzoekers of van aanvragers van subsidiaire bescherming;
g. partnerschap en samenwerking met derde landen om de stromen van asielzoekers of aanvragers van subsidiaire of tijdelijke bescherming te beheersen.
3. Indien een of meer lidstaten ten gevolge van een plotselinge toestroom van onderdanen van derde landen in een noodsituatie terechtkomen, kan de Raad op voorstel van de Commissie voorlopige maatregelen ten gunste van de betrokken lidstaat of lidstaten vaststellen. De Raad besluit na raadpleging van het Europees Parlement.

Art. 79

1. De Unie ontwikkelt een gemeenschappelijk immigratiebeleid, dat erop gericht is in alle stadia te zorgen voor een efficiënt beheer van de migratiestromen, een billijke behandeling van onderdanen van derde landen die legaal op het grondgebied van de lidstaten verblijven, en een preventie en intensievere bestrijding van illegale immigratie en mensenhandel.

Gemeenschappelijk immigratiebeleid Europese Unie

2. Voor de toepassing van lid 1 stellen het Europees Parlement en de Raad volgens de gewone wetgevingsprocedure maatregelen vast op de volgende gebieden:
a. de voorwaarden voor toegang en verblijf, en normen betreffende de afgifte door de lidstaten van langlopende visa en verblijfstitels, onder andere met het oog op gezinshereniging;
b. de omschrijving van de rechten van onderdanen van derde landen die legaal in een lidstaat verblijven, alsook de voorwaarden ter regeling van het vrije verkeer en het vrije verblijf in andere lidstaten;
c. illegale immigratie en illegaal verblijf, met inbegrip van verwijdering en repatriëring van illegaal verblijvende personen;
d. bestrijding van mensenhandel, met name handel in vrouwen en kinderen.
3. De Unie kan overeenkomsten met derde landen sluiten waarmee de overname door hun land van oorsprong of herkomst wordt beoogd van onderdanen van derde landen die niet of niet meer voldoen aan de voorwaarden voor binnenkomst, aanwezigheid of verblijf op het grondgebied van een van de lidstaten.
4. Het Europees Parlement en de Raad kunnen, volgens de gewone wetgevingsprocedure, maatregelen vaststellen om het optreden van de lidstaten ter bevordering van de integratie van onderdanen van derde landen die legaal op hun grondgebied verblijven, aan te moedigen en te ondersteunen, met uitsluiting van enige harmonisering van de wettelijke of bestuursrechtelijke regelingen van de lidstaten.
5. Dit artikel laat het recht van de lidstaten onverlet zelf te bepalen hoeveel onderdanen van derde landen, afkomstig uit derde landen, tot hun grondgebied worden toegelaten teneinde daar al dan niet in loondienst arbeid te verrichten.

Art. 80

Aan het in dit hoofdstuk bedoelde beleid van de Unie en de uitvoering daarvan liggen de beginselen van solidariteit en billijke verdeling van de verantwoordelijkheid tussen de lidstaten, ook

Beginselen bij personencontrole Europese Unie

op financieel vlak, ten grondslag. De handelingen van de Unie die uit hoofde van dit hoofdstuk worden vastgesteld, bevatten telkens wanneer dat nodig is, passende bepalingen voor de toepassing van dit beginsel.

HOOFDSTUK 3
JUSTITIËLE SAMENWERKING IN BURGERLIJKE ZAKEN

Art. 81

Justitiële samenwerking in burgerlijke zaken Europese Unie

1. De Unie ontwikkelt een justitiële samenwerking in burgerlijke zaken met grensoverschrijdende gevolgen, die berust op het beginsel van wederzijdse erkenning van rechterlijke beslissingen en van beslissingen in buitengerechtelijke zaken. Deze samenwerking kan maatregelen ter aanpassing van de wettelijke en bestuursrechtelijke bepalingen van de lidstaten omvatten.
2. Voor de toepassing van lid 1 stellen het Europees Parlement en de Raad volgens de gewone wetgevingsprocedure, met name wanneer dat nodig is voor de goede werking van de interne markt, maatregelen vast die het volgende beogen:
   a. de wederzijdse erkenning tussen de lidstaten van rechterlijke beslissingen en van beslissingen in buitengerechtelijke zaken en de tenuitvoerlegging daarvan;
   b. de grensoverschrijdende betekening en kennisgeving van gerechtelijke en buitengerechtelijke stukken;
   c. de verenigbaarheid van de in de lidstaten geldende regels voor collisie en jurisdictiegeschillen;
   d. samenwerking bij het vergaren van bewijsmiddelen;
   e. daadwerkelijke toegang tot de rechter;
   f. het wegnemen van de hindernissen voor de goede werking van burgerrechtelijke procedures, zo nodig door bevordering van de verenigbaarheid van de in de lidstaten geldende bepalingen inzake burgerlijke rechtsvordering;
   g. de ontwikkeling van alternatieve methoden voor geschillenbeslechting;
   h. de ondersteuning van de opleiding van magistraten en justitieel personeel.
3. In afwijking van lid 2, worden maatregelen betreffende het familierecht met grensoverschrijdende gevolgen vastgesteld door de Raad, die volgens een bijzondere wetgevingsprocedure besluit. De Raad besluit met eenparigheid van stemmen, na raadpleging van het Europees Parlement.
De Raad kan op voorstel van de Commissie bij besluit vaststellen ten aanzien van welke aspecten van het familierecht met grensoverschrijdende gevolgen handelingen volgens de gewone wetgevingsprocedure kunnen worden vastgesteld. De Raad besluit met eenparigheid van stemmen, na raadpleging van het Europees Parlement.
Het in de tweede alinea bedoelde voorstel wordt aan de nationale parlementen toegezonden. Indien binnen een termijn van zes maanden na die toezending door een nationaal parlement bezwaar wordt aangetekend, is het besluit niet vastgesteld. Indien geen bezwaar wordt aangetekend, kan de Raad het besluit vaststellen.

HOOFDSTUK 4
JUSTITIËLE SAMENWERKING IN STRAFZAKEN

Art. 82

Justitiële samenwerking in strafzaken Europese Unie

1. De justitiële samenwerking in strafzaken in de Unie berust op het beginsel van de wederzijdse erkenning van rechterlijke uitspraken en beslissingen en omvat de onderlinge aanpassing van de wettelijke en bestuursrechtelijke bepalingen van de lidstaten op de in lid 2 en in artikel 83 genoemde gebieden.
Het Europees Parlement en de Raad stellen, volgens de gewone wetgevingsprocedure, maatregelen vast die ertoe strekken:
   a. regels en procedures vast te leggen waarmee alle soorten vonnissen en rechterlijke beslissingen overal in de Unie erkend worden;
   b. jurisdictiegeschillen tussen de lidstaten te voorkomen en op te lossen;
   c. de opleiding van magistraten en justitieel personeel te ondersteunen;
   d. in het kader van strafvervolging en tenuitvoerlegging van beslissingen de samenwerking tussen de justitiële of gelijkwaardige autoriteiten van de lidstaten te bevorderen.
2. Voor zover nodig ter bevordering van de wederzijdse erkenning van vonnissen en rechterlijke beslissingen en van de politiële en justitiële samenwerking in strafzaken met een grensoverschrijdende dimensie, kunnen het Europees Parlement en de Raad volgens de gewone wetgevingsprocedure bij richtlijnen minimumvoorschriften vaststellen. In die minimumvoorschriften wordt rekening gehouden met de verschillen tussen de rechtstradities en rechtsstelsels van de lidstaten.
Deze minimumvoorschriften hebben betrekking op:
   a. de wederzijdse toelaatbaarheid van bewijs tussen de lidstaten;
   b. de rechten van personen in de strafvordering;

c. de rechten van slachtoffers van misdrijven;
d. andere specifieke elementen van de strafvordering, die door de Raad vooraf bij besluit worden bepaald. Voor de aanneming van dit besluit, besluit de Raad met eenparigheid van stemmen, na goedkeuring door het Europees Parlement.
De vaststelling van de in dit lid bedoelde minimumvoorschriften belet de lidstaten niet een hoger niveau van bescherming voor personen te handhaven of in te voeren.
3. Wanneer een lid van de Raad van oordeel is dat een in lid 2 bedoelde ontwerp-richtlijn afbreuk zou doen aan fundamentele aspecten van zijn strafrechtstelsel, kan hij verzoeken dat het ontwerp aan de Europese Raad wordt voorgelegd. In dat geval wordt de gewone wetgevingsprocedure geschorst. Na bespreking, en in geval van consensus, verwijst de Europese Raad, binnen vier maanden na die schorsing het ontwerp terug naar de Raad, waardoor de schorsing van de gewone wetgevingsprocedure wordt beëindigd.
Binnen dezelfde termijn, in geval van verschil van mening en indien ten minste negen lidstaten een nauwere samenwerking wensen aan te gaan op grond van de betrokken ontwerp-richtlijn, stellen zij het Europees Parlement, de Raad en de Commissie daarvan in kennis. In dat geval wordt de in de artikelen 20, lid 2, van het Verdrag betreffende de Europese Unie en 329, lid 1, van dit Verdrag bedoelde machtiging tot nauwere samenwerking geacht te zijn verleend en zijn de bepalingen betreffende nauwere samenwerking van toepassing.

Art. 83
1. Het Europees Parlement en de Raad kunnen volgens de gewone wetgevingsprocedure bij richtlijnen minimumvoorschriften vaststellen betreffende de bepaling van strafbare feiten en sancties in verband met vormen van bijzonder zware criminaliteit met een grensoverschrijdende dimensie die voortvloeit uit de aard of de gevolgen van deze strafbare feiten of uit een bijzondere noodzaak om deze op gemeenschappelijke basis te bestrijden.

Zware criminaliteit met een grensoverschrijdende dimensie binnen Europese Unie

Het betreft de volgende vormen van criminaliteit: terrorisme, mensenhandel en seksuele uitbuiting van vrouwen en kinderen, illegale drugshandel, illegale wapenhandel, het witwassen van geld, corruptie, de vervalsing van betaalmiddelen, computercriminaliteit en de georganiseerde criminaliteit.
Afhankelijk van de ontwikkelingen in de criminaliteit kan de Raad bij besluit vaststellen, welke andere vormen van criminaliteit aan de in dit lid genoemde criteria voldoen. De Raad besluit met eenparigheid van stemmen, na goedkeuring door het Europees Parlement.
2. Indien onderlinge aanpassing van de wettelijke en bestuursrechtelijke bepalingen van de lidstaten op het gebied van het strafrecht nodig blijkt voor een doeltreffende uitvoering van beleid van de Unie op een gebied waarop harmonisatiemaatregelen zijn vastgesteld, kunnen bij richtlijnen minimumvoorschriften worden vastgesteld met betrekking tot de bepaling van strafbare feiten en de sancties op het betrokken gebied. Onverminderd artikel 76 worden deze richtlijnen vastgesteld volgens de gewone of een bijzondere wetgevingsprocedure die gelijk is aan de procedure voor de vaststelling van de betrokken harmonisatiemaatregelen.
3. Wanneer een lid van de Raad van oordeel is dat een in de leden 1 en 2 bedoelde richtlijn afbreuk zou doen aan fundamentele aspecten van zijn strafrechtstelsel, kan hij verzoeken dat het ontwerp aan de Europese Raad wordt voorgelegd. In dat geval wordt de gewone wetgevingsprocedure geschorst. Na bespreking, en in geval van consensus, verwijst de Europese Raad, binnen vier maanden na die schorsing het ontwerp terug naar de Raad, waardoor de schorsing van de gewone wetgevingsprocedure wordt beëindigd.
Binnen dezelfde termijn, in geval van verschil van mening en indien ten minste negen lidstaten een nauwere samenwerking wensen aan te gaan op grond van de betrokken ontwerp-richtlijn, stellen zij het Europees Parlement, de Raad en de Commissie daarvan in kennis. In dat geval wordt de in de artikelen 20, lid 2, van het Verdrag betreffende de Europese Unie en 329, lid 1,van dit Verdrag bedoelde machtiging tot nauwere samenwerking geacht te zijn verleend en zijn de bepalingen betreffende nauwere samenwerking van toepassing.

Art. 84
Het Europees Parlement en de Raad kunnen, volgens de gewone wetgevingsprocedure, maatregelen vaststellen ter stimulering en ondersteuning van het optreden van de lidstaten op het gebied van misdaadpreventie, met uitsluiting van enige harmonisatie van de wettelijke en bestuursrechtelijke bepalingen van de lidstaten.

Misdaadpreventie binnen de Europese Unie

Art. 85
1. De opdracht van Eurojust bestaat in het ondersteunen en versterken van de coördinatie en de samenwerking tussen de nationale autoriteiten die belast zijn met het onderzoek en de vervolging van zware criminaliteit welke twee of meer lidstaten schaadt of een vervolging op gemeenschappelijke basis vereist, op basis van de door autoriteiten van de lidstaten en Europol uitgevoerde operaties en verstrekte informatie.
In dit kader bepalen het Europees Parlement en de Raad volgens de gewone wetgevingsprocedure bij verordeningen de structuur, de werking, het werkterrein en de taken van Eurojust. Deze taken kunnen het volgende omvatten:

Eurojust

a. het inleiden van strafrechtelijk onderzoek alsmede het voorstellen van het inleiden van vervolging door de bevoegde nationale autoriteiten, met name in verband met strafbare feiten welke de financiële belangen van de Unie schaden;
b. de coördinatie van onderzoek en vervolging als bedoeld onder a);
c. de versterking van de justitiële samenwerking, met name door middel van het oplossen van jurisdictiegeschillen en door nauwe samenwerking met het Europees justitieel netwerk.
Bij die verordeningen wordt tevens bepaald op welke wijze het Europees Parlement en de nationale parlementen bij de evaluatie van de activiteiten van Eurojust worden betrokken.
2. In het kader van de in lid 1 bedoelde vervolgingen en onverminderd artikel 86, worden de formele handelingen in verband met de gerechtelijke procedure gesteld door de bevoegde nationale functionarissen.

Art. 86

Europees openbaar ministerie

1. Ter bestrijding van strafbare feiten die de financiële belangen van de Unie schaden, kan de Raad op de grondslag van Eurojust volgens een bijzondere wetgevingsprocedure bij verordeningen een Europees openbaar ministerie instellen. De Raad besluit met eenparigheid van stemmen, na goedkeuring door het Europees Parlement.
Is er geen eenparigheid, dan kan een groep van ten minste negen lidstaten verzoeken dat het ontwerp van verordening aan de Europese Raad wordt voorgelegd. In dat geval wordt de procedure in de Raad geschorst. Na bespreking, en in geval van consensus, verwijst de Europese Raad, binnen vier maanden na die schorsing, het ontwerp ter aanneming terug naar de Raad. Binnen dezelfde termijn, in geval van verschil van mening en indien ten minste negen lidstaten een nauwere samenwerking wensen aan te gaan op grond van de betrokken ontwerpverordening, stellen zij het Europees Parlement, de Raad en de Commissie daarvan in kennis. In dat geval wordt de in de artikelen 20, lid 2, van het Verdrag betreffende de Europese Unie en 329, lid 1, van dit Verdrag bedoelde machtiging tot nauwere samenwerking geacht te zijn verleend en zijn de bepalingen betreffende nauwere samenwerking van toepassing.
2. Het Europees openbaar ministerie is, in voorkomend geval in samenwerking met Europol, bevoegd voor het opsporen, vervolgen en voor het gerecht brengen van daders van en medeplichtigen aan strafbare feiten die de financiële belangen van de Unie, zoals omschreven in de in lid 1 bedoelde verordening, schaden. Het Europees openbaar ministerie is belast met de rechtsvordering voor de bevoegde rechterlijke instanties van de lidstaten in verband met deze strafbare feiten.
3. Het statuut van het Europees openbaar ministerie, de voorwaarden voor de uitoefening van zijn functies, de voor zijn activiteiten geldende procedurevoorschriften en de voorschriften inzake de toelaatbaarheid van bewijs en de voorschriften voor de rechterlijke toetsing van de procedurele handelingen die het in de uitoefening van zijn ambt verricht, worden bij de in lid 1 bedoelde verordeningen vastgesteld.
4. De Europese Raad kan tegelijkertijd of later een besluit vaststellen tot wijziging van lid 1, teneinde de bevoegdheden van het Europees openbaar ministerie bij de bestrijding van ernstige criminaliteit met een grensoverschrijdende dimensie uit te breiden en dientengevolge tot wijziging van lid 2 wat betreft de plegers van en medeplichtigen aan zware misdrijven die verscheidene lidstaten schaden. De Europese Raad besluit met eenparigheid van stemmen, na goedkeuring door het Europees Parlement en na raadpleging van de Commissie.

HOOFDSTUK 5
POLITIËLE SAMENWERKING

Art. 87

Politiële samenwerking lidstaten Europese Unie

1. De Unie ontwikkelt een vorm van politiële samenwerking waarbij alle bevoegde autoriteiten van de lidstaten betrokken zijn, met inbegrip van de politie, de douane en andere gespecialiseerde wetshandhavingsdiensten die belast zijn met het voorkomen, opsporen en onderzoeken van strafbare feiten.
2. Voor de toepassing van lid 1 stellen het Europees Parlement en de Raad volgens de gewone wetgevingsprocedure maatregelen vast voor:
a. de verzameling, opslag, verwerking, analyse en uitwisseling van relevante informatie;
b. steun voor de opleiding van personeel, alsmede samenwerking betreffende de uitwisseling van personeel, apparatuur en onderzoek op het gebied van criminalistiek;
c. gemeenschappelijke onderzoekstechnieken voor het opsporen van ernstige vormen van georganiseerde criminaliteit.
3. De Raad kan volgens een bijzondere wetgevingsprocedure maatregelen vaststellen die betrekking hebben op de operationele samenwerking tussen de in dit artikel bedoelde autoriteiten. De Raad besluit met eenparigheid van stemmen, na raadpleging van het Europees Parlement.
Is er geen eenparigheid, dan kan een groep van ten minste negen lidstaten verzoeken dat de ontwerp-maatregelen aan de Europese Raad wordt voorgelegd. In dat geval wordt de procedure

in de Raad geschorst. Na bespreking, en in geval van consensus, verwijst de Europese Raad, binnen vier maanden na die schorsing, het ontwerp ter aanneming terug naar de Raad.
Binnen dezelfde termijn, in geval van verschil van mening en indien ten minste negen lidstaten nauwere samenwerking wensen aan te gaan op grond van de betrokken ontwerp-maatregelen, stellen zij het Europees Parlement, de Raad en de Commissie daarvan in kennis. In dat geval wordt de in artikelen 20, lid 2, van het Verdrag betreffende de Europese Unie en 329, lid 1, van dit Verdrag bedoelde machtiging tot nauwere samenwerking geacht te zijn verleend en zijn de bepalingen betreffende nauwere samenwerking van toepassing.
De in de tweede en derde alinea bedoelde procedure is niet van toepassing op handelingen die een ontwikkeling vormen van het Schengenacquis.

Art. 88
1. De opdracht van Europol is het optreden van de politie-instanties en andere wetshandhavingsdiensten van de lidstaten, alsmede hun wederzijdse samenwerking bij de voorkoming en bestrijding van zware criminaliteit waardoor twee of meer lidstaten worden getroffen, van terrorisme en van vormen van criminaliteit die een schending inhouden van een gemeenschappelijk belang dat tot het beleid van de Unie behoort, te ondersteunen en te versterken. — *Europol*
2. Het Europees Parlement en de Raad stellen volgens de gewone wetgevingsprocedure bij verordeningen de structuur, de werking, het werkterrein en de taken van Europol vast. Deze taken kunnen het volgende omvatten:
a. de verzameling, opslag, verwerking, analyse en uitwisseling van informatie die met name door de autoriteiten van de lidstaten of van derde landen of instanties worden verstrekt;
b. de coördinatie, organisatie en uitvoering van onderzoeken en operationele acties, die gezamenlijk met de bevoegde autoriteiten van de lidstaten of in gezamenlijke onderzoeksteams worden uitgevoerd, in voorkomend geval in samenwerking met Eurojust.
Bij deze verordeningen wordt tevens bepaald op welke wijze de activiteiten van Europol door het Europees Parlement, tezamen met de nationale parlementen, worden gecontroleerd.
3. Iedere operationele actie van Europol moet worden uitgevoerd in overleg en overeenstemming met de autoriteiten van de lidstaat op wiens of de lidstaten op wier grondgebied de actie wordt uitgevoerd. Over het gebruik van dwangmiddelen beslissen alleen de bevoegde nationale autoriteiten.

Art. 89
De Raad stelt volgens een bijzondere wetgevingsprocedure de voorwaarden en de beperkingen vast waarbinnen de in de artikelen 82 en 87 bedoelde bevoegde autoriteiten van de lidstaten op het grondgebied van een andere lidstaat in overleg en overeenstemming met de autoriteiten van die staat mogen optreden. De Raad besluit met eenparigheid van stemmen, na raadpleging van het Europees Parlement.

TITEL VI
VERVOER

Art. 90
De doelstellingen van de Verdragen worden, wat het in deze titel geregelde onderwerp betreft, nagestreefd in het kader van een gemeenschappelijk vervoerbeleid. — *Gemeenschappelijk vervoerbeleid Europese Unie*

Art. 91
1. Ter uitvoering van artikel 90 stellen het Europees Parlement en de Raad, met inachtneming van de bijzondere aspecten van het vervoer, volgens de gewone wetgevingsprocedure en na raadpleging van het Economisch en Sociaal Comité en het Comité van de Regio's, vast: — *Procedure regelgeving gemeenschappelijk vervoerbeleid Europese Unie*
a. gemeenschappelijke regels voor internationaal vervoer vanuit of naar het grondgebied van een lidstaat of over het grondgebied van één of meer lidstaten;
b. de voorwaarden waaronder vervoerondernemers worden toegelaten tot nationaal vervoer in een lidstaat waarin zij niet woonachtig zijn;
c. de maatregelen die de veiligheid van het vervoer kunnen verbeteren;
d. alle overige dienstige bepalingen.
2. Bij de vaststelling van de in lid 1 bedoelde maatregelen wordt rekening gehouden met gevallen waarin de toepassing ervan ernstige gevolgen zou kunnen hebben voor de levensstandaard en de werkgelegenheid in bepaalde regio's, en voor de exploitatie van de vervoersfaciliteiten.

Art. 92
Totdat de in artikel 91, lid 1, bedoelde bepalingen zijn vastgesteld en behoudens vaststelling door de Raad, met eenparigheid van stemmen van een maatregel die in een afwijking voorziet, mag geen enkele lidstaat de onderscheidene bepalingen, die terzake gelden op 1 januari 1958 of, voor de toetredende staten, op de datum van hun toetreding, zodanig veranderen dat zij daardoor in hun rechtstreekse of zijdelingse uitwerking minder gunstig worden voor de vervoerondernemers der overige lidstaten dan voor de nationale vervoerondernemers. — *Verbod begunstiging nationale vervoerondernemers binnen Europese Unie*

Art. 93

Steunmaatregelen omtrent vervoer binnen Europese Unie

Met de Verdragen zijn verenigbaar de steunmaatregelen die beantwoorden aan de behoeften van de coördinatie van het vervoer of die overeenkomen met de vergoeding van bepaalde met het begrip „openbare dienst" verbonden, verplichte dienstverrichtingen.

Art. 94

Economische toestand vervoerondernemers binnen Europese Unie

Elke in het kader van de Verdragen genomen maatregel op het gebied der vrachtprijzen en vervoervoorwaarden moet rekening houden met de economische toestand van de vervoerondernemers.

Art. 95

Discriminatieverbod betreffende vrachtprijzen binnen Europese Unie

1. In het verkeer binnen de Unie zijn discriminaties verboden welke daarin bestaan, dat een vervoerondernemer voor dezelfde verbindingen verschillende vrachtprijzen en vervoervoorwaarden voor gelijke goederen toepast naar gelang van het land van herkomst of bestemming van de vervoerde waren.
2. Lid 1 sluit niet uit dat krachtens artikel 91, lid 1, andere maatregelen door het Europees Parlement en de Raad kunnen worden genomen.
3. De Raad stelt op voorstel van de Commissie en na raadpleging van het Europees Parlement en van het Economisch en Sociaal Comité, bepalingen vast teneinde de uitvoering van lid 1 te waarborgen.
De Raad kan met name de bepalingen vaststellen welke noodzakelijk zijn om de instellingen van de Unie in staat te stellen toe te waken voor de naleving van het in lid 1 vermelde voorschrift en teneinde te verzekeren dat de gebruikers hiervan volledig voordeel trekken.
4. De Commissie onderzoekt eigener beweging of op verzoek van een lidstaat de in lid 1 bedoelde gevallen van discriminatie en neemt, na raadpleging van elke belanghebbende lidstaat, in het kader van de overeenkomstig lid 3 getroffen regeling, de noodzakelijke besluiten.

Art. 96

Verbod steunmaatregelen vervoer binnen Europese Unie

1. Het is aan een lidstaat, behoudens machtiging van de Commissie, verboden voor het vervoer binnen de Unie de toepassing van prijzen en voorwaarden op te leggen welke enig element van steun of bescherming in het belang van een of meer ondernemingen of bepaalde industrieën inhouden.
2. De Commissie onderwerpt eigener beweging of op verzoek van een lidstaat de in lid 1 bedoelde prijzen en voorwaarden aan een onderzoek en houdt daarbij met name rekening, enerzijds met de vereisten van een passend regionaal economisch beleid, met de behoeften van minder ontwikkelde gebieden alsmede met de vraagstukken welke zich in door politieke omstandigheden ernstig benadeelde streken voordoen, en anderzijds met de gevolgen van die prijzen en voorwaarden voor de mededinging tussen de takken van vervoer.
Na raadpleging van elke betrokken lidstaat neemt zij de noodzakelijke besluiten.
3. Het in lid 1 bedoelde verbod geldt niet voor mededingingstarieven.

Art. 97

Douanerechten binnen Europese Unie

De heffingen of andere rechten welke naast de vervoerprijs door een vervoerondernemer in verband met het overschrijden der grens in rekening worden gebracht, mogen een redelijk peil niet te boven gaan, gelet op de werkelijke kosten welke door die grensoverschrijding feitelijk zijn veroorzaakt.
De lidstaten streven naar een geleidelijke verlaging van die kosten.
De Commissie kan de lidstaten aanbevelingen doen voor de toepassing van dit artikel.

Art. 98

Compensatiemaatregelen Duitsland omtrent vervoer

De bepalingen van deze titel staan niet in de weg aan maatregelen, in de Bondsrepubliek Duitsland genomen, voor zover deze noodzakelijk zijn om de economische nadelen door de deling van Duitsland berokkend aan de economie van die streken in de Bondsrepubliek welke door deze deling zijn getroffen, te compenseren. Vijf jaar na de inwerkingtreding van het Verdrag van Lissabon kan de Raad op voorstel van de Commissie een besluit tot intrekking van dit artikel vaststellen.

Art. 99

Comité over vervoeraangelegenheden Europese Unie

Een comité van raadgevende aard, bestaande uit door de regeringen der lidstaten aangewezen deskundigen, wordt aan de Commissie toegevoegd. Deze raadpleegt het comité over vervoeraangelegenheden, zo dikwijls zij zulks nodig acht.

Art. 100

Toepassingsgebied bepalingen vervoer Europese Unie

1. De bepalingen van deze titel zijn van toepassing op het vervoer per spoor, over de weg en over de binnenwateren.

2. Het Europees Parlement en de Raad kunnen, volgens de gewone wetgevingsprocedure, passende bepalingen vaststellen voor de zeevaart en de luchtvaart. Zij besluiten na raadpleging van het Economisch en Sociaal Comité en het Comité van de Regio's.

TITEL VII
GEMEENSCHAPPELIJKE REGELS BETREFFENDE DE MEDEDINGING, DE BELASTINGEN EN DE ONDERLINGE AANPASSING VAN DE WETGEVINGEN

HOOFDSTUK 1
REGELS BETREFFENDE DE MEDEDINGING

EERSTE AFDELING
REGELS VOOR DE ONDERNEMINGEN

Art. 101

1. Onverenigbaar met de interne markt en verboden zijn alle overeenkomsten tussen ondernemingen, alle besluiten van ondernemersverenigingen en alle onderling afgestemde feitelijke gedragingen welke de handel tussen lidstaten ongunstig kunnen beïnvloeden en ertoe strekken of ten gevolge hebben dat de mededinging binnen de interne markt wordt verhinderd, beperkt of vervalst en met name die welke bestaan in: *[Kartelverbod Europese Unie]*
   a. het rechtstreeks of zijdelings bepalen van de aan- of verkoopprijzen of van andere contractuele voorwaarden;
   b. het beperken of controleren van de productie, de afzet, de technische ontwikkeling of de investeringen;
   c. het verdelen van de markten of van de voorzieningsbronnen;
   d. het ten opzichte van handelspartners toepassen van ongelijke voorwaarden bij gelijkwaardige prestaties, hun daarmede nadeel berokkenend bij de mededinging;
   e. het afhankelijk stellen van het sluiten van overeenkomsten van de aanvaarding door de handelspartners van bijkomende prestaties welke naar hun aard of volgens het handelsgebruik geen verband houden met het onderwerp van deze overeenkomsten.
2. De krachtens dit artikel verboden overeenkomsten of besluiten zijn van rechtswege nietig.
3. De bepalingen van lid 1 van dit artikel kunnen echter buiten toepassing worden verklaard *[Uitzonderingen kartelverbod]*
   – voor elke overeenkomst of groep van overeenkomsten tussen ondernemingen,
   – voor elk besluit of groep van besluiten van ondernemersverenigingen, en
   – voor elke onderling afgestemde feitelijke gedraging of groep van gedragingen die bijdragen tot verbetering van de productie of van de verdeling der producten of tot verbetering van de technische of economische vooruitgang, mits een billijk aandeel in de daaruit voortvloeiende voordelen de gebruikers ten goede komt, en zonder nochtans aan de betrokken ondernemingen
   a. beperkingen op te leggen welke voor het bereiken van deze doelstellingen niet onmisbaar zijn,
   b. de mogelijkheid te geven, voor een wezenlijk deel van de betrokken producten de mededinging uit te schakelen.

Art. 102

Onverenigbaar met de interne markt en verboden, voorzover de handel tussen lidstaten daardoor ongunstig kan worden beïnvloed, is het, dat een of meer ondernemingen misbruik maken van een machtspositie op de interne markt of op een wezenlijk deel daarvan. *[Verbod misbruik machtspositie binnen Europese Unie]*
Dit misbruik kan met name bestaan in:
a. het rechtstreeks of zijdelings opleggen van onbillijke aan- of verkoopprijzen of van andere onbillijke contractuele voorwaarden;
b. het beperken van de productie, de afzet of de technische ontwikkeling ten nadele van de verbruikers;
c. het toepassen ten opzichte van handelspartners van ongelijke voorwaarden bij gelijkwaardige prestaties, hun daarmede nadeel berokkenend bij de mededinging;
d. het feit dat het sluiten van overeenkomsten afhankelijk wordt gesteld van het aanvaarden door de handelspartners van bijkomende prestaties, welke naar hun aard of volgens het handelsgebruik geen verband houden met het onderwerp van deze overeenkomsten.

Art. 103

1. De verordeningen of richtlijnen dienstig voor de toepassing van de beginselen neergelegd in de artikelen 101 en 102 worden door de Raad, op voorstel van de Commissie en na raadpleging van het Europees Parlement, vastgesteld. *[Regelgeving Europese Unie omtrent mededinging]*
2. De in lid 1 bedoelde voorschriften hebben met name ten doel:
   a. nakoming van de in artikel 101, lid 1, en in artikel 102 bedoelde verbodsbepalingen te verzekeren door de instelling van geldboeten en dwangsommen;
   b. de wijze van toepassing van artikel 101, lid 3, vast te stellen met inachtneming van de noodzaak, enerzijds een doeltreffend toezicht te verzekeren, anderzijds de administratieve controle zoveel mogelijk te vereenvoudigen;
   c. in voorkomende gevallen, de werkingssfeer van de bepalingen van de artikelen 101 en 102 voor de verschillende bedrijfstakken nader vast te stellen;

d. de taak van de Commissie onderscheidenlijk van het Hof van Justitie van de Europese Unie bij de toepassing van de in dit lid bedoelde bepalingen vast te stellen;
e. de verhouding vast te stellen tussen de nationale wetgevingen enerzijds en de bepalingen van deze afdeling, alsmede de uitvoeringsbepalingen van dit artikel anderzijds.

Art. 104

Inwerkingtreding mededingingsregels Europese Unie

Tot op het tijdstip van inwerkingtreding van de voorschriften, op grond van artikel 103 vastgesteld, beslissen de autoriteiten van de lidstaten over de toelaatbaarheid van mededingingsregelingen en over het misbruik maken van een machtspositie op de interne markt, in overeenstemming met hun nationale recht en de in artikel 101, met name lid 3, en in artikel 102 neergelegde bepalingen.

Art. 105

Toezicht op mededinging door Europese Commissie

1. Onverminderd het in artikel 104 bepaalde, waakt de Commissie voor de toepassing van de in de artikelen 101 en 102 neergelegde beginselen. Op verzoek van een lidstaat of ambtshalve, en in samenwerking met de bevoegde autoriteiten van de lidstaten, welke haar daarbij behulpzaam zijn, stelt zij een onderzoek in naar de gevallen van vermoedelijke inbreuk op bovengenoemde beginselen. Indien haar blijkt dat inbreuk is gepleegd, stelt zij passende middelen voor om daaraan een eind te maken.
2. Wordt aan deze inbreuken geen eind gemaakt, dan stelt de Commissie de inbreuk op de beginselen in een met redenen omkleed besluit vast. Zij kan haar besluit bekendmaken en de lidstaten machtigen de noodzakelijke tegenmaatregelen, waarvan zij de voorwaarden en de wijze van toepassing bepaalt, te treffen om de toestand te verhelpen.
3. De Commissie kan verordeningen vaststellen betreffende groepen overeenkomsten ten aanzien waarvan de Raad overeenkomstig artikel 103, lid 2, onder b), een verordening of een richtlijn heeft vastgesteld.

Art. 106

Verbod op mededinging openbare bedrijven Europese Unie

1. De lidstaten nemen of handhaven met betrekking tot de openbare bedrijven en de ondernemingen waaraan zij bijzondere of uitsluitende rechten verlenen, geen enkele maatregel welke in strijd is met de regels van de Verdragen, met name die bedoeld in de artikelen 18 en 101 tot en met 109.
2. De ondernemingen belast met het beheer van diensten van algemeen economisch belang of die het karakter dragen van een fiscaal monopolie, vallen onder de regels van de Verdragen, met name onder de mededingingsregels, voorzover de toepassing daarvan de vervulling, in feite of in rechte, van de hun toevertrouwde bijzondere taak niet verhindert. De ontwikkeling van het handelsverkeer mag niet worden beïnvloed in een mate die strijdig is met het belang van de Unie.
3. De Commissie waakt voor de toepassing van dit artikel en richt, voorzover nodig, passende richtlijnen of besluiten tot de lidstaten.

TWEEDE AFDELING
STEUNMAATREGELEN VAN DE STATEN

Art. 107

Steunmaatregelen lidstaten onverenigbaar met interne markt Europese Unie

1. Behoudens de afwijkingen waarin de Verdragen voorzien, zijn steunmaatregelen van de staten of in welke vorm ook met staatsmiddelen bekostigd, die de mededinging door begunstiging van bepaalde ondernemingen of bepaalde producties vervalsen of dreigen te vervalsen, onverenigbaar met de interne markt, voorzover deze steun het handelsverkeer tussen de lidstaten ongunstig beïnvloedt.

Steunmaatregelen verenigbaar met interne markt Europese Unie

2. Met de interne markt zijn verenigbaar:
a. steunmaatregelen van sociale aard aan individuele verbruikers op voorwaarde dat deze toegepast worden zonder onderscheid naar de oorsprong van de producten;
b. steunmaatregelen tot herstel van de schade veroorzaakt door natuurrampen of andere buitengewone gebeurtenissen;
c. steunmaatregelen aan de economie van bepaalde streken van de Bondsrepubliek Duitsland die nadeel ondervinden van de deling van Duitsland, voorzover deze steunmaatregelen noodzakelijk zijn om de door deze deling berokkende economische nadelen te compenseren. Vijf jaar na de inwerkingtreding van het Verdrag van Lissabon kan de Raad op voorstel van de Commissie een besluit tot intrekking van dit punt vaststellen.
3. Als verenigbaar met de interne markt kunnen worden beschouwd:
a. steunmaatregelen ter bevordering van de economische ontwikkeling van streken waarin de levensstandaard abnormaal laag is of waar een ernstig gebrek aan werkgelegenheid heerst en van de in artikel 349 bedoelde regio's, rekening houdend met hun structurele, economische en sociale situatie;
b. steunmaatregelen om de verwezenlijking van een belangrijk project van gemeenschappelijk Europees belang te bevorderen of een ernstige verstoring in de economie van een lidstaat op te heffen;

c. steunmaatregelen om de ontwikkeling van bepaalde vormen van economische bedrijvigheid of van bepaalde regionale economieën te vergemakkelijken, mits de voorwaarden waaronder het handelsverkeer plaatsvindt daardoor niet zodanig worden veranderd dat het gemeenschappelijk belang wordt geschaad;
d. steunmaatregelen om de cultuur en de instandhouding van het culturele erfgoed te bevorderen, wanneer door deze maatregelen de voorwaarden inzake het handelsverkeer en de mededingingsvoorwaarden in de Unie niet zodanig worden veranderd dat het gemeenschappelijk belang wordt geschaad;
e. andere soorten van steunmaatregelen aangewezen bij besluit van de Raad, op voorstel van de Commissie.

Art. 108
1. De Commissie onderwerpt tezamen met de lidstaten de in die staten bestaande steunregelingen aan een voortdurend onderzoek. Zij stelt de dienstige maatregelen voor, welke de geleidelijke ontwikkeling of de werking van de interne markt vereist.

Procedure onderzoek misbruik steunmaatregelen Europese Unie

2. Indien de Commissie, na de belanghebbenden te hebben aangemaand hun opmerkingen te maken, vaststelt dat een steunmaatregel door een staat of met staatsmiddelen bekostigd, volgens artikel 107 niet verenigbaar is met de interne markt of dat van deze steunmaatregel misbruik wordt gemaakt, bepaalt zij dat de betrokken staat die steunmaatregel moet opheffen of wijzigen binnen de door haar vast te stellen termijn.
Indien deze staat dat besluit niet binnen de gestelde termijn nakomt, kan de Commissie of iedere andere belanghebbende staat zich in afwijking van de artikelen 258 en 259 rechtstreeks tot het Hof van Justitie van de Europese Unie wenden.
Op verzoek van een lidstaat kan de Raad met eenparigheid van stemmen beslissen dat een door die staat genomen of te nemen steunmaatregel in afwijking van de bepalingen van artikel 107 of van de in artikel 109 bedoelde verordeningen als verenigbaar moet worden beschouwd met de interne markt, indien buitengewone omstandigheden een dergelijk besluit rechtvaardigen. Als de Commissie met betrekking tot deze steunmaatregel de in de eerste alinea van dit lid vermelde procedure heeft aangevangen, wordt deze door het verzoek van de betrokken staat aan de Raad geschorst, totdat de Raad zijn standpunt heeft bepaald.
Evenwel, indien de Raad binnen een termijn van drie maanden te rekenen van het verzoek zijn standpunt niet heeft bepaald, beslist de Commissie.
3. De Commissie wordt van elk voornemen tot invoering of wijziging van steunmaatregelen tijdig op de hoogte gebracht, om haar opmerkingen te kunnen maken. Indien zij meent dat zulk een voornemen volgens artikel 107 onverenigbaar is met de interne markt, vangt zij onverwijld de in het vorige lid bedoelde procedure aan. De betrokken lidstaat kan de voorgenomen maatregelen niet tot uitvoering brengen voordat die procedure tot een eindbeslissing heeft geleid.
4. De Commissie kan verordeningen vaststellen betreffende de soorten van staatssteun waaromtrent de Raad overeenkomstig artikel 109 heeft bepaald dat zij van de in lid 3 van dit artikel bedoelde procedure kunnen worden vrijgesteld.

Art. 109
De Raad kan op voorstel van de Commissie en na raadpleging van het Europees Parlement alle verordeningen vaststellen, dienstig voor de toepassing van de artikelen 107 en 108, en met name de voorwaarden voor de toepassing van artikel 108, lid 3, bepalen alsmede de van die procedure vrijgestelde soorten van steunmaatregelen.

Procedure regelgeving steunmaatregelen Europese Unie

HOOFDSTUK 2
BEPALINGEN BETREFFENDE BELASTINGEN

Art. 110
De lidstaten heffen op producten van de overige lidstaten, al dan niet rechtstreeks, geen hogere binnenlandse belastingen van welke aard ook dan die welke, al dan niet rechtstreeks, op gelijksoortige nationale producten worden geheven.
Bovendien heffen de lidstaten op de producten van de overige lidstaten geen zodanige binnenlandse belastingen, dat daardoor andere producties zijdelings worden beschermd.

Belastingen lidstaten Europese Unie

Art. 111
Bij de uitvoer van producten naar het grondgebied van een der lidstaten mag de teruggave van binnenlandse belastingen niet het bedrag overschrijden dat daarop al dan niet rechtstreeks geheven is.

Maximum teruggave binnenlandse belastingen Europese Unie

Art. 112
Met betrekking tot andere belastingen dan de omzetbelasting, de accijnzen en de overige indirecte belastingen mogen vrijstellingen en teruggaven bij uitvoer naar de andere lidstaten slechts worden verleend en compenserende belastingen bij invoer uit de lidstaten slechts worden geheven, voorzover de bedoelde maatregelen van tevoren voor een beperkte periode door de Raad op voorstel van de Commissie zijn goedgekeurd.

Uitzondering directe belastingen binnen Europese Unie

Art. 113

Procedure regelgeving indirecte belastingen Europese Unie

De Raad stelt na raadpleging van het Europees Parlement en het Economisch en Sociaal Comité met eenparigheid van stemmen, volgens een bijzondere wetgevingsprocedure de bepalingen vast die betrekking hebben op de harmonisatie van de wetgevingen inzake de omzetbelasting, de accijnzen en de andere indirecte belastingen, voorzover deze harmonisatie noodzakelijk is om de instelling en de werking van de interne markt te bewerkstelligen en concurrentieverstoringen te voorkomen.

HOOFDSTUK 3
DE AANPASSING VAN DE WETGEVINGEN

Art. 114

Aanpassing van de wetgevingen binnen Europese Unie

1. Tenzij in de Verdragen anders is bepaald, zijn de volgende bepalingen van toepassing voor de verwezenlijking van de doeleinden van artikel 26. Het Europees Parlement en de Raad stellen volgens de gewone wetgevingsprocedure en na raadpleging van het Economisch en Sociaal Comité de maatregelen vast inzake de onderlinge aanpassing van de wettelijke en bestuursrechtelijke bepalingen van de lidstaten die de instelling en de werking van de interne markt betreffen.
2. Lid 1 is niet van toepassing op de fiscale bepalingen, op de bepalingen inzake het vrije verkeer van personen en op de bepalingen inzake de rechten en belangen van werknemers.
3. De Commissie zal bij haar in lid 1 bedoelde voorstellen op het gebied van de volksgezondheid, de veiligheid, de milieubescherming en de consumentenbescherming uitgaan van een hoog beschermingsniveau, daarbij in het bijzonder rekening houdend met alle nieuwe ontwikkelingen die op wetenschappelijke gegevens zijn gebaseerd. Ook het Europees Parlement en de Raad zullen binnen hun respectieve bevoegdheden deze doelstelling trachten te verwezenlijken.

Kennisgeving handhaving nationale bepalingen binnen Europese Unie

4. Wanneer een lidstaat het, nadat door het Europees Parlement en de Raad, door de Raad of door de Commissie een harmonisatiemaatregel is genomen, noodzakelijk acht nationale bepalingen te handhaven die hun rechtvaardiging vinden in gewichtige eisen als bedoeld in artikel 36 of verband houdend met de bescherming van het milieu of het arbeidsmilieu, geeft hij zowel van die bepalingen als van de redenen voor het handhaven ervan, kennis aan de Commissie.
5. Wanneer een lidstaat het, nadat door het Europees Parlement en de Raad, door de Raad of door de Commissie een harmonisatiemaatregel is genomen, noodzakelijk acht, nationale bepalingen te treffen die gebaseerd zijn op nieuwe wetenschappelijke gegevens die verband houden met de bescherming van het milieu of het arbeidsmilieu vanwege een specifiek probleem dat zich in die lidstaat heeft aangediend nadat de harmonisatiemaatregel is genomen, stelt hij de Commissie voorts, onverminderd lid 4, in kennis van de voorgenomen bepalingen en de redenen voor het vaststellen ervan.

Goedkeuring handhaving nationale bepalingen Europese Unie

6. Binnen zes maanden na de in de leden 4 en 5 bedoelde kennisgevingen keurt de Commissie de betrokken nationale bepalingen goed of wijst die af, nadat zij heeft nagegaan of zij al dan niet een middel tot willekeurige discriminatie, een verkapte beperking van de handel tussen de lidstaten, of een hinderpaal voor de werking van de interne markt vormen.
Indien de Commissie binnen deze termijn geen besluit neemt, worden de in lid 4 en lid 5 bedoelde nationale bepalingen geacht te zijn goedgekeurd.
Indien het complexe karakter van de aangelegenheid zulks rechtvaardigt en er geen gevaar bestaat voor de gezondheid van de mens, kan de Commissie de betrokken lidstaat ervan in kennis stellen dat de in dit lid bedoelde termijn met ten hoogste zes maanden kan worden verlengd.
7. Indien een lidstaat krachtens lid 6 gemachtigd is om nationale bepalingen te handhaven of te treffen die afwijken van een harmonisatiemaatregel, onderzoekt de Commissie onverwijld of er een aanpassing van die maatregel moet worden voorgesteld.

Kennisgeving problemen volksgezondheid aan Europese Commissie

8. Indien een lidstaat een specifiek probleem in verband met volksgezondheid aan de orde stelt op een gebied waarop eerder harmonisatiemaatregelen zijn genomen, brengt hij dit ter kennis van de Commissie, die onverwijld onderzoekt of zij passende maatregelen aan de Raad moet voorstellen.
9. In afwijking van de procedure van de artikelen 258 en 259 kan de Commissie of een lidstaat zich rechtstreeks tot het Hof van Justitie van de Europese Unie wenden indien zij/hij meent dat een andere lidstaat misbruik maakt van de in dit artikel bedoelde bevoegdheden.
10. Bovenbedoelde harmonisatiemaatregelen omvatten, in passende gevallen, een vrijwaringsclausule die de lidstaten machtigt om, op grond van één of meer van de in artikel 36 bedoelde niet-economische redenen, voorlopige maatregelen te treffen die aan een toetsingsprocedure van de Unie worden onderworpen.

Art. 115

Procedure aanpassing wetgeving lidstaten Europese Unie

Onverminderd artikel 114 stelt de Raad na raadpleging van het Europees Parlement en het Economisch en Sociaal Comité met eenparigheid van stemmen, volgens een bijzondere wetgevingsprocedure richtlijnen vast voor de onderlinge aanpassing van de wettelijke en bestuursrechtelijke bepalingen der lidstaten welke rechtstreeks van invloed zijn op de instelling of de werking van de interne markt.

Art. 116
Ingeval de Commissie vaststelt dat een dispariteit tussen de wettelijke of bestuursrechtelijke bepalingen der lidstaten de mededingingsvoorwaarden op de interne markt vervalst en zodoende een distorsie veroorzaakt welke moet worden opgeheven, raadpleegt zij de betrokken lidstaten.
Indien deze raadpleging niet leidt tot overeenstemming waardoor de betrokken distorsie wordt opgeheven, stellen het Europees Parlement en de Raad, volgens de gewone wetgevingsprocedure, de voor dat doel noodzakelijke richtlijnen vast. Ook andere dienstige maatregelen waarin de Verdragen voorzien, kunnen worden vastgesteld.

Distorsie door nationale bepalingen binnen Europese Unie

Art. 117
1. Wanneer er aanleiding bestaat te vrezen dat de vaststelling of de wijziging van een wettelijke of bestuursrechtelijke bepaling een distorsie in de zin van artikel 116 veroorzaakt, raadpleegt de lidstaat, die daartoe wil overgaan, de Commissie. Na de lidstaten te hebben geraadpleegd, beveelt de Commissie de betrokken staten passende maatregelen aan om deze distorsie te voorkomen.
2. Indien de staat die nationale bepalingen wil vaststellen of wijzigen niet handelt overeenkomstig de aanbeveling welke de Commissie hem heeft gedaan, kan bij toepassing van artikel 116 van de andere lidstaten niet worden verlangd dat zij hun nationale bepalingen wijzigen om deze distorsie op te heffen.
Indien de lidstaat die aan de aanbeveling van de Commissie geen gevolg heeft gegeven, een distorsie veroorzaakt waarvan alleen hijzelf nadeel ondervindt, zijn de bepalingen van artikel 116 niet van toepassing.

Beoordeling distorsie door nationale bepalingen binnen Europese Unie

Art. 118
In het kader van de totstandbrenging en de werking van de interne markt stellen het Europees Parlement en de Raad, volgens de gewone wetgevingsprocedure, de maatregelen vast voor de invoering van Europese titels om een eenvormige bescherming van de intellectuele-eigendomsrechten in de hele Unie te bewerkstelligen, en voor de instelling van op het niveau van de Unie gecentraliseerde machtigings-, coördinatie- en controleregelingen.
De Raad stelt, volgens een bijzondere wetgevingsprocedure, bij verordeningen de talenregelingen met betrekking tot de Europese titels vast. De Raad besluit met eenparigheid van stemmen, na raadpleging van het Europees Parlement.

Procedure wetgeving bescherming intellectuele-eigendomsrechten Europese Unie

TITEL VIII
ECONOMISCH EN MONETAIR BELEID

Art. 119
1. Teneinde de in artikel 3 van het Verdrag betreffende de Europese Unie genoemde doelstellingen te bereiken, omvat het optreden van de lidstaten en de Unie, onder de voorwaarden waarin de Verdragen voorzien, de invoering van een economisch beleid dat gebaseerd is op de nauwe coördinatie van het economisch beleid van de lidstaten, op de interne markt en op de uitwerking van gemeenschappelijke doelstellingen en dat wordt gevoerd met inachtneming van het beginsel van een openmarkteconomie met vrije mededinging.
2. Gelijktijdig daarmee omvat dit optreden, onder de voorwaarden en volgens de procedures waarin de Verdragen voorzien, één munt, de euro, alsmede het bepalen en voeren van één monetair en wisselkoersbeleid, beide met als hoofddoel het handhaven van prijsstabiliteit en, onverminderd deze doelstelling, het ondersteunen van het algemene economische beleid in de Unie, met inachtneming van het beginsel van een openmarkteconomie met vrije mededinging.
3. Dit optreden van de lidstaten en van de Unie impliceert de naleving van de volgende grondbeginselen: stabiele prijzen, gezonde overheidsfinanciën en monetaire condities en een houdbare betalingsbalans.

Economisch en monetair beleid Europese Unie

HOOFDSTUK 1
ECONOMISCH BELEID

Art. 120
De lidstaten voeren hun economisch beleid teneinde bij te dragen tot de verwezenlijking van de doelstellingen van de Unie, als omschreven in artikel 3 van het Verdrag betreffende de Europese Unie, en in het kader van de in artikel 121, lid 2, bedoelde globale richtsnoeren. De lidstaten en de Unie handelen in overeenstemming met het beginsel van een openmarkteconomie met vrije mededinging, waarbij een doelmatige allocatie van middelen wordt bevorderd en met inachtneming van de beginselen die zijn neergelegd in artikel 119.

Economisch beleid lidstaten Europese Unie

Art. 121
1. De lidstaten beschouwen hun economisch beleid als een aangelegenheid van gemeenschappelijk belang en coördineren het in het kader van de Raad, overeenkomstig het bepaalde in artikel 120.

Coördinatie van economisch beleid lidstaten Europese Unie

2. De Raad stelt, op aanbeveling van de Commissie, een ontwerp op voor de globale richtsnoeren voor het economisch beleid van de lidstaten en van de Unie, en legt zijn bevindingen in een verslag aan de Europese Raad voor.
Aan de hand van dit verslag van de Raad bespreekt de Europese Raad een conclusie over de globale richtsnoeren voor het economisch beleid van de lidstaten en van de Unie.
Uitgaande van deze conclusie neemt de Raad een aanbeveling aan, waarin deze globale richtsnoeren zijn vastgelegd. De Raad stelt het Europees Parlement van zijn aanbeveling in kennis.

Multilateraal toezicht op economisch beleid lidstaten Europese Unie

3. Teneinde een nauwere coördinatie van het economisch beleid en een aanhoudende convergentie van de economische prestaties van de lidstaten te verzekeren, ziet de Raad aan de hand van door de Commissie ingediende rapporten toe op de economische ontwikkelingen in elke lidstaat en in de Unie, alsmede op de overeenstemming van het economisch beleid met de in lid 2 bedoelde globale richtsnoeren en verricht hij regelmatig een algehele evaluatie.
Met het oog op dit multilaterale toezicht verstrekken de lidstaten de Commissie informatie over de belangrijke maatregelen die zij in het kader van hun economisch beleid hebben genomen en alle andere informatie die zij nodig achten.
4. Wanneer in het kader van de procedure van lid 3 blijkt dat het economisch beleid van een lidstaat niet overeenkomt met de in lid 2 bedoelde globale richtsnoeren of de goede werking van de economische en monetaire unie in gevaar dreigt te brengen, kan de Commissie een waarschuwing tot de betrokken lidstaat richten. De Raad kan op aanbeveling van de Commissie de nodige aanbevelingen tot de lidstaat richten. De Raad kan op voorstel van de Commissie besluiten zijn aanbevelingen openbaar te maken.
In het kader van dit lid besluit de Raad zonder rekening te houden met de stem van het lid van de Raad dat de betrokken lidstaat vertegenwoordigt.
De gekwalificeerde meerderheid van de overige leden van de Raad wordt bepaald overeenkomstig artikel 238, lid 3, onder a).
5. De voorzitter van de Raad en de Commissie brengen het Europees Parlement verslag uit over de resultaten van het multilaterale toezicht. De voorzitter van de Raad kan worden verzocht om voor de bevoegde commissie van het Europees Parlement te verschijnen, indien de Raad zijn aanbevelingen openbaar heeft gemaakt.
6. Het Europees Parlement en de Raad kunnen volgens de gewone wetgevingsprocedure bij verordeningen nadere bepalingen voor de in de leden 3 en 4 bedoelde multilaterale toezichtprocedure vaststellen.

Art. 122

Maatregelen economisch beleid Europese Unie

1. Onverminderd de overige procedures waarin de Verdragen voorzien, kan de Raad op voorstel van de Commissie in een geest van solidariteit tussen de lidstaten bij besluit de voor de economische situatie passende maatregelen vaststellen, met name indien zich bij de voorziening van bepaalde producten, in het bijzonder op energiegebied, ernstige moeilijkheden voordoen.

Communautaire financiële bijstand binnen Europese Unie

2. In geval van moeilijkheden of ernstige dreiging van grote moeilijkheden in een lidstaat, die worden veroorzaakt door natuurrampen of buitengewone gebeurtenissen die deze lidstaat niet kan beheersen, kan de Raad op voorstel van de Commissie, onder bepaalde voorwaarden financiële bijstand van de Unie aan de betrokken lidstaat verlenen. De voorzitter van de Raad stelt het Europees Parlement van het genomen besluit in kennis.

Art. 123

Verbod kredietverstrekking centrale bank binnen Europese Unie

1. Het verlenen van voorschotten in rekening-courant of andere kredietfaciliteiten bij de Europese Centrale Bank of de centrale banken van de lidstaten, (hierna „nationale centrale banken" te noemen), ten behoeve van instellingen, organen of instanties van de Unie, centrale overheden, regionale, lokale of andere overheden, andere publiekrechtelijke lichamen of openbare bedrijven van de lidstaten, alsmede het rechtstreeks van hen kopen door de Europese Centrale Bank of nationale centrale banken van schuldbewijzen, zijn verboden.
2. Het bepaalde in lid 1 is niet van toepassing op kredietinstellingen die in handen van de overheid zijn en waaraan in het kader van de liquiditeitsvoorziening door centrale banken dezelfde behandeling door de nationale centrale banken en de Europese Centrale Bank wordt gegeven als aan particuliere kredietinstellingen.

Art. 124

Verbod bevoorrechting financiële instellingen binnen Europese Unie

Niet op overwegingen van bedrijfseconomisch toezicht gebaseerde maatregelen waardoor instellingen, organen of instanties van de Unie, centrale overheden, regionale, lokale of andere overheden, andere publiekrechtelijke lichamen of openbare bedrijven van de lidstaten een bevoorrechte toegang tot de financiële instellingen krijgen, zijn verboden.

Art. 125

Uitsluiting aansprakelijkheid Europese Unie

1. De Unie is niet aansprakelijk voor de verbintenissen van centrale overheden, regionale, lokale of andere overheden, andere publiekrechtelijke lichamen of openbare bedrijven van de lidstaten en neemt deze verbintenissen niet over, onverminderd de wederzijdse financiële garanties voor de gemeenschappelijke uitvoering van een specifiek project. De lidstaten zijn niet aansprakelijk voor de verbintenissen van centrale overheden, regionale, lokale of andere overheden, andere

publiekrechtelijke lichamen of openbare bedrijven van een andere lidstaat en nemen deze verbintenissen niet over, onverminderd de wederzijdse financiële garanties voor de gemeenschappelijke uitvoering van een specifiek project.
2. Indien nodig kan de Raad op voorstel van de Commissie en na raadpleging van het Europees Parlement, definities vaststellen voor de toepassing van de in de artikelen 123 en 124 en in dit artikel bedoelde verbodsbepalingen.

Art. 126

1. De lidstaten vermijden buitensporige overheidstekorten.

Vermijding buitensporige overheidstekorten lidstaten Europese Unie

2. De Commissie ziet toe op de ontwikkeling van de begrotingssituatie en de omvang van de overheidsschuld in de lidstaten, teneinde aanzienlijke tekortkomingen vast te stellen. Met name gaat de Commissie op basis van de volgende twee criteria na of de hand wordt gehouden aan de begrotingsdiscipline:
a. of de verhouding tussen het voorziene of feitelijke overheidstekort en het bruto binnenlands product een bepaalde referentiewaarde overschrijdt, tenzij:
– hetzij de verhouding in aanzienlijke mate en voortdurend is afgenomen en een niveau heeft bereikt dat de referentiewaarde benadert;
– hetzij de overschrijding van de referentiewaarde slechts van uitzonderlijke en tijdelijke aard is en de verhouding dicht bij de referentiewaarde blijft;
b. of de verhouding tussen de overheidsschuld en het bruto binnenlands product een bepaalde referentiewaarde overschrijdt, tenzij de verhouding in voldoende mate afneemt en de referentiewaarde in een bevredigend tempo benadert.
De referentiewaarden worden nader omschreven in het aan de Verdragen gehechte Protocol betreffende de procedure bij buitensporige tekorten.
3. Indien een lidstaat niet voldoet aan deze of aan een van deze criteria, stelt de Commissie een verslag op. In het verslag van de Commissie wordt er tevens rekening mee gehouden of het overheidstekort groter is dan de investeringsuitgaven van de overheid en worden alle andere relevante factoren in aanmerking genomen, met inbegrip van de economische en budgettaire situatie van de lidstaat op middellange termijn.

Onderzoek overheidstekort lidstaat Europese Unie

Voorts kan de Commissie een verslag opstellen indien zij – ook al is aan de criteria voldaan – van mening is dat er gevaar voor een buitensporig tekort in een lidstaat aanwezig is.
4. Het Economisch en Financieel Comité brengt advies uit over het verslag van de Commissie.
5. Indien de Commissie van oordeel is dat er in een lidstaat een buitensporig tekort bestaat of kan ontstaan, richt zij een advies tot de betrokken lidstaat en brengt zij de Raad daarvan op de hoogte.
6. Op voorstel van de Commissie en rekening houdend met de opmerkingen die de betrokken lidstaat eventueel wenst te maken, besluit de Raad, na een algehele evaluatie te hebben gemaakt, of er al dan niet een buitensporig tekort bestaat.
7. Wanneer de Raad overeenkomstig lid 6 besluit dat er sprake is van een buitensporig tekort, stelt hij, op aanbeveling van de Commissie, zonder ongegronde vertraging de aanbevelingen vast die hij tot de betrokken lidstaat richt opdat deze binnen een bepaalde termijn een eind maakt aan het tekort. Behoudens het bepaalde in lid 8, worden deze aanbevelingen niet openbaar gemaakt.
8. Wanneer de Raad vaststelt dat binnen de voorgeschreven periode geen effectief gevolg aan zijn aanbevelingen is gegeven, kan hij zijn aanbevelingen openbaar maken.
9. Wanneer een lidstaat blijft verzuimen uitvoering te geven aan de aanbevelingen van de Raad, kan de Raad besluiten de betrokken lidstaat aan te manen binnen een voorgeschreven termijn maatregelen te treffen om het tekort te verminderen in de mate die de Raad nodig acht om de situatie te verhelpen.
In dat geval kan de Raad de betrokken lidstaat verzoeken volgens een nauwkeurig tijdschema verslag uit te brengen, teneinde na te gaan welke aanpassingsmaatregelen die lidstaat heeft getroffen.
10. Het recht om een klacht in te dienen, als bedoeld in de artikelen 258 en 259, kan niet worden uitgeoefend in het kader van de toepassing van de leden 1 tot en met 9 van dit artikel.
11. Zolang een lidstaat zich niet voegt naar een overeenkomstig lid 9 genomen besluit, kan de Raad één of meer van de volgende maatregelen toepassen of in voorkomend geval versterken:
– eisen dat de betrokken lidstaat door de Raad te bepalen aanvullende informatie openbaar maakt voordat hij obligaties en andere waardepapieren uitgeeft;
– de Europese Investeringsbank verzoeken haar beleid inzake kredietverstrekking ten aanzien van de betrokken lidstaat opnieuw te bezien;
– eisen dat de betrokken lidstaat bij de Unie een niet-rentedragend bedrag van een passende omvang deponeert, totdat het buitensporige tekort naar het oordeel van de Raad is gecorrigeerd;
– boeten van een passende omvang opleggen.
De voorzitter van de Raad stelt het Europees Parlement van de genomen besluiten in kennis.

Maatregelen overheidstekort lidstaat Europese Unie

12. De Raad trekt de in de leden 6 tot en met 9 en 11 bedoelde besluiten of aanbevelingen of sommige daarvan in, indien hij van oordeel is dat het buitensporige tekort in de betrokken lidstaat is gecorrigeerd. Indien de Raad voordien aanbevelingen openbaar heeft gemaakt, legt hij, zodra het besluit uit hoofde van lid 8 is ingetrokken, een openbare verklaring af waarin wordt gezegd dat er niet langer een buitensporig tekort in de betrokken lidstaat bestaat.
13. De in de leden 8, 9, 11 en 12 bedoelde besluiten worden door de Raad op aanbeveling van de Commissie genomen.
Wanneer de Raad de in de leden 6 tot en met 9, 11 en 12 bedoelde maatregelen neemt, houdt hij geen rekening met de stem van het lid van de Raad dat de betrokken lidstaat vertegenwoordigt.
De gekwalificeerde meerderheid van de overige leden van de Raad wordt bepaald overeenkomstig artikel 238, lid 3, onder a).
14. Verdere bepalingen betreffende de tenuitvoerlegging van de in dit artikel omschreven procedure zijn opgenomen in het aan de Verdragen gehechte Protocol betreffende de procedure bij buitensporige tekorten.
Na raadpleging van het Europees Parlement en van de Europese Centrale Bank, neemt de Raad met eenparigheid van stemmen, volgens een bijzondere wetgevingsprocedure passende bepalingen aan die in de plaats van voornoemd Protocol komen.
Onder voorbehoud van de andere bepalingen van dit lid, stelt de Raad op voorstel van de Commissie en na raadpleging van het Europees Parlement, nadere voorschriften en definities voor de toepassing van de bepalingen van dit Protocol vast.

HOOFDSTUK 2
MONETAIR BELEID

Art. 127

Doel ESCB

1. Het hoofddoel van het Europees Stelsel van Centrale Banken hierna „ESCB" te noemen, is het handhaven van prijsstabiliteit. Onverminderd het doel van prijsstabiliteit ondersteunt het ESCB het algemene economische beleid in de Unie teneinde bij te dragen tot de verwezenlijking van de in artikel 3 van het Verdrag betreffende de Europese Unie omschreven doelstellingen van de Unie. Het ESCB handelt in overeenstemming met het beginsel van een openmarkteconomie met vrije mededinging, waarbij een doelmatige allocatie van middelen wordt bevorderd, en met inachtneming van de beginselen die zijn neergelegd in artikel 119.

Taken ESCB

2. De via het ESCB uit te voeren fundamentele taken zijn:
- het bepalen en ten uitvoer leggen van het monetair beleid van de Unie;
- het verrichten van valutamarktoperaties in overeenstemming met de bepalingen van artikel 219;
- het aanhouden en beheren van de officiële externe reserves van de lidstaten;
- het bevorderen van een goede werking van het betalingsverkeer.

3. Het bepaalde in lid 2, derde streepje, laat het aanhouden en beheren van werksaldi in buitenlandse valuta's door de regeringen van de lidstaten onverlet.

Adviesfunctie Europese Centrale Bank

4. De Europese Centrale Bank wordt geraadpleegd:
- over elk voorstel voor een besluit van de Unie op de gebieden die onder haar bevoegdheid vallen;
- door de nationale autoriteiten over elk ontwerp van wettelijke bepaling op de gebieden die onder haar bevoegdheid vallen, doch binnen de grenzen en onder de voorwaarden die de Raad volgens de procedure van artikel 129, lid 4, vaststelt.
De Europese Centrale Bank kan advies uitbrengen aan de geëigende instellingen, organen of instanties van de Unie of aan nationale autoriteiten omtrent aangelegenheden op de gebieden die onder haar bevoegdheid vallen.

5. Het ESCB draagt bij tot een goede beleidsvoering van de bevoegde autoriteiten ten aanzien van het bedrijfseconomisch toezicht op kredietinstellingen en de stabiliteit van het financiële stelsel.

6. De Raad kan volgens een bijzondere wetgevingsprocedure bij verordeningen, na raadpleging van het Europees Parlement en de Europese Centrale Bank, met eenparigheid van stemmen besluiten aan de Europese Centrale Bank specifieke taken op te dragen betreffende het beleid op het gebied van het bedrijfseconomisch toezicht op kredietinstellingen en andere financiële instellingen, met uitzondering van verzekeringsondernemingen.

Art. 128

Bevoegdheid uitgifte bankbiljetten Europese Centrale Bank

1. De Europese Centrale Bank heeft het alleenrecht machtiging te geven tot de uitgifte van bankbiljetten in euro binnen de Unie. De Europese Centrale Bank en de nationale centrale banken mogen bankbiljetten uitgeven. De door de Europese Centrale Bank en de nationale centrale banken uitgegeven bankbiljetten zijn de enige bankbiljetten die binnen de Unie de hoedanigheid van wettig betaalmiddel hebben.

2. De lidstaten kunnen munten in euro uitgeven, onder voorbehoud van goedkeuring van de Europese Centrale Bank met betrekking tot de omvang van de uitgifte. De Raad kan, op voorstel van de Commissie en na raadpleging van het Europees Parlement en de Europese Centrale Bank, maatregelen nemen om de nominale waarden en technische specificaties van alle voor circulatie bestemde munten te harmoniseren voorzover dit nodig is voor een goede circulatie van munten binnen de Unie.

Art. 129
1. Het ESCB wordt bestuurd door de besluitvormende organen van de Europese Centrale Bank, te weten de Raad van bestuur en de directie.
Organisatie en bestuur ESCB

2. De statuten van het Europees Stelsel van Centrale Banken en van de Europese Centrale Bank, hierna genoemd „statuten van het ESCB en van de ECB" zijn opgenomen in een aan de Verdragen gehecht protocol.

3. Artikelen 5.1, 5.2, 5.3, 17, 18, 19.1, 22, 23, 24, 26, 32.2, 32.3, 32.4 32.6, ,33.1 a) en 36 van de statuten van het ESCB en van de ECB kunnen door het Europees Parlement en de Raad worden gewijzigd volgens de gewone wetgevingsprocedure. Zij besluiten hetzij op aanbeveling van de Europese Centrale Bank en na raadpleging van de Commissie, hetzij op voorstel van de Commissie en na raadpleging van de Europese Centrale Bank.

4. De in de artikelen 4, 5.4, 19.2, 20, 28.1, 29.2, 30.4 en 34.3 van de statuten van het ESCB en van de ECB bedoelde bepalingen worden door de Raad aangenomen hetzij op voorstel van de Commissie en na raadpleging van het Europees Parlement en de Europese Centrale Bank, hetzij op aanbeveling van de Europese Centrale Bank en na raadpleging van het Europees Parlement en de Commissie.

Art. 130
Bij de uitoefening van de bevoegdheden en het vervullen van de taken en plichten die bij de Verdragen en de statuten van het ESCB en van de ECB aan hen zijn opgedragen, is het noch de Europese Centrale Bank, noch een nationale centrale bank, noch enig lid van hun besluitvormende organen toegestaan instructies te vragen aan dan wel te aanvaarden van instellingen, organen of instanties van de Unie, van regeringen van lidstaten of van enig ander orgaan. De instellingen, organen of instanties van de Unie alsmede de regeringen van de lidstaten verplichten zich ertoe dit beginsel te eerbiedigen en niet te trachten de leden van de besluitvormende organen van de Europese Centrale Bank of van de nationale centrale banken bij de uitvoering van hun taken te beïnvloeden.
Besluitvorming ESCB zonder instructies

Art. 131
Iedere lidstaat draagt er zorg voor dat zijn nationale wetgeving, met inbegrip van de statuten van zijn nationale centrale bank, verenigbaar is met de Verdragen en met de statuten van het ESCB en van de ECB.
Nationale wetgeving verenigbaar met regelgeving ESCB en ECB

Art. 132
1. Ter uitvoering van de aan het ESCB opgedragen taken, zal de Europese Centrale Bank, overeenkomstig het bepaalde in de Verdragen en onder de voorwaarden van de statuten van het ESCB en van de ECB:
Regelgeving Europese Centrale Bank
- verordeningen vaststellen voorzover nodig voor de uitvoering van de taken omschreven in artikel 3.1, eerste streepje, artikel 19.1, artikel 22 of artikel 25.2 van de statuten van het ESCB en van de ECB, alsmede in de gevallen die worden bepaald in de in artikel 129, lid 4, bedoelde besluiten van de Raad;
- de besluiten geven die nodig zijn voor de uitvoering van de bij de Verdragen en de statuten van het ESCB en van de ECB aan het ESCB opgedragen taken;
- aanbevelingen doen en adviezen uitbrengen.

2. De Europese Centrale Bank kan besluiten haar besluiten, aanbevelingen en adviezen openbaar te maken.

3. Binnen de grenzen en onder de voorwaarden die door de Raad volgens de procedure van artikel 129, lid 4, worden vastgesteld, is de Europese Centrale Bank gerechtigd om ondernemingen boeten of dwangsommen op te leggen bij niet-naleving van de verplichtingen krachtens haar verordeningen en besluiten.

Art. 133
Onverminderd de bevoegdheden van de Europese Centrale Bank, stellen het Europees Parlement en de Raad, volgens de gewone wetgevingsprocedure, de maatregelen vast die nodig zijn voor het gebruik van de euro als enige munteenheid. Deze maatregelen worden vastgesteld na raadpleging van de Europese Centrale Bank.
Regelgeving euro

HOOFDSTUK 3
INSTITUTIONELE BEPALINGEN

Art. 134

Monetair Comité Europese Unie

1. Teneinde de coördinatie van het beleid van de lidstaten te bevorderen in de volle omvang die nodig is voor de werking van de interne markt, wordt een Economisch en Financieel comité ingesteld.

Economisch en Financieel Comité Europese Unie

2. Het Economisch en Financieel Comité heeft tot taak:
– hetzij op verzoek van de Raad of van de Commissie, hetzij op eigen initiatief adviezen aan deze instellingen uit te brengen;
– de economische en financiële toestand van de lidstaten en van de Unie te volgen en terzake regelmatig aan de Raad en aan de Commissie verslag uit te brengen, inzonderheid wat betreft de financiële betrekkingen met derde landen en internationale instellingen;
– onverminderd artikel 240, bij te dragen aan de voorbereiding van de werkzaamheden van de Raad, bedoeld in de artikelen 66 en 75, artikel 121, leden 2, 3, 4 en 6, de artikelen 122, 124, 125 en 126, artikel 127, lid 6, artikel 128, lid 2, artikel 129, leden 3 en 4, de artikelen 219, 138 en 143, artikel 144, leden 2 en 3, artikel 140, leden 2 en 3, en andere adviserende en voorbereidende taken die de Raad aan het Comité heeft opgedragen, uit te voeren;
– ten minste eenmaal per jaar de toestand te onderzoeken met betrekking tot het kapitaalverkeer en de vrijheid van het betalingsverkeer, zoals deze voortvloeien uit de toepassing van de Verdragen en van door de Raad genomen maatregelen; dit onderzoek heeft betrekking op alle maatregelen betreffende kapitaalverkeer en betalingsverkeer; het Comité brengt de Commissie en de Raad verslag uit over de resultaten van dit onderzoek.
De lidstaten, de Commissie en de Europese Centrale Bank benoemen ieder ten hoogste twee leden van het Comité.

3. De Raad stelt op voorstel van de Commissie en na raadpleging van de Europese Centrale Bank en het in dit artikel bedoelde Comité, nadere bepalingen betreffende de samenstelling van het Economisch en Financieel Comité vast. De voorzitter van de Raad stelt het Europees Parlement van het desbetreffende besluit in kennis.

4. Naast de vervulling van de in lid 2 genoemde taken volgt het Comité, indien en zolang er lidstaten zijn met een derogatie als bedoeld in artikel 139, de monetaire en financiële toestand en de algemene regeling van het betalingsverkeer van die lidstaten en brengt het terzake regelmatig verslag uit aan de Raad en aan de Commissie.

Art. 135

De Raad of een lidstaat kan de Commissie verzoeken een aanbeveling of een voorstel te doen betreffende aangelegenheden die onder artikel 121, lid 4, artikel 126, met uitzondering van lid 14, de artikelen 219, 138 en artikel 140, leden 1 en 3, vallen. De Commissie onderzoekt dit verzoek en legt haar conclusies onverwijld aan de Raad voor.

HOOFDSTUK 4
SPECIFIEKE BEPALINGEN VOOR DE LIDSTATEN DIE DE EURO ALS MUNT HEBBEN

Art. 136

Maatregelen voor lidstaten met euro

1. Om bij te dragen aan de goede werking van de economische en monetaire unie, en overeenkomstig de desbetreffende bepalingen van de Verdragen stelt de Raad, overeenkomstig de procedure van artikel 121 of van artikel 126, al naar het geval, met uitzondering van de procedure van artikel 126, lid 14, maatregelen vast voor de lidstaten die de euro als munt hebben:
a. ter versterking van de coördinatie en de bewaking van hun begrotingsdiscipline;
b. houdende bepaling van de richtsnoeren voor hun economisch beleid, met dien verstande dat deze verenigbaar moeten zijn met de richtsnoeren welke voor de gehele Unie zijn vastgesteld, en met het oog op de bewaking ervan.

2. Met betrekking tot de in lid 1 bedoelde maatregelen hebben alleen leden van de Raad die lidstaten vertegenwoordigen welke de euro als munt hebben, stemrecht.
De gekwalificeerde meerderheid van deze leden wordt bepaald overeenkomstig artikel 238, lid 3, onder a).

3. De lidstaten die de euro als munt hebben kunnen een stabiliteitsmechanisme instellen dat geactiveerd wordt indien dat onontbeerlijk is om de stabiliteit van de eurozone in haar geheel te waarborgen. De verlening van financiële steun, indien vereist, uit hoofde van het mechanisme zal aan stringente voorwaarden gebonden zijn.

Art. 137

Vergaderingen van ministers lidstaten met euro

De nadere regels voor vergaderingen van de ministers van de lidstaten die de euro als munt hebben, worden vastgesteld in het Protocol betreffende de Eurogroep.

Art. 138

1. Teneinde de positie van de euro in het internationaal monetair stelsel veilig te stellen, stelt de Raad op voorstel van de Commissie een besluit vast houdende de gemeenschappelijke standpunten in de bevoegde internationale financiële instellingen en conferenties over kwesties die voor de Economische en Monetaire Unie van bijzonder belang zijn. De Raad besluit na raadpleging van de Europese Centrale Bank.

2. De Raad kan op voorstel van de Commissie passende maatregelen vaststellen met het oog op een gezamenlijke vertegenwoordiging in de internationale financiële instellingen en conferenties. De Raad besluit na raadpleging van de Europese Centrale Bank.

3. Met betrekking tot de in de leden 1 en 2 bedoelde maatregelen hebben alleen de leden van de Raad die lidstaten vertegenwoordigen welke de euro als munt hebben, stemrecht.
De gekwalificeerde meerderheid van deze leden wordt bepaald overeenkomstig artikel 238, lid 3, onder a).

Veiligstelling van euro in internationaal monetair stelsel

HOOFDSTUK 5
OVERGANGSBEPALINGEN

Art. 139

1. De lidstaten ten aanzien waarvan de Raad niet heeft besloten dat zij voldoen aan de nodige voorwaarden voor de invoering van de euro, worden hierna „lidstaten die vallen onder een derogatie" genoemd.

2. De onderstaande bepalingen van de Verdragen zijn niet van toepassing op de lidstaten die onder een derogatie vallen:
a. de aanneming van de onderdelen van de globale richtsnoeren voor het economisch beleid die in algemene zin betrekking hebben op de eurozone (artikel 121, lid 2);
b. dwingende maatregelen om buitensporige tekorten te verminderen (artikel 126, leden 9 en 11);
c. doelstellingen en taken van het ESCB (artikel 127, leden 1, 2, 3 en 5);
d. uitgifte van de euro (artikel 128);
e. handelingen van de Europese Centrale Bank (artikel 132);
f. maatregelen met betrekking tot het gebruik van de euro (artikel 133);
g. monetaire overeenkomsten en andere maatregelen in verband met het wisselkoersbeleid (artikel 219);
h. aanwijzing van de leden van de directie van de Europese Centrale Bank (artikel 283, lid 2);
i. besluiten houdende gemeenschappelijke standpunten in de bevoegde internationale financiële instellingen en conferenties over kwesties die voor de economische en monetaire unie van bijzonder belang zijn (artikel 138, lid 1);
j. maatregelen die een gezamenlijke vertegenwoordiging in de internationale financiële instellingen en conferenties verzekeren (artikel 138, lid 2).
Derhalve wordt in de onder a) tot en met j) genoemde punten onder „lidstaten" verstaan „de lidstaten die de euro als munt hebben".

3. De lidstaten die onder een derogatie vallen, alsmede hun nationale centrale banken, zijn uitgesloten van de rechten en plichten in het kader van het ESCB, overeenkomstig hoofdstuk IX van de statuten van het ESCB en van de ECB.

4. De stemrechten van de leden van de Raad die de lidstaten vertegenwoordigen welke onder een derogatie vallen, worden geschorst tijdens de aanneming door de Raad van de maatregelen bedoeld in de in lid 2 opgesomde artikelen, alsmede in de volgende gevallen:
a. bij de vaststelling van aanbevelingen die in het kader van het multilaterale toezicht worden gericht tot de lidstaten die de euro als munt hebben, met inbegrip van aanbevelingen over de stabiliteitsprogramma's en waarschuwingen (artikel 121, lid 4);
b. bij de aanneming van maatregelen inzake buitensporige tekorten ten aanzien van lidstaten die de euro als munt hebben (artikel 126, leden 6, 7, 8, 12 en 13).
De gekwalificeerde meerderheid van de overige leden van de Raad wordt bepaald overeenkomstig artikel 238, lid 3, onder a).

EU-lidstaten die vallen onder een derogatie

Art. 140

1. Ten minste eens in de twee jaar of op verzoek van een lidstaat die onder een derogatie valt, brengen de Commissie en de Europese Centrale Bank aan de Raad verslag uit over de vooruitgang die door de onder een derogatie vallende lidstaten is geboekt bij de nakoming van hun verplichtingen met het oog op de totstandbrenging van de Economische en Monetaire Unie.
Deze verslagen bevatten tevens een onderzoek naar de verenigbaarheid van de nationale wetgeving van elk van deze lidstaten, met inbegrip van de statuten van zijn nationale centrale bank, met artikel 130 en artikel 131 en de statuten van het ESCB en van de ECB. In deze verslagen wordt ook nagegaan of er een hoge mate van duurzame convergentie is bereikt, aan de hand van de mate waarin elke lidstaat aan de volgende criteria voldoet:

Verslag over nakoming verplichtingen van EU-lidstaten die onder een derogatie vallen

– het bereiken van een hoge mate van prijsstabiliteit; dit blijkt uit een inflatiepercentage dat dicht ligt bij dat van ten hoogste de drie lidstaten die op het gebied van de prijsstabiliteit het best presteren;
– het houdbare karakter van de situatie van de overheidsfinanciën; dit blijkt uit een begrotingssituatie van de overheid zonder een buitensporig tekort als bedoeld in artikel 126, lid 6;
– de inachtneming van de normale fluctuatiemarges van het wisselkoersmechanisme van het Europees Monetair Stelsel, gedurende ten minste twee jaar, zonder devaluatie ten opzichte van de euro;
– de duurzaamheid van de door de lidstaat die onder een derogatie valt bereikte convergentie en van zijn deelneming aan het wisselkoersmechanisme van het Europees Monetair Stelsel, hetgeen tot uitdrukking komt in het niveau van de rentevoet voor de lange termijn.

De vier in dit lid genoemde criteria en de betreffende perioden tijdens welke daaraan moet worden voldaan, worden nader uitgewerkt in een aan de Verdragen gehecht protocol. In de verslagen van de Commissie en de Europese Centrale Bank wordt ook rekening gehouden met de resultaten van de integratie van de markten, de situatie en de ontwikkeling van de lopende rekeningen van de betalingsbalansen, en een onderzoek naar de ontwikkeling van de loonkosten per eenheid product en andere prijsindicatoren.

2. Na raadpleging van het Europees Parlement en na bespreking in de Europese Raad, besluit de Raad op voorstel van de Commissie, welke lidstaten met een derogatie volgens de criteria van lid 1, aan de noodzakelijke voorwaarden voldoen, en trekt hij de derogaties van de betrokken lidstaten in.

De Raad besluit na een aanbeveling te hebben ontvangen van een gekwalificeerde meerderheid van diegenen onder zijn leden die de lidstaten vertegenwoordigen welke de euro als munt hebben. Deze leden handelen binnen zes maanden nadat de Raad het Commissievoorstel heeft ontvangen.

De gekwalificeerde meerderheid van deze leden wordt bepaald overeenkomstig artikel 238, lid 3, onder a).

3. Indien overeenkomstig de procedure van lid 2, wordt besloten tot intrekking van een derogatie, stelt de Raad onherroepelijk met eenparigheid van stemmen van de lidstaten die de euro als munt hebben en de betrokken lidstaat, op voorstel van de Commissie en na raadpleging van de Europese Centrale Bank, de koers vast waartegen de munteenheid van de betrokken lidstaat wordt vervangen door de Euro, en neemt hij de overige maatregelen die nodig zijn voor de invoering van de Euro als enige munteenheid in de betrokken lidstaat.

Art. 141

Taak ECB jegens EU-lidstaten met een derogatie

1. Indien en zolang er lidstaten met een derogatie zijn, wordt, onverminderd het bepaalde in artikel 129, lid 1, de in artikel 44 van de statuten van de ESCB en de ECB bedoelde Algemene Raad van de Europese Centrale Bank als derde besluitvormend orgaan van de Europese Centrale Bank gevormd.

2. Indien en zolang er onder een derogatie vallende lidstaten zijn, heeft de Europese Centrale Bank ten aanzien van die lidstaten de taak:
– de samenwerking tussen de nationale centrale banken van de lidstaten te versterken;
– de coördinatie van het monetair beleid van de lidstaten te versterken teneinde prijsstabiliteit te verzekeren;
– toe te zien op de werking van het wisselkoersmechanisme;
– overleg te plegen over aangelegenheden die onder de bevoegdheid van de nationale centrale banken vallen en die van invloed zijn op de stabiliteit van de financiële instellingen en markten;
– de vroegere taken uit te oefenen van het Europees Fonds voor monetaire samenwerking, die eerder waren overgenomen door het Europees Monetair Instituut.

Art. 142

Wisselkoersbeleid van EU-lidstaten met een derogatie

Iedere onder een derogatie vallende lidstaat behandelt zijn wisselkoersbeleid als een aangelegenheid van gemeenschappelijk belang. Daarbij houden de lidstaten rekening met de ervaring die is opgedaan bij de samenwerking in het kader van het wisselkoersmechanisme.

Art. 143

Wederzijdse financiële bijstand EU-lidstaten met een derogatie

1. In geval van moeilijkheden of ernstig dreigende moeilijkheden in de betalingsbalans van een onder een derogatie vallende lidstaat, die voortvloeien hetzij uit het ontbreken van het globaal evenwicht van zijn balans hetzij uit de aard van zijn beschikbare deviezen, en die met name de werking van de interne markt of de verwezenlijking van de gemeenschappelijke handelspolitiek in gevaar kunnen brengen, onderwerpt de Commissie de toestand in de staat en de maatregelen welke hij overeenkomstig het bepaalde in de Verdragen met gebruikmaking van alle hem ten dienste staande middelen heeft genomen of kan nemen, onverwijld aan een onderzoek. De Commissie geeft de maatregelen aan die zij de betrokken staat aanbeveelt.

Indien de door de onder een derogatie vallende lidstaat getroffen en de door de Commissie in overweging gegeven maatregelen niet voldoende blijken te zijn om de ondervonden of dreigende moeilijkheden uit de weg te ruimen, doet de Commissie, na raadpleging van het Economisch

en Financieel Comité, aan de Raad aanbevelingen tot wederzijdse bijstand en betreffende passende maatregelen om die moeilijkheden uit de weg te ruimen.
De Commissie houdt de Raad regelmatig van de toestand en de ontwikkeling daarvan op de hoogte.
2. De Raad kent de wederzijdse bijstand toe; hij stelt richtlijnen of besluiten vast die de voorwaarden en de wijze van toepassing daarvan bepalen. De wederzijdse bijstand kan met name de vorm aannemen van:
a. een gezamenlijk optreden bij andere internationale organisaties waarop de onder een derogatie vallende lidstaten een beroep kunnen doen;
b. maatregelen noodzakelijk om het zich verleggen van het handelsverkeer te vermijden, wanneer de onder een derogatie vallende lidstaat die in moeilijkheden verkeert, kwantitatieve beperkingen ten aanzien van derde landen handhaaft of wederinvoert;
c. de verlening van beperkte kredieten door andere lidstaten, onder voorbehoud van hun toestemming.
3. Indien de door de Commissie aanbevolen wederzijdse bijstand door de Raad niet wordt goedgekeurd of wanneer de goedgekeurde wederzijdse bijstand en de getroffen maatregelen ontoereikend zijn, machtigt de Commissie de onder een derogatie vallende lidstaat die in moeilijkheden verkeert vrijwaringsmaatregelen te nemen waarvan zij de voorwaarden en de wijze van toepassing bepaalt.
De Raad kan deze machtiging intrekken en deze voorwaarden en wijze van toepassing wijzigen.

Art. 144
1. In geval van een plotselinge crisis in de betalingsbalans en indien een besluit in de zin van artikel 143, lid 2, niet onmiddellijk wordt genomen, kan een onder een derogatie vallende lidstaat te zijner bescherming de noodzakelijke vrijwaringsmaatregelen treffen. Die maatregelen moeten zo weinig mogelijk verstoringen in de werking van de interne markt teweegbrengen en mogen niet verder reiken dan strikt onvermijdelijk is om de plotseling opgetreden moeilijkheden te overwinnen. — *Vrijwaringsmaatregelen in crisis door EU-lidstaat met een derogatie*
2. De Commissie en de andere lidstaten moeten van die vrijwaringsmaatregelen uiterlijk op het tijdstip van hun inwerkingtreding op de hoogte worden gebracht. De Commissie kan de Raad wederzijdse bijstand overeenkomstig artikel 143 aanbevelen.
3. Op aanbeveling van de Commissie en na raadpleging van het Economisch en Financieel Comité kan de Raad besluiten dat de betrokken lidstaat bovenbedoelde vrijwaringsmaatregelen moet wijzigen, schorsen of intrekken.

TITEL IX
WERKGELEGENHEID

Art. 145
De lidstaten en de Unie streven overeenkomstig deze titel naar de ontwikkeling van een gecoördineerde strategie voor werkgelegenheid en in het bijzonder voor de bevordering van de scholing, de opleiding en het aanpassingsvermogen van de werknemers en arbeidsmarkten die soepel reageren op economische veranderingen teneinde de doelstellingen van artikel 3 van het Verdrag betreffende de Europese Unie te bereiken. — *Gecoördineerde strategie werkgelegenheid binnen Europese Unie*

Art. 146
1. De lidstaten dragen door middel van hun werkgelegenheidsbeleid bij tot het bereiken van de in artikel 145 bedoelde doelstellingen op een wijze die verenigbaar is met de overeenkomstig artikel 121, lid 2, aangenomen globale richtsnoeren voor het economisch beleid van de lidstaten en van de Unie. — *Werkgelegenheidsbeleid lidstaten Europese Unie*
2. Rekening houdend met nationale gebruiken op het gebied van de verantwoordelijkheden van de sociale partners beschouwen de lidstaten het bevorderen van de werkgelegenheid als een aangelegenheid van gemeenschappelijke zorg en coördineren zij hun maatregelen op dit gebied binnen de Raad, overeenkomstig artikel 148.

Art. 147
1. De Unie draagt bij tot een hoog werkgelegenheidsniveau door samenwerking tussen de lidstaten aan te moedigen en hun maatregelen te steunen en, indien nodig, aan te vullen. De bevoegdheden van de lidstaten worden daarbij geëerbiedigd. — *Aanmoediging werkgelegenheid EU-lidstaten*
2. Bij het bepalen en uitvoeren van het beleid en de activiteiten van de Unie wordt rekening gehouden met de doelstelling van een hoog werkgelegenheidsniveau.

Art. 148
1. De Europese Raad beziet jaarlijks de werkgelegenheidssituatie in de Unie en neemt terzake conclusies aan, aan de hand van een gezamenlijk jaarverslag van de Raad en de Commissie. — *Richtsnoeren Europese Raad omtrent werkgelegenheid*

2. Op basis van de conclusies van de Europese Raad stelt de Raad jaarlijks, op voorstel van de Commissie en na raadpleging van het Europees Parlement, het Economisch en Sociaal Comité, het Comité van de Regio's en het in artikel 150 genoemde Raadgevend Comité voor de werkge-

legenheid, richtsnoeren op, waarmee de lidstaten in hun werkgelegenheidsbeleid rekening houden. Deze richtsnoeren moeten verenigbaar zijn met de overeenkomstig artikel 121, lid 2, aangenomen globale richtsnoeren.

Jaarlijks verslag van EU-lidstaten omtrent werkgelegenheid

3. Elke lidstaat legt jaarlijks aan de Raad en aan de Commissie een verslag voor over de belangrijkste maatregelen welke genomen zijn om zijn werkgelegenheidsbeleid ten uitvoer te leggen in het licht van de in lid 2 bedoelde richtsnoeren inzake werkgelegenheid.

4. Op basis van de in lid 3 bedoelde verslagen en na ontvangst van de adviezen van het Raadgevend Comité voor de werkgelegenheid verricht de Raad jaarlijks een onderzoek naar de tenuitvoerlegging van het werkgelegenheidsbeleid van de lidstaten in het licht van de richtsnoeren inzake werkgelegenheid. De Raad kan, op aanbeveling van de Commissie, aanbevelingen tot de lidstaten richten indien hij zulks in het licht van dat onderzoek dienstig acht.

5. Op basis van de resultaten van dat onderzoek brengen de Raad en de Commissie jaarlijks gezamenlijk verslag uit aan de Europese Raad over de werkgelegenheidssituatie in de Unie en over de tenuitvoerlegging van de richtsnoeren inzake werkgelegenheid.

Art. 149

Stimuleringsmaatregelen werkgelegenheid binnen Europese Unie

Het Europees Parlement en de Raad kunnen volgens de gewone wetgevingsprocedure, na raadpleging van het Economisch en Sociaal Comité en het Comité van de Regio's, stimuleringsmaatregelen aannemen die erop gericht zijn de samenwerking tussen de lidstaten aan te moedigen en hun werkgelegenheidsbeleid te ondersteunen door middel van initiatieven ter ontwikkeling van de uitwisseling van informatie en optimale praktijken, verstrekking van vergelijkende analyses en advies, alsmede bevordering van innoverende benaderingswijzen en evaluatie van ervaringen, in het bijzonder door gebruik te maken van proefprojecten.

Deze maatregelen houden geen harmonisatie van de wettelijke en bestuursrechtelijke bepalingen van de lidstaten in.

Art. 150

Raadgevend comité voor de werkgelegenheid Europese Unie

Na raadpleging van het Europees Parlement stelt de Raad met gewone meerderheid een raadgevend comité voor de werkgelegenheid in teneinde de coördinatie van het werkgelegenheids- en arbeidsmarktbeleid van de lidstaten te bevorderen. Dit comité heeft tot taak:
– toe te zien op de werkgelegenheidssituatie en het werkgelegenheidsbeleid in de lidstaten en de Unie;
– onverminderd artikel 240, adviezen uit te brengen, hetzij op verzoek van de Raad of van de Commissie, hetzij op eigen initiatief, en bij te dragen aan de voorbereiding van de in artikel 148 bedoelde werkzaamheden van de Raad.

Voor de vervulling van zijn opdracht raadpleegt het comité de sociale partners.
Elke lidstaat en de Commissie benoemen elk twee leden van het comité.

TITEL X
SOCIALE POLITIEK

Art. 151

Sociale politiek binnen Europese Unie

De Unie en de lidstaten stellen zich, indachtig sociale grondrechten zoals vastgelegd in het op 18 oktober 1961 te Turijn ondertekend Europees Sociaal Handvest en in het Gemeenschapshandvest van de sociale grondrechten van de werkenden van 1989, ten doel de bevordering van de werkgelegenheid, de gestage verbetering van de levensomstandigheden en de arbeidsvoorwaarden, zodat de onderlinge aanpassing daarvan op de weg van de vooruitgang wordt mogelijk gemaakt, alsmede een adequate sociale bescherming, de sociale dialoog, de ontwikkeling van de menselijke hulpbronnen om een duurzaam hoog werkgelegenheidsniveau mogelijk te maken, en de bestrijding van uitsluiting.

Te dien einde leggen de Unie en de lidstaten maatregelen ten uitvoer waarin rekening wordt gehouden met de verscheidenheid van de nationale gebruiken, met name op het gebied van contractuele betrekkingen, alsmede met de noodzaak om het concurrentievermogen van de economie van de Unie te handhaven.

Zij zijn van mening dat een dergelijke ontwikkeling zal voortvloeien zowel uit de werking van de interne markt waardoor de harmonisatie der sociale stelsels zal worden bevorderd, als uit de in de Verdragen bepaalde procedures en het nader tot elkaar brengen van wettelijke en bestuursrechtelijke bepalingen.

Art. 152

Sociale partners Europese Unie

De Unie erkent en bevordert de rol van de sociale partners op het niveau van de Unie, en houdt daarbij rekening met de verschillen tussen de nationale stelsels. Zij bevordert hun onderlinge dialoog, met inachtneming van hun autonomie.

De tripartiete sociale top voor groei en werkgelegenheid levert een bijdrage tot de sociale dialoog.

Art. 153

Arbeidsomstandigheden binnen Europese Unie

1. Ter verwezenlijking van de doelstellingen van artikel 151 wordt het optreden van de lidstaten op de volgende gebieden door de Unie ondersteund en aangevuld:

a. de verbetering van met name het arbeidsmilieu, om de veiligheid en de gezondheid van de werknemers te beschermen;
b. de arbeidsvoorwaarden;
c. de sociale zekerheid en de sociale bescherming van de werknemers;
d. de bescherming van de werknemers bij beëindiging van de arbeidsovereenkomst;
e. de informatie en de raadpleging van de werknemers;
f. de vertegenwoordiging en collectieve verdediging van de belangen van werknemers en werkgevers, met inbegrip van de medezeggenschap, onder voorbehoud van lid 5;
g. de werkgelegenheidsvoorwaarden voor onderdanen van derde landen die op wettige wijze op het grondgebied van de Unie verblijven;
h. de integratie van personen die van de arbeidsmarkt zijn uitgesloten, onverminderd artikel 166;
i. de gelijkheid van mannen en vrouwen wat hun kansen op de arbeidsmarkt en de behandeling op het werk betreft;
j. de bestrijding van sociale uitsluiting;
k. de modernisering van de stelsels voor sociale bescherming, onverminderd punt c).
2. Te dien einde kunnen het Europees Parlement en de Raad:
a. maatregelen aannemen die erop gericht zijn de samenwerking tussen de lidstaten aan te moedigen door middel van initiatieven ter verbetering van de kennis, ontwikkeling van de uitwisseling van informatie en optimale praktijken, bevordering van innoverende benaderingswijzen en evaluatie van ervaringen, met uitsluiting van harmonisatie van de wettelijke en bestuursrechtelijke bepalingen van de lidstaten;
b. op de in lid 1, onder a) tot en met i), bedoelde gebieden door middel van richtlijnen minimumvoorschriften vaststellen die geleidelijk van toepassing zullen worden, met inachtneming van de in elk van de lidstaten bestaande omstandigheden en technische voorschriften. In deze richtlijnen wordt vermeden zodanige administratieve, financiële en juridische verplichtingen op te leggen dat de oprichting en ontwikkeling van kleine en middelgrote ondernemingen daardoor zou kunnen worden belemmerd.

Het Europees Parlement en de Raad besluiten volgens de gewone wetgevingsprocedure na raadpleging van het Economisch en Sociaal Comité en het Comité van de Regio's.
Op de in lid 1, onder c), d), f) en g), bedoelde gebieden besluit de Raad volgens een bijzondere wetgevingsprocedure, met eenparigheid van stemmen, na raadpleging van het Europees Parlement en de beide Comités.
De Raad kan op voorstel van de Commissie en na raadpleging van het Europees Parlement met eenparigheid van stemmen besluiten dat de gewone wetgevingsprocedure van toepassing is op lid 1, punten d), f) en g).

Kennisontwikkeling binnen Europese Unie

3. Een lidstaat kan de sociale partners, indien zij gezamenlijk daarom verzoeken, belasten met de uitvoering van de krachtens lid 2 vastgestelde richtlijnen of, in voorkomend geval, de uitvoering van een overeenkomstig artikel 155 vastgesteld besluit van de Raad.
In dat geval verzekert de lidstaat zich ervan dat de sociale partners, uiterlijk op de datum waarop een richtlijn of een besluit moet zijn omgezet of uitgevoerd, de nodige maatregelen bij overeenkomst hebben ingevoerd; de betrokken lidstaat moet zelf alle maatregelen treffen om de in de betrokken richtlijn of het betrokken besluit voorgeschreven resultaten te allen tijde te kunnen waarborgen.
4. De krachtens dit artikel vastgestelde bepalingen:
– laten het recht van de lidstaten om de fundamentele beginselen van hun socialezekerheidsstelsel vast te stellen onverlet en mogen geen aanmerkelijke gevolgen hebben voor het financiële evenwicht van dat stelsel;
– beletten niet dat een lidstaat maatregelen met een hogere graad van bescherming handhaaft of invoert welke met de Verdragen verenigbaar zijn.
5. Dit artikel is niet van toepassing op de beloning, het recht van vereniging, het stakingsrecht of het recht tot uitsluiting.

Art. 154
1. De Commissie heeft tot taak de raadpleging van de sociale partners op het niveau van de Unie te bevorderen en treft alle maatregelen die nuttig kunnen zijn om de dialoog tussen de partners te vergemakkelijken door middel van een evenwichtige ondersteuning van de partijen.
2. Daartoe raadpleegt de Commissie, alvorens voorstellen op het gebied van de sociale politiek in te dienen, de sociale partners over de mogelijke richting van een optreden van de Unie.
3. Indien de Commissie na deze raadpleging van mening is dat een optreden van de Unie wenselijk is, raadpleegt zij de sociale partners over de inhoud van het overwogen voorstel. De sociale partners doen de Commissie een advies of, in voorkomend geval, een aanbeveling toekomen.
4. Ter gelegenheid van de in de leden 2 en 3 bedoelde raadplegingen kunnen de sociale partners de Commissie in kennis stellen van hun wens om het in artikel 155 bedoelde proces in te leiden.

Raadpleging sociale partners door Europese Commissie

Dit proces neemt maximaal negen maanden in beslag, tenzij de betrokken sociale partners en de Commissie gezamenlijk besluiten tot verlenging.

Art. 155

Contractuele betrekkingen tussen sociale partners Europese Unie

1. De dialoog tussen de sociale partners op het niveau van de Unie kan, indien de sociale partners zulks wensen, leiden tot contractuele betrekkingen, met inbegrip van overeenkomsten.

2. De tenuitvoerlegging van de op het niveau van de Unie gesloten overeenkomsten geschiedt hetzij volgens de procedures en gebruiken die eigen zijn aan de sociale partners en aan de lidstaten, hetzij, voor zaken die onder artikel 153 vallen, op gezamenlijk verzoek van de ondertekenende partijen, door een besluit van de Raad op voorstel van de Commissie. Het Europees Parlement wordt hiervan in kennis gesteld.

De Raad besluit met eenparigheid van stemmen wanneer de betrokken overeenkomst één of meer bepalingen bevat die betrekking hebben op één van de gebieden waarvoor krachtens artikel 153, lid 3 [per 1 december 2009: lid 2] eenparigheid van stemmen vereist is.

Art. 156

Deelterreinen sociale politiek Europese Unie

Ter verwezenlijking van de doelstellingen van artikel 151 en onverminderd de andere bepalingen van de Verdragen, bevordert de Commissie de samenwerking tussen de lidstaten en vergemakkelijkt zij de coördinatie van hun optreden op alle onder dit hoofdstuk vallende gebieden van de sociale politiek, met name op het terrein van:
- de werkgelegenheid,
- het arbeidsrecht en de arbeidsvoorwaarden,
- de beroepsopleiding en de voortgezette vorming,
- de sociale zekerheid,
- de voorkoming van arbeidsongevallen en beroepsziekten,
- de arbeidshygiëne,
- het recht om zich te organiseren in vakverenigingen en van collectieve onderhandelingen tussen werkgevers en werknemers.

Te dien einde werkt de Commissie nauw samen met de lidstaten bij het verrichten van studies, het uitbrengen van adviezen en het organiseren van overleg zowel omtrent vraagstukken op nationaal niveau als omtrent vraagstukken die de internationale organisaties aangaan, met name initiatieven om richtsnoeren en indicatoren vast te stellen, de uitwisseling van beste praktijken te regelen en de nodige elementen met het oog op periodieke controle en evaluatie te verzamelen. Het Europees Parlement wordt ten volle in kennis gesteld.

Alvorens de in dit artikel bedoelde adviezen uit te brengen, raadpleegt de Commissie het Economisch en Sociaal Comité.

Art. 157

Gelijke beloning mannen en vrouwen binnen Europese Unie

1. Iedere lidstaat draagt er zorg voor dat het beginsel van gelijke beloning van mannelijke en vrouwelijke werknemers voor gelijke of gelijkwaardige arbeid wordt toegepast.

2. Onder beloning in de zin van dit artikel dient te worden verstaan het gewone basis- of minimumloon of -salaris en alle overige voordelen in geld of in natura die de werknemer uit hoofde van zijn dienstbetrekking direct of indirect van de werkgever ontvangt.
Gelijke beloning zonder onderscheid naar kunne houdt in:
a. dat de beloning voor gelijke arbeid in stukloon wordt vastgesteld op basis van eenzelfde maatstaf;
b. dat de beloning voor arbeid in tijdloon dezelfde is voor eenzelfde functie.

3. Het Europees Parlement en de Raad nemen volgens de gewone wetgevingsprocedure en na raadpleging van het Economisch en Sociaal Comité maatregelen aan om de toepassing te waarborgen van het beginsel van gelijke kansen en gelijke behandeling van mannen en vrouwen in werkgelegenheid en beroep, met inbegrip van het beginsel van gelijke beloning voor gelijke of gelijkwaardige arbeid.

4. Het beginsel van gelijke behandeling belet niet dat een lidstaat, om volledige gelijkheid van mannen en vrouwen in het beroepsleven in de praktijk te verzekeren, maatregelen handhaaft of aanneemt waarbij specifieke voordelen worden ingesteld om de uitoefening van een beroepsactiviteit door het ondervertegenwoordigde geslacht te vergemakkelijken of om nadelen in de beroepsloopbaan te voorkomen of te compenseren.

Art. 158

Vakantierechten binnen Europese Unie

De lidstaten streven ernaar de bestaande gelijkwaardigheid van de bepalingen omtrent betaalde vakantie te handhaven.

Art. 159

Verslag omtrent sociale politiek Europese Unie

De Commissie stelt ieder jaar een verslag op over de stand van de verwezenlijking van de doelstellingen van artikel 151, met inbegrip van de demografische situatie in de Unie. Zij zendt dit verslag toe aan het Europees Parlement, de Raad en het Economisch en Sociaal Comité.

Art. 160
De Raad stelt met gewone meerderheid na raadpleging van het Europees Parlement een comité voor sociale bescherming met een adviestaak in teneinde de samenwerking tussen de lidstaten onderling en met de Commissie op het gebied van de sociale bescherming te bevorderen. Het comité heeft tot taak:
– toe te zien op de sociale situatie en de ontwikkeling van het beleid inzake sociale bescherming in de lidstaten en de Unie;
– de uitwisseling van informatie, ervaringen en goede praktijken tussen de lidstaten onderling en met de Commissie te vergemakkelijken;
– onverminderd artikel 240, verslagen op te stellen, adviezen uit te brengen of andere activiteiten te ontplooien op gebieden die onder zijn bevoegdheid vallen, hetzij op verzoek van de Raad of de Commissie, hetzij op eigen initiatief.
Voor de vervulling van zijn opdracht legt het comité de nodige contacten met de sociale partners.
Iedere lidstaat en de Commissie benoemen twee leden van het comité.

Comité voor sociale bescherming binnen Europese Unie

Art. 161
In haar jaarverslag aan het Europees Parlement wijdt de Commissie een afzonderlijk hoofdstuk aan de ontwikkeling van de sociale toestand in de Unie.

Sociale politiek in jaarverslag Europese Commissie

Het Europees Parlement kan de Commissie verzoeken verslagen op te stellen over bijzondere vraagstukken inzake de sociale toestand.

TITEL XI
HET EUROPEES SOCIAAL FONDS

Art. 162
Teneinde de werkgelegenheid voor de werknemers in de interne markt te verbeteren en zodoende bij te dragen tot verhoging van de levensstandaard, wordt in het kader van de volgende bepalingen een Europees Sociaal Fonds opgericht; dit Fonds heeft ten doel binnen de Unie de tewerkstelling te vergemakkelijken en de geografische en beroepsmobiliteit van de werknemers te bevorderen, alsmede de aanpassing aan veranderingen in het bedrijfsleven en in productiestelsels gemakkelijker te maken, met name door beroepsopleiding en omscholing.

Europees Sociaal Fonds

Art. 163
Het beheer van het Fonds berust bij de Commissie.

Beheer van Europees Sociaal Fonds

De Commissie wordt in deze taak bijgestaan door een comité dat onder het voorzitterschap staat van één lid van de Commissie en samengesteld is uit vertegenwoordigers van de regeringen en van de vakverenigingen van werknemers en van werkgevers.

Art. 164
Het Europees Parlement en de Raad stellen volgens de gewone wetgevingsprocedure en na raadpleging van het Economisch en Sociaal Comité en het Comité van de Regio's de uitvoeringsverordeningen betreffende het Europees Sociaal Fonds vast.

Uitvoeringsverordeningen Europees Sociaal Fonds

TITEL XII
ONDERWIJS, BEROEPSOPLEIDING, JEUGD EN SPORT

Art. 165
1. De Unie draagt bij tot de ontwikkeling van onderwijs van hoog gehalte door samenwerking tussen de lidstaten aan te moedigen en zo nodig door hun activiteiten te ondersteunen en aan te vullen, met volledige eerbiediging van de verantwoordelijkheid van de lidstaten voor de inhoud van het onderwijs en de opzet van het onderwijsstelsel en van hun culturele en taalkundige verscheidenheid.

Onderwijs binnen Europese Unie

De Unie draagt bij tot de bevordering van de Europese inzet op sportgebied, rekening houdend met haar specifieke kenmerken, haar op vrijwilligerswerk berustende structuren en haar sociale en educatieve functie.

2. Het optreden van de Unie is erop gericht:
– de Europese dimensie in het onderwijs tot ontwikkeling te brengen, met name door onderricht in en verspreiding van de talen der lidstaten;
– de mobiliteit van studenten en docenten te bevorderen, mede door de academische erkenning van diploma's en studietijdvakken aan te moedigen;
– de samenwerking tussen onderwijsinstellingen te bevorderen;
– de uitwisseling te bevorderen van informatie en ervaring omtrent de gemeenschappelijke vraagstukken waarmee de onderwijsstelsels van de lidstaten worden geconfronteerd;
– de ontwikkeling van uitwisselingsprogramma's voor jongeren en jongerenwerkers te bevorderen en de deelneming van jongeren aan het democratisch leven van Europa aan te moedigen;
– de ontwikkeling van het onderwijs op afstand te stimuleren.

Doel onderwijsbeleid Europese Unie

– de Europese dimensie van de sport te ontwikkelen, door de eerlijkheid en de openheid van sportcompetities en de samenwerking tussen de verantwoordelijke sportorganisaties te bevorderen, en door de fysieke en morele integriteit van sportlieden, met name jonge sporters, te beschermen.
3. De Unie en de lidstaten bevorderen de samenwerking met derde landen en met de inzake onderwijs en sport bevoegde internationale organisaties, met name met de Raad van Europa.
4. Om bij te dragen tot de verwezenlijking van de doelstellingen van dit artikel:
– nemen het Europees Parlement en de Raad, volgens de gewone wetgevingsprocedure en na raadpleging van het Economisch en Sociaal Comité en het Comité van de Regio's, stimuleringsmaatregelen aan, met uitsluiting van harmonisatie van de wettelijke en bestuursrechtelijke bepalingen van de lidstaten,
– neemt de Raad, op voorstel van de Commissie, aanbevelingen aan.

Art. 166

Beroepsopleiding binnen Europese Unie

1. De Unie legt inzake beroepsopleiding een beleid ten uitvoer waardoor de activiteiten van de lidstaten worden versterkt en aangevuld, met volledige eerbiediging van de verantwoordelijkheid van de lidstaten voor de inhoud en de opzet van de beroepsopleiding.
2. Het optreden van de Unie is erop gericht
– de aanpassing aan veranderingen in het bedrijfsleven te vergemakkelijken, met name door beroepsopleiding en omscholing;
– door verbetering van de initiële beroepsopleiding en van bij- en nascholing, de opneming en de wederopneming op de arbeidsmarkt te bevorderen;
– de toegang tot beroepsopleidingen te vergemakkelijken en de mobiliteit van opleiders en leerlingen, met name jongeren, te bevorderen;
– de samenwerking inzake opleiding tussen onderwijs- of opleidingsinstellingen en ondernemingen te bevorderen;
– de uitwisseling te bevorderen van informatie en ervaring omtrent de gemeenschappelijke vraagstukken waarmee de opleidingsstelsels van de lidstaten worden geconfronteerd.
3. De Unie en de lidstaten bevorderen de samenwerking met derde landen en met de inzake beroepsopleiding bevoegde internationale organisaties.
4. Het Europees Parlement en de Raad nemen, volgens de gewone wetgevingsprocedure en na raadpleging van het Economisch en Sociaal Comité en het Comité van de Regio's, maatregelen aan die bijdragen tot de verwezenlijking van de doelstellingen van dit artikel, met uitsluiting van harmonisatie van de wettelijke en bestuursrechtelijke bepalingen van de lidstaten en de Raad neemt, op voorstel van de Commissie, aanbevelingen aan.

TITEL XIII
CULTUUR

Art. 167

Cultureel erfgoed binnen Europese Unie

1. De Unie draagt bij tot de ontplooiing van de culturen van de lidstaten onder eerbiediging van de nationale en regionale verscheidenheid van die culturen, maar tegelijk ook de nadruk leggend op het gemeenschappelijk cultureel erfgoed.
2. Het optreden van de Unie is erop gericht de samenwerking tussen de lidstaten aan te moedigen en zo nodig hun activiteiten op de volgende gebieden te ondersteunen en aan te vullen:
– verbetering van de kennis en verbreiding van de cultuur en de geschiedenis van de Europese volkeren,
– instandhouding en bescherming van het cultureel erfgoed van Europees belang,
– culturele uitwisseling op niet-commerciële basis,
– scheppend werk op artistiek en literair gebied, mede in de audiovisuele sector.
3. De Unie en de lidstaten bevorderen de samenwerking met derde landen en met de inzake cultuur bevoegde internationale organisaties, met name met de Raad van Europa.
4. De Unie houdt bij haar optreden uit hoofde van andere bepalingen van de Verdragen rekening met de culturele aspecten, met name om de culturele verscheidenheid te eerbiedigen en te bevorderen.
5. Om bij te dragen tot de verwezenlijking van de doelstellingen van dit artikel:
– nemen het Europees Parlement en de Raad, volgens de gewone wetgevingsprocedure en na raadpleging van het Comité van de Regio's, stimuleringsmaatregelen aan, met uitsluiting van harmonisatie van de wettelijke en bestuursrechtelijke bepalingen van de lidstaten;
– neemt de Raad, op voorstel van de Commissie, aanbevelingen aan.

TITEL XIV
VOLKSGEZONDHEID

Art. 168
1. Bij de bepaling en de uitvoering van elk beleid en elk optreden van de Unie wordt een hoog niveau van bescherming van de menselijke gezondheid verzekerd.

Volksgezondheid
Europese Unie

Het optreden van de Unie, dat een aanvulling vormt op het nationale beleid, is gericht op verbetering van de volksgezondheid, preventie van ziekten en aandoeningen bij de mens en het wegnemen van bronnen van gevaar voor de lichamelijke en geestelijke gezondheid. Dit optreden omvat de bestrijding van grote bedreigingen van de gezondheid, door het bevorderen van onderzoek naar de oorzaken, de overdracht en de preventie daarvan, alsmede door het bevorderen van gezondheidsvoorlichting en gezondheidsonderwijs, en de controle van, de alarmering bij en de bestrijding van ernstige grensoverschrijdende bedreigingen van de gezondheid.

De Unie vult het optreden van de lidstaten aan ter vermindering van de schade aan de gezondheid door drugsgebruik, met inbegrip van voorlichting en preventie.

2. De Unie moedigt samenwerking tussen de lidstaten op de in dit artikel bedoelde gebieden aan en steunt zo nodig hun optreden. Zij moedigt in het bijzonder aan dat de lidstaten samenwerken ter verbetering van de complementariteit van hun gezondheidsdiensten in de grensgebieden.

De lidstaten coördineren onderling, in verbinding met de Commissie, hun beleid en programma's op de in lid 1 bedoelde gebieden. De Commissie kan, in nauw contact met de lidstaten, alle dienstige initiatieven nemen om deze coördinatie te bevorderen, met name initiatieven om richtsnoeren en indicatoren vast te stellen, de uitwisseling van beste praktijken te regelen en de nodige elementen met het oog op periodieke controle en evaluatie te verzamelen. Het Europees Parlement wordt ten volle in kennis gesteld.

3. De Unie en de lidstaten bevorderen de samenwerking met derde landen en met de inzake volksgezondheid bevoegde internationale organisaties.

4. In afwijking van artikel 2, lid 5, en artikel 6, onder a), en overeenkomstig artikel 4, lid 2, onder k), dragen het Europees Parlement en de Raad volgens de gewone wetgevingsprocedure, na raadpleging van het Economisch en Sociaal Comité en het Comité van de Regio's, bij tot de verwezenlijking van de doelstellingen van dit artikel door om gemeenschappelijke veiligheidskwesties het hoofd te bieden:

a. maatregelen aan te nemen waarbij hoge kwaliteits- en veiligheidseisen worden gesteld aan organen en stoffen van menselijke oorsprong, bloed en bloedderivaten; deze maatregelen beletten niet dat een lidstaat maatregelen voor een hogere graad van bescherming handhaaft of treft;

b. maatregelen op veterinair en fytosanitair gebied aan te nemen die rechtstreeks gericht zijn op de bescherming van de volksgezondheid;

c. maatregelen waarbij hoge kwaliteits- en veiligheidseisen worden gesteld aan geneesmiddelen en medische hulpmiddelen.

5. Het Europees Parlement en de Raad kunnen, volgens de gewone wetgevingsprocedure en na raadpleging van het Economisch en Sociaal Comité en het Comité van de Regio's, ook stimuleringsmaatregelen vaststellen die gericht zijn op de bescherming en de verbetering van de menselijke gezondheid en met name de bestrijding van grote grensoverschrijdende bedreigingen van de gezondheid, maatregelen betreffende de controle van, de alarmering bij en de bestrijding van ernstige grensoverschrijdende bedreigingen van de gezondheid, alsook maatregelen die rechtstreeks verband houden met de bescherming van de volksgezondheid ter zake van tabak en misbruik van alcohol, met uitsluiting van enige harmonisering van de wettelijke en bestuursrechtelijke bepalingen van de lidstaten.

6. De Raad kan, op voorstel van de Commissie, ook aanbevelingen aannemen met het oog op de doelstellingen van dit artikel.

7. Het optreden van de Unie eerbiedigt de verantwoordelijkheden van de lidstaten met betrekking tot de bepaling van hun gezondheidsbeleid, alsmede de organisatie en de verstrekking van gezondheidsdiensten en geneeskundige verzorging. De verantwoordelijkheden van de lidstaten omvatten het beheer van gezondheidsdiensten en geneeskundige verzorging, alsmede de allocatie van de daaraan toegewezen middelen. De in lid 4, onder a), bedoelde maatregelen doen geen afbreuk aan de nationale voorschriften inzake donatie en geneeskundig gebruik van organen en bloed.

TITEL XV
CONSUMENTENBESCHERMING

Art. 169
1. Om de belangen van de consumenten te bevorderen en een hoog niveau van consumentenbescherming te waarborgen, draagt de Unie bij tot de bescherming van de gezondheid, de vei-

Consumentenbescherming Europese Unie

ligheid en de economische belangen van de consumenten alsmede tot de bevordering van hun recht op voorlichting en vorming, en hun recht van vereniging om hun belangen te behartigen.
2. De Unie draagt bij tot de verwezenlijking van de in lid 1 genoemde doelstellingen door middel van:
a. maatregelen die zij op grond van artikel 114 in het kader van de totstandbrenging van de interne markt neemt;
b. maatregelen om het beleid van de lidstaten te ondersteunen, aan te vullen en te controleren.
3. Het Europees Parlement en de Raad nemen volgens de gewone wetgevingsprocedure en na raadpleging van het Economisch en Sociaal Comité de maatregelen, bedoeld in lid 2, onder b), aan.
4. De uit hoofde van lid 3 aangenomen maatregelen beletten niet dat een lidstaat maatregelen voor een hogere graad van bescherming treft of handhaaft. Deze maatregelen moeten verenigbaar zijn met de Verdragen. Zij worden ter kennis van de Commissie gebracht.

TITEL XVI
TRANSEUROPESE NETWERKEN

Art. 170

Trans-Europese netwerken

1. Teneinde bij te dragen tot de verwezenlijking van de in de artikelen 26 en 174 bedoelde doelstellingen en om de burgers van de Unie, de economische subjecten, alsmede de regionale en lokale gemeenschappen in staat te stellen ten volle profijt te trekken van de voordelen die uit de totstandkoming van een ruimte zonder binnengrenzen voortvloeien, draagt de Unie bij tot de totstandbrenging en ontwikkeling van trans-Europese netwerken op het gebied van vervoers-, telecommunicatie- en energie-infrastructuur.
2. In het kader van een stelsel van open en concurrerende markten is het optreden van de Unie gericht op de bevordering van de onderlinge koppeling en interoperabiliteit van de nationale netwerken, alsmede van de toegang tot deze netwerken. Daarbij wordt met name rekening gehouden met de noodzaak de insulaire, niet aan zee grenzende en perifere regio's met de centrale regio's van de Unie te verbinden.

Art. 171

Verwezenlijking trans-Europese netwerken

1. Voor de verwezenlijking van de in artikel 170 genoemde doelstellingen:
– stelt de Unie een geheel van richtsnoeren op betreffende de doelstellingen, de prioriteiten en de grote lijnen van de op het gebied van trans-Europese netwerken overwogen maatregelen; in deze richtsnoeren worden projecten van gemeenschappelijk belang aangegeven;
– treft de Unie alle maatregelen die nodig kunnen blijken om de interoperabiliteit van de netwerken te verzekeren, met name op het gebied van de harmonisatie van de technische normen;
– kan de Unie steun verlenen aan door de lidstaten gesteunde projecten van gemeenschappelijk belang, die als zodanig zijn aangegeven in het kader van de in het eerste streepje bedoelde richtsnoeren met name in de vorm van uitvoerbaarheidsstudies, garanties voor leningen, of rentesubsidies; de Unie kan ook door middel van het overeenkomstig artikel 177 opgerichte Cohesiefonds bijdragen aan de financiering van specifieke projecten in lidstaten op het terrein van de vervoersinfrastructuur.
Bij het optreden van de Unie wordt rekening gehouden met de potentiële economische levensvatbaarheid van de projecten.
2. De lidstaten coördineren onderling, in verbinding met de Commissie, het nationale beleid dat van grote invloed kan zijn op de verwezenlijking van de in artikel 170 bedoelde doelstellingen. De Commissie kan in nauwe samenwerking met de lidstaten alle dienstige initiatieven nemen om deze coördinatie te bevorderen.
3. De Unie kan besluiten met derde landen samen te werken om projecten van gemeenschappelijk belang te bevorderen en de interoperabiliteit van de netwerken te verzekeren.

Art. 172

Wetgevingsprocedure trans-Europese netwerken

De in artikel 171, lid 1, bedoelde richtsnoeren en andere maatregelen worden door het Europees Parlement en de Raad vastgesteld volgens de gewone wetgevingsprocedure en na raadpleging van het Economisch en Sociaal Comité en het Comité van de Regio's.
Voor richtsnoeren en projecten van gemeenschappelijk belang die betrekking hebben op het grondgebied van een lidstaat, is de goedkeuring van de betrokken lidstaat vereist.

TITEL XVII
INDUSTRIE

Art. 173

Industrie van de Europese Unie

1. De Unie en de lidstaten dragen er zorg voor dat de omstandigheden nodig voor het concurrentievermogen van de industrie van de Unie, aanwezig zijn.
Hiertoe is hun optreden, overeenkomstig een systeem van open en concurrerende markten, erop gericht:

- de aanpassing van de industrie aan structurele wijzigingen te bespoedigen;
- een gunstig klimaat voor het ontplooien van initiatieven en voor de ontwikkeling van ondernemingen in de gehele Unie, met name van het midden- en kleinbedrijf, te bevorderen;
- een gunstig klimaat voor de samenwerking tussen ondernemingen te bevorderen;
- een betere benutting van het industriële potentieel van het beleid inzake innovatie, onderzoek en technologische ontwikkeling te stimuleren.

2. De lidstaten plegen, in verbinding met de Commissie, onderling overleg en coördineren, voorzover nodig, hun activiteiten. De Commissie kan initiatieven nemen om deze coördinatie te bevorderen, met name initiatieven om richtsnoeren en indicatoren vast te stellen, de uitwisseling van beste praktijken te regelen en de nodige elementen met het oog op periodieke controle en evaluatie te verzamelen. Het Europees Parlement wordt ten volle in kennis gesteld.

3. De Unie draagt bij tot de verwezenlijking van de doelstellingen van lid 1 door middel van haar beleid en optreden uit hoofde van andere bepalingen van de Verdragen. Het Europees Parlement en de Raad kunnen volgens de gewone wetgevingsprocedure na raadpleging van het Economisch en Sociaal Comité specifieke maatregelen vaststellen ter ondersteuning van de activiteiten die in de lidstaten worden ondernomen om de doelstellingen van lid 1 te verwezenlijken met uitsluiting van enige harmonisering van de wettelijke en bestuursrechtelijke bepalingen van de lidstaten.

Deze titel verschaft geen grondslag voor invoering door de Unie van maatregelen waardoor de mededinging kan worden vervalst of die belastingbepalingen of bepalingen betreffende de rechten en belangen van werknemers inhouden.

TITEL XVIII
ECONOMISCHE, SOCIALE EN TERRITORIALE SAMENHANG

Art. 174
Teneinde de harmonische ontwikkeling van de Unie in haar geheel te bevorderen, ontwikkelt en vervolgt de Unie haar optreden gericht op de versterking van de economische, sociale en territoriale samenhang.

De Unie stelt zich in het bijzonder ten doel, de verschillen tussen de ontwikkelingsniveaus van de onderscheiden regio's en de achterstand van de minst begunstigde regio's, te verkleinen.

Wat betreft die regio's wordt bijzondere aandacht besteed aan de plattelandsgebieden, de regio's die een industriële overgang doormaken, en de regio's die kampen met ernstige en permanente natuurlijke of demografische belemmeringen, zoals de meest noordelijke regio's met een zeer geringe bevolkingsdichtheid, alsmede insulaire, grensoverschrijdende en berggebieden.

Economische, sociale en territoriale samenhang binnen Europese lidstaten

Art. 175
De lidstaten voeren hun economisch beleid en coördineren dit mede met het oog op het verwezenlijken van de doelstellingen van artikel 174. De vaststelling en de tenuitvoerlegging van het beleid en van de maatregelen van de Unie en de totstandbrenging van de interne markt houden rekening met de doelstellingen van artikel 174 en dragen bij tot de verwezenlijking daarvan. De Unie ondersteunt deze verwezenlijking tevens door haar optreden via de structuurfondsen (Europees Oriëntatie- en Garantiefonds voor de Landbouw, afdeling Oriëntatie, Europees Sociaal Fonds, Europees Fonds voor Regionale Ontwikkeling), de Europese Investeringsbank en de andere bestaande financieringsinstrumenten.

De Commissie brengt om de drie jaar aan het Europees Parlement, de Raad, het Economisch en Sociaal Comité en het Comité van de Regio's verslag uit over de vooruitgang die is geboekt bij de verwezenlijking van de economische, sociale en territoriale samenhang, alsmede over de wijze waarop de diverse in dit artikel bedoelde middelen daartoe hebben bijgedragen. Dit verslag gaat in voorkomend geval vergezeld van passende voorstellen.

Indien specifieke maatregelen buiten de fondsen om noodzakelijk blijken, kunnen zulke maatregelen, onverminderd de maatregelen waartoe in het kader van ander beleid van de Unie wordt besloten, door het Europees Parlement en de Raad volgens de gewone wetgevingsprocedure na raadpleging van het Economisch en Sociaal Comité en het Comité van de Regio's worden vastgesteld.

Economische en sociale structuurfondsen Europese Unie

Art. 176
Het Europees Fonds voor Regionale Ontwikkeling is bedoeld om een bijdrage te leveren aan het ongedaan maken van de belangrijkste regionale onevenwichtigheden in de Unie door deel te nemen aan de ontwikkeling en de structurele aanpassing van regio's met een ontwikkelingsachterstand en aan de omschakeling van industriegebieden met afnemende economische activiteit.

Europees fonds voor regionale ontwikkeling

Art. 177
Onverminderd artikel 178 stellen het Europees Parlement en de Raad volgens de gewone wetgevingsprocedure bij verordeningen en na raadpleging van het Economisch en Sociaal Comité en het Comité van de Regio's, gewone wetgevingsprocedure de taken, de prioritaire doelstellingen en de organisatie van de structuurfondsen vast, hetgeen ook samenvoeging van de fondsen kan

Taken en doelstellingen structuurfondsen en Cohesiefonds Europese Unie omvatten. Volgens dezelfde procedure worden tevens de algemene regels vastgesteld die voor deze fondsen gelden, alsmede de bepalingen die nodig zijn voor de doeltreffende werking van de fondsen en de coördinatie tussen de fondsen onderling en met de andere bestaande financieringsinstrumenten.

Een volgens dezelfde procedure opgericht Cohesiefonds levert een financiële bijdrage aan projecten op het gebied van milieu en trans-Europese netwerken in de sfeer van de vervoersinfrastructuur.

Art. 178

Toepassingsverordeningen Europees Fonds voor Regionale Ontwikkeling

De toepassingsverordeningen met betrekking tot het Europees Fonds voor Regionale Ontwikkeling worden door het Europees Parlement en de Raad volgens de gewone wetgevingsprocedure en na raadpleging van het Economisch en Sociaal Comité en het Comité van de Regio's vastgesteld.

Ten aanzien van het Europees Oriëntatie- en Garantiefonds voor de Landbouw, afdeling Oriëntatie, en het Europees Sociaal Fonds blijven onderscheidenlijk de artikelen 43 en 164 van toepassing.

TITEL XIX
ONDERZOEK EN TECHNOLOGISCHE ONTWIKKELING EN RUIMTE

Art. 179

Wetenschap en technologie binnen Europese Unie

1. De Unie heeft tot doel haar wetenschappelijke en technologische grondslagen te versterken door de totstandbrenging van een Europese onderzoeksruimte waarbinnen onderzoekers, wetenschappelijke kennis en technologieën vrij circuleren, tot de ontwikkeling van het concurrentievermogen van de Unie en van haar industrie bij te dragen en de onderzoeksactiviteiten te bevorderen die uit hoofde van andere hoofdstukken van de Verdragen nodig worden geacht.

2. Te dien einde stimuleert zij in de gehele Unie de ondernemingen, met inbegrip van kleine en middelgrote ondernemingen, de onderzoekcentra en de universiteiten bij hun inspanningen op het gebied van hoogwaardig onderzoek en hoogwaardige technologische ontwikkeling; zij ondersteunt hun streven naar onderlinge samenwerking, waarbij het beleid er vooral op gericht is onderzoekers in staat te stellen vrijelijk samen te werken over de grenzen heen, en ondernemingen in staat te stellen de mogelijkheden van de interne markt ten volle te benutten, in het bijzonder door openstelling van de nationale overheidsopdrachten, vaststelling van gemeenschappelijke normen en opheffing van de wettelijke en fiscale belemmeringen welke die samenwerking in de weg staan.

3. Alle activiteiten van de Unie uit hoofde van de Verdragen, met inbegrip van demonstratieprojecten, op het gebied van onderzoek en technologische ontwikkeling worden vastgesteld en ten uitvoer gelegd overeenkomstig het bepaalde in deze titel.

Art. 180

Activiteiten Europese Unie omtrent wetenschap en technologie

Voor de verwezenlijking van deze doelstellingen onderneemt de Unie de volgende activiteiten, die de activiteiten van de lidstaten aanvullen:

a. tenuitvoerlegging van programma's voor onderzoek, technologische ontwikkeling en demonstratie, waarbij de samenwerking met en tussen ondernemingen, onderzoekcentra en universiteiten wordt bevorderd;

b. bevordering van de samenwerking inzake onderzoek, technologische ontwikkeling en demonstratie van de Unie met derde landen en internationale organisaties;

c. verspreiding en exploitatie van de resultaten van de activiteiten inzake onderzoek, technologische ontwikkeling en demonstratie van de Unie;

d. stimulering van de opleiding en de mobiliteit van onderzoekers in de Unie.

Art. 181

Coördinatie van activiteiten omtrent wetenschap en technologie Europese Unie

1. De Unie en de lidstaten coördineren hun activiteiten op het gebied van onderzoek en technologische ontwikkeling, teneinde de wederzijdse samenhang van het beleid van de lidstaten en het beleid van de Unie te verzekeren.

2. De Commissie kan in nauwe samenwerking met de lidstaten alle dienstige initiatieven nemen om de in lid 1 bedoelde coördinatie te bevorderen, met name initiatieven om richtsnoeren en indicatoren vast te stellen, de uitwisseling van beste praktijken te organiseren en in de nodige elementen te voorzien met het oog op periodieke controle en evaluatie. Het Europees Parlement wordt ten volle in kennis gesteld.

Art. 182

Meerjarenkaderprogramma Europese Unie omtrent wetenschap en technologie

1. Het Europees Parlement en de Raad stellen, volgens de gewone wetgevingsprocedure en na raadpleging van het Economisch en Sociaal Comité, een meerjarenkaderprogramma vast waarin alle activiteiten van de Unie zijn opgenomen.

In dit kaderprogramma:

– worden de wetenschappelijke en technologische doelstellingen die met de in artikel 180 bedoelde activiteiten moeten worden verwezenlijkt, alsmede de daarmee samenhangende prioriteiten vastgesteld;
– worden de grote lijnen van deze activiteiten aangegeven;
– worden het totale maximumbedrag van en nadere regels voor de financiële deelneming van de Unie aan het kaderprogramma alsmede de onderscheiden deelbedragen voor elk van de overwogen activiteiten vastgesteld.
2. Het kaderprogramma wordt naar gelang van de ontwikkeling van de situatie aangepast of aangevuld.
3. Het kaderprogramma wordt ten uitvoer gelegd door middel van specifieke programma's die binnen elke activiteit worden ontwikkeld. In elk specifiek programma worden de nadere bepalingen voor de uitvoering ervan, de looptijd en de noodzakelijk geachte middelen vastgesteld. Het totaal van de in de specifieke programma's vastgestelde noodzakelijk geachte bedragen mag niet meer belopen dan het voor het kaderprogramma en voor elke activiteit vastgestelde totale maximumbedrag.
4. De Raad stelt de specifieke programma's overeenkomstig een bijzondere wetgevingsprocedure en na raadpleging van het Europees Parlement en het Economisch en Sociaal Comité vast.
5. Ter aanvulling op de in het meerjarenkaderprogramma geplande activiteiten stellen het Europees Parlement en de Raad, volgens de gewone wetgevingsprocedure en na raadpleging van het Economisch en Sociaal Comité, de maatregelen vast die nodig zijn om de Europese onderzoeksruimte te realiseren.

Art. 183
Voor de tenuitvoerlegging van het meerjarenkaderprogramma bepaalt de Unie:
– de regels voor de deelneming van ondernemingen, onderzoekcentra en universiteiten;
– de regels voor de verspreiding van de onderzoekresultaten.

Regels meerjarenkaderprogramma Europese Unie omtrent wetenschap en technologie

Art. 184
Bij de tenuitvoerlegging van het meerjarenkaderprogramma kan worden besloten tot aanvullende programma's waaraan alleen wordt deelgenomen door bepaalde lidstaten, die zorgdragen voor de financiering daarvan, onder voorbehoud van een eventuele deelneming van de Unie.

Aanvullende programma's meerjarenkaderprogramma Europese Unie omtrent wetenschap en technologie

De Unie stelt de regels voor de aanvullende programma's vast, met name voor wat betreft de verspreiding van de kennis en de toegang van andere lidstaten.

Art. 185
Bij de tenuitvoerlegging van het meerjarenkaderprogramma kan de Unie in overeenstemming met de betrokken lidstaten voorzien in deelneming aan door verscheidene lidstaten opgezette onderzoek- en ontwikkelingsprogramma's, met inbegrip van de deelneming aan de voor de uitvoering van die programma's tot stand gebrachte structuren.

Onderzoek- en ontwikkelingsprogramma's lidstaten Europese Unie

Art. 186
Bij de tenuitvoerlegging van het meerjarenkaderprogramma kan de Unie voorzien in samenwerking inzake onderzoek en technologische ontwikkeling en demonstratie van de Unie met derde landen of internationale organisaties.

Samenwerking Europese Unie met derde landen inzake wetenschap en technologie

De nadere regeling van deze samenwerking kan worden vastgesteld in overeenkomsten tussen de Unie en de betrokken derde partijen.

Art. 187
De Unie kan gemeenschappelijke ondernemingen of andere structuren in het leven roepen die noodzakelijk zijn voor de goede uitvoering van programma's voor onderzoek en technologische ontwikkeling en demonstratie van de Unie.

Gemeenschappelijke ondernemingen Europese Unie inzake wetenschap en technologie

Art. 188
De Raad stelt, op voorstel van de Commissie en na raadpleging van het Europees Parlement en het Economisch en Sociaal Comité, de in artikel 187 bedoelde voorzieningen vast.

Voorzieningen Europese Unie inzake wetenschap en technologie

Het Europees Parlement en de Raad stellen, volgens de gewone wetgevingsprocedure en na raadpleging van het Economisch en Sociaal Comité, de in de artikelen 183, 184 en 185 bedoelde voorzieningen vast. Voor de vaststelling van de aanvullende programma's is de goedkeuring van de betrokken lidstaten vereist.

Art. 189
1. Om de wetenschappelijke en technische vooruitgang, het industriële concurrentievermogen en de uitvoering van haar beleid te bevorderen, stippelt de Unie een Europees ruimtevaartbeleid uit. Daartoe kan zij gemeenschappelijke initiatieven bevorderen, onderzoek en technologische ontwikkeling steunen en de nodige inspanningen coördineren voor de verkenning en het gebruik van de ruimte.

Ruimtevaartbeleid Europese Unie

2. Om bij te dragen aan de verwezenlijking van de in lid 1 bedoelde doelstellingen, stellen het Europees Parlement en de Raad, volgens de gewone wetgevingsprocedure, de nodige maatregelen vast, die de vorm kunnen hebben van een Europees ruimtevaartprogramma, met uitsluiting van enige harmonisering van de wettelijke of bestuursrechtelijke bepalingen van de lidstaten.
3. De Unie gaat elke nuttige relatie aan met het Europees Ruimteagentschap.
4. Dit artikel laat de overige bepalingen van deze titel onverlet.

Art. 190

Wetenschap en technologie in jaarverslag Europese Unie

Aan het begin van elk jaar legt de Commissie aan het Europees Parlement en de Raad een verslag voor.

Dit verslag heeft met name betrekking op de activiteiten inzake onderzoek en technologische ontwikkeling en verspreiding van de resultaten in het voorafgaande jaar alsmede op het werkprogramma van het lopende jaar.

TITEL XX
MILIEU

Art. 191

Milieubeleid Europese Unie

1. Het beleid van de Unie op milieugebied draagt bij tot het nastreven van de volgende doelstellingen:
– behoud, bescherming en verbetering van de kwaliteit van het milieu;
– bescherming van de gezondheid van de mens;
– behoedzaam en rationeel gebruik van natuurlijke hulpbronnen;
– bevordering op internationaal vlak van maatregelen om het hoofd te bieden aan regionale of mondiale milieuproblemen, en in het bijzonder de bestrijding van klimaatverandering.
2. De Unie streeft in haar milieubeleid naar een hoog niveau van bescherming, rekening houdend met de uiteenlopende situaties in de verschillende regio's van de Unie. Haar beleid berust op het voorzorgsbeginsel en het beginsel van preventief handelen, het beginsel dat milieuaantastingen bij voorrang aan de bron dienen te worden bestreden, en het beginsel dat de vervuiler betaalt.
In dit verband omvatten de aan eisen inzake milieubescherming beantwoordende harmonisatiemaatregelen, in de gevallen die daarvoor in aanmerking komen, een vrijwaringsclausule op grond waarvan de lidstaten om niet-economische milieuredenen voorlopige maatregelen kunnen nemen die aan een toetsingsprocedure van de Unie onderworpen zijn.

Uitgangspunten milieubeleid Europese Unie

3. Bij het bepalen van haar beleid op milieugebied houdt de Unie rekening met:
– de beschikbare wetenschappelijke en technische gegevens;
– de milieuomstandigheden in de onderscheiden regio's van de Unie;
– de voordelen en lasten die kunnen voortvloeien uit optreden, onderscheidenlijk niet-optreden;
– de economische en sociale ontwikkeling van de Unie als geheel en de evenwichtige ontwikkeling van haar regio's.
4. In het kader van hun onderscheiden bevoegdheden werken de Unie en de lidstaten samen met derde landen en de bevoegde internationale organisaties. De nadere regels voor de samenwerking van de Unie kunnen voorwerp zijn van overeenkomsten tussen de Unie en de betrokken derde partijen.
De eerste alinea doet geen afbreuk aan de bevoegdheid van de lidstaten om in internationale fora te onderhandelen en internationale overeenkomsten te sluiten.

Art. 192

Activiteiten Europese Unie omtrent milieu

1. Het Europees Parlement en de Raad stellen volgens de gewone wetgevingsprocedure en na raadpleging van het Economisch en Sociaal Comité en het Comité van de Regio's de activiteiten vast die de Unie moet ondernemen om de doelstellingen van artikel 191 te verwezenlijken.
2. In afwijking van de in lid 1 bedoelde besluitvormingsprocedure en onverminderd het bepaalde in artikel 114, neemt de Raad na raadpleging van het Europees Parlement, het Economisch en Sociaal Comité en het Comité van de Regio's, met eenparigheid van stemmen, volgens een bijzondere wetgevingsprocedure een besluit over:
a. bepalingen in hoofdzaak fiscale aard;
b. maatregelen die van invloed zijn op:
– de ruimtelijke ordening;
– het kwantitatieve waterbeheer, of die rechtstreeks dan wel zijdelings betrekking hebben op de beschikbaarheid van de watervoorraden;
– de bodembestemming, met uitzondering van het afvalstoffenbeheer;
c. maatregelen die van aanzienlijke invloed zijn op de keuze van een lidstaat tussen verschillende energiebronnen en de algemene structuur van zijn energievoorziening.
De Raad kan, op voorstel van de Commissie en na raadpleging van het Europees Parlement, van het Economisch en Sociaal Comité en van het Comité van de Regio's, met eenparigheid

van stemmen de gewone wetgevingsprocedure van toepassing verklaren op de in de eerste alinea genoemde gebieden.

3. Het Europees Parlement en de Raad stellen volgens de gewone wetgevingsprocedure en na raadpleging van het Economisch en Sociaal Comité en het Comité van de Regio's algemene actieprogramma's vast waarin de te verwezenlijken prioritaire doelstellingen worden vastgelegd. De voor de uitvoering van die programma's nodige maatregelen worden vastgesteld overeenkomstig lid 1, respectievelijk lid 2.

4. Onverminderd bepaalde door de Unie vastgestelde maatregelen, dragen de lidstaten zorg voor de financiering en de uitvoering van het milieubeleid.

5. Onverminderd het beginsel dat de vervuiler betaalt, ingeval een op grond van lid 1 vastgestelde maatregel voor de overheid van een lidstaat onevenredig hoge kosten met zich brengt, omvat deze maatregel voorzieningen in de vorm van:
- ontheffingen van tijdelijke aard en/of
- financiële steun uit het overeenkomstig artikel 161 opgerichte Cohesiefonds.

Art. 193
De beschermende maatregelen die worden vastgesteld uit hoofde van artikel 192, beletten niet dat een lidstaat verdergaande beschermingsmaatregelen handhaaft en treft. Zulke maatregelen moeten verenigbaar zijn met de Verdragen. Zij worden ter kennis van de Commissie gebracht.

Milieubeleid lidstaten Europese Unie

TITEL XXI
ENERGIE

Art. 194
1. In het kader van de totstandbrenging en de werking van de interne markt en rekening houdend met de noodzaak om het milieu in stand te houden en te verbeteren, is het beleid van de Unie op het gebied van energie, in een geest van solidariteit tussen de lidstaten, erop gericht:
a. de werking van de energiemarkt te waarborgen;
b. de continuïteit van de energievoorziening in de Unie te waarborgen;
c. energie-efficiëntie, energiebesparing en de ontwikkeling van nieuwe en duurzame energie te stimuleren; en
d. de interconnectie van energienetwerken te bevorderen.

2. Onverminderd de toepassing van andere bepalingen van de Verdragen stellen het Europees Parlement en de Raad, volgens de gewone wetgevingsprocedure, de maatregelen vast die noodzakelijk zijn om de in lid 1 genoemde doelstellingen te verwezenlijken. Deze maatregelen worden vastgesteld na raadpleging van het Economisch en Sociaal Comité en van het Comité van de Regio's.
Zij zijn, onverminderd artikel 192, lid 2, onder c), niet van invloed op het recht van een lidstaat de voorwaarden voor de exploitatie van zijn energiebronnen te bepalen, op zijn keuze tussen verschillende energiebronnen of op de algemene structuur van zijn energievoorziening.

3. In afwijking van lid 2, stelt de Raad volgens een bijzondere wetgevingsprocedure, met eenparigheid van stemmen en na raadpleging van het Europees Parlement, de daarin bedoelde maatregelen vast die voornamelijk van fiscale aard zijn.

Energiebeleid Europese Unie

TITEL XXII
TOERISME

Art. 195
1. De Unie zorgt voor aanvulling van het optreden van de lidstaten in de toerismesector, met name door bevordering van het concurrentievermogen van de ondernemingen van de Unie in die sector.
In dit verband is het optreden van de Unie gericht op:
a. het bevorderen van een klimaat dat gunstig is voor de ontwikkeling van bedrijven in deze sector;
b. het stimuleren van de samenwerking tussen de lidstaten, met name door uitwisseling van goede praktijken.
2. Het Europees Parlement en de Raad stellen, volgens de gewone wetgevingsprocedure, de bijzondere maatregelen vast ter aanvulling van de acties die in de lidstaten worden ondernomen om de in dit artikel genoemde doelstellingen te verwezenlijken, met uitsluiting van enige harmonisatie van de wettelijke of bestuursrechtelijke bepalingen van de lidstaten.

Toerisme Europese Unie

TITEL XXIII
CIVIELE BESCHERMING

Art. 196

Civiele bescherming
inwoners Europese Unie

1. De Unie bevordert de samenwerking tussen de lidstaten om zodoende te komen tot een grotere doeltreffendheid van de systemen ter voorkoming van en bescherming tegen natuurrampen of door de mens veroorzaakte rampen.
Het optreden van de Unie is erop gericht:
a. het optreden van de lidstaten op nationaal, regionaal en lokaal niveau met betrekking tot risicopreventie, het voorbereiden van de instanties op het gebied van civiele bescherming in de lidstaten en het optreden bij natuurrampen of door de mens veroorzaakte calamiteiten binnen de Unie te steunen en aan te vullen;
b. snelle operationele en doeltreffende samenwerking tussen de nationale civiele beschermingsdiensten binnen de Unie te bevorderen;
c. de samenhang tussen internationale acties op het gebied van civiele bescherming te stimuleren.
2. Het Europees Parlement en de Raad stellen, volgens de gewone wetgevingsprocedure, de maatregelen vast die nodig zijn om bij te dragen aan de verwezenlijking van de in lid 1 genoemde doelstellingen, met uitsluiting van enige harmonisatie van de wettelijke of bestuursrechtelijke bepalingen van de lidstaten.

TITEL XXIV
ADMINISTRATIEVE SAMENWERKING

Art. 197

Administratieve samen-
werking lidstaten
Europese Unie

1. De doeltreffende uitvoering van het recht van de Unie door de lidstaten, die van wezenlijk belang is voor de goede werking van de Unie, wordt beschouwd als een aangelegenheid van gemeenschappelijk belang.
2. De Unie kan de inspanningen van de lidstaten ter verbetering van hun administratieve vermogen om het recht van de Unie uit te voeren, steunen. Dergelijke steun kan zowel het vergemakkelijken van de uitwisseling van informatie en van ambtenaren omvatten als het ondersteunen van opleidings- en ontwikkelingsregelingen. Geen enkele lidstaat is verplicht gebruik te maken van dergelijke steun. Het Europees Parlement en de Raad stellen volgens de gewone wetgevingsprocedure bij verordeningen de daartoe noodzakelijke maatregelen vast, met uitsluiting van enige harmonisering van de wettelijke of bestuursrechtelijke bepalingen van de lidstaten.
3. Dit artikel laat de verplichting van lidstaten om het recht van de Unie uit te voeren, alsook de prerogatieven en taken van de Commissie, onverlet. Het laat ook de andere bepalingen van de Verdragen die voorzien in administratieve samenwerking tussen de lidstaten onderling en tussen de lidstaten en de Unie, onverlet.

VIERDE DEEL
DE ASSOCIATIE VAN DE LANDEN EN GEBIEDEN OVERZEE

Art. 198

Associatie niet-Europese
landen

De lidstaten komen overeen de niet-Europese landen en gebieden welke bijzondere betrekkingen onderhouden met Denemarken, Frankrijk, Nederland en het Verenigd Koninkrijk, te associëren met de Unie. Die landen en gebieden, hierna genoemd landen en gebieden, worden opgenomen in de lijst in bijlage II.
Het doel van de associatie is het bevorderen van de economische en sociale ontwikkeling der landen en gebieden en de totstandbrenging van nauwe economische betrekkingen tussen hen en de Unie in haar geheel.
Overeenkomstig de in de preambule van dit Verdrag neergelegde beginselen moet de associatie in de eerste plaats de mogelijkheid scheppen de belangen en de voorspoed van de inwoners van die landen en gebieden te bevorderen, teneinde hen te brengen tot de economische, sociale en culturele ontwikkeling welke zij verwachten.

Art. 199

Doeleinden associatie
niet-Europese landen

Door de associatie worden de volgende doeleinden nagestreefd:
1. De lidstaten passen op hun handelsverkeer met de landen en gebieden de regeling toe welke zij krachtens de Verdragen tegenover elkaar zijn aangegaan.
2. Ieder land of gebied past op zijn handelsverkeer met de lidstaten en de andere landen en gebieden de regeling toe die het toepast op de Europese staat waarmede het bijzondere betrekkingen onderhoudt.
3. De lidstaten dragen bij in de investeringen welke vereist zijn voor de geleidelijke ontwikkeling van die landen en gebieden.

4. Voor de door de Unie gefinancierde investeringen staat de deelneming in aanbestedingen en leveranties onder gelijke voorwaarden open voor alle onderdanen en rechtspersonen van de lidstaten en van de landen en gebieden.
5. In de betrekkingen tussen de lidstaten en de landen en gebieden wordt het recht van vestiging van de onderdanen en rechtspersonen op voet van non-discriminatie geregeld overeenkomstig de bepalingen en met toepassing van de procedures, bepaald in het hoofdstuk betreffende het recht van vestiging, behoudens de krachtens artikel 203 vastgestelde bijzondere bepalingen.

Art. 200
1. De goederen van oorsprong uit de landen en gebieden delen bij hun invoer in de lidstaten in het verbod op douanerechten dat overeenkomstig de bepalingen van de Verdragen tussen de lidstaten geldt.

Verbod douanerechten geassocieerde niet-Europese landen

2. Bij invoer in elk land en gebied zijn douanerechten op goederen uit de lidstaten en uit de andere landen en gebieden overeenkomstig de bepalingen van artikel 30 verboden.
3. De landen en gebieden kunnen evenwel douanerechten heffen welke in overeenstemming zijn met de eisen van hun ontwikkeling en de behoeften van hun industrialisatie, of welke van fiscale aard zijn en ten doel hebben in hun begrotingsmiddelen te voorzien.
De in vorenstaande alinea bedoelde rechten mogen het peil van de invoerrechten welke worden geheven op producten uit de lidstaat waarmede elk land of gebied bijzondere betrekkingen onderhoudt, niet te boven gaan.
4. Lid 2 is niet van toepassing op landen en gebieden die uit hoofde van de bijzondere internationale verplichtingen waaraan zij zijn onderworpen, reeds een non-discriminatoir douanetarief toepassen.
5. De instelling of wijziging van douanerechten op goederen in de landen en gebieden ingevoerde goederen mag noch in rechte noch in feite aanleiding geven tot een rechtstreekse of zijdelingse discriminatie tussen de importen uit de onderscheidene lidstaten.

Art. 201
Indien het peil van de rechten, toepasselijk op goederen van herkomst uit een derde land, bij invoer in een land of gebied van dien aard is dat, als gevolg van de toepassing der bepalingen van artikel 200, lid 1, het handelsverkeer zich ten nadele van een der lidstaten kan verleggen, kan deze staat de Commissie verzoeken, aan de overige lidstaten de maatregelen voor te stellen welke noodzakelijk zijn om deze toestand te verhelpen.

Invoer uit derde landen in Europese Unie

Art. 202
Behoudens de bepalingen betreffende de volksgezondheid, de openbare veiligheid en de openbare orde, zal het vrije verkeer van werknemers uit de landen en gebieden binnen de lidstaten en van werknemers uit de lidstaten binnen de landen en gebieden vallen onder volgens artikel 203 vastgestelde instrumenten.

Vrij verkeer van werknemers geassocieerde niet-Europese landen

Art. 203
De Raad stelt op basis van de in het kader van de associatie van de landen en gebieden met de Unie bereikte resultaten en van de in de Verdragen neergelegde beginselen met eenparigheid van stemmen op voorstel van de Commissie de bepalingen vast betreffende de wijze van toepassing en de procedure van de associatie van de landen en gebieden met de Unie. Wanneer de bepalingen door de Raad volgens een bijzondere wetgevingsprocedure worden vastgesteld, besluit hij met eenparigheid van stemmen op voorstel van de Commissie en na raadpleging van het Europees Parlement.

Regelgeving omtrent geassocieerde niet-Europese landen

Art. 204
Het bepaalde in de artikelen 198 tot en met 203 is op Groenland van toepassing behoudens de voor Groenland geldende bijzondere bepalingen omschreven in het Protocol betreffende de bijzondere regeling van toepassing op Groenland, dat aan de Verdragen is gehecht.

Bijzondere regeling Groenland met Europese Unie

VIJFDE DEEL
EXTERN OPTREDEN VAN DE UNIE

TITEL I
ALGEMENE BEPALINGEN INZAKE HET EXTERN OPTREDEN VAN DE UNIE

Art. 205
Het internationaal optreden van de Unie berust, voor de toepassing van dit deel, op de beginselen en is gericht op de doelstellingen van, en wordt uitgevoerd overeenkomstig de algemene bepalingen van hoofdstuk 1 van titel V van het Verdrag betreffende de Europese Unie.

Extern optreden Europese Unie

TITEL II
DE GEMEENSCHAPPELIJKE HANDELSPOLITIEK

Art. 206

Handelspolitiek Europese Unie

Door de oprichting van een douane-unie, overeenkomstig de artikelen 28 tot en met 32, levert de Unie in het gemeenschappelijk belang een bijdrage tot een harmonische ontwikkeling van de wereldhandel, tot de geleidelijke afschaffing van de beperkingen voor het internationale handelsverkeer en voor buitenlandse directe investeringen, en tot de vermindering van de douane- en andere belemmeringen.

Art. 207

Beginselen Europese handelspolitiek

1. De gemeenschappelijke handelspolitiek wordt gegrond op eenvormige beginselen, met name aangaande tariefwijzigingen, het sluiten van tarief- en handelsakkoorden betreffende handel in goederen en diensten, en de handelsaspecten van intellectuele eigendom, de directe buitenlandse investeringen, het eenvormig maken van liberalisatiemaatregelen, de uitvoerpolitiek alsmede de handelspolitieke beschermingsmaatregelen, waaronder de te nemen maatregelen in geval van dumping en subsidies. De gemeenschappelijke handelspolitiek wordt gevoerd in het kader van de beginselen en doelstellingen van het externe optreden van de Unie.

2. Het Europees Parlement en de Raad stellen volgens de gewone wetgevingsprocedure bij verordeningen de maatregelen vast die het kader voor de uitvoering van de gemeenschappelijke handelspolitiek van de Unie bepalen.

3. Bij de onderhandelingen over en sluiting van akkoorden met een of meer derde landen of internationale organisaties, is artikel 218 van toepassing, behoudens de bijzondere bepalingen van het huidige artikel.

De Commissie doet aanbevelingen aan de Raad, die haar machtigt de vereiste onderhandelingen te openen. De Raad en de Commissie zien erop toe dat die akkoorden verenigbaar zijn met het interne beleid en de interne voorschriften van de Unie.

De Commissie voert de onderhandelingen in overleg met een speciaal comité dat door de Raad is aangewezen om haar daarin bij te staan, en binnen het bestek van de richtsnoeren welke de Raad haar kan verstrekken. De Commissie brengt aan het speciaal comité en het Europees Parlement regelmatig verslag uit over de stand van de onderhandelingen.

4. Ten aanzien van de onderhandelingen over en de sluiting van de in lid 3 bedoelde akkoorden besluit de Raad met gekwalificeerde meerderheid van stemmen.

Ten aanzien van de onderhandelingen over en de sluiting van akkoorden betreffende de handel in diensten en betreffende de handelsaspecten van intellectuele eigendom en betreffende buitenlandse directe investeringen besluit de Raad met eenparigheid van stemmen voor zover het akkoord bepalingen bevat die met eenparigheid van stemmen worden vastgesteld wat interne voorschriften betreft.

De Raad besluit ook met eenparigheid van stemmen ten aanzien van de onderhandelingen over en de sluiting van akkoorden betreffende:

a. de handel in culturele en audiovisuele diensten, indien deze akkoorden afbreuk dreigen te doen aan de verscheidenheid aan cultuur en taal in de Unie;

b. sociale, onderwijs- en gezondheidsdiensten wanneer deze akkoorden de nationale organisatie van die diensten ernstig dreigen te verstoren en afbreuk dreigen te doen aan de verantwoordelijkheid van de lidstaten om die diensten te leveren.

5. Op de onderhandelingen over en de sluiting van internationale akkoorden betreffende vervoer zijn de bepalingen van deel III, titel VI, alsmede artikel 218, van toepassing.

6. De uitoefening van de bij dit artikel verleende bevoegdheden op het gebied van de gemeenschappelijke handelspolitiek laat de afbakening van de bevoegdheden tussen de Unie en de lidstaten onverlet en leidt niet tot enige harmonisering van de wettelijke of bestuursrechtelijke regelingen van de lidstaten voor zover de Verdragen een dergelijke harmonisering uitsluiten.

TITEL III
SAMENWERKING MET DERDE LANDEN EN HUMANITAIRE HULP

HOOFDSTUK 1
ONTWIKKELINGSSAMENWERKING

Art. 208

Ontwikkelingssamenwerking Europese Unie

1. Het beleid van de Unie op het gebied van ontwikkelingssamenwerking wordt gevoerd in het kader van de beginselen en doelstellingen van het externe optreden van de Unie. Het ontwikkelingssamenwerkingsbeleid van de Unie en dat van de lidstaten completeren en versterken elkaar.

Hoofddoel van het beleid van de Unie op dit gebied is de armoede terug te dringen en uiteindelijk uit te bannen. De Unie houdt bij de uitvoering van beleid dat gevolgen kan hebben voor de ontwikkelingslanden rekening met de doelstellingen van de ontwikkelingssamenwerking.

33 Verdrag betreffende de werking van de EU art. 214

2. De Unie en de lidstaten houden zich aan de verbintenissen en de doelstellingen die zij in het kader van de Verenigde Naties en andere bevoegde internationale organisaties hebben onderschreven.

Art. 209
1. Het Europees Parlement en de Raad stellen, volgens de gewone wetgevingsprocedure, de maatregelen vast die nodig zijn voor de uitvoering van het ontwikkelingssamenwerkingsbeleid, die betrekking kunnen hebben op meerjarenprogramma's voor samenwerking met ontwikkelingslanden of op thematische programma's. — *Maatregelen ontwikkelingssamenwerking Europese Unie*
2. De Unie kan met derde landen en de bevoegde internationale organisaties alle overeenkomsten sluiten die dienstig zijn om de in artikel 21 van het Verdrag betreffende de Europese Unie en artikel 208 van dit Verdrag genoemde doelstellingen te verwezenlijken.
De eerste alinea laat de bevoegdheid van de lidstaten om in internationale fora te onderhandelen en overeenkomsten te sluiten, onverlet.
3. De Europese Investeringsbank draagt, onder de in haar statuten vastgestelde voorwaarden, bij tot de tenuitvoerlegging van de in lid 1 bedoelde maatregelen. — *Europese Investeringsbank*

Art. 210
1. Om de complementariteit en de doeltreffendheid van hun optreden te bevorderen, coördineren de Unie en de lidstaten hun ontwikkelingssamenwerkingsbeleid en plegen zij overleg over hun hulpprogramma's, ook in internationale organisaties en tijdens internationale conferenties. Zij kunnen gezamenlijk optreden. De lidstaten dragen zo nodig bij tot de tenuitvoerlegging van hulpprogramma's van de Unie. — *Coördinatie ontwikkelingssamenwerking lidstaten Europese Unie*
2. De Commissie kan alle dienstige initiatieven nemen om de in lid 1 bedoelde coördinatie te bevorderen.

Art. 211
In het kader van hun onderscheiden bevoegdheden werken de Unie en de lidstaten samen met derde landen en met de bevoegde internationale organisaties. — *Ontwikkelingssamenwerking lidstaten Europese Unie met derde landen*

HOOFDSTUK 2
ECONOMISCHE, FINANCIËLE EN TECHNISCHE SAMENWERKING MET DERDE LANDEN

Art. 212
1. Onverminderd de overige bepalingen van de Verdragen, met name de artikelen 208 tot en met 211, onderneemt de Unie activiteiten voor economische, financiële en technische samenwerking, met inbegrip van bijstand op met name financieel gebied, met derde landen die geen ontwikkelingsland zijn. Deze activiteiten zijn coherent met het ontwikkelingsbeleid van de Unie en vinden plaats in het kader van de beginselen en doelstellingen van haar externe optreden. De acties van de Unie en die van de lidstaten completeren en versterken elkaar. — *Economische, financiële en technische samenwerking Europese Unie met derde landen*
2. Het Europees Parlement en de Raad stellen, volgens de gewone wetgevingsprocedure, de voor de uitvoering van lid 1 nodige maatregelen vast.
3. In het kader van hun onderscheiden bevoegdheden werken de Unie en de lidstaten samen met derde landen en de bevoegde internationale organisaties. De samenwerking van de Unie kan nader worden geregeld in overeenkomsten tussen de Unie en de betrokken derde partijen. De eerste alinea doet geen afbreuk aan de bevoegdheid van de lidstaten in internationale fora te onderhandelen en internationale overeenkomsten te sluiten.

Art. 213
Wanneer wegens de situatie in een derde land dringende financiële hulp van de Unie vereist is, stelt de Raad op voorstel van de Commissie de nodige besluiten vast. — *Dringende financiële hulp aan derde landen door Europese Unie*

HOOFDSTUK 3
HUMANITAIRE HULP

Art. 214
1. De acties van de Unie op het gebied van humanitaire hulp vinden plaats in het kader van de beginselen en doelstellingen van het externe optreden van de Unie. Deze acties hebben tot doel aan de bevolking van derde landen die het slachtoffer is van natuurrampen of door de mens veroorzaakte rampen, specifieke bijstand en hulp te bieden en haar te beschermen om de uit die situaties voortvloeiende humanitaire noden te lenigen. De acties van de Unie en die van de lidstaten completeren en versterken elkaar. — *Humanitaire hulp Europese Unie*
2. Humanitaire hulpacties worden uitgevoerd overeenkomstig de beginselen van het internationaal recht, en de beginselen van onpartijdigheid, neutraliteit en non-discriminatie.

3. Het Europees Parlement en de Raad stellen, volgens de gewone wetgevingsprocedure, de maatregelen vast die het kader voor de uitvoering van de humanitaire hulpacties van de Unie bepalen.
4. De Unie kan met derde landen en de bevoegde internationale organisaties alle overeenkomsten sluiten die dienstig zijn om de in lid 1 en in artikel 21 van het Verdrag betreffende de Europese Unie genoemde doelstellingen te verwezenlijken.
De eerste alinea laat de bevoegdheid van de lidstaten om in internationale fora te onderhandelen en overeenkomsten te sluiten, onverlet.
5. Er wordt een Europees vrijwilligerskorps voor humanitaire hulpverlening opgericht, als kader voor gemeenschappelijke bijdragen van Europese jongeren aan de humanitaire hulpacties van de Unie. Het Europees Parlement en de Raad stellen volgens de gewone wetgevingsprocedure bij verordeningen het statuut en de regels voor de activiteiten van het korps vast.
6. De Commissie kan ieder initiatief nemen dat dienstig is om de coördinatie tussen de acties van de Unie en die van de lidstaten te bevorderen, en zodoende de doeltreffendheid en de complementariteit van de humanitaire hulpmiddelen van de Unie en van de lidstaten te verbeteren.
7. De Unie ziet erop toe dat haar humanitaire hulpacties gecoördineerd worden en coherent zijn met die van internationale organisaties en instanties, met name die welke tot het bestel van de Verenigde Naties behoren.

TITEL IV
BEPERKENDE MAATREGELEN

Art. 215

Onderbreking betrekkingen Europese Unie met derde landen

1. Wanneer een overeenkomstig hoofdstuk 2 van titel V van het Verdrag betreffende de Europese Unie vastgesteld besluit voorziet in verbreking of gehele of gedeeltelijke beperking van de economische en financiële betrekkingen met een of meer derde landen, stelt de Raad, op gezamenlijk voorstel van de hoge vertegenwoordiger van de Unie voor buitenlandse zaken en veiligheidsbeleid en de Commissie, met gekwalificeerde meerderheid van stemmen de nodige maatregelen vast. De Raad stelt het Europees Parlement daarvan in kennis.
2. Wanneer een overeenkomstig hoofdstuk 2 van titel V van het Verdrag betreffende de Europese Unie vastgesteld besluit daarin voorziet, kan de Raad volgens de in lid 1 bedoelde procedure jegens natuurlijke personen, rechtspersonen dan wel niet-statelijke groepen of entiteiten beperkende maatregelen vaststellen
3. De in dit artikel bedoelde handelingen bevatten de nodige bepalingen inzake juridische waarborgen.

TITEL V
INTERNATIONALE OVEREENKOMSTEN

Art. 216

Internationale overeenkomsten Europese Unie

1. De Unie kan een overeenkomst met één of meer derde landen of internationale organisaties sluiten wanneer de Verdragen daarin voorzien of wanneer het sluiten van een overeenkomst ofwel nodig is om, in het kader van het beleid van de Unie, een van de in de Verdragen bepaalde doelstellingen te verwezenlijken, of wanneer daarin bij een juridisch bindende handeling van de Unie is voorzien of wanneer zulks gemeenschappelijke regels kan aantasten of de strekking daarvan kan wijzigen.
2. De door de Unie gesloten overeenkomsten zijn verbindend voor de instellingen van de Unie en voor de lidstaten.

Art. 217

Associatie Europese Unie met derde landen en internationale organisaties

De Unie kan met één of meer derde landen of internationale organisaties akkoorden sluiten waarbij een associatie wordt ingesteld die wordt gekenmerkt door wederkerige rechten en verplichtingen, gemeenschappelijk optreden en bijzondere procedures.

Art. 218

Procedure voor internationale overeenkomsten Europese Unie

1. Onverminderd de bijzondere bepalingen van artikel 207 wordt bij het onderhandelen over en het sluiten van overeenkomsten tussen de Unie en derde landen of internationale organisaties de volgende procedure gevolgd.
2. De Raad verleent machtiging tot het openen van de onderhandelingen, stelt de onderhandelingsrichtsnoeren vast, verleent machtiging tot ondertekening en sluit de overeenkomsten.
3. De Commissie of, indien de voorgenomen overeenkomst uitsluitend of hoofdzakelijk betrekking heeft op het gemeenschappelijk buitenlands en veiligheidsbeleid, de hoge vertegenwoordiger van de Unie voor buitenlandse zaken en veiligheidsbeleid, doet aanbevelingen aan de Raad, die een besluit vaststelt houdende machtiging tot het openen van de onderhandelingen

en waarbij, naar gelang van de inhoud van de voorgenomen overeenkomst, de onderhandelaar of het hoofd van het onderhandelingsteam van de Unie wordt aangewezen.
4. De Raad kan de onderhandelaar richtsnoeren geven en een bijzonder comité aanwijzen; de onderhandelingen moeten in overleg met dat comité worden gevoerd.
5. De Raad stelt op voorstel van de onderhandelaar een besluit vast waarbij machtiging wordt verleend tot ondertekening van de overeenkomst en, in voorkomend geval, in afwachting van de inwerkingtreding, tot de voorlopige toepassing ervan.
6. De Raad stelt op voorstel van de onderhandelaar een besluit houdende sluiting van de overeenkomst vast.
Tenzij de overeenkomst uitsluitend betrekking heeft op het gemeenschappelijk buitenlands en veiligheidsbeleid, stelt de Raad het besluit houdende sluiting van de overeenkomst vast:
a. na goedkeuring door het Europees Parlement, in de volgende gevallen:
i. associatieovereenkomsten;
ii. toetreding van de Unie tot het Europees Verdrag tot bescherming van de rechten van de mens en de fundamentele vrijheden;
iii. overeenkomsten die door de instelling van samenwerkingsprocedures een specifiek institutioneel kader scheppen;
iv. overeenkomsten die aanzienlijke gevolgen hebben voor de begroting van de Unie;
v. overeenkomsten betreffende gebieden waarop de gewone wetgevingsprocedure, of, indien de goedkeuring van het Europees Parlement vereist is, de bijzondere wetgevingsprocedure van toepassing is.
In dringende gevallen kunnen het Europees Parlement en de Raad een termijn voor het geven van de goedkeuring overeenkomen.
b. na raadpleging van het Europees Parlement in de overige gevallen. Het Europees Parlement brengt advies uit binnen een termijn die de Raad naar gelang van de urgentie kan bepalen. Indien er binnen die termijn geen advies is uitgebracht, kan de Raad besluiten.
7. Bij de sluiting van een overeenkomst kan de Raad, in afwijking van de leden 5, 6 en 9, de onderhandelaar machtigen om de wijzigingen die krachtens de overeenkomst volgens een vereenvoudigde procedure of door een bij de overeenkomst opgericht orgaan worden aangenomen, namens de Unie goed te keuren. De Raad kan aan deze machtiging bijzondere voorwaarden verbinden.
8. Tijdens de gehele procedure besluit de Raad met gekwalificeerde meerderheid van stemmen. De Raad besluit evenwel met eenparigheid van stemmen wanneer de overeenkomst een gebied betreft waarop handelingen van de Unie met eenparigheid van stemmen worden vastgesteld, alsmede ten aanzien van de associatieovereenkomsten en de in artikel 212 bedoelde overeenkomsten met de kandidaat-lidstaten. De Raad besluit eveneens met eenparigheid van stemmen over de overeenkomst inzake toetreding van de Unie tot het Europees Verdrag tot bescherming van de rechten van de mens en de fundamentele vrijheden. Dit besluit houdende sluiting van die overeenkomst treedt pas in werking nadat de lidstaten het overeenkomstig hun onderscheiden grondwettelijke bepalingen hebben goedgekeurd.
9. De Raad stelt, op voorstel van de Commissie of van de hoge vertegenwoordiger van de Unie voor buitenlandse zaken en veiligheidsbeleid, een besluit vast tot schorsing van de toepassing van een overeenkomst en tot bepaling van de standpunten die namens de Unie worden ingenomen in een krachtens een overeenkomst opgericht lichaam, wanneer dit lichaam handelingen met rechtsgevolgen vaststelt, met uitzondering van handelingen tot aanvulling of wijziging van het institutionele kader van de overeenkomst.
10. Het Europees Parlement wordt in iedere fase van de procedure onverwijld en ten volle geïnformeerd.
11. Een lidstaat, het Europees Parlement, de Raad of de Commissie kan het advies inwinnen van het Hof van Justitie over de verenigbaarheid van een voorgenomen overeenkomst met de Verdragen. Indien het Hof afwijzend adviseert, kan de voorgenomen overeenkomst niet in werking treden, behoudens in geval van wijziging daarvan of herziening van de Verdragen.

Art. 219

1. In afwijking van artikel 218 kan de Raad hetzij op aanbeveling van de Europese Centrale Bank, hetzij op aanbeveling van de Commissie en na raadpleging van de Europese Centrale Bank, met het oog op een consensus die verenigbaar is met de doelstelling van prijsstabiliteit, formele overeenkomsten sluiten over een stelsel van wisselkoersen van de euro ten opzichte van valuta's van derde staten. De Raad besluit met eenparigheid van stemmen na raadpleging van het Europees Parlement en volgens de procedure van lid 3.
De Raad kan, hetzij op aanbeveling van de Europese Centrale Bank, hetzij op aanbeveling van de Commissie en na raadpleging van de Europese Centrale Bank, teneinde een consensus te bereiken die verenigbaar is met de doelstelling van prijsstabiliteit, de Eurospilkoersen binnen het wisselkoerssysteem invoeren, wijzigen of afschaffen. De voorzitter van de Raad stelt het Europees Parlement in kennis van de invoering, wijziging of afschaffing van de Euro-spilkoers.

Wisselkoerssysteem Europese Unie

art. 220

2. Bij gebreke van een wisselkoerssysteem ten opzichte van één of meer valuta's van derde staten als bedoeld in lid 1, kan de Raad op aanbeveling van de Commissie en na raadpleging van de Europese Centrale Bank, of op aanbeveling van de Europese Centrale Bank, algemene oriëntaties voor het wisselkoersbeleid ten opzichte van deze valuta's vaststellen. Deze algemene oriëntaties laten het hoofddoel van het ESCB, zijnde het handhaven van de prijsstabiliteit, onverlet.

3. In afwijking van artikel 218 neemt de Raad, wanneer de Unie onderhandelingen met één of meer derde staten of internationale organisaties moet voeren over aangelegenheden betreffende het monetaire of wisselkoersregime, op aanbeveling van de Commissie en na raadpleging van de Europese Centrale Bank, besluiten over de regelingen voor de onderhandelingen over en de sluiting van dergelijke overeenkomsten. Deze regelingen verzekeren dat de Unie één standpunt inneemt. De Commissie wordt ten volle bij de onderhandelingen betrokken.

4. Onverminderd de bevoegdheid van de Unie en de overeenkomsten van de Unie ten aanzien van de Economische en Monetaire Unie, mogen de lidstaten in internationale organen onderhandelingen voeren en internationale overeenkomsten sluiten.

TITEL VI
BETREKKINGEN VAN DE UNIE MET INTERNATIONALE ORGANISATIES, MET DERDE LANDEN EN DELEGATIES VAN DE UNIE

Art. 220

Betrekkingen van de Europese Unie met internationale organisaties en derde landen

1. De Unie brengt iedere dienstige samenwerking tot stand met de organen en de gespecialiseerde organisaties van de Verenigde Naties, de Raad van Europa, de Organisatie voor Veiligheid en Samenwerking in Europa en de Organisatie voor Economische Samenwerking en Ontwikkeling.
De Unie onderhoudt voorts met andere internationale organisaties de betrekkingen die wenselijk worden geacht.

2. De hoge vertegenwoordiger van de Unie voor buitenlandse zaken en veiligheidsbeleid en de Commissie zijn belast met de uitvoering van het bepaalde in dit artikel.

Art. 221

Delegaties van de Europese Unie

1. De Unie wordt in derde landen en bij internationale organisaties vertegenwoordigd door de delegaties van de Unie.

2. De delegaties van de Unie staan onder het gezag van de hoge vertegenwoordiger van de Unie voor buitenlandse zaken en veiligheidsbeleid. Zij handelen in nauwe samenspraak met de diplomatieke en consulaire missies van de lidstaten.

TITEL VII
SOLIDARITEITSCLAUSULE

Art. 222

Solidariteitsclausule Europese Unie

1. De Unie en de lidstaten treden uit solidariteit gezamenlijk op indien een lidstaat getroffen wordt door een terroristische aanval, een natuurramp of een door de mens veroorzaakte ramp. De Unie maakt van alle tot haar beschikking staande instrumenten, waaronder de door de lidstaten ter beschikking gestelde militaire middelen, gebruik om:
a.
- de dreiging van het terrorisme op het grondgebied van de lidstaten te keren;
- de democratische instellingen en de burgerbevolking tegen een eventuele terroristische aanval te beschermen;
- op verzoek van de politieke autoriteiten van een lidstaat op diens grondgebied bijstand te verlenen in geval van een terroristische aanval;
b. op verzoek van de politieke autoriteiten van een lidstaat op diens grondgebied bijstand te verlenen in geval van een natuurramp of van een door de mens veroorzaakte ramp.

2. Een lidstaat die getroffen wordt door een terroristische aanval, een natuurramp of een door de mens veroorzaakte ramp, wordt op verzoek van zijn politieke autoriteiten door de andere lidstaten bijstand verleend. De lidstaten coördineren daartoe hun optreden in het kader van de Raad.

3. De toepassing door de Unie van deze solidariteitsclausule wordt geregeld bij een besluit, dat door de Raad op gezamenlijk voorstel van de Commissie en de hoge vertegenwoordiger van de Unie voor buitenlandse zaken en veiligheidsbeleid wordt vastgesteld. Indien dit besluit gevolgen heeft op defensiegebied, besluit de Raad overeenkomstig artikel 31, lid 1, van het Verdrag betreffende de Europese Unie. Het Europees Parlement wordt geïnformeerd.
In het kader van dit lid en onverminderd artikel 240 wordt de Raad bijgestaan door het politiek en veiligheidscomité met ondersteuning van de structuren die in het kader van het gemeenschappelijk veiligheids- en defensiebeleid zijn ontwikkeld, en door het comité van artikel 71, welke comités hem in voorkomend geval gezamenlijke adviezen verstrekken.

4. Teneinde de Unie en haar lidstaten in staat te stellen doeltreffend op te treden, evalueert de Europese Raad regelmatig de dreigingen waarmee de Unie wordt geconfronteerd.

ZESDE DEEL
INSTITUTIONELE EN FINANCIËLE BEPALINGEN

TITEL I
INSTITUTIONELE BEPALINGEN

HOOFDSTUK 1
DE INSTELLINGEN

EERSTE AFDELING
HET EUROPEES PARLEMENT

Art. 223

1. Het Europees Parlement stelt een ontwerp op met het oog op de vaststelling van de nodige bepalingen voor de rechtstreekse algemene verkiezing van zijn leden volgens een in alle lidstaten eenvormige procedure of volgens beginselen die alle lidstaten gemeen hebben.

De Raad stelt met eenparigheid van stemmen, volgens een bijzondere wetgevingsprocedure en na goedkeuring van het Europees Parlement, dat met meerderheid van stemmen van zijn leden een besluit neemt, de nodige bepalingen vast. Deze bepalingen treden pas in werking nadat zij door de lidstaten overeenkomstig hun onderscheiden grondwettelijke bepalingen zijn goedgekeurd.

2. Het Europees Parlement bepaalt op eigen initiatief volgens een bijzondere wetgevingsprocedure bij verordeningen, na raadpleging van de Commissie en met goedkeuring van de Raad die hiertoe op eigen besluit neemt, de voorschriften en algemene voorwaarden voor de vervulling van de taken van zijn leden. Voor regels en voorwaarden betreffende de belastingregeling voor leden of voormalige leden is eenparigheid van stemmen in de Raad vereist.

Verkiezingsprocedure Europees Parlement

Art. 224

Het Europees Parlement en de Raad stellen bij verordeningen volgens de gewone wetgevende procedure het statuut van de Europese politieke partijen, bedoeld in artikel 10, lid 4, van het Verdrag betreffende de Europese Unie, en in het bijzonder de regels inzake hun financiering vast.

Statuut Europese politieke partijen

Art. 225

Het Europees Parlement kan met meerderheid van stemmen van de leden waaruit het bestaat de Commissie verzoeken passende voorstellen in te dienen inzake aangelegenheden die naar het oordeel van het Parlement besluiten van de Unie voor de tenuitvoerlegging van de Verdragen vergen. Indien de Commissie geen voorstel indient, deelt zij de redenen daarvoor aan het Europees Parlement mee.

Verzoek van Europees parlement tot indiening voorstellen door Commissie

Art. 226

In het kader van de vervulling van zijn taken kan het Europees Parlement op verzoek van een vierde van de leden waaruit het bestaat een tijdelijke enquêtecommissie instellen om, onverminderd de bij de Verdragen aan andere instellingen of organen verleende bevoegdheden, vermeende inbreuken op het recht van de Unie of gevallen van wanbeheer bij de toepassing van het recht van de Unie te onderzoeken, behalve wanneer de vermeende feiten het voorwerp van een gerechtelijke procedure uitmaken en zolang deze procedure nog niet is voltooid.

De tijdelijke enquêtecommissie houdt op te bestaan zodra zij haar verslag heeft ingediend.

De nadere bepalingen betreffende de uitoefening van het enquêterecht worden volgens een bijzondere wetgevingsprocedure bij verordeningen vastgesteld door het Europees Parlement, na goedkeuring door de Raad en de Commissie.

Instelling tijdelijke enquêtecommissie door Europees Parlement

Art. 227

Iedere burger van de Unie, alsmede iedere natuurlijke of rechtspersoon met verblijfplaats of statutaire zetel in een lidstaat heeft het recht om individueel of tezamen met andere burgers of personen een verzoekschrift tot het Europees Parlement te richten betreffende een onderwerp dat tot de werkterreinen van de Unie behoort en dat hem of haar rechtstreeks aangaat.

Verzoekschrift bij Europees Parlement

Art. 228

1. Een door het Europees Parlement gekozen ombudsman krijgt de bevoegdheid om kennis te nemen van klachten van burgers van de Unie of van natuurlijke of rechtspersonen met verblijfplaats of statutaire zetel in een lidstaat over gevallen van wanbeheer bij het optreden van de instellingen, organen of instanties van de Unie, met uitzondering van het Hof van Justitie van de Europese Unie bij de uitoefening van zijn gerechtelijke taak. Hij onderzoekt die klachten en brengt ter zake verslag uit.

Overeenkomstig zijn opdracht verricht de ombudsman het door hem gerechtvaardigd geachte onderzoek op eigen initiatief dan wel op basis van klachten welke hem rechtstreeks of via een

Ombudsman Europese Unie

lid van het Europees Parlement zijn voorgelegd, behalve wanneer de vermeende feiten het voorwerp van een gerechtelijke procedure uitmaken of hebben uitgemaakt. Indien de ombudsman een geval van wanbeheer heeft vastgesteld, legt hij de zaak voor aan de betrokken instelling, orgaan of instantie, die over een termijn van drie maanden beschikt om hem haar standpunt mee te delen. De ombudsman doet vervolgens een verslag aan het Europees Parlement en aan de betrokken instelling toekomen. De persoon die de klacht heeft ingediend wordt op de hoogte gebracht van het resultaat van dit onderzoek.

De ombudsman legt elk jaar aan het Europees Parlement een verslag voor met het resultaat van zijn onderzoeken.

2. Na elke verkiezing voor het Europees Parlement wordt de ombudsman voor de zittingsduur van deze instelling gekozen. Hij is herbenoembaar.

Op verzoek van het Europees Parlement kan de ombudsman door het Hof van Justitie van zijn ambt ontheven worden verklaard, indien hij niet meer aan de eisen voor de uitoefening van zijn ambt voldoet of op ernstige wijze is tekortgeschoten.

3. De ombudsman oefent zijn ambt volkomen onafhankelijk uit. Bij de vervulling van zijn taken vraagt noch aanvaardt hij instructies van enige regering, instelling, orgaan of instantie. Gedurende zijn ambtsperiode mag de ombudsman geen andere beroepswerkzaamheden, al dan niet tegen beloning, verrichten.

4. Het Europees Parlement stelt op eigen initiatief volgens een bijzondere wetgevingsprocedure bij verordeningen na advies van de Commissie en met goedkeuring van de Raad, die een besluit neemt, het statuut van de ombudsman en de algemene voorwaarden voor de uitoefening van het ambt van ombudsman vast.

Art. 229

Jaarlijkse zitting Europees Parlement

Het Europees Parlement houdt jaarlijks een zitting. Het komt van rechtswege op de tweede dinsdag van maart bijeen.

Het Europees Parlement kan in buitengewone vergaderperiode bijeenkomen op verzoek van de meerderheid van de leden waaruit het bestaat, van de Raad of van de Commissie.

Art. 230

Rechten Commissie jegens Europees Parlement

De Commissie kan alle vergaderingen bijwonen en wordt op haar verzoek gehoord.

De Commissie antwoordt mondeling of schriftelijk op de haar door het Europees Parlement of door de leden daarvan gestelde vragen.

De Europese Raad en de Raad worden door het Europees Parlement gehoord onder de voorwaarden waarin het reglement van orde van de Europese Raad en het reglement van orde van de Raad voorzien.

Art. 231

Stemming Europees Parlement

Voorzover in de Verdragen niets anders is bepaald, besluit het Europees Parlement met meerderheid der uitgebrachte stemmen.

Het reglement van orde bepaalt het quorum.

Art. 232

Reglement van orde Europees Parlement

Het Europees Parlement stelt zijn reglement van orde vast bij meerderheid van stemmen van zijn leden.

De handelingen van het Europees Parlement worden overeenkomstig de bepalingen van de Verdragen en dat reglement bekendgemaakt.

Art. 233

Beraadslaging over jaarverslag Europese Unie door Europees Parlement

Het Europees Parlement beraadslaagt in openbare zitting over het algemene jaarverslag, dat hem door de Commissie wordt voorgelegd.

Art. 234

Motie van afkeuring door Europees Parlement

Wanneer aan het Europees Parlement een motie van afkeuring betreffende het beleid van de Commissie wordt voorgelegd, kan het Europees Parlement zich over deze motie niet eerder uitspreken dan ten minste drie dagen nadat de motie is ingediend en slechts bij openbare stemming.

Indien de motie van afkeuring wordt aangenomen met een meerderheid van twee derde van de uitgebrachte stemmen, welke een meerderheid van de leden van het Europees Parlement vertegenwoordigt, moeten de leden van de Commissie collectief ontslag nemen en moet ook de hoge vertegenwoordiger van de Unie voor buitenlandse zaken en veiligheidsbeleid zijn functie in de Commissie neerleggen. Zij blijven in functie en blijven de lopende zaken behartigen totdat overeenkomstig artikel 17 van het Verdrag betreffende de Europese Unie in hun vervanging is voorzien. In dat geval verstrijkt de ambtsperiode van de ter vervanging benoemde Commissieleden op de datum waarop de ambtstermijn van de collectief tot ontslag gedwongen Commissieleden zou zijn verstreken.

TWEEDE AFDELING
DE EUROPESE RAAD

Art. 235
1. Ieder lid van de Europese Raad kan slechts door één ander lid worden gemachtigd om namens hem te stemmen.
Artikel 16, lid 4, van het Verdrag betreffende de Europese Unie en artikel 238, lid 2, van dit Verdrag zijn van toepassing op de Europese Raad wanneer deze met gekwalificeerde meerderheid van stemmen besluit. Wanneer de Europese Raad zich in een stemming uitspreekt, nemen de voorzitter van de Europese Raad en die van de Commissie niet aan de stemming deel.
Onthouding van stemming door aanwezige of vertegenwoordigde leden vormt geen beletsel voor het vaststellen van beslissingen van de Europese Raad waarvoor eenparigheid van stemmen is vereist.
2. De voorzitter van het Europees Parlement kan worden uitgenodigd om door de Europese Raad te worden gehoord.
3. De Europese Raad besluit met gewone meerderheid van stemmen over procedurekwesties en over de vaststelling van zijn reglement van orde.
4. De Europese Raad wordt bijgestaan door het secretariaat-generaal van de Raad.

Machtiging stemming in Europese Raad

Art. 236
De Europese Raad stelt met gekwalificeerde meerderheid van stemmen:
a. een besluit houdende de lijst van Raadsformaties andere dan die van algemene zaken en buitenlandse zaken, overeenkomstig artikel 16, lid 6, van het Verdrag betreffende de Europese Unie vast;
b. een besluit betreffende het voorzitterschap van de andere Raadsformaties dan die van buitenlandse zaken, overeenkomstig artikel 16, lid 9, van het Verdrag betreffende de Europese Unie vast.

Stemming in Europese Raad

DERDE AFDELING
DE RAAD

Art. 237
De Raad wordt door zijn voorzitter, op diens initiatief, op initiatief van één van zijn leden of van de Commissie, in vergadering bijeengeroepen.

Vergadering van de Raad van de Europese Unie

Art. 238
1. Voor de besluiten van de Raad waarvoor een gewone meerderheid vereist is, besluit de Raad bij meerderheid van zijn leden.
2. In afwijking van artikel 16, lid 4, van het Verdrag betreffende de Europese Unie wordt, met ingang van 1 november 2014 en onder voorbehoud van het bepaalde in het Protocol inzake de overgangsbepalingen, wanneer de Raad niet besluit op voorstel van de Commissie of van de hoge vertegenwoordiger van de Unie voor buitenlandse zaken en veiligheidsbeleid, onder gekwalificeerde meerderheid verstaan ten minste 72% van de leden van de Raad, die lidstaten vertegenwoordigen waarvan de bevolking ten minste 65% uitmaakt van de bevolking van de Unie.
3. Met ingang van 1 november 2014 en onder voorbehoud van het bepaalde in het Protocol inzake de overgangsbepalingen, wordt, in de gevallen waarin, overeenkomstig de Verdragen niet alle leden van de Raad aan de stemming deelnemen, gekwalificeerde meerderheid aldus gedefinieerd:
a. Onder gekwalificeerde meerderheid wordt verstaan ten minste 55% van de leden van de Raad die deelnemende lidstaten vertegenwoordigen waarvan de bevolking ten minste 65% uitmaakt van alle deelnemende staten.
Een blokkerende minderheid moet ten minste uit het minimum aantal van de leden van de Raad bestaan die meer dan 35% van de bevolking van de deelnemende lidstaten vertegenwoordigen, plus één lid; in het andere geval wordt de gekwalificeerde meerderheid geacht te zijn verkregen.
b. In afwijking van a) wordt, wanneer de Raad niet besluit op voorstel van de Commissie of van de hoge vertegenwoordiger van de Unie voor buitenlandse zaken en veiligheidsbeleid, onder gekwalificeerde meerderheid van stemmen verstaan ten minste 72% van de leden van de Raad die deelnemende lidstaten vertegenwoordigen waarvan de bevolking ten minste 65% uitmaakt van de bevolking van alle deelnemende staten.
4. Onthouding van stemming door aanwezige of vertegenwoordigde leden vormt geen beletsel voor het aannemen der besluiten van de Raad waarvoor eenparigheid van stemmen is vereist.

Stemming in Raad van de Europese Unie

Art. 239
Ieder lid van de Raad kan slechts door één ander lid worden gemachtigd om namens hem te stemmen.

Machting stemrecht in Raad van de Europese Unie

Art. 240

Comité van permanente vertegenwoordigers Raad van de Europese Unie

1. Een comité, bestaande uit de permanente vertegenwoordigers van de regeringen der lidstaten, is verantwoordelijk voor de voorbereiding van de werkzaamheden van de Raad en voor de uitvoering van de door de Raad verstrekte opdrachten. Het comité kan in de in het reglement van orde van de Raad genoemde gevallen procedurebesluiten nemen.

Secretaris-generaal Raad van de Europese Unie

2. De Raad wordt bijgestaan door een secretariaat-generaal onder leiding van een secretaris-generaal, die door de Raad wordt benoemd.
De Raad beslist met gewone meerderheid van stemmen over de organisatie van het secretariaat-generaal.

3. De Raad besluit bij gewone meerderheid van stemmen over procedurekwesties en over de vaststelling van zijn reglement van orde.

Art. 241

Studieverzoek door Raad van de Europese Unie

De Raad kan met gewone meerderheid de Commissie verzoeken, alle studies die hij wenselijk acht ter verwezenlijking van de gemeenschappelijke doelstellingen te verrichten en hem alle terzake dienende voorstellen te doen. Indien de Commissie geen voorstellen doet, stelt zij de Raad in kennis van de redenen daarvoor.

Art. 242

Statuten comités vastgesteld door Raad van de Europese Unie

De Raad stelt met gewone meerderheid, na raadpleging van de Commissie, het statuut vast van de comités welke in de Verdragen zijn bedoeld.

Art. 243

Bezoldigingen vastgesteld door Raad van de Europese Unie

De Raad stelt de bezoldigingen, de vergoedingen en pensioenen van de voorzitter van de Europese Raad, van de voorzitter van de Commissie, van de hoge vertegenwoordiger van de Unie voor buitenlandse zaken en veiligheidsbeleid, van de leden van de Commissie, van de presidenten, de leden en de griffiers van het Hof van Justitie van de Europese Unie, alsmede van de secretaris-generaal van de Raad, vast. De Raad stelt tevens alle vergoedingen vast welke als beloning kunnen gelden.

VIERDE AFDELING
DE COMMISSIE

Art. 244

Samenstelling Europese Commissie

Overeenkomstig artikel 17, lid 5 van het Verdrag betreffende de Europese Unie worden de leden van de Commissie gekozen volgens een toerbeurtsysteem dat door de Europese Raad met eenparigheid van stemmen wordt vastgesteld en dat stoelt op de onderstaande beginselen:
a. de lidstaten worden volstrekt gelijk behandeld wat betreft de bepaling van de volgorde en de ambtstermijn van hun onderdanen als leden van de Commissie; derhalve kan het verschil tussen het totale aantal mandaten van onderdanen van twee willekeurige lidstaten nooit meer dan één bedragen;
b. behoudens het bepaalde onder a), weerspiegelt de samenstelling van de Commissie te allen tijde in voldoende mate de demografische en geografische verscheidenheid van alle lidstaten.

Art. 245

Onafhankelijkheid leden van de Europese Commissie

De leden van de Commissie onthouden zich van iedere handeling welke onverenigbaar is met het karakter van hun ambt. De lidstaten eerbiedigen hun onafhankelijkheid en trachten niet hen te beïnvloeden bij de uitvoering van hun taak.

De leden van de Commissie mogen gedurende hun ambtsperiode geen andere beroepswerkzaamheden, al dan niet tegen beloning, verrichten. Bij hun ambtsaanvaarding verbinden zij zich plechtig om gedurende hun ambtsperiode en na afloop daarvan de uit hun taak voortvloeiende verplichtingen na te komen, in het bijzonder eerlijkheid en kiesheid te betrachten in het aanvaarden van bepaalde functies of voordelen na afloop van die ambtsperiode. Ingeval deze verplichtingen niet worden nagekomen, kan de Raad met gewone meerderheid of de Commissie zich wenden tot het Hof van Justitie, dat, al naar gelang van het geval, ontslag ambtshalve volgens artikel 247 of verval van het recht op pensioen of van andere, daarvoor in de plaats tredende voordelen kan uitspreken.

Art. 246

Eindigen ambtsvervulling leden Europese Commissie

Behalve door regelmatige vervanging of door overlijden eindigt de ambtsvervulling van een lid van de Commissie door vrijwillig ontslag of ontslag ambtshalve.

In geval van vrijwillig ontslag, ontslag ambtshalve of overlijden, wordt het lid voor de verdere duur van zijn ambtstermijn vervangen door een nieuw lid van dezelfde nationaliteit, dat overeenkomstig de criteria van artikel 17, lid 3, tweede alinea, van het Verdrag betreffende de Europese Unie, in onderlinge overeenstemming met de voorzitter van de Commissie en na raadpleging van het Europees Parlement door de Raad wordt benoemd.

De Raad kan, met eenparigheid van stemmen, op voorstel van de voorzitter van de Commissie besluiten dat in een dergelijke vacature niet behoeft te worden voorzien, met name indien de resterende duur van de ambtstermijn van het lid kort is.

In geval van vrijwillig ontslag, ontslag ambtshalve of overlijden wordt de voorzitter voor de verdere duur van zijn ambtstermijn vervangen. De procedure van artikel 17, lid 7, eerste alinea van het Verdrag betreffende de Europese Unie is van toepassing voor de vervanging van de voorzitter.

In geval van vrijwillig ontslag, ontslag ambtshalve of overlijden, wordt de hoge vertegenwoordiger van de Unie voor buitenlandse zaken en veiligheidsbeleid voor de verdere duur van zijn ambtstermijn vervangen overeenkomstig artikel 18, lid 1, van het Verdrag betreffende de Europese Unie.

In geval van vrijwillig ontslag van alle leden van de Commissie blijven zij in functie en blijven zij de lopende zaken behartigen totdat in hun vervanging voor het resterende deel van hun ambtstermijn is voorzien overeenkomstig artikel 17 van het Verdrag betreffende de Europese Unie.

Art. 247
Op verzoek van de Raad met gewone meerderheid of van de Commissie kan elk lid van de Commissie dat niet meer aan de eisen voor de uitoefening van zijn ambt voldoet of op ernstige wijze is tekortgeschoten, door het Hof van Justitie van zijn ambt ontheven worden verklaard.

Ontheffing van ambtsvervulling leden Europese Commissie

Art. 248
Onverminderd artikel 18, lid 4, van het Verdrag betreffende de Europese Unie worden de taken van de Commissie overeenkomstig artikel 17, lid 6, van voornoemd Verdrag door de voorzitter gestructureerd en over de leden van de Commissie verdeeld. De voorzitter kan de taakverdeling tijdens de ambtstermijn wijzigen. De leden van de Commissie oefenen de hun door de voorzitter toegewezen taak uit onder diens gezag.

Taken Europese Commissie

Art. 249
1. De Commissie stelt haar reglement van orde vast teneinde te verzekeren dat zij en haar diensten werkzaam zijn. Zij zorgt voor de bekendmaking van dat reglement.
2. Jaarlijks, ten minste een maand vóór de opening van de zitting van het Europees Parlement, publiceert de Commissie een algemeen verslag over de werkzaamheden van de Unie.

Reglement van orde Europese Commissie

Art. 250
De besluiten van de Commissie worden genomen bij meerderheid van stemmen van haar leden.

Het quorum wordt bepaald in het reglement van orde.

Besluitvorming Europese Commissie

VIJFDE AFDELING
HET HOF VAN JUSTITIE VAN DE EUROPESE UNIE

Art. 251
Het Hof van Justitie houdt zitting in kamers of als grote kamer, overeenkomstig de regels die daartoe in het statuut van het Hof van Justitie van de Europese Unie zijn vastgesteld.

Wanneer het statuut daarin voorziet, kan het Hof van Justitie ook in voltallige zitting bijeenkomen.

Hof van Justitie

Art. 252
Het Hof van Justitie wordt bijgestaan door acht advocaten-generaal. Indien het Hof van Justitie zulks verzoekt, kan de Raad met eenparigheid van stemmen het aantal advocaten-generaal verhogen.

De advocaat-generaal heeft tot taak, in het openbaar in volkomen onpartijdigheid en onafhankelijkheid met redenen omklede conclusies te nemen aangaande zaken waarin zulks overeenkomstig het statuut van het Hof van Justitie van de Europese Unie vereist is.

Advocaten-generaal Hof van Justitie

Art. 253
De rechters en de advocaten-generaal van het Hof van Justitie, gekozen uit personen die alle waarborgen voor onafhankelijkheid bieden en aan alle gestelde eisen voldoen om in hun onderscheiden landen de hoogste rechterlijke ambten te bekleden, of die bekendstaan als kundige rechtsgeleerden, worden in onderlinge overeenstemming door de regeringen van de lidstaten voor zes jaar benoemd na raadpleging van het in artikel 255 bedoelde comité.

Om de drie jaar vindt, op de wijze die in het statuut van het Hof van Justitie van de Europese Unie is bepaald, een gedeeltelijke vervanging van de rechters en de advocaten-generaal plaats.

De rechters kiezen uit hun midden voor drie jaar de president van het Hof van Justitie. Hij is herkiesbaar.

De aftredende rechters en advocaten-generaal zijn herbenoembaar.

Het Hof van Justitie benoemt zijn griffier en bepaalt diens positie.

Het Hof van Justitie stelt zijn reglement voor de procesvoering vast. Dit reglement behoeft de goedkeuring van de Raad, die besluit.

Ambtstermijn rechters Hof van Justitie

Art. 254

Samenstelling Gerecht van Hof van Justitie

Het aantal rechters van het Gerecht wordt vastgesteld bij het statuut van het Hof van Justitie van de Europese Unie. Het statuut kan bepalen dat het Gerecht wordt bijgestaan door advocaten-generaal.

De leden van het Gerecht worden gekozen uit personen die alle waarborgen voor onafhankelijkheid bieden en bekwaam zijn hoge rechterlijke ambten te bekleden. Zij worden in onderlinge overeenstemming door de regeringen van de lidstaten voor zes jaar benoemd na raadpleging van het in artikel 255 bedoelde comité. Om de drie jaar vindt een gedeeltelijke vervanging plaats. De aftredende leden zijn herbenoembaar.

De rechters kiezen uit hun midden voor drie jaar de president van het Gerecht. Hij is herkiesbaar.

Het Gerecht benoemt zijn griffier en bepaalt diens positie.

Het Gerecht stelt in overeenstemming met het Hof van Justitie zijn reglement voor de procesvoering vast. Dit reglement behoeft de goedkeuring van de Raad, die besluit.

Tenzij in het statuut van het Hof van Justitie van de Europese Unie iets anders is bepaald, zijn de bepalingen van de Verdragen betreffende het Hof van Justitie op het Gerecht van toepassing.

Art. 255

Adviserend comité Hof van Justitie

Er wordt een comité opgericht dat de lidstaten van advies dient over de geschiktheid van de kandidaten voor de uitoefening van de ambten van rechter en advocaat-generaal van het Hof van Justitie en van het Gerecht, voordat de regeringen van de lidstaten overgaan tot de benoemingen overeenkomstig de artikelen 253 en 254.

Het comité bestaat uit zeven personen, gekozen uit voormalige leden van het Hof van Justitie en van het Gerecht, personen die de hoogste nationale rechterlijke ambten bekleden en personen die bekend staan als ruimschoots bekwame rechtsgeleerden, waarvan er één wordt voorgedragen door het Europees Parlement. De Raad stelt een besluit vast houdende bepaling van de werkwijze van dit comité, alsmede een besluit tot benoeming van de leden. De Raad besluit op initiatief van de president van het Hof van Justitie.

Art. 256

Bevoegdheden Gerecht van Hof van Justitie

1. Het Gerecht is bevoegd in eerste aanleg kennis te nemen van de in de artikelen 263, 265, 268, 270 en 272 bedoelde beroepen, met uitzondering van die waarvoor een krachtens artikel 257 ingestelde gespecialiseerde rechtbank bevoegd is en die welke overeenkomstig het statuut aan het Hof van Justitie zijn voorbehouden. Het statuut kan bepalen dat het Gerecht bevoegd is voor andere categorieën van beroepen.

Tegen de beslissingen die het Gerecht op grond van dit lid geeft, kan een tot rechtsvragen beperkte hogere voorziening worden ingesteld bij het Hof van Justitie, op de wijze en binnen de grenzen die in het statuut worden bepaald.

2. Het Gerecht is bevoegd kennis te nemen van de beroepen die worden ingesteld tegen de beslissingen van de gespecialiseerde rechtbanken.

De beslissingen die het Gerecht op grond van dit lid geeft, kunnen op de wijze en binnen de grenzen die in het statuut worden bepaald bij uitzondering door het Hof van Justitie worden heroverwogen, wanneer er een ernstig gevaar bestaat dat de eenheid of de samenhang van het recht van de Unie wordt aangetast.

3. Het Gerecht is bevoegd kennis te nemen van prejudiciële vragen die worden voorgelegd uit hoofde van artikel 267 en beperkt blijven tot specifieke, in het statuut bepaalde aangelegenheden.

Wanneer het Gerecht van oordeel is dat in een zaak een principiële beslissing moet worden genomen die van invloed kan zijn op de eenheid of de samenhang van het recht van de Unie, kan het de zaak naar het Hof van Justitie verwijzen voor een uitspraak.

De beslissingen die het Gerecht over prejudiciële vragen geeft, kunnen op de wijze en binnen de grenzen die in het statuut worden bepaald bij uitzondering door het Hof van Justitie worden heroverwogen, wanneer er een ernstig gevaar bestaat dat de eenheid of de samenhang van het recht van de Unie wordt aangetast.

Art. 257

Gespecialiseerde rechtbanken Hof van Justitie

Het Europees Parlement en de Raad kunnen, volgens de gewone wetgevingsprocedure, gespecialiseerde rechtbanken instellen die worden toegevoegd aan het Gerecht, en die in eerste aanleg kennis nemen van bepaalde categorieën van beroepen in specifieke aangelegenheden. Het Europees Parlement en de Raad besluiten bij verordeningen hetzij op voorstel van de Commissie en na raadpleging van het Hof van Justitie, hetzij op verzoek van het Hof van Justitie en na raadpleging van de Commissie.

In de verordening tot instelling van een gespecialiseerde rechtbank worden de regels voor de samenstelling van die rechtbank vastgesteld en wordt de reikwijdte van de haar verleende bevoegdheden bepaald.

Tegen de beslissingen van de gespecialiseerde rechtbanken kan bij het Gerecht een tot rechtsvragen beperkte hogere voorziening worden ingesteld of, wanneer de verordening tot instelling van de gespecialiseerde rechtbank daarin voorziet, een beroep dat ook op feitelijke vragen betrekking heeft.

De leden van de gespecialiseerde rechtbanken worden gekozen uit personen die alle waarborgen voor onafhankelijkheid bieden en bekwaam zijn rechterlijke ambten te bekleden. Zij worden door de Raad met eenparigheid van stemmen benoemd.
De gespecialiseerde rechtbanken stellen in overeenstemming met het Hof van Justitie hun reglement voor de procesvoering vast. Dit reglement behoeft de goedkeuring van de Raad, die besluit.
Tenzij in de verordening tot instelling van een gespecialiseerde rechtbank iets anders is bepaald, zijn de bepalingen van de Verdragen betreffende het Hof van Justitie van de Europese Unie en de bepalingen van het statuut van het Hof van Justitie van de Europese Unie op de gespecialiseerde rechtbanken van toepassing. Titel I van het statuut en artikel 64 daarvan zijn in ieder geval van toepassing op de gespecialiseerde rechtbanken.

Art. 258
Indien de Commissie van oordeel is dat een lidstaat een van de krachtens de Verdragen op hem rustende verplichtingen niet is nagekomen, brengt zij dienaangaande een met redenen omkleed advies uit, na deze staat in de gelegenheid te hebben gesteld zijn opmerkingen te maken.
Indien de betrokken staat dit advies niet binnen de door de Commissie vastgestelde termijn opvolgt, kan de Commissie de zaak aanhangig maken bij het Hof van Justitie van de Europese Unie.

Advies na niet nakomen van verplichting door lidstaat Europese Unie

Art. 259
Ieder van de lidstaten kan zich wenden tot het Hof van Justitie van de Europese Unie, indien hij van mening is dat een andere lidstaat een van de krachtens de Verdragen op hem rustende verplichtingen niet is nagekomen.
Voordat een lidstaat tegen een andere lidstaat een klacht indient op grond van een beweerde schending van de verplichtingen welke krachtens de Verdragen op deze laatste rusten, moet hij deze klacht aan de Commissie voorleggen.
De Commissie brengt een met redenen omkleed advies uit nadat aan de betrokken staten de gelegenheid is gegeven om over en weer schriftelijk en mondeling opmerkingen te maken.
Indien de Commissie binnen drie maanden na indiening van de klacht geen advies heeft uitgebracht, kan desniettemin de klacht bij het Hof worden ingediend.

Klacht tussen lidstaten Europese Unie

Art. 260
1. Indien het Hof van Justitie van de Europese Unie vaststelt dat een lidstaat een der krachtens de Verdragen op hem rustende verplichtingen niet is nagekomen, is deze staat gehouden die maatregelen te nemen welke nodig zijn ter uitvoering van het arrest van het Hof.
2. Indien de Commissie van oordeel is dat de betrokken lidstaat niet het nodige heeft gedaan om gevolg te geven aan het arrest van het Hof, kan zij, nadat zij deze staat de mogelijkheid heeft geboden zijn opmerkingen in te dienen, de zaak voor het Hof brengen. De Commissie vermeldt het bedrag van de door de betrokken lidstaat te betalen forfaitaire som of dwangsom die zij in de gegeven omstandigheden passend acht.
Indien het Hof vaststelt dat de betrokken lidstaat zijn arrest niet is nagekomen, kan het deze staat de betaling van een forfaitaire som of een dwangsom opleggen.
Deze procedure geldt onverminderd het bepaalde in artikel 259.
3. Wanneer de Commissie bij het Hof een zaak aanhangig maakt op grond van artikel 258 omdat zij van oordeel is dat de betrokken lidstaat zijn verplichting tot mededeling van maatregelen ter omzetting van een volgens een wetgevingsprocedure aangenomen richtlijn niet is nagekomen, kan de Commissie, indien zij dit passend acht, aangeven wat haars inziens gezien de omstandigheden een redelijke hoogte is voor de door deze lidstaat te betalen forfaitaire som of dwangsom.
Indien het Hof de niet-nakoming vaststelt, kan het de betrokken lidstaat de betaling van een forfaitaire som of een dwangsom opleggen die niet hoger is dan de Commissie heeft aangegeven.
De verplichting tot betaling gaat in op de door het Hof in zijn arrest bepaalde datum.

Binding lidstaten aan uitspraken Hof van Justitie

Art. 261
De door het Europees Parlement en de Raad gezamenlijk, alsmede de door de Raad krachtens de bepalingen van de Verdragen vastgestelde verordeningen kunnen aan het Hof van Justitie van de Europese Unie volledige rechtsmacht verlenen wat betreft de sancties welke in die verordeningen zijn opgenomen.

Sancties door Hof van Justitie

Art. 262
Onverminderd de overige bepalingen van de Verdragen, kan de Raad, volgens een bijzondere wetgevingsprocedure en na raadpleging van het Europees Parlement, met eenparigheid van stemmen bepalingen vaststellen waarbij aan het Hof van Justitie van de Europese Unie, in een door hem te bepalen mate, de bevoegdheid wordt verleend uitspraak te doen in geschillen die verband houden met de toepassing van op grond van de Verdragen vastgestelde besluiten waarbij Europese intellectuele eigendomsrechten worden ingesteld. Deze bepalingen treden pas in werking nadat zij door de lidstaten overeenkomstig hun onderscheiden grondwettelijke bepalingen zijn goedgekeurd.

Geschillen in communautaire intellectuele eigendomsrechten Europese Unie

Art. 263

Toetsing handelingen Europese instellingen door Hof van Justitie

Het Hof van Justitie van de Europese Unie gaat de wettigheid na van de wetgevingshandelingen, van de handelingen van de Raad, van de Commissie en van de Europese Centrale Bank, voorzover het geen aanbevelingen of adviezen betreft, en van de handelingen van het Europees Parlement en de Europese Raad die beogen rechtsgevolgen ten aanzien van derden te hebben. Het gaat ook de wettigheid na van de handelingen van de organen of instanties van de Unie waarmee rechtsgevolgen ten aanzien van derden worden beoogd.

Te dien einde is het Hof bevoegd uitspraak te doen inzake elk door een lidstaat, het Europees Parlement, de Raad of de Commissie ingesteld beroep wegens onbevoegdheid, schending van wezenlijke vormvoorschriften, schending van de Verdragen of van enige uitvoeringsregeling daarvan, dan wel wegens misbruik van bevoegdheid.

Het Hof is onder dezelfde voorwaarden bevoegd uitspraak te doen inzake elk door de Rekenkamer, de Europese Centrale Bank of het Comité van de Regio's ingesteld beroep dat op vrijwaring van hun prerogatieven is gericht.

Iedere natuurlijke of rechtspersoon kan onder de in de eerste en tweede alinea vastgestelde voorwaarden beroep instellen tegen handelingen die tot hem gericht zijn of die hem rechtstreeks en individueel raken, alsmede tegen regelgevingshandelingen die hem rechtstreeks raken en die geen uitvoeringsmaatregelen met zich meebrengen.

De handelingen tot oprichting van organen en instanties van de Unie kunnen voorzien in bijzondere voorwaarden en bepalingen inzake de beroepen welke door natuurlijke of rechtspersonen worden ingesteld tegen handelingen van deze organen of instanties waarmee rechtsgevolgen ten aanzien van hen worden beoogd.

Het in dit artikel bedoelde beroep moet worden ingesteld binnen twee maanden te rekenen, al naar gelang van het geval, vanaf de dag van bekendmaking van de handeling, vanaf de dag van kennisgeving aan de verzoeker of, bij gebreke daarvan, vanaf de dag waarop de verzoeker van de handeling kennis heeft gekregen.

Art. 264

Nietigverklaring handelingen Europese instellingen door Hof van Justitie

Indien het beroep gegrond is, wordt de betwiste handeling door het Hof van Justitie van de Europese Unie nietig verklaard.

Het Hof van Justitie bepaalt evenwel, zo het dit nodig oordeelt, welke gevolgen van de vernietigde handeling als definitief moeten worden beschouwd.

Art. 265

Klacht lidstaat over Europese instelling bij Hof van Justitie

Ingeval het Europees Parlement, de Europese Raad, de Raad, de Commissie, of de Europese Centrale Bank in strijd met de Verdragen, nalaat een besluit te nemen, kunnen de lidstaten en de overige instellingen van de Unie zich wenden tot het Hof van Justitie van de Europese Unie om deze schending te doen vaststellen. Dit artikel is onder dezelfde voorwaarden van toepassing op de organen en de instanties van de Unie die nalaten een besluit te nemen.

Dit beroep is slechts ontvankelijk indien de betrokken instelling, orgaan of instantie vooraf tot handelen is uitgenodigd. Indien deze instelling na twee maanden, te rekenen vanaf de uitnodiging, haar standpunt nog niet heeft bepaald, kan het beroep worden ingesteld binnen een nieuwe termijn van twee maanden.

Iedere natuurlijke of rechtspersoon kan onder de in de voorgaande alinea's vastgestelde voorwaarden bij het Hof zijn bezwaren indienen tegen het feit dat een der instellingen, organen of instanties van de Unie heeft nagelaten te zijnen aanzien een andere handeling te verrichten dan het geven van een aanbeveling of een advies.

Art. 266

Uitvoering arrest Hof van Justitie door Europese instellingen

De instelling, het orgaan of de instantie welker handeling nietig is verklaard of welker nalatigheid strijdig met de Verdragen is verklaard, is gehouden de maatregelen te nemen welke nodig zijn ter uitvoering van het arrest van het Hof van Justitie van de Europese Unie.

Deze verplichting geldt onverminderd die welke kan voortvloeien uit de toepassing van artikel 340, tweede alinea.

Art. 267

Prejudiciële beslissing Hof van Justitie

Het Hof van Justitie van de Europese Unie is bevoegd, bij wijze van prejudiciële beslissing, een uitspraak te doen
a. over de uitlegging van de Verdragen,
b. over de geldigheid en de uitlegging van de handelingen van de instellingen, de organen of de instanties van de Unie.

Indien een vraag te dien aanzien wordt opgeworpen voor een rechterlijke instantie van een der lidstaten, kan deze instantie, indien zij een beslissing op dit punt noodzakelijk acht voor het wijzen van haar vonnis, het Hof verzoeken over deze vraag een uitspraak te doen.

Indien een vraag te dien aanzien wordt opgeworpen in een zaak aanhangig bij een nationale rechterlijke instantie waarvan de beslissingen volgens het nationale recht niet vatbaar zijn voor hoger beroep, is deze instantie gehouden zich tot het Hof te wenden.

Indien een dergelijke vraag wordt opgeworpen in een bij een nationale rechterlijke instantie aanhangige zaak betreffende een gedetineerde persoon, doet het Hof zo spoedig mogelijk uitspraak.

Art. 268
Het Hof van Justitie van de Europese Unie is bevoegd kennis te nemen van geschillen over de vergoeding van de in artikel 340, tweede en derde alinea, bedoelde schade.

Competentie Hof van Justitie in geschillen over aansprakelijkheid

Art. 269
Het Hof van Justitie kan uitsluitend op verzoek van de lidstaat ten aanzien waarvan de Europese Raad of de Raad een constatering heeft gedaan en uitsluitend wat de naleving van de procedurele bepalingen van artikel 7 van het Verdrag betreffende de Europese Unie betreft uitspraak doen over de wettigheid van een handeling die door de Europese Raad of door de Raad krachtens dit artikel is vastgesteld.

Dit verzoek moet binnen een maand na de constatering worden gedaan. Het Hof doet een uitspraak binnen een maand na de datum van het verzoek.

Wettigheid handelingen Europese Raad getoetst door Hof van Justitie

Art. 270
Het Hof van Justitie van de Europese Unie is bevoegd, uitspraak te doen in elk geschil tussen de Unie en haar personeelsleden, binnen de grenzen en onder de voorwaarden vastgesteld door het statuut van de ambtenaren van de Unie en de regeling welke van toepassing is op de andere personeelsleden van de Unie.

Competentie Hof van Justitie in arbeidsgeschillen

Art. 271
Het Hof van Justitie van de Europese Unie is bevoegd, binnen de hierna aangegeven grenzen, kennis te nemen van de geschillen betreffende:
a. de uitvoering van de verplichtingen der lidstaten voortvloeiende uit de statuten van de Europese Investeringsbank. De Raad van bewind van de Bank beschikt dienaangaande over de bevoegdheden welke bij artikel 258 aan de Commissie zijn toegekend;
b. de besluiten van de Raad van gouverneurs van de Europese Investeringsbank. Elke lidstaat, de Commissie en de Raad van bewind van de Bank kunnen onder de voorwaarden gesteld in artikel 263 te dezer zake beroep instellen;
c. de besluiten van de Raad van bewind van de Europese Investeringsbank. Beroep tegen deze besluiten kan onder de voorwaarden van artikel 263 slechts worden ingesteld door de lidstaten of de Commissie, en alleen in geval van schending van de vormvoorschriften bedoeld in artikel 21, leden 2, 5, 6 en 7, van de statuten van de Bank;
d. de uitvoering van de verplichtingen van de nationale centrale banken voortvloeiende uit de Verdragen en uit de statuten van het Europees Stelsel van centrale banken. De Raad van bestuur van de Europese Centrale Bank beschikt dienaangaande ten aanzien van de nationale centrale banken over de bevoegdheden welke bij artikel 258 aan de Commissie zijn toegekend ten aanzien van de lidstaten. Indien het Hof vaststelt dat een nationale centrale bank een der krachtens de Verdragen op haar rustende verplichtingen niet is nagekomen, is deze bank gehouden die maatregelen te nemen welke nodig zijn ter uitvoering van het arrest van het Hof.

Competentie Hof van Justitie in geschillen met Europese Investeringsbank

Art. 272
Het Hof van Justitie van de Europese Unie is bevoegd, uitspraak te doen krachtens een arbitragebeding vervat in een door of namens de Unie gesloten publiekrechtelijke of privaatrechtelijke overeenkomst.

Competentie Hof van Justitie in arbitragegeding

Art. 273
Het Hof van Justitie is bevoegd uitspraak te doen in elk geschil tussen lidstaten dat met de materie van de Verdragen verband houdt, indien dit geschil hem krachtens een compromis wordt voorgelegd.

Competentie Hof van Justitie in geschillenbeslechting lidstaten

Art. 274
Behoudens de bevoegdheid die bij de Verdragen aan het Hof van Justitie van de Europese Unie wordt verleend, zijn de geschillen waarin de Unie partij is, niet uit dien hoofde onttrokken aan de bevoegdheid van de nationale rechterlijke instanties.

Competentie in geschillen waarin de Europese Unie partij is

Art. 275
Het Hof van Justitie van de Europese Unie is niet bevoegd ten aanzien van de bepalingen van het gemeenschappelijk buitenlands en veiligheidsbeleid noch ten aanzien van de op grond daarvan vastgestelde besluiten.

Het Hof is evenwel bevoegd om toezicht te houden op de naleving van artikel 40 van het Verdrag betreffende de Europese Unie en uitspraak te doen inzake beroepen die onder de in artikel 263, vierde alinea, van dit Verdrag bepaalde voorwaarden worden ingesteld betreffende het toezicht op de wettigheid van besluiten houdende beperkende maatregelen jegens natuurlijke personen of rechtspersonen, die door de Raad op grond van titel V, hoofdstuk 2 van het Verdrag betreffende de Europese Unie zijn vastgesteld.

Bevoegdheid Hof van Justitie gemeenschappelijk buitenlands en veiligheidsbeleid

Art. 276

Bevoegdheid Hof van Justitie betreffende ruimte van vrijheid, veiligheid en recht

Bij de uitoefening van zijn taken in verband met de bepalingen in de hoofdstukken 4 en 5 van titel V van het derde deel, betreffende de ruimte van vrijheid, veiligheid en recht is het Hof van Justitie van de Europese Unie niet bevoegd om de geldigheid of de evenredigheid na te gaan van operaties van de politie of van andere instanties belast met wetshandhaving in een lidstaat, noch om zich uit te spreken over de uitoefening van de verantwoordelijkheden van de lidstaten ten aanzien van de handhaving van de openbare orde en de bescherming van de binnenlandse veiligheid.

Art. 277

Beroep op niet-toepasselijkheid verordening bij Hof van Justitie

Iedere partij kan, ook na het verstrijken van de in artikel 263, zesde alinea, bedoelde termijn, naar aanleiding van een geschil waarbij een door een instelling, een orgaan of een instantie van de Unie vastgestelde handeling van algemene strekking in het geding is, de in artikel 263, tweede alinea, bedoelde middelen aanvoeren om voor het Hof van Justitie van de Europese Unie de niettoepasselijkheid van deze handeling in te roepen.

Art. 278

Schorsende werking beroep bij Hof van Justitie

Een bij het Hof van Justitie van de Europese Unie ingesteld beroep heeft geen schorsende werking. Het Hof kan echter, indien het van oordeel is dat de omstandigheden zulks vereisen, opschorting van de uitvoering van de bestreden handeling gelasten.

Art. 279

Voorlopige maatregelen door Hof van Justitie

Het Hof van Justitie van de Europese Unie kan in zaken welke bij dit college aanhangig zijn gemaakt, de noodzakelijke voorlopige maatregelen gelasten.

Art. 280

Uitvoerbaarheid arresten Hof van Justitie

De arresten van het Hof van Justitie van de Europese Unie zijn uitvoerbaar overeenkomstig de bepalingen van artikel 299.

Art. 281

Statuut Hof van Justitie

Het statuut van het Hof van Justitie van de Europese Unie wordt vastgesteld bij een afzonderlijk protocol.

Het Europees Parlement en de Raad kunnen, volgens de gewone wetgevingsprocedure, het statuut wijzigen, met uitzondering van titel I en artikel 64 daarvan. Het Europees Parlement en de Raad besluiten hetzij op verzoek van het Hof van Justitie en na raadpleging van de Commissie, hetzij op voorstel van de Commissie en na raadpleging van het Hof van Justitie.

ZESDE AFDELING
DE EUROPESE CENTRALE BANK

Art. 282

Europese Centrale Bank

1. De Europese Centrale Bank en de nationale centrale banken vormen het Europees Stelsel van Centrale Banken (ESBC). De Europese Centrale Bank en de nationale centrale banken van de lidstaten die de euro als munt hebben, welke het Eurosysteem vormen, voeren het monetair beleid van de Unie.
2. Het ESBC wordt geleid door de besluitvormingsorganen van de Europese Centrale Bank. Het hoofddoel van het ESCB is het handhaven van prijsstabiliteit. Onverminderd deze doelstelling ondersteunt het stelsel het algemeen economisch beleid in de Unie teneinde bij te dragen aan de verwezenlijking van de doelstellingen van de Unie.
3. De Europese Centrale Bank bezit rechtspersoonlijkheid. Zij heeft het alleenrecht machtiging te geven tot uitgifte van de euro. Zij is onafhankelijk, zowel bij de uitoefening van haar bevoegdheden als met betrekking tot het beheer van haar financiële middelen. De instellingen, organen en instanties van de Unie en de regeringen van de lidstaten eerbiedigen deze onafhankelijkheid.
4. De Europese Centrale Bank neemt de maatregelen die nodig zijn om haar taken te vervullen overeenkomstig de artikelen 127 tot en met 133 en artikel 138 en de door de statuten van het ESCB en van de ECB bepaalde voorwaarden. Overeenkomstig voornoemde artikelen behouden de lidstaten die de euro niet als munt hebben en hun centrale banken hun bevoegdheden op monetair gebied.
5. Op de gebieden die onder haar bevoegdheid vallen, wordt de Europese Centrale Bank geraadpleegd over ieder ontwerp van een handeling van de Unie, alsmede over ieder ontwerp van regelgeving op nationaal niveau, en kan zij advies uitbrengen.

Art. 283

Raad van bestuur Europese Centrale Bank

1. De Raad van bestuur van de Europese Centrale Bank bestaat uit de leden van de directie van de Europese Centrale Bank en de presidenten van de nationale centrale banken van de lidstaten die de euro als munt hebben.
2. De directie bestaat uit de president, de vice-president en vier andere leden.
De president, de vice-president en de overige leden van de directie worden gekozen uit personen met een erkende reputatie en beroepservaring op monetair of bancair gebied en worden met gekwalificeerde meerderheid door de Europese Raad benoemd op aanbeveling van de Raad,

die het Europees Parlement en de Raad van bestuur van de Europese Centrale Bank heeft geraadpleegd.
Zij worden voor een periode van acht jaar benoemd en zijn niet herbenoembaar.
Alleen zij die de nationaliteit van één van de lidstaten bezitten, kunnen lid van de directie zijn.

Art. 284
1. De voorzitter van de Raad en een lid van de Commissie mogen zonder stemrecht aan de vergaderingen van de Raad van bestuur van de Europese Centrale Bank deelnemen.
De voorzitter van de Raad kan aan de Raad van bestuur van de Europese Centrale Bank een motie ter bespreking voorleggen.

Wederzijdse deelneming vergaderingen Raad en Europese Centrale Bank

2. De president van de Europese Centrale Bank wordt uitgenodigd om aan de vergaderingen van de Raad deel te nemen wanneer deze aangelegenheden bespreekt met betrekking tot de doelstellingen en de taken van het ESCB.
3. De Europese Centrale Bank stelt een jaarverslag over de werkzaamheden van het ESCB en over het monetair beleid in het afgelopen jaar en het lopende jaar op voor het Europees Parlement, de Raad en de Commissie, alsmede voor de Europese Raad. De president van de Europese Centrale Bank legt dit verslag voor aan de Raad en aan het Europees Parlement dat op die basis een algemeen debat kan houden.
De president van de Europese Centrale Bank en de overige leden van de directie kunnen op verzoek van het Europees Parlement of op eigen initiatief worden gehoord door de bevoegde commissies van het Europees Parlement.

ZEVENDE AFDELING
DE REKENKAMER

Art. 285
De Rekenkamer verricht de controle van de rekeningen van de Unie.

Rekenkamer Europese Unie

In de Rekenkamer heeft één onderdaan van iedere lidstaat zitting. De leden van de Rekenkamer oefenen hun ambt volkomen onafhankelijk uit, in het algemeen belang van de Unie.

Art. 286
1. De leden van de Rekenkamer worden gekozen uit personen die in hun eigen staat behoren of behoord hebben tot de externe controle-instanties of die voor deze functie bijzonder geschikt zijn. Zij moeten alle waarborgen voor onafhankelijkheid bieden.

Samenstelling rekenkamer Europese Unie

2. De leden van de Rekenkamer worden voor zes jaar benoemd. De Raad stelt, na raadpleging van het Europees Parlement, de overeenkomstig de voordrachten van de lidstaten opgestelde lijst van leden vast. De leden van de Rekenkamer zijn herbenoembaar.
Zij kiezen uit hun midden voor drie jaar de voorzitter van de Rekenkamer. Hij is herkiesbaar.
3. Bij de vervulling van hun taken vragen noch aanvaarden de leden van de Rekenkamer instructies van enige regering of enig lichaam. Zij onthouden zich van iedere handeling welke onverenigbaar is met het karakter van hun ambt.

Onafhankelijkheid leden Rekenkamer Europese Unie

4. De leden van de Rekenkamer mogen gedurende hun ambtsperiode geen andere beroepswerkzaamheden, al dan niet tegen beloning, verrichten. Bij hun ambtsaanvaarding verbinden zij zich plechtig om gedurende hun ambtsperiode en na afloop daarvan de uit hun taak voortvloeiende verplichtingen na te komen, in het bijzonder eerlijkheid en kiesheid te betrachten in het aanvaarden van bepaalde functies of voordelen na afloop van die ambtsperiode.
5. Behalve door regelmatige vervanging of door overlijden, eindigt de ambtsvervulling van een lid van de Rekenkamer door vrijwillig ontslag of door ontslag ambtshalve ingevolge een uitspraak van het Hof van Justitie overeenkomstig lid 7 [per 1 december 2009: lid 6].
De betrokkene wordt vervangen voor de verdere duur van zijn ambtstermijn.
Behoudens in geval van ontslag ambtshalve, blijven de leden van de Rekenkamer in functie totdat in hun vervanging is voorzien.
6. De leden van de Rekenkamer kunnen slechts van hun ambt worden ontheven of van hun recht op pensioen of andere daarvoor in de plaats tredende voordelen vervallen worden verklaard, indien het Hof van Justitie, op verzoek van de Rekenkamer, constateert dat zij hebben opgehouden aan de eisen voor de uitoefening van hun ambt of aan de uit hun taak voortvloeiende verplichtingen te voldoen.

Eindigen ambtsvervulling leden Rekenkamer Europese Unie

7. De Raad stelt de arbeidsvoorwaarden vast, met name de bezoldiging, de vergoedingen en het pensioen van de voorzitter en de leden van de Rekenkamer. Hij stelt ook de vergoedingen vast die als bezoldiging kunnen worden aangemerkt.
8. De bepalingen van het Protocol betreffende de voorrechten en immuniteiten van de Europese Unie die van toepassing zijn op de rechters van het Hof van Justitie van de Europese Unie gelden ook voor de leden van de Rekenkamer.

Bezoldiging leden Rekenkamer Europese Unie

Art. 287
1. De Rekenkamer onderzoekt de rekeningen van alle ontvangsten en uitgaven van de Unie. Zij onderzoekt tevens de rekeningen van alle ontvangsten en uitgaven van elk door de Unie

Taken Rekenkamer Europese Unie

ingesteld orgaan of ingestelde instantie, voorzover het instellingsbesluit dit onderzoek niet uitsluit.

De Rekenkamer legt het Europees Parlement en de Raad een verklaring voor waarin de betrouwbaarheid van de rekeningen en de regelmatigheid en de wettigheid van de onderliggende verrichtingen worden bevestigd, die in het Publicatieblad van de Europese Unie wordt bekendgemaakt. Aan die verklaring kunnen specifieke beoordelingen worden toegevoegd voor ieder belangrijk werkterrein van de Unie.

2. De Rekenkamer onderzoekt de wettigheid en de regelmatigheid van de ontvangsten en uitgaven en gaat tevens na of een goed financieel beheer werd gevoerd. Hierbij brengt zij in het bijzonder verslag uit over onregelmatigheden.

De controle van de ontvangsten geschiedt aan de hand van de vaststellingen en van de stortingen van ontvangsten aan de Unie.

De controle van de uitgaven geschiedt aan de hand van betalingsverplichtingen en van betalingen.

Deze controles kunnen plaatsvinden vóór de afsluiting van de rekeningen van het betrokken begrotingsjaar.

Controle door Rekenkamer Europese Unie

3. De controle geschiedt aan de hand van stukken, en, zo nodig, ter plaatse bij de overige instellingen van de Unie, in de gebouwen van alle organen of ingestelde instanties die ontvangsten of uitgaven namens de Unie beheren, en in de lidstaten, inclusief in de gebouwen van alle natuurlijke of rechtspersonen die betalingen uit de begroting ontvangen. De controle in de lidstaten geschiedt in samenwerking met de nationale controle-instanties of, indien deze laatste niet over de nodige bevoegdheden beschikken, in samenwerking met de bevoegde nationale diensten. De Rekenkamer en de nationale controle-instanties van de lidstaten werken samen in onderling vertrouwen en met behoud van hun onafhankelijkheid. Deze instanties en diensten delen aan de Rekenkamer mee of zij voornemens zijn aan de controle deel te nemen.

De overige instellingen van de Unie, de organen of ingestelde instanties die ontvangsten of uitgaven namens de Unie beheren, de natuurlijke of rechtspersonen die betalingen uit de begroting ontvangen en de nationale controle-instanties of, indien deze niet over de nodige bevoegdheden beschikken, de bevoegde nationale diensten zenden de Rekenkamer op verzoek alle bescheiden en inlichtingen toe die nodig zijn voor de vervulling van haar taak.

Ten aanzien van het beheer van de ontvangsten en uitgaven van de Unie door de Europese Investeringsbank wordt het recht van toegang van de Rekenkamer tot informatie waarover de Bank beschikt, door een regeling tussen de Rekenkamer, de Bank en de Commissie bepaald. Bij ontstentenis van een regeling heeft de Rekenkamer desalniettemin toegang tot de informatie die nodig is voor de controle op de door de Bank beheerde ontvangsten en uitgaven van de Unie.

Jaarverslag Rekenkamer Europese Unie

4. De Rekenkamer stelt na afsluiting van elk begrotingsjaar een jaarverslag op. Dit verslag wordt toegezonden aan de overige instellingen van de Unie en tezamen met de antwoorden van deze instellingen op de opmerkingen van de Rekenkamer in het Publicatieblad van de Europese Unie gepubliceerd.

De Rekenkamer kan voorts te allen tijde met betrekking tot bijzondere vraagstukken opmerkingen maken, met name in de vorm van speciale verslagen, en kan op verzoek van een van de overige instellingen van de Unie adviezen uitbrengen.

De Rekenkamer neemt haar jaarverslagen, speciale verslagen of adviezen aan met meerderheid van stemmen van haar leden. Zij kan echter uit haar midden kamers vormen voor het aannemen van bepaalde soorten van verslagen of adviezen overeenkomstig haar reglement van orde.

De Rekenkamer staat het Europees Parlement en de Raad bij, bij de controle op de uitvoering van de begroting. De Rekenkamer stelt haar reglement van orde vast. Dit reglement behoeft de goedkeuring van de Raad, die besluit.

HOOFDSTUK 2
RECHTSHANDELINGEN VAN DE UNIE, VASTSTELLINGSPROCEDURES EN OVERIGE BEPALINGEN

EERSTE AFDELING
RECHTSHANDELINGEN VAN DE UNIE

Art. 288

Verordeningen, richtlijnen en besluiten van de Europese Unie

Teneinde de bevoegdheden van de Unie te kunnen uitoefenen, stellen de instellingen verordeningen, richtlijnen, besluiten, aanbevelingen en adviezen vast.

Een verordening heeft een algemene strekking. Zij is verbindend in al haar onderdelen en is rechtstreeks toepasselijk in elke lidstaat.

Een richtlijn is verbindend ten aanzien van het te bereiken resultaat voor elke lidstaat waarvoor zij bestemd is, doch aan de nationale instanties wordt de bevoegdheid gelaten vorm en middelen te kiezen.

Een besluit is verbindend in al haar onderdelen. Indien de adressaten worden vermeld, is zij alleen voor hen verbindend.

Aanbevelingen en adviezen zijn niet verbindend.

Art. 289

1. De gewone wetgevingsprocedure behelst de vaststelling van een verordening, een richtlijn of een besluit, door het Europees Parlement en de Raad tezamen, op voorstel van de Commissie. Deze procedure wordt beschreven in artikel 294.

Wetgevingsprocedure verordeningen, richtlijnen en besluiten

2. In de bij de Verdragen bepaalde specifieke gevallen bestaat een bijzondere wetgevingsprocedure in de vaststelling van een verordening, een richtlijn of een besluit door het Europees Parlement met deelname van de Raad, of door de Raad met deelname van het Europees Parlement.

3. De volgens een wetgevingsprocedure vastgestelde rechtshandelingen vormen wetgevingshandelingen.

4. In de bij de Verdragen bepaalde specifieke gevallen kunnen wetgevingshandelingen op initiatief van een groep lidstaten of van het Europees Parlement, op aanbeveling van de Europese Centrale Bank of op verzoek van het Hof van Justitie of van de Europese Investeringsbank worden vastgesteld.

Art. 290

1. In een wetgevingshandeling kan aan de Commissie de bevoegdheid worden overgedragen niet-wetgevingshandelingen van algemene strekking vast te stellen ter aanvulling of wijziging van bepaalde niet-essentiële onderdelen van de wetgevingshandeling.

Delegatie van niet-wetgevingshandelingen Europese Unie

In de wetgevingshandelingen worden uitdrukkelijk de doelstellingen, de inhoud, de strekking en de duur van de bevoegdheidsdelegatie afgebakend. Essentiële onderdelen van een gebied worden uitsluitend bij een wetgevingshandeling geregeld en kunnen derhalve niet het voorwerp zijn van bevoegdheidsdelegatie.

2. In de wetgevingshandelingen worden de voorwaarden waaraan de delegatie is onderworpen, uitdrukkelijk vastgesteld. Dit kunnen de volgende voorwaarden zijn:

a. het Europees Parlement of de Raad kan besluiten de delegatie in te trekken;

b. de gedelegeerde handeling kan pas in werking treden indien het Europees Parlement of de Raad binnen de in de wetgevingshandeling gestelde termijn geen bezwaar heeft aangetekend.

Voor de toepassing van het bepaalde onder a) en b) besluit het Europees Parlement bij meerderheid van zijn leden en besluit de Raad met gekwalificeerde meerderheid van stemmen.

3. In de titel van de gedelegeerde handelingen wordt het bijvoeglijk naamwoord „gedelegeerde" toegevoegd.

Art. 291

1. De lidstaten nemen alle maatregelen van intern recht die nodig zijn ter uitvoering van de juridisch bindende handelingen van de Unie.

Uitvoering van juridisch bindende handelingen van de Unie

2. Indien het nodig is dat juridisch bindende handelingen van de Unie volgens eenvormige voorwaarden worden uitgevoerd, worden bij die handelingen aan de Commissie, of, in naar behoren gemotiveerde specifieke gevallen en in de bij de artikelen 24 en 26 van het Verdrag betreffende de Europese Unie bepaalde gevallen, aan de Raad uitvoeringsbevoegdheden toegekend.

3. Voor de toepassing van lid 2 leggen het Europees Parlement en de Raad volgens de gewone wetgevingsprocedure bij verordeningen vooraf de algemene voorschriften en beginselen vast die van toepassing zijn op de wijze waarop de lidstaten de uitoefening van de uitvoeringsbevoegdheden door de Commissie controleren.

4. In de titel van uitvoeringshandelingen wordt „uitvoerings-" toegevoegd.

Art. 292

De Raad stelt aanbevelingen vast. De Raad besluit op voorstel van de Commissie in alle gevallen waarin in de Verdragen is bepaald dat hij handelingen op voorstel van de Commissie vaststelt. De Raad besluit met eenparigheid van stemmen op de gebieden waarop handelingen van de Unie met eenparigheid van stemmen moeten worden vastgesteld. De Commissie, alsmede de Europese Centrale Bank in de in de Verdragen bepaalde specifieke gevallen, stellen aanbevelingen vast.

Vaststelling aanbevelingen Europese Raad

TWEEDE AFDELING
VASTSTELLINGSPROCEDURES EN OVERIGE BEPALINGEN

Art. 293

Besluitvorming Raad op voorstel Europese Commissie

1. Wanneer de Raad uit hoofde van de Verdragen op voorstel van de Commissie besluit, kan hij dat voorstel slechts met eenparigheid van stemmen wijzigen, behalve in de gevallen als bedoeld in artikel 294, leden 10 en 13, artikel 310, artikel 312, artikel 314 en artikel 315, tweede alinea.
2. Zolang de Raad geen besluit heeft genomen kan de Commissie te allen tijde gedurende de procedures die tot aanneming van een besluit van de Unie leiden haar voorstel wijzigen.

Art. 294

Procedure vaststelling besluit Europese Unie

1. Wanneer in de Verdragen voor de aanneming van een besluit naar de gewone wetgevingsprocedure wordt verwezen, is de onderstaande procedure van toepassing.
2. De Commissie dient een voorstel in bij het Europees Parlement en bij de Raad.

Eerste lezing

3. Het Europees Parlement stelt zijn standpunt in eerste lezing vast en deelt het mee aan de Raad.
4. Indien de Raad het standpunt van het Europees Parlement goedkeurt, wordt de betrokken handeling vastgesteld in de formulering die overeenstemt met het standpunt van het Europees Parlement.
5. Indien de Raad het standpunt van het Europees Parlement niet goedkeurt, stelt hij zijn standpunt in eerste lezing vast en deelt hij dit mee aan het Europees Parlement.
6. De Raad stelt het Europees Parlement ten volle in kennis van zijn redenen voor het vaststellen van zijn standpunt in eerste lezing. De Commissie stelt het Europees Parlement ten volle in kennis van haar standpunt.

Tweede lezing

7. Indien het Europees Parlement binnen een termijn van drie maanden na deze mededeling:
   a. het standpunt van de Raad in eerste lezing goedkeurt of zich niet heeft uitgesproken, wordt de betrokken handeling geacht te zijn vastgesteld in de formulering die overeenstemt met het standpunt van de Raad;
   b. het standpunt van de Raad in eerste lezing met een meerderheid van zijn leden verwerpt, wordt de voorgestelde handeling geacht niet te zijn vastgesteld;
   c. met een meerderheid van zijn leden amendementen op het standpunt van de Raad in eerste lezing voorstelt, wordt de aldus geamendeerde tekst toegezonden aan de Raad en aan de Commissie, die advies over deze amendementen uitbrengt.
8. Indien de Raad binnen een termijn van drie maanden na ontvangst van de amendementen van het Europees Parlement met gekwalificeerde meerderheid van stemmen:
   a. al deze amendementen goedkeurt, wordt de betrokken handeling geacht te zijn vastgesteld;
   b. niet alle amendementen goedkeurt, roept de voorzitter van de Raad, in overeenstemming met de voorzitter van het Europees Parlement, binnen zes weken het bemiddelingscomité bijeen.
9. De Raad besluit met eenparigheid van stemmen over de amendementen waarover de Commissie negatief advies heeft uitgebracht.

Bemiddeling

10. Het bemiddelingscomité bestaat uit de leden van de Raad of hun vertegenwoordigers en een gelijk aantal leden die het Europees Parlement vertegenwoordigen, en heeft tot taak binnen een termijn van zes weken nadat het is bijeengeroepen, met een gekwalificeerde meerderheid van de leden van de Raad of hun vertegenwoordigers en met een meerderheid van de leden die het Europees Parlement vertegenwoordigen, overeenstemming te bereiken over een gemeenschappelijke ontwerptekst op basis van de standpunten van het Europees Parlement en de Raad in tweede lezing.
11. De Commissie neemt aan de werkzaamheden van het bemiddelingscomité deel en stelt alles in het werk om de standpunten van het Europees Parlement en de Raad nader tot elkaar te brengen.
12. Indien het bemiddelingscomité binnen een termijn van zes weken nadat het is bijeengeroepen, geen gemeenschappelijke ontwerptekst goedkeurt, wordt de voorgestelde handeling geacht niet te zijn vastgesteld.

Derde lezing

13. Indien het bemiddelingscomité binnen die termijn een gemeenschappelijke ontwerptekst goedkeurt, beschikken het Europees Parlement en de Raad over een termijn van zes weken na deze goedkeuring om de betrokken handeling overeenkomstig die ontwerptekst vast te stellen, waarbij het Europees Parlement besluit met een meerderheid van de uitgebrachte stemmen,

en de Raad met gekwalificeerde meerderheid van stemmen. Indien zulks niet geschiedt, wordt de handeling geacht niet te zijn vastgesteld.
14. De in dit artikel vermelde termijnen van drie maanden en zes weken worden, op initiatief van het Europees Parlement of van de Raad, met ten hoogste één maand, respectievelijk twee weken verlengd.

Bijzondere bepalingen
15. Wanneer in de in de Verdragen bepaalde gevallen, op initiatief van een groep lidstaten, op aanbeveling van de Europese Centrale Bank of op verzoek van het Hof van Justitie de gewone wetgevingsprocedure wordt gevolgd met betrekking tot een wetgevingshandeling, zijn lid 2, lid 6, tweede zin, en lid 9 niet van toepassing.
In die gevallen zenden het Europees Parlement en de Raad de Commissie het ontwerp van handeling alsmede hun standpunten in eerste en tweede lezing toe. Het Europees Parlement of de Raad kan de Commissie in alle fasen van de procedure om advies verzoeken; de Commissie kan ook op eigen initiatief advies uitbrengen. Indien de Commissie dat nodig acht, kan zij overeenkomstig lid 11 ook deelnemen aan de werkzaamheden van het bemiddelingscomité.

Art. 295
Het Europees Parlement, de Raad en de Commissie raadplegen elkaar en bepalen in onderlinge overeenstemming de wijze waarop zij samenwerken. Daartoe kunnen zij, met inachtneming van de Verdragen, interinstitutionele akkoorden sluiten die een bindend karakter kunnen hebben.

Samenwerking tussen Europees Parlement, Raad en Commissie

Art. 296
Wanneer de Verdragen niet bepalen welk soort van handeling moet worden vastgesteld, maken de instellingen zelf per afzonderlijk geval een keuze, met inachtneming van de toepasselijke procedures en van het evenredigheidsbeginsel.
Rechtshandelingen worden met redenen omkleed en verwijzen naar de voorstellen, initiatieven, aanbevelingen, verzoeken of adviezen waarin de Verdragen voorzien.
Indien bij het Europees Parlement en de Raad een ontwerp van wetgevingshandeling is ingediend, stellen zij geen handelingen vast waarin de op het betrokken gebied toepasselijke wetgevingsprocedure niet voorziet.

Rechtshandeling niet door Verdragen Europese Unie vastgesteld

Art. 297
1. Wetgevingshandelingen die volgens de gewone wetgevingsprocedure zijn vastgesteld, worden door de voorzitter van het Europees Parlement en door de voorzitter van de Raad ondertekend.
De volgens een bijzondere wetgevingsprocedure vastgestelde wetgevingshandelingen worden ondertekend door de voorzitter van de instelling waardoor zij zijn vastgesteld.
De wetgevingshandelingen worden bekendgemaakt in het Publicatieblad van de Europese Unie. Zij treden in werking op de datum die zij daartoe bepalen of, bij gebreke daarvan, op de twintigste dag volgende op die van hun bekendmaking.
2. Niet-wetgevingshandelingen, vastgesteld in de vorm van verordeningen, richtlijnen en besluiten, worden wanneer deze geen adressaat aangeven, ondertekend door de voorzitter van de instelling waardoor zij zijn vastgesteld.
De verordeningen, de richtlijnen die tot alle lidstaten gericht zijn, evenals de besluiten wanneer deze geen adressaat aangeven, worden bekendgemaakt in het Publicatieblad van de Europese Unie. Zij treden in werking op de datum die zij daartoe bepalen of, bij gebreke daarvan, op de twintigste dag volgende op die van hun bekendmaking.
Van de overige richtlijnen en van de besluiten die de adressaten vermelden, wordt kennis gegeven aan hen tot wie zij zijn gericht; zij worden door deze kennisgeving van kracht.

Ondertekening van wetgevingshandelingen Europese Unie

Art. 298
1. Bij de vervulling van hun taken steunen de instellingen, organen en instanties van de Unie op een open, doeltreffend en onafhankelijk Europees ambtenarenapparaat.
2. Met inachtneming van het statuut en de regeling vastgesteld op grond van artikel 336 stellen het Europees Parlement en de Raad volgens de gewone wetgevingsprocedure bij verordeningen de bepalingen daartoe vast.

Art. 299
De besluiten van de Raad, de Commissie of de Europese Centrale Bank welke voor natuurlijke of rechtspersonen, met uitzondering van de staten, een geldelijke verplichting inhouden, vormen executoriale titel.
De tenuitvoerlegging geschiedt volgens de bepalingen van burgerlijke rechtsvordering die van kracht zijn in de staat op het grondgebied waarvan zij plaatsvindt. De formule van tenuitvoerlegging wordt, zonder andere controle dan die van de verificatie van de authenticiteit van de titel, aangebracht door de nationale autoriteit die door de regering van elke lidstaat daartoe wordt aangewezen. Van de aanwijzing geeft zij kennis aan de Commissie en aan het Hof van Justitie van de Europese Unie.

Executoriale titel besluiten Europese Unie

Nadat de bedoelde formaliteiten op verzoek van de belanghebbende zijn vervuld, kan deze de tenuitvoerlegging volgens de nationale wetgeving voortzetten door zich rechtstreeks te wenden tot de bevoegde instantie.

De tenuitvoerlegging kan niet worden geschorst dan krachtens een beschikking van het Hof. Evenwel behoort het toezicht op de regelmatigheid van de wijze van tenuitvoerlegging tot de bevoegdheid van de nationale rechterlijke instanties.

HOOFDSTUK 3
DE ADVIESORGANEN VAN DE EUROPESE UNIE

Art. 300

Adviesorganen van de Europese Unie

1. Het Europees Parlement, de Raad en de Commissie worden bijgestaan door een Economisch en Sociaal Comité en een Comité van de Regio's, die een adviserende taak hebben.
2. Het Economisch en Sociaal Comité bestaat uit vertegenwoordigers van de organisaties van werkgevers, werknemers en andere vertegenwoordigers van het maatschappelijk middenveld, met name sociaal-economische en culturele organisaties en burger- en beroepsorganisaties.
3. Het Comité van de Regio's bestaat uit vertegenwoordigers van de regionale en lokale gemeenschappen die in een regionaal of lokaal lichaam gekozen zijn of politiek verantwoording verschuldigd zijn aan een gekozen vergadering.
4. De leden van het Economisch en Sociaal Comité en van het Comité van de Regio's zijn niet gebonden door enig imperatief mandaat. Zij oefenen hun ambt volkomen onafhankelijk uit in het algemeen belang van de Unie.
5. De in de leden 2 en 3 bedoelde regels betreffende de aard van de samenstelling van die comités worden door de Raad op gezette tijden getoetst aan de economische, sociale en demografische evolutie in de Unie. De Raad stelt daartoe op voorstel van de Commissie besluiten vast.

EERSTE AFDELING
HET ECONOMISCH EN SOCIAAL COMITÉ

Art. 301

Economisch en Sociaal Comité Europese Unie

Het aantal leden van het Comité bedraagt niet meer dan 350.

De Raad stelt op voorstel van de Commissie met eenparigheid van stemmen een besluit vast waarbij de samenstelling van het Comité wordt bepaald.
De Raad stelt de vergoedingen van de leden van het Comité vast.

Art. 302

Benoeming leden Economisch en Sociaal Comité Europese Unie

1. De leden van het Comité worden voor vijf jaar benoemd. De Raad stelt de overeenkomstig de voordrachten van de lidstaten opgestelde lijst van leden vast. De leden van het Comité zijn herbenoembaar.
2. De Raad besluit na raadpleging van de Commissie. Hij kan de mening vragen van de Europese organisaties die representatief zijn voor de verschillende economische en sociale sectoren, en van het maatschappelijk middenveld, welke betrokken zijn bij de activiteit van de Unie.

Art. 303

Reglement van orde en bijeenroeping Economisch en Sociaal Comité Europese Unie

Het Comité kiest, voor een periode van tweeënhalf jaar, uit zijn midden zijn voorzitter en zijn bureau.

Het Comité stelt zijn reglement van orde vast.
Het Comité wordt door zijn voorzitter bijeengeroepen op verzoek van het Europees Parlement, van de Raad of van de Commissie.
Het kan eveneens op eigen initiatief bijeenkomen.

Art. 304

Raadpleging Economisch en Sociaal Comité Europese Unie

Het Comité wordt door het Europees Parlement, de Raad of door de Commissie geraadpleegd in de gevallen voorzien in de Verdragen. Het kan door deze instellingen worden geraadpleegd in alle gevallen waarin zij het wenselijk oordelen. Het Comité kan, in de gevallen waarin het dit wenselijk acht, het initiatief nemen om een advies uit te brengen.
Indien het Europees Parlement, de Raad of de Commissie zulks noodzakelijk acht, stelt hij of zij aan het Comité een termijn voor het uitbrengen van advies; deze termijn mag niet korter zijn dan een maand, te rekenen vanaf het tijdstip waarop de desbetreffende mededeling aan de voorzitter wordt gericht. Na afloop van de gestelde termijn kan worden gehandeld zonder het advies af te wachten.
Het advies van het Comité, alsmede een verslag van de besprekingen, worden aan het Europees Parlement, de Raad en aan de Commissie gezonden.

TWEEDE AFDELING
HET COMITÉ VAN DE REGIO'S

Art. 305

Het aantal leden van het Comité van de Regio's bedraagt ten hoogste 350.

Comité van de Regio's Europese Unie

De Raad stelt op voorstel van de Commissie met eenparigheid van stemmen een besluit vast waarbij de samenstelling van het Comité wordt bepaald.
De leden van het Comité, alsmede een gelijk aantal plaatsvervangers, worden voor vijf jaar benoemd. Zij zijn herbenoembaar. De Raad stelt de overeenkomstig de voordrachten van de lidstaten opgestelde lijst van leden en plaatsvervangers vast. Bij het verstrijken van het in artikel 300, lid 3, bedoelde mandaat uit hoofde waarvan zij zijn voorgedragen, eindigt de ambtstermijn van de leden van het Comité van rechtswege en worden zij voor de verdere duur van de ambtstermijn volgens dezelfde procedure vervangen. Leden van het Comité kunnen niet tegelijkertijd lid zijn van het Europees Parlement.

Art. 306

Het Comité van de Regio's kiest, voor een periode van tweeënhalf jaar, uit zijn midden zijn voorzitter en zijn bureau.

Reglement van orde en bijeenroeping Comité van de Regio's Europese Unie

Het Comité stelt zijn reglement van orde vast.
Het Comité wordt door zijn voorzitter bijeengeroepen op verzoek van het Europees Parlement, van de Raad of van de Commissie.
Het kan eveneens op eigen initiatief bijeenkomen.

Art. 307

Het Comité van de Regio's wordt door het Europees Parlement, de Raad of door de Commissie geraadpleegd in de door de Verdragen voorgeschreven gevallen en in alle andere gevallen, in het bijzonder die welke grensoverschrijdende samenwerking betreffen, waarin een van deze instellingen zulks wenselijk oordeelt.

Raadpleging Comité van de Regio's Europese Unie

Indien het Europees Parlement, de Raad of de Commissie zulks noodzakelijk acht, stelt hij of zij aan het Comité een termijn voor het uitbrengen van het advies; deze termijn mag niet korter zijn dan een maand, te rekenen vanaf het tijdstip waarop de desbetreffende mededeling aan de voorzitter wordt gericht. Na afloop van de gestelde termijn kan worden gehandeld zonder het advies af te wachten.
Wanneer het Economisch en Sociaal Comité overeenkomstig artikel 304 wordt geraadpleegd, wordt het Comité van de Regio's door het Europees Parlement, de Raad of de Commissie in kennis gesteld van dat verzoek om advies. Het Comité van de Regio's kan, wanneer het van mening is dat er specifieke regionale belangen op het spel staan, hieromtrent advies uitbrengen.
Het Comité kan, in de gevallen waarin het zulks dienstig acht, op eigen initiatief een advies uitbrengen.
Het advies van het Comité alsmede een verslag van de besprekingen worden aan het Europees Parlement, de Raad en aan de Commissie gezonden.

HOOFDSTUK 4
DE EUROPESE INVESTERINGSBANK

Art. 308

De Europese Investeringsbank bezit rechtspersoonlijkheid.

Europese Investeringsbank

De leden van de Europese Investeringsbank zijn de lidstaten.
De statuten van de Europese Investeringsbank zijn opgenomen in een protocol dat aan de Verdragen is gehecht. De Raad kan, op verzoek van de Europese Investeringsbank en na raadpleging van het Europees Parlement en de Commissie, of op voorstel van de Commissie en na raadpleging van het Europees Parlement en de Europese Investeringsbank, de statuten volgens een bijzondere wetgevingsprocedure met eenparigheid van stemmen wijzigen.

Art. 309

De Europese Investeringsbank heeft tot taak, met een beroep op de kapitaalmarkten en op haar eigen middelen bij te dragen tot een evenwichtige en ongestoorde ontwikkeling van de interne markt in het belang van de Unie. Te dien einde vergemakkelijkt zij, door zonder winstoogmerk leningen en waarborgen te verstrekken, de financiering van de volgende projecten in alle sectoren van het economische leven:

Taak van de Europese Investeringsbank

a. projecten tot ontwikkeling van minder ontwikkelde gebieden;
b. projecten tot modernisering of overschakeling van ondernemingen of voor het scheppen van nieuwe bedrijvigheid, teweeggebracht door de instelling of de werking van de interne markt, welke projecten door hun omvang of hun aard niet geheel kunnen worden gefinancierd uit de verschillende middelen welke in ieder van de lidstaten voorhanden zijn;

c. projecten welke voor verscheidene lidstaten van gemeenschappelijk belang zijn en die door hun omvang of aard niet geheel kunnen worden gefinancierd uit de verschillende middelen welke in ieder van de lidstaten voorhanden zijn.

Bij de vervulling van haar taak vergemakkelijkt de Bank de financiering van investeringsprogramma's in samenhang met bijstandsverlening van de structuurfondsen en van de andere financieringsinstrumenten van de Unie.

TITEL II
FINANCIËLE BEPALINGEN

Art. 310

Begroting Europese Unie

1. Alle ontvangsten en uitgaven van de Unie moeten voor elk begrotingsjaar worden geraamd en opgenomen in de begroting.
De jaarlijkse begroting van de Unie wordt door het Europees Parlement en de Raad vastgesteld volgens artikel 314.
De ontvangsten en uitgaven van de begroting moeten in evenwicht zijn.
2. De op de begroting opgevoerde uitgaven worden toegestaan voor de duur van het begrotingsjaar, in overeenstemming met de in artikel 322 bedoelde verordening.
3. Op de begroting opgevoerde uitgaven kunnen niet worden uitgevoerd dan nadat een juridisch bindende handeling van de Unie is vastgesteld die een rechtsgrond geeft aan haar optreden en aan de uitvoering van de overeenkomstige uitgave, in overeenstemming met het in artikel 322 bedoelde reglement, behoudens de daarin bepaalde uitzonderingen.
4. Teneinde de begrotingsdiscipline zeker te stellen, stelt de Unie geen handelingen vast die aanzienlijke gevolgen kunnen hebben voor de begroting, zonder de verzekering te geven dat de uitgaven die uit die handelingen voortvloeien, gefinancierd kunnen worden binnen de grenzen van de eigen middelen van de Unie en met inachtneming van het in artikel 312 bedoelde meerjarig financieel kader.
5. De begroting wordt uitgevoerd volgens het beginsel van goed financieel beheer. De lidstaten en de Unie dragen er samen zorg voor dat de op de begroting opgevoerde kredieten volgens dit beginsel worden gebruikt.
6. De Unie en de lidstaten bestrijden overeenkomstig artikel 325 fraude en alle andere onwettige activiteiten waardoor de financiële belangen van de Unie worden geschaad.

HOOFDSTUK 1
DE EIGEN MIDDELEN VAN DE UNIE

Art. 311

Financiering Europese Unie

De Unie voorziet zich van de middelen die nodig zijn om haar doelstellingen te verwezenlijken en aan haar beleid uitvoering te geven.
De begroting wordt, onverminderd andere ontvangsten, volledig uit eigen middelen gefinancierd.
De Raad stelt, volgens een bijzondere wetgevingsprocedure en na raadpleging van het Europees Parlement, met eenparigheid van stemmen een besluit vast houdende de bepalingen die van toepassing zijn op het stelsel van eigen middelen van de Unie. In dit kader kunnen nieuwe categorieën van eigen middelen worden vastgesteld, dan wel bestaande categorieën worden ingetrokken. Dit besluit treedt pas in werking na door de lidstaten overeenkomstig hun onderscheiden grondwettelijke bepalingen te zijn goedgekeurd.
De Raad stelt volgens een bijzondere wetgevingsprocedure bij verordeningen de uitvoeringsmaatregelen voor het stelsel van eigen middelen van de Unie vast voor zover het krachtens de derde alinea vastgestelde besluit daarin voorziet. De Raad besluit na goedkeuring door het Europees Parlement.

HOOFDSTUK 2
MEERJARIG FINANCIEEL KADER

Art. 312

Meerjarig financieel kader Europese Unie

1. Het meerjarig financieel kader beoogt een ordelijke ontwikkeling van de uitgaven van de Unie te waarborgen binnen de grenzen van haar eigen middelen.
Het meerjarig financieel kader wordt vastgesteld voor een periode van ten minste vijf jaar.
In de jaarlijkse begroting van de Unie wordt het meerjarig financieel kader in acht genomen.
2. De Raad stelt volgens een bijzondere wetgevingsprocedure een verordening tot bepaling van het meerjarig financieel kader vast. De Raad besluit met eenparigheid van stemmen, na goedkeuring door het Europees Parlement, dat zich uitspreekt bij meerderheid van zijn leden.
De Europese Raad kan met eenparigheid van stemmen een besluit vaststellen op grond waarvan de Raad met gekwalificeerde meerderheid van stemmen kan besluiten bij de vaststelling van de in de eerste alinea bedoelde verordening.

3. In het financieel kader worden de jaarlijkse maximumbedragen aan kredieten voor vastleggingen per uitgavencategorie vastgesteld, alsmede het jaarlijkse maximumbedrag van de kredieten voor betalingen. De uitgavencategorieën, die beperkt in aantal zijn, corresponderen met de grote beleidsdomeinen van de Unie.
Het financieel kader omvat alle andere bepalingen die dienstig zijn voor het goede verloop van de jaarlijkse begrotingsprocedure.
4. Indien de verordening van de Raad tot bepaling van een nieuw financieel kader nog niet is vastgesteld wanneer het voorgaand financieel kader verstrijkt, blijven de maximumbedragen en de overige bepalingen betreffende het laatste jaar van het voorgaand financieel kader van toepassing totdat deze handeling vastgesteld.
5. Tijdens de gehele procedure die leidt tot vaststelling van het financieel kader, nemen het Europees Parlement, de Raad en de Commissie alle maatregelen die nodig zijn om de vaststelling te vergemakkelijken.

HOOFDSTUK 3
DE JAARLIJKSE BEGROTING VAN DE UNIE

Art. 313
Het begrotingsjaar begint op 1 januari en sluit op 31 december.

Begrotingsjaar Europese Unie

Art. 314
De jaarlijkse begroting van de Unie wordt door het Europees Parlement en de Raad volgens een bijzondere wetgevingsprocedure vastgesteld overeenkomstig de volgende bepalingen.

Vaststelling begroting Europese Unie

1. Iedere instelling, met uitzondering van de Europese Centrale Bank, maakt voor 1 juli een raming op van haar uitgaven voor het volgende begrotingsjaar. De Commissie voegt die ramingen samen in een ontwerpbegroting, die afwijkende ramingen mag inhouden.
Dit ontwerp omvat een raming van de uitgaven en een raming van de ontvangsten.
2. De Commissie dient uiterlijk op 1 september van het jaar dat voorafgaat aan het betrokken begrotingsjaar bij het Europees Parlement en bij de Raad een voorstel in dat de ontwerpbegroting bevat.
De Commissie kan de ontwerpbegroting in de loop van de procedure wijzigen totdat het in punt 5 bedoelde bemiddelingscomité bijeen wordt geroepen.
3. De Raad stelt zijn standpunt over de ontwerpbegroting vast en deelt dit standpunt uiterlijk op 1 oktober van het jaar dat voorafgaat aan het betrokken begrotingsjaar aan het Europees Parlement mee. De Raad stelt het Europees Parlement ten volle in kennis van de redenen die hem hebben geleid tot het vaststellen van zijn standpunt.
4. Indien het Europees Parlement binnen een termijn van tweeënveertig dagen na deze mededeling:
a. het standpunt van de Raad goedkeurt, is de begroting vastgesteld;
b. geen besluit heeft genomen, wordt de begroting geacht te zijn vastgesteld;
c. met een meerderheid van zijn leden amendementen aanneemt, wordt het aldus geamendeerde ontwerp toegezonden aan de Raad en aan de Commissie. De voorzitter van het Europees Parlement roept in overleg met de voorzitter van de Raad onverwijld het bemiddelingscomité bijeen. Het bemiddelingscomité komt evenwel niet bijeen indien de Raad het Europees Parlement binnen een termijn van tien dagen na de toezending van het ontwerp meedeelt dat hij alle amendementen van het Parlement aanvaardt.
5. Het bemiddelingscomité bestaat uit de leden van de Raad of hun vertegenwoordigers en een gelijk aantal leden die het Europees Parlement vertegenwoordigen en heeft tot taak om, op basis van de standpunten van het Europees Parlement en van de Raad, binnen een termijn van eenentwintig dagen nadat het is bijeengeroepen, met een gekwalificeerde meerderheid van de leden van de Raad of hun vertegenwoordigers en met een meerderheid van de leden die het Europees Parlement vertegenwoordigen, overeenstemming te bereiken over een gemeenschappelijk ontwerp.
De Commissie neemt deel aan de werkzaamheden van het bemiddelingscomité en neemt alle initiatieven die nodig zijn om de standpunten van het Europees Parlement en de Raad nader tot elkaar te brengen.
6. Indien het bemiddelingscomité binnen de in punt 5 bedoelde termijn van eenentwintig dagen overeenstemming bereikt over een gemeenschappelijk ontwerp, beschikken het Europees Parlement en de Raad over een termijn van veertien dagen, te rekenen vanaf de datum van deze overeenstemming, om het gemeenschappelijk ontwerp goed te keuren.
7. Indien, binnen de in lid 6 genoemde termijn van veertien dagen:
a. zowel het Europees Parlement als de Raad het gemeenschappelijk ontwerp goedkeurt of geen besluit neemt, of één van deze instellingen het gemeenschappelijk ontwerp goedkeurt terwijl de andere geen besluit neemt, wordt de begroting geacht definitief te zijn vastgesteld overeenkomstig het gemeenschappelijk ontwerp, of

b. zowel het Europees Parlement met een meerderheid van zijn leden, als de Raad het gemeenschappelijk ontwerp afwijst, of indien één van deze instellingen het gemeenschappelijk ontwerp afwijst en de andere geen besluit neemt, wordt door de Commissie een nieuwe ontwerpbegroting ingediend, of
c. het Europees Parlement met een meerderheid van zijn leden het gemeenschappelijk ontwerp afwijst terwijl de Raad het goedkeurt, wordt door de Commissie een nieuwe ontwerpbegroting ingediend, of
d. het Europees Parlement het gemeenschappelijk ontwerp goedkeurt, terwijl de Raad het afwijst, kan het Europees Parlement binnen veertien dagen na de afwijzing door de Raad met een meerderheid van zijn leden en van drie vijfde van het aantal uitgebrachte stemmen besluiten alle of een aantal van de in punt 4, onder c), bedoelde amendementen te bevestigen. Indien een amendement van het Europees Parlement niet wordt bevestigd, wordt het in het bemiddelingscomité overeengekomen standpunt ten aanzien van de begrotingsonderdelen waarop het amendement betrekking heeft, ingenomen. De begroting wordt geacht definitief te zijn vastgesteld op deze basis.
8. Indien het bemiddelingscomité niet binnen de in lid 5 genoemde termijn van eenentwintig dagen overeenstemming bereikt over een gemeenschappelijk ontwerp, wordt door de Commissie een nieuwe ontwerpbegroting ingediend.
9. Wanneer de in dit artikel omschreven procedure is afgesloten, constateert de voorzitter van het Europees Parlement dat de begroting definitief is vastgesteld.
10. Iedere instelling oefent de haar bij dit artikel toegekende bevoegdheden uit met inachtneming van de Verdragen en van de krachtens deze Verdragen vastgestelde handelingen, in het bijzonder die welke betrekking hebben op de eigen middelen van de Unie en op het evenwicht tussen ontvangsten en uitgaven.

Art. 315

Uitgaven bij nog niet vastgestelde begroting Europese Unie

Indien bij het begin van een begrotingsjaar de begroting nog niet definitief is vastgesteld, kunnen de uitgaven maandelijks worden verricht per hoofdstuk, overeenkomstig de bepalingen van het ter uitvoering van artikel 322 vastgestelde reglement, met een maximum van een twaalfde van de in hetzelfde hoofdstuk van de begroting van het vorige begrotingsjaar geopende kredieten, en zonder meer dan een twaalfde te mogen bedragen van de in hetzelfde hoofdstuk van de ontwerpbegroting opgenomen kredieten.
De Raad kan op voorstel van de Commissie, onder voorbehoud dat aan de overige in de eerste alinea gestelde voorwaarden wordt voldaan, uitgaven van meer dan eentwaalfde toestaan overeenkomstig het ter uitvoering van artikel 322 vastgestelde reglement. De Raad zendt dit besluit onverwijld aan het Europees Parlement.
Het in de tweede alinea bedoelde besluit voorziet in de beschikbaarstelling van de nodige middelen voor de toepassing van dit artikel, met inachtneming van de in artikel 311 bedoelde handelingen.
Het besluit wordt van kracht op de dertigste dag volgende op de vaststelling ervan indien het Europees Parlement binnen die termijn niet bij meerderheid van zijn leden besluit die uitgaven te verminderen.

Art. 316

Overschotten aan einde begrotingsjaar Europese Unie

Onder de voorwaarden die worden vastgesteld met toepassing van artikel 322, kunnen de kredieten welke aan het einde van het begrotingsjaar ongebruikt zijn gebleven, worden overgedragen uitsluitend naar het eerstvolgende begrotingsjaar, voorzover deze kredieten niet betrekking hebben op personeelsuitgaven.
De kredieten worden ingedeeld in hoofdstukken, waarin de uitgaven worden gegroepeerd naar hun aard en bestemming en onderverdeeld overeenkomstig het ter uitvoering van artikel 322 vastgestelde reglement.
De uitgaven van het Europees Parlement, van de Europese Raad en van de Raad, van de Commissie, evenals van het Hof van Justitie van de Europese Unie worden als afzonderlijke afdelingen in de begroting opgenomen, onverminderd een speciale regeling voor bepaalde gemeenschappelijke uitgaven.

HOOFDSTUK 4
UITVOERING VAN DE BEGROTING EN KWIJTINGVERLENING

Art. 317

Uitvoering begroting Europese Unie

De Commissie voert de begroting in samenwerking met de lidstaten overeenkomstig de bepalingen van het ter uitvoering van artikel 322 vastgestelde reglement uit onder haar eigen verantwoordelijkheid, binnen de grenzen der toegekende kredieten en met het beginsel van goed financieel beheer. De lidstaten werken met de Commissie samen om te verzekeren dat de toegekende kredieten volgens het beginsel van goed financieel beheer worden gebruikt.
Bij het reglement worden de met de uitvoering van de begroting verbandhoudende controle- en auditverplichtingen van de lidstaten en de daaruit voortvloeiende verantwoordelijkheden

vastgesteld. Het reglement voorziet ook in de wijze waarop en de mate waarin iedere instelling haar eigen uitgaven doet.

Binnen de begroting kan de Commissie, met inachtneming van de grenzen en de voorwaarden bepaald in het ter uitvoering van artikel 322 vastgestelde reglement, kredieten overschrijven hetzij van het ene hoofdstuk naar het andere, hetzij van de ene onderafdeling naar de andere.

Art. 318

De Commissie legt elk jaar aan het Europees Parlement en aan de Raad de rekeningen over het afgelopen begrotingsjaar voor welke betrekking hebben op de uitvoering van de begroting. Bovendien doet zij hun een financiële balans van de activa en passiva van de Unie toekomen.

De Commissie dient bij het Europees Parlement en de Raad ook een evaluatieverslag over de financiën van de Unie in, waarin de bereikte resultaten met name worden getoetst aan de door het Europees Parlement en de Raad krachtens artikel 319 verstrekte aanwijzingen.

Controle van uitvoering begroting door Europees Parlement

Art. 319

1. Op aanbeveling van de Raad verleent het Europees Parlement aan de Commissie kwijting voor de uitvoering van de begroting. Te dien einde onderzoekt het, na de Raad, de rekeningen, de financiële balans en het evaluatieverslag genoemd in artikel 318, het jaarverslag van de Rekenkamer tezamen met de antwoorden van de gecontroleerde instellingen op de opmerkingen van de Rekenkamer, de in artikel 287, lid 1, tweede alinea, genoemde verklaring, alsmede de relevante speciale verslagen van de Rekenkamer.

2. Alvorens kwijting te verlenen aan de Commissie of voor enig ander doel in verband met de uitoefening van de bevoegdheden van de Commissie inzake de uitvoering van de begroting, kan het Europees Parlement de Commissie verzoeken verantwoording af te leggen terzake van de uitvoering van de uitgaven of de werking van de financiële controlestelsels. De Commissie verstrekt het Europees Parlement op verzoek alle nodige inlichtingen.

3. De Commissie stelt alles in het werk om gevolg te geven aan de opmerkingen in de kwijtingsbesluiten en aan andere opmerkingen van het Europees Parlement over de uitvoering van de uitgaven, alsook aan de opmerkingen waarvan door de Raad aangenomen aanbevelingen tot kwijting vergezeld gaan.

Op verzoek van het Europees Parlement of de Raad brengt de Commissie verslag uit over de maatregelen die zijn genomen naar aanleiding van deze opmerkingen, met name over de instructies die zijn gegeven aan de diensten die met de uitvoering van de begroting zijn belast. Deze verslagen worden ook aan de Rekenkamer toegezonden.

Kwijting voor uitvoering begroting Europese Unie

HOOFDSTUK 5
GEMEENSCHAPPELIJKE BEPALINGEN

Art. 320
Het meerjarig financieel kader en de jaarlijkse begroting luiden in euro.

Rekeneenheid begroting Europese Unie

Art. 321
De Commissie kan, onder voorbehoud dat zij daarvan de bevoegde instanties der betrokken staten in kennis stelt, de saldi, welke zij in de valuta van een der lidstaten in haar bezit heeft, overmaken in de valuta van een andere lidstaat, voorzover zij gebruikt moeten worden voor de doeleinden die in de Verdragen zijn aangewezen. De Commissie vermijdt dergelijke overmakingen zoveel mogelijk, indien zij saldi beschikbaar heeft of beschikbaar kan maken in de valuta waaraan zij behoefte heeft.

De Commissie onderhoudt de betrekkingen met elke lidstaat door tussenkomst van de door deze aangewezen autoriteit. Voor de uitvoering van financiële verrichtingen heeft zij toegang tot de centrale bank van de betrokken lidstaat of tot een andere door deze staat gemachtigde financiële instelling.

Valuta financiële verrichtingen Europese Unie

Art. 322
1. Het Europees Parlement en de Raad stellen volgens de gewone wetgevingsprocedure en na raadpleging van de Rekenkamer bij verordeningen:
a. de financiële regels vast, met name betreffende de wijze waarop de begroting wordt opgesteld en uitgevoerd, alsmede de wijze waarop rekening en verantwoording wordt gedaan en de rekeningen worden nagezien;
b. de regels vast betreffende de controle van de verantwoordelijkheid van de financiële actoren, met name van ordonnateurs en rekenplichtigen.

2. De Raad, handelend op voorstel van de Commissie en na raadpleging van het Europees Parlement en van de Rekenkamer, bepaalt de regels en de procedure volgens welke de budgettaire ontvangsten waarin het stelsel der eigen middelen van de Unie voorziet, ter beschikking van de Commissie worden gesteld, en schrijft voor welke maatregelen moeten worden toegepast om in voorkomend geval te voorzien in de behoefte aan kasmiddelen.

Vaststelling financiële reglementen Europese Unie

Art. 323
Toezicht voldoende financiële middelen Europese Unie

Het Europees Parlement, de Raad en de Commissie zien erop toe dat de Unie beschikt over de financiële middelen waarmee de Unie haar juridische verplichtingen jegens derden kan voldoen.

Art. 324
Overleg over begroting door voorzitters instellingen Europese Unie

In het kader van de in deze titel bedoelde begrotingsprocedures roept de Commissie regelmatig de voorzitters van het Europees Parlement, de Raad en de Commissie bijeen. De voorzitters nemen alle maatregelen die nodig zijn om het overleg te bevorderen en de standpunten van hun respectieve instellingen dichter bij elkaar te brengen, om de uitvoering van deze titel te vergemakkelijken.

HOOFDSTUK 6
FRAUDEBESTRIJDING

Art. 325
Fraudebestrijding Europese Unie

1. De Unie en de lidstaten bestrijden fraude en alle andere onwettige activiteiten waardoor de financiële belangen van de Unie worden geschaad, met overeenkomstig dit artikel te nemen maatregelen die afschrikkend moeten werken en in de lidstaten, alsmede in de instellingen, organen en instanties van de Unie, een doeltreffende bescherming moeten bieden.
2. De lidstaten nemen ter bestrijding van fraude waardoor de financiële belangen van de Unie worden geschaad, dezelfde maatregelen als die welke zij treffen ter bestrijding van fraude waardoor hun eigen financiële belangen worden geschaad.
3. Onverminderd de andere bepalingen van de Verdragen coördineren de lidstaten hun optreden om de financiële belangen van de Unie tegen fraude te beschermen. Zij organiseren daartoe samen met de Commissie een nauwe en geregelde samenwerking tussen de bevoegde autoriteiten.
4. Het Europees Parlement en de Raad nemen volgens de gewone wetgevingsprocedure, na raadpleging van de Rekenkamer, de nodige maatregelen op het gebied van de preventie en bestrijding van fraude waardoor de financiële belangen van de Unie worden geschaad, om in de lidstaten alsmede in de instellingen, de organen en de instanties van de Unie een doeltreffende en gelijkwaardige bescherming te bieden.
5. De Commissie brengt in samenwerking met de lidstaten jaarlijks aan het Europees Parlement en de Raad verslag uit over de ter uitvoering van dit artikel genomen maatregelen.

TITEL III
NAUWERE SAMENWERKING

Art. 326
Nauwere samenwerking Europese Unie

Bij nauwere samenwerking worden de Verdragen en het recht van de Unie geëerbiedigd.

Nauwere samenwerking mag geen afbreuk doen aan de interne markt, noch aan de economische, sociale en territoriale samenhang. Zij mag geen belemmering of discriminatie in de handel tussen de lidstaten vormen, en zij mag de mededinging tussen de lidstaten niet verstoren.

Art. 327
Niet-deelnemende lidstaten bij nauwere samenwerking Europese Unie

Bij nauwere samenwerking worden de bevoegdheden, rechten en verplichtingen van de niet-deelnemende lidstaten geëerbiedigd. De niet-deelnemende lidstaten belemmeren niet de uitvoering ervan door de deelnemende lidstaten.

Art. 328
Deelname aan nauwere samenwerking Europese Unie

1. Nauwere samenwerking staat open voor alle lidstaten op het moment waarop zij wordt aangegaan, mits de deelnemingsvoorwaarden worden nageleefd die eventueel zijn vastgesteld bij het besluit waarbij toestemming wordt verleend. Deelneming op een later tijdstip blijft steeds mogelijk, mits, naast de genoemde voorwaarden, de in dit kader reeds vastgestelde handelingen worden nageleefd.

De Commissie en de aan een nauwere samenwerking deelnemende lidstaten, zien erop toe dat de deelneming van zoveel mogelijk lidstaten wordt bevorderd.
2. De Commissie en in voorkomend geval de hoge vertegenwoordiger van de Unie voor buitenlandse zaken en veiligheidsbeleid stellen het Europees Parlement en de Raad regelmatig op de hoogte van het verloop van de nauwere samenwerking.

Art. 329
Verzoek tot nauwere samenwerking Europese Unie

1. De lidstaten die onderling een nauwere samenwerking wensen aan te gaan op een van de gebieden die onder de Verdragen vallen, met uitzondering van de gebieden van exclusieve bevoegdheid en het gemeenschappelijk buitenlands en veiligheidsbeleid, richten een verzoek tot de Commissie, met opgave van het toepassingsgebied en de met de voorgenomen nauwere samenwerking nagestreefde doelstellingen. De Commissie kan bij de Raad een voorstel in die zin

indienen. Indien de Commissie geen voorstel indient, deelt zij de redenen daarvan mee aan de betrokken lidstaten.

De toestemming om een in de eerste alinea 1 bedoelde nauwere samenwerking aan te gaan, wordt verleend door de Raad, op voorstel van de Commissie en na goedkeuring door het Europees Parlement.

2. De lidstaten die onderling een nauwere samenwerking wensen aan te gaan in het kader van het gemeenschappelijk buitenlands en veiligheidsbeleid, richten een verzoek tot de Raad. Het verzoek wordt doorgezonden aan de hoge vertegenwoordiger van de Unie voor buitenlandse zaken en veiligheidsbeleid, die advies uitbrengt over de samenhang van de voorgenomen nauwere samenwerking met het gemeenschappelijk buitenlands en veiligheidsbeleid van de Unie, alsmede aan de Commissie, die advies uitbrengt over met name de samenhang van de voorgenomen nauwere samenwerking met het beleid van de Unie op andere gebieden. Het verzoek wordt ter informatie ook toegezonden aan het Europees Parlement.

De toestemming om een nauwere samenwerking aan te gaan, wordt verleend bij een besluit van de Raad, die met eenparigheid van stemmen besluit.

Art. 330

Alle leden van de Raad kunnen deelnemen aan de beraadslagingen van de Raad, maar alleen de leden van de Raad die de aan een nauwere samenwerking deelnemende lidstaten vertegenwoordigen, nemen deel aan de stemming.

Beraadslaging en stemming over nauwere samenwerking Europese Unie

Eenparigheid van stemmen wordt alleen door de stemmen van de vertegenwoordigers van de deelnemende staten gevormd.

De gekwalificeerde meerderheid wordt bepaald overeenkomstig artikel 238, lid 3.

Art. 331

1. Een lidstaat die wil deelnemen aan een bestaande nauwere samenwerking op een van de in artikel 329, lid 1 bedoelde gebieden, stelt de Raad en de Commissie van zijn voornemen in kennis.

Toetreden tot nauwere samenwerking Europese Unie

Binnen vier maanden na ontvangst van de kennisgeving bevestigt de Commissie de deelneming van de betrokken lidstaat. Zij constateert, in voorkomend geval, dat aan de voorwaarden voor deelneming is voldaan en stelt de nodige overgangsmaatregelen vast voor de toepassing van de reeds in het kader van de nauwere samenwerking vastgestelde handelingen.

Is de Commissie evenwel van mening dat aan de voorwaarden voor deelneming niet is voldaan, dan geeft zij aanwijzingen omtrent de te nemen maatregelen opdat aan deze voorwaarden wel wordt voldaan, en stelt zij een termijn vast waarbinnen zij het verzoek opnieuw in overweging zal nemen. Bij het verstrijken van die termijn neemt zij het verzoek opnieuw in overweging overeenkomstig de in de tweede alinea omschreven procedure. Is de Commissie van mening is dat aan de voorwaarden voor deelneming nog steeds niet is voldaan, kan de betrokken lidstaat de kwestie voorleggen aan de Raad, die zich uitspreekt over het verzoek. De Raad besluit overeenkomstig artikel 330. Hij kan ook, op voorstel van de Commissie, de in de tweede alinea bedoelde overgangsmaatregelen vaststellen.

2. Een lidstaat die wil deelnemen aan een bestaande nauwere samenwerking in het kader van het gemeenschappelijk buitenlands en veiligheidsbeleid, stelt de Raad, de hoge vertegenwoordiger van de Unie voor buitenlandse zaken en veiligheidsbeleid en de Commissie van zijn voornemen in kennis.

De Raad bevestigt de deelneming van de betrokken lidstaat, na de hoge vertegenwoordiger van de Unie voor buitenlandse zaken en veiligheidsbeleid te hebben geraadpleegd en na in voorkomend geval te hebben geconstateerd dat aan de voorwaarden voor deelneming is voldaan. De Raad kan op voorstel van de hoge vertegenwoordiger van de Unie voor buitenlandse zaken en veiligheidsbeleid ook de nodige overgangsbepalingen vaststellen voor de toepassing van de handelingen die al zijn vastgesteld in het kader van de nauwere samenwerking. Is de Raad evenwel van mening dat aan de voorwaarden voor deelneming niet is voldaan, dan geeft hij aanwijzingen omtrent de te nemen maatregelen opdat aan deze voorwaarden wel wordt voldaan, en stelt hij een termijn vast waarbinnen hij het verzoek tot deelneming opnieuw in overweging zal nemen.

Voor de toepassing van dit lid besluit de Raad met eenparigheid van stemmen en overeenkomstig artikel 330.

Art. 332

De uitgaven die voortvloeien uit de uitvoering van een nauwere samenwerking, met uitzondering van de administratieve kosten voor de instellingen, komen ten laste van de deelnemende lidstaten, tenzij de Raad, na raadpleging van het Europees Parlement, met eenparigheid van stemmen van al zijn leden anders besluit.

Uitgaven nauwere samenwerking Europese Unie

Art. 333

1. Indien een bepaling van de Verdragen die in het kader van een nauwere samenwerking kan worden toegepast, bepaalt dat de Raad met eenparigheid van stemmen besluit, kan de Raad

Stemprocedure nauwere samenwerking Europese Unie

met eenparigheid van stemmen overeenkomstig het bepaalde in artikel 330, een besluit vaststellen waarin wordt bepaald dat hij met gekwalificeerde meerderheid van stemmen zal besluiten.
2. Indien een bepaling van de Verdragen die in het kader van een nauwere samenwerking kan worden toegepast, bepaalt dat de Raad handelingen volgens een bijzondere wetgevingsprocedure vaststelt, kan de Raad met eenparigheid van stemmen overeenkomstig het bepaalde in artikel 330, een besluit vaststellen waarin wordt bepaald dat hij volgens de gewone wetgevingsprocedure zal besluiten. De Raad besluit na raadpleging van het Europees Parlement.
3. De leden 1 en 2 zijn niet van toepassing op besluiten die gevolgen hebben op militair of defensiegebied.

Art. 334

Samenhang binnen nauwere samenwerking Europese Unie

De Raad en de Commissie zorgen voor de samenhang van ieder optreden in het kader van een nauwere samenwerking, zowel onderling als met het beleid van de Unie, en werken daartoe samen.

ZEVENDE DEEL
ALGEMENE EN SLOTBEPALINGEN

Art. 335

Handelingsbevoegdheid Europese Unie binnen lidstaten

In elk der lidstaten heeft de Unie de ruimste handelingsbevoegdheid welke door de nationale wetgevingen aan rechtspersonen wordt toegekend; zij kan met name roerende en onroerende goederen verkrijgen of vervreemden en in rechte optreden. Te dien einde wordt zij door de Commissie vertegenwoordigd. De Unie wordt evenwel door elk van de instellingen vertegenwoordigd, uit hoofde van hun administratieve autonomie, voor de aangelegenheden die verband houden met hun respectieve werking.

Art. 336

Ambtenarenstatuut Europese Unie

Het Europees Parlement en de Raad stellen, volgens de gewone wetgevingsprocedure en na raadpleging van de andere betrokken instellingen, bij verordeningen het statuut vast van de ambtenaren van de Europese Unie, alsmede de regeling welke van toepassing is op de andere personeelsleden van de Unie.

Art. 337

Informatierecht Europese Commissie

Voor de vervulling van de haar opgedragen taken kan de Commissie, binnen de grenzen en onder de voorwaarden door de Raad met gewone meerderheid overeenkomstig de bepalingen van de Verdragen vastgesteld, alle gegevens verzamelen en alle noodzakelijke verificaties verrichten.

Art. 338

Statistieken Europese Unie

1. Onverminderd artikel 5 van het Protocol betreffende de statuten van het Europees Stelsel van centrale banken en van de Europese Centrale Bank nemen het Europees Parlement en de Raad volgens de gewone wetgevingsprocedure maatregelen aan voor de opstelling van statistieken wanneer zulks voor de vervulling van de taken van de Unie nodig is.
2. De productie van statistieken van de Unie geschiedt op basis van onpartijdigheid, betrouwbaarheid, objectiviteit, wetenschappelijke onafhankelijkheid, kosteneffectiviteit en statistische geheimhouding; het mag geen buitensporige lasten voor de economische actoren met zich brengen.

Art. 339

Geheimhoudingsplicht instellingen Europese Unie

De leden van de instellingen van de Unie, de leden van de comités, alsmede de ambtenaren en personeelsleden van de Unie zijn gehouden, zelfs na afloop van hun functie, de inlichtingen die naar hun aard vallen onder de geheimhoudingsplicht en met name de inlichtingen betreffende de ondernemingen en hun handelsbetrekkingen of de bestanddelen van hun kostprijzen, niet openbaar te maken.

Art. 340

Contractuele aansprakelijkheid Europese Unie

De contractuele aansprakelijkheid van de Unie wordt beheerst door de wet welke op het betrokken contract van toepassing is.
Inzake de niet-contractuele aansprakelijkheid moet de Unie overeenkomstig de algemene beginselen welke de rechtsstelsels der lidstaten gemeen hebben, de schade vergoeden die door haar instellingen of door haar personeelsleden in de uitoefening van hun functies is veroorzaakt.
In afwijking van de tweede alinea moet de Europese Centrale Bank overeenkomstig de algemene beginselen die de rechtsstelsels van de lidstaten gemeen hebben, de schade vergoeden die door haar zelf of door haar personeelsleden in de uitoefening van hun functies is veroorzaakt.
De persoonlijke aansprakelijkheid der personeelsleden jegens de Unie wordt geregeld bij de bepalingen welke hun statuut of de op hen toepasselijke regeling vaststellen.

Art. 341

Zetel van instellingen Europese Unie

De zetel van de instellingen der Unie wordt in onderlinge overeenstemming door de regeringen der lidstaten vastgesteld.

Art. 342
De regeling van het taalgebruik door de instellingen van de Unie wordt, onverminderd de bepalingen van het statuut van het Hof van Justitie van de Europese Unie, door de Raad met eenparigheid van stemmen bij verordeningen vastgesteld.

Taalgebruik instellingen Europese Unie

Art. 343
De Unie geniet, overeenkomstig de bepalingen van het aan de Verdragen gehechte Protocol van 8 april 1965 betreffende de voorrechten en immuniteiten van de Europese Unie, op het grondgebied van de lidstaten de voorrechten en immuniteiten welke nodig zijn ter vervulling van haar taak. Ditzelfde geldt voor de Europese Centrale Bank en de Europese Investeringsbank.

Voorrechten en immuniteiten Europese Unie

Art. 344
De lidstaten verbinden zich, een geschil betreffende de uitlegging of de toepassing van de Verdragen niet op andere wijze te doen beslechten dan in de Verdragen is voorgeschreven.

Geschillenbeslechting uitlegging Europese Verdragen

Art. 345
De Verdragen laten de regeling van het eigendomsrecht in de lidstaten onverlet.

Eigendomsrecht binnen lidstaten Europese Unie

Art. 346
1. De bepalingen van de Verdragen vormen geen beletsel voor de volgende regels:
a. geen enkele lidstaat is gehouden inlichtingen te verstrekken waarvan de verbreiding naar zijn mening strijdig zou zijn met de wezenlijke belangen van zijn veiligheid;
b. elke lidstaat kan de maatregelen nemen die hij noodzakelijk acht voor de bescherming van de wezenlijke belangen van zijn veiligheid en die betrekking hebben op de productie van of de handel in wapenen, munitie en oorlogsmaterialen; die maatregelen mogen de mededingingsverhoudingen op de interne markt niet wijzigen voor producten die niet bestemd zijn voor specifiek militaire doeleinden.
2. De Raad kan met eenparigheid van stemmen op voorstel van de Commissie wijzigingen aanbrengen in de lijst van de producten waarop de bepalingen van lid 1, onder b), van toepassing zijn, die hij op 15 april 1958 heeft vastgesteld.

Bescherming nationale belangen lidstaten Europese Unie

Art. 347
De lidstaten plegen onderling overleg teneinde gezamenlijk de regelingen te treffen noodzakelijk om te voorkomen dat de werking van de interne markt ongunstig wordt beïnvloed door de maatregelen waartoe een lidstaat zich genoopt kan voelen, in geval van ernstige binnenlandse onlusten waardoor de openbare orde wordt verstoord, in geval van oorlog of van een ernstige internationale spanning welke oorlogsgevaar inhoudt, of om te voldoen aan de verplichtingen die hij met het oog op het behoud van de vrede en van de internationale veiligheid heeft aangegaan.

Onderling overleg lidstaten Europese Unie

Art. 348
Indien maatregelen, genomen in de gevallen bedoeld in de artikelen 346 en 347, tot gevolg hebben dat de mededingingsverhoudingen op de interne markt worden vervalst, onderzoekt de Commissie tezamen met de betrokken staat onder welke voorwaarden die maatregelen kunnen worden aangepast aan de in de Verdragen vastgestelde regels.
In afwijking van de procedure bepaald in de artikelen 258 en 259, kan de Commissie of iedere lidstaat zich rechtstreeks wenden tot het Hof van Justitie, indien zij menen dat een andere lidstaat misbruik maakt van de bevoegdheden bedoeld in de artikelen 346 en 347. Het Hof van Justitie beslist met gesloten deuren.

Maatregelen bij vervalsing mededingingsverhoudingen Europese Unie

Art. 349
Gezien de structurele economische en sociale situatie van Guadeloupe, Frans Guyana, Martinique, Mayotte, Réunion, Saint Martin, de Azoren, Madeira en de Canarische Eilanden, die wordt bemoeilijkt door de grote afstand, het insulaire karakter, de kleine oppervlakte, een moeilijk reliëf en klimaat en de economische afhankelijkheid van enkele producten, welke factoren door hun blijvende en cumulatieve karakter de ontwikkeling van deze gebieden ernstig schaden, neemt de Raad op voorstel van de Commissie en na raadpleging van het Europees Parlement specifieke maatregelen aan die er met name op gericht zijn de voorwaarden voor de toepassing van de Verdragen, met inbegrip van gemeenschappelijk beleid, op deze gebieden vast te stellen.
Wanneer de betrokken specifieke maatregelen volgens een bijzondere wetgevingsprocedure door de Raad worden vastgesteld, besluit hij eveneens op voorstel van de Commissie en na raadpleging van het Europees Parlement.
De in de eerste alinea bedoelde maatregelen hebben met name betrekking op het douane- en handelsbeleid, het fiscale beleid, vrijhandelszones, het landbouw- en visserijbeleid, voorwaarden voor het aanbod van grondstoffen en essentiële consumptiegoederen, staatssteun en de voorwaarden voor toegang tot de structuurfondsen en tot horizontale programma's van de Unie.
De Raad neemt de in de eerste alinea bedoelde maatregelen aan, rekening houdend met de bijzondere kenmerken en beperkingen van de ultraperifere gebieden en zonder afbreuk te doen aan de integriteit en de samenhang van de rechtsorde van de Unie, met inbegrip van de interne markt en het gemeenschappelijk beleid.

Werkingssfeer

Handhaving BeNeLux in Europese Unie

Art. 350
De bepalingen van de Verdragen vormen geen beletsel voor het bestaan en de voltooiing van de regionale unies tussen België en Luxemburg alsmede tussen België, Luxemburg en Nederland, voorzover de doelstellingen van die regionale unies niet bereikt zijn door toepassing van de Verdragen.

Overgangsbepaling overeenkomsten tussen lidstaten Europese Unie

Art. 351
De rechten en verplichtingen voortvloeiende uit overeenkomsten vóór 1 januari 1958 of, voor de toetredende staten, vóór de datum van hun toetreding gesloten tussen één of meer lidstaten enerzijds en één of meer derde staten anderzijds, worden door de bepalingen van de Verdragen niet aangetast.

Voorzover deze overeenkomsten niet verenigbaar zijn met de Verdragen maakt de betrokken lidstaat of maken de betrokken lidstaten gebruik van alle passende middelen om de vastgestelde onverenigbaarheid op te heffen. Indien nodig verlenen de lidstaten elkaar bijstand teneinde dat doel te bereiken en volgen in voorkomende gevallen een gemeenschappelijke gedragslijn.

Bij de toepassing van de overeenkomsten, bedoeld in de eerste alinea, houden de lidstaten rekening met het feit dat de voordelen door elke lidstaat in de Verdragen toegestaan, een wezenlijk bestanddeel uitmaken van de totstandkoming van de Unie en dientengevolge onverbrekelijk verbonden zijn met de oprichting van gemeenschappelijke instellingen, met het toekennen van bevoegdheden aan die instellingen en met het verlenen van dezelfde voordelen door de overige lidstaten.

Maatregelen buiten bevoegdheden in Verdragen Europese Unie

Art. 352
1. Indien een optreden van de Unie in het kader van de beleidsgebieden van de Verdragen nodig blijkt om een van de doelstellingen van de Verdragen te verwezenlijken zonder dat deze Verdragen in de daartoe vereiste bevoegdheden voorzien, stelt de Raad, op voorstel van de Commissie en na goedkeuring door het Europees Parlement, met eenparigheid van stemmen passende bepalingen vast. Wanneer de bepalingen door de Raad volgens een bijzondere wetgevingsprocedure worden vastgesteld, besluit hij eveneens met eenparigheid van stemmen, op voorstel van de Commissie en na goedkeuring van het Europees Parlement.
2. In het kader van de in artikel 5, lid 3, van het Verdrag betreffende de Europese Unie bedoelde procedure voor toetsing aan het subsidiariteitsbeginsel vestigt de Commissie de aandacht van de nationale parlementen op de voorstellen die op het onderhavige artikel worden gebaseerd.
3. De op het onderhavige artikel gebaseerde maatregelen mogen in gevallen waarin de Verdragen zulks uitsluiten geen harmonisatie van de wettelijke of bestuursrechtelijke bepalingen van de lidstaten inhouden.
4. Dit artikel kan niet als basis dienen voor het verwezenlijken van doelstellingen die tot het gemeenschappelijk buitenlands en veiligheidsbeleid behoren en elke overeenkomstig het huidige artikel vastgestelde handeling eerbiedigt de in artikel 40, tweede alinea, van het Verdrag betreffende de Europese Unie gestelde beperkingen.

Art. 353
Artikel 48, lid 7, van het Verdrag betreffende de Europese Unie is niet van toepassing op onderstaande artikelen:
- artikel 311, derde en vierde alinea,
- artikel 312, lid 2, eerste alinea
- artikel 352, en
- artikel 354.

Schorsing stemrechten lidstaten Europese Unie

Art. 354
Voor de toepassing van artikel 7 van het Verdrag betreffende de Europese Unie in verband met de schorsing van bepaalde rechten die voortvloeien uit het lidmaatschap van de Unie, neemt het lid van de Europese Raad of van de Raad dat de betrokken lidstaat vertegenwoordigt, niet deel aan de stemming, en de betrokken lidstaat wordt niet in aanmerking genomen bij de berekening van het in de leden 1 en 2 van dat artikel voorgeschreven derde of vier vijfde deel van de lidstaten. Onthouding van stemming door aanwezige of vertegenwoordigde leden vormt geen beletsel voor het vaststellen van de in lid 2 van dat artikel bedoelde besluiten.

Voor de vaststelling van de in artikel 7, leden 3 en 4 van het Verdrag betreffende de Europese Unie bedoelde besluiten, wordt de gekwalificeerde meerderheid bepaald overeenkomstig artikel 238, lid 3, onder b), van dit Verdrag.

Indien de Raad, ten vervolge op een overeenkomstig artikel 7, lid 3, van het Verdrag betreffende de Europese Unie vastgesteld besluit tot schorsing van de stemrechten, met gekwalificeerde meerderheid van stemmen besluit op basis van een van de bepalingen van de Verdragen, wordt de gekwalificeerde meerderheid van stemmen gedefinieerd overeenkomstig artikel 238, lid 3, onder b), van dit Verdrag, en indien de Raad besluit op voorstel van de Commissie of van de hoge vertegenwoordiger van de Unie voor buitenlandse zaken en veiligheidsbeleid, wordt de gekwalificeerde meerderheid gedefinieerd overeenkomstig artikel 238, lid 3, onder a).

Voor de toepassing van artikel 7 van het Verdrag betreffende de Europese Unie besluit het Europees Parlement met een meerderheid van twee derde der uitgebrachte stemmen welke tevens de meerderheid van zijn leden vertegenwoordigt.

Art. 355

Naast de bepalingen van artikel 52 van het Verdrag betreffende de Europese Unie over het territoriale toepassingsgebied van de Verdragen, gelden onderstaande bepalingen:

Bepalingen omtrent het territoriaal toepassingsgebied Europese Verdragen

1. De bepalingen van de Verdragen zijn van toepassing op Guadeloupe, Frans Guyana, Martinique, Mayotte, Réunion, Saint Martin, de Azoren, Madeira en de Canarische Eilanden, overeenkomstig artikel 349.

2. De landen en gebieden overzee waarvan de lijst als bijlage II is gehecht, vormen het onderwerp van de bijzondere associatieregeling omschreven in het vierde deel.

De Verdragen zijn niet van toepassing op de landen en gebieden overzee die met het Verenigd Koninkrijk van Groot-Brittannië en Noord-Ierland bijzondere betrekkingen onderhouden, die niet op bovengenoemde lijst voorkomen.

3. De bepalingen van de Verdragen zijn van toepassing op de Europese grondgebieden welker buitenlandse betrekkingen door een lidstaat worden behartigd.

4. De bepalingen van de Verdragen zijn van toepassing op de Ålandseilanden, overeenkomstig Protocol nr. 2 bij de Akte betreffende de toetredingsvoorwaarden van de Republiek Oostenrijk, de Republiek Finland en het Koninkrijk Zweden.

5. In afwijking van artikel 52 van het Verdrag betreffende de Europese Unie en de leden 1 tot en met 4 van dit artikel:

a. is dit Verdrag niet van toepassing op de Faeröer;

b. is dit Verdrag niet van toepassing op Akrotiri en Dhekelia, zijnde de zones van Cyprus die onder de soevereiniteit van het Verenigd Koninkrijk vallen, uitgezonderd voorzover nodig om de uitvoering te waarborgen van de regelingen als vervat in het protocol betreffende de zones van Cyprus die onder de soevereiniteit van het Verenigd Koninkrijk van Groot-Brittannië en Noord-Ierland vallen dat gehecht is aan de Akte betreffende de toetredingsvoorwaarden van de Tsjechische Republiek, de Republiek Estland, de Republiek Cyprus, de Republiek Letland, de Republiek Litouwen, de Republiek Hongarije, de Republiek Malta, de Republiek Polen, de Republiek Slovenië en de Slowaakse Republiek tot Europese Unie, en in overeenstemming met dat protocol.

c. zijn de bepalingen van dit Verdrag op de Kanaaleilanden en op het eiland Man slechts van toepassing voorzover noodzakelijk ter verzekering van de toepassing van de regeling die voor deze eilanden is vastgesteld in het op 22 januari 1972 ondertekende Verdrag betreffende de toetreding van nieuwe lidstaten tot de Europese Economische Gemeenschap en de Europese Gemeenschap voor Atoomenergie.

6. De Europese Raad kan op initiatief van de betrokken lidstaat een besluit vaststellen tot wijziging van de status ten aanzien van de Unie van een Deens, Frans of Nederlands land of gebied als bedoeld in de leden 1 en 2. De Europese Raad besluit met eenparigheid van stemmen, na raadpleging van de Commissie.

Art. 356

Dit Verdrag wordt voor onbeperkte tijd gesloten.

Werkingsduur Verdrag Europese Unie

Art. 357

Dit Verdrag zal door de hoge verdragsluitende partijen worden bekrachtigd overeenkomstig hun onderscheidene grondwettelijke bepalingen. De akten van bekrachtiging zullen worden nedergelegd bij de regering van de Italiaanse Republiek.

Bekrachtiging Verdrag Europese Unie

Dit Verdrag treedt in werking op de eerste dag van de maand die volgt op het nederleggen van de akte van bekrachtiging door de ondertekenende staat die als laatste deze handeling verricht. Indien deze nederlegging echter minder dan 15 dagen vóór het begin van de eerstvolgende maand plaatsvindt, wordt de inwerkingtreding van het Verdrag verschoven naar de eerste dag van de tweede maand volgende op die nederlegging.

Art. 358

De bepalingen van artikel 55 van het Verdrag betreffende de Europese Unie gelden voor dit Verdrag.

Authentieke talen Verdragstekst Europese Unie

Verordening (EG) nr. 593/2008 inzake het recht dat van toepassing is op verbintenissen uit overeenkomst (Rome I)

Verordening (EG) nr. 593/2008 van het Europees Parlement en de Raad van 17 juni 2008 inzake het recht dat van toepassing is op verbintenissen uit overeenkomst (Rome I)[1]

HET EUROPEES PARLEMENT EN DE RAAD VAN DE EUROPESE UNIE,
Gelet op het Verdrag tot oprichting van de Europese Gemeenschap, en met name op artikel 61, onder c), en artikel 67, lid 5, tweede streepje,
Gezien het voorstel van de Commissie,
Gezien het advies van het Europees Economisch en Sociaal Comité[2],
Handelend volgens de procedure van artikel 251 van het Verdrag[3],
Overwegende hetgeen volgt:
(1) De Gemeenschap heeft zich ten doel gesteld een ruimte van vrijheid, veiligheid en rechtvaardigheid te handhaven en te ontwikkelen. Met het oog op de geleidelijke invoering van zo'n ruimte moet de Gemeenschap met name maatregelen nemen op het gebied van de justitiële samenwerking in burgerlijke zaken met grensoverschrijdende gevolgen, voor zover dit nodig is voor de goede werking van de interne markt.
(2) Overeenkomstig artikel 65, onder b), van het Verdrag moeten deze maatregelen ook regels behelzen ter bevordering van de verenigbaarheid van de in de lidstaten geldende regels voor collisie en jurisdictiegeschillen.
(3) Op zijn bijeenkomst in Tampere op 15 en 16 oktober 1999 heeft de Europese Raad de stelling onderschreven dat het beginsel van wederzijdse erkenning van rechterlijke beslissingen de hoeksteen vormt van de justitiële samenwerking in burgerlijke zaken en de Raad en de Commissie verzocht een programma van maatregelen aan te nemen ter uitvoering van dat beginsel.
(4) Op 30 november 2000 heeft de Raad een gezamenlijk programma van maatregelen voor de uitvoering van het beginsel van wederzijdse erkenning van beslissingen in burgerlijke en handelszaken[4] aangenomen. In het programma wordt vastgesteld dat maatregelen voor de harmonisatie van collisieregels de wederzijdse erkenning van judiciële beslissingen vergemakkelijken.
(5) In het Haags programma[5], dat op 5 november 2004 door de Europese Raad werd aangenomen, wordt erop aangedrongen voortvarend te werken aan de collisieregels op het vlak van het verbintenissen uit overeenkomst ("Rome I").
(6) De goede werking van de interne markt vereist, om de voorspelbaarheid van de uitslag van rechtsgedingen, de rechtszekerheid en de wederzijdse erkenning van beslissingen te bevorderen, dat de in de lidstaten geldende collisieregels hetzelfde nationale recht aanwijzen, ongeacht bij welke rechter het geding aanhangig is gemaakt.
(7) Het materiële toepassingsgebied en de bepalingen van deze verordening moeten stroken met Verordening (EG) nr. 44/2001 van de Raad van 22 december 2000 betreffende de rechterlijke bevoegdheid, de erkenning en de tenuitvoerlegging van beslissingen in burgerlijke en handelszaken[6] ("Brussel I") en Verordening (EG) nr. 864/2007 van het Europees Parlement en de Raad van 11 juli 2007 betreffende het recht dat van toepassing is op niet-contractuele verbintenissen ("Rome II")[7].
(8) Familierechtelijke betrekkingen omvatten afstamming, huwelijk en aanverwantschap en verwantschap in de zijlijn. De verwijzing in lid 2 van artikel 1 naar relatievormen die met het huwelijk en andere familierechtelijke betrekkingen vergelijkbare gevolgen hebben, dient te worden uitgelegd overeenkomstig het recht van de lidstaat waar de zaak aanhangig wordt gemaakt.

---

1   Inwerkingtredingsdatum: 24-07-2008.
2   PB C 318 van 23.12.2006, blz. 56.
3   Advies van het Europees Parlement van 29 november 2007 (nog niet bekendgemaakt in het Publicatieblad) en besluit van de Raad van 5 juni 2008.
4   PB C 12 van 15.1.2001, blz. 1.
5   PB C 53 van 3.3.2005, blz. 1.
6   PB L 12 van 16.1.2001, blz. 1. Verordening laatstelijk gewijzigd bij Verordening (EG) nr. 1791/2006 (PB L 363 van 20.12.2006, blz. 1).
7   PB L 199 van 31.7.2007, blz. 40.

(9) Verbintenissen uit wisselbrieven, cheques, orderbriefjes alsmede andere verhandelbare waardepapieren omvatten ook cognossementen, voor zover de verbintenissen uit cognossementen het gevolg zijn van hun verhandelbaarheid.
(10) Verbintenissen die voortvloeien uit onderhandelingen voorafgaand aan het sluiten van een overeenkomst vallen onder artikel 12 van Verordening (EG) nr. 864/2007. Daarom dienen deze verbintenissen buiten de werkingssfeer van deze verordening te vallen.
(11) De vrijheid van de partijen om het toepasselijke recht te kiezen, moet de hoeksteen van het systeem van collisieregels op het gebied van verbintenissen uit overeenkomst zijn.
(12) Een overeenkomst tussen partijen om exclusieve jurisdictie te verlenen aan één of meer gerechten of tribunalen van een lidstaat om kennis te nemen van geschillen in het kader van de overeenkomst dient een van de factoren te zijn waarmee rekening moet worden gehouden om vast te stellen of een duidelijke rechtskeuze is gemaakt.
(13) Deze verordening laat onverlet dat partijen in hun overeenkomst een niet-statelijk recht of een internationale overeenkomst kunnen opnemen, door verwijzing ernaar.
(14) In een besluit waarbij de Gemeenschap regels van materieel verbintenissenrecht, waaronder standaardvoorwaarden, vaststelt, kan worden bepaald dat de partijen ervoor mogen kiezen deze regels toe te passen.
(15) Indien een rechtskeuze is gemaakt en alle andere aanknopingspunten zich in een ander land bevinden dan dat waarvan het recht is gekozen, laat de rechtskeuze de toepassing van de rechtsregels van dat andere land waarvan niet bij overeenkomst kan worden afgeweken, onverlet. Deze regel dient van toepassing te zijn ongeacht of de rechtskeuze al dan niet gepaard ging met de keuze van een gerecht. Aangezien geen inhoudelijke wijziging wordt beoogd ten opzichte van artikel 3, lid 3, van het Verdrag uit 1980 inzake het recht dat van toepassing is op verbintenissen uit overeenkomst[8] ("Verdrag van Rome"), dient de formulering van deze verordening zoveel mogelijk te worden aangepast aan artikel 14 van Verordening (EG) nr. 864/2007.
(16) Teneinde bij te dragen aan de algemene doelstelling van deze verordening, namelijk zorgen voor rechtszekerheid in de Europese rechtsruimte, moeten de collisieregels in hoge mate voorspelbaar zijn. De rechter moet echter over een beoordelingsmarge beschikken om vast te stellen welk recht het nauwst verbonden is met het betrokken geval.
(17) Wat het toepasselijke recht bij ontstentenis van een rechtskeuze betreft, dient het concept "verrichten van diensten" en "verkoop van goederen" op dezelfde wijze te worden geïnterpreteerd als bij de toepassing van artikel 5 van Verordening (EG) nr. 44/2001, voor zover de verkoop van goederen en de verrichting van diensten onder die verordening vallen. Hoewel franchise- en distributieovereenkomsten overeenkomsten inzake het verrichten van diensten zijn, zijn deze aan specifieke regels onderworpen.
(18) Voor de vaststelling van het toepasselijke recht bij gebreke van een rechtskeuze dienen de multilaterale systemen die systemen te zijn waarbinnen de handel plaatsvindt, zoals gereglementeerde markten en multilaterale handelsfaciliteiten in de zin van artikel 4 van Richtlijn 2004/39/EG van het Europees Parlement en de Raad van 21 april 2004 betreffende markten voor financiële instrumenten[9], ongeacht of zij al dan niet berusten op een centrale tegenpartij.
(19) Bij ontstentenis van een rechtskeuze moet het toepasselijke recht worden vastgesteld in overeenstemming met de regel die is gespecificeerd voor het bijzondere type overeenkomst. Indien de overeenkomst niet kan worden ingedeeld bij een van de gespecificeerde types of indien de elementen ervan onder meer dan één van de gespecificeerde types vallen, wordt de overeenkomst beheerst door het recht van het land waar de partij die de kenmerkende prestatie van de overeenkomst moet verrichten, haar gewoonlijke verblijfplaats heeft. Indien een overeenkomst bestaat uit een verzameling rechten en plichten die kunnen worden ingedeeld bij meer dan één van de gespecificeerde types overeenkomsten, wordt de kenmerkende prestatie van de overeenkomst vastgesteld op basis van het zwaartepunt van de overeenkomst.
(20) Indien de overeenkomst een kennelijk nauwere band heeft met een ander land dan bedoeld in artikel 4, leden 1 en 2, bepaalt een ontsnappingsclausule bevat in deze bepalingen dat het recht van dat andere land moet worden toegepast. Om het betrokken land te kunnen aanwijzen, moet onder meer acht worden geslagen op de vraag of de desbetreffende overeenkomst zeer nauw verbonden is met een andere overeenkomst of overeenkomsten.
(21) Bij gebreke van een rechtskeuze dient, indien het toepasselijke recht niet is vast te stellen op grond van het feit dat de overeenkomst bij een van de omschreven types overeenkomsten kan worden ingedeeld, noch als het recht van het land waar de betrokken partij die de kenmerkende prestatie van de overeenkomst moet leveren zijn gewoonlijke verblijfplaats heeft, de overeenkomst beheerst te worden door het recht van het land waarmee zij het nauwst verbonden is. Om vast te stellen welk land dit is, moet onder meer acht worden geslagen op de vraag of

---

8   PB C 334 van 30.12.2005, blz. 1.
9   PB L 145 van 30.4.2004, blz. 1. Richtlijn laatstelijk gewijzigd bij Richtlijn 2008/10/EG (PB L 76 van 19.3.2008, blz. 33).

de desbetreffende overeenkomst zeer nauw verbonden is met een of meer andere overeenkomsten.
(22) Ten aanzien van de uitlegging van overeenkomsten voor het vervoer van goederen worden geen inhoudelijke wijzigingen overwogen met betrekking tot artikel 4, lid 4, derde zin, van het Verdrag van Rome. Bijgevolg moeten bevrachting voor een enkele reis en iedere andere overeenkomst, die hoofdzakelijk het vervoer van goederen betreft, als overeenkomsten voor het vervoer van goederen worden behandeld. Voor de toepassing van deze verordening wordt onder de term "afzender" iedere persoon verstaan die een vervoersovereenkomst met de vervoerder aangaat en de term "vervoerder" verwijst naar de partij in de overeenkomst die belast is met het vervoer van de goederen, ongeacht of hij het vervoer al dan niet zelf op zich neemt.
(23) Wat overeenkomsten met als zwakker beschouwde partijen betreft, moeten deze partijen worden beschermd door collisieregels die gunstiger zijn voor hun belangen dan de algemene regels.
(24) Wat met name consumentenovereenkomsten betreft, moet de collisieregel het mogelijk maken de kosten te drukken voor de beslechting van consumentengeschillen, waarbij het vaak gaat om geringe vorderingen, en rekening te houden met de evolutie van de technieken voor verkoop op afstand. Om consistent te zijn met Verordening (EG) nr. 44/2001 moet worden verwezen naar het criterium van "activiteiten gericht op" als voorwaarde voor toepassing van de regel inzake consumentenbescherming, en moet dit criterium in Verordening (EG) nr. 44/2001 en deze verordening op samenhangende wijze worden uitgelegd; daarbij moet worden gepreciseerd dat de Raad en de Commissie in een gezamenlijke verklaring over artikel 15 van Verordening (EG) nr. 44/2001 hebben gesteld dat het voor de toepasselijkheid van artikel 15, lid 1, onder c), "niet volstaat dat een onderneming haar activiteiten richt op een lidstaat waar de consument zijn woonplaats heeft, of op meerdere lidstaten, met inbegrip van die lidstaat; daartoe dient in het kader van die activiteiten daadwerkelijk een overeenkomst gesloten te zijn". In deze verklaring wordt er ook aan herinnerd dat "het feit dat een internetsite toegankelijk is, op zich niet voldoende is om artikel 15 toe te passen; noodzakelijk is dat de consument op die site gevraagd wordt overeenkomsten op afstand te sluiten en dat er inderdaad een dergelijke overeenkomst gesloten is, ongeacht de middelen die daartoe zijn gebruikt. De taal en de munteenheid die op de internetsite worden gebruikt, doen in dat opzicht niet ter zake".
(25) De consumenten dienen te worden beschermd door die rechtsregels van het land van hun gewone woonplaats waarvan niet bij overeenkomst mag worden afgeweken, mits de consumentenovereenkomst is gesloten als gevolg van het feit dat de verkoper zijn commerciële of beroepsactiviteiten in dat land ontplooit. Dezelfde bescherming dient te worden gewaarborgd als de verkoper zijn commerciële of beroepsactiviteiten weliswaar niet ontplooit in het land waar de consument zijn gewone woonplaats heeft, maar zijn activiteiten met ongeacht welke middelen richt op dat land of op meerdere landen, met inbegrip van dat land, en de overeenkomst als gevolg van die activiteiten wordt gesloten.
(26) Voor de toepassing van deze verordening dienen financiële diensten, zoals beleggingsdiensten en -activiteiten en nevendiensten, die door een professional aan een consument worden verleend, zoals bedoeld in de afdelingen A en B van bijlage I bij Richtlijn 2004/39/EG en overeenkomsten voor de verkoop van aandelen in instellingen voor collectieve belegging, ongeacht of deze onder Richtlijn 85/611/EEG van de Raad van 20 december 1985 tot coördinatie van de wettelijke en bestuursrechtelijke bepalingen betreffende bepaalde instellingen voor collectieve belegging in effecten (icbe's)[10] vallen, beheerst te worden door artikel 6 van deze verordening. Wanneer verwezen wordt naar de voorwaarden voor de emissie of de openbare aanbieding van verhandelbare effecten, of naar de inschrijving voor of terugkoop van aandelen in instellingen voor collectieve belegging, dient de verwijzing daarom alle aspecten te omvatten waardoor de emittent of de aanbieder verplichtingen aangaat jegens de consument, maar niet de aspecten betreffende de verlening van dergelijke financiële diensten.
(27) Voor consumentenovereenkomsten moeten verschillende uitzonderingen op de algemene collisieregel worden voorzien. Een uitzondering is bijvoorbeeld de algemene regel niet toe te passen op overeenkomsten betreffende zakelijke rechten op en huur en verhuur van onroerend goed, tenzij het een overeenkomst betreft die het recht van deeltijds gebruik van onroerend goed in de zin van Richtlijn 94/47/EG van het Europees Parlement en de Raad van 26 oktober 1994 betreffende de bescherming van de verkrijger, voor wat bepaalde aspecten betreft van overeenkomsten inzake de verkrijging van een recht van deeltijds gebruik van onroerende goederen[11], tot onderwerp heeft.
(28) Er moet voor gezorgd worden dat rechten en verplichtingen die een financieel instrument vormen niet onder de algemene regel voor consumentenovereenkomsten vallen, aangezien

---

10   PB L 375 van 31.12.1985, blz. 3. Richtlijn laatstelijk gewijzigd bij Richtlijn 2008/18/EG van het Europees Parlement en de Raad (PB L 76 van 19.3.2008, blz. 42).
11   PB L 280 van 29.10.1994, blz. 83.

zulks ertoe kan leiden dat op een enkel uitgegeven instrument verschillende wetgevingen van toepassing zijn, hetgeen de aard ervan wijzigt en handel en aanbod minder vervangbaar maakt. Evenzo dient bij de uitgifte of het aanbod van dergelijke instrumenten de contractuele verbintenis tussen de uitgevende instelling of de aanbieder en de consument niet noodzakelijkerwijze dwingend te worden onderworpen aan het recht van het land van de gewoonlijke verblijfplaats van de consument, omdat de uniformiteit van de voorwaarden voor de uitgifte of het aanbod moet worden gewaarborgd. Dezelfde beginselen dienen te gelden met betrekking tot de multilaterale systemen die vallen onder artikel 4, lid 1, onder h), met betrekking waartoe ervoor gezorgd moet worden dat het recht van het land van de gewoonlijke verblijfplaats van de consument niet botst met de regels die van toepassing zijn op de overeenkomsten die in het kader van deze systemen of met de exploitant daarvan gesloten zijn.

(29) Wanneer in deze verordening de rechten en verplichtingen waardoor de voorwaarden voor de emissie, de openbare aanbieding of een overnamebod met betrekking tot verhandelbare effecten worden vastgelegd, of de inschrijving voor of terugkoop van aandelen in instellingen voor collectieve belegging worden vermeld, moeten daarin ook de voorwaarden voor de toewijzing van effecten of van aandelen, voor de rechten in geval van overtekening, intrekking en soortgelijke gevallen in verband met het aanbod, alsmede de onderwerpen van de artikelen 10, 11, 12 en 13 worden vermeld, zodat gewaarborgd wordt dat alle relevante contractuele aspecten van een aanbod waardoor de emittent of de aanbieder verplichtingen aangaat jegens de consument, onder een enkel recht vallen.

(30) Voor de toepassing van deze richtlijn zijn financiële instrumenten en verhandelbare effecten de instrumenten in de zin van artikel 4 van Richtlijn 2004/39/EG.

(31) Niets in deze verordening mag afbreuk doen aan het functioneren van een formele afspraak die wordt aangemerkt als systeem in de zin van artikel 2, onder a), van Richtlijn 98/26/EG van het Europees Parlement en de Raad van 19 mei 1998 betreffende het definitieve karakter van de afwikkeling van betalingen en effectentransacties in betalings- en afwikkelingssystemen[12].

(32) Wegens het bijzondere karakter van vervoers- en verzekeringsovereenkomsten dienen specifieke bepalingen een adequaat beschermingsniveau voor de passagiers en polishouders te waarborgen. Derhalve dient artikel 6 niet te gelden in verband met deze bijzondere overeenkomsten.

(33) Wanneer een verzekeringsovereenkomst die geen groot risico dekt, meer dan één risico dekt waarvan er tenminste één in een lidstaat is gelegen en tenminste één in een derde land, zijn de bijzondere bepalingen in deze verordening inzake verzekeringsovereenkomsten alleen van toepassing op het risico of de risico's die in de betrokken lidstaat of lidstaten gelegen is/zijn.

(34) De bepaling inzake individuele arbeidsovereenkomsten mag geen afbreuk doen aan de toepassing van de bepalingen van bijzonder dwingend recht van het land van terbeschikkingstelling overeenkomstig Richtlijn 96/71/EG van het Europees Parlement en de Raad van 16 december 1996 betreffende de terbeschikkingstelling van werknemers met het oog op het verrichten van diensten[13].

(35) De werknemer mag de bescherming die hem wordt geboden door bepalingen waarvan niet, of slechts in zijn voordeel, bij overeenkomst kan worden afgeweken, niet worden ontnomen.

(36) Met betrekking tot individuele arbeidsovereenkomsten dient het verrichten van arbeid in een ander land als tijdelijk aangemerkt te worden wanneer van de werknemer wordt verwacht dat hij na de voltooiing van zijn taak in het buitenland opnieuw arbeid in het land van herkomst verricht. Het sluiten van een nieuwe arbeidsovereenkomst met de oorspronkelijke werkgever of met een werkgever die tot dezelfde groep van bedrijven behoort als de oorspronkelijke werkgever, mag niet beletten dat de werknemer geacht wordt zijn arbeid tijdelijk in een ander land te verrichten.

(37) Overwegingen van algemeen belang rechtvaardigen dat de rechters van de lidstaten zich in uitzonderlijke omstandigheden kunnen beroepen op rechtsfiguren zoals de exceptie van openbare orde en op bepalingen van bijzonder dwingend recht. Het begrip "bepalingen van bijzonder dwingend recht" moet worden onderscheiden van de uitdrukking "bepalingen waarvan niet bij overeenkomst kan worden afgeweken", en dient met meer terughouding te worden gebezigd.

(38) Ten aanzien van de cessie van schuldvorderingen dient door het gebruik van de term "betrekkingen" te worden verduidelijkt dat artikel 14, lid 1, ook van toepassing is op de goederenrechtelijke aspecten van een cessie tussen de cedent en de cessionaris in de rechtsordes waarin deze aspecten los van de aspecten van het verbintenissenrecht worden behandeld. De term "betrekkingen" dient echter niet te worden opgevat betrekking hebbend op elke eventueel bestaande betrekking tussen een cedent en een cessionaris. De term wordt met name niet geacht betrekking te hebben op aangelegenheden die aan een cessie van vorderingen of contractuele

---

12 PB L 166 van 11.6.1998, blz. 45.
13 PB L 18 van 21.1.1997, blz. 1.

subrogatie voorafgaan. De betekenis van de term dient strikt beperkt te blijven tot de aspecten die rechtstreeks de betrokken cessie van vorderingen of contractuele subrogatie betreffen.

(39) De rechtszekerheid vereist een duidelijke definitie van het begrip "gewone verblijfplaats", met name voor vennootschappen, verenigingen en rechtspersonen. Anders dan artikel 60, lid 1, van Verordening (EG) nr. 44/2001, dat in dit verband drie criteria bevat, moet de collisieregel beperkt zijn tot een enkel criterium; anders zouden de partijen onmogelijk kunnen voorspellen welk recht op hun geval van toepassing is.

(40) Voorkomen dient te worden dat collisieregels over verschillende besluiten worden verspreid en dat deze regels onderling afwijken. Deze verordening belet echter niet dat in bepalingen van Gemeenschapsrecht op bepaalde gebieden collisieregels betreffende verbintenissen uit overeenkomst worden opgenomen.

Deze verordening laat de toepassing onverlet van andere besluiten waarin voorschriften ten behoeve van de goede werking van de interne markt zijn vervat, voor zover deze voorschriften niet in combinatie met het door de regels van deze verordening aangewezen recht kunnen worden toegepast. De toepassing van bepalingen van het recht dat door de voorschriften van deze verordening als toepasselijk is aangewezen, mag niet in de weg staan van het vrije verkeer van goederen en diensten neergelegd in Gemeenschapsbesluiten zoals Richtlijn 2000/31/EG van het Europees Parlement en de Raad van 8 juni 2000 betreffende bepaalde juridische aspecten van de diensten van de informatiemaatschappij, met name de elektronische handel, in de interne markt (richtlijn inzake elektronische handel)[14].

(41) De eerbiediging van de door de lidstaten aangegane internationale verplichtingen vereist dat deze verordening de internationale verdragen waarbij een of meer lidstaten partij zijn, op het moment dat deze verordening wordt vastgesteld, onverlet laat. Om de regels toegankelijker te maken zou de Commissie aan de hand van de gegevens die de lidstaten haar doorgeven, de lijst van de betrokken verdragen moeten bekendmaken in het *Publicatieblad van de Europese Unie*.

(42) De Commissie zal het Europees Parlement en de Raad een voorstel voorleggen over de procedures en voorwaarden volgens welke de lidstaten het recht hebben om in afzonderlijke en uitzonderlijke gevallen en met betrekking tot sectorale aangelegenheden zelf met derde landen over overeenkomsten te onderhandelen en overeenkomsten houdende bepalingen betreffende het recht van toepassing is op contractuele verbintenissen te sluiten.

(43) Aangezien de doelstelling van deze verordening niet voldoende door de lidstaten kan worden verwezenlijkt en derhalve vanwege de omvang en de gevolgen van deze verordening beter door de Gemeenschap kan worden verwezenlijkt, kan de Gemeenschap, overeenkomstig het in artikel 5 van het Verdrag neergelegde subsidiariteitsbeginsel, maatregelen nemen. Overeenkomstig het in hetzelfde artikel neergelegde evenredigheidsbeginsel gaat deze verordening niet verder dan nodig is om de doelstelling ervan te verwezenlijken.

(44) Overeenkomstig artikel 3 van het Protocol betreffende de positie van het Verenigd Koninkrijk en Ierland, dat aan het Verdrag betreffende de Europese Unie en aan het Verdrag tot oprichting van de Europese Gemeenschap is gehecht, heeft Ierland laten weten dat het wenst deel te nemen aan de aanneming en de toepassing van deze verordening.

(45) Overeenkomstig de artikelen 1 en 2 van het Protocol betreffende de positie van het Verenigd Koninkrijk en Ierland, dat aan het Verdrag betreffende de Europese Unie en aan het Verdrag tot oprichting van de Europese Gemeenschap is gehecht, en onverminderd artikel 4 van dat protocol, neemt het Verenigd Koninkrijk niet deel aan de aanneming van deze verordening, die derhalve niet verbindend is voor, noch van toepassing op het Verenigd Koninkrijk.

(46) Overeenkomstig de artikelen 1 en 2 van het Protocol betreffende de positie van Denemarken, dat is gehecht aan het Verdrag betreffende de Europese Unie en het Verdrag tot oprichting van de Europese Gemeenschap, neemt Denemarken niet deel aan de aanneming van deze verordening, die derhalve niet verbindend is voor, noch van toepassing op Denemarken,

HEBBEN DE VOLGENDE VERORDENING VASTGESTELD:

Hoofdstuk I
Werkingssfeer

Art. 1 Materiële werkingssfeer

1. Deze verordening is, in gevallen waarin uit het recht van verschillende landen moet worden gekozen, van toepassing op verbintenissen uit overeenkomst in burgerlijke en handelszaken. Zij is in het bijzonder niet van toepassing op fiscale zaken, douanezaken en administratiefrechtelijke zaken.

2. Deze verordening is niet van toepassing op:
a) de staat en bevoegdheid van natuurlijke personen, behoudens artikel 13;

---

14   PB L 178 van 17.7.2000, blz. 1.

b) verbintenissen die voortvloeien uit familierechtelijke betrekkingen en uit betrekkingen die overeenkomstig het op die betrekkingen toepasselijke recht geacht worden vergelijkbare gevolgen te hebben, met inbegrip van onderhoudsverplichtingen;
c) verbintenissen die voortvloeien uit het huwelijksvermogensrecht, uit vermogensrechtelijke regelingen voor betrekkingen die volgens het op die betrekkingen toepasselijke recht met het huwelijk vergelijkbare gevolgen hebben, en uit testamenten en erfenissen;
d) verbintenissen uit wissels, cheques, orderbriefjes, alsmede andere verhandelbare waardepapieren, voor zover de verbintenissen uit deze andere papieren het gevolg zijn van hun verhandelbaarheid;
e) overeenkomsten tot arbitrage en tot aanwijzing van een bevoegde rechter;
f) kwesties behorende tot het recht inzake vennootschappen, verenigingen en rechtspersonen, zoals hun oprichting door registratie of anderszins, hun rechts- en handelingsbevoegdheid, hun inwendig bestel en hun ontbinding, alsook de persoonlijke aansprakelijkheid van de vennoten en de organen voor de verbintenissen van de vennootschap, vereniging of rechtspersoon;
g) de vraag of een vertegenwoordiger zijn principaal dan wel of een orgaan van een vennootschap, vereniging of rechtspersoon deze vennootschap, vereniging of rechtspersoon jegens een derde kan binden;
h) de oprichting van "trusts", alsmede de daardoor ontstane rechtsbetrekkingen tussen oprichters, "trustees" en begunstigden;
i) verbintenissen die voortvloeien uit onderhandelingen voorafgaand aan de sluiting van een overeenkomst;
j) verzekeringsovereenkomsten die voortvloeien uit de verrichtingen van andere instellingen dan de in artikel 2 van Richtlijn 2002/83/EG van het Europees Parlement en de Raad van 5 november 2002 betreffende levensverzekering[15] bedoelde ondernemingen die ten doel hebben aan al dan niet in loondienst werkzame personen, die in het kader van een onderneming of van een groep van ondernemingen of van een beroep of meerdere beroepen omvattende sector zijn gegroepeerd, uitkeringen te verstrekken bij overlijden, bij leven, bij beëindiging of vermindering van de werkzaamheid of bij met het werk verband houdende ziekte of ongevallen op het werk.
3. Deze verordening is niet van toepassing op het bewijs en de rechtspleging, behoudens artikel 18.
4. In deze verordening wordt onder "lidstaat" verstaan: de lidstaten waarop deze verordening van toepassing is. In artikel 3, lid 4, en artikel 7 worden er echter alle lidstaten onder verstaan.

Art. 2 Universele toepassing

Universele toepassing

Het door deze verordening aangewezen recht is toepasselijk, ongeacht de vraag of het het recht van een lidstaat is.

Hoofdstuk II
Eenvormige regels

Art. 3 Rechtskeuze door partijen

Rechtskeuze door partijen

1. Een overeenkomst wordt beheerst door het recht dat de partijen hebben gekozen. De rechtskeuze wordt uitdrukkelijk gedaan of blijkt duidelijk uit de bepalingen van de overeenkomst of de omstandigheden van het geval. Bij hun keuze kunnen de partijen het toepasselijke recht aanwijzen voor de overeenkomst in haar geheel of voor slechts een onderdeel daarvan.
2. De partijen kunnen te allen tijde overeenkomen de overeenkomst aan een ander recht te onderwerpen dan het recht dat deze voorheen, hetzij op grond van een vroegere rechtskeuze overeenkomstig dit artikel, hetzij op grond van een andere bepaling van deze verordening, beheerste. Een wijziging in de rechtskeuze door de partijen na de sluiting van de overeenkomst is niet van invloed op de formele geldigheid van de overeenkomst in de zin van artikel 11 en doet geen afbreuk aan rechten van derden.
3. Indien alle overige op het tijdstip van de keuze bestaande aanknopingspunten zich bevinden in een ander land dan het land waarvan het recht is gekozen, laat de door de partijen gemaakte keuze de toepassing van de rechtsregels van dat andere land waarvan niet bij overeenkomst mag worden afgeweken, onverlet.
4. Indien alle overige op het tijdstip van de keuze bestaande aanknopingspunten zich in een of meer lidstaten bevinden, laat de keuze door de partijen van het recht van een niet-lidstaat de toepassing van de bepalingen van het Gemeenschapsrecht waarvan niet bij overeenkomst kan worden afgeweken, in voorkomend geval zoals deze in de lidstaat van de rechter zijn geïmplementeerd, onverlet.

---

15   PB L 345 van 19.12.2002, blz. 1. Richtlijn laatstelijk gewijzigd bij Richtlijn 2008/19/EG (PB L 76 van 19.3.2008, blz. 44).

5. De kwestie of er overeenstemming tussen de partijen tot stand is gekomen over de keuze van het toepasselijke recht en of deze overeenstemming geldig is, wordt beheerst door de artikelen 10, 11 en 13.

Art. 4 Het recht, dat bij gebreke van een rechtskeuze door de partijen toepasselijk is

1. Bij gebreke van een rechtskeuze overeenkomstig artikel 3 en onverminderd de artikelen 5 tot en met 8, wordt het op de overeenkomst toepasselijke recht als volgt vastgesteld: *Toepasselijk recht*
a) de overeenkomst voor de verkoop van roerende zaken wordt beheerst door het recht van het land waar de verkoper zijn gewone verblijfplaats heeft;
b) de overeenkomst inzake dienstverlening wordt beheerst door het recht van het land waar de dienstverlener zijn gewone verblijfplaats heeft;
c) de overeenkomst die een zakelijk recht op een onroerend goed of de huur van een onroerend goed tot onderwerp heeft, wordt beheerst door het recht van het land waar het onroerend goed is gelegen;
d) niettegenstaande punt c), wordt de huurovereenkomst van een onroerend goed voor tijdelijk particulier gebruik met een duur van ten hoogste zes opeenvolgende maanden beheerst door het recht van het land waar de verhuurder zijn gewone verblijfplaats heeft, mits de huurder een natuurlijke persoon is en zijn gewone verblijfplaats heeft in hetzelfde land;
e) de franchiseovereenkomst wordt beheerst door het recht van het land waar de franchisenemer zijn gewone verblijfplaats heeft;
f) de distributieovereenkomst wordt beheerst door het recht van het land waar de distributeur zijn gewone verblijfplaats heeft;
g) een overeenkomst met betrekking tot de veiling van goederen wordt beheerst door het recht van het land waar de veiling plaatsvindt, indien die plaats kan worden bepaald;
h) een overeenkomst die overeenkomstig niet-discretionaire regels is gesloten in het kader van een multilateraal systeem dat meerdere koop- en verkoopintenties van derden met betrekking tot financiële instrumenten in de zin van artikel 4, lid 1, punt 17, van Richtlijn 2004/39/EG samenbrengt of het samenbrengen daarvan vergemakkelijkt, en die wordt beheerst door één recht, wordt beheerst door dat recht.
2. Indien de overeenkomst niet onder lid 1 valt of de bestanddelen van de overeenkomst onder meer dan een van de punten a) tot en met h) van lid 1 vallen, wordt de overeenkomst beheerst door het recht van het land waar de partij die de kenmerkende prestatie van de overeenkomst moet verrichten, haar gewone verblijfplaats heeft.
3. Indien uit alle omstandigheden blijkt dat de overeenkomst een kennelijk nauwere band heeft met een ander land dan het in lid 1 of lid 2 bedoelde land, is het recht van dat andere land van toepassing.
4. Indien het toepasselijke recht niet overeenkomstig lid 1 of lid 2 kan worden vastgesteld, wordt de overeenkomst beheerst door het recht van het land waarmee zij het nauwst verbonden is.

Art. 5 Vervoerovereenkomsten

1. Indien de partijen voor de overeenkomst voor het vervoer van goederen geen rechtskeuze overeenkomstig artikel 3 hebben gemaakt, wordt de overeenkomst beheerst door het recht van het land waar de vervoerder zijn gewone verblijfplaats heeft, mits de plaats van ontvangst of de plaats van aflevering of de gewone verblijfplaats van de verzender ook in dat land is gelegen. Indien niet aan deze voorwaarden is voldaan, wordt de overeenkomst beheerst door het recht van het land waar de plaats van aflevering, als door de partijen overeengekomen, is gelegen. *Vervoerovereenkomsten*
2. Indien de partijen voor de overeenkomst voor het vervoer van passagiers geen rechtskeuze overeenkomstig alinea 2 hebben gemaakt, wordt de overeenkomst beheerst door het recht van het land waar de passagier zijn gewone verblijfplaats heeft, mits de plaats van vertrek of de plaats van bestemming in dat land is gelegen. Indien niet aan deze voorwaarden is voldaan, is het recht van de plaats waar de vervoerder zijn gewone verblijfplaats heeft van toepassing.
De partijen kunnen als het recht dat overeenkomstig artikel 3 van toepassing is op een overeenkomst voor het vervoer van passagiers, alleen het recht kiezen van het land waar:
a) de passagier zijn gewone verblijfplaats heeft, of
b) de vervoerder zijn gewone verblijfplaats heeft, of
c) de vervoerder zijn hoofdvestiging heeft, of
d) het vertrek plaatsvindt, of
e) de aankomst plaatsvindt.
3. Indien uit het geheel der omstandigheden blijkt dat de overeenkomst, bij gebreke van een rechtskeuze, een kennelijk nauwere band heeft met een ander dan het in lid 1 of lid 2 bedoelde land, is het recht van dat andere land van toepassing.

Art. 6 Consumentenovereenkomsten

1. Onverminderd de artikelen 5 en 7 wordt de overeenkomst gesloten door een natuurlijke persoon voor een gebruik dat als niet bedrijfs- of beroepsmatig kan worden beschouwd ("de consument") met een andere persoon die handelt in de uitoefening van zijn bedrijf of beroep *Consumentenovereenkomsten*

("de verkoper") beheerst door het recht van het land waar de consument zijn gewone verblijfplaats heeft, op voorwaarde dat:
a) de verkoper zijn commerciële of beroepsactiviteiten ontplooit in het land waar de consument woonplaats heeft, of
b) dergelijke activiteiten met ongeacht welke middelen richt op dat land of op verscheidene landen, met inbegrip van dat land,
en de overeenkomst onder die activiteiten valt.

2. Niettegenstaande lid 1 kunnen de partijen overeenkomstig artikel 3 het recht kiezen dat van toepassing is op een overeenkomst die voldoet aan de voorwaarden van lid 1. Deze keuze mag er evenwel niet toe leiden dat de consument de bescherming verliest welke hij geniet op grond van bepalingen waarvan niet bij overeenkomst kan worden afgeweken volgens het recht dat overeenkomstig lid 1 toepasselijk zou zijn geweest bij gebreke van rechtskeuze.

3. Indien niet is voldaan aan de in lid 1, onder a) of b) gestelde eisen, wordt het recht dat van toepassing is op een overeenkomst gesloten tussen een consument en een verkoper vastgesteld op basis van de artikelen 3 en 4.

4. Leden 1 en 2 zijn niet van toepassing op:
a) overeenkomsten tot verstrekking van diensten, wanneer de diensten aan de consument uitsluitend moeten worden verstrekt in een ander land dan dat waar hij zijn gewone verblijfplaats heeft;
b) vervoerovereenkomsten, met uitzondering van pakketreisovereenkomsten in de zin van Richtlijn 90/314/EEG van de Raad van 13 juni 1990 betreffende pakketreizen, met inbegrip van vakantiepakketten en rondreispakketten[16];
c) overeenkomsten die een zakelijk recht op een onroerend goed of de huur van een onroerend goed tot onderwerp hebben, met uitzondering van de overeenkomsten die een recht van deeltijds gebruik in de zin van Richtlijn 94/47/EG tot onderwerp hebben;
d) rechten en verplichtingen die een financieel instrument vormen en rechten en verplichtingen waardoor de voorwaarden voor de emissie, de openbare aanbieding of een overnamebod met betrekking tot verhandelbare effecten en de inschrijving en terugkoop van rechten van deelneming in instellingen voor collectieve beleggingen worden vastgelegd, voor zover deze geen verrichting van een financiële dienst vormen;
e) overeenkomsten die zijn gesloten binnen het type systeem dat onder de werkingssfeer van artikel 4, lid 1, onder h), valt.

Art. 7 Verzekeringsovereenkomsten

Verzekeringsovereenkomsten

1. Dit artikel is van toepassing op overeenkomsten als bedoeld in lid 2, ongeacht of het gedekte risico al dan niet is gelegen in een lidstaat, en voor alle andere verzekeringsovereenkomsten ter dekking van risico's die zijn gelegen op het grondgebied van de lidstaten. Dit artikel is niet van toepassing op herverzekeringsovereenkomsten.

2. Een verzekeringsovereenkomst ter dekking van een groot risico als omschreven in artikel 5, letter d), van Eerste Richtlijn 73/239/EEG van de Raad van 24 juli 1973 tot coördinatie van de wettelijke en bestuursrechtelijke bepalingen betreffende de toegang tot het directe verzekeringsbedrijf, met uitzondering van de levensverzekeringsbranche[17] wordt beheerst door het in overeenstemming met artikel 3 van deze verordening door de partijen gekozen recht.
Voor zover het toepasselijke recht niet door de partijen is gekozen, wordt de verzekeringsovereenkomst beheerst door het recht van het land waar de verzekeraar zijn gewone verblijfplaats heeft. Indien uit alle omstandigheden van het geval blijkt dat de overeenkomst kennelijk nauwer verbonden is met een ander land, is het recht van dat andere land van toepassing.

3. In geval van een verzekeringsovereenkomst anders dan een overeenkomst die valt onder lid 2 kan overeenkomstig artikel 3 alleen het volgende recht door de partijen worden gekozen:
a) het recht van het land waar het risico gelegen is op het tijdstip waarop de overeenkomst wordt gesloten;
b) het recht van het land waar de polishouder zijn gewone verblijfplaats heeft;
c) in geval van een levensverzekering, het recht van de lidstaat waarvan de polishouder onderdaan is;
d) voor verzekeringsovereenkomsten ter dekking van risico's die beperkt zijn tot gebeurtenissen in een lidstaat, anders dan de lidstaat waar het risico is gelegen, het recht van die lidstaat;
e) indien de polishouder van een overeenkomst die onder dit lid valt een commerciële of industriële activiteit of een vrij beroep uitoefent en de verzekeringsovereenkomst twee of meer risico's dekt die met deze activiteiten verband houden en in verschillende lidstaten zijn gelegen, het recht van een van de betrokken lidstaten of het recht van het land waar de gewone verblijfplaats van de polishouder is gelegen.

---

16   PB L 158 van 23.6.1990, blz. 59.
17   PB L 228 van 16.8.1973, blz. 3. Richtlijn laatstelijk gewijzigd bij Richtlijn 2005/68/EG van het Europees Parlement en de Raad (PB L 323 van 9.12.2005, blz. 1).

Voor zover de lidstaten in de gevallen onder a), b) of e) een grotere vrijheid verlenen voor de keuze van het toepasselijke recht op de verzekeringsovereenkomst, kunnen de partijen van die vrijheid gebruikmaken.

4. Voor zover het toepasselijke recht overeenkomstig dit lid niet door de partijen is gekozen, wordt deze overeenkomst beheerst door het recht van de lidstaat waar het risico op het moment van sluiting van de overeenkomst is gelegen.

De volgende aanvullende voorschriften zijn van toepassing op verzekeringsovereenkomsten voor de dekking van risico's waarvoor een lidstaat een verplichting oplegt om een verzekering af te sluiten:

a) de verzekeringsovereenkomst voldoet niet aan de verplichting een verzekering af te sluiten, tenzij zij voldoet aan de specifieke bepalingen in verband met de verzekering die zijn vastgesteld door de lidstaat die de verplichting oplegt. Indien het recht van de lidstaat waar het risico is gelegen en het recht van de lidstaat die de verplichting oplegt om een verzekering af te sluiten, met elkaar in tegenspraak zijn, prevaleert laatstgenoemd recht;

b) in afwijking van de leden 2 en 3 kan een lidstaat bepalen dat de verzekeringsovereenkomst wordt beheerst door het recht van de lidstaat die de verplichting oplegt om een verzekering af te sluiten.

5. Voor de toepassing van lid 3, derde alinea, en lid 4, indien de overeenkomst in meer dan één lidstaat gelegen risico's dekt, wordt de overeenkomst beschouwd als bestaande uit verscheidene overeenkomsten die elk apart betrekking hebben op slechts één lidstaat.

6. Voor de doeleinden van dit artikel wordt het land waar het risico is gelegen vastgesteld in overeenstemming met artikel 2, onder d), van de Tweede Richtlijn 88/357/EEG van de Raad van 22 juni 1988 tot coördinatie van de wettelijke en bestuursrechtelijke bepalingen betreffende het directe verzekeringsbedrijf, met uitzondering van de levensverzekeringsbranche, en tot vaststelling van de bepalingen ter vergemakkelijking van de daadwerkelijke uitoefening van het vrij verrichten van diensten[18] en, in geval van de levensverzekeringsbranche, is het land waar het risico is gelegen het land van de verbintenis in de zin van artikel 1, lid 1, onder g), van Richtlijn 2002/83/EG.

Art. 8 Individuele arbeidsovereenkomsten

1. Een individuele arbeidsovereenkomst wordt beheerst door het recht dat de partijen overeenkomstig artikel 3 hebben gekozen. Deze keuze mag er evenwel niet toe leiden dat de werknemer de bescherming verliest welke hij geniet op grond van bepalingen waarvan niet bij overeenkomst kan worden afgeweken op grond van het recht dat overeenkomstig de leden 2, 3 en 4 van dit artikel toepasselijk zou zijn geweest bij gebreke van een rechtskeuze.

2. Voor zover het op een individuele arbeidsovereenkomst toepasselijke recht niet door de partijen is gekozen, wordt de overeenkomst beheerst door het recht van het land waar of, bij gebreke daarvan, van waaruit de werknemer ter uitvoering van de overeenkomst gewoonlijk zijn arbeid verricht. Het land waar de arbeid gewoonlijk wordt verricht wordt niet geacht te zijn gewijzigd wanneer de werknemer zijn arbeid tijdelijk in een ander land verricht.

3. Indien het toepasselijke recht niet overeenkomstig lid 2 kan worden vastgesteld, wordt de overeenkomst beheerst door het recht van het land waar zich de vestiging bevindt die de werknemer in dienst heeft genomen.

4. Indien uit het geheel der omstandigheden blijkt dat de overeenkomst een kennelijk nauwere band heeft met een ander dan het in lid 2 of lid 3 bedoelde land, is het recht van dat andere land van toepassing.

Individuele arbeidsovereenkomsten

Art. 9 Bepalingen van bijzonder dwingend recht

1. Bepalingen van bijzonder dwingend recht zijn bepalingen aan de inachtneming waarvan een land zoveel belang hecht voor de handhaving van zijn openbare belangen zoals zijn politieke, sociale of economische organisatie, dat zij moet worden toegepast op elk geval dat onder de werkingssfeer ervan valt, ongeacht welk recht overeenkomstig deze verordening overigens van toepassing is op de overeenkomst.

2. Niets in deze verordening beperkt de toepassing van de bepalingen van bijzonder dwingend recht van de rechter bij wie de zaak aanhangig is.

3. De rechter kan ook gevolg toekennen aan de bepalingen van bijzonder dwingend recht van het land waar de verbintenissen krachtens de overeenkomst moeten worden nagekomen of zijn nagekomen, voor zover die bepalingen van bijzonder dwingend recht de tenuitvoerlegging van de overeenkomst onwettig maken. Bij de beslissing of aan deze bepalingen gevolg moet worden toegekend, wordt rekening gehouden met hun aard en doel alsmede met de gevolgen die de toepassing of niet-toepassing van deze bepalingen zou kunnen hebben.

Bepalingen van bijzonder dwingend recht

---

18 PB L 172 van 4.7.1988, blz. 1. Richtlijn laatstelijk gewijzigd bij Richtlijn 2005/14/EG van het Europees Parlement en de Raad (PB L 149 van 11.6.2005, blz. 14).

Art. 10 Bestaan en materiële geldigheid

Bestaan en materiële geldigheid

1. Het bestaan en de geldigheid van de overeenkomst of van een bepaling daarvan worden beheerst door het recht dat ingevolge deze verordening toepasselijk zou zijn, indien de overeenkomst of de bepaling geldig zou zijn.
2. Niettemin kan een partij zich, voor het bewijs dat zij haar toestemming niet heeft verleend, beroepen op het recht van het land waar zij haar gewone verblijfplaats heeft, indien uit de omstandigheden blijkt dat het niet redelijk zou zijn de gevolgen van haar gedrag te bepalen overeenkomstig het in het lid 1 bedoelde recht.

Art. 11 Formele geldigheid van overeenkomsten

Formele geldigheid van overeenkomsten

1. Een overeenkomst tussen personen die of personen wier vertegenwoordigers zich bij het sluiten van de overeenkomst in hetzelfde land bevinden, is naar de vorm geldig indien zij voldoet aan de vormvereisten van het recht dat ingevolge deze verordening de overeenkomst zelve beheerst, of van het recht van het land waar de overeenkomst wordt gesloten.
2. Een overeenkomst tussen personen die of personen wier vertegenwoordigers zich bij het sluiten van de overeenkomst in verschillende landen bevinden, is naar de vorm geldig indien zij voldoet aan de vormvereisten van het recht dat ingevolge deze verordening de overeenkomst zelve beheerst, of van het recht van het land waar een van de partijen of haar vertegenwoordiger zich op het moment van de sluiting bevindt, of van het recht van het land waar een van de partijen op dat moment haar gewone verblijfplaats heeft.
3. Een eenzijdige rechtshandeling die betrekking heeft op een reeds gesloten of nog te sluiten overeenkomst, is wat de vorm betreft geldig indien zij voldoet aan de vormvereisten van het recht dat de overeenkomst zelve ingevolge deze verordening beheerst of zou beheersen, of van het recht van het land waar die rechtshandeling is verricht, of van het recht van het land waar de persoon die ze heeft verricht op dat ogenblik zijn gewone verblijfplaats had.
4. De leden 1, 2 en 3 van dit artikel zijn niet van toepassing op overeenkomsten waarop artikel 6 van toepassing is. Deze overeenkomsten worden wat de vorm betreft beheerst door het recht van het land waar de consument zijn gewone verblijfplaats heeft.
5. In afwijking van de leden 1 tot en met 4 wordt de overeenkomst die een zakelijk recht op, of de huur van, een onroerend goed tot voorwerp heeft, beheerst door de vormvoorschriften van het recht van het land waar het onroerend goed is gelegen, voor zover:
a) deze voorschriften gelden ongeacht het land waar de overeenkomst wordt gesloten en ongeacht het recht dat de overeenkomst beheerst, en
b) van deze voorschriften niet bij overeenkomst kan worden afgeweken.

Art. 12 De onderwerpen die het toepasselijke recht beheerst

Onderwerpen die het toepasselijke recht beheerst

1. Het recht dat ingevolge deze verordening op de overeenkomst van toepassing is, beheerst met name:
a) de uitlegging ervan;
b) de nakoming ervan;
c) de gevolgen van gehele of gedeeltelijke tekortkoming, daaronder begrepen de vaststelling van de schade voor zover hiervoor rechtsregels gelden, een en ander binnen de grenzen welke het procesrecht van de rechter aan diens bevoegdheden stelt;
d) de verschillende wijzen waarop verbintenissen tenietgaan, alsmede de verjaring en het verval van rechten als gevolg van het verstrijken van een termijn;
e) de gevolgen van de nietigheid van de overeenkomst.
2. Ten aanzien van de wijze van nakoming en de door de schuldeiser in geval van tekortkoming te nemen maatregelen, wordt rekening gehouden met het recht van het land waar de overeenkomst wordt nagekomen.

Art. 13 Handelingsonbekwaamheid en handelingsonbevoegdheid

Handelingsonbekwaamheid en handelingsonbevoegdheid

Bij een overeenkomst die is gesloten tussen personen die zich in eenzelfde land bevinden, kan een natuurlijke persoon die volgens het recht van dat land handelingsbekwaam en handelingsbevoegd is, zich slechts beroepen op het feit dat hij volgens het recht van een ander land handelingsonbekwaam en handelingsonbevoegd is, indien de wederpartij ten tijde van de sluiting van de overeenkomst deze onbekwaamheid of onbevoegdheid kende of door nalatigheid niet kende.

Art. 14 Cessie van vorderingen en contractuele subrogatie

Cessie van vorderingen en contractuele subrogatie

1. De betrekkingen tussen cedent en cessionaris of tussen subrogant en gesubrogeerde uit hoofde van een contractuele subrogatie van een vordering op een andere persoon ("de schuldenaar") worden beheerst door het recht dat ingevolge deze verordening op de tussen hen bestaande overeenkomst van toepassing is.
2. Het recht dat de gecedeerde of gesubrogeerde vordering beheerst, bepaalt de vraag of de vordering voor cessie of subrogatie vatbaar is alsmede de betrekkingen tussen cessionaris of subrogant en schuldenaar, de voorwaarden waaronder de cessie of subrogatie aan de schuldenaar kan worden tegengeworpen en of de schuldenaar door betaling is bevrijd.

3. Het concept cessie in dit artikel omvat daadwerkelijke overdrachten van vorderingen, overdrachten van vorderingen tot zekerheid alsmede verpandingen en andere zekerheidsrechten op vorderingen.

Art. 15 Wettelijke subrogatie
Indien een persoon ("de schuldeiser") een vordering uit overeenkomst heeft jegens een andere persoon ("de schuldenaar") en een derde verplicht is de schuldeiser te voldoen, dan wel deze reeds door de derde op grond van deze verplichting is voldaan, bepaalt het recht dat op de verplichting van de derde van toepassing is, of en in welke mate de derde jegens de schuldenaar de rechten kan uitoefenen die de schuldeiser jegens de schuldenaar had overeenkomstig het recht dat hun betrekkingen beheerst.

Wettelijke subrogatie

Art. 16 Hoofdelijke schuldenaars
Indien een schuldeiser een vordering heeft op verscheidene, voor dezelfde schuldvordering aansprakelijke schuldenaren, van wie er één de vordering reeds geheel of ten dele heeft voldaan, dan beheerst het recht dat op de verbintenis van deze schuldenaar jegens de schuldeiser van toepassing is, het recht van regres van deze schuldenaar op de andere schuldenaren. De andere schuldenaren kunnen zich beroepen op de weren die zij tegen de schuldeiser zouden kunnen aanvoeren op grond van het recht dat hun verbintenissen jegens de schuldeiser beheerst.

Hoofdelijke schuldenaars

Art. 17 Verrekening
Indien de bevoegdheid tot verrekening niet op een overeenkomst tussen de partijen berust, wordt de verrekening beheerst door het recht dat toepasselijk is op de vordering ten aanzien waarvan men zich op verrekening beroept.

Verrekening

Art. 18 Bewijs
1. Het recht dat ingevolge deze verordening de verbintenis uit overeenkomst beheerst, is van toepassing voor zover het ter zake van verbintenissen uit overeenkomst wettelijke vermoedens vestigt of de bewijslast regelt.
2. Rechtshandelingen kunnen worden bewezen door elk middel dat is toegelaten door het recht van de rechter of door een van de in artikel 11 bedoelde rechtsstelsels volgens hetwelk de rechtshandeling wat haar vorm betreft geldig is, voor zover het bewijs op deze wijze kan worden geleverd voor de rechter bij wie de zaak aanhangig is.

Bewijs

Hoofdstuk III
Overige bepalingen

Art. 19 De gewone verblijfplaats
1. Voor de toepassing van deze verordening is de gewone verblijfplaats van vennootschappen, verenigingen of rechtspersonen de plaats van hun hoofdbestuur.
In deze verordening wordt onder de gewone verblijfplaats van een natuurlijk persoon bij de uitoefening van zijn bedrijfsactiviteit verstaan, de hoofdvestiging.
2. Indien de overeenkomst is gesloten in het kader van de uitoefening van de activiteiten van een filiaal, agentschap of andere vestiging of indien het filiaal, het agentschap of de vestiging volgens de overeenkomst verantwoordelijk is voor de uitvoering, wordt de plaats waar het filiaal, het agentschap of een vestiging zich bevindt, als de gewone verblijfplaats beschouwd.
3. Het tijdstip van sluiting van de overeenkomst is bepalend voor de vaststelling van de gewone verblijfplaats.

Gewone verblijfplaats

Art. 20 Uitsluiting van herverwijzing
Wanneer deze verordening de toepassing van het recht van een land voorschrijft, worden daaronder verstaan de rechtsregels die in dat land gelden met uitsluiting van het internationaal privaatrecht, tenzij in deze verordening anders wordt bepaald.

Uitsluiting van herverwijzing

Art. 21 Openbare orde van het forum
De toepassing van een bepaling van het door deze verordening aangewezen recht kan slechts terzijde worden gesteld indien deze toepassing kennelijk onverenigbaar is met de openbare orde van het land van de rechter.

Openbare orde van het forum

Art. 22 Staten met meer dan een rechtssysteem
1. In het geval van een staat die meerdere territoriale eenheden telt welke ieder hun eigen rechtsregels inzake verbintenissen uit overeenkomst bezitten, wordt voor het bepalen van het overeenkomstig deze verordening toe te passen recht elke territoriale eenheid als een land beschouwd.
2. Een lidstaat die verschillende territoriale eenheden met eigen rechtsregels inzake verbintenissen uit overeenkomst telt, is niet verplicht deze verordening toe te passen op gevallen waarin uitsluitend rechtsregels van deze territoriale eenheden voor toepassing in aanmerking komen.

Staten met meer dan een rechtssysteem

Art. 23 Verhouding tot andere bepalingen van Gemeenschapsrecht
Met uitzondering van artikel 7 laat deze verordening onverlet de toepassing van de in de bepalingen van het Gemeenschapsrecht vervatte en op bepaalde gebieden geldende regels inzake het toepasselijk recht op verbintenissen uit overeenkomst.

Verhouding tot andere bepalingen van Gemeenschapsrecht

Art. 24 Verhouding tot het Verdrag van Rome

Verhouding tot het Verdrag van Rome

1. Deze verordening vervangt het Verdrag van Rome in de lidstaten, uitgezonderd ten aanzien van de grondgebieden van de lidstaten die onder de territoriale werkingssfeer van dat verdrag vallen en waarop deze verordening niet van toepassing is overeenkomstig artikel 299 van het Verdrag.
2. Voor zover deze verordening in de plaats komt van het Verdrag van Rome, geldt elke verwijzing naar dat verdrag als een verwijzing naar deze verordening.

Art. 25 Verhouding tot bestaande internationale verdragen

Verhouding tot bestaande internationale verdragen

1. Deze verordening laat onverlet de toepassing van internationale overeenkomsten waarbij een of meer lidstaten op het tijdstip van de vaststelling van de verordening partij zijn en die regels bevatten inzake het toepasselijk recht op verbintenissen uit overeenkomst.
2. Deze verordening heeft echter tussen de lidstaten voorrang op uitsluitend tussen lidstaten gesloten overeenkomsten, voor zover deze betrekking hebben op aangelegenheden waarop deze verordening van toepassing is.

Art. 26 Lijst van overeenkomsten

Lijst van overeenkomsten

1. De lijst van de in artikel 25, lid 1, bedoelde overeenkomsten wordt door de lidstaten uiterlijk op 17 juni 2009 aan de Commissie bezorgd. De lidstaten delen aan de Commissie elke na die datum gedane opzegging van een overeenkomst mee.
2. Binnen zes maanden na ontvangst van de in lid 1 bedoelde lijst van overeenkomsten en opzeggingen geeft de Commissie in het *Publicatieblad van de Europese Unie* kennis van:
   a) een lijst van de in lid 1 bedoelde overeenkomsten;
   b) de in lid 1 bedoelde opzeggingen.

Art. 27 Herzieningsclausule

Herzieningsclausule

1. Uiterlijk op 17 juni 2013 brengt de Commissie aan het Europees Parlement, de Raad en het Europees Economisch en Sociaal Comité verslag uit over de toepassing van deze verordening. Het verslag gaat zo nodig vergezeld van voorstellen tot wijziging van deze verordening. Het verslag omvat:
   a) een studie over het recht dat van toepassing is op verzekeringsovereenkomsten en een beoordeling van de gevolgen van de eventueel in te voeren bepalingen, en
   b) een evaluatie van de toepassing van artikel 6, met name wat betreft de samenhang van het Gemeenschapsrecht op het gebied van de consumentenbescherming.
2. Uiterlijk op 17 juni 2010 brengt de Commissie aan het Europees Parlement, de Raad en het Europees Economisch en Sociaal Comité verslag uit over het vraagstuk van de werking van een cessie of subrogatie van een vordering jegens derden en de voorrang van de gecedeerde of gesubrogeerde vordering boven een recht van een ander persoon. Het verslag gaat zo nodig vergezeld van een voorstel tot wijziging van deze verordening en een beoordeling van de gevolgen van de in te voeren bepalingen.

Art. 28 Toepassing in de tijd

Toepassing in de tijd

Deze verordening is van toepassing op overeenkomsten die op of na 17 december 2009 zijn gesloten.

Hoofdstuk IV
Slotbepalingen

Art. 29 Inwerkingtreding en toepassing

Inwerkingtreding en toepassing

Deze verordening treedt in werking op de twintigste dag volgende op die van haar bekendmaking in het *Publicatieblad van de Europese Unie*.

Zij is van toepassing met ingang van 17 december 2009 met uitzondering van artikel 26 dat vanaf 17 juni 2009 van toepassing is.

Verordening (EG) nr. 864/2007 betreffende het recht dat van toepassing is op niet-contractuele verbintenissen (Rome II)

Verordening (EG) nr. 864/2007 van het Europees Parlement en de Raad van 11 juli 2007 betreffende het recht dat van toepassing is op niet-contractuele verbintenissen (Rome II)[1]

HET EUROPEES PARLEMENT EN DE RAAD VAN DE EUROPESE UNIE,
Gelet op het Verdrag tot oprichting van de Europese Gemeenschap, en met name op artikel 61, onder c), en artikel 67,
Gezien het voorstel van de Commissie,
Gezien het advies van het Europees Economisch en Sociaal Comité[2],
Handelend volgens de procedure van artikel 251 van het Verdrag en gezien de gemeenschappelijke tekst die op 25 juni 2007 door het Bemiddelingscomité is goedgekeurd[3],
Overwegende hetgeen volgt:
(1) De Europese Unie heeft zich ten doel gesteld een ruimte van vrijheid, veiligheid en rechtvaardigheid te handhaven en te ontwikkelen. Met het oog op geleidelijke totstandbrenging van een dergelijke ruimte dient de Gemeenschap onder meer de maatregelen op het gebied van de justitiële samenwerking in burgerlijke zaken vast te stellen die voor de goede werking van de interne markt nodig zijn.
(2) Overeenkomstig artikel 65, onder b), van het Verdrag omvatten deze maatregelen maatregelen ter bevordering van de verenigbaarheid van de in de lidstaten geldende regels voor toepasselijk recht en jurisdictie.
(3) Tijdens de bijeenkomst in Tampere van 15 en 16 oktober 1999 heeft de Europese Raad bevestigd dat het beginsel van wederzijdse erkenning van vonnissen en andere beslissingen van gerechtelijke autoriteiten de hoeksteen van de justitiële samenwerking in burgerrechtelijke zaken zou moeten worden, en de Commissie en de Raad verzocht een pakket maatregelen vast te stellen om gestalte te geven aan dit beginsel.
(4) Op 30 november 2000 heeft de Raad een programma van maatregelen voor de uitvoering van het beginsel van wederzijdse erkenning van beslissingen in burgerlijke en handelszaken aangenomen[4]. In dit programma worden de maatregelen voor de harmonisatie van de collisieregels aangemerkt als maatregelen die de wederzijdse erkenning van beslissingen helpen te bevorderen.
(5) In het op 5 november 2004 door de Europese Raad goedgekeurde Haagse Programma[5] wordt opgeroepen om voortvarend verder te werken aan het conflictenrecht inzake niet-contractuele verbintenissen ("Rome II").
(6) De goede werking van de interne markt vereist, ter bevordering van de voorspelbaarheid van de uitslag van rechtsgedingen, de rechtszekerheid en het vrije verkeer van vonnissen, dat de in de lidstaten geldende collisieregels hetzelfde nationale recht aanwijzen, ongeacht bij welke rechter het geding aanhangig wordt gemaakt.
(7) Het materiële toepassingsgebied en de bepalingen van de verordening moeten stroken met Verordening (EG) nr. 44/2001 van de Raad van 22 december 2000 betreffende de rechterlijke bevoegdheid, de erkenning en de tenuitvoerlegging van beslissingen in burgerlijke en handelszaken[6] ("Brussel I") en met de instrumenten betreffende het recht dat van toepassing is op verbintenissen uit overeenkomst.
(8) Deze verordening is van toepassing ongeacht de aard van het aangezochte gerecht.
(9) Onder vorderingen wegens *acta iure imperii* dienen ook te vallen vorderingen jegens ambtenaren die namens de staat optreden, alsmede de aansprakelijkheid van publieke autori-

1 Inwerkingtredingsdatum: 11-01-2009.
2 PB C 241 van 28.9.2004, blz. 1.
3 Advies van het Europees Parlement van 6 juli 2005 (PB C 157 E van 6.7.2006, blz. 371), gemeenschappelijk standpunt van de Raad van 25 september 2006 (PB C 289 E van 28.11.2006, blz. 68), standpunt van het Europees Parlement van 18 januari 2007 (nog niet bekendgemaakt in het Publicatieblad), wetgevingsresolutie van het Europees Parlement van 10 juli 2007 en besluit van de Raad van 28 juni 2007.
4 PB C 12 van 15.1.2001, blz. 1.
5 PB C 53 van 3.3.2005, blz. 1.
6 PB L 12 van 16.1.2001, blz. 1. Verordening laatstelijk gewijzigd bij Verordening (EG) nr. 1791/2006 (PB L 363 van 20.12.2006, blz. 1).

teiten, waaronder begrepen van overheidswege benoemde ambtsdragers. Zulke vorderingen vallen dus ook buiten het toepassingsgebied van de verordening.

(10) Familierechtelijke betrekkingen omvatten bloedverwantschap, huwelijk en aanverwantschap. De verwijzing in artikel 1, lid 2, naar relatievormen die met het huwelijk en andere familierechtelijke betrekkingen vergelijkbare gevolgen hebben, zal worden uitgelegd overeenkomstig het recht van de lidstaat waar de zaak aanhangig wordt gemaakt.

(11) Het begrip "niet-contractuele verbintenis" verschilt per lidstaat. Derhalve dient het in deze verordening als een autonoom begrip te worden opgevat. De in deze verordening vastgestelde collisieregels dienen ook voor nietcontractuele verbintenissen wegens risicoaansprakelijkheid te gelden.

(12) Het recht dat van toepassing is dient tevens de vraag naar de mogelijkheid om aansprakelijk te worden gehouden uit onrechtmatige daad, te beheersen.

(13) Eenvormige regels die worden toegepast ongeacht het recht dat zij aanwijzen, kunnen concurrentievervalsing tussen communautaire justitiabelen voorkomen.

(14) De eis van rechtszekerheid en de noodzaak om recht te doen in individuele gevallen zijn wezenlijke onderdelen van een ruimte van rechtvaardigheid. Deze verordening voorziet in de aanknopingsfactoren die het meest geschikt zijn om deze doelstellingen te verwezenlijken. Derhalve schrijft deze verordening een algemene regel voor, maar voorziet zij ook in specifieke regels en, in sommige bepalingen, in een "ontsnappingsclausule" waardoor mag afgeweken worden van deze regels voor het geval dat uit alle omstandigheden van het geval blijkt dat de onrechtmatige daad een kennelijk nauwere band heeft met een andere lidstaat. Dit geheel van regels schept aldus een flexibel kader van collisieregels. Eveneens kunnen de rechtbanken waarbij individuele geschillen aanhangig zijn gemaakt, deze op een passende wijze behandelen.

(15) Weliswaar is de *lex loci delicti commissi* in nagenoeg alle lidstaten het basisbeginsel met betrekking tot nietcontractuele verbintenissen, maar indien de elementen van de zaak verspreid zijn over meerdere lidstaten, leidt de concrete toepassing van dit principe niettemin tot verschillende opossingen. Dit zorgt voor rechtsonzekerheid.

(16) Eenvormigheid van de regels moet de voorspelbaarheid van rechterlijke uitspraken vergroten en een redelijk evenwicht garanderen tussen de belangen van de persoon die aansprakelijk wordt gesteld, en die van de persoon die schade lijdt. De aanknoping met het land van de plaats waar de directe schade zich heeft voorgedaan (*lex loci damni*), zorgt voor een billijk evenwicht tussen de belangen van de persoon die aansprakelijk wordt gesteld, en van de persoon die schade lijdt, en ligt tevens in de lijn van de moderne opvatting van het aansprakelijkheidsrecht en van de ontwikkeling van stelsels van risicoaansprakelijkheid.

(17) Het toepasselijke recht moet worden bepaald volgens de plaats waar de schade zich voordoet, ongeacht in welke landen de indirecte gevolgen van die gebeurtenis zich voordoen. In geval van letselschade en vermogensschade moet bijgevolg het land waar het letsel of de materiële schade is opgelopen, gelden als het land waar de schade zich voordoet.

(18) Zoals bepaald in artikel 4, lid 1, is de algemene regel in deze verordening de *lex loci damni*. Artikel 4, lid 2, dat beschouwd moet worden als een uitzondering op dit algemene beginsel, geeft voor het geval dat beide partijen hun gewone verblijfplaats in hetzelfde land hebben, een bijzonder aanknopingspunt. Artikel 4, lid 3, dient te worden opgevat als een ontsnappingsclausule ten opzichte van artikel 4, leden 1 en 2, voor het geval dat uit alle omstandigheden van het geval blijkt dat de onrechtmatige daad een kennelijk nauwere band heeft met een andere lidstaat.

(19) Er dient te worden voorzien in specifieke regels voor bijzondere soorten van onrechtmatige daden waarvoor op grond van de algemene regel geen billijk evenwicht kan worden bereikt tussen in het geding zijnde belangen.

(20) Inzake productaansprakelijkheid moet de collisieregel beantwoorden aan doelstellingen zoals een billijke verdeling van de risico's die verbonden zijn aan een moderne, technisch geavanceerde samenleving, bescherming van de gezondheid van de consument, bevordering van innovatie, het garanderen van niet-vervalste concurrentie en vergemakkelijking van het handelsverkeer. Een systeem van hiërarchisch geordende aanknopingspunten, in combinatie met een clausule inzake voorspelbaarheid, biedt in het licht van deze doelstellingen een evenwichtige oplossing. Het eerste element waarmee rekening wordt gehouden is het recht van het land waar degene die schade lijdt, zijn gewone verblijfplaats had op het tijdstip dat de schade zich voordeed, mits het product in dat land op de markt is gebracht. Onverminderd het bepaalde in artikel 4, lid 2, en de mogelijkheid dat er een klaarblijkelijk nauwere samenhang met een ander land bestaat, treden de andere elementen van de hiërarchie in werking indien het product niet in dat land op de markt is gebracht.

(21) De bijzondere regel in artikel 6 vormt geen uitzondering op de algemene regel in artikel 4, lid 1, maar juist een verduidelijking daarvan. Inzake oneerlijke concurrentie dient de collisieregel bescherming te bieden aan concurrenten, consumenten en het publiek in het algemeen en tevens garant te staan voor het goed functioneren van de markteconomie. Deze doelstellingen zijn in het algemeen te bereiken door aanknoping bij het recht van het land waar de concurren-

tieverhoudingen dan wel de gezamenlijke belangen van de consumenten worden of dreigen te worden aangetast.
(22) Onder niet-contractuele verbintenissen die voortvloeien uit beperking van de mededinging, in de zin van artikel 6, lid 3, moeten zowel inbreuken op nationale als op communautaire mededingingsregels worden verstaan. Het recht dat op dergelijke niet-contractuele verbintenissen van toepassing is, is het recht van het land waar de markt wordt of waarschijnlijk wordt beïnvloed. In het geval dat de markt in meer dan een land wordt beïnvloed of waarschijnlijk wordt beïnvloed, mag de persoon die schadevergoeding vordert, in bepaalde omstandigheden echter verkiezen zijn vordering te gronden op het recht van het gerecht waarbij hij het geschil aanhangig heeft gemaakt.
(23) Voor de doeleinden van deze verordening moet het concept van beperking van de mededinging betrekking hebben op overeenkomsten tussen ondernemingen, besluiten van ondernemersverenigingen en onderling afgestemde feitelijke gedragingen die ertoe strekken of ten gevolge hebben dat de mededinging binnen een lidstaat of op de interne markt wordt verhinderd, beperkt of vervalst, alsmede het misbruiken van een machtspositie in een lidstaat of op de interne markt, voor zover dergelijke overeenkomsten, besluiten, onderling afgestemde feitelijke gedragingen of misbruiken verboden zijn krachtens de artikelen 81 en 82 van het Verdrag of krachtens het recht van een lidstaat.
(24) Onder "milieuschade" moet worden begrepen een negatieve verandering in de natuurlijke rijkdommen zoals water, land of lucht, of een aantasting van een functie die een natuurlijke rijkdom vervult ten behoeve van een andere natuurlijke rijkdom of het publiek, alsmede een aantasting van de verscheidenheid van levende organismen.
(25) Met betrekking tot milieuschade vormt artikel 174 van het Verdrag — dat een hoog niveau van bescherming voorschrijft, berustend op het voorzorgsbeginsel en het beginsel van preventief handelen, het beginsel dat milieuaantastingen bij voorrang aan de bron dienen te worden bestreden, en het beginsel dat de vervuiler betaalt — een afdoende verantwoording voor de toepassing van het beginsel van voorrang voor de persoon die schade lijdt. De vraag op welk tijdstip degene die schadevergoeding vordert het toepasselijke recht kan kiezen, dient te worden beantwoord aan de hand van het recht van de lidstaat van de aangezochte rechter.
(26) Ten aanzien van inbreuken op intellectueleeigendomsrechten dient het algemeen erkende beginsel *lex loci protectionis* te worden gehandhaafd. Voor de toepassing van de onderhavige verordening worden onder intellectuele-eigendomsrechten bijvoorbeeld verstaan het auteursrecht, de naburige rechten, het recht *sui generis* inzake de bescherming van gegevensbestanden, en de industriële-eigendomsrechten.
(27) De precieze inhoud van het begrip collectieve actie — bijvoorbeeld een staking of uitsluiting — verschilt van lidstaat en wordt door de interne regels van elke lidstaat bepaald. Daarom wordt in deze verordening als algemeen beginsel aangehouden dat, ter bescherming van de rechten en verplichtingen van werknemers en werkgevers, het recht van het land waar de actie is ondernomen, van toepassing is.
(28) De bijzondere regel in artikel 9 inzake collectieve acties laat de voorwaarden betreffende het voeren van zulke acties, overeenkomstig het nationale recht en de in het nationale recht van lidstaten geldende rechtspositie van de representatieve werknemersorganisaties of vakbonden, onverlet.
(29) Er dient te worden voorzien in regels voor gevallen waarin schade wordt veroorzaakt door een feit dat geen onrechtmatige daad is, zoals ongerechtvaardigde verrijking, zaakwaarneming of precontractuele aansprakelijkheid.
(30) Precontractuele aansprakelijkheid is, voor de toepassing van deze verordening, een autonoom begrip, dat niet noodzakelijkerwijs in de zin van het nationale recht dient te worden geïnterpreteerd. Het dient mede te omvatten het achterhouden van informatie en het afbreken van onderhandelingen. Artikel 12 geldt uitsluitend voor nietcontractuele verbintenissen die rechtstreeks samenhangen met de onderhandelingen voorafgaand aan de sluiting van een overeenkomst. Dit betekent dat, indien iemand tijdens de onderhandelingen letsel oploopt, artikel 4 of andere ter zake dienende bepalingen van de verordening op hem van toepassing zijn.
(31) Om het beginsel van de autonomie van de partijen te eerbiedigen, alsook ter wille van de rechtszekerheid, moeten de partijen kunnen kiezen welk recht op een nietcontractuele verbintenis van toepassing is. Deze keuze dient uitdrukkelijk te worden gedaan, dan wel met redelijke zekerheid door de omstandigheden van het geval aangetoond te worden. Bij het vaststellen van het bestaan van de overeenstemming, dient de rechter de intentie van de partijen te eerbiedigen. Om zwakke partijen te beschermen, moeten aan deze vrije rechtskeuze bepaalde voorwaarden worden verbonden.
(32) Om redenen van algemeen belang is het gerechtvaardigd dat de rechters van de lidstaten zich in uitzonderlijke omstandigheden kunnen beroepen op rechtsfiguren zoals de exceptie van openbare orde en op bepalingen van bijzonder dwingend recht. Met name kan de toepassing van een bepaling van het door deze verordening aangewezen recht, die zou leiden tot de toe-

kenning van bovenmatige niet compensatoire of punitieve schadevergoeding, afhankelijk van de omstandigheden van de zaak en de rechtsorde van de lidstaat van de rechter, worden beschouwd als zijnde in strijd met de openbare orde van het land van de rechter.

(33) Overeenkomstig de huidige nationale regels inzake aan slachtoffers van verkeersongevallen toegekende schadevergoedingen, moet het aangezochte gerecht bij de begroting van de schade bij persoonlijk letsel in gevallen waarin het ongeval heeft plaatsgevonden in een andere staat dan die van de gewone verblijfplaats van het slachtoffer, rekening houden met alle relevante feitelijke omstandigheden van het slachtoffer in kwestie, in het bijzonder met de werkelijke kosten van nazorg en medische verzorging.

(34) Om een billijk evenwicht tussen de partijen te bereiken moet in passende mate rekening worden gehouden met de veiligheidsvoorschriften en gedragsregels die gelden in het land waar het schadeveroorzakende feit is gepleegd, zelfs indien op de niet-contractuele verbintenis het recht van een ander land van toepassing is. Onder "veiligheidsvoorschriften en gedragsregels" dienen alle regelingen te worden verstaan die op enigerlei wijze met veiligheid en gedrag verband houden, bijvoorbeeld ook, in geval van ongelukken, de verkeersveiligheid.

(35) Voorkomen dient te worden dat collisieregels over verschillende instrumenten worden verspreid en dat deze regels onderling afwijken. Deze verordening belet evenwel niet dat in bepalingen van Gemeenschapsrecht op bepaalde gebieden collisieregels betreffende nietcontractuele verbintenissen worden opgenomen.

Deze verordening moet de toepassing onverlet laten van andere instrumenten waarin voorschriften ten behoeve van de goede werking van de interne markt zijn vervat, voor zover deze voorschriften niet in combinatie met het door de regels van deze verordening aangewezen recht kunnen worden toegepast. De toepassing van bepalingen van het recht dat door deze verordening als toepasselijk is aangewezen, mag niet in de weg staan aan het vrije verkeer van goederen en diensten neergelegd in Gemeenschapsinstrumenten zoals Richtlijn 2000/31/EG van het Europees Parlement en de Raad van 8 juni 2000 betreffende bepaalde juridische aspecten van de diensten van de informatiemaatschappij, met name de elektronische handel, in de interne markt ("Richtlijn inzake elektronische handel")[7].

(36) De eerbiediging van de internationale verplichtingen van de lidstaten vereist dat deze verordening internationale verdragen en internationale overeenkomsten waarbij op het tijdstip van de vaststelling van deze verordening één of meer lidstaten partij zijn, onverlet laat. Om de geldende regels toegankelijker te maken, zal de Commissie aan de hand van de gegevens die de lidstaten haar doorgeven, de lijst van de betrokken overeenkomsten bekendmaken in het *Publicatieblad van de Europese Unie.*

(37) De Commissie zal het Europees Parlement en de Raad een voorstel voorleggen over de procedures en voorwaarden volgens welke de lidstaten het recht hebben om in afzonderlijke en uitzonderlijke gevallen en met betrekking tot sectorale aangelegenheden zelf met derde landen over overeenkomsten te onderhandelen en overeenkomsten houdende bepalingen betreffende het recht dat van toepassing is op niet-contractuele verbintenissen te sluiten.

(38) Aangezien de doelstelling van deze verordening niet voldoende door de lidstaten kan worden verwezenlijkt en derhalve vanwege de omvang en de gevolgen van deze verordening beter door de Gemeenschap kan worden verwezenlijkt, kan de Gemeenschap overeenkomstig het in artikel 5 van het Verdrag neergelegde subsidiariteitsbeginsel maatregelen nemen. Overeenkomstig het in hetzelfde artikel neergelegde evenredigheidsbeginsel gaat deze verordening niet verder dan wat nodig is om deze doelstelling te bereiken.

(39) Overeenkomstig artikel 3 van het Protocol betreffende de positie van het Verenigd Koninkrijk en Ierland, dat aan het Verdrag betreffende de Europese Unie en aan het Verdrag tot oprichting van de Europese Gemeenschap is gehecht, hebben het Verenigd Koninkrijk en Ierland laten weten dat zij wensen deel te nemen aan de aanneming en de toepassing van deze verordening.

(40) Overeenkomstig de artikelen 1 en 2 van het Protocol betreffende de positie van Denemarken, dat aan het Verdrag betreffende de Europese Unie en het Verdrag tot oprichting van de Europese Gemeenschap is gehecht, neemt Denemarken niet deel aan de aanneming van deze verordening, die dus niet verbindend is voor, noch van toepassing is op deze lidstaat,

HEBBEN DE VOLGENDE VERORDENING VASTGESTELD:

Hoofdstuk I
Toepassingsgebied

Art. 1 Toepassingsgebied

1. Deze verordening is, in de gevallen waarin tussen de rechtsstelsels van verschillende landen moet worden gekozen, van toepassing op niet-contractuele verbintenissen in burgerlijke en in handelszaken. Zij is in het bijzonder niet van toepassing op fiscale zaken, douanezaken en ad-

---

7 PB L 178 van 17.7.2000, blz. 1.

ministratiefrechtelijke zaken, noch op de aansprakelijkheid van de staat wegens een handeling of nalaten in de uitoefening van het openbaar gezag (*acta jure imperii*).
2. Uitgesloten van het toepassingsgebied van deze verordening zijn:
a) niet-contractuele verbintenissen die voortvloeien uit familierechtelijke betrekkingen of uit betrekkingen die overeenkomstig het op deze betrekkingen toepasselijke recht vergelijkbare gevolgen hebben, waaronder begrepen onderhoudsverplichtingen;
b) niet-contractuele verbintenissen die voortvloeien uit het huwelijksvermogensrecht, uit het vermogensrecht met betrekking tot relatievormen die overeenkomstig het op deze relatievormen toepasselijke recht met het huwelijk vergelijkbare gevolgen hebben, of uit het erfrecht;
c) niet-contractuele verbintenissen die voortvloeien uit wisselbrieven, cheques, orderbriefjes of andere verhandelbare waardepapieren, voor zover de verbintenissen uit deze andere papieren het gevolg zijn van de verhandelbaarheid;
d) niet-contractuele verbintenissen die voortvloeien uit het recht inzake vennootschappen, verenigingen en rechtspersonen, zoals de oprichting door registratie of anderszins, de rechtsen handelingsbevoegdheid, het inwendige bestel en de ontbinding van vennootschappen, verenigingen en rechtspersonen, de persoonlijke aansprakelijkheid van de vennoten en de leden van de organen voor de schulden van de vennootschap, vereniging of rechtspersoon, en de persoonlijke aansprakelijkheid van de accountants jegens een vennootschap of de leden van haar organen voor de wettelijke controle op de boekhoudkundige bescheiden;
e) niet-contractuele verbintenissen die voortvloeien uit de betrekkingen tussen de oprichters, de trustees en de begunstigden van een trust die vrijwillig in het leven is geroepen;
f) niet-contractuele verbintenissen die voortvloeien uit een kernongeval;
g) niet-contractuele verbintenissen die voortvloeien uit een inbreuk op de persoonlijke levenssfeer of op de persoonlijkheidsrechten, waaronder begrepen smaad.
3. Onverminderd de artikelen 21 en 22 is deze verordening niet van toepassing op de bewijsvoering en de rechtspleging.
4. In deze verordening wordt onder "lidstaat" verstaan iedere lidstaat, behalve Denemarken.

Art. 2 Niet-contractuele verbintenissen
1. In deze verordening wordt onder schade verstaan ieder gevolg dat voortvloeit uit onrechtmatige daad, ongerechtvaardigde verrijking, zaakwaarneming of precontractuele aansprakelijkheid.   *Niet-contractuele verbintenissen*
2. Deze verordening is tevens van toepassing op de nietcontractuele verbintenis die dreigt te ontstaan.
3. In deze verordening wordt mede verstaan onder:
a) schadeveroorzakende gebeurtenis, de schadeveroorzakende gebeurtenis die zich dreigt voor te doen;
b) schade, de schade die dreigt te ontstaan.

Art. 3 Universeel karakter
Het door deze verordening aangewezen recht is van toepassing, ongeacht of dit het recht van een lidstaat is.   *Universeel karakter*

Hoofdstuk II
Onrechtmatige daad

Art. 4 Algemene regel
1. Tenzij in deze verordening anders bepaald, is het recht dat van toepassing is op een onrechtmatige daad het recht van het land waar de schade zich voordoet, ongeacht in welk land de schadeveroorzakende gebeurtenis zich heeft voorgedaan en ongeacht in welke landen de indirecte gevolgen van die gebeurtenis zich voordoen.   *Algemene regel*
2. Indien evenwel degene wiens aansprakelijkheid in het geding is, en degene die schade lijdt, beiden hun gewone verblijfplaats in hetzelfde land hebben op het tijdstip waarop de schade zich voordoet, is het recht van dat land van toepassing.
3. Indien uit het geheel der omstandigheden blijkt dat de onrechtmatige daad een kennelijk nauwere band heeft met een ander dan het in de leden 1 en 2 bedoelde land, is het recht van dat andere land van toepassing. Een kennelijk nauwere band met een ander land zou met name kunnen berusten op een reeds eerder bestaande, nauw met de onrechtmatige daad samenhangende betrekking tussen de partijen, zoals een overeenkomst.

Art. 5 Productaansprakelijkheid
1. Onverminderd artikel 4, lid 2, wordt de niet-contractuele verbintenis die voortvloeit uit de door een product veroorzaakte schade, beheerst door: *Productaansprakelijkheid*
a) het recht van het land waar degene die schade lijdt, op het tijdstip waarop de schade zich voordeed zijn gewone verblijfplaats had, indien het product in dat land op de markt is gebracht;
b) subsidiair, het recht van het land waar het product is verkregen, indien het product in dat land op de markt is gebracht;

c) subsidiair, het recht van het land waar de schade zich heeft voorgedaan, indien het product in dat land op de markt is gebracht.

Indien echter de persoon wiens aansprakelijkheid in het geding is, redelijkerwijs niet kon voorzien dat het product, of een soortgelijk product, in het respectievelijk onder a), b) en c) bedoelde land op de markt zou worden gebracht, is het recht van het land waar hij zijn gewone verblijfplaats heeft, van toepassing.

2. Indien uit het geheel der omstandigheden blijkt dat de onrechtmatige daad een kennelijk nauwere band heeft met een ander dan het in lid 1 bedoelde land, is het recht van dat andere land van toepassing. Een kennelijk nauwere band met een ander land zou met name kunnen berusten op een reeds eerder bestaande nauw met de onrechtmatige daad samenhangende betrekking tussen de partijen, zoals een overeenkomst.

Art. 6 Oneerlijke concurrentie en daden die de vrije concurrentie beperken

Oneerlijke concurrentie en daden die de vrije concurrentie beperken

1. De niet-contractuele verbintenis die voortvloeit uit een daad van oneerlijke concurrentie, wordt beheerst door het recht van het land waar de concurrentieverhoudingen of de collectieve belangen van de consumenten worden geschaad of dreigen te worden geschaad.
2. In het geval dat een daad van oneerlijke concurrentie uitsluitend de belangen van een bepaalde concurrent schaadt, is artikel 4 van toepassing.
3.
a) De niet-contractuele verbintenis die uit een beperking van de mededinging voortvloeit, wordt beheerst door het recht van het land waarvan de markt beïnvloed wordt of waarschijnlijk beïnvloed wordt.
b) Wanneer de markt beïnvloed wordt of waarschijnlijk beïnvloed wordt in meer dan één land, mag de persoon die schadevergoeding vordert bij het gerecht van de woonplaats van de verweerder, echter verkiezen zijn vordering te gronden op het recht van het gerecht waarbij hij het geschil aanhangig heeft gemaakt, mits de markt in die lidstaat een van de markten is die rechtstreeks en aanzienlijk beïnvloed worden door de beperking van de mededinging waaruit de niet-contractuele verbintenis voortvloeit waarop de vordering is gebaseerd. Wanneer de eiser, overeenkomstig de toepasselijke regels betreffende de rechterlijke bevoegdheid, meer dan één verweerder voor dat gerecht daagt, kan hij uitsluitend kiezen om zijn vordering op het recht van dat gerecht te gronden indien de beperking van de mededinging, waarop de vordering tegen elk van deze verweerders berust, ook de markt van de lidstaat van dat gerecht rechtstreeks en aanzienlijk beïnvloedt.
4. Van het recht dat krachtens dit artikel van toepassing is, kan niet bij overeenkomst op grond van artikel 14 worden afgeweken.

Art. 7 Milieuschade

Milieuschade

De niet-contractuele verbintenis die voortvloeit uit milieuschade dan wel uit letsel- of vermogensschade als gevolg van milieuschade, wordt door het overeenkomstig artikel 4, lid 1, bepaalde recht beheerst, tenzij de persoon die schadevergoeding vordert besluit zijn vordering te baseren op het recht van het land waar de schadeveroorzakende gebeurtenis zich heeft voorgedaan.

Art. 8 Inbreuk op intellectuele-eigendomsrechten

Inbreuk op intellectuele-eigendomsrechten

1. De niet-contractuele verbintenis die voortvloeit uit een inbreuk op een intellectuele-eigendomsrecht, wordt beheerst door het recht van het land waarvoor de bescherming wordt gevorderd.
2. De niet-contractuele verbintenis die voortvloeit uit een inbreuk op een unitair communautair intellectueleeigendomsrecht, wordt, voor alle aangelegenheden die niet door het desbetreffende communautaire instrument zijn geregeld, beheerst door het recht van het land waar de inbreuk is gepleegd.
3. Van het recht dat krachtens dit artikel van toepassing is, kan niet bij overeenkomst op grond van artikel 14 worden afgeweken.

Art. 9 Collectieve actie bij arbeidsconflicten

Collectieve actie bij arbeidsconflicten

Onverminderd artikel 4, lid 2, wordt de niet-contractuele verbintenis, ten aanzien van de aansprakelijkheid van een persoon als werknemer of werkgever of van de organisaties die zijn beroepsbelangen vertegenwoordigen voor de schade veroorzaakt door een aanstaande of reeds gevoerde collectieve actie, beheerst door het recht van het land waar de actie zal plaatsvinden of heeft plaatsgevonden.

Hoofdstuk III
Ongerechtvaardigde verrijking, zaakwaarneming en precontractuele aansprakelijkheid

Art. 10 Ongerechtvaardigde verrijking

Ongerechtvaardigde verrijking

1. De niet-contractuele verbintenis die voortvloeit uit ongerechtvaardigde verrijking, waaronder begrepen onverschuldigde betaling, en die tevens verband houdt met een bestaande, nauw met die ongerechtvaardigde verrijking samenhangende betrekking tussen de partijen, zoals een

overeenkomst of een onrechtmatige daad, wordt beheerst door het recht dat op die betrekking van toepassing is.
2. In het geval dat het toepasselijke recht niet op grond van lid 1 kan worden bepaald en de partijen, op het tijdstip van de gebeurtenis die de ongerechtvaardigde verrijking veroorzaakt, hun gewone verblijfplaats in hetzelfde land hebben, is het recht van dat land van toepassing.
3. Indien het toepasselijke recht niet op grond van de leden 1 en 2 kan worden bepaald, wordt de niet-contractuele verbintenis beheerst door het recht van het land waar de ongerechtvaardigde verrijking zich voordoet.
4. Indien uit het geheel der omstandigheden blijkt dat de nietcontractuele verbintenis die uit de ongerechtvaardigde verrijking voortvloeit, een kennelijk nauwere band heeft met een ander dan het respectievelijk in de leden 1, 2 en 3 bedoelde land, is het recht van dat andere land van toepassing.

Art. 11 Zaakwaarneming
1. Op de niet-contractuele verbintenis die uit zaakwaarneming voortvloeit en die tevens verband houdt met een reeds eerder bestaande, nauw met die niet-contractuele verbintenis samenhangende betrekking tussen de partijen, zoals een overeenkomst of een onrechtmatige daad, is het recht dat die betrekking beheerst, van toepassing.
2. Indien het toepasselijke recht niet op grond van lid 1 kan worden bepaald en de partijen hun gewone verblijfplaats in hetzelfde land hebben op het tijdstip waarop de schade veroorzakende gebeurtenis zich voordoet, is het recht van dat land van toepassing.
3. Indien het toepasselijke recht niet op grond van de leden 1 en 2 kan worden bepaald, wordt de niet-contractuele verbintenis beheerst door het recht van het land waar de zaakwaarneming heeft plaatsgevonden.
4. Indien uit het geheel der omstandigheden blijkt dat de nietcontractuele verbintenis die uit zaakwaarneming voortvloeit, een kennelijk nauwere band heeft met een ander dan het in de leden 1 tot en met 3 bedoelde land, is het recht van dat andere land van toepassing.

Zaakwaarneming

Art. 12 Precontractuele aansprakelijkheid
1. De niet-contractuele verbintenis die voortvloeit uit onderhandelingen voorafgaand aan het sluiten van een overeenkomst, wordt, ongeacht of de overeenkomst al dan niet daadwerkelijk is gesloten, beheerst door het recht dat op toepassing is op de overeenkomst of dat op de overeenkomst van toepassing zou zijn geweest indien zij was gesloten.
2. Het toepasselijke recht is, indien het niet op grond van lid 1 kan worden bepaald:
a) het recht van het land waar de schade zich voordoet, ongeacht in welk land de schadeveroorzakende gebeurtenis zich heeft voorgedaan en ongeacht in welke landen de indirecte gevolgen van die gebeurtenis zich hebben voorgedaan, of
b) het recht van het land waar de partijen beiden hun gewone verblijfplaats hebben op het tijdstip waarop de schadeveroorzakende gebeurtenis zich voordoet, of,
c) indien uit het geheel der omstandigheden blijkt dat de nietcontractuele verbintenis die voortvloeit uit onderhandelingen voorafgaand aan het sluiten van een overeenkomst, een kennelijk nauwere band heeft met een ander dan het onder a) en b) bedoelde land, is het recht van dat andere land van toepassing.

Precontractuele aansprakelijkheid

Art. 13 Toepasselijkheid van artikel 8
Voor de toepassing van dit hoofdstuk is artikel 8 van toepassing op de niet-contractuele verbintenis die voortvloeit uit een inbreuk op een intellectuele-eigendomsrecht.

Toepasselijkheid van artikel 8

Hoofdstuk IV
Rechtskeuze door de partijen

Art. 14 Rechtskeuze door de partijen
1. Partijen kunnen overeenkomen om niet-contractuele verbintenissen aan het door hen gekozen recht te onderwerpen:
a) bij overeenkomst die zij sluiten nadat de schadeveroorzakende gebeurtenis zich heeft voorgedaan, of,
b) indien elk van hen handelsactiviteiten verricht, tevens bij een beding dat zij vrijelijk overeengekomen zijn voordat de schadeveroorzakende gebeurtenis zich heeft voorgedaan.
De keuze moet uitdrukkelijk geschieden of voldoende duidelijk blijken uit de omstandigheden van het geval. De keuze laat de rechten van derden onverlet.
2. Indien alle op het tijdstip van de schadeveroorzakende gebeurtenis mogelijke aanknopingspunten zich in een ander land bevinden dan dat waarvan het recht is gekozen, laat de rechtskeuze de toepassing van de rechtsregels van dat andere land, waarvan niet bij overeenkomst kan worden afgeweken, onverlet.
3. Indien alle op het tijdstip van de schadeveroorzakende gebeurtenis mogelijke aanknopingspunten zich in één of meer lidstaten bevinden, laat de keuze door de partijen van het recht van een niet-lidstaat de toepassing van de bepalingen van het Gemeenschapsrecht waarvan niet bij

Rechtskeuze door de partijen

overeenkomst kan worden afgeweken, in voorkomend geval zoals deze in de lidstaat van de rechter zijn geïmplementeerd, onverlet.

Hoofdstuk V
Gemeenschappelijke regels

Art. 15 Werkingssfeer van het toepasselijke recht

Werkingssfeer van het toepasselijke recht

Het recht dat krachtens deze verordening op de niet-contractuele verbintenis van toepassing is, regelt met name:
a) de grond en de omvang van de aansprakelijkheid, waaronder begrepen het vaststellen wie voor een handeling aansprakelijk gesteld kan worden;
b) de gronden tot uitsluiting van aansprakelijkheid, alsook elke beperking en verdeling van de aansprakelijkheid;
c) het bestaan, de aard en de begroting van de schade of het gevorderde;
d) de maatregelen die de rechter, binnen de grenzen van zijn procesrechtelijke bevoegdheid, kan treffen om letsel of schade te voorkomen, te beperken of te laten vergoeden;
e) de mogelijkheid tot overdracht van het recht om schadevergoeding of schadeloosstelling te eisen, waaronder begrepen erfopvolging;
f) het bepalen wie recht heeft op vergoeding van de persoonlijk geleden schade;
g) de aansprakelijkheid voor handelingen van anderen;
h) de wijze van tenietgaan van de verbintenis, alsmede de verjaring en het verval, waaronder begrepen de aanvang, de stuiting, en de schorsing van de verjarings- of vervaltermijn.

Art. 16 Bepalingen van bijzonder dwingend recht

Bepalingen van bijzonder dwingend recht

De bepalingen van deze verordening laten onverlet de toepassing van de rechtsregels van het land van de rechter die, ongeacht het recht dat op de niet-contractuele verbintenis van toepassing is, ter zake een dwingend karakter hebben.

Art. 17 Veiligheidsvoorschriften en gedragsregels

Veiligheidsvoorschriften en gedragsregels

Bij de beoordeling van het gedrag van de persoon wiens aansprakelijkheid in het geding is, moet feitelijk en in passende mate rekening worden gehouden met de veiligheidsvoorschriften en gedragsregels die van kracht zijn op het tijdstip en de plaats van de gebeurtenis welke de aansprakelijkheid veroorzaakt.

Art. 18 Rechtstreekse vordering op de verzekeraar van de aansprakelijke persoon

Rechtstreekse vordering op de verzekeraar van de aansprakelijke persoon

Degene die schade heeft geleden, kan zijn vordering rechtstreeks tegen de verzekeraar van de aansprakelijke persoon instellen, indien het op de niet-contractuele verbintenis toepasselijke recht of het op het verzekeringscontract toepasselijke recht hierin voorziet.

Art. 19 Subrogatie

Subrogatie

In het geval dat een persoon ("de schuldeiser") een nietcontractuele vordering heeft jegens een andere persoon ("de schuldenaar") en een derde verplicht is de schuldeiser te voldoen of die de schuldeiser reeds heeft voldaan, bepaalt het recht dat op de verplichting van de derde jegens de schuldeiser van toepassing is, of en in welke mate de derde tegen de schuldenaar de rechten kan uitoefenen die de schuldeiser jegens de schuldenaar heeft overeenkomstig het recht dat op hun betrekkingen van toepassing is.

Art. 20 Meervoudige aansprakelijkheid

Meervoudige aansprakelijkheid

In het geval dat een schuldeiser een vordering heeft op verscheidene voor dezelfde vordering aansprakelijke schuldenaren, van wie er één de schuld reeds geheel of gedeeltelijk heeft voldaan, wordt het recht van deze schuldenaar om van de andere schuldenaren vergoeding te eisen, beheerst door het recht dat van toepassing is op de niet-contractuele verbintenis van deze schuldenaar jegens de schuldeiser.

Art. 21 Vorm

Vorm

Een eenzijdige rechtshandeling met betrekking tot een nietcontractuele verbintenis is naar de vorm geldig, indien zij voldoet aan de vormvereisten van het recht dat op de nietcontractuele verbintenis van toepassing is, of van het recht van het land waar deze rechtshandeling is verricht.

Art. 22 Bewijs

Bewijs

1. Het recht dat van toepassing is op de niet-contractuele verbintenis krachtens deze verordening is van toepassing voor zover het ter zake van niet-contractuele verbintenissen wettelijke vermoedens vestigt of de bewijslast regelt.
2. Rechtshandelingen kunnen worden bewezen door ieder middel dat is toegelaten door het recht van het land van de rechter of voor zover het bewijs kan worden geleverd door de rechter bij wie de zaak aanhangig is, door een van de in artikel 21 bedoelde rechtsstelsels volgens hetwelk de rechtshandeling naar de vorm geldig is.

Hoofdstuk VI
Overige bepalingen

Art. 23 Gelijkstelling met de gewone verblijfplaats
1. In deze verordening wordt onder de gewone verblijfplaats van een vennootschap, vereniging of rechtspersoon verstaan de plaats waar zich de hoofdvestiging bevindt.
Indien de schadeveroorzakende gebeurtenis of de schade zich voordoet bij de exploitatie van een dochteronderneming, bijkantoor of een andere vestiging, geldt de locatie van de dochteronderneming, het bijkantoor of de andere vestiging als gewone verblijfplaats.
2. In deze verordening wordt onder de gewone verblijfplaats van een natuurlijk persoon bij de uitoefening van zijn beroep verstaan de voornaamste plaats van bedrijvigheid.

Art. 24 Uitsluiting van herverwijzing
Waar deze verordening de toepassing van het recht van een land voorschrijft, worden daaronder verstaan de rechtsregels die in dat land gelden, met uitsluiting van de regels van het internationale privaatrecht.

Art. 25 Staten met meerdere rechtsstelsels
1. In het geval van een staat die meerdere territoriale eenheden telt welke ieder hun eigen rechtsregels inzake nietcontractuele verbintenissen bezitten, wordt voor het bepalen van het overeenkomstig deze verordening toe te passen recht elke territoriale eenheid als een land beschouwd.
2. Een lidstaat die verschillende territoriale eenheden met eigen rechtsregels inzake niet-contractuele verbintenissen telt, is niet verplicht deze verordening toe te passen in de gevallen waarin uitsluitend rechtsregels van deze territoriale eenheden voor toepassing in aanmerking komen.

Art. 26 Openbare orde van het land van de rechter
De toepassing van een bepaling van het door deze verordening aangewezen recht kan slechts terzijde worden gesteld, indien deze toepassing kennelijk onverenigbaar is met de openbare orde van het land van de rechter.

Art. 27 Verhouding tot andere bepalingen van Gemeenschapsrecht
Deze verordening laat onverlet de toepassing van de in de bepalingen van Gemeenschapsrecht vervatte en op bepaalde gebieden geldende regels inzake het toepasselijke recht op nietcontractuele verbintenissen.

Art. 28 Verhouding tot bestaande internationale overeenkomsten
1. Deze verordening laat onverlet de toepassing van internationale overeenkomsten waarbij één of meer lidstaten op het tijdstip van de vaststelling van de verordening partij zijn en die regels bevatten inzake het toepasselijke recht op niet-contractuele verbintenissen.
2. Deze verordening heeft echter tussen de lidstaten voorrang op uitsluitend tussen lidstaten gesloten overeenkomsten, voor zover deze betrekking hebben op aangelegenheden waarop deze verordening van toepassing is.

Hoofdstuk VII
Slotbepalingen

Art. 29 Lijst van overeenkomsten
1. De lijst van de in artikel 28, lid 1, bedoelde overeenkomsten wordt door de lidstaten uiterlijk op 11 juli 2008 aan de Commissie bezorgd. Zij delen aan de Commissie elke na die datum gedane opzegging van een overeenkomst mee.
2. Binnen zes maanden na ontvangst ervan maakt de Commissie in het *Publicatieblad van de Europese Unie* bekend:
i) de in lid 1 bedoelde lijst van overeenkomsten;
ii) de opzeggingen van bovengenoemde overeenkomsten.

Art. 30 Herzieningsclausule
1. Uiterlijk op 20 augustus 2011 brengt de Commissie aan het Europees Parlement, de Raad en het Europees Economisch en Sociaal Comité verslag uit over de toepassing van deze verordening. Het verslag gaat indien nodig vergezeld van voorstellen tot aanpassing van deze verordening. Dit verslag bevat:
i) een studie naar de gevolgen van de wijze waarop het vreemde recht in de verschillende rechtsgebieden wordt behandeld en over de mate waarin de rechters in de lidstaten vreemd recht in de praktijk overeenkomstig deze verordening toepassen;
ii) een studie naar de gevolgen van artikel 28 van deze verordening met betrekking tot het Verdrag inzake de wet welke van toepassing is op verkeersongevallen op de weg, gedaan te 's-Gravenhage op 4 mei 1971.
2. Uiterlijk op 31 december 2008 legt de Commissie aan het Europees Parlement, de Raad en het Europees Economisch en Sociaal Comité een studie voor naar de situatie op het gebied van het recht dat van toepassing is op niet-contractuele verbintenissen die voortvloeien uit inbreuken

op de persoonlijke levenssfeer en op de persoonlijkheidsrechten, met inachtneming van regels inzake persvrijheid en vrijheid van meningsuiting in de media en kwesties inzake collisie in verband met Richtlijn 95/46/EG van het Europees Parlement en de Raad van 24 oktober 1995 betreffende de bescherming van natuurlijke personen in verband met de verwerking van persoonsgegevens en betreffende het vrije verkeer van die gegevens[8].

Art. 31 Temporele toepassing
Temporele toepassing Deze verordening is van toepassing op schadeveroorzakende gebeurtenissen die zich voordoen na de inwerkingtreding van de verordening.

Art. 32 Inwerkingtreding
Inwerkingtreding Deze verordening is van toepassing met ingang van 11 januari 2009, met uitzondering van artikel 29, dat van toepassing is met ingang van 11 juli 2008.

---

8   PB L 281 van 23.11.1995, blz. 31.

Verordening (EU) Nr. 1215/2012 betreffende de rechterlijke bevoegdheid, de erkenning en de tenuitvoerlegging van beslissingen in burgerlijke en handelszaken (herschikking)

Verordening (EU) Nr. 1215/2012 van het Europees Parlement en de Raad van 12 december 2012 betreffende de rechterlijke bevoegdheid, de erkenning en de tenuitvoerlegging van beslissingen in burgerlijke en handelszaken (herschikking)[1]

HET EUROPEES PARLEMENT EN DE RAAD VAN DE EUROPESE UNIE,
Gezien het Verdrag betreffende de werking van de Europese Unie, met name artikel 67, lid 4, en artikel 81, lid 2, onder a), c) en e),
Gezien het voorstel van de Europese Commissie,
Na toezending van het ontwerp van wetgevingshandeling aan de nationale parlementen,
Gezien het advies van het Europees Economisch en Sociaal Comité[2],
Handelend volgens de gewone wetgevingsprocedure[3],
Overwegende hetgeen volgt:
(1) Op 21 april 2009 heeft de Commissie een verslag vastgesteld over de toepassing van Verordening (EG) nr. 44/2001 van de Raad van 22 december 2000 betreffende de rechterlijke bevoegdheid, de erkenning en de tenuitvoerlegging van beslissingen in burgerlijke en handelszaken[4].
In het verslag is geconcludeerd dat in het algemeen de werking van deze verordening bevredigend is, maar dat het wenselijk is de toepassing van bepaalde bepalingen te verbeteren, het vrije verkeer van beslissingen verder te vergemakkelijken en de toegang tot de rechter verder te verbeteren. Aangezien die verordening op een aantal punten gewijzigd dient te worden, moet zij voor de duidelijkheid worden herschikt.
(2) Tijdens zijn bijeenkomst van 10 en 11 december 2009 te Brussel heeft de Europese Raad een nieuw meerjarenprogramma aangenomen, getiteld "Het programma van Stockholm — Een open en veilig Europa ten dienste en ter bescherming van de burger"[5]. In het programma van Stockholm is de Europese Raad van oordeel dat de afschaffing van alle intermediaire maatregelen (exequatur) tijdens de looptijd van dat programma moet worden voortgezet. Tegelijkertijd moet de afschaffing van het exequatur vergezeld gaan van een aantal waarborgen.
(3) De Unie heeft zich ten doel gesteld een ruimte van vrijheid, veiligheid en recht te handhaven en te ontwikkelen en de toegang tot de rechter te vergemakkelijken, onder meer door het beginsel van wederzijdse erkenning van gerechtelijke en buitengerechtelijke beslissingen in burgerlijke zaken. Met het oog op de geleidelijke totstandbrenging van die ruimte dient de Unie maatregelen te nemen op het gebied van de justitiële samenwerking in burgerlijke zaken met grensoverschrijdende gevolgen, met name wanneer dat nodig is voor de goede werking van de interne markt.
(4) Sommige verschillen in de nationale regels inzake de rechterlijke bevoegdheid en de erkenning van beslissingen bemoeilijken de goede werking van de interne markt. Bepalingen die de eenvormigheid van de regels inzake jurisdictiegeschillen in burgerlijke en handelszaken mogelijk maken alsook zorgen voor een snelle en eenvoudige erkenning en tenuitvoerlegging van in een lidstaat gegeven beslissing, zijn onontbeerlijk.
(5) Dergelijke bepalingen behoren tot het gebied van de justitiële samenwerking in burgerlijke zaken in de zin van artikel 81 van het Verdrag betreffende de werking van de Europese Unie (VWEU).
(6) Met het oog op het vrije verkeer van beslissingen in burgerlijke en handelszaken is het nodig en passend de regels inzake de rechterlijke bevoegdheid, de erkenning en de tenuitvoerlegging van beslissingen in een verbindend en rechtstreeks toepasselijk besluit van de Unie neer te leggen.
(7) Op 27 september 1968 hebben de toenmalige lidstaten van de Europese Gemeenschappen op grond van artikel 220, vierde streepje, van het Verdrag tot oprichting van de Europese

---

1   Inwerkingtredingsdatum: 09-01-2013; zoals laatstelijk gewijzigd bij: PbEU 2015 L 54.
2   PB C 218 van 23.7.2011, blz. 78.
3   Standpunt van het Europees Parlement van 20 november 2012 (nog niet bekendgemaakt in het Publicatieblad) en besluit van de Raad van 6 december 2012.
4   PB L 12 van 16.1.2001, blz. 1.
5   PB C 115 van 4.5.2010, blz. 1.

Economische Gemeenschap het Verdrag van Brussel betreffende de rechterlijke bevoegdheid en de tenuitvoerlegging van beslissingen in burgerlijke en handelszaken gesloten, dat nadien is gewijzigd bij de verdragen inzake de toetreding van nieuwe lidstaten tot dit verdrag[6] ("het Verdrag van Brussel van 1968"). Op 16 september 1988 hebben de toenmalige lidstaten van de Europese Gemeenschappen en enkele EVA-staten het Verdrag van Lugano betreffende de rechterlijke bevoegdheid en de tenuitvoerlegging van beslissingen in burgerlijke en handelszaken[7] ("het Verdrag van Lugano van 1988") gesloten, dat een nevenverdrag is van het Verdrag van Brussel van 1968. Het Verdrag van Lugano van 1988 werd in Polen op 1 februari 2000 van kracht.

(8) Op 22 december 2000 heeft de Raad Verordening (EG) nr. 44/2001 vastgesteld, die in de plaats is gekomen van het Verdrag van Brussel van 1968, voor wat betreft het grondgebied van de lidstaten zoals bestreken door het VWEU, met uitzondering van Denemarken. Bij Besluit 2006/325/EG van de Raad[8], heeft de Gemeenschap een overeenkomst met Denemarken gesloten, die de toepassing van Verordening (EG) nr. 44/2001 in Denemarken verzekert. Het Verdrag van Lugano van 1988 werd herzien door het Verdrag betreffende de rechterlijke bevoegdheid, de erkenning en de tenuitvoerlegging van beslissingen in burgerlijke en handelszaken[9], op 30 oktober 2007 ondertekend te Lugano door de Gemeenschap, Denemarken, IJsland, Noorwegen en Zwitserland ("het Verdrag van Lugano van 2007").

(9) Het Verdrag van Brussel van 1968 blijft van toepassing op de grondgebieden van de lidstaten die onder de territoriale werkingssfeer van dat verdrag vallen en die krachtens artikel 355 VWEU van deze verordening uitgesloten zijn.

(10) Het is van belang dat alle belangrijke burgerlijke en handelszaken onder de werkingssfeer van deze verordening worden gebracht, met uitzondering van bepaalde duidelijk omschreven aangelegenheden, met name onderhoudsverplichtingen, die moeten worden uitgesloten van het toepassingsgebied van deze verordening gezien de vaststelling van Verordening (EG) nr. 4/2009 van de Raad van 18 december 2008 betreffende de bevoegdheid, het toepasselijke recht, de erkenning en de tenuitvoerlegging van beslissingen, en de samenwerking op het gebied van onderhoudsverplichtingen[10].

(11) Onder gerecht van een lidstaat in de zin van deze verordening moet ook worden begrepen, een gerecht dat aan verscheidene lidstaten gemeenschappelijk is, zoals het Benelux-Gerechtshof voor zover dit bevoegd is voor binnen het toepassingsgebied van deze verordening vallende zaken. Een door een dergelijk gerecht gegeven beslissing moet derhalve overeenkomstig deze verordening worden erkend en ten uitvoer gelegd.

(12) Deze verordening dient niet van toepassing te zijn op arbitrage. Niets in deze verordening belet de gerechten van een lidstaat, wanneer aangezocht in een zaak waarin partijen een arbitragebeding zijn overeengekomen, de zaak te verwijzen voor arbitrage, het geding aan te houden dan wel te beëindigen, of om te onderzoeken of het arbitragebeding vervallen is, niet van kracht is of niet kan worden toegepast, een en ander in overeenstemming met zijn nationale recht.

De beslissing van de rechter van een lidstaat over de vraag of een arbitragebeding vervallen is, niet van kracht is of niet kan worden toegepast, dient niet onderworpen te zijn aan de bij deze verordening bepaalde regels inzake erkenning en tenuitvoerlegging, ongeacht of de rechter ten gronde of op een incidentele vordering uitspraak doet.

Indien evenwel een op grond van deze verordening of van het nationale recht bevoegde rechter van een lidstaat heeft beslist dat een arbitrageovereenkomst vervallen is, niet van kracht is of niet kan worden toegepast, mag dit er niet aan in de weg staan dat de ten gronde gegeven beslissing, naargelang van het geval, in overeenstemming met deze verordening wordt erkend of ten uitvoer wordt gelegd, onverminderd de bevoegdheid van de gerechten van de lidstaten om over de erkenning en tenuitvoerlegging van scheidsrechterlijke uitspraken te beslissen, in overeenstemming met het Verdrag van New York van 10 juni 1958 over de erkenning en tenuitvoerlegging van buitenlandse scheidsrechterlijke uitspraken ("het Verdrag van New York van 1958"), dat voorrang heeft boven deze verordening.

Deze verordening dient niet van toepassing te zijn op vorderingen of accessoire procedures die in het bijzonder betrekking hebben op de instelling van een scheidsgerecht, de bevoegdheden van arbiters, het verloop van een arbitrageprocedure, of elk ander aspect van deze procedure, noch op enige vordering of beslissing inzake nietigverklaring, herziening, hoger beroep, erkenning en tenuitvoerlegging met betrekking tot een scheidsrechterlijke uitspraak.

6   PB L 299 van 31.12.1972, blz. 32; PB L 304 van 30.10.1978, blz. 1; PB L 388 van 31.12.1982, blz. 1; PB L 285 van 3.10.1989, blz. 1; PB C 15 van 15.1.1997, blz. 1. Voor een geconsolideerde versie, zie PB C 27 van 26.1.1998, blz. 1.
7   PB L 319 van 25.11.1988, blz. 9.
8   PB L 120 van 5.5.2006, blz. 22.
9   PB L 147 van 10.6.2009, blz. 5.
10   PB L 7 van 10.1.2009, blz. 1.

(13) Er moet een band bestaan tussen de procedures waarop deze verordening van toepassing is en het grondgebied van de lidstaten. De gemeenschappelijke regels inzake rechterlijke bevoegdheid moeten derhalve in beginsel van toepassing zijn wanneer de verweerder woonplaats in een van die lidstaten heeft.

(14) Ten aanzien van verweerders die geen woonplaats hebben op het grondgebied van een lidstaat, gelden als regel de nationale bevoegdheidsregels die worden toegepast op het grondgebied van de lidstaat van het gerecht waarbij de zaak is aangebracht. Met het oog op de bescherming van consumenten en werknemers, en teneinde de bevoegdheid van de gerechten van de lidstaten in gevallen waarin deze exclusieve bevoegdheid hebben, zeker te stellen en de autonomie van de partijen te eerbiedigen, dienen bepaalde bevoegdheidsregels in deze verordening te gelden, ongeacht de woonplaats van de verweerder.

(15) De bevoegdheidsregels moeten in hoge mate voorspelbaar zijn, waarbij als beginsel geldt dat de bevoegdheid in het algemeen gegrond wordt op de woonplaats van de verweerder. De bevoegdheid moet altijd op die grond kunnen worden gevestigd, behalve in een gering aantal duidelijk omschreven gevallen waarin het voorwerp van het geschil of de autonomie van de partijen een ander aanknopingspunt wettigt. Voor rechtspersonen moet de woonplaats autonoom worden bepaald om de gemeenschappelijke regels doorzichtiger te maken en jurisdictiegeschillen te voorkomen.

(16) Naast de woonplaats van de verweerder moeten er alternatieve bevoegdheidsgronden mogelijk zijn, gebaseerd op de nauwe band tussen het gerecht en de vordering of de noodzaak een goede rechtsbedeling te vergemakkelijken. Het bestaan van een nauwe band moet zorgen voor rechtszekerheid en de mogelijkheid vermijden dat de verweerder wordt opgeroepen voor een gerecht van een lidstaat dat door hem redelijkerwijs niet voorzienbaar was. Dat is met name belangrijk bij geschillen betreffende niet-contractuele verbintenissen die voortvloeien uit een inbreuk op de persoonlijke levenssfeer of op de persoonlijkheidsrechten, met inbegrip van smaad.

(17) De eigenaar van een cultuurgoed in de zin van artikel 1, punt 1, van Richtlijn 93/7/EEG van de Raad van 15 maart 1993 betreffende de teruggave van cultuurgoederen die op onrechtmatige wijze buiten het grondgebied van een lidstaat zijn gebracht[11] moet uit hoofde van deze verordening de mogelijkheid hebben om zijn op eigendom gebaseerde vordering tot teruggave van een zodanig goed aanhangig te maken voor het gerecht van de plaats waar de goederen zich bevinden op het tijdstip dat de zaak bij het gerecht aanhangig wordt gemaakt. Een dergelijke vordering laat onverlet een procedure die ingevolge Richtlijn 93/7/EEG kan worden ingesteld.

(18) In het geval van verzekerings-, consumenten- en arbeidsovereenkomsten moet de zwakke partij worden beschermd door bevoegdheidsregels die gunstiger zijn voor haar belangen dan de algemene regels.

(19) De autonomie van de partijen bij een andere overeenkomst dan een verzekerings-, consumenten- of arbeidsovereenkomst, waarvoor slechts een beperkte autonomie geldt met betrekking tot de keuze van het bevoegde gerecht, moet worden geëerbiedigd, behoudens de exclusieve bevoegdheidsgronden die in deze verordening zijn neergelegd.

(20) Of een forumkeuzebeding ten gunste van het gerecht of de gerechten van een bepaalde lidstaat nietig is wat haar materiële geldigheid betreft, dient te worden bepaald door het recht van die lidstaat, met inbegrip van het conflictenrecht van die lidstaat.

(21) Met het oog op een harmonische rechtsbedeling moeten parallel lopende processen zoveel mogelijk worden beperkt en moet worden voorkomen dat in verschillende lidstaten onverenigbare beslissingen worden gegeven. Er moet een duidelijke en afdoende regeling zijn om problemen op het gebied van aanhangigheid en samenhang op te lossen, alsook om problemen te verhelpen die voortvloeien uit de tussen de lidstaten bestaande verschillen ten aanzien van de datum waarop een zaak als aanhangig wordt beschouwd. Voor de toepassing van deze verordening moet die datum autonoom worden bepaald.

(22) Om evenwel de doeltreffendheid van overeenkomsten inzake exclusieve forumkeuze te verbeteren en misbruik van procesrecht te voorkomen, moet een uitzondering op de algemene litispendentieregel worden getroffen met het oog op een bevredigende oplossing voor bepaalde situaties waarin zich een samenloop van procedures kan voordoen. Dat is het geval wanneer een ander dan het bij exclusieve forumkeuze aangewezen gerecht is aangezocht, en vervolgens tussen dezelfde partijen vorderingen voor het aangewezen gerecht worden aangebracht die hetzelfde onderwerp betreffen en op dezelfde oorzaak berusten. In een dergelijk geval moet het eerst aangezochte gerecht de procedure aanhouden zodra het aangewezen gerecht wordt aangezocht, en wel totdat dit laatste gerecht verklaart geen bevoegdheid te ontlenen aan de exclusieve forumkeuze. Dit dient om ervoor te zorgen dat het aangewezen gerecht in een dergelijke situatie voorrang krijgt om te beslissen over de geldigheid van het forumkeuzebeding en de mate waarin het beding geldt voor het voor hem dienende geschil. Het aangewezen gerecht moet aan de

---

11   PB L 74 van 27.3.1993, blz. 74.

behandeling van de zaak kunnen beginnen, ongeacht of het niet-aangewezen gerecht al heeft besloten over aanhouding van de zaak.

Deze uitzondering dient niet te gelden voor situaties waarin partijen tegenstrijdige forumkeuzebedingen zijn overeengekomen, of waarin een in een forumkeuzebeding aangewezen rechter het eerst is benaderd. In die gevallen geldt de litispendentieregel van deze verordening.

(23) Deze verordening moet een flexibel mechanisme bieden dat de gerechten van de lidstaten in staat stelt rekening te houden met procedures die aanhangig zijn voor de gerechten van derde landen, waarbij in het bijzonder wordt overwogen of een in een derde land gegeven beslissing in de desbetreffende lidstaat, en volgens het recht van die lidstaat en naar de goede rechtsbedeling vatbaar zal zijn voor erkenning en tenuitvoerlegging.

(24) Het gerecht van de betrokken lidstaat dat beoordeelt of er sprake is van goede rechtsbedeling, moet alle omstandigheden in overweging nemen. Dergelijke omstandigheden kunnen omvatten de verbanden tussen de feiten van de zaak en de partijen en de derde staat in kwestie, de stand waarin de procedure in de derde staat zich bevindt op het tijdstip waarop de procedure bij het gerecht in de lidstaat wordt ingeleid, en de vraag of van het gerecht in de derde staat kan worden verwacht dat het binnen een redelijke termijn uitspraak doet.

Die beoordeling kan tevens een overweging van de vraag omvatten of het gerecht van de derde staat in een bepaalde zaak exclusief bevoegd is in omstandigheden waarin een gerecht van een lidstaat exclusief bevoegd zou zijn.

(25) Onder het begrip van voorlopige en bewarende maatregelen dient bijvoorbeeld te worden begrepen conservatoire bevelen ter verkrijging van informatie of ter bescherming van bewijsmateriaal zoals bedoeld in de artikelen 6 en 7 van Richtlijn 2004/48/EG van het Europees Parlement en de Raad van 29 april 2004 betreffende de handhaving van intellectuele-eigendomsrechten[12]. Onder dit begrip mogen niet worden begrepen maatregelen die geen conservatoir karakter hebben, zoals maatregelen waarbij het verhoor van een getuige wordt gelast. Dit laat de toepassing onverlet van Verordening (EG) nr. 1206/2001 van de Raad van 28 mei 2001 betreffende de samenwerking tussen de gerechten van de lidstaten op het gebied van bewijsverkrijging in burgerlijke en handelszaken[13].

(26) Op grond van het wederzijdse vertrouwen in de rechtsbedeling in de Unie is het in beginsel gerechtvaardigd dat in een lidstaat gegeven beslissingen worden erkend in alle lidstaten zonder dat daarvoor een speciale procedure nodig is. Bovendien rechtvaardigt het doel, namelijk de grensoverschrijdende geschillenbeslechting minder tijdrovend en goedkoper te maken, dat de verklaring van uitvoerbaarheid die vóór de tenuitvoerlegging in de aangezochte lidstaat moet worden gevraagd, wordt afgeschaft. Bijgevolg moet een beslissing die door de gerechten van een lidstaat is gegeven, op dezelfde manier worden behandeld als een beslissing die in de aangezochte lidstaat is gegeven.

(27) Met het oog op het vrije verkeer van rechterlijke beslissingen moet een beslissing die door een gerecht van een lidstaat is gegeven, in een andere lidstaat worden erkend en ten uitvoer gelegd, ook indien het is gewezen tegen een verweerder die geen woonplaats heeft in een lidstaat.

(28) Indien een beslissing maatregelen of bevelen bevat die in het recht van de aangezochte lidstaat onbekend zijn, wordt de maatregel of het bevel, inclusief een eventueel daarin vervat recht, zoveel als mogelijk in overeenstemming gebracht met een maatregel die of bevel dat wel in dat rechtsstelsel bestaat, gelijkwaardige gevolgen heeft en dezelfde doelstellingen en belangen beoogt. Hoe en door wie de aanpassing dient te geschieden wordt door elke lidstaat zelf bepaald.

(29) De rechtstreekse tenuitvoerlegging in de aangezochte lidstaat van een in een andere lidstaat gegeven beslissing zonder verklaring van uitvoerbaarheid mag de eerbiediging van het recht van verweer niet in gevaar brengen. Daarom moet de partij tegen wie de tenuitvoerlegging wordt gevorderd, in staat worden gesteld om weigering van erkenning of tenuitvoerlegging van een vonnis te verzoeken als hij meent dat er een grond voor weigering van erkenning aanwezig is. Een van die gronden is dat hij geen gelegenheid heeft gehad zijn verweer voor te bereiden ingeval van een bij verstek gewezen beslissing op een civiele vordering in verband met een strafzaak. Ook behoren hiertoe de gronden waarop een beroep kan worden gedaan krachtens een overeenkomst ex artikel 59 van het Verdrag van Brussel van 1968 tussen de aangezochte lidstaat en een derde staat.

(30) De partij die zich verzet tegen de tenuitvoerlegging van een in een andere lidstaat gegeven beslissing, moet zich, zoveel mogelijk en overeenkomstig het rechtsstelsel van de aangezochte lidstaat, in dezelfde procedure, naast op de in deze verordening bepaalde gronden voor weigering, ook kunnen beroepen op de gronden voor weigering die bij het nationale recht zijn bepaald en binnen de in dat recht gestelde termijnen.

De erkenning van een beslissing moet echter alleen geweigerd kunnen worden op een van de in deze verordening bepaalde gronden voor weigering.

---

12 PB L 157 van 30.4.2004, blz. 45.
13 PB L 174 van 27.6.2001, blz. 1.

(31) Hangende het verzet tegen tenuitvoerlegging van een beslissing, moet het voor het gerecht van de aangezochte lidstaat mogelijk zijn, gedurende de gehele procedure inclusief eventueel hoger beroep, de tenuitvoerlegging te laten doorgaan op voorwaarde van een beperking op die tenuitvoerlegging of van een zekerheidsstelling.

(32) Om de persoon tegen wie om tenuitvoerlegging wordt verzocht, in kennis te stellen van de tenuitvoerlegging van een in een andere lidstaat gegeven beslissing, moet het op grond van deze verordening opgestelde certificaat, indien nodig vergezeld van de beslissing, een redelijke termijn vóór de eerste tenuitvoerleggingsmaatregel aan de betrokkene worden betekend. De eerste tenuitvoerleggingsmaatregel betekent in dit verband de eerste tenuitvoerleggingsmaatregel na de betekening.

(33) Wanneer voorlopige en bewarende maatregelen zijn gelast door een gerecht dat bevoegd is om van het bodemgeschil kennis te nemen, moet het vrije verkeer ervan worden gewaarborgd krachtens deze verordening. Voorlopige en bewarende maatregelen die door een gerecht als hierboven bedoeld zijn gelast zonder dat verweerder is gedaagd te verschijnen, mogen evenwel niet worden erkend en ten uitvoer gelegd, tenzij de beslissing waarin de maatregel is vervat, vóór de tenuitvoerlegging aan de verweerder is betekend. Dit laat de erkenning en tenuitvoerlegging van dergelijke maatregelen krachtens nationaal recht onverlet. Wanneer voorlopige en bewarende maatregelen zijn gelast door een gerecht van een lidstaat dat niet bevoegd is om van het bodemgeschil kennis te nemen, moeten de gevolgen van de maatregelen krachtens deze verordening worden beperkt tot het grondgebied van die lidstaat.

(34) De continuïteit tussen het Verdrag van Brussel van 1968, Verordening (EG) nr. 44/2001 en deze verordening moet gewaarborgd worden; daartoe zijn overgangsbepalingen nodig. Deze continuïteit moet ook gelden voor de uitleg door het Hof van Justitie van de Europese Unie van het Verdrag van Brussel van 1968 en de verordeningen ter vervanging daarvan.

(35) De eerbiediging van de internationale verplichtingen van de lidstaten houdt in dat deze verordening de verdragen en internationale overeenkomsten waarbij de lidstaten partij zijn en die bijzondere onderwerpen bestrijken, onverlet laat.

(36) Onverminderd de verplichtingen van de lidstaten op grond van de Verdragen, moet de toepassing van bilaterale verdragen en overeenkomsten die vóór de datum van inwerkingtreding van Verordening (EG) nr. 44/2001 tussen een derde staat en een lidstaat zijn gesloten en betrekking hebben op de bij deze verordening geregelde onderwerpen, door deze verordening onverlet worden gelaten.

(37) Om erop toe te zien dat de in verband met de erkenning of tenuitvoerlegging van beslissingen, authentieke akten en gerechtelijke schikkingen in de zin van deze verordening te gebruiken certificaten, steeds worden bijgehouden, moet de bevoegdheid om handelingen vast te stellen overeenkomstig artikel 290 VWEU aan de Commissie worden gedelegeerd ten aanzien van de wijzigingen in de bijlagen I en II bij deze verordening. Het is van bijzonder belang dat de Commissie tijdens haar voorbereidende werkzaamheden passend overleg pleegt, ook op deskundigenniveau. De Commissie moet bij de voorbereiding en het opstellen van gedelegeerde handelingen ervoor zorgen dat de desbetreffende documenten tijdig, gelijktijdig en op passende wijze aan het Europees Parlement en aan de Raad worden toegezonden.

(38) Deze verordening eerbiedigt de grondrechten en neemt de beginselen in acht die in het Handvest van de grondrechten van de Europese Unie zijn erkend, met name het recht op een doeltreffende voorziening in rechte en op een onpartijdig gerecht zoals gewaarborgd in artikel 47 van het Handvest.

(39) Aangezien de doelstelling van deze verordening niet voldoende door de lidstaten kan worden verwezenlijkt en derhalve door de Unie kan worden verwezenlijkt, kan de Unie, overeenkomstig het in artikel 5 van het Verdrag betreffende de Europese Unie (VEU) neergelegde subsidiariteitsbeginsel, maatregelen nemen. Overeenkomstig het in hetzelfde artikel neergelegde evenredigheidsbeginsel gaat deze verordening niet verder dan nodig is om de doelstelling ervan te verwezenlijken.

(40) Overeenkomstig artikel 3 van het Protocol betreffende de positie van het Verenigd Koninkrijk en Ierland, gehecht aan het VEU en aan het toenmalige Verdrag tot oprichting van de Europese Gemeenschap, nemen het Verenigd Koninkrijk en Ierland deel aan de aanneming en toepassing van Verordening (EG) nr. 44/2001. Het Verenigd Koninkrijk en Ierland hebben, overeenkomstig artikel 3 van Protocol nr. 21 betreffende de positie van het Verenigd Koninkrijk en Ierland ten aanzien van de ruimte van vrijheid, veiligheid en recht, gehecht aan het VEU en het VWEU, kennis gegeven van hun wens deel te nemen aan de aanneming en toepassing van deze verordening.

(41) Denemarken neemt, overeenkomstig de artikelen 1 en 2 van Protocol nr. 22 betreffende de positie van Denemarken, gehecht aan het VEU en het VWEU, niet deel aan de aanneming van deze verordening en deze verordening is derhalve niet verbindend voor, noch van toepassing in Denemarken, onverminderd de mogelijkheid voor Denemarken om, overeenkomstig artikel 3 van de Overeenkomst van 19 oktober 2005 tussen de Europese Gemeenschap en het Koninkrijk Denemarken betreffende de rechterlijke bevoegdheid, de erkenning en de tenuitvoerlegging

van beslissingen in burgerlijke en handelszaken[14], de wijzigingen in Verordening (EG) nr. 44/2001 toe te passen,
HEBBEN DE VOLGENDE VERORDENING VASTGESTELD:

HOOFDSTUK I
TOEPASSINGSGEBIED EN DEFINITIES

Art. 1

Werkingssfeer

1. Deze verordening wordt toegepast in burgerlijke en handelszaken, ongeacht de aard van het gerecht. Zij heeft met name geen betrekking op fiscale zaken, douanezaken en administratiefrechtelijke zaken, noch op de aansprakelijkheid van de staat wegens een handeling of nalaten in de uitoefening van het openbaar gezag (*acta jure imperii*).

2. Deze verordening is niet van toepassing op:
a) de staat en de bevoegdheid van natuurlijke personen, het huwelijkvermogensrecht of het vermogensrecht ter zake van relatievormen waaraan volgens het hierop toepasselijke recht gevolgen worden verbonden welke vergelijkbaar zijn met die van het huwelijk;
b) het faillissement, akkoorden en andere soortgelijke procedures;
c) de sociale zekerheid;
d) arbitrage;
e) onderhoudsverplichtingen die voortvloeien uit familiebetrekkingen, bloedverwantschap, huwelijk of aanverwantschap;
f) testamenten en erfenissen, met inbegrip van onderhoudsverplichtingen die ontstaan als gevolg van overlijden.

Art. 2

Begripsbepalingen

In deze verordening wordt verstaan onder:
a) „beslissing", elke door een gerecht van een lidstaat gegeven beslissing, ongeacht de daaraan gegeven benaming, zoals arrest, vonnis, beschikking of rechterlijk dwangbevel, alsmede de vaststelling van het bedrag van de proceskosten door de griffier.
Voor de toepassing van hoofdstuk III omvat het begrip „beslissing" voorlopige en bewarende maatregelen die zijn gelast door een gerecht dat overeenkomstig deze verordening bevoegd is om van het bodemgeschil kennis te nemen. Het omvat niet een voorlopige of een bewarende maatregel die door een dergelijk gerecht wordt bevolen zonder dat de verweerder is opgeroepen te verschijnen, tenzij de beslissing die de maatregel bevat vóór de tenuitvoerlegging aan de verweerder is betekend;
b) „gerechtelijke schikking", een schikking die door een gerecht van een lidstaat is goedgekeurd of tijdens een procedure voor een gerecht van een lidstaat is getroffen;
c) „authentieke akte", een akte die als authentieke akte is verleden of geregistreerd in de lidstaat van herkomst en waarvan de authenticiteit:
i) betrekking heeft op de ondertekening en de inhoud van de akte, en
ii) is vastgesteld door een overheidsinstantie of een andere daartoe bevoegd verklaarde autoriteit;
d) „lidstaat van herkomst", de lidstaat waar, naargelang van het geval, de beslissing is gegeven, de gerechtelijke schikking is goedgekeurd of getroffen, of de authentieke akte is verleden of geregistreerd;
e) „aangezochte lidstaat", de lidstaat waar de erkenning van de beslissing wordt ingeroepen of waar de tenuitvoerlegging van de beslissing, de gerechtelijke schikking of de authentieke akte wordt gevorderd;
f) „gerecht van herkomst", het gerecht dat de beslissing heeft gegeven waarvan de erkenning wordt ingeroepen of de tenuitvoerlegging wordt gevorderd.

Art. 3

Gerecht, definitie

Voor de toepassing van deze verordening omvat „gerecht" de volgende autoriteiten, voor zover zij bevoegd zijn voor binnen het toepassingsgebied van deze verordening vallende zaken:
a) in Hongarije, in het kader van een summiere procedure betreffende een aanmaning tot betaling („fizetési meghagyásos eljárás"): notarissen („közjegyző");
b) in Zweden, in het kader van een summiere procedure betreffende een aanmaning tot betaling („betalningsföreläggande") en bijstandszaken („handräckning"): gerechtsdeurwaarderinstanties („Kronofogdemyndigheten").

---

14 PB L 299 van 16.11.2005, blz. 62.

HOOFDSTUK II
BEVOEGDHEID

AFDELING 1
Algemene bepalingen

Art. 4
1. Onverminderd deze verordening worden zij die woonplaats hebben op het grondgebied van een lidstaat, ongeacht hun nationaliteit, opgeroepen voor de gerechten van die lidstaat.

2. Voor degenen die niet de nationaliteit bezitten van de lidstaat waar zij woonplaats hebben, gelden de regels voor de rechterlijke bevoegdheid die op de eigen onderdanen van die lidstaat van toepassing zijn.

Art. 5
1. Degenen die op het grondgebied van een lidstaat woonplaats hebben, kunnen slechts voor het gerecht van een andere lidstaat worden opgeroepen krachtens de in de afdelingen 2 tot en met 7 van dit hoofdstuk gegeven regels.
2. In het bijzonder zijn de nationale bevoegdheidsregels waarvan de lidstaten de Commissie krachtens artikel 76, lid 1, onder a), in kennis hebben gesteld, niet van toepassing op personen als bedoeld in lid 1 van dit artikel.

Art. 6
1. Indien de verweerder geen woonplaats heeft op het grondgebied van een lidstaat, wordt de bevoegdheid in elke lidstaat geregeld door de wetgeving van die lidstaat, onverminderd artikel 18, lid 1, artikel 21, lid 2, en de artikelen 24 en 25.
2. Tegen een dergelijke verweerder kan eenieder, ongeacht zijn nationaliteit, die op het grondgebied van een lidstaat woonplaats heeft, zich aldaar op gelijke voet met de onderdanen van die staat, beroepen op de aldaar geldende nationale bevoegdheidsregels, en in het bijzonder de regels waarvan de lidstaten de Commissie krachtens artikel 76, lid 1, onder a), in kennis hebben gesteld.

AFDELING 2
Bijzondere bevoegdheid

Art. 7
Een persoon die woonplaats heeft op het grondgebied van een lidstaat, kan in een andere lidstaat voor de volgende gerechten worden opgeroepen:
1.
a) ten aanzien van verbintenissen uit overeenkomst, voor het gerecht van de plaats waar de verbintenis die aan de eis ten grondslag ligt, is uitgevoerd of moet worden uitgevoerd;
b) voor de toepassing van deze bepaling is, tenzij anders is overeengekomen, de plaats van uitvoering van de verbintenis die aan de eis ten grondslag ligt:
– voor de koop en verkoop van roerende lichamelijke zaken, de plaats in een lidstaat waar de zaken volgens de overeenkomst geleverd werden of geleverd hadden moeten worden;
– voor de verstrekking van diensten, de plaats in een lidstaat waar de diensten volgens de overeenkomst verstrekt werden of verstrekt hadden moeten worden;
c) punt a) is van toepassing indien punt b) niet van toepassing is;
2. ten aanzien van verbintenissen uit onrechtmatige daad, voor het gerecht van de plaats waar het schadebrengende feit zich heeft voorgedaan of zich kan voordoen;
3. ten aanzien van een op een strafbaar feit gegronde rechtsvordering tot schadevergoeding of tot teruggave, voor het gerecht waarbij de strafvervolging is ingesteld, voor zover dit gerecht volgens de interne wetgeving van de burgerlijke vordering kennis kan nemen;
4. ten aanzien van een op eigendom gebaseerde vordering tot teruggave van een cultuurgoed in de zin van artikel 1, punt 1, van Richtlijn 93/7/EEG, ingesteld door degene die een eigendomsrecht op een zodanig goed stelt te hebben, voor het gerecht van de plaats waar het goed zich bevindt op het tijdstip dat de zaak bij het gerecht aanhangig wordt gemaakt;
5. ten aanzien van een geschil betreffende de exploitatie van een filiaal, van een agentschap of enige andere vestiging, voor het gerecht van de plaats waar het filiaal, het agentschap of andere vestiging gelegen zijn;
6. ten aanzien van een geschil dat aanhangig wordt gemaakt tegen een oprichter, trustee of begunstigde van een trust die in het leven is geroepen op grond van de wet of bij geschrifte dan wel bij een schriftelijk bevestigde mondelinge overeenkomst, voor de gerechten van de lidstaat op het grondgebied waarvan de trust woonplaats heeft;

7. ten aanzien van een geschil betreffende de betaling van de beloning wegens de hulp en berging die aan een lading of vracht ten goede is gekomen, voor het gerecht in het rechtsgebied waarvan op deze lading of de daarop betrekking hebbende vracht:
a) beslag is gelegd tot zekerheid van deze betaling, of
b) daartoe beslag had kunnen worden gelegd, maar borgtocht of andere zekerheid is gesteld, met dien verstande dat bepaling slechts van toepassing is indien wordt beweerd dat de verweerder een recht heeft op de lading of de vracht, of dat hij daarop een zodanig recht had op het tijdstip van deze hulp of berging.

Art. 8

Een persoon die op het grondgebied van een lidstaat woonplaats heeft, kan ook worden opgeroepen:
1. indien er meer dan één verweerder is: voor het gerecht van de woonplaats van een hunner, op voorwaarde dat er tussen de vorderingen een zo nauwe band bestaat dat een goede rechtsbedeling vraagt om hun gelijktijdige behandeling en berechting, teneinde te vermijden dat bij afzonderlijke berechting van de zaken onverenigbare beslissingen worden gegeven;
2. bij een vordering tot vrijwaring of bij een vordering tot voeging of tussenkomst: voor het gerecht waarvoor de oorspronkelijke vordering aanhangig is gemaakt, tenzij de vorderingen slechts zijn ingesteld om hem te onttrekken aan de bevoegdheid van de rechter die bevoegd zou zijn in zijn zaak;
3. ten aanzien van een tegenvordering die voortspruit uit de overeenkomst of uit het rechtsfeit waarop de oorspronkelijke vordering gegrond is: voor het gerecht waar deze laatste aanhangig is;
4. ten aanzien van een verbintenis uit overeenkomst, indien de vordering vergezeld kan gaan van een zakelijke vordering betreffende een onroerend goed tegen dezelfde verweerder: voor de gerechten van de lidstaat op het grondgebied waarvan het onroerend goed gelegen is.

Art. 9

Indien een gerecht van een lidstaat krachtens deze verordening bevoegd is kennis te nemen van vorderingen ter zake van aansprakelijkheid voortvloeiend uit het gebruik of de exploitatie van een schip, neemt dit gerecht, of elk ander gerecht dat volgens het interne recht van deze lidstaat in zijn plaats treedt, tevens kennis van de vorderingen tot beperking van dergelijke aansprakelijkheid.

AFDELING 3
Bevoegdheid in verzekeringszaken

Art. 10

De bevoegdheid in verzekeringszaken is in deze afdeling geregeld, onverminderd artikel 6 en artikel 7, punt 5.

Art. 11

1. De verzekeraar met woonplaats op het grondgebied van een lidstaat, kan worden opgeroepen:
a) voor de gerechten van de lidstaat waar hij zijn woonplaats heeft;
b) in een andere lidstaat, indien het een vordering van de verzekeringnemer, de verzekerde of een begunstigde betreft, voor het gerecht van de woonplaats van de eiser, of
c) indien het een medeverzekeraar betreft, voor het gerecht van een lidstaat waar de vordering tegen de eerste verzekeraar is ingesteld.
2. Wanneer de verzekeraar geen woonplaats heeft op het grondgebied van een lidstaat, maar in een lidstaat een filiaal, een agentschap of enige andere vestiging heeft, wordt hij voor de geschillen betreffende de exploitatie daarvan geacht woonplaats te hebben op het grondgebied van die lidstaat.

Art. 12

De verzekeraar kan bovendien worden opgeroepen voor het gerecht van de plaats waar het schadebrengende feit zich heeft voorgedaan, indien het geschil een aansprakelijkheidsverzekering of een verzekering van onroerend goed betreft. Hetzelfde geldt voor het geval dat de verzekering zowel betrekking heeft op roerende als op onroerende goederen die door eenzelfde polis gedekt zijn en door hetzelfde onheil getroffen zijn.

Art. 13

1. Ter zake van aansprakelijkheidsverzekering kan de verzekeraar ook in vrijwaring worden opgeroepen voor het gerecht waar de rechtsvordering van de getroffene tegen de verzekerde aanhangig is, indien de voor dit gerecht geldende wetgeving het toelaat.
2. De artikelen 10, 11 en 12 zijn van toepassing op de vordering die door de getroffene rechtstreeks tegen de verzekeraar wordt ingesteld, indien de rechtstreekse vordering mogelijk is.

3. Indien de wettelijke bepalingen betreffende deze rechtstreekse vordering het in het geding roepen van de verzekeringnemer of de verzekerde regelen, is hetzelfde gerecht ook te hunnen opzichte bevoegd.

Art. 14
1. Onverminderd artikel 13, lid 3, kan de vordering van de verzekeraar slechts worden gebracht voor de gerechten van de lidstaat op het grondgebied waarvan de verweerder woonplaats heeft, ongeacht of deze laatste verzekeringnemer, verzekerde of begunstigde is.
2. Deze afdeling laat het recht om een tegenvordering in te stellen bij het gerecht waarvoor met inachtneming van deze afdeling de oorspronkelijke vordering is gebracht, onverlet.

Art. 15
Van deze afdeling kan slechts worden afgeweken door overeenkomsten:
1. gesloten na het ontstaan van het geschil;
2. die aan de verzekeringnemer, de verzekerde of de begunstigde de mogelijkheid geven de zaak bij andere gerechten dan de in deze afdeling genoemde aanhangig te maken;
3. waarbij een verzekeringnemer en een verzekeraar die op het tijdstip waarop de overeenkomst wordt gesloten, hun woonplaats of hun gewone verblijfplaats in dezelfde lidstaat hebben, zelfs als het schadebrengende feit zich in het buitenland heeft voorgedaan, de gerechten van die lidstaat bevoegd verklaren, tenzij de wetgeving van die lidstaat dergelijke overeenkomsten verbiedt;
4. gesloten door een verzekeringnemer die zijn woonplaats niet in een lidstaat heeft, behalve wanneer het gaat om een verplichte verzekering of een verzekering van een in een lidstaat gelegen onroerend goed, of
5. betreffende een verzekeringsovereenkomst, voor zover daarmee een of meer van de risico's bedoeld in artikel 16 worden gedekt.

Art. 16
De in artikel 15, punt 5, bedoelde risico's zijn de volgende:
1. elk verlies van of elke schade aan:
   a) zeeschepen, vaste installaties in de kustwateren of in volle zee, of luchtvaartuigen, die wordt veroorzaakt door gebeurtenissen in verband met het gebruik daarvan voor handelsdoeleinden;
   b) andere goederen dan de bagage van passagiers, toegebracht tijdens het vervoer met deze schepen of luchtvaartuigen of tijdens gemengd vervoer waarbij mede met deze schepen of luchtvaartuigen wordt vervoerd;
2. elke aansprakelijkheid, met uitzondering van die voor lichamelijk letsel van passagiers of schade aan hun bagage:
   a) voortvloeiend uit het gebruik of de exploitatie van de schepen, installaties of luchtvaartuigen overeenkomstig punt 1, onder a), voor zover, wat luchtvaartuigen betreft, voor de verzekering van zulke risico's overeenkomsten tot aanwijzing van een bevoegd gerecht niet verboden zijn bij de wet van de lidstaat waar de luchtvaartuigen zijn ingeschreven;
   b) veroorzaakt door de goederen gedurende vervoer als bedoeld in punt 1, onder b);
3. de geldelijke verliezen in verband met het gebruik of de exploitatie van de schepen, installaties of luchtvaartuigen overeenkomstig punt 1, onder a), met name verlies van vracht of verlies van opbrengst van vervrachting;
4. elk risico of belang dat komt bij een van de in punt 1 tot en met punt 3 genoemde risico's;
5. behoudens de punten 1 tot en met 4, alle „grote risico's" zoals omschreven in Richtlijn 2009/138/EG van het Europees Parlement en de Raad van 25 november 2009 betreffende de toegang tot en uitoefening van het verzekerings- en het herverzekeringsbedrijf (Solvabiliteit II)[15].

AFDELING 4
Bevoegdheid voor door consumenten gesloten overeenkomsten

Art. 17
1. Voor overeenkomsten gesloten door een persoon, de consument, voor een gebruik dat als niet bedrijfs- of beroepsmatig kan worden beschouwd, wordt de bevoegdheid geregeld door deze afdeling, onverminderd artikel 6 en artikel 7, punt 5, wanneer:
a) het gaat om koop en verkoop op afbetaling van roerende lichamelijke zaken;
b) het gaat om leningen op afbetaling of andere krediettransacties ter financiering van de verkoop van zulke zaken, of
c) in alle andere gevallen, de overeenkomst is gesloten met een persoon die commerciële of beroepsactiviteiten ontplooit in de lidstaat waar de consument woonplaats heeft, of dergelijke activiteiten met ongeacht welke middelen richt op die lidstaat, of op meerdere staten met inbegrip van die lidstaat, en de overeenkomst onder die activiteiten valt.

Tenuitvoerlegging beslissingen in burgerlijke en handelszaken, bevoegdheid voor door consumenten gesloten overeenkomsten

---
15   PB L 335 van 17.12.2009, blz. 1.

2. Wanneer de wederpartij van de consument geen woonplaats heeft op het grondgebied van die lidstaat maar in een lidstaat een filiaal, een agentschap of enige andere vestiging heeft, wordt hij voor de geschillen betreffende de exploitatie daarvan geacht woonplaats te hebben op het grondgebied van die lidstaat.
3. Deze afdeling is niet van toepassing op vervoerovereenkomsten, behoudens overeenkomsten waarbij voor één enkele prijs zowel vervoer als verblijf worden aangeboden.

Art. 18
1. De rechtsvordering die door een consument wordt ingesteld tegen de wederpartij bij de overeenkomst, kan worden gebracht hetzij voor de gerechten van de lidstaat op het grondgebied waarvan die partij woonplaats heeft, hetzij, ongeacht de woonplaats van de wederpartij, voor het gerecht van de plaats waar de consument woonplaats heeft.
2. De rechtsvordering die tegen de consument wordt ingesteld door de wederpartij bij de overeenkomst kan slechts worden gebracht voor de gerechten van de lidstaat op het grondgebied waarvan de consument woonplaats heeft.
3. Dit artikel laat het recht om een tegenvordering in te stellen bij het gerecht waarvoor met inachtneming van deze afdeling de oorspronkelijke vordering is gebracht, onverlet.

Art. 19
Van deze afdeling kan slechts worden afgeweken door overeenkomsten:
1. gesloten na het ontstaan van het geschil;
2. die aan de consument de mogelijkheid geven de zaak bij andere gerechten dan de in deze afdeling genoemde aanhangig te maken, of
3. waarbij een consument en zijn wederpartij, die op het tijdstip waarop de overeenkomst wordt gesloten woonplaats of hun gewone verblijfplaats in dezelfde lidstaat hebben, de gerechten van die lidstaat bevoegd verklaren, tenzij het recht van die lidstaat dergelijke overeenkomsten verbiedt.

AFDELING 5
Bevoegdheid voor individuele verbintenissen uit arbeidsovereenkomst

Art. 20
1. Voor individuele verbintenissen uit arbeidsovereenkomst wordt de bevoegdheid geregeld door deze afdeling, onverminderd artikel 6, artikel 7, punt 5, en in het geval van een tegen de werkgever ingestelde vordering, artikel 8, punt 1.

2. Wanneer een werknemer een individuele arbeidsovereenkomst aangaat met een werkgever die geen woonplaats heeft op het grondgebied van een lidstaat, maar in een lidstaat een filiaal, agentschap of andere vestiging heeft, wordt de werkgever voor geschillen betreffende de exploitatie daarvan geacht zijn woonplaats te hebben op het grondgebied van die lidstaat.

Art. 21
1. De werkgever met woonplaats op het grondgebied van een lidstaat kan voor de volgende gerechten worden opgeroepen:
a) voor de gerechten van de lidstaat waar hij zijn woonplaats heeft, of
b) in een andere lidstaat:
i) voor het gerecht van de plaats waar of van waaruit de werknemer gewoonlijk werkt of voor het gerecht van de laatste plaats waar of van waaruit hij gewoonlijk heeft gewerkt, of
ii) wanneer de werknemer niet in eenzelfde land gewoonlijk werkt of heeft gewerkt, voor het gerecht van de plaats waar zich de vestiging bevindt of bevond die de werknemer in dienst heeft genomen.
2. Een werkgever die geen woonplaats heeft op het grondgebied van een lidstaat kan in overeenstemming met lid 1, onder b), worden opgeroepen voor het gerecht van een lidstaat.

Art. 22
1. De vordering van de werkgever kan slechts worden gebracht voor de gerechten van de lidstaat op het grondgebied waarvan de werknemer woonplaats heeft.
2. Deze afdeling laat het recht om een tegenvordering in te stellen bij het gerecht waarvoor met inachtneming van deze afdeling de oorspronkelijke vordering is gebracht, onverlet.

Art. 23
Van deze afdeling kan slechts worden afgeweken door overeenkomsten:
1. gesloten na het ontstaan van het geschil, of
2. die aan de werknemer de mogelijkheid geven de zaak bij andere gerechten dan de in deze afdeling genoemde aanhangig te maken.

AFDELING 6
Exclusieve bevoegdheid

Art. 24
Ongeacht de woonplaats van partijen zijn bij uitsluiting bevoegd:
1. voor zakelijke rechten op en huur en verhuur, pacht en verpachting van onroerende goederen: de gerechten van de lidstaat waar het onroerend goed gelegen is.
Voor huur en verhuur, pacht en verpachting van onroerende goederen voor tijdelijk particulier gebruik voor ten hoogste zes opeenvolgende maanden zijn evenwel ook bevoegd de gerechten van de lidstaat waar de verweerder woonplaats heeft, mits de huurder of pachter een natuurlijke persoon is en de eigenaar en de huurder of pachter woonplaats in dezelfde lidstaat hebben;
2. voor de geldigheid, de nietigheid of de ontbinding van vennootschappen of rechtspersonen met een plaats van vestiging in een lidstaat, dan wel van de besluiten van hun organen: de gerechten van die lidstaat. Om deze plaats van vestiging vast te stellen, past het gerecht de regels van het voor hem geldende internationaal privaatrecht toe;
3. voor de geldigheid van inschrijvingen in openbare registers: de gerechten van de lidstaat waar deze registers worden gehouden;
4. voor de registratie of de geldigheid van octrooien, merken, tekeningen en modellen van nijverheid, en andere soortgelijke rechten die aanleiding geven tot deponering of registratie, ongeacht of de kwestie bij wege van rechtsvordering dan wel exceptie wordt opgeworpen: de gerechten van de lidstaat op het grondgebied waarvan de deponering of registratie is verzocht, heeft plaatsgehad of geacht wordt te hebben plaatsgehad in de zin van een besluit van de Unie of een internationale overeenkomst.
Onverminderd de bevoegdheid van het Europees octrooibureau krachtens het Verdrag inzake de verlening van Europese octrooien, ondertekend te München op 5 oktober 1973, zijn de gerechten van elke lidstaat bij uitsluiting bevoegd voor de registratie of de geldigheid van een voor die lidstaat verleend Europees octrooi;
5. voor de tenuitvoerlegging van beslissingen: de gerechten van de lidstaat van de plaats van tenuitvoerlegging.

Tenuitvoerlegging beslissingen in burgerlijke en handelszaken, exclusieve bevoegdheid

AFDELING 7
Door partijen aangewezen bevoegd gerecht

Art. 25
1. Indien de partijen, ongeacht hun woonplaats, een gerecht of de gerechten van een lidstaat hebben aangewezen voor de kennisneming van geschillen die naar aanleiding van een bepaalde rechtsbetrekking zijn ontstaan of zullen ontstaan, is dit gerecht of zijn de gerechten van die lidstaat bevoegd, tenzij de overeenkomst krachtens het recht van die lidstaat nietig is wat haar materiële geldigheid betreft. Deze bevoegdheid is exclusief, tenzij de partijen anders zijn overeengekomen. De overeenkomst tot aanwijzing van een bevoegd gerecht wordt gesloten:
a) hetzij bij een schriftelijke overeenkomst of bij een schriftelijk bevestigde mondelinge overeenkomst;
b) hetzij in een vorm die wordt toegelaten door de handelwijzen die tussen de partijen gebruikelijk zijn geworden;
c) hetzij, in de internationale handel, in een vorm die overeenstemt met een gewoonte waarvan de partijen op de hoogte zijn of hadden behoren te zijn en die in de internationale handel algemeen bekend is en door partijen bij dergelijke overeenkomsten in de betrokken handelsbranche doorgaans in acht wordt genomen.
2. Als „schriftelijk" wordt tevens elke elektronische mededeling aangemerkt, waardoor de overeenkomst duurzaam geregistreerd wordt.
3. Het gerecht of de gerechten van een lidstaat waaraan in de akte tot oprichting van een trust bevoegdheid is toegekend, is of zijn bij uitsluiting bevoegd kennis te nemen van een vordering tegen een oprichter, een trustee of een begunstigde van een trust, als het gaat om de betrekkingen tussen die personen of om hun rechten of verplichtingen in het kader van de trust.
4. Overeenkomsten tot aanwijzing van een bevoegd gerecht en soortgelijke bedingen in akten tot oprichting van een trust hebben geen rechtsgevolg indien zij strijdig zijn met de artikelen 15, 19 of 23, of indien de gerechten op welker bevoegdheid inbreuk wordt gemaakt, krachtens artikel 24 bij uitsluiting bevoegd zijn.
5. Een beding tot aanwijzing van een bevoegd gerecht dat deel uitmaakt van een overeenkomst, wordt aangemerkt als een beding dat los staat van de overige bepalingen van de overeenkomst. De geldigheid van het beding tot aanwijzing van een bevoegd gerecht kan niet worden bestreden op grond van het enkele feit dat de overeenkomst niet geldig is.

Tenuitvoerlegging beslissingen in burgerlijke en handelszaken, door partijen aangewezen bevoegd gerecht

Art. 26
1. Buiten de gevallen waarin zijn bevoegdheid voortvloeit uit andere bepalingen van deze verordening, is het gerecht van een lidstaat waarvoor de verweerder verschijnt bevoegd. Dit

voorschrift is niet van toepassing indien de verschijning ten doel heeft de bevoegdheid te betwisten, of indien er een ander gerecht bestaat dat krachtens artikel 24 bij uitsluiting bevoegd is.

2. In aangelegenheden als bedoeld in afdelingen 3, 4 of 5, waarin de polishouder, de verzekerde, een begunstigde van een verzekeringsovereenkomst, de benadeelde partij, de consument of de werknemer verweerder is, vergewist het gerecht zich ervan, alvorens bevoegdheid op grond van lid 1 te aanvaarden, dat de verweerder op de hoogte is gebracht van zijn recht de bevoegdheid van het gerecht te betwisten en van de gevolgen van verschijnen of niet-verschijnen.

AFDELING 8
Toetsing van de bevoegdheid en de ontvankelijkheid

Art. 27

Tenuitvoerlegging beslissingen in burgerlijke en handelszaken, toetsing bevoegdheid/ontvankelijkheid

Het gerecht van een lidstaat waarbij een geschil aanhangig is gemaakt met als inzet een vordering waarvoor krachtens artikel 24 een gerecht van een andere lidstaat bij uitsluiting bevoegd is, verklaart zich ambtshalve onbevoegd.

Art. 28

1. Wanneer de verweerder die op het grondgebied van een lidstaat woonplaats heeft, voor een gerecht van een andere lidstaat wordt opgeroepen en niet verschijnt, verklaart het gerecht zich ambtshalve onbevoegd indien zijn bevoegdheid niet berust op de bepalingen van deze verordening.
2. Het gerecht is verplicht zijn uitspraak aan te houden zolang niet vaststaat dat de verweerder in de gelegenheid is gesteld het stuk dat het geding inleidt of een gelijkwaardig stuk, zo tijdig als met het oog op zijn verdediging nodig was, te ontvangen, of dat daartoe al het nodige is gedaan.
3. Artikel 19 van Verordening (EG) nr. 1393/2007 van het Europees Parlement en de Raad van 13 november 2007 inzake de betekening en de kennisgeving in de lidstaten van gerechtelijke en buitengerechtelijke stukken in burgerlijke of in handelszaken („de betekening en de kennisgeving van stukken")[16] is van toepassing in plaats van lid 2 van dit artikel, indien de toezending van een lidstaat naar een andere lidstaat van het stuk dat het geding inleidt of een gelijkwaardig stuk, overeenkomstig die verordening moest plaatsvinden.
4. Indien Verordening (EG) nr. 1393/2007 niet van toepassing is, is artikel 15 van het Verdrag van 's-Gravenhage van 15 november 1965 inzake de betekening en de kennisgeving in het buitenland van gerechtelijke en buitengerechtelijke stukken in burgerlijke of handelszaken van toepassing, indien de toezending naar het buitenland van het stuk dat het geding inleidt of een gelijkwaardig stuk, overeenkomstig dat verdrag moest plaatsvinden.

AFDELING 9
Aanhangigheid en samenhang

Art. 29

Tenuitvoerlegging beslissingen in burgerlijke en handelszaken, aanhangigheid en samenhang

1. Wanneer voor gerechten van verschillende lidstaten tussen dezelfde partijen vorderingen aanhangig zijn, die hetzelfde onderwerp betreffen en op dezelfde oorzaak berusten, houdt het gerecht waarbij de zaak het laatst is aangebracht, onverminderd artikel 31, lid 2, zijn uitspraak ambtshalve aan totdat de bevoegdheid van het gerecht waarbij de zaak het eerst is aangebracht, vaststaat.
2. In de in lid 1 bedoelde gevallen wordt op verzoek van een gerecht waarbij de zaak is aangebracht door een ander aangezocht gerecht onverwijld aan het eerstbedoelde gerecht meegedeeld op welke datum het in overeenstemming met artikel 32 is aangezocht.
3. Wanneer de bevoegdheid van het gerecht waarbij de zaak het eerst is aangebracht, vaststaat, verklaart het gerecht waarbij de zaak het laatst is aangebracht, zich onbevoegd.

Art. 30

1. Wanneer samenhangende vorderingen aanhangig zijn voor gerechten van verschillende lidstaten, kan het gerecht waarbij de zaak het laatst is aangebracht, zijn uitspraak aanhouden.
2. Indien de vordering bij het gerecht waarbij de zaak het eerst is aangebracht in eerste aanleg aanhangig is, kan elk ander gerecht, op verzoek van een der partijen, ook tot verwijzing overgaan mits het gerecht waarbij de zaak het eerst is aangebracht bevoegd is van de betreffende vorderingen kennis te nemen en zijn wetgeving de voeging ervan toestaat.
3. Samenhangend in de zin van dit artikel zijn vorderingen waartussen een zo nauwe band bestaat dat een goede rechtsbedeling vraagt om hun gelijktijdige behandeling en berechting,

---

16 PB L 324 van 10.12.2007, blz. 79.

teneinde te vermijden dat bij afzonderlijke berechting van de zaken onverenigbare beslissingen worden gegeven.

Art. 31
1. Wanneer voor de vorderingen meer dan één gerecht bij uitsluiting bevoegd is, worden partijen verwezen naar het gerecht waarbij de zaak het eerst aanhangig is gemaakt.
2. Wanneer een zaak aanhangig wordt gemaakt bij een gerecht van een lidstaat dat op grond van een in artikel 25 bedoelde overeenkomst bij uitsluiting bevoegd is, houdt elk gerecht van de andere lidstaten, onverminderd artikel 26, de uitspraak aan totdat het krachtens de overeenkomst aangezochte gerecht verklaart geen bevoegdheid aan de overeenkomst te ontlenen.
3. Indien het in de overeenkomst aangewezen gerecht zijn bevoegdheid in overeenstemming met de overeenkomst heeft vastgesteld, verklaart elk gerecht van de overige lidstaten zich onbevoegd ten gunste van dat gerecht.
4. De leden 2 en 3 zijn niet van toepassing op aangelegenheden als bedoeld in de afdelingen 3, 4 of 5, indien een polishouder, een verzekerde, een begunstigde van de verzekeringsovereenkomst, een benadeelde partij, een consument of een werknemer de eiser is en de overeenkomst niet geldig is krachtens deze afdelingen.

Art. 32
1. Voor de toepassing van deze afdeling wordt een zaak geacht te zijn aangebracht bij een gerecht:
a) op het tijdstip waarop het stuk dat het geding inleidt of een gelijkwaardig stuk bij het gerecht wordt ingediend, mits de eiser vervolgens niet heeft nagelaten te doen wat hij met het oog op de betekening of de kennisgeving van het stuk aan de verweerder moest doen, of
b) indien het stuk betekend of meegedeeld moet worden voordat het bij het gerecht wordt ingediend, op het tijdstip waarop de autoriteit die verantwoordelijk is voor de betekening of de kennisgeving het stuk ontvangt, mits de eiser vervolgens niet heeft nagelaten te doen wat hij met het oog op de indiening van het stuk bij het gerecht moest doen.
De onder b) bedoelde autoriteit die verantwoordelijk is voor de betekening of de kennisgeving is de eerste autoriteit die de te betekenen of mee te delen stukken ontvangt.
2. Het gerecht dat, of de autoriteit die belast is met de betekening als bedoeld in lid 1, noteert, respectievelijk, de datum van indiening van het gedinginleidende stuk of het gelijkwaardige stuk, of de datum van ontvangst van de te betekenen of mee te delen stukken.

Art. 33
1. Wanneer bevoegdheid voortvloeit uit artikel 4 of de artikelen 7, 8 of 9, en op het moment dat een vordering wordt aangebracht bij een gerecht in een lidstaat tussen dezelfde partijen een vordering aanhangig is voor een gerecht van een derde land die op dezelfde oorzaak berust en hetzelfde onderwerp betreft, kan het gerecht van de lidstaat de uitspraak aanhouden indien:
a) wordt verwacht dat het gerecht van het derde land een beslissing zal geven die kan worden erkend en, in voorkomend geval, ten uitvoer kan worden gelegd in die lidstaat, en tevens
b) het gerecht van de lidstaat ervan overtuigd is dat aanhouding nodig is voor een goede rechtsbedeling.
2. Het gerecht van de lidstaat kan de procedure op elk moment voortzetten indien:
a) de procedure voor het gerecht van het derde land zelf wordt aangehouden of beëindigd;
b) het volgens het gerecht van de lidstaat niet waarschijnlijk is dat de procedure bij het gerecht van het derde land binnen een redelijke termijn zal worden afgerond, of
c) de voortzetting van de procedure vereist is voor een goede rechtsbedeling.
3. Het gerecht van de lidstaat beëindigt het geding indien de procedure bij het gerecht van het derde land is afgerond en heeft geleid tot een beslissing die kan worden erkend en, in voorkomend geval, ten uitvoer gelegd in die lidstaat.
4. Het gerecht van de lidstaat past dit artikel op verzoek van een der partijen of, indien het nationale recht dit toestaat, ambtshalve toe.

Art. 34
1. Wanneer de bevoegdheid voortvloeit uit artikel 4 of de artikelen 7, 8 of 9, en op het moment dat een vordering wordt aangebracht voor een gerecht van een lidstaat een samenhangende vordering aanhangig is voor een gerecht van een derde land, kan het gerecht van de lidstaat de uitspraak aanhouden indien:
a) gezamenlijke behandeling van en beslissing op de samenhangende vorderingen passend is, teneinde te vermijden dat bij afzonderlijke behandeling van de zaken onverenigbare beslissingen worden gegeven;
b) te verwachten is dat het gerecht van het derde land een beslissing zal geven die kan worden erkend en, in voorkomend geval, ten uitvoer gelegd in die lidstaat, en
c) het gerecht van de lidstaat van mening is dat het aanhouden nodig is voor een goede rechtsbedeling.
2. Het gerecht van de lidstaat kan het geding op elk moment voortzetten indien:
a) het gerecht van de lidstaat blijkt dat het risico op onverenigbare beslissingen zich niet langer voordoet;

b) de procedure bij het gerecht van het derde land zelf wordt aangehouden of beëindigd;
c) het volgens het gerecht van de lidstaat niet waarschijnlijk is dat de procedure bij het gerecht van het derde land binnen een redelijke termijn zal worden afgerond, of
d) de voortzetting van de procedure vereist is voor een goede rechtsbedeling.
3. Het gerecht van de lidstaat kan het geding beëindigen indien de procedure bij het gerecht van het derde land is afgerond en heeft geleid tot een beslissing die kan worden erkend en, in voorkomend geval, ten uitvoer gelegd in die lidstaat.
4. Het gerecht van de lidstaat past dit artikel op verzoek van een der partijen of, indien het nationale recht dit toestaat, ambtshalve toe.

AFDELING 10
Voorlopige maatregelen en bewarende maatregelen

Art. 35

Tenuitvoerlegging beslissingen in burgerlijke en handelszaken, voorlopige en bewarende maatregelen

In de wetgeving van een lidstaat vastgestelde voorlopige of bewarende maatregelen kunnen bij de gerechten van die staat worden aangevraagd, zelfs indien een gerecht van een andere lidstaat bevoegd is om van het bodemgeschil kennis te nemen.

HOOFDSTUK III
ERKENNING EN TENUITVOERLEGGING

AFDELING 1
Erkenning

Art. 36

Erkenning beslissing

1. Een in een lidstaat gegeven beslissing wordt in de overige lidstaten erkend zonder vorm van proces.
2. Iedere belanghebbende partij kan overeenkomstig de procedure als voorzien in afdeling 3, onderafdeling 2, om een beslissing verzoeken, dat er geen gronden voor weigering van de erkenning als bedoeld in artikel 45 zijn.
3. Wordt voor een gerecht van een lidstaat de weigering van erkenning bij wege van tussenvordering gevraagd, dan is dit gerecht bevoegd om van de vordering kennis te nemen.

Art. 37

Inroepen beslissing

1. Een partij die in een lidstaat een in een andere lidstaat gegeven beslissing wenst in te roepen, legt de volgende stukken over:
a) een afschrift van de beslissing dat aan de voorwaarden voldoet om de echtheid ervan te kunnen vaststellen, en
b) het krachtens artikel 53 afgegeven certificaat.
2. In voorkomend geval kan het gerecht of de autoriteit waarvoor een in een andere lidstaat gegeven beslissing wordt ingeroepen, de partij die de beslissing inroept, verzoeken een vertaling of een transliteratie van de inhoud van het in lid 1, onder b), bedoelde certificaat te verstrekken, in overeenstemming met artikel 57. Het gerecht of de autoriteit kan de partij verzoeken om in plaats van een vertaling van de inhoud van het certificaat een vertaling van de beslissing te verstrekken, indien het gerecht of de autoriteit de procedure niet kan voortzetten zonder een dergelijke vertaling.

Art. 38

Schorsing procedure ingeroepen beslissing

Het gerecht of de autoriteit waarvoor een in een andere lidstaat gegeven beslissing wordt ingeroepen, kan de procedure geheel of gedeeltelijk schorsen indien:
a) de beslissing in de lidstaat van herkomst wordt aangevochten, of
b) om een beslissing is verzocht dat er geen gronden voor weigering van erkenning in de zin van artikel 45 zijn, dan wel om een beslissing dat de erkenning op een van die gronden geweigerd moet worden.

AFDELING 2
Tenuitvoerlegging

Art. 39

Verklaring uitvoerbaarheid geen vereiste

Een in een lidstaat gegeven beslissing die in die lidstaat uitvoerbaar is, is in andere lidstaten uitvoerbaar zonder dat een verklaring van uitvoerbaarheid is vereist.

Art. 40

Bewarende maatregelen

Een uitvoerbare beslissing houdt van rechtswege de bevoegdheid in bewarende maatregelen te treffen die zijn voorzien in het recht van de aangezochte lidstaat.

Art. 41
1. Onder voorbehoud van het bepaalde in deze afdeling, wordt de procedure voor tenuitvoerlegging van in een andere lidstaat gegeven beslissingen beheerst door het recht van de aangezochte lidstaat. Een in een lidstaat gegeven beslissing die in de aangezochte lidstaat uitvoerbaar is, wordt er onder dezelfde voorwaarden ten uitvoer gelegd als een in de aangezochte lidstaat gegeven beslissing.

Toepasselijk recht op procedure tenuitvoerlegging

2. Niettegenstaande het bepaalde in lid 1, zijn de in de aangezochte lidstaat wettelijk vastgestelde gronden voor weigering of voor schorsing van de tenuitvoerlegging van toepassing voor zover zij niet onverenigbaar zijn met de in artikel 45 genoemde gronden.
3. De partij die om de tenuitvoerlegging van een in een andere lidstaat gegeven beslissing verzoekt, behoeft in de aangezochte lidstaat niet te beschikken over een postadres. Zij behoeft evenmin over een gemachtigde vertegenwoordiger in de aangezochte lidstaat te beschikken tenzij een dergelijke vertegenwoordiger ongeacht de nationaliteit of de woonplaats van de partijen verplicht is.

Art. 42
1. Met het oog op de tenuitvoerlegging in een lidstaat van een in een andere lidstaat gegeven beslissing, verstrekt de verzoeker aan de voor de tenuitvoerlegging bevoegde autoriteit:

Benodigde documenten voor tenuitvoerlegging

a) een afschrift van de beslissing dat aan de voorwaarden voldoet om de echtheid ervan te kunnen vaststellen, en
b) het in overeenstemming met artikel 53 afgegeven certificaat, waaruit blijkt dat de beslissing uitvoerbaar is en dat een uittreksel van de beslissing bevat, alsook, in voorkomend geval, relevante informatie over de invorderbare kosten of de procedure en de berekening van rente.
2. Met het oog op de tenuitvoerlegging in een lidstaat van een in een andere lidstaat gegeven beslissing waarbij voorlopige en bewarende maatregelen zijn gelast, verstrekt de verzoeker aan de voor de tenuitvoerlegging bevoegde autoriteit:
a) een afschrift van de beslissing dat aan de voorwaarden voldoet om de echtheid ervan te kunnen vaststellen;
b) het overeenkomstig artikel 53 afgegeven certificaat, dat een beschrijving van de maatregel bevat en waaruit blijkt dat:
i) het gerecht bevoegd is om van het bodemgeschil kennis te nemen;
ii) de beslissing in de lidstaat van herkomst uitvoerbaar is, en
c) indien de maatregel werd gelast zonder dat de verweerder was opgeroepen, het bewijs dat de beslissing hem is betekend.
3. Indien nodig kan de voor de tenuitvoerlegging bevoegde autoriteit, overeenkomstig artikel 57, van de verzoeker een vertaling of een transliteratie van de inhoud van het certificaat verlangen.
4. De voor de tenuitvoerlegging bevoegde autoriteit kan van de verzoeker alleen een vertaling van de beslissing verlangen indien deze autoriteit de procedure niet kan voortzetten zonder een dergelijke vertaling.

Art. 43
1. Indien wordt verzocht om tenuitvoerlegging van een beslissing die in een andere lidstaat is gegeven, moet het krachtens artikel 53 afgegeven certificaat, voorafgaand aan de eerste uitvoeringsmaatregel, worden betekend aan de persoon jegens wie om de tenuitvoerlegging wordt verzocht. Het certificaat wordt vergezeld van de beslissing, indien de betekening aan die persoon nog niet heeft plaatsgevonden.

Betekening artikel 53 certificaat

2. Indien de persoon jegens wie om tenuitvoerlegging wordt verzocht zijn woonplaats heeft in een andere lidstaat dan de lidstaat van herkomst, kan hij, teneinde de tenuitvoerlegging aan te vechten, om een vertaling van de beslissing verzoeken indien de beslissing niet luidt in, noch vergezeld gaat van een vertaling in een van de volgende talen:
a) een taal die hij begrijpt, of
b) de officiële taal van de lidstaat waar hij zijn woonplaats heeft of, indien er in die lidstaat verscheidene officiële talen zijn, de officiële taal of een van de officiële talen van de plaats waar hij woonachtig is.
Indien op grond van de eerste alinea om vertaling van de beslissing wordt verzocht, mogen geen andere tenuitvoerleggingsmaatregelen dan bewarende maatregelen worden genomen totdat de vertaling beschikbaar is gesteld aan de persoon jegens wie tenuitvoerlegging is verzocht. Dit lid is niet van toepassing indien de beslissing reeds in een van de in de eerste alinea bedoelde talen is betekend aan de persoon jegens wie om tenuitvoerlegging wordt verzocht, of vergezeld gaat van een vertaling in een van die talen.
3. Dit artikel is niet van toepassing op de tenuitvoerlegging van een in een beslissing vervatte bewarende maatregel of indien degene die om de tenuitvoerlegging verzoekt, een bewarende maatregel in overeenstemming met artikel 40 vordert.

Art. 44

Verzoek weigering tenuitvoerlegging

1. In het geval van een verzoek om weigering van tenuitvoerlegging van een beslissing op grond van afdeling 3, onderafdeling 2, kan het gerecht in de aangezochte lidstaat, op verzoek van de persoon jegens wie om tenuitvoerlegging wordt verzocht:
   a) de tenuitvoerleggingsprocedure tot bewarende maatregelen beperken;
   b) de tenuitvoerlegging afhankelijk maken van een door dat gerecht te bepalen zekerheid, of
   c) de tenuitvoerleggingsprocedure geheel of gedeeltelijk schorsen.
2. De voor de tenuitvoerlegging bevoegde autoriteit in de aangezochte lidstaat schorst op verzoek van de persoon tegen wie om tenuitvoerlegging wordt verzocht, de tenuitvoerleggingsprocedure indien de uitvoerbaarheid van de beslissing in de lidstaat van herkomst is geschorst.

AFDELING 3
Weigering van erkenning en tenuitvoerlegging

Onderafdeling 1
Weigering van erkenning

Art. 45

Weigering erkenning

1. De erkenning van een beslissing wordt op verzoek van een belanghebbende partij geweigerd indien:
   a) de erkenning kennelijk strijdig is met de openbare orde (ordre public) van de aangezochte lidstaat;
   b) het stuk dat het geding inleidt of een gelijkwaardig stuk niet zo tijdig en op zodanige wijze is betekend aan de verweerder tegen wie verstek werd verleend, als met het oog op zijn verdediging nodig was, tenzij de verweerder tegen de beslissing geen rechtsmiddel heeft aangewend terwijl hij daartoe in staat was;
   c) de beslissing onverenigbaar is met een tussen dezelfde partijen in de aangezochte lidstaat gegeven beslissing;
   d) de beslissing onverenigbaar is met een eerdere beslissing die in een andere lidstaat of in een derde land tussen dezelfde partijen is gegeven in een geschil dat hetzelfde onderwerp betreft en op dezelfde oorzaak berust, mits de eerdere beslissing voldoet aan de voorwaarden voor erkenning in de aangezochte lidstaat;
   e) de beslissing in strijd is met:
   i) afdelingen 3, 4 of 5 van hoofdstuk II, in het geval dat de verweerder in de zaak de polishouder, de verzekerde, een begunstigde van de verzekeringsovereenkomst, de benadeelde partij, de consument of de werknemer is, of
   ii) afdeling 6 van hoofdstuk II.
2. Bij de toetsing aan de in lid 1, onder e), genoemde bevoegdheidsregels is het aangezochte gerecht gebonden aan de feitelijke overwegingen op grond waarvan het gerecht van herkomst zijn bevoegdheid heeft aangenomen.
3. Onverminderd lid 1, onder e), mag de bevoegdheid van het gerecht van herkomst niet worden getoetst. De bevoegdheidsregels betreffen niet de openbare orde als bedoeld in lid 1, onder a).
4. Het verzoek tot weigering van erkenning wordt gedaan overeenkomstig de procedures van onderafdeling 2, en, waar passend, afdeling 4.

Onderafdeling 2
Weigering van tenuitvoerlegging

Art. 46

Weigering tenuitvoerlegging

Op verzoek van de persoon jegens wie om tenuitvoerlegging wordt verzocht, wordt de tenuitvoerlegging van een beslissing geweigerd wanneer een van de in artikel 45 genoemde gronden zich voordoet.

Art. 47

Toepasselijk recht op procedure weigering tenuitvoerlegging

1. Het verzoek tot weigering van de tenuitvoerlegging wordt ingediend bij het gerecht dat de desbetreffende lidstaat overeenkomstig artikel 75, onder a), aan de Commissie heeft meegedeeld als het gerecht waar het verzoek dient te worden ingediend.
2. De procedure inzake de weigering van tenuitvoerlegging wordt, voor zover deze niet onder de onderhavige verordening valt, beheerst door het recht van de aangezochte lidstaat.
3. De verzoeker legt aan het gerecht een afschrift van de beslissing en, indien nodig, een vertaling of transliteratie ervan over.
Indien het gerecht daar reeds over beschikt of het onredelijk acht dit van de verzoeker te verlangen, kan het afzien van het doen overleggen van de in de eerste alinea vermelde documenten door de verzoeker. In dat geval kan het gerecht de andere partij gelasten de documenten over te leggen.

4. De partij die om de weigering van tenuitvoerlegging van een in een andere lidstaat gegeven beslissing verzoekt, behoeft in de aangezochte lidstaat niet over een postadres te beschikken. Zij behoeft evenmin over een gemachtigde vertegenwoordiger in de aangezochte lidstaat te beschikken tenzij een dergelijke vertegenwoordiger ongeacht de nationaliteit of de woonplaats van de partijen verplicht is.

Art. 48
Het gerecht neemt onverwijld een besluit over het verzoek tot weigering van de tenuitvoerlegging. *(Onverwijld besluit)*

Art. 49
1. Elke partij kan een rechtsmiddel instellen tegen de beslissing op het verzoek tot weigering van tenuitvoerlegging. *(Rechtsmiddelen tegen beslissing verzoek weigering tenuitvoerlegging)*

2. Het rechtsmiddel wordt ingesteld bij het gerecht dat de desbetreffende lidstaat overeenkomstig artikel 75, onder b), aan de Commissie heeft meegedeeld als het gerecht waar dit rechtsmiddel dient te worden ingediend.

Art. 50
Tegen de op het rechtsmiddel gegeven beslissing kan slechts een rechtsmiddel worden ingesteld als de betrokken lidstaat de Commissie overeenkomstig artikel 75, onder c), in kennis heeft gesteld van de gerechten waar een volgend rechtsmiddel moet worden ingesteld. *(Volgend rechtsmiddel)*

Art. 51
1. Het gerecht waar een verzoek tot weigering van tenuitvoerlegging is ingediend of een gerecht waarbij een rechtsmiddel in de zin van de artikelen 49 en 50 is ingesteld, kan de uitspraak aanhouden indien in de lidstaat van herkomst een gewoon rechtsmiddel tegen de beslissing is ingesteld of indien de termijn daarvoor nog niet is verstreken. In het laatste geval kan het gerecht een termijn stellen, waarbinnen het rechtsmiddel moet worden ingesteld. *(Aanhouding uitspraak)*

2. Indien de beslissing in Cyprus, Ierland of het Verenigd Koninkrijk is gegeven, wordt elk rechtsmiddel dat in de lidstaat van oorsprong kan worden ingesteld, voor de toepassing van lid 1 beschouwd als een gewoon rechtsmiddel.

AFDELING 4
Gemeenschappelijke bepalingen

Art. 52
In geen geval wordt in de aangezochte lidstaat overgegaan tot een onderzoek van de juistheid van de in een lidstaat gegeven beslissing. *(Juistheid beslissing)*

Art. 53
Het gerecht van oorsprong geeft op verzoek van een belanghebbende partij het certificaat af en gebruikt daarvoor het formulier in bijlage I. *(Artikel 53 certificaat)*

Art. 54
1. Indien een beslissing maatregelen of bevelen bevat die in het recht van de aangezochte lidstaat onbekend zijn, wordt de maatregel of het bevel zoveel als mogelijk in overeenstemming gebracht met een maatregel die of een bevel dat in het rechtsstelsel van die lidstaat bestaat, gelijkwaardige gevolgen heeft en dezelfde doelstellingen en belangen beoogt. *(Overeenstemming gevolgen beslissing)*
Een dergelijke aanpassing heeft geen rechtsgevolgen die verder gaan dan die waarin het recht van de lidstaat van oorsprong voorziet.

2. Elke partij kan de aanpassing van de maatregel of bevel voor het gerecht aanvechten.

3. Indien nodig, kan van de partij die de beslissing inroept of om de tenuitvoerlegging ervan verzoekt een vertaling of een transliteratie van de beslissing worden verlangd.

Art. 55
De in een lidstaat gegeven beslissingen die een veroordeling tot betaling van een dwangsom inhouden, kunnen in de aangezochte lidstaat slechts ten uitvoer worden gelegd wanneer het bedrag ervan door het gerecht van herkomst definitief is bepaald. *(Dwangsom)*

Art. 56
Aan de partij die in een lidstaat de tenuitvoerlegging vraagt van een in een andere lidstaat gegeven beslissing, kan geen enkele zekerheid of depot, onder welke benaming ook, worden opgelegd wegens de hoedanigheid van vreemdeling dan wel wegens het ontbreken van een woonplaats of verblijfplaats in de aangezochte lidstaat. *(Verbod opleggen zekerheid of depot)*

Art. 57
1. Indien op grond van deze verordening een vertaling of een transliteratie is vereist, wordt deze vertaling of transliteratie gesteld in de officiële taal van de betrokken lidstaat, of, als er in die lidstaat meerdere officiële talen bestaan, in de officiële taal of een der officiële talen van het gerecht van de plaats waar de in een andere lidstaat gegeven beslissing wordt ingeroepen of het verzoek wordt ingediend, in overeenstemming met het recht van die lidstaat. *(Vertaling of transliteratie)*

2. Wat de in de artikelen 53 en 60 bedoelde formulieren betreft, kunnen vertalingen of transliteraties ook worden gesteld in een van de andere officiële talen van de instellingen van de Unie die de betrokken lidstaat heeft aangegeven te aanvaarden.
3. Elke vertaling op grond van deze verordening wordt gemaakt door een persoon die in een van de lidstaten daartoe gemachtigd is.

HOOFDSTUK IV
AUTHENTIEKE AKTEN EN GERECHTELIJKE SCHIKKINGEN

Art. 58

Tenuitvoerlegging authentieke akten

1. Authentieke akten die uitvoerbaar zijn in de lidstaat van herkomst, zijn uitvoerbaar in de andere lidstaten, zonder dat enige verklaring van uitvoerbaarheid is vereist. De tenuitvoerlegging van een authentieke akte kan slechts worden geweigerd indien de tenuitvoerlegging kennelijk strijdig is met de openbare orde (ordre public) van de aangezochte lidstaat.
Het bepaalde in afdeling 2, onderafdeling 2 van afdeling 3, en afdeling 4 van hoofdstuk III is op authentieke akten van overeenkomstige toepassing.
2. De overgelegde authentieke akte moet voldoen aan de voorwaarden om de echtheid in de lidstaat van herkomst te kunnen vaststellen.

Art. 59

Tenuitvoerlegging gerechtelijke schikkingen

Gerechtelijke schikkingen die uitvoerbaar zijn in de lidstaat van herkomst, worden onder dezelfde voorwaarden als authentieke akten ten uitvoer gelegd in de andere lidstaten.

Art. 60

Certificaat authentieke akte

De bevoegde autoriteit of het gerecht van de lidstaat van oorsprong verstrekt op verzoek van een belanghebbende partij het certificaat waarvoor zij het formulier in bijlage II gebruikt; het certificaat bevat een samenvatting van de in de authentieke akte opgenomen verplichting die ten uitvoer kan worden gelegd of van de overeenkomst tussen de partijen als vervat in de gerechtelijke schikking.

HOOFDSTUK V
ALGEMENE BEPALINGEN

Art. 61

Verbod legalisatie documenten

Geen enkele legalisatie of soortgelijke formaliteit mag worden geëist ten aanzien van de in het kader van deze verordening in een lidstaat afgegeven documenten.

Art. 62

Vaststelling woonplaats

1. Om vast te stellen of een partij woonplaats heeft op het grondgebied van de lidstaat bij een van welks gerechten een zaak aanhangig is, past het gerecht zijn intern recht toe.
2. Indien een partij geen woonplaats heeft in de lidstaat bij een van welks gerechten een zaak aanhangig is, past het gerecht voor de vaststelling of zij een woonplaats heeft in een andere lidstaat, het recht van die lidstaat toe.

Art. 63

Woonplaats vennootschappen en rechtspersonen

1. Voor de toepassing van deze verordening hebben vennootschappen en rechtspersonen woonplaats op de plaats van:
a) hun statutaire zetel,
b) hun hoofdbestuur, of
c) hun hoofdvestiging.
2. In Cyprus, Ierland en het Verenigd Koninkrijk wordt onder het „registered office" de statutaire zetel verstaan of, indien dat nergens bestaat, de „place of incorporation" (plaats van oprichting) of, indien die nergens bestaat, de plaats krachtens het recht waarvan de „formation" (vorming) is geschied.
3. Om vast te stellen of een trust woonplaats heeft op het grondgebied van de lidstaat bij welks gerechten de zaak aanhangig is gemaakt, past het gerecht de regels van het voor hem geldende internationaal privaatrecht toe.

Art. 64

Recht op verdediging

Zij die woonplaats hebben op het grondgebied van een lidstaat en wegens een onopzettelijk gepleegd strafbaar feit vervolgd worden voor de gerechten van een andere lidstaat, waarvan zij geen onderdaan zijn, zijn, onverminderd aldaar geldende gunstigere bepalingen, bevoegd zich te doen verdedigen door daartoe bevoegde personen, zelfs indien zij niet persoonlijk verschijnen. Het gerecht dat de zaak berecht, kan echter de persoonlijke verschijning bevelen; indien deze niet heeft plaatsgevonden, behoeft de beslissing, op de burgerlijke rechtsvordering gewezen zonder dat de betrokkene de gelegenheid heeft gehad zich te doen verdedigen, in de overige lidstaten niet te worden erkend, noch ten uitvoer te worden gelegd.

Art. 65

1. De rechterlijke bevoegdheid, bepaald in artikel 8, punt 2, en artikel 13 ten aanzien van de vordering tot vrijwaring of de vordering tot voeging of tussenkomst kan worden ingeroepen in de lidstaten die zijn opgenomen op de lijst die door de Commissie uit hoofde van artikel 76, lid 1, en artikel 76, lid 2, is opgesteld, doch slechts voor zover het nationale recht dit toestaat. Een persoon die woonplaats heeft in een andere lidstaat, kan worden verzocht deel te nemen aan de procedures voor gerechten van deze lidstaten overeenkomstig de in die lijst vermelde regels betreffende het in het geding roepen van een derde.

Vordering tot vrijwaring/voeging of tussenkomst

2. In een lidstaat krachtens artikel 8, punt 2, en artikel 13 gegeven beslissingen worden in overeenstemming met hoofdstuk III in alle andere lidstaten erkend en ten uitvoer gelegd. Wanneer beslissingen die gegeven worden in de lidstaten die opgenomen zijn op de in lid 1 bedoelde lijst, in overeenstemming met het recht van die lidstaten gevolgen teweegbrengen voor derden bij toepassing van lid 1, worden deze gevolgen in alle lidstaten erkend.

3. De lidstaten die zijn opgenomen in de lijst als bedoeld in lid 1, verschaffen, in het kader van het Europees justitieel netwerk in burgerlijke en handelszaken, zoals opgericht bij Beschikking 2001/470/EG van de Raad[17] („het Europese justitiële netwerk"), informatie over de wijze waarop overeenkomstig hun nationale recht de gevolgen van de in de tweede volzin van lid 2 genoemde beslissingen worden vastgesteld.

HOOFDSTUK VI
OVERGANGSBEPALINGEN

Art. 66

1. Deze verordening is slechts van toepassing op rechtsvorderingen die zijn ingesteld, authentieke akten die zijn verleden of geregistreerd, en gerechtelijke schikkingen die zijn goedgekeurd of getroffen op of na 10 januari 2015.

Overgangsbepalingen

2. Niettegenstaande artikel 80 blijft Verordening (EG) nr. 44/2001 van toepassing op beslissingen gegeven inzake rechtsvorderingen die zijn ingesteld, op authentieke akten die zijn verleden of geregistreerd, en op gerechtelijke schikkingen die zijn goedgekeurd of getroffen vóór 10 januari 2015 en die onder die verordening vallen.

HOOFDSTUK VII
VERHOUDING TOT ANDERE REGELGEVING

Art. 67

Deze verordening laat onverlet de toepassing van de bepalingen die, voor bijzondere onderwerpen, de rechterlijke bevoegdheid, de erkenning en de tenuitvoerlegging van beslissingen regelen en die opgenomen zijn of zullen worden in de besluiten van de Unie of in de nationale wetgevingen die ter uitvoering van deze besluiten geharmoniseerd zijn.

Art. 68

1. Deze verordening komt, in de betrekkingen tussen de lidstaten, in de plaats van het Verdrag van Brussel van 1968, uitgezonderd ten aanzien van de grondgebieden van de lidstaten die onder de territoriale werkingssfeer van dat verdrag vallen en die krachtens artikel 355 VWEU van deze verordening uitgesloten zijn.

2. Voor zover deze verordening in de betrekkingen tussen de lidstaten in de plaats komt van het Verdrag van Brussel van 1968, geldt elke verwijzing naar dat verdrag als een verwijzing naar deze verordening.

Art. 69

Onder voorbehoud van de artikelen 70 en 71 komt deze verordening in de betrekkingen tussen de lidstaten in de plaats van de verdragen die hetzelfde onderwerp bestrijken als deze verordening. In het bijzonder worden de verdragen vervangen die zijn opgenomen op de door de Commissie uit hoofde van artikel 76, lid 1, onder c), en artikel 76, lid 2, vastgestelde lijst.

Art. 70

1. De in artikel 69 bedoelde verdragen blijven van kracht voor aangelegenheden waarop deze verordening niet van toepassing is.

2. Zij blijven voorts van kracht met betrekking tot beslissingen die zijn gegeven, authentieke akten die zijn verleden of geregistreerd en gerechtelijke schikkingen die zijn goedgekeurd of gesloten vóór de datum van inwerkingtreding van Verordening (EG) nr. 44/2001.

Art. 71

1. Deze verordening laat onverlet verdragen waarbij de lidstaten partij zijn en die, voor bijzondere onderwerpen, de rechterlijke bevoegdheid, de erkenning en de tenuitvoerlegging van beslissingen regelen.

2. Teneinde de eenvormige uitlegging van lid 1 te waarborgen wordt dat lid als volgt toegepast:

---

17   PB L 174 van 27.6.2001, blz. 25.

a) deze verordening belet niet dat een gerecht van een lidstaat die partij is bij een verdrag of overeenkomst over een bijzonder onderwerp, overeenkomstig dat verdrag of die overeenkomst kennisneemt van een zaak, ook indien de verweerder zijn woonplaats heeft op het grondgebied van een lidstaat die geen partij is bij dat verdrag of die overeenkomst. Het gerecht past in ieder geval artikel 28 van deze verordening toe;
b) beslissingen die een gerecht van een lidstaat heeft gegeven uit hoofde van rechterlijke bevoegdheid die ontleend wordt aan een verdrag of overeenkomst over een bijzonder onderwerp, worden in de andere lidstaten overeenkomstig de onderhavige verordening erkend en ten uitvoer gelegd.

Indien een verdrag of overeenkomst over een bijzonder onderwerp, waarbij zowel de lidstaat van herkomst als de aangezochte lidstaat partij is, voorwaarden vaststelt voor de erkenning of de tenuitvoerlegging van beslissingen vinden die voorwaarden toepassing. In elk geval kunnen de bepalingen van deze verordening betreffende erkenning en tenuitvoerlegging van beslissingen worden toegepast.

Art. 71 bis

1. In deze verordening wordt onder een gerecht gemeenschappelijk aan verscheidene lidstaten in de zin van lid 2 (een „gemeenschappelijk gerecht") verstaan, een gerecht van een lidstaat dat op grond van het rechtsinstrument waarbij het is opgericht, bevoegd is voor aangelegenheden die binnen de werkingssfeer van deze verordening vallen.

2. Voor de toepassing van deze verordening, is elk van de volgende gerechten een gemeenschappelijk gerecht:
a) het eengemaakt octrooigerecht, opgericht bij de op 19 februari 2013 ondertekende Overeenkomst betreffende een eengemaakt octrooigerecht (de „UPC-Overeenkomst"); en
b) het Benelux-Gerechtshof, opgericht bij het Verdrag van 31 maart 1965 betreffende de instelling en het statuut van een Benelux-Gerechtshof (het „Verdrag betreffende het Benelux-Gerechtshof").

Art. 71 ter

De bevoegdheid van een gemeenschappelijk gerecht wordt als volgt bepaald:
1. Een gemeenschappelijk gerecht is bevoegd in de gevallen waarin, op grond van deze verordening, de gerechten van een lidstaat die partij is bij het rechtsinstrument waarbij het gemeenschappelijk gerecht is opgericht, voor een aangelegenheid die onder dat rechtsinstrument valt, bevoegd zouden zijn;
2. Indien de verweerder geen woonplaats heeft op het grondgebied van een lidstaat en de bevoegdheid te zijnen aanzien bij deze verordening niet anderszins is geregeld, is, ongeacht de woonplaats van de verweerder, hoofdstuk II van overeenkomstige toepassing.
Bij een gemeenschappelijk gerecht kunnen voorlopige, met inbegrip van bewarende, maatregelen worden aangevraagd, zelfs indien de gerechten van een derde staat bevoegd zijn om van het bodemgeschil kennis te nemen;
3. Indien een gemeenschappelijk gerecht uit hoofde van punt 2 bevoegd is ten aanzien van een verweerder in een geschil betreffende een binnen de Unie schade veroorzakende inbreuk op een Europees octrooi, kan dat gerecht ook bevoegdheid uitoefenen in verband met de door een dergelijke inbreuk buiten de Unie veroorzaakte schade.
Een dergelijke bevoegdheid kan alleen worden vastgesteld indien de goederen van de verweerder, zich bevinden in een lidstaat die partij is bij het rechtsinstrument waarbij het gemeenschappelijk gerecht is opgericht en het geschil voldoende nauw verbonden is met een dergelijke lidstaat.

Art. 71 quater

1. De artikelen 29 tot en met 32 zijn van toepassing indien een procedure wordt ingesteld bij een gemeenschappelijk gerecht en bij een gerecht van een lidstaat die geen partij is bij het rechtsinstrument waarbij het gemeenschappelijk gerecht is opgericht.

2. De artikelen 29 tot en met 32 zijn van toepassing indien tijdens de in artikel 83 van de UPC-Overeenkomst bedoelde overgangsperiode een procedure wordt ingesteld bij het eengemaakt octrooigerecht en bij een gerecht van een lidstaat die partij is bij de UPC-Overeenkomst.

Art. 71 quinquies

Deze verordening is van toepassing op de erkenning en tenuitvoerlegging van:
a) beslissingen van een gemeenschappelijk gerecht die worden erkend en ten uitvoer gelegd in een lidstaat die geen partij is bij het rechtsinstrument waarbij het gemeenschappelijk gerecht is opgericht; en
b) beslissingen van de gerechten van een lidstaat die geen partij is bij het rechtsinstrument waarbij het gemeenschappelijk gerecht is opgericht, die erkend en ten uitvoer worden gelegd in een lidstaat die partij is bij dat rechtsinstrument.

Wanneer evenwel erkenning en tenuitvoerlegging van een beslissing van een gemeenschappelijk gerecht worden verzocht in een lidstaat die partij is bij het rechtsinstrument waarbij het gemeenschappelijk gerecht is opgericht, zijn de regels van dat rechtsinstrument inzake erkenning en tenuitvoerlegging van toepassing in plaats van de regels van deze verordening.

Art. 72
Deze verordening laat onverlet de overeenkomsten waarbij de lidstaten zich krachtens artikel 59 van het Verdrag van Brussel van 1968 vóór de inwerkingtreding van Verordening (EG) nr. 44/2001 ertoe hebben verbonden om beslissingen die, met name in een andere staat die partij is bij dat verdrag, zijn gegeven tegen een verweerder met woonplaats of gewone verblijfplaats in een derde staat, niet te erkennen indien in een geval bedoeld in artikel 4 van genoemd verdrag de beslissing slechts gegrond kon worden op een bevoegdheid in de zin van artikel 3, tweede alinea, van dat verdrag.

Art. 73
1. Deze verordening laat onverlet de toepassing van het Verdrag van Lugano van 2007.
2. Deze verordening laat onverlet de toepassing van het Verdrag van New York van 1958.
3. Deze verordening laat onverlet de toepassing van bilaterale verdragen en overeenkomsten tussen een derde land en een lidstaat, die zijn gesloten vóór de datum van inwerkingtreding van Verordening (EG) nr. 44/2001 en die betrekking hebben op door de onderhavige verordening geregelde aangelegenheden.

HOOFDSTUK VIII
SLOTBEPALINGEN

Art. 74
De lidstaten verstrekken in het kader van het Europees justitieel netwerk en teneinde deze gegevens openbaar te maken, een beschrijving van de nationale voorschriften en procedures betreffende tenuitvoerlegging, met inbegrip van informatie over de voor tenuitvoerlegging bevoegde autoriteiten en over de op dat gebied geldende beperkingen, met name de voorschriften ter bescherming van de schuldenaar en informatie over verval- en verjaringstermijnen.
Deze informatie wordt door de lidstaten voortdurend bijgewerkt.

Art. 75
Uiterlijk op 10 januari 2014 delen de lidstaten de Commissie mee:
a) bij welke gerechten overeenkomstig artikel 47, lid 1, het verzoek tot weigering van tenuitvoerlegging moet worden ingesteld;
b) bij welke gerechten overeenkomstig artikel 49, lid 2, een rechtsmiddel tegen de beslissing op het verzoek om een weigering van tenuitvoerlegging moet worden ingesteld;
c) bij welke gerechten eventuele hogere voorziening overeenkomstig artikel 50 moet worden ingesteld, en
d) welke talen worden aanvaard voor de vertaling van de formulieren, conform artikel 57, lid 2.
De Commissie maakt de informatie met alle passende middelen openbaar, met name via het Europees justitieel netwerk.

Art. 76
1. De lidstaten stellen de Commissie in kennis van:
a) de in artikel 5, lid 2, en artikel 6, lid 2, vermelde bevoegdheidsregels;
b) de in artikel 65 vermelde regels ten aanzien van het in het geding roepen van een derde, en
c) de in artikel 69 vermelde overeenkomsten.
2. De Commissie stelt op basis van de door de lidstaten gegeven mededelingen als bedoeld in lid 1 de desbetreffende lijsten op.
3. De lidstaten stellen de Commissie in kennis van elke daaropvolgende wijziging die in deze lijsten moet worden doorgevoerd. De Commissie wijzigt deze lijsten dienovereenkomstig.
4. De Commissie maakt de lijsten en elke daaropvolgende doorgevoerde wijziging, bekend in het *Publicatieblad van de Europese Unie*.
5. De Commissie maakt alle krachtens lid 1 en lid 3 medegedeelde informatie met andere passende middelen openbaar, in het bijzonder via het Europees justitieel netwerk.

Art. 77
De Commissie is bevoegd overeenkomstig artikel 78 gedelegeerde handelingen vast te stellen met betrekking tot de wijziging van bijlagen I en II.

Art. 78
1. De bevoegdheid om gedelegeerde handelingen vast te stellen, wordt aan de Commissie toegekend onder de in dit artikel neergelegde voorwaarden.
2. De in artikel 77 bedoelde bevoegdheid om gedelegeerde handelingen vast te stellen, wordt aan de Commissie toegekend voor onbepaalde tijd met ingang van 9 januari 2013.
3. Het Europees Parlement of de Raad kan de in artikel 77 bedoelde bevoegdheidsdelegatie te allen tijde intrekken. Het besluit tot intrekking beëindigt de delegatie van de in dat besluit genoemde bevoegdheid. Het wordt van kracht op de dag na die van de bekendmaking ervan in het *Publicatieblad van de Europese Unie* of op een daarin genoemde latere datum. Het laat de geldigheid van de reeds van kracht zijnde gedelegeerde handelingen onverlet.

4. Zodra de Commissie een gedelegeerde handeling heeft vastgesteld, doet zij daarvan gelijktijdig kennisgeving aan het Europees Parlement en de Raad.

5. Een overeenkomstig artikel 77 vastgestelde gedelegeerde handeling treedt alleen in werking indien het Europees Parlement noch de Raad daartegen binnen een termijn van twee maanden na de kennisgeving van de handeling aan het Europees Parlement en de Raad bezwaar heeft gemaakt, of indien zowel het Europees Parlement als de Raad voor het verstrijken van deze termijn de Commissie hebben medegedeeld dat zij daartegen geen bezwaar zullen maken. Die termijn wordt op initiatief van het Europees Parlement of de Raad met twee maanden verlengd.

Art. 79
Uiterlijk op 11 januari 2022 dient de Commissie bij het Europees Parlement, bij de Raad en bij het Europees Economisch en Sociaal Comité een verslag in over de toepassing van deze verordening. In haar verslag beoordeelt de Commissie onder meer of de bevoegdheidsregels ook moeten worden uitgebreid tot verweerders die geen woonplaats hebben op het grondgebied van een lidstaat, rekening houdend met de tenuitvoerlegging van deze verordening en mogelijke internationale ontwikkelingen. Het verslag gaat zo nodig vergezeld van een voorstel tot wijziging van deze verordening.

Art. 80
Uitschakelbepaling — Verordening (EG) nr. 44/2001 wordt ingetrokken bij deze verordening. Verwijzingen naar de ingetrokken verordening gelden als verwijzingen naar de onderhavige verordening en worden gelezen volgens de concordantietabel in bijlage III.

Art. 81
Inwerkingtreding — Deze verordening treedt in werking op de twintigste dag na die van de bekendmaking ervan in het *Publicatieblad van de Europese Unie.*

Zij is van toepassing met ingang van 10 januari 2015, met uitzondering van de artikelen 75 en 76 die van toepassing zijn met ingang van 10 januari 2014.

Verdrag der Verenigde Naties inzake internationale koopovereenkomsten betreffende roerende zaken[1]

De Staten die partij zijn bij dit Verdrag,
Indachtig de algemene doelstellingen vervat in de tijdens de zesde bijzondere zitting van de Algemene Vergadering van de Verenigde Naties aangenomen resoluties inzake de vestiging van een Nieuwe Internationale Economische Orde,
Overwegende dat de ontwikkeling van de internationale handel op basis van gelijkheid en wederzijds voordeel een belangrijke rol speelt bij het bevorderen van vriendschappelijke betrekkingen tussen Staten,
Van oordeel zijnde, dat de aanneming van eenvormige regels die van toepassing zijn op de internationale koop van roerende zaken en waarbij rekening wordt gehouden met de verschillende sociale, economische en juridische stelsels, zou bijdragen tot het wegnemen van juridische belemmeringen in de internationale handel en de ontwikkeling van de internationale handel zou bevorderen,
Zijn overeengekomen als volgt:

DEEL I
TOEPASSINGSGEBIED EN ALGEMENE BEPALINGEN

Hoofdstuk I
TOEPASSINGSGEBIED

Art. 1
1. Dit Verdrag is van toepassing op koopovereenkomsten betreffende roerende zaken tussen partijen die in verschillende Staten gevestigd zijn:
a. wanneer die Staten Verdragsluitende Staten zijn; of
b. wanneer volgens de regels van internationaal privaatrecht het recht van een Verdragsluitende Staat van toepassing is.
2. Het feit dat de partijen hun vestigingen in verschillende Staten hebben, dient buiten beschouwing te worden gelaten wanneer zulks niet blijkt uit de overeenkomst, of uit transacties tussen dan wel uit informatie verstrekt door de partijen te eniger tijd vóór of bij het sluiten van de overeenkomst.
3. Voor de toepasselijkheid van het Verdrag is zonder belang welke nationaliteit de partijen hebben, of zij kooplieden zijn en of de overeenkomst burgerrechtelijk dan wel handelsrechtelijk van aard is.

Werkingssfeer: verbintenissen tot internationale koopgoederen

Art. 2
Dit Verdrag is niet van toepassing op:
a. de koop van roerende zaken, gekocht voor persoonlijk gebruik of voor gebruik in gezin of huishouding, tenzij de verkoper te eniger tijd vóór of bij het sluiten van de overeenkomst niet wist of had behoren te weten dat de zaken voor zodanig gebruik werden gekocht;
b. de koop op een openbare veiling;
c. een executoriale of anderszins gerechtelijke verkoop;
d. de koop van effecten, waardepapieren en betaalmiddelen;
e. de koop van zeeschepen, binnenvaartschepen, luchtkussenvaartuigen of luchtvaartuigen;
f. de koop van elektrische energie.

Uitzondering

Art. 3
1. Met koopovereenkomsten staan gelijk overeenkomsten tot levering van te vervaardigen of voort te brengen roerende zaken, tenzij de partij die de zaken bestelt een wezenlijk deel van de voor de vervaardiging of voortbrenging benodigde grondstoffen moet verschaffen.
2. Dit Verdrag is niet van toepassing op overeenkomsten waarin het belangrijkste deel van de verplichtingen van de partij die de roerende zaken levert, bestaat in de verstrekking van arbeidskracht of de verlening van andere diensten.

Analogieën

Art. 4
Dit Verdrag regelt uitsluitend de totstandkoming van koopovereenkomsten en de rechten en verplichtingen van verkoper en koper voortvloeiend uit een zodanige overeenkomst. Behoudens

Beperkingen

---
1 Inwerkingtredingsdatum: 01-01-1992.

voorzover uitdrukkelijk anders is bepaald in dit Verdrag, heeft het in het bijzonder geen betrekking op:
a. de geldigheid van de overeenkomst of van de daarin vervatte bedingen, dan wel de bindende kracht van gewoonten;
b. de gevolgen die de overeenkomst kan hebben voor de eigendom van de verkochte zaken.

Art. 5
Aansprakelijkheid
Dit Verdrag is niet van toepassing op de aansprakelijkheid van de verkoper voor dood of letsel veroorzaakt door de zaken.

Art. 6
Afwijkingen
De partijen kunnen de toepassing van dit Verdrag uitsluiten of, onverminderd het bij artikel 12 bepaalde, afwijken van elk van de bepalingen hiervan, dan wel het gevolg daarvan wijzigen.

Hoofdstuk II
ALGEMENE BEPALINGEN

Art. 7
Interpretatie dezer Conventie
1. Bij de uitleg van dit Verdrag dient rekening te worden gehouden met het internationale karakter ervan en met de noodzaak eenvormigheid in de toepassing ervan en naleving van de goede trouw in de internationale handel te bevorderen.
2. Vragen betreffende de door dit Verdrag geregelde onderwerpen, die hierin niet uitdrukkelijk zijn beslist, worden opgelost aan de hand van de algemene beginselen waarop dit Verdrag berust, of bij ontstentenis van zodanige beginselen, in overeenstemming met het krachtens de regels van internationaal privaatrecht toepasselijke recht.

Art. 8
Interpretatie wilsverklaringen
1. Voor de toepassing van dit Verdrag dienen verklaringen afgelegd door en andere gedragingen van een partij te worden uitgelegd in overeenstemming met haar bedoeling, wanneer de andere partij die bedoeling kende of daarvan niet onkundig kon zijn.
2. Indien het voorgaande lid niet van toepassing is, dienen verklaringen afgelegd door, dan wel andere gedragingen van een partij te worden uitgelegd overeenkomstig de zin die een redelijk persoon van gelijke hoedanigheid als de andere partij in dezelfde omstandigheden hieraan zou hebben toegekend.
3. Bij het bepalen van de bedoeling van een partij of de zin die een redelijk persoon daaraan zou hebben toegekend, dient naar behoren rekening te worden gehouden met alle ter zake dienende omstandigheden van het geval, waaronder begrepen de onderhandelingen, eventuele handelwijzen die tussen partijen gebruikelijk zijn, gewoonten en alle latere gedragingen van partijen.

Art. 9
Bindende usance
1. De partijen zijn gebonden door elke gewoonte waarmee zij hebben ingestemd en door alle handelwijzen die tussen hen gebruikelijk zijn.
2. Tenzij anders is overeengekomen, worden partijen geacht op hun overeenkomst of de totstandkoming hiervan stilzwijgend toepasselijk te hebben verklaard een gewoonte waarmee zij bekend waren of behoorden te zijn en die in de internationale handel op grote schaal bekend is aan, en regelmatig wordt nageleefd door partijen bij overeenkomsten van dezelfde soort in de desbetreffende handelsbranche.

Art. 10
Vestigingsplaats
Voor de toepassing van dit Verdrag:
a. is de vestiging, indien een partij meer dan één vestiging heeft, die welke het nauwst is betrokken bij de overeenkomst en de uitvoering hiervan, gelet op de op enig tijdstip vóór, of bij het sluiten van de overeenkomst aan partijen bekende of door hen in aanmerking genomen omstandigheden;
b. wordt, indien een partij geen vestiging heeft, zijn gewone verblijfplaats als zodanig aangemerkt.

Art. 11
De verbintenis
Een koopovereenkomst behoeft niet door middel van een geschrift te worden gesloten of bewezen en is aan geen enkel ander vormvereiste onderworpen. Zij kan door alle bewijsmiddelen, getuigen daaronder begrepen, worden bewezen.

Art. 12
Schriftelijke verplichting
Enigerlei bepaling in artikel 11, artikel 29 of Deel II van dit Verdrag, krachtens welke het is toegestaan op andere wijze dan door middel van een geschrift een koopovereenkomst te sluiten, te wijzigen of door enkele wilsovereenstemming te beëindigen dan wel een aanbod te doen ofte aanvaarden of een andere wilsuiting te doen, is niet van toepassing wanneer een van de partijen haar vestiging heeft in een Verdragsluitende Staat die een verklaring heeft afgelegd ingevolge artikel 96 van dit Verdrag. Partijen mogen niet afwijken van dit artikel of het gevolg ervan wijzigen.

Art. 13
Voor de toepassing van dit Verdrag worden onder „geschrift" mede verstaan een telegram en een telexbericht.

DEEL II
TOTSTANDKOMING VAN DE OVEREENKOMST

Art. 14
1. Een voorstel tot het sluiten van een overeenkomst, gericht tot één of meer bepaalde personen vormt een aanbod, indien het voldoende bepaald is en daaruit blijkt van de wil van de aanbieder om in geval van aanvaarding gebonden te zijn. Een voorstel is voldoende bepaald, indien daarin de zaken worden aangeduid en de hoeveelheid en de prijs uitdrukkelijk of stilzwijgend worden vastgesteld of bepaalbaar zijn. *(Het aanbod)*
2. Een ander voorstel dan een dat is gericht tot één of meer bepaalde personen dient louter te worden beschouwd als een uitnodiging tot het doen van een aanbod, tenzij door de persoon die het voorstel doet duidelijk het tegendeel wordt aangegeven. *(Uitnodiging tot doen aanbod)*

Art. 15
1. Een aanbod wordt van kracht wanneer het de wederpartij bereikt. *(Aanbod gaat in)*
2. Een aanbod kan, zelfs indien het onherroepelijk is, worden ingetrokken, indien de intrekking ervan de wederpartij eerder dan of gelijktijdig met het aanbod bereikt.

Art. 16
1. Een aanbod kan worden herroepen totdat de overeenkomst is gesloten, indien die herroeping de wederpartij bereikt voordat deze een aanvaarding heeft verzonden. *(Herroeping aanbod)*
2. Een aanbod kan echter niet worden herroepen:
a. indien hierin, hetzij door het noemen van een vaste termijn voor aanvaarding, hetzij anderszins, wordt aangegeven dat het onherroepelijk is; of
b. indien het redelijk was dat de wederpartij erop vertrouwde dat het onherroepelijk was en de wederpartij in vertrouwen op het aanbod heeft gehandeld.

Art. 17
Een aanbod vervalt, ook indien het onherroepelijk is, wanneer een verwerping de aanbieder bereikt. *(Aanbod eindigt)*

Art. 18
1. Een verklaring afgelegd door, of een andere gedraging van de wederpartij, waaruit blijkt van instemming met een aanbod, is een aanvaarding. Stilzwijgen of niet reageren geldt op zichzelf niet als aanvaarding. *(Aanvaarding)*
2. Een aanvaarding van een aanbod wordt van kracht op het tijdstip waarop het blijk van instemming de aanbieder bereikt. Een aanvaarding is niet van kracht, indien het blijk van instemming de aanbieder niet bereikt binnen de door hem gestelde termijn of, indien er geen termijn is gesteld, binnen een redelijke termijn, in aanmerking genomen de omstandigheden van de transactie, waaronder de snelheid van de door de aanbieder gebezigde communicatiemiddelen. Een mondeling aanbod moet onmiddellijk worden aanvaard, tenzij uit de omstandigheden anders blijkt. *(Aanvaarding gaat in)*
3. Indien echter op grond van het aanbod, de tussen partijen gebruikelijke handelwijzen of de gewoonte, de wederpartij van haar instemming kan doen blijken door het verrichten van een handeling, bijvoorbeeld met betrekking tot de verzending van de zaken of het betalen van de prijs, zonder kennisgeving aan de aanbieder, is de aanvaarding van kracht op het tijdstip waarop de handeling wordt verricht, mits de handeling wordt verricht binnen de in het voorgaande lid bedoelde termijn.

Art. 19
1. Een antwoord op een aanbod dat tot aanvaarding strekt, maar aanvullingen, beperkingen of andere wijzigingen bevat, geldt als een verwerping van het aanbod en vormt een tegenaanbod. *(Tegenaanbod)*
2. Bevat een tot aanvaarding strekkend antwoord op een aanbod aanvullingen of afwijkingen, die de voorwaarden van het aanbod niet wezenlijk aantasten, dan geldt dit niettemin als aanvaarding, tenzij de aanbieder, zonder onnodig uitstel, mondeling bezwaar maakt tegen de verschillen of een hiertoe strekkende kennisgeving verzendt. Doet hij dit niet, dan wordt de inhoud van de overeenkomst bepaald door de voorwaarden van het aanbod zoals gewijzigd bij de aanvaarding. *(Immateriële wijziging)*
3. Aanvullende of afwijkende voorwaarden met betrekking tot onder andere de prijs, betaling, kwaliteit en hoeveelheid van de zaken, plaats en tijd van aflevering, omvang van aansprakelijkheid van één of beide partijen jegens de andere of de beslechting van geschillen worden geacht de voorwaarden van het aanbod wezenlijk aan te tasten. *(Materiële wijziging)*

Art. 20
1. Een door de aanbieder in een telegram of een brief gestelde termijn voor aanvaarding gaat in op het tijdstip waarop het telegram aangeboden voor verzending of op de dag waarop de brief is gedateerd, of indien de brief niet is gedateerd, op de datum van het postmerk op de *(Termijn voor aanvaarding)*

enveloppe. Een telefonisch, per telex of via een andere vorm van onmiddellijke communicatie gestelde termijn voor aanvaarding gaat in op het tijdstip waarop het aanbod de geadresseerde bereikt.

2. Officiële feestdagen of vrije dagen die vallen binnen de voor aanvaarding gestelde termijn worden bij de berekening van deze termijn inbegrepen. Indien een kennisgeving van aanvaarding niet kan worden afgegeven aan het adres van de aanbieder op de laatste dag van deze termijn, omdat deze valt op een officiële feestdag of een vrije dag op de plaats van vestiging van de aanbieder, wordt de termijn echter verlengd tot de eerstvolgende werkdag.

Art. 21

Verlate aanvaarding

1. Een te late aanvaarding geldt niettemin als aanvaarding, indien de aanbieder zulks zonder uitstel mondeling ter kennis brengt van de wederpartij, of een hiertoe strekkende kennisgeving verzendt.

2. Indien uit een brief of ander geschrift dat een te late aanvaarding bevat, blijkt dat verzending onder zodanige omstandigheden heeft plaatsgevonden dat hij bij normale overbrenging de aanbieder tijdig zou hebben bereikt, geldt de te late aanvaarding als aanvaarding, tenzij de aanbieder onverwijld de wederpartij mondeling verwittigt dat hij zijn aanbod als vervallen beschouwt of een hiertoe strekkende kennisgeving verzendt.

Art. 22

Intrekking aanvaarding

Een aanvaarding kan worden ingetrokken indien de intrekking de aanbieder bereikt vóór of op het tijdstip waarop de aanvaarding van kracht zou zijn geworden.

Art. 23

Verbintenis gaat in

Een overeenkomst komt tot stand op het tijdstip waarop een aanvaarding van een aanbod van kracht wordt in overeenstemming met het bepaalde in dit Verdrag.

Art. 24

Bereiken

Voor de toepassing van dit Deel van het Verdrag „bereikt" een aanbod, een verklaring van aanvaarding of enige andere verklaring de wederpartij, wanneer die haar mondeling is gedaan of anderszins is afgegeven aan haar persoonlijk, aan haar vestiging of postadres, of, indien zij geen vestiging of postadres heeft, aan haar gewone verblijfplaats.

DEEL III
KOOP VAN ROERENDE ZAKEN

Hoofdstuk 1
ALGEMENE BEPALINGEN

Art. 25

Wanprestatie

Een tekortkoming van een der partijen in de nakoming van de uit de overeenkomst voortvloeiende verbintenissen is wezenlijk, indien zij leidt tot zodanige schade voor de andere partij dat haar in aanmerkelijke mate wordt onthouden wat zij uit hoofde van de overeenkomst mag verwachten, tenzij de partij die tekort schiet, dit gevolg niet heeft voorzien en een redelijk persoon van dezelfde hoedanigheid in dezelfde omstandigheden het evenmin zou hebben voorzien.

Art. 26

Ontbinding

Een verklaring van ontbinding van de overeenkomst is uitsluitend geldig indien zij geschiedt door middel van een kennisgeving aan de andere partij.

Art. 27

Communicatie door deugdelijk middel

Indien een kennisgeving, verzoek of andere mededeling door een partij wordt gedaan in overeenstemming met dit Deel van het Verdrag en met in de omstandigheden passende middelen, ontneemt een vertraging of vergissing bij het overbrengen van de mededeling of het niet aankomen hiervan die partij niet het recht zich op de mededeling te beroepen, tenzij in dit Deel uitdrukkelijk anders wordt bepaald.

Art. 28

Algemene bevoegdheidsregel

Indien in overeenstemming met het bepaalde in dit Verdrag een partij het recht heeft de nakoming van een verplichting door de andere partij te verlangen, is de rechter niet gehouden tot nakoming te veroordelen, tenzij de rechter dit op grond van zijn eigen recht eveneens zou doen met betrekking tot soortgelijke koopovereenkomsten, waarop dit Verdrag niet van toepassing is.

Art. 29

Wijziging of beëindiging

1. Een overeenkomst kan worden gewijzigd of beëindigd door enkele wilsovereenstemming tussen de partijen.

2. Een bij geschrift gesloten overeenkomst die een bepaling bevat krachtens welke iedere wijziging of beëindiging door wilsovereenstemming bij geschrift dient te geschieden, kan niet op andere wijze door wilsovereenstemming worden gewijzigd of beëindigd. Het gedrag van een partij kan haar echter beletten zich op een zodanige bepaling te beroepen, voor zover de andere partij op dat gedrag heeft vertrouwd.

Hoofdstuk II
VERPLICHTINGEN VAN DE VERKOPER

Art. 30
De verkoper moet de zaken afleveren, zo nodig de documenten afgeven en de eigendom van de zaken overdragen, een en ander volgens de bepalingen van de overeenkomst en van dit Verdrag.

Verplichtingen verkoper

Afdeling I
Aflevering van de roerende zaken en afgifte van documenten

Art. 31
Indien de verkoper niet gehouden is de zaken op enige andere bepaalde plaats af te leveren, bestaat zijn verplichting tot aflevering:
a. indien de koopovereenkomst tevens het vervoer van de zaken omvat - uit het afgeven van de zaken aan de eerste vervoerder ter verzending aan de koper;
b. indien, in andere gevallen dan onder a bedoeld, de overeenkomst betrekking heeft op individueel bepaalde zaken, dan wel op naar de soort bepaalde zaken die van een bepaalde voorraad moeten worden afgenomen of die nog moeten worden vervaardigd of voortgebracht en de partijen op het tijdstip van het sluiten van de overeenkomst wisten dat de zaken zich bevonden, of moesten worden vervaardigd of voortgebracht, op een bepaalde plaats - uit het op die plaats ter beschikking stellen van de zaken aan de koper;
c. in andere gevallen - uit het ter beschikking stellen van de zaken aan de koper op de plaats waar de verkoper zijn vestiging had ten tijde van het sluiten van de overeenkomst.

Wijze van levering

Art. 32
1. Indien de verkoper, in overeenstemming met de overeenkomst of dit Verdrag, de zaken afgeeft aan een vervoerder en indien de zaken niet duidelijk zijn bestemd tot uitvoering van de overeenkomst door merktekens, door verzendingsdocumenten of anderszins, moet de verkoper de koper in kennis stellen van de verzending, onder nauwkeurige omschrijving van de zaken.
2. Indien de verkoper gehouden is voor het vervoer van de zaken zorg te dragen, moet hij die overeenkomsten sluiten die nodig zijn voor het vervoer naar de vastgestelde plaats, zulks met in de omstandigheden passende vervoermiddelen en onder de voor zodanig vervoer gebruikelijke voorwaarden.
3. Indien de verkoper niet gehouden is een verzekering af te sluiten met betrekking tot het vervoer van de zaken, moet hij de koper op diens verzoek alle beschikbare informatie verstrekken die nodig is om hem in staat te stellen een zodanige verzekering af te sluiten.

Vervoer

Verzekering bij vervoer

Art. 33
De verkoper moet de zaken afleveren:
a. indien er een datum is bepaald of bepaald kan worden op grond van de overeenkomst, op die datum;
b. indien er een termijn is bepaald in of bepaald kan worden op grond van de overeenkomst, op enig tijdstip binnen de termijn, tenzij uit de omstandigheden blijkt dat de koper een datum moet kiezen; of
c. in alle andere gevallen, binnen een redelijke termijn na het sluiten van de overeenkomst.

Tijdstip van levering

Art. 34
Indien de verkoper gehouden is documenten met betrekking tot de zaken af te geven, moet hij deze afgeven op het tijdstip, en op de plaats en in de vorm die door de overeenkomst worden vereist. Indien de verkoper vóór dat tijdstip documenten heeft afgegeven, kan hij tot op het voorgeschreven tijdstip eventuele onvolkomenheden in de documenten rechtzetten, indien de uitoefening van dit recht voor de koper geen onredelijk ongerief of onredelijke kosten meebrengt. De koper behoudt echter zijn recht op schadevergoeding overeenkomstig dit Verdrag.

Bijbehorende documenten

Afdeling II
Het beantwoorden van de zaken aan de overeenkomst en rechten van derden

Art. 35
1. De verkoper dient zaken af te leveren waarvan de hoeveelheid, de kwaliteit en de omschrijving voldoen aan de in de overeenkomst gestelde eisen en die zijn verpakt op de in de overeenkomst vereiste wijze.
2. Tenzij partijen anders zijn overeengekomen, beantwoorden de zaken slechts dan aan de overeenkomst, indien zij:
a. geschikt zijn voor de doeleinden waarvoor zaken van dezelfde omschrijving gewoonlijk zouden worden gebruikt;
b. geschikt zijn voor een bijzonder doel dat uitdrukkelijk of stilzwijgend aan de verkoper ter kennis is gebracht op het tijdstip van het sluiten van de overeenkomst, tenzij uit de omstandig-

Aflevering dient te voldoen aan overeenkomst

heden blijkt dat de koper niet vertrouwde of redelijkerwijs niet mocht vertrouwen op de vakbekwaamheid en het oordeel van de verkoper;
c. de hoedanigheden bezitten van zaken die de verkoper als monster of model aan de koper heeft aangeboden;
d. zijn verpakt op de voor zodanige zaken gebruikelijke wijze of, indien er hiervoor geen gangbare handelwijze bestaat, op een met het oog op bescherming en behoud van de zaken passende wijze.

3. De verkoper is niet ingevolge het in het voorgaande lid onder a-d bepaalde aansprakelijk voor het niet beantwoorden van de zaken aan de overeenkomst, indien de koper op het tijdstip van het sluiten van de overeenkomst wist of had behoren te weten dat de zaken niet aan de overeenkomst beantwoordden.

Art. 36

Aansprakelijkheid verkoper

1. De verkoper is in overeenstemming met de overeenkomst en dit Verdrag aansprakelijk indien de zaken niet aan de overeenkomst beantwoorden op het tijdstip waarop het risico op de koper overgaat, ook al blijkt zulks eerst daarna.

2. De verkoper is tevens aansprakelijk voor elk niet beantwoorden van de zaken aan de overeenkomst hetwelk optreedt na het in het voorgaande lid genoemde tijdstip in te wijten is aan een tekortkoming in de nakoming van een van zijn verplichtingen, waaronder begrepen een garantie dat de zaken gedurende een bepaalde tijd geschikt zullen blijven voor het doel waarvoor zij normaal bestemd zijn of voor enigerlei bijzonder doel, dan wel nader aangegeven hoedanigheden of kenmerken zullen behouden.

Art. 37

Herstellen gebrek

Indien de verkoper zaken heeft afgeleverd vóór de afleveringsdatum, mag hij tot aan die datum een eventueel ontbrekend deel afleveren of een eventueel tekort in de afgeleverde hoeveelheid zaken aanvullen, dan wel zaken die niet aan de overeenkomst beantwoorden vervangen of herstellen, mits de uitoefening van dit recht voor de koper geen onredelijk ongerief of onredelijke kosten meebrengt. De koper behoudt echter zijn recht op schadevergoeding overeenkomstig dit Verdrag.

Art. 38

Inspectie van zaken door koper

1. De koper moet de zaken binnen een, gelet op de omstandigheden zo kort mogelijke, termijn keuren of doen keuren.

2. Indien de overeenkomst tevens het vervoer van de zaken omvat, kan de keuring worden uitgesteld tot na de aankomst van de zaken op hun bestemming.

3. Indien de koper de bestemming van de zaken onderweg wijzigt of hij deze doorzendt zonder dat hij redelijkerwijs gelegenheid heeft deze te keuren en de verkoper ten tijde van het sluiten van de overeenkomst de mogelijkheid van deze wijziging of doorzending kende of behoorde te kennen, kan de keuring worden uitgesteld tot het tijdstip waarop de zaken op de nieuwe bestemming zijn aangekomen.

Art. 39

Beroep op gebrek

1. De koper verliest het recht om zich erop te beroepen dat de zaken niet aan de overeenkomst beantwoorden, indien hij niet binnen een redelijke termijn nadat hij dit heeft ontdekt of had behoren te ontdekken de verkoper hiervan in kennis stelt, onder opgave van de aard van de tekortkoming.

2. In ieder geval verliest de koper het recht om zich erop te beroepen dat de zaken niet aan de overeenkomst beantwoorden, indien hij de verkoper niet uiterlijk binnen een termijn van twee jaar na de datum waarop de zaken feitelijk aan de koper werden afgegeven, hiervan in kennis stelt, tenzij deze termijn niet overeenstemt met een in de overeenkomst opgenomen garantietermijn.

Art. 40

Voorkennis verkoper

De verkoper kan zich niet beroepen op het bepaalde in de artikelen 38 en 39, indien het niet beantwoorden van de zaken aan de overeenkomst betrekking heeft op feiten die hij kende of waarvan hij niet onkundig had kunnen zijn en die hij niet aan de koper heeft bekend gemaakt.

Art. 41

Vrijwaring

De verkoper dient zaken te leveren waarop geen rechten of aanspraken van derden rusten, tenzij de koper ermee heeft ingestemd om de zaken onder die beperkingen aan te nemen. Indien een zodanig recht of een zodanige aanspraak is gebaseerd op industriële eigendom of op andere intellectuele eigendom, wordt de verplichting van de verkoper evenwel beheerst door artikel 42.

Art. 42

Auteurs- en octrooirecht

1. De verkoper dient zaken af te leveren waarop geen rechten of aanspraken van derden rusten die zijn gebaseerd op industriële eigendom of andere intellectuele eigendom, waarmede de verkoper op het tijdstip waarop de overeenkomst werd gesloten, bekend was of waarvan hij niet onkundig had kunnen zijn, mits dat recht of die aanspraak is gebaseerd op industriële eigendom of andere intellectuele eigendom:

a. ingevolge de wet van de Staat waar de zaken zullen worden doorverkocht of anderszins gebruikt, indien partijen op het tijdstip waarop de overeenkomst werd gesloten, onder ogen hebben gezien dat de zaken zouden worden doorverkocht of anderszins gebruikt in die Staat; of
b. in alle andere gevallen, ingevolge de wet van de Staat waar de koper zijn vestiging heeft.
2. De verplichting van de verkoper krachtens het voorgaande lid geldt niet in gevallen waarin:
a. de koper op het tijdstip waarop de overeenkomst werd gesloten bekend was met of niet onkundig had kunnen zijn van het recht of de aanspraak; of
b. het recht of de aanspraak voortvloeit uit het feit dat de verkoper zich heeft gehouden aan door de koper verstrekte technische tekeningen, ontwerpen, formules of andere soortgelijke specificaties.

Art. 43
1. De verkoper verliest het recht zich te beroepen op het bepaalde in de artikelen 41 en 42, indien hij nalaat binnen redelijke tijd nadat hij kennis kreeg of had behoren te krijgen van het recht of de aanspraak van de derde, de verkoper daarvan in kennis te stellen, onder nadere aanduiding van de aard van het recht of de aanspraak.
2. De verkoper is niet gerechtigd zich te beroepen op het bepaalde in het voorgaande lid, indien hij bekend was met het recht of de aanspraak van de derde en met de aard daarvan.

Beroep op rechten derden

Art. 44
Niettegenstaande het bepaalde in artikel 39, eerste lid, en artikel 43, eerste lid, kan de koper de prijs verlagen in overeenstemming met het bepaalde in artikel 50 of, anders dan terzake van gederfde winst, schadevergoeding eisen indien hij een redelijke verontschuldiging heeft voor het feit dat hij de vereiste kennisgeving niet heeft gedaan.

Uitzondering art. 39 en 43

Afdeling III
Gevolgen van niet-nakoming van de verplichtingen van de verkoper

Art. 45
1. Indien de verkoper tekort schiet in de nakoming van een krachtens de overeenkomst of dit Verdrag op hem rustende verplichting, kan de koper:
a. de in de artikelen 46 tot en met 52 vervatte rechten uitoefenen;
b. schadevergoeding eisen, zoals voorzien in de artikelen 74 tot en met 77.
2. De koper verliest door uitoefening van andere rechten niet zijn eventuele recht op schadevergoeding.
3. Wanneer de koper een recht uitoefent terzake van een tekortkoming, kan een rechter of scheidsgerecht de verkoper geen uitstel verlenen.

Rechtsmiddelen koper

Art. 46
1. De koper kan nakoming door de verkoper van zijn verplichtingen eisen, tenzij de koper een recht heeft uitgeoefend dat onverenigbaar is met deze eis.
2. Indien de zaken niet beantwoorden aan de overeenkomst, kan de koper slechts aflevering van vervangende zaken eisen, indien de afwijking van het overeengekomene een wezenlijke tekortkoming vormt en een verzoek om vervangende zaken wordt gedaan hetzij in combinatie met een ingevolge artikel 39 gedane kennisgeving, hetzij binnen een redelijke termijn daarna.
3. Indien de zaken niet beantwoorden aan de overeenkomst, kan de koper van de verkoper herstel eisen, tenzij zulks, alle omstandigheden in aanmerking genomen, onredelijk is. Een verzoek tot herstel moet worden gedaan hetzij in combinatie met een ingevolge artikel 39 gedane kennisgeving, hetzij binnen een redelijke termijn daarna.

Naleving

Vervanging

Herstel

Art. 47
1. De koper kan een aanvullende termijn van redelijke duur stellen voor het nakomen door de verkoper van zijn verplichtingen.
2. Tenzij de koper een kennisgeving van de verkoper heeft ontvangen dat deze niet binnen de aldus gestelde termijn zijn verplichtingen zal nakomen, mag de koper gedurende deze termijn geen rechten uitoefenen terzake van niet-nakoming. De koper verliest hierdoor echter niet zijn eventuele recht op schadevergoeding wegens te late nakoming.

Verlenging van termijn

Art. 48
1. Behoudens het bepaalde in artikel 49 mag de verkoper zelfs na de voor aflevering bepaalde datum op eigen kosten een eventuele tekortkoming in de nakoming van zijn verplichtingen herstellen, indien hij dit kan doen zonder onredelijke vertraging en zonder onredelijk ongerief voor de koper te veroorzaken of deze in het ongewisse te laten over de vergoeding door de verkoper van door de koper reeds gemaakte kosten. De koper behoudt echter zijn recht op schadevergoeding overeenkomstig dit Verdrag.
2. Indien de verkoper de koper verzoekt kenbaar te maken of hij de nakoming zal aanvaarden en de koper niet binnen een redelijke termijn op het verzoek reageert, kan de verkoper nakomen binnen de in zijn verzoek aangegeven termijn. De koper mag gedurende deze termijn geen rechten uitoefenen die onverenigbaar zijn met de nakoming door de verkoper.

Naleving na dato

Verzoek te mogen naleven

3. Een kennisgeving van de verkoper dat hij binnen een nader omschreven termijn zal nakomen, wordt geacht een verzoek aan de koper ingevolge het voorgaande lid te omvatten om zijn beslissing kenbaar te maken.
4. Een verzoek of kennisgeving van de zijde van de verkoper ingevolge de leden 2 en 3 van dit artikel is slechts geldig indien het door de koper is ontvangen.

Art. 49

Ontbinding koper

1. De koper kan de overeenkomst ontbonden verklaren:
   a. indien de tekortkoming in de nakoming door de verkoper van de krachtens de overeenkomst of dit Verdrag op hem rustende verplichtingen een wezenlijke tekortkoming vormt; of
   b. in geval van niet aflevering, indien de verkoper de zaken niet aflevert binnen de door de koper in overeenstemming met artikel 47, eerste lid, gestelde aanvullende termijn of verklaart dat hij binnen de aldus gestelde termijn niet zal afleveren.

Ontbinding na levering

2. In gevallen waarin de verkoper de zaken heeft afgeleverd, verliest de koper echter het recht de overeenkomst ontbonden te verklaren, tenzij hij zulks doet:
   a. wegens te late levering, binnen een redelijke termijn nadat hij heeft geconstateerd dat de aflevering heeft plaats gevonden;
   b. wegens enige andere tekortkoming dan te late aflevering, binnen een redelijke termijn:
   (i) nadat hij de tekortkoming had ontdekt of had behoren te ontdekken;
   (ii) na het verstrijken van een door de koper in overeenstemming met artikel 47, eerste lid, gestelde aanvullende termijn, of nadat de verkoper heeft verklaard dat hij zijn verplichtingen niet binnen een zodanige aanvullende termijn zal nakomen; of
   (iii) na het verstrijken van een door de verkoper in overeenstemming met artikel 48, tweede lid, aangegeven aanvullende termijn, of nadat de koper heeft verklaard dat hij geen nakoming zal aanvaarden.

Art. 50

Prijsaanpassing bij gebreken

Indien de zaken niet beantwoorden aan de overeenkomst en ongeacht of de prijs reeds is betaald, kan de koper de prijs verlagen in dezelfde verhouding als waarin de waarde die de feitelijk afgeleverde zaken hadden op het tijdstip van aflevering staat tot de waarde die de wel aan de overeenkomst beantwoordende zaken op dat tijdstip zouden hebben gehad. De koper mag de prijs echter niet verlagen, indien de verkoper in overeenstemming met artikel 37 of artikel 48 een tekortkoming in de nakoming van zijn verplichtingen herstelt of indien de koper weigert nakoming door de verkoper in overeenstemming met die artikelen te aanvaarden.

Art. 51

Gedeeltelijke naleving

1. Indien de verkoper slechts een gedeelte van de zaken aflevert of indien slechts een gedeelte van de afgeleverde zaken aan de overeenkomst beantwoordt, zijn de artikelen 46 tot en met 50 van toepassing met betrekking tot het gedeelte dat ontbreekt of dat niet aan de overeenkomst beantwoordt.
2. De koper kan slechts dan de overeenkomst in haar geheel ontbonden verklaren indien het feit dat slechts een gedeelte is afgeleverd of dat niet aan de overeenkomst beantwoordende zaken zijn afgeleverd een wezenlijke tekortkoming vormt.

Art. 52

Meerprestatie

1. Indien de verkoper de zaken aflevert vóór de bepaalde datum, kan de koper de aflevering aanvaarden of afwijzen.
2. Indien de verkoper een grotere hoeveelheid zaken aflevert dan was overeengekomen, kan de koper de aflevering van het overschot aanvaarden of afwijzen. Aanvaardt de koper de aflevering van het overschot geheel of gedeeltelijk, dan moet hij daarvoor in evenredigheid met de overeengekomen prijs betalen.

Hoofdstuk III
VERPLICHTINGEN VAN DE KOPER

Art. 53

Verplichtingen koper

De koper is verplicht de koopprijs te betalen en de zaken in ontvangst te nemen; een en ander in overeenstemming met de eisen van de overeenkomst en dit Verdrag.

Afdeling I
Betaling van de koopprijs

Art. 54

Betaling

De verplichting van de koper om de prijs te betalen houdt tevens in dat hij de stappen onderneemt en formaliteiten vervult die krachtens de overeenkomst of eventuele wetten en voorschriften nodig zijn om de betaling mogelijk te maken.

Art. 55

Impliciete prijs

Wanneer de koop rechtsgeldig is gesloten zonder dat de overeenkomst uitdrukkelijk of stilzwijgend de prijs bepaalt of in de wijze van bepaling daarvan voorziet, worden de partijen geacht, tenzij het tegendeel blijkt, zich stilzwijgend te hebben gehouden aan de prijs die ten tijde van het sluiten van de overeenkomst voor zodanige onder vergelijkbare omstandigheden verkochte zaken gewoonlijk wordt bedongen in de betrokken handelsbranche.

Art. 56
Wordt de prijs vastgesteld naar het gewicht van de zaken, dan is in geval van twijfel het nettogewicht beslissend.
Prijs per gewicht

Art. 57
1. Indien de koper niet gehouden is de prijs op een bepaalde andere plaats te betalen, dient hij de verkoper te betalen:
Plaats van betaling
a. ter plaatse van diens vestiging; of
b. indien de betaling dient te geschieden tegen afgifte van de zaken of van documenten, ter plaatse van die afgifte.
2. De verkoper dient een verhoging van de aan de betaling verbonden kosten die het gevolg is van een verandering in zijn plaats van vestiging na het sluiten van de overeenkomst, voor zijn rekening te nemen.

Art. 58
1. Indien de koper niet gehouden is de prijs op een nader aangegeven ander tijdstip te betalen, dient hij deze te betalen wanneer de verkoper hetzij de zaken, hetzij de daarop betrekking hebbende documenten ter beschikking stelt van de koper, zulks in overeenstemming met de overeenkomst en dit Verdrag. De verkoper kan een zodanige betaling als voorwaarde stellen voor de afgifte van de zaken of de documenten.
Tijdstip van betaling
2. Indien de overeenkomst tevens het vervoer van de zaken omvat, kan de verkoper de goederen verzenden met het beding dat de zaken of de daarop betrekking hebbende documenten, slechts tegen betaling van de prijs aan de koper worden afgegeven.
3. De koper is niet verplicht tot betaling van de prijs voordat hij gelegenheid heeft gehad de zaken te keuren, tenzij de door partijen overeengekomen procedures voor aflevering of betaling met deze mogelijkheid niet verenigbaar zijn.
Gelegenheid tot keuring

Art. 59
De koper dient de prijs te betalen op de in de overeenkomst bepaalde of aan de hand van de overeenkomst en dit Verdrag te bepalen datum, zonder dat de verkoper hierom behoeft te verzoeken of hiertoe enige formaliteit behoeft te vervullen.
Stipte betaling

Afdeling II
Inontvangstneming van de zaken

Art. 60
De verplichting van de koper tot inontvangstneming bestaat in:
Verplichting tot inontvangstneming
a. het verrichten van alle handelingen die redelijkerwijs van hem kunnen worden verwacht ten einde de verkoper tot aflevering in staat te stellen; en
b. het tot zich nemen van de zaken.

Afdeling III
Gevolgen van niet-nakoming van de verplichtingen van de koper

Art. 61
1. Indien de koper tekort schiet in de nakoming van de krachtens de overeenkomst of dit Verdrag op hem rustende verplichtingen, kan de verkoper:
Rechtsmiddelen verkoper
a. de in de artikelen 62 tot en met 65 vervatte rechten uitoefenen;
b. schadevergoeding eisen, zoals bepaald in de artikelen 74 tot en met 77.
2. De verkoper verliest door uitoefening van andere rechten niet zijn eventuele recht op schadevergoeding.
3. Indien de verkoper een recht uitoefent terzake van een tekortkoming kan een rechter of scheidsgerecht de koper geen uitstel verlenen.

Art. 62
De verkoper kan van de koper eisen dat deze de prijs betaalt, de zaken in ontvangst neemt of zijn andere verplichtingen nakomt, tenzij de verkoper een recht heeft uitgeoefend dat onverenigbaar is met deze eis.
Naleving

Art. 63
1. De verkoper kan een aanvullende termijn van redelijke duur stellen voor het nakomen door de koper van zijn verplichtingen.
Verlenging van deze termijn
2. Tenzij de verkoper een kennisgeving van de koper heeft ontvangen dat deze niet binnen de aldus gestelde termijn zijn verplichtingen zal nakomen, mag de verkoper gedurende deze termijn geen rechten uitoefenen terzake van niet-nakoming. De verkoper verliest hierdoor echter niet zijn eventuele recht op schadevergoeding wegens te late nakoming.

Art. 64

Ontbinding door verkoper

1. De verkoper kan de overeenkomst ontbonden verklaren:
   a. indien de tekortkoming in de nakoming door de koper van de krachtens de overeenkomst of dit Verdrag op hem rustende verplichtingen een wezenlijke tekortkoming vormt; of
   b. indien de koper niet, binnen de door de verkoper, in overeenstemming met artikel 63, eerste lid, gestelde aanvullende termijn zijn verplichting nakomt om de prijs te betalen of de zaken in ontvangst te nemen, of indien hij verklaart dat hij zulks niet binnen de aldus gestelde termijn zal doen.

Ontbinding na betaling

2. In gevallen waarin de koper de prijs heeft betaald, verliest de verkoper echter het recht de overeenkomst ontbonden te verklaren, tenzij hij zulks doet:
   a. wegens te late nakoming door de koper, voordat de verkoper heeft geconstateerd dat nakoming heeft plaats gevonden; of
   b. wegens enige andere tekortkoming dan te late nakoming door de koper, binnen een redelijke termijn:
   (i) nadat de verkoper de tekortkoming had ontdekt of had behoren te ontdekken; of
   (ii) na het verstrijken van een door de verkoper in overeenstemming met artikel 63, eerste lid, gestelde aanvullende termijn, of nadat de koper heeft verklaard dat hij zijn verplichtingen niet binnen een zodanige aanvullende termijn zal nakomen.

Art. 65

Vaststelling specificaties

1. Indien de koper krachtens de overeenkomst de vorm, de afmeting of andere kenmerken van de zaken nader moet bepalen en hij deze specificatie niet op het overeengekomen tijdstip of binnen een redelijke termijn na ontvangst van een hiertoe strekkend verzoek van de verkoper verricht, kan de verkoper, onverminderd zijn eventuele andere rechten, zelf overgaan tot specificatie in overeenstemming met de behoeften van de koper, voor zover deze hem bekend zijn.
2. Gaat de verkoper zelf tot specificatie over, dan moet hij de bijzonderheden daarvan ter kennis van de koper brengen en hem een redelijke termijn toestaan voor een nadere specificatie. Maakt de koper na ontvangst van een zodanige mededeling niet binnen de gestelde termijn van deze mogelijkheid gebruik, dan is de door de verkoper verrichte specificatie bindend.

Hoofdstuk IV
OVERGANG VAN HET RISICO

Art. 66

Verlies of schade

Het verlies van of schade aan de zaken nadat het risico is overgegaan op de koper, ontslaat deze niet van de verplichting de prijs te betalen, tenzij het verlies of de schade te wijten is aan een handeling of nalatigheid van de verkoper.

Art. 67

Risico-overgang bij vervoer

1. Indien de overeenkomst tevens het vervoer van de zaken omvat en de verkoper niet gehouden is deze op een bepaalde plaats af te geven, gaat het risico over op de koper wanneer de zaken aan de eerste vervoerder worden afgegeven ter verzending aan de koper in overeenstemming met de overeenkomst. Indien de verkoper gehouden is de zaken op een bepaalde plaats aan de vervoerder af te geven, gaat het risico eerst over op de koper wanneer de zaken op die plaats aan de vervoerder worden afgegeven. De omstandigheid dat de verkoper bevoegd is de op de zaken betrekking hebbende documenten te behouden, is niet van invloed op de overgang van het risico.
2. Desondanks gaat het risico niet over op de koper dan nadat de zaken duidelijk zijn bestemd tot uitvoering van de overeenkomst door merktekens, door verzendingsdocumenten, door kennisgeving aan de koper of anderszins.

Art. 68

Risico bij transito verkoop

Het risico met betrekking tot zaken die tijdens doorvoer zijn verkocht, gaat over op de koper vanaf het tijdstip van het sluiten van de overeenkomst. Indien de omstandigheden zulks uitwijzen, draagt de koper echter het risico vanaf het tijdstip waarop de zaken werden afgegeven aan de vervoerder die de documenten waarin de vervoerovereenkomst is neergelegd, heeft uitgegeven. Desondanks draagt de verkoper het risico van verlies of schade, indien de verkoper op het tijdstip waarop de koopovereenkomst werd gesloten ermee bekend was of had behoren te zijn dat de zaken verloren waren geraakt of waren beschadigd en hij dit niet aan de koper heeft meegedeeld.

Art. 69

Risico-overgang na overlijden

1. In gevallen die niet vallen onder de artikelen 67 en 68 gaat het risico over op de koper wanneer hij de zaken overneemt of, indien hij zulks niet tijdig doet, vanaf het tijdstip waarop de zaken aan hem ter beschikking worden gesteld en het niet in ontvangst nemen van de zaken een tekortkoming oplevert.
2. Indien de koper gehouden is de zaken over te nemen op een andere plaats dan een vestiging van de verkoper, gaat echter het risico over wanneer de verkoper verplicht is tot aflevering en de koper bekend is met het feit dat de zaken op die plaats te zijner beschikking worden gesteld.

3. Indien de overeenkomst betrekking heeft op nog niet geïdentificeerde zaken, worden de zaken eerst geacht ter beschikking van de koper te zijn gesteld, wanneer zij duidelijk zijn bestemd tot uitvoering van de overeenkomst.

Art. 70
Indien de verkoper zich heeft schuldig gemaakt aan een wezenlijke tekortkoming, doen de artikelen 67, 68 en 69 geen afbreuk aan de rechten die de koper terzake van deze tekortkoming ten dienste staan.

Rechtsmiddelen koper onverlet

Hoofdstuk V
BEPALINGEN DIE ZOWEL DE VERPLICHTINGEN VAN DE VERKOPER ALS DIE VAN DE KOPER BETREFFEN

Afdeling I
Toekomstige tekortkoming en overeenkomsten strekkende tot opeenvolgende afleveringen

Art. 71
1. Een partij mag de nakoming van haar verplichtingen opschorten, indien na het sluiten van de overeenkomst blijkt dat de andere partij een wezenlijk deel van haar verplichtingen niet zal nakomen ten gevolge van:
a. een ernstig tekortschieten van haar vermogen om dat deel van haar verplichtingen na te komen, of van haar kredietwaardigheid; of
b. haar gedrag bij de voorbereiding van de nakoming van de ingevolge de overeenkomst op haar rustende verplichtingen, dan wel bij de nakoming.
2. Heeft de verkoper de zaken reeds verzonden voordat de in het voorgaande lid omschreven gronden blijken, dan kan hij er zich tegen verzetten dat de zaken aan de koper worden afgegeven, zelfs al heeft de koper reeds een document in zijn bezit dat hem recht geeft de zaken te verwerven. Dit lid heeft uitsluitend betrekking op de rechten van koper en verkoper ten aanzien van de zaken.
3. Een partij die hetzij vóór, hetzij na verzending van de zaken de nakoming opschort, moet de andere partij onmiddellijk in kennis stellen van de opschorting en moet voortgaan met de nakoming, indien de andere partij voldoende zekerheid stelt voor de nakoming van haar verplichtingen.

Opschortende voorwaarden

Art. 72
1. Indien vóór de datum van nakoming duidelijk is dat één van de partijen zich schuldig zal maken aan een wezenlijke tekortkoming, kan de andere partij de overeenkomst ontbonden verklaren.
2. Indien de tijd dit toelaat, moet de partij die van plan is de overeenkomst ontbonden te verklaren, hiervan op redelijke wijze kennisgeving doen aan de andere partij, ten einde deze in staat te stellen voldoende zekerheid te stellen voor de nakoming van haar verplichtingen.
3. Het voorgaande lid is niet van toepassing indien de andere partij heeft verklaard dat zij haar verplichtingen niet zal nakomen.

Ontbinding bij te verwachten wanprestatie

Art. 73
1. Indien bij een overeenkomst strekkende tot opeenvolgende afleveringen van zaken de tekortkoming van een partij in de nakoming van haar verplichtingen ten aanzien van één aflevering een wezenlijke tekortkoming ten aanzien van die aflevering vormt, kan de wederpartij de overeenkomst ten aanzien van die aflevering ontbonden verklaren.
2. Indien de tekortkoming in de nakoming van de verplichtingen ten aanzien van een der afleveringen door een van de partijen aan de wederpartij gegronde reden geeft om te concluderen dat er ten aanzien van de toekomstige afleveringen een wezenlijke tekortkoming zal plaatsvinden, kan zij, mits binnen redelijke termijn, de overeenkomst voor de toekomst ontbonden verklaren.
3. Het koper die de overeenkomst ontbonden verklaart met betrekking tot een aflevering, kan tegelijkertijd de overeenkomst ontbonden verklaren ten aanzien van reeds ontvangen of toekomstige afleveringen, indien die afleveringen wegens hun onderlinge samenhang niet kunnen worden gebruikt voor het door partijen ten tijde van het sluiten van de overeenkomst beoogde doel.

Ontbinding na tekortkoming voor één aflevering

Ontbinding bij gegronde vrees tekortkoming toekomstige afleveringen

Totale ontbinding

Afdeling II
Schadevergoeding

Art. 74
De schadevergoeding wegens een tekortkoming van een partij bestaat uit een bedrag gelijk aan de schade, met inbegrip van de gederfde winst, die door de andere partij als gevolg van de tekortkoming wordt geleden. Een zodanige schadevergoeding mag evenwel niet hoger zijn dan de schade die de partij die in de nakoming is tekort geschoten bij het sluiten van de overeenkomst

Schadevergoeding na wanprestatie

voorzag of had behoren te voorzien als mogelijk gevolg van de tekortkoming, gegeven de feiten die zij kende of die zij had behoren te kennen.

Art. 75
Vergoeding voor gevolgschade

Indien de overeenkomst wordt ontbonden en de koper of de verkoper op een redelijke wijze en binnen een redelijke termijn na de ontbinding een dekkingskoop heeft gesloten, komt aan de partij die schadevergoeding eist, het verschil toe tussen de overeengekomen prijs en die van de dekkingskoop, onverminderd haar recht op vergoeding van andere schade overeenkomstig artikel 74.

Art. 76
Vergoeding op basis van huidige prijs

1. In geval van ontbinding van de overeenkomst heeft, indien de zaken een dagprijs hebben, de partij die schadevergoeding eist, zo zij niet is overgegaan tot een dekkingskoop als bedoeld in artikel 75, recht op het verschil tussen de in de overeenkomst bepaalde prijs en de ten tijde van de ontbinding geldende dagprijs, onverminderd haar recht op vergoeding van andere schade overeenkomstig artikel 74. Indien evenwel de partij die schadevergoeding eist de overeenkomst heeft ontbonden na de zaken te hebben overgenomen, wordt de dagprijs ten tijde van die overname gehanteerd in plaats van de dagprijs ten tijde van de ontbinding.

2. Voor de toepassing van het vorige lid, is de dagprijs die welke geldt op de plaats waar de zaken hadden moeten worden afgeleverd, of, indien er op die plaats geen dagprijs is, de prijs op een andere plaats die deze redelijkerwijs kan vervangen; hierbij wordt rekening gehouden met de verschillen in de kosten van vervoer van de zaken.

Art. 77
Beperking schade na wanprestatie

Een partij die zich beroept op een tekortkoming moet in de in de gegeven omstandigheden redelijke maatregelen treffen tot beperking van de uit de tekortkoming voortvloeiende schade, met inbegrip van de gederfde winst. Laat zij zodanige maatregelen na, dan kan de partij die in de nakoming is tekort geschoten een vermindering van de schadevergoeding verlangen ten belope van het bedrag waarmee het verlies had moeten worden beperkt.

Afdeling III
Rente

Art. 78
Rente

Indien een partij tekort schiet in de betaling van de prijs of van enig ander achterstallig bedrag, heeft de andere partij recht op rente hierover, onverminderd haar recht op schadevergoeding overeenkomstig artikel 74.

Afdeling IV
Bevrijdende omstandigheden

Art. 79
Overmacht

1. Een partij is niet aansprakelijk voor een tekortkoming in de nakoming van een van haar verplichtingen, indien zij aantoont dat de tekortkoming werd veroorzaakt door een verhindering die buiten haar macht lag en dat van haar redelijkerwijs niet kon worden verwacht dat zij bij het sluiten van de overeenkomst met de verhindering rekening zou hebben gehouden of dat zij deze of de gevolgen ervan zou hebben vermeden of te boven zou zijn gekomen.

Tekortkoming veroorzaakt door derde

2. Indien de tekortkoming van de partij te wijten is aan een tekortkoming van een derde die door haar is belast met de uitvoering van de gehele overeenkomst of een gedeelte hiervan, wordt die partij slechts van haar aansprakelijkheid bevrijd, indien:
a. zij krachtens het vorige lid hiervan wordt bevrijd; en
b. de derde bevrijd zou zijn, indien het bepaalde in dat lid op hem van toepassing zou zijn.

3. De in dit artikel bedoelde bevrijding geldt voor het tijdvak gedurende hetwelk de verhindering bestaat.

Bericht van verhindering

4. De partij die tekort schiet in de nakoming van haar verplichtingen, dient de andere partij in kennis te stellen van de verhindering en van de gevolgen hiervan voor haar vermogen om na te komen. Indien de kennisgeving niet door de andere partij wordt ontvangen binnen een redelijke termijn nadat de partij die tekortschiet met de verhindering bekend was of had behoren te zijn, is deze laatste aansprakelijk voor de uit het niet-ontvangen van de desbetreffende kennisgeving voortvloeiende schade.

Overige rechten onverlet

5. Niets in dit artikel verhindert partijen krachtens dit Verdrag enig ander recht dan dat op schadevergoeding, uit te oefenen.

Art. 80
Medeschuld

Een partij kan zich niet beroepen op een tekortkoming van de andere partij voor zover die tekortkoming werd veroorzaakt door een handeling of nalatigheid van eerstgenoemde partij.

Afdeling V
Gevolgen van de ontbinding

Art. 81

De ontbinding bevrijdt beide partijen van hun verplichtingen uit de overeenkomst, onverminderd een eventueel verschuldigde schadevergoeding. Ontbinding is niet van invloed op een bepaling van de overeenkomst met betrekking tot de beslechting van geschillen of op andere bepalingen van de overeenkomst die de rechten en verplichtingen van partijen na ontbinding van de overeenkomst regelen.

2. Een partij die de overeenkomst geheel of ten dele heeft uitgevoerd, kan van de andere partij teruggave eisen van hetgeen zij uit hoofde van de overeenkomst heeft gepresteerd. Hebben beide partijen het recht teruggave te vorderen, dan moet deze teruggave over en weer gelijktijdig geschieden.

Gevolgen van ontbinding

Restitutie

Art. 82

1. De koper verliest het recht de overeenkomst ontbonden te verklaren of van de verkoper te eisen dat deze vervangende zaken aflevert, indien het hem onmogelijk is de zaken goeddeels in dezelfde staat terug te geven als waarin hij deze heeft ontvangen.
2. Het vorige lid is niet van toepassing:
   a. indien de onmogelijkheid om de zaken terug te geven of deze terug te geven in goeddeels dezelfde staat als waarin de koper deze heeft ontvangen, niet is te wijten aan zijn handelingen of nalaten;
   b. indien de zaken of een gedeelte daarvan zijn verloren gegaan of in waarde zijn verminderd als gevolg van de in artikel 38 voorgeschreven keuring; of
   c. indien de koper de zaken of een gedeelte daarvan in de normale uitoefening van zijn bedrijf heeft verkocht of in overeenstemming met een normale wijze van gebruiken heeft verbruikt of verwerkt, alvorens hij ontdekte of had behoren te ontdekken dat deze niet beantwoordden aan de overeenkomst.

Verlies van recht ontbinding

Uitzonderingen

Art. 83

Een koper die het recht verloren heeft de overeenkomst ontbonden te verklaren of van de verkoper te eisen dat deze in overeenstemming met artikel 82 vervangende zaken aflevert, behoudt alle andere rechten die de overeenkomst en dit Verdrag hem toekennen.

Overige rechten onverlet

Art. 84

1. Indien de verkoper gehouden is de prijs terug te betalen moet hij hierover tevens rente betalen vanaf het tijdstip waarop de prijs werd betaald.
2. De koper moet aan de verkoper de waarde vergoeden van elk voordeel dat hij van de zaken of een gedeelte daarvan heeft genoten:
   a. indien hij de zaken of een gedeelte daarvan moet teruggeven; of
   b. indien het hem onmogelijk is alle zaken of een gedeelte daarvan terug te geven of alle zaken of een gedeelte daarvan goeddeels in dezelfde staat terug te geven als waarin hij deze heeft ontvangen, maar hij de overeenkomst desondanks ontbonden heeft verklaard of van de verkoper heeft geëist dat deze vervangende zaken aflevert.

Rente of voordeel bij restitutie

Afdeling VI
Zorg voor behoud van de zaken

Art. 85

Indien de koper nalatig is met de inontvangstneming van de zaken of indien hij, wanneer de prijs dient te worden betaald bij aflevering van de zaken, in gebreke blijft de prijs te betalen en de verkoper hetzij de zaken onder zich heeft, hetzij daarover anderszins zeggenschap kan uitoefenen, moet de verkoper alle in de omstandigheden redelijke maatregelen voor het behoud van de zaken treffen. Hij heeft het recht deze onder zich te houden totdat hij door de koper voor de door hem in redelijkheid gemaakte kosten schadeloos is gesteld.

Behoud zaken door verkoper

Art. 86

1. Indien de koper de zaken heeft ontvangen en hij voornemens is enigerlei recht krachtens de overeenkomst of dit Verdrag uit te oefenen om deze te weigeren, moet hij alle in de omstandigheden redelijke maatregelen voor het behoud van de zaken treffen. Hij heeft het recht deze onder zich te houden totdat hij door de verkoper voor de door hem in redelijkheid gemaakte kosten schadeloos is gesteld.
2. Indien de aan de koper verzonden zaken op hun plaats van bestemming te zijner beschikking zijn gesteld, en hij het recht om deze te weigeren, uitoefent, moet hij deze voor rekening van de verkoper onder zich nemen, mits dit kan geschieden zonder betaling van de prijs en zonder onredelijk ongerief of onredelijke kosten. Deze bepaling is niet van toepassing, indien de verkoper op de plaats van bestemming aanwezig is of iemand aldaar bevoegd is de zaken voor

Behoud zaken door koper

Tijdelijke inbezitneming

diens rekening onder zijn hoede te nemen. Indien de koper de zaken onder zich neemt ingevolge dit lid, worden zijn rechten en verplichtingen beheerst door het vorige lid.

Art. 87

Vergoeding voor in bewaring geven

Een partij die gehouden is maatregelen voor het behoud van de zaken te treffen, kan deze voor rekening van de andere partij in bewaring geven in de opslagruimte van een derde, mits de hieruit voortvloeiende kosten niet onredelijk zijn.

Art. 88

Bevoegdheid tot doorverkoop

1. Een partij die in overeenstemming met de artikelen 85 of 86 gehouden is voor het behoud van de zaken te zorgen kan deze op een geschikte wijze verkopen, indien de wederpartij bij het aanvaarden of terugnemen van de zaken of bij de betaling van de prijs of de kosten van bewaring een onredelijk grote vertraging laat ontstaan, mits zij de wederpartij op redelijke wijze kennis heeft gegeven van haar voornemen om te verkopen.
2. Indien de zaken aan snelle achteruitgang onderhevig zijn of de bewaring ervan onredelijke kosten zou meebrengen, moet een partij die in overeenstemming met de artikelen 85 of 86 gehouden is voor het behoud van de zaken te zorgen redelijke maatregelen treffen om deze te verkopen. Voor zover mogelijk moet zij de wederpartij van haar voornemen om te verkopen in kennis stellen.
3. Een partij die de zaken verkoopt, mag van de opbrengst afhouden het bedrag van de uitgaven die in redelijkheid gedaan zijn voor het behoud van de zaken en voor de verkoop daarvan. Zij moet het overblijvende aan de wederpartij afdragen.

DEEL IV
SLOTBEPALINGEN

Art. 89

De Secretaris-Generaal van de Verenigde Naties wordt hierbij aangewezen als depositaris van dit Verdrag.

Art. 90

Dit Verdrag prevaleert niet boven enige internationale overeenkomst die reeds is of kan worden gesloten en die bepalingen bevat met betrekking tot de aangelegenheid waarop dit Verdrag van toepassing is, mits de partijen hun vestiging hebben in Staten die partij zijn bij een zodanige overeenkomst.

Art. 91

1. Dit Verdrag is opengesteld voor ondertekening tijdens de slotbijeenkomst van de Conferentie der Verenigde Naties inzake de Internationale koop van roerende zaken en zal tot 30 september 1981 opengesteld blijven voor ondertekening door alle Staten op de Zetel van de Organisatie der Verenigde Naties te New York.
2. Dit Verdrag dient te worden bekrachtigd, aanvaard of goedgekeurd door de ondertekenende Staten.
3. Dit Verdrag staat vanaf de datum waarop het is opengesteld voor ondertekening open voor toetreding door alle Staten die geen ondertekenende Staten zijn.
4. De akten van bekrachtiging, aanvaarding, goedkeuring en toetreding dienen te worden nedergelegd bij de Secretaris-Generaal van de Verenigde Naties.

Art. 92

Voorbehoud ten aanzien van Deel II en/of Deel III

1. Een Verdragsluitende Staat kan op het tijdstip van ondertekening, bekrachtiging, aanvaarding, goedkeuring of toetreding verklaren dat hij niet zal zijn gebonden door Deel II van dit Verdrag of dat hij niet zal zijn gebonden door Deel III van dit Verdrag.
2. Een Verdragsluitende Staat die in overeenstemming met het voorgaande lid een verklaring aflegt met betrekking tot Deel II of Deel III van dit Verdrag, dient, waar het aangelegenheden betreft die vallen onder het Deel waarop de verklaring van toepassing is, niet te worden beschouwd als een Verdragsluitende Staat in de zin van artikel 1, eerste lid van dit Verdrag.

Art. 93

Gebiedsdelen

1. Indien een Verdragsluitende Staat die twee of meer gebiedsdelen heeft, waarin, in overeenstemming met zijn grondwet, verschillende rechtsstelsels gelden met betrekking tot de in dit Verdrag behandelde aangelegenheden, kan hij op het tijdstip van ondertekening, bekrachtiging, aanvaarding, goedkeuring of toetreding verklaren dat dit Verdrag zal gelden voor al zijn gebiedsdelen, of slechts voor één of meer hiervan en kan hij te allen tijde zijn verklaring wijzigen door een andere verklaring in te dienen.
2. Deze verklaringen dienen ter kennis te worden gebracht van de depositaris en hierin dient uitdrukkelijk te worden aangegeven op welke gebiedsdelen het Verdrag van toepassing is.
3. Indien dit Verdrag krachtens een ingevolge dit artikel afgelegde verklaring, van toepassing is op één of meer, maar niet op alle gebiedsdelen van een Verdragsluitende Staat en indien de vestiging van een partij zich in die Staat bevindt, wordt deze vestiging voor de toepassing van dit Verdrag geacht zich niet in een Verdragsluitende Staat te bevinden, tenzij deze zich bevindt in een gebiedsdeel waarop het Verdrag van toepassing is.

4. Indien een Verdragsluitende Staat geen verklaring ingevolge het eerste lid van dit artikel aflegt, is het Verdrag van toepassing op alle gebiedsdelen van die Staat.

Art. 94
1. Twee of meer Verdragsluitende Staten die dezelfde of nauw verwante rechtsregels hebben met betrekking tot onder dit Verdrag vallende aangelegenheden, kunnen te allen tijde verklaren dat het Verdrag niet van toepassing zal zijn op koopovereenkomsten of de totstandkoming daarvan, waarbij de partijen hun vestiging in die Staten hebben. Dergelijke verklaringen kunnen gezamenlijk of door middel van wederkerige eenzijdige verklaringen worden afgelegd.
2. Een Verdragsluitende Staat die dezelfde of nauw verwante rechtsregels heeft met betrekking tot onder dit Verdrag vallende aangelegenheden als één of meer niet Verdragsluitende Staten kan te allen tijde verklaren dat het Verdrag niet van toepassing zal zijn op koopovereenkomsten of de totstandkoming daarvan, waarbij de partijen hun vestiging in die Staten hebben.
3. Indien een Staat ten aanzien waarvan ingevolge het voorgaande lid een verklaring is afgelegd, vervolgens een Verdragsluitende Staat wordt, zal de verklaring, met ingang van de datum waarop het Verdrag ten aanzien van de nieuwe Verdragsluitende Staat in werking treedt, de werking hebben van een ingevolge het eerste lid afgelegde verklaring, met dien verstande dat de nieuwe Verdragsluitende Staat die verklaring onderschrijft of een wederkerige eenzijdige verklaring aflegt.

Art. 95
Iedere Staat kan op het tijdstip van nederlegging van zijn akte van bekrachtiging, aanvaarding, goedkeuring of toetreding verklaren dat hij niet zal zijn gebonden door artikel 1, eerste lid, onder b, van dit Verdrag.

Art. 96
Een Verdragsluitende Staat wiens wetgeving vereist dat koopovereenkomsten door middel van een geschrift worden gesloten of bewezen, kan te allen tijde een verklaring afleggen in overeenstemming met artikel 12, dat enigerlei bepaling in artikel 11, artikel 29, of Deel II van dit Verdrag, krachtens welke het is toegestaan op andere wijze dan door middel van een geschrift een koopovereenkomst te sluiten, te wijzigen of door enkele wilsovereenstemming te beëindigen dan wel een aanbod te doen ofte aanvaarden of een andere wilsuiting te doen, niet van toepassing is indien een van de partijen haar vestiging in die Staat heeft.

Schriftelijk bewijs koopovereenkomst

Art. 97
1. Krachtens dit Verdrag op het tijdstip van ondertekening afgelegde verklaringen dienen te worden bevestigd bij bekrachtiging, aanvaarding of goedkeuring.
2. Verklaringen en bevestigingen van verklaringen dienen schriftelijk te geschieden en officieel ter kennis van de depositaris te worden gebracht.
3. Een verklaring wordt van kracht tegelijk met de inwerkingtreding van dit Verdrag ten aanzien van de betrokken Staat. Een verklaring waarvan de depositaris na deze inwerkingtreding een officiële kennisgeving ontvangt, wordt echter van kracht op de eerste dag van de maand volgend op het verstrijken van een tijdvak van zes maanden na de datum van ontvangst daarvan door de depositaris. Wederkerige eenzijdige verklaringen ingevolge artikel 94 worden van kracht op de eerste dag van de maand volgend op het verstrijken van een tijdvak van zes maanden na ontvangst van de laatste verklaring door de depositaris.
4. Iedere Staat die uit hoofde van dit Verdrag een verklaring aflegt, kan deze te allen tijde intrekken door middel van een officiële, schriftelijke kennisgeving aan de depositaris. Deze intrekking wordt van kracht op de eerste dag van de maand volgend op het verstrijken van een tijdvak van zes maanden na de datum van ontvangst van de kennisgeving door de depositaris.
5. Een intrekking van een krachtens artikel 94 afgelegde verklaring maakt vanaf de datum waarop de intrekking van kracht wordt, iedere wederkerige verklaring, door een andere Staat uit hoofde van dat artikel afgelegd, ongeldig.

Art. 98
Voorbehouden worden niet toegestaan, behoudens die welke uitdrukkelijk in dit Verdrag zijn toegestaan.

Voorbehouden; verbod

Art. 99
1. Dit Verdrag treedt in werking, behoudens het bepaalde in het zesde lid van dit artikel, op de eerste dag van de maand volgend op het verstrijken van een tijdvak van twaalf maanden na de datum van nederlegging van de tiende akte van bekrachtiging, aanvaarding, goedkeuring of toetreding, waaronder begrepen een akte die een krachtens artikel 92 afgelegde verklaring bevat.
2. Wanneer een Staat dit Verdrag bekrachtigt, aanvaardt, goedkeurt of hiertoe toetreedt na de nederlegging van de tiende akte van bekrachtiging, aanvaarding, goedkeuring of toetreding, treedt dit Verdrag, met uitzondering van het uitgesloten Deel, ten aanzien van die Staat in werking, behoudens het bepaalde in het zesde lid van dit artikel, op de eerste dag van de maand volgend op het verstrijken van een tijdvak van twaalf maanden na de datum van nederlegging van zijn akte van bekrachtiging, aanvaarding, goedkeuring of toetreding.

3. Een Staat die dit Verdrag bekrachtigt, aanvaardt, goedkeurt of hiertoe toetreedt en partij is hetzij bij het Verdrag houdende een Eenvormige Wet inzake de totstandkoming van Internationale koopovereenkomsten betreffende roerende lichamelijke zaken, gedaan te 's-Gravenhage op 1 juli 1964 (Haags Totstandkomingsverdrag van 1964) hetzij bij het Verdrag houdende een Eenvormige Wet inzake de internationale koop van roerende lichamelijke zaken, gedaan te 's-Gravenhage op 1 juli 1964 (Haags Koopverdrag van 1964), hetzij bij beide, dient één van deze beide of beide, al naar gelang het geval, tezelfdertijd op te zeggen door de Regering van het Koninkrijk der Nederlanden een hiertoe strekkende kennisgeving te doen toekomen.
4. Een Staat die partij is bij het Haags Koopverdrag van 1964, die dit Verdrag bekrachtigt, aanvaardt, goedkeurt of hiertoe toetreedt, en krachtens artikel 92 verklaart of heeft verklaard dat hij niet zal zijn gebonden door Deel II van dit Verdrag, dient op het tijdstip van bekrachtiging, aanvaarding, goedkeuring of toetreding het Haags Koopverdrag van 1964 op te zeggen door de Regering van het Koninkrijk der Nederlanden een hiertoe strekkende kennisgeving te doen toekomen.
5. Een Staat die partij is bij het Haags Totstandkomingsverdrag van 1964, die dit Verdrag bekrachtigt, aanvaardt, goedkeurt of hiertoe toetreedt en krachtens artikel 92 verklaart of heeft verklaard dat hij niet zal zijn gebonden door Deel III van dit Verdrag, dient op het tijdstip van bekrachtiging, aanvaarding, goedkeuring of toetreding het Haags Totstandkomingsverdrag van 1964 op te zeggen door aan de Regering van het Koninkrijk der Nederlanden een hiertoe strekkende kennisgeving te doen toekomen.
6. Voor de toepassing van dit artikel worden bekrachtigingen, aanvaardingen, goedkeuringen en toetredingen met betrekking tot dit Verdrag door Staten die partij zijn bij het Haags Totstandkomingsverdrag van 1964 of het Haags Koopverdrag van 1964 eerst van kracht wanneer de vereiste opzeggingen door die Staten met betrekking tot beide laatste Verdragen, zelf van kracht zijn geworden. De depositaris van dit Verdrag dient overleg te plegen met de Regering van het Koninkrijk der Nederlanden als depositaris van de Verdragen van 1964, ten einde op dit punt de noodzakelijke coördinatie te garanderen.

Art. 100

1. Dit Verdrag is slechts van toepassing op de totstandkoming van een overeenkomst wanneer het voorstel tot het sluiten van de overeenkomst is gedaan op of na de datum waarop het Verdrag in werking treedt ten aanzien van de in artikel 1, eerste lid, onder a, bedoelde Verdragsluitende Staten of de in artikel 1, eerste lid, onder b bedoelde Verdragsluitende Staat.
2. Dit Verdrag is slechts van toepassing op overeenkomsten die zijn gesloten op of na de datum waarop het Verdrag in werking treedt ten aanzien van de in artikel 1, eerste lid, onder a, bedoelde Verdragsluitende Staten of de in artikel 1, eerste lid, onder b, bedoelde Verdragsluitende Staat.

Art. 101

1. Een Verdragsluitende Staat kan dit Verdrag of Deel II of Deel III van het Verdrag opzeggen door middel van een officiële schriftelijke kennisgeving aan de depositaris.
2. De opzegging wordt van kracht op de eerste dag van de maand volgend op het verstrijken van een tijdvak van twaalf maanden na ontvangst van de kennisgeving door de depositaris. Wanneer in de kennisgeving een langere opzegtermijn wordt vermeld, wordt de opzegging van kracht na het verstrijken van een zodanige langere termijn na ontvangst van de kennisgeving door de depositaris.

Bijlage Landen Weens Koopverdrag[1]

Status United Nations Convention on Contracts for the International Sale of Goods (Vienna, 1980)
Bron: http://www.uncitral.org/uncitral/en/uncitral_texts/sale_goods/1980CISG_status.html
geraadpleegd op 12 april 2019
This page is updated whenever the UNCITRAL Secretariat is informed of changes in status of the Convention.
Authoritative information on the status of the treaties deposited with the Secretary-General of the United Nations, including historical status information, may be obtained by consulting the United Nations Treaty Collection (treaties.un.org).
The UNCITRAL Secretariat also prepares yearly a document containing the Status of Conventions and Enactments of UNCITRAL Model Laws, which is available on the web page of the corresponding UNCITRAL Commission Session.
See also: Chronological table of actions / map
All dates: DD/MM/YYYY

State	Notes	Signature	Ratification, Accession(*), Approval(†), Acceptance(‡) or Succession(§)	Entry into force
Albania			13/05/2009(*)	01/06/2010
Argentina	(a)		19/07/1983(*)	01/01/1988
Armenia	(a), (b)		02/12/2008(*)	01/01/2010
Australia			17/03/1988(*)	01/04/1989
Austria		11/04/1980	29/12/1987	01/01/1989
Azerbaijan			03/05/2016(*)	01/06/2017
Bahrain			25/09/2013(*)	01/10/2014
Belarus	(a)		09/10/1989(*)	01/11/1990
Belgium			31/10/1996(*)	01/11/1997
Benin			29/07/2011(*)	01/08/2012
Bosnia and Herzegovina			12/01/1994(§)	06/03/1992
Brazil			04/03/2013(*)	01/04/2014
Bulgaria			09/07/1990(*)	01/08/1991
Burundi			04/09/1998(*)	01/10/1999
Cameroon			11/10/2017(*)	01/11/2018
Canada	(c)		23/04/1991(*)	01/05/1992
Chile	(a)	11/04/1980	07/02/1990	01/03/1991
China	(b)	30/09/1981	11/12/1986(†)	01/01/1988
Colombia			10/07/2001(*)	01/08/2002
Congo			11/06/2014(*)	01/07/2015
Costa Rica			12/07/2017(*)	01/08/2018
Croatia			08/06/1998(§)	08/10/1991
Cuba			02/11/1994(*)	01/12/1995
Cyprus			07/03/2005(*)	01/04/2006
Czechia			30/09/1993(§)	01/01/1993
Denmark	(d)	26/05/1981	14/02/1989	01/03/1990
Dominican Republic			07/06/2010(*)	01/07/2011
Ecuador			27/01/1992(*)	01/02/1993
Egypt			06/12/1982(*)	01/01/1988
El Salvador			27/11/2006(*)	01/12/2007
Estonia			20/09/1993(*)	01/10/1994
Fiji			07/06/2017	01/07/2018
Finland	(d)	26/05/1981	15/12/1987	01/01/1989
France		27/08/1981	06/08/1982(†)	01/01/1988
Gabon			15/12/2004(*)	01/01/2006
Georgia			16/08/1994(*)	01/09/1995
Germany	(e)	26/05/1981	21/12/1989	01/01/1991

---

1   Zoals gepubliceerd op www.uncitral.org/uncitral/en/uncitral_texts/sale_goods/1980CISG_status.html.

State	Notes	Signature	Ratification, Accession(*), Approval(†), Acceptance(‡) or Succession(§)	Entry into force
Ghana		11/04/1980		
Greece			12/01/1998(*)	01/02/1999
Guinea			23/01/1991(*)	01/02/1992
Guyana			25/09/2014(*)	01/10/2015
Honduras			10/10/2002(*)	01/11/2003
Hungary		11/04/1980	16/06/1983	01/01/1988
Iceland	(d)		10/05/2001(*)	01/06/2002
Iraq			05/03/1990(*)	01/04/1991
Israel			22/01/2002(*)	01/02/2003
Italy		30/09/1981	11/12/1986	01/01/1988
Japan			01/07/2008(*)	01/08/2009
Kyrgyzstan			11/05/1999(*)	01/06/2000
Latvia			31/07/1997(*)	01/08/1998
Lebanon			21/11/2008(*)	01/12/2009
Lesotho		18/06/1981	18/06/1981	01/01/1988
Liberia			16/09/2005(*)	01/10/2006
Lithuania			18/01/1995(*)	01/02/1996
Luxembourg			30/01/1997(*)	01/02/1998
Madagascar			24/09/2014(*)	01/10/2015
Mauritania			20/08/1999(*)	01/09/2000
Mexico			29/12/1987(*)	01/01/1989
Mongolia			31/12/1997(*)	01/01/1999
Montenegro			23/10/2006(§)	03/06/2006
Netherlands		29/05/1981	13/12/1990(‡)	01/01/1992
New Zealand			22/09/1994(*)	01/10/1995
Norway	(d)	26/05/1981	20/07/1988	01/08/1989
Paraguay	(a)		13/01/2006(*)	01/02/2007
Peru			25/03/1999(*)	01/04/2000
Poland		28/09/1981	19/05/1995	01/06/1996
Republic of Korea			17/02/2004(*)	01/03/2005
Republic of Moldova			13/10/1994(*)	01/11/1995
Romania			22/05/1991(*)	01/06/1992
Russian Federation	(a)		16/08/1990(*)	01/09/1991
Saint Vincent and the Grenadines	(b)		12/09/2000(*)	01/10/2001
San Marino			22/02/2012(*)	01/03/2013
Serbia			12/03/2001(§)	27/04/1992
Singapore	(b)	11/04/1980	16/02/1995	01/03/1996
Slovakia	(b)		28/05/1993(§)	01/01/1993
Slovenia			07/01/1994(§)	25/06/1991
Spain			24/07/1990(*)	01/08/1991
State of Palestine			29/12/2017(*)	01/01/2019
Sweden	(d)	26/05/1981	15/12/1987	01/01/1989
Switzerland			21/02/1990(*)	01/03/1991
Syrian Arab Republic			19/10/1982(*)	01/01/1988
The former Yugoslav Republic of Macedonia			22/11/2006(§)	17/11/1991
Turkey			07/07/2010(*)	01/08/2011
Uganda			12/02/1992(*)	01/03/1993
Ukraine	(a)		03/01/1990(*)	01/02/1991
United States of America	(b)	31/08/1981	11/12/1986	01/01/1988
Uruguay			25/01/1999(*)	01/02/2000
Uzbekistan			27/11/1996(*)	01/12/1997
Venezuela (Bolivarian Republic of)		28/09/1981		
Viet Nam	(a)		18/12/2015(*)	01/01/2017
Zambia			06/06/1986(*)	01/01/1988

Parties: 89

Notes
(a) This State declared, in accordance with articles 12 and 96 of the Convention, that any provision of article 11, article 29 or Part II of the Convention that allowed a contract of sale or its modification or termination by agreement or any offer, acceptance or other indication of intention to be made in any form other than in writing, would not apply where any party had his place of business in its territory.
(b) This State declared that it would not be bound by paragraph 1 (b) of article 1.
(c) Upon accession, Canada declared that, in accordance with article 93 of the Convention, the Convention would extend to Alberta, British Columbia, Manitoba, New Brunswick, Newfoundland and Labrador, Nova Scotia, Ontario, Prince Edward Island and the Northwest Territories. In a declaration received on 9 April 1992, Canada extended the application of the Convention to Quebec and Saskatchewan. In a notification received on 29 June 1992, Canada extended the application of the Convention to the Yukon Territory. In a notification received on 18 June 2003, Canada extended the application of the Convention to the Territory of Nunavut.
(d) Denmark, Finland, Iceland, Norway and Sweden declared that the Convention would not apply to contracts of sale or to their formation where the parties have their places of business in Denmark, Finland, Iceland, Norway or Sweden.
(e) Upon ratifying the Convention, Germany declared that it would not apply article 1, paragraph 1 (b) in respect of any State that had made a declaration that that State would not apply article 1, paragraph 1 (b).

Verdrag betreffende de overeenkomst tot internationaal vervoer van goederen over de weg (CMR)[1]

PREAMBULE
De Verdragsluitende Partijen,
Erkend hebbende het nut om de voorwaarden van de overeenkomst tot internationaal vervoer van goederen over de weg, in het bijzonder voor wat betreft de voor dit vervoer te gebruiken documenten en de aansprakelijkheid van de vervoerder, op eenvormige wijze te regelen,
Zijn overeengekomen als volgt:

HOOFDSTUK I
Toepasselijkheid

Art. 1
1. Dit Verdrag is van toepassing op iedere overeenkomst onder bezwarende titel voor het vervoer van goederen over de weg door middel van voertuigen, wanneer de plaats van inontvangstneming der goederen en de plaats bestemd voor de aflevering, zoals deze zijn aangegeven in de overeenkomst, gelegen zijn in twee verschillende landen, waarvan tenminste één een bij het Verdrag partij zijnd land is, ongeacht de woonplaats en de nationaliteit van partijen.
2. Voor de toepassing van dit Verdrag wordt onder „voertuigen" verstaan: de motorrijtuigen, gelede voertuigen, aanhangwagens en opleggers, zoals deze zijn omschreven in artikel 4 van het Verdrag nopens het wegverkeer van 19 september 1949.
3. Dit Verdrag is eveneens van toepassing, indien het vervoer, dat binnen zijn werkingssfeer valt, wordt bewerkstelligd door Staten of door Regeringsinstellingen of -organisaties.
4. Dit Verdrag is niet van toepassing:
   a) op vervoer, bewerkstelligd overeenkomstig internationale postovereenkomsten,
   b) op vervoer van lijken,
   c) op verhuizingen.
5. De Verdragsluitende Partijen komen overeen, dat dit Verdrag niet door bijzondere overeenkomsten, gesloten tussen twee of meer van haar, zal worden gewijzigd, tenzij om aan de werking daarvan haar grensverkeer te onttrekken of om voor vervoer, dat uitsluitend over haar grondgebied plaats heeft, het gebruik van een de goederen vertegenwoordigende vrachtbrief toe te staan.

Art. 2
1. Wanneer het voertuig, waarin de goederen zich bevinden, over een gedeelte van het traject wordt vervoerd over zee, per spoor, over de binnenwateren of door de lucht, zonder dat de goederen - behoudens ter toepassing van de bepalingen van artikel 14 - uit dat voertuig worden uitgeladen, blijft dit Verdrag niettemin van toepassing op het gehele vervoer. Voorzover evenwel wordt bewezen dat verlies, beschadiging of vertraging in de aflevering van de goederen, ontstaan tijdens het vervoer op andere wijze dan over de weg, niet is veroorzaakt door een daad of nalatigheid van de wegvervoerder en voortspruit uit een feit, dat zich alleen heeft kunnen voordoen tijdens en tengevolge van het vervoer anders dan over de weg, wordt de aansprakelijkheid van de wegvervoerder niet bepaald door dit Verdrag, maar op de wijze waarop de aansprakelijkheid van de niet-wegvervoerder zou zijn bepaald, zo een vervoerovereenkomst tussen de afzender en de niet-wegvervoerder tot vervoer van de goederen alleen zou zijn afgesloten overeenkomstig de wettelijke bepalingen van dwingend recht betreffende het vervoer van goederen op die andere wijze. Bij gebreke van dergelijke bepalingen wordt de aansprakelijkheid van de wegvervoerder echter bepaald door dit Verdrag.
2. Indien de wegvervoerder zelf het gedeelte van het vervoer dat niet over de weg plaats vindt bewerkstelligt, wordt zijn aansprakelijkheid eveneens bepaald volgens het eerste lid, als werden zijn hoedanigheden van wegvervoerder en niet-wegvervoerder uitgeoefend door twee verschillende personen.

Toepasselijkheid

Voertuigen

Gedeelte vervoer via andere transportmiddelen

---

[1] Inwerkingtredingsdatum: 02-07-1961; zoals laatstelijk gewijzigd bij: Trb. 1980, 155.

HOOFDSTUK II
Personen voor wie de vervoerder aansprakelijk is

Art. 3

Personen voor wie de vervoerder aansprakelijk is

Voor de toepassing van dit Verdrag is de vervoerder, als ware het voor zijn eigen daden en nalatigheden, aansprakelijk voor de daden en nalatigheden van zijn ondergeschikten en van alle andere personen, van wie hij zich voor de bewerkstelliging van het vervoer bedient, wanneer deze ondergeschikten of deze personen handelen in de uitoefening van hun werkzaamheden.

HOOFDSTUK III
Sluiting en uitvoering van de vervoerovereenkomst

Art. 4

Vrachtbrief

De vervoerovereenkomst wordt vastgelegd in een vrachtbrief. De afwezigheid, de onregelmatigheid of het verlies van de vrachtbrief tast noch het bestaan noch de geldigheid aan van de vervoerovereenkomst, die onderworpen blijft aan de bepalingen van dit Verdrag.

Art. 5

Drievoud

1. De vrachtbrief wordt opgemaakt in drie oorspronkelijke exemplaren, ondertekend door de afzender en de vervoerder. Deze ondertekening kan worden gedrukt of vervangen door de stempels van de afzender en de vervoerder, indien de wetgeving van het land, waar de vrachtbrief wordt opgemaakt, zulks toelaat. Het eerste exemplaar wordt overhandigd aan de afzender, het tweede begeleidt de goederen en het derde wordt door de vervoerder behouden.
2. Wanneer de te vervoeren goederen moeten worden geladen in verschillende voertuigen of wanneer het verschillende soorten goederen of afzonderlijke partijen betreft, heeft de afzender of de vervoerder het recht om te eisen, dat er evenzoveel vrachtbrieven worden opgemaakt als er voertuigen moeten worden gebruikt of als er soorten of partijen goederen zijn.

Art. 6

Inhoud vrachtbrief

1. De vrachtbrief moet de volgende aanduidingen bevatten:
   a) de plaats en de datum van het opmaken daarvan,
   b) de naam en het adres van de afzender,
   c) de naam en het adres van de vervoerder,
   d) de plaats en de datum van inontvangstneming der goederen en de plaats bestemd voor de aflevering der goederen,
   e) de naam en het adres van de geadresseerde,
   f) de gebruikelijke aanduiding van de aard der goederen en de wijze van verpakking en, voor gevaarlijke goederen, hun algemeen erkende benaming,
   g) het aantal colli, hun bijzondere merken en hun nummers,
   h) het bruto-gewicht of de op andere wijze aangegeven hoeveelheid van de goederen,
   i) de op het vervoer betrekking hebbende kosten (vrachtprijs, bijkomende kosten, douanerechten en andere vanaf de sluiting van de overeenkomst tot aan de aflevering opkomende kosten),
   j) de voor het vervullen van douane- en andere formaliteiten nodige instructies,
   k) de aanduiding, dat het vervoer, ongeacht enig tegenstrijdig beding, is onderworpen aan de bepalingen van dit Verdrag.
2. Als het geval zich voordoet, moet de vrachtbrief nog de volgende aanduidingen bevatten:
   a) het verbod van overlading,
   b) de kosten, welke de afzender voor zijn rekening neemt,
   c) het bedrag van het bij aflevering van de goederen te innen remboursement,
   d) de gedeclareerde waarde der goederen en het bedrag van het bijzonder belang bij de aflevering,
   e) de instructies van de afzender aan de vervoerder voor wat betreft de verzekering der goederen,
   f) de overeengekomen termijn, binnen welke het vervoer moet zijn volbracht,
   g) de lijst van bescheiden, welke aan de vervoerder zijn overhandigd.
3. De partijen kunnen in de vrachtbrief iedere andere aanduiding, welke zij nuttig achten, opnemen.

Art. 7

Aansprakelijkheid afzender

1. De afzender is aansprakelijk voor alle kosten en schaden, welke door de vervoerder worden geleden tengevolge van de onnauwkeurigheid of de onvolledigheid:
   a) van de aanduidingen, aangegeven in artikel 6, eerste lid onder b), d), e), f), g), h) en j),
   b) van de aanduidingen, aangegeven in artikel 6, tweede lid,
   c) van alle andere aanduidingen of instructies, welke hij verstrekt voor het opmaken van de vrachtbrief of om daarin te worden opgenomen.
2. Indien de vervoerder op verzoek van de afzender de vermeldingen, bedoeld in het eerste lid van dit artikel, in de vrachtbrief opneemt, wordt hij behoudens tegenbewijs geacht voor rekening van de afzender te handelen.

3. Indien de vrachtbrief niet de vermelding, bedoeld in artikel 6, eerste lid onder k), bevat, is de vervoerder aansprakelijk voor alle kosten en schaden, welke de rechthebbende op de goederen door deze nalatigheid lijdt.

Aansprakelijkheid vervoerder

Art. 8
1. Bij de inontvangstneming der goederen is de vervoerder gehouden te onderzoeken:
a) de juistheid van de vermeldingen in de vrachtbrief met betrekking tot het aantal colli en hun merken en nummers,
b) de uiterlijke staat van de goederen en hun verpakking.

Onderzoeksverplichting vervoerder

2. Indien de vervoerder geen redelijke middelen ter beschikking staan om de juistheid van de vermeldingen, bedoeld in het eerste lid onder a) van dit artikel, te onderzoeken, tekent hij in de vrachtbrief met redenen omkleed aan, welke voorbehouden hij maakt. Eveneens geeft hij de redenen aan voor alle voorbehouden, welke hij maakt ten aanzien van de uiterlijke staat van de goederen en van hun verpakking. Deze voorbehouden verbinden de afzender niet, indien zij niet uitdrukkelijk in de vrachtbrief door hem zijn aanvaard.

3. De afzender heeft het recht te eisen, dat de vervoerder het bruto-gewicht of de op andere wijze uitgedrukte hoeveelheid der goederen onderzoekt. Hij kan tevens een onderzoek van de inhoud der colli eisen. De vervoerder kan de kosten van het onderzoek in rekening brengen. Het resultaat van de onderzoekingen wordt in de vrachtbrief neergelegd.

Art. 9
1. De vrachtbrief levert volledig bewijs, behoudens tegenbewijs, van de voorwaarden der overeenkomst en van de ontvangst van de goederen door de vervoerder.

Bewijskracht vrachtbrief

2. Bij gebreke van vermelding in de vrachtbrief van gemotiveerde voorbehouden van de vervoerder wordt vermoed, dat de goederen en hun verpakking in uiterlijk goede staat waren op het ogenblik van de inontvangstneming door de vervoerder en dat het aantal colli en hun merken en nummers in overeenstemming waren met de opgaven in de vrachtbrief.

Art. 10
De afzender is jegens de vervoerder aansprakelijk voor de schade aan personen, materiaal of aan andere goederen en de kosten, welke voortspruiten uit de gebrekkige verpakking van de goederen, tenzij de gebrekkigheid zichtbaar of aan de vervoerder bekend was op het ogenblik van de inontvangstneming en de vervoerder te dien aanzien geen voorbehouden heeft gemaakt.

Aansprakelijkheid afzender jegens vervoerder

Art. 11
1. Ter voldoening aan douane- en andere formaliteiten, welke vóór de aflevering van de goederen moeten worden vervuld, moet de afzender de nodige bescheiden bij de vrachtbrief voegen of ter beschikking van de vervoerder stellen en hem alle gewenste inlichtingen verschaffen.

Voor formaliteiten benodigde bescheiden

2. De vervoerder is niet gehouden de nauwkeurigheid en de volledigheid van deze bescheiden en inlichtingen te onderzoeken. De afzender is jegens de vervoerder aansprakelijk voor alle schaden, die kunnen voortspruiten uit de afwezigheid, onvolledigheid of onregelmatigheid van deze bescheiden en inlichtingen, behoudens in geval van schuld van de vervoerder.

3. De vervoerder is op dezelfde voet als een commissionnair aansprakelijk voor de gevolgen van verlies of onjuiste behandeling van de bescheiden, die in de vrachtbrief zijn vermeld en deze begeleiden of die in zijn handen zijn gesteld. De door hem verschuldigde schadevergoeding mag evenwel die, verschuldigd in geval van verlies van de goederen, niet overschrijden.

Aansprakelijkheid vervoerder voor verlies bescheiden

Art. 12
1. De afzender heeft het recht over de goederen te beschikken, in het bijzonder door van de vervoerder te vorderen dat hij het vervoer ophoudt, de plaats bestemd voor de aflevering der goederen wijzigt of de goederen aflevert aan een andere geadresseerde dan in de vrachtbrief is aangegeven.

Beschikkingsrecht bij afzender tot de vrachtbrief bij geadresseerde is afgeleverd

2. Dit recht vervalt, wanneer het tweede exemplaar van de vrachtbrief aan de geadresseerde is overhandigd of wanneer deze gebruik maakt van het recht bedoeld in artikel 13, eerste lid; vanaf dat ogenblik moet de vervoerder zich houden aan de opdrachten van de geadresseerde.

3. Het beschikkingsrecht komt evenwel reeds vanaf het opmaken van de vrachtbrief aan de geadresseerde toe, wanneer een vermelding in die zin door de afzender op de vrachtbrief is gesteld.

4. Indien de geadresseerde bij de uitoefening van zijn beschikkingsrecht bepaalt, dat de goederen aan een andere persoon moeten worden afgeleverd, kan deze persoon geen andere geadresseerde aanwijzen.

5. De uitoefening van het beschikkingsrecht is onderworpen aan de volgende voorwaarden:
a) de afzender of, in het geval bedoeld in het derde lid van dit artikel, de geadresseerde, die dit recht wenst uit te oefenen, moet het eerste exemplaar van de vrachtbrief, waarop de aan de vervoerder gegeven nieuwe instructies moeten zijn aangetekend, overleggen en de vervoerder schadeloos stellen voor kosten en schade die de uitvoering van deze instructies meebrengt;
b) de uitvoering van deze instructies moet mogelijk zijn op het ogenblik, dat de instructies de persoon, die deze moet uitvoeren, bereiken en zij mag noch de normale bedrijfsvoering van de vervoerder beletten noch schade toebrengen aan afzenders of geadresseerden van andere zendingen;

Voorwaarden beschikkingsrecht

c) de instructies mogen nimmer het verdelen van de zending tot gevolg hebben.

6. Wanneer de vervoerder tengevolge van de bepalingen van het vijfde lid onder *b)* van dit artikel de instructies, die hij ontvangt, niet kan uitvoeren, moet hij onmiddellijk de persoon, van wie deze instructies afkomstig zijn, daarvan in kennis stellen.

7. De vervoerder, die de volgens de voorwaarden van dit artikel gegeven instructies niet heeft uitgevoerd of die dergelijke instructies heeft opgevolgd zonder overlegging van het eerste exemplaar van de vrachtbrief te hebben geëist, is tegenover de rechthebbende aansprakelijk voor de hierdoor veroorzaakte schade.

Art. 13

Aflevering

1. Na aankomst van de goederen op de plaats bestemd voor de aflevering, heeft de geadresseerde het recht van de vervoerder te vorderen dat het tweede exemplaar van de vrachtbrief aan hem wordt overhandigd en de goederen aan hem worden afgeleverd, een en ander tegen ontvangstbewijs. Wanneer verlies van de goederen is vastgesteld of de goederen aan het einde van de termijn, bedoeld in artikel 19, niet zijn aangekomen, is de geadresseerde gerechtigd om op eigen naam tegenover de vervoerder gebruik te maken van de rechten, die uit de vervoerovereenkomst voortspruiten.

2. De geadresseerde, die gebruik maakt van de rechten, die hem ingevolge het eerste lid van dit artikel zijn toegekend, is gehouden de volgens de vrachtbrief verschuldigde bedragen te betalen. In geval van geschil terzake is de vervoerder niet verplicht om de goederen af te leveren dan tegen zekerheidstelling door de geadresseerde.

Art. 14

Uitvoering overeenkomst onmogelijk

1. Indien, om welke reden ook, de uitvoering van de overeenkomst op de voorwaarden van de vrachtbrief onmogelijk is of wordt voordat de goederen op de plaats bestemd voor de aflevering, zijn aangekomen, is de vervoerder gehouden instructies te vragen aan de persoon, die het recht heeft overeenkomstig artikel 12 over de goederen te beschikken.

2. Indien evenwel de omstandigheden de uitvoering van het vervoer toelaten op andere voorwaarden dan die van de vrachtbrief en indien de vervoerder niet tijdig instructies heeft kunnen verkrijgen van de persoon, die het recht heeft overeenkomstig artikel 12 over de goederen te beschikken, neemt hij de maatregelen, welke hem het beste voorkomen in het belang van de persoon, die het recht heeft over de goederen te beschikken.

Art. 15

Aflevering onmogelijk

1. Wanneer na aankomst van de goederen op de plaats van bestemming zich omstandigheden voordoen die de aflevering beletten, vraagt de vervoerder instructies aan de afzender. Indien de geadresseerde de goederen weigert, heeft de afzender het recht om daarover te beschikken zonder verplicht te zijn het eerste exemplaar van de vrachtbrief te tonen.

2. De geadresseerde kan, zelfs indien hij de goederen heeft geweigerd, te allen tijde de aflevering daarvan vragen, zolang de vervoerder geen andersluidende instructies van de afzender heeft ontvangen.

3. Indien een omstandigheid, die de aflevering belet, zich voordoet, nadat de geadresseerde overeenkomstig zijn recht ingevolge artikel 12, derde lid, opdracht heeft gegeven om de goederen aan een andere persoon af te leveren, treedt voor de toepassing van het eerste en tweede lid van dit artikel de geadresseerde in de plaats van de afzender en die andere persoon in de plaats van de geadresseerde.

Art. 16

Vergoeding gemaakte kosten

1. De vervoerder heeft recht op vergoeding van de kosten, welke zijn verzoek om instructies of de uitvoering van ontvangen instructies voor hem meebrengt, mits deze kosten niet door zijn schuld zijn ontstaan.

2. In de gevallen, bedoeld in artikel 14, eerste lid, en in artikel 15, kan de vervoerder de goederen onmiddellijk voor rekening van de rechthebbende lossen; na deze lossing wordt het vervoer geacht te zijn geëindigd. De vervoerder neemt dan de bewaring van de goederen op zich. Hij kan de goederen evenwel aan een derde toevertrouwen en is dan slechts aansprakelijk voor een oordeelkundige keuze van deze derde. De goederen blijven belast met volgens de vrachtbrief verschuldigde bedragen en alle andere kosten.

Verkoop goederen

3. De vervoerder kan zonder instructies van de rechthebbende af te wachten tot verkoop van de goederen overgaan, wanneer de bederfelijke aard of de staat van de goederen dit rechtvaardigt of wanneer de kosten van bewaring onevenredig hoog zijn in verhouding tot de waarde van de goederen. In andere gevallen kan hij eveneens tot verkoop overgaan, wanneer hij niet binnen een redelijke termijn van de rechthebbende andersluidende instructies heeft ontvangen, waarvan de uitvoering redelijkerwijs kan worden gevorderd.

4. Indien de goederen ingevolge dit artikel zijn verkocht, moet de opbrengst van de verkoop ter beschikking van de rechthebbende worden gesteld onder aftrek van de kosten, die op de goederen drukken. Indien deze kosten de opbrengst van de verkoop te boven gaan, heeft de vervoerder recht op het verschil.

5. De verkoop geschiedt op de wijze bepaald door de wet of de gebruiken van de plaats, waar de goederen zich bevinden.

HOOFDSTUK IV
Aansprakelijkheid van de vervoerder

Art. 17
1. De vervoerder is aansprakelijk voor geheel of gedeeltelijk verlies en voor beschadiging van de goederen, welke ontstaan tussen het ogenblik van de inontvangstneming van de goederen en het ogenblik van de aflevering, alsmede voor vertraging in de aflevering. *Aansprakelijkheid vervoerder*
2. De vervoerder is ontheven van deze aansprakelijkheid, indien het verlies, de beschadiging of de vertraging is veroorzaakt door schuld van de rechthebbende, door een opdracht van deze, welke niet het gevolg is van schuld van de vervoerder, door een eigen gebrek van de goederen of door omstandigheden, die de vervoerder niet heeft kunnen vermijden en waarvan hij de gevolgen niet heeft kunnen verhinderen. *Schuld rechthebbende, gebrek goederen, onvoorzienbare omstandigheden*
3. De vervoerder kan zich niet aan zijn aansprakelijkheid onttrekken door een beroep te doen op gebreken van het voertuig, waarvan hij zich bedient om het vervoer te bewerkstelligen, of op fouten van de persoon, van wie hij het voertuig heeft gehuurd of van diens ondergeschikten.
4. Met inachtneming van artikel 18, tweede tot vijfde lid, is de vervoerder ontheven van zijn aansprakelijkheid, wanneer het verlies of de beschadiging een gevolg is van de bijzondere gevaren, eigen aan één of meer van de volgende omstandigheden: *Vervoerder niet aansprakelijk*
a) gebruik van open en niet met een dekzeil afgedekte voertuigen, wanneer dit gebruik uitdrukkelijk is overeengekomen en in de vrachtbrief is vermeld;
b) ontbreken of gebrekkigheid van de verpakking bij goederen, die door hun aard aan kwaliteitsverlies of beschadiging zijn blootgesteld, wanneer zij niet of slecht verpakt zijn;
c) behandeling, lading, stuwing of lossing van de goederen door de afzender, de geadresseerde of personen, die voor rekening van de afzender of de geadresseerde handelen;
d) de aard van bepaalde goederen, die door met deze aard zelf samenhangende oorzaken zijn blootgesteld hetzij aan geheel of gedeeltelijk verlies hetzij aan beschadiging, in het bijzonder door breuk, roest, bederf, uitdroging, lekkage, normaal kwaliteitsverlies, of optreden van ongedierte en knaagdieren;
e) onvolledigheid of gebrekkigheid van de merken of nummers der colli;
f) vervoer van levende dieren.
5. Indien ingevolge dit artikel de vervoerder niet aansprakelijk is voor sommige der factoren, die de schade hebben veroorzaakt, is hij slechts aansprakelijk in evenredigheid tot de mate, waarin de factoren waarvoor hij ingevolge dit artikel aansprakelijk is, tot de schade hebben bijgedragen.

Art. 18
1. Het bewijs, dat het verlies, de beschadiging of de vertraging door één der in artikel 17, tweede lid, genoemde feiten is veroorzaakt, rust op de vervoerder. *Bewijs*
2. Wanneer de vervoerder aantoont, dat, gelet op de omstandigheden van het geval, het verlies of de beschadiging een gevolg heeft kunnen zijn van een of meer van de in artikel 17, vierde lid, genoemde bijzondere gevaren, wordt vermoed dat deze daarvan de oorzaak zijn. De rechthebbende kan evenwel bewijzen, dat de schade geheel of gedeeltelijk niet door een van deze gevaren veroorzaakt is.
3. Het hierboven genoemde vermoeden bestaat niet in het in artikel 17, vierde lid, onder *a*, genoemde geval, indien zich een ongewoon groot tekort of een verlies van colli voordoet.
4. Indien het vervoer wordt bewerkstelligd door middel van een voertuig, ingericht om de goederen te onttrekken aan de invloed van hitte, koude, temperatuurverschillen of vochtigheid van de lucht, kan de vervoerder geen beroep doen op het voorrecht van artikel 17, vierde lid, onder *d*, tenzij hij bewijst, dat alle maatregelen, waartoe hij, rekening houdende met de omstandigheden, verplicht was, zijn genomen met betrekking tot de keuze, het onderhoud en het gebruik van deze inrichtingen en dat hij zich heeft gericht naar de bijzondere instructies, die hem mochten zijn gegeven.
5. De vervoerder kan geen beroep doen op het voorrecht van artikel 17, vierde lid, onder *f*, tenzij hij bewijst, dat alle maatregelen, waartoe hij normaliter, rekening houdende met de omstandigheden, verplicht was, zijn genomen en dat hij zich heeft gericht naar de bijzondere instructies, die hem mochten zijn gegeven.

Art. 19
Er is vertraging in de aflevering, wanneer de goederen niet zijn afgeleverd binnen de bedongen termijn of, bij gebreke van zulk een termijn, wanneer de werkelijke duur van het vervoer, zo men rekening houdt met de omstandigheden en met name, bij gedeeltelijke lading, met de tijd benodigd voor het verkrijgen van een volledige lading op de gebruikelijke voorwaarden, meer tijd vergt dan een goed vervoerder redelijkerwijs behoort te worden toegestaan. *Vertraging in de aflevering*

Art. 20
1. De rechthebbende kan, zonder enig nader bewijs, de goederen als verloren beschouwen, wanneer zij niet zijn afgeleverd binnen dertig dagen na afloop van de bedongen termijn, of, bij *Verloren goederen*

gebreke van zulk een termijn, binnen zestig dagen na de inontvangstneming van de goederen door de vervoerder.
2. De rechthebbende kan bij ontvangst van de schadevergoeding voor de verloren goederen schriftelijk verzoeken hem onmiddellijk te berichten ingeval de goederen worden teruggevonden in de loop van het jaar, volgende op de betaling der schadevergoeding. Dit verzoek wordt hem schriftelijk bevestigd.
3. Binnen dertig dagen na ontvangst van dit bericht kan de rechthebbende vorderen, dat de goederen aan hem worden afgeleverd tegen betaling van de volgens de vrachtbrief verschuldigde bedragen en tegen teruggave van de schadevergoeding, die hij heeft ontvangen, onder aftrek van de kosten, welke in deze schadevergoeding mochten zijn begrepen, en met behoud van alle rechten op schadevergoeding voor vertraging in de aflevering ingevolge artikel 23 en, indien toepasselijk, ingevolge artikel 26.
4. Bij gebreke hetzij van het verzoek, bedoeld in het tweede lid, hetzij van instructies gegeven binnen de termijn van dertig dagen, bedoeld in het derde lid, of ook, indien de goederen eerst meer dan een jaar na betaling van de schadevergoeding zijn teruggevonden, kan de vervoerder over de goederen beschikken overeenkomstig de wet van de plaats, waar deze zich bevinden.

Art. 21

Geen inning remboursement
Indien de goederen aan de geadresseerde zijn afgeleverd zonder inning van het remboursement, dat door de vervoerder volgens de bepalingen van de vervoerovereenkomst zou moeten zijn ontvangen, is de vervoerder gehouden de afzender schadeloos te stellen tot ten hoogste het bedrag van het remboursement, onverminderd zijn verhaal op de geadresseerde.

Art. 22

Gevaarlijke stoffen
1. Indien de afzender aan de vervoerder gevaarlijke goederen aanbiedt, licht hij hem in over de juiste aard van het gevaar, dat zij opleveren, en geeft hij, zo nodig, de te nemen voorzorgsmaatregelen aan. Indien deze inlichting niet in de vrachtbrief is vermeld, staat het aan de afzender of de geadresseerde met enig ander middel te bewijzen, dat de vervoerder kennis heeft gedragen van de juiste aard van het gevaar, dat het vervoer van de voornoemde goederen oplevert.
2. De gevaarlijke goederen, die niet, gegeven het bepaalde in het eerste lid van dit artikel, als zodanig aan de vervoerder bekend waren, kunnen op ieder ogenblik en op iedere plaats door de vervoerder worden gelost, vernietigd of onschadelijk gemaakt en wel zonder enige schadevergoeding; de afzender is bovendien aansprakelijk voor alle kosten en schaden, voortvloeiende uit de aanbieding ten vervoer of uit het vervoer zelf.

Art. 23

Berekening schadevergoeding
1. Wanneer ingevolge de bepalingen van dit Verdrag een schadevergoeding voor geheel of gedeeltelijk verlies van de goederen ten laste van de vervoerder wordt gebracht, wordt deze schadevergoeding berekend naar de waarde van de goederen op de plaats en het tijdstip van de inontvangstneming.
2. De waarde van de goederen wordt vastgesteld volgens de beurskoers of, bij gebreke daarvan, volgens de gangbare marktprijs of, bij gebreke van een en ander, volgens de gebruikelijke waarde van goederen van dezelfde aard en kwaliteit.

Maximum
3. De schadevergoeding kan evenwel niet meer bedragen dan 8.33 rekeneenheden voor elk ontbrekend kilogram bruto-gewicht.
4. Bovendien worden de vrachtprijs, de douanerechten en de overige met betrekking tot het vervoer der goederen gemaakte kosten, in geval van geheel verlies volledig en in geval van gedeeltelijk verlies naar verhouding, terugbetaald; verdere schadevergoeding is niet verschuldigd.

Vertragingsschade
5. In geval van vertraging is, indien de rechthebbende bewijst, dat daardoor schade is ontstaan, de vervoerder gehouden voor deze schade een vergoeding te betalen, die niet meer kan bedragen dan de vrachtprijs.
6. Hogere vergoedingen kunnen slechts worden gevorderd in geval van aangifte van de waarde der goederen of van een bijzonder belang bij de aflevering, overeenkomstig de artikelen 24 en 26.
7. De in dit Verdrag genoemde rekeneenheid is het bijzondere trekkingsrecht zoals dit is omschreven door het Internationale Monetaire Fonds. Het in het derde lid van dit artikel genoemde bedrag wordt omgerekend in de nationale munteenheid van de Staat van het gerecht, waarvoor de vordering aanhangig is, volgens de waarde van die munteenheid op de datum van het vonnis of de datum, die de Partijen zijn overeengekomen. De waarde van de nationale munteenheid, uitgedrukt in bijzondere trekkingsrechten, van een Staat, die lid is van het Internationale Monetaire Fonds, wordt berekend overeenkomstig de waarderingsmethode die door het Internationale Monetaire Fonds op de desbetreffende datum wordt toegepast voor zijn eigen verrichtingen en transacties. De waarde van de nationale munteenheid, uitgedrukt in bijzondere trekkingsrechten, van een Staat, die geen lid is van het Internationale Monetaire Fonds, wordt berekend op eendoor die Staat vastgestelde wijze.
8. Niettemin kan een Staat, die geen lid is van het Internationale Monetaire Fonds en waarvan de wet de toepassing van de bepalingen van het zevende lid van dit artikel niet toelaat, op het tijdstip van bekrachtiging van of toetreding tot het Protocol bij het CMR, of op enig tijdstip

nadien, verklaren dat de in het derde lid van dit artikel bedoelde aansprakelijkheidsgrens, die op zijn grondgebied van toepassing is, 25 monetaire eenheden bedraagt. De in dit lid bedoelde monetaire eenheid komt overeen met 10/31 gram goud van een gehalte van 0,900. De omrekening van het in dit lid genoemde bedrag in de nationale munteenheid geschiedt volgens de wet van de betrokken Staat.

9. De in de laatste zin van het zevende lid van dit artikel genoemde berekening en de in het achtste lid van dit artikel genoemde omrekening geschieden op zodanige wijze, dat in de nationale munteenheid van de Staat zo veel mogelijk dezelfde werkelijke waarde tot uitdrukking komt voor het bedrag genoemd in het derde lid van dit artikel, als daarin uitgedrukt in rekeneenheden. Bij nederlegging van een in artikel 3 van het Protocol bij het CMR genoemde akte en telkens wanneer een verandering optreedt in hun wijze van berekening ingevolge het zevende lid van dit artikel of in het resultaat van de omrekening ingevolge het achtste lid van dit artikel, delen de Staten de Secretaris-Generaal van de Verenigde Naties hun wijze van berekening dan wel het resultaat van de omrekening mede.

Art. 24
De afzender kan tegen betaling van een overeengekomen toeslag in de vrachtbrief een waarde van de goederen aangeven, die het maximum, vermeld in het derde lid van artikel 23, overschrijdt. In dat geval treedt het aangegeven bedrag in de plaats van dit maximum. *Maximum bij overeenkomst*

Art. 25
1. In geval van beschadiging vergoedt de vervoerder het bedrag van de waardevermindering, berekend naar de volgens artikel 23, eerste, tweede en vierde lid vastgestelde waarde der goederen. *Beschadiging*
2. De schadevergoeding beloopt evenwel niet meer dan de volgende bedragen:
a) indien de gehele zending door de beschadiging in waarde is verminderd, het bedrag, dat zij zou hebben belopen in geval van geheel verlies;
b) indien slechts een gedeelte van de zending door de beschadiging in waarde is verminderd, het bedrag, dat zij zou hebben belopen in geval van verlies van het in waarde verminderd gedeelte.

Art. 26
1. De afzender kan tegen betaling van een overeengekomen toeslag het bedrag van een bijzonder belang bij de aflevering voor het geval van verlies of beschadiging en voor dat van overschrijding van de overeengekomen termijn, vaststellen door vermelding van dit bedrag in de vrachtbrief. *Bijzonder belang*
2. Indien een bijzonder belang bij de aflevering is aangegeven, kan, onafhankelijk van de schadevergoedingen, bedoeld in de artikelen 23, 24 en 25, en tot ten hoogste het bedrag van het aangegeven belang, een schadevergoeding worden gevorderd gelijk aan de bewezen bijkomende schade.

Art. 27
1. De rechthebbende kan over het bedrag der schadevergoeding rente vorderen. Deze rente, ten bedrage van vijf procent per jaar, loopt vanaf de dag waarop de vordering schriftelijk bij de vervoerder is ingediend of, indien dit niet is geschied, vanaf de dag waarop zij in rechte aanhangig is gemaakt. *Rente over schadevergoeding*
2. Wanneer de bedragen, die tot grondslag voor de berekening der schadevergoeding dienen, niet zijn uitgedrukt in de munt van het land, waar de betaling wordt gevorderd, geschiedt de omrekening volgens de koers van de dag en de plaats van betaling der schadevergoeding.

Art. 28
1. Wanneer het verlies, de beschadiging of de vertraging, ontstaan in de loop van een aan dit Verdrag onderworpen vervoer, volgens de toepasselijke wet kan leiden tot een vordering, die niet op de vervoerovereenkomst is gegrond, kan de vervoerder zich beroepen op de bepalingen van dit Verdrag, die zijn aansprakelijkheid uitsluiten of de verschuldigde schadevergoedingen vaststellen of beperken.
2. Wanneer de niet op de vervoerovereenkomst berustende aansprakelijkheid voor verlies, beschadiging of vertraging, van één der personen voor wie de vervoerder ingevolge artikel 3 aansprakelijk is, in het geding is, kan deze persoon zich eveneens beroepen op de bepalingen van dit Verdrag, die de aansprakelijkheid van de vervoerder uitsluiten of de verschuldigde schadevergoedingen vaststellen of beperken.

Art. 29
1. De vervoerder heeft niet het recht om zich te beroepen op de bepalingen van dit hoofdstuk, die zijn aansprakelijkheid uitsluiten of beperken of die de bewijslast omkeren, indien de schade voortspruit uit zijn opzet of uit schuld zijnerzijds, welke volgens de wet van het gerecht, waar de vordering aanhangig is, met opzet gelijkgesteld wordt. *Geen vrijwaring bij opzet of grove schuld*
2. Hetzelfde geldt bij opzet of schuld van de ondergeschikten van de vervoerder of van alle andere personen, van wier diensten hij voor de bewerkstelliging van het vervoer gebruik maakt, wanneer deze ondergeschikten of deze andere personen handelen in de uitoefening van hun werkzaamheden. In dat geval hebben deze ondergeschikten of andere personen eveneens niet

het recht om zich, voor wat hun persoonlijke aansprakelijkheid betreft, te beroepen op de bepalingen van dit hoofdstuk, als omschreven in het eerste lid.

HOOFDSTUK V
Vorderingen in en buiten rechte
Art. 30

Schade geconstateerd na ontvangst

1. Indien de geadresseerde de goederen in ontvangst heeft genomen zonder dat hij ten overstaan van de vervoerder de staat daarvan heeft vastgesteld of zonder dat hij, indien het zichtbare verliezen of beschadigingen betreft, uiterlijk op het ogenblik van de aflevering, of, indien het onzichtbare verliezen of beschadigingen betreft, binnen zeven dagen na de aflevering, zon- en feestdagen niet inbegrepen, voorbehouden ter kennis van de vervoerder heeft gebracht, waarin de algemene aard van hel verlies of de beschadiging is aangegeven, wordt hij behoudens tegenbewijs geacht de goederen te hebben ontvangen in de staat als omschreven in de vrachtbrief. De bovenbedoelde voorbehouden moeten, indien het onzichtbare verliezen of beschadigingen betreft, schriftelijk worden gemaakt.

Tegenbewijs

2. Wanneer de staat van de goederen door de geadresseerde ten overstaan van de vervoerder is vastgesteld, is geen tegenbewijs tegen het resultaat van deze vaststelling toegelaten, tenzij het onzichtbare verliezen of beschadigingen betreft en de geadresseerde schriftelijke voorbehouden ter kennis van de vervoerder heeft gebracht binnen zeven dagen, zon- en feestdagen niet inbegrepen, na deze vaststelling.

3. Bij vertraging in de aflevering is schadevergoeding alleen verschuldigd, indien binnen een termijn van 21 dagen nadat de goederen ter beschikking van de geadresseerde zijn gesteld, een schriftelijk voorbehoud ter kennis van de vervoerder is gebracht.

4. Bij het bepalen van de termijnen ingevolge dit artikel wordt de datum van aflevering of, al naar het geval, de datum van vaststelling of die van terbeschikkingstelling niet meegerekend.

5. De vervoerder en de geadresseerde verlenen elkaar alle redelijke faciliteiten voor de nodige vaststellingen en onderzoekingen.

Art. 31

Bevoegde rechter

1. Alle rechtsgedingen, waartoe het aan dit Verdrag onderworpen vervoer aanleiding geeft, kunnen door de eiser behalve voor de gerechten van de bij dit Verdrag partij zijnde landen, bij beding tussen partijen aangewezen, worden gebracht voor de gerechten van het land op het grondgebied waarvan:

a) de gedaagde zijn gewone verblijfplaats, zijn hoofdzetel of het filiaal of agentschap heeft, door bemiddeling waarvan de vervoerovereenkomst is gesloten, of

b) de plaats van inontvangstneming der goederen of de plaats bestemd voor de aflevering der goederen, is gelegen;

zij kunnen voor geen andere gerechten worden gebracht.

2. Wanneer in een rechtsgeding, bedoeld in het eerste lid van dit artikel, een vordering aanhangig is voor een volgens dat lid bevoegd gerecht, of wanneer in een zodanig geding door een zodanig gerecht een uitspraak is gedaan, kan geen nieuwe vordering omtrent hetzelfde onderwerp tussen dezelfde partijen worden ingesteld, tenzij de uitspraak van het gerecht, waarvoor de eerste vordering aanhangig is gemaakt, niet vatbaar is voor tenuitvoerlegging in het land, waarin de nieuwe vordering wordt ingesteld.

Uitvoerbaarheid vonnis

3. Wanneer in een rechtsgeding, bedoeld in het eerste lid van dit artikel, een uitspraak, gedaan door een gerecht van een bij het Verdrag partij zijnd land, in dat land uitvoerbaar is geworden, wordt zij eveneens uitvoerbaar in elk ander bij het Verdrag partij zijnd land, zodra de aldaar terzake voorgeschreven formaliteiten zijn vervuld. Deze formaliteiten kunnen geen hernieuwde behandeling van de zaak meebrengen.

4. De bepalingen van het derde lid van dit artikel zijn van toepassing op uitspraken op tegenspraak gewezen, op uitspraken bij verstek en op schikkingen, aangegaan ten overstaan van de rechter, maar zij zijn niet van toepassing op uitspraken die slechts bij voorraad uitvoerbaar zijn, noch op veroordelingen tot vergoeding van schaden en interessen, welke boven de kosten zijn uitgesproken tegen een eiser wegens de gehele of gedeeltelijke afwijzing van zijn vordering.

5. Van onderdanen van bij het Verdrag partij zijnde landen, die hun woonplaats of een bedrijf hebben in een van deze landen, kan geen zekerheidstelling voor de betaling der proceskosten worden gevorderd in rechtsgedingen, waartoe een aan dit Verdrag onderworpen vervoer aanleiding geeft.

Art. 32

Verjaring

1. De rechtsvorderingen, waartoe een aan dit Verdrag onderworpen vervoer aanleiding geeft, verjaren door verloop van een jaar. In geval van opzet of van schuld, welke volgens de wet van het gerecht, waarvoor de vordering aanhangig is, met opzet gelijkgesteld wordt, is de verjaringstermijn drie jaar. De verjaring loopt:

a) in geval van gedeeltelijk verlies, beschadiging of vertraging, vanaf de dag, waarop de goederen zijn afgeleverd;

b) in geval van volledig verlies, vanaf de dertigste dag na afloop van de bedongen termijn of, bij gebreke van zulk een termijn, vanaf de zestigste dag na de inontvangstneming van de goederen door de vervoerder;
c) in alle andere gevallen, na afloop van een termijn van drie maanden na de sluiting der vervoerovereenkomst.
De hierboven als begin van de verjaring aangegeven dag wordt niet begrepen in de verjaringstermijn.
2. Een schriftelijke vordering schorst de verjaring tot aan de dag, waarop de vervoerder de vordering schriftelijk afwijst en de daarbij gevoegde stukken terugzendt. In geval van gedeeltelijke aanvaarding van de vordering hervat de verjaring haar loop alleen voor het deel van de vordering, dat betwist blijft. Het bewijs van ontvangst van de vordering of van het antwoord en van het terugzenden der stukken rust op de partij, die dit feit inroept. Verdere, op hetzelfde onderwerp betrekking hebbende vorderingen schorsen de verjaring niet.
3. Met inachtneming van de bepalingen van het tweede lid, wordt de schorsing van de verjaring beheerst door de wet van het gerecht waarvoor de zaak aanhangig is. Hetzelfde geldt voor de stuiting van de verjaring.
4. Een verjaarde vordering kan ook niet meer in de vorm van een vordering in reconventie of van een exceptie worden geldend gemaakt.

Art. 33
De vervoerovereenkomst kan een bepaling bevatten inzake het toekennen van bevoegdheid aan een scheidsgerecht, mits deze bepaling inhoudt, dat het scheidsgerecht dit Verdrag zal toepassen.

Arbitrage

HOOFDSTUK VI
Bepalingen nopens vervoer verricht door opvolgende vervoerders

Art. 34
Indien een vervoer, onderworpen aan één enkele overeenkomst, wordt bewerkstelligd door opvolgende wegvervoerders, worden de tweede en ieder van de volgende vervoerders door inontvangstneming van de goederen en van de vrachtbrief partij bij de overeenkomst op de voorwaarden van de vrachtbrief en wordt ieder van hen aansprakelijk voor de bewerkstelliging van het gehele vervoer.

Opvolgende vervoerders

Art. 35
1. De vervoerder, die de goederen van de voorafgaande vervoerder in ontvangst neemt, overhandigt hem een gedateerd en ondertekend ontvangstbewijs. Hij moet zijn naam en adres op het tweede exemplaar van de vrachtbrief vermelden. Indien daartoe aanleiding is, tekent hij op dat exemplaar alsmede op het ontvangstbewijs soortgelijke voorbehouden aan als die, bedoeld in artikel 8, tweede lid.
2. De bepalingen van artikel 9 zijn op de betrekkingen tussen opvolgende vervoerders van toepassing.

Ontvangstbewijs

Art. 36
Behoudens in het geval van een eis in reconventie of van een exceptie, opgeworpen in een rechtsgeding inzake een eis, welke is gebaseerd op dezelfde vervoerovereenkomst, kan de vordering tot aansprakelijkstelling voor verlies, beschadiging of vertraging slechts worden gericht tegen de eerste vervoerder, de laatste vervoerder of de vervoerder, die het deel van het vervoer bewerkstelligde, gedurende hetwelk het feit, dat het verlies, de beschadiging of de vertraging heeft veroorzaakt, zich heeft voorgedaan; de vordering kan tegelijkertijd tegen verschillenden van deze vervoerders worden ingesteld.

Vordering tot aansprakelijkheid

Art. 37
De vervoerder, die een schadevergoeding heeft betaald uit hoofde van de bepalingen van dit Verdrag, heeft recht van verhaal voor de hoofdsom, rente en kosten tegen de vervoerders, die aan de uitvoering van de vervoerovereenkomst hebben deelgenomen, overeenkomstig de volgende bepalingen:
a) de vervoerder, door wiens toedoen de schade is veroorzaakt, draagt de schadevergoeding alleen, onverschillig of deze door hemzelf of door een andere vervoerder is betaald;
b) wanneer de schade is veroorzaakt door toedoen van twee of meer vervoerders, moet ieder van hen een bedrag betalen in verhouding tot zijn deel van de aansprakelijkheid; indien begroting van de delen der aansprakelijkheid niet mogelijk is, is ieder van hen aansprakelijk in verhouding tot het hem toekomende deel van de beloning voor het vervoer;
c) indien niet kan worden vastgesteld, aan wie van de vervoerders de aansprakelijkheid moet worden toegerekend, wordt het bedrag van de schadevergoeding verdeeld tussen alle vervoerders, in de verhouding bepaald onder *b).*

Verhaal betaalde schadevergoeding

Art. 38
Indien een van de vervoerders insolvent is, wordt het door hem verschuldigde deel, dat hij niet heeft betaald, tussen alle andere vervoerders verdeeld in verhouding tot hun beloning.

Insolventie van een der vervoerders

Art. 39

1. De vervoerder, op wie verhaal wordt uitgeoefend ingevolge de artikelen 37 en 38, is niet gerechtigd de gegrondheid van de betaling door de vervoerder, die het verhaal uitoefent, te betwisten, wanneer de schadevergoeding is vastgesteld bij rechterlijke uitspraak, mits hij behoorlijk van het rechtsgeding in kennis is gesteld en hij gelegenheid heeft gehad om daarin zich te voegen of tussen te komen.
2. De vervoerder, die verhaal wil uitoefenen, kan zulks doen voor het bevoegde gerecht van het land, waarin een van de betrokken vervoerders zijn gewone verblijfplaats, zijn hoofdzetel of het filiaal of agentschap heeft, door bemiddeling waarvan de vervoerovereenkomst is gesloten. Het verhaal kan in een en hetzelfde geding tegen alle betrokken vervoerders worden gericht.
3. De bepalingen van artikel 31, derde en vierde lid, zijn van toepassing op rechterlijke uitspraken, gegeven terzake van het verhaal ingevolge de artikelen 37 en 38.
4. De bepalingen van artikel 32 zijn van toepassing op het verhaal tussen vervoerders. De verjaring loopt evenwel hetzij vanaf de dag van een rechterlijke einduitspraak tot vaststelling van de ingevolge de bepalingen van dit Verdrag te betalen schadevergoeding hetzij, bij gebreke van zulk een uitspraak, vanaf de dag waarop de betaling is geschied.

Art. 40
Afwijkende regeling
De vervoerders kunnen onderling een van de artikelen 37 en 38 afwijkende regeling bedingen.

HOOFDSTUK VII
Nietigheid van bedingen in strijd met het Verdrag

Art. 41
Nietigheid afwijkende bedingen

1. Behoudens de bepalingen van artikel 40 is nietig ieder beding, dat middellijk of onmiddellijk afwijkt van de bepalingen van dit Verdrag. De nietigheid van dergelijke bedingen heeft niet de nietigheid van de overige bepalingen van de overeenkomst tot gevolg.
2. In het bijzonder is nietig ieder beding, door hetwelk de vervoerder zich de rechten uit de verzekering der goederen laat overdragen of ieder ander beding van dergelijke strekking, evenals ieder beding, dat de bewijslast verplaatst.

HOOFDSTUK VIII
Slotbepalingen

Art. 42
Ondertekening en toetreding

1. Dit Verdrag staat open voor ondertekening of toetreding door landen die lid zijn van de Economische Commissie voor Europa en landen, die overeenkomstig paragraaf 8 van het mandaat van deze Commissie met raadgevende stem tot de Commissie zijn toegelaten.
2. De landen, die overeenkomstig paragraaf 11 van het mandaat van deze Commissie aan zekere werkzaamheden van de Economische Commissie voor Europa kunnen deelnemen, kunnen partij bij dit Verdrag worden door toetreding na de inwerkingtreding.
3. Het Verdrag zal voor ondertekening openstaan tot en met 31 augustus 1956. Na deze datum zal het openstaan voor toetreding.

Bekrachtiging
4. Dit Verdrag zal worden bekrachtigd.
5. Bekrachtiging of toetreding geschiedt door nederlegging van een akte bij de Secretaris-Generaal van de Verenigde Naties.

Art. 43
Inwerkingtreding

1. Dit Verdrag treedt in werking op de negentigste dag, nadat vijf landen, als bedoeld in het eerste lid van artikel 42, hun akte van bekrachtiging of van toetreding hebben nedergelegd.
2. Voor ieder land, dat het Verdrag bekrachtigt of ertoe toetreedt, nadat vijf landen hun akte van bekrachtiging of van toetreding hebben nedergelegd, treedt dit Verdrag in werking op de negentigste dag na de nederlegging van de akte van bekrachtiging of toetreding door het genoemde land.

Art. 44
Opzegging

1. Iedere Verdragsluitende Partij kan dit Verdrag opzeggen door middel van een tot de Secretaris-Generaal van de Verenigde Naties gerichte kennisgeving.
2. De opzegging heeft rechtsgevolg twaalf maanden na de datum, waarop de Secretaris-Generaal de kennisgeving heeft ontvangen.

Art. 45
Indien na de inwerkingtreding van dit Verdrag het aantal Verdragsluitende Partijen tengevolge van opzeggingen is teruggebracht tot minder dan vijf, houdt de werking van dit Verdrag op van de datum af, waarop de laatste opzegging rechtsgevolg heeft.

Art. 46
Vantoepassingverklaring

1. Ieder land kan bij de nederlegging van zijn akte van bekrachtiging of toetreding of te eniger tijd daarna, door middel van een tot de Secretaris-Generaal van de Verenigde Naties gerichte

kennisgeving verklaren, dat dit Verdrag van toepassing zal zijn op alle of een deel van de gebieden, welker internationale betrekkingen het behartigt.
Het Verdrag is op het gebied of de gebieden, vermeld in de kennisgeving, van toepassing met ingang van de negentigste dag na ontvangst van deze kennisgeving door de Secretaris-Generaal of, indien het Verdrag op die datum nog niet in werking is getreden, met ingang van de dag der inwerkingtreding.
2. Ieder land, dat overeenkomstig het vorige lid een verklaring heeft afgelegd, waardoor dit Verdrag van toepassing wordt op een gebied, welks internationale betrekkingen het behartigt, kan overeenkomstig artikel 44 het Verdrag, voor wat dat gebied betreft, opzeggen.

Art. 47
Ieder geschil tussen twee of meer Verdragsluitende Partijen betreffende de uitleg of de toepassing van dit Verdrag, dat de Partijen niet door middel van onderhandelingen of door andere middelen hebben kunnen regelen, kan op verzoek van één der betrokken Verdragsluitende Partijen ter beslissing worden voorgelegd aan het Internationale Gerechtshof.   *Internationaal Gerechtshof competent*

Art. 48
1. Iedere Verdragsluitende Partij kan op het tijdstip, waarop zij dit Verdrag ondertekent of bekrachtigt of ertoe toetreedt, verklaren dat zij zich niet door artikel 47 van het Verdrag gebonden acht. De andere Verdragsluitende Partijen zijn niet door artikel 47 gebonden tegenover een Verdragsluitende Partij, die zulk een voorbehoud heeft gemaakt.   *Voorbehoud*
2. Iedere Verdragsluitende Partij die een voorbehoud overeenkomstig het eerste lid heeft gemaakt, kan te allen tijde dit voorbehoud intrekken door een tot de Secretaris-Generaal van de Verenigde Naties gerichte kennisgeving.
3. Geen enkel ander voorbehoud ten aanzien van dit Verdrag is toegestaan.

Art. 49
1. Nadat dit Verdrag gedurende drie jaar in werking is geweest, kan iedere Verdragsluitende Partij door middel van een tot de Secretaris-Generaal van de Verenigde Naties gerichte kennisgeving de bijeenroeping verzoeken van een conferentie teneinde dit Verdrag te herzien. De Secretaris-Generaal geeft van dit verzoek kennis aan alle Verdragsluitende Partijen en roept een conferentie tot herziening bijeen, indien binnen een termijn van vier maanden na de door hem gedane kennisgeving, tenminste één vierde van de Verdragsluitende Partijen hun instemming met dit verzoek aan hem hebben medegedeeld.   *Bijeenroeping conferentie*
2. Indien een conferentie wordt bijeengeroepen overeenkomstig het vorige lid, stelt de Secretaris-Generaal alle Verdragsluitende Partijen daarvan in kennis en nodigt hij hen uit binnen een termijn van drie maanden voorstellen in te dienen welke zij door de conferentie wensen bestudeerd te zien. De Secretaris-Generaal deelt de voorlopige agenda van de conferentie alsmede de tekst van die voorstellen tenminste drie maanden voor de openingsdatum van de conferentie aan alle Verdragsluitende Partijen mede.
3. De Secretaris-Generaal nodigt voor iedere conferentie, bijeengeroepen overeenkomstig dit artikel, alle landen uit, die zijn bedoeld in het eerste lid van artikel 42, alsmede de landen die partij bij het Verdrag zijn geworden door toepassing van het tweede lid van artikel 42.

Art. 50
Behalve de kennisgevingen ingevolge artikel 49 geeft de Secretaris-Generaal van de Verenigde Naties aan de in het eerste lid van artikel 42 bedoelde landen, alsmede aan de landen, die partij bij het Verdrag zijn geworden door toepassing van het tweede lid van artikel 42, kennis van: *Kennisgevingen*
a) de bekrachtigingen en toetredingen ingevolge artikel 42,
b) de data, waarop dit Verdrag in werking treedt overeenkomstig artikel 43,
c) de opzeggingen ingevolge artikel 44,
d) het overeenkomstig artikel 45 buiten werking treden van dit Verdrag,
e) de overeenkomstig artikel 46 ontvangen kennisgevingen,
f) de overeenkomstig het eerste en tweede lid van artikel 48 ontvangen verklaringen en kennisgevingen.

Art. 51
Na 31 augustus 1956 wordt het origineel van dit Verdrag nedergelegd bij de Secretaris-Generaal van de Verenigde Naties, die aan elke van de in het eerste en tweede lid van artikel 42 bedoelde landen gewaarmerkte afschriften doet toekomen.

Alfabetisch trefwoordenregister

A

Avarij-grosse [13 art. 8:610-613, 8:1020-1022 BW]
Aanbieding akkoord [25 art. 329 e.v. FW]
Aanbod, aantastbaarheid [13 art. 6:218 BW]
Aanbod, koopovereenkomst roerende zaken [37 art. 14 t/m 17 CISG]
Aanbod, totstandkoming overeenkomst [13 art. 6:218 e.v. BW]
Aanbod en aanvaarding, totstandkoming overeenkomst [13 art. 6:217 BW]
Aanbod ter acceptatie [18 art. 120 WvK]
Aanbod ter betaling, wisselbrief [18 art. 137 WvK]
Aanbrengen zaak, rechterlijke bevoegdheid [36 art. 32 Brussel I-bis]
Aandeel, beschikking over [13 art. 3:191 BW]
Aandeel, pandrecht op, in goed [13 art. 3:240 BW]
Aandeelhouders BV, algemene vergadering [13 art. 2:217 e.v. BW]
Aandeelhouders groepsmaatschappij, fusie [13 art. 2:333a BW]
Aandeelhoudersvergadering, statutenwijziging [13 art. 2:121 e.v. BW]
Aandeelhoudersvergadering BV, statutenwijziging [13 art. 2:231 e.v. BW]
Aandeelhoudersvergadering [13 art. 2:107 e.v. BW]
Aandelen, aansprakelijkheid vorige aandeelhouder [13 art. 2:90, 2:199 BW]
Aandelen, besloten vennootschap [13 art. 2:190 e.v. BW]
Aandelen, certificering van [19 Pr. 4.4 CGC]
Aandelen, emissiebevoegdheid BV [13 art. 2:206 BW]
Aandelen, geschil levering en aanvaarding [13 art. 2:341 BW]
Aandelen, geschil vordering overdracht [13 art. 2:336 BW]
Aandelen, geschil vordering verplichte overname [13 art. 2:343 BW]
Aandelen, goederenrechtelijke regime [13 art. 10:137 t/m 139 BW]
Aandelen, NV [13 art. 2:79 t/m 99 BW]
Aandelen, omrekening valuta [13 art. 2:67a, 2:178a BW]
Aandelen, omzetting naar euro [13 art. 2:178c BW]
Aandelen, openbaar bod op [31 art. 39 Mw]
Aandelen, prijsbepaling bij geschil [13 art. 2:340 e.v. BW]
Aandelen, ruilverhouding bij splitsing NV/BV [13 art. 2:334x BW]
Aandelen, splitsing appartementen [13 art. 5:113 BW]
Aangetekende brief, verzending, voor rechtszitting [5 art. 8:37 Awb]
Aangifte, faillietverklaring op eigen – [25 art. 1 FW]
Aangifte van een levenloos geboren kind en van een vóór geboorteaangifte overleden kind [13 art. 1:19i BW]
Aangifte van geboorte [13 art. 1:19e BW]
Aangifte van huwelijk [13 art. 1:43 e.v. BW]
Aangifte van overlijden [13 art. 1:19h BW]
Aangifte van strafbaar feit [10 art. 160 e.v. Sv]
Aangiftebiljet, gemeentelijke belastingen [4 art. 237 Gemw]
Aangiftebiljet, samenvoeging [4 art. 239 Gemw]
Aangifteplicht van misdrijven [10 art. 160 Sv]
Aanhangigheid en samenhang, rechterlijke bevoegdheid [36 art. 29 Brussel I-bis]
Aanhouden behandeling, rechtsmacht Nederlandse rechter [12 art. 12 Rv]
Aanhouden uitspraak, na instellen rechtsmiddel [36 art. 51 Brussel I-bis]
Aanhouden uitspraak [36 art. 33, 34 Brussel I-bis]

A   **Alfabetisch trefwoordenregister**

Aanhouding bij heterdaad [10 art. 53 t/m 55a Sv]
Aanhouding van verdachte [10 art. 52 t/m 58 Sv]
Aankondiging openbaar bod, gevolgen [13 art. 2:359b BW]
Aanmaning, geldschulden [5 art. 4:112, 4:113 Awb]
Aannemer, aansprakelijkheid [13 art. 7:758 BW]
Aannemer, dood of arbeidsongeschikt [13 art. 7:763 BW]
Aanneming en bekrachtiging wetsvoorstel, Wetgeving [1 art. 87 GW]
Aanneming van werk, verzwijging verborgen gebrek door aannemer [13 art. 7:762 BW]
Aanneming van werk [13 art. 7:750 e.v. BW]
Aanranding, noodweer bij wederrechtelijke [9 art. 41 Sr]
Aanspraak, geen, bij octrooiaanvraag [28 art. 11 ROW 1995]
Aanspraak, gezamenlijke [28 art. 13 ROW 1995]
Aansprakelijkheid, aanvaring [13 art. 8:541 e.v., 8:1003 e.v. BW]
Aansprakelijkheid, bestuurders [13 art. 2:9 BW]
Aansprakelijkheid, hoofdelijke [18 art. 18, 146, 221 WvK]
Aansprakelijkheid, hoofdelijke, BV [13 art. 2:180, 2:203 BW]
Aansprakelijkheid, mededingingsrecht [13 art. 6:193m BW]
Aansprakelijkheid, precontractuele [35 art. 12 Rome II]
Aansprakelijkheid, wederzijdse, echtgenoten [13 art. 1:85 BW]
Aansprakelijkheid, wederzijdse, echtgenoten (vrijwaring van) [13 art. 1:85 BW]
Aansprakelijkheid aandeelhouders BV. [13 art. 2:175, 2:199 BW]
Aansprakelijkheid aandeelhouders NV [13 art. 2:90 BW]
Aansprakelijkheid aannemer [13 art. 7:758 BW]
Aansprakelijkheid afzender [38 art. 7 CMR]
Aansprakelijkheid appartementseigenaren [13 art. 5:113 BW]
Aansprakelijkheid besturende rechtspersoon [13 art. 2:11 BW]
Aansprakelijkheid bestuurders bij faillissement [13 art. 2:138, 2:139 BW]
Aansprakelijkheid bestuurders bij misleiding [13 art. 2:139, 2:249 BW]
Aansprakelijkheid bestuurders BV, bij faillissement [13 art. 2:248 BW]
Aansprakelijkheid bestuurders NV, bij faillissement [13 art. 2:138 BW]
Aansprakelijkheid betaalinitiatiedienstverlener [13 art. 7:545a BW]
Aansprakelijkheid betalingstransacties [13 art. 7:526, 7:542 t/m 548 BW]
Aansprakelijkheid (onder) bewaarnemer [13 art. 7:608 BW]
Aansprakelijkheid bewindvoerder onderbewindstelling meerderjarige [13 art. 1:444 BW]
Aansprakelijkheid bewindvoerder [13 art. 4:163, 4:174 BW]
Aansprakelijkheid bij bruikleen [13 art. 7A:1782, 7A:1784, 7A:1786 BW]
Aansprakelijkheid bij gebruik ongeschikte zaak, niet-nakoming verbintenis [13 art. 6:77 BW]
Aansprakelijkheid bij niet-toegestane betalingstransacties [13 art. 7:529 BW]
Aansprakelijkheid bij ontbreken machtiging [25 art. 72 FW]
Aansprakelijkheid bij schadevergoeding, vaststellingsovereenkomst [13 art. 7:910 BW]
Aansprakelijkheid bij schenking [13 art. 7:183 BW]
Aansprakelijkheid binnenschip [13 art. 8:1060 e.v. BW]
Aansprakelijkheid borg opschorten/bevrijden, verrekening [13 art. 6:139 BW]
Aansprakelijkheid BV [13 art. 2:203 BW]
Aansprakelijkheid dringende spoed uitgaven gemeente [4 art. 210 Gemw]
Aansprakelijkheid echtgenoten, na ontbinding gemeenschap van goederen [13 art. 1:102 BW]
Aansprakelijkheid elektronisch rechtsverkeer [13 art. 6:196c BW]
Aansprakelijkheid erfgenaam, inbreng giften [13 art. 4:232 BW]
Aansprakelijkheid gemeenschap van goederen bij uitwinning/stoornis [13 art. 3:188 BW]

Alfabetisch trefwoordenregister   A

Aansprakelijkheid gemeenschap van goederen [13 art. 3:176 BW]
Aansprakelijkheid gevaarlijke stoffen aan boord van binnenschepen [13 art. 8:1030 e.v. BW]
Aansprakelijkheid gevaarlijke stoffen aan boord van schip [13 art. 8:623 e.v. BW]
Aansprakelijkheid gevaarlijke stoffen aan boord van treinen [13 art. 8:1670 e.v. BW]
Aansprakelijkheid gevaarlijke stoffen aan boord van voertuig [13 art. 8:1210 e.v. BW]
Aansprakelijkheid goederenvervoer over binnenwateren [13 art. 8:898 e.v. BW]
Aansprakelijkheid goederenvervoer over de weg [13 art. 8:1098 e.v. BW]
Aansprakelijkheid goederenvervoer over spoorwegen [13 art. 8:1556 e.v., 8:1571 e.v. BW]
Aansprakelijkheid goederenvervoer [13 art. 8:70 e.v. BW]
Aansprakelijkheid groep bij onrechtmatige daad [13 art. 6:166 BW]
Aansprakelijkheid handelsagent [13 art. 7:429 BW]
Aansprakelijkheid hulpverlening aan schip [13 art. 8:562 BW]
Aansprakelijkheid huurder voor schade [13 art. 7:218 BW]
Aansprakelijkheid kernschade [13 art. 8:13 BW]
Aansprakelijkheid kind tot 14 jaar [13 art. 6:169 BW]
Aansprakelijkheid kind van 14-15 jaar [13 art. 6:169 BW]
Aansprakelijkheid koopovereenkomst roerende zaken [37 art. 36 CISG]
Aansprakelijkheid leden, coöperatie en OWM [13 art. 2:55 BW]
Aansprakelijkheid maritieme vorderingen [13 art. 8:750 e.v. BW]
Aansprakelijkheid meervoudige bij niet-contractuele verbintenissen [35 art. 20 Rome II]
Aansprakelijkheid mentor [13 art. 1:454 BW]
Aansprakelijkheid motorrijtuig [30 art. 185 WVW]
Aansprakelijkheid NV [13 art. 2:93 BW]
Aansprakelijkheid ondergeschikte [13 art. 6:257 BW]
Aansprakelijkheid onrechtmatige daad [13 art. 6:169 e.v. BW]
Aansprakelijkheid onwettige verkrijging aandelen [13 art. 2:98a BW]
Aansprakelijkheid opvolgend vervoer [13 art. 8:1420 BW]
Aansprakelijkheid pachter [13 art. 7:352, 7:353 BW]
Aansprakelijkheid personen en zaken [13 art. 6:169 e.v. BW]
Aansprakelijkheid personenvervoer door de lucht [13 art. 8:1393 e.v. BW]
Aansprakelijkheid personenvervoer over binnenwateren [13 art. 8:970 e.v. BW]
Aansprakelijkheid personenvervoer over de weg [13 art. 8:1147 e.v. BW]
Aansprakelijkheid personenvervoer over zee [13 art. 8:504 e.v. BW]
Aansprakelijkheid personenvervoer [13 art. 8:105 e.v. BW]
Aansprakelijkheid personenvervoer [13 art. 8:81 e.v. BW]
Aansprakelijkheid reisorganisator [13 art. 7:508, 7:509 BW]
Aansprakelijkheid reiziger [13 art. 8:114 BW]
Aansprakelijkheid RvC bij misleiding [13 art. 2:150, 2:260 BW]
Aansprakelijkheid Staat, registergoed [13 art. 3:30 BW]
Aansprakelijkheid stille vennoot [18 art. 21 WvK]
Aansprakelijkheid tot nakoming verbintenissen gesplitste rechtspersoon [13 art. 2:334t BW]
Aansprakelijkheid vennoot voor gelijk aandeel [13 art. 7A:1680 BW]
Aansprakelijkheid vennoot voor schulden [13 art. 7A:1679 BW]
Aansprakelijkheid vereffenaar [13 art. 4:212 BW]
Aansprakelijkheid vereniging [13 art. 2:30 BW]
Aansprakelijkheid verhuizer [13 art. 8:1175 e.v., 8:1185 BW]
Aansprakelijkheid verkoper [27 art. 16ga Aw]
Aansprakelijkheid vervoerder, gecombineerd goederenvervoer [13 art. 8:42 BW]
Aansprakelijkheid vervoerder, goederenvervoer door de lucht [13 art. 8:1353 e.v. BW]
Aansprakelijkheid vervoerder bij dood/letsel reiziger [13 art. 8:105 BW]
Aansprakelijkheid vervoerder bij onzeewaardigheid [13 art. 8:383 BW]
Aansprakelijkheid vervoerder [13 art. 8:23 BW]

A
Alfabetisch trefwoordenregister

Aansprakelijkheid vervoerder [38 art. 3, 7, 11, 17, 36 CMR]
Aansprakelijkheid vervoerder/schip [13 art. 8:388 BW]
Aansprakelijkheid voor hulppersonen, niet-nakoming verbintenis [13 art. 6:76 BW]
Aansprakelijkheid voor personen en zaken [13 art. 6:170 e.v. BW]
Aansprakelijkheid voor schade, arbeidsovereenkomst [13 art. 7:658, 7:661 BW]
Aansprakelijkheid voor schade door bunkerolie [13 art. 8:639 e.v. BW]
Aansprakelijkheid vorderingen uit [36 art. 9 Brussel I-bis]
Aansprakelijkheid vorige aandeelhouder [13 art. 2:199 BW]
Aansprakelijkheid zeeschip [13 art. 8:362 e.v. BW]
Aansprakelijkheid ziekenhuis bij behandelingsovereenkomst [13 art. 7:463 BW]
Aansprakelijkstelling voor schulden van derden, passiva [13 art. 2:376 BW]
Aantal werknemers (gemiddeld), jaarrekening [13 art. 2:382 BW]
Aanvaarding, afwijkende [13 art. 6:225 BW]
Aanvaarding, koopovereenkomst roerende zaken [37 art. 18 e.v. CISG]
Aanvaarding nalatenschap/legaat [13 art. 4:190 e.v. BW]
Aanvaarding onder voorrecht, positie erfgenaam bij vereffening [13 art. 4:200 BW]
Aanval, deelnemen aan, of vechterij [9 art. 306 Sr]
Aanvang ouderlijk gezag [13 art. 1:253p BW]
Aanvaring [13 art. 8:1000 e.v., 8:540 e.v. BW]
Aanvaring, definitie [13 art. 8:540, 8:1001 BW]
Aanvaring, verjaringstermijn rechtsvordering [13 art. 8:1790-1794 BW]
Aanvaring, verplichte opgaven bij [18 art. 785 WvK]
Aanverwantschap, personen- en familierecht [13 art. 1:3 BW]
Aanvraag, definitie [5 art. 1:3 Awb]
Aanvraag beschikking, weigering gegevensverschaffing [5 art. 4:3 Awb]
Aanvraag merken [29 art. 2.5 BVIE]
Aanvraag tot vaststelling subsidie [5 art. 4:44, 4:74 Awb]
Aanvraag uitkering bij UWV door werkgever [17 art. 3:11, 3:12 WAZO]
Aanvullende beschermingscertificaten, octrooien [28 art. 90 e.v. ROW 1995]
Aanvulling bestuur, stichting [13 art. 2:299 BW]
Aanvullingsbevoegdheid, verhouding gemeente tot provincie en Rijk [4 art. 121 Gemw]
Aanwezigheid in persoon, huwelijksvoltrekking [13 art. 1:65 BW]
Aanwezigheid ministers en staatssecretarissen, Staten-Generaal [1 art. 69 GW]
Aanwijzing bevoegd gerecht [36 art. 25 Brussel I-bis]
Aanwijzing door begunstigde, sommenverzekering [13 art. 7:969-970 BW]
Aanwijzing goederen voor kostenverhaal, voogdij [13 art. 1:357 BW]
Aanwijzing rechter [12 art. 108 Rv]
Aanwijzing toezichthouders, subsidieverplichtingen [5 art. 4:59 Awb]
Aanwijzingen minister, economische delicten [11 art. 24 WED]
Aanwijzingsbeschikking, door toezichthouder [24 art. 1:75 Wft]
Abonnementen, bescherming [13 art. 6:236 BW]
Accountant, externe [19 Pr. 1.6 e.v. CGC]
Accountant, onderzoek bij subsidievaststelling [5 art. 4:78 Awb]
Accountantsonderzoek, jaarrekening [13 art. 2:393 BW]
Accountantsverklaring, inbreng aandelen NV [13 art. 2:94a BW]
Achterwege blijven van consolidatie groepsdeel, geconsolideerde jaarrekening [13 art. 2:408 BW]
Actieve informatieplicht, college van B&W [4 art. 60 Gemw]
Actio Pauliana [25 art. 213s, 213z FW]
Actio Pauliana, rechtshandeling [13 art. 3:45 BW]
Activa, balans [13 art. 2:365-372 BW]
Activiteitenplan, subsidieaanvraag [5 art. 4:62 Awb]

Alfabetisch trefwoordenregister — A

Activiteitenverslag, onderzoek subsidievaststelling [5 art. 4:80 Awb]
Administratie, gemeentelijke financiën [4 art. 212 Gemw]
Administratie voeren, vermogen [13 art. 3:15i, 3:15j BW]
Administratief beroep [1 art. 115 GW]
Administratief beroep, definitie [5 art. 1:5 Awb]
Administratief beroep en bezwaar, samenhangende besluiten [5 art. 3:28 Awb]
Administratieve rechtspraak [1 art. 112 GW]
Administratieve samenwerking [33 art. 197 VwEU]
Adoptie [13 art. 1:207 t/m 232 BW]
Adoptie, Haagse registers [13 art. 1:25c, 1:25g BW]
Adoptie, internationaal privaatrecht [13 art. 10:103 e.v. BW]
Adoptie, recht op uitkering [17 art. 3:9 WAZO]
Adoptieverlof, duur en aanvang recht op uitkering [17 art. 3:9 WAZO]
Adoptieverlof, recht op [17 art. 3:2 WAZO]
Advies commissie inwinnen [25 art. 77 FW]
Advies RvS, openbaarmaking [7 art. 26, 27 Wet RvS]
Adviescolleges, taak en werkwijze [1 art. 79 t/m 80 GW]
Adviescommissie, bezwaar [5 art. 7:13 Awb]
Adviesorganen [33 art. 300 t/m 307 VwEU]
Adviestermijn, besluiten [5 art. 3:6 Awb]
Advisering, ondernemingsraad [23 art. 25 WOR]
Advisering, RvS [7 art. 16a Wet RvS]
Adviseur, bij besluiten van bestuursorganen [5 art. 3:5 Awb]
Adviseur, naamsbekendheid bij besluiten [5 art. 3:8 Awb]
Advocaat, eiser ten onrechte geen [12 art. 123 Rv]
Advocaat, kort geding [12 art. 255 Rv]
Advocaat, procederen [12 art. 79 Rv]
Advocaat stellen, niet [12 art. 123 Rv]
Afdeling bestuursrechtspraak RvS [7 art. 30 e.v. Wet RvS]
Afdoening buiten proces [9 art. 74 Sr]
Afdracht goederen, bewindvoerder onderbewindstelling meerderjarige [13 art. 1:446 BW]
Affectieschade [13 art. 6:107, 6:108 BW]
Afgevaardigden algemene vergadering, vereniging [13 art. 2:39 BW]
Afgifte bescheiden [25 art. 193 FW]
Afgifte tegen kwijting/betaling vorderingen, goederenvervoer over spoorwegen [13 art. 8:1565 BW]
Afhankelijk recht, definitie [13 art. 3:7 BW]
Afhankelijk recht, goed [13 art. 3:82 BW]
Afhankelijke maatschappij, definitie [13 art. 2:152, 2:262 BW]
Afhankelijke maatschappij [13 art. 2:63a BW]
Afkoelingsperiode [25 art. 63a t/m 63c FW]
Afkoop levensverzekering [13 art. 7:978 BW]
Afkoopsom in plaats van herstel, arbeidsovereenkomst [13 art. 7:682 BW]
Aflevering, vertraging goederentransport [38 art. 19 CMR]
Aflevering goederen [38 art. 13 t/m 16 CMR]
Aflevering goederen, onmogelijk [38 art. 15 CMR]
Afleveringstermijn, goederenvervoer over spoorwegen [13 art. 8:1564 BW]
Afschrift als bewijs van aanwijzing [25 art. 213bb FW]
Afschrift besluiten gemeentebestuur [4 art. 141 Gemw]
Afschrift burgerlijke stand, bewijskracht [13 art. 1:22a BW]
Afschrift/uittreksel burgerlijk stand, verzoek om [13 art. 1:23b BW]
Afschrijvingen, jaarrekening [13 art. 2:386 BW]

A
Alfabetisch trefwoordenregister

Afsluiting, naburig erf [13 art. 5:48 BW]
Afstamming [13 art. 1:197 e.v. BW]
Afstamming, internationaal privaatrecht [13 art. 10:92 e.v. BW]
Afstand, erfdienstbaarheid [13 art. 5:82 BW]
Afstand, koop op [13 art. 6:230g-z BW]
Afstand doen van vermogen, door voogdij [13 art. 1:353 BW]
Afstand en vermenging, verbintenis [13 art. 6:160 en 161 BW]
Afstand koningschap, Koning [1 art. 27 GW]
Afstand recht op terugvordering goed, onverschuldigde betaling [13 art. 6:208 BW]
Afstand van de gemeenschap van goederen [13 art. 1:103 t/m 108 BW]
Afstand van octrooi [28 art. 63 ROW 1995]
Afstand vorderingsrecht, hoofdelijke verbondenheid [13 art. 6:14 BW]
Aftreden commissaris structuurvennootschap NV [13 art. 2:161 BW]
Aftreden, wethouders [4 art. 42 Gemw]
Afvallende vruchten, naburig erf [13 art. 5:45 BW]
Afwatering [13 art. 5:52 BW]
Afwezigheid, onderbewindstelling [13 art. 1:409 t/m 411 BW]
Afwikkelondernemingen [24 art. 1:4 Wft]
Afzender, aansprakelijkheid [38 art. 7 CMR]
Afzender, informatieplicht [13 art. 8:26 BW]
Afzender, rechten bij goederenvervoer over zee [13 art. 8:387 BW]
Afzender, rechten en verplichtingen [13 art. 8:391 e.v. BW]
Afzender goederenvervoer over spoorwegen, rechten [13 art. 8:1566, 8:1573 BW]
Afzender goederenvervoer over zee, bijzondere bevoegdheden [13 art. 8:440 BW]
Afzendersverplichtingen, goederenvervoer [13 art. 8:24 BW]
Afzonderlijke inkomsten, overgangs- en slotbepalingen [4 art. 293 Gemw]
Afzonderlijke waardering activa en passiva, jaarrekening [13 art. 2:385 BW]
Agenda, college van B&W [4 art. 53a Gemw]
Agentuurovereenkomst, beëindiging [25 art. 40 FW]
Agentuurovereenkomst, opzegging [25 art. 239 FW]
Agentuurovereenkomst [13 art. 7:428 e.v. BW]
Agressieve handelspraktijken [13 art. 6:193h BW]
Akkoord, aanbieding [25 art. 329 e.v. FW]
Akkoord, faillietverklaring [25 art. 138 e.v. FW]
Akkoord, faillissement [25 art. 252 e.v. FW]
Akkoord, toetreding met bijzondere voordelen [9 art. 345 Sr]
Akte, CAO [14 art. 3 Wet CAO]
Akte, burgerlijke stand [13 art. 1:18 e.v. BW]
Akte burgerlijke stand, bewijskracht [13 art. 1:22 BW]
Akte burgerlijke stand, inzage [13 art. 1:23a BW]
Akte burgerlijke stand, latere vermelding [13 art. 1:20, 1:20a t/m 20g BW]
Akte burgerlijke stand, openbaarheid [13 art. 1:23 BW]
Akte burgerlijke stand, opmaken overlijdensakte [13 art. 1:19f BW]
Akte van erkenning, latere vermelding [13 art. 1:20, 1:20e BW]
Akte van inschrijving, vaststelling overlijden in bepaalde gevallen [13 art. 1:429 BW]
Akte van oprichting, BV [13 art. 2:176 BW]
Akte van registratie, geregistreerd partnerschap [13 art. 1:80a BW]
Akte van stuiting, huwelijk [13 art. 1:54 BW]
Akte van uitgifte en levering, aandelen NV [13 art. 2:86 BW]
Akte/verklaring Nederlandse notaris, registergoed [13 art. 3:31 BW]
Akten [12 art. 156 e.v. Rv]

Alfabetisch trefwoordenregister A

Akten en uitspraken buiten Nederland opgemaakt, latere vermelding akte burgerlijke stand [13 art. 1:20, 1:20b BW]
Alcohol, onderzoek op [10 art. 55d en 55 Sv]
Algeheel beslag [25 art. 20 FW]
Algemeen verbindend verklaren van besluit [15 art. 5 AVV]
Algemeen verbindend verklaren [15 art. 2 AVV]
Algemene bevoegdheidsregel, koopovereenkomst roerende zaken [37 art. 28 CISG]
Algemene maatregel van bestuur, wetgeving [1 art. 89 GW]
Algemene opsporingsambtenaren [10 art. 141 Sv]
Algemene Rekenkamer, samenstelling, taak en werkwijze [1 art. 76 t/m 78 GW]
Algemene termijnenwet, gemeentelijke verordeningen [4 art. 145 Gemw]
Algemene vergadering [19 Pr. 4.1 CGC]
Algemene vergadering, aandeelhouders NV [13 art. 2:107 t/m 128 BW]
Algemene vergadering, vereniging [13 art. 2:38 t/m 41 BW]
Algemene voorwaarden, gebondenheid [13 art. 6:232 BW]
Algemene voorwaarden, overeenkomst [13 art. 6:231 e.v. BW]
Alimentatie [13 art. 1:157 t/m 159 BW]
Alimentatiegerechtigde, in huis nemen [13 art. 1:398 BW]
Alimentatieverplichting, levensonderhoud [13 art. 1:392 e.v. BW]
Alternatieve verbintenis, keuzebevoegdheid schuldenaar [13 art. 6:17 BW]
Alternatieve verbintenis [13 art. 6:17 e.v. BW]
Altijddurende rente [13 art. 7A:1807-1810 BW]
Ambtelijke bijstand, gemeentebestuur [4 art. 33 Gemw]
Ambtenaar burgerlijke stand [13 art. 1:16, 1:16a t/m 16d BW]
Ambtenaar gemeente [4 art. 4 Gemw]
Ambtenaren, aangifte van misdrijf [10 art. 162 Sv]
Ambtenaren, leden gemeenschappelijke gemeentelijke rekenkamer [4 art. 81j Gemw]
Ambtenaren, leden gemeentelijke rekenkamer [4 art. 81j Gemw]
Ambtenaren van Staat, RvS [7 art. 11, 12 Wet RvS]
Ambtsaanvaarding kamerleden, Staten-Generaal [1 art. 60 GW]
Ambtsdwang [9 art. 179 Sr]
Ambtseed, Friese taal [13 art. 1:16 BW]
Ambtshalve subsidievaststelling [5 art. 4:47 Awb]
Ambtshalve toevoeging, latere vermelding akte burgerlijke stand [13 art. 20, 1:20b BW]
Ambtshalve verlening van vrijstelling, gemeentelijke belastingen [4 art. 244 Gemw]
Ambtsinstructie commissaris van de Koning, provincie en gemeente [1 art. 126 GW]
Ambtsketen, burgemeester [4 art. 76 Gemw]
Ambtsmisdrijven, rechtspraak [1 art. 118 GW]
Ambtsplicht, strafverhoging bij schending [9 art. 44 Sr]
Amendementsrecht, bevoegdheden gemeenteraad [4 art. 147b Gemw]
Amnestie, rechtspraak [1 art. 122 GW]
Andere lidstaat, oproep verschijning gerecht in [36 art. 7 Brussel I-bis]
Andere regelgeving, verhouding tot rechterlijke bevoegdheid [36 art. 67 t/m 73 Brussel I-bis]
Andere zaken, rechtsmacht Nederlandse rechter [12 art. 6, 6a Rv]
Appartementseigenaar [13 art. 5:106 e.v. BW]
Appartementsrecht [13 art. 5:106 e.v. BW]
Appartementsrecht, Vereniging van eigenaars [13 art. 5:124 e.v. BW]
Appartementsrecht, voorrang op [13 art. 3:286 BW]
Arbeidsbescherming, Grondrecht [1 art. 19 GW]
Arbeidsconflict, collectieve actie niet-contractuele verbintenissen [35 art. 9 Rome II]
Arbeidsduur, gelijke behandeling [13 art. 7:648 BW]

A
Alfabetisch trefwoordenregister

Arbeidsomstandigheden naleven, ondernemingsraad [23 art. 28 WOR]
Arbeidsovereenkomst, beëindiging [25 art. 40 FW]
Arbeidsovereenkomst, bepaalde tijd [13 art. 7:668, 7:668a BW]
Arbeidsovereenkomst, bevoegdheid rechter [12 art. 100 Rv]
Arbeidsovereenkomst, bevoegdheid [36 art. 20 t/m 23 Brussel I-bis]
Arbeidsovereenkomst, einde [13 art. 7:667 e.v. BW]
Arbeidsovereenkomst, gelijke behandeling mannen en vrouwen [13 art. 7:646 e.v. BW]
Arbeidsovereenkomst, individuele (verordening Rome I) [34 art. 8 Rome I]
Arbeidsovereenkomst, opzegging [13 art. 7:669 e.v. BW]
Arbeidsovereenkomst, opzegging [25 art. 239 FW]
Arbeidsovereenkomst, vakantieaanspraak bij einde [13 art. 7:641 BW]
Arbeidsovereenkomst, vernietigbaarheid opzegging [25 art. 72 FW]
Arbeidsovereenkomst, zeevarende [13 art. 7:693 e.v. BW]
Arbeidsovereenkomst [13 art. 7:610 e.v. BW]
Arbeidsvoorwaarden naleven, ondernemingsraad [23 art. 28 WOR]
Arbiter, benoeming [12 art. 1023 Rv]
Arbitraal vonnis, tenuitvoerlegging [12 art. 1062 Rv]
Arbitrageovereenkomst [12 art. 1020 e.v. Rv]
Arts, vooronderzoek beroep [5 art. 8:48 Awb]
Asielbeleid [33 art. 78 VwEU]
Associatie, met andere landen [33 art. 198 t/m 204 VwEU]
Attestatie de vita [13 art. 1:19k BW]
Attributie, bevoegdheid [5 art. 10:22 en 10:23 Awb]
Auditcommissie [19 Pr. 1.5 e.v. CGC]
Audits, interne [19 Pr. 1.3 CGC]
Auteursrecht [27 art. 1 e.v. Aw]
Auteursrecht, koopovereenkomst roerende zaken [37 art. 42 CISG]
Auteursrecht, lijst zelfstandige werken [27 art. 10 Aw]
Auteursrecht, samenloop met rechten op tekeningen en modellen [29 art. 3.28. 3.29 BVIE]
Auteursrecht, uitzonderingen inbreuk [27 art. 16o, 17 Aw]
Auteursrecht verstreken in land van oorsprong [27 art. 42 Aw]
Auteursrechthebbende, onderzoek naar [27 art. 16p Aw]
Authenticeren, betalingstransacties [13 art. 7:514 BW]
Authentieke akte, definitie [36 art. 2 Brussel I-bis]
Authentieke akten, bewijs [12 art. 157 Rv]
Authentieke akten, gerechtelijke tenuitvoerlegging [12 art. 430 e.v. Rv]
Authentieke akten, rechterlijke bevoegdheid [36 art. 58 Brussel I-bis]
Autonomie, bevoegdheden gemeentebestuur [4 art. 108 Gemw]
Autonomie, provincie en gemeente [1 art. 124 GW]
Autonomie, provinciebestuur [3 art. 105 Provw]
Autoriteit Consument en Markt, taken [31 art. 3, 4 Mw]
Autoriteit Consument en Markt [24 art. 1:25a Wft]
Autoriteit Consument en Markt, toezichthouder [31 art. 50 Mw]
Autoriteit Financiële Markten, gedragstoezicht [24 art. 1:25 Wft]
Autoriteit Financiële Markten, institutionele bepalingen [24 art. 1:26 e.v. Wft]
Autoriteit Financiële Markten, raadpleging [24 art. 1:60 e.v. Wft]
Aval, wisselbrief [18 art. 129 e.v., 202-204 WvK]
Avarij-grosse [13 art. 8:610-613, 8:1020-1022 BW]
Avarij-grosse, definitie [13 art. 8:610, 8:1020 BW]
Avarij-grosse, verjaringstermijn rechtsvordering [13 art. 8:1830-1832 BW]
Avarij-grosse, zaken aan boord binnenschip [13 art. 8:834 BW]

B

Baatbelasting, gemeentelijke belastingen [4 art. 222 Gemw]
Baattrekking, nakoming verbintenis [13 art. 6:32 BW]
Bagage, aansprakelijkheid bij gewichtsverlies [13 art. 8:1579 BW]
Bagage, aansprakelijkheid vervoerder bij schade/verlies [13 art. 8:504, 8:975, 8:1148 BW]
Bagage, definitie [13 art. 8:8 BW]
Bagage, exploitatie luchtvoertuig [13 art. 8:1342 BW]
Bagage, recht op vordering (lucht-) [13 art. 8:1412 BW]
Bagatelbepaling, verbod van mededingingsafspraken [31 art. 7 Mw]
Bagatelvrijstelling n.v.t., verbod van mededingingsafspraken [31 art. 9 Mw]
Balans, (hoofd)indeling [13 art. 2:364 BW]
Balans, liquide middelen [13 art. 2:372 BW]
Balans, voorschriften [13 art. 2:364 e.v. BW]
Balanstest [13 art. 2:216 lid 1 BW]
Balansdatum, geconsolideerde jaarrekening [13 art. 2:412 BW]
Balkon, naburig erf [13 art. 5:50 BW]
Bank [13 art. 2:415 e.v. BW]
Bankbreuk, bedrieglijke [9 art. 341 e.v. Sr]
Bankbreuk, eenvoudige [9 art. 340 e.v. Sr]
Banken, concentratietoezicht (van omzet) [31 art. 31 Mw]
Bankverklaring, oprichting NV [13 art. 2:93a BW]
Basisregister, definitie [21 art. 1 Hregw]
Baten en lasten huwelijksgemeenschap [25 art. 229 FW]
Batig saldo en vereffening, ontbinding rechtspersoon [13 art. 2:23b BW]
Beding, nietigheid [15 art. 3 AVV]
Bedongen rente, recht op [13 art. 6:153 BW]
Bedongen rente, verschuldigd zijn [25 art. 303 FW]
Bedragindexatie, alimentatie [13 art. 1:402a BW]
Bedreiging, nietigverklaring huwelijk [13 art. 1:71 BW]
Bedrieglijke bankbreuk [9 art. 341 e.v. Sr]
Bedrijfscommissie, definitie [23 art. 1 WOR]
Bedrijfscommissie [23 art. 37 e.v. WOR]
Bedrijfseconomische redenen, ontslagaanvraag [16 art. 6a WMCO]
Bedrijfsruimte, huur [13 art. 7:290 e.v. BW]
Bedrog, bedreiging, misbruik van omstandigheden [13 art. 3:44 BW]
Beëdiging, Koning [1 art. 32 GW]
Beeld- of geluidsopname [5 art. 8:36e Awb]
Beëindiging huwelijk/geregistreerd partnerschap, finale verrekenbeding [13 art. 1:142 BW]
Beëindiging ouderlijk gezag [13 art. 1:266 e.v. BW]
Beëindiging toepassing schuldsaneringsregeling [25 art. 340 FW]
Beëindiging voogdij [13 art. 1:327 e.v. BW]
Begroting [33 art. 313 t/m 324 VwEU]
Begroting, bestuur [1 art. 105 GW]
Begroting, gemeentelijke financiën [4 art. 189, 203 Gemw]
Begroting, provinciaal bestuur [3 art. 193 Provw]
Begroting, subsidieaanvraag [5 art. 4:63, 4:75 Awb]
Begrotingstaken [32 art. 16 EU-Verdrag]
Begrotingsvoorwaarde, subsidieverlening [5 art. 4:34 Awb]
Behandeling verzoek, enquêterecht [13 art. 2:349a BW]
Behandelingsovereenkomst [13 art. 7:446 e.v. BW]
Beheer goederen nalatenschap, executeur [13 art. 4:144 BW]

Beheer van/beschikking over goederen, onderbewindstelling meerderjarige [13 art. 1:438 BW]
Bekendmaking aan belanghebbende(n), besluit [5 art. 3:41 Awb]
Bekendmaking besluit, door bestuursorgaan [5 art. 8:80 Awb]
Bekendmaking/inwerkingtreding wetsvoorstel, Wetgeving [1 art. 88 GW]
Belangenafweging, besluit [5 art. 3:4 Awb]
Belangenverstrengeling [19 Pr. 2.7 CGC]
Belanghebbende bij besluiten [5 art. 1:2 Awb]
Belanghebbenden, bekendmaking besluiten [5 art. 3:41 Awb]
Belanghebbenden, getuigen en deskundigen [5 art. 7:8 Awb]
Belanghebbenden, horen van [5 art. 7:2 e.v. Awb]
Belastingaanslagen, samenvoeging [4 art. 253 Gemw]
Belastingbepalingen [33 art. 110 t/m 113 VwEU]
Belastingen, gemeentelijke [4 art. 216 Gemw]
Belastingheffing, bestuur [1 art. 104 GW]
Belastingtarief, onroerendezaakbelastingen [4 art. 220f Gemw]
Belastingverordening, gemeentelijke [4 art. 217 Gemw]
Belastingverordening, overgangs- en slotbepalingen [4 art. 304 Gemw]
Belastingzaken, bevoegdheid gerechtshof [8 art. 60 Wet RO]
Beleggen, in vermogen pupil door voogd [13 art. 1:350, 1:351 BW]
Beleggingsdiensten [24 art. 1:18 t/m 1:19c Wft]
Beleggingsinstellingen [24 art. 1:13 t/m 1:14 Wft]
Beleggingsmaatschappij, faillissement [25 art. 212oo FW]
Beleggingsmaatschappij, jaarrekening [13 art. 2:401 BW]
Beleggingsmaatschappij met veranderlijk kapitaal, definitie [13 art. 2:76a BW]
Beleidsbepalers, registratie [20 art. 4 Wcr]
Beleidsregel, definitie [5 art. 1:3 Awb]
Beleidsregels, door bestuursorgaan [5 art. 4:81 e.v. Awb]
Beleidsverslagen, bevoegdheden gemeentebestuur [4 art. 110, 111 Gemw]
Belofte, burgemeester [4 art. 65 Gemw]
Belofte, gemeentebestuur [4 art. 14 Gemw]
Belofte, leden gemeentelijke rekenkamer [4 art. 81g Gemw]
Belofte, wethouders [4 art. 41a Gemw]
Belofte of eed, ambtenaar burgerlijke stand [13 art. 1:16 BW]
Belofte of eed, RvS [7 art. 6, 13 Wet RvS]
Beloning, bewindvoerder meerderjarige [13 art. 1:447 BW]
Beloning, gelijke [33 art. 157 VwEU]
Beloning, mentorschap [13 art. 1:460 BW]
Beloning, raad van commissarissen [19 Pr. 3.3 CGC]
Beloning voogdij [13 art. 1:370 BW]
Beloningsbeleid, financiële ondernemingen [24 art. 1:111 e.v. Wft]
Beloningsbeleid, RvC [19 Pr. 3.1.3 CGC]
Beloningsbeleid, verantwoording [19 Pr. 3.4 CGC]
Beloningsbeleid, voor bestuurders [19 Pr. 3.1, 3.2 CGC]
Beloningsbeleid, voor executive committee [19 Pr. 3.1.3 CGC]
Bemanningsleden, definitie [13 art. 8:6 BW]
Bemiddelaars, auteursrecht [27 art. 26c Aw]
Bemiddelingsovereenkomst [13 art. 7:425-427 BW]
Benadeling rechtspersoon door bestuurder of commissaris [9 art. 347 Sr]
Benadeling schuldeisers, vermoeden wetenschap van [25 art. 43 en 45 FW]
Benadeling schuldeisers [25 art. 212x FW]
Benadeling schuldeisers of rechthebbenden [9 art. 340 t/m 348 Sr]

Alfabetisch trefwoordenregister B

Benadelingsbescherming [17 art. 6:1a WAZO]
Benadelingsverbod, leden ondernemingsraad [23 art. 21 WOR]
Beneficiaire aanvaarding, nalatenschap [13 art. 4:192 e.v. BW]
Benelux-Bureau voor de Intellectuele Eigendom [29 art. 1.2 e.v. BVIE]
Benelux-Gerechtshof [29 art. 1.15 BVIE]
Benelux-Gerechtshof, beroep [29 art. 1.15bis BVIE]
Benelux-Organisatie voor de intellectuele eigendom, protocol inzake merkenrecht [29 art. 1.1 e.v. BVIE]
Benoemen bij ontbreken troonopvolger, Koning [1 art. 30 GW]
Benoeming bestuurders van structuurvennootschap [13 art. 2:162, 2:265a BW]
Benoeming bijzondere bewindvoerders premiepensioeninstelling door DNB [24 art. 1:76aa Wft]
Benoeming burgemeester [4 art. 61 Gemw]
Benoeming gemeentelijke ombudsman [4 art. 81q Gemw]
Benoeming gemeentesecretaris [4 art. 102 Gemw]
Benoeming griffier [4 art. 107 Gemw]
Benoeming leden gemeenschappelijke gemeentelijke rekenkamer [4 art. 81b, 81c Gemw]
Benoeming leden gemeentelijke rekenkamer [4 art. 81b, 81c Gemw]
Benoeming raad van commissarissen NV [13 art:142, 2:143 BW]
Benoeming/beloning, voogdij [13 art. 1:370 BW]
Bepaalbaarheid, totstandkoming overeenkomst [13 art. 6:227 BW]
Beperking besloten vergadering, gemeentebestuur [4 art. 24 Gemw]
Beperking bevoegdheden, toezichthouder naleving wettelijke voorschriften [5 art. 5:14 Awb]
Beperkt recht, definitie [13 art. 3:8 BW]
Beperkt recht, goed [13 art. 3:81 BW]
Beperkt recht, overdracht [13 art. 3:86 BW]
Beplantingen, naburig erf [13 art. 5:42 BW]
Beraadslaging, burgemeester [4 art. 61c Gemw]
Berechting buiten Nederland [1 art. 113 GW]
Berechting eerste aanleg, economische delicten [11 art. 46 e.v. WED]
Bericht van verhindering, koopovereenkomst roerende zaken [37 art. 79 CISG]
Beroep, definitie [5 art. 1:5 Awb]
Beroep aantekenen [12 art. 433 Rv]
Beroep bij coördinerend bestuursorgaan [5 art. 3:29]
Beroep bij niet tijdig handelen [5 art. 8:55b t/m 8:55f Awb]
Beroep in cassatie, enquêterecht [13 art. 2:359 BW]
Beroep in cassatie, faillietverklaring [25 art. 12, 279 FW]
Beroep in cassatie, faillissement [25 art. 187 FW]
Beroep in cassatie, surseance van betaling [25 art. 221 FW]
Beroep in cassatie, surseance [25 art. 244 FW]
Beroep in eerste aanleg [5 art. 8:1 e.v. Awb]
Beroep in eerste aanleg, behandeling van [5 art. 8:41 e.v. Awb]
Beroep op doeloverschrijding, rechtspersoon [13 art. 2:7 BW]
Beroep op goede trouw, registergoed [13 art. 3:23 BW]
Beroep op jeugd of handicap, aansprakelijkheid [13 art. 6:183 BW]
Beroep op schuldvergelijking [25 art. 234, 235 FW]
Beroep op verrekening, faillissement [25 art. 53 FW]
Beroep vooronderzoek [5 art. 8:42 e.v. Awb]
Beroepschrift, bezwaar of beroep [5 art. 6:4 e.v. Awb]
Beroepsmogelijkheid, geen (bij rechtbank) [5 art. 8:3 t/m 8:5 Awb]
Beroepsmogelijkheid, melding [5 art. 6:23 Awb]

Beroepsmogelijkheid, uitsluiting [5 art. 6:13 Awb]
Beroepsopleiding [33 art. 166 VwEU]
Beroepstermijn [12 art. 339 Rv]
Bescheiden, afgifte [25 art. 193 FW]
Bescheiden, bevel tot overleggen van [12 art. 22 Rv]
Bescheiden, inzage door toezichthouder [5 art. 5:17 Awb]
Bescheiden, kennisneming van [12 art. 22 t/m 22b Rv]
Bescheiden, openlegging [12 art. 162 Rv]
Bescheiden (inzage in), economische delicten [11 art. 19 WED]
Bescherming, civiele [33 art. 196 VwEU]
Bescherming aanduiding coöperatief/onderling/wederkerig, coöperatie [13 art. 2:63 BW]
Bescherming bevoordeelde bij rechtshandeling om niet [13 art. 3:45 BW]
Bescherming derde te goeder trouw [13 art. 3:45 BW]
Bescherming derde te goeder trouw [25 art. 51 FW]
Bescherming derden die in vertrouwen hebben gehandeld [13 art. 3:36 BW]
Bescherming latere verkrijgers, aandelen NV [13 art. 2:83 BW]
Bescherming persoonsgegevens [32 art. 39 EU-Verdrag]
Bescherming schuldenaar bij betaling aan onbevoegde [13 art. 6:34 BW]
Bescherming tegen beschikkingsonbevoegdheid, overdracht [13 art. 3:86, 3:88 BW]
Bescherming verkrijgers, registergoed [13 art. 3:24, 3:25 BW]
Beschermingscertificaten, octrooien [28 art. 90 e.v. ROW 1995]
Beschermingsomvang, houder tekeningen of model [29 art. 3.16 BVIE]
Beschermingsomvang, merkhouder [29 art. 2.20 BVIE]
Beschikking, aanvraag tot geven van [5 art. 4:1 e.v.]
Beschikking, definitie [5 art. 1:3, 5:24 Awb]
Beschikking, opheffing, gemeenschap van goederen [13 art. 1:109 t/m 113 BW]
Beschikking, overtreding verbod mededingingsafspraken [31 art. 62 t/m 64 Mw]
Beschikking, schriftelijke of mondelinge zienswijze [5 art. 4:9 Awb]
Beschikking, verlenging beslistermijn [5 art. 4:14 Awb]
Beschikking, weigering gegevensverschaffing bij aanvraag [5 art. 4:3 Awb]
Beschikking en beheer, verlies bij faillietverklaring [25 art. 23 FW]
Beschikkingen, gerechtelijke tenuitvoerlegging [12 art. 430 e.v. Rv]
Beschikkingsonbevoegdheid erfgenamen [13 art. 4:145 BW]
Beschikkingsrecht, aflevering goederen [38 art. 12 t/m 16 CMR]
Beschrijving inbreng op aandelen anders dan in, NV [13 art. 2:94b BW]
Beschrijving inbreng op aandelen anders dan in geld bij oprichting [13 art. 2:204a, 2:204b BW]
Beslag [25 art. 20 FW]
Beslag, aanzegging hypotheekhouder [12 art. 544 Rv]
Beslag, buiten, vallende goederen [12 art. 447 Rv]
Beslag, conservatoir beslag op derden [12 art. 718 e.v. Rv]
Beslag, executoriaal onder derden [12 art. 475 e.v. Rv]
Beslag, executoriaal onroerende zaken [12 art. 502 e.v. Rv]
Beslag, opheffing [13 art. 4:223 BW]
Beslag, verlof president rechtbank [12 art. 700 Rv]
Beslag op goed van derde [12 art. 435 Rv]
Beslag op vordering door derden [12 art. 538 Rv]
Beslag tijdens afkoelingsperiode [25 art. 63c, 241c FW]
Beslaglegging, bevoegdheid [12 art. 435 Rv]
Beslaglegging op goederen voor openbare dienst [12 art. 436 Rv]
Beslaglegging op octrooi [28 art. 68, 69 ROW 1995]

Alfabetisch trefwoordenregister · B

Beslagvrije voet [12 art. 475b t/m 475e Rv]
Beslissende stem, college van B&W [4 art. 59 Gemw]
Beslissing, definitie [36 art. 2 Brussel I-bis]
Beslissing, erkenning van [36 art. 36 t/m 38 Brussel I-bis]
Beslissing, grondslag [12 art. 24 Rv]
Beslissing, kennisgeving en terinzagelegging [4 art. 81 Gemw]
Beslissing, tenuitvoerlegging [36 art. 39 e.v. Brussel I-bis]
Beslissing, uitvoerbaarheid [10 art. 557 Sv]
Beslistermijn [5 art. 4:13 e.v. Awb]
Besloten Vennootschap, algemene vergadering aandeelhouders [13 art. 2:217 e.v. BW]
Besloten vennootschap, bank [13 art. 2:2 BW]
Besloten Vennootschap, bestuur [13 art. 2:239 e.v. BW]
Besloten Vennootschap, hoofdelijke aansprakelijkheid [13 art. 2:180, 2:203 BW]
Besloten Vennootschap, omzetting in NV [13 art. 2:72 BW]
Besloten Vennootschap, oprichting [13 art. 2:175, 2:176 BW]
Besloten Vennootschap, RvC [13 art. 2:250 e.v. BW]
Besloten Vennootschap, vermogen [13 art. 2:203 e.v. BW]
Besloten Vennootschap met beperkte aansprakelijkheid [13 art. 2:175 e.v. BW]
Besloten vergadering, college van B&W [4 art. 54 Gemw]
Besluit, adviseur [5 art. 3:5 e.v. Awb]
Besluit, definitie [5 art. 1:3 Awb]
Besluit, deugdelijke motivering [5 art. 3:46 Awb]
Besluit, fusie [13 art. 2:317 BW]
Besluit, herstellen gebrek [5 art. 8:51a t/m 8:51d Awb]
Besluit, schorsing [5 art. 10:43 Awb]
Besluit, splitsing [13 art. 2:334m BW]
Besluit ondernemer, beroep tegen [23 art. 26 WOR]
Besluit ondernemer, instemming met [23 art. 27 WOR]
Besluit tot indeplaatsstelling [4 art. 124 t/m 124g Gemw]
Besluiten, adviestermijn [5 art. 3:6 Awb]
Besluiten, bekendmaking [5 art. 3:41 e.v. Awb]
Besluiten, belangenafweging [5 art. 3:4 Awb]
Besluiten, betrokkenheid derden [5 art. 3:15 Awb]
Besluiten, coördinatie met rechtsbescherming [5 art. 3:20 e.v. Awb]
Besluiten, goedkeuring [5 art. 10:29 e.v. Awb]
Besluiten, melding bezwaar- of beroepsmogelijkheid [5 art. 3:45 Awb]
Besluiten, naamsbekendheid adviseur [5 art. 3:8 Awb]
Besluiten, samenhangende [5 art. 3:19 e.v. Awb]
Besluiten, toezending aan belanghebbenden [5 art. 3:13 Awb]
Besluiten, uitvoering van organen van de Europese Unie [5 art. 1:7 e.v. Awb]
Besluiten, uniforme voorbereidingsprocedure bij, openbare organen [5 art. 3:10 t/m 3:18 Awb]
Besluiten, vernietiging [5 art. 10:33 e.v. Awb]
Besluiten, zorgvuldige voorbereiding [5 art. 3:2 Awb]
Besluitquorum gemeentebestuur [4 art. 30 Gemw]
Besluitvorming [19 Pr. 2.4 CGC]
Besluitvorming algemene vergadering, fusie [13 art. 2:330 BW]
Besluitvorming buiten vergadering [13 art. 2:128 BW]
Besluitvorming splitsing NV/BV [13 art. 2:334ee BW]
Bestanddeel, definitie [13 art. 3:4 BW]
Beste recht, CT-document [13 art. 8:52 BW]
Beste recht, goederenvervoer over zee [13 art. 8:460 BW]

Besturen, onder toezicht [30 art. 185 WVW]
Bestuur, en toezicht [19 Pr. 2.1, 2.2 CGC]
Bestuur, gemeenschap van goederen [13 art. 1:97 BW]
Bestuur, langetermijnvisie [19 Pr. 1.1.4 CGC]
Bestuur, wetten en bepalingen [1 art. 81 t/m 111 GW]
Bestuur BV [13 art. 2:239 e.v. BW]
Bestuur goederen, bewijs van bestuursbevoegdheid door echtgenoten [13 art. 1:92 BW]
Bestuur goederen, door echtgenoten [13 art. 1:90 BW]
Bestuur NV [13 art. 2:129 e.v. BW]
Bestuur stichting, bevoegdheden [13 art. 2:291, 2:292 BW]
Bestuur vereniging, benoemen [13 art. 2:37 BW]
Bestuur vereniging van eigenaars [13 art. 5:131 BW]
Bestuurders, beloningsbeleid [19 Pr. 3.1, 3.2 CGC]
Bestuurders, publicatie overeenkomst [19 Pr. 3.4.2 CGC]
Bestuurders, verplichtingen bij faillietverklaring [25 art. 117 FW]
Bestuursaansprakelijkheid [13 art. 2:9 BW]
Bestuurdersaansprakelijkheid, bij faillissement [13 art. 2:138, 2:139 BW]
Bestuurlijke boete [5 art. 5:40 e.v. Awb]
Bestuurlijke boete [24 art. 1:80 t/m 1:85 Wft]
Bestuurlijke boete, bevoegdheden gemeenteraad [4 art. 154b t/m 154e, 154k t/m 154n Gemw]
Bestuurlijke boete, overtreding verbod mededingingsafspraken [31 art. 56 e.v., 62 t/m 64 Mw]
Bestuurlijke ophouding, bevoegdheden burgemeester [4 art. 176a Gemw]
Bestuurlijke sanctie [5 art. 5:2 t/m 5:10 Awb]
Bestuursbevoegdheden, provinciale staten [3 art. 143 Provw]
Bestuursbesluit verkrijgende vennootschap, fusie [13 art. 2:331 BW]
Bestuurscommissie, gemeentelijke commissies [4 art. 83 Gemw]
Bestuursdwang, bevoegdheid [4 art. 125 Gemw]
Bestuursdwang, bezwaar en beroep [5 art. 5:31c Awb]
Bestuursdwang, provinciebestuur [3 art. 122 Provw]
Bestuursdwang, verzoek tot [5 art. 5:31a Awb]
Bestuursdwang, zonder last [5 art. 5:31 Awb]
Bestuursinrichting, provincie en gemeente [1 art. 125 GW]
Bestuursorgaan, bekendmaking besluit [5 art. 8:80 Awb]
Bestuursorgaan, beleidsregels [5 art. 4:81 e.v. Awb]
Bestuursorgaan, coördinerend bij besluitvorming [5 art. 3:22 e.v. Awb]
Bestuursorgaan, coördinerend [5 art. 3.22 e.v. Awb]
Bestuursorgaan, definitie [5 art. 1:1 Awb]
Bestuursorgaan, geheimhouding [5 art. 2:5 Awb]
Bestuursorgaan, gemeente [4 art. 5 Gemw]
Bestuursorgaan, onpartijdigheid [5 art. 2:4 Awb]
Bestuursorgaan, toestemming aan subsidieontvanger [5 art. 4:71 Awb]
Bestuursorgaan, zorgvuldige behandeling klachtenbehandeling [5 art. 9:2 Awb]
Bestuursorganen, bijstand in het verkeer met [5 art. 2:1 Awb]
Bestuursorganen, gebruik gegevens [21 art. 30 Hregw]
Bestuursorganen, klachtenbehandeling [5 art. 9:1 e.v. Awb]
Bestuursorganen, toezicht [5 art. 10:25 e.v. Awb]
Bestuursrechtelijke geldschulden [5 art. 4:85 e.v. Awb]
Bestuursrechtelijke zaken, bevoegdheid rechtbank [8 art. 43 Wet RO]
Bestuursrechter, beroep bij [5 art. 7:1, 8:1 e.v. Awb]
Bestuursrechter, definitie [5 art. 1:4 Awb]

Alfabetisch trefwoordenregister B

Bestuursrechter, elektronisch verkeer [5 art. 8:36a e.v. Awb]
Bestuursrechter, rechtstreeks beroep bij [5 art. 7:1a Awb]
Bestuursrechter, uitspraak [5 art. 8:66 e.v. Awb]
Bestuursrechter, voorlopige voorziening en onmiddellijke uitspraak [5 art. 8:81 Awb]
Bestuursstructuur, one-tier [19 Pr. 5.1 CGC]
Bestuurstaak, rechtspersoon [13 art. 2:9 BW]
Bestuursverbod, civielrechtelijk [25 art. 106a t/m 106e FW]
Bestuursverslag [13 art. 2:360 e.v. BW]
Bestuursverslag [19 Pr. 1.4.2, 1.4.3 CGC]
Bestuursverslag, coöperatie [13 art. 2:58 BW]
Bestuursverslag, eisen [13 art. 2:391 BW]
Bestuursverslag, terinzagelegging [13 art. 2:210, 2:212 BW]
Bestuursverslag, vereniging [13 art. 2:48 BW]
Betaalbaarstelling [18 art. 109a, 182 WvK]
Betaaldiensten [24 art. 1:5a Wft]
Betaaldienstgebruik, beëindiging [13 art. 7:518 BW]
Betaalinitiatiedienstverlener, recht op gebruik [13 art. 7:522b BW]
Betaalopdracht, instemming [13 art. 7:522 e.v. BW]
Betaalopdracht, tijdstip van ontvangst [13 art. 7:532 BW]
Betaalopdracht, weigering [13 art. 7:533 BW]
Betaaltermijnen, alimentatie [13 art. 1:402 BW]
Betaling, aan incasso-organisatie [27 art. 15f, 16d, l Aw]
Betaling, bij tussenkomst [18 art. 158 WvK]
Betaling, cheque [18 art. 205 e.v. WvK]
Betaling, door veroordeelde [9 art. 36e Sr]
Betaling, koopovereenkomst roerende zaken [37 art. 54 t/m 59 CISG]
Betaling, loon en voorschotten [25 art. 250 FW]
Betaling, niet tot de boedel behorende vorderingen tot, geldsom [25 art. 310 FW]
Betaling, opschorting van subsidie [5 art. 4:56 Awb]
Betaling, opschorting [13 art. 7:27 BW]
Betaling, opschorting [25 art. 230 FW]
Betaling, subsidie [5 art. 4:52 Awb]
Betaling, verjaring rechtsvordering tot [13 art. 3:308 BW]
Betaling, verjaring rechtsvordering tot [13 art. 7:28 BW]
Betaling, verslag – aan overheden [13 art. 2:392a BW]
Betaling, wisselbrief [18 art. 137 e.v. WvK]
Betalingsregeling, nalatenschap [13 art. 4:5 BW]
Betalingssystemen, regels toegang [24 art. 5:88 Wft]
Betalingstransacties [13 art. 7:514 e.v. BW]
Betalingsverkeer [33 art. 63 t/m 66 VwEU]
Betalingsverplichting, bestuursrechtelijke geldschulden [5 art. 4:85 e.v. Awb]
Betekenen, elektronisch adres [12 art. 475 Rv]
Betekening van exploten [12 art. 46 e.v. Rv]
Betekening van gerechtelijke mededeling [10 art. 585 Sv]
Betreden van plaatsen [11 art. 20 WED]
Betrokkenen bij horen [5 art. 7:5, 7:19 Awb]
Betrokkenheid derden, besluiten (voorbereidingsprocedure) [5 art. 3:15 Awb]
Betwiste vordering, bewijs [25 art. 123 FW]
Betwisting, faillietverklaring [25 art. 122 FW]
Betwisting vordering [25 art. 137b FW]
Betwisting vordering, door gefailleerde [25 art. 126 FW]
Beurs van koophandel [18 art. 59 WvK]

Bevallingsverlof, aanvang recht op uitkering [17 art. 3:8 WAZO]
Bevallingsverlof, overgangsrecht [17 art. 3:31 WAZO]
Bevallingsverlof, recht op [17 art. 3:1, 3:1a WAZO]
Bevel onder zich te houden, beslag [12 art. 475 Rv]
Bevel tot betaling, beslag op onroerende zaken [12 art. 502 Rv]
Bevel tot bewaring [10 art. 63 Sv]
Bevel tot herziening stukken, rechtspleging [13 art. 2:451 BW]
Bevoegden tot indienen verzoek tot herziening stukken, rechtspleging [13 art. 2:448 BW]
Bevoegdheden, beperking toezichthouder naleving wettelijke voorschriften [5 art. 5:14 Awb]
Bevoegdheden, vruchtgebruik [13 art. 3:212 e.v. BW]
Bevoegdheden arbiters, rechtsvordering [13 art. 3:305 BW]
Bevoegdheden bestuur BV [13 art. 2:239 e.v. BW]
Bevoegdheden burgemeester [4 art. 170 t/m 180 Gemw]
Bevoegdheden college van B&W [4 art. 160, 165 t/m 180 Gemw]
Bevoegdheden commissaris van de Koning [3 art. 175 Provw]
Bevoegdheden EU [33 art. 2 t/m 6 VwEU]
Bevoegdheden gemeentebestuur [4 art. 108 t/m 125 Gemw]
Bevoegdheden gemeenteraad [4 art. 147 Gemw]
Bevoegdheden GS [3 art. 158 Provw]
Bevoegdheden met toestemming, bewindvoerder [13 art. 4:169 BW]
Bevoegdheden opsporingsambtenaren [27 art. 36a Aw]
Bevoegdheden rechthebbende, bewindvoerder [13 art. 4:166 BW]
Bevoegdheden rekenkamer [4 art. 182 t/m 185 Gemw]
Bevoegdheden toekennen, provincie en gemeente [1 art. 128 GW]
Bevoegdheden van personen met onderzoek belast, enquêterecht [13 art. 2:351 BW]
Bevoegdheden vereffenaar, ontbinding rechtspersoon [13 art. 2:23a BW]
Bevoegdheden volkenrechtelijke organisaties, bestuur [1 art. 92 GW]
Bevoegdheid, beraadslaging en uitspraak [10 art. 348 Sv]
Bevoegdheid, ontzegging [24 art. 1:87 Wft]
Bevoegdheid curator/vereffenaar, aandelen NV [13 art. 2:84 BW]
Bevoegdheid executeur, beëindiging [13 art. 4:150 BW]
Bevoegdheid hulpofficier [10 art. 97 Sv]
Bevoegdheid in trust-akte [36 art. 25 Brussel I-bis]
Bevoegdheid indiening verzoek, enquêterecht [13 art. 2:346 BW]
Bevoegdheid rechter, relatieve [12 art. 99 e.v. Rv]
Bevoegdheid schuldeisers [25 art. 212w FW]
Bevoegdheid schuldenaar tot verrichten rechtshandelingen [25 art. 297 FW]
Bevoegdheid tot aangifte [10 art. 161 Sv]
Bevoegdheid tot beslaglegging [12 art. 435 Rv]
Bevoegdheid tot gebruik, gemeenschap van goederen [13 art. 3:169 BW]
Bevoegdheid tot parate executie, hypotheekrecht [13 art. 3:268 BW]
Bevoegdheid tot parate Executie, pandrecht [13 art. 3:248 BW]
Bevoegdheid tot uitoefening zelfstandig beroep of bedrijf voort te zetten [25 art. 311 FW]
artikelnummer ontbreekt
Bevoegdheid tot verlenen ondervolmacht, volmacht [13 art. 3:64 BW]
Bevoegdheid tot vervreemding [25 art. 101 FW]
Bevoegdheidsregel, algemene (koopovereenkomst roerende zaken) [37 art. 28 CISG]
Bevoegdheidsregeling bestuursrechtspraak [5 bijlage 2 Awb]
Bevoordelingsverbod, overheidsbedrijven - [31 art. 25j Mw]
Bevoorrechte vordering [13 art. 3:283 e.v. BW]

Alfabetisch trefwoordenregister   B

Bevoorrechte vordering [25 art. 137b FW]
Bevoorrechte vordering, alle goederen [13 art. 3:288 e.v. BW]
Bevrachter/vervrachter binnenwateren, verplichtingen [13 art. 8:909 BW]
Bevrijdende betaling [18 art. 164 WvK]
Bewaarneming [13 art. 7:600 e.v. BW]
Bewaarplicht gegevens, ontbinding rechtspersoon [13 art. 2:24 BW]
Bewaarplicht jaarrekening/verslag [13 art. 2:394 BW]
Bewaring geven, vergoeding voor in- (bij koopovereenkomst) [37 art. 87 CISG]
Bewaring van boedel door bewindvoerder [25 art. 323 FW]
Bewaring van boedel [25 art. 92 FW]
Beweerd recht op registergoed [13 art. 3:27 BW]
Bewezenverklaring, beraadslaging en uitspraak [10 art. 350 Sv]
Bewijs [10 art. 338 Sv]
Bewijs [12 art. 149 e.v. Rv]
Bewijs betwiste vordering [25 art. 123 FW]
Bewijs van huwelijk [13 art. 1:78 t/m 80 BW]
Bewijskracht, afschriften/uittreksels akte burgerlijke stand [13 art. 1:22a BW]
Bewijskracht, borgtocht natuurlijk persoon [13 art. 7:859 BW]
Bewijskracht, CT-document [13 art. 8:48 BW]
Bewijskracht, gelijke behandeling [13 art. 7:646 BW]
Bewijskracht, scheepsdagboek/verklaring [18 art. 356 WvK]
Bewijskracht, voorlopig getuigenverhoor [12 art. 192 Rv]
Bewijslast, bewijsrecht [12 art. 150 Rv]
Bewijslastomkering, reclame [13 art. 6:195 BW]
Bewijsmiddelen, bewijsrecht [12 art. 152 Rv]
Bewijsmiddelen, wettige [10 art. 339 Sv]
Bewijsovereenkomst, bewijsrecht [12 art. 153 Rv]
Bewijsvermoeden bij weghalen zaken, goederenvervoer over zee [13 art. 8:492 BW]
Bewijsvermoeden bijzondere risico's, goederenvervoer over de weg [13 art. 8:1100 BW]
Bewijsvermoeden bijzondere risico's, verhuisovereenkomst [13 art. 8:1177 BW]
Bewijsvermoedens overmacht, goederenvervoer over binnenwateren [13 art. 8:899 BW]
Bewijsvoorschrift, arbitrage [12 art. 1021 Rv]
Bewind, einde [13 art. 4:177-181 BW]
Bewind, gevolgen [13 art. 4:166 e.v. BW]
Bewind, kosten en rekening van voogdij [13 art. 1:358 t/m 361 BW]
Bewind, schadevergoeding bij slecht bewind voogdij [13 art. 1:362 BW]
Bewind, voogdij [13 art. 1:337 e.v. BW]
Bewind, voorwaarden opzegging [13 art. 4:181 BW]
Bewindstelling, mindering op legitieme portie [13 art. 4:75 BW]
Bewindvoerder [13 art. 4:159 e.v. BW]
Bewindvoerder [25 art. 316 e.v. FW]
Bewindvoerder, aanwijzing van bij verdelen goederen (bij voogdij) [13 art. 1:369 BW]
Bewindvoerder, beheer vermogen [13 art. 1:441 BW]
Bewindvoerder, benoeming [13 art. 2:22 BW]
Bewindvoerder, onderbewindstelling meerderjarige [13 art. 1:435 e.v. BW]
Bewindvoerder, ontslag of toevoeging [25 art. 224 FW]
Bewindvoerder, rapportageplicht [13 art. 1:446a BW]
Bewindvoerder, voor afwezige [13 art. 1:409 t/m 411 BW]
Bewindvoerder, voor vermiste [13 art. 1:420 BW]
Bewindvoerder/mentor, verhouding [13 art. 1:458 BW]
Bewindvoerders betekening rechtbank [12 art. 52 Rv]
Bewindvoerders, meerdere [25 art. 224 FW]

Bewindvoering, na beëindiging ouderlijk gezag [13 art. 1:276 BW]
Bewindvoering, ouders [13 art. 1:253i e.v. BW]
Bewoonbaarheid, Grondrecht [1 art. 21 GW]
Bezichtiging, bewijsrecht [12 art. 201 Rv]
Bezichtiging, voorlopige (bewijsrecht) [12 art. 205 Rv]
Bezit [13 art. 3:107 e.v. BW]
Bezitloos pandrecht, vestiging [13 art. 3:237 BW]
Bezitter niet te goeder trouw [13 art. 3:121 BW]
Bezitter te goeder trouw [13 art. 3:118, 3:120 BW]
Bezitter vermoedelijke rechthebbende [13 art. 3:119 BW]
Bezoldiging bestuurders BV [13 art. 2:245 BW]
Bezoldiging bestuurders van NV [13 art. 2:135 BW]
Bezoldiging bestuurders/commissarissen [13 art. 2:383 BW]
Bezoldiging burgemeester [4 art. 66 Gemw]
Bezoldiging NV [13 art. 2:135 BW]
Bezoldiging RvC BV [13 art. 2:255 BW]
Bezoldiging van RvC NV [13 art. 2:145 BW]
Bezoldiging wethouders [4 art. 44 Gemw]
Bezwaar, adviescommissie [5 art. 7:13 Awb]
Bezwaar, bij coördinerend bestuursorgaan [5 art. 3:28 Awb]
Bezwaar, definitie [5 art. 1:5 Awb]
Bezwaar, kosten hoor en wederhoor [5 art. 7:15, 7:28 Awb]
Bezwaar en administratief beroep, samenhangende besluiten [5 art. 3:28 Awb]
Bezwaar en beroep, tegen handelingen van bestuursorganen [5 art. 6:1 e.v. Awb]
Bezwaar- of beroepsmogelijkheid, melding [5 art. 3:45 Awb]
Bezwaarschrift, behandeling [25 art. 185 FW]
Bezwaarschrift, beroep bij bestuursrechter [5 art. 7:1a Awb]
Bezwaarschrift, bezwaar of beroep [5 art. 6:4 e.v. Awb]
Biedingsbericht, goedkeuring van [24 art. 5:76 Wft]
Bijeenroepen algemene vergadering, vereniging [13 art. 2:41 BW]
Bijeenroepen algemene vergadering BV [13 art. 2:219 e.v. BW]
Bijkomende straffen, economische delicten [11 art. 7 WED]
Bijrekening rente [25 art. 260 FW]
Bijstand bij verhandelen, overeenkomst betreffende [13 art. 7:50h BW]
Bijstand/vertegenwoordiging, weigering door bestuursrechter [5 art. 8:25 Awb]
Bijstandsverhaal, echtscheiding [13 art. 1:159a BW]
Bijzonder huis, huwelijksvoltrekking [13 art. 1:64 BW]
Bijzonder recht jegens splitsende rechtspersoon [13 art. 2:334p BW]
Bijzondere curator, afstamming [13 art. 1:212 BW]
Bijzondere curator, ouderschapsgezag [13 art. 1:250 BW]
Bijzondere gemeenschap, gemeenschap van goederen [13 art. 3:189 e.v. BW]
Bijzondere gemeenschap [13 art. 3:191e.v. BW]
Bijzondere maatschap, definitie [13 art. 7A:1660 BW]
Bijzondere overeenkomsten [13 art. 7:1 e.v. BW]
Bijzondere situaties, rechtsmacht Nederlandse rechter [12 art. 9 Rv]
Bijzondere vergoeding, hulpverlening aan schip [13 art. 8:564, 8:573 BW]
Bindende usance, koopovereenkomst roerende zaken [37 art. 9 CISG]
Binnenland, rogatoire commissie getuigen [12 art. 174, 175 Rv]
Binnenlands openbaar personenvervoer [13 art. 8:100 e.v. BW]
Binnenschepen, aansprakelijkheid gevaarlijke stoffen aan boord [13 art. 8:1030 e.v. BW]
Binnenschip, bemanning [13 art. 8:860-861 BW]
Binnenschip, beperking aansprakelijkheid [13 art. 8:1060 e.v. BW]

Alfabetisch trefwoordenregister   B

Binnenschip, definitie [13 art. 8:3 BW]
Binnenschip, hulpverlening bij ongeval [13 art. 8:1010 BW]
Binnenschip, rederij [13 art. 8:770 BW]
Binnenschip, voorrecht [13 art. 8:820 e.v. BW]
Binnentreden bij bestuursdwang [5 art. 5:27 Awb]
Binnentreden opsporingsambtenaren [27 art. 36b Aw]
Binnentreden toezichthouder, wettelijke voorschriften [5 art. 5:15, 5:27 Awb]
Binnentreden woning, bevoegdheden gemeenteraad [4 art. 149a Gemw]
Binnentredingsbepalingen, overgangs- en slotbepalingen [4 art. 308 Gemw]
Binnenvaartrecht [13 art. 8:770 e.v. BW]
Binnenwater, definitie [13 art. 8:4 BW]
Binnenwateren, goederenvervoer over [13 art. 8:889 e.v. BW]
Biologisch materiaal, rechten en verplichtingen octrooihouder [28 art. 53a t/m 53c ROW 1995]
Blanco endossement [18 art. 113, 194 WvK]
Bloed- en aanverwantschap, personen- en familierecht [13 art. 1:3 BW]
Blokkering, betalingstransacties [13 art. 7:523 BW]
Bodembeweging, aansprakelijkheid [13 art. 6:177 BW]
Boedel, bestuur over [25 art. 314 e.v. FW]
Boedel, bewaren van [25 art. 92 FW]
Boedel, bewaring door bewindvoerder [25 art. 323 FW]
Boedel, onderzoek deskundigen naar staat [25 art. 291 FW]
Boedel, schuldsaneringsregeling [25 art. 295 FW]
Boedel, tegeldemaking [25 art. 137c FW]
Boedel, vereffening van [25 art. 347 e.v. FW]
Boedelbeschrijving, bewind voogdij [13 art. 1:338 t/m 341 BW]
Boedelbeschrijving, bewindvoerder [13 art. 4:160 BW]
Boedelbeschrijving, bijzondere gemeenschap [13 art. 3:194 BW]
Boedelbeschrijving, nalatenschap [13 art. 4:16 BW]
Boedelbeschrijving, verplicht ingeval van huwelijk (door voogdij) [13 art. 1:355 BW]
Boedelbeschrijving, vruchtgebruik [13 art. 3:205 BW]
Boedelbeschrijving [25 art. 94, 324, 325 FW]
Boedelbeschrijving, ontheffing terinzagelegging [13 art. 4:211 BW]
Boedelnotaris, taak [13 art. 4:146 BW]
Boedelschulden, omslag [25 art. 213kk FW]
Boedelschulden [25 art. 238, 239, 213m FW]
Boedelvereffening [25 art. 173 e.v. FW]
Boedelverzegeling [25 art. 7, 93 FW]
Boeken, openlegging [12 art. 162 Rv]
Boekhouder, rederij [13 art. 8:163 BW]
Boekhouding, rechtspersoon [13 art. 2:10 BW]
Boekjaar, rechtspersoon [13 art. 2:10a BW]
Boete, overtreding verbod mededingingsafspraken [31 art. 56 e.v., 62 t/m 64 Mw]
Boetebeding, niet nakomen verbintenis [13 art. 6:91 e.v. BW]
Boete-oplegging [24 art. 1:80 t/m 1:85 Wft]
Bonus, vennootschap [13 art. 2:135 BW]
Borgtocht [13 art. 7:850 e.v. BW]
Borgtocht [18 art. 202 WvK]
Borgtocht, natuurlijk persoon [13 art. 7:857 BW]
Borgtocht, schuldoverneming [13 art. 6:157 BW]
Briefgeheim, Grondrecht [1 art. 13 GW]
Bruikleen [13 art. 7A:1777 e.v. BW]

1785

Buiten beslag vallende goederen [12 art. 447 Rv]
Buiten Nederland voltrokken huwelijk, rechtsgeldigheid [13 art. 10:31 t/m 34 BW]
Buiten Rijk gepleegd economisch delict [11 art. 3 WED]
Buiten toepassing, heffingen gemeentelijke belastingen [4 art. 235, 254 Gemw]
Buiten verzegeling vallende goederen [25 art. 93 FW]
Buitengewone werken, verhoging pachtprijs [13 art. 7:331, 7:332 BW]
Buitenland, rogatoire commissie getuigen [12 art. 176 Rv]
Buitenlands beleid, EU [32 art. 21 e.v. EU-Verdrag]
Buitenlands veiligheidsbeleid [32 art. 23 e.v. EU-Verdrag]
Buitenlandse adoptie, erkenning [13 art. 10:107 t/m 111 BW]
Buitenlandse akte, Haagse registers [13 art. 1:25, 1:25a t/m 25g BW]
Buitenlandse akte, verklaring voor recht [13 art. 1:26, 1:26a t/m 26e BW]
Buitenlandse rechtspersonen, op te nemen gegevens [22 art. 24 t/m 27 Hrb 2008]
Bunkerolie, aansprakelijkheid voor schade door [13 art. 8:639 e.v. BW]
Burgemeester, bevoegdheden [4 art. 170 t/m 180 Gemw]
Burgemeester, gemeentebestuur [4 art. 61 t/m 81 Gemw]
Burgerjaarverslag, commissaris van de Koning [3 art. 175 Provw]
Burgerlijk recht, werkingssfeer [6 art. 9 Wet AB]
Burgerlijke integriteit, bevoegdheden burgemeester [4 art. 170 Gemw]
Burgerlijke stand [13 art. 1:16 e.v. BW]
Burgerlijke stand, ambtenaar [13 art. 1:16 BW]
Burgerlijke stand, echtscheiding [13 art. 1:163 BW]
Burgerlijke stand, inschrijving ontbinding huwelijk [13 art. 1:183 BW]
Burgerlijke stand, registers [13 art. 1:17, 1:17a t/m 17c BW]
Burgerlijke vrucht, definitie [13 art. 3:9 BW]
Burgerlijke zaken, bevoegdheden gerechtshof [8 art. 60 Wet RO]
Burgerlijke zaken, bevoegdheden rechtbank [8 art. 42 Wet RO]
Burgerlijke zaken, justitiële samenwerking [33 art. 81 VwEU]
Burgers, bijstand in het verkeer met bestuursorganen [5 art. 2:1 Awb]
Burgers, diplomatieke bescherming [33 art. 23 VwEU]
Burgers, rechten [33 art. 24 VwEU]
Burgerschap [33 art. 20 VwEU]

C

Calamiteitenverlof [17 art. 4:1 WAZO]
Camera's, bevoegdheden gemeenteraad [4 art. 151c Gemw]
CAO [14 art. 1 e.v. Wet CAO]
CAO, gedetacheerden [15 art. 10a AVV]
CAO, gelijkstelling met regeling bestuursorgaan [17 art. 1:4 WAZO]
CAO, verplicht instellen OR [23 art. 5a WOR]
Caribische openbare lichamen [1 art. 132a GW]
Cassatie [1 art. 118 GW]
Cassatie, beperking onderzoek Hoge Raad [12 art. 419 Rv]
Cassatie, faillietverklaring in hoger beroep of [25 art. 15a FW]
Cassatie, Hoge Raad [8 art. 78 e.v. Wet RO]
Cassatie, mogelijkheid instellen van [12 art. 398 Rv]
Centraal faillissementsregister [25 art. 19a FW]
Centraal register schuldsaneringsregelingen [25 art. 294a FW]
Centraal surseanceregister [25 art. 222b FW]
Centrale Bank [33 art. 282 t/m 284 VwEU]
Centrale ondernemingsraad [23 art. 33 e.v. WOR]
Certificaat, tenuitvoerlegging beslissing [36 art. 53 Brussel I-bis]

Alfabetisch trefwoordenregister С

Certificaathouders, pandrecht [13 art. 3:259 e.v. BW]
Certificaten aan toonder, verbod uitgifte [13 art. 2:92b BW]
Certificering van aandelen [19 Pr. 4.4 CGC]
Cessie, verbintenis uit overeenkomst [34 art. 14 Rome I]
Cheque [18 art. 178 e.v. WvK]
Citeren, rechtmatig [27 art. 15a Aw]
Civiele aansprakelijkheid [30 art. 185 WVW]
Civiele bescherming [33 art. 196 VwEU]
Civiele rechtspraak [1 art. 112 GW]
Civiele verdediging, bestuur [1 art. 99a GW]
Civielrechtelijk bestuursverbod [25 art. 106a t/m 206e FW]
Clausule zonder protest [18 art. 145, 220 WvK]
CMR-verdrag (vertaling) [34 art. 1 e.v. CMR]
Code Corporate Governance [19 Pr. 1.1 e.v. CGC]
Codificatie, bestuur [1 art. 107 GW]
Cognossement, CT-document als [13 art. 8:46 BW]
Cognossement, goederenvervoer over binnenwateren [13 art. 8:916 e.v. BW]
Cognossement, goederenvervoer over zee [13 art. 8:413 e.v. BW]
Cognossement, vervoerovereenkomst onder [13 art. 8:377 BW]
Cognossement voor ontvangen en aangenomen vracht, goederenvervoer over zee [13 art. 8:399 BW]
Cognossementhouder goederenvervoer over binnenwateren [13 art. 8:938 BW]
Cognossementhouder goederenvervoer over zee, bijzondere bevoegdheden [13 art. 8:441 BW]
Collectief ontslag [16 art. 1 e.v. WMCO]
Collectieve actie, niet-contractuele verbintenissen [35 art. 9 Rome II]
Collectieve Arbeidsovereenkomst [14 art. 1 e.v. Wet CAO]
Collectieve merken [29 art. 2.34bis t/m 2.34nonies BVIE]
College van B&W, bevoegdheden [4 art. 160, 165 t/m 180 Gemw]
College van B&W, gemeentebestuur [4 art. 34 Gemw]
College van B&W, verhouding tot provincie en Rijk [4 art. 114 Gemw]
College van procureurs-generaals, horen van [8 art. 128 Wet RO]
College van procureurs-generaals, informatieplicht aan OM [8 art. 129 Wet RO]
College van toezichthouders [24 art. 1:54b, 1:54c Wft]
Comité van Ministers, bevoegdheden [29 art. 1.7 BVIE]
Commanditaire Vennootschap, op te nemen gegevens [22 art. 17 t/m 20 Hrb 2008]
Commanditaire Vennootschap [18 art. 19 WvK]
Commerciële communicatie, elektronisch rechtsverkeer [13 art. 3:15e BW]
Commissaris van de Koning, benoeming/herbenoeming/ontslag/schorsing [3 art. 61 t/m 62 Provw]
Commissaris van de Koning, bevoegdheid [3 art. 175 Provw]
Commissie, Europese [33 art. 244 t/m 250 VwEU]
Commissie faillietverklaring [25 art. 74 e.v. FW]
Commissie (niet-)economische delicten [11 art. 38 e.v., 52 WED]
Competentie rechtbank [5 art. 8:7 Awb]
Compilatiewerk [27 art. 16 Aw]
Compromis, arbitrage [12 art. 1024 Rv]
Computergegevens, wissen, wijzigen etc. [9 art. 350a Sr]
Computerprogramma, auteursrecht [27 art. 10, 45h t/m 45n Aw]
Concentratie, vergunningsplicht [31 art. 41 e.v. Mw]
Concentraties, mededinging [31 art. 26 e.v. Mw]
Concentratietoezicht, overtredingen [31 art. 71 t/m 75 Mw]

Concentratietoezicht, toepassingsbereik [31 art. 29 e.v. Mw]
Conclusie vooronderzoek [5 art. 8:12a Awb]
Concurrente vorderingen [25 art. 37a FW]
Concurrentie, oneerlijke (niet-contractuele verbintenissen) [35 art. 6 Rome II]
Concurrentiebeding, arbeidsovereenkomst [13 art. 7:653 BW]
Conservatoir beslag, op derden [12 art. 718 e.v. Rv]
Conservatoir beslag, op onroerende zaken [12 art. 725 Rv]
Conservatoir beslag, verlof president rechtbank [12 art. 700 Rv]
Consignatie wisselbedrag [18 art. 141 WvK]
Consignatiekas, storting in [25 art. 192 FW]
Consolidatieverplichting, vrijstelling [13 art. 2:407 BW]
Consumentenbescherming [33 art. 169 VwEU]
Consumentenkoop [13 art. 7:5-7 BW]
Consumentenkoop, garantie [13 art. 7:6a BW]
Consumentenkoop, verjaring rechtsvordering tot betaling [13 art. 7:28 BW]
Consumentenkredietovereenkomst [13 art. 7:57 e.v. BW]
Consumentenkredietovereenkomst, beëindigen [13 art. 7:65 BW]
Consumentenkredietovereenkomst, vervroegde aflossing [13 art. 7:68 BW]
Consumentenovereenkomst, verordening Rome I [34 art. 6 Rome I]
Consumentenzaken, bevoegdheden [36 art. 17 t/m 19 Brussel I-bis]
Contactambtenaren, economische delicten [11 art. 58 WED]
Containers, aansprakelijkheid gevaarlijke stoffen [13 art. 8:1212 BW]
Contractoverneming [13 art. 6:159 BW]
Contractuele subrogatie, verbintenis uit overeenkomst [34 art. 14 Rome I]
Controle, gemeentelijke financiën [4 art. 213 Gemw]
Controle door OM, stichting [13 art. 2:297 BW]
Controlevoorschriften UWV [17 art. 3:28 WAZO]
Convalescentie, rechtshandeling [13 art. 3:58 BW]
Coöperatie, bank [13 art. 2:53a BW]
Coöperatie, op te nemen gegevens [22 art. 28, 29 Hrb 2008]
Coöperaties en onderlinge waarborgmaatschappijen [13 art. 2:53 e.v. BW]
Coördinerend bestuursorgaan, bij besluitvorming [5 art. 3:22 e.v. Awb]
Coördinerend bestuursorgaan [5 art. 3.22 e.v. Awb]
Coördinerende taak, veiligheidsbeleid [32 art. 34 EU-Verdrag]
Corporate Governance, Code [19 Pr. 1.1 e.v. CGC]
Corporaties, internationaal privaatrecht [13 art. 10:117 e.v. BW]
CT-document [13 art. 8:44 e.v. BW]
Cultuur [33 art. 167 VwEU]
Cultuur, lange termijn waardencreatie [19 Pr. 2.5 CGC]
Cultuurgoed, overdracht [13 art. 3:87a BW]
Cultuurgoederen, verjaringstermijn opeising [13 art. 3:310c BW]
Curaçao, bijzondere bepalingen voor octrooien [28 art. 100 ROW 1995]
Curatele [22 art. 38 Hrb 2008]
Curatele, meerderjarige [13 art. 1:378 e.v. BW]
Curatele, omzetting tot mentorschap [13 art. 1:451 BW]
Curator, benoeming door toezichthouders [24 art. 1:76 Wft]
Curator, betekening rechtbank [12 art. 52 Rv]
Curator, bevoegdheid tot inroepen vernietigbaarheid rechtshandeling [25 art. 359 FW]
Curator, bevoegdheid [25 art. 60, 68 e.v. FW]
Curator, kennisgeving door [25 art. 173a FW]
Curator, ondercuratelestelling meerderjarigen [13 art. 1:383 e.v. BW]
Curator, taken [25 art. 68 e.v. FW]

Alfabetisch trefwoordenregister D

Curator, toegang [25 art. 93a FW]
Curator, toestemming huwelijk onder curatele gestelde [13 art. 1:37 BW]
Curator, voordracht DNB [25 art. 212hh FW]
Curator/vereffenaar, bevoegdheden aandelen [13 art. 2:84, 2:193 BW]

D

Dagboek, op schepen [18 art. 348 e.v. WvK]
Dagloon, vaststelling [17 art. 3:13 WAZO]
Dagvaarding [10 art. 258 Sv]
Dagvaarding, economische delicten [11 art. 47 WED]
Dagvaarding, gegevens [12 art. 111 Rv]
Dagvaarding, geldigheid [10 art. 348 Sv]
Dagvaarding, verstekverlening [12 art. 139 Rv]
Dagvaardingstermijn [10 art. 265 Sv]
De Nederlandsche Bank, informatieverstrekking door [24 art. 1:64a, 1:64b Wft]
De Nederlandsche Bank, prudentieel toezicht [24 art. 1:24 Wft]
Decentralisatie, verhouding gemeente tot provincie en Rijk [4 art. 117 Gemw]
Decharge, gemeentelijke financiën [4 art. 199 Gemw]
Deelgenoot in aandeel, aannemen [13 art. 7A:1678 BW]
Deelneming aan aanval of vechterij [9 art. 306 Sr]
Deelneming vennootschap, rechtspersoon [13 art. 2:24c BW]
Deelnemingen, toelichting jaarrekening [13 art. 2:379 BW]
Defensiebeleid, gezamenlijk [32 art. 42 t/m 46 EU-Verdrag]
Delegatie [5 art. 10:13 e.v. Awb]
Delegatie bevoegdheden, bevoegdheden college van B&W [4 art. 165 Gemw]
Delegatie bevoegdheden, bevoegdheden gemeenteraad [4 art. 156 Gemw]
Delegatie commissie, bevoegdheden burgemeester [4 art. 178 Gemw]
Delging tekort, aandelen [13 art. 2:215 BW]
Delging tekort, aandelen BV [13 art. 2:215 BW]
Democratische beginselen [32 art. 9 e.v. EU-Verdrag]
Deponering, elektronisch [21 art. 19a Hregw]
Depot, tekeningen of modellen [29 art. 3.7. 3.9 t/m 14 BVIE]
Derde, beslag op goed van [12 art. 435 Rv]
Derde, tekortkomingen door (koopovereenkomst roerende zaken) [37 art. 79 CISG]
Derde belanghebbende, bij beschikkingsaanvaag [5 art. 4:8 Awb]
Derde beslagene, afschrift exploit [12 art. 475 Rv]
Derde landen, samenwerking [33 art. 208 t/m 222 VwEU]
Derden, betrokkenheid bij besluiten [5 art. 3:15 Awb]
Derden, conservatoir beslag op [12 art. 718 e.v. Rv]
Derden, koopovereenkomst roerende zaken [37 art. 43 CISG]
Derden, merkrecht [29 art. 2.33 BVIE]
Derden, opvordering beslag onroerende zaken [12 art. 538 Rv]
Derden, rechten op tekeningen of modellen [29 art. 3.27 BVIE]
Derdenbeding, rechtsgevolgen overeenkomst [13 art. 6:253 e.v. BW]
Derdenwerking, Handelsregister [21 art. 25 Hregw]
Derving reisgenot [13 art. 7:510, 7:511 BW]
Descente, vooronderzoek beroep [5 art. 8:50 Awb]
Deskundigen, benoeming bij geschil [13 art. 2:339 BW]
Deskundigen, bevoegdheden gemeenteraad [4 art. 155c, 155d Gemw]
Deskundigen, gerechtelijk vooronderzoek [10 art. 227 Sv]
Deskundigen, gevorderde diensten verplicht [10 art. 227 Sv]
Deskundigen, ondernemingsraad [23 art. 16 WOR]

1789

Deskundigen, verhoor [12 art. 194 e.v., 202 e.v. Rv]
Deskundigen, verplichtingen bij rechtszitting [5 art. 8:34 Awb]
Deskundigen, verzoekschrift aan ombudsman [5 art. 9:32 Awb]
Deskundigen, voorlopig bericht of verhoor [12 art. 202 e.v. Rv]
Deskundigen, vooronderzoek beroep [5 art. 8:47 Awb]
Deskundigen, zitting [5 art. 8:60, 8:63 Awb]
Deskundigenonderzoek [13 art. 2:393, 2:393 lid 2, 2:393 lid 6 BW]
Detentie, levenslang of tijdelijk [9 art. 10 Sr]
Détournement de pouvoir, zorgvuldige voorbereiding besluiten [5 art. 3:3 Awb]
Deugdelijke motivering, besluit [5 art. 3:46 Awb]
Deuren, gedwongen ontruiming onroerende zaken [12 art. 557 Rv]
Deurwaarder, executoriaal beslag [12 art. 475 Rv]
Deurwaarder, machtiging [12 art. 434 Rv]
Diefstal [9 art. 310 Sr]
Diensten, vrij verkeer [33 art. 56 t/m 62 VwEU]
Dienstenrichtlijn, dienstverrichters [13 art. 6:230a t/m 230f BW]
Dienstplicht, bestuur [1 art. 98 GW]
Dienstregeling, vervoer volgens [13 art. 8:515 BW]
Dienstverrichters, dienstenrichtlijn [13 art. 6:230a t/m 230f BW]
Dieren, aansprakelijkheid motorrijtuig [30 art. 185 WVW]
Dieren, aansprakelijkheid [13 art. 6:179 BW]
Dieren, verlies eigendom [13 art. 5:19 BW]
Dieren, vermogensrecht [13 art. 3:2a BW]
Digitaal procederen [5 art. 8:36a e.v. Awb]
Digitale bereikbaarheid [5 art. 8:36c, lid 4 Awb]
Directeur-Generaal [29 art. 1.10. 1.11 BVIE]
Discriminatie, rol ondernemingsraad [23 art. 28 WOR]
Discriminatie, tegengaan [33 art. 18, 19 VwEU]
Discriminatieverbod, Grondrecht [1 art. 1 GW]
Diversiteitsbeleid [19 Pr. 2.1.5, 2.1.6 CGC]
Dochtermaatschappij, fusie [13 art. 2:333 BW]
Dochtermaatschappij, rechtspersoon [13 art. 2:24a BW]
Dochtermaatschappij, toelichting jaarrekening [13 art. 2:383c BW]
Dood door schuld [9 art. 307 Sr]
Dood van de verdachte [9 art. 69 Sr]
Dood/ondercuratelestelling volmachtgever [13 art. 3:73 BW]
Doodslag [9 art. 287 Sr]
Doodslag met strafverzwaring [9 art. 288 Sr]
Doodslag met terroristisch oogmerk [9 art. 288a Sr]
Doodstraf [1 art. 114 GW]
Doorhalen, van tekeningen of modellen [29 art. 3.21. 3.24 BVIE]
Doorhaling inschrijving, waardeloos beslag [12 art. 513a Rv]
Doorhaling van merken [29 art. 2.25 BVIE]
Doorverkoop, bevoegdheid tot bij koopovereenkomst [37 art. 88 CISG]
Doorzending, aansprakelijkheid [13 art. 8:1576 BW]
Doorzending (verplichte), bezwaar- of beroepschrift [5 art. 6:15 Awb]
Doorzoeken woning, mededingingsonderzoek [31 art. 50 t/m 53 Mw]
Doorzoeking, door officier van justitie [10 art. 97 Sv]
Douane [33 art. 30 t/m 33 VwEU]
Douanerechten, geassocieerde landen [33 art. 200, 201 VwEU]
Dreigende instorting, naburig erf [13 art. 5:55 BW]

Driehoekssplitsing, splitsing NV/BV [13 art. 2:334ii BW]
Dringende reden, onverwijlde opzegging [13 art. 7:677-679 BW]
Dringende spoed, uitgaven gemeente [4 art. 209 Gemw]
Dronkenschap, openbare [9 art. 453 Sr]
Dubbel beroep, bevoegde rechtbank [5 art. 8:8 Awb]
Duin, eigendom [13 art. 5:35 BW]
Duplicaat, aandelen NV [13 art. 2:86d BW]
Dupliek, vooronderzoek beroep [5 art. 8:43 Awb]
Duur, rechtspersoon [13 art. 2:17 BW]
Duurzame ontwrichting huwelijk, echtscheiding [13 art. 1:154 BW]
Dwaling, gemeenschap van goederen [13 art. 3:196 BW]
Dwaling, nietigverklaring huwelijk [13 art. 1:71 BW]
Dwaling, vernietigbaarheid overeenkomst [13 art. 6:228 BW]
Dwang, ambtsdwang [9 art. 179 Sr]
Dwang, lijfsdwang in zaken levensonderhoud [25 art. 33 FW]
Dwang, lijfsdwang [9 art. 36e Sr]
Dwangbevel, geldschulden [5 art. 4:114 e.v. Awb]
Dwangbevel, vergoeding [21 art. 50a Hregw]
Dwangsom, bij niet tijdig beslissen [5 art. 4:17 t/m 4:19 Awb]
Dwangsom, door toezichthouder [24 art. 1:79 Wft]
Dwangsom, opleggen van [12 art. 611a t/m 611i Rv]
Dwangsom, tenuitvoerlegging beslissing [36 art. 55 Brussel I-bis]
Dwangsom, zie ook Last onder -
Dwingend bewijs, bewijsrecht [12 art. 151 Rv]
Dwingend recht [13 art. 2:25 BW]
Dwingend recht, pachtovereenkomst [13 art. 7:399 BW]
Dwingend recht, verordening Rome I [34 art. 9 Rome I]

E

Echtgenoot, erfopvolging bij versterf [13 art. 4:13 BW]
Echtgenoot gefailleerde, rechten [25 art. 61 FW]
Echtgenoten, gezamenlijke afstand van gemeenschap van goederen [13 art. 1:108 BW]
Echtgenoten, informatieplicht [13 art. 1:83 BW]
Echtgenoten, persoonlijke rechtsbetrekkingen tussen [13 art. 10:35 t/m 41BW]
Echtgenoten, rechten en verplichtingen [13 art. 1:81 e.v. BW]
Echtgenoten, vermogen [13 art. 1:87 BW]
Echtgenoten, verrekenbeding [13 art. 1:132 t/m 140]
Echtheid akte, bewijs [12 art. 159 Rv]
Echtscheiding [13 art. 1:150 e.v. BW]
Echtscheiding, gemeenschap van goederen [13 art. 1:102 BW]
Echtscheidingsgronden [13 art. 1:151 BW]
Economisch beleid [33 art. 119, 120 t/m 126 VwEU]
Economisch en sociaal comité [33 art. 301 t/m 304 VwEU]
Economische delicten, definities [11 art. 1, 1a WED]
Economische delicten, opzettelijk handelen in strijd met sancties en maatregelen [11 art. 33 e.v. WED]
Economische delicten, voorlopige maatregelen [11 art. 28 WED]
Economische samenhang [33 art. 174 t/m 178 VwEU]
Eed, burgemeester [4 art. 65 Gemw]
Eed, gemeentebestuur [4 art. 14 Gemw]
Eed, leden gemeentelijke rekenkamer [4 art. 81g Gemw]

Eed, wethouders [4 art. 41a Gemw]
Eed of belofte, ambtenaar burgerlijke stand [13 art. 1:16 BW]
Eed of belofte, RvS [7 art. 6, 13 Wet RvS]
Eedaflegging, getuigen [12 art. 177 Rv]
Eedaflegging [25 art. 120 FW]
Eén ouder, gezag [13 art. 1:251 e.v. BW]
Eenmalige gegevensverstrekking [23 art. 31 Hregw]
Eenmanszaak, op te nemen gegevens [22 art. 16 Hrb 2008]
Eenpersoonsvennootschap, NV [13 art. 2:137 BW]
Eenpersoonsvennootschap, rechtspersoon [13 art. 2:137, 2:247 BW]
Eenvoudige bankbreuk [9 art. 340 e.v. Sr]
Eerste en Tweede Kamer, Staten-Generaal [1 art. 51 GW]
Eerste vergadering, gemeentebestuur [4 art. 18 Gemw]
Effecten, aanbieden, regels voor [24 art. 5:1 e.v. Wft]
Effecten, bewind voogdij [13 art. 1:344 BW]
Effecten, openbaar bod op [24 art. 5:70 e.v. Wft]
Effecten, uitgevende instelling [24 art. 5:25a e.v. Wft]
EG, kartelverbod [31 art. 13, 14 Mw]
EG-(groeps)vrijstellingen, van verbod van mededinging [31 art. 12 Mw]
Egalisatiereserve, verplichtingen subsidie-ontvanger [5 art. 4:72 Awb]
Eigen aandelen, nietigheid inkopen [13 art. 2:207a BW]
Eigen aandelen, verbod op nemen [13 art. 2:205 BW]
Eigen aandelen door dochtermaatschappij verkregen, aandelen NV [13 art. 2:98d BW]
Eigen aandelen door dochtermaatschappij verkregen, BV [13 art. 2:207d BW]
Eigen aangifte verzoek schuldeisers [25 art. 1 FW]
Eigen gebruik woning, dringend [13 art. 7:274a t/m 274f BW]
Eigen karakter, tekeningen of modellen [29 art. 3.3 BVIE]
Eigen middelen, financiële bepalingen [33 art. 311 VwEU]
Eigen schuld, aansprakelijkheid vervoerder [13 art. 8:111 BW]
Eigen schuld, schadevergoeding bij [13 art. 6:101 BW]
Eigen vermogen, passiva [13 art. 2:373 BW]
Eigenaren, op te nemen gegevens vereniging van [22 art. 30 Hrb 2008]
Eigendom [13 art. 5:1 e.v. BW]
Eigendom, luchtvaartuig [13 art. 8:1307 BW]
Eigendom (grond), onroerende zaak [13 art. 5:20 e.v. BW]
Eigendom/hypotheek/vruchtgebruik, binnenschip [13 art. 8:791 BW]
Eigendomsovergang bevracht schip, goederenvervoer over binnenwateren [13 art. 8:894 BW]
Eigendomsovergang goederenvervoer over zee [13 art. 8:375 BW]
Eigendomsovergang [27 art. 2 Aw]
Eigendomsverkrijging, hulpverlening [13 art. 8:576 BW]
Eigendomsvoorbehoud, overdracht [13 art. 3:92 BW]
Eigendomsvoorbehoud, uitoefenen goederenrechtelijk recht op [25 art. 213q FW]
Eigendomsvoorbehoud [25 art. 212v FW]
Einde bestaan fuserende rechtspersonen [13 art. 2:311 BW]
Einde bewind [13 art. 4:177-181 BW]
Einde faillissement [25 art. 161, 193 FW]
Einde vereffening [13 art. 4:225 BW]
Eisen, jaarrekening [13 art. 2:362 BW]
Eisen, bestuursverslag [13 art. 2:391 BW]
Eisen aan levering, aandelen NV [13 art. 2:86c BW]
Eiser, ten onrechte geen advocaat [12 art. 123 Rv]

Alfabetisch trefwoordenregister — E

Elektronisch adres, betekenen [12 art. 475 Rv]
Elektronisch rechtsverkeer, aansprakelijkheid [13 art. 6:196c BW]
Elektronisch rechtsverkeer [13 art. 3:15a-f BW]
Elektronisch verkeer, bestuursrechter [5 art. 8:36a e.v. Awb]
Elektronische handtekening, elektronisch rechtsverkeer [13 art. 3:15a BW]
Elektronische mededeling [36 art. 25 Brussel I-bis]
Elektronische verzending, stukken griffie [5 art. 8:36g Awb]
Elektronische verzending, verkeer tussen burgers en bestuursorganen [5 art. 2:13 Awb]
Elektronischgeldinstelling, terugbetaling [13 art. 7:521a BW]
E-mail, verkeer tussen burgers en bestuursorganen [5 art. 2:13 Awb]
Emissiebevoegdheid aandelen, BV [13 art. 2:206 BW]
Emissiebevoegdheid aandelen, NV [13 art. 2:96, 2:206 BW]
Endossant [18 art. 114 WvK]
Endossement, doorhaling [18 art. 224 WvK]
Endossement [18 art. 110 e.v., 191 e.v. WvK]
Energie [33 art. 194 VwEU]
Energieprestatievergoeding, toetsing [13 art. 7:261a BW]
Enkelvoudige kamer, ABRvS [7 art. 42 Wet RvS]
Enkelvoudige kamer, gerechtshof [12 art. 16 Rv]
Enkelvoudige kamer, Hoge Raad [12 art. 17 Rv]
Enkelvoudige kamer, rechtbank [12 art. 15 Rv]
Enkelvoudige kamer, verwijzing naar [5 art. 8:10 Awb]
Enkelvoudige kamer, vorming en bezetting [8 art. 47 Wet RO]
Enquêterecht [13 art. 2:344 e.v. BW]
Enquêterecht, Staten-Generaal [1 art. 69 GW]
Erf, mandeligheid [13 art. 5:60 BW]
Erf, naburig [13 art. 5:37 e.v. BW]
Erf, onbevoegd binnentreden van [9 art. 370 Sr]
Erf, toegang andermans erf [13 art. 5:22 BW]
Erf, voorwerp/dier op andermans erf [13 art. 5:23 BW]
Erf langs water, eigendom [13 art. 5:29 e.v. BW]
Erfafscheiding, gemene muur [13 art. 5:36 BW]
Erfdienstbaarheid [13 art. 5:70 e.v. BW]
Erfdienstbaarheid, appartementsrecht [13 art. 5:118 BW]
Erfenis, aanvaarden of verwerpen [25 art. 41 FW]
Erfenis, bewind voogdij [13 art. 1:342 BW]
Erfgenaam [13 art. 4:182-184 BW]
Erfgenaam, machtiging tot uitoefening recht bij vermissing [13 art. 1:412 BW]
Erfgenaam, positie bij vereffening [13 art. 4:200 BW]
Erfgenaam, vereffening nalatenschap [13 art. 4:221 BW]
Erfgenamen, afstand gemeenschap van goederen [13 art. 1:105 BW]
Erfgenamen, bevoegdheden beneficiaire aanvaarding [13 art. 4:198 BW]
Erfgenamen, executeur als vertegenwoordiger van [13 art. 4:145 BW]
Erfgenamen, gebondenheid volmacht [13 art. 3:77 BW]
Erfgenamen opsporen [13 art. 4:225 BW]
Erfopvolging [13 art. 4:1 e.v. BW]
Erfopvolging, gelijktijdig overlijden [13 art. 4:2 BW]
Erfopvolging, gevolgen [13 art. 4:182 e.v. BW]
Erfopvolging, Koning [1 art. 31 GW]
Erfopvolging, onwaardigheid van rechtswege [13 art. 4:3 BW]
Erfopvolging bij versterf gehuwden [13 art. 4:13 BW]
Erfopvolging bij versterf [13 art. 4:9 e.v. BW]

E

Alfabetisch trefwoordenregister

Erfopvolging/overdracht, handelsnaam [26 art. 2 Hnw]
Erfpacht [13 art. 5:85 e.v. BW]
Erfpacht, retentierecht [13 art. 5:100 BW]
Erfpachter [13 art. 4:332 BW]
Erfrecht [13 art. 4:1 e.v. BW]
Erfrecht [13 art. 10:145 t/m 152 BW]
Erfrecht, schulden [13 art. 4:194a BW]
Erfrechttoerekening, legitieme portie [13 art. 4:71 BW]
Erfrechtverklaring [13 art.4:188a BW]
Erfstelling, definitie,Europese [13 art. 4:115 BW]
Erfstelling, onder tijdsbepaling en/of voorwaarde [13 art. 4:136 BW]
Erfstelling, rechten/verplichtingen erfgenamen [13 art. 4:116 BW]
Erkende schuldeisers, lijst van [25 art. 121 FW]
Erkenning [13 art. 10:95, 10:96 BW]
Erkenning, aandelen NV [13 art. 2:86b BW]
Erkenning beslissing, weigering van [36 art. 45 Brussel I-bis]
Erkenning beslissing [36 art. 36 t/m 38 Brussel I-bis]
Erkenning vaderschap [13 art. 1:203 t/m 206 BW]
Erkenning vordering, gevolgen [25 art. 121 FW]
Erkenningsverbod, schadeverzekering [13 art. 7:953 BW]
ESCB [33 art. 282 t/m 284 VwEU]
EU, uitvoering bindende besluiten van organen [5 art. 1:7 e.v. Awb]
EU-mededingingsregels, toepassing [31 art. 88 t/m 89g Mw]
Euratom, licentieverlening octrooien [28 art. 60 ROW 1995]
Euro, aandelen omzetten naar [13 art. 2:178c BW]
Eurolanden [33 art. 136 t/m 138 VwEU]
Europees defensieagentschap [32 art. 45 EU-Verdrag]
Europees Fonds voor Regionale Ontwikkeling [33 art. 176 VwEU]
Europees octrooi, vergoeding octrooihandelingen [28 art. 72 ROW 1995]
Europees octrooi, voorrang [28 art. 77 ROW 1995]
Europees octrooi [28 art. 1, 18 ROW 1995]
Europees Parlement [32 art. 14 EU-Verdrag]
Europees parlement [33 art. 223 t/m 234 VwEU]
Europees Sociaal Fonds [33 art. 162 t/m 164 VwEU]
Europese Centrale Bank [33 art. 282 t/m 284 VwEU]
Europese Commissie [32 art. 167 e.v. EU-Verdrag]
Europese Commissie, taak [32 art. 17 EU-Verdrag]
Europese coöperatieve vennootschap, op te nemen gegevens [22 art. 22 Hrb 2008]
Europese Investeringsbank [33 art. 308, 309 VwEU]
Europese octrooiaanvragen, geheimhouding [28 art. 46 ROW 1995]
Europese erfrechtverklaring [13 art.4:188a BW]
Europese octrooien, bepalingen [28 art. 49 t/m 52 ROW 1995]
Europese Raad [32 art. 15 EU-Verdrag]
Europese Raad [33 art. 235, 236 VwEU]
Europese samenwerkingsverbanden, op te nemen gegevens [22 art. 23 Hrb 2008]
Europese Unie, doestellingen en beginselen [32 art. 1 e.v. EU-Verdrag]
Europol [33 art. 88 VwEU]
Evenredige verdeling aandelen/vruchten, gemeenschap van goederen [13 art. 3:172 BW]
Evenredigheidsbeginsel, toezichthouder naleving wettelijke voorschriften [5 art. 5:13 Awb]
Exacte bedrag niet bekend op moment van instemming betaler [13 art. 7:529a BW]
Examencommissie, octrooigemachtigden [28 art. 23c ROW 1995]

Exceptio non adimpleti contractus, wederkerige overeenkomst [13 art. 6:262 BW]
Executive committee [19 Pr. 2.1.3 CGC]
Executive committee, beloningsbeleid [19 Pr. 3.1.3 CGC]
Exclusieve bevoegdheid, rechterlijke [36 art. 24 Brussel I-bis]
Ex-echtgenote [13 art. 1:9 BW]
Executeur [13 art. 4:142 e.v. BW]
Executie, hypotheekrecht [13 art. 3:268 BW]
Executie, overname na beslag op onroerende zaken [12 art. 509, 513 Rv]
Executie, schorsing [25 art. 301 FW]
Executiemaatregelen, schuldeisersverzuim [13 art. 6:62 BW]
Executoriaal beslag, onroerende zaken [12 art. 502 e.v. Rv]
Executoriaal beslag onder derden [12 art. 475 e.v. Rv]
Executoriale titel, kracht van gewijsde [25 art. 196 FW]
Executoriale titels, grossen van [12 art. 430 Rv]
Executoriale verkoop, onroerende zaken [12 art. 514 e.v. Rv]
Exoneratie, van klaagschrift [5 art. 9:8 Awb]
Ex-partner, gebruik geslachtsnaam [13 art. 1:9 BW]
Expediteur, verplichtingen [13 art. 8:62 BW]
Exploitanten (samen handelende), aansprakelijkheid [13 art. 6:182 BW]
Exploitatie, bijzondere overeenkomsten [13 art. 8:1730 BW]
Exploitatie luchtvaartuig [13 art. 8:1340 e.v. BW]
Exploitatie schip, lasten van [13 art. 8:487 BW]
Exploitatie zeeschip [13 art. 8:360 e.v. BW]
Exploitatieovereenkomst [27 art. 25b t/m h Aw]
Exploitatierekening coöperatie, jaarrekening [13 art. 2:361 BW]
Exploten [12 art. 45 Rv]
Exploten, afschrift aan derde-beslagene [12 art. 475 Rv]
Exploten, juridische procedure [12 art. 45 e.v. Rv]
Extern optreden [33 art. 205 t/m 222 VwEU]

F

Faciliteiten, ondernemingsraad [23 art. 17 WOR]
Faillietverklaring [25 art. 1 e.v., 218, 242, 248, 272, 277 FW]
Faillietverklaring NV [13 art. 2:136 BW]
Faillietverklaring tijdens toepassing schuldsaneringsregeling [25 art. 312 FW]
Faillissement [22 art. 39 Hrb 2008]
Faillissement [25 art. 1 e.v. FW]
Faillissement, aansprakelijkheid bestuurders bij misleiding [13 art. 2:139, 2:249 BW]
Faillissement, administratieplicht [9 art. 344b Sr]
Faillissement, beroep bij de bestuursrechter [5 art. 8:22 Awb]
Faillissement, bestuursverbod [25 art. 160a t/m 106e FW]
Faillissement, bevoegde rechter [12 art. 106 Rv]
Faillissement, einde [25 art. 161, 193 FW]
Faillissement, en dwangsom [12 art. 611e Rv]
Faillissement, heropening [25 art. 167 FW]
Faillissement, hoofdelijke aansprakelijkheid bestuurders BV [13 art. 2:248 BW]
Faillissement, hoofdelijke aansprakelijkheid bestuurders NV [13 art. 2:138 BW]
Faillissement, niet verstrekken administratie [9 art. 344a Sr]
Faillissement, niet verstrekken inlichtingen [9 art. 194 Sr]
Faillissement, stichting [13 art. 2:300a BW]
Faillissement, vereenvoudigde afwikkeling [25 art. 137a e.v. FW]
Faillissement vereniging, inschrijving in handelsregister [13 art. 2:51 BW]

Faillissementsakkoord [25 art. 138 e.v., 252 e.v. FW]
Faillissementskosten, omslag [25 art. 182 FW]
Faillissementspauliana [25 art. 42 FW]
Faillissementsregister [25 art. 19a, 213cc FW]
Familierecht, burgerlijke rechten [13 art. 1:1 e.v. BW]
Familierechtelijke betrekkingen [13 art. 10:92 e.v. BW]
Familieverwantschap, onverenigbaarheid met huwelijk [13 art. 1:41 BW]
Feestdagen, termijnberekening [2 art. 1 t/m 7 ATW]
Filiaalhouder, woonplaats [13 art. 1:14 BW]
Filmwerk, auteursrecht [27 art. 45a t/m 45g Aw]
Filmwerk, duur auteursrecht op [27 art. 40 Aw]
Finale verrekenbeding [13 art. 1:142, 1:143 BW]
Financieel onvermogen, reisorganisator [13 art. 7:512 BW]
Financieel toezicht, definities [24 art. 1:1 Wft]
Financieel toezicht, informatieplicht [24 art. 1:42 Wft]
Financieel toezicht, statuten [24 art. 1:37 Wft]
Financieel toezicht, toepassingsgebied [24 art. 1:2 e.v.. Wft]
Financiële bepalingen [9t/m 334 VwEU]
Financiële diensten [24 art. 1:15 e.v. Wft]
Financiële gegevens opnemen, geconsolideerde jaarrekening [13 art. 2:409 BW]
Financiële instellingen, jaarrekening [13 art. 2:400 BW]
Financiële markten, toegang tot [24 art. 5:26 e.v. Wft]
Financiële ondernemingen, beloningsbeleid [24 art. 1:111 e.v. Wft]
Financiële ondernemingen, inschrijving in register [24 art. 1:107 t/m 109b Wft]
Financiële ondernemingen, vergunning [24 art. 1:102 e.v. Wft]
Financiële transparantie, sancties bij overtreding [31 art. 70a Mw]
Financiële transparantie [31 art. 25a t/m f Mw]
Financiële vaste activa, balans [13 art. 2:367 BW]
Financiële verantwoording verdwijnende en verkrijgende rechtspersoon, fusie [13 art. 2:321 BW]
Financiële verslaglegging [24 art. 5:25c e.v. Wft]
Financiële verslaglegging, provinciaal bestuur [3 art. 190 Provw]
Financiëlezekerheidsovereenkomst [13 art. 7:51 e.v. BW]
Financiëlezekerheidsovereenkomst, faillissement [25 art. 63d, 63e en 241d FW]
Financiëlezekerheidsovereenkomst, surseance [25 art. 241e FW]
Financiën, gemeentelijke [4 art. 186 t/m 310 Gemw]
Fondsbezorging [18 art. 109b, 190a WvK]
Fonogrammenproducent, vergoedingsplicht bij verhuur [27 art. 12a Aw]
Forensenbelasting, gemeentelijke belastingen [4 art. 223 Gemw]
Formele geldigheid, van overeenkomsten [34 art. 11 Rome I]
Formulier van afkondiging der wetten, Bestuur [1 art. XIX GW]
Fouillering [10 art. 56 Sv]
Fractieondersteuning, gemeentebestuur [4 art. 33 Gemw]
Fraudebestrijding [33 art. 325 VwEU]
Friese taal, ambtseed [13 art. 1:16 BW]
Friese taal, eed en belofte burgemeester [4 art. 65 Gemw]
Friese taal, eed en belofte gemeentebestuur [4 art. 14 Gemw]
Friese taal, eed en belofte leden gemeentelijke rekenkamer [4 art. 81g Gemw]
Friese taal, eed en belofte wethouders [4 art. 41a Gemw]
Friese taal, in bestuurlijk verkeer [5 art. 2:6 e.v. Awb]
Functionarissen, toekennen uniek nummer [22 art. 35a Hrb 2008]
Functioneren OR, inlichtingen omtrent [23 art. 49 WOR]

Fusie, 100% dochter [13 art. 2:333 BW]
Fusie, en splitsing [13 art. 2:308 e.v. BW]
Fusievoorstel [13 art. 2:326-328 BW]

G

Garantie, consumentenkoop [13 art. 7:6a BW]
Geadresseerde goederenvervoer over spoorwegen, rechten [13 art. 8:1566 BW]
Geboorte, aangifte [13 art. 1:19e BW]
Geboorte, familierechtelijke betrekkingen door [13 art. 10:92 t/m 94 art.]
Geboorte- en overlijdensakte, vóór aangifte overleden kind [13 art. 1:19i BW]
Geboorteakte, akte burgerlijke stand [13 art. 1:19 e.v. BW]
Geboorteakte, Haagse registers [13 art. 1:25c, 1:25f BW]
Geboorteakte, latere vermelding [13 art. 1:20, 1:20a BW]
Geboorteakte, ontbreken van bij huwelijksaangifte [13 art. 1:45 BW]
Geboorteakte, wijziging geslachtsvermelding [13 art. 1:28, 1:28a t/m 28c BW]
Geboortenaam, onbekend [13 art. 1:19b BW]
Geboorteplaats, onbekend [13 art. 1:19b BW]
Gebouw, definitie [13 art. 5:106 BW]
Gebrek, koopovereenkomst roerende zaken [37 art. 37, 39 CISG]
Gebrek zaak, huur [13 art. 7:204, 7:206 BW]
Gebreken verpachte zaak [13 art. 7:337 e.v. BW]
Gebrekkige zaak, aansprakelijkheid [13 art. 6:173 BW]
Gebrekkige zaak, schadeverzekering [13 art. 7:951 BW]
Gebruik in deeltijd, overeenkomsten betreffende [13 art. 7:50a e.v. BW]
Gebruiker verboden handelsnaam, verzoek om veroordeling [26 art. 6 Hnw]
Gebruiksverbod, collectieve merken [29 art. 2.44 BVIE]
Gecombineerd goederenvervoer, vervoerovereenkomst [13 art. 8:40 e.v., 8:120, 8:121 BW]
Gecombineerd vervoer, rechtsverhouding vervoerder en afzender [13 art. 8:47 BW]
Geconsolideerde jaarrekening, definitie [13 art. 2:405 BW]
Geconsolideerde jaarrekening [13 art. 2:402 e.v. BW]
Gedaagde, woonplaats [12 art. 99 Rv]
Gedeeltelijke betaling, wisselbrief [18 art. 138, 211 WvK]
Gedeeltelijke goedkeuring, besluiten [5 art. 10:29 Awb]
Gedeeltelijke naleving, koopovereenkomst roerende zaken [37 art. 51 CISG]
Gedeeltelijke terugwerkende kracht van de wet [27 art. 47 Aw]
Gedeeltelijke vernietiging, besluit [5 art. 10:33 e.v. Awb]
Gedekte vorderingen [25 art. 137b FW]
Gedelegeerd commissaris [19 Pr. 2.3.8 CGC]
Gedeputeerde staten, bevoegdheid [3 art. 158, 166, 167 Provw]
Gedeputeerde staten, commissies [3 art. 80 t/m 82 Provw]
Gedeputeerde staten, gemeentelijke financiën [4 art. 191, 194, 195, 200, 201, 208, 210, 214, 215 Gemw]
Gedeputeerde staten, samenstelling [3 art. 34 Provw]
Gedetacheerde werknemers [15 art. 10a AVV]
Gedetacheerde werknemers, AVV-cao [15 art. 10a AVV]
Gedomicilieerde cheque [18 art. 185 WvK]
Gedragstoezicht, Autoriteit Financiële Markten [24 art. 1:25 Wft]
Gedwongen ontruiming, onroerende zaken [12 art. 555 Rv]
Geen beroep zonder openbaarmaking [13 art. 2:6 BW]
Geen beschrijving en accountantsverklaring, NV [13 art. 2:94a, 2:94b BW]
Geen inbreuk, auteursrecht [27 art. 15h e.v. Aw]

Geen uitsplitsing eigen vermogen, geconsolideerde jaarrekening [13 art. 2:411 BW]
Geestelijk gestoorde, nietigverklaring huwelijk [13 art. 1:73 BW]
Geestelijk gestoorde, verklaring rechtshandeling [13 art. 3:34 BW]
Geestelijke of lichamelijke tekortkoming, onrechtmatige daad [13 art. 6:165 BW]
Geestvermogens, van verdachte [10 art. 300 Sv]
Gefailleerde, betwisten vordering [25 art. 126 FW]
Gefailleerde, levensonderhoud gezin [25 art. 100 FW]
Gefailleerde, rechten echtgenoot [25 art. 61 FW]
Gefailleerde, uitbreiding begrip [25 art. 22 FW]
Gefailleerde, vergoeding voor diensten [25 art. 177 FW]
Gefailleerde, verschaffing van inlichtingen [25 art. 105 FW]
Gefailleerde, medewerking [25 art. 105a FW]
Gefailleerde, medewerking derden [25 art. 105b FW]
Gefailleerde, voldoening aan [25 art. 52 FW]
Gegarandeerd erfdeel ouder [13 art. 4:11 BW]
Gegevens, handelsregister [21 art. 9 e.v. Hregw]
Gegevens, op te nemen [22 art. 9 t/m 42 Hrb 2008]
Gegevens, terbeschikkingstelling [31 art. 25e Mw]
Gegevens, twijfel over juistheid, handelsregister [21 art. 32 Hregw]
Gegevens rechtspersoon vermelden, geconsolideerde jaarrekening [13 art. 2:414 BW]
Gegevensaanvraag, subsidieaanvraag [5 art. 4:61, 4:75 Awb]
Gegevensaanvraag, subsidievaststelling [5 art. 4:75 Awb]
Gegevensvergaring, Raad voor de kinderbescherming [13 art. 1:242 BW]
Gegevensverschaffing, weigering bij aanvraag beschikking [5 art. 4:3 Awb]
Gegevensverstrekking [20 art. 6 e.v. Wcr]
Gegevensverstrekking [22 art. 51, 52 Hrb 2008]
Gegevensverstrekking, boete bij onvolledige - [31 art. 73 Mw]
Gegevensverstrekking, dienstenrichtlijn [13 art. 6:230b t/m 230f BW]
Gegevensverstrekking, eenmalige [23 art. 31 WOR]
Gegevensverstrekking, fusie [13 art. 2:314 BW]
Gegevensverstrekking, handelsregister [21 art. 22 Hregw]
Gegevensverstrekking, huwelijk [13 art. 1:44 en 45 BW]
Gegevensverstrekking, reisovereenkomst [13 art. 7:501 BW]
Gegevensverstrekking, vermogenssplitsing [13 art. 2:334h BW]
Gegevensverstrekking aan bestuursorganen, handelsregister [21 art. 24 Hregw]
Geheimhouding, bestuursorgaan [5 art. 2:5 Awb]
Geheimhouding, college van B&W [4 art. 55 Gemw]
Geheimhouding, gemeentebestuur [4 art. 25 Gemw]
Geheimhouding, gemeentelijke commissies [4 art. 86 Gemw]
Geheimhouding, octrooiaanvragen [28 art. 40 e.v. ROW 1995]
Geheimhouding, RvS [7 art. 16 Wet RvS]
Geheimhoudingsplicht, ondernemingsraad [23 art. 20 WOR]
Geheimhoudingsplicht, ontheffing Raad voor de kinderbescherming [13 art. 1:240 BW]
Geheimhoudingsplicht, toezichthouder [24 art. 1:89 e.v. Wft]
Gehoudenheid trekker tot vrijwaring [18 art. 152a, 217a WvK]
Gehuwde schuldenaar [25 art. 4 FW]
Gehuwden, erfopvolging bij versterf [13 art. 4:13 BW]
Gekruiste cheque [18 art. 214 WvK]
Geld, voldoening in [13 art. 7:620 BW]
Geldboete, straf [9 art. 23 Sr]
Geldelijke voorzieningen, gemeentelijke raads- en commissieleden [4 art. 95 t/m 99 Gemw]
Geldelijke voorzieningen, Staten-Generaal [1 art. 63 GW]

Alfabetisch trefwoordenregister G

Gelden, beschikking over [25 art. 102, 103 FW]
Geldigheid inschrijving registergoed betwisten [13 art. 3:22 BW]
Geldlening, kredietovereenkomst [13 art. 7:129 BW]
Geldschulden, aanmaning en dwangbevel [5 art. 4:112 e.v. Awb]
Geldschulden, bestuursrechtelijke [5 art. 4:85 e.v. Awb]
Geldschulden, bezwaar en beroep [5 art. 4:125 Awb]
Geldschulden, verjaringstermijn [5 art. 4:104 Awb]
Geldsom, verbintenis tot betaling [13 art. 6:111 e.v. BW]
Geldvordering, kindsdeel nalatenschap [13 art. 4:15, 4:17 BW]
Geldvordering, overdracht goederen nalatenschap [13 art. 4:25 BW]
Geleende zaak, eigendom [13 art. 7A:1778 BW]
Gelijke behandeling [33 art. 18, 19 VwEU]
Gelijke behandeling, arbeidsovereenkomst [13 art. 7:646 e.v. BW]
Gelijke behandeling, Grondrecht [1 art. 1 GW]
Gelijke behandeling, schuldeisers [25 art. 233 FW]
Gelijke beloning [33 art. 157 VwEU]
Gelijke benoembaarheid, Grondrecht [1 art. 3 GW]
Gelijke rechten en plichten, aandelen NV [13 art. 2:92, 2:201 BW]
Gelijkgestelde, definitie [17 art. 3:6 WAZO]
Gelijkheid van schuldeisers, verhaalsrecht [13 art. 3:277 BW]
Gelijkstelling met natuurlijk persoon, rechtspersoon [13 art. 2:5 BW]
Geloofsbrieven, Staten-Generaal [1 art. 58 GW]
Gemachtigde, dagvaardingsprocedure [12 art. 80 Rv]
Gemachtigde, kennisgeving aan, bij rechtszitting [5 art. 8:32 Awb]
Gemeenschap, verdeling [25 art. 56 FW]
Gemeenschap van goederen [13 art. 3:166 e.v. BW]
Gemeenschap van goederen, bijzondere gemeenschap [13 art. 3:189 e.v. BW]
Gemeenschap van goederen, faillissement [25 art. 63 FW]
Gemeenschap van goederen, nietige/vernietigbare verdelingen [13 art. 3:195 e.v. BW]
Gemeenschap van goederen, ontbinding [13 art. 1:99 t/m 108 BW]
Gemeenschap van goederen, opheffing [13 art. 1:109 t/m 113 BW]
Gemeenschap van goederen, verdeling [13 art. 3:180 e.v. BW]
Gemeenschap van goederen, wettelijke [13 art. 1:93 e.v. BW]
Gemeenschap van vorderingsrecht, verbintenis [13 art. 6:16 BW]
Gemeenschappelijk beheer [13 art. 7A:1675 BW]
Gemeenschappelijk beleid, buitenlands en veiligheidsbeleid [32 art. 21 e.v. EU-Verdrag]
Gemeenschappelijk gerecht, bevoegdheid [36 art. 71ter Brussel I-bis]
Gemeenschappelijk gerecht, definitie [36 art. 71bis Brussel I-bis]
Gemeenschappelijke regelingen, Openbare lichamen [1 art. 135 GW]
Gemeenschappelijke rekenkamer, instelling [4 art. 81l Gemw]
Gemeenschappelijke schuld, aandeel vennoot in [13 art. 7A:1666 BW]
Gemeenschapsgoed, huwelijkse voorwaarden bij gebrek aan bewijs [13 art. 1:131 BW]
Gemeenschapsrecht, verbintenis uit overeenkomst [34 art. 23 Rome I]
Gemeenschapsschuld [13 art. 3:192 BW]
Gemeente, inrichting/samenstelling/bevoegdheid [1 art. 123 t/m 132 GW]
Gemeentebestuur, bevoegdheden [4 art. 108 t/m 125 Gemw]
Gemeentebestuur, inrichting en samenstelling [4 art. 6 e.v. Gemw]
Gemeentebestuur, toezicht [4 art. 259, 266 Gemw]
Gemeenteblad, publicatieplicht [4 art. 139 Gemw]
Gemeentelijke belastingen [4 art. 216 t/m 257 Gemw]
Gemeentelijke belastingen, regels [4 art. 246a Gemw]
Gemeentelijke belastingverordening, overgangs- en slotbepalingen [4 art. 304 Gemw]

Gemeentelijke financiën [4 art. 186 t/m 310 Gemw]
Gemeentelijke ombudscommissie [4 art. 81w t/m 81z Gemw]
Gemeentelijke ombudsman, gemeentebestuur [4 art. 81p t/m 81z Gemw]
Gemeenten, informatieplicht aan Raad voor de kinderbescherming [13 art. 1:243 BW]
Gemeenten, verhouding tot provincie en Rijk [4 art. 112 t/m 122 Gemw]
Gemeentenaam, bevoegdheden gemeenteraad [4 art. 158 Gemw]
Gemeentesecretaris, inrichting en samenstelling gemeentebestuur [4 art. 100 t/m 106 Gemw]
Gemene muur [13 art. 5:36 BW]
Gemengde/benoemde overeenkomst [13 art. 6:215 BW]
Gemotiveerd advies, RvS [7 art. 27b Wet RvS]
Geneeskundige behandeling, overeenkomst [13 art. 7:446 e.v. BW]
Genotsrecht, huur [13 art. 7:202 BW]
Genotsrecht, roerende zaak [13 art. 5:17 BW]
Gerecht [36 art. 2 Brussel I-bis]
Gerecht, aanwijzing door partijen [36 art. 25 Brussel I-bis]
Gerecht, verwijzing naar eerste [36 art. 31 Brussel I-bis]
Gerechtelijk schrijven, uitreiking [10 art. 587, 588 Sv]
Gerechtelijke bewaarder, beslag op onroerende zaken [12 art. 506 Rv]
Gerechtelijke erkentenis, bewijsrecht [12 art. 154 Rv]
Gerechtelijke mededeling, vormen [10 art. 585 Sv]
Gerechtelijke schikking, definitie [36 art. 2 Brussel I-bis]
Gerechtelijke schikkingen [36 art. 59 Brussel I-bis]
Gerechtelijke vaststelling vaderschap [13 art. 1:207, 1:208 BW]
Gerechten, rechtsprekende [8 art. 2 Wet RO]
Gerechtshof, bevoegdheden [8 art. 60 Wet RO]
Gerechtshof, enkelvoudige of meervoudige kamers [12 art. 16 Rv]
Geregistreerd partnerschap [13 art. 1:80a t/m 80g BW]
Geregistreerd partnerschap, beëindiging [13 art. 1:80c t/m 80f BW]
Geregistreerd partnerschap, beëindiging [13 art. 10:86 t/m 89 BW]
Geregistreerd partnerschap, internationaal privaatrecht [13 art. 10:60 t/m 63 BW]
Geregistreerd partnerschap, latere vermelding akte burgerlijke stand [13 art. 1:20, 1:20a BW]
Geregistreerd partnerschap, onverenigbaarheid met huwelijk [13 art. 1:42 BW]
Geregistreerde partners, ouderlijk gezag [13 art. 1:252, 1:253aa BW]
Geregistreerde partners, persoonlijke rechtsbetrekkingen tussen [13 art. 10:64 t/m 69 BW]
Gereglementeerde markt [25 art. 213w FW]
Gescheiden administratie, financiële transparantie [31 art. 25c Mw]
Gescheiden echtgenoot, erfopvolging bij versterf gehuwden [13 art. 4:13 BW]
Geschil, verrekenbeding huwelijkse voorwaarden [13 art. 1:136 BW]
Geschillen, octrooirechtelijke [28 art. 80 e.v. ROW 1995]
Geschillen, Openbare lichamen [1 art. 136 GW]
Geschillen tussen ouders, ouderlijk gezag [13 art. 1:253a BW]
Geschillenbeslechting, merken, tekeningen of modellen [29 art. 4.5 BVIE]
Geschillenregeling [13 art. 4:335 e.v. BW]
Geschillenregeling, ondernemingsraad [23 art. 36, 36a WOR]
Geschriften, openlegging [12 art. 162 Rv]
Geslacht (twijfel aan), geboorteakte [13 art. 1:19d BW]
Geslachtsnaam (voorlopige), geboorteakte [13 art. 1:19c BW]
Geslachtsnaam, recht op naam [13 art. 1:5 t/ 9 BW]
Geslachtsnaam, vreemdeling [13 art. 10:18 t/m 26 BW]

Alfabetisch trefwoordenregister G

Geslachtsvermelding, wijziging in geboorteakte [13 art. 1:28, 1:28a t/m 28c BW]
Gesloten vergadering, gemeentebestuur [4 art. 23 Gemw]
Getuige, gijzeling van [12 art. 173 Rv]
Getuige, verplichtingen bij rechtszitting [5 art. 8:33 Awb]
Getuigen [12 art. 163 e.v. Rv]
Getuigen, afzien van oproeping niet-verschenen [10 art. 288 Sv]
Getuigen, bevoegdheden gemeenteraad [4 art. 155c, 155d Gemw]
Getuigen, huwelijksvoltrekking [13 art. 1:63 BW]
Getuigen, oproepen [12 art. 170 Rv]
Getuigen, rogatoire commissie [12 art. 174 t/m 176 Rv]
Getuigen, verzoekschrift aan ombudsman [5 art. 9:31 Awb]
Getuigen, vooronderzoek beroep [5 art. 8:46 Awb]
Getuigen, weigerachtige [25 art. 66, 223b FW]
Getuigen, zitting [5 art. 8:60, 8:63 Awb]
Getuigen en deskundigen, belanghebbenden [5 art. 7:8 Awb]
Getuigenis afleggen, weigeren [12 art. 178 Rv]
Getuigenverhoor [12 art. 166 e.v. Rv]
Getuigenverhoor, voorlopig [12 art. 186 e.v. Rv]
Getuigenverhoor, wijze van [12 art. 179 Rv]
Getuigenverhoor tot leveren van tegenbewijs [12 art. 168 Rv]
Getuigenverklaring [12 art. 163 Rv]
Getuigplicht [12 art. 165 Rv]
Gevaarlijke stoffen, aansprakelijkheid bij spoorwegen [13 art. 8:1670 e.v. BW]
Gevaarlijke stoffen, aansprakelijkheid [13 art. 6:175 BW]
Gevaarlijke stoffen, goederenvervoer [38 art. 22 CMR]
Gevaarlijke stoffen, transport van [38 art. 22 CMR]
Gevaarlijke stoffen, vervoer over binnenwateren [13 art. 8:1032 e.v. BW]
Gevaarlijke stoffen, voertuig [13 art. 8:1210 e.v. BW]
Gevaarlijke stoffen aan boord, verjaringstermijn rechtsvordering [13 art. 8:1833 BW]
Gevaarlijke stoffen aan boord binnenschepen, aansprakelijkheid [13 art. 8:1030 e.v. BW]
Gevaarlijke stoffen aan boord zeeschip [13 art. 8:620 e.v. BW]
Gevaarlijke zaken, goederenvervoer over de weg [13 art. 8:1118 BW]
Gevaarlijke zaken, goederenvervoer over zee [13 art. 8:398, 8:423 BW]
Gevaarlijke zaken, goederenvervoer over zee [13 art. 8:399 BW]
Gevangenhouding op niet-wettige plaats, aangifte [10 art. 161 Sv]
Gevangenisstraf of hechtenis, verhoging tijdelijke [9 art. 43a Sr]
Gevolgen rechtshandeling gevolmachtigde [13 art. 3:66 BW]
Gevonden voorwerp, gemeente [13 art. 5:8, 5:10 BW]
Gevonden voorwerp, kosten bewaring [13 art. 5:10 BW]
Gevonden voorwerp, vinder [13 art. 5:5, 5:6, 5:7, 5:10 BW]
Gevorderde diensten verplicht, deskundigen [10 art. 227 Sv]
Gewetensbezwaren tegen militaire dienst [1 art. 99 GW]
Gewone rechter, bevoegdheid bij arbitrageovereenkomst [12 art. 1022 Rv]
Gezag over minderjarigen, registers [13 art. 1:244 BW]
Gezag over minderjarigen [13 art. 1:245 e.v. BW]
Gezagsregister minderjarige, latere erkenning [13 art. 1:20, 1:20g BW]
Gezagsuitoefening (niet in staat), Koning [1 art. 35 GW]
Gezamenlijk geding, bevoegdheid rechter [12 art. 107 Rv]
Gezamenlijk gezag, beëindiging voor ouders [13 art. 1:253n BW]
Gezamenlijk gezag, ouder/niet-ouder [13 art. 1:253sa e.v. BW]
Gezamenlijk gezag, ouders [13 art. 1:251 e.v. BW]
Gezamenlijke bewindvoering Ouderlijk gezag [13 art. 1:253i BW]

1801

G

Gezamenlijke rechthebbenden, octrooi [28 art. 66 ROW 1995]
Gezamenlijke uitoefening, beëindiging voogdij [13 art. 1:323 BW]
Gezamenlijke uitoefening, bevoegdheden voogdij [13 art. 1:337a BW]
Gezamenlijke uitoefening, verzoek tot (ouderlijk gezag) [13 art. 1:253d BW]
Gezamenlijke uitoefening, voogdij [13 art. 1:282, 1:282a, 1:282b BW]
Gift, legaat [13 art. 4:126 e.v. BW]
Gift, medelegitimaris [13 art. 4:90 BW]
Gift, ruil [13 art. 7:186-188 BW]
Gift, verrekenbeding huwelijkse voorwaarden [13 art. 1:134 BW]
Gift aan echtgenoot [13 art. 4:68 BW]
Gift van schuldenaar [25 art. 35b FW]
Giften, inbreng door erfgenaam [13 art. 4:229 BW]
Giften, legitieme portie [13 art. 4:66 e.v. BW]
Giften gedaan aan legitimaris [13 art. 4:70 BW]
Giften inkorten, legitieme portie geldend maken [13 art. 4:89 BW]
Gijzeling, ontslag uit [25 art. 33 FW]
Gijzeling, van getuige [12 art. 173 Rv]
Giraal overdraagbare effecten, goedenrechtelijke regime [13 art. 10:140, 10:141 BW]
Godsdienstige plechtigheden, voorwaarden bij huwelijksvoltrekking [13 art. 1:68 BW]
Goed, overdracht van [13 art. 3:83 e.v. BW]
Goed, verkrijging/verlies [13 art. 3:80 e.v. BW]
Goed gedrag, pachter [13 art. 7:347 BW]
Goed hulpverlener [13 art. 7:453 BW]
Goed opdrachtnemer, opdracht [13 art. 7:401 BW]
Goed werkgever-/werknemerschap [13 art. 7:611 BW]
Goede zeden, tekeningen of modellen [29 art. 3.13 BVIE]
Goederenrechtelijke regime, internationaal privaatrecht [13 art. 10:127 e.v. BW]
Goederen, beheer/beschikking bij onderbewindstelling meerderjarige [13 art. 1:438 BW]
Goederen, bestuur van door echtgenoten [13 art. 1:90 BW]
Goederen, bevoorrechte vordering [13 art. 3:283 e.v. BW]
Goederen, bewijs van bestuursbevoegdheid door echtgenoten [13 art. 1:92 BW]
Goederen, definitie [13 art. 3:1 BW]
Goederen, faillietverklaring [25 art. 60a, b FW]
Goederen, internationaal vervoer over de weg [38 art. 1 e.v. CMR]
Goederen, uitsluiting bestuur van door echtgenoten [13 art. 1:91 BW]
Goederen, verhaalsrecht [13 art. 3:276 e.v. BW]
Goederen, vrij verkeer [33 art. 28, 29 VwEU]
Goederen in buitenland, verhaal op [25 art. 203 FW]
Goederen van derde, beslag op [12 art. 435 Rv]
Goederenafdracht, bewindvoerder onderbewindstelling meerderjarige [13 art. 1:446 BW]
Goederenkrediet [13 art. 7:84 e.v. BW]
Goederenkrediet, ontbinding [13 art. 7:90 t/m 96 BW]
Goederenkrediet, vervreemding [13 art. 7:88 BW]
Goederenkrediet, zie ook krediet
Goederenlijst [33 Bijlage I VwEU]
Goederenrechtelijk recht [25 art. 213p FW]
Goederenverdeling, aanwijzing bewindvoerder (bij voogdij) [13 art. 1:369 BW]
Goederenvervoer, aansprakelijkheid [13 art. 8:70 e.v. BW]
Goederenvervoer, expeditieovereenkomst [13 art. 8:60 e.v. BW]
Goederenvervoer, verjaring of verval rechtsvorderingen [13 art. 8:1740-41 BW]
Goederenvervoer, vervoerovereenkomst [13 art. 8:20 e.v. BW]

Alfabetisch trefwoordenregister   H

Goederenvervoer door de lucht, opzegging vervoerovereenkomst door afzender [13 art. 8:1362 BW]
Goederenvervoer door de lucht, vervoerovereenkomst [13 art. 8:1350 e.v. BW]
Goederenvervoer over binnenwateren [13 art. 8:889 e.v. BW]
Goederenvervoer over de weg [13 art. 8:1090 e.v. BW]
Goederenvervoer over spoorwegen, aansprakelijkheid [13 art. 8:1571 e.v. BW]
Goederenvervoer over spoorwegen, uitoefening van rechten [13 art. 8:1588 e.v. BW]
Goederenvervoer over spoorwegen [13 art. 8:1550 e.v. BW]
Goederenvervoer over zee, vervoerder onder het cognossement [13 art. 8:461 BW]
Goederenvervoer over zee, vervoerovereenkomst [13 art. 8:370 e.v. BW]
Goederenvervoer over zee, wederzijdse verplichtingen bij weghalen zaken [13 art. 8:493 BW]
Goedkeuring, begripsbepaling [5 art. 10:25 e.v. Awb]
Goedkeuring begroting gemeente [4 art. 206 t/m 208 Gemw]
Goedkeuring besluiten, RvC [13 art. 2:63j BW]
Goedkeuring verdrag, bestuur [1 art. 91 GW]
Goedkeuringsbevoegdheid, AFM [24 art. 5:6 e.v. Wft]
Gratie, rechtspraak [1 art. 122 GW]
Grensbepaling bij onzekerheid, naburig erf [13 art. 5:47 BW]
Grenscontrolebeleid [33 art. 77 VwEU]
Grensoverschrijdende fusies, bijzondere bepalingen [13 art. 2:333b e.v. BW]
Grensvastlegging, erf langs water [13 art. 5:30 e.v. BW]
Griffie, verzending van stukken [5 art. 8:36g, 8:37 Awb]
Griffiekosten, vrijstelling [25 art. 17 FW]
Griffier, inrichting en samenstelling gemeentebestuur [4 art. 100, 101, 107 t/m 107e Gemw]
Griffierecht, bij bestuursrechter [5 art. 8:41 Awb]
Griffierecht, bij indienen beroep [5 art. 8:41 Awb]
Griffierecht, hoger beroep [5 art. 8:109 Awb]
Griffierecht, vergoeding [5 art. 8:74 Awb]
Griffierecht, voorlopige voorziening en onmiddellijke uitspraak [5 art. 8:82 Awb]
Grijze lijst [13 art. 6:237 BW]
Grijze lijst, wijziging [13 art. 6:239 BW]
Groep, definitie [13 art. 2:24b BW]
Groepsaansprakelijkheid, onrechtmatige daad [13 art. 6:166 BW]
Groepsmaatschappij, geconsolideerde jaarrekening [13 art. 2:406 BW]
Groepsondernemingsraad [23 art. 33 e.v. WOR]
Grondkamer, goedkeuring pachtovereenkomst [13 art. 7:317 e.v. BW]
Grondrechten, beleidsmaatregelen [33 art. 7 t/m 17 VwEU]
Grondrechten, eerbiediging [32 art. 6 EU-Verdrag]
Grondrechten, overzicht [1 art. 1 t/m 23 GW]
Grondslagen voor waardering en bepaling resultaat, voorschriften [13 art. 2:384 e.v. BW]
Grondwetsherziening, procedure/bekendmaking/inwerkingtreding [1 art. 137 t/m 142 GW]
Groningenveld [13, art. 6:177a BW]
Grossen van executoriale titels [12 art. 430 Rv]
Grote kamer, verwijzing naar [5 art. 8:10a Awb]
Grote kamers, ABRvS [7 art. 42 Wet RvS]

H

Haagse registers, buitenlandse akten [13 art. 1:25, 1:25a t/m 25g BW]
Haagse registers, burgerlijke stand [13 art. 1:21, 1:25, 1:25a t/m 25f BW]

Handbagage, binnenlands openbaar personenvervoer [13 art. 8:105 BW]
Handelingsbekwaamheid, rechtshandeling [13 art. 3:32 BW]
Handelingsbekwaamheid minderjarige, arbeidsovereenkomst [13 art. 7:612 BW]
Handelingsbekwaamheid minderjarige, behandelingsovereenkomst [13 art. 7:447 BW]
Handelingsbekwaamheid minderjarige [13 art. 1:234 BW]
Handelingsbekwaamheid voogd [13 art. 1:343 BW]
Handelingsonbekwaamheid, uitzonderingen bij ondercuratelestelling meerderjarigen [13 art. 1:382 BW]
Handelingsonbekwaamheid, verbintenis uit overeenkomst [34 art. 13 Rome I]
Handelingsonbekwaamheid, volmacht [13 art. 3:63 BW]
Handelingsonbekwame patiënt, behandelingsovereenkomst [13 art. 7:465 BW]
Handelingsonbevoegdheid, verbintenis uit overeenkomst [34 art. 13 Rome I]
Handelsagent, aansprakelijkheid [13 art. 7:429 BW]
Handelsnaam [26 art. 1 e.v. Hnw]
Handelspolitiek, gemeenschappelijke [33 art. 206, 207 VwEU]
Handelsregister [21 art. 1 e.v. Hregw]
Handelsregister, faillissement stichting [13 art. 2:303 BW]
Handelsregister, fusie (verkrijgende persoon) [13 art. 2:318 BW]
Handelsregister, fusie [13 art. 2:314 BW]
Handelsregister, gegevensverstrekking splitsing [13 art. 2:334h BW]
Handelsregister, inschrijving NV [13 art. 2:69 BW]
Handelsregister, inschrijving [18 art. 23 WvK]
Handelsregister, stichting [13 art. 2:289 en 302 BW]
Handelsregister, vereniging [13 art. 2:29 BW]
Handelsregister, wijziging gegevens [21 art. 32 e.v. Hregw]
Handelsvertegenwoordiger, arbeidsovereenkomst [13 art. 7:687-689 BW]
Handelszaken, rechterlijke bevoegdheid [36 art. 4 e.v. Brussel I-bis]
Handhaving [5 art. 5:1 e.v. Awb]
Handhaving, bevoegdheden burgemeester [4 art. 172, 172a, 172b Gemw]
Handhaving, handelsregister [21 art. 47 Hregw]
Handhaving, samenwerking [11 art. 58a WED]
Handhaving, toezichthouders [24 art. 1:58 e.v., 1:75 t/m 1:88a Wft]
Handhaving, van octrooi [28 art. 70 t/m 74 ROW 1995]
Handhaving, vergaderorde gemeentebestuur [4 art. 26 Gemw]
Handlichting, minderjarigheid [13 art. 1:235 t/m 237 BW]
Handtekening, elektronische [5 art. 8:36d Awb]
Harmonisatie, economische samenhang [33 art. 174, 175 VwEU]
Hechtenis, duur [9 art. 18 Sr]
Hechtenis, verhoging tijdelijke [9 art. 43a Sr]
Heffingen, gemeentelijke belastingen [4 art. 230 t/m 257 Gemw]
Heffingsmaatstaf, onroerendezaakbelastingen [4 art. 220c, 220e Gemw]
Herbenoeming, burgemeester [4 art. 61a Gemw]
Herleving Ouderlijk gezag [13 art. 1:253q BW]
Herleving rechtsgevolg huwelijk, scheiding van tafel en bed [13 art. 1:176 BW]
Herleving rechtsgevolgen huwelijk, echtscheiding [13 art. 1:166 BW]
Herleving van rechtswege, ouderlijk gezag [13 art. 1:253 BW]
Hernieuwde aanbieding registergoed, tijdstip van inschrijving [13 art. 3:20 BW]
Hernieuwde gemeenschap, van goederen (na opheffing) [13 art. 1:113 BW]
Heropening onderzoek, bestuursrechter [5 art. 8:68 Awb]
Herroeping, adoptie [13 art. 1:231, 1:232 BW]
Herroeping, uiterste wil [13 art. 4:111 e.v. BW]
Herstel, arbeidsovereenkomst [13 art. 7:682 BW]

Alfabetisch trefwoordenregister H

Herstel in vorige toestand, octrooi [28 art. 23 ROW 1995]
Herstel van ouderlijk gezag [13 art. 1:277, 1:278 BW]
Herstelplicht, gebreken verpachte zaak [13 art. 7:339 BW]
Herstelsanctie, zie last onder bestuursdwang Herstelsanctie, zie last onder dwangsom
Herverpanden, verbod op [13 art. 3:242 BW]
Herwaarderingsreserve, jaarrekening [13 art. 2:390 BW]
Herwissel [18 art. 151 WvK]
Herziening, onherroepelijke uitspraak [5 art. 8:119 Awb]
Herziening pachtprijs [13 art. 7:333 BW]
Herziening stukken, rechtspleging [13 art. 2:447 e.v. BW]
Herzieningsprocedure, verdragen [32 art. 48 EU-Verdrag]
Heterdaad, aanhouding bij [10 art. 53 t/m 55a Sv]
Heterdaad, ontdekking op [10 art. 128 Sv]
Hinder, naburig erf [13 art. 5:37 e.v. BW]
Hoeve en los land, definitie [13 art. 7:313 BW]
Hof van Justitie [32 art. 19 EU-Verdrag]
Hof van Justitie EU [33 art. 251 t/m 281 VwEU]
Hoge Raad [1 art. 118 GW]
Hoge Raad, beperking onderzoek cassatie [12 art. 419 Rv]
Hoge Raad, enkelvoudige of meervoudige kamers [12 art. 17 Rv]
Hoge Raad, samenstelling [8 art. 72 Wet RO]
Hoge Raad, taken [8 art. 78 e.v. Wet RO]
Hoge vertegenwoordiger [32 art. 18 EU-Verdrag]
Hoger beroep [5 art. 8:104 e.v. Awb]
Hoger beroep, economische delicten [11 art. 30, 51 e.v. WED]
Hoger beroep, ontbinding arbeidsovereenkomst [13 art. 7:683 BW]
Hoger beroep, faillietverklaring [25 art. 11 FW]
Hoger beroep, homologatie [25 art. 154 FW]
Hoger beroep, schuldregeling [25 art. 292 FW]
Hoger beroep, surseance van betaling [25 art. 219 FW]
Hoger beroep, surseance [25 art. 243 FW]
Hoger beroep, tegen faillietverklaring [25 art. 278 FW]
Hoger Beroep, zaken onderworpen aan [12 art. 332 Rv]
Hogerberoepsrechter, uitspraak [5 art. 8:113 Awb]
Homologatie [25 art. 269b e.v. FW]
Homologatie, faillietverklaring [25 art. 150 e.v. FW]
Homologatie, uitspraak tot weigering of verlening [25 art. 339 FW]
Homologatie van akkoord, gevolg einde faillissement [25 art. 50 FW]
Homologatie van akkoord, schorsing bij [25 art. 122a FW]
Hondenbelasting, gemeentelijke belastingen [4 art. 226 Gemw]
Hoofd- en bijkomende straffen [9 art. 9 Sr]
Hoofdbedrijfschap/bedrijfschap [23 art. 43 WOR]
Hoofdelijke aansprakelijkheid [13 art. 2:203 BW]
Hoofdelijke aansprakelijkheid [18 art. 18, 146, 221WvK]
Hoofdelijke aansprakelijkheid, bestuurders NV [13 art. 2:69 BW]
Hoofdelijke aansprakelijkheid, bestuurders NV bij faillissement [13 art. 2:138, 2:139 BW]
Hoofdelijke aansprakelijkheid, bruikleen [13 art. 7A:1786 BW]
Hoofdelijke aansprakelijkheid, gevaarlijke stoffen aan boord spoorrijtuig [13 art. 8:1677 BW]
Hoofdelijke aansprakelijkheid, gevaarlijke stoffen aan bord [13 art. 8:1217 BW]
Hoofdelijke aansprakelijkheid, misleiding [13 art. 2:260 BW]
Hoofdelijke aansprakelijkheid, schadevergoeding [13 art. 6:102 BW]

Hoofdelijke aansprakelijkheid bestuurders BV [13 art. 2:248 BW]
Hoofdelijke aansprakelijkheid bestuurders NV, faillissement [13 art. 2:138 BW]
Hoofdelijke aansprakelijkheid bij schade aan boord van meerdere schepen [13 art. 8:1037 BW]
Hoofdelijke aansprakelijkheid BV [13 art. 2:180, 2:203 BW]
Hoofdelijke aansprakelijkheid BV [13 art. 6:180 BW]
Hoofdelijke aansprakelijkheid reder/eigenaar/exploitant, gevaarlijke stof [13 art. 8:627 BW]
Hoofdelijke aansprakelijkheid RvC, misleiding [13 art. 2:150 BW]
Hoofdelijke aansprakelijkheid vervreemder/verkrijger [13 art. 3:176 BW]
Hoofdelijke gebondenheid BV [13 art. 2:203 BW]
Hoofdelijke gebondenheid NV [13 art. 2:93 BW]
Hoofdelijke schuldenaars, verbintenis uit overeenkomst [34 art. 16 Rome I]
Hoofdelijke schuldenaren [25 art. 136 FW]
Hoofdelijke verbondenheid, binnenschip [13 art. 8:782 BW]
Hoofdelijke verbondenheid, goederenvervoer door de lucht [13 art. 8:1358, 8:1377 BW]
Hoofdelijke verbondenheid, goederenvervoer over binnenwateren [13 art. 8:941 BW]
Hoofdelijke verbondenheid, goederenvervoer over de weg [13 art. 8:1104, 8:1129 BW]
Hoofdelijke verbondenheid, goederenvervoer over zee [13 art. 8:442, 8:488 BW]
Hoofdelijke verbondenheid, jegens vervoerder binnenwater [13 art. 8:951 BW]
Hoofdelijke verbondenheid, verbintenis [13 art. 6:6 e.v. BW]
Hoor en wederhoor [5 art. 7:16 e.v., 9:10 Awb]
Hoor en wederhoor, partijen [12 art. 19 Rv]
Hoor en wederhoor, schriftelijke klacht [5 art. 9:10 Awb]
Hoorplicht (geen), RvS [7 art. 19 Wet RvS]
Horen, afzien van [5 art. 7:3, 7:17 Awb]
Horen, betrokkenen bij [5 art. 7:5, 7:19 Awb]
Horen van belanghebbenden [5 art. 7:2 e.v. Awb]
Horen van College van procureurs-generaals [8 art. 128 Wet RO]
Horen van partijen [5 art. 8:44 Awb]
Horen van personen, economische delicten [11 art. 32a WED]
Houden voor zichzelf, houderschap [13 art. 3:109 BW]
Houder, rechten van, tekeningen of model [29 art. 3.16 t/m 3.20 BVIE]
Houder, rechten van merk- [29 art. 2.19 t/m 2.24 BVIE]
Houderschap [13 art. 3:107 e.v. BW]
Huishoudinkomen [13 art. 7:252a BW]
Huisrecht, Grondrecht [1 art. 12 GW]
Huisvredebreuk [9 art. 138 Sr]
Hulploon, hulpverlening aan schip [13 art. 8:561 e.v. BW]
Hulpofficier, bevoegdheid [10 art. 97 Sv]
Hulpofficier van justitie, economische delicten [11 art. 59 WED]
Hulpverlener, opzeggen behandelingsovereenkomst [13 art. 7:460 BW]
Hulpverlening, aanvaring schip [13 art. 8:550 e.v. BW]
Hulpverlening, binnenschip [13 art. 8:1010 BW]
Hulpverlening, verjaringstermijn rechtsvordering als gevolg van hulpverlening bij ongevallen [13 art. 8:1820 BW]
Hulpverlening, verplicht [18 art. 358a, 785 WvK]
Humanitaire hulp [33 art. 214 VwEU]
Huur [13 art. 7:201 e.v. BW]
Huur, aansprakelijkheid huurder voor schade [13 art. 7:218 BW]
Huur, bedrijfsruimte [13 art. 7:290 e.v. BW]
Huur, beëindiging [25 art. 238 FW]

Alfabetisch trefwoordenregister H

Huur, eindigen van [13 art. 7:271 e.v. BW]
Huur, gehuurde aan ander in gebruik geven [13 art. 7:221, 7:244 BW]
Huur, luchtvaartuig [13 art. 8:1309 BW]
Huur, opzeggen [25 art. 305 FW]
Huur, voortzetting onderhuur bij beëindiging [13 art. 7:269 BW]
Huur, woonruimte [13 art. 7:232 e.v. BW]
Huur- of pachtbeding, hypotheekrecht [13 art. 3:264 BW]
Huurbeëindiging, verhuiskosten [13 art. 7:275 BW]
Huurcommissie, definitie [13 art. 7:238 BW]
Huurcommissie, uitspraak [13 art. 7:262 BW]
Huurder, nakomen verplichtingen [13 art. 7:280 BW]
Huurder, positie in appartementsrecht [13 art. 5:120 BW]
Huurder, verplichtingen [13 art. 7:212 e.v. BW]
Huurkoop [25 art. 38a FW]
Huurkoop, binnenschepen [13 art. 8:800 e.v. BW]
Huurkoop, onroerende zaken [13 art. 7:101 t/m 112 BW]
Huurkoop, vervreemding [13 art. 7:107 BW]
Huurkoop, woonruimte [13 art. 7:113 t/m 117 BW]
Huurkoopovereenkomst [13 art. 7:101 t/m 104 BW]
Huurovereenkomst, beëindiging [25 art. 39, 237a FW]
Huurkoopovereenkomst, woning [13 art. 7:114 BW]
Huurprijs [13 art. 7:303 t/m 305 BW]
Huurprijs, definitie [13 art. 7:237 BW]
Huurprijzen [13 art. 7:246 e.v. BW]
Huurwoning, werkzaamheden [13 art. 7:220 BW]
Huwelijk [13 art. 1:30 e.v. BW]
Huwelijk, aangifte [13 art. 1:43 e.v. BW]
Huwelijk, bewijs van bestaan [13 art. 1:78 t/m 80 BW]
Huwelijk, internationaal privaatrecht [13 art. 10:27 t/m 34 BW]
Huwelijk, nietigverklaring [13 art. 1:69 t/m 77 BW]
Huwelijk, omzetting in na geregistreerd partnerschap [13 art. 1:80g BW]
Huwelijk, ontbinding na scheiding van tafel en bed [13 art. 1:179 e.v. BW]
Huwelijk, ontbinding [13 art. 1:149 e.v. BW]
Huwelijk, ontbinding [13 art. 10:55 t/m 59 BW]
Huwelijk, onverenigbaarheid met familieverwantschap [13 art. 1:41 BW]
Huwelijk, onverenigbaarheid met geregistreerd partnerschap [13 art. 1:42 BW]
Huwelijk, stuiting [13 art. 1:50 e.v. BW]
Huwelijk, verplichte boedelbeschrijving door voogdij [13 art. 1:355 BW]
Huwelijk minderjarige, toestemming ouders [13 art. 1:35 BW]
Huwelijk minderjarige, toestemming rechtbank [13 art. 1:36 BW]
Huwelijk onder curatele gestelde, toestemming curator [13 art. 1:37 BW]
Huwelijk onder curatele gestelde, toestemming kantonrechter [13 art. 1:38 BW]
Huwelijksaangifte, vereiste documenten [13 art. 1:44 BW]
Huwelijksbeëindiging, latere vermelding akte burgerlijke stand [13 art. 1:20, 1:20a BW]
Huwelijksbeletselen, geen voltrekking [13 art. 1:57 BW]
Huwelijksbevoegdheid, verklaring [13 art. 1:49a BW]
Huwelijkse voorwaarden, aanmerking als gemeenschapsgoed bij gebrek aan bewijs [13 art. 1:131 BW]
Huwelijkse voorwaarden, algemeen [13 art. 1:114 e.v. BW]
Huwelijkse voorwaarden, gemeenschap van goederen, hernieuwd bij [13 art. 1:113 BW]
Huwelijkse voorwaarden, tijdens het huwelijk gemaakt of gewijzigd [13 art. 1:117 BW]
Huwelijkse voorwaarden, verrekenbedingen [13 art. 1:132 t/m 140 BW]

Huwelijksgemeenschap, afstand van de [13 art. 1:103 t/m 108 BW]
Huwelijksgemeenschap, baten en lasten [25 art. 229 FW]
Huwelijksgoederenregister, inschrijving bij afstand gemeenschap van goederen [13 art. 1:104 BW]
Huwelijksgoederenregister, inschrijving in, bij huwelijkse voorwaarden [13 art. 1:116 BW]
Huwelijksgoederenregister, inschrijving na scheiding van tafel en bed [13 art. 1:173 BW]
Huwelijksontbinding, bij vermissing [13 art. 1:425 BW]
Huwelijkssluiting, latere vermelding akte burgerlijke stand [13 art. 1:20, 1:20a BW]
Huwelijksvermogensregime [13 art. 10:42 t/m 53 BW]
Huwelijksvoltrekking [13 art. 1:58 t/m 68 BW]
Hypotheek, binnenschip [13 art. 8:791 e.v. BW]
Hypotheek, luchtvaartuig [13 art. 8:1307 BW]
Hypotheek, luchtvaartuig [25 art. 59a FW]
Hypotheek, overgang vordering [13 art. 6:143 BW]
Hypotheek, schuldoverneming [13 art. 6:157 BW]
Hypotheek, zeeschip [13 art. 8:202 BW]
Hypotheek- en pandhouder, faillissement [25 art. 57 FW]
Hypotheekhouder, beslag onroerende zaken [12 art. 544 Rv]
Hypotheekhouders, beslag op onroerende zaken [12 art. 508 Rv]
Hypotheekrecht [13 art. 3:260 e.v. BW]

I

Icbe's [24 art. 1:13 t/m 1:14 Wft]
Icbe, zie ook beleggingsinstellingen Wft Identificatie [10 art. 52, 55b Sv]
Identificatieplicht na elektronische melding voorgenomen huwelijk [13 art. 1:63 BW]
Identiteitsbewijs, vorderen door toezichthouder [5 art. 5:16a Awb]
Immateriële schade, CAO [14 art. 16 Wet CAO]
Immateriële vaste activa, balans [13 art. 2:365 BW]
Immigratiebeleid [33 art. 79 VwEU]
Immuniteit leden, RvS [7 art. 58 Wet RvS]
Inbeslagneming, economische delicten [11 art. 18 WED]
Inbetalinggeving, nakoming verbintenis [13 art. 6:45 BW]
Inbewaringstelling verschuldigde, schuldeisersverzuim [13 art. 6:66 BW]
Inboedel, definitie [13 art. 3:5 BW]
Inbreng aandelen naamloze vennootschap, accountantsverklaring [13 art. 2:94a BW]
Inbreng anders dan in geld, aandelen NV [13 art. 2:80b, 2:191b BW]
Inbreng anders dan in geld, aandelen [13 art. 2:191b BW]
Inbreuk auteursrecht door tussenpersonen [27 art. 26d Aw]
Inbreuk te kwader trouw [27 art. 32 Aw]
Inbreukbeslissing, Autoriteit C&M [12 art. 161a Rv]
Inbreukprocedure, niet-gebruik als verweer [29 art. 2.23ter BVIE]
Inbreukprocedure, recht van tussenkomst als verweer [29 art. 2.23quater BVIE]
Incassocheque [18 art. 183a WvK]
Incasso-endossement [18 art. 117, 200 WvK]
Incasso-organisatie, betaling aan [27 art. 15f, 16d, l Aw]
Incassowissel [18 art. 102a WvK]
Incompatibiliteiten, provincie en gemeente [1 art. 129 GW]
Incompatibiliteiten, RvC structuurvennootschap [13 art. 2:270 BW]
Incompatibiliteiten, RvC [13 art. 2:63h, 2:160, 2:270 BW]
Incompatibiliteiten, Staten-Generaal [1 art. 57 GW]
Incompatibiliteiten, wethouders [4 art. 46 Gemw]

Alfabetisch trefwoordenregister

Indemniteitsbesluit, gemeentelijke financiën [4 art. 198 Gemw]
Indexering bedragen, alimentatie [13 art. 1:402a BW]
Indiening wetsvoorstel, Wetgeving [1 art. 82 GW]
Individuele arbeidsovereenkomsten, verordening Rome I [34 art. 8 Rome I]
Individuele merken [29 art. 2.1 e.v. BVIE]
Individuele verbintenissen, bevoegdheid [36 art. 20 t/m 23 Brussel I-bis]
Industrie [33 art. 173 VwEU]
Informatie, algemeen verkrijgbaar stellen [24 art. 5:25m, 5:25q Wft]
Informatie, taal [24 art. 5:25p e.v. Wft]
Informatie van derden, aansprakelijkheid elektronisch rechtsverkeer [13 art. 6:196c BW]
Informatiemaatschappij, diensten [24 art. 1:16, 1:17 Wft]
Informatiemaatschappij, verplichtingen [13 art. 3:15d BW]
Informatieplicht, algemene voorwaarden overeenkomst [13 art. 6:234 BW]
Informatieplicht, bevoegdheden gemeenteraad [4 art. 155b Gemw]
Informatieplicht College van P-G aan OM [8 art. 129 Wet RO]
Informatieplicht, omgangsregeling kinderen [13 art. 1:377b, 1:377c BW]
Informatieplicht, toezichthouder [24 art. 1:42 Wft],
Informatieplicht, verhouding gemeente tot provincie en Rijk [4 art. 118 Gemw]
Informatieplicht, vertraging goederenvervoer [13 art. 8:63 BW]
Informatieplicht afzender, goederenvervoer door de lucht [13 art. 8:1370 BW]
Informatieplicht afzender, goederenvervoer over binnenwateren [13 art. 8:910 BW]
Informatieplicht afzender, goederenvervoer over de weg [13 art. 8:1114 BW]
Informatieplicht afzender [13 art. 8:26, 8:394 BW]
Informatieplicht bestuur, fusie [13 art. 2:315 BW]
Informatieplicht bestuur aan RvC [13 art. 2:141 BW]
Informatieplicht College van P-G aan OM [8 art. 129 Wet RO]
Informatieplicht executeur [13 art. 4:148 BW]
Informatieplicht gemeenten aan Raad voor de kinderbescherming [13 art. 1:243 BW]
Informatieplicht Minister [7 art. 23, 24 Wet RvS]
Informatieplicht opdrachtgever, verhuisovereenkomst [13 art. 8:1191 BW]
Informatieplicht opdrachtgever goederenvervoer [13 art. 8:66 BW]
Informatieplicht schuldeiser, niet-nakoming verbintenis [13 art. 6:88 BW]
Informatieplicht vereffenaar, nalatenschap [13 art. 4:210 BW]
Informatieplicht werknemer [17 art. 4:4, 5:5 WAZO]
Informatieverplichtingen, uitgevende instellingen [24 art. 5:25a e.v. Wft]
Informatieverschaffing, AVA [19 Pr. 4.2 CGC]
Informatieverstrekking, aan aandeel- en obligatiehouders [24 art. 5:25k e.v. Wft]
Informatieverstrekking, consumentenkredietovereenkomst [13 art. 7:59 e.v. BW]
Informeren werknemers, overgang onderneming [13 art. 7:665a BW]
Ingebrekestelling, boetebeding [13 art. 6:93 BW]
Ingebrekestelling, scheepshuurkoper [13 art. 8:809 BW]
Ingebrekestelling, van de schuldenaar [13 art. 6:82 e.v. BW]
Ingezetenen, gemeente [4 art. 2 Gemw]
Initiatiefrecht, bevoegdheden gemeenteraad [4 art. 147a Gemw]
Initiatiefrecht advisering, RvS [7 art. 21 Wet RvS]
Inkennisstelling faillietverklaring [25 art. 212c FW]
Inkomensverhoging, huur [13 art. 7:252a BW]
Inkomensverlaging, huur [13 art. 7:245b BW]
Inkorten, legitieme portie geldend maken [13 art. 4:87 BW]
Inkorting bij derdenbeding, legaat [13 art. 4:127 BW]
Inlichtingen, door toezichthouder [5 art. 5:16 Awb]
Inlichtingencompariitie, voorlopig getuigenverhoor [12 art. 191 Rv]

Inlichtingenplicht, bij inzet krijgsmacht [1 art. 100 GW]
Inlichtingenplicht, bij rechtszitting [5 art. 8:29 Awb]
Inlichtingenplicht, vooronderzoek beroep [5 art. 8:45 en 845a Awb]
Inlichtingenplicht ministers en staatssecretarissen, Staten-Generaal [1 art. 68 GW]
Inontvangstneming, koopovereenkomst roerende zaken [37 art. 60 CISG]
Inontvangstneming verklaring, volmacht [13 art. 3:60 BW]
Inoorlogverklaring, bestuur [1 art. 96 GW]
Inpandneming eigen aandelen, door NV [13 art. 2:89a BW]
Inrichting en samenstelling gemeentebestuur [4 art. 6 e.v. Gemw]
Inrichting/samenstelling/bevoegdheid, Openbare lichamen [1 art. 134 GW]
Inrichting/samenstelling/bevoegdheid, provincie en gemeente [1 art. 132 GW]
Inrichting/samenstelling/bevoegdheid, Waterschap [1 art. 133 GW]
Inroeping/betwisting van staat, afstamming [13 art. 1:209 t/m 211 BW]
Inschrijfvergoeding [21 art. 49 Hregw]
Inschrijving, merken [29 art. 2.8 BVIE]
Inschrijving, NV in handelsregister [13 art. 2:69 BW]
Inschrijving, opgave ter [22 art. 2 t/m 7 Hrb 2008]
Inschrijvingsnummer vermelden [21 art. 27 Hregw]
Inschrijvingstermijn, handelsregister [21 art. 20 Hregw]
Inschrijvingsverplichting, handelsregister [21 art. 18 Hregw]
Insolventie, goederenvervoerders [38 art. 38, 39 CMR]
Insolventiefunctionaris [25 art. 5A FW]
Insolventieprocedure, inschrijving gegevens in openbaar register [25 art. 19b FW]
Insolventieprocedure [25 art. 212e FW]
Inspectie, koopovereenkomst roerende zaken [37 art. 38 CISG]
Inspectie mededingingsverordening, bijstand [31 art. 89b Mw]
Inspraakverordening, bevoegdheden gemeenteraad [4 art. 150 Gemw]
Instaan voor echtheid [18 art. 69 WvK]
Instandhouding een of meer ondernemingen, stichting [13 art. 2:299a BW]
Instellen, rechtsvordering [13 art. 3:305a-d BW]
Instelling, ondernemingsraad [23 art. 2 WOR]
Instemming met de betaalopdracht bij betalingstransactie [13 art. 7:522 BW]
Institutionele beleggers, regels [24 art. 5:86 Wft]
Institutionele beleggers, stembeleid [19 Pr. 4.3.5, 4.3.6 CGC]
Institutionele bepalingen [33 art. 223 t/m 309 VwEU]
Institutionele bepalingen, economisch beleid [33 art. 134, 135 VwEU]
Intellectuele-eigendomsrechten, niet-contractuele verbintenissen [35 art. 8 Rome II]
Internationale aanvraag merken [29 art. 2.10 BVIE]
Internationale aanvraag, nietigverklaring/vervallenverklaring [29 art. 230quater BVIE]
Internationale aanvraag, oppositie tegen [29 art. 2.18 BVIE]
Internationale aanvraag, weigeren van [29 art. 2.1 t/m 2.13 BVIE]
Internationaal goederenvervoer over de weg [38 art. 1 e.v. CMR]
Internationaal privaatrecht [13 art. 1 e.v. BW]
Internationaal privaatrecht [25 art. 212s FW]
Internationaal recht, gemeentelijke belastingen [4 art. 243 Gemw]
Internationale depots, tekeningen of modellen [29 art. 3.15 BVIE]
Internationale koopovereenkomsten, roerende zaken [37 art. 1 e.v. CISG]
Internationale ontvoering, kinderen [13 art. 10:114 BW]
Internationale organisaties, overeenkomsten met [32 art. 37 EU-Verdrag]
Internationale overeenkomsten [33 art. 216 t/m 219 VwEU]
Interne audit [19 Pr. 1.3 CGC]
Interne markt [33 art. 26, 27 VwEU]

Alfabetisch trefwoordenregister J

Interpellatierecht, bevoegdheden gemeenteraad [4 art. 155a Gemw]
Interpellatierecht, provinciale staten [3 art. 151 Provw]
Interversie, houderschap [13 art. 3:111 BW]
Intrekken verlof, afwijzen verzoek [17 art. 6:6 WAZO]
Intrekking aandelen NV [13 art. 2:99, 2:208 BW]
Intrekking hoger beroep [5 art. 8:118 Awb]
Intrekking verbindendverklaringen [15 art. 6 AVV]
Intrekking verklaring, rechtshandeling [13 art. 3:37 BW]
Intrekking wetsvoorstel, Wetgeving [1 art. 86 GW]
Intrekking/kapitaalvermindering, aandelen BV [13 art. 2:208 BW]
Intrekkingsbesluit, bezwaar- of beroepsschrift [5 art. 6:19 Awb]
Intrekkingsverzoek surseance [25 art. 247 FW]
Inverzekerdebewaringstelling, faillietverklaring [25 art. 87 FW]
Inverzekeringstelling [10 art. 57, 58 Sv]
Investeringsbank [33 art. 308, 309 VwEU]
In- en uitvoer, kwantitatieve beperkingen [33 art. 34 t/m 37 VwEU]
Invoerbeperkingen, kwantitatieve [33 art. 33 t/m 37 VwEU]
Invordering gemeentelijke belastingen [4 art. 230 t/m 257 Gemw]
Invordering tekorten bij vennoten [18 art. 33 WvK]
Invorderingstermijnen, gemeentelijke belastingen [4 art. 250 Gemw]
Invorderingswet, gemeentelijke belastingen [4 art. 249 Gemw]
Inzage bescheiden, economische delicten [11 art. 19 WED]
Inzage jaarverslag/rekening, vereniging [13 art. 2:50 BW]
Inzagerecht, handelsregister [21 art. 21 Hregw]
Ius tollendi, bezit [13 art. 3:123 BW]
Ius tollendi, hypotheekrecht [13 art. 3:266 BW]
Ius tollendi, vruchtgebruik [13 art. 3:208 BW]

J

Jaarlijkse begroting [33 art. 313 t/m 324 VwEU]
Jaarrekening [13 art. 2:360 e.v. BW]
Jaarrekening, BV [13 art. 2:101, 2:210 BW]
Jaarrekening, coöperatie en OWM [13 art. 2:58 BW]
Jaarrekening, definitie [13 art. 2:361 BW]
Jaarrekening, fusie [13 art. 2:313 BW]
Jaarrekening, gemeentelijke financiën [4 art. 197, 200, 201 Gemw]
Jaarrekening, NV [13 art. 2:101, 2:202 BW]
Jaarrekening, openbaarmaking [13 art. 2:394, 2:395 BW]
Jaarrekening, provinciaal bestuur [3 art. 201 Provw]
Jaarrekening, stichting [13 art. 2:300 BW]
Jaarrekening, terinzagelegging [13 art. 2:102, 2:210, 2:212 BW]
Jaarrekening, toelichting [13 art. 2:378 e.v. BW]
Jaarrekening, vereniging [13 art. 2:49 BW]
Jaarrekening, verplichting tot opgaaf [13 art. 2:63b BW]
Jaarrekeningprocedures [13 art. 2:455 BW]
Jaarstukken, subsidievaststelling [5 art. 4:76 Awb]
Jaartaks, instandhouding octrooi [28 art. 61 ROW 1995]
Jaarverslag [13 art. 2:360 e.v. BW]
Jaarverslag, coöperatie [13 art. 2:58 BW]
Jaarverslag, eisen [13 art. 2:391 BW]
Jaarverslag, gemeentelijke financiën [4 art. 197 Gemw]
Jaarverslag, provinciaal bestuur [3 art. 201 Provw]

Jaarverslag, vereniging [13 art. 2:48 BW]
Juridische procedure, algemene beginselen [12 art. 19 e.v. Rv]
Justitiële samenwerking, burgerlijke zaken [33 art. 81 VwEU]
Justitiële samenwerking, strafzaken [33 art. 82 t/m 86 VwEU]

K

Kansspelen en weddenschappen, geen vordering toegestaan [13 art. 7A:1825 e.v. BW]
Kantonrechter [8 art. 47 Wet RO]
Kantonrechter, einde arbeidsovereenkomst [13 art. 7:671b en c BW]
Kantonrechter, machtiging aan voogd [13 art. 1:345 e.v. BW]
Kantonrechter, toestemming huwelijk onder curatele gestelde [13 art. 1:38 BW]
Kantonzaken, competentie [12 art. 93 Rv]
Kantoor- of filiaalhouder, woonplaats [13 art. 1:14 BW]
Kapitaal, BV [13 art. 2:178 BW]
Kapitaal, definitie [13 art. 2:78, 2:189 BW]
Kapitaal, NV [13 art. 2:67 t/m 67c BW]
Kapitaal NV, definitie [13 art. 2:78 BW]
Kapitaalverkeer [33 art. 63 t/m 66 VwEU]
Kapitaalvermindering, aandelen BV [13 art. 2:208 BW]
Kapitaalvermindering, aandelen NV [13 art. 2:99, 2:100, 2:208 BW]
Kapitaalvermindering [13 art. 2:100, 2:208 BW]
Kapitein, verjaringstermijn rechtsvordering [13 art. 8:1780 BW]
Kapitein, verplichtingen [18 art. 342 WvK]
Kapitein, zeeschip [13 art. 8:260-262 BW]
Kartelverbod, EG [31 art. 13, 14 Mw]
Kartelverbod [31 art. 6 Mw]
Kenbaarheid voorlopige aantekening, registergoed [13 art. 3:20 BW]
Kennelijke misslagen, Haagse registers [13 art. 1:25a BW]
Kennelijke misslagen, register burgerlijke stand [13 art. 1:24a BW]
Kennisgeving aan gemachtigde bij rechtszitting [5 art. 8:32 Awb]
Kennisgeving aan legataris, legaat [13 art. 4:119 BW]
Kennisgeving aan pachter, vervreemding verpachte [13 art. 7:382 BW]
Kennisgeving faillietverklaring [25 art. 213ii, 213jj FW]
Kennisgeving gebrek aan verkoper, huur [13 art. 7:23 BW]
Kennisgeving gebrek door huurder [13 art. 7:222 BW]
Kentekenregistratie, parkeerbelasting [4 art. 225 Gemw]
Kerkgenootschap, op te nemen gegevens [22 art. 31 Hrb 2008]
Kerkgenootschappen, rechtspersoon [13 art. 2:2 BW]
Kernschade, aansprakelijkheid [13 art. 8:13 BW]
Kiesrecht, EU [33 art. 22 VwEU]
Kiesrecht, Grondrecht [1 art. 4 GW]
Kiesrecht niet-Nederlander, provincie en gemeente [1 art. 130 GW]
Kiesrecht/verkiezingen, Staten-Generaal [1 art. 59 GW]
Kind, ouderlijk gezag bij wijziging verblijfplaats [13 art. 1:253s BW]
Kind jonger dan acht jaar, ouderschapsverlof [17 art. 6:4 WAZO]
Kind tot 14 jaar, onrechtmatige daad [13 art. 6:164 BW]
Kinderen, aansprakelijkheid [13 art. 6:169 BW]
Kinderen, erfopvolging bij versterf [13 art. 4:13 BW]
Kinderen, kostenvoorziening verzorging en opvoeding [13 art. 1:404 e.v. BW]
Kinderen, legitieme portie [13 art. 4:64 BW]
Kinderen, omgangsrecht [13 art. 1:377a e.v. BW]
Kinderrechter, economische delicten [11 art. 45 WED]

K

Kinderrechter, schorsing voogd [13 art. 1:331 BW]
Kinderrechter, uithuisplaatsing minderjarige [13 art. 1:265 BW]
Kindsdeel, opvragen van [13 art. 4:26 BW]
Kindsdeel, overdracht goederen bij huwelijk langstlevende ouder [13 art. 4:19 BW]
Kindsdeel, overdracht goederen erfgenamen stiefouder [13 art. 4:22 BW]
Kindsdeel, overdracht goederen stiefouder [13 art. 4:20 BW]
Kindsdeel, stiefkind [13 art. 4:27 BW]
Kindsdeel nalatenschap, geldvordering [13 art. 4:15, 4:17 BW]
Klaagschrift, behandeling van [5 art. 9:4 e.v. Awb]
Klacht, aangifte [10 art. 161 Sv]
Klacht, exoneratie [5 art. 9:8 Awb]
Klacht, tegemoetkoming [5 art. 9:5 Awb]
Klacht (schriftelijk), behandeling van [5 art. 9:4 e.v. Awb]
Klachtadviesprocedure, aanvullende [5 art. 9:13 e.v. Awb]
Klachtbehandelende instantie, bevoegdheden [5 art. 9:15 Awb]
Klachtenbehandeling, ABRvS [7 art. 45 Wet RvS]
Klachtenbehandeling, door bestuursorganen [5 art. 9:1 e.v. Awb]
Klachtenbehandeling, handelsregister [21 art. 48 Hregw]
Klachtenbehandeling, ombudsman [5 art. 9:17 e.v. Awb]
Klachtenbehandeling, orde van octrooigemachtigden [28 art. 23o t/m 23t ROW 1995]
Klachtenbehandeling, zorgvuldige behandeling [5 art. 9:2 Awb]
Klachtenregeling, elektronisch rechtsverkeer [13 art. 3:15f BW]
Klantenvergoeding, agentuurovereenkomst [13 art. 7:442 BW]
Kleinkinderen, legitieme portie [13 art. 4:64 BW]
Klokkenluiders [13 art. 7:658c BW]
Koers, verbintenis tot betaling [13 art. 6:124, 6:125, 6:126 BW]
Koning, positie van [1 art. 24 t/m 41 GW]
Koop [13 art. 7:1 e.v. BW]
Koop, ontbinding [13 art. 7:33-35 BW]
Koop, op afbetaling, zie goederenkrediet Koop, op afstand [13 art. 6:230g-z BW]
Koop, op proef [13 art. 7:45 BW]
Koop, terugvordering bij schuldsaneringsregeling koper [13 art. 7:40 BW]
Koop, vergoeding schade als gevolg van ontbinding [13 art. 7:36-38 BW]
Koop, vermogensrecht [13 art. 7:47 BW]
Koop, verplichtingen verkoper [13 art. 7:9 e.v. BW]
Koop, verzuim [13 art. 7:31, 7:32 BW]
Koop en verkoop, nalatenschap [13 art. 7:48 BW]
Koopovereenkomst, roerende zaken (Weens koopverdrag) [37 art. 1 e.v. CISG]
Koopprijs, verdeling opbrengst na executie [12 art. 551 Rv]
Koper, behoud zaken [37 art. 86 CISG]
Koper, niet-nakoming koopovereenkomst roerende zaken [37 art. 61 e.v. CISG]
Koper, rechtsmiddelen koopovereenkomst roerende zaken [37 art. 45 CISG]
Koper, verplichtingen koopovereenkomst roerende zaken [37 art. 53 e.v. CISG]
Koper, verplichtingen [13 art. 7:26 e.v. BW]
Kort geding [12 art. 254 Rv]
Kortdurend zorgverlof [17 art. 5:1 e.v. WAZO]
Kortere aangiftetermijn, gemeentelijke belastingen [4 art. 238 Gemw]
Kortsluiting, uitspraak rechtbank [5 art. 8:86 Awb]
Kosten, faillissement [25 art. 15, 16 FW]
Kosten, handelsregister [21 art. 49, 50 Hregw]
Kosten, koop [13 art. 7:12 BW]
Kosten, ondernemingsraad [23 art. 22 WOR]

Kosten, verrekening bewind voogdij [13 art. 1:357 BW]
Kosten, verzorging en opvoeding minderjarige kinderen en stiefkinderen [13 art. 1:404 e.v. BW]
Kosten, voorrechten zeeschip [13 art. 8:210 e.v. BW]
Kosten van bezorging, consumentenkoop [13 art. 7:13 BW]
Kostenberekening, betalingstransacties [13 art. 7:520 BW]
Kostenverhaal, aanwijzing goederen door voogdij [13 art. 1:357 BW]
Kostenveroordeling, bij uitspraak [5 art. 8:75 Awb]
Kraakmiddelen [27 art. 32a Aw]
Kraamverlof [17 art. 4:2 WAZO]
Kracht van gewijsde; executoriale titel [25 art. 196 FW]
Krediet, woningverbetering/inrichting [13 art. 7:118, 7:119 BW]
Kredietbank, faillissement [25 art. 212g e.v. FW]
Kredietbemiddelaar [13 art. 7:72 BW]
Kredietovereenkomst, consumenten [13 art. 7:57 e.v. BW]
Kredietovereenkomst, geldlening [13 art. 7:129 BW]
Kredietovereenkomst, goederenkrediet [13 art. 7:84 e.v. BW]
Kredietovereenkomst, marketing [13 art. 7:120 BW]
Kredietovereenkomst, overige bepalingen [13 art. 7:74 e.v. BW]
Kredietovereenkomst, pandrecht [13 art. 7:79 t/m 81 BW]
Kredietovereenkomst, rechten [13 art. 7:125 t/m 128a BW]
Kredietovereenkomst, volmacht [13 art. 7:78 BW]
Kredietvergoeding [13 art. 7:76 BW]
Kredietverlener, informatieplicht [13 art. 7:121 t/m 123 BW]
Kredietverlening, diensten [24 art. 1:20 Wft]
Kredietverlening, kosten [13 art. 7:124 BW]
Krijgsmacht, bestuur [1 art. 97 GW]
Kroon, advies RvS [7 art. 17 Wet RvS]
Kwalitatief recht, overgang [13 art. 6:251 BW]
Kwalitatieve verplichting, overgang [13 art. 6:252 BW]
Kwaliteitscontrole, handelsregister [21 art. 40 Hregw]
Kwijting [18 art. 161 WvK]
Kwijting, goederenvervoer over zee [13 art. 8:481 BW]
Kwijting, nakoming verbintenis [13 art. 6:49 BW]
Kwijtschelding, gemeentelijke belastingen [4 art. 255 Gemw]
Kwitantie, nakoming verbintenis [13 art. 6:47, 6:48, 6:50 BW]
Kwitantie aan toonder [18 art. 229f WvK]

L

Laad- en stuwverplichting, goederenvervoer over zee [13 art. 8:421 BW]
Laadtijd goederenvervoer over binnenwateren, aanvang [13 art. 8:930 BW]
Laatste woord, door verdachte [10 art. 311 Sv]
Laden en lossen, goederenvervoer over spoorwegen [13 art. 8:1561 BW]
Laden en lossen, goederenvervoer over zee [13 art. 8:418 BW]
Land verlaten, Grondrecht [1 art. 2 GW]
Landen Weens Koopverdrag [LWK]
Landbouw, definitie [13 art. 7:312 BW]
Landbouw, onroerendezaakbelastingen [4 art. 220b Gemw]
Landbouw en visserij [33 art. 38 t/m 44 VwEU]
Landelijk Bureau Inning Onderhoudsbijdragen, invordering onderhoudsgelden [13 art. 1:408 BW]
Landen overzee, associatie [33 art. 198 t/m 204 VwEU]

L

Landen overzee [33 Bijlage II VwEU]
Langdurend zorgverlof [17 art. 5:9 WAZO]
Lange termijn waardecreatie [19 Pr. 1.1 CGC]
Langlopende verplichtingen, jaarrekening [13 art. 2:381 BW]
Last onder bestuursdwang, bevoegdheid [4 art. 125 Gemw]
Last onder bestuursdwang [5 art. 5:21 e.v. Awb]
Last onder bestuursdwang, provinciebestuur [3 art. 122 Provw]
Last onder dwangsom, overtreding verbod mededingingsafspraken [31 art. 58a Mw]
Last onder dwangsom [5 art. 5:31d e.v. Awb]
Last onder dwangsom, door toezichthouder [24 art. 1:79 Wft]
Lastgevers, meerdere [13 art. 7:417 BW]
Lastgeving [13 art. 7:414 e.v. BW]
Lasthebber, belang [13 art. 7:418 BW]
Latere bekendmaking, gevolgen voor ingediende aanvragen subsidie [5 art. 4:28 Awb]
Latere vermelding, akte burgerlijke stand [13 art. 1:20, 1:20a t/m 20g BW]
Latere vermelding, Haagse registers [13 art. 1:25b BW]
Latere vermelding, register burgerlijke stand [13 art. 1:24b BW]
Leden, gemeentebestuur [4 art. 8 Gemw]
Leden, toelating tot vereniging [13 art. 2:33 BW]
Leden ondernemingsraad, bescherming positie [23 art. 21 WOR]
Alfabetisch trefwoordenregister
Ledenverkiezing, OR [23 art. 9 WOR]
Leeftijdsvereiste, nietigverklaring huwelijk [13 art. 1:74 BW]
Leeftijdsvereiste, huwelijk [13 art. 1:31 e.v. BW]
Legaat [13 art. 4:117 e.v. BW]
Legaat, aanvaarding/verwerping [13 art. 4:190 e.v. BW]
Legaat, giften [13 art. 4:126 e.v. BW]
Legalisatieverbod, documenten A[36 art. 61 Brussel I-bis]
Legaat, verwerping [13 art. 4:201 BW]
Legaliteitsbeginsel, Grondrecht [1 art. 16 GW]
Legataris, machtiging tot uitoefening recht bij vermissing [13 art. 1:412 BW]
Leges, overgangs- en slotbepalingen [4 art. 304 Gemw]
Legitieme portie, mindering op [13 art. 4:70 e.v. BW]
Legitieme portie [13 art. 4:63 e.v. BW]
Legitieme portie geldend maken [13 art. 4:79 e.v. BW]
Legitimaris, definitie [13 art. 4:63 BW]
Legitimaris, vordering op erfgenaam/legataris door [13 art. 4:220 BW]
Legitimatiebewijs, toezichthouder naleving wettelijke voorschriften [5 art. 5:12 Awb]
Lener, verplichtingen [13 art. 7A:1781 BW]
Leningen, en voorschotten aan bestuurders/commissarissen, jaarrekening [13 art. 2:383 BW]
Leningen, persoonlijke [19 Pr. 2.7.6 CGC]
Letsel bij derden, schadevergoeding [13 art. 6:107 BW]
Levenloos geboren kind, overlijdensakte [13 art. 1:19i BW]
Levenloos geboren of overleden kind, aangifte [13 art. 1:19i BW]
Levenslange of tijdelijke gevangenisstraf [9 art. 10 Sr]
Levensloopregeling [17 art. 7:1 e.v. WAZO]
Levensloopregeling, recht op deelname [17 art. 7:2 WAZO]
Levensonderhoud, alimentatieverplichting [13 art. 1:392 e.v. BW]
Levensonderhoud, gezamenlijk gezag ouder/niet-ouder [13 art. 1:253w BW]
Levensonderhoud, gezin gefailleerde [25 art. 100 FW]
Levensonderhoud, verplichtingen [13 art. 10:116 BW]

L

Levensverzekering [13 art. 7:975 e.v. BW]
Levensverzekeringsbedrijf, toelichting balans [13 art. 2:441 BW]
Levering aandelen NV [13 art. 2:86a BW]
Levering CT-document [13 art. 8:50 BW]
Levering en aanvaarding aandelen, geschil [13 art. 2:341 BW]
Levering koop roerende zaken [37 art. 31 e.v. CISG]
Levering onroerende zaken, overdracht [13 art. 3:89 BW]
Leveringshandeling, bij overdracht octrooi [28 art. 65 ROW 1995]
Licentie aan octrooihouder [28 art. 56 e.v. ROW 1995]
Licentie op tekeningen of modellen [29 art. 3.26 BVIE]
Licentie van merk [29 art. 2.32 BVIE]
Licentienemer [27 art. 28 Aw]
Lichaam, onderzoek aan het [10 art. 56 Sv]
Lichaamsmateriaal voor medisch onderzoek, gebruik [13 art. 7:467 BW]
Lichamelijk letsel door schuld [9 art. 308 Sr]
Lid worden, van de EU [32 art. 49 EU-Verdrag]
Lidmaatschap, coöperatie [13 art. 2:61 BW]
Lidmaatschap, einde [13 art. 2:35 BW]
Lidmaatschap, opzegging verenigings- [13 art. 2:36 BW]
Lidmaatschap OWM [13 art. 2:62 BW]
Lidmaatschap vereniging, einde [13 art. 2:34a BW]
Lidmaatschap vereniging [13 art. 2:34 BW]
Lidmaatschapsvereisten, gemeentebestuur [4 art. 10 Gemw]
Lidstaten, oproep verschijning gerecht in [36 art. 4 e.v. Brussel I-bis]
Lidstaten EU, rechten [25 art. 213t e.v. FW]
Liggen en/of varen, definitie overeenkomst [13 art. 8:994 BW]
Ligovereenkomst [13 art. 8:992, 8:993 BW]
Ligtijd, vervoer over binnenwateren [13 art. 8:996 BW]
Lijfrente [13 art. 7:990-992 BW]
Lijfrente, termijnen vrucht [13 art. 3:9 BW]
Lijfsdwang in zaken levensonderhoud [25 art. 33 FW]
Lijfsdwang [9 art. 36e Sr]
Liquidatieprocedure, gevolgen [25 art. 212ij FW]
Liquidatieprocedure, opening [25 art. 212t FW]
Litispendentie [36 art. 22 Brussel I-bis]
Lokaalvredebreuk [9 art. 139 Sr]
Loods, schuld aan aanvaring [13 art. 8:547, 8:1007 BW]
Loon [13 art. 7:616 e.v. BW]
Loon, definitie [17 art. 1:2 WAZO]
Loon behouden tijdens vakantie [13 art. 7:639 BW]
Loon bij ziekte of zwangerschap/bevalling [13 art. 7:629(a) BW]
Loon en voorschotten, betaling [25 art. 250 FW]
Loon opdrachtnemer, opdracht [13 art. 7:405 BW]
Loonbetaling, (onder)aanneming [13 art. 7:616a t/m f BW]
Loonbetaling, afwijken bij CAO/OR [17 art. 4:7 WAZO]
Loondoorbetaling [17 art. 5:6 WAZO]
Loondoorbetaling, rechtsvordering tot [13 art. 7:680a BW]
Loonvermindering [17 art. 4:5, 5:7 WAZO]
Loonvermindering, ziekte of zwangerschap/bevalling [13 art. 7:629 BW]
Luchtrecht [13 art. 8:1834 e.v. BW]
Luchtvaartuig [13 art. 8:1300 e.v. BW]
Luchtvaartuig, definitie [13 art. 8:3a BW]

Luchtvaartuig, hypotheek op [25 art. 59a FW]
Luchtvervoer, aansprakelijkheid bij opvolgend vervoer [13 art. 8:1420 BW]
Luchtvervoer, vervalstermijn rechtsvordering [13 art. 8:1834-1836 BW]
Luchtvrachtbrief [13 art. 8:1365 e.v. BW]

M

Maatregelen, economische delicten [11 art. 8, 9, 10 WED]
Maatregelen bij sterke vermogensdaling NV, algemene vergadering [13 art. 2:108a BW]
Maatschap [13 art. 7A:1655 e.v. BW]
Maatschap, beheer [13 art. 7A:1673 e.v. BW]
Maatschap, op te nemen gegevens [22 art. 17 t/m 20 Hrb 2008]
Maatschappelijk en geplaatst kapitaal, BV [13 art. 2:178 BW]
Maatschappelijk kapitaal en aandelen, naamloos vennootschap [13 art. 2:67 BW]
Machtiging (schriftelijk), huwelijkse voorwaarden [13 art. 1:115 BW]
Machtiging bewindvoerder onderbewindstelling meerderjarige [13 art. 1:443 BW]
Machtiging bij vermissing [13 art. 1:412 e.v. BW]
Machtiging politieambtenaar, bevoegdheden burgemeester [4 art. 177 Gemw]
Machtiging politieambtenaar, bevoegdheden college van B&W [4 art. 166, 167 Gemw]
Machtiging tot verkoop, goederenvervoer over binnenwateren [13 art. 8:957 BW]
Machtiging tot verkoop zaken, goederenvervoer over de weg [13 art. 8:1133 BW]
Machtiging van deurwaarder [12 art. 434 Rv]
Machtiging van mentor [13 art. 1:456 BW]
Machtspositie, misbruik [31 art. 24, 25 Mw]
Makerschap, vermoeden van [27 art. 4 Aw]
Mandaat [5 art. 10:1 e.v. Awb]
Mandaat, bevoegdheden college van B&W [4 art. 168 Gemw]
Mandaat, GS [3 art. 166 Provw]
Mandeligheid [13 art. 5:60 e.v. BW]
Mannen en vrouwen, gelijke behandeling [13 art. 7:646 BW]
Maritieme vorderingen, aansprakelijkheid [13 art. 8:750 e.v. BW]
Marktexploitanten, vergunning [24 art. 5:26 t/m 5:32m Wft]
Materiële vaste activa, balans [13 art. 2:366 BW]
Matiging, schadevergoeding [13 art. 6:109 BW]
Matigingsrecht, boetebeding [13 art. 6:94 BW]
Medebewind, bevoegdheden gemeentebestuur [4 art. 108 Gemw]
Medebewind, provincie en gemeente [1 art. 124 GW]
Medebewind, provinciebestuur [3 art. 105 Provw]
Medebezitter BV, aansprakelijkheid [13 art. 6:180 BW]
Medecurator, benoeming [25 art. 73 FW]
Mededeling van adviesopdracht aan deskundige door ondernemer [23 art. 31c WOR]
Mededelingsplicht provincie/Rijk aan gemeente [4 art. 112 Gemw]
Mededelingsplicht verzekeringnemer bij aangaan [13 art. 7:928 BW]
Mededinging [33 art. 101 t/m 109 VwEU]
Mededinging, concentraties [31 art. 26 e.v. Mw]
Mededinging, vrijstellingen [31 art. 11 e.v. Mw]
Mededingingsafspraken, verbod [31 art. 6 t/m 10 Mw]
Mededingingsonderzoek [31 art. 51 t/m 53 Mw]
Medehuur [13 art. 7:266 e.v. BW]
Medeplichtigheid [9 art. 48 Sr]
Medeplichtigheid, aan overtreding [9 art. 52 Sr]
Medeplichtigheid, economische delicten [11 art. 4 WED]
Medeschuldenaar, borg [25 art. 241 FW]

1817

M Alfabetisch trefwoordenregister

Medewerking, aan onderzoek door toezichthouder [5 art. 5:20 Awb]
Medezeggenschap, Grondrecht [1 art. 19 GW]
Medisch onderzoek, gebruik lichaamsmateriaal [13 art. 7:467 BW]
Medische behandeling, toestemming bij ondertoezichtstelling [13 art. 1:265h BW]
Meer dan één gemeente, burgemeester [4 art. 64 Gemw]
Meer vennoten, beheer door [13 art. 7A:1674 BW]
Meerdere gevolmachtigden [13 art. 3:65 BW]
Meerdere ondernemingen [23 art. 3 WOR]
Meerdere personen, oproep voor rechtszitting [5 art. 8:40 Awb]
Meerdere verzekeringen, dekking schade [13 art. 7:961 BW]
Meerderjarige, curatele [13 art. 1:378 e.v. BW]
Meerderjarige studerende kinderen, alimentatieverplichting [13 art. 1:395a BW]
Meerderjarigen, mentorschap [13 art. 1:450 e.v. BW]
Meerderjarigen, onderbewindstelling (ter bescherming van) [13 art. 1:431 e.v. BW]
Meerderjarigverklaring, moeder [13 art. 1:253ha BW]
Meerjarig kader, financiële bepalingen [33 art. 312 VwEU]
Meerlingen, zwangerschapsverlof [17 art. 3:1 WAZO]
Meerprestatie, koopovereenkomst roerende zaken [37 art. 52 CISG]
Meervoudige kamer, gerechtshof [12 art. 16 Rv]
Meervoudige kamer, Hoge Raad [12 art. 17 Rv]
Meervoudige kamer, rechtbank [12 art. 15 Rv]
Meervoudige kamer, verwijzing naar [5 art. 8:10 Awb]
Meervoudige kamers, ABRvS [7 art. 42 Wet RvS]
Meervoudige kamers, vorming en bezetting [8 art. 48 Wet RO]
Meevoeren, bij bestuursdwang [5 art. 5:29 Awb]
Melding aan werkgever [17 art. 3:3 WAZO]
Melding beroepsmogelijkheid, bezwaar- of beroepschrift [5 art. 6:23 Awb]
Melding bezwaar- of beroepsmogelijkheid [5 art. 3:45 Awb]
Melding collectief ontslag [16 art. 3 e.v. WMCO]
Melding opname verlof [17 art. 4:3, 5:3 WAZO]
Melding wijziging van opgenomen gegevens [22 art. 45 Hrb 2008]
Meldingsplicht, boete bij negeren [31 art. 74 Mw]
Meldingsplicht van concentratie [31 art. 34 t/m 40 Mw]
Meldingsplicht verzekeringnemer verwezenlijking risico [13 art. 7:941 BW]
Meldingsplicht zeereiziger bij schade [13 art. 8:511 BW]
Meldingsplichten [24 art. 5:34 e.v. Wft]
Mentor, benoeming tot [13 art. 1:452 BW]
Mentor, rapportageplicht [13 art. 1:459 BW]
Mentor, verhouding tussen, en bewindvoerder [13 art. 1:458 BW]
Mentorschap, omzetting tot na curatele [13 art. 1:451 BW]
Mentorschap, vernietiging rechtshandelingen [13 art. 1:457 BW]
Mentorschap, voor meerderjarigen [13 art. 1:450 e.v. BW]
Merk, licentie [29 art. 2.32 BVIE]
Merken, doorhaling, verval en nietigheid [29 art. 2.25 t/m 2.30 BVIE]
Merken, individuele [29 art. 2.1 e.v. BVIE]
Merken, onderdeel van het vermogen [29 art. 2.32 t/m 2.33 bis BVIE]
Merken, oppositie tegen internationale aanvragen [29 art. 2.14 t/m 2.18 BVIE]
Merken, tekens die een merk kunnen vormen [29 art. 2.1 BVIE]
Merken, weigeren van [29 art. 2.11 BVIE]
Merken, weergave in woordenboeken [29 art. 2.20bis BVIE]
Merkenrecht, certificeringsmerken [29 art. 2.35bis t/m 2.35decies BVIE]
Merkenrecht, classificatie van waren en diensten [29 art. 2.5bis BVIE]

M

Merkenrecht, collectieve merken [29 art. 2.34bis BVIE]
Merkenrecht, derden [29 art. 2.33 BVIE]
Merkenrecht, normaal gebruik [29 art. 2.23bis BVIE]
Merkenrecht, verbod op het gebruik [29 art. 2.20ter BVIE]
Merkenrecht, verval [29 art. 2.26, 2.27 BVIE]
Merkhouder, rechten van [29 art. 2.19 t/m 2.23quater BVIE]
Mijnbouwwerk, aansprakelijkheid [13 art. 6:177 BW]
Milieu [33 art. 191 t/m 193 VwEU]
Milieuhygiëne, Grondrecht [1 art. 21 GW]
Milieuschade, niet-contractuele verbintenissen [35 art. 7 Rome II]
Militaire ambtenaar [17 art. 4:3 WAZO]
Militairen/bijzondere omstandigheden, uiterste wil [13 art. 4:98 e.v. BW]
Minderheidsadvies, RvS [7 art. 27b Wet RvS]
Mindering op legitieme portie [13 art. 4:70 e.v. BW]
Minderjarige [22 art. 36, 37 Hrb 2008]
Minderjarige, gezag [13 art. 1:245 e.v. BW]
Minderjarige, gezagsregisters [13 art. 1:244 BW]
Minderjarige, handelingsbekwaamheid arbeidsovereenkomst [13 art. 7:612 BW]
Minderjarige, handelingsbekwaamheid behandelingsovereenkomst [13 art. 7:447 BW]
Minderjarige, ondertoezichtstelling [13 art. 1:254 e.v. BW]
Minderjarige, ondertoezichtstelling onder voogdij staande [13 art. 1:326 BW]
Minderjarige, toezicht van voogd [13 art. 1:336, 1:336a BW]
Minderjarige, verplichtingen jegens ouderlijk gezag [13 art. 1:249 BW]
Minderjarige, woonplaats [13 art. 1:12 BW]
Minderjarige kinderen, kostenvoorziening verzorging en opvoeding [13 art. 1:404 e.v. BW]
Minderjarige kinderen, zorgplicht echtgenoten [13 art. 1:82 BW]
Minderjarigheid [13 art. 1:233 e.v. BW]
Minderjarigheid, handlichting [13 art. 1:235 t/m 237 BW]
Minderjarigheid, Raad voor de kinderbescherming [13 art. 1:238 t/m 243 BW]
Minderjarigheid, strafrechterlijke [9 art. 77a Sr]
Minimumleeftijd, Koning [1 art. 33 GW]
Minister, aanwijzingen bij economische delicten [11 art. 24 WED]
Minister, RvS [7 art. 23, 24 Wet RvS]
Minister van Justitie, aanwijzing taken Hoge Raad [8 art. 93 Wet RO]
Ministeries, Koning en ministers [1 art. 44 GW]
Ministerraad, Koning en ministers [1 art. 45 GW]
Ministers, Koning en ministers [1 art. 43 GW]
Misbruik machtspositie, verbod [31 art. 24, 25 Mw]
Misbruik omstandigheden, schenking [13 art. 7:176 BW]
Misdrijven, aangifte [10 art. 160 e.v. Sv]
Misdrijven, economische delicten [11 art. 2 WED]
Misdrijven, tegen openbare orde [9 art. 131 Sr]
Mishandeling [9 art. 300 Sr]
Mishandeling met voorbedachten rade [9 art. 301 Sr]
Misleidende handelspraktijken [13 art. 6:193c BW]
Misleiding, reclame [13 art. 6:194 BW]
Missies, defensiebeleid [32 art. 43, 44 EU-Verdrag]
Misstanden [19 Pr. 2.6 CGC]
Modellen [29 art. 3.1 e.v. BVIE]
Modellen, samenloop met auteursrecht [29 art. 3.28. 3.29 BVIE]
Moeder, definitie [13 art. 1:198 BW]

Moeder, meerderjarigverklaring [13 art. 1:253ha BW]
Moeder, ouderlijk gezag (van rechtswege uitoefening door) [13 art. 1:253b BW]
Moederschap, ontkenning [13 art. 1:202a BW]
Moederschap, vernietiging erkenning [13 art. 1:205a BW]
Mondelinge aangifte, gemeentelijke belastingen [4 art. 237 Gemw]
Mondelinge mededeling, gerechtelijke mededeling [10 art. 585 Sv]
Mondelinge stemming bij hoofdelijke oproeping, gemeentebestuur [4 art. 32 Gemw]
Mondelinge zienswijze, beschikking [5 art. 4:9 Awb]
Monetair beleid [33 art. 119, 127 t/m 133 VwEU]
Monogamievereiste, huwelijk [13 art. 1:33 BW]
Monsterneming, door toezichthouder [5 art. 5:18 Awb]
Monsterneming, economische delicten [11 art. 2 WED]
Monsters [18 art. 68b WvK]
Monsters, economische delicten [11 art. 21 WED]
Moord [9 art. 289 Sr]
Motivering vonnis, rechtspraak [1 art. 121 GW]
Motorrijtuig, aansprakelijkheid [30 art. 185 WVW]
Muur, gemene [13 art. 5:36 BW]
Muur, naburig erf [13 art. 5:43 BW]
Muur, scheids- [13 art. 5:49 BW]
Muur, vrijstaande scheids- (mandeligheid) [13 art. 5:62 BW]

N

Naam, onrechtmatig gebruik geslachtsnaam [13 art. 1:8 BW]
Naam, recht op [13 art. 1:4 BW]
Naam, vreemdeling [13 art. 10:18 t/m 26 BW]
Naam, wijziging geslachtsnaam [13 art. 1:7 BW]
Naam (voorlopige), geboorteakte [13 art. 1:19c BW]
Naam volledig voeren, besloten vennootschap [13 art. 2:186 BW]
Naam volledig voeren, coöperatie en OWM [13 art. 2:56 BW]
Naameisen, coöperatie en OWM [13 art. 2:54 BW]
Naameisen, NV [13 art. 2:66 BW]
Naamloze Vennootschap, bestuur [13 art. 2:64 e.v., 2:129 e.v. BW]
Naamloze Vennootschap, daden van bestuur [13 art. 2:151 BW]
Naamloze Vennootschap, RvC [13 art. 2:140 e.v. BW]
Naamloze Vennootschap, toelichting jaarrekening [13 art. 2:383b BW]
Naamloze Vennootschap, vermogen [13 art. 2:93 e.v. BW]
Naamloze Vennootschap, verzwakt regime [13 art. 2:155 BW]
Naamsbekendheid, adviseur bij besluiten [5 art. 3:8 Awb]
Naamskeuze, latere vermelding [13 art. 1:20, 1:20f BW]
Naamsvermelding, recht op [27 art. 45e Aw]
Naamvoering, NV [13 art. 2:75 BW]
Naamswijziging, latere vermelding [13 art. 1:20, 1:20e BW]
Naburig erf [13 art. 5:37 e.v. BW]
Nachgrundung, NV [13 art. 2:94c BW]
Nader onderzoek, verdachte [10 art. 311 Sv]
Nadere stukken, hoor en wederhoor [5 art. 7:18 Awb]
Nagekomen vorderingen, faillissement [25 art. 191 FW]
Naheffingsaanslag, parkeerbelasting [4 art. 234 Gemw]
Nakomende baten, verdeling [25 art. 194 FW]
Nakoming van verbintenis [13 art. 6:27 e.v. BW]
Nakoming verplichtingen (onderzoek), subsidievaststelling [5 art. 4:79 Awb]

N

Nalaten aan stichting [13 art. 4:135 BW]
Nalatenschap [13 art. 4:1 e.v. 4:186 e.v. BW]
Nalatenschap, betalingsregeling op verzoek schuldenaar [13 art. 4:5 BW]
Nalatenschap, bevoegde rechter [12 art. 104 Rv]
Nalatenschap, boedelbeschrijving [13 art. 4:16 BW]
Nalatenschap, keuzevrijheid erfgenaam [13 art. 4:190 BW]
Nalatenschap, nietige rechtshandelingen [13 art. 4:4 BW]
Nalatenschap, ongedaan maken verdeling door echtgenoot [13 art. 4:18 BW]
Nalatenschap, opheffen vereffening [13 art. 4:209 BW]
Nalatenschap, oproepen schuldeisers door vereffenaar tot aanmelden vorderingen [13 art. 4:214 BW]
Nalatenschap, rechten [13 art. 4:28 e.v. BW]
Nalatenschap, schulden [13 art. 4:7, 4:14, 4:194a BW]
Nalatenschap, uiterste wilsbeschikking [13 art. 4:42 e.v. BW]
Nalatenschap, van vermiste [13 art. 1:418 BW]
Nalatenschap, verdeling [13 art. 4:227 e.v. BW]
Nalatenschap, vereffening [13 art. 4:202 e.v. BW]
Nalatenschap, verjaring verkrijging/verlies [13 art. 3:100 BW]
Naleving, gedeeltelijke - koopovereenkomst roerende zaken [37 art. 51 CISG]
Nalatenschap, verkoop [13 art. 7:48 BW]
Naleving, toezicht op, - wettelijke voorschriften [5 art. 5:11 e.v. Awb]
Naleving, toezichthouders [24 art. 1:55 e.v., 1:72 t/m 1:74 Wft]
Nationale diensten, bemiddeling [29 art. 1.13 BVIE]
Nationale ombudsman, taak en werkwijze [1 art. 76 t/m 78 GW]
Natura, voldoening in [13 art. 7:620 BW]
Natura-uitvaartverzekeraar,faillietverklaring [25 art. 213kk FW]
Naturalisatie, latere vermelding [13 art. 1:20, 1:20e BW]
Natuurlijk persoon, borgtocht [13 art. 7:857 BW]
Natuurlijk persoon, woonplaats [13 art. 1:10 BW]
Natuurlijke personen, schuldsaneringsregeling [25 art. 284 e.v. FW]
Natuurlijke verbintenis [13 art. 6:3 e.v. BW]
Natuurlijke vrucht, definitie [13 art. 3:9 BW]
Nauwere samenwerking [33 art. 326 t/m 334 VwEU]
Nazichtwissels [18 art. 134 WvK]
Nederlandse rechter, rechtsmacht [12 art. 1 e.v. Rv]
Nederlandse taal, in bestuurlijk verkeer [5 art. 2:6 e.v. Awb]
Netto-opbrengst/uitkering overschot, hypotheekrecht [13 art. 3:270 BW]
Netwerken, transeuropese [33 art. 170 t/m 172 VwEU]
Nevenfuncties, commissarissen [19 Pr. 2.4.2 CGC]
Nevenfuncties, vergoedingen, burgemeester [4 art. 67 Gemw]
Nevenfuncties, vergoedingen, wethouders [4 art. 44 Gemw]
Nevenfuncties, wethouders [4 art. 41b Gemw]
Nevenvorderingen, tekeningen en modellen[29 art. 3.18 BVIE]
Niet ingetreden schade, vergoeding [13 art. 6:105 BW]
Niet tijdig genomen besluit, bezwaar- of beroepschrift [5 art. 6:20 Awb]
Niet tijdig handelen, beroep bij [5 art. 8:55b t/m 8:55f Awb]
Niet-beantwoording afgeleverde zaak aan overeenkomst, koop [13 art. 7:21 BW]
Niet-contractuele verbintenissen, verordening Rome II [35 art. 1 e.v. Rome II]
Niet-economische delicten, competentie [11 art. 39 WED]
Nietig besluit, rechtspersoon [13 art. 2:14 BW]
Nietig- of vervallenverklaring inschrijving, verloop procedure [29 art. 230 bis, 230ter, 230quater BVIE]

Nietige rechtshandelingen, economische delicten [11 art. 35 WED]
Nietige rechtshandelingen, nalatenschap [13 art. 4:4 BW]
Nietige verdeling, gemeenschap van goederen [13 art. 3:195 e.v. BW]
Nietigheid, inroepen door curator [25 art. 49 FW]
Nietigheid, inroepen van, bij tekeningen of modellen [29 art. 3.23. 3.24 BVIE]
Nietigheid, inroepen van nietigheid of verval merk [29 art. 2.28 BVIE]
Nietigheid beding, maatschap [13 art. 7A:1672 BW]
Nietigheid rechtshandeling [13 art. 3:43 BW]
Nietigheid rechtsvordering [13 art. 3:299 BW]
Nietigheid verkrijging niet volgestorte aandelen, NV [13 art. 2:98 BW]
Nietigheid wegens gebrek aan vorm [13 art. 3:39 BW]
Nietigheid wegens strijd met goede zeden/openbare orde [13 art. 3:40 BW]
Nietigheid wegens strijd met wet [13 art. 3:40 BW]
Nietigverklaring, uiterste wil [13 art. 4:44 en 109 BW]
Nietigverklaring of vervallenverklaring inschrijving merk [29 art. 230bis t/m 230ter BVIE]
Nietigverklaring of vervallenverklaring internationale aanvragen [29 art. 2.30 quater BVIE]
Nietigverklaring, van huwelijk [13 art. 1:69 t/m 77 BW]
Niet-nakoming verbintenis [13 art. 6:74 e.v. BW]
Niet-nakoming verplichtingen, verkoper [13 art. 7:20 e.v. BW]
Niet-ontvankelijkheid, bezwaar of beroep [5 art. 6:6 Awb]
Niet-ontvankelijkheid, enquêterecht [13 art. 2:349 BW]
Niet-ontvankelijkheid, officier van justitie [10 art. 349 Sv]
Niet-tenuitvoerlegging, van straf [9 art. 14a Sr]
Niet-verrichte arbeid, loon [13 art. 7:627, 7:628 BW]
Niet-verschenen getuigen, afzien van oproeping [10 art. 288 Sv]
Nieuwigheid, tekeningen of modellen [29 art. 3.3 BVIE]
Nijverheid, toepassing op (bij octrooiaanvraag) [28 art. 7 ROW 1995]
Non-actiefstelling, leden gemeenschappelijke gemeentelijke rekenkamer [4 art. 81d Gemw]
Non-actiefstelling, leden gemeentelijke rekenkamer [4 art. 81d Gemw]
Non-betaling, regresrecht [18 art. 217 e.v. WvK]
Noodbevelen, bevoegdheden burgemeester [4 art. 175 Gemw]
Noodverordeningen, bevoegdheden burgemeester [4 art. 176 Gemw]
Noodwaterleiding, naburig erf [13 art. 5:58 BW]
Noodweer en noodweerexces [9 art. 41 Sr]
Noodweg tegen schadevergoeding, naburig erf [13 art. 5:57 BW]
Notariële akte, fusie [13 art. 2:318 BW]
Notariële akte, huwelijkse voorwaarden [13 art. 1:115 BW]
Notariële akte, hypotheekrecht [13 art. 3:260 BW]
Notariële akte, splitsing [13 art. 2:334n BW]
Alfabetisch trefwoordenregister O
Notaris, testament [13 art. 4:94 en 95 BW]
Notaris, uiterste wil [13 art. 4:61, 4:94 en 95 BW]
Notoire feiten, bewijs [10 art. 339 Sv]
Novum, nader horen en wederhoren [5 art. 7:9, 7:23 Awb]
Nucleaire installatie, aansprakelijkheid jegens reizigers [13 art. 8:500b]
NV en BV, op te nemen gegevens [22 art. 22 Hrb 2008]

O

Octrooi [28 art. 1 e.v. ROW 1995]
Octrooi, geen [28 art. 3 ROW 1995]
Octrooiaanvraag, behandeling van [28 art. 15 e.v. ROW 1995]

O

Octrooiaanvraag, geheimhouding [28 art. 40 e.v. ROW 1995]
Octrooiaanvraag, intrekking [28 art. 39 ROW 1995]
Octrooiaanvraag, procedure [28 art. 24 e.v. ROW 1995]
Octrooien, Europese [28 art. 46 t/m 52 ROW 1995]
Octrooigemachtigden [28 art. 23a t/m 23z ROW 1995]
Octrooihandelingen, vergoeding [28 art. 71, 72 ROW 1995]
Octrooihouder, licentieverlening aan [28 art. 56 e.v. ROW 1995]
Octrooihouder, rechten en verplichtingen [28 art. 53 e.v. ROW 1995]
Octrooihouder, vorderingen [28 art. 73 ROW 1995]
Octrooirecht, koopovereenkomst roerende zaken [37 art. 42 CISG]
Octrooirechtelijke geschillen [28 art. 80 e.v. ROW 1995]
Octrooiregister [28 art. 19 ROW 1995]
Oeverlijn, erf langs water [13 art. 5:34 BW]
Officier van Justitie, bijwonen verhoren i.v.m. onderzoek [10 art. 186 Sv]
Officier van justitie, doorzoeking door [10 art. 97 Sv]
Officier van justitie, niet-ontvankelijkheid [10 art. 349 Sv]
Officier van justitie, ontvankelijkheid [10 art. 348 Sv]
Officier van justitie, requisitoir [10 art. 311 Sv]
Officier van justitie, taak bij opsporing [10 art. 148 Sv]
Officier van Justitie, transactiebevoegdheid (economische delicten) [11 art. 36 WED]
Officier van justitie, vordering onderzoek [10 art. 181 Sv]
Officier van justitie, werkterrein [10 art. 9 Sv]
OM, zie Openbaar Ministerie
Ombudscommissie, gemeentelijke [4 art. 81w t/m 81z Gemw]
Ombudsman [33 art. 228 VwEU]
Ombudsman, gemeentelijke [4 art. 81p t/m 81z Gemw]
Ombudsman, klachtenbehandeling [5 art. 9:17 e.v. Awb]
Ombudsman, onbevoegdheid [5 art. 9:22 Awb]
Omgangsrecht, kinderen [13 art. 1:377a e.v. BW]
Omgangsrecht, wijziging bij uithuisplaatsing [13 art. 1:265g BW]
Omgangsregeling, kinderen [13 art. 1:377a e.v. BW]
Omkeren bewijslast, reclame [13 art. 6:195 BW]
Omroeporganisatie, tijdelijke vastlegging door [27 art. 17b Aw]
Omslag, subrogatie [13 art. 6:152 BW]
Omslag boedelschulden, faillietverklaring [25 art. 213kk FW]
Omslag faillissementskosten [25 art. 182 FW]
Omzet, concentratietoezicht [31 art. 30 Mw]
Omzet, verbod van mededingingsafspraken [31 art. 8 Mw]
Omzetting in andere rechtsvorm, NV [13 art. 2:71, 2:72 BW]
Omzetting in andere rechtsvorm, rechtspersoon [13 art. 2:18 BW]
Omzetting in NV [13 art. 2:72 BW]
Omzetting in vereniging/coöperatie, besloten vennootschap [13 art. 2:181 BW]
Omzetting rechtshandeling [13 art. 3:42 BW]
Onaantastbaarheid menselijk lichaam, Grondrecht [1 art. 11 GW]
Onafhankelijkheid (Raad van) Commissarissen [19 Pr. 2.1.7 t/m 2.1.10 CGC]
Onbekendheid met faillietverklaring [25 art. 212r FW]
Onbevoegd binnentreden van woning of erf [9 art. 370 Sr]
Onbevoegd openbaar maken van portretten [27 art. 35 Aw]
Onbevoegde ambtenaar, nietigverklaring huwelijk [13 art. 1:70 BW]
Onbevoegdheid van ombudsman [5 art. 9:22 Awb]
Onbevoegdheid van voogd [13 art. 1:324 BW]
Ondeelbaarheid, pand-/hypotheekrecht [13 art. 3:230 BW]

Onder curatele gestelde, huwelijkse voorwaarden [13 art. 1:118 BW]
Onder curatele gestelde, nietigverklaring huwelijk [13 art. 1:72 BW]
Onder curatele gestelde, toestemming curator voor huwelijk [13 art. 1:37 BW]
Onder curatele gestelde, toestemming kantonrechter voor huwelijk [13 art. 1:38 BW]
Onder curatele gestelde, woonplaats [13 art. 1:12 BW]
Onderbewaarnemer, aansprakelijkheid [13 art. 7:608 BW]
Onderbewaarneming [13 art. 7:603 BW]
Onderbewindstelling, bescherming van meerderjarigen [13 art. 1:431 e.v. BW]
Onderbewindstelling, economische delicten [11 art. 11 WED]
Onderbewindstelling, voor afwezige [13 art. 1:409 t/m 411 BW]
Onderbriefjes [18 art. 174-177 WvK]
Ondercuratelestelling, meerderjarigen [13 art. 1:378 e.v. BW]
Ondererfpacht, einde [13 art. 5:93 BW]
Ondererfpacht [13 art. 5:93 BW]
Ondergeschikte, aansprakelijkheid [13 art. 6:170, 6:257 BW]
Ondergrondse werken, aansprakelijkheid [13 art. 6:174 BW]
Onderhandse akte, bewijs [12 art. 157 Rv]
Onderhoudsgelden, invordering door Landelijk Bureau Inning Onderhoudsbijdragen [13 art. 1:408 BW]
Onderhuur, huur bedrijfsruimte [13 art. 7:306 BW]
Onderhuur, voortzetting bij beëindiging [13 art. 7:269]
Onderhuurovereenkomst, beëindiging [13 art. 7:278 BW]
Onderlinge, op te nemen gegevens [22 art. 28, 29 Hrb 2008]
Ondermandaat [5 art. 10:9 Awb]
Onderneming, buiten gemeenschap van goederen [13 art. 1:95a BW]
Onderneming, definitie [21 art. 1 Hregw]
Onderneming, inschrijving handelsregister [21 art. 5 Hregw]
Onderneming, mededinging [33 art. 101 t/m 106 VwEU]
Onderneming, onderdelen van [23 art. 4 WOR]
Onderneming, op te nemen gegevens [22 art. 11 t/m 13 Hrb 2008]
Onderneming, voortzetting belegd vermogen door voogd [13 art. 1:351 BW]
Ondernemingsraad [23 art. 1 e.v. WOR]
Ondernemingsraad, aandeelhoudersvergadering [13 art. 2:107 BW]
Ondernemingsraad, benoeming/schorsing/ontslag, RvC BV [13 art. 2:134a, 2:144a, 2:158 BW]
Ondernemingsraad, bezoldiging bestuur [13 art. 2:135 BW]
Ondernemingsraad, standpunt over bestuurder van NV [13 art. 2:134a BW]
Ondertekenaar (elektronisch rechtsverkeer), definitie [13 art. 3:15a BW]
Ondertekening raadsstukken, gemeentebestuur [4 art. 32a Gemw]
Ondertekening stukken, college van B&W [4 art. 59a Gemw]
Ondertoezichtstelling, in plaats van voorlopige voogdij [13 art. 1:331a, 1:332a BW]
Ondertoezichtstelling, minderjarige [13 art. 1:254 e.v. BW]
Ondertoezichtstelling, onder voogdij staande minderjarigen [13 art. 1:326 BW]
Ondertoezichtstelling, toezicht door Bureau Jeugdzorg [13 art. 1:257, 1:258 BW]
Onderverpachting [13 art. 7:355 BW]
Onderwijs, Grondrecht [1 art. 23 GW]
Onderwijs en sport [33 art. 165, 166 VwEU]
Onderzoek [33 art. 179 t/m 190 VwEU]
Onderzoek, verzoek tot [15 art. 10 AVV]
Onderzoek, vordering door officier van justitie [10 art. 181 Sv]
Onderzoek rechter-commissaris, beëindiging [10 art. 237 Sv]
Onderzoek ter plaatse, vooronderzoek beroep [5 art. 8:50 Awb]

O

Onderzoeken, door toezichthouder [5 art. 5:18 Awb]
Onderzoeksrecht, bevoegdheden gemeenteraad [4 art. 155a Gemw]
Onderzoeksverplichting vervoerder [38 art. 8 CMR]
One-tier bestuursstructuur [19 Pr. 5.1 CGC]
Oneerlijke concurrentie, niet-contractuele verbintenissen [35 art. 6 Rome II]
Oneerlijke handelspraktijken [13 art. 6:193a e.v. BW]
Ongeboren kind, personen- en familierecht [13 art. 1:2 BW]
Ongedaanmaking prestatie, onverschuldigde betaling [13 art. 6:210 BW]
Ongedaanmaking [13 art. 2:341a BW]
Ongegrondverklaring, verkorte vermelding (Hoge Raad) [8 art. 80a Wet RO]
Ongehuwden, ouderlijk gezag [13 art. 1:252 BW]
Ongeldige/onbevoegde rechtshandelingen, onderbewindstelling meerderjarige [13 art. 1:439 BW]
Ongelijke partijen, overeenkomst tussen [12 art. 101 Rv]
Ongeorganiseerde werknemers [14 art. 13 Wet CAO]
Ongerechtvaardigde verrijking, niet-contractuele verbintenissen [35 art. 10 Rome II]
Ongerechtvaardigde verrijking [13 art. 6:212 BW]
Ongestoorde geestvermogens, huwelijk [13 art. 1:32 BW]
Ongeval, aansprakelijkheid bij spoorwegen [13 art. 8:1661 BW]
Ongeval, hulpverlening door binnenschip [13 art. 8:1010 BW]
Onherroepelijke uitspraak, herziening [5 art. 8:119 Awb]
Onherroepelijkheid volmacht [13 art. 3:74 BW]
Oninbaarverklaring, gemeentelijke belastingen [4 art. 255 Gemw]
Onjuiste overlijdensdatum, vermiste [13 art. 1:422, 1:423 BW]
Onkosten gebruik zaak, bruikleen [13 art. 7A:1785 BW]
Onkostenvergoeding, opdracht [13 art. 7:406 BW]
Onmiddellijk ontslag, wethouders [4 art. 49 Gemw]
Onmiddellijke uitspraak, bestuursrechter [5 art. 8:81 e.v. Awb]
Onnauwkeurige beschrijving vermogensbestanddeel, splitsing [13 art. 2:334s BW]
Onpartijdigheid, RvS [7 art. 27e Wet RvS]
Onpartijdigheid bestuursorgaan [5 art. 2:4 Awb]
Onrechtmatig gebruik, pachtovereenkomst [13 art. 7:359 BW]
Onrechtmatig gebruik handelsnaam, schadevergoeding [26 art. 6b Hnw]
Onrechtmatige daad [13 art. 6:162 e.v. BW]
Onrechtmatige daad, aansprakelijkheid [13 art. 6:169 e.v. BW]
Onrechtmatige daad, kinderen [13 art. 6:164, 6:169 BW]
Onrechtmatige daad, niet-contractuele verbintenissen [35 art. 4 Rome II]
Onrechtmatige daad, ondergeschikten [13 art. 6:170 BW]
Onrechtmatige daad, productaansprakelijkheid [13 art. 6:185 e.v. BW]
Onrechtmatige daad, uitsluiting verhaal of subrogatie [13 art. 6:197 BW]
Onrechtmatige daad, verbintenissen uit [12 art. 102 Rv]
Onrechtmatige rechtshandeling, geldigheid van (door voogdij) [13 art. 1:352 BW]
Onrechtmatige rechtshandelingen, door voogd (vernietiging/nietigheid van) [13 art. 1:347, 1:348 BW]
Onredelijk bezwarend beding (zwarte lijst), algemene voorwaarden overeenkomst [13 art. 6:236 BW]
Onredelijke vertraging, juridische procedure [12 art. 20 Rv]
Onroerende zaak, definitie [13 art. 3:3 BW]
Onroerende zaak, eigendom (grond) [13 art. 5:20 e.v. BW]
Onroerende zaak, erfdienstbaarheid [13 art. 5:70 BW]
Onroerende zaken, bevoegde rechter [12 art. 103 Rv]
Onroerende zaken, conservatoir beslag op [12 art. 725 Rv]

O

Onroerende zaken, executoriale verkoop [12 art. 514 e.v. Rv]
Onroerende zaken, gerechtelijke tenuitvoerlegging beslaglegging [12 art. 502 e.v. Rv]
Onroerende zaken, tot de staat toebehorend [13 art. 5:24 t/m 27 BW]
Onroerende zaken, verdeling opbrengst na executie [12 art. 551 Rv]
Onroerendezaakbelastingen, gemeenten [4 art. 220 t/m 220h Gemw]
Onroerendezaakbelastingen, overgangs- en slotbepalingen [4 art. 304 Gemw]
Onschendbaarheid, college van B&W [4 art. 57 Gemw]
Onschendbaarheid, gemeentebestuur [4 art. 22 Gemw]
Ontbinding [22 art. 40 Hrb 2008]
Ontbinding bij strijd met openbare orde, rechtspersoon [13 art. 2:20 BW]
Ontbinding BV [13 art. 2:185 BW]
Ontbinding consumentenkredietovereenkomst [13 art. 7:66 BW]
Ontbinding gemeenschap van goederen [13 art. 1:99 t/m 108 BW]
Ontbinding huur bedrijfsruimte [13 art. 7:310 BW]
Ontbinding huur [13 art. 7:210 BW]
Ontbinding huurovereenkomst [13 art. 7:231 BW]
Ontbinding huwelijk, bij vermissing [13 art. 1:425 BW]
Ontbinding huwelijk [13 art. 1:149 e.v. BW]
Ontbinding huwelijk [13 art. 10:55 t/m 59 BW]
Ontbinding kamers, Staten-Generaal [1 art. 64 GW]
Ontbinding koop [13 art. 7:33-35 BW]
Ontbinding koopovereenkomst roerende zaken [37 art. 26, 49, 64, 72, 73, 81 t/m 84 CISG]
Ontbinding NV [13 art. 2:74 BW]
Ontbinding overeenkomst, koop [13 art. 7:22 BW]
Ontbinding overeenkomst door huurder [13 art. 7:279 BW]
Ontbinding overeenkomsten tussen handelaren en consumenten [13 art. 6:230o BW]
Ontbinding rechtspersoon [13 art. 2:19 e.v. BW]
Ontbinding stichting [13 art. 2:296, 2:301 BW]
Ontbinding vennootschap, verbod tot verhandeling aandelen bij vordering [13 art. 2:22a BW]
Ontbinding vordering [25 art. 165 FW]
Ontbinding wederkerige overeenkomst [13 art. 6:265 e.v. BW]
Ontbinding wegens gebreken verpachte zaak [13 art. 7:343 BW]
Ontbindingsvordering [25 art. 236a FW]
Ontbonden gemeenschap van goederen, aandeel echtgenoten [13 art. 1:100 BW]
Ontheffing, instelling ondernemingsraad [23 art. 5 WOR]
Ontheffing, voogdbewind (op verzoek Raad voor de Kinderbescherming) [13 art. 1:367 BW]
Ontheffing geheimhoudingsplicht, Raad voor de kinderbescherming [13 art. 1:240 BW]
Ontheffing van plichten, bank [13 art. 2:425 BW]
Ontkenning vaderschap, door huwelijk ontstane [13 art. 1:200 t/m 202 BW]
Ontoereikende opbrengst [25 art. 59 FW]
Ontoerekeningsvatbaar, plaatsing in psychiatrisch ziekenhuis [9 art. 37 Sr]
Ontoerekeningsvatbaarheid [9 art. 37, 39 Sr]
Ontplofbare voorwerpen [9 art. 142a Sr]
Ontplooiing, Grondrecht [1 art. 22 GW]
Ontslag bestuurder, stichting [13 art. 2:298 BW]
Ontslag bewindvoerder [13 art. 4:164 BW]
Ontslag burgemeester [4 art. 61b Gemw]
Ontslag commissaris structuurvennootschap NV [13 art. 2:161 BW]
Ontslag curator; benoeming medecurator [25 art. 73 FW]
Ontslag en vervanging bewindvoerder [25 art. 319 FW]

O

Ontslag executeur [13 art. 4:149 BW]
Ontslag gemeentelijke ombudsman [4 art. 81q Gemw]
Ontslag gemeentesecretaris [4 art. 102 Gemw]
Ontslag gijzeling schuldenaar [25 art. 302 FW]
Ontslag griffier [4 art. 107 Gemw]
Ontslag leden gemeenschappelijke gemeentelijke rekenkamer [4 art. 81c Gemw]
Ontslag leden gemeentelijke rekenkamer [4 art. 81c Gemw]
Ontslag RvS [7 art. 3 Wet RvS]
Ontslag uit bewaring [25 art. 88 FW]
Ontslag uit gijzeling [25 art. 33 FW]
Ontslag van rechtsvervolging [10 art. 352 Sv]
Ontslag voogd [13 art. 1:322, 1:323 BW]
Ontslag, collectief [16 art. 1 e.v. WMCO]
Ontslag, zie ook schorsing
Ontslagvergoeding, bestuurders [19 Pr. 3.2.3 CGC]
Ontstaan bij authentieke akte, rechtspersoon [13 art. 2:4 BW]
Ontstane verbintenissen, faillietverklaring na [25 art. 24 FW]
Onttrekking van goed [9 art. 348 Sr]
Ontvangen gelden, verrekening [25 art. 190 FW]
Ontvangstbevestiging, bezwaar- of beroepschrift [5 art. 6:15 Awb]
Ontvangstbewijs, goederentransport [38 art. 35 CMR]
Ontvangstbewijs, goederenvervoer over de weg [13 art. 8:1127 BW]
Ontvangsttheorie, totstandkoming overeenkomst [13 art. 6:224 BW]
Ontvankelijkheid, officier van justitie [10 art. 348 Sv]
Ontvankelijkheid en toetsing rechterlijke bevoegdheid [36 art. 27, 28 Brussel I-bis]
Ontwerpbegroting, gemeentelijke financiën [4 art. 190 Gemw]
Ontwikkelingssamenwerking [33 art. 208 t/m 211 VwEU]
Ontzetting ouderlijk gezag [13 art. 1:266 e.v. BW]
Ontzetting voogdij [13 art. 1:327 e.v. BW]
Onverbindendverklaring [15 art. 8, 9 AVV]
Onverdeelde boedel, voogd [13 art. 1:351 BW]
Onverenigbaarheid met huwelijk, geregistreerd partnerschap [13 art. 1:80a BW]
Onverenigbare betrekkingen, burgemeester [4 art. 68 Gemw]
Onverenigbare betrekkingen, gemeentebestuur [4 art. 13, 36b Gemw]
Onverenigbare betrekkingen, leden gemeentelijke rekenkamer [4 art. 81f, 81n Gemw]
Onverenigbare betrekkingen, provinciale staten [3 art. 13 Provw]
Onverenigbare betrekkingen, RvS [7 art. 5 Wet RvS]
Onverschuldigde betaling [13 art. 6:203 e.v. BW]
Onverwijlde opzegging, om dringende reden [13 art. 7:677-679 BW]
Onverwijlde uitkering; storting in consignatiekas [25 art. 192 FW]
Onvoltooide bijdragen [27 art. 45b Aw]
Onwettige verkrijging aandelen, hoofdelijke aansprakelijkheid [13 art. 2:98a BW]
Onzekerheidsexceptie [13 art. 6:263 BW]
Oorlogsstrafrecht, rechtspraak [1 art. 113 GW]
Op naam of aan toonder, aandelen NV [13 art. 2:82 BW]
Opbrengsten, van onroerend goed na beslaglegging [12 art. 507 Rv]
Opdracht [13 art. 7:400 e.v. BW]
Opdracht, verlening opdracht met oog op persoon [13 art. 7:404 BW]
Opdrachtgever, overlijden [13 art. 7:410 BW]
Opdrachtgevers, meerdere [13 art. 7:407 BW]
Opdrachtgevers, rechten bij tekeningen of modellen [29 art. 3.8 BVIE]
Opdrachtnemer, overlijden [13 art. 7:409 BW]

Opdrachtnemers, meerdere [13 art. 7:407 BW]
Opeisbaarheid legaat [13 art. 4:129 BW]
Opeising, van octrooi [28 art. 78 ROW 1995]
Openbaar belang, verhouding gemeente tot provincie en Rijk [4 art. 115 Gemw]
Openbaar bod [13 art. 2:359a e.v. BW]
Openbaar bod op aandelen [31 art. 39 Mw]
Openbaar bod op effecten [24 art. 5:70 e.v. Wft]
Openbaar bod goedkeuring[24 art. 5:75 e.v. Wft]
Openbaar bod uitbrengen [24 art. 5:74 Wft]
Openbaar boedelregister, nalatenschap [13 art. 4:186 BW]
Openbaar maken [27 art. 12 e.v. Aw]
Openbaar Ministerie, informatieplicht College van P-G [8 art. 129 Wet RO]
Openbaar Ministerie, stuiting huwelijk [13 art. 1:53 BW]
Openbaar Ministerie, taken en bevoegdheden [8 art. 124 e.v. Wet RO]
Openbaar personenvervoer, binnenlands [13 art. 8:100 e.v. BW]
Openbaar register, faillissement [25 art. 19 FW]
Openbaar register, inschrijving schuldsaneringsregeling [25 art. 294 FW]
Openbaar register surseance [25 art. 222a FW]
Openbaar vaarwater, eigendom grond [13 art. 5:27 BW]
Openbaarheid stukken, jaarrekening provinciaal bestuur [3 art. 201 Provw]
Openbaarheid terechtzitting [1 art. 121 GW]
Openbaarheid vergaderingen, Staten-Generaal [1 art. 66 GW]
Openbaarheid zitting [5 art. 8:62 Awb]
Openbaarmaking adviezen RvS [7 art. 26, 27 Wet RvS]
Openbaarmaking besluitenlijst, college van B&W [4 art. 60 Gemw]
Openbaarmaking besluitenlijst, gemeentebestuur [4 art. 23 Gemw]
Openbaarmaking functies, gemeentebestuur [4 art. 12 Gemw]
Openbaarmaking jaarrekening [13 art. 2:394 BW]
Openbaarmaking uitvinding, octrooi [28 art. 5 ROW 1995]
Openbare colleges, aangifte van misdrijf [10 art. 162 Sv]
Openbare dienst, beslag op goederen voor [12 art. 436, 703 Rv]
Openbare dronkenschap [9 art. 453 Sr]
Openbare lichamen, inrichting/samenstelling/bevoegdheid [1 art. 134 GW]
Openbare orde, misdrijven tegen [9 art. 131 Sr]
Openbare orde, tekeningen of modellen [29 art. 3.13 BVIE]
Openbare registers [13 art. 3:16, 3:17 BW]
Openbare registers, rechtsvordering [13 art. 3:302 BW]
Openbare registers, ondercuratelestelling [13 art. 1:391 BW]
Openbare terechtzitting [12 art. 27 Rv]
Openbare vergadering, gemeentebestuur [4 art. 23 Gemw]
Openbare vergadering, verhindering van [9 art. 143 Sr]
Openbare verkoop, pandrecht [13 art. 3:250 BW]
Openen van stukken, burgemeester [4 art. 74 Gemw]
Opengevallen plaats, gemeentebestuur [4 art. 11 Gemw]
Openlegging, van boeken, bescheiden en geschriften [12 art. 162 Rv]
Openlijk samenleven, als huwelijksbewijs [13 art. 1:80 BW]
Openlijke inbreuk [27 art. 31 Aw]
Openstaande rechtsmiddelen [25 art. 282 FW]
Operationeel optreden, internationale veiligheid [32 art. 28 EU-Verdrag]
Opgaaf, zie ook 'verplichting tot -'
Opgave honoraria, jaarrekening [13 art. 2:382a BW]
Opgave ter inschrijving [22 art. 2 t/m 7 Hrb 2008]

O

Opgroeiondersteuning, maatregel [13 art. 1:253z e.v. BW]
Opheffing bij beschikking, gemeenschap van goederen [13 art. 1:109 t/m 113 BW]
Opheffing nadeel, rechtshandeling [13 art. 3:54 BW]
Opheffing nadeel, totstandkoming overeenkomst [13 art. 6:230 BW]
Opheffing van de splitsing [13 art. 5:139 e.v. BW]
Ophouding groepen personen, bevoegdheden gemeenteraad [4 art. 154a Gemw]
Oplichting [9 art. 326 Sr]
Opmaken akte, huwelijksvoltrekking [13 art. 1:67 BW]
Opname, verzekeringsmaatschappij [13 art. 2:429 e.v. BW]
Opname activa en passiva in balans vreemde valuta, bank [13 art. 2:423 BW]
Opname post dekking algemene bankrisico's, bank [13 art. 2:424 BW]
Opneming, door toezichthouder [5 art. 5:18 Awb]
Opportuniteitsbeginsel, bij vervolging [10 art. 167, 242 Sv]
Oppositie, tegen merken [29 art. 2.14 t/m 2.18 BVIE]
Oprichting bij notariële akte, coöperatie en OWM [13 art. 2:54 BW]
Oprichting bij notariële akte, NV [13 art. 2:64 BW]
Oprichting bij notariële akte, stichting [13 art. 2:286 BW]
Oprichting bij notariële akte, vereniging [13 art. 2:27 BW]
Oprichting naamloze vennootschap, bankverklaring [13 art. 2:93a BW]
Oprichtingshandeling vernietigen, rechtspersoon [13 art. 2:4 BW]
Oproep in andere lidstaat [36 art. 5 t/m 8 Brussel I-bis]
Oproeping, rechterlijke bevoegdheid [36 art. 4 e.v. Brussel I-bis]
Oproeping niet-verschenen getuigen, afzien van [10 art. 288 Sv]
Oproeping van vermiste [13 art. 1:414 BW]
Opruiing [9 art. 131 Sr]
Opschortende voorwaarden, koopovereenkomst roerende zaken [37 art. 71 CISG]
Opschorting betaling, van subsidie [5 art. 4:56 Awb]
Opschorting betaling bij vertrek naar onbekende bestemming [17 art. 3:14a WAZO]
Opschorting betaling [25 art. 230 FW]
Opschorting publicatie, tekeningen of modellen [29 art. 3.12 BVIE]
Opschorting rechten aandeelhouder, aandelen NV [13 art. 2:87b BW]
Opschorting uitkering, hypotheekrecht [13 art. 3:270 BW]
Opschortingsbevoegdheid schuldenaar, nakoming verbintenis [13 art. 6:37 BW]
Opschortingsrecht, verbintenis [13 art. 6:52 e.v. BW]
Opslaan, bij bestuursdwang [5 art. 5:29 Awb]
Opslaan verhuisgoederen [13 art. 8:1197 BW]
Opslag vervoerde zaken, goederenvervoer door de lucht [13 art. 8:1379 BW]
Opslag vervoerde zaken, goederenvervoer over binnenwateren [13 art. 8:955 BW]
Opslag vervoerde zaken, goederenvervoer over de weg [13 art. 8:1132 BW]
Opslag vervoerde zaken, goederenvervoer over zee [13 art. 8:490 BW]
Opsporing, economische delicten [11 art. 17 e.v. WED]
Opsporing, samenwerking [11 art. 58a WED]
Opsporing, taak officier van justitie [10 art. 148 Sv]
Opsporingsambtenaren, algemene [10 art. 141 Sv]
Opsporingsambtenaren, bij economische delicten [11 art. 17, 23a, 26 WED]
Opsporingsambtenaren, binnentreding door [27 art. 36b Aw]
Opsporingsambtenaren, verplichting ontvangen aangifte [10 art. 163 Sv]
Opstal [13 art. 5:101-105 BW]
Opstallen, aansprakelijkheid [13 art. 6:174 BW]
Optie, totstandkoming overeenkomst [13 art. 6:219 BW]
Opvarende, definitie [13 art. 8:5 BW]
Opvarenden [18 art. 341 WvK]

Opvoeding en verzorging, verplichting (stief)ouders [13 art. 1:404 e.v. BW]
Opvolgend faillissement [25 art. 249 FW]
Opvolgend vervoer, aansprakelijkheid [13 art. 8:1420 BW]
Opvolgende vervoerders [38 art. 34 CMR]
Opvolging onder algemene titel, bezit/houderschap [13 art. 3:116 BW]
Opzeggen pachtovereenkomst, vervreemding verpachte [13 art. 7:383 BW]
Opzegging arbeidsovereenkomst, nietigheid [13 art. 7:681 BW]
Opzegging arbeidsovereenkomst, vernietigbaarheid [25 art. 72 FW]
Opzegging arbeidsovereenkomst [13 art. 7:669 e.v. BW]
Opzegging vertrouwen, RvC [13 art. 2:161a, 2:271a BW]
Opzegging wegens dringende reden [13 art. 7:677-679 BW]
Opzegtermijn, arbeidsovereenkomst [13 art. 7:672 BW]
Opzegverbod werkgever [13 art. 7:670 BW]
Opzettelijk handelen, in strijd met sancties en maatregelen [11 art. 33 e.v. WED]
Opzettelijke inbreuk, octrooi [28 art. 79 ROW 1995]
Orde van octrooigemachtigden [28 art. 23d t/m 23z ROW 1995]
Order- en toonderpapieren [25 art. 48, 55 FW]
Orgaan van NV, definitie B [13 art. 2:78a BW]
Orgaan van de vennootschap, definitie [13 art. 2:189a BW]
Oude Gemeentewet, gevolgen intrekking [4 art. 289 Gemw]
Ouder, ouderlijk gezag (verzoek tot uitoefening) [13 art. 1:253c BW]
Ouder/niet-ouder, gezamenlijk gezag [13 art. 1:253sa e.v. BW]
Ouder-kindcontact, uithuisplaatsing [13 art. 1:265g BW]
Ouderlijk gezag [13 art. 1:247 BW]
Ouderlijk gezag, beëindiging [13 art. 1:266 e.v. BW]
Ouderlijk gezag, benoeming bijzondere curator [13 art. 1:250 BW]
Ouderlijk gezag, gezagsuitoefening één van de ouders [13 art. 1:253n e.v. BW]
Ouderlijk gezag, na terugkeer vermiste [13 art. 1:425 BW]
Ouderlijk gezag, vruchtgenot [13 art. 1:253l BW]
Ouderlijk gezag en voogdij, Koning [1 art. 34 GW]
Ouderlijke geschillen, ouderlijk gezag [13 art. 1:253a BW]
Ouders, bewind van [13 art. 1:253i e.v. BW]
Ouders, gezamenlijk gezag [13 art. 1:251 e.v. BW]
Ouders, informatieplicht omgangsregeling kinderen [13 art. 1:377b, 1:377c BW]
Ouders, toestemming huwelijk minderjarige [13 art. 1:35 BW]
Ouders, verzorging en opvoeding minderjarige kinderen/stiefkinderen [13 art. 1:404 e.v. BW]
Ouders/voogden, aansprakelijkheid [13 art. 6:183 BW]
Ouderschap, erkenning [13 art. 1:203 t/m 206 BW]
Ouderschap, erkenning [13 art. 10:95, 10:96 BW]
Ouderschapsplan, bij beëindigen samenleven [13 art. 1:249 BW]
Ouderschapsverlof [17 art. 6:1 e.v., 6:10 WAZO]
Oudste recht op levering, rechtsvordering [13 art. 3:298 BW]
Overdracht, legitieme portie geldend maken [13 art. 4:92 BW]
Overdracht aan derde, huur bedrijfsruimte [13 art. 7:307 BW]
Overdracht aan derde, loon [13 art. 7:633 BW]
Overdracht aandelen, kennisgeving [13 art. 2:91a BW]
Overdracht aandelen [13 art. 2:87, 2:91a, 2:195 BW]
Overdracht bevoegdheid tenuitvoerlegging [12 art. 431a Rv]
Overdracht bezit [13 art. 3:114, 3:122 BW]
Overdracht erfpacht [13 art. 5:91 BW]
Overdracht financiëlezekerheidsovereenkomst [13 art. 7:55 BW]

O

Overdracht goederen, nalatenschap [13 art. 4:19 e.v. BW]
Overdracht goederen [13 art. 3:83 e.v. BW]
Overdracht pacht [13 art. 7:361, 7:362 BW]
Overdracht rechten, blanco endossement [18 art. 113, 194 WvK]
Overdracht rechten aan producent, vermoeden van [27 art. 45d Aw]
Overdracht van octrooi [28 art. 64, 65 ROW 1995]
Overdracht zaak, huur [13 art. 7:226, 7:227 BW]
Overdracht/bezwaren vruchtgebruik [13 art. 3:223 BW]
Overdrachtsplan, faillissement [25 art. 212hc, 213ac FW]
Overeenkomst, administratie tussenpersoon [18 art. 68 WvK]
Overeenkomst, algemene voorwaarden [13 art. 6:231 e.v. BW]
Overeenkomst, buiten verkoopruimte [13 art. 6:230g-z BW]
Overeenkomst, geneeskundige behandeling [13 art. 7:446 e.v. BW]
Overeenkomst, goederenvervoer [13 art. 8:20 e.v. BW]
Overeenkomst, huur bedrijfsruimte [13 art. 7:292, 7:300, 7:301 BW]
Overeenkomst, niet-contractueel [35 art. 1 e.v. Rome II]
Overeenkomst, op afstand [13 art. 6:230g-z BW]
Overeenkomst, pacht- [13 art. 7:317 e.v. BW]
Overeenkomst, pandbelening [13 art. 7:130 e.v. BW]
Overeenkomst, rechtsgevolgen [13 art. 6:248 e.v. BW]
Overeenkomst, totstandkoming [13 art. 6:217 e.v. BW]
Overeenkomst, tussen ongelijke partijen [12 art. 101 Rv]
Overeenkomst, verordening Rome I [34 art. 1 e.v. Rome I]
Overeenkomst, voor gas, water elektriciteit of verwarming [25 art. 304 FW]
Overeenkomsten [13 art. 6:213 e.v. BW]
Overeenkomsten, bevoegdheid rechter [12 art. 108 Rv]
Overeenkomsten, machtiging aan voogd [13 art. 1:346 BW]
Overeenkomsten betreffende het gebruik in deeltijd, vakantieproducten van lange duur, bijstand en uitwisseling [13 art. 7:50a e.v. BW]
Overeenkomsten tussen handelaren en consumenten [13 art. 6:230g e.v. BW]
Overeenkomstwijziging, coöperatie en OWM [13 art. 2:59 BW]
Overgang, merken [29 art. 2.31 BVIE]
Overgang, rechten tekening of model [29 art. 3.26 BVIE]
Overgang, van onderneming, AVV [15 art. 2a AVV]
Overgang, van onderneming, rechten werknemer [13 art. 7:662 e.v. BW]
Overgang, van onderneming [14 art. 14a Wet CAO]
Overgang, vordering [13 art. 6:142 e.v. BW]
Overgangsbepalingen, economisch beleid [33 art. 139 t/m 144 VwEU]
Overhangende beplanting/wortels, naburig erf [13 art. 5:44 BW]
Overheid, ondernemingsraad [23 art. 46d, 46e WOR]
Overheidsbedrijven, bevoordelingsverbod [31 art. 25j Mw]
Overige gegevens, jaarrekening/jaarverslag [13 art. 2:392 BW]
Overledene, bestuurlijke boete [5 art. 5:42 Awb]
Overledene, woonplaats [13 art. 1:13 BW]
Overleg lidstaten, veiligheid [32 art. 32 EU-Verdrag]
Overleg provincie/Rijk met gemeente [4 art. 113 Gemw]
Overlegvergadering, ondernemingsraad [23 art. 23a, 23b WOR]
Overlevende ouder, ouderlijk gezag [13 art. 1:253f BW]
Overlijden, aangifte [13 art. 1:19h BW]
Overlijden, gezamenlijk gezag ouder/niet-ouder [13 art. 1:253x BW]
Overlijden, ouderlijk gezag (uitoefening door) [13 art. 1:253h BW]
Overlijden, risico-overgang koopovereenkomst [37 art. 69 CISG]

Overlijden, vaststelling in bepaalde gevallen [13 art. 1:426 t/m 430 BW]
Overlijden, vervallen schenking [13 art. 7:179, 7:181 BW]
Overlijden, zeevarende [13 art. 7:720 BW]
Overlijden begunstigde, sommenverzekering [13 art. 7:967 BW]
Overlijden handelsagent [13 art. 7:438 BW]
Overlijden huurder/verhuurder [13 art. 7:229 BW]
Overlijden medehuurder [13 art. 7:268 BW]
Overlijden opdrachtgever [13 art. 7:410 BW]
Overlijden opdrachtnemer [13 art. 7:409 BW]
Overlijden pachter [13 art. 7:366 BW]
Overlijden principaal [13 art. 7:438 BW]
Overlijden van derden, schadevergoeding [13 art. 6:108 BW]
Overlijden van ouders (bij voogdij) [13 art. 1:301 BW]
Overlijden veroordeelde, economische delicten [11 art. 13 WED]
Overlijden verpachter/pachter, pachtovereenkomst [13 art. 7:398 BW]
Overlijden verzekerde, levensverzekering [13 art. 7:981 BW]
Overlijden verzekeringnemer, schadeverzekering [13 art. 7:950 BW]
Overlijden werkgever [13 art. 7:675 BW]
Overlijden werknemer [13 art. 7:674 BW]
Overlijdensakte, levenloos geboren kind [13 art. 1:19i BW]
Overlijdensakte, ontbreken van bij huwelijksaangifte [13 art. 1:45a BW]
Overlijdensakte, opmaken van [13 art. 1:19f BW]
Overlijdensakte, vermiste [13 art. 1:417, 1:419 BW]
Overlijdensakte, voertuig/schip/vliegtuig [13 art. 1:19f BW]
Overlijdensdatum, onjuiste (bij vermiste) [13 art. 1:422, 1:423 BW]
Overlijdensuitkering [13 art. 7:674 BW]
Overmacht [9 art. 40 Sr]
Overmacht, koopovereenkomst roerende zaken [37 art. 79 CISG]
Overmacht, niet-nakoming verbintenis [13 art. 6:75 BW]
Overnamesituaties, rol RvC [19 Pr. 2.8 CGC]
Overneming goederen, uit ontbonden gemeenschap [13 art. 1:101 BW]
Overtreding [9 art. 424 Sr]
Overtreding, definitie [5 art. 5:1 Awb]
Overtreding, economisch delict [11 art. 2 WED]
Overtreding, medeplichtigheid [9 art. 52 Sr]

P

Pacht [25 art. 238 FW]
Pacht, definitie [13 art. 7:311 e.v. BW]
Pacht, overgang bij overdracht [13 art. 7:361, 7:362 BW]
Pacht, rechten pachter [13 art. 7:338 BW]
Pacht, taxatie [13 art. 7:379 BW]
Pachter, aanbrengen veranderingen [13 art. 7:348 e.v. BW]
Pachter, verplichtingen [13 art. 7:346 e.v. BW]
Pachter, voorkeursrecht [13 art. 7:378 e.v. BW]
Pachtkamers, vorming en bezetting [8 art. 48 Wet RO]
Pachtovereenkomst [13 art. 7:317 e.v. BW]
Pachtovereenkomst, beëindiging [25 art. 39 FW]
Pachtovereenkomst, bijzondere [13 art. 7:385 e.v. BW]
Pachtovereenkomst, dwingend recht [13 art. 7:399 BW]
Pachtovereenkomst, einde [13 art. 7:357 e.v., 7:366 e.v. BW]

P

Pachtoverneming [13 art. 7:363 e.v. BW]
Pachtprijs, gebreken verpachte zaak [13 art. 7:340 BW]
Pachtprijs [13 art. 7:327 e.v. BW]
Pachttermijn [13 art. 7:325, 7:326 BW]
Pand, schuldoverneming [13 art. 6:157 BW]
Pand of hypotheek, toedeling [13 art. 3:177 BW]
Pand op geld, pandrecht [13 art. 3:255 BW]
Pand/hypotheek, bijzondere gemeenschap [13 art. 3:190 BW]
Pand/hypotheekrecht [13 art. 3:227 e.v. BW]
Pand-hypotheekrecht, tenietgaan [13 art. 3:323 BW]
Pandbelening [13 art. 7:130 e.v. BW]
Pandendossement [18 art. 118 WvK]
Pandhouder, zorgplicht [13 art. 3:243 BW]
Pandrecht [13 art. 3:236 e.v. BW]
Pandrecht, aandelen NV [13 art. 2:89, 2:198 BW]
Pandrecht, certificaathouders [13 art. 3:259 e.v. BW]
Pandrecht, fusie [13 art. 2:319 BW]
Pandrecht, op octrooi [28 art. 67, 69 ROW 1995]
Pandrecht tijdens afkoelingsperiode [25 art. 63b, 241b FW]
Papieren, aan boord noodzakelijke [18 art. 374 WvK]
Parate executie, bevoegdheid tot [13 art. 3:248 BW]
Parate executie [25 art. 299b FW]
Parate executie, hypotheekrecht [13 art. 3:268 BW]
Parkeerbelasting, gemeentelijke belastingen [4 art. 225 Gemw]
Parkeerbelasting, wijze van heffen [4 art. 234 Gemw]
Parkeervergunning, parkeerbelasting [4 art. 225 Gemw]
Parlementaire onschendbaarheid, Staten-Generaal [1 art. 71 GW]
Partiële nietigheid, rechtshandeling [13 art. 3:41 BW]
Partij, als getuige [12 art. 164 Rv]
Partij, voorlopig getuigenverhoor [12 art. 193 Rv]
Partijen, beroep bij de bestuursrechter [5 art. 8:21 e.v. Awb]
Partijen, medewerking onderzoek deskundigen [12 art. 198 Rv]
Partijen bij vernietiging, rechtshandeling [13 art. 3:56 BW]
Partnerschap, definitie [13 art. 4:8 BW]
Partnerschap, geregistreerd [13 art.1:80a t/m 80g BW]
Partnerschapsvermogensregime [13 art. 10:70 t/m 85 BW]
Passende arbeid [13 art. 7:658a BW]
Passiva [13 art. 2:373-376 BW]
Patiënt, behandelingsovereenkomst handelingsonbekwame [13 art. 7:465 BW]
Patiënt, behandelingsovereenkomst [13 art. 7:450 e.v. BW]
Patiënt, inlichtingen verstrekken aan [13 art. 7:448, 7:449 BW]
Patiënt, verstrekken inlichtingen over [13 art. 7:457, 7:458 BW]
Patiëntendossier, behandelingsovereenkomst [13 art. 7:454-456 BW]
Pensioen bij overgang onderneming [13 art. 7:664 BW]
Pensioen/salaris, oprichters stichting [13 art. 2:304 BW]
Pensioenfonds deelnemers, stichting [13 art. 2:304 BW]
Pensioenfonds in Handelsregister [22 art. 31a Hrb]
Pensioenovereenkomst, instemming [23 art. 27 WOR]
Pensioenverevening bij echtscheiding [13 art. 1:155 BW]
Periodieke verrekenbeding [13 art. 1:141 BW]
Permanente samenwerking, defensiebeleid [32 art. 46 EU-Verdrag]
Personeelsvertegenwoordiging, instelling [23 art. 35c, 35d WOR]

Personeelsvertegenwoordiging, kleine ondernemingen [23 art. 35b WOR]
Personen, vrij verkeer [33 art. 21 VwEU]
Personen- en familierecht, adoptie [13 art. 1:207 t/m 232 BW]
Personen- en familierecht, afstamming [13 art. 1:197 BW]
Personen- en familierecht, burgerlijke rechten [13 art. 1:1 e.v. BW]
Personenvervoer, aansprakelijkheid vervoerder [13 art. 8:81 BW]
Personenvervoer, binnenlands openbaar [13 art. 8:100 e.v. BW]
Personenvervoer, verjaring of verval rechtsvorderingen [13 art. 8:1750 e.v. BW]
Personenvervoer, vervoerovereenkomst [13 art. 8:80 e.v. BW]
Personenvervoer door de lucht, aansprakelijkheid vervoerder bij dood/letsel reiziger [13 art. 8:1393 BW]
Personenvervoer door de lucht, vervoerovereenkomst [13 art. 8:1390 e.v. BW]
Personenvervoer over de weg, opzegging vervoerovereenkomst door wederpartij bij bijzondere omstandigheden [13 art. 8:1163 BW]
Personenvervoer over de weg, vervoerovereenkomst [13 art. 8:1140 e.v. BW]
Personenvervoer over zee, vervoerovereenkomst [13 art. 8:500 e.v. BW]
Persoonlijke levenssfeer, Grondrecht [1 art. 10 GW]
Persoonlijke rechten, inschrijving openbaar register [13 art. 3:17 BW]
Persoonlijkheidsrechten [27 art. 25 Aw]
Persoonsgegevens, bescherming [32 art. 39 EU-Verdrag]
Persoonsgegevens, bewaartermijn [20 art. 9 Wcr]
Persoonsregistratie [20 art. 4 Wcr]
Persoonsverzekering, definitie [13 art. 7:925 BW]
Petitierecht, Grondrecht [1 art. 5 GW]
Piraterij [27 art. 31b Aw]
Plaatsbetreding, economische delicten [11 art. 20 WED]
Plaatsopneming, bewijsrecht [12 art. 201 Rv]
Plaatsopneming, door rechter [12 art. 201 Rv]
Plaatsopneming, voorlopige (bewijsrecht) [12 art. 205 Rv]
Plannen, bevoegdheden gemeentebestuur [4 art. 110 Gemw]
Pleegkind, definitie [13 art. 7:314 BW]
Pleegkind opnemen, recht op uitkering [17 art. 3:9 WAZO]
Pleegzorgverlof, recht op [17 art. 3:2 WAZO]
Pleidooi, onderzoek op de terechtzitting [10 art. 311 Sv]
Plichten inbrengende rechtspersoon, naamloze vennootschap [13 art. 2:94a BW]
Pluraliteit, schuldeisers [13 art. 6:15, 6:16 BW]
Pluraliteit, schuldenaars [13 art. 6:6 e.v. BW]
Poging, tot economische delicten [11 art. 4 WED]
Poging tot uitlokking [9 art. 46a Sr]
Polis, verzekering [13 art. 7:932 BW]
Politiële samenwerking [33 art. 87 t/m 89 VwEU]
Portretten, ingevolge opdracht vervaardigd [27 art. 19 Aw]
Portretten, onbevoegd openbaar maken van [27 art. 35 Aw]
Portretten, zonder opdracht vervaardigd [27 art. 21 Aw]
Positieve fictieve beschikking bij niet tijdig beslissen [5 art. 4:20a t/m 4:20f Awb]
Poststukken van gefailleerde, opening [25 art. 99 FW]
Precariobelasting, gemeentelijke belastingen [4 art. 228 Gemw]
Precontractuele aansprakelijkheid, niet-contractuele verbintenissen [35 art. 12 Rome II]
Preferente vorderingen, zekerheid voor [25 art. 163 FW]
Preferente vorderingen [25 art. 257 FW]
Premature indiening, bezwaar- of beroepschrift [5 art. 6:10 Awb]
Prestatieloon [13 art. 7:619 BW]

Preventief toezicht, begroting gemeente [4 art. 203, 205 Gemw]
Prijsaanpassing, koopovereenkomst roerende zaken [37 art. 50 CISG]
Prijsvermindering, niet-nakoming verplichtingen [13 art. 7:22 BW]
Privaatrechtelijke rechtshandeling, geen beroepsmogelijkheid [5 art. 8:3 Awb]
Privaatrechtelijke rechtspersonen, overige [22 art. 32 Hrb]
Privaatrechtelijke rechtspersonen [13 art. 2:3 BW]
Procederen, advocaat [12 art. 79 Rv]
Procesinleidend stuk, verkeerde [12 art. 69 Rv]
Proceskosten, ondernemingsraad [23 art. 22a WOR]
Proces-verbaal, beslag op onroerende zaken [12 art. 504 Rv]
Proces-verbaal, bij bestuursdwang [5 art. 5:29 Awb]
Proces-verbaal, getuigenverhoor [12 art. 180 Rv]
Proces-verbaal, in rechtszitting [5 art. 8:61 Awb]
Proces-verbaal, opmaken [10 art. 152 Sv]
Productaansprakelijkheid, niet-contractuele verbintenissen [35 art. 5 Rome II]
Productaansprakelijkheid, onrechtmatige daad [13 art. 6:185 e.v. BW]
Proef, koop op [13 art. 7:45 BW]
Proeftijd [13 art. 7:652 BW]
Proeftijd, opzegging tijdens [13 art. 7:676 BW]
Proeftijd, zeevarende [13 art. 7:721 BW]
Promesse aan toonder [18 art. 229i WvK]
Prospectus, aanbieden [24 art. 5:20 e.v. Wft]
Prospectus, goedkeuring van [24 art. 5:9 t/m 5:11 Wft]
Prospectus, inhoud [24 art. 5:12 e.v. Wft]
Prostitutiebeleid, bevoegdheden gemeenteraad [4 art. 151a Gemw]
Protest van non-betaling/acceptatie [18 art. 143 e.v., 218bc, 220 WvK]
Protocol merkenrecht en tekeningen- of modellenrecht [29 art. 1.1 e.v. BVIE]
Provinciaal bestuur, financiële verslaglegging [3 art. 190 Provw]
Provinciale belastingen [3 art. 105 Provw]
Provinciale belastingen, provinciale staten [3 art. 220 e.v. Provw]
Provinciale staten, aantal leden [3 art. 8 Provw]
Provinciale staten, bevoegdheid [3 art. 143, 145, 150, 151 Provw]
Provinciale staten, commissies [3 art. 80 t/m 82 Provw]
Provincie, inrichting/samenstelling/bevoegdheid [1 art. 123 t/m 132 GW]
Provinciebestuur, algemene bepalingen [3 art. 6 t/m 20 Provw]
Provisie, opeisbaarheid [13 art. 7:434 BW]
Provisionele bewindvoerder, ondercuratelestelling meerderjarigen [13 art. 1:380, 1:383 BW]
Prudentieel toezicht, De Nederlandsche Bank [24 art. 1:24 Wft]
Psychiatrie, terbeschikkingstelling [9 art. 37a Sr]
Psychiatrisch ziekenhuis, plaatsing in [9 art. 37 Sr]
Publicatie, inschrijvingen [21 art. 22 Hregw]
Publicatie, opschorting, tekeningen of modellen [29 art. 3.12 BVIE]
Publicatieplicht, besluiten gemeentebestuur [4 art. 139 Gemw]
Publicatieverbod [13 art. 6:196 BW]
Publiekrecht, in strijd met bevoegdheden vermogen [13 art. 3:14 BW]
Publiekrechtelijke rechtspersonen, op te nemen gegevens [22 art. 33, 34 Hrb 2008]
Publiekrechtelijke rechtspersonen [13 art. 1 BW]
Pupil, toezicht van voogd [13 art. 1:336, 1:336a BW]

Q

Quorum, RvS [7 art. 15 Wet RvS]
Quorum, Staten-Generaal [1 art. 67 GW]

R

Raad van Bestuur [29 art. 1.8 e.v. BVIE]
Raad van Bestuur, bevoegdheden [29 art. 1.9 BVIE]
Raad van Commissarissen [19 Pr. 2.1, 2.2, 2.3, 2.4 CGC]
Raad van commissarissen, beloning [19 Pr. 3.3 CGC]
Raad van commissarissen, BV [13 art. 2:250 e.v. BW]
Raad van Commissarissen, coöperatie en OWM [13 art. 2:57(a), 2:63f t/m 63j BW]
Raad van Commissarissen, en audits [19 Pr. 1.5.1 CGC]
Raad van Commissarissen, externe accountant [19 Pr. 1.6 e.v. CGC]
Raad van Commissarissen, langetermijnvisie [19 Pr. 1.1.2, 1.1.3 CGC]
Raad van commissarissen, NV [13 art. 2:140 e.v. BW]
Raad van Commissarissen, personalia [19 Pr. 2.1.2 CGC]
Raad van Commissarissen, profielschets [19 Pr. 2.1.1 CGC]
Raad van Commissarissen, secretaris [19 Pr. 2.3.10 CGC]
Raad van commissarissen, structuurvennootschap [13 art. 2:268 e.v. BW]
Raad van Commissarissen, verantwoording [19 Pr. I CGC]
Raad van Commissarissen, voorzitter [19 Pr. 2.1.9 CGC]
Raad van de Europese Unie [33 art. 237 t/m 243 VwEU]
Raad van State, gezagsuitoefening Koning [1 art. 38 GW]
Raad van State, samenstelling, taak en werkwijze [1 art. 73 t/m 75 GW]
Raad van State, samenstelling en taken [7 art. 1 e.v. Wet RvS]
Raad van toezicht, orde van octrooigemachtigden [28 art. 23f, 23g, 23u t/m x ROW 1995]
Raad voor de kinderbescherming, gegevensvergaring [13 art. 1:242 BW]
Raad voor de Kinderbescherming, inkennisstelling slecht voogdbewind [13 art. 1:365, 1:366 BW]
Raad voor de Kinderbescherming, verzoek om ontheffing voogdbewind [13 art. 1:367 BW]
Raad voor de kinderbescherming [13 art. 1:238 t/m 243 BW]
Raad voor de rechtspraak, samenstelling [8 art. 84 Wet RO]
Raad voor de rechtspraak, taken en bevoegdheden [8 art. 92 Wet RO]
Raadpleging, financieel toezicht [24 art. 1:60 e.v. Wft]
Raadscommissie, gemeentelijke commissies [4 art. 82 Gemw]
Raadsleden, geldelijke voorzieningen [4 art. 95 Gemw]
Raamovereenkomst, betalingstransacties [13 art. 7:514 e.v. BW]
Rangorde, inschrijvingen registergoed [13 art. 3:21 BW]
Rangorde, pand-/hypotheekrecht [13 art. 3:229 BW]
Rangorde, pandrecht [13 art. 3:238 BW]
Rangregeling, verdeling opbrengst na executie [12 art. 551a Rv]
Rapport, bestuurlijke boete [5 art. 5:48 Awb]
Ratingbureaus, toezicht [24 art. 5:89 Wft]
Recht, werkingssfeer [6 art. 8, 9 Wet AB]
Recht aan toonder of order leveren, overdracht [13 art. 3:93 BW]
Recht op afgifte bij onbevoegd openbaar maken van portret [27 art. 30 Aw]
Recht op afgifte voorwerpen en gelden [27 art. 28 Aw]
Recht op aflevering, CT-document [13 art. 8:51 BW]
Recht op voorrang, inschrijving merken [29 art. 2.6 BVIE]
Recht tot gedeeltelijk lossen [13 art. 8:995 BW]
Recht van een staat, toepassing [13 art. 10:5 BW]

Recht van enquête, zie Enquêterecht
Recht van erfpacht/opstal, appartementsrecht [13 art. 5:118a BW]
Recht van reclame verkoper van brandstof [13 art. 8:838 BW]
Recht van reclame [13 art. 7:39 e.v. BW]
Recht van retentie, goederenvervoer [13 art. 8:69 BW]
Recht van voorrang, octrooi [28 art. 9, 10 ROW 1995]
Rechtbank, benoeming voogdij [13 art. 1:295 e.v. BW]
Rechtbank, bevoegdheid in bestuursrechtelijke zaken [8 art. 43 Wet RO]
Rechtbank, bevoegdheid in burgerlijke zaken [8 art. 42 Wet RO]
Rechtbank, bevoegdheid in strafzaken [8 art. 45 Wet RO]
Rechtbank, competentie [5 art. 8:7 Awb]
Rechtbank, dubbel beroep [5 art. 8:8 Awb]
Rechtbank, enkelvoudige of meervoudige kamers [12 art. 15 Rv]
Rechtbank, geschillen tussen [5 art. 8:9 Awb]
Rechtbank, inschrijving bij afstand gemeenschap van goederen [13 art. 1:106 BW]
Rechtbank, relatieve competentie [10 art. 2 Sv]
Rechtelijke beslissingen, erkenning [29 art. 1.14 BVIE]
Rechtelijke macht [1 art. 116 GW]
Rechten, bewijsrecht [12 art. 149 Rv]
Rechten, gemeentelijke belastingen [4 art. 229 Gemw]
Rechten, nalatenschap [13 art. 4:28 e.v. BW]
Rechten, overgangs- en slotbepalingen [4 art. 304 Gemw]
Rechten uit verzekeringsovereenkomsten [13 art. 5:136, 5:138 BW]
Rechten van de mens, eerbiediging [32 art. 6 EU-Verdrag]
Rechter, bestuurs- [5 art. 1:4 Awb]
Rechter, bevoegdheid bij arbeidsovereenkomst [12 art. 100 Rv]
Rechter, bevoegdheid bij arbitrageovereenkomst [12 art. 1022 Rv]
Rechter, plaatsopneming [12 art. 201 Rv]
Rechter, rechtsmacht [12 art. 1 e.v. Rv]
Rechter, relatieve bevoegdheid [12 art. 99 e.v., 262 Rv]
Rechter, voorlopig getuigenverhoor [12 art. 187 Rv]
Rechter-commissaris [25 art. 332, 335, 337 FW]
Rechter-commissaris, bevoegdheden [13 art. 4:210 BW]
Rechter-commissaris, boedel bestuur [25 art. 314, 315 FW]
Rechter-commissaris, machtiging bij inbeslagneming [10 art. 97 Sv]
Rechter-commissaris, onderzoek door [10 art. 185 Sv.]
Rechter-commissaris, rangregeling opbrengst na executie [12 art. 551a Rv]
Rechter-commissaris, strafzaken [10 art. 171, 172 Sv]
Rechter-commissaris, taken [25 art. 64 e.v. FW]
Rechter-commissaris, toezicht failliete boedel [25 art. 64 FW]
Rechterlijk gedwongen statutenwijziging stichting [13 art. 2:294 BW]
Rechterlijke beslissing gezamenlijk gezag ouder/niet-ouder [13 art. 1:253t, 1:253u, 1:253v BW]
Rechterlijke beslissingen, tenuitvoerlegging [10 art. 553 Sv]
Rechterlijke beslissingen, uitvoerbaarheid [10 art. 557 Sv]
Rechterlijke bevoegdheid, burgerlijke en handelszaken [36 art. 4 e.v. Brussel I-bis]
Rechterlijke bevoegdheid, merken, tekeningen of modellen [29 art. 4.5. 4.6 BVIE]
Rechterlijke bevoegdheid, ontbinding rechtspersoon [13 art. 2:22 BW]
Rechterlijke bevoegdheid, rechtsmacht [6 art. 11 Wet AB]
Rechterlijke bevoegdheid, verhouding tot andere regelgeving [36 art. 67 t/m 73 Brussel I-bis]
Rechterlijke competentie, NV [13 art. 2:131 BW]

Rechterlijke uitspraak, latere vermelding akte burgerlijke stand [13 art. 1:20, 1:20e BW]
Rechterlijke verdeling, gemeenschap van goederen [13 art. 3:185 BW]
Rechterlijke verklaring van waardeloosheid, inschrijving registergoed [13 art. 3:29 BW]
Rechterlijke wijziging, verdeling gemeenschap van goederen [13 art. 3:198 BW]
Rechtsgeding, bevoegdheid voogd [13 art. 1:349 BW]
Rechtsgevolgen, overeenkomst [13 art. 6:248 e.v. BW]
Rechtsgevolgen, wijziging [13 art. 3:54 BW]
Rechtshandeling, anders dan om niet [13 art. 3:45 BW]
Rechtshandeling [13 art. 3:32 e.v. BW]
Rechtshandeling, internationaal privaatrecht [13 art. 10:12 BW]
Rechtshandeling, machtiging aan voogd [13 art. 1:345 BW]
Rechtshandeling, vernietigbaarheid [25 art. 297 FW]
Rechtshandelingen, bij oprichting BV [13 art. 2:203, 2:204 BW]
Rechtshandelingen, bij oprichting NV [13 art. 2:93, 2:94 BW]
Rechtshandelingen, Europese Unie [33 art. 288 t/m 292 VwEU]
Rechtshandelingen, nietige (economische delicten) [11 art. 35 WED]
Rechtshandelingen, ongeldige/onbevoegde bij onderbewindstelling meerderjarige [13 art. 1:439 BW]
Rechtshandelingen, wederzijdse toestemming tot aangaan van door echtgenoten [13 art. 1:88 BW]
Rechtshandelingen t.b.v. eigen verzorging/verpleging betrokkene, mentor [13 art. 1:452 BW]
Rechtshandelingen, vernietiging van (echtgenoten) [13 art. 1:89 BW]
Rechtskeuze, overeenkomst [34 art. 3 Rome I]
Rechtskeuze, overeenkomst [35 art. 14 Rome II]
Rechtsmacht, bij overeenkomst bepaald [12 art. 8 Rv]
Rechtsmacht, Nederlandse rechter [12 art. 1 e.v. Rv]
Rechtsmacht, rechterlijke bevoegdheid [6 art. 11 Wet AB]
Rechtsmacht, rechtsweigering [6 art. 13 Wet AB]
Rechtsmacht, volkenrechtelijke uitzonderingen [6 art. 13a Wet AB]
Rechtspersonen, bevoegde rechter [12 art. 105 Rv]
Rechtspersonen, fusie [13 art. 2:310 BW]
Rechtspersonen, in te schrijven [22 art. 8 Hrb 2008]
Rechtspersonen, inschrijving handelsregister [21 art. 6 Hregw]
Rechtspersonen, op te nemen gegevens [22 art. 14, 15 Hrb 2008]
Rechtspersonen, strafbare feiten [9 art. 51 Sr]
Rechtspersonen, van onderscheiden aard [13 art. 2:400 e.v. BW]
Rechtspersonen, voogdij [13 art. 1:302 e.v. BW]
Rechtspersoon [13 art. 2:1 e.v. BW]
Rechtspersoon, benadeling door bestuurder of commissaris [9 art. 347 Sr]
Rechtspersoon, eenpersoonsvennootschap [13 art. 2:137, 2:247 BW]
Rechtspersoon, einde bij overgang gehele vermogen [13 art. 2:334c BW]
Rechtspersoon, intrekking aansprakelijkstelling [13 art. 2:404 BW]
Rechtspersoon, NV [13 art. 2:64 BW]
Rechtspersoon, omzetting in andere rechtsvorm [13 art. 2:18 BW]
Rechtspersoon, omzetting in BV [13 art. 2:183 BW]
Rechtspersoon, omzetting in NV [13 art. 2:72 BW]
Rechtspersoon, ontbinding [13 art. 2:20 e.v. BW]
Rechtspersoon, splitsing [13 art. 2:334b BW]
Rechtspersoon, stichting [13 art. 2:285 BW]
Rechtspersoon, woonplaats [13 art. 1:10 BW]
Rechtspersoonlijkheid, EU [32 art. 47 EU-Verdrag]

R

Rechtspleging [13 art. 2:447 e.v. BW]
Rechtspositie ambtenaren, bestuur [1 art. 109 GW]
Rechtspositie burgemeester [4 art. 73 Gemw]
Rechtspositie leden rechtelijke macht [1 art. 117 GW]
Rechtspraak [1 art. 112 t/m 122 GW]
Rechtsprekende gerechten [8 art. 2 Wet RO]
Rechtstreeks beroep bij bestuursrechter [5 art. 3:28 Awb]
Rechtsverhouding, overgang bij splitsing [13 art. 2:334j BW]
Rechtsvervolging, ontslag van [10 art. 352 Sv]
Rechtsvordering [13 art. 3:296 e.v. BW]
Rechtsvordering, verjaring [13 art. 3:306 e.v. BW]
Rechtsvordering, verjaringstermijn [13 art. 3:313 e.v. BW]
Rechtsvordering tot afgifte stukken, opdracht [13 art. 7:412 BW]
Rechtsvordering tot terugverkrijging bezit [13 art. 3:125 BW]
Rechtsweigering, rechtsmacht [6 art. 13 Wet AB]
Rechtszitting [5 art. 8:56 e.v. Awb]
Rechtszitting, partijen [5 art. 8:21 e.v. Awb]
Reclame, misleiding [13 art. 6:194 BW]
Reclame, omkering bewijslast [13 art. 6:195 BW]
Reclame, publicatieverbod/rectificatie [13 art. 6:196 BW]
Reclame, recht van [13 art. 7:39 e.v. BW]
Reclame, vergelijkende [13 art. 6:194a BW]
Reclamebelasting, gemeentelijke belastingen [4 art. 227 Gemw]
Reclamerecht leverancier, zeeschip [13 art. 8:228 BW]
Rectificatie, onrechtmatige daad [13 art. 6:167 BW]
Rectificatie, reclame [13 art. 6:196 BW]
Redelijkheid en billijkheid, rechtsgevolgen overeenkomst [13 art. 6:248 BW]
Redelijkheid en billijkheid, rechtspersoon [13 art. 2:8 BW]
Reder, definitie [13 art. 8:10 BW]
Rederij, binnenschip [13 art. 8:770 BW]
Rederij, op te nemen gegevens [22 art. 17 t/m 20 Hrb 2008]
Rederij, verjaringstermijn onderlinge rechtsvordering [13 art. 8:1770 BW]
Rederij, zeeschip [13 art. 8:160 e.v. BW]
Reële executie [13 art. 3:297 BW]
Referendum algemene vergadering, vereniging [13 art. 2:39 BW]
Regelend/dwingend recht, rechtsgevolgen overeenkomst [13 art. 6:250 BW]
Regeling bestuursorgaan, gelijkstelling met CAO [17 art. 1:4 WAZO]
Regeling rechtstreeks beroep [5 bijlage 1 Awb]
Regeling verhaalsrechten (tijdelijk) [13 art. 6:197 BW]
Regeling verlaagd griffierecht [5 bijlage 3 Awb]
Regent (gezagsuitoefening Koning), Koning [1 art. 37 GW]
Regering, Koning [1 art. 24 t/m 41 GW]
Regering, samenstelling [1 art. 42 t/m 49 GW]
Regio's, Comité van de [33 art. 305 t/m 307 VwEU]
Register, huwelijksbewijs bij ontbreken aan [13 art. 1:79 BW]
Register, openbaarmaking functies gemeentebestuur [4 art. 12 Gemw]
Register, verbindendverklaringen [15 art. 5 AVV]
Register burgerlijke stand [13 art. 1:17, 1:17a t/m 17c BW]
Register burgerlijke stand, aanvullingen/verbetering en [13 art. 1:24, 1:24a t/m 24b BW]
Register ondercuratelestelling [13 art. 1:391 BW]
Register van aandeelhouders [13 art. 2:85, 2:194 BW]
Registergoed, beweerd recht op [13 art. 3:27 BW]

Registergoed, binnenschip [13 art. 8:790 BW]
Registergoed, definitie [13 art. 3:10 BW]
Registergoed, faillietverklaring [25 art. 60 FW]
Registergoed, inschrijvingen [13 art. 3:16 e.v. BW]
Registergoed, koop [13 art. 7:3 BW]
Registergoed, luchtvaartuig [13 art. 8:1306 BW]
Registergoed, verkoop zonder kwalitatief beding [25 art. 35a FW]
Registergoed, zeeschip [13 art. 8:199 BW]
Registratie [20 art. 3 e.v. Wcr]
Registratie, financiële onderneming [24 art. 1:107 t/m 109b Wft]
Registratie, meldingen [24 art. 5:49 Wft]
Registratie, zie ook gegevens Wcr
Reglement van orde, college van B&W [4 art. 52 Gemw]
Reglement van orde, gemeentebestuur [4 art. 16 Gemw]
Reglement van orde, leden gemeenschappelijke gemeentelijke rekenkamer [4 art. 81i Gemw]
Reglement van orde, leden gemeentelijke rekenkamer [4 art. 81i Gemw]
Regres, hoofdelijke verbondenheid [13 art. 6:10 BW]
Regres, productaansprakelijkheid [13 art. 6:192 BW]
Regres, vorderingen uit hoofde van [18 art. 147, 222 WvK]
Regresrecht [18 art. 142, 217 WvK]
Regresrecht, goederenvervoer over spoorwegen [13 art. 8:1594, 8:1595 BW]
Regresrecht, non-betaling [18 art. 217 e.v. WvK]
Regresrecht, verlies [18 art. 160 WvK]
Regresrecht, verval [18 art. 152 WvK]
Rehabilitatie, verzoek om [25 art. 206 e.v. FW]
Reis aanvaarden, vervoer over binnenwateren [13 art. 8:997 BW]
Reis- en verblijfkosten, gemeentelijke raads- en commissieleden [4 art. 97 Gemw]
Reisorganisator, aansprakelijkheid [13 art. 7:508, 7:509 BW]
Reisovereenkomst [13 art. 7:500 e.v. BW]
Reiziger, aansprakelijkheid bij schade [13 art. 8:509 e.v., 8:979 BW]
Reiziger, aansprakelijkheid vervoerder bij dood/letsel [13 art. 8:85, 8:105, 8:504, 8:974, 8:1147 BW]
Reiziger, aansprakelijkheid [13 art. 8:114 BW]
Reiziger, schadevergoedingsplicht [13 art. 8:1406 BW]
Reiziger, vervaltermijn rechtsvordering bij letsel/dood [13 art. 8:1753 BW]
Rekening, bij einde voogdij [13 art. 1:372 e.v. BW]
Rekeninginformatiediensten, recht op gebruik [13 art. 7:522c BW]
Rekenkamer, bevoegdheden [4 art. 182 t/m 185 Gemw]
Rekenkamer, Europese Unie [33 art. 285 t/m 287 VwEU]
Rekenkamer, gemeentebestuur [4 art. 81a t/m 81o Gemw]
Rekenkamercommissie, verordening [4 art. 81o Gemw]
Rekenkamerfunctie, verordening [4 art. 81oa Gemw]
Relatieve bevoegdheid rechter [12 art. 99 e.v., 262 Rv]
Relatieve competentie [25 art. 2 FW]
Relatieve competentie, rechtbanken [10 art. 2 Sv]
Rembours, goederenvervoer over binnenwateren [13 art. 8:953 BW]
Rembours, goederenvervoer over de weg [13 art. 8:1130 BW]
Remboursement, geen inning [38 art. 21 CMR]
Remuneratierapport [19 Pr. 3.4.1 CGC]
Rente, bijrekening [25 art. 260 FW]
Rente, koopovereenkomst onroerend goed [[37 art. 78 CISG]

Renteberekening, legitieme portie geldend maken [13 art. 4:84 BW]
Rentewijziging, betalingstransacties [13 art. 7:517 BW]
Renvooiprocedure [25 art. 122 FW]
Repatriëring, zeevarende [13 art. 7:718 BW]
Repliek, vooronderzoek beroep [5 art. 8:43 Awb]
Repressief toezicht, burgemeester [4 art. 273 Gemw]
Repressief toezicht, gemeentebestuur [4 art. 273 Gemw]
Reproductie voor eigen oefening, studie of gebruik [27 art. 16c Aw]
Reprografische verveelvoudiging; vergoeding [27 art. 16h Aw]
Requisitoir, officier van justitie [10 art. 300 Sv]
Reservaat, verpachting [13 art. 7:388 e.v. BW]
Reservekopie [27 art. 45k Aw]
Restitutie, koopovereenkomst roerende zaken [37 art. 81 CISG]
Resultaat uit deelnemingen, geconsolideerde jaarrekening [13 art. 2:402 BW]
Retentierecht [13 art. 3:290-295 BW]
Retentierecht [25 art. 299b FW]
Retentierecht, bij bestuursdwang [5 art. 5:29 Awb]
Retentierecht, definitie [13 art. 3:290 BW]
Retentierecht, erfpacht [13 art. 5:100 BW]
Retentierecht, faillietverklaring [25 art. 60 FW]
Retentierecht, goederenvervoer over binnenwateren [13 art. 8:954 BW]
Retentierecht, goederenvervoer over de weg [13 art. 8:1131 BW]
Retentierecht, hulpverlening aan schip [13 art. 8:571 BW]
Retentierecht, opschortingsrecht [13 art. 6:57 BW]
Retentierecht, verhuisovereenkomst [13 art. 8:1196 BW]
Retentierecht, voorrecht, pand & hypotheek [25 art. 113 FW]
Rijksbeleid, verhouding gemeente tot provincie en Rijk [4 art. 116 Gemw]
Rioolheffing, gemeentelijke belastingen [4 art. 228a Gemw]
Risico bij bezorging, consumentenkoop [13 art. 7:11 BW]
Risico bij koop [13 art. 7:10 BW]
Risicobeheersing [19 Pr. 1.2 CGC]
Risicobeheersing, verantwoording [19 Pr. 1.4 CGC]
Risicomelding [20 art. 5 Wcr]
Risico-overgang, koopovereenkomst roerende zaken [37 art. 66 e.v. CISG]
Roekeloosheid, aansprakelijkheid reisorganisatie [13 art. 7:509 BW]
Roerende zaak, definitie [13 art. 3:3 BW]
Roerende zaak, samenvoeging [13 art. 5:15, 5:16 BW]
Roerende zaken, eigendom [13 art. 5:4 e.v. BW]
Roerende zaken, internationale koopovereenkomsten [37 art. 1 e.v. CISG]
Roerenderuimtebelasting, gemeentelijke belastingen [4 art. 221 Gemw]
Rogatoire commissie, getuigen [12 art. 174 t/m 176 Rv]
Rome I, verordening [34 art. 1 e.v. Rome I]
Rome II, verordening [35 art. 1 e.v. Rome II]
Rompbevrachting, bijzondere vervoerovereenkomsten [13 art. 8:530 BW]
Rompbevrachting, overeenkomst vervoer over binnenwateren [13 art. 8:990 BW]
Ruil [13 art. 7:49 e.v. BW]
Ruilverhouding, aandelen/certificaten [13 art. 2:325 BW]
Ruimte van vrijheid, veiligheid en recht [33 art. 67 t/m 89 VwEU]

S
Saldering waardeverminderingen, bank [13 art. 2:420 BW]
Samengestelde voortbrengselen, tekeningen of modellen [29 art. 3.4 BVIE]

Samenhang [33 art. 174 t/m 178 VwEU]
Samenhang en aanhangigheid, rechterlijke bevoegdheid [36 art. 29 Brussel I-bis]
Samenhangende besluiten [5 art. 3:19 e.v. Awb]
Samenhangende besluiten, bezwaar en administratief beroep [5 art. 3:28 Awb]
Samenhangende vorderingen [36 art. 30 Brussel I-bis]
Samenloop uitkeringen [17 art. 3:29 WAZO]
Samenloop verloven [17 art. 5:8, 5:14 WAZO]
Samenspanning en voorbereiding, tegen de Staat [9 art. 96 Sr]
Samenspanning tot zware mishandeling met terroristisch oogmerk [9 art. 304b Sr]
Samenstelling, ondernemingsraad [23 art. 6 WOR]
Samenstelling, RvS [7 art. 1 Wet RvS]
Samenvoeging, aangiftebiljet [4 art. 239 Gemw]
Samenvoeging, belastingaanslagen [4 art. 253 Gemw]
Samenwerking, met derde landen [33 art. 208 t/m 222 VwEU]
Samenwerking, nauwere [32 art. 20 EU-Verdrag]
Samenwerking, nauwere [33 art. 326 t/m 334 VwEU]
Samenwerking, toezichthouders [24 art. 1:46 e.v., 1:65 t/m 1:71 Wft]
Samenwerkingsverdrag, bij octrooiaanvraag [28 art. 1, 17 ROW 1995]
Sancties, door toezichthouders [24 art. 1:77 t/m 1:88a Wft]
Sancties, economische delicten [11 art. 5 e.v. WED]
Sancties, openbaarmaking [24 art. 1:97 t/m 1:99 Wft]
Sancties, opzettelijk handelen in strijd met (economische delicten) [11 art. 33 WED]
Sancties, overtreden vergunningvoorschriften concentratie [31 art. 75 Mw]
Sancties, overtreding financiële transparantie [31 art. 70a Mw]
Sancties, overtreding verbod mededingingsafspraken [31 art. 56 e.v. Mw]
Satellietuitzending [27 art. 12 Aw]
Schade, aansprakelijkheid reiziger [13 art. 8:509 e.v., 8:979 BW]
Schade, aanvaring [13 art. 8:1003 e.v. BW]
Schade, aanvaring [13 art. 8:540 e.v. BW]
Schade, door eigen handelen of nalaten [13 art. 8:754 BW]
Schade, geconstateerd na ontvangst [38 art. 30 CMR]
Schade, gevaarlijke stof [13 art. 8:625 BW]
Schade, goederentransport [38 art. 25 e.v., 30 CMR]
Schade, goederenvervoer over de weg [13 art. 8:1134 BW]
Schade, meerdere schepen [13 art. 8:1037 BW]
Schade, productaansprakelijkheid [13 art. 6:190 BW]
Schade voorkomen, maatregelen [13 art. 7:658 BW]
Schadeloosstelling bij onteigening, Grondrecht [1 art. 14 GW]
Schadeloosstelling bij splitsing NV/BV [13 art. 2:334ee1 BW]
Schadeloosstelling bij verspreiding [27 art. 50e Aw]
Schadeloosstelling bijzondere gerechtigde, fusie [13 art. 2:320 BW]
Schadeloosstelling van deskundigen [12 art. 199 Rv]
Schadeloosstelling van getuige [12 art. 182 Rv]
Schadeloosstelling voor verliezen/schaden/kosten, goederenvervoer over zee [13 art. 8:411 BW]
Schadevaststelling [13 art. 6:97 BW]
Schadevereffening [12 art. 612 Rv]
Schadevergoeding [5 art. 8:88 e.v. Awb]
Schadevergoeding, agentuurovereenkomst [13 art. 7:441 BW]
Schadevergoeding, als gevolg van ontbinding koop [13 art. 7:36-38 BW]
Schadevergoeding, auteursrecht [27 art. 26e t/m 27a Aw]

Schadevergoeding, benadeling gemeenschap van goederen bij echtscheiding [13 art. 1:164 BW]
Schadevergoeding, bij slecht bewind voogdij [13 art. 1:362 BW]
Schadevergoeding, CAO [14 art. 15 Wet CAO]
Schadevergoeding, derving reisgenot [13 art. 7:511 BW]
Schadevergoeding, economische delicten [11 art. 32 WED]
Schadevergoeding, gebreken verpachte zaak [13 art. 7:341 BW]
Schadevergoeding, geheimhouding octrooiaanvragen [28 art. 42, 44 ROW 1995]
Schadevergoeding, goederentransport [38 art. 23 e.v., 37 CMR]
Schadevergoeding, goederenvervoer over binnenwateren [13 art. 8:932 BW]
Schadevergoeding, goederenvervoer over de weg [13 art. 8:1159 BW]
Schadevergoeding, goederenvervoer over spoorwegen [13 art. 8:1578, 8:1580 BW]
Schadevergoeding, goederenvervoer [13 art. 8:27, 8:64, 8:67 BW]
Schadevergoeding, houder tekeningen of modellen [29 art. 3.17 BVIE]
Schadevergoeding, huur bedrijfsruimte [13 art. 7:299 BW]
Schadevergoeding, huur [13 art. 7:208 BW]
Schadevergoeding, koopovereenkomst roerende zaken [37 art. 74 t/m 77 CISG]
Schadevergoeding, koper bij gebrek afgeleverde zaak [13 art. 7:24, 7:25 BW]
Schadevergoeding, mededingingsrecht, verjaring [13 art. 6:193s BW]
Schadevergoeding, merkhouder [29 art. 2.21 BVIE]
Schadevergoeding, na binnentreden woning bij bestuursdwang [5 art. 5:27 Awb]
Schadevergoeding, niet in gebruik nemen verpachte door pachter [13 art. 7:373 BW]
Schadevergoeding, noodweg tegen [13 art. 5:57 BW]
Schadevergoeding, ongerechtvaardigde verrijking [13 art. 6:212 BW]
Schadevergoeding, onrechtmatig gebruik handelsnaam [26 art. 6b Hnw]
Schadevergoeding, onrechtmatige daad [13 art. 6:162 BW]
Schadevergoeding, ontbinding wederkerige overeenkomst [13 art. 6:277 BW]
Schadevergoeding, recht op [13 art. 7:651 BW]
Schadevergoeding, rechtsvordering verjaring [13 art. 3:310 BW]
Schadevergoeding, schepen [13 art. 8:1790, 8:1792-93 BW]
Schadevergoeding, schuldenaarsverzuim [13 art. 6:87 BW]
Schadevergoeding, vaststellingsovereenkomst [13 art. 7:907 e.v. BW]
Schadevergoeding, verbintenis [13 art. 6:95 e.v. BW]
Schadevergoeding, verhaal [38 art. 37 CMR]
Schadevergoeding, verhuisovereenkomst [13 art. 8:1180 BW]
Schadevergoeding, verlies/beschadiging bagage [13 art. 8:113 BW]
Schadevergoeding, veroordeling [12 art. 613 Rv]
Schadevergoeding, voor huurder [13 art. 7:276 BW]
Schadevergoeding, zaakwaarneming [13 art. 6:200 BW]
Schadevergoeding bij benadeling gemeenschap, scheiding van tafel en bed [13 art. 1:174 BW]
Schadevergoeding bij niet-toerekenbare tekortkoming, niet-nakoming verbintenis [13 art. 6:78 BW]
Schadevergoeding door reiziger, personenvervoer over zee [13 art. 8:509 BW]
Schadevergoedingsplicht, goederenvervoer over de weg [13 art. 8:1153, 8:1160 BW]
Schadevergoedingsplicht, verhuisovereenkomst [13 art. 8:1187, 8:1192 en 1195 BW]
Schadevergoedingsplicht afzender, goederenvervoer door de lucht [13 art. 8:1361, 8:1364 BW]
Schadevergoedingsplicht afzender, goederenvervoer over binnenwateren [13 art. 8:907, 8:913 BW]
Schadevergoedingsplicht afzender, goederenvervoer over de weg [13 art. 8:1110 e.v. BW]
Schadevergoedingsplicht wederpartij bij personenvervoer over zee [13 art. 8:522 BW]

Schadevergoedingsverplichting, aanvaring [13 art. 8:1004 BW]
Schadevergoedingsverplichtingen, goederenvervoer door de lucht [13 art. 8:1404, 8:1406 BW]
Schadeverzekering [13 art. 7:944 e.v. BW]
Schadeverzekeringsbedrijf, toelichting balans [13 art. 2:441 BW]
Schatvinding [13 art. 5:13 BW]
Scheepsbeheerder, verplichtingen [13 art. 7:737 e.v. BW]
Scheepseigenaar, aansprakelijkheid voor schade door bunkerolie [13 art. 8:641 e.v. BW]
Scheepshuurkoop [13 art. 8:800 e.v. BW]
Scheepspapieren, afgifte [18 art. 388 WvK]
Scheepsverklaring [18 art. 353, 783 WvK]
Scheepvaartincident, personenvervoer over zee [13 art. 8:504 BW]
Scheiding van tafel en bed [13 art. 10:55 t/m 57 BW]
Scheiding van tafel en bed, geregistreerd partners [13 art. 1:80b BW]
Scheiding van tafel en bed, rechten /verplichtingen echtgenoten [13 art. 1:92a BW]
Scheiding van tafel en bed, verzoek/gronden [13 art. 1:169 e.v. BW]
Scheidsmannen, tenuitvoerlegging dwangsom [12 art. 611i Rv]
Scheidsmuur, bouwen tegen (mandeligheid) [13 art. 5:67 BW]
Scheidsmuur, naburig erf [13 art. 5:49 BW]
Schending grondrechten, lidstaat [32 art. 7 EU-Verdrag]
Schending, van mededingingsrecht [13 art. 6:193k e.v. BW]
Schenking [13 art. 7:175 e.v. BW]
Schenking, aansprakelijkheid schenker voor gebreken [13 art. 7:183 BW]
Schenking, bewind voogdij [13 art. 1:342 BW]
Schenking, verjaring bevoegdheid tot vernietiging [13 art. 7:178 BW]
Schepeling, zie Zeevarende
Schepen [18 art. 310 e.v. WvK]
Schepen, verkoop van [25 art. 188 FW]
Schijnhuwelijk, nietigverklaring huwelijk [13 art. 1:71a BW]
Schikking, definitie [36 art. 2 Brussel I-bis]
Schikkings- of inlichtingencomparitie, voorlopig getuigenverhoor [12 art. 191 Rv]
Schilder, rechten na auteursrechtoverdracht [27 art. 24 Aw]
Schip, aanvaring [13 art. 8:540 e.v., 8:1000 e.v. BW]
Schip, definitie [13 art. 8:1 BW]
Schip, geboorte op [13 art. 1:19a BW]
Schip, gevaarlijke stoffen aan boord [13 art. 8:620 e.v. BW]
Schip, lasten van exploitatie [13 art. 8:487 BW]
Schipper [13 art. 8:860-861 BW]
Schipper, verjaringstermijn rechtsvordering [13 art. 8:1780 BW]
Schipper, verplichtingen [18 art. 782 WvK]
Scholing/vorming, ondernemingsraad [23 art. 18 WOR]
Scholing/vorming, SER-taak bevordering [23 art. 46a WOR]
Scholing/vorming, werknemer [13 art. 7:611a BW]
Schorsen, zitting [5 art. 8:64 Awb]
Schorsing, beraadslaging en uitspraak [10 art. 348 Sv]
Schorsing aangevangen executies [25 art. 301 FW]
Schorsing besluit gemeentebestuur [4 art. 268, 274 Gemw]
Schorsing besluit [5 art. 10:43 Awb]
Schorsing bestuurder, RvC [13 art. 2:147 BW]
Schorsing bevoegdheden burgemeester [4 art. 176 Gemw]
Schorsing bij homologatie van akkoord [25 art. 122a FW]
Schorsing burgemeester [4 art. 62 Gemw]

Alfabetisch trefwoordenregister S

Schorsing commissaris, RvC [13 art. 2:63i, 2:161, 2:271 BW]
Schorsing gemeentesecretaris [4 art. 102 Gemw]
Schorsing griffier [4 art. 107 Gemw]
Schorsing van verjaring dwangsom [12 art. 611g Rv]
Schorsing voogd [13 art. 1:298, 1:331 BW]
Schorsing/ontslag, RvC BV [13 art. 2:254 BW]
Schorsing/ontslag bestuurders BV [13 art. 2:244 BW]
Schorsing/ontslag bestuurders naamloze vennootschap [13 art. 2:134 BW]
Schorsing/ontslag [13 art. 2:271 BW]
Schorsing/ontslag bestuurders van NV [13 art. 2:134 BW]
Schorsing/ontslag van commissaris NV [13 art. 2:144 BW]
Schriftelijke klacht, behandeling van [5 art. 9:4 e.v. Awb]
Schriftelijke machtiging, huwelijkse voorwaarden [13 art. 1:115 BW]
Schriftelijke mededelingen verzekeraar [13 art. 7:933 BW]
Schriftelijke opgave, loon [13 art. 7:626 BW]
Schriftelijke oproeping, gemeentebestuur [4 art. 19 Gemw]
Schriftelijke oproeping, provinciale staten [3 art. 19 Provw]
Schriftelijke repliek, vooronderzoek beroep [5 art. 8:43 Awb]
Schriftelijke stemming, gemeentebestuur [4 art. 31 Gemw]
Schriftelijke toelichting, fusie [13 art. 2:313 BW]
Schriftelijke zienswijze, beschikking [5 art. 4:9 Awb]
Schrijf- of spelfouten, Haagse registers [13 art. 1:25a BW]
Schrijf- of spelfouten, register burgerlijke stand [13 art. 1:24a BW]
Schuld, aandeel vennoot in gemeenschappelijke [13 art. 7A:1666 BW]
Schuld, dood door [9 art. 307 Sr]
Schuld, lichamelijk letsel door [9 art. 308 Sr]
Schuld, nalatenschap [13 art. 4:14 BW]
Schuld- en contractoverneming [13 art. 6:155 e.v. BW]
Schuldeiser, verplichtingen overgang vordering [13 art. 6:144 BW]
Schuldeiser, verplichtingen t.a.v. gesubrogeerde [13 art. 6:154 BW]
Schuldeiser, vertegenwoordiging van [25 art. 83 FW]
Schuldeiser, vorderingsrecht [13 art. 4:223 BW]
Schuldeiser en schuldenaar, verrekening [13 art. 6:133 BW]
Schuldeisers, benadeling [25 art. 212x FW]
Schuldeisers, beslag op onroerende zaken [12 art. 513 Rv]
Schuldeisers, bevoegdheid [25 art. 212w FW]
Schuldeisers, gelijke behandeling [25 art. 233 FW]
Schuldeisers, kennisgeving aan [25 art. 212p FW]
Schuldeisers, oproeping [25 art. 281c FW]
Schuldeisers, pluraliteit [13 art. 6:15, 6:16 BW]
Schuldeisers, rechten na vereffening [25 art. 195 FW]
Schuldeisers, spreekrecht [25 art. 353 FW]
Schuldeisers, uitdeling verdeelde boedel aan [25 art. 179 FW]
Schuldeisers, vergadering van [25 art. 348 FW]
Schuldeisers, vermoeden wetenschap van benadeling [25 art. 43 en 45 FW]
Schuldeisers, voorzieningen ter beveiliging [25 art. 290 FW]
Schuldeisers en belanghebbenden, verzet door [25 art. 10 FW]
Schuldeisersvergadering [25 art. 80 e.v. FW]
Schuldeisersverzuim, ontbinding wederkerige overeenkomst [13 art. 6:266 BW]
Schuldeisersverzuim [13 art. 6:58 e.v. BW]
Schulden, bewindvoerder onderbewindstelling meerderjarige [13 art. 1:443 BW]
Schulden, binnen gemeenschap van goederen [13 art. 1:95 t/m 96b BW]

Schulden, buiten gemeenschap van goederen [13 art. 1:95 t/m 96b BW]
Schulden, erfopvolging [13 art. 4:184, 4:185 BW]
Schulden, nalatenschap [13 art. 4:7 BW]
Schulden, passiva [13 art. 2:375 BW]
Schuldenaar, betaling aan de [25 art. 240 FW]
Schuldenaar, bevoegdheden na de uitspraak tot toepassing schuldsaneringsregeling [25 art. 296 FW]
Schuldenaar, bevoegdheid tot verrichten rechtshandelingen [25 art. 297 FW]
Schuldenaar, definitie [13 art. 3:48 BW]
Schuldenaar, gehuwde [25 art. 4 FW]
Schuldenaar, gift van [25 art. 35b FW]
Schuldenaar, horen van [25 art. 358a FW]
Schuldenaar, intrekkingsverzoek surseance [25 art. 247 FW]
Schuldenaar, ontslag gijzeling [25 art. 302 FW]
Schuldenaar, onverplicht verrichte rechtshandeling [25 art. 42 FW]
Schuldenaar, oproeping [25 art. 6 FW]
Schuldenaar, pluraliteit [13 art. 6:6 e.v. BW]
Schuldenaar, tekortkomingen vóór aanvang surseance [25 art. 237b FW]
Schuldenaar, tekortkomingen vóór faillietverklaring [25 art. 37b FW]
Schuldenaar, toerekenbaarheid tekortschieten [25 art. 358 FW]
Schuldenaar, tussentijdse handelingen [25 art. 169 FW]
Schuldenaar, verdediging belangen [25 art. 337 FW]
Schuldenaar, verzet en hoger beroep door [25 art. 8 FW]
Schuldenaar, zorgplicht wederkerige overeenkomst [13 art. 6:273 BW]
Schuldenaar in inrichting, beslag [12 art. 475d Rv]
Schuldenaars, hoofdelijke (verbintenis uit overeenkomst) [34 art. 16 Rome I]
Schuldenaarsverzuim [13 art. 6:81 e.v. BW]
Schuldenaren, hoofdelijke [25 art. 136 FW]
Schuldenregeling, instemming [25 art. 287a FW]
Schuldoverneming, faillissement [25 art. 54 FW]
Schuldsaneringsregeling, niet-verstrekken administratie, administratieplicht [9 art. 344a, 344b Sr]
Schuldsaneringsregeling, afwijzing verzoek [25 art. 288 FW]
Schuldsaneringsregeling, beëindiging [25 art. 340 FW]
Schuldsaneringsregeling, faillietverklaring [25 art. 312 FW]
Schuldsaneringsregeling, natuurlijke personen [25 art. 284 e.v. FW]
Schuldsaneringsregeling, termijn en beëindiging [25 art. 349 e.v. FW]
Schuldsaneringsregeling, verzoek toepassing [25 art. 3 FW]
Schuldsaneringsregeling [25 art. 295 e.v. FW]
Schuldvergelijking, beroep op [25 art. 234, 235 FW]
Schuldvergelijking, vergoedingsplicht [25 art. 205 FW]
Schuldvordering, verificatie [25 art. 108 FW]
Secretaris, inrichting en samenstelling gemeentebestuur [4 art. 100 t/m 106 Gemw]
Secretaris, RvS [7 art. 11, 12 Wet RvS]
Selbsteintritt, volmacht [13 art. 3:68 BW]
Selectie- en benoemingscommissie, RvC [19 Pr. 2.2.5, 2.3.2 CGC]
Servicekosten, definitie [13 art. 7:237 BW]
Servicekosten, huur [13 art. 7:258 e.v. BW]
Sint Maarten, bijzondere bepalingen voor octrooien [28 art. 100 ROW 1995]
Slotuitdelingslijst [25 art. 356 FW]
Sluiting, bevoegdheden burgemeester [4 art. 174a Gemw]
Sociaal beleid [33 art. 151 t/m 161 VwEU]

Sociale zekerheid, Grondrecht [1 art. 20 GW]
Solidariteit, derde landen [33 art. 222 VwEU]
Som ineens, aanspraak kindsdeel [13 art. 4:35-37 BW]
Sommenverzekering [13 art. 7:964 e.v. BW]
Spelfouten, Haagse registers [13 art. 1:25a BW]
Spelfouten, register burgerlijke stand [13 art. 1:24a BW]
Splitsing [13 art. 2:334a e.v. BW]
Splitsing, appartementsrecht [13 art. 5:106 e.v. BW]
Splitsing, erfpacht [13 art. 5:91 BW]
Splitsing, wijziging van akte of opheffing [13 art. 5:139 e.v. BW]
Splitsing NV/BV, aandelen [13 art. 2:334x en 334cc BW]
Splitsing NV/BV, bijzondere bepalingen [13 art. 2:334w e.v. BW]
Splitsing zaken, beroep bij de bestuursrechter [5 art. 8:14 Awb]
Splitsingakte, wijziging [13 art. 5:139 e.v. BW]
Spontane vernietiging, besluit [5 art. 10:33 e.v. Awb]
Spoorinfrastructuur, aansprakelijkheid beheerder [13 art. 8:116a BW]
Spoorwegen, belemmering vervoer [13 art. 8:1568 BW]
Spoorwegen, goederenvervoer over [13 art. 8:1550 e.v. BW]
Sport en onderwijs [33 art. 165, 166 VwEU]
Spreekrecht [10 art. 258 Sv]
Staat, aansprakelijkheid registergoed [13 art. 3:30 BW]
Staat, geheimhouding octrooiaanvragen [28 art. 40 e.v. ROW 1995]
Staat, inroeping/betwisting van afstamming [13 art. 1:209 t/m 211 BW]
Staat, misdrijven tegen [9 art. 96 Sr]
Staat van herkomst, recht op [25 art. 213o FW]
Staat van insolventie [25 art. 173 FW]
Staatsraden [7 art. 8 Wet RvS]
Staatssecretarissen, Koning en ministers [1 art. 46 GW]
Staatssteun, mededinging [33 art. 107 t/m 109 VwEU]
Staken stemmen, college van B&W [4 art. 59 Gemw]
Staking voortzetting bedrijf [25 art. 174 FW]
Stand van de techniek, octrooi [28 art. 4, 32, 34, 35 ROW 1995]
Standplaats, definitie [13 art. 7:236 BW]
Statencommissie, commissies provinciale staten/gedeputeerde staten [3 art. 80 Provw]
Staten-Generaal, inrichting, samenstelling en werkwijze [1 art. 50 t/m 80 GW]
Statutaire bepalingen, aandelen [13 art. 2:191b BW]
Statuten, appartementsrecht [13 art. 5:112 BW]
Statuten, BV [13 art. 2:177 BW]
Statuten, inhoud [13 art. 2:27 BW]
Statuten in notariële akte, opnemen [13 art. 2:28 BW]
Statutenwijziging, aandeelhoudersvergadering BV [13 art. 2:231 e.v. BW]
Statutenwijziging, aandeelhoudersvergadering [13 art. 2:121 e.v. BW]
Statutenwijziging, notariële akte [13 art. 2:124, 2:234 BW]
Statutenwijziging, stichting [13 art. 2:293-295 BW]
Statutenwijziging, structuurvennootschap [13 art. 2:264 BW]
Statutenwijziging, tijdens faillissement [13 art. 2:127, 2:237 BW]
Statutenwijziging vereniging, versterkte meerderheid [13 art. 2:43 BW]
Statutenwijziging vereniging [13 art. 2:42 BW]
Steigerrecht, naburig erf [13 art. 5:56 BW]
Stemgerechtigden ondersplitsing, vereniging van eigenaars [13 art. 5:127 BW]
Stemmen, AVA [19 Pr. 4.3 CGC]
Stemmen, RvS [7 art. 15 Wet RvS]

Stemmen zonder last, provincie en gemeente [1 art. 129 GW]
Stemming, faillissementsakkoord [25 art. 267 FW]
Stemming, over faillissementakkoord [25 art. 143 FW]
Stemming, Staten-Generaal [1 art. 67 GW]
Stemmingsquorum, gemeentebestuur [4 art. 29 Gemw]
Stemrecht, aandeelhoudersvergadering BV [13 art. 2:228 BW]
Stemrecht, aandeelhoudersvergadering [13 art. 2:118, 2:228 BW]
Stemrecht, faillietverklaring [25 art. 281e FW]
Stemrecht, geschil vordering overdracht [13 art. 2:342 BW]
Stemrecht, ontzegging bij rechtspersoon [13 art. 2:12 BW]
Stemrecht, rechtspersoon [13 art. 2:13 BW]
Stemrecht, schorsing [24 art. 1:86 Wft]
Stemrecht, schuldeisersvergadering [25 art. 81 FW]
Stemrecht, vereniging [13 art. 2:38 BW]
Stemrecht, vruchtgebruik [13 art. 3:219 BW]
Stemverbod, gemeentebestuur [4 art. 28 Gemw]
Stichting, ontbinding [13 art. 2:19a BW]
Stichting, op te nemen gegevens [22 art. 28, 29 Hrb 2008]
Stichting oprichten, testament [13 art. 4:135 BW]
Stichting van de Arbeid [15 art. 4, 6, 10b AVV]
Stichtingen, bevoegdheden college van B&W [4 art. 160 Gemw]
Stichtingen en verenigingen, toelichting jaarrekening [13 art. 2:383a BW]
Stichtingen [13 art. 2:285 e.v. BW]
Stichtingsbestuur, uitsluiting [13 art. 2:297a BW]
Stiefkind, definitie [13 art. 4:8 BW]
Stiefkinderen, kostenvoorziening verzorging en opvoeding [13 art. 1:404 e.v. BW]
Stiefouder, alimentatieverplichting [13 art. 1:395 BW]
Stiefouders, verzorging en opvoeding minderjarige kinderen/stiefkinderen [13 art. 1:404 e.v. BW]
Stille vennoot [18 art. 20 WvK]
Stille vennoot, aansprakelijkheid [18 art. 21 WvK]
Stilzwijgende voortzetting, arbeidsovereenkomst [13 art. 7:668 BW]
Storing openbare vergadering [9 art. 144 Sr]
Storting, aandelen NV [13 art. 2:80 BW]
Storting in vreemd geld, aandelen [13 art. 2:80a, 2:191a BW]
Stortingsplicht, aandelen [13 art. 2:191 BW]
Stortplaats gevaarlijke stoffen, aansprakelijkheid [13 art. 6:176 BW]
Straatschenderij [9 art. 424 Sr]
Straf, beraadslaging, uitspraak en oplegging [10 art. 350, 351 Sv]
Strafbaar feit, aangifte [10 art. 160 e.v. Sv]
Strafbaarheid, beraadslaging en uitspraak [10 art. 350 Sv]
Strafbare feiten, begaan door rechtspersonen [9 art. 51 Sr]
Strafbare feiten, deelneming [9 art. 47 e.v. Sr]
Strafbare poging [9 art. 45 Sr]
Strafbare voorbereiding [9 art. 46 Sr]
Straffen, economische delicten [11 art. 6 WED]
Straffen, hoofd- en bijkomende [9 art. 9 Sr]
Straffen en maatregelen, economische delicten [11 art. 5 e.v. WED]
Strafrecht, werkingssfeer [6 art. 8 Wet AB]
Strafrechtelijke minderjarigheid [9 art. 77a Sr]
Strafrechtspraak [1 art. 113 GW]
Strafvermindering, gronden voor [9 art. 44a Sr]

Alfabetisch trefwoordenregister S

Strafvermindering, voor medeplichtigen [9 art. 49 Sr]
Strafverordeningen, bevoegdheden gemeenteraad [4 art. 154 Gemw]
Strafverordeningen, mededelingen gemeentebestuur [4 art. 143 Gemw]
Strafverordeningen, provinciale staten [3 art. 150 Provw]
Strafvonnis, bewijskracht bewijs [12 art. 161 Rv]
Strafvordering [10 art. 1 e.v. Sv]
Strafvordering, verjaring [9 art. 70 Sr]
Strafzaken, bevoegdheid gerechtshof [8 art. 60 Wet RO]
Strafzaken, bevoegdheid rechtbank [8 art. 45 Wet RO]
Strafzaken, door rechter-commissaris [10 art. 171, 172 Sv]
Strafzaken, justitiële samenwerking [33 art. 82 t/m 86 VwEU]
Strategische belangen, vaststelling [32 art. 22 EU-Verdrag]
Structuurfondsen [33 art. 177 VwEU]
Structuurvennootschap, benoeming bestuurders [13 art. 2:162, 2:272 BW]
Structuurvennootschap, BV [13 art. 2:263 e.v. BW]
Structuurvennootschap, daden van bestuur [13 art. 2:261 BW]
Structuurvennootschap, goedkeuring bestuursbesluiten [13 art. 2:164, 2:274 BW]
Structuurvennootschap, inschrijving [13 art. 2:154, 2:264 BW]
Structuurvennootschap, RvC [13 art. 2:268 e.v. BW]
Studieschulden, vorderingen uit hoofde van [25 art. 299a FW]
Stuiting geregistreerd partnerschap [13 art. 1:80a BW]
Stuiting van huwelijk [13 art. 1:50 e.v. BW]
Stuiting verjaring, nalatenschap [13 art. 4:214 BW]
Stuiting verjaring [13 art. 3:316 BW]
Stukken, verzending, voor rechtszitting [5 art. 8:37 e.v. Awb]
Stukken, voorlopige voorziening en onmiddellijke uitspraak [5 art. 8:83 Awb]
Subrogatie [13 art. 6:150 e.v. BW]
Subrogatie, hoofdelijke verbondenheid [13 art. 6:12 BW]
Subrogatie, niet-contractuele verbintenissen [35 art. 19 Rome II]
Subrogatie, verbintenis uit overeenkomst [34 art. 14, 15 Rome I]
Subsidiabele activiteiten, aanduiding [5 art. 4:43 Awb]
Subsidie [5 art. 4:21 e.v. Awb]
Subsidie, aanvraag tot vaststelling [5 art. 4:74 Awb]
Subsidie, latere bekendmaking en gevolgen voor ingediende aanvragen [5 art. 4:28 Awb]
Subsidie, terugvordering van [5 art. 4:57 Awb]
Subsidie, verdeling [5 art. 4:26 Awb]
Subsidie, weigering voortzetting [5 art. 4:51 Awb]
Subsidie, weigering [5 art. 4:25, 4:35 Awb]
Subsidieaanvraag [5 art. 4:60 e.v. Awb]
Subsidieaanvraag, bij meerdere organen [5 art. 4:65 Awb]
Subsidiebetaling, opschorting [5 art. 4:56 Awb]
Subsidiebetaling [5 art. 4:52 Awb]
Subsidieontvanger, te betalen vergoeding [5 art. 4:41 Awb]
Subsidieontvanger, toestemming bestuursorgaan [5 art. 4:71 Awb]
Subsidieontvanger, verplichtingen [5 art. 4:37 e.v., 4:68 e.v. Awb]
Subsidieovereenkomst [5 art. 4:36 Awb]
Subsidieplafond [5 art. 4:25 e.v. Awb]
Subsidievaststelling [5 art. 4:42 e.v., 4:73 e.v. Awb]
Subsidievaststelling, intrekking of wijziging [5 art. 4:49 Awb]
Subsidieverlening [5 art. 4:66 Awb]
Subsidieverlening, begrotingsvoorwaarde [5 art. 4:34 Awb]
Subsidieverlening, intrekking of wijziging [5 art. 4:48, 4:50 Awb]

Subsidieverplichtingen, aanwijzing toezichthouders [5 art. 4:59 Awb]
Subsidieverstrekking/verlening [5 art. 4:23, 4:29 e.v. Awb]
Surseance van betaling [25 art. 214 e.v. FW]
Surseance van betaling, beroep bij de bestuursrechter [5 art. 8:22 Awb]
Surseance van betaling, bevoegdheid rechter [12 art. 106 Rv]
Surseance van betaling, intrekking [25 art. 242 FW]
Surseanceregister [25 art. 222b FW]
Surseancetermijn, verlenging [25 art. 275 FW]
Surseanceverzoek, hernieuwd [25 art. 249 FW]
Systematische informatieverstrekking, verhouding gemeente tot provincie en Rijk [4 art. 119, 120 Gemw]

T

Taak officier van justitie bij opsporing [10 art. 148 Sv]
Taakverwaarlozing, gemeentebestuur [4 art. 123, 124 Gemw]
Teboekstelling, binnenschip [13 art. 8:784 e.v. BW]
Teboekstelling, luchtvaartuig [13 art. 8:1303-04 BW]
Techniek, stand van (bij octrooiaanvraag) [28 art. 4, 32, 34, 35 ROW 1995]
Technische voorzieningen [27 art. 29a Aw]
Technologische ontwikkelingen [33 art. 179 t/m 190 VwEU]
Teeltpacht [13 art. 7:396 BW]
Tegemoetkoming in verhuis- en inrichtingskosten, huur bedrijfsruimte [13 art. 7:297 BW]
Tegen strijdige belang en, verenigingsbestuur [13 art. 2:47 BW]
Tegenaanbod, koopovereenkomst roerende zaken [37 art. 19 e.v. CISG]
Tegenprestatie, gift [13 art. 7:187 BW]
Tegenprestatie, huur [13 art. 7:212 BW]
Tegenprestatie, overgang [13 art. 6:251, 6:252 BW]
Tegenstrijdig belang BV, vertegenwoordiging RvC [13 art. 2:140, 2:252a BW]
Tegenstrijdige belangen [19 Pr. 2.7.3, 2.7.4 CGC]
Tekeningen [29 art. 3.1 e.v. BVIE]
Tekeningen, samenloop met auteursrecht [29 art. 3.28. 3.29 BVIE]
Tekortkoming in nakoming, ontbinding arbeidsovereenkomst [13 art. 7:686 BW]
Tekortkomingen schuldenaar vóór aanvang surseance [25 art. 237b FW]
Tekortkomingen schuldenaar vóór faillietverklaring [25 art. 37b FW]
Telefoon en telegraafgeheim, Grondrecht [1 art. 13 GW]
Tenietdoen ontbindingsverklaring, verrekening [13 art. 6:134 BW]
Tenietgaan rechten, faillissement [25 art. 188 FW]
Tenietgaan wisselschuld [18 art. 168a WvK]
Tenuitvoerlegging, arbitraal vonnis [12 art. 1062 Rv]
Tenuitvoerlegging, beslissing [36 art. 39 e.v., 71quinque Brussel I-bis]
Tenuitvoerlegging, economische delicten [11 art. 31 WED]
Tenuitvoerlegging, overdracht bevoegdheid [12 art. 431a Rv]
Tenuitvoerlegging, rechterlijke beslissingen [10 art. 553 Sv]
Tenuitvoerlegging, rechterlijke/arbitrale uitspraak, rechtsvordering verjaring [13 art. 3:324 BW]
Tenuitvoerlegging, weigering van [36 art. 46 e.v. Brussel I-bis]
Terbeschikkingstelling gegevens, financiële transparantie [31 art. 25e Mw]
Terbeschikkingstelling zaak, huur [13 art. 7:203 BW]
Terinzagelegging [25 art. 215 FW]
Terinzagelegging besluiten gemeentebestuur [4 art. 140 Gemw]

T

Terinzagelegging inbrengverklaring, NV [13 art. 2:94b, 2:94c BW]
Termijnberekening, zaterdag, zon- en feestdagen [2 art. 1 t/m 7 ATW]
Termijnen, gemeentelijke verordeningen [4 art. 145 Gemw]
Termijnen, vrijstelling/vermindering/ontheffing/teruggaaf gemeentelijke belastingen [4 art. 242 Gemw]
Termijnhandel, invloed surseance [25 art. 237 FW]
Termijnhandel [25 art. 38 FW]
Termijnoverschrijding, verschoonbare [5 art. 6:11 Awb]
Terugbetaling, betalingstransacties [13 art. 7:530 BW]
Terugkeer vermiste [13 art. 1:422 BW]
Terugontvangen stukken, verzending, voor rechtszitting [5 art. 8:38 Awb]
Terugtred, vrijwillig [9 art. 46b Sr]
Terugvorderen wilsbeschikking [13 art. 4:113 BW]
Terugvordering, koop [13 art. 7:39 e.v. BW]
Terugvordering van legataris, nalatenschap [13 art. 4:216 BW]
Terugvordering van subsidie [5 art. 4:57 Awb]
Terugwerkende kracht, AVV [15 art. 2 AVV]
Terugwerkende kracht, rechtshandeling [13 art. 3:53 BW]
Terugwerking faillietverklaring instelling [25 art. 212b FW]
Terugwijzing, door hogerberoepsrechter [5 art. 8:115 Awb]
Testament, aanwijzing voogdij [13 art. 1:292, 1:293 BW]
Testament, verrekenbeding huwelijkse voorwaarden [13 art. 1:134 BW]
Testamentair bewind [13 art. 4:153 e.v. BW]
Testamentaire last [13 art. 4:130 e.v. BW]
Tijd- of reisbevrachting, definitie [13 art. 8:373, 8:972 BW]
Tijd-/reisbevrachting, goederenvervoer door de lucht [13 art. 8:1352, 8:1392 BW]
Tijd-/reisbevrachting, goederenvervoer over de weg [13 art. 8:1093, 8:1144 BW]
Tijdelijke gevangenisstraf [9 art. 10 Sr]
Tijdelijke inbezitneming, koopovereenkomst roerende zaken [37 art. 86 CISG]
Tijdelijke neerlegging, Koning [1 art. 36 GW]
Tijdelijke werknemers, gelijke behandeling [13 art. 7:649 BW]
Tijdsbepaling, erfstelling onder [13 art. 4:136 e.v. BW]
Tijdstip, inschrijving van registergoed [13 art. 3:19 BW]
Toegekend recht niet erfgenaam, nalatenschap [13 art. 4:39 BW]
Toelating/uitzetting vreemdeling, Grondrecht [1 art. 2 GW]
Toelichting, balans verzekeringsmaatschappij [13 art. 2:441 BW]
Toelichting, jaarrekening [13 art. 2:378 e.v. BW]
Toelichting, splitsing NV/BV [13 art. 2:334g BW]
Toerekeningsvatbaar, verminderd [9 art. 37a Sr]
Toerisme [33 art. 195 VwEU]
Toeristenbelasting, gemeentelijke belastingen [4 art. 224 Gemw]
Toestemming, nietigverklaring huwelijk bij ontbreken van [13 art. 1:75 BW]
Toestemming, wederzijdse, tot aangaan van rechtshandelingen door echtgenoten [13 art. 1:88 BW]
Toestemming overheidsorgaan, rechtshandeling [13 art. 3:57 BW]
Toestemming patiënt, behandelingsovereenkomst [13 art. 7:450, 7:451 BW]
Toestemming patiënt, verrichting zonder [13 art. 7:466 BW]
Toetsing en ontvankelijkheid, rechterlijke bevoegdheid [36 art. 27, 28 Brussel I-bis]
Toetsingsverbod, rechtspraak [1 art. 120 GW]
Toevoeging, kostenvoldoening [5 art. 8:75 Awb]
Toewijzing, ouderlijk gezag aan één ouder [13 art. 1:251a BW]
Toewijzing/afwijzing verzoek [13 art. 2:350 BW]

1851

Toezending, gerechtelijke mededeling [10 art. 585 Sv]
Toezending wetsvoorstel, Wetgeving [1 art. 83 & 85 GW]
Toezicht, gemeentebestuur [4 art. 259, 266 Gemw]
Toezicht, ondertoezichtstelling minderjarige [13 art. 1:254 e.v. BW]
Toezicht op bestuursorganen [5 art. 10:25 e.v. Awb]
Toezicht op handhaving [24 art. 1:58 e.v., 1:75 t/m 1:88a Wft]
Toezicht op naleving [24 art. 1:55 e.v., 1:72 t/m 1:74 Wft]
Toezicht openbare bijeenkomsten, bevoegdheden burgemeester [4 art. 174 Gemw]
Toezichthouder, Autoriteit Consument en Markt [31 art. 50 Mw]
Toezichthouder, toezicht op naleving wettelijke voorschriften [5 art. 5:11 e.v. Awb]
Toezichthouders, aanwijzing (subsidieverplichtingen) [5 art. 4:59 Awb]
Toezichthouders, financiële sector [24 art. 1:24 e.v. Wft]
Toezichthouders, samenwerking [24 art. 1:46 e.v. Wft]
Toezichthoudersstichting, uitsluiting [13 art. 2:297b BW]
Tolken, verplichtingen bij rechtszitting [5 art. 8:35, 8:49 Awb]
Tolken, verzoekschrift aan ombudsman [5 art. 9:32 Awb]
Toonderpapieren [25 art. 48, 55 FW]
Totaalresultaat, verzekeringsmaatschappij [13 art. 2:440a BW]
Totstandkoming overeenkomst [13 art. 6:217 e.v. BW]
TPG Post, kennisgeving schuldsaneringsregeling [25 art. 293 FW]
Transactiebevoegdheid, andere personen (economische delicten) [11 art. 36 WED]
Transactiebevoegdheid, officier van Justitie (economische delicten) [11 art. 36 WED]
Transeuropese netwerken [33 art. 170 t/m 172 VwEU]
Transitievergoeding [13 art. 7:673, 7:673a, 7:673c BW]
Transitievergoeding, rente [13 art. 7:686a BW]
Transito verkoop, risico-overgang koopovereenkomst [37 art. 68 CISG]
Transparantie, financiële [31 art. 25a t/m f Mw]
Transportbrief, goederenvervoer over de weg [13 art. 8:1122 BW]
Transportmiddelen, internationaal vervoer over de weg [38 art. 2 CMR]
Treinen, aansprakelijkheid gevaarlijke stoffen aan boord [13 art. 8:1670 e.v. BW]
Troonopvolging, Koning [1 art. 25 GW]
Troonrede, Staten-Generaal [1 art. 65 GW]
Trustrecht [13 art. 10:142 t/m 144 BW]
Tuchtrechtspraak [1 art. 113 GW]
Tussenkomst [18 art. 154 e.v. WvK]
Tussenpersonen, inbreuk auteursrecht door [27 art. 26d Aw]
Tussenpersoon, definitie [18 art. 62 WvK]
Tussenpersoon verzekeringen [13 art. 7:936 e.v. BW]
Tussenuitspraak [5 art. 8:80a en 8:80b Awb]
Tweede Kamer, advies RvS [7 art. 18 Wet RvS]
Tweede uitkering op papier aan toonder [25 art. 281f FW]

U

Uitdeling aan geverifieerde schuldeisers [25 art. 349 FW]
Uitdelingslijst [25 art. 137c t/m 137e, 180, 183, 184 FW]
Uiterste wil, buitengewone omstandigheden [13 art. 4:102 BW]
Uiterste wil, erfstelling onder tijdsbepaling [13 art. 4:136 e.v. BW]
Uiterste wil, militairen/bijzondere omstandigheden [13 art. 4:98 e.v. BW]
Uiterste wil, nalaten aan stichting [13 art. 4:135 BW]
Uiterste wil, nietigverklaring [13 art. 4:109 BW]
Uiterste wil, oprichten stichting [13 art. 4:135 BW]
Uiterste wil, vormen van [13 art. 4:93 e.v. BW]

Alfabetisch trefwoordenregister U

Uiterste wilsbeschikking, herroeping [13 art. 4:111 e.v. BW]
Uiterste wilsbeschikking, nalatenschap [13 art. 4:42 e.v. BW]
Uiterste wilsbeschikking, overdracht goederen nalatenschap [13 art. 4:25 BW]
Uitgavenlimieten, betalingstransacties [13 art. 7:523 BW]
Uitgevende instelling, effecten [24 art. 5:25a e.v. Wft]
Uitgevende instelling, meldingen door [24 art. 5:34 t/m 5:37 Wft]
Uitgifte en levering, aandelen [13 art. 2:196 BW]
Uithuisplaatsing, beëindiging [13 art. 1:265j BW]
Uithuisplaatsing, minderjarige [13 art. 1:265a e.v. BW]
Uithuisplaatsing, voogdij [13 art. 1:306 BW]
Uitkering, aanvraag, bij UWV door werkgever [17 art. 3:11, 3:12 WAZO]
Uitkering, bewindvoerder onderbewindstelling meerderjarige [13 art. 1:446 BW]
Uitkering, faillissement [25 art. 137f FW]
Uitkering, recht op [17 art. 3:7 e.v. WAZO]
Uitkering, verzorging en opvoeding minderjarige kinderen/stiefkinderen [13 art. 1:407, 1:408 BW]
Uitkeringen, bij huwelijksontbinding na scheiding van tafel en bed [13 art. 1:180 BW]
Uitkeringen, Koning [1 art. 40 GW]
Uitkeringen, voorzieningen in verband met echtscheiding [13 art. 1:153 BW]
Uitkeringstest [13 art. 2:216 lid 2 BW]
Uitkomst, enquêterecht [13 art. 2:353 BW]
Uitkoop kleine minderheid, aandelen NV [13 art. 2:92a, 2:201a BW]
Uitkoop kleine minderheid [13 art. 2:201a BW]
Uitlenen, vergoedingsrecht van [27 art. 15c Aw]
Uitlener, verplichtingen [13 art. 7A:1787 t/m 1790 BW]
Uitlokking, poging [9 art. 46a Sr]
Uitloving, totstandkoming overeenkomst [13 art. 6:220 BW]
Uitoefening zelfstandig beroep, bevoegdheid [25 art. 311 FW]
Uitreiking, gerechtelijk schrijven [10 art. 587, 588 Sv]
Uitschakelbepaling [6 art. 5 Wet AB]
Uitschakelbepaling, economische delicten [11 art. 60 WED]
Uitsluiting, AVV [15 art. 2 AVV]
Uitsluiting, beroepsmogelijkheid [5 art. 6:13 Awb]
Uitsluiting bestuur goederen, door echtgenoten [13 art. 1:91 BW]
Uitsluiting troonopvolging, Koning [1 art. 29 GW]
Uitsluiting/beperking aansprakelijkheid, coöperatie en OWM [13 art. 2:56 BW]
Uitsplitsing omzet, jaarrekening [13 art. 2:380 t/m 2:380d BW]
Uitspraak, aanhouden [36 art. 33, 34 Brussel I-bis]
Uitspraak, bestuursrechter [5 art. 8:66 e.v. Awb]
Uitspraak, herziening [5 art. 8:119 Awb]
Uitspraak, op onderzoek art. 348 [10 art. 348 Sv]
Uitspraak, verzet tegen [5 art. 8:55 Awb]
Uitstekende gebouwen of werken, naburig erf [13 art. 5:54 BW]
Uitstel faillissementakkoord, kennisgeving van [25 art. 142 FW]
Uitstroming delfstoffen, aansprakelijkheid [13 art. 6:177 BW]
Uittreden, uit EU [32 art. 50 EU-Verdrag]
Uittredingsvoorwaarden, coöperatie [13 art. 2:60 BW]
Uittreksel burgerlijke stand, bewijskracht [13 art. 1:22a BW]
Uittreksel burgerlijke stand, verzoek om [13 art. 1:23b BW]
Uitvinder, octrooi [28 art. 8 ROW 1995]
Uitvinder, recht van vermelding als [28 art. 14 ROW 1995]
Uitvinderswerkzaamheid, octrooi [28 art. 6 ROW 1995]

Uitvinding, beschrijving [28 art. 25 ROW 1995]
Uitvinding, openbaarmaking van (bij octrooiaanvraag) [28 art. 5 ROW 1995]
Uitvindingen, geen octrooi [28 art. 3 ROW 1995]
Uitvindingen, octrooi op [28 art. 2, 2a ROW 1995]
Uitvoerbaarheidsverklaring, tenuitvoerlegging beslissing [36 art. 39 Brussel I-bis]
Uitwinning [13 art. 4:175, 4:176 BW]
Uitwisselingsovereenkomst [13 art. 7:50h BW]
Uitzendovereenkomst [13 art. 7:690 e.v. BW]
Uitzondering eliminatie winst en verlies, verzekeringsmaatschappij [13 art. 2:446 BW]
Uitzondering verbindendverklaring [15 art. 7a AVV]
Uitzonderingentoestand, bestuur [1 art. 103 GW]
UWV, controlevoorschriften [17 art. 3:28 WAZO]

V

Vader, definitie [13 art. 1:199 BW]
Vader, ouderlijk gezag (verzoek tot uitoefening door) [13 art. 1:253c BW]
Vaderschap, erkenning [13 art. 1:203 t/m 206 BW]
Vaderschap, erkenning [13 art. 10:95, 10:96 BW]
Vaderschap, gerechtelijke vaststelling [13 art. 1:207, 1:208 BW]
Vaderschap, gerechtelijke vaststelling [13 art. 10:97 BW]
Vaderschap, ontkenning door huwelijk ontstane [13 art. 1:200 t/m 202 BW]
Vakantie [13 art. 7:634 e.v. BW]
Vakantie, zeevarende [13 art. 7:717 BW]
Vakantie opnemen [13 art. 7:638 BW]
Vakantieaanspraak bij einde arbeidsovereenkomst [13 art. 7:641 BW]
Vakantieaanspraken, compensatie [17 art. 4:6 WAZO]
Vakantiedagen, ziek op [13 art. 7:637 BW]
Vakantieproduct van lange duur, overeenkomst betreffende [13 art. 7:50g BW]
Vakorganisatie, bevoegdheden CAO [14 art. 2 Wet CAO]
Vakorganisatie, naleven CAO [14 art. 8 Wet CAO]
Vals alarm [9 art. 142 Sr]
Valsheid in geschrifte [9 art. 225 Sr]
Valutadatum, betalingstransacties [13 art. 7:536 e.v. BW]
Vantoepassingverklaring, CMR-verdrag [38 art. 46 CMR]
Vaststaande feiten, bewijsrecht [12 art. 149 Rv]
Vaststelling beloningen bestuur [19 Pr. 3.2 CGC]
Vaststelling Nederlanderschap, Grondrecht [1 art. 2 GW]
Vaststellingsovereenkomst [13 art. 7:900 e.v. BW]
Vaststellingsprocedures [33 art. 293 t/m 299 VwEU]
Vechtpartij, deelneming aan [9 art. 306 Sr]
Veilcondities, executoriale verkoop onroerende zaken [12 art. 517 Rv]
Veiligheid en recht, ruimte van [33 art. 67 t/m 89 VwEU]
Veiligheidsbeleid, buitenlands [32 art. 23 e.v. EU-Verdrag]
Veiligheidsbeleid, stemmen [32 art. 31 e.v. EU-Verdrag]
Veiligheidscomité [32 art. 38 EU-Verdrag]
Veiligheidsraad, coördinerend optreden [32 art. 34 EU-Verdrag]
Veiligheidsrisicogebied, bevoegdheden gemeenteraad [4 art. 151b Gemw]
Veiligheidsrisicogebied, aanwijzing [4 art. 174b Gemw]
Vennoot, aandeel in gemeenschappelijke schuld [13 art. 7A:1666 BW]
Vennoot, aandeel in winst en verlies [13 art. 7A:1670 BW]
Vennoot, aansprakelijkheid [13 art. 7A:1679, 7A:1680 BW]
Vennoot, overlijden van [13 art. 7A:1688 BW]

Alfabetisch trefwoordenregister   V

Vennootschap, bevoegde rechter [12 art. 105 Rv]
Vennootschap, omzetting [13 art. 2:181 e.v. BW]
Vennootschap, ontbinding [13 art. 2:19a BW]
Vennootschap onder firma [18 art. 16 WvK]
Vennootschap onder firma, betekening rechtbank [12 art. 51 Rv]
Vennootschap onder firma, op te nemen gegevens [22 art. 17 t/m 20 Hrb 2008]
Vennootschappen, bevoegdheden college van B&W [4 art. 160 Gemw]
Vennootschappen, bevoegdheid rechter [12 art. 105 Rv]
Vennoten, handelingsbevoegdheid [18 art. 17 WvK]
Venster, naburig erf [13 art. 5:50, 5:51 BW]
Verandering inrichting door huurder [13 art. 7:215, 7:216, 7:217 BW]
Verantwoordelijkheid voor gebreken zaak, bruikleen [13 art. 7A:1790 BW]
Verantwoording, bij einde voogdij [13 art. 1:372 e.v. BW]
Verantwoording (financiële) rechtspersonen, fusie [13 art. 2:321 BW]
Verantwoording aan opdrachtgever, opdracht [13 art. 7:403 BW]
Verantwoording groepsmaatschappij in geconsolideerde jaarrekening, bank [13 art. 2:426 BW]
Verantwoording groepsmaatschappij in geconsolideerde jaarrekening, verzekerings - maatschappij [13 art. 2:445 BW]
Verantwoordingsplicht, aan PS/GS [3 art. 167 Provw]
Verantwoordingsplicht, bevoegdheden burgemeester [4 art. 180 Gemw]
Verantwoordingsplicht, bevoegdheden college van B&W [4 art. 169 Gemw]
Verbetering woonruimte, huur [13 art. 7:243 BW]
Verbeteringen van uitspraak [12 art. 31 Rv]
Verbeurd verklaarde verveelvoudigingen [27 art. 36 Aw]
Verbeurde dwangsom [5 art. 5:32b en 5:33 Awb]
Verbeurdverklaring, economische delicten [11 art. 16 WED]
Verbindende kracht verdrag, bestuur [1 art. 93 GW]
Verbintenis, afstand en vermenging [13 art. 6:160 en 161 BW]
Verbintenis, nakoming van [13 art. 6:27 e.v. BW]
Verbintenis, niet-contractuele [35 art. 1 e.v. Rome II]
Verbintenis, schadevergoeding [13 art. 6:95 e.v. BW]
Verbintenis, tot betaling geldsom [13 art. 6:111 e.v. BW]
Verbintenis, uit overeenkomst [34 art. 1 e.v. Rome I]
Verbintenis, voorwaardelijke [13 art. 6:21 e.v. BW]
Verbintenis, zaakwaarneming [13 art. 6:198 e.v. BW]
Verbintenisrecht [13 art. 6:1 e.v. BW]
Verbintenissen [13 art. 6:1 e.v. BW]
Verbintenissen, internationaal privaatrecht [13 art. 10:153 e.v. BW]
Verbintenissen uit onrechtmatige daad, bevoegdheid rechter [12 art. 102 Rv]
Verblijf, toezicht voogd bij wijziging verblijf pupil [13 art. 1:336a BW]
Verblijf buiten de gemeente, burgemeester [4 art. 72 Gemw]
Verblijfplaats, verbintenis uit overeenkomst [34 art. 19 Rome I]
Verblijfplaats kind, ouderlijk gezag bij wijziging van [13 art. 1:253s BW]
Verbod endossement [18 art. 114, 195 WvK]
Verbod leningverstrekking/zekerheidstelling door NV, aandelen [13 art. 2:98c BW]
Verbod misbruik machtspositie [31 art. 24, 25 Mw]
Verbod op mededeling rechtszitting [12 art. 28 Rv]
Verbod op nemen eigen aandelen, NV [13 art. 2:95 BW]
Verbod op toe-eigening, pand-/hypotheekrecht [13 art. 3:235 BW]
Verbod uitgifte certificaten aan toonder, aandelen [13 art. 2:202 BW]
Verbod van mededinging, vrijstelling [31 art. 11 e.v. Mw]

1855

Verbod van mededinging [31 art. 6 t/m 10 Mw]
Verbod vervreemding aandelen, geschil [13 art. 2:338 BW]
Verboden handelingen, burgemeester [4 art. 69 Gemw]
Verboden handelingen, gemeentebestuur [4 art. 15 Gemw]
Verboden handelingen, leden gemeenschappelijke gemeentelijke rekenkamer [4 art. 81h Gemw]
Verboden handelingen, leden gemeentelijke rekenkamer [4 art. 81h Gemw]
Verboden handelingen, provinciale staten [3 art. 15 Provw]
Verboden handelingen, secretaris en griffier [4 art. 101 Gemw]
Verboden handelingen, wethouders [4 art. 41c Gemw]
Verboden handelsnaam, verzoek om veroordeling [26 art. 6 Hnw]
Verboden toegang [9 art. 461 Sr]
Verdachte, begripsomschrijving [10 art. 27 Sv]
Verdachte, dood van de [9 art. 69 Sr]
Verdachte, geestvermogens [10 art. 300 Sv]
Verdachte, laatste woord [10 art. 311 Sv]
Verdachte, nader onderzoek [10 art. 311 Sv]
Verdachte, ophouding [10 art. 56b Sv]
Verdachte, verhoren i.v.m. onderzoek [10 art. 185 Sv]
Verdediging- recht op [36 art. 64 Brussel I-bis]
Verdeling, canon retributie bij erfpacht/opstal, appartementsrecht [13 art. 5:115 BW]
Verdeling, gemeenschap van goederen [13 art. 3:180 e.v. BW]
Verdeling, heersend/dienend erf [13 art. 5:76 BW]
Verdeling, nietige en vernietigbare [13 art. 3:195 e.v. BW]
Verdeling nalatenschap [13 art. 4:227 e.v. BW]
Verdeling nalatenschap, ongedaan maken door echtgenoot [13 art. 4:18 BW]
Verdrag boven wet, bestuur [1 art. 94 GW]
Verduisterde goederen, geen afstand van gemeenschap van goederen [13 art. 1:107 BW]
Verduistering [9 art. 321 Sr]
Vereenvoudigde afwikkeling faillissement [25 art. 137a e.v. FW]
Vereenvoudigde behandeling, beroep bij de bestuursrechter [5 art. 8:54 Awb]
Vereenvoudigde splitsing, splitsing NV/BV [13 art. 2:334hh BW]
Vereffenaar [13 art. 4:205 e.v. BW]
Vereffenaar, ontbinding rechtspersoon [13 art. 2:23 BW]
Vereffenaar/curator, bevoegdheden aandelen [13 art. 2:84, 2:193 BW]
Vereffening, bij ontbinding vennootschap [18 art. 32 WvK]
Vereffening, boedel [25 art. 173 e.v. FW]
Vereffening, einde [13 art. 2:23c BW]
Vereffening, en verkoop [25 art. 175 FW]
Vereffening, nalatenschap [13 art. 4:202 e.v. BW]
Vereffening, van de boedel [25 art. 347 e.v. FW]
Vereffening huwelijksgemeenschap, nalatenschap [13 art. 4:213 BW]
Vereffening na ontbinding, rederij [13 art. 8:185 BW]
Vereffening vermogen, rechtspersoon [13 art. 2:4 BW]
Vereist aantal stemmen, aandeelhoudersvergadering BV [13 art. 2:230 BW]
Vereisten lidmaatschap, Staten-Generaal [1 art. 56 GW]
Vereniging, einde lidmaatschap [13 art. 2:34a BW]
Vereniging, omzetting in NV [13 art. 2:72 BW]
Vereniging, ontbinding [13 art. 2:19a BW]
Vereniging, op te nemen gegevens [22 art. 28, 29 Hrb 2008]
Vereniging van eigenaren, ontbinding na opheffing splitsing [13 art. 5:147 BW]
Vereniging van eigenaren [13 art. 5:124 e.v. BW]

Alfabetisch trefwoordenregister — V

Verenigingen, rechtspersoon [13 art. 2:26 e.v. BW]
Verenigingsbestuur, bevoegdheden [13 art. 2:44 e.v. BW]
Vergaderfrequentie, gemeentebestuur [4 art. 17 Gemw]
Vergadering, college van B&W [4 art. 53 Gemw]
Vergaderquorum, gemeentebestuur [4 art. 20 Gemw]
Vergaderquotum, college van B&W [4 art. 56 Gemw]
Vergaderquotum, provinciale staten [3 art. 20 Provw]
Vergelijkende reclame [13 art. 6:194a BW]
Vergoeding, auteursrecht [27 art. 16b e.v. Aw]
Vergoeding, gemis aan octrooi [28 art. 12 ROW 1995]
Vergoeding, leden gemeentelijke rekenkamer [4 art. 81k Gemw]
Vergoeding, octrooihandelingen [28 art. 71, 72 ROW 1995]
Vergoeding, te betalen door subsidie-ontvanger [5 art. 4:41 Awb]
Vergoeding, vermogensschade [13 art. 6:95 e.v. BW]
Vergoeding bij gebruik voorkeursrecht, vervreemding verpachte [13 art. 7:384 BW]
Vergoedingen, gemeentelijke raads- en commissieleden [4 art. 95 t/m 99 Gemw]
Vergoedingen, nevenfuncties burgemeester [4 art. 67 Gemw]
Vergoedingen, nevenfuncties wethouders [4 art. 44 Gemw]
Vergoedingsplicht, schuldvergelijking [25 art. 205 FW]
Vergunning, financiële onderneming [24 art. 1:102 t/m 106 Wft]
Vergunning verzekeraar, intrekking [25 art. 213d FW]
Vergunningplicht, concentratie [31 art. 41 e.v. Mw]
Verhaal, afkoelingsperiode [25 art. 63a FW]
Verhaal door de vervrachter, goederenvervoer over zee [13 art. 8:480 BW]
Verhaal door vervrachter, goederenvervoer over binnenwateren [13 art. 8:945 BW]
Verhaal op goederen in buitenland [25 art. 203 FW]
Verhaal schulden, onderbewindstelling meerderjarige [13 art. 1:440 BW]
Verhaal, vervoerder [38 art. 37, 39 CMR]
Verhaalbaarheid bijzondere voorrechten, zeeschip [13 art. 8:226 BW]
Verhaalsrecht, alle goederen [13 art. 3:276 e.v. BW]
Verhaalsrecht [18 art. 212 WvK]
Verhaalsrechten, tijdelijke regeling [13 art. 6:197 BW]
Verhalen gemeenschapsschuld [13 art. 3:192 BW]
Verhalen kosten, enquêterecht [13 art. 2:354 BW]
Verhindering, koopovereenkomst roerende zaken [37 art. 79 CISG]
Verhoging bedrag aandelen, aandeelhoudersvergadering [13 art. 2:121a BW]
Verhoor, aanvang [12 art. 177 Rv]
Verhoor getuigen, wijze van [12 art. 179 Rv]
Verhoor van deskundigen [12 art. 194, 202 e.v. Rv]
Verhoor van verdachten [10 art. 185 Sv]
Verhuisgoederen, opslaan van [13 art. 8:1197 BW]
Verhuiskosten, werkzaamheden huurwoning [13 art. 7:220 BW]
Verhuisovereenkomst, aansprakelijkheid verhuizer [13 art. 8:1175 e.v. BW]
Verhuisovereenkomst [13 art. 8:1170 e.v. BW]
Verhuisprijs [13 art. 8:1194 BW]
Verhuizer, aansprakelijkheid [13 art. 8:1185 BW]
Verhuizer, verplichtingen [13 art. 8:1172, 8:1190 BW]
Verhuur na opheffing splitsing, appartementsrecht [13 art. 5:120 BW]
Verificatievergadering, kennisgeving [25 art. 322 e.v. FW]
Verificatievergadering [25 art. 289 FW]
Verificatievergadering [25 art. 328a FW]
Verificatievergoeding [25 art. 108 FW]

Verjaring, afstand van (rechtsvordering) [13 art. 3:322 BW]
Verjaring, cheque [18 art. 228a e.v. WvK]
Verjaring, dwangsom [12 art. 611g Rv]
Verjaring, dwangsom [5 art. 5:35 Awb]
Verjaring, opschortingsrecht [13 art. 6:56 BW]
Verjaring, productaansprakelijkheid [13 art. 6:191 BW]
Verjaring, rechtsvordering tot betaling, consumentenkoop [13 art. 7:28 BW]
Verjaring, rechtsvordering vruchtgebruik [13 art. 4:31 BW]
Verjaring, rechtsvordering [13 art. 3:306 e.v. BW]
Verjaring, strafvordering [9 art. 70 Sr]
Verjaring, vakantie [13 art. 7:642 BW]
Verjaring, verkrijging/verlies [13 art. 3:99 e.v. BW]
Verjaring, verrekening [13 art. 6:131 BW]
Verjaring rechtsvordering, aanneming van werk [13 art. 7:761 BW]
Verjaring rechtsvordering, agentuurovereenkomst [13 art. 7:444 BW]
Verjaring rechtsvordering, schuldeisersverzuim [13 art. 6:71 BW]
Verjaring rechtsvordering, tegen verzekeraar [13 art. 7:942 BW]
Verjaring rechtsvordering, tot vernietiging verdeling [13 art. 3:200 BW]
Verjaring rechtsvorderingen verkeer en vervoer [13 art. 8:1700 e.v. BW]
Verjaring, schadevergoeding mededingingsrecht [13 art. 6:193s BW]
Verjaringstermijn [18 art. 169 WvK]
Verjaringstermijn, geldschulden [5 art. 4:104 Awb]
Verjaringstermijn, rechtsvordering [13 art. 3:313 e.v. BW]
Verjaringstermijn, stuiten, geldschulden [5 art. 4:105 e.v. Awb]
Verkeer en vervoer, verjaring of verval rechtsvorderingen [13 art. 8:1700 e.v. BW]
Verkeersmiddelen [13 art. 8:1 e.v. BW]
Verkeersopvatting, houderschap [13 art. 3:108 BW]
Verkiezing bestuur, provincie en gemeente [1 art. 129 GW]
Verkiezing Eerste Kamer, Staten-Generaal [1 art. 55 GW]
Verkiezing leden ondernemingsraad [23 art. 9 WOR]
Verkiezing Tweede Kamer, Staten-Generaal [1 art. 54 GW]
Verkiezingsuitslag, bekendmaking [23 art. 11 WOR]
Verklaring aan begiftigde [13 art. 4:90 BW]
Verklaring geopenbaarde wil, rechtshandeling [13 art. 3:33 BW]
Verklaring rechtsvermoeden van overlijden, bij vermissing [13 art. 1:413, 1:414 BW]
Verklaring van geen bezwaar [24 art. 1:106a t/m 1:106e Wft]
Verklaring van recht, rechtsvordering [13 art. 3:302 BW]
Verklaring van waardeloosheid, inschrijving registergoed [13 art. 3:28 BW]
Verklaring voor recht, buitenlandse akte [13 art. 1:26, 1:26a t/m 26e BW]
Verklaring voor recht, voorzieningen tegen weigeren opmaken akte burgerlijke stand [13 art. 1:27a en 27b BW]
Verkoop bij bestuursdwang [5 art. 5:30 Awb]
Verkoop bij voortzetting bedrijf [25 art. 175 FW]
Verkoop geweigerde zaak door koper [13 art. 7:30 BW]
Verkoop goederen schuldenaar, pand-/hypotheekrecht [13 art. 3:234 BW]
Verkoop registergoed zonder kwalitatief beding [25 art. 35a FW]
Verkoop schip na ontbinding rederij [13 art. 8:184 BW]
Verkoop van zaken, machtiging vervoerder tot [13 art. 8:491 BW]
Verkoopbevoegdheid schuldenaar, niet-nakoming verbintenis [13 art. 6:90 BW]
Verkoper, aansprakelijkheid [27 art. 16ga Aw]
Verkoper, behoud van zaken [37 art. 85 CISG]
Verkoper, niet nakoming koopovereenkomst [37 art. 45 e.v. CISG]

Verkoper, niet-nakoming verplichtingen [13 art. 7:20 e.v. BW]
Verkoper, verplichten [13 art. 7:9 e.v. BW]
Verkoper, verplichtingen bij koopovereenkomst roerende zaken [37 art. 30 e.v. CISG]
Verkrijger, aansprakelijkheid [13 art. 6:180 BW]
Verkrijging, verjaring van [13 art. 3:99 e.v. BW]
Verkrijging aandelen door bestuurders/werknemers, toelichting jaarrekening [13 art. 2:383d BW]
Verkrijging goederen [13 art. 3:80 e.v. BW]
Verkrijging onder algemene titel, rechtsgevolgen overeenkomst [13 art. 6:249 BW]
Verkrijging van bezit [13 art. 3:112 BW]
Verkrijging volgestorte aandelen, NV [13 art. 2:98 BW]
Verkrijging voor rekening, aandelen BV [13 art. 2:207b BW]
Verkrijging voornaam, recht op [13 art. 1:4 BW]
Verlenging huurovereenkomst [13 art. 7:230 BW]
Verlenging termijn ontruiming [13 art. 7:230a BW]
Verlening, volmacht [13 art. 3:61 BW]
Verlies, goederen [13 art. 3:80 e.v. BW]
Verlies, ouderlijk gezag [13 art. 1:253e BW]
Verlies, van bezit [13 art. 3:117 BW]
Verlies, verjaring [13 art. 3:99 e.v. BW]
Verliezen, betalingstransacties [13 art. 7:529 BW]
Verlof [13 art. 7:634 e.v. BW]
Verlof, afwijzen verzoek tot intrekken [17 art. 6:6 WAZO]
Verlof, bij conservatoire beslaglegging [12 art. 700 Rv]
Verlof, melding opname [17 art. 4:3, 5:3 WAZO]
Verlof tot ontruiming, hypotheekrecht [13 art. 3:264 BW]
Verloren goederen, bij transport [38 art. 20 CMR]
Verloren wisselbrief [18 art. 115 WvK]
Verlorengegane zaken, aansprakelijkheid [13 art. 8:1577-78 BW]
Vermelding inschrijvingsnummer [21 art. 27 Hregw]
Vermeldingen bij andere wijze van openbaarmaking, jaarrekening [13 art. 2:395 BW]
Verminderd toerekeningsvatbaar [9 art. 37a Sr]
Vermindering bedrag aandelen, aandeelhoudersvergadering [13 art. 2:121a BW]
Vermindering huurprijs bij gebrek [13 art. 7:207 BW]
Vermissing, van personen [13 art. 1:412 e.v. BW]
Vermiste cheque [18 art. 227a WvK]
Vermoeden onredelijke bezwarendheid (grijze lijst), algemene voorwaarden overeenkomst [13 art. 6:237 BW]
Vermoeden van bekendheid met faillietverklaring [25 art. 35 FW]
Vermogen, afstand doen van door voogdij [13 art. 1:353 BW]
Vermogen, belegging van door voogd [13 art. 1:350, 1:351 BW]
Vermogen, besloten vennootschap [13 art. 2:203 e.v. BW]
Vermogen, goede trouw [13 art. 3:11 BW]
Vermogen, misbruik bevoegdheid [13 art. 3:13 BW]
Vermogen NV, zie ook aandelen [13 art. 2:93 t/m 105 BW]
Vermogen, octrooi/aanspraak op octrooi [28 art. 64 t/m 69 ROW 1995]
Vermogen, overgangs- en slotbepalingen [4 art. 293 Gemw]
Vermogen, vaststelling redelijkheid/billijkheid [13 art. 3:12 BW]
Vermogensbescherming, splitsing NV BV [13 art. 2:334w BW]
Vermogensbescherming, splitsing [13 art. 2:334d BW]
Vermogensbestanddelen, opzettelijk onttrekken van (economische delicten) [11 art. 34 WED]

Vermogensrecht, definitie [13 art. 3:6 BW]
Vermogensrecht, koop [13 art. 7:47 BW]
Vermogensschade, vergoeding [13 art. 6:95 e.v. BW]
Vermogenssplitsing [13 art. 2:334a e.v. BW]
Vernietigbaarheid beding, algemene voorwaarden overeenkomst [13 art. 6:233, 6:235 BW]
Vernietigbaarheid overeenkomst, dwaling [13 art. 6:228 BW]
Vernietigbaarheid overeenkomst, ontbreken rechtspersoon [13 art. 6:229 BW]
Vernietigbaarheid rechtshandeling [13 art. 3:44 BW]
Vernietigbaarheid rechtshandeling [25 art. 297 FW]
Vernietigbaarheid schenking [13 art. 7:184 BW]
Vernietiging, verstrijken verjaringstermijn [13 art. 3:52 BW]
Vernietiging besluit, bestuursrechter [5 art. 8:72 Awb]
Vernietiging besluit, gemeentebestuur [4 art. 268, 273a 278 Gemw]
Vernietiging besluit, rechtspersoon [13 art. 2:15 BW]
Vernietiging besluiten [5 art. 10:33 e.v. Awb]
Vernietiging bij bestuursdwang [5 art. 5:30 Awb]
Vernietiging door buitengerechtelijke verklaring [13 art. 3:50 BW]
Vernietiging door rechter, fusie [13 art. 2:323 BW]
Vernietiging door rechter, splitsing [13 art. 2:334u BW]
Vernietiging door rechterlijke uitspraak [13 art. 3:51 BW]
Vernietiging faillietverklaring [25 art. 9 e.v. FW]
Vernietiging faillissement, gevolgen voor opgezegde arbeidsovereenkomsten [25 art. 13a FW]
Vernietiging overgang vordering [13 art. 6:149 BW]
Vernietiging rechtshandeling, gevolgen [25 art. 51 FW]
Vernietiging rechtshandeling [13 art. 3:49 BW]
Vernietiging rechtshandelingen, echtgenoten [13 art. 1:89 BW]
Vernietiging schenking [13 art. 7:178 BW]
Vernietiging statutenwijziging, stichting [13 art. 2:295 BW]
Vernietiging van octrooi [28 art. 75, 76 ROW 1995]
Vernietiging/nietigheid ontbinding, maatschap [13 art. 7A:1686 BW]
Vernietigingsgronden, door verzekeraar [13 art. 7:931 BW]
Vernietigingsgronden, uiterste wil [13 art. 4:62 BW]
Vernietigingsvordering [25 art. 236a FW]
Veroordeling bij verstek, verzet tegen [12 art. 143 Rv]
Verordende bevoegdheid, provinciale staten [3 art. 143 Provw]
Verordening insolventieprocedures [25 art. 5, 281 FW]
Verordening Rome I [34 art. 1 e.v. Rome I]
Verordening Rome II [35 art. 1 e.v. Rome II]
Verordeningen, provincie en gemeente [1 art. 127 GW]
Verordeningen, vervallen van gemeentelijke [4 art. 122 Gemw]
Verpachter, plicht tot wederopbouw opstallen na brand of storm [13 art. 7:345 BW]
Verpachter, verplichtingen [13 art. 7:336 e.v. BW]
Verpachting kleine oppervlakten [13 art. 7:395 BW]
Verpanding aan derden loon [13 art. 7:633 BW]
Verplichte biedingen [24 art. 5:70 e.v. Wft]
Verplichte boedelbeschrijving, ingeval van huwelijk (door voogdij) [13 art. 1:355 BW]
Verplichte uitgaven, gemeentelijke financiën [4 art. 193 Gemw]
Verplichting ondernemingsraad [23 art. 2 WOR]
Verplichting tot aanbieden en overdragen, aandelen NV [13 art. 2:87a BW]
Verplichting tot opgaaf, NV [13 art. 2:153, 2:263 BW]
Verplichting tot opgaaf, structuurvennootschap [13 art. 2:263 BW]

Alfabetisch trefwoordenregister   **V**

Verplichting tot overdracht, aandelen [13 art. 2:98b BW]
Verplichtingen huurder [13 art. 7:212 e.v. BW]
Verplichtingen koper [13 art. 7:26 e.v. BW]
Verplichtingen pachter [13 art. 7:336 e.v., 7:346 e.v. BW]
Verrekenbeding, finale [13 art. 1:142, 1:143 BW]
Verrekenbeding, huwelijkse voorwaarden [13 art. 1:132 t/m 140]
Verrekenbeding, periodiek [13 art. 1:141 BW]
Verrekening, gemeentelijke belastingen [4 art. 252 Gemw]
Verrekening, onbevoegdheid tot verrekening [13 art. 6:135 BW]
Verrekening, schuld werkgever met vordering werknemer [13 art. 7:632 BW]
Verrekening, terugwerkende kracht [13 art. 6:129 BW]
Verrekening, van uitkering met opeisbare premie [13 art. 7:935 BW]
Verrekening, verbintenis uit overeenkomst [34 art. 17 Rome I]
Verrekening, verbintenis [13 art. 6:127 e.v. BW]
Verrekening, vordering aan toonder of order [13 art. 6:128 BW]
Verrekening in geld, verrekenbeding huwelijkse voorwaarden [13 art. 1:137 BW]
Verrekeningscheque [18 art. 216 WvK]
Verrekeningsverplichting na ontbinden overeenkomst, binnenschip [13 art. 8:810 BW]
Verschijningsplicht, bij rechtszitting [5 art. 8:27 Awb]
Verschoning, rechters [5 art. 8:19 Awb]
Verschoningsrecht, bevoegdheden gemeenteraad [4 art. 155e Gemw]
Verschoningsrecht, getuigplicht [12 art. 165 Rv]
Verschoonbare termijnoverschrijding [5 art. 6:11 Awb]
Verschuldigdheid vracht, goederenvervoer over zee [13 art. 8:484, 8:486 BW]
Verslag, over registratie [20 art. 12 Wcr]
Versnelde behandeling, beroep bij de bestuursrechter [5 art. 8:52 Awb]
Verstekeling [18 art. 371a WvK]
Verstekverlening, dagvaarding [12 art. 139 Rv]
Versterf, erfopvolging bij [13 art. 4:9 e.v. BW]
Verstrekken gegevens door ondernemer, ondernemingsraad [23 art. 31 WOR]
Verstrekte leningen/voorschotten/garanties, toelichting jaarrekening [13 art. 2:383e BW]
Vertegenwoordigers, aansprakelijkheid [13 art. 6:172 BW]
Vertegenwoordigers, benoemen speciale [32 art. 33 EU-Verdrag]
Vertegenwoordiging, bevoegdheden burgemeester [4 art. 171 Gemw]
Vertegenwoordiging, bewindvoerder [13 art. 4:172 BW]
Vertegenwoordiging, kort geding [12 art. 255 Rv]
Vertegenwoordiging, vereniging van eigenaars [13 art. 5:126 BW]
Vertegenwoordiging van bestuursorgaan, bestuursrechter [5 art. 8:23 Awb]
Vertegenwoordiging van schuldeiser [25 art. 83 FW]
Vertegenwoordigingsbevoegdheid bestuur, NV [13 art. 2:130 BW]
Vertering, nalatenschap [13 art. 4:23 BW]
Vertraging, aansprakelijkheid piloot [13 art. 8:1396, 8:1400 BW]
Vertraging, aansprakelijkheid vervoerder [13 art. 8:108 BW]
Vertragingsschade, goederentransport [38 art. 23 CMR]
Vertragingsschade, schuldenaarsverzuim [13 art. 6:85 BW]
Vertrek naar onbekende bestemming, opschorting betaling [17 art. 3:14a WAZO]
Vertrouwen in RvC, opzeggen [13 art. 2:271a BW]
Vertrouwensbeginsel, rechtshandeling [13 art. 3:35 BW]
Verval gerechtelijke tenuitvoerlegging [25 art. 33 FW]
Verval rechtsvorderingen verkeer en vervoer [13 art. 8:1700 e.v. BW]
Verval regresrecht [18 art. 152 WvK]
Verval van het auteursrecht [27 art. 37 t m 40 Aw]

Verval van merkenrecht [29 art. 2.26, 2.27 BVIE]
Verval van recht op tekeningen of modellen [29 art. 3.22. 3.24 BVIE]
Verval wettelijke vakantiedagen [13 art. 640a BW]
Vervaldag, wisselbrief [18 art. 132 e.v. WvK]
Vervallen aan Staat, nalatenschap [13 art. 4:226 BW]
Vervallen beschikking, uiterste wil [13 art. 4:47 en 52 BW]
Vervallenverklaring, testamentaire last [13 art. 4:131 BW]
Vervaltermijn [27 art. 40a AW]
Vervaltermijn bestuurlijke boete, stuiting [31 art. 64 Mw]
Vervanging, gemeentesecretaris [4 art. 106 Gemw]
Vervanging, griffier [4 art. 107d Gemw]
Vervanging, uitkering ter zake van, zieke [17 art. 3:21, 3:24 WAZO]
Vervangingswaarde, schadeverzekering [13 art. 7:956 BW]
Verveelvoudigen, auteursrecht [27 art. 13-14 Aw]
Vervoer [13 art. 8:1 e.v. BW]
Vervoer [33 art. 90 t/m 100 VwEU]
Vervoer, internationaal goederenvervoer over de weg [38 art. 1 e.v. CMR]
Vervoer, koopovereenkomst roerende zaken [37 art. 32 CISG]
Vervoer, risico-overgang koopovereenkomst [37 art. 67 CISG]
Vervoer gevaarlijke stoffen, aansprakelijkheid [13 art. 6:175, 6:178, 6:181 BW]
Vervoer over binnenwateren, gevaarlijke stoffen [13 art. 8:1032 e.v. BW]
Vervoer over binnenwateren, overeenkomst rompbevrachting [13 art. 8:990 BW]
Vervoerder, aansprakelijkheid bij onzeewaardigheid [13 art. 8:383 BW]
Vervoerder, aansprakelijkheid voor ondergeschikte [13 art. 8:1586 BW]
Vervoerder, aansprakelijkheid [13 art. 8:23 BW]
Vervoerder, aansprakelijkheid [38 art. 3, 7, 11, 17, 36 CMR]
Vervoerder, onderzoeksverplichting [37 (fout)art. 8 CMR]
Vervoerder, rechten & verplichtingen [13 art. 8:21 e.v. BW]
Vervoerder, verplichtingen [13 art. 8:378, 8:381 BW]
Vervoerder binnenwateren, verplichtingen [13 art. 8:895, 8:925 BW]
Vervoerder gecombineerde goederen, aansprakelijkheid [13 art. 8:42 BW]
Vervoerder goederenvervoer door de lucht, verplichtingen [13 art. 8:1353 BW]
Vervoerder over binnenwateren, aansprakelijkheid [13 art. 8:906 BW]
Vervoerder personen, aansprakelijkheid [13 art. 8:105 e.v. BW]
Vervoerder weg, verplichtingen [13 art. 8:1095 BW]
Vervoerders, opvolgende [38 art. 34 CMR]
Vervoermiddelen, onderzoek door toezichthouder [5 art. 5:19 Awb]
Vervoermiddelen (onderzoek), economische delicten [11 art. 23 WED]
Vervoerovereenkomst, einde bij goederenvervoer over zee [13 art. 8:424 e.v. BW]
Vervoerovereenkomst, gecombineerd goederenvervoer [13 art. 8:40 e.v. BW]
Vervoerovereenkomst, goederenvervoer door de lucht [13 art. 8:1140 e.v., 8:1350 e.v. BW]
Vervoerovereenkomst, goederenvervoer over spoorwegen [13 art. 8:1550 e.v. BW]
Vervoerovereenkomst, goederenvervoer over zee [13 art. 8:370 e.v. BW]
Vervoerovereenkomst, personenvervoer door de lucht [13 art. 8:1390 e.v. BW]
Vervoerovereenkomst, personenvervoer over binnenwateren [13 art. 8:970 e.v. BW]
Vervoerovereenkomst, personenvervoer over zee [13 art. 8:500 e.v.]
Vervoerovereenkomst, personenvervoer [13 art. 8:80 e.v. BW]
Vervoerovereenkomst, verordening Rome I [34 art. 5 Rome I]
Vervolging, overgaan tot [10 art. 167 Sv]
Vervolging (buiten gemeente), gemeentelijke belastingen [4 art. 256 Gemw]
Vervolgpremie niet-betalen, levensverzekering [13 art. 7:980 BW]
Vervolgpremie niet-betaling, verzekering [13 art. 7:934 BW]

Alfabetisch trefwoordenregister V

Vervrachter, definitie [13 art. 8:373 BW]
Vervrachter, rechten en verplichtingen [13 art. 8:393 BW]
Vervrachter, verplichtingen [13 art. 8:380 BW]
Vervrachter binnenwater, verplichtingen [13 art. 8:897 BW]
Vervrachter weg, verplichtingen [13 art. 8:1097 BW]
Vervreemder goederen, gegevens betreffende [13 art. 3:87 BW]
Vervreemding, bevoegdheid tot [25 art. 101 FW]
Vervreemding, nalatenschap [13 art. 4:23 BW]
Vervreemding aandelen, geschil [13 art. 2:338 BW]
Vervreemding verpachte, voorkeursrecht pachter [13 art. 7:378 e.v. BW]
Vervroegde aflossing, consumentenkredietovereenkomst [13 art. 7:68 BW]
Vervulling koningschap, Koning [1 art. 24 GW]
Verweer, relatieve bevoegdheid rechter [12 art. 110 Rv]
Verweerschrift, termijn [5 art. 8:42 Awb]
Verweermiddelen en reikwijdte van nietigheid en verval [29 art. 2.30quinquies t/m 2.30nonies BVIE]
Verwekker, alimentatieverplichting [13 art. 1:394 BW]
Verwekker, verplichting verzorging en opvoeding [13 art. 1:406a BW]
Verwerping erfrecht of legaat, legitieme portie [13 art. 4:72 en 73 BW]
Verwerping nalatenschap/legaat [13 art. 4:190 e.v. BW]
Verwijzing zaken, beroep bij de bestuursrechter [5 art. 8:13 Awb]
Verzamelwerk, maker van [27 art. 5]
Verzegeling, bij bestuursdwang [5 art. 5:28 Awb]
Verzegeling, buiten, vallende goederen [25 art. 93 FW]
Verzegeling, schenden van [31 art. 70a Mw]
Verzegeling boedel [25 art. 7, 93 FW]
Verzekeraar, faillissement [25 art. 213 e.v. FW]
Verzekeraars [24 art. 1:6 t/m 1:11 Wft]
Verzekeraar, aanvraag faillissement [25 art. 213 FW]
Verzekeraars, concentratietoezicht (van omzet) [31 art. 31 Mw]
Verzekeraars, met beperkte risico-omvang [25 art. 213ff t/m 213hh FW]
Verzekerde, definitie [13 art. 7:945 BW]
Verzekerde som, schadeverzekering [13 art. 7:955 BW]
Verzekering [13 art. 7:925 e.v. BW]
Verzekering, diensten [24 art. 1:21, 1:22 Wft]
Verzekering, tussenpersoon [13 art. 7:936 e.v. BW]
Verzekeringsmaatschappij [13 art. 2:427 e.v. BW]
Verzekeringsmaatschappij, opname [13 art. 2:429 e.v. BW]
Verzekeringsmaatschappij, voorzieningen [13 art. 2:444 e.v. BW]
Verzekeringsmaatschappij, winst- en verliesrekening [13 art. 2:437 BW]
Verzekeringsovereenkomst, verordening Rome I [34 art. 7 Rome I]
Verzekeringsovereenkomsten, rechten uit [13 art. 5:136, 5:138 BW]
Verzekeringsplicht, scheepsvervoerder [13 art. 8:529-529k BW]
Verzekeringsplicht, vruchtgebruik [13 art. 3:209 BW]
Verzekeringszaken, bevoegdheden [36 art. 10 e.v. Brussel I-bis]
Verzending, tijdstip van elektronische berichten [5 art. 2:17 Awb]
Verzending stukken, voor rechtszitting [5 art. 8:37 e.v. Awb]
Verzet, splitsing [13 art. 2:334l BW]
Verzet door schuldeisers en belanghebbenden [25 art. 10 FW]
Verzet en hoger beroep door schuldenaar [25 art. 8 FW]
Verzet tegen uitspraak [5 art. 8:55 Awb]
Verzet tegen veroordeling bij verstek [12 art. 143 Rv]

1863

Verzoek, AVV [15 art. 4 en 4a AVV]
Verzoek horen getuigen, enquêterecht [13 art. 2:352a BW]
Verzoek tot huwelijksontbinding, na scheiding van tafel en bed [13 art. 1:181 BW]
Verzoek tot instellen bewind over vorderingen, NV [13 art. 2:94a BW]
Verzoek tot ouderlijk gezag [13 art. 1:253d BW]
Verzoek tot vermogensbeschrijving door echtgenoot, verrekenbeding [13 art. 1:143 BW]
Verzoekschrift, aan ombudsman [5 art. 9:28 e.v. Awb]
Verzoekschrift, rechtsmacht [12 art. 3 Rv]
Verzoekschrift, schuldsaneringsregeling [25 art. 285 e.v. FW]
Verzoekschrift, voorlopig getuigenverhoor [12 art. 187 Rv]
Verzoekschriftprocedure, eerste aanleg [12 art. 262 e.v. Rv]
Verzorger, verzoek tot benoeming van [13 art. 1:299a BW]
Verzorging en opvoeding, verplichting (stief)ouders [13 art. 1:404 e.v. BW]
Verzorging/verpleging betrokkene, mentor [13 art. 1:452 BW]
Verzuim, koop [13 art. 7:31, 7:32 BW]
Verzuim, van de schuldenaar [13 art. 6:81 e.v. BW]
Verzuim, zie ook Herstel
Verzwakt regime, structuurvennootschap [13 art. 2:265 BW]
Verzwarende omstandigheden, zware mishandeling [9 art. 304 Sr]
Verzwijgen vermogen, verrekenbeding huwelijkse voorwaarden [13 art. 1:135 BW]
Vestiging, op te nemen gegevens [22 art. 35 Hrb 2008]
Vestiging erfdienstbaarheid, appartementsrecht [13 art. 5:118 BW]
Vestiging pandrecht, financiëlezekerheidsovereenkomst [13 art. 7:53 BW]
Vestiging pandrecht, sommenverzekering [13 art. 7:971 BW]
Vestiging pandrecht [13 art. 3:236, 3:237 BW]
Vestiging recht van erfpacht/opstal, appartementsrecht [13 art. 5:118a BW]
Vestigingsrecht [33 art. 49 t/m 55 VwEU]
Vice-president (vervanging), RvS [7 art. 10 Wet RvS]
Vinder, gevonden voorwerp [13 art. 5:5, 5:6, 5:7, 5:10 BW]
Vindersloon [13 art. 5:10 BW]
Visserij, zeevarende in de [13 art. 7:739 e.v. BW]
Vliegtuig, geboorte in [13 art. 1:19a BW]
Vlottende activa effecten, balans [13 art. 2:371 BW]
Vlottende activa voorraden, balans [13 art. 2:369 BW]
Vlottende activa vorderingen, balans [13 art. 2:370 BW]
Voeging zaken, beroep bij de bestuursrechter [5 art. 8:14 Awb]
Voertuig, aansprakelijkheid gevaarlijke stoffen [13 art. 8:1210 e.v. BW]
Voertuig, geboorte in [13 art. 1:19a BW]
Voertuigen, internationaal vervoer over de weg [38 art. 1 CMR]
Vof, zie Vennootschap onder firma
Volgestorte aandelen, verkrijging [13 art. 2:207 BW]
Volgrecht, definitie [27 art. 43a Aw]
Volgrecht, verschuldigde vergoeding [27 art. 43b Aw]
Volkenrechtelijke uitzonderingen, rechtsmacht [6 art. 13a Wet AB]
Volksgezondheid [33 art. 168 VwEU]
Volksgezondheid, Grondrecht [1 art. 22 GW]
Volksvertegenwoordiging, gemeentebestuur [4 art. 7 Gemw]
Volledige naam voeren, NV [13 art. 2:75 BW]
Volmacht [13 art. 2:38 BW]
Volmacht, definitie [13 art. 3:60 en 62 BW]
Volmacht, handelsregister [21 art. 16a Hregw]
Volmacht, huwelijksvoltrekking [13 art. 1:66 BW]

Alfabetisch trefwoordenregister

Volmacht, hypotheekrecht [13 art. 3:275 BW]
Volmacht, stemmen aandeelhoudersvergadering [13 art. 2:118a, 2:228 BW]
Volstorten, verplichting beperkt tot [13 art. 2:81, 2:192 BW]
Vonnis, inhoud en motivering [10 art. 359 Sv]
Vonnis, tenuitvoerlegging arbitraal [12 art. 1062 Rv]
Vonnissen [12 art. 156 e.v. Rv]
Vonnissen, gerechtelijke tenuitvoerlegging [12 art. 430 e.v. Rv]
Voogd, benoeming door rechtbank [13 art. 1:295 e.v. BW]
Voogd, benoeming na beëindiging gezamenlijk ouderlijk gezag [13 art. 1:275 BW]
Voogd, toezicht op minderjarige [13 art. 1:336, 1:336a BW]
Voogdij [13 art. 1:280 e.v. BW]
Voogdij, beëindiging van [13 art. 1:327 e.v. BW]
Voogdij, benoeming/beloning [13 art. 1:370 BW]
Voogdij, bewindvoering [13 art. 1:337 e.v. BW]
Voogdij, onbevoegdheid voogd [13 art. 1:324 BW]
Voogdij, ondertoezichtstelling in plaats van voorlopige voogdij [13 art. 1:331a, 1:332a BW]
Voogdij, ondertoezichtstelling onder voogdij staande minderjarigen [13 art. 1:326 BW]
Voogdij, ontslag voogd [13 art. 1:322, 1:323 BW]
Voogdij, rechtspersonen [13 art. 1:302 e.v. BW]
Voogdij, rekening en verantwoording bij einde [13 art. 1:372 e.v. BW]
Voogdij, voorlopige [13 art. 1:241 BW]
Voorbehouden, kennisgeving bij rechtszitting [5 art. 8:32a Awb]
Voorbereidingsprocedure, uniforme, bij besluiten openbare organen [5 art. 3:10 e.v. Awb]
Voordracht kandidaat bestuur van NV [13 art. 2:133, 2:147 BW]
Voorgebruik, recht van, tekeningen of model [29 art. 3.20 BVIE]
Voorkennis verkoper, koopovereenkomst roerende zaken [37 art. 40 CISG]
Voorkeursrecht bij emissie, aandelen [13 art. 2:96a, 2:206a BW]
Voorkeursrecht pachter [13 art. 7:378 e.v. BW]
Voorlopig bericht [12 art. 202 e.v. Rv]
Voorlopig bericht of verhoor deskundigen [12 art. 202 e.v. Rv]
Voorlopig erkende en betwiste vorderingen [25 art. 112 FW]
Voorlopig getuigenverhoor [12 art. 186 e.v. Rv]
Voorlopige hechtenis [10 art. 67, 67a Sv]
Voorlopige maatregelen, economische delicten [11 art. 28 WED]
Voorlopige maatregelen, rechterlijke bevoegdheid [36 art. 35 Brussel I-bis]
Voorlopige plaatsopneming en bezichtiging (bewijsrecht) [12 art. 205 Rv]
Voorlopige verlening; oproeping schuldeisers [25 art. 215 FW]
Voorlopige verlening; recht van verzet [25 art. 215a FW]
Voorlopige voogdij [13 art. 1:241 BW]
Voorlopige voogdij, ondertoezichtstelling, in plaats van [13 art. 1:331a, 1:332a BW]
Voorlopige voorziening [25 art. 287b FW]
Voorlopige voorziening, beroep bij bestuursrechter [5 art. 8:81 e.v. Awb]
Voorlopige voorziening, opheffing/wijziging [5 art. 8:87 Awb]
Voornaam, recht op [13 art. 1:4 BW]
Vooronderzoek, beroep [5 art. 8:42 e.v. Awb]
Voorrecht, luchtvaartuig [25 art. 59a FW]
Voorrecht, pand, hypotheek, retentierecht [25 art. 113 FW]
Voorrechten, luchtvaartuig [13 art. 8:1315 e.v. BW]
Voorrechten, verhaalsrecht [13 art. 3:278 BW]
Voorschot, verhoor deskundigen [12 art. 196 Rv]
Voorschriften structuurvennootschap, ontheffing van [13 art. 2:266 BW]
Voorstel, fusie [13 art. 2:312 BW]

Voorstel, vermogenssplitsing [13 art. 2:334f BW]
Voortbouwende overeenkomst, totstandkoming overeenkomst [13 art. 6:229 BW]
Voortzetting bedrijf van gefailleerde [25 art. 98 FW]
Voortzetting bedrijf [25 art. 173a e.v. FW]
Voortzetting huur aan verhuurder, mededelen van [13 art. 7:270a BW]
Voortzetting in onderneming belegd vermogen, door voogd [13 art. 1:351 BW]
Voortzetting ontbonden vennootschap [18 art. 30 WvK]
Voorwaardelijk erkend voorrecht [25 art. 164 FW]
Voorwaardelijk toegelaten schuldeisers, faillissement [25 art. 189 FW]
Voorwaardelijk toegelaten vorderingen [25 art. 121, 181 FW]
Voorwaardelijke toelating [25 art. 261 FW]
Voorwaardelijke verbintenis [13 art. 6:21 e.v. BW]
Voorwaarden toewijzing vordering, huur [13 art. 7:274 BW]
Voorwaarden wijziging/ontbinding, rechtsgevolgen overeenkomst [13 art. 6:260 BW]
Voorziening, i.v.m. vernietiging besluit [4 art. 278a Gemw]
Voorziening gezagsuitoefening, Raad voor de kinderbescherming [13 art. 1:241 BW]
Voorzieningen, ondernemingsraad [23 art. 17 WOR]
Voorzieningen, passiva [13 art. 2:374 BW]
Voorzieningen bij wanbeleid, enquêterecht [13 art. 2:355 BW]
Voorzitter, gemeentebestuur [4 art. 9, 34 Gemw]
Voorzitter, ondernemingsraad [23 art. 7 WOR]
Voorzitter, provinciale staten [3 art. 9 Provw]
Voorzitterschap, Europese Unie [32 art. 14 EU-Verdrag]
Vorderen, erfdienstbaarheid [13 art. 5:81 BW]
Vordering, algemene voorwaarden overeenkomst [13 art. 6:240 BW]
Vordering bij niet-betaling uitkering, lijfrente [13 art. 7:991 BW]
Vordering door derden, pacht [13 art. 7:344 BW]
Vordering huur bedrijfsruimte [13 art. 7:295, 7:296 BW]
Vordering huur [13 art. 7:211 BW]
Vordering OM [25 art. 1 FW]
Vordering onder ontbindende voorwaarde [25 art. 129 FW]
Vordering onder opschortende voorwaarde [25 art. 130, 261 FW]
Vordering overdracht aandelen, geschil [13 art. 2:336 BW]
Vordering overdracht stemrecht, geschil [13 art. 2:342 BW]
Vordering overgang [13 art. 6:142 e.v. BW]
Vordering tegen koper [13 art. 7:16 BW]
Vordering tot ontbinding [25 art. 165 FW]
Vordering tot overdracht aandelen andere aandeelhouders, openbaar bod [13 art. 2:359c BW]
Vordering tot overdracht aandelen bieder, openbaar bod [13 art. 2:359d BW]
Vordering tot schadevergoeding, personenvervoer over zee [13 art. 8:521 BW]
Vordering tot verdeling, gemeenschap van goederen [13 art. 3:178, 3:179 BW]
Vordering verplichte overname aandelen, geschil [13 art. 2:343 BW]
Vordering verzekerde op derde, schadeverzekering [13 art. 7:962 BW]
Vorderingen, aansprakelijkheid maritieme [13 art. 8:750 e.v. BW]
Vorderingen, betaling niet tot de boedel behorende - [25 art. 310 FW]
Vorderingen, concurrente [25 art. 37a FW]
Vorderingen, faillietverklaring [25 art. 25 e.v. FW]
Vorderingen, legitieme portie geldend maken [13 art. 4:79 e.v. BW]
Vorderingen, rechts- [13 art. 3:296 e.v. BW]
Vorderingen, verificatie [25 art. 328(a) FW]
Vorderingen bewindvoerder [13 art. 4:170 BW]

Alfabetisch trefwoordenregister V

Vorderingen buiten surseance vallende [25 art. 232 FW]
Vorderingen door vruchtgebruiker [13 art. 3:210 BW]
Vorderingen met beslagvrije voet [12 art. 475c Rv]
Vorderingen met betwiste voorrang, faillissement [25 art. 189 FW]
Vorderingen uit aansprakelijkheid [36 art. 9 Brussel I-bis]
Vorderingen uit hoofde van regres [18 art. 147, 222 WvK]
Vorderingsprocedure, eerste aanleg [12 art. 78 e.v. Rv]
Vorderingsrecht, afstand nemen van [13 art. 6:14 BW]
Vorderingsrecht, verbintenis [13 art. 6:15 BW]
Vorderingsrechten, goedenrechtelijke regime [13 art. 10:134 t/m 136 BW]
Vorderingsverklaring, pandrecht [13 art. 3:241 BW]
Vormvereiste, totstandkoming overeenkomst [13 art. 6:226 BW]
Vormvoorschrift (schending), bezwaar- of beroepschrift [5 art. 6:22 Awb]
Vrachtbrief [13 art. 8:1106, 8:1119 e.v. BW]
Vrachtbrief, CMR-verdrag [38 art. 4 e.v. CMR]
Vrachtbrief, CT-document als [13 art. 8:46 BW]
Vrachtbrief, goederenvervoer over binnenwateren [13 art. 8:915 BW]
Vrachtbrief, goederenvervoer over spoorwegen [13 art. 8:1555, 8:1560, 8:1563 BW]
Vrachtbrief, vervoersovereenkomst [38 art. 4 e.v. CMR]
Vragenrecht, bevoegdheden gemeenteraad [4 art. 155 Gemw]
Vreemd geld, cheque in [18 art. 213 WvK]
Vreemd geld, wissel in [18 art. 140 WvK]
Vreemde rechters, beslissingen van [12 art. 431 Rv]
Vreemdeling, naam [13 art. 10:18 18 t/m 26 BW]
Vrij verkeer, betaling [33 art. 63 t/m 66 VwEU]
Vrij verkeer, van diensten [33 art. 56 t/m 62 VwEU]
Vrij verkeer, van goederen [33 art. 28, 29 VwEU]
Vrij verkeer, van kapitaal [33 art. 63 t/m 66 VwEU]
Vrij verkeer, van personen [33 art. 21 VwEU]
Vrij verkeer, van werknemers [33 art. 45 t/m 48, 202, 203 VwEU]
Vrije concurrentie, beperking van (niet-contractuele verbintenissen) [35 art. 6 Rome II]
Vrije keuze van arbeid, Grondrecht [1 art. 19 GW]
Vrijetijdsbesteding, Grondrecht [1 art. 22 GW]
Vrijheid, veiligheid en recht, ruimte van [33 art. 67 t/m 89 VwEU]
Vrijheid van betoging, Grondrecht [1 art. 9 GW]
Vrijheid van godsdienst, Grondrecht [1 art. 6 GW]
Vrijheid van levensovertuiging, Grondrecht [1 art. 6 GW]
Vrijheid van meningsuiting, Grondrecht [1 art. 7 GW]
Vrijheid van vereniging, Grondrecht [1 art. 8 GW]
Vrijheid van vergadering, Grondrecht [1 art. 9 GW]
Vrijspraak [10 art. 352 Sv]
Vrijstaande scheidsmuur, mandeligheid [13 art. 5:62 BW]
Vrijstelling consolidatieverplichting, geconsolideerde jaarrekening [13 art. 2:407 BW]
Vrijstelling van verbod van mededinging [31 art. 11 e.v. Mw]
Vrijstelling verrichting persoonlijke diensten, burgemeester [4 art. 70 Gemw]
Vrijstellingen, onroerendezaakbelastingen [4 art. 220d Gemw]
Vrijstellingen voor kleine rechtspersonen, jaarrekening [13 art. 2:395a t/m 2:398 BW]
Vrijwillig ontslag, wethouders [4 art. 43 Gemw]
Vrijwillige terugtred [9 art. 46b Sr]
Vrucht, afscheiding natuurlijke vrucht/opeisbaar worden burgerlijke vrucht [13 art. 3:9 BW]
Vrucht, termijnen lijfrente [13 art. 3:9 BW]

Vruchtgebruik [13 art. 3:201 e.v. BW]
Vruchtgebruik, aandelen NV/BV [13 art. 2:88 BW]
Vruchtgebruik, appartementsrecht [13 art. 5:123 BW]
Vruchtgebruik, binnenschip [13 art. 8:798 BW]
Vruchtgebruik, echtgenoot [13 art. 4:152 BW]
Vruchtgebruik, erfstelling onder voorwaarde [13 art. 4:136 e.v. BW]
Vruchtgebruik, fusie [13 art. 2:319 BW]
Vruchtgebruik, nalatenschap [13 art. 4:23, 4:29 e.v. BW]
Vruchtgebruik, waarde legitieme portie [13 art. 4:76 BW]
Vruchtgenot, ouderlijk gezag [13 art. 1:253l BW]
Vuilnis, naburig erf [13 art. 5:53 BW]

W

Waarborg voor schuldeisers, splitsing [13 art. 2:334k BW]
Waarborgen bij vrijheidsontneming, Grondrecht [1 art. 15 GW]
Waarde goederen nalatenschap, definitie [13 art. 4:6 BW]
Waardeloos beslag, doorhaling inschrijving [12 art. 513a Rv]
Waardering activa, jaarrekening [13 art. 2:387 BW]
Waardering activa tegen verkrijgingsprijs/vervaardigingsprijs, jaarrekening [13 art. 2:388 BW]
Waardering beleggingen, verzekeringsmaatschappij [13 art. 2:442 en 443 BW]
Waardering deelnemingen, jaarrekening [13 art. 2:389 BW]
Waardering financiële instrumenten, jaarrekening [13 art. 2:381a BW]
Waardering technische voorzieningen, verzekeringsmaatschappij [13 art. 2:444 BW]
Waardering van bewijs, bewijsrecht [12 art. 152 Rv]
Waardering waardepapieren, bank [13 art. 2:422 BW]
Waardeveranderingen, jaarrekening [13 art. 2:384 BW]
Waardevergoeding bij ontbinding, wederkerige overeenkomst [13 art. 6:272 BW]
Waardevermindering van een zaak, goederenvervoer over binnenwateren [13 art. 8:904 BW]
Waardeverschil, geconsolideerde jaarrekening [13 art. 2:413 BW]
Waarheidsplicht, juridische procedure [12 art. 21 Rv]
Waarneming, van burgemeester [4 art. 77 Gemw]
Wanprestatie, hulppersonen [13 art. 6:76 BW]
Wanprestatie, hulpzaken [13 art. 6:77 BW]
Wanprestatie, koopovereenkomst roerende zaken [37 art. 25, 72, 74, 77 CISG]
Wanprestatie, niet-nakoming verbintenis [13 art. 6:74 BW]
Water, naburig erf [13 art. 5:38 t/m 41, 5:53 BW]
Water, omvang gepachte land langs [13 art. 7:315 BW]
Waterschap, inrichting/samenstelling/bevoegdheid [1 art. 133 GW]
Wederkerige overeenkomst [13 art. 6:261 e.v. BW]
Wederkerige overeenkomst [25 art. 37, 236 FW]
Wederkerige overeenkomst, ontbinding [13 art. 6:265 e.v. BW]
Wederrechtelijke bevoordeling [9 art. 326 Sr]
Wederzijdse aansprakelijkheid, echtgenoten (vrijwaring van) [13 art. 1:85 BW]
Wederzijdse aansprakelijkheid, echtgenoten [13 art. 1:85 BW]
Wederzijdse toestemming tot aangaan van rechtshandelingen, echtgenoten [13 art. 1:88 BW]
Weens koopverdrag [37 art. 1 e.v. CISG]
Weens Koopverdrag, Landen [LWK]
Weerspannigheid, jegens openbaar gezag [9 art. 180 Sr]
Weg, goederenvervoer over [13 art. 8:1090 e.v. BW]

Alfabetisch trefwoordenregister W

Weggemaakte goederen, geen afstand van gemeenschap van goederen [13 art. 1:107 BW]
Wegslepen, invorderingen gemeentelijke belastingen [4 art. 235 Gemw]
Wegvervoer [13 art. 8:1080-81 BW]
Wegvervoer, verhuisovereenkomst [13 art. 8:1170 BW]
Weigeren, afleggen getuigenis [12 art. 178 Rv]
Weigeren, bijstand/vertegenwoordiging bestuursrechter [5 art. 8:25 Awb]
Weigeren, inschrijving merk [29 art. 2.11 t/m 2.13 BVIE]
Weigeren, opmaken akte burgerlijke stand [13 art. 1:18a BW]
Weigeren, van afschrift/uittreksel burgerlijke stand [13 art. 1:23b BW]
Weigeren, van bijstand/vertegenwoordiging in verkeer met bestuursorganen [5 art. 2:2 Awb]
Weigeren, van gemachtigde dagvaardingsprocedure [12 art. 81 Rv]
Weigeren, van informatie bij aanvraag beschikking [5 art. 4:3]
Weigeren, van subsidie [5 art. 4:25, 4:35 Awb]
Weigeren, van vergunning voor concentratie [31 art. 41 Mw]
Weigeren, voortzetting subsidie [5 art. 4:51 Awb]
Weigeren, voorzieningen tegen weigeren opmaken akte burgerlijke stand [13 art. 1:27 t/m 1:27b BW]
Weigering, inschrijving/voorlopige aantekening registergoed [13 art. 3:20 BW]
Weigering, kort geding [12 art. 256 Rv]
Weigering of nietigheid merken, absolute gronden [29 art. 2.2bis BVIE]
Weigering of nietigheid merken, relatieve gronden [29 art. 2.2ter BVIE]
Weigering of nietigheid merken, gronden voor deel waren of diensten [29 2.2quater BVIE]
Werk, aanneming van [13 art. 7:750 e.v. BW]
Werk, auteursrecht [27 art. 6 e.v. Aw]
Werken uit Nederlands Indië en Nederlands Nieuw Guinea [27 art. 47a Aw]
Werkgelegenheid, Grondrecht [1 art. 18 GW]
Werkgelegenheid [33 art. 145 t/m 150 VwEU]
Werkgever, aanspraak op octrooi [28 art. 12 ROW 1995]
Werkgever, definitie [17 art. 1:1,, 3:6 WAZO]
Werkgever, dood van [13 art. 7:675 BW]
Werkgever, verplichtingen [13 art. 7:654 e.v. BW]
Werkgevers, rechten bij tekeningen of modellen [29 art. 3.8 BVIE]
Werking, EU [33 art. 1 e.v. VwEU]
Werking, relatieve, rechtshandeling [13 art. 3:45 BW]
Werkingssfeer, wetten en rechten [6 art. 8, 9 Wet AB]
Werkloosheid, zeevarende [13 art. 7:719 BW]
Werknemer, arbeidsverplichtingen [13 art. 7:659 e.v. BW]
Werknemer, definitie [17 art. 1:1, 3:6 WAZO]
Werknemer, dood van [13 art. 7:674 BW]
Werknemer, rechten bij overgang van een onderneming [13 art. 7:662 e.v. BW]
Werknemers, ongeorganiseerde [14 art. 13 Wet CAO]
Werknemers, vrij verkeer [33 art. 45 t/m 48, 202, 203 VwEU]
Wet algemene bepalingen, werkingssfeer [6 art. 4 e.v. Wet AB]
Wet Arbeid en zorg [17 art. 1:1 e.v. WAZO]
Wet Auteursrecht [27 art. 1 e.v. Aw]
Wet CAO [14 art. 1 e.v. Wet CAO]
Wet handelsnaam [26 art. 1 e.v. Hnw]
Wet Handelsregister [21 art. 1 e.v. Hregw]
Wet op de ondernemingsraden [23 art. 1 e.v. WOR]
Wet van Strafvordering, bij economische delicten [11 art. 25 WED]
Wetenschappelijk onderzoek [33 art. 179 t/m 190 VwEU]

1869

W   Alfabetisch trefwoordenregister

Wetgeving, aanpassingen [33 art. 114 t/m 118 VwEU]
Wetgeving, vaststelling [1 art. 81 t/m 111 GW]
Wetgevingstaken [32 art. 16 EU-Verdrag]
Wethouders, gemeentebestuur [4 art. 35 t/m 36a Gemw]
Wethouders, overgangs- en slotbepalingen [4 art. 294 Gemw]
Wettelijk toegekende rechter, Grondrecht [1 art. 17 GW]
Wettelijke rente, geldschulden [5 art. 4:98 e.v. Awb]
Wettelijke rente, verbintenis tot betaling [13 art. 6:119, 6:120, 6:121 BW]
Wettelijke rente, verschuldigd zijn [25 art. 303 FW]
Wettelijke subrogatie, verbintenis uit overeenkomst [34 art. 15 Rome I]
Wettige bewijsmiddelen [10 art. 339 Sv]
Wettige echtgeno(o)t(e), stuiting huwelijk [13 art. 1:52 BW]
Wettiging, familierechtelijke betrekkingen [13 art. 10:98 BW]
Wielklem, invorderingen gemeentelijke belastingen [4 art. 235 Gemw]
Wijzigen gegeven, handelsregister [21 art. 33 e.v. Hregw]
Wijziging geslachtsnaam, latere vermelding akte burgerlijke stand [13 art. 1:20, 1:20a BW]
Wijziging wetsvoorstel, Wetgeving [1 art. 84 GW]
Wijziging/ontbinding overeenkomst door rechter, fusie [13 art. 2:322 BW]
Wijzigingsbesluit, bezwaar- of beroepsschrift [5 art. 6:19 Awb]
Wijzigingsrecht vermoeden afstand van [27 art. 45f Aw]
Wil/wilsgebreken, volmacht [13 art. 3:66 BW]
Winst en verlies, aandeel vennoot in [13 art. 7A:1670 BW]
Winst- en verliesrekening, posten [13 art. 2:377 BW]
Winst- en verliesrekening, verzekeringsmaatschappij [13 art. 2:437 e.v. BW]
Winst- en verliesrekening, voorschriften [13 art. 2:377 e.v. BW]
Winstverdeling, aandelen [13 art. 2:105, 2:216 BW]
Wisselafschriften [18 art. 166 e.v. WvK]
Wisselbedrag, consignatie [18 art. 141 WvK]
Wisselbepaling, verkeerd procesinleidend stuk [12 art. 69 Rv]
Wisselborgtocht [18 art. 129 WvK]
Wisselbrief [18 art. 100 e.v. WvK]
Wisselbrief, verloren [18 art. 115 WvK]
Wisselexemplaren [18 art. 163 WvK]
Wisselkoerswijziging, betalingstransacties [13 art. 7:517 BW]
Wissels, vermiste [18 art. 167a WvK]
Wisselschuld, tenietgaan [18 art. 168a WvK]
Woning, betaling bouw [13 art. 7:767 BW]
Woning, binnentreden bij bestuursdwang [5 art. 5:27 Awb]
Woning, gebruik na echtscheiding [13 art. 1:166 BW]
Woning, gebruik na scheiding van tafel en bed [13 art. 1:175 BW]
Woning, koop [13 art. 7:2 BW]
Woning, koop nieuwe [13 art. 7:8 BW]
Woning, onbevoegd binnentreden van [9 art. 370 Sr]
Woningverbetering/inrichting, krediet [13 art. 7:118, 7:119 BW]
Woongelegenheid, Grondrecht [1 art. 22 GW]
Woonplaats, begripsbepaling [4 art. 3 Gemw]
Woonplaats, buitenlandse [33 art. 22 VwEU]
Woonplaats, burgemeester [4 art. 71 Gemw]
Woonplaats, gedaagde [12 art. 99 Rv]
Woonplaats, personen- en familierecht [13 art. 1:10 t/m 15 BW]
Woonplaats, toestemming tot verlaten [25 art. 91 FW]

Alfabetisch trefwoordenregister   Z

Woonplaats, verandering van (door voogd) [13 art. 1:371, 1:371a BW]
Woonplaats, verlies van [13 art. 1:11 BW]
Woonplaats partijen, rechterlijke bevoegdheid [36 art. 62 Brussel I-bis]
Woonplaats vennootschappen, rechterlijke bevoegdheid [36 art. 63 Brussel I-bis]
Woonplaats verweerder, bevoegdheid [36 art. 14 Brussel I-bis]
Woonplaats verweerder, oproep verschijning gerecht [36 art. 4, 8 Brussel I-bis]
Woonplaats werkgever/werknemer, bevoegdheid [36 art. 21, 22 Brussel I-bis]
Woonruimte, definitie [13 art. 7:233 BW]
Woonruimte, huur [13 art. 7:232 e.v. BW]
Woonruimte, huurkoop [13 art. 7:113 t/m 117 BW]
Woonwagen, definitie [13 art. 7:235 BW]
Wrak, aansprakelijkheid opruimen [13 art. 8:655 t/m 8:658, 8:1833b BW]
Wraking, rechters [5 art. 8:15 e.v. Awb]
WW-uitkering, recht op [17 art. 3:10 WAZO]

Z

Zaak, definitie [13 art. 3:2 BW]
Zaak, weigering door koper [13 art. 7:29 BW]
Zaakbeschadiging [9 art. 350 Sr]
Zaakgebruik, bewaarneming [13 art. 7:603 BW]
Zaakgebruik door derde [13 art. 6:101 BW]
Zaaksgevolg schuldeiser, binnenschip [13 art. 8:825 BW]
Zaakvervanging, beslag op onroerende zaken [12 art. 507a Rv]
Zaakwaarneming, niet-contractuele verbintenissen [35 art. 11 Rome II]
Zaakwaarneming, verbintenis [13 art. 6:198 e.v. BW]
Zakelijk gerechtigde, onroerendezaakbelastingen [4 art. 220b Gemw]
Zakelijke gegevens, inzage door toezichthouder [5 art. 5:17 Awb]
Zakelijke rechten [13 art. 5:1 e.v. BW]
Zaken, aan boord van binnenschip [13 art. 8:830 e.v. BW]
Zaken, goedenrechtelijke regime [13 art. 10:127 t/m 133 BW]
Zang en muziek tijdens eredienst, auteursrecht [27 art. 17c Aw]
Zaterdag, termijnberekening [2 art. 1 t/m 7 ATW]
Zee-arbeidsovereenkomst [13 art. 7:693 e.v. BW]
Zee-arbeidsovereenkomst, beëindiging [13 art. 7:723 e.v. BW]
Zeerecht [13 art. 10:160 e.v. BW]
Zeerecht [13 art. 8:160 e.v. BW]
Zeeschepen [18 art. 310 e.v. WvK]
Zeeschip, definitie [13 art. 8:2 BW]
Zeeschip, exploitatie [13 art. 8:360 e.v. BW]
Zeeschip, gevaarlijke stoffen aan boord [13 art. 8:620 e.v. BW]
Zeeschip, kapitein [13 art. 8:260-262 BW]
Zeeschip, recht op [13 art. 8:190 e.v. BW]
Zeeschip, rederij [13 art. 8:160 e.v. BW]
Zeeschip, voorrechten kosten [13 art. 8:210 e.v. BW]
Zeeschip, voorrechten [13 art. 8:210 e.v. BW]
Zeevarende, aansprakelijkheid jegens [13 art. 7:719 BW]
Zeevarende, arbeid [13 art. 7:693 e.v. BW]
Zeevarende, arbeidsovereenkomst naar buitenlands recht [13 art. 7:736 BW]
Zeevarende, in de visserij [13 art. 7:737 e.v. BW]
Zeevarende, rechten nabestaanden [13 art. 7:734h BW]
Zeevarende, werkloosheid [13 art. 7:719 BW]
Zeevarende, werkweigering [13 art. 7:727 BW]

Z

Zeevarende, ziekte en arbeidsongeschiktheid [13 art. 7:734 e.v. BW]
Zeevissersschepen [18 art. 374 WvK]
Zeggenschap, concentraties [31 art. 26 Mw]
Zekerheid stellen, nakoming verbintenis [13 art. 6:51 BW]
Zekerheidstelling, faillietverklaring [25 art. 88 FW]
Zekerheidstelling, fusie [13 art. 2:316 BW]
Zekerheidstelling, nakoming verbintenis [13 art. 6:55 BW]
Zekerheidstelling, voor bewind voogdij [13 art. 1:363, 1:364 BW]
Zekerheidstelling, voor schade bij beslaglegging [12 art. 701 Rv]
Zelfstandig beroep, bevoegdheid tot uitoefening [25 art. 311 FW]
Zelfstandige, recht op uitkering [17 art. 3:18 WAZO]
Zelfstandige werken, auteursrecht [27 art. 10 Aw]
Zelfstandige woning, definitie [13 art. 7:234 BW]
Zetel, stichting [13 art. 2:287 BW]
Ziekenhuis, aansprakelijkheid bij behandelingsovereenkomst [13 art. 7:463 BW]
Ziekte, loon [13 art. 7:629 (a) BW]
Ziekte en arbeidsongeschiktheid, zeevarende [13 art. 7:734 e.v. BW]
Ziektedagen, aanmerking als vakantiedagen [13 art. 7:637, 7:638 BW]
Zienswijze, bij beschikkingsaanvaag [5 art. 4:7 e.v. Awb]
Zienswijze, schriftelijke of mondelinge (bij beschikking) [5 art. 4:9 Awb]
Zitting, van de bestuursrechter [5 art. 8:56 e.v. Awb]
Zittingsduur, provincie en gemeente [1 art. 129 GW]
Zittingsduur, Staten-Generaal [1 art. 52 GW]
Zittingstermijn, bestuurder [19 Pr. 4.4.3 CGC]
Zon- en feestdagen, termijnberekening [2 art. 1 t/m 7 ATW]
Zorgplicht, beperking (schuldenaar) [13 art. 6:64 BW]
Zorgplicht, echtgenoten [13 art. 1:81 e.v. BW]
Zorgplicht, vervoerder [13 art. 8:381 BW]
Zorgplicht, zaakwaarneming [13 art. 6:199 BW]
Zorgplicht schuldenaar, wederkerige overeenkomst [13 art. 6:273 BW]
Zorgverlof, kort- en langdurend [17 art. 5:1 e.v. WAZO]
Zorgvuldige behandeling, klachtenbehandeling [5 art. 9:2 Awb]
Zorgvuldige voorbereiding, besluiten [5 art. 3:2 Awb]
Zwaarwegend bedrijfs- of dienstbelang [17 art. 5:4, 6:2 WAZO]
Zwangerschap/bevalling [13 art. 7:629 (a) BW]
Zwangerschap/ziekte, Staten-Generaal [1 art. 57a GW]
Zwangerschaps- of bevallingsverlof, recht op uitkering [17 art. 3:18 WAZO]
Zwangerschapsverlof, aanvang recht op uitkering [17 art. 3:8 WAZO]
Zwangerschapsverlof, overgangsrecht [17 art. 3:31 WAZO]
Zwangerschapsverlof, recht op [17 art. 3:1, 3:1a WAZO]
Zwangerschapsverlof, verlenen [4 art. 45 t/m 45b Gemw]
Zware mishandeling [9 art. 302 Sr]
Zware mishandeling met terroristisch oogmerk [9 art. 304a Sr]
Zware mishandeling met voorbedachten rade [9 art. 303 Sr]
Zwarte lijst, onredelijk bezwarend beding [13 art. 6:236 BW]